MW00637220

THE SCHOTTENSTEIN DAF YOMI EDITION

מהדורת דף היומי

The ArtScroll Series®

THE HORN EDITION OF SEDER MOED

מסכת שבת

TRACTATE SHABBOS

THE HORN EDITION OF SEDER MOED

מסכת שבת

TRACTATE SHABBOS

VOLUME III

Elucidated by

Rabbi Yosaif Asher Weiss (chapter 8)

Rabbi Michoel Weiner (chapter 9)

Rabbi Asher Dicker (chapters 10,11)

Rabbi Abba Zvi Naiman (chapters 12,13)

Rabbi Yosef Davis (chapter 14)

Rabbi Israel Schneider (chapter 15)

R' Hersh Goldwurm זצ"ל
General Editor
תש"נ-תשנ"ג / 1990-1993

under the General Editorship of

Rabbi Yisroel Simcha Schorr

in collaboration with a team of Torah Scholars

The Schottenstein Daf Yomi Edition

THE GEMARA: THE CLASSIC VILNA EDITION,
WITH AN ANNOTATED, INTERPRETIVE ELUCIDATION,
AS AN AID TO TALMUD STUDY

The Hebrew folios are reproduced from
the newly typeset and enhanced
Oz Vehadar Edition of the Classic Vilna Talmud

Published by
Mesorah Publications, ltd

We gratefully acknowledge the outstanding
Torah scholars who contributed to this volume:

Rabbi Yisroel Simcha Schorr, Rabbi Chaim Malinowitz,
Rabbi Yitzchok Meir Schorr and **Rabbi Mordechai Marcus**
who reviewed and commented on the manuscript,
Rabbis Hillel Danziger, Yosef Davis, David, Fohrman, Eliezer Herzka,
Zev Meisels, Feivel Wahl, Eliyahu Cohen, Henoch Moshe Levin,
Eli Shulman, Moshe Rosenblum, and **Yosaif Asher Weiss**
who edited, and assisted in the production of this volume.
Rabbi Yehezkel Danziger, Editorial Director

FULL-SIZE EDITION
First Impression . . . November 1996

DAF YOMI EDITION
First Impression . . . January 2003
Second Impression . . . March 2005
Third Impression . . . July 2005

Published and Distributed by
MESORAH PUBLICATIONS, Ltd.
4401 Second Avenue
Brooklyn, New York 11232

Distributed in Europe by
LEHMANNS
Unit E, Viking Industrial Park
Rolling Mill Road
Jarrow, Tyne & Wear NE32 3DP
England

Distributed in Israel by
SIFRIATI / A. GITLER — BOOKS
6 Hayarkon Street
Bnei Brak 51127

Distributed in Australia & New Zealand by
GOLDS WORLD OF JUDAICA
3-13 William Street
Balaclava, Melbourne 3183
Victoria Australia

Distributed in South Africa by
KOLLEL BOOKSHOP
Shop 8A Norwood Hypermarket
Norwood 2196, Johannesburg, South Africa

THE ARTSCROLL SERIES® / SCHOTTENSTEIN DAF YOMI EDITION
TALMUD BAVLI / TRACTATE SHABBOS VOL. III

4401 Second Avenue / Brooklyn, N.Y. 11232 / (718) 921-9000 / FAX (718) 680-1875 / www.artscroll.com

ISBN: 1-57819-609-4

Typography by CompuScribe at ArtScroll Studios, Ltd.
Custom bound by **Sefercraft, Inc.,** Brooklyn, N.Y.

A PROJECT OF THE

Mesorah Heritage Foundation

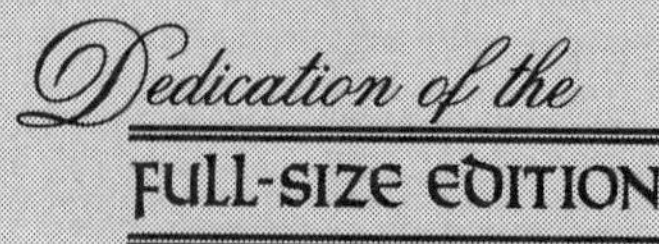

This volume is dedicated
in loving memory of our dear parents

Joseph and Bess Wasserman ז״ל

יוסף בן דוב בער ע״ה   בילא בת יעקב ע״ה

ט׳ טבת תש״מ   י״ב סיון תשמ״ב

Sascha and Regina (Czaczkes) Charles ז״ל

שמריהו בן משה ע״ה   רבקה בת הרב יוסף הכהן ע״ה

י״ח אלול תשל״ב   ט״ו תמוז תשכ״ז

They were our inspiration in life
and their memory continues to light our way —
their *mesiras nefesh* for family,
community and Jewish children;
their endless quest for learning,
and their love of Klal Yisrael were the bridge
from a rich past to an unfolding future.

Stanley and Ellen Wasserman
and our children and grandchildren:

Alan and Svetlana Wasserman
Sasha, Jesse, Talya, Jacob, and Bella

Mark and Anne Wasserman
Joseph, Bailey, Erin, Rebeccah, and Jordyn

Neil and Yael Wasserman
Yeshayahu, Shiri, Yonatan, Ruth, and Aviva

Stuart and Rivka Berger
David, Gabrielle, and Jack

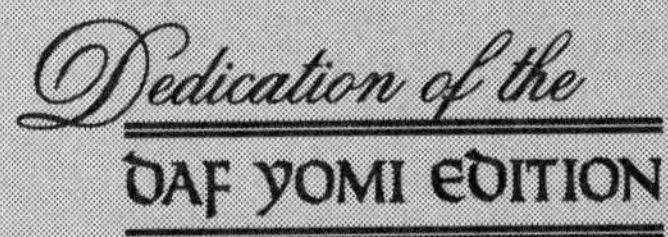

This volume is dedicated
to the memory of

Ruth (Charles) Schreiber ז״ל

רות גולדה בת ר׳ שמריהו ורבקה ז״ל

נפטרה ב׳ שבועות תשנ״ט

She was a woman of unusual חן, *Grace,* and that word sums up her life. The years of her life were ח״ן, 58 — not nearly enough, but so filled with love, accomplishment, devotion, and goodness.

Our sister accomplished much.
Her knowledge of Judaic studies was prodigious,
and she willingly shared it by teaching Torah classes
to the women of her community on Shabbos afternoons.

She was a brilliant lawyer,
who practiced both in the United States and Israel.
Her many admiring students at the College of Rishon Lezion
rated her their best law professor.

A good neighbor and dedicated member of her community,
she used her creative writing skills to create the annual
Purim Spiels at the Young Israel of Kiryat Krinizi.

Surely, her best and most enduring legacy is her three children,
Rabbi Yosef Schreiber, Dr. Rivka Sheffer, and Shaindy Wulkan,
and her thirteen grandchildren שיחיו.

She left an inspiring example for all who knew
and loved her — and will always be warmed by her memory.
We miss her dearly.

תנצב״ה

Stanley and Ellen (Charles) Wasserman

The publishers pay tribute to
the memory of the unforgettable

Jerome Schottenstein ז״ל

whose wisdom, warmth, vision, and generosity wrote new chapters
of Jewish life and learning in America and around the world.
Generations from now, he will be remembered as the one
whose enlightened support made the Talmud accessible
to English-speaking Jews everywhere;

Geraldine Schottenstein תחי׳

who wears her mantle with unusual grace
and firm adherence to the values with which she set
the strong foundation of her family.
She sets a powerful and principled example
for her children and grandchildren.
We are grateful for her support and that of her children:

Jay and Jeanie Schottenstein,
Ann and Ari Deshe,
Susan and Jon Diamond,
and **Lori Schottenstein,**

friends from the start,
as staunch supporters who have been instrumental
in the ten years of the Talmud's success.
They bring energy, devotion, magnanimity, and graciousness
to a host of vital causes
in their native Columbus and throughout the world.

This edition — in a convenient new size
to serve the growing number of people
who are making the Talmud an indispensable part of their lives —
is dedicated by

Jay and Jeanie Schottenstein

and their children

Joseph Aaron, Jonathan Richard, and Jeffrey Adam

They dedicate it in honor of their cherished loved ones
who have left indelible marks on their own lives
and the lives of countless others,
as models of inspiration, generosity, integrity,
and devotion to the noblest causes of Jewish life.

They are:
his parents

Jerome ע"ה and Geraldine Schottenstein

her parents

Leonard and Heddy Rabe

and their uncle and aunt

Saul and Sonia Schottenstein

❦ ❦ ❦

Jay and Jeanie Schottenstein

have a perspective that transcends time and community.
Their names have become synonymous with
imaginative and effective initiatives
to bring Torah study and Jewish tradition to the masses of our people.

Through their magnanimous support of the various editions of

The Schottenstein Talmud

— this Daf Yomi Edition, the Hebrew Edition,
and the original full-size English Edition —
they spread Torah study around the globe and across generations.
Few people have ever had such a positive impact on Jewish life.
Myriads yet unborn will be indebted to them
for their vision and generosity.

PATRONS OF THE TALMUD ❖ DAF YOMI EDITION

With generosity, vision, and devotion to the perpetuation of Torah study,
the following patrons have dedicated individual volumes
of the Daf Yomi Edition of the Talmud

BERACHOS I: In memory of
Jerome Schottenstein ע״ה
יעקב מאיר חיים בן אפרים אליעזר הכהן ע״ה

BERACHOS II: **Zvi and Betty Ryzman**
and their children
Mickey and Shelly Fenig, Aliza, Yissachar David, and Batsheva
Elie and Adina Ryzman, Leora and Yonatan Zev
Avi and Rafi
In memory of
Hagaon Harav Meir Shapiro זצ״ל, the unforgettable Rav of Lublin,
and in honor of
Hagaon Harav Yisrael Meir Lau שליט״א, Chief Rabbi of Israel

SHABBOS I: **Dr. Paul and Esther Rosenstock**
Nechama Mordechai Binyamin
Yonina and Dov Wisnicki, Avi and Leora
Shira and Shlomie Rosenberg

Jake and Dr. Helaine Harman
Mrs. Faigy Harman
and their children and grandchildren
Michelle Marc
in memory of our father, husband, and grandfather
מרדכי ב״ר אברהם ע״ה — Mordechai (Mottel) Harman

SHABBOS II: **Stanley and Ellen Wasserman**
and their children
Alan and Svetlana Wasserman Mark and Anne Wasserman
Neil and Yael Wasserman Stuart and Rivka Berger
and families
In loving memory of
יוסף בן דוב בער ע״ה בילא בת יעקב ע״ה — Joseph and Bess Wasserman ע״ה, and
שמריהו בן משה ע״ה רבקה בת הרב יוסף הכהן ע״ה — Sascha and Regina (Czaczkes) Charles ע״ה

SHABBOS III: **Stanley and Ellen Wasserman**
and their children
Alan and Svetlana Wasserman Mark and Anne Wasserman
Neil and Yael Wasserman Stuart and Rivka Berger
and families
in loving memory of
יוסף בן דוב בער ע״ה בילא בת יעקב ע״ה — Joseph and Bess Wasserman ע״ה, and
שמריהו בן משה ע״ה רבקה בת הרב יוסף הכהן ע״ה — Sascha and Regina (Czaczkes) Charles ע״ה

SHABBOS IV: **Malkie and Nachum Silberman**
Leonard and Cassia Friedlander
Elkie Friedlander
in honor of their mother
Gussie Friedlander שתחי׳ לאוי״ט
in memory of their father
ר׳ סיני ב״ר אריה לייב ז״ל — Sidney Friedlander ז״ל
and in memory of their grandparents
ר׳ יוסף דוד ב״ר משה ז״ל וזיסל בת ר׳ ישעיהו ע״ה — Joseph and Jennie Trattner ז״ל

ERUVIN: [two volumes] **Jerome and Geraldine Schottenstein Saul and Sonia Schottenstein**
Jay and Jeanie Schottenstein Ann and Ari Deshe
Susan and Jon Diamond Lori Schottenstein
in memory of
אפרים אליעזר בן יהושע הכהן ע״ה — Ephraim Schottenstein ע״ה
חנה בת צבי הירש ע״ה — Anna Schottenstein ע״ה

PATRONS OF THE TALMUD ❖ DAF YOMI EDITION

PESACHIM I: **Tommy and Judy Rosenthal**
Yitzchok and Tamar   Dani and Michali   Michal
in memory of his father
ר׳ יצחק ב״ר יעקב קאפיל ז״ל — Yitzchok Rosenthal
and יבלח״ט in honor of their parents עמו״ש
Magda Rosenthal שתחי׳
and her children שיחי׳
Moshe Yaakov and Beila Jakabovits שיחי׳
and their children שיחי׳

PESACHIM II: **Yisroel and Rochi Zlotowitz**
Gitty, Aaron and Sori
in memory of their beloved grandparents and great grandparents
הרב אהרן ב״ר מאיר יעקב זצ״ל   והרבנית פרומא בת ר׳ חיים צבי ע״ה — Zlotowitz
ר׳ חיים חייקל ב״ר שמואל ז״ל   וחיה בת הרב ישראל יהודה ע״ה — Schulman
הרב משה יהודה ב״ר יצחק צבי ז״ל   ושרה בת הרב שבתי ע״ה — Maybloom
החבר שלום בן שבתי ז״ל   וגיטל בת החבר פינחס צבי ע״ה — Goldman

PESACHIM III: **Lorraine and Mordy Sohn   Ann and Pinky Sohn**
in memory of
ר׳ צבי ב״ר אלעזר ע״ה — Dr. Harry Sohn ע״ה
מרת הענדיל דבורה ב״ר אברהם שלמה ע״ה — Dora F. Sohn ע״ה
ר׳ יחזקאל ב״ר אליקים חנוך הלוי ע״ה — Harold Levine ע״ה
רבקה הענא בת שמעון הלוי ע״ה — Ruth Levine ע״ה
רייזל ב״ר שמשון ע״ה — Rosalie Sohn ע״ה

SHEKALIM: **Laibish and Tanya Kamenetsky**
in memory of his parents
מרדכי בן משה צבי הלוי ז״ל   ובראנשע בת צבי הערש ע״ה — Max and Brenda Kamenetsky ז״ל
in memory of her father
דוד פישל בן יחיאל מאיר ז״ל — David Gottesman ז״ל
and in memory of their grandparents
משה צבי בן מרדכי הלוי ז״ל   וצירל בת זעליג ע״ה — Kamenetsky
צבי הערש ז״ל   וחיה לאה בת לייביש אליהו ע״ה — Berman
משה בן ישראל ז״ל   ורעכיל בת משה בונם ע״ה — Bolag
יחיאל מאיר בן שמואל   ושרה בת יהודה דוב ע״ה — Gottesman

BEITZAH: **Eric and Joyce Austein**
and their children
Ilana and Avi Lyons   Michael
Jonathan and Ilana Miriam   Adam and Sara   Eytan
in honor of their parents and grandparents שיחי׳
Morris and Susi Austein
Leo and Shirley Schachter

ROSH HASHANAH: **Steve and Genie Savitsky**
and their children and families
Julie and Shabsi Schreier   Avi and Cheryl Savitsky
Penina and Zvi Wiener   Yehuda and Estie Berman
In honor of their mothers and grandmothers
Mrs. Hilda Savitsky שתחי׳   Mrs. Amelia Seif שתחי׳
And in honor of their grandparents
Mrs. Faye Raitzik שתחי׳   Max and Edith Grunfeld שתחי׳
לעילוי נשמות — And in loving memory of their grandparents
ר׳ שבתי בן ר׳ מיכאל הלוי ע״ה — Shabsi Raitzik ע״ה
ר׳ אשר זעליג בן ר׳ יהושע הלוי ע״ה   רבקה בת ר׳ משה נתן ע״ה — Sigmund and Regina Schreier ע״ה
ר׳ ישראל יצחק בן ר׳ אלימלך הכהן ע״ה   גולדה בת ר׳ דוד לייב ע״ה — Irving and Goldie Stein ע״ה
ר׳ שמואל סנדר בן ר׳ אליעזר ליפא ע״ה   ריזל זלדה בת ר׳ שלום קלמן ע״ה — Sam and Rose Gottlieb ע״ה
ר׳ צבי הירש בן ר׳ נחום ע״ה   חיה שרה גאלדא בת ר׳ יוסף ע״ה — Harry and Goldie Wiener ע״ה
And in loving memory of Cheryl Savitsky's father
ר׳ שמעון פייביש בן ר׳ ישראל יצחק הכהן ע״ה — Dr. Steven F. Stein ע״ה

PATRONS OF THE TALMUD ✦ DAF YOMI EDITION

YOMA I: **Mrs. Ann Makovsky**
Shmulie and Daryle Spero and children
Reuven and Dvora Makovsky and children
Leslie and Linda Spero and children
in memory of
משה דוד בן אברהם אשר ז״ל — Morris Makovsky ז״ל
אברהם אשר בן משה דוד ז״ל ופרומא דבורה בת אלחנן דוב ע״ה — Abraham Osher and Fanny Makovsky ז״ל
גמליאל בן שלמה ז״ל ורבקה בת אברהם חיים ע״ה — Meyer and Riva Nissen ז״ל

YOMA II: **Trudy and David Justin**
and their children
Daniel, Brandel, Nina, Adam and Ayala Justin
in honor of their parents and grandparents
Malka Karp תחי׳
Kitty and Zoltan Justin שיחיו
and in loving memory of
צבי בן דוב ז״ל — Hersh Karp ז״ל

SUCCAH II: **Reuven and Ruth Fasman and Family**
Rudolph and Esther Lowy and Family
Allan and Ettie Lowy and Family
in memory of their parents
מרדכי אריה בן ר׳ רפאל הלוי ז״ל — Marcus Lowy ז״ל
מינדל בת ר׳ שלמה זלמן ע״ה — Mina Lowy ע״ה

TAANIS: **The Bernstein Family**
David and Jean
Matthew Peter
Scott and Andrea Samara Jonah
in memory of
Anna and Harry Bernstein ע״ה
Sarah and Joseph Furman ע״ה

MEGILLAH: In memory of
Jerome Schottenstein ע״ה
יעקב מאיר חיים בן אפרים אליעזר הכהן ע״ה

MOED KATAN: In honor of our beloved parents
Jochanan and Barbara Klein שיחי׳ לאוי״ט (Sao Paulo, Brazil)
by their children
Leon and Olga Klein Allen and Sylvia Klein Daniel and Esther Ollech and Families

CHAGIGAH: **Benzi and Esther Dunner**
in memory of their grandparents
החבר ר׳ אורי יהודה ז״ל ב״ר אברהם אריה הכהן הי״ד — Reb Uri Cohen ז״ל
נפ׳ באמשטרדם כג כסלו תשס״א
מרת רבקה ע״ה בת ר׳ יצחק הי״ד — Mrs. Rivka Cohen ע״ה
נפ׳ באמשטרדם יב מרחשון תשס״א
הרה״צ ר׳ משה ב״ר שרגא פייבעל הי״ד — Reb Moshe Stempel הי״ד
נהרג על קדה״ש ד׳ מנחם אב תש״ב

YEVAMOS I: **Phillip and Ruth Wojdyslawski and Family**
In memory of his beloved parents
Abraham Michel and Ora Wojdyslawski ע״ה
ר׳ אברהם מיכאל ב״ר פינחס ע״ה
אורה בת ר׳ צבי הירש ע״ה

PATRONS OF THE TALMUD • DAF YOMI EDITION

YEVAMOS II: **Phillip and Ruth Wojdyslawski and Family**
In memory of her beloved mother
Chaya (Cytryn) Valt ע״ה
חיה צירל בת ר׳ שלמה זלמן ע״ה

YEVAMOS III: **Phillip and Ruth Wojdyslawski and Family**
In honor of
Benjamin C. Fishoff לאוי״ט
To the public he is a leader with vision and dedication.
To us he has always been a role model, a father,
and a constant inspiration.

KESUBOS I: **The Fishoff Families**
in memory of their beloved mother
מינדל בת ר׳ ישראל ע״ה – Mrs. Marilyn Fishoff ע״ה
נפ׳ כד תשרי תשמ״ט
and in memory of their dear grandparents
Fishoff – ר׳ דוב ב״ר מנחם אשר ע״ה מרת מירל בת ר׳ מנחם מענדל ע״ה
Neider – ר׳ ישראל ב״ר אברהם ע״ה מרת חיה זיסא בת ר׳ שרגא פייוועל ע״ה

KESUBOS II: **Moise Hendeles** **Hayim and Miriam Hendeles** **Jerry and Cecille Cohen**
and their families
in memory of their beloved father and grandfather
אליעזר ב״ר משה ז״ל – Lazare Hendeles ז״ל
נפ׳ כ׳ ניסן ד׳ חוה״מ פסח תשס״א
and in honor of their loving mother and grandmother
Mrs. Moselle Hendeles שתחי׳

KESUBOS III: **Brenda and Isaac Gozdzik**
Tova Chava **Tzeryl Leah**
in memory of their beloved parents and grandparents
שרגא פייוועל בן משה הענדעלעס ז״ל – Fred Hendeles ז״ל
נפ׳ ה׳ אלול תשס״ג
ביילע בת אליהו הלוי פערשלייסער ע״ה – Betty Hendeles ע״ה
נפ׳ כ״ו בניסן תשנ״ט

NEDARIM I: **Fradie Rapp**
Raizy, Menachem, Shimshon, Bashie, Tzvi
in memory of their beloved husband and father
הרב ישראל בן יעקב ז״ל – David Rapp ז״ל
נפ׳ כ׳ מרחשון תשס״ד

NEDARIM II: In memory of
Laurence A. Tisch
לייבל בן אברהם ע״ה

NAZIR I: **Andrew and Nancy Neff**
Abigail, Esther, Barnet and Philip
in honor of our parents and grandparents
Alan and Joyce Neff
Sidney and Lucy Rabin

NAZIR II: **Andrew and Nancy Neff**
Abigail, Esther, Barnet and Philip
in honor of our brothers and sisters
Garth and Valerie Heald
Lauren Neff
Douglas and Vivian Rabin
Andrew and Liat Rabin

PATRONS OF THE TALMUD ✦ DAF YOMI EDITION

SOTAH: **Motty and Malka Klein and Family**
In memory of
ר׳ ישעי׳ נפתלי הירץ ב״ר אהרן ז״ל – Norman Newman

GITTIN I: **Mrs. Kate Tannenbaum**
Elliot and Debra Tannenbaum Edward and Linda Zizmor
and Families
in memory of beloved husband, father and grandfather
ר׳ נפתלי ב״ר יהודה אריה ע״ה – Fred Tannenbaum ע״ה
נפטר ח׳ ניסן תשנ״ב

GITTIN II: **Mrs. Kate Tannenbaum**
Elliot and Debra Tannenbaum Edward and Linda Zizmor
and Families
in memory of beloved husband, father and grandfather
ר׳ נפתלי ב״ר יהודה אריה ע״ה – Fred Tannenbaum ע״ה
נפטר ח׳ ניסן תשנ״ב

KIDDUSHIN I: **Ellis A. and Altoon Safdeye**
in memory of their beloved parents
המנוח יהודה אצלאן ומרת צלחה ויקטוריא ע״ה – Aslan and Victoria Safdeye ע״ה
המנוח יהודה ומרת מרגלית ע״ה – Judah and Margie Sultan ע״ה
and in memory of his brother יוסף ע״ה – Joseph Safdeye ע״ה

KIDDUSHIN II: **Malcolm and Joy Lyons**
in loving memory of her father
זיסל בן אברהם דוד ז״ל – Cecil Jacobs ז״ל
and in honour of their parents שיחי׳
Leo and Eve Lyons
Mona Jacobs

BAVA KAMMA I: **Yitzchok and Shoshana Ganger**
in honor of their children and grandchildren
Aviva and Moshe Sigler
Aliza Saul Chani
Ilana and Menachem Ostreicher
Dov Ber Miriam Binyomin Paltiel
Dovid and Penina Ganger
Yosef Yaakov Gavriel Moshe Ettie
Daniella
and in memory of their fathers
ר׳ יוסף יעקב ב״ר יצחק ישעיהו ע״ה – Joseph Ganger ע״ה
נפטר טז כסלו תשנ״ו
הרב אריה ליב ב״ר מתתיהו ע״ה – Rabbi Aria Leib Newman ע״ה
נפטר כח ניסן תשס״ד

BAVA KAMMA II: **The Magid Families** (Sao Paulo, Brazil)
לעילוי נשמת – in memory of their dear husband and father
ר׳ אברהם יהודה אביר בן ר׳ יהושע ז״ל – R' Abir Magid ז״ל
נלב״ע כ״ו אדר תשמ״ב
ולעילוי נשמות – and in memory of
ר׳ יהושע ב״ר צבי חיים ז״ל וזוגתו מרת שרה פייגא בת ר׳ ישׂשכר דוב ע״ה
ר׳ יעקב ישראל ב״ר מרדכי ז״ל וזוגתו מרת אסתר פרומה בת ר׳ חיים ע״ה

BAVA KAMMA III: **Robert and Malka Friedlander** (Sao Paulo, Brazil)
Debby, David and Daniel
in memory of their fathers and grandfathers
הרב ישראל יעקב ב״ר יצחק מאיר ז״ל – Rabbi Israel Jacob Weisberger ז״ל
הרב נפתלי צבי נח ב״ר יהודה לייביש ז״ל – Rabbi Bela Friedlander ז״ל

PATRONS OF THE TALMUD • DAF YOMI EDITION

BAVA METZIA I: **Drs. Robert and Susan Schulman** **Howard and Tzila Schulman**
Fred and Cindy Schulman
dedicated to our beloved parents
Milton ז״ל and Molly ע״ה Schulman
Stanley and Ruth Beck שיחי׳
Albert ז״ל and Sylvia תחי׳ Kuhr
Naftali שיחי׳ and Berta ע״ה Rendel

BAVA METZIA II: **Suzy and Yussie Ostreicher and Ricki** **Ilana and Menachem Ostreicher**
Miriam and Dovid Ostreicher **Shayna and Yitzchok Steg**
in honor of our parents and grandparents
Michael and Rose Pollack
Hershi and Helly Ostreicher

BAVA METZIA III: **Stephanie and George Saks**
in memory of
The Gluck Family
זאב בן דוד צבי ע״ה ואסתר בת אשר זעליג ע״ה – Zev and Esther Gluck ע״ה
ליבא, אשר זעליג, דוד צבי, שמואל, מנשה, יחזקאל שרגא ע״ה –
Lee, George, David H., Samuel C., Emanuel M., Henry ע״ה, and
in memory of their parents and grandparents
פייוועל בן אליה ע״ה ומלכה בת אברהם ע״ה – Philip and Mildred Pines ע״ה
יעקב יצחק בן זאב ע״ה ומיימי בת זאב ע״ה – Dr. Jack I. and Mrs. Mae Saks ע״ה
זאב בן חיים דוד ע״ה וחיה ביילע בת יצחק יעקב ע״ה – Wolf and Chaye Beilah Saks ע״ה
and in memory of
יחיאל בן משה ע״ה – Elie Neustadter ע״ה

BAVA BASRA I: **Nachum and Malkie Silberman**
in memory of his parents
ר׳ צבי ב״ר זאב הלוי ז״ל דבורה אסתר בת ר׳ ישראל ע״ה – Silberman
his paternal grandparents and their children who perished על קידוש השם in the Holocaust
ר׳ זאב ב״ר משה הלוי ז״ל הי״ד גיטל בת ר׳ אפרים אלימלך הכהן ע״ה הי״ד – Silberman
ובנותיהם רחל, לאה, ומרים ע״ה הי״ד
and his maternal grandparents
ר׳ ישראל ב״ר לוי משה ז״ל שיינדל רחל בת ר׳ יעקב ע״ה – Weitman

BAVA BASRA II: **Roger and Caroline Markfield**
and their children
Eric and **Maxine**
in memory of his parents
מרדכי ב״ר נתנאל ואודל בת ר׳ מאיר דוד ז״ל – Max and Eileen Markfield ז״ל
and his sister
זיסל ע״ה – Lynn Herzel ע״ה

BAVA BASRA III: **Jaime and Marilyn Sohacheski**
in honor of their children
Jasmine and David Brafman and their baby **Shlomo Zalman**
Melisa and her chatan Jonathan Beck
Lindsay and Bennett

SANHEDRIN I: **Martin and Rivka Rapaport**
and their children
Mordechai **Ezriel** **Yehuda Aryeh** **Miriam Dreizel** **Shimshon**
Leah **Penina** **Eliyahu** **Meir** **Bracha**
in memory of
ר׳ יהודה אריה ב״ר מרדכי הכהן ז״ל – Leo Rapaport ז״ל

PATRONS OF THE TALMUD ✧ DAF YOMI EDITION

SANHEDRIN II: **Martin and Rivka Rapaport**
and their children
Mordechai Ezriel Yehuda Aryeh Miriam Dreizel Shimshon
Leah Penina Eliyahu Meir Bracha
in memory of
ר' ישראל דוב ב"ר מרדכי ז"ל — Albert Berger ז"ל
חנה גיטל בת ר' עזריאל ע"ה — Chana Gittel Berger ע"ה

SANHEDRIN III: **Marvin and Roz Samuels**
in memory of
ר' צבי יוסף ב"ר יצחק ז"ל — Joseph Samuels ז"ל
רחל בת ר' זכריה מנחם ע"ה — Rose Samuels ע"ה
of Scranton, PA
בנימין נח ב"ר ישראל הלוי ז"ל — Norman Newman ז"ל
אלטאביילא ראשקה בת נחמן הלוי ע"ה — Ruth Newman ע"ה

SHEVUOS: **Michael and Danielle Gross** (Herzlia and London)
in loving memory of their fathers
Paul Gross — פסח בן צבי הלוי ע"ה
David Beissah — דוד בן נתן ע"ה

MAKKOS: **The Tepper Families**
Beth and Yisroel Rabinowitz Jay and Sari Tepper
Hope and Moshe Abramson Neil and Leah Tepper
and children
in honor of their parents
David and Joan Tepper
and in memory of their grandparents
ר' מנחם מענדל ב"ר יעקב ז"ל ומרת מינדל בת ר' אריה ליב ע"ה — Tepper
ר' ראובן ב"ר נחמיה ז"ל ומרת עטיל בת ר' ישראל נתן נטע ע"ה — Gralla

AVODAH ZARAH I: **The Kuhl Family**
in memory of
יחיאל ב"ר יצחק אייזיק ע"ה Dr. Julius Kuhl ע"ה
פרומט בת ר' שמואל הלוי ע"ה Mrs. Yvonne Kuhl ע"ה
שמואל ב"ר יחיאל ע"ה Sydney Kuhl ע"ה

AVODAH ZARAH II: In memory of
Jerome Schottenstein ע"ה
יעקב מאיר חיים בן אפרים אליעזר הכהן ע"ה

HORAYOS-EDUYOS: **Woli and Chaja Stern** (Sao Paulo, Brazil)
in honor of their children
Jacques and Ariane Stern Jaime and Ariela Landau Michäel and Annete Kierszenbaum

ZEVACHIM I: **Robin and Warren Shimoff**
in memory of his parents
ישראל דוב ב"ר אהרן יעקב ז"ל — Irving Shimoff ז"ל
חיה רבקה לאה בת ר' אליעזר יהודה ע"ה — Lynn Shimoff ע"ה
and in honor of their children שיחיי' יבלח"ט
Lael Atara Alexander Ariana

ZEVACHIM II: **Abbie Spetner**
Ari and Chaya Sara and Dovi Nussbaum Chanoch Moshe
Rivkah Dinah Moshe Yosef
in honor of their father and grandfather
Kenneth Spetner שיחיי' לאוי"ט
and in memory of their mother and grandmother
רבקה דינה בת ר' משה יעקב ע"ה — Rita Spetner ע"ה
נפ' ד' ניסן תשס"ב

PATRONS OF THE TALMUD ❖ DAF YOMI EDITION

ZEVACHIM III: **Yaakov and Yona Spinner**
Dovi Elisheva Yitzy Shiri Leora
in memory of their father and grandfather
אפרים יצחק ב״ר אברהם ז״ל — Ephraim Spinner ז״ל
נפ׳ י״ז שבט תשנ״ז
and in memory of their grandparents and great-grandparents
משה יודה בן דוד ע״ה   רחל בת חיים דוד יהודה הכהן ע״ה
אברהם בן יוסף משה ע״ה   צירל בת אברהם אליהו ע״ה
משה שלמה בן יעקב ע״ה   רבקה בת משה ע״ה

MENACHOS I: **Terumah Foundation**

MENACHOS II: **Terumah Foundation**

MENACHOS III: **Terumah Foundation**

CHULLIN I: **Rabbi Heshie and Rookie Billet**
in honor of their mothers Mrs. Pearl Billet and Mrs. Phyllis Katz
their children Daniel and Hadassa Jacobson David and Anouche Billet
Avraham and Chana Billet Moshe Billet Shira Billet Nava Billet
their grandchildren Tehila, Aharon, Yehuda, and Netanel Jacobson Aliza Billet
and in memory of their fathers
ר׳ אהרן ב״ר יצחק הכהן כ״ץ ז״ל — Arthur Katz ז״ל
ר׳ יהודה יעקב ב״ר אברהם ז״ל — Jack Billet ז״ל
their daughter מרים רות ע״ה — Miriam Rus ע״ה
their granddaughter אליענה שרה ע״ה — Eliana Sara ע״ה

CHULLIN II: **Elly and Brochie Kleinman**
and their children **Deenie and Yitzy Schuss Yossie and Blimi Kleinman**
Aliza and Lavey Freedman and families
לעילוי נשמות their fathers
ר׳ אברהם אייזיק ב״ר אלכסנדר ז״ל — Avrohom Kleinman ז״ל
ר׳ מנחם דוד ב״ר מרדכי שמואל ז״ל — Mendel Indig ז״ל
his grandparents שנהרגו על קידוש השם
ר׳ אלכסנדר ב״ר צבי אריה ז״ל ומרת סימא לאה בת ר׳ אברהם ע״ה – הי״ד — Kleinman (Weiss)
הרב אלימלך ב״ר ישראל ז״ל ומרת יוטא ברכה בת ר׳ אברהם ע״ה – הי״ד — Fischman
her grandparents
ר׳ מרדכי שמואל ב״ר יוסף יעקב ז״ל שנהרג על קדה״ש הי״ד ומרת פרידה בת ר׳ מרדכי אריה ע״ה — Indig
ר׳ יעקב ב״ר שאול ז״ל ומרת חיה בת ר׳ יעקב ע״ה — Solomon
and יבלח״ט in honor of their mothers
Mrs. Ethel Kleinman שתחי׳ Mrs. Rose Indig שתחי׳

CHULLIN III: **Members of the International Board of Governors of the Mesorah Heritage Foundation**
as a source of merit for all our brethren wherever they are

CHULLIN IV: **Terumah Foundation**

BECHOROS I: **Jeff and Leslie Gould** **Jody and Sheldon Hirst**
Rachel Jacob **Marci Tracy**
in memory of their father
ראובן בן יוסף ע״ה — Rubin Gould ע״ה

BECHOROS II: **Hilda and Yitz Applbaum**
in honor of their children
Aaron Jacob Ariel Tsvi Miriam Gabriella Zahava
and in memory of their deceased parents
אהרן ב״ר יהודה לייב ז״ל ומרים בת ר׳ מנחם מענדל ע״ה — Aaron and Miriam Goetz ע״ה
טובה גיטל בת ר׳ אברהם יהושע העשיל ע״ה — Tova Gertrude Applbaum ע״ה

PATRONS OF THE TALMUD ❖ DAF YOMI EDITION

ARACHIN: **The Brown Family**
in memory of
בעריש דוב בן מרדכי אליהו ז״ל וטובא בת אברהם ע״ה — Bernard and Tillie Tublin ז״ל
אברהם בן בעריש דוב ז״ל ומייטא בת ישראל ע״ה — Abraham and Mae Tublin ז״ל
נחום בן אברהם ז״ל — Neil Tublin ז״ל
Harry and Molly Brown ז״ל
Beatrice Geller ע״ה
Sophie Noble Scherr ע״ה

TEMURAH: **Dr. Thomas and Anne Kohn** and their children
Dennis and Chayie Kohn **Yitzy and Dina Gunsburg** **Yaakov and Aviva Eisenberger**

Dr. Allan and Susan Seidenfeld and their children
Mordechai and Shaindy **Aaron and Dassi** **Dov and Chanala**
Yosef and Ahuva **Ahuva Libe** **Eliezer Chaim Yitzchok**
in honour of Eugene and Eva Kohn
in memory of מינדל בת חיים ע״ה (נפ׳ כ״ה אדר ב׳ תשס״ג) — Vera Rubinstein ע״ה
in honour of Daniel Rubinstein
in memory of חיה מירל בת אברהם ע״ה (נפ׳ כ״ה מרחשון תש״ס) — Margit Seidenfeld ע״ה
in honour of Salomon Seidenfeld

KEREISOS: לעילוי נשמת
מיסד ורוח החיים של רעיון הדף יומי
הגאון הרב ר׳ מאיר ב״ר יעקב שמשון שפירא זצ״ל
נפ׳ ז׳ חשון תרצ״ד
In memory of
Rabbi Meir Shapiro זצ״ל, the Lubliner Rav
whose revolutionary Daf Yomi initiative grows day by day.

ME'ILAH, TAMID, MIDDOS, KINNIM: **Steven and Renée Adelsberg**
Sarita and Rubin Gober **David** **Sammy** **Avi**
in loving memory of
שמואל שמעלקא ב״ר גדליה ז״ל — Samuel Adelsberg ז״ל
and יבלח״ט in honor of
Helen Adelsberg Weinberg שתחי׳
and
Chaim and Rose Fraiman שיחי׳

NIDDAH I: In memory of
Joseph and Eva Hurwitz ע״ה
יוסף ב״ר מרדכי הלוי וחוה פיגא ב״ר אליעזר הלוי ע״ה
and
Lorraine Hurwitz Greenblott — לאה בילא חיה בת ר׳ יוסף ע״ה
by
Marc and Rachel Hurwitz,
Elisheva Ruchama, Michal, and Nechama Leah;
Martin and Geraldine Schottenstein Hoffman,
Jay and Jeanie Schottenstein, Ann and Ari Deshe,
Susan and Jon Diamond, and Lori Schottenstein;
and Pam and Neil Lazaroff, Frank Millman, and Dawn and Avi Petel

NIDDAH II: In memory of
Jerome Schottenstein ע״ה
יעקב מאיר חיים בן אפרים אליעזר הכהן ע״ה

The Schottenstein Edition of the Talmud

This pioneering elucidation of the entire Talmud was named THE SCHOTTENSTEIN EDITION in memory of EPHRAIM AND ANNA SCHOTTENSTEIN ז״ל, of Columbus, Ohio. Mr. and Mrs. Schottenstein came to the United States as children, but they never surrendered the principles of Judaism or the love of Torah that they had absorbed in their native Lithuania. Tenacious was their devotion to the Sabbath, kashruth, and halachah; their support of needy Jews in a private, sensitive manner; their generosity to Torah institutions; and their refusal to speak ill of others.

They never surrendered the principles of Judaism or the love of Torah that they had absorbed in Lithuania.

This noble and historic gesture of dedication was made by their sons and daughters-in-law JEROME ז״ל AND GERALDINE SCHOTTENSTEIN and SAUL AND SONIA SCHOTTENSTEIN.

With the untimely passing of JEROME SCHOTTENSTEIN ז״ל, it became our sad privilege to rededicate THE SCHOTTENSTEIN EDITION to his memory, in addition to that of his parents.

Jerome Schottenstein ז״ל was a dear friend and inspirational patron. He saw the world through the lens of eternity, and devoted his mind, heart and resources to the task of assuring that the Torah would never be forgotten by its people. He left numerous memorials of accomplishment and generosity, but surely the SCHOTTENSTEIN EDITION OF THE TALMUD – spanning centuries – will be the most enduring.

Jerome left numerous memorials of accomplishment and generosity, but surely the Schottenstein Edition of the Talmud – spanning centuries – will be the most enduring.

The Schottensteins are worthy heirs to the traditions and principles of Jerome and his parents. Gracious and generous, kind and caring, they have opened their hearts to countless causes and people. Quietly and considerately, they elevate the dignity and self-respect of those they help; they make their beneficiaries feel like benefactors; they imbue institutions with a new sense of mission to be worthy of the trust placed in them.

The Schottensteins are worthy heirs to the traditions and principles of Jerome and his parents. Gracious and generous, kind and caring, they have opened their hearts to countless causes and people.

THE MESORAH HERITAGE FOUNDATION is proud and grateful to be joined with the Schottenstein family as partners in this monumental endeavor.

We pray that this great undertaking will be a source of merit for the continued health and success of the entire Schottenstein family, including the children and grandchildren:

JAY **and** JEANIE SCHOTTENSTEIN and their children, Joseph Aaron, Jonathan Richard, and Jeffrey Adam; ANN **and** ARI DESHE and their children, Elie Michael, David Scott, Dara Lauren, and Daniel Matthew; SUSAN **and** JON DIAMOND and their children, Jillian Leigh, Joshua Louis, and Jacob Meyer; and LORI SCHOTTENSTEIN.

The Schottensteins will be remembered with gratitude for as long as English-speaking Jews are nourished by the eternity of the Talmud's wisdom, for, thanks to them, millions of Jews over the generations will become closer to their heritage.

A Jew can accomplish nothing more meaningful or lasting in his sojourn on earth.

is reverently dedicated to the memory of
the patron of this Talmud
and of countless other noble causes in Jewish life

יעקב מאיר חיים בן אפרים אליעזר הכהן ע"ה

נפטר ה' אדר ב' תשנ"ב

Jerome Schottenstein ע"ה

and to the memory of his parents

אפרים אליעזר בן יהושע הכהן ע"ה **חנה בת צבי הירש ע"ה**

נפטר ב' אייר תשט"ז נפטרה ט"ו מנחם אב תשט"ו

Ephraim and Anna Schottenstein ע"ה

by

Geraldine Schottenstein

Saul and Sonia Schottenstein

and

Jay and Jeanie Schottenstein

and their children

Joseph Aaron, Jonathan Richard, Jeffrey Adam

Ann and Ari Deshe

and their children

Elie Michael, David Scott, Dara Lauren, Daniel Matthew

Susan and Jon Diamond

and their children

Jillian Leigh, Joshua Louis, Jacob Meyer

and

Lori Schottenstein

PATRONS OF THE SEDARIM

Recognizing the need for the holy legacy of the Talmud
to be available to its heirs in their own language,
these generous and visionary patrons have each dedicated
one of the six Sedarim/Orders of the Talmud.

THE FORMAN EDITION OF SEDER ZERAIM

is lovingly dedicated by

Mr. and Mrs. Sam Forman, Brett and Wendy

in memory of their beloved parents and grandparents

Mr. and Mrs. George Forman ע״ה **Dr. and Mrs. Morey Chapman ע״ה**

THE HORN EDITION OF SEDER MOED

is lovingly dedicated to the memory of

ר׳ משה מניס ב״ר יעקב יצחק ע״ה — Moishe Horn ע״ה

נפטר ב׳ מנחם אב תשנ״ד

by his wife **Malkie**

his parents **Jacob ע״ה and Genia Horn שתחי׳**

and her children

Shimmie and Alissa
Ari Shana Michal Tali

Devorah and Dov Elias
Moishe Ariella Eli Chaviva Tehilla

Shandi and Sruli Glaser
Ruthi Jack Miri

THE ELLIS A. SAFDEYE EDITION OF SEDER NASHIM

is reverently dedicated to the memory of

המנוח יהודה אצלאן ומרת צלחה ויקטוריא ע״ה

Aslan and Victoria Safdeye ע״ה

and

המנוח יהודה ומרת מרגלית ע״ה

Judah and Margie Sultan ע״ה

by their children

Ellis A. and Altoon Safdeye

and grandchildren

Alan Judah and Rachel Safdeye
Ezra and Victoria Esses

Joseph and Rochelle Safdeye
Michael and Bobbi Safdeye

PATRONS OF THE SEDARIM

THE DAVIDOWITZ FAMILY RENOV STAHLER ROSENWALD PERLYSKY EDITION OF SEDER NEZIKIN

is lovingly dedicated to

Rozi and Morty Davis-Davidowitz

builders of this dynasty

by their children and grandchildren

Esti and Ushi Stahler
Jamie, Danny, Duvi, Lisi, Avi, Eli, Malka and Loni

Rivki and Lindsay Rosenwald
Doni, Joshy, Demi, Davey and Tamar Rina

Ruki and Kal Renov
Tova, Tani, Eli, Ari, Yoni, Yael, Emi and Benji

Laya and Dov Perlysky
Ayala Malka, Tova Batsheva, Naftali Yonatan, Atara Yael, Eitan Moshe, Shira Avital and Akiva Yair

and is lovingly dedicated to the memory of our grandparents

Emily and Nathan Selengut ע״ה

נפתלי ב״ר יעקב ע״ה ומלכה בת ר׳ אלתר חיים ע״ה

THE SCHWARTZ EDITION OF SEDER KODASHIM

is lovingly dedicated by

Avrohom Yeshaya and Sally Schwartz

and their children

Ari and Daniella, Moshe, Dani, and Dovi

in memory of their beloved parents and grandparents

ר׳ יצחק ב״ר אשר ז״ל וחיה רבקה בת הרב בצלאל הירש ז״ל — Isaac and Rebecca Jarnicki ז״ל

נפ׳ יג׳ תמוז תשנ״ז נפ׳ ג׳ אדר תשס״ד

and their beloved grandmother

פערל בת ר׳ מרדכי ע״ה — Mrs. Pearl Septytor ע״ה

and in honor of יבלח״ט their parents and grandparents

Rabbi and Mrs. Gedalia Dov Schwartz שליט״א

and in memory of our grandparents

Rabbi Eliezer and Pesha Chaya Poupko ז״ל **Abraham Schwartz ז״ל**

Betzalel Hersh and Hendel Berliner ז״ל **Asher and Gittel Jarnicki ז״ל**

PATRONS OF THE TALMUD ❖ FULL-SIZE EDITION

With generosity, vision, and devotion to the perpetuation of Torah study,
the following patrons have dedicated individual volumes of the Talmud

Reference/ Introduction: **George and Vita Kolber**
In loving memory of
Joseph and Frieda Hirschfeld **ע״ה**

BERACHOS I: In memory of
Jerome Schottenstein ע״ה
יעקב מאיר חיים בן אפרים אליעזר הכהן ע״ה

BERACHOS II: **Zvi and Betty Ryzman**
in honor of their children שיחי׳
Mickey and Shelly Fenig — Aliza, Yissachar David, Batsheva and Aharon Yakov
Elie and Adina Ryzman — Leora and Yonatan Zev
Avi Rafi

Malcolm and Joy Lyons
in honour of their parents שיחי׳
Eve Lyons
Cecil and Mona Jacobs
and in memory of his father
Leopold Lyons ע״ה — יהודה בן גרשון ע״ה נפ׳ כ״ב שבט תשס״ג

SHABBOS I: **Nachshon and Bruria Minucha [Nuchi] Draiman and Family**
in memory of
הר״ר יהודה ליב מנדלקורן זצ״ל בן הר״ר צבי הי״ו
Rabbi Yehuda Leib Mandelcorn זצ״ל — נפטר כ׳ תמוז, תשנ״ג

SHABBOS II: **David and Bonnie Anfang** — **Rachel, Julie and Elliot**
Chaim and Ruthie Anfang — **Ariella Hope** **Michael Brett**
In loving memory of
Leib Anfang ע״ה — ר׳ אריה ליב ב״ר דוד אביגדור ע״ה
Barbara Anfang ע״ה — בשה לאה בת ר׳ אלימלך דוב ע״ה

Mimi and Steven Rosenbaum — **Stacey and Danny**
Joseph and Sharon Prawer — **Dena, Dovid, Alana, Naomi**
Alan and Louisa Prawer — **Ruben Pinchas**
In loving memory of
Pinkus and Genia Prawer ע״ה — ר׳ פנחס ב״ר יוסף ברוך הלוי ע״ה גילה בת אשר יונה ע״ה, and
Sarah Cukierman ע״ה — שרה בת שמעון ליב ע״ה

A Hebrew edition of the Talmud Bavli is now in progress.
The Hebrew edition is dedicated by

Jay and Jeanie Schottenstein

and their children

Joseph Aaron, Jonathan Richard, and Jeffrey Adam

— in honor of their cherished loved ones who have left indelible marks on their own lives and the lives of countless others, as models of inspiration, generosity, integrity, and devotion to the noblest causes in Jewish life:
his parents **JEROME ז״ל AND GERALDINE SCHOTTENSTEIN**,
her parents **LEONARD AND HEDDY RABE**
and **SAUL AND SONIA SCHOTTENSTEIN**

❦ ❦ ❦

JAY AND JEANIE SCHOTTENSTEIN
have a perspective that transcends time and community.
Through their dedication of these editions of the Talmud, they spread Torah study around the globe and across generations.
Multitudes yet unborn will be indebted to them for their vision and generosity.

PATRONS OF THE TALMUD • FULL-SIZE EDITION

SHABBOS II: [continued]
Rabbi Eliyahu and Yehudit Fishman
Rivka and Zvi Silberstein and Leah **Akiva Yitzchak Fishman**
Rabbi Yechiel Meir and Chagit Fishman **Rabbi Yosef and Aliza Fishman**
Talia Chanah, Ariel Yishai and Daniel
In loving memory of
ר׳ יוסף ב״ר טוביה ע״ה רודע רבקה בת ר׳ הירש מאיר ע״ה — Yosef and Rude Rivka Fishman ע״ה
and their children Yechiel Meir, Leah and Chanah הי״ד who perished in the Holocaust

SHABBOS III: **Stanley and Ellen Wasserman**
and their children
Alan and Svetlana Wasserman **Mark and Anne Wasserman**
Neil and Yael Wasserman **Stuart and Rivka Berger**
and families
In loving memory of
יוסף בן דוב בער ע״ה בילא בת יעקב ע״ה — Joseph and Bess Wasserman ע״ה, and
שמריהו בן משה ע״ה רבקה בת הרב יוסף הכהן ע״ה — Sascha and Regina (Czaczkes) Charles ע״ה

SHABBOS IV: לעילוי נשמות
הורינו היקרים **ר׳ לוי ב״ר יהודה הלוי ע״ה וצירל בת ר׳ מרדכי ע״ה לוינגר**
זקנינו היקרים **ר׳ יהודה ב״ר אליעזר צבי הלוי ע״ה וטלצא בת פרומט ע״ה לוינגר**
ר׳ מרדכי ב״ר שמואל ע״ה ומלכה בת ר׳ נתן ע״ה אדלר
אחינו **שמואל הלוי ע״ה יהודה הלוי ע״ה יהונתן הלוי הי״ד**
אחותנו **לאה בת ר׳ לוי סג״ל ע״ה ובעלה ר׳ טוביה ע״ה**
גיסינו **ר׳ מיכאל ב״ר ברוך שמואל ע״ה שוויצר ר׳ שמואל ב״ר יעקב ע״ה מיכל**
ולעילוי נשמות דודינו ודודותינו ויוצאי חלוציהם שנפטרו ושנהרגו על קידוש השם הי״ד
Dedicated by **Louis and Morris Lowinger**
Teri Schweitzer **Kato Michel** **Margit Baldinger** **Eva Lowinger**

ERUVIN: [two volumes]
Jerome and Geraldine Schottenstein **Saul and Sonia Schottenstein**
Jay and Jeanie Schottenstein **Ann and Ari Deshe**
Susan and Jon Diamond **Lori Schottenstein**
in memory of
אפרים אליעזר בן יהושע הכהן ע״ה — Ephraim Schottenstein ע״ה
חנה בת צבי הירש ע״ה — Anna Schottenstein ע״ה

PESACHIM I: **Vera and Soli Spira and Family**
in memory of
ברוך בן חיים ע״ה — Baruch Spira ע״ה
בילה בת נתן שלום ע״ה — Bella Spira ע״ה
שמואל בן אברהם ע״ה — Shmuel Lebovits ע״ה
and their respective families הי״ד who perished in the Holocaust
and in honor of
שפרה בת משה — Caroline Lebovits תחי׳

The Edmond J. Safra Edition of the Talmud Bavli in French,
adapted from the Schottenstein Edition, is now in progress.

The Edmond J. Safra Edition
is dedicated by
Lily Safra
in memory of her beloved husband
Edmond J. Safra רפאל אדמון עזרא בן אסתר ע״ה

His desire is in the Torah of Hashem, and in His Torah he meditates day and night.
He shall be like a tree deeply rooted alongside brooks of water;
that yields its fruit in due season, and whose leaf never withers,
and everything that he does will succeed (Psalms 1:2-3).

PATRONS OF THE TALMUD • FULL-SIZE EDITION

PESACHIM II: **Vera and Soli Spira and Family**
in memory of an uncle who was like a father
and a cousin who was like a brother
ישראל בן נתן שלום ע״ה – Israel Stern ע״ה
נתן שלום בן ישראל ע״ה – Noussi Stern ע״ה

PESACHIM III: **Lorraine and Mordy Sohn** **Ann and Pinky Sohn**
in memory of
ר׳ צבי ב״ר אלעזר ע״ה – Dr. Harry Sohn ע״ה
מרת הענדיל דבורה ב״ר אברהם שלמה ע״ה – Dora F. Sohn ע״ה
ר׳ יחזקאל ב״ר אליקים חנוך הלוי ע״ה – Harold Levine ע״ה
רבקה הענא בת שמעון הלוי ע״ה – Ruth Levine ע״ה
רייזל ב״ר שמשון ע״ה – Rosalie Sohn ע״ה

SHEKALIM: In loving memory of
Mr. Maurice Lowinger ז״ל
ר׳ מאיר משה ב״ר בן ציון הלוי ז״ל
נפ׳ כ״ז אדר תשס״א

YOMA I: **A. Joseph and Rochelle Stern**
Moshe Dov, Zev, Shani, Esty, and Shaye
in honor of their parents and grandparents
Eli and Frieda Stern שיחיו
Frida Weiss שתחי׳
and in memory of
ר׳ ישעי׳ בן ר׳ ישראל שמואל ווייס ז״ל

YOMA II: **A. Leibish and Edith Elbogen and Family**
לזכר נשמות
מוה״ר אהרן בן מוה״ר יעקב קאפל עלבוגן ז״ל
וזו׳ אלטע חנה חיה מלכה בת מוה״ר חיים יצחק מאיר ע״ה
אחותי פערל עם בעלה ושבע בנים ובנות
ושלשה אחי: חיים יצחק מאיר, משה יוסף, יעקב קאפל הי״ד
בני אהרן עלבוגן שנהרגו עקד״ה
מוה״ר נתן פייטל בן מוה״ר אברהם וואלד ז״ל
וזו׳ ברכה בת מוה״ר דוד יהודה הי״ד שנאספה עקד״ה באוישוויץ

SUCCAH I: **Howard and Roslyn Zuckerman** **Steven and Shellie Zuckerman**
Leo and Rochelle Goldberg
in memory of their parents
ר׳ פסח יהודה ב״ר יצחק אייזיק ע״ה וחוה בת ר׳ יהודה לייב ע״ה – Philip and Evelyn Zuckerman ע״ה

in honor of their children
Yisroel and Shoshana Pesi Zuckerman שיחי׳
Pesach Yehudah and Asher Anshel שיחי׳
Michael (Ezra) and Lauren Zuckerman שיחי׳
Adrianne & Shawn Meller, Elliot, & Joshua Goldberg שיחי׳

in honor of their children
Glenn and Heidi, Jamie Elle, Benjamin,
Brett and Robin, Brandon Noah, Ross and T.J. שיחי׳
and in honor of their parents
Marilyn and Aaron Feinerman שיחי׳

in memory of
ר׳ ישראל צבי ב״ר ברוך ע״ה ושיינדל בת ר׳ ישראל ע״ה – Israel and Shaindel Ray ע״ה
and in memory of Mrs. Rose Ray (Glass) ע״ה

Arthur and Randi Luxenberg
in honor of their parents
Irwin and Joan Luxenberg שיחי׳ Bernard and Evelyn Beeber שיחי׳
their children Elizabeth Jewel and Jacqueline Paige שיחי׳
in memory of his grandparents
ר׳ אברהם בן אהרן מרדכי ז״ל ורחל בת ר׳ משה ע״ה – Abraham and Rose Luxenberg ע״ה
ישעיהו צבי בן הרב טוביה ז״ל ושרה צירל בת ר׳ יעקב ע״ה – Jesse and Celia Aronson ע״ה

PATRONS OF THE TALMUD ❖ FULL-SIZE EDITION

SUCCAH II: **Thomas and Lea Schottenstein** **William and Amy Schottenstein**
in memory of
אריה ליב בן אפרים אליעזר הכהן ע״ה — Leon Schottenstein ע״ה
מאיר אבנר בן דוד הלוי ע״ה — Meir Avner Levy ע״ה
and in honor of
Mrs. Jean S. Schottenstein שתחי׳ Bertram and Corinne Natelson שיחי׳
Mrs. Flory Levy שתחי׳

BEITZAH: **Paul and Suzanne Peyser** **Irwin and Bea Peyser**
in memory of
פריידע רייזעל בת יהושע ע״ה דוד בן פינחס ע״ה — David and Rose Peyser ע״ה

ROSH HASHANAH: **Steve and Genie Savitsky** **David and Roslyn Savitsky**
In memory of
יואל בן אברהם ע״ה — Jerry J. Savitsky ע״ה
ישראל בן מנחם מאנעס ע״ה — Irving Tennenbaum ע״ה
שמואל בן יצחק ע״ה — George Hillelsohn ע״ה
רחל בת דוד הלוי ע״ה — Ruth Hillelsohn ע״ה
אהרן בן יהודה אריה ע״ה — Aaron Seif ע״ה

TAANIS: **David and Jean Bernstein, and Scott**
Matthew Bernstein
Albert and Gail Nassi, **Jessica and Garrett**
in memory of
Mr. and Mrs. Harry Bernstein ע״ה Mr. and Mrs. Joseph Furman ע״ה
Mr. Samuel Nassi ע״ה

MEGILLAH: Special Commemorative Edition published in conjunction
with the *Sh'loshim* of the patron of this edition of the Talmud
Jerome Schottenstein ע״ה
יעקב מאיר חיים בן אפרים אליעזר הכהן ע״ה

MOED KATAN: **Solomon T. and Leah Scharf**
and their children
David and Tzipi Diamond **Alexander and Naomi Scharf**
Joseph Scharf **Dovid and Chani Scharf**
לזכרון עולם
ר׳ אליהו בן משה יעקב ע״ה — R' Eliyahu Scharf ע״ה
שרה בת אלכסנדר זיסקינד ע״ה — Sara Scharf ע״ה
ר׳ יוסף בן צבי הירש ע״ה — R' Joseph Felder ע״ה

CHAGIGAH: **The Alvin E. Schottenstein Family**
In memory of
חיים אברהם יונה בן אפרים אליעזר הכהן ז״ל — Alvin E. Schottenstein ז״ל
יצחק אייזיק בן עקיבא הכהן ז״ל — Irving Altman ז״ל
הדס בת אברהם אביש ע״ה — Helen Altman ע״ה
שרגא פייוול בן יצחק אייזיק הכהן ז״ל — Frank Altman ז״ל

YEVAMOS I: **Phillip and Ruth Wojdyslawski and Family**
In memory of his beloved parents
Abraham Michel and Ora Wojdyslawski ע״ה
ר׳ אברהם מיכאל ב״ר פינחס ע״ה
אורה בת ר׳ צבי הירש ע״ה

YEVAMOS II: **Phillip and Ruth Wojdyslawski and Family**
In memory of her beloved mother
Chaya (Cytryn) Valt ע״ה
חיה צירל בת ר׳ שלמה זלמן ע״ה

YEVAMOS III: **Phillip and Ruth Wojdyslawski and Family**
In honor of
Benjamin C. Fishoff לאוי"ט
To the public he is a leader with vision and dedication.
To us he has always been a role model, a father,
and a constant inspiration.

KESUBOS I: **The Fishoff Families**
in memory of their beloved mother
מינדל בת ר' ישראל ע"ה – Mrs. Marilyn Fishoff ע"ה
נפ' כד תשרי תשמ"ט
and in memory of their dear grandparents
ר' דוב ב"ר מנחם אשר ע"ה מרת מירל בת ר' מנחם מענדל ע"ה – Fishoff
ר' ישראל ב"ר אברהם ע"ה מרת חיה זיסא בת ר' שרגא פייוועל ע"ה – Neider

KESUBOS II **Arthur A. and Carla Rand**
in memory of their parents
ר' ישראל ב"ר צבי Rand ומרת ליבא מלכה ב"ר יהודה Marcus ע"ה
ר' שלמה ב"ר מרדכי יהודה Ratzersdorfer ומרת חוה ב"ר חיים Finkelstein ע"ה
and in honor of their children
ר' אריה יהושע ב"ר אליהו דוב ומרת ליבא מלכה שיחי' – Lydia M. and Lionel S. Zuckier
ר' יואל אשר ב"ר חיים שלמה ומרת גנענדל חנה שיחי' – Gigi A. and Joel A. Baum
ר' ישראל יהודה ומרת צפורה געלא ב"ר יצחק חיים שיחי' – Jay J. and Cyndi G. Finkel-Rand
and grandchildren
דניאל יעקב, נפתלי צבי, חוה, בנימין, צפורה מרים, רחל, בתשבע Baum שיחי'
שלמה יצחק, שירה חיה, צבי, שפרה לאה, בן ציון Zuckier שיחי'
אליהו אריה לייב, יעקב שלמה, צבי, חסיה ליבא, מתתיהו דוד Rand שיחי'

KESUBOS III **ישימך אלהים כשרה רבקה רחל ולאה**
May God make you like Sarah, Rebecca, Rachel and Leah

NEDARIM I: **Mrs. Goldy Golombeck**
Hyman P. and Elaine Golombeck **Blanche B. Lerer**
Moishe Zvi and Sara Leifer **Avrohom Chaim and Renee Fruchthandler**
In memory of
ר' משה יוסף ב"ר חיים פנחס ע"ה – Morris J. Golombeck ע"ה
and by Moishe Zvi and Sara Leifer in memory of
הרב ברוך יוסף ב"ר משה צבי ע"ה – האשה הצנועה מרים יוטא בת ר' לוי יצחק ע"ה
Mr. and Mrs. Baruch Leifer ע"ה

NEDARIM II: **The Rothstein Family**
In loving memory of
וועלוועל ב"ר יוסף ע"ה – Warren Rothstein ע"ה
David and Esther Rothstein ע"ה Max and Gussie Gottlieb ע"ה
and in honor of
Howard and Beatrice Rothstein

NAZIR I: **Albert and Gail Nassi**
Garrett A. Nassi
Jessica Lea Nassi
in memory of
Samuel Nassi ע"ה
Albert and Leona Nassi ע"ה
Benjamin and Adell Eisenberg ע"ה
Arthur and Sarah Dector ע"ה

Daniel and Susan Kane
Jessica, Adam and Stacey
in memory of
Abraham and Rose Kanofsky ע"ה
Benjamin and Sophie Gornstein ע"ה
Elie and Irma Darsa ע"ה
Mack and Naomi Mann ע"ה

NAZIR II: **Alan and Myrna Cohen, Alison and Matthew**
in memory of
Harry and Kate Cohen ע"ה Harry and Pauline Katkin ע"ה

PATRONS OF THE TALMUD ❖ FULL-SIZE EDITION

SOTAH: **Motty and Malka Klein**
for the merit of their children שיחיו
Esther and Chaim Baruch Fogel   Dovid and Chavie   Binyomin Zvi
Elana Leah and Natan Goldstein   Moshe Yosef   Yaakov Eliyahu
In honor of his mother שתחי'
Mrs. Suri Klein לאוי"ט
In memory of his father
ר' יהודה ב"ר דוד הלוי ז"ל נפ' כ"ז אדר ב' תשס"ג – Yidel Klein
In memory of her parents
ר' אשר אנשיל ב"ר משה יוסף ז"ל נפ' ג' שבט תשנ"ט – Anchel Gross
שרה בת ר' חיים אליהו ע"ה נפ' כ"ד סיון תשס"א – Suri Gross
And in memory of their grandparents who perished על קידוש השם in the Holocaust
ר' דוד ב"ר יעקב הלוי ע"ה ופערל בת ר' צבי ע"ה הי"ד – Klein
ר' מרדכי ב"ר דוד הלוי ע"ה ולאה בת ר' יעקב הלוי ע"ה הי"ד – Klein
ר' משה יוסף ב"ר בנימין צבי ע"ה ומלכה בת ר' יחיאל מיכל ע"ה הי"ד – Gross
ר' חיים אליהו ב"ר מרדכי ע"ה ויוטא בת ר' שלמה אליעזר ע"ה הי"ד – Gartenberg

GITTIN I: **Mrs. Kate Tannenbaum**
Elliot and Debra Tannenbaum   Edward and Linda Zizmor
and Families
commemorating the first *yahrzeit* of beloved husband, father and grandfather
ר' נפתלי ב"ר יהודה אריה ע"ה – Fred Tannenbaum ע"ה
נפטר ח' ניסן תשנ"ב

GITTIN II: **Richard and Bonnie Golding**
in honor of   Julian and Frances Golding   Lawrence Cohen and Helen Lee Cohen
and in memory of   Vivian Cohen ע"ה
Irving and Ethel Tromberg   Clarence and Jean Permut
in memory of
Benjamin and Sara Tromberg ע"ה   Harry and Lena Brown ע"ה
Molly and Julius Permut ע"ה   Lizzie and Meyer Moscovitz ע"ה

KIDDUSHIN I: **Ellis A. and Altoon Safdeye**
in memory of their beloved parents
המנוח יהודה אצלאן ומרת צלחה ויקטוריא ע"ה – Aslan and Victoria Safdeye ע"ה
המנוח יהודה ומרת מרגלית ע"ה – Judah and Margie Sultan ע"ה
and in memory of his brother יוסף ע"ה – Joseph Safdeye ע"ה

KIDDUSHIN II: **Mr. and Mrs. Ben Heller**
in memory of his father
יואל נתן ב"ר חיים הלוי ע"ה – Joseph Heller ע"ה
and in honor of his mother
צפורה שתחי' לאוי"ט בת ר' בנימין ע"ה – Fanya Gottesfeld-Heller שתחי'

BAVA KAMMA I: **Yitzchok and Shoshana Ganger**
and Children
in memory of
ר' יצחק ישעיהו ב"ר שלמה זלמן ע"ה–רויזא גיטל בת ר' משה ע"ה – Ganger
מיכאל ב"ר אברהם מרדכי ע"ה–מרים יוכבד בת ר' בנימין ע"ה – Ferber
ר' משה דוד ב"ר יצחק זעליג מקוצק ע"ה–פיגא בת ר' אברהם מרדכי ע"ה – Morgenstern
ר' מתתיהו ב"ר שמואל דוב ע"ה–אסתר מלכה בת ר' אריה ליב ע"ה – Newman

BAVA KAMMA II: **William and Esther Bein, and**
Joseph Hillel, Abraham Chaim Zev, and Bella Leah
In memory of parents and grandparents
מנחם מענדל ב"ר שמואל יצחק הכהן ע"ה – Edward (Mendus) Bein ע"ה
לאה בת חיים זאב הכהן ע"ה – Ilus Hartstein Bein ע"ה
מרדכי בן יוסף ע"ה – Mordochej Szer ע"ה
בילה בת אברהם ע"ה – Baila Silber Szer ע"ה
שמואל יצחק הכהן ושרהביין ע"ה – חיים זאב הכהן ושרה הרטשטיין ע"ה
יוסף ויענטה שער ע"ה – אברהם ואסתר זילבר ע"ה

PATRONS OF THE TALMUD ❖ FULL-SIZE EDITION

BAVA KAMMA III: **Dedicated to Klal Yisrael,**
and particularly to the Six Million.

הקב״ה שוכן בתוך בני ישראל והוא חד עם כנסת ישראל

"The Holy One Blessed is He dwells among the children of Israel;
He and the congregation of Israel are one."

— *Tzidkas Hatzaddik* 179

BAVA METZIA I: **Drs. Robert and Susan Schulman**
Howard and Tzila Schulman Fred and Cindy Schulman
and Families

in memory of

מיכאל בן צבי הירש ע״ה ומלכה בת ר׳ יוסף ע״ה — Milton and Molly Schulman ע״ה

BAVA METZIA II: **Donald E. and Eydie R. Garlikov, and Jennifer**

in memory of beloved son and brother

צבי שלמה בן דן ע״ה — Kenneth Scott Garlikov ע״ה

and in memory of parents and grandparents

עזריאל וועלוויל ב״ר אנשיל ע״ה טשארנא בת ר׳ אריה לייב ע״ה

Irve W. and Cecelia (Kiki) Garlikov ע״ה

and in honor of parents and grandparents, brother and uncle

מרדכי ואסתר פריידל ריטטער — Marcus and Elfrieda Ritter

נפתלי חיים ריטטער — Dr. Nathaniel Ritter

BAVA METZIA III: **The David H. Gluck Foundation**

in memory of

The Gluck Family

זאב בן דוד צבי ע״ה ואסתר בת אשר זעליג ע״ה — Zev and Esther Gluck ע״ה

ליבא, אשר זעליג, דוד צבי, שמואל, מנשה, יחזקאל שרגא ע״ה —

Lee, George, David H., Samuel C., Emanuel M., Henry ע״ה, and

יעקב יצחק בן זאב ע״ה ומיימי בת זאב ע״ה — Dr. Jack I. and Mrs. Mae Saks ע״ה

and in memory of

זאב בן חיים דוד וחיה ביילע בת יצחק יעקב ע״ה — Wolf and Chaye Beilah Saks ע״ה

יחיאל בן משה ע״ה — Elie Neustadter ע״ה

BAVA BASRA I: In memory of

מנחם מענדל בן אלימלך יהושע העשל ע״ה

חיה בת יהושע הכהן ע״ה

BAVA BASRA II: **Paul and Beth Guez and Family**

in memory of

Felix (Mazal) Guez ע״ה

BAVA BASRA III: **Irving and Frances Schottenstein**

in honor of their beloved parents

מאיר בן יהושע הכהן ע״ה ליבא בת הרב יצחק משה ע״ה — Meyer and Libbie Schottenstein

טוביה ע״ה ויבדל״ח שיינדל תחי׳ — Tobias ע״ה and Jennie Polster תחי׳

Melvin ע״ה and Lenore תחי׳ Schottenstein

in honor of their beloved parents

אברהם יוסף בן יהושע הכהן ע״ה ויבדל״ח בליה זילפה בת יצחק תחי׳

Abe J. ע״ה and Bessie (Stone) תחי׳ Schottenstein

יצחק ע״ה ויבדל״ח שרה תחי׳ — Isadore J. ע״ה and Sophie תחי׳ Green

PATRONS OF THE TALMUD ✦ FULL-SIZE EDITION

SANHEDRIN I: **Mortimer and Barbara Klaus** **Lester and Esther Klaus**
Arthur and Vivian Klaus
in memory of their beloved parents
ר׳ שמשון ב״ר יעקב ע״ה באשא בת ר׳ מרדכי נתן ע״ה
Samuel and Bessie Klaus ע״ה
and in memory of their sister
רייזל בת ר׳ שמשון ע״ה — **Rosalie Klaus Sohn**

SANHEDRIN II: Dedicated by a fellowship of people who revere the Talmud, its sanctity and wisdom, who foster its study, and who join in helping bring its treasures to future generations, the world over.

SANHEDRIN III: **Joseph and Adina Russak**
Dr. Leonard and Bobbee Feiner
Larry and Rochelle Russak
in memory of
צבי הירש ורחל רוסק ע״ה — Mr. and Mrs. Harry Russak ע״ה
אליעזר ובריינדל דייטש ע״ה — Mr. and Mrs. Eliezer Deutsch ע״ה
יעקב ורבקה לאה פיינר ע״ה — Mr. and Mrs. Jacob Feiner ע״ה

MAKKOS: **Mr. and Mrs. Marcos Katz**
in honor of הרב אפרים לייבוש בן הרב מרדכי דוד הכהן כ״ץ שליט״א
Rabbi Ephraim Leibush Katz שליט״א

SHEVUOS: Dedicated by
Michael and Danielle Gross
(London)

AVODAH ZARAH I: **The Kuhl Family**
in memory of
יחיאל ב״ר יצחק אייזיק ע״ה Dr. Julius Kuhl ע״ה
פרומט בת ר׳ שמואל הלוי ע״ה Mrs. Yvonne Kuhl ע״ה
שמואל ב״ר יחיאל ע״ה Sydney Kuhl ע״ה

AVODAH ZARAH II: In memory of
Jerome Schottenstein ע״ה
יעקב מאיר חיים בן אפרים אליעזר הכהן ע״ה

HORAYOS-EDUYOS: **Woli and Chaja Stern** (Sao Paulo, Brazil)
in memory of his parents
ר׳ צבי בן ר׳ חיים הלוי ומרת מרים ז״ל — Stern
מרת דאכא בת ר׳ פרץ ומרת ברכה ע״ה — Tager
and in memory of her parents
ר׳ דוד אריה בן ר׳ יעקב ומרת שיינדל ז״ל — Brenner
מרת איטלה בת ר׳ חיים ומרת מדל ע״ה — Stern
and in memory of their mechutanim
ר׳ ישראל מרדכי ב״ר צבי יוסף סג״ל ז״ל — Landau
ר׳ יששכר טוביה ב״ר יוסף ז״ל — Weitman
ר׳ שמואל עקיבא ב״ר שלמה צבי ז״ל — Kierszenbaum
and in memory of their sister-in-law
מרת זלטה פסל בת ר׳ אברהם יעקב ומרת חנה גיטל ע״ה — Stern
and in honor of their children
Jacques and Ariane Stern Jaime and Ariela Landau Michäel and Annete Kierszenbaum

ZEVACHIM I: **Mr. and Mrs. Samson Bitensky**

ZEVACHIM II: **Victor Posner**

PATRONS OF THE TALMUD ✦ FULL-SIZE EDITION

ZEVACHIM III: **Friends of Value City Department Stores**
In memory of
יעקב מאיר חיים בן אפרים אליעזר הכהן ע״ה — Jerome Schottenstein ע״ה

MENACHOS I: **Terumah Foundation**

MENACHOS II: **Terumah Foundation**

MENACHOS III: **Terumah Foundation**

CHULLIN I: **The Kassin Family**
in memory of
הרב יעקב שאול קצין זצ״ל — Rabbi Dr. Jacob Saul Kassin זצ״ל
The late Chief Rabbi of the Syrian-Sephardic Community
and in honor of
הרב שאול יעקב קצין שליט״א — Rabbi Saul Jacob Kassin שליט״א
Chief Rabbi of the Syrian-Sephardic Community

CHULLIN II: **Marty Silverman**
in memory of
Joseph and Fannie Silverman ע״ה and Dorothy Silverman ע״ה

CHULLIN III: **Harold and Ann Platt**
in memory of their beloved parents
אליעזר ושרה פיגא ע״ה — Eliezer and Sarah Feiga (Olshak) Platkowski ע״ה of Malkinia, Poland
ברוך ולאה ע״ה — Baruch and Laura Bienstock ע״ה of Lwow, Poland
and in memory of their entire families who perished in the Holocaust

CHULLIN IV: **Terumah Foundation**

BECHOROS I: **Howard Tzvi and Chaya Friedman**
Gabrielle Aryeh Yerachmiel Alexander and Daniella
in memory of their father and grandfather
הרב ירחמיאל ברוך בן הרה״ח ר׳ אלעזר ז״ל — Yerachmiel Friedman ז״ל

BECHOROS II: **Howard and Chaya Balter**
Nachum and Perri Augenbaum Naftali Aryeh Akiva
in memory of his mother and their grandmother
רחל בת ר׳ חיים ע״ה, נפ׳ ז׳ שבט תשנ״ט — **Ruth Balter** ע״ה
and in honor of their parents and grandparents שיחי׳
David Balter
Noah and Shirley Schall
and in beloved memory of their grandparents and great grandparents
ר׳ שלמה ב״ר דוד זאב ז״ל אדי בת ר׳ זאב ע״ה — Balter
ר׳ חיים ב״ר לייב ז״ל פערל בת ר׳ בייניש ע״ה — Lelling
ר׳ דוב בער ב״ר אליעזר ז״ל ליבה בת ר׳ ישראל ע״ה — Zabrowsky
ר׳ נפתלי ב״ר יעקב שלמה ז״ל שרה בת ר׳ רפאל ע״ה — Schall

ARACHIN: **Chanoch and Hadassah Weisz and Family**
in memory of his father:
לעי״נ אביו ר׳ צבי ב״ר שמחה הלוי ע״ה, נפ׳ כ״ז מנחם אב תשמ״ה — Weisz
his maternal grandfather:
לעי״נ ר׳ שלמה ב״ר יצחק ע״ה, נפ׳ ה׳ סיון תש״א — Grunwald
his maternal grandmother and their children who perished in the Holocaust:
לעי״נ מרת גנדל בת ר׳ חנוך העניך ע״ה, שנהרגה עקה״ש כ״ז סיון תש״ד הי״ד — Grunwald
ולעי״נ בניהם משה ב״ר שלמה, יעקב ב״ר שלמה, יצחק ב״ר שלמה, בנימין ב״ר שלמה,
שנהרגו עקה״ש כ״ז סיון תש״ד הי״ד

and in memory of her grandparents:
לעי״נ ר׳ חייא בן חכם ר׳ רפאל ע״ה, נפ׳ כ״ד מנחם אב תשל״ה — Aryeh
וזוגתו מרת מלכה בת ר׳ אליהו ע״ה, נפ׳ י״ח טבת תשל״ד

PATRONS OF THE TALMUD ❖ FULL-SIZE EDITION

TEMURAH: **Dr. and Mrs. Walter Silver**
Shlomo, Chani, and Avi Cohen
Sheri, Terri, Jennifer and Michelle Kraut
Evan and Alison Silver
in memory of our parents, and great grandparents
צבי יצחק ב״ר שמואל ע״ה — Harry Silver ע״ה
שרה פיגא בת מענדל ע״ה — Sarah Silver ע״ה
אברהם משה בן הרב שלמה זאלי ע״ה — Morris Bienenfeld ע״ה
גוטקה טובה בת אברהם דוד ע״ה — Gertrude Bienenfeld ע״ה

KEREISOS: **Mouky and Charlotte Landau** (Antwerp)
in honor of their children
Natalie and Chemi Friedman **Yanky and Miriam Landau**
Steve and Nechama Landau
and in beloved memory of their parents
חיים יעקב ב״ר יהושע ז״ל — Chaim Yaakov Landau ז״ל
אסתר בת ר׳ יעקב קאפל הכהן ע״ה — Esther Landau ע״ה
בן ציון ב״ר יצחק צבי ז״ל — Benzion Gottlob ז״ל
צילה בת ר׳ שמואל יהודה לייב ע״ה — Cila Herskovic ע״ה
and in beloved memory of our partner
מורנו הרב ר׳ יוסף יצחק בן מורנו ורבנו הרה״ג ר׳ מרדכי רוטנברג זצ״ל אבדק״ק אנטווערפן

ME'ILAH, TAMID, MIDDOS, KINNIM: **Steven and Renée Adelsberg**
Sarita and Rubin Gober **David** **Sammy** **Avi**
in loving memory of
שמואל שמעלקא ב״ר גדליה ז״ל — Samuel Adelsberg ז״ל
and in honor of
Helen Adelsberg Weinberg שתחי׳
and
Chaim and Rose Fraiman שיחי׳

NIDDAH I: In memory of
Joseph and Eva Hurwitz ע״ה
יוסף ב״ר מרדכי הלוי וחוה פיגא ב״ר אליעזר הלוי ע״ה
and
Lorraine Hurwitz Greenblott — לאה בילא חיה בת ר׳ יוסף ע״ה
by
Marc and Rachel Hurwitz,
Elisheva Ruchama, Michal, and Nechama Leah;

Martin and Geraldine Schottenstein Hoffman,
Jay and Jeanie Schottenstein, Ann and Ari Deshe,
Susan and Jon Diamond, and Lori Schottenstein;

and Pam and Neil Lazaroff, Frank Millman, and Dawn Petel

NIDDAH II: In memory of
Jerome Schottenstein ע״ה
יעקב מאיר חיים בן אפרים אליעזר הכהן ע״ה

Guardians of the Talmud*

A society of visionary people who recognize the primacy of the Jewish people's commitment to intellect, ethics, integrity, law, and religion — and pursue it by presenting the treasures of the eternal Talmud in the language of today . . . for the generations of tomorrow.

❦ ❦ ❦

David and Jean Bernstein
Matthew Bernstein
Scott and Andrea Bernstein

in memory of

Mr. and Mrs. Harry Bernstein ע״ה
Mr. and Mrs. Joseph Furman ע״ה

❦ ❦ ❦

The publishers pay tribute to the memory of a couple that embodied Torah knowledge and service to our people

הרב יצחק בן ר׳ שמואל ז״ל – Rabbi Yitzchok Filler ז״ל

נפטר ל״ג בעומר תש״ל

הרבנית דבורה בת ר׳ אברהם בצלאל ע״ה – Mrs. Dorothy Filler ע״ה

נפטרה כ״א מרחשון תשס״ג

and the memory of a man of integrity and sensitivity

ר׳ יוסף בן הרב יהודה אריה ז״ל – George May ז״ל

נפטר כ״ז שבט תש״ס

תנצב״ה

We also honor a matriarch and role model

Mrs. Sylvia May תחי׳

❦ ❦ ❦

Stephen L. and Terri Geifman and children
Leonard and Linda Comess and children
Alan and Cherie Weiss and children

in loving memory of

משה מרדכי בן יחיאל מיכאל ז״ל – Morris M. Geifman

and in honor of

Geraldine G. Geifman

❦ ❦ ❦

Elliot and Debbie Gibber
Daniel and Amy Gibber and family, Jacob and Jennifer Gibber and family,
Marc, Michael, Mindy, and David

in memory of our parents and grandparents

אלימלך חיים בן ירמיה הלוי ז״ל – Charles Goldner ז״ל

נפ׳ כ׳ חשון תשס״ב

who completed Shas many times

מינדל בת משולם ע״ה – Kate Ettlinger Goldner ע״ה

נפ׳ כ״א תמוז תשכ״ח

*In formation

The Written Word is Forever

Guardians of the Talmud*

A society of visionary people who recognize the primacy of the Jewish people's commitment to intellect, ethics, integrity, law, and religion — and pursue it by presenting the treasures of the eternal Talmud in the language of today . . . for the generations of tomorrow.

❦ ❦ ❦

Milton and Rita Kramer

in honor of their 50th wedding anniversary and Milton's 80th birthday (April 1999),
in honor of the marriage of Ellen to George Gross (September 18, 2000),
and in honor of their children and grandchildren

Daniel and Gina Kramer and Children **Jonathan and Marian Kramer and Children**

Ellen K. and George Gross and their Children

and in everlasting memory of their beloved parents and grandparents
חיים שניאור זלמן הלוי (חזק) ופייגע דינה ע״ה — Hyman S. and Fannie D. Kramer ע״ה
חיים אלטער ושרה חנה ע״ה — Adolph H. and Sadie A. Gross ע״ה
משה אליעזר הלוי ורחל עלקא ע״ה — Morris L. and Rachel E. Kramer ע״ה
דוב בער הכהן ודבורה ע״ה — Barney and Dvorah Cohen ע״ה
משולם צבי ולאה ע״ה — Herman M. and Leah Gross ע״ה
פסח אלכסנדר וחנה ע״ה — Peisach and Hannah Neustadter ע״ה

❦ ❦ ❦

Helene and Moshe Talansky **Ida Bobrowsky** **Irene and Kalman Talansky** **Shoshana Silbert**

in honor of

Rebecca Talansky's 100th birthday עמו״ש

and in memory of
הרב דוד בן הרב אברהם חיים ז״ל — Rabbi David Talansky ז״ל
בלומא בת ר׳ שלמה הלוי ע״ה — Blanche Moshel ע״ה
ר׳ אברהם חיים בן הרב דוד ז״ל — Abraham R. Talansky ז״ל
הרב יעקב בן ר׳ אברהם ז״ל — Rabbi Jacob Bobrowsky ז״ל
תמר בת הרב יעקב ע״ה — Tema Bobrowsky ע״ה
ר׳ משה בן ר׳ לייב ז״ל – בריינה בת ר׳ זלמן ע״ה — Rebecca and Morris Weisinger ז״ל
הרב אברהם בן ר׳ נחמיה ז״ל — Rabbi Avraham Silbert ז״ל
ר׳ מרדכי בן ר׳ שאול ז״ל – שפרה רייזל בת ר׳ צבי ע״ה — Ruth and Marek Stromer ז״ל
ר׳ אהרון בן ר׳ שלמה אריה ז״ל – רחל בת ר׳ יהושע אהרון ע״ה — Rose and Aaron Lerer ז״ל

❦ ❦ ❦

Thomas R. and Janet F. Ketteler

in memory of his mentor

Jerome Schottenstein ע״ה

❦ ❦ ❦

Alan and Myrna Cohen

in honor of

their children

Alison and Matthew

*In formation

Guardians of the Talmud*

A society of visionary people who recognize the primacy of the Jewish people's commitment to intellect, ethics, integrity, law, and religion — and pursue it by presenting the treasures of the eternal Talmud in the language of today . . . for the generations of tomorrow.

❦ ❦ ❦

Rona and Edward Jutkowitz

In honor of our family's continuing commitment to Torah learning and Klal Yisrael.
We dedicate this volume to our daughters, **Rebecca and Mollie,**
who are the light of our lives and our blessings, and always fill our hearts with nachas;
and to their zeide, **Mr. Herman Jutkowitz,** who is a constant source of guidance and inspiration;
and in memory of our beloved parents
משה בן מאניס ז״ל ורחל בת אברהם הכהן ע״ה — Martin W. and Ruth Trencher ז״ל
ברכה בת שניאור זלמן ע״ה — Bernice Jutkowitz ע״ה
May our daughters have the honor to teach the value of Torah to their own children,
and may Torah be the guiding light for all of Klal Yisrael.

❦ ❦ ❦

לעילוי נשמת

הבחור מרדכי גדליהו ז״ל בן משה ואסתר שיחי׳ — Franky Ehrenberg

נפ׳ כ״ג סיון תשס״ג / June 22, 2003

With a life of Torah study and service to Klal Yisrael ahead of him,
our beloved son, brother, and uncle was plucked from this life at only twenty-three.

כי מרדכי . . . דרש טוב לעמו ודבר שלום לכל זרעו

Dr. Martin and Esther Ehrenberg
Scott Leon **Dr. Judy and Hillel Olshin**
Yonatan Eliezer **Sara Elisheva** **Shmuel Abba**

❦ ❦ ❦

Richard Bookstaber and Janice Horowitz

In memory of his son

May his memory be a blessing
to all those whose lives he touched.

❦ ❦ ❦

Michael and Patricia Schiff
Sophia, Juliette and Stefan
in memory and appreciation of
Jerome Schottenstein ז״ל
and in honor of beloved parents and grandparents
Shirlie and Milton Levitin **Solange and Joseph Fretas** **Judy and Robert Schiff**
and Torah scholars
Rabbi Mordechai Schiff ז״ל and **Rabbi Ephraim Schiff ז״ל**

May we all bring honor to Hashem

*In formation

The Written Word is Forever

Community Guardians of the Talmud

A community is more than a collection of individuals. It is a new entity that is a living expression of support of Torah and dedication to the heritage of Klal Yisrael.

In honor of

Rabbi Reuven Fink and the *maggidei shiur* of **Young Israel of New Rochelle**

Dr. Joey and Lisa Bernstein
in memory of
שרה אלטע בת אברהם ע"ה
Mrs. Sondra Goldman ע"ה

Meyer and Ellen Koplow
in honor of their children
Tovah and Michael Koplow,
Jonathan, and Aliza

Stanley and Sheri Raskas
in memory of his parents
ראובן ב"ר חיים שבתי לייב ע"ה וחנה בת הרב טוביה ע"ה
Ralph and Annette Raskas ז"ל

Stanley and Ellen Wasserman
in memory of
חיה פיגא בת שמריהו — Viola Charles ע"ה
רות גולדה בת שמריהו — Ruth Schreiber ע"ה
לאה בת יוסף — Lee Salzberg ע"ה

Stanley and Vivian Bernstein and children
in honor of their parents and grandparents
Jules and Adele Bernstein
Andrew and Renee Weiss

Dr. Ronald and Susan Moskovich
in honor of their children
Adam Moshe, Leah Rivka, and David
"עשה תורתך קבע"

Drs. Arthur and Rochelle Turetsky
in honor of their children and grandson
Avi and Melissa, Jonathan and Nili, Yehuda
Shmuel Chaim

Gerald and Judith Ziering
in memory of
יחיאל מיכל בן אפרים פישל ז"ל וזלטא בת נחמן ע"ה
Jesse and Laurette Ziering ז"ל

Aaron and Carol Greenwald
in honor of their children and grandchildren
Ira and Jamie Gurvitch and children
Shlomo and Tobi Greenwald and children

Karen and Michael Raskas
and Family

Mark and Anne Wasserman
in honor of their children
Joseph, Bailey, Erin, Rebeccah
and Jordyn

Daf Yomi shiur
in honor of their wives

Lakewood Links
in honor of
Rabbi Abish Zelishovsky

The Community of Great Neck, New York

YOUNG ISRAEL OF GREAT NECK
Rabbi Yaacov Lerner
Rabbi Eric Goldstein
Dr. Leeber Cohen
Professor Lawrence Schiffman

GREAT NECK SYNAGOGUE
Rabbi Ephraim R. Wolf ז"ל
Rabbi Dale Polakoff
Rabbi Shalom Axelrod
Rabbi Yoel Aryeh
Rabbi Yossi Singer

In Memoriam
Rabbi Ephraim R. Wolf ז"ל,
a pioneer of *harbotzas Torah*, a *kiruv* visionary, and a gifted spiritual leader. His legacy is the flourishing Torah community of Great Neck, New York.

The Community of Columbus, Ohio

In memory of **Jerome Schottenstein** Of Blessed Memory
and in honor of **Geraldine Schottenstein and Family**

Jay And Jeanie Schottenstein
Joseph, Jonathan, Jeffrey
Ann And Ari Deshe
Elie, David, Dara, Daniel
Susie And Jon Diamond
Jillian, Joshua, Jacob
Lori Schottenstein
Saul And Sonia Schottenstein

Sarah and Edward Arndt & Family
Irwin and Beverly Bain
Daniela & Yoram Benary
Liron & Alexandra, Oron, Doreen
Deborah & Michael Broidy
Michelle & Daniel
Families of Columbus Kollel
Naomi & Reuven Dessler
Sylvia & Murray Ebner & Family

Tod and Cherie Friedman
Rachel, Ross & Kara
Jim & Angie Gesler
Gerald & Karon Greenfield
Ben & Tracy Kraner & Family
Mike, Heidi, Brian, Deena & Leah Levey
Helene & Michael Lehv
Gary Narin
Ira & Laura Nutis & Family

Lea & Thomas Schottenstein & Family
Jeff & Amy Swanson
Jon
Marcy, Mark, Sam, & Adam Ungar
Drs. Philip & Julia Weinerman
Michael & Channa Weisz & Family
Dr. Daniel & Chaya Wuensch & Family
Main Street Synagogue
Howard Zack, Rabbi

The Written Word is Forever

The Talmud Associates*

A fellowship of benefactors dedicated to
the dissemination of the Talmud

❖

Audrey and Sargent Aborn and Family

Dr. Mark and Dr. Barbara Bell,
Bentzion Yosef and Mordechai Yehudah

The Belz Family

Richard Bookstaber and Janice Horowitz
In memory of his son

Michael and Bettina Bradfield
Gabrielle and Matthew
(London)

Nachi and Zippi Brown,
Jessica, Daniella, Shachar and Mindy
in honor of their parents and grandparents

Columbus Jewish Foundation

Milton Cooper and Family

Dr. and Mrs. David Diamond

Nahum and Feige Hinde Dicker and Family

Sophia, Alberto and Rose Djmal

Dr. Richard Dubin

Kenneth and Cochava Dubin

Dr. Martin and Esther Ehrenberg

David and Simone Eshaghian

Louis, Reuben and Larry Feder and Family

Rabbi Judah and Ruth Feinerman

In honor of
Mr. and Mrs. Yehoshua Chaim Fischman
by their children

Mayer and Ruthy Friedman
Ari, Yitzy, Suri, Dovi

Dr. Michael and Susan Friedman
לזכות בניהם, כלתם, ונכדם; בנותיהם, וחתניהם שיחי׳

Yeshaya and Perel Friedman

Julius Frishman

David and Sally Frenkel
לזכות בניהם וכלתם היקרים שיחיו:
דניאל שמואל ומאשה שושנה, אורי גבריאל, רונית פרימיט

The Furmanovich Family

Sander and Tracy Gerber
לזכות בניהם היקרים יעקב עקיבא, אסתר פערל, טליה גולדה,
חנה טובה, ורותי רבקה שיחי׳ שיתעלו בתורה ויראת שמים

Leon and Agi Goldenberg
in honor of the marriage of their children
Mendy and Estie Blau

Robert and Rita Gluck
לרפו״ש טויבא רחל בת פריידא שתחי׳

Shari and Jay Gold and Family

Dr. Martin and Shera Goldman and Family

Esther Henzel

Hirtz, Adler and Zupnick Families

Hashi and Miriam Herzka

Norman and Sandy Nissel Horowitz

Mrs. Farokh Imanuel, Kamram Imanuel
Dr. Mehran and Sepideh Imanuel
Eli and Fariba Maghen

David and Trudy Justin and Family
in honor of their parents
Zoltan and Kitty Justin

Nosson Shmuel and Ann Kahn and Family
ולזכות בניהם היקרים שיחיו:
חיים דוד, צבי מנחם, אברהם יצחק, ומשפחתם
ולכבוד אמו מרת גיטל שתחי׳ לאויוש״ט

David J. and Dora Kleinbart

In honor of
Mr. and Mrs. Label Kutoff
by their children

The Landowne Family

Ezriel and Miriam Langer

Mr. and Mrs. Chaim Leibel

Yehuda and Rasie Levi

Donald Light

Rudolph and Esther Lowy

Raphael and Blimie Manela
לזכות בניהם היקרים שיחיו:
מתתיהו, ישראל, ישעיהו, חיים משה, ושמעון

Howard and Debra Margolin and Family

Mendy and Phyllis Mendlowitz

*In formation

The Talmud Associates*

A fellowship of benefactors dedicated to
the dissemination of the Talmud

Robby and Judy Neuman and Family
לזכות בניהם היקרים שיחיו:
אברהם לייב, שרה מאטיל, מרדכי שרגא, זיסל,
שמואל שמעלקא, רחל ברכה, ישראל זכריהו ומנשה ברוך

RoAnna and Moshe Pascher
לזכות בניהם היקרים שיחיו:
נח צבי, דוד ישראל

Naftali Binyomin and Zypora Perlman
In honor of
Mr. and Mrs. Yosef Perlman עמו״ש

Kenneth Ephraim and Julie Pinczower
לרפו״ש ישראל חיים בן פייגלא שיחי׳

Dr. Douglas and Vivian Rabin

Michael G. Reiff

Ingeborg and Ira Leon Rennert

Alan Jay and Hindy Rosenberg

Aviva and Oscar Rosenberg

John and Sue Rossler Family

Mr. and Mrs. David Rubin and Family

Dinah Rubinoff and Family

Ms. Ruth Russ

Mr. and Mrs. Alexander Scharf

Mark and Chani Scheiner

Avi and Michou Schnur

Rubin and Marta Schron

Rivie and Leba Schwebel and Family

Shlomo Segev (Smouha)

Bernard and Chaya Shafran
לזכות בניהם היקרים שיחיו:
דבורה, יעקב חיים, דוד זאב, אסתר מנוחה

Jeffrey and Catherine Shachat
in honor of Rabbeim Howard Zack and Judah Dardik

Steven J. Shaer

Joel and Malka Shafran
לזכות בניהם היקרים שיחיו:
אשר נחמן, טובה חיה, תמר פעסיל, שרה חוה

Robin and Warren Shimoff

Nathan B. and Malka Silberman

The Soclof Family

Dr. Edward L. and Judith Steinberg

Avrohom Chaim and Elisa Taub
Hadassah, Yaakov Yehuda Aryeh, Shifra, Faige,
Devorah Raizel, and Golda Leah

Max Taub
and his son Yitzchak

Jay and Sari Tepper

Walter and Adele Wasser

Melvin, Armond and Larry Waxman

William and Noémie Wealcatch

The Wegbreit Family

Robert and Rachel Weinstein and Family

Dr. Zelig and Evelyn (Gutwein) Weinstein
Yaakov, Daniella, Aliza and Zev

Erwin and Myra Weiss

Morry and Judy Weiss

Shlomo and Esther Werdiger

Leslie M. and Shira Westreich

Willie and Blimie Wiesner

The Yad Velvel Foundation

Moshe and Venezia Zakheim

Dr. Harry and Holly Zinn

Mrs. Edith Zukor and Family

*In formation

In Memoriam — לזכרון עולם

Dedicated by the Talmud Associates
to those who forged eternal links

Abraham — שמחה בן ר׳ יהודה לייב הכהן ע״ה
דוד חי ב״ר שלום הכהן ע״ה וחנה בת ר׳ עזרא ע״ה
אהרן בן חיים זאב ע״ה גאלדע בת ר׳ דוד ע״ה
Ashkenazy — ר׳ שלמה ב״ר יצחק זצ״ל ורעיתו עלי׳ מינדעל בת ר׳ יעקב ע״ה
Sarah T. Belz — שרה בת אהרן צבי הלוי ע״ה
Ben-Ari — אליעזר בן מרדכי ע״ה ושרה בת ר׳ אברהם ע״ה
Ben-Ari — מרדכי בן אליעזר ע״ה
Berber — משה ורחל
Bernath — מנשה ב״ר שמואל שמעלקא ע״ה Meizner — מרדכי חיים ב״ר זבולן יצחק חייא ע״ה
Biegeleisen — שמעון דוד ז״ל ב״ר יעקב שלמה שיחי׳ לאוי״ט
Blitz — דוב מאיר ב״ר דוד הכהן ע״ה
Freddy Bradfield — יעקב בן צבי ע״ה
אהרן ב״ר דוד הכהן ז״ל
Elihu Brodsky — אליהו ב״ר חיים ע״ה
Vera (Greif) Brodsky — יונה בת ר׳ פינחס ע״ה
Cooperberg — שימה רייזל בת ר׳ אהרן שלמה ע״ה
Cooperberg — אברהם אשר בן ר׳ מאיר ע״ה
Cumsky — דוב בער בן אברהם יששכר ע״ה ופעשא מאטלא בת יוסף ע״ה
צבי טעביל בן ישראל ע״ה וליבע בת דוד ע״ה
Diamant — אשר ב״ר יהושע מרדכי הכהן ע״ה
Diamant — שרה בת ר׳ אריה ע״ה
Diamant — ר׳ דוב ב״ר משה ע״ה ורייזל בת ר׳ אברהם ע״ה
Diamond — דר. ר׳ יצחק ב״ר ברוך בענדיט ע״ה
Dicker — מרדכי צבי ב״ר יעקב ע״ה
Dicker — קיילא בת ר׳ משה ע״ה
Djmal — טופיק טוביה בן משה ושושנה ע״ה
Paul and Jeannette Dubin ע״ה
Mollie Dubinsky ע״ה
Abram B. Efroymson ע״ה
Sylvia Spira Efroymson ע״ה
Ehrenberg — אברהם בן עמנואל ע״ה ויוכבד בת ר׳ אלימלך ע״ה
Einhorn — משה בן ברוך ז״ל ורבקה נעכא בת חיים צבי ע״ה
Eshaghian — אברהם בן דוד ע״ה
Esrig — דוד בן שלמה ע״ה וחיה אייגא בת שלום ע״ה
Feder — מלכה בת ירחמיאל הכהן ע״ה
Feiden — ישראל בן אהרן ע״ה
Feinerman — אליעזר בן יוסף ע״ה ולאה בת ישראל יצחק ע״ה
יוסף בן צבי יחזקאל ע״ה ושרה בת ר׳ משה ע״ה
Freier — ישעיה צבי ב״ר חיים אלכסנדר יוסף ע״ה
Freier — שיינדל בת ר׳ משה הלוי ע״ה
Freilich — הרב יצחק דוב ב״ר אברהם יעקב ז״ל
Frenkel — גרשון בן יחיאל דוד ע״ה Rottenstreich — דוד בן עקיבא ע״ה
Friedman — ר׳ אהרן ב״ר יעקב מאיר ע״ה
Friedman — ר׳ אברהם ב״ר אלטר יצחק אייזיק ע״ה
Frishman — מרים בת ר׳ יוסף מרדכי ע״ה

Frishman — יצחק אריה ב״ר יהודה ע״ה ומרים לאה בת ר׳ יצחק ע״ה
Furmanovich — לע״נ שרה הניה בת פסח הלוי ע״ה
Furmanovich — לע״נ גדליה דב בן אברהם יואל ז״ל
Goldman — אמו, שפרה בת ר׳ קלונימוס קלמן ע״ה
Gugenheim — החבר אפרים בן רפאל ע״ה
Gugenheim — בריינדל בת החבר נתן הכהן ע״ה
Hanz — חיים בן מרדכי הי״ד
Henzel — אברהם בן ר׳ מנחם זאב ע״ה
Hirtz — אליעזר בן ישעיה ז״ל ולאה בת יוסף הלוי ע״ה
Horowitz — שלמה יהודה ב״ר זלמן יוסף הלוי ז״ל ומרים בת אברהם הכהן ע״ה
Imanuel — מרדכי בן רחמים ז״ל
Kahn — ר׳ ישראל אריה ב״ר שמואל הכהן ז״ל
Katzef — פרומה באדענה בת אלחנן ע״ה
Kleinbart — משה ב״ר אריה לייב ע״ה
Kleinbart — בתיה בת ר׳ משה אברהם ע״ה
Kriegel — רויזא מינצא בת הרב ישראל יהודה ע״ה
Kulefsky — הילד יהודה לייב ע״ה בן נתן נטע לאוי״ט
Langer — משה בן יצחק הי״ד
Landowne — שלמה בן יוסף ע״ה
Lasry — שאול ב״ר אברהם ע״ה וזהרה אסתר בת משה ע״ה
Lazar — אליעזר שאול בן זאב מאיר ע״ה
Lefkovich — ר׳ זאב וועלוול ב״ר יצחק אייזיק ע״ה
Lemberger — יצחק בן אריה ע״ה
Leibel — יחזקאל שרגא ב״ר חיים ע״ה
Leibel — רויזא בת ר׳ אברהם משה ע״ה
Levi — הרב חיים מאיר בן ר׳ מנחם ע״ה
Levi — שושנה טייבא רייזל בת ר׳ יחזקאל גרשון ע״ה
Light — משה גבריאל בן אברהם אליהו ז״ל וחנה בת נתן ע״ה
Lowy — מרדכי אריה ב״ר רפאל הלוי ז״ל ומינדל בת ר׳ שלמה זלמן ע״ה
May — ר׳ יוסף בן הרב יהודה אריה ע״ה
Miller — אלטער משה יוסף ב״ר צבי אריה ז״ל
Moskowitz — אליעזר ב״ר אברהם ברוך ז״ל וזהבה בת ר׳ משה ע״ה
Neuman — יצחק אייזיק ב״ר אהרן ע״ה
Nissel — שלמה מאיר בן הרב חיים לייב עזריאל ז״ל
Paneth — אלטע חיה שרה ע״ה בת ר׳ פנחס שיחי׳ לאוי״ט
Parnes — אריה לייבש בן יוסף יצחק ועטיא בת אשר ראובן ע״ה
Parnes — הרב אברהם זאב ב״ר ישכר ע״ה
Parsons — משה זלמן בן אהרן דוב ע״ה
Perlowitz — הרב משה ב״ר אליעזר הלל ע״ה
Pinczower — אפרים ב״ר ישראל חיים ופייגלא בת ר׳ יעקב ע״ה
Rabin — ישראל בן נחום ע״ה
Reiff — לוי יצחק ב״ר עזריאל ז״ל ויהודית בת ר׳ יצחק אייזיק ע״ה
Rennert — שרה בת יצחק יעקב ע״ה
Rennert — יונה מנחם בן אהרן ע״ה

תנצב״ה

In Memoriam — לזכרון עולם

Dedicated by the Talmud Associates
to those who forged eternal links

Rosenberg — חיים נחמן ב״ר דוד ולאה בת יוסף ע״ה
Sam and Leah Rosenbloom ע״ה
Roth — ר׳ צבי יהודה ז״ל ב״ר אברהם יצחק שיחי׳ לאוי״ט
Roth — משה ב״ר יעקב הכהן ע״ה Weisner — יצחק ב״ר זאב ע״ה
In memory of the Sanz-Klausenburger Rebbe זצוק״ל
כ״ק אדמו״ר אבדק״ק צאנז-קלויזענבורג זי״ע
מרן הרהגה״צ ר׳ יקותיאל יהודה בהרהגה״צ ר׳ צבי זצוק״ל
נלב״ע ש״ק פ׳ חקת, ט׳ תמוז תשנ״ד
William Shachat ע״ה and Israel Ira Shachat ע״ה
Scharf — אליהו ב״ר משה יעקב ושרה בת אלכסנדר זיסקינד ע״ה
Scherman — ר׳ אברהם דוב ב״ר שמואל נטע ע״ה
Scherman — ליבא בת ר׳ זאב וואלף ע״ה
Schnur — אברהם יצחק בן אהרן הי״ד וחנה בת חיים יעקב ע״ה
Schoenbrun — שרגא פייבל ב״ר יעקב הכהן ומאטל אסתר בת מרדכי הלוי ע״ה
Schron — אליעזר דוב בן חיים משה ע״ה
Schron — חוה בת שמעון ע״ה
Schulman — חיים חייקל בן ר׳ שמואל ע״ה
Schulman — חיה בת הרב ישראל יהודה ע״ה
Schwebel — אברהם זכריה מנחם בן יוסף ומחלה בת ישראל מרדכי ע״ה
Scherman — חיים שמואל ב״ר אברהם דוב ע״ה
Scherman — הילד אברהם דוב ע״ה ב״ר זאב יוסף שיחי׳
Sol Scheiner — שלמה טוביה בן יהושע מנחם הלוי ע״ה
Rose Schwartz — רייזל בת הרה״ג ר׳ אברהם יצחק ע״ה
Shafran — ר׳ יהושע ב״ר אברהם ע״ה
Shayovich — משה יעקב ב״ר נחום ועטיא פייגא בת מרדכי ע״ה
Shimoff — ר׳ ישראל דוב ב״ר אהרן יעקב ז״ל
Shimoff — חיה רבקה לאה בת ר׳ אליעזר יהודה ע״ה
Shubow — יוסף שלום בן משה ע״ה
Silberman — ר׳ צבי ב״ר זאב הלוי ע״ה
Silberman — דבורה אסתר בת ישראל ע״ה
Silbermintz — יהושע ב״ר יוסף שמריהו ע״ה
Singer — צבי בן ר׳ חיים ע״ה
Singer — הינדי בת ר׳ שלמה ע״ה

Soclof — אברהם אבא ב״ר שמריהו ע״ה
Soclof — חיה ברכה בת צבי הירש הלוי ע״ה
Smouha — הרב אליהו בן מאיר הלוי ע״ה
Steir — משה בן מיכאל ע״ה
Steinberg — יצחק גדליה בן יהודה לייב ע״ה
Steinberg — מלכה בת מאיר לוי ע״ה
Stern — ר׳ חיים מאיר ב״ר שמחה ז״ל ובינה בת ר׳ יוסף מרדכי ע״ה
Tabak — שיינא רחל בת יוסף מרדכי ע״ה
Taub — ר׳ יעקב ב״ר יהודה אריה ע״ה נפ׳ ד׳ מנחם אב תשל״ט
Taub — אליעזר יוסף בן מענדל ע״ה
Taub — מענדל בן אליעזר יוסף חיה בת הירש ע״ה
Taub — רויזא בת ר׳ משה ע״ה
Wealcatch — חיים דוב ב״ר זאב ואסתר בת ר׳ יוסף אייזיק ע״ה
Weiss — צבי בן יואל ע״ה
Weiss — גיטל בת ישראל ע״ה
Werdiger — ר׳ שלמה אלימלך ב״ר ישראל יצחק ע״ה
Westreich — הרב יהושע בן הרב יוסף יאסקא ז״ל
Leo Werter ע״ה
Wiesner — הרב שמעיה בן הרב זאב ע״ה
Wiesner — שרה לאה בת ר׳ צבי אריה ע״ה
Zakheim-Brecher — בתיה רחל ע״ה בת ר׳ משה יוסף שיחי׳ לאוי״ט
Zalstain — שמעון בן מרדכי יוסף הלוי ע״ה
Zimmer — ר׳ אברהם יעקב בן אהרן אליעזר ע״ה
הרב אהרן ב״ר מאיר יעקב ע״ה
הרבנית פרומא בת ר׳ חיים צבי ע״ה
Zinn — צבי יהודה בן שמעון ע״ה
Zinn — דבורה בת יחיאל מרדכי ע״ה
Leslie Zukor — ר׳ יצחק חיים ב״ר יוסף ע״ה
Zlatow — ר׳ שמואל דוד ב״ר מאיר יעקב ז״ל
הרב אהרן ב״ר מאיר יעקב זצ״ל
הרבנית פרומא בת ר׳ חיים צבי ע״ה
צבי יהודה ז״ל בן אברהם יצחק לאוי״ט
חיים מאיר בן שמחה ז״ל ובינה בת יוסף מרדכי הכהן ע״ה
אליעזר ב״ר אברהם ברוך ז״ל וגולדה זהבה בת משה הלוי ע״ה

תנצב״ה

פטרוני התלמוד

We express our appreciation to the distinguished patrons
who have dedicated volumes in the

HEBREW ELUCIDATION OF THE SCHOTTENSTEIN EDITION OF THE TALMUD

Dedicated by

JAY AND JEANIE SCHOTTENSTEIN

and their children

Joseph Aaron, Jonathan Richard, and Jeffrey Adam

SEDER ZERA'IM: **Mrs. Margot Guez and Family**
Paul Vivianne Michelle Hubert Monique Gerard Aline Yves

SEDER NASHIM: **Ellis A. and Altoon Safdeye and Family**

SEDER NEZIKIN: **Yisrael and Gittie Ury and Family** (Los Angeles)

BERACHOS I: **Jay and Jeanie Schottenstein** (Columbus, Ohio)
BERACHOS II: **Zvi and Betty Ryzman** (Los Angeles)
SHABBOS I: **Moshe and Hessie Neiman** (New York)
SHABBOS II: **David and Elky Retter and Family** (New York)
SHABBOS III: **Mendy and Itta Klein** (Cleveland)
SHABBOS IV: **Mayer and Shavy Gross** (New York)
ERUVIN I: **The Schottenstein Family** (Columbus, Ohio)
ERUVIN II: **The Schottenstein Family** (Columbus, Ohio)
PESACHIM I: **Serge and Nina Muller** (Antwerp)
PESACHIM III: **Morris and Devora Smith** (New York / Jerusalem)
SHEKALIM: **The Rieder, Wiesen and Karasick Families**
YOMA I: **Peretz and Frieda Friedberg** (Toronto)
YOMA II: **Avi Klein and Family** (New York)
SUCCAH I: **The Pruwer Family** (Jerusalem)
SUCCAH II: **The Pruwer Family** (Jerusalem)
BEITZAH: **Chaim and Chava Fink** (Tel Aviv)
ROSH HASHANAH: **Avi and Meira Schnur** (Savyon)
TAANIS: **Mendy and Itta Klein** (Cleveland)
MEGILLAH: **In memory of Jerome Schottenstein ז"ל**
MOED KATTAN: **Yisroel and Shoshana Lefkowitz** (New York)
CHAGIGAH: **Steven and Hadassah Weisz** (New York)
YEVAMOS I: **Phillip and Ruth Wojdyslawski** (Sao Paulo, Brazil)
YEVAMOS II: **Phillip and Ruth Wojdyslawski** (Sao Paulo, Brazil)
YEVAMOS III: **Phillip and Ruth Wojdyslawski** (Sao Paulo, Brazil)
KESUBOS I: **Ben Fishoff and Family** (New York)
KESUBOS II: **Jacob and Esther Gold** (New York)
KESUBOS III: **David and Roslyn Lowy** (Forest Hills)
NEDARIM I: **Soli and Vera Spira** (New York / Jerusalem)
NAZIR: **Shlomo and Esther Ben Arosh** (Jerusalem)

פטרוני התלמוד

SOTAH: **Motty and Malka Klein** (New York)
GITTIN I: **Mrs. Kate Tannenbaum;**
Elliot and Debra Tannenbaum; Edward and Linda Zizmor
KIDDUSHIN I: **Ellis A. and Altoon Safdeye** (New York)
KIDDUSHIN II: **Jacqui and Patty Oltuski** (Savyon)
BAVA KAMMA I: **Lloyd and Hadassah Keilson** (New York)
BAVA KAMMA II: **Faivel and Roiza Weinreich** (New York)
BAVA METZIA I: **Joseph and Rachel Leah Neumann** (Monsey)
BAVA METZIA II: **Shlomo and Tirzah Eisenberg** (Bnei Brak)
BAVA METZIA III: **A. George and Stephanie Saks** (New York)
SANHEDRIN I: **Martin and Rivka Rapaport** (Jerusalem)
SANHEDRIN III: In honor of **Joseph and Anita Wolf** (Tel Aviv)
MAKKOS: **Hirsch and Raquel Wolf** (New York)
SHEVUOS: **Jacques and Miriam Monderer** (Antwerp)
HORAYOS-EDUYOS: **Woli and Chaja Stern** (Sao Paulo, Brazil)
ZEVACHIM I: **Mr. and Mrs. Eli Kaufman** (Petach Tikva)
ZEVACHIM II: **Mr. and Mrs. Eli Kaufman** (Petach Tikva)
CHULLIN I: **The Pluczenik Families** (Antwerp)
CHULLIN II: **Avrohom David and Chaya Baila Klein** (Monsey)
CHULLIN III: **Avrohom David and Chaya Baila Klein** (Monsey)
CHULLIN IV: **The Frankel Family** (New York)
BECHOROS II: **Howard and Chaya Balter** (New York)
ARACHIN: **Mr. and Mrs. Eli Kaufman** (Petach Tikva)
TEMURAH: **Abraham and Bayla Fluk** (Tel Aviv)
NIDDAH I: **Daniel and Margaret, Allan and Brocha, and David and Elky Retter and Families**

ACKNOWLEDGMENTS

We are grateful to the distinguished *roshei hayeshivah* and rabbinic leaders שליט"א in Israel and the United States whose guidance and encouragement have been indispensable to the success of this Talmud, from its inception. Their letters of approbation appear earlier in this volume.

A huge investment of time and resources was required to make this edition of the Talmud a reality. Only through the generous support of many people is it possible not only to undertake and sustain such a huge and ambitious undertaking, but to keep the price of the volumes within reach of the average family and student. We are grateful to them all.

The Trustees and Governors of the MESORAH HERITAGE FOUNDATION saw the need to support the scholarship and production of this and other outstanding works of Torah literature. Their names are listed on an earlier page.

JAY SCHOTTENSTEIN is chairman of the Board of Governors and has enlisted many others in support of this monumental project. In addition, he and his wife JEANIE have dedicated the HEBREW ELUCIDATION OF THE SCHOTTENSTEIN EDITION OF THE TALMUD and the DAF YOMI EDITION OF THE TALMUD in honor of their parents. But those are only formal identifications. The Schottensteins are deeply involved in a host of causes and their generosity is beyond description. Most recently they have undertaken sponsorship of the SCHOTTENSTEIN INTERLINEAR SERIES, which is bringing a new and innovative dimension of understanding to tefillah. Nevertheless, this Talmud is their *liebling*. They surpass every commitment to assure its continuity and it has justly become synonymous with their name.

HAGAON RAV DAVID FEINSTEIN שליט"א has been a guide, mentor, and friend since the first day of the ArtScroll Series. We are honored that, though complex halachic matters come to the Rosh Yeshivah from across the world, he regards our work as an important contribution to *harbatzas haTorah* and that he has graciously consented to be a trustee of the Foundation.

In addition, we are grateful to:

LAURENCE A. TISCH, JAMES S. TISCH and THOMAS J. TISCH, who have been more than gracious on numerous occasions; JOEL L. FLEISHMAN, Founding Trustee of the Foundation, whose sage advice and active intervention was a turning point in our work; ELLIS A. SAFDEYE, the dedicator of the SAFDEYE EDITION OF SEDER NASHIM, a legendary supporter of worthy causes and a warm, treasured friend; BENJAMIN C. FISHOFF, patron of several volumes of the Talmud, and a sensitive, visionary friend who has brought many people under the banner of this project; ZVI RYZMAN, patron of the HEBREW RYZMAN EDITION OF THE MISHNAH and of tractates in this Talmud edition, a dynamic and imaginative force for Torah life and scholarship, and a loyal, devoted friend; SOLI SPIRA, patron of Talmud volumes, who is respected on three continents for his learning and magnanimity; RABBI MEYER H. MAY, a man who devotes his considerable acumen and prestige to the service of Torah. He has been a proven and invaluable friend at many junctures; ABRAHAM BIDERMAN, a Trustee, whose achievement for Torah and community, here and abroad, are astounding; JUDAH SEPTIMUS, a Trustee, whose acumen and resources are devoted to numerous Torah causes; and RABBI SHLOMO GERTZULIN, whose competence and vision are invaluable assets to Klal Yisrael.

Loyal friends who have been instrumental in the success of our work and to whom we owe a debt of gratitude are, in alphabetical order:

Our very dear friends: RABBI RAPAHEL B. BUTLER, founder of the Afikim Foundation, a laboratory to create innovative Torah programs; RABBI ALAN CINER, whose warmth and erudition will draw Jews closer to Judaism in his new position in Palm Beach, Florida. RABBIS BUTLER and CINER were instrumental in moving this edition of the Talmud from dream to reality in its formative stage; REUVEN DESSLER, a good friend and respected leader who adds luster to a distinguished family lineage; ABRAHAM FRUCHTHANDLER, who has placed support for Torah institutions on a new plateau; LOUIS GLICK, who sponsored the ArtScroll Mishnah Series with the *Yad Avraham* commentary; SHIMMIE HORN, patron of the HORN EDITION OF SEDER MOED, a self-effacing gentleman to whom support of Torah is a priority; DAVID RUBIN, dedicator of the RUBIN EDITION OF THE PROPHETS, whose visionary generosity is a vital force in his community and beyond; SHLOMO SEGEV of Bank Leumi, who has been a responsible and effective friend; HESHE SEIF, patron of the SEIF EDITION TRANSLITERATED PRAYER BOOKS, who has added our work to his long list of important causes; NATHAN SILBERMAN, who makes his skills and judgment available in too many ways to mention; A. JOSEPH STERN, patron of the SEFARD ARTSCROLL MACHZORIM and of tractates in this Talmud edition, whose warmth and concern for people and causes are justly legendary; ELLIOT TANNENBAUM, a warm and gracious patron of several volumes, whose example has motivated many others; STEVEN WEISZ, whose infectious zeal for our work has brought many others under its banner; and HIRSCH WOLF, a valued friend from our very beginning, and an energetic, effective leader in many causes.

We are grateful, as well, to many other friends who have come forward when their help was needed most: DR. YISRAEL BLUMENFRUCHT, YERUCHAM LAX, YEHUDAH LEVI, RABBI ARTHUR SCHICK, FRED SCHULMAN, and MENDY YARMISH.

We thank RABBI YEHOSHUA LEIFER, head of KOLLEL OZ VEHADAR, for permission to reproduce the folios from their new edition of the classic Vilna Talmud. Newly typeset and with many additions and enhancements, it establishes a new standard in Talmud publishing.

We conclude with gratitude to *Hashem Yisbarach* for His infinite blessings and for the privilege of being the vehicle to disseminate His word. May this work continue so that all who thirst for His word may find what they seek in the refreshing words of the Torah.

Rabbi Nosson Scherman / Rabbi Meir Zlotowitz

Shevat 5763
January, 2003

מסכת שבת
TRACTATE SHABBOS

עג א מיי' פי"ח מהל' שבת הלכה א:
עג [א] מיי' פ"ו מהל' בכורים הלכה טו והלכה יח טוש"ע יו"ד סימן שכד סעיף א ג:
א ב ג מיי' פי"ח מהל' שבת הלכה ג:

ה"נ חזיא לדוגמא: **מתני'** א המוציא אוכלים כגרוגרת חייב ומצטרפין זה עם זה מפני ששוו בשיעוריהן חוץ מקליפתן וגרעיניהן ועוקציהן וסובן ומורסנן ר' יהודה אומר חוץ מקליפי עדשין שמתבשלות עמהן: **גמ'** וסובן ומורסנן לא מצטרפין והתנן [א] חמשת רבעים קמח ועוד חייבין בחלה הן וסובן ומורסנן אמר אביי שכן עני אוכל פתו בעיסה בלוסה: רבי יהודה אומר חוץ מקליפי עדשים המתבשלות עמהן: עדשים אין פולין לא והתניא ר' יהודה אומר חוץ מקליפי פולין ועדשים לא קשיא הא בחדתי הא בעתיקי מ"ט לא אמר ר' אבהו מפני שנראין כזבובין בקערה:

הדרן עלך כלל גדול

ג) **המוציא** ב יין כדי מזיגת הכוס חלב כדי ג) גמיעה דבש כדי ליתן על הכתית ה שמן כדי לסוך אבר קטן מים כדי לשוף בהם את הקילור ד) ושאר כל המשקין ברביעית וכל השופכין ברביעית ר"ש אומר כולן ברביעית ולא ה) נאמרו ו) כל השיעורין הללו אלא למצניעיהן: **גמ'** תנא ז) כדי מזיגת כוס יפה ומאי כוס יפה כוס של ברכה ג אמר רב נחמן אמר רבה בר אבוה כוס של ברכה צריך שיהא בו רובע רביעית כדי שימזגנו ויעמוד על רביעית אמר רבא אף אנן נמי תנינא

רש"י

הכא נמי חזי. ביחד: לדוגמא. מי שיש לו למכור לוכר מכלן ונותן לפני חלונו להראות שיש לו למכור מכלן ויגיה ליה שיהו מחוברין יחד לאידי דזוטרי כל חד וחד הרוס מפוזרין: מתני' אוכלים כו'. למאכל אדם: ומצטרפין. כל אוכלי אדם זה עם זה: חוץ מקליפיהן. שאין אוכל ואין משלימין השיעור: ועוקציהן. זנב הפרי האוחז בעלמה: וסובן. קליפת חטין הנושרת מחמת כתישה: ומורסנן. הנשאר בנפה: ר' יהודה אומר. כל הקליפין אין מצטרפין כדאמרן חוץ מקליפי עדשים שמבשלים אותן: שמתבשלות עמהן. לאפוקי קליפה חיצונה שהן גדלות בתוכה הנושרות בגורן: גמ' בלוסה. מעורבת בסובנה ובמורסנה הילכך לאס הארץ קרין ביה ומיהו לענין שבת מידי דחשיב בעינן וסתמייהו דהני לאו אוכל נינהו: פולין חדתי. קליפתן מצטרפין: כזובין. לפי שהן שחורות:

הדרן עלך כלל גדול

המוציא יין. חי: כדי מזיגת הכוס. כשיעור שנותנין יין חי לתוך כוס להוסיף עליו מים כהלכתו ולמזוג אותו בהן ובגמרא מפרש באיזה כוס משערו: כתית. שבגבי הסוסים והגמלים מחמת המשאות רדוי"ש בלע"ז והכי אמר בהמפקיד בבבא מליעא (דף לח.) דבש והדבים למאי חזי לכתותא דגמלי אבל רבותי פירשו כתית מכה שעל גב היד ושע"ג הרגל: לשוף. לשפשף ולהמחות בהן: קילור. שנותנין על העין לודיי"א בלע"ז: ברביעית. בילה ומחלה רביעית הלוג: שופכים. מים סרוחים ובגמרא מפרש למאי חזו: כולן ברביעית. אף היין והחלב והדבש: ולא נאמרו. שיעורין שבמשנה אלא למצניעיהן לבד וחזר המצניע והוציאו חייב אבל שאר כל אדם שהוציאו אינו חייב וסבירא לי' לר"ש דמצניע עצמו בעי שיעורא זוטא ובבציר מהא שיעורא לא מיחייב כדאמרינן בפרקין דלעיל (דף עה:) דלית ליה לר"ש כל שאין כשר להצניע ואין מצניעים כמוהו שיתחייב עליו מצניעו: **גמ'** תנא. בתוספתא המוציא יין כדי מזיגת כוס יפה פירוש לכוס דמתני': כוס של ברכה. ברכת המזון שהצריכו חכמים ליפותו כדאמרי' בברכות (דף נא.) עיטור ועיטוף הדחה ושטיפה חי ומלא: אמר רב נחמן גרסי' ולא גרסי' דאמר: שיעור כוס של ברכה צריך שיהא בו. יין חי רובע של רביעית הלוג: כדי שימזגנו. במים שלשה חלקים מים ואחד יין: ויעמוד על רביעי'. הלוג: תנינא

תוספות

חמשת רבעים קמח ועוד גרסי' כדפרי' בפ"ק (דף טו.):

הדרן עלך כלל גדול

המוציא יין. חלב כדי גמיעה. הקשה רבינו אפרים דתניא בשילהי המצניע (לקמן צה.) החולב והמחבץ והמגבן כגרוגרת ואין חילוק בין מוליא לחולב דהא לקמן בפירקין ח) אמרי' דהמעבד עור שיעורו כמוליא עור ותירץ ר"י דסתם חלב לגמיאה דנפיש מגרוגרת והתם מיירי בחולב לגבינה דאחשוביה אחשביה וכן מוכח דכדי גמיאה נפיש מגרוגרת דבפ' בתרא דיומא (פ.) גבי שותה ביוה"כ איכא דמחייב ברביעית ואיכא למ"ד בכדי גמיאה ובעירובין (דף פג:) משמע דתשע סעודות יש בקב ובפרק חלון (שם פ:) משמע שיש י"ח גרוגרות בשתי סעודות ואי כדי גמיאה פחות מגרוגרת א"כ הוו יותר מדאי חלוקים זה מזה ומיהו (א) כגרוגרת דהמצניע (לקמן צה.) איירי ביבש אפשר שבתחלה היה יותר מכדי גמיאה ולפי זה צריך לפרש דסתם חלב הוי לגבינה והא דמיחייב הכא בכדי גמיאה היינו במפרש בהדיא לשתיה אבל אי סתם חלב הוי לאכול ולשתות ולא לגבינה אפי' היה מפרש בהדיא לגבינה היה חייב אכדי גמיאה דזוטרא הואיל וסתמו לכך כדאמרינן לעיל המוליא תבן כמלא פי פרה לגמל חייב דהא חזי לפרה וי"מ דכשחלב ככר בעין מיחייב בכדי גמיאה אבל חולב לא מיחייב אלא כגרוגרת דאין אדם טורח לחלוב בפחות מגרוגרת דכה"ג אמרי' לקמן (דף עט.) דאין אדם טורח לגבל טיט לעשות פי כור ומיהו אומר ר"י דלא דמי דהתם אין המים חשובין מחמת שראוי לגבל בהן את הטיט כמו הטיט עצמו שהוא מגובל ככר אבל הכא כשחולב להוליא מן הדד בכדי גמיאה יש לו להיות חשוב כמו במקום אחר ט): **כדי** גמיעה. פי' הר"ר פור"ת מלא לוגמא ולא משמע כן במסכת יומא בפרק בתרא (דף פ.):

צריך שיהא בו רובע רביעית. רביעית דהכא היינו רביעית הלוג כדפי' הקונט' ועוד יש לדקדק דהיינו רביעית דפרק ג' מינין (נזיר לח.) הם רביעית הלוג מדפריך ותו ליכא והאיכא רביעית נוטלין לידים ובמסכת ידים (פ"א מ"א) משמע בהדיא דהוי רביעית הלוג ועוד דבערבי פסחים (פסחים קט:) משמע דכוס הוי רביעית של תורה ומתוך חשבון דמקוה משמע דהיינו רביעית הלוג והא דקאמר התם קיסתא דמורייסא הות בליפורי והות כמין לוגא דמקדשא ובה משערין רביעית של פסח לאו בכולה משערין דהיינו כל הלוג אלא כלומר ברובע של אותה מדה משערין רביעית של פסח: **כדי** שימזגנו ויעמוד על רביעית. משמע דכוס של ברכה טעון מזיגה וכן בפ' שלשה שאכלו (ברכות נ:) אר"י בר חנינא מודים חכמים לר"א בכוס של ברכה שאין מברכין עליו עד שיתן לתוכו מים ותימה דבסוף פר' שלשה שאכלו (שם דף נא.) אמרו עשרה דברים נאמרו בכוס של ברכה הדחה ושטיפה חי ומלא אלמא חי בעינן ומיהו התם פירש בקונטרס דלא שיהא חי כשמברכין עליו אלא דנותנו חי בכוס שמברכין בו לאפוקי שלא ימזגנו ויתננו בכוס של ברכה ור"ת מפרש דחי דקאמר היינו מזיג ולא מזיג דמיקרי חי כדאמרי' בפ' בן סורר (סנהדרין ע.) עד שיאכל תרטימר בשר וישתה יין חי ומוקי לה התם במזיג ולא מזיג כראוי כדאמר בפ' שלשה שאכלו (ברכות נא.) שמוסיף בברכת הארץ ולא כמו שפירש שם בקונטרס שמוסיף יין בברכת הארץ ובני נרבונא מפרשים דחי קאי אכוס שצריך שיהא שלם ואתי שפיר דכל אותן דברים דחשיב התם הוו כולהו בכוס ולא ביין וכה"ג בפרק בתרא דמכות (דף טז:) ריסק ט' נמלים ואחד חי דהיינו שלם דאפי' מת חשיב בריה כדאמר בסוף פ' גיד הנשה (חולין דף קב:) י): **ויעמוד** על רביעית. ואע"ג דאמרינן בערבי פסחים (דף קח.) המקדש אם טעם מלא לוגמא יצא ומלא לוגמא הוי טפי מרביעית כדמוכח בפ' בתרא דיומא (דף פ.) יש לומר דמלא לוגמא דהתם לאו דוקא אלא כדי שיסלקו לצד אחד ויראה כמלא לוגמא כדמפרש ביומא אההיא דהתם ועוד יש לומר דדוקא מקדש:

אף אנן נמי תנינא. דכוס של ברכה טעון רביעית דמסתמא יין שיעורו לכשימזגנו ויעמוד על רביעית כמו שאר משקין דקתני סיפא דהוו ברביעית וקתני כדי מזיגת כוס יפה משמע דכוס של ברכה לכשימזוג בעינן שיהא רביעית כמו בהוצאה אבל הא דבעינן יין רובע רביעית לא שמעינן ממתני' אלא ממילא ידעינן דהא מזיגה הויא על חד תלת והא דלא נקט במתני' כדי מזיגת רביעית מילתא אגב אורחיה קמ"ל דכוס של ברכה ברביעית ועוד משום דמהאי טעמא דחזי לכוס של ברכה חשיב ומיחייב בפחות מרביעית לפי שיכול להוסיף עליו מים ואשאר משקין לא מיחייב בפחות מרביעית אע"פ שיכול להוסיף עליהן כדמסיק ודקאמרת מים בכד ומצטרפין לגבי שבת מידי דחשיב בעינן:

רבינו חננאל

ר' יהודה אומר חוץ מקליפי עדשים שהן מתבשלין עמהן ולפיכך מצטרפות. והא דתנן חוץ מקליפיהן ר' יהודה אומר חוץ מקליפי עדשים חוץ ונמצא מיעוט ממיעוט ולרבות הוא כמה שפירשנו למעלה: ושניא חלה דסובן ומורסנן הין מצטרפין לקמח להוציא מכולן חלה. שכן עני אוכל פתו מעיסה בלוסה שיש בה סובין ומורסן חזו היא עיסתו ואמר רחמנא ראשית עריסותיכם. אבל להוצאה שבת אין סובין ומורסנן מצטרפין וכן פולים אם חדשים הן הרי מנהג לבשל בקליפיהן. וקאמר ר' יהודה בברייתא שאף הן מצטרפות עם הפולין. אבל אם הם ישני' ונשחרו נראין כזבובים בקערה ורגילין בני אדם לקלפן קודם בישול והלכך אין קליפיהן מצטרפות עמהן.

הדרן עלך כלל גדול

פ"ח המוציא יין כדי מזיגת הכוס. תנא כדי מזיגת הכוס יפה. ומאי כוס יפה כוס של ברכה. והתם אמרינן אמר רב יהודה אמר שמואל כוסות הללו צריך שיהא בהן כדי מזיגת כוס יפה. ומותבינן ד' כוסות הללו צריך שיהא בהן כדי רביעית ופרקינן אידי ואידי חד שיעורא הוא וכדאמר צריך שיהא בארבעתן רביעית א) בכל אחת ואחת רובע רביעית כדאמרינן הכא. אמר רב נחמן אמר רבה בר אבוה כוס של ברכה צריך שיהא בו רובע רביעית כדי שימזגנו ויעמוד על רביעית. ואמר רבא אף אנן נמי

חשק שלמה על רבינו חננאל

א) נראה דחסר אחת תיבות וצ"ל שיהא בהן כדי רביעית רביעית שיהא בארבעתן וכו':

רב נסים גאון

פ"ח המוציא יין. אמר רב נחמן אמר רבה בר אבוה כוס של ברכה צריך שיהא בו רובע רביעית כדי שימזגנו ויעמוד על רביעית. משתכח פירושיה בפרק ערבי פסחים (דף קח) אמר רב יהודה אמר שמואל ד' כוסות הללו צריך שיהא בהן כדי מזיגת כוס יפה ואותבי' לשמואל מברייתא דקתני בה ד' כוסות הללו צריך שיהא בהן כדי רביעית ופרקינן מאי כדי מזיגת כוס יפה דאמר שמואל בהאי שיעורא ואמרו עוד (שם דף קט) אמר רב יצחק קיסטא דמוריסא דהוות בטבריא היא הוות כמין דמקדשא ובה משערין רביעית של פסח ומיכן את למד כוס של ברכה רביעית במסכת נזירות בפרק ג' מינים אסורין (דף לח) אמרו אמר ר' אלעזר עשר רביעיות נקיט רב כהנא בידיה ה' סומקאתא וה' חיוורתא ה' סומקאתא נזיר ועושה פסח שהורו למקדש ומתים סימן נזיר רביעית יין לנזיר עושה פסח דאמר רב יהודה אמר שמואל ד' כוסות הללו צריך שיהא בהן כדי רביעית שהורו השותה רביעית יין אל יורה במקדש שהשותה רביעית יין ונכנס למקדש חייב מתים דתניא מניין לרביעית דם היוצאה משני מתים שהיא מטמאה באהל שנא' (ויקרא כא) ועל כל נפשות מת לא יבא וחמש חיוורתא חלה נזיר מצורע (שנפלו) [שנטמאו] בשבת סימן חלה רביעית שמן לחלה נזיר רביעית שמן לנזיר מצורע רביעית מים למצורע ושנפסלו דתנן ושאר כל המשקין ברביעית וכל השופכין ברביעית. טמאין פוסלין את הגויה לרביעית שבת דתנן ושאר כל המשקין ברביעית וכל השופכין ברביעית.

מסורת הש"ס

א) חלה פ"ב מ"ו ע"ש פסחים מח: עדיות פ"א מ"ב, ב) [עירובין כט:], ג) [גי' הערוך ערך גם ד' גמיאה], ד) [נזיר לח:], ה) בס"א ליתא אמרו, ו) [לעיל עה:], ז) [עירובין כט:], ח) [דף עט.], ט) [וע' תוס' פסחים קה. ד"ה החולב], י) [וע"ע תוספות ברכות נ: ד"ה מודים].

הגהות הב"ח

(א) תוס' ד"ה המוליא וכו' ומיהו אי כגרוגרת דהמצניע:

גליון הש"ס

מתני' שמן כדי לסוך. עי' פ"ב מ"ב דכלים בר"ש שם:

ליקוטי רש"י

כגרוגרת. היא תאנה יבשה וזה שיעורו כל אוכל אדם לענין הוצאת שבת [עירובין ד:]. וסובן. שהנפה קולטת [חולין פח:]. שהכתישה מוליאה כשלותתין חטין לנקות כותשין אותן במכתשת [כתובות קיב.]. סובין גסין ממורסן [ב"ק צט:]. כשטוחנין גסין ולא הדק נשאר בנפה והוא סובין [רשב"ם ב"ב צג:]. ומורסנן. קליפה היוצאת כשכותשים במכתשת [חולין שם]. הן סובין היוצאין לאחרונה [כתובות שם]. היא הקליפה העליונה שמוליאין מחטין במכתשת והכותשין [רשב"ם ב"ב שם]. חמשת רבעים. לוגין שהן רבעי הקב [לעיל טו.]. לוגין ליפוריים שהן שבעה ועוד מדבריים שזה הוא שיעור העומר שהיתה עיסת מדבר שנאמר גבי חלה (במדבר טו) ראשית עריסותיכם כדי עיסת מדבר שהוא עומר לגולגולת והוא עשירית האיפה והאיפה שלש סאין והסאה ששה קבין נמצא עומר שבעת רבעי קבין ותמלא העומר שבעה רבעי קבין ושני ביצים ... [illegible]

עומר המדבר ששה רבעים ירושלמיים וסאה ליפורית עודפת על ירושלמית שתות מלבר כדאמר ... שהיה ששה רבעים ירושלמיים נכנס בחמש ליפוריים [פסחים מח: ועי' שם בתוס' שרש"י לא גרס "ועוד"]. ועוד. מעשרים בגילה לכל בילה [לעיל שם]. בעיסה בלוסה. עיסה מעורבת ממינין הרבה וכן אוכל בלוס מעורבין בתוכה ביחד [רשב"ם ב"ב נח.]. כדי מזיגת הכוס. כמו שנותנין יין חי בכוס למוזגו במים תמכושת שקורין לוז"א [לעיל יח.]. ושאר כל המשקין ברביעית. דהיינו לוג [עירובין שם עי' רש"י ותוס' עירובין שם]. כל רביעית שבגמרא רביעית הלוג [רשב"ם ב"ב פט:]. ומדת חלל הכלי בריבוע ... [illegible]

Chapter Eight

Mishnah The previous chapter concluded by delineating the minimum measure of various foodstuffs required in order to be liable for carrying them out on the Sabbath. This chapter continues by doing the same for various beverages, liquids, and other substances.

הַמּוֹצִיא יַיִן – **One who carries out wine**[1] כְּדֵי מְזִיגַת הַכּוֹס – is liable if he carries out **enough to mix a cup** with it;[2] חָלָב – if he takes out **milk,** כְּדֵי גְּמִיעָה – **enough for a swallow;**[3] דְּבַשׁ – if he takes out **honey,** כְּדֵי לִיתֵּן עַל הַכָּתִית – **enough to place on a sore;**[4] שֶׁמֶן – **oil,** כְּדֵי לָסוּךְ אֵבֶר קָטָן – **enough to anoint a small limb;**[5] מַיִם – **water,** כְּדֵי לָשׁוּף בָּהֶם אֶת הַקִּילוֹר – **enough to mix**[6] **an eye salve;**[7] וּשְׁאָר כָּל הַמַּשְׁקִין בִּרְבִיעִית – **and all other liquids, a *revi'is;***[8] וְכָל הַשּׁוֹפְכִין בִּרְבִיעִית – **and all waste water, a *revi'is.***[9]

The Mishnah cites a dissenting view:

רַבִּי שִׁמְעוֹן אוֹמֵר – **R' Shimon says:** כּוּלָּן בִּרְבִיעִית – The minimum for **all of these** substances **is a *revi'is;***[10] וְלֹא נֶאֶמְרוּ כָּל הַשִּׁיעוּרִין הַלָּלוּ – **and all of these** smaller **measurements** given by the previous Tanna **were not stated** אֶלָּא לְמַצְנִיעֵיהֶן – **except for those that store [these substances].**[11]

Gemara The Gemara identifies the "cup of wine" mentioned in the Mishnah:

תָּנָא – **A Baraisa taught** in explanation of the Mishnah: כְּדֵי מְזִיגַת כּוֹס יָפָה – One is liable if he carries out ENOUGH TO MIX A NICE CUP.

The Gemara explains:

וּמַאי כּוֹס יָפָה – **And what is** meant by **"a nice cup"?** כּוֹס שֶׁל בְּרָכָה – **The cup** used **for** the **blessing** after the meal.[12]

The Gemara cites a ruling that establishes the amount of pure wine needed to mix the cup used for blessing:[13]

אָמַר רַב נַחְמָן אָמַר רַבָּה בַּר אֲבוּהָ – **Rav Nachman said in the name of Rabbah bar Avuha:** כּוֹס שֶׁל בְּרָכָה – **The cup of** wine used for **blessing** צָרִיךְ שֶׁיְּהֵא בּוֹ רוֹבַע רְבִיעִית – **must contain a quarter** of a ***revi'is*** of pure wine[14] כְּדֵי שֶׁיִּמְזְגֶנּוּ – **so that he can mix [the wine]** with water וְיַעֲמוֹד עַל רְבִיעִית – **and [the mixture] will amount to a *revi'is.***[15]

The Gemara notes that this can be derived from the Mishnah as well:

אָמַר רָבָא – **Rava said:** אַף אֲנַן נַמִּי – **We too**

NOTES

1. The Mishnah refers to pure, undiluted wine (*Rashi*). [In Talmudic times, raw wine was very concentrated and needed to be mixed with water before it was suitable for drinking.]

2. I.e. the amount of pure wine that, when mixed with the proper amount of water, yields a full cup of wine. The Gemara will identify the size cup to which the Mishnah refers (*Rashi*).

3. This is the amount of milk that a person can consume in a single gulp (*Rambam, Commentary to the Mishnah*). *Tosafos,* citing *R' Poras,* identifies it as מְלֹא לוּגְמָא, *a cheekful;* cf. *Ran* and *Maggid Mishneh* to *Rambam, Hil. Shabbos* 18:2. [This measurement applies to milk that is for drinking – i.e. milk of a kosher animal (see *Tosafos* ד״ה המוציא). See *Meiri,* who discusses the minimum measure for non-kosher milk.]

4. *Rashi* identifies כָּתִית as a blister that forms on the backs of horses and camels due to the constant rubbing of the burdens that they carry. He also cites an alternative explanation in the name of his teachers, who explain it to mean an abrasion on the back of one's hand or leg. See *Ritva* (*MHK* ed.) for a further discussion.

5. The Gemara below (77b-78a) will discuss which "small limb" the Tanna is referring to.

6. Literally: to rub; i.e. to mix water together with a solid paste so as to form an ointment (see *Rashi* and next note).

7. *Kilor* was an eye salve used in Talmudic times; it was compounded by adding water or another liquid (see Gemara below, 79a) to a paste and mixing it into an ointment that was applied to the eyes (see *Biblical and Talmudic Medicine* by *Dr. J. Preuss*). [The paste that formed the base for the ointment was also called *kilor* (see below, 77b and notes 10 and 11 there). The Gemara does not discuss the contents of the paste itself; see *Aruch HaShalem.*]

8. All liquids other than those mentioned earlier in the Mishnah are commonly used for drinking [rather than medicinal purposes]; thus, the smallest amount considered significant is a *revi'is.* [This is a larger measurement than those mentioned earlier in the Mishnah.] (See *Pnei Yehoshua* and *Maginei Shlomo,* who discuss why the minimum for milk is less than a *revi'is.*)

A *revi'is* is equivalent to the volume of one-and-a-half [hen's] eggs; it is called a *revi'is* (fourth) because it is one quarter of a *log* (*Rashi*). [Modern authorities disagree as to the contemporary measurement of a *revi'is;* opinions range between 2.9 and 5.2 ounces.]

9. [Although waste water is not fit for consumption, one is nonetheless liable for carrying out a *revi'is* of such water.] The Gemara below (78a) explains what function waste water serves (*Rashi*).

10. R' Shimon disagrees with the Tanna Kamma of the Mishnah, and maintains that even if one carries out wine, milk or honey, he is only liable if he carries out a *revi'is* or more (*Rashi*). [*Rashi* implies that R' Shimon does *not* dispute the rulings of the Tanna Kamma with respect to oil or water; see *Tiferes Yisrael* (*Boaz* §1), who suggests an explanation for this distinction. See also *Meiri* and *Shabbos Shel Mi.*]

11. According to R' Shimon, the smaller measurements mentioned by the first Tanna of the Mishnah do not apply to all persons, but only to someone who had previously stored such small quantities of these substances and then took them out on the Sabbath. Persons who had not previously stored these small quantities would not be liable unless they carried out a full *revi'is* of these liquids. As taught above (75b), R' Shimon disagrees with the rule expressed in the Mishnah there that a person who stores even a minute amount of a substance is liable if he subsequently takes it out. In his opinion, even one who stores a substance is liable for taking it out only if it is an amount that is *occasionally* stored by people (*Rashi;* see also above, 75b note 48, and *Rashash* and *Meromei Sadeh* here). [However, one who has not previously stored this amount is not liable in his view unless he carries out the larger amount that is *commonly* used by people.]

12. The cup of wine used for *Bircas HaMazon* is called "a nice cup" because the Sages required that it be embellished for use in this regard (*Rashi;* cf. *Tosafos* ד״ה ויעמד). [The Gemara in *Berachos* (51a) cites a Baraisa that details ten embellishments that are required; *Rashi* here cites six of them. For an explanation of these embellishments, see *Berachos* (ibid.); for a discussion of which ones are required in practice, see *Orach Chaim* 183:1-3.]

13. [Although the Baraisa has identified the cup in the Mishnah as the cup used for *Bircas HaMazon,* as of yet the Gemara does not know the *size* of the cup, and therefore cannot identify the amount of pure wine that one would need to mix such a cup. To this end, the Gemara cites a ruling that explicitly teaches how much pure wine must be used to mix the cup for *Bircas HaMazon.*]

14. *Rashi;* see, however, 77a note 4.

15. Rabbah bar Avuha maintains that the cup used for *Bircas HaMazon* must contain a *revi'is* of properly mixed wine. Furthermore, he is of the opinion that properly mixed wine contains three parts of water to one part of wine; hence, a quarter-*revi'is* of pure wine is required, so that it can be mixed with three quarters of a *revi'is* of water to compose the required cup (see *Rashi*).

[The Gemara has thus established that the amount of pure wine for which one is liable if he carries it out on the Sabbath (according to the Tanna Kamma) is one quarter of a *revi'is.*]

תָּנֵינָא – **have learned this in our Mishnah,**[1] for it states: הַמּוֹצִיא יַיִן כְּדֵי מְזִיגַת כּוֹס – ONE WHO CARRIES OUT WINE is liable if he carries out ENOUGH TO MIX A CUP with it. וְתָנֵי עֲלָה – **And a Baraisa was taught** in explanation **of this** Mishnah: כְּדֵי מְזִיגַת כּוֹס יָפֶה – ENOUGH TO MIX A NICE CUP, i.e. the cup used for the Blessing After Meals. וְקָתָנֵי סֵיפָא – **Now, the latter part** of the Mishnah **states:** וּשְׁאָר כָּל הַמַּשְׁקִין בִּרְבִיעִית – AND ALL OTHER LIQUIDS, one is liable only if he takes out A *REVI'IS*. From this we can derive that one is not liable for taking out liquids that are meant to be drunk as is, if they are in amounts of less than a *revi'is.*[2] It follows, then, that one would only be liable for taking out enough pure wine to mix a cup containing a full *revi'is;* i.e. one quarter of a *revi'is.*[3] Thus, it can be proven from our Mishnah as well that the cup used for the Blessing After Meals must contain a quarter-*revi'is* of pure wine.[4]

The Gemara notes that this proof is dependent upon another ruling issued by Rava:

וְרָבָא לְטַעְמֵיהּ – **And Rava formulated this** proof **in accordance with his own ruling** issued elsewhere. דְּאָמַר רָבָא – **For Rava said:** כָּל חַמְרָא דְּלָא דָּרֵי עַל חַד תְּלָת מַיָּא – **Any wine that does not contain three** parts **of water for** each **one** part of wine[5] – לָאו חַמְרָא הוּא – **is not** good **wine.**[6] Since Rava is of the opinion that the correct ratio for dilution of wine is three to one, he can derive from our Mishnah that one needs a quarter-*revi'is* of pure wine for the cup of blessing.[7]

Rava's proof is challenged:

אָמַר אַבַּיֵי – **Abaye said:** שְׁתֵּי תְשׁוּבוֹת בַּדָּבָר – **There are two replies** (i.e. rebuttals) **to this matter;** i.e. there are two reasons why no proof can be brought from our Mishnah that the cup of blessing requires a quarter-*revi'is* of pure wine.[8] חֲדָא – **Firstly,** Rava's opinion as to the ration of dilution is difficult, דִּתְנַן – for **we have learned in a Mishnah** in Tractate *Niddah*:[9] וְהַמָּזוּג – AND THE color of DILUTED WINE is שְׁנֵי חֲלָקֵי מַיִם וְאֶחָד יַיִן – that of TWO PARTS WATER AND ONE part WINE, מִן הַיַּיִן הַשִּׁירוֹנִי – FROM the WINE OF the SHARON region.[10] This Mishnah would seem to state that the correct ratio of dilution is two to one, not three to one as Rava stated.[11] וְעוֹד – **And furthermore,** the entire premise of the proof – that the quarter-*revi'is* of pure wine is significant and one is liable for carrying it out solely because it will amount to a *revi'is* when combined with water[12] – is flawed; מַיִם בְּכַד וּמִצְטָרְפִין – for can it be that the WATER IS still IN THE BARREL, AND YET IT COMBINES to render one who carries out the small amount of pure wine liable?[13] Certainly not![14] Rather, it is more reasonable to assume that one is liable for taking out a small quantity of pure wine simply because a smaller quantity is considered useful, and thus it cannot be proven from the Mishnah that a quarter-*revi'is* of pure wine is needed for the cup of blessing.[15] – ? –

Rava defends his position:

אָמַר לֵיהּ רָבָא – **Rava said to [Abaye]:** הָא דְּקָאָמְרַת שְׁנֵי חֲלָקֵי מַיִם וְאֶחָד יַיִן מִן הַיַּיִן הַשִּׁירוֹנִי – As for **that which you said,** that the statement of the Mishnah in *Niddah* – **two parts water and one** of **wine from the wine of Sharon** – disputes my view concerning proper dilution of wine, this is not so; יַיִן הַשִּׁירוֹנִי לְחוּד – for **the**

NOTES

1. I.e. from our Mishnah it can also be proven that the cup used for the Blessing After Meals must contain one quarter of a *revi'is* of pure wine (*Rashi;* see also *Tosafos* to 76b ד״ה אף).

2. [As has been explained above (76b note 8), one is liable for taking out honey, oil and the like in smaller quantities only because they are commonly used in smaller amounts for medicinal purposes. However, if one takes out any liquid that is used for drinking, the Mishnah teaches that he is only liable if he takes out a *revi'is.*]

3. Since Rava holds that the correct ratio for diluting wine is three parts of water to one of wine, it follows that the amount of pure wine needed to produce a *revi'is* of mixed wine is one quarter of a *revi'is* (see *Rashi*). [Although this point is not specifically stated in the Mishnah, Rava formulated his proof on the assumption that this ratio is the correct one. See also *Tosafos* cited above in note 1.]

4. Since the Mishnah (as explained by the Baraisa) teaches that one is liable for taking out enough pure wine to mix the cup used for *Bircas HaMazon,* and the Mishnah also teaches that one is liable for taking out drinks only if he takes out a *revi'is,* we can derive that the amount of pure wine that must be taken out (and the minimum that is needed for the cup of blessing) is enough to yield a *revi'is*-sized drink; i.e. a quarter of a *revi'is.*

[We have explained this entire passage according to *Rashi's* preferred explanation. *Rashi* cites another explanation, according to which the amount of pure wine needed for the cup of *Bircas HaMazon* is a *full revi'is,* and the cup, when mixed, must contain a full *log* (four *revi'os*) [which is called a *revi'is* because it is a quarter of a *kav*]. *Rashi* rejects this explanation based on the Gemara in *Nazir* (38a), which lists a group of ten *revi'os* and clearly counts the *revi'is* of our Mishnah among them; as all of the other *revi'os* in that group are quarter-*lugin,* it follows that the *revi'is* of our Mishnah refers to a quarter-*log* as well.]

5. I.e. if it is diluted with less than three parts of water for each part of wine.

6. Rava considers such wine to be too strong, and thus he states that it is not wine; i.e. it is not fit for consumption in such a state, and it needs to be diluted further before it can be consumed.

7. See above, note 3.

8. *Rashi;* see below, note 15.

9. *Niddah* 19a. The Mishnah there lists the five shades of color that are considered blood and can therefore render a woman who discharges them from her body *tamei* as a *niddah* (menstruant).

10. [The Sharon is a fertile plain extending along the Mediterranean coast south of Haifa.]

11. If this is the case, then no proof can be brought from the Mishnah that one quarter of a *revi'is* of pure wine is required to mix the cup used for *Bircas HaMazon;* rather, one *third* of a *revi'is* should be required (see above, note 3).

12. As explained above, Rava's proof is based on the assumption that the liability for carrying out pure wine devolves from the fact that, when diluted, it will yield a *revi'is* of mixed wine.

13. Abaye challenges Rava's basic assumption that the minimum amount of pure wine that one is liable for carrying out can be fixed on the basis of the yield of that wine when it is diluted with water. For although it is true that the wine will eventually yield that amount when it is mixed, at the point that the wine was carried out it was still in its pure form, and the water that it was to be mixed with is still "in the barrel" [figuratively speaking]. Thus, at the time it was carried out, the wine still did not possess the minimum amount, and there should be no liability for carrying it out! (see *Rashi* and next note).

14. [Since the water was not moved from its location at all, surely it cannot be considered as a part of the wine that the person carried out!]

15. Abaye contends that just as one who carries out honey, oil and the like is liable for carrying out smaller quantities (i.e. less than a *revi'is*) of those items because they are useful in those smaller amounts, it is possible that one who takes out pure wine is liable for less than a *revi'is* simply because that is the amount of pure wine that is stored away by people [for use in the cup of blessing – see *Tosafos*] – even if that wine would *not* yield a *revi'is* of mixed wine! [And although the Mishnah fixes the minimum for wine as enough to mix a cup, and this is explained by the Baraisa as referring to the cup of blessing, it is possible that the cup of blessing does not require a *revi'is* (*Rashi,* as understood by *Ramban, Ritva MHK* ed., et al.).]

[It is still possible that even according to Abaye the minimum meant by the Mishnah is one quarter of a *revi'is* – he just disputes the contention that anything can be *proven* from the Mishnah, since (even if the proper ration of dilution is three parts to one) perhaps we do not require a *revi'is* for the cup of blessing. See *Tosafos, Chidushei HaRan, Ramban,* et al. for other interpretations of Abaye's precise position. See also *Sfas Emes* and *Gur Aryeh.*]

תנינא המוציא יין כדי מזיגת כוס ותני עלה כדי מזיגת כוס יפה וקתני סיפא ושאר כל המשקין ברביעית ורבא לטעמיה א) דאמר רבא כל חמרא דלא דרי על חד תלת מיא לאו חמרא הוא אמר אביי שתי תשובות בדבר חדא דתנן ב) והמזוג שני חלקי מים ואחד יין מן היין השירוני ועוד מים בכד ומצטרפין א"ל רבא הא דקאמרת שני חלקי מים ואחד יין מן היין השירוני יין השירוני לחוד דרפי א"נ התם משום חזותא אבל לטעמא בעי טפי ודקאמרת מים מכד ומצטרפין לענין שבת מידי דחשיב בעינן והא נמי הא חשיב תנא ג) יבש בכזית דברי רבי נתן אמר רב יוסף רבי נתן ורבי יוסי ברבי יהודה אמרו דבר אחד רבי נתן הא דאמרן ורבי יוסי ברבי יהודה ד) דתניא רבי יהודה אומר ה) ששה דברים מקולי בית שמאי ומחומרי ב"ה דם נבלה ב"ש [א] מטהרין וב"ה מטמאין א"ר יוסי ברבי יהודה אף כשטמאו ב"ה לא טמאו אלא בדם שיש בו רביעית הואיל ויכול לקרוש ולעמוד על כזית אמר אביי דילמא לא היא עד כאן לא קאמר רבי נתן הכא דבעי רביעית אלא ביין דקליש אבל בדם דסמיך כזית לא בעי רביעית אי נמי עד כאן לא קאמר רבי יוסי בר' יהודה התם דכזית סגי ליה ברביעי' אלא בדם דסמיך אבל יין דקליש כזית הוי יותר מרביעית וכי מפיק פחות מכזית ליחייב: חלב כדי גמיעה: איבעיא להו כדי גמיאה או כדי גמיעה א"ר נחמן בר יצחק א) הגמיאיני נא מעט מים מכדך איבעי' להו

רש"י

תנינא. ממתניתין נמי שמעינן דזהו שיעורו מדתני בשאר משקין רביעית שמעינן מיניה דאין הולכה במשקה הראוי לשתייה בפחות מרביעית הלכך על כרחך כי שיעורו ביין כדי מזיגת כוס של ברכה שיעור הראוי לשתייה רביעית נקט והיינו רובע רביעית דכי יהיב על חד תלת מיא כדרך המזיגות הראויות לשתייה יעמוד על רביעית. יש טועים בשמועה זו לומר [רובע] רביעית רובע הלוג ויעמוד על רביעית על לוג שהוא רביעית הקב וטעות הוא בידם ורבותינו לא אמרו כן ולאי יש לדבר במס' נזיר (דף לח.) ד' רביעיות הן חמש מוקמתא כלומר שנאמרו ביין ודם וה' מיוחדת שנאמרו בשאר משקין ושבת להא הוצאת שבת דשאר משקין גבי מיורחא ועל כרחיך הנהו כולהו ברביעית הלוג ניניהו דקא חשיב בהדייהו רביעית שמן המנחה לנזיר דהוא חצי שיעור של שמן התודה במנחות וחצי לוג שמן לתודה ילפינן במנחות (דף פט.): **שתי תשובות בדבר.** לאו מילי למילף ממתניתין: **חדא.** דמשמע לא דרי מיא אלא על חד תרין במס' נדה (פ"ב דף יט.) חמשה מראה דמי' טמאין הן ואחד מינייהו כמזוג ומפרש במשנה וכמזוג שאמרתי לך בשני חלקי מים ואחד יין: **מן היין השירוני.** שגדל בשרון שם מדינה הוא: **ועוד מים בכד ומצטרפין.** אי טעמא דמתני' יין משום דלכי מזיג ליה וראוי לשתייה יהא בו רביעית השתא מיהא כי מפיק ליה עדיין לא נמזג ואין כאן שיעור מים שעודן בכד היאך מצטרפין לחייבו אלא על כרחך טעמא לאו משום ליתחזי לשתייה כרביעית כשאר משקין הוא אלא הכי שיעוריה ואע"ג דמי מזיג ליה לא הוי רביעית: **דרפי.** רך: **א"נ התם משום חזותא.** נקט ליה והכי נמי דדרי על חד תלת בטעמא מראית דם לא הוי אלא בשני חלקים מים ואחד יין ואי יהיב ביה טפי דם הדומה לו כדם ירוק הוא וטהור: **הא חשיב.** דחזי לגרופי ביה מיא: **יבש.** יין קרוש: **בכזית.** דמעיקרא הוה ביה רביעית וקרוש רביעית שלימה בעינן דלאו בר מזיגה: **ר' יהודה אומר ו' דברים מקולי כו'.** לאו דליכא הני ותו לא דלכתי טובא איכא אלא שנכנסו לכרם ביבנה והעידו כל אחד ואחד על אותו שבידו במס' עדיות העיד ר' יהודה על אלו: **ב"ש מטהרין.** דאינו כבשר לטמא בנבלה בכזית ולא תורת משקין לטומאה קלה. לי נראה דהאי דב"ש מטהרין מטומאת נבלות לחודה קאמר שלא יטמא אדם אבל טומאה קלה יש בו: **על כזית.** שהוא שיעור נבלה לטמא אדם והיינו אמרו דבר אחד שכזית היבש כשיעורו הוי רביעית: **עד כאן לא קאמר ר' נתן הכא.** דכזית יבש בעי רביעית לח ובציר מרביעית לא ליהוי כזית יבש לא כדקאמר דכזית קרוש הויא ליה רביעית: **אלא ביין דקליש.** וכשהוא לח רב נפחו וכשמתייבש נצמק לשיעור קטן: **אבל דם.** כשהוא לח הוי סמיך עב וקרוב להיות קרוש וכשיבש אינו נצמק לשיעור קטן אלא מעט וכזית יבש לא בעי רביעית לח ודם נבילות לא מטמא בפחות מרביעית:

תוספות

דאמר רבא כל חמרא דלא דרי על חד תלת מיא כו'. והא דאמרי' בפ' אחד דיני ממונות (סנהדרין לו.) גבי סנהדרין אל יחסר המזוג אם הולך אחד מהם לצאת אם יש כ"ג יוצא כו' דהיינו שליש מסנהדרין משמע דמזיגה על חד תרין אומר ריב"א דרבא דוקא קאמר הכי מזוג כמשפט המזיגה על חד תלת כדאמר בהזהב (ב"מ ס.) אמר רבא כל מזיגה דידי מידע ידיעא וכליל מעברין (עירובין נד.) דמי האי מזיגה למזיגה דרבא בריה דרב יוסף בר חמא אבל שאר העולם האוהבים יין חזק אין מוזגין אלא על חד תרין ואין נראה לר"י דא"כ מאי פריך אביי לוקי מתני' דנדה במזיגת שאר בני אדם אלא נראה לר"י דקרא דלא יחסר המזוג בשירוני משום דליכא לאוקמי לקרא בכתם מזיגה דהוי רביע דרביע סנהדרין למאי חזו אבל שליש חזו לדיני נפשות ומיהו להכי לישנא דהכתם משום חזותא דלא מחלק בין יין השירוני קשה ויש לפרש משום חזותא כדי שלא יפסיד המראה דכך למחוג על חד תרין ולא יותר: **חדא** דתנן והמזוג שני חלקי מים. וא"ת לאביי דכתם מזוג על חד תרין אדרבה תקשה אמאי איצטריך לפרש שני חלקי מים הוה ליה למימר כמזוג סתם וי"ל דס"ד דאגב אורחיה קמ"ל דהכי הוי כל מזוג: **ועוד** מים בכד ומצטרפין. אע"כ טעמא לאו משום דלכי מזיג ליה הוה רביעית וחזי לשתייה כשאר משקין אלא הכי שיעורא אע"ג דלכי מזיג ליה לא הוי רביעית כדפירש בקונטרס אלא משום דיין חשוב הוא וראוי להצניעו לכוס של ברכה ואע"פ שאינו ראוי לכוס של ברכה בלא מים מ"מ הוי כמו מים שמצניעין לשוף בהן את הקילור אע"פ שאין ראויין בלא קילור ואביי לא פליג אלא בהא דלא מצריך רביעית מזוג אבל רובע רביעית יין חי צריך לכוס של ברכה כדמשמע בערבי פסחים (דף קח:) דאמר רב יהודה אמר שמואל ד' כוסות הללו צריך שיהא בהן כדי מזיגת כוס יפה מיתיבי ד' כוסות הללו צריך שיהא בהם כדי רביעית אחד ואחד חד שיעורא הוא כדי מזיגת כוס יפה לכל אחד ואחד היינו כדי רביעית משמע דרביעית דברייתא היינו לכל ארבע כוסות דהוי לכל חד רובע רביעית שהוא מזיגת כוס יפה והא דקתני התם בסיפא דברייתא אחד חי ואחד מזוג ה"פ אחד ששתה אותו רובע רביעית כמו שהוא חי ואחד ימזגנו וישתה ומיהו קשה לר"י דבסמוך קאמר אביי ע"כ לא קאמר ר' נתן הכא דכזית בעי רביעי' כו' משמע דסבירא ליה לאביי דכוס של ברכה בעי רביעית יין חי ולפי מה שפירש בקונטרס בסמוך דביין קרוש בעי רביעית משום דלאו ראוי למזיגה כוס מצינן למימר סבר אביי דלאפי' ביין מזוג לא בעי רביעית אבל קשה לר"י לפי' הקונטרס דלאי מים יבש לא חזי למזיגה למה חשוב טפי מטעם שהיה בו רביעית מתחלה מאי שנא מגרוגרת שלמקה דריש המצניע (לקמן צא.) ונראה לר"י דרב יוסף ואביי סבירא להו דכוס של ברכה בעי רביעית יין חי כדמשמע בסמוך וברייתא דערבי פסחים דקתני שיהא בהן כדי רביעית היינו לכל אחד גרסינן ומה ששנה במתניתין יין באנפיה נפשיה אע"ג דהוי ברביעית כשאר משקין היינו משום דלא נטעה בדרבא לומר דחשיב בכדי שראוי למזוג ולעמוד על רביעית והא דלא תנא בהדיא המוציא יין חי ברביעית משום דניחא ליה למינקט כדי מזיגת הכוס דמשום ההוא טעמיה דראוי להצניעו לכוס של ברכה הוא דמיחייב בהוצאת רביעית אבל אי מיפסל מכוס של ברכה על ידי פגימה או שנגע בו נכרי לא מיחייב ברביעית משום דראוי לשתיית ישראל או נכרי משום דלא מנגעי ליה כשיעור זוטר כולי האי הואיל ולא חזי אלא ע"י מזיגה ובעיא תקון ולא חשיב כשאר משקין שראויין בלא מים ולגיבול טיט נמי לא מנגעי ליה כמו קלף דלא חשיב כשיעור קשר מוכסין אע"פ שחשוב יותר מנייר משום דלא מנגעי ליה להכי: **הואיל** ויכול לקרוש ולעמוד על כזית. משמע דדם חשיב כבשר ותימה א"כ אמאי צריך קרא בפ' בהמה המקשה (חולין עב.) ובריש סנהדרין (דף ד.) לרביעית דם מת דמטמא באהל תיפוק ליה דהוי כבשר משום שיכול לקרוש ואומר ר"י דגבי מת בעי קרא לרביעית דם משום דבריש דם הנדה (נדה נה:) אמרינן דבטומאת מת בעינן אין גזעו מחליף דומיא דעצם ואפילו בשר הוה מטהרינן אי לאו דאין גזעו מחליף דנעשה במקומו צלקת ודם גזעו מחליף הוא ועוד י"ל דהאי תנא דהכא לא מטמא דם נבלות משום שיכול לקרוש אלא אית ליה שום דרשה דדם נבילות טמא והאי טעמא דיכול לקרוש איצטריך שלא יטמא הדם אלא ברביעית ולא בפחות שאז יש בו שיעור בשר אבל בלאו קרא מודו כ"ע דלא הוי כבשר ולהכי איכא תנא בפרק המנחות והנסכים [מנחות קג: וע"ש קד. ד"ה הואיל] דאמר שהעידו על דם נבלות שהוא טהור וכן משמע בכל מקום דדם לא הוי בכלל בשר נבלה דבפרק כל שעה (פסחים ד' כג.) מפיק דגיד וחלב מותר בהנאה משום דכשהותר' נבלה היא וחלבה וגידה הותרו וכי פריך התם והרי דם כו' לא משני כשהותרה נבלה היא ודמה הותרה ובמעילה (דף יז.) נמי בפרק קדשי מזבח מפיק דם השרץ מזה לכס הטמא משום דלא הויא בכלל שרץ:

דרבי

א) ב"ב כו: עירובין כט:, ב) נדה יט., ג) [תוספתא פ"ט], ד) [עי' דר"י בר' יהודה ליתא במשנה דעדיות ולכך שפיר גרסינן דתניא], ה) מנחות קד. עדיות פ"ה מ"א, ו) [וע"ע תוס' עירובין כט: ד"ה כל ותוס' ב"מ ס. ד"ה רבא ותוס' ב"ב כו: ד"ה כל ותוספות סנהדרין יז: ד"ה אל יחסר].

תורה אור השלם

א) וַיָּרָץ הָעֶבֶד לִקְרָאתָהּ וַיֹּאמֶר הַגְמִיאִינִי נָא מְעַט מַיִם מִכַּדֵּךְ: [בראשית כד, יז]

ליקוטי רש"י

ששה דברים מקולי ב"ש ומחומרי ב"ה. יש אחרים הרבה אבל באלו ששה לא היו מודים לו חבריו שיהיו ב"ש מקילין ובית הלל מחמירין [חולין קד:]. ששה דברים. במסכת עדיות קא חשיב להו. על כזית. שאינו טומאת נבלה בכזית [מנחות קד.]. הגמיאיני נא. לשון גמיעה הומ"ר בלע"ז [בראשית כד, יז].

ב א מיי' פי"ח מהלכות שבת הלכה ג:
ב [א] [מיי' פ"א מהלכות שאר א"ה הלכה ד]:

רבינו חננאל

תנינא המוציא יין כדי מזיגת הכוס. וקתני סיפא ושאר כל המשקין ברביעית. רבא לטעמי' דאמר כל חמרא דלא דרי על חד תלתא מיא לאו חמרא הוא. שמטיל לכוס רובע רביעית יין ושלשה רבעי רביעית שאם ימזגנו כראוי לו יהיה רביעית חייב. דדמי כמאן דאפיק רביעית. ואקשינן אמר אביי שתי תשובות בדבר חדא דתנן במס' נדה במזג ב' חלקי מים ואחד יין מן היין השירוני דאלמא כוס מזוג שהוא רביעית צריך שיהא בו שליש רביעית יין. ועוד בין כך ובין כך אי מחייבת ליה למוציא [רובע] רביעית משום שאם ימזגן יהא רביעית היאך יצטרפו לו המים והרי הן בכד ואין בו מהן כלום. א"ל רבא דקא מקשת ב' חלקי מים ואחד יין ההוא הא מפרש מן היין השירוני דרפי חמריה. ועוד איכא למימר לאו משום דהכין חזי שיעור מזגיה אלא התם בעינן מראית דמים טמאים משום חזותא הוא. ואי לא נפיש חמריה פאכה סומק. אע"ג דדארי מיא טפי. ודקא מתמהת ואמרת מים בכד ומצטרפין לא מצטרפינן בהדי יין מים א) אלא מאי דחשיב למימזגי ממים שבכד אפילו למחר ועומד. אם מזגו כוס ההוא כדי מזיגת כוס יפה וחייבין עליו שכשר להצניעו ומצניעין כמוהו: **תנא** יין יבש בכזית דברי ר' נתן. פי' והאי יין יבש כההיא דתניא (בסוכה דף מט) ר' אלעזר ב"ר צדוק אומר לול קטן היה בין כבש למזבח למערבו של כבש. אחד לשבעים שנה פרחי כהונה יורדין לשם ומלקטין משם יין קרוש שהוא דומה לעיגולי דבילה. ובאין ושורפין אותו בקדושה שנאמר הסך נסך שכר לה'. וקסבר ר' נתן יין יבש אם מוציא ממנו כזית חייב. אמר רב יוסף ר' נתן ור' יוסי ב"ר יהודה אמרי דבר אחד. ר' נתן הא דאמרן. ר' יוסי ב"ר יהודה מאי היא. דתניא ר' יהודה אומר ששה דברים מקולי ב"ש ומחומרי ב"ה. דם הנבילות ב"ש מטהרין. וב"ה מטמאין. אמר ר' יוסי ב"ר יהודה אף כשטמאו ב"ה לא טמאו אלא בדם שיש בו רביעית הואיל ויכול לקרוש ולעמוד על כזית. וקאמר רב יוסף דקסבר ר' נתן דכזית יין יבש לא הוי אלא מרביעית ורביעית יין לכשיקרוש יהא בו כזית. ואתיא דר"נ כר' שמעון. ובני א"י מתנו בהדי' [בירושלמי בפירקין ה"א] רבנן דקיסרין ר' יוסי ב"ר אבין בש"ר יוחנן אתיא דר' נתן כר' שמעון והכין סבר ר' יוסי ב"ר יהודה [דמתניתין דכולן ברביעית] דרביעית דם לכשיקרוש יהא בו כזית וכפשוטו של דברים. והא מילתא מיפרשא בגמ' דהמנחות והנסכין. דא' רב ביבי אריב"ל מעשה בפרדה של בית רבי שמתה ושיערו חכמים דמה ברביעית וכן הלכה. דקא עבדין בה מעשה. ואע"ג דמותיב ר' יצחק בר ביסנא העיד ר' יהושע ור' יהושע בן בתירה על דם נבלות שהוא טהור וא"ר יהושע בן בתירה מעשה והיו נוחרין עדרות לאריות בסרטיא של מלך והיו עולי רגלים בוקעין עד רכובותיהן בדם ולא אמרו להן דבר. אישתיק. ומאן דטהריה לדם נבילות סבר הדם משקה ניהו ולאו נבילה הוא. ומאן דטמא סבר כיון דתרי זהו כנבילה. הא אמרינן עלה מאי הוי עלה. אמר רב יוסף מוריאנא דבי נשיאה מני ר' יהודה שאורי להו כשמעתיה דב"ה מטמאין. וא"ר יוסי ב"ר יהודה כשטימאו ב"ה לא טימאו אלא ברביעית הואיל ויכולה לקרוש ולעמוד על כזית. א"ל אביי לרב יוסף אמאי תימא דר' נתן ור' יוסי ב"ר יהודה אמרו דבר אחד. דילמא עד כאן לא קאמר ר' נתן הכא דכזית יין מרביעית יין אלא ביין דקליש שאם תקרש רביעית

יהא

חשק שלמה על רבינו חננאל

א) הלשון מגומגם ונראה דצ"ל אלא מאן דעומד למימזגי ממים שבכד אפילו למחר חשיב לענין שבת. והלכך אם מוציא כוס שיש כדי מזיגת כוס יפה חייבין עליו וכו':

wine of Sharon is an exception[16] to the general rule, דְּרָפֵי – **for it is weak,** and thus requires less dilution. Most wines, however, require dilution with three parts of water.[17] אִי נַמִּי – **Alternatively,** הָתָם מִשּׁוּם חֲזוּתָא – **there,** in the Mishnah in *Niddah,* the Tanna utilizes a two-to-one dilution simply **with regard to the appearance** presented by such a mixture;[18] אֲבָל לְטַעְמָא בָּעֵי טְפֵי – **but to** achieve proper **taste, additional** dilution **is required.**[19] וּדְקָאָמְרַת מַיִם בְּבַד וּמִצְטָרְפִין – **And** as for **that which you said,** "Can it be that the **water is** still **in the barrel and yet it combines?"** – that too is no difficulty; לְעִנְיַן שַׁבָּת מִידֵי דַּחֲשִׁיב בְּעֵינַן – for **with regard to** the laws of carrying out on **the Sabbath we require** only **that the object** in question **be significant;** וְהָא נַמִּי הָא חָשִׁיב – **and** even **this** small amount of pure wine **too is significant,** because it can be mixed to form a *revi'is* of mixed wine. Thus, although he did not carry out the water, he is still liable.[20]

The Gemara discusses the minimum amount for liability if one carries out wine that has congealed:[21]

תָּנָא – **A Baraisa taught:** יָבֵשׁ בִּכְזַיִת – If one carries out **DRIED** (i.e. congealed) wine, he is liable only if he carries out at least **AN OLIVE-SIZED** piece; דִּבְרֵי רַבִּי נָתָן – these are **THE WORDS OF R' NASSAN.**

The rationale for this minimum is that an olive-sized piece of congealed wine is the product of a *revi'is* of wine that congealed. Since this amount is significant in liquid form, it is deemed significant in solid form as well.[22] The Gemara notes that this relationship of a *revi'is* in liquid form to an olive-size in solid form is found elsewhere as well:

רַבִּי נָתָן וְרַבִּי יוֹסֵי בְּרַבִּי יְהוּדָה אָמְרוּ :אָמַר רַב יוֹסֵף – **Rav Yosef said:** דָּבָר אֶחָד – **R' Nassan and R' Yose the son of R' Yehudah said one** and the same **thing;** both taught that a *revi'is* of a substance in liquid form will form an olive-sized solid piece of that substance when it congeals.

R' Yosef elaborates:

רַבִּי נָתָן הָא דַּאֲמָרַן – The source for **R' Nassan** holding such a view is **that which we** have **stated** concerning congealed wine. וְרַבִּי יוֹסֵי בְּרַבִּי יְהוּדָה – **And** we find that **R' Yose the son of R' Yehudah** holds a similar view, דְּתַנְיָא – **for it was taught in a Baraisa:** רַבִּי יְהוּדָה אוֹמֵר :שִׁשָּׁה דְבָרִים מִקּוּלֵּי בֵּית שַׁמַּאי וּמֵחוּמְרֵי בֵּית הִלֵּל – **R' YEHUDAH SAYS:** There are **SIX MATTERS** that can be counted **AMONG THE LENIENT** decisions **OF BEIS SHAMMAI AND THE STRINGENT** decisions **OF BEIS HILLEL.**[23] דַּם נְבֵלָה – One of these matters concerns their dispute concerning **THE BLOOD OF A *NEVEILAH.***[24] בֵּית שַׁמַּאי מְטַהֲרִין – **BEIS SHAMMAI RULE** that it is ***TAHOR,***[25] וּבֵית הִלֵּל מְטַמְּאִין – **WHILE BEIS HILLEL RULE IT *TAMEI.***[26] אָמַר רַבִּי יוֹסֵי בְּרַבִּי יְהוּדָה – And **R' YOSE THE SON OF R' YEHUDAH SAID** concerning this dispute: אַף כְּשֶׁטִּמְּאוּ בֵּית הִלֵּל – **EVEN WHEN BEIS HILLEL RULED** that the blood was **TAMEI,** לֹא טִמְּאוּ אֶלָּא בְּדָם שֶׁיֵּשׁ בּוֹ רְבִיעִית – **THEY RULED IT *TAMEI* ONLY** in a case **WHERE THE BLOOD WAS** in the amount of at least **A *REVI'IS,*** הוֹאִיל וְיָכוֹל לִקְרוֹשׁ וְלַעֲמוֹד עַל כְּזַיִת – **FOR SUCH** an amount of blood **CAN CONGEAL AND AMOUNT TO AN OLIVE-SIZED** solid **PIECE,** and it is therefore *tamei,* just as an olive-sized piece of *neveilah* flesh.[27]

NOTES

16. Literally: it is separate.

17. [The Mishnah's ruling would seem to bear out this conclusion, because it has to define diluted wine as wine that is diluted using a two-to-one ratio. See *Tosafos,* who discuss how Abaye deals with this problem.]

18. As stated above, the Mishnah in *Niddah* is describing the shades of red that are classified as being blood. Thus, the mixtures chosen by the Tanna represent specific shades of color, and the Tanna established that the shade created by a two-to-one dilution of the wine of Sharon was the one that most closely approximated the color of red that he wished to include among the *tamei* shades of blood; a three-to-one dilution of water, however, would produce a lighter, yellower shade, which would be ruled *tahor* (*Rashi;* cf. *Tosafos* ד״ה דאמר).

19. According to this explanation, there is no difference between the wine of Sharon and other wines; both must be diluted with three parts of water to achieve proper taste. The Tanna chose Sharon wine only because it produces the desired shade when diluted with two parts of water (see *Rashi*).

20. Abaye maintained that since water has not yet been combined with the pure wine, it is impossible to fix the minimum quantity of pure wine for which one is liable on the basis of its ability to combine with the water to form a *revi'is* (see above, note 13). Rava disputes this logic, and replies that although the wine is still in its pure form, since its significance derives from the fact that it will eventually be diluted and consumed, it *is* logical to fix the minimum amount considered significant on the basis of the amount that it will yield when mixed (see *Rashi*). [By way of contrast, honey or oil are significant in smaller quantities *without further preparation;* thus, smaller quantities of those items constitute a minimum amount for liability.]

[Nowadays, the minimum measure for wine would be different, since our wines are not as strong as those of Talmudic times (see *Orach Chaim* 272:5 with *Rama*).]

21. I.e. wine whose liquid portion has evaporated, leaving behind a solid mass. [Although this mass is not usually consumed in its present state, it can be reconstituted and consumed.]

22. Although one is liable for carrying out even a quarter of a *revi'is* of pure wine, as stated in the Mishnah, one is not liable for carrying out a quarter of an olive-sized piece of congealed wine. This is because the congealed wine *in its present state* is not suitable for dilution, and therefore one is liable only if he carries out a piece that can form a *revi'is* (*Rashi, Chidushei HaRan;* see *Maginei Shlomo;* cf. *Tosafos*).

23. R' Yehudah did not mean to state that there are *only* six disputes between Beis Shammai and Beis Hillel in which Beis Hillel espouse the more stringent view, for there are certainly more such disputes. Rather, the Baraisa recounts the report made by R' Yehudah to the Sages in the academy of Yavneh concerning those disputes of which he was aware, so as to record the respective positions for posterity (*Rashi*). [A Mishnah similar to this Baraisa appears in Tractate *Eduyos* (5:1), a tractate that is comprised primarily of such reports (hence its name: *Eduyos,* which means *testimonies*). However, the final clause of the Baraisa, which is the portion most relevant to our Gemara, does not appear in the Mishnah there.]

24. A *neveilah* is the carcass of an animal that died or that has not been slaughtered in accordance with the procedure mandated by the Torah. The flesh of a *neveilah* is an *av hatumah* (primary source of *tumah*), and has the capacity to render *tamei* persons or utensils that come into contact with it. The dispute between Beis Shammai and Beis Hillel concerns the status of the *blood* of the *neveilah,* and centers upon whether it is accorded the same status as the flesh of the *neveilah.*

25. Beis Shammai is of the opinion that the blood of the *neveilah* is not accorded the status of its flesh, and therefore it is not considered an *av hatumah* (*Rashi*). [*Rashi* cites two views as to the actual status of the blood; according to one view, the blood is completely *tahor* (see *Tos. Rid* and *Tos. Yom Tov* to *Eduyos* ch. 8); according to *Rashi's* preferred explanation, the blood is not completely *tahor,* for although it is not an *av hatumah* as is the flesh, it nevertheless possesses the lesser *tumah* of a liquid that is *tamei* (i.e. a *rishon l'tumah*).]

26. Beis Hillel is of the opinion that the blood of the *neveilah* is accorded the status of the flesh, and it therefore is also an *av hatumah* (see next note).

27. Since the blood is *tamei* because we consider it as flesh, its *tumah* is subject to the same measurement as the *tumah* of *neveilah* flesh. Thus, just as *neveilah* flesh conveys *tumah* only when it is at least the size of an olive, blood of a *neveilah* also conveys *tumah* only if there is a *revi'is* of blood, for a *revi'is* of blood is legally equivalent to an olive-sized solid piece, since it can congeal and form an olive-sized piece (*Rashi;* see *Tos. Yom Tov* cited in note 25).

[*Tosafos* in one approach holds that Beis Hillel declares the blood of a *neveilah tamei* and considers it analogous to flesh *because* it can congeal and form a solid. *Tosafos* finds this difficult, however, for in several other places in the Talmud (e.g. *Chullin* 72a, *Sanhedrin* 4a) the Gemara

א) ב"ב צו: עירובין כט:, ב) נדה יט., ג) [תוספתא פ"ט], ד) [עי' דר"י בר' יהודה ליתא במשנה דעדיות ולכן שפיר גרסינן דתניא], ה) מנחות קג. עדיות פ"ה מ"א, ו) [וע"ע תוס' עירובין כט: ד"ה כל ותוס' ב"מ ס. ד"ה רבא ותוס' ב"ב צו: ד"ה כל ותוספות סנהדרין יז: ד"ה אל יחסר].

תורה אור השלם

א) וַיָּרָץ הָעֶבֶד לִקְרָאתָהּ וַיֹּאמֶר הַגְמִיאִינִי נָא מְעַט מַיִם מִכַּדֵּךְ: [בראשית כד, יז]

ליקוטי רש"י

ששה דברים מקולי ב"ש ומחומרי ב"ה. יש אחרים הרבה אבל באלו ששה לא היו מודים לו חביריו שיהיו ב"ש מקילין ובית הלל מחמירין [חולין קד:]. ששה דברים. במסכת עדיות קא חשיב להו. על כזית. ושיעור טומאת נבילה בכזית [מנחות קד.]. הגמיאיני נא. לשון גמיעה הוא [בראשית כד, יז].

עין משפט נר מצוה

ב א מיי' פי"ח מהלכות שבת הלכה ג:
ב [א] [מיי' פ"א מהלכות שאר א"ה הלכה ד]:

גמרא

תנינא המוציא יין כדי מזיגת כוס ותני עלה כדי מזיגת כוס יפה וקתני סיפא ושאר כל המשקין ברביעית ורבא לטעמיה א) דאמר רבא כל חמרא דלא דרי על חד תלת מיא לאו חמרא הוא אמר אביי שתי תשובות בדבר חדא דתנן ב) והמזוג שני חלקי מים ואחד יין מן היין השירוני ועוד מים בכד ומצטרפין א"ל רבא הא דקאמרת שני חלקי מים ואחד יין מן היין השירוני יין השירוני לחוד דרפי א"נ התם משום חזותא אבל לטעמא בעי טפי ודקאמרת מים מכד ומצטרפין לענין שבת מידי דחשיב בעינן והא נמי הא חשיב תנא ג) יבש בכזית דברי רבי נתן אמר רב יוסף רבי נתן ורבי יוסי ברבי יהודה אמרו דבר אחד רבי נתן הא דאמרן ורבי יוסי ברבי יהודה ד) דתניא רבי יהודה אומר ה) ששה דברים מקולי בית שמאי ומחומרי ב"ה דם נבלה ב"ש [א] מטהרין וב"ה מטמאין א"ר יוסי ברבי יהודה אף כשטמאו ב"ה לא טמאו אלא בדם שיש בו רביעית הואיל ויכול לקרוש ולעמוד על כזית אמר אביי דילמא לא היא עד כאן לא קאמר רבי נתן הכא דבעי רביעית אלא ביין דקליש אבל בדם דסמיך כזית לא בעי רביעית אי נמי עד כאן לא קאמר רבי יוסי בר' יהודה התם דכזית סגי ליה ברביעי' אלא בדם דסמיך אבל יין דקליש כזית הוי יותר מרביעית וכי מפיק פחות מכזית ליחייב: חלב כדי גמיעה: איבעיא להו כדי גמיאה או כדי גמיעה א"ר נחמן בר יצחק א) הגמיאיני נא מעט מים מכדך איבעי' להו

רש"י

תנינא. ממתניתין נמי שמעינן דזהו שיעורו מדלא מדתני בשאר משקין רביעית שמעינן מיניה דאין הוצאה במשקה הראוי לשתייה בפחות מרביעית הלכך על כרחיך כי שיערו ביין כדי מזיגת כוס של ברכה שיעור הראוי לשתיית רביעית נקט והיינו רובע רביעית דכי יהיב על חד תלת מיא כדרך המזיגות הראויות לשתייה יעמוד על רביעית. יש טועים בשמועה זו לומר [רובע] רביעית רובע הלוג ויעמוד על רביעית על לוג שהוא רביעית הקב וטעות הוא בידם ורבותינו לא אמרו כן וראי' יש לדבר במס' נזיר (דף לח.) י' רביעיות הן חמש סומקתא כלומר שנאמרו ביין ודם וה' חיוורתא שנאמרו בשאר משקין וחשיב להא הוצאת שבת דשאר משקין גבי חיורתא ועל כרחיך הנהו כולהו ברביעית הלוג נינהו דקא חשיב בהדייהו רביעית שמן לנזיר דהוא חצי שיעורה של שמן התודה במנחות וחצי לוג שמן לתודה ילפינן במנחות (דף פט.): שתי תשובות בדבר. דלא מצי למילף ממתניתין: חדא. דחמרא לא דרי מיא אלא על חד תרין במס' נדה (פ"ב דף יט.) חמשה מראה דמי' טמאין הן וחד מינייהו כמזוג ומפרש במשנה וכמזוג שאמרתי לך בשני חלקי מים ואחד יין: מן היין השירוני. שגדל בשרון שם מדינה הוא: ועוד מים בכד ומצטרפין. אי טעמא דמתני' יין משום דלכי מזיג ליה וירא' לשתייה יהא בו רביעית השתא מיהא כי מפיק ליה עדיין לא נמזג ואין כאן שיעור מים שעודן בכד היאך מצטרפין לחייבו אלא על כרחך טעמא לאו משום דליתחזי לשתייה לרביעית כשאר משקין הוא אלא הכי שיעוריה ואע"ג דכי מזיג ליה לא הוי רביעית: דרפי. רך: א"נ התם משום חזותא. נקט ליה והני נמי דדרי על חד תלת בטעמא מראית דם לא הוי אלא בשני חלקים מים ואחד יין ואי יהיב ביה טפי דם הדומה לו כדם ירוק הוא וטהור: הא חשיב. דחזי לצרופי ביה מיא: יבש. יין קרוש: בכזית. דמעיקרא הוה ביה רביעית ובקרוש רביעית שלימה בעינן דלאו בר מזיגה: ר' יהודה אומר ו' דברים מקולי כו'. לאו דאיכא הני ותו לא דהאכתי טובא איכא אלא כשנכנסו לכרם ביבנה והעידו כל אחד ואחד על אותו שבידו במס' עדיות העיד ר' יהודה על אלו: ב"ש מטהרין. דאינו כבשר לטמא בנבלה בכזית ולא תורת משקין לטומאה קלה. לי נראה דהאי דב"ש מטהרין מטומאת נבלות לחודא קאמר שלא יטמא אדם אבל טומאה קלה יש בו: על כזית. שהוא שיעור נבלה לטמא אדם והיינו אמרו דבר אחד שכזית היבש כשימוח הוי רביעית: עד כאן לא קאמר ר' נתן הכא. דכזית יבש בעי רביעית דלא ובציר מרביעית לא ליכא כזית יבש כדקאמר דכזית קרוש הויא ביה רביעית: אלא ביין דקליש. וכשהוא לח רב נפחו וכשמתייבש נצמק לשיעור קטן: אבל דם. כשהוא לח הוי סמיך עב וקרוב להיות קרוש וכשיבש אינו נצמק לשיעור קטן אלא מעט וכזית יבש לא בעי רביעית לא ודם נבילות מטמא בפחות מרביעית:

גרסינן

תוספות

דאמר רבא כל חמרא דלא דרי על חד תלת מיא כו'. והא דאמרי' בפ' אחד דיני ממונות (סנהדרין לו.) גבי סנהדרין אל יחסר המזג אם הוצרך אחד מהם לצאת אם יש כ"ג יוצא כו' דהיינו שליש מסנהדרין משמע דמזיגה על חד תרין אומר ריב"א דרבא דוקא הי' מוזג כמשפט המזיגה על חד תלת כדאמר בהזהב (ב"מ ס.) אמר רבא מזיגה דידי מידע ידיעא וכמיל מעברין (עירובין נד.) דמי האי מזיגה למזיגה דרבא בריה דרב יוסף בר חמא אבל שאר העולם שאוהבים יין חזק אין מוזגין אלא על חד תרין ואין נראה לר"י דא"כ מאי פריך אביי לוקי מתני' דנדה במזיגת שאר בני אדם אלא נראה לר"י דקרא דלא יחסר המזג ביין השירוני משום דליכא לאוקומי לקרא בכמות מזיגה דהוי רביע דרביע סנהדרין למאי חזו אבל שליש חזו לדיני נפשות ומיהו להאי לישנא דהתם משום חזותא דלא מחלק בין יין השירוני קשה ויש לפרש משום חזותא כדי שלא יפסיד המראה דרך למוזגו על חד תרין ולא יותר ו): חדא דתנן והמזוג שני חלקי מים. וא"ת לאביי דסתם מזוג על חד תרין אדרבה תקשה לאביי מאי איצטריך לפרש שני חלקי מים הוה ליה למימר כמזוג סתם וי"ל דסתם לא הוה ידע דהכי הוי מזוג: ועוד מים בכד ומצטרפין. אע"כ טעמא לאו משום דלכי מזיג ליה הוה רביעית וחזי לשתייה כשאר משקין אלא הכי שיעורא אע"ג דלכי מזיג ליה לא הוי רביעית כדפירש בקונטרס אלא משום דיין חשוב הוא וראוי להצניעו לכוס של ברכה ואע"פ שאינו ראוי לכוס של ברכה בלא מים מ"מ הוי כמו מים שמצניען לשוף בהן את הקילור אע"פ שאין ראויין בלא קילור ואביי לא פליג אלא בהא דלא מצריך רביעית מזוג אבל רובע רביעית יין חי צריך לכוס של ברכה כדמשמע בערבי פסחים (דף קח:) דאמר רב יהודה אמר שמואל ד' כוסות הללו צריך שיהא בהן כדי מזיגת כוס יפה מיתיבי ד' כוסות הללו צריך שיהא בהם כדי רביעית אידי ואידי חד שיעורא הוא כדי מזיגת כוס יפה לכל אחד ואחד היינו כדי רביעית משמע דרביעית דברייתא היינו לכל ארבע כוסות דהוי לכל חד רובע רביעית שהוא מזיגת כוס יפה והא דקתני התם בסיפא דברייתא אחד חי ואחד מזוג ה"פ אחד ישתה אותו רובע רביעית כמו שהוא חי ואחד ימזגנו וישתה ומיהו קשה לר"י דבסמוך קאמר אביי ע"כ לא קאמר ר' נתן הכא דכזית בעי רביעי' כו' משמע דסבירא ליה לאביי דכוס של ברכה בעי רביעית יין חי ולפי מה שפירש בקונטרס בסמוך דיין קרוש בעי רביעית משום דאינו ראוי למזיגת כוס מצינן למימר דלעולם סבר אביי דאפי' ביין מזוג לא בעי רביעית אבל קשה לר"י לפי' הקונטרס דאי כזית יבש לא חזי למזיגה למה חשוב מטעם שהיה בו רביעית מתחלה מאי שנא מגרוגרת שלמקה דריש המצניע (לקמן צא.) ונראה לר"י דרב יוסף ואביי סבירא להו דכוס של ברכה בעי רביעית יין חי כדמשמע בסמוך וברייתא דערבי פסחים דקתני שיהא בהן כדי רביעית היינו לכל אחד ומה ששנה במתניתין יין באנפיה נפשיה אע"ג דהוי ברביעית כשאר משקין היינו משום דלא נטעה בדרבא לומר דחשיב בכדי שראוי למזוג ולעמוד על רביעית והא דלא תנא בהדיא המוציא יין חי ברביעית משום דניחא ליה למינקט כדי מזיגת הכוס דמשום ההוא טעמיה דראוי להצניעו לכוס של ברכה הוא דמיחייב בהוצאת רביעית אבל אי מיפסל מכוס של ברכה על ידי פגימה או שנגע בו נכרי לא מיחייב ברביעית משום דראוי לשתיית ישראל או נכרי משום דלא מצנעי ליה כשיעור זוטר כולי האי הואיל ולא חזי אלא ע"י מזיגה ובעיא תקון ולא חשיב כשאר משקין שראוין בלא מים ולגיבול טיט נמי לא מצנעי ליה כמו קלף דלא חשיב כשיעור קשר מוכסין אע"פ שחשוב יותר מנייר משום דלא מצנעי ליה להכי: **הואיל** ויכול לקרוש ולעמוד על כזית. משמע דדם חשיב כבשר ותימה א"כ אמאי צריך קרא בפ' בהמה המקשה (חולין עב.) ובריש סנהדרין (דף ד.) לרביעית דם מת דמטמא באהל תיפוק ליה דהוי כבשר משום שיכול לקרוש ואומר ר"י דגבי מת בעי קרא לרביעית דם משום דבריש דם הנדה (נדה נה:) אמרינן דבטומאת מת בעינן אין גזעו מחליף דומיא דעצם ואפילו בשר הוה מטהרינן אי לאו דאין גזעו מחליף דנעשה במקומו ללקת ודם גזעו מחליף הוא ועוד י"ל דהאי תנא דהכא לא מטמא דם נבלות משום שיכול לקרוש אלא אית ליה שום דרשה דדם נבילות טמא והאי טעמא דיכול לקרוש איצטריך שלא יטמא הדם אלא ברביעית ולא בפחות שאז יש בו שיעור בשר אבל בלאו קרא מודו כ"ע דלא הוי כבשר והכי איכא תנא בפרק המנחות והנסכים (מנחות קג: ועי"ש קד. ד"ה סולין) דאמר שהעידו על דם נבלות שהוא טהור וכן משמע בכל מקום דדם לא הוי בכלל בשר נבלה דבפרק כל שעה (פסחים כב.) מפיק דגיד והחלב מותר בהנאה משום דכשהותרה נבלה היא והלב והגידה היא ודמה הותרה ובמעילה (דף יז.) נמי בפרק קדשי מזבח מפיק דם השרץ מחזה לכם הטמאה משום דלא הוי בכלל שרץ:

דרבי

רבינו חננאל

תנינא המוציא יין כדי מזיגת הכוס. וקתני סיפא ושאר כל המשקין ברביעית. רבא לטעמי' דאמר כל חמרא דלא דרי על חד תלתא מיא לאו חמרא הוא. שמטיל לכוס רובע רביעית יין ושלשה רבעי רביעית שאם ימזגנו כראוי לו יהיה רביעית חייב. דמי כמאן דאפיק רביעית. ואקשינן אמר אביי שתי תשובות בדבר חדא דתנן במס' נדה במזוג ב' חלקי מים ואחד יין מן היין השירוני דאלמא כוס מזוג שהוא רביעית צריך שיהא בו שליש רביעית יין. ועוד בין כך ובין כך אי מחייבת ליה למוציא [רובע] רביעית משום שאם ימזגן יהא רביעית היאך יצטרפו לו המים והרי הן בכד ואין בו מהן כלום. א"ל רבא דקא מקשת ב' חלקי מים ואחד יין ההוא הא מפרש מן היין השירוני דרפי חמריה. ועוד איכא למימר לאו משום דהכין חזי שיעור מזיגה אלא התם בעינן מראית דמים טמאים משום חזותא הוא. ואי לא נפיש ליה חמריה פאכא סומק. אע"ג דדארי מיא טפי. ודקא מתמהת ואמרת מים בכד ומצטרפין לא מצטרפינן בהדי יין אלא מאי דחשיב כלימוזגי ממים שבכד אפילו למחר ועומד. אם מוזג כוס ההוא כדי מזיגת כוס יפה וחייבין עליו שכשר להצניעו ומצניעין כמוהו: תנא יין יבש בכזית דברי ר' נתן. פי' והאי יין יבש כההיא דתניא (סוכה דף מט) ר' אלעזר בר' צדוק אומר לול קטן היה בין כבש למזבח במערבו של כבש. אחד לשבעים שנה פרחי כהונה יורדין לשם ומלקטין משם יין קרוש שהוא דומה לעיגולי דבילה. ובאין ושורפין אותו בקדושה שנאמר הסך נסך שכר לה'. וקסבר ר' נתן יין יבש אם מוציא ממנו כזית חייב. אמר רב יוסף ר' נתן ור' יוסי בר' יהודה אמרו דבר אחד. ר' נתן הא דאמרן. ר' יוסי בר' יהודה מאי היא. דתניא ר' יהודה אומר ששה דברים מקולי ב"ש ומחומרי ב"ה. דם הנבילות ב"ש מטהרין. וב"ה מטמאין. אמר ר' יוסי בר' יהודה אף כשטמאו ב"ה לא טמאו אלא בדם שיש בו רביעית הואיל ויכול לקרוש ולעמוד על כזית. וקאמר רב יוסף דקסבר ר' נתן דכזית יין יבש לא הוי אלא מרביעית ורביעית יין לכשיקרוש יהא כזית ואתיא דר"נ כר' שמעון. ובני א"י מתנו בהדי [בירושלמי בפירקין ה"א] רבנן דקיסרין ר' יוסי ב"ר אבין בשם ר' יוחנן אתיא דר' נתן כר' שמעון והכין סבר ר' יוסי ב"ר יהודה [דמתניתין דכולן ברביעית] דרביעית דם לכשיקרוש יהא בו כזית וכשיעור של דברים. והא מילתא מפרשא בגמ' דהמנחות והנסכין. דא' רב ביבי אריב"ל מעשה בפרדה של בית רבי שמתה ושיערו חכמים דמה ברביעית וכן הלכה. דקא עבדין בה מעשה. ואע"ג דמותיב ר' יצחק בר ביסנא העיד ר' יהושע ור' יהושע בן בתירה על דם נבלות שהוא טהור וא"ר יהושע בן בתירה מעשה והיו נוחרין ערדות לאריות בסרטיא של מלך והיו עולי רגלים בוקעין עד רכובותיהן בדם ולא אמרו להן דבר. אישתיק. ומאן דטהריה לדם נבלות סבר הדם משקה ניהו ולאו נבילה הוא. ומאן דמטמא סבר כיון דהוא דבר בעין כנבלה. הא אמרינן עלה מאי הוא ע"ש. אמר רב יוסף מריאנא דבר נשיאה מני ר' יהודה האי שאמרו טמאים א"ר יוסי בר' יהודה אף כשטמאו ב"ה לא טמאו אלא ברביעית הואיל ויכולה לקרוש ולעמוד על כזית. א"ל אביי לרב יוסף אי לא קאמר ר' נתן הכא דבעי ברביעית יין אלא ביין דקליש שאם תקרש רביעית יהא

חשק שלמה על רבינו חננאל

א) הלשון מגומגם ונראה דצ"ל אלא מאן דעומד למחר חשיב לענין שבת. והלכך אם הוציא כוס שיש בו כדי מזיגת כוס יפה חייבין עליו וכו'.

From this Baraisa we see that R' Yose the son of R' Yehudah, too, is of the opinion that a *revi'is* of a substance in liquid form congeals to form an olive-sized solid piece of that substance.

The Gemara objects, maintaining that these two rulings of R' Nassan and R' Yose the son of R' Yehudah are not necessarily interdependent:

אָמַר אַבַּיֵי – Abaye said: דִּילְמָא לֹא הִיא – But perhaps it is not so that R' Nassan and R' Yose the son of R' Yehudah agree. **עַד כָּאן לֹא קָאָמַר רַבִּי נָתָן הָכָא דְּבָעֵי רְבִיעִית** – For **so far R' Nassan has not said here** concerning carrying out on the Sabbath **that a *revi'is*** of liquid **is required** to form an olive-sized solid[28] **אֶלָּא בְּיַיִן דִּקְלִישׁ – only concerning wine, which is** a **thin** liquid that loses much of its volume when it congeals. **אֲבָל בְּדָם דִּסְמִיךְ – But regarding blood, which is thick, כַּזַּיִת לֹא בָּעֵי רְבִיעִית** – it is possible that R' Nassan would disagree with R' Yose the son of R' Yehudah, and rule that to produce **an olive-sized piece** one **would *not* require a *revi'is*** of blood.[29] **אִי נַמִּי – Alternatively, עַד כָּאן לֹא קָאָמַר רַבִּי יוֹסֵי בְּרַבִּי יְהוּדָה הָתָם – so far R' Yose the son of R' Yehudah has not said there** concerning *tumas neveilah* **דִּכְזַיִת סָגֵי לֵיהּ בִּרְבִיעִית – that** to form **an olive-sized piece** of a substance it **is sufficient** to have **a *revi'is*** of liquid **אֶלָּא בְּדָם דִּסְמִיךְ – only concerning blood, which is thick** and will not lose much of its volume when it congeals. **אֲבָל יַיִן דִּקְלִישׁ – But** regarding **wine, which is thin, כַּזַּיִת הָוֵי יוֹתֵר מֵרְבִיעִית** – it is possible that R' Yose the son of R' Yehudah would hold that **an olive-sized piece** of congealed wine originally **was more than a *revi'is*** of wine, **וְכִי מַפִּיק פָּחוֹת מִכַּזַּיִת לִיחַיֵּיב – and** thus he would rule that even **one who takes out less than an olive-sized** piece **is liable!**[30] Thus, there is no proof that R' Nassan and R' Yose the son of R' Yehudah share the same opinion.

The Mishnah stated:

חָלָב כְּדֵי גְמִיעָה – If he takes out MILK, ENOUGH FOR A SWALLOW.

The Gemara discusses the proper spelling of the word גְּמִיעָה, *swallow,* used by the Mishnah:

אִיבַּעְיָא לְהוּ – They (the scholars of the academy) **inquired: כְּדֵי גְּמִיאָה** – Should the Mishnah read **"enough for a גְּמִיאָה,"** spelling the word with an *aleph*? **אוֹ כְּדֵי גְּמִיעָה – Or** should it read **"enough for a גְּמִיעָה,"** spelling it with an *ayin*?[31]

The Gemara resolves the inquiry:

אָמַר רַב נַחְמָן בַּר יִצְחָק – Rav Nachman bar Yitzchak said: "הַגְמִיאִינִי נָא מְעַט־מַיִם מִכַּדֵּךְ" – The verse states that Eliezer, servant of Abraham, said to Rebecca: ***"Give me now to swallow*** (*hagmi'ini*) ***a bit of water from your jug."***[32] In this verse, the word meaning "give me to swallow" is spelled הַגְמִיאִינִי, with an *aleph;* thus, the word **גְּמִיאָה** in our Mishnah, which means "a swallow," should be spelled with an *aleph* as well.

A similar inquiry:

אִיבַּעְיָא לְהוּ – They inquired:

NOTES

adduces a verse to derive that the blood of a corpse conveys *tumah*! See *Tosafos* and *Ritva MHK* ed. for resolutions of this difficulty. See also *Raavad* to *Eduyos* 5:1, who suggests that the *tumah* of the blood of a *neveilah* is only Rabbinic in nature, the result of a decree enacted for fear that leniency regarding blood that congealed would result in leniency with regard to (the somewhat similar) *neveilah* flesh; see also *Sfas Emes*.]

28. R' Nassan stated above that one who carries out congealed wine is liable for taking out an olive-sized piece, for such a piece is the product of a *revi'is* of wine that congealed. Thus, in effect, R' Nassan is stating that a full *revi'is* of liquid must congeal to yield an olive-sized solid piece; less than a *revi'is* of liquid, however, will not yield an olive-sized piece when it congeals (*Rashi*).

29. Thus, R' Nassan would perhaps differ with R' Yose the son of R' Yehudah, and rule that even less than a *revi'is* of *neveilah* blood would be *tamei* according to Beis Hillel, since even such an amount of the thicker blood would congeal to form an olive-sized solid piece (*Rashi*).

30. For perhaps he disagrees with R' Nassan, and maintains that a *revi'is* of wine would congeal to a solid piece smaller than the size of an olive. Thus, even if one took out a solid piece that is somewhat smaller than an olive-size, he would still be liable.

31. [Although the *aleph* and the *ayin* are pronounced identically in many contemporary pronunciations, the two letters were pronounced differently in Talmudic times (see *Berachos* 32a and *Megillah* 24b), and are in fact pronounced differently in Sephardic (and certain Ashkenazic) pronunciations even today.]

32. *Genesis* 24:17.

תנינא המוציא יין כדי מזיגת כוס ותני עלה כדי מזיגת כוס יפה וקתני סיפא ושאר כל המשקין ברביעית ורבא לטעמיה (א) דאמר רבא כל חמרא דלא דרי על חד תלת מיא לאו חמרא הוא אמר אביי שתי תשובות בדבר חדא דתנן (ב) והמזוג שני חלקי מים ואחד יין מן היין השירוני ועוד מים בכד ומצטרפין א"ל רבא הא דקאמרת שני חלקי מים ואחד יין מן היין השירוני לחוד דרפי א"נ התם משום חזותא אבל לטעמא בעי טפי ודקאמרת מים מכד ומצטרפין לענין שבת מידי דחשיב בעינן והא נמי הא חשיב תנא (ג) יבש בכזית דברי רבי נתן אמר רב יוסף רבי נתן ורבי יוסי ברבי יהודה אמרו דבר אחד רבי נתן הא דאמרן ורבי יוסי ברבי יהודה (ד) דתניא רבי יהודה אומר (ה) ששה דברים מקולי בית שמאי ומחומרי ב"ה דם נבלה ב"ש [א] מטהרין וב"ה מטמאין א"ר יוסי ברבי יהודה אף כשטמאו ב"ה לא טמאו אלא בדם שיש בו רביעית הואיל ויכול לקרוש ולעמוד על כזית אמר אביי דילמא לא היא עד כאן לא קאמר רבי נתן הכא דבעי רביעית אלא ביין דקליש אבל בדם דסמיך כזית לא בעי רביעית אי נמי עד כאן לא קאמר רבי יוסי בר' יהודה התם דכזית סגי ליה ברביעי' אלא בדם דסמיך אבל יין דקליש כזית הוי יותר מרביעית וכי מפיק פחות מכזית ליחייב: חלב כדי גמיעה: איבעיא להו כדי גמיאה או כדי גמיעה א"ר נחמן בר יצחק (א) הגמיאיני נא מעט מים מכדך איבעי' להו

רש"י

תנינא. ממתניתין נמי שמעינן דזהו שיעורו מדתני בשאר משקין רביעית שמעינן מיניה דאין הוצאה במשקה הראוי לשתייה בפחות מרביעית הלכך על כרחך כי שיעורו ביין כדי מזיגת כוס של ברכה שיעור הראוי לשתיית רביעית נקט והיינו רובע רביעית דכי יהיב על חד תלת מיא לכדרך המזיגות הראויות לשתייה יעמוד על רביעית. יש טועים בשמועה זו לומר [רובע] רביעית רובע הלוג ויעמוד על רביעית על לוג שהוא רביעית הקב וטעות הוא בידם ורבותינו לא אמרו כן ולאי יש לדבר במס' נזיר (דף לח.) ד' רביעיות הן חמש קומקמא כלומר שנאמרו ביין ודם וה' מיוחתא שנאמרו בשאר משקין וחשיב להא הוצאות שבת דשאר משקין גבי מיוחתא ועל כרחך הנהו כולהו ברביעית הלוג נינהו דקא חשיב בהדייהו רביעית שמן לנזיר דהוא חצי שיעורא של שמן התודה במנחות וחצי לוג שמן לתודה ילפינן במנחות (דף פט.): שתי תשובות בדבר. דלא מצי למילף ממתניתין: חדא. דחמרא לא דרי מיא אלא על חד תרין במס' נדה (פ"ב דף יט.) חמשה מראה דמי' טמאין הן וחד מינייהו כמזוג ומפרש במשנה וכמזוג שאמרתי לך בשני חלקי מים ואחד יין: מן היין השירוני. שגדל בשרון שם מדינה הוא: ועוד מים בכד ומצטרפין. אי טעמא דמתני' יין משום דלכי מזיג ליה וראוה לשתייה יהא בו רביעית השתא מיהא כי מפיק ליה עדיין לא נמזג ואין כאן שיעור מים שעודן בכד היאך מצטרפין לחייבו אלא על כרחך טעמא לאו משום דליתחזי לשתייה לרביעית כשאר משקין הוא אלא הכי שיעוריה ואע"ג דכי מזיג ליה לא הוי רביעית: דרפי. רך: א"נ התם משום חזותא. נקט ליה ונהי נמי דדרי על חד תלת בטעמא מראית דם לא הוי אלא בשני חלקים מים ואחד יין ואי יהיב ביה טפי דם הדומה לו כדם ירוק הוא וטהור: הא חשיב. דחזי לגרופי ביה מיא: יבש. יין קרוש: בכזית. דמעיקרא הוה ביה רביעית ובקרוש רביעית שלימה בעינן דלאו בר מזיגה: ר' יהודה אומר ו' דברים מקולי כו'. לאו דאיכא הני ותו לא דאכתי טובא איכא אלא כשנכנסו לכרם ביבנה והעידו כל אחד ואחד על אותו שבידו במס' עדיות העיד ר' יהודה על אלו: ב"ש מטהרין. דאינו כבשר לטמא בנבלה בכזית ולא תורת משקין לטומאה קלה. לי נראה דהאי דב"ש מטהרין מטומאת נבלות לחודא קאמר שלא יטמא אדם אבל טומאה קלה יש בו: על כזית. שהוא שיעור נבלה לטמא אדם והיינו אמרו דבר אחד שכזית היבש כשנימוח הוי רביעית: עד כאן לא קאמר ר' נתן הכא. דכזית יבש בעי רביעית דלא ובציר מרביעית לא ליכא כזית יבש כדקאמר דכזית קרוש הויא ביה רביעית: אלא ביין דקליש. וכשהוא לח רב נפחו וכשמתייבש נצמק לשיעור קטן: אבל דם. כשהוא לח הוי סמיך עב וקרוב להיות קרוש וכשיבש אינו נצמק לשיעור קטן אלא מעט וכזית יבש לא בעי רביעית לא ודם נבילות מטמא בפחות מרביעית: גרסינן

תוספות

דאמר רבא כל חמרא דלא דרי על חד תלת מיא כו'. והא דאמרי' בפ' אחד דיני ממונות (סנהדרין לז.) גבי סנהדרין אל יחסר המזוג אם הוצרך אחד מהם לצאת אם יש כ"ג יוצא כו' דהיינו שליש מסנהדרין משמע דמזיגה על חד תרין אומר ריב"א דרבא דוקא הי' מוזג כמשפט המזיגה על חד תלת כדאמר בהזהב (ב"מ ס.) אמר רבא מזיגה דידי מידע ידיעא ובכילד מעברין (עירובין מד.) דמי האי מזיגה למזיגה דרבא בריה דרב יוסף בר חמא אבל שאר העולם האוהבים יין חזק אין מוזגין אלא על חד תרין ואין נראה לר"י דא"כ מאי פריך אביי לוקי מתני' דנדה במזיגת שאר בני אדם אלא נראה לר"י דקרא דאל יחסר המזג ביין השירוני משום דליכא לאוקמי לקרא בסתם מזיגה דהוי רביע דרביע סנהדרין למאי חזו אבל שליש חזו לדיני נפשות ומיהו להאי לישנא דהתם משום חזותא דלא מחלק בין יין השירוני קשה ויש לפרש משום חזותא כדי שלא יפסיד המראה דרך למוזגו על חד תרין ולא יותר (ו): חדא דתנן והמזוג שני חלקי מים. וא"ת לאביי דסתם מזוג על חד תרין אדרבה תקשה אמאי איצטריך לפרש שני חלקי מים הוה ליה למימר כמזוג סתם וי"ל דס"ד דאגב אורחיה קמ"ל דהכי הוי כל מזוג: ועוד מים בכד ומצטרפין. אע"כ טעמא לאו משום דלכי מזיג ליה הוה רביעית וחזי לשתייה כשאר משקין אלא הכי שיעורא אע"ג דלכי מזיג ליה לא הוי רביעית כדפירש בקונטרס אלא משום דיין חשוב הוא וראוי להצניעו לכוס של ברכה ואע"פ שאינו ראוי לכוס של ברכה בלא מים מ"מ הוי כמו מים שמצניען לשוף בהן את הקילור אע"פ שאינן ראויין בלא קילור ואביי לא פליג אלא בהא דלא מצריך רביעית מזוג אבל רובע רביעית יין חי צריך לכוס של ברכה כדמשמע בערבי פסחים (דף קח:) דאמר רב יהודה אמר שמואל ד' כוסות הללו צריך שיהא בהן כדי מזיגת כוס יפה מיתיבי ד' כוסות הללו צריך שיהא בהם כדי רביעית אידי ואידי חד שיעורא הוא כדי מזיגת כוס יפה לכל אחד ואחד היינו כדי רביעית משמע דרביעית דברייתא היינו לכל ארבע כוסות דהוי לכל חד רובע רביעית שהוא מזיגת כוס יפה והא דקתני התם בסיפא דברייתא אחד חי ואחד מזוג ה"פ אחד ישתה אותו רובע רביעית כמו שהוא חי ואחד ימזגנו וישתה ומיהו קשה לר"י דבסמוך קאמר אביי ע"כ לא קאמר ר' נתן הכא דכזית בעי רביעי' כו' משמע דסבירא ליה לאביי דכוס של ברכה בעי רביעית יין חי ולפי מה שפירש בקונטרס בסמוך דיין קרוש בעי רביעית משום דאינו ראוי למזיגת כוס מצינן למימר דלעולם סבר אביי דאפי' ביין מזוג לא בעי רביעית אבל קשה לר"י לפי' הקונטרס דאי כזית יבש לא חזי למזיגה למה חשוב מטעם שהיה בו רביעית מתחלה מאי שנא מגרוגרת שלמקה דריש המצניע (לקמן צא.) ונראה לר"י דרב יוסף ואביי סבירא להו דכוס של ברכה בעי רביעית יין חי כדמשמע בסמוך וברייתא דערבי פסחים דקתני שיהא בהן כדי רביעית היינו לכל אחד ומה ששנה במתניתין יין באנפיה נפשיה אע"ג דהוי ברביעית כשאר משקין היינו משום דלא נטעה בדרבא לומר דחשיב בכדי שראוי למזוג ולעמוד על רביעית והא דלא תנא בהדיא המוציא יין חי ברביעית משום דניחא ליה למינקט כדי מזיגת הכוס דמשום ההוא טעמיה דראוי להצניעו לכוס של ברכה הוא דמיחייב בהוצאת רביעית אבל אי מיפסל מכוס של ברכה על ידי פגימה או שנגע בו נכרי לא מיחייב ברביעית משום דראוי לשתיית ישראל או נכרי משום דלא מצנעי ליה כשיעור זוטר כולי האי הואיל ולא חזי אלא ע"י מזיגה ובעיא תקון ולא חשיב כשאר משקין שראוין בלא מים ולגיבול טיט נמי לא מצנעי ליה כמו קלף דלא חשיב כשיעור קשר מוכסין אע"פ שחשוב יותר מנייר משום דלא מצנעי ליה להכי: הואיל ויכול לקרוש ולעמוד על כזית. משמע דדם חשיב כבשר ותימה א"כ אמאי צריך קרא בפ' בהמה המקשה (חולין עב.) ובריש סנהדרין (דף ד.) לרביעית דם מת דמטמא באהל תיפוק ליה דהוי כבשר משום שיכול לקרוש ואומר ר"י דגבי מת בעי קרא לרביעית דם משום דבריש דם הנדה (נדה נה:) אמרינן דבטומאת מת בעינן אין גזעו מחליף דומיא דעצם ואפילו בשר הוה מטהרינן אי לאו דאין גזעו מחליף דנעשה במקומו ללקת ודם גזעו מחליף הוא ועוד י"ל דהאי תנא דהכא לא מטמא דם נבלות משום שיכול לקרוש אלא אית ליה שום דרשה דדם נבילות טמא והאי טעמא דיכול לקרוש איצטריך שלא יטמא הדם אלא ברביעית ולא בפחות שאז יש בו שיעור בשר אבל בלאו קרא מודו כ"ע דלא הוי כבשר ולהכי איכא תנא בפרק המנחות והנסכים [מנחות קג: וע"ש קד. ד"ה הואיל] דאמר שהעידו על דם נבלות שהוא טהור וכן משמע בכל מקום דדם לא הוי בכלל בשר נבלה דבפרק כל שעה (פסחים כ"ד כג.) מפיק דגיד והחלב מותר בהנאה משום דכשהותר' נבלה היא וחלבה וגידה הותרו וכי פריך התם והרי דם כו' לא משני כשהותרה נבלה היא ודמה הותרה ובמעילה (דף יח.) נמי בפרק קדשי מזבח מפיק הפרש מוחה לכם הטמא משום דלא הוי בכלל בשר:

דרכי

מסורת הש"ס

א) ב"ב צז: עירובין כט:, ב) נדה יט., ג) [תוספתא פ"ט], ד) [כך דר"י כר' יהודה ליתא במשנה עדיות ולכך שפיר גרסינן דתניא], ה) מנחות קד. עדיות פ"ה מ"א, ו) [וע"ע תוס' עירובין כט: ד"ה כל ותוס' ב"מ ס. ד"ה רבא ותוס' ב"ב צז: ד"ה כל ותוספות סנהדרין יד: ד"ה אל יחסר].

עין משפט נר מצוה

ב א מיי' פי"ח מהלכות שבת הלכה ג:
ב [א] [מיי' פ"ד מהלכות שאר א"ה הלכה ד]:

תורה אור השלם

א) וַיָּרָץ הָעֶבֶד לִקְרָאתָהּ וַיֹּאמֶר הַגְמִיאִינִי נָא מְעַט מַיִם מִכַּדֵּךְ: [בראשית כד, יז]

ליקוטי רש"י

ששה דברים מקולי ב"ש ומחומרי ב"ה. יש אמרות הרבה אבל באלו ששה לא היו מודים לו סבירין שיהיו ב"ש מקילין וכים הלל מחמירין [חולין קד:]. ששה דברים. במסכת עדיות קא חשיב להו. על כזית. שיעור טומאת נבלה בכזית [מנחות קד.]. הגמיאיני נא. לשון גמיאה הומי"ר בלע"ז [בראשית כד, יז].

רבינו חננאל

תנינא המוציא יין כדי מזיגת הכוס. וקתני סיפא ושאר כל המשקין ברביעית. רבא לטעמי' דאמר כל חמרא דלא דרי על חד תלתא מיא לאו חמרא הוא. שמטיל לכוס רובע רביעית יין ושלשה רבעי רביעית שאם ימזגנו כראוי לו יהיה רביעית חייב. דדמי כמאן דאפיק רביעית. ואקשינן אמר אביי שתי תשובות בדבר חדא דתנן במס' נדה במזג ב' חלקי מים ואחד יין מן היין השירוני דאלמא כוס מזוג שהוא רביעית צריך שיהא בו שליש רביעית יין. ועוד בין כך ובין כך אי מחייבת ליה להמוציא [רובע] רביעית משום שאם ימזגו יהא רביעית היאך יצטרפו לו המים והרי הן בכד ואין בו מהן כלום. א"ל רבא דקא מקשת ב' חלקי מים ואחד יין ההוא הא מפרש מן היין השירוני דרפי חמריה. ועוד איכא למימר לאו משום דהכין חזי שיעור מזיגה אלא התם בענין מראית דמים טמאים משום חזותא הוא. ואי לא נפיש חמריה פאכה סומק. אע"ג דדארי מיא טפי. ודקא מתמהת ואמרת מים בכד ומצטרפין לא מצטרפין בהדי יין מים (א) אלא מאי דחשיב למימזגי ממים שבכד אפילו למחר ועומד. אם מזגו כוס ההוא כדי מזיגת כוס יפה וחייבין עליו שכשר להצניעו ומצניעין כמוהו: תנא יין יבש בכזית דברי ר' נתן. פי' היין יבש כההיא דתניא (בסוכה דף מט) ר' אלעזר ב"ר צדוק אומר לול קטן היה בין כבש למזבח במערבו של כבש. אחד לשבעים שנה פרחי כהונה יורדין לשם ומלקטין משם יין קרוש שהוא דומה לעיגולי דבילה. ובאין ושורפין אותו בקדושה שנאמר הסך נסך שכר לה'. וקסבר ר' נתן יין יבש אם מוציא ממנו כזית חייב. אמר רב יוסף ר' נתן ור' יוסי ב"ר יהודה אמרו דבר אחד. ר' נתן הא דאמרן. ר' יוסי ב"ר יהודה מאי היא. דתניא ר' יהודה אומר ששה דברים מקולי ב"ש ומחומרי ב"ה. דם הנבילות ב"ש מטהרין. וב"ה מטמאין. אמר ר' יוסי ב"ר יהודה אף כשטמאו ב"ה לא טימאו אלא בדם שיש בו רביעית הואיל ויכול לקרוש ולעמוד על כזית. וקאמר רב יוסף דקסבר ר' נתן דכזית יין יבש לא הוי אלא מרביעית ורביעית יין לכשיקרוש יהא בו כזית. ואתיא דר"נ כר' שמעון. ובני א"י מתנו בהדי' [בירושלמי בפירקין ה"א] רבנן דקיסרין ר' יוסי ב"ר אבין בש"ר יוחנן אתיא דר' נתן כר' שמעון והכין סבר ר' יוסי ב"ר יהודה [דמתניתין דכולן ברביעית] דרביעית דם לכשיקרוש יהא בו כזית וכפשוטו של דברים. והא מילתא מיפרשא בגמ' דהמנחות והנסכין. דא' רב ביבי אריב"ל משנה בפודה של בית רבי שמתה ושיערו חכמים דמה ברביעית וכן הלכה. דקא עבדין בה מעשה. ואע"ג

יהא

חשק שלמה על רבינו חננאל

א) הלשון מגומגם ונראה דצ"ל אלא מאן דעומד למימזגי ממים שבכד אפילו למחר חשיב לענין שבת. והלכך אם הוציא כוס שיש כדי מזיגת כוס יפה חייבין עליו וכו':

דמותיב ר' יצחק בר ביסנא העיד ר' יהושע ור' יהושע בן בתירה על דם שהוא טהור ואי"ר יהושע בן בתירה מעשה היה נחרגין עדרות לאריות בסרטיא של מלך והיו עולי רגלים בוקעין עד ארכובותיהן בדם ולא אמרו להן דבר. אישתיק. ומאן דטהריה לדם נבילות סבר הדם משקה ניהו ולאו נבילה הוא. ומאן דטמא סבר כיון דחדרי זהו כנבילה. הא אמרינן עלה מאי הוי עלה. אמר רב יוסף מוריאנא דבי נשיאה מני ר' יהודה שאורי להו כשמעתיה דרב"ה מטמאין. וא"ר יוסי ב"ר יהודה כשטמאום ב"ה לא טימאו אלא ברביעית הואיל ויכולה לקרוש ולעמוד על כזית. א"ל אביי לרב יוסף אמאי תימא דר' נתן ור' יוסי ב"ר יהודה אמרו דבר אחד. דילמא עד כאן לא קאמר ר' נתן הכא דכזית יין מרביעית יין אלא ביין דקליש שאם תקרש רביעית יהא

ג א ב ג מיי' פי"ח מהל' שבת הלכה ג:

רבינו חננאל

יהא בה כזית. אבל דם דסמיך שהוא עבה כשיקרוש רביעית יהא בה [יותר מכזית]. אי נמי עד כאן לא קאמר ר' יוסי ב"ר יהודה שרביעי' דם לכשתקרוש יהא בה רביעית אלא בדם דסמיך. אבל יין דקליש אין כזית יבש בא אלא מהרבה רביעיות. והלכך לר' יוסי ב"ר יהודה אם הוציא פחות מכדי רביעית יין חייב דאפשר הוי כוס רביעית: **כתית** הוא הנקרא בלשון ישמעאל דמל. ולא נודע לנו על הכתית כולה להוציא סביבין. או על פיו להוציא מורשא שלו שהיה גבהן כולן והוא גופו. שבלול אמרו הוא דביש שנקרא חבלילו. חפפית בל' ישמעאל וקובה והוא דבר שמתכסה על העור מן הטינוף. מפגיע חיה קטנה שהיא מהלכת בין רגלי הארי וצועקת בקול גדול ומבהלת הארי ונקראת אל פרח אך. סנונית הנקרא בלשון ישמעאל אלכט נאף. מ"ט חרלות מיכסאן באליה ועיזי מיגליאן. א"ל חרלות גזוזות צמר ואנן מכסין מהן אבל עזים לא מכסין. כסי קוצים קוצים. דרגא סולם. מסיכלא. ספל קטן של מים. שמן כדי לסוך אבר קטן של תינוק בן יומו. והא דתניא כדי לסוך אבר קטן ולקטן בן יומו לא פירושא ב' סיבות אבר קטן ולקטן נמי בן יומו. אלא אבר קטן. והקטן ההוא בן יומו:

רב נסים גאון

(שייך לקמן דף עח ע"ב) **אסור** לשהות שטר פרוע א"ב. משכחת לה במסכתא דכתובות בפ' האשה שנתארמלה (דף יט) אמר ר' יהושע בן לוי אסור לאדם שישהה שטר פרוע בתוך ביתו שנא' (איוב יא) ואל תשכן באהליך עולה וכן עוד תמצא בפ' המפקיד (דף לז) וגם לכל מאמר לו יש הדברים במודה בשטר שכתבו אמר רב הונא אמר רב מודה שכתבו אינו צריך לקיימו אמר ליה רב נחמן גבאה גנובי למה לך אי סבירא לך כר' מאיר אימא כר' מאיר אמר ליה ומר היכי סבירא ליה אמר ליה כי אתו לקמן אמרי' להו קיימו שטריכו ונחתו לדינא והלכתא כרב נחמן שצריך לקיימו. בכותבין שובר קמיפלגי משכחת לה בפרק גט פשוט (בבא בתרא דף קעב) דקעביד ר' חנינא בר (פפאי) [פפי] כר' יוחנן וריש לקיש דקאמרי כותבין שובר וכן כי אתא רבין אמר ר' אלעא כותבין שובר והלכה ומישתכח עוד בפרק האשה שנתארמלה (כתובות דף טז) אמר אבהו כותבין שובר ובפרק הכותב (שם דף פט) אמרו לאשתו (גט) במקום שלא אפשר ודאי כותבין שובר:

גראינין. מתניתין דפרקין לעיל חוץ מקליפתן וגרעיניהן: **ונגרע.** והגרעינין זורקין ונגרעין מתוך האוכל: **אוממות.** גבי גחלים מייתינן ליה בכילד צולין (ה) גחלים יכול עוממות ת"ל אש אי אש יכול שלהבת כו': **עממוהו.** לא החשיכו מראיתו להיות הם נאים ממנו: **מאמצין.** לקמן גבי עיניים של מת בפ' שואל (דף קנא:): **במשיפה של קילור.** שרגילין לשופו בחלב של אשה: **כדי לשוף** במים. לשני עינים: **כדי שיפה או כדי אחיזה ושיפה.** מה שנדבק באצבעותיו לבד מה שנותן בעיניו: **אפומא דכולה כתית.** וכל מכה קרויה פה: **מורשא קמא.** עליון של מכה: **שבלול,** לימצ"א (ו): **לכתית.** מניחה (לכתית) עליו: **זבוב לצירעה.** למי שעקצו צירעה כותש זבוב ומניחה עליו: **לחפפית.** מין שחין: **סממית.** איירלינ"ה בלע"ז: **לעקרב.** עקיצת עקרב כותש סממית ומניחה עליו: **ושייף.** ומושח: **מפגיע.** חיה קטנה וקולה גדול ושומע וירא שתהא בריה גדולה וברח: **יתוש.** נכנס לפיל בחוטמו וכן סממית לעקרב נכנס לו באזנו: **סנונית.** ארונדיי"ל נכנסת תחת כנפי הנשר ומעכבו מפרישת כנפיו: **כילבית.** סרך קטן ונכנס לדג גדול באזנו (ה): **המבליג שוד על עז.** המחזיק שדוד על הגבור: **כל חללי עלמא.** פירוש דברים הנעשים בכל חלל העולם: **מסגיין ברישא עדרא.** מהלכות בראש העדר: **ברישא חשוכא.** סתם עזים שחורות סתם רחלות לבנות: **מכסיין.** בזנב: **והני מגליין.** העזים אין להם אליה: **הני דמכסינן מינייהו.** רחלים שאנחנו מתכסין מצמרן גם הן מכוסות: **דאכלה כיסי.** קוצים לפיכך זנבו קצר כדי שלא ידבקו בה הקוצים: **ובעי לברכושי בקי.** להבריח היתושין: **קמצא.** ארבה ול"נ קמלא [נמלה]: **חילפי.** ערבה: **ואי קשיא נדיא ומתעוורא.** ואם היתה קשה תנוד ותעקר כשתכה בעלים: **ומתעוורא.** יסתמו עיניה שמראות עיניה תלויה בה כדשמואל: **תימרא דתרנגולתא מידליא לעילא.** ריס של עין התחתון כשעולה עיניו עולה למעלה מן העליון ושאר כל בריה העליון סוכך על התחתון: **משום דדייר אדפי.** שעולה בלילות על הקרשים והקורות צריך שיעלה התחתון על העליון מפני העשן שלא יכנס בעיניו: **מתכוליתא.** דבר שמטבילין בו כגון כותח או שאר ליפתן: **מתי תכלה דא.** לכשיכלה מה נאכל ול"נ מתי תכלה דא לפי שאינו כלה עד זמן ארוך שאינו נאכל אלא מעט מעט: **ביתא בא ואיתיב.** שדרך לישב בבית: **בקתא.** בית לר וקטן: **בי עקתא.** בית לר: **כופתא.** מכתשת ול"א מדה לחטין ול"נ כמין גולש עץ עשוי לישיבה כמו כופת שאור שיושבין לישיבה דתנאי בפסחים (דף מה:): **כוף תיב.** כפוף גופו ושב עליו: **לבני לבני.**

דרבי שמעון בן אלעזר סבר אבר קטן של קטן בן יומו כו'. תימה דאדרבה איפכא מסתברא דר' נתן דקאמר אבר קטן משמע טפי של קטן בן יומו מרשב"א דאמר אבר קטן וקטן בן יומו דהא לעיל פריך ארבי ינאי דמפרש אבר קטן דמתניתין אבר קטן של קטן בן יומו דהוי כלישנא דר' נתן מברייתא דקתני בה כלישנא דרשב"א ויש לומר דלמאי דמשני הוי סברא איפכא ונקט הכא כדמסיק לעיל ואית ספרים דגרסי איפכא ואין נראה דהא מסיק לרשב"א אבר קטן של קטן בן יומו ולמאי דגרס איפכא לא הוי כמסקנא לא לפי דמייתי השתא ולא לפי מה שדוחה לא דכולי עלמא כו':

גראינין או גרעינין אמר רבא בר עולא [א] ונגרע מערכך איבעיא להו [א] אוממות או עוממות אמר רב יצחק בר אבדימי [ב] ארזים לא עממוהו בגן אלהים איבעיא להו [ג] מאמצין תנן או מעמצין א"ר חייא בר אבא אמר רבי יוחנן [ג] ועוצם עיניו מראות ברע ת"ר [א] המוציא חלב של בהמה כדי גמיאה חלב של אשה ולובן של ביצה כדי ליתן במשיפא (א) של קילור [קילור] כדי לשוף במים בעי רב אשי כדי שיפה או כדי אחיזה ושיפה תיקו: דבש כדי ליתן על הכתית: תנא כדי ליתן על פי כתית בעי רב אשי על כתית אפומא דכולה כתית או דילמא [ב] אמורשא קמא דכתית לאפוקי (ג) הודרנא דלא תיקו: אמר רב יהודה אמר רב כל מה שברא הקב"ה בעולמו לא ברא דבר אחד לבטלה ברא שבלול לכתית ברא זבוב לצירעה יתוש לנחש ונחש לחפפית וסממית לעקרב (ג) היכי עביד ליה מייתי חדא אוכמא וחדא חיורא ושלקי להו ושייפי ליה ת"ר חמשה אימות הן אימת חלש על גבור אימת מפגיע על ארי אימת יתוש על הפיל אימת סממית על העקרב אימת סנונית על הנשר אימת [ג] כילבית על לויתן א"ר יהודה אמר רב מאי קרא [ד] המבליג שוד על עז: (ד) רבי זירא אשכח לרב יהודה דהוה קאי אפיתחא דבי חמוה וחזייה דהוה בדיחא דעתיה ואי בעי מיניה כל חללי עלמא הוה אמר ליה א"ל מ"ט עיזי מסגן ברישא והדר אימרי א"ל כברייתו של עולם דברישא חשוכא והדר נהורא מ"ט הני מכסיין והני מגליין הני דמכסינן מינייהו מכסיין והני דלא מכסינן מינייהו מגליין מ"ט גמלא זוטר גנובתיה משום דאכל [ד] כיסי מ"ט תורא אריכא גנובתיה משום דדייר באגמי ובעי לברכושי בקי מ"ט קרנא דקמצא רכיכא משום דדיירא בחילפי ואי קשיא נדיא ומתעוורא דאמר שמואל האי מאן דבעי דליסמיה לקמצא לשלופינהו לקרני' מ"ט האי תימרא דתרנגולתא מדלי לעילא דדיירי אדפי ואי עייל קטרא מתעוורא [ה] דשא דרך שם דרגא דרך גג מתכוליתא מתי תכלה דא ביתא בא ואיתיב בה ביקתא בי עקתא כופתא כוף ותיב לבני לבני בני הוצא חציצה חצבא שחוצב מים מן הנהר כוזה כזה שוטיתא שטותא משיכלא מאשי כולה משכילתא ° משיא כלתא [ו] אסיתא חסירתא בוכנה בוא ואכנה לבושה לא בושה גלימא שנעשה בו כגלם גולתא גלי ואיתיב פוריא שפרין ורבין עליה בור זינקא בור זה נקי סודרא [ה] סוד ה' ליראיו אפדנא אפיתחא דין ת"ר [ו] שלשה כל זמן שמזקינין מוסיפין גבורה ואלו הן דג ונחש וחזיר: שמן כדי לסוך אבר קטן: אמרי דבי ר' ינאי שמן כדי לסוך אבר קטן של קטן בן יומו מיתיבי שמן כדי לסוך אבר קטן וקטן בן יומו מאי לאו אבר קטן דגדול ואבר גדול של קטן בן יומו אמרי לך דבי ר' ינאי לא [ג] ה"ק שמן כדי לסוך אבר קטן של קטן בן יומו לימא כתנאי שמן כדי לסוך אבר קטן וקטן בן יומו דברי ר' שמעון בן אלעזר ר' נתן אומר כדי לסוך אבר קטן מאי לאו בהא קמיפלגי דר"ש בן אלעזר סבר אבר קטן של קטן ור' נתן סבר אבר קטן דגדול או אבר גדול דקטן אבל אבר קטן של קטן בן יומו לא לא דכולי עלמא אבר קטן דקטן בן יומו לא וליתא

בני. מתקיים לדורות הרבה: **הוצא.** גדר קוצים או לולבים: **חציצה.** אינו דבר קיימא אלא חציצה בעלמא: **כוזא.** כלי חרס קטן: **כוזה.** כלומר דבר מועט וקל כמו זהו מהו חשוב למלאותו לי מיינך במתנה: **שוטיתא.** כד של הדס שמרקדין בו לפני כלה: **שטותא.** נראה המרקד כשוטה: **משיכלא.** ספל גדול שהכל רוחצים ידיהם ורגליהם ממנו: **משו כולא.** רוחץ את הכל: **משיכליתא.** ספל קטן ונאה: **משיא כלתא.** מיוחד לתשובים כמו כלה ואשה חשובה לרחוץ ממנו: **אסיתא.** מורטייי"ר: **חסירתא.** שחסר החקיקה מבפנים: **בוכנא.** עלי שכותשין בו: **לבושא.** חלוק עליון שקורין סרוק: **לא בושה.** כל הכלוקים המתמונים הקרועים ורעים: **כגולם.** שאין לו חיתוך אברים: **גולתא.** מקטורין נאה: **גלי ותיב.** כשהוא יושב מגלה עצמו שלא ישב עליו שלא ילכלכו ולא ישופו בקרקע ויסיר שערו ויקרע ויבלה: **בור זינקא.** בור שיבשו מימיו קורין כן: **נקי.** חסר מימיו: **סודרא.** דרך תלמידי חכמים לעטוף סודר: **אפדנא.** טרקלין של מלכים: **אפתחא.** אל פתח זה יבאו הכל אם למשפט אם לשרת המלך: **אבר קטן.** אחד מפרקי אצבע קטנה: **דגדול.** של אדם גדול והאי קטן דאבר קאי אי נמי אבר גדול של קטן והאי קטן אגברא קאי ולא אאבר: **לא אבר קטן.** וקטן דכולה מילתא קאי אבר קטן של גוף קטן: **דרבי שמעון כו'.** והכי קאמר כדי לסוך בו אבר קטן וקטן יהא הגוף בן יומו ורבי נתן סבר חד קטן אמרינן או אבר או הגוף אבל תרי קטני לא: **ה"ג** דכולי עלמא אבר קטן בן יומו לא: **וליתא**

מסורת הש"ס

א) פסחים דף עה: ע"ש ברכות נג: ע"ש, ב) [לקמן קנא: ע"ש], ג) [גי' הערוך בלבית וערי' חולין נז. מילכית באלפס ופירש"י כמו הכא וערי' משנה בע"ש לה: ובברייתא שם לט: מ. איתא כילבית], ד) [גי' הערוך ערך גם ג' ביסי פי' עשבים שיש בהן קוצים ביותר], ה) כתובות י: ע"ש, ו) פי' מדוכה, ז) ע"י ל', ח) ע"ר ברכש"ס ב"ב עג: ד"ה באוקייה.

הגהות הב"ח

(א) גמ' ולובן של ביצה כדי ליתן במשיפה קילור כדי כל"ל ותיבת של נמחק: (ב) שם דכתית לאפוקי הדר הודרנא: (ג) שם וסממית לעקרב ומשם לחפפית סימי עביד: (ד) שם אמר ר' זירא אשכחיה לרב יהודה: (ה) רש"י ד"ה אוממות וכו' בכילד צולין ולקמן אלא מתמתה גחלי אש גחלים יכול עוממות: (ו) ד"ה שבלול לימצ"א. ג"ב קורין שנעק בל"א:

גליון הש"ס

גמ' משיא כלתא. ע' רש"י ע"ז דף נא ע"ב ד"ה דמשפלא.

תורה אור השלם

א) וְאִם אַחַר הַיֹּבֵל יַקְדִּישׁ שָׂדֵהוּ וְחִשַּׁב לוֹ הַכֹּהֵן אֶת הַכֶּסֶף עַל פִּי הַשָּׁנִים הַנּוֹתָרֹת עַד שְׁנַת הַיֹּבֵל וְנִגְרַע מֵעֶרְכֶּךָ: [ויקרא כז, יח]

ב) אֲרָזִים לֹא עֲמָמֻהוּ בְּגַן אֱלֹהִים בְּרוֹשִׁים לֹא דָמוּ אֶל סְעַפֹּתָיו וְעַרְמֹנִים לֹא הָיוּ כְּפֹארֹתָיו כָּל עֵץ בְּגַן אֱלֹהִים לֹא דָמָה אֵלָיו בְּיָפְיוֹ: [יחזקאל לא, ח]

ג) הֹלֵךְ צְדָקוֹת וְדֹבֵר מֵישָׁרִים מֹאֵס בְּבֶצַע מַעֲשַׁקּוֹת נֹעֵר כַּפָּיו מִתְּמֹךְ בַּשֹּׁחַד אֹטֵם אָזְנוֹ מִשְּׁמֹעַ דָּמִים וְעֹצֵם עֵינָיו מֵרְאוֹת בְּרָע: [ישעיה לג, טו]

ד) הַמַּבְלִיג שֹׁד עַל עָז וְשֹׁד עַל מִבְצָר יָבוֹא: [עמוס ה, ט]

ה) סוֹד יְיָ לִירֵאָיו וּבְרִיתוֹ לְהוֹדִיעָם: [תהלים כה, יד]

ליקוטי רש"י

עוממות. כהויות. **ארזים לא עממוהו בגן אלהים.** לא הכהו את מראיתו לפי שהיה נאה מכל אילנות ועל מלך אשור נאמר [פסחים עה:]. לא כהו אותו כלומר לא היה כהה ממנו. בגן אלהים. כלומר בכל העולם [יחזקאל לא, ח]. **ועצם.** סוגר וכן (ישעיה כט) ועצם את עיניכם [ישעי' לג, טו]. **[הדרן] הודרנא.** לשון סחור

סחור [פסחים עו.]. **שבלול.** שקורין לימצ"א כשהולך מנרתיקו לירות נשמלת ממנו עד שהוא נימוס ומת [מו"ק ו:]. הומט. אומר אני שהוא מין שרץ שקורין לימג"א הגדל בקליפה ההולכת ומעגלת תמיד כל כמה שגדל ומתגדל הגולל בקליפה של עדשה הוא [חגיגה יא. ע"י המתרגם]. הומט. לימצ"א שתחלת ברייתו כעדשה לא ונדבק במקק שלו שגדל והולך עמה מתחלה כעדשה והמוצא בו בלע ה]. **צירעה.** עוקצת את האדם [תענית יד.]. **סממית.** עכביש [סנהדרין קג.]. **ועכביש,** וסממית, סממית ארונדיל"א בלע"ז [ירמיה ח, ז]. **כילבית.** כילבית. ערך דג קטן [חולין צז. וע"ר כאן בהגר"י]. **אימת כילבית על לויתן.** נכנסין לו של דג ונכנס לאזנו של לויתן [רשב"ם ב"ב עג:]. **המבליג.** המגביר כמו ואבליגה מעט (איוב י) מבליגתי עלי יגון (ירמיה ח). **שוד.** אדם שדוד וחלש מתגבר תלויין על מקיפין ובוחין על כרכי מקיפין מלשלש [עמוס ה, ט]. **בקי.** יתושין [חולין ס.]. **גנובתיה.** זנבו [חולין סט.]. **בקתא.** מין זבוב לינונ"ג שהיא שוכחת לפרות [סוכה כב:]. **דשא.** דלת [ברכות נו.]. **חצבא.** כד שואבין בו המים [סוכה כט.]. **משיכלא.** כלי ארוך ולפנים כבגון שמהם כגדים ולומתין בו ידיהם [ע"ז נא.]. **בוכנה.** מקבת וכותשין בו מכתשן בו [מדולין] [עירובין קב.]. מדוך. בוכנא שדוכין בו חבלין במדוכה [ביצה יא.]. **גולתא.** טלית נאה שמתעטף בה [שם יד]. **גולתא.** מכרכך נאה שלובשין על הבגדים וכשיושב מעביר עליו מפני עליונו וזה נראה [שם לח:].

גַּרְאִינֵין אוֹ גַּרְעִינִין – A Mishnah in the previous chapter[1] stated that with respect to minimum amounts for carrying out on the Sabbath, foods are measured without their [shells and] pits (*gar'inaihem*). Should the word for "pits" be spelled גַּרְאִינִין (with an *aleph*), **or** גַּרְעִינִין (with an *ayin*)? אָמַר רָבָא בַּר עוּלָּא – **Rava bar Ulla said:** "וְנִגְרַע מֵעֶרְכֶּךָ" – The verse states: ***and it shall be deducted*** (*venigra*) ***from your valuation.***[2] In this verse, the word *venigra*, spelled with an *ayin*, connotes deduction; similarly, the word for a pit, which is "deducted" from the edible mass of the fruit,[3] should be spelled with an *ayin*.

A third such inquiry:

אִיבַּעְיָא לְהוּ – **They inquired:** אוּמְמוֹת אוֹ עוּמְמוֹת – Should the word *omemos*, which refers to coals that have been partially extinguished but are still glowing,[4] be spelled אוּמְמוֹת (with an *aleph*), **or** עוּמְמוֹת (with an *ayin*)? אָמַר רַב יִצְחָק בַּר אַבְדִּימִי – **Rav Yitzchak bar Avdimi said:** "אֲרָזִים לֹא־עֲמָמֻהוּ בְּגַן־אֱלֹהִים" – The verse states: ***Cedars will not dim his [splendor]*** (*amamuhu*) ***in the garden of the Lord.***[5] In this verse, the word *amamuhu*, spelled with an *ayin*, means *to dim*; similarly, the word for partially extinguished coals, which are dimmed from their previous radiance, should be spelled with an *ayin*.

The Gemara cites a fourth similar inquiry:

אִיבַּעְיָא לְהוּ – **They inquired:** מְאַמְּצִין תְּנַן אוֹ מְעַמְּצִין – The Mishnah below[6] states that one may not close the eyes (*me'amtzin*) of a deceased person on the Sabbath.[7] Should the Mishnah read מְאַמְּצִין (with an *aleph*), **or** מְעַמְּצִין (with an *ayin*)? אָמַר רַבִּי חִיָּיא בַּר אַבָּא אָמַר רַבִּי יוֹחָנָן – **Rav Chiya bar Abba said in the name of R' Yochanan:** "וְעֹצֵם עֵינָיו מֵרְאוֹת בְּרָע" – The verse states: ***And one who averts*** (*ve'otzeim*) ***his eyes from seeing evil.***[8] In this verse, the word *ve'otzeim*, spelled with an *ayin*, means to avert the eyes; similarly, in that Mishnah, the word *me'amtzin* should be spelled with an *ayin*.

The Mishnah stated that the minimum amount for milk is enough for a swallow. The Gemara cites a Baraisa that qualifies this ruling:

תָּנוּ רַבָּנָן – **The Rabbis taught in a Baraisa:** הַמּוֹצִיא חָלָב שֶׁל בְּהֵמָה – IF ONE TAKES OUT THE MILK OF AN ANIMAL, כְּדֵי גְמִיאָה – he is liable if he takes out ENOUGH FOR A SWALLOW;[9] חָלָב שֶׁל אִשָּׁה – if he takes out THE MILK OF A WOMAN, i.e. human milk, וְלוֹבֶן שֶׁל בֵּיצָה – OR THE WHITE OF A raw EGG, כְּדֵי לִיתֵּן בְּמִשִׁיפָא שֶׁל קִילוֹר – he is liable if he takes out ENOUGH TO PUT INTO an application OF *KILOR* ointment.[10] [קִילוֹר] – If he takes out *KILOR*, כְּדֵי לָשׁוּף בְּמַיִם – he is liable if he takes out ENOUGH TO MIX it WITH WATER.[11]

An inquiry is raised with regard to the final rulings of the Baraisa:

בָּעֵי רַב אַשִׁי – **Rav Ashi inquired:** כְּדֵי שִׁיפָה – Must there be just **enough** mixed *kilor* **to apply** to the eyes, אוֹ כְּדֵי אֲחִיזָה וְשִׁיפָה – **or** must there be **enough to hold** the *kilor* in one's fingers **and apply** therefrom to the eyes?[12]

The Gemara has no resolution, and concludes:

תֵּיקוּ – **Let [the question] stand.**

The Mishnah stated:

דְּבַשׁ כְּדֵי לִיתֵּן עַל הַכָּתִית – **Honey – enough to place on a sore.**

The Gemara cites a Baraisa in explanation of this ruling:

תָּנָא – **A Baraisa taught:** כְּדֵי לִיתֵּן עַל פִּי כָּתִית – ENOUGH TO PLACE ON THE HEAD[13] OF A SORE.

An inquiry is raised:

בָּעֵי רַב אַשִׁי – **Rav Ashi inquired:** עַל כָּתִית אַפּוּמָּא דְכוּלָּהּ כָּתִית – When the Baraisa states that one must take out enough honey to place **on** the head of **a sore,** does it mean **on the face of the entire sore,**[14] אוֹ דִילְמָא אַמּוֹרְשָׁא קַמָּא דְכָתִית – **or perhaps** it means enough to place **upon the highest point** (i.e. the tip) **of the sore,** לְאַפּוּקֵי הוּדְרָנָא דְלָא – and it means **to exclude** the area **all around** the tip of the sore, which is **not** included in the calculation?[15]

The Gemara does not resolve the inquiry, and concludes:

תֵּיקוּ – **Let [the question] stand:**

The Gemara cites a statement wherein another treatment for sores is mentioned:

אָמַר רַב יְהוּדָה אָמַר רַב – **Rav Yehudah said in the name of Rav:** כָּל מַה שֶּׁבָּרָא הַקָּדוֹשׁ בָּרוּךְ הוּא בְּעוֹלָמוֹ – In **all that the Holy One,**

NOTES

1. Above, 76b.

2. *Leviticus* 27:18. The verse speaks of a person who consecrated his ancestral field and wishes to redeem it from the Temple treasury. The rate of redemption stated in the Torah – fifty silver *shekels* for each 75,000 square cubits of land – applies to a field that is consecrated for an entire fifty-year *Yovel* period. If the field is consecrated for a shorter period of time, the rate of redemption is proportionally decreased. Thus, the verse states that the Kohen shall calculate the price based on the years remaining until the end of the *Yovel* period, and *it* (the value of the years that have already elapsed) *shall be deducted from your valuation.*

3. The pits are removed from the fruit and discarded; thus, they can be said to have been "deducted" from the fruit (*Rashi*).

4. See *Rashi,* and *Pesachim* 75b.

5. *Ezekiel* 31:8. The prophet states that even the majestic cedars that are planted in the Garden of Eden (see *Radak* to the verse; cf. *Rashi*) cannot detract from the glory of the Assyrian kingdom.

6. 151b.

7. [The corpse of a person is *muktzeh,* and may not be moved on the Sabbath; thus, it is forbidden to close the corpse's eyes (*Rashi* to 151b ד״ה אין מעצמין; see also *Ritva MHK* ed. here).]

8. *Isaiah* 33:15. The verse describes the virtues of the righteous person who can defend the Jewish nation against the wrath of God.

9. See above, 76b note 3.

10. As explained above (76b note 7), *kilor* is a medicinal salve that is placed upon the eye as a balm. The *kilor* ointment was prepared by mixing the dry paste (also referred to as *kilor*) with one of several liquids; see *Rashi* below, 78a ד״ה רפואתו. The Baraisa teaches that since human milk was commonly used for this purpose, one is liable for carrying out even the small quantity needed to mix an application of *kilor* ointment [rather than the larger quantity that would be used in nursing an infant] (see *Rashi*).

[The word מְשִׁיפָא literally means *smearing*; the Baraisa thus teaches that one is liable if he takes out enough breast milk or egg white to put into a smearing's worth of *kilor* ointment (see *Aruch* and *Aruch HaShalem;* see also *Bach* and *Dikdukei Soferim;* cf. *Meiri;* see also next note).]

11. [I.e. enough to mix sufficient *kilor* ointment] to apply to two eyes (*Rashi; cf. Meiri*; see also below, 80a note 29). [Although *kilor* was mixed with milk or egg white, it was often mixed with water as well.]

12. *Kilor* ointment is applied by fingertip; thus, a certain amount of ointment inevitably clings to the finger after application. The Gemara therefore inquires whether or not the minimum amount of *kilor* must include the residue that clings to the fingers in addition to the amount that is applied to the eyes (*Rashi; see Hagahos R' Elazar Moshe Horowitz,* who questions how the *kilor* could be applied if there was not enough to apply it by fingertip).

13. The Gemara will explain the Baraisa below.

14. I.e. enough honey to cover the entire sore. According to this interpretation, the entire sore is called a "head" in relation to the body because its surface is raised above that of the surrounding skin (see *Rashi*).

15. According to this interpretation, the term "head of the sore" refers to the head *of the sore itself,* and not the entire sore; thus, one is liable even if he only takes out enough honey to apply to the very tip of the sore.

ג א ב ג מיי' פי"ח מהל' שבת הלכה ג:

רבינו חננאל

יהא בה כזית. אבל דם דסמיך שהוא עבה כשיקרוש ברביעית יהא בה [יותר מכזית]. אי נמי עד כאן לא קאמר ר' יוסי ב"ר יהודה שרביעי' דם לכשתקרש יהא בה ברביעית אלא בדם דסמיך. אבל יין דקליש אין כזית יבש בא אלא מהרבה רביעיות. והלכך לר' יוסי ב"ר יהודה אם הוציא פחות מכזית יבש חייב דאפשר הוי כוס רביעית: כתית הוא הנקרא בלשון ישמעאל דומל. ולא נודע לנו על הכתית כולה להוציא סביבין. או על פיו להוציא מורשא שלו שהיו גבהן כולן והוא גופו. שבלול אמרו הוא דביש שנקרא חבלזון. חפפית בל' ישמעאל וקובה והוא דבר שמתכסין על העור מן הטינוף. מפגיע חיה קטנה שהיא מהלכת בין רגלי הארי וצועקת בקול גדול ומבהלת הארי ונקראת אל פרת אך. סבונית שנקרא בלשון ישמעאל אלכט גאף. מ"ט רחלות מיכסיאן באליה ועיזי מיגליאן. א"ל רחלות גזוזות צמר ואנן מכסינן מהן אבל עזים לא מכסינן. כסי קוצים. דרגא סולם. מסיכלא. ספל קטן של מים. שמן כדי לסוך אבר קטן של תינוק בן יומו. והא דתניא כדי לסוך אבר קטן וקטן בן יומו. לא פירושא ב' סיכות אבר קטן וקטן נמי בן יומו. אלא אבר קטן. והקטן ההוא בן יומו:

רב נסים גאון

(שייך לקמן דף עח ע"ב) אסור לשהות שטר פרוע א"ב. משכחת לה במסכתא דכתובות בפ' האשה שנתארמלה (דף יט) אמר ר' יהושע בן לוי אסור לאדם שישהה שטר פרוע בתוך ביתו שנא' (איוב יא) ואל תשכן באהליך עולה וכן תמצא בזה הפר' עיקר הדברים במודה בשטר שכתבו אמר רב הונא אמר רב מודה בשטר שכתבו אינו צריך לקיימו אמר ליה רב נחמן גנבא גנובי למה לך אי סבירא לך כר' מאיר אימא כר' מאיר אמר ליה ומר היכי סבירא ליה אמר ליה כי אתו לקמן אמרי' להו קיימו שטריכון ונחותו לדינא והלכתא כרב נחמן שצריך לקיימו. בכותבין שובר קמיפלגי משכחת לה בפרק גט פשוט (בבא בתרא דף קעא) דקעבד ר' חנינא בר (פאסי) [פפי] כר' יוחנן דא"ר יוחנן ריש לקיש דקאמרי כותבין שובר וכן כי אתא רבין אמר ר' אלעא כותבין שובר וכן הלכה ומשכחת עוד בפרק האשה שנתארמלה (כתובות דף טז) אמר ר' אבהו כותבין שובר ובפרק הכותב (גט) לאשתו (שם דף פט) אמרו במקום דכתבי אמר ודאי כותבין שובר:

גמרא

גראינין או גרעינין אמר רבא בר עולא א) ונגרע מערכך איבעיא להו ב) אוממות או עוממות אמר רב יצחק בר אבדימי ב) ארזים לא עממוהו בגן אלהים איבעיא להו ג) מאמצין תנן או מעמצין א"ר חייא בר אבא אמר רבי יוחנן ג) ועוצם עיניו מראות ברע ת"ר א המוציא חלב בהמה כדי גמיאה חלב של אשה ולובן של ביצה כדי ליתן במשיפא (א) של קילור [קילור] כדי לשוף במים בעי רב אשי כדי שיפה או כדי אחיזה ושיפה תיקו: דבש כדי ליתן על הכתית: תנא כדי ליתן על פי כתית בעי רב אשי על פי כתית אפומא דכולה כתית או דילמא ב אמורשא קמא דכתית לאפוקי (ב) הודרנא דלא תיקו: אמר רב יהודה אמר רב כל מה שברא הקב"ה בעולמו לא ברא דבר אחד לבטלה ברא שבלול לכתית ברא זבוב לצירעה יתוש לנחש ונחש לחפפית וסממית לעקרב (ג) היכי עביד ליה מייתי חדא אוכמא וחדא חיורא ושלקי להו ושייפי ליה ת"ר חמשה אימות הן אימת חלש על גבור אימת מפגיע על ארי אימת יתוש על הפיל אימת סממית על העקרב אימת סנונית על הנשר אימת ג) כילבית על לויתן א"ר יהודה אמר רב מאי קרא ד) המבליג שוד על עז: (ד) רבי זירא אשכח לרב יהודה דהוה קאי אפיתחא דבי חמוה וחזיה דהוה בדיחא דעתיה ואי בעי מיניה כל חללי עלמא הוה אמר ליה א"ל מ"ט עיזי מסגן ברישא והדר אימרי א"ל כברייתו של עולם דברישא חשוכא והדר נהורא מ"ט הני מכסיין והני מגליין הני דמכסינן מינייהו מכסיין והני דלא מכסינן מינייהו מגליין מ"ט גמלא זוטר גנובתיה משום דאכל ד) כיסי מ"ט תורא אריכא גנובתיה משום דדייר באגמי ובעי לכרכושי בקי מ"ט קרנא דקמצא רכיכא משום דדיירא בחילפי ואי קשיא נדיא ומתעוורא דאמר שמואל האי מאן דבעי דליסמיה לקמצא לשלופינהו לקרני' מ"ט האי תימרא דתרנגולתא מדלי לעילא דדיירי אדפי ואי עייל קטרא מתעוורא ה) דשא דרך שם דרגא דרך גג מתכוליתא מתי תכלה דא ביתא בא ואיתיב בה ביקתא בי עקתא כופתא כוף ותיב לבני לבני בני הוצא חציצה חצבא שחוצב מים מן הנהר כוזה כזה שוטיתא שטותא משיכלא מאשי כולה משכילתא ◦ משיא כלתא ו) אסיתא חסירתא בוכנה בוא ואכנה לבושה לא בושה גלימא שנעשה בו כגלם גולתא גלי ואיתיב פוריא שפרין ורבין עליה בור זינקא בור זה נקי סודרא ה) סוד ה' ליראיו אפדנא אפיתחא דין ת"ר ז) שלשה כל זמן שמזקינין מוסיפין גבורה ואלו הן דג ונחש וחזיר: שמן כדי לסוך אבר קטן: אמרי דבי ר' ינאי שמן כדי לסוך אבר קטן של קטן בן יומו מיתיבי שמן כדי לסוך אבר קטן וקטן בן יומו מאי לאו אבר קטן דגדול ואבר גדול של קטן בן יומו אמרי לך דבי ר' ינאי לא ג ה"ק שמן כדי לסוך אבר קטן של קטן בן יומו לימא כתנאי שמן כדי לסוך אבר קטן וקטן בן יומו דברי ר' שמעון בן אלעזר ר' נתן אומר כדי לסוך אבר קטן מאי לאו בהא קמיפלגי דר"ש בן אלעזר סבר אבר קטן של קטן ור' נתן סבר אבר קטן דגדול או אבר גדול דקטן אבל אבר קטן של קטן בן יומו לא לא דכולי עלמא אבר קטן דקטן בן יומו לא וליתא

רש"י

גראינין. מתניתין דפרקין לעיל תוך מקליפתן וגרעיניהן: **ונגרע.** והגרעינין זורקין וגרעין מתוך האוכל: **אוממות.** גבי גמלים מייתינן ליה בכילד צולין (ה) גמלים יכול עוממות ת"ל אם אי אם יכול שלהבת כו': **עממוהו.** לא החשיכו מראיהו להיות הם נאים ממנו: **מאמצין.** לקמן גבי עיניו של מת בפ' שואל (דף קנא:): **במשיפה של קילור.** שרגילין לשופו בחלב של אשה: **כדי לשוף במים.** לשני עיניו: **כדי שיפה או כדי אחיזה ושיפה.** מה שנדבק באצבעותיו לבד מה שנותן בעיניו: **אפומא דכולה כתית.** וכל מכה קרויה פה: **מורשא קמא.** עליון של מכה: **שבלול.** לימצ"א (ו): **לכתית.** מניחה (לכתית) עליו: **זבוב לצירעה.** למי שעקצו צירעה כותש זבוב ומניחה עליו: **לחפפית.** מין שחין: **סממית.** אירניא"ה בלע"ז: **לעקרב.** עקיצת עקרב כותש סממית ומניחה עליו: **ושייף.** ומושח: **מפגיע.** חיה קטנה וקולה גדול ושומע ארי שהקל בריה גדולה ונורס: **יתוש.** נכנס לפיל בחוטמו וכן סממית לעקרב נכנס לו באזנו: **סנונית.** ארונדיי"א נכנסת תחת כנפי הנשר ומעכבו מפרישה כנפיו: **כילבית.** שרץ קטן ונכנס לדג גדול באזנו (ז): **המבליג שוד על עז.** המחזיק שדוד על הגבור: **כל חללי עלמא.** פירוש דברים הנעשים בכל חלל העולם: **מסגיין ברישא עדרא.** מהלכות בראש העדר: **ברישא חשוכא.** שהם עזים שחורות ואחר כך רחלות לבנות: **מכסיין.** זנבן: **והני מגליין.** העזים אין להם אליה: **הני דמכסינן מינייהו.** רחלים שאנחנו מתכסין מצמרן גם הן מכוסות: **דאכלא כיסי.** קוצים לפיכך זנבו קצר כדי שלא ידבקו בה הקוצים: **ובעי לכרכושי בקי.** להבריח היתושין: **קמצא.** ארבה ול"נ קמצא [נמלה]: **חילפי.** ערבה: **ואי קשיא נדיא ומתעוורא.** ואם היתה קשה תנוד ותעקר כשתכה בעלים: **ומתעוורא.** יסתמו עיניה שמראות עיניה תלויה בה כדשמואל: **תימרא דתרנגולא מידליא לעילא.** ריס של עין התחתון כשעוצם עיניו עולה למעלה מן העליון ובשאר כל בריה העליון סוכך על התחתון: **משום דדייר אדפי.** שעולה בלילות על הקרשים והקורות צריך שיעלה התחתון על העליון מפני העשן שלא יכנס בעיניו: **מתכוליתא.** דבר שמטבילין בו כגון כותח או שאר ליפתן: **מתי תכלה דא.** לכשיכלה מה נאכל ול"נ מתי תכלה דא לפי שאינו כלה עד זמן ארוך שאינו נאכל אלא מעט מעט: **ביתא בא ואיתיב.** שדרך לישב בבית: **בקתא.** בית צר וקטן: **בי עקתא.** בית צר: **כופתא.** מכתשת ל"א מדה לחטין ול"נ כמין גולם עץ עשוי לישיבה כמו כופת שאור שיהיה לישיבה דתניא בפסחים (דף מה:): **כוף תיב.** כפוף אותו ושב עליו: **לבני לבני בני.** מתקיים לדורות הרבה: **הוצא.** גדר קוצים או לולבים: **חציצה.** אינו דבר קיימא אלא מחיצה בעלמא: **כוזא.** כלי חרס קטן: **כוזה.** כלומר דבר מועט וקל כמו זהו מהו חשוב למלאותו לי מיינך במתנה: **שוטיתא.** בד של הדס שמרקדין בו לפני כלה: **שטותא.** נראה המרקד כשוטה: **משיכלא.** ספל גדול שהכל רוחצים ידיהם ורגליהם ממנו: **משו כולא.** רוחץ את הכל: **משכילתא.** ספל קטן ונאה: **משיא כלתא.** מיוחד לחשובים כמו כלה ואשה חשובה לרחוץ ממנו: **אסיתא.** מורטיי"ר: **חסירתא.** שחסר החקיקה מבפנים: **בוכנא.** עלי שכותשין בו: **לבושא.** חלוק עליון שקורין שרוק: **לא בושה.** למנוע הבושה שמכסה כל החלוקים התחתונים הקרועים ורעים: **כגולם.** שאין לו חיתוך אברים: **גולתא.** מקטורין נאה: **גלי ותיב.** כשהוא יושב מגלה עצמו שלא ישב עליו שלא ילכלכו ולא ישופו בקרקע וישיר שערו ויקרע ויבלה: **בור זינקא.** בור שיבשו מימיו קורין כן: **נקי.** חסר מימיו: **סודרא.** דרך תלמידי חכמים לעטוף סודר: **אפדנא.** טרקלין של מלכים: **אפתחא.** אל פתח זה יבאו הכל אם למשפט אם לשרת המלך: **אבר קטן.** אחד מפרקי אצבע קטנה: **דגדול.** של אדם גדול והאי קטן אאבר קאי אי נמי אבר גדול של קטן והאי קטן אגברא קאי ולא אאבר: **לא אבר קטן.** וקטן אכולא מילתא קאי אבר קטן של גוף קטן: **דרבי שמעון כו'.** והכי קאמר כדי לסוך בו אבר קטן וקטן יהא הגוף בן יומו ורבי נתן סבר חד קטן אמרינן או האבר או הגוף אבל תרי קוטני לא: ה"ג דכולי עלמא אבר קטן של קטן בן יומו לא:

תוספות

דרבי שמעון בן אלעזר סבר אבר קטן של קטן בן יומו כו'. תימה דלדרבה איפכא מסתברא דר' נתן דקאמר אבר קטן משמע טפי של קטן בן יומו מרשב"א דלאמר אבר קטן וקטן בן יומו דהא לעיל פריך ארבי ינאי דמפרש אבר קטן דמתניתין אבר קטן של קטן בן יומו דהוי כלישנא דר' נתן מברייתא דקתני בה כלישנא דרשב"א ויש לומר דלמאי דמשני הוי סברא איפכא ונקט הכא כדמסיק לעיל ואית ספרים דגרסי איפכא ואין נראה דהא מסיק דלרשב"א אבר קטן של קטן בן יומו ולמאי דגרס איפכא לא הוי כמסקנא לא לפי דמייתי השתא ולא לפי מה שדוחה לא דכולי עלמא כו':

מסורת הש"ס

א) פסחים דף עה: ע"ש ברכות נג: ע"ש, ב) [לקמן קנא: ע"ש], ג) [ג' הערוך כלבית ועי' חולין נז. כילבית באלפס ופירש"י כמו הכא ועי' משנה בע"ז לה: ובברייתות שם נט: מ. איתא כילבית], ד) [ג' הערוך ערך גם ג' ביסי פי' עשבים שיש בהן קוצים ביותר], ה) כתובות י: ע"ש, ו) פי' מדוכה, ז) ע"ז ל:, ח) עי' ברש"י ב"ב עג: ד"ה בלמוסיה.

הגהות הב"ח

(א) גמ' ולובן של ביצה כדי ליתן במשיפה קילור כדי כצ"ל ותיבת של נמחק: (ב) שם כתית לאפוקי הדר הודרנא: (ג) שם וסממית לעקרב ונחש לחפפית היכי עביד: (ד) שם שוד על עז אמר ר' זירא אשכחיה לרב יהודה: (ה) רש"י ד"ה אוממות וכו' בכילד צולין ולקמן מלה סמהמה גמלי אם גמלים יכול עוממות: (ו) ד"ה שבלול לימצ"א: (ז) נ"ב קורין שנעף בלע"ז:

גליון הש"ס

גמ' משיא כלתא. עי' רש"י דף נג ע"ב ד"ה דקפלא:

תורה אור השלם

א) וְאִם אַחַר הַיֹּבֵל יַקְדִּישׁ שָׂדֵהוּ וְחִשַּׁב לוֹ הַכֹּהֵן אֶת הַכֶּסֶף עַל פִּי הַשָּׁנִים הַנּוֹתָרֹת עַד שְׁנַת הַיֹּבֵל וְנִגְרַע מֵעֶרְכֶּךָ: [ויקרא כז, יח]

ב) אֲרָזִים לֹא עֲמָמֻהוּ בְּגַן אֱלֹהִים בְּרוֹשִׁים לֹא דָמוּ אֶל סְעַפֹּתָיו וְעַרְמֹנִים לֹא הָיוּ כְּפֹארֹתָיו כָּל עֵץ בְּגַן אֱלֹהִים לֹא דָמָה אֵלָיו בְּיָפְיוֹ: [יחזקאל לא, ח]

ג) הֹלֵךְ צְדָקוֹת וְדֹבֵר מֵישָׁרִים מֹאֵס בְּבֶצַע מַעֲשַׁקּוֹת נֹעֵר כַּפָּיו מִתְּמֹךְ בַּשֹּׁחַד אֹטֵם אָזְנוֹ מִשְּׁמֹעַ דָּמִים וְעֹצֵם עֵינָיו מֵרְאוֹת בְּרָע: [ישעיה לג, טו]

ד) הַמַּבְלִיג שֹׁד עַל עָז וְשֹׁד עַל מִבְצָר יָבוֹא: [עמוס ה, ט]

ה) סוֹד יְיָ לִירֵאָיו וּבְרִיתוֹ לְהוֹדִיעָם: [תהלים כה, יד]

ליקוטי רש"י

עוממות. כהויות. ארזים לא עממוהו בגן אלהים. לא הכהו את מראיתו לפי שהיה נאה מכל אילנות ועל חירם מלך צור נאמר [פסחים עה:]. לא כהו תארו כלומר לא היה אחד נאה ממנו. בגן אלהים. כלומר בכל העולם [יחזקאל לא, ח]. ועצם. סוגר וכן (ישעיה כט) ויעצם את עיניכם [ישעי' לג, טו]. [הדר] הודרנא. לשון סחור [פסחים עו.]. ... ותבלין [עירובין קב.]. מדוך. בוכנא שדוכין בו תבלין במדוכה [ביצה יא.]. מדוך. הוא בוכנא [ו]מכין בו [במדוכה] [שם יד.]. גולתא. תכריך נאה שמתעטף בו תחת טליתו וכשיושב מעביר טליתו וזה נראה [שם לח:].

Blessed is He, created in His world, לֹא בָרָא דָּבָר אֶחָד לְבַטָּלָה – **He did not create** even **one thing needlessly.**[16]

Rav Yehudah illustrates his point by enumerating uses for several seemingly useless creations:

בָּרָא שַׁבְּלוּל לְכָתִית – **He created the slug**[17] as a remedy **for a sore;**[18] בָּרָא זְבוּב לְצִירְעָה – and **he created the fly** to serve as a cure **for the** sting of a **hornet.**[19] יַתּוּשׁ לְנָחָשׁ – **The gnat**[20] provides a cure **for the** bite of a **snake;** וְנָחָשׁ לַחֲפָפִית – **and a snake** can be used as a cure **for** certain types of **boils;** וּסְמָמִית לְעַקְרָב – **and a spider**[21] provides a cure **for** the sting of a **scorpion.**[22] Thus, even creatures which are seemingly purposeless serve as valuable remedies.

The Gemara explains how a snake is used to cure boils:[23]

הֵיכִי עָבִיד לֵיהּ – **How is this** cure **effected?** מַיְיתִי חֲדָא אוּכָּמָא וַחֲדָא חִיוָּרָא – **He brings one black** snake **and one white** one, וְשָׁלְקֵי לְהוּ – **and he cooks them,** וְשָׁיְיפֵי לֵיהּ – **and he rubs** the site of the boil **with it** [the mixture].

The Gemara cites a Baraisa that mentions several of the insects discussed by Rav Yehudah:

תָּנוּ רַבָּנָן – **The Rabbis taught in a Baraisa:** חֲמִשָּׁה אֵימוֹת הֵן – THERE ARE FIVE instances of FEARS אֵימַת חַלָּשׁ עַל גִּבּוֹר – where THE FEAR OF THE WEAK IS UPON THE STRONG. They are: אֵימַת מַפְגִּיעַ עַל אֲרִי – THE FEAR OF THE *MAFGIA* UPON THE LION;[24] אֵימַת יַתּוּשׁ עַל הַפִּיל – THE FEAR OF THE GNAT UPON THE ELEPHANT;[25] אֵימַת סְמָמִית עַל הָעַקְרָב – THE FEAR OF THE SPIDER UPON THE SCORPION;[26] אֵימַת סְנוּנִית עַל הַנֶּשֶׁר – THE FEAR OF THE SWALLOW UPON THE EAGLE;[27] אֵימַת כִּילְבִּית עַל לִוְיָתָן – and THE FEAR OF THE *KILBIS* UPON THE LEVIATHAN.[28]

The Gemara cites a Scriptural source for these phenomena:

אָמַר רַב יְהוּדָה אָמַר רַב – **Rav Yehudah said in the name of Rav:** מַאי קְרָא – **What verse** is there that refers to such relationships in nature? ,,הַמַּבְלִיג שֹׁד עַל־עָז" – It is the verse that proclaims: ***He who causes the weak to triumph over the powerful.***[29]

The Gemara digresses to discuss other intriguing natural phenomena:

רַבִּי זֵירָא אַשְׁכְּחֵיהּ לְרַב יְהוּדָה – **R' Zeira once encountered R' Yehudah** דַּהֲוָה קָאֵי אַפִּיתְחָא דְּבֵי חֲמוּהּ – **as he was standing at the door of his father-in-law's house.** וַחֲזָיֵיהּ דַּהֲוָה בְּדִיחָא דַּעְתֵּיהּ – **[R' Zeira] saw that [R' Yehudah] was in a lighthearted mood,**[30] וְאִי בָּעֵי מִינֵּיהּ כָּל חַלְלֵי עָלְמָא – **and if he were to ask him about anything in the world,** הֲוָה אָמַר לֵיהּ – **[R' Yehudah] would tell him.**[31] R' Zeira therefore began to question R' Yehudah regarding several natural phenomena that he had observed.[32]

אָמַר לֵיהּ – **[R' Zeira] said to him:** מַאי טַעְמָא עִיזֵּי מְסַגָּן בְּרֵישָׁא – **What is the reason** that **goats** always **walk at the front** of the flock, וַהֲדַר אִימְּרֵי – **and the sheep** follow **after them?** אָמַר לֵיהּ – **[R' Yehudah] replied to him:** כִּבְרִיָּיתוֹ שֶׁל עוֹלָם – This order **follows the order** established **by the creation of the world,** דִּבְרֵישָׁא חֲשׁוֹכָא – **where first there was dark,** וַהֲדַר נְהוֹרָא – **and** only **afterwards** was there **light.** Similarly, the [generally] dark-colored goats walk before the lighter-colored sheep.

R' Zeira asked further:

מַאי טַעְמָא הָנֵי מִכַּסְיָין וְהָנֵי מְגַלְיָין – **What is the reason** that the hindquarters of **these** (sheep) **are covered** by a tail, **while** the hindquarters of **these** (goats) **are exposed,** and are not covered by a tail? R' Yehudah replied: הָנֵי דְּמִכַּסִּינַן מִינַּיְיהוּ – **These** sheep, since **we cover ourselves with** clothing made of wool sheared from **them,** מִכַּסְיָין – **they are covered;** וְהָנֵי דְּלָא מִכַּסִּינַן מִינַּיְיהוּ – **but these** goats, **since we do not cover ourselves with their** shearings,[33] מְגַלְיָין – **they are exposed.**[34] R' Zeira then asked: מַאי טַעְמָא גַּמְלָא זוּטַר גְּנוּבְתֵּיהּ – **What is the reason** that **a camel has a small tail?** R' Yehudah replied: מִשּׁוּם דְּאָכֵל כִּיסֵי – **Because it eats thorns,**[35] and its tail is short so that it does not become entangled in the thorns as it stands and eats. R' Zeira asked further: מַאי טַעְמָא תּוֹרָא אֲרִיכָא גְּנוּבְתֵּיהּ – **What is the reason** that **an ox has** such **a long tail?** R' Yehudah answered: מִשּׁוּם דְּדָיֵיר בְּאַגְמֵי – **Because it dwells in** the **swamplands,** וּבָעֵי לְכַרְכּוּשֵׁי בַּקֵּי – **and it requires** the long tail **to chase away the**

NOTES

16. [*Meiri* writes: It is a fundamental tenet of Jewish belief that God does nothing purposelessly, although the purpose of many creations is hidden from us.]

17. See *Targum Laazei Rashi* by *Dayan I. Gukovitzki.* See also *Rashi* to *Psalms* 58:9, who translates שַׁבְּלוּל as *snail*; see also *Rashi* to *Leviticus* 11:30 and *Maharshal* here.

18. One places a slug upon the sore (see *Rashi* and *Maharshal;* cf. *Ritva*).

19. One crushes the fly and places it upon the place of the sting (*Rashi*).

20. See *Aruch HaShalem.*

21. See *Targum Laazei Rashi.*

22. One crushes the spider and places it upon the place of the scorpion's sting (*Rashi*).

23. See *Bach.*

24. The *mafgia* is a small beast that has an exceedingly powerful cry. When the *mafgia* screams, the lion fears that a great beast is coming to challenge him, and he flees (*Rashi;* see, however, *Sfas Emes*). [Cf. *Ben Yehoyada,* who states that the *mafgia* is a small, very agile animal with razor-sharp claws. It will jump onto the head of a lion and kill it by piercing its cranium with its claws, all the while avoiding the lion's attempts to crush it. He writes further that the nobles of his time would often sport with these animals by pitting them against lions.]

25. The gnat enters the trunk of the elephant, and the elephant cannot dislodge it (*see Rashi*).

26. The spider enters the body of the scorpion via its ear (*Rashi*), and the scorpion is powerless to dislodge it.

27. [See *Targum Laazei Rashi.*] The swallow enters beneath the wings of the eagle, and, once ensconced there, prevents the eagle from spreading its wings (*Rashi*).

28. The *kilbis* is a small creeping creature that kills larger fish by burrowing into their ears (*Rashi;* cf. *Rashbam* to *Bava Basra* 73b ד״ה באוסייה, who states that the *kilbis* burrows into the *nostrils* of the fish). The Leviathan (a great sea creature of which only two were created – see *Genesis* 1:21 and *Bava Basra* 74b) thus fears the tiny *kilbis.*

The Gemara cites this Baraisa to show that aside from the medicinal uses mentioned by Rav Yehudah, all creatures can be used as instruments of God to exact retribution from the wicked, even if they appear to be insignificant creations of no purpose. Thus, a person should never arrogantly assume that his power is such that he cannot be punished, for God can summon even the lowliest of creatures to triumph over him (see *Maharsha;* for an example of such retribution, see *Gittin* 57a).

29. *Amos* 5:9. The prophet extols the awesome power of God.

30. See *Chasam Sofer* as to why R' Yehudah was in such a mood.

31. [R' Zeira knew that Rav Yehudah possessed the knowledge to shed light on many natural phenomena, but under normal circumstances he was hesitant to inquire about such seemingly irrelevant matters. In this instance, however, seeing that Rav Yehudah was in an unusually jovial mood, he seized the opportunity to ask many questions, as the Gemara proceeds to relate.]

32. See *Maharsha,* who explains the questions and answers that follow as applying to spiritual [rather than simply mundane] matters.

33. The shearings of goats are fit only for making into sacks and the like, and are not used for clothing (*Ritva MHK* ed.).

34. [The goats do not merit the covering of a tail, since their shearings do not serve the higher purpose of clothing man.]

35. In Arabic lands, thorns were sometimes cultivated as food for camels (see *Bava Basra* 156b). Cf. *Ritva MHK* ed., whose text reads: *Because it walks among thorns.*

עין משפט
נר מצוה

ג א ב ג מיי' פי"ח מהל' שבת הלכה ג:

רבינו חננאל

יהא בה כזית. אבל דם דסמיך שהוא עבה כשיקרוש רביעית יהא בה [יותר מכזית]. אי נמי עד כאן לא קאמר ר' יוסי ב"ר יהודה שרביעי' דם לכשתקרוש יהא בה רביעית אלא בדם דסמיך. אבל יין דקליש אין כזית יבש בא אלא מהרבה רביעיות. והלכך לר' יוסי ב"ר יהודה אם הוציא פחות מכזית יבש חייב דאפשר הוי כוס רביעית: **כתית** הוא הנקרא בלשון ישמעאל דומל. ולא נודע לנו על הכתית כולה להוציא סביבין. או על פיו להוציא מורשא שלו שהיו גבהן כולן והוא גופו. שבלול אמרו הוא דביש שנקרא חבלילו. חפיפית בל' ישמעאל וקובה והוא דבר שמתכנס על העור מן הטינוף. מפגיע חיה קטנה שהיא מהלכת בין רגלי הארי וצועקת בקול גדול ומבהלת הארי ונקראת אל פרת אך. סבונית שנקרא בלשון ישמעאל אלכט נאף. מ"ט רחלות מיכסיאן באליה ועיזי מיגליאן. א"ל רחלות גזוזות צמר ואנן מכסין מהן אבל עזים לא מכסין. כסי קוצים קוצים. דרגא סולם. מסיכלא. ספל קטן של מים. שמן כדי לסוך אבר קטן של תינוק בן יומו. והא דתניא כדי לסוך אבר קטן וקטן בן יומו לא פירושא ב' סיכות אבר קטן וקטן נמי בן יומו. אלא אבר קטן. והקטן ההוא בן יומו:

רב נסים גאון

(שייך לקמן דף עח ע"ב) **אסור** לשהות שטר פרוע א"ב. משכחת לה במסכתא דכתובות בפ' האשה שנתארמלה (דף יט) אמר ר' יהושע בן לוי אסור לאדם שישהה שטר פרוע בתוך ביתו שנא' (איוב יא) אל תשכן באהליך עולה וכן עוד תמצא בזה הפר' עיקר הדברים במודה בשטר שכתבו אמר רב הונא אמר רב מודה שכתבו אינו צריך לקיימו אמר ליה רב נחמן גנבא גנובי למה לך אי סבירא לך כר' מאיר אימא כר' מאיר אמר ליה ומר היכי סבירא ליה אמר ליה כי אתו לקמן אמרי' להו קיימו שטרייכו ונחותו לדינא והלכתא כרב נחמן שצריך לקיימו. בכותבין שובר מיפלגי משכחת לה בפרק גט פשוט (ב"ב קעא) בתרא דף קעא) דקעבדי' ר' חנינא בר (פאפי) [פפי] כר' יוחנן וריש לקיש דקאמרי כותבין שובר וכן כי אתא רבין אמר ר' אלעא כותבין שובר וכן הלכה ומשתכח עוד בפרק האשה שנתאלמנה (כתובות דף טז) אמר ר' אבהו כותבין שובר ובפרק הכותב (גט) לאשתו (שם דף פט) אמרו במקום דלא אפשר ודאי כותבין שובר:

גראינין או גרעינין אמר רבא בר עולא [א] ונגרע מערכך איבעיא להו [ה] אוממות או עוממות אמר רב יצחק בר אבדימי [ב] ארזים לא עממוהו בגן אלהים איבעיא להו [ו] מאמצין תנן או מעמצין א"ר חייא בר אבא אמר רבי יוחנן [ג] ועוצם עיניו מראות ברע ת"ר [א] המוציא חלב של בהמה כדי גמיאה חלב של אשה ולובן של ביצה כדי ליתן במשיפא [(א)] של קילור [קילור] כדי לשוף במים בעי רב אשי כדי שיפה או כדי אחיזה ושיפה תיקו: דבש כדי ליתן על הכתית: תנא כדי ליתן על פי כתית בעי רב אשי על כתית אפומא דכולה כתית או דילמא [ב] אמורשא קמא דכתית לאפוקי [(ב)] הודרנא דלא תיקו: אמר רב יהודה אמר רב כל מה שברא הקב"ה בעולמו לא ברא דבר אחד לבטלה ברא שבלול לכתית ברא זבוב לצירעה יתוש לנחש ונחש לחפפית וסממית לעקרב [(ג)] היכי עביד ליה מייתי חדא אוכמא וחדא חיורא ושלקי להו ושייפי ליה ת"ר חמשה אימות הן אימת חלש על גבור אימת מפגיע על ארי אימת יתוש על הפיל אימת סממית על העקרב אימת סנונית על הנשר אימת [ג] כילבית על לויתן א"ר יהודה אמר רב מאי קרא [ד] המבליג שוד על עז: [(ד)] רבי זירא אשכח לרב יהודה דהוה קאי אפיתחא דבי חמוה וחזייה דהוה בדיחא דעתיה ואי בעי מיניה כל חללי עלמא הוה אמר ליה א"ל מ"ט עיזי מסגן ברישא והדר אימרי א"ל כברייתו של עולם דברישא חשוכא והדר נהורא מ"ט הני מכסיין והני מגליין הני דמכסינן מינייהו מכסיין והני דלא מכסינן מינייהו מגליין מ"ט גמלא זוטר גנובתיה משום דאכל [ד] כיסי מ"ט תורא אריכא גנובתיה משום דדייר באגמי ובעי לכרכושי בקי מ"ט קרנא דקמצא רכיכא משום דדיירא בחילפי ואי קשיא נדיא ומתעוורא דאמר שמואל האי מאן דבעי דליסמיה לקמצא לשלופינהו לקרני' מ"ט האי תימרא דתרנגולתא מדלי לעילא דדיירי אדפי ואי עייל קטרא מתעוורא [ה] דשא דרך שם דרגא דרך גג מתכוליתא מתי תכלה דא ביתא בא ואיתיב בה ביקתא בי עקתא כופתא כוף ותיב לבני לבני הוצא חציצה חצבא שחוצב מים מן הנהר כוזה כוזה שוטיתא שטותא משיכלא מאשי כולה משכילתא [*] משיא כלתא [ו] אסיתא חסירתא בוכנה בוא ואבנה לבושה לא בושה גלימא שנעשה בו כגלם גולתא גלי ואיתיב פוריא שפרין ורבין עליה בור זינקא בור זה נקי סודרא [ח] סוד ה' ליראיו אפדנא אפיתחא דין ת"ר [ז] שלשה כל זמן שמזקינין מוסיפין גבורה ואלו הן דג ונחש וחזיר: **שמן** כדי לסוך אבר קטן: אמרי דבי ר' ינאי שמן כדי לסוך אבר קטן של קטן בן יומו מיתיבי שמן כדי לסוך אבר קטן וקטן בן יומו מאי לאו אבר קטן דגדול ואבר גדול של קטן בן יומו אמרי לך דבי ר' ינאי לא [ג] ה"ק שמן כדי לסוך אבר קטן של קטן בן יומו לימא כתנאי שמן כדי לסוך אבר קטן וקטן בן יומו דברי ר' שמעון בן אלעזר ר' נתן אומר כדי לסוך אבר קטן מאי לאו בהא קמיפלגי דר"ש בן אלעזר סבר אבר קטן של קטן ור' נתן סבר אבר קטן דגדול או אבר גדול דקטן אבל אבר קטן של קטן בן יומו לא לא דכולי עלמא אבר קטן דקטן בן יומו לא וליתא

גראינין. מתניתין דפרקין דלעיל חוץ מקליפתן וגרעיניהן: **ונגרע.** והגרעינין זורקין ונגרעין מתוך האוכל: **אוממות.** גבי גחלים מייתינן ליה בכילד צולין [(ה)] גחלים יכול עוממות ת"ל אש אי אש יכול שלהבת כו': **עממוהו.** לא החשיכו מראיתו להיות הס נאים ממנו: **מאמצין.** לקמן גבי עיניו של מת בפ' שואל (דף קנא:): **במשיפה של קילור.** שרגילין לשופו בחלב של אשה: **כדי לשוף במים.** לשני עיניס: **כדי שיפה או כדי אחיזה ושיפה.** מה שנדבק באצבעותיו לבד מה שנותן בעיניו: **אפומא דכולה כתית.** וכל מכה קרויה כתית. וכל מכה קרוי פה: **מורשא קמא.** עליון של מכה: **שבלול.** לימג"א [(ו)] לכתית. מניחה (לכתית) עליו: **זבוב לצירעה.** למי שעקצו צירעה כותש זבוב ומניחה עליו: **לחפפית.** מין שחין: **סממית.** אירלגניא"ה בלע"ז: **לעקרב.** עקיצת עקרב כותש סממית ומניחה עליו: ושייף. ומושח: **מפגיע.** חיה קטנה וקולה גדול ושומע וירא שאהא בריה גדולה וגורס: **יתוש.** נכנס לפיל בחוטמו וכן סממית לעקרב נכנס לו באזנו: **סנונית.** ארונדיל"א נכנסת תחת כנפי הנשר ומעכבו מפרישת כנפיו: **כילבית.** שרץ קטן ונכנס לדג גדול באזנו[ח]: **המבליג שוד על עז.** המחזיק שדוד על הגבור: **כל חללי עלמא.** פירוש דברים הנעשים בכל חלל העולם: **מסגיין ברישא עדרא.** מהלכות בראש העדר: **ברישא חשוכא.** סתם עזים שחורות סתם רחלות לבנות: **מכסיין.** זנבן: **והני מגליין.** העזים אין להם אליה: **הני דמכסינן מינייהו.** רחלים שאנחנו מתכסין מלמלן גם הן מכוסות: **דאכלה כיסי.** קוצים לפיכך זנבו קצר כדי שלא ידבקו בה הקוצים: **ובעי לכרכושי בקי.** להבריח היתושין: **קמצא.** ארבה ול"נ קמצא [נמלה]: **חילפי.** ערבה: **ואי קשיא נדיא ומתעוורא.** ואם היתה קשה תנוד ותעקר כשתכה בעלים: **ומתעוורא.** יסתמו עיניה שמראות עיניה תלויה בה כשמואל: **תימרא דתרנגולא מידליא לעילא.** ריס של עין התחתון כשעולם עיניו עולה למעלה מן העליון ובשאר כל בריה העליון סוכב על התחתון: **משום דדייר אדפי.** שעולה בלילות על הקרשים והקורות לריך שיעלה התחתון על העליון מפני העשן שלא יכנס בעיניו: **מתכוליתא.** דבר שמטבילין בו כגון כותח או שאר ליפתן: **מתי תכלה דא.** לכשיכלה מה נאכל ול"נ מתי תכלה דא לפי שאינו כלה עד זמן ארוך שאינו נאכל אלא מעט מעט: **ביתא בא ואיתיב.** שדרך לישב בבית: **בקתא.** בית צר וקטן: **בי עקתא.** בית צר: **כופתא.** מכתשת ל"א מדה לחטין ול"נ כמין גולם עץ עשוי לישיבה כמו כופת שאור שיחדה לישיבה דתניא בפסחים (דף מה:): **כוף תיב.** כפוף אותו ושב עליו: **לבני לבני בני.** מתקיים לדורות הרבה: **הוצא.** גדר קוצים או לולבים: **חציצה.** אינו דבר קיימא אלא מחילה בעלמא: **כוזא.** כלי חרס קטן: **כוזה.** כלומר דבר מועט וקל כמו זהו מהו חשוב למלאותו לי מייך במתנה: **שוטיתא.** בד של הדס שמרקדין בו לפני כלה: **שטותא.** נראה המרקד כשוטה: **משיכלא.** ספל גדול שהכל רוחצים ידיהם ורגליהם ממנו: **משו כולא.** רוחץ את הכל: **משכילתא.** ספל קטן ונאה: **משיא כלתא.** מיוחד לחשובים כמו כלה ואשה חשובה לרחוץ ממנו: **אסיתא.** מורטיי"ר: **חסירתא.** שחסר החקיקה מבפנים: **בוכנא.** עלי שכותשין בו: **לבושא.** חלוק עליון שקורין סרוק: **לא בושה.** למנוע הבושה שמכסה כל החלוקים התחתונים הקרועים ורעים: **כגולם.** שאין לו חיתוך אברים: **גולתא.** מקטורין נאה: **גלי ותיב.** כשהוא יושב מגלה עצמו שלא ישב עליו שלא ילכלכנו ולא ישופנו בקרקע וישיר שערו ויקרע ויבלה: **בור זינקא.** בור שיבשו מימיו קורין כן: **נקי.** חסר מימיו: **סודרא.** דרך תלמידי חכמים לעטוף סודר: **אפדנא.** טרקלין של מלכים: **אפתחא.** אל פתח זה יבאו הכל אם למשפט אם לשרת המלך: **אבר קטן.** אחד מפרקי אצבע קטנה: **דגדול.** של אדם גדול והאי קטן דאבר קאי אי נמי אבר גדול של קטן והאי קטן אגברא קאי ולא אאבר: **לא אבר קטן.** וקטן אכולא מילתא קאי אבר קטן של גוף קטן: **דרבי שמעון כו'.** והכי קאמר כדי לסוך בו אבר קטן וקטן יהא הגוף בן יומו ורבי נתן סבר חד קטן אמרינן או האבר או הגוף אבל תרי קוטני לא: ה"ג דכולי עלמא אבר קטן של קטן בן יומו לא: וליתא

סמור [פסחים עו.]. **שבלול.** שקורין לימצו"ן כשיוצא חוץ מנרתיקו רירות נופלות ממנו עד שהוא נימוק ומת [מו"ק ו:]. חומט. אומר אני שהוא מין שרץ שקורין לימג"א הגדל בקליפה ההולכת ומעגלת תמיד כל כמה שגדל ותחילת הנילר עדשה הוא [חגיגה יא. עי' המתרגם]. חומט. לימצ"א שתחלת ברייתו בכעדשה לא ובדוק בתיק שלה שגדל והולך עמה תחלתו כעדשה ממש הוא בשוליו [חולין קכב.]. **צירעה.** עוקצת את האדם [תענית יד.]. **סממית.** עכביש [סנהדרין קג:]. ועגור. וסנונית, סנונית ארונדיל"א בלע"ז [ירמיה ח, ז]. **כילבית.** כלבית. שקץ דגים קטן [חולין צז. ועי' כאן בהגרי"ב]. **אימת כילבית על לויתן.** בנחיריו של דג נכנס השרץ [רשב"ם ב"ב עג:]. **המבליג.** המגביר כמו ואבליגה מבליגיתי עלי יגון (ירמיה ח). **שוד.** אדם שדוד ותלש למגבר תלשין על תקיפין ובוזזין על כרכי תקיפין משליט [עמוס ה, ט]. **גנובתיה.** זנבו [חולין ס.]. **בקי.** ליגנל"ש [סוכה כו.]. בקא. מין זבוב ליגנ"א והיא נושכת כלירעה [חולין נח:]. [ברכות נו.]. **חצבא.** כד של חרס ששואבין בו המים [סוכה כט.]. **משיכלא.** כלי ארוך ובלשון כנען אקדון ונותנין בו מים כדאמרינן (שבת עז:) משיכלא משי כולה שמכבסין בו בגדים ורוחצין בו ידיהן [ע"ז נא:]. **בוכנה.** מקבת וכותשין בו תבלין [עירובין קב.]. מדוך. בוכנא שדוכין בו תבלין במדוכה [ביצה יא.]. מדוך. הוא בוכנא [ו]מכין בו [במדוכה] [שם יד.]. **גולתא.** תכריך נאה שמתעטף בו תחת טליתו וכשיושב מעביר טליתו וזה נראה [שם לח:].

דרבי שמעון בן אלעזר סבר אבר קטן של קטן בן יומו כו'. תימה דלדרבה איפכא מסתברא דר' נתן דקאמר אבר קטן משמע טפי של קטן בן יומו מרשב"א דאמר אבר קטן וקטן בן יומו דהא לעיל פריך ארבי ינאי דמפרש אבר קטן דמתניתין אבר קטן של קטן בן יומו דהוי כלישנא דר' נתן מברייתא דקתני בה כלישנא דרשב"א ויש לומר דלמאי דמשני הוי סברא איפכא ונקט הכא כדמסיק לעיל ואית ספרים דגרסי איפכא ואין נראה דהא מסיק דלרשב"א אבר קטן של קטן בן יומו ולמאי דגרס איפכא לא הוי כמסקנא לא לפי דמייתי השתא ולא לפי מה שדוחה לא דכולי עלמא כו':

מסורת הש"ס

א) פסחים דף עה: ע"ש ברכות נג: ע"ש, ב) [לקמן קנא: ע"ש], ג) [גי' הערוך כלבית ועי' חולין נז. כילבית באלפס ופירש"י כמו הכא ועי' משנה בע"ז לה: ובברייתא שם לט: מ. איתא כילבית], ד) [גי' הערוך ערך גס ג' ביסי פי' עשבים שיש בהן קוצים ביותר], ה) כתובות י: ע"ש, ו) פי' מדוכה, ז) ע"ז ל:, ח) עי' ברשב"ם ב"ב עג: ד"ה באוסייה.

הגהות הב"ח

(א) גמ' ולובן של ביצה כדי ליתן במשיפה קילור כדי כצ"ל ותיבת של נמחק: (ב) שם דכתית לאפוקי הדר הודרנא: (ג) שם וסממית לעקרב ונחש לחפפית היכי עביד: (ד) שם שוד על עז אמר ר' זירא אשכחיה לרב יהודה: (ה) רש"י ד"ה אוממות וכו' בכילד צולין ולקמן מלא המחתה גחלי אש גחלים יכול עוממות: (ו) ד"ה שבלול לימגא. נ"ב שקורין שנעק בל"א:

גליון הש"ס

גמ' משיא כלתא. עי' רש"י ע"ז דף נא ע"ב ד"ה דסחיפא:

תורה אור השלם

א) וְאִם אַחַר הַיֹּבֵל יַקְדִּישׁ שָׂדֵהוּ וְחִשַּׁב לוֹ הַכֹּהֵן אֶת הַכֶּסֶף עַל פִּי הַשָּׁנִים הַנּוֹתָרֹת עַד שְׁנַת הַיֹּבֵל וְנִגְרַע מֵעֶרְכֶּךָ: [ויקרא כז, יח]

ב) אֲרָזִים לֹא עֲמָמֻהוּ בְּגַן אֱלֹהִים בְּרוֹשִׁים לֹא דָמוּ אֶל סְעַפֹּתָיו וְעַרְמֹנִים לֹא הָיוּ כְּפֹארֹתָיו כָּל עֵץ בְּגַן אֱלֹהִים לֹא דָמָה אֵלָיו בְּיָפְיוֹ: [יחזקאל לא, ח]

ג) הֹלֵךְ צְדָקוֹת וְדֹבֵר מֵישָׁרִים מֹאֵס בְּבֶצַע מַעֲשַׁקּוֹת נֹעֵר כַּפָּיו מִתְּמֹךְ בַּשֹּׁחַד אֹטֵם אָזְנוֹ מִשְּׁמֹעַ דָּמִים וְעֹצֵם עֵינָיו מֵרְאוֹת בְּרָע: [ישעיה לג, טו]

ד) הַמַּבְלִיג שֹׁד עַל עָז וְשֹׁד עַל מִבְצָר יָבוֹא: [עמוס ה, ט]

ה) סוֹד יְיָ לִירֵאָיו וּבְרִיתוֹ לְהוֹדִיעָם: [תהלים כה, יד]

ליקוטי רש"י

עוממות. כבויות. **ארזים לא עממוהו בגן אלהים.** לא הכהו את מראיתו לפי שהיה נאה מכל אילנות ועל פירוש מלך צור נאמר [פסחים עה:]. לא כהו מאורו כלומר לא היה כהה ממנו. **בגן אלהים.** כלומר בכל העולם [יחזקאל לא, ח]. ועצם. סוגר [ישעיה לג, טו] ויעלם [ישעי' לג, טו]. **הודרנא.** לשון

gnats.[36] R' Zeira then asked: מַאי טַעְמָא קַרְנָא דְּקַמְצָא רְכִיכָא – **What is the reason** that **the horns** (i.e. antennae) **of a locust**[37] **are soft** and flexible? R' Yehudah replied: מִשּׁוּם דְּדָיְירָא בְּחִילְפֵי – **Because it dwells among willows** which are stiff and unyielding; וְאִי קַשְׁיָא – **and if [the antennae] were rigid,** נָדְיָא וּמִתְעַוְּורָא – **they would be dislodged** when the locust strikes the willows, **and [the locust] would be blinded.**[38] דְּאָמַר שְׁמוּאֵל – **For Shmuel said:** הַאי מַאן דְּבָעֵי דְּלִיסַמְיֵהּ לְקַמְצָא – **He who wishes to blind a locust** לִשְׁלוֹפִינְהוּ לְקַרְנֵיהּ – **should remove its antennae.** Thus, we see that a locust depends upon its antennae to see.

R' Zeira asked further:

מַאי טַעְמָא הַאי תִּימְרָא דְּתַרְנְגוֹלְתָּא מִדְּלֵי לְעֵילָּא – **What is the reason that the lower eyelid of a rooster raises up** and closes **over the upper** eyelid, unlike all other animals, where the upper eyelid closes over the lower one? R' Yehudah answered: דְּדָיְירִי אַדַּפֵּי – **Because it dwells on boards** and beams, and smoke is often present in its habitat,[39] וְאִי עָיֵיל קִטְרָא – **and if smoke were** able **to get into** its eyes, מִתְעַוְּורָא – **it would be blinded.** Therefore, its lower eyelids close over the upper ones, so that the rising smoke cannot penetrate.[40]

R' Zeira continued his inquiries by asking R' Yehudah the meaning of the names of various common items, and R' Yehudah explained each name as a contraction of that item's function or physical makeup:

דַּשָׁא – Why is a door called a ***dasha?*** דֶּרֶךְ שָׁם – Because **the way** to the house **is there** (*derech sham*).[41] דַּרְגָּא – Why is a ladder called a ***darga?*** דֶּרֶךְ גַּג – Because it is **the way** to get **to the roof** (*derech gag*).[42] מַתְכּוֹלִיתָא – Why is a dipping sauce[43] called ***maskolisa?*** מָתַי תִּכְלֶה דָא – Because those who eat it wonder, **"When will this be finished?"** (*masai tichleh da*).[44] בֵּיתָא – Why is a house called ***beisa?*** בֹּא וְאֵיתִיב בָּהּ – Because it proclaims to its dwellers, **"Come and sit in it!"** (*ba ve'eisiv bah*). בִּיקְתָא – Why is a cramped house called a ***biksa?*** בֵּי עַקְתָא – Because it is **a narrow, small place** (*bei aksa*). כּוּפְתָּא – Why is a mortar[45] called a ***kufta?*** כּוּף וְתִיב – **"Tip it over and sit!"** (*kuf v'tiv*).[46] לִבְנֵי – Why are bricks called ***livnei?*** לִבְנֵי בְנֵי – Because they endure **for** one's **children's children** (*livnei vanei*).[47] הוּצָא – Why is a thatched fence[48] called ***hutza?*** חֲצִיצָה – Because it is **a** mere **partition** (*chatzitzah*).[49] חַצְבָּא – Why is a barrel called ***chatzba?*** שֶׁחוֹצֵב מַיִם מִן הַנָּהָר – **Because it "mines"** (*chotzeiv*) **water from the river.**[50] כּוּזָה – Why is a small earthen jug called a ***kuzah?*** כָּזֶה – Because it is just a tiny bit, **like this** (*kazeh*)![51]

R' Zeira continued with his questioning:

שׁוּטִיתָא – Why is a myrtle branch called ***shutisa?*** שְׁטוּתָא – Because one who dances with it looks like **a fool** (*sh'tusa*).[52] מְשִׁיכְלָא – Why is a washing trough called a ***meshichla?*** מָאשֵׁי כּוּלָּהּ – Because it **washes all** (*mashi kulah*).[53] מַשְׁכִילְתָּא – Why is an ornate washing pitcher called a ***mashchilsa?*** מַשְׁיָא כַּלְּתָא – For **the bride washes** with it (*mashya kalsa*).[54] אֲסִיתָא – Why is a hand mortar called ***asisa?*** חֲסֵירְתָּא – For **it is lacking** (*chaseirta*).[55] בּוּכְנָה – Why is a pestle called a ***buchnah?*** בּוֹא וְאַקֶּנָּה – Because it calls, **"Come, and I will strike it!"** (*bo v'akenah*).[56]

R' Zeira inquired about the names of items of clothing:

לְבוּשָׁה – Why is an outer cloak called ***levushah?*** לֹא בּוּשָׁה – Because when it is worn there is **no embarrassment** (*lo bushah*).[57] גְּלִימָא – Why is an overcoat called ***gelima?*** שֶׁנַּעֲשֶׂה בּוֹ כְּגֹלֶם – Because **one who is [wearing] it is made** to look **like a shapeless form** (*k'golem*).[58] גּוּלְתָּא – Why is a fine cape called ***gulsa?*** גַּלֵּי וְאֵיתִיב – Because one **reveals** himself by folding it up **before he sits** (*gali v'eisiv*).[59] פּוּרְיָא – Why is a bed called ***purya?*** שֶׁפָּרִין וְרָבִין עָלֶיהָ – **Because [people] are**

NOTES

36. [I.e. the ox can use its long tail to swat away the annoying gnats, which are common in the swamplands.]

37. Alternatively: an ant (see *Rashi, Maharshal,* and *Rashash*).

38. As the Gemara proceeds to explain, the locust uses its antennae to see; thus, damaging its antennae will blind it (*Rashi*).

39. The rooster often sleeps in high places and rising smoke is often present near its roosting place (see *Ritva MHK* ed.).

40. The lower lids of the rooster overlap the upper lids, so that there is no crevice for rising smoke to penetrate. [Were the lids of the roosters' eyes shaped like those of other animals, however, the smoke might penetrate beneath the overlapping upper lid as it rises.]

41. The word *dasha* (door) is similar in sound to the words *derech sham* (the way is there) ; thus, the name *dasha* echoes the function of the door. [This is true of the other words which follow as well.]

[It should be noted that the word *dasha* is Aramaic while the words *derech sham* are Hebrew. See *Maharsha,* who notes that the two languages share many common words, and explains that R' Yehudah teaches that these Aramaic words are actually derived from contractions of the Hebrew.]

42. [In Talmudic times it was common to enter the upper stories (and roofs) of houses via ladders rather than built-in stairs.]

43. I.e. a sauce (such as the Babylonian *kutach* – see *Pesachim* 42a) used as a condiment, into which people would dip their food (*Rashi*).

44. Since the sauce is not eaten by itself, it lasts a long time (see *Pesachim* 44a). Thus, people would wonder, "When will this be finished?" I.e. how long will this last? (*Rashi's* second explanation). Alternatively, they will wonder: What will we eat when the sauce is gone? (*Rashi's* first explanation).

45. Alternatively: A measure used for wheat (*Rashi;* see there for a third interpretation).

46. During normal use the mortar stands; when one turns it over, however (or turns over the wheat measure), it can be used as a seat. Thus, one says to his fellow: Tip the mortar over and sit down! (see *Rashi*).

47. Edifices built of bricks endure for many generations (*Rashi*).

48. This refers to a weak fence constructed of woven palm fronds or thorns (*Rashi; see Bava Basra* 4a).

49. Such a fence is not considered a permanent structure; rather, it is only a temporary interposition (*chatzitzah*). Thus, it is called *hutza* (see *Rashi; cf. Ritva MHK* ed.).

50. [The drawing of water from the river is referred to as "mining."]

51. I.e. when one speaks of such a small measure, he is apt to say: "Will you not give me of your wine such a small amount as this?" (*Rashi, Ritva MHK* ed.; cf. *Maharsha*).

52. It was customary to dance before the bride and groom while holding myrtle branches (*Rashi*). In order to enhance the joy of the couple, the Sages would dance with abandon, without regard for their dignity (see *Kesubos* 17a).

53. The *meshichla* was a large trough that contained enough water for many people to wash their feet (*Rashi*).

54. The *mashchilsa* was reserved for the use of a bride [or another prominent woman]; hence its name (*Rashi*).

55. The hand mortar was essentially a block of wood that was partially hollowed out; thus, it was "missing" the hollowed-out portion (see *Rashi*). [The mortar mentioned in the Gemara above was a larger one that was used to grind grain; it rested on the ground.]

56. The pestle was used to crush herbs and the like; thus, its purpose was to "strike" the substance to be ground.

57. Even if one is wearing tattered clothing, he will not be embarrassed if he covers up his poor clothing with a fine cloak (*Rashi*).

58. The overcoat was a cape-like garment that had no sleeves and did not hug the body; thus, the form of one who wears it cannot be discerned (*Rashi;* cf. *Aruch* cited by *Maharsha*).

59. To avoid soiling the fine garment, and to prevent it from being rubbed against the ground (which would depress the nap of the fine fabric and cause the garment to wear prematurely), its wearer would commonly fold its lower portion up around his waist before sitting down

עין משפט נר מצוה

ג א ב ג מיי׳ פי״ח מהל׳ שבת הלכה ג:

גראינין או גרעינין אמר רבא בר עולא א) ונגרע מערכך איבעיא להו א) אוממות או עוממות אמר רב יצחק בר אבדימי ב) ארזים לא עממוהו בגן אלהים איבעיא להו ג) מאמצין תנן או מעמצין א״ר חייא בר אבא אמר רבי יוחנן ג) ועוצם עיניו מראות ברע ת״ר א המוציא חלב של בהמה כדי גמיאה חלב של אשה ולובן של ביצה כדי ליתן במשיפא (א) של קילור [קילור] כדי לשוף במים בעי רב אשי כדי שיפה או כדי אחיזה ושיפה תיקו: דבש כדי ליתן על הכתית: תנא כדי ליתן על פי כתית בעי רב אשי על כתית אפומא דכולה כתית או דילמא ב אמורשא קמא דכתית לאפוקי (ב) הודרנא דלא תיקו: אמר רב יהודה אמר רב כל מה שברא הקב״ה בעולמו לא ברא דבר אחד לבטלה ברא שבלול לכתית ברא זבוב לצירעה יתוש לנחש ונחש לחפפית וסממית לעקרב (ג) היכי עביד ליה מייתי חדא אוכמא וחדא חיוורא ושלקי להו ושייפי ליה ת״ר חמשה אימות הן אימת חלש על גבור אימת מפגיע על ארי אימת יתוש על הפיל אימת סממית על העקרב אימת סנונית על הנשר אימת ג) כילבית על לויתן א״ר יהודה אמר רב מאי קרא ד) המבליג שוד על עז: (ד) רבי זירא אשכח לרב יהודה דהוה קאי אפיתחא דבי חמוה וחזיה דהוה בדיחא דעתיה ואי בעי מיניה כל חללי עלמא הוה אמר ליה א״ל מ״ט עיזי מסגן ברישא והדר אימרי א״ל כברייתו של עולם דברישא חשוכא והדר נהורא מ״ט הני מכסיין והני מגליין הני דמכסינן מינייהו מכסיין והני דלא מכסינן מינייהו מגליין מ״ט גמלא זוטר גנובתיה משום דאכל ו) כיסי מ״ט תורא אריכא גנובתיה משום דדייר באגמי ובעי לכרכושי בקי מ״ט קרנא דקמצא רכיכא משום דדיירא בחילפי ואי קשיא נדיא ומתעוורא דאמר שמואל האי מאן דבעי דליסמיה לקמצא לשלופינהו לקרני׳ מ״ט האי תימרא דתרנגולתא מדלי לעילא דדיירי אדפי ואי עייל קטרא מתעוורא ז) דשא דרך שם דרגא דרך גג מתכוליתא מתי תכלה דא ביתא בא ואיתיב בה ביקתא בי עקתא כופתא כוף ותיב לבני בני הוצא חציצה חצבא שחוצב מים מן הנהר כוזה כוזה שוטיתא שטותא משיכלא מאשי כולה משכילתא משיא כלתא ט) אסיתא חסירתא בוכנה בוא ואבנה לבושה לא בושה גלימא שנעשה בו כגלם גולתא גלי ואיתיב פוריא שפרין ורבין עליה בור זינקא בור זה נקי סודרא ה) סוד ה׳ ליראיו אפדנא אפיתחא דין ת״ר ו) שלשה כל זמן שמזקינין מוסיפין גבורה ואלו הן דג ונחש וחזיר: שמן כדי לסוך אבר קטן: אמרי דבי ר׳ ינאי שמן כדי לסוך אבר קטן של קטן בן יומו מיתיבי שמן כדי לסוך אבר קטן וקטן בן יומו מאי לאו אבר קטן דגדול ואבר גדול של קטן בן יומו אמרי לך דבי ר׳ ינאי לא ה״ק שמן כדי לסוך אבר קטן של קטן בן יומו לימא כתנאי שמן כדי לסוך אבר קטן וקטן בן יומו דברי ר׳ שמעון בן אלעזר ר׳ נתן אומר כדי לסוך אבר קטן מאי לאו בהא קמיפלגי דר״ש בן אלעזר סבר אבר קטן של קטן ור׳ נתן סבר אבר קטן דגדול או אבר גדול דקטן אבל אבר קטן של קטן בן יומו לא לא דכולי עלמא אבר קטן דקטן בן יומו לא וליתא

גראינין. מתניתין דפרקין דלעיל חוץ מקליפתן וגרעיניהן: **ונגרע.** והגרעינין זורקין ונגרעין מתוך האוכל: **אוממות.** גבי גחלים מייתינן ליה בכילד צולין (ה) גחלים יכול עוממות ת״ל אש אי אש יכול שלהבת כו׳: **עממוהו.** לא החשיכו מראיתו להיות הם נאים ממנו: **מאמצין.** לקמן גבי עיניים של מת בפ׳ שואל (דף קנא:): **במשיפה של קילור.** שרגילין לשופו בחלב של אשה: **כדי לשוף במים.** לשני עיניים: **כדי שיפה או כדי אחיזה ושיפה.** מה שנדבק באצבעותיו לבד מה שנותן בעיניו: **אפומא דכולה כתית.** וכל מכה קרויה פה: **מורשא קמא.** עליון של מכה: **שבלול.** לימצ״א (ו): **לכתית.** מניחה (לכתית) עליו: **זבוב לצירעה.** למי שעקצו צירעה כותש זבוב ומניחה עליו: **לחפפית.** מין שרץ: **סממית.** איירנא״ה בלע״ז: **לעקרב.** עקיצת עקרב כותש סממית ומניחה עליו: **ושייף.** ומושח: **מפגיע.** חיה קטנה וקולה גדול ושומע וירא שהיא בריה גדולה ובורח: **יתוש.** נכנס לפיל בחוטמו וכן סממית לעקרב נכנס לו באזנו: **סנונית.** ארונדיי״א נכנסת תחת כנפי הנשר ומעכבו מפרישת כנפיו: **כילבית.** שרץ קטן ונכנס לדג גדול באזנו ח): **המבליג שוד על עז.** המחזיק שדוד על הגבור: **כל חללי עלמא.** פירוש דברים הנעשים בכל חלל העולם: **מסגיין בריש עדרא.** מהלכות בראש העדר: **ברישא חשוכא.** שהם עזים שחורות שהם רחלות לבנות: **מכסיין.** בזנב: **והני מגליין.** העזים אין להם אליה: **הני דמכסינן מינייהו.** רחלים שאנחנו מתכסין מצמרן גם הן מכוסות: **דאכלה כיסי.** קוצים לפיכך זנבו קצר כדי שלא ידבקו בה הקוצים: **ובעי לכרכושי בקי.** להבריח היתושין: **קמצא.** ארבה ול״נ קמלא [נמלה]: **חילפי.** ערבה: **ואי קשיא נדיא ומתעוורא.** ואם היתה קשה תנוד ותעקר כשהיא בעלים: **ומתעוורא.** יסמאו עיניה שמראות עיניה תלויה בה כשמואל: **תימרא דתרנגולתא מידליא לעילא.** ריס של עין התחתון כשעוצם עיניו עולה למעלה מן העליון ובשאר כל בריה העליון סוכך על התחתון: **משום דדייר אדפי.** שעולה בלילות על הקרשים והקורות צריך שיעלה התחתון על העליון מפני העשן שלא יכנס בעיניו: **מתכוליתא.** דבר שמטבילין בו כגון כותח או שאר ליפתן: **מתי תכלה דא.** לכשיכלה מה נאכל ול״נ מתי תכלה דא לפי שאינו נאכל אלא מעט מעט ואורך זמן שאינו נאכל אלא מעט מעט: **ביתא בא ואיתיב.** שדרך לישב בבית: **ביקתא.** בית צר וקטן: **בי עקתא.** בית צר: **כופתא.** מכתשת לא״ה מדה לחטין ול״נ כמין גולם עץ עשוי לישיבה כמו כופת שאור שיסודה לישיבה דתניא בפסחים (דף מה:): **כוף תיב.** כפוף אותו ושב עליו: **לבני לבני בני.** מתקיים לדורות הרבה: **הוצא.** גדר קוצים או לולבים: **חציצה.** אינו דבר קיימא אלא חלילה בעלמא: **כוזא.** כלי חרס קטן: **כוזה.** כלומר דבר מועט וקל כמו זהו מהו חשוב למלאותו לי מיינך במתנה: **שוטיתא.** בד של הדס שמרקדין בו לפני כלה: **שטותא.** נראה המרקד כשוטה: **משיכלא.** ספל גדול שהכל רוחצים ידיהם ורגליהם ממנו: **משו כולא.** רוחץ את הכל: **משכילתא.** ספל קטן ונאה: **משיא כלתא.** מיוחד לחשובים כמו כלה ואשה חשובה לרחוץ ממנו: **אסיתא.** מורטיי״ר: **חסירתא.** שחסר החקיקה מבפנים: **בוכנא.** עלי שכותשין בו: **לבושא.** חלוק עליון שקורין שרוק: **לא בושה.** למנוע הבושה שמכסה כל החלוקים התחתונים הקרועים ורעים: **כגולם.** שאין לו חיתוך אברים: **גולתא.** מקטורין נאה: **גלי ותיב.** כשהוא יושב מגלה עצמו שלא ישב עליו שלא ילכלכנו ולא ישופנו בקרקע ויסיר שערו ויקרע ויבלה: **בור זינקא.** בור שיבשו מימיו קורין כן: **נקי.** חסר מימיו: **סודרא.** דרך תלמידי חכמים לעטוף סודר: **אפדנא.** טרקלין של מלכים: **אפתחא.** אל פתח זה יבאו הכל אם למשפט אם לשרת המלך: **אבר קטן.** אחד מפרקי אצבע קטנה: **דגדול.** של אדם גדול והאי קטן אאבר קאי אי נמי אבר גדול של קטן והאי קטן אגברא קאי ולא אאבר: **לא אבר קטן.** וקטן אכולא מילתא קאי אבר קטן של גוף קטן: **דרבי שמעון כו׳.** והכי קאמר כדי לסוך בו אבר קטן וקטן יהא הגוף בן יומו ורבי נתן סבר חד קטן אמרינן או האבר או הגוף אבל תרי קוטני לא: **ה״ג דכולי עלמא אבר קטן של קטן בן יומו לא: וליתא**

דרבי שמעון בן אלעזר סבר אבר קטן של קטן בן יומו כו׳. תימה דאדרבה איפכא מסתברא דר׳ נתן דקאמר אבר קטן משמע טפי של קטן בן יומו מרשב״א דאמר אבר קטן וקטן בן יומו דהא לעיל פריך ארבי ינאי דמפרש אבר קטן דמתניתין אבר קטן של קטן בן יומו דהוי כלישנא דר׳ נתן מברייתא דקתני בה כלישנא דרשב״א ויש לומר דלמאי דמשני הוי סברא איפכא ונקט הכא כדמסיק לעיל ואית ספרים דגרסי איפכא ואין נראה דהא מסיק לרשב״א אבר קטן של קטן בן יומו ולמאי דגרס איפכא לא הוי כמסקנא לא לפי דמייתי השתא ולא לפי מה שדוחה לא דכולי עלמא כו׳: שכן

רבינו חננאל

יהא בה כזית. אבל דם דסמיך שהוא עבה כשיקרוש רביעית יהא בה [יותר מכזית]. אי נמי עד כאן לא קאמר ר׳ יוסי ב״ר יהודה שרביעי׳ דם לכשתקרוש יהא בה רביעית אלא בדם דסמיך. אבל יין דקליש אין כזית יבש בא אלא מהרבה רביעיות. והלכך לר׳ יוסי ב״ר יהודה אם הוציא פחות מכזית יבש חייב דאפשר הוי כוס רביעית: **כתית** הוא הנקרא בלשון ישמעאל דומל. ולא נודע לנו על הכתית כולה להוציא סביבין. או על פיו להוציא מורשא שלו שהיו גבהן כולן והוא גופו. שבלול אמרו הוא דביש שנקרא חבלילו. חפיפית בל׳ ישמעאל וקובה והוא דבר שמתכנס על העור מן הטינוף. מפגיע חיה קטנה שהיא מהלכת בין רגלי הארי וצועקת בקול גדול ומבהלת הארי ונקראת אל פרת אך. סבונית שנקרא בלשון ישמעאל אלכט נאף. מ״ט רחלות מיכסיאן באליה ועיזי מיגליאן. א״ל רחלות גזוזות צמר ואנן מכסין מהן אבל עזים לא מכסין. כסי קוצים קוצים. דרגא סולם. מסיכלא. ספל קטן של מים. שמן כדי לסוך אבר קטן של תינוק בן יומו. והא דתניא כדי לסוך אבר קטן וקטן בן יומו לא פירושא ב׳ סיכות אבר קטן וקטן נמי בן יומו. אלא אבר קטן. והקטן ההוא בן יומו:

רב נסים גאון

(שייך לקמן דף עח ע״ב) **אסור** לשהות שטר פרוע א״ב. משכחת לה במסכתא דכתובות בפ׳ האשה שנתארמלה (דף יט) אמר ר׳ יהושע בן לוי אסור לאדם שישהה שטר פרוע בתוך ביתו שנא׳ (איוב יא) ואל תשכן באהליך עולה וכן עוד תמצא בזה הפר׳ עיקר הדברים במודה בשטר שכתבו אמר רב הונא אמר רב מודה שכתבו אינו צריך לקיימו אמר ליה רב נחמן גנבא גנובי למה לך אי סבירא לך כר׳ מאיר אימא כר׳ מאיר אמר ליה ומר היכי סבירא ליה אמר ליה כי אתו לקמן אמרי׳ להו קיימו שטרייכו ונחותו לדינא והלכתא כרב נחמן שצריך לקיימו. בכותבין שובר קמיפלגי משכחת לה בפרק גט פשוט (בבא בתרא דף קעא) דקעביד ר׳ חנינא בר (פאסי) [פפי] כר׳ יוחנן וריש לקיש דקאמרי כותבין שובר וכן כי אתא רבין אמר ר׳ אלעא כותבין שובר וכן הלכה ומישתכח עוד בפרק האשה שנתאלמנה (כתובות דף טז) אמר ר׳ אבהו כותבין שובר ובפרק הכותב (גט) לאשתו (שם דף פט) אמרו במקום דלא אפשר ודאי כותבין שובר:

מסורת הש״ס

א) פסחים דף עה: ע״ש ברכות נג: ע״ש, ב) [לקמן קנא: ע״ש], ג) [גי׳ הערוך כלבית ועי׳ חולין נז. כילבית באלפס ופירש״י כמו הכא ועי׳ משנה בע״ז לה: ובברייתא שם לט: מ. איתא כילבית], ד) [גי׳ הערוך ערך גם ג׳ ביסי פי׳ עשבים שיש בהן קוצים ביותר], ה) כתובות י: ע״ש, ו) פי׳ מדוכה, ז) ע״ז ל:, ח) עי׳ ברשב״ם ב״ב עג: ד״ה באוקיה.

הגהות הב״ח

(א) גמ׳ ולובן של ביצה כדי ליתן במשיפה קילור כדי כל״ל ותיבת של נמחק: (ב) שם דכתית לאפוקי הדר הודרנא: (ג) שם וסממית לעקרב ונחש לחפפית היכי עביד: (ד) שם שוד על עז אמר ר׳ זירא אשכחיה לרב יהודה: (ה) רש״י ד״ה אוממות וכו׳ בכילד צולין ולקח מלא המחתה גחלי אש גחלים יכול עוממות: (ו) ד״ה שבלול לימצא. נ״ב שקורין שנעק בל״א:

גליון הש״ס

גמ׳ משיא כלתא. עי׳ רש״י ע״ז דף נא ע״ב ד״ה דמשיכלא:

תורה אור השלם

א) וְאִם אַחַר הַיֹּבֵל יַקְדִּישׁ שָׂדֵהוּ וְחִשַּׁב לוֹ הַכֹּהֵן אֶת הַכֶּסֶף עַל פִּי הַשָּׁנִים הַנּוֹתָרֹת עַד שְׁנַת הַיֹּבֵל וְנִגְרַע מֵעֶרְכֶּךָ: [ויקרא כז, יח]

ב) אֲרָזִים לֹא עֲמָמֻהוּ בְּגַן אֱלֹהִים בְּרוֹשִׁים לֹא דָמוּ אֶל סְעַפֹּתָיו וְעַרְמֹנִים לֹא הָיוּ כְּפֹארֹתָיו כָּל עֵץ בְּגַן אֱלֹהִים לֹא דָמָה אֵלָיו בְּיָפְיוֹ: [יחזקאל לא, ח]

ג) הֹלֵךְ צְדָקוֹת וְדֹבֵר מֵישָׁרִים מֹאֵס בְּבֶצַע מַעֲשַׁקּוֹת נֹעֵר כַּפָּיו מִתְּמֹךְ בַּשֹּׁחַד אֹטֵם אָזְנוֹ מִשְּׁמֹעַ דָּמִים וְעֹצֵם עֵינָיו מֵרְאוֹת בְּרָע: [ישעיה לג, טו]

ד) הַמַּבְלִיג שֹׁד עַל עָז וְשֹׁד עַל מִבְצָר יָבוֹא: [עמוס ה, ט]

ה) סוֹד יְיָ לִירֵאָיו וּבְרִיתוֹ לְהוֹדִיעָם: [תהלים כה, יד]

ליקוטי רש״י

עוממות. כבויות. **ארזים לא עממוהו בגן אלהים.** לא הכהו את מראיתו לפי שהיה נאה מכל אילנות ועל חירם מלך צור נאמר [פסחים עה.]. לא כהו אותו כלומר לא היה כהה אחד נאה ממנו. **בגן אלהים.** כלומר בכל העולם [יחזקאל לא, ח]. **ועצם.** סוגר וכן (ישעיה כט) ויעצם את עיניכם [ישעי׳ לג, טו]. **[הדר] הודרנא.** לשון סחור [פסחים עו.]. **שבלול.** שקורין לימצו״ן כשיוצא חוץ מנרתיקו רירות טופלות ממנו עד שהוא נימוח ומת [מו״ק ו:]. **חומט.** אומר אני שהוא מין שרץ שקורין לימג״א הגדל בקליפה ההולכת ומעגלת תמיד כל כמה שגדל ותחילת הגידול בקליפה של עדשה היא [חגיגה יא. עי׳ המתרגם]. **חומט.** לימצ״א שתחלת ברייתו כבעדשה לא ובדוק במיק שלה שגדל והולך עמה תחלתו כעדשה ממש הוא בשוליו [חולין קכב.]. **צירעה.** עוקצת את האדם [תענית יד.]. **סממית.** עכביש [סנהדרין קג:]. **סנונית.** ועגור. וסנוניתא, סנונית ארונדיל״א בלע״ז [ירמיה ח, ז]. **כילבית.** כילבית. שקן דגים קטן [חולין צז. ועי׳ כאן בהגר״ב]. **אימת כילבית על לויתן.** כנמירייו של דג נכנס השרץ [רשב״ם ב״ב עג:]. **המבליג.** המגביר כמו ואבליגה מעט (איוב י) מבליגיתי עלי יגון (ירמיה ח). **שוד.** אדם שדוד ותלש דמגבר חלשן על תקיפין וכוזין על כרכי תקיפין משליט [עמוס ה, ט]. **בקי.** יינלל״ש [סוכה כו.]. **גנובתיה.** זנבו [חולין ס.]. **בקא.** מין זבוב לינל״א והיא נושכת כצירעה [חולין נח:]. **דשא.** דלת [ברכות נו.]. **חצבא.** כד של חרס ששואבין בו המים [סוכה כט.]. **משיכלא.** כלי ארוך ובלשון כנען אקדון ונותנין בו מים כדאמרינן (שבת עז:) משיכלא משי כולה שמכבסין בו בגדים ורוחצין בו ידיהן [ע״ז נא:]. **בוכנה.** מקבת וכותשין בו חטין ותבלין [עירובין קב.]. מדוך. בוכנא שדוכין בו תבלין במדוכה [ביצה יא.]. מדוך. הוא בוכנא [ו]מכין בו [במדוכה] [שם יד.]. **גולתא.** תכריך נאה שמתעטף בו תחת טליתו וכשיושב מעביר טליתו וזה נראה [שם לח:].

fruitful and multiply (*parin v'ravin*) **upon it.**[60] בּוֹר זִינְקָא – Why is a dried-out water pit called ***bor zinka***? בּוֹר זֶה נָקִי – Because **this pit is clean** (*bor zeh naki*).[61] סוּדְרָא – Why is the headwrap worn by the Rabbis called ***sudra***? "סוֹד ה' לִירֵאָיו" – Because the ***secrets of Hashem are revealed to those who fear him*** (*sod Hashem lirai'av*).[62] אַפַּדְנָא – Why is a palace called ***apadna***? אַפִּיתְחָא דַּיִן – For it is **to this door** (*apischa dein*) that all must come.[63]

The Gemara cites a final Baraisa concerning natural phenomena:

תָּנוּ רַבָּנָן – **The Rabbis taught in a Baraisa:** שְׁלֹשָׁה כָּל זְמַן שֶׁמַּזְקִינִין מוֹסִיפִין גְּבוּרָה – There are THREE creatures that, AS THEY AGE, THEY BECOME STRONGER. וְאֵלּוּ הֵן – AND THESE ARE THEY: דָּג וְנָחָשׁ וַחֲזִיר – THE FISH, THE SNAKE AND THE SWINE.[64]

The Mishnah stated:

שֶׁמֶן כְּדֵי לָסוּךְ אֵבֶר קָטָן – OIL, ENOUGH TO ANOINT A SMALL LIMB.

The Gemara discusses which "small limb" is meant by the Tanna:

אָמְרֵי דְּבֵי רַבִּי יַנַּאי – **The scholars of the academy of R' Yannai said:** שֶׁמֶן כְּדֵי לָסוּךְ אֵבֶר קָטָן שֶׁל קָטָן בֶּן יוֹמוֹ – The minimum measurement of **oil** is **enough to anoint the small limb of a day-old infant.**[65]

The Gemara objects to this definition from a Baraisa:

מֵיתִיבֵי – **They challenged this from the** following **Baraisa:** שֶׁמֶן – If one takes out OIL, כְּדֵי לָסוּךְ אֵבֶר קָטָן וְקָטָן בֶּן יוֹמוֹ – he is liable only if he takes out ENOUGH TO ANOINT A SMALL LIMB *AND* A DAY-OLD INFANT! מַאי לָאו – **Does this** Baraisa **not mean** to state אֵבֶר קָטָן דְּגָדוֹל – that the minimum amount of oil required is enough to anoint **a small limb of an adult** וְאֵבֶר גָּדוֹל שֶׁל קָטָן בֶּן יוֹמוֹ – **or a large limb of a day-old infant?**[66] This is considerably more than the amount suggested by the scholars of R' Yannai's academy! – ? –

The Gemara deflects the challenge:

אָמְרֵי לָךְ דְּבֵי רַבִּי יַנַּאי – **The scholars of R' Yannai's academy would say to you:** לֹא – The meaning of the Baraisa is **not** as you suggest. הָכִי קָאָמַר – Rather, **this is what [the Baraisa] is saying:** שֶׁמֶן – If he takes out **oil,** כְּדֵי לָסוּךְ אֵבֶר קָטָן שֶׁל קָטָן בֶּן יוֹמוֹ – he is liable only if he takes out **enough to anoint a small limb of a small child; and "a small child" is a day-old infant.**[67] Thus, the Baraisa is consistent with their view.

The Gemara considers the possibility that the minimum amount of oil is a subject of Tannaic dispute:

לֵימָא כְּתַנָּאֵי – **Shall we say** that the definition of a "small limb" **is** a dispute between **Tannaim?** For another Baraisa states: שֶׁמֶן – If he takes out OIL, כְּדֵי לָסוּךְ אֵבֶר קָטָן וְקָטָן בֶּן יוֹמוֹ – he is liable only if he takes out ENOUGH TO ANOINT A SMALL LIMB, AND A DAY-OLD INFANT; דִּבְרֵי רַבִּי שִׁמְעוֹן בֶּן אֶלְעָזָר – these are THE WORDS OF R' SHIMON BEN ELAZAR. רַבִּי נָתָן אוֹמֵר – R' NASSAN SAYS: כְּדֵי לָסוּךְ אֵבֶר קָטָן – ENOUGH TO ANOINT A SMALL LIMB. מַאי לָאו בְּהָא קָמִיפְלְגֵי – **Now, is it not this** very issue **that they dispute?** דְּרַבִּי שִׁמְעוֹן בֶּן אֶלְעָזָר סָבַר – **For R' Shimon ben Elazar holds** אֵבֶר קָטָן שֶׁל קָטָן – that the amount of oil required is enough to anoint **a small limb of an infant,**[68] וְרַבִּי נָתָן סָבַר – **while R' Nassan holds** אֵבֶר קָטָן דְּגָדוֹל אוֹ אֵבֶר גָּדוֹל דְּקָטָן – that enough oil is required to anoint either **a small limb of an adult or a large limb of an infant** – אֲבָל אֵבֶר קָטָן שֶׁל קָטָן בֶּן יוֹמוֹ לֹא – **but** oil to anoint **a small limb of a day-old infant** is ***not*** sufficient![69] If this is so, the view of the scholars of R' Yannai's academy is that of R' Shimon ben Elazar, and it is disputed by R' Nassan. – ? –

The Gemara argues that this interpretation of the Baraisa is not necessarily correct:

לֹא – This interpretation is **not** compelling. דְּכוּלֵּי עָלְמָא אֵבֶר קָטָן דְּקָטָן בֶּן יוֹמוֹ לֹא – **For** it is possible that **everyone agrees** that one who takes out enough oil to anoint **a small limb of a day-old infant is not** liable –

NOTES

(*Rashi*). [Thus, he "reveals" his legs as he sits.]

60. [I.e. the bed is used for procreation, so that people will be fruitful and multiply.]

61. I.e. it is empty and clean of the water which it once contained (see *Rashi*).

62. *Psalms* 25:14. The *sudra* was most commonly worn by the Sages, who were God-fearing men; thus, the name of the headwrap calls to mind the ability possessed by the God-fearing Sages to discern the secrets of the Lord (see *Maharsha*). This verse is indeed used by the Talmud in many places to explain how the Sages possessed knowledge of matters that they logically had no way of knowing (see, for example, *Sotah* 4b).

63. All subjects of the king must eventually come to the door of his palace, whether it be to have a case judged or to enter his service (*Rashi*).

64. Although most creatures weaken as they age, these three are the exception to the rule; they become stronger as they grow older. See *Ben Yehoyada.*

65. I.e. one of the joints of the little finger of a day-old infant (*Rashi;* cf. *Rambam, Hil. Shabbos* 18:2; see also *Chidushei HaRan*). See *Rashash* to 78b ד"ה כדי לסוך.

66. The Gemara assumes at this point that the two descriptions of the measurements of the Baraisa – "a small limb" and "a day-old infant" – are unconnected. Thus, the Baraisa is stating that the measurement of the Mishnah can be arrived at in one of two ways: by measuring a small limb of a grown person, or by measuring the large limb of a day-old infant. [*Netziv* (to 78a) identifies this as the thigh – he adds that the Gemara assumes that the two measurements are equal because the soft skin of an infant requires less oil to anoint than the rough skin of an adult.] In the first measurement, the word *small* (קָטָן) refers to the limb, while in the second measurement it refers to the child (*Rashi;* see next note).

67. The Gemara answers that in truth the Baraisa only states a single measurement: "a small limb" *of* a day-old infant. And in the Mishnah, the word *small* refers not only to the limb (i.e. a little finger as opposed to a thigh – see previous note) but also to the person (a child as opposed to an adult). Thus, the words אֵבֶר קָטָן in the Mishnah mean *a small limb of a small child* (*Rashi*). Accordingly, the Baraisa can be reconciled with the view of the scholars of the academy of R' Yannai.

68. The Gemara now assumes that R' Shimon's words – a small limb, and a day-old infant – connote a single measurement. Thus, R' Shimon states that there must be enough oil to anoint a small limb – and the small limb must be that of a day-old infant (*Rashi*).

69. R' Nassan holds that either the limb or the person can be small, but not both; thus, there must be enough oil to anoint either the small limb of a grown person, or the large limb of an infant (*Rashi*).

וְלֵיתָא דְּרַבִּי יַנַּאי – **and** the opinion of the scholars of **R' Yannai's** academy **is not** held by *either* Tanna.[1] וְהָכָא – **And here** in the Baraisa, בְּהָא קָמִיפַּלְגִי – **it is in this** point **that they argue.** רַבִּי שִׁמְעוֹן בֶּן אֶלְעָזָר סָבַר – **R' Shimon ben Elazar holds** אֵבֶר קָטָן דְּגָדוֹל וְאֵבֶר גָּדוֹל דְּקָטָן בֶּן יוֹמוֹ כִּי הֲדָדֵי נִינְהוּ – that **a small limb of an adult and a large limb of a day-old infant are alike;** i.e. both require an identical amount of oil to be anointed. Thus, he states that one is liable if he takes out enough oil to anoint either of the two.[2] וְרַבִּי נָתָן סָבַר – **But R' Nassan holds** אֵבֶר קָטָן דְּגָדוֹל אִין – that if one takes out enough oil to anoint **a small limb of an adult,** then **yes** – he is liable; אֵבֶר גָּדוֹל דְּקָטָן בֶּן יוֹמוֹ לֹא – **but** if he takes out only enough to anoint **a large limb of a day-old infant,**[3] he is **not** liable.[4] According to this interpretation, neither Tanna subscribes to the view of the scholars of R' Yannai's academy.

The Gemara has thus offered two possible interpretations of the Baraisa. The Gemara now seeks a final determination as to which interpretation is correct:

מַאי הֲוֵי עֲלָהּ – **What was decided regarding this** matter? תָּא שְׁמַע דְּתַנְיָא – **Come, learn** the answer, **for it was** explicitly **taught in** another **Baraisa:** רַבִּי שִׁמְעוֹן בֶּן אֶלְעָזָר אוֹמֵר – R' SHIMON BEN ELAZAR SAYS: שֶׁמֶן – If he takes out OIL, כְּדֵי לָסוּךְ אֵבֶר קָטָן שֶׁל קָטָן בֶּן יוֹמוֹ – he is liable only if he takes out ENOUGH TO ANOINT A SMALL LIMB OF A DAY-OLD INFANT. This Baraisa states clearly that R' Shimon ben Elazar concurs with the view expressed by the scholars of R' Yannai's academy;[5] thus, the first interpretation offered by the Gemara is the correct one.[6]

The Mishnah stated:

מַיִם כְּדֵי לָשׁוּף בָּהֶן אֶת הַקִּילוֹר – WATER, ENOUGH TO MIX AN EYE PLASTER.

The Gemara states a general rule for determining minimum amounts of substances that have more than one use, and questions the Mishnah's ruling on its basis:

אָמַר אַבַּיֵי – **Abaye said:** מִכְּדִי – **Now,** let us see. כָּל מִילְתָא דִּשְׁכִיחָא וְלָא שְׁכִיחָא – The rule is: With regard to **any substance that has** two uses, one **common and** one **not common,** אֲזוּל רַבָּנָן בָּתַר דִּשְׁכִיחָא לְקוּלָּא – **the Rabbis followed the common** use **to** determine the minimum even if this results in **a leniency.**[7] שְׁכִיחָא וּשְׁכִיחָא – If one use is **common and** the other is also **common,** אֲזוּל רַבָּנָן בָּתַר דִּשְׁכִיחָא לְחוּמְרָא – **the Rabbis followed the common** use that results in **a stringency.**[8]

Abaye demonstrates how this rule is illustrated by the rulings in the Mishnah:

יַיִן – For example: With regard to **wine,** שְׁתִיָּיתוֹ שְׁכִיחָא רְפוּאָתוֹ לֹא שְׁכִיחָא – **its** use for **drinking is common,** while **its** use for **healing is not common;** אֲזוּל רַבָּנָן בָּתַר שְׁתִיָּיתוֹ דִּשְׁכִיחָא – therefore, **the Rabbis followed** after **its** use for **drinking, which is common,** לְקוּלָּא – even though this results **in a leniency.**[9] חָלָב – Concerning **milk** as well, אֲכִילָתוֹ שְׁכִיחָא רְפוּאָתוֹ לֹא שְׁכִיחָא – **its consumption is common,** while **its** use for **healing is not common;** אֲזוּל רַבָּנָן בָּתַר אֲכִילָתוֹ – thus, **the Rabbis followed** after its **consumption,** which is common, לְקוּלָּא – even though this results **in a leniency.**[10] דְּבַשׁ – In the case of **honey,** however, אֲכִילָתוֹ שְׁכִיחָא רְפוּאָתוֹ שְׁכִיחָא – **its consumption is common,** and **its** use for **healing** is also **common;**[11] אֲזוּל רַבָּנָן בָּתַר רְפוּאָתוֹ לְחוּמְרָא – therefore, **the Rabbis followed after** its use for **healing to** fix a minimum, although this results in **a stringency.**[12] In these three cases, the rule as stated by Abaye explains how the minimum is determined.

Abaye notes, however, that the Mishnah's ruling concerning water does not seem to follow this rule:

אֶלָּא מַיִם מִכְּדִי – **But** with regard to **water, now,** let us see; שְׁתִיָּיתוֹ שְׁכִיחָא – **its** use for **drinking is common,** רְפוּאָתוֹ לֹא שְׁכִיחָא – and **its** use for **healing** (in an eye plaster) **is not common.**[13] מַאי טַעְמָא אֲזוּל רַבָּנָן בָּתַר רְפוּאָתוֹ לְחוּמְרָא – **What is the reason,** then, that **the Rabbis followed after** the uncommon

NOTES

1. According to this interpretation, when R' Shimon ben Elazar states that there must be enough oil to anoint "a day-old infant and a small limb," he means a single measurement: *either* a large limb of an infant or a small limb of an adult (*Rashi;* see next note).

2. Thus, "a small limb" means a small limb of an *adult,* and "a day-old infant" means a *large* limb of a day-old infant.

3. According to R' Nassan, the amount of oil required to anoint a large limb of a day-old infant is smaller than the amount required to anoint a small limb of an adult. [*Sfas Emes* is troubled by the fact that the Tannaim would seem to be disputing an easily determined question of fact; see there, and see *Netziv.*] See next note.

4. R' Nassan's ruling ("enough to anoint a small limb") is a rejoinder to R' Shimon; i.e. when R' Shimon stated that the oil sufficient to anoint either the small limb of an adult or the large limb of an infant is enough, R' Nassan replied that he is liable only if he takes out enough to anoint the small limb; the amount sufficient to anoint the large limb of an infant, however, is not enough.

5. [R' Shimon's ruling in this Baraisa cannot be interpreted as referring to either a small limb of an adult or a large limb of a day-old infant, for here R' Shimon explicitly states that the small limb to which he refers is that of a day-old infant.]

6. And the ruling of R' Yannai's academy (that the minimum measurement is enough to anoint a small limb of a day-old infant) is thus the subject of a Tannaic dispute (*Rashi*).

7. When setting the minimum amounts for liability with respect to the carrying out of each substance, the Rabbis did so by determining how much of each substance is necessary to perform the common function of that substance. If a substance has more than one possible use, we do not rule stringently and say that one is liable if he takes out even a small amount of the substance, as long as it is *sometimes* used for a function requiring only such an amount; rather, the Rabbis [ruled leniently and] fixed the minimum according to the amount required for the *common* usage of that substance, even if this is a larger amount than that which would be required for performing a less common function (*Rashi;* see *Pnei Yehoshua*; see also below, note 18).

8. The aforementioned rule applies only when one use is common and one is not common. If, however, both uses are common, and one of them requires a smaller amount of the substance, the Rabbis *did* rule stringently and fix the minimum by the amount sufficient for performing that function (*Rashi*).

9. In addition to its common use as a beverage, wine is also sometimes mixed with *kilor* to form an eye plaster. However, this usage is not common, for many people will use less expensive liquids such as [human] milk or water as the liquid base for the plaster. Now, the minimum amount of [raw] wine considered significant for drinking is enough to mix a cup of wine – one quarter of a *revi'is,* as taught in the Mishnah above (76b); this is larger than the amount which would be needed to mix an eye plaster. Thus, by fixing the minimum for wine at a quarter-*revi'is,* the Rabbis followed the common usage and ruled leniently (*Rashi*).

10. The minimum measurement given in the Mishnah for milk (enough for a swallow) is larger than the amount needed to mix an eye plaster; however, since most people use the less expensive water (or human milk) to mix their eye plasters, the Rabbis fixed the minimum of milk leniently, using the larger measurement (*Rashi*).

11. Honey is the only liquid which can be used as a salve for the sore mentioned in the Mishnah (*Rashi*); therefore, its medicinal use is also common.

12. The minimum amount for honey is given by the Mishnah above (76b) as enough to apply to a sore; this is less than a *revi'is,* which is the minimum amount for other liquids. Because both uses of honey are common, the Rabbis ruled stringently and fixed the minimum for honey at the amount sufficient to perform its healing function (*Rashi*).

13. Although water is the cheapest substance which can be used in an eye plaster, its use as medicine cannot be considered common, since there are many other substances that are also used for this, as explained above. Water's use as a beverage, however, is universal, for when a man thirsts,

עין משפט נר מצוה

ד א ב מיי' פי"ח מהל' שבת הלכה ג:
ה ג שם הלכה יב:

גמרא

וליתא דרבי ינאי והכא בהא קמיפלגי ר"ש בן אלעזר סבר אבר קטן דגדול ואבר גדול דקטן בן יומו כי הדדי נינהו ורבי נתן סבר אבר קטן דגדול אין אבר גדול דקטן בן יומו לא מאי הוי עלה תא שמע דתניא רבי שמעון בן אלעזר אומר שמן כדי לסוך אבר קטן של קטן בן יומו: מים כדי לשוף בהן את הקילור: אמר אביי מכדי כל מילתא דשכיחא ולא שכיחא אזול רבנן בתר דשכיחא לקולא שכיחא ושכיחא אזול רבנן בתר דשכיחא לחומרא יין שתייתו שכיחא רפואתו לא שכיחא אזול רבנן בתר שתייתו דשכיחא לקולא חלב אכילתו שכיחא רפואתו לא שכיחא אזול רבנן בתר אכילתו לקולא דבש אכילתו שכיחא רפואתו שכיחא אזול רבנן בתר רפואתו לחומרא אלא מים מכדי שתייתו שכיחא רפואתו לא שכיחא מאי טעמא אזול רבנן בתר רפואתו לחומרא [א] אמר אביי [ב] בגלילא שנו רבא אמר אפי' תימא בשאר מקומות כדשמואל דאמר שמואל כל שקייני מסו ומטללי לבר ממיא דמסו ולא מטללי: ושאר כל המשקין ברביעית: תנו רבנן [ג] דם וכל מיני משקין ברביעית רבי שמעון בן אלעזר אומר דם כדי לכחול בעין אחת שכן כוחלין לברקית ומאי נינהו דמא דתרנגולת ברא רשב"ג אומר דם כדי לכחול בו עין אחת שכן כוחלין [ד] ליארוד ומאי ניהו דמא דכרושתינא וסימניך גוא לגוא ברא לברא בד"א במוציא אבל במצניע כל שהוא חייב רבי שמעון אומר בד"א במצניע אבל במוציא אינו חייב אלא ברביעית [ה] ומודים חכמים לר"ש במוציא שופכין לרה"ר ששיעורן ברביעית: אמר מר בד"א במוציא אבל במצניע כל שהוא אטו מצניע לאו מוציא הוא אמר אביי הכא במאי עסקינן בתלמיד שאמר לו רבו לך ופנה לי המקום לסעודה הלך ופנה לו דבר חשוב לכל חייב עילויה דבר שאינו חשוב לכל אי אצנעי' רביה מיחייב עילויה ואי לא לא מיחייב: אמר מר מודים חכמים לר"ש [ו] במוציא שופכין לרה"ר ששיעורן ברביעית: שופכין למאי חזו אמר רבי ירמיה לגבל בהן את הטיט והתניא [ז] טיט כדי לעשות בהן פי כור לא קשיא הא דמיגבל הא דלא מיגבל לפי שאין אדם טורח לגבל טיט לעשות פי כור: **מתני'** [ג] המוציא חבל כדי לעשות אוזן לקופה גמי כדי לעשות תלאי לנפה ולכברה רבי יהודה אומר [ד] כדי ליטול ממנו מדת מנעל לקטן נייר כדי לכתוב עליו קשר מוכסין והמוציא קשר מוכסין חייב נייר

רש"י

וליתא לדרבי ינאי. ור' שמעון בן אלעזר או לא קתני או אבר קטן של גדול או להפך וכולה חד שיעורא הוא: ת"ש כו'. ודרבי ינאי תנאי היא: מכדי כל מילתא דשכיחא ולא שכיחא. כל ששיעורו חכמים לענין שבת והוא ראוי לשני דברים חדא שכיחא וחדא לא שכיחא אזול רבנן בשיעורן בתר דשכיחא ואפילו היא קולא שהשיעורא גדול אמרינן סתמיה להכי עביד ולא אמרי' הואיל וחזי נמי למילתא אחריתי שהשיעורא קטן ניזיל בתרה לחומרא ואע"פ דלא שכיחא: שכיחא ושכיחא. והיכא דשכיחי תרוייהו אזלינן לחומרא ומשערינן בשיעורא זוטא: רפואתו לא שכיחא. כגון לשוף בו קילור ואע"ג דחזי לה להכי דעביד בחלב אשה והיכא דעביד במיא וחסין על היין שדמיו יקרים הלכך אזול בתר שתייתו ושיעורו בכדי מזיגת כוס ואע"ג דלקולא שיש כאן שיעור גדול וכן חלב נמי חזי לאכילה ולשוף קילור ומיהו לא שכיחא שהרי אף המים ראויין לכך ויש עושין ממים הלכך אזול רבנן בתר אכילתו ושיעורו בכדי גמיאה ואע"ג דקולא היא: דבש רפואתו נמי שכיחא. שאין משקה אחר ראוי לכתית: לחומרא. הואיל ותרוייהו שכיחן לחומרא בעינן לשעוריה: רפואתו לא שכיחא. שהרי שאר משקין ראויין לכך ויש שפין קילור בשאר משקין ושתייתו שכיחא שרוב שתיית מים הם שאין אדם שותה יין לכל צמאו כי אם לסעודתו: בגלילא שנו. שהן עניים ומקפידין בדבר מועט וחסין על יין וחלב לשוף (א) קילור ואין שפין אלא במים והלכך רפואתו נמי שכיחא ובעינן למיזל לחומרא: כל שקייני. כל משקין שפין בהן קילור: מסו. הסולי': ומטללי. מסככין על העין ומועטין מראיתו עד סילוק מראיתו לגמרי מפני שהן עבין ונגלדין כמין דבק שקורין גלוזי"ר: בר ממיא. דעדיפי מכולהו דמסו ולא מטללי שנבלעין מיד או ניגבין מהר ולא נגלדין על גב העין: שכן כוחלין לברקית. מילא שבולטת בעין: ומאי נינהו. מאיזה דם כוחלין אותו: ליארוד. תבלול ובתוספתא ראיתי לחורור והן טיפוס דקות של לובן הנולדות בעין כדתנן בבכורות גבי מומין (דף לח:): דמא דכרושתינא. עטלף שקורין טלפ"א: גוא. כרושתינא מצוי בתוך היישוב שהוא ליארוד שהוא שוקע בתוך העין: לברא. דמא דתרנגולת ברא לברקית שהיא בולטת: בד"א. דבעינן שיעורא במוציא הוא לר"ה: אבל המצניע. והוציאו חייב בכל שהוא לקמיה פריך אטו מצניע לאו מוציא הוא: ר' שמעון אומר בד"א. דמחייב בשיעורא זוטא כי האי: במצניע. בשיעור הזה וחזר והוציאו: אבל במוציא. אדם שלא הצניעו והוציאו אינו חייב אלא ברביעית: במוציא שופכין. אדם שלא הצניען אינו חייב אלא ברביעית דבציר מהכי לא חזו כדלקמן לגבל טיט: אטו מצניע לאו מוציא הוא. הלא אין מתחייב אלא על ידי הוצאה: אמר אביי הכא בתלמיד. כגון שולי דנגרי שאומר לו רבו לך ופנה לי המקום: דבר שחשוב לכל מחייב עליה. ואף על גב דלא אצנעיה רביה לצרכו: דבר שאינו חשוב לכל כו'. והכי קאמרי בד"א דבעינן שעורא דחשיב במוציא כלומר בדבר שאין לך לילך בו אלא אחר הוצאתו של זה שהמחשבה תלויה בזה שהוציא אבל במצניע בדבר שיש לך לילך אחר מחשבה של מצניע כגון המצניע כל שהוא חייב זה המוציאו ורשב"א אמרה ואזיל לטעמיה דאמר בפרקין דלעיל לדבר שאין מצניעין כמוהו והוכשר לזה והצניעו נתחייב זה במחשבתו של זה וה"ה דמצי לאוקמי במצניע גופיה ולמימר הכי בד"א במוציא בדבר שלא הוצנע ואין לך לילך בו אלא אחר הוצאתו של זה אבל אם היה זה מצניע דבר זה מתחילה וחזר והוציאו חייב אלא משום דשמעי' לי' דאמר נתחייב זה במחשבה זו הא אוקמה אביי אפי' באחר שהוציאו וכ"ש אם הוציאו הוא עצמו: פי כור. נקב שנותנין בו המפוח ושיעורא זוטא הוא ומרביעית חזי לגבל טובא וכיון דהוצאת טיט חשיבה בכדי פי כור בעינן לשעוריה בהך (ג) דעבדי לטיט בכדי גיבול פי כור: דמיגבל. כבר חשוב בכדי פי כור אבל זה שעדיין לא נגבל אינו נשער בכך לפי שאין אדם טורח לגבל שיעור מועט כזה ואם בא לגבל מגבל יותר ועושה בו דברים אחרים: **מתני'** אוזן לקופה. לאחוזה בה: תלאי. לתלותו בו: מדת מנעל. להראות לאומן כמדה זו אני צריך: נייר. מעשבים עושים אותו: קשר של מוכסין. יש לך אדם שנותן המכס בראש הנהר במקום אחד או מוחל לו במתנה והוא מוסר לו חותם להראות למוכס שמחל לו המכס ודרכו לכתוב בו שתי אותיות והן גדולות משתי אותיות שלנו:

נייר

תוספות

שכן כוחלין ליארוד. אין נראה לר"י לפרש דהיינו תבלול דבתוספתא קתני בהך מילתא גופא שכוחלים לחורור ובבכורות (דף לח:) חשיב תבלול וחורור אלמא תבלול לאו היינו חורור: דם וכל מיני משקין ברביעית. בתוספתא גרס ושאר מיני משקין וכן נראה דהא כל מיני משקין אינן ברביעית דיין ושמן ודבש ומים שיעורן כדתנן במתני': אטו מצניע לאו מוציא הוא. פירש בקונט' דהוה מצי למימר הכ"ע כשהצניעו והוציאו ולא הוציאו אלא דניחא ליה לישנויי בשלא הוציאו המצניע עצמו משום דלאתיה כרשב"א וקשה דמנלן דלאתיה כרשב"א דלאתיה כרשב"ג אתיה דמיירי לבסוף ועוד דלאמר נקט בתלמיד שא"ל רבו אפילו אדם בעלמא נמי ודוחק לומר דלא מחייב רבי שמעון במחשבתו של זה אלא תלמיד במחשבתו של רבו לכך נראה דה"פ אטו מצניע לאו מוציא הוא דמדלא קתני אבל המצניע בכל שהוא דהוה משמע דהמצניע הוא המוציא כדדייק לעיל אינו חייב אלא המצניעו מתניתין דלא כרשב"א אלא קתני במצניע משמע אפילו אחר הצניעו חייב המוציא ולהכי קשיא ליה אטו מצניע לאו מוציא הוא דהא שום תנא לא מחייב אא"כ הוציאו המצניע אלא רשב"א לבדו ומתניתין דכלל גדול (לעיל עה:) דהמצניע דלא כוותיה ומשני בתלמיד שאמר לו רבו דכה"ג כ"ע מודו שהתלמיד עושה הכל לדעת רבו: שופכין למאי חזו. דוקא אברייתא קא בעי וכן משמע לקמן (דף עט.) דלאמר והא טיט דמקמי לגיבליה תנא מודים חכמים לרבי שמעון במוציא שופכין למאי חזו לא משמע דבמתני' אתי שפיר ונראה לר"י דהיינו טעמא משום דשופכין דמתניתין איכא למימר דחזו לכמה דברים לרחוץ בהם כוסות וקערות דלא מאיסי כולי האי אלא שאין ראויין לשתיה אבל הכא דומיא דדם קתני דמאיסי טובא ולכך בעי למאי חזו:

רבב

רבינו חננאל

אמר אביי מכדי לענין שיעור הוצאה כל דבר שיש בו ב' צרכים. ב' מדות. אחת מצויה ואחת שאינה מצויה הלכו חכמים בשיעור הוצאתו אחר ההנאה המצויה. אע"ג שהיא מרובה מן האחרת ונמצאת לקולא ואם שתיהן מצויות הלכו להחמיר. חלב שתייתו שכיחא ורפואתו לא שכיחא אזול רבנן בתר שתייתו לקולא. יין שתייתו שכיח' ורפואתו לא שכיחא אזול רבנן נמי בתר שתייתו לקולא. דבש אכילתו שכיחא ורפואתו שכיחא אזול רבנן אחר רפואתו לחומרא. ושאלו את אביי מים מכדי שתייתו שכיחא ורפואתו לא שכיחא מ"ט אזול רבנן בתר רפואתו ואמרו כדי לשוף בהן את הקילור. ואהדר אביי בגלילא שנו. כלומר מי גליל שהן ידועין שמועילין לענין בקילור שהן כמי דקלים שהן ידועין שמועילין לירוקה. אבל מים דעלמא ברביעית. רבא אמר אפי' תימא מים שבשאר מקומו' שיעורן כדי לשוף בהן את הקילור כדשמואל דאמר שמואל כולהו שקייני מעלו ועדי בר מן מיא מעלו ועדי. וכן תורף הדברים שאין המים סועדין כמיני מאכל. אלא עיקר שתייתן כעין רפואה היא. לפיכך שיעורן כרפואה: דם ברביעית ודם של דוכיפת דא תרנגולא ברא. אם של עטלף כדי לכחול עין אחת בברקית. כצואה ששינוו השוכר את החמר והבריק. [ליארוד] חוורור שמלבין שחור שבעין כרושתינא. תרנגולא דביתא וי"א אלפאש והמה מועיל לכאב שבתוך עין. ודם דוכיפת מועיל לכאב שמחוץ לעין: תנא במה דברים אמורים במוציא שהוציא דבר שלא קדם והצניעו. שהוא צריך לשיעורין הללו. אבל הצניע דבר בחול לצורכו והוציאו בשבת חייב עליו בכל שהוא. ר"ש אומר כל השיעורין הללו לא נאמרו אלא למצניעיהן שאם הצניע בחול בשיעורין הללו והוציאו בשבת חייב. אבל אם הוציא כלום מן כל אלו בין יין בין חלב בין דבש ובין מים שלא קדם והצניעו אינו חייב אלא על רביעית. ואקשי' אמר מר ר' שמעון אומר בד"א במצניע. אבל במוציא אינו חייב אלא ברביעית. ואמרינן וכי מאחר שהצניעו לצרכו. האיך אינו חייב אלא על הוצאתו (א). פי' בכל שהוא. והיאך צריך שיעור. פי' המוציא יין כו'. ואוקימנא לדר' שמעון בתלמיד שאמר לו רבו לך ופנה לי מקום לסעודה והלך ופינה כל מה שהיה שם והצניעו ובא רבו בשבת והוציא כל מה שהצניע לו תלמידו. אם הוציא הרב דבר שהוא חשוב לכל כשיעורין הללו הרי הוא חייב. ואם הוציא הרב דבר שאינו חשוב לכל ופיחת מן השיעורין הללו אילו הוא בעצמו הצניען חייב עליו בכל שהוא. אבל תלמידו הצניעו ופיחת הוא מן השיעורין הללו מוציאו פטור ואם הוציא מן המשקין מה שלא הוצנע אינו חייב אלא ברביעית שנמצאו דברי ר"ש שאמר לא נאמרו כל השיעורין הללו אלא למצניעיהן למי שהצניעום לו. (שמשון) ויש שמפרשין שמועה זו פי' אחר דהכין קאמר ר"ש לא נאמרו כל השיעורין הללו אלא לענין הצנעה. ולא סלקא. ויש שגורסין שיטה זו דאביי ארישא דברייתא. בד"א במוציא אבל במצניע כל שהוא. ומקשי' הכי אטו מוציא לאו מצניע הוא. ומפרקי' פירוק דאביי ואנחנא לא קא סלקא לנא הכי וכלישנא דפרישנא דווקא. פי' כוש קורין אותו בל' ארמי ריש פילכא ובלשון ישמעאל פלכה. שעושין על פי הכוש כמו כדור אצל הצינורה כדי שיכבד הכוש ויסוב ויש עושים אותו מן העצם ויש עושים אותו מן העץ. ויש שעושין אותו מן הטיט. ומקשי' כי מכדי שיעור טיט כדי לעשות פי כוש למה הוצרכו שיעור שופכין רביעית כדי לגבל בה את הטיט. והלא טיט של פי כוש מתגבל בפחות מרביעית. והשבנו אם הטיט מגובל ועומד סגי בזה השיעור. ואם צריך לגבלו אין אדם טורח לגבל טיט לעשות פי כוש: **מתני'** נייר כדי לכתוב עליו קשר מוכסין [כו'].

ותנא

מסורת הש"ס

א) לעיל דף מז. [ע"ש בתוספות], ב) [גי' הערוך בדגלילא שנו פי' מי גליל שהן ידועין כי מועילין לענין בקילור כמו מי דקלים (לקמן דף קי.) שהם ידועים שמועילין להרקה בערך גליל ועי' תוס' לעיל מז. ד"ה בגלילא, וכן בתוס' חגיגה כה. ד"ה בגלילא], ג) [תוספ' פ"ט], ד) [גי' הערוך לירוד פי' שעלתה קרומית על גב עינו], ה) [לקמן עט.], ו) [לקמן עט. פ:], ז) [לקמן פ.].

הגהות הב"ח

(א) רש"י ד"ה בגלילא שנו וכו' לשוף בו קילור. נ"ב ע"ל בדף מז בא"ד התם: (ב) בד"ה בגלילא: (ג) ד"ה פי כור וכו' בהכך מילי דעבדי לטיט:

גליון הש"ס

גמ' שכן כוחלין לברקית. עי' בכורות דף לח ע"ב תוס' ד"ה וסימנך:

ליקוטי רש"י

תרנגולתא ברא. הדוכיפת. תרנגול הבר וכרבלתו כפולה ובלע"ז הירופ"א ולמה נקרא שמו דוכיפת שהודו כפות חו היא כרבלתו ונגר טורא נקרא על שם מעשיו כמו שפירשו רבותינו במסכת גיטין בפרק מי שאחזו (סח:) [ויקרא יא, יט]. כרבלתו עבה ודומה כמי שכפולה לתוך הראש וכפותה שם והוא עוף גדול כתרנגול וקורין לו פואו"ן שלבי"א והו שהביא שמיר למקדש דהא נגר טורא מתרגמינן ליה והוא תרנגולא ברא ובגיטין בפרק מי שאחזו (סח:) מפרש מאי עביד ביה דמנגר ביה טורא [חולין סג.]. קשר מוכסין. חותמות לנותני המכס כדי שלא יתבעום חביריו ומשרתיו פעם אחרת [ע"ז לט.]. שיש חותמות למוכסים וכשנותנין להן המכס הם נותנין לו חותם כדי שלא יתבענו מוכס שני [בכורות ל:].

חשק שלמה על רבינו חננאל

א) ונראה דל"ל הולאתו כו' בכל שהוא יהא חייב והאיך לריך שיעור המפורש במשנה המוליא יין וכו':

usage for **healing,** which results in **a stringency?**[14] They should have followed the more common usage of drinking, and established the more lenient minimum![15]

The Gemara offers two possible responses:

אָמַר אַבַּיֵי – Abaye said in answer to his question: **בְּגָלִילָא שָׁנוּ – [The Mishnah] was taught** with regard **to the** inhabitants of the **Galilee,** who consistently use water for healing.[16] Since in the Galilee *both* uses are common, the Rabbis fixed the minimum stringently, in accordance with the general rule. **רָבָא אָמַר – Rava, however, said: אֲפִילוּ תֵּימָא בִּשְׁאָר מְקוֹמוֹת – You can even say** that the Mishnah speaks of **other places** as well, for in truth water *is* commonly used in healing in all locations, **כִּדִשְׁמוּאֵל – as Shmuel stated. דְּאָמַר שְׁמוּאֵל – For Shmuel said: כָּל שִׁקְיָינֵי מַסּוּ – All liquids,** when mixed into an eye plaster, will **cure, וּמְטַלְּלֵי – but they cover** the eye and hinder sight;[17] **לְבַר מִמַּיָּא – except for water, דְּמַסּוּ וְלֹא מְטַלְּלֵי – which cures, and does not cover** the eye.[18]

The Mishnah stated:

וּשְׁאָר כָּל הַמַּשְׁקִין בִּרְבִיעִית – AND ALL OTHER LIQUIDS, A *REVI'IS*.

The Gemara cites a Baraisa that discusses the minimum for blood – a liquid not specifically mentioned in the Mishnah:

תָּנוּ רַבָּנָן – The Rabbis taught in a Baraisa: דָּם וְכָל מִינֵי מַשְׁקִין – If one takes out **BLOOD OR ANY OTHER LIQUID,**[19] **בִּרְבִיעִית –** he is liable only if he takes out **A *REVI'IS*.** This is the view of the Tanna Kamma. **רַבִּי שִׁמְעוֹן בֶּן אֶלְעָזָר אוֹמֵר – R' SHIMON BEN ELAZAR SAYS: דָּם כְּדֵי לִכְחוֹל בְּעַיִן אַחַת –** If he takes out **BLOOD,** he is liable if he takes out **ENOUGH TO APPLY TO ONE EYE, שֶׁכֵּן כּוֹחֲלִין לְבַרְקִית – FOR INDEED, [BLOOD] IS APPLIED TO** heal **A SPECK PROTRUDING FROM THE EYE.**

The Gemara comments:

וּמַאי נִינְהוּ – AND WHAT type of blood **IS THIS? דְּמָא דְתַרְנְגוֹלֶת בָּרָא – THE BLOOD OF A WILD HEN.**[20]

The Gemara resumes its citation of the Baraisa:

רַבָּן שִׁמְעוֹן בֶּן גַּמְלִיאֵל אוֹמֵר – RABBAN SHIMON BEN GAMLIEL SAYS: דָּם כְּדֵי לִכְחוֹל בּוֹ עַיִן אַחַת – If he takes out **BLOOD, HE** is liable if he takes out **ENOUGH TO APPLY TO ONE EYE, שֶׁכֵּן כּוֹחֲלִין לְיָארוּד – FOR INDEED WE APPLY BLOOD TO** heal **A CATARACT.**[21]

The Gemara explains:

וּמַאי נִיהוּ – AND WHAT blood **IS** used for **THIS? דְּמָא דִכְרוּשְׁתִּינָא – THE BLOOD OF A MOLE. וְסִימָנֵיךְ – AND YOUR MNEMONIC** for remembering which blood is used for which malady is the following: **גַּוָּא לְגַוָּא – INNER FOR INNER, בָּרָא לְבָרָא –** and **OUTER FOR OUTER.**[22]

The Baraisa continues:

בַּמֶּה דְּבָרִים אֲמוּרִים – IN WHAT CASE WERE THESE minimums **STATED? בְּמוֹצִיא – CONCERNING ONE WHO TAKES OUT** a substance into the public domain on the Sabbath. **אֲבָל בְּמַצְנִיעַ – BUT CONCERNING ONE WHO STORES** a substance **AWAY, כָּל שֶׁהוּא חַיָּיב –** the law is that **HE IS LIABLE** even **FOR A MINUTE AMOUNT.**[23] **רַבִּי שִׁמְעוֹן אוֹמֵר – R' SHIMON,** however, **SAYS: בַּמֶּה דְּבָרִים אֲמוּרִים – IN WHAT CASE WERE THESE** minimums **STATED? בְּמַצְנִיעַ – CONCERNING ONE WHO STORES** a substance **AWAY; אֲבָל בְּמוֹצִיא – BUT** in the case of **ONE WHO TAKES OUT, אֵינוֹ חַיָּיב אֶלָּא בִּרְבִיעִית – HE IS NOT LIABLE UNLESS** he takes out **A *REVI'IS*.**[24] **וּמוֹדִים חֲכָמִים לְרַבִּי שִׁמְעוֹן – AND THE SAGES**[25] **CONCEDE TO R' SHIMON בְּמוֹצִיא שׁוֹפְכִין לִרְשׁוּת הָרַבִּים – CONCERNING ONE WHO TAKES OUT WASTE WATER INTO THE PUBLIC DOMAIN שֶׁשִּׁיעוּרָן בִּרְבִיעִית – THAT THE** minimum **AMOUNT** for liability **IS A *REVI'IS*.**[26]

NOTES

he will most often drink water. Wine, although it was commonly consumed, was mostly drunk during meals (*Rashi*).

14. The minimum amount for water taught in the Mishnah is enough to mix an eye plaster, which is not a common usage of water (see previous note). This is smaller than the amount of water significant as a beverage (a *revi'is*). Thus, ruling that the minimum for water is based on its usage for healing is a stringency.

15. In accordance with the aforementioned rule, the minimum should have been fixed at a *revi'is,* since that is the minimum amount that is significant as a drink. Why, then, does the Mishnah rule that one is liable if he takes out enough to mix an eye plaster?

16. The inhabitants of the Galilee were very poor. Consequently, they would *never* use anything but water to mix their eye plasters, as they could not afford to use more expensive liquids such as milk or wine. Hence, in the Galilee both uses of water were deemed common, and the Rabbis therefore ruled stringently and fixed the minimum amount of water as the smaller amount needed for mixing an eye plaster (*Rashi;* see *Sfas Emes;* cf. *Tosafos* to 47a ד״ה בגלילא and *Rabbeinu Chananel* here). [Outside the Galilee, however, the minimum would be a *revi'is.*]

17. When liquids other than water are used to mix an eye plaster, the resulting plaster is thick, and it causes a film to form on the eye; thus, although these plasters do cure the ailments for which they are applied, they can also impair a person's vision (*Rashi;* see next note).

18. Because water is thin, a plaster made with it is easily absorbed, and any excess is easily wiped away. Thus, it does not form a film on the eye, and it will not impair the person's vision. Accordingly, it is the best liquid to use in mixing eye plasters. Rava therefore states that the use of water for eye plasters *can* be considered common, and it was for this reason that the Rabbis fixed the minimum for water in *all* locations as enough to mix an eye plaster.

[The Rishonim (see *Ramban* et al.) note that from this ruling it can be seen that as long as a use of a substance is common, it can be used as a basis for fixing a minimum, even if it is not the *most* common use of that substance. For the use of water in eye plasters is certainly not as common as its use for drinking, and Rava states that, nevertheless, the minimum for water is fixed on the basis of its use in healing. See also *Shabbos Shel Mi* and *Yad David.*]

19. I.e. any other liquids besides those explicitly discussed in the Mishnah [e.g. wine, oil, milk etc.] (see *Tosafos*).

20. [Literally: a hen of outside.] *Rabbeinu Chananel* identifies this bird as the דוּכִיפַת, *hoopoe* (*Leviticus* 11:19; see *Onkelos* and *Rashi* there; see also *Gittin* 68b with *Rashi* ד״ה בדקו קינא). It was common to use the blood of this bird to treat a protrusion from the eye.

[R' Shimon ben Elazar and Rabban Shimon ben Gamliel (whose ruling follows) agree that the minimum for most types of blood is a *revi'is;* they merely qualify this by stating that certain types of blood are significant in amounts of less than a *revi'is* (*Ritva*).]

21. *Rashi;* see there for another interpretation, where he cites *Tosefta* (*Shabbos* 9:7), who explains יָארוּד as white spots that form in the eye, as described in *Bechoros* (38b) with regard to blemishes that disqualify a firstborn animal from being fit for a sacrifice. See also *Tosafos,* who bring support for *Rashi's* first interpretation.

22. Moles are found within human habitats (under buildings and the like); thus, they are referred to as "inner" creatures. [Alternatively, כְּרוּשְׁתִּינָא is identified with either the domestic hen, or the bat (*Rabbeinu Chananel*).] Their blood is prescribed for use in healing cataracts, which are diseases "within" the eye. Wild hens, by contrast, are found "outside" human settlements; and their blood is prescribed for protrusions from the eye. Thus, the blood of the inner creature is used for treating the "inner" malady, while the blood of the outer creature is used for treating the "outer" malady (see *Rashi*).

23. The Gemara below will clarify this ruling.

24. As explained above (76b note 11), R' Shimon is of the opinion that even one who has previously stored a substance away is not liable unless he takes out an amount which is considered significant to others. Thus, one who stores away is liable with even a small amount, as long as it is somewhat useful. But if one who did *not* store it away takes it out, he is not liable unless he takes out the larger minimum of a *revi'is* (*Rashi;* see also *Ritva*).

25. [See below, note 30, where *Rashi* identifies the Sages here as R' Shimon ben Elazar, mentioned previously in the Baraisa.]

26. That is, even the Sages, who hold that even one who did not store a substance away is liable if he takes out a minimally useful amount, concede that one who takes out waste water is only liable for a full

וליתא דרבי ינאי והכא בהא קמיפלגי ר"ש בן אלעזר סבר אבר קטן דגדול ואבר גדול דקטן בן יומו כי הדדי נינהו ורבי נתן סבר אבר קטן דגדול אין אבר גדול דקטן בן יומו לא מאי הוי עלה תא שמע דתניא רבי שמעון בן אלעזר אומר שמן כדי לסוך אבר קטן של קטן בן יומו: מים כדי לשוף בהן את הקילור: אמר אביי מכדי כל מילתא דשכיחא ולא שכיחא אזול רבנן בתר דשכיחא לקולא שכיחא ושכיחא אזול רבנן בתר דשכיחא לחומרא יין שתייתו שכיחא רפואתו לא שכיחא אזול רבנן בתר שתייתו דשכיחא לקולא חלב אכילתו שכיחא רפואתו לא שכיחא אזול רבנן בתר אכילתו לקולא דבש אכילתו שכיחא רפואתו שכיחא אזול רבנן בתר רפואתו לחומרא אלא מים מכדי שתייתו שכיחא רפואתו לא שכיחא מאי טעמא אזול רבנן בתר רפואתו לחומרא [ה] אמר אביי [ג] בגלילא שנו רבא אמר אפי' תימא בשאר מקומות כדשמואל דאמר שמואל כל שקייני מסו ומטללי לבר ממיא דמסו ולא מטללי: ושאר כל המשקין ברביעית: תנו רבנן [ג] [א] דם וכל מיני משקין ברביעית רבי שמעון בן אלעזר אומר דם כדי לכחול בו עין אחת שכן כוחלין לברקית ומאי נינהו דמא דתרנגולת ברא רשב"ג אומר דם כדי לכחול בו עין אחת שכן כוחלין [ד] ליארוד ומאי ניהו דמא דכרושתינא וסימניך גוא לגוא ברא לברא בד"א במוציא אבל במצניע כל שהוא חייב רבי שמעון אומר בד"א במצניע אבל במוציא אינו חייב אלא ברביעית [ה] ומודים חכמים לר"ש במוציא שופכין לרה"ר ששיעורן ברביעית: אמר מר בד"א במוציא אבל במצניע כל שהוא אטו מצניע לאו מוציא הוא אמר אביי הכא במאי עסקינן בתלמיד שאמר לו רבו לך ופנה לי המקום לסעודה הלך ופנה לו דבר חשוב לכל חייב עליו דבר שאינו חשוב לכל אי אצנעי' רביה מיחייב עילויה ואי לא לא מיחייב: אמר מר מודים חכמים לר"ש [ב] במוציא שופכין לרה"ר ששיעורן ברביעית: שופכין למאי חזו אמר רבי ירמיה לגבל בהן את הטיט והתניא [ו] טיט כדי לעשות בהן פי כור לא קשיא הא דמיגבל הא דלא מיגבל לפי שאין אדם טורח לגבל טיט לעשות פי כור: **מתני'** [ג] המוציא חבל כדי לעשות אוזן לקופה גמי כדי לעשות תלאי לנפה ולכברה רבי יהודה אומר [ז] כדי ליטול ממנו מדת מנעל לקטן נייר כדי לכתוב עליו קשר מוכסין והמוציא קשר מוכסין חייב

נייר

רש"י

וליתא לדרבי ינאי. ור' שמעון בן אלעזר או או קתני או אבר קטן של גדול או להפך וכולה חד שיעורא הוא: **ת"ש כו'.** ודרבי ינאי תנאי היא: **מכדי כל מילתא דשכיחא ולא שכיחא.** כל ששיערו חכמים לענין שבת והוא ראוי לשני דברים חדא שכיחא וחדא לא שכיחא אזול רבנן בשיעורן בתר דשכיחא ואפילו היא קולא ששיעורה גדול אמרינן סתמיה להא עביד ולא אמרי' הואיל וחזי נמי למילתא אחריתי ששיעורה קטן ניזיל בתרה לחומרא ואע"פ דלא שכיחא: **שכיחא ושכיחא.** והיכא דשכיחי תרוייהו אזלינן לחומרא ומשערינן בשיעורא זוטא: **רפואתו לא שכיחא.** כגון לשוף בו קילור ואע"ג דחזי לה דאיכא דעביד בחלב אשה ואיכא דעביד במיא וחסין על היין שדמיו יקרים הלכך אזול בתר שתייתו ושיערוהו בכדי מזיגת כוס ואע"ג דלקולא שיש כאן שיעור גדול וכן חלב נמי חזי לאכילה ולשוף קילור ומיהו לא שכיחא שהרי אף המים ראויין לכך ויש עושין ממים הלכך אזול רבנן בתר אכילתו ושיעורו בכדי גמיאה ואע"ג דקולא היא: **דבש רפואתו נמי שכיחא.** שאין משקה אחר ראוי לכתית: **לחומרא.** הואיל ותרוייהו שכיחן לחומרא בעינן לשעוריה: **רפואתו לא שכיחא.** שהרי שאר משקין ראויין לכך ויש שפין קילור בשאר משקין ושתייתו שכיחא שרוב שתיית מים הם שאין אדם שותה יין לכל צמאו כי אם לסעודתו: **בגלילא שנו.** שהן עניים ומקפידין בדבר מועט וחסין על יין וחלב לשוף (א) קילור ואין שפין אלא במים והלכך רפואתו נמי שכיחא ובעינן למיזל לחומרא: **כל שקייני.** כל משקין ששפין בהן קילור: **מסו.** החולי: **ומטללי.** מסככין על העין ומונעין מראיתו עד שיכלה מראיתו לגמרי מפני שהן עבין ונגלדין כמין דבק שקורין גלוזייר: **בר ממיא.** דעדיפי מכולהו דמסו ולא מטללי שנבלעין מיד או ניגבין מהר ולא נגלדין על גב העין: **שכן כוחלין לברקית.** מיילא שבולטת בעין: **ומאי נינהו.** מאיזה דם כוחלין אותו: **ליארוד.** תבלול ובתוספתא ראיתי לחורור והן טיפות דקות של לובן הנולדות בעין כדתנן בבכורות גבי מומין (דף לח:): **דמא דכרושתינא.** עטלף שקורין טלפא: **גוא.** כרושתינא מצוי בתוך היישוב שהוא ליארוד שהוא שוקע בתוך העין: **לברא.** דמא דתרנגולת ברא לברקית שהיא בולטת: **בד"א.** דבעינן שיעורא במוציא לר"ה: **אבל המצניע.** והוציאו חייב בכל שהוא לקמיה פריך אטו מצניע לאו מוציא הוא: **ר' שמעון אומר בד"א.** דמיחייב בשיעורא זוטא כי האי: **במצניע.** בשיעור הזה וחזר והוציאו: **אבל במוציא.** אדם שלא הצניעו והוציאו אינו חייב אלא ברביעית: **במוציא שופכין.** אדם שלא הצניען אינו חייב אלא ברביעית דבציר מהכי לא חזו כדלקמן לגבל טיט: **אטו מצניע לאו מוציא הוא.** הלא אין מתחייב אלא על ידי הוצאה: **אמר אביי הכא בתלמיד.** כגון שולי דנגרי שאומר לו רבו לך ופנה לי המקום: **דבר שחשוב לכל מיחייב עליה.** ואף על גב דלא אצנעיה רביה לצרכו: **דבר שאינו חשוב לכל כו'.** והכי קאמרי בד"א דבעינן שעורא דחשיב במוציא כלומר בדבר שאין לך לילך בו אלא אחר הוצאתו של זה שהמחשבה תלויה בזה שהוציא אבל במצניע בדבר שיש לך לילך אחר מחשבה של מצניע כגון המצניע כל שהוא חייב זה המוציאו ורשב"א אמרה ואזיל לטעמיה דאמר בפרקין דלעיל דבדבר שאין מצניעין כמוהו והוכשר לזה והצניעו נתחייב זה במחשבתו של זה וה"ה דמצי לאוקמי במצניע גופיה ולמימר הכי בד"א במוציא בדבר שלא הוצנע ואין לך לילך בו אלא אחר הוצאתו של זה אבל אם היה זה מצניע דבר זה מתחילה וחזר והוציאו חייב אלא משום דשמעי' לי' דאמר נתחייב זה במחשבה של זה אוקמא אביי אפי' באחר שהוציאו וכ"ש אם הוציאו הוא עצמו: **פי כור.** נקב שנותנין בו המפוח ושיעורא זוטא הוא ומרביעית חזי לגבל טובא וכיון דהוצאת טיט חשיבא בכדי פי כור בעינן נמי לשעוריה בהכך (ב) דעבדי לטיט בכדי גיבול פי כור: **דמיגבל.** כבר חשוב בכדי פי כור אבל זה שעדיין לא נגבל אינו נשער בכך לפי שאין אדם טורח לגבל שיעור מועט כזה ואם בא לגבל מגבל יותר ועושה בו דברים אחרים: **מתני'** **אזן לקופה.** לאוחזה בה: **תלאי.** לתלותו בו: **מדת מנעל.** להראותו לאומן כמדה זו אני צריך: **נייר.** מעשבים עושים אותו: **קשר של מוכסין.** יש לך אדם שנותן המכס לראש הנהר במקום אחד או מוחל לו במתנה והוא מוסר לו חותם להראות למוכס שמחל לו המכס ודרכו לכתוב בו שתי אותיות והן גדולות משתי אותיות שלנו:

תוספות

שכן כוחלין ליארוד. אין נראה לר"י לפרש דהיינו תבלול דבתוספת' קתני בהך מילתא גופא שכוחלים לחורור ובבכורות (דף לח:) חשיב תבלול וחורור אלמא תבלול לאו היינו חורור: **דם** וכל מיני משקין ברביעית. בתוספתא גרס ושאר מיני משקין וכן נראה דהא כל מיני משקין אינן ברביעית דיין ושמן ודבש ומים שיעורן כדתנן במתני': **אטו** מצניע לאו מוציא הוא. פירש בקונט' דהוה מצי למימר הכ"ע כשהצניעו והוציאו אלא דניחא ליה לישנויי בשלא הוציאו המצניע עצמו משום דאתיא כרשב"א וקשה דמנלן דאתיא כרשב"א אדרבה כרשב"ג אתיא דמיירי לבסוף ועוד דלאמאי נקט בתלמיד שא"ל רבו אפילו אדם בעלמא נמי ודוחק לומר דלא מחייב רבי שמעון במחשבתו של זה אלא תלמיד במחשבתו של רבו לכך נראה דה"פ אטו מצניע לאו מוציא הוא דמדלא קתני אבל המצניע בכל שהוא דהוה משמע דהמצניע הוא המוציא כדדייק לעיל אינו חייב אלא המצניעו מתניתין דלא כרשב"א אלא קתני במצניע משמע אפילו אחר הצניעו חייב המוציא ולהכי קשיא ליה אטו מצניע לאו מוציא הוא דהא שום תנא לא מחייב אא"כ הוציאו המצניע אלא רשב"א לבדו ומתניתין דכלל גדול (לעיל עה:) דהמצניע דלא כוותיה ומשני בתלמיד שאמר לו רבו דכה"ג כ"ע מודו שהתלמיד עושה הכל לדעת רבו: **שופכין** למאי חזו. דוקא אברייתא קא בעי וכן משמע לקמן (דף עט.) דאמר והא טיט דתקמי לליגבליה תנא מודים חכמים לרבי שמעון במוציא שופכין כו' והוינן בה שופכין למאי חזו משמע דבמתני' אתי שפיר ונרא' לר"י דהיינו טעמא משום דשופכין דמתניתין איכא למימר דחזו לכמה דברים לרחוץ בהם כוסות וקערות דלא מאיסי כולי האי אלא שאינן ראויין לשתיה אבל הכא דומיא דדם קתני דמאיסי טובא ולכך בעי למאי חזו:

רבנ

ד א ב מיי' פי"ח מהל' שבת הלכה ג:
ה ג שם הלכה יג:

רבינו חננאל

אמר אביי מכדי לענין שיעור הוצאה כל דבר שיש בו ב' צרכים. ב' מדות. אחת מצויה ואחת שאינה מצויה הלכו חכמים בשיעור הוצאתו אחר ההנאה המצויה. אע"ג שהיא מרובה מן האחרת ונמצאת לקולא ואם שתיהן מצויות הלכו להחמיר. חלב שתייתו שכיחא ורפואתו לא שכיחא אזול רבנן בתר שתייתו לקולא. יין שתייתו שכיח' ורפואתו לא שכיחא אזול רבנן נמי בתר שתייתו לקולא. דבש אכילתו שכיחא ורפואתו שכיחא אזול רבנן אחר רפואתו לחומרא. ושאלו את אביי מים מכדי שתייתן שכיחא ורפואתו לא שכיחא מ"ט אזול רבנן בתר רפואתו ואמרו כדי לשוף בהן את הקילור. ואהדר אביי בגלילא שנו. כלומר מי גליל שהן ידועין שמועילין לענין בקילור שהן כמי דקלים שהן ידועין שמועילין לירוקה. אבל מים דעלמא ברביעית. רבא אמר אפי' תימא מים שבשאר מקומו' שיעורן כדי לשוף בהן את הקילור כדשמואל דאמר שמואל כולהו שקייני מעלו וסעדי בר מן מיא דמעלו ונגרדי. וכן תורף הדברים שאין המים סועדין כמיני מאכל. אלא עיקר שתייתן כעין רפואה היא. לפיכך שיעורן כרפואה: **דם** ברביעית ודם של דוכיפת דא תרנגולא ברא. או של עטלף כדי לכחול עין אחת ברקית. כאותה ששנינו השוכר את החמר' והבריק'. [ליארוד] חוורור שמלבין שחור שבעין כרושתינא. תרנגולא דביתא וי"א אלכפאש ודמה מועיל לכאב שבתוך עין. ודם דוכיפת מועיל לכאב שמחוץ לעין: **תנא** במה דברים אמורים במוציא שהוציא דבר שלא קדם והצניעו. שהוא צריך לשיעורין הללו. אבל הצניע דבר בחול לצורכו והוציאו בשבת חייב עליו בכל שהוא. ר"ש אומר כל השיעורין הללו לא נאמרו אלא למצניעיהן שאם הצניע בחול בשיעורין הללו והוציאו בשבת חייב. אבל אם הוציא כלום מן כל אלו בין יין בין חלב בין דבש ובין מים שלא קדם והצניעו אינו חייב אלא על רביעית. ואקשי' אמר מר ר' שמעון אומר בד"א במצניע. אבל במוציא אינו חייב אלא ברביעי'. ואמרינן וכי מאחר שהצניעו לצרכו היאך אינו חייב אלא על הוצאתו א). פי' בכל שהוא. והיאך צריך שיעור. פי' המוציא יין כו'. ואוקימנא לדר' שמעון בתלמיד שאמר לו רבו לך ופנה לי מקום לסעודה והלך ופינה כל מה שהיה שם והצניעו ובא רבו בשבת והוציא כל מה שהצניע לו תלמידו. אם הוציא הרב דבר שהוא חשוב לכל כשיעורין הללו הרי הוא חייב. ואם הוציא הרב דבר שאינו חשוב לכל ופיחת מן השיעורין הללו אילו הוא בעצמו הצניען חייב עליו בכל שהוא. אבל תלמידו הצניעו ופיחת הוא מן השיעורין הללו מוציאו פטור ואם הוציא מן המשקין מה שלא הוצנע אינו חייב אלא ברביעית שנמצאו דברי ר"ש שאמר לא נאמרו כל השיעורין הללו אלא למצניעיהן למי שהצניעם לו. (שמשו) ויש שמפרשין שמועה זו פי' אחר דהכין קאמר ר"ש לא נאמרו כל השיעורין הללו אלא לענין הצנעה. ולא סלקא. ויש שגורסין שיטה זו דאביי ארישא דברייתא. בד"א במוציא אבל במצניע כל שהוא. ומקשי' הכי אטו מוציא לאו מצניע הוא. ומפרקי' פירוק דאביי ואנחנא לא קא סלקא לנא הכי וכלישנא דפרישנא דווקא. פי כוש קורין אותו בל' ארמי ריש פילכא שעושין על פי הכוש כמו כדור אצל הציגורה כדי שיכבד הכוש ויסוב ויש עושים אותו מן העצם ויש עושים אותו מן העץ. ויש שעושין אותו מן הטיט. ומקשי' כי מכדי שיעור טיט כדי לעשות פי כוש למה הוצרכו שיעור שופכין רביעית כדי לגבל בה את הטיט. והלא טיט של פי כוש מתגבל בפחות מרביעית. והשבנו אם הטיט מגובל ועומד סגי בזה השיעור. ואם צריך לגבלו אין אדם טורח לגבל טיט לעשות פי כוש: **מתני'** נייר כדי לכתוב עליו קשר מוכסין [כו'].

ותנא

מסורת הש"ס

א) לעיל דף מז. [ע"ש בתוספות], ב) [ג"] הערוך בדגלילא שנו פי' מי גליל שהן יודעין כי מועילין לענין בקילור כמו מי דקלים (לקמן דף קי.) שהם ידועים שמועילין להרקה בערך גליל ועי' תוס' לעיל מו. ד"ה בגלילא, וכן בתוס' מנחות כה. ד"ה בגלילא], ג) [תוספ' פ"ט], ד) [ג"] הערוך לירוד פי' שנלמה קרמיתו על גב עינו, ה) [לקמן צג.], ו) [לקמן עט. פ"ג], ז) [לקמן פ.].

הגהות הב"ח

(א) רש"י ד"ה בגלילא שנו וכו' לשוף בו קילור. נ"ב ע"ל בדף מו ע"ב בתוס' ד"ה בגלילא: (ב) ד"ה פי כור וכו' בהכך מיא דעבדי לטיט:

גליון הש"ס

גמ' שכן כוחלין לברקית. עי' בכורות דף לח ע"ב תוס' ד"ה וסימנך:

ליקוטי רש"י

תרנגולתא ברא. הדוכיפת. תרנגול הבר וכרבלתו כפולה ובלע"ז הירופ"א ולמה נקרא שמו דוכיפת שהודו כפות היא כרבלתו ונגר טורא נקרא על שם מעשיו כמו שפירשו רבותינו במסכת גיטין בפרק מי שאחזו (סח:) [ויקרא יא, יט]. כרבלתו עבה ודומה כמי שכפולה לתוך הראש וכפופה שם והוא עוף גדול כתרנגול וקורין לו פופ"ה שלבייג"ה והוא שהביא שמיר למקדש דהא נגר טורא מתרגמינן ליה והוא ובגיטין בפרק מי שאחזו (סח.) מפרש מאי עביד ביה [חולין סג.]. **קשר מוכסין.** חותמות לנותני המכס כדי שלא יתפשנו חביריו ומשרתיו פעם אחרת [ע"ז לט.]. שיש חותמות למוכסים ובשמותן להן המכס הם נותנין לו חותם כדי שלא יתבענו מוכס שני [בכורות לו:].

חשק שלמה על רבינו חננאל

א) ונראה דל"ל הולאתו כו' כל שהוא יהא חייב והאיך לריך שיעור המפורש במשנה המוליא יין וכו'.

The Gemara analyzes this last section of the Baraisa:

אָמַר מַר – **The master said** in the Baraisa: בַּמֶּה דְבָרִים אֲמוּרִים – IN WHAT CASES ARE THESE minimums STATED? בְּמוֹצִיא – CONCERNING ONE WHO TAKES OUT a substance. אֲבָל בְּמַצְנִיעַ – BUT CONCERNING ONE WHO STORES a substance AWAY, כָּל שֶׁהוּא – he is liable even for A MINUTE AMOUNT.

The Gemara struggles to understand this ruling:

אַטּוּ מַצְנִיעַ לָאו מוֹצִיא הוּא – **But is** the **one who stores away not one who takes out** as well? He certainly cannot be liable unless he subsequently takes the stored substances out! How, then, can the Baraisa make a distinction between "one who takes out" and "one who stores away"?[27]

The Gemara explains:

אָמַר אַבַּיֵי – **Abaye said:** הָכָא בְּמַאי עַסְקִינָן – **Here** in the Baraisa, **with what are we dealing?** בְּתַלְמִיד שֶׁאָמַר לוֹ רַבּוֹ – **With a disciple**[28] **whose master told him,** לֵךְ וּפַנֵּה לִי הַמָּקוֹם לִסְעוּדָה – **"Go and clear the place for me** so there will be space **for a meal."** הָלַךְ וּפִנָּה לוֹ – **[The disciple] went and cleared out** the place **for him.** דָּבָר חָשׁוּב לַכֹּל – If he took out **an item that is significant for all,** חַיָּיב עִילָּוֵיהּ – **he is liable for** taking **it** out, even if it was not stored away by the master; דָּבָר שֶׁאֵינוֹ חָשׁוּב לַכֹּל – but if he took out **an item that is not significant for all,** אִי אַצְנְעֵיהּ רַבֵּיהּ – **if his master had stored it away,** מִיחַיֵּיב עִילָּוֵיהּ – **[the disciple] is liable for** taking **it** out;[29] וְאִי לָא – **but if** the master did **not** store it away, לָא מִיחַיֵּיב – **[the disciple] is not liable,** since the item is not significant. This is the meaning of the distinction that the Baraisa draws between "one who takes out" and "one who stores away."[30]

The Gemara analyzes the final ruling in the Baraisa:

אָמַר מַר – **The master said** in the Baraisa: מוֹדִים חֲכָמִים לְרַבִּי שִׁמְעוֹן – THE SAGES CONCEDE TO R' SHIMON בְּמוֹצִיא שׁוֹפְכִין לִרְשׁוּת הָרַבִּים – CONCERNING ONE WHO TAKES OUT WASTE WATER INTO THE PUBLIC DOMAIN שֶׁשִּׁיעוּרָן בִּרְבִיעִית – THAT THE minimum **AMOUNT** for liability IS A *REVI'IS.*

The Gemara asks:

שׁוֹפְכִין לְמַאי חֲזוּ – **For what** use is **waste water fit?**[31]

The Gemara answers:

אָמַר רַבִּי יִרְמְיָה – **Rav Yirmiyah said:** לְגַבֵּל בָּהֶן אֶת הַטִּיט – Waste water is useful, for one can use it **to knead clay with it.**

The Gemara challenges this explanation:

וְהָתַנְיָא – **But we have been taught in a Baraisa:** טִיט – If one takes out CLAY, כְּדֵי לַעֲשׂוֹת בָּהֶן פִּי כוּר – he is liable if he takes out ENOUGH TO FORM AN OPENING FOR A CRUCIBLE.[32] Now, only a very small quantity of clay is required for this purpose. And if waste water is considered useful because it can be used to knead clay, one should be liable for taking out enough water to knead this small amount of clay! Why, then, is a *revi'is* of waste water the minimum amount for liability?

The Gemara answers:

לָא קַשְׁיָא – This is **not a difficulty.** הָא דְּמִיגַּבֵּל – **This** second Baraisa, that sets the smaller minimum for clay, refers to clay **that was already kneaded;** הָא דְּלָא מִיגַּבֵּל – while **this** first Baraisa, which requires sufficient water (a *revi'is*) to knead a larger amount of clay, obviously refers to a case **where** the clay has **not yet** been kneaded. לְפִי שֶׁאֵין אָדָם טוֹרֵחַ – And this is **because a person will not bother** לְגַבֵּל טִיט לַעֲשׂוֹת פִּי כוּר – **to knead** just enough **clay to form an opening for a crucible.**[33]

Mishnah The Mishnah continues to delineate the minimum amounts for various substances:

הַמּוֹצִיא חֶבֶל – **One who takes out rope** כְּדֵי לַעֲשׂוֹת אוֹזֶן לְקוּפָּה – is liable only if he takes out **enough to make a handle for a basket.** גֶּמִי – If he takes out **reed-grass,** כְּדֵי לַעֲשׂוֹת תְּלַאי לְנָפָה וְלִכְבָרָה – he is

NOTES

revi'is, for less than a *revi'is* of waste water is not deemed useful (see *Rashi*; see also *Leshon HaZahav* and *Meromei Sadeh*).

27. *Rashi;* cf. *Tosafos.* [Seemingly, the distinction the Tanna wishes to make is between one who stored the substance away *previously* and one who did not. Why, then, does he phrase his ruling in terms of a distinction between "one who stored away" and "one who takes out"?]

28. The reference here is to an apprentice, such as a blacksmith's assistant (*Rashi*).

29. Although the amount of the substance is insignificant, the fact that the master originally stored it away renders it significant, and thus the disciple is liable for taking out even the small quantity. This is the view of R' Shimon ben Elazar, who holds (see above, 76a) that if a person stores even a small quantity of an item away, anyone who subsequently takes it out is liable (*Rashi;* see next note). [This law applies to *any* person who subsequently takes out the stored item; the Gemara uses the case of an apprentice merely as an example. Cf. *Tosafos.*]

30. *Rashi* explains as follows: When the Tanna Kamma of R' Shimon in the Baraisa refers to "one who takes out," he means an instance where the only intent that must be taken into account is that of the one who is actually taking the item out; i.e. a case where the item had not been previously stored away. Accordingly, he rules that in such a case, one is only liable if he takes out the minimum significant amount. But in the case of "one who stores away," i.e. in a case where the intent of the one who previously stored away must be taken into account, one is liable if he takes out even a minimal amount, since the previous intention of the storer renders any amount significant. And the Tanna Kamma of R' Shimon can now be identified as R' Shimon ben Elazar (mentioned earlier in the Baraisa). [Actually, this same distinction can be drawn between a case where an item that had not been stored away previously was taken out and a case where a person stored the item away and then took it out *himself,* for in the first instance there is no previous intent to follow, while in the second instance the previous intent dictates liability for a minimal amount. However, Abaye explains the Baraisa as referring to an apprentice to convey the additional teaching that R' Shimon ben Elazar will hold liable one who takes out a minimal quantity of an item that was previously stored even if he was not the one who had stored it away (*Rashi;* see *Chidushei HaRan*).] Cf. *Tosafos;* see also *Ritva MHK* ed.

31. Waste water is not fit for drinking or washing. Thus, the Gemara wonders why even a *revi'is* of such water would be considered a significant amount.

[Seemingly, this question can be asked with respect to the identical ruling found in the Mishnah (on 76b). The wording of our Gemara, however, seems to indicate that the question is directed specifically at the Baraisa. See also *Tosafos,* who note that the Gemara below (79a) also indicates this. They posit that perhaps the Mishnah can be explained as referring to waste water that is not fit for drinking but is still fit for washing utensils and the like. The Baraisa, however, does not lend itself to being interpreted in this manner, for it speaks of repulsive liquids such as blood, which cannot be used for such purposes, and thus presumably speaks of water that cannot even be used for washing purposes.] See also *Netziv* and *Pnei Yehoshua,* and *Ritva MHK* ed. to 79a; see, however, *Rashi* to 76b ד״ה שופכין.

32. This refers to the hole in a crucible [which is used to contain metals that are melted down for smelting or refining] into which the bellows that serves to fan the flames is inserted (see *Rashi*). The clay is used to form a rim around the hole so that the bellows will fit snugly (*Ritva MHK* ed., *Meiri*).

33. The effort required to knead clay is such that a person will not expend the effort merely to obtain the amount needed for the opening of a crucible. Thus, the amount of water needed for that amount of clay is not significant. Rather, one who *does* knead clay will knead a larger amount, which requires a *revi'is* of water for proper mixing; thus, a *revi'is* of waste water is the minimum useful amount. Kneaded clay, however, is significant even in the smaller amount needed to make the opening in a crucible, for it will happen that a person will use *some* of the

וליתא דרבי ינאי והכא בהא קמיפלגי ר"ש בן אלעזר סבר אבר קטן דגדול ואבר גדול דקטן בן יומו כי הדדי נינהו ורבי נתן סבר אבר קטן דגדול אין אבר גדול דקטן בן יומו לא מאי הוי עלה תא שמע דתניא רבי שמעון בן אלעזר אומר שמן כדי לסוך אבר קטן של קטן בן יומו: מים כדי לשוף בהן את הקילור: אמר אביי מכדי כל מילתא דשכיחא ולא שכיחא אזול רבנן בתר דשכיחא לקולא שכיחא ושכיחא אזול רבנן בתר דשכיחא לחומרא יין שתייתו שכיחא רפואתו לא שכיחא אזול רבנן בתר שתייתו דשכיחא לקולא חלב אכילתו שכיחא רפואתו לא שכיחא אזול רבנן בתר אכילתו לקולא דבש אכילתו שכיחא רפואתו שכיחא אזול רבנן בתר רפואתו לחומרא אלא מים מכדי שתייתו שכיחא רפואתו לא שכיחא מאי טעמא אזול רבנן בתר רפואתו לחומרא [א] אמר אביי [ג] בגלילא שנו רבא אמר אפי' תימא בשאר מקומות כדשמואל דאמר שמואל כל שקייני מסו ומטללי לבר ממיא דמסו ולא מטללי: ושאר כל המשקין ברביעית: תנו רבנן [ג] דם וכל מיני משקין ברביעית רבי שמעון בן אלעזר אומר דם כדי לכחול בו עין אחת • שכן כוחלין לברקית ומאי נינהו דמא דתרנגולת ברא רשב"ג אומר דם כדי לכחול בו עין אחת שכן כוחלין [ד] ליארוד ומאי ניהו דמא דכרושתינא וסימניך גוא לגוא ברא לברא בד"א במוציא אבל במצניע כל שהוא חייב רבי שמעון אומר בד"א במצניע אבל במוציא אינו חייב אלא ברביעית [ה] ומודים חכמים לר"ש במוציא שופכין לרה"ר ששיעורן ברביעית: אמר מר בד"א במוציא אבל במצניע כל שהוא אטו מצניע לאו מוציא הוא אמר אביי הכא במאי עסקינן בתלמיד שאמר לו רבו לך ופנה לי המקום לסעודה הלך ופנה לו דבר חשוב לכל חייב עילויה דבר שאינו חשוב לכל אי אצנע' רביה מיחייב עילויה ואי לא לא מיחייב: אמר מר מודים חכמים לר"ש [ב] במוציא שופכין לרה"ר ששיעורן ברביעית: שופכין למאי חזו אמר רבי ירמיה לגבל בהן את הטיט והתניא [ו] טיט כדי לעשות בהן פי כור לא קשיא הא דמיגבל הא דלא מיגבל לפי שאין אדם טורח לגבל טיט לעשות פי כור: **מתני'** [ג] המוציא חבל כדי לעשות אוזן לקופה גמי כדי לעשות תלאי לנפה ולכברה רבי יהודה אומר [ז] כדי ליטול ממנו מדת מנעל לקטן נייר כדי לכתוב עליו קשר מוכסין והמוציא קשר מוכסין חייב

נייר

רש"י

וליתא לדרבי ינאי. ור' שמעון בן אלעזר או או קתני או אבר קטן של גדול או להפך וכולה חד שיעורא הוא: **ת"ש כו'.** ודרבי ינאי תנאי היא: **מכדי כל מילתא דשכיחא ולא שכיחא.** כל ששיערו חכמים לענין שבת והוא ראוי לשני דברים חדא שכיחא וחדא לא שכיחא אזול רבנן בשיעורן בתר דשכיחא ואפילו היא קולא ששיעורה גדול אמרינן סתמיה להא עביד ולא אמרי' הואיל וחזי נמי למילתא אחריתי ששיעורה קטן ניזיל בתרה לחומרא ואע"פ דלא שכיחא: **שכיחא ושכיחא.** והיכא דשכיחי תרוייהו אזלינן לחומרא ומשערינן בשיעורא זוטא: **רפואתו לא שכיחא.** כגון לשוף בו קילור ואע"ג דחזי לה דאיכא דעביד בחלב אשה ואיכא דעביד במיא וחסין על היין שדמיו יקרים הלכך אזול בתר שתייתו ושיערוהו בכדי מזיגת כוס ואע"ג דלקולא שיש כאן שיעור גדול וכן חלב נמי חזי לאכילה ולשוף קילור ומיהו לא שכיחא שהרי אף המים ראוין לכך ויש עושין ממים הלכך אזול רבנן בתר אכילתו ושיעורו בכדי גמיאה ואע"ג דקולא היא: **דבש רפואתו נמי שכיחא.** שאין משקה אחר ראוי לכתית: **לחומרא.** הואיל ותרוייהו שכיחן לחומרא בעינן לשעוריה: **רפואתו לא שכיחא.** שהרי שאר משקין ראוין לכך ויש שפין קילור בשאר משקין ושתייתו שכיחא שרוב שתיית מים הם שאין אדם שותה יין לכל נמאיו כי אם לסעודתו: **בגלילא שנו.** שהן עניים ומקפידין בדבר מועט וחסין על יין וחלב לשוף (א) קילור ואין שפין אלא במים והלכך רפואתו נמי שכיחא ובעינן למיזל לחומרא: **כל שקייני.** כל משקין ששפין בהן קילור: **מסו.** החולי: **ומטללי.** מסככין על העין ומונעין מראיתו עד שיכלה מראיתו לגמרי מפני שהן עבין ונגלדין כמין דבק שקורין גלוייר: **בר ממיא.** דעדיפי מכולהו דמסו ולא מטללי שנבלעין מיד או ניגבין מהר ולא נגלדין על גב העין: **שכן כוחלין לברקית.** מיילא שבולטת בעין: **ומאי נינהו.** מאיזה דם כוחלין אותו: **ליארוד.** תבלול ובתוספתא ראיתי לחורור והן טיפות דקות של לובן הנולדות בעין כדתנן בבכורות גבי מומין (דף לח:): **דמא דכרושתינא.** עטלף שקורין טלפא: **גוא.** כרושתינא מצוי בתוך היישוב שהוא ליארוד שהוא שוקע בתוך העין: **לברא.** דמא דתרנגולת ברא לברקית שהיא בולטת: **בד"א.** דבעינן שיעורא במוציא לר"ה: **אבל המצניע.** והוציאו חייב בכל שהוא לקמיה פריך אטו מצניע לאו מוציא הוא: **ר' שמעון אומר בד"א.** דמיחייב בשיעורא זוטא כי האי: **במצניע.** בשיעור הזה וחזר והוציאו: **אבל במוציא.** אדם שלא הצניעו והוציאו אינו חייב אלא ברביעית: **במוציא שופכין.** אדם שלא הצניען אינו חייב אלא ברביעית דבציר מהכי לא חזו כדלקמן לגבל טיט: **אטו מצניע לאו מוציא הוא.** הלא אין מתחייב אלא על ידי הוצאה: **אמר אביי הכא בתלמיד.** כגון שולי דנגרי שאומר לו רבו לך ופנה לי המקום: **דבר שחשוב לכל מיחייב עליה.** ואף על גב דלא אצנעיה רביה לצרכו: **דבר שאינו חשוב לכל כו'.** והכי קאמרי בד"א דבעינן שעורא דחשיב במוציא כלומר בדבר שאין לך לילך בו אלא אחר הוצאתו של זה שהמחשבה תלויה בזה שהוציא אבל במצניע בדבר שיש לך לילך אחר מחשבה של מצניע כגון המצניע כל שהוא חייב זה המוציאו ורשב"א אמרה ואזיל לטעמיה דאמר בפרקין לעיל דבדבר שאין מצניעין כמוהו והוכשר לזה והצניעו נתחייב זה במחשבתו של זה וה"ה דמצי לאוקמי במצניע גופיה ולמימר הכי בד"א במוציא בדבר שלא הוצנע ואין לך לילך בו אלא אחר הוצאתו של זה אבל אם היה זה מצניע דבר זה מתחילה וחזר והוציאו חייב אלא משום דשמעי' לי' דאמר נתחייב זה במחשבה של זה אוקמא אביי אפי' באחר שהוציאו וכ"ש אם הוציאו הוא עצמו: **פי כור.** נקב שנותנין בו המפוח ושיעורא זוטא הוא ומרביעית חזי לגבל טובא וכיון דהוצאת טיט חשיבא בכדי פי כור בעינן נמי לשעוריה בהכך (ב) דעבדי לטיט בכדי גיבול פי כור: **דמיגבל.** כבר חשוב בכדי פי כור אבל זה שעדיין לא נגבל אינו נשער בכך לפי שאין אדם טורח לגבל שיעור מועט כזה ואם בא לגבל מגבל יותר ועושה בו דברים אחרים: **מתני' אזן לקופה.** לאוחזה בה: **תלאי.** לתלותו בו: **מדת מנעל.** להראותו לאומן כמדה זו אני צריך: **נייר.** מעשבים עושים אותו: **קשר של מוכסין.** יש לך אדם שנותן המכס לראש הנהר במקום אחד או מוחל לו במתנה והוא מוסר לו חותם להראות למוכס שמחל לו המכס ודרכו לכתוב בו שתי אותיות והן גדולות משתי אותיות שלנו:

נייר

תוספות

שכן כוחלין ליארוד. אין נראה לר"י לפרש דהיינו תבלול דבתוספת' קתני בהך מילתא גופא שכוחלים לחורור ובבכורות (דף לח:) חשיב תבלול וחורור אלמא תבלול לאו היינו חורור: **דם** וכל מיני משקין ברביעית. בתוספתא גרס ושאר מיני משקין וכן נראה דהא כל מיני משקין אינן ברביעית דיין ושמן ודבש ומים שיעורן כדתנן במתני': **אטו** מצניע לאו מוציא הוא. פירש בקונט' דהוה מצי למימר הכ"ע כשהצניעו והוציאו אלא דניחא ליה לישנויי בשלא הוציאו המצניע עצמו משום דאתיא כרשב"א וקשה דמנלן דאתיא כרשב"א אדרבה כרשב"ג אתיא דמיירי לבסוף ועוד דלמאי נקט בתלמיד שא"ל רבו אפילו אדם בעלמא נמי ודוחק לומר דלא מחייב רבי שמעון במחשבתו של זה אלא תלמיד במחשבתו של רבו לכך נראה דה"פ אטו מצניע לאו מוציא הוא דמדלא קתני אבל המצניע בכל שהוא דהוה משמע דהמצניע הוא המוציא כדדייק לעיל אינו חייב אלא המצניעו מתניתין דלא כרשב"א אלא קתני במצניע משמע אפילו אחר הצניעו חייב המוציא ולהכי קשיא ליה אטו מצניע לאו מוציא הוא דהא שום תנא לא מחייב אא"כ הוציאו המצניע אלא רשב"א לבדו ומתניתין דכלל גדול (לעיל עה:) דהמצניע דלא כוותיה ומשני בתלמיד שאמר לו רבו דכה"ג כ"ע מודו שהתלמיד עושה הכל לדעת רבו: **שופכין** למאי חזו. דוקא אברייתא קא בעי וכן משמע לקמן (דף עט.) דאמר והא טיט דמקמי דליגבליה תנא מודים חכמים לרבי שמעון במוציא שופכין כו' והוינן בה שופכין למאי חזו משמע דבמתני' אתי שפיר ונרא' לר"י דהיינו טעמא משום דשופכין דמתניתין איכא למימר דחזו לכמה דברים לרחוץ בהם כוסות וקערות דלא מאיסי כולי הכי אלא שאין ראוין לשתיה אבל הכא דומיא דדם קתני דמאיסי טובא ולכך בעי למאי חזו:

רבו

א) לעיל דף עז. [ע"ש בתוספות], ב) [גי' הערוך בדגלילא שנו פי' מי גליל שהן ידועין כי מועילין לענין בקילור כמו מי דקלים (לקמן דף קי.) שהם ידועים שמועילין לירקה בערך גליל ועי' תוס' לעיל עז. ד"ה בגלילא. וכן תוס' חגיגה כה. ד"ה בגלילא], ג) [תוספ' פ"ט], ד) [גי' הערוך ליירוד פי' שעלתה קרמית על גב עינו], ה) [לקמן עט.], ו) [לקמן עט. פ:], ז) [לקמן פ.]

הגהות הב"ח

(א) רש"י ד"ה בגלילא שנו וכו' לשוף בו קילור. נ"ב ע"ל כדף עז בתוס' ד"ה בגלילא: (ב) ד"ה פי כור וכו' בהכך מיל דעבדי לטיט:

גליון הש"ס

גמ' שכן כוחלין לברקית. עי' בכורות דף לח ע"ב תוס' ד"ה וסימנך:

ליקוטי רש"י

תרנגולתא ברא. הדוכיפת. תרנגול הבר וכרבלתו כפולה ובלע"ז הירופ"א ולמה נקרא שמו דוכיפת שהודו כפות והיא כרבלתו ונגר טורא נקרא על שם מעשיו כמו שפירשו רבותינו במסכת גיטין בפרק מי שאחזו [ויקרא יא, יט]. כרבלתו עבה דומה כמי שכפולה לתוך הראש וכפופה [שם]. והוא תרנגול בר והוא גדול כתרנגול וקורין לו פופון שבלע"ז והוא שמיר למקדש דהא נגר טורא מתרגמינן דהוא והוא תרנגולא ברא וגיטין בפרק מי שאחזו (סח.) מפרש מאי עביד ביה דמנגר ביה טורא [חולין סג.]. **קשר מוכסין.** חותמות שנותני המכס כדי שלא יתפשנו מכיריו ומשרתיו פעם אחרת [ע"ז לט.]. שיש חותמות למוכסים וכשנותנין להן המכס הם נותנין לו חותם כדי שלא יתפשנו מוכס שני [בכורות לז:].

ד א ב מיי' פי"ח מהל' שבת הלכה ג:

ה ג שם הלכה יג:

רבינו חננאל

אמר אביי מכדי לענין שיעור הוצאה כל דבר שיש בו ב' צרכים. ב' מדות. אחת מצויה ואחת שאינה מצויה הלכו חכמים בשיעור הוצאתו אחר ההנאה המצויה. אע"ג שהיא מרובה מן האחרת ונמצאת לקולא ואם שתיהן מצויות הלכו להחמיר. חלב שתייתו שכיחא ורפואתו לא שכיחא אזול רבנן בתר שתייתו לקולא. יין שתייתו שכיח' ורפואתו לא שכיחא אזול רבנן נמי בתר שתייתו לקולא. דבש אכילתו שכיחא ורפואתו שכיחא אזול רבנן אחר רפואתו לחומרא. ושאלו את אביי מים מכדי שתייתו שכיחא ורפואתו לא שכיחא מ"ט אזול רבנן בתר רפואתו ואמרו כדי לשוף בהן את הקילור. ואהדר אביי בגלילא שנו. כלומר מי גליל שהן ידועין שמועילין לענין בקילור שהן כמי דקלים שהן ידועין שמועילין לירוקה. אבל מים דעלמא ברביעית. רבא אמר אפי' תימא מים שבשאר מקומו' שיעורן כדי לשוף בהן את הקילור כדשמואל דאמר שמואל כולהו שקייני מעלו וסעדי בר מן מיא דמעלו וגרדי. וכן תורף הדברים שאין המים סועדין כמיני מאכל. אלא עיקר שתייתן כעין רפואה היא. לפיכך שיעורן כרפואה: **דם** ברביעית ודם של דוכיפת דא תרנגולא ברא. או של עטלף כדי לכחול עין אחת ברקית. כאותה ששנינו השוכר את החמר' והבריק'. [ליארוד] חוורור שמלבין שחור שבעין כרושתינא. תרנגולא דביתא וי"א אלכפאש ודמה מועיל לכאב שבתוך עין. ודם דוכיפת מועיל לכאב שמחוץ לעין: **תנא** במה דברים אמורים במוציא שהוציא דבר שלא קדם והצניעו. שהוא צריך לשיעורין הללו. אבל הצניע דבר בחול לצורכו והוציאו בשבת חייב עליו בכל שהוא. ר"ש אומר כל השיעורין הללו לא נאמרו אלא למצניעיהן שאם הצניע בחול בשיעורין הללו והוציאו בשבת חייב. אבל אם הוציא כלום מן כל אלו בין יין בין חלב בין דבש ובין מים שלא קדם והצניעו אינו חייב אלא על רביעית. ואקשי' אמר מר ר' שמעון אומר בד"א במצניע. אבל במוציא אינו חייב אלא ברביעי'. ואמרינן וכי מאחר שהצניעו לצרכו היאך אינו חייב אלא על הוצאתו א). פי' בכל שהוא. והיאך צריך שיעור. פי' המוציא יין כו'. ואוקימנא לדר' שמעון בתלמיד שאמר לו רבו לך ופנה לי מקום לסעודה והלך ופינה כל מה שהיה שם והצניעו ובא רבו בשבת והוציא כל מה שהצניע לו תלמידו. אם הוציא הרב דבר שהוא חשוב לכל כשיעורין הללו הרי הוא חייב. ואם הוציא הרב דבר שאינו חשוב לכל ופיחת מן השיעורין הללו אילו הוא בעצמו הצניען חייב עליו בכל שהוא. אבל תלמידו הצניעו ופיחת הוא מן השיעורין הללו מוציאו פטור ואם הוציא מן המשקין מה שלא הצנע אינו חייב אלא ברביעית שנמצאו דברי ר"ש שאמר לא נאמרו כל השיעורין הללו אלא למצניעיהן למי שהצניעם לו. (שמשו) ויש שמפרשין שמועה זו פי' אחר דהכין קאמר ר"ש לא נאמרו כל השיעורין הללו אלא לענין הצנעה. ולא סלקא. ויש שגורסין שיטה זו דאביי ארישא דברייתא. בד"א במוציא אבל במצניע כל שהוא. ומקשי' הכי אטו מוציא לאו מצניע הוא. ומפרקי' פירוק דאביי ואנחנא לא קא סלקא לנא הכי וכלישנא דפרישנא דווקא. פי כוש קורין אותו בל' ארמי ריש פילכא ובלשון ישמעאל פלכה. שעושין על פי הכוש כמו כדור אצל הצינורה כדי שיכבד הכוש ויסוב ויש עושים אותו מן העצם ויש עושים אותו מן העץ. ויש שעושין אותו מן הטיט. ומקשי' כי מכדי שיעור טיט כדי לעשות פי כוש למה הוצרכו שיעור שופכין רביעית כדי לגבל בה את הטיט. והלא טיט של פי כוש מתגבל בפחות מרביעית. והשבנו אם הטיט מגובל ועומד סגי בזה השיעור. ואם צריך לגבלו אין אדם טורח לגבל טיט לעשות פי כוש: **מתני'** נייר כדי לכתוב עליו קשר מוכסין [כו'].

ותנא

חשק שלמה על רבינו חננאל

א) ונראה דל"ל הוצאתו פי' בכל שהוא והיה המוציא צריך שיעור התפורש במשנה המוציא יין וכו':

liable only if he takes out **enough to make a hanging loop for a sifter or a sieve.**[34] רַבִּי יְהוּדָה אוֹמֵר – **R' Yehudah says:** כְּדֵי לִיטּוֹל מִמֶּנּוּ מִדַּת מִנְעָל לְקָטָן – **Enough to take the measure of a child's foot** for a shoe **with it.**[35] נְיָיר – If he takes out **paper,**[36] כְּדֵי לִכְתּוֹב עָלָיו קֶשֶׁר מוֹכְסִין – he is liable if he takes out **enough to write a tax collector's receipt on it;**[37] וְהַמּוֹצִיא קֶשֶׁר מוֹכְסִין חַיָּיב – **and one who takes out a tax collector's receipt is liable.**[38]

NOTES

clay that he has kneaded for that purpose, and reserve the rest for other purposes (see *Rashi*).

34. This is a smaller amount than the amount needed to make a basket handle, for the sieve or sifter, which are very light, do not require large loops to hold them (*Chidushei HaRan*). The Gemara will ask why one is not liable if he takes out this quantity of rope as well.

35. This is a piece of rope as long as a child's foot. A person would measure his child's foot and then take the rope to the shoemaker, telling him: "This is the size shoe that I need" (*Rashi;* cf. *Chidushei HaRan*). [R' Yehudah's measure is smaller than that of the Tanna Kamma; it should also be noted that R' Yehudah argues on the minimum of rope as well (see *Meiri*).]

36. This refers to papers made from grass (*Rashi*).

37. This a receipt that is given to a person for a toll or tax that he has paid (e.g. a toll paid to an official for the right to cross a river). Alternatively, one whose tax has been waived would receive a receipt. The person would retain the receipt so that the tax would not be demanded of him at a later time. The receipt generally consisted of two letters which were written in a larger script than our normal lettering (*Rashi;* see *Ritva MHK* ed.).

38. The Mishnah states this seemingly superfluous ruling to teach that even if the tax receipt was written on parchment or hide, which have larger minimums when blank, one is still liable when he takes it out, because the receipt written upon it renders it significant (*Tosafos* ד״ה והמוציא [printed on 78b]; see *Ramban* and *Ran MHK* ed.; see also *Shabbos Shel Mi*).

וליתא דרבי ינאי והכא בהא קמיפלגי ר"ש בן אלעזר סבר אבר קטן דגדול ואבר גדול דקטן בן יומו כי הדדי נינהו ורבי נתן סבר אבר קטן דגדול אין אבר גדול דקטן בן יומו לא מאי הוי עלה תא שמע דתניא רבי שמעון בן אלעזר אומר שמן כדי לסוך אבר קטן של קטן בן יומו: מים כדי לשוף בהן את הקילור: אמר אביי מכדי כל מילתא דשכיחא ולא שכיחא אזול רבנן בתר דשכיחא לקולא שכיחא ושכיחא אזול רבנן בתר דשכיחא לחומרא יין שתייתו שכיחא רפואתו לא שכיחא אזול רבנן בתר שתייתו דשכיחא לקולא חלב אכילתו שכיחא רפואתו לא שכיחא אזול רבנן בתר אכילתו לקולא דבש אכילתו שכיחא רפואתו שכיחא אזול רבנן בתר רפואתו לחומרא אלא מים מכדי שתייתו שכיחא רפואתו לא שכיחא מאי טעמא אזול רבנן בתר רפואתו לחומרא [א] אמר אביי [ב] בגלילא שנו רבא אמר אפי' תימא בשאר מקומות כדשמואל דאמר שמואל כל שקייני מסו ומטללי לבר ממיא דמסו ולא מטללי: ושאר כל המשקין ברביעית: תנו רבנן [ג] אדם וכל מיני משקין ברביעית רבי שמעון בן אלעזר אומר דם כדי לכחול בעין אחת [ה] שכן כוחלין לברקית ומאי נינהו דמא דתרנגולת ברא רשב"ג אומר דם כדי לכחול בו עין אחת שכן כוחלין [ד] ליארוד ומאי ניהו דמא דכרושתינא וסימניך גוא לגוא ברא לברא בד"א במוציא אבל במצניע כל שהוא חייב רבי שמעון אומר בד"א במצניע אבל במוציא אינו חייב אלא ברביעית [ה] ומודים חכמים לר"ש במוציא שופכין לרה"ר ששיעורן ברביעית: אמר מר בד"א במוציא אבל במצניע כל שהוא אטו מצניע לאו מוציא הוא אמר אביי הכא במאי עסקינן בתלמיד שאמר לו רבו לך ופנה לי המקום לסעודה הלך ופנה לו דבר חשוב לכל חייב עליוה דבר שאינו חשוב לכל אי אצנעי' רביה מיחייב עליה ואי לא לא מיחייב: אמר מר מודים חכמים לר"ש [ב] במוציא שופכין לרה"ר ששיעורן ברביעית: שופכין למאי חזו אמר רבי ירמיה לגבל בהן את הטיט והתניא [ו] טיט כדי לעשות בהן פי כור לא קשיא הא דמיגבל הא דלא מיגבל לפי שאין אדם טורח לגבל טיט לעשות פי כור: **מתני'** [ג] המוציא חבל כדי לעשות אוזן לקופה גמי כדי לעשות תלאי לנפה ולכברה רבי יהודה אומר [ז] כדי ליטול ממנו מדת מנעל לקטן נייר כדי לכתוב עליו קשר מוכסין והמוציא קשר מוכסין חייב

נייר

רש"י

וליתא לדרבי ינאי. ור' שמעון בן אלעזר או או קתני או אבר קטן של גדול או להפך וכולה חד שיעורא הוא: **ת"ש כו'.** ודרבי ינאי תנאי היא: **מכדי כל מילתא דשכיחא ולא שכיחא.** כל ששיערו חכמים לענין שבת והוא ראוי לשני דברים חדא שכיחא וחדא לא שכיחא אזול רבנן בשיעורן בתר דשכיחא ואפילו היא קולא ששיעורה גדול אמרינן סתמיה להא עביד ולא אמרי' הואיל וחזי נמי למילתא אחריתי ששיעורה קטן ניזיל בתרה לחומרא ואע"פ דלא שכיחא: **שכיחא ושכיחא.** והיכא דשכיחי תרוייהו אזלינן לחומרא ומשערינן בשיעורא זוטא: **רפואתו לא שכיחא.** כגון לשוף בו קילור ואע"ג דחזי לה דאיכא דעביד בחלב אשה ואיכא דעביד במיא וחסין על היין שדמיו יקרים הלכך אזול בתר שתייתו ושיערוהו בכדי מזיגת כוס ואע"ג דלקולא שיש כאן שיעור גדול וכן חלב נמי חזי לאכילה ולשוף קילור ומיהו לא שכיחא שהרי אף המים ראויין לכך ויש עושין ממים הלכך אזול רבנן בתר אכילתו ושיעורו בכדי גמיאה ואע"ג דקולא היא: **דבש רפואתו נמי שכיחא.** שאין משקה אחר ראוי לכתית: **לחומרא.** הואיל ותרוייהו שכיחן לחומרא בעינן לשעוריה: **רפואתו לא שכיחא.** שהרי שאר משקין ראויין לכך ויש שפין קילור בשאר משקין ושתייתו שכיחא שרוב שתיית מים הם שאין אדם שותה יין לכל צמאו כי אם לסעודתו: **בגלילא שנו.** שהן עניים ומקפידין בדבר מועט וחסין על יין וחלב לשוף (א) קילור ואין שפין אלא במים והלכך רפואתו נמי שכיחא ובעינן למיזל לחומרא: **כל שקייני.** כל משקין ששפין בהן קילור: **מסו.** מרפאין: **ומטללי.** מסככין על העין ומונעין מראיתו עד שיכלה מראיתו לגמרי מפני שהן עבין ונגלדין כמין דבק שקורין גלוזייר: **בר ממיא.** דעדיפי מכולהו דמסו ולא מטללי שנבלעין מיד או ניגבין מהר ולא נגלדין על גב העין: **שכן כוחלין לברקית.** מיילא שבולטת בעין: **ומאי נינהו.** מאיזה דם כוחלין אותו: **ליארוד.** תבלול ובתוספתא ראיתי לחורור והן טיפות דקות של לובן הנולדות בעין כדתנן בבכורות גבי מומין (דף לח:): **דמא דכרושתינא.** עטלף שקורין טולפא: **גוא.** כרושתינא מצוי בתוך היישוב שהוא ליארוד שהוא שוקע בתוך העין: **לברא.** דמא דתרנגולת ברא לברקית שהיא בולטת: **בד"א.** דבעינן שיעורא במוציא לר"ה: **אבל המצניע.** והוציאו חייב בכל שהוא לקמיה פריך אטו מצניע לאו מוציא הוא: **ר' שמעון אומר בד"א.** דמיחייב בשיעורא זוטא כי האי: **במצניע.** בשיעור הזה וחזר והוציאו: **אבל במוציא.** אדם שלא הצניעו והוציאו אינו חייב אלא ברביעית: **במוציא שופכין.** אדם שלא הצניען אינו חייב אלא ברביעית דבציר מהכי לא חזו כדלקמן לגבל טיט: **אטו מצניע לאו מוציא הוא.** הלא אין מתחייב אלא על ידי הוצאה: **אמר אביי הכא בתלמיד.** כגון שולי דנגרי שאומר לו רבו לך ופנה לי המקום: **דבר שחשוב לכל מיחייב עליה.** ואף על גב דלא אצנעיה רביה לצרכו: **דבר שאינו חשוב לכל כו'.** והכי קאמרי בד"א דבעינן שעורא דחשיב במוציא כלומר בדבר שאין לך ליילך בו אלא אחר הוצאתו של זה שהמחשבה תלויה בזה שהוציא אבל במצניע בדבר שיש לך ליילך אחר מחשבה של מצניע כגון המצניע כל שהוא חייב זה המוציאו ורשב"א אמרה ואזיל לטעמיה דאמר בפרקין לעיל דבדבר שאין מצניעין כמוהו והוכשר לזה והצניעו נתחייב זה במחשבתו של זה וה"ה דמצי לאוקמי במצניע גופיה ולמימר הכי בד"א במוציא בדבר שלא הוצנע ואין לך ליילך בו אלא אחר הוצאתו של זה אבל אם היה זה מצניע דבר זה מתחילה וחזר והוציאו חייב אלא משום דשמעי' לי' דאמר נתחייב זה במחשבה של זה אוקמא אביי אפי' באחר שהוציאו וכ"ש אם הוציאו הוא עצמו: **פי כור.** נקב שנותנין בו המפוח ושיעורא זוטא הוא ומרביעית חזי לגבל טובא וכיון דהוצאת טיט חשיבא בכדי פי כור בעינן נמי לשעוריה בהנך (ב) דעבדי לטיט בכדי גיבול פי כור: **דמיגבל.** כבר חשוב בכדי פי כור אבל זה שעדיין לא נגבל אינו נשער בכך לפי שאין אדם טורח לגבל שיעור מועט כזה ואם בא לגבל מגבל יותר ועושה בו דברים אחרים: **מתני' אזן לקופה.** לאוחזה בה: **תלאי.** לתלותו בו: **מדת מנעל.** להראותו לאומן כמדה זו אני צריך: **נייר.** מעשבים עושים אותו: **קשר של מוכסין.** יש לך אדם שנותן המכס לראש הנהר במקום אחד או מוחל לו במתנה והוא מוסר לו חותם להראות למוכס שמחל לו המכס ודרכו לכתוב בו שתי אותיות והן גדולות משתי אותיות שלנו:

נייר

תוספות

שכן כוחלין ליארוד. אין נראה לר"י לפרש דהיינו תבלול דבתוספת' קתני בהך מילתא גופא שכוחלים לחורור ובבכורות (דף לח:) חשיב תבלול וחורור אלמא תבלול לאו היינו חורור: **דם** וכל מיני משקין ברביעית. בתוספתא גרס ושאר מיני משקין וכן נראה דהא כל מיני משקין אינן ברביעית דיין ושמן ודבש ומים שיעורן כדתנן במתני': **אטו** מצניע לאו מוציא הוא. פירש בקונט' דהוה מצי למימר הב"ע כשהצניעו והוציאו אלא דניחא ליה לישנויי בשלא הוציאו המצניע עצמו משום דאתיא כרשב"א וקשה דמנלן דאתיא כרשב"א אדרבה כרשב"ג אתיא דמיירי לבסוף ועוד דאמאי נקט בתלמיד שא"ל רבו אפילו אדם בעלמא נמי ודוחק לומר דלא מחייב רבי שמעון במחשבתו של זה אלא תלמיד במחשבתו של רבו לכך נראה דה"פ אטו מצניע לאו מוציא הוא דמדלא קתני אבל המצניע בכל שהוא דהוה משמע דהמצניע הוא המוציא כדדייק לעיל אינו חייב אלא המצניעו מתניתין דלא כרשב"א אלא קתני במצניע משמע אפילו אחר הצניעו חייב המוציא ולהכי קשיא ליה אטו מצניע לאו מוציא הוא דהא שום תנא לא מחייב אא"כ הוציאו המצניע אלא רשב"א לבדו ומתניתין דכלל גדול (לעיל עה:) דהמצניע דלא כוותיה ומשני בתלמיד שאמר לו רבו דכה"ג כ"ע מודו שהתלמיד עושה הכל לדעת רבו: **שופכין** למאי חזו. דוקא אברייתא קא בעי וכן משמע לקמן (דף עט.) דאמר והא טיט דמקמי דליגבליה תנא מודים חכמים לרבי שמעון במוציא שופכין כו' והוינן בה שופכין למאי חזו משמע דבמתני' אתי שפיר ונרא' לר"י דהיינו טעמא משום דשופכין דמתניתין איכא למימר דחזו לכמה דברים לרחוץ בהם כוסות וקערות דלא מאיסי כולי האי אלא שאינן ראויין לשתיה אבל הכא דומיא דדם קתני דמאיסי טובא ולכך בעי למאי חזו:

רבב

רבינו חננאל

אמר אביי מכדי לענין שיעור הוצאה כל דבר שיש בו ב' צרכים. ב' מדות. אחת מצויה ואחת שאינה מצויה הלכו חכמים בשיעור הוצאתו אחר ההנאה המצויה. אע"ג שהיא מרובה מן האחרת ונמצאת לקולא ואם שתיהן מצויות הלכו להחמיר. חלב שתייתו שכיחא ורפואתו לא שכיחא אזול רבנן בתר שתייתו לקולא. יין שתייתו שכיח' ורפואתו לא שכיחא אזול רבנן נמי בתר שתייתו לקולא. דבש אכילתו שכיחא ורפואתו שכיחא אזול רבנן אחר רפואתו לחומרא. ושאלו את אביי מים מכדי שתייתו שכיחא ורפואתו לא שכיחא מ"ט אזול רבנן בתר רפואתו ואמרו כדי לשוף בהן את הקילור. ואהדר אביי בגלילא שנו. כלומר מי גליל שהן ידועין שמועילין לעין בקילור שהן כמי דקלים שהן ידועין שמועילין לירוקה. אבל מים דעלמא ברביעית. רבא אמר אפי' תימא מים שבשאר מקומו' שיעורן כדי לשוף בהן את הקילור כדשמואל דאמר שמואל כולהו שקייני מעלו וסעדי בר מן מיא דמעלו וגרדי. וכן תורף הדברים שאין המים סועדין כשאר מאכל. אלא עיקר שתייתן כעין רפואה היא. לפיכך שיעורן כרפואה: דם ברביעית דם של דוכיפת דא תרנגולא ברא. או של עטלף כדי לכחול עין אחת בברקית. כאותה ששנינו השוכר את החמר' והבריק' [ליארוד] חוורורו שמלבין שחור שבעין כרושתינא. תרנגולא דביתא וי"א אלכפאש ודמה מועיל לכאב שבתוך עין. ודם דוכיפת מועיל לכאב שמחוץ לעין: תנא במה דברים אמורים במוציא שהוציא דבר שלא קדם והצניעו. שהוא צריך לשיעורין הללו. אבל הצניע דבר בחול לצורכו והוציאו בשבת חייב עליו בכל שהוא. ר"ש אומר כל השיעורין הללו לא נאמרו אלא למצניעיהן שאם הצניע בחול שיעורין הללו והוציאו בשבת חייב. אבל אם הוציא כלום מן כל אלו בין יין בין חלב בין דבש ובין מים שלא קדם והצניעו אינו חייב אלא על רביעית. ואקשי' אמר מר ר' שמעון אומר בד"א במצניע. אבל במוציא אינו חייב אלא ברביעי'. ואמרינן וכי מאחר שהצניעו לצרכו היאך אינו חייב אלא על הוצאתו א). פי' בכל שהוא. והיאך צריך שיעור. פי' המוציא יין כו'. ואוקימנא לדר' שמעון בתלמיד שאמר לו רבו לך ופנה לי מקום לסעודה והלך ופינה כל מה שהיה שם והצניעו ובא רבו בשבת והוציא כל מה שהצניע לו תלמידו. אם הוציא הרב דבר שהוא חשוב לכל כשיעורין הללו הרי הוא חייב. ואם הוציא הרב דבר שאינו חשוב לכל ופיחת מן השיעורין הללו אילו הוא בעצמו הצניעו הצניען חייב עליו בכל שהוא. אבל תלמידו הצניעו הלכך פטור ואם הוציא מן המשקין מה שלא הוצנע אינו חייב אלא ברביעית שנמצאו דברי ר"ש שאמר לא נאמרו כל השיעורין הללו אלא למצניעיהן למי שהצניעם לו. (ושמשו) ויש שמפרשין שמועה זו פי' אחר הדכין קאמר ר"ש לא נאמרו כל השיעורין הללו אלא לענין הצנעה. ולא סלקא שיטה זו דאביי ארישא קאמר. בד"א במוציא אבל במצניע בכל שהוא. ומקשי' הכי אטו מצניע לאו מוציא הוא. ומפרק' פירוק דאביי ואנחנא לא קא סלקא לנא הכי וכלישנא דפרשינא דווקא. פי' כוש קורין אותו בל' ארמי ריש פילכא ובלשון ישמעאל פלכה. שעושין על פי הכוש כמו כדור אצל הציצרה כדי שיעכב הכוש ויסוב ויש עושים אותו מן הטיט. ומקשי' מכדי שיעורא דטיט כדי לעשות פי כוש למה הוצרכו שיעור שופכין רביעית כדי לגבל בה את הטיט. והלא טיט של פי כוש מתגבל בפחות מרביעית. והשבנו אם הטיט מגובל ועומד סגי בזה השיעור. ואם צריך לגבלו אין אדם טורח לגבל טיט לעשות פי כוש: מתני' נייר כדי לכתוב עליו קשר מוכסין [כו'].

ותנא

מסורת הש"ס

א) לעיל דף מו. [ע"ש בתוספות], ב) [גי' הערוך בדגלילא שנו פי' מי גליל שהן ידועין כי מועילין לענין בקילור כמו מי דקלים (לקמן דף קי:) שהם ידועים שמועילין להרקה עכ"ל הערוך וע"י תוס' לעיל מו. ד"ה בגלילא, וכן תוס' חגיגה כה. ד"ה בגלילא], ג) [תוספ' פ"ט], ד) [גי' הערוך ליירוד פי' שעלתה קרמית על גב עינו], ה) [לקמן עט.], ו) [לקמן פ:], ז) [לקמן פ.].

הגהות הב"ח

(א) רש"י ד"ה בגלילא שנו וכו' לשוף בו קילור. נ"ב ע"ל בדף מו במ"ש התוס' בד"ה בגלילא: (ב) ד"ה פי כור וכו' בהנך מיא דעבדי לטיט:

גליון הש"ס

גמ' שכן כוחלין לברקית. עי' בכורות דף לח ע"ב תוס' ד"ה וסימנך:

ליקוטי רש"י

תרנגולתא ברא. הדוכיפת. תרנגול הבר וכרבלתו כפולה ובלע"ז הירופ"א ולמה נקרא שמו דוכיפת שהודו כפות וזו היא כרבלתו ונגר טורא נקרא על שם מעשיו כמו שפירשו רבותינו במסכת גיטין בפרק מי שאחזו [ויקרא יא, יט]. כרבלתו עבה ודומה כמי שכפולה לתוך הראש וכפופה שם והוא עוף גדול כתרנגול וקורין לו פופו"ן שלבי"א וזהו שהביא שמיר למקדש דהא נגר טורא מתרגמינן ליה והוא תרנגולא ברא ובגיטין בפרק מי שאחזו (סח:) מפרש מאי עביד ביה דמנגר ביה טורא [חולין סג.]. **קשר מוכסין.** חותמות לנותני המכס כדי שלא יתפשום חבריו ומכסיהו פעם אחרת [ע"ז לט.]. שיש חותמות וכשמוסרין להן המכס הם נותנין לו חותם כדי שלא יתבענו מוכס שני [בכורות ל:].

עין משפט נר מצוה

ד א ב מיי' פי"ח מהל' שבת הלכה ב:
ה ג שם הלכה יב:

חשק שלמה על רבינו חננאל

א) ונראה דצ"ל הוצאתו כו' בכל שהוא יהא חייב והאיך צריך שיעור המפורש במשנה המוציא יין וכו':

עין משפט נר מצוה

א מיי' פי"ח מהלכות שבת הלכה י:
ב ג ד שם הלכה טו:

רבינו חננאל

ותנא כמה קשר מוכסין ב' אותיות לא שנו אלא באותו קשר [מוכסין] שהן מכירין אותו באותו פרק שכותבין בו ב' אותיות בכתב יווני שהן גדולות מאותיות שלנו והן כשיעור ב' אותיות בנייר החלק שיעור ב' אותיות הללו חייב עליו ואם לאו פטור. ורמינהי המוציא נייר חלק אם יש בו כדי לכתוב ב' אותיות חייב ואם לאו פטור. מדקאמר ב' אותיות סתם אסיקנא ארעתין ב' אותיות דילן דזוטרן מן ב' אותיות של קשר מוכסין וקא מחייב עליה. ומן ההיא קמייתא פטור. אמר רב ששת ב' אותיו' דתניא בהא בברייתא שנייה נמי דקשר מוכסין. רבא אמר ב' אותיות דילן ובית אחיזה. הכי אמר רבא לא תימא אם מכיל הנייר ב' אותיות חייב עליו אלא אימא הכי אם אפשר לכתוב עליו ב' אותיות ואי אפשר עד שיהא בו בית אחיזה כדי לכתוב למעלה הימנו ונמצא מקום ב' אותיות ובית אחיזה כשיעור קשר מוכסין: מיתיבי המוציא נייר מחוק ושטר פרוע אם יש בלובן שלו כדי לכתוב ב' אותיות או בכולן כדי לכרוך על פי צלוחית קטנה של פליימון חייב ואם לאו פטור. לרב ששת דאמר בב' אותיות של קשר מוכסין שפיר דהוה ליה כמתני' ופירושה אלא לרבא דאמר שיהא הנייר החלק כולו כשיעור ב' אותיות של קשר מוכסין וזה שיעור ב' אותיות דילן ובית אחיזה. והא הכא דשטר גדול הוא שיש בו כבר ויש בו בית אחיזה ומקום הלובן שלו בו ב' אותיות שלנו. ולא צריך מקום ב' אותיות של קשר מוכסין. קשיא: הא דתנן המוציא קשר מוכסין חייב. אוקימנא בברייתא עד שלא הראהו למוכס מפני שהוא צריך לו. אבל אם הראהו למוכס ואינו צריך לו פטור. ור' יהודה פליג ואמר אף משהראהו למוכס חייב מפני שהוא צריך לו. ובעינן למידע במאי פלוגתייהו ומאי בינייהו אמר אביי (דאטו) [רהיטי] מוכסא איכא בינייהו בזמן שיש כמה רצין לפני המוכס מחפשין מי נתן המכס ונטל הקשר ומי שלא נתן קאמר ר' יהודה חושש הוא שמא ישיגוהו רצי המכס בזמן שאין עמו קשר מוכס וצריך לו לדחותם. אע"פ שהראהו לגדול. אבל היכא דליכא רהיטי מכסא קאמר אביי אפילו ר' יהודה מודי דפטור. רבא אמר מוכס גדול ומוכס קטן איכא בינייהו ומימרה קרוב למימרא דאביי. וסבירא ליה דאם אין שם מוכס קטן משהראהו למוכס לא פליג ר' יהודה דפטור. רב אשי אמר לעולם פליגי ולא מילתא איכא בינייהו אלא לב' אפי' היכא דליכא רהטי אלא שני מוכסין צריך ליה לקשר דכד אתי מוכסא שני מחווי ליה למוכס דקדים מוכס שני וא"ל חזי דגברא דמכס אנא ורגילנא לשלומי מכסא שיהא לו פנים אצלו. או דמאחר ליה ולא דחיק ליה: המוציא שטר חוב שהוא עליו עד שלא פרעו כגון שגנבו מן המלוה או שנפל מן המלוה ומצאו המלוה בשבת עד שלא פרעו והעבירו ד' אמות ברה"ר כו' לא פליגי שהוא חייב. כי פליגי כגון שהוציאו לוה אחר שפרעו. רבנן סברי פטור משום דלית ליה צורך ביה. ור' יהודה סבר עדיין צריך לו ואע"ג שפרעו וחייב. מאי בינייהו דפליגי ביה. אמר רב יוסף לשהות שטר פרוע איכא בינייהו. ת"ק סבר אסור. וכיון שהמלוה אסור לשהותו אין הלוה צריך לשטר ואם הוציאו פטור. דהוה ליה כמתעסק. ור' יהודה סבר מותר לאדם לשהות שטר פרוע בתוך ביתו. והרי הלוה חושש מן השטר ויש לו צורך בהוצאתו וחייב. אביי אמר דכולי עלמא אסור לשהות שטר פרוע. והכא במודה בשטר שכתבו קא מיפלגי. ת"ק סבר צריך לקיימו. ור' יהודה סבר אין צריך לקיימו. ועיקר דהא שמעתתא בהאשה שנתארמלה ובכמה דוכתי:

נייר מחוק כדי לכרוך על צלוחית קטנה של פליימון עור כדי לעשות קמיע (דוכסוסטוס כדי לכתוב מזוזה) קלף כדי לכתוב עליו פרשה קטנה שבתפילין שהיא שמע ישראל דיו כדי לכתוב ב' אותיות כחול כדי לכחול עין אחת דבק כדי ליתן בראש השפשף זפת וגפרית כדי לעשות נקב שעוה כדי ליתן על פי נקב קטן חרסית כדי לעשות פי כור של צורפי זהב רבי יהודה אומר כדי לעשות פיטפוט זהב סובין כדי ליתן על פי כור של צורפי זהב סיד כדי לסוד קטנה שבבנות ר' יהודה אומר כדי לעשות כלכל רבי נחמיה אומר כדי לסוד אונדפי: **גמ'** חבל נמי ליחייב כדי לעשות תלאי לנפה ולכברה כיון דהדריך במנא לא עבדי אינשי תנו רבנן הוצין כדי לעשות אוזן לסל כפיפה מצרית סיב אחרים אומרים כדי ליתן על פי משפך קטן לסנן את היין רבב כדי לסוך תחת אספוגין קטנה וכמה שיעורה כסלע והתניא כגרוגרת אידי ואידי חד שיעורא הוא מוכין כדי לעשות כדור קטנה וכמה שיעורו כאגוז: נייר כדי לכתוב עליו קשר מוכסין: תנא כמה קשר מוכסין שתי אותיות (של קשר מוכסין) ורמינהו המוציא נייר חלק אם יש בו כדי לכתוב שתי אותיות חייב ואם לאו פטור אמר רב ששת מאי שתי אותיות שתי אותיות של קשר מוכסין רבא אמר שתי אותיות דידן ובית אחיזה דהיינו קשר מוכסין מיתיבי המוציא נייר מחוק ושטר פרוע אם יש בלובן שלו כדי לכתוב שתי אותיות או בכולו כדי לכרוך ע"פ צלוחית קטנה של פליימון חייב ואם לאו פטור בשלמא לרב ששת דאמר מאי שתי אותיות שתי אותיות של קשר מוכסין שפיר אלא לרבא דאמר שתי אותיות דידן ובית אחיזה דהיינו קשר מוכסין הכא בית אחיזה לא צריך קשיא תנו רבנן המוציא קשר מוכסין עד שלא הראהו למוכס חייב משהראהו למוכס פטור רבי יהודה אומר אף משהראהו למוכס חייב מפני שצריך לו מאי בינייהו אמר אביי איכא בינייהו רהיטי מוכסא רבא אמר מוכס גדול ומוכס קטן איכא בינייהו רב אשי אמר חד מוכס איכא בינייהו מפני שצריך לו להראות למוכס שני דא"ל חזי גברא דמוכס אנא: ת"ר המוציא שטר חוב עד שלא פרעו חייב משפרעו פטור רבי יהודה אומר אף משפרעו חייב מפני שצריך לו מאי בינייהו אמר רב יוסף אסור לשהות שטר פרוע איכא בינייהו רבנן סברי אסור לשהות שטר פרוע ורבי יהודה סבר מותר לשהות שטר פרוע אביי אמר דכולי עלמא אסור לשהות שטר פרוע והכא במודה בשטר שכתבו שצריך לקיימו קמיפלגי תנא קמא סבר מודה בשטר שכתבו צריך לקיימו ורבי יהודה סבר מודה בשטר שכתבו אין צריך לקיימו ומאי עד שלא פרעו ומשפרעו

תוספות

רבב. פירש בקונטרס שומן או שמן וע"כ אינו שמן דשמן נתנו בו חכמים שיעור אחר במתני': **תחת** אספוגין קטנה. ואע"ג דבפ' כל שעה (פסחים ל:) אמרינן אין טשין את התנור באליה ואם טש כל הפת כולה אסורה הא אמר התם דההיא פרקא דכעין תורא שרי: **והמוציא** קשר מוכסין חייב. אצטריך לאשמועינן אפילו כתב על הקלף אע"ג דקתני בסמוך דשיעור קלף כדי לכתוב עליו פרשה קטנה שבתפילין: **ובית** אחיזה. בשעת כתיבה צריך בית אחיזה וקשר מוכסין נ"ל דיכול לכותבו בלא אחיזה ובקונטרס פי' בשעה שרואה בו בעי אחיזה: **ת"ק** סבר מודה בשטר שכתבו צריך לקיימו. ומשום הכי כי אמר לוה פרעתי פטור דאין השטר ראוי לגבות בו ומיירי שיודע שלא יוכל כלל למצוא עדי קיום וא"ת כי לא פרע נמי אמאי חייב מה מועלת יש בשטר כיון שאינו יכול לקיימו שאם יטעון הלוה פרעתי או מזוייף יפטר ואם יודה זה אינו מכח השטר וי"ל דמועיל לו השטר דמתוך כך מזכר הלוה שלוה ממנו אי נמי (א) לטרוף ממשעבדי אם יודה הלוה שאינו מזויף וא"ת ומשפרעו אמאי פטור המוציא נהי דלא חזי לגבות מוכו הא ראוי הוא לצור על פי צלוחיתו ואע"ג דאסור להשהות שטר פרוע הכא היאך יוציאנו מידו כיון שהוא עומד וצווח שאינו פרוע (ב) וי"ל דמיירי כגון שאמר אין לי עדים ואין לי ראיה ולא אמצא קיום ואפילו מצא אחרי כן אינו מועיל ולכך אסור להשהותו שמא לבסוף יקיימנו ויגבה בו שלא כדין ואי לא הוה טענינן ללקוחות וליתומין מזוייף הוה אתי שפיר לאסור להשהותו אך פירשתי בבבא קמא ובבבא מציעא ובגיטין דטענינן ללקוחות וליתומין פרוע ומזוייף ושם הארכתי ואם תאמר ואמאי לא קאמר איפכא דת"ק סבר אין צריך לקיימו ומשפרעו הוי כמשמעו שפרעו ממש ולכך פטור דאסור להשהות שטר פרוע שמא יגבה בו פעם אחרת כשיטעון הלוה האמת שפרעו יהא המלוה צריך לקיימו ויגבה שנית ור' יהודה סבר צריך לקיימו ואף משפרעו חייב דצריך הוא לצור על פי צלוחיתו ואין אסור להשהותו דמיירי כגון בידוע שלא ימצא עדי קיום ולא יוכל לגבות שנית דכשיטעון הלוה האמת שפרע יצטרך המלוה לקיימו ויש לומר דאף לר' יהודה הוה אסור להשהותו שמא יקיימנו באקראי בעלמא ויגבה בו שלא כדין: **רש"י** גרים דכולי עלמא מודה בשטר שכתבו צריך לקיימו. וכן נראה דהכי קי"ל דאית ליה לרב נחמן הכי בפרק שני דכתובות (דף יט.) וקיימא לן כוותיה בדיני: ת"ק

רש"י

נייר מחוק. שוב אינו ראוי לכתוב לפיכך צריך שיעור גדול לכרוך ע"פ צלוחית: קלף כדי לכתוב פרשה קטנה. דאיידי דדמיו יקרים לא עבדי מיניה קשרי מוכסין אלא תפילין ומזוזות ולא מיחייב בשיעורא זוטא: דיו לכתוב שתי אותיות. לרושם על שתי סוליות של כלי או על קרשים לזווגן: כדי לכחול עין אחת. לקמן פריך עין אחת הא לא כחלי: דבק. גליד: כדי ליתן בראש השפשף. בגמרא מפרש לה: כדי לעשות נקב קטן. כלי שנותנין בו כסף חי סותם פיו בזפת או בגפרית ונוקב בתוך הסתימה נקב דק להוציא בו: חרסית. לבינה כתושה: לעשות פי כור. שהמפוח נכנס בו: פטפוט. רגל למקום מושב הכור שהיו מושיבין על כן העשוי לכך כגון טרפייד לשפות הקדירה: סובין כדי ליתן ע"פ כור של צורפי זהב. במקום שאין פחמין צורפין זהב באש של סובין: לסוד קטנה שבבנות. טופלות סיד להשיר את השיער: גמ' חבל נמי ליחייב. בשיעורא זוטא דחזי נמי לתלאי דנפה וכברה: דהדריך. כעין חרקי מתוך שהוא קשה פוגם את העץ: הוצא. של לולבי דקל: כפיפה מצרית. סל העשוי מלולבי דקל: סיב. ודילי"ת שגדל סביב הדקל כעין מלבוש ונכרך סביבותיו ועולה: על פי משפך. אונטודיי"ר: לסנן את היין. שמעכב הפסולת והקמחים מליכנס לפי הכלי: רבב. שומן או שמן: אספוגין. רקיק שנותנין בתנור וטחין תחתיו אליה: וכמה שיעורא. של איספוגין: כדור. פלוט"א: נייר חלק. שלא נכתב בו מעולם: שתי אותיות. קס"ד שתי אותיות דידן דזוטרן: קשר של מוכסין. לא בעי גליון לבית אחיזה שאוחזו כולו בכפו פשוט ורואה: בלובן. גליון: הכא בית אחיזה לא צריך. שיכול לאוחזו במקום המחק והשטר במקום הכתב: משהראהו למוכס. ורואה שמחל לו ראם הנהר את המכס שוב אין צריך לו ולא חזי למידי: מאי בינייהו. כלומר במאי פליגי ולמאי קאמר רבי יהודה דצריך לו: רהיטי מוכסא. קורלצו"ש שרצין אחר העוברים להעליל עליהם שלא נתנו המכס וטורח לעוברים לחזור למוכס ומלניע החותם להראות לאלו ולת"ק לא מלנע ליה להכי דכי רהטי בתריה הדר לגבי מוכס: מוכס קטן. פעמים שיש מוכס גדול שטורח לו לעמוד על הגשר כל היום וממנה מוכס קטן וזה מתחלה אינו מראה החותם של מלך אלא לגדול ולרבי יהודה צריך לו שהרי הקטן ימנענו מלעבור ולת"ק אין צריך לו שהגדול מוסר לו סימן דברים ואומר לקטן ועובר: למוכס שני. של מעבר אחר ולא לפוטרו מן המכס אלא להראות שהוא נאמן וחשוב ואינו מבריח עצמו מן המכס כדי שלא יעליל עליו לאחר זמן: משפרעו. (לוה) פטור לקמיה מפרש להו: מאי בינייהו. כלומר מאי פלוגתייהו ומה טעם נותנין לדבריהם: אסור לשהות שטר פרוע. משום שנא' (איוב יא) אל תשכן באהליך עולה הלכך מלוה לא משהי ליה לצור ע"פ צלוחיתו משום איסור ולוה נמי לא משהי ליה שמא יבא לידי מלוה ויחזור ויתבענו: מותר. הלכך כי הוציאו מלוה חייב דצריך לו לכרוך ע"פ צלוחית: במודה בשטר שכתבו. הלוה מודה שכתבו צריך לקיימו ולומר לא פרעתי וכל כמה דלא אמר הכי לאו שטרא הוא אי לאו משכח סהדי להכיר החתימה דמאן קא משוי ליה שטרא לוה דאמר כתבתיו לוה נמי הא קאמר פרעתי הפה שאסר הוא הפה שהתיר הלכך משפרעו כלומר משיאמר פרעתי פטור דלא צריך ליה ור' יהודה סבר אין צריך לקיימו דכיון דמודה שכתבו ולוה בו הרי הוא כאלו קיימוהו חותמיו וגובה בו כ"ז שמוציאו:

עד

א) מהרש"ל מוחק זה וכן משמע לקמן בגמ' עט:, ב) [ע' תוס' סוטה יז: ד"ה אינו סותם], ג) [נזיר נ.], ד) [רקיקי עלות מתרגמינן אספוגין ספריטן ערוך וכן ברב אלפס], ה) [גי' הערוך ערך שני תנא כמה קשר מוכסין שתי אותיות בכתב יווני שהן גדולות מאותיות שלנו], ו) [תוספתא פרק ט], ז) [שם], ח) [כתובות יט.], ט) [שם ב"מ ז. עב: ב"ב קע. קעא.], י) [דף לו. ע"ש], כ) [שייך לע"א במשנה].

הגהות הב"ח

(א) תוס' ד"ה ת"ק סבר וכו' א"נ לטרוף ממשעבדי. נ"ב ולא מיבעיא לקנוניא אלא היכא דאיתרע שטרא דהיינו שנעלם והעתיקו ואבדו: (ב) בא"ד עומד וצווח שאינו פרוע ואי לא הוה טענינן ללקוחות וליתומים מזוייף ופרעתי הוה אתי שפיר וכו' ושם הארכתי וי"ל דמיירי כגון שאמר אין לי וכו' שלא כדין ואמאי לא קאמר כצ"ל:

גליון הש"ס

גמ' רבנן סברי אסור לשהות. ק"ל הא חזי ליה למחוק השטר ויהיה מותר להשהותו לצור ע"פ צלוחיתו וצ"ע:

ליקוטי רש"י

פליימון. בלסמ"א משחא דאפרסמא [לעיל סב.]. בושם שריחו נודף ואינו אפרסמון [סנהדרין קח.; עיין במלוא הרועים שם ולעיל סב:]. קמיע. כתב לרפואה תולי [לעיל נג.]. דוכסוסטוס. קלף שניטלה קליפתו העליונה [לקמן עט:]. קלף [שלה] [שהוא] נקלף [מנחות לא:]. חרסית. כתותי רעפים טיגל"ש בלע"ז [ב"ק סט. ע"ש בתוס']. שחיקת חרסים [חולין פח.]. כפיפה מצרית. סל של נצרי דקל [סוטה יד.]. ודיים מנצרי דקל ערבה [ב"ב כב.]. קופה מלוגות מלולבי דקל [מנחות סט.]. סיב. סיב עבה הגדל סביב הדקל ונכרך ועולה בו כלולבי גפנים תכופות [עירובין כ:]. סיב שגדל ומתגלגל סביב הדקל כעין וריגי"ל של גפנים [שם נח.]. סיב שגדל סביב הדקל ונכרך סביבו כלולבי גפנים [סוכה לו:]. משפך. טריטו"ר מלמעלה פיו רחב ולמטה נקב קצר ומושיבין אותו על פי לגינות שפיכין בו ושופכין היין לתוכו והוא יורד לתוך הלגינות [ע"ז עב.]. מוכין. כל דבר רך קרוי מוכין כגון למר גפן ותלושי למר רך של בהמה וגרידת בגדים בלוים [לעיל מז:]. במודה בשטר שכתבו. לוה שמודה בשטר זה שכתבו לא נאמן לומר פרעתי אלא שמעון פרעתיו אבל אם אומר לא כתבתיו יוכל לוה לפסלו במיגו קמיפלגי [רשב"ם ב"ב קנד.]. צריך לקיימו. אע"פ שהלוה מודה ליה שכתב שטר זה ולוה לו מעות צריך המלוה לקיימו בחותמיו ואפילו השטר בידו נאמן הלוה לומר פרעתיך דכל זמן שאין שטרא לוה שמודה לו שכתבו הא אמר דפריע אבל משהשטר מוחזק על פי עדיו אין הלוה נאמן אין צריך לקיימו. אין המלוה צריך לקיימו בעדים החתומים בו שאין הלוה שוב נאמן לומר הפה שאסר הוא שהתיר דמכיון שאמר כשר היה הרי הוחזק השטר וכי אמר פרעתיו לא מהימן [כתובות שם]. דקסם שטרות הרי הם כשרים ובשטרות לא נימא הפה שאסר הוא הפה שהתיר מאחר שהלוה מודה ששטר טוב שהוציא עליו שטר אמת הוא אין המלוה צריך לחזור אחר העדים החתומין ולקיימו [ב"מ עב:]. דלא דמי לשאר דיינים שהפה שאסר הוא הפה שהתיר שאפילו אם כתבתיו לא היה לנו לחוש את זה בכך שלא נחשדו ישראל לעשות שטרות מזוייפים אלא שהחמירו חכמים להצריך קיום היכא דמערערי עליה הלכך כי אמר כתבתיו נהמניה למי שהשטר בידו [רשב"ם ב"ב קע.].

נְיָיר מָחוּק – If one takes out **erased paper,**[1] כְּדֵי לִכְרוֹךְ עַל צְלוֹחִית קְטַנָּה שֶׁל פַּלְיָיטוֹן – he is liable if he takes out **enough to wrap around the mouth of a small flask of balsam oil.** עוֹר – **Hide,**[2] כְּדֵי לַעֲשׂוֹת קָמֵיעַ – **enough to make an amulet.**[3] (דוכסוסטוס כדי לכתוב מזוזה) קְלָף – If he takes out **parchment,**[4] כְּדֵי לִכְתּוֹב עָלָיו פָּרָשָׁה קְטַנָּה שֶׁבַּתְּפִילִּין – he is liable if he takes **out enough to write the smallest passage** found **in tefillin upon it,**[5] שֶׁהִיא ,,שְׁמַע יִשְׂרָאֵל" – **which is** the passage of ***Shema Yisrael.***[6] דְּיוֹ – **Ink,** כְּדֵי לִכְתּוֹב שְׁתֵּי אוֹתִיּוֹת – **enough to write two letters;**[7] כְּחוֹל – **eye paint,** כְּדֵי לִכְחוֹל עַיִן אַחַת – **enough to paint one eye.**[8] דֶּבֶק – **Glue,** כְּדֵי לִיתֵּן בְּרֹאשׁ הַשַּׁפְשָׁף – **enough to place on the head of a board;**[9] זֶפֶת וְגָפְרִית – **pitch or sulfur,** כְּדֵי לַעֲשׂוֹת נֶקֶב – **enough to form a hole;**[10] שַׁעֲוָה – **wax,** כְּדֵי לִיתֵּן עַל פִּי נֶקֶב קָטָן – **enough to place on the opening of a small hole.**[11] חַרְסִית – **Crushed brick,**[12] כְּדֵי לַעֲשׂוֹת פִּי כּוּר שֶׁל צוֹרְפֵי זָהָב – **enough to make an opening for the crucible of gold refiners.**[13] רַבִּי יְהוּדָה אוֹמֵר – **R' Yehudah says:** כְּדֵי לַעֲשׂוֹת פִּיטְפּוּט – **Enough to make a tripod.**[14] סוּבִּין – **Bran,** כְּדֵי לִיתֵּן עַל פִּי כּוּר שֶׁל צוֹרְפֵי זָהָב – **enough to place on the opening of the crucible of gold refiners.**[15] סִיד – **Lime,** כְּדֵי לָסוּד קְטַנָּה שֶׁבַּבָּנוֹת – **enough to smear** upon **a "little" of girls.**[16] רַבִּי יְהוּדָה אוֹמֵר – **R' Yehudah** says: כְּדֵי לַעֲשׂוֹת כִּלְכֵּל – **Enough to make** the hair on the **temples** lay flat.[17] רַבִּי נְחֶמְיָה אוֹמֵר – **R' Nechemyah says:** כְּדֵי לָסוּד אוּנְדְּפֵי – **Enough to smear on the forehead.**[18]

Gemara The Gemara questions the Mishnah's first ruling: חֶבֶל נַמֵּי לִיחַיַּיב – **But let** one who takes out **rope also be liable** כְּדֵי לַעֲשׂוֹת תְּלַאי לְנָפָה וְלִכְבָרָה – if he takes out **enough to make a hanging loop for a sifter or a sieve!** Why is he only liable if he takes out the larger quantity needed to make a handle for a basket?[19] – ? –

The Gemara answers:

כֵּיוָן דְּחָרִיק בְּמָנָא – **Since the rope** is coarse and it would **cut into**[20] **the** wooden **utensil** being hung from it, לֹא עָבְדֵי אִינָשֵׁי – **people do not make** hanging loops out of rope. Thus, only a rope long enough to fashion into a basket handle is considered significant.

The Gemara cites a Baraisa that teaches minimum quantities for other substances:

תָּנוּ רַבָּנָן – **The Rabbis taught in a Baraisa:** הוציץ – If one takes out PALM FRONDS, כְּדֵי לַעֲשׂוֹת אוֹזֶן לְסַל כְּפִיפָה מִצְרִית – he is liable only if he takes out ENOUGH TO MAKE A HANDLE FOR A BASKET MADE OF PALM BARK.[21] סִיב – If he takes out PALM BAST,[22] אֲחֵרִים אוֹמְרִים – OTHERS SAY:[23] כְּדֵי לִיתֵּן עַל פִּי מַשְׁפֵּךְ קָטָן – He is liable only if he takes out ENOUGH TO PLACE ON THE

NOTES

1. Paper that has been written upon and then erased is no longer suitable for writing upon. Therefore, the minimum amount for such paper is larger than the small amount needed for a tax collector's receipt (see *Rashi*).

2. The Gemara below (79a) explains that this refers to animal skins that have been partially tanned; i.e. they have been treated with salt, but not with flour or gallnuts. [This type of hide is also known as *cheifah.*]

3. Amulets, consisting either of pieces of parchment with various verses of the Torah written upon them, or of bundles of herbs (see above, 61a), were worn to cure diseases or to ward off diseases. These parchments and bundles were often wrapped in pieces of partially tanned hide. The Mishnah teaches that the minimum significant amount of such hide is enough to wrap an amulet therein (*Rambam, Commentary to the Mishnah;* cf. *Chidushei HaRan* [printed on 79a], who understands the Mishnah to refer to hide upon which an amulet is *written*).

4. [The parenthesized phrase is deleted by *Maharshal;* from the Gemara below (79b) it also can be seen that this phrase did not appear in our Mishnah; see note 16 there; see also *Maharam.*] קְלָף, *parchment,* is the outer layer of the fully processed animal hide (see further below, 79b note 1); it is normally used for the writing of tefillin and *mezuzos.*

5. Since parchment was expensive, it was not used to write tax collector's receipts; therefore, the minimum significant amount is the larger amount needed to write the smallest passage found in tefillin. See *Rashash* and *Sfas Emes.*

6. The smallest of the four passages found in the tefillin is the passage of *Shema Yisrael;* it is found in *Deuteronomy* 6:4-9. [For discussion of why the Mishnah must state that *Shema Yisrael* is the smallest passage when this would seem to be obvious, see *Tos. Yom Tov, Rashash, Tiferes Yisrael* and *Lechem Shamayim.*]

7. Letters were often written on two adjoining sections of a utensil or sections of a wall, so that they could be matched together (*Rashi*). Thus, enough ink to write two characters is deemed a significant amount.

8. The Gemara below (80a) will ask why this is a sufficient amount, since women do not usually paint only one eye.

9. The Gemara (ibid.) will explain the nature of this board.

10. [The word קטן does not appear in our texts; *Rashi,* however, did have this reading. See Gemara below, 80a.] The Mishnah refers to a small vial in which mercury was kept. The opening was sealed with pitch or sulfur, and a small hole was then made in the seal through which the mercury could be slowly removed [without danger of its spilling]. The hole was then resealed with a small amount of pitch or sulfur; it is to this second amount that the Mishnah refers (see *Rashi* and *Chidushei HaRan* [79a]; cf. *Meiri*).

11. The Gemara (below, 80a) explains this to refer to a hole in a wine barrel from which the wine was drawn as needed; the wax was used to seal the hole between drawings.

12. *Rashi;* cf. *Ritva* (*MHK* ed.) to 80a.

13. See above, 78a note 32; cf. *Chidushei HaRan* to 80a. See also *Meiri* here.

14. The tripod is a specially made pedestal upon which the crucible would rest (*Rashi;* see *Rashash*). [The Gemara below (80a) will explain that the crushed brick was used to repair the cracks in the tripod.]

The Tanna Kamma does not view this quantity of crushed brick as sufficient, for in his view this use is not common enough to be considered (see *Chidushei HaRan* to 80a).

15. The bran was used as fuel for the smelting fires in places where charcoal was scarce (*Rashi*). Alternatively, bran was placed on the opening of the crucible while the metals were being heated, so that the heat would be retained (*Rambam, Commentary to the Mishnah; Tiferes Yisrael*).

16. [That is, the little finger of girls – see below, 80b note 3.] Lime was applied to the skin as a depilatory (*Rashi;* see also Gemara below, 80b, and *Rashi* and *Tosafos* there; see also *Rashash*). The lime could not be applied to the entire body at once (*Gemara* ibid.); thus, an amount sufficient to apply to even the smallest limb is considered significant.

17. See *Rashi* to 80b ד"ה כלכול.

18. This term will be explained in the Gemara below (80b).

19. If rope can be used for a hanging loop as well as a basket handle, one who takes it out should be liable even if he takes out the smaller amount, since both uses are common (see above, 78a).

20. [The word חָרִיק means *to cut grooves* (חִרְקֵי).] The weight of the utensil would cause the rope to cut grooves into a wooden utensil.

21. *Rashi;* cf. *Rashbam* to *Bava Basra* 22a ד"ה כפיפה, who translates this as a basket made of willow reeds; see also *Maharam.*

22. This is a climbing vine that grows around the palm tree (*Rashi*). [Presumably, the word סיב derives from the word סָבִיב, which means *around.*]

23. This is a reference to the Tanna R' Meir (see *Horayos* 13b).

נייר מחוק כדי לכרוך על צלוחית קטנה של פלייטון עור כדי לעשות קמיע (דוכסוסטוס כדי לכתוב מזוזה) קלף כדי לכתוב עליו פרשה קטנה שבתפילין שהיא שמע ישראל דיו כדי לכתוב ב' אותיות כחול כדי לכחול עין אחת דבק כדי ליתן בראש השפשף זפת וגפרית כדי לעשות נקב שעוה כדי ליתן על פי נקב קטן חרסית כדי לעשות פי כור של צורפי זהב רבי יהודה אומר כדי לעשות פיטפוט סובין כדי ליתן על פי כור של צורפי זהב סיד כדי לסוד קטנה שבבנות ר' יהודה אומר כדי לעשות כלכל רבי נחמיה אומר כדי לסוד אונדפי: **גמ'** חבל נמי ליחייב כדי לעשות תלאי לנפה ולכברה כיון דהדריק במנא לא עבדי אינשי תנו רבנן הוצין כדי לעשות אוזן לסל כפיפה מצרית סיב אחרים אומרים כדי ליתן על פי משפך קטן לסנן את היין רבב כדי לסוך תחת אספוגין קטנה וכמה שיעורה כסלע והתניא כגרוגרת אידי ואידי חד שיעורא הוא מוכין כדי לעשות כדור קטנה וכמה שיעורו כאגוז: נייר כדי לכתוב עליו קשר מוכסין: תנא כמה קשר מוכסין שתי אותיות (של קשר מוכסין) ורמינהו המוציא נייר חלק אם יש בו כדי לכתוב שתי אותיות חייב ואם לאו פטור אמר רב ששת מאי שתי אותיות שתי אותיות של קשר מוכסין רבא אמר שתי אותיות דידן ובית אחיזה דהיינו קשר מוכסין מיתיבי המוציא נייר מחוק ושטר פרוע אם יש בלובן שלו כדי לכתוב שתי אותיות או בכולו כדי לכרוך ע"פ צלוחית קטנה של פלייטון חייב ואם לאו פטור בשלמא לרב ששת דאמר מאי שתי אותיות שתי אותיות של קשר מוכסין שפיר אלא לרבא דאמר שתי אותיות דידן ובית אחיזה דהיינו קשר מוכסין הכא בית אחיזה לא צריך קשיא תנו רבנן המוציא קשר מוכסין עד שלא הראהו למוכס חייב משהראהו למוכס פטור רבי יהודה אומר אף משהראהו למוכס חייב מפני שצריך לו מאי בינייהו אמר אביי איכא בינייהו רהיטי מוכסא רבא אמר מוכס גדול ומוכס קטן איכא בינייהו רב אשי אמר חד מוכס איכא בינייהו מפני שצריך לו להראות למוכס שני דא"ל חזי גברא דמוכס אנא: ת"ר המוציא שטר חוב עד שלא פרעו חייב משפרעו פטור רבי יהודה אומר אף משפרעו חייב מפני שצריך לו מאי בינייהו אמר רב יוסף אסור לשהות שטר פרוע איכא בינייהו רבנן סברי אסור לשהות שטר פרוע ורבי יהודה סבר מותר לשהות שטר פרוע אביי אמר דכולי עלמא אסור לשהות שטר פרוע והכא במודה בשטר שכתבו שצריך לקיימו קמיפלגי תנא קמא סבר מודה בשטר שכתבו צריך לקיימו ורבי יהודה סבר מודה בשטר שכתבו אין צריך לקיימו ומאי עד שלא פרעו ומשפרעו

רש"י

נייר מחוק. שוב אינו ראוי לכתוב לפיכך צריך שיעור גדול לכרוך ע"פ צלוחית: קלף כדי לכתוב פרשה קטנה. דאיידי דדמיו יקרים לא עבדי מיניה קשרי מוכסין אלא תפילין ומזוזות ולא מיחייב בשיעורא זוטא: דיו לכתוב שתי אותיות. לרושם על שתי חוליות של כלי או על קרשים לזווגן: כדי לכחול עין אחת. לקמן פריך עין אחת הא לא כחלי: דבק. גליד: כדי ליתן בראש השפשף. בגמרא מפרש לה: כדי לעשות נקב קטן. כלי שנותנין בו כסף חי סותם פיו בזפת או בגפרית ונוקב בתוך הסתימה נקב דק להוציא בו: חרסית. לבינה כתושה: לעשות פי כור. שהמפוח נכנס בו: פטפוט. רגל למקום מושב הכור שהיו מושיבין על כן העשוי לכך כגון טרפיד לשפות הקדירה: סובין כדי ליתן ע"פ כור של צורפי זהב. במקום שאין פחמין צורפין זהב באש של סובין: לסוד קטנה שבבנות. טופלות סיד להשיר את השיער: גמ' חבל נמי ליחייב. בשיעורא זוטא דחזי נמי לתלאי לנפה וכברה: דהדריק. כעין מרקי ממוך שהוא קשה פוגם את הען: הוצא. של לולבי דקל: כפיפה מצרית. של העשוי מצורי דקל: סיב. ודילי"ש שגדל סביב הדקל כעין מלבוש וכורכין סביבותיו ועולה: על פי משפך. אונטונדי"ר: לסנן את היין. שמעכב הפסולת והקמשים מליכנס לפי הכלי: רבב. שומן או שמן: אספוגין. רקיק שטוחנין בתנור וטחין תחתיו אליה: וכמה שיעורא. של אספוגין. כדור. פלוט"א: נייר חלק. שלא נכתב בו מעולם: שתי אותיות. קס"ד שתי אותיות דידן דזוטרן: קשר של מוכסין. לא בעי גליון לבית אחיזה שאוחזו כולו בכפו פשוט ורואה: בלובן. גליון: הכא בית אחיזה לא צריך. שיכול לאוחזו במקום המחק והשטר במקום הכתב: משהראהו למוכס. ורואה שמחל לו ראש הנהר את המכס שוב אין צריך לו ולא חזי למידי: מאי בינייהו. כלומר במאי פליגי ולמאי קאמר רבי יהודה דצריך לו: רהיטי מוכסא. קורצנ"ש שרצין אחר העוברים להעליל עליהם שלא נתנו המכס וטורח לעוברים לחזור למוכס ומצניע החותם להראות לאלו ולת"ק לא מצנע ליה להכי דכי רהטי בתריה הדר לגבי מוכס: מוכס קטן. פעמים שיש מוכס גדול שטורח לו לעמוד על הגשר כל היום וממנה מוכס קטן וזה מתחלה אינו מראה החותם של מלך אלא לגדול ולרבי יהודה צריך לו שהרי הקטן ימנענו מלעבור ולת"ק אין צריך לו שהגדול מוסר לו סימן דברים ואומר לקטן ועובר: למוכס שני. של מעבר אחר ולא לפוטרו מן המכס אלא להראות שהוא נאמן וחשוב ואינו מבריח עצמו מן המכס כדי שלא יעליל עליו לאחר זמן: משפרעו. (לוה) פטור לקמיה מפרש להו: מאי בינייהו. כלומר מאי פלוגתייהו ומה טעם נותנין לדבריהם: אסור לשהות שטר פרוע. משום שנא' (איוב יא) אל תשכן באהליך עולה הלכך מלוה לא משהי ליה לצור ע"פ צלוחיתו משום איסור ולוה נמי לא משהי ליה שמא יבא לידי מלוה ויחזור ויתבענו: מותר. הלכך כי הוציאו מלוה חייב דצריך לו לכרוך ע"פ צלוחית: במודה בשטר שכתבו. הלוה מודה שכתבו צריך לקיימו ולומר לא פרעתי וכל כמה דלא אמר הכי לאו שטרא הוא אי לאו משכח סהדי להכיר החתימה דמאן קא משוי ליה שטרא לוה דאמר כתבתיו לוה נמי הא קאמר פרעתי הפה שאסר הוא הפה שהתיר הלכך משפרעו כלומר משיאמר פרעתי פטור דלא צריך ליה ור' יהודה סבר אין צריך לקיימו דכיון דמודה שכתבו ולוה בו הרי הוא כאלו קיימוהו חותמיו וגובה בו כ"ז שמוציאו:

תוספות

רבב. פירש בקונטרס שומן או שמן וע"כ אינו שמן דשמן נתנו בו חכמים שיעור אחר במתני': **תחת** איספוגין קטנה. ואע"ג דבפ' כל שעה (פסחים לו.) אמרינן אין טשין את התנור באליה ואם טש כל הפת כולה אסורה הא אמר התם בההיא פרקא דכעין תורא שרי: **והמוציא** קשר מוכסין חייב. אצטריך לאשמועינן אפילו כתב על הקלף אע"ג דקתני בסמוך לשיעור קלף כדי לכתוב עליו פרשה קטנה שבתפילין: **ובית** אחיזה. בשעת כתיבה צריך בית אחיזה וקשר מוכסין נ"ל דיכול לכותבו בלא אחיזה ובקונטרס פי' בשעה שרואה בו בעי אחיזה: **ת"ק** סבר מודה בשטר שכתבו צריך לקיימו. ומשום הכי כי אמר לוה פרעתי פטור דאין השטר ראוי לגבות בו ומיירי שידוע שלא יוכל כלל למצוא עדי קיום וא"ת כי לא פרע נמי אמאי חייב מה מועלת יש בשטר כיון שאינו יכול לקיימו שאם יטעון הלוה פרעתי או מזוייף יפטר ואם יודה זה אינו מכח השטר וי"ל דמועיל לו השטר דמתוך כך נזכר הלוה שלוה ממנו אי נמי (א) לטרוף ממשעבדי אם יודה הלוה שאינו מזוייף וא"ת ומשפרעו אמאי פטור המועלת נמי דלא חזי לגבות בו הא ראוי הוא לצור ע"פ צלוחיתו ואע"ג דאסור להשהות שטר פרוע הכא היאך נוציאנו מידו כיון שהוא עומד ולווה שאינו פרוע (ב) וי"ל דמיירי כגון שאמר אין לי עדים ואין לי ראיה ולא אמצא קיום ואפילו אמצא אחרי כן אינו מועיל ולכך אסור להשהותו שמא לבסוף יקיימנו ויגבה בו שלא כדין ואי לא הוה טענינן ללקוחות וליתומין מזוייף הוה אתי שפיר דאסור להשהותו אך פירשתי בבבא קמא ובבבא מציעא ובגיטין דטענינן ללקוחות וליתומין פרוע ומזוייף וגם הארכתי ואם תאמר ואמאי לא קאמר איפכא דת"ק סבר אין צריך לקיימו ומשפרעו הוי כמשמעו שפרעו ממש ולכך פטור דאסור להשהות שטר פרוע שמא יגבה בו פעם אחרת שכשיטעון הלוה האמת שפרעו לא יהא המלוה צריך לקיימו ויגבה שנית ור' יהודה סבר צריך לקיימו ואף משפרעו חייב דצריך הוא לצור על פי צלוחיתו ואין אסור להשהותו דמיירי כגון בידוע שלא ימצא עדי קיום ולא יוכל לגבות שנית דכשיטעון הלוה האמת שפרע יצטרך המלוה לקיימו ויש לומר דאף לר' יהודה הוה אסור להשהותו שמא יקיימנו באקראי בעלמא ויגבה בו שלא כדין: **רש"י** גרים דכולי עלמא מודה בשטר שכתבו צריך לקיימו. וכן נראה דהכי קי"ל דאית ליה לרב נחמן הכי בפרק שני דכתובות (דף יט.) וקיימא לן כוותיה בדיני:

עין משפט נר מצוה

ו א מיי' פי"ח מהלכות שבת הלכה י:
ז ב ג ד שם הלכה טו:

רבינו חננאל

ותנא כמה קשר מוכסין ב' אותיות לא שנו אלא באותו קשר [מוכסין] שהן מכירין אותו באותו פרק שכותבין בו ב' אותיות בכתב יוני שהן גדולות מאותיות שלנו אם יש בנייר החלק שיעור ב' אותיות הללו חייב עליו ואם לאו פטור. ורמינהי המוציא נייר חלק אם יש בו כדי לכתוב ב' אותיות חייב ואם לאו פטור. מדקאמר ב' אותיות סתם אסיקנן אדעתין ב' אותיות דילן דזוטרן מן ב' אותיות של קשר מוכסין וקא מחייב עליה. ומן ההיא קמייתא פטור. אמר רב ששת ב' אותיו' דתנינא בהא ברייתא שנייה נמי דקשר מוכסין. רבא אמר ב' אותיות דילן ובית אחיזה. הכי אמר רבא לא תימא אם מוכיל הנייר ב' אותיות חייב עליו אלא אימא הכי אם אפשר לכתוב עליו ב' אותיות ואי אפשר עד שיהא בו בית אחיזה כדי לכתוב למעלה הימנו ונמצא מקום ב' אותיות ובית אחיזה כשיעור קשר מוכסין: **מיתיבי** המוציא נייר מחוק ושטר פרוע אם יש בלובן שלו כדי לכתוב ב' אותיות או בכולן כדי לכרוך על פי צלוחית קטנה של פלייטון חייב ואם לאו פטור. לרב ששת דאמר בב' אותיות של קשר מוכסין שפיר דהוה ליה כמתנית' ופירושה אלא לרבא דאמר צריך שיהא הנייר החלק כולו כשיעור ב' אותיות של קשר מוכסין והוא שיעור ב' אותיות דילן ובית אחיזה. והא הכא דשטר גדול הוא שיש בו לבן ויש בו בית אחיזה ומקום הלובן שלו ב' אותיות שלנו. ולא צריך מקום ב' אותיות של קשר מוכסין. קשיא: הא דתנן המוציא קשר מוכסין חייב. אוקימנא בברייתא עד שלא הראהו למוכס מפני שהוא צריך לו. אבל אם הראהו למוכס ואינו צריך לו פטור. ור' יהודה פליג ואמר אף משהראהו למוכס חייב מפני שהוא צריך לו. ובעינן למידע במאי פלוגתייהו ומאי בינייהו אמר אביי (דאטו) [רהיטי] מוכסא איכא בינייהו בזמן שיש כמה רצין לפני המוכס מחפשין מי נתן המכס ונטל הקשר ומי שלא נתן קאמר ר' יהודה חושש הוא שמא ישיגוהו רצי המכס בזמן שאין עמו קשר לפיכך צריך לו לדחותם. אע"פ שהראהו לגדול. אבל היכא דליכא רהטי מכסא קאמר אביי אפילו ר' יהודה מודי דפטור. רבא אמר מוכס גדול ומוכס קטן איכא בינייהו ומימריה קרוב למימרא דאביי. וסבירא ליה שאם אין שם מוכס קטן משהראהו למוכס לא פליג ר' יהודה דפטור. רב אשי אמר לעולם פליגי ולא מילתא איכא בינייהו אלא לב' אפי' היכא דליכא רהטי אלא שני מוכסין צריך ליה לקשר דכד אתי מוכסא שני מחווי ליה למוכס דקדים מוכס שני וא"ל חזי דגברא דמכס אנא ורגילנא לשלומי מכסא שיהא לו פנים אצלו. או דמאחר ליה ולא דחיק ליה: **המוציא** שטר חוב שהוא עליו עד שלא פרעו כגון שגנבו מן המלוה או שנפל מן המלוה ומצאו הלוה בשבת עד שלא פרעו והעבירו ד' אמות ברה"ר כו' לא פליגי שהוא חייב. כי פליגי כגון שהוציאו לוה אחר שפרעו. רבנן סברי פטור משום דלית ליה צורך ביה. ור' יהודה סבר עדיין צריך לו ואע"ג שפרעו וחייב. מאי בינייהו דפליגי ביה. אמר רב יוסף לשהות שטר פרוע איכא בינייהו. ת"ק סבר אסור. וכיון שהמלוה אסור לשהותו אין הלוה צריך לשטר ואם הוציאו פטור. דהוה ליה כמתעסק. ור' יהודה סבר מותר לאדם לשהות שטר פרוע בתוך ביתו. והרי הלוה חושש מן השטר ויש לו צורך בהוצאתו וחייב. אביי אמר דכולי עלמא אסור לשהות שטר פרוע. והכא במודה בשטר שכתבו קא מיפלגי. ת"ק סבר צריך לקיימו. ור' יהודה סבר אין צריך לקיימו. ועיקר דהא שמעתתא באשה שנתארמלה ובכמה דוכתי:

מסורת הש"ס

א) מהרש"ל מוחק זה וכן משמע לקמן בגמ' עט., ב) [ער' תוס' סוטה יז. ד"ה אינו כותב], ג) [ניר ג.], ד) [רקיקי מצות מטוגנים [illegible]], ה) [גי' הערוך ערך שני תנא כמה קשר מוכסין שתי אותיות בכתב יוני שהן גדולות מאותיות שלנו], ו) [תוספתא פרק ט], ז) [שם], ח) [כתובות יט.], ט) [שם ב"מ ז. עב: ב"ב קנד. קע.], י) [דף לו.], כ) [שייך לע"א במשנה].

הגהות הב"ח

(א) תוס' ד"ה ת"ק סבר וכו' א"נ לטרוף ממשעבדי. נ"ב [illegible] (ב) בא"ד עומד ולוה שאינו פרוע ואי לא הוה טענינן ללקוחות וליתומים מזוייף ופרעתי הוה אתי שפיר [illegible]:

גליון הש"ס

גמ' רבנן סברי אסור לשהות. ק"ל הא פליג ליה למחוק השטר ויהיה מותר להשהותו לצור ע"פ צלוחיתו וצ"ע:

ליקוטי רש"י

פלייטון. בלסמ"א משחה לאפרסמא [לעיל סב.]. בושם שריחו נודף ואינו אפרסמון [סנהדרין קח.]. קמיע. כתב לרפואה תולין [לעיל נג.]. דוכסוסטוס. קלף שנטלה קליפתו העליונה [לקמן עט:]. חרסית. כמוחי רעפים [illegible]. כפיפה מצרית. סל של נצרי דקל [illegible]. סיב. [illegible] הגדל סביב הדקל [illegible]. משפך. [illegible].

יוכל לוה לפסלו כמיגו קמיפלגי [רשב"ם ב"ב קנד.]. צריך לקיימו. אע"פ שהלוה מודה ליה שכתב שטר זה ולוה בו מעות צריך המלוה לקיימו בחותמיו ואפילו השטר בידו נאמן הלוה לומר פרעתיך דכל זמן שאין שטרא [illegible] אין צריך לקיימו. אין המלוה צריך לקיימו בעדים החתומים בו שאין הלוה שוב נאמן לומר פרעתי [illegible] [כתובות שם]. דסתם שטרות הרי הם כשרים [illegible] [ב"מ עב:]. [illegible]

כתבתיו לא היה לנו לחשוש אם זה כך שלא נהגו ישראל לעשות שטרות מזויפים אלא שהחמירו חכמים להצריך קיום היכא דאמר לוה מזוייף [רשב"ם ב"ב קע.].

MOUTH OF A SMALL FUNNEL לְסַנֵּן אֶת הַיַּיִן – TO STRAIN THE WINE that is poured into it.[24] רְבָב – If he takes out GREASE,[25] כְּדֵי לָסוּךְ תַּחַת אִסְפָּגִין קְטַנָּה – ENOUGH TO SMEAR THE UNDERSIDE OF A SMALL WAFER before affixing it to the side of an oven to bake.[26] וְכַמָּה שִׁיעוּרָהּ – AND WHAT IS [THE WAFER'S] MEASUREMENT? כְּסֶלַע – AS large as A *SELA* coin.[27]

The Gemara interjects:

וְהָתַנְיָא כִּגְרוֹגֶרֶת – **But we have been taught in another Baraisa** that the wafer we speak of must be AS large as A DRIED FIG!

The Gemara responds:

אִידִי וְאִידִי חַד שִׁיעוּרָא הוּא – Both **this** measurement (the size of a *sela*) **and this** one (the size of a dried fig) **are one** and the same **measurement.**[28]

The Gemara resumes its citation of the Baraisa:

מוּכִין – If he takes out COTTON,[29] כְּדֵי לַעֲשׂוֹת כַּדּוּר קְטַנָּה – ENOUGH TO MAKE A SMALL BALL. וְכַמָּה שִׁיעוּרוֹ – AND WHAT IS [THE BALL'S] MEASUREMENT? כָּאֱגוֹז – THE SIZE OF A NUT.[30]

The Mishnah stated:

נְיָיר כְּדֵי לִכְתּוֹב עָלָיו קֶשֶׁר מוֹכְסִין – If he takes out PAPER, he is liable if he takes out ENOUGH TO WRITE A TAX COLLECTOR'S RECEIPT UPON IT.

The Gemara cites a Baraisa that amplifies the Mishnah's ruling:

תָּנָא – **A Baraisa taught:** כַּמָּה קֶשֶׁר מוֹכְסִין – HOW LARGE IS A TAX COLLECTOR'S RECEIPT? שְׁתֵּי אוֹתִיּוֹת (של קשר מוכסין) [בִּכְתָב יְוָנִי][31] – It is the size of TWO LETTERS written IN GREEK SCRIPT, which is larger than common Hebrew lettering.[32]

The Gemara notes a contradiction:

וּרְמִינְהוּ – **But contrast this** with the following Baraisa, which states: הַמּוֹצִיא נְיָיר חָלָק – ONE WHO TAKES OUT BLANK PAPER, אִם יֵשׁ בּוֹ כְּדֵי לִכְתּוֹב שְׁתֵּי אוֹתִיּוֹת חַיָּיב – IF THERE IS ENOUGH space ON IT TO WRITE TWO LETTERS, HE IS LIABLE; וְאִם לָאו – BUT IF NOT, פָּטוּר – HE IS EXEMPT. This Baraisa would seem to fix the minimum amount of paper as a piece large enough for two *regular* letters. – ? –

The Gemara offers two resolutions to this contradiction. The first:

אָמַר רַב שֵׁשֶׁת – **Rav Sheishess said:** מַאי שְׁתֵּי אוֹתִיּוֹת – **What "two letters"** are being referred to in the second Baraisa? שְׁתֵּי אוֹתִיּוֹת שֶׁל קֶשֶׁר מוֹכְסִין – **Two letters of** the type commonly used in **a tax collector's receipt;** i.e. the larger characters. Thus, the contradiction is resolved, for both Baraisos are teaching the same law.

The second resolution:

רָבָא אָמַר – **Rava said:** שְׁתֵּי אוֹתִיּוֹת דִּידַן – The second Baraisa teaches that the paper must be large enough to write **two of our** smaller **letters** וּבֵית אֲחִיזָה – **and** it must also have a blank margin to serve as **a place to hold** the paper; דְּהַיְינוּ קֶשֶׁר מוֹכְסִין – **for this is** the same size as **a** piece of paper that has room for the two larger characters used in a **tax collector's receipt.**[33]

The Gemara objects to Rava's resolution, presenting a challenge that cannot be resolved according to his understanding of the Baraisa:

מֵיתִיבֵי – **They challenged** Rava from the following Baraisa: הַמּוֹצִיא נְיָיר מָחוּק – IF ONE TAKES OUT ERASED PAPER וּשְׁטָר פָּרוּעַ – OR A PAID loan DOCUMENT,[34] אִם יֵשׁ בַּלּוֹבֶן שֶׁלּוֹ כְּדֵי לִכְתּוֹב שְׁתֵּי אוֹתִיּוֹת – IF THERE IS ON ITS WHITE SPACE, i.e. its margin,[35] ENOUGH space TO WRITE TWO LETTERS,[36] אוֹ בְּכוּלּוֹ כְּדֵי לִכְרוֹךְ עַל פִּי צְלוֹחִית קְטַנָּה שֶׁל פַּלְיָיטוֹן – OR IF [THE PAPER] IN ITS ENTIRETY IS large ENOUGH TO WRAP UPON THE MOUTH OF A SMALL FLASK OF BALSAM OIL, חַיָּיב – HE IS LIABLE; וְאִם לָאו פָּטוּר – BUT IF NOT, HE IS EXEMPT.[37]

The Gemara explains the challenge to Rava:

בִּשְׁלָמָא לְרַב שֵׁשֶׁת – Now, **this** Baraisa **is understandable according to Rav Sheishess,** דְּאָמַר מַאי שְׁתֵּי אוֹתִיּוֹת – **who said** (above, in resolution of the contradictory Baraisos), **what "two letters"** are being referred to in the second Baraisa? שְׁתֵּי אוֹתִיּוֹת שֶׁל קֶשֶׁר מוֹכְסִין – **Two letters of** the type commonly used in **a tax collector's receipt** – שַׁפִּיר – for this third Baraisa is **fine,** as it too refers to the two letters commonly used in a tax collector's receipt.[38] אֶלָּא לְרָבָא – **But according to Rava,** דְּאָמַר שְׁתֵּי אוֹתִיּוֹת דִּידַן וּבֵית אֲחִיזָה – **who said** that the second Baraisa requires a paper large enough for **two of our** smaller **letters and a** blank margin to serve as a **place to hold** the paper, דְּהַיְינוּ קֶשֶׁר מוֹכְסִין – **which is the same** size **as a tax collector's receipt,**[39] this third Baraisa is difficult, הָכָא בֵּית אֲחִיזָה לֹא צָרִיךְ – for **here a place to hold** the document **should not be required,** as it can be

NOTES

24. The palm bast was placed upon the funnel and the wine was poured into a utensil through it; the sediment was thus held back by the bast and it did not enter the utensil (*Rashi;* see *Meiri* and *Chidushei HaRan*). [The bast was soft and could not be made into ropes or hanging loops; thus, it could only be used as a strainer (*Chidushei HaRan*).]

25. I.e. oil or grease (*Rashi*). [*Tosafos* note that the Mishnah above (76b) taught a different minimum for oil (enough to smear a small limb) than this Baraisa does; perhaps *Rashi* refers to oil of a sort that is not suitable for anointing (see *Maginei Shlomo*). See also *Sfas Emes.*]

26. In Talmudic times, bread and other items were baked by plastering them to the side of a heated oven; they would bake there and would be removed with a special spade when done. To aid in the removal process, the undersides of the baked items were greased before they were affixed to the wall of the oven (see *Rashi*).

27. I.e. the surface of the wafer we speak of is the same size as the surface of a *sela* coin. [The *sela* coin was a common Talmudic coin worth four *zuz.*] See also *Hagahos R' Elazar Moshe Horowitz.*

28. [A wafer the size of a dried fig will have a surface area the size of a *sela* coin.]

29. מוּכִין, which we translate here as *cotton,* is a generic term that is applied to various types of soft tufts of fabric (see *Ritva MHK* ed.; see also *Rashi* to 47b ד"ה מוכין).

30. This term is usually used by the Gemara to refer to a walnut (see *HaTzome'ach VeHaChai BaMishnah* by *Y. Feliks*).

31. Emendation follows *Aruch* (see marginal gloss; see also *Ritva MHK* ed.).

32. I.e. the script used in writing tax receipts was larger than normal writing script (see *Rashi* above, 78a ד"ה קשר). [The script used, however, was not necessarily Greek.]

33. A tax collector's receipt, however, does not need a blank space by which it can be held, for it was customarily held flat in the open palm (*Rashi;* cf. *Tosafos*).

34. The erased paper cannot be used for writing upon (see above, note 1).

35. *Rashi.* [The margin of a paid loan document or an erased piece of parchment has never been written upon; thus, that portion of the parchment is in effect unerased parchment. According to this Tanna, one who takes out a paid document is liable for taking out the *margin,* and not the document itself (see Gemara below; see also *Rashi* ד"ה הכא, *Maharsha,* and *Chidushei R' Chaim Banet*).]

36. Since the margin of the document is virgin parchment (see previous note), its minimum is the same as that of virgin parchment, i.e. enough to write two letters on it.

37. If the entire paper is useful for wrapping a flask, then the document is useful and one who carries it out is liable; if not, then the document is insignificant and one who carries it out is exempt.

38. The minimum size of the margin of a paid document is the same as the minimum for blank parchment; and there is no reason why this Baraisa should use a different term to describe that amount. Thus, in both Baraisos, the term "two letters" means two large letters of the type used in tax receipts.

39. See above, note 33.

נייר מחוק כדי לכרוך על צלוחית קטנה של פלייטון עור כדי לעשות קמיע (דוכסוסטוס כדי לכתוב מזוזה) קלף כדי לכתוב עליו פרשה קטנה שבתפילין שהיא שמע ישראל דיו כדי לכתוב ב' אותיות כחול כדי לכחול עין אחת דבק כדי ליתן בראש השפשף זפת וגפרית כדי לעשות נקב שעוה כדי ליתן על פי נקב קטן חרסית כדי לעשות פי כור של צורפי זהב רבי יהודה אומר כדי לעשות פיטפוט זהב סובין כדי ליתן על פי כור של צורפי זהב סיד כדי לסוד קטנה שבבנות ר' יהודה אומר כדי לעשות כלכל רבי נחמיה אומר כדי לסוד אונדפי: גמ' חבל נמי ליחייב כדי לעשות תלאי לנפה ולכברה כיון דחריק במנא לא עבדי אינשי תנו רבנן הוצין כדי לעשות אוזן לסל כפיפה מצרית סיב אחרים אומרים כדי ליתן על פי משפך קטן לסנן את היין רבב כדי לסוך תחת אספגין קטנה וכמה שיעורה כסלע והתניא כגרוגרת אידי ואידי חד שיעורא הוא מוכין כדי לעשות כדור קטנה וכמה שיעורו כאגוז: נייר כדי לכתוב עליו קשר מוכסין: תנא כמה קשר מוכסין שתי אותיות (של קשר מוכסין) ורמינהו המוציא נייר חלק אם יש בו כדי לכתוב שתי אותיות חייב ואם לאו פטור אמר רב ששת מאי שתי אותיות שתי אותיות של קשר מוכסין רבא אמר שתי אותיות דידן ובית אחיזה דהיינו קשר מוכסין מיתיבי המוציא נייר מחוק ושטר פרוע אם יש בלובן שלו כדי לכתוב שתי אותיות או בכולו כדי לכרוך ע"פ צלוחית קטנה של פליטון חייב ואם לאו פטור בשלמא לרב ששת דאמר מאי שתי אותיות שתי אותיות של קשר מוכסין שפיר אלא לרבא דאמר שתי אותיות דידן ובית אחיזה דהיינו קשר מוכסין הכא בית אחיזה לא צריך קשיא תנו רבנן המוציא קשר מוכסין עד שלא הראהו למוכס חייב משהראהו למוכס פטור רבי יהודה אומר אף משהראהו למוכס חייב מפני שצריך לו מאי בינייהו אמר אביי איכא בינייהו רהיטי מוכסא רבא אמר מוכס גדול ומוכס קטן איכא בינייהו רב אשי אמר חד מוכס איכא בינייהו מפני שצריך לו להראות למוכס שני דא"ל חזי גברא דמוכס אנא: ת"ר המוציא שטר חוב עד שלא פרעו חייב משפרעו פטור רבי יהודה אומר אף משפרעו חייב מפני שצריך לו מאי בינייהו אמר רב יוסף אסור לשהות שטר פרוע איכא בינייהו רבנן סברי אסור לשהות שטר פרוע ורבי יהודה סבר מותר לשהות שטר פרוע אביי אמר דכולי עלמא אסור לשהות שטר פרוע והכא במודה בשטר שכתבו שצריך לקיימו קמיפלגי תנא קמא סבר מודה בשטר שכתבו צריך לקיימו ורבי יהודה סבר מודה בשטר שכתבו אין צריך לקיימו ומאי עד שלא פרעו ומשפרעו

רש"י

נייר מחוק. שוב אינו ראוי לכתוב לפיכך צריך שיעור גדול לכרוך ע"פ צלוחית: קלף כדי לכתוב פרשה קטנה. דאיידי דדמיו יקרים לא עבדי מיניה קשרי מוכסין אלא תפילין ומזוזות ולא מיחייב בשיעורא זוטא: דיו לכתוב שתי אותיות. לרושם על שתי חוליות של כלי או על קרשים לזווגן: כדי לכחול עין אחת. לקמן פריך עין אחת הא לא כחלי: דבק. גליד: כדי ליתן בראש השפשף. בגמרא מפרש לה: כדי לעשות נקב קטן. כלי שנותנין בו כסף חי סותם פיו בזפת או בגפרית ונוקב בתוך הסתימה נקב דק להוציא בו: חרסית. לבינה כתושה: לעשות פי כור. שהמפוח נכנס בו: פטפוט. רגל למקום מושב הכור שהיו מושיבין על כן העשוי לכך כגון טרפייד לשפות הקדירה: סובין כדי ליתן ע"פ כור של צורפי זהב. במקום שאין פחמין צורפין זהב באש של סובין: לסוד קטנה שבבנות. טופלות סיד להשיר את השיער: גמ' חבל נמי ליחייב. בשיעורא זוטא דחזי נמי לתלאי דנפה וכברה: דחריק. כעין חרקי מתוך שהוא קשה פוגם את העץ: הוצא. של לולבי דקל: כפיפה מצרית. של העשוי מלולבי דקל: סיב. ודילי"ת שגדל סביב הדקל כעין מלבוש ונכרך סביבותיו ועולה: על פי משפך. אונטודיי"ר: לסנן את היין. שמעכב הפסולת והקמחים מליכנס לפי הכלי: רבב. שומן או שמן: אספוגין. רקיק שנותנין בתנור וטחין תחתיו אליה: וכמה שיעורא. של איספוגין: כדור. פלוט"א: נייר חלק. שלא נכתב בו מעולם: שתי אותיות. קס"ד שתי אותיות דידן דזוטרן: קשר של מוכסין. לא בעי גליון לבית אחיזה שאוחזו כולו בכפו פשוט ורואה: בלובן. גליון: הכא בית אחיזה לא צריך. שיכול לאוחזו במקום המחק והשטר במקום הכתב: משהראהו למוכס. ורואה שמחל לו ראש הנהר את המכס שוב אין צריך לו ולא חזי למידי: מאי בינייהו. כלומר במאי פליגי ולמאי קאמר רבי יהודה דצריך לו: רהיטי מוכסא. קורלצ"ש שרצין אחר העוברים להעליל עליהם שלא נתנו המכס וטורח לעוברים לחזור למוכס ומגיע החותם להראות לאלו ולת"ק לא מלגע ליה להכי דכי רהטי בתריה הדר לגבי מוכס: מוכס קטן. פעמים שיש מוכס גדול שטורח לו לעמוד על הגשר כל היום וממנה מוכס קטן וזה מתחלה אינו מראה החותם של מלך אלא לגדול ולרבי יהודה צריך לו שהרי הקטן ימנענו מלעבור ולת"ק אין צריך לו שהגדול מוסר לו סימן דברים ואומר לקטן ועובר: למוכס שני. של מעבר אחר ולא לפוטרו מן המכס אלא להראות שהוא נאמן וחשוב ואינו מבריח עצמו מן המכס כדי שלא יעליל עליו לאחר זמן: משפרעו. (לוה) פטור לקמיה מפרש להו: מאי בינייהו.

תוספות

רבב. פירש בקונטרס שומן או שמן וע"כ אינו שמן דשמן נתנו בו חכמים שיעור אחר במתני': תחת איספוגין קטנה. ואע"ג דבפ' כל שעה (פסחים ל.) אמרינן אין טשין את התנור באליה ואם טש כל הפת כולה אסורה הא אמר התם בההיא פרקא דכעין תורא שרי: והמוציא קשר מוכסין חייב. אצטריך לאשמועינן אפילו כתב על הקלף אע"ג דקתני בסמוך דשיעור קלף כדי לכתוב עליו פרשה קטנה שבתפילין: ובית אחיזה. בשעת כתיבה צריך בית אחיזה וקשר מוכסין צ"ל דיכול לכותבו בלא אחיזה ובקונטרס פי' בשעה שרואה בו בעי אחיזה: ת"ק סבר מודה בשטר שכתבו צריך לקיימו. ומשום הכי כי אמר לוה פרעתי פטור דאין השטר ראוי לגבות בו ומיירי שידוע שלא יוכל כלל למצוא עדי קיום ... רש"י גרים דכולי עלמא מודה בשטר שכתבו צריך לקיימו. וכן נראה דהכי קי"ל דאית ליה לרב נחמן הכי בפרק שני דכתובות (דף יט.) וקיימא לן כוותיה בדיני:

held by the section that has been erased (or the section that was written upon)! According to Rava, this Baraisa should specify a smaller measurement.[40] – ? –

The Gemara has no resolution and concludes:

קַשְׁיָא – This is indeed **a difficulty.**[41]

The Mishnah stated that one who takes out a tax collector's receipt is liable. The Gemara cites a Baraisa that elaborates upon this ruling:

תָּנוּ רַבָּנָן – **The Rabbis taught in a Baraisa:** הַמּוֹצִיא קֶשֶׁר מוֹכְסִין – IF ONE TAKES OUT A TAX COLLECTOR'S RECEIPT, the law is as follows: עַד שֶׁלֹּא הֶרְאָהוּ לַמּוֹכֵס חַיָּיב – If he HAS NOT YET SHOWN IT TO THE TAX COLLECTOR, HE IS LIABLE for taking it out; מִשֶּׁהֶרְאָהוּ לַמּוֹכֵס פָּטוּר – ONCE HE HAS SHOWN IT TO THE TAX COLLECTOR, HE IS EXEMPT, for he no longer has use for the receipt. רַבִּי יְהוּדָה אוֹמֵר – R' YEHUDAH, however, SAYS: אַף מִשֶּׁהֶרְאָהוּ לַמּוֹכֵס חַיָּיב – EVEN ONCE HE HAS SHOWN IT TO THE TAX COLLECTOR, HE IS still LIABLE, מִפְּנֵי שֶׁצָּרִיךְ לוֹ – BECAUSE HE STILL HAS NEED OF IT.[42]

The Gemara analyzes the dispute between the Tanna Kamma and R' Yehudah:

מַאי בֵּינַיְיהוּ – **What is** the point of contention **between them?** I.e. why does R' Yehudah maintain that the receipt is still useful while the Tanna Kamma does not?

The Gemara offers three explanations:

אָמַר אַבַּיֵי – **Abaye said:** אִיכָּא בֵּינַיְיהוּ רְהִיטֵי מוֹכְסָא – At issue **between them is** whether he will wish to retain the receipt to show to the **tax collector's runners.**[43] R' Yehudah holds that he will, while the Tanna Kamma maintains that he will not keep it for that purpose. רָבָא אָמַר – **Rava said:** אִיכָּא בֵּינַיְיהוּ מוֹכֵס גָּדוֹל וּמוֹכֵס קָטָן – At issue **between them is** whether he will wish to retain the receipt in a situation where there is **a chief tax collector and a subordinate tax collector.**[44] R' Yehudah maintains that even after the taxpayer has shown it to the chief official, he will retain it to show to the subordinate official, while the Tanna Kamma holds that he will not.[45] רַב אַשִׁי אָמַר – **Rav Ashi says:** חַד מוֹכֵס אִיכָּא בֵּינַיְיהוּ – At issue **between them is** a case when there is but **a single tax collector;** מִפְּנֵי שֶׁצָּרִיךְ לוֹ לְהַרְאוֹת לְמוֹכֵס שֵׁנִי – for R' Yehudah holds that the taxpayer will retain the receipt because **he needs it to show to a second tax collector** at another location, דְּאָמַר לֵיהּ – **for he will** produce the receipt and **say to him,** חֲזִי גַּבְרָא דְּמוֹכֵס אֲנָא – **"See that I am a man who pays** his **taxes."**[46]

The Gemara cites a Baraisa that presents a similar dispute with regard to loan documents:

תָּנוּ רַבָּנָן – **The Rabbis taught in a Baraisa:** הַמּוֹצִיא שְׁטַר חוֹב – IF ONE TAKES OUT A LOAN DOCUMENT, the law is as follows: עַד שֶׁלֹּא פְּרָעוֹ חַיָּיב – If [THE BORROWER] HAS NOT YET PAID IT, HE[47] IS LIABLE for taking it out;[48] מִשֶּׁפְּרָעוֹ – ONCE [THE BORROWER] HAS PAID IT, פָּטוּר – HE IS EXEMPT. רַבִּי יְהוּדָה אוֹמֵר – R' YEHUDAH, however, SAYS: אַף מִשֶּׁפְּרָעוֹ חַיָּיב – EVEN IF [THE BORROWER] HAS PAID IT, HE IS still LIABLE for taking it out, מִפְּנֵי שֶׁצָּרִיךְ לוֹ – BECAUSE HE still HAS NEED OF IT.[49]

The Gemara analyzes the dispute:

מַאי בֵּינַיְיהוּ – **What is** the point of contention between them?

The Gemara offers four explanations:

אָמַר רַב יוֹסֵף – **Rav Yosef said:** אִיכָּא בֵּינַיְיהוּ אָסוּר לַשְׁהוֹת שְׁטָר פָּרוּעַ – At issue **between them is** whether **it is forbidden** for a lender **to retain a paid-up** loan **document** in his possession.[50] רַבָּנָן סָבְרֵי אָסוּר לַשְׁהוֹת שְׁטָר פָּרוּעַ – **The Rabbis** (i.e. the Tanna Kamma) **hold that it is forbidden** for a lender **to retain a paid-up document** in his possession – thus, he is not liable if he takes it out on the Sabbath.[51] וְרַבִּי יְהוּדָה סָבַר מוּתָּר לַשְׁהוֹת שְׁטָר פָּרוּעַ –

NOTES

40. According to Rava, the term "two letters" used by the previous Baraisa meant enough parchment to write two letters plus room to hold it. In this case, however, a smaller amount of fresh parchment is required, since the paper can be held by the already erased section of the document. Thus, the Baraisa should not have referred to the measurement using the same term (*Rashi,* as understood by *Chidushei HaRan;* see there for another interpretation of this passage; see also *Sfas Emes* for another interpretation of *Rashi*).

41 See *Ritva* (*MHK* ed.) who offers a possible resolution for this difficulty.

42. The Gemara below will explain the dispute between the Tanna Kamma and R' Yehudah, and the rationale for R' Yehudah's view.

43. The tax collectors would occasionally send runners after people to check if they had paid the taxes, and anyone who could not prove that he had paid would be brought back to the official to be cleared. R' Yehudah holds that a person would retain the receipt to avoid this, while the Tanna Kamma holds that a person resigns himself to returning if he is called by the runners (*Rashi;* see *Ritva MHK* ed.).

44. Literally: a big tax collector and a small tax collector. Sometimes a senior tax official will not wish to stand on a bridge all day long to collect the tax; instead, he will appoint a subordinate to do so (*Rashi;* see next note).

45. The Tanna Kamma and R' Yehudah dispute whether a person who has already paid the tax and has an official receipt to this effect will keep his receipt to show it to the minor official. R' Yehudah maintains that he will; thus, one who takes it out is liable. The Tanna Kamma, however, maintains that the person will not want to show a receipt of the king to a minor official; rather, the senior official (who knows that the tax was paid) will have given him a verbal code or password which he can use to pass the minor official. Thus, the receipt is no longer valuable to him (*Rashi*).

46. I.e. both the Tanna Kamma and R' Yehudah agree that the tax receipt will not be used to prove that the tax has been paid. They differ only as to whether he will wish to retain it so that he can prove his veracity to a second tax collector, to avoid being persecuted at another place and time (see *Rashi*; cf. *Ritva MHK* ed.; see also *Chasam Sofer* and *Shabbos Shel Mi*).

47. [The Gemara below interprets this Baraisa in several different ways. Depending on the interpretation, these laws refer either to the borrower or the lender; thus, we have left the translation ambiguous at this point.]

48. If the loan has not yet been paid, the document is obviously significant; thus, one is liable if he takes it out (see also Gemara below, where the precise case is discussed).

49. The Gemara below will offer several interpretations of R' Yehudah's ruling.

50. There is a view that it is forbidden for a lender to keep a paid-up loan document in his possession, lest he collect the loan a second time, as the verse states, (*Job* 11:14), *Do not allow a [potential] evil to dwell in your tent.* Rav Yosef states that the crux of the dispute between the Tanna Kamma and R' Yehudah is whether there is such a prohibition (*Rashi;* see next note).

[*Rashi* states that the prohibition to keep a paid-up document applies to the lender, which implies that the *borrower* may keep it (at his own risk) if he wishes to do so. Cf. *Ritva MHK* ed. (citing *Tosafos*), who maintain that all agree that the lender may not keep such a document (see *Kesubos* 19b and *Tosafos* there); they explain the dispute between the Tanna Kamma and R' Yehudah as concerning whether the *borrower* may keep the document; see there as to why this would be forbidden.]

51. According to the Rabbis the document is worthless to the lender once the loan has been paid, for it is forbidden for him to keep it [so he cannot keep it to use it in some way, e.g. to wrap a flask with it]. And the document is worthless to the borrower as well, for [although he is permitted to keep it] he will not retain it to wrap a flask with it, due to the fear that it will somehow come into the lender's hands and he will have to pay the loan a second time. [Thus, the lender does not need to hold the document so that he can return it to the borrower.] Therefore, the document has no significance, and if the lender takes it out after the loan has been paid, he is exempt (*Rashi;* see also *Rashi* to 79a ד"ה והכא).

נייר מחוק כדי לכרוך על צלוחית קטנה של פליטון עור כדי לעשות קמיע (דוכסוסטוס כדי לכתוב מזוזה) קלף כדי לכתוב עליו פרשה קטנה שבתפילין שהיא שמע ישראל דיו כדי לכתוב ב' אותיות כחול כדי לכחול עין אחת דבק כדי ליתן בראש השפשף זפת וגפרית כדי לעשות נקב שעוה כדי ליתן על פי נקב קטן חרסית כדי לעשות פי כור של צורפי זהב רבי יהודה אומר כדי לעשות פיטפוט סובין כדי ליתן על פי כור של צורפי זהב סיד כדי לסוד קטנה שבבנות ר' יהודה אומר כדי לעשות כלכל רבי נחמיה אומר כדי לסוד אונדפי: גמ' חבל נמי ליחייב כדי לעשות תלאי לנפה ולכברה כיון דחריק במנא לא עבדי אינשי תנו רבנן הוצין כדי לעשות אוזן לסל כפיפה מצרית סיב אחרים אומרים כדי ליתן על פי משפך קטן לסנן את היין רבב כדי לסוך תחת אספוגין קטנה וכמה שיעורה כסלע והתניא כגרוגרת אידי ואידי חד שיעורא הוא מוכין כדי לעשות כדור קטנה וכמה שיעורו כאגוז: נייר כדי לכתוב עליו קשר מוכסין: תנא כמה קשר מוכסין שתי אותיות (של קשר מוכסין) ורמינהו המוציא נייר חלק אם יש בו כדי לכתוב שתי אותיות חייב ואם לאו פטור אמר רב ששת מאי שתי אותיות שתי אותיות של קשר מוכסין רבא אמר שתי אותיות דידן ובית אחיזה דהיינו קשר מוכסין מיתיבי המוציא נייר מחוק ושטר פרוע אם יש בלובן שלו כדי לכתוב שתי אותיות או בכולו כדי לכרוך ע"פ צלוחית קטנה של פליטון חייב ואם לאו פטור בשלמא לרב ששת דאמר מאי שתי אותיות שתי אותיות של קשר מוכסין שפיר אלא לרבא דאמר שתי אותיות דידן ובית אחיזה דהיינו קשר מוכסין הכא בית אחיזה לא צריך קשיא תנו רבנן המוציא קשר מוכסין עד שלא הראהו למוכס חייב משהראהו למוכס פטור רבי יהודה אומר אף משהראהו למוכס חייב מפני שצריך לו מאי בינייהו אמר אביי איכא בינייהו רהיטי מוכסא רבא אמר מוכס גדול ומוכס קטן איכא בינייהו רב אשי אמר חד מוכס איכא בינייהו מפני שצריך לו להראות למוכס שני דא"ל חזי גברא דמוכס אנא: ת"ר המוציא שטר חוב עד שלא פרעו חייב משפרעו פטור רבי יהודה אומר אף משפרעו חייב מפני שצריך לו מאי בינייהו אמר רב יוסף אסור לשהות שטר פרוע איכא בינייהו רבנן סברי אסור לשהות שטר פרוע ורבי יהודה סבר מותר לשהות שטר פרוע אביי אמר דכולי עלמא אסור לשהות שטר פרוע והכא במודה בשטר שכתבו שצריך לקיימו קמיפלגי תנא קמא סבר מודה בשטר שכתבו צריך לקיימו ורבי יהודה סבר מודה בשטר שכתבו אין צריך לקיימו ומאי עד שלא פרעו ומשפרעו

נייר מחוק. שוב אינו ראוי לכתוב לפיכך צריך שיעור גדול לכרוך ע"פ צלוחית: **קלף כדי לכתוב פרשה קטנה.** דאיידי דדמיו יקרים לא עבדי מיניה קשרי מוכסין אלא תפילין ומזוזות ולא מיחייב בשיעורא זוטא: **דיו לכתוב שתי אותיות.** לרושם על שתי חוליות של כלי או על קרשים לזווגן: **כדי לכחול עין אחת.** לקמן פריך עין אחת הא לא כחלי: **דבק.** גליד: **כדי ליתן בראש השפשף.** בגמרא מפרש לה: **כדי לעשות נקב קטן.** כלי שנותנין בו כסף חי סותם פיו בזפת או בגפרית ונוקב בתוך הסתימה נקב דק להוציא בו: **חרסית.** לבינה כתושה: **לעשות פי כור.** שהמפוח נכנס בו: **פטפוט.** רגל למקום מושב הכור שהיו מושיבין על כן העשוי לכך כגון טרפייד לשפות הקדירה: **סובין כדי ליתן ע"פ כור של צורפי זהב.** במקום שאין פחמין צורפין זהב באש של סובין: **לסוד קטנה שבבנות.** טופלות סיד להשיר את השיער: **גמ' חבל נמי ליחייב.** בשיעורא זוטא דחזי נמי לתלאי דנפה וכברה: **דחריק.** כעין חרקי מתוך שהוא קשה פוגם את העץ: **הוצא.** של לולבי דקל: **כפיפה מצרית.** של העשוי מצורי דקל: **סיב.** ודלי"ש שגדל סביב הדקל כעין מלבוש ונכרך סביבותיו ועולה: **על פי משפך.** אונטודויי"ר: **לסנן את היין.** שמעכב הפסולת והקמחים מליכנס לפי הכלי: **רבב.** שומן או שמן: **אספוגין.** רקיק שנותנין בתנור וטחין תחתיו אליה: **וכמה שיעורא.** של אספוגין: **כדור.** פלוט"א: **נייר חלק.** שלא נכתב בו מעולם: **שתי אותיות.** קס"ל שתי אותיות דידן דזוטרן: **קשר של מוכסין.** לא בעי גליון לבית אחיזה אלא כולו כבכי פשוט ורוצה: **בלובן.** גליון: **הכא בית אחיזה לא צריך.** שיכול לאוחזו במקום המחק והשטר במקום הכתב: **משהראהו למוכס.** ורוצה שמחל לו ראש הנהר את המכס שוב אין צריך לו ולא חזי למידי: **מאי בינייהו.** כלומר במאי פליגי ולמאי קאמר רבי יהודה דצריך לו: **רהיטי מוכסא.** קורא"ש שרצין אחר העוברים להעליל עליהם שלא נתנו המכס וטורח לעוברים לחזור למוכס ולהגיע החותם להראות ולת"ק לא מלגע ליה להכי דכי רהטי בתריה הדר לגבי מוכס: **מוכס קטן.** פעמים שיש מוכס גדול שטורח לו לעמוד על הגשר כל היום וממנה מוכס קטן וזה מתחלה אינו מראה החותם של מלך אלא לגדול ולרבי יהודה צריך לו שהרי הקטן ימנענו מלעבור ולת"ק אין צריך לו שהגדול מוסר לו סימן דברים ואומר לקטן ועובר: **למוכס שני.** של מעבר אחר ולא לפוטרו מן המכס אלא להראות שהוא נאמן וחשוב ואינו מבריח עצמו מן המכס כדי שלא יעליל עליו לאחר זמן: **משפרעו.** (לוה) פטור לקמיה מפרש להו: **מאי בינייהו.** כלומר מאי פלוגתייהו ומה טעם נותנין לדבריהם: **אסור לשהות שטר פרוע.** משום שנא' (איוב יא) אל תשכן באהליך עולה הלכך מלוה לא משהי ליה לצור ע"פ צלוחיתו משום איסור ולוה נמי לא משהי ליה שמא יבא לידי מלוה ויחזור ויתבענו: **מותר.** הלכך כי הוציאו מלוה חייב דצריך לו לכרוך ע"פ צלוחית: **במודה בשטר שכתבו.** הלוה מודה שכתבו צריך לקיימו ולומר לא פרעתי וכל כמה דלא אמר הכי לאו שטרא הוא אי לאו משכח סהדי להכיר החתימה דמאן קא משוי ליה שטרא לוה דאמר כתבתיו לוה נמי הא קאמר פרעתי הפה שאסר הוא הפה שהתיר הלכך משפרעו כלומר משיאמר פרעתי פטור דלא צריך ליה ור' יהודה סבר אין צריך לקיימו דכיון דמודה שכתבו ולוה בו הרי הוא כאלו קיימוהו חותמיו וגובה בו כ"ז שמוציאו:

עד

רבב. פירש בקונטרס שומן או שמן וע"כ אינו שמן דשמן נתנו בו חכמים שיעור אחר במתני': **תחת איספוגין קטנה.** ואע"ג דבפ' כל שעה (פסחים ל:) אמרינן אין טשין את התנור באליה ואם טש כל הפת כולה אסורה הא אמר התם בההיא פרקא דכעין תורא שרי: **והמוציא קשר מוכסין חייב.** אצטריך לאשמועינן אפילו כתב על הקלף אע"ג דקתני בסמוך דשיעור קלף כדי לכתוב עליו פרשה קטנה שבתפילין: **ובית אחיזה.** בשעת כתיבה צריך בית אחיזה וקשר מוכסין צ"ל דיכול לכותבו בלא אחיזה ובקונטרס פי' בשעה שרואה בו בעי אחיזה: **ת"ק סבר מודה בשטר שכתבו צריך לקיימו.** ומשום הכי כי אמר לוה פרעתי פטור דאין השטר ראוי לגבות בו ומיירי שיודע שלא יוכל כלל למצוא עדי קיום וא"ת כי לא פרע נמי אמאי חייב מה תועלת יש בשטר כיון שאינו יכול לקיימו שאם יטעון הלוה פרעתי או מזוייף יפטר ואם יודה זה אינו מכח השטר וי"ל דמועיל לו השטר דמתוך כך נזכר הלוה שלוה ממנו אי נמי (א) לטרוף ממשעבדי אם יודה הלוה שאינו מזוייף וא"ת ומשפרעו אמאי פטור המוציא נהי דלא חזי לגבות חובו הא ראוי הוא לצור ע"פ צלוחיתו ואע"ג דאסור להשהות שטר פרוע הכא היאך נוציאנו מידו כיון שהוא עומד ולווה שאינו פרוע (ב) וי"ל דמיירי כגון שאמר אין לי עדים ואין לי ראיה ולא אמצא קיום ואפילו מצא אחרי כן אינו מועיל ולכך אסור להשהותו שמא לבסוף יקיימנו ויגבה בו שלא כדין ואי לא הוה טענינן ללקוחות וליתומין מזוייף הוה אתי שפיר דאסור להשהותו אך פירשתי בבבא קמא ובבבא מציעא ובגיטין דטענינן ללקוחות וליתומין פרוע ומזוייף ושם הארכתי ואם תאמר ואמאי לא קאמר איפכא דת"ק סבר אין צריך לקיימו ומשפרעו הוי כמשמעו שפרעו ממש ולכך פטור דאסור להשהות שטר פרוע שמא יגבה בו פעם אחרת שכשיטעון הלוה האמת שפרעו לא יהא המלוה צריך לקיימו ויגבה שנית ור' יהודה סבר צריך לקיימו ואף משפרעו חייב דצריך הוא לצור על פי צלוחיתו ואין אסור להשהותו דמיירי כגון בידוע שלא ימצא עדי קיום ולא יוכל לגבות שנית דכשיטעון הלוה האמת שפרע יצטרך המלוה לקיימו ויש לומר דאף לר' יהודה הוה אסור להשהותו שמא יקיימנו באקראי בעלמא ויגבה בו שלא כדין: **רש"י גרים דכולי עלמא מודה בשטר שכתבו צריך לקיימו.** וכן נראה דהכי קי"ל דאית ליה לרב נחמן הכי בפרק שני דכתובות (דף יט.) וקיימא לן כוותיה בדיני: ת"ק

עין משפט נר מצוה

ו א מיי' פי"ח מהלכות שבת הלכה י:
ז ב ג ד שם הלכה טו:

רבינו חננאל

ותנא כמה קשר מוכסין ב' אותיות לא שנו אלא באותו קשר [מוכסין] שהן מכירין אותו באותו פרק שכותבין בו ב' אותיות בכתב יווני שהן גדולות מאותיות שלנו אם יש בנייר החלק שיעור ב' אותיות הללו חייב עליו ואם לאו פטור. ורמינהי המוציא נייר חלק אם יש בו כדי לכתוב ב' אותיות חייב ואם לאו פטור. מדקאמר ב' אותיות סתם אסיקנן אדעתין ב' אותיות דילן דזוטרן מן ב' אותיות של קשר מוכסין וקא מחייב עליה. ומן ההיא קמייתא פטור. אמר רב ששת ב' אותיו' דתנינא בהא ברייתא שנייה נמי דקשר מוכסין. רבא אמר ב' אותיות דילן ובית אחיזה. הכי אמר רבא לא תימא אם מוכיל הנייר ב' אותיות חייב עליו אלא אימא הכי אם אפשר לכתוב עליו ב' אותיות ואי אפשר עד שיהא בו בית אחיזה כדי לכתוב למעלה הימנו ונמצא מקום ב' אותיות ובית אחיזה כשיעור קשר מוכסין: **מיתיבי** המוציא נייר מחוק ושטר פרוע אם יש בלובן שלו כדי לכתוב ב' אותיות או בכולן כדי לכרוך על פי צלוחית קטנה של פלייטון חייב ואם לאו פטור. לרב ששת דאמר בב' אותיות של קשר מוכסין שפיר דהוה ליה כמתנית' ופירושה אלא לרבא דאמר צריך שיהא הנייר החלק כולו כשיעור ב' אותיות של קשר מוכסין והוא שיעור ב' אותיות דילן ובית אחיזה. והא הכא דשטר גדול הוא שיש בו לבן ויש בו בית אחיזה ומקום הלובן שלו ב' אותיות שלנו. ולא צריך מקום ב' אותיות של קשר מוכסין. קשיא: הא דתנן המוציא קשר מוכסין חייב. אוקימנא בברייתא עד שלא הראהו למוכס מפני שהוא צריך לו. אבל אם הראהו למוכס ואינו צריך לו פטור. ור' יהודה פליג ואמר אף משהראהו למוכס חייב מפני שהוא צריך לו. ובעינן למידע במאי פלוגתייהו ומאי בינייהו אמר אביי (דאטו) [רהיטי] מוכסא איכא בינייהו בזמן שיש כמה רצין לפני המוכס מחפשין מי נתן המכס ונטל הקשר ומי שלא נתן קאמר ר' יהודה חושש הוא שמא ישיגוהו רצי המכס בזמן שאין עמו קשר לפיכך צריך לו לדחותם. אע"פ שהראהו לגדול. אבל היכא דליכא רהטי מכסא קאמר אביי אפילו ר' יהודה מודי דפטור. רבא אמר מוכס גדול ומוכס קטן איכא בינייהו ומימריה קרוב למימרא דאביי. וסבירא ליה שאם אין שם מוכס קטן משהראהו למוכס לא פליג ר' יהודה דפטור. רב אשי אמר לעולם פליגי ולא מילתא איכא בינייהו אלא לב' אפי' היכא דליכא רהטי אלא שני מוכסין צריך ליה לקשר דכד אתי מוכסא שני מחווי ליה למוכס דקדים מוכס שני וא"ל חזי דגברא דמכס אנא ורגילנא לשלומי מכסא שיהא לו פנים אצלו. או דמאחר ליה ולא דחיק ליה: **המוציא** שטר חוב שהוא עליו עד שלא פרעו כגון שגנבו מן המלוה או שנפל מן המלוה ומצאו המלוה בשבת עד שלא פרעו והעבירו ד' אמות ברה"ר כו' לא פליגי שהוא חייב. כי פליגי כגון שהוציאו לוה אחר שפרעו. רבנן סברי פטור משום דלית ליה צורך ביה. ור' יהודה סבר עדיין צריך לו ואע"ג שפרעו וחייב. מאי בינייהו דפליגי ביה. אמר רב יוסף אסור לשהות שטר פרוע איכא בינייהו. ת"ק סבר אסור. וכיון שהמלוה אסור לשהותו אין הלוה צריך לשטר ואם הוציאו פטור. ור' יהודה סבר מותר לאדם לשהות שטר פרוע בתוך ביתו. דהוה ליה כמתעסק. והרי הלוה חושש מן השטר ויש לו צורך בהוצאתו וחייב. אביי אמר דכולי עלמא אסור לשהות שטר פרוע. והכא במודה בשטר שכתבו קא מיפלגי. ת"ק סבר צריך לקיימו. ור' יהודה סבר אין צריך לקיימו. ועיקר דהא שמעתתא בהאשה שנתארמלה ובכמה דוכתי

מסורת הש"ס

א) מהרש"ל מוחק זה וכן משמע לקמן בגמ' עט', ב) [ע' תוס' סוטה יז. ד"ה אינו כותב], ג) [נזיר נ.], ד) [רקיקי מלות מתרגמינן אספוגין ספירין ערוך וכן בערך אלספג], ה) [גי' הערוך ערך שתי תנא כמה קשר מוכסין שתי אותיות בכתב יווני שהן גדולות מאותיות שלנו], ו) [תוספתא פרק ט], ז) [שם], ח) [כתובות יט.], ט) [שם ב"מ ז: עב: ב"ב קנד. קע.], י) [דף לו. ע"ש], כ) [שייך לע"א במשנה].

הגהות הב"ח

(א) תוס' ד"ה ת"ק סבר וכו' א"נ לטרוף ממשעבדי. נ"ב דלא חיישינן לקנוניא אלא היכא דאיכא לאימלוכי שטרא דהיינו שנאבד ונמצא: (ב) בא"ד עומד ולווה שאינו פרוע ואי לא הוה טענינן ללקוחות וליתומים מזוייף הוה אתי שפיר וכו' ושם הארכתי וי"ל דמיירי כגון שאמר אין לי וכו' שלא כדין ואם תאמר ואמאי לא קאמר כצ"ל:

גליון הש"ס

גמ' רבנן סברי אסור לשהות. ק"ל הא חזי ליה למחוק השטר ויהיה מותר להשהותו לצור ע"פ צלוחיתו וצ"ע:

ליקוטי רש"י

פליימון. בלסמ"א משחה לאפרסמא [לעיל סב.]. בושם שריחו נודף ואינו אפרסמון [סנהדרין קח.]. **קמיע.** כתב לרפואה תולין [לעיל נג.]. **דוכסוסטוס.** קלף שנוטלה קליפתו העליונה [לקמן עט.]. קלף (שלא) [שהוא] נקלף [מנחות לא:]. **חרסית.** כתושי רעפים טיוול"ש בלע"ז [ב"ק סט. ע"ש בתוס']. **כפיפה מצרית.** של צורי דקל [סוטה יד.]. **קופה.** **סיב.** **משפך.** **במודה בשטר שכתבו.** לוה בשטר שכתבו ואינו מזויף אלא שטוען פרעתיו או שכ"מ הייתי או שטר אמנה או שטר פסים הוא. **שצריך לקיימו קמיפלגי.** צריך המלוה לקיימו ע"פ אחרים שלא יוכל לוה לפסלו במיגו קמיפלגי [רשב"ם ב"ב קנד.]. **צריך לקיימו.** אע"פ שהלוה מודה ליה שכתב שטר זה ולוה לו מעות צריך המלוה לקיימו בחותמיו ואפילו השטר בידו נאמן הלוה לומר פרעתיך דלכל זמן שאינו מקוים מאן קמשוי ליה שטרא לוה שמודה לו שכתבו הא אמר דפריע אבל משהשטר מוחזק על פי עדיו אין הלוה נאמן לומר פרעתי [ב"מ ז.]. **אין צריך לקיימו.** אין המלוה צריך לקיימו בעדים החתומים בו שאין הלוה שוב נאמן לומר פרעתיו ולא אמרינן בהאי הפה שאסר הוא הפה שהתיר דמכיון שאמר כשר היה הרי הוחזק השטר וכי אמר פרעתיו לא מהימן שהרי ביד המלוה הוא [כתובות שם]. דקסם שטרות הרי הם כשרים ובשטרות לא נימא הפה שאסר הוא הפה שהתיר לפסלו [רשב"ם ב"ב שם]. מאחר שהלוה מודה ששטר חוב שהוציא עליו שטר אמת הוא אין המלוה צריך לחזור אחר העדים החתומין בו ולהעיד על חתימתן ולקיימו [ב"מ עב.]. דלא דמי לשאר דינים שהפה שאסר הוא הפה שהתיר שאפילו אם היה זה מערער ואומר לא כתבתיו לא היה לנו לחשוד את זה בכך שלא נחשדו ישראל לעשות שטרות מזוייפים אלא שהחמירו חכמים להצריך קיום היכא דמערערי עליה הלכך כי אמר כתבתיו נהמניה נמי שהשטר בידו [רשב"ם ב"ב קע.].

But R' Yehudah holds that it is permitted to retain a paid-up loan **document** – thus, the lender is liable if he takes it out.[52]

A second interpretation:

אַבַּיֵי אָמַר – Abaye said: דְּכוּלֵּי עָלְמָא אָסוּר לְשַׁהוֹת שְׁטָר פָּרוּעַ – One can even say **that everyone agrees that it is forbidden to retain a paid-up** loan **document. וְהָכָא – And here** in the Baraisa, **בְּמוֹדֶה בִּשְׁטָר שֶׁכְּתָבוֹ שֶׁצָּרִיךְ לְקַיְּימוֹ קָמִיפַּלְגֵי** – we are dealing **with a case where [the borrower] admits to having written the** loan **document, and they argue whether he must verify it** further by stating that he has not paid the loan described therein.[53] **תַּנָּא קַמָּא סָבַר מוֹדֶה בִּשְׁטָר שֶׁכְּתָבוֹ צָרִיךְ לְקַיְּימוֹ – The Tanna Kamma holds** that even **if [the borrower] admits to having written a document, he** still **must verify it** to accord it the status of a collectible document; **וְרַבִּי יְהוּדָה סָבַר מוֹדֶה בִּשְׁטָר שֶׁכְּתָבוֹ אֵין צָרִיךְ לְקַיְּימוֹ – while R' Yehudah holds that once [the borrower] admits to having written the document, he need not verify it** to accord it that status.[54] **וּמַאי עַד שֶׁלֹּא פְּרָעוֹ וּמִשֶּׁפְּרָעוֹ – And what** does the Baraisa mean when it states: **"If he has not yet paid," and "once he has paid"?**

NOTES

52. Since the lender is permitted to retain the document to wrap upon a flask, it has significance, and he is liable if he takes it out (*Rashi*). [This interpretation assumes that the lender will not be required to return the document to the borrower as a condition of the loan's repayment; this will be discussed further in the Gemara below.]

53. Generally, a borrower can claim that a loan document produced against him is false, and the lender cannot collect with the document unless he certifies it by having witnesses attest to the authenticity of the signatures in the document. [This is accomplished either through the testimony of the signators themselves, or that of others who recognize their signatures – see *Kesubos* 18b ff, where this is discussed at length.] However, if the borrower admits that the document is genuine, but asserts that the loan has already been paid, there is a dispute whether the lender must still verify the document in order to be able to collect, or whether the admission of the borrower [coupled with the fact that the lender is in possession of the document] is sufficient proof to allow the lender to collect (see *Tosafos* to *Kesubos* 19a ד״ה מודה). According to *Rashi,* the Gemara expresses this dispute in terms of the borrower. Thus, one view holds that even if the borrower has admitted to having written the document [i.e. he admits that the document is not forged], it is only if he also states that he has not paid the loan that the document becomes validated. If, however, he states that he has already paid, the document cannot be used to collect with, because the borrower has tempered his admission by stating that he does not owe the money in any event. Thus, he will only confirm the collectible status of the document by stating that he still owes the money. The other view holds that once the borrower has admitted to writing the document, he has in effect verified the document; he need not further verify the document by stating that he still owes the money to the lender [and is no longer believed should he claim that the loan was paid] (see *Rashi*).

[It should be noted that only here does *Rashi* explain the second part of the expression ("he must verify it") as referring to the borrower; in other places in the Talmud (see, for example, *Kesubos* 19a), *Rashi* explains it as referring to the lender (see also *Chidushei HaRan*). [That is, even if the borrower admits to having written the document, if he states that he has paid, *the lender* must verify the document if he wishes to collect.] Most Rishonim (e.g. *Ritva MHK* ed. here, *Rashbam* to *Bava Basra* 154a) explain the wording as *Rashi* does elsewhere; however, the difference between the two explanations is only semantic, and there is no substantive difference between them. See also *Maharam* and *Pnei Yehoshua,* who discuss why *Rashi* explains this way in our *sugya.*]

54. The Tanna Kamma holds that as long as the borrower claims that he has not paid the note, the lender cannot collect with it unless he, the lender, verifies it. Now, as the Gemara will shortly explain, we are dealing in the Baraisa (according to Abaye's interpretation) with a document that cannot be verified (see *Tosafos* and *Shabbos Shel Mi*). Thus, if the borrower claims that he has paid, the document is essentially worthless, and the lender will be exempt if he takes it out on the Sabbath (see also *Ramban*). R' Yehudah, however, holds that once the borrower admits that the document is genuine, the lender may collect with the document; therefore, it is valuable, and the lender is liable if he takes it out (*Rashi*). [The Gemara below will explain how this explanation fits into the wording of the Baraisa.]

עַד שֶׁיֹּאמַר לוֹ ,,פָּרַעְתִּי" וְ,,לֹא פָּרַעְתִּי" – It means **until the borrower says "I repaid" or "I did not repay."**[1] The Tanna Kamma holds that even if the borrower admits to having written the document, once he states that he repaid the loan, the document is worthless, and the lender is not liable for taking it out;[2] while R' Yehudah holds that the document is still viable, and the lender is liable for taking it out.[3]

The Gemara offers a third explanation of the dispute:

רָבָא אָמַר – **Rava said:** דְּכוּלֵּי עָלְמָא מוֹדֶה בִּשְׁטָר שֶׁכְּתָבוֹ שֶׁצָּרִיךְ לְקַיְּימוֹ – It is possible **that everyone agrees that** even though **[the borrower] admits to having written the** loan **document, he** still **must verify it** to accord it the status of a viable document; thus, if the borrower claims to have repaid the loan and the document cannot be independently authenticated, all would agree that the lender would not be liable for taking it out.[4] וְהָכָא בִּכְותְבִין שׁוֹבֵר קָמִיפַּלְגִי – **And here** in the Baraisa, we are dealing with a document that has been verified by the court;[5] and **they** (the Tanna and R' Yehudah) **argue** concerning **whether we** will allow a lender to **write a receipt** attesting to the payment of the loan if he cannot produce the loan document.[6] תַּנָּא קַמָּא סָבַר כּוֹתְבִין שׁוֹבֵר – **The Tanna Kamma holds** that **we** will allow the lender to **write a receipt;** therefore, once the loan is paid, the lender has no need for the document, and he is not liable for taking it out.[7] וְרַבִּי יְהוּדָה סָבַר אֵין כּוֹתְבִין שׁוֹבֵר – **But R' Yehudah holds** that **we do not** allow the lender to **write a receipt;** rather, he must produce the original document. Thus, even after the loan has been paid, the lender still needs the document so he can return it to the borrower;[8] accordingly, he will be liable for taking the document out even if the loan was paid.[9]

The fourth explanation:

רַב אַשִׁי אָמַר – **Rav Ashi said:** In truth, the dispute in the Baraisa concerns a document that is taken out by a *borrower,* after it has been returned to him upon repayment of a loan. The Tanna Kamma holds that the borrower has no use for such a document, and he is therefore not liable for taking it out.[10] R' Yehudah, however, maintains that the document will be retained by the borrower, מִפְּנֵי שֶׁצָּרִיךְ לְהַרְאוֹתוֹ לְבַעַל חוֹב שֵׁנִי – **for he needs it to show it to a second creditor,** דְּאָמַר לֵיהּ – **so that he can say to him:** חֲזִי גַּבְרָא דְּפָרַע אֲנָא – **"See that I am a man who pays** my debts."[11]

NOTES

1. According to Abaye, the first case of the Baraisa ("if the borrower has not yet paid, he is liable") is interpreted as referring to a claim rather than actual payment of the loan. That is, the Baraisa is teaching that as long as the borrower has not *claimed* that he has repaid the loan, the document is still a viable one, and the lender would be liable for taking it out on the Sabbath (see *Tosafos, Ramban,* et al. [to 78b]; see also *Pnei Yehoshua*). The second case of the Baraisa ("once he has paid the loan"), which is the case disputed by R' Yehudah, must also be interpreted in this manner; the dispute between the Tanna Kamma and R' Yehudah concerns a case where the borrower admitted to having written the document, but claimed that he had repaid the loan.

2. As explained above, the Tanna Kamma holds that the borrower's admission to having written the document does not prevent him from claiming that he repaid the loan. Thus, the Baraisa teaches that in his view, once the borrower has *claimed* to have repaid the loan [after admitting that the document is genuine], the document (which cannot be verified – see above, 78b note 54) cannot be used for collection, and the lender thus has no use for it; therefore, if the lender takes it out he is not liable. [See *Tosafos* to 78b ד״ה ת״ק, who discusses why he may not keep it to wrap a flask with it; see also *Pnei Yehoshua* and *Sfas Emes.*]

3. R' Yehudah disputes the Tanna Kamma, and holds that once the borrower has admitted that the document is genuine, he can no longer claim that he has paid the loan while the document is in the lender's possession. Thus, once the borrower has admitted to writing the document, it is viable even if the borrower claims to have paid. Accordingly, the lender still has need of the document, and he is liable if he takes it out on the Sabbath. [*Ritva MHK* ed. notes that Abaye's explanation of the Baraisa is somewhat forced; he posits that Rava does not accept Abaye's explanation for this reason, and advances his own (as the Gemara proceeds to state). See there for discussion of other difficulties with Abaye's explanation.]

4. For, as explained above, such a document would be worthless and therefore insignificant. *Rashi* adds that according to Rava's explanation, both the Tanna Kamma and R' Yehudah agree that it is forbidden for the lender to retain a paid-up loan document (see also sources cited above in note 2).

5. I.e. the lender produced witnesses to the veracity of the signatures on the document, and the court certified the document for collection (see above, 78b note 53).

6. Normally, when a borrower repays a loan that was recorded in a document, the lender must return the loan document to the borrower. In a case where the lender claims that the document was misplaced and he is unable to produce it, there is a dispute as to the proper procedure. One view holds that we require the borrower to repay the loan in any case, and we allow the lender to write a receipt stating that he has paid the loan in lieu of returning the document. Although this will impose upon the borrower the onus of always retaining the receipt so that he cannot be illegally pressed for payment a second time [should the document be produced], this view holds that the borrower is beholden to the lender to the extent that he must accept this responsibility (as the verse [*Proverbs* 22:7] states: *a borrower is a servant to the lender*). A second view disagrees, and maintains that if the lender claims to have lost the document, the borrower may refuse to pay until the document is returned to him, and he cannot be forced to accept a receipt. [See *Bava Basra* 171b; see there 170b-171b for further discussion.] Rava explains that the Tanna Kamma and R' Yehudah dispute this very point, as the Gemara proceeds to explain.

7. [Our elucidation follows *Rashi's* second and preferred explanation.] According to Rava, the second case of the Baraisa speaks of a scenario where the lender did not have the document at the time of repayment; however, the borrower consented to repay the loan when the lender assured him that he would return the document to him (see *Ritva MHK* ed. and *Maharam*). Then, while the lender still had the document in his possession, he took it outside on the Sabbath. The Tanna Kamma maintains that in such a case the lender will be exempt, because it is not essential for him to have the document, for he can always write a receipt for the loan (cf. *Tosafos;* see *Maginei Shlomo* and *Shabbos Shel Mi*). Furthermore, even if it is not lost, he is not required to return it so that the borrower can use it to wrap a flask, for the borrower would not do so in any event; he would instead destroy it so that it could not be used against him at a later date. Since it is not essential for him to keep the document, he is not liable if he takes it out (see *Rashi;* see also below, note 9; see also *Chidushei HaRan*).

8. According to R' Yehudah, the borrower cannot be forced to accept a receipt; he can refuse, claiming that he does not wish to have to safeguard the receipt forever. Therefore, if the lender were to lose the document, the borrower could require him to return the payment that he had made. Thus, the lender still has need of the document even after the loan has been paid, and if he takes it out on the Sabbath he is liable (*Rashi;* see *Ramban, Ritva* et al.; see also *Pnei Yehoshua*).

9. [See *Rashi,* who cites an alternate text which reverses the views of the Tanna Kamma and R' Yehudah; *Rashi* rejects this text, however, because the Gemara in *Bava Basra* (170b) clearly states that R' Yehudah holds the view that we do not force the borrower to accept a receipt in a similar case.]

10. He will not keep the document to wrap the mouth of a flask, because he will fear the possibility that it will one day come to the hands of the lender (see above, note 7).

11. According to Rav Ashi's interpretation of the dispute, the *borrower* is the one taking out the document; and the dispute between the Tanna Kamma and R' Yehudah concerns whether the *borrower* has use for the document once it has been paid. [Use as a wrap for a flask is not an issue, as explained above.] R' Yehudah holds that a borrower will keep a paid document [and run the risk of losing it] to be able to prove his creditworthy status; the Tanna Kamma disagrees, and maintains that

עד שיאמר לוה פרעתי ולא פרעתי רבא אמר דכולי עלמא מודה בשטר שכתבו שצריך לקיימו והכא בכותבין שובר קמיפלגי תנא קמא סבר כותבין שובר [א] ורבי יהודה סבר אין כותבין שובר רב אשי אמר מפני שצריך להראותו לבעל חוב שני דאמר ליה חזי גברא דפרע אנא: עור כדי לעשות כו': בעא מיניה רבא מרב נחמן המוציא עור בכמה א"ל כדתנן עור כדי לעשות קמיע [המעבדו בכמה א"ל לא שנא] לעבדו בכמה א"ל לא שנא ומנא תימרא כדתנן [ב] המלבן והמנפץ והצובע והטווה שיעורו כמלא רוחב הסיט כפול והאורג ב' חוטין שיעורו כמלא רוחב הסיט (כפול) אלמא כיון דלטוויה קאי שיעורא כטווי ה"נ כיון דלעבדו קאי שיעורו כמעובד ושלא לעבדו בכמה אמר ליה לא שנא ולא שני בין מעובד לשאינו מעובד איתיביה המוציא [ג] סמנין שרוין כדי לצבוע בהן דוגמא לאירא ואילו בסמנין שאינן שרוין תנן [ד] קליפי אגוזים וקליפי רמונין סטים ופואה כדי לצבוע בהן בגד קטן [לפי] סבכה הא איתמר עלה [ה] אמר רב נחמן אמר רבה בר אבוה לפי שאין אדם טורח לשרות סמנין לצבוע בהן דוגמא לאירא והרי זרעוני גינה דמקמי דזרעינהו תנן [ו] זרעוני גינה פחות מכגרוגרת רבי יהודה בן בתירא אומר חמשה ואילו בתר דזרעינהו תנן [ז] זבל וחול הדק כדי לזבל בו קלח של כרוב דברי רבי עקיבא וחכמים אומרים כדי לזבל כרישא הא איתמר עלה [ח] אמר רב פפא הא דזריע הא דלא זריע לפי שאין אדם טורח להוציא נימא אחת לזריעה והרי טיט דמקמי דליגבליה תניא [ט] מודים חכמים לרבי שמעון במוציא שופכין לרה"ר ששיעורן ברביעית והוינן [בה] שופכין למאי חזו וא"ר ירמיה לגבל בהן את הטיט ואילו בתר דגבליה תניא [י] טיט כדי לעשות בהן פי כור התם נמי כדאמרן לפי שאין אדם טורח (א) (בהן) לגבל את הטיט לעשות בו פי כור ת"ש [כ] דאמר רבי חייא בר אמי משמיה דעולא [ב] שלשה עורות הן מצה וחיפה ודיפתרא מצה כמשמעו דלא מליח ודלא קמיח ודלא עפיץ וכמה שיעורו תני רב שמואל בר רב יהודה ° כדי לצור בו משקולת קטנה וכמה אמר אביי ריבעא דריבעא דפומבדיתא חיפה דמליח ולא קמיח ולא עפיץ וכמה שיעורו כדתנן עור כדי לעשות קמיע דיפתרא דמליח וקמיח ולא עפיץ וכמה שיעורו כדי לכתוב עליו את הגט קתני מיהת כדי לצור בו משקולת קטנה ואמר אביי ריבעא דריבעא דפומבדיתא התם בבישולא והתנן [ל] הבגד שלשה על שלשה למדרס השק ד' על ד' העור ה' על ה' מפץ ו' על ו' בין למדרס בין למת ותאני עלה [ג] הבגד והשק והעור כשיעור לטומאה כך שיעור להוצאה ההוא [ד] בקורטובלא:

קלף

רש"י

עד שיאמר פרעתי ולא פרעתי. כלומר עד שלא אמר פרעתי חייב משאמר פרעתי פטור דבטל ליה: דכולי עלמא צריך לקיימו. והכא בפרעו ולא פרעו ממש קאמר ובשטר מקויים ודכולי עלמא אסור לשהות שטר פרוע: והכא בכותבין שובר קא מיפלגי. יש גורסין ת"ק סבר אין כותבין שובר על שטר פרוע שאתה מצריכו לשמור שוברו מן העכברים אלא מחזיר לו ושורפו ואסור להשהותו ורבי יהודה סבר כותבין שובר ועל ידי שובר מותר לשהות שטר פרוע לצור ע"פ צלוחיתו ולא היא חדא דכיון דאסור לשהות שטר פרוע אפי' על ידי שובר נמי אסור להשהותו שמא יאבד השובר וזה חוזר וגובה בו ועוד לרבי יהודה אין כותבין שובר שמעינן ליה בבבא בתרא (דף קע:) דתנן מי שפרע מקצת חובו ר' יהודה אומר יחליף רבי יוסי אומר יכתוב שובר וה"ג ת"ק סבר כותבים שובר והכי קאמר משפרעו לוה והוציאו מלוה בשבת פטור שאינו צריך לו ואי אמרת כיון דראוי לצור ע"פ צלוחיתו הוא דבעי אהדורי ללוה לא משהי ליה שמא יבא לידי מלוה ויחזור ויתבענו ואי נמי לא מהדר ליה מלוה לא איכפת ליה ללוה דמלוה כתב ליה ללוה שובר עילויה ורבי יהודה סבר אין כותבין שובר הלכך צריך הוא המלוה דבעי אהדורי (ב) ואי לא מהדר ליה חוזר ותובעו לו מה שפרעו דלא סגי ליה בשובר דצריך לשומרו מן העכברים: רב אשי אמר. פלוגתייהו כשהוציאו לוה הוא ומה הוא צריך לו דקאמר ודאי לא לצור דמשום סתימת פי צלוחית לא משהי ליה שמא יבא ליד המלוה אלא משהי ליה להראותו לשאר בעלי חובות ולהתהלל שהוא פורע חובותיו: המוציא עור בכמה. משום דבעי למיבעי מיניה הנך בעיי אחרייתא בעא מיניה הא ואף על גב דמתני' היא: לעבד. עור העומד לעבדו ועדיין לא עבדו בכמה שיעור הוצאתו: המלבן. צמר: סיט. כדי הפרש אצבע מהאמה: כפול. שני סיטין: אלמא. כיון דמנפץ ומלבן לטוויה קאי שיעוריה כטוויה: שלא לעבדו. אינו עומד לעבד: דוגמא. כלומר מעט כעין שמראין לדוגמא לומר רוצה אתה בזה: לאירא. והוא כשיעור הצריך לאירא של גרדי לסתום פי קנה שפקעית הערב נתונה בו: קליפי אגוזים. קליפה לחה שעל קליפי האגוז: סטים. וישודא: פואה. וורנל"א: פי סבכה. קופ"א נותנין בגד באמצעיתה והאי שיעורא נפיש: שאין אדם טורח כו'. ואם בא לשרותה שורה כדי פי סבכה אבל עור טורח אדם לעבד כדי קמיע ומעובד נמי פחות מכדי קמיע לא חשיב: חמשה. גרעינין: ואילו בתר דזרעינהו תנן. דקלא אחד חשוב: כרישא. קפלוט: הא איתמר עלה. לקמן בפרק רבי עקיבא מתרץ לה רב פפא הכי: נימא. גרעינין: מצה כמשמעו. שאין לה שום תיקון: קמיח. משהין אותו בקמח ומים: עפיץ. מתקנין אותו בשחיקת עפצים כמו שעושין כאן בשחיקת קליפת ארז שקורין טנא: וכמה שיעורו. להוצאת שבת: רבעא דרבעא דפומבדיתא. רובע ליטרא של פומבדיתא דרך הסוחרים לצור משקולת של עופרת כדי שלא תפחת לפי שהמתכת נשחקת תמיד ונפחת מאליו: קמיע. בציר שיעוריה מכדי לצור משקולת: לכתוב גט. ותנן (גיטין דף פה.) גופו של גט הרי את מותרת לכל אדם ושמו ושמה והעדים והזמן ושיעור זה קטן מכולן: וקתני מיהת כו'. אלמא שיעור דאין מעובד נפיש: בבישולא. לא כמו שהופסט קרי בשולא לשון בשול שהוא לח דאכתי לא חזי לעיבוד אבל יבש חזי לעיבוד וכיון דחזי לעיבוד הוי כמעובד: שלשה על שלשה לטומאת מדרס. אבל למגע שלש על שלש והן אצבעות: כך שיעור להוצאת שבת. אלמא שאין מעובד חמשה טפחים בעינן ומתניתין מוקי במעובד: בקורטבלא. מבשלו ברותחין ומתקשה ליסב עליו ולכסות דלובקאות שקורין פושדטוויי"ל ומטות ולעשותו שולחן:

דוכסוסטוס

תוספות

ת"ק סבר כותבין שובר. ומיירי שכבר יש לו שובר ולכך משפרע פטור דאין זקוק להחזיר השטר ומתוך פירוש הקונטרס משמע שעדיין לא נכתב השובר וקשה דהרי צריך להחזירו ללוה שלא יצטרך לכתוב שובר: חזי דגברא דפרע אנא. כרב אשי תניא בתוספתא דמכילתין [מ] ר' יהודה אומר אף המוציא שטר פרוע כל שהוא חייב מפני שמשמרו לבעל חוב ולשאר אמוראי קשה לרשב"א: אלמא כיון דלטוויה קאי. הוה ליה למינקט כיון דלאריגה קאי (ג) שהוא רחוק יותר אלא שמא לאו כולהו קיימי לאריגה: כדי לכתוב עליו את הגט. סבירא ליה כרבי אליעזר דאמר עדי מסירה כרתי דלר' מאיר אין כותבין על הדפתרא דתנן בגיטין (דף כא:) אין כותבין על נייר מחוק ועל הדפתרא וחכמים מכשירין ואמר בגמ' מאן חכמים ר' אליעזר ובחנם פי' בקונטרס דשיעור גט קטן מכולן דהא אשכחן דקלף כדי לכתוב עליו פרשה קטנה שבתפילין ונייר דגרע טפי שיעורו לכתוב עליו קשר מוכסין וטעמא דקלף שהוא חשוב אין מצניעין אותו לקשר מוכסין וכן יש לפרש כאן: וקתני מיהא כדי לצור ואמר אביי. קשה לר"י דלא הוה ליה לאתויי מילתא דאביי הכא:

עין משפט נר מצוה

ח א מיי' פי"א מהלכות שבת הלכה ה:
ט ב מיי' פי"ח מהלכות שבת הלכה יד:
י ג שם הלכה יג:
יא ד שם הלכה יד:

רבינו חננאל

דוכתי נמי איכא. והכין הוא ראובן שתבע את שמעון במנה והוציא עליו שטר. אמר שמעון שטר זה כתבתיו לו על עצמי אלא שפרעתיו אם יכול ראובן המלוה לקיים את השטר בחותמיו כולי עלמא לא פליגי שחייב שמעון בממון דאמר רב פפא האי מאן דמפיק שטרא אחבריה וא"ל שטרא פריעא הוא לאו כל כמיניה. אבל אם אין ראובן המלוה יכול לקיימו בחותמיו ואין נודע כי נכתב באמת אלא מדברי שמעון. מר סבר אם מודה לוה בשטר שכתבו צריך המלוה לקיימו בו ואם לא יקימנו ואמר לוה כתבתיו ופרעתיו. הפה שאסר הוא הפה שהתיר ומר סבר כיון שהודה לוה שכתבו הרי נתקיים בכך ואין המלוה צריך לקיימו. ואם יאמר לוה כתבתיו ופרעתיו אומרי' לו הבא ראיה או תן זה הממון והילכך צריך לקיימו עכשיו וקאמ' אביי ת"ק סבר מודה בשטר שכתבו צריך לקיימו ולא איכפת ליה ללוה אע"ג דשטרא ביד מלוה וצריך מלוה לקיימו. והילכך לוה פטור על הוצאתו דמתעסק הוא. ור' יהודה סבר מודה בשטר שכתבו אין צריך לקיימו. וצריך ליה לוה וחייב על הוצאתו: רבא אמר דכ"ע מודו בשטר שכתבו צריך לקיימו. והכא בכותבין שובר קא מיפלגי. ועיקרא הא בגמ' דגט פשוט במתני' מי שפרע מקצת חובו ר' יהודה אומר יחליף ר' יוסי אומר יכתוב שובר ואמרינן עלה אמר רב הונא אמר רב אין הלכה לא כר' יהודה ולא כר' יוסי אלא ב"ד מקרעין את השטר וכותבין לו שטר אחר מזמן ראשון. ודבר זה בין בפריעת מקצת בין בפריעת השטר כולו אם אמר המלוה אבד שטרי דקאמרינן (שם) אמר ר"ה בריה דרב יהושע אפי' למ"ד כותבין שובר ה"מ אפלגא אבל אכוליה שטרא לא כתבינן. ולא היא אפי' אכולי שטרא נמי כתבינן. ופלוגתא היא דרב ושמואל אמרי אין כותבין שובר. ור' יוחנן ור"ל אמרי כותבין שובר והלכתא כותבין שובר. השתא הכא לענין לוה שהוציא את השטר בשבת אחר שפרעו קאמר רבא בכותבין שובר פלוגתייהו. ת"ק דסבר פטור קסבר כותבין שובר דאסיק אדעתי' [שמא יאמר] שלא פרעו אלא [מבקש ממנו] שובר. וכיון שיש בידו שובר לא צריך ליה. ור' יהודה סבר אין כותבין שובר והאי פרע ליה ועדיין שטר שעליו קיים. והלכך צריך ליה א) ולא עליה מיניה חורבא. וכולהו הני סבארי אידחו במימרא דרב אשי וקאמר כ"ע כותבין שובר והכא צריך ליה לוה לשטרא דאיבעי למיזף מן איניש אחרינא מחוי ליה וא"ל חזי דגברא דפרע אנא. ומהכא מחייב ליה ר' יהודה: בעא מיניה רבא מרב נחמן עור שיעורו בכמה א"ל תנינא עור כדי לעשות בו קמיע ולא שנא מעובד (שלא לעבדו) שראוי לקמיע. ולא שנא שלא מעובד לעבדו ול"ש שאינו מעובד שלא לעבדו. ומנא תימרא דלא שנא לן בין מעובד בין שאינו מעובד דקאי לעבוד דהא המלבן והמנפס שהוא עומד לטויה שיעורו כשיעור טויה. ואיתיביה רבא תלת תיובתא לרב נחמן דאמר לא שנא לן בין מעובד לשאינו מעובד. ראשונה מסמנין שהרי השרויין שיעורן כדי לצבוע בהן (דאמא לאמא) [דוגמא לאירא]. ושאינן שרויין שיעורן גדול מזה. כדי לצבוע בהן בגד קטן פי סבכא דאלמא טובא איכא בין שרויין בין שאינן שרויין ופריק רב נחמן התם שני בין שרויין ובין שאינן שרויין. דהא איתמר עלה. אמר רב נחמן אמר רבה בר אבוה לפי שאין אדם טורח לשרות סממנים לצבוע בהן (ריגמא לאינא) [דוגמא לאירא]. והילכך אין דרך המוציא להוציא סממנין לשרות לצבוע. אבל שרויין מוציא אדם שיעור זה. אבל הכא עור מעובד ושאינו מעובד כצמר מנופץ וכטויה דמי. שנית איתיביה זרעוני גינה בזמן שאינן זרועין שיעור הוצאתו שנים ובזמן שהן זרועין שיעור המוציא להן זבל כדי לזבל כרישה אחת דאלמא שני בין זרועין לשאינן זרועין. ופריק בהא נמי שאני זרעוני גינה דאמר רב פפא לפי שאין אדם טורח להוציא נימא אחת לזריעה וטורח הוא לזבל כרישה אחת אבל עור לא שני לן בין מעובד לשאינו מעובד. שלישית שופכין ששיעורן ברביעית כדי לגבל טיט. אבל טיט מגובל כדי לעשות פי כוש. ופרקי' ההיא שניא בדאמיד בה שאין אדם טורח. אבל טיט [שיעורו] לעשות פי כוש. אבל הכא בעור לא שנא. תא שמע דאמר רב חייא בר אמי משמיה דעולא ג' עורות הן וקא יהיב תלתא שיעורי וחד מנהון מצה דלא מליח ודלא קמיח ודלא נפיץ. וזהו שאינו מעובד. ושיעורו ריבעא דריבעא דפומבדיתא. והוא כדי לצור משקולת קטנה. (בני) [פי'] רבינו האי גאון זצ"ל צוררין משקל של אבן כדי שלא יחסר. דאלמא פליג על רב נחמן דאמר לא שנא בין מעובד לשאינו מעובד. ופרקי' בישלה שאני. ופירושה בישלה העור שנתעבד כמה שהוא בלא מלח ובישל ונפסד כשמלבישין אותו על משקל או על זולתו יבש וקשה מאד (זהו שהכנת) [ודרך חנוני] לצרור משקולת ולעשות ממנו כלים לשמן שנקראין בכל אחד לאביי ושיעור קטן שלו הוא המפורש. וקא מפרקינן לרב נחמן שאם לא בישל העור ולא נפסד. ועדיין ראוי הוא לעיבוד שיעורו כמעובד כדי לעשות קמיע. אבל מליח וקמיח סגי בפחות מן הלין. תרי שיעורי בין לצור משקולת ובין עשיית קמיע. והכין נמי הא דתנן העור המליח חמשה

מסורת הש"ס

א) [ב"ב קע:], ב) לקמן קה:, ג) לקמן ל:, ד) לקמן פט:, ה) [לקמן ל.], ו) שם, ז) לקמן פ: ל:, ח) [לקמן ל.], ט) לעיל עח., י) שם לקמן פ:, כ) גיטין כב. ע"ש, ל) לעיל עו. ע"ש סוכה יז: כלים פכ"ז מ"ב, מ) [פ"ט].

הגהות הב"ח

(א) גמ' אדם טורח לגבל כצ"ל ותיבת בהן נמחק: (ב) רש"י ד"ה והכא בכותבין שובר וכו' דבעי אהדורי דאי לא מהדר ליה חוזר ותובעו לוה מה שפרעו: (ג) תוס' ד"ה אלמא וכו' דלאריגה קאי. נ"ב נ"ל דהתוס' היו גורסים והאורג וכו' רוחב הסיט כפול:

גליון הש"ס

גמ' כדי לצור בו משקולת קטנה. עיין בב"ב פט ע"א תוס' ד"ה ולא בכל:

ליקוטי רש"י

בכותבין שובר קמיפלגי. ופלוגתא דרבי יהודה ורבי יוסי היא בבבא בתרא (קע:) דקאמר רבי יהודה אין כותבין שובר אלא יקרעו את השטר דאם כן צריך זה לשמור שוברו מן העכברים [סוטה ז:]. כותבין שובר. על כרחו של לוה ואינו יכול להשמיט עצמו לומר לא אפרע עד שתחזיר לי שטרי שמא תחזור ותוציאנו אלא אומרים לו פרע והוא יכתוב לך שובר [כתובות פט.]. היכא דפרע מקצת חובו וה"ה היכא דפרע כל חובו וטוען מלוה אירכס שטרי כדמפרש לקמן כותבין שובר ונותנין ללוה להודיע שפרע כל חובו [רשב"ם ב"ב קעא.]. אין כותבין שובר. דנמצא זה צריך לשמור שוברו מן העכברים ומי שיש לו שטר על חברו או יגיח השטר ויחזירנו או לא יטול כלום [כתובות טז:]. משום דלא יצטרך לוה לשומרו מן העכברים דאי מרקב הדר האי וגבי שטריה כוליה [שם נו.]. המלבן. מכבסו בנהר [לעיל עג.]. הסיט כפול. מפרש בגמרא סיט הוא הפסק שבין אצבע לאמה כמו שאדם יכול להרחיבו ואם טוה וליבן וניפץ וצבע שהן כולן אבות מלאכות טוה אחד ארוך כשיעור הזה חייב. האורג שני חוטין שיעורו. ברוחב הבגד כמלא הסיט שאף על פי שלא ארגו על פני כל רוחב הבגד חייב [לקמן קה:]. דוגמא. מעט לאמר לבוע אדום ומעט לבע שחור וכן בכל מיני לבע שמראה בהם דוגמא לאחר כזה תרלו או כזה תרלו [לעיל יא:]. דוגמא לאירא. מעט לאמר שהוא כמין דוגמא שמראה הלבע לבעל הבית כזה תחפוף או כזה והוא כדי ליתן באירא של קנה של גרדי ושיעורה מועט [לקמן צ.]. אירא. הוא לנר או לנר גפן שסותם בו פי הקנה לאחר שהניח בתוכו פקעיות הערב ומשייר בנקב מלא חוט לאריג וזורקו לקנה והפקיע מתגלגל לתוכו ולצאת אינה יכולה שנסתם הנקב [לעיל שם]. דרך הגרדי להניח לנר בקנה של ערב כדי שלא יצא הערב מן הקנה לכאן ולכאן [ב"ק קיט:]. קליפי אגוזים. הגדילה על גבי הקליפה בעודן לחין [לקמן פט:]. סטים. מוריק"א קרו"ג [פסחים נו:]. קרוג"א בלע"ז כרכום [ב"ק קא:]. פי סבכה. ברשת הסבכה שעשאה בקליעה נותן מעט בגד [לקמן שם]. לשרות. ומתניתין בשאין שרויין והבא לשרות אינו שורה פחות מכדי בגד קטן. פחות מכגרוגרת. דאף על גב דכל האוכלין שיעורן כגרוגרת הני כיון דלזריעה קיימי בפחות מכגרוגרת נמי מיחייב [שם צ.]. זרעוני גינה. כגון זרע כרוב או קפלוט [רשב"ם ב"ב צב.]. כדי לזבל. אלמא זרע הבא מגרעין אחד חשיב [לקמן צ:]. כרישא. קפלוט ושיעוריה זוטר משל כרוב [שם פ:]. הא דזריע. מאחר שהן זרועין חשיב כל אחד ואחד ואדם טורח לזבל אחד מהם אבל דלא זריע אין אדם טורח לזרוע גרגיר אחד [שם צ:]. במוציא שופכין. אדם שלא הצניען אינו חייב אלא ברביעית דבציר מהכי לא חזו כדלקמן לגבל טיט [לעיל עח.]. שופכין. מים סרוחים [שם עו:]. ששופכין אותן לרה"ר [נזיר לח.]. פי כור. נקב שנותנין בו המפוח ושיעורא זוטא הוא ומרביעית חזי לגבל טובא וכיון דהוצאת טיט חשיבא בכדי פי כור בעינן נמי לשעוריה בהנך [מיא] דעבדי לטיט בכדי גיבול פי כור. לפי שאין אדם טורח לגבל את הטיט לעשות בו פי כור. דמיגבל כבר חשוב בכדי פי כור אבל זה שעדיין לא נגבל אינו נשער בכך לפי שאין אדם טורח לגבל שיעור מועט כזה ואם בא לגבל מגבל יותר ועושה בו דברים אחרים [לעיל עח.]. שלשה עורות הן. חלוקין בשמותיהן ובשיעוריהן. כמשמעו. כמלה זו שלא נתקנה בחימון כדת הלחם. קמיח. מעובד בקמח [גיטין כב.]. במים. עפיץ. מעובד בעפצים שקורין גל"ש [מגילה יט.]. משקולת. של עופרת עשויה להיות פוחתת ומחפין אותה בעור שלא תהא נשופת ופוחתת. ריבעא דריבעא. משקל קטן שלהן היה. חיפה. מתוקן קצת וראוי לחפות בו קמיעין [גיטין שם]. דיפתרא. עור שאינה מעובד כל צרכה דמליח וקמיח ולא עפיץ שהיו מעבדין הקלפים בעפצים שקורין גלי"ש [סוטה יז:]. לכתוב עליו את הגט. כרבנן דמכשרי ומיהו קלף גמור דמליח וקמיח ואפיץ לא שמיה עור משום הכי לא מני בהדייהו ושיעוריה תנן בהמוציא יין (שבת עט:) קלף כדי לכתוב בו פרשה קטנה שבתפילין אבל דיפתרא אינו כשר לתפילין הילכך שיעורו בגט [גיטין שם]. הבגד שלשה על שלשה. טפחים אם ייחדו למשכב הזב מטמא ליעשות אב הטומאה במשכב הזב או במדרסו. השק. מגולה של עזים עשוי והוא עב יותר מן הבגד ואינו מגיע לעוביו של עור [סוכה יז:]. מפץ. של קנים [לקמן פד.]. קורטובלא. עור שלוק [חגיגה כד.].

חשק שלמה על רבינו חננאל א) אולי צ"ל ולא ישליכנו למקום הפקר דנפיק מיניה חורבא:

The Mishnah stated:

עוֹר כְּדֵי לַעֲשׂוֹת כו׳ – If he takes out HIDE, ENOUGH TO MAKE etc. [an amulet].

The Gemara cites a series of inquiries concerning hide:

בְּעָא מִינֵּיהּ רָבָא מֵרַב נַחְמָן – **Rava inquired of Rav Nachman:** הַמּוֹצִיא עוֹר בְּכַמָּה – **If one takes out hide, how much** must he take out in order to be liable? אָמַר לוֹ – **[Rav Nachman] replied to him:** כִּדְתְנַן – The minimum amount is **as we learned in the Mishnah:** עוֹר כְּדֵי לַעֲשׂוֹת קָמֵיעַ – HIDE, ENOUGH TO MAKE AN AMULET.[12] Rava inquired further: [הַמְעַבְּדוֹ בְּכַמָּה] – If **one tans [hide]** on the Sabbath, **how much** must he tan to be liable?[13] אָמַר לֵיהּ – **[Rav Nachman] said to him:** [לֹא שְׁנָא] – **There is no difference;** with regard to this law too, the minimum amount is enough to make an amulet. Rava then inquired: לְעַבְּדוֹ בְּכַמָּה – If one takes out hide which has yet **to be tanned,**[14] **how much** must he take out in order to be liable?[15] אָמַר לֵיהּ לֹא שְׁנָא – **[Rav Nachman] replied to him: There is no difference:** In this case as well, the minimum measurement is enough to make an amulet.[16]

Rava asked:

וּמְנָא תֵּימְרָא – **But from where do you** know to **say** that even unprocessed hide has the same minimum measurement as processed hide?

Rav Nachman replies:

כִּדְתְנַן – It is **as we learned in a** later **Mishnah:**[17] הַמְלַבֵּן – ONE WHO WHITENS wool,[18] וְהַמְנַפֵּץ – ONE WHO DISENTANGLES it, וְהַצּוֹבֵעַ – ONE WHO DYES it, וְהַטּוֹוֶה – OR ONE WHO SPINS it, שִׁיעוּרוֹ כִּמְלֹא רוֹחַב הַסִּיט כָּפוּל – HIS MEASUREMENT for liability IS DOUBLE THE WIDTH OF A *SIT;*[19] וְהָאוֹרֵג שְׁנֵי חוּטִין – AND ONE WHO WEAVES TWO THREADS,[20] שִׁיעוּרוֹ כִּמְלֹא רוֹחַב הַסִּיט (כפול) – HIS MEASUREMENT IS THE FULL WIDTH OF A *SIT.*[21]

Rav Nachman explains his derivation:

אַלְמָא – **We see** from this Mishnah כֵּיוָן דִּלְטְווִיָּיה קָאֵי – that **since [raw wool] stands to be spun** into thread, שִׁיעוּרָא כִּטְווּי – **the measurement** for one who whitens, disentangles or dyes it **is the same as** the measurement for **spinning** it;[22] הָכָא נַמִּי – **here too,** with respect to unprocessed hide, כֵּיוָן דִּלְעַבְּדוֹ קָאֵי – **since it stands to be tanned,** שִׁיעוּרוֹ כִּמְעוּבָּד – **its measurement is the same as** that of **tanned hide.**

Rava asked a fourth question:

וְשֶׁלֹּא לְעַבְּדוֹ בְּכַמָּה – **And** if one takes out hide that does **not** stand **to be tanned, how much** must he take out to be liable? אָמַר לֵיהּ לֹא שְׁנָא – **[Rav Nachman] said to him: There is no difference** – the measurement in this case too is enough to make an amulet.

Rava advances three challenges to Rav Nachman's reply:

וְלֹא שָׁנֵי בֵּין מְעוּבָּד לְשֶׁאֵינוֹ מְעוּבָּד – **But is there no difference between** hide that is **tanned and** hide that is **not tanned?** אֵיתִיבֵיהּ – **[Rava] challenged this** assumption **from a Baraisa,** which states: הַמּוֹצִיא סַמָּנִין שְׁרוּיִין – ONE WHO TAKES OUT STEEPED HERBS that are used for dyeing כְּדֵי לִצְבּוֹעַ בָּהֶן דּוּגְמָא לְאִירָא – is liable only if he takes out ENOUGH TO DYE A SAMPLE swatch WITH THEM, which is the size necessary to close up the opening OF A WEAVER'S BOBBIN.[23] וְאִילּוּ בְּסַמָּנִין שֶׁאֵינָן שְׁרוּיִין תְּנַן – **Yet with respect to** those **herbs which are not** yet **steeped, we have learned** in the Mishnah below:[24] קְלִיפֵּי אֱגוֹזִים וּקְלִיפֵּי רִמּוֹנִין – If one takes out NUT HUSKS, POMEGRANATE PEELS, סְטִיס וּפוּאָה – SAFFLOWER OR MADDER,[25] כְּדֵי לִצְבּוֹעַ בָּהֶן בֶּגֶד קָטָן [לְפִי] סְבָכָה – he is liable if he carries out ENOUGH TO DYE THE SMALL CLOTH FOR THE TOP OF AS woman's HAT,[26] which is a larger amount than that needed to dye a sample swatch! Thus, we see that unprocessed items are not treated the same as processed ones. – ? –

The Gemara deflects the challenge:

הָא אִיתְּמַר עֲלָהּ – BUT IT HAS already BEEN STATED CONCERNING THIS ruling of the Mishnah: אָמַר רַב נַחְמָן אָמַר רַבָּה בַּר אֲבוּהָ – **Rav Nachman said in the name of Rabbah bar Avuha:** לְפִי שֶׁאֵין אָדָם טוֹרֵחַ לִשְׁרוֹת סַמָּנִין לִצְבּוֹעַ בָּהֶן דּוּגְמָא לְאִירָא – The Mishnah requires the larger amount for unprocessed herbs **because a person will not trouble himself to steep herbs** just **to dye a sample swatch** the size of the opening **of a weaver's bobbin.** Thus, unprocessed herbs are not considered significant unless there are a sufficient amount of them to dye a small cloth.[27] But a person *will* trouble himself to tan a piece of hide

NOTES

the borrower would not retain the document for this purpose (see *Rashi*). See, however, *Chasam Sofer.*

[According to Rav Ashi, the *second* case of the Baraisa refers to the borrower; the first case, however, refers to the lender even according to Rav Ashi (*Chidushei HaRan*).]

12. Rava himself was also aware of the ruling of the Mishnah; he merely asked this question as a preface to the questions that follow (*Rashi;* see *Ritva MHK* ed. for a second explanation). [This inquiry deals with hide that has been somewhat processed (see *Ramban,* who identifies it with the hide known as *chipah* [see Gemara below]); the Gemara below will explain that as leather undergoes further processing, the minimum amount necessary for liability becomes smaller.]

13. Tanning is one of the thirty-nine *avos melachos* (see Mishnah above, 73a). Rava inquires whether perhaps one who tans leather is not liable unless he tans a larger piece of leather, since it is possible that a person would not trouble himself to tan only enough leather to wrap an amulet (*Ritva MHK* ed.).

14. *Rashi;* see *Ramban.* [Apparently, *Rashi's* text reads לְעַבֵּד, [*which has yet*] *to be tanned* – rather than לְעַבְּדוֹ, *to tan it* (this alternate text could be interpreted as speaking of one who takes out hide *in order to tan it*). *Netziv* writes that in *Rashi's* view, one who takes out untanned hide in order to tan it is liable for taking out even a minute amount. Cf. *Rosh.*]

15. Since leather that is not tanned is not as valuable as tanned leather, Rava inquires whether one who takes out enough untanned leather to wrap an amulet is liable (see *Ritva MHK* ed.).

16. The Gemara will explain why untanned leather is accorded the same status as tanned leather with respect to this law.

17. Below, 105b.

18. I.e. one who whitens wool by washing it (see *Rashi* above, 73a ד״ה המלבנו and *Rambam, Hil. Shabbos* 9:10).

19. A *sit* is the space between the index finger and the middle finger when they are stretched apart. If one whitens, disentangles, dyes or spins enough wool to form a thread of twice this length, he is liable to a *chatas* (see *Rashi* here and below, 105b).

20. I.e. he weaves two weft thread across the warp threads to form woven cloth.

21. Even if the width of the fabric is such that a piece of thread does not cross all of the warp threads, once he weaves two threads the length of a *sit,* he is liable (*Rashi* ibid.).

[This section of the Mishnah is not relevant to our Gemara; it is cited here merely to complete the quote of the Mishnah.]

22. See *Tosafos;* see also *Maharam, Maharshal* and *Maharsha.*

23. Dyers would dye small pieces of cloth with various colors to show them to prospective buyers. The size of such a cloth scrap was the same as that of the cloth that was used by a weaver to close the opening of the bobbin which held the weft thread [the cloth kept the wound weft thread from unraveling and ensured that the weft thread paid out smoothly as the bobbin was passed between the warp threads] (*Rashi*).

24. Below, 89b.

25. All of these substances were used to produce dyes. See below, 89b note 37, where they are discussed in greater detail.

26. I.e. the piece of colored cloth that was placed at the top of a woman's headdress; see below, 89b note 38.

27. Once steeped, however, herbs are significant in a smaller quantity, because they can now be used to dye the useful sample cloth – and a person will trouble himself to dye such a cloth.

עד שיאמר לוה פרעתי ולא פרעתי רבא אמר דכולי עלמא מודה בשטר שכתבו שצריך לקיימו והכא בכותבין שובר קמיפלגי תנא קמא סבר כותבין שובר [א] ורבי יהודה סבר אין כותבין שובר רב אשי אמר מפני שצריך להראותו לבעל חוב שני דאמר ליה חזי גברא דפרע אנא: עור כדי לעשות כו': בעא מיניה רבא מרב נחמן המוציא עור בכמה א"ל כדתנן עור כדי לעשות קמיע [המעבדו בכמה א"ל לא שנא] לעבדו בכמה א"ל לא שנא ומנא תימרא כדתנן [ב] המלבן והמנפץ והצובע והטווה שיעורו כמלא רוחב הסיט כפול והאורג ב' חוטין שיעורו כמלא רוחב הסיט (כפול) אלמא כיון דלטוויה קאי שיעורו כמטווי ה"נ כיון דלעבדו קאי שיעורו כמעובד ושלא לעבדו בכמה אמר ליה לא שנא ולא שני בין מעובד לשאינו מעובד איתיביה המוציא [ג] סמנין שרוין כדי לצבוע בהן דוגמא לאירא ואילו בסמנין שאינן שרוין תנן [ד] קליפי אגוזים וקליפי רמונין סטים ופואה כדי לצבוע בהן בגד קטן [לפי] סבכה הא איתמר עלה [ה] אמר רב נחמן אמר רבה בר אבוה לפי שאין אדם טורח לשרות סמנין לצבוע בהן דוגמא לאירא והרי זרעוני גינה דמקמי דזרעינהו תנן [ו] זרעוני גינה פחות מכגרוגרת רבי יהודה בן בתירא אומר חמשה ואילו בתר דזרעינהו תנן [ז] זבל וחול הדק כדי לזבל בו קלח של כרוב דברי רבי עקיבא וחכמים אומרים כדי לזבל כרישא הא איתמר עלה [ח] אמר רב פפא הא דזריע הא דלא זריע לפי שאין אדם טורח להוציא נימא אחת לזריעה והרי טיט דמקמי דליגבליה תניא [ט] מודים חכמים לרבי שמעון במוציא שופכין לרה"ר ששיעורן ברביעית והוינן [בה] שופכין למאי חזו וא"ר ירמיה לגבל בהן את הטיט ואילו בתר דגבליה תניא [י] טיט כדי לעשות בהן פי כור התם נמי כדאמרן לפי שאין אדם טורח (א) (בהן) לגבל את הטיט לעשות בו פי כור ת"ש [כ] דאמר רבי חייא בר אמי משמיה דעולא [ל] שלשה עורות הן מצה וחיפה ודיפתרא מצה כמשמעו דלא מליח ודלא קמיח ודלא עפיץ וכמה שיעורו תני רב שמואל בר רב יהודה [מ] כדי לצור בו משקולת קטנה וכמה אמר אביי ריבעא דריבעא דפומבדיתא חיפה דמליח ולא קמיח ולא עפיץ וכמה שיעורו כדתנן עור כדי לעשות קמיע דיפתרא דמליח וקמיח ולא עפיץ וכמה שיעורו כדי לכתוב עליו את הגט קתני מיהת כדי לצור בו משקולת קטנה ואמר אביי ריבעא דריבעא דפומבדיתא התם בבישולא והתנן [נ] הבגד שלשה על שלשה למדרס השק ד' על ד' העור ה' על ה' מפץ ו' על ו' בין למדרס בין למת ותאני עלה [ג] הבגד והשק והעור כשיעור לטומאה כך שיעור להוצאה ההוא [ד] בקורטובלא: קלף

רש"י

עד שיאמר פרעתי ולא פרעתי. כלומר עד שלא אמר פרעתי חייב משאמר פרעתי פטור דבטל ליה: דכולי עלמא צריך לקיימו. והכא בפרעו ולא פרעו ממש קאמר ובשטר מקויים ודכולי עלמא אסור לשהות שטר פרוע: והכא בכותבין שובר קא מיפלגי. יש גורסין ת"ק סבר אין כותבין שובר על שטר פרוע שהמלוה מצריכו לשמור שוברו מן העכברים אלא מחזיר לו השטר ושורפו ואסור להשהותו ורבי יהודה סבר כותבין שובר ועל ידי שובר מותר לשהות שטר פרוע לצור ע"פ צלוחיתו ולא היא חדא דכיון דאסור לשהות שטר פרוע אפי' על ידי שובר נמי אסור להשהותו שמא יאבד השובר וזה חוזר וגובה בו ועוד דרבי יהודה אין כותבין שובר שמעינן ליה בבבא בתרא (דף קע.) דתנן מי שפרע מקצת חובו ר' יהודה אומר יחליף רבי יוסי אומר יכתוב שובר וה"ג ת"ק סבר כותבים שובר והכי קאמר משפרעו לוה והוציאו מלוה בשבת פטור שאינו צריך לו ואי משום דלאו לצור ע"פ צלוחיתו הוא דבעי אהדורי ללוה לא משהי ליה שמא יבא לידי מלוה ויחזור ויתבענו ואי נמי לא מהדר ליה מלוה לא איכפת ליה ללוה דהמלוה כתב ליה ללוה שובר עליו ורבי יהודה סבר אין כותבין שובר הלכך צריך הוא המלוה דבעי אהדורי (ג) ואי לא מהדר ליה חוזר ותובעו לו מה שפרעו דלא סגי ליה בשובר דצריך לשומרו מן העכברים: רב אשי אמר. פלוגתייהו כשהוציאו לוה הוא ומה הוא צריך לו דקאמר ודאי לא לצור דמשום סתימת פי צלוחית לא משהי ליה שמא יבא ליד המלוה אלא משהי ליה להראותו לשאר בעלי חובות ולהתהלל שהוא פורע חובותיו: המוציא עור בכמה. משום דבעי למיבעי מיניה הנך בעיי אחרינייתא בעא מיניה הא ואף על גב דמתני' היא: לעבד. עור העומד לעבדו ועדיין לא עבדו בכמה שיעור הוצאתו: המלבן. למר: סיט. כדי הפרש אצבע מהאגודל: כפול. שני סיטין: אלמא. כיון דמנפץ ומלבן לטוויה קאי שיעוריה כטוויה: שלא לעבדו. שלא עומד לעבד: דוגמא. כלומר מעט כעין שמראין לדוגמא לומר רוצה אתה בזה: לאירא. והוא כשיעור הצריך לאירא של גרדי לסתום פי קנה שפקעית הערב נתונה בו: קליפי אגוזים. קליפה לחה שעל קליפי האגוז: סטים. ושולא: פואה. וורנל"א: פי סבכה. קופ"א נותנין בגד באמצעיתה והאי שיעורא נפיש: שאין אדם טורח כו'. ואם בא לשרותה שורה כדי פי סבכה אבל עור טורח אדם לעבד כדי קמיע ומעובד נמי פחות מכדי קמיע לא חשיב: חמשה. גרעינין: ואילו בתר דזרעינהו תנן. דקלא אחד חשוב: כרישא. קפלוט: הא איתמר עלה. לקמן בפרק רבי עקיבא מתרץ לה רב פפא הכי: נימא. גרעינין: מצה כמשמעו. שאין לה שום תיקון: קמיח. משהין אותו בקמח ומים: עפיץ. מתקנין אותו בשחיקת עפצים כמו שעושין כאן בשחיקת קליפת ארז שקורין טנא: וכמה שיעורו. להוצאת שבת: רבעא דרבעא דפומבדיתא. רובע ליטרא של פומבדיתא דרך הסוחרים לצור משקולת של עופרת כדי שלא תפחת לפי שהמתכת נשחקת תמיד ונפחת מאליו: קמיע. בציר שיעוריה מכדי לצור משקולת: לכתוב גט. ותנן (גיטין דף פה.) גופו של גט הרי את מותרת לכל אדם ושמו ושמה והעדים והזמן ושיעור זה קטן מכולן: וקתני מיהת כו'. אלמא שיעור דאין מעובד נפיש: בבישולא. לא כמו שהופסט קרי בשולא לשון בשול שהוא לא דאכתי לא חזי לעיבוד אבל יבש חזי לעיבוד וכיון דחזי לעיבוד הוי כמעובד: שלשה על שלשה לטומאת מדרס. אבל למגע שלש על שלש והן אצבעות: כך שיעור להוצאת שבת. אלמא שאין מעובד חמשה טפחים בעינן ומתניתין מוקי במעובד: בקורטבלא. מבשלו ברותחין ומתקשה ליתב עליו ולכסות לצובקאות שקורין פושדטוויי"ל ומטות ולעשותו שולחן:

דוכסוסטוס

תוספות

ת"ק סבר כותבין שובר. ומיירי שכבר יש לו שובר ולכך משפרע פטור דאין זקוק להחזיר השטר ומתוך פירוש הקונטרס משמע שעדיין לא נכתב השובר וקשה דהרי צריך להחזירו ללוה שלא יצטרך לכתוב שובר: חזי דגברא דפרע אנא. כרב אשי תניא בתוספתא דמכילתין [מ] ר' יהודה אומר אף המוציא שטר פרוע כל שהוא חייב מפני שמשמרו לבעל חוב ולשאר אמוראי קשה לרשב"א: אלמא כיון דלטוויה קאי. הוה ליה למינקט כיון דלאריגה קאי (ג) שהוא רחוק יותר אלא שמא לאו כולהו קיימי לאריגה: כדי לכתוב עליו את הגט. סבירא ליה כרבי אליעזר דאמר עדי מסירה כרתי דלר' מאיר אין כותבין על הדפתרא דתנן בגיטין (דף כב.) אין כותבין על נייר מחוק ועל הדפתרא וחכמים מכשירין ואמר בגמ' מאן חכמים ר' אליעזר ובחנס פי' בקונטרס דשיעור גט קטן מכולן דהא אשכחן דקלף כדי לכתוב עליו פרשה קטנה שבתפילין ונייר דגרע טפי שיעורו לכתוב עליו קשר מוכסין וטעמא דקלף שהוא חשוב אין מצניעין אותו לקשר מוכסין וכן יש לפרש כאן: וקתני מיהא כדי לצור ואמר אביי. קשה לר"י דלא הוה ליה לאתויי מילתא דאביי הכא:

עין משפט נר מצוה

ח א מיי' פי"א מהלכות שבת הלכה ה:
ט ב מיי' פי"ח מהלכות שבת הלכה יד:
י ג שם הלכה יג:
יא ד שם הלכה יג:

מסורת הש"ס

א) [ב"ב קע:], ב) לקמן צ., ג) לקמן צ., ד) לקמן פט:, ה) [לקמן צ.], ו) שם, ז) לקמן פ:, ח) לקמן צ., ט) גיטין כב., י) לעיל עו. ע"ש סוכה יז: כלים פכ"ח מ"ב, מ) [פ"ט].

הגהות הב"ח

(א) גמ' אדם טורח לגבל בה את הטיט תיבת בהן נמחק: (ב) רש"י ד"ה והכא בכותבין שובר וכו' דבעי אהדורי דאי לא מהדר ליה חוזר ותובעו לו מה שפרעו: (ג) תוס' ד"ה אלמא וכו' לאריגה קאי. נ"ב ז"ל דהתוס' היו גורסים והאורג וכו' רוחב הסיט כפול:

גליון הש"ס

גמ' כדי לצור בו משקולת קטנה. עיין בב"ב פט ע"א תוס' ד"ה ולא כלל:

ליקוטי רש"י

בכותבין שובר קמיפלגי. ופלוגתא דרבי יהודה ורבי יוסי היא בבבא בתרא (קע:) [illegible] אין כותבין שובר [illegible] לשמור שוברו מן העכברים [illegible]. כותבין שובר. [illegible]. אין כותבין שובר. [illegible] מן העכברים [illegible]. המלבן. [illegible]. הסיט. [illegible]. כפול. [illegible]. האורג. [illegible]. דוגמא. מעט מצמר [illegible] לאירא. [illegible]

[illegible] או כזה והוא כדי ליתן באירא של קנה של גרדי ושיעורה מועט [לקמן צ.]. אירא. הוא צמר או [illegible] פי הקנה לאחר שהניח בתוכו פקעיות הערב ומשייר בנקב מלא חוט לאריג חורקו לקנה והפקיע [illegible] אינה יכולה שנסתם הנקב [לעיל שם]. דרך הגרדי להניח צמר בקנה של ערב כדי שלא יצא הערב מן [illegible] [ב"ק קיט:]. קליפי אגוזים. הגדילה על גבי הקליפה בעודן לחין [לקמן פט:]. סטים. מוריק"א קרו"ג [illegible] בלע"ז כרכום [ב"ק קא:]. פי סבכה. בראש הסבכה שעשאה בקליעה נותן מעט בגד [לקמן שם]. [illegible] שאין שרויין והבא לשרות אינו שורה פחות מכדי בגד קטן. פחות מכגרוגרת. דאף על גב דכל [illegible] גרת הני כיון דלזריעה קיימי בפחות מכגרוגרת נמי מיחייב [שם צ.]. זרעוני גינה. כגון זרע כרוב [illegible] [ב"ב צב.]. כדי לזבל. אלמא זרע הבא מגרעין אחד חשיב [לקמן צ:]. כרישא. קפלוט ושיעוריה זוטר [illegible] הא דזריע. מאחר שהן זרועין חשיב כל אחד ואחד ואדם טורח לזבל אחד מהם אבל דלא זריע אין [illegible] גיר אחד [שם צ:]. במוציא שופכין. אדם שלא הצניען אינו חייב אלא ברביעית דבציר מהכי לא חזו [לעיל עח.]. שופכין. מים סרוחים [שם עו:]. ששופכין אותן לרה"ר [נזיר לח.]. פי כור. נקב שנותנין [illegible] [illegible] הוא ומרביעית חזי לגבל טובא וכיון דהוצאת טיט חשיבא בכדי פי כור בעינן נמי לשעוריה בהנך [illegible] בכדי גיבול פי כור. לפי שאין אדם טורח לגבל את הטיט לעשות בו פי כור. דמיגבל כבר [illegible] אבל זה שעדיין לא נגבל אינו נשער בכך לפי שאין אדם טורח לגבל שיעור מועט כזה ואם בא לגבל [illegible] דברים אחרים [לעיל עח.]. שלשה עורות הן. חלוקין בשמותיהן ובשיעוריהן. כמשמעו. כמלה זו [illegible] [illegible] לחם הלחם. קמיח. מעובד בקמח [גיטין כב.]. כמים. עפיץ. מעובד בעפצים שקורין גל"ש [מגילה יט.]. [illegible] עשויה להיות פוחתת ומחפין אותה בעור שלא תהא נשופת ופוחתת. ריבעא דריבעא. משקל קטן [illegible] מתוקן קצת וראוי לחפות בו קמיעין [גיטין שם]. דיפתרא. עור שאינה מעובד כל צרכה דמליח וקמיח [illegible] [illegible] הקלפים בעפצים שקורין גלי"ש [סוטה יז:]. לכתוב עליו את הגט. כרבנן דמכשרי ומיהו קלף [illegible] אפיך לא שמיה עור משום הכי לא מני בהדייהו ושיעוריה תנן בהמוציא יין (שבת עט:) קלף כדי לכתוב [illegible] תפילין אבל דיפתרא אינו כשר לתפילין הילכך שיעורו בגט [גיטין שם]. הבגד שלשה על שלשה. [illegible] משכב הזב מטמא ליעשות אב הטומאה במשכב הזב או במדרסו. השק. מנולה של עזים עשוי והוא עב [illegible] מגיע לעוביו של עור [סוכה יז:]. מפץ. של קנים [לקמן פד.]. קורטובלא. עור שלוק [חגיגה כד.].

רבינו חננאל

דוכתי נמי איכא. והכין הוא ראובן שתבע את שמעון במנה והוציא עליו שטר. אמר שמעון שטר זה כתבתיו לו על עצמי אלא שפרעתיו אם יכול ראובן המלוה לקיים את השטר בחותמיו כולי עלמא לא פליגי שחייב שמעון בממון דאמר רב פפא האי מאן דמפקיד שטרא אחבריה וא"ל שטרא פריעא הוא לא לכו לא כמיניה. אבל אם אין ראובן המלוה יכול לקיימו בחותמיו ואין נודע כי נכתב באמת אלא מדברי שמעון. מר סבר אם מודה לוה בשטר שכתבו צריך המלוה לקיימו בו ואם לא יקיימו אומר לו כתבתיו ופרעתיו. הפה שאסר הוא הפה שהתיר ומר סבר כיון שהודה לוה שכתבו הרי נתקיים בכך ואין המלוה צריך לקיימו. ואם יאמר לוה כתבתיו ופרעתיו אומרי' לו הבא ראיה או תן זה הממון והילכך צריך לקיימו עכשיו וקאמ' אביי ת"ק סבר מודה בשטר שכתבו צריך לקיימו ולא איכפת ליה ללוה אע"ג דשטרא ביד מלוה וצריך מלוה לקיימו. והילכך לוה פטור על הוצאתו דמתעסק הוא. ור' יהודה סבר מודה בשטר שכתבו אין צריך לקיימו. וצריך ליה לוה חייב על הוצאתו. רבא אמר דכ"ע מודו בשטר שכתבו צריך לקיימו. והכא בכותבין שובר קא מיפלגי. ועיקרא הא בגמ' דגט פשוט במתני' מי שפרע מקצת חובו ר' יהודה אומר יחליף ר' יוסי אומר יכתוב שובר ואמרינן עלה אמר רב הונא אמר רב אין הלכה לא כר' יהודה ולא כר' יוסי אלא ב"ד מקרעין את השטר וכותבין לו שטר אחר מזמן ראשון. ודבר זה בין בפריעת מקצת בין בפריעת השטר כולו אם אמר המלוה אבד שטרי דקאמרינן (שם) אמר ר"ה בריה דרב יהושע אפי' למ"ד כותבין שובר ה"מ פלגא אבל אכוליה שטרא לא כתבינן. ולא היא אפי' אכולי שטרא נמי כתבינן. ופלוגתא היא דרב ושמואל אמרי אין כותבין שובר. ור' יוחנן ור"ל אמרי כותבין שובר והלכתא כותבין שובר. השתא הכא לענין לוה שהוציא את השטר בשבת אחר שפרעו קאמר רבא בכותבין שובר פלוגתייהו. ת"ק דסבר פטור קסבר כותבין שובר דאסיק אדעתי' [שמא יאמר] שלא פרעו אלא [מבקש ממנו] שובר. וכיון שיש בידו שובר לא צריך ליה. ור' יהודה סבר אין כותבין שובר והאי פרע ליה ועדיין שטר שעליו קיים. והלכך צריך ליה א) ולא עליה מיניה חורבא. וכולהו הני סבארי אידחו במימרא דרב אשי וקאמר כ"ע כותבין שובר והכא צריך ליה לוה לשטרא דאיבעי למיזף מן איניש אחרינא מחוי ליה וא"ל חזי דגברא דפרע אנא. ומהכא מחייב ליה ר' יהודה: בעא מיניה רבא מרב נחמן עור שיעורו בכמה [illegible] עור כדי לעשות בו קמיע ולא שנא מעובד (שלא לעבדו) שראוי לקמיע. ולא שנא שלא מעובד [illegible] מעובד שלא לעבדו. ומנא תימרא דלא שנא לן בין מעובד בין שאינו מעובד דקאי לעבוד דהא המלבן [illegible] עומד לטויה שיעורו כשיעור טויה. ואיתיביה רבא תלת תיובתא לרב נחמן דאמר לא שנא לן בין [illegible] מעובד. ראשונה מסמנין שהרי השרויין שיעורן כדי לצבוע בהן (דאמא לאמא) [דוגמא לאירא]. ושאינן [illegible] גדול מזה. כדי לצבוע בהן בגד קטן פי סבכא דאלמא טובא איכא בין שרויין בין שאינן שרויין ופריק [illegible] שני בין שרויין ובין שאינן שרויין. דהא איתמר עלה. אמר רב נחמן אמר רבה בר אבוה לפי שאין אדם [illegible] סממנים לצבוע בהן (ריגמא לאינא) [דוגמא לאירא]. והילכך אין דרך המוציא להוציא סממנין [illegible] שרויין מוציא אדם שיעור זה. אבל הכא עור מעובד ושאינו מעובד כצמר מנופץ וכטויה דמי. שנית זרעוני גינה בזמן שאינן זרועין שיעור הוצאתו שנים ובזמן שהן זרועין שיעור המוציא להן זבל כדי לזבל כרישה [illegible] שני בין זרועין לשאינן זרועין. ופריק בהא נמי שאני זרעוני גינה דאמר רב פפא לפי שאין אדם [illegible] אחת לזריעה וטורח הוא לזבל כרישה אחת אבל עור לא שני לן בין מעובד לשאינו מעובד. שלישית [illegible] ברביעית כדי לגבל טיט. אבל טיט מגובל כדי לעשות פי כוש. ופרקי' ההיא שניא בדאמיד בה שאין [illegible] טיט [שיעורו] לעשות פי כוש. אבל הכא בעור לא שנא. תא שמע דאמר רב חייא בר אמי משמיה [illegible] וקא יהיב תלתא שיעורי וחד מנהון מצה דלא מליח ודלא קמיח ודלא נפיץ. וזהו שאינו מעובד. ושיעור[illegible] דפומבדיתא. והוא כדי לצור משקולת קטנה. (בני) [פי'] רבינו האי גאון זצ"ל צוררין משקל של אבן [illegible] דאלמא פליג על רב נחמן דאמר לא שנא בין מעובד לשאינו מעובד. ופרקי' בישלה שאני. ופירושה [illegible] כמה שהוא בלא מלח ובישל ונפסד כשמלבישין אותו על משקל או על זולתו יבש וקשה מאד (זהו [illegible] לצרור משקולת ולעשות ממנו כלים לשמן שנקראין בכל אחד לאביי ושיעור קטן שלו הוא המפורש. [illegible] נחמן שאם לא בישל העור ולא נפסד. ועדיין ראוי הוא לעיבוד שיעורו כמעובד כדי לעשות קמיע. [illegible] סגי בפחות מן הלין. תרי שיעורי בין לצור משקולת ובין עשיית קמיע. והכין נמי הא דתנן העור [illegible]

על

חשק שלמה על רבינו חננאל א) אולי צ"ל ולא ישליכנו למקום הפקר דנפיק מיניה תורבא:

once it is large enough to make an amulet; therefore, the measurements for tanned and untanned hide are identical.

Rava advances a second challenge:

וְהֲרֵי זֵרְעוֹנֵי גִּינָּה – But there is the case of **garden seeds,** where there is a distinction between planted and unplanted seeds; **דְּמִקַּמֵּי דְּזַרְעִינְהוּ תְּנַן – for** concerning seeds **before they are planted, we learned in a Mishnah:**[28] **זֵרְעוֹנֵי גִּינָּה** – If one takes out GARDEN SEEDS, **פָּחוֹת מִכִּגְרוֹגֶרֶת** – he is liable if he takes out somewhat LESS THAN THE VOLUME OF A DRIED FIG.[29] **רַבִּי יְהוּדָה בֶּן בְּתֵירָא אוֹמֵר** – R' YEHUDAH BEN BESEIRA SAYS: **חֲמִשָּׁה** – FIVE seeds.[30] **וְאִילּוּ בָּתַר דְּזַרְעִינְהוּ תְּנַן – While** concerning seeds **after they are planted, we learned in a** second **Mishnah:**[31] **זֶבֶל וְחוֹל הַדַּק** – If one takes out FERTILIZER OR FINE SAND, **כְּדֵי לְזַבֵּל בּוֹ קֶלַח שֶׁל כְּרוּב** – he is liable if he takes out ENOUGH TO FERTILIZE A single STALK OF CABBAGE; **דִּבְרֵי רַבִּי עֲקִיבָא** – these are THE WORDS OF R' AKIVA. **וַחֲכָמִים אוֹמְרִים** – BUT THE SAGES SAY: **כְּדֵי לְזַבֵּל כְּרֵישָׁא** – ENOUGH TO FERTILIZE A LEEK.[32] Thus, we see that although a single stalk is significant, one is not liable for taking out unplanted seeds in such a small quantity. Why, then, do we assume that the minimum amounts for tanned hide and untanned hide are identical?

The Gemara deflects this challenge as well:

הָא אִיתְּמַר עֲלַהּ – But it has already **been stated concerning these** seemingly contradictory rulings: **אָמַר רַב פָּפָּא – Rav Pappa said: הָא דִּזְרִיעַ – This** Mishnah, which accords significance to a single cabbage stalk, refers to a stalk **that has been planted; הָא דְּלָא זְרִיעַ** – while **this** first Mishnah, which requires a larger minimum of garden seeds, refers to seeds **that have not** yet **been planted.** And the reason for this distinction is **לְפִי שֶׁאֵין אָדָם טוֹרֵחַ לְהוֹצִיא נִימָא אַחַת לִזְרִיעָה – because a person will not bother to take out a single seed for planting;** thus, a larger quantity of unplanted seed is required. Once planted, though, even a single shoot is significant. However, a person *will* tan a piece of leather large enough to make an amulet; thus, the measurements for both tanned and untanned leather are identical.

Rava advances a third challenge:

וְהֲרֵי טִיט – But there is the case of **clay: דְּמִקַּמֵּי דְּלִיגַבְּלֵיהּ תַּנְיָא – For concerning** clay **before it is kneaded** there is one measurement, for **we have been taught in a Baraisa: מוֹדִים חֲכָמִים לְרַבִּי שִׁמְעוֹן בְּמוֹצִיא שׁוֹפְכִין לִרְשׁוּת הָרַבִּים** – THE SAGES CONCUR WITH R' SHIMON CONCERNING ONE WHO TAKES OUT WASTE WATER INTO THE PUBLIC DOMAIN **שֶׁשִּׁיעוּרָן בִּרְבִיעִית** – THAT THEIR MEASUREMENT IS A *REVI'IS.*[33] **וְהָוֵינַן [בָּהּ]** – **And we inquired concerning this** Baraisa: **שׁוֹפְכִין לְמַאי חֲזוּ** – **For what** use **is waste water fit? וְאָמַר רַבִּי יִרְמְיָה – And R' Yirmiyah said: לְגַבֵּל בָּהֶן אֶת הַטִּיט** – It can be used **to knead clay with it.** Thus, we see that the amount of unkneaded clay that is considered significant is the amount which is kneaded with a *revi'is* of water. **וְאִילּוּ בָּתַר דְּגַבְּלֵיהּ תַּנְיָא – But** with respect to clay **after it has been kneaded,** a different minimum applies, for **it has been taught in a** second **Baraisa:**[34] **טִיט כְּדֵי לַעֲשׂוֹת בָּהֶן פִּי כוּר** – If one takes out CLAY, he is liable if he takes out ENOUGH TO FORM AN OPENING FOR A CRUCIBLE.[35] This is a much smaller amount of clay than that which is kneaded with a *revi'is.* Thus, we see that kneaded clay and clay that has not been kneaded are considered significant in different amounts; why, then, do we assume that the minimum amounts for tanned hide and untanned hide remain the same?

The Gemara deflects this challenge as well:

הָתָם נַמִּי כִּדְאֲמָרָן – There too, the reason for the distinction between kneaded clay and unkneaded clay is **as we have stated** above:[36] **לְפִי שֶׁאֵין אָדָם טוֹרֵחַ (בהן) לְגַבֵּל אֶת הַטִּיט לַעֲשׂוֹת בּוֹ פִּי כוּר – Because a person will not trouble** himself **to knead just enough clay to form an opening** for **a crucible.**[37] Therefore, unkneaded clay is only significant in a larger amount. The amount of hide needed to make an amulet, however, is significant even when not yet tanned, for a person *will* trouble himself to tan this amount of hide; thus, the minimums for tanned and untanned leather are identical.

The Gemara advances yet another challenge to Rav Nachman:

תָּא שְׁמַע – Come, learn a proof **דְּאָמַר רַבִּי חִיָּיא בַּר אַמִּי מִשְּׁמֵיהּ דְּעוּלָּא – from that which R' Chiya bar Ami said in the name of Ulla: שְׁלֹשָׁה עוֹרוֹת הֵן – There are three** types of **hides,** each with a different minimum size; **מַצָּה וְחִיפָּה וְדִיפְתְּרָא** – they are ***matzah, chipah,* and *diftera.*** R' Chiya describes each type: **מַצָּה כְּמַשְׁמָעוֹ – *Matzah* is as its** name **implies: דְּלָא מְלִיחַ וּדְלָא קְמִיחַ וּדְלָא עֲפִיץ** – It is **not** yet **treated with salt, and** it is **not** yet **treated with flour, and** it is **not** yet **treated with gallnuts.**[38] **וְכַמָּה שִׁיעוּרוֹ – And how much is its** minimum **measurement? תָּנֵי רַב שְׁמוּאֵל בַּר רַב יְהוּדָה – R' Shmuel the son of Rav Yehudah taught: כְּדֵי לָצוּר בּוֹ מִשְׁקוֹלֶת קְטַנָּה – Enough to wrap a small weight in it.**[39] **וְכַמָּה – And how big** is "a small weight"? **אָמַר אַבַּיֵי – Abaye said: רִיבְעָא דְּרִיבְעָא דְּפוּמְבְּדִיתָא** – This is the **"fourth of a fourth"** (i.e. one-fourth of a *litra*) used in **Pumbedisa.**[40] **חִיפָּה דִּמְלִיחַ – *Chipah* is** hide **that has been treated with salt, וְלָא קְמִיחַ וְלָא עֲפִיץ – but has not** yet **been treated with flour or with gallnuts. וְכַמָּה שִׁיעוּרוֹ – And how much is its** minimum **measurement? כִּדְתְנַן** – It is **as we learned in our Mishnah: עוֹר** – If one takes out HIDE, **כְּדֵי לַעֲשׂוֹת קָמֵיעַ** – he is liable if he takes out ENOUGH TO MAKE AN AMULET.[41] **דִּיפְתְּרָא דִּמְלִיחַ וּקְמִיחַ וְלָא עֲפִיץ – *Diftera* is** hide **that has been treated with salt and with flour but** has **not** yet **been treated with gallnuts. וְכַמָּה שִׁיעוּרוֹ – And how much is its** minimum **measurement?**

NOTES

28. Below, 90a.

29. See below, 90a note 37.

30. This is a smaller measurement than that of the Tanna Kamma (see *Rambam's Commentary to the Mishnah* on 90a).

31. Below, 80b.

32. The measurement of the Sages is smaller than that of R' Akiva (see *Rashi* ibid.).

33. See above, 78a note 26.

34. This Baraisa was cited above, on 78a.

35. See above, 78a note 32.

36. Above, 78a.

37. See above, 78a note 33.

38. [Parchment is ordinarily treated in three stages. First it is salted, then it is soaked in a mix of flour and water, and finally it is treated with the extract of gallnuts.] Since this type of hide is completely untreated, it is named after the simple *matzah* wafer whose composition is completely austere (*Rashi;* see *Chidushei HaRan*).

39. The weights used by merchants in Talmudic times were often made of soft metals such as lead; the merchant would wrap the weight in hide so that the constant rubbing of the weight against the pan of the balance scale would not cause the weight to wear down [and become lighter] (*Rashi*). Even a completely untreated piece of hide was suitable for this purpose.

40. *Rashi;* see *Sefer Middos VeShiurei Torah,* p. 451, with footnotes 108-109; see also *Rashi* to *Gittin* 22a ד״ה רבעא, who adds that this was the smallest weight that was commonly used there.

41. This is a smaller amount than the amount needed to wrap a weight (*Rashi*). Since the partially treated hide is suitable for this purpose as well, it is significant in a smaller quantity. Untreated hide, however, was not used to wrap an amulet; therefore, such hide is only significant in a larger quantity.

מסורת הש"ס

א) [ב"ב קע.], ב) לקמן קס:, ג) לקמן צ., ד) לקמן צ:, ה) [לקמן צ.], ו) שם, ז) לקמן פ: צ., ח) לקמן צ., ט) לעיל עח., י) שם, כ) גיטין כב. ע"ש, ל) לעיל עו. ע"ש סוכה יז: כלים פכ"ז מ"ב, מ) [פ"ט].

עין משפט נר מצוה

ח א מיי' פי"ח מהלכות שבת הלכה ה:
ט ב מיי' פי"ח מהלכות שבת הלכה יד:
י ג שם הלכה יג:
יא ד שם הלכה יד:

גמרא

עד שיאמר לוה פרעתי ולא פרעתי רבא אמר דכולי עלמא מודה בשטר שכתבו שצריך לקיימו והכא בכותבין שובר קמיפלגי תנא קמא סבר כותבין שובר ורבי יהודה סבר אין כותבין שובר רב אשי אמר מפני שצריך להראותו לבעל חוב שני דאמר ליה חזי גברא דפרע אנא: עור כדי לעשות כו': בעא מיניה רבא מרב נחמן המוציא עור בכמה א"ל כדתנן עור כדי לעשות קמיע [*המעבדו בכמה א"ל לא שנא] לעבדו בכמה א"ל לא שנא ומנא תימרא כדתנן המלבן והמנפץ והצובע והטווה שיעורו כמלא רוחב הסיט כפול והאורג ב' חוטין שיעורו כמלא רוחב הסיט (כפול) אלמא כיון דלטוויה קאי שיעורו כמטווה ה"נ כיון דלעבדו קאי שיעורו כמעובד ושלא לעבדו בכמה אמר ליה לא שנא ולא שני בין מעובד לשאינו מעובד איתיביה המוציא סמנין שרוין כדי לצבוע בהן דוגמא לאירא ואילו בסמנין שאינן שרוין תנן קליפי אגוזים וקליפי רמונים סטים ופואה כדי לצבוע בהן בגד קטן [לפי] סבכה הא איתמר עלה אמר רב נחמן אמר רבה בר אבוה לפי שאין אדם טורח לשרות סמנין לצבוע בהן דוגמא לאירא והרי זרעוני גינה דמקמי דזרעינהו תנן זרעוני גינה פחות מכגרוגרת רבי יהודה בן בתירא אומר חמשה ואילו בתר דזרעינהו תנן זבל וחול הדק כדי לזבל בו קלח של כרוב דברי רבי עקיבא וחכמים אומרים כדי לזבל כרישא הא איתמר עלה אמר רב פפא הא דזריע הא דלא זריע לפי שאין אדם טורח להוציא נימא אחת לזריעה והרי טיט דמקמי דליגבליה תניא מודים חכמים לרבי שמעון במוציא שופכין לרה"ר ששיעורן ברביעית והוינן [בה] שופכין למאי חזו וא"ר ירמיה לגבל בהן את הטיט ואילו בתר דגבליה תניא טיט כדי לעשות בהן פי כור התם נמי כדאמרן לפי שאין אדם טורח (בהן) (א) לגבל את הטיט לעשות בו פי כור ת"ש דאמר רבי חייא בר אמי משמיה דעולא שלשה עורות הן מצה וחיפה ודיפתרא מצה כמשמעו דלא מליח ודלא קמיח ודלא עפיץ וכמה שיעורו תני רב שמואל בר רב יהודה כדי לצור בו משקולת קטנה וכמה אמר אביי ריבעא דריבעא דפומבדיתא חיפה דמליח ולא קמיח ולא עפיץ וכמה שיעורו כדתנן עור כדי לעשות קמיע דיפתרא דמליח וקמיח ולא עפיץ וכמה שיעורו כדי לכתוב עליו את הגט קתני מיהת כדי לצור בו משקולת קטנה ואמר אביי ריבעא דריבעא דפומבדיתא התם בבישולא והתנן הבגד שלשה על שלשה למדרס השק ד' על ד' העור ה' על ה' מפץ ו' על ו' בין למדרס בין למת ותאני עלה הבגד והשק והעור כשיעור לטומאה כך שיעור להוצאה ההוא בקורטובלא:

קלף

רש"י

עד שיאמר פרעתי ולא פרעתי. כלומר עד שלא אמר פרעתי חייב משאמר פרעתי פטור דבטל ליה: דכולי עלמא צריך לקיימו. והכא בפרעו ולא פרעו ממש קאמר ובשטר מקויים ודכולי עלמא אסור לשהות שטר פרוע: והכא בכותבין שובר קא מיפלגי. יש גורסין ת"ק סבר אין כותבין שובר על שטר פרוע שאתה מצריכו לשמור שוברו מן העכברים אלא מחזיר לו וקורעו ואסור להשהותו ורבי יהודה סבר כותבין שובר ועל ידי שובר מותר לשהות שטר פרוע לצור ע"פ צלוחיתו ולא היא חדא דכיון דאסור לשהות שטר פרוע אפי' על ידי שובר נמי אסור להשהותו שמא יאבד השובר וזה חוזר וגובה בו ועוד לרבי יהודה אין כותבין שובר שמעינן ליה בבבא בתרא (דף קע:) דתנן מי שפרע מקצת חובו ר' יהודה אומר יחליף רבי יוסי אומר יכתוב שובר וה"ג ת"ק סבר כותבים שובר והכי קאמר משפרעו לוה והוציאו מלוה בשבת פטור שאינו צריך לו ולא אמרת כיון דראוי לצור ע"פ צלוחיתו הוא דבעי אהדורי ללוה לא משהי ליה שמא יבא לידי מלוה ויחזור ויתבענו ולא נמי לא מהדר ליה מלוה לא איכפת ליה ללוה דמלוה כתב ליה ללוה שובר עילויה ורבי יהודה סבר אין כותבין שובר הלכך צריך הוא המלוה דבעי אהדורי (ב) ואי לא מהדר ליה חוזר ותובעו לו מה שפרעו דלא סגי ליה בשובר דצריך לשומרו מן העכברים: רב אשי אמר. פלוגתייהו כשהוציאו לוה הוא ומה הוא צריך לו דקאמר ודאי לא לצור משום סתימת פי צלוחית לא משהי ליה שמא יבא ליד המלוה אלא משהי ליה להראותו לשאר בעלי חובות ולהתהלל שהוא פורע חובותיו: המוציא עור בכמה. משום דבעי למיבעי מיניה הך בעיי אחרנייתא בעא מיניה הא ואף על גב דמתני' היא: לעבד. עור העומד לעבדו ועדיין לא עבדו בכמה שיעור הוצאתו: המלבן. צמר: סיט. כדי הפרש אצבע מהאמה: כפול. שני סיטין: אלמא. כיון דמנפץ ומלבן לטוויה קאי שיעוריה כטוויה: שלא לעבדו. אינו עומד לעבד: דוגמא. כלומר מעט כעין שמראין לדוגמא לומר רוצה אתה בזה: לאירא. והוא כשיעור הצריך לאירא של גרדי לסתום פי קנה שפקעית הערב נתונה בו: קליפי אגוזים. קליפה לחה שעל קליפי האגוז: סטים. ישטי"ש: פואה. וורנצ"א: פי סבכה. קופ"א נותנין בגד באמצעיתה והאי שיעורא נפיש: שאין אדם טורח כו'. ואם בא לשרותה שורה כדי פי סבכה אבל עור טורח אדם לעבד כדי קמיע ומעובד נמי פחות מכדי קמיע לא חשיב: חמשה. גרעינין: ואילו בתר דזרעינהו תנן. דקלח אחד חשוב: כרישא. קפלוט: הא איתמר עלה. לקמן בפרק רבי עקיבא מתרץ לה רב פפא הכי: נימא. גרעינין: מצה כמשמעו. שאין לה שום תיקון: קמיח. משהין אותו בקמח ומים: עפיץ. מתקנין אותו בשחיקת עפצים כמו שעושין כאן בשחיקת קליפת ארז שקורין טנא: וכמה שיעורו. להוצאת שבת: רבעא דרבעא דפומבדיתא. רובע ליטרא של פומבדיתא דרך הסוחרים לצור משקולת של עופרת כדי שלא תפחת לפי שהמתכת נשחקת תמיד ונפחת מאליו: קמיע. בציר שיעוריה מכדי לצור משקולת: לכתוב גט. ותנן (גיטין דף פה.) גופו של גט הרי את מותרת לכל אדם ושמו ושמה והעדים והזמן ושיעור זה קטן מכולן: וקתני מיהת כו'. אלמא שיעור דאין מעובד נפיש: בבישולא. לח כמו שהופשט קרי בשולא לשון בשול שהוא לח דהכי לא חזי לעיבוד אבל יבש חזי לעיבוד וכיון דחזי לעיבוד הוי כמעובד: שלשה על שלשה לטומאת מדרס. אבל למגע שלש על שלש והן אצבעות: כך שיעור להוצאת שבת. אלמא שאין מעובד חמשה טפחים בעינן ומתניתין מוקי במעובד: בקורטבלא. מבשלו ברותחין ומתקשה לישב עליו ולכסות דלובקאות שקורין פושדטוויי"ל ומטות ולעשותו שולחן:

תוספות

ת"ק סבר כותבין שובר. ומיירי שכבר יש לו שובר ולכך משפרע פטור דלאין זקוק להחזיר השטר ומתוך פירוש הקונטרס משמע שעדיין לא נכתב השובר וקשה דהרי צריך להחזירו ללוה כדי שלא יצטרך לכתוב שובר: חזי דגברא דפרע אנא. כרב אשי תניא בתוספתא דמכילין ר' יהודה אומר אף המוציא שטר פרוע כל שהוא חייב מפני שמשמרו לבעל חוב ולשאר אמוראי קשה לרשב"א: אלמא כיון דלטוויה קאי. הוה ליה למינקט כיון דלאריגה קאי (ג) שהוא דחוק יותר אלא שמא לאו כולהו קיימי לאריגה: כדי לכתוב עליו את הגט. סבירא ליה כרבי אליעזר דאמר עדי מסירה כרתי דלר' מאיר אין כותבין על הדפתרא דתנן בגיטין (דף כב:) אין כותבין על נייר מחוק ועל הדפתרא וחכמים מכשירין ואמר בגמ' מאן חכמים ר' אליעזר והנחס פי' בקונטרס דשיעור גט קטן מכולן דהא אשכחן דקלף כדי לכתוב עליו פרשה קטנה שבתפלין ונייר דגרע טפי שיעורו לכתוב עליו קשר מוכסין וטעמא דקלף שהוא חשוב אין מצניעין אותו לקשר מוכסין וכן יש לפרש כאן: וקתני מיהא כדי לצור ואמר אביי. קשה לר"י דלא הוה ליה לאתויי מילתא דאביי הכא:

הגהות הב"ח

(א) גמ' אדם טורח לגבל כצ"ל ותיבת בהן נמחק: (ב) רש"י ד"ה והכא בכותבין שובר וכו' דבעי אהדורי דאי לא מהדר ליה חוזר ותובעו לו מה שפרעו: (ג) תוס' ד"ה אלמא וכו' דלאריגה קאי. נ"ב דהמוציא היו גורסים והאורג וכו' רוחב הסיט כפול:

גליון הש"ס

גמ' כדי לצור בו משקולת קטנה. עיין בב"ב דף עט ע"ב תוס' ד"ה ולא בכל:

ליקוטי רש"י

בכותבין שובר קמיפלגי. ופלוגתא דרבי יהודה ורבי יוסי היא בבבא בתרא (קע:) דקאמר רבי יהודה אין כותבין שובר אלא יקרעו את השטר [illegible]

רבינו חננאל

דוכתי נמי איכא. והכין הוא ראובן שתבע את שמעון במנה והוציא עליו שטר. אמר שמעון שטר זה כתבתיו לו על עצמי אלא שפרעתיו אם יכול ראובן המלוה לקיים את השטר בחותמיו כולי עלמא לא פליגי שחייב שמעון בממון דאמר רב פפא האי מאן דמפיק שטרא אחבריה וא"ל שטרא פריעא הוא לאו כל כמיניה. אבל אם אין ראובן המלוה יכול לקיימו בחותמיו ואין נודע כי נכתב באמת אלא מדברי שמעון. מר סבר אם מודה לוה בשטר שכתבו צריך המלוה לקיימו בו ואם לא קיימו ואמר לוה כתבתיו ופרעתיו. הפה שאסר הוא הפה שהתיר ומר סבר כיון שהודה לוה שכתבו הרי נתקיים בכך ואין המלוה צריך לקיימו. ואם יאמר לוה כתבתיו ופרעתיו אומרי' לו הבא ראיה או תן זה הממון והילכך צריך לקיימו. עכשיו וקאמ' אביי ת"ק סבר מודה בשטר שכתבו צריך לקיימו ולא איכפת ליה ללוה אע"ג דשטרא בידי מלוה וצריך מלוה לקיימו. והילכך לוה פטור על הוצאתו דמתעסק הוא. ור' יהודה סבר מודה בשטר שכתבו אין צריך לקיימו. וצריך ליה לוה חייב על הוצאתו: רבא אמר דכ"ע מודו בשטר שכתבו צריך לקיימו. והכא בכותבין שובר קא מיפלגי. פירוש הא בגמ' דגט פשוט במתני' מי שפרע מקצת חובו ר' יהודה אומר יחליף. ר' יוסי אומר יכתוב שובר ואמרינן עלה אמר רב הונא אמר רב אין הלכה לא כר' יהודה ולא כר' יוסי אלא ב"ד מקרעין את השטר וכותבין לו שטר אחר מזמן ראשון. ודבר זה בין בפריעת מקצת בין בפריעת השטר כולו אם אמר המלוה אבד שטרי דקאמרינן (שם) אמר ר"ה בריה דרב יהושע אפי' למ"ד כותבין שובר ה"מ אפלגא אבל אכוליה שטרא לא כתבינן. ולא היא אפי' אכולי שטרא נמי כתבינן. ופלוגתא היא דרב ושמואל אמר אין כותבין שובר. ור' יוחנן ור"ל אמרי כותבין שובר. והלכתא כותבין שובר. השתא הכא לענין לוה שהוציא את השטר בשבת אחר שפרעו קאמר רבא בכותבין שובר פלוגתייהו. ת"ק דסבר פטור קסבר כותבין שובר דאסיק אדעתי' [שמא יאמר] לא פרעו אלא [מבקש ממנו] שובר. וכיון שיש בידו שובר לא צריך ליה. ור' יהודה סבר אין כותבין

דוכסוסטוס

שובר והאי פרע ליה ועדיין שטר שעליו קיים. והלכך צריך ליה א) ולא עליה מיניה חורבא. במימרא דרב אשי וקאמר כ"ע כותבין שובר והכא צריך ליה לוה לשטרא דאיבעי למיזף מן וא"ל חזי דגברא דפרע אנא. ומהכא מחייב ליה ר' יהודה: בעא מיניה רבא מרב נחמן [illegible]

[illegible] והוא כדי ליתן באירא של קנה של גרדי ושיעורה מועט [לקמן צ.]. אירא. הוא צמר או [illegible] לאחר שהניח בתוכו פקעיות הערב ומשייר בנקב מלא חוט לאריג חורקו לקנה והפקיע [illegible] שנסתם הנקב [לעיל שם]. דרך הגרדי להניח צמר בקנה של ערב כדי שלא יצא הערב מן [illegible] קליפי אגוזים. הגדילה על גבי הקליפה בעודן לחין [לקמן פט:]. סטים. מוריק"א קרו"ג [illegible] כרכום [ב"ק קא:]. פי סבכה. בראש הסבכה שעשאה בקליעה נותן מעט בגד [לקמן שם]. [illegible] שרוין והבא לשרות אינו שורה פחות מכדי בגד קטן. פחות מכגרוגרת. דאף על גב דכל [illegible] כיון דלזריעה קיימי בפחות מכגרוגרת נמי מיחייב [שם צ.]. זרעוני גינה. כגון זרע כרוב [illegible] כדי לזבל. אלמא זרע הבא מגרעין אחד חשיב [לקמן צ:]. כרישא. קפלוט ושיעוריה זוטר [illegible] זריע. מאחר שהן זרועין חשיב כל אחד ואחד ואדם טורח לזבל אחד מהם אבל דלא זריע אין [illegible] [שם צ:]. במוציא שופכין. אדם שלא הצניען אינו חייב אלא ברביעית דבציר מהכי לא חזו [illegible] שופכין. מים סרוחים [שם עו:]. ששופכין אותן לרה"ר [נזיר לח.]. פי כור. נקב שנותנין [illegible] ומרביעית חזי לגבל טובא וכיון להוצאת טיט חשיבא בכדי פי כור בעינן נמי לשעוריה בהנך [illegible] פי כור. לפי שאין אדם טורח לגבל את הטיט לעשות בו פי כור. דמיגבל כבר [illegible] ועדיין לא נגבל אינו נשער בכך לפי שאין אדם טורח לגבל שיעור מועט כזה ואם בא לגבל [illegible] אחרים [לעיל עח.]. שלשה עורות הן. חלוקין בשמותיהן ובשיעוריהן. כמשמעו. כמלה זו [illegible] קמיח. מעובד בקמח [גיטין כב.]. במים. עפיץ. מעובד בעפצים שקורין גל"ש [מגילה יט.]. [illegible] להיות פוחתת ומתפין אותה בעור שלא תהא נשופת ופוחתת. ריבעא דריבעא. משקל קטן [illegible] ורצוי לתפות בו קמיען [גיטין שם]. דיפתרא. עור שאינה מעובד כל צרכה דמליח וקמיח [illegible] עפצים שקורין גל"ש [סוטה יז:]. לכתוב עליו את הגט. כרבנן דמכשרי ומיהו קלף [illegible] שמיה עור משום הכי לא מני בהדייהו ושיעוריה תנן בהמוציא יין (שבת עט:) קלף כדי לכתוב [illegible] דיפתרא אינו כשר לתפילין הילכך שיעורו בגט [גיטין שם]. הבגד שלשה על שלשה. [illegible] מטמא ליעשות אב הטומאה במשכב הזב או במדרסו. השק. מנולה של עזים עשוי והוא עב [illegible] של עור [סוכה יז:]. מפץ. של קנים [לקמן פד.]. קורטובלא. עור שלוק [חגיגה כב.].

חשק שלמה על רבינו חננאל א) אולי צ"ל ולא [illegible] דנפיק מיניה חורבא:

כְּדֵי לִכְתּוֹב עָלָיו אֶת הַגֵּט – **Enough to write a bill of divorce upon it.**[42]

The Gemara now articulates its proof:

קָתָנֵי מִיהַת כְּדֵי לָצוּר בּוֹ מִשְׁקוֹלֶת קְטַנָּה – **At any rate, [R' Chiya] teaches** that the minimum measurement for untreated leather (*matzah*) is **enough to wrap a small weight in it;** וְאָמַר אַבַּיֵי רִיבְעָא דְרִיבְעָא דְּפוּמְבְּדִיתָא – **and Abaye said** that this weight is **the fourth of a fourth of Pumbedisa.** This is a larger minimum than that required for tanned leather (enough to make an amulet). We see, then, that the minimums for tanned and untanned leather are not identical.[43] – ? –

The Gemara answers:

הָתָם בְּבִישׁוּלָא – **There,** when speaking of *matzah,* R' Chiya refers **to hide which is** still **moist**[44] and cannot be tanned. Thus, its minimum measurement is larger. Dry, untanned leather which *can* be tanned, however, is treated just as tanned leather.[45]

The Gemara attempts one final challenge:

וְהָתְנַן – **But we have learned in a Mishnah** in Tractate *Keilim:*[46] הַבֶּגֶד שְׁלֹשָׁה עַל שְׁלֹשָׁה לְמִדְרָס – THE minimum size of CLOTH THAT CONTRACTS *MIDRAS TUMAH* is THREE *tefachim* BY THREE *tefachim;*[47] הַשַּׂק אַרְבָּעָה עַל אַרְבָּעָה – THE minimum size of SACKCLOTH IS FOUR BY FOUR *tefachim;*[48] הָעוֹר חֲמִשָּׁה עַל חֲמִשָּׁה – A HIDE, FIVE BY FIVE *tefachim;* מַפָּץ שִׁשָּׁה עַל שִׁשָּׁה – A MAT,[49] SIX BY SIX *tefachim.* בֵּין לְמִדְרָס בֵּין לְמֵת – And these minimums apply BOTH TO *MIDRAS tumah* AND TO CORPSE *tumah.*[50] וְתָאנֵי עֲלָהּ – **And a Baraisa taught** concerning this Mishnah: הַבֶּגֶד וְהַשַּׂק וְהָעוֹר – With respect to THE CLOTH, THE SACKCLOTH AND THE HIDE, כְּשִׁיעוּר לְטוּמְאָה כָּךְ שִׁיעוּר לְהוֹצָאָה – THEIR minimum MEASUREMENT FOR contracting *TUMAH* IS THE SAME AS THEIR minimum MEASUREMENT FOR CARRYING OUT on the Sabbath.[51] This Baraisa fixes the minimum measurement for leather at five by five *tefachim* – a larger measurement than that stated in our Mishnah. Perforce then, the larger measurement applies to untanned leather; and this proves that the minimums for tanned and untanned leather are not identical. – ? –

The Gemara deflects the challenge:

הַהוּא בְּקוּרְטוּבְלָא – **That** Mishnah in *Keilim* speaks **of boiled leather,**[52] which can only be used for furniture; thus, its minimum measure is larger. Regular untanned leather, however, is treated just as tanned leather.

NOTES

42. This is the smallest of the three measurements, for the parchment need only be large enough to contain the essential elements of a bill of divorce – the names, the date, the witnesses, and the declaration: "You are permitted to marry any man" (*Rashi;* cf. *Tosafos, Ritva MHK* ed., *Chidushei Haran,* et al.).

[There is a fourth type of hide – *klaf,* which is fully treated parchment. It is not mentioned here either because it is not referred to as "hide" (*Rashi* to *Gittin* ibid.) or because its measurement (enough to write the smallest passage found in tefillin) is explicitly taught in the Mishnah above (*Tosafos* ibid.). This amount of *diftera* is not considered significant because tefillin may not be written on *diftera* (*Rashi* to *Gittin* ibid.; *Ritva MHK* ed. here).]

43. [*Tosafos* wonder why the Gemara repeats the statement of Abaye here; seemingly, we would realize that the measure for untreated hide (enough to wrap a weight) is larger than the measure for treated hide (enough to wrap an amulet) even without Abaye's explanation! See *Ritva MHK* ed. for a possible resolution; see also *Maginei Shlomo, Leshon HaZahav* and *Shabbos Shel Mi.*]

44. E.g. a freshly skinned hide (*Rashi*).

45. [Hide that does not stand to be tanned is also significant in the amount necessary to wrap an amulet. For in that case, the Gemara is referring to hide that *can* be tanned; its owner, however, never intended to tan it. In our case, however, the leather *cannot* be tanned; therefore its minimum measurement is larger (*Rashi;* see also *Chidushei HaRan*). See *Rashash;* see also *Melo HaRo'im* and *Sfas Emes.*

46. *Keilim* 27:2. [The Gemara's citation paraphrases the Mishnah there.]

47. [If a *zav, zavah, niddah* or a woman who has given birth sits on a bed, couch, or chair, these items become *avos hatumah* – that is, they become primary sources of *tumah,* capable of conveying *tumah* even to people or utensils (see *Leviticus* 15:4-6, *Keilim* 1:3). Items that fall into this category include any object that any of the aforementioned *tamei* people either leaned or sat upon – so long as it was the type of item designated for such use. The general term for this form of susceptibility to *tumah* is *midras* (literally: "treading upon" or "weighing upon").

Thus, if a *zav* sits on a piece of cloth measuring three *tefachim* squared, it becomes an *av hatumah.* A smaller piece of cloth does not become *tamei* through *midras* because it is not fit for sitting upon. [It would become *tamei* if directly touched by the *tamei* person as long as it is at least three fingerbreadths square; however, it would only become a *rishon l'tumah* (see Glossary), and could not convey *tumah* to people or utensils (see *Rashi* and above, 26b).

48. Sackcloth is made of goats' hair (*Rashi* above, 76a). It is thicker than cloth, but not as thick as a hide (*Rashi* to *Succah* 17b).

49. This refers to a mat made of reeds (*Rashi* to 84a ד״ה מפץ; cf. *Tosafos* there ד״ה מפץ).

50. I.e. just as pieces smaller than these minimums cannot contract *midras tumah,* they do not contract corpse *tumah* if they come into contact with a corpse (with the exception of cloth – see Mishnah there). [Indeed, they cannot contract any kind of *tumah;* the Tanna chooses corpse *tumah* as an example because it is the most stringent form of *tumah* (*Rambam,* Commentary to *Keilim* ibid.).]

51. With respect to cloth, this minimum measurement is three square fingerbreadths (*Tos. HaRosh;* cf. *Sfas Emes*).

52. This is leather that is not tanned; rather, it is boiled in water until it becomes very hard and durable. It was used for covering chairs and couches, and for making tabletops (*Rashi;* see *Sfas Emes,* who discusses why Rav Chiya bar Ami does not discuss this type of hide).

עד שיאמר לוה פרעתי ולא פרעתי רבא אמר דכולי עלמא מודה בשטר שכתבו שצריך לקיימו והכא בכותבין שובר קמיפלגי תנא קמא סבר כותבין שובר (א) ורבי יהודה סבר אין כותבין שובר רב אשי אמר מפני שצריך להראותו לבעל חוב שני דאמר ליה חזי גברא דפרע אנא: עור כדי לעשות כו': בעא מיניה רבא מרב נחמן המוציא עור בכמה א"ל כדתנן עור כדי לעשות קמיע [המעבדו בכמה א"ל לא שנא] לעבדו בכמה א"ל לא שנא ומנא תימרא כדתנן המלבן והמנפץ והצובע והטווה שיעורו כמלא רוחב הסיט כפול והאורג ב' חוטין שיעורו כמלא רוחב הסיט (כפול) אלמא כיון דלטוויה קאי שיעורא כטווי ה"נ כיון דלעבדו קאי שיעורו כמעובד ושלא לעבדו בכמה אמר ליה לא שנא ולא שני בין מעובד לשאינו מעובד איתיביה המוציא סממנין שרוין כדי לצבוע בהן דוגמא לאירא ואילו בסממנין שאינן שרוין תנן קליפי אגוזים וקליפי רמונין סטים ופואה כדי לצבוע בהן בגד קטן [לפי] סבכה הא איתמר עלה אמר רב נחמן אמר רבה בר אבוה לפי שאין אדם טורח לשרות סמנין לצבוע בהן דוגמא לאירא והרי זרעוני גינה דמקמי דזרעינהו תנן זרעוני גינה פחות מכגרוגרת רבי יהודה בן בתירא אומר חמשה ואילו בתר דזרעינהו תנן זבל וחול הדק כדי לזבל בו קלח של כרוב דברי רבי עקיבא וחכמים אומרים כדי לזבל כרישא הא איתמר עלה אמר רב פפא הא דזריע הא דלא זריע לפי שאין אדם טורח להוציא נימא אחת לזריעה והרי טיט דמקמי דליגבליה תניא מודים חכמים לרבי שמעון במוציא שופכין לרה"ר ששיעורן ברביעית והוינן [בה] שופכין למאי חזו וא"ר ירמיה לגבל בהן את הטיט ואילו בתר דגבליה תניא טיט כדי לעשות בהן פי כור ותנן נמי כדאמרן לפי שאין אדם טורח (א) (בהן) לגבל את הטיט לעשות בו פי כור ת"ש דאמר רבי חייא בר אמי משמיה דעולא שלשה עורות הן מצה וחיפה ודיפתרא מצה כמשמעו דלא מליח ודלא קמיח ודלא עפיץ וכמה שיעורו תני רב שמואל בר רב יהודה כדי לצור בו משקולת קטנה וכמה אמר אביי ריבעא דריבעא דפומבדיתא חיפה דמליח ולא קמיח ולא עפיץ וכמה שיעורו כדתנן עור כדי לעשות קמיע דיפתרא דמליח וקמיח ולא עפיץ וכמה שיעורו כדי לכתוב עליו את הגט מיהת קתני כדי לצור בו משקולת קטנה ואמר אביי ריבעא דריבעא דפומבדיתא התם בבישולא והתנן הבגד שלשה על שלשה למדרס השק ד' על ד' העור ה' על ה' מפץ ו' על ו' בין למדרס בין למת ותאני עלה הבגד והשק והעור כשיעור לטומאה כך שיעור להוצאה ההוא בקורטובלא:

קלף

רש"י

עד שיאמר פרעתי ולא פרעתי. כלומר עד שלא אמר פרעתי חייב משאמר פרעתי פטור דבטל ליה: דכולי עלמא צריך לקיימו. והכא בפרעו ולא פרעו ממש קאמר ובשטר מקויים ודכולי עלמא אסור לשהות שטר פרוע: והכא בכותבין שובר קא מיפלגי. יש גורסין ת"ק סבר אין כותבין שובר על שטר פרוע שאתה מצריכו לשמור שוברו מן העכברים אלא מחזיר לו ושורפו ואסור להשהותו ורבי יהודה סבר כותבין שובר ועל ידי שובר מותר לשהות שטר פרוע לצור ע"פ צלוחיתו ולא היא חדא דכיון דאסור לשהות שטר פרוע אפי' על ידי שובר נמי אסור להשהותו שמא יאבד השובר וזה חוזר וגובה בו ועוד דלר' יהודה אין כותבין שובר שמעינן ליה בבבא בתרא (דף קע.) דתנן מי שפרע מקצת חובו כו' ר' יהודה אומר יחליף רבי יוסי אומר יכתוב שובר וה"ג ת"ק סבר כותבים שובר והכי קאמר משפרעו לוה והוציאו מלוה בשבת פטור שאינו צריך לו דאי אמרת כיון דלאו לצור ע"פ צלוחיתו הוא בעי אהדורי ללוה לא משהי ליה שמא יבא לידי מלוה ויחזור ויתבענו ואי נמי לא מהדר ליה מלוה לא איכפת ליה ללוה דמלוה כתב ליה ללוה שובר עליה ורבי יהודה סבר אין כותבין שובר הלכך צריך הוא המלוה דבעי אהדורי (ב) ואי לא מהדר ליה חוזר ותובעו לו מה שפרעו דלא סגי ליה בשובר דצריך לשומרו מן העכברים: רב אשי אמר. פלוגתייהו כשהוציאו לוה הוא ומה הוא צריך לו דקאמר ודאי לא לצור משום סתימת פי צלוחית לא משהי ליה שמא יבא ליד המלוה אלא משהי ליה להראותו לשאר בעלי חובות ולהתהלל שהוא פורע חובותיו: המוציא עור בכמה. משום דבעי למיבעי מיניה הנך בעיי אחרנייתא בעא מיניה הא ואף על גב דמתני' היא: לעבד. עור העומד לעבדו ועדיין לא עבדו בכמה שיעור הוצאתו: המלבן. צמר: סיט. כדי הפרש אצבע מהאמה: כפול. שני סיטין: אלמא. כיון דמנפץ ומלבן לטוויה קאי שיעוריה כטוויה: שלא לעבדו. אינו עומד לעבד: דוגמא. כלומר מעט כעין שמראין לדוגמא לומר רוצה אתה כזה: לאירא. והוא כשיעור הצריך לאירא של גרדי לסתום פי קנה שפקעית הערב נתונה בו: קליפי אגוזים. קליפה לחה שעל קליפי האגוז: סטים. וישודא: פואה. ורנצ"א: פי סבכה. קופ"א נותנין בגד באמצעיתה והאי שיעורא נפיש: שאין אדם טורח כו'. ואם בא לשרותה שורה כדי פי סבכה אבל עור טורח אדם לעבד כדי קמיע ומעובד נמי פחות מכדי קמיע לא חשיב: חמשה. גרעינין: ואילו בתר דזרעינהו תנן. דקלא אחד חשוב: כרישא. קפלוט: הא איתמר עלה. לקמן בפרק רבי עקיבא מתרץ לה רב פפא הכי: נימא. גרעינין: מצה כמשמעו. שאין לה שום תיקון: קמיח. משהין אותו בקמח ומים: עפיץ. מתקנין אותו בשחיקת עפצים כמו שעושין כאן בשחיקת קליפת ארז שקורין טנא: וכמה שיעורו. להוצאת שבת: רבעא דרבעא דפומבדיתא. רובע ליטרא של פומבדיתא דרך הסוחרים לצור משקולת של עופרת כדי שלא תפחת לפי שהמתכת נשחקת תמיד ונפחת מאליו: קמיע. בציר שיעוריה מכדי לצור משקולת: לכתוב גט. ותנן (גיטין דף פה.) גופו של גט הרי את מותרת לכל אדם ושמו ושמה והעדים והזמן ושיעור זה קטן מכולן: וקתני מיהת כו'. אלמא שיעור דאין מעובד נפיש: בבישולא. לא כמו שהופסט קרי בשולא לשון בשול שהוא לא דאכתי לא חזי לעיבוד אבל יבש חזי לעיבוד וכיון דחזי לעיבוד הוי כמעובד: שלשה על שלשה לטומאת מדרס. אבל למגע שלש על שלש והן אצבעות: כך שיעור להוצאת שבת. אלמא שאין מעובד חמשה טפחים בעינן ומתניתין מוקי במעובד: בקורטובלא. מבשלו ברותחין ומתקשה לישב עליו ולכסות דלוסקאות שקורין פושדטוויי"ל ומטות ולעשותו שולחן:

תוספות

ת"ק סבר כותבין שובר. ומיירי שכבר יש לו שובר ולכך משפרע פטור דלאין זקוק להחזיר השטר ומתוך פירוש הקונטרס משמע שעדיין לא נכתב השובר וקשה דהרי צריך להחזירו ללוה שלא יצטרך לכתוב שובר: חזי דגברא דפרע אנא. כרב אשי תניא בתוספתא דמכילתין ר' יהודה אומר אף המוציא שטר פרוע כל שהוא חייב מפני שמשמרו לבעל חוב ולשאר אמוראי קשה לרשב"א: אלמא כיון דלטוויה קאי. הוה ליה למינקט כיון דלאריגה קאי (ג) שהוא רחוק יותר אלא שמא לאו כולהו קיימי לאריגה: כדי לכתוב עליו את הגט. סבירא ליה כרבי אליעזר דאמר עדי מסירה כרתי דלר' מאיר אין כותבין על הדפתרא דתנן בגיטין (דף כב.) אין כותבין על נייר מחוק ועל הדפתרא וחכמים מכשירין ואמר בגמ' מאן חכמים ר' אליעזר ובתוס' פי' בקונטרס דשיעור גט קטן מכולן דהא אשכחן דקלף כדי לכתוב עליו פרשה קטנה שבתפלין ונייר דגרע טפי שיעורו לכתוב עליו קשר מוכסין וטעמא דקלף שהוא חשוב אין מגניזין אותו לכתוב קשר מוכסין וכן יש לפרש כאן: וקתני מיהא כדי לצור ואמר אביי. קשה לר"י דלא הוה ליה לאתויי מילתא דאביי הכא:

עין משפט נר מצוה

ח א מיי' פי"א מהלכות שבת הלכה ב:
ט ב מיי' פי"ח מהלכות שבת הלכה ט:
י ג שם הלכה יב:
יא ד שם הלכה יג:

מסורת הש"ס

א) [ב"ב קע.], ב) לקמן קה:, ג) לקמן צ., ד) לקמן פט:, ה) [לקמן צ.], ו) שם, ז) לקמן פ:, ח) [לקמן צ.], ט) לעיל עח., י) לקמן פ., כ) [גיטין כב. ע"ש], ל) לעיל עו. ע"ש סוכה יז. כלים פכ"ח מ"ב, מ) [פ"ט].

הגהות הב"ח

(א) גמ' אדם טורח לגבל כצ"ל ותיבת בהן נמחק: (ב) רש"י ד"ה והכא בכותבין שובר וכו' דבעי אהדורי דאי לא מהדר ליה חוזר ותובעו לו מה שפרעו: (ג) תוס' ד"ה אלמא וכו' לאריגה קאי. נ"ב דהמוכס והאורג וכו' רוחב הסיט כפול:

גליון הש"ס

גמ' כדי לצור בו משקולת קטנה. עיין בב"ב פסח ע"א תוס' ד"ה ולא בגל:

ליקוטי רש"י

בכותבין שובר קמיפלגי. ולפלוגתא דר' יהודה ורבי יוסי היא בבבא בתרא (קע:) דקאמר רבי יהודה אין כותבין שובר אלא יקרעו את השטר דלא כן צריך זה לשמור שוברו מן העכברים [סוטה ז:]. כותבין שובר. על שלוה לו שיפרע עלמו ולא יכול להשהות עד שמחזיר לו שטרי שמא ממור ומוליאו אלא אומרים לו פורע והוא יכתוב לך שובר [כתובות פט.]. היכא דפרע מקלת חובו הוא והיכא מלוה אליכם שטרי כדמפרש לקמן כותבין שובר ומתקן ללוה להודיע שפרע כל חובו [רשב"ם ב"ב קע.]. אין כותבין שובר. דנמלא זה לריך לשמור שוברו מן העכברים ומי שיש לו שטר על חבירו או יורש השטר ויחזירו לו לא יכול לטעון [כתובות נו.]. משום דלא יצטרך לשמורו מן העכברים [שם]. המלבן. מכבס כנהר [לעיל עג.]. הסיט כפול. מפרש בגמרא מלא הסיט הוא הפסק שבין אצבע לאמה כמו שאדם יכול להרחיקן [לעיל עג.]. שיעורו. ברוחב הבגד כמלא הסיט שאף על פי שלא ארגו על פני כל רוחב הבגד חייב [לקמן קה:]. דוגמא. מעט לומר לבוע אדום ומעט לבע שחור וכן בכל מיני לבע שמראה בהם דוגמא לאמר כזה תרלו או כזה תרלו [לעיל יא:]. דוגמא לאירא. מעט לומר שהוא כמין דוגמא שמראה הלבע לבעל הבית כזה תחפוץ או כזה והוא כדי ליתן באירא של קנה של גרדי ושיעורה מועט [לקמן צ.]. אירא. הוא לומר או למר גפן שסותם בו פי הקנה לאחר שהניח בתוכו פקעויות הערב ומשייר בנקב מלא חוט לאריג וזורקו לקנה והפקיע מתגלגל לתוכו ולצאת אינה יכולה שנסתם הנקב [לעיל שם]. דרך הגרדי להניח למר בקנה של ערב כדי שלא יצא הערב מן הקנה לכאן ולכאן [ב"ק קיט:]. קליפי אגוזים. הגדילה על גבי הקליפה בעודן לחין [לקמן פט:]. סטים. מוריק"א קרו"ג [פסחים נו:]. קרוג"א בלע"ז כרכום [ב"ק קא:]. פי סבכה. כראש הסבכה שעשאה בקליעה נותן מעט בגד [לקמן שם]. לשרות. ומתניתין בשאין שרויין והכא לשרות אינו שורה פחות מכדי בגד קטן. פחות מכגרוגרת. דאף על גב דכל האוכלין שיעורן כגרוגרת הני כיון דלזריעה קיימי בפחות מכגרוגרת נמי מיחייב [שם צ.]. זרעוני גינה. כגון זרע כרוב או קפלוט [רשב"ם ב"ב צב.]. כדי לזבל. אלמא זרע הבא מגרעין אחד חשיב [לקמן צ:]. כרישא. קפלוט ושיעוריה זוטר משל כרוב [שם פ:]. הא דזריע. מאחר שכן זרועין חשיב כל אחד ואחד ואדם טורח לזבל אחד מהם אבל דלא זריע אין אדם טורח לזרוע גרגיר אחד [שם צ:]. במוציא שופכין. אדם שלא הגיען אינו חייב אלא ברביעית דבציר מהכי לא חזו כדלקמן לגבל טיט [לעיל עח.]. שופכין. מים סרוחים [שם עו:]. ששופכין אותן לרה"ר [נזיר לח.]. פי כור. נקב שנותנין בו המפוח ושיעורא זוטא הוא ומרביעית חזי לגבל טובא וכיון דהוצאת טיט חשיבא בכדי פי כור בעינן נמי לשעוריה בהנך [מיא] דעבדי לטיט בכדי גיבול פי כור. לפי שאין אדם טורח לגבל את הטיט לעשות בו פי כור. דמיגבל בכך חשוב בכדי פי כור אבל זה שעדיין לא נגבל אינו נשער בכך לפי שאין אדם טורח לגבל שיעור מועט כזה ואם בא לגבל מגבל יותר ועושה בו דברים אחרים [לעיל עח.]. שלשה עורות הן. חלוקין בשמותיהן ובשיעוריהן. כמשמעו. כמלה זו שלא נתקנה בחימוץ כדת הלחם. קמיח. מעובד בקמח [גיטין כב.]. במים. עפיץ. מעובד בעפצים שקורין גל"ש [מגילה יט.]. משקולת. של עופרת עשויה להיות פוחתת ומחפין אותה בעור שלא תהא נשופת ופוחתת. ריבעא דריבעא. משקל קטן שלהן היה. חיפה. מתוקן קלת וראוי לחפות בו קמיען [גיטין שם]. דיפתרא. עור שאינה מעובד כל לרכה דמליח וקמיח ולא עפיץ שהיו מעבדין הקלפים בעפצים שקורין גלי"ש [סוטה יז:]. לכתוב עליו את הגט. כרבנן דמכשרי ומיהו קלף גמור דמליח וקמיח ועפיץ לא שמיה עור משום הכי לא מני בהדייהו ושיעוריה תנן בהמוליא יין (שבת עט:) קלף כדי לכתוב בו פרשה קטנה שבתפילין אבל דיפתרא אינו כשר לתפילין הילכך שיעורו בגט [גיטין שם]. הבגד שלשה על שלשה. טפחים אם ייחדו למשכב הזב מטמא ליעשות אב הטומאה במשכב הזב או במדרסו. השק. מטוה של עזים עשוי והוא עב יותר מן הבגד ואינו מגיע לעוביו של עור [סוכה יז:]. מפץ. של קנים [לקמן פד.]. קורטובלא. עור שלוק [חגיגה כד.].

רבינו חננאל

דוכתי נמי איכא. והכין הוא ראובן שכתב את שמעון במנה והוציא עליו שטר. אמר שמעון שטר זה כתבתיו לו על עצמי אלא שפרעתיו ולא יכול ראובן המלוה לקיים את השטר בחותמיו כולי עלמא לא פליגי שחייב שמעון בממון דאמר רב פפא האי מאן דמפיק שטרא אחבריה וא"ל שטרא פריעא הוא לאו כל כמיניה. אבל אם אין ראובן בחותמיו יכול לקיימו ואין נודע כי נכתב באמת אלא מדברי שמעון. מר סבר אם מודה לוה בשטר שכתבו צריך המלוה לקיימו ואם לא יקיימו ואמר לוה כתבתיו ופרעתיו. הפה שאסר הוא הפה שהתיר ומר סבר כיון שהודה לוה שכתבו הרי נתקיים בכך ואין המלוה צריך לקיימו. וכיון שאמר לוה כתבתיו ופרעתיו אומרי' לו הבא ראיה או תן זה הממון והילכך צריך לקיימו עכשיו וקאמ' אביי ת"ק סבר מודה בשטר שכתבו צריך לקיימו ולא איכפת ליה ללוה אע"ג דשטרא ביד מלוה וצריך מלוה לקיימו. והילכך לוה פטור על הוצאתו דמתעסק הוא. ור' יהודה סבר מודה בשטר שכתבו אין צריך לקיימו. וצריך ליה ללוה וחייב על הוצאתו: רבא אמר דכ"ע מודו בשטר שכתבו צריך לקיימו. והכא בכותבין שובר קא מיפלגי. ועיקרא הא בגמ' דגט פשוט במתני' מי שפרע מקצת חובו ר' יהודה אומר יחליף ר' יוסי אומר יכתוב שובר ואמרינן עלה אמר רב הונא אמר רב אין הלכה לא כר' יהודה ולא כר' יוסי אלא ב"ד מקרעין את השטר וכותבין לו שטר אחר מזמן ראשון. ודבר זה בין בפריעת מקצת בין בפריעת השטר כולו אם אמר המלוה אבד שטרי דקאמרינן (שם) אמר ר"ה בריה דרב יהושע אפי' למ"ד כותבין שובר ה"מ פלגא אבל אכוליה שטרא לא כתבינן. ולא היא אפי' אכוליה שטרא נמי כתבינן. ופלוגתא היא דרב ושמואל אמרי אין כותבין שובר. ור' יוחנן ור"ל אמרי כותבין שובר. והלכתא כותבין שובר. השתא הכא לענין לוה שהוציא את השטר שלו אחר שפרעו קאמר רבא בכותבין שובר פלוגתייהו. ת"ק דסבר פטור קסבר כותבין שובר דאסיק אדעתי' [שמא יאמר] שלא פרעו אלא [מבקש ממנו] שובר. וכיון שיש בידו שובר לא צריך ליה. ור' יהודה סבר אין כותבין שובר והאי פרע ליה ועדיין שטר שעליו קיים. והלכך צריך ליה א) ולא עליה מיניה חורבא. וכולהו הני סבארי איתנהו במימרא דרב אשי וקאמר כ"ע כותבין שובר והכא צריך ליה לוה לשטרא דאיבעי למיזף מן [illegible] וא"ל חזי דגברא דפרע אנא. ומהכא מחייב ליה ר' יהודה: בעא מיניה רבא מרב נחמן עור שיעורו [illegible] עור כדי לעשות בו קמיע ולא שנא מעובד (שלא לעבדו) שראוי לקמיע. ולא שנא שלא מעובד [illegible] מעובד שלא לעבדו. ומנא תימרא דלא שנא לן בין מעובד בין שאינו מעובד דקאי לעבוד דהא [illegible] עומד לטויה שיעורו כשיעור טויה. ואיתיביה רבא תלת תיובתא לרב נחמן דאמר לא שנא לן [illegible] מעובד. ראשונה מסמנין שהרי השרויין שיעורן כדי לצבוע בהן (דאמא לאמא) [דוגמא לאירא]. [illegible] גדול מזה. כדי לצבוע בהן בגד קטן פי סבכא דאלמא טובא איכא בין שרויין בין שאינן שרויין [illegible] שני בין שרויין ובין שאינן שרויין. דהא איתמר עלה. אמר רב נחמן אמר רבה בר אבוה לפי שאין [illegible] סממנים לצבוע בהן (ריגמא לאינא) [דוגמא לאירא]. והילכך אין דרך המוציא להוציא סממנין [illegible] שרויין מוציא אדם שיעור זה. אבל הכא עור מעובד ושאינו מעובד כצמר מנופץ וכטויה דמי. [illegible] גינה בזמן שאינן זרועין שיעור הוצאתו שנים ובזמן שהן זרועין שיעור המוציא להן זבל כדי לזבל [illegible] שני בין זרועין לשאינן זרועין. ופריק בהא נמי שאני זרעוני גינה דאמר רב פפא לפי שאין אדם [illegible] אחת לזריעה וטורח הוא לזבל כרישה אחת אבל עור לא שני לן בין מעובד לשאינו מעובד. שלישי[illegible] ברביעית כדי לגבל טיט. אבל טיט מגובל כדי לעשות פי כוש. ופרקי' ההיא שניא בדאמיד בה [illegible] טיט [שיעורו] לעשות פי כוש. אבל הכא בעור לא שנא. תא שמע דאמר רב חייא בר אמי משמיה [illegible] וקא יהיב תלתא שיעורי וחד מנהון מצה דלא מליח ודלא קמיח ודלא נפיץ. וזהו שאינו מעובד. וש[illegible] דפומבדיתא. והוא כדי לצור משקולת קטנה. (בני) [פי'] רבינו האי גאון זצ"ל צוררין משקל של [illegible] דאלמא פליג על רב נחמן דאמר לא שנא לן בין מעובד לשאינו מעובד. ופרקי' בישלה שאני. ופירושה [illegible] כמה שהוא בלא מלח ובישל ונפסד כשמלבישין אותו על משקל או על זולתו יבש וקשה מאד (זהו [illegible] לצרור משקולת ולעשות ממנו כלים לשמן שנקראין בכל אחד לאביי ושיעור קטן שלו הוא המפורש [illegible] נחמן שאם לא בישל העור ולא נפסד. ועדיין ראוי הוא לעיבוד שיעורו כמעובד כדי לעשות קמיע [illegible] סגי בפחות מן הלין. תרי שיעורי בין לצור משקולת ובין עשיית קמיע. והכין נמי הא דתנן [illegible]

חשק שלמה על רבינו חננאל א) אולי צ"ל ולא ישליכנו למקום הספק דנפיק מיניה חורבא:

קלף כדי לכתוב עליו פרשה קטנה: ורמינהו קלף ודוכסוסטוס כדי לכתוב עליו מזוזה מאי מזוזה מזוזה שבתפילין וקרי להו לתפילין מזוזה אין והתניא רצועות תפילין עם התפילין מטמאות את הידים בפני עצמן אין מטמאות את הידים רבי שמעון בן יהודה אומר משום ר"ש הנוגע ברצועה טהור עד שיגע בקציצה רבי זכאי משמו אומר טהור עד שיגע במזוזה עצמה והא מדקתני סיפא קלף כדי לכתוב עליו פרשה קטנה שבתפילין שהיא שמע ישראל מכלל דרישא במזוזה עצמה עסקינן הכי קתני קלף ודוכסוסטוס שיעורן בכמה דוכסוסטוס כדי לכתוב עליו מזוזה קלף כדי לכתוב עליו פרשה קטנה שבתפילין שהיא שמע ישראל: אמר רב דוכסוסטוס הרי היא כקלף מה קלף כותבין עליו תפילין אף דוכסוסטוס כותבין עליו תפילין תנן קלף כדי לכתוב פרשה קטנה שבתפילין שהיא שמע ישראל (קלף אין דוכסוסטוס לא) למצוה ת"ש הלכה למשה מסיני תפילין על הקלף ומזוזה על דוכסוסטוס קלף במקום בשר דוכסוסטוס במקום שיער למצו' והתניא שינה פסול אמזוזה והתניא שינה בזה ובזה פסול אידי ואידי אמזוזה והא דכתבינהו אקלף במקום שיער אי נמי אדוכסוסטוס במקום בשר ואיבעית אימא שינה בזה ובזה תנאי היא דתניא שינה בזה ובזה פסול רבי אחא מכשיר משום רבי אחי בר חנינא ואמרי לה משום רבי יעקב בר' חנינא רב פפא אמר רב דאמר כתנא דבי מנשה דתנא דבי מנשה כתבה על הנייר ועל המטלית פסולה על הקלף ועל הגויל ועל דוכסוסטוס כשרה כתבה מאי אילימא מזוזה מזוזה אקלף מי כתבינן אלא לאו תפילין וליטעמיך תפילין אגויל מי כתבינן [אלא] כי תניא ההיא בס"ת לימא מסייע ליה כיוצא בו תפילין שבלו וספר תורה שבלה אין עושין מהן מזוזה לפי שאין מורידין מקדושה חמורה לקדושה קלה טעמא דאין מורידין הא מורידין עושין דכתיבא אמאי לאו דכתיבא אדוכסוסטוס לא דכתיבא על הקלף ומזוזה אקלף מי כתבינן אין והתניא כתבה על הקלף על הנייר ועל המטלית פסולה אמר רבי שמעון בן אלעזר רבי מאיר היה כותבה על הקלף מפני שמשתמרת השתא דאתית להכי לרב נמי לא תימא דוכסוסטוס הרי הוא כקלף אלא אימא קלף הרי הוא כדוכסוסטוס מה דוכסוסטוס כותבין עליו מזוזה אף קלף כותבין עליו מזוזה: דיו כדי לכתוב:

תנא

רש"י

דוכסוסטוס. קלף שניטלה קליפתו העליונה: מזוזה. שמע והיה אם שמוע: שבתפילין. דהתם ד' אגרות לד' פרשיות ושיעור בחד מינייהו דהיינו שמע קטנה שבהם: מטמאות את הידים. לענין תרומה כדאמרן בי"ח דבר בפ"ק (דף יד.): קציצה. הוא הדפוס של עור שחתוך לד' בתים כמין בית יד של עור והאיגרות בתוכן: במזוזה. הן האיגרות שהן בתוך הבתים: והא מדקתני סיפא. דההיא דלעיל קלף כדי לכתוב כו' מכלל דרישא כו' וקשיא רישא אסיפא: שיעורן. של כל אחד בכמה: כדי לכתוב עליו מזוזה. אדוכסוסטוס קאי דלא חזי לתפילין וסיפא פריש קלף כדי לכתוב פרשה קטנה שבתפילין: קלף אין דוכסוסטוס לא. הוי בשיעורא זוטא כי האי אלא בכדי לכתוב ב' פרשיות דמזוזה ואי דוכסוסטוס חזי לתפילין הוה ליה לשעוריה כשיעור זוטא דתפילין: למצוה. מלוה מן המובחר קלף בעינן וסתמא דכל איניש מלוה מעלייתא עביד הלכך לא מצנע דוכסוסטוס לתפילין וה"ל אין מצניעין כמוהו: למזוזה. אם כתבה על הקלף: הא דכתב אקלף אפי' במקום שיער. וכ"ש במקום בשר דהילכתא מזוזה במקום שיער והא דכתבה אדוכסוסטוס במקום בשר: רבי אחי מכשיר. ורב מוקי לדר' אחי אתפילין דכתבן על דוכסוסטוס ואמר כוותיה: נייר. של עשבים: גויל. מעובד בעפצים: מסייע ליה. לרב: כיוצא בו. רישא דברייתא תפילין של יד עושין אותן של ראש ואותן של ראש אין עושין אותן של יד לפי שאין מורידין כו': ס"ת שבלה. אין מחתכין ממנה יריעה שפרשיות שמע והיה אם שמוע בתוכה לקובען במזוזה: דכתיבי. הנך תפילין אמאי: לאו דכתיבי אדוכסוסטוס. שהוא כשר למזוזה הלכך הא מורידין עושין: השתא דאתית להכי. דמזוזה אקלף כשרה: לא תימא. במילתיה דרב דוכסוסטוס הרי הוא כו':

ב'

The Mishnah stated:

קְלָף כְּדֵי לִכְתּוֹב עָלָיו פָּרָשָׁה קְטַנָּה – If he takes out PARCHMENT, ENOUGH TO WRITE THE SMALLEST PASSAGE of tefillin ON IT…

The Gemara cites a Baraisa that contradicts the Mishnah's ruling:

ורְמִינְהוּ – **But contrast this** ruling with that which we were taught in a Baraisa: קְלָף וְדוּכְסוּסְטוּס – If one takes out PARCHMENT OR *DUCHSUSTUS,*[1] כְּדֵי לִכְתּוֹב עָלָיו מְזוּזָה – he is liable if he takes out ENOUGH TO WRITE A *MEZUZAH*[2] ON IT. Now, a *mezuzah* scroll contains two passages; thus, this Baraisa sets a larger minimum for parchment than the Mishnah does. – ? –

The Gemara answers:

מַאי מְזוּזָה – **What** does the Baraisa mean when it says that there must be enough parchment to write **"a *mezuzah*"** on it? מְזוּזָה שֶׁבִּתְפִילִּין – It means enough parchment to write ONE SCROLL of those that are INSIDE THE TEFILLIN.[3] Thus, the Baraisa is in effect saying the same thing as the Mishnah – that there must be enough parchment to write the smallest passage found in tefillin upon it.

The Gemara notes a difficulty with this interpretation of the Baraisa:

וְקָרֵי לְהוּ לִתְפִילִּין מְזוּזָה – **But would [the Tanna] call** a parchment scroll of **tefillin a *mezuzah*?**[4]

The Gemara answers:

אֵין – **Indeed,** the Tanna does refer to such a scroll as a *mezuzah.* וְהָתַנְיָא – And **so was it taught in the** following **Baraisa:** רְצוּעוֹת תְּפִילִּין עִם הַתְּפִילִּין – When THE STRAPS OF TEFILLIN[5] are ATTACHED TO THE TEFILLIN, מְטַמְּאוֹת אֶת הַיָּדַיִם – THEY RENDER THE HANDS of a person who touches them *TAMEI* with respect to *terumah.*[6] בִּפְנֵי עַצְמָן – When they are BY THEMSELVES, i.e. not attached to the tefillin, אֵין מְטַמְּאוֹת אֶת הַיָּדַיִם – THEY DO NOT RENDER THE HANDS of one who touches them *TAMEI.* רַבִּי שִׁמְעוֹן בֶּן יְהוּדָה אוֹמֵר מִשּׁוּם רַבִּי שִׁמְעוֹן – R' SHIMON BEN YEHUDAH SAYS IN THE NAME OF R' SHIMON: הַנּוֹגֵעַ בָּרְצוּעָה טָהוֹר – ONE WHO TOUCHES THE STRAP IS always *TAHOR,* whether they are attached to the tefillin or not; עַד שֶׁיִּגַּע בַּקְּצִיצָה – his hands are not rendered *tamei* UNTIL HE TOUCHES THE LEATHER BOXES of the tefillin.[7] רַבִּי זַכַּאי מִשְּׁמוֹ אוֹמֵר – R' ZAKKAI SAYS IN [R' SHIMON'S] NAME: טָהוֹר עַד שֶׁיִּגַּע בַּמְּזוּזָה עַצְמָהּ – His hands are *TAHOR* UNTIL HE TOUCHES THE SCROLL of the tefillin ITSELF; touching the box does not render him *tamei.* This final ruling clearly refers to a scroll of the tefillin as a *mezuzah.*

The Gemara notes another difficulty with its interpretation of the Baraisa's reference to a *mezuzah* as a scroll of tefillin:

וְהָא מִדְּקָתָנֵי סֵיפָא – **But from the fact that the latter part** of that Baraisa[8] **states:** קְלָף כְּדֵי לִכְתּוֹב עָלָיו פָּרָשָׁה קְטַנָּה שֶׁבִּתְפִילִּין – If he takes out PARCHMENT, he is only liable if he takes out ENOUGH TO WRITE THE SMALLEST PASSAGE OF TEFILLIN ON IT, שֶׁהִיא ,,שְׁמַע יִשְׂרָאֵל" – WHICH IS the passage of *SHEMA YISRAEL,*[9] מִכְּלַל דְּרֵישָׁא בִּמְזוּזָה עַצְמָהּ עַסְקִינַן – **it is implied that the first part** of the Baraisa, which does *not* use this terminology, **is dealing with an actual *mezuzah*!**[10] And, once you interpret the first section of the Baraisa in this manner, the first and second sections of the Baraisa contradict each other.[11] – ? –

The Gemara deflects the challenge by reinterpreting the entire Baraisa:

הָכִי קָתָנֵי – Rather, **this is what [the Baraisa] is teaching:** קְלָף וְדוּכְסוּסְטוּס שִׁיעוּרָן בְּכַמָּה – If one takes out PARCHMENT OR *DUCHSUSTUS,* HOW MUCH ARE THEIR MINIMUM MEASUREMENTS? דוּכְסוּסְטוּס כְּדֵי לִכְתּוֹב עָלָיו מְזוּזָה – *DUCHSUSTUS,* ENOUGH TO WRITE A *MEZUZAH* ON IT;[12] קְלָף כְּדֵי לִכְתּוֹב עָלָיו פָּרָשָׁה קְטַנָּה שֶׁבִּתְפִילִּין – PARCHMENT, ENOUGH TO WRITE THE SMALLEST PASSAGE OF TEFILLIN ON IT, שֶׁהִיא ,,שְׁמַע יִשְׂרָאֵל" – WHICH IS the passage of *SHEMA YISRAEL.*[13]

NOTES

1. Hide (*g'vil*) can be split into two layers. The outer layer is called *klaf* (parchment – which is called *klaf* because it is made up of the thinner outer "peel" (קְלִיפָּה) [*Meiri*]), and the inner layer is known as *duchsustus.* The word *duchsustus* derives from the two words דוּךְ, which means *place* in Aramaic, and סוּסְטוּס, which is a Greek word that means *flesh*; it is so called because it is the layer of the hide which is closer to the flesh (*Rashi, Tosafos;* cf. *Ramban* and *Chidushei HaRan,* who reverse the two). See *Ritva MHK* ed. and *Ran MHK* ed. for a full discussion; see also *Rambam, Hil. Tefillin* 1:7 with *Kesef Mishneh.*

2. [A *mezuzah* is the scroll that is placed on the doorposts of Jewish homes; it contains] the first two passages of the *Shema* [*Deuteronomy* 6:4-9 and 11:13-21] (*Rashi*).

3. I.e. the word *mezuzah* in the Baraisa does not refer to the *mezuzah* that is placed on a doorpost; rather, it simply means *a scroll.* Now, the tefillin [that are worn on the head] contains four scrolls, each written on a separate piece of parchment; the smallest of the four scrolls is the one upon which the smallest passage in the tefillin (*Shema Yisrael*) is written. Thus, the Baraisa is stating, as the Mishnah does, that the parchment must be large enough to have the passage of *Shema Yisrael* written on it (see *Rashi*).

4. [The word *mezuzah,* although it literally means *a scroll,* is usually used to refer to the *mezuzah* which is placed on doorposts. The Gemara therefore asks that it is not likely that the Tanna would use this term to refer to one of the four sections of the tefillin.]

5. These are the black leather straps that are attached to the tefillin; they are used to bind the leather boxes of the tefillin to the head and arm.

6. The Gemara above (13b-17b) enumerated a series of eighteen decrees that were enacted in the upper chamber of Chananyah ben Chizkiyah ben Garon. One of these was a decree that holy scrolls (i.e. scrolls of Scriptural text) render hands that touch them *tamei* to the extent that those hands will disqualify *terumah* that they touch (see *Rashi*; see also above, 14a and note 34 there; see also *Hagahos R' Elazar Moshe Horowitz*). Since tefillin contain scrolls of the Scriptures, they are subject to this law as well; and the Baraisa teaches that [according to the Tanna Kamma] the straps, too, are subject to this decree as long as they are attached to the tefillin.

7. R' Shimon ben Yehudah holds that the Sages' enactment extended only to the scrolls and the leather boxes in which they are contained; it did not extend to the straps that hold the boxes in place on the head and arm.

8. I.e. the Baraisa cited above, which stated that the measurement for parchment and *duchsustus* is enough to write a *mezuzah* upon them.

9. [The second part of the Baraisa is identical to the ruling stated in the Mishnah.]

10. It is unlikely that the Baraisa would refer to the scroll of the tefillin upon which *Shema Yisrael* is written as a *mezuzah* in its first section, and then refer to it as "the smallest passage found in tefillin" in the second section!

11. *Rashi.* [And the Gemara's original question – why does the Baraisa set a larger minimum for parchment than the Mishnah does – is also reinstated. Cf. *Tosafos,* who understand the thrust of the Gemara's question as contrasting the first section of the Baraisa with the Mishnah, as opposed to contrasting the two sections of the Baraisa itself; see *Chidushei HaRan,* who suggests why the Baraisa's internal contradiction would not be problematic without the Mishnah; see also *Ritva MHK* ed., who cites a variant text and offers several other interpretations of the Gemara's question.]

12. Tefillin may not be written on *duchsustus;* see Gemara below. Thus, the minimum measurement for *duchsustus* is enough to write the two passages of a *mezuzah,* rather than enough to write the single passage of *Shema Yisrael* (*Rashi*).

13. The Gemara answers that the first measurement of the Baraisa – enough to write a *mezuzah* – applies only to *duchsustus,* upon which tefillin may not be written (see previous note); the mention of both parchment and *duchsustus* in the first section is only a preface, introducing the two substances whose minimums will be discussed in the Baraisa. In truth, however, the minimum measurement of parchment is enough to write the smallest passage of tefillin on it, as the end of the Baraisa states.

עין משפט נר מצוה

יב א מיי' פי"ח מהלכות שבת הלכה טו:
יג ב ג מיי' פ"א מהלכות תפילין הלכה ח סמג עשין כב טור שו"ע או"ח סימן לב סעיף ז:
יד ד מיי' שם הלכה ט סמג עשין כח טוש"ע יו"ד סימן רעא סעיף ג:
טו ה מיי' פ"ה מהלכות תפילין הלכה א סמג שם טוש"ע יו"ד סי' רצ:
טז ו מיי' פ"א שם הלכה ט סמג עשין כג טור שו"ע יו"ד סימן רפח סעיף ו:

רבינו חננאל

על חמשה. ותניא אידך העור כשיעורו לטומאה כך שיעורו להוצאה. דאמרי צריך שיעור גדול. ופריק התם בקורטובלא. והוא בלשון ישמעאל ספארה: **קלף** כדי לכתוב עליו פרשה קטנה שבתפילין שהיא שמע ישראל. ורמינהי קלף ודוכסוסטו' כדי לכתוב עליו מזוזה. דאלמא בענין זו בעינן שיעור ב' פרשיות. ופרקי' מאי מזוזה דאמר הכא מזוזה שבתפילין דקארי לה לתפילין מזוזה וסיעתא ר' זכאי אומר משמו אף עם הקציצה טהור עד שיגיע למזוזה עצמה. ומקשי' הא מדקתני סיפא קלף כדי לכתוב עליו פרשה קטנה שבתפילין. דאלמא רישא לאו בתפילין ומתרצינן לה: **אמר** רב דוכסוסטוס הרי הוא כקלף. מה קלף כותבין עליו תפילין אף דוכסוסטוס כותבין עליו תפילין. מנהגא מייתי מגילתא דמעבדא בתמרי וקמחא דשערי ומתח ליה עד דיביש וקליף ליה עד דהוי תרין פיסקי ויזהר שלא ינקב וקאי קלף לחודי' ומעבר ליה לקלף דהוא אפא דמגילתא מכלפי בשר. תוב בעפצא לשמה וכות' פרשיות על מקום בשר א) מנהגא הכין הוא וקאמר רב כי היכי דכותבין תפלין על הקלף דהוא אפא דמגילתא הכין נמי כותבין תפילין על דוכסוסטוס דאי קליף מקלף אם כתב על זה כשר ואם כתב על זה כשר. ומותבינן ליה הל"מ תפילין על קלף. מזוזה על דוכסוסטוס. קלף במקום בשר. דוכסוסטוס במקום שיער. ומפרק רב שאם כתב על זה ועל זה כשר. לא אמרו אלא על הקלף מצוה. ומותבי' שינה בזה ובזה פסל ופרקי' בשבת לענין מזוזה ובמנחות לענין תפילין. ואפא דמגילתא דהוא גיסא דמיקרי קלף הוא מקום שיער בהדיא. ומן גואי דיליה דכתבין ודה דאמרי' במזוזה כותבין על דוכסוסטוס במקום שיער דלאו מקום [שער] ממש. דאי ס"ד אפא דמגילתא היא הרי זה בהדיא הל"מ תפילין על הקלף והרי יצא מקום השיער גופו בכלל קלף. אלא ש"מ מאי מקום שיער הוא מקום שנקלף הקלף משום שנמצא כנגד מקום שיער. נמצא קלף עומד לבדו ומקום שיער העיקר בו אין כותב שם כלום לתפילין אלא מן אפיה אחרנייתא ודוכסוסטוס עומד לבדו והמקום שהיה דבוק על בשר הבהמה בו אין כותב עליו מזוזה מאותן הפנים. אלא מן הפנים האחרות. והא שמעתא דרב דקאמר דוכסוסטוס הרי הוא כקלף וקא מפרשא לאכשורי תפילין על הדוכסוסטוס דקא מותבינן ליה לרב שינה בזה ובזה פסל. וקא מיפרקא חד פירוקא אידי ואידי במזוזה. ועוד מיפרקא שינה בזה ובזה פסל תנאי היא וקא קאי רב כיחידאה. ורב פפא קא מוקי ליה לרב כתנא דבי מנשה. דתניא כתבה על הנייר ועל המטלית ועל הקלף ועל הגויל ועל דוכסוסטוס כשרה. וליכא לאוקמה במזוזה שאין מזוזה נכתבת על הקלף והילכך כתפילין היא. ואי משום דאית בה גויל ותפילין לא מכתבן על גויל כי קתני גויל לענין ס"ת. ואתינן נמי לסיועיה דרב דאמר כותבין תפילין על דוכסוסטוס. מדתניא תפילין שבלו אין עושין מהן מזוזה. לפי שאין מורידין מקדושה חמורה לקדושה קלה. ודייקי' מדקא יהיב טעמא לפי שאין מורידין דאלמא אי לאו הכי היו עושין מן התפילין. ואמרינן דכיון דמזוזה אין נכתבת על הקלף שמעינן דהני תפילין אדוכסוסטוס הוה כתבין. [ואי לאו] קדושה חמורה הוה מעברן מזוזה. והדר פרכינן דלא הויא הא סיעתא לרב. דהא ר"מ היה כותב מזוזה על הקלף ותפילין שבלו על הקלף היו. אי לאו קדושה חמורה הוה מעברן מזוזה. השתא דאייתית להכי ההוא דאוקמה רב פפא נמי לרב לתנא דבי מנשה משום דמזוזה אין נכתבת על הקלף. והרי היא נכתבת על הקלף. לרב נמי עיקר שמעתיה תרצה הכין דוכסוסטוס וקלף לענין מזוזה שוין נכתבת על זה ועל זה. אבל תפילין אין נכתבים על דוכסוסטוס וכן הלכה. וכן מנהג: **דיו** כדי לכתוב ב':

קלף כדי לכתוב עליו פרשה קטנה: ורמינהו קלף ודוכסוסטוס כדי לכתוב עליו מזוזה מאי מזוזה מזוזה שבתפילין וקרי להו לתפילין מזוזה אין והתניא א) רצועות תפילין עם התפילין מטמאות את הידים בפני עצמן אין מטמאות את הידים רבי שמעון בן יהודה אומר משום ר"ש ב) הנוגע ברצועה טהור עד שיגע בקציצה רבי זכאי משמו אומר טהור עד שיגע במזוזה עצמה והא מדקתני סיפא קלף כדי לכתוב עליו פרשה קטנה שבתפילין שהיא שמע ישראל מכלל דרישא במזוזה עצמה עסקינן ג) הכי קתני קלף ודוכסוסטוס שיעורן בכמה א דוכסוסטוס כדי לכתוב עליו מזוזה קלף כדי לכתוב עליו פרשה קטנה שבתפילין שהיא שמע ישראל: אמר רב דוכסוסטוס הרי היא כקלף מה קלף כותבין עליו תפילין אף דוכסוסטוס כותבין עליו תפילין תנן קלף כדי לכתוב (א) פרשה קטנה שבתפילין שהיא שמע ישראל (קלף אין דוכסוסטוס לא) למצוה ת"ש ד) ב הלכה למשה מסיני תפילין על הקלף ומזוזה על דוכסוסטוס קלף במקום בשר דוכסוסטוס במקום שיער למצו' והתניא שינה פסול אמזוזה והתניא שינה בזה ובזה פסול אידי ואידי אמזוזה והא דכתבינהו אקלף במקום שיער אי נמי אדוכסוסטוס במקום בשר ואיבעית אימא שינה בזה ובזה תנאי היא דתניא ג שינה בזה ובזה פסול רבי אחא מכשיר משום רבי אחי בר חנינא ואמרי לה משום רבי יעקב בר' חנינא רב פפא אמר רב דאמר כתנא דבי מנשה דתנא דבי מנשה כתבה על הנייר ועל המטלית פסולה על הקלף ועל הגויל ועל דוכסוסטוס כשרה כתבה מאי אילימא מזוזה מזוזה אקלף מי כתבינן אלא לאו תפילין ולטעמיך תפילין אגויל מי כתבינן [אלא] כי תניא ההיא ד בס"ת לימא מסייע ליה ה כיוצא בו ו תפילין שבלו וספר תורה שבלה אין עושין מהן מזוזה לפי שאין מורידין מקדושה חמורה לקדושה קלה טעמא דאין מורידין הא מורידין עושין דכתיבא אמאי לאו דכתיבא אדוכסוסטוס לא דכתיבא על הקלף ומזוזה אקלף מי כתבינן אין והתניא כתבה על הקלף על הנייר ועל המטלית פסולה ו) אמר רבי שמעון בן אלעזר רבי מאיר היה כותבה על הקלף מפני שמשתמרת השתא דאתית להכי נמי לא תימא דוכסוסטוס הרי הוא כקלף ז) אלא אימא קלף הרי הוא כדוכסוסטוס מה דוכסוסטוס כותבין עליו מזוזה אף קלף כותבין עליו מזוזה: דיו כדי לכתוב:

תנא

רש"י

דוכסוסטוס. קלף שניטלה קליפתו העליונה: מזוזה. שמע והיה אם שמוע: שבתפילין. דהתם ד' אגרות לד' פרשיות ושיעור בחד מינייהו דהיינו שמע קטנה שבהם: מטמאות את הידים. לענין תרומה כדאמרינן בי"ח דבר בפ"ק (דף יד.): קציצה. הוא הדפוס של עור שמחוך לד' בתים כמין בית יד של עור והאיגרות בתוכן: במזוזה. הן האיגרות שהן בתוך הבתים: והא מדקתני סיפא. דהסיפא דלעיל קלף כדי לכתוב כו' מכלל דרישא כו' וקשיא רישא לסיפא: שיעורן. של כל אחד בכמה: כדי לכתוב עליו מזוזה. לדוכסוסטוס קאי דלא חזי לתפילין וסיפא פריש קלף כדי לכתוב פרשה קטנה שבתפילין: קלף אין דוכסוסטוס לא. הוי כשיעורא זוטא כי האי אלא בכדי לכתוב ב' פרשיות למזוזה ואי דוכסוסטוס חזי לתפילין הוה ליה לשעורי בשיעורא זוטא דתפילין: למצוה. מלוה מן המובחר קלף בעינן ומשמע דכל אינש מלוה מעלייתא עביד הלכך לא תנא דוכסוסטוס לתפילין וה"ל אין מלגיעין כמוהו: למזוזה. אם כתבה על הקלף: הא דכתב אקלף אפי' במקום שיער. וה"ה במקום בשר דהילכתא מזוזה במקום שיער והא דכתבה לדוכסוסטוס במקום בשר: רבי אחי מכשיר. ורב מוקי לדר' אחי אתפילין דכתבן על דוכסוסטוס ואמר כוותיה: נייר. של עשבים: גויל. מעובד בעפצים: מסייע ליה. לרב: כיוצא בו. רישא דברייתא תפילין של יד עושין אותן של ראש ואותן של ראש אין עושין אותן של יד לפי שאין מורידין כו': ס"ת שבלה. אין מחתכין ממנה יריעה שפרשיות שמע והיה אם שמוע כתובה לקובען במזוזה: דכתיבי. הנך תפילין אמאי: לאו דכתיבי אדוכסוסטוס. שהוא כשר למזוזה הלכך הא מורידין הוא עושין: השתא דאתית להכי. דמזוזה אקלף כשרה: לא תימא. במילתיה דרב דוכסוסטוס הרי הוא כו':

תוספות

קלף ודוכסוסטוס כו'. גויל הוא עור שלם אלא שהסירו השיער והיינו דאמר בריש בבא בתרא (דף ג.) גויל אבני דלא משפין אלמא שאינו מתוקן קרי גויל וכשחולקין אותו לשנים אותו שכלפי שיער קרוי קלף וכלפי בשר הוא דוכסוסטוס ואומר ר"ת דבלשון יון קורין לבשר סוסטוס ודוך פי' מקום כמו דוך פלן לכך קרי ליה דוכסוסטוס כלומר מקום בשר וקלפים שלנו יש להן דין קלף וכותבין עליהן ס"ת תפילין ומזוזות לצד בשר ודלא כאומר שקלפים שלנו הם דוכסוסטוס לפי שמגררין האומנין המתקנים אותן קליפתן העליונה ונשאר הדוכסוסטוס דא"כ היאך כותבין עליהם תפילין דמסקינן הכא דתפילין דוקא על הקלף וי"מ דקלף ודוכסוסטוס אינם מעופצים וקשה דא"כ פסול לכתוב עליהן ס"ת (ג) ותפילין ומזוזות דבעינן ספר והכי פסיל במסכת מגילה (דף יט: ושם) לכתוב מגילה על הדפתרא משום דנקראת ספר ולקמן משמע דכשרין וא"ת קלפים שלנו דלא עפיצן היכי מיתכשרי ואומר ר"ת דתיקון שלנו חשיב כעיפוץ וכן משמע בהקומץ רבה (מנחות לא:) דקאמר קרע הבא בב' (ג) יתפור בג' אל יתפור ותניא אידך בשלש יתפור בד' אל יתפור ולא פליגי הא דעפיצן הא דלא עפיצן אלמא ס"ת כשר בלא עפיץ והיינו בתיקון טוב כשלנו ובפ"ק דגיטין (דף יא.) גבי שטר והא בעינן דבר שאינו יכול להזדייף ומשני דעפיצן משמע דאי לא עפיצן יכול להזדייף ופסול ואנן סהדי דשלנו אינו יכול להזדייף אלמא חשוב כעפיצן: **והא** מדקתני סיפא כו'. הוה מצי למיפרך ברייתא גופה רישא לסיפא ומשמע דלמתני' מהדר לפרוכי ואומר ר"י דכן מצינו בהמפקיד (ב"מ דף לו.) גבי ורמי גזל אגזל כו' דברי טרפון ממאי דמתני' ר' טרפון היא מדקתני עלה דההיא כו' והוה מצי למיפרך הנהו תרתי אהדדי ופריך ממתניתין דהמפקיד: **תנן** קלף כדי לכתוב עליו כו'. אין לפרש דהכי פריך מדנקט קלף מכלל דדוכסוסטוס לא דא"כ לעיל למשני מאי מזוזה מזוזה שבתפילין אכתי תקשה ליה ממתניתין דקתני קלף ומשמע ולא דוכסוסטוס וברייתא נותנת שיעור לדוכסוסטוס כקלף אלא הכא סמך אברייתא דלעיל: **אידי** ואידי אמזוזה הא דכתבה כו'. וא"ת ממאי לא קאמר אידי ואידי אתפילין קלף במקום שיער ודוכסוסטוס במקום בשר ויש לומר דניחא ליה לקיומי לשינויא קמא דשני אמזוזה וה"ה דה"מ למימר אידי ואידי אתפילין: **ורבי** אחאי מכשיר. וא"ת ולמאי סבר רב כרבי אחאי לימא נמי קלף הרי הוא כדוכסוסטוס וי"ל רב מפרש דרבי אחאי לא מכשר אלא אתפילין: **אלא** לאו אתפילין. והא דקתני כתבה לשון נקבה היינו מזוזה שבתפילין: **תפילין** אגויל מי כתבינן. וא"ת הא דתנן בפ"ק דמגילה (ד' ח:) אין בין ספרים לתפילין ומזוזות אלא שהספרים נכתבים בכל לשון ותפילין ומזוזות אין נכתבות אלא אשורית אמאי לא קתני נמי שתפילין אין נכתבין על הגויל ואומר ר"י דלא קתני לה משום דלא מיפסלי בגויל מחד טעמא אלא משום שזה דינו בקלף וזה בדוכסוסטוס אבל הא דנכתבים אשורית הוי מחד טעמא כדדרשינן התם בגמרא והיו בהוייתן יהו ועוד דלפי' עצמן אינן שוין שזה על הקלף וזה על הדוכסוסטוס ומיהו קשה דהוה מצי למיתני שהספרים נכתבים על הנייר שאינו מחוק דלוקא על נייר מחוק פסול ס"ת במסכת סופרים אבל תפילין אין נכתבים אלא על העור כדמוכח בריש פרק שמונה שרצים (לקמן קח.) וי"ע בירושלמי בפ"ק דמגילה ואם תאמר נייר שאינו מחוק נמי ליפסול בספר תורה דפסלינן מגילה דסוטה ח) משום דכתיב בספר ונראה דנייר דקתני נמי בספר במגילה [דסוטה] היינו במחוק ואף על גב דלא פריש כדמשכחן הכא גבי ספר תורה דקתני נייר סתם ומיירי במחוק כדאמרינן במסכת סופרים: **הא** מורידין עושין. אע"ג דפרשת והיה אם שמוע רחוק מפרשת שמע עושין דקאמר היינו שאם פרשת שמע כתובה בסוף העמוד יכתוב אחריה והיה אם שמוע בגליון או אם היה פרשת והיה אם שמוע בראש העמוד יכתוב למעלה בגליון פרשת שמע: **השתא** דאתית להכי כו'. אומר ר"י דמילתיה דרב סתמא נשנית בבית המדרש דקלף ודוכסוסטוס שוים והיה סבור בתחילה דלענין תפילין קאמר ולא מצי קאי עד דמסיק השתא דלענין מזוזה קאמר והא דתניא לעיל שינה בזה ובזה פסול אידי ואידי אתפילין וסוגיא דהקומץ אזלא כפי מסקנא דשמעתין:

אות

מסורת הש"ס

א) תוספתא דידים פרק ב, ב) [שם], ג) ס"א אלא, ד) מנחות לב., ה) מנחות לב., ו) [פי' תוס' מנחות לב: ד"ה רש"א], ז) [בב"ב יד: ד"ה גויל כתבו דבלשון מדי קורין וכו'], ח) [סוטה יז.]

הגהות הב"ח

(א) גמ' תנן קלף כדי לכתוב עליו פרשה וכו' שמע ישראל (קלף אין דוכסוסטוס לא) תא"מ ונ"ב זו היא גירסת רש"י וכן ל"א ליתא והכתובה בתוספות: (ג) תוס' ד"ה קלף כו' לכתוב עליהן ס"ת דבעינן ספר כצ"ל ותיבת ותפילין ומזוזות נמחק: (ג) בא"ד בהקומץ רבה דקאמר קרע הבא בב' שיטין יתפור:

ליקוטי רש"י

קציצה. הן תפילין עצמן דפוס מושבן ולצון ודומה לו במסכת גיטין בהניזקין (נח.) דפוסי תפילין בשלא קולגי תפילין (סוכה כו:) דפוסי תפילין מין הכרוכה קרוי קציצה כדאמרי' במסכת סוכה (כו:) אוחז ברצועה ואינו אוחז בקציצה (גיטין נח.). למצוה. מלת של הקלף ומזוזה של דוכסוסטוס אבל אם שינה אין בכך כלום [מנחות לב.]. נייר. עשוי מעשבים ע"י דבק שקורין גלו"ד [פסחים מב:]. של עשבים שכותשין ומדבקין אותן בדבק שקורין גלי"ד ועושין כמו עור [סוטה יז.]. לפי שאין מורידין מקדושה חמורה לקדושה קלה. שמעלין בקדש ולא מורידין תוספתא מעלין בקדש דכתיב ויקם משה את המשכן (שמות מ) בצלאל עשה ומשה שהיה גדול ממנו הקימו ולא מורידים דכתיב את מחתות החטאים האלה בנפשותם ועשו אותם רקועי פחים צפוי למזבח כי הקריבום לפני ה' ויקדשו וגו' (במדבר יז) כיון שהוקדשו הוקדשו עד כאן [מגילה כו. ועיי"ש בהגרי"ב].

[מכאן שייך לדף פ.]

תוך שלשה לרבנן. דפליגי עליה דר' עקיבא בזורק (לקמן צז.) מרשות היחיד לרשות היחיד ורשות הרבים באמצע דלית להו קלוטה כמי שהונחה לא תימא בתוך שלשה מודו אלא אפילו תוך שלשה נמי צריך נייחה ואם עבר רשות הרבים כולה פטור ונפקא מינה נמי לזורק ארבע אמות וכשבא לנוח והגיע לתוך שלשה תוכו שגגתו עד שלא נח אם פטור כדאמרינן במתניתין (לקמן קב.) עד שתהא תחלתו וסופו שגגה ולא אמרינן עד שלא תוכו הוה ליה מונח [לקמן ק.]. דפליגי עליה דר' עקיבא בקלוטה כמי שהונחה [דמיא] ואמרי דהזורק מרשות היחיד לרשות היחיד דרך רשות הרבים למטה מעשרה לא אמרינן הואיל ונקלטה בעשרה התחתונים שהן רשות הרבים הרי היא כמי שהונחה [נמי] לא מיחייב אם עד שלא הגיע לארץ נשרף או בלעו כלב אלא אם כן נח על גבי משהו ואפילו זרק למטה משלשה לא הוי מקום ארבעה הויא הנחה ולמעלה משלשה אם נח פטור ואפילו לר' עקיבא דאי מקום ארבעה הוא כרמלית הוא ואי לית ביה ארבעה מקום פטור הוא [עירובין צח:]. **הוציא חצי גרוגרת.** במסכת שבת תנן המוציא אוכלין חייב כגרוגרת דבצרת מלאכת מחשבת אסרה תורה ולא חשיבה הוצאת דבר [מאכל] חשוב בפחות מכגרוגרת. **בהעלם אחד חייב.** שלא נודע לו בינתים שהוא שבת דידיעה מחלקת [רשב"ם ב"ב נה:].

חשק שלמה על רבינו חננאל א) עיין ערוך ערך דכסוסטוס:

The Gemara continues to discuss parchment and *duchsustus:* אָמַר רַב – **Rav said:** דוּכְסוּסְטוּס הֲרֵי הִיא כִּקְלָף – ***Duchsustus* is the same as parchment.**

The Gemara explains Rav's ruling:[14]

מַה קְלָף כּוֹתְבִין עָלָיו תְּפִילִּין – **Just as tefillin may be written on parchment,** אַף דוּכְסוּסְטוּס כּוֹתְבִין עָלָיו תְּפִילִּין – **tefillin may also be written on *duchsustus.***

The Gemara challenges this ruling from our Mishnah:

תְּנַן – **We learned in our Mishnah:** קְלָף כְּדֵי לִכְתּוֹב פָּרָשָׁה קְטַנָּה שֶׁבַּתְּפִילִּין – If one takes out PARCHMENT, ENOUGH TO WRITE THE SMALLEST PASSAGE OF TEFILLIN ON IT,[15] שֶׁהִיא ,,שְׁמַע יִשְׂרָאֵל" – WHICH IS the passage of *SHEMA YISRAEL.* (קְלָף אִין דוּכְסוּסְטוּס לֹא – The Mishnah implies that **parchment – yes,** it has this minimum, but ***duchsustus*** does **not.**) This would seem to indicate that *duchsustus* cannot be used for tefillin, for it has a larger minimum measure than parchment.[16]

The Gemara answers:

לְמִצְוָה – Although the Mishnah's implication is that parchment must be used to write tefillin, this is only necessary if one wishes **to** fulfill **the mitzvah** properly. If one used *duchsustus,* however, the tefillin are still valid.[17]

The Gemara advances another challenge:

תָּא שְׁמַע – **Come, learn** a proof that tefillin cannot be written on *duchsustus* from the following Baraisa: הֲלָכָה לְמֹשֶׁה מִסִּינַי – The following laws are known by tradition to be an oral LAW taught TO MOSES AT SINAI: תְּפִילִּין עַל הַקְּלָף – TEFILLIN must be written ON PARCHMENT, וּמְזוּזָה עַל דוּכְסוּסְטוּס – WHILE A *MEZUZAH* must be written ON *DUCHSUSTUS.* קְלָף בִּמְקוֹם בָּשָׂר – When one writes on PARCHMENT, he must write ON THE SIDE OF the parchment that originally faced THE FLESH of the animal, i.e. the inner face;[18] דוּכְסוּסְטוּס בִּמְקוֹם שֵׂיעָר – while one writing on *DUCHSUSTUS* must write ON THE SIDE OF the *duchsustus* that originally faced THE HAIR of the animal, i.e. the outer face.[19] This Baraisa clearly contradicts Rav's ruling, for it lists parchment as the material required for tefillin scrolls!

The Gemara deflects this proof as well:

לְמִצְוָה – The Oral Law taught to Moses at Sinai teaches only that one must write tefillin on parchment **to** fulfill **the mitzvah** properly; however, tefillin written on *duchsustus* may still be valid.

The Gemara challenges this resolution:

וְהָתַנְיָא – **But a Baraisa has taught:** שִׁינָּה פָּסוּל – IF HE DEVIATED from these stated materials, the tefillin and *mezuzos* are INVALID! This Baraisa clearly states that tefillin cannot be written on *duchsustus.*

The Gemara responds:

אַמְּזוּזָה – This ruling applies only **to** one who changes the materials of **a *mezuzah,*** i.e. he writes it on parchment; if one writes tefillin on *duchsustus,* however, they are valid.

The Gemara persists:

וְהָתַנְיָא – **But another Baraisa has taught:** שִׁינָּה בָּזֶה וּבָזֶה פָּסוּל – IF HE DEVIATED IN THIS OR IN THIS, THEY ARE INVALID. Does this not mean that both tefillin and *mezuzos* are invalid if written on other materials?

The Gemara replies:

אִידִי וְאִידִי אַמְּזוּזָה – Both **this** reference **and this** reference apply **to** one who improperly writes **a *mezuzah*;** וְהָא דִּכְתָבִינְהוּ אַקְּלָף בִּמְקוֹם שֵׂיעָר – and **this** additional reference is to teach that the *mezuzah* is invalid **if he wrote it on parchment,** even if he wrote it **on the side of** the parchment that faces **the hair;** אִי נַמִּי אַדּוּכְסוּסְטוּס בִּמְקוֹם בָּשָׂר – **alternatively,** it comes to teach that even if he wrote it **on *duchsustus,*** it is invalid if he wrote it **on the side** that faces **the flesh.**[20]

NOTES

14. [The explanation which is given by the Gemara at this point is revised in the Gemara below; obviously, then, this is not a quote of Rav, but an interpretation of Rav's ruling that is being advanced by the Gemara (*Ritva MHK* ed.; see *Tosafos* ד״ה השתא).

15. Emendation follows *Bach.*

16. According to *Rashi* (whose text includes the parenthesized clause), the Gemara's question is based on the fact that the Mishnah only mentioned parchment, which implies that *duchsustus* has a different minimum. *Tosafos* (whose text did *not* include the parenthesized clause) take issue with this explanation, noting that when the Gemara resolved the contradiction between the Mishnah and the Baraisa stated above by interpreting the Baraisa as referring to a *mezuzah* within the tefillin, the Gemara was apparently not bothered by the fact that the Mishnah only mentioned parchment, implying that *duchsustus* would not have the same measurement, while the Baraisa mentions both! *Tosafos* therefore understand the Gemara's question on Rav here to be based on the fact that the Baraisa above clearly taught a larger minimum for *duchsustus.* See also *Chidushei HaRan.*

[Note that this question would seem to indicate (especially according to *Tosafos'* interpretation) that the text of the Mishnah does *not* contain the words דוּכְסוּסְטוּס כְּדֵי לִכְתּוֹב מְזוּזָה, for this would clearly contradict the Gemara's attempted explanation of Rav's ruling. See, however, *Hagahos R' Elazar Moshe Horowitz.*]

17. The Gemara answers that although tefillin should properly be written on parchment, if one writes them on *duchsustus* they are valid after the fact (and they may even be written on *duchsustus* in the first place if no parchment is readily available – see *Ritva MHK* ed.). This, then, is the meaning of Rav's ruling – parchment and *duchsustus* are alike in the fact that tefillin written on them are valid.

Although tefillin written on *duchsustus* are valid, the minimum measurement for *duchsustus* is still enough to write [the larger] *mezuzah*; for since most people will write tefillin on the preferred material (parchment), people will usually not store away the amount of *duchsustus* that only the smallest passage of tefillin can be written on, and therefore it is not considered significant (*Rashi*).

18. Literally: in the place of the flesh. As explained above (note 1), *duchsustus* is the inner layer of the hide, and parchment (*klaf*) is the outer layer. The Baraisa is teaching that when one writes on parchment, he must write on the inner face of that outer layer. [This inner face is referred to as "the place of the flesh."]

19. [The "place of the hair" is not precise, for the *duchsustus* is the inner layer of the hide; rather, the Baraisa means the side of the *duchsustus* that faced the side where the hair grows.]

[It emerges, then, that when complete hides are split into parchment and *duchsustus,* the two writing surfaces are those which are on the *inside* of the split – i.e. the inner face of the parchment and the outer face of the *duchsustus.* See *Ritva MHK* ed.]

20. The Gemara answers that the Baraisa means to teach that there are two cases where a *mezuzah* will be invalidated because it was written improperly. The first is a case where the *mezuzah* was written on the side of the parchment that faces the flesh (which is the side of parchment that one usually writes on – this case is *not* explicitly mentioned in the Gemara's answer, but the fact is that such a *mezuzah* is invalid, for it is written on parchment). The second is one of two cases: (a) either a case where he wrote the *mezuzah* on the side of the parchment that faces the hair (in this case, one might have thought that the *mezuzah* would be valid because it is being written on the outer face of the hide, just as it is [correctly] written on *duchsustus*), or (b) a case where one indeed wrote it on *duchsustus,* but wrote it on the side facing the flesh (instead of [properly] writing it on the side facing the hair). [These are the two cases mentioned by the Gemara according to our version of the text.] In either case, the Baraisa does not speak of tefillin at all; thus, it poses no difficulty to Rav's ruling (*Ritva MHK* ed., third explanation). [In *Rashi's* text of the Gemara, the Gemara explains *both* of the two cases of deviation mentioned in the Baraisa; the first is a case where the *mezuzah* was written on parchment, even if it was written on the outer side (and it would *certainly* be invalid if written on the inner side, for a *mezuzah* must be written "in the place of the hair"); the second is when the *mezuzah* was written on *duchsustus,* but was written on the inner (flesh) side. By way of contrast, our text of the Gemara only mentions two possible interpretations of the *second* deviation mentioned in the Baraisa; the first case (one who writes a

עין משפט נר מצוה

יב א מיי' פ"י מהלכות שבת הלכה טו:
יג ב ג מיי' פ"א מהלכות תפילין הלכה ח סמג עשין כב טור שו"ע א"ח סימן לב סעיף ז:
יד ד מיי' שם הלכה ט יו"ד סימן רעא סעיף ג:
טו ה מיי' פ"א מהלכות תפילין הלכה ג סמג שם טוש"ע יו"ד סי' רפ:
טז ו מיי' פ"א שם הלכה ט סמג שם טור שו"ע יו"ד סימן רפח סעיף ז:

קלף כדי לכתוב עליו פרשה קטנה: ורמינהו קלף ודוכסוסטוס כדי לכתוב עליו מזוזה מאי מזוזה מזוזה שבתפילין וקרי להו לתפילין מזוזה אין והתניא (א) רצועות תפילין עם התפילין מטמאות את הידים בפני עצמן אין מטמאות את הידים רבי שמעון בן יהודה אומר משום ר"ש ג) הנוגע ברצועה טהור עד שיגע בקציצה רבי זכאי משמו אומר טהור עד שיגע במזוזה עצמה והא מדקתני סיפא קלף כדי לכתוב עליו פרשה קטנה שבתפילין שהיא שמע ישראל מכלל דרישא במזוזה עצמה עסקינן ג) הכי קתני קלף ודוכסוסטוס שיעורן בכמה *דוכסוסטוס כדי לכתוב עליו מזוזה קלף כדי לכתוב עליו פרשה קטנה שבתפילין שהיא שמע ישראל: אמר רב דוכסוסטוס הרי היא כקלף מה קלף כותבין עליו תפילין אף דוכסוסטוס כותבין עליו תפילין תנן קלף כדי לכתוב (א) פרשה קטנה שבתפילין שהיא שמע ישראל (קלף אין דוכסוסטוס לא) למצוה ת"ש ו) הלכה למשה מסיני תפילין על הקלף ומזוזה על דוכסוסטוס קלף במקום בשר דוכסוסטוס במקום שיער למצו' והתניא שינה פסול אמזוזה והתניא שינה בזה ובזה פסול אידי ואידי אמזוזה והא דכתבינהו אקלף במקום שיער אי נמי אדוכסוסטוס במקום בשר ואיבעית אימא שינה בזה ובזה תנאי היא דתניא ג שינה בזה ובזה פסול רבי אחא מכשיר משום רבי אחי בר חנינא ואמרי לה משום רבי יעקב בר' חנינא רב פפא אמר רב דאמר כתנא דבי מנשה דתנא דבי מנשה כתבה על הנייר ועל המטלית פסולה על הקלף ועל הגויל ועל דוכסוסטוס כשרה כתבה מאי אילימא מזוזה מזוזה אקלף מי כתבינן אלא לאו תפילין וליטעמיך תפילין אגויל מי כתבינן [אלא] כי תניא ההיא ד בס"ת לימא מסייע ליה ה כיוצא בו ט) תפילין שבלו וספר תורה שבלה אין עושין מהן מזוזה לפי שאין מורידין מקדושה חמורה לקדושה קלה טעמא דאין מורידין הא מורידין עושין דכתיבא אמאי לאו דכתיבא אדוכסוסטוס לא דכתיבא על הקלף ומזוזה אקלף מי כתבינן אין והתניא כתבה על הקלף על הנייר ועל המטלית פסולה י) אמר רבי שמעון בן אלעזר רבי מאיר היה כותבה על הקלף מפני שמשתמרת השתא דאתית להכי לרב נמי לא תימא דוכסוסטוס הרי הוא כקלף ו אלא אימא קלף הרי הוא כדוכסוסטוס מה דוכסוסטוס כותבין עליו מזוזה אף קלף כותבין עליו מזוזה: דיו כדי לכתוב: תנא

רש"י

דוכסוסטוס. קלף שניטלה קליפתו העליונה: מזוזה. שמע והיה אם שמוע: שבתפילין. דהתם ד' אגרות לד' פרשיות ושיעור באחד מינייהו דהיינו שמע קטנה שבהם: מטמאות את הידים. לענין תרומה כדאמרן בי"ח דבר בפ"ק (דף יד.): קציצה. הוא הדפוס של עור שמתוך לד' בתים כמין בית יד של עור והאיגרות בתוכן: במזוזה. הן האיגרות שהן בתוך הבתים: והא מדקתני סיפא. דההיא דלעיל קלף כדי לכתוב כו' מכלל דרישא כו' וקשיא רישא אסיפא: שיעורן. של כל אחד בכמה: כדי לכתוב עליו מזוזה. אדוכסוסטוס קאי דלא חזי לתפילין וסיפא פריש קלף כדי לכתוב פרשה קטנה שבתפילין: קלף אין דוכסוסטוס לא. הוי בשיעורא זוטא כי האי אלא בכדי לכתוב ב' פרשיות דמזוזה ואי דוכסוסטוס חזי לתפילין הוה ליה לשעוריה כשיעור זוטא דתפילין: למצוה. מצוה מן המובחר קלף בעינן וסתמא דכל איניש מצוה מעלייתא עביד הלכך לא מנכע דוכסוסטוס לתפילין וה"ל אין מצניעין כמוהו: למזוזה. אם כתבה על הקלף: הא דכתב אקלף אפי' במקום שיער. וכ"ש במקום בשר דהילכתא מזוזה במקום שיער והא דכתבה אדוכסוסטוס במקום בשר: רבי אחי מכשיר. ורב מוקי לדר' אחי אתפילין דכתבן על דוכסוסטוס ואמר כוותיה: נייר. של עשבים: גויל. מעובד בעפצים: מסייע ליה. לרב: כיוצא בו. רישא דברייתא תפילין של יד עושין אותן של ראש ואותן של ראש אין עושין אותן של יד לפי שאין מורידין כו': ס"ת שבלה. אין מחתכין ממנה יריעה שפרשיות שמע והיה אם שמוע בתוכה לקובען במזוזה: דכתיבי. הנך תפילין אמאי: לאו דכתיבי אדוכסוסטוס. שהוא כשר למזוזה הלכך הא מורידין עושין: השתא דאתית להכי. דמזוזה אקלף כשרה: לא תימא. במילתיה דרב דוכסוסטוס הרי הוא כו':

תוספות

קלף ודוכסוסטוס כו'. גויל הוא עור שלם אלא שהסירו השיער והיינו דאמר בריש בבא בתרא (דף ג.) גויל אבני דלא משפיין אלמא שאינו מתוקן קרי גויל וכשחולקין אותו לשנים אותו שכלפי שיער קרוי קלף וכלפי בשר הוא דוכסוסטוס ואומר ר"ת דבלשון ח) יון קורין לבשר סוסטוס ודוך פי' מקום כמו דוך פלן לכך קרי ליה דוכסוסטוס כלומר מקום בשר וקלפים שלנו יש להן דין קלף וכותבין עליהן ס"ת תפילין ומזוזות לצד בשר ולא כאומר שקלפים שלנו הם דוכסוסטוס לפי שמגררין האומנין המתקנים אותן קליפתן העליונה ונשאר הדוכסוסטוס דא"כ היאך כותבין עליהם תפילין דמסקינן הכא דתפילין דוקא על הקלף וי"מ דקלף ודוכסוסטוס אינם מעופצים וקשה דא"כ פסול לכתוב עליהן ס"ת (ב) ותפילין ומזוזות דבעינן ספר ולהכי פסיל במסכת מגילה (דף יט. ושם) לכתוב מגילה על הדפתרא משום דנקראת ספר ולקמן משמע דכשרין וא"ת קלפים שלנו דלא עפיצן היכי מיתכשרי ואומר ר"ת דתיקון שלנו חשיב כעיפוץ וכן משמע בהקומץ רבה (מנחות לא:) דקאמר קרע הבא בב' (ג) יתפור בג' אל יתפור ותניא אידך בשלש יתפור בד' אל יתפור ולא פליגי הא דעפיצן הא דלא עפיצן אלמא ס"ת כשר בלא עפיץ והיינו בתיקון טוב כשלנו ובפ"ק דגיטין (דף יא.) גבי שטר והא בעינן דבר שאינו יכול להזדייף ומשני דעפיצן משמע דאי לא עפיצן יכול להזדייף ופסול ואנן סהדי דשלנו אינו יכול להזדייף אלמא חשיב כעפיץ: והא מדקתני סיפא כו'. הוה מצי למיפרך ברייתא גופא רישא לסיפא ומשמע דאמתני' מהדר לפרוכי ואומר ר"י דכן מצינו בהמפקיד (ב"מ דף לז.) גבי ורמי גזל אגזל כו' דברי רבי טרפון ממאי דמתני' ר' טרפון היא מדקתני עלה דההיא כו' והוה מצי למיפרך הנהו תרתי אהדדי ופריך אמתניתין דהמפקיד: תנן קלף כדי לכתוב עליו כו'. אין לפרש דהכי פריך מדנקט קלף מכלל דדוכסוסטוס לא דא"כ לעיל דמשני מאי מזוזה מזוזה שבתפילין אכתי תקשה ליה מתניתין דקתני קלף ומשמע ולא דוכסוסטוס וברייתא נותנת שיעור לדוכסוסטוס כקלף אלא הכא סמך אברייתא דלעיל: אידי ואידי אמזוזה הא דכתבה כו'. וא"ת אמאי לא קאמר אידי ואידי אתפילין קלף במקום שיער ודוכסוסטוס במקום בשר וי"ל לומר דניחא ליה לקיומי לשינויא קמא דשני אמזוזה וה"ה דה"מ למימר אידי ואידי אתפילין: ורבי אחאי מכשיר. וא"ת ואי סבר רב כרבי אחאי לימא נמי קלף הרי הוא כדוכסוסטוס וי"ל רב מפרש דרבי אחאי לא מפרשה אלא אתפילין: אלא לאו אתפילין. והא דקתני כתבה לשון נקבה היינו מזוזה שבתפילין: תפילין אגויל מי כתבינן. וא"ת הא דתנן בפ"ק דמגילה (ד' ח:) אין בין ספרים לתפילין ומזוזות אלא שהספרים נכתבים בכל לשון ותפילין ומזוזות אין נכתבות אלא בלשון אשורית אמאי לא קתני נמי שתפילין ומזוזות אין נכתבין על הגויל ואומר ר"י דלא קתני לה משום דלא מיפסלי בגויל מחד טעמא אלא משום שזה דינו בקלף וזה בדוכסוסטוס אבל הא דנכתבים אשורית הוי מחד טעמא כדדרשינן התם בגמרא והיו בהווייתן יהו ועוד דאפי' עצמן אינן שוין שזה על הקלף וזה על הדוכסוסטוס ומיהו קשה דהוה מצי למיתני שהספרים נכתבים על הנייר שאינו מחוק דדוקא על נייר מחוק פסול ס"ת במסכת סופרים אבל תפילין אין נכתבים אלא על העור כדמוכח בריש פרק שמונה שרצים (לקמן קח.) ול"ע בירושלמי בפ"ק דמגילה ואם תאמר נייר שאינו מחוק נמי ליפסל בספר תורה דפסלינן מגילה דסוטה ט) משום דכתיב בספר ונראה דנייר נמי דקתני במגילה [דסוטה] היינו במחוק ואף על גב דלא פריש כדאשכחן הכא גבי ספר תורה דקתני נייר סתם ומיירי במחוק כדאמרינן במסכת סופרים: הא מורידין עושין. אע"ג דפרשת והיה אם שמוע צריך לעשות ריוח כפרשה סתומה היינו דקאמר עושין היינו שאם פרשת שמע כתובה בסוף העמוד יכתוב אחריה והיה אם שמוע בגליון או אם היה פרשת והיה אם שמוע בראש העמוד יכתוב למעלה בגליון פרשת שמע: השתא דאתית להכי כו'. אומר ר"י דמילתיה דרב סתמא נשנית בבית המדרש דקלף ודוכסוסטוס שוים והיה סבור בתחלה דלענין תפילין קאמר ולא מצי קאי עד דמסיק השתא דלענין מזוזה קאמר והא דתניא לעיל שינה בזה ובזה פסול אידי ואידי אתפילין וסוגיא דהקומץ אלא כפי מסקנא דשמעתין: אות

רבינו חננאל

על חמשה. ותניא אידך העור כשיעורו לטומאה כך שיעורו להוצאה. דאמרי צריך שיעור גדול. ופריק התם בקורטבלא. והוא בלשון ישמעאל ספארה: קלף כדי לכתוב עליו פרשה קטנה שבתפילין שהיא שמע ישראל. ורמינהו קלף ודוכסוסטו' כדי לכתוב עליו מזוזה. דאלמא בעינן זו בעינן שיעור ב' פרשיות. ופרקי' מאי מזוזה דאמר הכא מזוזה שבתפילין דקארי לה לתפילין מזוזה וסיעתא ר' זכאי אומר משמו אף עם הקציצה טהור עד שיגע במזוזה עצמה. ומקשי' הא מדקתני סיפא קלף כדי לכתוב עליו פרשה קטנה שבתפילין. דאלמא רישא לאו בתפילין. ומתרצינן לה: אמר רב דוכסוסטוס הרי הוא כקלף. מה קלף כותבין עליו תפילין אף דוכסוסטוס כותבין עליו תפילין. מנהגא מייתי מגילתא דמעברא בחמרי וקמחא דשערי ומחה ליה עד דיביש וקליף ליה עד דהוי תרין פיסקי ויהיב שלא ינקב וקאי קלף לחודי' ומעבר ליה לקלף דהוא אפא דמגלתא מכלפי בשר. תוב בעפצא לשמה וכותי' פרשיות על מקום בשר (א) מנהגא הכין הוא וקאמר רב כי היכי דכותבין תפילין על הקלף דהוא אפא דמגלתא הכין נמי כותבין תפילין על דוכסוסטוס דאי קליף מקלף אם כתב על זה כשר ואם כתב על זה כשר. ומותבינן ליה הל"מ תפילין על הקלף. מזוזה על דוכסוסטוס. קלף במקום בשר. דוכסוסטוס במקום שיער. ומפרק רב כי שאם כתב על דוכסוסטוס יצא. מיהא על הקלף מצוה. ומותבי' שינה בזה ובזה פסול ופרקי' בשבת לענין מזוזה ובמנחות לענין תפילין. ואפא דמגלתא דהוא גיסא דמיקרי קלף הוא מקום שיער בהדיא. ומן גואי דליה דכתבינן זה דאמרי' במזוזה כותבין על דוכסוסטוס במקום שיער לאו במקום [שער] ממש. דאי ס"ד אפא דמגלתא היא הרי זה בהדיא הל"מ תפילין על הקלף והרי יצא מקום השיער גופו בכלל קלף. אלא ש"מ מאי מקום שיער הוא מקום שנקלף הקלף משום שמגלא כנגד מקום שיער. שמגא קלף עומד לבדו ומקום שיער העיקר בו אין כותב שם כלום לתפילין אלא מן אפיה אחרנייתא דוכסוסטוס עומד לבדו המקום שהיה דבוק על בשר הבהמה בו אין כותב עליו מזוזה מאותו הפנים. אלא מן הפנים האחרות. והא שמעתא דרב דקאמר דוכסוסטוס הרי הוא כקלף וקא מפרשא לאכשורי תפילין על הדוכסוסטוס דקא מותבינן עליה לרב שינה בזה ובזה פסל. וקא מיפרקא הא דתניא פירוקא אידי ואידי במזוזה. ועוד מיפרקא שינה בזה ובזה פסל תנאי היא [illegible] ורב פפא מוקי ליה לרב כר' דבי מנשה. דתני כתבה על הנייר ועל המטלית פסולה על הקלף ועל הגויל ועל דוכסוסטוס כשרה. וליכא לאוקמה במזוזה שאין מזוזה נכתבת על הקלף הילכך בתפילין היא. ואי משום דאית בה גויל ותפילין לא מכתבן על גויל כי קתני גויל לענין ס"ת. ואתינן נמי לסיועיה דרב דאמר כותבין תפילין על דוכסוסטוס. מדתניא תפילין שבלו אין עושין מהן מזוזה. לפי שאין מורידין [illegible]

מסורת הש"ס

א) תוספתא דידים פרק ב, ב) [שם], ג) ס"א אלא, ד) מנחות לב., ה) מנחות לב., ו) [עי' תוס' מנחות לב: ד"ה רשב"א], ז) [בב"ב יז. ד"ה גויל כתבו דבלשון מדי קורין וכו'], ח) [סוטה יז.]

הגהות הב"ח

(א) גמ' תנן קלף כדי לכתוב עליו פרשה וכו' שמע ישראל (קלף אין דוכסוסטוס לא) תא"מ ונ"ב אין זה גירסת רש"י וכמ"א ליתא וכדמוכח בתוספות: (ב) תוס' ד"ה קלף כו' לכתוב עליהן ס"ת דבעינן ספר כצ"ל ותיבת ותפילין ומזוזה נמחק: (ג) בא"ד בהקומץ רבה דקאמר קרע הבא בב' כצ"ל ותיבת יתפור:

ליקוטי רש"י

קציצה. הן תפילין עצמן דפוס מושבן ורלועה ודומה לו במסכת גיטין בהניזקין (נח.) ארבעה שהם קולי תפילין (סוכה כו:). דפוס תפילין חוץ מן הרלועה קרוי קליצה דאמרי' במסכת סוכה (כו:) אוחז ברלועה ואינו אוחז בקליצה (גיטין נח.). למצוה. מצות תפילין על הקלף ומזוזה לדוכסוסטוס אבל אם שינה אין בכך כלום [מנחות לב.]. נייר. עשוי מעשבים ע"ש דבק שקורין גלו"ד [פסחים מב:]. של עשבים שמושכין ומדבקין אותן בדבק שקורין גלו"ד ועושין כמו עור [סוטה יז.]. לפי שאין מורידין מקדושה חמורה לקדושה קלה. שמעלין בקדש ולא מורידין תוספתא מעלין בקדש דכתיב ויקם משה את המשכן (שמות מ) בגלגל שבע ומשה שהיה גדול ממנו הקימו ולא מורידים דכתיב את מחתות החטאים האלה בנפשותם ועשו אותם רקועי פחים לפני המזבח כי הקריבום לפני ה' ויקדשו וגו' (במדבר יז) כיון שנתקדשו הוקדשו עד עולם [מגילה כו.] [ועיי"ש בהגר"ב].

[מכאן שייך לדף פ.] תוך שלשה לרבנן דפליגי עליה דר' עקיבא בזורק (לקמן לז.) מרשות היחיד לרשות הרבים כלמטה דלית להו לבוד כמי שהונחה [illegible]

The Gemara offers an alternate resolution:

וְאִיבָּעֵית אֵימָא – **Or if you prefer,** I can **say:** In truth, the Baraisa *is* stating that if one deviates and writes tefillin on *duchsustus,* they are invalid. שִׁינָּה בָּזֶה וּבָזֶה תַּנָּאֵי הִיא – But **it is a dispute among Tannaim** concerning **"one who deviated in both this and this** case"; i.e. Tannaim dispute whether deviation invalidates both tefillin and *mezuzos.*[21] דְּתַנְיָא – **For it has been taught in a Baraisa:** שִׁינָּה בָּזֶה וּבָזֶה פָּסוּל – IF ONE DEVIATED IN THIS CASE OR IN THIS CASE (tefillin or *mezuzos*), THEY ARE INVALID, רַבִּי אַחָא מַכְשִׁיר מִשּׁוּם רַבִּי אַחַי בַּר חֲנִינָא – But R' ACHA RULED THEM VALID IN THE NAME OF R' ACHAI BAR CHANINA; וְאָמְרִי לָהּ מִשּׁוּם רַבִּי יַעֲקֹב בְּרַבִּי חֲנִינָא – AND SOME SAY that R' Acha stated this in THE NAME OF R' YAAKOV THE SON OF R' CHANINA. Thus, we can explain that Rav is explaining R' Acha's view, stating that R' Acha only rules valid tefillin written on *duchsustus.*[22]

The Gemara offers another possible basis for Rav's ruling:

רַב פָּפָּא אָמַר – **Rav Pappa said:** רַב דְּאָמַר כְּתַנָּא דְּבֵי מְנַשֶּׁה – **Rav stated** his ruling **in accordance with** the Baraisa taught by **a Tanna of Menashe's academy.** דְּתָנָא דְּבֵי מְנַשֶּׁה – **For a Tanna of Menashe's academy taught:** כְּתָבָהּ עַל הַנְּיָיר וְעַל הַמַּטְלִית פְּסוּלָה – If HE WROTE IT[23] ON PAPER[24] OR ON A CLOTH, IT IS INVALID; עַל הַקְּלָף וְעַל הַגְּוִיל וְעַל דוּכְסוּסְטוּס כְּשֵׁרָה – if he wrote it ON PARCHMENT, ON *G'VIL*[25] OR ON *DUCHSUSTUS,* IT IS VALID.

Rav Pappa elaborates, analyzing the Baraisa just cited:

כְּתָבָהּ מַאי – In the Baraisa's discussion, **what did he write?** אִילֵימָא מְזוּזָה – **If** you wish **to say** that the Baraisa is discussing the writing of **a *mezuzah,*** this is untenable; מְזוּזָה אַקְּלָף מִי כָּתְבִינַן – for **do we write a *mezuzah* on parchment?** Certainly not![26] אֶלָּא לָאו תְּפִילִּין – **Is it not, rather,** that the Baraisa is discussing one who writes **tefillin?** Thus, Rav Pappa understands the Baraisa as stating that tefillin written on *duchsustus* are valid, which is the ruling issued by Rav.

The Gemara notes a difficulty with this interpretation of the Baraisa:

וְלִיטַעֲמָיךְ – **But even according to your interpretation** of the Baraisa as referring to tefillin, a difficulty still exists, תְּפִילִּין אַגְּוִיל מִי כָּתְבִינַן – for **do we write tefillin on *g'vil*?** Certainly not![27] Thus, the Baraisa, which approves *g'vil,* cannot be speaking of tefillin.

Based on this challenge, the Gemara abandons Rav Pappa's interpretation of the Baraisa, and offers another interpretation:

[אֶלָּא] כִּי תַנְיָא הַהִיא בְּסֵפֶר תּוֹרָה – **Rather, when this** Baraisa **was taught,** it was taught **with respect to a Torah scroll.**[28] Thus, this Baraisa cannot serve as a basis for Rav's ruling.

The Gemara attempts to adduce support for Rav's ruling from a Baraisa that speaks of the prohibition against utilizing items possessing a high level of sanctity for purposes of lesser sanctity:

לֵימָא מְסַיֵּיע לֵיהּ – **Shall we say** that **the Baraisa supports Rav?** For the Baraisa states: כַּיּוֹצֵא בוֹ – LIKEWISE,[29] תְּפִילִּין שֶׁבָּלוּ – TEFILLIN THAT WORE OUT, וְסֵפֶר תּוֹרָה שֶׁבָּלָה – OR A TORAH SCROLL THAT WORE OUT, אֵין עוֹשִׂין מֵהֶן מְזוּזָה – WE MAY NOT MAKE A *MEZUZAH* FROM THEM by cutting out the appropriate section of writing,[30] לְפִי שֶׁאֵין מוֹרִידִין מִקְּדוּשָּׁה חֲמוּרָה לִקְדוּשָּׁה קַלָּה – BECAUSE WE MAY NOT LOWER the sanctity of the Torah scroll or tefillin section FROM A STRINGENT (i.e. high) level of SANCTITY TO A LENIENT (i.e. lesser) level of SANCTITY.

The Gemara develops its proof:

טַעְמָא דְּאֵין מוֹרִידִין – Now, the Baraisa implies that **the** only **reason** why the section may not be used as a *mezuzah* is because **we may not lower** its sanctity by doing so; הָא מוֹרִידִין עוֹשִׂין – **but if we would** be permitted to **lower** its sanctity, **we could make** a *mezuzah* out of this section. We can therefore infer that there is a material upon which both tefillin and a *mezuzah* can be written.[31] דִּכְתִיבָא אַמַּאי – Now, **upon what was it** (the original Torah scroll or tefillin) **written?** לָאו דִּכְתִיבָא אַדּוּכְסוּסְטוּס – Is it **not** speaking of a case **where it was written on *duchsustus*?** If so, it can be inferred from the Baraisa that tefillin can be written on *duchsustus,* as Rav stated.[32] – ? –

NOTES

mezuzah on the inner side of the parchment) is not discussed. See also *Chidushei HaRan.*]

21. According to this interpretation, Rav's ruling is actually the subject of a Tannaic dispute.

22. R' Acha agrees, however, that *mezuzos* written on parchment are invalid (*Rashi, Tosafos;* cf. *Ritva MHK* ed.; see also *Chidushei HaRan*).

23. The Gemara below will discuss what manner of scroll is being discussed here.

24. This refers to paper made of [reeds or] grass (*Rashi*).

25. *G'vil* is the name given to the whole hide once it has been treated with gallnuts [if it is not split into parchment and *duchsustus,* but rather is used as is] (*Rashi;* see further in *Tosafos,* and see *Sfas Emes*).

26. As the Gemara explained the Baraisa above, *mezuzos* written on parchment are invalid; and the Gemara knows of no mention of any Tannaic view that disputes this. Thus, this Baraisa cannot be speaking of a *mezuzah.* [See, however, Gemara below.]

27. There is no known Tannaic view that permits the writing of tefillin on unsplit hide (see *Ritva MHK* ed.; see *Sfas Emes,* who discusses the basis for the Gemara's assumption that such tefillin would be invalid).

[Note that the Gemara uses the mention of *g'vil* in the Baraisa to refute the possibility that the Baraisa is speaking of tefillin, but it did not use this mention to refute the possibility that the Baraisa is speaking of a *mezuzah. Ritva* (*MHK* ed.) deduces from this that a *mezuzah* may be written on *g'vil*; see, however, *Tosafos* ד״ה תפילין with *Maharsha.* See *Ritva* (ibid.) for a full discussion of this issue.]

28. A Torah scroll may be written on either parchment, *g'vil* or *duchsustus* (see *Chidushei HaRan* here; see also *Bava Basra* 14a).

29. The preceding section of the Baraisa [which is not cited in our Gemara] states that tefillin that are worn on the arm may be changed and made into tefillin that are worn on the head, but tefillin that are worn on the head may not be made into tefillin to be worn on the arm. This is because tefillin that are worn on the head possess greater sanctity [see *Orach Chaim* 42:1 for the reason why], and we may only elevate the sanctity of a holy object, not lower it (*Rashi*). The Baraisa now continues with another case where holy scrolls may not be switched to another use because this would involve lowering their level of sanctity.

30. The Sefer Torah contains the entire Five Books of Moses; thus, the passages that comprise a *mezuzah* (see above, note 2) are contained within it. The Baraisa teaches that one may not cut out the sections of the worn-out Sefer Torah [or tefillin] that contain the relevant passages and affix them to his doorpost as a *mezuzah* (see *Rashi*). [*Tosafos* note that the two passages that comprise a *mezuzah* are widely separated in the Torah, and would not appear on a single piece of parchment; they interpret the Baraisa as referring to a case where the person wishes to use *one* of these passages as the beginning or end of a *mezuzah* by writing the other passage on blank margin which is adjacent to it (for example, in a case where the first passage was written at the bottom of a column). *Rashi,* however, holds that even two separate sections of the Sefer Torah may be used as a *mezuzah* (see *Sfas Emes,* who discusses how this would be done; see also *Rashash* and *Sfas Emes* for further elaboration).] Tefillin also possess greater sanctity than *mezuzos,* for they contain four passages, while a *mezuzah* contains only two (*Rashi* to *Menachos* 32a); thus, one cannot make a *mezuzah* from worn-out tefillin.

[Obviously, the Baraisa speaks of a case where the relevant passages were *not* among the worn-out portions. See *Sfas Emes,* who discusses why the Baraisa speaks only about a worn-out Sefer Torah.]

31. If there is no material that may be used for writing both tefillin and a *mezuzah,* then there would be no reason for the Baraisa to disqualify such use based on the prohibition to lower its sanctity; the *mezuzah* would be invalid because the material that the tefillin is written on is invalid for *mezuzos* in any case!

32. If tefillin can be written on *duchsustus,* then the Baraisa's ruling is necessary. For it teaches us that one may not cut out the appropriate

קלף כדי לכתוב עליו פרשה קטנה: ורמינהו קלף ודוכסוסטוס כדי לכתוב עליו מזוזה מאי מזוזה מזוזה שבתפילין וקרי להו לתפילין מזוזה אין והתניא א רצועות תפילין עם התפילין מטמאות את הידים בפני עצמן אין מטמאות את הידים רבי שמעון בן יהודה אומר משום ר"ש ב הנוגע ברצועה טהור עד שיגע בקציצה רבי זכאי משמו אומר טהור עד שיגע במזוזה עצמה והא מדקתני סיפא קלף כדי לכתוב עליו פרשה קטנה שבתפילין שהיא שמע ישראל מכלל דרישא במזוזה עצמה עסקינן ג הכי קתני קלף ודוכסוסטוס שיעורן בכמה א דוכסוסטוס כדי לכתוב עליו מזוזה קלף כדי לכתוב עליו פרשה קטנה שבתפילין שהיא שמע ישראל: אמר רב דוכסוסטוס הרי היא כקלף מה קלף כותבין עליו תפילין אף דוכסוסטוס כותבין עליו תפילין תנן קלף כדי לכתוב (א) פרשה קטנה שבתפילין שהיא שמע ישראל (קלף אין דוכסוסטוס לא) למצוה ת"ש ד ב הלכה למשה מסיני תפילין על הקלף ומזוזה על דוכסוסטוס קלף במקום בשר דוכסוסטוס במקום שיער למצו' והתניא שינה פסול אמזוזה והתניא שינה בזה ובזה פסול אידי ואידי אמזוזה והא דכתבינהו אקלף במקום שיער אי נמי אדוכסוסטוס במקום בשר ואיבעית אימא שינה בזה ובזה תנאי היא דתניא ג שינה בזה ובזה פסול רבי אחא מכשיר משום רבי אחי בר חנינא ואמרי לה משום רבי יעקב בר' חנינא רב פפא אמר רב דאמר כתנא דבי מנשה דתנא דבי מנשה כתבה על הנייר ועל המטלית פסולה על הקלף ועל הגויל ועל דוכסוסטוס כשרה כתבה מאי אילימא מזוזה מזוזה אקלף מי כתבינן אלא לאו תפילין וליטעמיך תפילין אגויל מי כתבינן [אלא] כי תניא ההיא ד בס"ת לימא מסייע ליה ה כיוצא בו ו תפילין שבלו וספר תורה שבלה אין עושין מהן מזוזה לפי שאין מורידין מקדושה חמורה לקדושה קלה טעמא דאין מורידין הא מורידין עושין דכתיבא אמאי לאו דכתיבא אדוכסוסטוס לא דכתיבא על הקלף ומזוזה אקלף מי כתבינן אין והתניא כתבה על הקלף על הנייר ועל המטלית פסולה ז אמר רבי שמעון בן אלעזר רבי מאיר היה כותבה על הקלף מפני שמשתמרת השתא דאתית להכי לרב נמי לא תימא דוכסוסטוס הרי הוא כקלף י אלא אימא קלף הרי הוא כדוכסוסטוס מה דוכסוסטוס כותבין עליו מזוזה אף קלף כותבין עליו מזוזה: דיו כדי לכתוב:

תנא

רש"י

דוכסוסטוס. קלף שניטלה קליפתו העליונה: מזוזה. שמע והיה אם שמוע: שבתפילין. דהתם ד' אגרות לד' פרשיות ושיעור בחד מינייהו דהיינו שמע קטנה שבהם: מטמאות את הידים. לענין תרומה כדאמרינן בי"ט דבר בפ"ק (דף יד.): קציצה. הוא הדפוס של עור שמחוך לד' בתים כמין בית יד של עור והאיגרות בתוכן: במזוזה. הן האיגרות שהן בתוך הבתים: והא מדקתני סיפא. דהסיפא דלעיל קלף כדי לכתוב כו' מכלל דרישא כו' וקשיא רישא לסיפא: שיעורן. של כל אחד בכמה: כדי לכתוב עליו מזוזה. לדוכסוסטוס קאי דלא חזי לתפילין וסיפא פריש קלף כדי לכתוב פרשה קטנה שבתפילין: קלף אין דוכסוסטוס לא. הוי בשיעורא זוטא כי האי אלא בכדי לכתוב ב' פרשיות דמזוזה ואי דוכסוסטוס חזי לתפילין הוה ליה לשעוריה בשיעורא זוטא דתפילין: למצוה. מצוה מן המובחר קלף בעינן וסתמא דכל אינש מצוה מעלייתא עביד הלכך לא מצנע דוכסוסטוס לתפילין וה"ל אין מצניעין כמוהו: למזוזה. אם כתבה על הקלף: הא דכתב אקלף אפי' במקום שיער. וכ"ש במקום בשר דהילכתא מזוזה במקום שיער והא דכתבה אדוכסוסטוס במקום בשר: רבי אחי מכשיר. ורב מוקי לדר' אחי אתפילין דכתבן על דוכסוסטוס ואמר כוותיה: נייר. של עשבים: גויל. מעובד בעפצים: מסייע ליה. לרב: כיוצא בו. רישא דברייתא תפילין של יד עושין אותן של ראש ואותן של ראש אין עושין אותן של יד לפי שאין מורידין כו': ס"ת שבלה. אין מחתכין ממנה יריעה שפרשיות שמע והיה אם שמוע בתוכה לקובען במזוזה: דכתיבי. הנך תפילין אמאי: לאו דכתיבי אדוכסוסטוס. שהוא כשר למזוזה הלכך הא מורידין עושין: השתא דאתית להכי. דמזוזה אקלף כשרה: לא תימא. במילתיה דרב דוכסוסטוס הרי הוא כו':

תוספות

קלף ודוכסוסטוס כו'. גויל הוא עור שלם אלא שהסירו השיער והיינו דאמר בריש בבא בתרא (דף ג.) גויל אבני דלא משפיין אלמא שאינו מתוקן קרי גויל וכשחולקין אותו לשנים אותו שכלפי שיער קרי קלף וכלפי בשר הוא דוכסוסטוס ואומר ר"ת דבלשון יון קורין לבשר סוסטוס ודוך פי' מקום כמו דוך פלן לכך קרי ליה דוכסוסטוס כלומר מקום בשר וקלפים שלנו שיש להן דין קלף וכותבין עליהן ס"ת תפילין ומזוזות לצד בשר ודלא כאומר שקלפים שלנו הם דוכסוסטוס לפי שמגררין האומנין המתקנים אותן קליפתן העליונה ונשאר הדוכסוסטוס דא"כ היאך כותבין עליהם תפילין דמסקינן הכא לתפילין דוקא על הקלף וי"מ דקלף ודוכסוסטוס אינם מעופצים וקשה דא"כ פסול לכתוב עליהן ס"ת (ג) ותפילין ומזוזות דבעינן ספר והכי פסיל במסכת מגילה (דף יט. ושם) לכתוב מגילה על הדפתרא משום דנקראת ספר ולקמן משמע דכשרין וא"ת קלפים שלנו דלא עפיצן היכי מיתכשרי ואומר ר"ת דמיתקון שלנו חשיב כעיפוץ וכן משמע בהקומץ רבה (מנחות לא:) דקאמר קרע הבא בב' (ג) יתפור בג' אל יתפור ותניא אידך בשלש יתפור בד' אל יתפור ולא פליגי הא דעפיצן הא דלא עפיצן אלמא ס"ת כשר בלא עפיץ והיינו במיתקון טוב כשלנו ובפ"ק דגיטין (דף יא.) גבי שטר והא בעינן דבר שאינו יכול להזדייף ומשני דעפיצן משמע דאי לא עפיצן יכול להזדייף ופסול ואנן סהדי דשלנו אינו יכול להזדייף אלמא חשוב כעפיץ: והא מדקתני סיפא כו'. הוה מצי למיפרך ברייתא גופה רישא לסיפא ומשמע דלמתני' מהדר לפרוכי ואומר ר"י דכן מצינו בהמפקיד (ב"מ דף לז.) גבי ורמי גזל אגזל כו' דברי רבי טרפון ממאי דמתני' ר' טרפון היא מדקתני עלה דההיא כו' והוה מצי למיפרך הנהו תרתי אהדדי ופריך דמתני' ממתניתין דהמפקיד: תנן קלף כדי לכתוב עליו כו'. אין לפרש דהכי פריך מדנקט קלף מכלל דדוכסוסטוס לא דא"כ לעיל דמשני מאי מזוזה מזוזה שבתפילין אכתי תקשה ליה ממתניתין דקתני קלף ומשמע ולא דוכסוסטוס וברייתא נותנת שיעור לדוכסוסטוס כקלף אלא הכא סמך אברייתא דלעיל: אידי ואידי אמזוזה הא דכתבה כו'. וא"ת אמאי לא קאמר אידי ואידי אתפילין קלף במקום שיער ודוכסוסטוס במקום בשר ויש לומר דניחא ליה לקיומי לשינויא קמא דשני אמזוזה וה"ה דה"מ למימר אידי ואידי אתפילין: ורבי אחאי מכשיר. וא"ת ואי סבר רב כרבי אחאי לימא נמי קלף הרי הוא כדוכסוסטוס וי"ל רב מפרש דרבי אחאי לא מפרשה אלא אתפילין: אלא לאו אתפילין. והא דקתני כתבה לשון נקבה היינו מזוזה שבתפילין: תפילין אגויל מי כתבינן. וא"ת הא דתנן בפ"ק דמגילה (ד' ח:) אין בין ספרים לתפילין ומזוזות אלא שהספרים נכתבים בכל לשון ותפילין ומזוזות אין נכתבות אלא באשורית אמאי לא קתני נמי שתפילין ומזוזות אין נכתבין על הגויל ואומר ר"י דלא קתני לה משום דלא מיפסלי בגויל מחד טעמא אלא משום שזה דינו בקלף וזה בדוכסוסטוס אבל הא דנכתבים אשורית הוי מחד טעמא כדדרשינן התם בגמרא והיו בהווייתן יהו ועוד דאפי' עצמן אינן שוין שזה על הקלף וזה על הדוכסוסטוס ומיהו קשה דהוה מצי למיתני שהספרים נכתבים על הנייר שאינו מחוק דדוקא על נייר מחוק פסול ס"ת במסכת סופרים אבל תפילין אין נכתבים אלא על העור כדמוכח בריש פרק שמונה שרצים (לקמן קח.) ול"ע בירושלמי בפ"ק דמגילה ואם תאמר נייר שאינו מחוק נמי ליפסיל בספר תורה כדפסלינן מגילה דסוטה ח) משום דכתיב בספר ונראה דנייר נמי דקתני במגילה [דסוטה] היינו במחוק ואף על גב דלא פריש כדאשכחן הכא גבי ספר תורה דקתני נייר סתם ומיירי במחוק כדאמרינן במסכת סופרים: הא מורידין עושין. אע"ג דפרשת והיה אם שמוע רחוק מפרשת שמע עושין דקאמר היינו שאם פרשת שמע כתובה בסוף העמוד יכתוב אחריה והיה אם שמוע בגליון או אם היה פרשת והיה אם שמוע בראש העמוד יכתוב למעלה בגליון פרשת שמע: השתא דאתית להכי כו'. אומר ר"י דמילתיה דרב סתמא נשנית בבית המדרש דקלף ודוכסוסטוס שוים והיה סבור בתחילה דלענין תפילין קאמר ולא מצי קאי עד דמסיק השתא דלענין מזוזה קאמר והא דתניא לעיל שינה בזה ובזה פסול אידי ואידי אתפילין וסוגיא דהקומץ אזלא כפי מסקנא דשמעתין:

אות

עין משפט נר מצוה

יב א מיי' פי"ח מהלכות שבת הלכה טו:

יג ב ג מיי' פ"א מהלכות תפילין הלכה ח סמג עשין כב טור שו"ע או"ח סימן לב סעיף ז:

יד ד מיי' שם הלכה ט סמג עשין כח טוש"ע יו"ד סימן רעא סעיף ג:

טו ה מיי' פ"ה מהלכות תפילין הלכה א סמג שם טוש"ע יו"ד סי' רל:

טז ו מיי' פ"א שם הלכה ט סמג עשין כג טור שו"ע יו"ד סימן רפח סעיף ו:

רבינו חננאל

על חמשה. ותניא אידך העור כשיעורו לטומאה כך שיעורו להוצאה. דאמרי' צריך שיעור גדול. ופריק התם בקורטובלא. והוא בלשון ישמעאל ספארה: קלף כדי לכתוב עליו פרשה קטנה שבתפילין שהיא שמע ישראל. ורמינהי קלף ודוכסוסטו' כדי לכתוב עליו מזוזה. דאלמא בענין זו בעינן שיעור ב' פרשיות. ופרקי' מאי מזוזה דאמר הכא מזוזה שבתפילין דקארי לה לתפילין מזוזה וסיעתא ר' זכאי אומר משמו אף עם הקציצה טהור עד שיגיע למזוזה עצמה. ומקשי' הא מדקתני סיפא קלף כדי לכתוב עליו פרשה קטנה שבתפילין. דאלמא רישא לאו בתפילין ומתרצינן לה: אמר רב דוכסוסטוס הרי הוא כקלף. מה קלף כותבין עליו תפילין אף דוכסוסטוס כותבין עליו תפילין. מנהגא מייתי מגילתא דמעברא בתמרי וקמחא דשערי ומתח ליה עד דיביש וקליף ליה עד דהוי תרין פיסקי ויזהר שלא ינקב וקאי קלף לחודי' ומעבר ליה לקלף דהוא אפא דמגילתא מכלפי בשר. תוב בעפצא לשמה וכות' פרשיות על מקום בשר א) מנהגא הכין הוא וקאמר רב כי היכי דכותבין תפלין על הקלף דהוא אפא דמגילתא הכין נמי כותבין דאי קליף מקלף אם כתב על זה כשר ואם כתב על זה כשר. ומהדרינן ליה הל"מ תפילין על הקלף. מזוזה על דוכסוסטוס. קלף במקום בשר. דוכסוסטוס במקום שיער. ומפרק רב שאם כתב על דוכסוסטוס יצא. ומיהא על הקלף מצוה. ומותבי' שינה בזה ובזה פסול ופרקי' בשבת לענין מזוזה ובמנחות לענין תפילין. ואפא דמגילתא דהוא גיסא דמיקרי קלף הוא מקום שיער בהאי. ומן גואי דיליה כתבינן וזה דאמרי' במזוזה כותבין על דוכסוסטוס במקום שיער לאו מקום [שער] ממש. דאי ס"ד אפא דמגילתא היא הרי זה בהדיא הל"מ תפילין על הקלף והרי יצא מקום השיער גופו בכלל קלף. אלא ש"מ מאי מקום שיער הוא מקום שנקלף הקלף מן העור שנמצא כנגד מקום שיער. נמצא קלף עומד לבדו ומקום שיער העיקר בו שם כלום לתפילין אלא מן אפיה אחרינייתא ודוכסוסטוס עומד לבדו והמקום שהיה דבוק על בשר הבהמה בו אין כותב עליו מזוזה מאותן הפנים. אלא מן הפנים האחרות. והא שמעתא דרב דקאמר דוכסוסטוס הרי הוא כקלף וקא מפרשא לאכשורי תפילין על הדוכסוסטוס דקא מהדרינן ליה לרב שינה בזה ובזה פסול. וקא מיפרקא חד פירוקא אידי ואידי במזוזה. ותו' מיפרקא שינה בזה ובזה פסול תנאי היא וקא קאי רב כיחידאה. ורב פפא קא מוקי ליה לרב כתנא דבי מנשה. דתניא כתבה על הנייר ועל המטלית פסולה ועל הקלף ועל הגויל ועל דוכסוסטוס כשרה. וליכא לאוקמה במזוזה שאין מזוזה נכתבת על הקלף והילכך כתפילין היא. ואתינן נמי לסיועיה לרב מהא דתניא תפילין שבלו אין עושין מהן מזוזה. לפי שאין מורידין מקדושה חמורה לקדושה קלה. ודייק מדקא יהיב טעמא לפי שאין מורידין הא לאו הכי היו עושין מן התפילין. [ואי לאו] קדושה חמורה היו נעשות מזוזה. והדר פרכינן דלא הוה סיעתא לרב. דהא ר"מ היה כותב מזוזה על הקלף. ואתינן לאוקמה לרב כדאמרי' דוכסוסטוס הוה כתבן... משום דמזוזה אין נכתבת על הקלף. לרב נמי עיקר שמעתיה הכין ... וכן הלכה. וכן מנהג: דיו כדי לכתוב ב':

מסורת הש"ס

א) תוספתא דידים פרק ב, ב) [שם], ג) ס"א אלא, ד) מנחות לב., ה) מנחות לב., ו) [עי' תוס' מנחות לא: ד"ה רשב"א], ז) [בב"ב יד. ד"ה בגויל כתבו דבלשון מדי קורין וכו'], ח) [סוטה יז:].

הגהות הב"ח

(א) גמ' תנן קלף כדי לכתוב עליו פרשה וכו' שמע ישראל (קלף אין דוכסוסטוס לא) תא"מ ונ"ב זו היא גירסת רש"י ובס"א ליתא ודמוכח בתוספות: (ב) תוס' ד"ה קלף כו' לכתוב עליהן ס"ת דבעינא ספר כל"ל ותיבת ותפילין ומזוזה נמחק: (ג) בא"ד בהקומץ רבה דקאמר קרע הבא בב' שיטין יתפור:

ליקוטי רש"י

קציצה. הן תפילין עצמן דפוס מושבן ורצוען ודומה לו במסכת גיטין בהניזקין (נח.) ארבעים סאה קצוצי תפילין [סוכה כו:]. דפוסי תפילין חוץ מן הרצועה קרוי קציצה כדאמרי' במסכת סוכה (כו:) אוחז ברצועה ואינו אוחז בקציצה [גיטין נח.]. למצוה. מצות תפילין על הקלף ומזוזה אדוכסוסטוס אבל אם שינה אין בכך כלום [מנחות לב.]. נייר. עשוי מעשבים ע"י דבק שקורין גלו"ד [פסחים מב:]. של עשבים שכותשין ומדבקין אותן בדבק שקורין גלי"ד ועושין כמו עור [סוטה יז.]. לפי שאין מורידין מקדושה חמורה לקדושה קלה. שמעלין בקדש ולא מורידין תוספתא מעלין בקדש דכתיב ויקם משה את המשכן (שמות מ) בצלאל עשה ומשה שהיה גדול ממנו הקימו ולא מורידין דכתיב את מחתות החטאים האלה בנפשותם ועשו אותם רקועי פחים צפוי למזבח כי הקריבום לפני ה' ויקדשו וגו' (במדבר יז) כיון שנתקדשו הוקדשו עד כאן [מגילה כו. ועיי"ש בהגר"פ].

[מכאן שייך לדף פ.]

תוך שלשה לרבנן. דפליגי עליה דר' עקיבא בזורק (לקמן צז.) והמוציא מרשות היחיד לרשות הרבים והמעביר דליה להו קלוטה כמי שהונחה לא חייבה בתוך שלשה מודו אלא מפילין תוך שלשה נמי לריך שיונח ואם עבר ד' אמות ברה"ר כולה פטור ונפקא לן מינה נמי לזורק ד' אמות ברה"ר דגלגו שנמט והגיע לתוך שלשה וחזר נשגגתו עד שלא נח פטור כדאמרינן במתניתין (לקמן קב.) עד שתהא תחלתו וסופו שגגה ...

חשק שלמה על רבינו חננאל א) עיין ערוך ערך דכסוסטוס.

The Gemara deflects the proof:

לֹא – The proof is not compelling, for it is possible that the Baraisa does **not** speak of *duchsustus*; **דִּכְתִיבָא עַל הַקְּלָף** – rather, it refers to a case **where [the original] was written on parchment.** Thus, no support to Rav can be brought from the Baraisa.

The Gemara notes a difficulty with explaining the Baraisa as referring to a section written on parchment:

וּמְזוּזָה אַקְּלָף מִי כָּתְבִינַן – **But can we write a** ***mezuzah*** **on parchment?** Surely not! How, then, can the Baraisa be speaking of a section written on parchment – such a section cannot be used for a *mezuzah* in any case![33]

The Gemara resolves the difficulty:

אִין – There is **indeed** one view that a *mezuzah* can be written on parchment; thus, the Baraisa can be interpreted as referring to tefillin originally written on parchment.[34] **וְהָתַנְיָא** – **And so it was taught in a Baraisa:** **כְּתָבָהּ עַל הַקְּלָף עַל הַנְּיָיר וְעַל הַמַּטְלִית** – IF HE WROTE [THE *MEZUZAH*] ON PARCHMENT, ON PAPER, OR ON A CLOTH, **פְּסוּלָה** – IT IS INVALID. **אָמַר רַבִּי שִׁמְעוֹן בֶּן אֶלְעָזָר** – R' SHIMON BEN ELAZAR SAID: **רַבִּי מֵאִיר הָיָה כּוֹתְבָהּ עַל הַקְּלָף** – R' MEIR WOULD WRITE IT ON PARCHMENT, **מִפְּנֵי שֶׁמִּשְׁתַּמֶּרֶת** – BECAUSE IT IS better PROTECTED when written on such sturdy material.[35] According to R' Meir, a *mezuzah* written on parchment is valid; if the Baraisa follows his view, it cannot be adduced as a proof to Rav's ruling that tefillin may be written on *duchsustus.*

The Gemara notes that according to R' Meir, it is possible to understand Rav's ruling ("*Duchsustus* is the same as parchment") in an entirely different way than was previously thought:

הַשְׁתָּא דְּאָתֵית לְהָכִי – **Now that we have arrived at this** teaching,[36] **לְרַב נַמִי לֹא תֵּימָא דוּכְסוּסְטוּס הֲרֵי הוּא כִּקְלָף** – **according to Rav, too, do not say** that he means to rule that ***duchsustus*** **is like parchment** and both may be used for tefillin;[37] **אֶלָּא אֵימָא קְלָף הֲרֵי הוּא כְּדוּכְסוּסְטוּס** – **rather, say** that Rav means to rule that **parchment is like** ***duchsustus,*** with regard to the following law: **מָה דוּכְסוּסְטוּס כּוֹתְבִין עָלָיו מְזוּזָה** – **Just as one can write a** ***mezuzah*** **on** ***duchsustus,*** **אַף קְלָף כּוֹתְבִין עָלָיו מְזוּזָה** – **one can also write a** ***mezuzah*** **on parchment.**[38]

The Mishnah stated:

דְּיוֹ כְּדֵי לִכְתּוֹב – INK, ENOUGH TO WRITE two letters.

NOTES

portion of worn-out tefillin that was written on *duchsustus* and use it as a *mezuzah,* since we may not lower its sanctity; otherwise, it would indeed be permitted (see *Rashi*). Thus, the Baraisa supports Rav, for it is only in accord with his ruling that the Baraisa's teaching is necessary.

33. Even if we would allow the lowering of the parchment's sanctity, the cut-out portions of the Torah scroll or tefillin would be invalid in any case, because [the Gemara now assumes that in all opinions] a *mezuzah* cannot be written upon parchment! Thus, this explanation of the Baraisa is untenable, and we are forced to revert to the previous explanation (that the tefillin were written on *duchsustus*). Hence, the support for Rav's ruling from the Baraisa (see previous note) is reinstated.

34. And if the Baraisa can be interpreted in this manner, then it no longer can be adduced as a support to Rav, for it does not speak of *duchsustus* at all.

35. [Parchment is made from the outer layer of the hide, which is stronger than the inner layer from which *duchsustus* is made; thus, a scroll made of parchment will last longer than one made of *duchsustus* (see *Rosh, Hil. Mezuzah* §6 and *Chidushei HaRan* here). See also *Meiri* (to 79b), who writes that *mezuzos* were commonly rolled up and placed in hollow reeds; parchment, which is thinner than *duchsustus* (see note 1), was better suited for this treatment. For this reason, R' Meir would write *mezuzos* on parchment. See also *Menachem Meishiv Nefesh,* who suggests that *ink* lasts longer on parchment.]

36. I.e. that a *mezuzah* written on parchment is valid (*Rashi*).

37. This was the original interpretation of Rav's ruling, that was advanced by the Gemara above (see note 14).

38. Rav said only that the laws of parchment and *duchsustus* are alike; he did not specify to what he referred or which way he meant the comparison to be made (*Tosafos, Ritva MHK* ed. [cited above, note 14]). The Gemara now retracts its original understanding, in which Rav was extending a law known to apply to parchment (viz. that *tefillin* can be written on it) and stating that it applied to *duchsustus* as well; it now understands Rav as extending a law known to apply to *duchsustus* (viz. that one can write a *mezuzah* on it) by ruling that one can write a *mezuzah* upon parchment as well. [In fact, once Rav's ruling echoes that of the Tanna R' Meir, we can say that he means to permit the writing of *mezuzos* on parchment even initially, and not only after the fact (see *Ritva MHK* ed.; cf. *Ramban*).]

[According to the conclusion of the Gemara, the *Halachah LeMoshe MiSinai* cited above must be understood as teaching that tefillin must be written on parchment, while *mezuzos* may be written *even* on *duchsustus* (*Ritva MHK* ed., second explanation; see there for further discussion).]

[For a full discussion of the practical halachah, and how the various types of hides are processed nowadays, see *Tosafos, Ran MHK* ed. and *Ritva MHK* ed. here; see also *Orach Chaim* 32:7 and *Yoreh Deah* 271:3 and 288:6 with commentaries.]

The Gemara cites a Baraisa that amplifies the Mishnah's ruling:

תָּנָא – A Baraisa taught: שְׁתֵּי אוֹתִיּוֹת בִּדְיוֹ – One is liable for taking out TWO LETTERS' worth OF dried INK, (ו)שְׁתֵּי אוֹתִיּוֹת בְּקוּלְמוּס – or TWO LETTERS' worth of ink IN A QUILL, שְׁתֵּי אוֹתִיּוֹת בְּקַלְמָרִין – or TWO LETTERS' worth of ink IN AN INKWELL.[1]

The Gemara raises a related inquiry:

בָּעֵי רָבָא – Rava inquired: אוֹת אַחַת בִּדְיוֹ – If one takes out **one letter's** worth **of** dried **ink,** אוֹת אַחַת בְּקוּלְמוּס – and **one letter's** worth of ink **in a quill,** אוֹת אַחַת בְּקַלְמָרִין – and **one letter's** worth of ink **in an inkwell,**[2] מַהוּ – **what is [the law]?** Do the inks that are in different places combine to comprise a minimum measurement, rendering him liable, or not?[3]

The Gemara has no resolution, and concludes:

תֵּיקוּ – Let [the question] stand.

The Gemara cites a pair of rulings concerning one who takes out ink on the Sabbath:

אָמַר רָבָא – Rava said: הוֹצִיא שְׁתֵּי אוֹתִיּוֹת – If **one took out two letters'** worth of ink, וּכְתָבָן כְּשֶׁהוּא מְהַלֵּךְ – **but,** instead of placing the ink down in the public domain, **he wrote the two letters** in the public domain (thus depositing the ink) **while he was walking,**[4] חַיָּיב – **he is liable** for the transfer; כְּתִיבָתָן זוּ הִיא הַנָּחָתָן – **their writing is their placement** in the public domain.[5] וְאָמַר רָבָא – **And Rava** also **said:** הוֹצִיא אוֹת אַחַת וּכְתָבָהּ – If **he took out one letter's** worth of ink **and wrote it,** thereby completing its transfer, וְחָזַר וְהוֹצִיא אוֹת אַחַת וּכְתָבָהּ – **and** then **he went back and took out** another **one letter's** worth of ink **and wrote it,** thereby completing its transfer, פָּטוּר – **he is exempt,** for the two half-measures do not combine.[6] מַאי טַעְמָא – **What is the reason?** בְּעִידָּנָא דְּאַפְּקָא לְבַתְרַיְיתָא – For **at the time that he took out the last letter,** חָסַר לֵיהּ לְשִׁיעוּרָא דְּקַמַּיְיתָא – **the measure of the first letter is** already **lacking,** as ink decreases in volume when it dries. Thus, the two half-measures do not combine to form a full measure.[7]

Another ruling about the taking out of half-measures:

וְאָמַר רָבָא – And Rava also **said:** הוֹצִיא חֲצִי גְּרוֹגֶרֶת אַחַת וְהִנִּיחָהּ – If **one took out** foodstuffs in the amount of **half of a dried fig's volume**[8] **and placed them down,** וְחָזַר וְהוֹצִיא חֲצִי גְּרוֹגֶרֶת אַחַת וְהִנִּיחָהּ – **and he went back and took out** another **half a dried fig's volume and placed it down,** רִאשׁוֹנָה נַעֲשָׂה כְּמִי שֶׁקְּלָטָהּ [כֶּלֶב] – **the first** half-measure **is deemed as if it had been caught by a dog** and swallowed, אוֹ שֶׁנִּשְׂרְפָה – **or as if it had been burned** before it was ever set down, וּפָטוּר – **and he is exempt.**[9]

The Gemara asks:

וְאַמַּאי – But why should he be exempt? הָא מַנְּחָה – **Why,** the first half-measure **is** still **lying** here; thus, the two acts should combine to render him liable![10]

The Gemara concedes the point, and reinterprets Rava's ruling:

הָכִי קָאָמַר – This is what [Rava] is saying: וְאִם קָדַם וְהִגְבִּיהַּ רִאשׁוֹנָה – **But if he came first and picked up the first** half-measure קוֹדֶם הַנָּחַת שְׁנִיָּיה – **before the setting down of the second,**[11] נַעֲשֵׂית רִאשׁוֹנָה כְּמִי שֶׁנִּקְלְטָה אוֹ שֶׁנִּשְׂרְפָה – **the first** half-measure **is deemed as if it had been caught** by a dog and swallowed **or burned up** before it ever was set down וּפָטוּר – **and he is** therefore **exempt.**[12]

Another ruling by Rava:

וְאָמַר רָבָא – And Rava also **said:** הוֹצִיא חֲצִי גְּרוֹגֶרֶת וְהִנִּיחָהּ – If **one took out** foodstuffs in the amount of **half a dried fig's**

NOTES

1. The Baraisa teaches that the minimum amount of ink is constant — it remains at two letters' worth no matter what the location of the ink is (*Rashi*). *Ritva* (*MHK* ed.) states that the amount of ink in the quill or inkwell must be sufficient so that two letters can actually be *written*; allowance must be made for the small amount of ink that will stick to the sides of the pen or inkwell. *Meiri,* however, states that the Baraisa means that the amount remains constant no matter how the ink is being held (see also *Kesef Mishneh, Hil. Shabbos* 19:8; see also *Sfas Emes* at length).

2. I.e. he took out two of these three items.

3. [For a discussion of the Gemara's question, see *Chasam Sofer, Sfas Emes* and *Leshon HaZahav*.]

[The person would not be liable for taking out the quill or the inkwell, even though they are inherently significant items, because when it is taken out while filled (even partially) it is subordinate to the ink that it contains, and it is not deemed significant in its own right. This law is taught in a Mishnah below (93b), which states that if a person takes out less than the minimum measurement of a food in a utensil, he is exempt both for taking out the food and for taking out the utensil (*Rashi*).]

4. As has been explained many times in this tractate, one is liable for an act of transferring from domain to domain only if he sets the transferred item down (or otherwise causes it to come to rest) in the second domain. If one carries an item from domain to domain, and he stops in the second domain, the stopping of the person is deemed the setting down of the item that he is carrying (unless he stops merely to adjust his burden). Rava discusses a case where a person carried ink from domain to domain, but he neither set the ink down nor did he come to a stop. He did, however, set the ink down after a fashion, by writing two letters onto a surface that he was carrying (e.g. onto his clothes) as he was walking (see *Rashi* and next note).

[The Gemara here discusses liability for the transfer from domain to domain; however, the writer is also liable for transgressing the *melachah* of writing, for which the minimum measure is also two letters (see *Ritva MHK* ed.).]

5. Since the place where the ink is destined to permanently remain is upon the writing surface, written letters are considered to have come to rest (see *Tosafos* to 5b ד״ה אגוז). Therefore, writing with the ink can be deemed a halachic end to an act of transfer, although the surface being written upon is still moving (*Rashi;* cf. *Chasam Sofer*; see also *Chidushei HaRan*).

6. The two acts do not combine to render him liable even if they were both performed in a single period of unawareness [הֶעְלֵם אֶחָד] (*Rashi;* see below, note 10).

7. The two half-measures cannot be combined to render one liable unless both halves are extant after the second transfer, so that the entire amount is now before us. In this case, however, by the time the second letter's worth of ink is taken out, the first letter's worth has already decreased in volume by drying up somewhat. Thus, the required measurement of two letters' worth is never present, and the two half-measures cannot be combined (*Rashi;* see also note 10).

8. [Literally: If one took out half a dried fig.] The standard minimum for all foodstuffs with regard to carrying them out on the Sabbath is the volume of a dried fig (see last Mishnah of ch. 7 [76b]).

9. I.e. just as in those cases there is no liability because the two halves cannot be combined (see note 7), here too the two halves cannot be combined. [The Gemara will challenge this comparison below.]

10. In a case where the first half was burned or swallowed by a dog, there is no way to combine the two halves, for the first half is not extant when the second half is transferred [just as the first letter's ink that has already dried cannot combine with the second letter's ink that was subsequently taken out]. But in this case, the first half *is* extant when the second half is transferred; thus, why should they not combine to render the one who takes them out liable?

[*Rashi* adds that in order for the two acts of transfer to combine, they must have been performed in a single period of unawareness (הֶעְלֵם אֶחָד); that is, the person cannot have become aware of his transgression between the first act of transfer and the second if they are to combine.]

11. I.e. he removed the first portion from its resting place in the domain so that it was not there when the second portion was taken there.

12. In this case, Rava's ruling can be understood as saying that since at the time that that second portion is transferred the setting down of the first portion is no longer extant, the two portions cannot be combined to render one liable (see *Rashi* and see *Rashash*).

יז א ב ג מיי' פי"ח מהל' שבת הלכה ט:
יח ד ה שם הלכה כג:
יט ו ז שם הלכה כד:
כ ח ט שם הלכה י:
כא י שם הלכה יא:

תנא ᵃשתי אותיות בדיו (א) ושתי אותיות בקולמוס שתי אותיות בקלמרין בעי רבא אות אחת בדיו אות אחת בקולמוס אות אחת בקלמרין מהו תיקו אמר רבא ᵇהוציא שתי אותיות וכתבן כשהוא מהלך חייב כתיבתן זו היא הנחתן ואמר רבא ᶜהוציא אות אחת וכתבה וחזר והוציא אות אחת וכתבה פטור מאי טעמא בעידנא דאפקא לבתרייתא חסר ליה לשיעורא דקמייתא ואמר רבא ᵈהוציא חצי גרוגרת והניחה וחזר והוציא חצי גרוגרת אחת והניחה ראשונה נעשה כמי שקלטה [כלב] או שנשרפה ופטור ואמאי הא מנחה הכי קאמר ואם קדם והגביה ראשונה קודם הנחת שנייה נעשית ראשונה כמי שנקלטה (א) או שנשרפה ופטור ואמר רבא ᵉהוציא חצי גרוגרת והניחה וחזר והוציא חצי גרוגרת והעבירה דרך עליה חייב ואמאי הא לא נח כגון שהעבירה תוך שלשה והאמר רבא תוך שלשה לרבנן צריך הנחה על גבי משהו לא קשיא כאן בזורק כאן במעביר תנו רבנן הוציא חצי גרוגרת וחזר והוציא חצי גרוגרת בהעלם אחד חייב * בשתי העלמות פטור * רבי יוסי אומר בהעלם אחד לרשות אחד חייב לשתי רשויות (ב) פטור אמר רבה והוא שיש חיוב חטאת ביניהם אבל כרמלית לא אביי אמר אפילו כרמלית אבל פיסלא לא ורבא אמר אפילו פיסלא ואזדא רבא לטעמיה דאמר רבא רשות שבת כרשות גיטין דמיא: ᶠכחול כדי לכחול עין אחת: עין אחת הא לא כחלי אמר רב הונא שכן צנועות כוחלות עין אחת מיתיבי רבי שמעון בן אלעזר אומר כחול אם לרפואה כדי לכחול עין אחת אם לקשט בב' עינים תרגמא הילל בריה דר' שמואל בר נחמני כי תניא ההוא (ג) בעיירניות: ᵍשעוה כדי ליתן ע"פ נקב קטן: תנא כדי ליתן ע"פ נקב קטן של יין: דבק כדי ליתן בראש השפשף: תנא כדי ליתן בראש שפשף שבראש קנה של ציידין: זפת וגפרית כדי לעשות כו': תנא כדי לעשות נקב קטן: ʰחרסית כדי לעשות פי כור כו': למימרא דשיעורא דרבי יהודה נפיש הא קיי"ל דשיעורא דרבנן נפיש דתנן רבי יהודה אומר כדי ליטול הימנו מדת מנעל לקטן אימא כדי לסוד פיטפוט כירה קטנה: (סובין כדי ליתן על פי כור של צורפי זהב):

רש"י

ב' אותיות בדיו. דיו יבש: שתי אותיות בקולמוס. כלומר כל היכא דמפיק ליה שיעורו כשתי אותיות: קלמרין. קסת הסופר: אות אחת בדיו אות אחת בקולמוס. מי מצטרפי או לא ולאי אמרת מיפוק ליה משום קולמוס לא מחייב עליה משום שהוא טפל לפחות מכשיעור דתנן לקמן (דף צג:) המוציא אוכלין פחות מכשיעור בכלי פטור אף על הכלי מפני שהכלי טפילה לו: כשהוא מהלך. שלא עמד לפוש דתהוי הנחת גופו הנחה (ד) אפילו הכי חייב דעיקר הנחת דיו על הכתב הוא: חזר והוציא. בהעלם אחד: חסר (ה) שיעור דקמייתא. כשמתייבשה נחסר השיעור ולכי גמרה הוצאה דבעינן לצרופה אין כאן שיעור ב' אותיות: ואמאי הא מנחה. וכיון דבהעלם אחד (ו) מצטרפי לכי גמרה הוצאה: כמי שקלטה כלב. דתנן לקמן (דף קב.) הזורק וקלטה כלב פטור דלא הויא הנחה מכחו והכא נמי כי גמרה הוצאה בטלה להנחה קמייתא והויא כמאן דליתא: לרבנן. דפליגי לקמן בהזורק (ז) ולית להו קלוטה כמו שהונחה אפילו עברה סמוך לקרקע לא מיחייב עד שתנוח על גבי משהו מקום כל שהוא ולא בעינן מקום ד' הואיל ובתוך ג' הוא מ"מ הנחה כל דהו בעינן: מעביר. לא צריך הנחה דהא מנחה בידו סמוכה לקרקע: לשתי רשויות. ושתיהן ר"ה אלא שיש הפסק ביניהם: והוא שיש חיוב חטאת ביניהם. שמופסקות ברה"י אבל אם היה כרמלית מפסיק: כגון קרפף יותר מבית סאתים או בקעה וב' בתים פתוחים אחד לרה"ר זה ואחד לזה והוציא חצי גרוגרת מבית זה לרשות זה וחצי גרוגרת מבית זה לרשות זה שהיא פתוחה לה חייב דכיון דלא מפסיק לה רה"י חדא רשותא הוא: פיסלא. עץ שוכב לרחבו של רה"ר וממלא כל רחבו והוציא חצי גרוגרת מביתו מכאן וחצי גרוגרת מכאן: כרשות גיטין דמי. ולענין גיטין פיסלא רשות לנפשיה הוא כדאמרן בהזורק (גיטין דף עז:) הזורק גט לאשתו בתוך ביתה או בתוך חצירה הרי זו מגורשת גיטה הוא לדביתהו בחצירו ביניהם ומפסיק לאגנדר גיטה ונפל בפיסלא ואוקי התם שהשאיל לה מקום בחצירו הוי מקום מושאל דלא אינשי חרי מקומות לא מושלי אינשי: הא לא כחלי. אלא שתי עינים: צנועות. שהולכות מעוטפות ואין מגלות אלא עין אחד לראות וכוחלות אותו: בעיירניות. בנות כפרים (ט) אינן צריכות לניעות כל כך שאין שחוק וקלות ראש מצוי שם ועמה מועטין ואין מכסין פניהם וכוחלות ב' עיניהם: שפשף שבראש קנה של ציידין. מושיבין נסר קטן בראש קנה ונותנין עליו דבק והעוף יושב עליה ונדבק בו וצריך ליתן שם הרבה כדי שיהא העוף נדבק בו: של יין. למעוטי שמן ודבש שהיין זב דרך נקב קטן יותר משמן ודבש: לסוד. לטוח בקעים שבו:

בית
רה"ר
רה"י או כרמלית או פיסלא
רה"ר
בית

תוספות

אות אחת בקולמוס ואות אחת בקלמרין. אע"פ ששני קולמוסים מצטרפי כה"ג שמא לא מצטרפי: והעבירה דרך עליה. מפרש הרב פורת דה"ה אפי' שלא דרך עליה אם העבירה תוך שלשה לקרקע מצטרף דהא אמרינן בסמוך בהעלם אחד חייב אפילו לשתי רשויות ואפילו רבי יוסי לא בעי אלא רשות אחת אבל עליה לא בעי ונקט דרך עליה דאפי' גבוה מן הקרקע ג' טפחים חייב כיון דהוי תוך ג' לחצי גרוגרת המונחת ע"ג קרקע: והא אמר רבא תוך שלשה לרבנן צריך הנחה ע"ג משהו. תימה לר"י דתנן לקמן בריש הזורק (דף צו.) הזורק מרה"י לרה"ר ורה"ר באמצע ר' עקיבא מחייב וחכמים פוטרין ותני עלה בגמרא [צז.] תוך ג' לד"ה חייב אלמא לכ"ע לא בעינן הנחה ע"ג משהו תוך ג' ותירץ דרבא סבר כרבי יהודה דהמוצא תפילין (עירובין צז:) גבי היה קורא על ראש הגג כו' רבי יהודה אומר אפילו אינו מסולק מן הארץ אלא מלא החוט גוללו אצלו וטעמא דאפילו אין אוגדו בידו ליכא איסור אם מביאו אצלו דבעי הנחה ע"ג משהו כדאמר התם בגמרא וא"ת ואמאי פריך התם לימא רבא כתנאי אמרה לשמעתיה דע"כ כתנאי אמרה דתנא דברייתא דהזורק לא סבר כוותיה וי"ל דהכי פריך לימא כתנאי דמתניתין דהתם אמרה לשמעתיה דבהא לא קפיד אם תנא דברייתא פליג עליה אלא דלא ליפלגו עליה רבנן דמתניתין דהתם מיהו תימה לר"י דלקמן בהזורק (דף צז:) תנא מרה"י לרשות הרבים ועבר ד' אמות ברה"ר ר' יהודה מחייב וחכמים פוטרין ומסיק לעולם רבי יהודה חדא הוא דמחייב וחכמים פוטרין לגמרי ומשכחת לה דאמר עד דנפקא לרה"ר תנוח דרבי יהודה סבר אמרי' קלוטה כמי שהונחה דמיא אלמא לא בעינן לרבי יהודה הנחה ע"ג משהו ונראה לר"י דהתם מיירי במתגלגל ברה"ר ועדיף משאר קלוטה באויר והוי כמונח לרבי יהודה והא דקשה ממתני' דהתם דקתני זרק לתוך ארבע אמות ונתגלגל חוץ לארבע כו' שם [בד"ה אחזתו] נפרש בעז"ה: בהעלם אחד לרשות אחד חייב. הקשה רבינו תם דאמר בהבונה (לקמן קד:) כתב אות אחת בטבריא ואות אחת בציפורי חייב ונראה לו כגירסת ר"ח מרשות אחת חייב מב' רשויות פטור דבעי' עקירה ממקום אחד ור"י אומר דודאי גבי כתיבה אית לן למימר מחוסר קריבה לאו כמחוסר מעשה דמי אבל הוצאה לא הויא עד דמייתי תרוייהו לרשות אחד: אבל פיסלא לא. בגיטין בפרק הזורק (דף עז:) משמע דאית ביה ד' אמות על ד' אמות ואינו גבוה י' א"נ גבוה י' ואינו רחב ד' ואומר ריב"א דללישנא קמא צריך לפרש הכא שהוא רשות הרבים כגון שרבים מכתפין עליו דאי כרמלית האמר אביי אפילו כרמלית ורבא דאמר אפילו פיסלא סבר אף על פי שהוא רשות הרבים כיון דלענין גיטין חשוב מקום בפני עצמו הכי נמי מחלק רשויות ולר"י נראה אפילו פיסלא שהוא כרמלית ושני ליה לאביי בין כרמלית המיטלטלת לשאינה מיטלטלת: מיתיבי רשב"א אומר. לרב הונא פריך דאי לאו רב הונא הוה מוקמי מתני' לרפואה: אם לרפואה. פי' רבינו שמואל אם לרפואה הצניעו זה חייבין עליו כל העולם כדי לכחול עין אחת דלרשב"א אית ליה (ל) דנתחייב זה במחשבתו של זה ואם לקשט כלומר אם לא הצניעו לרפואה אלא לקשט כדי שתי עינים דסתמו עומד לקישוט ואין נראה לר"י דלעיל תנא דם כדי לכחול עין אחת בד"א במוציא אבל במצניע בכל שהוא אלמא במצניע חייב בפחות מלכחול בו עין אחת ונראה לר"י דה"פ אם לרפואה שאותו כחול ראוי לרפואה שיעורו כדי לכחול עין אחת אפי' לא הצניעו לכך אי נמי אם לרפואה שבאותו מקום עושין אותו לרפואה ואם לקשט שעושין אותו לקישוט ואין רגילין לעשות ממנו רפואה כדי לכחול שתי עינים: חרסית כדי לעשות פי כור. אע"ג דאמר לעיל (דף עט.) אין אדם טורח לגבל טיט כדי לעשות בו פי כור חרסית חשיב טפי מטיט דמצניעין אותו לעשות בו פי כור של צורפי זהב אי נמי הכא איירי במגובל:

שיער | המוציא

volume and set it down, וְחָזַר וְהוֹצִיא חֲצִי גְרוֹגֶרֶת – **and he** then **went back and took out** a **second** half **a dried fig's volume** וְהֶעֱבִירָהּ דֶּרֶךְ עָלֶיהָ – **and passed it over [the first portion],** חַיָּיב – **he is liable,** even though he did not actually set the second portion down.[13]

The Gemara wonders:

וְאַמַּאי – **But why** should he be liable? הָא לֹא נָח – **Why, this** second portion **was never set down!** How, then, can it combine with the first transfer to render him liable?

The Gemara answers:

כְּגוֹן שֶׁהֶעֱבִירָהּ תּוֹךְ שְׁלֹשָׁה – Rava speaks of **an instance where he passed** the second portion **within three *tefachim*** of the first portion.[14] In certain contexts, a gap of less than three *tefachim* is legally deemed to be closed;[15] thus, Rava teaches that the second part is deemed to have been set down, and the transferrer is liable.

The Gemara counters, noting that Rava himself does not consider passing within three *tefachim* of an object equivalent to resting upon it:

וְהָאָמַר רָבָא – **But Rava** himself **has said:** תּוֹךְ שְׁלֹשָׁה – An object that is **within three** *tefachim* of the ground לְרַבָּנָן צָרִיךְ הַנָּחָה עַל גַּבֵּי מַשֶּׁהוּ – **requires a placement on a place of** at least **a minute size according to the Rabbis,**[16] in order to be considered at rest.[17] We see that Rava does not subscribe to the view that passing an object within three *tefachim* of a place of rest is akin to actually setting it down. – ? –

The Gemara answers:

לֹא קַשְׁיָא – This is **not a difficulty.** כַּאן בְּזוֹרֵק – **Here,** where Rava requires at least minimal placement, we speak **of one who throws** an object from one domain to another; כַּאן בְּמַעֲבִיר – while **here,** where Rava rules that even passing the object within three *tefachim* is sufficient, we speak **of one who carries** the object from one domain to another.[18]

The Gemara cites a Baraisa that discuses when two acts of transferring can be combined to render one liable:

תָּנוּ רַבָּנַן – **The Rabbis taught in a Baraisa:** הוֹצִיא חֲצִי גְרוֹגֶרֶת – If ONE TOOK OUT the equivalent of HALF A DRIED FIG, וְחָזַר וְהוֹצִיא חֲצִי גְרוֹגֶרֶת – AND HE then WENT BACK AND TOOK OUT another equivalent of HALF A DRIED FIG, בְּהֶעְלֵם אֶחָד חַיָּיב – if he performs both acts IN ONE PERIOD OF UNAWARENESS, HE IS LIABLE to bring a *chatas* offering;[19] בִּשְׁתֵּי הֶעְלֵמוֹת פָּטוּר – but if he performs them IN TWO separate PERIODS OF UNAWARENESS, HE IS EXEMPT.[20] רַבִּי יוֹסֵי אוֹמֵר – R' YOSE SAYS: בְּהֶעְלֵם אֶחָד לִרְשׁוּת אַחַד חַיָּיב – Even if the two acts were performed IN A SINGLE PERIOD OF UNAWARENESS, it is only if he took out both half-measures TO ONE DOMAIN that HE IS LIABLE; לִשְׁתֵּי רְשׁוּיוֹת פָּטוּר – but if he took out the two half-measures TO TWO separate DOMAINS, HE IS EXEMPT.[21]

The Gemara elaborates, presenting several opinions as to what constitutes two separate domains in R' Yose's view:

אָמַר רַבָּה – **Rabbah said:** וְהוּא שֶׁיֵּשׁ חִיּוּב חַטָּאת בֵּינֵיהֶם – **But this** applies only **when there exists between [the two public domains]** an area that can create **a *chatas* liability;**[22] אֲבָל כַּרְמְלִית לֹא – **but** if the two public domains are separated only by **a *karmelis*,** they are **not** considered separate.[23]

NOTES

13. The Gemara below will explain this ruling.

14. There is a *Halachah LeMoshe MiSinai* which states that with regard to certain laws, a gap of less than three *tefachim* is considered closed; this is known as the principle of *lavud* (see *Eruvin* 3b and *Rashi* there ד״ה לגוד). For example, if there is a gap of less than three *tefachim* between a wall of a *succah* and the ground, we consider the gap closed, as if the wall extends to meet the ground (see *Succah* 16a-b, 17a).

15. In this case, we apply the principle of *lavud* and view the second portion that passed within three *tefachim* of the first portion as if it had come to rest on the first portion. Accordingly, the person who carried the two portions out is liable, for the two half-measures combine to form the minimum measure necessary for liability.

[Actually, the law would be the same even if the second portion was passed within three *tefachim* of the *ground* of the second domain, for the principle of *lavud* would dictate that we view the portion as if it had come to rest upon the ground. Rava chooses to discuss a case where the second portion was passed within three *tefachim* of the first to teach the novelty that even though the second portion was *not* within three *tefachim* of the ground, this does not matter, as long as it was within three *tefachim* of an object at rest on the ground (*Tosafos*). See *Sfas Emes*, who explains why this would be true only in our case of one who takes out two half-measures. See also *Chasam Sofer.*]

16. There is a dispute recorded elsewhere in the tractate (see above, 4b, and below, 97a) as to whether an item thrown from one private domain to another through a public domain must physically come to rest at all in the public domain in order for the thrower to be liable. R' Akiva maintains that although the object does not *physically* come to rest in the public domain, it does so *legally*, by way of the principle that an object contained in the airspace of a domain is viewed as if it had come to rest on the ground below (see *Rashi* to *Gittin* 79a ד״ה הני מילי [ב]; see also above, 4a note 15). [This is known as the principle of *kelutah*, which literally means *contained*.] The Rabbis dispute this principle, and maintain that the object must indeed come to rest (*Rashi*; see next note).

17. In the statement cited here, Rava teaches that the Rabbis who dispute R' Akiva do not consider an object passing through the airspace of a public domain to have come to rest there even if it passed through that airspace at a height of less than three *tefachim* from the ground. Rather, they maintain that the object has not legally come to rest unless it is physically set down. However, they do not require that the place where the object is set down be of a minimum size (other cases require that the place be at least four *tefachim* square – see above, 4a-b); even if it is set down on a minuscule area, this suffices for a legal *hanachah* (*Rashi*).

18. When an object is carried, it is in a sense at rest in the hand that carries it; thus, if that hand is within three *tefachim* of the ground, Rava considers this a setting down of the item. When the item is thrown, however, it has no tie to the domain at all, and therefore it is not considered to have been set down [according to the Rabbis] unless it actually comes to rest (see *Rashi*).

19. E.g. the two acts of carrying were committed under the mistaken impression that the day was a weekday and the person did not become aware in between that the day was in fact the Sabbath. Therefore, the two act of carrying combine, and the person is liable for a *chatas*.

20. If between the two acts of carrying the person became aware that it was the Sabbath, but forgot again and committed the second act of carrying, no *chatas* obligation is incurred; for awareness is deemed a "separator" between the two acts of carrying, and they cannot combine to render one liable.

21. According to R' Yose, the two acts of carrying combine only if the person placed both halves in the same public domain. But if he placed them in two separate public domains, then they do not combine. For in R' Yose's opinion, domains "separate" for purposes of *chatas* liability (see *Rashbam* to *Bava Basra* 56a ד״ה בשתי; cf. *Tosafos*).

22. I.e. if the two public domains are separated by a private domain (*Rashi*). A private domain situated between two public ones is said to be "an area that can create a *chatas* liability," since one who inadvertently carries between one of the public domains and the private one is liable for a *chatas* (*Rashbam* ibid.). Since the intervening private domain is so different from the public domains on either side of it that a person carrying from one to another incurs *chatas* liability, it is considered a significant separator, which serves to divide the public domains into two distinct areas.

23. [A *karmelis* is an area of at least four *tefachim* square that is neither a public domain nor a private domain; for instance, a field greater than 5,000 square *amos* in area or an open valley (see *Rashi;* see also *Gilyon HaShas* and *Chasam Sofer*).] E.g. if there are two houses that each open into a public domain, and the two public domains are separated by a *karmelis*, then if one takes out half a dried fig's volume's of food from each house into the adjoining public domain, he is liable to a *chatas*. For although the two public domains are separated by the *karmelis*, it is not

עין משפט נר מצוה

יז א ב ג מיי' פי"ח מהל' שבת הלכה ע:
יח ד ה שם הלכה כג:
יט ו ז שם הלכה כד:
כ ח שם הלכה י:
כא י שם הלכה יא:

גמרא

תנא ב' שתי אותיות בדיו (ושתי) אותיות בקולמוס שתי אותיות בקלמרין בעי רבא אות אחת בדיו אות אחת בקולמוס אות אחת בקלמרין מהו תיקו אמר רבא הוציא שתי אותיות וכתבן כשהוא מהלך חייב כתיבתן זו היא הנחתן ואמר רבא הוציא אות אחת וכתבה וחזר והוציא אות אחת וכתבה פטור מאי טעמא בעידנא דאפקא לבתרייתא חסר ליה לשיעורא דקמייתא ואמר רבא הוציא חצי גרוגרת והניחה וחזר והוציא חצי גרוגרת אחרת והניחה ראשונה נעשה כמי שקלטה [כלב] או שנשרפה ופטור ואמאי הא מנחה הכי קאמר ואם קדם והגביה ראשונה קודם הנחת שנייה נעשית ראשונה כמי שנקלטה או שנשרפה ופטור ואמר רבא הוציא חצי גרוגרת והניחה וחזר והוציא חצי גרוגרת והעבירה דרך עליה חייב ואמאי הא לא נח כגון שהעבירה תוך שלשה והאמר רבא תוך שלשה לרבנן צריך הנחה על גבי משהו לא קשיא כאן בזורק כאן במעביר תנו רבנן הוציא חצי גרוגרת וחזר והוציא חצי גרוגרת בהעלם אחד חייב בשתי העלמות פטור רבי יוסי אומר בהעלם אחד לרשות אחד חייב לשתי רשויות פטור אמר רבה והוא שיש חיוב חטאת ביניהם אבל כרמלית לא אביי אמר אפילו כרמלית אבל פיסלא לא ורבא אמר אפילו פיסלא ואזדא רבא לטעמיה דאמר רבא רשות שבת כרשות גיטין דמיא: כחול כדי לכחול עין אחת: עין אחת הא לא כחלי אמר רב הונא שכן צנועות כוחלות עין אחת מיתיבי רבי שמעון בן אלעזר אומר כחול אם לרפואה כדי לכחול עין אחת אם לקשט בב' עינים תרגמא הילל בריה דר' שמואל בר נחמני כי תניא ההוא בעירניות: (משעוה כדי ליתן ע"פ נקב קטן: תנא כדי ליתן ע"פ נקב קטן של יין): דבק כדי ליתן בראש השפשף: תנא כדי ליתן בראש שפשף שבראש קנה של ציידין: זפת וגפרית כדי לעשות כו': תנא כדי לעשות נקב קטן: חרסית כדי לעשות פי כור כו': למימרא דשיעורא דרבי יהודה נפיש והא קיי"ל דשיעורא דרבנן נפיש דתנן רבי יהודה אומר כדי ליטול הימנו מדת מנעל לקטן אימא כדי לסוד פיטפוט כירה קטנה: (סובין כדי ליתן על פי כור של צורפי זהב):

רש"י

ב' אותיות בדיו. דיו יבש: שתי אותיות בקולמוס. כלומר כל היכא דמפיק ליה שיעורו כשתי אותיות: קלמרין. קסת הסופר: אות אחת בדיו אות אחת בקולמוס. מי מצטרפי או לא ולאי אמרת מיפוק ליה משום קולמוס לא מחייב עליה משום שהוא טפל לפחות מכשיעור דתנן לקמן (דף צג:) המוציא אוכלין פחות מכשיעור בכלי פטור אף על הכלי מפני שהכלי טפילה לו: כשהוא מהלך. שלא עמד לפוש דתהוי הנחת גופו כהנחה (ד) אפילו הכי חייב דעיקר הנחת דיו על הכתב הוא: וחזר והוציא. בהעלם אחד: חסר (ה) שיעור דקמייתא. כשמייבשה נחסר השיעור ולכי גמרה הוצאה דבעינן לגמרה אין כאן שיעור ב' אותיות: ואמאי הא מנחה. וכיון דבהעלם אחד (ו) מצטרפי לכי גמרה הוצאה: כמי שקלטה כלב. דתנן לקמן (דף קב.) הזורק וקלטה כלב פטור דלא הויא הנחה מכחו והכא נמי כי גמרה הוצאה בטלה להנחה קמייתא והויא כמאן דליתא: לרבנן. דפליגי לקמן בהזורק ולית להו קלוטה כמי שהונחה אפילו עברה סמוך לקרקע לא מיחייב עד שתנוח על גבי משהו מקום כל שהוא ולא בעינן מקום ד' הואיל ובתוך ג' הוא מ"מ הנחה כל דהו בעינן: מעביר. לא צריך הנחה דהא מנחה בידו דידו סמוכה לקרקע: לשתי רשויות. ושתיהן ר"ה אלא שיש הפסק ביניהם: והוא שיש חיוב חטאת ביניהם. שמופסקות ברה"י אבל אם היה כרמלית מפסקין: כגון קרפף יותר מבית סאתים או בקעה וב' בתים פתוחים אחד לרה"ר זה ואחד לזה והוציא חצי גרוגרת מבית זה לרשות זה וחצי גרוגרת מבית זה לרשות זה שהיא פתוחה לה חייב דכיון דלא מפסיק לה רה"י חדא רשותא הוא: פיסלא. עץ שוכב לרחבו של רה"ר וממלא כל רחבו והוציא חצי גרוגרת מביתו מכאן וחצי גרוגרת מכאן: כרשות גיטין דמי. ולענין גיטין פיסלא רשות לנפשיה הוא כדאמרן בהזורק (גיטין דף עז:) הזורק גט לאשתו והיא בתוך ביתה או בתוך חצירה מגורשת זרק לה גיטא לגוה וכו' ...

[ציור: בית | רה"ר | רה"י או כרמלית או פיסלא | רה"ר | בית]

... בפיסלא ואוקי התם שהשאיל לה מקום בחצירו חד מקום מושלי אינשי תרי מקומות לא מושלי אינשי: הא לא כחלי. אלא שתי עינים: צנועות. שהולכות מעוטפות ואין מגלות אלא עין אחד לראות וכוחלות אותו: בעירניות. בנות כפרים (ט) אינן צריכות לצניעות כל כך שאין שחוק וקלות ראש מצוי שם ועמה מועטין ואינן מכסין פניהם וכוחלות ב' עיניהם: שפשף שבראש קנה של ציידין. מושיבין נסר קטן בראש קנה ונותנין עליו דבק והעוף יושב עליה ונדבק בו וצריך ליתן שם הרבה כדי שיהא העוף נדבק בו: של יין. למעוטי שמן ודבש שהיין זב דרך נקב קטן יותר משמן ודבש: לסוד. לטוח בקעים שבו: שיער

תוספות

אות אחת בקולמוס ואות אחת בקלמרין. אע"פ ששני קולמוסים מצטרפי כה"ג שמא לא מצטרפי: והעבירה דרך עליה. מפרש הרב פורת דה"ה אפי' שלא לדרך עליה אם העבירה תוך שלשה לקרקע מצטרף דהא אמרינן בסמוך בהעלם אחד חייב אפילו לשתי רשויות ואפילו רבי יוסי לא בעי אלא רשות אחת אבל עליה לא בעי ונקט דרך עליה לאפי' דאפי' גבוה מן הקרקע ג' טפחים חייב כיון דהוי תוך ג' לחצי גרוגרת המונחת ע"ג קרקע: והא אמר רבא תוך שלשה לרבנן צריך הנחה ע"ג משהו. תימה לר"י דתנן לקמן בריש הזורק (דף צז.) הזורק מרה"י לרה"ר ורה"ר באמצע ר' עקיבא מחייב וחכמים פוטרין ותני עלה בגמרא [צז.] תוך ג' לד"ה חייב אלמא לכ"ע לא בעינן הנחה ע"ג משהו תוך ג' ותירץ דרבא סבר כרבי יהודה דהמוצא תפילין (עירובין צח:) גבי היה קורא על ראש הגג כו' רבי יהודה אומר אפילו אינו מסולק מן הארץ אלא מלא החוט גוללו אצלו וטעמא דאפילו אין איגודו בידו ליכא איסור אם מביאו אצלו דבעי הנחה ע"ג משהו כדאמר התם בגמרא וא"ת ומאי פריך התם לימא רבא כתנאי אמרה לשמעתיה דע"כ כתנאי אמרה דתנא דברייתא דהזורק לא סבר כוותיה וי"ל דהכי פריך לימא כתנאי דמתניתין דהתם אמרה לשמעתיה דבהא לא קפיד אם תנא דברייתא פליג עליה אלא דלא ליפלגו עליה רבנן דמתניתין דהתם מיהו תימה לר"י דלקמן בהזורק (דף צז:) תנא מרה"י לרשות הרבים ועבר ד' אמות ברה"ר ר' יהודה מחייב וחכמים פוטרין ומסיק לעולם רבי יהודה חדא הוא דמחייב וחכמים פוטרין לגמרי ומשכחת לה דאמר עד דנפקא לרה"ר תנוח דרבי יהודה סבר אמרי' קלוטה כמי שהונחה דמיא אלמא לא בעינן לרבי יהודה הנחה ע"ג משהו ונראה לר"י דהתם מיירי במתגלגל ברה"ר ועדיף משאר קלוטה באויר והוי כמונח לרבי יהודה והא דקשה ממתני' דהתם (ט) דקתני זרק לתוך ארבע אמות ונתגלגל חוץ לארבע כו' שם [בד"ה אמזתו] נפרש בעז"ה: בהעלם אחד לרשות אחד חייב. הקשה רבינו תם דאמר בהבונה (לקמן קד:) כתב אות אחת בטבריא ואות אחת בציפורי חייב ונראה לו כגירסת ר"ח מרשות אחת חייב מב' רשויות פטור דבעי' עקירה ממקום אחד ור"י אומר דודאי גבי כתיבה אית לן למימר מחוסר קריבה לאו כמחוסר מעשה דמי אבל הוצאה לא הויא עד דמייתי תרוייהו לרשות אחד: אבל פיסלא לא. בגיטין בפרק הזורק (דף עז:) משמע דאית ביה ד' אמות על ד' אמות ואינו גבוה י' א"נ גבוה י' ואינו רחב ד' ואומר ריב"א דללישנא קמא צריך לפרש הכא שהוא רשות הרבים כגון שרבים מכתפין עליו דאי כרמלית האמר אביי אפילו כרמלית ורבא דאמר אפילו פיסלא סבר אף על פי שהוא רשות הרבים כיון דלענין גיטין חשוב מקום בפני עצמו הכי נמי מחלק רשויות ולר"י נראה אפילו פיסלא שהוא כרמלית ושני ליה לאביי בין כרמלית המיטלטלת לשאינה מיטלטלת: מיתיבי רשב"א אומר. לרב הונא פריך דאי לאו רב הונא הוה מוקמי מתני' לרפואה: אם לרפואה. פי' רבינו שמואל אם לרפואה הצניעו זה חייבין עליו כל העולם כדי לכחול עין אחת דלרשב"א אית ליה (י) דנתחייב זה במחשבתו של זה ואם לקשט כלומר אם לא הצניעו לרפואה אלא לקשט כדי שתי עינים דסתמו עומד לקישוט ואין נראה לר"י דלעיל תנא דם כדי לכחול עין אחת בד"א במוליא אבל במצניע בכל שהוא אלמא במצניע חייב בפחות מלכחול בו עין אחת ונראה לר"י דה"פ אם לרפואה שאותו כחול ראוי לרפואה שיעורו כדי לכחול עין אחת אפי' לא הצניעו לכך אי נמי אם לרפואה שבאותו מקום עושין אותו לרפואה ואם לקשט שעושין אותו לקישוט ואין רגילין לעשות ממנו רפואה כדי לכחול שתי עינים: חרסית כדי לעשות פי כור. אע"ג דאמר לעיל (דף עט.) אין אדם טורח לגבל טיט כדי לעשות בו פי כור חרסית חשיב טפי מטיט דמצניעין אותו לעשות פי כור של צורפי זהב אי נמי הכא מיירי במגובל:

רבינו חננאל

ב' אותיות דיו הוא שכותבין בו. ועוד הכלי שמניחין בו את הדיו גם הוא נקרא דיו. דתנא ב' אותיות שאמר ב' אותיות בקלף ב' אותיות בקולמוס. ב' אותיות בקלמרין. ואיכא למידק אי דאיכא בקולמוס בכדי ב' אותיו' מכותנות סגיא אבל אי איתיה לדיו בכלי בין בי דיותא ובין קלמרין צריך למיהוי יתר מב' אותיות. דיכול למיכתב מינייהו ב' אותיות משו' שא"א לכתוב כולן בקולמ' שהדיו [נשאר] בדיו שהוא בכלי או בקולמוס או בקלמרין ומ"ט צריך שיעור בדיו שכותבין בה. וליחייב על הדיו שהוא בית הדיו. או על הקולמוס. או על הקלמרין. ותשובה כיון שלהוציא דיו לכתוב בו הוא מתכוין עליו הוא חייב. ואינו חייב על הכלי שהוא בו מפני שהכלי טפילה לו. דתנן המוציא אוכלין פחות מכשיעור בכלי פטור אף על הכלי שהכלי טפילה לו. ותניא עליה המוציא אוכלין כשיעור בכלי פטור על הכלי וחייב על האוכלין קלמרין אשר כך היא שנינו בסדר טהרות. קלמרין ופירושו [בלשון ישמעאל] מחברא. ותנן קלמרין של יוסף הכהן היתה נקובה מצידה. כתיבתן הנחתן. אע"ג דבעיא בהוצאה עקירה מרשות זה והנחה ברשות אחרות ע"ג מקום ד' כי היכי דהתם אמרינן ידו של אדם חשובה לו כד' [על ד'] הכי נמי הכא כתיבתן הנחתן. והיכא דהוציא חצי גרוגרת שהוא חצי שיעור הוצאה והניחה וחזר והוציא חצי גרוגרת אחרת אם הניח את החצי השני קרוב לראשון או שהעבירה דרך עליו של ראשון בקרוב ג' טפחים חייב. הו היא שמעתא דרבא משום דהאי חצי גרוגרת והאי חצי גרוגרת מצטרפין לחיובי. ואף על פי שלא הניחו דהתם דצריך לנוח בזורק. אבל הכא במעביר אין צריך הנחה. אבל אם קדים והגביה את החצי הראשון קודם הנחת החצי השני בדוקא ברחוק יתר מג' מן ההיא חצי ראשון כדי שלא יהא מעביר עליו. נעשה הראשון כמו שנקלט או שנשרף ופטור. ת"ר הוציא חצי גרוגרת והניחו ר"ה וחזר והוציא חצי גרוגרת בהעלם אחד חייב. ב' העלמות פטור. ר' יוסי אמר בהעלם א' מרשות אחד חייב. מב' רשויות פטור. ואיכא דתני (בגידמא) [בגירסא] דהא ברייתא וגרסי ברשות אחד חייב בב' רשויות פטור. ומסתמא לפום כן שמעתא. (ואי איכא דשטיף ואי') ב' לרשות אחת לב' רשויות (א) טעות גדולה היא. דילמא הכי קסברי אם הכניס מרה"י לרשות אחת חייב. לב' רשויות פטור. והכי קאמר אי אפיק מרה"י בהעלם חצי שיעור לרה"ר וחזר והוציא באותו העלם חצי

מסורת הש"ס

א) [נ"א שתי], ב) לקמן [עירובין לח:], ג) [ב"ב נה: כריתות יז.], ד) [ב"ב ע.], ה) לקמן ע"ב ודף פא. ו) [לעיל עח.], ז) בש"ע מ"ז, ח) [דף ע] בכילה לב: רש"י ד"ה אלפסין חרניות משמע שעירניות ג"כ לשון עיר ופירושו בנות כפרים, ט) [ועי' תוס' פסחים סה: ד"ה בנגררין], י) [דף ק.], כ) [לעיל עז.]

הגהות הב"ח

(א) גמ' נעשית ראשונה כמי שקלטה כלב או שנשרפה: (ב) שם בשתי רשויות פטור. נ"ב ע"ל כפ' הזורק ריש דף קא: (ג) שם שהוא בעירניות. דבק כדי ליתן בראש השפשף מנא להן וכו' של ציידין. ושעוה כדי ליתן על פי נקב קטן מנא להן של יין. חרסית כדי לעשות פי כור. ופיטפוט ואח"כ גמרא כדי לעשות כו' נמחק: (ד) רש"י ד"ה כשהוא מהלך וכו' הנחת גופו הנחת חפץ אפילו הכי: (ה) ד"ה חסר ליה שיעור: (ו) ד"ה ואמאי וכו' דבהעלם אחד הוציא מצטרפי לכי:

גליון הש"ס

גמ' בשתי העלמות פטור. עי' לקמן דף קה ע"א: שם רבי יוסי אומר בהעלם א' ברשות אחד חייב. עיין לקמן דף קה ע"א: רש"י ד"ה והוא שיש חיוב חטאת וכו' כגון קרפף יותר מבית סאתים. ע' לעיל ו' ע"א ונ"ע:

רב נסים גאון

ואזדא רבא לטעמיה דאמר רבא רשות שבת כרשות גיטין דמיא. ותמצא עיקר דילה במס' גיטין בפרק הזורק (דף עט) אמר רב חסדא רשויות חלוקות בגיטין ומייתי הכי (שם דף עז) אמרו ההוא גברא דזרק לה גיטא וכו'

ליקוטי רש"י

[ההתחלה בדף עט:] לרשות אחת. כרה"ר עלמה שהוליא חצי גרוגרת ראשון בלותה עלמו הוליא האחרון. לשתי רשויות. הרבים המופלגים זה מזה פטור דרשויות מחלקות ע"כ. אמר רבה. לימתי מפריד שתי רשויות. והוא שיש חיוב חטאת ביניהם. שיש רה"י בין שתי רה"ר שאם הוליא ממנו לכאן או לכאן מיחייב חטאת הלכך חשיב הפסק לעשותן שתים. אבל כרמלית. כגון בקעה שבינתים לא מחלקא להו דבטל מן התורה להכא ולהכא. אבל פיסלא לא. כגון מחיצת עץ או אבן שאינו גבוה י' (אמות) ואין רוחב ד' א"נ גבוה י' ואינו רוחב ד' דהוי מקום פטור דאפילו מדרבנן מותר לטלטל ממנו לרה"י ומרה"ר לתוכו וכן מכרמלית לתוכו ...

(רש"י המשך) ליכא מקום חשוב של ד' טפחים הלכך לא הוי הפסק. ורבא אמר אפילו פיסלא. מחלקת הרשויות גיטין דמי. דאמרי' במס' גיטין בהזורק (עז.) דאם הקנה לה אגרו להתגרש חרק לה גט ונפל על ... להא פיסלא מקום אחר הוא בפני עצמו ואינו בכלל אגר ואגר הקנה לה ולא פיסלא דחד מקום ... לא מושיל איניש הכי מפרשינן לה התם וקאמר רבא רשות שבת דומה לרשות גיטין דה"נ לענין שבת ... חשוב בפני עצמו ומחלק רשויות אם הוא ממוצע בינתים דכי היכי דלא בטיל פיסלא לגבי אגר ה"נ לא ... גבי רה"ר [שם נו.]. עירניות. בני עיירות שאינן בני כרכים גדולים [ביצה לב.]. לעשות נקב קטן. כלי ... אם פיו בזפת או בגפרית ונוקב בתוך הסתימה נקב דק להוליא בו [לעיל עח:]. למימרא דשיעורא ... בתמיה והא קיימא לן גבי גמי דשיעורא דרבי יהודה זוטא ומחמיר בשיעורי שבת [לקמן ע"ב]. הא קיי"ל ... נפיש. גבי לעשות תלאי [שם פא.]. מדת מנעל. להראותו לאומן כמדה זו אני צריך [לעיל שם.]

(רבינו חננאל המשך) שיעור אחר לרה"ר. אם מחדא רשותא אפקינן לתרוייהו מצטרפין וחייב. ואם מן ב' רשויות אפקינן ... (רבה) והוא שיש חיוב חטאת ביניהם. אבל כרמלית לא כי פרשינן בפרק יציאות השבת שמוציא מרה"י ... המוציא מכרמלית לרה"ר פטור. וקאמר רבה אי הנך ב' רשויות היחיד שהוציא חצי שיעור מזו וחצי שיעור ... הדדי ויש ביניהם רה"ר. והמוציא והמכניס מזו לזו יש בו חיוב חטאת. הרי נחלקו ועליהם קאמר ר' יוסי ... אבל יש ביניהם כרמלית דלית בה חיוב חטאת כחדא רשותא דמיין. ואם הרציא מזו חצי שיעור וחזר והוציא ... חייב: אביי אמר אפילו יש ביניהן כרמלית דאע"ג דלית בה חיוב חטאת אסור להוציא מזו לזו שמרשות ... הרציא מזו חצי שיעור ומזו חצי שיעור פטור. אבל אם יש ביניהן פיסלא דלא חשיב למיהוה כרמלית אלא ... הוא כרשות אחת. ואם הוציא מזו חצי שיעור ומזו חצי שיעור חייב רבא אמר אפילו איכא פיסלא ביניהן. כיון ... לעצמו אע"ג דלא כרמלית הוא דכרשות הוא קאי כיון שאסור להוציא אליו כלום מרה"י כב' רשויות דמיין.

חשק שלמה על רבינו חננאל א) לשון זה משולל הבנה וצריך תיקון:

אַבַּיֵי אָמַר – **Abaye said:** אֲפִילּוּ כַּרְמְלִית – **Even** if the two domains are separated by **a *karmelis*,** the two domains are considered separate; אֲבָל פִּיסְלָא לֹא – **but** if they are separated only by **a block** of wood, they are **not** considered separate.[24] וְרָבָא אָמַר – **But Rava said:** אֲפִילּוּ פִּיסְלָא – **Even** if they are separated by only **a block** of wood, they are considered separate in R' Yose's view.[25]

The Gemara observes:

וְאַזְדָא רָבָא לְטַעְמֵיהּ – **And Rava** (who considered a block of wood as a separator) **is consistent with his opinion** stated elsewhere; דְּאָמַר רָבָא – **for Rava said** elsewhere: רְשׁוּת שַׁבָּת כִּרְשׁוּת גִּיטִּין דָּמְיָא – **The domain in regard to the Sabbath is like the domain in regard to divorce law.**[26]

The Mishnah stated:

כְּחוֹל כְּדֵי לִכְחוֹל עַיִן אַחַת – If he takes out EYE PAINT, he is liable if he takes out ENOUGH TO PAINT ONE EYE.

The Gemara asks:

עַיִן אַחַת – Enough for **one eye?!** הָא לֹא כָּחֲלֵי – **But [women] do not paint** only one eye! Why, then, is this amount considered significant?[27]

The Gemara answers:

אָמַר רַב הוּנָא – **Rav Huna said:** שֶׁכֵּן צְנוּעוֹת כּוֹחֲלוֹת עַיִן אַחַת – Enough paint for one eye is significant **because modest women** who veil their faces and leave only one eye uncovered **will** only **paint one eye.**

The Gemara objects to Rav Huna's explanation:

מֵיתִיבֵי – **They challenged this** ruling from the Baraisa: רַבִּי שִׁמְעוֹן בֶּן אֶלְעָזָר אוֹמֵר – R' SHIMON BEN ELAZAR SAYS: כְּחוֹל – If one takes out EYE PAINT, the minimum amount that he must take out to be liable varies according to its purpose. אִם כְּדֵי לִרְפוּאָה – IF it is to be used FOR HEALING PURPOSES,[28] לִכְחוֹל עַיִן אַחַת – he is liable if he takes out ENOUGH TO PAINT ONE EYE;[29] אִם לְקִשֵּׁט – but IF it is to be used FOR ADORNMENT, בִּשְׁתֵּי עֵינַיִם – he is only liable if he takes out enough to place IN TWO EYES. This Baraisa's ruling, which establishes the minimum for cosmetic eye paint as two eyes' worth, is at odds with Rav Huna, who states that one eye's worth is sufficient.[30] – ? –

The Gemara resolves the difficulty:

תַּרְגְּמָא הִילֵּל בְּרֵיהּ דְּרַבִּי שְׁמוּאֵל בַּר נַחְמָנִי – **Hillel the son of R' Shmuel bar Nachmani explained it** as follows: כִּי תַּנְיָא הַהוּא – **When this Baraisa was taught,** בִּעְירָנִיּוֹת – it was taught **with respect to village women.**[31]

(The Mishnah stated:[32]

שַׁעֲוָה כְּדֵי לִיתֵּן עַל פִּי נֶקֶב קָטָן – If he takes out WAX, ENOUGH TO PLACE ON THE OPENING OF A SMALL HOLE.

The Gemara cites an explanatory Baraisa:

תָּנָא – **A Baraisa taught:** כְּדֵי לִיתֵּן עַל פִּי נֶקֶב קָטָן שֶׁל יַיִן – The Mishnah means ENOUGH wax TO PLACE ON THE OPENING OF THE SMALL HOLE OF A WINE BARREL.[33])

Another section of the Mishnah stated:

דֶּבֶק כְּדֵי לִיתֵּן בְּרֹאשׁ הַשַּׁפְשָׁף – GLUE, ENOUGH TO PLACE ON THE HEAD OF A BOARD.

The Gemara cites an explanatory Baraisa:

תָּנָא – **A Baraisa taught:** כְּדֵי לִיתֵּן בְּרֹאשׁ שַׁפְשָׁף – The Mishnah means ENOUGH glue TO PLACE ON THE HEAD OF THE BOARD שֶׁבְּרֹאשׁ קָנֶה שֶׁל צַיָּידִין – THAT IS AT THE HEAD OF THE REED OF bird TRAPPERS.[34]

NOTES

considered a significant separator, and they are therefore deemed as one in regard to *chatas* liability (*Rashi*; see *Maharam* and *Menachem Meishiv Nefesh*).

24. If the public domain is separated into two by a length of wood lying across it, and one takes out half a dried fig's volume to each side of the wood, he is liable. For the block of wood [which is not four *tefachim* square] is an exempt area (*mekom petur*) which is auxiliary to the public domains on either side of it; therefore, it does not legally divide the public domain into two distinct areas (see *Rashi*; see also *Sfas Emes*; cf. *Tosafos* ד״ה אבל פיסלא; see *Maharsha,* and see also *Ritva MHK* ed.).

25. Rava is of the opinion that even if the intervening block does not have the legal status of a separate domain, it can still legally separate the two public domains.

26. The reference here is to a law taught in *Gittin*, 77b, regarding a husband who lends a yard to his wife so that she should have a domain into which her bill of divorce can be deposited. [A divorce is effected by the husband placing the bill of divorce in his wife's hand or domain (ibid. 77a).] The husband tossed the bill into the loaned yard, but, instead of landing on the ground, it landed on a block of wood that was narrower than four *tefachim*. The Gemara there rules that the surface of the block is considered a domain distinct from that of the yard – and since the husband lent his wife the yard, and not the block of wood, the bill has not been deposited in her domain and the divorce has not been effected (see there). Referring to this law, Rava stated (see *Chidushei HaRan* here) that the domain in regard to the Sabbath is like the domain in regard to divorce: Just as the block of wood is viewed as a domain distinct from the yard in the case of divorce (even if it is not four *tefachim* square), so too is a block of wood considered distinct from the public domain in R' Yose's case of two public domains. And, as a distinct domain, the block of wood serves to separate an otherwise contiguous public domain into two distinct areas; if the volume of half a dried fig is deposited in the public domain on one side of the block and another half on the other, the acts do not combine to render one liable to a *chatas* (*Rashi*).

27. A woman will usually paint both of her eyes together (*Rashi*). Thus, anything less than the amount needed to paint both eyes should not be considered significant.

28. I.e. if it is of a type usually used for healing purposes (*Ri*, cited in *Tosafos;* see above, 78a, and *Beitzah* 22a; see there for an alternate interpretation in the name of *Rabbeinu Shmuel*).

29. For eye paint that is used for healing is certainly significant in a quantity sufficient to dose a single eye, as it can certainly occur that a person needs medicine to apply to only one eye!

[This Gemara would appear to contradict *Rashi's* statement on 77b (see there ד״ה כדי) that one is liable only for taking out enough *kilor* to mix with water for *two* eyes. Perhaps *Rashi* holds that although ointment for healing a single eye is significant, one would not trouble himself to mix such a small amount (similar to the Gemara's conclusion on 79a with respect to clay). It is unclear, however, what Rashi's source was. Possibly, the fact that that Baraisa there does not specify "enough for one eye" (as this one does) indicates that a two-eye minimum is needed. See also *Tzofnas Pane'ach* to *Hil. Shabbos* 18:2 for another approach.]

30. If not for Rav Huna's ruling, this Baraisa would not pose a contradiction to the Mishnah, for we would explain the Mishnah as referring to eye paint used for healing purposes. According to Rav Huna, however, even cosmetic eye paint has a minimum of enough for one eye – and this is contradicted by the Baraisa (*Tosafos*).

31. Women who lived in villages did not usually veil their faces, as the small populations and quieter life-styles prevalent in those locations made for a less frivolous way of life, and the safeguard of excessive modesty was not required. Thus, it was common for women who lived there to paint both eyes together, and two eyes' worth of eye paint is therefore the minimum measure (*Rashi*; see also *Rashi* to *Beitzah* 32a, cited in the marginal gloss; cf. *Raavad* to *Hil. Shabbos* 18:10).

32. [This section of the Gemara is out of place, as the section of the Mishnah that it discusses appears later in the Mishnah than the citation that follows it in the Gemara. *Rashi's* commentary to this passage appears in its proper position, near the end of this *amud*.]

33. The Gemara specifies the opening of a wine barrel, for this opening is smaller than the opening that is made in a barrel of oil or honey [and thus less wax is necessary to seal the hole]. This is because those are thicker substances, and a larger hole is required to allow for their decanting; wine, by contrast, is a thin liquid, and may be readily drawn through even a small hole (*Rashi*; see *Sfas Emes*).

34. Bird trappers would place a small board at the head of a long reed;

תנא א שתי אותיות בדיו (א) (ושתי) אותיות בקולמוס שתי אותיות בקלמרין בעי רבא אות אחת בדיו אות אחת בקולמוס אות אחת בקלמרין מהו תיקו אמר רבא ב הוציא שתי אותיות וכתבן כשהוא מהלך חייב כתיבתן זו היא הנחתן ואמר רבא ג הוציא אות אחת וכתבה וחזר והוציא אות אחת וכתבה פטור מאי טעמא בעידנא דאפקא לבתרייתא חסר ליה לשיעורא דקמייתא ואמר רבא ד הוציא חצי גרוגרת אחת והניחה וחזר והוציא חצי גרוגרת אחת והניחה ראשונה נעשה כמי שקלטתה [כלב] או שנשרפה ופטור ואמאי הא מנחה הכי קאמר ואם קדם והגביה ראשונה קודם הנחת שנייה נעשית ראשונה כמי שנקלטה (א) או שנשרפה ופטור ואמר רבא ה הוציא חצי גרוגרת והניחה וחזר והוציא חצי גרוגרת והעבירה דרך עליה חייב ואמאי הא לא נח כגון שהעבירה תוך שלשה ו והאמר רבא תוך שלשה לרבנן צריך הנחה על גבי משהו לא קשיא כאן בזורק כאן במעביר ז תנו רבנן הוציא חצי גרוגרת וחזר והוציא חצי גרוגרת בהעלם אחד חייב ח בשתי העלמות פטור ט רבי יוסי אומר ב בהעלם אחד לרשות אחד חייב לשתי רשויות (ג) פטור ד אמר רבה י והוא שיש חיוב חטאת ביניהם אבל כרמלית לא אביי אמר אפילו כרמלית אבל פיסלא לא ורבא אמר אפילו פיסלא ואזדא רבא לטעמיה דאמר רבא רשות שבת כרשות גיטין דמי: ה כחול כדי לכחול עין אחת: עין אחת הא לא כחלי אמר רב הונא שכן צנועות כוחלות עין אחת מיתיבי רבי שמעון בן אלעזר אומר כחול אם לרפואה כדי לכחול עין אחת אם לקשט בב' עינים תרגמא הילל בריה דר' שמואל בר נחמני כי תניא ההוא (ג) בעירניות: ט שעוה כדי ליתן ע"פ נקב קטן: תנא כדי ליתן ע"פ נקב קטן של יין: דבק כדי ליתן בראש השפשף: תנא כדי ליתן בראש שפשף שבראש קנה של ציידין: זפת וגפרית כדי לעשות כו': תנא כדי לעשות נקב קטן: י חרסית כדי לעשות פי כור כו': למימרא דשיעורא דרבי יהודה נפיש ט) הא קיי"ל דשיעורא דרבנן נפיש דתנן י) רבי יהודה אומר כדי ליטול הימנו מדת מנעל לקטן אימא כדי לסוד פיטפוט כירה קטנה: י) (סובין כדי ליתן על פי כור של צורפי זהב):

רש"י

ב' אותיות בדיו. דיו יבש: שתי אותיות בקולמוס. כלומר כל היכא דמפיק ליה שיעורו כשתי אותיות: קלמרין. קסת הסופר: אות אחת בדיו אות אחת בקולמוס. מי מצטרפי או לא ואי אמרת תיפוק ליה משום קולמוס לא מחייב עליה משום שהוא טפל לפחות מכשיעור דתנן לקמן (דף צג:) המוציא אוכלין פחות מכשיעור בכלי פטור אף על הכלי מפני שהכלי טפילה לו: כשהוא מהלך. שלא עמד לפוש דתהוי הנחת גופו הנחה (ד) אפילו הכי חייב דעיקר הנחת דיו על הכתב הוא: וחזר והוציא. בהעלם אחד: חסר (ה) שיעור דקמייתא. כשמתייבשה נחסר השיעור ולכי גמרה הוצאה דבעינן לצרופה אין כאן שיעור ב' אותיות: ואמאי הא מנחה. וכיון דבהעלם אחד (ו) מצטרפי לכי גמרה הוצאה: כמי שקלטה כלב. דתנן לקמן (דף קב.) הזורק וקלטה כלב פטור דלא הויא הנחה מכחו והכא נמי כי גמרה הוצאה בטלה להנחה קמייתא והויא כמאן דליתא: לרבנן. דפליגי לקמן בהזורק ח) ולית להו קלוטה כמו שהונחה אפילו עברה סמוך לקרקע לא מיחייב עד שתנוח על גבי משהו מקום כל שהוא ולא בעינן מקום ד' הואיל ובתוך ג' הוא מ"מ הנחה כל דהו בעינן: מעביר. לא צריך הנחה דהא מנחה בידו דידו סמוכה לקרקע: לשתי רשויות. ושתיהן ר"ה אלא שיש הפסק ביניהם: והוא שיש חיוב חטאת ביניהם. שמופסקות ברה"י אבל אם היה כרמלית מפסיקן ° כגון קרפף יותר מבית סאתים או בקעה וב' בתים פתוחים אחד לרה"ר זה ואחד לזה והוציא חצי גרוגרת מבית זה לרשות זה וחצי גרוגרת מבית זה לרשות זה שהיא פתוחה לה חייב דכיון דלא מפסיק לה רה"י חדא רשותא הוא: פיסלא. עץ שוכב לרחבו של רה"ר וממלא כל רחבו והוציא חצי גרוגרת מביתו מכאן וחצי גרוגרת מכאן: כרשות גיטין דמי. ולענין גיטין פיסלא רשות לנפשיה הוא כדאמרן בהזורק (גיטין דף עז:) ההוא גברא דזרק גיטא לדביתהו בחצירו איגנדר גיטא ונפל בפיסלא ואוקי התם שהשאיל לה מקום בחצירו חד מקום מושלי אינשי תרי מקומות לא מושלי אינשי:

בית
רה"ר
רה"י או כרמלית או פיסלא
רה"ר
בית

הא לא כחלי. אלא שתי עינים: צנועות. שהולכות מעוטפות ואין מגלות אלא עין אחד לראות וכוחלות אותו: בעירניות. בנות כפרים ט) אינן צריכות לניעות כל כך שאין שחוק וקלות ראש מצוי שם ועמה מועטין ואינן מכסין פניהם וכוחלות ב' עיניהם: שפשף שבראש קנה של ציידין. מושיבין נסר קטן בראש קנה ונותנין עליו דבק והעוף יושב עליה ונדבק בו וצריך ליתן שם הרבה כדי שיהא העוף נדבק בו: של יין. למעוטי שמן ודבש שהיין זב דרך נקב קטן יותר משמן ודבש: לסוד. לטוח בקעים שבו:

שיער

תוספות

אות אחת בקולמוס ואות אחת בקלמרין. אע"פ ששני קולמוסים מצטרפי כה"ג שמא לא מצטרפי:

והעבירה דרך עליה. מפרש הרב פורת דה"ה אפי' שלא דרך עליה אם העבירה תוך שלשה לקרקע מצטרף דהא אמרינן בסמוך בהעלם אחד חייב אפילו לשתי רשויות ואפילו רבי יוסי לא בעי אלא רשות אחת אבל עליה לא בעי ונקט דרך עליה דאפי' גבוה מן הקרקע ג' טפחים חייב כיון דהוי תוך ג' לחצי גרוגרת המונחת ע"ג קרקע ל):

והא אמר רבא תוך שלשה לרבנן צריך הנחה ע"ג משהו. תימה לר"י דתנן לקמן בריש הזורק (דף צז.) הזורק מרה"י לרה"י ורה"ר באמצע ר' עקיבא מחייב וחכמים פוטרין ותני עלה בגמרא [צז.] תוך ג' לד"ה חייב אלמא לכ"ע לא בעינן הנחה ע"ג משהו תוך ג' ותירץ דרבא סבר כרבי יהודה דהמוצא תפילין (עירובין צז:) גבי היה קורא על ראש הגג כו' רבי יהודה אומר אפילו אינו מסולק מן הארץ אלא מלא החוט גוללו אצלו וטעמא דאפילו אין איגודו בידו ליכא איסור אם מביאו אצלו דבעי הנחה ע"ג משהו כדאמר התם בגמרא וא"ת ומאי פריך התם לימא רבא כתנאי אמרה לשמעתיה דע"כ כתנאי אמרה דתנא דברייתא דהזורק לא סבר כוותיה וי"ל דהכי פריך לימא כתנאי דמתניתין דהתם אמרה לשמעתיה דבהא לא קפיד אם תנא דברייתא פליג עליה אלא דלא ליפלגו עליה רבנן דמתניתין דהתם מיהו תימה לר"י דלקמן בהזורק (דף צז:) תנא מרה"י לרשות הרבים ועבר ד' אמות ברה"ר ר' יהודה מחייב וחכמים פוטרין ומסיק לעולם רבי יהודה חדא הוא דמחייב וחכמים פוטרין לגמרי ומשכחת לה דאמר עד דנפקא לרה"ר תנוח דרבי יהודה סבר אמרי' קלוטה כמי שהונחה דמיא אלמא לא בעינן לרבי יהודה הנחה ע"ג משהו ונראה לר"י דהתם מיירי במתגלגל ברה"ר ועדיף משאר קלוטה באויר והוי כמונח לרבי יהודה והא דקשה ממתני' דהתם מ) דקתני זרק לתוך ארבע אמות ונתגלגל חוץ לארבע כו' שם [בד"ה אמותו] נפרש בעז"ה:

בהעלם אחד לרשות אחד חייב. הקשה רבינו תם דאמר בהבונה (לקמן קד:) כתב אות אחת בטבריא ואות אחת בציפורי חייב ונראה לו כגירסת ר"ח מרשות אחת חייב מב' רשויות פטור דבעי' עקירה ממקום אחד ור"י אומר דודאי גבי כתיבה אית לן למימר מחוסר קריבה לאו כמחוסר מעשה דמי אבל הוצאה לא הויא עד דמייתי תרוייהו לרשות אחד:

אבל פיסלא לא. בגיטין בפרק הזורק (דף עז:) משמע דאית ביה ד' אמות על ד' אמות ואינו גבוה י' א"נ גבוה י' ואינו רחב ד' ואומר ריב"א דלליסנא קמא צריך לפרש הכא שהוא רשות הרבים כגון שרבים מכתפין עליו דאי כרמלית האמר אביי אפילו כרמלית ורבא דאמר אפילו פיסלא סבר אף על פי שהוא רשות הרבים כיון לענין גיטין חשוב מקום בפני עצמו הכי נמי מחלק רשויות ולר"י נראה אפילו פיסלא שהוא כרמלית ושני ליה לאביי בין כרמלית המיטלטלת לשאינה מיטלטלת:

מיתיבי רשב"א אומר. לרב הונא פריך דאי לאו רב הונא הוה מוקמי מתני' לרפואה: אם לרפואה. פי' רבינו שמואל אם לרפואה הצניעו זה חייבין עליו כל העולם כדי לכחול עין אחת דלרשב"א אית ליה ל) דנתחייב זה במחשבתו של זה ואם לקשט כלומר אם לא הצניעו לרפואה אלא לקשט כדי שתי עינים דסתמו עומד לקישוט ואין נראה לר"י דלעיל תנא דם כדי לכחול עין אחת בד"ה מוציא אבל במצניע בכל שהוא אלמא במצניע חייב בפחות מלכחול בו עין אחת ונראה לר"י דה"פ אם לרפואה שאותו כחול ראוי לרפואה שיעורו כדי לכחול עין אחת אפי' לא הצניעו לכך אי נמי אם לרפואה שבאותו מקום עושין אותו לרפואה ואם לקישוט שעושין אותו לקישוט ואין רגילין לעשות ממנו רפואה כדי לכחול שתי עינים:

חרסית כדי לעשות פי כור. אע"ג דאמר לעיל (דף עט.) אין אדם טורח לגבל טיט לעשות בו פי כור של צורפי זהב חשיב טפי טיט דמגבלין אותו לעשות פי כור של צורפי זהב אי נמי הכא מיירי במגובל:

המוציא

עין משפט נר מצוה

יז א ב ג מיי' פי"ח מהל' שבת הלכה כג:
יח ד ה שם הלכה כג:
יט ו ז שם הלכה כד:
כ ח ט שם הלכה י:
כא י שם הלכה יא:

רבינו חננאל

ב' אותיות דיו הוא שכותבין בו. ועוד הכלי שמניחין בו את הדיו גם הוא נקרא דיו. דתנא ב' אותיות שאמרו ב' אותיות בקלף ב' אותיות בקולמוס. ב' אותיות בקלמרין. ואיכא למידק אי דאיכא בקולמוס בכדי ב' אותיו' מכוונות סגיא אבל אי איתיה לדיו בכלי בין בי דיותא ובין קלמרין צריך למיהוה יתר מב' אותיות. דיכול למיכתב מינייהו ב' אותיות משו' שא"א שיצא כולן בקולמו' שהדיו [נשאר] בדיו שהוא כלי או בקולמוס או בקלמרין ומ"מ צריך שיעור בדיו שכותבין בה. וליחייב על הדיו שהוא בית הדיו. או על הקולמוס. או על הקלמרין. ותשובה כיון שלהוציא דיו לכתוב בו הוא מתכוין עליו הוא חייב. ואינו חייב על הכלי שהוא בו מפני שהכלי טפילה לו. דתנן המוציא אוכלין פחות מכשיעור בכלי פטור אף על הכלי שהכלי טפילה לו. ותניא עליה המוציא אוכלין כשיעור בכלי פטור על הכלי וחייב על האוכלין קלמורין אשר כך היא ששנינו בסדר טהרות. קלמרין ופירושו [בלשון ישמעאל] מחברא. ותנן קלמרין של יוסף הכהן היתה נקובה מצידה: כתיבתן הנחתן. אע"ג דבעיא בהוצאה עקירה מרשות זה והנחה ברשות אחרת ע"ג מקום ד' כי היכי דהתם אמרינן ידו של אדם חשובה לו כד' [על ד'] הכי נמי הכא כתיבתו הנחתו. והיכא דהוציא חצי גרוגרת שהוא חצי שיעור הוצאה והנחה וחזר והוציא חצי גרוגרת אחרת אם הניח את החצי השני קרוב לראשון או שהעבירו דרך עליו של ראשון בקרוב ג' טפחים חייב. וזו היא שמעתא דרבא משום דהאי חצי גרוגרת וההיא חצי גרוגרת מצטרפין לחיובו. ואף על פי שלא הניחו דהתם דצריך לנוח בזורק. אבל הכא במעביר אין צריך הנחה. אבל אם קדים והגביה את החצי הראשון קודם הנחת החצי השני ודוקא ברחוק יתר מג' מן ההיא חצי ראשון כדי שלא יהא מעביר עליו. נעשה הראשון כמו שנקלט או שנשרף ופטור: ת"ר הוציא חצי גרוגרת והניח ברה"ר וחזר והוציא חצי גרוגרת בהעלם אחד חייב. ב' העלמות פטור. ר' יוסי אמר בהעלם א' מרשות אחד חייב. מב' רשויות פטור. ואיכא דטעו (בגידמא) [בגירסא] דהא ברייתא וגרסי ברשות אחד חייב בב' רשויות פטור. ומסתמא לפום כן שמעתא. (ואי איכא דשטיף וא' ב' לרשות אחת לב' רשויות א) טעות גדולה היא. דילמא הכי קסברי אם הכניס מרה"ר לרשות אחת חייב. לב' רשויות פטור. והכי קאמר אי אפיק מרה"י בהעלם חצי שיעור לרה"ר וחזר והוציא באותו העלם

מסורת הש"ס

א) [נ"ל שתי], ב) לקמן ק. [עירובין לח:], ג) [ב"ב נה:], ד) כריתות ה., ה) [ב"ב ע.], ו) [לקמן ע"ב ודף פא.], ז) [לעיל עח.], ח) רש"ל מ"ז, ט) בכלה לג. רש"י ד"ה שעירניות מרוקות משמע ג"כ לשון עיר ופירושו בנות כרך קטן וכל"ה (קליינשטעדטערינען), י) [ע"ע תוס' פס. ד"ה בנגררין], כ) [דף ק], ל) [לעיל עו.].

הגהות הב"ח

(א) גמ' נעשית ראשונה כמי שקלטה או שנשרפה: (ב) שם ר' יוסי אומר לשתי רשויות פטור. עי' פ' הזורק ריש דף צז: (ג) שם הכא בעירניות. נ"ב כלומר בנות כפר: (ד) רש"י ד"ה כשהוא מהלך וכו' הנחת גופו הנחה: (ה) ד"ה חסר ליה שיעור: (ו) ד"ה ואמאי וכו' דבהעלם אחד הוא מצטרפי לכי:

גליון הש"ס

גמ' בשתי העלמות פטור. עי' לקמן דף קה ע"ב: שם ר"י בהעלם א' ברשות אחד חייב. עי' לקמן דף לד ע"א: רש"י ד"ה והוא שיש חיוב חטאת וכו' כגון קרפף יותר מבית סאתים. עי' לעיל דף ז ע"א:

רב נסים גאון

ואזדא רבא לטעמיה דאמר רבא רשות שבת כרשות גיטין דמיא. ומצא עיקר דילה במס' גיטין בפרק הזורק (דף עז) אמר רב חסדא רשויות חלוקות בגיטין ומיקמי הכי (שם דף עו) אמרו ההוא גברא דזרק לה גיטא לדביתהו

ליקוטי רש"י

[ההתחלה בדף עט:] לרשות אחת. ברה"ר עצמה שהוציא בה שני חצאי גרוגרת. לשתי רשויות. רבים המופלגים זו מזו פטור דרשויות מחלקות. אמר רבה. אימתי משיבי שתי רשויות. והוא שיש חיוב חטאת ביניהם. שיש רה"י בין שתי רה"ר. אבל כרמלית. כגון בקעה שבינתים לא מחלקה להו. אבל פיסלא לא. כגון מחיצת עץ שאינו גבוה י' ואין רוחב ד'.

ולכלה אפילו מדרבנן דליכא מקום חשוב של ד' טפחים הלכך לא הוי הפסק. ורבא אמר אפילו פיסלא. מחלקת הרשויות. כרשות גיטין דמי. [illegible]

שיעור אחר לרה"ר. אם מחדא רשותא אפקינן לתרווייהו מצטרפין וחייב. ואם מן ב' רשויות אפקינן פטור. אמר (רבא) [רבה] והוא שיש חיוב חטאת ביניהם. אבל כרמלית [illegible]

חשק שלמה על רבינו חננאל א) לשון זה מסולק הכונה וצריך תיקון:

The next section of the Mishnah stated:

זֶפֶת וְגָפְרִית כְּדֵי לַעֲשׂוֹת כו׳ – PITCH OR SULFUR, ENOUGH TO FORM etc. a hole.

The Gemara cites an explanatory Baraisa:

תָּנָא – **A Baraisa taught:** **כְּדֵי לַעֲשׂוֹת נֶקֶב קָטָן** – The Mishnah means ENOUGH TO FORM A SMALL HOLE in a vial containing mercury.[35]

A later section of the Mishnah stated:

חַרְסִית כְּדֵי לַעֲשׂוֹת פִּי כּוּר כו׳ – CRUSHED BRICK, ENOUGH TO MAKE AN OPENING FOR THE CRUCIBLE etc. [of gold refiners; R' Yehudah says: enough to make a tripod].

A simple reading of the Mishnah would indicate that a greater quantity of crushed brick is required to make a tripod than to make an opening for a crucible. Accordingly, the Gemara asks: **לְמֵימְרָא דְּשִׁיעוּרָא דְּרַבִּי יְהוּדָה נָפִישׁ** – **Does [the Mishnah] mean to say** that **the measurement of R' Yehudah is larger?** **הָא קַיְימָא לָן דְּשִׁיעוּרָא דְּרַבָּנָן נָפִישׁ** – **But we have a tradition that** whenever R' Yehudah and the Rabbis dispute a minimum measurement in regard to carrying out on the Sabbath, **the measurement of the Rabbis is larger;** **דִּתְנַן** – **as we learned in the Mishnah** above concerning rope and reed-grass:[36] **רַבִּי יְהוּדָה אוֹמֵר** – R' YEHUDAH SAYS: **כְּדֵי לִיטּוֹל הֵימֶנּוּ מִדַּת מִנְעָל לְקָטָן** – ENOUGH TO TAKE THE MEASURE OF A SMALL CHILD'S SHOE WITH IT, which is a smaller measurement than that advanced by the Rabbis (e.g. enough to make a hanging-loop for a sifter or a sieve).[37] – ? –

The Gemara answers by reinterpreting R' Yehudah's measurement:

אֵימָא כְּדֵי לָסוּד פִּיטְפּוּט כִּירָה קְטַנָּה – **Say** that R' Yehudah only requires **enough** crushed brick **to plaster** the cracks in **the tripod of a small stove,**[38] and this is smaller than the measure of the Rabbis.

(The Mishnah stated:

סוּבִּין כְּדֵי לִיתֵּן עַל פִּי כּוּר שֶׁל צוֹרְפֵי זָהָב – BRAN, ENOUGH TO PLACE ON THE OPENING OF THE CRUCIBLE OF GOLD REFINERS.[39])

NOTES

they would smear the board liberally with glue. The bird would alight on the board and become stuck to the glue. A significant amount of glue was required to effect such a capture (*Rashi*). [This method of trapping is practiced even today in the Mediterranean region.]

35. See above, 78b note 10, and *Hagahos HaBach* here.

36. Above, 78a; see note 35 there.

37. An apparent difficulty: What is the basis for the Gemara's assumption that R' Yehudah's measurement will be smaller in all cases? Although he holds that the smaller measurement is correct in the case of rope, he may subscribe to the larger measurement in a different dispute! *Ritva MHK* ed. explains that in all of the cases in dispute everyone agrees that the substance in question is more commonly used for the function requiring the larger measurement, and less commonly used for the function requiring the smaller measurement. R' Yehudah holds that since the less usual use is also a common one, we fix the smaller amount necessary for that use as the minimum measure, while the Sages argue that the minimum must be fixed according to the more common use. Thus, logic dictates that in all such disputes R' Yehudah would maintain the more stringent position. See there and *Chidushei HaRan*.

38. I.e. the cracks in the pedestal that supports the stove (see above, 78b note 14).

39. [The Gemara which follows is not directly related to this citation; it is deleted by *Maharshal*.]

תנא [א] שתי אותיות בדיו (ושתי) אותיות בקולמוס שתי אותיות בקלמרין בעי רבא אות אחת בדיו אות אחת בקולמוס אות אחת בקלמרין מהו תיקו אמר רבא [ב] הוציא שתי אותיות וכתבן כשהוא מהלך חייב כתיבתן זו היא הנחתן ואמר רבא [ג] הוציא אות אחת וכתבה וחזר והוציא אות אחת וכתבה פטור מאי טעמא בעידנא דאפקא לבתרייתא חסר ליה לשיעורא דקמייתא ואמר רבא [ד] הוציא חצי גרוגרת אחת והניחה וחזר והוציא חצי גרוגרת אחת והניחה ראשונה נעשה כמי שקלטה [כלב] או שנשרפה ופטור ואמאי הא מנחה הכי קאמר ואם קדם והגביה ראשונה קודם הנחת שניה נעשית ראשונה כמי שנקלטה (א) או שנשרפה ופטור ואמר רבא [ה] הוציא חצי גרוגרת והניחה וחזר והוציא חצי גרוגרת והעבירה דרך עליה חייב ואמאי הא לא נח כגון שהעבירה תוך שלשה [ו] והאמר רבא תוך שלשה לרבנן צריך הנחה על גבי משהו לא קשיא כאן בזורק כאן במעביר [ז] תנו רבנן הוציא חצי גרוגרת וחזר והוציא חצי גרוגרת בהעלם אחד חייב [ח] בשתי העלמות פטור [ט] רבי יוסי אומר [י] בהעלם אחד לרשות אחד חייב לשתי רשויות (ג) פטור אמר רבה [כ] והוא שיש חיוב חטאת ביניהם אבל כרמלית לא אביי אמר אפילו כרמלית אבל פיסלא לא ורבא אמר אפילו פיסלא ואזדא רבא לטעמיה דאמר רבא רשות שבת כרשות גיטין דמיא: [ל] כחול כדי לכחול עין אחת: עין אחת הא לא כחלי אמר רב הונא שכן צנועות כוחלות עין אחת מיתיבי רבי שמעון בן אלעזר אומר כחול אם לרפואה כדי לכחול עין אחת אם לקשט בב' עינים תרגמא הילל בריה דר' שמואל בר נחמני כי תניא ההוא (ג) בעירניות: שעוה כדי ליתן ע"פ נקב קטן: תנא כדי ליתן ע"פ נקב קטן של יין: דבק כדי ליתן בראש השפשף: תנא כדי ליתן בראש שפשף שבראש קנה של ציידין: זפת וגפרית כדי לעשות כו': תנא כדי לעשות נקב קטן: חרסית כדי לעשות פי כור כו': למימרא דשיעורא דרבי יהודה נפיש הא קיי"ל דשיעורא דרבנן נפיש דתנן רבי יהודה אומר כדי ליטול הימנו מדת מנעל לקטן אימא כדי לסוד פיטפוט כירה קטנה: (סובין כדי ליתן על פי כור של צורפי זהב):

ב' אותיות בדיו. דיו יבש: שתי אותיות בקולמוס. כלומר כל היכא דמפיק ליה שיעורו כשתי אותיות: קלמרין. קסת הסופר: אות אחת בדיו אות אחת בקולמוס. מי מצטרפי או לא ולאי אמרת מיפוק ליה משום קולמוס לא מחייב עליה משום שהוא טפל לפחות מכשיעור דתנן לקמן (דף צג:) המוציא אוכלין פחות מכשיעור בכלי פטור אף על הכלי מפני שהכלי טפילה לו: כשהוא מהלך. שלא עמד לפוש דתהוי הנחת גופו הנחה (ד) אפילו הכי חייב דעיקר הנחת דיו על הכתב הוא: חזר והוציא. בהעלם אחד: חסר (ה) שיעור דקמייתא. כשמתייבש נחסר השיעור ולכי גמרה הוצאה דבעינן לצרופה אין כאן שיעור ב' אותיות: ואמאי הא מנחה. וכיון דבהעלם אחד (ו) מצטרפי לכי גמרה הוצאה: כמי שקלטה כלב. דתנן לקמן (דף קב.) הזורק וקלטה כלב פטור דלא הויא הנחה מכחו והכא נמי כי גמרה הוצאה בטלה לה הנחה קמייתא והויא כמאן דליתא: לרבנן. דפליגי לקמן בהזורק ולית להו קלוטה כמו שהונחה אפילו עברה סמוך לקרקע לא מחייב עד שתנוח על גבי משהו מקום כל שהוא ובתוך ג' הוא מ"מ הנחה כל דהו בעינן: מעביר. לא צריך הנחה דהא מנחה בידו דידו חשובה לו כקרקע: לשתי רשויות. ושתיהן רה"י אלא שיש הפסק ביניהם: והוא שיש חיוב חטאת ביניהם. שמופסקות ברה"ר אבל אם היה כרמלית מפסיקן כגון קרפף יותר מבית סאתים או בקעה או ב' בתים פתוחים אחד לרה"ר זה ואחד לזה והוציא חצי גרוגרת מבית זה לרשות זה וחצי גרוגרת מבית זה לרשות זה שהיא פתוחה לה חייב דכיון דלא מפסיק לה רה"ר חדא רשותא הוא: פיסלא. עץ שוכב לרחבו של רה"ר וממלא כל רחבו והוציא חצי גרוגרת מביתו מכאן וחצי גרוגרת מכאן: כרשות גיטין דמי. ולענין גיטין פיסלא רשות לנפשיה הוא כדאמרן בהזורק (גיטין דף עז:) ההוא גברא דזרק גיטא לדביתהו ואתגלגל גיטא ונפל בפיסלא ואוקי התם שהשאיל לה מקום בחצירו חד מקום מושלי איניש תרי מקומות לא מושלי איניש: הא לא כחלי. אלא שתי עינים: צנועות. שהולכות מעוטפות ואין מגלות אלא עין אחד לראות וכוחלות אותו: בעירניות. בנות כפרים אין צריכות לניעות כל כך שאין שחוק וקלות ראש מצוי שם ועמם מועטין ואין מכסין פניהם וכוחלות ב' עיניהם: שפשף שבראש קנה של ציידין. מושיבין נסר קטן בראש קנה ונותנין עליו דבק והעוף יושב עליו ונדבק בו וצריך ליתן שם הרבה כדי שיהא העוף נדבק בו: של יין. למעוטי שמן ודבש שהיין זב דרך נקב קטן יותר משמן ודבש: לסוד. לטוח בקעים שבו:

בית | רה"ר | רה"י או כרמלית או פיסלא | רה"ר | בית

שיער

אות אחת בקולמוס ואות אחת בקלמרין. אע"פ ששני קולמוסים מצטרפי כה"ג שמא לא מצטרפי: והעבירה דרך עליה. מפרש הרב פורת דה"ה אפי' שלא דרך עליה אם העבירה תוך שלשה לקרקע מצטרף דהא אמרינן בסמוך בהעלם אחד חייב אפילו לשתי רשויות ואפילו לרבי יוסי לא בעי אלא רשות אחת אבל עליה לא בעי ונקט דרך עליה לאפי' גבוה מן הקרקע ג' טפחים חייב כיון דהוי תוך ג' לגבי גרוגרת המונחת ע"ג קרקע[י]: והא אמר רבא תוך שלשה לרבנן צריך הנחה ע"ג משהו. תימה לר"י דתנן לקמן בריש הזורק (דף צז.) הזורק מרה"י לרה"י ורה"ר באמצע ר' עקיבא מחייב וחכמים פוטרין ותני עלה בגמרא [צז.] תוך ג' לד"ה חייב אלמא לכ"ע לא בעינן הנחה ע"ג משהו תוך ג' ותירץ דרבא סבר כרבי יהודה דהמוצא תפילין (עירובין צז:) גבי היה קורא על ראש הגג כו' רבי יהודה אומר אפילו אינו מסולק מן הארץ אלא מלא החוט גוללו אצלו וטעמא דאפילו אין אוגדו בידו ליכא איסור אם מביאו אצלו דבעי הנחה ע"ג משהו כדאמר התם בגמרא וא"ת ומאי פריך התם לימא רבא כתנאי אמרה לשמעתיה דע"כ כתנאי אמרה דתנא דברייתא דהזורק לא סבר כוותיה וי"ל דהכי פריך לימא כתנאי דמתניתין דהתם אמרה לשמעתיה דבהא לא קפיד אם תנא דברייתא פליג עליה אלא דלא ליפלגו עליה רבנן דמתניתין דהתם מיהו תימה לר"י דלקמן בהזורק (דף צז:) תנא מרה"י לרשות הרבים ועבר ד' אמות ברה"ר ר' יהודה מחייב וחכמים פוטרין ומסיק לעולם רבי יהודה חדא הוא דמחייב וחכמים פוטרין לגמרי ומשכחת לה דאמר עד דנפקא לרה"ר תנוח דרבי יהודה סבר אמרי' קלוטה כמי שהונחה דמיא אלמא לא בעינן לרבי יהודה הנחה ע"ג משהו ונראה לר"י דהתם מיירי במתגלגל ברה"ר ועדיף משאר קלוטה באויר והוי כמונח לרבי יהודה והא דקשה ממתני' דהתם[כ] דקתני זרק לתוך ארבע אמות ונתגלגל חוץ לארבע כו' שם [כד"ה אחזתו] נפרש בעז"ה: בהעלם אחד לרשות אחד חייב. הקשה רבינו תם דאמר בהבונה (לקמן קד:) כתב אות אחת בטבריא ואות אחת בציפורי חייב ונראה לו כגירסת ר"ח מרשות אחת חייב מב' רשויות פטור דבעי' עקירה ממקום אחד ור"י אומר דודאי גבי כתיבה אית לן למימר מחוסר קריבה לאו כמחוסר מעשה דמי אבל הוצאה לא הויא עד דמייתי תרוייהו לרשות אחד: אבל פיסלא לא. בגיטין בפרק הזורק (דף עז:) משמע דאית ביה ד' אמות על ד' אמות ואינו גבוה י' א"נ גבוה י' ואינו רחב ד' ואומר ריב"א דללישנא קמא צריך לפרש הכא שהוא רשות הרבים כגון שרבים מכתפין עליו דאי כרמלית האמר אביי אפילו כרמלית ורבא דאמר אפילו פיסלא סבר אף על פי שהוא רשות הרבים כיון דלענין גיטין חשוב מקום בפני עצמו הכי נמי מחלק רשויות ולר"י נראה אפילו פיסלא שהוא כרמלית ושני ליה לאביי בין כרמלית המיטלטלת לשאינה מיטלטלת: מיתיבי רשב"א אומר. לרב הונא פריך דאי לאו רב הונא הוה מוקמי מתני' לרפואה: אם לרפואה. פי' רבינו שמואל אם לרפואה הגיעו זה חייבין עליו כל העולם כדי לכחול עין אחת דלרשב"א אית ליה[ל] דנתחייב זה במחשבתו של זה ואם לקשט כלומר אם לא הגיעו לרפואה אלא לקשט כדי שתי עינים דסתמו עומד לקישוט ואין נראה לר"י דלעיל תנא דס כדי לכחול עין אחת בד"א במוציא אבל במצניע בכל שהוא אלמא במצניע חייב בפחות מלכחול בו עין אחת ונראה לר"י דה"פ אם לרפואה שאותו כחול ראוי לרפואה שיעורו כדי לכחול עין אחת אפי' לא הגיעו לכך אי נמי אם לרפואה שבאותו מקום עושין אותו לרפואה ואם לקשט שעושין אותו לקישוט ואין רגילין לעשות ממנו רפואה כדי לכחול שתי עינים: חרסית כדי לעשות פי כור. אע"ג דאמר לעיל (דף עט.) אין אדם טורח לגבל טיט כדי לעשות בו פי כור חרסית חשיב טפי מטיט דמצניעין אותו לעשות בו פי כור של צורפי זהב אי נמי הכא מיירי במגובל:

המוציא

עין משפט נר מצוה

יז א ב ג מיי' פי"ח מהל' שבת הלכה ט:
יח ד ה שם הלכה כג:
יט ו ז שם הלכה כד:
כ ח ט שם הלכה י:
כא י שם הלכה יא:

רבינו חננאל

ב' אותיות דיו הוא שכותבין בו. ועוד הכלי שמניחין בו את הדיו גם הוא נקרא דיו. דתנא ב' אותיות שאמרו ב' אותיות בקלף ב' אותיות בקולמוס. ב' אותיות בקלמרין. ואיכא למידק אי דאיכא בקולמוס בכדי ב' אותיו' מכוונות סגיא אבל אי איתיה לדיו בכלי בין בי דיותא ובין קלמרין צריך למיהוה יתר מב' אותיות. דיכול למיכתב מינייהו ב' אותיות משו' שא"א שיצא כולן בקולמו' שהדיו [נשאר] בדיו שהוא כלי או בקולמוס או בקלמרין ומ"ט צריך שיעור בדיו שכותבין בה. וליחייב על הדיו שהוא בית הדיו. או על הקולמוס. או על הקלמרין. ותשובה כיון שלהוציא דיו לכתוב בו הוא מתכוין עליו הוא חייב. ואינו חייב על הכלי שהוא בו מפני שהכלי טפילה לו. דתנן המוציא אוכלין פחות מכשיעור בכלי פטור אף על הכלי שהכלי טפילה לו. ותניא עליה המוציא אוכלין כשיעור בכלי פטור על הכלי וחייב על האוכלין קלמורין אשר כך היא ששנינו בסדר טהרות. קלמרין ופירושו [בלשון ישמעאל] מחברא. ותנן קלמרין של יוסף הכהן היתה נקובה מצידה: כתיבתן הנחתן. אע"ג דבעיא בהוצאה עקירה מרשות זה והנחה ברשות אחרת ע"ג מקום ד' כי היכי דהתם אמרינן ידו של אדם חשובה לו כד' [על ד'] הכי נמי הכא כתיבתו הנחתו. והיכא דהוציא חצי גרוגרת שהוא חצי שיעור הוצאה והנחה וחזר והוציא חצי גרוגרת אחרת אם הניח את החצי השני קרוב לראשון או שהעבירו דרך עליו של ראשון בקרוב ג' טפחים חייב. וזו היא שמעתא דרבא משום דהאי חצי גרוגרת וההיא חצי גרוגרת מצטרפין לחיובו. ואף על פי שלא הניחו דהתם דצריך לנוח בזורק. אבל הכא במעביר אין צריך הנחה. אבל אם קדים והגביה את החצי הראשון קודם הנחת החצי השני ודוקא ברחוק יותר מג' מן ההיא חצי ראשון כדי שלא יהא מעביר עליו. נעשה הראשון כמו שנקלט או שנשרף ופטור: ת"ר הוציא חצי גרוגרת והניח ברה"ר וחזר והוציא חצי גרוגרת בהעלם אחד חייב. ב' העלמות פטור. ר' יוסי אמר בהעלם א' מרשות אחד חייב. מב' רשויות פטור. ואיכא דטעו (בגידמא) [בגירסא] דהא ברייתא וגרסי ברשות אחד חייב בב' רשויות פטור. ומסתמא לפום כן שמעתא. (ואי איכא דשטיף ואי' ב' לרשות אחת לב' רשויות א) טעות גדולה היא. דילמא הכי קסברי אם הכניס מרה"ר לרשות אחת חייב. לב' רשויות פטור. והכי קאמר אי אפיק מרה"י בהעלם חצי שיעור לרה"ר וחזר והוציא באותו העלם חצי שיעור אחר לרה"ר. אם מחדא רשותא אפקינן לתרוייהון מצטרפין וחייב. ואם מן ב' רשויות אפקינן פטור. אמר (רבא) [רבה] והוא שיש חיוב חטאת ביניהם. אבל כרמלית לא כי פרשינן בפרק יציאות השבת שמוציא מרה"י לרה"ר חייב. אבל המוציא מכרמלית לרה"ר פטור. וקאמר רבה אי הנך ב' רשויות היחיד שהוציא חצי שיעור מזו וחצי שיעור מזו הדדי ויש ביניהם רה"ר. והמוציא והמכניס מזו לזו יש בו חיוב חטאת. הרי נחלקו ועליהם קאמר ר' יוסי אבל יש ביניהם כרמלית דלית בה חיוב חטאת כחדא רשותא דמיין. ואם הוציא מזו חצי שיעור וחזר והוציא חייב: אביי אמר אפילו יש ביניהן כרמלית דאע"ג דלית בה חיוב חטאת אסור להוציא מזו לזו הוציא מזו חצי שיעור ומזו חצי שיעור פטור. אבל אם יש ביניהן פיסלא דלא חשיב למיהוה כרמלית הוא כרשות אחת. ואם הוציא מזו חצי שיעור ומזו חצי שיעור חייב רבא אמר אפילו איכא פיסלא ביניהן. לעצמו אע"ג דלא כרמלית הוא דכרשות הוא קאי כיון שאסור להוציא אליו כלום מרה"י כב' רשויות דמיין.

מסורת הש"ס

א) [נ"ל שתי], ב) לקמן ק. [עירובין לח:], ג) כ"ב נה: כריתות יח., ד) [כ"ב טו.], ה) [לקמן ע"ב ודף פא.], ו) [לעיל עח.], ז) רש"ל מ"ז, ח) [דף לג.], ט) בכלה לב. רש"י ד"ה אלפסין חרניות משמע שעירניות ג"כ לשון עיר ופירוש בנות כרך קטן ובל"א (קליינשטעטערינן), י) [וע"ע תוס' פסחים פה: ד"ה בגגרין], כ) (דף קו), ל) [לעיל עו.].

הגהות הב"ח

(א) גמ' נעשית ראשונה כמי שקלטה כלב או שנשרפה: (ב) שם לשתי רשויות פטור. נ"ב ע"ל בפ' הזורק ריש דף לח: (ג) שם הכוא בעירניות. דבק כדי ליתן בראש השפשף תנא כדי ליתן וכו' של ציידין. ושעוה כדי ליתן על פי נקב קטן תנא כדי ליתן על פי נקב קטן של יין. חרסית כדי לעשות כל"ל. וסיפקא זפת וגפרית כדי לעשות כו' נמחק: (ד) רש"י ד"ה כשהוא מהלך וכו' הנחת גופו הנחה חפץ אפילו הכי: (ה) ד"ה חסר ליה שיעור: (ו) ד"ה ואמאי וכו' דבהעלם אחד הוציא מצטרפי לכי:

גליון הש"ס

גמ' בשתי העלמות פטור. עי' לקמן דף קה ע"ב: שם רי"א בהעלם א' ברשות אחד חייב. עיין לקמן דף לג ע"א: רש"י ד"ה והוא שיש חיוב חטאת וכו' כגון קרפף יותר מבית סאתים. עי' לעיל דף ז ע"א וצ"ע:

רב נסים גאון

ואזדא רבא לטעמיה דאמר רבא רשות שבת כרשות גיטין דמיא. ותמצא עיקר דילה במס' גיטין בפרק הזורק (דף עט) אמר רב חסדא רשויות חלוקות בגיטין ומיקמי הכי (שם דף עז) אמרו ההוא גברא דזרק לה

ליקוטי רש"י

[ההתחלה בדף עט:]
לרשות אחת. ברה"ר עלמה שהוליא בה חלי גרוגרת ראשון בלותה עלמו הוליא האחרון. לשתי רשויות. הרבים המופלגים זה מזה פטור דרשויות מחלקות ס"ל. אמר רבה. אימתי חשיבי שתי רשויות. והוא שיש חיוב חטאת ביניהם. שיש רה"ר בין שתי רה"י שאם הוליא ממנו להן או מהן הכניס לו חייב חטאת הלכך חשיב הפסק לעשותן שתים. אבל כרמלית. כגון בקעה שבינתים לא מחלקא להו דבטל מן התורה להכא ולהכא. אבל פיסלא לא. כגון מסיכת עץ או עמוד שאין גבוה י' (אמות) ואין רוחב ד' א"נ גבוה י' אלא שאין רוחב ד' דהוי מקום פטור דאפילו מדרבנן מותר לטלטל מתוכו לרה"ר ומרה"ר לתוכו וכן מתוכו לרה"י ומרה"י לתוכו וכיון דבטל לגמרי להכא ולהכא אפילו מדרבנן דליכא מקום חשוב של ד' טפחים הלכך לא הוי הפסק. ורבא אמר אפילו פיסלא. ממלקת הרשויות לפטורו הוא שבת. כרשות גיטין דמי. לאמרי' במס' גיטין בהזורק (עז.) דאם הקנה לה מקום אגרו להמגרש וזרק לה גט ונפל על הפיסלא שבמקום מגורשת דהא פיסלא מקום אחר הוא בפני עצמו ואינו בכלל חצר ותצר הקנה לה ולא פיסלא דחד מקום מושיל איניש תרי מקומות לא מושיל איניש הכי מפרשינן לה התם וקאמר רבה רשות שבת דומה לרשות גיטין דה"נ לענין שבת מקום חשוב בפני עצמו ומחלק רשויות אם הוא ממוצע בינתים דכי היכי דלא בטיל פיסלא לגבי חצר ה"נ לא בטל לגבי רה"ר [שם נו.]. עירניות. בני עיירות שאין בני כרכים גדולים [ביצה לב.]. לעשות נקב קטן. כלי שנותנין בו כסף פיו קוסס פיו בזפת או בגפרית ונוקב בתוך הסתימה נקב דק להוציא בו [לעיל עח:]. למימרא דשיעורא דרבי יהודה נפיש. בתמיה והא קיימא לן גבי גמי דשיעורה דרבי יהודה זוטא ומחמיר בשיעורי שבת [לקמן ע"ב]. הא קיי"ל דשיעורא דרבנן נפיש. גבי לעשות תלאי [שם פא.]. מדת מנעל. להראותו לאומן כמדה זו אני צריך [לעיל שם].

חשק שלמה על רבינו חננאל א) לשון זה משולל הבנה וצריך תיקון:

עין משפט נר מצוה

כב א ב ג מיי' שם הלכה יא:
כג ד ה מיי' שם הלכה ד ופי"ט הלכה ה:

רבינו חננאל

שיעור ומזו חצי שיעור פטור. רבא לטעמיה דאמר רבא רשות שבת כרשות הגיטין. ועיקר הא שמעתא בגיטין בהזורק ההוא גברא דזרק גיטא לדביתהו הוה קיימא בחצר ואזל גיטא ונח בפיסלא. אמר רב יוסף אי הואי ארבע אמות על ארבע אמות פלוג ליה רשותא לנפשי' ואי לא חדא רשותא היא. וקסבר רבא חדא רשותא בשבת מיפלגא בפיסלא כי היכי דמפלגא לענין גיטין. ופי' פיסלא מקום כגון עמוד גבוה עשרה ורחב ד': כחול כדי לכחול עין אחת וא"ר הונא שכן צנועות כוחלות עין אחת. הכין פירושא שכוחלת עין אחת ומכסה את העין האחרת ויוצאה לשוק ותראה באחת מעיניה. ורב הונא הוא דמתנינן לה רב הונא וההיא דר' שמעון בן אלעזר אם לתכשיט ב' עינים. אוקמנא בעניות שאינן רגילות לצאת. (רגילות לצאת) לשוק (ואם שם שוק לצאת אליו): חרסית כדי לעשות פי כור של צורפי זהב ר' יהודה אומר כדי לעשות פיטפוט פירוש פיטפוט גבשוש. או בנין בארץ שפותחין עליו את הקדירה. וג' פיטפוטין הן. ויש שסומכין פטפוט לכותל ומניחין עליו את הקדרה' וסומכין אותו לכותל. ומקשי' כי מכדי בשיעור דשבת קא מחייב דר' יהודה קא חזינן וממעט מן שיעורי דרבנן דהא לענין גמי לרבנן לא מחייב אלא כדי לעשות תלאי לנפה ולכברה. ור' יהודה מחייב אפילו על מה שנוטלין ממנו מדת מנעל לקטן. ומוקמינן לה להא פטפוט לכירה קטנה קאמר והוא בציר מן פי הכור של צורפי זהב: אמר רב יהודה אמר רב בנות שהגיעו לפרקן ולא הגיעו [לשנים]. לשנים שהאשה בוגרת ולא בגרה ולא גדלה בשר מה עושין להן. עניות טופלות אותן בסיד. טפילה זו בלשון ישמעאל טלא טח את העור בשרה הסיד. ומה צורך להן כך שיסתתמו הנקבים קטנים. בטייח אל מאס. וגומות שיער שבעור וכיוצא בהן ויכנס הבל לפנים ולא יצא ויחם קרבה ותבגור ותגדל בשר. ואם בת עשירים היא טופלין אותן בסולת. והמלכים יש להם סממנים אחרי' כגון שמן המור. וכיוצא בו. סטית. קורין אותו סטקת. והוא בלשון ארמית שומנא דמורא. ובל' ישמעאל לבן אל באמן. וריחו טוב. ולא מן הרמונים הוא אלא כך נקרא וממיני שרף הוא הנקרא עוד בל' ארמית מירא. והוא תרגם מר דרור ומי שטופל את הבת את כל בשרה פעם אחת הבל שלה נכנס לפנים והיא מתחממת ומתה כדרך שהשיג את הגוי. ולענין חלוקת ר' יהודה ור' נחמיה בשיעור סיד. שר' יהודה אומר כדי לסוך כלכול. ור' נחמיה אומר כדי לסוך אנדיפי. באנו לפרש תחלה כל שני בלשון ישמעאל אצדג. והוא מקום מקצוע הפנים מן הצד מן סוף שיער של [בנות] עד סוף [הפנים] סדין אותו כלכול. וסדים מצידו מקום אחד דק כמו חוט ונקרא בת צירעא. ואקשינן על זאת למימרא דשיעורא דר' יהודה נפיש. ופרקינן שכך נראה כן בגמי דשיעורא דר' יהודה מעיט משיעורא דרבנן ולא נראה לכן טעם לר' נחמיה דאיכא למימר שיעורא זוטר מדרבנן. ונפיש מדר' נחמיה ואותיבנן. א"ר נראין דברי ר' יהודה בחבוט. ודברי ר' נחמיה בביצת הגיר. הגיר הוא הסיד הלבן הנשרף הנקרא אספיראג. וכן כתיב כאבני גיר מנופצות. וכענין כתב שנראה לכל צד בגירא הביצר שלו הן האבנים הפסולת השרופות. והחבוט הוא הדק. ונקרא אל מרתות בלשון ישמעאל שחובטין אותו במקלות. אם אתה אומר כלכול ואנדיפי. צירעא ובת צירעא שניהן לא יעשו אלא מן החבוט ובטל פירושו ובאנו לפירושא זו. לאנדיפי אמר יצחק דבי ר' אמי אנדיפא. מתקיף לה רב כהנא וכי אדם עושה מעותיו אנפרות אנדיפא זה אומרין בן פתרונות שלא עלו על דעתנו ואין נודע בלשוננו אנדיפא. ומ"מ בטל הפתרון הזה. אלא אמר רב כהנא מאי אנדיפי [שנתות] [שנתות] שהוא משים סמנים בכלים ולמדות ומצייר בתוכן בביצת הגיר רושם האוי יבטפיהן בשל אספירגבטה והן שיעור הוצאת הסיד. לר' נחמיה ולפום הכין נראין דברי ר' יהודה בחבוט. ודברי ר' נחמיה בביצת הגיר. ואי [בעית] אימא מאי אנדיפא דקאמר יצחק דבי ר' אמי אפותא שהיא פדחת בלשון חכמים מצח בלשון תורה. כההוא גלילאה דאמר להו משום חבריה דנפקת פרעתיה והיא הצרעה ממיני דבורים. ומחיתיה על אנדיפיה. וקרו עליה מן דיליה דא ליה משלו זאת לו (א): מאן תנא דחול מעלי לסיד אמר רב חסדא ר' יהודה. ובריתא בסוף גמ' דחזקת הבתים לענין אבל שעל בית המקדש דקאמר ר' יהודה

חשק שלמה על רבינו חננאל (א) עיין ערוך ערך אנדיפי:

המוציא שיער כדי לגבל בו את הטיט טיט כדי לעשות פי כור. כן גרס בתוספתא וכן גרס רש"י ולהך גירסא שיער כדי לגבל בו את הטיט כשיעור טיט הנעשה מרביעית שופכין אבל לספרים דגרסי שיער כדי לגבל בו טיט לעשות פי כור של צורפי זהב קשה דאמר לעיל אין אדם טורח לגבל טיט כדי לעשות פי כור ויש לפרש דמיירי בטיט שהוא מגובל כבר ואחר הגיבול נותנין בו שיער כדי לתקנו:

שהגיעו לפירקן ולא הגיעו. פירוש בסמוך לפירקן שקרובות להנשא ועושות כדי ליפות וללבן עצמן כדאמרינן בפרק אע"פ (כתובות דף נט:) הרוצה ללבן את בתו ישקנה חלב ויאכילנה אפרוחין סמוך לפירקה: שייך לקמן פא.

למימרא דשיעורא דר' יהודה נפיש. ואע"ג דאשכחן תרווד שהוא גדול הרבה כדאמר בנזיר בפרק כ"ג (דף נ:) גבי מלא תרווד רקב כמה שיעורו חזקיה אמר מלא פיסת יד ור' יוחנן אמר מלא חפניו התם ודאי מיירי בתרווד גדול כדתנן במסכת כלים בפ' י"ז (משנה יב) שאמר מידה גסה מלא תרווד רקב כמלא תרווד גדול של רופאים אבל הכא להוצאת שבת מידי דחשיב בעינן ותרווד קטן חשוב הוא הרבה (א"נ) (כג) אף סלקא דעתך שהוא אף גל שהוא גדול ומשני בחפי פותחת שהן קטנים: חפי

ת"ר (א) א המוציא שיער כדי לגבל בו את הטיט [(ב) טיט] לעשות פי כור של צורפי זהב: סיד כדי לסוד: תנא כדי לסוד אצבע קטנה שבבנות אמר רב יהודה אמר רב (ג) בנות ישראל שהגיעו לפירקן ולא הגיעו [לשנים] בנות עניים טופלות אותן בסיד בנות עשירים טופלות אותן בסולת בנות מלכים טופלות אותן בשמן המור שנאמר (א) ששה חדשים בשמן המור (ד) מאי שמן המור רב הונא בר חייא אמר (ה) סטכת רב ירמיה בר אבא אמר שמן זית שלא הביאה שליש תניא רבי יהודה אומר אנפיקנון שמן זית שלא הביאה שליש ולמה סכין אותו שמשיר את השיער ומעדן הבשר (ו) רב ביבי הויא ליה ברתא טפלה אבר אבר שקל בה ד' מאות זוזי הוה ההוא נכרי בשבבותיה הויא ליה ברתא טפלה בחד זימנא ומתה אמר קטל (ז) רב ביבי לברתי אמר רב נחמן רב ביבי דשתי שיכרא בעיין בנתיה טפלא אנן דלא שתינן שיכרא לא בעיין בנתן טפלא: ר' יהודה אומר כדי לסוד כלכול: מאי כלכול ומאי אנדיפי (ח) אמר רב צידעא ובת צידעא למימרא דשיעורא דר' יהודה נפיש (ט) הא קיי"ל דשיעורא דרבנן נפיש זוטא מדרבנן ונפיש מדרבי נחמיה מיתיבי (י) א"ר נראין דברי רבי יהודה בחבוט ודברי רבי נחמיה בביצת (יא) הסיד ואי ס"ד צידעא ובת צידעא אידי ואידי חבוט אלא אמר רבי יצחק אמרי דבי רבי אמי אאנדיפא מתקיף לה רב כהנא וכי אדם עושה מעותיו אנפרות אלא אמר רב כהנא שנתות כדתנן (יב) שנתות היו בהין עד כאן לפר עד כאן לאיל עד כאן לכבש ואיבעית אימא מאי אנדיפא אפותא וכי הא דההוא בר גליל [דאיקלע לבבל] דאמרו ליה קום דרוש לנו במעשה מרכבה (א) אמר להו אדרוש לכו כדדרש רבי נחמיה לחבריה ונפקא ערעיתא מן כותל ומחתיה באנדיפי ומית ואמרו ליה מן דיליה דא ליה: **מתני'** אדמה ב כחותם המרצופין דברי רבי עקיבא וחכמים אומרים כחותם האיגרות (יג) זבל וחול הדק כדי לזבל קלח של כרוב דברי רבי עקיבא וחכ"א ג כדי לזבל כרישא ד חול הגס כדי ליתן על מלא כף סיד ה קנה כדי לעשות קולמוס (יד) ואם היה עבה או מרוסס כדי לבשל בו ביצה קלה שבביצים טרופה ונתונה באילפס: **גמ'** על מלא כף סיד תנא כדי ליתן על פי כף של סיידין מאן תנא דחול מעלי ליה לסיד אמר רב חסדא רבי יהודה היא (טו) דתניא לא יסוד אדם את ביתו בסיד אא"כ עירב בו תבן או חול ר"י אומר תבן מותר חול אסור מפני שהוא טרכסיד רבא אמר אפילו תימא רבנן קילקולו זהו תיקונו: קנה כדי לעשות קולמוס: ו תנא (טז) קולמוס המגיע לקשרי אצבעותיו בעי רב אשי קשר העליון או קשר התחתון תיקו: ואם היה עבה כו': תנא טרופה בשמן ונתונה באילפס אמר ליה מר בריה דרבינא לבריה מי שמיע לך ביצה קלה מאי היא אמר ליה ביעתא (יז) דצילצלא מאי טעמא משום דזוטרא אימא דציפרתא אישתיק אמר ליה מידי שמיע לך בהא (יח) [אמר ליה הכי] אמר רב ששת ביצת תרנגולת (ב) ומאי קרו לה ביצה קלה שיערו חכמים אין לך ביצה קלה לבשל יותר מביצת תרנגולת ומאי שנא כל שיעורי שבת כגרוגרת והכא כביצה אמר ליה הכי אמר רב נחמן (ה) כגרוגרת מביצה קלה: מתני'

רש"י

שיעור. יפה לטיט: ה"ג טיט כדי לעשות פי כור של צורפי זהב: אצבע קטנה. דלכן לסוד את כל הגוף להאדים: שהגיעו לפרקן ולא הגיעו. שהביאו שתי שערות ולא באו לכלל שנים הראויות לכך ומתביישות בדבר: טופלות. מושחות: אנפיקנון. (דף פט.) אין מביאין אנפיקנון הוא שמן זית שלא הביא שליש: ולמה סכין אותו. היינו שמן המור: טפלה. בסיד: שקל בה ד' מאות זוזי. שנתייפה וקפלו עליה המהוגנין לה ונתנו (לה) ממון. השכר משחיר ומרבה שיער: כלכול צידעא. טינפל"א וסדין אותה להשכיב השיער: בת צידעתא. למטה הימנה להסיר שיער דק והוא אנדיפי: למימרא דשיעורא דר' יהודה נפיש. בתמיה והא קיימא לן גבי גמי דשיעורא דרבי יהודה זוטר ומחמיר בשיעורי שבת: ומשני נפיש מדר' נחמיה וזוטר מדרבנן. דאמרי לסוד אצבע קטנה: בחבוט. סיד הנימוח במים הרבה דהוא עשוי לסוד כלכול: ודברי רבי נחמיה בביצת הסיד. הנגבל במים ועשוי בילים בילים מוטנ"ש בלע"ז הוא עשוי לסוד אנדיפי: ואי ס"ד אנדיפי נמי שיעור הוא כגון בת צידעא: אידי ואידי. כלכול ואנדיפי תרוויהו בסיד חבוט ונמוח סדין אותו: אנדיפא. כלי חרס ולו שני דדין אחת למעלה ואחת למטה והגדולה למלאותו סותם את הדד התחתון ולשון אנדיפי שתי פיות כדמנקיא (ערכין דף קד.) מעלין בדיופי ובתוספתא גרס באנדיפי: אנפרות. הפסד לשום יין בכלי שסוד בסיד והיין ממחה הסיד ואולא: שנתות. סימנים כלי חרס גדול ויש בו בליטות בליטות כמין אגוזים קטנים עד כאן לעולה עד כאן לשלמים ועד כאן לנסכים וסדין אותו בסיד כדי שיהיו לבנות ונכרות: כדתנן. במנחות שנתות היו בהין: עד כאן לפר. חצי ההין: עד כאן לאיל. שלישית ההין: עד כאן לכבש. רביעית ההין דכתיב חצי ההין יהיה לפר וגו' כו' לשון מורי הזקן מפי אביו שמע מר' שמעון ורבותי מפרשים אנדיפא כל הגוף וממוך שאינו עשוי להשכיב השיער אלא להאדים בעי סיד עב: אנפרות. שאינו חס בו בתו לאחר שקנאו לחיים שמא תמות כי ברתיה דההוא נכרי. שנתות. כלומר אבל בלשון זה ולא נאמר שיטת הש"ס כן להזכיר אבל בלשון שנתות ויצטרך להביא פירוש לפירושו שנתות היו בהין: אפותא. פדחת שלא במקום שיער והאדים: ערעיתא. צירעה: באנדיפי. פדחתו: מן דיליה דא ליה. מידו היתה זאת לו שלא היה לו לדרוש במרכבה: מתני' אדמה. ארזיל"א: מרצופין. שקין העשוין מקליפת עץ גדול שנושאין בהן פרקמטיא בספינות וחותמין אותם: כחותם האיגרות. שחותמין אותם שלא יקרא איש בהן אלא מי שנשתלחו לו ושיעורא דרבנן זוטר: כרישא. קפלוט ושיעוריה זוטר משל כרוב: על מלא כף סיד. בגמרא מפרש כף של סיידין טרוול"ל בלע"ז: מרוסס. סדוק סדקין הרבה כמו והכה הבית הגדול רסיסים (עמוס ו): ביצה קלה. בגמרא מפרש לה: גמ' לא יסוד אדם את ביתו בסיד. לאחר חורבן משום אבילות של ירושלים: תבן או חול. שלא יהא לבן כל צרכו: טרכסיד. סיד חזק ומתקשה יותר משאם לא עירב בו: קילקולו זהו תיקונו. דאי לאו דמקלקל ליה ומשחירו לא היה מישתרי הלכך ע"כ הא דקשיא ליה מעליותא היא לגביה ורבותי מפרשין קילקולו לובן זה תיקונו לענין חוזק ולא נהירא לי דקילקולו זהו תקונו משמע דשם הקלקול מתקנו ולהאי לישנא אין שם הקלקול מתקנו ולמה הוזכר קילקול כאן הכי הוי [ליה] למרוצי נהי דאשחורי משחיר אחזוקי מחזיק: קשר עליון. של אמצע היד או קשר תחתון של אמצע האצבע: טרופה בשמן. שממהרת לבשלה: דצילצלתא. עוף קטן: כל שיעורי שבת. באוכלין וכל הוצאתן וקצירתן וטחינתן כגרוגרת: כגרוגרת. מביצת תרנגולת שהיא ממהרת לבשל ולא כביצה שלימה שיעורו:

מסורת הש"ס

א) [תוספתא פרק ט], ב) [לעיל עח. עט.], ג) פסחים מג. מו"ק ט:, ד) [פסחים שם ע"ש וכתובות ע"ש] מנחות פו. מגילה יג. ע"ש, ה) פי' שמן מבושם [ערוך פי' מירא דכיא], ו) [מו"ק ט: ע"ש], ז) [גלת רב ליתא במו"ק ט:], ח) נזיר נ., ט) [לעיל ע"א לקמן פא.], י) [תוספתא פ"ט], יא) [גי' הערוך הגיר פירוש שהוא עב כאבני גיר וע"ש בערך גר א'], יב) מנחות פז: ב"ב פט., יג) [לעיל עט. לקמן צ.], יד) שם פט., טו) ב"ב ס:, [תוספתא סוטה פט"ו], טז) [תוספתא פרק ט], יז) [גירסת הערוך דצילצלתא ועי' ב"ב עג. וסנהדרין ק.], יח) רש"ל, יט) ס"א, כ) נ"א שיער, כא) נ"א יקירה

הגהות הב"ח

(א) גמ' במעשה מרכבה דרוש להו ואמר להו: (ב) שם ביצת תרנגולת ומאי:

גליון הש"ס

מתני' חול הגס כדי ליתן. ע' לקמן דף ל ע"א תוס' ד"ה טורית.

תורה אור השלם

א) וּבְהַגִּיעַ תֹּר נַעֲרָה וְנַעֲרָה לָבוֹא אֶל הַמֶּלֶךְ אֲחַשְׁוֵרוֹשׁ מִקֵּץ הֱיוֹת לָהּ כְּדָת הַנָּשִׁים שְׁנֵים עָשָׂר חֹדֶשׁ כִּי כֵּן יִמְלְאוּ יְמֵי מְרוּקֵיהֶן שִׁשָּׁה חֳדָשִׁים בְּשֶׁמֶן הַמֹּר וְשִׁשָּׁה חֳדָשִׁים בַּבְּשָׂמִים וּבְתַמְרוּקֵי הַנָּשִׁים: [אסתר ב, יב]

רב נסים גאון

גיטא לדביתהו הוות קיימא בחצר ואזל גיטא נפל בפיסלא אמר רב יוסף חזינן אי הוי ד' אמות בארבע אמות פלג לה רשותא לנפשה וכו' וסבר רבא כי דין לכל רשויות של גיטין הוא וכמו שאם יש בזה הפסל ד' אמות על ד' אמות או שיש בגובהו י' טפחים עושה רשות לעצמו ונבדל מכלל החצר כמו כן הוא מבדיל בין ב' רשויות לענין שבת ובזה הפרק (שם דף עט) אמר עוד רבא ג' מדות בגיטין הודיע אותנו באלו השלש מידות חלוקות דין הגיטין מדין השבת ולענין רשויות שוה יחד ואין ביניהן חלוקה בדבר זה וגם נזכרה השמועה של רבא עם זו הברייתא בפרק חזקת הבתים (ב"ב דף נה): הא דתניא לא יסוד אדם

ליקוטי רש"י

לעשות פי כור. נקב שנותנין בו המפוח [לעיל עח.]. שהגיעו לפירקן. לשיער [מו"ק ט:]. שיש להן שתי שערות לפרקן והן לא הגיעו לכלל שנים ובושות על כך [פסחים מג.]. ולא הגיעו [לשנים]. שאינן בנות שתים עשרה שעדיין אינו דין שיהא להן שער ובושות על כך. בנות עניים טופלות. השיער בסיד ומשירות אותן. עשירים טופלות אותן בסולת. ומשיר את השער. סטכת. לא איתפרש [פסחים שם]. שקורין כלש"א. שלא הביאה שליש. שלא בישלו שליש [מו"ק שם]. תניא רבי יהודה אומר. שמן המור הוא אנפיקנון שלא הביא שליש [מנחות שם כח"י]. אנפיקנון. גבי מנחות תנן אין מביאין אנפיקנון ואם הביא פסול ואמר מהו אנפקינון [מגילה יג.]. ולמה סכין אותו. אבל הני קא מהדר דקאמר טופלין וכו' [מו"ק שם]. השיער. לפי שהוא נוקר ויש בו כח [מנחות שם]. ומעדן את הבשר. אשקליר"א [פסחים שם]. מלה שם]. שקל בה ארבע מאה זוזי. שנתייפת ונטל מבעלה כך. טפלה בחד זימנא. דסבר למיעבד בעיין בנתיה טפלא. דשכר מגדל השער ומעבה את הבשר [מו"ק שם]. צידעא. טינפל"א כלומר שברקתא כמין מגרר כדי להעמיד על גבן כיפה שבראשה שלא יפול השער שבאזן למטה [נזיר ג. ע"ש]. צידעא. טנפ"ל שרגילות לסוד שם ולהסיר שערן [רשב"ם ב"ב ס:]. הא קיי"ל דשיעורא דרבנן נפיש [לקמן פא.]. ביצת הסיד. כל דבר הגלוש ונעשה עב קרוי ביצת מטונ"ש בלע"ז [ביצה טו.]. שנתות היו בהין. עד כאן לפר עד כאן לאיל עד כאן לכבש כלומר סימנים למדת חצי ההין לפר ושלישית ההין לאיל ורביעית [רשב"ם ב"ב פו:]. לא היה שם אלא הין וכו היו סמנין מסמנות או פגימות [מנחות פז: כח"י]. מעשה מרכבה שביחזקאל [רשב"ם ב"ב קלד.]. מעשה מרכבה ומעשה בראשית בריותם הן [חגיגה יג.]. מן דיליה דא ליה. דברים שנתן רשות לדורשן ויש שאחה מגוה לסותמן כגון מעשה מרכבה [לקמן קד.]. מרצופין. (סקאין גדולים) [שקין גדולים] וחותמין אותן [בכורות כב.]. או מרוסס. דקולמוס מרוסס לא חזי למידי אלא להסקה [לקמן פט:]. ביצה קלה. שהיא קלה לבשל מכל הבילים ושיערו חכמים זו בילת תרנגולת [ביצה לט.]. בילת תרנגולת שהיא קלה לבשל ולא כגרוגרת מבילה קלה [לקמן שם]. לא יסוד אדם את ביתו בסיד. משום אבל בית המקדש. תבן או חול. מכסה לבנונו. טרכסיד. בנין חזק וטוב ואף על פי שמשחיר קצת אסור [רשב"ם שם]. דצילצלא. לצוצלתא. בילת עוף קטן ששמו מאכיל [שם עה.]. כגרוגרת. היא תאנה יבשה וכה שיערו כל אוכל אדם לענין הוצאת שבת דתנן (שבת עו:) המוציא אוכלין כגרוגרת [עירובין ד:].

The Gemara cites a Baraisa:

תָּנוּ רַבָּנָן – **The Rabbis taught in a Baraisa:** הַמּוֹצִיא שֵׂיעָר – ONE WHO CARRIES OUT HAIR כְּדֵי לְגַבֵּל בּוֹ אֶת הַטִּיט – is liable only if he takes out enough TO KNEAD CLAY WITH IT.[1] [טִיט] – If he takes out CLAY, לַעֲשׂוֹת פִּי כּוּר שֶׁל צוֹרְפֵי זָהָב – he is liable if he takes out enough TO MAKE AN OPENING IN THE CRUCIBLE OF GOLD REFINERS.[2]

The next section of the Mishnah stated:

סִיד כְּדֵי לָסוּד – LIME, ENOUGH TO SMEAR a "little" of girls.

The Gemara cites an explanatory Baraisa:

תָּנָא – **A Baraisa taught:** כְּדֵי לָסוּד אֶצְבַּע קְטַנָּה שֶׁבַּבָּנוֹת – ENOUGH TO SMEAR upon THE LITTLE FINGER OF GIRLS.[3]

The Gemara discusses the practice of smearing with lime as a depilatory:

אָמַר רַב יְהוּדָה אָמַר רַב – **Rav Yehudah said in the name of Rav:** בְּנוֹת יִשְׂרָאֵל שֶׁהִגִּיעוּ לְפִירְקָן – **Jewish daughters who reached their time,** i.e. who began to show physical signs of maturity,[4] וְלֹא הִגִּיעוּ [לְשָׁנִים] – **but did not reach the** age in **years** when such signs are commonplace, would take these steps to remove unwanted hair: בְּנוֹת עֲנִיִּים טוֹפְלוֹת אוֹתָן בְּסִיד – **The daughters of poor people would smear [the hairs] with lime;** בְּנוֹת עֲשִׁירִים טוֹפְלוֹת אוֹתָן בְּסוֹלֶת – **the daughters of rich people would smear them with fine flour;** בְּנוֹת מְלָכִים טוֹפְלוֹת אוֹתָן בְּשֶׁמֶן הַמּוֹר – **and the daughters of kings would smear them with oil of mohr,** שֶׁנֶּאֱמַר – **as [the verse] states:** ,,שִׁשָּׁה חֳדָשִׁים בְּשֶׁמֶן הַמֹּר" – ***Six months with oil of mohr.***[5]

The Gemara inquires:

מַאי שֶׁמֶן הַמּוֹר – **What is "oil of *mohr*"?**

The Gemara cites two opinions:

רַב הוּנָא בַּר חִיָּיא אָמַר – **Rav Huna bar Chiya said:** סְטַכַּת – This is **perfumed oil,** i.e. oil infused with spices. רַב יִרְמְיָה בַּר אַבָּא אָמַר – **Rav Yirmiyah bar Abba said:** שֶׁמֶן זַיִת שֶׁלֹּא הֵבִיאָה שְׁלִישׁ – Oil of *mohr* is **oil of olives that have not attained one third** of their normal growth.[6]

The Gemara cites a Baraisa that mentions this type of oil:

תַּנְיָא – **It was taught in a Baraisa:** רַבִּי יְהוּדָה אוֹמֵר אַנְפִּיקְנוֹן שֶׁמֶן זַיִת שֶׁלֹּא הֵבִיאָה שְׁלִישׁ – *ONPAKINON* is OIL OF OLIVES THAT HAVE NOT ATTAINED ONE THIRD of their normal growth.

The Gemara concludes:[7]

וְלָמָּה סָכִין אוֹתוֹ – **And why do people anoint** themselves **with it** (oil of *mohr*)?[8] שֶׁמַּשִּׁיר אֶת הַשֵּׂיעָר וּמְעַדֵּן הַבָּשָׂר – **Because it removes the hair and causes the skin to glow.**

The Gemara recounts an incident wherein the proper method to apply lime is discussed:

רַב בִּיבִי הֲוָיָא לֵיהּ בְּרַתָּא – **Rav Bivi had a daughter.** טַפְלָהּ אֵבֶר אֵבֶר – **He smeared her with lime limb by limb,** i.e. one limb at a time,[9] and the lime caused her skin to become radiant. Her appeal as a prospective mate was thus greatly enhanced, שָׁקַל בָּהּ אַרְבַּע מְאוֹת זוּזֵי – and **he was** able **to take four hundred *zuz* for her.**[10] הֲוָה הַהוּא נָכְרִי בְּשִׁבָבוּתֵיהּ – **There was a certain gentile in his neighborhood** הֲוָיָא לֵיהּ בְּרַתָּא – **who** also **had a daughter;** having seen R' Bivi's success, he attempted to duplicate the treatment. טַפְלָהּ בְּחַד זִימְנָא – However, he **smeared her entire body** with lime **at once,** וּמֵתָה – **and she died.**[11] אָמַר – **He said:** קָטַל רַב בִּיבִי לִבְרַתִּי – **Rav Bivi killed my daughter!**[12] אָמַר רַב נַחְמָן – **Rav Nachman said,** when he heard of this incident: רַב בִּיבִי דְּשָׁתֵי שִׁיכְרָא – **Rav Bivi, who drinks beer** in his household, בָּעֲיָין בְּנָתֵיהּ טִפְלָא – **his daughter requires smearing** with lime; אֲנַן דְּלָא שָׁתֵינַן שִׁיכְרָא – **but we, who do not drink beer** in our households, לָא בָּעֲיָין בְּנָתָן טִפְלָא – **our daughters do not require smearing** with lime.[13]

The final section of the Mishnah stated:

רַבִּי יְהוּדָה אוֹמֵר כְּדֵי לָסוּד כִּלְכּוּל – R' Yehudah says: ENOUGH TO SMEAR A *KILKUL.* [R' Nechemyah says: Enough to smear an *andipi.*][14]

The Gemara seeks to define the terms used by R' Yehudah and R' Nechemyah:

מַאי כִּלְכּוּל וּמַאי אַנְדִּיפִי – **What is a *kilkul* and what is an *andipi*?**

NOTES

1. The addition of hair [as a binder] improves the quality of clay (*Rashi*). [The minimum measure of hair is the amount that is added to the minimum amount of clay that one would mix – i.e. the amount of clay that is kneaded using a *revi'is* of waste water (see Gemara above, 78a and 79a, and 78a note 33). See next note.]

2. This is the minimum amount of kneaded clay that is commonly used (see above, 79a).

[We have elucidated the Gemara as it appears in our texts; *Rashi* also possesses this text. *Tosafos* and other Rishonim cite an alternate text that combines the two statements into a single ruling, which reads: *One who takes out hair is liable if he takes out enough to knead into the amount of clay that is used to make an opening in the crucible of gold refiners.* (According to this reading, the Gemara does not discuss taking out clay at all.) *Tosafos* point out that this reading is difficult, for the Gemara stated above (79a) that one does not trouble himself to knead clay in such small amounts; they posit that perhaps the hair was added to *kneaded* clay, in order to strengthen it.]

3. [The Mishnah refers to the little finger using the word "קְטַנָּה," "little," and the Baraisa explains it.] It was common to smear the entire body with lime to heighten skin color (*Rashi;* see also above, 78b note 16 for another use of lime, which the Gemara discusses below). As the Gemara explains below, this had to be done one limb at a time; thus, enough lime to smear even the smallest limb is considered significant.

4. One of the signs of physical maturity is the growth of hair in the pubic area. Rav Yehudah speaks of girls who had grown these hairs at a younger age than was the norm, and were embarrassed by them. They therefore took steps to remove the unwanted hairs (see *Rashi;* cf. *Tosafos,* who interprets the Gemara differently based on a variant text; see also *Rabbeinu Chananel* for a third explanation).

5. *Esther* 2:12. The verse speaks of the beauty treatments that were used by the maidens who were candidates to become Achashverosh's queen.

6. See *Rashash,* who states that the olive oil was called מור because it was exceedingly bitter [מַר]. [According to Rav Huna, however, מר is the name of a spice (*Maharshal*).]

7. This statement is not part of the Baraisa (*Sifsei Chachamim* to *Megillah* 13a; see next note).

8. *Rashi;* cf. *Rashi* to *Moed Katan* 9b ד״ה ולמה, who states that the Gemara refers to all the substances mentioned above (i.e. lime, flour, etc.). See also *Menachem Meishiv Nefesh.*

9. Smearing the skin with lime causes it to become flushed, heightening the color of the skin. However, this also raises internal body temperature; thus one must apply the lime to only one limb at a time so the body temperature does not rise to dangerous levels (see *Rabbeinu Chananel*).

10. The beauty of Rav Bivi's daughter was greatly enhanced by this treatment; as a result, many suitors wished to marry her. The competition for her hand enabled Rav Bivi to command a large sum of money for her (*Rashi*).

11. By smearing her entire body with lime, the gentile raised his daughter's internal body temperature to a fatal level (see above, note 9).

12. [The gentile blamed Rav Bivi for his daughter's death, not realizing the fact that in his zeal to follow Rav Bivi's example, he did not copy his procedure exactly, and inadvertently caused the death of his daughter (see *Rashash*).]

13. The drinking of beer causes body hair to darken and increase in quantity (*Rashi*). [Thus, Rav Nachman commented that in general the procedure of smearing with lime was not usual for Jewish girls; it was only the unusual consumption of beer in Rav Bivi's household that necessitated it at all.]

14. [The definitions we have given to these terms in the Mishnah reflect the final position of the Gemara that follows.]

כב א ב ג מיי' שם הלכה יא:
כג ד ה מיי' שם הלכה ד ופ"ש הלכה ה:

רבינו חננאל

שיעור ומזו חצי שיעור פטור. רבא לטעמיה דאמר רבא רשות שבת כרשות הגיטין. ועיקר הא שמעתא בגיטין בהזורק הוא גברא דזרק גיטא לדביתהו הוה קיימא בחצר ואזל גיטא ונח בפיסלא. אמר רב יוסף אי הוא ארבע אמות על ארבע אמות פלוג ליה רשותא לנפשיה ואי לא חדא רשותא היא. וקסבר רבא חדא רשותא בשבת מיפלגא בפיסלא כי היכי דמפלגא לענין גיטין. ופי' פיסלא מקום כגון עמוד גבוה עשרה ורחב ד': כחול כדי לכחול עין אחת. וא"ר הונא שכן צנועות כוחלות עין אחת. הכין פירושא שכוחלת עין אחת ומכסה את העין האחרת ויוצאה לשוק ותראה באחת מעיניה. ורב הונא הוא דמתנינן לאו רב הונא וההיא דר' שמעון בן אלעזר אם לתכשיט ב' עינים. אוקימנא בצנועות שאינן רגילות לצאת. (ואם שם שוק לצאת אליו): חרסית כדי לעשות פי כור של צורפי זהב ר' יהודה אומר כדי לעשות פיטפוט פירוש פיטפוט גבשוש. או בנין בארץ ששופתין עליו את הקדירה. וג' פיטפוטין הן. ויש שסומכין פטפוט לכותל ומניחין עליו את הקדירה וסומכין אותה לכותל. ומקשי' כי מכדי בשיעורי דשבת קא חזינן דר' יהודה קא מחייב וממעט מן שיעורי דרבנן דהא לענין כור לרבנן לא מחייב אלא בכדי לעשות תלאי לנפה ולכברה. ור' יהודה מחייב אפילו על מה שנוטלין ממנו מדת מנעל לקטן. ומוקמינן לה דהא ספטוט לה כדיה קטנה קאמר והוא בציר מן פי הכור של צורפי זהב: אמר רב יהודה אמר רב בנות שהגיעו לפרקן ולא הגיעו [לשנים]. שהגיעו לשנים שהאשה בוגרת ולא בגרה ולא גדלה כשר מה עושין להן. עניות טופלין אותן בסיד. טפילה זו בלשון ישמעאל טלא שח את השער ובשרה בסיד. ומה צורך לכך כדי שיסתתמו נקבים קטנים שבבשר אל מסם. וגומות שיער שבעור וכיוצא בהן ויכנס הבל לפנים ולא יצא ויחם קרבה ותבגור ותגדל בשר. ואם בת עשירים היא טופלין אותן בסולת. והמלכים יש להם סממנים אחרי' כגון שמן המור. וכיוצא בו. ספית. קורין אותו סטכת. ויש שקורין אותו סטקת. והוא בלשון ארמית שמנא דמורא. ובל' ישמעאל לבן אל נאמן. וריחו טוב. ולא מן הרמונים הוא אלא כן נקרא וממימי שרף הוא והוא הנקרא עוד בל' ארמית מירא. והוא תרגם מר דרור ומר שטופל את הבת את כל בשרה פעם אחת כל הבל שלה נכנס לפנים והיא מתחממת מהר כדרך שאשה משיג את הגר. ולענין חלוקת ר' יהודה ור' נחמיה בשיעור סיד. שר' יהודה אומר כדי לסוך כלכול. ור' נחמיה אומר כדי לסוך אנדיפי. באנו לפרש תחלה כל [...] בלשון ישמעאל אצדג. והוא מקום מקצוע הפנים מן הצד מן סוף שיער של [בנות] עד סוף [הפנים] סדין [...] כלכול. וסדים מצידו מקום אחד דק כמו חוט ונקרא בת צירעא. ואקשינן על זאת למימרא דשיעורא דר' [...] ר' יהודה אומר כדי ליטול ממנו מדת מנעל לקטן. ופרקינן שכך נראה כן בגמי דשיעורא דר' יהודה מעיט [...] לא נראה לכן טעם לר' נחמיה דאיכא למימר שיעורא זוטר מדרבנן. ונפיש מדר' נחמיה ואותיבנן. א"ר נראין [...] חבוט. ודברי ר' נחמיה בביצת הגיר. הגיר הוא הסיד הלבן הנשרף הנקרא אספיראג. וכן כתיב כאבני גיר [...] כתב שנראה לכל צד בגירא הביצר שלו הן האבנים הפסולת השרופות. והחבוט הוא הדק. ונקרא אל מרתות [...] שחובטין אותו במקלות. אם אתה אומר כלכול ואנדיפי. צירעא ובת צירעא שניהן לא יעשו אלא מן החבוט [...] באנו לפירושא זו. לאנדיפי אמר יצחק דבי ר' אמי אנדיפא. מתקיף לה רב כהנא וכי אדם עושה מעותיו אנפרות [...] בן פתרונות שלא עלו על דעתנו ואין נודע בלשוננו אנדיפא. ומ"מ בטל הפתרון הזה. אלא אמר רב כהנא מאי [שנתות] שהוא משים סמנים בכלים ולמדות ומצייר בתוכן בביצת הגיר רושם הארי יבטפיהן בשל אספירגבטה [...] הסיד. לר' נחמיה ולפום הכין נראין דברי ר' יהודה בחבוט. ודברי ר' נחמיה בביצת הגיר. ואי [בעית] אימא [...] מר יצחק דבי ר' אמי אפותא שהיא פדחת בלשון חכמים מצח בלשון תורה. כההוא גלילאה דאמר להו משום [...] עתיה והיא הצרעה ממיני דבורים. ומחיתיה על אנדיפיה. וקרו עליה מן דיליה דא ליה משלו זאת לו א): מאן [...] סיד אמר רב חסדא ר' יהודה. ובריית בסוף גמ' דחזקת הבתים לענין אבל שעל בית המקדש דקאמר ר' יהודה

חשק שלמה על רבינו חננאל א) עיין ערוך ערך אנדיפי:

ת"ר [א] **המוציא** שיער כדי לגבל בו את הטיט [ג טיט] לעשות פי כור של צורפי זהב: סיד כדי לסוד: תנא כדי לסוד אצבע קטנה שבבנות אמר רב יהודה אמר רב [ג] בנות ישראל שהגיעו לפירקן ולא הגיעו [לשנים] בנות עניים טופלות אותן בסיד בנות עשירים טופלות אותן בסולת בנות מלכים טופלות אותן בשמן המור שנאמר [א] ששה חדשים בשמן המור [ד] מאי שמן המור רב הונא בר חייא אמר [ה] סטכת רב ירמיה בר אבא אמר שמן זית שלא הביאה שליש תניא רבי יהודה אומר אנפיקנון שמן זית שלא הביאה שליש ולמה סכין אותו שמשיר את השיער ומעדן הבשר [ו] רב ביבי הויא ליה ברתא טפלה אבר אבר שקל בה ד' מאות זוזי הוה ההוא נכרי בשבבותיה הויא ליה ברתא טפלה בחד זימנא ומתה אמר קטל [ז] רב ביבי לברתי אמר רב נחמן רב ביבי דשתי שיכרא בעיין בנתיה טפלא אנן דלא שתינן שיכרא לא בעיין בנתן טפלא: ר' יהודה אומר כדי לסוד כלכול: מאי כלכול ומאי אנדיפי [ח] אמר רב צידעא ובת צידעא למימרא דשיעורא דר' יהודה נפיש [ט] הא קיי"ל דשיעורא דרבנן נפיש זוטא מדרבנן ונפיש מדרבי נחמיה מיתיבי [י] א"ר נראין דברי רבי יהודה בחבוט ודברי רבי נחמיה בביצת [יא] הסיד ואי ס"ד צידעא ובת צידעא אידי ואידי חבוט אלא אמר רבי יצחק אמרי דבי רבי אמי אאנדיפא מתקיף לה רב כהנא וכי אדם עושה מעותיו אנפרות אלא אמר רב כהנא שנתות כדתנן [יב] שנתות היו בהין עד כאן לפר עד כאן לאיל עד כאן לכבש ואיבעית אימא מאי אנדיפא אפותא וכי הא דההוא בר גליל [דאיקלע לבבל] דאמרו ליה קום דרוש לנו במעשה מרכבה (א) אמר להו אדרוש לכו כדדרש רבי נחמיה לחבריה ונפקא ערעיתא מן כותל ומחתיה באנדיפי ומית ואמרו ליה מן דיליה דא ליה: **מתני'** אדמה כחותם המרצופין דברי רבי עקיבא וחכמים אומרים [ב] כחותם האיגרות [יג] זבל וחול הדק כדי לזבל קלח של כרוב דברי רבי עקיבא וחכ"א [ג] כדי לזבל כרישא • חול הגס כדי ליתן על מלא כף סיד [יד] קנה כדי לעשות קולמוס ואם היה עבה או מרוסס כדי לבשל בו ביצה קלה שבביצים טרופה ונתונה באילפס: **גמ'** על מלא כף סיד תנא כדי ליתן על פי כף של סידין מאן תנא דחול מעלי ליה לסיד אמר רב חסדא רבי יהודה היא [טו] דתניא לא יסוד אדם את ביתו בסיד אא"כ עירב בו תבן או חול ר"י אומר תבן מותר חול אסור מפני שהוא טרכסיד רבא אמר אפילו תימא רבנן קילקולו זהו תיקונו: קנה כדי לעשות קולמוס: [טז] תנא קולמוס המגיע לקשרי אצבעותיו בעי רב אשי קשר העליון או קשר התחתון תיקו: ואם היה עבה כו': תנא טרופה בשמן ונתונה באילפס אמר ליה מר בריה דרבינא לבריה מי שמיע לך ביצה קלה מאי היא אמר ליה ביעתא [יז] דצילצלא מאי טעמא משום דזוטרא אימא דציפרתא אישתיק אמר ליה מידי שמיע לך בהא [יח] [אמר ליה הכי] אמר רב ששת ביצת תרנגולת (ג) ומאי קרו לה ביצה קלה שיערו חכמים אין לך ביצה קלה לבשל יותר מביצת תרנגולת ומאי שנא כל שיעורי שבת כגרוגרת והכא כביצה אמר ליה הכי אמר רב נחמן [יט] כגרוגרת מביצה קלה:
מתני'

רש"י

שיער. יפה לטיט: ה"ג טיט כדי לעשות פי כור של צורפי זהב: **אצבע קטנה.** דרכן לסוד את כל הגוף להאדים: **שהגיעו לפרקן ולא הגיעו.** שהביאו שתי שערות ולא באו לכלל שנים הראויות לכך ומתביישות בדבר: **טופלות.** מושחות: **אנפיקנון.** דתנן במנחות (דף פה:) אין מביאין אנפיקנון הוא שמן זית שלא הביא שליש: **ולמה סכין אותו.** היינו שמן המור: **טפלה.** בסיד: **שקל בה ד' מאות זוזי.** שנתייפה וקפלו עליה המהוגנין לה ונתנו [לה] ממון: הסכר משחיר ומרבה שיער: **כלכול צידעא.** טינפל"א וסדין אותו להשכיב השיער: **בת צידעתא.** למטה הימנה להסיר שיער דק והוא אנדיפי: **למימרא דשיעורא דר' יהודה נפיש.** בתמיה והא קיימא לן גבי גמי דשיעורא דרבי יהודה זוטר ומחמיר בשיעורי שבת: **ומשני נפיש מדר' נחמיה וזוטר מדרבנן.** דלאמרי לסוד אצבע קטנה: **בחבוט.** סיד הנימוח במים הרבה דהוא עשוי לסוד כלכול: **ודברי רבי נחמיה בביצת הסיד.** הנגבל במים ועשוי ביצים ביצים מוטונ"ש בלע"ז הוא עשוי לסוד אנדיפי: **ואי ס"ד** אנדיפי נמי [כ] שיעור הוא כגון בת צידעא: **אידי ואידי.** כלכול ואנדיפי תרוייהו בסיד חבוט ונמוח סדין אותו: **אנדיפא.** כלי חרס ולו שני דדין אחת למעלה ואחת למטה והשרוגה למלאותו סותם את הדד התחתון ולשון אנדיפי שתי פיות כלומר (עירובין דף קד.) מעלין בדיופי ובתוספתא גרס באנדיפי: **אנפרות.** הפסד לשום יין בכלי סתום בסיד ויסתום ממנה הסיד ויוצא: **שנתות.** סימנים כלי חרס גדול ויש בו בליטות בליטות כמין אגודים קטנים עד כאן למלא עד כאן לכבשים ועד כאן לאילים וסדין אותו בסיד כדי שיהיו לבנות ונכרים כדתנן במנחות שנתות היו בהין: **עד כאן לפר.** חצי ההין: **עד כאן לאיל.** שלישית ההין: **עד כאן לכבש.** רביעית ההין דכתיב חצי ההין יהיה לפר וגו' כן לשון מורי הזקן מפי אביו שמע מר' שמעון וכולהו מפרשים אנדיפא כל הגוף וממוך שאינו עשוי להשכיב השיער אלא להאדים בעי סיד עב: **אנפרות.** שאינו קד בו כתו לכך שקנאו [כ] דחיש שמא תמות כי ברמיה דההוא נכרי: **שנתות.** כלומר אבר אבר יטפלנה ואי אפשר בלשון זה ולא נאמר כן שיטת הש"ס כן להזכיר אבר אבר בלשון שנתות ויצטרך להביא פירוש לפירושו שנתות היו בהין: **אפותא.** פדחת שלא במקום שיער ולהאדים: **ערעיתא.** לירעה: **באנדיפי.** פדחתו: **מן דיליה דא ליה.** מידו היתה זאת לו שלא היה לו לדרוש במרכבה: **מתני' אדמה.** ארזיל"א: **מרצופין.** שקין העשוין מקליפת עץ גדול שנושאין בהן פרקמטיא בספינות וחותמין אותם: **כחותם האיגרות.** שחותמין אותם שלא [כג] יקרא איש בהן אלא מי שנשתלחו לו ושיעורא דרבנן זוטר: **כרישא.** קפלוט ושיעוריה זוטר משל כרוב: **על מלא כף סיד.** בגמרא מפרש כף של סידין טרואי"ל בלע"ז: **מרוסס.** סדוק סדקין הרבה כמו והכה הבית הגדול רסיסים (עמוס ו): **ביצה קלה.** בגמרא מפרש לה: **גמ' לא יסוד אדם את ביתו בסיד.** לאחר חורבן משום אבילות של ירושלים: **תבן או חול.** שלא יהא לבן כל צרכו: **טרכסיד.** סיד חזק ומתקשה יותר משאם לא עירב בו: **קילקולו זהו תיקונו.** דאי לאו דמקלקל ליה ומשחירו לא היה מישתרי הלכך ע"כ הא דקשיא ליה מעליותא היא לגביה ומשערינן ביה ורבותי מפרשין קילקולו לובן זה תיקונו לענין חוזק ולא נהירא לי דקילקולו זהו תקונו משמע דשם הקלקול מתקנו ולהאי לישנא אין שם הקלקול מתקנו ולמה הוזכר קילקול כאן הכי הוי [ליה] לתרולי נהי דאשחורי משחיר אחזוקי מחזיק: **קשר עליון.** של אמצע היד או קשר תחתון של אמצע האצבע: **טרופה בשמן.** שממהרת לבשלה: **דצילצלתא.** עוף קטן: **כל שיעורי שבת.** באוכלין וכל הוצאתן וקבלתן וטחינתן כגרוגרת: **כגרוגרת.** מבילת תרנגולת שהיא ממהרת לבשל ולא כבילה שלימה שעורו:

תוספות

המוציא שיער כדי לגבל בו את הטיט טיט כדי לעשות פי כור. כן גרס בתוספתא וכן גרס רש"י והכך גירסא שיער כדי לגבל בו את הטיט כשיעור טיט הנעשה מרביעית שופכין אבל לספרים דגרסי שיער כדי לגבל בו טיט לעשות פי כור של צורפי זהב קשה דאמר לעיל אין אדם טורח לגבל טיט כדי לעשות פי כור ויש לפרש דמיירי בטיט שהוא מגובל כבר ואחר הגיבול נותנין בו שיער כדי לתקנו:

שהגיעו לפירקן ולא הגיעו. פירוש בסמוך לפירקן שקרובות להנשא ועושות כדי ליפות וללבן עלמן כדאמרינן בפרק אע"פ (כתובות דף נט:) הרוצה ללבן את בתו ישקנה חלב ויאכילנה אפרוחין סמוך לפירקה: עיין לקמן פא.

למימרא דשיעורא דר' יהודה נפיש. ואע"ג דאשכחן תרווד שהוא גדול הרבה כדאמר בנזיר בפרק כ"ג (דף נ:) גבי מלא תרווד רקב כמה שיעורו חזקיה אמר מלא פיסת יד ור' יוחנן אמר מלא חפניו התם ודאי מיירי בתרווד גדול כדתנן במסכת כלים בפ' י"ז (משנה יב) שאמר מידה גסה מלא תרווד רקב כמלא תרווד גדול של רופאים אבל הכא להוצאת שבת מידי דחשיב בעינן ותרווד קטן חשוב הוא הרבה (א"נ) [כג] אף סלקא דעתך שהוא אף גל שהוא גדול ומשני בחפי פותחת שהן קטנים:
חפי

מסורת הש"ס

א) [תוספתא פרק ט], ב) [לעיל עח. ע"ש], ג) פסחים מג. מו"ק ט:, ד) [פסחים שם ע"ש ובמו"ק שם] מנחות פו. מגילה יג. ע"ש, ה) פי' שמן מבושם [ערוך פי' מירא דכיא], ו) [מו"ק ט: ע"ש], ז) [מלת רב ליתא במו"ק ט: וכל"ל], ח) נזיר ג., ט) [לעיל ע"א לקמן פא.], י) [תוספתא פרק ט], יא) [גי' הערוך הגיר פירוש שהוא על כאבני גיר וע"ש בערך גר ג'], יב) מנחות פז: ב"ב פט., יג) לעיל עט:, יד) [תוספתא סוט' פט"ו], טו) [תוספתא פרק ט], טז) [גירסת הערוך דצילצלתא ועי' ב"ב עה. וסנהדרין ק. דגרס הספתא כביעתא דצילצלא וכו'], יז) רש"י ...

הגהות הב"ח

(א) גמ' במעשה מרכבה דרוש להו ואמר להו: (ב) שם ביצת תרנגולת ואמאי:

גליון הש"ס

מתני' חול הגס כדי ליתן. עי' לקמן דף נ ע"א תוס' ד"ה כורים:

תורה אור השלם

א) וּבְהַגִּיעַ תֹּר נַעֲרָה וְנַעֲרָה לָבוֹא אֶל הַמֶּלֶךְ אֲחַשְׁוֵרוֹשׁ מִקֵּץ הֱיוֹת לָהּ כְּדָת הַנָּשִׁים שְׁנֵים עָשָׂר חֹדֶשׁ כִּי כֵּן יִמְלְאוּ יְמֵי מְרוּקֵיהֶן שִׁשָּׁה חֳדָשִׁים בְּשֶׁמֶן הַמֹּר וְשִׁשָּׁה חֳדָשִׁים בַּבְּשָׂמִים וּבְתַמְרוּקֵי הַנָּשִׁים: [אסתר ב, יב]

רב נסים גאון

גיטא לדביתהו הוות קיימא בחצר ואזל גיטא נפל בפיסלא אמר רב יוסף חזינן אי הוי ד' אמות בד' אמות פלג לה רשותא לנפשה כו' וסבר רבא כי דין רשותא של גיטין הוא וכמו שאם יש בזה הפסל ד' אמות על ד' אמות או שיש בגובהו י' טפחים עשה רשות לעצמו ונבדל מכלל החצר כמו כן הוא מבדיל בין ב' רשויות לענין שבת ובזה הפרק (שם דף עט) אמר רבא ג' מידות בגיטין הודיע אותנו באלו השלש מידות חלוקות דין הגיטין מדין השבת ולענין רשויות שוין יחד ואין ביניהן חלוקה בדבר זה וגם נזכרה זו השמועה של רבא אחר זו הברייתא בפרק חזקת הבתים (ב"ב דף נה:) הא דתניא לא יסוד אדם

ליקוטי רש"י

לעשות פי כור. נקב שנותנין בו המפוח [לעיל עח.]. **שהגיעו לפירקן.** לשיער [מו"ק ט:]. שיש להן שערות כאלו הגיעו לפרקן והן לא הגיעו לכלל שנים ובושות על כך [פסחים מג.]. **ולא הגיעו [לשנים].** שאינן בנות שנים שעדיין אינו דין שיהא להן שער ובושות על כך. **בנות עניים טופלות.** השיער בסיד ומשירות [...] **עשירים טופלות אותן בסולת.** ומשיר את השער. **סטכת.** לא איתפרש [פסחים שם]. שקורין [...] **שלא הביאה שליש.** שלא בישלו שליש [מו"ק שם]. **תניא רבי יהודה אומר.** שמן המור הוא [...] שלא הביא שליש [מנחות שם כת"י]. **אנפיקנון.** גבי מנחות תנן אין מביאין אנפיקנון ואם הביא פס[ול] ואמר מהו אנפיקנון [מגילה יג.]. **ולמה סכין אותו.** אכל הני קא מהדר דקאמר טופלין וכו' [מו"ק שם] **השיער.** לפי שהוא נושר ויש בו כח [מנחות שם]. **ומעדן את הבשר.** אשקלייר"א [פסחים שם]. **שקל בה ארבע מאה זוזי.** שנתייפת ונטל מבעלה כך. **טפלה בחד זימנא.** דסכר לה [...] **בעיין בנתיה טפלא.** דשכר מגדל השער ומעבה את הבשר [מו"ק שם]. **צידעא.** טינפל"א שברקתה כמין מגרר כדי להעמיד על גבן כיפה שבראשה שלא יפול השער שבאזן למטה [נזיר ג. ע"ש] **צידעא.** טנפ"ל שרגילות לסוד שם ולהשיר שערן [רשב"ם ב"ב ס:]. **הא קיי"ל דשיעורא דרבנן** [...] [לקמן פא.]. **ביצת הסיד.** כל דבר הנלוש ונעשה עב קרוי בילת מטונ"ש בלע"ז [ביצה טו.]. **שנתות** [...] עד כאן לפר עד כאן לאיל עד כאן לכבש כלומר סימנים למדת חצי ההין לפר ושלישית ההין לאיל [...] [רשב"ם ב"ב פו:]. לא היה שם אלא הין וכו היו סמנין מסמנות או פגימות [מנחות פז: כת"י]. **מ[עשה]** מרכבה שביחזקאל [רשב"ם ב"ב קלד.]. מעשה מרכבה ומעשה בראשית ברייתות הן [חגיגה יג.]. **מ[ן]** דברים שנתן רשות לדורשן ויש שאתה מצוה לסותמן כגון מעשה מרכבה [לקמן קד.]. **מרצופין.** (ס[...]) גמי ולשטעלין אותן חותמין אותן [בכורות כב.]. **או מרוסס.** דקולמוס מרוסס לא חזי למידי אלא להסקה [לקמן פט:]. **ביצה קלה.** שהיא קלה לבשל מכל הבילים ושיערו חכמים זו בילת תרנגולת [ביצה לט.]. **בילת תרנגול[ת]** [...] כשיעור כל בילה שיערו אלא כגרוגרת מבילה קלה [לקמן שם]. **לא יסוד אדם את ביתו בסיד.** משום אבל בית המקדש. **תבן או חול.** מכהה לבנונו. **טרכסיד.** בנין חזק וטוב ואף על פי שמשחיר קצת אסור [רש[...]] **דצילצלא.** דלוגילמא. בילת עוף קטן ששמו תאליל [שם עה.]. **כגרוגרת.** היא תאנה יבשה וזה שיעורו כל אוכל אדם לענין הולאת שבת דתנן (שבת עו:) המוליא אוכלין כגרוגרת [עירובין ד:].

אָמַר רַב – **Rav said:** צִידְעָא וּבַת צִידְעָא – These terms refer to **the temple and** the area **under the temple;**[15] lime was used to smooth down the hair on the temples and to remove the short hairs from the area below it.

The Gemara notes that the amount of lime needed to smooth down the hair on the temples is larger than the amount needed to remove the hair from the area beneath the temples. Accordingly, the Gemara asks:

לְמֵימְרָא דְשִׁיעוּרָא דְרַבִּי יְהוּדָה נָפִישׁ – **Do you** then **wish to say that the measurement of R' Yehudah is greater** than that of R' Nechemyah? הָא קַיְימָא לָן דְשִׁיעוּרָא דְרַבָּנָן נָפִישׁ – **But we have established that** when there is a dispute concerning the minimum measures for carrying out on the Sabbath, **the measurement of the Rabbis** (i.e. those who dispute R' Yehudah) **is** generally **greater,** for R' Yehudah usually maintains a stringent position in these matters.[16] – ? –

The Gemara answers:

זוּטָא מִדְּרַבָּנָן וְנָפִישׁ מִדְּרַבִּי נְחֶמְיָה – The measurement of R' Yehudah is indeed **smaller than that of the Rabbis,** who require enough to smear a small limb;[17] thus, R' Yehudah indeed holds a stringent position. **However,** it is **larger than** the minimum required by **R' Nechemyah,** who holds an even more stringent position.[18]

The Gemara raises a second objection:

מֵיתִיבֵי – **They challenged** these definitions from the following Baraisa: אָמַר רַבִּי – REBBI SAID: נִרְאִין דִּבְרֵי רַבִּי יְהוּדָה בְּחָבוּט – THE WORDS OF R' YEHUDAH APPEAR correct WITH RESPECT TO DISSOLVED LIME,[19] וְדִבְרֵי רַבִּי נְחֶמְיָה בְּבֵיצַת הַסִּיד – WHILE THE WORDS OF R' NECHEMYAH appear correct WITH RESPECT TO A LUMP OF LIME.[20] Now, from this Baraisa it is obvious that two different types of lime were usually used for *kilkul* and *andipi.*[21] וְאִי סָלְקָא דַּעְתָּךְ צִידְעָא וּבַת צִידְעָא – **And if you think** to say that *kilkul* and *andipi* refer to **the temple and** the area **under the temple,** אִידִי וְאִידִי חָבוּט – **both this and this are** performed **with dissolved lime!**[22] It can be proven from the Baraisa, then, that at least one of these definitions is incorrect. – ? –

The Gemara offers another definition of *andipi*:

אֶלָּא אָמַר רַבִּי יִצְחָק – **Rather, R' Yitzchak said:** אָמְרִי דְּבֵי רַבִּי אַמִּי – **They said in the academy of R' Ami:** אַאַנְדִּיפָא – R' Nechemyah requires enough lime to seal the opening **of a barrel with two spigots.**[23]

The Gemara objects to this definition as well:

מַתְקִיף לָהּ רַב כָּהֲנָא – **Rav Kahana challenged this** interpretation: וְכִי אָדָם עוֹשֶׂה מְעוֹתָיו אַנְפָּרוֹת – **But does a person make his money forfeit** by sealing the openings of his barrels with lime? The wine will dissolve the lime seal and his wine will be lost![24]

Rav Kahana offers his own explanation:

אֶלָּא אָמַר רַב כָּהֲנָא – **Rather, Rav Kahana said:** שְׁנָתוֹת – *Andipi* are incremental **markings** that were baked onto the sides of measuring utensils; the markings were smeared with lime to make them easier to see. כִּדְתְנַן – And this is **as we learned in a Mishnah:**[25] שְׁנָתוֹת הָיוּ בַּהִין – THERE WERE incremental MARKINGS IN THE *HIN*[26] measure that was used in the Temple to measure out the wine for the libations that accompanied certain sacrifices. עַד כָּאן לְפַר – The markings indicated that the measure must be filled UNTIL HERE FOR A BULL, עַד כָּאן לְאַיִל – UNTIL HERE FOR A RAM, עַד כָּאן לְכֶבֶשׂ – and UNTIL HERE FOR A SHEEP.[27]

The Gemara offers another explanation of *andipi*:

וְאִיבָּעִית אֵימָא – **Or if you prefer,** you can **say:** מַאי אַנְדִּיפָא – What is *andipa*? אַפּוּתָא – Lime which is applied to **the forehead.**[28]

The Gemara cites an incident that supports this translation of *andipi*:

וְכִי הָא דְּהַהוּא בַּר גָּלִיל [דְּאִיקְּלַע לְבָבֶל] – **And this is like that** case **of a certain person of the Galilee who came to Babylonia** דְּאָמְרוּ לֵיהּ – **and they said to** him: קוּם דְּרוֹשׁ לָנוּ בְּמַעֲשֵׂה מֶרְכָּבָה – **Come, expound to us concerning *maaseh merkavah*.**[29] אָמַר לְהוּ – And **he replied to them:** אֶדְרוֹשׁ לְכוּ – **I will expound to you** כִּדְדָרַשׁ רַבִּי נְחֶמְיָה לְחַבְרֵיהּ – **as R' Nechemyah expounded to his colleague.**[30] He was about to begin his

NOTES

15. Literally: the temple and the daughter of the temple.

16. See *Rashi;* see also above, 80a note 37.

17. More lime is required to smear an entire limb [albeit a small one such as the little finger] than to smear the area of the temple (see *Rashi*).

18. [Although it can indeed be assumed that R' Yehudah holds a more stringent position than the Rabbis, there is no basis for the assumption that he must hold the *most* stringent position; thus, it can be assumed that while the position of R' Yehudah is more stringent than that of the Rabbis, the position of R' Nechemyah is even more stringent.]

19. I.e. lime that has been dissolved in a large amount of water. Such lime has the correct consistency for the use of *kilkul* (*Rashi*).

20. This is lime that is kneaded with [a small amount of] water and shaped into lumps. Such lime was suited for the use of *andipi* (*Rashi,* as explained by *Targum HaLaaz*).

21. Since Rebbi states that the view of each Tanna appears correct with regard to one of these types of lime, it appears that one type of lime was usually used for *kilkul,* while the other was used for *andipi.*

22. If both *kilkul* and *andipi* refer to removing [or smoothing down] hair, then they are both performed with dissolved lime [for only lime of such consistency is suitable for this use] (*Rashi*).

23. The word אַנְדִּיפָא means *two mouths*; the reference is to a barrel that has two spigots – one on top and one on bottom. When one wished to fill the barrel, he would seal the bottom opening [with a lump of lime; and it is to this lime that R' Nechemyah refers] (*Rashi;* see next note).

24. [*Rashi,* citing his teachers, offers a second interpretation of R' Yitzchak's explanation. According to their interpretation, *andipi* means to smear the entire body of a girl with lime. Since the treatment in this case is intended to heighten color rather than remove hair, thick lime is used rather than dissolved lime. Rav Kahana's challenge is then understood as follows: Even if a person did purchase lime for this purpose, he will allow his money to be forfeited rather than smear the entire body of his daughter with it, for fear that she would die, just as the daughter of the gentile in the incident mentioned in the Gemara above. See *Rashi* for the explanation of Rav Kahana's challenge according to this interpretation, as well as the reason that *Rashi* finds this interpretation difficult.]

25. *Menachos* 87b.

26. A *hin* is the equivalent of twelve *lugin.*

27. The amount of wine required for the libations that accompanied certain sacrifices depends on the type of animal being offered. A bull requires six *lugin* (half a *hin*), a ram requires four *lugin* (a third of a *hin*), and a sheep requires three *lugin* (a quarter of a *hin*). The wine for all offerings was measured in a *hin* utensil, on which the levels of three, four, and six *lugin* were marked off (see *Rashbam* to *Bava Basra* 86b ד"ה שנתות).

28. [This lime was also applied to heighten color rather than remove hair; thus, thick lime was used.]

29. *Maaseh Merkavah* [literally: the workings of the chariot] is the term given to certain extremely esoteric passages in *Ezekiel* ch. 1 that describe the vision of the Heavenly realm of angels and Godliness that was shown to the prophet Ezekiel (see also *R' Ovadiah MiBartenura* and *Tos. Yom Tov* to *Chagigah* 2:1). The Gemara places many restrictions on the expounding of these verses (see Mishnah *Chagigah* 11b).

30. The Galilean was not hesitant to discourse on these matters, although the Sages forbade such discourses (see previous note); however, the hand of Heaven intervened, as the Gemara proceeds to relate.

עין משפט נר מצוה

כב א ב ג מיי' שם הלכה יא:
כג ד ה מיי' שם הלכה ד וש"ע הלכה ה:

ת"ר א המוציא שיעור כדי לגבל בו את הטיט [טיט] לעשות פי כור של צורפי זהב: סיד כדי לסוד: תנא כדי לסוד אצבע קטנה שבבנות אמר רב יהודה אמר רב בנות ישראל שהגיעו לפירקן ולא הגיעו [לשנים] בנות עניים טופלות אותן בסיד בנות עשירים טופלות אותן בסולת בנות מלכים טופלות אותן בשמן המור שנאמר א ששה חדשים בשמן המור מאי שמן המור רב הונא בר חייא אמר סטכת רב ירמיה בר אבא אמר שמן זית שלא הביאה שליש תניא רבי יהודה אומר אנפיקנון שמן זית שלא הביאה שליש ולמה סכין אותו שמשיר את השיער ומעדן הבשר רב ביבי הויא ליה ברתא טפלה אבר אבר שקל בה ד' מאות זוזי הוה ההוא נכרי בשבבותיה הויא ליה ברתא טפלה בחד זימנא ומתה אמר קטל רב ביבי לברתי אמר רב נחמן רב ביבי דשתי שיכרא בעיין בנתיה טפלא אנן דלא שתינן שיכרא לא בעיין בנתן טפלא: ר' יהודה אומר כדי לסוד כלכול: מאי כלכול ומאי אנדיפי אמר רב צידעא ובת צידעא למימרא דשיעורא דר' יהודה נפיש הא קיי"ל דשיעורא דרבנן נפיש זוטא מדרבנן ונפיש מדרבי נחמיה מיתיבי א"ר נראין דברי רבי יהודה בחבוט ודברי רבי נחמיה בביצת הסיד ואי ס"ד צידעא ובת צידעא אלא אמר רבי יצחק אמרי דבי רבי אמי אאנדיפא מתקיף לה רב כהנא וכי אדם עושה מעותיו אנפרות אלא אמר רב כהנא שנתות כדתנן שנתות היו בהין עד כאן לפר עד כאן לאיל עד כאן לכבש ואיבעית אימא מאי אנדיפא אפותא וכי הא דההוא בר גליל [דאיקלע לבבל] דאמרו ליה קום דרוש לנו במעשה מרכבה (א) אמר להו אדרוש לכו כדדרש רבי נחמיה לחבריה ונפקא ערעיתא מן כותל ומחתיה באנדיפי ומית ואמרו ליה מן דיליה דא ליה: מתני' אדמה כחותם המרצופין דברי רבי עקיבא וחכמים אומרים ב כחותם האיגרות זבל וחול הדק כדי לזבל קלח של כרוב דברי רבי עקיבא וחכ"א ג כדי לזבל כרישא * חול הגס כדי ליתן על מלא כף סיד קנה כדי לעשות קולמוס ואם היה עבה או מרוסס כדי לבשל בו ביצה קלה שבביצים טרופה ונתונה באילפס: גמ' על מלא כף סיד תנא כדי ליתן על פי כף של סיידין מאן תנא דחול מעלי ליה לסיד אמר רב חסדא רבי יהודה היא דתניא לא יסוד אדם את ביתו בסיד אא"כ עירב בו תבן או חול ר"י אומר תבן מותר חול אסור מפני שהוא טרכסיד רבא אמר אפילו תימא רבנן קילקולו זהו תיקונו: קנה כדי לעשות קולמוס: ד תנא קולמוס המגיע לקשרי אצבעותיו בעי רב אשי קשר העליון או קשר התחתון תיקו: ואם היה עבה כו': תנא טרופה בשמן ונתונה באילפס אמר ליה מר בריה דרבינא לבריה מי שמיע לך ביצה קלה מאי היא אמר ליה ביעתא דצילצלא מאי טעמא משום דזוטרא אימא דציפרתא אישתיק אמר ליה מידי שמיע לך בהא [אמר ליה הכי] אמר רב ששת ביצת תרנגולת (ב) ומאי קרו לה ביצה קלה שיערו חכמים אין לך ביצה קלה לבשל יותר מביצת תרנגולת ומאי שנא כל שיעורי שבת כגרוגרת והכא כביצה אמר ליה הכי אמר רב נחמן ה כגרוגרת מביצה קלה: מתני'

תוספות

המוציא שיעור כדי לגבל בו את הטיט טיט כדי לעשות פי כור. כן גרס בתוספתא וכן גרס רש"י ולהך גירסא שיעור כדי לגבל בו את הטיט כשיעור טיט הנעשה מרביעית שופכין אבל לספרים דגרסי שיעור כדי לגבל בו טיט לעשות פי כור של צורפי זהב קשה דאמר לעיל אין אדם טורח לגבל טיט כדי לעשות פי כור ויש לפרש דמיירי בטיט שהוא מגובל כבר ואחר הגיבול נותנין בו שיער כדי לתקנו:

שהגיעו לפירקן ולא הגיעו. פירוש בסמוך לפירקן שקרובות להנשא ועושות כדי ליפות וללבן עצמן כדאמרינן בפרק אע"פ (כתובות דף נט:) הרוצה ללבן את בתו ישקנה חלב ויאכילנה אפרוחין סמוך לפירקה: שייך לקמן פא.

למימרא דשיעורא דר' יהודה נפיש. ואע"ג דאשכחן תרווד שהוא גדול הרבה כדאמר בנזיר בפרק כ"ג (דף נ:) גבי מלא תרווד רקב כמה שיעורו חזקיה אמר מלא פיסת יד ור' יוחנן אמר מלא חפניו התם ודאי מיירי בתרווד גדול כדתנן במסכת כלים בפ' י"ז (משנה יב) שאמר מידה גסה מלא תרווד רקב כמלא תרווד גדול של רופאים אבל הכא להוצאת שבת מידי דחשיב בעינן ותרווד קטן חשוב הוא הרבה (א"נ) אף סלקא דעתך שהוא אף גל שהוא גדול ומשני בחפי פותחת שהן קטנים:

רש"י

שיער. יפה לטיט: ה"ג טיט כדי לעשות פי כור של צורפי זהב: אצבע קטנה. דרכן לסוד את כל הגוף להאדים: שהגיעו לפרקן ולא הגיעו. שהגדילו שתי שערות ולא באו לכלל שנים הראויות לכך ומתביישות בדבר: טופלות. מושחות: אנפיקנון. דתנן במנחות (דף פה:) אין מביאין אנפיקנון והוא שמן זית שלא הביא שליש: ולמה סכין אותו. היינו שמן המור: טפלה. בסיד: שקל בה ד' מאות זוזי. שנתייפה וקפצו עליה המהוגנים לה ונתנו (לה) ממון: הסכר משחיר ומרבה שיער: כלכול. צידעא. טינפל"א וסדין אותה להסכיר השיער: בת צידעתא. למטה הימנה להסיר שיער דק והוא אנדיפי: למימרא דשיעורא דר' יהודה נפיש. בתמיה והא קיימא לן גבי גמי דשיעורא דרבי יהודה זוטר ומחמיר בשיעורי שבת: ומשני נפיש מדר' נחמיה וזוטר מדרבנן. דלאמרי לסוד אצבע קטנה: בחבוט. סיד הנימוח במים הרבה דהוא עשוי לסוד כלכול: ודברי רבי נחמיה בביצת הסיד. הנגבל במים ועשוי בילים בילים מוטו"ש בלע"ז הוא עשוי לסוד אנדיפי: ואי ס"ד אנדיפי נמי שיעור הוא כגון בת צידעא: אידי ואידי. כלכול ואנדיפי תרוייהו בסיד חבוט ונמוח סדין אותו: אנדיפא. כלי חרס ולו שני דדין אחת למעלה ואחת למטה וכשרוצה למלאותו סותם את הדד התחתון ולשון אנדיפי שתי פיות כדתניא (עירובין דף קד.) מעלין בדיופי ובתוספתא גרס באנדיפי: אנפרות. הפסד לשום יין בכלי שסתום בסיד והיין ממהר ללכת ממנו ויוצא: שנתות. סימנים כלי חרס גדול ויש בו בליטות בליטות כמין אגוזים קטנים עד כאן לסאה עד כאן לסאתים וסדין אותו בסיד כדי שיהיו לבנות וניכרות: כדתנן. במנחות שנתות היו בהין: עד כאן לפר. חצי ההין: עד כאן לאיל. שלישית ההין: עד כאן לכבש. רביעית ההין דכתיב חצי ההין יהיה לפר וגו' לשון מורי הזקן מפי אביו ששמע מר' שמעון ורבותי מפרשים אנדיפי כל הגוף ומתוך שאינו עשוי להסכיר השיער אלא להאדים בעי סיד עב: אנפרות. שאינו סך בו כתו לאחר שקנאו דחייש שמא תמות כי ברמיה דהפסד נכרי: שנתות. כלומר אבר אבר דלשון יטפלנה ולא אפשר בלשון זה ולא נאמר שיטת הש"ס כן להזכיר אבר אבר בלשון שנתות ויצטרך להביא פירוש לפירושו שנתות היו בהין: אפותא. פדחת שלא במקום שיער והאדים: ערעיתא. לירעה: באנדיפי. פדחתו: מן דיליה דא ליה. מידו היתה זאת לו שלא היה לו לדרוש במרכבה: מתני' אדמה. חרזי"ל: מרצופין. שקין העשוין מקליעת עץ גדול שעושין בהן פרקמטיא בספינות וחותמין אותם: כחותם האיגרות. שחותמין אותם שלא יקרא איש בהן אלא מי שנשתלחו לו ושיעורא דרבנן זוטר: כרישא. קפלוט ושיעוריה זוטר משל כרוב: על מלא כף סיד. בגמרא מפרש כף של סיידין טרוה"ל בלע"ז: מרוסס. סדוק סדקין הרבה כמו והכה הבית הגדול רסיסים (עמוס ו): ביצה קלה. בגמרא מפרש לה: גמ' לא יסוד אדם את ביתו בסיד. לאחר חורבן משום אבילות של ירושלים: תבן או חול. שלא יהא לבן כל צרכו: טרכסיד. סיד חזק ומתקשה יותר משאם לא עירב בו: קילקולו זהו תיקונו. דאי לאו דמקלקל ליה ומשחירו לא היה מישתרי הלכך ע"כ הא דקשיא ליה מעליותא היא לגביה ומשערינן ביה ורבותי מפרשין קילקולו לובן זה תיקונו לענין חוזק ולא נהירא לי דקילקולו זהו תיקונו משמע דשם הקלקול מתקנו ולהאי לישנא אין שם הקלקול מתקנו ולמה הוזכר קילקול כאן הכי הוי [ליה] לתרוצי נהי דאשחורי משחיר אחזוקי מחזיק: קשר עליון. של אמצע היד או קשר התחתון של אמצע האצבע: טרופה בשמן. שממהרת לבשלה: דצילצלתא. עוף קטן: כגרוגרת. מבילת תרנגולת שהיא ממהרת לבשל ולא כבילה שלימה שעורו:

רבינו חננאל

שיעור ומזו חצי שיעור פטור. רבא לטעמיה דאמר רבא רשות שבת כרשות הגיטין. ועיקר הא שמעתא בגיטין בהזורק ההוא גברא דזרק לגיטא לדביתהו הוה קיימא בחצר ואזל גיטא ונח בפיסלא. אמר רב יוסף אי הואי ארבע אמות על ארבע אמות פלוג ליה רשותא לנפשי' ואי לא חדא רשותא היא. וקסבר רבא חדא רשותא בשבת מיפלגא בפיסלא כי היכי דמפלגא לענין גיטין. ופי' פיסלא מקום כגון עמוד גבוה עשרה ורחב ד': כחול כדי לכחול עין אחת וא"ר הונא שכן צנועות כוחלות עין אחת. הכין פירושא שכוחלת עין אחת ומכסה את העין האחרת ויוצאה לשוק ותראה באחת מעיניה. ורב הונא הוא דמתנינן לאו רב הונא וההיא דר' שמעון בן אלעזר אם לתכשיט ב' עינים. אוקימנא בענוות שאינן רגילות לצאת. (רגילות לצאת) לשוק (ואם שם שוק לצאת אליו): חרסית כדי לעשות פי כור של צורפי זהב ר' יהודה אומר כדי לעשות פיטפוט פירוש פיטפוט גבשוש. או בנין בארץ ששופתין עליו את הקדירה. וג' פיטפוטין הן. ויש שסומכין פטפוט לכותל ומניחין עליו את הקדיר' וסומכין אותו לכותל. ומקשי' כי מכדי בשיעור' דשבת קא חזינן דר' יהודה קא מחייב וממעט מן שיעורי דרבנן דהא לענין גמי לרבנן לא מחייב אלא בכדי לעשות תלאי לנפה ולכברה. ור' יהודה מחייב אפילו על מה שנוטלין ממנו. מדת מנעל לקטן. ומוקמינן לה להא פטפוט לכירה קטנה קאמר והוא בציר מן פי הכור של צורפי זהב: אמר רב יהודה אמר רב בנות שהגיעו לפרקן ולא הגיעו [לשנים]. שהגיעו לשנים שהאשה בוגרת ולא בגרה ולא גדלה בשר מה עושין להן. עניות טופלין אותן בסיד. טפילה זו בלשון ישמעאל טלא טח את העור בשרה בסיד. ומה צורך לכך כדי שיסתתמו נקבים קטנים. בטיית אל מסאס. וגומות שיער שבעור וכיוצא בהן ויכנס הבל לפנים ולא יצא ויחם קרבה ותבגור ותגדל בשר. ואם בת עשירים היא טופלין אותן בסולת. והמלכים יש להם סממנים אחרי' כגון שמן המור. וכיוצא בו. טפית. קורין אותו סטנת. ויש שקורין אותו סטקת. והוא בלשון ארמית שומנא דמורא. ובל' ישמעאל לבן אל נאמן. וריחו טוב. ולא מן הרמונים הוא אלא כך נקרא וממימי שרף הוא והוא הנקרא עוד בל' ארמית מירא. והוא תרגם מר דרור ומי שטופל את הבת את כל בשרה פעם אחת כל הבל שלה נכנס לפנים והיא מתחממת ומתה כדרך שהשיג את הגוי. ולענין חלוקת ר' יהודה ור' נחמיה בשיעור סיד. שר' יהודה אומר כדי לסוך כלכול. ור' נחמיה אומר כדי לסוך אנדיפי. באנו לפרש תחלה כל של צירעא ואנדיפי בלשון ישמעאל אצדג. והוא מקום מקצוע הפנים מן הצד מן סוף שיער של [בנות] עד סוף [הפנים] סדין אותו בסיד ונקרא כלכול. וסדים מצידו מקום אחד דק כמו חוט ונקרא בת צירעא. ואקשינן על זאת למימרא דשיעורא דר' יהודה נפיש. והתנן ר' יהודה אומר כדי ליטול ממנו מדת מנעל לקטן. ופרקינן שכך נראה כן בגמי דשיעורא דר' יהודה מעיט משיעורא דרבנן ולא נראה לכן טעם לר' נחמיה דאיכא למימר שיעורא זוטר מדרבנן. ונפיש מדר' נחמיה ואותיבנן. א"ר נראין דברי ר' יהודה בחבוט. ודברי ר' נחמיה בביצת הגיר. הגיר הוא הסיד הלבן הנשרף הנקרא אספירא. וכן כתיב כאבני גיר מנופצות. וכענין כתב שנראה לכל צד בגירא הביצר שלו הן האבנים הפסולת השרופות. והחבוט הוא הדק. ונקרא אל מרתות בלשון ישמעאל שחובטין אותו במקלות. אם אתה אומר כלכול ואנדיפי. צירעא ובת צירעא שניהן לא יעשו אלא מן החבוט ובטל פירוש זה. ובאנו לפירושא זו. לאנדיפי אמר יצחק דבי ר' אמי אנדיפא. מתקיף לה רב כהנא וכי אדם עושה מעותיו אנפרות אנדיפא זה אומרין בן פתרונות שלא עלו על דעתנו ואין נודע בלשוננו אנדיפא. ומ"מ בטל הפתרון הזה. אלא אמר רב כהנא מאי אנדיפי (שבתות) [שנתות] שהוא משים סמנים בכלים ולמדות ומצייר בתוכן בביצת הגיר רושם האוי יבטפיהן בשל אספירגבטה והן שיעור הוצאת הסיד. לר' נחמיה ולפום הכין נראין דברי ר' יהודה בחבוט. ודברי ר' נחמיה בביצת הגיר. ואי [בעית] אימא מאי אנדיפא דקאמר יצחק דבי ר' אמי אפותא שהיא פדחת בלשון חכמים מצח בלשון תורה. כההוא גלילאה דאמר להו משום חבריה דנפקת פרעתיה והיא הצרעה ממיני דבורים. ומחיתיה על אנדיפיה. וקרו עליה מן דיליה דא ליה משלו זאת לו א): מאן תנא דחול מעלי לסיד אמר רב חסדא ר' יהודה. ובריתא בסוף גמ' דחזקת הבתים לענין אבל שעל בית המקדש דקאמר ר' יהודה

חשק שלמה על רבינו חננאל א) עיין ערוך ערך אנדיפי:

מסורת הש"ס

א) [תוספתא פרק ט], ב) [לעיל עח. עט.], ג) פסחים מג. מו"ק ט:, ד) [פסחים שם ע"ש וכמו"ק ע"ש] מנחות פו. מגילה יג. ע"ש, ה) פי' שמן מבושם [ערוך פי' מירא דמיא], ו) [מו"ק ט: ע"ש], ז) [מלת רב ליתא במו"ק ט: וכל"ג], ח) מיר ג., ט) [לעיל ע"א לקמן פא.], י) [תוספתא פ"ט], יא) [גי' הערוך הגיר פירוש שהוא עב כאבני גיר וע"ש בערך גר י"ב], יב) מנחות פז: ב"ב פו., יג) לעיל עט. לקמן צ:, יד) שם פט:, טו) ב"ב ס: [תוספתא סוטה פט"ו], טז) [תוספתא פרק ט], יז) [גירסת הערוך דציצילתא ועי' ב"ב עה. וסנהדרין ק. דגרס הספא כביעתא דלילגלא וכו'], יח) רש"ל, יט) ל"ל לו, כ) נ"א שיער, כא) והוליא את מעותיו רש"ל, כב) [צ"ל יקרא], כג) ג' מהרש"א דכאן מתחיל דבור בפ"ע אף ס"ד וכו'.

הגהות הב"ח

(א) גמ' במעשה מרכבה דרש להו ואמר להו: (ב) שם בילת תרנגולת ומאי:

גליון הש"ס

מתני' חול הגס כדי ליתן. עי' לקמן דף ל ע"א תוס' ד"ה כורים:

תורה אור השלם

א) וּבְהַגִּיעַ תֹּר נַעֲרָה וְנַעֲרָה לָבוֹא אֶל הַמֶּלֶךְ אֲחַשְׁוֵרוֹשׁ מִקֵּץ הֱיוֹת לָהּ כְּדָת הַנָּשִׁים שְׁנֵים עָשָׂר חֹדֶשׁ כִּי כֵּן יִמְלְאוּ יְמֵי מְרוּקֵיהֶן שִׁשָּׁה חֳדָשִׁים בְּשֶׁמֶן הַמֹּר וְשִׁשָּׁה חֳדָשִׁים בַּבְּשָׂמִים וּבְתַמְרוּקֵי הַנָּשִׁים: [אסתר ב, יב]

רב נסים גאון

גיטא לדביתהו הוות קיימא בחצר ואזל גיטא נפל בפיסלא אמר רב יוסף חזינן אי הוי ד' אמות אארבע אמות פלג לה רשותא לנפשה כו' וסבר רבא כי דין רשויות של גיטין הוא וכמו שאם יש בזה הפסל ד' אמות על ד' אמות או שיש בגובהו י' טפחים עשה רשות לעצמו ונבדל מכלל החצר כמו כן הוא מבדיל בין ב' רשויות לענין שבת ובזה הפרק (שם דף עט) אמר עוד רבא ג' מידות בגיטין הודיע אותנו באלו השלש מידות חלוקות דין הגיטין מדין השבת ולענין רשויות שוו יחד ואין ביניהן חלוקה בדבר זה וגם נזכרה זו השמועה של רבא עם זו הברייתא בפרק חזקת הבתים (ב"ב דף נה): הא דתניא לא יסוד אדם

ליקוטי רש"י

לעשות פי כור. נקב שנותנין בו המפוח [לעיל עח.]. שהגיעו לפירקן. לשיער [מו"ק ט:]. שיש להן שערות כאילו הגיעו לפרקן והן לא הגיעו לכלל שנים ובושות על כך [פסחים מג.]. ולא הגיעו [לשנים]. שאינן בנות שתים עשרה שנה ויום אחד שעדיין אינו דין שיהא להן שער ובושות על כך. בנות עניים טופלות. השיער בסיד ומשירות אותן [מו"ק שם]. בנות עשירים טופלות אותן בסולת. ומשיר את השער. סטכת. לא איתפרש [פסחים שם]. שקורין בלשמ"א [מנחות פו.]. שלא הביאה שליש. שלא בישלו שליש [מו"ק שם]. תניא רבי יהודה אומר. שמן המור הוא אנפקינון והוא שמן זית שלא הביא שליש [מנחות שם כח"י]. אנפקינון. גבי מנחות תנן אין מביאין אנפקינון ואם הביא פסול ועלה קאי ר' יהודה ואמר מהו אנפקינון [מגילה יג.]. ולמה סכין אותו. אלא הני קא מהדר דקאמר טופלין וכו' [מו"ק שם]. שמשיר את השיער. לפי שהוא בוסר ויש בו כח [מנחות שם]. ומעדן את הבשר. אשקליי"א [פסחים שם]. מלהיב [ומלהיל] [מגילה שם]. שקל בה ארבע מאה זוזי. שנתייפת ונטל מבעלה כך. טפלה בחד זימנא. דסבר למיעבד כרב ביבי ומתה. בעיין בנתיה טפלא. דשכר מגדל השער ומעבה את הבשר [מו"ק שם]. צידעא. טינפל"א בלע"ז שמקפל השער שברקתה כמין מגרר כדי להעמיד על גבן כיפה שבראשה שלא יפול השער שבאמון למטה [נזיר ג. ע"ש ובאורח מישור]. בת צידעא. טנפ"ל שרגילות לסוד שם ולהסיר שערן [רשב"ם ב"ב ס:]. הא קיי"ל דשיעורא דרבנן נפיש. גבי לעשות תלאי [לקמן פא.]. ביצת הסיד. כל דבר הנלוש ונעשה עב קרוי בילת מטונ"ש בלע"ז [ביצה טו.]. שנתות היו בהין. של קדש עד כאן לפר עד כאן לאיל עד כאן לכבש כלומר סימנים למדת חצי ההין לפר ושלישית ההין לאיל ורביעית ההין לכבש יין [רשב"ם ב"ב פו.]. לא היה שם אלא הין ובו היו סמנין מסמנות או פגימות [מנחות פז: כח"י]. מעשה מרכבה. מעשה מרכבה שביחזקאל [רשב"ם ב"ב קלד.]. מעשה מרכבה ומעשה בראשית ברייתות הן [חגיגה יג.]. מן דיליה דא ליה. יש דברים שנתן רשות לדורשן ויש שאתה מצווה לסותמן כגון מעשה מרכבה [לקמן קד.]. מרצופין. (סקאין גדולים) [שקין] של גמי וכשנועלין אותן חותמין אותן [בכורות כב.]. או מרוסס. דקולמוס מרוסס לא חזי למידי אלא להסקה [לקמן פט:]. ביצה קלה. שהיא קלה לבשל מכל הבילים ושיערו חכמים זו בילת תרנגולת [ביצה לט.]. בילת תרנגולת שהיא קלה לבשל ולא בשיעור כל בילה שיערו אלא כגרוגרת מבילה קלה [לקמן שם]. לא יסוד אדם את ביתו בסיד. משום אבל בית המקדש. תבן או חול. מכהה לבנונו. טרכסיד. בנין חזק וטוב ואף על פי שמשחיר קצת אסור [רשב"ם ב"ב ס:]. ביעתא דצילצלא. דלולייתא. בילת עוף קטן ששמו תאליל [שם עה.]. כגרוגרת. היא תאנה יבישה וכה שיערו כל אוכל אדם לענין הוצאת שבת דתנן (שבת עו:) המוציא אוכלין כגרוגרת [עירובין ד:].

discourse וְנָפְקָא עַרְעִיתָא מִן כּוֹתֶל – **when a hornet emerged from a** hole in a nearby **wall,** וּמַחְתֵיהּ בְּאַנְדִיפֵי – **and it stung him in the forehead** (*andipi*), וּמִית – **and he died.** וְאָמְרוּ לֵיהּ – **And they said concerning him:** מִן דִּילֵיהּ דָּא לֵיהּ – **From his own** hand **this** came **upon him;** i.e. he brought his death upon himself by daring to expound on such matters publicly. In the recounting of this incident, the word *andipi* is used to mean *forehead*; this supports the Gemara's final interpretation.[31]

Mishnah The Mishnah continues to list the minimum measures of various substances with respect to carrying them out on the Sabbath:

אֲדָמָה – If one takes out **earth,**[32] כְּחוֹתַם הַמַּרְצוּפִין – he is liable if he takes out **enough for the seal of cargo sacks;** דִּבְרֵי רַבִּי עֲקִיבָא – these are **the words of R' Akiva.**[33] וַחֲכָמִים אוֹמְרִים – **But the Sages say:** כְּחוֹתַם הָאִיגְּרוֹת – **Enough for the seal of letters.**[34] זֶבֶל וְחוֹל הַדַּק – If one takes out **fertilizer or fine sand,** כְּדֵי לְזַבֵּל קֶלַח שֶׁל כְּרוּב – **enough to fertilize a** single **stalk of cabbage;** דִּבְרֵי רַבִּי עֲקִיבָא – these are the **words of R' Akiva.** וַחֲכָמִים אוֹמְרִים – **But the Sages say:** כְּדֵי לְזַבֵּל כְּרֵישָׁא – **Enough to fertilize a leek.**[35] חוֹל הַגַּס – If one takes out **coarse sand,** כְּדֵי לִיתֵּן עַל מְלֹא כַּף סִיד – **enough to put on a full trowel of lime.**[36] קָנֶה – **A reed,** כְּדֵי לַעֲשׂוֹת קוּלְמוֹס – **enough to make a pen.**[37] וְאִם הָיָה עָבֶה אוֹ מְרוּסָּס – **And if it was thick or cracked,** and thus unsuitable as a pen,[38] כְּדֵי לְבַשֵּׁל בּוֹ בֵּיצָה קַלָּה שֶׁבַּבֵּיצִים – he is liable if he takes out **enough to cook the most easily cooked of eggs** טְרוּפָה וּנְתוּנָה בָּאִילְפָּס – when it has already been **beaten and placed in a pot** (i.e. skillet).[39]

Gemara The Mishnah stated: עַל מְלֹא כַּף סִיד – One is liable if he takes out enough coarse sand to put ON A FULL TROWEL OF LIME.

The Gemara cites an explanatory Baraisa:

תָּנָא – **A Baraisa taught:** כְּדֵי לִיתֵּן עַל פִּי כַּף שֶׁל סַיָּידִין – ENOUGH TO PLACE ON THE OPENING OF A PLASTERER'S TROWEL; i.e. the amount that is contained in a trowelful of plaster.[40]

From this ruling of the Mishnah we see that sand was added to lime. The Gemara therefore asks:

מַאן תַּנָּא דְּחוֹל מְעַלֵּי לֵיהּ לְסִיד – **Who is the Tanna** who says **that sand is beneficial to lime** when it is mixed into it? אָמַר רַב חִסְדָּא – **Rav Chisda said:** רַבִּי יְהוּדָה הִיא – **It is** the view **of R' Yehudah,** דְּתַנְיָא – **for it was taught in a Baraisa:** לֹא יָסוּד אָדָם אֶת בֵּיתוֹ בְּסִיד – ONE MAY NOT PLASTER the walls of HIS HOUSE WITH LIME in the post-Temple era,[41] אֶלָּא אִם כֵּן עֵירַב בּוֹ תֶּבֶן אוֹ חוֹל – UNLESS HE MIXED STRAW OR SAND INTO [THE PLASTER].[42] רַבִּי יְהוּדָה אוֹמֵר – But R' YEHUDAH SAYS: תֶּבֶן מוּתָּר – If he mixes in STRAW, IT IS PERMITTED; חוֹל אָסוּר – but if he mixed it with SAND, IT IS FORBIDDEN, מִפְּנֵי שֶׁהוּא טְרַכְסִיד – BECAUSE THIS IS STRONG PLASTER.[43] The Baraisa states that according to R' Yehudah, the addition of sand is beneficial to lime; thus, our Mishnah accords with his view.

The Gemara cites another interpretation, according to which our Mishnah can be reconciled with both of the Tannaic views expressed in the Baraisa:

רָבָא אָמַר – **Rava said:** אֲפִילּוּ תֵּימָא רַבָּנָן – **You can even say** that the Mishnah accords with the view of **the Rabbis;** for since they permit the adding of sand to lime with respect to building in the post-Temple era, it emerges that קִילְקוּלוֹ זֶהוּ תִּיקּוּנוֹ – **its ruination is its remedy;** i.e. the fact that the sand impairs the appearance of the lime is considered an improvement to the lime, for it allows the lime to be used. Accordingly, the amount of sand that is added to lime is considered a significant amount.[44]

The Mishnah continues:

קָנֶה כְּדֵי לַעֲשׂוֹת קוּלְמוֹס – A REED, ENOUGH TO MAKE A PEN.

The Gemara cites an explanatory Baraisa:

תָּנָא – **A Baraisa taught:** קוּלְמוֹס הַמַּגִּיעַ לְקִשְׁרֵי אֶצְבְּעוֹתָיו – The reed must be long enough to form A PEN THAT REACHES TO THE JOINTS OF [THE WRITER'S] FINGERS.[45]

A related inquiry:

בָּעֵי רַב אַשִׁי – **Rav Ashi inquired:** קֶשֶׁר הָעֶלְיוֹן אוֹ קֶשֶׁר הַתַּחְתּוֹן – Must the pen reach to **the upper joint** (i.e. the joint that connects the fingers to the hand), **or the lower joint?**[46]

NOTES

31. See *Maharatz Chayes,* who explains the Gemara's proof; see also *Menachem Meishiv Nefesh.*

32. A type of red clay that was used for making seals.

33. These sacks were made of bark, and they were used for holding cargo in ships. It was the custom to seal these sacks (*Rashi*).

34. Letters were sealed so they should not be read by persons for whom they were not intended. The amount of earth required for such a seal is less than that required to seal a cargo sack (*Rashi*).

35. Even a single plant is considered significant in this regard, as the Gemara taught above (79a). The amount required to fertilize a leek is less than that required to fertilize a cabbage stalk (*Rashi*).

36. [This measure is explained in the Gemara to mean the amount of sand that is contained in a trowelful of the lime-sand mixture.]

37. [In ancient times, pens were either made from feathers (quills) or from reeds.]

38. [A thick reed cannot be held comfortably in the hand, and would not be used as a pen; a cracked reed is unsuitable because it would allow the ink to leak out.]

39. If the reed cannot be used for a pen, its significance depends on its value as a fuel; the Mishnah teaches that a fuel is significant in sufficient quantity to cook an easily cooked egg that has already been beaten and placed in a pot. [*Rambam,* in his *Commentary to the Mishnah,* states that the Mishnah refers to a *preheated* pot; the egg will cook even faster in such a pot. Cf. *Rashash.*]

The Gemara will identify the type of egg referred to by the Mishnah.

40. As the Gemara will discuss below, sand was often added to lime when it was used as plaster, for the strength of the plaster was greatly increased by this addition. The Mishnah teaches that the minimum amount of sand that is significant is the sand component of a trowelful of plaster.

41. As a sign of mourning for the destruction of the Temple, one is forbidden to decorate his house with white lime (*Rashi*).

42. Straw or sand darken the lime, and detracts from its convivial appearance (*Rashi*); thus, the Sages did not forbid the use of such plaster.

43. R' Yehudah holds that the enhanced strength of the plaster offsets the loss of its brightness, and such strength would be considered the plaster's "beauty" (see *Maharshal*); thus, plastering with it is still forbidden.

44. *Rashi's* preferred explanation; see *Tos. HaRosh* and *Hagahos Cheishek Shlomo;* see *Rashi* for another possible interpretation.

[For the halachah in practice, see *Orach Chaim* 560:1 with *Mishnah Berurah.*]

45. In order for the reed to be considered a viable pen, it must be long enough to be comfortably held in the writer's hand. The Gemara defines this length by stating that the top of the reed must reach the joints of the writer's fingers when he is holding it in a writing position. [An actual pen, however, is considered significant regardless of its size (*Sfas Emes*).]

46. The lower joint in the middle of the finger [i.e. the second joint of the finger] (*Rashi*).

כב א ב ג מיי' שם הלכה יא:
כג ד ה מיי' שם הלכה ד ופ"ט הלכה ה:

המוציא יין פרק שמיני שבת

ת"ר המוציא שיער כדי לגבל בו את הטיט [טיט] לעשות פי כור של צורפי זהב: סיד כדי לסוד: תנא כדי לסוד אצבע קטנה שבבנות אמר רב יהודה אמר רב בנות ישראל שהגיעו לפירקן ולא הגיעו [לשנים] בנות עניים טופלות אותן בסיד בנות עשירים טופלות אותן בסולת בנות מלכים טופלות אותן בשמן המור שנאמר ששה חדשים בשמן המור מאי שמן המור רב הונא בר חייא אמר סטכת רב ירמיה בר אבא אמר שמן זית שלא הביאה שליש תניא רבי יהודה אומר אנפיקנון שמן זית שלא הביאה שליש ולמה סכין אותו שמשיר את השיער ומעדן הבשר רב ביבי הויא ליה ברתא טפלה אבר אבר שקל בה ד' מאות זוזי הוה ההוא נכרי בשבבותיה הויא ליה ברתא טפלה בחד זימנא ומתה אמר קטל רב ביבי לברתי אמר רב נחמן רב ביבי דשתי שיכרא בעיין בנתיה טפלא אנן דלא שתינן שיכרא לא בעיין בנתן טפלא: ר' יהודה אומר כדי לסוד כלכול: מאי כלכול ומאי אנדיפי אמר רב צידעא ובת צידעא למימרא דשיעורא דר' יהודה נפיש הא קיי"ל דשיעורא דרבנן נפיש זוטא מדרבנן ונפיש מדרבי נחמיה מיתיבי א"ר נראין דברי רבי יהודה בחבוט ודברי רבי נחמיה בביצת הסיד ואי ס"ד צידעא ובת צידעא אידי ואידי חבוט אלא אמר רבי יצחק אמרי דבי רבי אמי אאנדיפא מתקיף לה רב כהנא וכי אדם עושה מעותיו אנפרות אלא אמר רב כהנא שנתות כדתנן שנתות היו בהין עד כאן לפר עד כאן לאיל עד כאן לכבש ואיבעית אימא מאי אנדיפא אפותא וכי הא דההוא בר גליל [דאיקלע לבבל] דאמרו ליה קום דרוש לנו במעשה מרכבה אמר להו אדרוש לכו כדדרש רבי נחמיה לחבריה ונפקא ערעיתא מן כותל ומחתיה באנדיפי ומית ואמרו ליה מן דיליה דא ליה: **מתני'** אדמה כחותם המרצופין דברי רבי עקיבא וחכמים אומרים כחותם האיגרות זבל וחול הדק כדי לזבל קלח של כרוב דברי רבי עקיבא וחכ"א כדי לזבל כרישא חול הגס כדי ליתן על מלא כף סיד קנה כדי לעשות קולמוס ואם היה עבה או מרוסס כדי לבשל בו ביצה קלה שבביצים טרופה ונתונה באילפס: **גמ'** על מלא כף סיד תנא כדי ליתן על פי כף של סיידין מאן תנא דחול מעלי ליה לסיד אמר רב חסדא רבי יהודה היא דתניא לא יסוד אדם את ביתו בסיד אא"כ עירב בו תבן או חול ר"י אומר תבן מותר חול אסור מפני שהוא טרכסיד רבא אמר אפילו תימא רבנן קילקולו זהו תיקונו: קנה כדי לעשות קולמוס: תנא קולמוס המגיע לקשרי אצבעותיו בעי רב אשי קשר העליון או קשר התחתון תיקו: ואם היה עבה כו': תנא טרופה בשמן ונתונה באילפס אמר ליה מר בריה דרבינא לבריה מי שמיע לך ביצה קלה מאי היא אמר ליה ביעתא דצילצלא מאי טעמא משום דזוטרא אימא דציפרתא אישתיק אמר ליה מידי שמיע לך בהא [אמר ליה הכי] אמר רב ששת ביצת תרנגולת ומאי קרו לה ביצה קלה שיערו חכמים אין לך ביצה קלה לבשל יותר מביצת תרנגולת ומאי שנא כל שיעורי שבת כגרוגרת והכא כביצה אמר ליה הכי אמר רב נחמן כגרוגרת מביצה קלה:
מתני'

רש"י

שיער. יפה לטיט: ה"ג טיט כדי לעשות פי כור של צורפי זהב: אצבע קטנה. דרכן לסוד את כל הגוף להאדים: שהגיעו לפרקן ולא הגיעו. שהביאו שתי שערות ולא באו לכלל שנים הראויות לכך ומתביישות בדבר: טופלות. מושחות: אנפיקנון. דתנן במנחות (דף פה:) אין מביאין אנפיקנון הוא שמן זית שלא הביא שליש: ולמה סכין אותו. היינו שמן המור: טפלה. בסיד: שקל בה ד' מאות זוזי. שנתייפה וקפלו עליה המהוגנין לה ונתנו (לה) ממון: השכר משחיר ומרבה שיער: כלכול צידעא. טינפל"א וסדין אותה להשכיב השיער: בת צידעתא. למטה הימנה להסיר שיער דק והוא אנדיפי: למימרא דשיעורא דר' יהודה נפיש. בתמיה והא קיימא לן גבי גמי דשיעורא דרבי יהודה זוטר ומחמיר בשיעורי שבת: ומשני נפיש מדר' נחמיה וזוטר מדרבנן. דאמרי לסוד אצבע קטנה: בחבוט. סיד הנימוח במים הרבה דהוא עשוי לסוד כלכול: ודברי רבי נחמיה בביצת הסיד. הנגבל במים ועשוי בילים בילים מוטנ"ס בלע"ז הוא עשוי לסוד אנדיפי: ואי ס"ד אנדיפי נמי שיעור הוא כגון בת צידעא: אידי ואידי. כלכול ואנדיפי תרווייהו בסיד חבוט ונמוח סדין אותו: אנדיפא. כלי חרס ולו שני דדין אחת למעלה ואחת למטה וכשרוצה למלאותו סותם את הדד התחתון ולשון אנדיפי שתי פיות כדתניא (עירובין דף קד.) מעלין בדיופי ובתוספתא גרס באנדיפי: אנפרות. הפסד לשום יין בכלי סתום בסיד והיין ממחה הסיד ויוצא: שנתות. סימנים כלי חרס גדול ויש בו בליטות בליטות כמין אגוזים קטנים עד כאן לסאה עד כאן לסאתים וסדין אותו בסיד כדי שיהיו לבנות ונכרות: כדתנן. במנחות שנתות היו בהין: עד כאן לפר. חצי ההין: עד כאן לאיל. שלישית ההין: עד כאן לכבש. רביעית ההין דכתיב חצי ההין יהיה לפר וגו' כן לשון מורי הזקן מפי אביו שמע מר' שמעון ורבותי מפרשים אנדיפא כל הגוף ומתוך שאינו עשוי להשכיב השיער אלא להאדים בעי סיד עב: אנפרות. שאינו סד בו בתו לאחר שקנאו דחייש שמא תמות כי ברתיה דההוא נכרי: שנתות. כלומר אבר אבר יטפלנה ואי אפשר בלשון זה ולא נאמר שיטת הש"ס כן להזכיר אבר אבר בלשון שנתות ויצטרך להביא פירוש לפירושו שנתות היו בהין: אפותא. פדחת שלא במקום שיער ולהאדים: ערעיתא. לירעה: באנדיפי. פדחתו: מן דיליה דא ליה. מידו היתה זאת לו שלא היה לו לדרוש במרכבה: **מתני'** אדמה. ארזיל"א: מרצופין. שקין העשוין מקליפת עץ גדול שנושאין בהן פרקמטיא בספינות וחותמין אותם: כחותם האיגרות. שחותמין אותם שלא יקרב איש בהן אלא מי שנשתלחו לו ושיעורא דרבנן זוטר: כרישא. קפלוט ושיעוריה זוטר משל כרוב: על מלא כף סיד. בגמרא מפרש כף של סיידין טרואי"ל בלע"ז: מרוסס. סדוק סדקין הרבה כמו והכה הבית הגדול רסיסים (עמוס ו): ביצה קלה. בגמרא מפרש לה: גמ' לא יסוד אדם את ביתו בסיד. לאחר חורבן משום אבילות של ירושלים: תבן או חול. שלא יהא לבן כל צרכו: טרכסיד. סיד חזק ומתקשה יותר משאם לא עירב בו: קילקולו זהו תיקונו. דאי לאו דמקלקל ליה ומשחירו לא היה מישתרי הלכך ע"כ הא דקשיא ליה מעליותא היא לגביה ומשערינן ביה ורבותי מפרשין קילקולו לובן זה תיקונו לענין חוזק ולא נהירא לי דקילקולו זהו תקונו משמע דשם הקלקול מתקנו ולהאי לישנא אין שם הקלקול מתקנו ולמה הוזכר קילקול כאן הכי הוי [ליה] לתרוצי נהי דאשחורי משחיר אחזוקי מחזיק: קשר עליון. של אמצע היד או קשר תחתון של אמצע האצבע: טרופה בשמן. שממהרת לבשלה: דצילצלתא. עוף קטן: כל שיעורי שבת. באוכלין וכל הוצאתן וקצירתן וטחינתן כגרוגרת: כגרוגרת. מבילת תרנגולת שהיא ממהרת לבשל ולא כבילה שלימה שעורו:
מתני'

תוספות

המוציא שיער כדי לגבל בו את הטיט טיט כדי לעשות פי כור. כן גרס בתוספתא וכן גרס רש"י והכך גירסא שיער כדי לגבל בו את הטיט כשיעור טיט הנעשה מרביעית מוכלין אבל לספרים דגרסי שיער כדי לגבל בו טיט לעשות פי כור של צורפי זהב קשה דלאמר לעיל אין אדם טורח לגבל טיט כדי לעשות פי כור ויש לפרש דמיירי בטיט שהוא מגובל כבר ואחר הגיבול נותנין בו שיער כדי לתקנו:

שהגיעו לפירקן ולא הגיעו. פירוש בסמוך לפירקן שקרובות להנשא ועושות כדי ליפות וללבן עצמן כדאמרינן בפרק אע"פ (כתובות דף נט:) הרוצה ללבן את בתו ישקנה חלב ויאכילנה אפרוחין סמוך לפירקה: שייך לקמן פא.

למימרא דשיעורא דר' יהודה נפיש. ואע"ג דלאשכחן תרווד שהוא גדול הרבה כדאמר בנזיר בפרק כ"ג (דף נ:) גבי מלא תרווד רקב כמה שיעורו חזקיה אמר מלא פיסת יד ור' יוחנן אמר מלא חפניו התם ודאי מיירי בתרווד גדול כדתנן במסכת כלים בפ' י"ז (משנה יב) שאמר מידה גסה מלא תרווד רקב כמלא תרווד גדול של רופאים אבל הכא להוצאת שבת מיירי בעיניה ותרווד קטן חשוב הוא הרבה (דף פ"ג) אף סלקא דעתך שהוא אף גל שהוא גדול ומשני בחפי פותחת שהן קטנים:

רבינו חננאל

שיעור ומזו חצי שיעור פטור. רבא לטעמיה דאמר רבא רשות שבת כרשות הגיטין. ועיקר הא שמעתא בגיטין בהזורק ההוא גברא דזרק לגיטא לדביתהו הוה קיימא בחצר ואזל גיטא ונח בפיסלא. אמר רב יוסף אי הואי ארבע אמות על ארבע אמות פלוג ליה רשותא לנפשי' ואי לא חדא רשותא היא. וקסבר רבא חדא רשותא בשבת מיפלגא בפיסלא כי היכי דמפלגא לענין גיטין. ופי' פיסלא מקום כגון עמוד גבוה עשרה ורחב ד': **כחול** כדי לכחול עין אחת וא"ר הונא שכן צנועות כוחלות עין אחת. הכין פירושא שכוחלת עין אחת ומכסה את העין האחרת ויוצאה לשוק ותראה באחת מעיניה. ורב הונא הוא דמתנינן לאו רב הונא וההיא דר' שמעון בן אלעזר אם לתכשיט ב' עינים. אוקימנא בעניות שאינן רגילות לצאת. (רגילות לצאת) לשוק (ואם שם שוק לצאת אליו): **חרסית** כדי לעשות פי כור של צורפי זהב ר' יהודה אומר כדי לעשות פיטפוט פירוש פיטפוט גבשוש. או בנין בארץ ששופתין עליו את הקדירה. וג' פיטפוטין הן. ויש שסומכין פטפוט לכותל ומניחין עליו את הקדיר' וסומכין אותו לכותל. ומקשי' כי מכדי בשיעור' דשבת קא חזינן דר' יהודה קא מחייב וממעט מן שיעורי דרבנן דהא לענין גמי לרבנן לא מחייב אלא בכדי לעשות תלאי לנפה ולכברה. ור' יהודה מחייב אפילו על מה שנוטלין ממנו. מדת מנעל לקטן. ומוקמינן לה להא פטפוט לכירה קטנה קאמר והוא בציר מן פי הכור של צורפי זהב: **אמר** רב יהודה אמר רב בנות שהגיעו לפרקן ולא הגיעו [לשנים]. שהגיעו לשנים שהאשה בוגרת ולא בגרה ולא גדלה בשר מה עושין להן. עניות טופלין אותן בסיד. טפילה זו בלשון ישמעאל טלא טח את העור בשרה בסיד. ומה צורך לכך כדי שיסתתמו נקבים קטנים. בטיית אל מסאס. וגומות שיער שבעור וכיוצא בהן ויכנס הבל לפנים ולא יצא ויחם קרבה ותגבור ותגדל בשר. ואם בת עשירים היא טופלין אותן בסולת. והמלכים יש להם סממנים אחרי' כגון שמן המור. וכיוצא בו. טפית. קורין אותו סטנת. ויש שקורין אותו סטקת. והוא בלשון ארמית שומנא דמורא. ובל' ישמעאל לבן אל נאמן. וריחו טוב. ולא מן הרמונים הוא אלא כך נקרא וממימי שרף הוא והוא הנקרא עוד בל' ארמית מירא. והוא תרגם מר דרור ומי שטופל את הבת את כל בשרה פעם אחת את כל הבל שלה נכנס לפנים והיא מתחממת ומתה כדרך שהשיג את הגוי. ולענין חלוקת ר'

תורה אור השלם

א) וּבְהַגִּיעַ תֹּר נַעֲרָה וְנַעֲרָה לָבוֹא אֶל הַמֶּלֶךְ אֲחַשְׁוֵרוֹשׁ מִקֵּץ הֱיוֹת לָהּ כְּדָת הַנָּשִׁים שְׁנֵים עָשָׂר חֹדֶשׁ כִּי כֵּן יִמְלְאוּ יְמֵי מְרוּקֵיהֶן שִׁשָּׁה חֳדָשִׁים בְּשֶׁמֶן הַמֹּר וְשִׁשָּׁה חֳדָשִׁים בַּבְּשָׂמִים וּבְתַמְרוּקֵי הַנָּשִׁים: (אסתר ב, יב)

הגהות הב"ח

(א) גמ' במעשה מרכבה דרוש להו ואמר להו: (ב) שם כביצת תרנגולת ומאי:

גליון הש"ס

מתני' חול הגס כדי ליתן. עי' לקמן דף ל ע"א תוס' ד"ה טורית:

The Gemara has no resolution, and concludes: **תֵּיקוּ – Let [the question] stand.**

The Mishnah stated:

וְאִם הָיָה עָבֶה כו׳ – AND IF IT WAS THICK etc. [or cracked, enough to cook the most easily cooked of eggs, beaten and placed in a pot].

The Gemara cites a Baraisa that explains this final ruling:

תָּנָא – A Baraisa taught: טְרוּפָה בְּשֶׁמֶן וּנְתוּנָה בְּאִילְפָּס – The Mishnah refers to an egg that was **BEATEN** (i.e. mixed) **WITH OIL AND PLACED IN A POT.**[47]

The Gemara attempts to identify the "most easily cooked of eggs" referred to in the Mishnah:

אֲמַר לֵיהּ מַר בְּרֵיהּ דְּרָבִינָא לִבְרֵיהּ – Mar the son of Ravina said to his son: מִי שְׁמִיעַ לָךְ בֵּיצָה קַלָּה מַאי הִיא – Have you heard any explanation of what kind of egg "an easily cooked egg" is? אֲמַר לֵיהּ – He replied to him: בֵּיעֲתָא דְּצִילְצְלָא – I have heard that it is **the egg of a small dove.**[48] Mar asked his son: **מַאי טַעְמָא – What is the reason** that this egg cooks easily? **מִשּׁוּם דְּזוּטְרָא –** His son replied: **Because it is very small,** and cooks more quickly. Ravina persisted: **אֵימָא דְּצִיפָּרְתָּא – Say** instead that it refers to the egg **of a hummingbird,** which is an even smaller egg! **אִישְׁתְּתִיק – [His son] was silent,** conceding that he could not defend his definition. **אֲמַר לֵיהּ – [His son] said to him: מִידִי שְׁמִיעַ לָךְ בְּהָא – Have you heard anything about this? [אֲמַר לֵיהּ הָכִי] אָמַר רַב שֵׁשֶׁת – [Mar] replied to him: This is what Rav Sheishess said: בֵּיצַת תַּרְנְגוֹלֶת –** The "most easily cooked of eggs" is **the egg of a hen. וְאַמַּאי קָרוּ לָהּ בֵּיצָה קַלָּה – And why do they call it "an easily cooked egg"? שֶׁשִּׁיעֲרוּ חֲכָמִים –** Because **the Sages measured** and determined **אֵין לָךְ בֵּיצָה קַלָּה לְבַשֵּׁל – that there is no egg that is easier to cook יוֹתֵר מִבֵּיצַת תַּרְנְגוֹלֶת – than the egg of a hen.**[49]

Mar's son asked:

וּמַאי שְׁנָא כָּל שִׁיעוּרֵי שַׁבָּת כִּגְרוֹגֶרֶת – But what is unique about this law, **that all the measures** of food **with respect to the Sabbath**[50] **are the equivalent of a dried fig, וְהָכָא כְּבֵיצָה – but here** the measure is **the equivalent of a full egg?**[51]

Mar replies:

אֲמַר לֵיהּ – He replied to [his son]: הָכִי אָמַר רַב נַחְמָן – This is what Rav Nachman said: כִּגְרוֹגֶרֶת מִבֵּיצָה קַלָּה – He is liable if he takes out enough reed to cook **the equivalent of a dried fig's volume of an easily cooked egg.**[52]

NOTES

47. Beating the egg allows it to cook faster (*Rashi;* see above, note 39).

48. See *Aruch* ד״ה צצלא.

49. Although there are smaller eggs than those of a hen, the Sages determined that none cook faster than a hen's egg.

50. With respect to all *melachos* that are performed upon food (e.g. harvesting, grinding, transferring), one is liable once the *melachah* was performed to the equivalent of the volume of a dried fig (*Rashi*).

51. The Mishnah seems to state that the reed must be large enough to cook an *entire* hen's egg, even though it is larger than a dried fig. The Gemara asks why this should be so, if a dried fig's volume of food is always considered significant. See *Sfas Emes* and *Yad David* [*Basra*].

52. I.e. the Mishnah does not mean that there must be enough reed to fuel the fire that cooks an entire egg; it is enough if it can fuel the fire that cooks a portion of an egg that is equivalent to the volume of a dried fig (*Rashi*).

Mishnah The Mishnah continues to list minimum amounts for substances with respect to liability for carrying them out on the Sabbath:

עֶצֶם – If one carries out **bone,** כְּדֵי לַעֲשׂוֹת תַּרְווָד – he is liable if he takes out **enough to make a spoon;**[1] רַבִּי יְהוּדָה אוֹמֵר – **R' Yehudah says:** כְּדֵי לַעֲשׂוֹת מִמֶּנּוּ חָף – **enough to make a lock from it.**[2] זְכוּכִית – **Glass,** כְּדֵי לִגְרוֹר בּוֹ רֹאשׁ הַכַּרְכָּר – **enough to scrape the head of a** weaver's **pick with it.**[3] צְרוֹר אוֹ אֶבֶן – **A pebble or a stone,** כְּדֵי לִזְרוֹק בְּעוֹף – large **enough to throw at a bird.**[4] רַבִּי אֶלְעָזָר בַּר יַעֲקֹב אוֹמֵר – **R' Elazar ben Yaakov says:** כְּדֵי לִזְרוֹק בִּבְהֵמָה – Large **enough to throw at an animal.**[5]

Gemara The Gemara notes that a lock of bone requires more bone than does a spoon. Accordingly, the Gemara asks:

לְמֵימְרָא דְּשִׁיעוּרָא דְּרַבִּי יְהוּדָה נָפִישׁ – **Do you** then **mean to say** that **the measurement of R' Yehudah is greater?** הָא קַיְימָא לַן – **But we have established** דְּשִׁיעוּרָא דְּרַבָּנַן נָפִישׁ – **that** in disputes of this nature, **the measurement of the Rabbis is** generally **greater,** and R' Yehudah usually holds the more stringent position![6]

The Gemara answers:

אָמַר עוּלָּא – **Ulla said:** חַפֵּי פוֹתַחַת – R' Yehudah fixes the minimum at enough bone to make **the teeth of a lock.**[7] Thus, his measure is indeed smaller than that of the Rabbis.

The Gemara cites a Baraisa that teaches laws relating to the teeth of locks:

תָּנוּ רַבָּנַן – **The Rabbis taught in a Baraisa** חַפֵּי פוֹתַחַת טְהוֹרִין – THE TEETH OF A LOCK ARE *TAHOR*.[8] קְבָעָן בַּפּוֹתַחַת – IF ONE FIXED THEM TO A LOCK, טְמֵאִין – THEY ARE *TAMEI*.[9] These laws apply to the locks of utensils such as chests. וְשֶׁל גַּל – BUT if the locks are THOSE OF A GATE, אַף עַל פִּי שֶׁחִיבְּרָן בַּדֶּלֶת – EVEN IF HE FIXED THEM TO THE DOOR וּקְבָעָן בְּמַסְמְרִים – AND SECURED THEM WITH NAILS,[10] טְהוֹרִין – THEY ARE *TAHOR*, שֶׁכָּל הַמְחוּבָּר לַקַּרְקַע הֲרֵי הוּא כַּקַּרְקַע – FOR ANYTHING THAT IS ATTACHED TO THE GROUND IS treated LIKE THE GROUND, and thus cannot contract *tumah*.[11]

The next section of the Mishnah states:

זְכוּכִית כְּדֵי לִגְרוֹר בּוֹ – GLASS, ENOUGH TO SCRAPE etc. [the head of a weaver's pick with it].

The Gemara cites a Baraisa that mentions a different use of glass:

תָּנָא – **A Baraisa taught:** סְכוּכִית – GLASS,[12] כְּדֵי לִפְצוֹעַ בָּהּ שְׁנֵי נִימִין כְּאַחַת – ENOUGH TO CUT TWO warp THREADS from the loom AT ONCE.[13]

The Mishnah stated further:

צְרוֹר אוֹ אֶבֶן – A PEBBLE OR a STONE, כְּדֵי לִזְרוֹק בְּעוֹף – Large ENOUGH TO THROW AT A BIRD; רַבִּי אֶלְעָזָר כו' – R' ELAZAR etc. [says: Large enough to throw at an animal].

The Gemara qualifies R' Elazar's ruling:

אָמַר רַבִּי יַעֲקֹב אָמַר רַבִּי יוֹחָנָן – **R' Yaakov said in the name of R' Yochanan:** וְהוּא שֶׁמַּרְגֶּשֶׁת בָּהּ – **And [the stone or pebble]** must be large enough **that [the animal] feels it** when it is thrown at it.[14] וְכַמָּה שִׁיעוּרוֹ – **And how much is its measurement?** I.e. how heavy must the stone be? תַּנְיָא – **It was** explicitly **taught in a Baraisa:** רַבִּי אֶלְעָזָר בֶּן יַעֲקֹב אוֹמֵר – R' ELAZAR BEN YAAKOV SAYS: מִשְׁקַל עֲשָׂרָה זוּז – The stone must be THE WEIGHT OF TEN ZUZ.

The Gemara discusses laws that apply to other types of stones:

זוּנִין עַל לְבֵי מִדְרְשָׁא – **Zonin came into the study hall.** אָמַר לְהוּ רַבּוֹתַי – **He said to [the assembled Sages]: My teachers!** אֲבָנִים שֶׁל בֵּית הַכִּסֵּא – **Stones** which are used for wiping one's self after use **of the bathroom,**[15] שִׁיעוּרָן בְּכַמָּה – **what is their measurement?**[16] אָמְרוּ לוֹ – **They replied to him:** כְּזַיִת כָּאֱגוֹז וְכַבֵּיצָה – Three stones – the first **the size of an olive,** the second

NOTES

1. This refer to a small measuring spoon used by doctors (*Rambam, Commentary to the Mishnah, Ritva MHK* ed.).

2. [Literally: teeth.] The Gemara initially assumes that this refers to a lock made entirely of bone (*Rashi*; see *Maharam* and *Chasam Sofer*; see also Gemara below).

3. The warp threads of a loom would sometimes become entangled; the weaver had a wooden pick which he would insert between the threads to separate and align them (see above, 75b, and notes 29-30 there). The pick had a pointed head, which would be kept sharp by scraping it with glass (see *Rashi*).

4. One who wishes to drive away a bird may do so by tossing a pebble at it; in order to be effective, the pebble must have a certain amount of heft. The minimum size of a significant pebble is one that is heavy enough to chase a bird away. [See, however, *Sfas Emes*.]

5. R' Eliezer ben Yaakov holds that a person will not bother to toss a pebble at a bird to chase it away, for he can simply yell at it and it will take flight; thus, he requires that the pebble be heavy enough to throw at an animal and make it move (*Rashi*). [This is a larger stone than that required by the Tanna Kamma; the Gemara will discuss how large it must be.]

6. See above, 80a note 37.

7. In Talmudic times, wooden locking mechanisms were affixed to chests and doors; the locks were opened and closed by means of keys that were left in the locks (see *Rashi* to *Bava Basra* 7b ד״ה פותחת). The internal workings ("teeth" – i.e. tumblers) of these mechanisms were made of bone. Ulla explains that R' Yehudah requires only enough bone to make the internal workings of such a mechanism. And the amount of bone required to make these workings is less than that which is required to make a spoon.

8. The Baraisa speaks of workings that are not yet installed in a lock; they are *tahor*, because they have no function in their present state (*Rashi*).

9. [Once the workings are installed in the lock, they have the status of a utensil; and] bone utensils [unlike wooden ones] can contract *tumah* even if they have no receptacle, just as metal utensils can (*Rashi*, from *Chullin* 25b; cf. *Tosafos*). And although the main body of the lock is made of wood, and the workings should have the same law as the lock (since they are fixed to it), the lock too can contract *tumah* because it *does* have a receptacle [for the key] (*Rashi*; see *Tosafos, Maharsha, Maharam* and *Chasam Sofer*).

10. [*Rashi's* text seems to have omitted the word בַּדֶּלֶת. According to his text, the Baraisa would mean: Even if he fixed *the teeth to the lock* and secured the lock to the door with nails . . . (see *Maharam* and *Rashash*; cf. *Tosafos;* see also *Maharsha*).]

11. See *Rashi* to *Leviticus* 11:34 and 11:36.

12. [The words זכוכית and סכוכית both refer to glass; it is called זכוכית because it is clear (זַכָּה) and it is called סכוכית because people gaze (סוכין) at it [i.e. at a mirror] (*Rashi*).

13. The weaver would cut excess lengths of warp thread from the loom using a piece of glass (see *Rashi* to 73a ד״ה הפוצע). This Baraisa fixes the minimum for glass at a piece large enough to cut two of the warp threads with a single pass.

[*Meiri* writes that (although the functions mentioned in the Mishnah and the Baraisa are different) the amount of glass required for both is identical.]

14. I.e. not only must the stone be large enough to startle the animal, it must be large enough that its impact will elicit some reaction from the animal when it strikes (see *Rashi*).

15. [In Talmudic times, paper was not used to wipe the rectal area after defecation; instead, people would use small, sharp-sided stones to wipe themselves and remove traces of excrement.]

16. Zonin asked the Sages how many of this type of stone the Rabbis permitted one to take on the Sabbath [generally, stones are *muktzeh,* and the Sages did not permit taking more stones than necessary – see *Rashi* to *Succah* 36b; see note 20]. Alternatively, Zonin asked the Rabbis for

מתני׳ עצם כדי לעשות תרווד רבי יהודה אומר כדי לעשות ממנו חף זכוכית כדי לגרור בו ראש הכרכר צרור או אבן כדי לזרוק בעוף רבי אלעזר בר יעקב אומר כדי לזרוק בבהמה: **גמ׳** למימרא דשיעורא דר׳ יהודה נפיש הא קיימא לן דשיעורא דרבנן נפיש אמר עולא חפי פותחת: תנו רבנן חפי פותחת טהורין קבען בפותחת טמאין ושל גל אף על פי שחיברן בדלת וקבען במסמרים טהורין שכל המחובר לקרקע הרי הוא כקרקע: זכוכית כדי לגרור בו: תנא סכוכית כדי לפצוע בה שני נימין כאחת: צרור או אבן כדי לזרוק בעוף רבי אלעזר כו׳: אמר רבי יעקב אמר רבי יוחנן והוא שמרגשת בה וכמה שיעורו תניא רבי אלעזר בן יעקב אומר משקל עשרה זוז: זונין על לבי מדרשא אמר להו רבותי אבנים של בית הכסא שיעורן בכמה אמרו לו כזית כאגוז וכביצה אמר להו וכי טורטני יכנס נמנו וגמרו מלא היד תניא רבי יוסי אומר כזית כאגוז וכביצה ר״ש ברבי יוסי אומר משום אביו מלא היד: ת״ר (בשבת) ג׳ אבנים מקורזלות מותר להכנים לבית הכסא וכמה שיעורן ר״מ אומר כאגוז רבי יהודה אומר כביצה אמר רפרם בר פפא אמר רב חסדא כמחלוקת כאן כך מחלוקת באתרוג התם מתני׳ הכא ברייתא אלא כמחלוקת באתרוג כך מחלוקת כאן אמר רב יהודה אבל לא את הפאיים מאי פאיים אמר רבי זירא כרשיני בבלייתא אמר רבא אסור למשמש בצרור בשבת כדרך שממשמש בחול מתקיף לה מר זוטרא ליסתכן כלאחר יד אמר רבי ינאי אם יש מקום קבוע לבית הכסא מלא היד אם לאו כהכרע מדוכה קטנה של בשמים אמר רב ששת אם יש עליה עד מותר מיתיבי עשרה דברים מביאין את האדם לידי תחתוניות ואלו הן האוכל עלי קנים ועלי גפנים ולולבי גפנים ומוריגי בהמה בלא מלח ושדרו של דג ודג מליח שלא בישל כל צורכו והשותה שמרי יין והמקנח בסיד ובחרסית בצרור שקינח בו חבירו ויש אומרים אף התולה עצמו בבית הכסא לא קשיא הא בלח הא ביבש ואיבעית אימא כאן מצד אחד וכאן מב׳ צדדין ואיבעית אימא הא דידיה הא דחבריה א״ל אביי לרב יוסף ירדו עליה גשמים ונשטשטשו מהו א״ל אם היה רישומן ניכר מותר בעא מיניה רבה בר רב שילא מרב

רש״י

מתני׳ תרווד. כף קונליי״ר: חף. קס״ד דפותחת של חף עלמה ושיעורה נפיש מתרווד: כרכר. עץ יש לאורגין וראשו חד: כדי לזרוק בבהמה. דלא טרח איניש למשקל צרור משום עוף להבריחו דבקלא בעלמא פרחי ליה אזיל ליה: **גמ׳** והא קיי״ל דשיעורא דרבנן נפיש. גבי לעשות תלאי: חפי פותחת. שיניים הקבועים בה ולא היא עלמה ועושים אותם מעלם: חפי פותחת טהורין. דכל זמן שלא חברן בה אינן ראויין לכלום: טמאין. דכלי עלם ככלי מתכות ופשוטיהן טמאין בהכל שוחטין (חולין דף כה:) ולאו משום המחובר לפותחת וכל המחובר לטהור טהור פותחת יש לה בית קיבול ומקבל מפתח: ושל גל. ואם הפותחת הזאת אינה של כלים כגון של שידה ומגדל אלא של גל כמו טרוקי גלי כגון לדלתות שערי החלר אע״פ שחברן בפותחת הואיל ותבור זה בדלת היא ודלת בנין מחובר לקרקע טהורין: סכוכית. זכוכית ועל שם סוכין (א) קרי סכוכית ועל שם שהיא זכה קרי זכוכית: והוא שמרגשת. הבהמה בצרור זה בהכאתו: שיעורן בכמה. להתחייב עליהן אי נמי לטלטלן בחלר ולהכניסן לבית הכסא ולידי ולידי חד שיעורא הוא דבמידי דחזי להו מיחייב על הולאתו: כזית כאגוז כביצה. שלש מכניסין לקינוח ומקנח זו אחר זו אחת כזית ואחת כאגוז ואחת כביצה בתחלה מקנח פי הרעי (ב) בקטנה להסיר רעי הנדבק שם שהגדולה פותחת ומלכלך סביבותיו: טורטני. מאזנים יכנים לשם לשקול: מלא היד. בין שלשתן או אפילו הן ד׳ וה׳ ובין כולן מלא היד: מקורזלות. ביקועי״ש שיהיו ראויות לקינוח: מותר להכנים. בתוך ד׳ אמות או בחלר דלא ליתסר לטלטוליהו: כאגוז. כל אחת ואחת: התם מתני׳. פלוגתא דאתרוג מתני׳ היא במסכת סוכה והיא סדורה בפי התלמידים: והכא ברייתא. ויש הרבה תלמידים שלא שנאוה והוא תולה הידועה בשאינה ידועה: כך מחלוקת כאן. ולסימנא בעלמא אמרה דלא תשכח לגירסא דברייתא ואם תשכחה הזכר ממשנתך דאתרוג: אבל לא הפאיים. כמו שקל פיסת רגב (סנהדרין דף סד.) שקורין גליסט״א דהואיל ומיפרכה לא חזי לקינוח ואסורה לטלטל: כרשיני בבלייתא. הכי מיקרו משום שבבבל ארץ לחה היא והמחרישה מעלה רגבים: למשמש. הנלרך ליפנות ואינו יכול ליפנות אמרינן לקמן בפירקין דממשמש בצרור בנקב והוא נפתח וקא סלקא דעתך דקאמר ובשבת אסור למשמש כלל כדרך שממשמשים בחול: ליסתכן. דאמר מר (תמיד פ״א דף כז:) עמוד החוזר מביא אדם לידי הדרוקן: ומשני כלאחר יד. האי כדרך דקאמר רבא כדרך הממשמש בחול בלא שינוי משום השרת נימין אבל כלאחר יד כגון אוחז צרור בב׳ אצבעותיו שפיר דמי: אם יש מקום קבוע לבה״כ. שאם ישתיירו לו ערבית יקנח בהם שחרית מכנים שם מלא יד: כהכרע. כשיעור המכריע כאגוז נפיש מכזית וזוטר מכביצה: מדוכה קטנה. מלאכתה לאיסור אסור לטלטל: ואם יש עליה עד. קנוח המעיד שעשויה לכך מותר לטלטלה לקינוח: תחתוניות. פיג״ש: לולבי גפנים. אותן פילולין הגדלין בגפן וקורין וודיל״ש: מוריגי בהמה. כל בשר שיש בבהמה העשוי כמורג שהוא פגום וחרוקה כמורג חרוץ חדש כלומר כל מקום שאין הבשר חלק כגון קליפת הלשון וכגון החיך שיש בו כמין קולין וכפגימות ובית הכוסות: שקינח בו חבירו. אסיד ואחרסית נמי קאי: התולה. שאינו יושב אלמא קינח בו חברו לא חזי לקינוח ואע״ג דאמר לעיל אם יש עליה עד מותר: לח. לא חזי יבש חזי: מצד אחד. באותו לד שקינח בו חבירו לא חזי לקינוח אבל בלד שני חזי: דידיה. שהיה קינוח שלו: ונשטשטשו. אותו עד: מהו. מי בטיל ליחוד דידהו או לא: אי רשומו ניכר מותר. דכיון דמאיס לא חזי לבשמים ולא מיבטל ליה מבית הכסא:

תוספות

חפי פותחת טהורין. פי׳ בקונטרס שיניים של עלם ועושין אותם בפותחת (ג) לפתוח וקודם שלא נקבעו אין ראוין לכלום קבען בפותחת טמאין דכלי עלם כמתכות ופשוטיהם טמאים כדאמר בהכל שוחטין (חולין דף כה:) ולאו משום דמחובר לפותחת והמחובר לטהור טהור פותחת יש לה בית קיבול למקבלת מפתח ומה שפירש דפשוטי כלי עלם טמאים כדאמר בהכל שוחטין לא דק דהתם לא איירי אלא בגולמי כלי עלם ח) אבל פשוטי כלי עלם הא תנן ומייתי לה בפ״ק (דף טז:) כלי עץ כלי עור כלי עלם כלי זכוכית פשוטיהן טהורין ומה שפירש דחפין הן של עלם קשה לר״י דגבי כלי מתכות מייתינן בתוספתא דכלים ועוד דאי בשלא נקבעו אין ראוין לכלום אם כן פשיטא דטהורין ומה שפי׳ שפותחת יש לה בית קיבול לקבל המפתח הא לא חשיב בית קיבול שאין המפתח עשוי לטלטל ע״י אותו בית קיבול כמו הקיטע יולא בקב שלו (לעיל דף סו.) לטהור כשאין בו בית קיבול כתיתין דפי׳ בקונט׳ דמה שמניח ראש שוקו בתוכו לא חשיב בית קיבול שאין השוק מיטלטל על ידו ועוד דפי׳ דפותחת גורמת טומאה לחף אדרבה תנן במס׳ כלים בפי״ג (משנה ו) פותחת של עץ וחפין של מתכת טמאה פותחת של מתכת וחפין שלה של עץ טהורה אלמא בתר חפין אזלינן ואע״ג דמשמע דאתיא כרבי נחמיה דלא אזיל בתר מעמיד אלא בתר תשמיש דהיינו חותם בברייתא דשמעתין נמי נראה לר״י דאתיא כוותיה דקתני סיפא דהכא טבעת של מתכת וחותם של אלמג ר׳ נחמיה מטהר ונראה לר״י דבחפין של מתכת איירי ואע״פ שלא נקבעו ראויין הם קצת ליתנם בפותחת ואפילו הכי טהורין דגולמי כלי מתכות טהורין קבען בפותחת טמאין שנגמרה מלאכתן וכן משמע בסמוך דטעמא משום גמר מלאכה דקתני ושל גל אע״פ שחברן לדלת כו׳ דמשמע מה שקבען לדלת יש לו לגרום טומאה אלא כיון שאין להם פותחת (ד) [וחף] קבוע בגל טהור:

אסור למשמש בצרור. פירש בקונטרס הנלרך לפנות ואינו יכול אסור משום השרת נימין וא״ת והא רבא בדבר שאין מתכוין סבר כר״ש בספ״ב דבילה (דף כג.) וכה״ג פריך לקמן לרבי יוחנן דאסר משום השרת נימין ויש לומר דהכא במשמוש צרור הוי פסיק רישיה:

ואם לאו כהכרע. ונראה לר״ת כגירסת ר״ח ואם לאו כהכרע מדוכה קטנה של בשמים והכרע פי׳ רגל כמו כרעי המטה וכן מפרש בירושלמי כמלא רגל מדוכה קטנה של בשמים: פ) **אמר** רב ששת אם יש עליה עד מותר. מילתא באפי נפשה היא פירוש מותר לקנח בה אפילו גדולה יותר מכבילה או אם יש הרבה ממלא היד מותר ליטול כולן דכיון דיש עליהן עד הוכנו כולן:

מהו

עין משפט נר מצוה

כד א מיי׳ פי״ח מהל׳ שבת הלכה יב:
כה ב ג שם הלכה יא:
כו ד מיי׳ פכ״א שם הל׳ ד סמג לאוין סה טוש״ע או״ח סימן שיב סעיף א:
כז ה מיי׳ שם טוש״ע שם סעיף ד:
כח ו מיי׳ שם הל׳ ה׳ טור ושו״ע שם סעיף ז:
כט ז מיי׳ שם טוש״ע שם סעיף א:
ל ח מיי׳ שם הל׳ ד טוש״ע שם סעיף ג:

רבינו חננאל

אם עירב חול בסיד הוא טרכסיד ואסור. וקסבר דהא מתני׳ חול גס כדי ליתן על מלא כף סיד. ר׳ יהודה היא (רב פפא) [רבא] אמר אפי׳ תימא רבנן. קלקלו זהו תקונו איכא ביה ב׳ פירושים חד לענין שופריה דסיד. האי ברייתא (לאו) לענין שחרירותיה. וקסברי רבנן דסיד שיעירב בו חול. אע״פ שהוא מחזק כן הלך יופיו ומותר בגבולה. והכא משו״ה קאמרי חול גס כדי ליתן על מלא כף סיד. ופירוש שני כיון שלא שרי למיסד ביה בגבולה עד שיערב בו חול (ההוא ליה) הקלקול דקא מקלקל הוא התקון והלכך משערינן חול גס כדי ליתן על מלוא כף סיד שיהא מותר לסוד בו: צוצלא עוף ממין התורין. ובלשון חכמים ריציפי. וקורין אותה אל פאכתי׳. חף א) דתני הכא וחפים דתניא [בברייתא] שיניים [הוא עשויין] מחתיכה של עץ וקורין בלשון פרסי דנר אנגאת מין נודעים בבבל. חפים בנגר שהן תלויין ועומדין כקבורים בתוך העץ שהוא בית הנגר ונקרא על קפי׳ ובעץ שהוא הנגר נקבים מכנים להן כשמתקנין נגדן נופלין ונכנסין להן ואלה הן של גל והבן נסגר והמפתח יש בו חפין בולטין מכוונין כנגדן מכניסין אותו בחלל שבנגר וחפין שבמפתח את החפין של גל והוא נפתח ואף שחברן בדלת טהורין לעולם [מפני] שהן מחוברים לקרקע. ושבמפתח טהורין עד שיקבעו בפותחת ואז הוויין (מצורך) מכלל הכלי: זוז הוזין (מצירך) כולן אחד הן. והן כששאל זונין כמה שיעור אבנים מקורזלות [שרשאי להעבירן] בכרמלית יתר מד׳ אמות ומקנח בהן. ואמרו לו כזית. כאגוז. כביצה. אמר להן (ומטמטני) [וכי טורטני] יכנים. פירוש היש לך מאזנים שישקול השיעור הזה נמנו וגמרו הכל מותר עד (אלא) [מלא] היד. וכן א״ר ישמעאל ב״ר יוסי משו׳ אביו וכן הלכה. אבל פלוגתא דר״מ ור׳ יהודה דפליגי הכא כי היכי דפליגי באתרוג עיקרן תרוייהו. (ובדמנו וגמרו) [כדנמנו וגמרו] לא מפרש ליה (קרי שני נבליאתא) [כרשיני בבלייתא] אדמה שהיא קרוב להתפרך ולהתכתת ואינ׳ אבנים ולא לבנים שרופי׳ דקריין אגורי: אמר רבא לא ממשמש בצרורות בשבת כדי להחליק שלא ישרוט את בשרו ונמצא בא לידי כתישה או שחינה. ולא יעשה כדרך שהוא [עושה] ממשמש בחול.

מסורת הש״ס

א) [גי׳ הערוך הכרכר], ב) [לעיל ס.], ג) [תוספתא פ״ט], ד) [תוספתא פי״ד], ה) [נ״ל ר׳ ישמעאל בר׳ יוסי כ״ה בתוספתא], ו) סוכה לו:, ז) [ע״ש], ח) ברכות נה., ט) ס״א שמנה, י) והמקנח כ״ה בס״י ובנכרות, כ) ס״א יותר מדאי, ל) רש״ל גורס של עך עלמה ושיעורה וכו׳ מהר״ם, מ) [ברכות מא.], נ) [כ״ן] אימא פוכסם [ר״מ], ס) מקורזלות בקור׳ בלע״ז שיהו מחודדות וראויות לקינוח כ״ל רש״ל, ע) כלים פי״ג מ״ו, פ) רש״ל וב״ח ומהר״ם כתבו דזהו דיבור אחד עם דיבור שלמעלה.

הגהות הב״ח

(א) רש״י ד״ה סכוכית וכו׳ שסוכין בה קרי: (ב) ד״ה כזית וכו׳ מקנח פי הנקב בקטנה: (ג) תוס׳ ד״ה חפי וכו׳ בפותחת של עץ לפתוח וקודם שנקבעו של וכו׳ ושאינה שלא נקבעו: (ד) בא״ד אלא כיון שאין להם פותחת ואף קבוע בגל טהור.

גליון הש״ס

גמ׳ אמר רבא אסור למשמש בצרור. עיין לקמן דף קנ:

רב נסים גאון

את ביתו בסיד אלא אם כן עירב בו חול וכו׳ הדבר שגרם איסור דבר זה הוא מה שאירע לישראל בבית שני מחמת טיטוס הרשע ועיקר דיליה הוא בתוספתא סוטה בפלומוס של טיטוס על עטרות כלות וכו׳ ושלא יסוד אדם את ביתו בסיד ובביצת הסיד עירב בו חול או תבן הרי זה מותר ר׳ יהודה אומר עירב בו חול הרי זה טרכסיד ואסור עירב בו תבן הרי זה מותר:

סליק המוציא יין

ליקוטי רש״י

the size of a nut, and the third **the size of an egg.**[17] אָמַר לְהוּ – **He said to them** incredulously: וְכִי טוּרְטָנֵי יַכְנִיס – **And shall he bring a balance** scale **in** with him as well, to ascertain the exact weight of each stone!? נִמְנוּ וְגָמְרוּ מְלֹא הַיָּד – After discussion, **they counted** the proponents of each divergent view **and concluded** that the measure is **a handful.**[18]

The Gemara cites a Baraisa that records a dispute concerning this matter:

תַּנְיָא – **It was taught in a Baraisa:** רַבִּי יוֹסֵי אוֹמֵר – R' YOSE SAYS: כְּזַיִת כֶּאֱגוֹז וּכְבֵיצָה – He may take in three stones: one THE SIZE OF AN OLIVE, one THE SIZE OF A NUT, AND one THE SIZE OF AN EGG. רַבִּי שִׁמְעוֹן בְּרַבִּי יוֹסֵי אוֹמֵר מִשּׁוּם אָבִיו – R' SHIMON THE SON OF R' YOSE SAID IN HIS FATHER'S NAME: מְלֹא הַיָּד – He may bring in A HANDFUL of stones.

The Gemara cites a related Baraisa:

תָּנוּ רַבָּנָן – **The Rabbis taught in a Baraisa:** (בשבת) שָׁלֹשׁ אֲבָנִים מְקוּרְזָלוֹת מוּתָּר לְהַכְנִיס לְבֵית הַכִּסֵּא – ONE IS PERMITTED TO BRING THREE SHARP-SIDED STONES[19] INTO THE LATRINE with him on the Sabbath.[20] וְכַמָּה שִׁיעוּרָן – AND HOW MUCH IS THEIR MEASUREMENT? רַבִּי מֵאִיר אוֹמֵר כֶּאֱגוֹז – R' MEIR SAYS: THE SIZE OF A NUT. רַבִּי יְהוּדָה אוֹמֵר כְּבֵיצָה – R' YEHUDAH SAYS: THE SIZE OF AN EGG.[21]

The Gemara comments on this dispute:

אָמַר רַפְרַם בַּר פַּפָּא אָמַר רַב חִסְדָּא – **Rafram bar Pappa said in the name of Rav Chisda:** כְּמַחֲלוֹקֶת כָּאן – **Just as** there is a **dispute here** in the Baraisa concerning the size of the stones, כָּךְ מַחֲלוֹקֶת בְּאֶתְרוֹג – **so too** is there **a** similar **dispute concerning** the minimum size of **an** *esrog.*[22]

The Gemara asks:

הָתָם מַתְנִיתִין – But the dispute **there** (concerning the *esrog*) is recorded **in a Mishnah,** which is well known, הָכָא בָּרַיְיתָא – while the dispute **here is** recorded **in a Baraisa,** which is not as well known![23] Why would Rafram cite the Baraisa to shed light on the Mishnah?[24]

The Gemara emends Rafram's statement:

אֶלָּא – **Rather,** this is what Rafram was saying: כְּמַחֲלוֹקֶת בְּאֶתְרוֹג – **Just as** there is **a dispute concerning** the minimum size of **an** *esrog,* כָּךְ מַחֲלוֹקֶת כָּאן – **so too** there is **a** similar **dispute here** in the Baraisa.[25]

A related ruling:

אָמַר רַב יְהוּדָה – **Rav Yehudah says:** אֲבָל לֹא אֶת הַפַּאיִיס – **But** he may **not** take **a** ***payis.***

The Gemara clarifies:

מַאי פַּאיִיס – And **what is a** *payis*? אָמַר רַבִּי זֵירָא – **R' Zeira said:** כַּרְשִׁינֵי בַּבְלָיְיתָא – **"Pebbles" of Babylonian earth.**[26]

The Gemara cites another law concerning the use of these stones on the Sabbath:

אָמַר רָבָא – **Rava said:** אָסוּר לְמַשְׁמֵשׁ בִּצְרוֹר בְּשַׁבָּת – **It is forbidden to manipulate** the rectal opening[27] **with a pebble** in order to open the rectum on the Sabbath כְּדֶרֶךְ שֶׁמְּמַשְׁמֵשׁ בְּחוֹל – **in the manner that he would manipulate** it **during the week.**[28]

The Gemara assumes that Rav forbids any attempt to open the rectum on the Sabbath. Accordingly, the Gemara objects:

מַתְקִיף לָהּ מַר זוּטְרָא – **Mar Zutra challenged this** ruling, asking: לִיסְתַּכֵּן – **Shall he** then **endanger himself?** Delaying elimination poses a serious health hazard![29]

NOTES

the minimum measure of such stones with regard to *liability*; i.e. how many stones must one take out to *a public domain* to be liable for the transfer. *Rashi* explains that the two amounts are identical, for the minimum amount for liability is fixed on the basis of the amount that is commonly used, and that amount is the amount that the Sages would permit one to take on the Sabbath (*Rashi*; cf. *Meiri*).

[The measure given in the Mishnah does not apply to these stones, for one would not throw a sharp-sided stone at an animal for fear of injuring it (see *Yad David* [*Basra*]).]

17. The Sages answered that when wiping oneself, one should ideally use three progressively larger stones. The smallest stone would be used first to remove the excrement closest to the anal aperture, with the larger stones wiping larger areas in succession. [The order could not be reversed, for the larger stones would smear the inner traces of excrement rather than removing them.] The first stone was the size of an olive, the second the size of a nut (which is larger than an olive), and the final one the size of an egg (*Rashi*). The Sages replied to Zonin that one is entitled to three stones (or that one who carries out three such stones is liable).

18. I.e the precise number or size of the stones is not fixed; the permit extends to as many stones as one carries in his hand, regardless of number or size (*Rashi*; cf. *Chidushei HaRan*; see also *Ritva MHK* ed.).

19. These are the stones that one would customarily use for wiping (*Rashi;* see *Maharshal;* cf. *Tosafos* to *Succah* 36b ד״ה מקורזלות).

20. Either in a courtyard where carrying is permitted, or in a situation where the stones are not being carried four *amos* (*Rashi*). The Baraisa teaches that although generally handling stones on the Sabbath would be Rabbinically forbidden under the laws of *muktzeh*, the Rabbis permitted handling of those stones that one requires for wiping himself out of concern for human dignity (see also Gemara below, 81b; cf. *Tosafos* to *Succah* 36b, and see *Rashi* there).

21. These Tannaim are of the opinion that all three stones are of the same size (*Rashi*); thus, they both disagree with the opinions cited earlier in the Gemara.

22. The Mishnah in Tractate *Succah* (34b) recounts a dispute concerning the minimum size for an *esrog* (the citron, which is one of the Four Species that one must take in hand during the festival of Succos). R' Meir holds that an *esrog* must be at least the size of a nut, while R' Yehudah holds that it must be at least the size of an egg (*Rashi*).

23. The Mishnah, which was compiled by Rebbi, was widely disseminated and well known to most scholars. The Baraisos, on the other hand, were never formally redacted; thus, many students would be unaware of any specific Baraisa (see *Rashi*; see also next note).

24. Since the scholars were more familiar with the Mishnah, the chances that they would use the unfamiliar Baraisa to remind them of the more familiar Mishnah would not seem likely. Why, then, did Rafram offer the Baraisa as a dispute to which to compare the Mishnah? (*Rashi*).

25. Thus, Rafram notes that the dispute in *Succah* parallels the dispute here, so that one who is unclear about the dispute concerning the stones could refresh his memory by noting that the dispute here is the same as the one there concerning the size of the *esrog* (*Rashi*; see also *Sfas Emes*, who suggests another reason for Rafram's comparison of the two disputes).

26. In Babylonia, the earth was very moist and tended to form pebble-shaped clumps (see *Chidushei HaRan*). Rav Yehudah teaches that one may not take such clumps for the purpose of wiping oneself, for they cannot be used for this purpose, as they will crumble. Thus, they may not be handled on the Sabbath (*Rashi*; cf. *Rif*, and see *Shaar HaTziyun* 312:17). [Such clumps of earth from *any* location may not be used; they are called "Babylonian pebbles" only because it was the tendency of Babylonian earth to form such clumps.]

27. One who is having difficulty defecating may attempt to ease the constriction of the rectal muscles by massaging the rectal opening with a small sharp-sided stone so that he will be able to defecate (*Rashi*; cf. *Chidushei HaRan*).

28. Rava forbids the use of a stone in this manner because it will inevitably cut off some of the small hairs that grow near the rectal opening; this is a violation of the *melachah* of גּוֹזֵז, *shearing*. And although the shearing is being performed unintentionally, one is nevertheless forbidden to use the stone in this manner, for the shearing is an inevitable result [פְּסִיק רֵישֵׁיהּ] (*Tosafos*).

29. The Gemara states (see *Bechoros* 44b) that one who repeatedly resists the urge to defecate runs the risk of contracting *hydrokan* [a serious disease commonly identified as dropsy – see above, 33a note 45] (*Rashi*).

מתני' **עצם** כדי לעשות תרווד רבי יהודה אומר כדי לעשות ממנו חף זכוכית כדי לגרור בו ראש הכרכר צרור או אבן כדי לזרוק בעוף רבי אלעזר בר יעקב אומר כדי לזרוק בבהמה: **גמ'** למימרא דשיעורא דר' יהודה נפיש הא קיימא לן דשיעורא דרבנן נפיש אמר עולא חפי פותחת: תנו רבנן חפי פותחת טהורין קבען בפותחת טמאין ושל גל אף על פי שחיברן בדלת וקבען במסמרים טהורין שכל המחובר לקרקע הרי הוא כקרקע: זכוכית כדי לגרור בו: תנא סכוכית כדי לפצוע בה שני נימין כאחת: צרור או אבן כדי לזרוק בעוף רבי אלעזר כו': אמר רבי יעקב אמר רבי יוחנן והוא שמרגשת בה וכמה שיעורו תניא רבי אלעזר בן יעקב אומר משקל עשרה זוז: זונין על לבי מדרשא אמר להו רבותי אבנים של בית הכסא שיעורן בכמה אמרו לו כזית כאגוז וכביצה אמר להו וכי טורטני יכנים נמנו וגמרו מלא היד תניא רבי יוסי אומר כזית כאגוז וכביצה ר"ש ברבי יוסי אומר משום אביו מלא היד: ת"ר (בשבת) ג' אבנים מקורזלות מותר להכנים לבית הכסא וכמה שיעורן ר"מ אומר כאגוז רבי יהודה אומר כביצה אמר רפרם בר פפא אמר רב חסדא כמחלוקת כאן כך מחלוקת באתרוג התם מתני' הכא ברייתא אלא כמחלוקת באתרוג כך מחלוקת כאן אמר רב יהודה אבל לא את הפאיים מאי פאיים אמר רבי זירא כרשיני בבלייתא אמר רבא אסור למשמש בצרור בשבת כדרך שממשמש בחול מתקיף לה מר זוטרא ליסתכן כלאחר יד אמר רבי ינאי אם יש מקום קבוע לבית הכסא מלא היד אם לאו כהכרע מדוכה קטנה של בשמים אמר רב ששת אם יש עליה עד מותר מיתיבי עשרה דברים מביאין את האדם לידי תחתוניות ואלו הן האוכל עלי קנים ועלי גפנים ולולבי גפנים ומוריגי בהמה בלא מלח ושדרו של דג ודג מליח שלא בישל כל צורכו והשותה שמרי יין והמקנח בסיד ובחרסית בצרור שקינח בו חבירו ויש אומרים אף התולה עצמו בבית הכסא לא קשיא הא בלח הא ביבש ואיבעית אימא כאן מצד אחד וכאן מב' צדדין ואיבעית אימא הא דידיה הא דחבריה א"ל אביי לרב יוסף ירדו עליה גשמים ונשטשטשו מהו א"ל אם היה רישומו ניכר מותר בעא מיניה רבה בר רב שילא מרב מהו

רש"י

מתני' **תרווד.** כף קוליר: **חף.** קס"ד דפותחת של עלמא ושיעורה נפיש מתרווד: **כרכר.** עץ יש לאורגין ולאשו חד: **כדי לזרוק בבהמה.** דלא טרח איניש למשקל צרור משום עוף להבריחו דבקלא בעלמא דרמי ליה אזיל ליה: **גמ' והא קיי"ל דשיעורא דרבנן נפיש.** גבי לעשות תלמי: **חפי פותחת.** שיניס הקבועים בה ולא היא עלמה ועושים אותם מעלם: **חפי פותחת טהורין.** דכל זמן שלא חברן בה אינן ראוין לכלום: **טמאין.** דכלי עלם ככלי מתכות ופשוטיהן טמאין בהכל שוחטין (חולין דף כה:) ולי משום דמחובר לפותחת וכל המחובר לטהור טהור פותחת יש לה בית קיבול ומקבל מפתח: **ושל גל.** ואם הפותחת הואת אינה של כלים כגון של שידה ומגדל אלא של גל כמו טרוקי גלי כגון דלתות שערי החצר אע"פ שחברן בפותחת הואיל וחבור זה בדלת היא ודלת בנין מחובר לקרקע טהורין: **סכוכית.** זכוכית ועל שם שסוכין (א) קרי סכוכית ועל שם שהיא זכה קרי זכוכית: **והוא שמרגשת.** הבהמה בצרור זה בהכאתו: **שיעורן בכמה.** להתחייב עליהן אי נמי לטלטלן בחצר ולהכניסן לבית הכסא ולידי ולידי חד שיעורא הוא דכמידי דחזי להו מיחייב על הוצאתו: **כזית כאגוז כביצה.** שלא מכניסין לקינוח ומקנח זו אחר זו אחת כזית ואחת כאגוז ואחת כביצה בתחלה מקנח פי הרעי (ג) בקטנה להסיר רעי הנדבק שם שהגדולה פוחסת ומלכלך סביבותיו: **טורטני.** מאזנים יכנים לשם לשקול: **מלא היד.** בין שלשתן או אפילו הן ד' וה' ובין כולן מלא היד: **מקורזלות.** ביקוע' שיהיו ראויות לקינוח: **מותר להכנים.** בתוך ד' אמות או בחצר דלא ליחסר לטלטולינהו: **כאגוז.** כל אחת ואחת: **התם מתני'.** פלוגתא דאתרוג מתני' היא במסכת סוכה והיא סדורה בפי התלמידים: **והכא ברייתא.** ויש הרבה תלמידים שלא שנאוה והוא תולה הידועה בשאינה ידועה: **כך מחלוקת כאן.** ולסימנא בעלמא אמרה דלא תשכח לגירסא דברייתא ואם תשכחנה הזכר ממשנתך דאתרוג: **אבל לא הפאיים.** כמו שקל פיסת רגב (סנהדרין דף סד.) שקורין גלישט"א דהואיל ומיפרכה לא חזי לקינוח ואסורה לטלטל: **כרשיני בבלייתא.** הכי מיקרו משום שבבל ארץ לחה היא והמחרישה מעלה רגבים: **למשמש.** הנלרך ליפנות ואינו יכול ליפנות אמרינן לקמן בפירקין דממשמש בצרור בנקב והוא נפתח וקא סלקא דעתך דקאמר ובשבת אסור למשמש כלל כדרך שממשמשים בחול: **ליסתכן.** דאמר מר (תמיד פ"א דף כח:) עמוד החוזר מביא אדם לידי הדרוקן: **ומשני כלאחר יד.** האי כדרך דקאמר רבא כדרך הממשמש בחול בלא שינוי משום השרת נימין אבל כלאחר יד כגון אוחז צרור בב' אצבעותיו שפיר דמי: **אם יש מקום קבוע לבה"כ.** שאם ישתיירו לו ערבית יקנח בהם שחרית מכנים שם מלא יד: **כהכרע.** כשיעור המכריע כאגוז נפיש מכזית חוטר מכבילה: **מדוכה קטנה.** מלאכתה לאיסור אסור לטלטל: **ואם יש עליה עד.** קנוח המעיד שעשויה לכך מותר לטלטלה לקינוח: **תחתוניות.** פיג"ש: **לולבי גפנים.** אותן פילולין הגדלין בגפן וקורין ווידל"ש: **מוריגי בהמה.** כל בשר שיש בבהמה העשוי כמורג שהוא פגוס ומרוקה כמורג חרוץ חדש כלומר כל מקום שאין הבשר חלק כגון קליפת הלשון וכגון החיך שיש בו כמין קולין וכפגימות וכבית הכוסות: **שקינח בו חבירו.** אסיר ואחרסית נמי קאי: **התולה.** שאינו יושב אלמא קינח בו חברו לא חזי לקינוח ורב ששת אמר לעיל אם יש עליה עד מותר: **לח.** לא חזי יבש חזי: **מצד אחד.** באותו לד שקינח בו חבירו לא חזי לקינוח אבל בלד שני חזי: **דידיה.** שהיה קינוח שעליה שלו: **ונשטשטשו.** אותו עד: **מהו.** מי בטיל לייחוד דידהו או לא: **אי רשומו ניכר מותר.** דכיון דמאיס לא חזי לבשמים ולא מיבטל ליה מבית הכסא:

תוספות

חפי פותחת מהורין. פי' בקונטרס שיניס של עלם ונותנין אותם בפותחת (ג) לפתוח וקודם שלא נקבעו אין ראוין לכלום קבען בפותחת טמאין דכלי עלם כמתכות ופשוטיהם טמאים כדאמר בהכל שוחטין (חולין דף כה:) ולא משום דמחובר לפותחת והמחובר לטהור טהור פותחת יש לה בית קיבול דמקבלת מפתח ומה שפירש דפשוטי כלי עלם טמאים כדאמר בהכל שוחטין לא דק דהתם לא איירי אלא בגולמי כלי עלם (ט) אבל פשוטי כלי עלם הא תנן ומייתי לה בפ"ק (דף טז:) כלי עץ כלי עור כלי עלם כלי זכוכית פשוטיהן טהורין ומה שפירש דחפין הן של עלם קשה לר"י דגבי כלי מתכות מיתניא בתוספתא דכלים ועוד דאי בשלא נקבעו אין ראויין לכלום אם כן פשיטא דטהורין ומה שפי' שפותחת יש לה בית קיבול לקבל המפתח הא לא חשיב בית קיבול שאין המפתח עשוי לטלטל ע"י אותו בית קיבול כמו הקיטע יולא בקב שלו (לעיל דף סו.) דטהור כשאין בו בית קיבול כתיתין דפי' בקונט' דמה שמניח ראש שוקו בתוכו לא חשיב בית קיבול שאין השוק מיטלטל על ידו ועוד דפי' דפותחת גורמת טומאה לחף אדרבה תנן במס' כלים בפי"ג (משנה ו) פותחת של עץ וחפין של מתכת טמאה פותחת של מתכת וחפין שלה של עץ טהורה אלמא בתר חפין אזלינן ואע"ג דמשמע דאתיא כרבי נחמיה דלא אזיל בתר מעמיד אלא בתר תשמיש דהיינו חותם ברייתא דשמעתי' נמי נראה לר"י דאתיא כוותיה דקתני סיפא דהכא טבעת של מתכת וחותם של אלמג ר' נחמיה מטהר ונראה לר"י דבחפין של מתכת איירי ואע"פ שלא נקבעו ראויין הם קלת ליתנם בפותחת ואפילו הכי טהורין דגולמי כלי מתכות טהורין קבען בפותחת טמאין שנגמרה מלאכתן וכן משמע בסמוך דטעמא משום גמר מלאכה דקתני ושל גל אע"פ שחברן לדלת כו' דמשמע מה שקבען לדלת יש לו לגרום טומאה אלא כיון שאין להם פותחת (ד) [ותקף] קבוע בגל טהור:

אסור למשמש בצרור. פירש בקונטרס הנלרך לפנות ואינו יכול אסור משום השרת נימין וא"ת והא רבא בדבר שאין מתכוין סבר כר"ש בספ"ב דבילה (דף כג.) וכה"ג פריך לקמן לרבי יוחנן דאסר משום השרת נימין ויש לומר דהכא במשמוש לרור הוי פסיק רישיה:

ואם לאו כהכרע. ונראה לר"ת כגירסת ר"ח ואם לאו כהכרע מדוכה קטנה של בשמים והכרע פי' רגל כמו כרעי המטה וכן מפרש בירושלמי כמלא רגל מדוכה קטנה של בשמים: **אמר** רב ששת אם יש עליה עד מותר. מילתא באפי נפשה היא פירוש מותר לקנח בה אפילו גדולה יותר מכבילה או אם יש הרבה ממלא היד מותר ליטול כולן דכיון דיש עליהן עד הוכנו כולן:

עין משפט נר מצוה

כד א מיי' פי"ח מהל' שבת הלכה יג:
כה ב ג שם הלכה יא:
כו ד מיי' פכ"ו שם הל' ד סמג לאוין סה טוש"ע או"ח סימן שיב סעיף א:
כז ה מיי' שם טוש"ע שם סעיף ד:
כח ו מיי' שם הל' ה' טור ושו"ע שם סעיף ב:
כט ז מיי' שם טוש"ע שם סעיף א:
ל ח מיי' שם הל' ד טוש"ע שם סעיף ג:

רבינו חננאל

אם עירב חול בסיד הוא טרכסיד ואסור. וקסבר דהא מתני' חול גס כדי ליתן על מלא כף סיד. ר' יהודה היא (רב פפא) [רבא] אמר אפי' תימא רבנן. קלקלו זהו תקונו אית ביה ב' פירושים חד לענין שופריה דסיד. האי ברייתא (לאו) לענין שחרירותיה. וקסברי רבנן דסיד שעירה בה חול. אע"פ שהוא מתחזק כן הלך יופיו ומותר בגולה. והכא משו"ה קאמרי חול גס כדי ליתן על מלא כף סיד. ופירוש שני כיון דלא שרי למיסד ביה בגולה עד שיערב בו חול (הוה ליה) הקלקול דקא מקלקל הוא התקון והלכך משערינן חול גס כדי ליתן על מלוא כף סיד דחשיב ליה כדי שיהא מותר לסוד בו: **צוצלא** עוף ממין התורי'. ובלשון חכמים רציפי. וקורין אותה אל פאכתי: **חף** א) דתני הכא וחפים דתניא [בברייתא] שיניים [הוא עשויין] מחתיכה של עץ וקורין בלשון פרסי דנר אנגאת מין נדעים בבבל. חפים בנגר שהן תלויין ועומדין כקבורים בתוך העץ שהוא בתוך הנגר ונקרא אל קפי' ובעץ שהוא הנגר נקבים מכנים להן כשמתקינין נגדן נופלין ונכנסין להן ואלה הן של גל ובהן נסגר והמפתח יש בו חפין בולטין מכוונין כנגדן מכניסין אותו בחלל שבנגר וחפין מעלין את החפין של גל והוא נפתח ואף שחברן בדלת טהורין לעולם [מפני] שהן מחוברים לקרקע. ושבמפתח טהורין עד שיקבעו בפותחת ואז הוויין (מצורך) כולן אחד הן. והן כששקל זונין כמה שיעור אבנים מקורזלות [שרשי להעבירן] בכרמלית יתר מד' אמות ומקנח בהן. ואמרו לו כזית. כאגוז. כביצה. אמר להן (וטמטמני) [וכי טורטני] יכנים. פירוש היש לן מאזנים שישקול השיעור הזה נמנו וגמרו הכל מותר עד (אלא) [מלא] היד. וכן א"ר ישמעאל ב"ר יוסי משום אביו וכן הלכה. אבל פלוגתא דר"מ ור' יהודה דפליגין הכא כי היכי דפליגי באתרוג עיקרן תרוייהו. (ובדמנו וגמרו) [כדנמנו וגמרו] פאיים מפרש ליה (קרי שני גבליאתא) [כרשיני בבלייתא] שהוא אדמה שהיא קרוב להתפרך ולהתכתת ואינ' אבנים ולא לבנים שרפי' דקריין אגורי: **אמר** רבא אין ממשמש בצורורות בשבת כדי להחליק שלא ישרטו את בשרו ונמצא בא לידי כתישה או תחינה. ולא יעשה כדרך שהוא [עושה] ממשמש בחול.

מסורת הש"ס

א) [ג' הערוך הרכבד], ב) [לעיל פ.], ג) [תוספתא פ"ט], ד) [תוספתא פי"א], ה) [ל"ל ר' ישמעאל בר' יוסי כ"ה בתוספתא], ו) סוכה לו:, ז) [שם], ח) [ברכות נה. שמנה], ט) ע"ש, י) והמקנח כ"ה בס"י ובברכות, כ) ס"א יותר מדאי, ל) רש"ל גורס של עץ עלמה ושיעורה וכו', מ) מהרש"ל של עלם עלמה, נ) [ברכות כח.], ס) כרין אימא פוכסת [ר"מ], ע) מקורזלות בקור"ש בלע"ז שיהיו חדודות ולאוים לקינוח כל"ל רש"ל, פ) כלים פ"ב מ"ח, צ) שם וכ"ה ומהר"ם כתבו דהוו דיבור אחד עם דיבור שלמעלה.

הגהות הב"ח

(א) רש"י ד"ה סכוכית וכו' שסוכין בה קרי: (ב) ד"ה מים וכו' מקנח פי הנקב בקטנה: (ג) תוס' ד"ה חפי וכו' בפותחת של עץ לפתוח וקודם שנקבעו כל"ל ומיבת שלא נמחק: (ד) בא"ד אלא כיון שאין להם פותחת ואף קבוע בגל טהור. נ"ב פירוש מדקמני [אע"פ שחברן בדלת וקבען במסמרי' משמע] דה"ק לא מיבעיא [היכא דלא קבען] [פשיטא] דהפי' הפקין דלא מקרי מלאכתן דודאי טהור אלא אפי' היכא [דקבען] דקבוע בגל [במסמרים דנגמרה מלאכתן] אפילו הכי טהור. והי שכתבו התוס' כיון שאין להם פותחת. דלא דשל גל לא מיירי ע"כ בפותחת מאי אע"פ דקאמר ואי לא כיון שקבען בפותחת ככר נגמרה מלאכתן כמו כרישא ואם כן בשלא קבען במסמרים טמאין. ועיקר הטעם דשל גל טהורין ממשח מטכון לקרקע ומאי אע"פ שחברן:

גליון הש"ס

גמ' אמר רבא אסור למשמש בצרור. כר"ש פ"ק מ"ד לטהרות ער"ה לו הגי כאן למשמש: רש"י ד"ה מדוכה קטנה מלאכתה לאיסור. עיין לקמן דף קכב ע"ב כתוס' ד"ה הני נמי עלי ומדוכה. ול"ע:

רב נסים גאון

את ביתו בסיד אלא אם כן עירב בו חול וכו' הדבר שגרם איסור דבר זה הוא מה שאירע לישראל בבית שני מחמת טיטוס הרשע ועיקר דיליה הוא בתוספתא סוטה בפולמוס של טיטוס על עטרות כלות וכו' ושלא יסוד אדם את ביתו בסיד ובביצת הסיד עירב בו חול או תבן הרי זה מותר ר' יהודה אומר עירב בו חול הרי זה טרכסיד ואסור עירב בו תבן הרי זה מותר:

סליק המוציא יין

ליקוטי רש"י

כרכר. לא"ו [לקמן קכב:]. **למימרא דשיעורא דר' יהודה נפיש.** כתמיה והא קי"ל גבי גמי דשיעורא דרבי יהודה זוטא ומחמיר בשיעורי שבת [לעיל פ:]. **זונין.** שם חכם [ב"ב קסד:]. **טורטני.** משקלת [מנחות פו:]. משקולת מאזנים [שם כח"י]. **מקורזלות.** לאשן חד ולאוים לקינוח [לעיל מג.]. **מותר להכנים לבית הכסא.** כתוך ארבע אמות וכית כסא כשדה ואינו מוקף מחילות ואין כאן אלא טלטול לרכנן ומשום כבוד הבריות לא גזור. **כאגוז.** קסבר הכי חזיא לקינוח אבל גדולה לא חזיא. **כמחלוקת כאן כך מחלוקת באתרוג.** בשיעור קטן של אתרוג [סוכה לו:]. **פאיים.** פיסא. רגב גוש עפר כלישנא בלע"ז [סוכה ח.]. **מוריגי בהמה.** כל בשר שבבהמה שאינו חלק כמו החיך והלשון והכרס העליונים ובית הכוסות [ברכות נה.]. **ובחרסית.** לבינה כתושה [לעיל עח:]. **התולה.** שאינו יושב אלא גבר תולה על כרעיו שממנו קך נקביו נפתחין יותר מדאי [ברכות שם].

מתקיף לה מר זוטרא והיאך יסתכן אלא כלאחר יד. ויש מפרשין כדי לחכך ולנקות את עצמו כדרך שהוא ממשמש בחול. ואף לא יסתכן בעובי שם טינוף אלא מתחכך ומתנקה כלאחר יד. שמרצא שינוי מן החול. ופירוש' דברי ר' ינאי אם יש מקום קבוע לבית הכסא שנפנה בו מטלטל לשם שלש אבנים מקורזלות כל אחד מלא היד לקנח בהן. ואע"פ שיש ממקום שנוטלין עד בית הכסא הקבוע אמות הרבה. אבל אין מקום קבוע אלא אם יש בידו אבנים סובב בבקעה לראות אנה ישב אין לו ליטול אלא אבן כהכרע מדוכה קטנה של בשמים. והיינו שמעינן פירושא דמדוכה קטנה דאינה של בוכנא שדורכין בה והוא מקנח שמעבידין אותו במדוכה לשחוק בו. וראינו בתלמוד ארץ ישראל מלא רגל מדוכה קטנה של בשמים: **אמר** רב ששת אם יש עליה עד מותר. פירשו רבנו עד כגון סמרטוט או פקולין כדתנן התם ממשמשת בב' עדים. והן הן תיקוניה ועותותיה. והכי [ואם אע"פ שקינח] בו כבר הרי היא מותר ליטלה ולהתקנח בה: **מתיבי** עשרה דברים מביאין את האדם לידי תחתוניות ואחת מהן המקנח בצרור שקינח בו חבירו. ופירקין כמה פירוקין. חד לה הוא לא יקנח בו כבר שמביאו לידי תחתוניות ואם יבש מותר. איבעית אימא אם קינח בו חבירו מצד א' מקנח הוא מצד אחר. ואם קנח חבירו משני צדדין חושש. אבעי"א אפי' צרור שהוא קינח בו בכבר גם עכשיו חוזר ומקנח ביה. ואם חבירו קינח בו בא הוא לידי תחתוניות: **א"ל** אביי לרב יוסף

חשק שלמה על רבינו חננאל א) עיין ערוך ערך חף ח':

The Gemara answers:

כִּלְאַחַר יָד – Rava did not mean that one should not attempt to open the rectum at all; he merely meant that it should be done **in an unusual manner.**[30]

The Gemara cites another ruling concerning the amount of stones that one may take into the bathroom with him on the Sabbath:

אָמַר רַבִּי יַנַּאי – **R' Yannai said:** אִם יֵשׁ מָקוֹם קָבוּעַ לְבֵית הַכִּסֵּא – **If there is a place which is set aside for a latrine,** מְלֹא הַיָּד – he may bring in **a handful** of stones;[31] אִם לָאו – but **if** the place is **not** set aside for a latrine, כְּהֶכְרֵעַ – one may only bring in a stone the size of a nut, which is **a compromise** between the sizes mentioned above.[32] מְדוֹכָה קְטַנָּה שֶׁל בְּשָׂמִים – If one has a stone that was used as the pestle for **a small mortar for spices,**[33] אָמַר רַב שֵׁשֶׁת – **Rav Sheishess said:** אִם יֵשׁ עָלֶיהָ עֵד מוּתָּר – **If there is "testimony" upon it,** i.e. if it bears traces of previous use for wiping,[34] **it is permitted** to take it on the Sabbath.[35]

Rav Ashi's ruling implied that one may wipe himself with a previously used stone. The Gemara objects:

מֵיתִיבֵי – **They challenged** Rav Sheishess **from the** following **Baraisa:** עֲשָׂרָה דְּבָרִים מְבִיאִין אֶת הָאָדָם לִידֵי תַּחְתּוֹנִיּוֹת – TEN PRACTICES BRING A MAN TO have HEMORRHOIDS, וְאֵלּוּ הֵן – AND THESE ARE THEY: הָאוֹכֵל עֲלֵי קָנִים – ONE WHO EATS THE LEAVES OF REEDS, וַעֲלֵי גְפָנִים – OR THE LEAVES OF GRAPEVINES, וְלוּלְבֵי גְּפָנִים – OR THE SHOOTS OF GRAPEVINES,[36] וּמוֹרִיגֵי בְהֵמָה בְּלֹא מֶלַח – OR THE RIDGED PORTIONS OF AN ANIMAL,[37] WITHOUT adding SALT, וְשִׁדְרוֹ שֶׁל דָּג – AND one who eats THE BACKBONE OF A FISH, וְדָג מָלִיחַ שֶׁלֹּא בִּישֵּׁל כָּל צוֹרְכּוֹ – OR A SALTED FISH THAT WAS NOT COMPLETELY COOKED, וְהַשּׁוֹתֶה שְׁמָרֵי יַיִן – AND ONE WHO DRINKS THE LEES OF WINE, וְהַמְקַנֵּחַ בְּסִיד וּבַחַרְסִית – AND ONE WHO WIPES himself WITH LIME OR WITH A SHARD OF POTTERY, [וְהַמְקַנֵּחַ] בִּצְרוֹר שֶׁקִּינַּח בּוֹ חֲבֵירוֹ – OR ONE WHO WIPES himself WITH A PEBBLE THAT HIS FELLOW HAD PREVIOUSLY WIPED WITH.[38] וְיֵשׁ אוֹמְרִים – AND THERE ARE THOSE THAT SAY: אַף הַתּוֹלֶה עַצְמוֹ בְּבֵית הַכִּסֵּא – ALSO add to the list ONE WHO "HANGS" HIMSELF WHILE using THE LATRINE.[39] This Baraisa clearly states that one should *not* wipe himself with a stone previously used by his fellow.[40] – ? –

The Gemara offers several resolutions:

לָא קַשְׁיָא – This is **not a difficulty.** הָא בְּלַח – **This** Baraisa speaks **of a** stone bearing **moist** traces of a previous use, הָא בְּיָבֵשׁ – while **this** ruling of Rav Sheishess speaks **of** a previously used stone that is **dry.**[41] וְאִיבָּעֵית אֵימָא – **Or if you prefer, say:** כָּאן מִצַּד אֶחָד – **Here,** Rav Sheishess speaks of a stone that was used **on one side,** וְכָאן מִשְּׁנֵי צְדָדִין – **but here,** the Baraisa forbids using a stone that was already used **on two sides.**[42] וְאִיבָּעֵית אֵימָא – **Or if you prefer, say:** הָא דִּידֵיהּ – **This** ruling of Rav Sheishess applies to **his own** stone, that *he* previously used, הָא דְּחַבְרֵיהּ – while **this** Baraisa refers to a stone that was used by **his fellow.**[43]

A related inquiry:

אָמַר לֵיהּ אַבַּיֵי לְרַב יוֹסֵף – **Abaye said to Rav Yosef:** יָרְדוּ עָלֶיהָ

NOTES

30. [Literally: with the back of his hand.] The Gemara answers that Rava did not mean to forbid such examination completely; rather, he required that the examination be done in a manner different from the way that it is usually done. E.g. the stone must be held between two fingers when it is being used [rather than being held with the thumb and fingers] (*Rashi*). [Rava required this departure from the norm because shearing done in an unusual manner is only Rabbinically forbidden, and in this case the Rabbis did not forbid the shearing (see *Sfas Emes*), because of the danger inherent in being unable to defecate.]

31. R' Yannai permits a handful of stones in this case even though they might not all be necessary for a single defecation; for since the place is set aside for use as a latrine, whatever stones are left over will be used during the Sabbath when he relieves himself a second time (*Rashi*).

32. A nut is larger than an olive and smaller than an egg; thus, permitting a stone the size of a nut can be described as a "compromise" [although it corresponds to the view of R' Meir cited above, who did not state his view as a compromise position] (*Rashi*; see *Meiri*; see below, note 35 and *Tosafos* to 40a ד״ה הלכה).

33. Such a stone is *muktzeh* and may not normally be handled on the Sabbath, for its use is one that is forbidden on the Sabbath [grinding is an *av melachah*] (*Rashi*).

[This *Rashi* is difficult to understand, for *all* stones are *muktzeh*, and yet the Sages permitted taking them for wiping purposes out of concern for human dignity! Furthermore, as a general rule this type of *muktzeh* item (דָּבָר שֶׁמְּלַאכְתּוֹ לְאִסּוּר) may be handled if it is required for a permitted use (צוֹרֶךְ גּוּפוֹ)! See *Ran, Ramban* and *Rashash*. *R' Akiva Eiger* resolves this question by stating that the pestle is categorized as an item that is *muktzeh* due to fear of monetary loss (מֵחֲמַת חֶסְרוֹן כִּיס); this category is more stringent and would not be relaxed. See also *Ritva MHK* ed., who appears to interpret *Rashi* in this manner as well; see also *Netziv* and *Ishei Yisrael.*]

34. I.e. if there are traces of excrement upon the stone, which indicate that the stone had previously been used for wiping (*Rashi*). Such a stone is repulsive, and will not be used as a pestle; thus, it is treated as an ordinary stone, which may be used for wiping (see notes 44-45 below). [The Gemara below will discuss the propriety of reusing a stone for this purpose.]

35. We have explained this passage in accordance with *Rashi's* commentary. Many Rishonim, however (*Tosafos*, *Ritva MHK* ed., *Chidushei HaRan,* et al.), find difficulty with this explanation, for the description of the ruling allowing a nut-sized stone as *a compromise* is somewhat problematic, as noted above (note 32). Furthermore, the case of someone using a spice pestle for wiping himself would seem to be bizarre in the extreme. They therefore interpret the Gemara differently. Their interpretation breaks up the wording of the Gemara differently, as follows: R' Yannai states that one may bring a handful of stones into a latrine that is set aside as such; if it is not set aside, he may bring in one stone (according to *Chidushei HaRan*, three stones) the size of the pedestal of a spice mortar. [According to this interpretation, the word הֶכְרֵעַ means *leg*; see also *Rosh* and *Meiri*.] Rav Sheishess then adds a separate ruling: Even if the stone is larger than the prescribed size, one may handle it on the Sabbath if it shows traces of having been used before, for such use removes the stone from *muktzeh* status.

36. Green shoots that sprout from grapevines (*Rashi*).

37. I.e those portions of the animal's flesh that are ridged rather than smooth. [A מורג is a ridged implement used in threshing – see *Isaiah* 41:15.] These include the tongue (which is covered with a thick, ridged membrane), the throat and the lining of the stomach (see *Rashi*).

38. The Baraisa teaches the danger of wiping oneself with an item used by one's fellow with respect to lime and shards as well as stones (*Rashi*; see *Rashash* and *Maharshal*).

39. He does not sit (*Rashi*); i.e. he squats, but suspends himself without resting his lower body on a utensil (*Chidushei HaRan*).

40. This poses a difficulty to Rav Sheishess, who stated that if a spice pestle bears traces of having been used as a wiping stone, it is no longer *muktzeh* and may be used again. [For if such a practice is injurious, the Sages would certainly not have relaxed the *muktzeh* status of the previously used stone to allow it!]

41. Reusing a dry stone is not dangerous; thus, Rav Sheishess rules that such a stone is no longer *muktzeh*. A moist stone, however, should not be used.

42. If one side of a wiping stone has already been used, one may not use that same side; he may, however, use the other side (*Rashi;* see *Rabbeinu Chananel*).

43. According to this interpretation, one cannot ever come to harm by reusing his own stones; the only danger lies in using those used by his fellow. Thus, Rav Sheishess's ruling is not opposed by that of the Baraisa, for Rav Sheishess only permits the carrying of stones if they bear the traces of the use of the one who is carrying them (see *Rashi*).

מתני' עצם כדי לעשות תרווד רבי יהודה אומר כדי לעשות ממנו חף זכוכית כדי לגרור בו ראש הכרכר צרור או אבן כדי לזרוק בעוף רבי אלעזר בר יעקב אומר כדי לזרוק בבהמה: גמ' למימרא דשיעורא דר' יהודה נפיש הא קיימא לן דשיעורא דרבנן נפיש אמר עולא חפי פותחת: תנו רבנן חפי פותחת טהורין קבען בפותחת טמאין ושל גל אף על פי שחיברן בדלת וקבען במסמרים טהורין שכל המחובר לקרקע הרי הוא כקרקע: זכוכית כדי לגרור בו: תנא זכוכית כדי לפצוע בה שני נימין כאחת: צרור או אבן כדי לזרוק בעוף רבי אלעזר כו': אמר רבי יעקב אמר רבי יוחנן והוא שמרגשת בה וכמה שיעורו תניא רבי אלעזר בן יעקב אומר משקל עשרה זוז: זונין על לבי מדרשא אמר להו רבותי אבנים של בית הכסא שיעורן בכמה אמרו לו כזית כאגוז וכביצה אמר להו וכי טורטני יכנים נמנו וגמרו מלא היד תניא רבי יוסי אומר כזית כאגוז וכביצה ר"ש ברבי יוסי אומר משום אביו מלא היד: ת"ר (בשבת) ג' אבנים מקורזלות מותר להכנים לבית הכסא וכמה שיעורן ר"מ אומר כאגוז רבי יהודה אומר כביצה אמר רפרם בר פפא אמר רב חסדא כמחלוקת כאן כך מחלוקת באתרוג התם מתני' הכא ברייתא אלא כמחלוקת באתרוג כך מחלוקת כאן אמר רב יהודה אבל לא את הפאיים מאי פאיים אמר רבי זירא כרשיני בבלייתא אמר רבא אסור למשמש בצרור בשבת כדרך שממשמש בחול מתקיף לה מר זוטרא ליסתכן כלאחר יד אמר רבי ינאי אם יש מקום קבוע לבית הכסא מלא היד אם לאו כהכרע מדוכה קטנה של בשמים אמר רב ששת אם יש עליה עד מותר מיתיבי עשרה דברים מביאין את האדם לידי תחתוניות ואלו הן האוכל עלי קנים ועלי גפנים ולולבי גפנים ומוריגי בהמה בלא מלח ושדרו של דג ודג מליח שלא בישל כל צורכו והשותה שמרי יין והמקנח בסיד ובחרסית בצרור שקינח בו חבירו ויש אומרים אף התולה עצמו בבית הכסא לא קשיא הא בלח הא ביבש ואיבעית אימא כאן מצד אחד וכאן מב' צדדין ואיבעית אימא הא דידיה הא דחבריה א"ל אביי לרב יוסף ירדו עליה גשמים ונשטשטשו מהו א"ל אם היה רישומן ניכר מותר בעא מיניה רבה בר רב שילא מרב

רש"י

מתני' תרווד. כף קוליר: חף. קס"ד דפותחת של חף עלמה ושיעורה נפיש מתרווד: כרכר. עץ יש לאורגין ולאשו חד: כדי לזרוק בבהמה. דלא טרח איניש למשקל צרור משום עוף להבריחו דבקלא בעלמא דרמי ליה אזיל ליה: גמ' והא קיי"ל דשיעורא דרבנן נפיש. גבי לעשות תלאי: חפי פותחת. שיניים הקבועים בה ולא היא עלמה ועושים אותם מעלם: חפי פותחת טהורין. דכל זמן שלא חברן בה אינן ראוין לכלום: טמאין. דכלי עלם ככלי מתכות ופשוטיהן טמאין בהכל שוחטין (חולין דף כה:) ולאו משום דמחובר לפותחת וכל המחובר לטהור טהור פותחת יש לה בית קיבול ומקבל מפתח: ושל גל. ואם הפותחת הזאת אינה של כלים כגון של שידה ומגדל אלא של גל כמו טרוקי גלי כגון לנעול שערי החצר אע"פ שחברן בפותחת הואיל ומחובר זה בדלת היא ודלת בנין מחובר לקרקע טהורין: זכוכית. זכוכית ועל שם שסורקין (א) קרי זכוכית ועל שם שהיא זכה קרי זכוכית: והוא שמרגשת. הבהמה בצרור זה כשהכה: שיעורן בכמה. להתחייב עליהן אי נמי לטלטלן בחצר ולהכניסן לבית הכסא ולאידך ולאידי חד שיעורא הוא דמדמי דחזי להו מיחייב על הוצאתו: כזית כאגוז כביצה. שלש מכניסין לקינוח ומקנח זו אחר זו אחת כזית ואחת כאגוז ואחת כביצה בתחלה מקנח פי הרעי (ב) בקטנה להסיר רעי הנדבק שם שהגדולה פוחסת ומלכלך סביבותיו: טורטני. מאזנים יכנים לשם לשקול: מלא היד. בין שלשתן או אפילו הן ד' וה' ובין כולן מלא היד: מקורזלות. ביקועי' שיהיו ראויות לקינוח: מותר להכנים. מתוך ד' אמות או בחצר דלא ליתסר לטלטולינהו: כאגוז. כל אחת ואחת: התם מתני'. פלוגתא דאתרוג מתני' היא במסכת סוכה והיא סדורה בפי התלמידים: והכא ברייתא. ויש הרבה תלמידים שלא שנאוה והוא תולה הידועה בשאינה ידועה: כך מחלוקת כאן. ולסימנא בעלמא אמרה דלא תשכח לגירסא דברייתא ואם תשכחנה הזכר ממשנתך דאתרוג: אבל לא הפאיים. כמו פיסת רגב (סנהדרין דף סד.) שקורין גליש"א דהואיל ומיפרכה לא חזי לקינוח ואסורה לטלטל: כרשיני בבלייתא. הכי מיקרו משום שבבבל ארץ לחה היא והממרישה מעלה רגבים: למשמש. הנלרך ליפנות ואינו יכול ליפנות אמרינן לקמן בפירקין דממשמש בצרור בנקב והוא נפתח וקא סלקא דעתך דקאמר ובשבת אסור למשמש כלל לדרך שממשמשים בחול: ליסתכן. דאמר מר (תמיד פ"א דף כח:) עמוד החוזר מביא אדם לידי הדרוקן: ומשני כלאחר יד. האי כדרך דקאמר רבא כדרך הממשמש בחול בלא שינוי משום הסרת נימין אבל כלאחר יד כגון אוחז צרור בב' אלבעותיו שפיר דמי: אם יש מקום קבוע לבה"כ. שאם ישתיירו לו ערבית יקנח בהם שחרית מכניס שם מלא יד: כהכרע. כשיעור המכריע כאגוז נפיש מכזית חוטר מכבילה: מדוכה קטנה. ° מלאכתה לאיסור אסור לטלטל: ואם יש עליה עד. קנוח המעיד שעשויה לכך מותר לטלטלה לקינוח: תחתוניות. פיג"ש: לולבי גפנים. אותן פילולין הגדלין בגפן וקורין ווידל"ש: מוריגי בהמה. כל בשר שיש בבהמה העשוי כמורג שהוא פגום ומרוקה כמורג חרוץ חדש כלומר כל מקום שאין הבשר חלק כגון קליפת הלשון וכגון החיך שיש בו כמין קולין וכפגימות וכבית הכוסות: שקינח בו חבירו. אסיד ואחרסית נמי קאי: התולה. שאינו יושב אלמא קינח בו חברו לא חזי לקינוח ורב ששת אמר לעיל אם יש עליה עד מותר: לח. לא חזי יבש חזי: מצד אחד. באותו לד שקינח בו חבירו לא חזי לקינוח אבל בלד שני חזי: דידיה. שהיה קינוח שעליה שלו: ונשטשטשו. אותו עד: מהו. מי בטיל לייחוד דידהו או לא: אי רשומו ניכר מותר. דכיון דמאיס לא חזי לבשמים ולא מיבטל ליה מבית הכסא:

תוספות

חפי פותחת טהורין. פי' בקונטרס שיניים של עלם ונותנין אותם בפותחת (ג) לפתוח וקודם שלא נקבעו אין ראוין לכלום קבען בפותחת טמאין דכלי עלם ככלי מתכות ופשוטיהם טמאים כדאמר בהכל שוחטין (חולין דף כה:) ולאו משום דמחובר לפותחת והמחובר לטהור טהור פותחת יש לה בית קיבול דמקבלת מפתח ומה שפירש דפשוטי כלי עלם טמאים כדאמר בהכל שוחטין לא דק דהתם לא איירי אלא בגולמי כלי עלם ° אבל פשוטי כלי עלם הא תנן ומייתי לה בפ"ק (דף כו:) כלי עץ כלי עור כלי עלם כלי זכוכית פשוטיהן טהורין ומה שפירש דחפין הן של עלם קשה לר"י דגבי כלי מתכות מייתי' בתוספתא דכלים ועוד דאי בשלא נקבעו אין ראוין לכלום אם כן פשיטא דטהורין ומה שפי' שפותחת יש לה בית קיבול לקבל המפתח הא לא חשיב בית קיבול שאין המפתח עשוי לטלטל ע"י אותו בית קיבול כמו הקיטע יולא בקב שלו (לעיל דף סו.) דטהור כשאין בו בית קיבול כתיתין לפי' בקונט' דמה שמניח ראש שוקו בתוכו לא חשיב בית קיבול שאין השוק מיטלטל על ידו ועוד דפי' דפותחת גורמת טומאה לחף אדרבה תנן במס' כלים בפי"ג (משנה ו) פותחת של עץ וחפין של מתכת טמאה פותחת של מתכת וחפין שלה של עץ טהורה אלמא בתר חפין אזלינן ואע"ג דמשמע דלאפוקי כרבי נחמיה דלא אזיל בתר מעמיד אלא בתר תשמיש דהיינו אותם בברייתא דשמעתי' נמי נראה לר"י דלאפוקי כוותיה דקתני סיפא דהכא טבעת של מתכת וחותם של אלמוג ר' נחמיה מטהר ונראה לר"י דבחפין של מתכת איירי ואע"פ שלא נקבעו ראוין הם קלת ליתנם בפותחת ואפילו הכי טהורין דגולמי כלי מתכות טהורין קבען בפותחת טמאין שנגמרה מלאכתן וכן משמע בסמוך דטעמא משום גמר מלאכה דקתני ושל גל אע"פ שחברן לדלת כו' משמע מה שקבען לדלת לא גרים טומאה אלא כיון שאין להם פותחת (ד) (ומן) קבוע בגל טהור:

אסור למשמש בצרור. פירש בקונטרס הנלרך לפנות ואינו יכול אסור משום הסרת נימין ול"נ והא רבא בדבר שאין מתכוין סבר כר"ש בספ"ב דבילה (דף כג.) וה"ג פריך לקמן לרבי יוחנן דאסר משום הסרת נימין ויש לומר דהכא במשמוש לרור הוי פסיק רישיה:

ואם לאו כהכרע. ונראה לר"ת כגירסת ר"ח ואם לאו כהכרע פי' מדוכה קטנה של בשמים והכרע פי' רגל כמו כרעי המטה וכן מפרש בירושלמי כמלא רגל מדוכה קטנה של בשמים: ° אמר רב ששת אם יש עליה עד מותר. מילתא באפי נפשה היא פירוש מותר לקנח בה אפילו גדולה יותר מכבילה או אם יש הרבה ממלא היד מותר ליטול כולן דכיון דיש עליהן עד הוכנו כולן:

עין משפט נר מצוה

כד א מיי' פי"ח מהל' שבת הלכה יב:
כה ב ג שם הלכה יא:
כו ד מיי' פכ"ו שם הל' ד סמג לאוין סה טוש"ע או"ח סימן שיב סעיף א:
כז ה מיי' שם טוש"ע שם סעיף ד:
כח ו מיי' שם הל' ה' טור ושו"ע שם ס"ז:
כט ז מיי' שם טוש"ע שם סעיף א:
ל ח מיי' שם הל' ד טוש"ע שם סעיף ג:

רבינו חננאל

אם עירב חול בסיד הוא טרכסיד ואסור. וקסבר דהא מתני' חול גס כדי ליתן על מלא כף סיד. ר' יהודה היא (רב פפא) [רבא] אמר אפי' תימא רבנן. קלקולו זהו תקונו אית ביה ב' פירושים חד לענין שופריה דסיד. האי ברייתא (לאו) לענין שחרירותיה. וקסברי רבנן דסיד שעירב בו חול. אע"פ שהוא מתחזק כן הלך יופיו ומותר בגולה. והכא משו"ה קאמרי חול גס כדי ליתן על מלא כף סיד. ופירוש שני כיון דלא שרי למיסד ביה בגולה עד שיערב בו חול (הוה ליה) הקלקול דקא מקלקל הוא התקון והלכך משערינן חול גס כדי ליתן על מלוא כף סיד דחשיב ליה כדי שיהא מותר לסוד בו: צוצלא עוף ממין התורי. ובלשון חכמים ריצפי. וקורין אותה אל פאכתי: חף א) דתני הכא וחפים דתניא [בברייתא] שיניים [הוא עשויין] מחתיכה של עץ וקורין בלשון פרסי דנר אנגאת מין נודעים בבבל. חפים בנגר שהן תלויין ועומדין קבועים בתוך העץ שהוא בית הנגר ונקרא אל קפי' ובעץ שהוא הנגר נקבים מכנים להן כשמתקנין נגדן נופלין ונכנסין להן ואלה הן של גל ובהן נסגר והמפתח יש בו חפין בולטין מכוונין כנגדן מכניסין אותו בחלל שבנגר וחפין מעלין את החפין של גל והוא נפתח ואף שחברן בדלת טהורין לעולם [מפני] שהן מחוברים לקרקע. ושבמפתח טהורין עד שיקבעו בפותחת ואז הוויין מכלל הכלי: זוז הוזין (מצריך) כולן אחד הן. והן כששאל זונין כמה שיעור אבנים מקורזלות [שרשאי להעבירן] בכרמלית יתר מד' אמות ומקנח בהן. ואמרו לו כזית. כאגוז. כביצה. אמר להן (ומטמטני) [וכי טורטני] יכנים. פירוש היש לן מאזנים שישקול השיעור הזה נמנו וגמרו הכל מותר עד (אלא) [מלא] היד. וכן א"ר ישמעאל ב"ר יוסי משו' אביו וכן הלכה. אבל פלוגתא דר"מ ור' יהודה דפליגין הכא כי היכי דפליגי באתרוג עיקרן תרוייהו. (ובדמנו וגמרו) [כדגמנו וגמרו] פיים דקא מפרש ליה (קרי שני נבליאתא) [כרשיני בבלייתא] שהוא אדמה שהיא קרוב להתפרך ולהתכתת ואינ' אבנים ולא לבנים שרופי' דקריין אגורי: אמר רבא לא ימשמש בצרורות בשבת כדי להחליקן שלא ישרטו את בשרו ונמצא בא לידי כתישה או טחינה. ולא יעשה כדרך שהוא [עושה] ממשמש בחול. מתקיף לה מר זוטרא והיאך יסתכן אלא כלאחר יד. ויש מפרשין כדי לחכך ולנקות את עצמו כדרך שהוא ממשמש בחול. ואף לא יסתכן בעובי שם טינוף אלא מתחכך ומתנקה כלאחר יד. שמוצא שינוי מן החול. ופירוש' דברי ר' ינאי אם יש מקום קבוע לבית הכסא שנפנה בו מטלטל לשם שלש אבנים מקורזלות כל אחד מלא היד לקנח בהן. ואע"פ שיש מקום שנוטלין עד בית הכסא הקבוע אמות הרבה. אבל אין מקום קבוע אלא אם יש בידו אבנים סובב בבקעה לראות אנה ישב אין לו לשנות אלא בהכרע מדוכה קטנה של בשמים. והיינו שמעין פירושא הכרע מדוכה קטנה דאינה של בוצנא שדורכין בו והוא מקנח שמעבירין אותו במדוכה לשחוק בו. וראינו בתלמוד ארץ ישראל מלא רגל מדוכה קטנה של בושם: אמר רב ששת אם יש עליה עד מותר. פירוש יש עליה עד כגון סמרטוט או שום סימן שמכיר שהוא לכך. וזה הן תקינו רבנן בה. וזהו קאמר אע"פ [שקינח] בה כבר הרי זה מותר לטלה ולהקנח בה: מיתיבי עשרה דברים מביאין את האדם לידי תחתוניות ואחת מהן המקנח בצרור שקינח בו חבירו. ופירקו כמה פירוקין. אם לח הוא לא יקנח בו שמביאו לידי תחתוניות ואם יבש מותר. איבעית אימא אם קינח בו חבירו מצד א' מקנח הוא מצד אחר. ואם קנה חבירו משני צדדין חושש. אבע"א אפי' צרור שקינח בו בכך בו עכשיו חוזר ומקנח ביה. ואם חבירו קנח בו בא לידי תחתוניות: א"ל אביי לרב יוסף

חשק שלמה על רבינו חננאל א) עיין ערוך ערך חף א':

מסורת הש"ס

א) [גי' הערוך הכרכר], ב) [לעיל פ.], ג) [תוספתא פ"ט], ד) [תוספתא פי"ד], ה) [נ"ל ר' ישמעאל בר' יוסי כ"ה בתוספתא], ו) סוכה לו:, ז) [שם: ע"ש], ח) ברכות נה, ט) ס"א שמנה, י) והמקנח כ"ה בס"י ובברכות, כ) ס"א יותר מדאי, ל) רש"ל גורס של עץ עלמה ושיעורה וגי' מהר"מ של עלם עלמה, מ) [ברכות כה.], נ) כרין אימא פוכסת [ר"מ], ס) מקורזלות בקור"ש בלע"ז שיהיו חדודות ולאויות לקינוח כל"ל רש"ל, ע) כלים פי"ג מ"ח, פ) רש"ל וב"ח ומהר"ם כתבו דזהו דיבור אחד עם דיבור שלמעלה.

הגהות הב"ח

(א) רש"י ד"ה סכוכית וכו' שסוכין בה קרי: (ב) ד"ה כזית וכו' מקנח פי הנקב בקטנה: (ג) תוס' ד"ה חפי וכו' בפותחת של עץ לפתוח וקודם שנקבעו כל"ל ותיבת שלא נמחק: (ד) בא"ד אלא כיון שאין להם פותחת ואף קבוע בגל טהור. נ"ב פירוש מדקתני [אע"פ שחיברן בדלת וקבען במסמרי' משמע] דה"ק לא מיבעיא [היכא דמיכרן] אלא"כ הסירן דלא מקרי [נגמרה מלאכתן] דודאי טהור אלא אפי' היכא] דקבוע בגל [במסמרים דנגמרה מלאכתן אפילו הכי טהור]. וזה שכתבו התוס' כיון שאין להם פותחת. דאי דשל גל [מיירי ג"כ בפותחת מאי אע"פ דקאמר הא כיון שקבען בפותחת כבר נגמרה מלאכתן כמו ברישא ואם כן כשלא קבען במסמרים טמאין. ועיקר הטעם דשל גל טהורין מחמת מחובר לקרקע ומאי אע"פ שחיברן]:

גליון הש"ס

גמ' אמר רבא אסור למשמש בצרור. כרש"ס פ"ז מ"ד דטהרות הי' לו הגי' כאן למשמש: רש"י ד"ה מדוכה קטנה מלאכתה לאיסור. עיין לקמן דף קכג ע"א ברש"י ד"ה הני נמי עלי ומדוכה. ול"ע:

רב נסים גאון

את ביתו בסיד אלא אם כן עירב בו חול וכו' הדבר שגרם איסור דבר זה הוא מה שאירע לישראל בבית שני מחמת טיטוס הרשע ועיקר דיליה הוא בתוספתא סוטה בפולמוס של טיטוס על עטרות כלות וכו' ושלא יסוד אדם את ביתו בסיד ובביצת הסיד עירב בו חול או תבן הרי זה מותר ר' יהודה אומר עירב בו חול הרי זה טרכסיד ואסור עירב בו תבן הרי זה מותר:

סליק המוציא יין

ליקוטי רש"י

כרכר. רלא"ל [לקמן קכב:]. למימרא דשיעורא דר' יהודה נפיש. בתמיה והא קי"ל גבי גמי דשיעורה דרבי יהודה זוטא ומחמיר בשיעורי שבת [לעיל פ:]. זונין. שם אדם [רשב"ם ב"ב קסד:]. טורטני. משקלות [מנחות פז:]. משקולת מאזנים [שם כח"י]. מקורזלות. ראשן חד ולאוין לקינוח [לעיל מג.]. מותר להכנים לבית הכסא. בתוך ארבע אמות ובית כסא בשדה ואינו מוקף מחילות ואין כאן אלא טלטול דרבנן ומשום כבוד הבריות לא גזור. כאגוז. קסבר בהכי חזיא לקינוח אבל גדולה לא חזיא. כמחלוקת באתרוג. כשיעורן כאן כך שיעורן כאן [סוכה לו:]. פאיים. פיסא. רגב גוש עפר כלישט"א בלע"ז [מכות ח.]. מוריגי בהמה. כל בשר שבבהמה שאינו חלק אלא דומה למורג חרוץ שאינו חלק כמו החיך והלשון והכרס הפנימי ובית הכוסות [ברכות נה.]. ובחרסית. לבינה כתושה [לעיל עז:]. התולה. שאינו יושב אלא על ברכיו שמתוך כך נקביו נפתחין יותר מדאי [ברכות שם].

גְּשָׁמִים – If rains descended upon [the previously used stone], **וְנִטַּשְׁטְשׁוּ – and [the traces] were smeared,** **מַהוּ – what is [the law]?** Does the stone lose its status as a wiping stone or not?[44] **אָמַר לֵיהּ – [Rav Yosef] said to him:** **אִם הָיָה רִישׁוּמָן נִיכָּר – If their mark is still discernible,** **מוּתָּר – they are permitted.**[45]

The Gemara cites another related inquiry:

בְּעָא מִינֵּיהּ רַבָּה בַּר רַב שִׁילָא מֵרַב –

NOTES

44. As explained above, the stone would be *muktzeh* (since its use as a spice pestle makes it so – see note 33 above) if not for the fact that it was used previously as a wiping stone. Abaye inquires whether this previous use is negated if the traces are washed by rain (see *Rashi*).

45. For since the markings of the excrement remain, the stone will be considered repulsive, and it will no longer be used as a spice pestle. Thus, its new status as a wiping stone is preserved (*Rashi*).

מתני׳ א עצם כדי לעשות תרווד רבי יהודה אומר כדי לעשות ממנו חף זכוכית כדי לגרור בו ראש ב הכרכר צרור או אבן כדי לזרוק בעוף רבי אלעזר בר יעקב אומר כדי לזרוק בבהמה: גמ׳ למימרא דשיעורא דר׳ יהודה נפיש הא קיימא לן (חולין) דשיעורא דרבנן נפיש אמר עולא חפי פותחת: תנו רבנן חפי פותחת טהורין קבען בפותחת טמאין ושל גל אף על פי שחיברן בדלת וקבען במסמרים טהורין שכל המחובר לקרקע הרי הוא כקרקע: זכוכית כדי לגרור בו: תנא ג סכוכית כדי לפצוע בה שני נימין כאחת: צרור או אבן כדי לזרוק בעוף ג רבי אלעזר כו׳: אמר רבי יעקב אמר רבי יוחנן והוא שמרגשת בה ג וכמה שיעורו תניא רבי אלעזר בן יעקב אומר משקל עשרה זוז: זונין על לבי מדרשא אמר להו רבותי אבנים של בית הכסא שיעורן בכמה אמרו לו כזית כאגוז וכביצה אמר להו וכי טורטני יכנים ד נמנו וגמרו מלא היד תניא ז רבי יוסי אומר כזית כאגוז וכביצה ח ר״ש ברבי יוסי אומר משום אביו מלא היד: ת״ר (בשבת) ג׳ אבנים מקורזלות מותר להכנים לבית הכסא וכמה שיעורן ר״מ אומר כאגוז רבי יהודה אומר כביצה י אמר רפרם בר פפא אמר רב חסדא כמחלוקת כאן כך מחלוקת באתרוג התם מתני׳ הכא ברייתא אלא כמחלוקת באתרוג כך מחלוקת כאן אמר רב יהודה ה אבל לא את הפאיים מאי פאיים אמר רבי זירא כרשיני בבליתא • אמר רבא ו אסור למשמש בצרור בשבת כדרך שממשמש בחול מתקיף לה מר זוטרא ליסתכן כלאחר יד אמר רבי ינאי ז אם יש מקום קבוע לבית הכסא מלא היד אם לאו כהכרע מדוכה קטנה של בשמים אמר רב ששת אם יש עליה עד מותר מיתיבי ט עשרה דברים מביאין את האדם לידי תחתוניות ואלו הן האוכל עלי קנים ועלי גפנים ולולבי גפנים ומוריגי בהמה בלא מלח ושדרו של דג ודג מליח שלא בישל כל צורכו והשותה שמרי יין והמקנח בסיד ובחרסית י בצרור שקינח בו חבירו ויש אומרים אף התולה עצמו בבית הכסא כ לא קשיא הא בלח הא ביבש ואיבעית אימא כאן מצד אחד וכאן מב׳ צדדין ואיבעית אימא הא דידיה הא דחבריה א״ל אביי לרב יוסף ה ירדו עליה גשמים ונשטשטשו מהו א״ל אם היה רישומן ניכר מותר בעא מיניה רבה בר רב שילא מרב מהו

רש״י

מתני׳ תרווד. כף קולייר: חף. קס״ד דפותחת של א חף עלמה ושיעורה נפיש מתרווד: כרכר. עץ יש לאורגין ורלאשו חד: כדי לזרוק בבהמה. דלא טרח איניש למשקל לרור משום עוף להבריחו דבקלה בעלמא דרמי ליה אזיל ליה: גמ׳ והא קיי״ל דשיעורא דרבנן נפיש. גבי לעשות תלתי: חפי פותחת. שיניים הקבועים בה ולא היא עלמה ועושים אותם מעלם: חפי פותחת טהורין. דכל זמן שלא חברן בה אינן ראוין לכלום: טמאין. דכלי עלם ככלי מתכות ופשוטיהן טמאין בהכל שוחטין (חולין דף כה:) ולא משום המחובר לפותחת וכל המחובר לטהור טהור פותחת יש לה בית קיבול ומקבל מפתח: ושל גל. ואם הפותחת הזאת אינה של כלים כגון של שידה ומגדל אלא של גל כמו מ טרוקי גלי כגון דלתות שערי החלר אע״פ שחברן בפותחת הואיל וחבור זה בדלת היא ודלת בנין מחובר לקרקע טהורין: סכוכית. זכוכית ועל שם שסוכין (א) קרי סכוכית ועל שם שהיא זכה קרי זכוכית: והוא שמרגשת. הבהמה בלרור זה בהכאתו: שיעורן בכמה. להתחייב עליהן אי נמי לטלטלן בחלר ולהכניסן לבית הכסא ולאידי חד שיעורא הוא דלמידי דחזי להו מיחייב על הולאתו: כזית כאגוז כביצה. שלא מכניסין לקינוח ומקנח זו אחר זו אחת כזית ואחת כאגוז ואחת כביצה בתחלה מקנח פי הרעי (ב) בקטנה להסיר רעי הנדבק שם ובגדולה נ פותחת ומלכלך סביבותיו: טורטני. מאזנים יכנים לשם לשקול: מלא היד. בין שלשתן או אפילו הן ד׳ וה׳ ובין כולן מלא היד: מקורזלות. ס ביקועו׳ שיהיו ראויות לקינוח: מותר להכניסם. בתוך ד׳ אמות או בחלר דלא ליתסר לטלטוליהו: כאגוז. כל אחת ואחת: התם מתני׳. פלוגתא דאתרוג מתני׳ היא במסכת סוכה והיא סדורה בפי התלמידים: והכא ברייתא. ויש הרבה תלמידים שלא שנאוה והוא תולה הידועה בשאינה ידועה: כך מחלוקת כאן. ולסימנא בעלמא אמרה לה דלא תטעה לגירסא דברייתא ואם תשכחנה הזכר ממשנתך דאתרוג: אבל לא הפאיים. כמו שקל פיסת רגב (סנהדרין דף סד.) שקורין גלישט״א דהואיל ומיפרכה לא חזי לקינוח ואסורה לטלטל: כרשיני בבליתא. הכי מיקרו משום שבבל ארץ לחה היא והמחרישה מעלה רגבים: למשמש. הנלרך ליפנות ואינו יכול ליפנות אמרינן לקמן בפירקין דממשמש בלרור בנקב והוא נפתח וקא סלקא דעתך דקאמר ובשבת אסור למשמש כלל כדרך שממשמשים בחול: ליסתכן. דאמר מר (תמיד פ״א דף מ:) עמוד החוזר מביא אדם לידי הדרוקן: ומשני כלאחר יד. האי כדרך דקאמר רבא כדרך הממשמש בחול בלא שינוי משום הסרת נימין אבל כלאחר יד כגון אוחז לרור בב׳ אלבעותיו שפיר דמי: אם יש מקום קבוע לבה״כ. שאם יממיינו לו ערבית יקנח בהם שחרית מכניס שם מלא יד: כהכרע. כשיעור המכריע כלאגוז וזוטר מכביצה: מדוכה קטנה. ע מלאכתה לאיסור אסור לטלטל: ואם יש עליה עד. קנוח המעיד שעשויה לכך שם מותר לטלטלה לקינוח: תחתוניות. פיג״ש: לולבי גפנים. אותן פיולין הגדלין בגפן וקורין וודיל״ש: מוריגי בהמה. כל בשר שיש בבהמה שהוא עשוי כמורג שהוא פגום וחרוק כמורג חרוץ חדש כלומר כל מקום שאין הבשר חלק כגון קליפת הלשון וכגון החיך שיש בו כמין קולין וכפגימות ובית הכוסות: שקינח בו חבירו. אסיד ואחרסית נמי קאי: התולה. שאינו יושב דלמא קינח לא חזי לקינוח וכן לרב ששת דאמר לעיל אם יש עליה עד מותר: לח. לא חזי יבש חזי: מצד אחד. באותו לד שקינח בו חבירו לא חזי לקינוח אבל בלד שני חזי: דידיה. שהיה קינוח שעליה שלו: ונשטשטשו. אותו עד: מהו. מי בטיל לייחוד דידהו או לא: אי רשומן ניכר מותר. דכיון דמאיס לא חזי לבשמים ולא מיבטל ליה מבית הכסא:

תוספות

חפי פותחת טהורין. פי׳ בקונטרס שיניים של עלם ועושין אותם בפותחת (ג) לפתוח וקודם שלא נקבעו אין ראוין לכלום קבען בפותחת טמאין דכלי עלם כמתכות ופשוטיהם טמאים כדאמר בהכל שוחטין (חולין דף כה:) ולא משום המחובר לפותחת והמחובר לטהור טהור פותחת יש לה בית קיבול למקבלת מפתח ומה שפירש דפשוטי כלי עלם טמאים כדאמר בהכל שוחטין לא דק דהתם לא איירי אלא בגולמי כלי עלם ג אבל פשוטי כלי עלם הא תנן ומייתי לה בפ״ק (דף טז:) כלי עץ כלי עור כלי עלם כלי זכוכית פשוטיהן טהורין ומה שפירש דחפין הן של עלם קשה לר״י דגבי כלי מתכות מייתינן בתוספתא דכלים ועוד דאי בשלא נקבעו אין ראוין לכלום אם כן פשיטא דטהורין ומה שפי׳ שפותחת יש לה בית קיבול לקבל המפתח הא לא חשיב בית קיבול שאין המפתח עשוי לטלטל ע״י אותו בית קיבול כמו הקיטע יולא בקב שלו (לעיל דף סו.) דטהור כשאין בו בית קיבול כתיתין דפי׳ בקונט׳ דמה שמניח ראש שוקו בתוכו לא חשיב בית קיבול שאין השוק מיטלטל על ידו ועוד דפי׳ דפותחת גורמת טומאה לחף דלדרבה תנן במס׳ כלים בפי״ג (משנה ו) פותחת של עץ וחפין של מתכת טמאה פותחת של מתכת וחפין שלה של עץ טהורה אלמא בתר חפין אזלינן ואע״ג דמשמע דלאתויי כרבי נחמיה דלא אזיל בתר מעמיד אלא בתר תשמיש דהיינו אותה ברייתא דשמעתי׳ נמי נראה לר״י דאתיא כוותיה דקתני סיפא דהכא טבעת של מתכת וחותם של אלמג ר׳ נחמיה מטהר ונראה לר״י דבחפין מתכת איירי ואע״פ שלא נקבעו ראוין הם קלת ליתנם בפותחת ואפילו הכי טהורין דגולמי כלי מתכות טהורין קבען בפותחת טמאין שנגמרה מלאכתן וכן משמע בסמוך דטעמא משום גמר מלאכה דקתני ושל גל אע״פ שחברן לדלת כו׳ דמשמע מה שקבען לדלת יש לו לגרום טומאה אלא כיון שאין להם פותחת (ד) [וחף] קבוע בגל טהור:

אסור למשמש בצרור. פירש בקונטרס הנלרך לפנות ואינו יכול אסור משום הסרת נימין וא״ת והא רבא בדבר שאין מתכוין סבר כר״ש בפ״ב דבילה (דף כג.) וכה״ג פריך לקמן לרבי יוחנן דאסר משום הסרת נימין ויש לומר דהכא במשמוש לרור הוי פסיק רישיה:

ואם לאו כהכרע. ונראה לר״ח כגירסת ר״ח ואם לאו כהכרע מדוכה קטנה של בשמים והכרע פי׳ רגל כמו כרעי המטה וכן מפרש בירושלמי כמלא רגל מדוכה קטנה של בשמים: פ אמר רב ששת אם יש עליה עד מותר. מילתא באפי נפשה היא פירוש מותר לקנח בה אפילו גדולה יותר מכביצה או אם יש הרבה ממלא היד מותר ליטול כולן דכיון דיש עליהן עד הוכנו כולן:

מסורת הש״ס

א) [גי׳ הערוך הכרכר], ב) [לעיל פ.], ג) [תוספתא פ״ט], ד) [תוספת׳ פי״ד], ה) [נ״א ר׳ ישמעאל בר׳ יוסי כ״ה בתוספתא], ו) סוכה לו, ז) [עי׳ שם], ח) ברכות סב, ט) פ״א שמנה, י) והמקנח כ״ה בע״ו ובכורות, כ) פ״א יותר מדאי, ל) רש״ל גורס של מהר״מ של עלם עלמה, מ) [ברכות נה.], נ) כר״ן איתא פוכסם [ר״מ], ס) מקורזלים בקוו״ם בלע״ז שיהיו מחודדות וראויות לקינוח כל״ל רש״ל, ע) כלו פ״מ מ״א, פ) רש״ל וב״ח ומהר״מ כתבו דזהו דיבור אחד עם דיבור שלמעלה.

הגהות הב״ח

(א) רש״י ד״ה סכוכית וכו׳ שסוכין בה קרי: (ב) ד״ה כזית וכו׳ מקנח פי הנקב בקטנה: (ג) תוס׳ ד״ה חפי וכו׳ בפותחת של עץ לפתוח וקודם שנקבעו וכו׳ ומינה שלא נמחק: (ד) בא״ד אלא כיון שאין להם פותחת ואף קבוע בגל טהור. נ״ב פירוש מדקתני [אע״פ שחיברן בדלת וקבען במסמרי׳] משמע דה״ק לא מיבעיא [היכא] דמקרי [ולא״ה] הסירן דלא מקרי מלאכתן דהוי טהור אלא אפי׳ [היכא] דקבוע בגל [במסמרים דנגמרה] מלאכתן אפילו הכי טהור. וזה שכתבו התוס׳ כיון שאין להם פותחת דאי דגל [מיירי ג״כ] בפותחת אלא כיון שקבען בפותחת כבר נגמרה מלאכתן כמו ברישא ואם כן קבען במסמרים טמאין. ועיקר הטעם דשל גל טהורין מטעם מחובר לקרקע ומלו אע״פ שמיכרן:

גליון הש״ס

גמ׳ אמר רבא אסור למשמש בצרור. כרש״י בפ״ד דעירובין ס״ד על הגי׳ כאן לשמש: רש״י ד״ה מדוכה קטנה מלאכתה לאיסור. עיין לקמן דף קכ״ב ע״א כרש״י ד״ה הני נמי עלי ומדוכה. וצ״ע:

רב נסים גאון

את ביתו בסיד אלא אם כן עירב בו חול וכו׳ הדבר שגרם איסור דבר זה הוא מה שאירע לישראל בשנת בשני מחמת טיטוס הרשע ועיקר דיליה הוא בתוספתא בפולמוס של טיטוס על עטרות כלות וכו׳ ושלא יסוד אדם את ביתו בסיד וכיצד הסיד עירב בו חול או תבן הרי זה מותר ר׳ יהודה אומר עירב בו חול הרי זה טרכסיד ואסור עירב בו תבן הרי זה מותר:

סליק המוציא יין

ליקוטי רש״י

כרכר. רא״ל [לקמן קכב:]. למימרא דשיעורא דר׳ יהודה נפיש. בתמיה והא קי״ל גבי גמי דשיעורה דרבי יהודה זוטא ומחמיר בשיעורי שבת [לעיל פ:]. זונין. שם אדם [רשב״ם ב״ב קסד:]. טורטני. משקלות [מנחות פז:]. משקולת מאזנים [שם כח״י]. מקורזלות. ראשן חד וראויות לקינוח [לעיל מג.]. מותר להכנים לבית הכסא. בתוך ארבע אמות ובית כסא בשדה ואינו מוקף מחילות ואין כאן אלא טלטול דרבנן ומשום כבוד הבריות לא גזור. כאגוז. קסבר בהכי חזיא לקינוח אבל גדולה לא חזיא. כמחלוקת כאן כך מחלוקת באתרוג. כשיעורן כאן כך שיעורן כאן [סוכה לו:]. פאיים. פיסא. רגב גוש עפר כליסני״א בלע״ז [מכות ח.]. מוריגי בהמה. כל בשר שבבהמה שאינו חלק אלא דומה למורג חרוץ שאינו חלק כמו החיך והלשון והכרס הפנימי ובית הכוסות [ברכות נה.]. ובחרסית. לבינה כתושה [לעיל עח:]. התולה. שאינו יושב אלא על ברכיו שמתוך כך נקביו נפתחין יותר מדאי [ברכות שם].

עין משפט נר מצוה

כד א מיי׳ פי״ח מהל׳ שבת הלכה יב:
כה ב ג שם הלכה יא:
כו ד מיי׳ פכ״ו שם הל׳ ד סמג לאוין סה טושו״ע או״ח סימן שיב סעיף א:
כז ה מיי׳ שם טוש״ע שם סעיף ד:
כח ו מיי׳ שם הל׳ ה׳ טור ושו״ע שם ס״ז:
כט ז מיי׳ שם טוש״ע שם סעיף ה:
ל ח מיי׳ שם הל׳ ד טוש״ע שם סעיף ב:

רבינו חננאל

אם עירב חול בסיד הוא טרכסיד ואסור. וקסבר דהא מתני׳ חול גס כדי ליתן על מלא כף סיד. ר׳ יהודה היא (רב פפא) [רבא] אמר אפי׳ תימא רבנן. קלקולו זהו תקונו איכא ביה ב׳ פירושים חד לענין שופריה דסיד. האי ברייתא (לאו) לענין שחרוריתה. וקסברי רבנן דסיד שעירב בו חול. אע״פ שהוא מתחזק כן הלך יופיו ומותר בגולה. והכא משו״ה קאמרי חול גס כדי ליתן על מלא כף סיד. ופירוש שני כיון דלא שרי למיסד ביה בגולה עד שיערב בו חול (הוה ליה) הקלקול דקא מקלקל הוא התקון והלכך משערינן חול גס כדי ליתן על מלוא כף סיד דחשיב ליה כדי שיהא מותר לסוד בו: צוצלא עוף ממין התורי׳. ובלשון חכמים ריציפי. וקורין אותה על פאכתי׳: חף [א] דתני הכא וחפים דתניא (בברייתא) שיניים [הוא עשויין] מחתיכה של עץ וקורין בלשון פרסי דנר אנגאת מין נודעים בבבל. חפים בנגר שהן תלויין ועומדין כקבורים בתוך העץ שהוא בית הנגר ונקרא אל קפי׳ ובעץ שהוא הנגר נקבים מכנים להן כשמכניסין נגדן נופלין ונכנסין להן ואלה הן של גל והכן נסגר והמפתח יש בו חפין בולטין מכוונין כנגדן מכניסין אותו בחלל שבנגר ואותן מעלין את החפין של גל והוא נפתח ואף שחברן בדלת טהורין לעולם [מפני] שהן מחוברים לקרקע. ושבמפתח טהורין עד שיקבעו בפותחת ואז הוויין מכלל הכלי: זוז חוזין (מצריך) כולן אחד הן. והן כששאל זונין כמה שיעור אבנים מקורזלות [שרשאי להעבירן] בכרמלית יותר מד׳ אמות ומקנח בהן. ואמרו לו כזית. כאגוז. כביצה. אמר להן (וטמטטני) [וכי טורטני] יכנים. פירוש היש לו מאזנים שישקול השיעור וחזר נמנו וגמרו הכל מותר עד (אלא) [מלא] היד. וכן א״ר ישמעאל בר׳ יוסי אמר אביו וכן הלכה. אבל פלוגתא דר״מ ור׳ יהודה דפליגין הכא כי היכי דפליגי באתרוג עיקרן תרויהו. (ובדמנו וגמרו) [כדנמנו וגמרו] פיסק דקא מפרש ליה (קרי שני נבליאתא) [כרשיני בבליאתא] שהוא אדמה שהיא קרוב להתפרך ולהתכתת ואינ׳ אבנים ולא לבנים שרופי׳ דקריין אגורי: אמר רבא לא ימשמש בצורות בשבת כדי להחליק שלא ישרט את בשרו ומצא בא לידי כתישה או טחינה. ולא יעשה כדרך שהוא [עושה] ממשמש בחול. מתקיף לה מר זוטרא והיאך יסתכן אלא כלאחר יד. ויש מפרשין כדי לחכך ולנקות את עצמו כדרך שהוא ממשמש בחול. ואף לא יסתכן בעובי שם טינוף אלא מתחכך ומתנקה כלאחר יד. שמוצא שינוי מן החול. ופירוש׳ דברי ר׳ ינאי אם יש מקום קבוע לבית הכסא שנפנה בו מטלטל לשם שלש אבנים מקורזלות כל אחד מלא היד לקנח בהן. ואע״פ שיש ממקום שנוטלין עד בית הכסא הקבוע אמות הרבה. אבל אין מקום קבוע אלא אם יש בידו אבנים סובב בבקעה לראות אנה ישב אין לו לשנות אלא בהכרע מדוכה קטנה של בשמים. והיינו שמעין פירושא הכרע מדוכה קטנה דאינה של בוכנא שדורכין בו והוא מקנח שמעבירין אותו במדוכה לשחוק בו. וראינו בתלמוד ארץ ישראל מלא רגל מדוכה קטנה של בושם: אמר רב ששת אם יש עליה עד מותר. פירשו רבינו עד כגון סמרטוט או פקולין כדתנן התם ממשמשת בב׳ עדים. והן הן תיקוניה ועוותיה. והכי קאמר אע״פ [שקינח] בה ככבר הרי הוא מותר ליטלה ולהתקנח בה: מיתיבי עשרה דברים מביאין את האדם לידי תחתוניות ואחת מהן המקנח בצרור שקינח בו חבירו. ופירקו כמה פירוקין. אם לח הוא לא יקנח בו שמביאו לידי תחתוניות ואם יבש מותר. איבעית אימא אם קינח בו חבירו מצד א׳ מקנח הוא מצד אחר. ואם קנח חבירו משני צדדין חושש. אבע״א אפי׳ צרור שהוא קינח בו ככבר גם עכשיו חוזר ומקנח ביה. ואם חבירו קינח בו בא הוא לידי תחתוניות: א״ל אביי לרב יוסף

חשק שלמה על רבינו חננאל א) עיין ערוך ערך חף א׳:

חסדא [א] מהו להעלותם אחריו לגג א"ל גדול כבוד הבריות שדוחה את לא תעשה שבתורה יתיב מרימר וקאמר לה להא שמעתא איתיביה רבינא למרימר ר' אליעזר אומר נוטל אדם קיסם משלפניו לחצות בו שיניו וחכמים אומרים לא יטול אלא מן האבוס של בהמה הכי השתא התם אדם קובע מקום לסעודה הכא אדם קובע מקום לבית הכסא אמר רב הונא [ב] אסור לפנות בשדה ניר בשבת מאי טעמא אילימא משום דוושא אפילו בחול נמי ואלא משום עשבים והאמר ריש לקיש צרור שעלו בו עשבים מותר לקנח בה והתולש ממנה בשבת חייב חטאת אלא דילמא נקיט מעילאי ושדא לתתאי ומיחייב משום דרבה דאמר רבה [ג] היתה לו גומא וטממה בבית חייב משום בונה בשדה חייב משום חורש גופא אמר ר"ל צרור שעלו בו עשבים מותר לקנח בה [ד] והתולש ממנה בשבת חייב חטאת אמר רב פפי ש"מ מדר"ל האי פרפיסא שרי לטלטולי מתקיף לה רב כהנא אם אמרו לצורך יאמרו שלא לצורך אמר אביי פרפיסא הואיל ואתא לידן לימא ביה מילתא [ה] היה מונח על גבי קרקע והניחו על גבי יתידות מיחייב משום תולש היה מונח על גבי יתידות והניחו על גבי קרקע חייב משום נוטע א"ר יוחנן אסור לקנח בחרס בשבת מאי טעמא אילימא משום סכנה אפילו בחול נמי ואלא משום כשפים אפי' בחול נמי לא ואלא משום השרת נימין דבר שאין מתכוין הוא אמר להו רב נתן בר אושעיא גברא רבה אמר מילתא נימא בה טעמא [ו] לא מיבעיא בחול דאסור אבל בשבת הואיל ואיכא תורת כלי עליו שפיר דמי קמ"ל רבא מתני לה משום השרת נימין וקשיא ליה דר' יוחנן אדר' יוחנן מי א"ר יוחנן אסור לקנח בחרס בשבת אלמא דבר שאין מתכוין אסור והאמר ר' יוחנן הלכה כסתם משנה ° ותנן נזיר חופף ומפספס אבל לא סורק אלא מחוורתא כדרב נתן בר אושעיא מאי כשפים כי הא דרב חסדא ורבה בר רב הונא הוו קא אזלי בארבא אמרה להו ההיא מטרוניתא אותבן בהדייכו ולא אותבוה אמרה איהי מילתא אסרתה לארבא אמרו אינהו מילתא שריוהא אמרה להו מאי איעביד לכו דלא

רש"י

מהו להעלותם אחריו לגג. אם עלה שם לפנות מי חיישינן לטירחא יתירא או לא: שדוחה את לא תעשה. דכתיב (דברים כב) והתעלמת מהם פרט לזקן ואינו לפי כבודו והכא נמי טלטול דרבנן אלאו דלא תסור אסמכוה רבנן ובמקום כבוד הבריות נדחה: משלפניו. קסמין המוטלין על גבי קרקע ולא אמרינן מוקצין נינהו: לחצות. לטול הבשר שבין השינים ולחצות ביניהן: מן האבוס. שהוא מוכן אלמא העמידו דבריהם במקום כבוד הבריות שפעמים שנראה מבחוץ וגנאי הוא לו: התם אדם קובע לסעודה. והיה לו להכין שם מאתמול: הכא אדם קובע לבה"כ. בתמיה פעמים שמוצא אדם שם והולך למקום אחר בית הכסא לא היה מצוי להם בבתיהן שהיו דרין בבתיהן בעלייה מפני דוחק בתים: בשדה ניר. חרישה ראשונה ועומד לזריעה: משום דוושא. ובשדה חבירו מפני שדש את נירו ומתקשה (את) החרישה: משום עשבים. שמחממת לחלוחית הניר עשבים עולין על הצרור וכשהוא מקנח בו נתלשים: מותר לקנח. דאינו מתכוין לתלוש ומותר דהלכה כר"ש: והתולש ממנו. במתכוין חייב דמקום גידולו הוא (א) אע"פ שהוא צרור ואינו עפר: שקיל מעילאי. ממקום גבשושית: ושדי לתתאי. למקום גומא ומשוה החרישה והוי תולדה דחורש: בבית. חייב בנין הוא שמשוה גומות בנין הרצפה הוא ובשדה מתקן החרישה: מדריש לקיש. דאמר מותר לקנח בו ולא אמרינן צרור זה העשבים שעלו מלחלוחית הקרקע הן יונקין וכשמגביהן הרי הוא כעוקרן מגידוליהן: האי פרפיסא. עציץ נקוב שזרעו בו ובתשובת הגאונים מצאתי שעושין חותלות מכפות תמרים וממלאין אותם עפר וזבל בהמה וכ"ב או ט"ו יום לפני ר"ה עושין כל אחד ואחד לשם כל קטן וקטנה שבבית זורעים לתוכן פול המצרי או קיטנית וקורין לו פורפיסא וצומח ובערב ר"ה נוטל כל אחד שלו ומחזירו סביבות ראשו שבעה פעמים ואומר זה תחת זה וזה חליפתי וזה תמורתי ומשליכו לנהר: שרי לטלטולי. ולא אמרינן תולש הוא: לצורך. קינוח כבוד הבריות: חייב משום תולש. דאינו נהנה שוב מריח הקרקע ול"נ דהאי ° חייב לאו דווקא אלא אסור משום דדמי לתולש דאי חייב ממש קאמר לצורך היכי שרי רבנן איסור כרת וסקילה משום קינוח ודומה לו במסכת סנהדרין (דף פב.) הבא על הכותית חייב משום נשג"ז דלאו מדאורייתא היא אלא מדרבנן: משום סכנה. שלא ינתק בו שיני הכרכשא שהיא תלויה בהן: משום כשפים. כדלקמן בשמעתין: השרת נימין. שמשיר את השיער מפני שהוא חדוד: דבר שאין מתכוין הוא. ושמעינן ליה לר' יוחנן דאמר דבר שאינו מתכוין מותר לקמן בשמעתין: לא מיבעיא בחול. שאין איסור טלטול בצרורות דאסור לקנח בחרס משום כשפים שהרי יכול לקנח בצרור: אבל בשבת הואיל ואיכא תורת כלי עליו. לחתות בו אור או לחשוף מים מגבא אימא שפיר דמי למוטב שיקנח בו מלטלטל צרור: קמ"ל. דלא אי משום סכנה אי משום כשפים: חופף. ממליק שערו: ומפספס. קרפיר: אבל לא סורק. במסרק דודאי משיר שיער ומודה ר' שמעון בפסיק רישיה ולא ימות אבל חופף ומפספס פעמים שאינו משיר וכשמשיר דבר שאין מתכוין מותר: מטרוניתא. נכרית היתה: אמרה מילתא. לכשפים ואסרתה לארבא ולא זזה ממקומה: אמרי אינהו מילתא. על ידי שם טהרה (ב) דלא

תוספות

מהו להעלותם לגג. פי' בקונט' מי חיישינן לטרחא יתירתא וקשה לר"י א"כ הא דפריך (ג) דאסור ליטול קיסם משלפניו תיקשי לכולה שמעתין דשרי לטלטל אבנים מקורזלות ונראה לר"י דהכא מבעיא ליה משום דבית הכסא קרוב על הגג ויכול להכין שם מע"ש ומהדר ליה דאפ"ה שרי ולהכי פריך ליה (ד) דאסור לטלטל קיסם משלפניו לפי שהיה יכול להזמין מאתמול אבל אכולה שמעתא לא מצי פריך שדרכן היה לפנות בשדה ובית הכסא רחוק ולא אטרחוה רבנן להכניס שם מע"ש וגם אם יזמינם שמא יקחם אחר [ח]:

וחכמים אומרים לא יטול אלא מן האבוס כו'. נראה לר"י דלאו דוקא מן האבוס אלא מן הראוי לאבוס דליכא למימר דכשאינו באבוס אסור דבטל אגב קרקע דהא תנן בהמביא כדי יין (ביצה דף לג:) וחכמים אומרים מגבב משלפניו ומדליק אלמא לאו בטל הוא והא דלא שרו בקיסם לחצות שיניו אלא להדליק משום דסברי לא ניתנו עצים אלא להסקה אבל בדבר הראוי לאבוס בהמה שרי אפי' לחצות שיניו ור"א דאמר התם נוטל אדם קיסם משלפניו לחצות שיניו ומגבב מן החצר ומדליק סבר דמה שבבית מוכן לכל מה שירצה אפי' לחצות שיניו אבל שבחצר אינו מוכן אלא להסקה:

והניחו ע"ג יתדות מיחייב משום תולש. האי מיחייב מכת מרדות מדרבנן כדפירש בקונטרס מדשרי ריש לקיש וקשה לר"י דאמרי' בפ"ק דגיטין (דף ז:) א"ר [ט] יוחנן עציץ נקוב המונח ע"ג יתדות באנו למחלוקת ר"י ורבנן דלר"י פטור מן המעשר כדמפליג בין ספינה גוששת לשאינה גוששת ולרבנן חייב אמר רבא דילמא לא היא ע"כ לא קאמרי רבנן אלא דספינה דלא מפסיק אויר אבל עציץ דמיפסיק אוירא אפילו רבנן מודו הא בשמעתין חשבינן ליה כמחובר מדאורייתא אפי' הניחו על גבי יתדות ולא מיחייב משום תולש אלא מדרבנן ונראה לר"י דשמעתין לא סברא דחויא דרבא דהתם [י]:

והאמר ר' יוחנן הלכה כסתם משנה כו'. וא"ת והא בהגוזל קמא (ב"ק קב.) ובפ"ק דמס' ע"ז (דף ז.) אמר בתרי מסכתות אין סדר למשנה והכא סתם בנזיר ופלוגתא בפרק שני דביצה [כ] (דף כג:) ר' יהודה אומר כל הכלים אין נגררין חוץ מן העגלה שכובשת ואין הלכה כסתם דשמא סתם ואח"כ מחלוקת היא ואין לומר דלר' יוחנן אפי' סתם ואח"כ מחלוקת הלכה כסתם דהא מסקינן בהחולץ (יבמות מב:) אליבא דר' יוחנן דרמי לך לא חש לקימחיה סתם ואח"כ מחלוקת היא ואין הלכה כסתם ותירץ רבינו שמואל מוורדון דבמחלוקת ואח"כ סתם בחדא מסכת לכ"ע הלכה כסתם כדפריש בפ"ק דמס' ע"ז (דף ז.) בהא דפסיק כר"י דכל המשנה ידו על התחתונה פשיטא דמחלוקת ואח"כ סתם הוא אבל בתרי מסכתות כל אמוראי סברי דאין הלכה כסתם ור' יוחנן אית ליה דאפי' בתרי מסכתות הלכה כסתם או סתם במתני' ומחלוקת בברייתא דמסתמא סתם לבסוף ואין לנו לומר שסתם רבי קודם ושוב חזר ממה שפסק ואמוראי נינהו אליבא דרבי יוחנן דלאמר דאלו טרפות (חולין דף מג.)

הדרן עלך המוציא יין

עין משפט נר מצוה

לא א מיי' פכ"א שם טוש"ע שם סעיף ל:
לב ב מיי' פ"ח מהל' שבת הלכה ב סמג לאוין סה טור ושו"ע א"ח סימן שיב סעיף ג:
[לב] [ג] מיי' שם פ"ח הלכה א ופרק ז הלכה יב:
לג ג שם סעיף ו:
לד ד מיי' פ"ט שם הלכה ג:
לה ה שם הלכה ז:
לו ו מיי' פכ"ב שם הל' י טוש"ע או"ח סימן שיב סעיף ד:

גליון הש"ס

גמ' ותנן נזיר חופף. עי' פ"ט דכלאים כו"ס שם: רש"י ד"ה חייב משום תולש וכו'. חייב לאו דוקא אלא אסור. ולהמשנו לעיל דף ע ע"ב מאי חייב מכת מרדות:

רבינו חננאל

ירדו עליהן גשמים ונשטשטו מהן. כך שמעתי פירושו שאם נראו לו אבנים מקורזלות דבוק עם הקרקע מורידה גשמים. וזהו טשטוש. דתניא התם נשטשטו ואין עושין פירות מי חיישינן שמא יהא (כסות) [כנוכסת] או בטוחין ואמרו אם היה רשומן ניכר של אבנים מותר לו ליטלן ולקנח בהן: וכי שרא רב חסדא להעלותו אחריו לגג דקאמר גדול כבוד הבריות. איתיביה רבינא למרימר והכי אינו נוטל קיסם לחצות בו שיניו. אלא מן האבוס של בהמה. מאי טעמא מפני שהוא מוכן. הכא נמי לא יטול אבנים לקינוח. אלא מרשות שנפנה בו. ולא יעלה לגג. א"ל מרימר הכי השתא. אדם קובע מקום לסעודה. ומאי דליתיה התם לאו מוכן הוא. אבל בית הכסא לא הוו רגילין דקבעין ליה מקום. והלכך מן כל היכא דשקיל מוכן הוא: אמר רב הונא אסור לפנות בשדה ניר בשבת. פירוש ניר. חרישה. כדכתיב נירו לכם ניר. ותניא אי משום (רושה) [דווש] שלא יזיק את בעל השדה. אפי' בחול אסיר. אי משום עשבים והא אמר ר"ל מותר לקנח בו. אלא משום דשקיל מן מלעיל ושדי בי ניצא. ומיחייב משום דרבה: אמר רב פפי שמע מינה מדר"ל האי פרפיסא שרי לטלטלה בשבת. פי' פרפיסא פיים גדול. כהאי דאמרינן (אחורן) [לעיל] מאי פיים א"ר זירא (קרשין) [כרשינין] בבלייתא דזרעין עליו זרעונים בשמים והולתו וצומחין ודומה לצרור שעלו בו עשבים. ולשון (פרסי) [פרס] דהכא כפרס בכנפי יונה. אף הזרע הצומח עליו נקרא פר וזהו פרפיסא. וכיון דקא אמר ר"ל מותר לקנח בו קא שמעת מינה רב פפי דשרי לטלטלה: מתקיף לה רב כהנא אם אמר לצורך יאמרו שלא לצורך. הא קא מקום בו לא מותר לטלטלה שלא לצורך לא שרי. והלכך לא צריכנן לדרב פפא: אמר אביי האי פרפיסא הואיל ואתא לידן נימא ביה מילתא. היה מונח ע"ג קרקע והניחו על גבי יתידות חייב משום תולש כי כשזורעין אותו עושין לו מקום כמו כן כמו שתולים שיושב עליו שיעור שיניח ע"ג קרקע ואפשר שהוא משרש שם ומתחבר לקרקע

חשק שלמה על רבינו חננאל א) עיין ערוך ערך פרפס:

מסורת הש"ס

א) [לקמן קד: ע"ש ותו"ן], ב) ביצה לג. ע"ש תוספתא דביצה פ"ג, ג) [לעיל עג: ע"ש], ד) י"ג נימא, ה) [לעיל עו. וש"נ], ו) לעיל נ:, נזיר מב., ז) חולין קה:, ח) [וע"ע תוס' סוכה לו: ד"ה בשבת שלשה], ט) [עי' תוס' גיטין ז: ד"ה דילמא], י) [וע"ע תוס' עירובין לג: ד"ה לא תימא וכו' תמצא על נכון].

הגהות הב"ח

(א) רש"י ד"ה והתולש ממנו וכו' גידולו הוא (ואע"פ וכו' עפר) תא"מ ונ"ב ס"א אינו: (ב) ד"ה אמרי אינהו וכו' שם טהרה. נ"ב ובפ' כל הבשר המולין דף קה דהא רש"י פי' זה: (ג) תוס' ד"ה מהו וכו' הא דפריך מהא דאסור ליטול: (ד) בא"ד ולהכי פריך ליה מהא דאסור:

ליקוטי רש"י

גדול כבוד הבריות שדוחה את לא תעשה שבתורה. דבר שהוא מדברי סופרים נדחה מפני כבוד הבריות וקרי ליה לא תעשה משום דכתיב לא תסור ודקא קשיא לך דאורייתא הוא רבנן אקלוה ליקרייהו לעבור על דבריהם היכא דאיכא כבוד הבריות כגון לטלטל בשבת אבנים של בית הכסא לקנוח או מי שנפסקה ציצית טליתו בכרמלית לא הצריכו להניח טליתו שם וליכנס לביתו ערום [מנחות לז:]. [ברכות יט:]. בלאו דלא תסור כגון טלטול [אבנים] איסור מדרבנן [ואבנים] מקורזלות מותר להכניס לבית הכסא משום כבוד הבריות [מנחות לח.]. דכתיב לא תוכל להתעלם (דברים כב) וכתיב והתעלמת פעמים שאתה מתעלם כגון זקן ואינו לפי כבודו [מגילה ג:]. לחצות בו שיניו. ליטול בשר הנתון בין שיניו בזרנגא"ל בלע"ז [ביצה לג.]. ועי"ש ובתוס' כאן ושם]. לא יטול אלא מן האבוס של בהמה. דדבר הראוי לאכילה מוכן לכל צורך אבל עצים אינו אלא לאכילה והדלקה וכגון לעשות כלים אסור לטלטלו אלא להסקה [שם]. ניר. חרישה כדכתיב נירו לכם ניר (הושע י) [רשב"ם ב"ב לו.]. גומא וטממה. בעפר. בבית. חייב בנין שמתכוין להשוות קרקעיתו. משום חורש. שהעפר שמילאה בו הוי רפוי וטוב לזריעה והשוה לקרקע להיות נזרע עם השדה [לעיל עג:]. משום כשפים. הרואה אותו יכול לעשות לו כשפים והנשמר ממנו אין כשפים נוחין לחול עליו [חולין קה:]. הלכה כסתם משנה. רבי הוא סדר המשנה וכשראה דברי חכם וישרו בעיניו שנאן סתם ולא הזכיר שם אומרן עליהן כדי שלא יהו שנויה מפי יחיד ונראין כאלו נשנו מפי המרובים ויעשו כמותן [ביצה ב:]. נזיר. כמו כל אדם בשבת. חופף. שערו בנתר וחול [לעיל נ:]. לשון שפשוף [מגילה כו.]. כמו חופף עליו כל היום (דברים לג) לשון מגרד

ולעג"ז פרי"ס [נזיר מב.]. ומפספס. מנפץ שערו דכיון דאינו מתכוין מותר ועל כרחיך ר' שמעון קא אמר לה [לעיל שם]. שמפריד שערותיו זו מזו אבל לא קלק [נזיר שם]. מטרוניתא. מטרונה נכרית [ב"מ פג.]. אותבן בהדייכו. הושיבונו עמכם בספינה. אמרה איהי מילתא. לחש של מכשפות. אמרו אינהו מילתא. אף הן היו בקיאין בדבר ויודעין להציל עצמם מיד המכשפות ולהבטיל לחשיהן. מאי איעביד לכו. שאין מכשפות שולטות בכם שאתם נזהרים מכל דבר קשה לכן [חולין קה:].

חִסְדָּא – **Rabbah bar Rav Shila inquired of Rav Chisda:** מַהוּ לְהַעֲלוֹתָם אַחֲרָיו לַגַּג – **What is [the law]** concerning whether one is permitted **to carry [the stones] with him to his roof** if he wishes to relieve himself there?[1] אָמַר לֵיהּ – **[Rav Chisda] replied to him:** גָּדוֹל כְּבוֹד הַבְּרִיּוֹת – **Human dignity is** so **great** שֶׁדּוֹחֶה אֶת לֹא תַעֲשֶׂה שֶׁבַּתּוֹרָה – **that it** even **suspends a prohibition of the Torah.**[2] Therefore, one would be allowed to take stones up to his roof for this purpose.[3]

The Gemara advances a challenge:

יָתֵיב מָרֵימָר – וְקָאָמַר לָהּ לְהָא שְׁמַעְתָּא – **Mereimar was sitting and he related this teaching.** אֵיתִיבֵיהּ רָבִינָא לְמָרֵימָר – **Ravina challenged Mereimar from the** following **Baraisa:** רַבִּי אֱלִיעֶזֶר אוֹמֵר – **R' ELIEZER SAYS:** נוֹטֵל אָדָם קֵיסָם מִשֶּׁלְּפָנָיו – **A PERSON MAY TAKE A SPLINTER** of wood **FROM** chips of wood that are lying on the ground **BEFORE HIM** לַחֲצוֹת בּוֹ שִׁינָּיו – **TO CLEAN BETWEEN HIS TEETH WITH IT.**[4] וַחֲכָמִים אוֹמְרִים – **BUT THE SAGES SAY:** לֹא יִטּוֹל אֶלָּא מִן הָאֵבוּס שֶׁל בְּהֵמָה – **HE MAY NOT TAKE** a splinter **EXCEPT FROM** wood that is lying **IN THE CRIB OF AN ANIMAL.**[5] From this Baraisa it would seem that according to the Sages, even in a situation where there is a question of human dignity,[6] one may not handle objects that are *muktzeh*; why, then, may one take stones up to his roof?[7]

The Gemara answers:

הָכִי הַשְׁתָּא – **Now, is this** a comparison!? הָתָם – **There,** taking a splinter from wood that was not designated as a toothpick is forbidden because אָדָם קוֹבֵעַ מָקוֹם לִסְעוּדָה – **a person designates a specific place for his meal,** and he should have prepared toothpicks beforehand; thus, the Rabbis did not allow him to use undesignated wood.[8] הָכָא – **Here,** however, one cannot be expected to prepare stones beforehand, אָדָם קוֹבֵעַ מָקוֹם לְבֵית הַכִּסֵּא – for **does one designate a specific place for his latrine?** It is impossible to predict where one will relieve himself![9] Thus, the Sages permitted the carrying of stones in *all* circumstances, because of their concern for human dignity.

The Gemara cites a related ruling:

אָמַר רַב הוּנָא – **Rav Huna said:** אָסוּר לִפְנוֹת בְּשָׂדֶה נִיר בְּשַׁבָּת – **It is forbidden** for one **to relieve** himself **in a freshly plowed field**[10] **on the Sabbath.**

The Gemara analyzes the ruling:

מַאי טַעְמָא – **What is the reason** for this prohibition? אִילֵימָא מִשּׁוּם דִּוּוּשָׁא – **If** you wish **to say** that Rav Huna refers to one who is relieving himself in his fellow's field, and it is forbidden **because** one who relieves himself there is **treading** upon the freshly plowed furrows,[11] this cannot be, אֲפִילּוּ בְּחוֹל נַמִּי – for this concern would apply **even during the week as well,** and Rav Huna only prohibits it on the Sabbath![12] וְאֶלָּא מִשּׁוּם עֲשָׂבִים – **And** if you will say, **rather,** that it is forbidden **because of grasses** that are growing on stones that are in the field, due to the concern that one will wipe himself with such a stone and detach the grass,[13]

NOTES

1. [Although the Gemara stated above that one is permitted to take stones (which normally may not be handled) due to the concern for human dignity,] did the Rabbis permit even the carrying of such stones up to a roof, where extra exertion is required? (*Rashi*; see note 3; for another explanation, see below, note 7).

2. The Torah warns one who finds a lost article: *You may not ignore it* (*Deuteronomy* 22:3). That is, he may not excuse himself from returning the lost object to its owner. However, the Torah also states: *You shall not see . . . and ignore it* (ibid. v. 1). The Gemara (*Bava Metzia* 30a) expounds the final phrase of this verse as if it were standing alone, and derives that there *are* occasions when the finder may excuse himself. Thus, for example, if the finder is a Torah scholar, he is exempt from the prohibition against ignoring the lost object, when the involvement in returning it does not befit his status (see there for the parameters of this law). This, then, is the instance of human dignity suspending a Torah prohibition (*Rashi*; see next note).

3. As noted above, the Gemara knew that the Rabbis never decreed *muktzeh* upon stones used for wiping, out of concern for human dignity (see note 7). Rabbah bar Rav Shila inquired, however, whether the Rabbis might possibly have instituted the prohibition of *muktzeh* with respect to these stones in the specific unique situation where utilizing them involves excessive exertion. Rav Chisda replied that although indeed in such a case the stones *would* be *muktzeh,* when no others are available they may be used, for the concern for human dignity would even *override* a prohibition of *muktzeh* (*Rashi,* as understood by *Chasam Sofer*).

As explained above, carrying a stone is *Rabbinically* prohibited because the stone is *muktzeh*. However, the prohibition of *muktzeh* can be said to be Biblically rooted in the prohibition against deviating from the words of the Sages [לֹא תָסוּר], stated in *Deuteronomy* 17:11. The Gemara is stating that even the Biblical prohibition against ignoring the dictates of the Sages can be overruled for the sake of human dignity (see *Rashi*; see also *Berachos* 19b,20a, where the Gemara discusses what types of prohibition can be overruled and under what circumstances they are overruled).

4. [Literally: to separate his teeth with it.] Although the chips of wood that are lying on the ground were not prepared before the Sabbath for use as toothpicks, R' Eliezer holds that one is permitted to use them to remove bits of meat and other food from between his teeth (*Rashi*).

5. Chips of wood that lie in the crib of an animal are prepared for use before the Sabbath [as animal fodder; thus, they may be used for toothpicks as well] (*Rashi*; see next note).

[The Rabbis will permit the use of any wood that was prepared for use before the Sabbath; they use wood that was in an animal's crib simply as an example (*Ritva MHK* ed.).]

6. It is unseemly for a person to have bits of food remaining between his teeth, for they may be visible to another (*Rashi*).

7. The Sages obviously hold that the Rabbis did *not* relax their prohibition of *muktzeh* for the sake of human dignity. Seemingly, then, they would not permit the carrying of stones up to a roof (*Rashi*).

[*Tosafos* note that according to *Rashi*, this Baraisa would seem to indicate that the Rabbis would not permit the carrying of stones *at all*; yet, the Gemara only uses it to challenge Rav Chisda's assertion that the stones may be carried up to a roof! See above, note 3, for *Chasam Sofer's* understanding of *Rashi;* see also *Tosafos, Chidushei HaRan,* and *Ritva MHK* ed. for a different approach to this passage.]

8. [Although the Sages would relax the prohibition against *muktzeh* for the sake of human dignity, they would not do so where the problem arose as a result of negligence.]

9. A person was not always able to use the same location as a latrine, for he might come upon it and find it occupied by another person (*Rashi*). [Although this would not happen as often when the latrine was in one's own home, this was a rare occurrence, for generally the cramped housing conditions made having a latrine in one's home impossible (ibid.).]

10. [In Talmudic times, fields were generally plowed twice: once to prepare the field for planting, and a second time after the planting, to cover the seeds (see also above, 73b). The Gemara speaks of] a field that had been plowed once and is ready for planting (*Rashi*).

11. The purpose of plowing is to soften the soil so that the seeds can take root and penetrate the soil. One who walks on his fellow's freshly plowed field compacts the soil, defeating the purpose of the plowing (*Rashi*). According to this interpretation, Rav Huna is ruling that one may not relieve himself in his fellow's field because in doing so he will walk upon the furrows, causing his fellow monetary damage.

12. [In truth, walking through another's freshly plowed field at any time *is* forbidden for this reason (see *Beur Halachah* to 312:9 ד״ה ואם היה).]

13. Because of the excessive moisture that is usually present in a freshly plowed field, grasses (i.e. moss and the like) often grow on stones and pebbles that are in the field. [These grasses are not rooted in the ground; they grow upon the stone itself.] The Gemara now posits that perhaps Rav Huna prohibited a person from relieving himself in such a field [even if it is his own] *on the Sabbath* due to the concern that

חסדא א מהו להעלותם אחריו לגג א"ל א) גדול כבוד הבריות שדוחה את לא תעשה שבתורה יתיב מרימר וקאמר לה להא שמעתא איתיביה רבינא למרימר ב) ר' אליעזר אומר נוטל אדם קיסם משלפניו לחצות בו שיניו וחכמים אומרים לא יטול אלא מן האבוס של בהמה הכי השתא התם אדם קובע מקום לסעודה הכא אדם קובע מקום לבית הכסא אמר רב הונא ב אסור לפנות בשדה ניר בשבת מאי טעמא אילימא משום דוושא אפילו בחול נמי ואלא משום עשבים והאמר ריש לקיש צרור שעלו בו עשבים מותר לקנח בה והתולש ממנה בשבת חייב חטאת אלא דילמא נקיט מעילאי ושדא לתתאי ומיחייב משום דרבה ג) דאמר רבה [ב] היתה לו גומא וטממה בבית חייב משום בונה בשדה חייב משום חורש גופא ג אמר ר"ל צרור שעלו בו עשבים מותר לקנח בה ד והתולש ממנה בשבת חייב חטאת אמר רב פפי ש"מ מדר"ל האי פרפיסא שרי לטלטולי מתקיף לה רב כהנא אם אמרו לצורך יאמרו שלא לצורך אמר אביי פרפיסא הואיל ואתא לידן ו) לימא ביה מילתא ה היה מונח על גבי קרקע והניחו על גבי יתידות מיחייב משום תולש היה מונח על גבי יתידות והניחו על גבי קרקע חייב משום נוטע א"ר יוחנן אסור לקנח בחרס בשבת מאי טעמא אילימא משום סכנה אפילו בחול נמי לא ואלא משום כשפים אפי' בחול נמי לא ואלא משום השרת נימין דבר שאין מתכוין הוא אמר להו רב נתן בר אושעיא גברא רבה אמר מילתא נימא בה טעמא ו לא מיבעיא בחול דאסור אבל בשבת הואיל ואיכא תורת כלי עליו שפיר דמי קמ"ל רבא מתני לה משום השרת נימין וקשיא ליה דר' יוחנן אדר' יוחנן מי א"ר יוחנן אסור לקנח בחרס בשבת אלמא דבר שאין מתכוין אסור והאמר ח) ר' יוחנן הלכה כסתם משנה • ותנן י) נזיר חופף ומפספס אבל לא סורק אלא מחוורתא כדרב נתן בר אושעיא מאי כשפים כי הא י) דרב חסדא ורבה בר רב הונא הוו קא אזלי בארבא אמרה להו ההיא מטרוניתא אותבן בהדייכו ולא אותבוה אמרה איהי מילתא אסרתה לארבא אמרו אינהו מילתא שריוהא אמרה להו מאי איעביד לכו דלא

רש"י

מהו להעלותם אחריו לגג. אם עלה שם לפנות מי חיישינן לטירחא יתירא או לא: שדוחה את לא תעשה. דכתיב (דברים כב) והתעלמת מהם פרט לזקן ואינו לפי כבודו והכא נמי טלטול דרבנן אלאו דלא תסור אסמכוה רבנן ובמקום כבוד הבריות נדחה: משלפניו. קסמין המוטלין על גבי קרקע ולא אמרינן מוקצין נינהו: לחצות. ליטול הבשר שבין השינים ולחצות ביניהן: מן האבוס. שהוא מוכן אלמא העמידו דבריהם במקום כבוד הבריות שפעמים שנראה מבחוץ וגנאי הוא לו: התם אדם קובע לסעודה. והיה לו להכין שם מאתמול: הכא אדם קובע לבה"כ. בתמיה פעמים שמוצא אדם שם והולך למקום אחר בית הכסא לא היה מצוי להם בבתיהן שהיו דרין בבתיהן בעלייה מפני דוחק בתים: בשדה ניר. חרישה ראשונה ועומד לזריעה: משום דוושא. ובשדה חבירו מפני שדש את נירו ומתקשה (את) החרישה: משום עשבים. שמחמת לחלוחית הניר עשבים עולין על הצרור וכשהוא מקנח בו נתלשים: מותר לקנח. דאינו מתכוין לתלוש ומותר דהלכה כר"ש: והתולש ממנו. במתכוין חייב דמקום גידולו הוא (א) אע"פ שהוא צרור ואינו עפר: שקיל מעילאי. ממקום גבשושית: ושדי לתתאי. למקום גומא ומשוה החרישה והוי תולדה דחורש: בבית. חייב בנין וזה שמשוה גומות בנין הרצפה הוא ובשדה מתקן החרישה: מדריש לקיש. דאמר מותר לקנח בו ולא אמרינן צרור זה העשבים שעלו מלחלוחית הקרקע הן יונאין וכשמגביהן הרי הוא כעוקרן מגידוליהן: האי פרפיסא. עציץ נקוב שזרעו בו ובתשובת הגאונים מצאתי שעושין חותלות מכפות תמרים וממלאין אותם עפר וזבל בהמה וכ"ב או ט"ו יום לפני ר"ה עושין כל אחד ואחד לשם כל קטן וקטנה שבבית וזורעים לתוכן פול המצרי או קיטנית וקורין לו פורפיסא ובערב ר"ה נוטל כל אחד שלו ומחזירו סביבות ראשו שבעה פעמים ואומר זה תחת זה וזה חליפתי וזה תמורתי ומשליכו לנהר: שרי לטלטולי. ולא אמרינן תולש הוא: לצורך. קינוח כבוד הבריות: חייב משום תולש. דאינו נהנה שוב מריח הקרקע ול"נ דהאי • חייב לאו דווקא אלא אסור משום דדמי לתולש דאי חייב ממש קאמר לצורך היכי שרי רבנן איסור כרת וסקילה משום קינוח ודומה לו במסכת סנהדרין (דף פב.) הבא על הכותית חייב משום נשג"ז דלאו מדאורייתא היא אלא מדרבנן: משום סכנה. שלא ינתק בו שיני הכרכשתא שהיא תלויה בהן: משום כשפים. כדלקמן בשמעתין: השרת נימין. שמשיר את השיער מפני שהוא חדוד: דבר שאין מתכוין הוא. ושמעינן ליה לר' יוחנן דאמר דבר שאינו מתכוין מותר לקמן בשמעתין: לא מיבעיא בחול. שאין איסור טלטול בצרורות דאסור לקנח בחרס משום כשפים שהרי יכול לקנח בצרור: אבל בשבת הואיל ואיכא תורת כלי עליו. לחתות בו אור או לחשוף מים מגבא אימא שפיר דמי דמוטב שיקנח בו מלטלטל צרור: קמ"ל. דלא אי משום סכנה אי משום כשפים: חופף. מחליק שערו: ומפספס. קרפיר: אבל לא סורק. במסרק דודאי משיר שיער ומודה ר' שמעון בפסיק רישיה ולא ימות אבל חופף ומפספס פעמים שאינו משיר וכשמשיר דבר שאין מתכוין מותר: מטרוניתא. נכרית היתה: אמרה מילתא. דכשפים ואסרתה לארבא ולא זזה ממקומה: אמרי אינהו מילתא. על ידי שם טהרה (נ): דלא

תוספות

מהו להעלותם לגג. פי' בקונט' מי חיישינן לטרחא יתירא וקשה לר"י א"כ הא דפריך (ג) דאסור ליטול קיסם משלפניו תיקשי לכולה שמעתין דשרי לטלטל אבנים מקורזלות ונראה לר"י דהכא מבעיא ליה משום דבית הכסא קרוב על הגג ויכול להכין שם מע"ש ומהדר ליה דאפ"ה שרי והכי פריך ליה (ד) דאסור לטלטל קיסם משלפניו לפי שהיה יכול להזמין מאתמול אבל אכולה שמעתא לא מצי פריך שדרכן היה לפנות בשדה ובית הכסא רחוק ולא אטרחוה רבנן להכינם שם מע"ש וגם אם יזמינם שמא יקחם אחר ט):

וחכמים אומרים לא יטול אלא מן האבוס כו'. נראה לר"י דלאו דוקא אלא מן הראוי לאבוס דליכא למימר דכשאינו באבוס אסור דבטל אגב קרקע דהא תנן בהמביא כדי יין (ביצה דף לג:) וחכמים אומרים מגבב משלפניו ומדליק אלמא לאו בטל הוא והא דלא שרו בקיסם לחצות שיניו אלא להדליק משום דסברי לא ניתנו עצים אלא להסקה אבל בדבר הראוי לאבוס בהמה שרי אפי' לחצות שיניו ור"א דאמר התם נוטל אדם קיסם משלפניו לחצות שיניו ומגבב מן החצר ומדליק סבר דמה שבבית מוכן לכל מה שירצה אפי' לחצות שיניו אבל שבחצר אינו מוכן אלא להסקה:

והניחו ע"ג יתדות מיחייב משום תולש. הא מיחייב מכת מרדות מדרבנן כדפירש בקונטרס מדשרי ריש לקיש וקשה לר"י דאמרי' בפ"ק דגיטין (דף ז:) א"ר י) יוחנן עציץ נקוב המונח ע"ג יתדות באנו למחלוקת ר"י ורבנן דלר"י פטור מן המעשר כדמפליג בין ספינה גוששת לשאינה גוששת ולרבנן חייב אמר רבה דילמא לא היא ע"כ לא קאמרי רבנן אלא דספינה דלא מפסיק אוירא אבל עציץ דמיפסיק אוירא אפילו רבנן מודו הא בשמעתין חשבינן ליה כמחובר מדאורייתא אפי' הניחו על גבי יתדות ולא מיחייב משום תולש אלא מדרבנן ונראה לר"י דשמעתין לא סברה דחויא דרבה דהתם ט):

והאמר ר' יוחנן הלכה כסתם משנה כו'. וא"ת והא בהגוזל קמא (ב"ק קב.) ובפ"ק דמס' ע"ז (דף ז.) אמר בתרי מסכתות אין סדר למשנה והכא סתם בנזיר ופלוגתא בפרק שני דביצה (דף כג:) ר' יהודה אומר כל הכלים אין נגררין חוץ מן העגלה שכובשת ואין הלכה כסתם דשמא סתם ואח"כ מחלוקת היא ואין לומר דלר' יוחנן אפי' סתם ואח"כ מחלוקת הלכה כסתם דהא מסקינן בהחולץ (יבמות מג:) אליבא דר' יוחנן דרמי לך לא חש לקימחיה סתם ואח"כ מחלוקת היא ואין הלכה כסתם ותירץ רבינו שמואל מוורדון דבמחלוקת ואח"כ סתם בחדא מסכת לכ"ע הלכה כסתם כדפריש בפ"ק דמס' ע"ז (דף ז.) בהא דפסיק כר"י דכל המשנה ידו על התחתונה פשיטא דמחלוקת ואח"כ סתם הוא אבל בתרי מסכתות כל אמוראי סברי דאין הלכה כסתם ור' יוחנן אית ליה דאפי' בתרי מסכתות הלכה כסתם או סתם במתני' ומחלוקת בברייתא דמסתמא סתם לבסוף ואין לנו לומר שסתם רבי קודם ושוב חזר ממה שפסק ואמוראי נינהו אליבא דרבי יוחנן כדאמר באלו טרפות (חולין דף מג.):

הדרן עלך המוציא יין

עין משפט נר מצוה

לא א מיי' פכ"ו שם טוש"ע שם סעיף א:
לב ב מיי' פכ"א מהל' שבת הלכה ג סמג לאוין סה טור ושו"ע או"ח סימן שיב סעיף ט:
[לב] [ב] מיי' שם פ"ח הלכה א ופרק י הלכה יג:
לג ג שם סעיף ג:
לד ד מיי' פ"ח שם הלכה ג:
לה ה שם הלכה ד:
לו ו מיי' שם הל' ה' טוש"ע או"ח סימן שיב סעיף ד:

גליון הש"ס

גמ' ותנן נזיר חופף. עי' פ"ט מ"ו דכלאים בר"ש שם: רש"י ד"ה חייב משום תולש וכו'. חייב לאו דוקא אלא אסור. וכדמשני לעיל דף מ ע"ב מאי חייב מכת מרדות:

רבינו חננאל

ירדו עליהן גשמים ונטשטשו מהן. כך שמעתי פירושו שאם נראו לו אבנים מקורזלות דבוק עם הקרקע מורידה גשמים. וזהו טשטוש. דתניא התם נטשטשו ואין עושין פירות מי חיישינן שמא יהא (כסות) [כבוסה] או בטוחן ואמרו אם היה רישומן ניכר של אבנים מותר לו ליטלן ולקנח בהן: וכי שרא רב חסדא להעלותו אחריו לגג דקאמר גדול כבוד הבריות: איתיביה רבינא למרימר וחכ"א אינו נוטל קיסם לחצות בו שיניו. אלא מן האבוס של בהמה. מאי טעמא מפני שהוא מוכן. הכא נמי לא יטול אבנים לקינוח. אלא מרשות שנפנה בו. ולא יעלה לגג. א"ל מרימר הכי השתא. אדם קובע מקום לסעודה. ומאי דליתיה התם לאו מוכן הוא. אבל בית הכסא לא הוה רגילין דקבעין ליה מקום. והלכך מן כל היכא דשקיל מוכן הוא: אמר רב הונא אסור לפנות בשדה נירה בשבת. פירוש נירה. חרישה. כדכתיב נירו לכם ניר. ותניא נדשנה קרע שנתים. מ"ט אי משום (רושה) [דוושא] שלא יזיק את בעל השדה. אפי' בחול אסירי. אי משום עשבים הא אמר ר"ל מותר לקנח בו. אלא משום דשקיל מן מוליא ושדי בי ניצא. ומיחייב משום דרבה: אמר א) רב פפי שמע מינה מדר"ל האי פרפיסא שרי לטלטלה בשבת. פי' פרפיסא פייס גדול. כהאי דאמרינן (אחורן) [לעיל] מאי פייס א"ר זירא (קרשינן) [כרשיני] בבלייתא דזורעין עליו זרעונים בשמים וזולתו וצומחין ודומה לצרור שעלו בו עשבים. ולשון (פרסי) [פר] דהכא מלשון פרסי בכנפי יונה. אף הזרע הצומח עליו נקרא פר וזהו פרפיסא. וכיון דקא אמר ר"ל מותר לקנח בו קא שמעת מינה רב פפא דשרי לטלטלה: מתקיף לה רב כהנא אם אמר לצורך יאמרו שלא לצורך. הא קאמר ר"ל מותר לקנח אבל לטלטולי שלא לצורך לא שרי. והלכך לא צרכינן לדרב פפא: אמר אביי האי פרפיסא הואיל ואתא לידן נימא ביה מילתא. היה מונח ע"ג קרקע והניח על גבי יתדות חייב משום תולש כי כשזורעין אותו עושין לו מקום כמו כן או כמו שוליים שיושב עליו שיעור שיניח ע"ג קרקע ואפשר שהוא משרש שם ומתחבר לקרקע

חשק שלמה על רבינו חננאל א) עיין ערוך ערך פרסם:

מסורת הש"ס

א) [לקמן קד: ע"ש וש"נ], ב) ביצה לג. ע"ש תוספתא דביצה פ"ג, ג) לעיל עג: ע"ש, ד) י"ג נימא, ה) [לעיל מו. וש"נ], ו) לעיל נ: נזיר מב., ז) חולין קה:, ח) [וע"ע תוס' סוכה לו: ד"ה בשבת שלשה], ט) [שם איתא ר' זירא], י) [עי' תוס' גיטין ז: ד"ה דילמא], כ) [וע"ע תוס' עירובין נג: ד"ה לא תימא וכו' תמלא על נכון].

הגהות הב"ח

(א) רש"י ד"ה והתולש ממנו וכו' גידולו הוא (ואע"פ וכו' עפר) תא"מ ונ"ב ס"א אינו: (ב) ד"ה אמרי אינהו וכו' שם טהרה. נ"ב ופי' כל הבשר בחולין דף קה לדה רש"י פי' זה: (ג) תוס' ד"ה מהו וכו' הא דפריך מהא דאסור ליטול: (ד) בא"ד והכי פריך ליה מהא דאסור:

ליקוטי רש"י

גדול כבוד הבריות שדוחה את לא תעשה שבתורה. דבר שהוא מדברי סופרים נדחה מפני כבוד הבריות וקרי ליה לא תעשה משום דכתיב לא תסור ודקא קשיא דאורייתא הוא רבנן אתלוה ליקרייהו לעבור על דבריהם היכא דאיכא כבוד הבריות כגון לטלטל בשבת אבנים של בית הכסא לקנוח או מי שנפסקה ציצית טליתו בכרמלית לא הצריכו להניח טליתו שם וליכנס לביתו ערום [מנחות לח.]. [ברכות יט:]. בלאו דלא תסור כגון טלטול [אבנים] איסור מדרבנן ואבנים מקורזלות מותר להכניס לבית הכסא משום כבוד הבריות [מנחות לח.]. דכתיב לא תוכל להתעלם (דברים כב) וכתיב והתעלמת פעמים שאתה מתעלם כגון זקן ואינו לפי כבודו [מגילה ג:]. לחצות בו שיניו. ליטול בשר הנוצץ בין שניו בורגי"ר בלע"ז [ביצה לג. ועי"ש ובתוס' כאן ושם]. לא יטול אלא מן האבוס של בהמה. דדבר הראוי לאכילה מוכן לכל צורך אבל עצים הואיל ודרכן לדבר האסור כגון לעשות כלים אסור לטלטלן אלא להסקה [שם:]. ניר. חרישה כדכתיב נירו לכם ניר (הושע י) [רשב"ם ב"ב לו.]. גומא וטממה. בעפר. בבית. חייב בנין שמתכוין להשוות קרקעיתו. משום חורש. שהעפר שמילאה בו הוי רפוי וטוב לזריעה והשוה לקרקע להיות נזרע עם השדה [לעיל עג:]. משום כשפים. הרואה אותו יכול לעשות לו כשפים והנשמר ממנו אין הכשפים שולטין עליו [חולין קה.]. הלכה כסתם משנה. רבי הוא סתמה וכשראה דברי חכמים וישרו בעיניו שנאן סתם ולא הזכיר שם האומרו עליהן כדי שלא יהו שנויים מפי יחיד ונראין כאילו נשנו מפי המרובים ויעשו כמותן [ביצה ב:]. נזיר. בשבת. חופף. שערו בנתר וחול [לעיל נ:]. לשון שפשוף [מגילה כו:]. כמו חופף עליו כל היום (דברים לג) לשון מגרד ובלע"ז פרי"ר [נזיר מב.]. ומפספס. מנפץ שערו דכיון דאינו מתכוין מותר ועל כרחך ר' שמעון קא אמר לה [לעיל שם]. שמפריד שערותיו זו מזו אבל לא [סורק] [נזיר שם]. מטרוניתא. שרית נכרית [ב"מ פה.]. הושיבוני עמכם בספינה. אמרה איהי מילתא. לחש של מכשפות. אמרו אינהו מילתא. אף הן היו בקיאין בדבר ועושין להציל עצמם מיד המכשול ואיכא דאמרי שאמרו שם ולא מוכחא מילתא. מאי איעביד לכו. שאין מכשפות שולטת בכם שאתם נשמרין מכל דבר הקשה להן [חולין קה:].

this too cannot be, וְהָאָמַר רֵישׁ לָקִישׁ – **for Reish Lakish has said:** צְרוֹר שֶׁעָלוּ בּוֹ עֲשָׂבִים – **A stone upon which grass has grown,** מוּתָּר לְקַנֵּחַ בָּהּ – **it is permitted to wipe with it** even though doing so may cause the grasses to be detached;[14] וְהַתּוֹלֵשׁ מִמֶּנָּה בְּשַׁבָּת – **but one who** intentionally **detaches** the grasses **from it on the Sabbath** חַיָּיב חַטָּאת – **is liable to a *chatas*** offering.[15] – ? –

The Gemara identifies the reason for this prohibition:

אֶלָּא – **Rather,** Rav Huna prohibits a person to relieve himself in a freshly plowed field on the Sabbath דִּילְמָא נָקִיט מֵעִילָּאי וְשָׁדָא לְתַתָּאי – due to the concern that **perhaps he will take** a stone **from above** (e.g. the ridge of a furrow), **and** after using it, **he will throw it below** (into a hole), וּמִיחַיֵּיב מִשּׁוּם דְּרַבָּה – **and he will be liable** for this act of filling the hole, **because of that which Rabbah stated.** דְּאָמַר רַבָּה – **For Rabbah stated:** הָיְתָה לוֹ גּוּמָא וּטְמָמָהּ – **If one had a hole and he filled it in,** בְּבַיִת חַיָּיב מִשּׁוּם בּוֹנֶה – if the hole was **in a house, he is liable on account of "building";**[16] בְּשָׂדֶה חַיָּיב מִשּׁוּם חוֹרֵשׁ – if the hole was **in a field, he is liable on account of "plowing."**[17]

The Gemara analyzes the ruling of Reish Lakish that was cited above:

גּוּפָא – **The text itself** stated: אָמַר רֵישׁ לָקִישׁ – **Reish Lakish said:** צְרוֹר שֶׁעָלוּ בּוֹ עֲשָׂבִים – **A stone upon which grass has grown,** מוּתָּר לְקַנֵּחַ בָּהּ – **it is permitted to wipe with it;** וְהַתּוֹלֵשׁ מִמֶּנָּה בְּשַׁבָּת חַיָּיב חַטָּאת – **but one who** intentionally **detaches** the grasses **from it on the Sabbath is liable to a *chatas*** offering. אָמַר רַב פַּפִּי – **Rav Pappi said:** שְׁמַע מִינָּהּ מִדְּרֵישׁ לָקִישׁ – **We can derive from this** ruling **of Reish Lakish** הַאי פַּרְפִּיסָא שְׁרֵי לְטַלְטוּלֵי – that **this** perforated **flowerpot**[18] **may be carried** about on the Sabbath, and we do not consider moving it as "detaching" the plant growing in it.[19] For Reish Lakish permits picking up a stone with grass growing on it, and does not forbid this as "detaching"; accordingly, he would permit the moving of the flowerpot as well.[20]

The Gemara objects:

מַתְקִיף לָהּ רַב כָּהֲנָא – **Rav Kahana challenged this** conclusion: אִם אָמְרוּ לְצוֹרֶךְ – **If [the Sages] said** that one may move such a stone **in a case of** pressing **need,**[21] יֹאמְרוּ שֶׁלֹּא לְצוֹרֶךְ – **would they say** this **in a case** where there is **no** pressing **need?** Perhaps not! Thus, moving a perforated flowerpot might still be forbidden.

The Gemara expands upon the subject of the flowerpot:

אָמַר אַבַּיֵי – **Abaye said:** פַּרְפִּיסָא הוֹאִיל וְאָתָא לְיָדָן – The subject of a perforated **flowerpot, since it has come into our hands,** לֵימָא בֵּיהּ מִילְּתָא – **let us say something about it.**[22] הָיָה מוּנָּח עַל גַּבֵּי קַרְקַע – **If it was resting on the ground,** וְהִנִּיחוֹ עַל גַּבֵּי יְתֵדוֹת – **and he** lifted it up and **set it down on top of pegs,**[23] מִיחַיֵּיב מִשּׁוּם תּוֹלֵשׁ – **he is liable on account of "detaching";**[24] הָיָה מוּנָּח עַל גַּבֵּי יְתֵדוֹת – **and if it was resting on top of pegs.** וְהִנִּיחוֹ עַל גַּבֵּי קַרְקַע – **and he** picked it up and **set it down on the ground,** חַיָּיב מִשּׁוּם נוֹטֵעַ – **he is liable on account of "planting."**[25]

NOTES

perhaps he might take such a stone to wipe himself with, and detach the grasses that are growing on the stone (*Rashi*). [As *Rashi* explains below (ד״ה והתולש), one who detaches grass from such a stone transgresses the *melachah* of "detaching" even though the grass is not rooted in the earth, for the grass is being detached from the place of its growth; see below 107b and 108a.]

14. Although by detaching the grass he has performed a *melachah*, the *melachah* was done unintentionally; Reish Lakish teaches that [according to the halachically accepted opinion of R' Shimon that one is not liable for a *melachah* that is performed unintentionally] one is not liable for having done so (*Rashi*). [Obviously, the detaching of these grasses is not inevitable; for if it were, even R' Shimon would agree that wiping oneself with the stone would be prohibited.]

15. [See *Melo HaRo'im,* who discusses how the Gemara can challenge Rav Huna from a ruling issued by Reish Lakish.]

16. By filling the hole in the floor, he is fixing the house by leveling its floor. Now, the floor of a house is not suitable for planting. This is classified as a labor of "building" rather than one of "plowing" (*Rashi*; see next note).

17. When one levels a furrow in a field, he is preparing it for planting; this is considered a transgression of the *melachah* of "plowing" (*Rashi*; see *Beur Halachah* to 312:9 and *Mishnah Berurah* 312:24). [*Beur Halachah* (ibid.) adds that this law was stated with respect to a freshly plowed field because it is more likely to have holes and clumps of earth present.]

18. I.e. a flowerpot that has holes in it [through which it can draw nutrition from the ground on which it is situated] (*Rashi*). [*Rashi* cites Geonic responsa that mention the use of such flowerpots in a practice reminiscent of our custom of *kapparos* (see *Magen Avraham* 605:3). People would weave perforated flowerpots out of palm fronds and fill them with a mixture of earth and fertilizer. They would prepare one such flowerpot for each small child in the home. Approximately two to three weeks before Rosh Hashanah, they would plant beans or other legumes in the flowerpots (which were called *purpisa*), and the plants would sprout before Rosh Hashanah. On the eve of Rosh Hashanah, each child would take the pot that had been designated for him, and circle it over his head seven times while reciting the formula, "This is instead of this, this is the exchange for this, etc." They would then throw the flowerpot into the river. See *Chasam Sofer* for further elaboration.]

19. It might have been thought that one who moved the flowerpot away from the ground would be liable for the *melachah* of "detaching," for one who moves it away from the ground is removing it from its place of nourishment. [As *Rashi* notes below (ד״ה חייב), even if this *was* forbidden, it would not be a Biblical prohibition, because no actual detaching is being done; if anything, there would be only a Rabbinical prohibition, for performing an act that *resembles* detaching.] Rav Pappi teaches that we can derive from Reish Lakish's ruling that this is *not* the case, for even when the flowerpot is lifted from the ground it is still considered [partially] attached, as it can still draw nourishment from the ground through the air [and this would not be forbidden even Rabbinically] (*Rashi*; see *Tosafos* with *Maharsha* and *Maharam*; see also *Rashi* to 95a ד״ה התולש; see *Sfas Emes* for a completely different interpretation of this passage).

20. [For the grass growing on the stone in the plowed field is analogous to the plants that are in the flowerpot; neither are rooted in the ground, but both draw their nourishment from the earth. Hence,] just as Reish Lakish does not forbid the lifting of the stone from the field [because it can still draw nourishment from the ground], he would not prohibit moving the flowerpot (*Rashi*).

21. The case permitted by Reish Lakish – using a stone with grass growing on it to wipe oneself – is possibly only permitted because of the concern for human dignity (just as carrying the stone itself is only permitted for this reason).

22. See *Divrei Yechezkel* 3:5, and *Gur Aryeh* and *Leshon HaZahav* here, for a discussion of this phrase used by Abaye.

23. I.e. he placed it on supports above the ground, so that it was no longer touching the ground.

24. Obviously, the term "liable" used by Abaye refers to a Rabbinic prohibition, for if such detaching would be Biblically forbidden, the Rabbis could not have permitted it due to concern for human dignity! (*Rashi*; see there for another example of such phraseology; see also *Tosafos,* who states that he is liable to Rabbinically imposed lashes [*makkas mardus*]; see also *Gilyon HaShas* (citing 40b), and *Ritva MHK* ed. here). The "liability" is due to the fact that by lifting the plant he *decreases* its ability to draw nourishment from the ground; this is *similar* to detaching (*Rashi,* as explained by *Divrei Yechezkel* 2:1; see also *Ritva MHK* ed., *Minchas Chinuch* הקוצר [4], and *Eglei Tal* קוצר 6:9-10 at length; cf. *Meiri*).

25. Just as one who decreases the ability of a plant to draw nourishment from the ground is Rabbinically liable for detaching, so too, one who places an object where its ability to draw nourishment from the ground

חסדא מהו להעלותם אחריו לגג א"ל גדול כבוד הבריות שדוחה את לא תעשה שבתורה יתיב מרימר וקאמר לה להא שמעתא איתיביה רבינא למרימר ר' אליעזר אומר נוטל אדם קיסם משלפניו לחצות בו שיניו וחכמים אומרים לא יטול אלא מן האבוס של בהמה הכי השתא התם אדם קובע מקום לסעודה הכא אדם קובע מקום לבית הכסא אמר רב הונא אסור לפנות בשדה ניר בשבת מאי טעמא אילימא משום דוושא אפילו בחול נמי ואלא משום עשבים והאמר ריש לקיש צרור שעלו בו עשבים מותר לקנח בה והתולש ממנה בשבת חייב חטאת אלא דילמא נקיט מעילאי ושדא לתתאי ומיחייב משום דרבה דאמר רבה היתה לו גומא וטממה בבית חייב משום בונה בשדה חייב משום חורש גופא אמר ר"ל צרור שעלו בו עשבים מותר לקנח בה והתולש ממנה בשבת חייב חטאת אמר רב פפי ש"מ מדר"ל האי פרפיסא שרי לטלטולי מתקיף לה רב כהנא אם אמרו לצורך יאמרו שלא לצורך אמר אביי פרפיסא הואיל ואתא לידן לימא ביה מילתא היה מונח על גבי קרקע והניחו על גבי יתידות מיחייב משום תולש היה מונח על גבי יתידות והניחו על גבי קרקע חייב משום נוטע א"ר יוחנן אסור לקנח בחרס בשבת מאי טעמא אילימא משום סכנה אפילו בחול נמי ואלא משום כשפים אפי' בחול נמי לא ואלא משום השרת נימין דבר שאין מתכוין הוא אמר להו רב נתן בר אושעיא גברא רבה אמר מילתא נימא בה טעמא לא מיבעיא בחול דאסור אבל בשבת הואיל ואיכא תורת כלי עליו שפיר דמי קמ"ל רבא מתני לה משום השרת נימין וקשיא ליה דר' יוחנן אדר' יוחנן מי א"ר יוחנן אסור לקנח בחרס בשבת אלמא דבר שאין מתכוין אסור והאמר ר' יוחנן הלכה כסתם משנה ותנן נזיר חופף ומפספס אבל לא סורק אלא מחוורתא כדרב נתן בר אושעיא מאי כשפים כי הא דרב חסדא ורבה בר רב הונא הוו קא אזלי בארבא אמרה להו ההיא מטרוניתא אותבן בהדייכו ולא אותבוה אמרה איהי מילתא אסרתה לארבא אמרו אינהו מילתא שריוהא אמרה להו מאי איעביד לכו

דלא

רש"י

מהו להעלותם אחריו לגג. אם עלה שם לפנות מי חיישינן לטירחא יתירתא או לא: **שדוחה את לא תעשה.** דכתיב (דברים כב) והתעלמת מהם פרט לזקן ואינו לפי כבודו והכא נמי טלטול דרבנן אלאו דלא תסור אסמכוה רבנן ובמקום כבוד הבריות נדחה: **משלפניו.** קסמין המוטלין על גבי קרקע ולא אמרינן מוקצין נינהו: **לחצות.** ליטול הבשר שבין השינים ולחצות ביניהן: **מן האבוס.** שהוא מוכן אלמא העמידו דבריהם במקום כבוד הבריות שפעמים שנראה מבחוץ וגנאי הוא לו: **התם אדם קובע לסעודה.** והיה לו להכין שם מאתמול: **הכא אדם קובע לבה"כ.** בתמיה פעמים שמולא אדם שם והולך למקום אחר בית הכסא לא היה מלוי להם בבתיהן שהיו דרין בבתיהן בעלייה מפני דוחק בתים: **בשדה ניר.** חרישה ראשונה ועומד לזריעה: **משום דוושא.** ובשדה חבירו מפני שדש את נירו ומתקשה (את) החרישה: **משום עשבים.** שמחמת לחלוחית הניר עשבים עולין על הצרור וכשהוא מקנח בו נתלשים: **מותר לקנח.** דאינו מתכוין לתלוש ומותר דהלכה כר"ש: **והתולש ממנו.** במתכוין חייב דמקום גידולו הוא (א) אע"פ שהוא צרור ואינו עפר: **שקיל מעילאי.** ממקום גבשושית: **ושדי לתתאי.** למקום גומא ומשוה החרישה והוי תולדה דחורש: **בבית.** שייך בנין וזה שמשוה גומות בנין הרצפה הוא ובשדה מתקן החרישה: **מדריש לקיש.** דאמר מותר לקנח בו ולא אמרינן צרור זה העשבים שעלו מלחלוחית הקרקע הן יונאין וכשמגביהן הרי הוא כעוקרן מגידוליהן: **האי פרפיסא.** עציץ נקוב שזרעו בו ובתשובת הגאונים מצאתי שעושין חותלות מכפות תמרים וממלאין אותם עפר וזבל בהמה וכ"ב או ט"ו יום לפני ר"ה עושין כל אחד ואחד לשם כל קטן וקטנה שבבית וזורעים לתוכן פול המצרי או קיטנית וקורין לו פורפיסא וצומח ובערב ר"ה נוטל כל אחד שלו ומחזירו סביבות ראשו שבעה פעמים ואומר זה תחת זה וזה חליפתי וזה תמורתי ומשליכו לנהר: **שרי לטלטולי.** ולא אמרינן תולש הוא: **לצורך.** קינוח כבוד הבריות: **חייב משום תולש.** דאינו נהנה שוב מריח הקרקע ול"נ דהאי חייב לאו דווקא אלא אסור משום דדמי לתולש דאי חייב ממש קאמר לצורך היכי שרי רבנן איסור כרת וסקילה משום קינוח ודומה לו במסכת סנהדרין (דף פב.) הבא על הכותית חייב משום נשג"ז דלאו מדאורייתא היא אלא מדרבנן: **משום סכנה.** שלא ינתק בו שיני הכרכשא שהיא תלויה בהן: **משום כשפים.** כדלקמן בשמעתין: **השרת נימין.** שמשיר את השיער מפני שהוא חדוד: **דבר שאין מתכוין הוא.** ושמעינן ליה לר' יוחנן דאמר דבר שאינו מתכוין מותר לקמן בשמעתין: **לא מיבעיא בחול.** שאין איסור טלטול בצרורות דאסור לקנח בחרס משום כשפים שהרי יכול לקנח בצרור: **אבל בשבת הואיל ואיכא תורת כלי עליו.** לחתות בו אור או לחשוף מים מגבא אימא שפיר דמי דמוטב שיקנח בו מלטלטל צרור: **קמ"ל.** דלא אי משום סכנה אי משום כשפים: **חופף.** מחליק שערו: **ומפספס.** קרפיף: **אבל לא סורק.** במסרק דודאי משיר שיער ומודה ר' שמעון בפסיק רישיה ולא ימות אבל חופף ומפספס פעמים שאינו משיר וכשמשיר דבר שאין מתכוין מותר: **מטרוניתא.** נכרית היתה: **אמרה מילתא.** דכשפים ואסרתה לארבא ולא זזה ממקומה: **אמרי אינהו מילתא.** על ידי שם טהרה (ג):

דלא

תוספות

מהו להעלותם לגג. פי' בקונט' מי חיישינן לטרחא יתירתא וקשה לר"י א"כ הא דפריך (ג) דאסור ליטול קיסם משלפניו מיקשי לכולה שמעתין דשרי לטלטל אבנים מקורזלות ונראה לר"י דהכא מבעיא ליה משום דבית הכסא קרוב על הגג ויכול להכין שם מע"ש ומהדר ליה דאפ"ה שרי ולהכי פריך ליה (ד) דאסור לטלטל קיסם משלפניו לפי שהיה יכול להזמין מאתמול אבל אכולה שמעתא לא מצי פריך שדרכן היה לפנות בשדה ובית הכסא רחוק ולא אטרחוה רבנן להכינם שם מע"ש וגם אם יזמינם שמא יקחם אחר:

וחכמים אומרים לא יטול אלא מן האבוס כו'. נראה לר"י דלאו דוקא מן האבוס אלא מן הראוי לאבוס ליכא למימר דכשאינו באבוס אסור דבטל אגב קרקע דהא תנן בהמביא כדי יין (ביצה דף לג:) וחכמים אומרים מגבב משלפניו ומדליק אלמא לאו בטל הוא והא דלא שרו בקיסם לחצות שיניו אלא להדליק משום דסברי לא ניתנו עצים אלא להסקה אבל בדבר הראוי לאבוס בהמה שרי אפי' לחצות שיניו ור"א דאמר התם נוטל אדם קיסם משלפניו לחצות שיניו ומגבב מן החצר ומדליק סבר דמה שבבית מוכן לכל מה שירצה אפי' לחצות שיניו אבל שבחצר אינו מוכן אלא להסקה:

והניחו ע"ג יתדות מיחייב משום תולש. הא מיחייב מכת מרדות מדרבנן כדפירש בקונטרס מדשרי ריש לקיש וקשה לר"י דאמרי' בפ"ק דגיטין (דף ז:) א"ר יוחנן עציץ נקוב המונח ע"ג יתדות באנו למחלוקת ר"י ורבנן דלר"י פטור מן המעשר כדמפליג בין ספינה גוששת לשאינה גוששת ולרבנן חייב אמר רבא דילמא לא היא ע"כ לא קאמרי רבנן אלא דספינה דלא מפסיק אויר אבל עציץ דמיפסיק אוירא אפילו רבנן מודו הא בשמעתין חשבינן ליה כמחובר מדאורייתא אפי' הניחו על גבי יתדות ולא מיחייב משום תולש אלא מדרבנן ונראה לר"י דשמעתין לא סברא דהויא דרבא דהתם:

והאמר ר' יוחנן הלכה כסתם משנה כו'. וא"ת והא בהגוזל קמא (ב"ק קב.) ובפ"ק דמס' ע"ז (דף ז.) אמר בתרי מסכתות אין סדר למשנה והכא סתם בנזיר ופלוגתא בפרק שני דביצה (דף כג:) ר' יהודה אומר כל הכלים אין נגררין חוץ מן העגלה שכובשת ואין הלכה כסתם דשמא סתם ואח"כ מחלוקת היא ואין לומר דלר' יוחנן אפי' סתם ואח"כ מחלוקת הלכה כסתם דהא מסקינן בהחולץ (יבמות מב:) אליבא דר' יוחנן דרמי לך לא תש לקימחיה סתם ואח"כ מחלוקת היא ואין הלכה כסתם ותירץ רבינו שמואל מוורדון דבמחלוקת ואח"כ סתם בחדא מסכת לכ"ע הלכה כסתם כדפריש בפ"ק דמס' ע"ז (דף ז.) בהא דפסיק כר"י דכל המשנה ידו על התחתונה פשיטא דמחלוקת ואח"כ סתם הוא אבל בתרי מסכתות כל אמוראי סברי דאין הלכה כסתם ור' יוחנן אית ליה דאפי' בתרי מסכתות הלכה כסתם או סתם במתני' ומחלוקת בברייתא דמסתמא סתם לבסוף ואין לנו לומר סתם רבי קודם ושוב חזר ממה שפסק ואמוראי נינהו אליבא דרבי יוחנן כדאמר באלו טרפות (חולין דף מג.):

הדרן עלך המוציא יין

עין משפט נר מצוה

לא א מיי' פכ"ו שם טוש"ע שם סעיף ח:
לב ב מיי' פכ"א מהל' שבת הלכה ב סמג לאוין סה טור ושו"ע או"ח סימן שיב סעיף ט:
[לב] [ב] מיי' שם פ"ח הלכה א ופרק י הלכה יב:
לג ג שם סעיף ג:
לד ד מיי' פ"ח שם הלכה ג:
לה ה שם הלכה ד:
לו ו מיי' שם הל' ה' טוש"ע או"ח סימן שיב סעיף ד:

גליון הש"ס

גמ' ותנן נזיר חופף. עי' פ"ט מ"ו דנגעים כר"ש שם: רש"י ד"ה חייב משום תולש וכו'. חייב לאו דוקא אלא אסור. ולהמעיין לעיל דף מ ע"ב מאי חייב מכת מרדות:

רבינו חננאל

ידרו עליהן גשמים ונטשטשו מהן. כך שמעתי פירושו שאם נראו לו אבנים מקורזלות דבוק עם הקרקע מורידה גשמים. וזהו נטשטש. דתניא התם נטשטשו ואין עושין פירות מי חיישינן שמא יהא (כסות) [כוסמת] או בטוחן ואמרו אם היה רישומן ניכר של אבנים מותר לו ליטלן ולקנח בהן: וכי שרא רב חסדא להעלותו אחריו לגג דקאמר גדול כבוד הבריות: איתיביה רבינא למרימר וחכ"א אינו נוטל קיסם לחצות בו שיניו. אלא מן האבוס של בהמה. מאי טעמא מפני שהוא מוכן. הכא נמי לא יטול אבנים לקינוח. אלא מרשות שנכנה בו. ולא יעלה לגג. א"ל מרימר הכי השתא. אדם קובע מקום לסעודה. ומאי דליתיה התם לאו מוכן הוא. אבל בית הכסא לא הוה רגילין דקבעין ליה מקום. והלכך מן כל היכא דשקיל מוכן הוא: אמר רב הונא אסור לפנות בשדה נירה בשבת. פירוש נירה. חרישה. כדכתיב נירו לכם ניר. ותניא נדשנה קרע שנתים. מ"ט אי משום (רושה) [דוושא] שלא יזיק את בעל השדה. אפי' בחול אסירי. אלא משום עשבים הא אמר ר"ל מותר לקנח בו. אלא משום דשקיל מן מליא ושדי בי ניצא. ומיחייב משום דרבה: אמר רב פפי שמע מינה מדר"ל האי פרפיסא שרי לטלטלה בשבת. פי' פרפיסא פיים גדול. כהאי דאמרינן (אחורן) [לעיל] מאי פיים א"ר זירא (קרשנין) [כרשינין] בבלייתא דזרועין עליו זרועונים בשמים וחולתו וצומחין ודומה לצרור שעלו בו עשבים. ולשון (פרסי) [פר"ס דהכא מלשון פרסי בכנפי יונה]. אף הזרע הצומח עליו נקרא פרספו וזהו פרפיסא. וכיון דקא אמר ר"ל מותר לקנח בו קא שמעת מינה רב פפא דשרי לטלטלה. מתקיף לה רב כהנא אם אמרו לצורך יאמרו שלא לצורך. הא קאמר ר"ל מותר לקנח אבל לטלטולי שלא לצורך לא שרי. והלכך לא צרכינן לדרב פפא: אמר אביי האי פרפיסא הואיל ואתא לידן נימא ביה מילתא. היה מונח ע"ג קרקע והניחו על גבי יתדות חייב משום תולש כי כשזורעין אותו עושין לו מקום כמו כן או כמו שוליים שיושב עליו שיעור שיניח ע"ג קרקע ואפשר שהוא משרש עליו ומתחבר לקרקע:

חשק שלמה על רבינו חננאל א) עיין ערוך ערך פרפס:

מסורת הש"ס

א) [לקמן קז: ע"ש וש"נ], ב) ביצה לג. ע"ש תוספתא דביצה פ"ג, ג) [לעיל עג: ע"ש], ד) ר"י נימא, ה) [לעיל מו. וש"נ], ו) לעיל מב., ז) חולין קח:, ח) [וע"ע תוס' סוכה לג: ד"ה בשבת שלשה], ט) [שם איתא ר' זירא], י) [עי' תוס' גיטין ז: ד"ה דילמא], כ) עירובין לג: ד"ה לא תימא וכו' מתנא על נכון].

הגהות הב"ח

(א) רש"י ד"ה והתולש ממנו וכו' גידולו הוא (ואע"פ שהוא צרור ואינו עפר) תא"מ ונ"ב ס"א אינו: (ב) ד"ה אמרי אינהו וכו' שם טהרה. נ"ב ובפ' כל הבשר בחולין דף קה ד"ה רש"י פי' וכו': (ג) תוס' ד"ה מהו וכו' הא דפריך מהא דאסור ליטול: (ד) באד"ה ולהכי פריך ליה מהא דאסור:

ליקוטי רש"י

גדול כבוד הבריות שדוחה את לא תעשה שבתורה. דבר שהוא מדברי סופרים נדחה מפני כבוד הבריות וקרי ליה לא תעשה משום דכתיב לא תסור ודקא קשיא לאורייתא הוא רבנן אחלוה ליקריהו לעבור על דבריהם היכא דאיכא כבוד הבריות כגון טלטול בשבת אבנים של בית הכסא לקנח או מי שנפסקה ציצית טליתו בכרמלית לא הצריכו להניח טליתו שם ולילך לביתו ערום (מנחות לז:) [ברכות יט:]. בלאו דלא תסור כגון טלטול [אבנים] איסור מדרבנן ואבנים מקורזלות מותר להכניס לבית הכסא משום כבוד הבריות (מנחות לח.). דכתיב לא תוכל להתעלם (דברים כב) וכתיב והתעלמת פעמים שאתה מתעלם כגון זקן ואינו לפי כבודו (מגילה ג:). לחצות בו שיניו. ליטול בשר הנולך בין שיניו (ביצה לג.). לא יטול אלא מן האבוס של בהמה. דדבר הראוי לאכילה הוא ולכן לצורך אבל עצים הואיל ולהסקה ולדבר האסור כגון לעשות כלי אסור אלא להסקה [שם]. ניר. חרישה כדכתיב נירו לכם ניר (הושע י) [שם]. גומא וטממה. בבית. שייך בנין שמתכוין להשוות קרקעיתו. משום חורש. שהעפר מילואה בו הוי רפוי וטוב לזריעה והשוה לקרקע היות מרגע עם השדה [לעיל עג:]. משום כשפים. הרואה אותו יכול לעשות לו כשפים והנשמר ממנו אין כשפים יכולין לחול עליו [חולין קה:]. הלכה כסתם משנה. רבי סדר המשנה וכשראה דברי חכם ושנה דבריו בלשון סתם ולא הזכיר שם אומרו עליהן כדי שלא יהו נוטה מפני שהיו דברי יחיד ונראין כאלו נשנו מפי המרובים (ביצה ב:). נזיר. בחול ככל אדם בשבת. חופף. שערו בנתר וחול [לעיל נ:]. לשון שפשוף (מגילה כו.). כמו חופף עליו כל היום (דברים לג) לשון מגרד ובלע"ז פרי"ר [נזיר מב.]. ומפספס. מנפץ שערו דכיון דאינו מתכוין מותר ועל כרחיך ר' שמעון קא אמר לה [לעיל שם]. שמפריד שערותיו זו מזו אבל לא [סורק] [נזיר שם]. מטרוניתא. שרים נכרים [ב"מ פד.]. אותבן בהדייכו. אף הן היו בקיאין בדבר. אמרה איהי מילתא. מאי איעביד לכו. שאין מכשפות שולטות בכם שאתם נשמרין מכל דבר הקשה להן [חולין קה:].

The Gemara returns to the previous subject, and identifies a substance that cannot be used for wiping:

אָמַר רַבִּי יוֹחָנָן – R' Yochanan said: אָסוּר לְקַנֵּחַ בְּחֶרֶס בְּשַׁבָּת – It is forbidden to wipe oneself with a pottery **shard on the Sabbath.**[26]

The Gemara analyzes the ruling:

מַאי טַעְמָא – What is the reason for this prohibition? **אִילֵימָא מִשּׁוּם סַכָּנָה – If** you wish **to say** that it is forbidden **because of the danger** inherent in using a shard,[27] this cannot be, **אֲפִילּוּ בְּחוֹל נַמִּי – for this concern applies even during the week as well,** and R' Yochanan only prohibits using a shard on the Sabbath! **וְאֶלָּא מִשּׁוּם כְּשָׁפִים – And** if you will say, **rather,** that it is forbidden **on account of** the possibility that an enemy will find the used shard and use it to harm him through **witchcraft,**[28] this too is untenable, **אֲפִילּוּ בְּחוֹל נַמִּי לֹא – for then even during the week as well** one should **not** use a shard! **וְאֶלָּא מִשּׁוּם הַשָּׁרַת נִימִין – And** if you will say, **rather,** that R' Yochanan forbids it **on account of** the **cutting of the hairs** near the rectal opening,[29] this too cannot be, **דָּבָר שֶׁאֵין מִתְכַּוֵּין הוּא – for it** (the cutting of these hairs) **is an unintentional act,** and should not be forbidden![30]

The Gemara offers an explanation:

אָמַר לְהוּ רַב נָתָן בַּר אוֹשַׁעְיָא – Rav Nassan bar Oshaya said to them (i.e. the scholars debating the matter): **גַּבְרָא רַבָּה אָמַר מִילְּתָא – Since a great man has said this thing, נֵימָא בָּהּ טַעְמָא – let us state the reason for it.**[31] In truth, R' Yochanan meant as follows:

לֹא מִיבַּעְיָא בְּחוֹל דְּאָסוּר – It need not be said that it is forbidden to wipe oneself with a shard **during the week,** for stones are readily available, and the Sages had no reason to permit the use of shards.[32] **אֲבָל בְּשַׁבָּת – But on the Sabbath,** when allowing one to wipe with a stone involves relaxing the *muktzeh* prohibition, **הוֹאִיל וְאִיכָּא תּוֹרַת כְּלִי עָלָיו שַׁפִּיר דָּמֵי –** I might have thought that **since [the shard] has the status of a utensil,**[33] **it would be better** to use the shard; **קָא מַשְׁמַע לָן – [R' Yochanan] therefore informs us** that using the shard is forbidden even on the Sabbath.[34]

An Amora discusses a possible interpretation of R' Yochanan's ruling:

רָבָא מַתְנֵי לָהּ מִשּׁוּם הַשָּׁרַת נִימִין – Rava taught it (the rationale for R' Yochanan's prohibition) **as being on account of the cutting of hairs** near the rectal area.[35] **וְקַשְׁיָא לֵיהּ דְּרַבִּי יוֹחָנָן אַדְּרַבִּי יוֹחָנָן – And he had** the following **difficulty** reconciling this ruling of **R' Yochanan with** another ruling of **R' Yochanan. מִי אָמַר רַבִּי יוֹחָנָן אָסוּר לְקַנֵּחַ בְּחֶרֶס בְּשַׁבָּת – Did R' Yochanan** indeed **say** that one **is forbidden to wipe** himself **with a shard on the Sabbath** because he might unintentionally cut off hairs in the rectal area? **אַלְמָא דָּבָר שֶׁאֵין מִתְכַּוֵּין אָסוּר –** If he did, **we** would **see** from here **that** in R' Yochanan's opinion, **something that is unintended is forbidden.**[36] **וְהָאָמַר רַבִּי יוֹחָנָן – But R' Yochanan has** also **said הֲלָכָה כִּסְתָם מִשְׁנָה – the halachah follows the view of an anonymous Mishnah, וּתְנַן – and we learned in a Mishnah:**[37] **נָזִיר חוֹפֵף וּמְפַסְפֵּס – A NAZIR MAY RUB** the hair of his head[38] **AND** he may **DISENTANGLE** the hairs by hand, **אֲבָל לֹא סוֹרֵק – BUT HE MAY NOT COMB** them.[39] This anonymous Mishnah holds that something that is unintended is permitted;[40] thus, R' Yochanan should permit the use of a shard!

The Gemara concedes the point, and concludes:

אֶלָּא מְחַוַּורְתָּא כִּדְרַב נָתָן בַּר אוֹשַׁעְיָא – Rather, the clearer resolution is that of Rav Nassan bar Oshaya.

The Gemara stated that the shard could be used for witchcraft. The Gemara explores this further:

מַאי כְּשָׁפִים – What basis is there for assuming that shards can be used for **witchcraft?**

The Gemara cites an illustrative incident:

כִּי הָא דְּרַב חִסְדָּא וְרַבָּה בַּר רַב הוּנָא הֲווּ קָא אָזְלֵי בְּאַרְבָּא – It is like that incident where Rav Chisda and Rabbah bar Rav Huna

NOTES

is *increased* is Rabbinically liable for the *melachah* of "planting" (see *Hagahos Ashiri*; cf. *Divrei Yechezkel* cited in previous note).

26. The Gemara below will discuss the reason for this prohibition.

27. I.e. the concern that the sharp edges of the shard will cut the muscles that support the rectum [these are referred to as the "teeth of the rectum" due to their shape – see Gemara below, 82a, and note 5 there] (*Rashi*).

28. [As the Gemara states below, a shard on which one leaves bodily wastes can be used by one versed in witchcraft to harm that person (see *Machatzis HaShekel* and *Magen Avraham* cited below, 82a note 15).]

29. The sharp edges of the shard may cut off the short hairs that grow near the rectal opening while he is wiping himself with it (*Rashi*); cutting off such hairs would be a transgression of the *melachah* of "shearing."

[According to this interpretation, R' Yochanan's prohibition would obviously apply only on the Sabbath.]

30. As will be demonstrated in the Gemara below, R' Yochanan subscribes to the opinion of R' Shimon, who holds that one is not liable for a *melachah* that was unintentionally performed (*Rashi*).

31. [I.e. since R' Yochanan is a great Sage, we should seek a way to understand his ruling rather than assuming that he erred.]

32. Since there is a problem with using shards to wipe with – i.e. the concern that they will be used for witchcraft – the Rabbis would definitely not permit their use during the week, for there is no reason that one could not use stones during the week (see *Rashi;* see also below, note 34).

33. A shard can be used to carry a flaming coal, or to hold a small amount of water (see Mishnah below, 82a). Thus, it is not *muktzeh*, and for this reason it is preferable to a stone, which may not be handled on the Sabbath (*Rashi*).

34. Either because of the possibility that it will be used for witchcraft, or because of the danger that the muscles supporting the rectum will be cut (*Rashi;* see *Chasam Sofer* who discusses why *Rashi* above [ד״ה לא מיבעיא] mentions only the concern for witchcraft, and here mentions both witchcraft and the danger of injury).

[According to this explanation of R' Yochanan's ruling, he means to say that a shard may not be used *even* on the Sabbath – it *certainly* may not be used during the week. See *Beur Halachah* to 312:4 ד״ה אפילו.]

35. The Gemara offered this explanation above, but rejected it because of the fact that the cutting of the hairs is an unintentional act and should not be forbidden. Rava revisits this explanation, and comes up against the same difficulty.

36. For the cutting of the hairs is not intended, nor is it inevitable; thus, if R' Yochanan forbids wiping with a shard, he must hold that performing an act that may result in an unintended *melachah* is forbidden.

37. *Nazir* 42a.

38. I.e. he may rub the hairs of the head [even] with cleansers such as niter or sand (*Rashi* to 50b ד״ה חופף).

39. A *nazir* is forbidden to remove hairs from his head in any manner (see *Numbers* 6:5 and *Nazir* 39b). Although washing his hair with niter and sand or disentangling the hair by hand is liable to remove some hairs, these activities are permitted to a *nazir* since any removal of hair that results is purely unintentional. This follows the view of R' Shimon, who permits performing an act that might unintentionally result in a forbidden consequence, as long as that consequence is not inevitable. Combing the hair is forbidden, however, since it is inevitable that some hair would be removed, and even R' Shimon agrees that in such a case the act is forbidden (*Rashi*).

40. For it permits washing and disentangling the hair (see note 39).

חסדא א מהו להעלותם אחריו לגג א"ל א) גדול כבוד הבריות שדוחה את לא תעשה שבתורה יתיב מרימר וקאמר לה להא שמעתא איתיביה רבינא למרימר ב) ר' אליעזר אומר נוטל אדם קיסם משלפניו לחצות בו שיניו וחכמים אומרים לא יטול אלא מן האבוס של בהמה הכי השתא התם אדם קובע מקום לסעודה הכא אדם קובע מקום לבית הכסא אמר רב הונא ב אסור לפנות בשדה ניר בשבת מאי טעמא אילימא משום דוושא אפילו בחול נמי ואלא משום עשבים והאמר ריש לקיש צרור שעלו בו עשבים מותר לקנח בה והתולש ממנה בשבת חייב חטאת אלא דילמא נקוט מעילאי ושדא לתתאי ומיחייב משום דרבה ג) דאמר רבה [ג] היתה לו גומא וטממה בבית חייב משום בונה בשדה חייב משום חורש גופא ג אמר ר"ל צרור שעלו בו עשבים מותר לקנח בה ד והתולש ממנה בשבת חייב חטאת אמר רב פפי ש"מ מדר"ל האי פרפיסא שרי לטלטולי מתקיף לה רב כהנא אם אמרו לצורך יאמרו שלא לצורך אמר אביי פרפיסא הואיל ואתא לידן ד) לימא ביה מילתא ה היה מונח על גבי קרקע והניחו על גבי יתידות מיחייב משום תולש היה מונח על גבי יתידות והניחו על גבי קרקע חייב משום נוטע א"ר יוחנן אסור לקנח בחרס בשבת מאי טעמא אילימא משום סכנה אפילו בחול נמי ואלא משום כשפים אפי' בחול נמי לא ואלא משום השרת נימין דבר שאין מתכוין הוא אמר להו רב נתן בר אושעיא גברא רבה אמר מילתא נימא בה טעמא ו לא מיבעיא בחול דאסור אבל בשבת הואיל ואיכא תורת כלי עליו שפיר דמי קמ"ל רבא מתני לה משום השרת נימין וקשיא ליה דר' יוחנן אדר' יוחנן מי א"ר יוחנן אסור לקנח בחרס בשבת אלמא דבר שאין מתכוין אסור והאמר ז) ר' יוחנן הלכה כסתם משנה * ותנן ח) נזיר חופף ומפספס אבל לא סורק אלא מחוורתא כדרב נתן בר אושעיא מאי כשפים כי הא ט) דרב חסדא ורבה בר רב הונא הוו קא אזלי בארבא אמרה להו ההיא מטרוניתא אותבן בהדייכו ולא אותבוה אמרה איהי מילתא אסרתה לארבא אמרו אינהו מילתא שריוהא אמרה להו מאי איעביד לכו דלא

רש"י

מהו להעלותם אחריו לגג. אם עלה שם לפנות מי חיישינן לטירחא יתירתא או לא: שדוחה את לא תעשה. דכתיב (דברים כב) והתעלמת מהם פרט לזקן ואינו לפי כבודו והכא נמי טלטול דרבנן אלאו דלא תסור אסמכוה רבנן ובמקום כבוד הבריות נדחה: משלפניו. קסמין המוטלין על גבי קרקע ולא אמרינן מוקצין נינהו: לחצות. לטול הבשר שבין השינים ולחצות ביניהן: מן האבוס. שהוא מוכן אלמא העמידו דבריהם במקום כבוד הבריות שפעמים שנראה מבחוץ וגנאי הוא לו: התם אדם קובע לסעודה. והיה לו להכין שם מאתמול: הכא אדם קובע לבה"כ. בתמיה פעמים שמולא אדם שם והולך למקום אחר בית הכסא לא היה מלוי להם בבתיהן שהיו דרין בבתיהן בעלייה מפני דוחק בתים: בשדה ניר. חרישה ראשונה ועומד לזריעה: משום דוושא. ובשדה חבירו מפני שדש את נירו ומתקשה (את) החרישה: משום עשבים. שמחמת לחלוחית הניר עשבים עולין על הצרור וכשהוא מקנח בו נתלשים: מותר לקנח. דאינו מתכוין לתלוש ומותר דהלכה כר"ש: והתולש ממנו. במתכוין חייב דמקום גידולו הוא (א) אע"פ שהוא צרור ואינו עפר: שקיל מעילאי. ממקום גבשושית: ושדי לתתאי. למקום גומא ומשוה החרישה והוי תולדה דחורש: בבית. שייך בנין וזה שמשוה גומות בנין הרצפה הוא ובשדה מתקן החרישה: מדריש לקיש. דאמר מותר לקנח בו ולא אמרינן צרור זה העשבים שעלו מלחלוחית הקרקע הן יוצאין וכשמגביהן הרי הוא כעוקרן מגידוליהן: האי פרפיסא. עציץ נקוב שזרעו בו ובתשובת הגאונים מצאתי שעושין חותלות מכפות תמרים וממלאין אותם עפר וזבל בהמה וכ"ב או ט"ו יום לפני ר"ה עושין כל אחד ואחד לשם כל קטן וקטנה שבבית חורעים לתוכן פול המצרי או קיטנית וקורין לו פורפיסא ונומח ובערב ר"ה נוטל כל אחד שלו ומחזירו סביבות ראשו שבעה פעמים ואומר זה תחת זה וזה חליפתי וזה תמורתי ומשליכו לנהר: שרי לטלטולי. ולא אמרינן תולש הוא: לצורך. קינוח כבוד הבריות: חייב משום תולש. דאינו נהנה שוב מריח הקרקע ול"נ דהאי * חייב לאו דווקא אלא אסור משום דדמי לתולש דאי חייב ממש קאמר לצורך היכי שרי רבנן איסור כרת וסקילה משום קינוח ודומה לו במסכת סנהדרין (דף פב.) הבא על הכותית חייב משום נשג"ז דלאו מדאורייתא היא אלא מדרבנן: משום סכנה. שלא ינתק בו שיני הכרכשא שהיא תלויה בהן: משום כשפים. כדלקמן בשמעתין: השרת נימין. שמשיר את השיער מפני שהוא חדוד: דבר שאין מתכוין הוא. ושמעינן ליה לר' יוחנן דאמר דבר שאינו מתכוין מותר לקמן בשמעתין: לא מיבעיא בחול. שאין איסור טלטול בצרורות דאסור לקנח בחרס משום כשפים שהרי יכול לקנח בצרור: אבל בשבת הואיל ואיכא תורת כלי עליו. לחתות בו אור או לחשוף מים מגבא אימא שפיר דמי דמוטב שיקנח בו ממלטלל צרור: קמ"ל. דלא אי משום סכנה אי משום כשפים: חופף. ממחיק שערו: ומפספס. קרפיר: אבל לא סורק. במסרק דודאי משיר שיער ומודה ר' שמעון בפסיק רישיה ולא ימות אבל חופף ומפספס פעמים שאינו משיר וכשמשיר דבר שאין מתכוין מותר: מטרוניתא. נכרית היתה: אמרה מילתא. דכשפים ואסרתה לארבא ולא זזה ממקומה: אמרי אינהו מילתא. על ידי שם טהרה (ב) דלא

תוספות

מהו להעלותם לגג. פי' בקונט' מי חיישינן לטירחא יתירתא וקשה לר"י א"כ הא דפריך (ג) דאסור ליטול קיסם משלפניו תיקשי לכולה שמעתין דשרי לטלטל אבנים מקורזלות ונראה לר"י דהכא מבעיא ליה משום דבית הכסא קרוב על הגג ויכול להכין שם מע"ש ומהדר ליה דאפ"ה שרי ולהכי פריך ליה (ד) דאסור לטלטל קיסם משלפניו לפי שהיה יכול להזמין מאתמול אבל אכולה שמעתא לא מצי פריך שדרכן היה לפנות בשדה ובית הכסא רחוק ולא אטרחוה רבנן להכניס שם מע"ש וגם אם יזמינם שמא יקחם אחר ל):

וחכמים אומרים לא יטול אלא מן האבוס כו'. נראה לר"י דלאו דוקא מן האבוס אלא מן הראוי לאבוס דליכא למימר דכשאינו באבוס אסור דבטל אגב קרקע דהא תנן בהמביא כדי יין (ביצה דף לג:) וחכמים אומרים מגבב משלפניו ומדליק אלמא לאו בטל הוא והא דלא שרו בקיסם לחצות שיניו אלא להדליק משום דסברי לא ניתנו עצים אלא להסקה אבל בדבר הראוי לאבוס בהמה שרי אפי' לחצות שיניו ור"א דאמר התם נוטל אדם קיסם משלפניו לחצות שיניו ומגבב מן החצר ומדליק סבר דמה שבבית מוכן לכל מה שירצה אפי' לחצות שיניו אבל שבחצר אינו מוכן אלא להסקה:

והניחו ע"ג יתדות מיחייב משום תולש. האי מיחייב מכת מרדות מדרבנן כדפירש בקונטרס מדשרי ריש לקיש וקשה לר"י דאמרי' בפ"ק דגיטין (דף ז:) א"ר ט) יוחנן עציץ נקוב המונח ע"ג יתדות באנו למחלוקת ר"י ורבנן דלר"י פטור מן המעשר כדמפליג בין ספינה גוששת לשאינה גוששת ולרבנן חייב אמר רבא דילמא לא היא ע"כ לא קאמרי רבנן אלא דספינה דלא מפסיק אויר אבל עציץ דמיפסיק אוירא אפילו רבנן מודו הא בשמעתין חשבינן ליה כמחובר מדאורייתא אפי' הניחו על גבי יתדות ולא מיחייב משום תולש אלא מדרבנן ונראה לר"י דשמעתין לא סברא דחויא דרבא דהתם י):

והאמר ר' יוחנן הלכה כסתם משנה כו'. וא"ת והא בהגוזל קמא (ב"ק קב.) ובפ"ק דמס' ע"ז (דף ז.) אמר בתרי מסכתות אין סדר למשנה והכא סתם בנזיר ופלוגתא בפרק שני דביצה כ) (דף כג:) ר' יהודה אומר כל הכלים אין נגררין חוץ מן העגלה שכובשת ואין הלכה כסתם דשמא סתם ואח"כ מחלוקת היא ואין לומר דלר' יוחנן אפי' סתם ואח"כ מחלוקת הלכה כסתם דהא מסקינן בהחולץ (יבמות מב:) אליבא דר' יוחנן דרמי לך לא חש לקימחיה סתם ואח"כ מחלוקת היא ואין הלכה כסתם ותירץ רבינו שמואל מוורדון דבמחלוקת ואח"כ סתם בחדא מסכת לכ"ע הלכה כסתם כדפריש בפ"ק דמס' ע"ז (דף ז.) בהא דפסיק כר"י דכל המשנה ידו על התחתונה פשיטא דמחלוקת ואח"כ סתם הוא אבל בתרי מסכתות כל אמוראי סברי דאין הלכה כסתם ור' יוחנן אית ליה דאפי' בתרי מסכתות הלכה כסתם או סתם במתני' ומחלוקת בברייתא דמסתמא סתם לבסוף ואין לנו לומר שסתם רבי קודם ושוב חזר ממה שפסק ואמוראי נינהו אליבא דרבי יוחנן דלאמר בהאי טרפות (חולין דף מג.):

הדרן עלך המוציא יין

עין משפט נר מצוה

לא א מיי' פכ"ו שם טוש"ע שם סעיף ח:
לב ב מיי' פכ"א מהל' שבת הלכה ב סמג לאוין סה טור ושו"ע או"ח סימן שיב סעיף ט:
[לב] [ב] מיי' שם פ"ח הלכה ה ופרק י הלכה יב:
לג ג שם סעיף ג:
לד ד מיי' פ"ח שם הלכה ג:
לה ה שם הלכה ד:
לו ו מיי' שם הל' ה' טוש"ע או"ח סימן שיב סעיף ד:

גליון הש"ס

גמ' ותנן נזיר חופף. ע"ל פ"ע דכלאים כר"ש שם: רש"י ד"ה חייב משום תולש וכו'. חייב לאו דוקא אלא אסור. ולכמשי' לעיל דף מ ע"ב מאי חייב מכת מרדות:

רבינו חננאל

ידדו עליהן גשמים ונטשטשו מהן. כך שמעתי פירושו שאם נראה לו אבנים מקורזלות דבוק עם הקרקע מורידה גשמים. והוו טשטוש. דתניא התם נטשטשו ואין עושין פירות מי חיישינן שמא יהא (כסות) [כסוסות] או בטוחן ואמרו אם היה רישומן ניכר של אבנים מותר לו ליטלן ולקנח בהן: וכי שרא רב חסדא להעלותו אחריו לגג דקאמר גדול כבוד הבריות: איתיביה רבינא למרימר וחכ"א אינו נוטל קיסם לחצות בו שיניו. אלא מן האבוס של בהמה. מאי טעמא מפני שהוא מוכן. הכא נמי לא יטול אבנים לקינוח. אלא יעלה לגג. א"ל מרימר הכי השתא. אדם קובע מקום לסעודה. ומאי דליתיה התם לאו מוכן הוא. אבל בית הכסא לא הוה רגילין דקבעין ליה מקום. והלכך מן כל היכא דשקיל מוכן הוא: אמר רב הונא אסור לפנות בשדה ניירה בשבת. פירוש נירה. חרישה. כדכתיב נירו לכם ניר. ותניא נשנה קרע שנתים. מ"ט אי משום (רושה) [דוושא] שלא יזיק את בעל השדה. אפי' בחול אסיר. אי משום עשבים הא אמר ר"ל מותר לקנח בו. אלא מרשה שנפנה בו. מעילא ושדי בו ניצא. ומיחייב משום דרבה: אמר א) רב פפי שמע מינה מדר"ל האי פרפיסא שרי לטלטלה בשבת. פי' פרפיסא פייס גדול. כהאי דאמרינן (אוחרן) [לעיל] מאי פייס א"ר זירא (קרשינן) [כרשיני] בבליתא דורקען עליו זרעונים בשמים והולתו וצומחין והודמה לצורך שעלו בו עשבים. ולשון (פרסי) [פר] דהכא מלשון פרסי בכנפי יונה. אף הזרע הצומח עליו נקרא פר וזהו פרפיסא. וכיון דקא אמר ר"ל מותר לקנח בו קא שמעת מינה רב פפי דשרי לטלטלה: מתקיף לה רב כהנא אם אמר לצורך יאמרו שלא לצורך. הא קאמר ר"ל מותר לקנח אבל לטלטולי שלא לצורך לא. ולכי היא לצורך לא שרי. הלכך לא צריכנן לדרב פפא: אמר אביי האי פרפיסא הואיל ואתא לידן נימא ביה מילתא. היה מונח ע"ג קרקע והניח על גבי יתדות חייב משום תולש כי כשזורעין אותו עושין לו מקום כמו כן או כמו שולים שיושב עליו שיעור שינית ע"ג קרקע ואפשר שהוא מרשש שם ומתחבר לקרקע

חשק שלמה על רבינו חננאל א) עיין ערוך ערך פרפס:

מסורת הש"ס

א) [לקמן קנ: ע"ש וש"נ], ב) ביצה לג. ע"ש תוספתא דביצה פ"ג, ג) לעיל עג: ע"ש, ד) ר"נ נימא, ה) [לעיל מו. וש"נ], ו) לעיל נ: נזיר מב, ז) חולין קה: ח) [וע"ע תוס' סוכה לו: ד"ה בשבת שלמה], ט) [שם איתא ר' זירא], י) [ע"י תוס' גיטין ז: ד"ה דילמא], כ) [וע"ע תוס' עירובין לג: ד"ה לא סימא וכו' מתא לא נכון].

הגהות הב"ח

(א) רש"י ד"ה והתולש ממנו וכו' גידולו הוא (ולע"פ וכו' עפר) תא"מ ונ"ב פ"א אינו: (ב) ד"ה אמרי אינהו וכו' שם טהרה. נ"ב ונפ' כל הבשר חולין דף קה דהה רש"י פי' זה: (ג) תוס' ד"ה מהו וכו' הא דפריך דאסור ליטול: (ד) בא"ד ולהכי פריך ליה מהא דאסור:

ליקוטי רש"י

גדול כבוד הבריות שדוחה את לא תעשה שבתורה. דבר שהוא מדברי סופרים נדחה מפני כבוד הבריות וקרי ליה לא תעשה משום דכתיב לא תסור ודוקא קשיא לאורייתא הוא ורבנן אמלוה ויקריינו לעבור על דבריהם היכא דאיכא כבוד הבריות כגון לטלטל בשבת אבנים של בית הכסא לקנוח או מי שנפסקה ציצית טליתו בכרמלית לא הצריכו להניח טליתו שם וליכנס לביתו ערום (מנחות לח.) [ברכות יט:]. כלאו לא תסור כגון טלטול [אבנים] איסור מדרבנן ואבנים מקורזלות מותר להכניס לבית הכסא מפני כבוד הבריות (מנחות לח.). דכתיב לא תוכל להתעלם (דברים כב) וכתיב והתעלמת פעמים שאתה מתעלם כגון זקן ואינו לפי כבודו (מגילה ג:). לחצות בו שיניו. ליטול בשר הנתון בין שניו בורגי"ר בלע"ז (ביצה לג.) ועי"ש ותוס' כאן [שם]. לא יטול אלא מן האבוס של בהמה. דבדבר הראוי לאכילה מוכן לכל צורך אבל עצים הואיל ודרכן להסיקן כגון לעשות כלים אסור לעשות מהן כלי אלא להסקה (שם). ניר. חרישה דכתיב נירו לכם ניר (הושע י) [רשב"ם ב"ב לו.]. גומא וטממה. בעפר. בבית. שייך בנין שמתכוין להשוות קרקעותיו. משום חורש. שהמתקן שמלאכה בו הוי רפוי וטוב לזריעה והשוה לקרקע הוויות נורע עם השדה [לעיל עג:]. משום כשפים. הרואה אותו יכול לעשות לו כשפים בו ונאסר ממנו דמין כשפים נוחין לחול עליו (חולין קה:). הלכה כסתם משנה. רבי שנה סדר המשנה והשלח דבריו חכם ויחיד בעינן שאמר אם נם שהוא הזכיר שם אומרו עליהן כל מי שלא יהו שונה מפני יחיד ורבלנן כלו: כמו ואינשו כמשנה (ביצה ב:). נזיר. כמול לכל אדם בשבת. חופף. שערו בנתר וחול [לעיל ג:]. לשון שפשוף (מגילה כו.). כמו חופף עליו כל היום (דברים לג) לשון מגרד לזה ולעג"ז פרי"ב [נזיר מב.]. ומפספס. מנקש שערו לכוין דאינו מתכוין מותר ועל כרחך ר' שמעון קא אמר לה [לעיל שם]. שמפריד שערותיו זו מזו אבל לא [סורק] [נזיר שם]. מטרוניתא. מרים נכרית [ב"מ פד:]. אותבן בהדייכו. הושיבוני עמכם בספינה. אמרה איהי מילתא. לחש. אמרו אינהו מילתא. לחש כן היו נקיטין בידם ועושין להם אין שלא עלפם מיד הנכרי ולפיכך לאמרי דאמרו שם ולא מכשפות הוא. מאי איעביד לכו. שאין מכשפות שולטת בכם שלמם נשמרין מכל דבר הקשה להן [חולין קה:].

were traveling on a boat. אָמְרָה לְהוּ הַהִיא מַטְרוֹנִיתָא – **A certain noblewoman said to them:** אוֹתְבַן בַּהֲדַיְיכוּ – **Take me with you!** וְלֹא אוֹתְבוּהָ – But **they did not take her.** Angered by this, אָמְרָה אִיהִי מִילְּתָא – **she recited a spell** of witchcraft אֲסַרְתָּה לְאַרְבָּא – **and immobilized the boat;** the spell held the boat in place and did not allow it to move. אָמְרוּ אִינְהוּ מִילְּתָא – **But [the Sages] recited a spell**[41] to counter the witchcraft, שַׁרְיוּהָא – **and they released [the boat].**[42] אָמְרָה לְהוּ – **[The noblewoman] said to them** in exasperation: מַאי אֶיעֱבִיד לְכוּ – **What can I do to you,**[43]

NOTES

41. [Obviously, the Sages would not practice witchcraft; rather,] they made use of a spell created with the Holy Name of God (*Rashi*). Alternatively, they were also adept at the sorcerous spells, and they were permitted to use them in order to save themselves (*Rashi to Chullin* 105b ד״ה אמרי; see also *Sfas Emes*). [*Menachem Meishiv Nefesh* cites a novel interpretation attributed to the *Baal Shem Tov*. He states that the Sages negated the power of the noblewoman's spell by reciting the verse, מְכַשֵּׁפָה לֹא תְחַיֶּה (*Exodus* 22:17), (which translates as *you shall not permit a sorceress to live*). He states further that according to this interpretation, the phrase אָמְרוּ אִינְהוּ מִילְּתָא, should actually read אָמְרוּ אִינְהוּ מל״ת, with מל״ת being an abbreviation for מְכַשֵּׁפָה לֹא תְחַיֶּה. See there, where he states that such a reading actually can be found in old manuscripts of the Gemara.]

42. The spell of the Rabbis counteracted that of the noblewoman, and the boat was once again free to move.

43. The noblewoman stated in frustration that she was powerless against these Sages, for they did not follow any of the practices that would render them susceptible to her sorcerous powers.

דְּלָא מְקַנַּח לְכוּ בְּחַסְפָּא – **for you do not wipe yourselves with a shard,**[1] וְלָא קָטִיל לְכוּ כִּינָּא אַמָּנַיְיכוּ – **and you do not kill a louse** while it is **on your clothing,**[2] וְלָא שָׁלִיף לְכוּ יַרְקָא וְאָכִיל לְכוּ מִכִּישָׁא דְּאָסִיר גִּינָּאָה – **and you do not pull out a vegetable from the bundle that the gardener has tied and eat it.**[3] From this incident we can see that if one wipes himself with a shard, he leaves himself susceptible to witchcraft.[4]

The Gemara recounts an incident in which the importance of relieving oneself in the proper manner is stressed:

אֲמַר לֵיהּ רַב הוּנָא לְרַבָּה בְּרֵיהּ – **Rav Huna said to his son Rabbah:** מַאי טַעְמָא לָא שְׁכִיחַתְּ קַמֵּיהּ דְּרַב חִסְדָּא – **What is the reason that you are not frequently** sitting as a disciple **before Rav Chisda,** דִּמְחַדְּדָן שְׁמַעְתֵּיהּ – **whose teachings are sharp?** אֲמַר לֵיהּ – **[Rabbah] replied to him:** מַאי אֵיזִיל לְגַבֵּיהּ – For **what should I go to him** more often? דְּכִי אָזֵילְנָא לְגַבֵּיהּ – **For whenever I** do **go to him** to study, מוֹתִיב לִי בְּמִילֵּי דְּעָלְמָא – **he sits me down** before him and tells me **about mundane matters,** rather than words of Torah! אֲמַר לִי – For instance, **he said to me:** מַאן דְּעָיֵיל לְבֵית הַכִּסֵּא – **One who enters a latrine** to relieve himself לָא לֵיתִיב בְּהֶדְיָא – **should not sit down forcefully,** וְלָא לִיטְרַח טְפֵי – **nor should he strain himself overly** to eliminate; דְּהַאי כַּרְכַּשְׁתָּא אַתְּלָת שִׁינֵּי יָתִיב – **for the rectum is supported by three "teeth,"**[5] דִּילְמָא מִשְׁתַּמְטָא שִׁינֵּי דְּכַרְכַּשְׁתָּא – and therefore these practices must be avoided, **lest the teeth of the rectum become dislocated** וְאָתֵי לִידֵי סַכָּנָה – **and the person come to be endangered.**[6] אֲמַר לֵיהּ – **[Rav Huna]** thereupon **said to his son:** הוּא עָסִיק בְּחַיֵּי דִּבְרִיָּיתָא – **He** (Rav Chisda) **is dealing with** issues that impact **the** very **lives of people,** וְאַתְּ אָמְרַתְּ בְּמִילֵּי דְּעָלְמָא – **and you say** that he speaks **of mundane matters!?** כָּל שֶׁכֵּן זִיל לְגַבֵּיהּ – If he discusses matters of such importance, **certainly you should go to him** and study![7]

The Gemara returns to discussing which material one should use to wipe himself with after elimination:

הָיוּ לְפָנָיו צְרוֹר וְחֶרֶס – **If one had before him a stone and a** pottery **shard,** רַב הוּנָא אָמַר – **Rav Huna said:** מְקַנֵּחַ בִּצְרוֹר וְאֵין מְקַנֵּחַ בַּחֶרֶס – **He should wipe** himself **with the stone, and he should not wipe** himself **with the shard.**[8] וְרַב חִסְדָּא אָמַר – **But Rav Chisda said:** מְקַנֵּחַ בַּחֶרֶס וְאֵין מְקַנֵּחַ בִּצְרוֹר – **He should wipe** himself **with the shard, and he should not wipe** himself **with the stone.**[9]

Rav Huna's view is challenged:

מֵיתִיבֵי – **They challenged [Rav Huna] from the** following **Baraisa:** הָיוּ לְפָנָיו צְרוֹר וְחֶרֶס – IF ONE HAD BEFORE HIM A STONE AND A SHARD, מְקַנֵּחַ בַּחֶרֶס וְאֵין מְקַנֵּחַ בִּצְרוֹר – HE SHOULD WIPE himself WITH THE SHARD, AND HE SHOULD NOT WIPE himself WITH THE STONE. תְּיוּבְתָּא דְּרַב הוּנָא – This Baraisa is **a refutation of Rav Huna,** for it explicitly states that a shard is preferable to a stone. – ? –

The Gemara interprets the Baraisa to conform with Rav Huna's view:

תַּרְגְּמָא רַפְרַם בַּר פַּפָּא קַמֵּיהּ דְּרַב חִסְדָּא אַלִּיבָּא דְּרַב הוּנָא – **Rafram bar Pappa explained [the Baraisa] before Rav Chisda according to Rav Huna:** בְּאוֹגְנֵי כֵלִים – When the Baraisa states that a shard is preferable to a stone, it refers **to the** broken-off **rims of utensils,** which are smooth and pose no danger in use.[10] Stones, however, are still preferable to sharp-edged shards.

The Gemara discusses other materials:

הָיוּ לְפָנָיו צְרוֹר וַעֲשָׂבִים – If **one had before him a stone and grass,** רַב חִסְדָּא וְרַב הַמְנוּנָא – there is a dispute between **Rav Chisda and Rav Hamnuna** as to which is preferable. חַד אָמַר מְקַנֵּחַ בִּצְרוֹר וְאֵין מְקַנֵּחַ בַּעֲשָׂבִים – **One said: He should wipe** himself **with the stone and he should not wipe** himself **with the grass.**[11] וְחַד אָמַר – **And one said:** מְקַנֵּחַ בַּעֲשָׂבִים וְאֵין מְקַנֵּחַ בִּצְרוֹר – **He should wipe** himself **with the grass and he should not wipe** himself **with the stone.**[12]

NOTES

1. The noblewoman told the Sages that if they would have used a shard for wiping and it would have come into her possession, she would have been able to overcome them through witchcraft (see *Rashi*).

2. [Rather, you remove the louse from your clothing and then kill it.]

3. This refers to garlic, [green] onions, leeks, and the like, which are tied in bundles when they are harvested. Pulling a single vegetable out of a tied bundle and eating it is a practice that can leave one open to witchcraft; these Sages never did so, but would untie the bundle each time they would take a vegetable (*Rashi*).

4. See *Chavos Yair* §233 for further discussion.

5. These are the muscles of the [external] anal sphincter which are situated at the end of the anal canal, near the rectal orifice. The Gemara refers to them as "teeth" because the folds of the muscles and their shape and arrangement are similar to that of a row of teeth.

6. Sitting down forcefully or straining too much while attempting to eliminate can cause the rectal opening to open wider than it should; this can cause the sphincter muscles to [be weakened and] tear, and as a result, the rectum itself can protrude into the opening (*Rashi*). [This condition (rectal prolapse) can obstruct the rectum and make it impossible to eliminate; there is also a danger of infection.]

7. See *Ben Yehoyada,* who explains Rav Huna's statement.

8. The Gemara speaks of one faced with this choice on the Sabbath. Rav Huna is of the opinion that even though the stone would normally be *muktzeh*, and using it for wiping purposes was only allowed when necessary, it is preferable to use a stone over a shard. For a shard, although it has the status of a utensil (see above, 81b), is not considered suitable for wiping, due to the danger (discussed above, on 81b) that its sharp edges might damage the teeth of the rectum (*Rashi*).

9. Rav Chisda is of the opinion that since the shard has the status of a utensil, it is preferable to use it and not a stone [as the Gemara originally assumed on 81b] (*Rashi*). [Rav Chisda apparently is of the opinion that there is no great danger posed by using a shard (see *Chasam Sofer* to 81b ד״ה גברא רבה).]

10. Since they are smooth, they will not tear the flesh [i.e. the teeth of the rectum] (*Rashi*). [*Ritva* (*MHK* ed.) adds that such shards do not render their users subject to witchcraft; see also *Chidushei HaRan* and *Meiri*; see also *Chasam Sofer* to 81b and *Mishnah Berurah* 312:16.]

11. According to *Rashi's* first explanation of this passage, the Gemara speaks of one faced with this choice during the week; the first view cited in the Gemara holds that stones are preferable to grass [even if the stones are not entirely smooth – *Ritva MHK* ed.] because live grasses are sharp edged and will cut into one's flesh more than rough stones. [Alternatively, there are grasses that are harmful to humans, and not everyone will recognize them (see *Ritva MHK* ed. and *Chidushei HaRan*).] *Rashi* cites another explanation in the name of his teachers, in which the Gemara speaks of one faced with such a choice on the Sabbath. According to this interpretation, the grasses being spoken of are *still attached to the ground*, and the person would use them to wipe *without detaching them.* [Obviously, detaching the grasses would be forbidden!] The first view cited in the Gemara holds that it is preferable to use stones rather than attached grass, because of the concern that one might inadvertently come to detach it (see *Rashi*; see also next note).

12. This view holds that stones that are somewhat rough-edged are more likely to injure than grass (*Ritva MHK* ed.). According to the second explanation, attached grass is preferable to stones, because stones are *muktzeh;* although the grass too is *muktzeh,* it can be moved with the body rather than the hands [i.e. one should wipe himself by rubbing the rectal area against the grass] (*Magen Avraham* 312:6 and *Pri Megadim* there). Others are of the opinion that grasses are not *muktzeh* (see *Eliyahu Rabbah*); when *Rashi* states that the grasses should not be moved, he means that they should not be *detached* (see *Chidushei HaRan*). [*Rashi* notes that the Rabbinic prohibition against making use of items that are attached to the ground (see Mishnah *Beitzah* 36b and below, 154b) would not apply in this case; for that prohibition only applies to stiff plants that may break off when touched, and not to supple grasses that bend rather than break. See also *Meiri*, who states that the prohibition only applies to growing things taller than three

דלא מקנח לכו בחספא ולא קטיל לכו כינא אמנייכו ולא שליף לכו ירקא ואכיל לכו מכישא דאסיר גינאה: אמר ליה רב הונא לרבה בריה מאי טעמא לא שכיחת קמיה דרב חסדא דמחדדן שמעתיה אמר ליה מאי איזיל לגביה דכי אזילנא לגביה מותיב לי במילי דעלמא א"ל מאן דעייל לבית הכסא לא ליתיב בהדיא ולא ליטרח טפי דהאי כרכשתא אתלת שיני יתיב דילמא משתמטא שיני דכרכשתא ואתי לידי סכנה א"ל הוא עסיק בחיי דברייתא ואת אמרת במילי דעלמא כ"ש זיל לגביה היו לפניו צרור וחרס רב הונא אמר מקנח בצרור ואין מקנח בחרס ורב חסדא אמר מקנח בחרס ואין מקנח בצרור מיתיבי היו לפניו צרור וחרס מקנח בחרס ואין מקנח בצרור תיובתא דרב הונא תרגמא רפרם בר פפא קמיה דרב חסדא אליבא דרב הונא באוגני כלים: היו לפניו צרור ועשבים רב חסדא ורב המנונא חד אמר מקנח בצרור ואין מקנח בעשבים וחד אמר מקנח בעשבים ואין מקנח בצרור מיתיבי המקנח בדבר שהאור שולטת בו שיניו התחתונות נושרות לא קשיא הא בלחין הא ביבשין הנצרך לפנות ואינו נפנה רב חסדא ורבינא חד אמר רוח רעה שולטת בו וחד אמר רוח זוהמא שולטת בו תניא כמאן דאמר רוח זוהמא שולטת בו דתניא הנצרך לנקביו ואוכל דומה לתנור שהסיקוהו על גב אפרו וזו היא תחלת רוח זוהמא הנצרך ליפנות ואינו יכול ליפנות אמר רב חסדא יעמוד וישב יעמוד וישב רב חנן מנהרדעא אמר יסתלק לצדדין רב המנונא אמר ימשמש בצרור באותו מקום ורבנן אמרי יסיח דעתו אמר ליה רב אחא בריה דרבא לרב אשי כל שכן דכי מסח דעתיה לא מפני אמר ליה יסיח דעתו מדברים אחרים אמר רב ירמיה מדיפתי לדידי חזי לי ההוא טייעא דקם ויתיב וקם ויתיב עד דשפך כקדרה ת"ר הנכנס לסעודת קבע יהלך י' פעמים של ארבע [ארבע] אמות ואמרי לה ד' פעמים של עשר אמות ונפנה ונכנס ויושב במקומו: מתני' חרס כדי ליתן בין פצים לחברו דברי רבי יהודה רבי מאיר אומר כדי לחתות בו את האור רבי יוסי אומר כדי לקבל בו רביעית אמר רבי מאיר אף על פי שאין ראיה לדבר זכר לדבר לא ימצא במכיתתו חרש לחתות אש מיקוד אמר ליה רבי יוסי משם ראיה ולחשוף מים מגבא: גמ' איבעיא להו שיעורא דרבי מאיר נפיש או שיעורא דרבי יוסי נפיש מסתברא שיעורא דרבי יוסי נפיש ומקרא שיעורא דרבי מאיר נפיש דאי סלקא דעתך שיעורא דרבי יוסי נפיש לייט לה במנא זוטרא והדר לייט לה במנא רבה אמר אביי [מתני' נמי] לחתות אש מיקידה גדולה: רבי יוסי אומר משם ראיה: שפיר קאמר ליה רבי יוסי לרבי מאיר ורבי מאיר לא מיבעיא קאמר לא מיבעיא מידי דחשיב לאינשי דלא לישתכח ליה אלא אפילו מידי דלא חשיב לאינשי לא לישתכח ליה:

הדרן עלך המוציא יין

אמר רבי עקיבא מניין לעבודה זרה שמטמאה במשא כנדה שנאמר תזרם כמו דוה צא תאמר לו מה נדה מטמאה במשא אף עבודה זרה מטמאה במשא: גמ' תנן התם מי שהיה (ד) ביתו סמוך לעבודה זרה ונפל אסור לבנותו כיצד יעשה כונס לתוך שלו ד' אמות ובונה

היה

רש"י

דלא מקנחותו בחספא. שאוכל לעשות לכם כשפים: ולא קטיל לכו כינא אמנייכו. ואין אתם הורגין כינה בבגדיכם: ולא אכיל לכו ירקא מכישא דאסר גינאה. אין אתם מולאין שום וכרישא וכלל מאגודה שאוגדין הגננים ואוכלים אלא אתם מתירין האגודה תחילה ש"מ כל הני קשה לכשפים: מותיב לי במילי דעלמא. מושיבני לפניו בדברי חנם שאינו תורה: לא ליתיב בהדיא. במהרה ובחוזק לפי שנפתח הנקב בחוזקה וניתקין שיני הכרכשתא ויוצאת: ולא ליטרח טפי. פדיימבר"א בלע"ז: מקנח בצרור. בשבת אע"פ דלאו בר טלטול הוא בעלמא: ואינו מקנח בחרס. משום סכנה: מקנח בחרס. שיש תורת כלי עליה: באוגני כלים. שהם חלקים ואינן מקרעין את הבשר: ואינו מקנח בעשבים. שהעשבים לחים ומוכתין את הבשר ורבותינו מפרשים משום תלישה ואיני יודע מהו דאי בעשבים מחוברין מי איכא מאן דשרי וכמדומה אני דמוקמי לה במחוברין ומקנח בהן במיכונן: ואינו מקנח בצרור. דלאו בר טלטול הוא הלכך מקנח בעשבים כשהן במחובר ולא יזיזם ומשום שימוש במחובר לא מיתסר כדאמרי' בעירובין בפרק ג' (דף לד:) דלא אסרו אלא באילן וקנים (ג) עתחדין לפי שהן קשין: שיניו נשרות. שיני הפה מכרכשתא: לחין. אין אור שולט בו: רוח רעה. ריח הפה שהכל מרקב במעיים ויוצא ריח דרך פיו: רוח זוהמא. כל גופו מסריח בזיעה מסרחת שהריח נבלע בבשרו ובאבריו והוה בו לזיעה מזוהמת: ואינו יכול לפנות. שאין הנקב נפתח: יסתלק לצדדין. כשבדק עצמו בזוית זו יסתלק לזוית אחרת ויבדוק: טייעא. ישמעאל: הנכנס לסעודת קבע. וגנאי הוא לו אם יצטרך לעמוד מן הסעודה ולפנות: י' פעמים. ימתין בין פעם לפעם ויבדוק עצמו: ואמרי לה ד' פעמים של י' י'. דהכי עדיף טפי שהילוך מרובה מוריד הזבל לנקביו: מתני' בין פצים לחברו. כשמסדרין פלימין ועמודים וקורות ועושין סולר של קורות על הארץ ויש חלל בין זה לזה סומכין מתחתיו שלא יתעקם: זכר לדבר. דחרס חשיב בחתיית אור: לחשוף. לדלות ותרגומו (ישעיה מז) חספי מיא מגובא: מגבא. גומא שמים נקבצין בתוכה: גמ' (ג) מסתברא שיעורא דרבי יוסי נפיש ומקרא שיעורא דר' מאיר נפיש. אתקפתא היא כלומר לפי דבריהם נראה שרבי מאיר מחמיר דאמר לחתות בו אור ולא פי' שיעורא וחרס פורתא חזי לחדא גחלת ואילו לקבל רביעית מים נפיש שיעורא וכי מעיינת בקרא לחשוף מים זוטר דאי ס"ד לחשוף מים נפיש לייט לה שלא יותר בה אפילו כלי קטן והדר אמר כלי גדול וכי דרך המקללים כן: אמר אביי מתני'. דקאמר רבי מאיר לחתות אור מיקידה גדולה קאמר שאפילו גחלת קטנה אינו ראוי לחתות בה אלא בחרס גדול מפני שהוא נכוה: שפיר קאמר ר' יוסי. דמדליט לה בה ש"מ דחזי: אפילו מידי דלא חשיב. כגון לחשוף מים לא לישתכח בה ולעולם לא חשיב שיעורא אלא לחתות אור:

הדרן עלך המוציא יין

אמר רבי עקיבא מניין לעבודה זרה כו'. משום דבעי למיתני בהדייהו מניין שמרחיצין את המילה כייל להו להנך דדמיין לה: במשא. אדם הנושאה: תזרם כמו דוה וגו'. בעבודה זרה משתעי: גמ' כותלו סמוך לעבודה זרה. שהיה אותו כותל מחילה אף לבית עבודה זרה: אסור לבנותו. דקמהני לעבודה זרה:

תוספות

אמר רבי עקיבא מניין לע"ז כו'. פי' בקונטרס דנקט לה הכא משום דבעי למיתני מנין שמרחיצין את הקטן ואין נראה דא"כ בההוא הוה ליה להתחיל ועוד דהוה ליה למתנייה בפרק רבי אליעזר דמילה אלא נראה אגב דתנא לעיל בסוף המוציא קראי דאסמכתא גבי חרס נקט נמי הני קראי דאסמכתא וקרא דתזרם כו' הוא סמוך להנהו קראי דאייתי לעיל לא ימצא במכיתתו חרש וגו': **אסור** לבנותו. אפילו למ"ד בפרק קמא דמס' ע"ז (דף יג.) נהנה אסור מהנה מותר ה"מ לגבי מכס שאין נראה כל כך לע"ז כוונתו אלא שנותן כדי שיניחוהו לעבור אבל הכא נראה כאילו בונה לה בית ר"י: **כונס** לתוך שלו ד"א. במסכת ע"ז פריך עלה והא שביק רווחא לעבודה זרה ומשני לה:

אבניו

עין משפט נר מצוה

לז א ב מיי' פכ"ו מהל' שבת הלכה ה טוש"ע או"ח סימן שיב סעיף ה:

[לז] [ב] טוש"ע או"ח סימן ג' סעיף יא:

לח ג מיי' פ"ד מהלכות דעות הלכה ג:

לט ד מיי' פי"ט מהל' שבת הלכה י:

א ה מיי' פ"ח מהלכות ע"ז הלכה ה טוש"ע יו"ד סימן קמג סעיף א:

רבינו חננאל

לקרקע. וכיון שמניחו ע"ג יתדות הרי הוא מעבירו ממקו' שמתחבר ומתחייב משום תולש. אבל אם זרעו מעיקרא להניחו ע"ג יתדות בזמן שמניחו על גבי קרקע הרי הכינו במקום שמתחבר לקרקע ונמצא חייב משום נוטע. **ולענין חרס** מיסברא שיעורא ר' יהודה [זוטר] ור"מ נפיש מיניה ודר' יוסי נפיש מיניה אבל מן קראי שיעורא דר"מ נפיש דאי ס"ד שיעורא דר' יוסי נפיש דההוא כדי לקבל רביעית לייט להו תחלה שלא ימצא דבר קטן שהוא כדי לחתות אש מיקוד והדר לייט שלא ימצא דבר גדול כדי לקבל רביעית ומקשינן היכי אמרת דמקרא דשיעורא דר"מ נפיש מדר' יוסי והלא דבר ידוע שיש לחתות אש בחרס קטנה שאין בה כדי לקבל רביעית. ופרקיה אביי להאי קושיא לא תימא לחתות אש כדי להדליק ממנה במקום אחד אלא לחתות אש מיקידה גדולה כדי להתחמם כנגדה. ומקשי' אי מחשב (קא' השבת) [לענין שבת מאי דחשיב] מקראי ושיעורא דר' מאיר נפיש שפיר קאמר ליה ר' יוסי משם ראיה. דהא חשיב חרס לחשוף מים. ומפרקינן לדר"מ דאמר ולחשוף מים לא חשיבותא היא ולא חשיב אלא לחתות אש. ולא מיבעיא קאמר דלא מיבעיא מידי דחשיב דלא שבקינא אלא מאי דלא חשיב נמי לא שבקינא. ולעולם שיעור הוצאה מאי דחשיב הוא:

סליק פרק שמיני

פרק ט אמר ר' עקיבא מניין לע"ז שהיא מטמאה במשא כנדה שנאמר תזרם כמו דוה. אגב דתניא אסמכתא מן קראי בסוף המוציא יין לענין שיעור חרס אדכר נמי (הנשאה) [הני משניות]. אסמכתא ראשונה

תורה אור השלם

א) וּשְׁבָרָהּ כְּשֵׁבֶר נֵבֶל יוֹצְרִים כָּתוּת לֹא יַחְמֹל וְלֹא יִמָּצֵא בִמְכִתָּתוֹ חֶרֶשׂ לַחְתּוֹת אֵשׁ מִיָּקוּד וְלַחְשֹׂף מַיִם מִגֶּבֶא: [ישעיה ל, יד]

ב) וְטִמֵּאתֶם אֶת צִפּוּי פְּסִילֵי כַסְפֶּךָ וְאֶת אֲפֻדַּת מַסֵּכַת זְהָבֶךָ תִּזְרֵם כְּמוֹ דָוָה צֵא תֹּאמַר לוֹ: [ישעיה ל, כב]

מסורת הש"ס

א) [גי' הערוך ליטהר פי' לא עלים ממנו למד להם], ב) [לעיל וש"נ], ג) חולין קז:, ד) [ברכות כג. הנצרך להפנות ואוכל רב חסדא ורבינא וכו' ע"ש], ה) לעיל מא. ע"ש, ו) ברכות כג., ז) ב"ק כ: ביצה לב., ח) [עתמנין חרס בין הנסרים כדי שיכנסו הכן הרים וישבו מפני שלחן ערוך ערך פצם], ט) לעיל כט:, י) רש"ל מ"ז, כ) [נ"ל מנין עי' תשבי שרש מנין], ל) ע"ז מו:, מ) ע"ז מז:, נ) [וע"ע תוספות ע"ז יג. ד"ה אבל מהנה].

הגהות הב"ח

(א) במשנה חרס כדי וכו' ולחשוף מים מגבא הוא סוף המשנה ואח"כ מתחיל גמרא מסתברא שיעורא דר' יוסי נפיש: (ב) רש"י ד"ה ואינו מקנח וכו' ובקנים ועוקרין ופורשין קשין. נ"ב לשון משנה בריש כלאים וריש מעשרות הספרים והעתיקו: (ג) ד"ה מסתברא שיעורא דר' יוסי: (ד) גמ' מי שהיה כותלו סמוך לאשרה:

ליקוטי רש"י

דלא מקנח לכו בחספא. אין אתם מקנחין עצמכם בחרס בבית הכסא ולא אתם הורגין כינה בבגדיכם. מכישא דאסיר גינאה. שאין מולאין שום ולא כרישין מאגודה שאוגדין מוכרי ירק לאוכלו [חולין קז:]. שיניו התחתונות נושרות. שיני [הפה] ושיני [בית הנקב] ש[כרכשתא מתוכרת בהן [לצאת ולהכניס והן] כעין תלתולי בשר [שם טז:]. רוח זוהמא. כל גופו מזוהם בזיעה תמיד [לעיל מא.]. טייעא. סוחר ישמעאלים [ב"ק נה:]. סוחר ערבי [ברכות ו:]. הנכנס לסעודת קבע. וגנאי הוא שיצטרך לנקביו בתוך הסעודה. יהלך עשרה פעמים כו'. וכל פעם ופעם יבדוק עצמו אולי יוכל להפנות שההילוך מוריד הגדולים לנקב [ברכות כג.]. חרס. לענין הוצאת שבת. כדי ליתן בין פצים לחבירו. פלימי חלונות שבכותל מרחיקין זה מזה ברוחב החלון ליכנס האורה בין כל אחד ואחד ונותן בתוכה למטה ולמעלה חרס רחב בין זה לזה ועם בטיט. ופצים כמו פלימי פתחים (סוכה יח.) ופלימי חלונות (ב"ב כ:). הקבועים בחומה זה על זה וקורין אותם למטה ולמעלה ומשאר רוחות ופעמים שהן קצרין ברוחב ומושיבין שנים זה בצד זה וצריך להסמיכן בשנה שלא יפול זה על זה ויהו עקומים והבאמצע נטמא טומן בתחתיו חרס או אבן להשוותו או להגביהו א' לשוותו זה מזה מעט ונותן חרס דקים בינייהם [ביצה לב.]. לא ימצא. במכתת שבריו חרס גדול שיהא ראוי לחתות בו אש מיקוד ולשאוב בו אש מן ההסק כל שאיבת אש נופל בה לשון חתייה. ולחשוף מים. לדלות וכן (חגי ב) לחשוף חמשים פורה וכן חשפי שובל (ישעיה מז) דלי מים מן שבילך אשפויי"ש בלע"ז. מגבא. גוב מלא מים [ישעיה ל, יד]. נדה מטמאה במשא. אדם הנושאה דאיתקש לזב והדוה בנדתה והזב את זובו וגו' (ויקרא טו) וזב מטמא במשא דכתיב (שם) וכל הנוגע בכל אשר יהיה תחתיו יטמא עד הערב והנושא אותם וגו' אף הזב במשמע אותם [לקמן ע"ב]. דכתיב וכל הנוגע בכל כלי אשר תשב עליו אלמא טמיתיה לכלי אשר נשא אותה ואע"פ שלא נגעה שאפילו היו עשרה כלים זה על זה כולן בכלל אשר תשב עליו הן [ע"ז מז:]. ועיי"ש בב"ח. כמו דוה. יהיו מאוסי' בעיניך כנדה [ישעיה שם, כב]. אף עבודה זרה מטמאה במשא. מיהו ההיא טומאה דרבנן היא כדאמרינן בפרק ר"ע (שבת פג:) וקרא אסמכתא בעלמא הוא [חולין קכח.]. מי שהיה [כותלו] סמוך לעבודה זרה. שהיה אחד מכותלי עבודת כוכבים והבית עצמו נעבד. אסור לבנותו. שבונה כותל לעבודת כוכבים. כונס. לתוך קרקעו ד' אמות [ע"ז שם.].

The Gemara challenges the second opinion:
מֵיתִיבֵי – They challenged this opinion **from the** following **Baraisa:** הַמְקַנֵּחַ בְּדָבָר שֶׁהָאוּר שׁוֹלֶטֶת בּוֹ – IF ONE WIPES himself WITH A SUBSTANCE THAT IS FLAMMABLE,[13] שִׁינָּיו הַתַּחְתּוֹנוֹת נוֹשְׁרוֹת – HIS LOWER TEETH WILL FALL OUT.[14] This Baraisa would seem to completely proscribe the use of grass as a wiping material.[15] – ? –

The Gemara answers:
לֹא קַשְׁיָא – This is not a difficulty. הָא בְּלַחִין – **This** ruling which permits the use of grass speaks of **moist** grass,[16] הָא בִּיבֵשִׁין – while **this** Baraisa proscribes the use **of dry** grass.

The Gemara cites a dispute concerning one who does not relieve himself when he should:
הַנִּצְרָךְ לִפְנוֹת וְאֵינוֹ נִפְנֶה – **If one needs to relieve himself and does not relieve himself,**[17] רַב חִסְדָּא וְרָבִינָא – **Rav Chisda and Ravina** dispute what the consequences will be. חַד אָמַר רוּחַ רָעָה שׁוֹלֶטֶת בּוֹ – **One said: Foul breath will take hold of him;**[18] וְחַד אָמַר רוּחַ זוּהֲמָא שׁוֹלֶטֶת בּוֹ – **and one said: Perspirational odor will take hold of him.**[19]

The Gemara cites a Baraisa in support of the second view:
תַּנְיָא כְּמַאן דְּאָמַר רוּחַ זוּהֲמָא שׁוֹלֶטֶת בּוֹ – **A Baraisa was taught in accordance with the one who said that perspirational odor will take hold of him,** דְּתַנְיָא – **for it was taught in a Baraisa:** הַנִּצְרָךְ לִנְקָבָיו וְאוֹכֵל – ONE WHO NEEDED TO RELIEVE HIMSELF AND ATE without doing so דּוֹמֶה לְתַנּוּר שֶׁהִסִּיקוּהוּ עַל גַּב אֶפְרוֹ – IS ANALOGOUS TO AN OVEN THAT WAS HEATED OVER ITS old ASHES;[20] וְזוֹ הִיא תְּחִלַּת רוּחַ זוּהֲמָא – AND THIS IS THE BEGINNING OF PERSPIRATIONAL ODOR.

The Gemara continues to discuss matters of elimination:
הוּצְרַךְ לִיפָּנוֹת וְאֵינוֹ יָכוֹל לִיפָּנוֹת – **If one needed to relieve himself but was unable to relieve himself,** אָמַר רַב חִסְדָּא – **Rav Chisda said:** יַעֲמוֹד וְיֵשֵׁב יַעֲמוֹד וְיֵשֵׁב – **He should stand up and sit down, stand up and sit down.**[21] רַב חָנָן מִנְּהַרְדְּעָא אָמַר – **Rav Chanan of Nehardea said:** יִסְתַּלֵּק לִצְדָדִין – **He should remove himself to the sides;** i.e. he should attempt repeatedly to relieve himself.[22] רַב הַמְנוּנָא אָמַר – **Rav Hamnuna said:** יְמַשְׁמֵשׁ בִּצְרוֹר בְּאוֹתוֹ מָקוֹם – **He should manipulate** himself **in that place** (the rectal opening) **with a stone.**[23] וְרַבָּנָן אָמְרֵי – **And the Rabbis say:** יַסִּיחַ דַּעְתּוֹ – **He should remove his mind** from it.[24]

The Gemara questions the advice given by the Rabbis:
אֲמַר לֵיהּ רַב אַחָא בְּרֵיהּ דְּרָבָא לְרַב אַשִׁי – **Rav Acha the son of Rava said to Rav Ashi:** כָּל שֶׁכֵּן דְּכִי מַסַּח דַּעְתֵּיהּ לֹא מִפְּנֵי – But **if he removes his mind** from trying to relieve himself, **he certainly will be unable to relieve himself!**

The Rabbis' advice is explained:
אֲמַר לֵיהּ – **[Rav Ashi] said to him:** יַסִּיחַ דַּעְתּוֹ מִדְּבָרִים אֲחֵרִים – The Rabbis mean that **he should remove his mind from** all **other matters,** and concentrate exclusively on relieving himself.

The Gemara recounts an incident that demonstrates the efficacy of Rav Chisda's advice:
אָמַר רַב יִרְמְיָה מִדִּיפְתִּי – **Rav Yirmiyah of Difti said:** לְדִידִי חֲזֵי לִי הַהוּא טַיָּיעָא – **I myself saw a certain Arab** דְּקָם וְיָתִיב וְקָם וְיָתִיב – **who stood up and sat, and stood up and sat,** עַד דְּשַׁפַּךְ כִּקְדֵרָה – **until [excrement] poured out** of his body **as** if **from a pot** being emptied.[25]

The Gemara recites a related Baraisa:
תָּנוּ רַבָּנָן – **The Rabbis taught in a Baraisa:** הַנִּכְנָס לִסְעוּדַּת קֶבַע – ONE WHO IS GOING IN TO AN ESTABLISHED (i.e. formal) MEAL, and does not wish to have to leave during the meal to relieve himself,[26] יְהַלֵּךְ עֶשֶׂר פְּעָמִים שֶׁל אַרְבַּע [אַרְבַּע] אַמּוֹת – HE SHOULD WALK TEN TIMES short walks of FOUR *AMOS* EACH, attempting to relieve himself between each walk; וְאָמְרִי לָהּ אַרְבַּע פְּעָמִים שֶׁל עֶשֶׂר עֶשֶׂר אַמּוֹת – AND OTHERS SAY he should walk FOUR TIMES short walks OF TEN *AMOS* EACH.[27] וְנִפְנֶה – HE SHOULD then RELIEVE HIMSELF, וְנִכְנָס וְיֵשֵׁב בִּמְקוֹמוֹ – AND GO IN AND SIT IN HIS PLACE.[28]

NOTES

tefachim; thus, for instance, one is permitted to sit on the grass on the Sabbath.]

13. Literally: an item that fire rules over it.

14. This refers to the "teeth" of the rectum (see *Rashi* and above, note 5).

15. [It is difficult to reconcile this Baraisa's ruling (which proscribes the use of flammable material for wiping even on weekdays) with the prevalent practice of using paper for wiping. Interestingly, *Tur* omits mention of this ruling altogether; in *Shulchan Aruch, Orach Chaim* 3:11 it is stated, but *Rama* there writes that the custom is to use flammable articles for wiping. *Darkei Moshe* (to *Tur* §3) writes that although there seems to be no reason to ignore this prohibition, the practice of the people is to do so, and so we must apply the maxim, *God protects the foolish* (*Psalms* 116:6 – for an example of such an application, see below, 129b). *Magen Avraham* (3:11) suggests that the correlation between wiping with a flammable article and injury is not natural, but rather linked to witchcraft; i.e. if one wipes with a flammable substance, that substance can be used to create this injury through witchcraft. Accordingly, he explains that since in our times bathrooms are within the house, and the wiping materials are unlikely to be found by another, there is less reason to be concerned for witchcraft (see also *Machatzis HaShekel* in explanation of *Magen Avraham*). Cf. *Levush* there, who states that generally witchcraft and evils spirits are of less concern indoors than they are in open fields. [Furthermore, the practice of witchcraft is virtually unknown nowadays, and we do not concern ourselves for the possibility of witchcraft (*Aruch HaShulchan* to *Orach Chaim* 3:6).]

16. Moist grasses are not considered flammable (*Rashi*); thus, they can be used for wiping. [As explained above, this view is not concerned for the possibility that the sharp edges of the grass will cut the person's flesh.] Dry grasses, however, *are* flammable, and thus should not be used.

17. [*Rif's* text reads: One who needs to relieve himself and eats.]

18. The wastes that were not excreted will rot within the body, and the resulting odor will exit through the mouth [this condition is known as digestive halitosis] (*Rashi*).

19. According to this view, the odor of the rotting wastes will be absorbed in the tissues of the body, causing excessively odorous perspiration (*Rashi*).

20. I.e. just as an oven that is not cleaned before it is relit will not burn cleanly, one who needs to eliminate but eats instead will not digest the new food efficiently.

21. Such constipation is [often] due to the lack of peristaltic action in the muscles lining the interior of the large intestine; the standing up and sitting down (i.e. squatting) acts to stimulate those muscles so the peristalsis (which brings the excrement forward to the rectal orifice) will commence.

22. I.e. after trying to eliminate in one spot, he should move to another spot before trying a second time (*Rashi*). [This, too serves to allow for stimulation of the muscles of the large intestine; Rav Chanan suggests that one should move from spot to spot between attempts, for the walking acts as a stimulant, as is evident from the Gemara below.]

23. Such stimulation can help to open the sphincter and allow elimination (*Rashi* above, 81a ד״ה למשמש).

24. The Gemara will explain this ruling below.

25. I.e. just as a pot can be emptied easily and without fuss, so too the remedy worked efficiently and the Arab was able to eliminate without any difficulty.

26. Such a meal is likely to be a lengthy one, and it is unseemly for a person to have to leave a formal meal in order to relieve himself (*Rashi*).

27. This view holds that longer walks are more efficient, as they serve to bring the waste down towards the rectal orifice [which increases the pressure within the intestine and stimulates the excretory process] (*Rashi*).

28. [After following this practice, he can be assured that he has excreted all wastes within his body, and he can enter without fear that he will need to leave again in the middle of the meal.]

דלא מקנח לכו בחספא ולא קטיל לכו כינא אמנייכו ולא שליף לכו ירקא ואכיל לכו מכישא דאסיר גינאה: אמר ליה רב הונא לרבה בריה מאי טעמא לא שכיחת קמיה דרב חסדא דמחדדן שמעתיה אמר ליה מאי איזיל לגביה דכי אזילנא לגביה מותיב לי במילי דעלמא א"ל מאן דעייל לבית הכסא לא ליתיב בהדיא ולא א) ליטרח טפי דהאי כרכשתא אתלת שיני יתיב דילמא משתמטא שיני דכרכשתא ואתי לידי סכנה א"ל הוא עסיק בחיי דברייתא ואת אמרת במילי דעלמא כ"ש זיל לגביה ב) היו לפניו צרור וחרס רב הונא אמר מקנח בצרור ואין מקנח בחרס ורב חסדא אמר מקנח בחרס ואין מקנח בצרור מיתיבי היו לפניו צרור וחרס מקנח בחרס ואין מקנח בצרור תיובתא דרב הונא ג) תרגמא רפרם בר פפא קמיה דרב חסדא אליבא דרב הונא באוגני כלים: ד) היו לפניו צרור ועשבים רב חסדא ורב המנונא חד אמר מקנח בצרור ואין מקנח בעשבים וחד אמר מקנח בעשבים ואין מקנח בצרור מיתיבי [ב] ה) המקנח בדבר שהאור שולטת בו שיניו התחתונות נושרות לא קשיא הא בלחין הא ביבשין הנצרך לפנות ו) ואינו נפנה רב חסדא ורבינא חד אמר רוח רעה שולטת בו וחד אמר רוח זוהמא שולטת בו תניא כמאן דאמר רוח זוהמא שולטת בו ז) דתניא ח) הנצרך לנקביו ואוכל דומה לתנור שהסיקוהו על גב אפרו וזו היא תחלת רוח זוהמא הוצרך ליפנות ואינו יכול ליפנות אמר רב חסדא יעמוד וישב יעמוד וישב רב חנן מנהרדעא אמר יסתלק לצדדין רב המנונא אמר ימשמש בצרור באותו מקום ורבנן אמרי יסיח דעתו אמר ליה רב אחא בריה דרבא לרב אשי כל שכן דכי מסח דעתיה לא מפני אמר ליה יסיח דעתו מדברים אחרים אמר רב ירמיה מדיפתי לדידי חזי לי ההוא טייעא דקם ויתיב וקם ויתיב עד דשפך כקדרה ט) ת"ר הנכנס לסעודת קבע יהלך י) פעמים של ארבע [ארבע] אמות ואמרי לה ד' פעמים של עשר עשר אמות ונפנה ונכנס ויושב במקומו: **מתני'** כ) ל) חרס כדי ליתן בין פצים לחברו דברי רבי יהודה רבי מאיר אומר כדי לחתות בו את האור רבי יוסי אומר מ) כדי לקבל בו רביעית אמר רבי מאיר אף על פי שאין ראיה לדבר זכר לדבר א) לא ימצא במכיתתו חרש לחתות אש מיקוד אמר ליה רבי יוסי נ) משם ראיה א) ולחשוף מים מגבא (א): **גמ'** ס) (איבעיא להו שיעורא דרבי מאיר נפיש או שיעורא דרבי יוסי נפיש) מסתברא שיעורא דרבי יוסי נפיש ומקרא שיעורא דרבי מאיר נפיש דאי סלקא דעתך שיעורא דרבי יוסי נפיש לייט לה במנא זוטרא והדר לייט לה במנא רבה אמר אביי [מתני' נמי] לחתות אש מיקידה גדולה: רבי יוסי אומר משם ראיה: שפיר קאמר ליה רבי יוסי לרבי מאיר ורבי מאיר לא מיבעיא קאמר לא מיבעיא מידי דחשיב לאינשי דלא לישתכח ליה אלא אפילו מידי דלא חשיב לאינשי לא לישתכח ליה:

הדרן עלך המוציא יין

אמר רבי עקיבא ע) מניין לעבודה זרה שמטמאה במשא פ) כנדה שנאמר ב) תזרם כמו דוה צא תאמר לו מה נדה מטמאה במשא אף עבודה זרה מטמאה במשא: **גמ'** תנן התם צ) ק) מי שהיה (ד) ביתו סמוך לעבודה זרה ונפל אסור לבנותו כיצד יעשה כונס לתוך שלו ד' אמות ובונה

היה

רש"י

דלא מקנחיתו בחספא. שאוכל לעשות לכו כשפים: ולא קטיל לכו כינא אמנייכו. ואין אתם הורגין כינה בבגדיכם: ולא אכיל לכו ירקא מכישא דאסר גינאה. אין אתם מוליאין שום וכרישה ובצל מאגודה שאוגדין הגננים ואוכלים אלא אתם מתירין האגודה תחלה ש"מ כל הני קשה לכשפים: מותיב לי במילי דעלמא. מושיבני לפניו בדברי חנם שאינו תורה: לא ליתיב בהדיא. במהרה ובחוזק לפי שנפתח הנקב בחוזקה וניתקין שיני הכרכשא ויוצאת: ולא ליטרח טפי. פדיימבר"א בלע"ז: מקנח בצרור. בשבת אע"פ דלאו בר טלטול הוא בעלמא: ואינו מקנח בחרס. משום סכנה: מקנח בחרס. שיש תורת כלי עליה: באוגני כלים. שהם חלקים ואין מקרעין את הבשר: ואינו מקנח בעשבים. שהעשבים לחים ומותכין את הבשר ורבותינו מפרשים משום תלישה ואיני יודע מהו דאי בעשבים מחוברין מי איכא מאן דשרי וכמדומה אני דמוקמי לה במחוברין ומקנח בהן בחיבורן: ואינו מקנח בצרור. דלאו בר טלטול הוא הלכך מקנח בעשבים כשהן במחובר ולא יזיז ומשום שימוש במחובר לא מיתסר כדאמרי' בעירובין בפרק ג' (דף לד:) דלא אסרו אלא באילן וקנים (ב) עוחרדין לפי שהן קשין: שיניו נושרות. שיני הפה מכרכשא: לחין. אין אור שולט בו: רוח רעה. ריח הפה שהזבל מרקב במעיים ויוצא ריח דרך פיו: רוח זוהמא. כל גופו מסריח בזיעה מסרחת שהריח נבלע בבשרו ובאבריו והוה בו לזיעה מזוהמת: ואינו יכול לפנות. שאין הנקב נפתח: יסתלק לצדדין. כשבדק עלמו בזוית זו יסתלק לזוית אחרת ויבדוק: טייעא. ישמעאל: הנכנס לסעודת קבע. וגנאי הוא לו אם יצטרך לעמוד מן הסעודה ולפנות: י' פעמים. ימתין בין פעם לפעם ויבדוק עלמו: ואמרי לה ד' פעמים של י' י'. דהכי עדיף טפי שהילוך מרובה מוריד הזבל לנקביו: מתני' בין פצים לחברו. כשמסדרין פלימין ועמודים וקורות ועושין סואר של קורות על הארץ ויש חלל בין זה לזה סומכן מתחתיו שלא יתעקם: זכר לדבר. דחרס חשיב בחתיית אור: לחשוף. לדלות וחבירו חשפי שובל (ישעיה מז) חשפי מים שעל הנתיבה שתלטרכי לעבור הגשמים ושריעת נהרות: מגבא. גומא שמים נקבלין בתוכה: גמ' (ג) מסתברא שיעורא דרבי יוסי נפיש ומקרא שיעורא דר' מאיר נפיש. אתקפתא היא כלומר לפי דבריהם נראה שרבי מאיר מחמיר דאמר לחתות בו אור ולא פי' שיעורא וחרס פורתא חזי לאדא גחלת ואילו לקבל רביעית מים נפיש שיעורא וכי מעיינת בקרא לחשוף מים זוטר דאי ס"ד לחשוף מים נפיש לייט לה שלא יותר בה אפילו כלי קטן והדר אמר כלי גדול וכי דרך המקללים כן: אמר אביי מתני'. דקאמר רבי מאיר לחתות אור מיקידה גדולה קאמר שאפילו גחלת קטנה אינו ראוי לחתות בה אלא בחרס גדול מפני שהוא נכוה: שפיר קאמר ר' יוסי. דמלייט לה בה ש"מ דחזי: אפילו מידי דלא חשיב. כגון לחשוף מים לא לישתכח בה ולעולם לא חשיב שיעורא אלא לחתות אור:

הדרן עלך המוציא יין

אמר רבי עקיבא מניין לעבודה זרה כו'. משום דבעי למיתני מניין שמרחיצין את המילה כייל להו להנך דדמיין לה: במשא. אדם הנושאה: תזרם כמו דוה וגו'. בעבודה זרה משתעי: גמ' כותלו סמוך לעבודה זרה. שהיה אותו כותל מחילה אף לבית עבודה זרה: אסור לבנותו. דקמהני לעבודה זרה:

תוספות

אמר רבי עקיבא מניין לע"ז כו'. פי' בקונטרס דנקט לה הכא משום דבעי למיתני מנין שמרחיצין את הקטן ואין נראה דא"כ בההוא הוה ליה להתחיל ועוד דהוה ליה למתנייה בפרק רבי אליעזר דמילה אלא נראה אגב דתנא לעיל בסוף המוציא קראי דאסמכתא גבי חרס נקט נמי הני קראי דאסמכתא וקרא דתזרם כו' הוא סמוך להנהו קראי דאייתי לעיל לא ימצא במכיתתו חרש וגו':

אסור לבנותו. אפילו למ"ד בפרק קמא דמס' ע"ז (דף יג.) נהנה אסור מהנה מותר ה"מ לגבי מכס שאין נראה כל כך לע"ז כוונתו אלא שנותן כדי שיניחוהו לעבור אבל הכא נראה כאילו בונה לה בית י) ר"י: **כונס** לתוך שלו ד"א. במסכת ע"ז פריך עלה והא שביק רווחא לעבודה זרה ומשני לה:

אבניו

מסורת הש"ס

א) [גי' הערוך ליטרוד פי' לא יעצים עלמו מאד לגאתן], ב) [לעיל נב:] וש"נ], ג) חולין טז:, ד) [כרב אלפס איתא הנצרך להפנות ואכל רב חסדא ורבינא וכו' ע"ש], ה) לעיל מא. ע"ש, ו) ברכות כג:, ז) ב"ב כ: ביצה לג., ח) [נותנין חרס בין הנקבים כדי שיכסם כהן הכרים וייבשו מפני שלמין הן. ערוך ערך פלס], ט) [לעיל כט: וש"נ], י) רש"ל מ"ז, כ) [ל' מבנין ע"י משכי פרש מנין], ל) ע"ז מז:, מ) ע"ז מז:, נ) [וע"ע תוספות ע"ז יג. ד"ה אבל מהנה].

הגהות הב"ח

(א) במשנה חרס כדי וכו' ולחשוף מים מגבא הוא סוף המשנה ואח"כ מתחיל גמרא מסתברא שיעורא דר' יוסי נפיש: (ב) רש"י ד"ה ואינו מקנח וכו' ועוחרדין ופרישין קשין. נ"ב לשון משנה בריש כלאים ויש עשבונות הפרישין והעוחרדין: (ג) ד"ה מסתברא שיעורא דר' יוסי. דר' יוסי: (ד) גמ' מי שהיה כותלו סמוך לאשרה:

ליקוטי רש"י

דלא מקנח לכו בחספא. אין אתם מקנחין עלמכם בחרס בבית הכסא ואין אתם הורגין כינה בבגדיכם. מכישא דאסיר גינאה. שאין מוליאין שום מן האגודה שאוגדין מוכרי ירק לאוכלו [חולין קה:]. שיניו התחתונות נשרות. שיני [הפה] ושיני [בית הנקב] שהכרכשת מחוברת בהן תלתולי בשר [שם טו:]. רוח זוהמא. כל גופו מזוהם בזיעה תמיד [לעיל מא.]. טייעא. סוחר ישמעאלים [ב"ק נה.]. ערבי [ב"ק כה:]. ערבי [ברכות ו:]. הנכנס לסעודת קבע. וגנאי הוא שלריך לנקביו בתוך הסעודה. יהלך פעמים כו'. ובכל פעם ופעם בודק עלמו ויושב אולי יוכל להפנות שהסילוק מוליד הגדולים לנקב [ברכות כג.]. חרס. לענין הולאת שבת. כדי ליתן בין פצים לחברו. [illegible]

עין משפט נר מצוה

לז א ב מיי' פכ"ו מהל' שבת הלכה ה טוש"ע או"ח סימן שיב סעיף ה:
[לז] [ב] טוש"ע או"ח סימן ג' סעיף יא:
לח ג מיי' פ"ד מהלכות דעות הלכה ב:
לט ד מיי' פי"ח מהל' שבת הלכה י:
א ה מיי' פ"ח מהלכות ע"ז הלכה ה טוש"ע יו"ד סימן קמג סעיף א:

רבינו חננאל

לקרקע. וכיון שמניחו ע"ג יתדות הרי הוא מעבירו ממקו' שמתחבר ומתחייב משום תולש. אבל אם זרעו מעיקרא להניחו ע"ג יתדות בזמן שמניחו על גבי קרקע הרי הכינו במקום שמתחבר לקרקע ונמצא חייב משום נוטע. ולענין חרס מיסברא שיעורא ר' יהודה [זוטר] ור"מ נפיש מיניה ודר' יוסי נפיש מיניה אבל מן קראי שיעורא דר"מ נפיש דאי ס"ד שיעורא דר' יוסי נפיש דההוא כדי לקבל רביעית לייט להו תחלה שלא ימצא דבר קטן שהוא כדי לחתות אש מיקוד והדר לייט שלא ימצא דבר גדול כדי לקבל רביעית ומקשינן היכי אמרת דמקרא דשיעורא דר"מ נפיש מדר' יוסי והלא דבר ידוע שיש לחתות אש בחרס קטנה שאין בה כדי לקבל רביעית. ופרקיה אביי להאי קושיא לא תימא לחתות אש כדי להדליק ממנה במקום אחד אלא לחתות אש מיקידה גדולה כדי להתחמם כנגדה. ומקשי' אי מחשב (קא') השבת) [לענין שבת מאי דחשיב] מקראי ושיעורא דר' מאיר נפיש שפיר קאמר ליה ר' יוסי משם ראיה. דהא חשיב חרס לחשוף מים. ומפרקינן לדר"מ דאמר ולחשוף מים לא חשיבותא היא ולא חשיב אלא לחתות אש. ולא מיבעיא קאמר דלא מיבעיא מידי דחשיב דלא שבקינא. ולא מיבעיא אלא מאי דלא חשיב נמי לא שבקינא. ולעולם שיעור הוצאה מאי דחשיב הוא:

סליק פרק שמיני

פרק ט אמר ר' עקיבא מניין לע"ז שהיא מטמאה במשא כנדה שנאמר תזרם כמו דוה. אגב דתניא אסמכתא מן קראי בסוף המוציא יין לענין שיעור חרס אדבר נמי (הנשאה) [הני משניות] אסמכתא ראשונה

תורה אור השלם

א) וּשְׁבָרָהּ כְּשֵׁבֶר נֵבֶל יוֹצְרִים כָּתוּת לֹא יַחְמֹל וְלֹא יִמָּצֵא בִמְכִתָּתוֹ חֶרֶשׂ לַחְתּוֹת אֵשׁ מִיָּקוּד וְלַחְשֹׂף מַיִם מִגֶּבֶא: [ישעיה ל, יד]

ב) וְטִמֵּאתֶם אֶת צִפּוּי פְּסִילֵי כַסְפֶּךָ וְאֶת אֲפֻדַּת מַסֵּכַת זְהָבֶךָ תִּזְרֵם כְּמוֹ דָוָה צֵא תֹּאמַר לוֹ: [ישעיה ל, כב]

לא ימצא. במכתת שבריו חרס גדול שיהא ראוי לחתות בו אש מיקוד ולשאוב בו אש מן ההפסק כל שאיבת אש נופל בה לשון חתייה. ולחשוף מים. לדלות וכן (חגי ב) לחשוף חמשים פורה וכן חשפי שובל (ישעיה מז) [illegible] בלע"ז. מגבא. גוב מלא מים [ישעיה ל, יד]. נדה מטמאה במשא. אדם הנושאה דלאיתקש לזב והדוה בנדתה והזב את זובו וגו' (ויקרא טו) וזב מטמא במשא דכתיב (שם) וכל הנוגע בכל אשר [illegible] אף הזב במשמע אותם [לקמן ע"ב]. דכתיב וכל הנוגע בכל כלי אשר תשב עליו אלמא טמייה לכלי אשר נשא אותה [illegible] כמו דוה. יהיו מאוסי' בעיניך כנדה [ישעיה שם, כב]. את עבודה זרה מטמאה במשא. מיהו הכיא טומאה דרבנן היא דלאמרינן בפרק ר"ע (שבת פג:) וקרא אסמכתא בעלמא הוא [חולין קכח.]. מי שהיה [כותלו] סמוך לעבודה זרה. שהיה אחד מכותלי עבודה כוכבים והכיא עלמו נעבד. אסור לבנות. שבונה כותל לעבודת כוכבים. כונס. לתוך קרקעו ד' אמות [ע"ז שם].

Mishnah The final Mishnah of the chapter discusses the minimum measure of earthenware that one is liable for taking out:

חֶרֶס – If one takes out **earthenware,** כְּדֵי לִיתֵּן בֵּין פַּצִּים לַחֲבֵרוֹ – he is liable if he takes out **enough to place between one slat and another;**[29] דִּבְרֵי רַבִּי יְהוּדָה – these are **the words of R' Yehudah.** רַבִּי מֵאִיר אוֹמֵר – **R' Meir says:** כְּדֵי לַחְתּוֹת בּוֹ אֶת הָאוּר – **Enough to pick up fire**[30] **with it.** רַבִּי יוֹסֵי אוֹמֵר – **R' Yose says:** כְּדֵי לְקַבֵּל בּוֹ רְבִיעִית – **Enough to hold a** ***revi'is*** of liquid **in it.** אָמַר רַבִּי מֵאִיר – **R' Meir said:** אַף עַל פִּי שֶׁאֵין רְאָיָה לַדָּבָר – **Although there is no proof to the matter,** זֵכֶר לַדָּבָר – there is **an allusion to the matter,** for the verse states: "וְלֹא־יִמָּצֵא בִמְכִתָּתוֹ חֶרֶשׂ לַחְתּוֹת אֵשׁ מִיָּקוּד" – ***And there shall not be found among its pieces a shard with which to pick up fire from the hearth.***[31] אָמַר לֵיהּ רַבִּי יוֹסֵי – **R' Yose said to him:** מִשָּׁם רְאָיָה – **From there** you offer **proof!?** "וְלַחְשֹׂף מַיִם מִגֶּבֶא" – But that verse itself concludes, ***or to scoop up water from a hole,*** which shows that even such a small shard, one used to scoop up water, has significance.[32]

Gemara The Gemara asks:

(איבעיא להו שיעורא דרבי מאיר נפיש או שיעורא דרבי יוסי נפיש)[33] מִסְתַּבְּרָא שִׁיעוּרָא דְּרַבִּי יוֹסֵי נָפִישׁ – **Logic dictates** that **the measure of R' Yose is larger;**[34] וּמִקְּרָא שִׁיעוּרָא דְּרַבִּי מֵאִיר נָפִישׁ – **but from the verse** it would seem that **the measure of R' Meir is larger!** דְּאִי סָלְקָא דַּעְתָּךְ שִׁיעוּרָא דְּרַבִּי יוֹסֵי נָפִישׁ – **For if you were to think** that **the measure of R' Yose is larger,** לָיְיט לֵהּ בְּמָנָא זוּטְרָא וַהֲדַר לָיְיט לֵהּ בְּמָנָא רַבָּא – **would [the prophet] curse** first **with** the lack of **a smaller utensil and then curse with** the lack of **a larger utensil!?**[35]

The Gemara resolves the difficulty:

אָמַר אַבַּיֵי – **Abaye said:** [מַתְנִיתִין נַמִּי] לַחְתּוֹת אֵשׁ מִיקִידָה גְּדוֹלָה – **In the Mishnah, too,** the measure of R' Meir is larger; for when R' Meir spoke of a shard with which to pick up fire, he meant a large enough shard **to pick up fire from a large bonfire.**[36]

The Mishnah concluded:

רַבִּי יוֹסֵי אוֹמֵר מִשָּׁם רְאָיָה – R' YOSE SAYS: FROM THERE you offer PROOF!?

The Gemara asks:

שַׁפִּיר קָאָמַר לֵיהּ רַבִּי יוֹסֵי לְרַבִּי מֵאִיר – **R' Yose answered R' Meir well!** Seemingly, the end of the verse *is* proof that even a utensil that holds water is useful. What, then, was R' Meir's allusion?

The Gemara defends R' Meir:

וְרַבִּי מֵאִיר – **And R' Meir** will tell you: לֹא מִיבַּעְיָא קָאָמַר – **[The prophet] stated** his curse in the sense of **"it need not be said. . .,"** as follows: לֹא מִיבַּעְיָא מִידֵי דַּחֲשִׁיב לְאִינְשֵׁי דְּלֹא לִישְׁתַּכַּח לֵיהּ – **It need not be said that they will not** be able to **find anything that is considered significant by people,** אֶלָּא אֲפִילּוּ מִידֵי דְּלֹא חָשִׁיב לְאִינְשֵׁי לֹא לִישְׁתַּכַּח לֵיהּ – **but they will not even** be able to **find anything that is not considered significant by people.**[37]

הדרן עלך המוציא יין

WE SHALL RETURN TO YOU, HAMOTZI YAYIN

NOTES

29. One who is stacking slats, pilings or beams of wood on the ground fills in the spaces and gaps between the pieces of wood with small pieces of earthenware, so that the weight of the pile does not press the pieces into the empty spaces, causing them to warp (*Rashi*; cf. *Rashi* to *Bava Basra* 20b ד״ה כדי; see also *Sfas Emes* here).

R' Yehudah's minimum is the smallest of the three mentioned in the Mishnah (*Sfas Emes*).

30. I.e. a glowing coal (*Tiferes Yisrael*).

31. *Isaiah* 30:14. The prophet castigates the Jews for lacking trust in God and seeking aid from the king of Egypt; he states that the "wall" of protection that they seek will fall and shatter into nothingness, so that not even the smallest piece will be left whole (see *Radak* there). R' Meir says that the use mentioned in the verse — picking up fire — is the use of pottery which requires the smallest shard.

32. R' Yose retorts that from the end of the very verse adduced by R' Meir it can be seen that even a smaller shard is useful. [However, even according to R' Yose, the verse *is* an allusion that *R' Yehudah's* minimum is not considered useful.] See Gemara below.

33. [The parenthesized phrase is deleted by *Maharshal*.]

34. R' Meir does not specify how much fire must be carried; thus, it would seem that in his opinion a shard that can carry even a single coal is significant. Now, a coal can be carried with even a very small shard; a somewhat larger shard is needed to hold a *revi'is* of water. Thus, it would seem apparent that R' Yose's minimum measure is larger than R' Meir's (*Rashi*).

35. The prophet states that the "wall" (see note 31) will collapse so that a shard to pick up fire will not be found, and then continues to say that a shard to scoop up water will also not be found. Now, it can be assumed that the prophet's curse is progressive; that is, the second curse is worse than the first. This would indicate that a shard in which water is held (the subject of the second curse) is *smaller* than the shard with which fire is moved (the subject of the first curse). For if the opposite is true, the prophet's curse would be incomprehensible! Why would he curse them by stating that they would not have a small shard, and then continue by stating that they would not have a larger one? (*Rashi*).

36. To pick up even a single coal from a large bonfire, a larger shard is required, for one who attempts to pick up a coal with a small shard will be burned [by coming too close to the fire] (*Rashi*; see also *Chidushei HaRan,* who explains that the verse, too, speaks of such a case).

37. I.e. R' Meir also agrees that the shard with which one can carry water is smaller than that required to carry a coal from a [large] fire; he holds, however, that the shard needed to carry water is not considered a significant shard (see *Rashi*). And although the prophet mentions such a shard, he does so to strengthen his curse further by stating that the "wall" will be broken so utterly that even insignificant shards will not be found! (see *Rashi*).

דלא מקנח לכו בחספא ולא קטיל לכו כינא אמנייכו ולא שליף לכו ירקא ואכיל לכו מכישא דאסיר גינאה: אמר ליה רב הונא לרבה בריה מאי טעמא לא שכיחת קמיה דרב חסדא דמחדדן שמעתיה אמר ליה מאי איזיל לגביה דכי אזילנא לגביה מותיב לי במילי דעלמא א"ל מאן דעייל לבית הכסא לא ליתיב בהדיא ולא ליטרח טפי דהאי כרכשתא אתלת שיני יתיב דילמא משתמטא שיני דכרכשתא ואתי לידי סכנה א"ל הוא עסיק בחיי דברייתא ואת אמרת במילי דעלמא כ"ש זיל לגביה היו לפניו צרור וחרס רב הונא אמר מקנח בצרור ואין מקנח בחרס ורב חסדא אמר מקנח בחרס ואין מקנח בצרור מיתיבי היו לפניו צרור וחרס מקנח בחרס ואין מקנח בצרור תיובתא דרב הונא תרגמא רפרם בר פפא קמיה דרב חסדא אליבא דרב הונא באוגני כלים: היו לפניו צרור ועשבים רב חסדא ורב המנונא חד אמר מקנח בצרור ואין מקנח בעשבים וחד אמר מקנח בעשבים ואין מקנח בצרור מיתיבי [ב] המקנח בדבר שהאור שולטת בו שיניו התחתונות נושרות לא קשיא הא בלחין הא ביבשין הנצרך לפנות ואינו נפנה רב חסדא ורבינא חד אמר רוח רעה שולטת בו וחד אמר רוח זוהמא שולטת בו תניא כמאן דאמר רוח זוהמא שולטת בו דתניא הנצרך לנקביו ואוכל דומה לתנור שהסיקוהו על גב אפרו וזו היא תחלת רוח זוהמא הוצרך ליפנות ואינו יכול ליפנות אמר רב חסדא יעמוד וישב יעמוד וישב רב חנן מנהרדעא אמר יסתלק לצדדין רב המנונא אמר ימשמש בצרור באותו מקום ורבנן אמרי יסיח דעתו אמר ליה רב אחא בריה דרבא לרב אשי כל שכן דכי מסח דעתיה לא מפני אמר ליה יסיח דעתו מדברים אחרים אמר רב ירמיה מדיפתי לדידי חזי לי ההוא טייעא דקם ויתיב וקם ויתיב עד דשפך בקדרה: ת"ר הנכנס לסעודת קבע יהלך ד' פעמים של ארבע [ארבע] אמות ואמרי לה ד' פעמים של עשר עשר אמות ונפנה ונכנס ויושב במקומו: **מתני'** חרס כדי ליתן בין פצים לחברו דברי רבי יהודה רבי מאיר אומר כדי לחתות בו את האור רבי יוסי אומר כדי לקבל בו רביעית אמר רבי מאיר אף על פי שאין ראיה לדבר זכר לדבר לא ימצא במכיתתו חרש לחתות אש מיקוד אמר ליה רבי יוסי משם ראיה ולחשוף מים מגבא (א): **גמ'** (איבעיא להו שיעורא דרבי מאיר נפיש או שיעורא דרבי יוסי נפיש) מסתברא שיעורא דרבי יוסי נפיש ומקרא שיעורא דרבי מאיר נפיש דאי סלקא דעתך שיעורא דרבי יוסי נפיש לייט לה במנא זוטרא והדר לייט לה במנא רבה אמר אביי [מתני' נמי] לחתות אש מיקידה גדולה: רבי יוסי אומר משם ראיה: שפיר קאמר ליה רבי יוסי לרבי מאיר ורבי מאיר לא מיבעיא קאמר לא מיבעיא מידי דחשיב לאינשי דלא לישתכח ליה אלא אפילו מידי דלא חשיב לאינשי לא לישתכח ליה:

הדרן עלך המוציא יין

אמר רבי עקיבא מניין לעבודה זרה שמטמאה במשא כנדה שנאמר תזרם כמו דוה צא תאמר לו מה נדה מטמאה במשא אף עבודה זרה מטמאה במשא: **גמ'** תנן התם מי שהיה (ד) ביתו סמוך לעבודה זרה ונפל אסור לבנותו כיצד יעשה כונס לתוך שלו ד' אמות ובונה היה

דלא מקנחיתו בחספא. שאוכל לעשות לכם כשפים: **ולא** קטיל לכו כינא אמנייכו. ואין אתם הורגין כינה בבגדיכם: **ולא** אכיל לכו ירקא מכישא דאסר גינאה. אין אתם מוכלין שום וכרישא ובצל מאגודה שאוגדין הגננים ואוכלים אלא אתם מתירין האגודה תחלה ש"מ כל הני קשה לכשפים: **מותיב** לי במילי דעלמא. מושיבני לפניו בדברי חנם שאינו תורה: **לא** ליתיב בהדיא. במהרה ובחוזק לפי שנפתח הנקב בחוזקה וניתקין שיני הכרכשתא ויוצאת: **ולא** ליטרח טפי. פליימנבו"ר בלע"ז: **מקנח** בצרור. בשבת אע"פ דלאו בר טלטול הוא בעלמא: **ואינו** מקנח בחרס. משום סכנה: **מקנח** בחרס. שיש תורת כלי עליה: **באוגני** כלים. שפה חלקים ואין מקרעין את הבשר: **ואינו** מקנח בעשבים. שהעשבים לחים וחותכין את הבשר ורבותינו מפרשים משום תלישה ואיני יודע מהו דאי בעשבים מחוברין מי איכא מאן דשרי וכמדומה אני דמוקמי לה במחוברין ומקנח בהן כשיכופן: **ואינו** מקנח בצרור. דלאו בר טלטול הוא הלכך מקנח בעשבים כשהן במחובר ולא יזיזם ומשום שימוש במחובר לא מיתסר כדאמרי' בעירובין בפרק ג' (דף לד:) דלא אסרו אלא באילן וקנים (ב) עוקרין לפי שהן קשין: **שיניו** נושרות. שיני הפה מכרכשתא: **לחין**. אין אור שולט בו: **רוח** רעה. ריח הפה שהזבל מרקב במעיים ויוצא ריח דרך פיו: **רוח** זוהמא. כל גופו מסריח בזיעה מסרחת שהריח נבלע בבשרו ובאבריו והוא בו לזיעה מזוהמת: **ואינו** יכול לפנות. שאין הנקב נפתח: **יסתלק** לצדדין. כשבדק עצמו בזוית זו יסתלק לזוית אחרת ויבדוק: **טייעא**. ישמעאלי: **הנכנס** לסעודת קבע. וגנאי הוא לו אם יצטרך לעמוד מן הסעודה ולפנות: **ד'** פעמים. ימתין בין פעם לפעם ויבדוק עצמו: **ואמרי** לה ד' פעמים של י' י'. דהכי עדיף טפי שהילוך מרובה מוריד הזבל לנקביו: **מתני'** בין פצים לחברו. כשמסדרין פצימין ועמודים וקורות ועושין סוגר של קורות על הארץ ויש חלל בין זה לזה סומכין מתחתיו שלא יתעקם: **זכר** לדבר. דחרס חשיב בחתיית אור: **לחשוף**. לדלות וחבירו חשפי שובל (ישעיה מז) חשפי מים שעל השביל שתצטרכי לעבור הגשמים ושריעת נהרות: **מגבא**. גומא שמים נקבצין בתוכה: **גמ'** (ג) מסתברא שיעורא דרבי יוסי נפיש ומקרא שיעורא דר' מאיר נפיש. אתקפתא היא כלומר לפי דבריהם נראה שרבי מאיר מחמיר דאמר לחתות בו אור ולא פי' שיעורא וחרס פורתא חזי לאדא גחלת ואילו לקבל רביעית מים נפיש שיעורא וכי מעיינת בקרא לחשוף מים זוטר דאי ס"ד לחשוף מים נפיש לייט לה שלא יותר בה אפילו כלי קטן והדר אמר כלי גדול וכי דרך המקללים כן: **אמר** אביי מתני'. דקאמר רבי מאיר לחתות אור מיקידה גדולה קאמר שאפילו גחלת קטנה אינו ראוי לחתות בה אלא בחרס גדול מפני שהוא נכוה: **שפיר** קאמר ר' יוסי. דמדלייט לה בה ש"מ דחזי: **אפילו** מידי דלא חשיב. כגון לחשוף מים לא לישתכח בה ולעולם לא חשיב שיעורא אלא לחתות אור:

הדרן עלך המוציא יין

אמר רבי עקיבא מניין לעבודה זרה כו'. משום דבעי למיתני בהדייהו מניין שמרחיצין את המילה כייל להו להנך דדמיין לה: **במשא**. אדם הנושאה: **תזרם** כמו דוה וגו'. בעבודה זרה משתעי: **גמ'** כותלו סמוך לעבודה זרה. שהיה אותו כותל מחיצה אף לבית עבודה זרה: **אסור** לבנותו. דקמהני לעבודה זרה:

אמר רבי עקיבא מניין לע"ז כו'. פי' בקונטרס דנקט לה הכא משום דבעי למיתני מנין שמרחיצין את הקטן ואין נראה דא"כ בההוא הוה ליה להתחיל ועוד דהוה ליה למתנייה בפרק רבי אליעזר דמילה אלא נראה אגב דתנא לעיל בסוף המוציא קראי דאסמכתא גבי חרס נקט נמי הני קראי דאסמכתא וקרא דתזרם כו' הוא סמוך לההיא קראי דאייתי לעיל לא ימצא במכיתתו חרש וגו':

אסור לבנותו. אפילו למ"ד בפרק קמא דמס' ע"ז (דף יג.) נהנה אסור מהנה מותר ה"מ לגבי מכס שאין נראה כל כך לע"ז כוונתו אלא שנותן כדי שיניחוהו לעבור אבל הכא נראה כאילו בונה לה בית:

כונס לתוך שלו ד"א. במסכת ע"ז פריך עלה והא שביק רווחא לעבודה זרה ומשני לה: אבניו

מסורת הש"ס

א) [גי' הערוך ליתחר פי' לא יעלים עלמו מאד ללאת], ב) [לעיל נב: וש"נ], ג) חולין קה:, ד) [ברב אלפס איתא הנצרך להפנות ואכל רב חסדא ורבינא וכו' ע"ש], ה) לעיל מא., ו) ברכות כג., ז) [ב"ב כ: ביצה לט.], ח) [נותנין חרס בין הנסרים כדי שיכנס בהן הכרוז וייבשו מפני שאין הן. ערוך ערך פלס], ט) [לעיל כב: וש"נ], י) רש"ל מ"ז, כ) [צ"ל מנין עי' משני שרס מנין], ל) ע"ז מז:, מ) [וע"ע תוספות ע"ז יג. ד"ה אבל מהנה].

הגהות הב"ח

(א) במשנה חרס כדי וכו' ולחשוף מים מגבא הלא קוף המשנה וגמ' ואח"כ מתחיל גמרא מסברא שיעורא דר' יוסי נפיש: (ב) רש"י ד"ה ולא וכו' וקנים עוקרין ופרישין קשין. נ"ב לשון משנה בריש כלאים וריש מעשרות והעוקרין: (ג) ד"ה מסברא שיעורא דר' יוסי: (ד) גמ' מי שהיה כותלו סמוך לאשרה:

ליקוטי רש"י

דלא מקנח לכו בחספא. אין אתם מקנחין עלמכם בחרס בבית הכסא ואין אתם הורגין כינה במלבושכם. **מכישא** דאסיר גינאה. שאין מולילין שום או כרישין מאגודה שאוגדין מוכרי ירק לאוכלו [חולין קה:]. **שיניו** התחתונות נושרות. שיני [הפה] ושיני [בית הנקב] שבכרכשתא מתוכרלת בהן [עלמות] [והן] כעין תלתולי בשר [שם טז:]. **רוח** זוהמא. כל גופו מזוהם בזיעה תמיד [לעיל מא.]. **טייעא**. סוחר ישמעאלים [מ"ק כה.]. סוחר ערבי [ב"ק נה.]. סוחר ערבי [ברכות ח:]. **הנכנס** לסעודת קבע. וגנאי הוא שילטרך לנקביו בתוך הסעודה. **יהלך** עשרה פעמים כו'. וכל פעם ופעם בודק עלמו ויושב אולי יפנה לפי שהפסיעות שהלוך מוריד הגדולים לנקב [ביצה לט.]. **חרס**. לענין הולאת שבת. **כדי** ליתן בין פצים לחברו. פלימי חלונות שבכותל מרחיקין זה מזה ברוחב הסלון ליכנס הסלון בינתים ומעמיד חבורה בין כל אחד ואחד ונותן בחומה למטה ולמעלה בין זה לזה ועת בניין והחרס עב והוי שם כאבן [ב"ב כ:]. פצים כמו פצימי פתחים (סוכה יח.) ופצימי חלונות (בבא בתרא יב.) הקבועים בחומה והן של עץ ועודרין אותם למטה ולמעלה ומשני רוחות ופעמים שהן קצרין ברוחב ומושיבין שנים זה בצד זה וצריך להושיבן בשוה שלא יהא זה נמוך מזה ולא יהו עקומים וכשהאחד נוטה נותן לתחתיו חרס או אבן להשוותו או בשאין די ברוחב שניהם מבדילין זה מזה מעט ונותן חרסים דקים ביניהם [ביצה לט.]. **לא** ימצא. במכתת שבריו חרס גדול שיהא ראוי לחתות בו אש מיקוד ולשאוב בו אש מן ההסק כל אחיבת אש נופל בה לשון מחייה. **ולחשוף** מים. לדלות וכן (חגי ב) לחשוף חמשים פורה וכן חשפי שובל (ישעיה מז) דלי מים מן שבילך אשפוייש"נט בלע"ז. **מגבא**. גוב מלא מים [ישעיה ל, יד]. **נדה** מטמאה במשא. אדם הנושאה דאיתקש לזב והדוה בנדתה והזב את זובו וגו' (ויקרא טו) וזב מטמא במשא דכתיב (שם) וכל הנוגע בכל אשר יהיה תחתיו יטמא עד הערב והנושא אותם וגו' אף הזב במשמע אותם [לקמן ע"ב]. דכתיב וכל הנוגע בכל כלי אשר תשב עליו אלמא טמיאה לכלי אשר נשא אותה ואע"פ שלא נגעה שאפילו היו עשרה כלים זה על זה כולן בכלל אשר תשב עליו הן [ע"ז מז: ועיי"ש בב"ח]. **כמו** דוה. יהיו מאוסי' בעיניך כנדה [ישעיה שם, כב]. **אף** עבודה זרה מטמאה במשא. מיהו הטיא טומאה דרבנן היא כדאמרינן בפרק ר"ע (שבת פג:) וקרא אסמכתא בעלמא הוא [חולין קכח.]. **מי** שהיה [כותלו] סמוך לעבודה זרה. שהיה אחד מכותלי עבודת כוכבים והבית עלמו נעבד. **אסור** לבנותו. שבונה כותל לעבודת כוכבים. **כונס**. לתוך קרקעו ד' אמות [ע"ז שם].

עין משפט נר מצוה

לז א ב מיי' פכ"ו מהל' שבת הלכה ב טוש"ע או"ח סימן שיב סעיף ה:
[לז] [ב] טוש"ע או"ח סימן ג' סעיף יא:
לח ג מיי' פ"ד מהלכות דעות הלכה ב:
לט ד מיי' פי"ח מהל' שבת הלכה י:
א ה מיי' פ"ח מהלכות ע"ז הלכה ה טוש"ע יו"ד סימן קמג סעיף א:

רבינו חננאל

לקרקע. וכיון שמניחו ע"ג יתדות הרי הוא מעבירו ממקו' שמתחבר ומתחייב משום תולש. אבל אם זרעו מעיקרא להניחו ע"ג יתדות בזמן שמניחו על גבי קרקע הרי הכינו במקום שמתחבר לקרקע ונמצא חייב משום נוטע. **ולענין חרס** מיסברא שיעורא ר' יהודה [זוטר] ור"מ נפיש מיניה ודר' יוסי נפיש מיניה אבל מן קראי שיעורא דר"מ נפיש דאי ס"ד שיעורא דר' יוסי נפיש דההוא כדי לקבל רביעית לייט להו תחלה שלא ימצא דבר קטן שהוא כדי לחתות אש מיקוד והדר לייט שלא ימצא דבר גדול כדי לקבל רביעית ומקשינן היכי אמרת דמקרא דשיעורא דר"מ נפיש מדר' יוסי והלא דבר ידוע שיש לחתות אש בחרס קטנה שאין בה כדי לקבל רביעית. ופרקיה אביי להאי קושיא לא תימא לחתות אש כדי להדליק ממנה במקום אחד אלא לחתות אש מיקידה גדולה כדי להתחמם כנגדה. ומקשי' אי מחשב (קא' השבת) [לענין שבת מאי דחשיב] מקראי ושיעורא דר' מאיר נפיש שפיר קאמר ליה ר' יוסי משם ראיה. דהא חשיב חרס לחשוף מים. ומפרקינן לדר"מ דאמר ולחשוף מים לא חשיבותא היא ולא חשיב אלא לחתות אש. ולא מיבעיא קאמר דלא מיבעיא מידי דחשיב דלא שבקינא אלא מאי דלא חשיב נמי לא שבקינא. ולעולם שיעור הוצאה מאי דחשיב הוא:

סליק פרק שמיני

פרק ט אמר ר' עקיבא מניין לע"ז שהיא מטמאה במשא כנדה שנאמר תזרם כמו דוה. אגב דתניא אסמכתא מן קראי בסוף המוציא יין לענין שיעור חרס אדכר נמי (הנשאה) [הני משניות]. אסמכתא ראשונה

תורה אור השלם

א) וּשְׁבָרָהּ כְּשֵׁבֶר נֵבֶל יוֹצְרִים כָּתוּת לֹא יַחְמֹל וְלֹא יִמָּצֵא בִמְכִתָּתוֹ חֶרֶשׂ לַחְתּוֹת אֵשׁ מִיָּקוּד וְלַחְשֹׂף מַיִם מִגֶּבֶא: [ישעיה ל, יד]

ב) וְטִמֵּאתֶם אֶת צִפּוּי פְּסִילֵי כַסְפֶּךָ וְאֶת אֲפֻדַּת מַסֵּכַת זְהָבֶךָ תִּזְרֵם כְּמוֹ דָוָה צֵא תֹּאמַר לוֹ: [ישעיה ל, כב]

Chapter Nine

Introduction

This chapter continues the discussion begun at the end of the seventh chapter, and continued through the eighth, concerning the minimum measures of various items for which one is liable for transferring from one domain to another on the Sabbath.[1] However, the Mishnah first interrupts with discussion of seven unrelated topics [each introduced with the phrase *From where do we know*] of which only one, the washing of the *milah* incision on the Sabbath (86a), is at all pertinent to Sabbath law. Some Rishonim explain that the relevant law is actually the one concerning the *milah* incision; the other topics accompany that one because they share its introductory phrase.[2] Others explain that the inclusion of these topics is due to the correlations that exist between the first topic discussed in the chapter – idol *tumah* – and the concluding law of the previous chapter – the minimum measure of a shard. These two laws are similar in that each is derived allusively through an אַסְמַכְתָּא, a verse that supports a stated law [but does not constitute conclusive proof to it]; in that the verses concerning these two laws follow each other closely in Scripture (*Isaiah* ch. 30, vs. 14 and 22);[3] and in that the verses from which they are derived share a common theme – idolatry.[4] The six other topics are discussed along with idol *tumah* because of the similar phraseology of their introductory phrases.

NOTES

1. See *Meiri,* in his chapter introduction.

2. *Rashi* 82a ד״ה אמר רבי עקיבא; see *Maginei Shlomo* and *Pnei Yehoshua* ibid. [The grouping of unrelated topics because of word associations is quite prevalent throughout the Mishnah (see, for example, *Megillah* 1:4-11, *Chullin* 1:4-7 and elsewhere). It must be borne in mind that prior to the days of R' Yehudah HaNasi the Mishnah was not committed to writing. Even after his redaction of the Mishnah, it was still the practice of scholars to memorize its entire text. Word association was a great aid to memorization and would account for the practice of organizing topics in this manner.]

3. *Tosafos* 82a ד״ה אמר רבי עקיבא.

4. *Meiri* ibid. [The verse cited in the first Mishnah of our chapter speaks openly of idolatry. With regard to the verse cited in the concluding Mishnah of the previous chapter, *Meiri* cites a Midrash (source unknown) that interprets it as discussing idolatry.]

Chapter Nine

Mishnah The subject of the following Mishnah is the Rabbinic enactment that invested objects of idol worship with *tumah*:

אָמַר רַבִּי עֲקִיבָא – **R' Akiva said:** מִנַּיִן לַעֲבוֹדָה זָרָה שֶׁמְּטַמְּאָה בְּמַשָּׂא כְּנִדָּה – **From where do we know that an idol will contaminate** one who carries it **with carrying *tumah*,** just **as a *niddah*** will contaminate one who carries *her* with carrying *tumah*?[1] שֶׁנֶּאֱמַר – **For it is stated** in a verse, with regard to the Jews' future treatment of idols:[2] "תִּזְרֵם כְּמוֹ דָוָה צֵא תֹּאמַר לוֹ" – ***You will cast them away as [you would] a niddah; you will say to it*** (the idol)***: Go out!***[3] מַה נִּדָּה מְטַמְּאָה בְּמַשָּׂא – This analogy between a *niddah* and an idol teaches that **just as a *niddah* will contaminate** one who carries her **with carrying *tumah*,** אַף עֲבוֹדָה זָרָה מְטַמְּאָה בְּמַשָּׂא – **so too will an idol contaminate** one who carries it **with carrying *tumah*.**

Gemara The Gemara cites a Mishnah that records a dispute concerning this issue:

תְּנַן הָתָם – **We learned in a Mishnah elsewhere:**[4] מִי שֶׁהָיָה בֵּיתוֹ סָמוּךְ לַעֲבוֹדָה זָרָה – If ONE'S HOUSE ADJOINED a building worshiped as AN IDOL,[5] וְנָפַל – AND [THEIR COMMON WALL] FELL, אָסוּר לִבְנוֹתוֹ – IT IS FORBIDDEN TO REBUILD IT, since this would benefit the idol.[6] כֵּיצַד יַעֲשֶׂה – WHAT MUST ONE DO to rebuild his wall? כּוֹנֵס לְתוֹךְ שֶׁלּוֹ אַרְבַּע אַמּוֹת וּבוֹנֶה – HE MUST BRING the wall FOUR CUBITS INTO HIS OWN property, AND REBUILD it there.[7]

NOTES

1. [There are some contaminants [e.g. a *niddah*, a *neveilah*] that will generate *tumah* through the mere act of being carried. They need not come into direct contact with the one carrying them. R' Akiva asks: From where do we know that the *tumah* imposed by the Rabbis upon objects of idol worship is similar to that of a *niddah* in that it will generate *tumah* in this manner?]

2. *Isaiah* 30:22.

3. This verse speaks of a future time in which Jews, gathered once again to Jerusalem, will cleave to the path of God. They will therefore scatter their idols, and cast them away.

The fact that the verse compares estrangement from idolatry to one's estrangement from his wife during her *niddah* period teaches that an idol is analogous to a *niddah*. Accordingly, when the Rabbis decreed *tumah* upon idols, they gave it the form of *tumas niddah* – thus, idols will generate carrying *tumah* (see *Ramban* and *Ritva MHK* ed. for an explanation of the first part of this verse, which *appears* not to be discussing actual idols; see also *Tz'lach*). [This analogy does not teach a Torah law – the verse merely served the Rabbis as an אַסְמַכְתָּא, a Scriptural support for a Rabbinic law (see *Chasam Sofer* for an interesting observation regarding the prophet Isaiah's *personal* role in enactment of this decree).]

[Although the Mishnah records only R' Akiva's opinion, there are in fact those who dispute him, and maintain that idols do not generate carrying *tumah*. The Gemara will discuss the dispute at length.]

4. *Avodah Zarah* 47a.

5. I.e. they shared a common wall (*Rashi*).

[It is *Rashi* to *Avodah Zarah* (ibid. ד״ה מי) that interprets this Mishnah as discussing a building worshiped as an idol; *Ramban*, however, quotes *Rashi* to our Gemara as stating that this building merely houses idols, but is not itself an object of worship; see *Pnei Yehoshua* to 82b, who explains *Rashi* similarly; see also *Rambam, Avos HaTumos* 6:5, who follows this opinion; see the challenges posed to this opinion by *Rabbeinu Chananel* to 83a, *Meiri,* and *Ritva MHK* ed.]

6. [One is forbidden as well to initially build such a wall. In this case, however, the adjoining building had not yet been erected when the Jew built his house; the Jew was therefore permitted to build. It was only afterwards that a gentile, utilizing one of the Jew's walls as his fourth wall, erected three walls and designated them for idol worship (*Meiri*).]

7. [We see elsewhere in the Talmud (e.g. *Berachos* 18a, *Sotah* 44a) that the minimum measure necessary for an area to be considered an autonomous place (מָקוֹם) is four *amos* (cubits).] Here too, a space of four *amos* is needed, so that one will establish a full "place" between himself and the idol (*Ritva MHK* ed., in explanation of *Rashi;* cf. *Ritva's* own explanation; see also *Chasam Sofer*). [However, one must take care not to leave this intervening area empty, since this too would benefit the idol by extending its domain. Rather, he must designate this area as a privy, or plant it with thorns and thistles (see *Avodah Zarah* 47b).]

דלא מקנח לכו בחספא ולא קטיל לכו כינא אמנייכו ולא שליף לכו ירקא ואכיל לכו מכישא דאסיר גינאה: אמר ליה רב הונא לרבה בריה מאי טעמא לא שכיחת קמיה דרב חסדא דמחדדן שמעתיה אמר ליה מאי איזיל לגביה דכי אזילנא לגביה מותיב לי במילי דעלמא א"ל מאן דעייל לבית הכסא לא ליתיב בהדיא ולא ליטרח טפי דהאי כרכשתא אתלת שיני יתיב דילמא משתמטא שיני דכרכשתא ואתי לידי סכנה א"ל הוא עסיק בחיי דברייתא ואת אמרת במילי דעלמא כ"ש זיל לגביה היו לפניו צרור וחרס רב הונא אמר מקנח בצרור ואין מקנח בחרס ורב חסדא אמר מקנח בחרס ואין מקנח בצרור מיתיבי היו לפניו צרור וחרס מקנח בחרס ואין מקנח בצרור תיובתא דרב הונא תרגמא רפרם בר פפא קמיה דרב חסדא אליבא דרב הונא באוגני כלים: היו לפניו צרור ועשבים רב חסדא ורב המנונא חד אמר מקנח בצרור ואין מקנח בעשבים וחד אמר מקנח בעשבים ואין מקנח בצרור מיתיבי [ב] המקנח בדבר שהאור שולטת בו שיניו התחתונות נושרות לא קשיא הא בלחין הא ביבשין הנצרך לפנות ואינו נפנה רב חסדא ורבינא חד אמר רוח רעה שולטת בו וחד אמר רוח זוהמא שולטת בו תניא כמאן דאמר רוח זוהמא שולטת בו דתניא הנצרך לנקביו ואוכל דומה לתנור שהסיקוהו על גב אפרו וזו היא תחלת רוח זוהמא הוצרך ליפנות ואינו יכול ליפנות אמר רב חסדא יעמוד וישב יעמוד וישב רב חנן מנהרדעא אמר יסתלק לצדדין רב המנונא אמר ימשמש בצרור באותו מקום ורבנן אמרי יסיח דעתו אמר ליה רב אחא בריה דרבא לרב אשי כל שכן דכי מסח דעתיה לא מפני אמר ליה יסיח דעתו מדברים אחרים אמר רב ירמיה מדיפתי לדידי חזי לי ההוא טייעא דקם ויתיב וקם ויתיב עד דשפך כקדרה ת"ר הנכנס לסעודת קבע יהלך י' פעמים של ארבע [ארבע] אמות ואמרי לה ד' פעמים של עשר עשר אמות ונפנה ונכנס וישב במקומו: **מתני'** חרס כדי ליתן בין פצים לחברו דברי רבי יהודה רבי מאיר אומר כדי לחתות בו את האור רבי יוסי אומר כדי לקבל בו רביעית אמר רבי מאיר אף על פי שאין ראיה לדבר זכר לדבר לא ימצא במכיתתו חרש לחתות אש מיקוד אמר ליה רבי יוסי משם ראיה ולחשוף מים מגבא (א): **גמ'** (איבעיא להו שיעורא דרבי מאיר נפיש או שיעורא דרבי יוסי נפיש) מסתברא שיעורא דרבי יוסי נפיש ומקרא שיעורא דרבי מאיר נפיש דאי סלקא דעתך שיעורא דרבי יוסי נפיש לייט לה במנא זוטרא והדר לייט לה במנא רבה אמר אביי [מתני' נמי] לחתות אש מיקידה גדולה: רבי יוסי אומר משם ראיה: שפיר קאמר ליה רבי יוסי לרבי מאיר ורבי מאיר לא מיבעיא קאמר לא מיבעיא מידי דחשיב לאינשי דלא לישתכח ליה אלא אפילו מידי דלא חשיב לאינשי לא לישתכח ליה:

הדרן עלך המוציא יין

אמר רבי עקיבא מניין לעבודה זרה שמטמאה במשא כנדה שנאמר תזרם כמו דוה צא תאמר לו מה נדה מטמאה במשא אף עבודה זרה מטמאה במשא: **גמ'** תנן התם מי שהיה (ד) ביתו סמוך לעבודה זרה ונפל אסור לבנותו כיצד יעשה כונם לתוך שלו ד' אמות ובונה

היה

רש"י

דלא מקנחיתו בחספא. שאוכל לעשות לכם כשפים: ולא קטיל לכו כינא אמנייכו. ואין אתם הורגין כינה בבגדיכם: ולא אכיל לכו ירקא מכישא דאסיר גינאה. אין אתם מוליאין שום וכרישא ובצל מאגודה שאוגדין הגננים ואוכלים אלא אתם מתירין האגודה תחילה ש"מ כל הני קשה לכשפים: מותיב לי במילי דעלמא. מושיבני לפניו בדברי הנם שאינו תורה: לא ליתיב בהדיא. במהרה ובחוזק לפי שנפתחת הנקב בחוזקה וניתקין שיני הכרכשא ויוצאת: ולא ליטרח טפי. פדיימבר"א בלע"ז: מקנח בצרור. בשבת אע"פ דלאו בר טלטול הוא בעלמא: ואינו מקנח בחרס. משום סכנה: מקנח בחרס. שיש תורת כלי עליה: באוגני כלים. שהם חלקים ואין מקרעין את הבשר: ואינו מקנח בעשבים. שהעשבים לחים וחותכין את הבשר ורבותינו מפרשים משום תלישה ואיני יודע מהו דאי בעשבים מחוברין מי איכא מאן דשרי וכמדומה אני דמוקמי לה במחוברין ומקנח בהן בחיבורן: ואינו מקנח בצרור. דלאו בר טלטול הוא הלכך מקנח בעשבים כשהן במחובר ולא יזיזם ומשום שימוש במחובר לא מיתסר כדאמרי' בעירובין בפרק ג' (דף לד:) דלא אסרו אלא באילן ובקנים (ב) עוחרדין לפי שהן קשין: שיניו נושרות. שיני הפה מכרכשא: לחין. אין אור שולט בו: רוח רעה. ריח הפה שהזבל מרקב במעיים ויוצא ריח דרך פיו: רוח זוהמא. כל גופו מסריח בזיעה מסרחת שהריח נבלע בבשרו ובאבריו והוה בו לזיעה מזוהמת: ואינו יכול לפנות. שאין הנקב נפתח: יסתלק לצדדין. כשבדק עצמו בזוית זו יסתלק לזוית אחרת ויבדוק: טייעא. ישמעאל: הנכנס לסעודת קבע. וגנאי הוא לו אם יצטרך לעמוד מן הסעודה ולפנות: י' פעמים. ימתין בין פעם לפעם ויבדוק עצמו: ואמרי לה ד' פעמים של י' י'. דהכי עדיף טפי שהילוך מרובה מוריד הזבל לנקביו: **מתני'** בין פצים לחברו. כשמסדרין פלימין ועמודים וקורות ועושין סואר של קורות על הארץ ויש חלל בין זה לזה סומכן מתחתיו שלא יתעקם: זכר לדבר. דחרס חשיב בחתיית אור: לחשוף. לדלות וחבירו חשפי שובל (ישעיה מז) חשפי מים שעל הנתיבה שתצטרכי לעבור הגשמים ושריעת נהרות: מגבא. גומא שמים נקבלין בתוכה: **גמ'** (ג) מסתברא שיעורא דרבי יוסי נפיש ומקרא שיעורא דר' מאיר נפיש. אתקפתא היא כלומר לפי דבריהם נראה שרבי מאיר מחמיר דאמר לחתות בו אור ולא פי' שיעורא וחרס פורתא חזי לחדא גחלת ואילו לקבל רביעית מים נפיש שיעורא וכי מעיינת בקרא לחשוף מים זוטר דאי ס"ד לחשוף מים נפיש לייט לה שלא יותר בה אפילו כלי קטן והדר אמר כלי גדול וכי דרך המקללים כן: אמר אביי מתני'. דקאמר רבי מאיר לחתות אור מיקידה גדולה קאמר שאפילו גחלת קטנה אינו ראוי לחתות בה אלא בחרס גדול מפני שהוא נכוה: שפיר קאמר ר' יוסי. דמדלייט לה בה ש"מ דחזי: אפילו מידי דלא חשיב. כגון לחשוף מים לא לישתכח בה ולעולם לא חשיב שיעורא אלא לחתות אור:

הדרן עלך המוציא יין

אמר רבי עקיבא מניין לעבודה זרה כו'. משום דבעי למיתני בהדייהו מניין שמרחילין את המילה כייל להו להנך דדמיין לה: במשא. אדם הנושאה: תזרם כמו דוה וגו'. בעבודה זרה משתעי: **גמ'** כותלו סמוך לעבודה זרה. שהיה אותו כותל מחילה אף לבית עבודה זרה: אסור לבנותו. דקמהני לעבודה זרה:

תוספות

אמר רבי עקיבא מניין לע"ז כו'. פי' בקונטרס דנקט לה הכא משום דבעי למיתני מנין שמרחילין את הקטן ואין נראה דא"כ בההוא הוה ליה להתחיל ועוד דהוה ליה למתנייה בפרק רבי אליעזר דמילה אלא נראה אגב דתנא לעיל בסוף המוציא קראי דאסמכתא גבי חרס נקט נמי הני קראי דאסמכתא וקרא דתזרם כו' הוא סמוך לההיא קראי דאייתי לעיל לא ימצא במכיתתו חרש וגו':

אסור לבנותו. אפילו למ"ד בפרק קמא דמס' ע"ז (דף יג.) נהנה אסור מהנה מותר ה"מ לגבי מכס שאין נראה כל כך לע"ז כוונתו אלא שנותן כדי שיניחוהו לעבור אבל הכא נראה כאילו בונה לה בית [י] ר"י:

כונם לתוך שלו ד"א. במסכת ע"ז פריך עלה והא שביק רווחא לעבודה זרה ומשני לה:

אבניו

דקים ביניהם [ביצה לט.]. לא ימצא. במכתת שברים חרס גדול שיהא ראוי לחתות בו אש מיקוד [illegible] ולחשוף מים. לדלות וכן (חגי ב) לחשוף חמשים פורה וכן חשפי שובל (ישעיה מז) [illegible] מגבא. גוב מלא מים [ישעיה ל, יד]. נדה מטמאה במשא. [illegible] כמו דוה. [illegible] אף עבודה זרה מטמאה במשא. [illegible] מי שהיה [כותלו] סמוך לעבודה זרה. שהיה אחד מכותלי עבודת כוכבים והבית עצמו אינו נעבד. אסור לבנותו. שבונה כותל לעבודת כוכבים. כונם. לתוך קרקעו ד' אמות [ע"ז שם].

מסורת הש"ס

א) [גי' הערוך ליחמר פי' לא יעלים עלמו מאד ללפוח], ב) [לעיל נב:], ג) חולין קה:, ד) [ברכות סב.], ה) [לעיל מא. ע"ש], ו) ברכות כג:, ז) ב"ב כ:, ביצה לט., ח) [נוסחת מרש בין הנקרים כדי שיכנס בהן הרוס ויישבו מפני שלמין הן. ערוך ערך פלס], ט) [לעיל כט:, וש"נ], י) רש"י מ"ז, כ) [ע"ל מנין ע"י משכי שרש מנין], ל) ע"ז מו:, מ) ע"ז מו:, נ) [וע"ע תוספות ע"ז יג. ד"ה אבל מהנה].

הגהות הב"ח

(א) במשנה חרס כדי וכו' ולחשוף מים מגבא הוא סוף המשנה ואח"כ מתחיל גמרא מסברא שיעורא דר' יוסי נפיש: (ב) רש"י ד"ה ואינו מקנח וכו' ובקנים ועוחרדין ופריסין קשין. נ"ב לשון משנה ברים וריס עשבות הפריסין והעוחרדין: (ג) ד"ה מסברא שיעורא דר' יוסי: (ד) גמ' מי שהיה כותלו סמוך לאשרה:

ליקוטי רש"י

דלא מקנח לכו בחספא. אין אתם מקנחין עצמכם בחרס בבית הכסא ואין אתם הורגין כינה במלבושכם. מכישא דאסיר גינאה. שאין מוליאין שום או כרישין מאגודה שאוגדין מוכרי ירק לאוכלו [חולין קה:]. שיניו התחתונות נושרות. שיני [הכסף] ושיני [בית הנקב] שהכרכשתא מחוברת בהן [עלמא] ... רוח זוהמא. כל גופו מסריח בזיעה תמיד [לעיל מא.]. טייעא. סוחר ישמעאלים [ב"ק נה.]. סוחר ערבי [ב"ב]. הנכנס לסעודת קבע. וגנאי הוא שילטרך לנקביו בתוך הסעודה. יהלך עשרה פעמים כו'. ובכל פעם ופעם בודק עצמו אולי יוכל לפנות שההילוך מוריד הגדולים לנקב [ברכות כג.]. חרס. לענין הוצאת שבת. כדי ליתן בין פצים לחברו. פלימי מלוגות שבכותל מרחיקין זו מזה ברוחב הסלון ... [illegible]

עין משפט נר מצוה

לז א ב מיי' פכ"ו מהל' שבת הלכה ה טוש"ע או"ח סימן שיב סעיף ה: [לח] [ב] טוש"ע או"ח סימן ג' סעיף יא: לח ג מיי' פ"ד מהלכות דעות הלכה ג: לט ד מיי' פי"ח מהל' שבת הלכה ב: א ה מיי' פ"ח מהלכות ע"ז הלכה ה טוש"ע יו"ד סימן קמג סעיף א:

רבינו חננאל

לקרקע. וכיון שמניחו ע"ג יתדות הרי הוא מעבירו ממקו' שמתחבר הוא ומתחייב משום תולש. אבל אם זרעו מעיקרא להניחו ע"ג יתדות בזמן שמניחו על גבי קרקע הרי הכינו במקום שמתחבר לקרקע ונמצא חייב משום נוטע. ולענין חרס מיסברא שיעורא ר' יהודה (זוטר) ור"מ נפיש מיניה ודר' יוסי נפיש מיניה אבל מן קראי שיעורא דר"מ נפיש דאי ס"ד שיעורא דר' יוסי נפיש דההוא כדי לקבל רביעית לייט להו תחלה שלא ימצא דבר קטן שהוא כדי לחתות אש מיקוד והדר לייט שלא ימצא דבר גדול כדי לקבל רביעית ומקשינן היכי אמרת דמקרא דשיעורא דר"מ נפיש מדר' יוסי והלא דבר ידוע שיש לחתות אש בחרס קטנה שאין בה כדי לקבל רביעית. ופרקיה אביי להאי קושיא לא תימא לחתות אש כדי להדליק ממנה במקום אחד אלא לחתות אש מיקידה גדולה כדי להתחמם כנגדה. ומקשי' אי מחשב (קא' השבת) [לענין שבת מאי חשיב] מקראי ושיעורא דר' מאיר. נפיש שפיר קאמר ליה ר' יוסי משם ראיה. דהא חשיב חרס לחשוף מים. ומפרקינן לדר"מ דאמר ולחשוף מים לא חשיבותא היא ולא חשיב אלא לחתות אש. ולא מיבעיא קאמר דלא מיבעיא מידי דחשיב דלא שבקינא אלא אפי' מאי דלא חשיב נמי לא שבקינא. ולעולם שיעור הוצאה מאי דחשיב הוא:

סליק פרק שמיני

פרק ט אמר ר' עקיבא מניין לע"ז שהיא מטמאה במשא כנדה שנאמר תזרם כמו דוה. אגב דתניא אסמכתא מן קראי בסוף המוציא יין לענין שיעור חרס אסדר נמי (הנשאה) [הני משניות] אסמכתא ראשונה

תורה אור השלם

א) וּשְׁבָרָהּ כְּשֵׁבֶר נֵבֶל יוֹצְרִים כָּתוּת לֹא יַחְמֹל וְלֹא יִמָּצֵא בִמְכִתָּתוֹ חֶרֶשׂ לַחְתּוֹת אֵשׁ מִיָּקוּד וְלַחְשֹׂף מַיִם מִגֶּבֶא: [ישעיה ל, יד]

ב) וְטִמֵּאתֶם אֶת צִפּוּי פְּסִילֵי כַסְפֶּךָ וְאֶת אֲפֻדַּת מַסֵּכַת זְהָבֶךָ תִּזְרֵם כְּמוֹ דָוָה צֵא תֹּאמַר לוֹ: [ישעיה ל, כב]

עין משפט נר מצוה

ב א מיי' פ"ח מהלכות משכב ומושב הל"ד:
ג ב מיי' פ"ו מהלכות שאר אבות הטומאות הלכה ג:
ד ג שם הלכה ב:

היה שלו ושל ע"ז נידון מחצה על מחצה אבניו ועציו ועפריו מטמאים כשרץ שנאמר א) שקץ תשקצנו וגו' רבי עקיבא אומר כנדה שנאמר ב) תזרם כמו דוה מה נדה מטמאה במשא אף ע"ז מטמאה במשא אמר רבה תזרם דאמר קרא נכרינהו מינך כזר ג) צא תאמר לו הכנס אל תאמר לו ואמר רבה במשא דכ"ע לא פליגי דמטמאה דהא אתקש לנדה כי פליגי באבן מסמא רבי עקיבא סבר כנדה מה נדה מטמאה באבן מסמא אף ע"ז מטמאה באבן מסמא ורבנן סברי כשרץ מה שרץ לא מטמא באבן מסמא אף ע"ז לא מטמאה באבן מסמא ולר' עקיבא למאי הלכתא איתקש לשרץ למשמשי' ולרבנן למאי הלכתא איתקש לנדה למשא ולוקשה רחמנא לנבלה אין הכי נמי א אלא מה נדה אינה לאברין אף ע"ז אינה לאברין ואלא הא דבעי רב חמא בר גוריא ע"ז ישנה לאברין או אינה לאברין תיפשוט ליה מהא דלרבנן אינה לאברין רב חמא בר גוריא אליבא דרבי עקיבא בעי לה ור"א אמר באבן מסמא דכ"ע לא פליגי א) דלא מטמאה כי פליגי במשא רבי עקיבא סבר כנדה מה נדה מטמאה במשא אף ע"ז מטמא' במשא ורבנן ג סברי כשרץ מה שרץ לא מטמאה במשא אף ע"ז לא מטמאה במשא ור"ע למאי הלכתא איתקש לשרץ למשמשי' ורבנן למאי הלכתא איתקש לנדה מה נדה אינה לאברים אף ע"ז אינה לאברים ורבי

רש"י

היה שלו ושל ע"ז. שהיה חלי מקום הכותל של ע"ז: נדון מחצה על מחצה. המחלה שלו נחשבת בארבע אמות של כניסה לפי שחייבוהו חכמים להרחיקו משלו ארבע אמות וליכנס כולו בתוך שלו: שקץ תשקצנו. לשון שקץ כשרץ שאינו מטמא במשא: נדה מטמאה במשא. אדם הנושאה דאיתקש לזב והדוה בנדתה והזב את זובו וגו' (ויקרא טו) וזב מטמא במשא דכתיב (שם) וכל הנוגע בכל אשר יהיה תחתיו יטמא עד הערב והנושא אותם וגו' אף הזב במשמע אותם: באבן מסמא. אבן ששמוה על גבי יתידות וכלים תחתיה כדכתיב (דניאל ו) והיתית אבן חדא ושמת על פום גובא ונדה או זב יושבין עליה אע"פ שלא הכבידו על הכלים טמאים הכלים דכתיב כל אשר יהיה תחתיו: למשמשין. שאין הכלים המשמשין מטמאים לא במשא ולא באבן מסמא: למשא. אבל לא לאבן מסמא להכי אהני היקשא דשרץ: ולוקשה לנבלה. דאית בה משא ולית בה אבן מסמא והכי עדיף דמו לא צריך לאקושה לשרץ למעוטי מאבן מסמא: אינה לאברים. אם נחתך אבר ממנה מטמא במשא ובאהל משום תורת אבר מן החי אבל לא משום תורת אבר מן הנדה ונפקא מינה דלא מטמא באבן מסמא: אף ע"ז אינה לאברים. כגון ע"ז של חוליות אבר אבר ממנה אינו מטמא ככל משום ע"ז: דבעי רב חמא. לקמן (דף פג:): אליבא דרבי עקיבא בעי לה. דאקשה לנדה (ג) [למשא] מי אמרינן נמי איתקש או דילמא לחומרא מקשינן לקולא לא מקשינן: דלא מטמאה. דהא איתקש לשרץ ובשרץ כתיב מגע ולא כתיב משא: למשמשיה. תירוצא היא:

תוספות

אבנין ועציו ועפריו מטמאים כשרץ. ואפי' למ"ד בפ"ג דמסכת ע"ז (דף מח:) ע"ז שנשתברה מאליה מותרת הא מוקי לה בירושלמי כגון שהשתחוה לכל אבן ואבן ולכל עץ ועץ ולכל עפר ועפר דהוי ע"ז שלימה ג):

אמר רבה במשא כ"ע לא פליגי דמטמאה דהא איתקש לנדה. קשה לר"ת מ"ט דרבנן אי אית להו הא דאמר בסוף שמעתין (דף פג:) טומאה דע"ז דרבנן היא ולקולא מקשינן א"כ אמאי מטמאה במשא נימא דהיקשא דנדה דאינה לאיברים והיקשא דשרץ דלא מטמאה במשא ואי סברי רבנן דלחומרא מקשינן אימא אהני היקשא דנדה לטמויי באבן מסמא ודשרץ לטמויי בכעדשה ולר' עקיבא נמי אי לחומרא מקיש אמאי איצטריך למימר דהיקשא דשרץ למשמשיה לימא לטמויי בכעדשה ואי לקולא מקיש לא תטמא אפילו במשא והיקשא דנדה דאינה לאברים והיקשא דשרץ דלא מטמא במשא וכן לר' אלעזר אליבא דר' עקיבא ונראה לר"ת דגרסי' לעיל בספרים אמר רבה תזרם דאמר ד) קרא נכרינהו מינך כזר לא תאמר לו הכנס אל תאמר לו פירוש כיון דכתיב כבר ברישא וטמאתם את צפוי פסילי כספך וגו' ל"ל תו למימר תזרם כמו דוה אלא לומר שמאד יש להרחיק ואתא למימר אע"ג דשאר קראי נדרשות לקולא משום דטומאת ע"ז דרבנן מנדה ילפינן לחומרא מש"ה קאמר רבה לכ"ע מטמא במשא דאית להו דרשא דתזרם ולרבנן נמי הוית מטמא באבן מסמא כנדה אי לאו דממעטין מדאיתקש לשרץ:

באבן מסמא. פי' בקונטרס אבן מונחת על גבי יתידות ונדה יושבת עליה וכלים תחת האבן וטמא מוכל אשר יהיה תחתיו וקשה דבת"כ מפיק אבן מסמא מוכל המשכב וקרא דכל אשר יהיה תחתיו מוקמינן בפרק בנות כותים (נדה לג:) לעליונו של זב ובת"כ מוקי לה במרכב ועוד דאי מוכל אשר יהיה תחתיו נפקא א"כ אפי' כלים שאין ראוי למשכב ומושב ובת"כ מוכח בהדיא דכלים שאין ראויין למשכב ומושב אין להם אפי' טומאה קלה ועוד אמאי נקט אבן אפי' דף ע"ג יתידות נמי ומפרש ר"ת דאבן מסמא היינו אבן גדולה שהיא כבידה ואין הכלים מרגישים כובד הזב והנדה מחמת כובד האבן ומסמא היינו משא גדולה ה) שצריכה שימה כדכתיב והיתית אבן חדא ושמת על פום ו) גובא אך קשה דבת"כ מרבה אבן מסמא מוכל המשכב משמע דמרבה מטעם משכב ומושב ובכל הש"ס משמע דהוי מטעם משא דבמתני' קרי ליה משא ובפ' בתרא דנדה (דף סט:) תנן הזב והזבה מטמאין במשא ומפרש בגמרא מאי משא אבן מסמא וברים דם הנדה [נדה נה.] ממעט מדוה מאבן מסמא מוהנושא אותם ובתוספתא דכלים תניא אין טומאה לכלי חרס אלא מאוירו ובהיסט הזב ע"ג אבן מסמא והיסט [היינו] משא כדאמר בהעור והרוטב (חולין דף קכד:) אטו נושא לאו היסט הוא משמע ע"ג אבן מסמא שהכלים ע"ג האבן דלא שייך כלל למשכב ומושב ועוד דמדרס כלי חרס טהור וי"ל דהא דמרבה בת"כ אבן מסמא מטעם משכב ומושב היינו כשהזב ע"ג האבן והכלים תחתיה אבל כשיד הטהור או רגלו תחת האבן הוי מטעם משא שהטהור נושא את הטמא או כשאצבעו של זב תחת האבן והכלים עליה טמא מטעם היסט דהיינו משא הזב והיינו היסט הזב ע"ג אבן מסמא דתוספתא וא"ת בריש דם הנדה (נדה דף נד:) דממעט דם הנדה ממשכב ומושב מהיא יושבת מאי פריך תו אי מה היא מטמאה באבן מסמא אף מדוה נמי מטמאה באבן מסמא כיון דכבר מיעט מאשר היא יושבת מדוה ממשכב ומושב היכי סלקא דעתך תו למימר דמטמא באבן מסמא ואור"י דאבן מסמא נפקא לה משום דרשה דלא מטמא אלא אוכלין ומשקין להכי איצטריך התם למעוטי מדוה אף מאבן מסמא שהיא טומאה קלה:

ורבנן סברי כשרץ כו'. וא"ת אמאי איצטריך שרץ למעוטי אבן מסמא תיפוק ליה מדאיתקש למת (לקמן דף פג:) וי"ל דכיון דגלי לן קרא דנכרינהו מינך כזר דאית לן לאקשוי לנדה לחומרא לא הוה ממעטי ממת אבן מסמא בע"ז כיון דאיצטריך היקשא דמת לשיעור כזית א"נ לכדאמר בפרק נגמר הדין (סנהדרין דף מז:) מה ע"ז במחובר לא מיתסרא אף קבר במחובר לא מיתסר:

ולרבי עקיבא למאי הלכתא איתקש לשרץ כו'. תימה לר"י מאי קמיבעיא ליה הא איצטריך לאפוקי שלא יטמא באהל המת דמנדה דילמא לא ילפינן שום קולא דהא בעי רב חמא בר גוריא בסמוך אי ישנה לאברים אע"ג דנדה אינה לאברים ויש לומר דלענין ליכא בע"ז חומרא דמת שפיר ילפינן מנדה ואע"ג דהיקשא דנדה לחומרא קולא נמי אית לן למילף והא דמספקא ליה לענין אברים משום דלא דמי דאברי נדה אין אדם יכול להחזירם ואברי ע"ז מיהא אומן יכול להחזירם א"נ הא דקאמר למאי הלכתא וכן הא דקא משני למשמשין היינו את"ל דילפינן קולא מנדה:

למשמשיה. פירש בקונטרס שאין כלים המשמשין לע"ז מטמאין לא במשא ולא באבן מסמא משמע דאי לאו דאיתקש לשרץ הוו מטמו כע"ז באבן מסמא ותימה דלרבנן דהיקשא דשרץ לא אתא למשמשיה מנלן דמשמשין לא מטמו במשא כמו ע"ז עצמה דלקמן קאמר רב אשי אליבא דרבה משמשין בין הן שהסיטו אחרים בין אחרים שהסיטו אותן טהורין ונראה לר"י דאי לאו דאיתקש משמשין לשרץ לא הוה מטמינן להו כלל ורבנן דמטמו למשמשיה מדכתיב שקץ תשקצנו כי חרם הוא משמע כל דבר שהוא חרם פירוש שאסור בהנאה הוי כשרץ ומשמשין אסור בהנאה וזה לא יתיישב פי' הקונטרס דמכי חרם הוא לא משמע למעוטי משמשין דלא מטמו במשא דאין שום יתור לכך אבל הא דמשמשיה טמא משתמע שפיר:

ולוקשה רחמנא לנבלה. אמאי דהוקשה למת ליכא למיפרך דלוקש לנבלה דהא איצטריך למת לכדדרשינן בנגמר הדין ובקונט' פי' דהכי פריך ולוקשה לנבלה משום דלאו לא הוה צריך לאקושה לשרץ:

ורבי אלעזר אמר כו'. פי' רבינו שמואל דבמילתיה דר' אלעזר ל"ג ור"ע למאי הלכתא איתקש לשרץ למשמשיה דהא איצטריך למעוטה מאבן מסמא כדאמר דכ"ע לא פליגי דלא מטמא באבן מסמא דהא איתקש לשרץ ויש ספרים דל"ג דהא איתקש לשרץ ולפי זה מצינן למימר דטעמא דר' אלעזר דכ"ע לא פליגי דלא מטמא באבן מסמא לאו משום דאיתקש לשרץ אלא בלא שום יתור לא מחמרינן כולי האי לטמאות באבן מסמא ולפי זה גרסי' שפיר ור"ע למאי הלכתא כו' והא דפריך בתר הכי ולוקשה רחמנא לנבלה לא פריך לוקשה לנבלה ותו לא צריך לאקושה לשרץ דהשתא נמי לא צריך לאקושי משום הכי לשרץ אלא הכי פריך דהוה ליה טפי לאקושה לנבלה דדמיא ממש לנבלה אבל לנדה לא דמיא דנדה מטמאה באבן מסמא משא"כ בע"ז:

מיתיבי

רבינו חננאל

ראשונה אליבא דר"ע ושאר כולהו לדברי הכל ובהא איפליגו רבה ור' אלעזר אליבא דר"ע ורבנן. רבה סבר דלרבנן לא מטמאא ע"ז באבן מסמא. ופי' אבן מסמא כגון א) אבן (שומא) [שומה] על מושב ועל האבן ע"ז וניטלה ע"ז וניטלה האבן. ובא אדם וישב על אותו מושב והאי היא דכתיב והיושב על הכלי אשר ישב עליו הזב. ותני עלה אפי' ישב על עשרה מצעות זה ע"ג זה אפילו ע"ג אבן מסמא. דאע"ג דהא בזב אמורה נדה נמי ומושב נדה טמא באבן מסמא. דאמר רבה דסבר ר' עקיבא ע"ז כנדה. אבל לענין משא סבר דאפילו רבנן מודו שהיא מטמאה במשא. ור' אלעזר סבר באבן מסמא כולי עלמא לא פליגי שאין ע"ז מטמא ובמשא הוא

רב נסים גאון

פ"ט כי פליגי באבן מסמא כו'. א) עיקר דילה בתורת כהנים והיושב על הכלי אשר ישב עליו הזב אין לי אלא בזמן שהוא יושב עליו ונוגע בו מנין לעשרה מושבות זה על גבי זה ואפילו על גבי אבן מסמא ת"ל והיושב וכיוצא בו אמרו בנדה ובועלה יכול היא והוא לא יטמאו טומאה חמורה ת"ל ומנין לי משבות זה על גבי זה ואפילו על אבן מסמא ת"ל וכל המשכב ובמסכת נדה בפרק דם הנדה (דף נה) אמרו או מה היא מטמאה באבן מסמא אף דמה נמי מטמא באבן מסמא אמר קרא (ויקרא טו) אתם אתם מיעוטא הוא ובתחלת תוספתא טהרות אמרו זוב הזב ורוקו ושכבת זרעו ומימי רגליו ורביעית מן המת ודם נדה כיוצא במרכב חומר במרכב מבהן וחומר בהן מבמרכב שהן שוה מגען למשאן לטמא אדם ולטמא בגדים מה שאין במרכב חומר במרכב שהמרכב תחת אבן מסמא מה שאין כן בהן ובמשנה נמי בתחילת הסדר יש כזה הענין ובפרק תינוקת (דף סט) שנינו הזב והזבה והנדה והיולדת והמצורע שמתו מטמאין במשא עד שימוק הבשר ובתלמוד אמרו מאי במשא ממש אטו כל מת מי לא מטמא במשא אלא מה במשא באבן מסמא דכתיב (דניאל ו) והיתית אבן חדא ושומת על פום גובא. מה שרץ לא מטמא באבן מסמא אף ע"ז לא מטמא באבן מסמא ודע שהשרץ הזכיר בו הכתוב נגיעה כדכתיב (ויקרא יא) ונוגע בנבלתם ומפרשי ליה רבנן במגע הן מטמאין ואינן מטמאין במשא והואיל ואינו מטמא אלא בנגיעה בלבד כמו כן אינו מטמא על גבי אבן מסמא שהרי לא נגע.

מסורת הש"ס

א) לגי' מטמאה דהא איתקש לשרץ כי פליגי כצ"ל רש"ל ועי' רש"י ותוספות ד"ה ור"א, ב) [צ"ל לאבן מסמא], ג) [וע"ע תוס' ע"ז מז: ד"ה אבנין], ד) דאמר קרא צ"ל נכרינהו כצ"ל רש"ל ומ"כ דלפני תוס' לא היה כתוב תזרם וכו' ולכך לא הוצרכו ... לעיל ואמר רבה, ה) שצריכה שימה והשמה א"ש הא דמייתי בפרק בתרא דנדה והיתית אבן כו', ו) על פום גובא שצריכה שימה ולמאי אך קשה כצ"ל רש"ל.

תורה אור השלם

א) וְלֹא תָבִיא תוֹעֵבָה אֶל בֵּיתֶךָ וְהָיִיתָ חֵרֶם כָּמֹהוּ שַׁקֵּץ תְּשַׁקְּצֶנּוּ וְתַעֵב תְּתַעֲבֶנּוּ כִּי חֵרֶם הוּא: [דברים ז, כו]

ב) וְטִמֵּאתֶם אֶת צִפּוּי פְּסִילֵי כַסְפֶּךָ וְאֶת אֲפֻדַּת מַסֵּכַת זְהָבֶךָ תִּזְרֵם כְּמוֹ דָוָה צֵא תֹּאמַר לוֹ: [ישעיה ל, כב]

ליקוטי רש"י

היה שלו ושל ע"ז. שמקום עובי הכותל חליו שלו [ע"ז מז.]. נידון מחצה על מחצה. אותו חלק של עבודת כוכבים אינו עולה לו בכניסת ד' אמות אבל חלקו עולה לו שאם היה עביו שתי אמות מונה המחצה שלו וכונס עוד ג' אמות לתוך שלו. אבניו ועציו ועפריו. של אותו כותל מטמאין כשרץ אפילו חלקו כיון שאין בו ברירה. כשרץ. שרץ אין מטמא במשא. שקץ. לשון שקץ. נדה מטמאה במשא. ... באבן מסמא. ... מה נדה מטמאה באבן מסמא. ... אף ע"ז לא מטמאה באבן מסמא. ... אינה לאברים. ...

חשק שלמה על ר"ח ורנ"ג

א) עיין ערוך ערך אבן מסמא.

הָיָה שֶׁלּוֹ וְשֶׁל עֲבוֹדָה זָרָה – If [THE GROUND BENEATH THE WALL] WAS half HIS own AND half THE IDOL'S,[1] נִידּוֹן מֶחֱצָה עַל מֶחֱצָה – IT IS RECKONED, with regard to measuring the four cubits, AS HALF his AND HALF the idol's. He thus must withdraw four cubits from where his half of the wall begins, and rebuild there.[2] אֲבָנָיו וְעֵצָיו וַעֲפָרָיו מְטַמְּאִים כְּשֶׁרֶץ – [THE FALLEN WALL'S] STONES, ITS TIMBERS, AND ITS MORTAR WILL GENERATE *TUMAH* LIKE A *SHERETZ* does – i.e. through contact, but not by being carried.[3] שֶׁנֶּאֱמַר ,,שַׁקֵּץ תְּשַׁקְּצֶנּוּ וגו׳ '' – FOR IT IS STATED in a verse, with regard to an idol: *YOU MUST UTTERLY ABOMINATE IT* etc.[4] The term *abominate* (*shakeitz*) is derived from the term *sheketz,* used in Scripture to describe a *sheretz.*[5] It is used here to equate the *tumah* of an idol to that of a *sheretz,* thereby teaching that just as a *sheretz* does not generate carrying *tumah,* so too will an idol not generate carrying *tumah.* Accordingly, the components of the fallen wall will not contaminate one who carries them. רַבִּי עֲקִיבָא אוֹמֵר – But R' AKIVA SAYS: כְּנִדָּה – The *tumah* of the stones, timbers, and mortar is LIKE that of A *NIDDAH.* שֶׁנֶּאֱמַר ,,תִּזְרֵם כְּמוֹ דָוָה'' – FOR IT IS STATED in a verse, with regard to idols: *YOU WILL CAST THEM AWAY AS [YOU WOULD] A NIDDAH.*[6] מַה נִּדָּה מְטַמְּאָה בְּמַשָּׂא – This analogy teaches that JUST AS A *NIDDAH* WILL CONTAMINATE one who carries her WITH CARRYING *TUMAH,*[7] אַף עֲבוֹדָה זָרָה מְטַמְּאָה בְּמַשָּׂא – SO TOO WILL AN IDOL CONTAMINATE one who carries it WITH CARRYING *TUMAH*. Accordingly, the wall's stones, timbers, and mortar *will* generate carrying *tumah.*

The Gemara will now cite a dispute between Amoraim as to the correct interpretation of this Tannaic dispute. The Gemara commences with the opinion of Rabbah:

אָמַר רַבָּה – **Rabbah said:** ,,תִּזְרֵם'' דְּאָמַר קְרָא – The term ***cast them away* that the verse mentioned** teaches נַכְרִינְהוּ מִינָּךְ כְּזָר – that **you must estrange it** (i.e. an idol) **from yourself as** you would **a stranger;** ,,צֵא תֹּאמַר לוֹ'' – while the phrase, ***say to it: Go out!*** teaches הִכָּנֵס אַל תֹּאמַר לוֹ – that **you must not say to [the idol]: Enter.** We see from these phrases that one must distance oneself entirely from any association with idolatry. Therefore, when the Rabbis employed this verse to teach the *tumah* of idols, they derived from it a stringent *tumah,* the better to discourage even the slightest contact with idols.[8]

Having established that this verse supports the imposition of a stringent *tumah* upon idols, Rabbah continues: וְאָמַר רַבָּה – **Therefore, Rabbah said:** בְּמַשָּׂא דְּכוּלֵּי עָלְמָא לָא פְּלִיגֵי דִּמְטַמְּאָה – **With** regard to **carrying *tumah,* [both R' Akiva and the Rabbis] agree that [an idol] will** indeed **contaminate** one who carries it, דְּהָא אִתְקַשׁ לְנִדָּה – **for it is compared to a *niddah*!** כִּי פְּלִיגֵי – **When do they disagree?** בְּאֶבֶן מְסָמָא – **With** regard to whether an idol will generate carrying *tumah* when it is upon **a placed rock,** i.e. a rock placed on supports above a person. רַבִּי עֲקִיבָא סָבַר כְּנִדָּה – **R' Akiva holds** that the *tumah* status of an idol is **identical to** that of **a *niddah.*** מַה נִּדָּה מְטַמְּאָה בְּאֶבֶן מְסָמָא – Thus, **just as a *niddah* will generate** carrying ***tumah* in** the case of **a placed rock,** אַף עֲבוֹדָה זָרָה מְטַמְּאָה בְּאֶבֶן מְסָמָא – **so too will an idol generate** carrying ***tumah*** in the case of **a placed rock.**[9]

NOTES

1. Since the wall straddled the property of both (*Rashi*).

[Obviously, a Jew may not join with a gentile to erect a building to be worshiped as an idol. In this case, however, they built the common wall without idolatrous intention. The gentile then reconsidered, and consecrated his portion of the wall for idol worship (*Meiri*).]

2. [Therefore, although in the Mishnah's first case one may measure the four cubits from the far side of the wall, in this case the measuring must begin from the center of the wall, at the property line.] For the Rabbis required one to withdraw four cubits into his own property and build there (*Rashi;* cf. *Ramban* et al.).

3. *Sheretz* is the Torah classification for creatures that move close to the ground (see *Rashi* to *Genesis* 1:20 with *Gur Aryeh*), such as rodents, reptiles, and even certain amphibians and insects. The carcasses of eight types of *sheretz* (enumerated in *Leviticus* 11:29,30) generate *tumah* (see further in ch. 14). However, they contaminate through contact only, but not through being carried (see *Keilim* 1:1). According to this Tanna, an idol will likewise generate *tumah* through contact only.

When the Baraisa states that the materials of which the wall was built will generate *tumah,* it refers to *all* of the wall's components; we do not separate between those belonging to the Jew and those belonging to the idol. This is because in the case of a common wall, each separate stone in the wall is considered to be held equally by both owners. Therefore, although the gentile co-owner cannot designate the Jew's portion of the wall an idol, he *does* render each stone one-half idol. [Although this *tumah* is of Rabbinic origin, and we generally apply the principle of *bereirah* (retroactive clarification) with regard to Rabbinic law,] we do not say in this case that dividing the building materials will retroactively identify those received by the Jew as being the portion unconsecrated for idol worship (*Rashi, Avodah Zarah* 47b ד״ה אבניו as explained by *Terumas HaDeshen* §337; see *Ran, Avodah Zarah* ibid.; cf. *Ramban* and *Ritva MHK* ed. from *Yerushalmi;* cf. also *Rambam, Avodas Kochavim* 8:5; see *Tos. Yom Tov* to *Avodah Zarah* 3:6 for a suggestion as to why *bereirah* might not apply here; see also *Chasam Sofer* and *Hagahos R' Eliyahu Gutmacher* to our Gemara).

4. *Deuteronomy* 7:26.

5. See *Leviticus* 11:10,23.

6. *Isaiah* 30:22. [This is the verse cited in our Mishnah.]

7. The source for the law that a *niddah* will render one who carries her *tamei* is a verse in *Leviticus* (15:32,33) that compares her to a *zav.* The verse states: זאת תורת... וְהַדָּוָה בְּנִדָּתָהּ וְהַזָּב אֶת־זוֹבוֹ, *This is the law concerning ... a woman in her state of niddah, and one* (a *zav*) *who has discharged his discharge.* Thus, just as a *zav* generates carrying *tumah,* so too does a *niddah.* We know that a *zav* generates carrying *tumah* from a previous verse (v. 10), which states regarding a *zav,* his couch or seat, and his bodily secretions: וְהַנּוֹשֵׂא אוֹתָם יְכַבֵּס בְּגָדָיו וְרָחַץ בַּמַּיִם וְטָמֵא עַד־הָעָרֶב, *and one who carries them must immerse his garments and immerse himself in water, and he remains tamei until the evening* (*Rashi; Meiri;* cf. *Rashi* to *Avodah Zarah* 47b ד״ה נדה מטמאה במשא; see *Hagahos HaBach* there §3; see also *Chasam Sofer* and *Sfas Emes*).

8. Rabbah is troubled by the seeming superfluity of these phrases. For the verse (*Isaiah* 30:22) begins: וְטִמֵּאתֶם אֶת־צִפּוּי פְּסִילֵי כַסְפֶּךָ וְאֶת־אֲפֻדַּת מַסֵּכַת זְהָבֶךָ, *And you will render as impure [in your eyes] the gilding of your carved silver [idols], and the girdle of your cast golden [ones].* Having spoken of rendering the idols impure, why must the verse continue with the phrases *you will cast them away* and *say to it: Go out*? Apparently, reasons Rabbah, these phrases are meant to teach that one must distance oneself entirely from idolatry – they accordingly demand the imposition of *stringent tumah* upon idols. For as we will see in the Gemara that follows, the analogy between an idol and a *niddah* can as easily teach lenient *tumah* as stringent *tumah.* Now, the rule is that when faced with this choice in the case of a Rabbinic law, we generally seek to employ the analogy in a *less* stringent manner (see below, 83b). Nonetheless, in the case of idol *tumah,* these phrases moved the Rabbis, [according to Rabbah] to interpret this analogy in a more stringent manner (*Tosafos; Ritva MHK* ed.; cf. *Maharal* in *Gur Aryeh*). [Rabbah's disputant R' Elazar, however, did indeed interpret this analogy less stringently, as we will see in the Gemara below.]

9. The term אֶבֶן מְסָמָא, *a placed rock,* is derived from *Daniel* 6:18, which states regarding the lions' pit into which Nebuchadnezzar ordered Daniel thrown: וְהֵיתָיִת אֶבֶן חֲדָה, וְשֻׂמַת עַל־פֻּם גֻּבָּא, *And a rock was brought and was placed upon the opening of the pit.* A rock placed upon supports does not weigh upon that which lies beneath it. Nonetheless, if a *zav* [or a *niddah* or *zavah*] rests upon such a rock, he will contaminate any utensils that lie beneath it [provided that they are of a sort meant to support the weight of a person] with *tumah* of couch and seat [טומאת משכב ומושב] (also known as *midras*). For although *tumah* of couch and seat requires that the *zav* rest upon these objects, it is sufficient if he merely rests upon a rock that is itself supported above the couch or seat. We derive this rule from a verse (*Leviticus* 15:10) that states regarding an article that was beneath a *zav*: וְכָל־הַנֹּגֵעַ בְּכֹל אֲשֶׁר יִהְיֶה תַחְתָּיו יִטְמָא, *And anyone who will come into contact with anything that will be beneath him* (i.e. the *zav*)

עין משפט נר מצוה

ב א מיי' פ"ט מהלכות משכב ומושב הל"ד: ג ב מיי' פ"ו מהלכות שאר אבות הטומאות הלכה ג: ד ג שם הלכה ב:

היה שלו ושל ע"ז נידון מחצה על מחצה אבניו ועציו ועפריו מטמאים כשרץ שנאמר א) שקץ תשקצנו וגו' רבי עקיבא אומר כנדה שנאמר ב) תזרם כמו דוה מה נדה מטמאה במשא אף ע"ז מטמאה במשא אמר רבה תזרם דאמר קרא נכרינהו מינך כזר ג) צא תאמר לו הכנס אל תאמר לו ואמר רבה במשא דכ"ע לא פליגי דמטמאה דהא אתקש לנדה כי פליגי באבן מסמא רבי עקיבא סבר כנדה מה נדה מטמאה באבן מסמא אף ע"ז מטמאה באבן מסמא ורבנן סברי כשרץ מה שרץ לא מטמא באבן מסמא אף ע"ז לא מטמאה באבן מסמא ולר' עקיבא למאי הלכתא איתקש לשרץ למשמשי' ולרבנן למאי הלכתא איתקש לנדה למשא ולוקשה רחמנא לנבלה אין הכי נמי א) אלא מה נדה אינה לאברין ב) אף ע"ז אינה לאברין ואלא הא דבעי רב חמא בר גוריא ע"ז ישנה לאברין או אינה לאברין תיפשוט ליה מהא דלרבנן אינה לאברין רב חמא בר גוריא אליבא דרבי עקיבא בעי לה ור"א אמר באבן מסמא דכ"ע לא פליגי ד) דלא מטמאה כי פליגי במשא רבי עקיבא סבר כנדה מה נדה מטמאה במשא אף ע"ז מטמא' במשא ורבנן ג) סברי כשרץ מה שרץ לא מטמאה במשא אף ע"ז לא מטמאה במשא ור"ע למאי הלכתא איתקש לשרץ למשמשי' ורבנן למאי הלכתא איתקש לנדה מה נדה אינה לאברים אף ע"ז אינה לאברים ורבי

רש"י

היה שלו ושל ע"ז. שהיה חלי מקום הכותל של ע"ז: נדון מחצה על מחצה. המחצה שלו נחשבת כארבע אמות של כניסה לפי שחייבוהו חכמים להרחיקו משלו ארבע אמות וליכנס כולו בתוך שלו: שקץ תשקצנו. לשון שקץ כשרץ שאינו מטמא במשא: נדה מטמאה במשא. אדם הנושאה דאיתקש לזב והדוה בנדתה והזב את זובו וגו' (ויקרא טו) וזב מטמא במשא דכתיב (שם) וכל הנוגע בכל אשר יהיה תחתיו יטמא עד הערב והנושא אותם וגו' אף הזב במשמע אותם: באבן מסמא. אבן שמוה על גבי יתידות וכלים תחתיה כדכתיב (דניאל ו) והיתית אבן חדא ושמת על פום גובא ונדה או זב יושבין עליה אע"פ שלא הכבידו על הכלים טמאים הכלים דכתיב כל אשר יהיה תחתיו: למשמשין. שאין הכלים המשמשין מטמאים לא במשא ולא באבן מסמא: למשא. אבל לא לאבן מסמא דלהכי אהני היקשא דשרץ: ולוקשה לנבלה. דלית בה משא ולית בה אבן מסמא והכי עדיף דתו לא צריך לאקושה לשרץ למעוטי מאבן מסמא: אינה לאברים. אם נחתך אבר ממנה מטמא במשא ובאהל משום תורת אבר מן החי אבל לא משום תורת אבר מן הנדה ונפקא מינה דלא מטמא באבן מסמא: אף ע"ז אינה לאברים. כגון ע"ז של חוליות אבר אבר ממנה אינו מטמא כלל משום ע"ז: דבעי רב חמא. לקמן (דף פג:): אליבא דרבי עקיבא בעי לה. דאקשה לנדה (ג) למשא) מי אמרינן להא נמי איתקש או דילמא לחומרא מקשינן לקולא לא מקשינן: דלא מטמאה. דהא איתקש לשרץ ובשרץ כתיב מגע ולא כתיב משא: למשמשיה. מירוקא היא:

תוספות

אבניו ועציו ועפריו מטמאים כשרץ. ולפי' לה"ד בפ"ג דמסכת ע"ז (דף מא:) שנשתברה מאליה מותרת הא מוקי לה בירושלמי כגון שהשתחוה לכל אבן ואבן ולכל עץ ועץ ולכל עפר ועפר דהוי ע"ז שלימה ו):

אמר רבה במשא כ"ע לא פליגי דמטמאה דהא איתקש לנדה. קשה לר"ת מ"מ דרבנן אי אית להו הא דאמר בסוף שמעתין (דף פג.) טומאה דע"ז דרבנן היא ולקולא מקשינן א"כ אמאי מטמאה במשא נימא דהיקישא דנדה דאינה לאיברים והיקישא דשרץ דלא מטמאה במשא ואי סברי רבנן דלחומרא מקשינן אימא אהני היקישא דנדה לטמויי באבן מסמא ודשרץ לטמויי בכעדשה ולר' עקיבא נמי אי לחומרא מקיש אמאי איצטריך למימר דהיקישא דשרץ למשמשיה לימא לטמויי בכעדשה ואי לקולא מקיש לא תטמא אפילו במשא והיקישא דנדה דאינה לאברים והיקישא דשרץ דלא מטמא במשא וכן לר' אלעזר אליבא דר' עקיבא ונראה לר"ת דגרסי' לעיל בספרים אמר רבה תזרם דאמר ד) קרא נכרינהו מינך כזר לא תאמר לו הכנס אל תאמר לו פירוש כיון דכתיב ככר ברישא וטמאתם את צפוי פסילי כספך וגו' ל"ל תו למימר תזרם כמו דוה אלא לומר שמאד יש להרחיק ואתא למימר אע"ג דשאר קראי נדרשות לקולא משום דטומאת ע"ז דרבנן מנדה ילפינן לחומרא מש"ה קאמר רבה לכ"ע מטמא במשא דאית להו דרשא דתזרם ולרבנן נמי הוית מטמא באבן מסמא כנדה אי לאו דממעטין מדאיתקש לשרץ:

באבן מסמא. פי' בקונטרס אבן מונחת על גבי יתידות ונדה יושבת עליה וכלים תחת האבן וטמא מוכל אשר יהיה תחתיו וקשה דבת"כ מפיק אבן מסמא מוכל המשכב וקרא דכל אשר יהיה תחתיו מוקמינן בפרק בנות כותים (נדה לג:) לעליונו של זב ובת"כ מוקי לה במרכב ועוד דאי מוכל אשר יהיה תחתיו נפקא א"כ אפי' כלים שאין ראוי למשכב ומושב ובת"כ מוכח בהדיא דכלים שאין ראויין למשכב ומושב אין להם אפי' טומאה קלה ועוד אמאי נקט אבן אפי' דף ע"ג יתידות נמי ומפרש ר"ת דאבן מסמא היינו אבן גדולה שהיא כבידה ואין הכלים מרגישים כובד הזב והנדה מחמת כובד האבן ומסמא היינו משא גדולה ה) שצריכה שימה כדכתיב והיתית אבן חדא ושמת על פום ו) גובא אך קשה דבת"כ מרבה אבן מסמא מוכל המשכב משמע דמרבה מטעם משכב ומושב ובכל הש"ס משמע דהוי מטעם משא דבמתני' קרי ליה משא ובפ' בתרא דנדה (דף סט:) תנן הזב והזבה מטמאין במשא ומפרש בגמרא מאי משא אבן מסמא ובריש דס הנדה [נדה נה.] ממעט מדוה מאבן מסמא מהנושא אותם ובתוספתא דכלים תניא אין טומאה לכלי חרס אלא מאוירו ובהיסט הזב ע"ג אבן מסמא והיסט [היינו] משא כדאמר בהעור והרוטב (חולין דף קכד:) אטו נושא לאו היסט הוא משמע ע"ג אבן מסמא שהכלים ע"ג האבן דלא שייך כלל למשכב ומושב ועוד דמדרס כלי חרס טהור וי"ל דהא דמרבה בת"כ אבן מסמא מטעם משכב ומושב היינו כשהזב ע"ג האבן והכלים תחתיה אבל כשיד הטהור או רגלו תחת האבן הוי מטעם משא שהטהור נושא את הטמא או כשאצבעו של זב תחת האבן והכלים עליה טמא מטעם היסט דהיינו משא הזב והיינו היסט הזב ע"ג אבן מסמא דתוספתא וא"ת בריש דס הנדה (נדה דף נד:) דממעט דם הנדה ממשכב ומושב מהיא יושבת מאי פריך תו אי מה היא מטמאה באבן מסמא אף מדוה נמי מטמאה באבן מסמא כיון דכבר מיעט מאשר היא יושבת מדוה ממשכב ומושב היכי סלקא דעתך תו למימר דמטמא באבן מסמא ואור"י דאבן מסמא נפקא לה משום דרשה דלא מטמא אלא אוכלין ומשקין להכי איצטריך התם למעוטי מדוה אף מאבן מסמא שהיא טומאה קלה: ורבנן סברי כשרץ כו'. וא"ת אמאי איצטריך שרץ למעוטי אבן מסמא תיפוק ליה מדאיתקש למת וי"ל דכיון דגלי לן קרא דנכרינהו מינך כזר דאית לן לאקשויי לנדה לחומרא לא הוה ממעטי ממת אבן מסמא בע"ז כיון דאיצטריך היקישא דמת לשיעור כזית א"נ לכדאמר בפרק נגמר הדין (סנהדרין דף מז:) מה ע"ז במחובר לא מיתסרא אף קבר במחובר לא מיתסר: ולרבי עקיבא למאי הלכתא איתקש לשרץ כו'. תימה לר"י מאי קמיבעיא ליה הא איצטריך לאפוקי שלא יטמא באהל המת דמנדה דילמא לא ילפינן שום קולא דהא בעי רב חמא בר גוריא בסמוך אי ישנה לאברים אע"ג דנדה אינה לאברים ויש לומר דלענין דליכא בע"ז חומרא דמת שפיר ילפינן מנדה ואע"ג דהיקישא דנדה לחומרא קולא נמי אית לן למילף והא דמספקא ליה לענין אברים משום דלא דמי דאברי נדה אין אדם יכול להחזירם ואברי ע"ז מיהא אומן יכול להחזירם א"נ הא דקאמר למאי הלכתא וכן הא דקא מסני למשמשין היינו את"ל דילפינן קולא מנדה: למשמשיה. פירש בקונטרס שאין כלים המשמשין לע"ז מטמאין לא במשא ולא באבן מסמא משמע דאי לאו דאיתקש לשרץ הוו מטמי כע"ז באבן מסמא ותימה דלרבנן דהיקישא דשרץ לא אתא למשמשיה מנלן דמשמשין לא מטמו במשא כמו ע"ז עצמה דלקמן קאמר רב אשי אליבא דרבה משמשין בין הן שהסיטו אחרים בין אחרים שהסיטו אותן טהורין ונראה לר"י דאי לאו דאיתקש משמשין לשרץ לא הוה מטמינן להו כלל ורבנן דמטמו למשמשיה מדכתיב שקץ תשקצנו כי חרם הוא משמע כל דבר שהוא חרם פירוש שאסור בהנאה הוי כשרץ ומשמשין אסור בהנאה וזה לא יתיישב פי' הקונטרס דמכי חרם הוא לא משמע למעוטי משמשין דלא מטמו במשא דאין שום יתור לכך אבל הא דמשמשיה טמא משתמע שפיר: ולוקשה רחמנא לנבלה. אמאי דהוקשה למת ליכא למיפרך דלוקש לנבלה דהא איצטריך למת לכדדרשינן בנגמר הדין ובקונט' פי' דהכי פריך ולוקשה לנבלה משום דלאו לא הוה צריך לאקושה לשרץ: ורבי אלעזר אמר כו'. פי' רבינו שמואל דבמילתיה דר' אלעזר ל"ג ור"ע למאי הלכתא איתקש לשרץ למשמשיה דהא איצטריך למעוטה מאבן מסמא כדאמר דכ"ע לא פליגי דלא מטמא באבן מסמא דהא איתקש לשרץ ויש ספרים דל"ג דהא איתקש לשרץ ולפי זה מצינן למימר דטעמא דר' אלעזר דכ"ע לא פליגי דלא מטמא באבן מסמא לאו משום דאיתקש לשרץ אלא בלא שום יתור לא מחמרינן כולי האי לטמאות באבן מסמא ולפי זה גרסי' שפיר ור"ע למאי הלכתא כו' והא דפריך בתר הכי ולוקשה רחמנא לנבלה ותו לא צריך לאקושה לשרץ דהשתא נמי לא צריך לאקושי משום הכי לשרץ אלא הכי פריך דהוה ליה טפי לאקושה לנבלה דדמיא ממש לנבלה אבל לנדה לא דמיא דנדה טמאה באבן מסמא משא"כ בע"ז:

מימיני

רבינו חננאל

ראשונה אליבא דר"ע ושארא כולהו לדברי הכל ובהא איפליגו על הכלי אלעזר אליבא דר"ע ורבנן. רבה סבר דלרבנן לא מטמיא ע"ז באבן מסמא. ופי' אבן מסמא כגון א) אבן [שומה] (שומא) על מושב ועל האבן ע"ז ונטילה האבן. ובא אדם וישב על אותו מושב האי היא דכתיב והיושב על הכלי אשר ישב עליו הזב. ותני עלה אפי' ישב על עשרה מצעות זה ע"ג זה אפילו ע"ג אבן מסמא. דאע"ג דהא בזב אמורה נדה נמי ומושב נדה מצעות באבן מסמא. דאמר רבה דסבר ר' עקיבא ע"ז כנדה. ואפילו לענין משא סבר רבה דאפילו רבנן מודו שהיא מטמאה במשא. ור' אלעזר סבר באבן מסמא כולי עלמא לא פליגי שאין ע"ז מטמא ובמשא הוא

רב נסים גאון

פ"ט כי פליגי באבן מסמא כו'. א) עיקר דילה בתורת כהנים אשר ישב עליו הזב אין לי אלא בזמן שהוא יושב עליו ונוגע בו מנין לעשרה מושבות זה על גבי זה ואפילו על גבי אבן מסמא ת"ל והיושב וכיוצא בו אמרו בנדה ובעלה יכול היא והוא לא יטמאו טומאה חמורה כר' ומנין לי' משכבות זה על גבי זה ואפילו על אבן מסמא ת"ל וכל המשכב ... הנדה (דף נה) אמרו או מה היא מטמאה באבן מסמא אף דמה נמי מטמא באבן מסמא אמר קרא (ויקרא טו) אותם אתה מיעוטא ובתחלת תוספתא טהרות אמרו זוב הזב ורוקו ושכבת זרעו ומימי רגליו ורביעית מן המת ודם נדה כיוצא בהם חומר במרכב מבהן וחומר בהן מבמרכב שהן אדם ולטמא בגדים מה שאין במרכב חומר במרכב שהמרכב תחת אבן מסמא מה שאין כן בהן ובמשנה נמי בתחילת הסדר יש כזה הענין ובפרק תינוק (דף סט) שנינו הזב והזבה והזוהרה והיולדת והמצורע שמתו מטמאין במשא עד שימוק הבשר ובתלמוד אמרו מאי במשא ממש אטו כל מה מי לא מטמא במשא אלא מה משא באבן מסמא דכתיב (דניאל ו) והיתית אבן חדא ושומת על פום גובא. מה שרץ לא מטמא באבן מסמא אף ע"ז לא מטמא באבן מסמא ודע שהשרץ מיוחד בו הכתוב נגיעה כדכתיב (ויקרא יא) ונוגע בנבלתם ומפרשי ליה רבנן במגע הן מטמאין ואינן מטמאין במשא והואיל ואינו מטמא אלא בנגיעה בלבד כמו כן אינו מטמא על גבי אבן מסמא שהרי לא נגע.

מסורת הש"ס

א) דלא מטמאה דהא איתקש לשרץ כי פליגי כל"ל רש"ל וער' רש"ל ותוספות ד"ה ור"א, ב) [ל"ל לאבן מסמא], ג) [וע"ע תוס' ע"ז מו: ד"ה אבניו], ד) דאמר קרא ל"ל נכרינהו כל"ל רש"ל ומ"כ דלפני תוס' לא היה כתוב האי מימרא דרבה ולכך לא מרש"י תוס' לעיל ואמר רבה, ה) שצריכה שימה והשתא א"ש הא דמייתי בפרק בתרא דנדה והיתית אבן כו', ו) על פום גובא שצריכה שימה ואחרי אך קשה כל"ל רש"ל.

תורה אור השלם

א) וְלֹא תָבִיא תוֹעֵבָה אֶל בֵּיתֶךָ וְהָיִיתָ חֵרֶם כָּמֹהוּ שַׁקֵּץ תְּשַׁקְּצֶנּוּ וְתַעֵב תְּתַעֲבֶנּוּ כִּי חֵרֶם הוּא: [דברים ז, כו]

ב) וְטִמֵּאתֶם אֶת צִפּוּי פְּסִילֵי כַסְפֶּךָ וְאֶת אֲפֻדַּת מַסֵּכַת זְהָבֶךָ תִּזְרֵם כְּמוֹ דָוָה צֵא תֹּאמַר לוֹ: [ישעיה ל, כב]

ליקוטי רש"י

היה שלו ושל ע"ז. שמקום עובי הכותל חליו שלו [ע"ז מז.]. נידון מחצה על מחצה. אותו חלק של עבודת כוכבים אינו עולה לו בכניסה ד' אמות אבל חלקו עולה לו שאם היה עביו שתי אמות מונה המחצה שלו וכונס עוד ג' אמות לתוך שלו. אבניו ועציו ועפריו. של אותו כותל מטמאין כשרץ אפילו חלקו לפי שאין בירור. כשרץ. שאין מטמא במשא. שקץ. לשון שרץ. נדה מטמאה במשא. דכתיב וכל הנוגע בכל כלי אשר תשב עליו תטמא טמיאים לכלי אשר נושא אותו ואע"פ שלא נגע שאפילו היו עשרה כלים זה על זה כולן ככלל אשר תשב עליו הן [רש"ש בהגהות הב"ח]. אבן מסמא. אבן כבדה המונחת על גבי הכלים ונדה יושבת עליה (ע"פ) ושומא על פום גובא [נזיר נג.]. מה נדה מטמאה באבן מסמא. [כ]אבן מסמא אבן גדולה המונחת על הכלים ונדה יושבת עליה מטמאה הבגדים שתחת האבן כדאמר במורת כהנים. אף ע"ז לא מטמאה באבן מסמא. דאין מטמא אלא בדבר הראוי לישיבה אבל [אבן] גדולה אינה מטלטלת ליושבים עליה וגבי ע"ז הוא דרבייה קרא [נדה נה.]. אין זה משא הואיל ואינה ראויה להיטלטל עמו [שם סט:]. ישנה לאברין. כגון של חוליות ישנה לטומאתה אבר אבר או לא [לקמן פג.].

חשק שלמה על ר"ח ורנ"ג

א) עיין ערוך ערך אבן מסמא:

וְרַבָּנָן סָבְרִי כְּשֶׁרֶץ – But the Rabbis hold that the *tumah* status of an idol is **like** that of **a *sheretz;*** **מַה שֶּׁרֶץ לֹא מְטַמֵּא בְּאֶבֶן מְסָמָא** – therefore, **just as a *sheretz* will not generate *tumah* in** the case **of a placed rock,** **אַף עֲבוֹדָה זָרָה לֹא מְטַמְּאָה בְּאֶבֶן מְסָמָא – so too will an idol not generate *tumah* in** the case **of a placed rock.**[10]

The Gemara questions Rabbah's interpretation:

וּלְרַבִּי עֲקִיבָא לְמַאי הִלְכְתָא אִיתְקַשׁ לְשֶׁרֶץ – But then **according to R' Akiva, for what reason was [an idol] compared to a *sheretz?***[11]

The Gemara answers:

לְמְשַׁמְּשֶׁיהָ – An idol was compared to a *sheretz* **to** teach the law of **its service items,** i.e. that they will only generate *tumah* through contact, as does a *sheretz.* The idol itself, however, will generate *tumah* even through being carried or in the case of a placed rock![12]

The Gemara asks further:

וּלְרַבָּנָן לְמַאי הִלְכְתָא אִיתְקַשׁ לְנִדָּה – And according to the Rabbis, for what reason was [an idol] compared to a *niddah?*

The Gemara answers:

לְמַשָּׂא – An idol was compared to a *niddah* **to** teach that it can generate **carrying *tumah,*** just as a *niddah* does.[13]

The Gemara questions Rabbah further:

וְלוּקְשָׁהּ רַחֲמָנָא לִנְבֵלָה – But then according to the Rabbis, **let the Torah** rather teach the *tumah* of an idol by directly **equating it to a *neveilah,*** which generates carrying *tumah,* but does not contaminate in the case of a placed rock![14] Why does the Torah instead first compare an idol to a *niddah,* and then limit the analogy by comparing it to a *sheretz?*

The Gemara answers:

אֵין הָכִי נַמִּי – Indeed, it is true that this would be the more efficient analogy, **אֶלָּא – however,** the analogy between an idol and a *niddah* is needed to teach yet another law, as follows: **מַה נִּדָּה אֵינָהּ לְאֵבָרִין – Just as** the *tumah* of ***niddah*** does **not** apply **to** a *niddah*'s severed **limbs,**[15] **אַף עֲבוֹדָה זָרָה אֵינָהּ לְאֵבָרִין – so too** does the *tumah* of **an idol not** apply **to** its **"limbs,"** i.e. to its disassembled segments.[16] In order to teach this law, the verse must compare an idol to a *niddah.* It then limits the analogy by equating an idol with a *sheretz.*

The Gemara wonders:

וְאֶלָּא הָא דְּבָעֵי רַב חָמָא בַּר גּוּרְיָא – But then regarding **that which Rav Chama bar Gurya inquired** – **עֲבוֹדָה זָרָה יֶשְׁנָהּ לְאֵבָרִין אוֹ אֵינָהּ לְאֵבָרִין – does** the *tumah* of **an idol** apply **to its limbs, or** does it **not** apply **to its limbs**[17] – **תִּיפְשׁוֹט לֵיהּ מֵהָא דְּלְרַבָּנָן אֵינָהּ לְאֵבָרִין – let [the inquiry] be resolved from here,** to wit, **that according to the Rabbis [idol *tumah*] does not** apply **to limbs!** Why does Rav Chama bar Gurya not bring this proof?

The Gemara answers:

רַב חָמָא בַּר גּוּרְיָא אַלִּיבָּא דְּרַבִּי עֲקִיבָא בָּעֵי לַהּ – Rav Chama bar Gurya only **inquired according to R' Akiva,**[18] who does not employ the analogy between an idol and a *niddah* to teach the law of an idol's limbs, but to include an idol in the law of carrying *tumah* and the law of a placed rock! He agrees, however, that according to the Rabbis, the analogy teaches that the law of idol *tumah* does not apply to an idol's disassembled segments.

The Gemara now cites the opinion of Rabbah's disputant:

וְרַבִּי אֶלְעָזָר אָמַר – But R' Elazar said: **בְּאֶבֶן מְסָמָא דְּכוּלֵּי עָלְמָא לֹא פְּלִיגֵי דְּלֹא מְטַמְּאָה – With** regard to generating *tumah* from upon **a placed rock, [both R' Akiva and the Rabbis] agree that**

NOTES

will be contaminated, which teaches that anything that was beneath a *zav,* even if it did not actually bear his weight, will generate *tumah* (*Rashi*; see *Meiri*; see also *Maharshal* and *Maginei Shlomo*; cf. *Tosafos* et al.).

The rule of *a placed rock* is further applied with regard to three additional laws. Firstly, it is applied with regard to the transmission of *tumah* by the couch or seat of a *zav.* It is not necessary for a *tahor* to sit directly upon such a couch or seat to incur *tumah;* rather, even if he rests upon a rock placed onto supports above the couch or seat, he is rendered *tamei.* It is also applied with regard to carrying *tumah.* Thus, one need not actually carry a *zav* to be rendered *tamei* – even if one is beneath a placed rock upon which a *zav* rests, he is contaminated with carrying *tumah.* Finally, the rule of a placed rock is applied with regard to *heset* of *zav* (see *Tosefta, Keilim* 1:6:1), a form of carrying *tumah* unique to a *zav* in which that which the *zav* carries is rendered *tamei* (see below, 83a-b, for further discussion of *heset* of *zav*). The *zav* need not actually carry the object; rather, if it is merely supported upon a rock placed above the *zav,* it is *tamei.* Thus, whether the *tumah* is above and the *tahor* below – such as in a *zav* who generates *tumah* of couch and seat or carrying *tumah* – or whether the *tumah* is below and the *tahor* above – such as in *tumah* transmitted by the couch or seat of a *zav* or through the *heset* of a *zav* – the rule of a placed rock is applied (*Ramban;* see *Ritva MHK* ed.; see *Chasam Sofer* in explanation of *Rashi*).

According to Rabbah, R' Akiva holds that the analogy between an idol and a *niddah* teaches that idols are included even in the law of a placed rock. Thus, an idol that rests upon a rock will contaminate one who is beneath the rock with carrying *tumah.*

[The rule of a placed rock actually applies to *any* item placed onto supports (see *Rash, Keilim* 1:3); the reason the Gemara specifically discusses a rock is to underline a novel aspect of this law – namely, that although a rock [since it is not susceptible to *tumah*] would normally interpose between a *tamei* object and one that is *tahor,* preventing one from contaminating the other, in this case it will not constitute an interposition (*Ran MHK* ed.; cf. *Tosafos*).]

10. [According to the Rabbis, the comparison between an idol and a *sheretz limits* the comparison between an idol and a *niddah.* For since a *sheretz* does not generate carrying *tumah* at all, while a *niddah* does even in the case of a placed rock, the two analogies would appear to be contradictory! The Rabbis therefore compromise as follows: While an idol *will* generate carrying *tumah,* it will not do so in the case of a placed rock.]

11. [For if the comparison to *sheretz* does not limit the comparison to *niddah,* then what halachah does it come to teach?]

12. Thus, according to Rabbah, R' Akiva holds that the verse of שַׁקֵּץ תְּשַׁקְּצֶנּוּ, *you must utterly abominate it*, speaks only of an idol's service items, and not of the idol itself (*Ritva MHK* ed.).

[Service items refer to articles that are not themselves worshiped as idols, but are employed for the idol's service (e.g. decorative items; vessels used in the idol's ritual).]

13. However, it will not contaminate in the case of a placed rock, because of its comparison to *sheretz* (*Rashi*).

14. [A *neveilah* is the carcass of an animal whose death did not come about through *shechitah* (i.e. ritual slaughter).] It generates carrying *tumah,* but will not do so in the case of a placed rock. Since its *tumah* thus corresponds to the *tumah* of an idol [according to the Rabbis], the Gemara wonders why the Torah did not simply equate idols with *neveilah,* and dispense with the [contradictory] analogies between idols and *niddah* and idols and *sheretz* (*Rashi*).

15. A *niddah*'s severed limbs are not contaminated with *tumas niddah.* Therefore, although they *are* contaminated with corpse *tumah,* as are all limbs detached from a living person (see *Rambam, Tumas Meis* 2:3), and accordingly will generate carrying *tumah* and *tumas ohel* (roof *tumah*), they will not contaminate in the case of a placed rock (*Rashi;* cf. *Rambam, Mishkav U'Moshav* 8:4; cf. *Raavad* ibid.; see *Kesef Mishneh* ad loc.).

16. Thus, the separate segments of a sectional idol will not generate *tumah* (*Rashi;* cf. *Meiri*).

17. Rav Chama bar Gurya's inquiry is presented below, on 83b.

18. I.e. according to R' Akiva who compares an idol to a *niddah* with regard to carrying *tumah,* Rav Chama bar Gurya inquires as follows: Do we say that the comparison to *niddah* extends even to excluding an idol's limbs from *tumah,* or do we say that this analogy is used only to teach stringencies [such as an idol's carrying *tumah*] and not leniencies? (*Rashi*). [See *Mishneh LaMelech, Avos HaTumos* 6:4, who questions *Rashi's* explanation of the inquiry on the basis of the Gemara on 83b, which seemingly gives an entirely different explanation.]

עין משפט
נר מצוה

ב א מיי' פ"ח מהלכות משכב ומושב הל"ה:
ג ב מיי' פ"ו מהלכות שאר אבות הטומאות הלכה ג:
ד ג שם הלכה ב:

רבינו חננאל

ראשונה אליבא דר"ע ושארא כולהו לדברי הכל ובהא איפליגו רבה ור' אלעזר אליבא דר"ע ורבנן. רבה סבר דלרבנן לא מטמיא ע"ז באבן מסמא. ופי' אבן מסמא כגון א) אבן (שומא) [שומה] על מושב ועל האבן ע"ז וניטלה ע"ז וניטלה האבן. ובא אדם וישב על אותו מושב והאי היא דכתיב והיושב על הכלי אשר ישב עליו הזב. ותני עלה אפי' ישב על עשרה מצעות זה ע"ג זה אפילו ע"ג אבן מסמא. ראע"ג דהא בזב אמורה נדה נמי ומושב נדה טמא באבן מסמא. דאמר רבה דסבר ר' עקיבא ע"ז כנדה. אבל לענין משא סבר רבה דאפילו רבנן מודו שהיא מטמאה במשא. ור' אלעזר סבר באבן מסמא כולי עלמא לא פליגי שאין ע"ז מטמא ובמשא הוא

רב נסים גאון

פ"ט כי פליגי באבן מסמא כו'. א) עיקר דילה בתורת כהנים והיושב על הכלי אשר ישב עליו הזב אין לי אלא בזמן שהוא יושב עליו ונוגע בו מנין לעשרה מושבות זה על גבי זה ואפילו על גבי אבן מסמא ת"ל והיושב וכיוצא בו אמרו בנדה ובזבה יכול יהא יטמאו טומאה חמורה כו' ומנין לי' מושבות זה על גבי זה ואפילו על אבן מסמא ת"ל וכל המשכב ובמסכת נדה בפרק דם הנדה (דף נה) אמרו או מה היא מטמאה באבן מסמא אף דמה נמי מטמא באבן מסמא אמר קרא (ויקרא טו) אתם אתם מיעוטא הוא ובתחלת תוספתא טהרות אמרו זוב הזב ורוקו ושכבת זרעו ומימי רגליו ורביעית דם המת ודם נדה כיוצא במרכב חומר במרכב מבהן וחומר בהן במרכב שהן שוה מגען למשאן לטמא אדם ולטמא בגדים מה שאין כן במרכב חומר במרכב שהמרכב תחת אבן מסמא מה שאין כן בהן [illegible] ובסוף פירקא הסדר יש כזה הענין ובפרק תינוקת (דף סט) שנינו הזב והזבה והנדה והיולדת והמצורע שמתו מטמאין במשא עד שימוק הבשר ובתלמוד אמרו מת מי לא מטמא באבן מסמא אלא מה במשא אבל באבן מסמא כדכתיב (דניאל ו) והיתית אבן חדא ושומת על פום גובא. מה שרץ לא מטמא אף ע"ז לא מטמא באבן מסמא ודע שהכתוב הזכיר בו הכתוב נגיעה כדכתיב (ויקרא יא) בנגעם ובנבלתם ומפרשי ליה רבנן במגע הן מטמאין ואינן מטמאין במשא והואיל ואינו מטמא אלא בנגיעה בלבד כמו כן אינו מטמא על גבי אבן מסמא שהרי לא נגע.

חשק שלמה על ר"ח ורנ"ג

א) עיין ערוך ערך אבן מסמא.

היה שלו ושל ע"ז נידון מחצה על מחצה אבניו ועציו ועפריו מטמאים כשרץ שנאמר א) שקץ תשקצנו וגו' רבי עקיבא אומר כנדה שנאמר ב) תזרם כמו דוה מה נדה מטמאה במשא אף ע"ז מטמאה במשא אמר רבה תזרם דאמר קרא נכרינהו מינך כזר צא תאמר לו הכנס אל תאמר לו ואמר רבה במשא דכ"ע לא פליגי דמטמאה דהא אתקש לנדה כי פליגי באבן מסמא רבי עקיבא סבר כנדה מה נדה מטמאה באבן מסמא אף ע"ז מטמאה באבן מסמא ורבנן סברי כשרץ מה שרץ לא מטמא באבן מסמא אף ע"ז לא מטמאה באבן מסמא ולר' עקיבא למאי הלכתא איתקש לשרץ למשמשי' ולרבנן למאי הלכתא איתקש לנדה למשא ולוקשה רחמנא לנבלה אין הכי נמי א) אלא מה נדה אינה לאברין ב) אף ע"ז אינה לאברין ואלא הא דבעי רב חמא בר גוריא ע"ז ישנה לאברין או אינה לאברין תיפשוט ליה מהא דלרבנן אינה לאברין רב חמא בר גוריא אליבא דרבי עקיבא בעי לה ור"א אמר באבן מסמא דכ"ע לא פליגי ד) דלא מטמאה כי פליגי במשא רבי עקיבא סבר כנדה מה נדה מטמאה במשא אף ע"ז מטמא' במשא ורבנן ג) סברי כשרץ מה שרץ לא מטמאה במשא אף ע"ז לא מטמאה במשא ור"ע למאי הלכתא איתקש לשרץ למשמשי' ורבנן למאי הלכתא איתקש לנדה מה נדה אינה לאברים אף ע"ז אינה לאברים ורבי

רש"י

היה שלו ושל ע"ז. שהיה חלי מקום הכותל של ע"ז: נדון מחצה על מחצה. המחצה שלו נחשבת בארבע אמות של כניסה לפי שמחייבוהו חכמים להרחיקו משלו ארבע אמות וליכנס כולו בתוך שלו: שקץ תשקצנו. לשון שקץ כשרץ שאינו מטמא במשא: נדה מטמאה במשא. אדם הנושא לאחיקש לזב והדוה בנדתה והזב את זובו וגו' (ויקרא טו) חז מטמא במשא דכתיב (שם) וכל הנוגע בכל אשר יהיה תחתיו יטמא עד הערב והנושא אותם וגו' אף הזב במשמע אותם: באבן מסמא. אבן ששמוה על גבי יתידות וכלים תחתיה דכתיב (דניאל ו) והיתית אבן חדא ושמת על פום גובא ונדה או זב יושבין עליה אע"פ שלא הכבידו על הכלים טמאים הכלים דכתיב כל אשר יהיה תחתיו: למשמשין. שאין הכלים המשמשין מטמאים לא במשא ולא באבן מסמא: למשא. אבל לא לאבן מסמא דלהכי אהני היקשא דשרץ: ולוקשה לנבלה. דאית בה משא ולית בה אבן מסמא והכי עדיף דתו לא צריך לאקושה לשרץ למעוטי מאבן מסמא: אינה לאברים. אם נחתך אבר ממנה אינו מטמא במשא ובאהל משום תורת אבר מן החי אבל לא משום תורת אבר מן הנדה ונפקא מינה דלא מטמא באבן מסמא: אף ע"ז אינה לאברים. כגון ע"ז של חוליות אבר אבר ממנה אינו מטמא לכל משום ע"ז: דבעי רב חמא. לקמן (דף פג.): אליבא דרבי עקיבא בעי לה. דאקשה לנדה (ג) למשא) מי אמרינן להא נמי איתקש או דילמא לחומרא מקשינן לקולא לא מקשינן: דלא מטמאה. דהא איתקש לשרץ ובשרץ כתיב מגע ולא כתיב משא: למשמשיה. תירוצא היא:

תוספות

אבניו ועציו ועפריו מטמאים כשרץ. ולפי' למ"ד בפ"ג דמסכת ע"ז (דף מו.) שנשתברה מאליה מותרת הא מוקי לה בירושלמי כגון שהשתחוה לכל אבן ואבן ולכל עץ ועץ ולכל עפר ועפר דהוי ע"ז שלימה ג):

אמר רבה במשא כ"ע לא פליגי דמטמאה דהא איתקש לנדה. קשה לר"ת דרבנן אי אית להו הא דאמר בסוף שמעתין (דף פג:) טומאה דע"ז דרבנן היא ולקולא מקשינן א"כ אמאי מטמאה במשא נימא דהיקישא דנדה לאיברים והיקישא דשרץ דלא מטמאה במשא ואי סברי רבנן לחומרא מקשינן לימא אהני היקישא דנדה לטמויי באבן מסמא ודשרץ לטמויי כבעדשה ולר' עקיבא נמי אי לחומרא מקיש אמאי איצטריך למימר דהיקישא דשרץ למשמשיה לימא לטמויי כבעדשה ואי לקולא מקיש לא תטמא אפילו במשא והיקישא דנדה לאיברים והיקישא דשרץ דלא תטמא במשא וכן לר' אלעזר אליבא דר' עקיבא ונראה לר"ת דגרסי' לעיל בספרים אמר רבה תזרם דאמר ד) קרא נכרינהו מינך כזר לא תאמר לו הכנס אל תאמר לו פירוש כיון דכתיב כבר ברישא וטמאתם את צפוי פסילי כספך וגו' ל"ל תו למימר תזרם כמו דוה אלא לומר שמאד יש להרחיק ולאו למימר אע"ג דשאר קראי נדרשת לקולא משום דטומאת ע"ז דרבנן מנדה ילפינן לחומרא מש"ה קאמר רבה לכ"ע מטמא במשא דאית להו דרשא דתזרם ולרבנן נמי הוית מטמא באבן מסמא כנדה אי לאו דממעטין מדאיתקש לשרץ:

באבן מסמא. פי' בקונטרס אבן מונחת על גבי יתידות ונדה יושבת עליה וכלים תחת האבן וטמא מוכל אשר יהיה תחתיו וקשה דבת"כ מפיק אבן מסמא מוכל המשכב וקרא דכל אשר יהיה תחתיו מוקמינן בפרק בנות כותים (נדה לג:) לעליונו של זב ובת"כ מוקי לה במרכב ועוד דאי מוכל אשר יהיה תחתיו נפקא א"כ אפי' כלים שאין ראוי למשכב ומושב ובת"כ מוכח בהדיא דכלים שאין ראויין למשכב ומושב אין להם אפי' טומאה קלה ועוד אמאי נקט אבן אפי' דף ע"ג יתידות נמי ומפרש ר"ת דאבן מסמא היינו אבן גדולה שהיא כבידה ואין הכלים מרגישים כובד הזב והנדה מחמת כובד האבן ומסמא היינו משא גדולה ה) שצריכה שימה כדכתיב והיתית אבן חדא ושמת על פום ו) גובא אך קשה דבת"כ מרבה אבן מסמא מוכל המשכב משמע דמרבה מטעם משכב ומושב ובכל הש"ס משמע דהוי מטעם משא דבמתני' קרי ליה משא ובפ' בתרא דנדה (דף סט:) תנן הזב והזבה מטמאין במשא ומפרש בגמרא מאי משא אבן מסמא וברים דם הנדה [נדה נה.] ממעט מדוה מאבן מסמא מוהנושא אותם ובתוספתא דכלים תניא אין טומאה לכלי חרס אלא מאוירו ובהיסט הזב ע"ג אבן מסמא והיסט [היינו] משא כדאמר בהעור והרוטב (חולין דף קכד:) אטו נושא לאו היסט הוא משמע ע"ג אבן מסמא שהכלים ע"ג האבן דלא שייך כלל למשכב ומושב ועוד דמדרס כלי חרס טהור וי"ל דהא דמרבה בת"כ אבן מסמא מטעם משכב ומושב היינו כשהזב ע"ג האבן והכלים תחתיה אבל כשיד הטהור או רגלו תחת האבן הוי מטעם משא שהטהור נושא את הטמא או כשאצבעו של זב תחת האבן והכלים עליה טמא מטעם היסט דהיינו משא הזב והיינו היסט הזב ע"ג אבן מסמא דתוספתא וא"ת בריש דם הנדה (נדה דף נד:) דממעט דם הנדה ממשכב ומושב מהיא יושבת מאי פריך תו אי מה היא מטמאה באבן מסמא אף מדוה נמי מטמאה באבן מסמא כיון דכבר מיעט מאשר היא יושבת מדוה ממשכב ומושב היכי סלקא דעתך תו למימר דמטמא באבן מסמא ואור"י דאבן מסמא נפקא לה משום דרשה דלא מטמא אלא אוכלין ומשקין להכי איצטריך התם למעוטי מדוה אף מאבן מסמא שהיא טומאה קלה:

ורבנן סברי כשרץ כו'. וא"ת אמאי איצטריך שרץ למעוטי אבן מסמא תיפוק ליה מדאיתקש למת (לקמן דף פג.) וי"ל דכיון דגלי לן קרא דנכרינהו מינך כזר דאית לן לאקשוי לנדה לחומרא לא הוה ממעטי ממת אבן מסמא בע"ז כיון דלאיצטריך היקישא דמת לשיעור כזית א"נ לכדאמר בפרק נגמר הדין (סנהדרין דף מז:) מה ע"ז במחובר לא מיתסרא אף קבר במחובר לא מיתסר:

ולרבי עקיבא למאי הלכתא איתקש לשרץ כו'. תימה לר"י מאי קמיבעיא ליה הא איצטריך לאפוקי שלא יטמא באהל המת דמנדה דילמא לא ילפינן שום קולא דהא בעי רב חמא בר גוריא בסמוך אי ישנה לאברים אע"ג דנדה אינה לאברים ויש לומר דלענין דליכא בע"ז חומרא דמת שפיר ילפינן מנדה ואע"ג דהיקישא דנדה לחומרא קולא נמי אית לן למילף והא דמספקא ליה לענין אברים משום דלא דמי דאברי נדה אין אדם יכול להחזירם ואברי ע"ז מיהא אומן יכול להחזירם א"נ הא דקאמר למאי הלכתא וכן הא דקא משני למשמשין היינו את"ל דילפינן קולא מנדה:

למשמשיה. פירש בקונטרס שאין כלים המשמשין לע"ז מטמאין לא במשא ולא באבן מסמא משמע דאי לאו דאיתקש לשרץ הוו מטמי כע"ז באבן מסמא ותימה דלרבנן דהיקישא דשרץ לא אתא למשמשיה מנלן דמשמשין לא מטמו במשא כמו ע"ז עצמה דלקמן קאמר רב אשי אליבא דרבה משמשין בין הן שהסיטו אחרים בין אחרים שהסיטו אותן טהורין ונראה לר"י דאי לאו דאיתקש משמשין לשרץ לא הוה מטמינן להו כלל ורבנן דמטמו למשמשיה מדכתיב שקץ תשקצנו כי חרם הוא משמע כל דבר שהוא חרם פירוש שאסור בהנאה הוי כשרץ ומשמשין אסור בהנאה וזה לא יתיישב פי' הקונטרס דמכי חרם הוא לא משמע למעוטי משמשין דלא מטמו במשא דאין שום יתור לכך אבל הא דמשמשיה טמא משתמע שפיר:

ולוקשה רחמנא לנבלה. אמאי דהוקשה למת ליכא למיפרך דלוקש לנבלה דהא איצטריך למת לכדדרשינן בנגמר הדין ובקונט' פי' דהכי פריך ולוקשה לנבלה משום דאז לא הוה צריך לאקושה לשרץ:

ורבי אלעזר אמר כו'. פי' רבינו שמואל דבמילתיה דר' אלעזר ל"ג ור"ע למאי הלכתא איתקש לשרץ למשמשיה דהא איצטריך למעוטה מאבן מסמא כדאמר דכ"ע לא פליגי דלא מטמא באבן מסמא דהא איתקש לשרץ ויש ספרים דל"ג דהא איתקש לשרץ ולפי זה מצינן למימר דטעמא דר' אלעזר דכ"ע לא פליגי דלא מטמא באבן מסמא לאו משום דאיתקש לשרץ אלא בלא שום יתור לא מחמרינן כולי האי לטמאות באבן מסמא ולפי זה גרסי' שפיר ור"ע למאי הלכתא כו' והא דפריך בתר הכי ולוקשה לנבלה לא פריך לוקשה לנבלה ותו לא צריך לאקושה לשרץ דהשתא נמי לא צריך לאקושי משום הכי לשרץ אלא הכי פריך דהוה ליה טפי לאקושה לנבלה דדמיא ממש לנבלה אבל לנדה לא דמיא דנדה מטמאה באבן מסמא משא"כ בע"ז:

מיתיבי

מסורת הש"ס

א) דלא מטמאה דהא איתקש לשרץ כי פליגי כל"ל רש"ל וער' תוס' ד"ה ור"א, ב) [צ"ל לאבן מסמא], ג) [וע"ע תוס' ע"ז מו: ד"ה אבנים], ד) דאמר קרא ל"ל נכרינהו כל"ל רש"ל ומ"כ דלפני תוס' לא היה כתוב האי מימרא דרבה ולכך לא גרסי תוס' לעיל ואמר רבה, ה) שצריכה שימה והשתא א"ש הא דמייתי בפרק בתרא דנדה והיינו אבן כו', ו) על פום גובא שצריכה שימה ולאפוקי אך קשה כל"ל רש"ל.

תורה אור השלם

א) וְלֹא תָבִיא תוֹעֵבָה אֶל בֵּיתֶךָ וְהָיִיתָ חֵרֶם כָּמֹהוּ שַׁקֵּץ תְּשַׁקְּצֶנּוּ וְתַעֵב תְּתַעֲבֶנּוּ כִּי חֵרֶם הוּא: [דברים ז, כו]

ב) וְטִמֵּאתֶם אֶת צִפּוּי פְּסִילֵי כַסְפֶּךָ וְאֶת אֲפֻדַּת מַסֵּכַת זְהָבֶךָ תִּזְרֵם כְּמוֹ דָוָה צֵא תֹּאמַר לוֹ: [ישעיה ל, כב]

ליקוטי רש"י

היה שלו ושל ע"ז. שמקום עובי הכותל חליו שלו [ע"ז מז.]. נידון מחצה על מחצה. אותו חלק של עבודת כוכבים אינו עולה לו בכניסתו ד' אמות אבל חלקו עולה לו שאם היה הכותל שלו וכונס עוד ג' אמות לתוך שלו. אבניו ועציו ועפריו. של אותו כותל מטמאין כשרץ אפילו חלקו לפי שאין בו כריתה. כשרץ. שרץ אין מטמא במשא. שקץ. לשון שרץ. נדה מטמאה במשא. דכתיב וכל הנוגע בכל כלי אשר תשב עליו [illegible] אבן מסמא. אבן כבדה המונחת על גבי יתידות ואינה מטלטלת [נדה נה:]. [illegible] דכתיב ושומת על פום גובא (דניאל ו) [נזיר נב.]. מה נדה מטמאה באבן מסמא. [illegible] אף ע"ז לא מטמאה באבן מסמא. [illegible] ישנה לאברין. כגון ע"ז של חוליות ישנה לטומאה אבר אבר לקמן פג:].

[an idol] cannot generate *tumah* in this manner![19] **כִּי פְּלִיגִי – When do they disagree? בְּמַשָּׂא – With** regard to whether an idol will generate **carrying *tumah*. רַבִּי עֲקִיבָא סָבַר כְּנִדָּה – R' Akiva holds** that the *tumah* status of an idol is **like** that of a ***niddah*. מַה נִּדָּה מְטַמְּאָה בְּמַשָּׂא –** Thus, **just as a *niddah* will contaminate** one who carries her **with carrying *tumah*, אַף עֲבוֹדָה זָרָה מְטַמְּאָה בְּמַשָּׂא – so too will an idol contaminate** one who carries it **with carrying *tumah*. וְרַבָּנָן סָבְרֵי כְּשֶׁרֶץ – But the Rabbis hold** that the *tumah* status of an idol is **identical to** that of **a *sheretz*; מַה שֶּׁרֶץ לֹא מְטַמֵּא(ה) בְּמַשָּׂא –** therefore, **just as a *sheretz* will not contaminate** one who carries it **with carrying *tumah*, אַף עֲבוֹדָה זָרָה לֹא מְטַמְּאָה בְּמַשָּׂא – so too will an idol not contaminate** one who carries it **with carrying *tumah*.**

The Gemara questions R' Elazar's interpretation:

וְרַבִּי עֲקִיבָא לְמַאי הִלְכְתָא אִיתְּקַשׁ לְשֶׁרֶץ – But then according to **R' Akiva, for what reason was [an idol] compared to a *sheretz*?**

The Gemara answers:

לְמְשַׁמְּשֶׁיהָ – An idol was compared to a *sheretz* **to** teach the law of **its service items,** i.e. that they generate *tumah* through contact only, as does a *sheretz*. The idol itself, however, will generate *tumah* even through being carried![20]

The Gemara asks further:

וְרַבָּנָן לְמַאי הִלְכְתָא אִיתְּקַשׁ לְנִדָּה – And according to the Rabbis, for what reason was [an idol] compared to a *niddah*?[21]

The Gemara answers:

מַה נִּדָּה אֵינָהּ לְאֵבָרִים – An idol was compared to a *niddah* to teach that **just as** the *tumah* **of a *niddah*** does **not** apply **to** her severed **limbs, אַף עֲבוֹדָה זָרָה אֵינָהּ לְאֵבָרִים – so too** does the *tumah* of **an idol not** apply **to** its disassembled **limbs.**

NOTES

19. For an idol is compared to a *sheretz,* which generates *tumah* through contact only, and not through being carried (*Rashi;* see *Ritva MHK* ed.; see *Maharshal*). [Accordingly, the verse's comparison of idols to *sheretz* limits its comparison of idols to *niddah.* R' Akiva therefore admits that an idol is excluded from the rule of a placed rock.]

20. *Ritva* (*MHK* ed.) points out that the Gemara could have given an obvious answer: The comparison to *sheretz* is needed to teach that an idol will not contaminate in the case of a placed rock! He concludes that this is indeed so – the Gemara only answers as it does to parallel its earlier answer to the same question in the Gemara above (cf. *Tosafos;* see *Chidushei HaRan*).

21. [Since according to R' Elazar the Rabbis do not include an idol in carrying *tumah* at all, what is the point of the analogy between an idol and a *niddah*?]

The Gemara questions R' Elazar further:

וְרַבִּי עֲקִיבָא לְמַאי הִלְכְתָא אִיתְקַשׁ לְנִדָּה לְמַשָּׂא – **But** according to **R' Akiva, for what reason was [an idol] compared to a *niddah*?** Only **to** teach that it will generate **carrying *tumah*,** but not to include it in the law of a placed rock. לוּקְשֵׁיהּ לִנְבֵלָה – But then **let [the Torah]** rather **compare an idol to a *neveilah*,** which, since it generates carrying *tumah*, but does not contaminate in the case of a placed rock, is exactly analogous to an idol! Why does the Torah instead teach the law of idol *tumah* through an inexact analogy to *niddah*?[1]

The Gemara answers:

אִין הָכִי נַמִּי – **Indeed, it is true** that the comparison to *neveilah* would be the more precise one, אֶלָּא – **however,** the comparison to *niddah* is needed to teach yet another law, as follows: מַה נִּדָּה אֵינָהּ לְאֵבָרִין – **Just as** the *tumah* of **a *niddah*** does **not** apply **to** her severed **limbs,** אַף עֲבוֹדָה זָרָה אֵינָהּ לְאֵבָרִין – **so too** does the *tumah* of **an idol not** apply **to** its disassembled **limbs.**

The Gemara wonders:

אֶלָּא הָא דְּבָעֵי רַב חָמָא בַּר גּוּרְיָא – **But** then regarding **that which Rav Chama bar Gurya inquired:** עֲבוֹדָה זָרָה יֶשְׁנָהּ לְאֵבָרִים אוֹ אֵינָהּ לְאֵבָרִים – **Does** the *tumah* of **an idol** apply **to its limbs, or** does it **not** apply **to** its **limbs** – תִּיפְשׁוֹט לֵיהּ מֵהָא בֵּין לְרַבָּנָן בֵּין לְרַבִּי עֲקִיבָא דְּאֵינָהּ לְאֵבָרִים – **let [the inquiry] be resolved from here,** to wit, **that both according to the Rabbis and according to R' Akiva, [idol *tumah*] does not** apply **to limbs!**[2] Why does Rav Chama bar Gurya not bring this proof?

The Gemara answers:

רַב חָמָא בַּר גּוּרְיָא כְּרַבָּה מַתְנֵי וּבָעֵי לָהּ אַלִּיבָּא דְּרַבִּי עֲקִיבָא – **Rav Chama bar Gurya taught** the dispute between R' Akiva and the Rabbis **as** did **Rabbah, and he inquired according to R' Akiva.**[3] He would agree, however, that according to R' Elazar's interpretation of the dispute, both R' Akiva and the Rabbis agree that the law of idol *tumah* does not apply to an idol's dismantled segments.

The Gemara challenges Rabbah's interpretation of the dispute:

מֵיתִיבֵי – **They challenged** Rabbah on the basis of the following Baraisa: עֲבוֹדָה זָרָה כְּשֶׁרֶץ – The *tumah* of AN IDOL IS LIKE that of A *SHERETZ*, וּמְשַׁמְּשֶׁיהָ כְּשֶׁרֶץ – AND the *tumah* of ITS SERVICE ITEMS IS LIKE that of A *SHERETZ*. רַבִּי עֲקִיבָא אוֹמֵר – R' AKIVA SAYS: עֲבוֹדָה זָרָה כְּנִדָּה – The *tumah* of AN IDOL IS LIKE that of A *NIDDAH*, וּמְשַׁמְּשֶׁיהָ כְּשֶׁרֶץ – WHILE the *tumah* of ITS SERVICE ITEMS IS LIKE that of A *SHERETZ*. It appears from this Baraisa that according to the Rabbis the *tumah* of an idol is identical to that of a *sheretz*; thus, an idol will not generate carrying *tumah*. בִּשְׁלָמָא לְרַבִּי אֶלְעָזָר נִיחָא – Now, **this is understandable according to R' Elazar's** opinion, **which fits well** with this implication of the Baraisa. אֶלָּא לְרַבָּה – **But according to Rabbah,** who holds that even according to the Rabbis an idol will generate carrying *tumah*, קַשְׁיָא – **there is a difficulty!** For this Baraisa contradicts his opinion!

The Gemara answers:

אָמַר לָךְ רַבָּה – **Rabbah will say to you:** מִי אַלִּימָא מִמַּתְנִיתִין – **Is [the implication]** of the Baraisa any **stronger than** that of **the Mishnah** cited above? דְּקָתָנֵי – **For the Mishnah taught:** עֵצָיו וַאֲבָנָיו וַעֲפָרָיו מְטַמְּאִין כְּשֶׁרֶץ – [THE FALLEN WALL'S] TIMBERS, ITS STONES, AND ITS MORTAR WILL GENERATE *TUMAH* LIKE A *SHERETZ* does. וְאוֹקִימְנָא – **Yet I established** with regard to the interpretation of that Mishnah מַאי כְּשֶׁרֶץ דְּלֹא מְטַמֵּא בְּאֶבֶן מְסָמָא – that **what is** meant by the phrase, **"like a *sheretz*"** – only **that [an idol]** is like a *sheretz* in that it **will not contaminate in** the case of **a placed rock!** However, it will certainly generate carrying *tumah* in the regular manner. הָכָא נַמִּי דְּלֹא מְטַמֵּא בְּאֶבֶן מְסָמָא – **Here too** (i.e. in the Baraisa), the term "like a *sheretz*" means only that an idol **will not contaminate** in the case of **a placed rock.** It is not intended to entirely exclude idols from generating carrying *tumah*![4]

The Gemara again challenges Rabbah's interpretation of the dispute:

מֵיתִיבֵי – **They challenged** Rabbah on the basis of the following Baraisa: נָכְרִי וְנָכְרִית עֲבוֹדָה זָרָה וּמְשַׁמְּשֶׁיהָ – AN IDOLATER, AN IDOLATRESS, AN IDOL, AND [THE IDOL'S] SERVICE ITEMS: הֵן וְלֹא הֶיסֵּטָן – THEY are *tamei*, BUT they do NOT generate *tumah* through THEIR BEING CARRIED.[5] רַבִּי עֲקִיבָא אוֹמֵר – R' AKIVA SAYS: הֵן וְהֶיסֵּטָן – THEY are *tamei*, AND they generate *tumah* through THEIR BEING CARRIED.[6] This Baraisa states clearly that according to the Rabbis an idol will not generate carrying *tumah*. בִּשְׁלָמָא לְרַבִּי אֶלְעָזָר נִיחָא – Now, **this is understandable according to R' Elazar's** opinion, for **it fits well** with the Baraisa's ruling. אֶלָּא לְרַבָּה – **But according to Rabbah,** who holds that even according to the Rabbis an idol will generate

NOTES

1. [The *tumah* of a *niddah* differs from the *tumah* R' Akiva wishes to impose upon idols. For a *niddah* both generates carrying *tumah* and contaminates in the case of a placed rock, while an idol will not contaminate in the case of a placed rock.]

2. [R' Elazar does not say explicitly that according to the Rabbis the comparison to *niddah* is needed to teach that an idol's limbs are free of *tumah*; however, since he holds that the Rabbis who argue with R' Akiva do not impose *any* sort of carrying *tumah* upon idols, he certainly must hold that the Rabbis employ the comparison to teach this law.]

3. I.e. Rav Chama bar Gurya held, as Rabbah does, that according to R' Akiva a comparison to *neveilah* would not suffice to teach the law of idol *tumah*, for since R' Akiva holds that an idol generates *tumah* in the case of a placed rock, he must derive idol *tumah* from *niddah*. [Accordingly, R' Akiva cannot derive the exclusion of dismantled idol limbs from *tumah* from the Torah's failure to compare idols to *neveilah*]. Rav Chama bar Gurya therefore inquires as to whether or not the comparison to *niddah* extends according to R' Akiva even to excluding an idol's limbs from *tumah* (*Rashi;* see 82b note 18).

4. In its challenge the Gemara felt that by applying the phrase "like a *sheretz*" both to idols themselves and to their service items, the Baraisa shows that it holds their laws to be identical. Thus, just as service items do not generate carrying *tumah*, so too will idols themselves not generate carrying *tumah* (*Tosafos*). The Gemara now realizes that were this the case, the Baraisa could simply have joined the two laws, and stated: *The tumah of an idol and of its service items is like that of a sheretz.* Since the Baraisa distinguishes between the two by separately likening each to *sheretz*, it evidently holds that their laws differ (*Ritva MHK* ed.). Thus, Rabbah explains that whereas service items are indeed *entirely* identical to *sheretz*, since they do not even generate carrying *tumah*, idols themselves resemble *sheretz* only with regard to the law of a placed rock.

5. [I.e. if they are carried by one who does not come into direct physical contact with them, they will not render him *tamei* with carrying *tumah*.]

See below, note 8, for the source of the *tumah* of idolaters and idolatresses.

6. [I.e. they generate carrying *tumah* in one who carries them even if they do not come into direct physical contact with him.]

[At this point, the Gemara understands the term הֵן, *they,* as a reference to the essential *tumah* of the people and things mentioned. It takes the word הֶיסֵּטָן as a reference to their ability to generate ordinary carrying *tumah*; the word thus translates as: *their being carried.* This assumption will be challenged below by Rav Ashi, who will accordingly interpret these terms differently (*Rashi;* see *Rashash*).

Rashi notes that according to the Gemara's present understanding, it is odd that the Baraisa finds it necessary to mention the obvious fact that according to R' Akiva these items are *tamei*. After all, if these things generate carrying *tumah*, they are obviously *tamei* themselves! In fact, it is this question that Rav Ashi will raise below in his challenge to the present interpretation; according to his revised understanding of the Baraisa, the question disappears.]

ורבי עקיבא למאי הלכתא איתקש לנדה למשא לוקשה לנבלה אין הכי נמי אלא מה נדה אינה לאברין אף ע"ז אינה לאברין אלא הא דבעי רב חמא בר גוריא ע"ז ישנה לאברים או אינה לאברים תיפשוט ליה מהא בין לרבנן בין לרבי עקיבא דאינה לאברים רב חמא בר גוריא כרבה מתני ובעי לה אליבא דרבי עקיבא מיתיבי ע"ז כשרץ א) ומשמשיה כשרץ רבי עקיבא אומר ע"ז כנדה ומשמשיה כשרץ בשלמא לרבי אלעזר ניחא אלא לרבה קשיא • אמר לך רבה מי אלימא ממתני' דקתני עציו ואבניו ועפריו מטמאין כשרץ ואוקימנא מאי כשרץ דלא מטמא באבן מסמא ה"נ דלא מטמא באבן מסמא מיתיבי נכרי ונכרית ע"ז ומשמשיה הן ולא היסטן רבי עקיבא אומר הן והיסטן בשלמא לרבי אלעזר ניחא אלא לרבה קשיא אמר לך רבה וליטעמיך נכרי ונכרית נמי הן ולא היסטן ב) והתניא א) דבר אל בני ישראל וגו' בני ישראל מטמאין בזיבה ג) ואין נכרים מטמאין בזיבה אבל גזרו עליהן שיהו כזבין לכל דבריהן אלא רבה מתרץ לטעמיה נכרי ונכרית הן והיסטן ואבן מסמא שלהן ע"ז היא והיסטה אבל לא אבן מסמא שלה רבי עקיבא אומר ע"ז היא והיסטה ואבן מסמא שלה ורבי אלעזר מתרץ לטעמיה נכרי ונכרית הן והיסטן ואבן מסמא שלהן ע"ז היא ולא היסטה ורבי עקיבא אומר ע"ז היא והיסטה מתקיף לה רב אשי מאי הן אלא אמר רב אשי הכי קאמר נכרי ונכרית בין הן שהסיטו את אחרים ובין אחרים שהסיטו אותן טמאים ע"ז שהסיטה את אחרים טהורין אחרים שהסיטו אותה טמאים משמשיה בין הן שהסיטו את אחרים ובין אחרים שהסיטו אותן טהורים רבי עקיבא אומר נכרי ונכרית וע"ז בין הן שהסיטו את אחרים ובין אחרים שהסיטו אותן טמאים משמשיה בין הן שהסיטו אחרים ובין אחרים שהסיטו אותן טהורין ע"ז בשלמא אחרים שהסיטו אותה משכחת לה אלא היא שהסיטה את אחרים היכי משכחת לה אמר רמי בריה דרב ייבא ג) כדתנן ד) ב הזב בכף מאזנים ואוכלין ומשקין בכף שנייה כרע הזב טמאין כרעו

רש"י

ור' עקיבא למאי הלכתא איתקש לנדה למשא. לתודה לוקשה לנבלה: **כרבה מתני לה.** דאמר לעיל דר"ע לאבן מסמא נמי אקשה לנדה ולא מגי לאקושה לנבלה: **ובעי לה אליבא דר' עקיבא.** מי מקיש נמי לענין נדה דאינה לאברים או לא: **ניחא.** דקתני לרבנן כשרץ אלמא לא מטמיא במשא: **ממתני'.** דמסכת ע"ז אבניו ועציו כו': **ה"ג נכרי ונכרית וע"ז ומשמשיה כו'.** ול"ג מגע נכרי ונכרית שגזרו חכמים עליהן טומאת זבין: **הן ולא היסטן.** קס"ד היסטן משמע שהוסטו דהיינו משא ולא לשאר היסיטות שבש"ס דמשמעו שהטמא הסיט האחרים: **בשלמא לר"א ניחא.** דקתני ולא היסטן דמשמע דלא מטמא במשא ולקמן פריך מאי הן אי הן טמאין קאמר פשיטא השתא היסטן טמא הם מיבעיא הכי איבעי ליה למתני מגען ולא היסטן: **לכל דבריהם (א).** אלמא מטמאו במשא דאי לא מטמאו אלא במגע מאי כזבין לימא כטמאי מתים: **אלא.** הא משבשתא היא ובעי לתרולי ורבה מתרץ לטעמיה ורבי אלעזר לטעמיה: **ואבן מסמא שלהן** גרסי' גבי נכרי ונכרית בין בתרלתא דרבה בין בדר' אלעזר והכי אמרינן בפרק בתרא דמסכת נדה (דף סט:) נכרי ונכרית מטמאין באבן מסמא: **ר' אלעזר מתרץ לטעמיה כו' ע"ז היא ולא היסטה.** ולא משאה שאינה מטמאה במשא: **מתקיף לה רב אשי מאי הן.** אי רבה ורבי אלעזר היסט דברייתא לשון משא משמע להו שהסיטו אחרים דהיינו משא מאי הן והיסטן הן ולא היסטן דקתני בין לר' עקיבא בין לרבנן אי למימרא דהן עלמן טמאים פשיטא דאי טהורים הם היסטן מנא להו הכי איבעיא לאיפלוגי ע"ז אין היסטה טמא ר' עקיבא אומר היסטה טמא: **אלא אמר רב אשי הכי קאמר נכרי ונכרית בין הן שהסיטו אחרים.** והיינו היסטן דקתני בה ככל היסט שבמשנה: **בין אחרים שהסיטו אותן.** דהיינו משא וזהו הן דקתני בברייתא והכי משמע הן והיסטן דלישנא דברייתא משא שהזכירו חכמים בנכרי ונכרית בין הן שהוסטו על ידי אדם בין היסטן כלומר מה שהסיטו הן טמאין דמורת זבין עליהם דזב שהוסט ע"י אדם או הסיט את האדם ואת כל דבר טמאוהו דתנן (זבין פ"ה משנה ג) כל הנישא על גבי זב טמא והיינו היסט ויליפינן לה במסכת נדה (ד' לג.) מוכל הנוגע בכל אשר יהיה תחתיו ומוקמי' לקרא התם ע"כ דה"ק וכל הנוגע בכל אשר יהיה הזב תחתיו דהיינו נישא על גבי הזב: **ע"ז שהסיטה את אחרים טהורים.** דאיתקש לשרץ להכי שלא תטמא לא בהיסט ולא באבן מסמא ולאיבא דרבה קמתרץ לה רב אשי: **אחרים שהסיטוה טמאים.** דהיינו משא ומודו רבנן דמטמאה במשא דאיתקש לנדה: **רבי עקיבא אומר.** ע"ז נמי כנכרי ונכרית בין שהסיטה בין שהוסטה וה"ה לאבן מסמא דאיתקש לנדה והכי תני רב אשי לברייתא אליבא דרבה נכרי ונכרית הן המשא שלהן והיסטן ע"ז היא המשא שלה ולא היסטה משמשיה לא הן ולא היסטן ר' עקיבא אומר נכרי ונכרית ע"ז הן והיסטן משמשיה לא הן ולא היסטן וממילא לר' אלעזר מתרץ לה רב אשי הכי נכרי ונכרית הן והיסטן ע"ז ומשמשיה לא הן ולא היסטן ר' עקיבא אומר נכרי ונכרית הן והיסטן ע"ז היא ולא היסטה דבמשא מטמאה ולא באבן מסמא דהוא דומיא דהיסט משמשין לא הן ולא היסטן כך נראה לי סוגיא זו ולא פירשו רבותינו כן והם פירשו מאי הן דלאתקפתא דרב אשי אדרבי עקיבא קאי ולא קשיא ליה אלא דתני לה בלשון רבים והכי קשיא ליה כיון דר"ע לע"ז לחודה קאי אמאי תנא הן והיסטן היא והיסטה איבעיא ליה למיתני ולא נהירא לי דקשיא לי טובא בגוה חדא דלא אתקפתא היא דלכיון דאמרן דמתני' מחסרתא היא ואוסופי מוספינן עלה שפיר מיתני בה [הן] לר"ע בין לרבה דקאמר ר"ע אכולהו קאי וקאמר ה) הן והיסטן ובין לר' אלעזר נמי קאי אכולהו דהכי קאמר ר' עקיבא ע"ז לענין היסט דהיינו משא כנכרי ונכרית וכולן הן והיסטן והכי קתני רבי עקיבא אומר נכרי ונכרית ע"ז הן והיסטן ועוד מ"ש דלא מיפלגי בין הסיטו להוסטו אלא בתרלתא דרב אשי ומאי דוחקיה לפלוגי בהו אי לאו דהן דברייתא משמע ליה שהוסטו והיסטן משמע ליה שהסיטו ועוד דסוף סוף בתירולא דרב אשי לא מיתרלא אתקפתיה דאי הן משום מגע משמשיה קאמר [לא] הן ולא היסטן הוא ואילו רבי עקיבא הן והיסטן קאמר ומאי אנכרי ונכרית הכא נמי ה"מ לתרולי כלישנא קמא ומאי אתקפתיה: **היכי משכחת לה.** שהמסיט יסיט אדם או חפץ אחר: **כרע הזב טמאין.** שהרי הסיטן זב והיסטו של זב כי האי גוונא כתיב בין בכלים בין באדם בין באוכלין ומשקין בכלים כתיב וכלי חרש אשר יגע בו הזב ותניא בת"כ יכול יטמאנו מאחוריו נאמר כאן בו ונאמר להלן אשר תבושל בו מה להלן מאוירו אף כאן מאוירו א"כ למה נאמר אשר יגע בו פשיטא מי גרע משאר טומאות שמטמאין כלי חרס מאוירן כיון דכתיב גבי שרלים ל"ל למכתבי' הכא אלא להביא מגעו שהוא ככולו ואפי' מאחוריו ואיזהו זה היסטו וגבי אדם נמי וכל אשר יגע בו הזב ואי משום מגע הא כתיב נוגע בבשר הזב אלא להביא מגעו שהוא ככולו ואפי' מאחוריו ואיזה זה היסטו וגבי אוכלין ומשקין תנא וכל כלי עץ ישטף במים אמר ר' שמעון ומה בא זה ללמדנו אם ללמד שיטמא הזב כלי שטף במגע והלא כבר נאמר הנוגע בבשר הזב יכבס בגדיו אם הנוגע בו יכבס בגדיו שהן כלי שטף במגע הוא עלמו לא יטמא כלי שטף במגע אלא למה נאמר וכל כלי עץ וגו' להביא אוכלין ומשקין וכלים הניסאין ע"ג הזב דבסיפיה דקרא דאשר יגע בו הזב כתיב דאוקמינן דמשתעי בהיסט והיינו דתנן כל הנישא על גבי הזב טמא:

תוספות

מיתיבי ע"ז כשרץ ומשמשיה כשרץ. • מברייתא אלים ליה למיפרך ממתני' משום דקתני בה משמשיה משמע דע"ז דומיא דמשמשיה דלא מטמו במשא: **ומשמשיה בין הן שהסיטו כו'.** בשנויא קמא לא מדכר משמשיה משום דהוי בכלל הן ולא היסטן דברייתא אבל רב אשי הוצרך לפרש דמשמשיה לא הן ולא היסטן ולא הוי בכלל הא דקתני בברייתא הן ולא היסטן: **ורבי עקיבא.** הכא פור"ת לא גריס משמשיה במילתיה דר"ע דלא פליג במשמשיה ארבנן: **הזב בכף מאזנים כו'.** במס' זבים (פ"ד משנה ה) גרסינן הזב בכף מאזנים ומשכב ומושב בכף שנייה כרע הזב טהורין פי' ממדרס ומ"מ טמאין מדין היסט הזב כרעו הן טמאים פי' ממדרס כיון שהזב למעלה הרי נשען עליהן וגירסת הקונט' מיושב יותר אך לא נמלא כן אם לא שברייתא היא בשום מקום:

רבינו חננאל

דפליגי. רבנן סברי לא מטמאה במשא. ור"ע סבר מטמאה במשא. והלכה כרבנן ואליבא דר' אלעזר דרבא משני בשינויא דחיקי. וטומאת ע"ז דרבנן היא. ולענין הא דמסקינן בין אליבא [דרבא] בין אליבא דר' אלעזר. דלר' עקיבא האי הא איתקש ע"ז לשקץ דכתיב שקץ תשקצנו משום משמשיה קשיא למקצת תלמידים כי מכדי משמשי ע"ז אפי' אליבא דר' עקיבא בשקץ היכי קתני לענין בית ע"ז אבניו ועציו ועפריו מטמאין כשרץ. ר"ע אומר כנדה. דאהדרינן דהאי בית היא גופיה ע"ז דתנן בתרה (כתריא) [במשנה] ג' בתים הן. בית שבנה מתחלה לע"ז הרי זה אסור. ואמרינן עלה אמר רב המשתחוה לבית לא אסרו ומותבינן לרבה דאמר במשא כולי עלמא לא פליגי דאף רבנן מודו [דמטמא] קשיא ע"ז כשרץ. ודחי א) (ומותבינן נמי מגע נכרי ונכרית ע"ז ומשמשיה הן [ולא היסטן]. ופרקינן דאמר לך רבה וליטעמיך דקאמ' נכרי ונכרי' ולא היסטן ר"ע אומר הן והיסטן. ופי' היסט נדנוד. שאם אמרה הא ברייתא אין נכרי ונכרית נטל אדם קנה או קיסם ונדנד את הבגד אומרין שהסיטן. ומי מטמאין בהיסט הלא גזרה היא שנשא כלום כבר הסיטן. ויש מסיט שלא במשא. וכוון עליהן שיהו כזבין טמאין לכל. שמן המשנה הזו ע"ז מטמא במגע ואין מטמא בהיסט דבריהן והרי הזב מטמא בהיסט הרי נוגע באמת שאינה מטמא במשא כמו מגע נכרי אלא רבה מפרש טעמיה דרבי אלעזר דנכרי ונכרי' כי הנושאה מסיטה לפי שהוא מתנד' מתרץ לטעמיה. רבה מוקים לה בכחו כדפרשינן לעילא. ור"ע אומר הן והיסטן [ואבן מסמא שלהן ופליגתא] באבן מסמא אבל לענין כל המסיט ע"ז טמא והנושא בכלל מסיט. בשלמא ע"ז ומסלק היסט מן פלוגתא ולר' אלעזר במשא פליגי ניחא הא ברייתא אלא דר' אלעזר מסלק פלוגתא מן נכרי ונכרית לענין בסיס. ומוקי לה לפלוגתא לענין ע"ז ומשמשיה בלחוד). מתקיף לה רב אשי מאי הן דפשטא דברייתא הן ולא היסטן ר' עקיבא אומר הן והיסטן בלשון רבים על מגע נכרי ונכרית וע"ז. והאי תירוצא דאמרינן לרבה היא ולא אבן מסמא. ר"ע אומר היא ואבן מסמא. לית בה לענין ע"ז פלוגתא בהסיט כל עיקר. וקאי מפיק לה לברייתא מן פשטא כלל. אבל ר' אלעזר קא מתרץ הן אבל לא הסיטן לרבנן ולר' עקיבא הן והסיטן על ע"ז ומפיק להו נכרי ונכרית בראיה ברורה דהא אימורה כי היכן דאף רבה מפקינן שהרי גזרו עליהן שהן כזבין לכל דבריהן. והא גזירה לענין תרומה ששורפין אותה על מגע גוי והיסטן כדמפרש בתורת כהנים. אבל חולין לא גזרו בהן טומאת נכרי. והכין לישנא דגמרא איצטרכינן למיכתבא משום דמשמש ואית בה חילופי רבה מתרץ לטעמיה נכרי ונכרית הן והיסטן ואבן מסמא שלהן ע"ז היא והיסטה אבל לא אבן מסמא שלה. ר"ע אומר היא ואבן מסמא שלהם ר' אלעזר מתרץ לטעמיה נכרי ונכרית הן והיסטן אבל לא אבן מסמא שלהן. ע"ז היא אבל לא היסטה. ר' עקיבא אומר ע"ז היא והיסטה. מתקיף לה רב אשי מאי הן והא אתקפתא דרב אשי על מימרא דרבה היא בלחוד. דאילו ר' אלעזר הא קא מתרץ אבל לא היסטן והיסטן לענין ע"ז וליכא אתקפתא עליה. ומשום הכין מתרץ רב אשי אליבא דרבה ולא קא מתרץ אליבא דר' אלעזר ולא מכלל דסבר לה כרבה ולא סבר לה כר' אלעזר אלא משום דתרצתא דר' אלעזר תרצא וסימא. ודרבה צריכה עדיין תרצתא. ולא שויא רב אשי תיובתא. אלא תריץ לה תירוצא דחיקא. ולעולם אימא לך דכר' אלעזר סבירא ליה והכין קא מתרץ רב אשי אליבא דרבה האי דקאמרו מאי הן והיסטן דאפלגו לענין ע"ז אמר לך רבה הכי קאמר ע"ז ומשמשיה הן אבל לא היסטן שהיסטו הן את אחרים. ר"ע אומר הן והיסטן. אפי' שהיסטו הן את אחרים. ולפום הכין שאילנן. ע"ז שמסיטה היא את אחרים היכי משכחת לה. ופריש רמי בר ייבא כגון שהיתה היא בכף מאזנים ואחרים בכף מאזנים וכרעה ע"ז ותלה נחתא משום יוקרא מכחה שמכרעת

עין משפט נר מצוה

ה א מיי' פ"ו מהלכות שאר אבות הטומאות הלכה ה:

ו ב מיי' פ"ח מהלכות משכב ומושב הלכה ו סמג עשין רמג:

מסורת הש"ס

א) נדה לד., ב) [עי' תוס' כ"ע כ. ד"ה ונכרי], ג) [לקמן פ"ש תוס' ד"ה הזב כו' אם לא שברים כו' צ"ל בדתניא], ד) זבין פ"ד מ"ו ע"ש, ה) בין היסטן ואבן מסמא שלהן כל"ל.

הגהות הב"ח

(א) רש"י ד"ה לכל דבריהם. נ"ב ע"ל דף פד ע"ב:

גליון הש"ס

גמ' אמר לך רבה מי אלימא ממתני'. לעיל ד' יג ע"ב. עירובין דף פט ע"ב: תוס' ד"ה מיתיבי וכו' מברייתא אלים ליה. עי' לעיל דף יג ע"ב תוס' ד"ה מי אלימא:

תורה אור השלם

א) דַּבְּרוּ אֶל בְּנֵי יִשְׂרָאֵל וַאֲמַרְתֶּם אֲלֵהֶם אִישׁ אִישׁ כִּי יִהְיֶה זָב מִבְּשָׂרוֹ זוֹבוֹ טָמֵא הוּא: [ויקרא טו, ב]

ליקוטי רש"י

גזרו עליהן שיהו כזבין לכל דבריהן. משום שלא יהא תינוק ישראל רגיל אצלו במשכב זכור [נדה לד.]. ואפילו אינו זב [לעיל יז:]. אסרי לא ראה גזרו עליו להיות כזב [ע"ז לו:].

חשק שלמה על רבינו חננאל

א) דברי רבינו אלו משוללי הבנה ועיין בסוף המסכתא:

carrying *tumah*, קַשְׁיָא – **there is a difficulty!** For the Baraisa contradicts his opinion!

The Gemara answers:

אָמַר לָךְ רַבָּה – **Rabbah will say to you:** וְלִיטַעְמֵיךְ – **But according to your interpretation** of this Baraisa, there is also a difficulty! נָכְרִי וְנָכְרִית נַמִּי הֵן וְלֹא הֶיסֵּטָן – For according to your reading, the Baraisa states of **an idolater or an idolatress too** that **they** are *tamei,* **but** do **not** generate *tumah* through **their being carried.** וְהָתַנְיָא – **But it has been taught in** yet another **Baraisa:** "(דבר) [דַּבְּרוּ] אֶל־בְּנֵי יִשְׂרָאֵל וְגוֹ׳" – When the verse states regarding *zivah tumah*: *SPEAK TO THE CHILDREN OF ISRAEL* **etc.** *and say to them: any man who will have a discharge from his flesh,*[7] it teaches that בְּנֵי יִשְׂרָאֵל מְטַמְּאִין בְּזִיבָה וְאֵין נָכְרִים מְטַמְּאִין בְּזִיבָה – only THE CHILDREN OF ISRAEL ARE SUBJECT TO CONTAMINATION WITH *ZIVAH TUMAH,* BUT IDOLATERS ARE NOT SUBJECT TO CONTAMINATION WITH *ZIVAH TUMAH*. אֲבָל גָּזְרוּ עֲלֵיהֶן שֶׁיְּהוּ כְּזָבִין לְכָל דִּבְרֵיהֶן – HOWEVER, [THE RABBIS] IMPOSED A DECREE UPON [IDOLATERS] THAT THEY BE REGARDED AS *ZAVIM* IN ALL MATTERS, whether they experienced a *zivah* discharge or not.[8] This implies that the *tumah* of idolaters and idolatresses is entirely identical to that of a *zav.*[9] Thus, just as a *zav* generates *tumah* by being carried, so too will an idolater or idolatress! How then can our Baraisa say that they will not?!

The Gemara concludes:

אֶלָּא רַבָּה מְתָרֵץ לְטַעְמֵיהּ – **Rather,** the text of the Baraisa is evidently corrupted, and must be emended. Therefore, **Rabbah will emend** the Baraisa **according to his reasoning** as follows: נָכְרִי וְנָכְרִית – AN IDOLATER OR AN IDOLATRESS: הֵן וְהֶיסֵּטָן וְאֶבֶן מְסָמָא שֶׁלָּהֶן – THEY are *tamei,* AND they generate *tumah* both through THEIR BEING CARRIED, AND through THEIR being upon a PLACED ROCK. עֲבוֹדָה זָרָה – AN IDOL: הִיא וְהֶיסֵּטָהּ אֲבָל לֹא אֶבֶן מְסָמָא שֶׁלָּהּ – IT is *tamei,* AND it generates *tumah* through ITS BEING CARRIED BUT it does NOT generate *tumah* through ITS being upon a PLACED ROCK. רַבִּי עֲקִיבָא אוֹמֵר – R' AKIVA SAYS: עֲבוֹדָה זָרָה – AN IDOL: הִיא וְהֶיסֵּטָהּ וְאֶבֶן מְסָמָא שֶׁלָּהּ – IT is *tamei,* AND it generates *tumah* both through ITS BEING CARRIED AND through ITS being upon a PLACED ROCK. Thus, even the Rabbis agree that an idol will generate carrying *tumah*; they take issue with R' Akiva only with regard to whether it will generate *tumah* from upon a placed rock. וְרַבִּי אֶלְעָזָר מְתָרֵץ לְטַעְמֵיהּ – **But R' Elazar will emend** the Baraisa **according to his reasoning** in the following manner: נָכְרִי וְנָכְרִית – AN IDOLATER OR AN IDOLATRESS: הֵן וְהֶיסֵּטָן וְאֶבֶן מְסָמָא שֶׁלָּהֶן – THEY are *tamei,* AND they generate *tumah* both through THEIR BEING CARRIED AND through THEIR being upon a PLACED ROCK.[10] עֲבוֹדָה זָרָה – AN IDOL: הִיא וְלֹא הֶיסֵּטָהּ – IT is *tamei* BUT it does NOT generate *tumah* through ITS BEING CARRIED. וְרַבִּי עֲקִיבָא אוֹמֵר – BUT R' AKIVA SAYS: עֲבוֹדָה זָרָה – AN IDOL: הִיא וְהֶיסֵּטָהּ – IT is *tamei* AND it generates *tumah* through ITS BEING CARRIED. Thus, the point of contention between R' Akiva and the Rabbis is whether an idol will generate carrying *tumah*; all agree, however, that it will not generate *tumah* in the case of a placed rock.

The Gemara now challenges a basic assumption made by both Rabbah and R' Elazar in their understanding of the Baraisa:[11]

מַתְקִיף לָהּ רַב אַשִׁי – **R' Ashi challenged [their interpretation]** of the Baraisa in this manner: מַאי הֵן – But since the Baraisa says of several of the people and things mentioned therein that they generate *tumah* through being carried, **what** need **is** there to say further that **"they** are *tamei*"? If they contaminate through being carried, they are obviously *tamei*![12] – ? –

Rav Ashi therefore explains the Baraisa differently:

אֶלָּא אָמַר רַב אַשִׁי – **Rather, Rav Ashi said:** הָכִי קָאָמַר – **This** is what **[the Baraisa]** actually **means to say:** נָכְרִי וְנָכְרִית – **An idolater or an idolatress:** בֵּין הֵן שֶׁהֵסִיטוּ אֶת אֲחֵרִים – **Whether they carried others,** וּבֵין אֲחֵרִים שֶׁהֵסִיטוּ אוֹתָן – **or whether others carried them,** טְמֵאִים – **[the others] are *tamei*.**[13]

NOTES

7. *Leviticus* 15:2. [This verse introduces the Scriptural passage dealing with the *tumah* of a *zav*. A *zav* is a male contaminated through discharge of a particular sort of urethral emission (described in *Leviticus* 15:3 and *Niddah* 35b). One who incurs this *tumah* will contaminate another who carries him with carrying *tumah* (see 82b note 6, for the source for this).]

8. The Rabbis imposed this decree upon idolaters from the age of nine and older in order to discourage fraternization between these children and Jewish boys, so that the latter would not be seduced into engaging in sodomy (*Rashi, Niddah* 34a ד״ה גזרו עליהן from *Avodah Zarah* 36b-37a). [As part of the same decree, the Rabbis also imposed *zavah* status upon the daughters of idolaters from the age of three and up (see *Avodah Zarah* ibid.; see there, 36b, with *Rashi* ד״ה נשג״א for an earlier decree against adult idolatresses; see *Maharsha* to Gemara above, 21b, regarding an earlier decree against adult idolaters; see also above, 17b).

9. I.e. even with regard to their generating carrying *tumah*! For if they only resemble *zavim* with regard to generating *tumah* through contact, the Rabbis should simply have equated them with those contaminated with corpse *tumah,* who generate *tumah* through physical contact only (*Rashi*). [Since the Rabbis equated them with *zavim,* they evidently generate carrying *tumah* as well.]

10. Both Rabbah and R' Elazar agree that the Baraisa is emended to include idolaters and idolatresses in the law of a placed rock. The inclusion of idolaters in this law is discussed in the Gemara in *Niddah* [69b] (*Rashi*).

11. The assumption challenged is that which takes the Baraisa's words הֵן וְהֶיסֵּטָן to refer, respectively, to the *tumah* of the people and things mentioned there, and to the *tumah* they generate through being carried (*Rashi*). Rav Ashi will show that this cannot be the meaning of these words, and will accordingly interpret the Mishnah differently.

12. For if they were not *tamei,* they would not generate carrying *tumah*! The Baraisa should simply have discussed whether or not these people and things will generate carrying *tumah,* and dispensed with its reference to their being *tamei*! (*Rashi;* see *Rashash*; see *Rashi* above ד״ה בשלמא לר״א ניחא; see also *Maharal's Gur Aryeh* to *Shabbos*).

13. According to Rav Ashi, the Baraisa's words הֵן וְהֶיסֵּטָן refer to two types of carrying *tumah* (see below, note 18, for how Rav Ashi emends the Baraisa). הֵן, *they,* refers to the ability of the people and things mentioned in the Baraisa to generate ordinary carrying *tumah,* in which a *tahor* is rendered *tamei* through carrying a *tamei* object. הֶיסֵּטָן is translated according to Rav Ashi as *their carrying,* and describes the ability of these people and things to generate *tumah* in that which *they* carry. This sort of *tumah,* which here is called *heset* [הֶיסֵּט], is one unique to a *zav* [or to a *zavah, niddah,* or a woman who has given birth], in which an article carried by the *zav* will be rendered a *rishon l'tumah* (i.e. *tamei* with a first degree of acquired *tumah*). Since the *tumah* of idolaters and idolatresses is identical to that of a *zav,* they too will generate *tumah* in that which they carry (*Rashi* ד״ה אלא אמר רב אשי וד״ה בין אחרים).

Up until this point, the Gemara assumed that the Baraisa's mention of *heset* referred to ordinary carrying *tumah,* more popularly referred to as *tumas masa* [מַשָּׂא], but occasionally described as *heset* as well (see *Rashash*). Rav Ashi now explains that the term is actually a reference to *heset* of *zav,* which is indeed described throughout the Talmud as *heset* (*Rashi* ד״ה הן ולא היסטן וד״ה אלא אמר רב אשי).

Heset of *zav* is derived in *Niddah* (32b-33a) from the following verse (*Leviticus* 15:10): וְכָל־הַנֹּגֵעַ בְּכֹל אֲשֶׁר יִהְיֶה תַחְתָּיו יִטְמָא, which is translated in the Gemara there as: *And anything that will come into contact with any [article] that the zav will be beneath it will be contaminated,* thus teaching that a *zav* generates *tumah* in articles that are borne by him. (Note that in this Gemara in *Niddah, heset* is referred to as *elyono shel zav,* that which is above the *zav*.) The law of *heset* is taught in a Mishnah in *Zavim* (5:2) as follows: כָּל הַנִּישָּׂא עַל גַּבֵּי הַזָּב טָמֵא, *Anything that is carried above a zav is tamei* (*Rashi* ד״ה בין אחרים; see below, notes 21 and 23 for discussion of another *form* of *heset* of *zav*).

[It is important to note that *heset* of *zav* does not require that the *zav* actually support the weight of the item above him, since, as was stated

ורבי עקיבא למאי הלכתא איתקש לנדה למשא לוקשיה לנבלה אין הכי נמי אלא מה נדה אינה לאברין אף ע"ז אינה לאברין אלא הא דבעי רב חמא בר גוריא ע"ז ישנה לאברים או אינה לאברים תיפשוט ליה מהא בין לרבנן בין לרבי עקיבא דאינה לאברים רב חמא בר גוריא כרבה מתני ובעי לה אליבא דרבי עקיבא מיתיבי ע"ז כשרץ א ומשמשיה כשרץ רבי עקיבא אומר ע"ז כנדה ומשמשיה כשרץ בשלמא לרבי אלעזר ניחא אלא לרבה קשיא • אמר לך רבה מי אלימא ממתני' דקתני עציו ואבניו ועפריו מטמאין כשרץ ואוקימנא מאי כשרץ דלא מטמא באבן מסמא ה"נ דלא מטמא באבן מסמא מיתיבי נכרי ונכרית ע"ז ומשמשיה הן ולא היסטן רבי עקיבא אומר הן והיסטן בשלמא לרבי אלעזר ניחא אלא לרבה קשיא אמר לך רבה וליטעמיך נכרי ונכרית נמי הן ולא היסטן ה) והתניא א) דבר אל בני ישראל וגו' בני ישראל מטמאין בזיבה ג) ואין נכרים מטמאין בזיבה אבל גזרו עליהן שיהו כזבין לכל דבריהן אלא רבה מתרץ לטעמיה נכרי ונכרית הן והיסטן ואבן מסמא שלהן ע"ז היא והיסטה אבל לא אבן מסמא שלה רבי עקיבא אומר ע"ז היא והיסטה ואבן מסמא שלה ורבי אלעזר מתרץ לטעמיה נכרי ונכרית הן והיסטן ואבן מסמא שלהן ע"ז היא ולא היסטה ורבי עקיבא אומר ע"ז היא והיסטה מתקיף לה רב אשי מאי הן אלא אמר רב אשי הכי קאמר נכרי ונכרית בין הן שהסיטו את אחרים ובין אחרים שהסיטו אותן טמאים ע"ז שהסיטה אחרים טהורין אחרים שהסיטו אותה טמאים משמשיה בין הן שהסיטו את אחרים ובין אחרים שהסיטו אותן טהורים רבי עקיבא אומר נכרי ונכרית וע"ז בין הן שהסיטו את אחרים ובין אחרים שהסיטו אותן טמאים משמשיה בין הן שהסיטו אחרים ובין אחרים שהסיטו אותן טהורין ע"ז בשלמא אחרים שהסיטו אותה משכחת לה אלא היא שהסיטה את אחרים היכי משכחת לה אמר רמי בריה דרב ייבא ג) כדתנן ד) ב הזב בכף מאזנים ואוכלין ומשקין בכף שנייה כרע הזב טמאין כרעו

ור' עקיבא למאי הלכתא איתקש לנדה למשא. לאודויי לרבנן דמטמאה במשא: **לוקשה לנבלה.** דאמר לעיל דר"ע לאבן מסמא נמי אקשה לנדה ולא אתי לאקושה לנבלה: **ובעי לה אליבא דר' עקיבא.** מי מקיש נמי לענין נדה דאינה לאברים או לא: **ניחא.** דקתני לרבנן כשרץ אלמא לא מטמיא במשא: **ממתני'.** דמסכת ע"ז אבניו ועציו כו': **ה"נ.** נכרי ונכרית וע"ז ומשמשיה כו'. ול"ג מגע נכרי ונכרית שגזרו חכמים עליהן טומאת זבין: **הן ולא היסטן.** קס"ד היסטן משמע שהסיטו דהיינו משא ולא כשאר היסיטות שבהש"ס דמשמעו שהטמא הסיט האחרים: **בשלמא לר"א ניחא.** דקתני ולא היסטן דמשמע דלא מטמא במשא ולקמן פריך מאי הן אי הן טמאין קאמר פשיטא השתא היסטן טמא הם מיבעיא הכי איבעי ליה למתני מגען ולא היסטן: **לכל דבריהם** (א). אלמא מטמאו במשא דאי לא מטמאו אלא במגע מאי כזבין לימא כטמאי מתים: **אלא.** הא משבשתא היא ובעי לתרוצי ורבה מתרץ לטעמיה ורבי אלעזר לטעמיה: **ואבן מסמא שלהן** גרסי' גבי נכרי ונכרית בין בתרלתא דרבה בין בדר' אלעזר והכי אמרינן בפרק בתרא דמסכת נדה (דף סט:) נכרי ונכרית מטמאין באבן מסמא: **ר' אלעזר מתרץ לטעמיה כו' ע"ז היא ולא היסטה.** ולא משאה שאינה מטמאה במשא: **מתקיף לה רב אשי מאי הן.** אי רבה ורבי אלעזר היסטן דברייתא לשון משא משמע להו שהסיטו אחרים דהיינו משא מאי הן והיסטן הן ולא היסטן דקתני בין לר' עקיבא בין לרבנן אי למימרא דהן עצמן טמאים פשיטא דאי טהורים הם היסט מנא להו הכי איבעיא לאיפלוגי ע"ז אין היסטה טמא ר' עקיבא אומר היסטה טמא: **אלא אמר רב אשי הכי קאמר נכרי ונכרית בין הן שהסיטו אחרים.** והיינו היסטן דקתני בה ככל היסט שבמשנה: **בין אחרים שהסיטו אותן.** דהיינו משא וזהו הן דקתני בברייתא והכי משמע הן והיסטן לישנא דברייתא משא שהזכירו חכמים בנכרי ונכרית בין הן שהוסטו על ידי אדם בין היסטן כלומר מה שהסיטו הן טמאין דתורת זבין עליהם דזב שהוסט ע"י אדם או הסיט את האדם ואת כל דבר טמאוהו דתנן (זבין פ"ה משנה ב) כל הנישא על גבי זב טמא והיינו היסט ולפינן לה במסכת נדה (ד' לג.) מוכל הנוגע בכל אשר יהיה תחתיו ומוקמי' לקרא התם ע"כ דה"ק וכל הנוגע בכל אשר יהיה הזב תחתיו דהיינו נישא על גבי הזב: **ע"ז שהסיטה את אחרים טהורים.** דאיתקש לשרץ להכי שלא תטמא לא בהיסט ולא באבן מסמא ואליבא דרבה קמתרץ לה רב אשי: **אחרים שהסיטוה טמאים.** דהיינו משא ומודו רבנן דמטמאה במשא דאיתקש לנדה: **רבי עקיבא אומר.** ע"ז נמי כנכרי ונכרית בין שהסיטה בין שהוסטה וה"ה לאבן מסמא דאיתקש לנדה והכי תני רב אשי לברייתא אליבא דרבה נכרי ונכרית הן המשא שלהן והיסטן ע"ז היא המשא שלה ולא היסטה משמשיה לא הן ולא היסטן ר' עקיבא אומר נכרי ונכרית ע"ז הן והיסטן משמשיה לא הן ולא היסטן וממילא לר' אלעזר מתרץ לה רב אשי הכי נכרי ונכרית הן והיסטן ע"ז ומשמשיה לא הן ולא היסטן ר' עקיבא אומר נכרי ונכרית הן והיסטן ע"ז היא ולא היסטה דבמשא מטמיא ולא באבן מסמא דהוא דומיא דהיסט משמשין לא הן ולא היסטן כך נראה לי סוגיא זו ולא פירשו רבותינו כן והם פירשו מאי הן דאתקפתא דרב אשי אדרבי עקיבא קאי ולא קשיא ליה אלא דתני לה בלשון רבים והכי קשיא ליה כיון דר"ע אע"ז לחודה קאי אמאי תנא הן והיסטן היא והיסטה איבעיא ליה למיתני ולא נהירא לי דקשיא לי טובא בגוה חדא דלא אתקפתא היא דכיון דאמרן דמתני' מחסרתא היא ואוספי מוספינן עלה שפיר מיתני בה [הן] לר"ע בין לרבה דקאמר ר"ע אכולהו קאי וקאמר ה) הן והיסטן לר' אלעזר נמי קאי אכולהו דהכי קאמר ר' עקיבא ע"ז לענין היסט דהיינו משא כנכרי ונכרית וכולן הן והיסטן והכי קתני רבי עקיבא אומר נכרי ונכרית ע"ז הן והיסטן ועוד מ"ש דלא מיפלגי בין הסיטו להוסטו אלא בתרלתא דרב אשי ומאי דוחקיה לפלוגי בהו אי לאו דהן דברייתא משמע ליה שהוסטו והיסטן משמע ליה שהסיטו ועוד דסוף סוף בתירולא דרב אשי לא מיתרלא אתקפתיה דאי הן משום מגע משמשיה קאמר [לא] הן ולא היסטן הוא ואילו רבי עקיבא הן והיסטן קאמר ואי אנכרי ונכרית הכא נמי ה"מ לתרולי כלישנא קמא ומאי אתקפתיה: **היכי משכחת לה.** שהחפץ יסיט אדם או חפץ אחר: **כרע הזב טמאין.** שהרי הסיטן זב והיסטו של זב כי האי גוונא כתיב בין באדם בין בכלים כתיב וכלי חרש אשר יגע בו הזב ותניא בת"כ יכול יטמאנו מאחוריו נאמר כאן בו ונאמר להלן אשר תבושל בו מה להלן מאוירו אף כאן מאוירו א"כ למה נאמר אשר יגע בו פשיטא מי גרע משאר טומאות שמטמאין כלי חרס מאוירן כיון דכתיב גבי שרצים ל"ל למכתבי' הכא אלא להביא מגעו שהוא ככולו ואפי' מאחוריו ואיזהו זה היסטו וגבי אדם נמי וכל אשר יגע בו הזב ולאי משום מגע הא כתיב נוגע בבשר הזב אלא להביא מגעו שהוא ככולו ואפי' מאחוריו ואיזה זה היסטו וגבי אוכלין ומשקין תנא וכל כלי עץ ישטף במים אמר ר' שמעון ומה בא זה ללמדנו אם ללמד שיטמא הזב כלי שטף במגע והלא כבר נאמר הנוגע בבשר הזב יכבס בגדיו אם הנוגע בו יכבס בגדיו שכן כלי שטף במגע הוא עצמו לא יטמא כלי שטף במגע אלא למה נאמר וכל כלי עץ וגו' להביא אוכלין ומשקין וכלים המיטלטלין ע"ג זב דכסיפיה דקרא לאשר יגע בו זב כתיב דלאוקמינן למשתעי בהיסט והיינו דתנן כל הנישא על גבי זב טמא:

מיתיבי ע"ז כשרץ ומשמשיה כשרץ. ° מברייתא אלים ליה למיפרך ממתני' משום דקתני בה משמשיה משמע דע"ז דומיא דמשמשיה דלא מטמו במשא: **ומשמשיה** בין הן שהסיטו כו'. בשנויא קמא לא מדכר משמשיה משום דהוי בכלל הן ולא היסטן דברייתא אבל רב אשי הוצרך לפרש דמשמשיה לא הן ולא היסטן ולא הוי בכלל הא דקתני בברייתא הן ולא היסטן: **ורבי** עקיבא. הרב פור"ת לא גרים משמשיה במילתיה דר"ע דלא פליג במשמשיה ארבנן: **הזב** בכף מאזנים כו'. במס' זבים (פ"ד משנה ה) גרסינן הזב בכף מאזנים ומשכב ומושב בכף שנייה כרע הזב טהורין פי' ממדרס ומ"מ טמאין כדין היסט הזב כרעו הן טמאים פי' ממדרס כיון שהזב למעלה הרי נשען עליהן וגירסת הקונט' מיושב יותר אך לא נמצא כן אם לא שברייתא היא בשום מקום:

עין משפט נר מצוה

ה א מיי' פ"ו מהלכות שאר אבות הטומאות הלכה ה:

ו ב מיי' פ"ט מהלכות משכב ומושב הלכה ו סמג עשין רמג:

רבינו חננאל

דפליגי. רבנן סברי לא מטמאה במשא. ור"ע סבר מטמאה במשא. והלכה כרבנן ואליבא דר' אלעזר דרבא משני בשינויא דחיקי. וטומאת ע"ז דרבנן היא. ולענין הא דמסקינן בין אליבא [דרבא] בין אליבא דר' אלעזר. דלר' עקיבא האי הא איתקש ע"ז לשקץ דכתיב שקץ תשקצנו משום משמשיה קשיא למקצת תלמידים כי מכדי משמשי ע"ז אפי' אליבא דר' עקיבא בשקץ היכי קתני לענין בית ע"ז אבניו ועציו ועפריו מטמאין כשרץ. ר"ע אומר כנדה. דאהדרינן דהאי בית היא גופיה ע"ז דתנן בתרה (כתריא) [במשנה] ג' בתים הן. בית שבנה מתחלה לע"ז הרי זה אסור. ואמרינן עלה אמר רב המשתחוה לבית לא אסרו ומותבינן לרבה דאמר במשא כולי עלמא לא פליגי דאף רבנן מודו [דמטמא] קשיא ע"ז כשרץ. ודחי ל) (ומותבינן) נמי מגע נכרי ונכרית ע"ז ומשמשיה הן [ולא היסטן]. ופרקינן דאמר לך רבה וליטעמיך דקאמ' נכרי ונכרי' ולא היסטן ר"ע אומר הן והיסטן. ופי' היסט נדנוד. שאם אמרה הא ברייתא אין נכרי ונכרית נטל אדם קנה או קיסם ונדנד את הבגד אומרין שהסיטן. ומי מטמאין בהיסט הלא גזרה היא שנשא כלום כבר הסיטן. ויש מסיט שלא במשא. וכולן עליהן שיהו כזבין טמאין לכל. שמן המשנה הזו ע"ז מטמא במגע ואין מטמא בהיסט דבריהן והרי הזב מטמא בהיסט הרי נוגע באמת שאינה מטמא במשא כמו מגע נכרי אלא רבה מפרש טעמיה דרבי אלעזר דנכרי ונכרי' כי הנושאה מסיטה לפי שהוא מתנד' מתרץ לטעמיה. רבה מוקים לה בכחו כדפרשינן לעילא. ור"ע אומר הן והיסטן [ואבן מסמא שלהן ופליגתא] באבן מסמא אבל לענין כל המסיט ע"ז טמא והנושא בכלל מסיט. בשלמא ע"ז ומסלק היסט מן פלוגתא ולר' אלעזר במשא פליגי ניחא הא ברייתא אלא דר' אלעזר מסלק פלוגתא מן נכרי ונכרית לענין בסיס. ומוקי לה לפלוגתא לענין ע"ז ומשמשיה בלחוד. מתקיף לה רב אשי מאי הן דפשטא דברייתא הן ולא היסטן ר' עקיבא אומר הן והיסטן בלשון רבים על מגע נכרי ונכרית וע"ז. והאי תירוצא דאמרינן לרבה היא ולא אבן מסמא. ר"ע אומר היא ואבן מסמא. לית בה לענין ע"ז פלוגתא בהסיט כל עיקר. וקאי מפיק לה לברייתא מן פשטא כלל. אבל ר' אלעזר קא מתרץ הן אבל לא הסיטן לרבנן ולר' עקיבא הן והסיטן על ע"ז ומפיק להו נכרי

ונכרית בראיה ברורה דהא אימורה כי היכין דאף רבה מפקינן שהרי גזרו עליהן שהן כזבין לכל דבריהן. והא גזירה לענין תרומה ששורפין אותה על מגע גוי והיסטן כדמפרש בתורת כהנים. אבל חולין לא גזרו בהן טומאת נכרי. והכין לישנא דגמרא איצטריכינן לאיכתבא משום דמשמש ואית בה חילופי רבה מתרץ לטעמיה נכרי ונכרית הן והיסטן ואבן מסמא שלהן ע"ז היא והיסטה אבל לא אבן מסמא שלה. ר"ע אומר ע"ז היא והיסטה ואבן מסמא שלה. ור' אלעזר מתרץ לטעמיה נכרי ונכרית הן והיסטן אבל לא אבן מסמא שלהן. ע"ז היא אבל לא היסטה. ר' עקיבא אומר ע"ז היא והיסטה ומשמשיה הן ולא היסטן. מתקיף לה רב אשי מאי הן והא אתקפתא דרב אשי על מימרא דרבה היא בלחוד. דאילו ר' אלעזר הא קא מתרץ אבל לא היסטן. ור' עקיבא אומר הן והיסטן ומשום הכין מתרץ רב אשי אליבא דרבה ולא קא מתרץ אליבא דר' אלעזר ולא מכלל דסבר לה כרבה ולא סבר לה כר' אלעזר אלא משום דתרוצא דרבה קשיא ותרוצא דר' אלעזר תרצא וסוימא. ודרבה צריכה עדיין תרצתא. ולא שויא רב אשי תיובתא. אלא אצריך לה תירוצא דחיקא. ולעולם אימא לך דר' אלעזר סבירא ליה והכין קא מתרץ רב אשי אליבא דרבה האי דקאמרו מאי הן אלא ר' עקיבא אומר הן והיסטן דאפלגו לענין ע"ז ומשמשיה הן אבל לא היסטן שהסיטו הן את אחרים. ר"ע אומר הן והיסטן. אפי' שהיסטו הן את אחרים. היכי משכחת לה. ופריש רמי בר ייבא ע"ז שמסטה היא את אחרים היכי משכחת לה. ולפום הכין שאילנן. ע"ז אמר לך רבה הכי קאמר לענין ע"ז שהיתה היא בכף מאזנים ואחרים בכף מאזנים וכרעה ע"ז ותלה נחתא משום יוקרא מכחה שמכרעת

חשק שלמה על רבינו חננאל

א) דברי רבינו אלו מסולקי הכונה ועיין בסוף המסכתא:

מסורת הש"ס

א) נדה לד., ב) [עי' תוס' כ"ב כ. ד"ה ונכרי], ג) [לפמ"ש תוס' ד"ה הזב כו' אם לא שברייתא' היא כו' צ"ל כדתניא], ד) זבין פ"ד מ"ו ע"ש, ה) הן והיסטן ואבן מסמא שלהן כצ"ל.

הגהות הב"ח

(א) רש"י ד"ה לכל דבריהם. נ"ב ע"ל דף פד ע"ב:

גליון הש"ס

גמ' אמר לך רבה מי אלימא ממתני'. לעיל ד' יב ע"א. עירובין דף פט ע"ב: תוס' ד"ה מיתיבי וכו' מברייתא אלים ליה. עי' לעיל דף יב ע"א תוס' ד"ה מי אלימא:

תורה אור השלם

א) דַּבְּרוּ אֶל בְּנֵי יִשְׂרָאֵל וַאֲמַרְתֶּם אֲלֵהֶם אִישׁ אִישׁ כִּי יִהְיֶה זָב מִבְּשָׂרוֹ זוֹבוֹ טָמֵא הוּא: [ויקרא טו, ב]

ליקוטי רש"י

גזרו עליהן שיהו כזבין לכל דבריהן. משום שלא יהא תינוק ישראל רגיל אצלו במשכב זכור [נדה לד.]. ואפילו אינו זב [לעיל יז:]. אפי' לא ראה גזרו עליו להיות כזב [ע"ז לו:].

עֲבוֹדָה זָרָה שֶׁהֵסִיטָה אֲחֵרִים טְהוֹרִין – If **an idol carried others, they are *tahor*;** אֲחֵרִים שֶׁהֵסִיטוּ אוֹתָהּ טְמֵאִים – but if **others carried [the idol], they are *tamei*.**[14] מְשַׁמְּשֶׁיהָ – **[An idol's] service items:** בֵּין הֵן שֶׁהֵסִיטוּ אֶת אֲחֵרִים וּבֵין אֲחֵרִים שֶׁהֵסִיטוּ אוֹתָן – **Whether they carried others, or whether others carried them,** טְהוֹרִים – **[the others] are *tahor*.**[15] רַבִּי עֲקִיבָא אוֹמֵר – But **R' Akiva says:** נָכְרִי וְנָכְרִית וַעֲבוֹדָה זָרָה – **An idolater, an idolatress, or an idol:** בֵּין הֵן שֶׁהֵסִיטוּ אֶת אֲחֵרִים וּבֵין אֲחֵרִים שֶׁהֵסִיטוּ אוֹתָן – **Whether they carried others, or whether others carried them,** טְמֵאִים – the others **are *tamei*.**[16] מְשַׁמְּשֶׁיהָ – **[An idol's] service items:** בֵּין הֵן שֶׁהֵסִיטוּ אֲחֵרִים וּבֵין אֲחֵרִים שֶׁהֵסִיטוּ אוֹתָן – **Whether they carried others, or whether others carried them,** טְהוֹרִין – **[the others] are *tahor*.**[17] Thus, the Baraisa in fact does not say of the people and things mentioned therein that they are *tamei,* but rather speaks of the two sorts of carrying *tumah* – namely, ordinary carrying *tumah,* generated by *tumah* that is carried, and that known as *heset* of *zav,* which is generated when a *zav* carries an object.[18] The Rabbis hold that although an idol will generate *tumah* through being carried, it will not contaminate that which it carries. R' Akiva holds that an idol will contaminate both one who carries it and that which it carries.

The Gemara questions Rav Ashi's interpretation of the Baraisa:[19]

עֲבוֹדָה זָרָה – With regard to the Baraisa's statements concerning **an idol:** בִּשְׁלָמָא אֲחֵרִים שֶׁהֵסִיטוּ אוֹתָהּ מַשְׁכַּחַת לָהּ – The statement regarding **others that carried [the idol] is understandable,** since a case in which **[such carrying]** will generate *tumah* is easily **found.** אֶלָּא הִיא שֶׁהֵסִיטָה אֶת אֲחֵרִים הֵיכִי מַשְׁכַּחַת לָהּ – **But** regarding **[the idol]** generating *tumah* by **performing *heset* on others – how is [such a case] found?** For *heset* is defined as an act of carrying. Since only animate things can be said to be capable of the act of carrying, only such things can be included in *heset.* Accordingly, since an idol is inanimate, it is by definition incapable of generating *heset*![20] – ? –

NOTES

above (82b note 9), the rule of a placed rock applies to *heset* of *zav* (see *Tosefta, Keilim* 1:6:1). Thus, even an item resting upon an article independently supported above the *zav* will be rendered *tamei* with *heset* (see *Ramban* and *Ritva MHK* ed. here and to 82b; see *Chasam Sofer* there; see also *Maharal's Gur Aryeh* to *Shabbos*). It follows, therefore, that *heset* certainly does not require that the *zav move* the item above him; it will be rendered *tamei* even if he does not cause it to move at all (see *Rash* to *Keilim* 1:3; see *Chasam Sofer;* see also *Chazon Ish* to *Zavim* 4:5; cf. *Rambam, Mishkav U'Moshav* 8:2). Although the term *heset* of *zav* is occasionally used to refer to a *zav* generating *tumah* by moving an object, as in *Niddah* 43a, it is in fact unnecessary for a *zav* to move or even to support an article that is *above* him in order to render it *tamei.* Rather, the article is rendered *tamei* simply because it is above him, as we have explained (see below, notes 19-21).

14. According to the Rabbis, an idol will not generate *heset* in articles that are above it. This is because the criteria for inclusion in the law of *tumas heset* are identical to those governing inclusion in the law of אֶבֶן מְסָמָא, *a placed rock* (for a connection between these two laws, see *Ramban* and *Chasam Sofer* to 82b; see also *Baal HaMaor* here; see also *Maharal's Gur Aryeh* to *Shabbos*). Only that which is included in the one will be included in the other. Accordingly, just as the verse's comparison of idols to *sheretz* excludes idols from the law of a placed rock [by limiting the analogy between idols and *niddah*], so too does it exclude idols from the law of *heset tumah.*

However, as Rabbah says on the previous *amud,* even the Rabbis agree that idols will generate carrying *tumah,* because of the comparison between idols and *niddah* (*Rashi*).

[Obviously, Rav Ashi's explanation follows Rabbah's opinion; however, his explanation can be adapted to fit R' Elazar's opinion as well. See below, note 18, for a rendering of the Baraisa according to Rav Ashi's interpretation of the Baraisa's wording, but following R' Elazar's opinion regarding the dispute between R' Akiva and the Rabbis.]

15. [The Rabbis agree that an idol's service items will not generate carrying *tumah* of any sort (see *Pnei Yehoshua*).]

16. For since the *tumah* of an idolater and an idolatress is identical to that of a *zav,* they will generate both ordinary carrying *tumah* and *heset* of *zav.* Since the verse compares idols to *niddah,* idols too will generate both these sorts of *tumah.* Likewise, both idol worshipers and idols are included in the law of a placed rock – idol worshipers because they are like *zavim,* and idols because they are compared to *niddah* (*Rashi*).

17. [The Gemara on 82b gives the source for why, according to R' Akiva, an idol's service items do not generate any sort of carrying *tumah.*]

18. According to Rav Ashi, the Baraisa is emended and translated as follows: נָכְרִי וְנָכְרִית הֵן וְהֶיסֵּטָן – *An idolater or an idolatress* will generate *tumah* both through *their* being carried, *and* through *their* act of *carrying.* עֲבוֹדָה זָרָה הִיא וְלֹא הֶיסֵּטָהּ – But *an idol* will generate *tumah* through *its* being carried, *but not* through *its* act of *carrying.* מְשַׁמְּשֶׁיהָ לֹא הֵן וְלֹא הֶיסֵּטָן – *[An idol's] service items* will *neither* generate *tumah* through *their* being carried, *nor* through *their* act of *carrying.* רַבִּי עֲקִיבָא אוֹמֵר – *R' Akiva says:* נָכְרִי וְנָכְרִית עֲבוֹדָה זָרָה הֵן וְהֶיסֵּטָן – *An idolater, an idolatress, or an idol* will generate *tumah* both through *their* being carried, *and* through *their* act of *carrying.* מְשַׁמְּשֶׁיהָ לֹא הֵן וְלֹא הֶיסֵּטָן – *[An idol's] service items* will *neither* generate *tumah* through *their* being carried, *nor* through *their* act of *carrying.*

Now this reading follows Rabbah, who holds that both R' Akiva and the Rabbis agree that an idol will generate ordinary carrying *tumah*; what is at issue between them is whether an idol is included in the *tumah* of a placed rock, and likewise in the *tumah* of *heset* of *zav.* According to R' Elazar, however, who maintains that the dispute concerns whether an idol will generate ordinary carrying *tumah,* but that all agree that it is excluded from the law of a placed rock, and, by extension, from the law of *heset,* the Baraisa is emended and translated in this manner: נָכְרִי וְנָכְרִית הֵן וְהֶיסֵּטָן – *An idolater or an idolatress* will generate *tumah* through *their* being carried, *and* through *their* act of *carrying.* עֲבוֹדָה זָרָה וּמְשַׁמְּשֶׁיהָ לֹא הֵן וְלֹא הֶיסֵּטָן – *An idol or its service items* will *neither* generate *tumah* through *their* being carried, *nor* through *their* act of *carrying.* רַבִּי עֲקִיבָא אוֹמֵר – *R' Akiva says:* נָכְרִי וְנָכְרִית הֵן וְהֶיסֵּטָן – *An idolater or an idolatress* will generate *tumah* both through *their* being carried, *and* through *their* act of *carrying.* עֲבוֹדָה זָרָה הִיא וְלֹא הֶיסֵּטָהּ – *An idol* will generate *tumah* through *its* being carried, *but* not through *its* act of *carrying.* מְשַׁמְּשִׁין לֹא הֵן וְלֹא הֶיסֵּטָן – [An *idol's*] *service items* will *neither* generate *tumah* through *their* being carried, *nor* through *their* act of *carrying* (*Rashi;* cf. *Ramban* and *Ritva MHK* ed.).

[*Rashi* mentions an alternative explanation, in the name of his teachers, both for Rav Ashi's question and for his subsequent interpretation of the Baraisa. However, *Rashi* poses a number of challenges to this explanation, and therefore rejects it (but see *Ramban* and *Ritva MHK* ed. for further discussion).]

19. The ensuing exchange is somewhat unclear, and is not fully explained by either the Rishonim or the Acharonim. According to *Ritva* (*MHK* ed.), the Gemara now assumes that *heset* of *zav* cannot be accomplished without the *zav* applying force to the object above him (such as by moving it, or actively carrying it). The Gemara accordingly does not understand how an inanimate object like an idol, which cannot independently exert force, can possibly generate *tumas heset.*

[An obvious difficulty with this explanation is the law of a placed rock, which, as demonstrated above (note 13), is applicable to *tumas heset.* For the law of a placed rock states that the item need neither be moved nor even weigh upon the *zav* at all – accordingly, even an item that is simply upon the *zav* should be rendered *tamei* whether he applies force to it or not! See also Mishnah *Zavim* 5:2.]

According to *Ritva,* the Gemara's answer is [presumably] simply that *heset* in fact does not require an active application of force by the *zav.* The Gemara supports this by citing a Mishnah that presents a case of *heset* in which the *zav* exerts no such force.

However, a careful reading of *Rashi* (ד״ה כרע הזב טמאין) would seem to reveal that *Rashi* understands the Gemara's answer to be presenting another *form* of *heset* – accordingly, the *sugya* involves the existence of two distinct types of *tumas heset.*

The translation and elucidation of the ensuing exchange reflect this understanding in *Rashi.*

20. As we explained in note 13, the *tumah* of *heset* of *zav* is identical to the *tumah* identified in *Niddah* (32b-33a) as *elyono shel zav* (*that which is above the zav*). This *tumah* is taught in a Mishnah in *Zavim* (5:2) as

ורבי עקיבא למאי הלכתא איתקש לנדה למשא לוקשיה לנבלה אין הכי נמי אלא מה נדה אינה לאברין אף ע"ז אינה לאברין אלא הא דבעי רב חמא בר גוריא ע"ז ישנה לאברים או אינה לאברים תיפשוט ליה מהא בין לרבנן בין לרבי עקיבא דאינה לאברים רב חמא בר גוריא כרבה מתני ובעי לה אליבא דרבי עקיבא מיתיבי ע"ז כשרץ א ומשמשיה כשרץ רבי עקיבא אומר ע"ז כנדה ומשמשיה כשרץ בשלמא לרבי אלעזר ניחא אלא לרבה קשיא • אמר לך רבה מי אלימא ממתני' דקתני עציו ואבניו ועפריו מטמאין כשרץ ואוקימנא מאי כשרץ דלא מטמא באבן מסמא ה"נ דלא מטמא באבן מסמא מיתיבי נכרי ונכרית ע"ז ומשמשיה הן ולא היסטן רבי עקיבא אומר הן והיסטן בשלמא לרבי אלעזר ניחא אלא לרבה קשיא אמר לך רבה וליטעמיך נכרי ונכרית נמי הן ולא היסטן ב והתניא א דבר אל בני ישראל וגו' בני ישראל מטמאין בזיבה ג ואין נכרים מטמאין בזיבה אבל גזרו עליהן שיהו כזבין לכל דבריהן אלא רבה מתרץ לטעמיה נכרי ונכרית הן והיסטן ואבן מסמא שלהן ע"ז היא והיסטה אבל לא אבן מסמא שלה ורבי עקיבא אומר ע"ז היא והיסטה ואבן מסמא שלה ורבי אלעזר מתרץ לטעמיה נכרי ונכרית הן והיסטן ואבן מסמא שלהן ע"ז היא ולא היסטה ורבי עקיבא אומר ע"ז היא והיסטה מתקיף לה רב אשי מאי הן אלא אמר רב אשי הכי קאמר נכרי ונכרית בין הן שהסיטו את אחרים ובין אחרים שהסיטו אותן טמאים ע"ז שהסיטה אחרים טהורין אחרים שהסיטו אותה טמאים משמשיה בין הן שהסיטו את אחרים ובין אחרים שהסיטו אותן טהורים רבי עקיבא אומר נכרי ונכרית וע"ז בין הן שהסיטו את אחרים ובין אחרים שהסיטו אותן טמאים משמשיה בין הן שהסיטו אחרים ובין אחרים שהסיטו אותן טהורין ע"ז בשלמא אחרים שהסיטו אותה משכחת לה אלא היא שהסיטה את אחרים היכי משכחת לה אמר רמי בריה דרב ייבא ג כדתנן ד הזב בכף מאזנים ואוכלין ומשקין בכף שנייה כרע הזב טמאין כרעו

רש"י

ור' עקיבא למאי הלכתא איתקש לנדה למשא. לחודה לוקשה לנבלה: כרבה מתני לה. דאמר לעיל דר"ע לאבן מסמא נמי אקשה לנדה ולא אלי לאקושה לנבלה: ובעי לה אליבא דר' עקיבא. מי מקיש נמי לענין נדה דאינה לאברים או לא: ניחא. דקתני לרבנן כשרץ אלמא לא מטמיא במשא: ממתני'. דמסכת ע"ז אבניו ועציו כו': ה"ג נכרי ונכרית וע"ז ומשמשיה כו'. ול"ג מגע נכרי ונכרית שגזרו חכמים עליהן טומאת זבין: הן ולא היסטן. קס"ד היסטן משמע שהוסטו דהיינו משא ולא כשאר היסיטות שבש"ס דמשמעו שהטמא הסיט האחרים: בשלמא לר"א ניחא. דקתני ולא היסטן דמשמע דלא מטמא במשא ולקמן פריך מאי הן אי הן טמאין קאמר פשיטא השתא היסטן טמא הם מיבעיא הכי איבעי ליה למתני מגען ולא היסטן: לכל דבריהם (א). אלמא מטמאו במשא דאי לא מטמאו אלא במגע מאי כזבין לימא כטמאי מתים: אלא. הא משבשתא היא ובעי לתרולי ורבה מתרץ לטעמיה ורבי אלעזר לטעמיה: ואבן מסמא שלהן גרסי' גבי נכרי ונכרית בין בתרלתא דרבה בין בדר' אלעזר והכי אמרינן בפרק בתרא דמסכת נדה (דף סט:) נכרי ונכרית מטמאין באבן מסמא: ר' אלעזר מתרץ לטעמיה כו' ע"ז היא ולא היסטה. ולא משאה שאינה מטמאה במשא: מתקיף לה רב אשי מאי הן. אי רבה ורבי אלעזר היסט דברייתא לשון משא משמע להו שהסיטו אחרים דהיינו משא מאי הן והיסטן הן ולא היסטן דקתני בין לר' עקיבא בין לרבנן אי למימרא הן עלמן טמאים פשיטא דאי טהורים הם היסט מנא להו הכי איבעיא לאיפלוגי ע"ז אין היסטה טמא ר' עקיבא אומר היסטה טמא: אלא אמר רב אשי הכי קאמר נכרי ונכרית בין הן שהסיטו אחרים. והיינו היסטן דקתני בה בכל היסט שבמשנה: בין אחרים שהסיטו אותן. דהיינו משא וזהו הן דקתני בברייתא והכי משמע הן והיסטן דלישנא דברייתא משא שהזכירו חכמים בנכרי ונכרית בין הן שהוסטו על ידי אדם בין היסטן כלומר מה שהסיטו הן טמאין דתורת זבין עליהם דזב שהוסטו ע"י אדם או הסיט את האדם ואת כל דבר טמאוהו דתנן (זבים פ"ה משנה ב) כל הנישא על גבי זב טמא והיינו היסטו וילפינן לה במסכת נדה (ד' לג.) מוכל הנוגע בכל אשר יהיה תחתיו ומוקמי' לקרא התם ע"כ בה"ק וכל הנוגע בכל אשר יהיה הזב תחתיו דהיינו נישא על גבי הזב: ע"ז שהסיטה את אחרים טהורים. דאיתקש לשרץ להכי שלא טמאה לא בהיסט ולא באבן מסמא ואליבא דרבה קמתרץ לה רב אשי: אחרים שהסיטוה טמאים. דהיינו משא ומודו רבנן דמטמאה במשא דאיתקש לנדה: רבי עקיבא אומר. ע"ז נמי כנכרי ונכרית בין שהסיטה בין שהוסטה וה"ה לאבן מסמא דאיתקש לנדה והכי תני רב אשי לברייתא אליבא דרבה נכרי ונכרית הן המשא שלהן והיסטן ע"ז היא המשא שלה ולא היסטה משמשיה לא הן ולא היסטן ר' עקיבא אומר נכרי ונכרית ע"ז הן והיסטן משמשיה לא הן ולא היסטן וממילא לר' אלעזר מתרץ לה רב אשי הכי נכרי ונכרית הן והיסטן ע"ז ומשמשיה לא הן ולא היסטן ר' עקיבא אומר נכרי ונכרית הן והיסטן ע"ז היא ולא היסטה דבמשא מטמיא ולא באבן מסמא דהוא דומיא דהיסט משמשין לא הן ולא היסטן כך נראה לי סוגיא זו ולא פירשו רבותינו כן והם פירשו מאי הן דאתקפתא דרב אשי אדרבי עקיבא קאי ולא קשיא ליה אלא דתני לה בלשון רבים והכי קשיא ליה כיון דר"ע אע"ז לחודה קאי אמאי תנא הן והיסטן היא והיסטה איבעיא ליה למיתני ולא נהירא לי דקשיא לי טובא בגוה חדא דלא אתקפתא היא דכיון דאמרן דמתני' מחסרתא היא ואוסופי מוספינן עלה שפיר מיתני בה [הן] לר"ע בין לרבה דקאמר ר"ע אכולהו קאי וקאמר ה) הן והיסטן לר' אלעזר נמי קאי אכולהו דהכי קאמר ר' עקיבא ע"ז לענין היסט דהיינו משא כנכרי ונכרית וכולן הן והיסטן והכי קתני רבי עקיבא אומר נכרי ונכרית ע"ז הן והיסטן ועוד מ"ש דלא מיפלגי בין הסיטו להוסטו אלא בתרלתא דרב אשי ומאי דוחקיה לפלוגי בהו אי לאו דהן דברייתא משמע ליה שהוסטו והיסטן משמע ליה שהסיטו ועוד דסוף סוף בתירולא דרב אשי לא מיתרלא אתקפתיה דאי הן משום מגע משמשיה קאמר [לא] הן ולא היסטן הוא ואילו רבי עקיבא הן והיסטן קאמר ואי אנכרי ונכרית הכא נמי ה"מ לתרולי כלישנא קמא ומאי אתקפתיה: היכי משכחת לה. שהתפך יסיט אדם או חפץ אחר: כרע הזב טמאין. שהרי הסיטן זב והיסטו של זב כי האי גוונא כתיב בין באדם בין בכלים באדם בין באוכלין ומשקין בכלים כתיב וכלי חרש אשר יגע בו הזב ותניא בת"כ יכול יטמאנו מאחוריו נאמר כאן בו ונאמר להלן אשר תבושל בו מה להלן מאוירו אף כאן מאוירו א"כ למה נאמר אשר יגע בו פשיטא מי גרע משאר טומאות שמטמאין כלי חרס מאוירן כיון דכתיב גבי שרצים ל"ל למכתבי' הכא אלא להביא מגעו שהוא ככולו ואפי' מאחוריו ואיזהו זה היסטו וגבי אדם נמי וכל אשר יגע בו הזב ואי משום מגע הא כתיב נוגע בבשר הזב אלא להביא מגעו שהוא ככולו ואפי' מאחוריו ואיזה זה היסטו וגבי אוכלין ומשקין תנא וכל כלי עץ ישטף במים אמר ר' שמעון ומה בא זה ללמדנו אם ללמד שיטמא הזב כלי שטף במגע והלא כבר נאמר הנוגע בבשר הזב יכבס בגדיו אם הנוגע בו יכבס בגדיו שהן כלי שטף במגע הוא עצמו לא יטמא כלי שטף במגע אלא למה נאמר וכל כלי עץ וגו' להביא אוכלין ומשקין וכלים הנישאין ע"ג הזב דבסיפיה דקרא דאשר יגע בו הזב כתיב דאוקמינן דמשתעי בהיסט והיינו דתנן כל הנישא על גבי הזב טמא:

כרעו

תוספות

מיתיבי ע"ז כשרץ ומשמשיה כשרץ. * מברייתא אלים ליה למיפרך ממתני' משום דקתני בה משמשיה משמע דע"ז דומיא דמשמשיה דלא מטמו במשא: ומשמשיה בין הן שהסיטו כו'. בתוספתא קמא לא מדכר משמשיה משום דהוי בכלל הן ולא היסטן דברייתא אבל רב אשי הולרך לפרש דמשמשיה לא הן ולא היסטן ולא הוי בכלל הא דקתני בברייתא הן ולא היסטן: ורבי עקיבא. הרב פור"ת לא גריס משמשיה במילתיה דר"ע דלא פליג במשמשיה ארבנן: הזב בכף מאזנים כו'. במס' זבים (פ"ד משנה ה) גרסינן הזב בכף מאזנים ומשכב ומושב בכף שנייה כרע הזב טהורין פי' ממדרס ומ"מ טמאין לדין היסט הזב כרעו הן טמאים פי' ממדרס כיון שהזב למעלה הרי נשען עליהן וגירסת הקונט' מיושב יותר אך לא נמלא כן אם לא שברייתא היא בשום מקום:

מסורת הש"ס

א) נדה לד. ב) [עי' תוס' ב"ב כ. ד"ה ונכרי], ג) [לפמ"ש תוס' ד"ה הזב כו' אם לא שברייתא היא צ"ל כדתניא], ד) [זבים פ"ד מ"ע], ה) אין היסטו ואבן מסמא שלהן כל"ל.

הגהות הב"ח

(א) רש"י ד"ה לכל דבריהם. נ"ב ע"ל דף פד ע"ב:

גליון הש"ס

גמ' אמר לך רבה מי אלימא ממתני'. לעיל ד' יג ע"א. עירובין דף פט ע"ב: תוס' ד"ה מיתיבי וכו' מברייתא אלים ליה. עי' לעיל דף יג ע"א תוס' ד"ה מי אלימא:

תורה אור השלם

א) דַּבְּרוּ אֶל בְּנֵי יִשְׂרָאֵל וַאֲמַרְתֶּם אֲלֵהֶם אִישׁ אִישׁ כִּי יִהְיֶה זָב מִבְּשָׂרוֹ זוֹבוֹ טָמֵא הוּא: [ויקרא טו, ב]

ליקוטי רש"י

גזרו עליהן שיהו כזבין לכל דבריהן. משום שלא יהא תינוק ישראל רגיל אללו במשכב זכור [נדה לד.]. ואפילו אינו זב [לעיל יז:]. אפי' לא ראה גזרו עליו להיות כזב [ע"ז לו:].

עין משפט נר מצוה

ה א מיי' פ"ו מהלכות שאר אבות הטומאות הלכה ה:

ו ב מיי' פ"ח מהלכות משכב ומושב הלכה ו סמג עשין רמג:

רבינו חננאל

דפליגי. רבנן סברי לא מטמאה במשא. ור"ע סבר מטמאה במשא. והלכה כרבנן ואליבא דר' אלעזר דרבא משני בשינויא דחיקי. וטומאת ע"ז דרבנן היא. ולענין הא דמסקינן בין אליבא [דרבא] בין אליבא דר' אלעזר. דלר' עקיבא האי הא איתקש ע"ז לשקץ דכתיב שקץ תשקצנו משום משמשיה קשיא למקצת תלמידים כי מכדי משמשי ע"ז אפי' אליבא דר' עקיבא בשקץ היכי קתני לענין בית ע"ז אבניו ועציו ועפריו מטמאין כשרץ. ר"ע אומר כנדה. דאהדרינן דהאי בית היא ע"ז גופה ע"ז דתנן בתרה (כתניא) [במשנה] ג' בתים הן. בית שבנה מתחלה לע"ז הרי זה אסור. ואמרינן עלה אמר רב המשתחוה לבית לא אסרו ומותבינן לרבה דאמר במשא כולי עלמא לא פליגי דאף רבנן מודו [דמטמא] קשיא ע"ז כשרץ. ודחי (א) ומותבינן נמי מגע נכרי ונכרית ע"ז ומשמשיה הן [ולא היסטן]. ופרקינן דאמר לך רבה וליטעמיך דקאמ' נכרי' ונכרי' ולא היסטן ר"ע אומר הן והיסטן. ופי' היסט נדנוד. שאם אמרה הא ברייתא אין נכרי ונכרית נטל אדם קנה או קיסם ונדנד את הבגד אומרין שהסיט. ומי מטמאין בהיסט הלא גזרה היא שנשא כלום כבר הסיטן. ויש מסיט שלא במשא. וכיון עליהן שיהו כזבין טמאין לכל. שמן המשנה הזו ע"ז מטמא במגע ואין מטמא בהיסט דבריהן והרי הזב מטמא בהיסט הרי נוגע באמת שאינה מטמא במשא כמו מגע נכרי אלא רבה מפרש טעמיה דרבי אלעזר דנכרי ונכרי' כי הנושא מסיטה לפי שהוא מתנד' מתרץ לטעמיה. רבה מוקים לה בכחד כדפרשינן לעילא. ור"ע אומר הן והיסטן [ואבן מסמא שלהן ופליגא] באבן מסמא אבל לענין כל המסיט ע"ז טמא והנושא בכלל מסיט. בשלמא ע"ז ומסלק היסט מן פלוגתא אלא ר' אלעזר במשא פליגי ניחא הא ברייתא אלא לר' אלעזר מסלק פלוגתא מן נכרי ונכרית לענין בסיס. ומוקי לה לפלוגתא לענין ע"ז ומשמשיה (בלחוד). מתקיף לה רב אשי מאי הן דפשטא דברייתא הן ולא היסטן ר' עקיבא אומר הן והיסטן בלשון רבים על מגע נכרי ונכרית וע"ז. והאי תירוצא דאמרינן לרבה היא ולא אבן מסמא. ר"ע אומר היא ואבן מסמא. לית בה לענין ע"ז פלוגתא בהסיט כל עיקר. וקאי מפיק לה לברייתא מן פשטא כלל. אבל ר' אלעזר קא מתרץ הן אבל לא הסיטן לרבנן ולר' עקיבא הן והסיטן על ע"ז ומפיק להו נכרי ונכרית בראיה ברורה דהא אימורה כי היכין דאף רבה מפקינון שהרי גזרו עליהן שהן כזבין לכל דבריהן. והא גזירה לענין תרומה ששורפין אותה על מגע גוי והסיטן כדמפרש בתורת כהנים. אבל חולין לא גזרו בהן טומאת נכרי. והכין לישנא דגמרא איצטריכין למכתבא משום דמשמש ואית בה חילופי רבה מתרץ לטעמיה נכרי ונכרית הן והיסטן ואבן מסמא שלהן ע"ז היא והיסטה אבל לא אבן מסמא שלה. ר"ע אומר היא ואבן מסמא שלה. ר' אלעזר מתרץ לטעמיה נכרי ונכרית הן והיסטן ואבן מסמא שלהם ר"ע אומר היא ואבן מסמא שלה. ר"ע אומר היא והיסטה ומשמשיה הן ולא היסטן. מתקיף לה רב אשי מאי הן והא אתקפתא דרב אשי על מימרא דרבה היא בלחוד. דאילו ר' אלעזר הא קא מתרץ אבל לא היסטן. ור' עקיבא אומר הן והיסטן לענין ע"ז ולא תקשה להכין אתקפתא עליה. ומשום הכין מתרץ רב אשי אליבא דרבה ולא קא מתרץ אליבא דר' אלעזר ולא מכלל דסבר לה כרבה ולא סבר לה כר' אלעזר אלא משום דתרצתא דר' אלעזר תרצא וסיומא. ודרבה צריכה עדיין תרצתא. ולא שויא רב אשי תירוצא דחיקא. ולעולם אימא לך דכר' אלעזר סבירא ליה והכין קא מתרץ רב אשי אליבא דרבה האי דקאמרו מאי הן והיסטן דאפלגו לענין ע"ז אמר לך רבה הכי קאמר ע"ז ומשמשיה הן אבל לא היסטן שהיסטו הן את אחרים. אפי' שהיסטו הן והיסטן. ר' עקיבא אומר הן אבל לא היסטן. ע"ז שמסיטה היא את אחרים היכי משכחת לה. ופריש רמי בר ייבא כגון שהיתה היא בכף מאזנים ואחרים בכף מאזנים וכרעה ע"ז ותלה נחתא משום יוקרא מכחה

שמכרעת

חשק שלמה על רבינו חננאל

א) דברי רבינו אלו מסולקים הכנה ועיין בסוף המסכתא.

The Gemara answers by introducing another form of *heset* of *zav,* which can be performed even by an inanimate object:[21]

אָמַר רָמִי בְּרֵיהּ דְּרַב יֵיבָא – Rami the son of Rav Yeva said: כִּדְתְנַן – The case in which an idol will contaminate an object through *heset* is **as we learned in the** following **Mishnah:**[22]

וְאוֹכָלִין הַזָּב בְּכַף מֹאזְנַיִם – If A *ZAV* is IN THE PAN OF A SCALE, וּמַשְׁקִין בְּכַף שְׁנִיָּה – AND FOODS AND LIQUIDS ARE IN THE OTHER PAN: כָּרַע הַזָּב טְמֵאִין – If THE *ZAV* WEIGHED DOWN his side of the scale, [THE FOODS AND LIQUIDS] ARE *TAMEI.*[23]

NOTES

follows: כָּל הַנִּישָּׂא עַל גַּבֵּי הַזָּב טָמֵא, *Anything that is carried above a zav is tamei* (see *Rashi* above ד״ה בין אחרים). The Gemara accordingly assumes that *heset,* by definition, is an act of carrying (see *Tosafos* to *Niddah* 32b ד״ה עליונו של זב, second explanation, who in fact derives *elyono shel zav* from וְהַנִּשָּׂא, *and that which is carried,* thus further linking *heset* with an act of carrying). It follows, then, that this *tumas heset* can be generated *only* by one capable of performing the act of carrying. Since an inanimate object obviously cannot be said to be performing an act of carrying, it cannot be included in the law of *tumas heset.* [This is not to say that *heset* of *zav* demands that one actively carry an object, for in fact we have demonstrated (see notes 13 and 19) that no actual carrying is necessary. Nevertheless, what is needed is that the nature of the *tumah* allow it to be a "carrier" – thus allowing for passive as well as active carrying. See also next note. Only a "carrier" can be included in the law of *tumas heset.*] The Gemara therefore asks: Since an idol cannot be said to be capable of active carrying, how can a case be found in which an idol will generate *heset* in people or objects that are above it? (See *Rashi*).

21. This alternative form of *heset* is not limited to objects capable of performing an act of active carrying. This is because the verses from which this *heset* is derived speak explicitly only of נְגִיעָה, *touching,* but do not mention carrying at all (see below, note 23). Although these verses are expounded as referring to *heset,* the manner in which these very expositions describe *heset* is as a sort of all-encompassing "touch" [מַגָּעוֹ שֶׁהוּא בְּכוּלּוֹ] – it is thus Scripturally and exegetically defined not as an act of carrying, but as a zav's "expanded touch." As such, it is generated in an object by an act as minimal as the object's mere *support.* By contrast, *elyono shel zav* (which is the other form of *heset*) demands, if not an act of *active* carrying, at least an act of *passive* carrying, in which the object rests *above* the *zav,* and is therefore viewed as being "carried" (see *Chazon Ish, Zavim* 4:7).

Since this sort of *heset* is defined not as an act of carrying, but as an act of touching, the power to generate it is not limited to those capable of active carrying, but extends even to those without this ability – namely, inanimate objects. Thus, if an [inanimate] idol is employed to support the weight of a given item, it *will* render the item *tamei*!

The Gemara will now present a Mishnah in which this form of *heset* is taught.

[Although this sort of *heset* does not *require* that the *zav* move the object, as stated above, the moving of an object *does* nonetheless fall under its heading, as the concept of "an expanded touch" extends to the act of moving an object (see *Niddah* 43a, and *Zavim* 4:2,3). See further below, 83b note 3.]

22. *Zavim* 4:6. The Mishnah as it is quoted here actually differs substantially from our standard text; see *Tosafos, Ramban,* and *Ritva MHK* ed. for discussion of this point.

23. Since, by weighing down his side of the scale, the *zav* is supporting the objects on the other side of the scale (*Rashi*).

[Note that these items are not above the *zav* – thus, they are not included in the previously cited *elyono shel zav.* Note also that these items were not necessarily *moved* by the *zav*; it suffices that they are *supported* by him (e.g. if someone else had been holding the pan of the scale down previously). See *Chazon Ish* to *Zavim* 4:5 and 4:7.]

[This sort of *heset* is derived from Scripture in the following manner. The verse states (*Leviticus* 15:12): וּכְלִי־חֶרֶשׂ אֲשֶׁר־יִגַּע־בּוֹ הַזָּב יִשָּׁבֵר, *And an earthenware vessel that the zav will touch must be broken* [since he rendered it *tamei,* and there is no valid means of purification]. Although this verse would seem to be teaching a *zav*'s ability to generate *tumah* in earthenware vessels through contact, the *Toras Kohanim* proves that this verse is in fact *not* dealing with ordinary touching (see there for the proof). Rather, it deals with the law of the expanded "touch" of a zav – namely, *heset.* This verse teaches that earthenware vessels are susceptible to contamination through this form of *heset.*

A *zav's* ability to contaminate a human being with *heset* is derived from *Leviticus* 15:11. The verse states: וְכֹל אֲשֶׁר יִגַּע־בּוֹ הַזָּב . . . וְכִבֶּס בְּגָדָיו וְרָחַץ בַּמַּיִם וְטָמֵא עַד־הָעָרֶב, *And anyone whom the zav will touch . . . he shall immerse his clothing, and he shall immerse [himself] in water, and he remains tamei until nightfall.* Now this verse cannot simply be teaching that a *zav* will contaminate a person through contact, since that has already been stated in an earlier verse in this chapter (v. 7). Evidently, this verse too discusses not actual touching, but the all-encompassing "touch" of a *zav* – *heset* (see *Niddah* 43a).

We learn that foods, liquids, and non-earthenware utensils are *also* susceptible to this sort of *heset* from the latter part of *Leviticus* 15:12, which reads: וְכָל־כְּלִי־עֵץ יִשָּׁטֵף בַּמָּיִם, *and any wooden vessel* (that the *zav* will touch) *must be immersed in water.* This verse too, states the *Toras Kohanim,* is not discussing ordinary touching, but rather the expanded touch of a *zav.* We thus see that a *zav* will generate this form of *heset* in *anything* at all that he supports – whether it be a food, a liquid, a utensil, an earthenware vessel, or a human being (*Rashi;* see 83b note 3).]

ורבי עקיבא למאי הלכתא איתקש לנדה למשא לוקשיה לנבלה אין הכי נמי אלא מה נדה אינה לאברין אף ע"ז אינה לאברין אלא הא דבעי רב חמא בר גוריא ע"ז ישנה לאברים או אינה לאברים תיפשוט ליה מהא בין לרבנן בין לרבי עקיבא דאינה לאברים רב חמא בר גוריא כרבה מתני ובעי לה אליבא דרבי עקיבא מיתיבי ע"ז כשרץ א ומשמשיה כשרץ רבי עקיבא אומר ע"ז כנדה ומשמשיה כשרץ בשלמא לרבי אלעזר ניחא אלא לרבה קשיא • אמר לך רבה מי אלימא ממתני' דקתני עציו ואבניו ועפריו מטמאין כשרץ ואוקימנא מאי כשרץ דלא מטמא באבן מסמא ה"נ דלא מטמא באבן מסמא מיתיבי נכרי ונכרית ע"ז ומשמשיה הן ולא היסטן רבי עקיבא אומר הן והיסטן בשלמא לרבי אלעזר ניחא אלא לרבה קשיא אמר לך רבה וליטעמיך נכרי ונכרית נמי הן ולא היסטן ב) והתניא א) דבר אל בני ישראל וגו' בני ישראל מטמאין בזיבה ג ואין נכרים מטמאין בזיבה אבל גזרו עליהן שיהו כזבין לכל דבריהן אלא רבה מתרץ לטעמיה נכרי ונכרית הן והיסטן ואבן מסמא שלהן ע"ז היא והיסטה אבל לא אבן מסמא שלה רבי עקיבא אומר ע"ז היא והיסטה ואבן מסמא שלה ורבי אלעזר מתרץ לטעמיה נכרי ונכרית הן והיסטן ואבן מסמא שלהן ע"ז היא ולא היסטה ורבי עקיבא אומר ע"ז היא והיסטה מתקיף לה רב אשי מאי הן אלא אמר רב אשי הכי קאמר נכרי ונכרית בין הן שהסיטו את אחרים ובין אחרים שהסיטו אותן טמאים ע"ז שהסיטה אחרים טהורין אחרים שהסיטו אותה טמאים משמשיה בין הן שהסיטו את אחרים ובין אחרים שהסיטו אותן טהורים רבי עקיבא אומר נכרי ונכרית וע"ז בין הן שהסיטו את אחרים ובין אחרים שהסיטו אותן טמאים משמשיה בין הן שהסיטו אחרים ובין אחרים שהסיטו אותן טהורין ע"ז בשלמא אחרים שהסיטו אותה משכחת לה אלא היא שהסיטה את אחרים היכי משכחת לה אמר רמי בריה דרב ייבא ג) כדתנן ד) ב הזב בכף מאזנים ואוכלין ומשקין בכף שנייה כרע הזב טמאין כרעו

רש"י

ור' עקיבא למאי הלכתא איתקש לנדה למשא. לחודה לוקשה לנבלה: כרבה מתני לה. דאמר לעיל דר"ע לאבן מסמא נמי אקשה לנדה ולא מלי לאקושה לנבלה: ובעי לה אליבא דר' עקיבא. מי מקיש נמי לענין נדה דאינה לאברים או לא: ניחא. דקתני לרבנן כשרץ אלמא לא מטמיא במשא: ממתני'. דמסכת ע"ז אבניו ועציו כו': ה"ג נכרי ונכרית וע"ז ומשמשיה כו'. ול"ג מגע נכרי ונכרית שגזרו חכמים עליהן טומאת זבין: הן ולא היסטן. קס"ד היסטן משמע שהוסטו דהיינו משא ולא כשאר היסיטות שבהש"ס דמשמעו שהטמא הסיט האחרים: בשלמא לר"א ניחא. דקתני ולא היסטן דמשמע דלא מטמא במשא ולקמן פריך מאי הן אי הן טמאין קאמר פשיטא השתא היסטן טמא הם מיבעיא הכי איבעי ליה למתני מגען ולא היסטן: לכל דבריהם (א). אלמא מטמאו במשא דאי לא מטמאו אלא במגע מאי כזבין לימא כטמאי מתים: אלא. הא משבשתא היא ובעי לתרוצי ורבה מתרץ לטעמיה ורבי אלעזר לטעמיה: ואבן מסמא שלהן גרסי' גבי נכרי ונכרית בין בתרלתא דרבה בין בדר' אלעזר והכי אמרינן בפרק בתרא דמסכת נדה (דף לד.) נכרי ונכרית מטמאין באבן מסמא: ר' אלעזר מתרץ לטעמיה כו' ע"ז היא ולא היסטה. ולא משאה שאינה מטמאה במשא: מתקיף לה רב אשי מאי הן. אי רבה ורבי אלעזר היסטן דברייתא לשון משא משמע להו שהסיטו אחרים דהיינו משא מאי הן והיסטן הן ולא היסטן דקתני בין לר' עקיבא בין לרבנן אי למימרא דהן עצמן טמאים פשיטא דאי טהורים הס היסטן מנא להו הכי איבעיא לאיפלוגי ע"ז אין היסטה טמא ר' עקיבא אומר היסטה טמא: אלא אמר רב אשי הכי קאמר נכרי ונכרית בין הן שהסיטו אחרים. והיינו היסטן דקתני בה ככל היסט שבמשנה: בין אחרים שהסיטו אותן. דהיינו משא וזהו הן דקתני בברייתא והכי משמע הן והיסטן דלישנא דברייתא משא שהזכירו חכמים בנכרי ונכרית בין הן שהוסטו על ידי אדם בין היסטן כלומר מה שהסיטו הן טמאין דתורת זבין עליהם דזב שהוסט ע"י אדם או הסיט את האדם ואת כל דבר טמאוהו דתנן (זבין פ"ה משנה ג) כל הנישא על גבי זב טמא והיינו היסט וילפינן לה במסכת נדה (ד' לג.) מוכל הנוגע בכל אשר יהיה תחתיו ומוקמי' לקרא התם ע"כ דה"ק וכל הנוגע בכל אשר יהיה הזב תחתיו דהיינו נישא על גבי הזב: ע"ז שהסיטה את אחרים טהורים. דאיתקש לשרץ להכי שלא תטמא לא בהיסט ולא באבן מסמא ואליבא דרבה קמתרץ לה רב אשי: אחרים שהסיטוה טמאים. דהיינו משא ומודו רבנן דמטמאה במשא דאיתקש לנדה: רבי עקיבא אומר. ע"ז נמי כנכרי ונכרית בין שהסיטה בין שהוסטה וה"ה לאבן מסמא דאיתקש לנדה והכי תני רב אשי לברייתא אליבא דרבה נכרי ונכרית הן המשא שלהן והיסטן ע"ז היא המשא שלה ולא היסטה משמשיה לא הן ולא היסטן ר' עקיבא אומר נכרי ונכרית ע"ז הן והיסטן משמשיה לא הן ולא היסטן וממילא לר' אלעזר מתרץ לה רב אשי הכי נכרי ונכרית הן והיסטן ע"ז ומשמשיה לא הן ולא היסטן ר' עקיבא אומר נכרי ונכרית הן והיסטן ע"ז היא ולא היסטה דבמשא מטמיא ולא באבן מסמא דהוא דומיא דהיסט משמשין לא הן ולא היסטן כך נראה לי סוגיא זו ולא פירשו רבותינו כן והם פירשו מאי הן דאתקפתא דרב אשי אדרבי עקיבא קאי ולא קשיא ליה אלא דתני לה בלשון רבים והכי קשיא ליה כיון דר"ע אע"ז לחודה קאי אמאי תנא הן והיסטן היא והיסטה איבעיא ליה למיתני ולא נהירא לי דקשיא לי טובא בגוה חדא דלא אתקפתא היא דכיון דאמרן דמתני' מחסרתא היא ואוספי מוספינן עלה שפיר מיתני בה [הן] לר"ע בין לרבה דקאמר ר"ע אכולהו קאי וקאמר ה) הן והיסטן לר' אלעזר נמי קאי אכולהו דהכי קאמר ר' עקיבא ע"ז לענין היסט דהיינו משא כנכרי ונכרית וכולן הן והיסטן והכי קתני רבי עקיבא אומר נכרי ונכרית ע"ז הן והיסטן ועוד מ"ש דלא מיפלגי בין הסיטו להוסטו אלא בתרלתא דרב אשי ומאי דוחקיה לפלוגי בהו אי לאו דהן דברייתא משמע ליה שהוסטו והיסטן משמע ליה שהסיטו ועוד דסוף סוף בתירולא דרב אשי לא מיתרלה אתקפתיה דאי הן משום מגע משמשיה קאמר [לא] הן ולא היסטן הוא ואילו רבי עקיבא הן והיסטן קאמר ואי אנכרי ונכרית הכא נמי ה"מ לתרולי כלישנא קמא ומאי אתקפתיה: היכי משכחת לה. שהחפץ יסיט אדם או חפץ אחר: כרע הזב טמאין. שהרי הסיטן זב והיסטו של זב כי האי גוונא כתיב בין באדם בין בכלים כתיב וכלי חרש אשר יגע בו הזב ותניא בת"כ יכול יטמאנו מאחוריו נאמר כאן בו ונאמר להלן אשר תבושל בו מה להלן מתוכו אף כאן מתוכו א"כ למה נאמר אשר יגע בו פשיטא מי גרע משאר טומאות שמטמאין כלי חרש מאוירן כיון דכתיב גבי שרצים ל"ל למכתבי' הכא אלא להביא מגעו שהוא ככולו ואפי' מאחוריו ואיזהו זה היסטו וגבי אדם נמי וכל אשר יגע בו הזב ואי משום מגע הא כתיב נוגע בבשר הזב אלא להביא מגעו שהוא ככולו ואפי' מאחוריו ואיזה זה היסטו וגבי אוכלין ומשקין תנא וכל כלי עץ ישטף במים אמר ר' שמעון ומה בא זה ללמדנו אם ללמד שיטמא הזב כלי שטף במגע והלא כבר נאמר הנוגע בבשר הזב יכבס בגדיו אם הנוגע בו יכבס בגדיו שהן כלי שטף במגע הוא עצמו לא יטמא כלי שטף במגע אלא למה נאמר וכל כלי עץ וגו' להביא אוכלין ומשקין וכלים הניטלין ע"ג הזב דבסיפיה דקרא דאשר יגע בו הזב כתיב דאוקמינן דמשתעי בהיסט והיינו דתנן כל הנישא על גבי הזב טמא:

כרעו

תוספות

מיתיבי ע"ז כשרץ ומשמשיה כשרץ. * מברייתא אלים ליה למיפרך ממתני' משום דקתני בה משמשיה משמע דע"ז דומיא דמשמשיה דלא מטמו במשא: ומשמשיה בין הן שהסיטו כו'. בנוסחא קמא לא מדכר משמשיה משום דהוי בכלל הן ולא היסטן דברייתא אבל רב אשי הוצרך לפרש דמשמשיה לא הן ולא היסטן ולא הוי בכלל הא דקתני בברייתא הן ולא היסטן: ורבי עקיבא. הרב פור"ת גרים משמשיה במילתיה דר"ע דלא פליג במשמשיה ארבנן: הזב בכף מאזנים כו'. במס' זבים (פ"ד משנה ה) גרסינן הזב בכף מאזנים ומשכב ומושב בכף שנייה כרע הזב טהורין פי' מדרס ומ"מ טמאין לדין היסט הזב כרעו הן טמאים פי' מדרס כיון שהזב למעלה הרי נשען עליהן וגירסת הקונט' מיושב יותר אך לא נמצא כן אם לא שברייתא היא בשום מקום:

עין משפט נר מצוה

ה א מיי' פ"ו מהלכות שאר אבות הטומאות הלכה ה:

ו ב מיי' פ"ח מהלכות משכב ומושב הלכה ו סמג עשין רמג:

רבינו חננאל

דפליגי. רבנן סברי לא מטמאה במשא. ור"ע סבר מטמאה במשא. והלכה כרבנן ואליבא דר' אלעזר דרבא משני בשינויא דחיקי. וטומאת ע"ז דרבנן היא. ולענין הא דמסקינן בין אליבא [דרבא] בין אליבא דר' אלעזר. דלר' עקיבא האי הא איתקש ע"ז לשקץ דכתיב שקץ תשקצנו משום משמשיה קשיא למקצת תלמידים כי מכדי משמשי ע"ז אפי' אליבא דר' עקיבא בשקץ היכי קתני לענין בית ע"ז אבניו ועציו ועפריו מטמאין כשרץ. ר"ע אומר כנדה. דאהדרינן דהאי בית היא גופיה ע"ז דתנן בתרה (כתריא) [במשנה] ג' בתים הן. בית שבנה מתחלה לע"ז הרי זה אסור. ואמרינן עלה אמר רב המשתחוה לבית לא אסרו ומותבינן לרבה דאמר במשא כולי עלמא לא פליגי דאף רבנן מודו [דמטמא] קשיא ע"ז כשרץ. ודחי א) (ומותבינן נמי מגע נכרי ונכרית ע"ז ומשמשיה הן [ולא היסטן]. ופרקינן דאמר לך רבה וליטעמיך דקאמ' נכרי ונכרי' ולא היסטן ר"ע אומר הן והיסטן. ופי' היסט נדנוד. שאם אמרה הא ברייתא אין נכרי ונכרית נטל אדם קנה או קיסם ונדנד את הבגד אומרין שהסיטן. ומי מטמאין בהיסט הלא גזרה היא שנשא כלום כבר הסיטן. ויש מסיט שלא במשא. וכוון עליהן שיהו כזבין טמאין לכל. שמן המשנה הזו ע"ז מטמא במגע ואין טמאה בהיסט דבריהן והרי הזב טמאה בהיסט הרי נוגע באמת שאינה מטמאה במשא כמו מגע נכרי אלא רבה מפרש טעמיה דרבי אלעזר דנכרי ונכרי' כי הנושאה מסיטה לפי שהוא מתני' מתרץ לטעמיה. רבה מוקים לה בכחו כדפרשינן לעילא. ור"ע אומר הן היסטן [ואבן מסמא שלהן ופליגתא] באבן מסמא אבל לענין כל המסיט ע"ז טמא והנושא בכלל מסיט. בשלמא ע"ז ומסלק היסט מן פלוגתא ולר' אלעזר במשא פליגי ניחא אלא בברייתא אלא דר' אלעזר מסלק פלוגתא מן נכרי ונכרית לענין בסים. ומוקי לה לפלוגתא לענין ע"ז ומשמשיה בלחוד). מתקיף לה רב אשי מאי הן דפשטא בברייתא הן ולא היסטן ר' עקיבא אומר הן והיסטן בלשון רבים על מגע נכרי ונכרית וע"ז. והאי תירוצא דאמרינן לרבה היא ולא אבן מסמא. ר"ע אומר היא ואבן מסמא. לית בה לענין ע"ז פלוגתא בהסיט כל עיקר. וקאי מפיק לה לברייתא מן פשטא כלל. אבל ר' אלעזר קא מתרץ הן אבל לא הסיטן לרבנן ולר' עקיבא הן והסיטן על ע"ז ומפיק להו נכרי ונכרית בראיה ברורה דהא אימורה כי היכין דאף רבה מפקינן שהרי גזרו עליהן שהן כזבין לכל דבריהן. והא גזירה לענין תרומה ששורפין אותה על מגע גוי והסיטן כדמפרש בתורת כהנים. אבל חולין לא גזרו בהן טומאת נכרי. והכין לישנא דגמרא איצטרכינן למיכתבא משום דמשמש ואית בה חילופי רבה מתרץ לטעמיה נכרי ונכרית הן והיסטן ואבן מסמא שלהן ע"ז היא והיסטה אבל לא אבן מסמא שלה. ר"ע אומר היא ואבן מסמא שלהם ר' אלעזר מתרץ לטעמיה נכרי ונכרית הן והיסטן אבל לא אבן מסמא שלהן. ע"ז היא אבל לא היסטה. ר' עקיבא אומר ע"ז היא והיסטה ומשמשיה הן ולא היסטן. מתקיף לה רב אשי מאי הן והא אתקפתא דרב אשי על מימרא דרבה היא בלחוד. דאילו ר' אלעזר הא קא מתרץ אבל לא היסטן. ור' עקיבא אומר הן והיסטן לענין ע"ז וליכא אתקפתא עליה. ומשום הכין מתרץ רב אשי אליבא דרבה ולא קא מתרץ אליבא דר' אלעזר ולא מכלל דסבר לה כרבה ולא סבר לה כר' אלעזר אלא משום דתרצתא דר' אלעזר תרצא וסיומא. ודרבה צריכה עדיין תרצתא. ולא שויא רב אשי תיובתא. אלא תריץ לה תירוצא רחיקא. ולעולם אימא לך דכר' אלעזר סבירא ליה והכין קא מתרץ רב אשי אליבא דרבה האי דקאמרו מאי הן אבל לא היסטן. ר' עקיבא אומר הן והיסטן דאפלגו לענין ע"ז אמר לך רבה הכי קאמר ע"ז ומשמשיה הן אבל לא היסטן שהיסטו הן את אחרים. ר"ע אומר הן והיסטן. אפי' שהיסטו הן את אחרים. ולפום הכין שאילנן. ע"ז שמסיטה היא את אחרים היכי משכחת לה. ופריש רמי בר ייבא כגון שהיתה היא בכף מאזנים ואחרים בכף מאזנים וכרעה ע"ז ותלה נחתא משום יוקרא מכחה שמכרעת

מסורת הש"ס

א) נדה לד., ב) [ע' תוס' ב"ב כ. ד"ה ונכרי], ג) [לעמ"ש תוס' ד"ה הזב כו' אם לא שברייתא היא כו' נ"ל כדתניא], ד) זבין פ"ד מ"ע, ה) הן היסטן ואבן מסמא שלהן כצ"ל.

הגהות הב"ח

(א) רש"י ד"ה לכל דבריהם. נ"ב ע"ל דף פד ע"ב:

גליון הש"ס

גמ' אמר לך רבה מי אלימא ממתני'. לעיל ד' יב ע"א. עירובין דף סט ע"ב: תוס' ד"ה מיתיבי וכו' מברייתא אלים ליה. עי' לעיל דף יב ע"א תוס' ד"ה מי אלימא:

תורה אור השלם

א) דַּבְּרוּ אֶל בְּנֵי יִשְׂרָאֵל וַאֲמַרְתֶּם אֲלֵהֶם אִישׁ אִישׁ כִּי יִהְיֶה זָב מִבְּשָׂרוֹ זוֹבוֹ טָמֵא הוּא: [ויקרא טו, ב]

ליקוטי רש"י

גזרו עליהן שיהו כזבין לכל דבריהן. משום שלא יהא תינוק ישראל רגיל אצלו במשכב זכור [נדה לד.]. ואפילו אינו זב [לעיל יז:]. אלא לא ראה קרי גזרו עליו להיות כזב [ע"ז לו:].

חשק שלמה על רבינו חננאל

א) דברי רבינו אלו משוללי הבנה ועיין בסוף המסכתא:

כרעו הן טהורין כמאן אזלא הא דתניא א) כל הטמאות המסיטות טהורות חוץ מהיסטו של זב ב) שלא מצינו לו חבר בכל התורה כולה לימא דלא כרבי עקיבא דאי כרבי עקיבא איכא נמי ע"ז אפילו תימא ר' עקיבא תנא זב וכל דדמי ליה ג) בעי רב חמא בר גוריא ע"ז ישנה לאברים או אינה לאברים היכא דהדיוט יכול להחזירה לא תיבעי לך דכמאן דמחברת דמי כי תיבעי לך היכא דאין הדיוט יכול להחזירה מאי כיון דאין הדיוט יכול להחזירה כמאן דמתברא דמי או דילמא הא לא מחסרה ואיכא דבעי לה להך גיסא היכא דאין הדיוט יכול להחזירה לא תיבעי לך דכמאן דמתברא דמי כי תבעי לך היכא דהדיוט יכול להחזירה מאי כיון דהדיוט יכול להחזירה כמאן דמחברה דמי או דילמא ב השתא מיהא קשלפה ושריא תיקו בעי רב אחדבוי בר אמי ע"ז פחותה מכזית מהו מתקיף לה רב יוסף למאי אילימא לענין איסורא לא יהא אלא זבוב בעל עקרון דתניא א) וישימו (ג) להן) בעל ברית לאלהים זה זבוב בעל עקרון ד) מלמד שכל אחד ואחד עשה דמות יראתו ומניחה בתוך כיסו כיון שזוכרה מוציאה מתוך כיסו ומחבקה ומנשקה אלא לענין טומאה מאי כיון דאיתקיש לשרץ מה שרץ בכעדשה אף ע"ז נמי בכעדשה או דילמא הא איתקיש למת מה מת בכזית אף ע"ז בכזית אמר רב אויא ואיתימא רבה בר עולא ת"ש דתניא ג ע"ז פחותה מכזית אין בה טומאה כל עיקר שנאמר ב) וישלך את עפרה ה) (אל) קבר בני העם מה מת בכזית אף ע"ז בכזית ורבנן למאי הלכתא איתקש לשרץ דלא מטמא במשא לנדה דאינה לאברין למת דלא מטמא בכעדשה אימא לחומרא למאי הלכתא אקשה רחמנא לשרץ לטמויי בכעדשה לנדה לטמויי באבן מסמא אקשה רחמנא למת לטמויי באהל ד טומאת עבודה זרה דרבנן היא וקולא וחומרא לקולא מקשינן לחומרא לא מקשינן: **מתני'** ה מנין לספינה שהיא טהורה שנאמר ג) דרך אניה בלב ים: **גמ'** פשיטא אניה בלב ים היא הא קמ"ל כים מה ים טהור אף ספינה טהורה תניא חנניה אומר נלמדה משק ו) מה שק מיטלטל מלא וריקן אף כל מיטלטל מלא וריקן לאפוקי ספינה דאינה מיטלטלת מלא וריקן מאי בינייהו איכא בינייהו ספינה של חרס מאן דאמר אניה בלב ים ו הא נמי בלב ים היא למ"ד כשק הנך (היא) דכתיבי גבי שק דאי מיטלטל מלא וריקן אין אי לא לא ז אבל ספינה של חרס אע"ג דאינה מיטלטלת מלא וריקן אי נמי ספינת הירדן למ"ד אניה בלב ים היא הא נמי אניה בלב ים היא למ"ד מיטלטלת מלא וריקן הא נמי מיטלטלת מלא וריקן דא"ר חנינא בן עקביא מפני מה אמרו ספינת הירדן טמאה מפני שטוענים אותה ביבשה ומורידין אותה למים א"ר יהודה אמר רב ז) לעולם אל ימנע אדם את עצמו מבית המדרש ואפי' שעה אחת שהרי כמה שנים נשנית משנה זו בבית המדרש ולא נתגלה טעמה עד שבא רבי חנינא בן עקביא ופירשה אמר רבי יונתן לעולם אל ימנע אדם את עצמו מבית המדרש ומדברי תורה ואפי' בשעת מיתה שנא' ד) זאת התורה אדם כי ימות באהל אפי' בשעת מיתה תהא עוסק בתורה ט) אמר ר"ל ח אין דברי תורה מתקיימין אלא במי שממית עצמו עליה שנאמר זאת התורה אדם כי ימות באהל אמר רבא

ולחנניא

רש"י

כרעו הן. ונשאו הן את הזב: טהורין. דתנן כל שהזב נישא עליו טהור חוץ מן הראוי למשכב ומושב האדם אבל כל שאר כלים ואוכלים אין מיטמאין מחמת משכב ומושב כדתניא (לעיל דף נט.) מי שמיוחד לישיבה יצא זה שאומרים לו עמוד ונעשה מלאכתנו ולמהוי אפילו ראשון לטומאה מחמת משא הזב נמי לא ° דכי כתיב משא הזב באדם כתיב והנושא אותם וגו' והא דאמר לעיל נכרי ונכרית וע"ז שהסיטום אחרים טמאים באדם קאמרינן: כל הטמאו' המסיטות. אחרים כגון בכף מאזנים או אדם טמא מת שהסיט את חברו טהורין: שלא מצינו לו. בשאר טומאות שבתורה אלא בזב: וכל דדמי ליה. דאתי מריבויא דזב וע"ז מנדה גמרי דהיינו זב: ישנה לאברים. כגון של חוליות ישנה לטומאתה אבר אבר או לא: דהדיוט יכול להחזירה. שאין צריך אומן לכך: פחותה מכזית. והיא שלמה: לענין איסור. ליאסר בהנאה: ומחבקה ומנשקה. וזהו לשון ברית אהבה וחבה אלמא אדוקים בה וע"ז היא: הא איתקש למת. כדלקמן ט) אל קבר בני העם: ורבנן למאי הלכתא כו'. אתקפתא היא לרבנן דאמרי אינה מטמאה במשא למאי הלכתא אמרו אלידייהו דאיתקש לנדה דאינה לאברים ולשרץ דלא מטמאין במשא למת דאינה מטמאה בכעדשה כולהו לקולא: אימא. כולהו לחומרא: דרבנן. דכל הנך היקשות דברי קבלה נינהו ואסמכתא בעלמא ושקץ תשקצנו לאו לשון שרץ ממש הוא אלא עיקר קרא לכנות לה שם לגנאי אתא: **מתני'** שהיא טהורה. שאינה מקבלת טומאה: בלב ים. הרי היא כים: **גמ'** פשיטא אניה בלב ים היא. לאו פירכא היא אלא פירוש למתני': נלמדה משק. שהרי כלי עץ היא והוקשה לשק לענין טומאה: אף כו'. וזו אינה מיטלטל' מלאה דגדולה היא: ספינה של חרס. דלא איתקש לשק: אי נמי ספינת הירדן. איכא בינייהו שהיא קטנה ומיטלטלת מלאה וריקנית לפי שהנהר קטן: הא נמי בלב ים. דים לאו דוקא וכל הנהרות נמי טהורין הן: נשנית משנה זו. של מסכת כלים דתני בה ספינת הירדן טמאה ולא נתגלה הטעם למה:

ולחנניא

תוספות

ע"ז ישנה לאיברים כו'. בשל חוליות מבעיא ליה אבל ע"ז שנשתברה פשיטא ליה דלא מטמאה ולא משום היקישא דנדה פשיטא ליה בנשתברה דדמיא לגמרי לשאין אדם יכול להחזירה דא"כ אמאי קאמר לעיל דמבעיא ליה אליבא דר' עקיבא אליבא דרבנן נמי מצי למיבעי דהא דנפקא להו דע"ז אינה לאיברים מנדה הני מילי כשנשתברה לגמרי אלא ודאי בלא נדה פשיטא ליה דנשתברה טהורה: **כי** תבעי לך היכא דאין הדיוט כו'. לענין טומאה מבעיא ליה כדפי' הקונט' ולעיל נמי מייתי אפלוגתא דרבי עקיבא ורבנן אבל לענין איסורא דאורייתא לא שייך למילף מנדה ואע"ג דאסור בהנאה בטומאה דרבנן מיבעיא ליה אי פרחה אי לאו משמע דבהדיוט יכול להחזירה פשיטא דאסירה אפילו ללישנא בתרא מדבעי לענין טומאה בהדיוט יכול להחזירה דאי איסור הנאה דאורייתא שרי כ"ש דלא מטמא ° וקשה לר"י דבפרק ג' דמסכת ע"ז (ד' מט:) פליגי רב ושמואל בע"ז שנשתברה מאליה דרב אמר צריכה לבטל כל קיסם וקיסם ושמואל אמר אין ע"ז צריכה לבטל אלא דרך גדילתה ובעי לאוקמא פלוגתייהו בשברי שברים ומסיק דבע"ז של חוליות עסקינן והדיוט יכול להחזירה קא מיפלגי דרב סבר כיון דהדיוט יכול להחזירה כו' לא בטלה משמע דבאין הדיוט יכול להחזירה אפי' רב מודה דשריא ונראה לר"י דהתם פליגי בחוליות קטנים דכשמתפרקין הוו כעין שברי שברים דקאמר התם מעיקרא אבל הכא איירי בחוליות גדולות דאפי' שמואל מודה דאסירי בהנאה אפי' אין הדיוט יכול להחזירה:

וישימו להם בעל ברית וגו'. האי קרא בשופטים כתיב וקשה לר"י למה לא הביא קרא דמלכים (ב א) י) זבוב בעל עקרון ולמה ליה לאתויי ברייתא וי"ל דאי מהתם ה"א זבוב גדול היה אלא שהיה לו דמות זבוב לכך מייתי מהכא שהיה קטן כשאר זבובים כדקתני ומניחה בתוך כיסו ודריש לה מדכתיב בעל ברית משמע שכרתו להן ברית להיות כל שעה אצלם ומסברא קאמר זה זבוב בעל עקרון:

מה מת בכזית אף ע"ז בכזית. תימה [לר"י] לרבי עקיבא אי ישנה לאברים נוקי האי היקישא לקולא דבעי כזית מאברים אבל ע"ז שלימה אפילו אין בה כזית דומיא דמת כשהוא שלם דמטמא אפילו אין בו כזית כדאמר בנזיר בפרק כ"ג (דף נ.) ויש לומר דכמת אפי' אבר שלם שאין בו כזית טמא כדאמרינן נמי התם א"כ כך לי אבר אחד כמו כולו ואם תאמר אכתי מצי לאוקמא היקישא בחוליא אחת שכנגדה במת לא חשיב אבר וי"ל דהשתא אפילו כזית לא מטמא לכשברי שברים חשיבא:

נלמדה משק. דספינה אינה מיוחדת למדרס אף על פי שכל שעה יושבין בה בני אדם מכל מקום עיקרן עשויות לפרגמטיא ואומר בה עמוד ונעשה מלאכתנו דאי ספינה מיוחדת למדרס לא הוה ילפינן משק כדאמרינן בריש אלו מומין (בכורות לח.) דמדרסות לא איתקוש לשק כ): **לאפוקי** ספינה שאינה מיטלטלת מליאה. ומה שמיטלטלת כיס לא חשיב ליה טלטול כיון דעיקר הילוכה מחמת המים:

עין משפט נר מצוה

ז א מיי' פ"ח מהלכות משכב ומושב הלכה א ב:
ח ב מיי' פ"ו מהלכות שאר אבות הטומאות הלכה ד:
ט ג שם הלכה ב ה:
י ד שם הלכה א:
יא ה ו ז מיי' פרק י"ח מהלכות כלים הל"ט:
יב ח מיי' פ"ג מהלכות ת"ת הלכה יג טוש"ע יו"ד סימן רמו סעיף כא:

תורה אור השלם

א) וַיְהִי כַּאֲשֶׁר מֵת גִּדְעוֹן וַיָּשׁוּבוּ בְּנֵי יִשְׂרָאֵל וַיִּזְנוּ אַחֲרֵי הַבְּעָלִים וַיָּשִׂימוּ לָהֶם בַּעַל בְּרִית לֵאלֹהִים: [שופטים ח, לג]

ב) וַיֹּצֵא אֶת הָאֲשֵׁרָה מִבֵּית יְיָ מִחוּץ לִירוּשָׁלַיִם אֶל נַחַל קִדְרוֹן וַיִּשְׂרֹף אֹתָהּ בְּנַחַל קִדְרוֹן וַיָּדֶק לְעָפָר וַיַּשְׁלֵךְ אֶת עֲפָרָהּ עַל קֶבֶר בְּנֵי הָעָם: [מלכים ב' כג, ו]

ג) דֶּרֶךְ הַנֶּשֶׁר בַּשָּׁמַיִם דֶּרֶךְ נָחָשׁ עֲלֵי צוּר דֶּרֶךְ אֳנִיָּה בְלֶב יָם וְדֶרֶךְ גֶּבֶר בְּעַלְמָה: [משלי ל, יט]

ד) זֹאת הַתּוֹרָה אָדָם כִּי יָמוּת בְּאֹהֶל כָּל הַבָּא אֶל הָאֹהֶל וְכָל אֲשֶׁר בָּאֹהֶל יִטְמָא שִׁבְעַת יָמִים: [במדבר יט, יד]

רבינו חננאל

שמכרעת סלקין אחרים בכף מאזנים אחרת ונמצאת כנושא אותן וניסוטין מכחה כדתנן בזב. כמאן אזלא הא דתניא כל הטומאות המסיטות אחרי' טהורין חוץ מן הזב. שלא מצינו לו בכל התורה כולה ניחא דלא כר"ע. דאי ר"ע הא אף ע"ז שהסיטה את אחרים טמאין. ודחינן אפילו תימא ר"ע תנא זב וכל דדמי ליה. נמצא דברי רב אשי דפלוגתא דרבה ור' אלעזר בתרצתא דהא מתנית' דר' אלעזר סבר בהיסט שהסיטו אחרים את ע"ז פלוגתא דרבנן ודר' עקיבא. אבל הסיטה היא את אחרים טהורין. ורבה סבר בהיסט שהסיטה ע"ז את אחרים פלוגתייהו. אבל אם הסיטוה אחרים טמאין. ובעיא דרמי בר חמא הא אמרינן כרבה בעי לה ואליבא דר"ע. אבל לרבה לרבנן אינה לאברים. ולר' אלעזר בין אליבא דרבנן ובין אליבא דר' עקיבא אינה לאברים. וכן הלכה. ובעיא דרב אחדבוי בר אמי ע"ז פחותה מכזית לענין איסורא פשטא דאסורא דהא זבוב בעל ע"ז עקרון אסור. אבל לענין טומאה אין בה טומאה של כלום דלהכין איתקש למת ואיתקש לנדה שאינה לאברים. ואיתקש לשרץ שאינה מטמא במשא ולא מצית למימר לחומרא לשרץ כעדשה ולנדה לאבן מסמא. ולמת לאהל משום דטומאת ע"ז דרבנן היא. וכי איכא חומרא וקולא לקולא היא דמקשינן: [מתני'] מנין לספינה שהיא טהורה כו'. פי' שאינה מקבלת טומאה. רבנן דמתני' משום מדמי להן ספינה לים מה הים אין מקבל טומאה אף הספינה אינה מקבלת טומאה. וחנניה מפיק לה למילתא דספינה שאין מקבלת טומאה מן השק דכתיב מכל כלי עץ או בגד או עור או שק מה שק מטלטל מלא וריקן מקבל טומאה לאפוקי ספינה שאינה מטלטלת מלא וריקן. לפיכך אינה מקבלת טומאה. מאי בינייהו איכא בינייהו ספינה של חרס לרבנן [שמדמין] אותה לים אף ספינה של חרס טהורה. ולחנניה שהוא [למד] לטהרת ספינה משק ספינה של חרס [מקבלת] טומאה דא' לן עץ ובגד ועור ושק דכתיבי בענינא גמרינן להו משק נמצא משק מלמד עליו. אלו הדברים שכתובין בפרשה. וכן מלמד שאין מקבלין טומאה אלא מה שהוא מטלטל מלא וריקן כגון שק אבל כלי חרס אינו כתוב עם השק. לפיכך אין השק מלמד עליו. דאע"פ שאינו מטלטל מלא וריקן מקבל טומאה. אי נמי איכא בין רבנן שלמדין מן הים ובין חנניה שהוא למד מן השק. (ספות) [לענין ספינת] הירדן לרבנן טהורה ולחנניה טמאה מפני שהיא מטלטלת מליאה וריקנית כר' חנניה בן עקביא: אמר (רבה) [רבא]

מסורת הש"ס

א) [זבחים לו: נז. מנחות לא: בכורות כח. נדה מג. ועי' תוס' בכורות כח. ד"ה שלא], ב) [לעיל פב:], ג) [נ"ל להם], ד) סנהדרין סג. סו:, ה) [נ"ל על], ו) [לקמן קכג: חגיגה כו: מנחות לו: בכורות לח.], ז) [גילה כד:], ח) ברכות סג: גיטין נז:, ט) [נ"ל עגל], י) נ"ל בעל זבוב אלהי עקרון, כ) [וע"ע תוס' מנחות לא. ד"ה שיהו].

גליון הש"ס

רש"י ד"ה טהורין וכו' דכי כתיב משא הזב באדם כתיב. ע' נדה דף נד ע"ב ברש"י ד"ה היא עושה וצע"ג: תוס' ד"ה כי תיבעי וכו' וק' לר"י. ק"ל הא שם מבואר דמדין ביטול הוא (ופס קן) [י"ל] דהאיבעיא בע"ז של ישראל דלא מהני ביטול אם טהור מטומאה. וצ"ע:

ליקוטי רש"י

שלא מצינו לו חבר בכל התורה כולה. שלא מצינו בכל התורה טומאה המטמאת טהרה שמטמא אלא אם כן נשא טהור את הטמא והכא בזב הוא דגלי רחמנא [נדה מג.]. נלמדה משק. דאיתקש עץ לשק דכתיב (ויקרא יא) מכל כלי עץ או בגד או עור או שק מה שק מטלטל מלא וריקן אף כל מטלטל מלא וריקן [חולין כה.]. לענין טומאה הוקשו כלי עץ לשק דכתיב כל אשר יפול עליו מהם במותם יטמא מכל כלי עץ או בגד או עור או שק (ויקרא יא) [חגיגה כו:]. זאת התורה. סיכן מלויה באדם שימות באהלי תורה [ברכות סג:].

רב נסים גאון

כמאן אזלא כל הטמאות המסיטות טהורות חוץ מהיסטו של זב שלא מצינו לו בכל התורה כולה עיקר דילה בתורת כהנים וכלי חרש אשר יגע בו הזב ישבר אין לי אלא כלי חרס מנין לרבות כלי כו' ומאחר שלמדנו שאין מטמאין אותו אלא מאוירו מה ת"ל אשר יגע בו במגע שהוא ככלו הוי אומר זה היסטו ואמרו וכל אשר יגע בו הזב זה הוא היסטו של זב הרי למדנו מיכן שכל הטמא שיסיטנו הזב טמא וזבה ונדה ויולדת וכל דדמי לזב טומאתן כטומאת הזב ומזה העיקר אמרו במשנה (זבין פ"ד מ"ו) הזב בכף מאזנים ואוכלין ומשקין בכף שנייה וכו' ובאדם לא פרט בין הטהור המסיט את הזב ובין הזב המסיט את הטהור כמו ששנינו (שם פ"ה) המסיט את הזב או שהזב מסיט בו מטמא אוכלין כו' ובתוספתא (זבין פ"ד) אמרו בין שהזב מכריען מטמא אחד כו' ותנן נמי (שם פ"ג מ"א) עלו באילן שכוחו רע ובסוכה שכוחה רע טמא

כָּרְעוּ הֵן טְהוֹרִין – But if THE [FOODS AND LIQUIDS] WEIGHED DOWN their side of the scale,[1] THEY ARE *TAHOR*.[2]

We see from this Baraisa that a *zav* will render *tamei* with *heset* even objects that are not actually above him, but are only supported by his weight. This is because the *heset* that this Baraisa is discussing is one that is *not* defined as an act of carrying.[3] It therefore is not limited to objects capable of performing an act of carrying, but includes even objects incapable of performing such an act. Thus, even an inanimate idol will generate this form of *heset* in articles that it supports! Accordingly, when Rav Ashi states that the Baraisa previously cited discusses *heset* performed by an idol, it is this form of *heset* to which he refers.

In light of Rav Ashi's interpretation of the aforecited Baraisa as discussing an idol's ability to generate *heset* of *zav,* the Gemara now inquires after the authorship of another Baraisa:

כְּמַאן אָזְלָא הָא דְּתַנְיָא – **Whose** opinion does **[the rule] that is taught in the** following **Baraisa follow?** For a Baraisa states: **כָּל הַטֻּמְאוֹת הַמְּסִיטוֹת טְהוֹרוֹת** – If ANY CONTAMINANTS PERFORM *HESET* on *tahor* objects,[4] [THE OBJECTS] remain *TAHOR,* **חוּץ מֵהֶיסֵּטוֹ שֶׁל זָב** – EXCEPT in the case of THE *HESET* OF A *ZAV.* Of all contaminants, he alone will render such objects *tamei.* **שֶׁלֹּא מָצִינוּ לוֹ חָבֵר בְּכָל הַתּוֹרָה כּוּלָּהּ** – FOR WE DO NOT FIND A COMPANION TO the law of [THE *HESET* OF A *ZAV*] anywhere IN ALL THE TORAH. It is shared by no other contaminants.[5] **לֵימָא דְּלָא כְּרַבִּי עֲקִיבָא** – Now **let us say that** this Baraisa **is not in accordance with R' Akiva.**[6] **דְּאִי כְּרַבִּי עֲקִיבָא** – **For according to R' Akiva,** **אִיכָּא נַמִּי עֲבוֹדָה זָרָה** – **there is also** the case of **an idol,** which will render *tamei* a *tahor* object that it supports!

The Gemara answers:

אֲפִילּוּ תֵּימָא רַבִּי עֲקִיבָא – No, **you may even say** that the Baraisa does follow the opinion of **R' Akiva.** **תָּנָא זָב וְכָל דְּדָמֵי לֵיהּ** – However, **[the Baraisa] means to teach** that both **a *zav* and all who resemble him** will generate *tumah* in *tahor* objects on which they perform *heset.* Since idols are analogous to *zav,*[7] they too are included in the law of *heset* of *zav.*

The Gemara now cites an inquiry concerning an idol's disassembled limbs:

בָּעֵי רַב חָמָא בַּר גּוּרְיָא – **Rav Chama bar Gurya inquired:** **עֲבוֹדָה זָרָה יֶשְׁנָהּ לְאֵבָרִים אוֹ אֵינָהּ לְאֵבָרִים** – **Does the** *tumah* of **an idol** apply **to** its disassembled **limbs, or** does it **not** apply **to** its disassembled **limbs?**[8]

The Gemara elaborates on the question:

הֵיכָא דְּהֶדְיוֹט יָכוֹל לְהַחֲזִירָהּ לֹא תִּיבָּעֵי לָךְ – In a case **where a layman is able to reassemble [the idol],**[9] **you need not inquire.** **דִּכְמַאן דִּמְחַבְּרָת דָּמֵי** – **For** in this case **it is as if [the idol] were intact;**[10] thus, each segment will certainly generate *tumah.* **כִּי תִּיבָּעֵי לָךְ** – **When do you** have reason to **inquire?** **הֵיכָא דְּאֵין הֶדְיוֹט יָכוֹל לְהַחֲזִירָהּ** – In a case **where a layman is unable to reassemble [the idol].** In that case, you must inquire thus: **מַאי** – **What** is the law? **כֵּיוָן דְּאֵין הֶדְיוֹט יָכוֹל לְהַחֲזִירָהּ כְּמַאן דְּמִתַּבְרָא דָּמֵי** – Do we say that **since a layman is unable to reassemble [the idol], it is as if [the idol] is broken;** it thus will

NOTES

1. Thus supporting the *zav* (*Rashi*).

2. Although the foods and liquids are actually supporting the *zav's* weight (by suspending his side of the scale), and thus might be thought subject to *tumah* of couch and seat [in which an article that supports the weight of a *zav* is rendered an *av hatumah*], they in fact do not acquire this *tumah.* This is because *tumah* of couch and seat (also known as *tumas midras*) applies only to articles *designated* for supporting the weight of a human being (see below, 84a note 4). Since foods and liquids obviously do not fit this description, they cannot acquire this *tumah.*

The restriction of *midras* to such objects is taught in a Mishnah in *Zavim* (5:2). The Mishnah states: כָּל שֶׁהַזָּב נִישָּׂא עָלָיו טָהוֹר חוּץ מִן הָרָאוּי לְמִשְׁכָּב וּלְמוֹשָׁב, *Anything upon which a zav is carried remains tahor, except for [an article] fit for lying upon and sitting upon,* thus limiting *tumah* of couch and seat to articles designated for such use (see above, 59a, for how this rule is derived from Scripture).

These foods and liquids are also not subject to contamination with carrying *tumah* [i.e. *tumas masa*]. For although a *zav* will render a *person* who carries him *tamei,* he will not render *objects* that carry him *tamei,* since only human beings are subject to carrying *tumah.* This is because the verse (*Leviticus* 15:10) that teaches a *zav's* ability to generate carrying *tumah* speaks only of *one who carries* [a *zav,* his couch or seat etc.], thus limiting this *tumah* to human beings (*Rashi*; see *Tos. Yom Tov* to *Zavim* ibid. and *Rashash* here). [See *R' Akiva Eiger* in *Gilyon HaShas,* who points out that *Rashi* to *Niddah* (54b ד״ה היא) seems to include even *utensils* in susceptibility to carrying *tumah,* thus contradicting his position here; see *Tiferes Yisrael* to *Keilim* 1:2, *Boaz* §1 for his exchange with *R' Akiva Eiger* regarding this question, and for his resultant discussion of the issue; see also *Rashi* to *Avodah Zarah* 47b ד״ה נדה מטמאה במשא; see also *Rashash;* see also *Chazon Ish, Yoreh Deah* 99:2.]

3. [But rather as an act of expanded "touch." The object therefore need not be *above* the *zav* to be rendered *tamei* (as it must be in a case of *elyono shel zav,* and as an act of carrying would seem to demand – see *Chazon Ish* to *Zavim* 4:7), but need merely be *supported* by the *zav* (see 83a note 21).]

[We have noted that this form of *heset* differs from the *heset* of *elyono shel zav* in that it does not require that the object be above the *zav,* but only that it be supported by him. It differs further in that it generates *tumah* in *all* things – people, utensils, earthenware vessels, foods and liquids (see 83a note 23) – whether they are items designated to be supported upon the *zav* or not. *Elyono shel zav,* by contrast, is quite possibly limited to articles designated for carrying (see *Tosafos, Eruvin* 27a ד״ה כל שנישא; see *Maharam* ad loc.; see below, 84a note 4 for a definition of "designated" in this context). This would exclude a number of the above items from susceptibility to *elyono shel zav.* [For further differentiations between this form of *heset* and *elyono shel zav,* see *Tosafos* ibid. and to *Niddah* 31b ד״ה תחתון; see also *Ramban* to *Niddah* 33a and *Ritva* ibid. 32b; see also *Chazon Ish, Zavim* 4:7.]

The fact that this form of *heset* will generate *tumah* in the various items listed above is actually alluded to in the Mishnah (*Zavim* 5:2) that states: כָּל הַנִּישָּׂא עַל גַּבֵּי הַזָּב טָמֵא, *Anything that is carried above a zav is tamei.* Although this Mishnah speaks explicitly only about *elyono ohel zav,* as was explained above (83a note 20), it contains an allusion to this form of *heset* as well. For the Mishnah could have stated simply הַנִּישָּׂא עַל גַּבֵּי הַזָּב, *that which is carried above the zav,* and omitted the word כָּל, *anything.* The reason it includes the word כָּל is to teach that *anything at all,* even if it is not an item designated for carrying, will be susceptible to this form of *heset.* The Mishnah thus teaches that there is a *heset* that affects *all* types of objects (*Rashi* to 83a סד״ה כרע הזב; see also *Tosafos, Eruvin* ibid.; see also *Rash* to *Zavim* ibid. ד״ה כל הנישא).]

4. Such as by suspending them in midair by means of a scale, or in the case of a person contaminated with corpse *tumah,* who carries or moves another (*Rashi*).

5. [This refers to both forms of *heset* discussed above – *elyono shel zav,* and a *zav* who supports or moves an object. Both forms are unique to a *zav*; they are shared by no other contaminant.]

6. I.e. according to Rabbah, who maintains that according to R' Akiva an idol is included in the law of a placed rock, and, by extension, in the law of *heset* of *zav* (see above, 83a note 14). Thus, the Gemara's question regarding this Baraisa concerns Rabbah's opinion only (*Maharam*).

7. See 82b, where an idol is equated with a *niddah* (*Rashi*). [The law of *niddah* is identical to that of *zav* (see ibid. note 13).]

8. Rav Chama bar Gurya's inquiry concerns an idol constructed of segments that is now disassembled (*Rashi*). A piece broken from an idol, however, certainly will not generate *tumah* (*Tosafos;* see *Pnei Yehoshua*).

[See *Tosafos* to 82b ד״ה אבניו ועציו for why the fallen stones, timbers and mortar of a wall worshiped as an idol *will* generate *tumah;* see also *Meiri* ibid.; see *Baal HaMaor* here; see also *Rambam, Avos HaTumos* 6:5.]

9. And an artisan is not needed (*Rashi*).

10. [For since the idol is so easily reassembled, it is as if its parts are already joined.]

כרעו הן טהורין כמאן אזלא הא דתניא [א]כל הטמאות המסיטות טהורות חוץ מהיסטו של זב [ב]שלא מצינו לו חבר בכל התורה כולה לימא דלא כרבי עקיבא דאי כרבי עקיבא איכא נמי ע"ז אפילו תימא ר' עקיבא תנא זב וכל דדמי ליה [ג]בעי רב חמא בר גוריא ע"ז ישנה לאברים או אינה לאברים היכא דהדיוט יכול להחזירה לא תיבעי לך דכמאן דמחברת דמי כי תיבעי לך היכא דאין הדיוט יכול להחזירה מאי כיון דאין הדיוט יכול להחזירה כמאן דמתברא דמי או דילמא הא לא מחסרה ואיכא דבעי לה להך גיסא היכא דאין הדיוט יכול להחזירה לא תיבעי לך דכמאן דמתברא דמי כי תבעי לך היכא דהדיוט יכול להחזירה מאי כיון דהדיוט יכול להחזירה כמאן דמחברא דמי או דילמא [ב]השתא מיהא קשלפה ושריא תיקו בעי רב אחדבוי בר אמי ע"ז פחותה מכזית מהו מתקיף לה רב יוסף למאי אילימא לענין איסורא לא יהא אלא זבוב בעל עקרון דתניא [א]וישימו [ג](להן) בעל ברית לאלהים זה זבוב בעל עקרון [ד]מלמד שכל אחד ואחד עשה דמות יראתו ומניחה בתוך כיסו כיון שזוכרה מוציאה מתוך כיסו ומחבקה ומנשקה אלא לענין טומאה מאי כיון דאיתקיש לשרץ מה שרץ בכעדשה אף ע"ז נמי בכעדשה או דילמא הא איתקיש למת מה מת בכזית אף ע"ז בכזית אמר רב אויא ואיתימא רבה בר עולא ת"ש דתניא [ג]ע"ז פחותה מכזית אין בה טומאה כל עיקר שנאמר [ב]וישלך את עפרה [ה](אל) קבר בני העם מה מת בכזית אף ע"ז בכזית ורבנן למאי הלכתא איתקש לשרץ דלא מטמא במשא לנדה דאינה לאברין למת דלא מטמא בכעדשה אימא לחומרא למאי הלכתא אקשה רחמנא לשרץ לטמויי בכעדשה לנדה לטמויי באבן מסמא אקשה רחמנא למת לטמויי באהל [ד]טומאת עבודה זרה דרבנן היא וקולא וחומרא לקולא מקשינן לחומרא לא מקשינן: **מתני'** [ה]מנין לספינה שהיא טהורה שנאמר [ג]דרך אניה בלב ים: **גמ'** פשיטא אניה בלב ים היא הא קמ"ל כים מה ים טהור אף ספינה טהורה תניא חנניה אומר נלמדה משק [ו]מה שק מיטלטל מלא וריקן אף כל מיטלטל מלא וריקן לאפוקי ספינה דאינה מיטלטלת מלא וריקן מאי בינייהו איכא בינייהו ספינה של חרס מאן דאמר אניה בלב ים [ז]הא נמי בלב ים היא למ"ד כשק הנך (היא) דכתיבי גבי שק דאי מיטלטל מלא וריקן אין אי לא לא [ז]אבל ספינה של חרס אע"ג דאינה מיטלטלת מלא וריקן אי נמי ספינת הירדן למ"ד אניה בלב ים היא הא נמי אניה בלב ים היא למ"ד מיטלטלת מלא וריקן הא נמי מיטלטלת מלא וריקן דא"ר חנינא בן עקביא מפני מה אמרו ספינת הירדן טמאה מפני שטוענים אותה ביבשה ומורידין אותה למים א"ר יהודה אמר רב [ח]לעולם אל ימנע אדם את עצמו מבית המדרש ואפי' שעה אחת שהרי כמה שנים נשנית משנה זו בבית המדרש ולא נתגלה טעמה עד שבא רבי חנינא בן עקביא ופירשה אמר רבי יונתן לעולם אל ימנע אדם את עצמו מבית המדרש ומדברי תורה ואפי' בשעת מיתה שנא' [ד]זאת התורה אדם כי ימות באהל אפי' בשעת מיתה תהא עוסק בתורה [ט]אמר ר"ל [ה]אין דברי תורה מתקיימין אלא במי שממית עצמו עליה שנאמר זאת התורה אדם כי ימות באהל אמר רבא

ולחנניא

רש"י

כרעו הן. ונשאו הן את הזב: **טהורין.** דתנן כל שהזב נישא עליו טהור חוץ מן הראוי למשכב ומושב האדם אבל כל שאר כלים ואוכלים אין מיטמאין מחמת משכב ומושב כדתניא (לעיל דף נט.) מי שמיוחד לישיבה יאמר לו זה שאומרים עמוד ונעשה מלאכתנו ולמהוי אפילו ראשון לטומאה מחמת משא הזב נמי לא ° דכי כתיב משא הזב באדם כתיב והנושא אותם וגו' והא דאמר לעיל נכרי ונכרית וע"ז שהסיטום אחרים טמאים באדם קאמרינן: **כל הטמאו' המסיטות.** אחרים כגון בכף מאזנים או אדם טמא מת שהסיט את חברו טהורין: **שלא מצינו לו.** בשאר טומאות שבתורה אלא בזב: **וכל דדמי ליה.** דאתי מריבויא דזב וע"ז מנדה גמרי דהיינו זב: **ישנה לאברים.** כגון של חוליות ישנה לטומאתה אבר אבר או לא: **דהדיוט יכול להחזירה.** שאין צריך אומן לכך: **פחותה מכזית.** והיא שלמה: **לענין איסור.** ליאסר בהנאה: **ומחבקה ומנשקה.** וזהו לשון ברית אהבה וחבה אלמא אדוקים בה וע"ז היא: **הא איתקש למת.** כדלקמן [ט] אל קבר בני העם: **ורבנן למאי הלכתא כו'.** אתקפתא היא לרבנן דאמרי אינה מטמאה במשא למאי הלכתא אמרו אלידייהו דאיתקש לנדה דאינה לאברים ולשרץ דלא מטמינן במשא למת דאינה מטמאה בכעדשה כולהו לקולא: **אימא.** כולהו לחומרא: **דרבנן.** דכל הנך היקשות דברי קבלה נינהו ואסמכתא בעלמא ושקץ תשקצנו לאו לשון שרץ ממש הוא אלא עיקר קרא לכנות לה שם לגנאי אתא: **מתני' שהיא טהורה.** שאינה מקבלת טומאה: **בלב ים.** הרי היא כים: **גמ' פשיטא אניה בלב ים היא.** לאו פירכא היא אלא פירוש למתני': **נלמדה משק.** שהרי כלי עץ היא והוקשה לשק לענין טומאה: **אף כו'.** וזו אינה מיטלטל' מלאה דגדולה היא: **ספינה של חרס.** דלא איתקש לשק: **אי נמי ספינת הירדן.** איכא בינייהו שהיא קטנה ומיטלטלת מלאה וריקנית לפי שהנהר קטן: **הא נמי בלב ים.** דים לאו דוקא וכל הנהרות נמי טהורין הן: **נשנית משנה זו.** של מסכת כלים דתני בה ספינת הירדן טמאה ולא נתגלה הטעם למה:

ולחנניא

תוספות

ע"ז ישנה לאיברים כו'. בשל חוליות מבעיא ליה אבל ע"ז שנשתברה פשיטא ליה דלא מטמאה ולא משום היקישא דנדה פשיטא ליה בנשתברה דדמיא לגמרי לנדה שאין אדם יכול להחזירה דא"כ אמאי קאמר לעיל דמבעיא ליה אליבא דר' עקיבא אליבא דרבנן נמי מצי למיבעי דהא דנפקא להו דע"ז אינה לאיברים מנדה הני מילי כשנשתברה לגמרי אלא ודאי בלא נדה פשיטא ליה דנשתברה טהורה: **כי תבעי לך היכא דאין הדיוט כו'.** לענין טומאה מבעיא ליה כדפי' הקונט' ולעיל נמי מייתי אפלוגתא דרבי עקיבא ורבנן אבל לענין איסורא דאורייתא לא שייך למילף מנדה ואע"ג דאסור בהנאה בטומאה דרבנן מיבעיא ליה אי פרחה אי לאו משמע דבהדיוט יכול להחזירה פשיטא דאסירה אפילו ללישנא בתרא מדבעי לענין טומאה בהדיוט יכול להחזירה דאי איסור הנאה דאורייתא שרי כ"ש דלא מטמא ° וקשה לר"י דבפרק ג' דמסכת ע"ז (ד' מט:) פליגי רב ושמואל בע"ז שנשתברה מאליה דרב אמר צריכה לבטל כל קיסם וקיסם ושמואל אמר אין ע"ז צריכה לבטל אלא דרך גדילתה ובעי לאוקמא פלוגתייהו בשברי שברים ומסיק דבע"ז של חוליות עסקינן והדיוט יכול להחזירה קא מיפלגי דרב סבר כיון דהדיוט יכול להחזירה כו' לא בטלה משמע דבאין הדיוט יכול להחזירה אפי' רב מודה דשריא ונראה לר"י דהתם פליגי בחוליות קטנים דכשמתפרקין הוו כעין שברי שברים דקאמר התם מעיקרא אבל הכא מיירי בחוליות גדולות דאפי' שמואל מודה דאסירי בהנאה אפי' אין הדיוט יכול להחזירה: **וישימו להם בעל ברית וגו'.** האי קרא בשופטים כתיב וקשה לר"י למה לא הביא קרא דמלכים (ב א) [י] זבוב בעל עקרון ולמה ליה לאתויי ברייתא וי"ל דאי מהתם ה"א זבוב גדול היה אלא שהיה לו דמות זבוב לכך מייתי מהכא שהיה קטן כשאר זבובים כדקתני ומניחה בתוך כיסו ודריש לה מדכתיב בעל ברית משמע שכרתו להן ברית להיות כל שעה אצלם ומסברא קאמר זה זבוב בעל עקרון: **מה מת בכזית אף ע"ז בכזית.** תימה [לר"י] לרבי עקיבא אי ישנה לאברים נוקי האי היקישא לקולא דבעי כזית אאברים אבל ע"ז שלימה אפילו אין בה כזית דומיא דמת כשהוא שלם דמטמא אפילו אין בו כזית כדאמר בנזיר בפרק כ"ג (דף נ.) ויש לומר דבמת אפי' אבר שלם שאין בו כזית טמא כדאמרינן נמי התם א"כ כך לי אבר אחד כמו כולו ואם תאמר אכתי מצי לאוקמא היקישא בחולית אחת שכנגדה במת לא חשיב אבר וי"ל דהכא אפילו כזית לא מטמא דכשברי שברים חשיבא: **נלמדנה משק.** דספינה אינה מיוחדת למדרס אף על פי שכל שעה יושבין בה בני אדם מכל מקום עיקרן עשויות לפרגמטיא ואומר בה עמוד ונעשה מלאכתנו דאי ספינה מיוחדת למדרס לא הוה ילפינן משק כדאמרינן בריש אלו מומין (בכורות לח.) דמדרסות לא איתקוש לשק [כ]: **לאפוקי ספינה שאינה מיטלטלת מליאה.** ומה שמיטלטלת בים לא חשיב ליה טלטול כיון דעיקר הילוכה מחמת המים:

ולחנניא

עין משפט נר מצוה

ז א מיי' פ"ח מהלכות משכב ומושב הלכה א ב:
ח ב מיי' פ"ט מהלכות שאר אבות הטומאות הלכה ד:
ט ג שם הלכה ב ה:
י ד שם הלכה א:
יא ה ו ז מיי' פרק י"ח מהלכות כלים הלכ"ט:
יב ח מיי' פ"ג מהלכות ת"ת הלכה יב טוש"ע יו"ד סימן רמו סעיף כא:

תורה אור השלם

א) וַיְהִי כַּאֲשֶׁר מֵת גִּדְעוֹן וַיָּשׁוּבוּ בְּנֵי יִשְׂרָאֵל וַיִּזְנוּ אַחֲרֵי הַבְּעָלִים וַיָּשִׂימוּ לָהֶם בַּעַל בְּרִית לֵאלֹהִים: [שופטים ח, לג]

ב) וַיֹּצֵא אֶת הָאֲשֵׁרָה מִבֵּית יְיָ מִחוּץ לִירוּשָׁלַיִם אֶל נַחַל קִדְרוֹן וַיִּשְׂרֹף אֹתָהּ בְּנַחַל קִדְרוֹן וַיָּדֶק לְעָפָר וַיַּשְׁלֵךְ אֶת עֲפָרָהּ עַל קֶבֶר בְּנֵי הָעָם: [מלכים ב כג, ו]

ג) דֶּרֶךְ הַנֶּשֶׁר בַּשָּׁמַיִם דֶּרֶךְ נָחָשׁ עֲלֵי צוּר דֶּרֶךְ אֳנִיָּה בְלֶב יָם וְדֶרֶךְ גֶּבֶר בְּעַלְמָה: [משלי ל, יט]

ד) זֹאת הַתּוֹרָה אָדָם כִּי יָמוּת בְּאֹהֶל כָּל הַבָּא אֶל הָאֹהֶל וְכָל אֲשֶׁר בָּאֹהֶל יִטְמָא שִׁבְעַת יָמִים: [במדבר יט, יד]

רבינו חננאל

שמכרעת סלקין אחרים בכף מאזנים אחרת ונמצאת כנושא אותן וניסיטון מכחה כדתנן בזב. כמאן אזלא הא דתניא כל הטומאות המסיטות אחרי' טהורין חוץ מן הזב. שלא מצינו לו בכל התורה כולה ניחא דלא כר"ע. דאי ר"ע אף ע"ז שהסיטה את אחרים טמאין. ודחינן אפילו תימא ר"ע תנא זב וכל דדמי ליה. נמצא דברי רב אשי דפלוגתא דרבה ור' אלעזר בתרצתא דהא מתני' דר' אלעזר סבר בהיסט שהסיטו אחרים את ע"ז פלוגתא דרבנן ודר' עקיבא. אבל הסיטה היא את אחרים טהורין. ורבה סבר בהיסט שהסיטה ע"ז את אחרים פלוגתייהו. אבל אם הסיטה אחרים טמאין. ובעיא דרמי בר חמא הא אמרינן כרבה בעי לה ואליבא דר"ע. אבל לרבנן אינה לאברים. ולר' אלעזר בין אליבא דרבנן ובין אליבא דר' עקיבא אינה לאברים. וכן הלכה. ובעיא דרב אחדבוי בר אמי ע"ז פחותה מכזית לענין איסורא פשטא דאסורא דהא זבוב בעל ע"ז עקרון אסור. אבל לענין טומאה אין בה טומאה של כלום דלהכין איתקש למת ואיתקש לנדה שאינה לאברים. ואיתקש לשרץ שאינה מטמא במשא ולא מצית בכעדשה ולנדה לא לטמא באבן מסמא. ולמת לאהל משום דטומאת ע"ז דרבנן היא. וכי איכא חומרא וקולא לקולא היא מקשינן: [מתני'] מנין לספינה שהיא טהורה כו'. פי' שאינה מקבלת טומאה. ורבנן דמתני' משום דמדמי לה ספינה לים מה הים

מסורת הש"ס

א) [זבחים לו: מ. מנחות לא: בכורות כח. נדה מג. ועי' תוס' בכורות כח. ד"ה שלא], ב) [לעיל פב:], ג) [צ"ל להם], ד) סנהדרין סג. סו:, ה) [צ"ל על], ו) [לקמן קכג: חגיגה כו:] מנחות לו: בכורות לח.], ז) [כלים פ"ב מ"ג], ח) ברכות סג: גיטין נז:, ט) [צ"ל על], י) צ"ל בעל זבוב אלהי עקרון, כ) [וע"ע תוס' מנחות לא. ד"ה שיהא].

גליון הש"ס

רש"י ד"ה טהורין וכו' דכי כתיב משא הזב באדם כתיב. ע' נדה דף נד ע"ב ברש"י ד"ה היא עושה ובע"ג: תוס' ד"ה כי תיבעי וכו' וק' לר"י. ק"ל הא שם מבואר דמדין ביטול הוא (ואם כן) וי"ל דהאיפשעל בע"ז של ישראל דלא מהני ביטול אם טהור מטומאה. וצ"ע.

ליקוטי רש"י

שלא מצינו לו חבר בכל התורה כולה. שלא מלינו בכל התורה טומאה המסטת טהרה שתטמא אלא אם כן נשא טהור את הטמא והכא בזב הוא דגלי רחמנא [נדה מג.]. נלמדה משק. דאיתקש לשק דכתיב (ויקרא יא) מכל כלי עץ או בגד או עור או שק מה שק מיטלטל מלא וריקן אף כל מיטלטל מלא וריקן [חולין כה.]. לענין טומאה הוקשו כלי עץ לשק דכתיב כל אשר יפול עליו מהם במותם יטמא מכל כלי עץ או בגד או עור או שק (ויקרא יא) [חגיגה כו:]. זאת התורה. היכן מצויה באדם שימות באהלי תורה [ברכות סג:].

רב נסים גאון

כמאן אזלא כל הטמאות המסיטות טהורות חוץ מהיסטו של זב שלא מצינו בכל התורה כולה עיקר דילה בתורת כהנים וכלי חרש אשר יגע בו הזב ישבר אין לי אלא כלי חרס מנין לרבות כלי כו' ומאחר שלמדנו שאין משכבו אותו אלא מאוירו מה ת"ל אשר יגע בו במגע שהוא ככולו הוי אומר זה היסטו ואמרו וכל אשר יגע בו הזב זה הוא היסטו של זב הזב הזה למדנו מיכן שכל מה שיסיטנו הזב נטמא וזבה ונדה יולדת וכל דדמי לזב טומאתן כטומאת במשנה ומזה העיקר אמרו (זבין פ"ד מ"ו) הזב בכף מאזנים ואוכלין ומשקין בכף שנייה וכו' ובאדם לא פרט בין הטהור המסיט את הזב ובין הזב המסיט את הטהור כמו (שם שנינו פ"ה) המסיט את הזב או שהזב מסיט בו ובתוספתא (זבין פ"ד) אמרו אוכלין כו' אמרו בין שהזב מכריען טמאה אמר כו' ותנן נמי (שם פ"א מ"א) עלו באילן שכוחו רע ובסוכה שכוחה רע טמא

אין מקבל טומאה אף ספינה אינה מקבלת טומאה. וחנניה מפיק לה למילתא דספינה שאין מקבלת טומאה מן השק דכתיב מכל כלי עץ או בגד או עור או שק מה שק מטלטל מלא וריקן מקבל טומאה לאפוקי ספינה שאינה מטלטלת מלא וריקן. לפיכך אינה מקבלת טומאה. מאי בינייהו איכא בינייהו ספינה של חרס ולחנניה שהוא [למד] לטהרת ספינה משק ספינה של חרס [מקבלת] טומאה דא' לן עץ ובגד ועור ושק דכתיבי בענינא נמרינן להו משק וכלי חרס לא. שהוא למד שאין [שמדמין] אותה לים אף ספינה של חרס טהורה לרבנן מיהו אשר דכתיב כל אשר לו אבל הדברים שכתובים בפרשה. וכן מלמד שאין מקבלין טומאה אלא מה שהוא מטלטל מלא וריקן כגון שק אבל כלי חרס וכל שאר כלים אינן צריכין לשק. לפיכך אין הים מלמד עליו. דאע"פ שאינו מטלטל מלא וריקן מקבל טומאה. אי נמי איכא בין רבנן שלמדין מן הים ובין חנניה שהוא למד מן השק. (ספות) [לענין ספינת] הירדן לרבנן טהורה ולחנניה טמאה מפני שהיא מטלטלת מליאה וריקנית כד' חנניה בן עקביה: אמר (רבה) [רבא]

not generate *tumah*.[11] אוֹ דִילְמָא הָא לֹא מְחַסְּרָה – **Or perhaps,** since **[the idol] was not diminished** through its dismantling,[12] it is viewed as whole, and will thus generate *tumah*.

The Gemara presents others who dissent from Rav Chama bar Gurya,[13] and state the inquiry differently:

וְאִיכָּא דְבָעֵי לָהּ לְהַךְ גִּיסָא – **But some inquire this way:** הֵיכָא דְאֵין הֶדְיוֹט יָכוֹל לְהַחֲזִירָהּ לֹא תִּיבָּעֵי לָךְ – In a case **where a layman is unable to reassemble [the idol], you need not inquire.** דִּכְמַאן דְּמִתַּבְּרָא דָמֵי – **For** in this case **it is as if [the idol] is broken;** it thus does not generate *tumah*. כִּי תִּבָּעֵי לָךְ – **When do you** have reason to **inquire?** הֵיכָא דְהֶדְיוֹט יָכוֹל לְהַחֲזִירָהּ – In a case **where a layman is able to reassemble [the idol].** In that case, you must inquire thus: מַאי – **What** is the law? כֵּיוָן דְהֶדְיוֹט יָכוֹל לְהַחֲזִירָהּ כְּמַאן דְּמִחַבְּרָא דָמֵי – Do we say that **since a layman is able to reassemble [the idol] it is as if it were intact;** it thus will generate *tumah*? אוֹ דִילְמָא הַשְׁתָּא מִיהָא קְשַׁלְפָה וְשַׁרְיָא – **Or perhaps,** since **now [the idol] is pulled apart and dismantled,** it is viewed as a broken thing, and therefore will not generate *tumah*?

The Gemara answers:

תֵּיקוּ – **Let [the question] stand;** it remains unresolved.

The Gemara cites another inquiry:

בָּעֵי רַב אַחַדְבוֹי בַּר אַמֵּי – **Rav Achadvoi bar Ami inquired:** עֲבוֹדָה זָרָה פְּחוּתָה מִכְּזַיִת מַהוּ – **What is [the law]** regarding **an idol** that is **less than** the size of **an olive?**[14] Is it considered an idol or not?

The Gemara examines Rav Achadvoi's inquiry:

מַתְקִיף לָהּ רַב יוֹסֵף – **Rav Yosef challenged [the inquiry]** as follows: לְמַאי – With regard **to what** law are you inquiring? אִילֵימָא לְעִנְיַן אִיסּוּרָא – **If you** will **say** you are inquiring **with regard to** whether an idol smaller than an olive size is included in **the prohibition** against deriving benefit from an idol[15] – it is obvious that it is included! לֹא יְהֵא אֶלָּא זְבוּב בַּעַל עֶקְרוֹן – For such an idol **should be no different than *Zevuv* the idol of Ekron,** which, although it is smaller than an olive size,[16] is prohibited as a full-fledged idol!

The Gemara proves that *Zevuv* was an actual idol:

דְּתַנְיָא – **For it has been taught in a Baraisa** with regard to this idol: ,,וַיָּשִׂימוּ לָהֶם בַּעַל בְּרִית לֵאלֹהִים" – When the verse states:[17] ***AND THEY*** (the Jews) ***MADE BAAL BRIS FOR A GOD [OVER] THEM,*** זֶה זְבוּב בַּעַל עֶקְרוֹן – **THIS IS** actually a reference to ***ZEVUV,* THE IDOL OF EKRON.**[18] מְלַמֵּד שֶׁכָּל אֶחָד וְאֶחָד עָשָׂה דְּמוּת יִרְאָתוֹ – The verse's reference to *Zevuv* as *Baal Bris* (*idol of a covenant*) reflects the bond of love that existed between this idol and its adherents. **[ITS USE OF THIS TERM]** thus **TEACHES THAT EACH** of this idol's worshipers **MADE A LIKENESS OF THAT WHICH HE FEARED,** i.e. of this idol *Zevuv,* וּמַנִּיחָהּ בְּתוֹךְ כִּיסוֹ – **AND PLACED IT IN HIS PURSE.**[19] כֵּיוָן שֶׁזּוֹכְרָהּ – **UPON THINKING OF IT,** מוֹצִיאָהּ מִתּוֹךְ כִּיסוֹ – **HE WOULD TAKE IT FROM HIS PURSE,** וּמְחַבְּקָהּ וּמְנַשְּׁקָהּ – **AND WOULD HUG IT** to himself **AND KISS IT.** Since these people were so attached to this likeness, it is clear that it was an actual idol.[20] We thus see that even an idol smaller than an olive size is considered a full-fledged idol, and will consequently be included in the prohibition against deriving benefit from an idol. Obviously, then, this prohibition cannot be the subject of Rav Achadvoi bar Ami's inquiry!

The Gemara responds:

אֶלָּא לְעִנְיַן טוּמְאָה – **Rather,** Rav Achadvoi's inquiry was **with regard to** whether an idol of less than an olive size will generate ***tumah.*** He inquired thus: מַאי – **What** is the law? כֵּיוָן דְּאִיתְקִישׁ לְשֶׁרֶץ מַה שֶּׁרֶץ בְּכַעֲדָשָׁה אַף עֲבוֹדָה זָרָה נַמִּי בְּכַעֲדָשָׁה – Do we say that **since [an idol] is compared to a *sheretz*,**[21] then **just as a *sheretz*** will generate *tumah* **with** a piece **the size of a lentil,**[22] **so too** will **an idol** generate *tumah* **with** a piece no more than **the size of a lentil.** אוֹ דִילְמָא הָא אִיתְקִישׁ לְמֵת – **Or perhaps** we say that since **[an idol]** is also **compared to a corpse,**[23] מַה מֵּת בִּכְזַיִת אַף עֲבוֹדָה זָרָה בִּכְזַיִת – then **just as a corpse** will only generate *tumah* **with** a piece **the size of an olive,**[24] **so too** will **an idol** only generate *tumah* **with** a piece **the size of an olive.**

The Gemara resolves the question:

אָמַר רַב אַוְיָא וְאִיתֵימָא רַבָּה בַּר עוּלָּא – **Rav Avya said, and some say** that **Rabbah bar Ulla said:** תָּא שְׁמַע – **Come, learn** a proof: דְּתַנְיָא – **For it has been taught in a Baraisa:** עֲבוֹדָה זָרָה פְּחוּתָה מִכְּזַיִת אֵין בָּהּ טוּמְאָה כָּל עִיקָּר – **AN IDOL** that is **LESS THAN** the size of **AN OLIVE HAS NO *TUMAH* AT ALL.** שֶׁנֶּאֱמַר – **FOR IT IS STATED** of the idol burned by King Josiah:[25] ,,וַיַּשְׁלֵךְ אֶת־עֲפָרָהּ עַל־קֶבֶר בְּנֵי הָעָם" – ***AND HE THREW ITS DUST UPON THE GRAVES OF THE PEOPLE*** [who had sacrificed to it]. The verse's juxtaposition of graves and an idol teaches that מַה מֵּת בִּכְזַיִת אַף עֲבוֹדָה זָרָה בִּכְזַיִת – **JUST AS**

NOTES

11. See above, note 8.

12. [I.e. no piece was broken off the idol; rather, it is whole, but disassembled.]

13. *Mishneh LaMelech* to *Avos HaTumos* 6:4; see there for a detailed discussion of this dispute.

14. This inquiry concerns an *entire* idol of less than the size of an olive [and not an olive-sized segment taken from a larger idol] (*Rashi*).

15. Apart from the Rabbinical decree that invested objects of idol worship with imposed *tumah,* there is a *Biblical* prohibition against deriving any sort of benefit from idols. This prohibition is derived on *Makkos* 22a from two verses. In *Deuteronomy* 7:26 the verse states with regard to idols: וְלֹא־תָבִיא תוֹעֵבָה אֶל־בֵּיתֶךָ, *And you shall not bring any abomination into your house;* in *Deuteronomy* 13:18 it states: וְלֹא־יִדְבַּק בְּיָדְךָ מְאוּמָה מִן־הַחֵרֶם, *And nothing of the banned thing shall cleave to your hand* (see *Rambam, Avodas Kochavim* 7:2 with *Kesef Mishneh*).

16. See note 18.

17. *Judges* 8:33.

18. The verse cited states that upon the death of Gideon the Judge, many Jews turned to worship the idol *Baal Bris.* The Baraisa teaches that the idols *Baal Bris* and *Zevuv* were actually one and the same (see *Ritva MHK* ed. and *Tosafos* for how this was known).

Ekron was a city in ancient Philistia (see *I Samuel* 5:10, 6:16). Its god was the idol *Zevuv* (see *II Kings* 1:2). This idol was crafted in the likeness of a fly (*zevuv* is Hebrew for fly), and was thus obviously smaller than an olive size (*Ramban* from *Rashi;* cf. *Tosafos*). Others state that *Zevuv* was actually a likeness of the tip of the male organ; since it was shaped according to the place upon which a *bris milah* is performed, it was known as *Baal Bris.* It was called *Zevuv* as well because it was equivalent to a fly in size (*Ramban,* in explanation of *Yerushalmi* 9:1; see *Ritva MHK* ed.).

[The term בַּעַל, *baal,* translates literally as *master.* It is used extensively throughout Scripture to refer to idols, since in idol worship men take their idols as masters over them (*Radak, Sefer HaShorashim*).]

19. The Baraisa derives this from the verse's reference to a covenant. This was a covenant of love, which demanded that the worshipers keep the idol close to them always (*Tosafos*).

20. And not simply an image meant to serve as a mere remembrance of some other idol (*Ramban,* in explanation of *Rashi*).

21. See 82b.

22. This measure is derived exegetically on *Nazir* 52a.

23. See the Baraisa cited below.

24. See *Rambam, Tumas Meis* 3:1; see also *Tosafos* ד״ה מהמת and *Ritva MHK* ed.

25. *II Kings* 23:6. The chapter describes King Josiah's efforts to purge the Land of Israel of idol worship. This verse states that he uprooted the *asheirah* (a tree designated as an idol) that had been planted in the Holy Temple and burned it. He then ground the unburned pieces that remained into dust, and scattered the dust over the graves of those who had worshiped the tree (see *Tosafos* to *Sotah* 16b ד״ה שינה הכתוב במשמעו [א׳]; see also *Radak* ad loc.).

ז א מיי׳ פ״ח מהלכות משכב ומושב הלכה א ב:
ח ב מיי׳ פ״ו מהלכות שאר אבות הטומאות הלכה ד:
ט ג שם הלכה ב ה:
י ד שם הלכה א:
יא ה ו ז מיי׳ פרק י״ח מהלכות כלים הל״ט:
יב ח מיי׳ פ״ג מהלכות ת״ת הלכה יב טוש״ע יו״ד סימן רמו סעיף כא:

תורה אור השלם

א) וַיְהִי כַּאֲשֶׁר מֵת גִּדְעוֹן וַיָּשׁוּבוּ בְּנֵי יִשְׂרָאֵל וַיִּזְנוּ אַחֲרֵי הַבְּעָלִים וַיָּשִׂימוּ לָהֶם בַּעַל בְּרִית לֵאלֹהִים: [שופטים ח, לג]

ב) וַיֹּצֵא אֶת הָאֲשֵׁרָה מִבֵּית יְיָ מִחוּץ לִירוּשָׁלַיִם אֶל נַחַל קִדְרוֹן וַיִּשְׂרֹף אֹתָהּ בְּנַחַל קִדְרוֹן וַיָּדֶק לְעָפָר וַיַּשְׁלֵךְ אֶת עֲפָרָהּ עַל קֶבֶר בְּנֵי הָעָם: [מלכים ב׳ כג, ו]

ג) דֶּרֶךְ הַנֶּשֶׁר בַּשָּׁמַיִם דֶּרֶךְ נָחָשׁ עֲלֵי צוּר דֶּרֶךְ אֳנִיָּה בְלֶב יָם וְדֶרֶךְ גֶּבֶר בְּעַלְמָה: [משלי ל, יט]

ד) זֹאת הַתּוֹרָה אָדָם כִּי יָמוּת בְּאֹהֶל כָּל הַבָּא אֶל הָאֹהֶל וְכָל אֲשֶׁר בָּאֹהֶל יִטְמָא שִׁבְעַת יָמִים: [במדבר יט, יד]

רבינו חננאל

שמכרעת סלקין אחרים בכף מאזנים אחרת ונמצאת כנושא אותן וניסוטין מכחה כדתנן בזב. כמאן אזלא הא דתניא כל הטומאות המסיטות אחרי׳ טהורין חוץ מן הזב. שלא מצינו לו בכל התורה כולה ניחא דלא כר״ע. דאי ר״ע הא אף ע״ז שהסיטה את אחרים טמאין. ודחינן אפילו תימא ר״ע תנא זב וכל דדמי ליה. נמצא דברי רב אשי דפלוגתא דרבה ור׳ אלעזר בתרצתא דהא מתנית׳ דר׳ אלעזר סבר בהיסט שהסיטו אחרים את ע״ז פלוגתא דרבנן ודר׳ עקיבא. אבל הסיטה היא את אחרים טהורין. ורבה סבר בהיסט שהסיטה ע״ז את אחרים פלוגתייהו. אבל אם הסיטוה אחרים טמאין. ובעיא דרמי בר חמא הא אמרינן כרבה בעי לה ואליבא דר״ע. אבל לרבה לרבנן אינה לאברים. ולר׳ אלעזר בין אליבא דרבנן ובין אליבא דר׳ עקיבא אינה לאברים. וכן הלכה. ובעיא דרב אחדבוי בר אמי ע״ז פחותה מכזית לענין איסורא פשטא דאסורא דהא זבוב בעל ע״ז עקרון אסור. אבל לענין טומאה אין בה טומאה של כלום דלהכין איתקש למת ואיתקש לנדה שאינה לאברים. ואיתקש לשרץ שאינה מטמא במשא ולא מצית למימר לחומרא לשרץ כעדשה ולנדה לאבן מסמא. ולמת לאהל משום דטומאת ע״ז דרבנן היא. וכי איכא חומרא וקולא לקולא היא דמקשינן: [מתני׳] מנין לספינה שהיא טהורה כו׳. פי׳ שאינה מקבלת טומאה. רבנן דמתני׳ משום מדמי לה ספינה לים מה הים אין מקבל טומאה אף הספינה אינה מקבלת טומאה. וחנניה מפיק לה למילתא דספינה שאין מקבלת טומאה מן השק דכתיב מכל כלי עץ או בגד או עור או שק מה שק מטלטל מלא וריקן מקבל טומאה לאפוקי ספינה שאינה מטלטלת מלא וריקן. לפיכך אינה מקבלת טומאה. מאי בינייהו איכא בינייהו ספינה של חרס לרבנן [שמדמין] אותה לים אף ספינה של חרס טהורה. ולחנניה שהוא [למד] לטהרת ספינה משק ספינה של חרס [מקבלת] טומאה דא׳ לן עץ ובגד ועור ושק דכתיבי בענינא גמרינן להו משק נמצא משק מלמד עליו. אלו הדברים שכתובין בפרשה. וכן מלמד שאין מקבלין טומאה אלא מה שהוא מטלטל מלא וריקן כגון שק אבל כלי חרס אינו כתוב עם השק. לפיכך אין השק מלמד עליו. דאע״פ שאינו מטלטל מלא וריקן מקבל טומאה. אי נמי איכא בין רבנן שלמידין מן הים ובין חנניה שהוא למד מן השק. (ספות) [לענין ספינת] הירדן לרבנן טהורה ולחנניה טמאה מפני שהיא מטלטלת מליאה וריקנית כר׳ חנניה בן עקביה: **אמר** (רבה) [רבא]

תוספות

ע״ז ישנה לאיברים כו׳. בשל חוליות מבעיא ליה אבל ע״ז שנשתברה פשיטא ליה דלא מטמאה ולא משום היקישא דנדה פשיטא ליה בנשתברה דדמיא לגמרי לנדה שאין אדם יכול להחזירה דא״כ אמאי קאמר לעיל דמבעיא ליה אליבא דר׳ עקיבא אליבא דרבנן נמי מאי למיבעי דהא דנפקא להו דע״ז אינה לאיברים מנדה הני מילי כשנשתברה לגמרי אלא ודאי בלא נדה פשיטא ליה דנשתברה טהורה: **כי** תבעי לך היכא דאין הדיוט כו׳. לענין טומאה מבעיא ליה כדפי׳ הקונט׳ ולעיל נמי מייתי אפלוגתא דרבי עקיבא ורבנן אבל לענין איסורא דאורייתא לא שייך למילף מנדה ואע״ג דאסור בהנאה בטומאה דרבנן מיבעיא ליה אי פרחה אי לאו משמע דבהדיוט יכול להחזירה פשיטא דאסירה אפילו לליגנא בתרא מדבעי לענין טומאה בהדיוט יכול להחזירה דאי איסור הנאה דאורייתא שרי כ״ש דלא מטמא ° וקשה לר״י דבפרק ג׳ דמסכת ע״ז (ד׳ מט:) פליגי רב ושמואל בע״ז שנשתברה מאליה דרב אמר צריכה לבטל כל קיסם וקיסם ושמואל אמר אין ע״ז צריכה לבטל אלא דרך גדילתה ובעי לאוקמא פלוגתייהו בשברי שברים ומסיק דבע״ז של חוליות עסקינן והדיוט יכול להחזירה קא מיפלגי דרב סבר כיון דהדיוט יכול להחזירה כו׳ לא בטלה משמע דבאין הדיוט יכול להחזירה אפי׳ רב מודה דשריא ונראה לר״י דהתם פליגי בחוליות קטנים דכשמתפרקין הוו כעין שברי שברים דקאמר התם מעיקרא אבל הכא מיירי בחוליות גדולות דאפי׳ שמואל מודה דאסירי בהנאה אפי׳ אין הדיוט יכול להחזירה: **וישימו** להם בעל ברית וגו׳. האי קרא בשופטים כתיב וקשה לר״י למה לא הביא קרא דמלכים (ב א) ° זבוב בעל עקרון ולמה ליה לאתויי ברייתא וי״ל דאי מהתם ה״א זבוב גדול היה אלא שהיה לו דמות זבוב לכך מייתי מהכא שהיה קטן כשאר זבובים כדקתני ומניחה בתוך כיסו ודריש לה מדכתיב בעל ברית משמע שכרתו להן ברית להיות כל שעה אצלם ומסברא קאמר זה זבוב בעל עקרון:

מה מת בכזית אף ע״ז בכזית. תימה [לר״י] לרבי עקיבא אי ישנה לאברים נוקי האי היקישא לקולא דבעי כזית אאברים אבל ע״ז שלימה אפילו אין בה כזית דומיא דמת כשהוא שלם דמטמא אפילו אין בו כזית כדאמר בנזיר בפרק כ״ג (דף נ.) ויש לומר דבמת אפי׳ אבר שלם שאין בו כזית טמא כדאמרינן נמי התם א״כ כך לי אבר אחד כמו כולה ואם תאמר אכתי מאי לאוקמא היקישא בחוליא אחת שכנגדה במת לא חשיב אבר וי״ל דההיא אפילו כזית לא מטמא דכשברי שברים חשיבא: **נלמדנה** משק. דספינה אינה מיוחדת למדרס אף על פי שכל שעה יושבין בה בני אדם מכל מקום עיקרן עשויות לפרגמטיא ואומר בה עמוד ונעשה מלאכתנו דאי ספינה מיוחדת למדרס לא הוה ילפינן משק כדאמרינן בריש אלו מומין (בכורות לח.) דמדרסות לא איתקוש לשק ° : **לאפוקי** ספינה שאינה מיטלטלת מליאה. ומה שמיטלטלת בים לא חשיב ליה טלטול כיון דעיקר הילוכה מחמת המים:

גמרא

ע״ז ישנה לאיברים כו׳. ...

כרעו הן טהורין כמאן אזלא הא דתניא א׳ כל הטמאות המסיטות טהורות חוץ מהיסטו של זב ב׳ שלא מצינו לו חבר בכל התורה כולה לימא דלא כרבי עקיבא דאי כרבי עקיבא איכא נמי ע״ז אפילו תימא ר׳ עקיבא תנא זב וכל דדמי ליה ג׳ בעי רב חמא בר גוריא ע״ז ישנה לאברים או אינה לאברים היכא דהדיוט יכול להחזירה לא תיבעי לך דכמאן דמחברת דמי כי תיבעי לך היכא דאין הדיוט יכול להחזירה מאי כיון דאין הדיוט יכול להחזירה כמאן דמתברא דמי או דילמא הא לא מחסרה ואיכא דבעי לה להך גיסא היכא דאין הדיוט יכול להחזירה לא תיבעי לך דכמאן דמתברא דמי כי תבעי לך היכא דהדיוט יכול להחזירה מאי כיון דהדיוט יכול להחזירה כמאן דמחברא דמי או דילמא ד׳ השתא מיהא קשלפה ושריא תיקו בעי רב אחדבוי בר אמי ע״ז פחותה מכזית מהו מתקיף לה רב יוסף למאי אילימא לענין איסורא לא יהא אלא זבוב בעל עקרון דתניא א׳ וישימו (ג׳ להן) בעל ברית לאלהים זה זבוב בעל עקרון ד׳ מלמד שכל אחד ואחד עשה דמות יראתו ומניחה בתוך כיסו כיון שזוכרה מוציאה מתוך כיסו ומחבקה ומנשקה אלא לענין טומאה מאי כיון דאיתקיש לשרץ מה שרץ בכעדשה אף ע״ז נמי בכעדשה או דילמא הא איתקיש למת מה מת בכזית אף ע״ז בכזית אמר רב אויא ואיתימא רבה בר עולא ת״ש דתניא ג׳ ע״ז פחותה מכזית אין בה טומאה כל עיקר שנאמר ב׳ וישלך את עפרה ה׳ (אל) קבר בני העם מה מת בכזית אף ע״ז בכזית ורבנן למאי הלכתא איתקש לשרץ דלא מטמא במשא לנדה דאינה לאברין למת דלא מטמא בכעדשה אימא לחומרא למאי הלכתא אקשה רחמנא לשרץ לטמויי בכעדשה לנדה לטמויי באבן מסמא למת לטמויי באהל ד׳ טומאת עבודה זרה דרבנן היא וקולא וחומרא לקולא מקשינן לחומרא לא מקשינן: **מתני׳** ה׳ מנין לספינה שהיא טהורה שנאמר ג׳ דרך אניה בלב ים:

גמ׳ פשיטא אניה בלב ים היא הא קמ״ל כים מה ים טהור אף ספינה טהורה תניא חנניה אומר נלמדנה משק ו׳ מה שק מיטלטל מלא וריקן אף כל מיטלטל מלא וריקן לאפוקי ספינה דאינה מיטלטלת מלא וריקן מאי בינייהו איכא בינייהו ספינה של חרס ז׳ הא נמי בלב ים היא למ״ד כשק הנך (היא) דכתיבי גבי שק דאי מיטלטלת מלא וריקן אין אי לא לא ח׳ אבל ספינה של חרס אע״ג דאינה מיטלטלת מלא וריקן הא נמי ספינת הירדן למ״ד אניה בלב ים היא הא נמי אניה בלב ים היא למ״ד דמיטלטלת מלא וריקן הא נמי מיטלטלת מלא וריקן דא״ר חנינא בן עקביא מפני מה אמרו ספינת הירדן טמאה מפני שטוענים אותה ביבשה ומורידין אותה למים א״ר יהודה אמר רב ט׳ לעולם אל ימנע אדם את עצמו מבית המדרש ואפי׳ שעה אחת שהרי כמה שנים נשנית משנה זו בבית המדרש ולא נתגלה טעמה עד שבא רבי חנינא בן עקביא ופירשה אמר רבי יונתן לעולם אל ימנע אדם את עצמו מבית המדרש ומדברי תורה ואפי׳ בשעת מיתה שנא׳ ד׳ זאת התורה אדם כי ימות באהל אפי׳ בשעת מיתה תהא עוסק בתורה י׳ אמר ר״ל ח׳ אין דברי תורה מתקיימין אלא במי שממית עצמו עליה שנאמר זאת התורה אדם כי ימות באהל אמר רבא

ולחנניא

רש״י

כרעו הן. ונשאו הן את הזב: טהורין. דתנן כל שהזב נישא עליו טהור חוץ מן הראוי למשכב ומושב האדם אבל כל שאר כלים ואוכלים אין מיטמאין מחמת משכב ומושב כדתניא (לעיל דף נט.) מי שמיוחד לישיבה יצא זה שאומרים עמוד ונעשה מלאכתנו ולמהוי אפילו ראשון לטומאה מחמת משא הזב נמי לא ° דכי כתיב משא הזב באדם כתיב והנושא אותם וגו׳ והא דאמר לעיל נכרי ונכרית וע״ז שהסיטום אחרים טמאים באדם קאמרינן: כל הטמאו׳ המסיטות. אחרים כגון בכף מאזנים או אדם טמא מת שהסיטו את הכרו טהורין: שלא מצינו לו. בשאר טומאות שבתורה אלא זוב: וכל דדמי ליה. דאתי מריבויא דזב וע״ז מנדה גמרי דהיינו זב: ישנה לאברים. כגון של חוליות ישנה לטומאתה אבר אבר או לא: דהדיוט יכול להחזירה. שאין צריך אומן לכך: פחותה מכזית. והיא שלמה: לענין איסור. ליאסר בהנאה: ומחבקה ומנשקה. וזהו לשון ברית אהבה וחבה אלמא אדוקים בה וע״ז היא: הא איתקש למת. כדלקמן ° אל קבר בני העם: ורבנן למאי הלכתא כו׳. אתקפתא היא לרבנן דאמרי אינה מטמאה במשא למאי הלכתא אמרו אליבייהו דאיתקש לנדה דאינה לאברים ולשרץ דלא מטמאין במשא למת דאינה מטמאה בכעדשה כולהו לקולא: אימא. כולהו לחומרא: דרבנן. דכל הנך היקשות דברי קבלה נינהו ואסמכתא בעלמא ושקץ תשקצנו לאו לשון שרץ ממש הוא אלא עיקר קרא לכנות לה שם לגנאי אתא: מתני׳ שהיא טהורה. שאינה מקבלת טומאה: בלב ים. הרי היא כים: גמ׳ פשיטא אניה בלב ים היא. לאו פירכא היא אלא פירוש למתני׳: נלמדנה משק. שהרי כלי עץ היא והוקשה לשק לענין טומאה: אף כו׳. חו אינה מיטלטל׳ מלאה דגדולה היא: ספינה של חרס. דלא איתקש לשק: אי נמי ספינת הירדן. איכא בינייהו שהיא קטנה ומיטלטלת מלאה וריקנית לפי שהנהר קטן: הא נמי בלב ים. דים לאו דוקא וכל הנהרות נמי טהורין הן: נשנית משנה זו. של מסכת כלים דתני בה ספינת הירדן טמאה ולא נתגלה הטעם למה:

ולחנניא

א) [זבחים לז: מז. מנחות לא: בכורות כח. נדה מג. ועי׳ תוס׳ בכורות כח. ד״ה שלא], ב) [לעיל פב:], ג) (צ״ל להם), ד) סנהדרין סג. סו:, ה) [צ״ל על], ו) [לקמן קכג: חגיגה כו:] מנחות לו: בכורות לח., ז) [ביצה כד:], ח) ברכות סג: גיטין מז., ט) [צ״ל על], י) צ״ל בעל זבוב אלהי עקרון, כ) [וע״ע תוס׳ מנחות לא. ד״ה שידה].

גליון הש״ס

רש״י ד״ה טהורין וכו׳ דכי כתיב משא הזב באדם כתיב. ע׳ נדה דף נד ע״ב ברש״י ד״ה היא עושה ולע״ג: תוס׳ ד״ה כי תיבעי וכו׳ וק׳ לר״י. ק״ל הא שם מבואר דמדין ביטול הוא (ואם כן) [י״ל] דהאיבעיא בע״ז של ישראל דלא מהני ביטול אם טהור מטומאה. וצ״ע:

ליקוטי רש״י

שלא מצינו לו חבר בכל התורה כולה. שלא מצינו בכל התורה טומאה המסטת טהרה שתטמא אלא אם כן נשא טהור את הטמא והכא בזב הוא דגלי רחמנא [נדה מג.]. **נלמדה משק.** דאיתקש עץ לשק דכתיב (ויקרא יא) מכל כלי עץ או בגד או עור או שק מה שק מטלטל מלא וריקן אף כל מטלטל מלא וריקן [חולין כה.]. לענין טומאה הוקשו כלי עץ לשק דכתיב כל אשר יפול עליו מהם במותם יטמא מכל כלי עץ או בגד או עור או שק (ויקרא יא) [חגיגה כו:]. **זאת התורה.** היכן מצויה באדם שימות באהלי תורה [ברכות סג:].

רב נסים גאון

כמאן אזלא כל הטמאות המסיטות טהורות חוץ מהיסטו של זב שלא מצינו בכל התורה כולה עיקר דילה בתורת כהנים וכלי חרש אשר יגע בו הזב ישבר אין לי אלא כלי חרס מנין לרבות כלי כו׳ ומאחר שלמדנו שאין מטמאין אותו אלא מאוירו מה ת״ל אשר יגע בו מגע שהוא ככולו הוי אומר זה היסטו ואמרו וכל אשר יגע בו הזב זה הוא היסטו של זב הרי למדנו מיכן שכל מה שיסיטנו הזב טמא וזבה ונדה ויולדת וכל דדמי לזב טומאתן כטומאת הזב ומזה העיקר אמרו במשנה (זבין פ״ד מ״ו) הזב בכף מאזנים ואוכלין ומשקין בכף שנייה וכו׳ ובאדם לא פרט בין הטהור המסיט את הזב ובין הזב המסיט את הטהור כמו ששנינו (שם פ״ה) המסיט את הזב או שהזב מסיט בו מטמא אוכלין כו׳ ובתוספתא (זבין פ״ד) אמרו בין שהזב מכריען מטמא אחד כו׳ ותנן נמי (שם פ״ג מ״א) עלו באילן שכוחו רע ובסוכה שכוחה רע טמא

A CORPSE will only generate *tumah* WITH a piece THE SIZE OF AN OLIVE, SO TOO will AN IDOL only generate *tumah* WITH a piece THE SIZE OF AN OLIVE. Therefore, when the Rabbis decreed *tumah* upon idols, they took this verse as a cue to limit the *tumah* to idols that are at least of olive size.

The Gemara returns to R' Elazar's interpretation of the dispute between R' Akiva and the Rabbis:

וְרַבָּנַן – But according to **the Rabbis,** לְמַאי הִלְכְתָא אִיתְּקַשׁ לְשֶׁרֶץ דְּלֹא מְטַמֵּא בְּמַשָּׂא – **for what reason is an idol compared to a** ***sheretz*****?** – To teach **that it will not contaminate** one who carries it **with carrying** ***tumah***. לְנִדָּה דְּאֵינָהּ לְאֵבָרִין – And for what reason is an idol compared **to a** ***niddah*****?** – To teach **that** idol *tumah* **does not** apply **to** an idol's disassembled **limbs.** לְמֵת דְּלֹא מְטַמֵּא בְּכַעֲדָשָׁה – And for what reason is an idol compared **to a corpse?** – To teach **that it will not generate** ***tumah*** **with** a piece **the size of a lentil.** Thus, according to R' Elazar, all three analogies teach a leniency regarding idol *tumah*.[26]

The Gemara therefore asks:

אֵימָא לְחוּמְרָא – But **say** rather that all three analogies come **to** teach **a stringency** regarding idol *tumah*! For these same analogies can be interpreted stringently in the following manner: לְמַאי הִלְכְתָא אַקְשֵׁהּ רַחֲמָנָא לְשֶׁרֶץ לְטַמּוּיֵי בְּכַעֲדָשָׁה – **For what reason did the Torah compare an idol to a** ***sheretz*****?** – To teach that an idol will **generate** ***tumah*** **with** a piece **the size of a lentil,** just as a *sheretz* does. לְנִדָּה לְטַמּוּיֵי בְּאֶבֶן מְסָמָא – And for what reason is an idol compared **to a** ***niddah*****?** – To teach that it will **generate** ***tumah*** even in the case of a **placed rock,** just as a *niddah* does. אַקְשֵׁהּ רַחֲמָנָא לְמֵת לְטַמּוּיֵי בְּאֹהֶל – And the reason **the Torah compared** an idol **to a corpse** is **to** teach that it will **transmit** ***tumah*** **by way of a roof,** as a corpse does![27] We thus see that each of these analogies could just as well have been employed to teach a *stringency* regarding idol *tumah*! Why then do the Rabbis employ them exclusively to teach leniencies?

The Gemara explains:

טוּמְאַת עֲבוֹדָה זָרָה דְּרַבָּנַן הִיא – **The** ***tumah*** **of an idol is** of **Rabbinic** origin;[28] וְקוּלָּא וְחוּמְרָא – **therefore,** when faced with a choice between using an analogy to teach **a stringency or a leniency,** לְקוּלָּא מַקְשִׁינַן – **we draw the analogy to** teach **the leniency,** לְחוּמְרָא לֹא מַקְשִׁינַן – **but we do not draw the analogy to** teach **the stringency.**[29]

Mishnah This Mishnah addresses the fact that ships cannot be contaminated with *tumah* that is generated through contact.[30] It seeks the source of this law.

מִנַּיִן לִסְפִינָה שֶׁהִיא טְהוֹרָה – **From where do we know that a ship is not susceptible to** contamination with ***tumah*****?** שֶׁנֶּאֱמַר – **For it has been stated** in a verse: ,,דֶּרֶךְ־אֳנִיָּה בְלֶב־יָם" – *Four [things] I do not know: . . .* ***the path of a ship in the heart of the sea*** [once it has passed].[31] This verse teaches that a ship is like the sea – impervious to *tumah*.

Gemara The Gemara explains the exposition cited in the Mishnah:

פְּשִׁיטָא אֳנִיָּה בְלֶב־יָם הִיא – **It is obvious** that the path of **a ship is in the heart of the sea;** why must this verse tell us so? הָא קָא מַשְׁמַע לָן – Rather, then, **[the verse,]** through its juxtaposition of ship and sea, **informs us of this:** כְּיָם – A ship is **like the sea.** מָה יָם טָהוֹר אַף סְפִינָה טְהוֹרָה – **Just as the sea is not susceptible to** contamination with ***tumah,*** **so too is a ship not susceptible to** contamination with ***tumah.***[32]

NOTES

26. [Even R' Elazar agrees, however, that according to R' Akiva the comparison of idols to *niddah* does teach a stringency – that an idol will generate carrying *tumah* (see 82b note 8). But Rabbah maintains that this comparison will teach this stringency even according to the Rabbis.]

27. [The law of roof *tumah*, or *tumas ohel*, is stated in *Numbers* (19:14) as follows: *This is the law of a man who dies in a tent: All that comes into the tent and all that is within the tent shall be tamei seven days.* This verse teaches that all people, vessels or clothing that share a roof with a corpse become *tamei*. The *tumah* does not come from the roof itself, but from the corpse; it is simply transmitted by the sharing of the roof. If the analogy between a corpse and an idol would be utilized to teach a stringency, an idol too would transmit *tumah* by means of a roof (and would be included as well in any additional laws of roof *tumah* – see above, 17a note 8).]

28. For the analogies that were drawn in this chapter to teach the law of idol *tumah* (*Isaiah* 30:22; *II Kings* 23:6) were merely verses from the Prophets [and thus constitute no more than Scriptural support for Rabbinic laws] (see *Maharatz Chayes*). Although the analogy between idols and *sheretz is* drawn from a Biblical source (*Deuteronomy* 7:26; see 82b), it is not a true Biblical exegesis, since the word שֶׁקֶץ (*sheketz*), while it is sometimes used to describe *sheretz,* does not actually translate as *sheretz* in this instance. Rather, the term translates as *you must utterly abominate it,* and is employed (in *Avodah Zarah* 46a) to teach one's obligation to ridicule idolatry by inventing derisive names for idols (*Rashi*). [It therefore cannot be used to teach a Biblical law regarding idol *tumah.*]

29. With regard to why, if this is so, R' Akiva derives a stringency from the analogy to *niddah* even according to R' Elazar, and *both* R' Akiva and the Rabbis do so according to Rabbah, see above, 82b note 8 from *Tosafos;* see also *Ramban, Chidushei HaRan,* and *Ran MHK* ed. here.

30. [Such as *tumas meis* (corpse *tumah*), or *tumas sheretz.*

Vessels that serve as containers are generally subject to these sorts of *tumah,* as we will see below; a ship is not, as the Mishnah will prove.]

The Mishnah speaks only of *tumah* generated through contact; however, ships are likewise impervious to contamination with *midras tumah* [i.e. *tumah* incurred by supporting the weight of a *zav, zavah,* or *niddah*] (see *Rashi* to 84a ד״ה מאי קאמר). See below, 84a note 4 for why this is so.

31. *Proverbs* 30:19. In this verse, King Solomon, author of *Proverbs,* enumerates four things that a person cannot possibly know. One of them is the path taken by a ship through the sea, since the traces of its passage vanish immediately from the water (*Metzudos David* ad loc.). The Gemara will explain how a ship's freedom from *tumah* is derived from this verse.

32. The reason the sea itself is not susceptible to *tumah* is because water gathered in the ground (e.g. seas, lakes, rivers), is deemed to be *attached* to the ground [מְחוּבָּר]. Things attached to the ground are generally insusceptible to *tumah* (*Leviticus* 11:36 with *Rashi*).

Chasam Sofer explains that a ship's imperviousness to *tumah* was actually known to King Solomon through *Halachah LeMoshe MiSinai,* a law transmitted orally to Moses at Sinai; it was the reasoning behind this law that King Solomon wondered at in this verse – he could not fathom why even ships that met the normal criteria for inclusion in *tumah* susceptibility [delineated in the Gemara below] would be excluded. *Chasam Sofer* thus interprets this verse in this manner: *There are four things I do not know . . . the path* [of comprehension] *of* [why] *a ship* [is like] *the heart of the sea* [with regard to *tumah*] (see *Meiri* for a similar explanation of King Solomon's query regarding the laws of *tumah* and the other three things mentioned in the verse). Our Mishnah cites this verse as proof of the existence of this Oral Law.

[According to *Chasam Sofer,* we can understand how this, a non-Biblical verse, can be employed to teach a Biblical *tumah* law (see above, note 28). For this verse in fact does not *teach* this law, but only alludes to a law previously known (see *Pnei Yehoshua* for alternative answers to this question).]

כרעו הן טהורין כמאן אזלא הא דתניא [א] כל הטמאות המסיטות טהורות חוץ מהיסטו של זב [ב] שלא מצינו לו חבר בכל התורה כולה לימא דלא כרבי עקיבא דאי כרבי עקיבא איכא נמי ע"ז אפילו תימא ר' עקיבא תנא זב וכל דדמי ליה [ג] בעי רב חמא בר גוריא ע"ז ישנה לאברים או אינה לאברים היכא דהדיוט יכול להחזירה לא תיבעי לך דכמאן דמחברת דמי כי תיבעי לך היכא דאין הדיוט יכול להחזירה מאי כיון דאין הדיוט יכול להחזירה כמאן דמתברא דמי או דילמא הא לא מחסרה ואיכא דבעי לה להך גיסא היכא דאין הדיוט יכול להחזירה לא תיבעי לך דכמאן דמתברא דמי כי תבעי לך היכא דהדיוט יכול להחזירה מאי כיון דהדיוט יכול להחזירה כמאן דמחברה דמי או דילמא [ב] השתא מיהא קשלפה ושריא תיקו בעי רב אחדבוי בר אמי ע"ז פחותה מכזית מהו מתקיף לה רב יוסף למאי אילימא לענין איסורא לא יהא אלא זבוב בעל עקרון דתניא [א] וישימו (ג) להן בעל ברית לאלהים זה זבוב בעל עקרון [ד] מלמד שכל אחד ואחד עשה דמות יראתו ומניחה בתוך כיסו כיון שזוכרה מוציאה מתוך כיסו ומחבקה ומנשקה אלא לענין טומאה מאי כיון דאיתקיש לשרץ מה שרץ בכעדשה אף ע"ז נמי בכעדשה או דילמא הא איתקיש למת מה מת בכזית אף ע"ז בכזית אמר רב אויא ואיתימא רבה בר עולא ת"ש דתניא [ד] ע"ז פחותה מכזית אין בה טומאה כל עיקר שנאמר [ב] וישלך את עפרה [ה] (אל) קבר בני העם מה מת בכזית אף ע"ז בכזית ורבנן למאי הלכתא איתקש לשרץ דלא מטמא במשא לנדה דאינה לאברין למת דלא מטמא בכעדשה אימא לחומרא למאי הלכתא אקשה רחמנא לשרץ לטמויי בכעדשה לנדה לטמויי באבן מסמא אקשה רחמנא למת לטמויי באהל [ו] טומאת עבודה זרה דרבנן היא וקולא וחומרא לקולא מקשינן לחומרא לא מקשינן: **מתני'** [ה] מנין לספינה שהיא טהורה שנאמר [ג] דרך אניה בלב ים:

גמ' פשיטא אניה בלב ים היא הא קמ"ל כים מה ים טהור אף ספינה טהורה תניא חנניה אומר נלמדה משק [ו] מה שק מיטלטל מלא וריקן אף כל מיטלטל מלא וריקן לאפוקי ספינה דאינה מיטלטלת מלא וריקן מאי בינייהו איכא בינייהו ספינה של חרס מאן דאמר אניה בלב ים [ז] הא נמי בלב ים היא ומ"ד כשק הנך (היא) דכתיבי גבי שק דאי מיטלטלת מלא וריקן אין אי לא לא [ז] אבל ספינה של חרס אע"ג דאינה מיטלטלת מלא וריקן אי נמי ספינת הירדן למ"ד אניה בלב ים היא הא נמי אניה בלב ים היא למ"ד מיטלטלת מלא וריקן הא נמי מיטלטלת מלא וריקן דא"ר חנינא בן עקביא מפני מה אמרו ספינת הירדן טמאה מפני שטוענים אותה ביבשה ומורידין אותה למים א"ר יהודה אמר רב [ו] לעולם אל ימנע אדם את עצמו מבית המדרש ואפי' שעה אחת שהרי כמה שנים נשנית משנה זו בבית המדרש ולא נתגלה טעמה עד שבא רבי חנינא בן עקביא ופירשה אמר רבי יונתן לעולם אל ימנע אדם את עצמו מבית המדרש ומדברי תורה ואפי' בשעת מיתה שנא' [ד] זאת התורה אדם כי ימות באהל אפי' בשעת מיתה תהא עוסק בתורה [ט] אמר ר"ל [ח] אין דברי תורה מתקיימין אלא במי שממית עצמו עליה שנאמר זאת התורה אדם כי ימות באהל אמר רבא

ולחנניא

כרעו הן. ונשאו הן את הזב: טהורין. דתנן כל שהזב נישא עליו טהור חוץ מן הראוי למשכב ומושב אבל כלים ואוכלים אין מיטמאין מחמת משכב ומושב דכתיב (לעיל דף נט.) מי שמיוחד לישיבה יצא זה שאומרים עמוד ונעשה מלאכתנו ולמהוי אפילו ראשון לטומאה מחמת משא הזב נמי לא * דכי כתיב משא הזב באדם כתיב והנושא אותם וגו' והא דאמר לעיל נכרי ונכרית וע"ז שהסיטום אחרים טמאים באדם קאמרינן: כל הטמאו' המסיטות. אחרים כגון בכף מאזנים או אדם טמא מת שהסיטו את חברו טהורין: שלא מצינו לו. בשאר טומאות שבתורה אלא זב: וכל דדמי ליה. דאתי מריבויא דזב וע"ז מנדה גמרי דהייטו זב: ישנה לאברים. כגון של חוליות ישנה לטומאתה אבר אבר או לא: דהדיוט יכול להחזירה. שאין צריך אומן לכך: פחותה מכזית. והיא שלמה: לענין איסור. ליאסר בהנאה: ומחבקה ומנשקה. וזהו לשון ברית אהבה וחבה אלמא אדוקים בה וע"ז היא: הא איתקש למת. כדלקמן [ט] אל קבר בני העם: ורבנן למאי הלכתא כו'. אתקפתא היא לרבנן דאמרי אינה מטמאה במשא למאי הלכתא אמרו אלוייהו דאיתקש לנדה לאינה לאברים ולשרץ דלא מטמיין במשא למת דאינה מטמאה בכעדשה כולהו לקולא: אימא. כולהו לחומרא: דרבנן. דכל הנך היקשות דברי קבלה ניגהו ואסמכתא בעלמא ושקץ תשקצנו לאו לשון שרץ ממש הוא אלא עיקר קרא לכנות לה שם לגנאי אתא: מתני' שהיא טהורה. שאינה מקבלת טומאה: בלב ים. הרי היא כים: גמ' פשיטא אניה בלב ים היא. לאו פירכא היא אלא פירוש למתני': נלמדנה משק. שהרי כלי עץ היא והוקשה לשק לענין טומאה: אף כו'. וזו אינה מיטלטלת מלאה דגדולה היא: ספינה של חרס. דלא איתקש לשק: אי נמי ספינת הירדן. איכא בינייהו שהיא קטנה ומיטלטלת מלאה וריקנית לפי שהנהר קטן: הא נמי בלב ים. דים לאו דוקא וכל הנהרות נמי טהורין הן: נשנית משנה זו. של מסכת כלים דתני בה ספינת הירדן טמאה ולא נתגלה הטעם למה:

ולחנניא

ע"ז ישנה לאיברים כו'. בשל חוליות מבעיא ליה אבל ע"ז שנשתברה פשיטא ליה דלא מטמאה ולא משום היקישא דנדה פשיטא ליה בנשתברה דדמיא לגמרי לנדה שאין אדם יכול להחזירה דא"כ אמאי קאמר לעיל דמבעיא ליה אליבא דר' עקיבא אליבא דרבנן נמי מצי למיבעי דהא דנפקא להו דע"ז אינה לאיברים מנדה הני מילי כשנשתברה לגמרי אלא ודאי בלא נדה פשיטא ליה דנשתברה טהורה: **כי** תבעי לך היכא דאין הדיוט כו'. לענין טומאה מבעיא ליה כדפי' הקונט' ולעיל נמי מייתי אפלוגתא דרבי עקיבא ורבנן אבל לענין איסורא דאורייתא לא שייך למילף מנדה ואע"ג דאסור בהנאה בטומאה דרבנן מיבעיא ליה אי פרקה אי לאו משמע דבהדיוט יכול להחזירה פשיטא דאסירה אפילו ללישנא בתרא מדבעי לענין טומאה בהדיוט יכול להחזירה דאי איסור הנאה דאורייתא שרי כ"ש דלא מטמא * וקשה לר"י דבפרק ג' דמסכת ע"ז (ד' מט:) פליגי רב ושמואל בע"ז שנשתברה מאליה דרב אמר צריכה לבטל כל קיסם וקיסם ושמואל אמר אין ע"ז צריכה לבטל אלא דרך גדילתה ובעי לאוקמא פלוגתייהו בשברי שברים ומסיק דבע"ז של חוליות עסקינן והדיוט יכול להחזירה קא מיפלגי דרב סבר כיון דהדיוט יכול להחזירה כו' לא בטלה משמע דבאין הדיוט יכול להחזירה אפי' רב מודה דשריא ונראה לר"י דהתם פליגי בחוליות קטנים דכשמתפרקין הוו כעין שברי שברים דקאמר התם מעיקרא אבל הכא מיירי בחוליות גדולות דאפי' שמואל מודה דאסירי בהנאה אפי' אין הדיוט יכול להחזירה: **וישימו** להם בעל ברית וגו'. האי קרא בשופטים כתיב וקשה לר"י למה לא הביא קרא דמלכים (ב א) [י] זבוב בעל עקרון ולמה ליה לאתויי ברייתא וי"ל דאי מהתם ה"א זבוב גדול היה אלא שהיה לו דמות זבוב לכך מייתי מהכא שהיה קטן כשאר זבובים דקתני ומניחה בתוך כיסו ודריש לה מדכתיב בעל ברית משמע שכרתו להן ברית להיות כל שעה אצלם ומסברא קאמר זה זבוב בעל עקרון: **מה** מת בכזית אף ע"ז בכזית. תימה [לר"י] לרבי עקיבא אי ישנה לאברים נוקי האי היקישא לקולא דבעי כזית אאברים אבל ע"ז שלימה אפילו אין בה כזית דומיא דמת כשהוא שלם דמטמא אפילו אין בו כזית כדאמר בנזיר בפרק כ"ג (דף נ.) ויש לומר דבמת אפי' אבר שלם שאין בו כזית טמא כדאמרינן נמי התם א"כ כך לי אבר אחד כמו כולה ואם תאמר אכתי מצי לאוקמא היקישא בחוליא אחת שכנגדה במת לא חשיב אבר וי"ל דההיא אפילו כזית לא מטמא דכשברי שברים חשיבא: **נלמדנה** משק. דספינה אינה מיוחדת למדרס אף על פי שכל שעה יושבין בה בני אדם מכל מקום עיקרן עשויות לפרגמטיא ואומר בה עמוד ונעשה מלאכתנו דאי ספינה מיוחדת למדרס לא הוה ילפינן משק כדאמרינן בריש אלו מומין (בכורות לח.) דמדרסות לא איתקוש לשק [כ]: **לאפוקי** ספינה שאינה מיטלטלת מליאה. ומה שמיטלטלת בים לא חשיב ליה טלטול כיון דעיקר הילוכה מחמת המים:

ולחנניא

עין משפט נר מצוה

ז א מיי' פ"ח מהלכות משכב ומושב הלכה א ב:
ח ב מיי' פ"ו מהלכות שאר אבות הטומאות הלכה ד:
ט ג שם הלכה ב ה:
י ד שם הלכה א:
יא ה ו ז מיי' פרק י"ח מהלכות כלים הל"ט:
יב ח מיי' פ"ג מהלכות ת"ת הלכה יב טוש"ע יו"ד סימן רמו סעיף כא:

תורה אור השלם

א) וַיְהִי כַּאֲשֶׁר מֵת גִּדְעוֹן וַיָּשׁוּבוּ בְּנֵי יִשְׂרָאֵל וַיִּזְנוּ אַחֲרֵי הַבְּעָלִים וַיָּשִׂימוּ לָהֶם בַּעַל בְּרִית לֵאלֹהִים: [שופטים ח, לג]
ב) וַיֹּצֵא אֶת הָאֲשֵׁרָה מִבֵּית ה' מִחוּץ לִירוּשָׁלִַם אֶל נַחַל קִדְרוֹן וַיִּשְׂרֹף אֹתָהּ בְּנַחַל קִדְרוֹן וַיָּדֶק לְעָפָר וַיַּשְׁלֵךְ אֶת עֲפָרָהּ עַל קֶבֶר בְּנֵי הָעָם: [מלכים ב' כג, ו]
ג) דֶּרֶךְ הַנֶּשֶׁר בַּשָּׁמַיִם דֶּרֶךְ נָחָשׁ עֲלֵי צוּר דֶּרֶךְ אֳנִיָּה בְלֶב יָם וְדֶרֶךְ גֶּבֶר בְּעַלְמָה: [משלי ל, יט]
ד) זֹאת הַתּוֹרָה אָדָם כִּי יָמוּת בְּאֹהֶל כָּל הַבָּא אֶל הָאֹהֶל וְכָל אֲשֶׁר בָּאֹהֶל יִטְמָא שִׁבְעַת יָמִים: [במדבר יט, יד]

רבינו חננאל

שמכרעת סלקין אחרים בכף מאזנים אחרת ונמצאת כנושא אותן וניסיטין מכחה כדתנן בזב. כמאן אזלא הא דתניא כל הטומאות המסיטות אחרי' טהורין חוץ מן הזב. שלא מצינו לו בכל התורה כולה ניחא דלא כר"ע. דאי ר"ע הא איכא נמי ע"ז שהסיטה את אחרים טמאין. ודחינן אפילו תימא ר"ע תנא זב וכל דדמי ליה. נמצא דברי רב אשי דפלוגתא דהא מתני' דר' אלעזר ברתעתא ור' אלעזר סבר בהיסט שהסיטו אחרים את ע"ז פלוגתא דרבנן ודר' עקיבא. אבל הסיטה היא את אחרים דברי הכל טמאין. ורבה סבר בהיסט שהסיטה ע"ז את אחרים פלוגתייהו. אבל אם הסיטוה אחרים טמאין. ובעיא דרמי בר חמא הא אמרינן כרבה כדבעינן לה ואליבא דר"ע. אבל לרבה לרבנן אינה לאברים. ולר' אלעזר בין אליבא דרבנן ובין אליבא דר' עקיבא אינה לאברים. וכן הלכה. ובעיא דרב אחדבוי בר אמי ע"ז פחותה מכזית לענין איסורא פשטא דאסורא דהא זבוב בעל עקרון ע"ז אסור. אבל לענין טומאה אין בה טומאה של כלום דלהכין איתקש למת ואיתקש לנדה שאינה לאברים. ואיתקש לשרץ שאינה מטמא במשא ולא מצית למימר לחומרא לשרץ כעדשה ולנדה לאבן מסמא. ולמת לאהל משום דטומאת ע"ז דרבנן היא. וכי איכא חומרא וקולא לקולא היא דמקשינן: [מתני'] מנין לספינה שהיא טהורה כו'. פי' שאינה מקבלת טומאה. רבנן דמתני' משום מדמי לה ספינה לים מה הים אין מקבל טומאה אף הספינה אינה מקבלת טומאה. וחנניה מפיק לה למילתא דספינה שאין מקבלת טומאה מן השק דכתיב מכל כלי עץ או בגד או עור או שק מה שק מטלטל מלא וריקן מקבל טומאה לאפוקי ספינה שאינה מטלטלת מלא וריקן. לפיכך אינה מקבלת טומאה. מאי בינייהו איכא בינייהו ספינה של חרס לרבנן [שמדמין] אותה לים אף ספינה של חרס טהורה. ולחנניה שהוא [למד] לטהרת ספינה משק ספינה של חרס [מקבלת] טומאה דא' לן עץ ובגד ועור ושק דכתיבי בעניינא גמרינן להו משק נמצא משק מלמד עליו. אלו הדברים שכתובין בפרשה. וכן מלמד שאין מקבלין טומאה אלא מה שהוא מטלטל מלא וריקן כגון שק אבל כלי חרס אינו כתוב עם השק. לפיכך אין השק מלמד עליו. דאע"פ שאינו מטלטל מלא וריקן מקבל טומאה. אי נמי איכא בין רבנן שלמידין מן הים ובין חנניה שהוא למד מן השק. (ספות) [לענין ספינת] הירדן לרבנן טהורה ולחנניה טמאה מפני שהיא מטלטלת מליאה וריקנית כר' חנניה בן עקביה: **אמר** (רבה) [רבא]

מסורת הש"ס

א) [זבחים לז: נ. מנחות לא: בכורות כח. נדה מג. ועי' תוס' בכורות כח. ד"ה שלא], ב) [לעיל פב:], ג) [ל"ל להם], ד) סנהדרין סג. סו:, ה) [ל"ל עץ], ו) [לקמן קכב: חגיגה כו: מנחות לז: בכורות לח.], ז) [ביצה כד:], ח) ברכות סג: גיטין נז:, ט) [ל"ל על], י) ל"ל בעל זבוב אלהי עקרון, כ) [וע"ע תוס' מנחות לא. ד"ה שיהו].

גליון הש"ס

רש"י ד"ה טהורין וכו' דכי כתיב משא הזב באדם כתיב. ע' נדה דף נד ע"ב ברש"י ד"ה היא עצמה ותוס' שם: תוס' ד"ה כי תיבעי וכו' וק' לר"י. ק"ל הא שם מבואר דמדין ביטול הוא (ואם כן) [י"ל] דהאיבעיא בע"ז של ישראל דלא מהני ביטול אם טהור מטומאה. וצ"ע:

ליקוטי רש"י

שלא מצינו לו חבר בכל התורה כולה. שלא מלינו בכל התורה טומאה המטמאת טהרה שמטמאה אלא אם כן נשא טהור או נגע בו ביטמא ובזב הוא שנאמר וכל אשר יגע בו הזב שהסיט אם הוא טהור ונושה כזב הוא דגלי רחמנא [נדה מג.]. נלמדה משק. דאיתקש עץ לשק דכתיב (ויקרא יא) מכל כלי עץ או בגד או עור או שק מה שק מטלטל מלא וריקן אף כל מטלטל מלא וריקן [חולין כה.]. לענין טומאה הוקשו כלי עץ לשק דכתיב (ויקרא יא) מכל אשר יפול עליו מהם במותם יטמא מכל כלי עץ או בגד או עור או שק [חגיגה כו:]. זאת התורה. היכן מלויה באדם שימות באהלי תורה [ברכות סג:].

רב נסים גאון

כמאן אזלא כל הטמאות המסיטות טהורות חוץ מהיסטו של זב שלא מצינו לו חבר בכל התורה כולה עיקר דילה בתורת כהנים וכלי חרס אשר יגע בו הזב ישבר אין לי אלא כלי חרס מנין לרבות כלי כו' ומאחר שלמדנו שאין מטמאין אותו אלא מאוירו מה ת"ל אשר יגע בו במגע שהוא ככולו הוי אומר זה היסטו ואמרו וכל אשר יגע בו הזב זה הוא היסטו של זב הרי למדנו מיכן שהזב שהיסטו מטמא הזב טמא וזבה ונדה ויולדת וכל דדמי הזב טומאתן כטומאת הזב ומזה הם העיקר אמרו במשנה (זבין פ"ד מ"ו) הזב בכף מאזנים ואוכלין ומשקין בכף שנייה וכו' ובאדם לא פרט בין הטהור המסיט את הזב ובין הזב המסיט את הטהור כמו ששנינו (שם פ"ה) המסיט את הזב או שהזב מסיט בו מטמא אוכלין כו' ובתוספתא (זבין פ"ד) אמרו בין שהזב מכריען מטמא אחד כו' ותנן נמי (שם פ"ג מ"א) עלו באילן שכוחו רע ובסוכה שכוחה רע טמא

The Gemara cites a Tanna who disagrees with the Rabbis of our Mishnah, and derives a ship's insusceptibility to *tumah* from another source:

תַּנְיָא – **It has been taught in a Baraisa:** חֲנַנְיָא אוֹמֵר – CHANANYA SAYS: נִלְמְדָהּ מִשַּׂק – LET US DERIVE [A SHIP'S INSUSCEPTIBILITY TO *TUMAH*] FROM the analogy drawn between wooden vessels and A SACK. For this analogy teaches that in order for wooden vessels to be susceptible to contact-generated *tumah,* their characteristics must match those of a sack. מַה שַּׂק מִיטַּלְטֵל מָלֵא וְרֵיקָן – Thus, JUST AS A SACK, in its normal use, IS CARRIED both while LADEN with other objects AND while EMPTY, אַף כָּל מִיטַּלְטֵל מָלֵא וְרֵיקָן – SO TOO must ANY [VESSEL] BE CARRIED both while LADEN AND while EMPTY in order to be susceptible to *tumah* generated through contact. Vessels that are not made to be used in this manner, however, will not be vulnerable to such *tumah.* לְאַפּוּקֵי סְפִינָה דְּאֵינָהּ מִיטַּלְטֶלֶת מָלֵא וְרֵיקָן – This serves TO EXCLUDE A SHIP, WHICH, because of its great size, IS NOT CARRIED both while LADEN AND while EMPTY, but only while empty.[33] Chananya thus disagrees with the Rabbis of our Mishnah as to the source for excluding ships from *tumah* susceptibility.

The Gemara now presents the practical differences that emerge from this disagreement. The Gemara asks:

מַאי בֵּינַיְיהוּ – **What is** the practical difference **between [the Rabbis and Chananya]?**

The Gemara answers:

אִיכָּא בֵּינַיְיהוּ סְפִינָה שֶׁל חֶרֶס – **The** difference **between them is** in regard to the law of **an earthenware ship.**[34] מַאן דְּאָמַר ,,אֳנִיָּה בְּלֶב־יָם" – **The one** (i.e. the Rabbis) **who says** that a ship's insusceptibility is due to the verse ***a ship in the heart of the sea*** will say that even an earthenware ship will not be susceptible, הָא נַמִּי ,,בְּלֶב־יָם" הִיא – for **[an earthenware ship] too is** included in the exposition of *a ship* ***in the heart of the sea.*** לְמַאן דְּאָמַר כְּשַׂק – But **according to the one** (Chananya) **who says** that a ship's insusceptibility is due to the analogy limiting *tumah* to utensils that are **like a sack,** an earthenware ship *will* be susceptible to *tumah.* הָנָךְ (הִיא) דִּכְתִיבֵי גַּבֵּי שַׂק – For the analogy to a sack applies only to utensils made of **those** materials **that are written** in the verse **along with a sack;**[35] דְּאִי מִיטַּלְטֶלֶת מָלֵא וְרֵיקָן אִין אִי לֹא לֹא – with regard to these utensils, the law is **that if they are** made to be **carried** both while **laden and** while **empty – yes,** they will be susceptible to *tumah,* but **if** they are **not** carried in this manner – **no,** they will not be susceptible to *tumah.* אֲבָל סְפִינָה שֶׁל חֶרֶס – **But an earthenware ship,** since it is made of material that is not listed in the verse along with a sack, אַף עַל גַּב דְּאֵינָהּ מִיטַּלְטֶלֶת מָלֵא וְרֵיקָן – will be susceptible to *tumah* **even though it is not carried** both while **laden and** while **empty!** For since the verse does not equate earthenware with a sack, earthenware vessels need not share the characteristics of a sack; thus, a ship crafted of earthenware, even if it is of great size, will be subject to contamination with *tumah.*

The Gemara presents a second practical difference between the Rabbis and Chananya:

אִי נַמִּי סְפִינַת הַיַּרְדֵּן – **Alternatively,** the difference between them is in regard to the law of **a boat of the Jordan** River.[36] לְמַאן דְּאָמַר ,,אֳנִיָּה בְּלֶב־יָם" הִיא – **According to the one** (i.e. the Rabbis) **who says** that **[a ship's insusceptibility to *tumah*] is** due to the verse ***a ship in the heart of the sea,*** a boat of the Jordan will not be susceptible, הָא נַמִּי ,,אֳנִיָּה בְּלֶב־יָם" הִיא – since **[this boat] too is** included in the exposition of ***a ship in the heart of the sea.***[37] לְמַאן דְּאָמַר מִיטַּלְטֶלֶת מָלֵא וְרֵיקָן – But **according to the one** (Chananya) **who says** that a ship's insusceptibility is due to the analogy limiting *tumah* to utensils that are **carried** both while **laden and** while **empty,** a boat of the Jordan *will* be susceptible to *tumah,* הָא נַמִּי מִיטַּלְטֶלֶת מָלֵא וְרֵיקָן – since, due to its small size, **it too is carried** both while **laden and** while **empty!** דְּאָמַר רַבִּי חֲנִינָא בֶּן עֲקַבְיָא – **For R' Chanina the son of Akavya said:** מִפְּנֵי מָה אָמְרוּ סְפִינַת הַיַּרְדֵּן טְמֵאָה – **Why did [the Sages] state** in a Mishnah:[38] A BOAT OF THE JORDAN IS SUSCEPTIBLE TO contamination with *TUMAH?* – מִפְּנֵי שֶׁטּוֹעֲנִים אוֹתָהּ בַּיַּבָּשָׁה וּמוֹרִידִין אוֹתָהּ לַמַּיִם – **Because [people]** customarily **load it** with cargo **on the dry land, and then lower it into the water.** Since it is thus carried even when laden, it is subject to contamination with contact-generated *tumah.*

The Gemara comments on R' Chanina ben Akavya's explanation of this Mishnah:

אָמַר רַב יְהוּדָה אָמַר רַב – **Rav Yehudah said in the name of Rav:** לְעוֹלָם אַל יִמְנַע אָדָם אֶת עַצְמוֹ מִבֵּית הַמִּדְרָשׁ וַאֲפִילוּ שָׁעָה אַחַת – **A person should never absent himself from the house of study for even one moment.**[39] שֶׁהֲרֵי כַּמָּה שָׁנִים נִשְׁנֵית מִשְׁנָה זוֹ בְּבֵית הַמִּדְרָשׁ – **For it was many years that this Mishnah was taught in the house of study,** וְלֹא נִתְגַּלָּה טַעְמָהּ עַד שֶׁבָּא רַבִּי חֲנִינָא בֶּן עֲקַבְיָא וּפֵירְשָׁהּ – **but its reasoning was not uncovered until R' Chanina the son of Akavya came and explained it.**

NOTES

33. The verse in which wooden utensils are compared to a sack is in *Leviticus* 11:32; it enumerates the items susceptible to contamination with *tumas sheretz.* The verse reads, in pertinent part, as follows: *whether it is a wooden utensil, or a cloth, or a hide, or a sack,* thus equating through *hekeish* a wooden utensil to a sack. The verse thereby teaches that wooden utensils [as well as the other articles mentioned] do not acquire *tumah* through contact unless they can be classified as containers [כְּלִי קִבּוּל]. It defines a container as a vessel whose intended use entails that it also be carried while laden with other objects. Any article that does not meet this criterion [e.g. a wooden implement that does not possess a receptacle, a vessel too large to be carried while laden, or a vessel intended to be kept in one place] will not be susceptible to *sheretz tumah,* or to any other form of *tumah* spread by contact (see *Chagigah* 26b with *Rashi* ד"ה דומיא וד"ה מה שק; see *Rashi* above, 66a ד"ה טמא, and note 2 there; see *Toras Kohanim* to *Leviticus* ibid.; see *Yerushalmi* 9:2). Thus, a ship made of wood will not be susceptible to *tumah,* since, because of its great size, it is not carried while laden (*Rashi*).

[Although a ship is "carried" laden while in the water (e.g. by the oarsmen who propel it), it is primarily the water that bears it, by rendering it buoyant. Carrying by water does not render a vessel a container (*Tosafos;* see *Ramban;* see also *Yerushalmi* ibid.).]

34. Which [as the Gemara will say below] is not compared in the verse to a sack [and thus need not match the characteristics of a sack in order to be susceptible to *tumah*] (*Rashi*).

35. I.e. wood, cloth and hide (see above, note 33).

36. The Jordan River [in comparison to the sea] is quite narrow and shallow. It therefore can accommodate only small boats, which are made to be carried both while laden and while empty (*Rashi;* see *Hagahos Raavad* to *Rambam, Hil. Keilim* 3:1; cf. *Rambam* there; see also *Chazon Ish* to *Keilim* 20:9).

37. For the verse does not mean, by employing the term *the sea,* to limit insusceptibility to *tumah* to seagoing vessels. Rather, the verse intends to compare all ships to the bodies of water in which they customarily travel. Accordingly, since rivers too cannot acquire *tumah,* the ships that ply them are free of *tumah* as well (*Rashi*).

38. *Rashi* (ד"ה נשנית) and *Tosafos* (to 84a ד"ה ולחנניא) state that this is a Mishnah in Tractate *Keilim;* however, it is found neither in our standard Mishnah texts, nor in any other Tannaic writings (*Rashash; Chasam Sofer; Shabbos Shel Mi; Sfas Emes;* see there for possible sources for this citation).

39. Lest a law never before heard be propounded in that moment [and he, through his absence, miss it] (*Ran*).

ז א מיי' פ"ח מהלכות משכב ומושב הלכה ו ב:
ח ב מיי' פ"ו מהלכות שאר אבות הטומאות הלכה ז:
ט ג שם הלכה ב ה:
י ד שם הלכה א:
יא ה ו ז מיי' פרק י"ח מהלכות כלים הל"ט:
יב ח מיי' פ"ג מהלכות ת"ת הלכה יב טוש"ע יו"ד סימן רמו סעיף כא:

תורה אור השלם

א) וַיְהִי כַּאֲשֶׁר מֵת גִּדְעוֹן וַיָּשׁוּבוּ בְּנֵי יִשְׂרָאֵל וַיִּזְנוּ אַחֲרֵי הַבְּעָלִים וַיָּשִׂימוּ לָהֶם בַּעַל בְּרִית לֵאלֹהִים: [שופטים ח, לג]

ב) וַיֹּצֵא אֶת הָאֲשֵׁרָה מִבֵּית יְיָ מִחוּץ לִירוּשָׁלִַם אֶל נַחַל קִדְרוֹן וַיִּשְׂרֹף אֹתָהּ בְּנַחַל קִדְרוֹן וַיָּדֶק לְעָפָר וַיַּשְׁלֵךְ אֶת עֲפָרָהּ עַל קֶבֶר בְּנֵי הָעָם: [מלכים ב' כג, ו]

ג) דֶּרֶךְ הַנֶּשֶׁר בַּשָּׁמַיִם דֶּרֶךְ נָחָשׁ עֲלֵי צוּר דֶּרֶךְ אֳנִיָּה בְלֶב יָם וְדֶרֶךְ גֶּבֶר בְּעַלְמָה: [משלי ל, יט]

ד) זֹאת הַתּוֹרָה אָדָם כִּי יָמוּת בְּאֹהֶל כָּל הַבָּא אֶל הָאֹהֶל וְכָל אֲשֶׁר בָּאֹהֶל יִטְמָא שִׁבְעַת יָמִים: [במדבר יט, יד]

רבינו חננאל

שמכרעת סלקין אחרים בכף מאזנים אותן ונמצאת כנושא אותן וניסוטין מכחה כדתנן בזב. כמאן אזלא הא דתניא כל הטומאות המסיטות אחרי' טהורין חוץ מן הזב. שלא מצינו לו בכל התורה כולה נחא דלא כר"ע. דאי ר"ע הא אף ע"ז שהסיטה את אחרים טמאין. ודחינן אפילו תימא ר"ע תנא זב וכל דדמי ליה. נמצא דברי רב אשי דפלוגתא דרבה ור' אלעזר בתרצתא דהא מתניתא דר' אלעזר סבר היסטו שהסיטה אחרים את ע"ז פלוגתא דרבנן ודר' עקיבא. אבל הסיטה היא את אחרים טהורין. ורבה סבר שהסיטה ע"ז את אחרים פלוגתייהו. אבל אם הסיטוה אחרים טמאין. ובעיא דרב חמא בר גוריא ע"ז ישנה לאברים. ...

עין משפט

ע"ז ישנה לאברים כו'. בשל חוליות מבעיא ליה אבל ע"ז שנשתברה פשיטא ליה דלא מטמאה ולא משום היקישא דנדה פשיטא ליה בנשתברה דדמיא לגמרי לנדה שאין אדם יכול להחזירה דא"כ אמאי קאמר לעיל דמבעיא ליה אליבא דר' עקיבא אליבא דרבנן נמי מצי למיבעי דהא דנפקא להו דע"ז אינה לאיברים מנדה הני מילי כשנשתברה לגמרי אלא ודאי בלא נדה פשיטא ליה דנשתברה טהורה: **כי** תבעי לך היכא דאין הדיוט כו'. לענין טומאה מבעיא ליה כדפי' הקונט' ולעיל נמי מייתי אפלוגתא דרבי עקיבא ורבנן אבל לענין איסורא דאורייתא לא שייך למילף מנדה ואע"ג דאסור בהנאה בטומאה דרבנן מיבעיא ליה אי פרחה אי לאו משמע דבהדיוט יכול להחזירה פשיטא דאסירה אפילו לליסנא בתרא מדבעי לענין טומאה בהדיוט יכול להחזירה דאי איסור הנאה דאורייתא שרי כ"ש דלא מטמא ° וקשה לר"י דבפרק ג' דמסכת ע"ז (ד' מט:) פליגי רב ושמואל בע"ז שנשתברה מאליה דרב אמר צריכה לבטל כל קיסם וקיסם ושמואל אמר אין ע"ז צריכה לבטל אלא דרך גדילתה ובעי לאוקמא פלוגתייהו בשברי שברים ומסיק דבע"ז של חוליות עסקינן והדיוט יכול להחזירה קא מיפלגי דרב סבר כיון דהדיוט יכול להחזירה כו' לא בטלה משמע דבאין הדיוט יכול להחזירה אפי' רב מודה דשריא ונראה לר"י דהתם פליגי בחוליות קטנים דכשמתפרקין הוו כעין שברי שברים דקאמר התם מעיקרא אבל הכא איירי בחוליות גדולות דאפי' שמואל מודה דאסירי בהנאה אפי' אין הדיוט יכול להחזירה:

וישימו להם בעל ברית וגו'. האי קרא בשופטים כתיב וקשה לר"י למה לא הביא קרא דמלכים (ב א) י) זבוב בעל עקרון ולמה ליה לאתויי ברייתא וי"ל דאי מהתם ה"א זבוב גדול היה אלא שהיה לו דמות זבוב לכך מייתי מהכא שהיה קטן כשאר זבובים כדקתני ומניחה בתוך כיסו ודריש לה מדכתיב בעל ברית משמע שכרתו להן ברית להיות כל שעה אצלם ומסברא קאמר זה זבוב בעל עקרון:

מה מת בכזית אף ע"ז בכזית. תימה [לר"י] לרבי עקיבא אי ישנה לאברים נוקי האי היקישא לקולא דבעי כזית אאברים אבל ע"ז שלימה אפילו אין בה כזית דומיא דמת כשהוא שלם דמטמא אפילו אין בו כזית כדאמר בנזיר בפרק כ"ג (דף נ.) ויש לומר דבמת אפי' אבר שלם שאין בו כזית טמא כדאמרינן נמי התם א"כ כך לי אבר אחד כמו כולה ואם תאמר אכתי מלי לאוקמא היקישא בחוליא אחת שכנגדה במת לא חשיב אבר וי"ל דההיא אפילו כזית לא מטמא דכשברי שברים חשיבא:

נלמדה משק. דספינה אינה מיוחדת למדרס אף על פי שכל שעה יושבין בה בני אדם מכל מקום עיקרן עשויות לפרגמטיא ולומר בה עמוד ונעשה מלאכתנו דאי ספינה מיוחדת למדרס לא הוה ילפינן משק כדאמרינן בריש אלו מומין (בכורות לח.) דמדרסות לא איתקוש לשק י): **לאפוקי** ספינה שאינה מיטלטלת מליאה. ומה שמיטלטלת כיס לא חשיב ליה טלטול כיון דעיקר הילוכה מחמת המים:

כרעו הן טהורין כמאן אזלא הא דתניא א כל הטמאות המסיטות טהורות חוץ מהיסטו של זב א) שלא מצינו לו חבר בכל התורה כולה לימא דלא כרבי דאי כרבי עקיבא איכא נמי ע"ז אפילו תימא ר' עקיבא תנא זב וכל דדמי ליה ב) בעי רב חמא בר גוריא ע"ז ישנה לאברים או אינה לאברים היכא דהדיוט יכול להחזירה לא תיבעי לך דכמאן דמחברת דמי כי תיבעי לך היכא דאין הדיוט יכול להחזירה מאי כיון דאין הדיוט יכול להחזירה כמאן דמתברא דמי או דילמא הא לא מחסרה ואיכא דבעי לה להך גיסא היכא דאין הדיוט יכול להחזירה לא תיבעי לך דכמאן דמתברא דמי כי תבעי לך היכא דהדיוט יכול להחזירה מאי כיון דהדיוט יכול להחזירה כמאן דמחברא דמי או דילמא ב השתא מיהא קשלפה ושריא תיקו בעי רב אחדבוי בר אמי ע"ז פחותה מכזית מהו מתקיף לה רב יוסף למאי אילימא לענין איסורא לא יהא אלא זבוב בעל עקרון דתניא א) וישימו (ג) להן) בעל ברית לאלהים זה זבוב בעל עקרון ד) מלמד שכל אחד ואחד עשה דמות יראתו ומניחה בתוך כיסו כיון שזוכרה מוציאה מתוך כיסו ומחבקה ומנשקה אלא לענין טומאה מאי כיון דאיתקיש לשרץ מה שרץ בכעדשה אף ע"ז נמי בכעדשה או דילמא הא איתקיש למת מה מת בכזית אף ע"ז בכזית אמר רב אויא ואיתימא רבה בר עולא ת"ש דתניא ג ע"ז פחותה מכזית טומאה כל עיקר שנאמר ב) וישלך את עפרה ה) (אל) קבר בני העם מה מת בכזית אף ע"ז בכזית ורבנן למאי הלכתא איתקש לשרץ דלא מטמא במשא לנדה דאינה לאברין למת דלא מטמא בכעדשה אימא לחומרא למאי הלכתא אקשה רחמנא לשרץ לטמויי בכעדשה לנדה לטמויי באבן מסמא אקשה רחמנא למת לטמויי באהל ד טומאת עבודה זרה דרבנן היא וקולא וחומרא לקולא מקשינן לחומרא לא מקשינן: **מתני'** ה מנין לספינה שהיא טהורה שנאמר ג) דרך אניה בלב ים: **גמ'** פשיטא אניה בלב ים היא הא קמ"ל כים מה ים טהור אף ספינה טהורה תניא חנניה אומר נלמדה משק ו) מה שק מיטלטל מלא וריקן אף כל מיטלטל מלא וריקן לאפוקי ספינה דאינה מיטלטלת מלא וריקן מאי בינייהו איכא בינייהו ספינה של חרס מאן דאמר אניה בלב ים ו הא נמי בלב ים היא למ"ד כשק הנך (היא) דכתיבי גבי שק דאי מיטלטלת מלא וריקן אין אי לא לא ז אבל ספינה של חרס אע"ג דאינה מיטלטלת מלא וריקן אי נמי ספינת הירדן למ"ד אניה בלב ים היא הא נמי אניה בלב ים היא למ"ד מיטלטלת מלא וריקן הא נמי מיטלטלת מלא וריקן דא"ר חנינא בן עקביא מפני מה אמרו ספינת הירדן טמאה מפני שטוענים אותה ביבשה ומורידין אותה למים א"ר יהודה אמר רב ז) לעולם אל ימנע אדם את עצמו מבית המדרש ואפי' שעה אחת שהרי כמה שנים נשנית משנה זו בבית המדרש ולא נתגלה טעמה עד שבא רבי חנינא בן עקביא ופירשה אמר רבי יונתן לעולם אל ימנע אדם את עצמו מבית המדרש ומדברי תורה ואפי' בשעת מיתה שנא' ד) זאת התורה אדם כי ימות באהל אפי' בשעת מיתה תהא עוסק בתורה ח) אמר ר"ל ה) אין דברי תורה מתקיימין אלא במי שממית עצמו עליה שנאמר זאת התורה אדם כי ימות באהל אמר רבא ולחנניא

רש"י

כרעו הן. ונשאו הן את הזב: טהורין. דתנן כל שהזב נישא עליו טהור חוץ מן הראוי למשכב ומושב האדם אבל כל שאר כלים ואוכלים אין מיטמאין מחמת משכב ומושב כדתניא (לעיל דף נט.) מי שמיוחד לישיבה יצא זה שאומרים עמוד ונעשה מלאכתנו ומהוי אפילו ראשון לטומאה מחמת משא הזב נמי לא ט) דכי כתיב משא הזב באדם כתיב והנושא אותם וגו' והא דאמר לעיל נכרי ונכרית וע"ז שהסיטום אחרים טמאים באדם קאמרינן: כל הטמאות המסיטות. אחרים כגון בכף מאזנים או אדם טמא מת שהסיט את שני חברו טהורין: שלא מצינו לו. בשאר טומאות שבתורה אלא בזב: וכל דדמי ליה. דאתי מריבויא דזב וע"ז מנדה גמרי דהיינו זב: ישנה לאברים. כגון של חוליות ישנה לטומאה אבר אבר או לא: דהדיוט יכול להחזירה. שאין צריך אומן לכך: פחותה מכזית. והיא שלמה: לענין איסור. ליאסר בהנאה: ומחבקה ומנשקה. וזהו לשון ברית אהבה וחבה אלמא אלוקים בה וע"ז היא: הא איתקש למת. כדלקמן ט) אל קבר בני העם: ורבנן למאי הלכתא כו'. אתקפתא היא לרבנן דאמרי אינה מטמאה במשא למאי הלכתא אמרו אלידייהו דאיתקש לנדה דאינה לאברים ולשרץ דלא מטמיין במשא למת דאינה מטמאה בכעדשה כולהו לקולא: אימא. כולהו לחומרא: דרבנן. דכל הנך היקשות דברי קבלה נינהו ואסמכתא בעלמא ושקץ תשקצנו לאו לשון שרץ ממש הוא אלא עיקר קרא לכנות לה שם לגנאי אתא: מתני' שהיא טהורה. שאינה מקבלת טומאה: בלב ים. הרי היא כים: גמ' פשיטא אניה בלב ים היא. לאו פירכא היא אלא פירוש למתני': נלמדה משק. שהרי כלי עץ היא והוקשה לשק לענין טומאה: אף כו'. וזו אינה מיטלטל' מלאה דגדולה היא: ספינה של חרס. דלא איתקש לשק: אי נמי ספינת הירדן. איכא בינייהו שהיא קטנה ומיטלטלת מלאה וריקנית לפי שהנהר קטן: הא נמי בלב ים. דים לאו דוקא וכל הנהרות נמי טהורין הן: נשנית משנה זו. של מסכת כלים דתני בה ספינת הירדן טמאה ולא נתגלה הטעם למה: ולחנניא

א) [זבחים לו: נו. מנחות לא: בכורות כח. נדה מג. ועי' תוס' בכורות כח. ד"ה שלא], ב) [לעיל פב:], ג) [ל"ל להם], ד) סנהדרין סג. סו:, ה) [ל"ל על], ו) [לקמן קכב: חגיגה כו:] מנחות לו: בכורות לח., ז) [ברכות סג:], ח) ברכות סג., ט) [ל"ל על], י) ל"ל בעל זבוב אלהי עקרון, כ) [וע"ע תוס' מנחות לא. ד"ה שלא].

גליון הש"ס

רש"י ד"ה טהורין וכו' דכי כתיב משא הזב באדם כתיב. ע"ל נדה דף נד ע"ב ברש"י ד"ה היא עושה ועע"ג: תוס' ד"ה כי תיבעי וכו' וק' לר"י. ק"ל הא שם מבואר דמדין ביטול הוא (ואם כן) [ני"ל] דהאיפשיטא בע"ז של ישראל דלא מהני ביטול אם טהור מטומאה. וצ"ע.

ליקוטי רש"י

שלא מצינו לו חבר בכל התורה כולה. שלא מצינו בכל התורה טומאה המסטת טהרה שתטמא אלא אם כן נשא טהור את הטמא והכא בזב הוא דגלי רחמנא [נדה מג.]. נלמדה משק. דאיתקש לשק דכתיב (ויקרא יא) מכל כלי עץ או בגד או עור או שק מה שק מיטלטל מלא וריקן אף כל מיטלטל מלא וריקן [חולין כה.]. לענין טומאה הוקשו כלי עץ לשק דכתיב כל אשר יפול עליו מהם במותם יטמא מכל כלי עץ או בגד או עור או שק (ויקרא יא) [חגיגה כו:]. זאת התורה. היכן מצויה התורה באדם שימית באהלי תורה [ברכות סג:].

רב נסים גאון

כמאן אזלא כל הטמאות המסיטות טהורות חוץ מהיסטו של זב שלא מצינו בכל התורה כולה עיקר דילה בתורת כהנים וכלי חרש אשר יגע בו הזב ישבר אין לי אלא כלי חרס מנין לרבות כלי כו' ומאחר שלמדנו שאין מטמאין אותו אלא מאוירו מה ת"ל אשר יגע בו מגע שהוא ככולו הוי אומר זה היסטו ואמרו וכל אשר יגע בו הזב זה הוא היסטו של זב הרי למדנו מיכן שכל מה שיסיטנו הזב טמא וזבה ונדה ויולדת וכל דדמי לזוב טומאתן כטומאת הזב ומזה העיקר אמרו במשנה (זבין פ"ד מ"ו) הזב בכף מאזנים ואוכלין ומשקין בכף שנייה וכו' ובאדם ... ואמרו בתוספתא ...

אין מקבל טומאה אף הספינה אינה מקבלת טומאה. וחנניה מפיק לה למילתא דספינה שאין מקבלת טומאה מן השק דכתיב מכל כלי עץ או בגד או עור או שק מה שק מיטלטל מלא וריקן אף כל מיטלטל מלא וריקן מקבל טומאה לאפוקי ספינה שאינה מטלטלת מלא וריקן, לפיכך אינה מקבלת טומאה. מאי בינייהו איכא בינייהו ספינה של חרס לרבנן [שמדמין] אותה לים אף ספינה של חרס טהורה. ולחנניה שהוא [למד] לטהרת ספינה משק ספינה של חרס [מקבלת] טומאה דא' לך עץ ובגד ועור ושק דכתיבי בענינא גמרינן להו משק מצא משק ... ספינות הירדן ... דאע"פ שאינו מטלטל מלא וריקן מקבל טומאה. אי נמי איכא בין רבנן שלמידין מן הים ובין חנניה שהוא למד מן השק. (ספות) [לענין ספינת] הירדן לרבנן טהורה ולחנניה טמאה מפני שהיא מטלטלת מליאה וריקנית כרבי חנניה בן עקביא: אמר (רבה) [רבא]

One who had absented himself on that day might have remained forever ignorant of his explanation!

Having cited the above comment, the Gemara continues with a comment of a similar nature:[40] אָמַר רַבִּי יוֹנָתָן – **R' Yonasan said:** לְעוֹלָם אַל יִמְנַע אָדָם אֶת עַצְמוֹ מִבֵּית הַמִּדְרָשׁ וּמִדִּבְרֵי תוֹרָה וַאֲפִילוּ בְּשָׁעַת מִיתָה – **A person should never absent himself from the house of study, nor** ever refrain **from** studying **words of Torah – even at the moment of death.** שֶׁנֶּאֱמַר – **For it is stated:** ,,זֹאת הַתּוֹרָה אָדָם כִּי־יָמוּת בְּאֹהֶל" – ***This is the Torah – a man who dies in a tent.***[41] אֲפִילוּ בְּשָׁעַת מִיתָה תְּהֵא עוֹסֵק בַּתּוֹרָה – This verse teaches that **even at the moment of death one should be involved with** the study of **Torah.**[42]

The Gemara continues with a further teaching from the above verse: אָמַר רֵישׁ לָקִישׁ – **Reish Lakish said:** אֵין דִּבְרֵי תוֹרָה מִתְקַיְּימִין אֶלָּא בְּמִי שֶׁמֵּמִית עַצְמוֹ עָלֶיהָ – **The words of Torah are not retained – except by one who kills himself over [the Torah].**[43] שֶׁנֶּאֱמַר – **For it is stated:** ,,זֹאת הַתּוֹרָה אָדָם כִּי־יָמוּת בְּאֹהֶל" – ***This is the Torah of a man who dies in a tent.***

The Gemara will now elaborate on Chananya's opinion: אָמַר רָבָא – **Rava said:**

NOTES

40. See *Chasam Sofer* for an interesting suggestion as to why the Gemara includes the ensuing comments.

41. *Numbers* 19:14. [This verse translates literally as: *This is the law of a man who dies in a tent.*]

42. This verse, which in context teaches that a corpse will transmit *tumah* to the people, food and utensils with which it shares a roof, is part of a larger passage detailing the manner in which a corpse spreads *tumah*, and the procedure by which its *tumah* is removed. Now, the passage is prefaced (19:2) with the words זֹאת חֻקַּת הַתּוֹרָה, *this is the law of the Torah*. Why then does this verse require its own [similar] preface? This seeming superfluity moves the Gemara to expound the verse as it does here (*Maharsha*).

[*Maharsha* notes that this exposition obviously does not apply to the admonition for one to never absent himself from the house of study, since one cannot be expected to attend at the moment of death. Rather, it warns one to at least remain involved in Torah even at death's door.]

43. I.e. by one who "kills" his body by refraining from unessential physical indulgences (*Maharsha* to *Gittin* 57b; see there).

וְלַחֲנַנְיָא – **And according to Chananya,** who rules that a ship that is carried laden is susceptible to *tumah*, טִילְטוּל עַל יְדֵי שְׁוָרִים שְׁמֵיהּ טִילְטוּל – even if its **carrying** must be performed **by oxen,** it **is considered carrying** with regard to rendering it susceptible. Thus, even a ship so large that it is moved only by means of draft animals will be susceptible to *tumah*, so long as it is meant to be carried both laden and empty.[1]

The Gemara cites a Mishnah in Tractate *Keilim* as proof:

(אין) דִּתְנַן – **For we have learned in a Mishnah:**[2] שָׁלֹשׁ עֲגָלוֹת הֵן – With regard to susceptibility to *tumah*, THERE ARE THREE sorts of WAGONS. עֲשׂוּיָה כְּקַתֶּידְרָא טְמֵאָה מִדְרָס – [A WAGON] SHAPED LIKE A CHAIR IS SUSCEPTIBLE TO contamination with *MIDRAS tumah,* since it is designated for sitting upon.[3] כְּמִטָּה טְמֵאָה טְמֵא מֵת – One built LIKE A BED IS SUSCEPTIBLE TO contamination with either CORPSE *TUMAH*, or any other sort of contact-generated *tumah*, but not to contamination with *midras tumah*.[4] שֶׁל אֲבָנִים טְהוֹרָה מִכְּלוּם – One used FOR transporting STONES IS NOT SUSCEPTIBLE TO contamination with ANY SORT OF *TUMAH* at all.[5] וְאָמַר רַבִּי יוֹחָנָן – **And R' Yochanan stated** regarding the law of a wagon used for transporting stones: וְאִם יֵשׁ בָּהּ בֵּית קִבּוּל רִמּוֹנִים טְמֵאָה טְמֵא מֵת – **But if [the wagon] has a receptacle [fit to contain] pomegranates, it is susceptible to** contamination with either **corpse *tumah*,** or any other sort of contact-generated *tumah*.[6]

Now, as the Gemara will prove shortly, the wagon used for stones is one of great size, and requires oxen to draw it. Nonetheless, as R' Yochanan explains, it too will be susceptible to *tumah* if its bed can contain pomegranates. Evidently, even if a vessel is so large that it must be carried by oxen, it is not excluded from susceptibility to *tumah*! Accordingly, a ship that requires oxen to carry it will also be susceptible to *tumah* according to Chananya, so long as it is customarily carried both laden and empty.

The Gemara cites another Mishnah in the same chapter of *Keilim* to prove that the stone-transporting wagon of the aforecited Mishnah is indeed one of great size:[7]

שָׁלֹשׁ תֵּיבוֹת הֵן – With regard to susceptibility to *tumah*, THERE ARE THREE sorts of CHESTS. תֵּיבָה שֶׁפִּתְחָהּ מִצִּדָּהּ טְמֵאָה מִדְרָס – A CHEST WHOSE OPENING IS FROM ITS SIDE IS SUSCEPTIBLE TO contamination with *MIDRAS tumah*.[8] מִלְמַעְלָה טְמֵאָה טְמֵא מֵת – One whose opening is FROM THE TOP IS SUSCEPTIBLE TO contamination with either CORPSE *TUMAH*, or any other sort of contact-generated *tumah*, but not to contamination with *midras tumah*.[9] וְהַבָּאָה בְּמִדָּה טְהוֹרָה מִכְּלוּם – BUT [A CHEST] that is OF GREAT SIZE IS NOT SUSCEPTIBLE TO contamination with ANY SORT OF *TUMAH* at all.[10]

NOTES

1. [In fact, the Rabbis *also* agree that carrying performed by oxen is sufficient to render a vessel susceptible to *tumah* (in the case of a vessel other than a ship). However, since the Gemara above cited Chananya's ruling regarding a boat of the Jordan – which is small and easily transported – it now deems it necessary to inform us that even in the case of a boat so large that it can be transported only by means of oxen, Chananya agrees that it is susceptible to tumah (see *Rashi, Tosafos, Ritva MHK* ed. and *Tos. HaRosh*; see *Chasam Sofer*).]

2. *Keilim* 24:2.

3. This was a conveyance used by people for traveling – it was shaped like a chair, with a narrow bench, a back, and sides. Since its designated use is to support the weight of human beings, it is susceptible to *midras tumah* (*Rashi*; see *Rambam, Commentary* to *Keilim* 4:3).

4. This wagon was shaped like a long open box, and was used for carrying freight. The wagon bed was formed as beds were in those days – of a single sheet of leather wrapped around a frame. Since the leather was without holes, the wagon would contain objects that were placed within it. It is thus legally considered a container, and is therefore susceptible to *tumah* generated through contact. The reason this wagon is not susceptible to *midras* is because it is not an article designated for supporting the weight of human beings. For an article can acquire *tumas midras* only if it is primarily intended as a resting place for people, *or,* even in a case where it is not *primarily* intended for such use, if its use as a resting place is not in conflict with its primary use. Since this wagon's primary use – transportation of freight – would be hindered by one who sits upon it, it is not in conformance with this rule. It accordingly cannot incur *tumas midras* (see above, 59a with *Rashi;* see *Toras Kohanim* to *Leviticus* 15:4).

Although this Mishnah states only that this wagon is susceptible to corpse *tumah* (*tumas meis*), it is in fact susceptible to any sort of contact-generated *tumah* (e.g. *tumas sheretz*). The Mishnah only singles out *tumas meis* as a parallel of sorts to *tumas midras* [mentioned in its first clause], since articles contaminated with either *tumas meis* or *tumas midras* are *tamei* to the degree of *av hatumah* (literally: father of *tumah*) [while other sorts of contact-generated *tumah* generate *tumah* of only a lesser degree]. Thus, the Mishnah is saying that this wagon would be rendered an *av hatumah* through contact with a corpse, but it would not be so rendered through the *midras* of a *zav* (*Rashi*).

5. The bed of this wagon consists of a latticework of heavy boards (*Rabbeinu Chananel*). Since the holes between the boards are quite large, the wagon is not legally considered a container, and thus cannot acquire *tumah* generated through contact. For the rule is that any wooden vessel that has a hole of sufficient size to allow passage of a medium-sized pomegranate does not have legal container status, and thus cannot incur contact-generated *tumah* (*Rashi*; see *Keilim* 17:1, *Succah* 6a, and *Rambam, Keilim* 6:2; for discussion of why the Gemara applies the rule of a pomegranate-sized hole to a vessel intended for larger items, see *Aruch HaShulchan HeAsid, Keilim* 231:3, and *Chazon Ish, Keilim,* 18:12 and 23:1; see also *Sfas Emes* here). [The reason this wagon could not acquire *midras tumah* is because it was designated for freight, not for resting upon.]

6. [For if the holes in the wagon bed are too small to permit passage of a pomegranate, the wagon *is* classified as a container, and thus will be susceptible to contact-generated *tumah*.]

The point R' Yochanan wishes to make is that the reason a wagon used for stones is not susceptible to contact-generated *tumah* is *not* because it is too large to be carried except by oxen, but because, in consequence of the large holes in its bed, it is not considered a container. He therefore states that if the holes are not large, this wagon will be susceptible to *tumah*, even though it cannot be pulled by men! (*Ramban*).

7. For one might argue that the reason a stone-transporting wagon with small holes can acquire *tumah* is because these wagons were in fact small enough to be drawn by people. There would then be no proof that even if a vessel is so large that people *cannot* draw it, it still will be susceptible to *tumah.* The Gemara must therefore prove that this wagon was indeed too large to be moved by human beings (*Ramban;* cf. *Tosafos*). The Mishnah that follows is in *Keilim* 24:4.

8. Since its top is customarily used as a resting place. Because it is open from the side, one who lies upon this chest will not hinder one who wishes to place items into it or remove them from it. Since its use as a resting place is thus not in conflict with its primary use, this chest is considered an article designated for supporting a person's weight – albeit in conjunction with its regular use – and is therefore susceptible to contamination with *tumas midras* (*Rashi;* see above, note 4; see *Toras Kohanim* to *Leviticus* 15:4).

9. Since its opening is from the top, one who lies upon this chest [i.e. upon its cover] will hinder one who wishes to place items into it or remove items from it. Since its use as a resting place is accordingly in conflict with its primary use, it is not considered an article designated for supporting a person's weight, and therefore cannot acquire *tumas midras* (*Rashi*). [However, it does have legal status as a container, and is therefore susceptible to contact-generated *tumah*.]

Here too, the Mishnah singled out *tumas meis* only because it parallels *tumas midras*; the chest, however, is in fact susceptible to all forms of contact-generated *tumah* (see above, note 4; see *Rashi's* sharp response to those who disagree).

10. This chest is one open from the top, but so large that it cannot possibly be moved when laden [even by means of oxen, since moving it will cause it to break – see *Rashi, Chagigah* 26b ד״ה מה שק]. It accordingly is not susceptible to contact-generated *tumah*. Since it is open from the top, it is not considered an article designated for lying upon, as

ולחנניא טילטול על ידי שוורים שמיה טילטול (א) [א](אין) [ג]דתנן [ב]שלש עגלות הן עשויה כקתידרא טמאה מדרס כמטה טמאה טמא מת של אבנים טהורה מכלום ואמר ר' יוחנן ואם יש בה בית קבול רמונים טמאה טמא מת [ג]שלש תיבות הן תיבה [ד]שפתחה מצדה טמאה מדרס מלמעלה טמאה טמא מת [ג]והבאה במדה טהורה מכלום [ה]ת"ר [ד]מדרס כלי חרס טהור ר' יוסי אומר אף הספינה מאי קאמר אמר רב זביד הכי קאמר מדרס כלי חרס טהור ומגעו טמא וספינה של חרס טמאה כחנניא ר' יוסי אומר אף הספינה טהורה כתנא דידן מתקיף לה רב פפא מאי אף (ג) אלא אמר רב פפא הכי קאמר מדרס כלי חרס טהור ומגעו טמא ושל עץ בין מדרסו ובין מגעו טמא וספינת הירדן טהורה כתנא דידן ר' יוסי אומר אף הספינה טמאה כחנניא [ו] ומדרס כלי חרס מנלן דטהור אמר חזקיה דאמר קרא [א] ואיש אשר יגע במשכבו מקיש משכבו לו מה הוא אית ליה טהרה במקוה אף משכבו נמי אית ליה טהרה במקוה דבי ר' ישמעאל תנא [ב] כמשכב נדתה יהיה לה מקיש משכבה לה מה היא אית לה טהרה במקוה אף משכבה נמי אית לה טהרה במקוה לאפוקי כלי חרס [ז] דלית ליה טהרה במקוה מתיב ר' אילעא [ח] [ה]מפץ במת מנין

ודין

רש"י

ולחנניא. דאמר ספינה המיטלטלת מלאה טמאה אפילו אינה מיטלטלת אלא על ידי שוורים מרוב גדולה הוי טלטול וטמאה: **כקתידרא.** קלרה ומוקפת משלש לצדדין: **טמאה מדרס.** שלישיבה מיוחדת היא: **כמטה.** שהיא ארוכה ומתחתיה מקבלת כמטה של עור שאין בה שום נקב: **טמאה טומאת מת.** כלומר מקבלת שאר טומאות כולן חוץ מטומאת מדרס דכלי הוא לקבל טומאה ולישיבה אינה מיוחדת שטוענין בה פרגמטיא ואומר לו עמוד ונעשה מלאכתנו והא דנקט טמא מת משום דלאב הטומאה הוא והכי קאמר אב הטומאה הוא על ידי מת ולא על ידי זב: **ושל אבנים.** העשויה להוליך בה אבנים: **טהורה מכלום.** אינה מקבלת שום טומאה לפי שפרוצה מתחתיה נקבים גדולים ולא כלי הוא דכל הכלים שיעורן כרמונים: **ואמר רבי יוחנן כו'.** אלמא אף על גב דשל עץ איתקש לשק דבעינן מיטלטל מלא וריקן הו אינה מיטלטלת אלא על ידי שוורים קאמר טמאה טמא מת: **תיבה שפתחה מצדה טמאה מדרס.** לפי שמשמשת שכיבה עם מלאכתה שמשתמשין בה דרך פתחה ואין צריך לומר לשוכב עליה עמוד ונעשה מלאכתנו: **מלמעלה.** פתחה כאותן שלנו: **טמאה טמא מת.** כלומר נעשה אב הטומאה על ידי מת כשאר כל הכלים הראוין לקבל טומאה שאם האהיל אהל המת עליהן נעשין אב הטומאה ולענין שאר טומאות הויין ראשון לטומאה ככל הכלים ולא שמעינן ממתניתין אלא דכלי הוא לטומאה ומדרס לא הויא דאינה מיוחדת לשכיבה דצריך לומר לו עמוד יש מקשין הכל על משנה זו הא דאמר רבי יוחנן בפרק במה אשה (לעיל דף נט.) אף אומר בטומאת מת עמוד ונעשה מלאכתנו והכל הוא כפיסם דלי איתמר ההיא לענין כלי שנשבר ועודנו ראוי למלאכה ולא מעין מלאכה ראשונה וקאמר רבי יוחנן דטהור מטומאתו לראשונה ואומר לו עמוד ונעשה מלאכתנו הראשונה והרי הוא ראוי אבל לומר שתהא מיוחדת למת ולא למלאכה אחרת לא תהא זאת בישראל דהא כתיב (במדבר יט) כל אשר באהל יטמא וכל כלי פתוח וגו' וכל טמא מת שבתלמוד הנזכר אצל מדרס הוא הדין לטמא שרץ או לטומאת נבלה ולא הזכיר מת אלא משום דעל ידי מת נעשה אב הטומאה [כמו] על ידי מדרס שלא בא ללמדנו אלא לומר שהוא כלי מקבל כל טומאה חוץ מטומאת מדרס אם ישב עליו זב אינו נעשה אב הטומאה: **הבאה במדה.** תיבה גדולה שאינה מיטלטלת ויש לה חלון מלמעלה להשתמש בתוכה: **טהורה מכלום.** למדרס לא חזיא הואיל ומלואה מלמעלה אינה משמשת שכיבה עם מלאכתה ולשאר טומאות לא חזיא דאינה מטלטלת מליאה ולא איתפרש מה לשון באה במדה ולי נראה על שם אנשי מדות כלומר שצריכה למוד ארכה ורחבה: **מדרס כלי חרס טהור.** שאם ישב עליו הזב ולא נגע באוירו טהור ואינו מטמא משום מדרס ולקמיה יליף לה מקרא: **מאי קאמר.** מה ענין ספינה אצל מדרס ספינה טהורה אף מטומאת מגע ולמדרס לא חזיא: **ומגעו טמא.** אם נגע הזב בתוכו: **וספינה של חרס טמאה.** במגעה: **כחנניא.** דיליף טעמא משק וחרס לא איתקש לשק: **כתנא דידן.** דיליף מבלב ים והא נמי בלב ים היא: **מאי אף ספינה.** על כרחיך טהורה ממגע קאמר ומאי אף הא לא טיהר תנא קמא כלי ממגע דנימא אף זו כיוצא בו: **וספינת הירדן טהורה כתנא דידן.** דיליף מבלב ים לא שנא גדולה לא שנא קטנה והוא הדין נמי דמצי לתרוצי וספינה של חרס טהורה בתר דמפכינן דתנא קמא לרבי יוסי אלא משום דשכיחא טפי של עץ משל חרס: **משכבו.** הוא והמשכב האמור כאן: **כלי חרס אין לו טהרה במקוה.** דכתיב [ח]ישבר אין לו טהרה אלא שבירתו: **מפץ.** של קנים: **במת מניין.** שהוא טמא לפי שמצינו שפשוטי כלי עץ טהורין מטומאת מגע שרץ מניין שכלי הראוי למשכב ומושב מקבל טומאת מגע במת:

תוספות

ולחנניא טילטול על ידי שוורים שמיה טילטול. נראה לר"י אפילו בית בה מ' סאה תימה לר' יצחק אמאי נקט חנניא הא רבנן נמי לא פליגי בהא דמה שמטהרין ספינת הירדן היינו משום דרך אניה בלב ים (משלי ל) ולאו משום דלא שמיה טילטול ועוד דנראה דספינת הירדן מיטלטלת אפילו על ידי בני אדם דלאי אינה מיטלטלת אלא על ידי שוורים אם כן ממתניתין דכלים דתנן ספינת הירדן טמאה הוי מצי לאוכוחי דלחנניא שמיה טילטול:

ואמר רבי יוחנן אם יש בה בית קיבול רימונים כו'. מהא דקתני במטה טמאה טמא מת לא מצי לאתויי ראיה דאיכא למימר שמיטלטלת על ידי בני אדם:

שלש תיבות הן. קשה לר"י דלאמי מייתי לה דאי משום דהיא סיפא דהיא דג' עגלות הן אם כן הוה ליה לאתויי ההיא דג' עריבות שהן בינתים:

הבאה במדה טהורה מכלום. אפשחה מלידה דחזיא למדרס לא בעי מיטלטל מלא וריקן דאמרי' בבכורות (דף לח.):

אלא אמר רב פפא ה"ק כו' ושל עץ בין מדרסו בין מגעו טמא. תימה לרבינו תם דלמה לו להגיה של עץ וספינת הירדן לא הוה ליה אלא לאפוכי שינויא קמא דלת"ק ספינה של חרס טהורה כתנא דידן ולר' יוסי אף הספינה טמאה כחנניה ואף דרבי יוסי אמגע דקאמר ת"ק דטמא על כן נראה לרבינו תם כגי' ר"ח דגרסינן במילתיה דרב זביד וספינה של חרס טהורה כתנא דידן ורבי יוסי אומר אף הספינה טמאה כחנניא כמו מגע [דכלי חרס] ופריך מאי אף דהשתא לא קאי אעיקר מילתיה דת"ק אלא אדקדוק דבריו דדייקינן הא מגעו טמא אלא א"ר פפא ה"ק כו' וספינה של חרס טמאה כחנניא ר' יוסי אומר אף הספינה טהורה כתנא דידן כמו מדרס כלי חרס דקתני תנא קמא בהדיא דטהור:

מה הוא דאית ליה טהרה במקוה. לאו דוקא נקט מקוה דהא זב בעי מים חיים אלא משום דבעי למינקט מקוה גבי משכב ומושב ולענין מים חיים לא מצרכי' שיהא טעון במשכב ומושב כזב דלא בעינן אלא דדמי ליה פורתא דאית ליה טהרה:

לאפוקי כלי חרס דלית ליה טהרה במקוה. תימה דהא כופת שאור שיחדה לישיבה טמאה מדרס כדאמרינן בהעור והרוטב (חולין דף קכט.) אע"ג דלית ליה טהרה במקוה ואומר רבינו תם דיש במינו בגידולי קרקע טהרה במקוה כגון כלי עץ:

מפץ במת מניין. פירש בקונטרס דמיירי במפץ של עץ ואין נראה לרבינו תם דהא פשוטי כלי עץ יש להם טהרה במקוה כדמוכח בפרק קמא דסוכה (דף טו.) [ט] דאמר מטה מיטהרת איברים ומוקי לה בפשוטי כלי עץ כגון ארוכה ושתי כרעים ואומר ר"ת דהכא במפץ של שיפה ושל גמי דאין לו שום טומאה אלא מדרבנן לבד מטומאת מדרס כדפירש לעיל בפרק במה אשה (דף סו.) והא דפשוטי כלי עץ אית להו טהרה במקוה אומר ר"י דנפקא לן מדכתיב (במדבר לא) וכל כלי עץ תתחטאו דמשמע אפילו פשוטי דומיא דכלי מתכות דכתיבי התם אף על גב דכתיב וכל מעשה עזים ליכא למילף מה מעשה עזים מיטלטל מלא וריקן אף כלי עץ דלא שייך למילף הכי אלא משק כדכתיב (בראשית מב) ויהי הם מריקים שקיהם ולהכי נקט נמי בכל דוכתא מה שק מיטלטל מלא וריקן כו' ולא נקט מה בגד מיטלטל מלא וריקן אף על גב דבגד נמי כתיב גבי שק או בגד או עור או שק:

מה

מסורת הש"ס

א) רש"ל מ"ז, ב) כלים פי"ט ופכ"ד מ"ב, ג) ג"ז שם מ"ד, ד) [גי' המשנה שפתחה], ה) בכורות לח. [תוספתא כלים פ"ב], ו) [עירובין קד:], ז) ב"ק כה., ח) [עי' פירש"י עירובין קד: ד"ה דאין לו טהרה], ט) עי' רש"י סוכה כ. ד"ה והתנן כל המטמא.

הגהות הב"ח

(א) גמ' ע"י שוורים שמיה טילטול דתנן כל"ל ותיבת אין נמחק: (ג) שם מאי אף ספינה אלא:

רב נסים גאון

אלא אם כן יהיה ההיסט במקום בית הסתרים אז יהיה דינו משונה כמפורש במס' נדה בפרק יוצא דופן (דף מג) אמר ריש לקיש קנה בקומטו של זב והסיט בו את הטהור טהור קנה בקומטו של טהור והסיט בו את הזב טמא מאי טעמא דאמר קרא (ויקרא טו) וכל אשר יגע בו הזב וידיו לא שטף במים זה היסטו של זב שלא מצינו בכל התורה כולה ואפקיה רחמנא בלשון נגיעה למימרא דהיסט ונגיעה כידו מה התם מבראי אף הכא מבראי ובתורת כהנים אמרו מה ידיו בנראה פרט לבית הסתרים אף כל בשרו בנראה פרט לבית הסתרים דאלמא כי מניד טהור לזב במקום בית הסתרים טהור הוא ובמס' ע"ז בפרק ר' ישמעאל אומר ג' אבנים זו בצד זו (דף ס) אמרו אמר רב אשי כל שבזב טמא בגוי עושה יין נסך וכל שבזב טהור בגוי אינו עושה יין נסך מיכן אמר ר"ש [א] קנה של זב כו' ובבבא קמא בפרק כיצד הרגל (דף יז) אמרו עוד אמר רבא כל שבזב טמא בנזקים משלם נזק שלם כו': **אמר** רבה ולחנניה טילטול על ידי שוורים שמיה טילטול דתנן ג' עגלות הן העשויה כקתדרא טמאה מדרס כמטה טמאה טמא מת כו' זו המשנה במס' כלים בפרק ג' תריסים וגם בו יש המשנה האחרת ג' תיבות הן וראוי לנו לבאר כי אע"פ שהמת הוא חמור מכל הטמאות וקשה מהן כמו ששנינו במשנה (כלים פ"א מ"ד) חמור מכולם המת שהוא מטמא באהל מה שאין כן כולם מטמאין אינו מטמא משכב ומושב כמו שהוא בתורת כהנים הזב מטמא משכב ומושב לא המת מה אם הזב שאינו מטמא טומאת ד' מטמא משכב ומושב מת שהוא מטמא טומאת ד' אינו דין שיטמא משכב ומושב ת"ל הזב לא המת ר"ש אומר אשר ישב הזב עליו ואשר ישב עליו את שיש לו שכיבה וישיבה מטמא משכב ומושב ואין זב שמת מטמא משכב ומושב ושאמרו הזב שמת מטמא במשא עד שימוק הבשר מדברי סופרים וטמא מת נידון כמת אינו עושה משכב ומושב (לדבריהם) הזב ולא טמא מת כו' ובתוספתא (כלים פ"א) חומר בבועל נדה מטמא מת שבועל נדה כר תחתון כעליון מה שאין כן בטמא מת ואמרו במשנה ובתוספתא במס' זבין חומר בזב מבמת שהזב עושה משכב ומושב מתחתיו כו' מה שאין המת מטמא טמא מת שכשב על י' מצעות אינו מטמא אלא העליון ששכב עליו והשאר טהורין לפי שלא יעשה משכב ומושב והעליון טמא בנגיעה ולפיכך היו החכמים קורים לכל דבר שאינו מטמא כדין משכב ומושב טמאה טמא מת ולכל דבר שהוא נעשה משכב ומושב היו קורין אותו בשם מדרס בלשון קצרה ולכן כל דבר שהוא מטמא מדרס הוא טמא במגע דהיינו טמא מת לפי הכינוי שכינו לו וכל דבר שאינו ראוי למשכב ומושב הוא טמא טמא מת כדין הנגיעה ואינו מיטמא מדרס וכדבר הזה אמרה המשנה בפרק בא סימן התחתון (נדה מט) כל המיטמא מדרס מטמא טמא מת ויש שהוא מטמא טמא מת וכו' ואמרו בתלמוד (שם) כל המטמא מדרס מטמא טמא מת כל דחזי ליה למדרס מטמא מת ויש שהוא מטמא טמא מת ואינו מטמא מדרס לאיתויי סאה ותרקב דתניא והיושב על הכלי יכול כפה סאה או תרקב וישב עליו יהא טמא ת"ל אשר ישב עליו הזב כל שמיוחד לישיבה יצא זה [שאומרים לו] עמוד ונעשה מלאכתנו ובתוספתא (שם דכלים פ"ב) עריסת בנות טמאה טמא מת היתה משמשת שכיבה הרי זו טמאה מדרס מטה שמוכרין עליה כלים הרי זו טמאה טמא מת היתה משמשת שכיבה וישיבה הרי זו טמאה מדרס ומאלו העיקרים יתברר לך פירוש טומאת מדרס וטמא מת ולפיכך היתה התיבה שפתחה מצידה שהיא ראויה למושב טמאה מדרס ושפתחה מלמעלה שאינה ראויה למושב טמאה טמא מת במגע ולא טומאת מושב הבין זה ושמור אותו בלבך כי הוא עיקר גדול: **יצא** כלי חרש דאין כו' דלית ליה טהרה במקוה כמו שכתוב בתורה (ויקרא יא) ואותו

עין משפט נר מצוה

יג א מיי' פכ"ז מהלכות כלים הלכה ג:

יד ב שם הלכה א ופכ"ה הלכה טו ופרק כו הלכה ו:

טו ג מיי' פכ"ז שם ופ"ג שם הלכה ג ופ"ו מהלכות טומאת מת הלכה ב:

טז ד מיי' פ"א מהלכות כלים הלכה ח ופי"ח הלכה א:

יז ה מיי' שם פ"א הלכה יג ופכ"ג הלכה א:

גליון הש"ס

גמ' ומדרס כלי חרס מנלן דטהור. עי' רש"י עירובין דף קד ע"א ד"ה לא. ובבכורות דף לח ע"א רש"י ד"ה אין מדרס וצ"ע:

תורה אור השלם

א) וְאִישׁ אֲשֶׁר יִגַּע בְּמִשְׁכָּבוֹ יְכַבֵּס בְּגָדָיו וְרָחַץ בַּמַּיִם וְטָמֵא עַד הָעָרֶב: [ויקרא טו, ה]

ב) כָּל הַמִּשְׁכָּב אֲשֶׁר תִּשְׁכַּב עָלָיו כָּל יְמֵי זוֹבָהּ כְּמִשְׁכַּב נִדָּתָהּ יִהְיֶה לָּהּ וְכָל הַכְּלִי אֲשֶׁר תֵּשֵׁב עָלָיו טָמֵא יִהְיֶה כְּטֻמְאַת נִדָּתָהּ: [ויקרא טו, כו]

ליקוטי רש"י

טמאה מדרס. על ידי מדרס נעשית אב הטומאה. **טמאה טמא מת.** ויש שהוא מטמא טמא מת ואינו מטמא מדרס והיינו מה שהוא כלי אבל אינו מיוחד לשכיבה דמטמא בכל טומאות חוץ מטומאת מדרס שאם שכב עליו הזב ולא נגע בו טהור דלגבי מדרס מיוחד לכך בעינן כדאמרינן יצא שאומרים לו עמוד ונעשה מלאכתנו [סוכה כ.]. **כלי חרס** דלית ליה טהרה במקוה. ואמו תשבורו למד שאין לו טהרה במקוה [ויקרא יא, לג]. דכתיב (ויקרא יא) ואותו תשבורו שאין לו טהרה אלא בשבירתו [עירובין קד:]. **מפץ במת מנין.** שמטמא לפי שנאמר במת גבי מדין וכל בגד וכל כלי עור וגו' (במדבר לא) וזה אינו לא בכלל בגד ולא בכלל עור ולא בכלל כלי עץ מניין שאפי' הוא מטמא באהל המת [ב"ק כה:].

רבינו חננאל

ולחנניה טילטול ע"י שוורין שמיה טילטול. פי' הא דקא מטלטל מלא וריקן אפי' על ידי שוורין: **שלש** עגלות הנה העשויה כקתידרא טמאה מדרס מפני שאדם סומך עליה כדאמרינן בי"ט לענין עגלה של קטן. לפיכך אם דרס טמא עליה. ויש ביניהן דבר חוצץ [או] (ו)נפל עליה מכחו אע"פ שלא נגע בה טמאה. העשויה כמטה טמאה טמא מת. אבל עגלה של אבנים טהורה מכלום ואינה מקבלת טומאה. והיאך היא עגלה של אבנים. עצים מסובכין שתי וערב ועשויין כחלונות חלונות מניחין שם אבנים ומושכין אותן. א"ר יוחנן ואם יש בה בית קיבול רמונים טמאה. פי' כגון שאותן החלונו' רחוקות ואין הרמונים נופלים משם: **שלש** תיבו' הן שפתחה מצדה טמאה מדרס וזו שנקראת בבבל כזאנה מפני שיש שיושבין למעל' ממנה. פתחה מלמעלה טמאה טמא מת. והוא הנקרא בבבל צנדוק. הבאה במדה טהורה מכלום. העשויה למוד בהכביל: **ת"ר** מדרס כלי חרס טהור. ר' יוסי אמר אף הספינה. אתא רב זביד לפרושה מדרס כלי חרס טהור ומגעו טמא. וספינה בין במגע בין במדרס טהורה כרבנן ור' יוסי ספינה של חרס טמאה כחנניה ולא [כתנא] קמא דקא מתקיף לה רב פפא מאי אף דאלמא אטהורה קאי ר' יוסי ולא אטומאה אלא אמר רב פפא ת"ק סבר מדרס כלי חרס טהור. אבל ספינה של טמאה כחנניה ור' יוסי סבר אף הספינה טהורה כרבנן. ומדרס כלי חרס ס"ל דטהור הוא. אמר חזקיה דאמר קרא ואיש אשר יגע במשכבו. מקיש משכבו לו מה הוא דאית ליה טהרה במקוה אף משכבו נמי דבר שיש לו טהרה במקוה הוא טמא מדרס. אבל דבר שאין לו טהרה במקוה אינו מיטמא במדרס. ודבי ר' ישמעאל תנא כמשכב נדתה יהיה לה כענין הזה: **מותיב** ר' (אלעזר) [אילעא] מפץ במת מניין

חשק שלמה על רב נסים גאון א) עיין היטיב בתוס' שם ד"ה כל דע"כ הא דזב טהור לא קאי אקנה בקומטו של זב. ודברי רבינו צ"ע:

Now *this* Mishnah, in its enumeration of the different sorts of chests, includes the case of an overly large chest, which, because of its great size, will not be susceptible to *tumah*.[11] But the preceding Mishnah, when it enumerates wagons, does not likewise state the law of a *wagon* of great size! Why does it not do so?[12] The reason evidently is that a wagon used for transporting stones is *itself* one of great size. Nonetheless, as R' Yochanan explained, it would be susceptible to *tumah* if its holes were small enough, since it can be drawn by oxen.[13] Apparently, even carrying performed by draft animals is considered carrying with regard to rendering a vessel susceptible to *tumah*.

The Gemara cites a Baraisa:

תָּנוּ רַבָּנָן – The Rabbis have taught in a Baraisa: מִדְרַס כְּלִי חֶרֶס טָהוֹר – THE *MIDRAS* (i.e. the act of being trod upon) OF AN EARTHENWARE VESSEL by a *zav* WILL NOT RENDER IT *TAMEI* even if it is a vessel designated for supporting the weight of a person, since earthenware is not susceptible to *midras tumah*.[14] רַבִּי יוֹסֵי אוֹמֵר – R' YOSE SAYS: אַף הַסְּפִינָה – ALSO A SHIP.

The Gemara seeks to understand R' Yose's meaning:

מַאי קָאָמַר – What did [R' Yose] mean to say? His point could not have been to exclude a ship from *midras tumah*, for since the verse excludes a ship from *tumah*,[15] it obviously excludes it from *midras tumah* as well! Moreover, a ship is not even fit for *midras tumah*, since it is not made for supporting people's weight![16] What was the point of R' Yose's ruling?

The Gemara answers by emending the Baraisa:

אָמַר רַב זְבִיד – Rav Zevid said: הָכִי קָאָמַר – This is what [the Baraisa] actually said: מִדְרַס כְּלִי חֶרֶס טָהוֹר – The *MIDRAS* OF AN EARTHENWARE VESSEL by a *zav* WILL NOT RENDER IT *TAMEI*, since earthenware is not susceptible to *midras tumah*. וּמַגָּעוֹ טָמֵא – BUT [AN EARTHENWARE VESSEL'S] CONTACT with a *zav* WILL RENDER IT *TAMEI*, since earthenware is susceptible to *tumah* generated through contact.[17] וּסְפִינָה שֶׁל חֶרֶס טְמֵאָה – AND AN EARTHENWARE SHIP IS also SUSCEPTIBLE TO contamination with *TUMAH* generated through contact.

The Gemara interrupts to elucidate the last point:

כַּחֲנַנְיָא – This ruling regarding an earthenware ship is **in accordance with** the view of **Chananya,** who includes earthenware ships, even those not carried both while laden and while empty, in susceptibility to *tumah*.[18]

The Baraisa, as emended by Rav Zevid, continues:

רַבִּי יוֹסֵי אוֹמֵר – R' YOSE SAYS: אַף הַסְּפִינָה טְהוֹרָה – THE earthenware SHIP IS ALSO NOT SUSCEPTIBLE TO contamination with *TUMAH* through contact.

The Gemara explains:

כְּתַנָּא דִּידָן – R' Yose's ruling is **in accordance with** the view of **our Tanna** (i.e. the Rabbis of our Mishnah), who excludes ships of any sort from susceptibility to *tumah*.[19] Thus, R' Yose's statement is meant as a response to the opinion of Chananya, expressed in the Baraisa's first clause.

The Gemara questions even this emended version of the Baraisa:

מַתְקִיף לָהּ רַב פַּפָּא – **Rav Pappa challenges this** explanation: מַאי אַף – But according to you, Rav Zevid, **what is** meant by R' Yose's words, "the ship is ***also*** not susceptible to *tumah* generated through contact"? These words imply that R' Yose is adding to that which was previously stated by the Tanna Kamma. But since the Tanna Kamma of the Baraisa excludes nothing at all from susceptibility to contact-generated *tumah*, R' Yose's statement of exclusion cannot possibly be construed as an addition to the Tanna Kamma's ruling! Why then does R' Yose employ the term "also"?!

Rav Pappa therefore emends the Baraisa differently:

אֶלָּא אָמַר רַב פַּפָּא – Rather, Rav Pappa said: הָכִי קָאָמַר – This is what [the Baraisa] actually said: מִדְרַס כְּלִי חֶרֶס טָהוֹר – The *MIDRAS* OF AN EARTHENWARE VESSEL by a *zav* WILL NOT RENDER IT *TAMEI*, since earthenware is not susceptible to *midras tumah*. וּמַגָּעוֹ טָמֵא – BUT [AN EARTHENWARE VESSEL'S] CONTACT with a *zav* WILL RENDER IT *TAMEI*, since earthenware is susceptible to *tumah* generated through contact. וְשֶׁל עֵץ – BUT in the case of a vessel made OF WOOD, בֵּין מִדְרָסוֹ וּבֵין מַגָּעוֹ טָמֵא – BOTH ITS

NOTES

was explained in the previous note – it thus cannot acquire *tumas midras* (*Rashi*).

[*Rashi* states that the reason this chest is not susceptible to *midras* is because its opening is on top; he thus implies that were it open from the side, it *would* be susceptible to *tumas midras* (and by extension to contact-generated *tumah* – see Gemara below) even though it is of great size (see also *Tosafos*, here and to 83b). Other Rishonim suggest, however, that no matter where its opening is located, a vessel too large to be carried both laden and empty is not susceptible to *any* sort of *tumah* – be it *midras* or that generated by contact (see *Ramban* and *Chidushei HaRan* to 83b; see also *Mishnah Acharonah* to *Keilim* 24:4; see also *Sidrei Taharos, Keilim* 209b [ד״ה והבאה [ב׳].]

[The literal translation of בָּאָה בְּמִדָּה is *comes to be measured;* the phrase denotes the vessel's great size – one must formally measure it to know its dimensions (*Rashi;* see *Sidrei Taharos* ibid. [ד״ה והבאה [א׳]).

A vessel considered too large to be moved while laden is one that holds 40 *se'ah*, or three cubic cubits, of liquid (see *Rashi, Chagigah* ibid.; see *Keilim* 15:1).]

11. [Since it cannot be carried while laden.]

12. For the Mishnah should say that there are *four* sorts of wagons – the fourth would be a wagon of great size, which, since it cannot be carried while laden, will be insusceptible to *tumah* (*Ramban*).

13. A large chest, by contrast, is not made to be carried altogether, even by oxen. It is therefore insusceptible to *tumah* (*Ramban*).

14. Thus, if a *zav* sits upon an earthenware vessel, he will not render it *tamei*. However, this assumes that no part of the *zav's* body comes into contact with the vessel's interior space. [If his body does enter this area, the vessel will be contaminated with contact-generated *tumah*.] The Gemara will shortly present a verse from which we derive the exclusion of earthenware from *midras* (*Rashi*).

15. [As was taught in our Mishnah.]

16. *Rashi*. The Rishonim explain this in various ways. *Tosafos* (above, 83b) explain that while ships obviously do support the weight of their passengers, their primary purpose is transportation of cargo. Since the utilization of a ship for resting thus presents a potential conflict with its regular use, it cannot be considered as designated for the support of people's weight, and is therefore insusceptible to *tumas midras* (see above, note 4). According to this reasoning, of course, a passenger ship *would* be susceptible to *midras*, since its chief function is the carrying of human beings (see *Chasam Sofer* and *Sfas Emes* ibid.). *Tosafos* to *Menachos* (31a, second explanation) state that even a passenger ship cannot acquire *midras*. For although the *use* of such a ship does entail supporting people's weight, its true *purpose* is not to bear their weight, but simply to transport them from one location to another. It therefore is not subject to *tumas midras* (see also *Ritva MHK* ed., 83b, 66b and 44b; see 66b note 4; see also *Chazon Ish, Keilim* 28:10). *Ramban* (to 83b) suggests that since one, when on board ship, does not rest directly upon the ship *itself* (i.e. upon the actual planking of the hull or the deck), but only upon chairs or mats placed on the ship's deck, we do not view the ship as an article designated for support of a person's weight (see *Ramban* ibid. and *Ritva MHK* ed. ibid. for further discussion; see also above, note 10).

17. I.e. if contact is made with its interior [since an earthenware vessel is vulnerable only to contact from within] (*Rashi*).

18. Since, as explained on 83b, the analogy limiting *tumah* susceptibility to articles with the characteristics of a sack does not apply to earthenware (*Rashi*).

19. Since the verse *the path of a ship in the heart of the sea,* which teaches that a ship, like the sea, is not susceptible to *tumah,* speaks of earthenware ships as well as wooden ones (*Rashi*).

ולחנניא טילטול על ידי שוורים שמיה טילטול (א) [א] (אין) [ג] דתנן [א] שלש עגלות הן עשויה כקתידרא טמאה מדרס כמטה טמאה טמא מת של אבנים טהורה מכלום ואמר ר' יוחנן ואם יש בה בית קבול רמונים טמאה טמא מת [ב] שלש תיבות הן תיבה [ד] שפתחה מצדה טמאה מדרס מלמעלה טמאה טמא מת [ג] והבאה במדה טהורה מכלום [ה] ת"ר [ו] מדרס כלי חרס טהור ר' יוסי אומר אף הספינה מאי קאמר אמר רב זביד הכי קאמר מדרס כלי חרס טהור ומגעו טמא וספינה של חרס טמאה כחנניא ר' יוסי אומר אף הספינה טהורה כתנא דידן מתקיף לה רב פפא מאי אף (ג) אלא אמר רב פפא הכי קאמר מדרס כלי חרס טהור ומגעו טמא ושל עץ בין מדרסו ובין מגעו טמא וספינת הירדן טהורה כתנא דידן ר' יוסי אומר אף הספינה טמאה כחנניא • ומדרס כלי חרס מגלן דטהור אמר חזקיה דאמר קרא [א] ואיש אשר יגע במשכבו מקיש משכבו לו מה הוא אית ליה טהרה במקוה אף משכבו נמי אית ליה טהרה במקוה דבי ר' ישמעאל תנא [ב] כמשכב נדתה יהיה לה מקיש משכבה לה מה היא אית לה טהרה במקוה אף משכבה נמי אית לה טהרה במקוה לאפוקי כלי חרס [י] דלית ליה טהרה במקוה מתיב ר' אילעא [ז] [ה] מפץ במת מנין ודין

רש"י

ולחנניא. דאמר ספינה המיטלטלת מלאה טמאה אפילו אינה מיטלטלת אלא על ידי שוורים מרוב גודלה הוי טילטול וטמאה: כקתידרא. קרצה ומוקפת משלש לצדדין: טמאה מדרס. שלישיבה מיוחדת היא: כמטה. שהיא ארוכה ומתחתיה מקבלת כמטה של עור שאין בה שום נקב: טמאה טומאת מת. כלומר מקבלת שאר טומאות כולן חוץ מטומאת מדרס דכלי הוא לקבל טומאה ולישיבה אינה מיוחדת שטוענין בה פרקמטיא ואומר לו עמוד ונעשה מלאכתנו והא דנקט טמא מת משום דאב הטומאה הוא והכי קאמר אב הטומאה הוא על ידי מת ולא על ידי זב: ושל אבנים. העשויה להוליך בה אבנים: טהורה מכלום. אינה מקבלת שום טומאה לפי שפרוצה מתחתיה נקבים גדולים ולא כלי הוא דכל הכלים שיעורן כרמונים: ואמר רבי יוחנן כו'. אלמא אף על גב דשל עץ איתקש לשק דבעינן מיטלטל מלא וריקן וזו אינה מיטלטלת אלא על ידי שוורים קאמר טמאה טמא מת: תיבה שפתחה מצדה טמאה מדרס. לפי שמשמשת שכיבה עם מלאכתה שמשתמשין בה דרך פתחה ואין צריך לומר לשוכב עליה עמוד ונעשה מלאכתנו: מלמעלה. פתחה כאוגן שלנו: טמאה טמא מת. כלומר נעשה אב הטומאה על ידי מת כשאר כל הכלים הראוין לקבל טומאה שאם האהיל אהל המת עליהן נעשין אב הטומאה ולענין שאר טומאות הויין ראשון לטומאה ככל הכלים ולא שמעינן ממתניתין אלא דכלי הוא לטומאה ומדרס לא הויא דאינה מיוחדת לשכיבה דצריך לומר לו עמוד יש מקשין הכל על משנה זו הא דאמר רבי יוחנן בפרק במה אשה (לעיל דף נט.) אף אומר בטומאת מת עמוד ונעשה מלאכתנו והכל הוא בפיהס דכי איתמר ההיא לענין כלי שנשבר ועודנו ראוי למלאכה ולא מעין מלאכה ראשונה וקאמר רבי יוחנן דטהור מטומאתו ראשונה ואומר בו עמוד ונעשה מלאכתנו הראשונה והרי הוא אינו ראוי אבל לומר שתהא מיוחדת למת ולא למלאכה אחרת לא תהא זאת בישראל דהא כתיב (במדבר יט) כל אשר באהל יטמא וכל כלי פתוח וגו' וכל טמא מת שבתלמוד המוכר אצל מדרס הוא הדין לטמא שרץ או לטומאת נבלה ולא הוזכר מת אלא משום דעל ידי מת נעשה אב הטומאה [כמו] על ידי מדרס שלא בא ללמדנו אלא לומר שהוא כלי מקבל כל טומאה חוץ מטומאת מדרס אם ישב עליו זב אינו נעשה אב הטומאה: הבאה במדה. תיבה גדולה שאינה מיטלטלת ויש לה חלון מלמעלה להשתמש בתוכה: טהורה מכלום. למדרס לא חזיא הואיל וחלולה מלמעלה אינה משמשת שכיבה עם מלאכתה ולשאר טומאות לא חזיא דאינה מטלטלת מליאה ולא איתפרש מה לשון באה במדה ולי נראה על שם אנשי מדות כלומר שצריכה למוד ארכה ורחבה: מדרס כלי חרס טהור. שאם ישב עליו הזב ולא נגע באוירו טהור ואינו מטמא משום מדרס ולקמיה יליף לה מקרא: מאי קאמר. מה ענין ספינה אצל מדרס ספינה טהורה אף מטומאת מגע ולמדרס לא חזיא: ומגעו טמא. אם נגע הזב בתוכו: וספינה של חרס טמאה. במגעה: כחנניא. דיליף טעמא משק וחרס לא איתקש לשק: כתנא דידן. דיליף מבלב ים והא נמי בלב ים היא: מאי אף ספינה. על כרחיך טהורה ממגע קאמר ומאי אף הא לא טיהר תנא קמא כלי ממגע דנימא אף זו כיוצא בו: וספינת הירדן טהורה כתנא דידן. דיליף מבלב ים לא שנא גדולה לא שנא קטנה והוא הדין נמי דמצי לתרוצי וספינה של חרס טהורה בתר דמפכינן דתנא קמא לרבי יוסי אלא משום דשכיחא טפי של עץ משל חרס: משכבו. הוא והמשכב הוזכר כאן: כלי חרס אין לו טהרה אלא שבירתו: מפץ. של קנים: במת מניין. שהוא טמא לפי שמצינו שפשוטי כלי עץ טהורין מטומאת מגע שרץ מניין שכלי הראוי למשכב ומושב מקבל טומאת מגע במת:

תוספות

ולחנניא טילטול על ידי שוורים שמיה טילטול. נראה לר"י אפילו בים בה מ' סאה תימה לר' יצחק אמאי נקט חנניא הא רבנן נמי לא פליגי בהא דמה שמטהרין ספינת הירדן היינו משום דרך אניה בלב ים (משלי ל) ולאו משום דלא שמיה טילטול ועוד דנראה דספינת הירדן מיטלטלת אפילו על ידי בני אדם דלאו אינה מיטלטלת אלא על ידי שוורים אם כן ממתניתין דכלים דתנן ספינת הירדן טמאה הוי מצי לאוכוחי דלחנניה שמיה טילטול:

ואמר רבי יוחנן אם יש בה בית קיבול רימונים כו'. מהא דקתני במטה טמאה טמא מת לא מצי לאתויי ראייה דאיכא למימר שמיטלטלת על ידי בני אדם:

שלש תיבות הן. קשה לר"י דלאמי מייתי לה דאי משום דהכא סיפא דהיא דג' עגלות הן אם כן הוה ליה לאתויי ההיא דג' עריבות שהן בינתים:

הבאה במדה טהורה מכלום. אפתחה למעלה קאי דפתחה מצידה דחזיא למדרס לא בעי מיטלטל מלא וריקן כדאמרי' בבכורות (דף לח.):

אלא אמר רב פפא ה"ק כו' ושל עץ בין מדרסו בין מגעו טמא. תימה לרבינו תם דלמה לו להגיה של עץ וספינת הירדן לא הוה ליה אלא לאפוכי שינויא קמא דלת"ק ספינה של חרס טהורה כתנא דידן ולר' יוסי אף הספינה טמאה כחנניה ואף דרבי יוסי אמגע דקאמר ת"ק דטמא על כן נראה לרבינו תם כגי' ר"ח דגרסינן במילתיה דרב זביד וספינה של חרס טהורה כתנא דידן ורבי יוסי אומר אף הספינה טמאה כחנניא כמו מגע [דכלי חרס] ופריך מאי אף דהשתא לא קאי אעיקר מילתיה דת"ק אלא אדקדוק דבריו דדייקינן הא מגעו טמא אלא א"ר פפא ה"ק כו' וספינה של חרס טמאה כחנניא ר' יוסי אומר אף הספינה טהורה כתנא דידן כמו מדרס כלי חרס דקתני תנא קמא בהדיא דטהור:

מה הוא דאית ליה טהרה במקוה. לאו דוקא נקט מקוה דהא זב בעי מים חיים אלא משום דבעי למינקט מקוה גבי משכב ומושב ולענין מים חיים לא מצרכי' שיהא טעון במשכב ומושב כזב דלא בעינן אלא דדמי ליה פורתא דאית ליה טהרה:

לאפוקי כלי חרס דלית ליה טהרה במקוה. תימה דהא כופת שאור שיחדה לישיבה טמאה מדרס כדאמרינן בהעור והרוטב (חולין דף קכט.) אע"ג דלית ליה טהרה במקוה ואומר רבינו תם דיש במינו בגידולי קרקע טהרה במקוה כגון כלי עץ:

מפץ במת מניין. פירש בקונטרס דמיירי במפץ של עץ ואין נראה לרבינו תם דהא פשוטי כלי עץ יש להם טהרה במקוה כדמוכח בפרק קמא דסוכה (דף טז.) [ט] דאמר מטה מיטהרת איברים ומוקי לה בפשוטי כלי עץ כגון ארוכה ושתי כרעים ואומר ר"ת דהכא במפץ של שיפה ושל גמי דאין לו שום טומאה אלא מדרבנן לבד מטומאת מדרס כדפירש לעיל בפרק במה אשה (דף סו.) והא דפשוטי כלי עץ אית להו טהרה במקוה אומר ר"י דנפקא לן מדכתיב (במדבר לא) וכל כלי עץ תתחטאו דמשמע אפילו פשוטי דומיא דכלי מתכות דכתיבי התם אף על גב דכתיב וכל מעשה עזים ליכא למילף מה מעשה עזים מיטלטל מלא וריקן אף כלי עץ דלא שייך למילף הכי אלא משק כדכתיב (בראשית מב) ויהי הם מריקים שקיהם ולהכי נקט נמי בכל דוכתא מה שק מיטלטל מלא וריקן כו' ולא נקט מה בגד מיטלטל מלא וריקן אף על גב דבגד נמי כתיב גבי שק או בגד או עור או שק: מה

מסורת הש"ס

א) רש"ל מ"ז, ב) כלים פי"ט ופכ"ד מ"ב, ג) ג"ז שם מ"ד, ד) [גי' המשנה שפתחה], ה) בכורות לח. [תוספתא כלים פ"ב], ו) [עירובין קד:], ז) ב"ק כה:, ח) [עי' פירש"י עירובין קד: ד"ה דאין לו טהרה], ט) עי' רש"י סוכה כ. ד"ה והחוץ כל המטמא.

הגהות הב"ח

(א) גמ' ע"י שוורים שמיה טילטול דתנן כצ"ל ותיבת אין נמחק: (ב) שם מאי אף ספינה אלא:

רב נסים גאון

אלא אם כן יהיה ההיסט במקום בית הסתרים אז יהיה דינו משונה כמפורש במס' נדה בפרק יוצא דופן (דף מג) אמר ריש לקיש קנה בקומטו של זב והסיט בו את הטהור טהור קנה בקומטו של טהור והסיט בו את הזב טמא מאי טעמא דאמר קרא (ויקרא טו) וכל אשר יגע בו הזב וידיו לא שטף במים זה הסיטו של זב שלא מצינו בכל התורה כולה ואפקיה רחמנא בלשון נגיעה למימרא דהיסט ונגיעה כידו מה התם מבראי אף הכא מבראי ובתורת כהנים אמרו מה ידיו בנראה פרט לבית הסתרים אף כל בשרו בנראה פרט לבית הסתרים דאלמא כי מגיד טהור לזב במקום בית הסתרים טהור הוא ובמס' ע"ז בפרק ר' ישמעאל אומר ג' אבנים זו בצד זו (דף ס) אמרו אמר רב אשי כל שבזב טמא בגוי עושה יין נסך וכל שבזב טהור בגוי אינו עושה יין נסך מיכן אמר ר"ש א) קנה של זב כו' ובבבא קמא בפרק כיצד הרגל (דף יז) אמרו עוד אמר רבא כל שבזב טמא בנזקים משלם נזק שלם כו': אמר רבה ולחנניה טילטול על ידי שוורים שמיה טילטול דתנן ג' עגלות הן העשויה כקתדרא טמאה מדרס כמטה טמאה טמא מת כו' זו המשנה במס' כלים בפרק ג' תריסים וגם בו יש המשנה האחרת ג' תיבות הן וראוי לנו לבאר כי אע"פ שהמת הוא חמור מכל הטמאות וקשה מהן כמו ששנינו במשנה (כלים פ"א מ"ד) חמור מכולם המת שהוא מטמא באהל מה שאין כן כולם מטמאין אינו מטמא משכב ומושב כמו שהוא בתורת כהנים הזב מטמא משכב ומושב לא המת מה אם הזב שאינו מטמא טומאת ז' מטמא משכב ומושב מת שהוא מטמא טומאת ז' אינו דין שיטמא משכב ומושב ת"ל הזב לא המת ר"ש אומר אשר ישכב עליו ואשר ישב עליו את שיש לו שכיבה וישיבה מטמא משכב ומושב ואין זב שמת מטמא משכב ומושב ושאמרו הזב שמת מטמא במשא עד שימוק הבשר מדברי סופרים וטמא מת נידון כמת אינו עושה משכב ומושב (לדבריהם) הזב ולא טמא מת כו' ובתוספתא (כלים פ"א) חומר בבועל נדה מטמא מת שבועל נדה כר תחתון כעליון מה שאין כן בטמא מת ואמרו במשנה ובתוספתא במס' זבין חומר בזב מבמת שהזב עושה משכב ומושב מתחתיו כו' מה שאין המת מטמא טמא מת ששכב על י' מצעות אינו מטמא אלא העליון ששכב עליו והשאר טהורין לפי שלא יעשה משכב ומושב והעליון טמא בנגיעה ולפיכך היו החכמים קורים לכל דבר שאינו מטמא כדין משכב ומושב טמאה טמא מת ולכל דבר שהוא נעשה משכב ומושב היו קורין אותו בשם מדרס בלשון קצרה ולכן כל דבר שהוא מטמא מדרס הוא טמא במגע דהיינו טמא מת לפי הכינוי שכינו לו וכל דבר שאינו ראוי למשכב ומושב הוא טמא טמא מת כדין הנגיעה ואינו מיטמא מדרס וכדבר הזה אמרה המשנה בפרק בא סימן התחתון (נדה מט) כל המיטמא מדרס מטמא טמא מת ויש שהוא מטמא טמא מת וכו' ואמרו בתלמוד (שם) כל המטמא מדרס מטמא טמא מת כל דחזי ליה למדרס מטמא טמא מת ויש שהוא מטמא טמא מת ואינו מטמא מדרס לאיתויי סאה ותרקב דתניא והיושב על הכלי יכול כפה סאה או תרקב וישב עליו יהא טמא ת"ל אשר ישב עליו הזב כל שמיוחד לישיבה יצא זה [שאומרים לו] עמוד ונעשה מלאכתנו ובתוספתא (שם דכלים פ"ב) עריסת בנות טמאה טמא מת היתה משמשת שכיבה הרי זו טמאה מדרס מטה שמוכרין עליה כלים הרי זו טמאה טמא מת היתה משמשת שכיבה וישיבה הרי זו טמאה מדרס ומאלו העיקרים יתברר לך פירוש טומאת מדרס וטמא מת ולפיכך היתה התיבה שפתחה מצידה שהיא ראויה למושב טמאה מדרס ושפתחה מלמעלה שאינה ראויה למושב טמאה טמא מת במגע ולא טומאת מושב הבין זה ושמור אותו בלבך כי הוא עיקר גדול: יצא כלי חרש דאין כו' דלית ליה טהרה במקוה כמו שכתוב בתורה (ויקרא יא) ואותו

עין משפט נר מצוה

יג א מיי' פכ"ז מהלכות כלים הלכה ג:
יד ב שם הלכה א ופכ"ה הלכה טו ופרק כו הלכה ו:
טו ג מיי' פכ"ז שם ופ"ג שם הלכה ג ופ"ו מהלכות טומאת מת הלכה ב:
טז ד מיי' פ"א מהלכות כלים הלכה ח ופי"ח הלכה א:
יז ה מיי' שם פ"א הלכה יג ופכ"ג הלכה א:

גליון הש"ס

גמ' ומדרס כלי חרס מגלן דטהור. עי' רש"י עירובין דף קד ע"א ד"ה לא. ובבכורות דף לח ע"א רש"י ד"ה אין מדרס וצ"ע:

תורה אור השלם

א) וְאִישׁ אֲשֶׁר יִגַּע בְּמִשְׁכָּבוֹ יְכַבֵּס בְּגָדָיו וְרָחַץ בַּמַּיִם וְטָמֵא עַד הָעָרֶב: [ויקרא טו, ה]
ב) כָּל הַמִּשְׁכָּב אֲשֶׁר תִּשְׁכַּב עָלָיו כָּל יְמֵי זוֹבָהּ כְּמִשְׁכַּב נִדָּתָהּ יִהְיֶה לָּהּ וְכָל הַכְּלִי אֲשֶׁר תֵּשֵׁב עָלָיו טָמֵא יִהְיֶה כְּטֻמְאַת נִדָּתָהּ: [ויקרא טו, כו]

ליקוטי רש"י

טמאה מדרס. על ידי מדרס נעשות אב הטומאה. טמאה טמא מת. ויש שהוא מטמא טמא מת ואינו מטמא מדרס והיינו מה שהוא כלי אבל אינו מיוחד לשכיבה דמטמא בכל טומאות חוץ מטומאת מדרס שאם שכב עליו הזב ולא נגע בו טהור לגבי מדרס מיוחד לכך בעינן כדאמרינן יצא שאומרים לו עמוד ונעשה מלאכתנו [סוכה כ.]. כלי חרס דלית ליה טהרה במקוה. ואמו תשבורו למד שאין לו טהרה במקוה [ויקרא יא, לג]. דכתיב (ויקרא יא) ואותו תשבורו שאין לו טהרה אלא בשבירתו [עירובין קד:]. מפץ במת מנין. שמטמא לפי שנאמר במת גבי מדין וכל בגד וכל כלי עור וגו' (במדבר לא) וזה אינו לא בכלל בגד ולא בכלל עור ולא בכלל כלי עץ מניין שאפי' הוא מטמא כאהל המת [ב"ק כה:].

רבינו חננאל

ולחנניה טילטול ע"י שוורים שמיה טילטול. פי' הא דקא מטלטל מלא וריקן אפי' על ידי שוורין: שלש עגלות הן. העשויה כקתידרא טמאה מדרס מפני שאדם סומך עליה כדאמרינן בי"ט לענין עגלה של קטן. לפיכך אם דרס טמא עליה. ויש ביניהן דבר חוצץ [און] (ו)נפל עליה מכחו אע"פ שלא נגע בה טמאה. העשויה כמטה טמאה טמא מת. אבל עגלה של אבנים טהורה מכלום ואינה מקבלת טומאה. והיאך היא עגלה של אבנים. עצים מסובכין שתי וערב ועשויין כחלונות חלונות מניחין שם אבנים ומושכין אותן. א"ר יוחנן ואם יש בה בית קיבול רמונים טמאה. פי' כגון שאותן החלונות רחוקות ואין הרמונים נופלים משם: שלש תיבו' הן שפתחה מצדה טמאה מדרס וזו שנקראת [...] שיש שיושבין למעל' ממנה. פתחה מלמעלה טמאה טמא מת. והוא הנקרא בבבל צנדוק. ה[...] מכלום. העשויה למוד בהכביל: ת"ר מדרס כלי חרס טהור. ר' יוסי אמר אף הספינה. אתא [...] מדרס כלי חרס טהור ומגעו טמא. וספינה בין במגע בין במדרס טהורה כרבנן ור' יוסי ספינה של [...] ולא [כתנא] קמא דקא מתקיף לה רב פפא מאי אף דאלמא אטהורה קאי ר' יוסי ולא אטומאה [...] ת"ק סבר מדרס כלי חרס טהור. אבל ספינה של טמאה כחנניה ור' יוסי סבר אף הספינה טהורה [...] חרס ס"ל דטהור הוא. אמר חזקיה דאמר קרא ואיש אשר יגע במשכבו. מקיש משכבו לו מה הו[א ...] במקוה אף משכבו נמי דבר שיש לו טהרה במקוה הוא טמא מדרס. אבל דבר שאין לו טהרה [...] במדרס. ודבי ר' ישמעאל תנא כמשכב נדתה יהיה לה כענין הזה: מותיב ר' (אלעזר) [אילעא] [...]

חשק שלמה על רב נסים גאון

א) עיין סיטיב במוס' שם ד"ה כל דע"כ הא דזב טהור לא קאי אקנה בקומטו של זב. ודברי רבינו צ"ע:

MIDRAS AND ITS CONTACT WILL RENDER IT *TAMEI.* וּסְפִינַת הַיַּרְדֵּן טְהוֹרָה – HOWEVER, A BOAT OF THE JORDAN, although it is made of wood, IS NOT SUSCEPTIBLE TO contamination with *TUMAH* through contact.

The Gemara interrupts to elucidate the last point:

כְּתַנָּא דִידָן – This ruling regarding a boat of the Jordan is **in accordance with our Tanna** (i.e. the Rabbis of our Mishnah), who rules that all ships, even those carried both while laden and while empty, are excluded from susceptibility to *tumah*.

The Baraisa, as emended by Rav Pappa, continues:

רַבִּי יוֹסֵי אוֹמֵר – R' YOSE SAYS: אַף הַסְּפִינָה טְמֵאָה – THE BOAT of the Jordan IS ALSO SUSCEPTIBLE TO contamination with *TUMAH.*

The Gemara explains:

כַּחֲנַנְיָא – This ruling of R' Yose is **in accordance with** the view of **Chananya,** who includes a boat of the Jordan in susceptibility to *tumah*.[20] According to this reading, the term "also" is perfectly justified. For before excluding a boat of the Jordan from susceptibility to *tumah*, the Tanna Kamma first ruled wooden vessels susceptible. R' Yose's inclusion of a boat is thus in fact an adjunct to that first ruling of the Tanna Kamma.[21]

Having cited the Baraisa that excludes earthenware vessels from *midras tumah*, the Gemara now seeks the source of the Baraisa's ruling:

וּמִדְרַס כְּלִי חֶרֶס מְנָלַן דְּטָהוֹר – **And from where do we know** that the ***midras* of an earthenware vessel** by a *zav* **will not render it *tamei*?**[22] אָמַר חִזְקִיָּה – **Chizkiyah said:** דְּאָמַר קְרָא – **For a verse states** regarding a *zav*'s couch, which is contaminated with *midras*: ,,וְאִישׁ אֲשֶׁר יִגַּע בְּמִשְׁכָּבוֹ" – ***And a man who will touch his couch*** . . . *is contaminated until evening.*[23] מַקִּישׁ מִשְׁכָּבוֹ לוֹ – By referring to *his* couch, **[the verse] compares [the *zav*'s] couch to** the *zav* **himself.**[24] מָה הוּא אִית לֵיהּ טָהֳרָה בְּמִקְוֶה – Thus, **just as [a *zav*] is** one **who has** the ability to attain **purification in a *mikveh*,** אַף מִשְׁכָּבוֹ נַמִּי אִית לֵיהּ טָהֳרָה בְּמִקְוֶה – **so too** must **his couch** be an article **that has** the ability to attain **purification in a *mikveh*.** Accordingly, since an earthenware utensil cannot be purified of its *tumah* in a *mikveh*, it is not susceptible to *midras tumah*![25]

The Gemara cites an alternative source:

דְּבֵי רַבִּי יִשְׁמָעֵאל תָּנָא – **The academy of R' Yishmael taught** the following Baraisa: ,,כְּמִשְׁכַּב נִדָּתָהּ יִהְיֶה־לָּהּ" – The verse states regarding the couch of a *zavah*: *Any couch upon which she lies . . . WILL BE TO HER AS THE COUCH OF HER [TIME OF] NIDDAH.*[26] מַקִּישׁ מִשְׁכָּבָהּ לָהּ – By referring to the couch of *her* time of *niddah*, [THE VERSE] COMPARES [THE *NIDDAH*'S COUCH] TO the *niddah* HERSELF.[27] מָה הִיא אִית לָהּ טָהֳרָה בְּמִקְוֶה – Thus, JUST AS A *NIDDAH* IS one WHO HAS the ability to attain PURIFICATION IN A *MIKVEH,* אַף מִשְׁכָּבָהּ נַמִּי אִית לָהּ טָהֳרָה בְּמִקְוֶה – SO TOO must HER COUCH be an article THAT HAS the ability to attain PURIFICATION IN A *MIKVEH.* לְאַפּוּקֵי כְּלִי חֶרֶס דְּלֵית לֵיהּ טָהֳרָה בְּמִקְוֶה – This comes TO EXCLUDE AN EARTHENWARE VESSEL used for lying upon from *midras tumah*, SINCE [EARTHENWARE] DOES NOT HAVE the ability to attain PURIFICATION IN A *MIKVEH.*[28]

The above sources exclude earthenware from *midras* by limiting *midras* to articles that can be purified of their *tumah* in a *mikveh*. The Gemara now questions this limitation:

מָתִיב רַבִּי אִילְעָא – **R' Ill'a questioned** these sources on the basis of the following Baraisa: מַפָּץ בְּמֵת מִנַּיִן – FROM WHERE do we know that A reed MAT[29] is susceptible to contamination WITH CORPSE *tumah* even though it does not possess a receptacle?[30]

NOTES

20. [Thus, Rav Pappa's interpretation of the Baraisa is the reverse of Rav Zevid's. For Rav Zevid equates the opinion of the Tanna Kamma with that of Chananya and the opinion of R' Yose with that of the Rabbis, while Rav Pappa equates the Tanna Kamma with the Rabbis and R' Yose with Chananya.]

21. [*Rashi* points out that Rav Pappa in fact needed neither to emend the Baraisa to include the clauses concerning wooden vessels, nor to change Rav Yose's statement to one discussing a boat of the Jordan. Instead, Rav Pappa could have left the Baraisa as it was in Rav Zevid's version, while switching the opinions of the Tanna Kamma and R' Yose regarding an earthenware ship – the Tanna Kamma would hold that an earthenware ship is not susceptible to *tumah*, while Rav Yose would hold that it is susceptible. According to this reading too, the term "also" would be justified. For since the Tanna Kamma begins his statements with the inclusion of earthenware vessels in contact-generated *tumah*, R' Yose's inclusionary statement concerning an earthenware ship would in fact be an addition to the Tanna Kamma's ruling! *Rashi* explains that the only reason Rav Pappa *did* emend the Baraisa to discuss a [wooden] boat of the Jordan is that wooden ships are more commonly found than earthenware ones. The reason Rav Pappa included the clauses concerning wooden vessels was in order to lead into the law of a wooden boat (*Rashi; Ramban;* cf. *Tosafos;* see *Maharsha*).]

22. See *Rashi* cited in *Gilyon HaShas;* see *Chasam Sofer.*

23. *Leviticus* 15:5.

24. For the words *his couch* make mention of both the *zav* and the couch (*Rashi;* see *Chochmas Manoach;* cf. *Hagahos R' Elazar Moshe Horowitz*).

25. An earthenware vessel that acquires *tumah* cannot be purified in a *mikveh*. This is stated in the following verse (*Leviticus* 15:12): וּכְלִי־חֶרֶשׂ אֲשֶׁר־יִגַּע־בּוֹ הַזָּב יִשָּׁבֵר, *And an earthenware vessel that the zav will touch must be broken*, which teaches that earthenware cannot be purified except through being broken (*Rashi;* see *Rashi* to *Eruvin* 104b ד״ה לא).

[Although the Gemara here implies that a *zav* is purified through immersion in a *mikveh*, its language is inexact, since a *zav* actually requires immersion in water emanating from a natural spring (see *Leviticus* 15:13). The Gemara only uses the term *mikveh* regarding a *zav* to underline the parallel between the *zav* and his couch, since his couch indeed requires no more than immersion in a *mikveh* (*Tosafos;* see *Ramban;* see *Ritva MHK* ed.; see also *Chasam Sofer*).]

26. *Leviticus* 15:26. [The couch upon which a *niddah* lies is of course contaminated with *tumas midras* – see *Leviticus* 15:20,21.]

27. [For the words *the couch of her [time of] niddah* make mention of both the *niddah* and her couch.]

28. See above, note 25.

29. *Rashi;* cf. *Tosafos.*

30. As was stated above (see 83b note 2), we learn from the Torah's analogy between wooden utensils and a sack that articles made of wood are susceptible to *tumas sheretz* [or to other sorts of contact-generated *tumah*] only if they share the characteristics of a sack – that is, that they can be classified as containers [כְּלִי קִבּוּל]. Accordingly, flat wooden utensils that do not possess receptacles [פְּשׁוּטֵי כְּלֵי עֵץ] will not be susceptible to *tumah* generated through contact, since they cannot be considered containers. This Baraisa assumes, however, that even such a utensil *will* be susceptible if it is used for supporting the weight of a person – for the rule is that whatever is susceptible to *midras tumah* is susceptible as well to *tumah* generated through contact. In seeking the source of this law, the Baraisa sets forth the case of a reed mat, which is a wooden utensil without a receptacle, but which, since it is used for lying upon, is subject to *midras*. The Baraisa therefore asks concerning such a mat: From where do we know that since this mat is susceptible to *midras tumah,* it is susceptible to contact-generated *tumah* [such as corpse *tumah*] as well? (*Rashi;* see *Ramban;* see also *Maharsha*, *Maharam*, and *Maharshal*).

[Articles made of reeds are, with regard to *tumah* susceptibility, equivalent to articles of wood (see *Rambam, Keilim* 1:13).]

ולחנניא טילטול על ידי שוורים שמיה טילטול (א) א (אין) ג דתנן א שלש עגלות הן עשויה כקתידרא טמאה מדרס כמטה טמאה טמא מת של אבנים טהורה מכלום ואמר ר' יוחנן ואם יש בה בית קבול רמונים טמאה טמא מת ג שלש תיבות הן תיבה ד שפתחה מצדה טמאה מדרס מלמעלה טמאה טמא מת ו והבאה במדה טהורה מכלום ה ת"ר ז מדרס כלי חרס טהור ר' יוסי אומר אף הספינה מאי קאמר אמר רב זביד הכי קאמר מדרס כלי חרס טהור ומגעו טמא וספינה של חרס טמאה כחנניא ר' יוסי אומר אף הספינה טהורה כתנא דידן מתקיף לה רב פפא מאי אף (ב) אלא אמר רב פפא הכי קאמר מדרס כלי חרס טהור ומגעו טמא ושל עץ בין מדרסו ובין מגעו טמא וספינת הירדן טהורה כתנא דידן ר' יוסי אומר אף הספינה טמאה כחנניא ח ומדרס כלי חרס מנלן דטהור אמר חזקיה דאמר קרא א ואיש אשר יגע במשכבו מקיש משכבו לו מה הוא אית ליה טהרה במקוה אף משכבו נמי אית ליה טהרה במקוה דבי ר' ישמעאל תנא ב כמשכב נדתה יהיה לה מקיש לה משכבה לה מה היא אית לה טהרה במקוה אף משכבה נמי אית לה טהרה במקוה לאפוקי כלי חרס י דלית ליה טהרה במקוה מתיב ר' אילעא ה מפץ במת מנין ודין

רש"י

ולחנניא. דאמר ספינה המיטלטלת מלאה טמאה אפילו אינה מיטלטלת אלא על ידי שוורים מרוב גודלה הוי טילטול וטמאה: **כקתידרא.** קלרה ומוקפת משלש לצדדין: **טמאה מדרס.** שלישיבה מיוחדת היא: **כמטה.** שהיא ארוכה ומתחתיה מקבלת כמטה של עור שאין בה שום נקב: **טמאה טומאת מת.** כלומר מקבלת שאר טומאות כולן חוץ מטומאת מדרס דכלי הוא לקבל טומאה ולישיבה אינה מיוחדת שטוענין בה פרגמטיא ואומר לו עמוד ונעשה מלאכתנו והא דנקט טמא מת משום דלאב הטומאה הוא והכי קאמר אב הטומאה הוא על ידי מת ולא על ידי זב: **ושל אבנים.** העשויה להוליך בה אבנים: **טהורה מכלום.** אינה מקבלת שום טומאה לפי שפרוצה מתחתיה נקבים גדולים ולא כלי הוא דכל הכלים שיעורן ברמונים: **ואמר רבי יוחנן כו'.** אלמא אף על גב דשל עץ אימקש לשק דבעינן מיטלטל מלא וריקן וזו אינה מיטלטלת אלא על ידי שוורים קאמר טמאה טמא מת: **תיבה שפתחה מצדה טמאה מדרס.** לפי שמשמשת שכיבה עם מלאכתה שמשתמשין בה דרך פתחה ואין צריך לומר לשוכב עליה עמוד ונעשה מלאכתנו: **מלמעלה.** פתחה כאותן שלנו: **טמאה טמא מת.** כלומר נעשה אב הטומאה על ידי מת כשאר כל הכלים הראוין לקבל טומאה שאם האהיל אהל המת עליהן נעשין אב הטומאה ולענין שאר טומאות הויין ראשון לטומאה ככל הכלים ולא שמעינן ממתניתין אלא דכלי הוא לטומאה ומדרס לא הויא דאינה מיוחדת לשכיבה דצריך לומר לו עמוד יש מקשין הכל על משנה זו הא דאמר רבי יוחנן בפרק במה אשה (לעיל דף נט.) אף אומר בטומאת מת עמוד ונעשה מלאכתנו והכל הוא בפיהם דכי איתמר ההיא לענין כלי שנשבר ועודנו ראוי למלאכה ולא מעין מלאכה ראשונה וקאמר רבי יוחנן דטהור מטומאתו ראשונה דהוא נו עמוד ונעשה מלאכתנו הראשונה והרי הוא אינו ראוי אבל לומר שתהא מיוחדת למת ולא למלאכה אחרת לא מהא ולא איתא בישראל דהא כתיב (במדבר יט) כל אשר באהל יטמא וכל כלי פתוח וגו' וכל טמא מת שבתלמוד הנזכר אלל מדרס הוא הדין לטמא שרץ או טומאת נבלה ולא הוזכר מת אלא משום דעל ידי מת נעשה אב הטומאה [כמו] על ידי מדרס שלא בא ללמדנו אלא לומר שהוא כלי מקבל כל טומאה חוץ מטומאת מדרס אם ישב עליו זב אינו נעשה אב הטומאה: **הבאה במדה.** תיבה גדולה שאינה מיטלטלת ויש לה חלון מלמעלה להשתמש בתוכה: **טהורה מכלום.** למדרס לא חזיא הואיל ותלולה מלמעלה אינה משמשת שכיבה עם מלאכתה ולשאר טומאות לא חזיא דאינה מטלטלת מליאה ולא איתפרש מה לשון באה במדה ולי נראה על שם אמת מדות כלומר שצריכה למוד ארכה ורחבה: **מדרס כלי חרס טהור.** שאם ישב עליו הזב ולא נגע בו אוירו טהור ואינו מטמא משום מדרס ולקמיה יליף לה מקרא: **מאי קאמר.** מה ענין ספינה אלל מדרס ספינה טהורה אף מטומאת מגע ולמדרס לא חזיא: **ומגעו טמא.** אם נגע הזב בתוכו: **וספינה של חרס טמאה.** במגעה: **כחנניא.** דיליף טעמא משק וחרס לא איתקש לשק: **כתנא דידן.** דיליף מבלב ים והא נמי בלב ים היא: **מאי אף ספינה.** על כרחיך טהורה ממגע קאמר ומאי אף הא לא טיהר תנא קמא כלי ממגע דנימא אף זו כיוצא בו: **וספינת הירדן טהורה כתנא דידן.** דיליף מבלב ים לא שנא גדולה לא שנא קטנה והוא הדין נמי דמצי לתרוצי וספינה של חרס טהורה בתר דמפכינן דתנא קמא לרבי יוסי אלא משום דשכיחא טפי של עץ משל חרס: **משכבו.** הוא והמשכב הנזכר כאן: **כלי חרס אין לו טהרה במקוה.** דכתיב ט) ישבר אין לו טהרה אלא שבירתו: **מפץ.** של קנים: **במת מניין.** שהוא טמא לפי שמצינו שפשוטי כלי עץ טהורין מטומאת מגע שרץ מניין שכלי הראוי למשכב ומושב מקבל טומאת מגע במת:

תוספות

ולחנניא טילטול על ידי שוורים שמיה טילטול. נראה לר"י אפילו בים בה מ' סאה תימה לר' ילחק אמאי נקט חנניא הא רבנן נמי לא פליגי בהא דמה שמטהרין ספינת הירדן היינו משום דרך אניה בלב ים (משלי ל) ולאו משום דלא שמיה טילטול ועוד דנראה דספינת הירדן מיטלטלת אפילו על ידי בני אדם דאי אינה מיטלטלת אלא על ידי שוורים אם כן ממתניתין דכלים דתנן ספינת הירדן טמאה הוי מצי לאוכוחי דלחנניה שמיה טילטול: **ואמר רבי יוחנן אם יש בה בית קיבול רימונים כו'.** מהא דקתני במטה טמאה טמא מת לא מצי לאתויי ראיה דאיכא למימר שמיטלטלת על ידי בני אדם: **שלש תיבות הן.** קשה לר"י דלאמאי מייתי לה דאי משום דהיא סיפא דההיא דג' עגלות הן אם כן הוה ליה לאתויי ההיא דג' עריבות שהן בינתים: **הבאה במדה טהורה מכלום.** אפתחה למעלה קאי דפתחה מלידה דחזיא למדרס לא בעי מיטלטל מלא וריקן כדאמרי' בבכורות (דף לח.): **אלא אמר רב פפא ה"ק כו' ושל עץ בין מדרסו בין מגעו טמא.** תימה לרבינו תם דלמה לו להגיה של עץ וספינת הירדן לא הוה ליה אלא לאפוכי סיומי קמא דלת"ק ספינה של חרס טהורה כתנא דידן ולר' יוסי אף הספינה טמאה כחנניה ואף דרבי יוסי אמגע דקאמר ת"ק דטמא על כן נראה לרבינו תם כגי' ר"ח דגרסינן במילתיה דרב זביד וספינה של חרס טהורה כתנא דידן ורבי יוסי אומר אף הספינה טמאה כחנניא כמו מגע [דכלי חרס] ופריך מאי אף דהשתא לא קאי אעיקר מילתיה דת"ק אלא אדקדוק דבריו דדייקינן הא מגעו טמא אלא א"ר פפא ה"ק כו' וספינה של חרס טמאה כחנניה ר' יוסי אומר אף הספינה טהורה כתנא דידן כמו מדרס כלי חרס דקתני תנא קמא בהדיא דטהור: **מה הוא דאית ליה טהרה במקוה.** לאו דוקא נקט מקוה דהא זב בעי מים חיים אלא משום דבעי דלמינקט מקוה גבי משכב ומושב ולענין מים חיים לא מלריכי' שיהא טעון במשכב ומושב כזב דלא בעינן אלא דדמי ליה פורתא דאית ליה טהרה: **לאפוקי כלי חרס דלית ליה טהרה במקוה.** לא"ג הא דכופת שאור שיחדה לישיבה טמאה מדרס כדאמרינן בהעור והרוטב (חולין דף קכט.) לא"ג דלית ליה טהרה במקוה ואומר רבינו תם דיש במינו בגדולי קרקע טהרה במקוה כגון כלי עץ: **מפץ במת מניין.** פירש בקונטרס דמיירי במפץ של עץ ואין נראה לרבינו תם דהא פשוטי כלי עץ יש להם טהרה במקוה כדמוכח בפרק קמא דסוכה (דף טז.) דאמר מטה מיטהרת איברים ומוקי לה בפשוטי כלי עץ כגון ארוכה ושתי כרעים ואומר ר"ת דהכא במפץ של שיפה ושל גמי דאין לו שום טומאה אלא מדרבנן לבד מטומאת מדרס כדפירש לעיל בפרק במה אשה (דף סו.) והא דפשוטי כלי עץ אית להו טהרה במקוה אומר ר"י דנפקא לן מדכתיב (במדבר לא) וכל כלי עץ תתחטאו דמשמע אפילו פשוטי דומיא דכלי מתכות דכתיבי התם אף על גב דכתיב וכל מעשה עזים ליכא למילף מה מעשה עזים מיטלטל מלא וריקן אף כלי עץ דלא שייך למילף הכי אלא משק כדכתיב (בראשית מב) ויהי הם מריקים שקיהם ולהכי נקט נמי בכל דוכתא מה שק מיטלטל מלא וריקן כו' ולא נקט מה בגד מיטלטל מלא וריקן אף על גב דבגד נמי כתיב גבי שק או בגד או עור או שק: מה

מסורת הש"ס

א) רש"ל מ"ז, ב) כלים פי"ט ופכ"ד מ"ב, ג) ג"ז שם מ"ד, ד) [גי' המשנה שפתחה], ה) בכורות לח. [תוספתא כלים פ"ב], ו) [עירובין קד:], ז) ב"ק כה:, ח) [עי' פירש"י עירובין קד: ד"ה דאין לו טהרה], ט) עי' רש"י סוכה כ. ד"ה והשתא לכ המטמא.

הגהות הב"ח

(א) גמ' ע"י שוורים שמיה טילטול דתנן כצ"ל ותיבת אין נמחק: (ב) שם מאי אף ספינה אלא:

רב נסים גאון

אלא אם כן יהיה ההיסט במקום בית הסתרים אז יהיה דינו משונה כמפורש במס' נדה בפרק יוצא דופן (דף מג) אמר ריש לקיש קנה בקומטו של זב והסיט בו את הטהור טהור קנה בקומטו של טהור והסיט בו את הזב טמא מאי טעמא דאמר קרא (ויקרא טו) וכל אשר יגע בו הזב וידיו לא שטף במים זה הסיטו של זב שלא מצינו בכל התורה כולה ואפקיה רחמנא בלשון נגיעה למימרא דהיסט ונגיעה כידו מה הזב מבראי אף הכא מבראי ובתורת כהנים אמרו מה ידיו בנראה פרט לבית הסתרים אף כל בשרו בנראה פרט לבית הסתרים דאלמא כי מגיד טהור לזב במקום בית הסתרים טהור הוא ובמס' ע"ז בפרק ר' ישמעאל אומר ג' אבנים זו בצד זו (דף ס) אמרו אמר רב אשי כל שבזב טמא בגוי עושה יין נסך וכל שבזב טהור בגוי אינו עושה יין נסך מיכן אמר ר"ש א) קנה של זב כו' ובבבא קמא בפרק כיצד הרגל (דף יז) אמרו עוד אמר רבא כל שבזב טמא בנזקים משלם נזק שלם כו': **אמר** רבה ולחנניה טילטול על ידי שוורים שמיה טילטול דתנן ג' עגלות הן העשויה כקתדרא טמאה מדרס כמטה טמאה טמא מת כו' זו המשנה במס' כלים בפרק ג' תריסים וגם בו יש המשנה האחרת ג' תיבות הן וראוי לנו לבאר כי אע"פ שהמת הוא חמור מכל הטמאות וקשה מהן כמו ששנינו במשנה (כלים פ"א מ"ד) חמור מכולם המת שהוא מטמא באהל מה שאין כן כולם מטמאין אינו מטמא משכב ומושב כמו שהוא בתורת כהנים הזב מטמא משכב ומושב לא המת מה אם הזב שאינו מטמא טומאת ז' מטמא משכב ומושב מת שהוא מטמא טומאת ז' אינו דין שיטמא משכב ומושב ת"ל הזב לא המת ר"ש אומר אשר ישכב עליו ואשר ישב עליו את שיש לו שכיבה וישיבה מטמא משכב ומושב ואין זב שמת מטמא משכב ומושב ושאמרו הזב שמת מטמא במשא עד שימוק הבשר מדברי סופרים וטמא מת נידון כמת אינו עושה משכב ומושב (לדבריהם) הזב ולא טמא מת כו' ובתוספתא (כלים פ"א) חומר בבועל נדה מטמא מת שבועל נדה כר תחתון כעליון מה שאין כן בטמא מת ואמרו במשנה ובתוספתא במס' זבין חומר בזב מבמת שהזב עושה משכב ומושב מתחתיו כו' מה שאין המת מטמא טמא מת ששכב על י' מצעות אינו מטמא אלא העליון ששכב עליו והשאר טהורין לפי שלא יעשה משכב ומושב והעליון טמא בנגיעה ולפיכך היו החכמים קורים לכל דבר שאינו מטמא כדין משכב ומושב טמאה טמא מת ולכל דבר שהוא נעשה משכב ומושב היו קורין אותו בשם מדרס בלשון קצרה ולכן כל דבר שהוא מטמא מדרס הוא טמא במגע דהיינו טמא מת לפי הכינוי שכינו לו וכל דבר שאינו ראוי למשכב ומושב הוא טמא טמא מת כדין הנגיעה ואינו מיטמא מדרס וכדבר הזה אמרה המשנה בפרק בא סימן התחתון (נדה מט) כל המיטמא מדרס מטמא טמא מת וכו' ואמרו בתלמוד (שם) כל המטמא מדרס מטמא טמא מת כל דחזי ליה למדרס מטמא טמא מת ויש שהוא מטמא טמא מת ואינו מטמא מדרס לאיתויי סאה ותרקב דתניא והיושב על הכלי יכול כפה סאה או תרקב וישב עליו יהא טמא ת"ל אשר ישב עליו הזב כל שמיוחד לישיבה יצא זה [שאומרים לו] עמוד ונעשה מלאכתנו ובתוספתא (שם דכלים פ"ב) עריסת בנות טמאה טמא מת היתה משמשת שכיבה הרי זו טמאה מדרס מטה שמוכרין עליה כלים הרי זו טמאה טמא מת היתה משמשת שכיבה וישיבה הרי זו טמאה מדרס ומאלו העיקרים יתברר לך פירוש טומאת מדרס וטמא מת ולפיכך היתה התיבה שפתחה מצידה שהיא ראויה למושב טמאה מדרס ושפתחה מלמעלה שאינה ראויה למושב טמאה טמא מת במגע ולא טומאת מושב הבין זה ושמור אותו בלבך כי הוא עיקר גדול: **יצא** כלי חרש דאין כו' דלית ליה טהרה במקוה כמו שכתוב בתורה (ויקרא יא) ואותו

עין משפט נר מצוה

יג א מיי' פכ"ז מהלכות כלים הלכה ג:
יד ב שם הלכה א ופכ"ה הלכה טו ופרק כו הלכה ו:
טו ג מיי' פכ"ז שם ופ"ג שם הלכה ג ופ"ו מהלכות טומאת מת הלכה ב:
טז ד מיי' פ"א מהלכות כלים הלכה ח ופי"ח הלכה א:
יז ה מיי' שם פ"א הלכה יג ופכ"ג הלכה א:

גליון הש"ס

גמ' ומדרס כלי חרס מנלן דטהור. עי' רש"י עירובין דף קד ע"א ד"ה לא. ובבכורות דף לח ע"א רש"י ד"ה אין מדרס ול"ע:

תורה אור השלם

א) וְאִישׁ אֲשֶׁר יִגַּע בְּמִשְׁכָּבוֹ יְכַבֵּס בְּגָדָיו וְרָחַץ בַּמַּיִם וְטָמֵא עַד הָעָרֶב: [ויקרא טו, ה]

ב) כָּל הַמִּשְׁכָּב אֲשֶׁר תִּשְׁכַּב עָלָיו כָּל יְמֵי זוֹבָהּ כְּמִשְׁכַּב נִדָּתָהּ יִהְיֶה לָּהּ וְכָל הַכְּלִי אֲשֶׁר תֵּשֵׁב עָלָיו טָמֵא יִהְיֶה כְּטֻמְאַת נִדָּתָהּ: [ויקרא טו, כו]

ליקוטי רש"י

טמאה מדרס. על ידי מדרס נעשות אב הטומאה. **טמאה טמא מת.** ויש שהוא מטמא טמא מת ואינו מטמא מדרס והיינו מה שהוא כלי אבל אינו מיוחד לשכיבה דמטמא בכל טומאות חוץ מטומאת מדרס שאם שכב עליו הזב ולא נגע בו טהור דלגבי מדרס מיוחד לכך בעינן כדאמרינן יצא שאומרים לו עמוד ונעשה מלאכתנו [סוכה כ.]. **כלי חרס דלית ליה טהרה במקוה.** ואתו תשברו למד שאין לו טהרה במקוה [ויקרא יא, לג]. דכתיב (ויקרא יא) ואותו תשברו שאין לו טהרה אלא בשבירתו [עירובין קד:]. **מפץ במת מנין.** שמטמא לפי שנאמר במת גבי מדין וכל בגד וכל כלי עור וגו' (במדבר לא) וזה אינו לא בכלל בגד ולא בכלל עור ולא בכלל כלי עץ מניין שאפי' הוא מטמא באהל המת [ב"ק כה:].

רבינו חננאל

ולחנניה טילטול ע"י שוורין שמיה טילטול. פי' הא דקא מטלטל מלא וריקן אפי' על ידי שוורין: **שלש** עגלות הנה העשויה כקתידרא טמאה מדרס מפני שאדם סומך עליה כדאמרינן בי"ט לענין עגלה של קטן. לפיכך אם דרס טמא עליה. ויש ביניהן דבר חוצץ [או] (ו)נפל עליה מכחו אע"פ שלא נגע בה טמאה. העשויה כמטה טמאה טמא מת. אבל עגלה של אבנים טהורה מכלום ואינה מקבלת טומאה. והיאך היא עגלה של אבנים. עצים מסובכין שתי וערב ועשויין כחלונות חלונות מניחין שם אבנים ומושכין אותן. א"ר יוחנן ואם יש בה בית קיבול רמונים טמאה. פי' כגון שאותן החלונו' רחוקות ואין הרמונים נופלים משם: **שלש** תיבו' הן שפתחה מצדה טמאה מדרס וזו שנקראת בבבל כוזאנה מפני שיש שיושבין למעל' ממנה. פתחה מלמעלה טמאה טמא מת. והוא הנקרא בבבל צנדוק. הבאה במדה טהורה מכלום. העשויה למוד בהכביל: **ת"ר** מדרס כלי חרס טהור. ר' יוסי אמר אף הספינה. אתא רב זביד לפרושה מדרס כלי חרס טהור ומגעו טמא. וספינה בין במגע בין במדרס טהורה כרבנן ור' יוסי ספינה של חרס טמאה כחנניה ולא [כתנא] קמא דקא מתקיף לה רב פפא מאי אף דאלמא אטהורה קאי ר' יוסי ולא אטומאה אלא אמר רב פפא ת"ק סבר מדרס כלי חרס טהור. אבל ספינה של טמאה כחנניה ור' יוסי סבר אף הספינה טהורה כרבנן. ומדרס כלי חרס ס"ל דטהור הוא. אמר חזקיה דאמר קרא ואיש אשר יגע במשכבו. מקיש משכבו לו מה הוא דאית ליה טהרה במקוה אף משכבו נמי דבר שיש לו טהרה במקוה הוא טמא מדרס. אבל דבר שאין לו טהרה במקוה אינו מיטמא במדרס. ודבי ר' ישמעאל תנא כמשכב נדתה יהיה לה כענין הזה: **מותיב** ר' (אלעזר) [אילעא] מפץ במת מניין

חשק שלמה על רב נסים גאון א) עיין היטיב בתוס' שם ד"ה כל דע"כ הא דזב טהור לא קאי אקנה בקומטו של זב. ודברי רבינו ל"ע:

ודין הוא ומה פכין קטנים שטהורין בזב טמאים במת מפץ שטמא בזב אינו דין שיהא טמא במת ואמאי הא לית ליה טהרה במקוה א"ל ר' חנינא שאני התם הואיל ואיכא במינו א"ל (א) רחמנא ליצלן מהאי דעתא אדרבה רחמנא ליצלן מדעתא דידך וטעמא מאי תרי קראי כתיבי כתיב א) ואיש אשר יגע במשכבו וכתיב ב) וכל המשכב אשר ישכב עליו הזב יטמא הא כיצד יש במינו אע"ג דלית ליה טהרה במקוה אין במינו מקיש משכבו לו רבא אמר מדרס כלי חרס טהור מהכא (א) ג) וכל כלי פתוח אשר אין צמיד פתיל עליו הא יש צמיד פתיל עליו טהור הוא מי לא עסקינן דיחדינהו לאשתו נדה וקאמר רחמנא טהור: מתני' ג) ב מנין לערוגה שהיא ששה על ששה טפחים שזורעין בתוכה חמשה זרעונין ד' על ד' רוחות הערוגה ואחת באמצע שנא' ד) כי כארץ תוציא צמחה וכגנה זרועיה תצמיח זרעה לא נאמר אלא זרועיה: גמ' מאי משמע אמר רב יהודה כי כארץ תוציא צמחה תוציא חד צמחה חד הרי תרי זרועיה תרי הא ארבע תצמיח חד הא חמשה וקים

רש"י

ודין הוא ומה פכין קטנים. של חרס שטהורין בזב שאין מטמאין על ידו בשום טומאה דלמדרס לא חזו דאין עשויין לישיבה ועוד שהן של חרס ובמגע נמי לא לטמאו דאין מטמאות אלא מאוירן ואין יכול להכניס אצבעו לתוכן מפני שפיהן צר והיסטו לא דאפקיה רחמנא בלשון נגיעה דכל שאינו מטמא במגע אינו מטמא בהיסט ובהעור והרוטב (חולין קכד:) אמר נמי הכי לגבי טומאת משא את שבא לכלל מגע בא לכלל משא אע"פ שאפשר ליגע בחוט השערה ותניא בת"כ לשיעור הזב מטמא הנ"מ כלי הראוי לנגיעת בשרו ולהכי אפקיה רחמנא בלשון נגיעת בשר כדכתיב (ויקרא טו) והנוגע בבשר הזב: טמאין במת. באהל המת דכתיב (במדבר יט) וכל כלי פתוח: מפץ שטמא בזב. דהא חזי למשכב וכתיב וכל המשכב וגו' ומהכא נפקא לן בעלמא (נדה דף מט:) דכל המטמא במדרס מטמא טומאת מת ואפילו פשוטי כלי עץ: ואמאי. טמא בזב טומאת מדרס: והא לית ליה טהרה במקוה. דכי כתיב טבילה בפרשת שרצים ובפרשת מדין כתיבא והנך כלים דכתיבי התם ילפינן להו טבילה אבל פשוטי כלי עץ שלא נכתבו שם לענין טומאה לא ילפינן להו טבילה ולית להו טהרה במקוה דהא לא כתיבא בהו כי היכי דאוכל ומשקה אין להם טהרה במקוה לפי שלא למדנו להם טבילה בתורה: שאני התם דאיכא במינו. יש בכלי עץ שיש להן טהרה במקוה כגון מקבלים: רחמנא ליצלן מהאי דעתא. דכיון דלדידיה ליכא טהרה במקוה לא שאני מכלי חרס: וטעמא מאי. היכא כתיבא דמשום דאיכא במינו אע"ג דבדידיה ליכא [מיטמא נימא] הואיל ואקשיתיה לזב עצמו בעי דמיהוי ליה טהרה לדידיה: כתיב משכבו. מקיש משכבו לו: וכתיב וכל המשכב. אע"ג דלא דמי לזב דהא לא כתיב משכבו: וכל כלי פתוח. כלי חרס קאמר דהטומאה נכנסת לו דרך פתחו: מי לא עסקינן. מי לא משמע במקרא דאפי' ייחדו לאותו כלי לאשתו נדה לישב עליו כל ימיה אמר קרא דמציל על מה שבתוכו באהל המת ואי טמא מדרס היכי מציל והא כל דבר טמא אינו חוצץ בפני הטומאה אלא ש"מ דלאין מדרס בכלי חרס הלכך כלי חרס המוקף צמיד פתיל טהור מכלל טומאה והיסטו נמי לא מטמא ליה כדפרישית לעיל דכל שלא בא לכלל מגע לא בא לכלל משא על מה שבתוכו: מתני' שזורעין בתוכה ה' זרעונין. ולא הוי עירבוב להצריך ביניהם הפרש הכלאים: ד' מד' רוחות הערוגה. ממלא את כל הרוח עד סמוך לקרן: ואחת באמצע. גרעין אחד ואע"פ שכל אלו הקרנות סמוכין זה לזה ואין ביניהם הרחקה ג' טפחים ויונקים זה מזה אין כאן בית מיחוש דגבי כלאים היכרא הוא דבעינן דלא להוי עירבוב דהא לכלאים קפיד קרא אבל לייניקה לא חיישינן אפילו בכלאי הכרם דאורייתא כדתנן (ב"ב דף כו.) זה סומך לגדר מכאן וזה סומך לגדר מכאן ואע"ג דינקו מהדדי וכ"ש בכלאי זרעים דרבנן דלא חיישינן לייניקה כדתנן גבי ראש תור לקמן בשמעתין וגבי ב' שורות והרי יש כאן היכר גדול רוח זו זרועה לפון ודרום וזו זרועה מזרח ומערב אבל בין זרע האמצעי לזרעוני הרוחות צריך הרחקה כדי יניקה דאין שם היכר ואי הוו מקרבי הוי עירבוב והמפרש ד' גרעינין בד' הרוחות טועה דלאי הרחקה משום יניקה ט' זרעונין יש לזרוע בו ד' בד' הקרנות ואחד בד' רוחות באמצע ואחד באמצע הערוגה ויש בין כל אחד ואחד ג' טפחים כשיעור יניקה טפח ומחצה לכל אחד הלכך לכל הרוח הוא ממלא עד סמוך לקרן ואפילו אין בין זרע שבזו לזרע שבזו אלא ג' טפחים לא איכפת לן דלענין כלאים היכר בעלמא הוא דבעינן כדפרישית. וכגנה. היכי משמע ה' זרעונים בו' טפחים: זרועיה. וגמ' מפרש: גמ' תוציא חד צמחה חד זרועיה תרי תצמיח חד. ושתא טפחים דליכא למילף מקרא קים

תוספות

מה פכין קטנים שטהורין בזב. תימה דמסאה ותרקב ותיבה שפתחה למעלה יכול לעשות ק"ו דלא מטמא מדרס מטמא במת מפץ שמטמא מדרס אינו דין שיטמא במת וי"ל דמה להנך שכן נעשין אב הטומאה מה שאין כן במפץ דכיון שאין לו טהרה במקוה אינו נעשה אב הטומאה כדמוכח בפרק בתרא דעירובין (דף קד:) אבל קשה דמפכים גדולים מצי למיעבד ק"ו דלא מטמו מדרס כדאמר הכא דמדרס כלי חרס טהור ומטמא במת וי"ל דטפי ניחא ליה למיעבד ק"ו מפכים קטנים שטהורין מכל טומאת הזב לגמרי וקשה דמעיינות הזב מנלן דלא מיטמו פכין קטנים דנהי דבשיעור הזב לא מיטמו היינו משום דבעיא ראוי לנגיעת בשר כדפירש בקונטרס דמבשר הזב נפקא טומאת שיעור אבל רוקו דכתיב בהדיא וכי ירוק הזב בטהור פשיטא דלא בעיא ראוי לנגיעת בשר וא"ת והיכי עביד ק"ו מפכין קטנים מה לפכין קטנים שכן מטמאין מאוירן תאמר במפץ כו' וליכא למימר דעביד ק"ו הכי מה זב הקל שאין מטמא פכין קטנים מטמא מפץ מת החמור שמטמא פכין קטנים אינו דין שיטמא מפץ דמה [לזב שכן] מטמא במשכב ומושב (ב) ויש לומר דאיכא למימר שאר כלים יוכיחו שאין מטמאין מאוירן ומטמאין במת אף אני אביא מפץ מה לשאר כלים שכן נעשין אב הטומאה פכין קטנים יוכיחו [ה]:

שטהורים בזב. שאינו יכול ליגע בתוכם לפי שפיהם צר והיסטו נמי לא מטמו כדפירש בקונטרס דלאת שאינו בא לכלל מגע אינו בא לכלל היסט וא"ת א"כ כלי חרס המוקף צמיד פתיל לא יטמא בהיסט ובפ"ק דנדה (דף ה:) אמר שאינו ניצול במעת לעת שנגבה ובפ' הניזקין (גיטין דף סא:) נמי פריך וליחוש שמא הסיטה אשתו נדה ואור"ת דצמיד פתיל חשיב בא לכלל מגע לפי שעומד ליפתח ולא דמי לקולית נבלה דאמר' בהעור והרוטב (חולין קכו:) מחוסר נקב כמחוסר מעשה דמי ואע"פ שחשב עליה לנוקבה אין טמאה במשא דהתם סתמא אינה עומדת לנקיבה אלא ע"י מחשבה אבל מוקף צמיד פתיל סתמו עומד ליפתח:

מפץ שטמא בזב אינו דין שיטמא במת. מק"ו דהכא קי"ל בכל דוכתא [ו] דכל המטמא מדרס מטמא טומאת מת וא"ת כלי חרס המוקף צמיד פתיל יוכיח שטמא בזב דמטמא בהיסט כדפרישית לעיל וטהור במת ואומר ר"ת דלא שייך למימר יוכיח מצמיד פתיל דמה שהוא בהיסטו בזב היינו משום דהוי כאילו נגע הזב בתוכו כדאמרי' איזהו מגע שהוא ככולו הוי אומר זה היסטו ובמת אם היה כזית ממנו בתוכו היה טמא: והא לית ליה טהרה במקוה. תימה דבסוף כיצד הרגל (ב"ק דף כה:) קאמר עלה דמפץ דהכא וקא מייתי לה בין לטומאת ערב בין לטומאת ז' מה שייך להזכיר טומאת ערב וז' כיון דאין לו טהרה לעולם וי"ל דהאי ק"ו דהכי נמי לפשוטי כלי עץ המיוחדים למדרס דטמאים במת ומייתי הא לטומאת ז' אי נמי ברייתא איירי בכל מפצים בין במפץ עץ בין במפץ שיפה וגמי ובמפץ עץ קאמר התם דמייתי ליה לטומאת שבעה דאית ליה טהרה במקוה:

מי לא עסקינן דייחדינהו לאשתו נדה. פי' בקונטרס ואי מיטמא מדרס היכי מציל והלא כל דבר טמא אינו חוצץ בפני הטומאה אלא ש"מ דלא מיטמא מדרס הלכך כלי חרס המוקף צמיד פתיל טהור מכל טומאה והיסטו נמי לא מטמא דכל שלא בא לכלל מגע אינו בא לכלל משא ואין נראה דודאי מטמא בהיסט כלי חרס מוקף צמיד פתיל כדמוכח בנדה (ה:) ובגיטין (סא:) כדפירשתי לעיל ומפרש ר"ת דמדכתיב וכל כלי דייק דמי לא עסקינן דייחדינהו לאשתו נדה דכל טומאות הבאות לכלי גב יש לנו לטהרו מדכתיב וכל הילכך אפילו ייחד להו לישיבה טהורים אבל בהיסטו מטמו דטומאה הבאה לכלי דרך תוך הוא כדמפרשינן כאילו נגע בפנים כדאמרינן איזהו מגע שהוא ככולו הוי אומר זה היסטו ור"י מפרש דמיירי קרא בכל ענין אפי' ישבה עליה אשתו נדה או היסטו אלא אם ייחד כלי לאשתו נדה זה טהור דאין לך כלי חרס טמא מדרס [illegible] ומספקא ר"י בכך: מנין לערוגה שהיא ו' על ו' כו'. [illegible]

ארבע על ארבע רוחות הערוגה. [illegible]

וקים

עין משפט נר מצוה

יח א מיי' שם סי"ג ופכ"ג הלכה א:

יט ב מיי' פ"ד מהלכות כלאים הלכה ט סמג לאוין רעט:

רבינו חננאל

שהוא טמא. עיקר הדבר הזה שלא נאמר במת אלא כל בגד וכל כלי עור וכל מעשה עזים והמפץ שהוא כמין מחצלת שעשויה מן החילף ומן כיוצא בו לא נאמר בה. ואף לא נאמר מפץ בשרץ כי כן כתיב בו מכל כלי עץ או בגד או עור או שק. ומן מתני' כבר גמרינן שהמפץ טמא. דתנן שלשה מפצין הן העשוי לשכיבה טמא מדרס. של צבעים טמא מת ושל גתות טהור מכלום. א) ואפילו דגיתות קאמרינן. דשמואל עביד לה לבנתיה מפצות ביומי תשרי וצריכין למידע מהיכא ילפינן טומאה למפץ במת ובשרץ. ואימירן הני ברייתא בגמ' דבאיזו צד הרגל מועדת לענין דרשת דיו לבא מן הדין להיות כנדון. ב) השתא כיון דמפץ לאו כלי עץ הוא ולא בגד ולא עור ולא שק ולא מעשה עזים: ובזב קא דרשינן ליה טומאה דלית ליה טהרה במקוה וקא מטמא מדרס קא מותיב מיניה ר' אלעא למאן דאע"ג דליתיה מהני מידאני עשוי דבר שאין לו טהרה במקוה אין מטמא מדרס. א"ל ר' חנינא הואיל למשכב הוא. ובמחצלת של קנים ויש במינו. פי' כגון שטומאתו מתוך שהוא משכב ויש במין מפצות חשיבו לית ליה טהרה במקוה. דברים שהן ממיני בגד או עור או שק שיש להן טהרה במקוה דהא ליכא טהרה במקוה אלא עליהן הוא אומר כל המשכב אשר ישכב עליו. אבל כלי חרס לדברים הללו. וטהרתו במיעוט אין במינו דבר שיש לו טהרה במקוה. ועליהן הוא אומר שיעורו כדתנן מפץ ששה במשכבו. מקיש משכבו לו. ולא היו הדברים ברורים על ששה. ותניא בתוספתא לר' אילעא משום הכי קאמר ליה לר' חנינא רחמנא ליצלן מן מפץ שבלה כל זמן שמניחין האי דעתא עד דפריש ליה טעמא דתרין קראי כתיבי אותו על הכסא האשה היושבת רבה אמר מדרס כלי חרס דטהורה מהכא וכל כלי פתוח אשר אין צמיד פתיל עליו טמא הוא הא יש צמיד פתיל טהור. (וכאן דסתים) אע"ג דחזיוה לאשתו נדה למיזגה ולמיסמך עליה טהור הוא: מתני' מניין לערוגה שהיא ששה על ששה טפחים שזורעין בתוכה ה' זרעונים ד' על ד' רוחות ערוגה ואחת

חשק שלמה על רבינו חננאל

א) הטעות גלויה לעין והמתקנים לנכון תבוא עליהם ברכה. וצ"ל ועל דגיתות קאמרינן דשמואל עביד וכו' וכוונתו בזה דלא"ה היה אסור לעמוד ע"ג מפצי בשעת טבילה משום גזירת מרחצאות. ועיין בר"ן בפ"ב דשבועות שלמה בא"מ פירש"י מממת קושיא זו. ב) דברי רבינו הם משוללי הבנה:

מסורת הש"ס

א) [כתובות מה: ב"ק סה:], ב) [חולין כה.], ג) כלאים פ"ג מ"א פסחים לט:, ד) [קידושין לט:], ה) [ועי' תוס' חגיגה כג: ד"ה יצא], ו) [נדה מט. סוכה כ.], ז) וי"ג ובפ' מעשר בהמה משמע בהדיא לאסור מדאורייתא והוא בבכורות נד ע"א.

הגהות הב"ח

(א) גמ' מהכא דכתיב וכל כלי: (ב) תוס' ד"ה מה פכין וכו' דמה לזב שכן מטמא משכב ומושב תאמר במת שאין מטמא משכב ומושב וי"ל דאיכא:

תורה אור השלם

א) וְאִישׁ אֲשֶׁר יִגַּע בְּמִשְׁכָּבוֹ יְכַבֵּס בְּגָדָיו וְרָחַץ בַּמַּיִם וְטָמֵא עַד הָעָרֶב: [ויקרא טו, ה]

ב) כָּל הַמִּשְׁכָּב אֲשֶׁר יִשְׁכַּב עָלָיו הַזָּב יִטְמָא וְכָל הַכְּלִי אֲשֶׁר יֵשֵׁב עָלָיו יִטְמָא: [ויקרא טו, ד]

ג) וְכֹל כְּלִי פָתוּחַ אֲשֶׁר אֵין צָמִיד פָּתִיל עָלָיו טָמֵא הוּא: [במדבר יט, טו]

ד) כִּי כָאָרֶץ תּוֹצִיא צִמְחָהּ וּכְגַנָּה זֵרוּעֶיהָ תַצְמִיחַ כֵּן אֲדֹנָי אֱלֹהִים יַצְמִיחַ צְדָקָה וּתְהִלָּה נֶגֶד כָּל הַגּוֹיִם: [ישעיה סא, יא]

רב נסים גאון

ואותו תשבורו ואמרו רבותינו ז"ל מלמד שאין לו טהרה אלא שבירה: פכין קטנים שטהורין בזב טמאים במת ממה שאמרה התורה בענין הזב (ויקרא טו) וכלי חרש אשר יגע בו הזב ישבר ולא אמרה וכל כלי חרש למדנו שפכין קטנים טהורין בזב ואמרו במת (במדבר יט) וכל כלי פתוח אפילו כל שהוא וכבר פירשנו בברכות הרי למדנו שפכין קטנים טמאין:

ליקוטי רש"י

פכין קטנים שטהורין בזב. בכל טומאותיו דכלי חרס אין מטמא אלא מאוירו ומתוך שפיו שלו צר אין יכול להכניס אצבעו לתוכו ולמדרס נמי לא חזי והיסטו נמי להכי אפקיה רחמנא להיסט כלי חרס בזב בלשון מגע דכתיב (ויקרא טו) (וכל כלי) [וכלי] חרס אשר יגע בו הזב וגו' ומהכא נפקא לן דזב מטמא בהיסטו למימר דכל שאינו ראוי לטמא במגעו אינו מטמא בהסיטו. טמאים במת. דכתיב (במדבר יט) וכל כלי פתוח וגו' ואי זהו כלי שטומאתו קודמת לפתחו הוי אומר זה כלי חרס וכתיב טמא הוא ואפי' פיו צר הרי הוא ראוי להאהיל עליו. מפץ שטמא בזב. שראוי למשכב וכתיב המשכב אשר ישכב וגו' (ויקרא טו) [ב"ק כה:]. מפץ שטמא בזב אינו דין שיהא טמא מת. והוא הדין לכל הטומאות כגון נוגע בשרץ ובנבילה דאין לך מיטמא מדרס אלא המיוחד לשכיבה וכיון דשוי לתשמיש כלי הוא וכל שהוא כלי למדרס מיטמא בכל טומאה ואפילו הוא פשוטי כלי עץ דילפינן ליה בקל וחומר [סוכה כ. ע"ש

[illegible] עליו טהור [במדבר יט, טו]. מדקפיד [illegible] תוכו. הא יש צמיד פתיל עליו. [illegible] כל המת מישתעי [חולין שם].

וְדִין הוּא – IT IS known through A logical ARGUMENT (i.e. a *kal vachomer*): וּמָה פָּכִין קְטַנִּים שֶׁטְּהוֹרִין בְּזָב טְמֵאִים בְּמֵת – For IF we find concerning SMALL earthenware VIALS, THAT even though THEY ARE NOT SUSCEPTIBLE TO contamination WITH ZAV *tumah*,[1] THEY ARE nonetheless SUSCEPTIBLE TO contamination WITH CORPSE *tumah*,[2] מַפָּץ שֶׁטָּמֵא בְּזָב אֵינוֹ דִּין שֶׁיְּהֵא טָמֵא בְּמֵת – IS IT NOT LOGICAL THAT A reed MAT – WHICH, since a *zav* can contaminate it with *midras*, IS SUSCEPTIBLE TO contamination WITH ZAV *tumah* – WILL BE SUSCEPTIBLE as well TO contamination WITH CORPSE *tumah*?[3]

R' Ill'a concludes his question:

וְאַמַּאי – **But why** does the Baraisa assume that a reed mat is susceptible to the *midras* of a *zav*? הָא לֵית לֵיהּ טָהֳרָה בְּמִקְוֶה – Since **[a mat] does not have** ability to attain **purification in a *mikveh***,[4] it should in fact not be susceptible to *midras*.[5] Since the Baraisa nonetheless states that a mat *is* susceptible to *midras*, it apparently holds that even articles that cannot be purified in a *mikveh* will be susceptible to *midras tumah*. This Baraisa thus contradicts the expositions presented above! – ? –

The Gemara answers:

אָמַר לֵיהּ רַבִּי חֲנִינָא – **R' Chanina said to [R' Ill'a]:** שָׁאנֵי הָתָם – **It is different there** (i.e. in the case of a reed mat), הוֹאִיל וְאִיכָּא בְּמִינוֹ – for **since there are** utensils **in its class** (i.e. utensils made of wood) that *can* be purified in a *mikveh*,[6] it is not excluded from *midras tumah*. But in the case of earthenware, by contrast, there are *no* vessels in its class that can be purified in a *mikveh* – it is thus excluded from *midras tumah*.

R' Ill'a responds:

אָמַר לֵיהּ – **[R' Ill'a] said to [R' Chanina]:** רַחֲמָנָא לִיצְלַן מֵהַאי דַּעְתָּא – **May the Merciful One save us from this understanding!** Since a reed mat cannot *itself* be purified in a *mikveh*, it remains excluded by the above expositions. It thus cannot acquire *midras tumah*.[7]

R' Chanina responds in turn:

אַדְּרַבָּה – **On the contrary,** רַחֲמָנָא לִיצְלַן מִדַּעְתָּא דִּידָךְ – **may the Merciful One save us from your understanding!** So long as there are other articles in a given utensil's class that can be purified in a *mikveh*, it will be susceptible to *midras*. The utensil itself need not have access to such purification.

The Gemara questions R' Chanina's ruling:

וְטַעְמָא מַאי – **And what is the reasoning** behind R' Chanina's statement? If the analogy between a *zav* and his couch demands that the couch be like the *zav*, it stands to reason that the couch itself must be like the *zav*. Accordingly, only if it itself can be purified in a *mikveh* should it be susceptible to *midras tumah*.[8]

The Gemara presents R' Chanina's reasoning:

תְּרֵי קְרָאֵי כְּתִיבִי – R' Chanina derives his ruling from the apparent contradiction between the **two verses** that **are written** concerning the *tumah* status of a *zav's* couch. כְּתִיב ,,וְאִישׁ אֲשֶׁר יִגַּע בְּמִשְׁכָּבוֹ" – For **it is written** in one verse: ***And a man who will***

NOTES

1. Small earthenware vials are not susceptible to any *tumah* generated by a *zav* – be it *tumas midras, tumas heset*, or contact-generated *tumah*. They cannot acquire *tumas midras* because they are not made for sitting upon. They cannot be contaminated through contact because earthenware can only be contaminated from within, and the mouths of these vials are too small to allow passage of even the *zav*'s little finger. They cannot be contaminated with *heset* because the verse that teaches *tumas heset* describes *heset* as an act of touching; accordingly, *heset* is limited to articles that are vulnerable to *tumah* generated through contact. Since these vials are not vulnerable to such *tumah*, they are not vulnerable to *heset* either. [Although strands of the *zav*'s hair, which normally contaminate through contact, will fit into the mouths of these vials, they will not contaminate them. For a *zav* can generate contact *tumah only* in articles that he is capable of contaminating through contact with his flesh. Since his flesh cannot enter these vials to contaminate them, they remain invulnerable even to contact with his hair. This rule is derived from the verse (*Leviticus* 15:7) discussing a *zav*'s ability to contaminate through contact, which states: וְהַנֹּגֵעַ בִּבְשַׂר הַזָּב, *And one who touches the flesh of the zav* . . . (will be contaminated). The verse's seemingly unnecessary mention of the *zav*'s flesh teaches that he can only generate contact *tumah* in articles that can be contaminated through contact with his flesh.]

The verses that characterize *heset* as a form of contact are set forth above, 83a note 23. The Gemara further connects *heset* and contact in *Chullin* 124b-125a, where it derives that only that which is susceptible to contact *tumah* is susceptible to carrying *tumah* (*tumas masa*); since *heset* is itself a form of carrying *tumah*, it is perforce limited to articles vulnerable to contact-generated *tumah* (*Rashi*).

2. I.e. to corpse *tumah* transmitted by the roof that the vial shares with the corpse. For any uncovered earthenware vessel that shares a roof with a corpse will be contaminated [no matter how small its opening]. This is derived from a verse in *Numbers* 19:15, which states regarding earthenware found under the same roof as a corpse: *And any open vessel that has no cover fastened onto it*, [it is *tamei*] (*Rashi*).

3. Since a mat can be used for lying upon, it is susceptible to *midras*, in accordance with the verse (*Leviticus* 15:4) that states: כָּל־הַמִּשְׁכָּב אֲשֶׁר יִשְׁכַּב עָלָיו הַזָּב יִטְמָא, *Any couch that the zav will lie upon will be contaminated.* [This *kal vachomer* teaches that although the mat has no receptacle, since it can be contaminated by a *zav* it can certainly be contaminated through contact with a corpse, or with any other source of contact-generated *tumah*.]

This *kal vachomer* is the source for the principle [taught in the Mishnah, *Niddah* 49a] that states that any article susceptible to *tumas midras* will be susceptible as well to contact-generated *tumah*, even if it is a wooden utensil without a receptacle [such as a mat] (*Rashi;* see *Rashi, Niddah* ibid.; see *Tosafos*).

[All agree that this principle holds true in the case of wooden utensils without receptacles (פְּשׁוּטֵי כְּלֵי עֵץ) – thus, so long as such a utensil is susceptible to *midras*, it will be susceptible to contact *tumah*. However, there is a question as to whether this principle will apply to overly large vessels, which, as explained above, cannot acquire contact-generated *tumah* because they are not carried both laden and empty; for some Rishonim suggest that vessels of this size will not acquire contact-generated *tumah even* if they are susceptible to *tumas midras*. [See above, 84a note 10 for whether vessels of this size are susceptible to *midras* to begin with; for sources and discussion, see *Ramban* and *Ritva MHK* ed. to 83b; see *Tosafos Yom Tov* to *Keilim* 24:4, *Mishneh LaMelech, Keilim* 3:1, and *Sidrei Taharos, Keilim* 209b, 210a.]

4. Neither a mat, nor any other wooden utensil without a receptacle can be purified of *tumah* through immersion in a *mikveh*. We know this from the fact that such utensils are not mentioned in either of the two Scriptural passages that discuss the immersion of vessels. For the verse that discusses immersing vessels contaminated with *tumas sheretz* (*Leviticus* 11:32) speaks of vessels with the characteristics of a sack – a utensil without a receptacle is thus excluded (see above, 83b note 2). The second passage, which speaks of the immersion of the utensils captured during the Israelites' war against Midian (see *Numbers* 31:21-24), does not mention wooden utensils at all. We therefore have no source from which to derive that a wooden vessel without a receptacle can be purified in a *mikveh*. Such vessels are thus equivalent to foods and liquids, which likewise, because they are not mentioned in either of these two passages, cannot be purified in a *mikveh* (*Rashi;* cf. *Tosafos* to 84a).

5. [According to Chizkiyah, because of the verse's comparison of a *zav* and his couch; according to the Baraisa cited by the academy of R' Yishmael, because of its comparison of a *niddah* and her couch.]

6. I.e. wooden utensils *with* receptacles (*Rashi*).

7. For according to R' Ill'a, the analogy between a *zav* and his couch demands that the couch *itself* be of a sort that can be purified in a *mikveh;* the fact that there are other items in its class which can be purified in this manner does not suffice. Thus, a mat is no different than an earthenware vessel – if it cannot be purified in a *mikveh*, it will not be susceptible to *tumas midras* (see *Rashi*).

8. For nowhere is it written that it is sufficient if there are *other* utensils in the couch's class that can be purified in a *mikveh*! (*Rashi*).

עין משפט נר מצוה

יח א מיי' שם הי"ג ופכ"ג הלכה א:
יט ב מיי' פ"ד מהלכות כלאים הלכה ט סמג לאוין רעט:

רבינו חננאל

שהוא טמא. עיקר הדבר הזה שלא נאמר במת אלא כל בגד וכל כלי עור וכל מעשה עזים והמפץ שהוא כמין מחצלת שעשויה מן החילף ומן כיוצא בו לא נאמר בה. ואף לא נאמר מפץ בשרץ כי כן כתיב בו מכל כלי עץ או בגד או עור או שק. ומן מתני' כבר גמרינן שהמפץ טמא. דתנן שלשה מפצין הן העשוי לשכיבה טמא מדרס. של צבעים טמא מת ושל גתות טהור מכלום. א) ואפילו דגיתות קאמרינן. דשמואל עביד לה לבנתיה מפצות ביומי תשרי וצריכין למידע מהיכא ילפינן טומאה למפץ במת ובשרץ. ואימירן הני ברייתא בגמ' דבאיזו צד הרגל מועדת לענין דרשת דיו לבא מן הדין להיות כנדון. ב) השתא כיון דמפץ לאו כלי עץ הוא ולא בגד ולא עור ולא שק ולא מעשה עזים: ובזב קא דרשינן ליה טומאה דלית ליה טהרה במקוה וקא מטמא מדרס קא מותיב מיניה ר' אלעא למאן דאע"ג דליתיה מהני מידאני עשוי דבר שאין לו טהרה במקוה אין מטמא מדרס. א"ל ר' חנינא הואיל למשכב הוא. ובמחצלת של קנים ויש במינו. פי' כגון שטומאתו מתוך שהוא משכב ויש במין מפצות חשיבו לית ליה טהרה במקוה. דברים שהן ממיני בגד או עור או שק שיש להן טהרה במקוה דהא ליכא טהרה במקוה אלא עליהן הוא אומר כל המשכב אשר ישכב עליו. אבל כלי חרס לדברים הללו. וטהרתו במיעוט אין במינו דבר שיש לו טהרה במקוה. ועליהן הוא אומר שיעורו כדתנן מפץ ששה במשכבו. מקיש משכבו לו. ולא היו הדברים ברורים על ששה. ותניא בתוספתא לר' אילעא משום הכי קאמר ליה לר' חנינא רחמנא ליצלן מן מפץ שבלה כל זמן שמגיחין האי דעתא עד דפריש ליה טעמא דתרין קראי כתיבי אותו על הכסא האשה הישבת רבה אמר מדרס כלי חרס דטהורה מהכא וכל כלי פתוח אשר אין צמיד פתיל עליו טמא הוא הא יש צמיד פתיל טהור. (וכאן דסתים) אע"ג דחזיה לאשתו נדה למיזגה ולמיסמך עליה טהור הוא: מתני' מניין לערוגה שהיא ששה על ששה טפחים שזורעין בתוכה ה' זרעונים ד' על ד' רוחות ערוגה ואחת

חשק שלמה על רבינו חננאל

א) הטעות גלויה לעין והמתקנים לנכון תבוא עליהם ברכה. וצ"ל ועל דגיתות קאמרינן דשמואל עביד וכו' וכוונתו מה דלא"ה היה אסור לעמוד ע"ג מפלי בשעת טבילה משום גזירת מרחצאות. ועיין בר"ן בפ"ב דשבועות שדחה באמת פירש"י מחמת קושיא זו. אמנם לפי דעת רבינו א"ש: ב) דברי רבינו הם משוללי הבנה:

גמרא

ודין הוא ומה פכין קטנים שטהורין בזב טמאים במת א מפץ שטמא בזב אינו דין שיהא טמא במת ואמאי הא לית ליה טהרה במקוה א"ל ר' חנינא שאני התם הואיל ואיכא במינו א"ל א) רחמנא ליצלן מהאי דעתא אדרבה רחמנא ליצלן מדעתא דידך וטעמא מאי תרי קראי כתיבי כתיב א) ואיש אשר יגע במשכבו וכתיב ב) וכל המשכב אשר ישכב עליו הזב יטמא הא כיצד יש במינו אע"ג דלית ליה טהרה במקוה אין במינו מקיש משכבו לו רבא אמר מדרס כלי חרס טהור מהכא (א) ג) וכל כלי פתוח אשר אין צמיד פתיל עליו ה) הא יש צמיד פתיל עליו טהור הוא מי לא עסקינן דיחדינהו לאשתו נדה וקאמר רחמנא טהור: **מתני'** ג מנין לערוגה שהיא ששה על ששה טפחים שזורעין בתוכה חמשה זרעונין ד' על ד' רוחות הערוגה ואחת באמצע שנא' ד) כי כארץ תוציא צמחה וכגנה זרועיה תצמיח זרעה לא נאמר אלא זרועיה: **גמ'** מאי משמע אמר רב יהודה כי כארץ תוציא צמחה תוציא חד צמחה חד הרי תרי זרועיה תרי הא ארבע תצמיח חד הא חמשה

וקים

רש"י

ודין הוא ומה פכין קטנים. של חרס שטהורין בזב שאין מטמאין על ידו בשום טומאה למדרס לא חזו דאין עשויין לישיבה ועוד שכן של חרס ובמגע לא דאין מטמאות אלא מאוירן ואין יכול להכניס אצבעו לתוכן מפני שפיהן צר והיסטו לא דלפקיה רחמנא בלשון נגיעה דכל שאינו מטמא במגע אינו מטמא בהיסט ובהעור והרוטב (חולין קכד:) אמר נמי הכי לגבי טומאת משא את שבא לכלל מגע בא לכלל משא אע"פ שאפשר ליגע בחוט השערה ותניא בת"כ לשיער הזב מטמא הכ"מ כלי הראוי לנגיעת בשרו והכי אפקיה רחמנא בלשון נגיעת בשר דכתיב (ויקרא טו) והנוגע בבשר הזב: **טמאין במת.** באהל המת דכתיב (במדבר יט) וכל כלי פתוח: **מפץ שטמא בזב.** דהא חזי למשכב וכתיב וכל המשכב וגו' ומהכא נפקא לן בעלמא (נדה דף מט:) דכל המטמא במדרס מטמא טומאת מת ואפילו פשוטי כלי עץ: **ואמאי.** טמא בזב טומאת מדרס: **והא לית ליה טהרה במקוה.** דכי כתיב טבילה בפרשת שרצים ובפרשת מדין כתיבא והנך כלים דכתיבי התם ילפינן להו טבילה אבל פשוטי כלי עץ שלא נכתבו שם לענין טומאה לא ילפינן להו טבילה ולית להו טהרה במקוה דהא לא כתיבא בהו כי היכי דאוכל ומשקה אין להם טהרה במקוה לפי שלא למדנו להם טבילה בתורה: **שאני התם דאיכא במינו.** יש בכלי עץ שיש להן טהרה במקוה כגון מקבלים: **רחמנא ליצלן מהאי דעתא.** דכיון דלדידיה ליכא טהרה במקוה לא שאני מכלי חרס: **וטעמא מאי.** [מיטמא] הואיל ואקשינהו לזב עצמו אע"ג דבדידיה ליכא טהרה לדידיה: **כתיב משכבו.** מקיש משכבו לו: **וכתיב וכל המשכב.** אע"ג דלא דמי לזב דהא לא כתיב משכבו: **וכל כלי פתוח.** כלי חרס קאמר שטומאתו נכנסת לו דרך פתחו: **מי לא עסקינן.** מי לא משמע במקרא דאפי' ייחדו לאותו כלי לאשתו נדה לישב עליו כל ימיה אמר קרא דמציל על מה שבתוכו באהל המת ואי טמא מדרס היכי מציל והא כל דבר טמא אינו חוצץ בפני הטומאה אלא ש"מ דאין מדרס בכלי חרס הלכך כלי חרס המוקף צמיד פתיל טהור מכלל טומאה והיסטו נמי לא מטמיא ליה כדפרישית לעיל דכל שלא בא לכלל מגע לא בא לכלל משא לפיכך מציל על מה שבתוכו: **מתני' שזורעין בתוכה ה' זרעונין.** ולא הוי עירבוב שיש בה כדי להפריש ביניהם הפרש הכלאים: **ד' מד' רוחות הערוגה.** ממלא את כל הרוח עד סמוך לקרן: **ואחת באמצע.** גרעין אחד ואע"פ שכל אצל הקרנות סמוכין זה לזה ואין ביניהם הרחקה ג' טפחים ויונקים זה מזה אין כאן בית מיחוש דגבי כלאים היכרא הוא דבעינן דלא להוי עירבוב דהא אכלאים קפיד קרא אבל לייניקה לא חיישינן אפילו בכלאי הכרם דאורייתא דתנן (ב"ב דף כו.) זה סומך לגדר מכאן וזה סומך לגדר מכאן ואע"ג דינקי מהדדי וכ"ש בכלאי זרעים דרבנן דלא חיישינן לייניקה דתנן גבי ראש תור לקמן בשמעתין ובגבי ב' שורות והרי יש כאן היכר גדול רוח זו זרועה צפון ודרום וזו זרועה מזרח ומערב אבל בין זרע האמצעי לזרעוני הרוחות צריך הרחקה כדי יניקה דאין שם היכר ואי הוו מקרבי הוי עירבוב והמפרש ד' גרעינין בד' הרוחות טועה דאי הרחקה משום יניקה ט' זרעונין יש לזרוע בו ד' בד' הקרנות וד' בכל רוח ורוח באמצעו וא' באמצע הערוגה ויש בין כל אחד ואחד ג' טפחים כשיעור יניקה טפח ומחצה לכל אחד הלכך לכל הרוח הוא ממלא עד סמוך לקרן ואפילו אין בין זרע שברוח זו לזרע שברוח זו ג' טפחים לא איכפת לן דלענין כלאים היכר בעלמא הוא דבעינן כדפרישית: **זרועיה.** ובגמ' מפרש היכי משמע ה' זרעונים בו' טפחים: **גמ' תוציא חד צמחה חד** זרועיה תרי תצמיח חד. וששה טפחים ליכא למילף מקרא

(סה)

קים

תוספות

מה פכין קטנים שטהורין בזב. תימה למסקנא ותרקב ותיבה שפתחה למעלה יכול לעשות ק"ו דלא מטמא מדרס מטמא במת מפץ שמטמא מדרס אינו דין שיטמא במת וי"ל דמה להנך שכן נעשין אב הטומאה מה שאין כן במפץ דכיון שאין לו טהרה במקוה אינו נעשה אב הטומאה כדמוכח בפרק בתרא דעירובין (דף קד:) אבל קשה למפרש גדולים מצי למיעבד ק"ו דלא מטמו מדרס כדאמר הכא דמדרס כלי חרס טהור ומטמא במת וי"ל דטפי ניחא ליה למיעבד ק"ו מפכים קטנים שטהורין מכל טומאת הזב לגמרי וקשה דמשמעות הזב מנלן דלא מיטמו פכין קטנים דנהי דבשיעור הזב לא מיטמו היינו משום דבעינן ראוי לנגיעת בשר כדפירש בקונטרס דמבשר הזב נפקא טומאת שיער אבל רוקו דכתיב בהדיא וכי ירוק הזב בטהור פשיטא דלא בעינן ראוי לנגיעת בשר וא"ת והיכי עביד ק"ו מפכין קטנים מה לפכין קטנים שכן מטמאין מאוירן תאמר במפץ כו' וליכא למימר דעביד ק"ו הכי מה זב הקל שאין מטמא פכין קטנים מטמא מפץ מת החמור דמטמא פכין קטנים אינו דין שיטמא מפץ דמה [לזב שכן] מטמא במשכב ומושב (ג) ויש לומר דליכא למימר שאר כלים יוכיחו שאין מטמאין מאוירן ומטמאין במת אף אני אביא מפץ מה לשאר כלים שכן נעשין אב הטומאה פכין קטנים יוכיחו:

שטהורים בזב. שאינו יכול ליגע בתוכם לפי שפיהם צר והיסטו נמי לא מטמו לזב כדפירש בקונטרס דכל שאינו בא לכלל מגע אינו בא לכלל היסט וא"ת א"כ כלי חרס המוקף צמיד פתיל לא יטמא בהיסט ובפ"ק דנדה (דף ה:) אמר שאינו ניצול במעת לעת שבנדה ובפ' הניזקין (גיטין דף סא.) נמי פריך וליחוש שמא תסיטם אשתו נדה ואור"ת דצמיד פתיל חשיב בא לכלל מגע לפי שעומד ליפתח ולא דמי לקולית נבלה דאמ' בהעור והרוטב (חולין קכו:) מחוסר נקב כמחובר מעשה דמי ואע"פ שחשב עליה לנוקבה אין טומאה במשא דהתם סתמא אינה עומדת לנקיבה אלא ע"י מחשבה אבל מוקף צמיד פתיל סתמו עומד ליפתח:

מפץ שטמא בזב אינו דין שיטמא במת. מק"ו דהכא קי"ל בכל דוכתא ו) דכל המטמא מדרס מטמא טמא מת וא"ת כלי חרס המוקף צמיד פתיל יוכיח שטמא בזב דמטמא בהיסט כדפרישית לעיל וטהור במת ואומר ר"ת דלא שייך למימר יוכיח מצמיד פתיל דמה שהוא טמא בהיסט הזב היינו משום דהוי כאילו נגע הזב בתוכו כדאמרי' איזהו מגע שהוא ככולו הוי אומר זה היסטו ובמת אם היה כזית ממנו בתוכו היה טמא: **והא** לית ליה טהרה במקוה. תימה דבסוף כיצד הרגל (ב"ק דף כה:) קאמר עלה דמפץ דהכא וקא מייתי לה בין לטומאת ערב בין לטומאת ז' מה שייך להזכיר טומאת ערב וז' כיון דאין לו טהרה לעולם וי"ל דהאי ק"ו אהני נמי לפשוטי כלי עץ המיוחדים למדרס דטמאים במת ומייתי הא לטומאת ז' אי נמי ברייתא איירי בכל מפצים בין במפץ עץ בין במפץ שיפה וגמי ובמפץ עץ קאמר התם דמייתי ליה לטומאת שבעה דאית ליה טהרה במקוה:

מי לא עסקינן דייחדינהו לאשתו נדה. פי' בקונטרס ואי מיטמא מדרס היכי מציל והלא כל דבר טמא אינו חוצץ בפני הטומאה אלא ש"מ דלא מיטמא מדרס הלכך כלי חרס המוקף צמיד פתיל טהור מכל טומאה והיסטו נמי לא מטמא דכ"ד שלא בא לכלל מגע אינו בא לכלל משא ואין נראה דודאי מטמא בהיסט כלי חרס מוקף צמיד פתיל כדמוכח בנדה (ה:) ובגיטין (סא.) כדפירשתי לעיל ומפרש ר"ח דמדכתיב וכל כלי דייק דמי לא עסקינן דייחדינהו לאשתו נדה דכל טומאות הבאות לדרך גב יש לנו לטהרו מדכתיב וכל הילכך אפילו ייחד להו לישיבה טהורים אבל בהיסטו מטמו דטומאה הבאה לדרך תוך הוא דמחשבינן כאילו נגע בפנים כדאמרינן איזהו מגעו שהוא ככולו הוי אומר זה היסטו וי"מ דלא שהוא פירש בעי למימר דמיירי קרא בכל ענין אפי' ישבה עליהם אשתו נדה או היסיטן אלא אם ייחד כלי חרס לאשתו נדה טהור דאין לכלי חרס מטמא מדרס דאי (ייחד) טמא לא יציל בצמיד פתיל אע"ג דלא ישבה עליו דאע"פ שבמת אינו מקבל טומאה מגבו כיון דבמדרס יכול לקבל טומאה אין לו לחוץ באהל המת ומסופק ר"י בכך:

מניין לערוגה שהיא כו'. י"א דערוגה ו' נפקא לן מדכתיב לחייו כערוגת הבושם (שיר ה) ומשמע לחייו לשון לוחות והם היו ו' על ו' מכלל דערוגה נמי כן היא:

ארבע על ארבע רוחות הערוגה. באמצע הרוח כדמוכח בגמרא לפי מה שמפרש בעז"ה ומה שפירש הקונטרס דכלאי זרעים דרבנן אינו נראה לר"י דהא אמרי' בפ' כל הבשר (חולין קטו.) כלאי זרעים ליתסרו דהא תיעבתי לך הוא ואין נראה לומר דלהרכבת האילן קרי כלאי זרעים משום דבספ"ק דקידושין (דף לט.) מפיק הרכבת האילן משדך לא תזרע כלאים ועוד דהתם בקידושין אמר אההיא מילתא גופא בהמתך לא תרביע כלאים שדך לא תזרע כלאים מה בהמתך בהרבעה אף שדך בהרכבה ומה בהמתך נוהג בין בארץ בין בחו"ל אף שדך נוהג בין בארץ בין בחו"ל ופריך ואלא הא כתיב שדך ומשני ההוא למעוטי זרעים שבחו"ל (ז) ובפ' המביא) משמע דבא"י אסירי מדאורייתא ואפי' לר' יאשיה דאמר אינו חייב עד שיזרע חטה ושעורה וחרצן במפולת יד היינו להתחייב משום כלאי הכרם דלא תזרע כרמך אבל אלאו דלא תזרע שדך מודה דחייב:

וקים

מסורת הש"ס

א) [כתובות מה: ב"ק סה:], ב) [חולין כה.], ג) כלאים פ"ג מ"א פסחים לט., ד) [קידושין לט:], ה) [ועי' תוס' חגיגה כג: ד"ה יצא], ו) [נדה מט. סוכה כ.], ז) וי"ג ובפ' מעשר בהמה משמע בהדיא דאסור מדאורי' והוא בבכורות נד ע"א.

הגהות הב"ח

(א) גמ' מהכא דכתיב וכל כלי: (ג) תוס' ד"ה מה פכין וכו' דמה לזב שכן מטמא משכב ומושב תאמר במת שאין מטמא משכב ומושב וי"ל דאיכא:

תורה אור השלם

א) וְאִישׁ אֲשֶׁר יִגַּע בְּמִשְׁכָּבוֹ יְכַבֵּס בְּגָדָיו וְרָחַץ בַּמַּיִם וְטָמֵא עַד הָעָרֶב: [ויקרא טו, ה]

ב) כָּל הַמִּשְׁכָּב אֲשֶׁר יִשְׁכַּב עָלָיו הַזָּב יִטְמָא וְכָל הַכְּלִי אֲשֶׁר יֵשֵׁב עָלָיו יִטְמָא: [ויקרא טו, ד]

ג) וְכֹל כְּלִי פָתוּחַ אֲשֶׁר אֵין צָמִיד פָּתִיל עָלָיו טָמֵא הוּא: [במדבר יט, טו]

ד) כִּי כָאָרֶץ תּוֹצִיא צִמְחָהּ וּכְגַנָּה זֵרוּעֶיהָ תַצְמִיחַ כֵּן אֲדֹנָי אֱלֹהִים יַצְמִיחַ צְדָקָה וּתְהִלָּה נֶגֶד כָּל הַגּוֹיִם: [ישעיה סא, יא]

רב נסים גאון

ואותו תשברו ואמרו רבותינו ז"ל מלמד שאין לו טהרה אלא שבירה: **פכין** קטנים שטהורין בזב טמאים במת ממה שאמרה התורה בענין הזב (ויקרא טו) וכלי חרש אשר יגע בו הזב ישבר ולא אמרה וכל כלי חרש למדנו שפכין קטנים טהורין בזב ואמרו במת (במדבר יט) וכל כלי פתוח אפילו כל שהוא וכבר פירשנו בברכות הרי למדנו שפכין קטנים טמאין:

ליקוטי רש"י

פכין קטנים שטהורין בזב. בכל טומאותיו דכלי חרס אין מטמא אלא מאוירו ומתוך שפיו שלו צר אין יכול להכניס אצבעו לתוכו ולמדרס נמי לא חזי והיסטו נמי להכי אפקיה רחמנא להיסט כלי חרס בזב בלשון מגע כדכתיב (ויקרא טו) (וכל כלי) [וכלי] חרש אשר יגע בו הזב וגו' ומהכא נפקא לן דזב מטמא בהיסטו למימר דכל שאינו ראוי לטמא במגעו אינו מטמא בהסיטו. **טמאים במת.** דכתיב (במדבר יט) וכל כלי פתוח וגו' ואי זהו כלי שטומאתו קודמת לפתחו הוי אומר זה כלי חרס וכתיב טמא הוא ואפי' פיו צר הרי הוא ראוי להאהיל עליו. **מפץ שטמא בזב.** שראוי למשכב וכתיב המשכב אשר ישכב וגו' (ויקרא טו) [ב"ק כה:]. **מפץ שטמא בזב אינו דין שיהא טמא מת.** והוא הדין לכל הטומאות כגון נוגע בשרץ ובנבילה דאין לך מיטמא מדרס אלא המיוחד לשכיבה וכיון דשוי לתשמיש כלי הוא וכל שהוא כלי למדרס מיטמא בכל טומאה ואפילו הוא פשוטי כלי עץ דילפינן ליה בקל וחומר [סוכה כ. ע"ש ברש"ש ולעיל ע"א במהרש"א ובמהר"ם]. **וכל כלי פתוח.** בכלי חרס הכתוב מדבר שאין מקבל טומאה מגבו אלא מתוכו לפיכך אם אין מגופת צמידתו פתולה עליו יפה בחבור טמא הוא הא אם יש צמיד פתיל עליו טהור [במדבר יט, טו]. מקפיד אפסיקה שמע מינה בכלי חרס קאי דאיהו כלי שטומאתו קודמת לפתחו באיזה [כלין] הרגילה תורה את הטומאה להשכים ולמהר ולבא דרך פתחו הוי אומר זה כלי חרס דכתב ליה בגויה בדוכתא אחריתי אל תוכו. **הא יש צמיד פתיל עליו.** שמצומדת מגופתו עליו לפיו יפה [חולין כה.]. **פתיל.** לשון מחובר בלשון עברי וכן (בראשית ל, ח) נפתולי אלהים נפתלתי נתחברתי עם אחותי [במדבר שם]. מגופו. **טהור.** ואע"פ שהוא באהל המת דקרא באהל המת משתעי [חולין שם].

touch his couch.[9] Since this verse, by identifying the couch as the *zav's,* compares the two, it implies that the couch will only be susceptible to *midras* if it *itself* can be purified in a *mikveh.* וּכְתִיב ,,[כָּל]־הַמִּשְׁכָּב אֲשֶׁר יִשְׁכַּב עָלָיו הַזָּב יִטְמָא״ – **But it is written** in another verse: ***Any couch that the zav will lie upon will be contaminated.***[10] Since this verse does not identify the couch as the *zav's,* it implies that even if the couch *cannot* be purified in a *mikveh,* it is still susceptible to *midras tumah*! הָא כֵּיצַד – **How can this** apparent contradiction **be** explained? Only as follows: יֵשׁ בְּמִינוֹ אַף עַל גַּב דְּלֵית לֵיהּ טָהֳרָה בְּמִקְוֶה – The verse that does not compare the couch to the *zav* (i.e. *any couch . . .*) applies in a case where **there are [other utensils] in [a given vessel's] class** that can be purified in a *mikveh;* in that case, **even though** this particular vessel **does not have** ability to attain **purification in a *mikveh,*** it will nonetheless be susceptible to *midras tumah.* אֵין בְּמִינוֹ מַקִּישׁ מִשְׁכָּבוֹ לוֹ – However, in a case where **there are no [other utensils] in [this vessel's] class** that can be purified in a *mikveh,* **[the second verse]** (i.e. *his couch*) **compares [the *zav's*] couch to** the *zav* **himself** – just as the *zav* can purify himself in a *mikveh,* so too must his couch be one that can be purified in a *mikveh.* Otherwise, it will not be susceptible to *midras tumah.*

The Gemara now presents yet another proof that earthenware vessels are not subject to contamination with *midras tumah*:

רָבָא אָמַר – **Rava said:** מִדְרַס כְּלִי חֶרֶס טָהוֹר מֵהָכָא – The fact that **the *midras* of an earthenware vessel** by a *zav* **will not render it *tamei*** can be proved **from here:** ,,וְכֹל כְּלִי פָתוּחַ אֲשֶׁר אֵין־צָמִיד פָּתִיל עָלָיו״ – The verse states with regard to an earthenware vessel found under the same roof as a corpse: ***And any open vessel that has no cover fastened onto it,*** *it is tamei.*[11] הָא יֵשׁ צָמִיד פָּתִיל עָלָיו טָהוֹר הוּא – This implies **that if there is a cover fastened onto [the vessel], it remains *tahor*,** since in that case the vessel's exterior surface interposes between the *tumah* of the corpse and the interior of the vessel, thus preventing the vessel from becoming *tamei.*[12] מִי לֹא עַסְקִינַן דְּיִחֲדִינְהוּ לְאִשְׁתּוֹ נִדָּה – Now **is [this verse] not dealing** even **with [a vessel] that one designated** as a seat **for his wife who is a *niddah,*** and that she subsequently sat upon while she was a *niddah*?[13] Certainly it is! וְקָאָמַר רַחֲמָנָא טָהוֹר – **Yet, the Merciful One stated** that even **[such a vessel] remains *tahor*,** since its exterior surface serves as an interposition between the corpse *tumah* and the interior of the vessel! But the fact is that a seat used by a *niddah* becomes *tamei* with *midras,*[14] and the law is that an article that is itself *tamei* cannot serve as an interposition to *tumah*![15] How then can the exterior of this vessel prevent the corpse *tumah* from entering the vessel? Evidently, an earthenware vessel cannot be rendered *tamei* with *midras,*[16] and since the *niddah* accordingly does not contaminate this vessel, the exterior of the vessel will prevent the corpse *tumah* from entering. We thus see that an earthenware vessel is not susceptible to *midras tumah.*

Mishnah The following Mishnah in this series deals with an aspect of the law of *kilayim* – the prohibition against sowing different species of seed together. The Mishnah focuses on how this prohibition pertains to planting different vegetables in a small garden patch:

מִנַּיִן לַעֲרוּגָה שֶׁהִיא שִׁשָּׁה עַל שִׁשָּׁה טְפָחִים שֶׁזּוֹרְעִין בְּתוֹכָהּ חֲמִשָּׁה זֵרְעוֹנִין – **From where** do we derive **that a garden patch that is six by six *tefachim* may be sown with five types of seeds,** אַרְבָּעָה עַל אַרְבַּע רוּחוֹת הָעֲרוּגָה – **four on the four sides of the patch** וְאַחַת בָּאֶמְצַע – **and one in the center?**[17] שֶׁנֶּאֱמַר ,,כִּי כָאָרֶץ תּוֹצִיא צִמְחָהּ וּכְגַנָּה זֵרוּעֶיהָ

NOTES

9. *Leviticus* 15:5. [It was this verse that Chizkiyah cited above as the source of the analogy between a *zav* and his couch.]

10. Ibid. v. 4.

11. *Numbers* 19:15. [All people, vessels or clothing that shelter under a single roof with a corpse become *tamei.* The *tumah* does not come from the roof itself, but from the corpse; it is simply transmitted by the sharing of a roof.] This verse speaks of an earthenware vessel, which can only acquire roof *tumah* through its mouth. [If the mouth of the vessel is stoppered, the corpse will not render it *tamei* – see *Chullin* 25a] (*Rashi*).

12. [Since an earthenware vessel can acquire *tumah* only from within.]

13. For since this verse does not differentiate between one vessel and another, it implies that *any* covered earthenware vessel, even one that a *niddah* actually sat upon, will be protected from corpse *tumah* (see *Rashi;* see also *Chasam Sofer*).

14. For even if this vessel was not originally intended for sitting upon, since it was later designated to forever remain a seat, it will acquire *tumas midras* (*Rashi*).

15. Accordingly, this vessel will not prevent the corpse *tumah* from entering, since it was rendered *tamei* by the *niddah* sitting upon it (*Rashi,* from *Chagigah* 22a-b; see *Chasam Sofer;* cf. *Tosafos*).

16. [Now, one might protest that although earthenware cannot acquire *tumas midras,* it *can* acquire *tumas heset.* The verse accordingly should not be able to state unequivocally that a covered earthenware vessel will not acquire corpse *tumah,* since one that undergoes *heset,* because it is *tamei,* will in fact not prevent the *tumah* from entering! *Rashi* therefore explains that since a covered earthenware vessel cannot acquire contact-generated *tumah* (as earthenware is contaminated only from within), it cannot acquire *tumas heset* either (see note 1 for why the two are connected). The vessel's exterior will thus prevent corpse *tumah* from entering even if the vessel underwent *heset* (*Rashi;* cf. *Tosafos* ד״ה שטהורים וד״ה מי לא; see *Ramban* and *Ritva MHK* ed.).]

17. What Scriptural evidence do we have for the law which is stated in *Kilayim* 3:1, that it is possible to sow five types of seed in an area of six *tefachim* by six *tefachim* and yet not violate the law of *kilayim*?

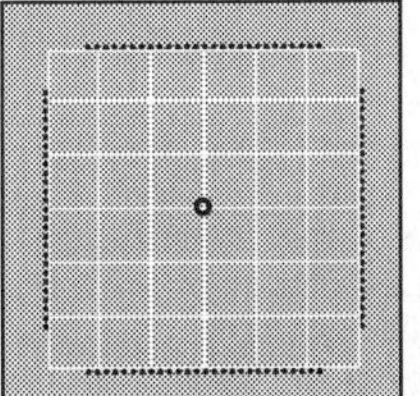

On the basis of the Scriptural source, the perimeter of the bed would be sown with four types of seed, each on a different side and stopping just short of the corner, which would be left fallow. One single seed of yet a fifth species would then be planted in the center of the patch, so that it would be separated from the row on each side of the perimeter by three *tefachim.* See diagram.

A distance of three *tefachim* must be kept between the center seed and the rows on the perimeter, because the roots of each seed spread out and draw nourishment from an area of one-and-a-half *tefachim* in each direction (cf. *Ramban*). By separating the seeds three *tefachim,* one prevents them from feeding on the same ground. However, the three-*tefach* distance is required only between the center seed and the perimeter rows. The vegetation on each side of the patch need not be separated by three *tefachim* from the species on its adjacent sides. Although they will draw nourishment from common ground, they may be planted in this fashion. The reason for this is that the primary concern with regard to *kilayim* is that the vegetation should not appear intermingled; there is nothing inherently wrong with different species being nourished from common ground (see also *Rambam, Hil. Kilayim* 3:7 and *Targum Onkelos, Leviticus* 19:19). When different species are planted parallel to each other, a distance which precludes common nourishment is fixed as the amount of separation which makes them appear distinct and unmingled. However, the furrows on the perimeter of the patch, which are perpendicular to each other, automatically appear distinct and unmingled (see *Shabbos Shel Mi* and *Menachem Meishiv Nefesh*). One is therefore permitted to plant them in this fashion without separating them by three *tefachim.* [Nevertheless, the very corners of the patch must be left fallow, for if they were planted, the species in the corner would be in a direct line with a different kind of seed (*Chazon Ish, Kilayim* 5:5).]

Only the species in the center, whose furrow is not angled away from

יח א מיי' שם פ"י ופכ"ג הלכה ג:
יט ב מיי' פ"ד מהלכות כלאים הלכה ב סמג לאוין רעט:

ודין הוא ומה פכין קטנים שטהורין בזב טמאים במת א מפץ שטמא בזב אינו דין שיהא טמא במת ואמאי הא לית ליה טהרה במקוה א"ל ר' חנינא שאני התם הואיל ואיכא במינו א"ל א) רחמנא ליצלן מהאי דעתא אדרבה רחמנא ליצלן מדעתא דידך וטעמא מאי תרי קראי כתיבי כתיב א) ואיש אשר יגע במשכבו וכתיב ב) וכל המשכב אשר ישכב עליו הזב יטמא הא כיצד יש במינו אע"ג דלית ליה טהרה במקוה אין במינו מקיש משכבו לו רבא אמר מדרס כלי חרס טהור מהכא (א) ג) וכל כלי פתוח אשר אין צמיד פתיל עליו ה) הא יש צמיד פתיל עליו טהור הוא מי לא עסקינן דיחדינהו לאשתו נדה וקאמר רחמנא טהור: **מתני'** ב מנין לערוגה שהיא ששה על ששה טפחים שזורעין בתוכה חמשה זרעונין ד' על ד' רוחות הערוגה ואחת באמצע שנא' ד) כי כארץ תוציא צמחה וכגנה זרועיה תצמיח זרעה לא נאמר אלא זרועיה: **גמ'** מאי משמע אמר רב יהודה כי כארץ תוציא צמחה תוציא חד צמחה חד הרי תרי זרועיה תרי הא ארבע תצמיח חד הא חמשה

וקים

רש"י

ודין הוא ומה פכין קטנים. של חרס שטהורין בזב שאין מטמאין על ידו בשום טומאה למדרס לא חזו דאין עשוין לישיבה ועוד שהן של חרס ובמגע נמי לא מטמאו דאין מטמאות אלא מאוירן ואין יכול להכניס אצבעו לתוכן מפני שפיהן צר והיסט לא דאפקיה רחמנא בלשון נגיעה דכל שאינו מטמא במגע אינו מטמא בהיסט ובהעור והרוטב (חולין קכד:) אמר נמי הכי לגבי טומאת משא את שבא בכלל מגע בא לכלל משא אע"פ שאפשר ליגע בחוט השערה ותניא בת"כ בשיעור הזב מטמא הכ"מ כלי הראוי לנגיעת בשרו והכי אפקיה רחמנא בלשון נגיעת בשר דכתיב (ויקרא טו) והנוגע בבשר הזב: **טמאין במת.** באהל המת דכתיב (במדבר יט) וכל כלי פתוח: **מפץ שטמא בזב.** דהא חזי למשכב וכתיב וכל המשכב וגו' ומהכא נפקא לן בעלמא (נדה דף מט:) דכל המטמא במדרס מטמא טומאת מת ואפילו פשוטי כלי עץ: **ואמאי.** טמא בזב טומאת מדרס: **והא לית ליה טהרה במקוה.** דלי כתיב טבילה בפרשת שרצים ובפרשת מדין כתיבה והנך כלים דכתיבי התם ילפינן להו טבילה אבל פשוטי כלי עץ שלא נכתבו שם לענין טומאה לא ילפינן להו טבילה ולית להו טהרה במקוה דהא לא כתיבא בהו כי היכי דאוכל ומשקה אין להם טהרה במקוה לפי שלא למדנו להם טבילה בתורה: **שאני התם דאיכא במינו.** יש בכלי עץ שיש להן טהרה במקוה כגון מקבלים: **רחמנא ליצלן מהאי דעתא.** דכיון דלדידיה ליכא טהרה במקוה לא שאני מכלי חרס: **וטעמא מאי.** היכא כתיבא דמשום דאיכא במינו אע"ג דבדידיה ליכא [מיטמא נימא] הואיל ואקשיתיה לזב עצמו בעי דתיהוי ליה טהרה לדידיה: **כתיב משכבו.** מקיש משכבו לו: **וכתיב וכל המשכב.** אע"ג דלא דמי לזב דהא לא כתיב משכבו: **וכל כלי פתוח.** כלי חרס קאמר שהטומאה נכנסת לו דרך פתחו: **מי לא עסקינן.** מי לא משמע במקרא דאפי' ייחדו לאותו כלי לאשתו נדה לישב עליו כל ימיה אמר קרא דמציל על מה שבתוכו באהל המת ואי טמא מדרס היכי מציל והא כל דבר טומאה אין חוצץ בפני הטומאה אלא ש"מ דאין מדרס בכלי חרס הלכך כלי חרס המוקף למיד פתיל טהור מכלל טומאה ובהיסט נמי לא מטמיא ליה כדפרישית לעיל דכל שלא בא לכלל מגע לא בא לכלל משא לפיכך מציל על מה שבתוכו: **מתני'** שזורעין בתוכה ה' זרעונין. ולא הוי עירבוב שיש בה כדי להפריש ביניהם הפרש הראוי: **ד' מד' רוחות הערוגה.** ממלא את כל הרוח עד סמוך לקרן: **ואחת באמצע.** גרעין אחד ואע"פ שכל אצל הקרנות סמוכין זה לזה ואין ביניהם הרחקה ג' טפחים ויונקים זה מזה אין כאן בית מיחוש דגבי כלאים היכרא הוא דבעינן דלא להוי עירבוב דהא אכלאים קפיד קרא אבל ליניקה לא חיישינן אפילו בכלאי הכרם דאורייתא כדתנן (ב"ב דף כו.) זה סומך לגדר מכאן וזה סומך לגדר מכאן ואע"ג דינקו מתתאי וכ"ש כלאי זרעים דרבנן דלא חיישינן ליניקה כדתנן גבי ראש תור לקמן בשמעתין וגבי ב' שורות והרי יש כאן היכר גדול רוח זו זרועה לצפון ודרום וזו זרועה מזרח ומערב אבל בין זרע האמצעי לזרעוני הרוחות צריך הרחקה כדי יניקה דאין שם היכר ואי הוו מקרבי הוי עירבוב והמפרש ד' גרעינין בד' הרוחות טועה דאי ההרחקה משום יניקה ט' זרעונין יש לזרוע בו ד' בד' הקרנות ואחד בכל רוח ורוח באמצעו ואחד באמצע הערוגה ויש בין כל אחד ואחד ג' טפחים כשיעור יניקה טפח ומחצה לכל אחד הלכך לכל הרוח הוא ממלא עד סמוך לקרן ואפילו אין בין זרע שברוח זו לזרע שברוח זו ג' טפחים לא איכפת לן דלענין כלאים היכר בעלמא הוא דבעינן כדפרישית: **זרועיה.** ובגמ' מפרש היכי משמע ה' זרעונים בו' טפחים: **גמ' תוציא חד צמחה חד** זרועיה תרי תצמיח חד. וששה טפחים דליכא למילף מקרא

קיס

תוספות

מה פכין קטנים שטהורין בזב. תימה דמפאה ותרקב ותיבה שפתחהו למעלה יכול לעשות ק"ו דלא מטמא מדרס מטמא במת מפץ שמטמא מדרס אינו דין שיטמא במת וי"ל דמה להנך שכן נעשין אב הטומאה מה שאין כן במפץ דכיון שאין לו טהרה במקוה אינו נעשה אב הטומאה כדמוכח בפרק במה דעירובין (דף קד:) אבל קשה דמפסיס גדולים מאי למיעבד ק"ו דלא מטמו מדרס כדאמר הכא דמדרס כלי חרס טהור ומטמא במת וי"ל דטפי ניחא ליה למיעבד ק"ו מפכים קטנים שטהורין מכל טומאת הזב לגמרי וקשה דבמעיינות הזב מנלן דלא מיטמו פכין קטנים דנהי דבשיעור הזב לא מיטמו היינו משום דבעינן ראוי לנגיעת בשר כדפירש בקונטרס דמשכב הזב נפקא טומאת שיער אבל רוקו דכתיב בהדיא וכי ירוק הזב בטהור פשיטא דלא בעינן ראוי לנגיעת בשר ולא"ת והיכי עביד ק"ו מפכין קטנים מה לפכין קטנים שכן מטמאין מאוירן תאמר במפץ כו' וליכא למימר דעביד ק"ו הכי מה זב הקל שאין מטמא פכין קטנים מטמא מפץ מת החמור דמטמא פכין קטנים אינו דין שיטמא מפץ דמה [לזב שכן] מטמא במשכב ומושב (ג) ויש לומר דאיכא למימר שאר כלים יוכיחו שאין מטמאין מאוירן ומטמאין במת אף אני אביא מפץ מה לשאר כלים שכן נעשין אב הטומאה פכין קטנים יוכיחו [ה]:

שטהורים בזב. שאינו יכול ליגע בתוכם לפי שפיהם צר והיסט נמי לא מטמו כדפירש בקונטרס דלאת שאינו בא לכלל מגע אינו בא לכלל היסט וא"ת א"כ כלי חרס המוקף צמיד פתיל לא יטמא בהיסט ובפ"ק דנדה (דף ה:) אמר שאינו נילול במעת לעת שבנדה ובפ' הניזקין (גיטין דף סא:) נמי פריך וליחוש שמא תסיטם אשתו נדה ואור"ת דצמיד פתיל חשיב בא לכלל מגע לפי שעומד ליפתח ולא דמי לקולית נבלה דאמ' בהעור והרוטב (חולין קכו:) מחוסר נקב כמחוסר מעשה דמי ואע"פ שחישב עליה לנוקבה אין טומאה במשא דהתם סתמא אינה עומדת לנקיבה אלא ע"י מחשבה אבל מוקף צמיד פתיל סתמו עומד ליפתח:

מפץ שטמא בזב אינו דין שיטמא במת. מק"ו דהכא קי"ל בכל דוכתא [י] דכל המטמא מדרס מטמא טמא מת וא"ת כלי חרס המוקף צמיד פתיל יוכיח שטמא בזב דמטמא בהיסט כדפרישית לעיל וטהור במת ואומר ר"ת דלא שייך למימר יוכיח מצמיד פתיל דמה שהוא בהיסט הזב היינו משום דהוי כאילו נגע הזב בתוכו כדאמרי' איזהו מגע שהוא ככולו הוי אומר זה היסטו ובמת אם היה כזית ממנו בתוכו היה טמא: **והא** לית ליה טהרה במקוה. תימה דבסוף כילד הרגל (ב"ק דף כה:) קאמר עלה דמפץ דהכא וקא מייתי לה בין לטומאת ערב בין לטומאת ז' מה שייך להזכיר טומאת ערב וז' כיון דאין לו טהרה לעולם וי"ל דהאי ק"ו אהני נמי לפשוטי כלי עץ המיוחדים למדרס דטמאים במת ומייתי הא לטומאת ז' אי נמי ברייתא איירי בכל מפצים בין במפץ עץ בין במפץ שיפה וגמי ובמפץ עץ קאמר התם דמייתי ליה לטומאת שבעה דאית ליה טהרה במקוה: **מי** לא עסקינן דייחדינהו לאשתו נדה. פי' בקונטרס ואי מיטמא מדרס היכי מציל והלא כל דבר טמא אינו חוצץ בפני הטומאה אלא ש"מ דלא מיטמא מדרס הלכך כלי חרס המוקף צמיד פתיל טהור מכל טומאה ובהיסט נמי לא מטמא דכ"ד שלא בא לכלל מגע אינו בא לכלל משא ואין נראה דודאי מטמא בהיסט כלי חרס מוקף צמיד פתיל כדמוכח בנדה (ה:) ובגיטין (סא:) כדפירשתי לעיל ומפרש ר"ת דמדכתיב וכל כלי דייק דמי לא עסקינן דיחדינהו לאשתו נדה דכל טומאות הבאות דרך גב יש לנו לטהרו מדכתיב וכל הילכך אפילו ייחד להו לישיבה טהורים אבל בהיסט מטמו דטומאה הבאה דרך תוך הוא דחשבינן כאילו נגע בפנים כדאמרינן איזהו מגעו שהוא ככולו הוי אומר זה היסטו ור"י מפרש דלא בעי למימר דמיירי קרא בכל ענין אפי' ישבה עליהם אשתו נדה או היסיטן אלא אם ייחד כלי חרס לאשתו נדה טהור דאין כלי חרס מטמא מדרס דאי (ייחד) טמא לא יציל בצמיד פתיל אע"ג דלא ישבה עליו דאע"פ שבמת אינו מקבל טומאה מגבו כיון דבמדרס יכול לקבל טומאה אין לו לחוץ באהל המת ומסופק ר"י בכך: **מניין** לערוגה שהיא ו' כו'. י"א דערוגה ו' נפקא לן מדכתיב לחייו כערוגת הבושם (שיר ה) ומשמע לחייו לשון לוחות והם היו ו' על ו' מכלל דערוגה נמי כן היא: **ארבע** על ארבע רוחות הערוגה. באמצע הרוח כדמוכח בגמרא לפי מה שאפרש בעז"ה ומה שפירש הקונטרס דכלאי זרעים דרבנן אינו נראה לר"י דהא אמרי' בפ' כל הבשר (חולין קטו.) כלאי זרעים ליתסרו דהא תיעבתי לך הוא ואין נראה לומר דלהרכבת האילן קרי כלאי זרעים משום דבספ"ק דקידושין (דף לט.) מפיק הרכבת האילן משדך לא תזרע כלאים ועוד דהתם בקידושין אמר אההיא מילתא גופא בהמתך לא תרביע כלאים שדך לא תזרע כלאים מה בהמתך בהרבעה אף שדך בהרכבה ומה בהמתך נוהג בין בארץ בין בחו"ל אף שדך נוהג בין בארץ בין בחו"ל ופריך והא הא כתיב שדך ומשני ההוא למעוטי זרעים שבחו"ל (י וכפ' המביא) משמע דבא"י אסירי מדאורייתא ואפי' לר' יאשיה דאמר אינו חייב עד שיזרע חטה ושעורה וחרצן במפולת יד היינו להתחייב משום כלאי הכרם דלא תזרע כרמך אבל אלאו דלא תזרע שדך מודה דחייב:

וקים

רבינו חננאל

שהוא טמא. עיקר הדבר הזה שלא נאמר במת אלא כל בגד וכל כלי עור וכל מעשה עזים והמפץ שהוא כמין מחצלת שעשויה מן החילף ומן כיוצא בו לא נאמר בה. ואף לא נאמר מפץ בשרץ כי כן כתיב בו מכל כלי עץ או בגד או עור או שק. ומן מתני' כבר גמרינן שהמפץ טמא. דתנן שלשה מפצין הן העשוי לשכיבה טמא מדרס. של צבעים טמא מת ושל גתות טהור מכלום. א) ואפילו דגיתות קאמרינן. דשמואל עביד לה לבהנה מצות בימי תשרי וצריכין למידע מהיכא ילפינן טומאה למפץ במת ובשרץ. ואמינן הני ברייתא בגמ' דבאיזהו צד הרגל מועדת לענין דרשת דיו לבא מן הדין להיות כנדון. ב) השתא כיון דמפץ לאו כלי עץ הוא ולא בגד ולא עור ולא שק ולא מעשה עזים. ודבר קא דרשינן ליה טומאה דלית ליה טהרה במקוה קא מטמא מדרס קא מותיב מיניה ר' אלעא למאן דאע"ג דליתיה מהני מידעאני עשוי דבר שאין לו טהרה במקוה אין טמא מדרס. א"ל ר' חנינא הא הואיל למשכב הוא. ובמחצלת של קנים ויש במינו. פי' כגון שטומאתו מתוך שהוא משכב ויש במין מפצות חשיב לית ליה טהרה במקוה. דברים שהן ממיני בגד או עור או שק שיש להן טהרה במקוה דהא ליכא טהרה במקוה אלא עליהן טהרה במקוה הא אומר כל המשכב אשר ישכב עליו. אבל כלי חרס לדברים שטהרתו במיעוט אין במינו דבר שיש לו טהרה במקוה. ועליהן הוא אומר שיעורו כדתנן מפץ ששה במשכבו. מקיש משכבו לו. ולא היו מדרס ברורים על ששה. ותניא בתוספתא לר' אילעא משום הכי קאמר ליה לר' חנינא רחמנא ליצלן מן מפץ שבלה כל זמן שמגיחין האי דעתא עד דפריש ליה טעמא דתרתי קראי כתיבי אותו על הכסא האשה היושבת רבה אמר מדרס כלי חרס טהור מהכא וכל כלי פתוח אשר אין צמיד פתיל עליו טמא הוא הא יש צמיד פתיל טהור. (וכאן דסתים) אע"ג דחזיוה לאשתו נדה למיגזה ולמיסמך עליה טהור ליה: מתני' מניין לערוגה שהיא ששה על ששה טפחים שזורעין בתוכה ה' זרעונים ד' על ד' רוחות ערוגה ואחת

חשק שלמה על רבינו חננאל

א) הטעות גליון לענין והמתקפים לנכון תבוא עליהם קאמרינן דשמואל עביד וכו' וכוונתו כמה דכלאים היה אסור טבילה משום גזירת מרסלאות. ועיין בריך ג"כ דשבועות שלמה לאמת פירש"י ממתת קופית ו. אמנם לפי דעת רבינו פי"ש: ב) דברי רבינו הם משובלי הענינה:

מסורת הש"ס

א) [כתובות מה: כ"ק סה:], ב) [חולין כה.], ג) כלאים פ"ג מ"א פסחים לט:, ד) [קידושין לט:], ה) [ועי' תוס' חגיגה כג. ד"ה ילפי], ו) [נדה מט. סוכה כ:], ז) וע"ג ובפי' מעשר בהמה משמע בהדיא דלאסור מדאורי' והוא בבכורות נד ע"א.

הגהות הב"ח

(א) גמ' מהכא דכתיב וכל כלי: (ב) תוס' ד"ה מה פכין וכו' דמה לזב שכן מטמא משכב ומושב תאמר במת שאין מטמא משכב ומושב וי"ל דאיכא:

תורה אור השלם

א) וְאִישׁ אֲשֶׁר יִגַּע בְּמִשְׁכָּבוֹ יְכַבֵּס בְּגָדָיו וְרָחַץ בַּמַּיִם וְטָמֵא עַד הָעָרֶב: [ויקרא טו, ה]

ב) כָּל הַמִּשְׁכָּב אֲשֶׁר יִשְׁכַּב עָלָיו הַזָּב יִטְמָא וְכָל הַכְּלִי אֲשֶׁר יֵשֵׁב עָלָיו יִטְמָא: [ויקרא טו, ד]

ג) וְכֹל כְּלִי פָתוּחַ אֲשֶׁר אֵין צָמִיד פָּתִיל עָלָיו טָמֵא הוּא: [במדבר יט, טו]

ד) כִּי כָאָרֶץ תּוֹצִיא צִמְחָהּ וּכְגַנָּה זֵרוּעֶיהָ תַצְמִיחַ כֵּן אֲדֹנָי אֱלֹהִים יַצְמִיחַ צְדָקָה וּתְהִלָּה נֶגֶד כָּל הַגּוֹיִם: [ישעיה סא, יא]

רב נסים גאון

ואותו תשברו ואמרו רבותינו ז"ל מלמד שאין לו טהרה אלא שבירה: **פכין** קטנים שטהורין בזב טמאים במת ממה שאמרה התורה בענין הזב (ויקרא טו) וכלי חרש אשר יגע בו הזב ישבר ולא אמרה וכל כלי חרש למדנו שפכין קטנים טהורין בזב ואמרו במת (במדבר יט) וכל כלי פתוח אפילו כל שהוא וכבר פירשנו בברכות הרי למדנו שפכין קטנים טמאין:

ליקוטי רש"י

פכין קטנים שטהורין בזב. בכל טומאותיו דכלי חרס אין מטמא אלא מאוירו ומתוך שפיו שלו צר אין יכול להכניס אצבעו לתוכו ולמדרס נמי לא חזי ובהיסט נמי להכי אפקיה רחמנא להיסט כלי חרס בזב בלשון מגע כדכתיב (ויקרא טו) (וכל כלי) [וכלי] חרס אשר יגע בו הזב וגו' ומהכא נפקא לן דזב מטמא בהיסט למימר דכל שאינו ראוי לטמא במגעו אינו מטמא בהסיטו. **טמאים במת.** דכתיב (במדבר יט) וכל כלי פתוח וגו' ואי זהו כלי שטומאתו קודמת לפתחו הוי אומר זה כלי חרס וכתיב טמא הוא ואפי' פיו צר הרי הוא ראוי להאהיל עליו. **מפץ שטמא בזב.** שראוי למשכב וכתיב המשכב אשר ישכב וגו' (ויקרא טו) [ב"ק כה:]. **מפץ שטמא בזב אינו דין שיהא טמא מת.** והוא הדין לכל הטומאות כגון נוגע בשרץ ונבילה דאין לך מיטמא מדרס אלא המיוחד לשכיבה וכיון דשוי לתשמיש כלי הוא וכל שהוא כלי למדרס מיטמא בכל טומאה ואפילו הוא פשוטי כלי עץ דילפינן ליה בקל וחומר [סוכה כ. ע"ש

ברש"ש ולעיל ע"א במהרש"א ובמהר"ם]. **וכל כלי פתוח.** בכלי חרס הכתוב מדבר שאין מקבל טומאה מגבו אלא מתוכו לפיכך אם אין מגופת מידתו פתולה עליו יפה בתבור טמא הוא הא אם יש צמיד פתיל עליו טהור [במדבר יט, טו]. מדקדק שפתיחתו שמע מינה בכלי חרס קאי דלאיזהו כלי שטומאתו קודמת לפתחו באיזה [כלי] הרגילה תורה את הטומאה להשכים ולמהר ולבא דרך פתחו הוי אומר זה כלי חרס דכתב ליה בגויה כדוכתא אחריתי אל תוכו. **הא יש צמיד פתיל עליו.** שמהודקת מגופתו עליו לפיו יפה [חולין כה.]. **פתיל.** לשון מחובר בלשון עברי וכן (בראשית ל, ח) נפתולי אלהים נפתלתי נתחברתי עם אחותי [במדבר שם]. **מגופו. טהור.** ואע"פ שהוא באהל המת דקרא באהל המת מישתעי [חולין שם].

תַּצְמִיחַ" – For it is stated: *For like the earth gives forth its plant, and like a garden causes its seeds to sprout;*[18] ,,זֵרוּעֶיהָ" זַרְעָהּ לֹא נֶאֱמַר אֶלָּא – "its seed" is not stated, but *its seeds.*[19]

Gemara The Gemara clarifies the Mishnah's exposition: מַאי מַשְׁמַע – **What is the implication** that five species of seeds may be sown in a garden patch six *tefachim* square? אָמַר רַב יְהוּדָה – **Rav Yehudah said:** When the verse states: ,,כִּי כָאָרֶץ תּוֹצִיא צִמְחָהּ" – ***For like the earth gives forth its plant*** etc., each word denoting growth or vegetation is taken as a reference to a separate species of seed, as follows: ,,תּוֹצִיא" חַד – ***Gives forth*** denotes **one** species; ,,צִמְחָהּ" חַד – ***its plant*** denotes **one** species; הֲרֵי תְּרֵי – **thus, there are two.** ,,זֵרוּעֶיהָ" תְּרֵי – ***Its seeds,*** being plural, denotes **two** more species; הָא אַרְבַּע – **thus, there are four.** ,,תַּצְמִיחַ" חַד – ***Causes to sprout*** denotes **one** more species; הָא חֲמִשָּׁה – **thus,** the verse alludes to a total of **five** different species growing in a single garden patch.[20]

NOTES

that of the others, would appear to be intermingled with the others if it were not separated by at least three *tefachim.* Therefore, only a single seed may be planted there, to maintain the required distance from the perimeter (*Rashi,* here and 85a). [*Rashi* cites an alternative explanation which he rejects. See also *Rambam* and *Rash* to *Kilayim* 3:1 at length.]

Rashi adds that even in regard to *kilayim* of the vineyard (i.e. planting different species with grapevines), which is prohibited Biblically, there is no concern for common nourishment, but only that the species appear distinct. This is evident from a Mishnah (*Bava Basra* 26a) which teaches that when there is a fence between two properties, one landowner may plant grapevines up to the fence along his side and the neighbor may plant another species up to the fence along his side – even though the roots obviously feed on common ground. Certainly then, regarding *kilayim* of seeds, which is merely a Rabbinical prohibition, our only concern must be the appearance of mingling, not common nourishment. [See *Tosafos* (ד"ה ארבע), who contend that the prohibition against *kilayim* of seeds is also Biblical in nature. See also *Rashi* to *Bechoros* 54a ד"ה גפנים; *Tosafos* there ד"ה דגן; *Maginei Shlomo* here; *Kesef Mishneh, Hil. Kilayim* 4:16; and *Aruch HaShulchan, Yoreh Deah* 297:2-3.]

At any rate, the Mishnah asks: What is the Scriptural source for the rule that we may sow a garden patch in this fashion?

18. *Isaiah* 61:11. This verse refers to the salvation of the Jewish people, which will blossom gloriously at the end of days (*Radak,* ad loc.).

19. The Gemara will explain how this implies that a person may sow as many as five different kinds of seed in a garden patch six *tefachim* square (*Rashi*).

20. The reason the Mishnah cited only the fact that the conclusion of the verse is in the plural form is that the shift to the plural indicates an emphasis on the number of seeds or plants mentioned in the verse. This leads us to expound the entire verse as alluding to the number of species that can be sown in a single garden patch (*Pnei Yehoshua*).

וְקִים לְהוּ לְרַבָּנָן דְּחַמְשָׁא בְּשִׁיתָא לֹא יָנְקֵי מֵהֲדָדֵי – **And the Rabbis determined that five** species sown **in a six** *tefach* patch **will not draw nourishment from each other.**[1]

The Gemara provides the Rabbis' basis for this determination:

וּמְנָלָן דְּהָא דְּקִים לְהוּ לְרַבָּנָן (דחמשא בשיתא) מִילְּתָא הִיא – **And how do we know that that which the Rabbis determined is something** to be relied upon?[2] דְּאָמַר רַבִּי חִיָּיא בַּר אַבָּא אָמַר רַבִּי יוֹחָנָן – **For R' Chiya bar Abba said in the name of R' Yochanan:** מַאי דִּכְתִיב – **What is** the meaning of **that which is written:** "לֹא תַסִּיג גְּבוּל רֵעֲךָ [אֲשֶׁר גָּבְלוּ רִאשׁוֹנִים]" – ***Do not move the boundary of your neighbor [which the early ones marked out]?***[3] גְּבוּל שֶׁגָּבְלוּ רִאשׁוֹנִים לֹא תַסִּיג – It means: **Do not encroach upon the boundary that the early ones established** for planting.[4]

The Gemara clarifies R' Yochanan's teaching:

מַאי "גָּבְלוּ רִאשׁוֹנִים" – **What is** the meaning of: *which the early ones marked out*? I.e. who are the early ones that the verse refers to? אָמַר רַבִּי שְׁמוּאֵל בַּר נַחְמָנִי אָמַר רַבִּי יוֹנָתָן – **R' Shmuel bar Nachmani said in the name of R' Yonasan:** It is those who are mentioned in the following verse. (מאי) דִּכְתִיב "אֵלֶּה בְנֵי־שֵׂעִיר הַחֹרִי יֹשְׁבֵי הָאָרֶץ" – **For it is written:** ***These are the sons of Seir the Chorite, inhabitants of the land.***[5] Now, why is it necessary to describe the sons of Seir the Horite as inhabitants of the land? אַטּוּ כּוּלֵּי עָלְמָא יוֹשְׁבֵי רָקִיעַ נִינְהוּ – **Are all** others **inhabitants of the sky?** אֶלָּא שֶׁהָיוּ בְּקִיאִין בְּיִשּׁוּבָהּ שֶׁל אֶרֶץ – **Rather,** the verse means **that they were experts in occupancy of the land.**[6] שֶׁהָיוּ אוֹמְרִים – **For they used to say:** מְלֹא קָנֶה זֶה לְזַיִת – **This rod's length** of land is best **for** growing **olives,** מְלֹא קָנֶה זֶה לִגְפָנִים – **this rod's length for grapevines** מְלֹא קָנֶה זֶה לִתְאֵנִים – and **this rod's length for figs.**[7] וְ"חוֹרִי" – **And** why were they called the ***Chorite***?[8] שֶׁמְּרִיחִים אֶת הָאָרֶץ – **Because they would smell the ground** and thereby determine for which plant it was most suitable.[9] וְ"חִוִּי" – **And** why were they called the ***Chivite***?[10] אָמַר רַב פָּפָּא – **Rav Pappa said:** שֶׁהָיוּ טוֹעֲמִין אֶת הָאָרֶץ כְּחִוְיָא – **Because they would taste the ground like a snake** (*chivya*) to determine for what it was most suited.[11]

The Gemara cites a different interpretation of the name Chorite:

רַב אַחָא בַּר יַעֲקֹב אָמַר – **Rav Acha bar Yaakov said:** "חֹרִי" שֶׁנַּעֲשׂוּ בְּנֵי חוֹרִין מִנִּכְסֵיהֶן – They were called the ***Chorite* because they were** ultimately **freed of their property.** I.e. they were driven from their land by Esav's descendants and were "freed" from working it.[12]

Having illuminated the Scriptural source for the Mishnah's rule, the Gemara clarifies the specifications of the patch in which it is permitted to sow five different species:

אָמַר רַב אַסִּי – **Rav Assi said:**[13] עֲרוּגָה תּוֹכָהּ שִׁשָּׁה חוּץ מִגְּבוּלֶיהָ – **The patch has an internal area of six** *tefachim* **square, besides its borders.**[14]

Rav Assi's assertion is supported by a Baraisa:

תַּנְיָא נַמֵּי הָכִי – **It was taught similarly in a Baraisa:** עֲרוּגָה תּוֹכָהּ שִׁשָּׁה – **THE GARDEN PATCH** mentioned in the Mishnah **HAS AN INTERNAL AREA OF SIX** *tefachim* square.

NOTES

1. The dimensions of the patch in which five species may be planted are not alluded to in the verse. The Sages, however, knowing that the minimum separation necessary to prevent the center seed and those on the perimeter from being nourished by common ground is three *tefachim,* made the corollary calculation that the minimum area required for a garden of five species is a square six *tefachim* by six *tefachim.*

Note that the Tanna of our Mishnah allows planting even the parts of the perimeter that are closest to the center of the patch, i.e. the very middle of each side. He does not specify that the seeds should be drawn upward or downward, away from the middles of the rows. Since there are exactly three *tefachim* from the perimeter to the center, we learn that the measurement of the three-*tefach* separation between seeds includes the area of the seeds themselves. Each seed marks the center of a circle with a radius of one-and-a-half *tefachim* from which it is nourished (*Rashi, Ri* cited by *Tosafos, Ritva;* cf. *Rabbeinu Tam* cited by *Tosafos*). Accordingly, only a single furrow may be sown along each side of the perimeter, so that the distance between the center seed and the surrounding rows is three *tefachim* (*Pnei Yehoshua* to 84b).

Although the Sages determined that the different species do not derive nourishment from common ground, the Scriptural source is needed to teach that the planting of so many species in this small area is not deemed an intolerable confusion of species that appear intermingled (*Tosafos;* cf. *Ran MHK* ed., *R' Elazar Moshe Horowitz*).

2. Can we presume that the Rabbis were sufficiently knowledgeable in the fine points of horticulture to have determined accurately the area from which vegetation draws nourishment? Did any human being have the ability to make this determination? (*Rashi*).

[This information was not handed down at Sinai as part of the Oral Law of the Torah. Thus, how do we know that we can rely upon it in matters of Torah law? (*Ritva MHK* ed.; see *Chasam Sofer*).]

3. *Deuteronomy* 19:14. Understood simply, the verse contains a prohibition against secretly moving a property boundary. However, what is the significance of the reference to the boundaries "which the early ones marked out"? Is it permissible to move other boundaries? (*Cheifetz Hashem,* by *R' Chaim ben Atar*).

4. R' Yochanan expounds the verse as instructing a landowner to refrain from planting so close to his neighbor's property that his plant would weaken his neighbor's land. Rather, he should plant at the distance that the "early ones" established as being beyond the range of nourishment (*Rashi;* see Mishnah *Bava Basra* 17a, 25b, where the proper distances for various plants and trees are set forth; cf. *Tosafos* ד"ה לא תשיג as explained by *Maharsha* and *Maharam*).

According to this interpretation, the verse contains two exhortations: (a) Do not move your neighbor's boundary; (b) do not encroach upon the boundaries that the early ones established (*Cheifetz Hashem*). Thus, we see that the Torah lends credence to the horticultural determinations of the early ones.

5. *Genesis* 36:20.

6. This means that they were skilled at determining, by smelling and testing the soil, which plant a specific piece of land was most hospitable for (*Rashi*).

7. The rod's length was the size of a certain measuring stick that was used for land (*Rashi;* see *Maharsha*).

8. The verse cited above specifies that they were the sons of Seir the Chorite.

9. The Gemara expounds the letters of the name חֹרִי as if they were rearranged to spell רֵיחַ, which means *smell* (see *Rashi*).

10. In *Genesis* 36:2, Tzivon, one of the sons of Seir the Chorite, is referred to as a Chivite (*Tosafos* ד"ה חוי).

11. The Aramaic term for snake is חִוְיָא. Since a snake eats dirt (see *Genesis* 3:14), the name חִוִּי alludes that they used to taste the earth. At any rate, since they knew precisely what to plant in each rod's length of land, they obviously knew how much land each species utilizes for its nourishment. [This information became known to the Sages, who applied it to the laws of *kilayim*] (*Rashi*).

12. [This exposition is based on the similarity between the words חוֹרִי (Chorite) and חוֹרִין, *[ben] chorin,* a free person.] Their routing by Esav's descendants is mentioned in *Deuteronomy* 2:12 (*Rashi*).

13. *Rashi* has the reading: Rav Ashi.

14. Early vegetable patches were customarily surrounded on all sides by a walkway that was utilized by those who would water the plants. Rav Assi informs us that the walkway should not be included in the six-by-six measure of the patch. If it was included, then a patch with a one-*tefach*-wide walkway around it would have a planting area of only four-by-four *tefachim,* leaving a distance of only two *tefachim* between the center seed and the seeds on the perimeter. The area utilized for planting must itself be six-by-six *tefachim,* so that there are three *tefachim* between the center seed and those on the perimeter (*Rashi*).

וקים להו לרבנן דחמשא בשיתא לא ינקי מהדדי ומנלן דהא דקים להו לרבנן [א] (דחמשא בשיתא) מילתא היא דא"ר חייא בר אבא א"ר יוחנן מאי דכתיב [א] לא תסיג גבול רעך [אשר גבלו ראשונים] גבול שגבלו ראשונים לא תסיג מאי גבלו ראשונים אמר רבי שמואל בר נחמני אמר רבי [ג] יונתן (מאי) דכתיב [ב] אלה בני שעיר החורי יושבי הארץ אטו כולי עלמא יושבי רקיע נינהו אלא שהיו בקיאין בישובה של ארץ שהיו אומרים מלא קנה זה לזית מלא קנה זה לגפנים מלא קנה זה לתאנים וחורי שמריחים את הארץ וחוי אמר רב פפא שהיו טועמין את הארץ כחויא רב אחא בר יעקב אמר חורי שנעשו בני חורין מנכסיהן אמר רב אסי ערוגה תוכה ו' חוץ מגבוליה תניא נמי הכי ערוגה תוכה ששה גבוליה בכמה [ג] כדתנן רבי יהודה אומר רוחב כמלא רוחב פרסה א"ר זירא ואיתימא רבי חנינא בר פפא מ"ט דר' יהודה דכתיב [ג] והשקית ברגלך כגן הירק מה רגל טפח אף גבול נמי טפח אמר רב [א] ערוגה בחורבה שנינו והאיכא מקום קרנות אמרי בי רב משמיה דרב בממלא את הקרנות וליזרע מאבראי ולא לימלי מגואי
גזירה

רש"י

קים להו לרבנן דסתם ערוגה הנזרעת בה ה' זרעונין כך היא מדתה דחמשה זרעונין בשיתא טפחים לא ינקי מאמצעי ושברוחות מהדדי דשיעור יניקת כל זרע טפח וממלא עם מקום זורע הרי מן הזרע הנזרע (סמוך לגבולה) [בגבול הערוגה] כנגד האמצעי ועד האמצעי ג"ט ומאלו השנים אנו למדים דסבר תנא דידן שיניקת הזרע טפח וממלא מדלא קבע מקום לזרע הנזרע אלא הגבול [ד] להושיבו אלא הקרן אלא אפי' אם בא לזורעו כנגד אמצעיתה זורעו אלמא בהרחקת ג' טפחים סגי ואע"ג דלענין כלאים היכרא בעלמא בעינן ולא חיישינן ליניקה כדתנן לקמן בשמעתין גבי ראש תור וגבי ב' שורות מיהו הפרש זרעוני ערוגה דלא להוי ערבוב ליכא היכרא בבציר משיעור יניקה דגבי ראש תור ושתי שורות דלקמן איכא היכרא הלכך כי רמיז לן קרא ה' זרעונין בערוגה בשל ו' טפחים קאמר: **ומנא לן דהא דקים להו לרבנן.** בשיעור יניקה מילתא היא למיסמך עלה ולומר בקיאין הן החכמים בעבודת אדמה לידע כמה יונקים שלא תתמה לומר מי הודיע לבריות שיעור יניקה ואיך יוכלו לעמוד על כן: **גבול רעך.** ליתא סמוך למילר להכחיש קרקעו כשיעור אשר גבלו הראשונים ומי הם הראשונים אמוריים וחוים שהיו בקיאים בכך כדאשכחן בבני שעיר: **מלא קנה זה.** קנה המדה שבו מודדין הקרקע: **לזית.** ראוי לגדל זיתים וזה לתאנה והיו יודעין להפריש את הארץ בין קנה לקנה בריחה וטעמה היכן לזיתים והיכן הוא לתאנים וממילא דבקיאים היו בשיעור יניקה: **שמריחין.** סרח את הטיבה ודורשה: **וחוי.** למה נקרא חוי: **שטועמין את הארץ.** לאיזה דבר ראויה: **כחויא.** כנחש שמאכלו עפר: **שנעשו בני חורים מנכסיהם.** שנטרדו מנחלתם ולא הוצרכו לעבוד אדמתן כדכתיב ובני עשו יירשום (דברים ב): **אמר רב אשי ערוגה.** שאמרו צריכה להיות ו' חוץ מגבוליה שהיו מניחין בערוגה קרקע חלק סביבות הזרעים למקום דישה כשהוא משקה הזרעים מהלך בגבולין ואשמעינן רב אשי דלא תימא ו' עם הגבולין וכשהניח טפח חלק לכאן וטפח חלק לכאן לא תהא ערוגה מקום יניקתה אלא ארבע ואין הפרש בין אמצעי לשכנגדו אלא הגבול אלא טפחיים: **בכמה.** כמה רחבן להיות ערוגה כהלכתה ותהא עליה תורת הערוגה לכל דבריה כדלקמן להתיר ראש תור ירק הנכנס לה והיוצא ממנה דכי ליתא כשיעורא לא חשיב למיהוי לה קולי שדה: **פרסה.** פרסת רגל: **והשקית ברגלך.** להטעין על כתפך מים ולהלך ברגלך סביבותיה להשקותה למ"ל למכתב ברגלך לומר שבמקום מהלכו להשקותה כשיעור רגל הוא: **אמר רב ערוגה בחורבה שנינו.** במשנתנו להתיר בה ה' זרעונין אבל לא שסביבותיה ערוגות שהרי לא פירשו לך אלא הפרש זרעונין שבתוכה ואם תזרע ערוגות סביבותיה לא תוכל להרחיק בין אותן שבתוכה ולזרוע אותן שברוחות הערוגה סמוך לגבול להרחיקה מן האמצעי כשיעורו לפי שאתה מקריבו אצל זרע המזרע בחברתה אצל גבולה שאין ביניהן אלא שני טפחים של גבולי הערוגה ואנן ג' בעינן: **והא איכא מקום קרנות.** מאי דוחקיה דלא לאוקומיה בערוגה בין הערוגות מוקפת מכל צד ג' ערוגות שהן ח' כזה * ולזרוע באמצע וכן בכולן ה' זרעונין והא איכא בכל ערוגה מקום קרנות זויותיה ואתה יכול להמשיך זרע גרעין שתזרע בצד גבולן של זו לצפון ושל זו לדרום של זו למזרח ושל זו למערב ולזרוע אותן גרעינין אצל הקרנות ואיך צריך להמשיכן מכנגד אותן שבחבירו מבפנים אלא הפרש טפח ואמאי אמר רב בערוגה שבחורבה שנינו: **בממלא את הקרנות.** רב מוקי מתניתין בממלא את כל הרוח של ערוגה לצפון מן המזרח למערב וכן רוח דרומי אבל המזרחי והמערבי זורע מעט ויניח הפרש מכאן ומכאן (כזה) הלכך אי אתה יכול לזרוע עוד בערוגה שאצלה לצפון ושאצלה לדרום מפני עירבוב של ב' הערוגות: **וליזרע מאבראי.** ויקיפנה ערוגות מכל צד ואת הקרנות שבתוכה לא ימלא (א) ומאי דוחקיה דרב לאוקמיה בערוגה שבחורבה שאין שם אלא היא:
גזירה

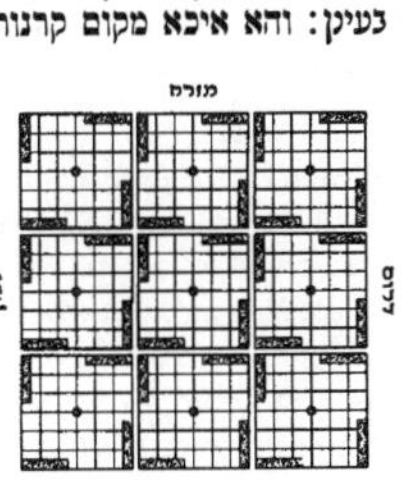

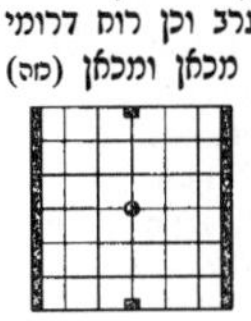

תוספות

וקים להו לרבנן דחמשא בשיתא לא ינקי. ואומר ר"ת דמכל מקום איצטריך קרא דאי לאו קרא ה"א אע"ג דלא ינקי איכא עירבוב ואסור קמ"ל קרא דככה"ג ליכא עירבוב ובקרא לחודיה נמי לא סגי דלא הוה ידעינן חמשה בכמה שרי קרא אבל השתא דקים להו לרבנן דחמשא בשיתא לא ינקי אית לן לאוקומי קרא בשיתא וא"ת אכתי ינקי מהדדי דאין כאן ג' טפחים בין זרע לזרע דחסר מקום הזרעים שבל הערוגה אינה רק ששה טפחים ואומר ר"ת דלא קשה מידי דאמות של כלאים שוחקות הן כדמוכח בריש עירובין (דף ג:) ואומר ר"י דה"נ גמירי דחמשא בשיתא לא ינקי עם מקום הזרעים וא"ת יזרעו ט' מינין בערוגה ד' בד' קרנות וד' באמצע כל רוח ואחד באמצע דכל אחד רחוק מחבירו ג' טפחים וי"ל דבכולי האי הוי עירבוב ועוד דאז לא היה יכול לזרוע אלא גרעין אחד מכל מין ומין אבל בחמשה זרעונים יכול לזרוע מארבע מינים הרבה לכל רוח ומיהו קשה לר"י דמנלן לאוקומי קרא בערוגה ו' על ו' אפילו פחות נמי רק שיש באלכסונה ו' ויזרע ד' לד' קרנות ואחד באמצע השתא נמי לא ינקי מהדדי וי"ל דסברא דבענין זה אסור פן לא יקדקד לזרוע ממש בסוף הקרן ויש לחוש ליניקה אבל השתא אין צריך לדקדק אלא בגרעין האמצעית ומהאי טעמא נמי אתי שפיר שאין זורעין ט' בערוגה אבל קשה לרשב"א לוקי בערוגה ה' על ה' דהשתא יש באלכסונה (ו') [ז] דכל אמתא בריבוע אמתא ותרי חומשי באלכסונא ויכול לזרוע בקרנות בלא דקדוק ותירץ לו ר"י דאין להעמיד המקרא בענין זה שאינו שיעור לא ליניקה ולא לשום דבר:

לא תסיג גבול רעך. וא"ת א"כ הזורע כלאים ילקה שתים משום לא תזרע ומשום לא תסיג גבול ובפרק אותו ואת בנו (חולין פב.) אמר הזורע כלאים [כלאים] לוקה שתים משמע דבזורע כלאים אינו לוקה אלא אחת * וי"ל דלא לקי אהאי לאו משום דקרא נמי איירי בהסגת גבול ממש דאין לוקין בלאו דניתן להשבון ועוד דהוי לאו שבכללות:

חוי. אור"ת דלאו היינו חוי דשבעה עממין שהרי אינו דורש כלום למה שמו כן אלא בני שעיר גופיה איקרו חוי דכתיב בת לצבעון החוי (בראשית לו):

גבוליה בכמה. פירש בקונטרס דנפקא מינה לענין ראש תור והא דקאמר בסמוך דאין ראש תור בערוגה היינו מערוגה לערוגה ור"י אומר דנפקא מינה למקח וממכר אם מכר לו ערוגה וגבוליה:

דתנן רבי יהודה אומר כו'. אף על גב דר' יהודה לא מיירי מידי בגבול אלא בהפסק שבין עבודת ירק לירק אחר כדאיתא בפ"ג דכלאים (משנה ג) דתנן היתה שדהו זרועה ירק ומבקש ליטע בה שורת ירק אחר * ר' ישמעאל אומר עד שיהא התלם מפולש ר' יהודה אומר כמלא רוחב פרסה נראה להש"ס דכי היכי דחשיב הפסק לענין כלאים חשיב נמי להיות גבול לערוגה:

אמר רב ערוגה בחורבה שנינו. פירש ר"ת דקס"ד שאינו ממלא כל הרוח אלא זורע באמצע כל רוח טפח וג' חומשין ומניח מכל צד לצד קרנות טפחיים וחומש חרב דהשתא זרעוני רוח זה רחוקין מזרעוני רוח האחרת כשיעור אלכסון של טפחיים וחומש דהוי ג"ט ויותר שני חומשי חומש ופריך והא איכא מקום קרנות שיכול לעשות שם ערוגות אע"פ שלא ירחיק אלא שיעור ב' הגבולים דהשתא איכא טובא בין זרע הפנימית שבאמצע הרוחות ובין זרע החיצונה של צד הקרן דהא איכא ב' גבולין ומקום חרב שהוא ב' טפחים וחומש בכל קרן (ב) ומשני בממלא את הקרנות של מזרח ומערב וצפון ודרום גרעין לכל רוח כאשר תצייר (ג) דבאותה ערוגה איכא הרחקה ג' (כזה) ואם באת לסבבה בערוגות (אפילו) במקום קרנות לא יהיו ג' טפחים בין זרעוני ערוגה אמצעי לזרעוני ערוגה שבקרנות שהרי אין הפרש ביניהם אלא שיעור שני גבולין אע"פ שיכול עדיין לזרוע גרעין אחד בכל קרן החיצונית הא מסיק לגזירה שמא לא ידקדק וימלא קרנות הכי נמי גזרינן בחיצונות שמא ימלא:

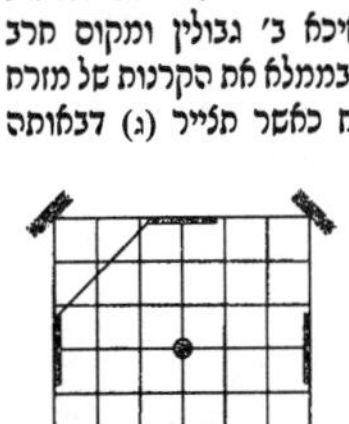

וליזרע מאבראי. וליזרע ערוגות לצד קרנות האמצעי כדפרישית ולא ימלא הקרנות דהכי עדיף טפי שיכול להרבות בערוגות:
גזירה

עין משפט נר מצוה

כ א מיי' שם הלכה י:

רבינו חננאל

באמצע כו'. עיקרה דמילתא דקים להו לרבנן דה' זרעונים בו' טפחים לא ינקי להדדי וכל דקים להו לרבנן מילתא היא. ואיכא יושבי הארץ שבקיאין בישיבתה של ארץ דברירין להון אלין מילוי וסליקא דהני ששה דערוגה הן מקום זרעונים ואיכא סביביהון גבול טפח ומפרש במתני' היה לו גובל טפח זורע לתוכה י"ג זרעונין. ומפרש' הכא רב אשי דהא ערוגה ו' על ו' חוץ מגבולה. ועיקר דהא מילתא דלא מפק למהוה בין ירק לירק טפח אחד דהאי הוה מפיק בין ירק לירק טפח אחד. אפילו ערוגה שהיא ה' על ה' הוה אפשר למזרע ח' על ד' רוחותיה וד' באמצע משום דהויא כ"ה טפחים. י"ב מהן הן נזרעין. ודאיצטריכין למימר הכין. דחזינן מרב סעדיה גאון מחסיא דאיסתברא ליה כמן הכין ולאו כי דאיסתברא ליה בהאי אלא קים להו לרבנן דה' זרעונים כל אחד אין פחות מטפח על טפח בו' על ו' לא ינקי מהדדי. והיכי דמי כל זוית טפח ומחצה על טפח ומחצה חרב. ובכל רוח ג"ט אורך רק ברוחב טפח ובאמצע [מין] אחד טפח על טפח דמשכחת בין כל אחד ואחד טפח ומחצה באורך. וכן צורתו

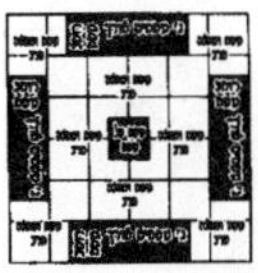

למראית עין. ודבר זה (טמן) [בזמן] שהזרעונים החמשה נזרעין כולן בתוך הערוגה שהיא ו' על ו' שנמצא הזרעונים גופן של ד' רוחות אוכלין בהן ג' ג' טפחי' באמצע נשארו ג' טפחים. א' ומחצה מיכן וא' ומחצה מיכן ונמצא ד' הקרנות פנויין ולא אפשר למיהוי טפי מן הכי בזמן שארבעה הקרנות פנויין והוא (איכיר) שיעור ו' על ו' והזרעונין בתוכן. אבל אם הזרעונין חוץ לששה אפשר שיהא בה ט' זרעונין שבין כל א' לחבירו טפח ומחצה וד' הקרנות פנויין כי היכי דאיתא בערוגה

מסורת הש"ס

א) ס"א ל"ג, ב) יי"ג גס כאן יוחנן, ג) כלאי' פ"ג מ"ג, ד) רש"ל להמשיכו, ה) נ"ל ר' ישמעאל.

הגהות הב"ח

(א) רש"י ד"ה וליזרע מאבראי וכו' לא ימלא כזה:

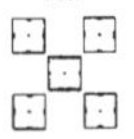

(ב) תוס' ד"ה אמר רב וכו' ב' טפחים וחומש בכל קרן כזה:

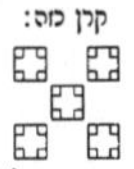

(ג) בא"ד גרעין לכל רוח כאשר תצייר כזה:

כל רוח מזרח זרוע
כל רוח מערב זרוע
צפון גרעין א'
דרום גרעין א'

גליון הש"ס

תוס' ד"ה לא תסיג וכו' וי"ל דלא לקי אהאי לאו. עי' יומא דף לו ע"ב בתוס' ד"ה לאו דנבילה:

תורה אור השלם

א) לֹא תַסִּיג גְּבוּל רֵעֲךָ אֲשֶׁר גָּבְלוּ רִאשֹׁנִים בְּנַחֲלָתְךָ אֲשֶׁר תִּנְחַל בָּאָרֶץ אֲשֶׁר יְיָ אֱלֹהֶיךָ נֹתֵן לְךָ לְרִשְׁתָּהּ: [דברים יט, יד]

ב) אֵלֶּה בְנֵי שֵׂעִיר הַחֹרִי יֹשְׁבֵי הָאָרֶץ לוֹטָן וְשׁוֹבָל וְצִבְעוֹן וַעֲנָה: [בראשית לו, כ]

ג) כִּי הָאָרֶץ אֲשֶׁר אַתָּה בָא שָׁמָּה לְרִשְׁתָּהּ לֹא כְאֶרֶץ מִצְרַיִם הִוא אֲשֶׁר יְצָאתֶם מִשָּׁם אֲשֶׁר תִּזְרַע אֶת זַרְעֲךָ וְהִשְׁקִיתָ בְרַגְלְךָ כְּגַן הַיָּרָק: [דברים יא, י]

ליקוטי רש"י

שהיו טועמין את הארץ. שהיו טועמין העפר ויודעין אי זו נטיעה ראויה לה [בראשית לו, כ].

The Gemara inquires:

גְּבוּלֶיהָ בְּכַמָּה – How wide are its borders?[15]

The Gemara replies:

כִּדְתְנַן – It is as we learned in a Mishnah:[16] **רַבִּי יְהוּדָה אוֹמֵר – R' YEHUDAH SAYS: רוֹחַב כִּמְלֹא רוֹחַב פַּרְסָה – THE WIDTH IS EQUAL TO THE FULL WIDTH OF THE SOLE** of a foot, which is equal to a *tefach* (i.e. handbreadth).[17] **אָמַר רַבִּי זֵירָא וְאִיתֵימָא רַבִּי חֲנִינָא בַּר פַּפָּא – R' Zeira said, and some say** it was **R' Chanina bar Pappa** who said: **מַאי טַעְמָא דְרַבִּי יְהוּדָה – What is R' Yehudah's reason? דִּכְתִיב – For it is written: "וְהִשְׁקִיתָ בְרַגְלְךָ כְּגַן הַיָּרָק" –** ***and you water it on foot like a vegetable garden.***[18] Why does the verse mention that a vegetable garden is watered *on foot*? **מָה רֶגֶל טֶפַח אַף גְּבוּל נַמִּי טֶפַח** – It is to teach that **just as** the width of **a foot is a *tefach*, so too, the boundary** of a vegetable patch **is a *tefach*,** to allow the person watering the patch to walk around it without trampling the vegetables.

The Gemara now focuses on the Mishnah's ruling – that one may plant five species in a six-by-six patch – and qualifies it:

אָמַר רַב – Rav said: עֲרוּגָה בְּחוּרְבָּה שָׁנִינוּ – We learned the ruling of our Mishnah in regard to **a** vegetable **patch in a barren area,** where there is nothing planted around it. However, when a patch is surrounded by other patches, it may not be sown with five species, due to the proximity of the seed in the adjacent patches.[19]

The Gemara objects:

וְהָאִיכָּא מְקוֹם קְרָנוֹת – But there are the corner areas that can be utilized for planting in a staggered fashion, while still leaving the proper distance between the sown areas of adjacent patches.[20] **– ? –**

The Gemara answers:

אָמְרֵי בֵּי רַב מִשְּׁמֵיהּ דְּרַב – They say in the academy of Rav, in the name of Rav: בִּמְמַלֵּא אֶת הַקְּרָנוֹת – Rav understands the Mishnah as dealing with a case **where one fills up** all **the corners** with seed.[21]

NOTES

15. I.e. how wide must the border be in order for this to be considered a full-fledged vegetable patch which qualifies for certain leniencies in addition to the planting of five species in it? A patch that is clearly defined by a legal-sized border is treated like a complete field of its own. As we shall see below (top of 85b), certain liberties may be taken with respect to planting different species in adjoining fields, since the distinct nature of each field precludes the adjoining species from appearing intermingled even if they are in close proximity to each other. How wide must the walkway around a patch be in order for it to qualify for this leniency? (*Rashi;* cf. *Tosafos* ד״ה גבוליה, *Ritva MHK* ed.).

16. *Kilayim* 3:3.

17. R' Yehudah referred to the width of a foot rather than the more common *tefach* measurement because his ruling is based on a verse which mentions a foot, as the Gemara will explain (*Rav* to *Kilayim* 3:3).

R' Yehudah actually stated his ruling in reference to planting a row of one species of vegetables in a field containing another species. R' Yehudah permits it if the row is separated from the rest of the field by a furrow as wide as a person's foot. The Gemara presumes that just as this distance is sufficient to separate diverse vegetables within a field, so too it suffices to differentiate a patch of vegetables from an adjoining one (*Tosafos* ד״ה דתנן). [Note that R' Yehudah's ruling is disputed in *Kilayim* 3:3 and is not accepted as halachah (see *Yoreh Deah* 297:19; cf. *Ritva MHK* ed.). Our Gemara merely cites R' Yehudah by way of example, and means that whatever opinion we follow with respect to the distance required for a row of diverse vegetables within a field, the same measure is applied to the border of a patch of vegetables (*Sfas Emes;* see also *Chidushei HaRan*).]

18. *Deuteronomy* 11:10. [The verse speaks the praise of Eretz Yisrael, stating that it is watered by rain and is unlike Egypt, whose grain fields must be watered manually like vegetable gardens due to its arid climate.] However, it is seemingly unnecessary for the verse to mention that a vegetable garden is watered on foot (*Rashi*).

19. The Mishnah specified only the position of the five different species within a patch – one along each of the four sides and one seed in the center. [It did not restrict the sowing area of the perimeter.] Since the seed on the four sides must hug the perimeter in order to be properly distanced from that in the center, one cannot utilize this pattern where seed is also sown in an adjacent patch. The patches are separated only by the one-*tefach* walkway bordering each one, and thus, seed sown along the edge of each patch would be only two *tefachim* from the parallel seed sown along the edge of the adjacent one (*Rashi, Ritva MHK* ed.).

20. Even if a patch is completely surrounded by other patches, it is possible to sow five species in each one in accordance with the pattern depicted in the diagram (top of next column). Since the intervening walkways create a two-*tefach* distance between patches, if the seed on the edge of each patch fills less than half of the row and ends one *tefach* before the parallel seed of the adjacent bed begins, there will be the proper three-*tefach* distance between them. [The perpendicular rows do not require a three-*tefach* separation, since they are visually distinct.] Why did Rav say that the Mishnah's rule is applicable only to an isolated patch? (*Rashi*).

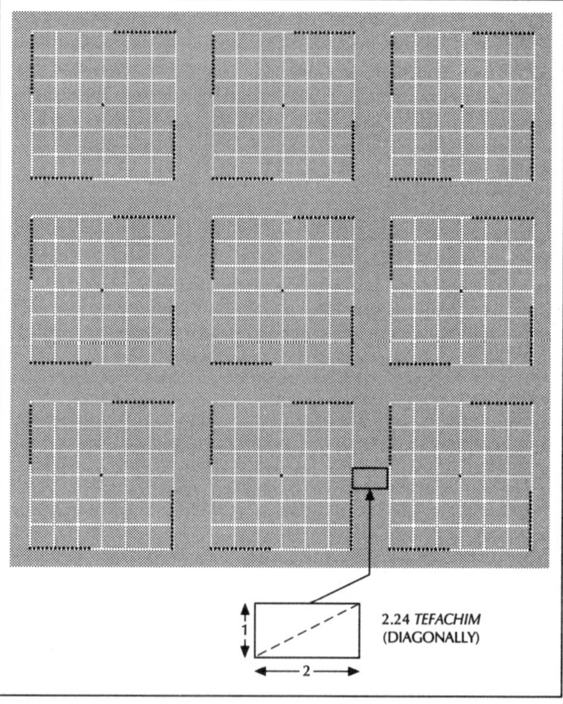

[*Tosafos* (85b ד״ה והא איכא) point out that *Rashi's* calculation is somewhat imprecise. If two patches are separated by two *tefachim* of walkway and the seed of one patch ends only one *tefach* before the parallel seed of the adjacent patch begins, there will not be a full three *tefachim* between seeds. The space between them will be a rectangle of two *tefachim* by one *tefach,* with a diagonal of approximately 2.24 *tefachim.* See *Maginei Shlomo* to 85b for an explanation of *Rashi.* See also *Cheifetz Hashem* and *Leshon HaZahav* here.

Tosafos raise various other objections to *Rashi's* explanation of the *sugya* and therefore present an entirely different approach. Our elucidation, however, will follow *Rashi* throughout.]

21. Rav interprets the Mishnah as referring to planting five species in accordance with the following diagram. That is, the northern side of the patch is fully sown with one species from east to west *including* the corners, and the same is done on the southern side with another species. Three additional species are sown in the middle, with one species filling a small portion of the

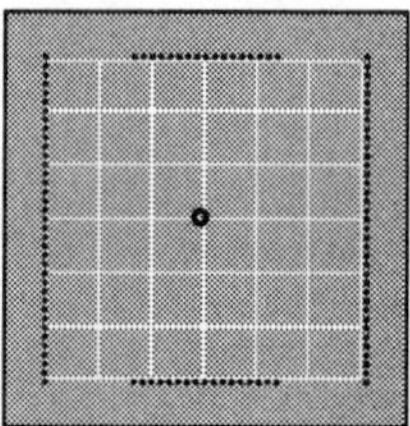

וקים להו לרבנן דחמשא בשיתא לא ינקי מהדדי ומנלן דהא דקים להו לרבנן (דחמשא בשיתא) מילתא היא דא"ר חייא בר אבא א"ר יוחנן מאי דכתיב לא תסיג גבול רעך [אשר גבלו ראשונים] גבול שגבלו ראשונים לא תסיג מאי גבלו ראשונים אמר רבי שמואל בר נחמני אמר רבי יונתן (מאי) דכתיב אלה בני שעיר החורי יושבי הארץ אטו כולי עלמא יושבי רקיע נינהו אלא שהיו בקיאין בישובה של ארץ שהיו אומרים מלא קנה זה לזית מלא קנה זה לגפנים מלא קנה זה לתאנים וחורי שמריחים את הארץ וחוי אמר רב פפא שהיו טועמין את הארץ כחויא רב אחא בר יעקב אמר חורי שנעשו בני חורין מנכסיהן אמר רב אסי ערוגה תוכה ו' חוץ מגבוליה תניא נמי הכי ערוגה תוכה ששה גבוליה בכמה כדתנן רבי יהודה אומר רוחב כמלא רוחב פרסה א"ר זירא ואיתימא רבי חנינא בר פפא מ"ט דר' יהודה דכתיב והשקית ברגלך כגן הירק מה רגל טפח אף גבול נמי טפח אמר רב ערוגה בחורבה שנינו והאיכא מקום קרנות אמרי בי רב משמיה דרב בממלא את הקרנות וליזרע מאבראי ולא לימלי מגואי גזירה

רש"י

קים להו לרבנן דמתם ערוגה הנזרעת בה ה' זרעונין כך היא מדתה דחמשה זרעונין בשיתא טפחים לא ינקי אמלעי ושברוחות מהדדי דשיעור יניקת כל זרע טפח ומחצה עם מקום הזרע הרי מן הזרע הנזרע (סמוך לגבולה) [בגבול הערוגה] כנגד האמצעי ועד האמצעי ג"ט ומאלו השנים אנו למדים לסבר תנא דידן שיניקת הזרע טפח ומחצה מדלא קבע מקום לזרע הנזרע אלא הגבול ד) להושיבו אלא הקרן אלא אפי' אם בא לזורעו כנגד אמצעיתה זורעו אלמא בהרחקת ג' טפחים סגי ואע"ג דלענין כלאים היכרא בעלמא בעינן ולא חיישינן ליניקה כדתנן לקמן במשנתין גבי ראש תור וגבי ג' שורות מיהו הפרש זרעוני ערוגה דלא להוי ערבוב ליכא היכרא בבציר משיעור יניקה דגבי ראש תור ושתי שורות דלקמן איכא היכרא הלכך כי רמיז לן קרא ה' זרעונין בערוגה בשל ו' טפחים קאמר: **ומנא לן דהא דקים להו לרבנן.** בשיעור יניקה מילתא היא למיסמך עלה ולומר בקיאין הן החכמים בעבודת אדמה לידע כמה יונקים שלא תתמה לומר מי הודיע לבריות שיעור יניקה ואיך יוכלו לעמוד על כן: **גבול רעך.** ליטע סמוך למיצר להכחיש קרקעו כשיעור אשר גבלו הראשונים ומי הם הראשונים אמוריים וחויים שהיו בקיאים בכך כדאשכחן בבני שעיר: **מלא קנה זה.** קנה המדה שבו מודדין הקרקע: **לזית.** ראוי לגדל זיתים וזה לתאנה והיו יודעין להפריש את הארץ בין קנה לקנה בריחה וטעמה היכן לזיתים והיכן הוא לתאנים וממילא דבקיאים היו בשיעור יניקה: **שמריחין.** פרש את המיבה ודורשה: **וחוי.** למה נקרא חוי: **שטועמין את הארץ.** לאחה דבר ראוה: **כחויא.** כנחש שמאכלו עפר: **שנעשו בני חורים מנכסיהם.** שנטרדו מנחלתם ולא הורגלו לעבוד אדמתן כדכתיב ובני עשו יירשום (דברים ב): **אמר רב אשי ערוגה.** שאמרו צריכה להיות ו' חוץ מגבוליה שהיו מניחין בערוגה קרקע חלק סביבות הזריעה למקום דישה כשהוא משקה הזרעים מהלך בגבולין ואשמעינן רב אשי דלא תימא ו' עם הגבולין וכשהניח טפח חלק לכאן וטפח חלק לכאן לא תהא ערוגה מקום יניקתה אלא ארבע ואין הפרש בין אמצעי לשכנגדו אלא הגבול אלא טפחיים: **בכמה.** כמה רחבן להיות ערוגה כהלכתה ותהא עליה תורת הערוגה לכל דבריה כדלקמן להתיר ראש תור ירק הנכנס לה והיוצא ממנה לדי ליתא כשיעורא לא חשיב למיהוי לה קולי שדה: **פרסה.** פרסת רגל: **והשקית ברגלך.** להטעין על כתפך מים ולהלך ברגלך סביבותיה להשקותה למ"ל למכתב רגלך לומר שבמקום מהלכו להשקותה כשיעור רגל הוא: **אמר רב ערוגה בחורבה שנינו.** במשנתנו להתיר בה ה' זרעונין אבל לא שבסביבותיה ערוגות שהרי לא פירשו לך אלא הפרש זרעונין שבתוכה ואם זורע ערוגות סביבותיה לא תוכל להרחיק בין אותן שבתוכה ולזרוע אותן שברוחות הערוגה סמוך לגבול להרחיקה מן האמצעי כשיעורו לפי שאתה מקריבו אצל זרע הנזרע בחברתה אצל גבולה שאין ביניהן אלא שני טפחים של גבולי הערוגה ואין ג' בעינן: **והא איכא מקום קרנות.** מאי דוחקיה דלא לאוקומיה בערוגה בין הערוגות מוקפת מכל לד בג' ערוגות שהן מ' כזה * ולזרוע באמצע וכן בכולן ה' זרעונין והא איכא בכל ערוגה מקום קרנות וזויותיה ואתה יכול להמשיך זרע גרעין שמזרע בלד גבולין של זו לצפון ושל זו לדרום של זו למזרח ושל זו למערב ולזרוע אותן גרעינין אצל הקרנות ואינך צריך להמשיכן מכנגד אותן שבחבירו מפניים אלא הפרש טפח ומאי אמר רב בערוגה שבחורבה שנינו: **בממלא את הקרנות.** רב מוקי מתניתין בממלא את כל הרוח של ערוגה לצפון מן המזרח למערב וכן רוח דרומי אבל המזרחי והמערבי זורע מעט ויניח הפרש מכאן ומכאן (כזה) הלכך אי אתה יכול לזרוע עוד בערוגה שאצלה לצפון ושאצלה לדרום מפני עירבוב של ב' הערוגות: **וליזרע מאבראי.** ויקיפנה ערוגות מכל לד ולא הקרנות שבתוכה לא ימלא (א) ומאי דוחקיה דרב לאוקמיה בערוגה שבחורבה שאין שם אלא היא: גזירה

תוספות

וקים להו לרבנן דחמשא בשיתא לא ינקי. ואומר ר"ת דמכל מקום איצטריך קרא דאי לאו קרא ה"א אע"ג דלא ינקי איכא עירבוב ואסור קמ"ל קרא דבכה"ג ליכא עירבוב ובקרא לחודיה נמי לא סגי דלא הוה ידעינן חמשה בכמה שרי קרא אבל השתא דקים להו לרבנן דחמשה בשיתא לא ינקי אית לן לאוקמי קרא בשיתא וא"ת אכתי ינקי מהדדי דאין כאן ג' טפחים בין זרע לזרע דחסר מקום הזרעים שכל הערוגה אינה רק ששה טפחים ואומר ר"ת דלא קשה מידי דאמות של כלאים שוחקות הן כדמוכח בריש עירובין (דף ג:) ואומר ר"י דה"נ גמירי דחמשה בשיתא לא ינקי עם מקום הזרעים וא"ת יזרעו ט' מינין בערוגה ד' בד' קרנות וד' באמצע כל רוח ואחד באמצע דכל אחד רחוק מחבירו ג' טפחים וי"ל דבכולי האי הוי עירבוב ועוד דאז לא היה יכול לזרוע אלא גרעין אחד מכל מין ומין אבל בחמשה זרעונים יכול לזרוע מארבע מינים הרבה לכל רוח ומיהו קשה לר"י דמנלן לאוקמי קרא בערוגה ו' על ו' אפילו פחות נמי רק שיש באלכסונה ו' ויזרע ד' לד' קרנות ואחת באמצע דהשתא נמי לא ינקי מהדדי וי"ל דסברא דבענין זה אסור פן לא ידקדק לזרוע ממש בסוף הקרן ויש לחוש ליניקה אבל השתא אין צריך לדקדק אלא בגרעין האמצעית ומהאי טעמא נמי אתי שפיר שאין זורעין ט' בערוגה אבל קשה לרשב"א דלוקי בערוגה ה' על ה' דהשתא יש באלכסונה (ו') [ז] דכל אמתא בריבוע אמתא ותרי חומשי באלכסונה ויכול לזרוע בקרנות בלא דקדוק ותירץ לו ר"י דאין להעמיד המקרא בענין זה שאינו שיעור לא ליניקה ולא לשום דבר:

לא תסיג גבול רעך. וא"ת א"כ הזורע כלאים ילקה שתים משום לא תזרע ומשום לא תסיג גבול ובפרק אותו ואת בנו (חולין פב:) אמר הזורע כלאים [כלאים] לוקה שתים משמע דבחד כלאים אינו לוקה אלא אחת ° וי"ל דלא לקי אהאי לאו משום דקרא נמי איירי בהסגת גבול ממש דאין לוקין בלאו דניתן להשבון ועוד דהוי לאו שבכללות:

חוי. אור"ת דלאו היינו חוי דשבעה עממין שהרי אינו דורש כלום למה שמם כן אלא בני שעיר גופיה איקרו חוי כדכתיב בת צבעון החוי (בראשית לו):

גבוליה בכמה. פירש בקונטרס דנפקא מינה לענין ראש תור והא דקאמר בסמוך דאין ראש תור בערוגה היינו מערוגה לערוגה ור"י אומר דנפקא מינה למקח וממכר אם מכר לו ערוגה וגבוליה:

דתנן רבי יהודה אומר כו'. אף על גב דרבי יהודה לא מיירי מידי בגבול אלא בהפסק שבין עבודת ירק לירק אחר כדאיתא בפ"ג דכלאים (משנה ג) דתנן היתה שדהו זרועה ירק ומבקש ליטע שם ירק אחר ה) ר' שמעון אומר עד שיהא התלם מפולש ר' יהודה אומר רוחב כמלא רוחב פרסה נראה להש"ס דכי היכי דחשיב הפסק לענין כלאים חשיב נמי להיות גבול לערוגה:

אמר רב ערוגה בחורבה שנינו. פירש ר"ת דקס"ד שאינו ממלא כל הרוח אלא זורע באמצע כל רוח טפח וג' חומשין ומניח מכל לד לצד קרנות טפחיים וחומש חרב דהשתא זרעוני רוח זה רחוקין מזרעוני רוח האחרת כשיעור אלכסון של טפחיים וחומש על טפחיים וחומש דהוי ג"ט ויותר שני חומשי חומש ופריך והא איכא מקום קרנות שיכול לעשות שם ערוגות אע"פ שלא ירחיק אלא שיעור ב' הגבולים דהשתא איכא טובא בין זרע הפנימית שבאמצע הרוחות ובין זרע החיצונה של לד הקרן דהא איכא ב' גבולין ומקום חרב שהוא ב' טפחים וחומש בכל קרן (ב) ומשני בממלא את הקרנות של מזרח ומערב וברוח לפון ודרום גרעין לכל רוח כאשר תצייר (ג) דבאותה ערוגה איכא הרחקה ג' (כזה) ואם באת לסבבה בערוגות (אפילו) במקום קרנות לא יהיו ג' טפחים בין זרעוני ערוגה אמלעי לזרעוני ערוגה שבקרנות שאין הפרש ביניהם אלא שיעור שני גבולין אע"פ שיוכל עדיין לזרוע גרעין אחד בכל קרן החיצונית הא מסיק דגזרינן שמא לא ידקדק וימלא קרנות הכי נמי גזרינן בחיצונות שמא ימלא:

וליזרע מאבראי. וליזרע ערוגות לצד קרנות האמלעי כדפרישית ולא ימלא הקרנות דהכי עדיף טפי שיוכל להרבות בערוגות: גזירה

מסורת הש"ס

א) פ"א ל"ג, ב) י"ג גס כאן יוחנן, ג) כלאי' פ"ג מ"ג, ד) רש"ל להמשיכו, ה) ל"ל ר' ישמעאל.

הגהות הב"ח

(א) רש"י ד"ה וליזרע מאבראי וכו' לא ימלא כזה:

(ב) תוס' ד"ה אמר רב וכו' ב' טפחים וחומש בכל קרן כזה:

(ג) בא"ד גרעין לכל רוח כאשר תצייר כזה:

כל רוח מזרח זורע כל רוח מערב זורע לפון גרעין א' דרום גרעין א'

גליון הש"ס

תוס' ד"ה לא תסיג וכו' וי"ל דלא לקי אהאי לאו. ע' יומא דף לו ע"ב בתוס' ד"ה לאו דנבילה:

תורה אור השלם

א) לֹא תַסִּיג גְּבוּל רֵעֲךָ אֲשֶׁר גָּבְלוּ רִאשֹׁנִים בְּנַחֲלָתְךָ אֲשֶׁר תִּנְחַל בָּאָרֶץ אֲשֶׁר יְיָ אֱלֹהֶיךָ נֹתֵן לְךָ לְרִשְׁתָּהּ: [דברים יט, יד]

ב) אֵלֶּה בְנֵי שֵׂעִיר הַחֹרִי יֹשְׁבֵי הָאָרֶץ לוֹטָן וְשׁוֹבָל וְצִבְעוֹן וַעֲנָה: [בראשית לו, כ]

ג) כִּי הָאָרֶץ אֲשֶׁר אַתָּה בָא שָׁמָּה לְרִשְׁתָּהּ לֹא כְאֶרֶץ מִצְרַיִם הִוא אֲשֶׁר יְצָאתֶם מִשָּׁם אֲשֶׁר תִּזְרַע אֶת זַרְעֲךָ וְהִשְׁקִיתָ בְרַגְלְךָ כְּגַן הַיָּרָק: [דברים יא, י]

ליקוטי רש"י

שהיו טועמין את הארץ. שהיו טועמין העפר ויודעין אי זו נטיעה ראויה לה [בראשית לו, כ].

עין משפט נר מצוה

כ א מיי' שם הלכה י:

רבינו חננאל

באמצע כו'. עיקרה דמילתא דקים להו לרבנן דה' זרעונים בו' טפחים לא ינקי להדדי וכל דקים להו לרבנן מילתא היא. ואיכא יושבי הארץ שבקיאין בישיבתה של ארץ דבריריין להון אלין מילי וסליקא דהני ששה דערוגה הן מקום זרעונים ואיכא סביביהון גבול טפח ומפרש במתני' היה לו גובל טפח זורע לתוכה י"ג זרעונין. ומפרש' הכא רב אשי דהא ערוגה ו' על ו' חוץ מגבולה. ועיקר דהא מילתא דלא מפק למהוה בין ירק לירק טפח אחד דהאי הוה מפיק בין ירק לירק טפח אחד. אפילו ערוגה שהיא ה' על ה' הוה אפשר למזרע ח' על ד' רוחותיה וד' באמצע משום דהויא כ"ה טפחים. י"ב מהן הן נזרעין. ודאיצטריכין למימר הכין. דחזינן מרב סעדיה גאון מחסיא דאיסתברא ליה כמן הכין ולאו כי דאיסתברא ליה בהאי אלא קים להו לרבנן דה' זרעונים כל אחד אין פחות מטפח על טפח בו' על ו' לא ינקי מהדדי. והיכי דמי כל זוית טפח ומחצה על טפח ומחצה חרב. ובכל רוח ג"ט אורך רק ברוחב טפח ובאמצע [מין] אחד טפח על טפח דמשכחת בין כל אחד ואחד טפח ומחצה באורך. וכן צורתו

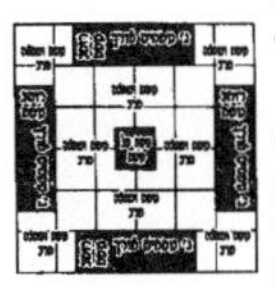

למראית עין. ודבר זה (טמן) [בזמן] שהזרעונים החמשה נזרעין כולן בתוך הערוגה שהיא ו' על ו' שנמצא הזרעונים גופן של ד' רוחות אוכלין בהן ג' ג' טפחי' באמצע נשארו ג' טפחים. א' ומחצה מיכן וא' ומחצה מיכן ונמצא ד' הקרנות פנויין ולא אפשר למיהוי טפי מן הכי בזמן שארבעה הקרנות פנויין והוא (איכיר) שיעור ו' על ו' והזרעונין בתוכן. אבל אם הזרעונין חוץ לששה אפשר שיהא בה ט' זרעונין שבין כל א' לחבירו טפח ומחצה וד' הקרנות פנויין כי היכי דאיתא בערוגה

The Gemara asks:

וְלִיזְרַע מֵאַבְרַאי וְלָא לִימַלֵּי מִגַּוַאי – **But** if one chooses, **let him** rather **sow** additional patches **on the outside** of this patch in a staggered fashion **and not fill up** all the corners **inside** this patch. Why does Rav limit the Mishnah's ruling to an isolated patch whose corners were all filled with seed?)

NOTES

eastern side (and ending some distance from the corners), one species filling a small portion of the western side and a single seed of the fifth species in the center of the patch. According to Rav's understanding, it is not possible to follow this pattern when there are adjacent patches, since the seed on the edge of each patch will be only two *tefachim* from the seed in the adjacent one (*Rashi*, as explained by *Maharsha, Rashash* and *Chazon Ish, Kilayim* 7:6; cf. *Ritva MHK* ed., *Chidushei HaRan*). [It should be noted that the picture printed in the *Vilna Shas* seems to be based on a different understanding of *Rashi* than the one that we have followed.]

[It would seem that even if Rav interpreted the Mishnah in accordance with our *initial* understanding of it (as depicted in the diagram on 84b) he would also be justified in saying that the ruling pertains only to an isolated patch. It would be impossible to follow the pattern when there are adjacent patches, since the perimeter seed would be parallel to, and within two *tefachim* of, the seed of the adjacent patches. It is therefore unclear why the Gemara needed to advance this new interpretation of the Mishnah according to Rav (*Chazon Ish* ibid.; see *Pnei Yehoshua* and *Leshon HaZahav* for possible explanations).]

וקים להו לרבנן דחמשא בשיתא לא ינקי מהדדי ומנלן דהא דקים להו לרבנן א) (דחמשא בשיתא) מילתא היא דא"ר חייא בר אבא א"ר יוחנן מאי דכתיב א) לא תסיג גבול רעך [אשר גבלו ראשונים] גבול שגבלו ראשונים לא תסיג מאי גבלו ראשונים אמר רבי שמואל בר נחמני אמר רבי ב) יונתן (מאי) דכתיב ב) אלה בני שעיר החורי יושבי הארץ אטו כולי עלמא יושבי רקיע נינהו אלא שהיו בקיאין בישובה של ארץ שהיו אומרים מלא קנה זה לזית מלא קנה זה לגפנים מלא קנה זה לתאנים וחורי שמריחים את הארץ וחוי אמר רב פפא שהיו טועמין את הארץ כחויא רב אחא בר יעקב אמר חורי שנעשו בני חורין מנכסיהן אמר רב אסי ערוגה תוכה ו' חוץ מגבוליה תניא נמי הכי ערוגה תוכה ששה גבוליה בכמה ג) כדתנן רבי יהודה אומר רוחב כמלא רוחב פרסה א"ר זירא ואיתימא רבי חנינא בר פפא מ"ט דר' יהודה דכתיב ג) והשקית ברגלך כגן הירק מה רגל טפח אף גבול נמי טפח אמר רב א ערוגה בחורבה שנינו והאיכא מקום קרנות אמרי בי רב משמיה דרב בממלא את הקרנות וליזרע מאבראי ולא לימלי מגואי גזירה

רש"י

קים להו לרבנן דסתם ערוגה הנזרעת בה ה' זרעונין כך היא מדתה דחמשה זרעונין בשיתא טפחים לא ינקי אמצעי ושברוחות מהדדי דשיעור יניקת כל זרע טפח ומחצה עם מקום הזרע הרי מן הזרע הנזרע (סמוך לגבולה) [בגבול הערוגה] כנגד האמצעי ועד האמצעי ג"ט ומאלו השנים אנו למדים לסבר תנא דידן שיניקת הזרע טפח ומחצה מדלא קבע מקום לזרע הנזרע אצל הגבול ד) להושיבו אצל הקרן אלא אפי' אם בא לזורעו כנגד אמצעיתה זורעו אלמא בהרחקת ג' טפחים סגי ואע"ג דלענין כלאים היכרא בעלמא בעינן ולא חיישינן לייניקה כדתנן לקמן בשמעתין גבי ראש תור וגבי ב' שורות מיהו הפרש זרעוני ערוגה דלא להוי ערבוב ליכא היכרא בבציר משיעור יניקה דגבי ראש תור ושתי שורות לקמן איכא היכרא הלכך כי רמיז לן קרא ה' זרעונין בערוגה בשל ו' טפחים קאמר: ומנא לן דהא דקים להו לרבנן. בשיעור יניקה מילתא היא למיסמך עלה ולומר בקיאין הן החכמים בעבודת אדמה לידע כמה יונקים שלא תתמה לומר מי הודיע לבריות שיעור יניקה ואיך יוכלו לעמוד על כן: גבול רעך. ליטע סמוך למיצר להכחיש קרקעו כשיעור אשר גבלו הראשונים ומי הם הראשונים אמוריים וחויים שהיו בקיאים בכך כדאשכחן בבני שעיר: מלא קנה זה. קנה המדה שבו מודדין הקרקע: לזית. ראוי לגדל זיתים וזה לתאנה והיו יודעין להפריש את הארץ בין קנה לקנה בריחה וטעמה היכן לזיתים והיכן הוא לתאנים וממילא דבקיאים היו בשיעור יניקה: שמריחין. סרח את התיבה ודורשה: וחוי. למה נקרא חוי: שטועמין את הארץ. לאיזה דבר ראויה: כחויא. כנחש שאוכלו עפר: שנעשין בני חורים מנכסיהם. שנטרדו מנחלתם ולא הוצרכו לעבוד אדמתן כדכתיב ובני עשו יירשום (דברים ב): אמר רב אשי ערוגה. שאמרו צריכה להיות ו' חוץ מגבוליה שהיו מניחין בערוגה קרקע חלק סביבות הזריעה למקום דישה כשהוא משקה הזרעים מהלך בגבולין ואשמעינן רב אשי דלא תימא ו' עם הגבולין וכשהניח טפח חלק לכאן וטפח חלק לכאן לא תהא ערוגה מקום יניקתה אלא ארבע ואין הפרש בין אמצעי לשכנגדו אלא הגבול אלא טפחיים: בכמה. כמה רחבן להיות ערוגה כהלכתה ותהא עליה תורת הערוגה לכל דבריה כדלקמן להתיר ראש תור ירק הנכנס לה והיוצא ממנה דכי ליתא כשיעורא לא חשיב למיהוי לה קולי שדה: פרסה. פרסת רגל: והשקית ברגלך. להטעין על כתפך מים ולהלך ברגלך סביבותיה להשקותה למ"ל למכתב רגלך לומר שבמקום מהלכו להשקותה כשיעור רגל הוא: אמר רב ערוגה בחורבה שנינו. במשנתנו להתיר בה ה' זרעונין אבל לא שסביבותיה ערוגות שהרי לא פירשו לך אלא הפרש זרעונין שבתוכה ואם תזרע ערוגות סביבותיה לא תוכל להרחיק בין אותן שבתוכה ולזרוע אותן שברוחות הערוגה סמוך לגבול להרחיקה מן האמצעי כשיעורו לפי שאתה מקריבו אצל זרע הנזרע בחברתה אצל גבולה שאין ביניהן אלא שני טפחים של גבולי הערוגה ואנן ג' בעינן: והא איכא מקום קרנות. מאי דוחקיה דלא לאוקומיה בערוגה בין הערוגות מוקפת מכל צד ג' ערוגות שהן ח' כזה * ולזרוע באמצע וכן בכולן ה' זרעונין והא איכא בכל ערוגה מקום קרנות וזויותיה ואתה יכול להמשיך זרע גרעין שתזרע בצד גבולן של זו לצפון ושל זו לדרום של זו למזרח ושל זו למערב ולזרוע אותן גרעינין אצל הקרנות ואינך צריך להמשיכן מכנגד אותן שבחבירו מבפנים אלא הפרש טפח ואמאי אמר רב בערוגה שבחורבה שנינו:

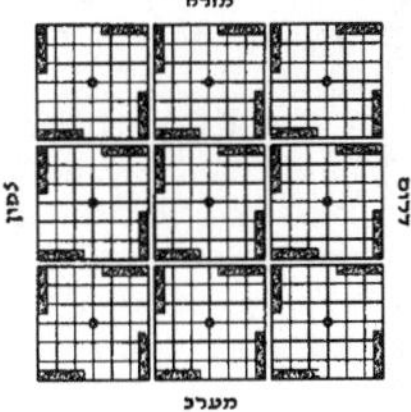

בממלא את הקרנות. רב מוקי מתניתין בממלא את כל הרוח של ערוגה לצפון מן המזרח למערב וכן רוח דרומי אבל המזרחי והמערבי זורע מעט ויניח הפרש מכאן ומכאן (כזה) הלכך אי אתה יכול לזרוע עוד בערוגה שאצלה לצפון ושאצלה לדרום מפני עירבוב של ב' הערוגות: וליזרע מאבראי. ויקיפנה ערוגות מכל צד ואת הקרנות שבתוכה לא ימלא (א) ומאי דוחקיה דרב לאוקמיה בערוגה שבחורבה שאין שם אלא היא:

תוספות

וקים להו לרבנן דחמשא בשיתא לא ינקי. ואומר ר"ת דמכל מקום איצטריך קרא דאי לאו קרא ה"א אע"ג דלא ינקי איכא עירבוב ואסור קמ"ל קרא דבכה"ג ליכא עירבוב ובקרא לחודיה נמי לא סגי דלא הוה ידעינן חמשה בכמה שרי קרא אבל השתא דקים להו לרבנן דחמשה בשיתא לא ינקי אית לן לאוקמי קרא בשיתא וא"ת אכתי ינקי מהדדי דאין כאן ג' טפחים בין זרע לזרע דחסר מקום הזרעים שכל הערוגה אינה רק ששה טפחים ואומר ר"ת דלא קשה מידי דאמות של כלאים שוחקות הן כדמוכח בריש עירובין (דף ג:) ואומר ר"י דהס"ג גמירי דחמשה בשיתא לא ינקי עם מקום הזרעים וא"ת אי יזרעו ט' מינין בערוגה ד' בד' קרנות וד' באמצע כל רוח ואחד באמצע דכל אחד רחוק מחבירו ג' טפחים וי"ל דבכולי האי הוי עירבוב ועוד דאז לא היה יכול לזרוע אלא גרעין אחד מכל מין ומין אבל בחמשה זרעונים יכול לזרוע מארבע מינים הרבה לכל רוח ומיהו קשה לר"י דמנלן לאוקמי קרא בערוגה ו' על ו' אפילו פחות נמי לא ינקי שיש באלכסונה ו' ויזרע ד' לד' קרנות ואחת באמצע דהשתא נמי לא ינקי מהדדי וי"ל דסברא דבענין זה אסור פן לא יקדק לזרוע ממש בסוף הקרן ויש לחוש לייניקה אבל השתא אין צריך לדקדק אלא בגרעין האמצעית ומהאי טעמא נמי אתי שפיר שאין זורעין ט' בערוגה אבל קשה לרשב"א דלוקי בערוגה ה' על ה' דהשתא יש באלכסונה (ו') [ז] דכל אמתא בריבוע אמתא ותרי חומשי באלכסונה ויכול לזרוע בקרנות בלא דקדוק ותירץ לו ר"י דאין להעמיד המקרא בענין זה שאינו שיעור לא לייניקה ולא לשום דבר:

לא תסיג גבול רעך. וא"ת א"כ הזורע כלאים ילקה שתים משום לא תזרע ומשום לא תסיג גבול ובפרק אותו ואת בנו (חולין פב:) אמר הזורע כלאים [כלאים] לוקה שתים משמע דבחד כלאים אינו לוקה אלא אחת * וי"ל דלא לקי אהאי לאו משום דקרא נמי איירי בהסגת גבול ממש דאין לוקין בלאו דניתן להשבון ועוד דהוי לאו שבכללות:

חוי. אור"ת דלאו היינו חוי דשבעה עממין שהרי אינו דורש כלום למה שמם כן אלא בני שעיר גופיה איקרו חוי כדכתיב בת לבעון החוי (בראשית לו):

גבוליה בכמה. פירש בקונטרס דנפקא מינה לענין ראש תור והא דקאמר בסמוך דאין ראש תור בערוגה היינו מערוגה לערוגה ור"י אומר דנפקא מינה למקח וממכר אם מכר לו ערוגה וגבוליה:

דתנן רבי יהודה אומר כו'. אף על גב דרבי יהודה לא מיירי מידי בגבול אלא בהפסק שבין עבודת ירק לירק אחר כדאיתא בפ"ג דכלאים (משנה ג) דתנן היתה שדהו זרועה ירק ומבקש ליטע שם ירק אחר ה) ר' שמעון אומר עד שיהא התלם מפולש ר' יהודה אומר רוחב כמלא רוחב פרסה נראה להש"ס דכי היכי דחשיב הפסק לענין כלאים חשיב נמי להיות גבול לערוגה:

אמר רב ערוגה בחורבה שנינו. פירש ר"ת דקס"ד שאינו ממלא כל הרוח אלא זורע באמצע כל רוח טפח וג' חומשין ומניח מכל צד לצד קרנות טפחיים וחומש חרב דהשתא זרעוני רוח זה רחוקין מזרעוני רוח האחרת כשיעור אלכסון של טפחיים וחומש על טפחיים וחומש דהוי ג"ט ויותר שני חומשי חומש ופריך והא איכא מקום קרנות שיכול לעשות שם ערוגות אע"פ שלא ירחיק אלא שיעור ב' הגבולים דהשתא איכא טובא בין זרע הפנימית שבאמצע הרוחות ובין זרע החיצונה של צד הקרן דהא איכא ב' גבולין ומקום חרב שהוא ב' טפחים וחומש בכל קרן (ב) ומשני בממלא את הקרנות של מזרח ומערב וברוח לפון ודרום גרעין לכל רוח כאשר תצייר (ג) דבאותה ערוגה איכא הרחקה ג' (כזה) ואם באת לסבבה בערוגות (אפילו) במקום קרנות לא יהיו ג' טפחים בין זרעוני ערוגה אמצעי לזרעוני ערוגה שבקרנות שאין הפרש ביניהם אלא שיעור שני גבולין אע"פ שיוכל עדיין לזרוע גרעין אחד בכל קרן החיצונית הא מסיק דגזרינן שמא לא ידקדק וימלא קרנות הכי נמי גזרינן בחיצונות שמא ימלא:

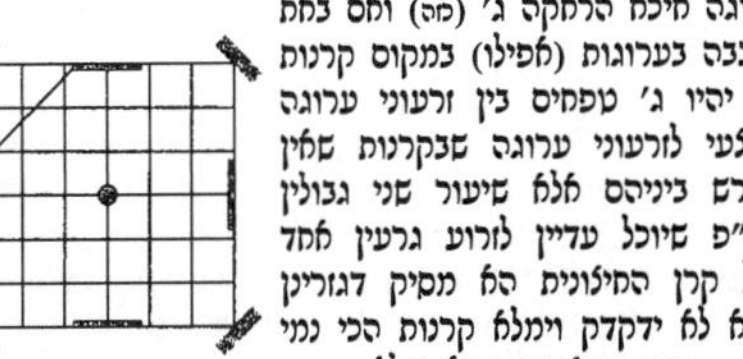

וליזרע מאבראי. וליזרע ערוגות לצד קרנות האמצעי כדפרישית ולא ימלא הקרנות דהכי עדיף טפי שיכול להרבות בערוגות:

גזירה

עין משפט נר מצוה

כ א מיי' שם הלכה י:

רבינו חננאל

באמצע כו'. עיקרה דמילתא דקים להו לרבנן דה' זרעונים בו' טפחים לא ינקי להדדי וכל דקים להו לרבנן מילתא היא. ואיכא יושבי הארץ שבקיאין בישיבתה של ארץ דברירין להון אלין מילוי וסליקא דהני ששה דערוגה הן מקום זרעונים ואיכא סביביהון גבול טפח ומפרש במתני' היה לו גובל טפח זורע לתוכה י"ג זרעונין. ומפרש' הכא רב אשי דהא ערוגה ו' על ו' חוץ מגבולה. ועיקר דהא מילתא דלא מפסק למהוה בין ירק לירק טפח אחד דהאי הוה מפיק בין ירק לירק טפח אחד. אפילו ערוגה שהיא ה' על ה' הוה אפשר למזרע ח' על ד' רוחותיה וד' באמצע משום דהויא כ"ה טפחים. י"ב מהן הן נזרעין. ודאיצטריכן למימר הכין. דחזינן מרב סעדיה גאון מחסיא דאיסתברא ליה כמן הכין ולאו כי דאיסתברא ליה בהאי אלא קים להו לרבנן דה' זרעונים כל אחד אין פחות מטפח על טפח בו' על ו' לא ינקי מהדדי. והיכי דמי כל זוית טפח ומחצה על טפח ומחצה חרב. ובכל רוח ג"ט אורך רק ברוחב טפח ובאמצע [מין] אחד טפח על טפח דמשכחת בין כל אחד ואחד טפח ומחצה באורך. וכן צורתו למראית עין. ודבר זה (טמן) [בזמן] שהזרעונים החמשה נזרעין כולן בתוך הערוגה שהיא ו' על ו' שנמצא הזרעונים גופן של ד' רוחות אוכלין בהן ג' ג' טפחי' באמצע נשארו ג' טפחים. א' ומחצה מיכן וא' ומחצה מיכן ונמצא ד' הקרנות פנויין ולא אפשר למיהוי טפי מן הכי בזמן שארבעה הקרנות פנויין והוא (איכיר) שיעור ו' על ו' והזרעונין בתוכן. אבל אם הזרעונין חוץ לששה אפשר שיהא בה ט' זרעונין שבין כל א' לחבירו טפח ומחצה וד' הקרנות פנויין כי היכי דאיתא בערוגה

מסורת הש"ס

א) ק"א ל"ג, ב) י"ג גם כאן יוחנן, ג) כלאי' פ"ג מ"ג, ד) רש"ל להושיבו, ה) ל"ל ר' ישמעאל.

הגהות הב"ח

(א) רש"י ד"ה וליזרע מאבראי וכו' לא ימלא כזה:

(ב) תוס' ד"ה אמר רב וכו' ב' טפחים וחומש בכל קרן כזה:

(ג) בא"ד גרעין לכל רוח כאשר תצייר כזה:

כל רוח מזרח זרוע
כל רוח מערב זרוע
לפון גרעין א'
דרום גרעין א'

גליון הש"ס

תוס' ד"ה לא תסיג וכו' וי"ל דלא לקי אהאי לאו. עי' יומא דף לו ע"ב בתוס' ד"ה לאו דנבילה:

תורה אור השלם

א) לֹא תַסִּיג גְּבוּל רֵעֲךָ אֲשֶׁר גָּבְלוּ רִאשֹׁנִים בְּנַחֲלָתְךָ אֲשֶׁר תִּנְחַל בָּאָרֶץ אֲשֶׁר יְיָ אֱלֹהֶיךָ נֹתֵן לְךָ לְרִשְׁתָּהּ: [דברים יט, יד]

ב) אֵלֶּה בְנֵי שֵׂעִיר הַחֹרִי יֹשְׁבֵי הָאָרֶץ לוֹטָן וְשׁוֹבָל וְצִבְעוֹן וַעֲנָה: [בראשית לו, כ]

ג) כִּי הָאָרֶץ אֲשֶׁר אַתָּה בָא שָׁמָּה לְרִשְׁתָּהּ לֹא כְאֶרֶץ מִצְרַיִם הִוא אֲשֶׁר יְצָאתֶם מִשָּׁם אֲשֶׁר תִּזְרַע אֶת זַרְעֲךָ וְהִשְׁקִיתָ בְרַגְלְךָ כְּגַן הַיָּרָק: [דברים יא, י]

ליקוטי רש"י

שהיו טועמין את הארץ. שהיו טועמין העפר ויודעין אי זו נטיעה ראויה לה [בראשית לו, כ].

גזירה שמא ימלא את הקרנות ולא יהא אלא ראש תור ירק מי לא תנן היה ראש תור ירק נכנס לתוך שדה אחר מותר מפני שנראה סוף שדה אין ראש תור בערוגה ושמואל אמר ערוגה בין הערוגות שנינו והא קא מיתערבי בהדדי בנוטה שורה לכאן ושורה לכאן אמר עולא בעו במערבא הפקיע תלם אחד על פני כולה מהו אמר רב ששת בא ערבוב וביטל את השורה רב אסי אמר אין עירובו מבטל איתיביה רבינא לרב אשי הנוטע שתי שורות של קישואין שתי שורות של דילועין שתי שורות של פול המצרי מותר שורה אחת של קישואין ושורה אחת של דילועין ושורה אחת של פול המצרי אסור שאני הכא דאיכא שראכא אמר רב כהנא א"ר יוחנן הרוצה למלאות כל גינתו ירק עושה ערוגה ששה על ששה ועוגל בה חמשה וממלא קרנותיה כל מה שירצה והא איכא דביני וביני אמרי דבי רבי ינאי במחריב בין הבינים רב אשי אמר אם היו זרועין שתי זורען ערב ערב זורען שתי איתיביה רבינא לרב אשי עבודת ירק בירק אחר ששה טפחים ורואין אותם כטבלא

רש"י

גזירה שמא ימלא. ואחר כך יזרע בחברתה אצל הגבול מתוכה כאשר זרע האמצעית ולא ישים ללבו עירבוב של שתי הערוגות: ולא יהא אלא ראש תור. כלומר אפילו מילא אותו ואחר כך זרע גרעין אחד בחברתה ואין הפרש כשיעור בינו לבין זרע שבזו מה בכך לא יהא נדון אלא כראש תור ירק הנמשך ובא משדה זו לשדה זו שנראה יפה שאינו מזו שנכנס לה אלא מזו שיוצא ממנה ואיכא היכרא ולייניקה לא חיישינן. ראש תור קרי ליה לפי שכן דרך לסוף השדה להיות מתקצרת החרישה ולימשך באלכסון כראש תור (סה) : אין ראש תור בערוגה. אין תורת היתר ראש תור מערוגה לערוגה אלא משדה גדולה לתוך ערוגה או מערוגה לתוך שדה גדולה או משדה גדולה לתוך שדה גדולה אבל שתי ערוגות לא הוי היכר אלא דומה כאילו הן אחת דלא חשיבא כל חדא באפיה נפשה: והא קא (א) מערבי בהדדי. העלין של ערוגה זו בעלין של חברתה מלמעלה שאין ביניהן אלא שני טפחים של גבולין: בנוטה שורה לכאן ושורה לכאן. ממשיך של רוח זו כלד קרן מזרחית לפונית ושל רוח זו לצד מערבית דרומית וכן כולן להרחיקן שלא יהיו זה כנגד זה כמו שפי' גבי אתקפתא דלעיל דמקום קרנות ולא גזר שמואל שמא ימלא את הקרנות כך נראית שיטה זו בעיני ולא פירשו רבותי כן שהם פירשו קרנות אלו גבולין ויש לי גמגומים בה הרבה גם בכל הש"ס לא שמעתי קרנות אלא זויות ומצאתי לי סמך ביסודו של רבי שמעון הזקן אחי אמי מפי רבינו גרשום אבי הגולה ותשובת רבינו יצחק בן יהודה שהושיבה בג' פנים לא ישרו בעיני: הפקיע. לשון קריעה שקורע הקרקע כמו מבלאי מכנסי הכהנים היו מפקיעין (סוכה דף נא.): תלם. מענה שורה: על פני כולה. שהעביר מזרע שבצפון לזרע שבדרום דרך האמצעי וזרעו מאחד המינין או ממין שני מהו מי מבטל תורת שורה הלכות ערוגה בשביל תלם אחד או לא: בא עירבוב וביטל את השורה. ואסור: שתי שורות של קישואים. ואצלן שתי שורות של דלועין ואצלן ב' שורות של פול המצרי ולא בערוגה אלא בשדה גדולה: מותר. דשתי שורות חשיבי למיהוי שדה לנפשייהו והוי היכרא דכל מין ומין מילתא באנפי נפשיה: שורה אחת. מכל אחד הוי עירבוב [דלא חשיבא כל חד שדה לנפשה אלמא תלם אחד הוי עירבוב]: דאיכא שראכא. זמורותיהן ארוכות ומתערבות הרבה מלמעלה ונראה עירבובן במקומות הרבה: כל גנתו ירק. של הרבה מינין: עושה. כל ערוגותיה מרובעות ו': ועוגל. בכל ערוגה ה' וזורע בעוגל מין אחד ויש היכר הרבה לדבר ואין צריך להרחיב (ב) בין ערוגה לחברתה וזורע חצי טפח הסובב את כל ערוגה וערוגה משאר מינין לפי שכל אחד ואחד נראה מקומו חלוק לעצמו: והאיכא דביני וביני. הן גבולי הערוגה שאמרנו למעלה ערוגה ו' חוץ מגבולין ואותן גבולין כשיזרעם מחברים את היקף ריבוע הערוגות והוי עירבוב שהרי הם של שני מינין: במחריב בין הביניים. ואינו זורען ולמלאות דקאמר ר' יוחנן לאו דוקא למלאות כל הגנה קאמר אלא שיהיו כל ערוגותיה מליאות ולעולם חוץ מגבוליהן: אם היו. ריבוע הערוגות זרועין שתי זורע בין הביניים ערב: עבודת ירק בירק אחר. כמה שיעור עבודתו להרחיק חבירו ממנו כדי עבודתו: ו' טפחים. לה' זרעונין כמו ששנינו: כטבלא

תוספות

גזירה שמא ימלא כו' ולא יהא אלא ראש תור. ואפילו ימלא את הקרנות אין כאן עירבוב דהא קרנות אמצעות הולכות כנגד ריבוע הערוגות שסביבותיה והוי כעין ראש תור דשרי אע"ג דאין הרחקה ג' טפחים כיון שיש בהן היכר. אין ראש תור בערוגה לפי שקטנה היא וליכא היכירא:

ושמואל (ג) אמר ערוגה בין ערוגות שנינו. ולכך הקרנות דאפי' מלא הקרנות אין בכך כלום דסבר דיש ראש תור בערוגה:

והא קא מיערבבו אהדדי. שעליהן שלמעלה מעורבבים יחד ואע"ג דליכא ראש תור מלמטה אסור כיון דמערבי למעלה העלין דאורייתא מבלבל דאפי' לא ינקי מהדדי אסור כדאמרינן (כלאים פ"ז משנה ד) המסכך גפנו ע"ג תבואתו קידש משום דאורייתא מבלבל אבל בערוגה אחת ידיעה וליכא עירבוב וכולי האי אין סברא להתיר משום ראש תור: (ד) בנוטה שורה לכאן ושורה לכאן כנוטה שער ערוגה זו לתוכה או לתוכה כדתנן במס' כלאים (פ"ד מ"ט) ומייתי לה בב"ב (פב:) מעשה בצלמון כו' והיה הופך שער שורה לכאן ועוד תנן בפ"ג דכלאים (משנה ה) נוטע אדם קישות ודלעת בתוך גומא ובלבד שתהא זו נוטה לצד זו וזו לצד זו: אמר עולא בעו במערבא הפקיע תלם אחד על פני כולה מהו. פי' העמיק תלם א' על פני סביבותיה לד' רוחותיה מהו דבלא העמיק בין לרב בין לשמואל אסור לעשות ערוגות סביבותיה אבל כשחפר והעמיק כשיעור תלם דהיינו טפח בעי אי הוי היכירא כמו בשדה דהוי היכירא כדתנן בכלאים (פ"ג משנה ג) היתה שדהו זרועה ירק כו' רש"א עד שיהיה התלם מפולש ולעיל הבאתיה א"ר ששת בא עירבוב וביטל את השורה פירוש מבטל הפסק התלם ולא הוי היכירא ותלם היינו שורה ובני ארץ ישראל קרו ליה תלם ובני בבל קרו ליה שורה רב אסי אמר אין עירבוב מבטל השורה: איתיביה הנוטע שתי שורות כו' מותר. דשתי שורות של דלועין מפסיקין בין קישואין לפול המצרי דקישואין ודלועין לא הוי כלאים דמינכרי כדתנן בסיפא דהך ולעיל הבאתיה נוטע אדם קישות ודלעת בתוך גומא ובלבד כו' וכן דלועין ופול המצרי מינכרי אבל קישואין ופול המצרי הוי כלאים אבל שורה של קישואין כו' אסור דשורה אחת של דלועין לא מפסקה בין קישואין לפול המצרי וכי היכי דקישואין ופול המצרי מבטלין שורה של דלועין שבאמצע ה"נ עירבוב זרעוני הערוגות מבטל תלם שהפקיע ומשני התם דאיכא שראכא שהן גדולים וגסים והכא בזרעונים דקין לא מבטלי עומק התלם ומפסיק: אמר ר' יוחנן הרוצה למלאות כל גינתו ירק עושה בה ערוגה ו' על ו' ועוגל כו'. פירוש עושה ערוגה מרובעת ו' על ו' ובתוכה מרובע עוד ה' על ה' ויהיה הפסק בין האמצעי לחיצון חצי טפח מכל צד ועוגל בה בתוך הריבוע הפנימי ה' על ה' וימלא העוגל במין אחד ובקרנות ריבוע הפנימי יזרע מין א' בכל קרן וקרן (סה) והשתא הוי בריבוע הפנימי ה' מינין ואע"פ שבין זרע שבתוך העוגל לזרע שבקרנות אין הפסק רק משהו אין לחוש דעוגל הוי היכירא בלבד שיהא ג' טפחים בין זרע קרן זה לקרן זה וכן יכול לעשות ערוגות בכל סביבותיה בענין זה דהשתא יש ג"ט בין ערוגה לערוגה דריבוע החיצון חצי טפח חרב וכן לאחרת הרי טפח וב' גבולין שהיו ב' טפחים הרי ג"ט וא"ת מאי איריא ששה אפי' ה' על ה' נמי ועוגל בה ארבע כיון דעוגל חשיב היכירא ויש לומר דעוגל ה' חשיב היכירא אבל ד' לא:

והא איכא ביני וביני. ס"ד דממלא כל הקרנות ריבוע החיצון עד הגבול והרי אין הפסק בין ערוגה זו לאחרת אלא שני טפחים של שני הגבולים ומשני במחריב בין הביניים שמניח חצי טפח הסובב ריבוע הפנימי הכל חרב ואינו ממלא אלא קרנות של ריבוע הפנימי דהשתא יש הרחקה שלש טפחים אי נמי דידע לה שפיר דמניח חצי טפח חרב אלא דפריך אמאי דקאמר למלאות כל גינתו דהשתא אינו ממלא כל גינתו ומשני במחריב כו' ור' יוחנן דקאמר למלאות כל גינתו ירק לבד מן הביניים קאמר איתיביה רבינא לרב אשי עבודת ירק בירק אחר ששה טפחים פי' ערוגה שהתירו בה חמשה זרעונים דהיינו עבודת ירק בירק אחר רואין אותה כטבלא מרובעת כטבלא מרובעת הוא דשרי אף על גב דליכא תערובת ענפים ועלין מלמעלה הא לאו הכי אסור דלא שרי עירבוב אלא בערוגה כהלכתה אבל עוגל ה' אסור דלא חשיב תנא היכירא ומשני דלא בא תנא להקל להתיר אלא להחמיר להתיר ראש תור ירק הנכנס לה והיוצא ממנה דמרובעת שרי אבל בעגולה אין לה היתר ראש תור ירק והא דאמר לעיל דאין ראש תור בערוגה קאמר אבל משדה גדולה לערוגה יש ראש תור כן עיקר פי' השמועה ולפי' הקונט' והא איכא מקום קרנות לשון מקום קרנות לא משמע כפירושו וגם מה מדמדמה לראש תור וכל הסוגיא מיושבת כפי' ר"ת ומה שפירש"י והא איכא מקום קרנות ויכול להמשיך של זו לצפון ושל זו לדרום ואין צריך להמשיכו מכנגד אותו שבחברתה אלא טפח לא דק דא"כ אינם מרוחקין אלא כמו שעולה האלכסון של טפחים על טפח ואינו עולה אפי' לשני טפחים ושני חומשים פחות מאלכסון של טפח על טפח (סה) :

מנין

עין משפט נר מצוה

כא א מיי' שם הל"ח:
כב ב ג שם הלכה י:
כג ד שם הלכה טו:

רבינו חננאל

ומן הכין כי אמרו בתלמוד א"י בהא בשם ריש לקיש כולהן חרץ לששה אשקו עליה. א"כ ליתני ט' וכן היא. הרי אלו ט' זרעונין סביבי ערוגה ר' על ר' בזמן שהן חרץ לששה ואף זה כהונן האי אבל אם זרעונים בתוך ששה הן אם אינו מחריב את הארבעת הקרנות אלא מניח טפח ומחצה זורע טפח אפשר דהוו ח' זרעונים שכולן בתוך ערוגה שהיא ר' על ר' ולא תקינו רבנן הכין אלא תקינו ו' בלחוד: אמר רב ערוגה בחורבה שנינו. ואקשינן עליה דהאי דתקינו רבנן ה' זרעונים לתוך ר' ואע"ג דאפשר לעשות ח' לא תקינו אלא ה' בלבד. אלא מפני שתקנו להחריב את ד' הקרנות תקנוהו ר' כדי שיהא יכול לעשר' ערוגות אחרות בכנפי זויות ערוגה זו כגון אלו ואי בחורבה הא איכא קרנות ולמה לו למשבק פנויין ואתינן לפרוקי בממלא את הקרנות לערוגות ערוגות כהני דפרשינן לעילא. ואע"ג (דחובר) [דבחורבה] הוא. ומקשי' וליזרע ולא (ליצלי) [לימלי] ופי' אי חרבה היא ליזרע ח' זרעונין בערוגה שלא יהו קרנות פנויות ולא יזרע כנגדן באלכסון ערוגות ופרקי' האי דגזרו בחרבה פנויות שמא ימלא כנגדן ערוגות. ומקשינן ואי הוי בקרנות זרע נמי אסור דזרע ערוגה בסמוך לה והויא קרן בראש תור דשרי להכניס לשדה אחרת. מי לא תנן היה ראש תור ירק נכנס לתוך שדה אחרת מותר מפני שנראה כסוף שדה. ופרקי' אין ראש תור בחרבה כי שרי ראש תור מן שדה גדולה שהוא (מופים) [מוכחן] דסוף שדה הוא. אבל ערוגה בחורבה לית לה ראש תור מה כי האי משום דלא מוכח ושמואל אמר ערוגה בין הערוגות שנינו. פירוש בין בחורבה ובין בשדה ואקשינן ליה כי מכדי היא בין הערוגות הא קא מיערבו זרעים בהדדי. ומפרקינן בנוטע שורה לכאן ושורה לכאן. ואפרש תרין פירושי חד מנהון שמענוה משום רבינו סעדיה גאון דסמיך בערוגה אחרת לכל מין ומין [אותן] מינין דהוויין שורה לכאן ממין אחד ולא דמי ופירושי דהוה אמרין ליה רבואתא דילמא לענין בנוטע שורה לכאן ושורה לכאן אע"פ שהן מינין [אחרים] דקאמר שמואל כיון שהוא עושה בערוג' זו שורה ואינו ערבוביא וכנגדו בערוגה אחרת שורה ואינה עירבוב. וזו נוטה לכאן וזו נוטה לכאן היכרא רבה הוא שהן ב' שורות והוהבה דמילי כלאים תלינן במראית העין דהא מחיצה אפילו כמחיצת שבת כגון קנים וחבלים מתרת לענין כלאים אף על גב דליכא ביניהם הרחקה משום דאיכא היכרא במחיצה. והכין קאמר שמואל איכא היכרא בב' שורות אחת נוטה לכאן ואחת נוטה לכאן ונדע שב' שורות הן. ותנן נוטע אדם קשות

ודלעת בתוך גומא אחת ובלבד שלא יהא [זה] נוטה אצל זה ולא זו נוטה אצל זו. ובברייתא בתוספתא. מותר אדם לעשות בתוך שדהו תלמיות קטנות של טפח טפח וליתן לתוכן ג' מינין א' מיכן וא' מיכן ואחד באמצע. מותר אדם לעשות בתוך שדהו ערוגות קטנות של טפח טפח וליתן לתוכן ד' מינין א' מיכן וא' מיכן ואחד מיכן ואחד מיכן. מותר אדם לעשות בתוך שדהו גומא קטנה שהיא עמוקה טפח וליתן לתוכה ד' מינין ד' רוחות והופכן לארבע רוחותיה. ומותר אדם לעשות בתוך שדהו תלם אחד להיות נוטע קשואין ודלועין אבטיחים ומלפפות והופכן אלו לצד זה ואלו לצד זה. לפום כן קאמר שמואל נוטע שורה לכאן ושורה לכאן: אמר עולא בעין במערבא הפקיע תלם אחד על פני כולה מהו איבעיא להו כמה פירושי ולא קא מיבעיא להון. והכין קא חזיינא דעל מימרא דשמואל קאי דקאמר בערוגה בין הערוגות שנינו שנוטע שורה

מסורת הש"ס

א) כלאים פ"ג מ"ג, ב) מבטל את השורה וביטל את השורה הערוגה רש"ל, ג) שם מ"ד, ד) [צ"ל שרבא פי' גאון עלין רחבין שאוחזין באלכן וזוחזין ונכנסין אלו באלו ערוך ערך שרך ב], ה) תוספתא פ"ב דכלאים, ו) צ"ל רבי ישמעאל.

הגהות הב"ח

(א) רש"י ד"ה והא קא מיתערבי בהדדי: (ב) ד"ה ועוגל כו' ואין צריך להרחיק בין ערוגה: (ג) תוס' ד"ה וליזרע מאמצעיתא וד"ה גזירה וד"ה ושמואל הכל דיבור אחד: (ד) ד"ה בנוטה שורה וד"ה אמר עולא וד"ה איתיביה וד"ה א"ר יוחנן וד"ה הא איכא הכל דיבור אחד:

ליקוטי רש"י

ראש תור. ראש תור היא תלם מענה של סוף שדה שהמענים כלים והולכין באלכסון זה קצר מזה מעט [סוכה ז.].

The Gemara answers:

גְּזֵירָה שֶׁמָּא יְמַלֵּא אֶת הַקְּרָנוֹת – On account of **a decree,** enacted out of concern that **perhaps one will fill up the corners,** Rav forbids sowing many species in a patch that is among other patches, even if one wishes to sow in a staggered fashion.[1]

The Gemara questions the necessity for any such decree:

וְלֹא יְהֵא אֶלָּא רֹאשׁ תּוֹר יָרָק – Even if one does fill up the corners and plant in an adjacent patch, **this should be** treated **the same as a corner furrow of** a **vegetable** field. **מִי לֹא תְּנַן** – **Did we not learn in a Mishnah:**[2] **הָיָה רֹאשׁ תּוֹר יָרָק נִכְנָס לְתוֹךְ שָׂדֶה אַחֵר** – IF THE TIP OF A VEGETABLE FIELD ENTERED INTO A DIFFERENT FIELD that was sown with another species, **מוּתָּר** – THIS IS PERMITTED, **מִפְּנֵי שֶׁנִּרְאֶה סוֹף שָׂדֶה** – SINCE IT APPEARS clearly like the END of the first FIELD?[3]

The Gemara replies:

אֵין רֹאשׁ תּוֹר בַּעֲרוּגָה – **There is no** dispensation for **the tip of a field in** the case of **a** vegetable **patch** that is alongside another patch.[4]

Having explained Rav's interpretation of our Mishnah, the Gemara cites a variant interpretation:

וּשְׁמוּאֵל אָמַר – **But Shmuel said:** **עֲרוּגָה בֵּין הָעֲרוּגוֹת שָׁנִינוּ** – **We learned** the ruling of our Mishnah even in regard to **a** vegetable **patch** that is **amongst other patches.**[5]

The Gemara asks:

וְהָא קָא מִיתְעָרְבִי בַּהֲדָדֵי – **But [the leaves]** of the parallel rows **will intermingle with each other,** since they are separated by only two *tefachim* of walkway.[6] – ? –

The Gemara answers:

בְּנוֹטֶה שׁוּרָה לְכָאן וְשׁוּרָה לְכָאן – Shmuel permits the sowing in adjacent patches only **when one draws one row in this direction and** the parallel **row in this direction,** in a staggered fashion.[7]

The Gemara continues its discussion of a six-by-six vegetable patch:

אָמַר עוּלָּא – **Ulla said:** **בָּעוּ בְּמַעֲרָבָא** – **They inquired in the West** (i.e. Eretz Yisrael): **הִפְקִיעַ תֶּלֶם אֶחָד עַל פְּנֵי כּוּלָּהּ** – If **[a person] tore open a furrow across the entire [patch]** and sowed it with seed, **מַהוּ** – **what is [the law]?** It is still permitted to sow the patch with five different species?[8]

The Gemara presents two views:

אָמַר רַב שֵׁשֶׁת – **Rav Sheishess said:** **בָּא עִרְבּוּב וּבִיטֵּל אֶת הַשּׁוּרָה** – **The intermingling,** i.e. the proximity of the seed in the furrow to the parallel rows, **comes and annuls the** special **order** of a vegetable patch and makes it forbidden.[9] **רַב אַסִּי אָמַר** – **Rav Assi said:**[10] **אֵין עֵירוּבוֹ מְבַטֵּל אֶת הַשּׁוּרָה** – **The intermingling,**

NOTES

1. Rav holds that if we permit sowing a patch among other patches with many species in a staggered fashion, a person might fill the corners of one patch (i.e. sow an entire side including the corners) and then plant different species in an adjacent patch, not realizing that the filled corners make the patches appear mingled (*Rashi*). Therefore, Rav holds that the Mishnah's leniency of sowing five different species applies only to an isolated patch, in which case it is permitted to fill two entire sides with seed, as explained in 85a note 21.

2. *Kilayim* 3:3.

3. As explained previously (84b note 17), the primary concern of the Torah with respect to *kilayim* is that each species should appear distinct and separate. The law, therefore, is that it is permitted for the furrows at the tip of a field that is sown with one species of vegetable to protrude into a field sown with a different species, since each field can be distinguished from the other by its layout and the furrows are obviously an extension of the first field. In this situation, there is no requirement that the different species be separated by a distance of three *tefachim* or more. In our case, too, since each patch is distinct and is surrounded by a walkway, it should be permitted even to fill the corners of each patch with a different species (*Rashi,* as explained by *Chazon Ish, Kilayim* 7:1).

[It was common for the furrows to be made successively shorter at the end of a field, so that ends of the plowed furrows at each corner of the field formed a diagonal line. The tips of these diagonal lines (each known as a ראש תור) might extend into the adjacent field. This is the ראש תור (literally: the head of a [diagonal] line) that the Mishnah refers to. See *Rashi* here and to *Succah* 7a ד״ה ויעמידנו כנגד ראש תור; see also *Maharshal,* who cites a variant text of *Rashi,* and commentaries to *Kilayim* 2:7 for various other explanations of the term ראש תור.]

4. The rule allowing the furrows at the tip of a field to protrude into an adjacent area pertains only to furrows extending from one large field into another, from a large field into a patch or from a patch into a large field. In these cases, each area is clearly defined so that even a protruding furrow is recognized as an extension of its area of origin. However, when there are two adjacent vegetable patches, the distinction is not so clear and they appear like one continuous sown area. Therefore, different species may not be sown in adjacent patches unless the full three-*tefach* distance is maintained (*Rashi, Ritva MHK* ed.; cf. *Tosafos* to 85a ד״ה גבוליה). [A large field is a rectangular one that has an area equal to 10.4 *amos* x 10.4 *amos* (*Derech Emunah, Hil. Kilayim* 4:56).]

5. [Thus, it is permitted to sow five species of seed in each of many adjacent patches. Initially, the Gemara understands Shmuel as permitting sowing the entire perimeter of each patch (except the very corners, as depicted above, 84b note 17).]

6. The Mishnah in *Kilayim* (2:11) teaches that, regarding certain species which have an abundance of leaves or vines that tend to become very entangled with adjacent plants, the normal separation is insufficient. One must ensure that leaves remain apart to avoid the appearance of *kilayim*.

In our case, [even if Shmuel considers each patch to be clearly defined,] how can he permit the planting of different species in parallel rows that are only two *tefachim* apart? Why, the leaves will become entangled! (*Rashi*).

[The Mishnah in *Kilayim* prohibits the mingling of leaves only in the case of a plant that grows very many leaves. Our Gemara, however, seems to object to the sowing of all species in adjacent patches. Perhaps, the Gemara's point is that in regard to all species there can be no justification for relying on the dispensation of "the tip of a field" and allowing sowing within *less* than three *tefachim* when the leaves will become mingled.]

7. I.e. Shmuel permits sowing adjacent beds with different species only in accordance with the staggered pattern described above in the Gemara's challenge to Rav (see diagram in 85a note 20). When they are sown in that fashion, the leaves will not become intermingled. Shmuel disagrees with Rav's opinion that, out of concern that one might fill the corners, it was decreed not to sow a patch among adjacent patches even in a staggered pattern (*Rashi*).

[*Rashi* notes that of the numerous explanations of this passage proposed by his mentors, the one just set forth was most acceptable to him. As we mentioned previously, *Tosafos,* as well as *Rambam* and *Rash* to *Kilayim* 3:1, offer alternative explanations.]

8. The inquiry focuses on a case where the person dug a furrow [one *tefach* wide and one *tefach* deep – see *Tosafos* ד״ה אמר עולא] across the center of the patch from end to end (e.g. from north to south), passing through the spot where he would plant the one seed of the fifth species, and filled the entire width of the furrow with that fifth species. Alternatively, he dug the furrow from end to end slightly off center, so that it runs between the center and one border, and filled it with a *sixth* species. Do we say that since there are less than three *tefachim* between the new furrow and the perimeter this is forbidden? Or, perhaps, since the new furrow is distinguished by its depth from the rest of the patch, it is permitted (*Rashi,* as explained by *Chidushei HaRan* and *Menachem Meishiv Nefesh;* cf. *Rashash's* emendation of *Rashi;* see *Chazon Ish, Kilayim* 7:10; cf. *Tosafos* ד״ה אמר עולא).

[The proximity of the seed in the furrow to the perpendicular rows is of no concern, since it is distinguished from them by its different direction. (Only a small space need be left between them.) The only matter of concern is the proximity of the furrow to the parallel rows.]

9. The translation follows *Rashi* as explained by *Menachem Meishiv Nefesh;* cf. *Meromei Sadeh.*

10. Many commentators have the reading: Rav Ashi. This makes the Gemara's challenge below more understandable.

גזירה שמא ימלא את הקרנות ולא יהא אלא ראש תור ירק מי לא תנן היה ראש תור ירק נכנס לתוך שדה אחר מותר מפני שנראה סוף שדה אין ראש תור בערוגה ושמואל אמר ערוגה בין הערוגות שנינו והא קא מיתערבי בהדדי בנוטה שורה לכאן ושורה לכאן אמר עולא בעו במערבא הפקיע תלם אחד על פני כולה מהו אמר רב ששת בא ערבוב וביטל את השורה רב אסי אמר אין עירובו מבטל את השורה איתיביה רבינא לרב אשי הנוטע שתי שורות של קישואין שתי שורות של דילועין שתי שורות של פול המצרי מותר שורה אחת של קישואין ושורה אחת של דילועין ושורה אחת של פול המצרי אסור שאני הכא דאיכא שראכא אמר רב כהנא א"ר יוחנן הרוצה למלאות כל גינתו ירק עושה ערוגה ששה על ששה ועוגל בה חמשה וממלא קרנותיה כל מה שירצה והא איכא דביני וביני אמרי דבי רבי ינאי במחריב בין הבינים רב אשי אמר אם היו זורעין שתי זורעין ערב ערב שתי איתיביה רבינא לרב אשי עבודת ירק בירק אחר ששה טפחים ורואין אותם כטבלא

גזירה שמא ימלא כו' ולא יהא אלא ראש תור. ואפילו ימלא את הקרנות אין כאן עירבוב דהא קרנות אמלעות הולכות כנגד ריבוע הערוגות שסביבותיה והוי כעין ראש תור דשרי אע"ג דאין הרחקה ג' טפחים כיון שיש בהן היכר. אין ראש תור בערוגה לפי שקטנה היא וליכא היכירא: ושמואל (ג) אמר ערוגה בין ערוגות שנינו. ולגבי הקרנות דאפי' מלא הקרנות אין בכך כלום דסבר דיש ראש תור בערוגה: והא קא מיערבבו אהדדי. שעלין שלמעלה מעורבבים יחד ואע"ג דליכא ראש תור מלמטה אסור כיון דמערבי למעלה העלין דאוירא מבלבל דאפי' לא ינקי מהדדי אסור כדאמרינן (כלאים פ"ז משנה ד) המסכך גפנו ע"ג תבואתו קידש משום דאוירא מבלבל אבל בערוגה אחת ידיעה וליכא עירבוב וכולי האי אין סברא להתיר משום ראש תור: (ד) בנוטה שורה לכאן ושורה לכאן. בנוטה שער ערוגה זו לתוכה וזו לתוכה כדתנן במס' כלאים (פ"ד מ"ט) ומייתי לה בכ"ב (פב.) מעשה בצלמון כו' והיה הופך שער שורה לכאן ועוד תנן בפ"ג דכלאים (משנה ה) נוטע אדם קישות ודלעת בתוך גומא ובלבד שתהא זו נוטה לצד זו וזו לצד זו: אמר עולא בעו במערבא הפקיע תלם אחד על פני כולה מהו. פי' העמיק תלם א' על פני סביבותיה לד' רוחותיה מהו דבלא העמיק בין לרב בין לשמואל אסור לעשות ערוגות סביבותיה אבל כשחפר והעמיק כשיעור תלם דהיינו טפח בעי אי הוי היכירא כמו בשדה דהוי היכירא כדתנן בכלאים (פ"ג משנה ג) היתה שדהו זרועה ירק כו' רש"א עד שיהיה התלם מפולש ולעיל הבאתיה א"ר ששת בא עירבוב וביטל את השורה פירוש מבטל הפסק התלם ולא הוי היכירא ותלם היינו שורה ובני ארץ ישראל קרו ליה תלם ובני בבל קרו ליה שורה רב אשי אמר אין עירבוב מבטל השורה: איתיביה הנוטע שתי שורות כו' מותר. דשתי שורות של דלועין מפסיקין בין קישואין לפול המצרי דקישואין ודלועין לא הוי כלאים דמינכרי כדתנן בסיפא דהך ולעיל הבאתיה נוטע אדם קישות ודלעת בתוך גומא ובלבד כו' וכן דלועין ופול המצרי מינכרי אבל קישואין ופול המצרי הוי כלאים אבל שורה של קישואין כו' אסור דשורה אחת של דלועין לא מפסקה בין קישואין לפול המצרי וכי היכי דקישואין ופול המצרי מבטלין שורה של דלועין שבאמצע ה"נ עירבוב זרעוני הערוגות מבטל תלם שהפקיע ומשני שאני התם דאיכא שראכא שהן גדולים וגסים והכא בזרעונים דקין דלא מבטלי עומק התלם ומפסיק: אמר ר' יוחנן הרוצה למלאות כל גינתו ירק עושה בה ערוגה ו' על ו' ועוגל כו'. פירוש עושה ערוגה מרובעת ו' על ו' ובתוכה מרובע עוד ה' על ה' ויהיה הפסק בין האמצעי לחיצון חצי טפח מכל צד ועוגל בה בתוך הריבוע הפנימי ה' על ה' וימלא העוגל במין אחד ובקרנות ריבוע הפנימי יזרע מין א' בכל קרן וקרן (סה)

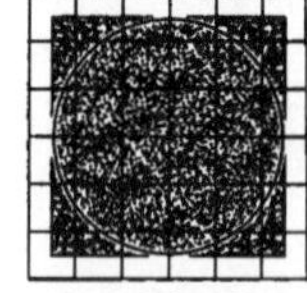

והשתא הוי בריבוע הפנימי ה' מינין ואע"פ שבין זרע שבתוך העגול לזרע שבקרנות אין הפסק רק משהו אין לחוש דעוגל הוי היכירא בלבד שיהא ג' טפחים בין זרע קרן זה לקרן זה וכן יכול לעשות ערוגות בכל סביבותיה בענין זה דהשתא יש ג"ט בין ערוגה לערוגה דריבוע החיצון חצי טפח חרב וכן לאחרת הרי טפח וב' גבולין שהיו ב' טפחים הרי ג"ט וא"ת מאי איריא ששה אפי' ה' על ה' נמי ועוגל בה ארבע כיון דעוגל חשיב היכירא ויש לומר דעוגל ה' חשיב היכירא אבל ד' לא: והא איכא ביני וביני. ס"ד דממלא כל הקרנות וזורע בקרנות ריבוע החיצון עד הגבול והרי אין הפסק בין ערוגה זו לאחרת אלא שני טפחים של שני הגבולים ומשני במחריב בין הביניים שמניח חצי טפח הסובב ריבוע הפנימי הכל חרב ואינו ממלא אלא קרנות של ריבוע הפנימי דהשתא יש הרחקה שלש טפחים אי נמי דידע לה שפיר דמניח חצי טפח חרב אלא דקאמר למלאות כל גינתו דהשתא אינו ממלא כל גינתו ומשני במחריב כו' ור' יוחנן דקאמר למלאות כל גינתו הביניים קאמר איתיביה רבינא לרב אשי עבודת ירק בירק אחר ששה טפחים פי' ערוגה שהתירו בה חמשה זרעונים דהיינו עבודת ירק בירק אחר רואין אותה כטבלא מרובעת כטבלא מרובעת הוא דשרי אף על גב דאיכא תערובת ענפים ועלין מלמעלה הא לאו הכי אסור דלא שרי עירבוב אלא בערוגה כהלכתא אבל עוגל ה' אסור דלא חשיב תנא היכרא ומשני דלא בא תנא להחמיר אלא להקל להתיר ראש תור ירק הנכנס לה והיוצא ממנה דבמרובעת שרי אבל בעגולה אין ראש תור ניכר והא דאמר לעיל אין ראש תור ירק לערוגה מערוגה לערוגה קאמר אבל משדה גדולה לערוגה יש ראש תור כן עיקר פי' השמועה ולפי' הקונט' והא איכא מקום קרנות לשון מקום קרנות לא משמע כפירושו וגם מה דמדמה לראש תור וכל הסוגיא מיושבת כפי' ר"ת ומה שפירש"י והא איכא מקום קרנות ויכול להמשיך של זו לצפון ושל זו לדרום ואין צריך להמשיכו מכנגד אותו שבחברתה אלא טפח לא דק דא"כ אינם מרוחקין אלא כמו שעולה האלכסון של טפחיים על טפח ואינו עולה אפי' לשני טפחים ושני חומשים שאלכסון של טפח על טפח (סה):

מנין

גזירה שמא ימלא. ואחר כך יזרע בחברתה אצל הגבול מתוכה כאשר זרע האמצעית ולא ישים ללבו עירבוב של שתי הערוגות: ולא יהא אלא ראש תור. כלומר אפילו מילא אותו ואחר כך זרע גרעין אחד בחברתה ואין הפרש כשיעור בינו לבין זרע שבזו מה בכך לא יהא נדון אלא כראש תור ירק הנמשך וכא משדה זו לשדה זו שנראה יפה שאינו מזו שנכנס לה אלא מזו שיוצא ממנה ואיכא היכירא וליניקה לא חיישין. ראש תור קרי ליה לפי שכן דרך לסוף השדה להיות מתקצרת החרישה ולימשך באלכסון כראש תור (סה): אין ראש תור בערוגה. אין תורת היתר ראש תור מערוגה לערוגה אלא משדה גדולה לתוך ערוגה או מערוגה לתוך שדה גדולה או משדה גדולה לתוך שדה גדולה אבל שתי ערוגות לא הוי היכר אלא דומה כאלו הן אחת דלא חשיבא כל חדא באפיה נפשה: והא קא (א) מערבי בהדדי. העלין של ערוגה זו בעלין של חברתה מלמעלה שאין ביניהן אלא שני טפחים של גבולין: בנוטה שורה לכאן ושורה לכאן. ממשיך של רוח זו בצד קרן מזרחית צפונית ושל רוח זו בצד מערבית דרומית וכן כולן להרחיקן שלא יהיו זה כנגד זה כמו שפי' גבי אתקפתא דלעיל דמקום קרנות ולא גזר שמואל שמא ימלא את הקרנות כך נראית שיטה זו בעיני ולא פירשו רבותי כן שהם פירשו קרנות אלו גבולין ויש לי גמגומים בה הרבה גם בכל הש"ס לא שמעתי קרנות אלא זויות ומצאתי לי סמך ביסודו של רבי שמעון הזקן אחי אמי מפי רבינו גרשום אבי הגולה ותשובת רבינו יצחק בן יהודה שהושיבה בג' פנים לא ישרו בעיני: הפקיע. לשון קריעה שקורע הקרקע כמו מצלאי מכנסי הכהנים היו מפקיעין (סוכה דף נא.): תלם. מענה שורה: על פני כולה. שהעביר מזרע שבצפון לזרע שבדרום דרך האמצעי וזרעו מאחד המינין או ממין ששי מהו מי מבטל תורת שורה הלכות ערוגה בשביל תלם אחד או לא: בא עירבוב וביטל את השורה. ואסור: שתי שורות של קישואים. ואצלן שתי שורות של דלועין ואצלן ב' שורות של פול המצרי ולא בערוגה אלא בשדה גדולה: מותר. דשתי שורות חשיבי למיהוי שדה לנפשייהו והוי היכירא דכל מין ומין מילתא באנפי נפשיה: שורה אחת. מכל אחד הוי עירבוב [דלא חשיבא כל חד שדה לנפשה אלמא תלם אחד הוי עירבוב]: דאיכא שראכא. זמורותיהן ארוכות ומתערבות הרבה מלמעלה ונראה עירבובן במקומות הרבה: כל גנתו ירק. של הרבה מינין: עושה. כל ערוגותיה מרובעות ו': ועוגל. בכל ערוגה ה' וזורע בעוגל מין אחד ויש היכר הרבה לדבר ואין צריך להרחיק (ב) בין ערוגה לחברתה וזורע חצי טפח הסובב את כל ערוגה וערוגה משאר מינין לפי שכל אחד ואחד נראה מקומו חלוק לעצמו: והאיכא דביני וביני. הן גבולי הערוגה שאמרנו למעלה ערוגה ו' חוץ מגבולין ואותן גבולין כשיזרעם מחברים את היקף ריבוע הערוגות והוי עירבוב שהרי הם של שני מינין: במחריב בין הביניים. ואינו זורען ולמלאות דקאמר ר' יוחנן לאו דוקא למלאות כל הגנה קאמר אלא שיהיו כל ערוגותיה מליאות ולעולם חוץ מגבוליהן: אם היו. ריבוע הערוגות זרועין שתי וזורע בין הביניים ערב: עבודת ירק בירק אחר. כמה שיעור עבודתו להרחיק חבירו ממנו כדי עבודתו: ו' טפחים. לה' זרעונין כמו ששנינו:

כטבלא

כא א מיי' שם הל"ח: כב ב ג שם הלכה י: כג ד ה שם הלכה טו:

רבינו חננאל

ומן הכין כי אמרו בתלמוד א"י כהנא בשם ריש לקיש כולהון חוץ לששה אקשו עליה. א"כ ליתני ט' וכן היא. הרי אלו ט' זרעונין סביבי ערוגה ד' על ד' חרץ לששה ואף זה בזמן שהן חרץ לששה ואף זה כהונן הואי אבל אם זרעונים בתוך ששה הן אם אינו מחריב את הארבעת הקרנות אלא גיה טפח ומחצה הזורע טפח אסור דהוה ח' זרעונים שכולן בתוך ערוגה שהיא ו' על ו' ולא תקנו רבנן הכין אלא תקנו ו' בלחוד: אמר רב ערוגה בחורבה שנינו. ואקשינן עליה דהאי דתקינו רבנן ה' זרעונים לתוך ו' ואע"ג דאפשר לעשות ח' לא תקינו אלא ה' בלבד. אלא מפני שתקנו אם תמלא אף ד' הקרנות תקנוהו ה' כדי שיהא יכול לעשר ערוגות אחרות בכנפי זוית ערוגה זו כגון אלו ואי בחורבה הא איכא קרנות ולמה לו למשבק פנויין ואתינן לפרוקי בממלא את הקרנות לערוגות ערוגות כהני דפרשינן לעילא. ואע"ג (דחובר) [דבחורבה] הוא. ומקשי' וליזרע ולא (ליצלי) [לימלי] ופי' חרבה היא לזרוע ח' זרעונין בערוגה שלא יהו קרנות פנויות ולא יזרע כנגדן באלכסון ערוגות ופרקי' האי דגזרו בחרבה שיהו קרנות פנויות שלא ערוגה פנויות שמא ימלא כנגדן ערוגות. ומקשינן ואי הוי בקרנות זרע נמי אסור דהוי ערוגה בסמוך לה והויא קרן בראש תור דשרי להכניס ראש תור לשדה אחרת. מי לא תנן היה ראש תור ירק נכנס לתוך שדה אחרת מותר מפני שנראה כסוף שדה. ופרקי' אין ראש תור בחרבה כי שרי ראש תור מן שדה גדולה שהוא (מופים) [מוכח] דסוף שדה הוא. אבל ערוגה בחורבה לית לה ראש תור מותר כי האי משום דלא מוכח ושמואל אמר ערוגה בין הערוגות שנינו. פירוש בין בחורבה ובין בשדה ואקשינן ליה כי מכדי היא בין הערוגות הא קא מיתערבי זרעים בהדדי. ומפרקינן בנוטע שורה לכאן ושורה לכאן. והאי תרין פירושי חד מנהון משמעה משום רבינו סעדיה גאון דסמיך בערוגה אחרת דכל מין מן [אותן] מינין דהויין שורה לכאן ממין אחד ולא דמי ופירשו: דהוה אמרין לה רבואתא דילמי לענין בנוטע שורה לכאן ושורה לכאן אע"ש שהן מינין [אחרים] דקאמר שמואל כיון שהוא עושה בערוג' זו שורה ואינו ערבוביא כנגדו בערוגה אחרת שורה ואינה עירבוב. וזו נוטה לכאן וזו נוטה לכאן היכרא רבה הוא שהן כי שורות וזו גדל דמילי כלאים חלינן במראית העין דהא מחיצה אפילו כמחיצת שבת כגון קנים וחבלים מתרת לענין כלאים אף על גב דליכא בינייהו הרחקה משום דאיכא היכרא במחיצה. והכין קאמר שמואל איכא היכרא בב' שורות אחת נוטה לכאן ואחת נוטה לכאן שב' שדות הן. ותנן נוטע אדם קישות ודלעת בתוך גומא אחת ובלבד שלא תהא [זה] נוטה אצל זה ולא זו נוטה אצל זו. ובברייתא בתוספתא. מותר אדם לעשות בתוך שדהו תלמיות קטנות של טפח טפח וליתן לתוכן ג' מינין א' מיכן ואחד מיכן ואחד באמצע. מותר אדם לעשות בתוך שדהו ערוגות קטנות של ד' על ד' טפחים וליתן לתוכן ה' מינין ד' בד' רוחות הערוגה וא' באמצע. ומותר אדם לעשות בתוך שדהו גומא אחת עמוקה טפח וליתן לתוכה ה' מינין לארבע רוחותיה ומותר אדם לעשות בתוך שדהו תלם להיות נוטע קשואין ודלועין אבטיחים ומלפפונות והפכן אלו לצד זה ואלו לצד זה. לפום כן קאמר שמואל נוטע שורה לכאן ושורה לכאן. אמר עולא בעין במערבא הפקיע תלם אחד על פני כולה מהו אי היכרא הוא קא מיבעיא. והכין קא חזינא דעל מימרא דשמואל קאי דקאמר בערוגה בין הערוגות שנינו שנוטע שורה

א) כלאים פ"ג מ"ג, ב) מבטל את השורה וביטל השורה את הערוגה רש"ל, ג) שם מ"ה, ד) [צ"ל שדכא פי' גאון עלין רחבין שמוחין באורך ורוחין ובמכנין אלו באלו ערוך ערך שדך ג], ה) תוספתא פ"ב דכלאים, ו) צ"ל רבי ישמעאל.

הגהות הב"ח

(א) רש"י ד"ה והא קא מיתערבי בהדדי: (ב) ד"ה ועוגל וכו' וא"צ להרחיק בין ערוגה: (ג) תוס' ד"ה ושמואל וד"ה והא גזירה וד"ה ושמואל הכל דיבור אחד: (ד) ד"ה בנוטה שורה וד"ה אמר עולא וד"ה איתיביה וד"ה א"ר יוחנן וד"ה הא איכא הכל דיבור אחד:

ליקוטי רש"י

ראש תור. ראש תור היא תלם מגנה של סוף שדה שהתלמים כלים והולכים באלכסון כאלכסון מזה מעט [סוכה ז.].

i.e. the proximity of the seed, **does not annul the order** of the patch; thus, it remains permitted.

The lenient opinion is challenged:

אֵיתִיבֵיהּ רָבִינָא לְרַב אַשִׁי – Ravina challenged Rav Ashi on the basis of the following Mishnah:[11] הַנּוֹטֵעַ שְׁתֵּי שׁוּרוֹת שֶׁל קִישׁוּאִין – IF SOMEONE PLANTS TWO ROWS OF MELONS, שְׁתֵּי שׁוּרוֹת שֶׁל דִּילוּעִין – TWO ROWS OF GOURDS, שְׁתֵּי שׁוּרוֹת שֶׁל פּוֹל הַמִּצְרִי – and TWO ROWS OF EGYPTIAN BEAN, – מוּתָּר – this is PERMITTED.[12] שׁוּרָה אַחַת שֶׁל קִישׁוּאִין – If he plants ONE ROW OF CUCUMBERS, וְשׁוּרָה אַחַת שֶׁל דִּילוּעִין – ONE ROW OF GOURDS, וְשׁוּרָה אַחַת שֶׁל פּוֹל הַמִּצְרִי – AND ONE ROW OF EGYPTIAN BEAN, אָסוּר – this is FORBIDDEN.[13] Thus, we see that one row of a different species is considered an intermingling with the adjacent species. How, then, can Rav Ashi permit filling a single furrow in the midst of a vegetable patch with another species of seed?[14]

The Gemara answers:

שָׁאנֵי הָכָא – It is different here, in the Mishnah you cited,[15] **דְּאִיכָּא שְׂרָכָא – because there is an entanglement** of the species. Cucumbers, gourds and Egyptian beans have unusually long vines that spread out excessively and appear mingled when single rows of each species are planted. With regard to other species, however, even single rows can be permitted.

The Gemara continues:

אָמַר רַב כָּהֲנָא אָמַר רַבִּי יוֹחָנָן – Rav Kahana said in the name of R' Yochanan: **הָרוֹצֶה לְמַלְּאוֹת כָּל גִּינָּתוֹ יָרָק – One who desires to fill his entire garden** with **vegetables** of various species **עוֹשֶׂה עֲרוּגָה שִׁשָּׁה עַל שִׁשָּׁה – should make** each **patch six-by-six** *tefachim,* **וְעוֹגֵל בָּהּ חֲמִשָּׁה – inscribe in it a circle five** *tefachim* across and sow the circle with one species, **וּמְמַלֵּא קַרְנוֹתֶיהָ כָּל מַה שֶּׁיִּרְצֶה – and fill up its corners** with **whatever** species **he desires.**[16]

The Gemara asks:

וְהָא אִיכָּא דְּבֵינֵי וּבֵינֵי – But there are the areas in between the patches that surely cannot be sown.[17] **– ? –**

The Gemara answers:

אָמְרִי דְּבֵי רַבִּי יַנַּאי – They said in the academy of R' Yannai: **בְּמַחֲרִיב בֵּין הַבֵּינַיִים** – R' Yochanan was dealing with a case **where one leaves the areas in between** the patches **fallow.**[18]

An alternative answer:

רַב אַשִׁי אָמַר – Rav Ashi said: **אִם הָיוּ זְרוּעִין שְׁתִי זוֹרְעָן עֶרֶב – If [the perimeters of the patches] were sown in vertical rows, he sows [the areas between the patches] in horizontal rows,** **עֶרֶב זוֹרְעָן שְׁתִי** – and if the perimeters of the patches were sown in **horizontal** rows, **he sows [the areas between the patches]** in **vertical** rows.[19]

Rav Yochanan's opinion is challenged:

אֵיתִיבֵיהּ רָבִינָא לְרַב אַשִׁי – Ravina challenged Rav Ashi on the basis of the following Baraisa:[20] **עֲבוֹדַת יָרָק בְּיָרָק אַחֵר שִׁשָּׁה טְפָחִים – THE WORK** area **FOR VEGETABLES** planted together **WITH OTHER VEGETABLES IS SIX *TEFACHIM*** by six *tefachim,*[21] **וְרוֹאִין אוֹתָם – AND WE** must **SEE [THE SIX-BY-SIX AREA]**

NOTES

11. *Kilayim* 3:4. The Mishnah deals with a large field that is sown with long parallel rows containing different species (*Rashi*). The rows are not separated by the full distance required, but have furrows between them (*Ritva, MHK* ed., *Chidushei HaRan;* see also *Rav* to *Kilayim* loc. cit.).

12. Pairs of rows stand out as distinct entities and are viewed as separate fields. Since it is clear that the species are unmingled, such an arrangement is permitted (*Rashi*).

13. Single rows do not stand out independently and cannot be viewed as separate fields. Hence, the planting of individual rows side by side [without the full distancing between them] is considered a mingling of species (*Rashi*).

14. [The center furrow and the parallel rows on the perimeter will form three single parallel rows containing three different species.]

15. [*Tosafos* ד״ה איתיביה and *Ritva MHK* ed. have the reading שָׁאנֵי הָתָם, *it is different there,* which fits better in the context of the Gemara.]

16. The intention is to create a circular pattern five *tefachim* in diameter in the center of each six-by-six square. The circle serves to distinguish each patch from the others, thus dispensing with the requirement to keep a three-*tefach* distance between patches. Once the five-*tefach* circle is sown, it is permitted to sow other species around it, in the half-*tefach* area between the circle and the border of the six-*tefach* square. The species on the perimeter are distinct from that sown inside the circle as well as those in the next patch, due to the distinct circular pattern in the center (*Rashi;* see *Ritva MHK* ed.; cf. *Tosafos* et al.).

1 *TEFACH* WALKWAY ALL AROUND
6
1 1 1 1 1 1 1 1 1

[This explanation follows the printed version of *Rashi,* which is apparently *Ritva's* version as well. However, *Ramban, Ran* (*MHK* ed.) and *Chidushei HaRan* cite a different explanation in the name of *Rashi*. Our version would seem to indicate the arrangement depicted in the diagram (see also *Derech Emunah, Hil. Kilayim* 4:56 with *Tziyun HaHalachah* §111). Note that the corners of the patch must be left fallow (as *Rashi* stated in the Mishnah on 84b) to keep the various species on the perimeter from mingling with each other. This creates a difficulty with the Gemara text, which reads: וּמְמַלֵּא קַרְנוֹתֶיהָ כָּל מַה שֶּׁיִּרְצֶה, "... and fill up *its corners* with whatever he desires." However, *Ritva* deletes the word קַרְנוֹתֶיהָ, *its corners,* and accordingly, the text conforms with *Rashi's* explanation.]

17. The one-*tefach* walkway that borders each six-by-six square cannot be sown, even according to the previous arrangement. For if they are sown, the species on the borders will run into each other and will attach all the patches, thus creating a confusion of species. How could R' Yochanan have said that this arrangement allows for filling one's *entire* garden with seed? (*Rashi;* cf. *Tosafos* et al.).

[The small segments within each patch which must be left fallow even according to R' Yochanan (as depicted in the diagram) are of no concern, since they amount to little area. The borders, however, cover a considerable area, without which one cannot consider the "entire" garden filled.]

18. I.e. R' Yochanan did not mean literally that one can fill his entire garden with seed, but that the individual patches in the garden could be [almost] entirely filled [in contrast to the arrangement of the Mishnah where only a thin line around the perimeter and one seed in the center of the patch may be sown]. However, it is obvious that the one-*tefach* walkways between the patches must be kept fallow (*Rashi*).

19. [The alternating direction of the furrows allows each patch to retain its distinct identity consisting of a square frame around a circular center.] Thus, R' Yochanan meant literally that the entire garden [except very small segments within each patch] may be filled with seed, with no intermingling of the species (see *Rashi;* see also *Chazon Ish* to *Kilayim* 7:4; cf. *Tosafos* et al.).

20. The challenge is not specific to Rav Ashi's interpretation, but pertains to R' Yochanan's general rule (*Ritva MHK* ed.).

21. I.e. five species may be planted in a patch that is six *tefachim* square (see *Rashi* and *Tosafos,* cf. *Chazon Ish, Kilayim* 7:4). [We often find in Tractate *Kilayim* (e.g. 5:4) that different plants must be separated by enough space for a farmer to do his work. Therefore, the space allotted for each plant is referred to as "the work area."]

כְּטַבְלָא מְרוּבַּעַת – AS A SQUARE BOARD.[1] כְּטַבְלָא הוּא דִּשְׁרֵי – This implies that only **when** the patch is sown **as a** square **board is it permitted** to sow five species in it, הָא לָאו הָכִי אָסוּר – **but otherwise, it is prohibited.** How could R' Yochanan say that it is permitted to fill one's garden with various vegetables by sowing the patches in a circular pattern?[2]

The Gemara answers:

הָתָם לְאַקּוּלֵי בָּהּ קוּלָא אַחֲרִינָא – **There,** the Baraisa requires that the patch be sown as a square **to allow a different dispensation,** לְהַתִּיר רֹאשׁ תּוֹר הַיּוֹצֵא הֵימֶנָּה – namely, **to permit "the tip of the field" that extends from it** into a different field. With respect to other rules associated with garden patches, however, even one with a circular pattern qualifies as a patch.[3]

Mishnah The final Mishnah in this series deals with four different subjects:

מִנַּיִן לְפוֹלֶטֶת שִׁכְבַת זֶרַע בַּיּוֹם הַשְּׁלִישִׁי (שתהא) [שֶׁהִיא] טְמֵאָה – **From where do we know that a woman who emits semen on the third day** after intercourse **is** ***tamei*****?**[4] שֶׁנֶּאֱמַר ,,הֱיוּ נְכֹנִים לִשְׁלֹשֶׁת יָמִים" – **For it is stated:** ***Be ready for a three-day period*****.**[5]

The next subject:

מִנַּיִן שֶׁמַּרְחִיצִין אֶת הַמִּילָה בַּיּוֹם הַשְּׁלִישִׁי שֶׁחָל לִהְיוֹת בְּשַׁבָּת – **From where do we know that we may bathe the** infant who has undergone **circumcision on the third day** after his circumcision **if it falls on the Sabbath?**[6] שֶׁנֶּאֱמַר ,,וַיְהִי בַיּוֹם הַשְּׁלִישִׁי בִּהְיוֹתָם כֹּאֲבִים" – **For it is stated:** ***And it came to pass on the third day, when they were in pain.***[7]

Another subject:

מִנַּיִן שֶׁקּוֹשְׁרִין לְשׁוֹן שֶׁל זְהוֹרִית בְּרֹאשׁ שָׂעִיר הַמִּשְׁתַּלֵּחַ – **From where do we know that a strip of red** wool **is tied on the head of the he-goat that is sent away** to Azazel?[8] שֶׁנֶּאֱמַר ,,אִם־יִהְיוּ חֲטָאֵיכֶם כַּשָּׁנִים כַּשֶּׁלֶג יַלְבִּינוּ" – **For it is stated:** ***if your sins will be like crimson, they will become white as snow.***[9]

NOTES

1. I.e. the six-by-six patch must be sown as a square, in accordance with the pattern described in the Mishnah (see *Rashi* and *Ritva MHK* ed.).

2. [R' Yochanan bases his ruling on the thesis that a circular pattern gives each patch a distinct identity.] The Baraisa, however, implies that a circular patch does not qualify as a legal "patch" that is subject to dispensations regarding *kilayim* (see *Rashi*).

3. [R' Yochanan will explain that the Baraisa did not mean to exclude a patch sown in a circular pattern from all dispensations associated with garden patches. Rather,] it requires that the patch be sown as a square only so that it qualify for the special dispensation of allowing furrows at its tip to extend from it into a neighboring field. [When a patch is sown in a circular pattern it qualifies for all other dispensations, and when sown as a square board it qualifies even for the dispensation of "the tip of the field."]

R' Yochanan disputes the opinion of Rav, who stated above (85b; see note 4 there) that this dispensation does not apply to garden patches but only to large fields. Alternatively, R' Yochanan agrees with Rav that the dispensation is not allowed for a furrow extending from one patch into another *patch,* and means to allow it when the furrow extends from a patch into a large field (*Rashi*).

4. A Mishnah in Tractate *Mikvaos* (8:3) teaches that a woman who discharges semen that she received through intercourse becomes *tamei.* However, this pertains only while the semen is viable. With the passage of time after intercourse, the semen in her body loses its viability and its emission does not render her *tamei.* There are various opinions as to how much time must elapse for the emission to be considered *tahor* (see *Mikvaos* ibid. and Gemara below). The Tanna of our Mishnah holds that a discharge of semen within three days of intercourse (including the day of intercourse) renders the woman *tamei.* He seeks to provide the Scriptural source of this law (*Rashi*). [Our emendation of the text is based on *Mesoras HaShas.*]

5. *Exodus* 19:15. This verse is stated in connection with the Revelation at Mt. Sinai for the giving of the Torah. The verse ends אַל־תִּגְּשׁוּ אֶל־אִשָּׁה, *do not approach a woman,* i.e. do not engage in intercourse. The purpose of this order was to ensure that at the time the Torah was given no Jew would be in a state of *tumah* through intercourse and thereby be disqualified from participating in this momentous event. Now, as far as the men were concerned, such a long preparatory period would not have been necessary. Although a man becomes *tamei* through the emission of semen, he may purify himself by immersing in a *mikveh* that same day (see *Leviticus* 15:16). Thus, the men could have immersed themselves immediately after intercourse and received the Torah. Therefore, the three-day waiting period must have been intended for the women, who are contaminated by the emission of semen even some time after intercourse, as long as it is still viable. Since a three-day preparatory period was prescribed to give the women the opportunity to immerse themselves three days after intercourse and attend the Revelation in purity, we learn that semen remains viable in the womb for up to three days and its discharge during that period contaminates the woman (*Rashi* here and to *Exodus* 19:15; see *Pnei Yehoshua* and see note 18).

6. That is, which verse supports the opinion cited in a Mishnah below (134b) that even on the third day after circumcision the baby is still considered ill enough that the laws of the Sabbath may be suspended on his behalf, as they are for any critically ill Jew? Such a suspension would allow us, for instance, to boil water with which to bathe the baby, since bathing him in warm water has a curative effect. Moreover, if the boy's condition on the third day permits suspending the laws of the Sabbath, then certainly his condition on the first and second day warrants the same suspension (*Rashi,* as explained by *Sfas Emes,* based on *Rashi* to 134b; cf. *Rambam, Hil. Milah* 2:8; see below, 134b, with *Ran*). [This discussion refers to a child who does not exhibit any unusual signs of reaction to his circumcision. One who does exhibit such signs is obviously considered critically ill and even without any special Scriptural derivation we would be allowed to suspend the Sabbath laws on his behalf (*Rama, Orach Chaim* 331:9).]

7. *Genesis* 34:25. On the third day after the men of the city of Shechem were circumcised, Shimon and Levi seized the opportunity to attack the city. They did not wait any longer, since the post-operative weakness would pass. It is therefore apparent that the third day after circumcision is one on which post-operative danger remains.

Although the danger to life was even greater on the first and second day, Shimon and Levi waited until the third day to attack because the condition of weakness, being a cumulative effect, was greatest on that day (*Ran* to 134b, following *Rashi;* cf. *Ran's* explanation according to *Rambam*).

[Nowadays, it is not normally considered perilous for a child not to be bathed in warm water after circumcision. Therefore, one who wishes to bathe the child must do so without any desecration of the Sabbath (*Orach Chaim* 331:9).]

8. On Yom Kippur, in the Temple, he-goats were brought on behalf of the entire nation. One was slaughtered as a *chatas* offering, and its blood brought into the Holy of Holies for sprinkling, and the other was sent out to a wilderness area to be cast off the precipice of a rocky mountain. This latter goat is known as the goat of *Azazel* (*Leviticus* 16:8ff). The Mishnah in *Yoma* (67a) teaches that the one who led the goat out to the *Azazel* area would take a strip of red wool and divide it in two, tying one half to the goat's neck and the other half to a rock at the top of the precipice. He would then push the goat down the mountain. As the goat fell, the wool would turn white. This was a Divine sign that the sins of the people were forgiven. Our Mishnah inquires as to the Scriptural origin of this practice (*Rav*; see also *Tiferes Yisrael* §18).

9. *Isaiah* 1:18. The Mishnah understands the prophet's words as an allusion to the practice of tying the strip of red wool on the head of the goat and its turning white as a sign of forgiveness for the nation's sins.

כטבלא מרובעת כטבלא הוא דשרי הא לאו הכי אסור התם לאקולי בה קולא אחרינא להתיר ראש תור היוצא הימנה:

מתני׳ מנין לפולטת שכבת זרע ביום השלישי (שתהא) טמאה שנא׳ היו נכונים לשלשת ימים מנין שמרחיצין את המילה ביום השלישי שחל להיות בשבת שנאמר ויהי ביום השלישי בהיותם כואבים מנין שקושרין לשון של זהורית בראש שעיר המשתלח שנאמר אם יהיו חטאיכם כשנים כשלג ילבינו מנין לסיכה שהיא כשתיה ביוה"כ אע"פ שאין ראיה לדבר זכר לדבר שנא׳ ותבא כמים בקרבו וכשמן בעצמותיו:

גמ׳ רישא דלא כר׳ אלעזר בן עזריה סיפא כר"א בן עזריה דאי כרבי אלעזר בן עזריה טהורה שמענא ליה מאן דלא מוקי כתנאי תנא רישא טהורה ומוקי לה לכולה כר"א בן עזריה ומאן דמוקים כתנאי רישא רבנן וסיפא כר׳ אלעזר בן עזריה ת"ר פולטת שכבת זרע ביום השלישי טהורה דברי רבי אלעזר בן עזריה רבי ישמעאל אומר פעמים שהן ד׳ עונות פעמים שהן ה׳ עונות פעמים שהן ו׳ עונות ר׳ עקיבא אומר לעולם ה׳ ואם יצאתה מקצת עונה ראשונה נותנין לה מקצת עונה ששית אמרוה רבנן קמיה דרב פפא ואמרי לה רב פפא לרבא בשלמא ר׳ אלעזר בן עזריה כרבנן דאמרי בה׳ עביד פרישה ור׳ ישמעאל כר׳ יוסי דאמר בד׳ עביד פרישה אלא רבי עקיבא כמאן לעולם כר׳ יוסי כדאמר רב אדא בר אהבה משה בהשכמה עלה ובהשכמה ירד בהשכמה עלה דכתיב וישכם משה בבקר ויעל אל הר סיני בהשכמה ירד דכתיב לך רד ועלית אתה ואהרן עמך מקיש ירידה לעלייה מה עליה בהשכמה אף ירידה בהשכמה למה ליה למימרא להו והא אמר רב הונא ישראל קדושים הן ואין משמשין מטותיהן ביום הא אמר רבא אם היה בית אפל מותר ואמר רבא ואיתימא רב פפא תלמיד חכם מאפיל בטליתו ומותר והא

רש"י

כטבלא מרובעת. אלמא עגולה לאו ערוגה היא: **התם.** דבעי מרובעת לאשכוחה שדה קאמר להתיר ראש תור כו׳ ולית ליה לר׳ יוחנן הא דאמר לעיל אין ראש תור בערוגה אי נמי אית ליה מערוגה לערוגה אבל משדה לערוגה יש ראש תור: **מתני׳ שהיא טמאה.** דיום השלישי אכתי לא מסרחה שכבת זרע וראויה לקלוט ולהיות ולד נוצר הימנה וקרינן שכבת זרע הראוי להזריע: **לג׳ ימים.** דהקפיד הכתוב על טומאת קרי במתן תורה וקס"ד עם יום הפרישה קאמר דבד׳ בשבת פירשו מנשותיהן וקבלו תורה בשבת שהוא רביעי לאותם ששימשו מטותיה׳ ברביעי לפני הפרישה וטבלו לילי שבת ולא חש הכתוב אם יפלטו בשבת דמסרח ואינו שכבת זרע הראוי להזריע אבל אם פלטו ע"ש בשלישי טמאות לכך הפרישן שלשה ימים: **מנין שמרחיצין.** דאף ביום ג׳ מסוכן הוא: **כמים בקרבו וכשמן בעצמותיו.** מקיש סיכה לשתיה: **גמ׳ רישא.** דמתני׳: **דלא כר׳ אלעזר בן עזריה.** דאילו לדידי׳ שמעינן ליה פולטת ביום השלישי טהורה לקמן בברייתא: **וסיפא.** דקתני מרחיצין את המילה כו׳ ר׳ אלעזר בן עזריה דהוא אמר לה לקמן בפרק ר׳ אליעזר: **מאן דלא מוקי כתנאי.** דדחיק ומוקי מתניתין בתרי טעמי או משבש לה ומפרש לה דלא לאוקמי כתנאי משבש לה ואמר משבשתא היא ותני בה טהורה: **ומאן דמוקי לה כתנאי.** דניחא ליה לאוקומי כתנאי מלמימר משבשתא היא ומלאוקמי בתרי טעמי מוקי נמי להאי כתנאי ופלוגתא היא בהמפקיד (ב"מ מא.) גבי חבית דאמר ר׳ יוחנן מאן דמתרגם לי חבית אליבא דחד תנא מובילנא ליה מאני לבי מסותא ומוקי רישא ר׳ ישמעאל וסיפא רבי עקיבא ואי הוה בעי הוה מצי לאוקמי בתרי טעמי ובחד תנא ואיכא דמוקי לה התם בחד תנא ומוקי סיפא בשהניחה במקום שאינו מקומה: **ביום השלישי.** כגון ששמשה בה׳ ופלטה שכבת זרע בשבת לי"ש שמשה תחילת ליל חמישי דאישתהי ד׳ עונות שלמות ליל ה׳ וה׳ ליל ו׳ וו׳ לי"ש שמשה יום ה׳ עם חשיכה דלא אישתהי אלא מקצת ה׳ וליל ו׳ וו׳ דליכא אלא ג׳ עונות שלמות. העונה או יום או לילה: **ר׳ ישמעאל אומר פעמים שהן כו׳.** בא לחלוק ולומר דפולטת בג׳ לשימושה טמאה אבל פולטת בד׳ טהורה ומודיעך לך דמקצת היום ככולו דלא הקפידה תורה אלא במנין של הימים ולא במנין העונות: **ופעמים שהם ד׳ עונות.** שלמות שאם שמשה ד׳ בשבת עם חשיכה פליטתה טמאה עד תחלת שבת: **פעמים שהם ה׳ עונות.** כגון ששמשה בתחלת היום של ד׳: **פעמים שהם ו׳.** כגון ששמשה בתחלת ליל ד׳ בין השמשות: **נותנין לה מקצת עונת ו׳.** להשלים ה׳ וכל הפולטת בתוך ה׳ עונות שלמות טמאה: **אמרוה.** להא אתקפתא דלקמיה: **בשלמא כו׳.** פלוגתא דרבנן ור׳ יוסי בברייתא ומייתי לה בהאי פירקא לקמן דלרבנן בה׳ בשבת פרשו ולר׳ יוסי בד׳ ולכ"ע בשבת ניתנו עשרת הדברות וכיון דבשבת נתנו ע"כ בליל שבת טבלו ולא שחרית כדמתרץ לקמן שלא יהו הללו טובלין והללו מהלכין לקבל תורה הלכך בשלמא ר׳ אלעזר כרבנן דאמרי בחמשה בשבת עבוד פרישה ויש שלא פרשו אלא עם חשיכה ומדטבלו ליל שבת ולא חשו שמא תפלטנה עוד ש"מ דפולטת בג׳ טהורה ומקצת היום של חמישי ככולו: **ור׳ ישמעאל.** דאומר בג׳ טמאה בד׳ טהורה קסבר בד׳ עבוד פרישה כר׳ יוסי דהוה ליל שבת רביעי ומיהו יש שלא פירשו עד סמוך לחשיכה וליכא אלא ד׳ עונות ליל ה׳ וה׳ ליל ו׳ וו׳ ואפילו הכי משטבלו פליטתן טהורה דלא הקפידה תורה אלא בימים: **אלא רבי עקיבא.** דאמר כל ה׳ עונות טמאה אם תפלוט כמאן ומהיכא למד דלעונות קפיד קרא הא ימים כתיב וקיימא לן מקצת היום ככולו: **לעולם.** ר׳ עקיבא כר׳ יוסי וכדרב אדא דאמר משה כל עליותיו בהשכמה עלה והלכך ירידה דכתיב וירד משה מן ההר אל העם ויקדש את העם דהיינו פרישה בהשכמת רביעי היתה ומדהחזק להפרישן בהשכמה ש"מ עד ה׳ עונות שלמות קפיד קרא: **ופרכינן למה ליה למימרא להו.** שחרית בלאו הכי נמי לא הוו משמשי: **דקאמר רב הונא.** דאין משמשין ביום דכתיב (משלי יט) בוזה דרכיו ימות דבעי לניעותא שלא יסתכלו: **תלמיד חכם.** שהוא צנוע לא יסתכל סגי ליה במאפיל בטליתו:

תוספות

מנין לפולטת כו׳ שנא׳ היו נכונים לשלשת ימים. אע"פ שבאותה שעה עדיין לא ניתנה תורה מ"מ מסתמא הקפידה תורה על דבר שעתיד להיות טומאה אחר מתן תורה ואע"ג דלא הקפידה על זבין ומצורעין ובועלי נדות היינו משום טעמא דתניא בפרק מי שמתו (ברכות כב.) כתיב והודעתם לבניך ולבני בניך וכתיב יום אשר עמדת לפני ה׳ אלהיך בחורב מה להלן באימה וביראה וברתת ובזיע כו׳ מכאן אמרו זבין ומצורעים ובועלי נדות מותרין לקרות בתורה בנביאים ובכתובים ולשנות במשנה ובש"ס בהלכות ובאגדות ובעלי קריין אסורין פירוש דבעל קרי אינו באימה וביראה דמחמת קלות ראש הוא בא:

אע"פ שאין ראיה לדבר זכר לדבר שנאמר ותבא כמים וגו׳. ומיהו ראיה גמורה לא הוי משום דקרא לא מישתעי בשתיה אלא ברחיצה משום דמשמע מים דומיא דשמן מה שמן מאבראי אף מים מאבראי וקשה לר"י דבפרק בתרא דיומא (דף עו.) קאמר דרחיצה איקרי עינוי מנלן א"ר זוטרא מהכא ותבא כמים בקרבו וגו׳ מים דומיא דשמן מה שמן מאבראי כו׳ ופריך והא האי תנא איפכא נסיב לה דתנן מנין לסיכה כו׳ ומאי פריך הא תנא דמתני׳ קאמר שאין ראיה לדבר אלא זכר לדבר משום דמים דומיא דשמן כדפרישי׳ ואומר ר"י דפריך הכי דאי חשיבא ראיה גמורה דרחיצה כסיכה כדקאמרת לא הוה ליה להאי תנא למעבד מינה אפי׳ זכר לדבר וקשה לרשב"א דלמאי מייתי האי קרא שאינו אלא זכר בעלמא הוה ליה לאיתויי קרא דלחם חמודות לא אכלתי ובשר ויין לא בא אל פי וסוך לא סכתי (דניאל י) דהוי דרשה גמורה ומיניה נפקא לן בפרק בתרא דיומא (שם) דסיכה איקרי עינוי:

תני רישא טהורה ומוקי לה כו׳. אומר ר"י דמשום הכי אינו מגיה למיתני טהורה כדי לאוקמי כולה כרבי אלעזר אלא בלאו הכי איכא דתני טהורה ואיכא דתני טמאה הלכך מאן דלא מוקי כתנאי נוח לו לשנות כאותן ששונין טהורה ומאן דמוקי כתנאי לא קפיד לשנות טמאה וא"ת אכתי הויא מתני׳ כתנאי דרישא דמתני׳ רבי עקיבא קתני לה וסיפא דקתני פולטת טהורה היינו דלא כר"א דפליג בסמוך אר׳ אלעזר בן עזריה וי"ל דלא קפיד לאוקמי כתנאי אלא בתרי בבי דסמוכות זו אחר זו אבל אההיא דריש פירקין המרוחקות מההיא דפולטת לא קפיד וא"ת למאן דתני טהורה טפי הוה ליה למנקט במתני׳ קרא דוקדשתם היום ומחר (שמות יט) דמשמע כרבי אלעזר בן עזריה ואומר ר"י דניחא ליה לאתויי היו נכונים לשלשת ימים דמוכח דמשום פליטת זרע הקפיד דכתיב ביה אל תגשו אל אשה: **פעמים** שהן ד׳ כו׳. במלתא דרבי אלעזר בן עזריה ה"מ נמי למיתני בענין זה פעמים שהן שתים פעמים שהן ג׳ כו׳ אלא להכי נקט ר׳ ישמעאל משום דסבר ברביעי עבוד פרישה כרבי עקיבא ובעונות לא בעי למתני כמו שתולה רבי עקיבא: **בהשכמה** עלה. אליבא דרבי עקיבא איירי: **ישראל** קדושים הן כו׳. ובלאו הכי היו פורשין דאמר ר׳ בוזה דרכיו ימות זה המשמש מטתו ביום ועוד דקראן קדושים ואתם תהיו לי ממלכת כהנים וגוי קדוש: וליטבלו

מסורת הש"ס

א) [נ"ל שהיא], ב) לקמן קלד:, ג) יומא מא:, ד) שם סו:, ה) מקוואות פ"ח מ"ג [תוספתא מקוואות פ"ו], ו) [ע"כ במשנה מכאן ואילך בתוספתא], ז) [זבחים קח.], ח) נדה יח., ט) כתובות סה: [שם עו.], י) פ"א וקשבר, כ) [וע׳ תוס׳ יומא עז. ד"ה מנין לסיכה וכו׳], ל) [נדה טז:].

גליון הש"ס

תוס׳ ד"ה תני רישא וכו׳ אלא באה"ה איכא. וכעין זה איתא במגילה דף כ ע"ב:

תורה אור השלם

א) וַיֹּאמֶר אֶל הָעָם הֱיוּ נְכֹנִים לִשְׁלֹשֶׁת יָמִים אַל תִּגְּשׁוּ אֶל אִשָּׁה: [שמות יט, טו]

ב) וַיְהִי בַיּוֹם הַשְּׁלִישִׁי בִּהְיוֹתָם כֹּאֲבִים וַיִּקְחוּ שְׁנֵי בְנֵי יַעֲקֹב שִׁמְעוֹן וְלֵוִי אֲחֵי דִינָה אִישׁ חַרְבּוֹ וַיָּבֹאוּ עַל הָעִיר בֶּטַח וַיַּהַרְגוּ כָּל זָכָר: [בראשית לד, כה]

ג) לְכוּ נָא וְנִוָּכְחָה יֹאמַר יְיָ אִם יִהְיוּ חֲטָאֵיכֶם כַּשָּׁנִים כַּשֶּׁלֶג יַלְבִּינוּ אִם יַאְדִּימוּ כַתּוֹלָע כַּצֶּמֶר יִהְיוּ: [ישעיה א, יח]

ד) וַיִּלְבַּשׁ קְלָלָה כְּמַדּוֹ וַתָּבֹא כַמַּיִם בְּקִרְבּוֹ וְכַשֶּׁמֶן בְּעַצְמוֹתָיו: [תהלים קט, יח]

ה) וַיִּפְסֹל שְׁנֵי לֻחֹת אֲבָנִים כָּרִאשֹׁנִים וַיַּשְׁכֵּם מֹשֶׁה בַבֹּקֶר וַיַּעַל אֶל הַר סִינַי כַּאֲשֶׁר צִוָּה יְיָ אֹתוֹ וַיִּקַּח בְּיָדוֹ שְׁנֵי לֻחֹת אֲבָנִים: [שמות לד, ד]

ו) וַיֹּאמֶר אֵלָיו יְיָ לֶךְ רֵד וְעָלִיתָ אַתָּה וְאַהֲרֹן עִמָּךְ וְהַכֹּהֲנִים וְהָעָם אַל יֶהֶרְסוּ לַעֲלֹת אֶל יְיָ פֶּן יִפְרָץ בָּם: [שמות יט, כד]

רב נסים גאון

סיפא כר׳ אלעזר בן עזריה הוא זה ששנינו מנין שמרחיצין את הקטן ביום השלישי ודבר זה אמור משום ר׳ אלעזר בן עזריה בפרק ר׳ אליעזר אומר אם לא הביא כלי:

ליקוטי רש"י

פולטת שכבת זרע. הרי היא כבעל קרי [ברכות כא:]. **[שהיא] טמאה.** דעד שלשה ימים הוי ראוי להזריע מכאן ואילך מסריח [נדה לח.]. **היו נכונים לשלשת ימים.** לסוף שלשה ימים הוא יום רביעי שהוסיף משה יום אחד מדעתו כדברי רבי יוסי אל תגשו אל אשה כל שלשת ימים הללו כדי שיהו הנשים טובלות ליום השלישי ותהיינה טהורות לקבל תורה שאם ישמשו תוך שלשת ימים שמא תפלוט האשה שכבת זרע לאחר טבילתה ותחזור ותטמא אבל משמשהה שלשה ימים כבר היא מסרחת ואינה ראויה להזריע וטהורה מלטמא את הפולטת [שמות יט, טו]. **לשון של זהורית.** לאו סרוק ומשוך כמין לשון [וכו׳] ...

עין משפט נר מצוה

כד א מיי׳ פ"ג מהלכות מילה הלכה ח טור שו"ע א"ח סימן של"א סעיף ט:

כה ב מיי׳ פ"ג מהלכות עבודת יום הכפורים הלכה ז:

כו ג מיי׳ פ"ג מהלכות שביתת עשור הלכה ט טוש"ע א"ח סימן תריד סעיף א:

כז ד מיי׳ פ"ה מהלכות שאר אבות הטומאות הל׳ יא יב סמג עשין לל:

כח ה מיי׳ פכ"א מהל׳ איסורי ביאה הלכה יו"ד טוש"ע א"ח סי׳ ר"מ סעיף יא וטור ושו"ע אה"ע סימן כה סעיף ה:

רבינו חננאל

שורה לכאן ושורה לכאן כדפרשנא לעילא ועלה בען במערבא הא ואם הפקיע מצד הערוגה תלם אחד על פני כולה ושבקיה ולא זרעיה ומהנותרין זרע בערוגה אחרת ערובב וכו׳ זרע שורה כדאמר שמואל ב׳ שורות שורה אחת (שנוטעה) [שנוטעה] לכאן ושורה [שנוטעה] לכאן מהנותרין בשורה שבזו והפקעת תלם אחד מצדה ופשטה רב ששת לאיסורא ואמר בא עירבוב (ונטל) [וביטל] את השורה אע"פ שהפסיק תלם אלא א׳. כיון שזרע עירבוב הרי זו שהיא נטועה שורה כאילו אף היא נטועה עירבוב ולא מהניא שורה אלא כנגד שורה שזו נוטה לכאן וזו נוטה לכאן. דהוי היכרא. אבל הכא כיון דחדא עירבוב בטילה לה שורה דאידך וכעירבוב דמיא. וההוא תלם שהפקיעו אם אין בו כדי עבודה לא מהני ואסור. ואתא רב אשי ושריא. ואעפ"כ אין עירבוב מבטל את השורה אלא שורה של זו. והפקעת תלם בזו מתירין אותה: איתיבי׳ רבינא לרב אשי הנוטע שתי שורות של דילועין שתי שורות של קישואין שתי שורות של פול המצרי מותר. שורה אחת של קישואין. שורה אחת של דלועין. שורה אחת של פול המצרי אסור. דאלמא אם ב׳ שורות הן שהיא נוטה אחת לכאן ואחת לכאן מוכחא מילתא שהן מובדלות זו מזו ומותר. אבל אם יש שורה בשדה זו. ואין בשדה זו שורה שכנגדה אלא עירבוביא היא ואסור. וצריך להרחיק כדי עבודה. ופריק רב אשי (שאתנן) [שאני] קשואין ודלועין ופול המצרי דאית להו שראבי אבל (דאד) (מינייהו) [שאר המינים] אע"פ שזה נוטע שורה וזה הפקיע תלם אחד מותר. ופי׳ שראבי עלין רחבין שאוחזין בארץ ורוחנן כדאמרינן לענין תני חדא אסור להלך ע"ג עשבים בשבת ותניא אידך מותר אי תימא הא והא בימות הגשמים ולא קשיא הא דאיכא שראבי. ואי תימא הא והא דאיכא שראבי ולא קשיא הא [דסיים] מסאני והא דלא [סיים] מסאני. אבל בזו מן הני אין עירבוב שבזו מבטל שורה שבזו: אמר רב כהנא אמר ר׳ יוחנן הרוצה שימלא את גנתו ירק עושה ערוגה ששה טפחים ועוגל בה חמשה ונמצא ממלא את גנתו ירק כו צורת מרובעת זה ה׳ על

ר׳ שיש בה ה׳ עגולין. אקשינן על ר׳ יוחנן והא איכא בין הבינים. ומפרקינן אמרי דבי ר׳ ינאי במחריב בין הבינים שמרחיק מה שהוא צריך להרחיק בין כל ירק וירק אלא שנשכר מה שבין העגול למרובע ...

אותה כטבלא מרובעת. והכי קא מקשי כטבלא מרובעת הוא דשרי הא לאו הכי לא. ופריק רב אשי האי דקאמר כטבלא מרובעת לאו לאקולי בה קולא אחריתא אלא להתיר ראש תור הנכנס לה וראש תור היוצא ממנה: מתני׳ מנין לפולטת שכבת זרע ביום השלישי שהיא טמאה כו׳. ותנן התם הפולטת שכבת זרע ביום השלישי טהורה דברי ר׳ אלעזר בן עזריה. הוא מתניתין דהכא דלא כר׳ אלעזר בן עזריה. ואקשינן אימא סיפא. מנין שמרחיצין את הקטן ביום שלישי שחל להיות בשבת ופריקנן בהא מסכתא רבי אלעזר בן עזריה היא ומוקים [מתני׳] כתנאי רישא רבנן וסיפא ר׳ אלעזר בן עזריה דלא מוקים

The final subject in the series:
מִנַּיִן לְסִיכָה שֶׁהִיא כִּשְׁתִיָּה בְּיוֹם הַכִּפּוּרִים – From where do we know that anointing is tantamount to drinking on Yom Kippur?[10] **אַף עַל פִּי שֶׁאֵין רְאָיָה לַדָּבָר זֵכֶר לַדָּבָר – Although there is no proof for the matter,** there is **an allusion to the matter,**[11] **שֶׁנֶּאֱמַר ,,וַתָּבֹא כַמַּיִם בְּקִרְבּוֹ וְכַשֶּׁמֶן בְּעַצְמוֹתָיו" – for it is stated:** ***so it will come like water into his innards and like oil into his bones.***[12]

Gemara The Gemara analyzes the Mishnah as to its authorship, noting an apparent internal contradiction: **רֵישָׁא דְּלָא כְּרַבִּי אֶלְעָזָר בֶּן עֲזַרְיָה – The first clause** of the Mishnah **does not accord with** the opinion of **R' Elazar ben Azaryah, סֵיפָא כְּרַבִּי אֶלְעָזָר בֶּן עֲזַרְיָה –** whereas **the latter clause does accord with** the opinion of **R' Elazar ben Azaryah.**[13] **דְּאִי כְּרַבִּי אֶלְעָזָר בֶּן עֲזַרְיָה – For if** you will propose to say that the first clause does accord **with** the opinion of **R' Elazar ben Azaryah,** I will retort: **טְהוֹרָה שְׁמַעְנָא לֵיהּ – Why, we have heard [R' Elazar ben Azaryah]** state that if a woman emits semen on the third day after intercourse **she is *tahor*!** How are we to reconcile the two clauses of the Mishnah?

The Gemara presents two approaches:[14]
מַאן דְּלָא מוֹקֵי כְּתַנָּאֵי – The one who does not generally **interpret** different clauses of one Mishnah **as** reflecting the views of different **Tannaim** **תָּנָא רֵישָׁא ,,טְהוֹרָה" – teaches the first clause** of the Mishnah as reading ***tahor*** instead of *tamei,* **וּמוֹקֵי לַהּ לְכוּלַּהּ כְּרַבִּי אֶלְעָזָר בֶּן עֲזַרְיָה – and interprets the entire [Mishnah]** in accordance **with** the opinion of **R' Elazar ben Azaryah.**[15] **וּמַאן דְּמוֹקִים כְּתַנָּאֵי –** And **the one who** generally **interprets** different clauses of one Mishnah **as** reflecting the views of different **Tannaim** will explain that **רֵישָׁא רַבָּנָן וְסֵיפָא כְּרַבִּי אֶלְעָזָר בֶּן עֲזַרְיָה –** indeed, **the first clause** of the Mishnah accords with the opinion of **the Rabbis and the latter clause with** the opinion of **R' Elazar ben Azaryah.**[16]

The Gemara cites a Baraisa which lists three opinions concerning when the emission of semen by a woman renders her *tamei:*
תָּנוּ רַבָּנָן – The Rabbis taught in a Baraisa: **פּוֹלֶטֶת שִׁכְבַת זֶרַע בַּיּוֹם הַשְּׁלִישִׁי טְהוֹרָה – A WOMAN WHO EMITS SEMEN ON THE THIRD DAY** after intercourse **IS *TAHOR*.** **דִּבְרֵי רַבִּי אֶלְעָזָר בֶּן עֲזַרְיָה – These** are **THE WORDS OF R' ELAZAR BEN AZARYAH.**[17] **רַבִּי יִשְׁמָעֵאל אוֹמֵר**

NOTES

10. The Mishnah in *Yoma* (73b) teaches that, on Yom Kippur, eating, drinking, washing one's body, applying oil to one's body, wearing shoes, and cohabitation are prohibited. The Tanna here seeks a Scriptural basis for considering applying oil tantamount to drinking and thus being prohibited on Yom Kippur. The comparison, however, is a limited one, because drinking on Yom Kippur is punishable by *kares* whereas applying oil is not.

Furthermore, according to many opinions, only eating and drinking are Torah prohibitions. The other four are only Rabbinic prohibitions. Accordingly, the verse is cited here only as an אַסְמַכְתָּא, i.e. *to lend support,* to a law which is actually of Rabbinic origin. See *Meromei Sadeh* and *Haamek She'eilah* 167:1 for further discussion.

11. [Despite the lack of conclusive evidence from Scripture, there is a verse in *Psalms* which intimates the rule equating anointing with drinking.]

12. *Psalms* 109:18. [This verse refers to a curse that will befall a wicked person. It states that the curse will enter his very being as water and oil enter into a person's body.] Thus, we see that Scripture compares anointing the body with oil to drinking water (*Rashi*). This, however, is not conclusive evidence, because one may say that Scripture is only comparing anointing with oil to *washing* with water, which enters the body through the pores (*Tosafos* ד״ה אע״פ; cf. *Chidushei HaGriz al HaRambam* p.156).

13. The first clause of the Mishnah states that if a woman emits semen on the third day after intercourse she is *tamei,* and we know from a Baraisa cited below that according to R' Elazar ben Azaryah if a woman emits semen on the third day she is *tahor.* However, the latter clause states that one is permitted to bathe a baby on the third day after his circumcision when it falls on the Sabbath. This is the opinion of R' Elazar ben Azaryah in the Mishnah below (134b), and is disputed there by the Rabbis (*Rashi*).

14. The two approaches represent a fundamental difference of opinion as to the interpretation of anonymous Mishnahs that contain contradictory clauses. There is one Amoraic view that it is preferable to emend a Mishnah, or to interpret its contradictory clauses as dealing with different cases, than to say that the clauses reflect diverse Tannaic opinions. Another Amoraic view is that it is preferable to interpret a Mishnah as citing diverse opinions than to emend it or attempt a forced interpretation of its clauses.

[The source of this Amoraic dispute is *Bava Metzia* 41a, where a certain Mishnah concerning a custodian's liability for the breakage of a keg in his possession contains an internal contradiction. Some Amoraim resolve the difficulty by interpreting the Mishnah's contradictory clauses as dealing with different circumstances. R' Yochanan, however, rejects this approach, stating instead that the two clauses represent different Tannaic opinions. R' Yochanan was greatly disturbed by the necessity to attribute the clauses to different Tannaim, to the extent that he declared: "If anyone interprets the Mishnah for me in accord with one Tanna, I will carry his clothes after him to the bathhouse." [This is normally done by one's servant (see *Kiddushin* 22b).] Nevertheless, R' Yochanan refused to accept the interpretation that the contradictory clauses refer to different cases (*Rashi*).]

15. [That is, he emends the first clause of the Mishnah to read: "From where do we know that a woman who emits semen on the third day after intercourse is *tahor*? For it is stated: *Be ready for a three-day period.*" The verse is understood as meaning that the people should abstain from marital relations for *two* days and *immerse* on the third day, for any subsequent emission of semen would not render a woman *tamei.* This reflects the opinion of R' Elazar ben Azaryah.]

Tosafos (ד״ה תני רישא) assert that we would not emend the Mishnah merely to avoid the interpretation that it reflects different Tannaic opinions. Rather, there were two versions of the Mishnah, and the one who does not consider it proper to interpret an anonymous Mishnah as containing diverse opinions prefers the version that reads *tahor,* since, accordingly, the entire Mishnah follows R' Elazar ben Azaryah. However, *Rashi* implies that the Gemara is proposing an emendation of the Mishnah text. See also *Ritva MHK* ed.

16. I.e. the first clause reflects the opinions of R' Yishmael and R' Akiva, who dispute the view of R' Elazar ben Azaryah concerning an emission of semen on the third day, and whose opinions will be cited shortly (see *Rashash*). The second clause reflects the opinion of R' Elazar ben Azaryah, who permits bathing a circumcised baby on the third day after his circumcision when it is the Sabbath.

17. According to R' Elazar ben Azaryah, if a woman cohabits on a Thursday (i.e. from dusk Wednesday until dusk Thursday) and emits semen on the Sabbath (i.e. after dusk Friday evening) she is *tahor.* [Note that in Jewish law the day always starts at nightfall. Thus, Wednesday night is reckoned as part of Thursday, and similarly, Friday night as part of the Sabbath.] Whether the intercourse occurred the beginning of Thursday (i.e. at dusk Wednesday night) so that four full periods (whether daytime or nighttime) pass before the Sabbath (Wednesday night, daytime Thursday, Thursday night and daytime Friday), or it occurred at the end of Thursday (i.e. just before dusk Thursday afternoon) so that only two full periods pass before the Sabbath (Thursday night and daytime Friday, besides the remainder of Thursday), the discharge is considered *tahor* on the Sabbath, which is the third calendar day (*Rashi*).

[The Gemara will cite a Scriptural source for declaring an emission *tahor* on the third calendar day. Although perhaps the actual viability of semen does not necessarily hinge on calendar days, Scripture has made its halachic status, and thus its *taharah* dependent on the passage of calendar days (see *Pnei Yehoshua* to Mishnah).]

כטבלא מרובעת כטבלא הוא דשרי הא לאו הכי אסור התם לאקולי בה קולא אחרינא להתיר ראש תור היוצא הימנה: **מתני'** מנין לפולטת שכבת זרע ביום השלישי (שתהא) טמאה שנא' היו נכונים לשלשת ימים מנין שמרחיצין את המילה ביום השלישי שחל להיות בשבת שנאמר ויהי ביום השלישי בהיותם כואבים מנין שקושרין לשון של זהורית בראש שעיר המשתלח שנאמר אם יהיו חטאיכם כשנים כשלג ילבינו מנין לסיכה שהיא כשתיה ביוה"כ אע"פ שאין ראיה לדבר זכר לדבר שנא' ותבא כמים בקרבו וכשמן בעצמותיו:

גמ' רישא דלא כר' אלעזר בן עזריה סיפא כר"א בן עזריה דאי כרבי אלעזר בן עזריה טהורה שמענא ליה מאן דלא מוקי כתנאי תנא רישא טהורה ומוקי לה לכולה כר"א בן עזריה ומאן דמוקים כתנאי רישא רבנן וסיפא כר' אלעזר בן עזריה ת"ר פולטת שכבת זרע ביום השלישי טהורה דברי רבי אלעזר בן עזריה רבי ישמעאל אומר פעמים שהן ד' עונות פעמים שהן ה' עונות פעמים שהן ו' עונות ר' עקיבא אומר לעולם ה' ואם יצאתה מקצת עונה ראשונה נותנין לה מקצת עונה ששית אמרוה רבנן קמיה דרב פפא ואמרי לה רב פפא לרבא בשלמא ר' אלעזר בן עזריה כרבנן דאמרי בה' עביד פרישה ור' ישמעאל כר' יוסי דאמר בד' עביד פרישה אלא רבי עקיבא כמאן לעולם כר' יוסי כדאמר רב אדא בר אהבה משה בהשכמה עלה ובהשכמה ירד בהשכמה עלה דכתיב וישכם משה בבקר ויעל אל הר סיני בהשכמה ירד דכתיב לך רד ועלית אתה ואהרן עמך מקיש ירידה לעלייה מה עלייה בהשכמה אף ירידה בהשכמה למה ליה למימרא להו והא אמר רב הונא ישראל קדושים הן ואין משמשין מטותיהן ביום הא אמר רבא אם היה בית אפל מותר ואמר רבא ואיתימא רב פפא תלמיד חכם מאפיל בטליתו ומותר והא

רש"י

כטבלא מרובעת. אלמא עגולה לאו ערוגה היא: התם. דבעי מרובעת לאחשובה שדה קאמר להתיר ראש תור כו' ולית ליה לר' יוחנן הא דאמר לעיל אין ראש תור בערוגה אי נמי אית ליה מערוגה לערוגה אבל משדה לערוגה יש ראש תור: **מתני'** שהיא טמאה. דיום השלישי אכתי לא מסרחה שכבת זרע ורלויה לקלוט ולהיות ולד נולד הימנה וקרינן שכבת זרע הראוי להזריע: לג' ימים. דהקפיד הכתוב על טומאת קרי במתן תורה וקס"ד עם יום הפרישה קאמר דבד' בשבת פירש מנשותיהן וקבלו תורה בשבת ...

(remaining commentary columns — רש"י, תוספות, רבינו חננאל, מסורת הש"ס, עין משפט נר מצוה, גליון הש"ס, תורה אור השלם, רב נסים גאון, ליקוטי רש"י, and footnotes — are set in very small type and are only partially legible in this scan.)

תוספות

מנין לפולטת כו' שנא' היו נכונים לשלשת ימים. אע"פ שבאותה שעה עדיין לא ניתנה תורה מ"מ מתמתא הקפידה תורה על דבר שעתיד להיות טומאה אחר מתן תורה ...

רבינו חננאל

שורה לכאן ושורה לכאן כדפרשנא לעילא ועלה בען במערבא ואם הפקיע מצד הערוגה תלם אחד על פני כולה ...

עין משפט נר מצוה

כד א מיי' פ"ג מהלכות מילה הלכה ח טור שו"ע או"ח סימן שלא סעיף ט:
כה ב מיי' פ"ג מהלכות עבודת יום הכפורים הלכה ד:
כו ג מיי' פ"ה מהלכות שביתת עשור הלכה ט טוש"ע או"ח סימן תריד סעיף א:
כז ד מיי' פ"ה מהלכות שאר אבות הטומאות הל' יא יב סמג עשין רל:
כח ה מיי' פכ"א מהל' איסורי ביאה הלכה ט ...

– R' YISHMAEL SAYS: פְּעָמִים שֶׁהֵן אַרְבַּע עונות פְּעָמִים שֶׁהֵן חָמֵשׁ עונות פְּעָמִים שֶׁהֵן שֵׁשׁ עונות – SOMETIMES IT IS FOUR daytime and nighttime PERIODS, SOMETIMES IT IS FIVE PERIODS AND SOMETIMES IT IS SIX PERIODS.[18] רַבִּי עֲקִיבָא אוֹמֵר – R' AKIVA SAYS: לְעוֹלָם חָמֵשׁ – IT IS ALWAYS FIVE periods.[19] וְאִם יָצְאתָה מִקְצַת עוֹנָה רִאשׁוֹנָה – AND IF PART OF THE FIRST PERIOD HAS already PASSED when intercourse takes place, נוֹתְנִין לָהּ מִקְצַת עוֹנָה שִׁשִּׁית – WE GIVE HER an equivalent PART OF THE SIXTH PERIOD to complete the full five periods, until which time she is rendered *tamei* by an emission of semen.[20]

The source for considering a woman who discharges semen to be *tamei* is found in the Torah's account of the Revelation at Sinai. God ordered that everyone abstain from intercourse three days prior to the Revelation, which took place on a Sabbath. The Gemara now explains how R' Elazar ben Azaryah, R' Yishmael and R' Akiva each derive their opinion from this episode:

אֲמַרוּהָ רַבָּנָן קַמֵּיהּ דְּרַב פָּפָּא – **The Rabbis stated [the following] before Rav Pappa,** וְאָמְרִי לָהּ רַב פָּפָּא לְרָבָא – **and others say** that **Rav Pappa said it to Rava:** בִּשְׁלָמָא רַבִּי אֶלְעָזָר בֶּן עֲזַרְיָה כְּרַבָּנָן דְּאָמְרִי בַּחֲמִישִׁי עֲבִיד פְּרִישָׁה – The opinion of **R' Elazar ben Azaryah is understandable,** for he holds **like the Rabbis who say** that **abstinence was begun on** the **Thursday** prior to the Revelation, וְרַבִּי יִשְׁמָעֵאל כְּרַבִּי יוֹסֵי דְּאָמַר בָּרְבִיעִי עֲבִיד פְּרִישָׁה – **and R' Yishmael** holds **like R' Yose who says that abstinence was begun on** the **Wednesday** prior to the Relevation.[21] אֶלָּא רַבִּי עֲקִיבָא כְּמַאן – **But** as for **R' Akiva, like whom** does he hold? On what does he base his opinion that an emission that occurs within five daytime and nighttime periods after intercourse renders the woman *tamei*?[22]

R' Akiva's position is explained:

לְעוֹלָם כְּרַבִּי יוֹסֵי – **Actually,** R' Akiva holds **like R' Yose** that the order for abstinence was given on Wednesday, כִּדְאָמַר רַב אַדָּא בַּר אַהֲבָה – but it is **as Rav Adda bar Ahavah said:** מֹשֶׁה בְּהַשְׁכָּמָה עָלָה וּבְהַשְׁכָּמָה יָרַד – **Moses** always **ascended** Mount Sinai **at daybreak and he descended at daybreak.**[23] בְּהַשְׁכָּמָה עָלָה – We know that **he ascended at daybreak,** דִּכְתִיב ,,וַיַּשְׁכֵּם מֹשֶׁה בַבֹּקֶר וַיַּעַל אֶל־הַר סִינַי" – **for it is written:** ***And Moses arose early in the morning and ascended to Mount Sinai;***[24] בְּהַשְׁכָּמָה יָרַד – and we know that **he descended at daybreak,** דִּכְתִיב ,,לֶךְ־רֵד וְעָלִיתָ אַתָּה וְאַהֲרֹן עִמָּךְ" – **for it is written:** ***Go, descend; then you shall ascend and Aaron with you.***[25] Since this verse mentions the descent and ascent together, מַקִּישׁ יְרִידָה לַעֲלִיָּיה – **it likens** the **descent to** the **ascent.** מָה עֲלִיָּיה בְּהַשְׁכָּמָה – This teaches that **just as** Moses' **ascent** to Mount Sinai was always **at daybreak,** אַף יְרִידָה בְּהַשְׁכָּמָה – **so too,** his **descent** from Mount Sinai was always **at daybreak.** Thus, when Moses descended on Wednesday and gave the order of abstinence, it was at daybreak. This left five full periods for abstinence before the pre-Revelation immersion.[26]

The Gemara asks:

לָמָּה לֵיהּ לְמֵימְרָא לְהוּ – **Why was it necessary for [Moses] to tell them** at daybreak Wednesday to commence abstinence? וְהָא אָמַר רַב הוּנָא – **Why, Rav Huna said:** יִשְׂרָאֵל קְדוֹשִׁים הֵן – **The people of Israel are holy** וְאֵין מְשַׁמְּשִׁין מִטּוֹתֵיהֶן בַּיּוֹם – **and** therefore, **they do not engage in marital relations by**

NOTES

18. R' Yishmael holds that the emission is *tamei* for three days and is *tahor* only beginning with the fourth day after intercourse. He agrees, however, that the count depends on the passage of calendar days or fractions of days, not on a fixed number of daytime and nighttime periods. [A Scriptural source will be cited below.] Thus, if intercourse occurred anytime on Wednesday (rather than Thursday), an emission on the Sabbath is *tahor.* This holds true whether the intercourse took place late Wednesday afternoon, so that only four full daytime/nighttime periods pass before the Sabbath (i.e. Wednesday night, daytime Thursday, Thursday night and daytime Friday), whether it took place Wednesday morning, so that five periods pass before the Sabbath, or whether it took place at dusk Tuesday night (which is the beginning of Wednesday), so that six full periods pass before the Sabbath (*Rashi*). [R' Yishmael specifies that it can be either four, five or six full periods to preclude the opinion of R' Akiva, which will be cited next.]

19. [R' Akiva holds that five full daytime and nighttime periods (i.e. sixty hours) must elapse before an emission ceases to render a woman *tamei.* He disagrees with R' Elazar ben Azaryah and R' Yishmael, who hold that the third or fourth calendar day is the determining factor and the actual time elapsed is inconsequential.]

20. To complete the missing hours of the first period, we add an equal number of hours after the fifth period. For example, if intercourse took place three hours after dusk Wednesday night, her discharge of semen is *tamei* until three hours after dawn on the Sabbath (see *Zer Zahav* to Tosefta *Mikvaos* 6:4).

21. The Gemara below (86b-87a) cites a dispute between the Rabbis and R' Yose as to when the order for abstinence prior to the Revelation was imposed. According to the Rabbis, the Jews were required to abstain from cohabitation beginning on Thursday, and according to R' Yose, on Wednesday. Now, all agree that the Revelation took place on the Sabbath morning, and therefore, the women had to immerse no later than Friday night so that they would be ready at daybreak to receive the Torah.

Against this background, the opinions of R' Elazar ben Azaryah and R' Yishmael are readily understandable. R' Elazar ben Azaryah holds like the Rabbis that abstinence began on Thursday – that is, the people were allowed to cohabit until shortly before dusk on Thursday. Thus, the women were required to wait only two daytime/nighttime periods – Thursday night and daytime Friday – before immersing Friday night. Since there was no concern for a subsequent emission of semen, this proves that an emission of semen by a woman on the third calendar day after intercourse, including the day of intercourse, is *tahor.* R' Yishmael, however, holds like R' Yose that abstinence was ordered to begin before dusk on Wednesday. Thus, four full periods (Wednesday night through daytime Friday) passed before the immersion. This proves that an emission on the third calendar day is *tamei* and from the fourth calendar day onward it is *tahor* (*Rashi*).

22. The verse offers no indication that the number of daytime/nighttime periods is of import. To the contrary, it mentions only three *days,* and there is a general principle in Torah law that part of a day counts as a "day" (*Rashi*). Thus, the day of intercourse (i.e. the day on which abstinence commences before dusk) counts as the first day, and at most, two additional full days should be required.

23. Literally: at the time for rising. Whenever Moses ascended the mountain, as he did numerous times during the week before the Revelation, it was at daybreak. And whenever it is stated in Scripture that he descended, the meaning is that he descended at daybreak. [There were, however, other occasions when he descended at other times] (*Pnei Yehoshua;* see *Rashi* to 87a ד״ה בתלתא and *Ritva MHK* ed.; see also *Maharsha* and *Sfas Emes*).

24. *Exodus* 34:4.

25. Ibid. 19:24.

26. [The Torah states (*Exodus* 19:14): וַיֵּרֶד מֹשֶׁה מִן־הָהָר אֶל־הָעָם וַיְקַדֵּשׁ אֶת־הָעָם, *Moses descended from the mountain to the people, and he sanctified the people . . .* The expression *from the mountain to the people* implies that Moses did not tarry at all, but spoke to the people immediately upon descending (*Rashi* ad loc.). And] the phrase *he sanctified the people* means that he gave the order for abstinence. Since R' Akiva holds like R' Yose, it follows that the order of abstinence was delivered by Moses upon his descent at daybreak on Wednesday. This left five full daytime/nighttime periods for abstinence – i.e. daytime Wednesday through daytime Friday – before the Friday night immersion. Since Moses was particular to deliver the order of abstinence at daybreak, we learn that a woman's emission of semen within five periods of intercourse is *tamei* (*Rashi*).

כטבלא מרובעת כטבלא הוא דשרי הא לאו הכי אסור התם לאקולי בה קולא אחרינא להתיר ראש תור היוצא הימנה:

מתני' מנין לפולטת שכבת זרע ביום השלישי (שתהא) טמאה שנא' היו נכונים לשלשת ימים מנין שמרחיצין את המילה ביום השלישי שחל להיות בשבת שנאמר ויהי ביום השלישי בהיותם כואבים מנין שקושרין לשון של זהורית בראש שעיר המשתלח שנאמר אם יהיו חטאיכם כשנים כשלג ילבינו מנין לסיכה שהיא כשתיה ביוה"כ אע"פ שאין ראיה לדבר זכר לדבר שנא' ותבא כמים בקרבו וכשמן בעצמותיו:

גמ' רישא דלא כר' אלעזר בן עזריה סיפא כר"א בן עזריה דאי כרבי אלעזר בן עזריה טהורה שמעינא ליה מאן דלא מוקי כתנאי תנא רישא טהורה ומוקי לה לכולה כר"א בן עזריה ומאן דמוקים כתנאי רישא רבנן וסיפא כר' אלעזר בן עזריה ת"ר פולטת שכבת זרע ביום השלישי טהורה דברי רבי אלעזר בן עזריה רבי ישמעאל אומר פעמים שהן ד' עונות פעמים שהן ה' עונות פעמים שהן ו' עונות ר' עקיבא אומר לעולם ה' ואם יצאתה מקצת עונה ראשונה נותנין לה מקצת עונה ששית אמרוה רבנן קמיה דרב פפא ואמרי לה רב פפא לרבא בשלמא ר' אלעזר בן עזריה כרבנן דאמרי בה' עביד פרישה ור' ישמעאל כר' יוסי דאמר בד' עביד פרישה אלא רבי עקיבא כמאן לעולם כר' יוסי כדאמר רב אדא בר אהבה משה בהשכמה עלה ובהשכמה ירד בהשכמה עלה דכתיב וישכם משה בבקר ויעל אל הר סיני בהשכמה ירד דכתיב לך רד ועלית אתה ואהרן עמך מקיש ירידה לעלייה מה עלייה בהשכמה אף ירידה בהשכמה למה ליה למימרא להו והא אמר רב הונא ישראל קדושים הן ואין משמשין מטותיהן ביום הא אמר רבא אם היה בית אפל מותר ואמר רבא ואיתימא רב פפא תלמיד חכם מאפיל בטליתו ומותר והא

רש"י

כטבלא מרובעת. אלמא עגולה לאו ערוגה היא: **התם.** דבעי מרובעת לאחשובה שדה קאמר להתיר ראש תור כו' ולית ליה לר' יוחנן הא דאמר לעיל אין ראש תור בערוגה אי נמי אית ליה מערוגה לערוגה אבל משדה לערוגה יש ראש תור: **מתני'** שהיא טמאה. דיום השלישי אכתי לא מסרחה שכבת זרע וראויה לקלוט ולהיות ולד נוצר הימנה וקרינן שכבת זרע הראוי להזריע: **לג' ימים.** דהקפיד הכתוב על טומאת קרי במתן תורה וקס"ד עם יום הפרישה קאמר דבד' בשבת פירשו מנשותיהן וקבלו תורה בשבת שהוא רביעי לאותם ששימשו מטותיה' ברביעי לפני הפרישה וטבלו לילי שבת ולא חש הכתוב אם יפלוטו בשבת דמסרח ואינו שכבת זרע הראוי להזריע אבל אם פלטו ש"ז בשלישי טמאות לכך הפרישן שלשה ימים: **מנין שמרחיצין.** דאף ביום ג' מסוכן הוא: **כמים בקרבו וכשמן בעצמותיו.** מקיש סיכה לשתיה: **גמ' רישא.** דמתני': **דלא כר' אלעזר בן עזריה.** דאילו לדידי' שמעינן ליה פולטת ביום השלישי טהורה לקמן בברייתא: **וסיפא.** דקתני מרחיצין את המילה כו' ר' אלעזר בן עזריה דהוא אמר לה לקמן בפרק ר' אליעזר: **מאן דלא מוקי כתנאי.** דדחיק ומוקי מתניתין בתרי טעמי או משבש לה ומפרש לה דלא לאוקמי כתנאי משבש לה ואמר משבשתא היא ותני בה טהורה: **ומאן דמוקי לה כתנאי.** דניחא ליה לאוקומי כתנאי מלמימר משבשתא היא ומלאוקמי בתרי טעמי מוקי נמי להאי כתנאי ופלוגתא היא בהמפקיד (ב"מ מא.) גבי חבית דאמר ר' יוחנן מאן דמתרגם לי חבית אליבא דחד תנא מובילנא ליה מאני לבי מסותא ומוקי רישא ר' ישמעאל וסיפא רבי עקיבא ואי הוה בעי הוה מצי לאוקמי בתרי טעמי ובחד תנא ואיכא דמוקי לה התם בחד תנא ומוקי סיפא בשהניחה במקום שאינו מקומה: **ביום השלישי.** כגון ששמשה בה' ופלטה שכבת זרע בשבת ל"ש ששמשה תחלת ליל חמישי דאישתהי ד' עונות שלמות ליל ה' וה' ליל ו' וו' ל"ש ששמשה יום ה' עם חשיכה דלא אישתהי אלא מקצת ה' וליל ו' וו' דליכא אלא ג' עונות שלמות. העונה או יום או לילה: **ר' ישמעאל אומר פעמים שהן כו'.** בא לחלוק ולומר דפולטת בג' לשימושה טמאה אבל פולטת בד' טהורה ומודיענא לך דמקצת היום ככולו דלא הקפידה תורה אלא במנין של הימים ולא במנין העונות: **ופעמים שהם ד' עונות.** שלמות שאם שמשה ד' בשבת עם חשיכה פליטתה טמאה עד תחלת שבת: **פעמים שהם ה' עונות.** כגון ששמשה בתחלת היום של ד': **פעמים שהם ו'.** כגון ששמשה בתחלת ליל ד' בין השמשות: נותנין לה מקצת עונת ו'. להשלים ה' וכל הפולטת בתוך ה' עונות שלמות טמאה: **אמרוה.** להא מתקפתא דלקמיה: **בשלמא כו'.** פלוגתא דרבנן ור' יוסי בברייתא ומייתי לה בהאי פירקא לקמן דלרבנן בה' בשבת פרשו

תוספות

מנין לפולטת כו' שנא' היו נכונים לשלשת ימים. אע"פ שבאותה שעה עדיין לא ניתנה תורה מ"מ מסתמא הקפידה תורה על דבר שעתיד להיות טומאה אחר מתן תורה ואע"ג דלא הקפידה על זבין ומצורעין ובועלי נדות היינו משום טעמא דתניא בפרק מי שמתו (ברכות כב.) כתיב והודעתם לבניך ולבני בניך וכתיב יום אשר עמדת לפני ה' אלהיך בחורב מה להלן באימה וביראה וברתת ובזיע כו' מכאן אמרו זבין ומצורעים ובועלי נדות מותרין לקרות בתורה בנביאים ובכתובים ולשנות במשנה ובש"ס בהלכות ובאגדות ובעלי קריין אסורין פירוש דבעל קרי אינו באימה וביראה דמחמת קלות ראש הוא בא:

אע"פ שאין ראייה לדבר זכר לדבר שנאמר ותבא כמים וגו'. ומיהו ראיה גמורה לא הוי משום דקרא לא מישתעי בשתיה אלא ברחילה משום דמשמע מים דומיא דשמן מה שמן מאברא' אף מים מאבראי וקשה לר"י דבפרק בתרא דיומא (דף עו.) קאמר דרחילה איקרי עינוי מנלן א"ר זוטרא מהכא ותבא כמים בקרבו וגו' מים דומיא דשמן מה שמן מאבראי כו' ופריך והא האי תנא איפכא נסיב לה דתנן מנין לסיכה כו' ומאי פריך הא תנא דמתני' קאמר שאין ראיה לדבר אלא זכר לדבר משום דמים דומיא דשמן כדפרישי' ואומר ר"י דפריך הכי דאי

day.[27] Consequently, they would not have cohabited during the daytime Wednesday even without Moses' special order.[28] – ? –

The Gemara replies:

הָא אָמַר רָבָא – Rava has said: אִם הָיָה בַּיִת אָפֵל מוּתָּר – If the house is dark, cohabitation by day **is permitted. וְאָמַר רָבָא וְאִיתֵּימָא רַב פָּפָּא – And Rava said, and some say, it was Rav Pappa** who said: **תַּלְמִיד חָכָם מַאֲפִיל בְּטַלִּיתוֹ וּמוּתָּר – A scholar may darken** the immediate area **with his cloak, and** then it **is permitted** for him to engage in relations.[29] Since it is permitted under the above circumstances to cohabit during the daytime, it was necessary for Moses to tell them at daybreak Wednesday to abstain from marital relations, in order to ensure that five complete periods would pass before the pre-Revelation immersion.

NOTES

27. *Proverbs* 19:16 states: בּוֹזֵה דְרָכָיו יָמוּת, *he that degrades his ways shall die.* [The term *way* is a euphemism for marital relations (compare ibid. 30:19: *And the way of a man with a young woman*). Thus, one who "degrades his ways" is one who cohabits in an immodest way. For example, he cohabits in the day, when, in the full light, he may gaze upon his wife's private parts.] The holiness of the Jewish people requires that they act more modestly and not gaze at each other's nakedness (*Rashi;* cf. *Rashi* to *Niddah* 16b ד״ה בוזה דרכיו).

28. Moses could thus have delayed giving the order for abstinence until later in the day on Wednesday and still be assured that there would be five complete periods of abstinence before the immersion on Friday night (*Rashi*).

29. A scholar, who can be relied upon to conduct himself with modesty under such improvised conditions and not gaze upon his wife immodestly, is permitted to cohabit even during the day by shielding himself and his wife from the light with his cloak (*Rashi*).

Alternatively, a scholar is trusted to understand that this is a dispensation to be used only in times of need, and he thus will not make use of it frequently or inappropriately (see *Rambam, Isurei Biah* 21:10).

כטבלא מרובעת כטבלא הוא דשרי הא לאו הכי אסור התם לאקולי בה קולא אחרינא להתיר ראש תור היוצא הימנה:

מתני' מנין לפולטת שכבת זרע ביום השלישי (שתהא) טמאה שנא' היו נכונים לשלשת ימים מנין שמרחיצין את המילה ביום השלישי שחל להיות בשבת שנאמר ויהי ביום השלישי בהיותם כואבים מנין שקושרין לשון של זהורית בראש שעיר המשתלח שנאמר אם יהיו חטאיכם כשנים כשלג ילבינו מנין לסיכה שהיא כשתיה ביוה"כ אע"פ שאין ראיה לדבר זכר לדבר שנא' ותבא כמים בקרבו וכשמן בעצמותיו:

גמ' רישא דלא כר' אלעזר בן עזריה סיפא כר"א בן עזריה דאי כרבי אלעזר בן עזריה טהורה שמענא ליה מאן דלא מוקי כתנאי תנא רישא טהורה ומוקי לה לכולה כר"א בן עזריה ומאן דמוקים כתנאי רישא רבנן וסיפא כר' אלעזר בן עזריה ת"ר פולטת שכבת זרע ביום השלישי טהורה דברי רבי אלעזר בן עזריה רבי ישמעאל אומר פעמים שהן ד' עונות פעמים שהן ה' עונות פעמים שהן ו' עונות ר' עקיבא אומר לעולם ה' ואם יצאתה מקצת עונה ראשונה נותנין לה מקצת עונה ששית אמרוה רבנן קמיה דרב פפא ואמרי לה רב פפא לרבא בשלמא ר' אלעזר בן עזריה כרבנן דאמרי בה' עביד פרישה ור' ישמעאל כר' יוסי דאמר בד' עביד פרישה אלא רבי עקיבא כמאן לעולם כר' יוסי כדאמר רב אדא בר אהבה משה בהשכמה עלה ובהשכמה ירד בהשכמה עלה דכתיב וישכם משה בבקר ויעל אל הר סיני בהשכמה ירד דכתיב לך רד ועלית אתה ואהרן עמך מקיש ירידה לעלייה מה עליה בהשכמה אף ירידה בהשכמה למה ליה למימרא להו והא אמר רב הונא ישראל קדושים הן ואין משמשין מטותיהן ביום הא אמר רבא אם היה בית אפל מותר ואמר רבא ואיתימא רב פפא תלמיד חכם מאפיל בטליתו ומותר והא

רש"י

כטבלא מרובעת. אלמא עגולה לאו ערוגה היא: **התם.** דבעי מרובעת לאחשובה שדה קאמר להתיר ראש תור כו' ולית ליה לר' יוחנן הא דאמר לעיל אין ראש תור בערוגה אי נמי אית ליה מערוגה לערוגה אבל משדה לערוגה יש ראש תור: **מתני' שהיא טמאה.** דיום השלישי אכתי לא מסרחה שכבת זרע וראויה לקלוט ולהיות ולד נוצר הימנה וקרינן שכבת זרע הראוי להזריע: **לג' ימים.** דהקפיד הכתוב על טומאת קרי במתן תורה (וקס"ד) עם יום הפרישה קאמר דבד' בשבת פירשו מנשותיהן וקבלו תורה בשבת שהוא רביעי לאותם ששימשו מטותיה' ברביעי לפני הפרישה וטבלו בליל שבת ולא חש הכתוב אם יפלטו בשבת דמסרחת ואינו שכבת זרע הראוי להזריע אבל אם פלטו ע"ש בשלישי טמאות לכך הפרישן שלשה ימים: **מנין שמרחיצין.** דאף ביום ג' מסוכן הוא: **כמים בקרבו וכשמן בעצמותיו.** מקיש סיכה לשתיה: **גמ' רישא.** דמתני': **דלא כר' אלעזר בן עזריה.** דאילו לדידי' שמעינן ליה פולטת ביום השלישי טהורה לקמן בברייתא: **וסיפא.** דקתני מרחיצין את המילה כו' ר' אלעזר בן עזריה הוא דאמר לה לקמן בפרק ר' אליעזר: **מאן דלא מוקי כתנאי.** דדחיק ומוקי מתניתין בתרי טעמי או משבש לה ומפרש לה דלא לאוקמי כתנאי משבשתא היא ותני בה טהורה: **ומאן דמוקי לה כתנאי.** דניחא ליה לאוקמי כתנאי מלמימר משבשתא היא ולאוקמי בתרי טעמי מוקי נמי להאי כתנאי ופלוגתא היא בהמפקיד (ב"מ מא.) גבי חבית דאמר ר' יוחנן מאן דמתרגם לי חבית אליבא דחד תנא מובילנא ליה מאני לבי מסותא ומוקי רישא ר' ישמעאל וסיפא רבי עקיבא ואי הוה בעי הוה מצי לאוקמי בתרי טעמי ובחד תנא ואיכא דמוקי לה התם בחד תנא ומוקי סיפא בשהניחה במקום שאינו מקומה: **ביום השלישי.** כגון ששמשה בה' ופלטה שכבת זרע בשבת ל"ש ששמשה תחילת ליל חמישי דאישתהי ד' עונות שלמות ליל ה' וה' ליל ו' וו' ל"ש ששמשה יום ה' עם חשיכה דלא אישתהי אלא מקצת ה' וליל ו' וו' דליכא אלא ג' עונות שלמות. העונה או יום או לילה: **ר' ישמעאל אומר פעמים שהן כו'.** בא לחלוק ולומר דפולטת בג' לשימושה טמאה אבל פולטת בד' טהורה ומודינא לך דמקצת היום ככולו דלא הקפידה תורה אלא במנין של הימים ולא במנין העונות: **ופעמים שהם ד' עונות.** שלמות שאם שמשה ד' בשבת עם חשיכה פליטתה טמאה עד תחלת שבת: **פעמים שהם ה' עונות.** כגון ששמשה בתחלת היום של ד': **פעמים שהם ו'.** כגון ששמשה בתחלת ליל ד' בין השמשות: **נותנין לה מקצת עונת ו'.** להשלים ה' וכל הפולטת בתוך ה' עונות שלמות טמאה: **אמרוה.** להא אתקפתא דלקמיה: **בשלמא כו'.** פלוגתא דרבנן ור' יוסי בברייתא ומייתי לה בהאי פירקא לקמן דלרבנן בה' בשבת פרשו ולר' יוסי בד' ולכ"ע בשבת ניתנו עשרת הדברות וכיון דבשבת נתנו ע"כ בליל שבת טבלו ולא שחרית כדמתרץ לקמן שלא יהו הללו טובלין והללו מהלכין לקבל תורה הלכך בשלמא ר' אלעזר כרבנן דאמרי בחמשה בשבת עבוד פרישה ויש שלא פרשו אלא עם חשיכה ומדטבלו ליל שבת ולא חשו שמא תפלטנה עוד ש"מ דפולטת בג' טהורה ומקצת היום של תשמיש ככולו: **ור' ישמעאל.** דאומר בג' טמאה בד' טהורה קסבר בד' עבוד פרישה כר' יוסי דהוה ליל שבת רביעי ומיהו יש שלא פירשו עד סמוך לחשיכה וליכא אלא ד' עונות ליל ה' וה' ליל ו' וו' ואפילו הכי מטבלו פליטתן טהורה דלא הקפידה תורה אלא בימים: **אלא רבי עקיבא.** דאמר כל ה' עונות טמאה אם תפלוט למה לי דלעונות קפיד קרא הא ימים כתיב וקיימא לן מקצת היום ככולו: **לעולם.** ר' עקיבא כר' יוסי ומהיכא למד דלעונות קפיד קרא מדלא אמר משה כל עליותיו וכל ירידותיו בהשכמה הלכך ירידה דכתיב וירד משה מן ההר אל העם ויקדש את העם דהיינו פרישה רביעי היתה ומדהוזקק להפרישן בהשכמה ש"מ עד ה' עונות שלמות קפיד קרא: **ופרכינן למה ליה למימרא להו.** שחרית בלאו הכי נמי לא הוו משמשי: **דקאמר רב הונא.** דאין משמשין ביום דכתיב (משלי יט) בוזה דרכיו ימות דבעי לצניעותא שלא יסתכל: **תלמיד חכם.** שהוא צנוע ולא יסתכל סגי ליה במאפיל בטליתו:

תוספות

מנין לפולטת כו' שנא' היו נכונים לשלשת ימים. אע"פ שבאותה שעה עדיין לא ניתנה תורה מ"מ מסתמא הקפידה תורה על דבר שעתיד להיות טומאה אחר מתן תורה ואע"ג דלא הקפידה על זבין ומצורעין ובועלי נדות היינו משום טעמא דתניא בפרק מי שמתו (ברכות כב.) כתיב והודעתם לבניך ולבני בניך וכתיב יום אשר עמדת לפני ה' אלהיך בחורב מה להלן באימה וביראה וברתת ובזיע כו' מכאן אמרו זבין ומצורעים ובועלי נדות מותרין לקרות בתורה בנביאים ולשנות במשנה ובש"ס בהלכות ובאגדות ובעלי קריין אסורין פירוש דבעל קרי אינו באימה וביראה דמחמת קלות ראש הוא בא:

אע"פ שאין ראייה לדבר זכר לדבר שנאמר ותבא כמים וגו'. ומיהו ראיה גמורה לא הוי משום דקרא לא מישתעי בשתיה אלא ברחילה משום דמשמע מים דומיא דשמן מה שמן מאבראי אף מים מאבראי וקשה לר"י דבפרק בתרא דיומא (דף עו.) קאמר דרחילה איקרי עינוי מנלן א"ר זוטרא מהכא ותבא כמים בקרבו וגו' מים דומיא דשמן מה שמן מאבראי כו' ופריך והא האי תנא איפכא נסיב לה דתנן מנין לסיכה כו' ומאי פריך הא תנא דמתני' קאמר שאין ראיה לדבר אלא זכר לדבר משום דמים דומיא דשמן כדפרישי' ואומר ר"י דפריך הכי דאי חשיבא ראיה גמורה דרחילה כסיכה כדקאמרת לא הוה ליה להאי תנא למעבד מינה אפי' זכר בעלמא קשה לרשב"א דאמאי מייתי האי קרא שאינו אלא זכר בעלמא הוה ליה לאתויי קרא דלחם חמודות לא אכלתי ובשר ויין לא בא אל פי וסוך לא סכתי (דניאל י) דהוי דרשה גמורה ומיניה נפקא לן בפרק בתרא דיומא (שם) דסיכה איקרי עינוי:

תני רישא טהורה ומוקי לה כו'. אומר ר"י דמשום הכי אינו מגיה למיתני טהורה כדי לאוקמי כולה כרבי אלעזר אלא בלאו הכי איכא דתני טהורה ואיכא דתני טמאה הלכך מאן דלא מוקי כתנאי נוח לו לשנות כאותן ששונין טהורה ומאן דמוקי כתנאי לא קפיד לשנות טמאה וא"ת אכתי הויא מתני' כתנאי דרישא דמתני' רבי עקיבא קתני לה וסיפא דקתני פולטת טהורה היינו דלא כר"ע דפליג בסמוך אר' אלעזר בן עזריה וי"ל דלא קפיד לאוקמי כתנאי אלא בתרי בבי דסמוכות זו אחר זו אבל אההיא דריש פירקין המרוחקות מההיא דפולטת לא קפיד וא"ת למאן דתני טהורה טפי הוה ליה למנקט במתני' קרא דוקדשתם היום ומחר (שמות יט) דמשמע כרבי אלעזר בן עזריה ואומר ר"י דניחא ליה לאתויי היו נכונים לשלשת ימים דמוכח דמשום פליטת זרע הקפיד דכתיב ביה אל תגשו אל אשה:

פעמים שהן ד' כו'. במלתא דרבי אלעזר בן עזריה ה"מ נמי לשנות בענין זה פעמים שהן שתים פעמים שהן ג' כו' אלא להכי נקט ר' ישמעאל משום דסבר ברביעי עבוד פרישה כרבי עקיבא ובעונות לא בעי למתלי כמו שתולה רבי עקיבא:

בהשכמה עלה. אליבא דרבי עקיבא איירי:

ישראל קדושים הן כו'. ובלאו הכי היו פורשין דאמר בוזה דרכיו ימות זה המשמש מטתו ביום ועוד דקראן קדושים ואתם תהיו לי ממלכת כהנים וגוי קדוש: וליטבלו

עין משפט נר מצוה

כד א מיי' פ"ב מהלכות מילה הלכה ח טור שו"ע או"ח סימן שלא סעיף ט:

כה ב מיי' פ"ג מהלכות עבודת יום הכפורים הלכה ד:

כו ג מיי' פ"ג מהלכות שביתת עשור הלכה ט טוש"ע או"ח סימן תריד סעיף א:

כז ד מיי' פ"ה מהלכות שאר אבות הטומאות הל' יא יב סמג עשין רלג:

כח ה מיי' פ"ה מהל' איסורי ביאה הלכה יו"ד טוש"ע או"ח סי' רמ סעיף יא וטור ושו"ע אה"ע סימן כה סעיף ה:

גליון הש"ס

תוס' ד"ה תני רישא וכו' אלא בלאו הכי איכא. וכעין זה איתא במגילה דף כ ע"ב:

תורה אור השלם

א) וַיֹּאמֶר אֶל הָעָם הֱיוּ נְכֹנִים לִשְׁלֹשֶׁת יָמִים אַל תִּגְּשׁוּ אֶל אִשָּׁה: [שמות יט, טו]

ב) וַיְהִי בַיּוֹם הַשְּׁלִישִׁי בִּהְיוֹתָם כֹּאֲבִים וַיִּקְחוּ שְׁנֵי בְנֵי יַעֲקֹב שִׁמְעוֹן וְלֵוִי אֲחֵי דִינָה אִישׁ חַרְבּוֹ וַיָּבֹאוּ עַל הָעִיר בֶּטַח וַיַּהַרְגוּ כָּל זָכָר: [בראשית לד, כה]

ג) לְכוּ נָא וְנִוָּכְחָה יֹאמַר יְיָ אִם יִהְיוּ חֲטָאֵיכֶם כַּשָּׁנִים כַּשֶּׁלֶג יַלְבִּינוּ אִם יַאְדִּימוּ כַתּוֹלָע כַּצֶּמֶר יִהְיוּ: [ישעיה א, יח]

ד) וַיִּלְבַּשׁ קְלָלָה כְּמַדּוֹ וַתָּבֹא כַמַּיִם בְּקִרְבּוֹ וְכַשֶּׁמֶן בְּעַצְמוֹתָיו: [תהלים קט, יח]

ה) וַיִּפְסֹל שְׁנֵי לֻחֹת אֲבָנִים כָּרִאשֹׁנִים וַיַּשְׁכֵּם מֹשֶׁה בַבֹּקֶר וַיַּעַל אֶל הַר סִינַי כַּאֲשֶׁר צִוָּה יְיָ אֹתוֹ וַיִּקַּח בְּיָדוֹ שְׁנֵי לֻחֹת אֲבָנִים: [שמות לד, ד]

ו) וַיֹּאמֶר אֵלָיו יְיָ לֶךְ רֵד וְעָלִיתָ אַתָּה וְאַהֲרֹן עִמָּךְ וְהַכֹּהֲנִים וְהָעָם אַל יֶהֶרְסוּ לַעֲלֹת אֶל יְיָ פֶּן יִפְרָץ בָּם: [שמות יט, כד]

רב נסים גאון

סיפא כר' אלעזר בן עזריה הוא זה ששנינו מנין שמרחיצין את הקטן ביום השלישי ודבר זה אמור משום ר' אלעזר בן עזריה ר' אליעזר אומר אם לא הביא כלי:

כט א מיי' פ"ה מהלכות שאר אבות הטומאות הלכה יג:
ל ב ג מיי' שם הלכ"ו:

הגהות הגר"א

[א] גמ' שש עונות. נ"ב גירסת הגאונים ג' עונות:

ליקוטי רש"י

לא מראש בסתר דברתי. כפוי [ישעיה מח, טז]. דדאיגי במצות. ירלים ומרדים במלות וממוך דלגתן מתממממין [נדה לד:].

רבינו חננאל

מוקים כתנאי. תני רישא טהורה וכולה ר' אלעזר בן עזריה היא ועד השתא איכא תנאי דתני טמאה ואיכא תנאי דתני טהורה. ואיכא רבנן דמפרשי כגירסאה רב מוקים לה כתנאי. ור' יוחנן לא מוקים לה כתנאי. מן דלא מוקים ליה כתנאי דטרח כמה דיכול למהוה מתני' אליבא דחד תנא מיפלגא מאני' בתרי לבי מסותא. ואמר רב פפא מתניתין תלתא תנאי קתני תלתא טעמי. ולא מוקמינן בתרי תלתא תנאי. וכי דפרשינן בפירקין קמאי: תנן התם הפולטת ש"ז ביום השלישי טהורה דברי ר' אלעזר בן עזריה. טעמיה דר' אלעזר בן עזריה אפילו ב' עונות שלימות ומשהו והעונה יום או לילה. וקא מיתני בפירוש דר' אלעזר בן עזריה טעמיה יש שם יום וכל שהוא והיא טהורה. כיצד שמשה את ביתה ע"ש קודם לשקיעת החמה ופלטה בא' בשבת עונות לילי שבת ויום שבת ופלטה במ"ש לאחר שקיעת החמה והרי הוא יום שלישי נמצא יום וכל שהוא והיא טהורה. ויש ב' ימים חסר משהו והיא טמאה. כיצד שמשה את ביתה ע"ש לאחר שקיעת החמה ופלטה באחד בשבת קודם לשקיעת החמה הרי יש כאן ב' ימים חסר משהו והיא טמאה. לפי שאינו יום שלישי עד שתשקע החמה ליכנס יום ב' בשבת. ר' ישמעאל אומר פעמים שהן ד' עונות פעמים שהן ה' פעמים שהן שש. טעמיה דר' ישמעאל שהוא עושה מקצת עונה ככולה וקסבר אין יום שלישי (אחד) [טהורה] פחות מד' עונות שהן ב' ימים שלימים. דקאמר ר' אלעזר בן עזריה ב' עונות שלימו' ומשהו קאמר ר' ישמעאל צריך עונה שלימה לפניהן ועונה שלימה לאחריהן. דקסבר יש פולטת ביום ג' והיא טמאה. כי הא מתני' דאמרינן רישא דלא כר' אלעזר בן עזריה ואלין בני להו מכלל ג' ימים ולא סגי דהוויין ב' ימים ובעי תחלתן וסופן הנץ החמה ושקיעה. ואי הוה תשמש מן קמי הנץ החמה או שקיעה אפילו בו"א שעות ומחצה לא מיחשיב. והיכי דמי פעמים שהן ד' וספק כגון ששמשה בסוף לילי אחד בשבת ופלטה בסוף לילי

וליטבלו ביני שימשי וליקבלו תורה ביני שימשי. פירש בקונטרס לר' עקיבא פריך ור"י אומר דלר' אלעזר בן עזריה ור' ישמעאל נמי פריך דניליף מהכא דלעונות קפיד קרא דלי אימים לקבלו תורה בי שימשי:

וליטבלו בצפרא דשבתא. הא ודאי לא פריך אלא לר' עקיבא דס"ל דלעונות קפיד קרא דנימא דילמא בעינן שש עונות וכי תימא אם היו פולטות בסוף ליל שבת מתי יטבלו ליטבלו בצפרא דשבתא אבל לר"א ורבי ישמעאל לא פריך דנימא דילמא קפיד רחמנא לעונות דפעמים היא קולא כגון אם שימשה בתחילת הלילה דאי קפדינן לעונות משעברו ה' עונות טהורה והשתא דקפיד אימים אינה טהורה עד יום רביעי ומיהו מלינן למימר דפריך דילמא קפיד לעונות ולאימים אתרווייהו לחומרא כששימשה בתחילת הלילה ניזיל בתר יומי וכי שימשה בסוף היום ניזיל בתר עונות: **אמר** ר' יצחק שלא יהא הללו הולכים לקבל תורה. וא"ת א"כ מה לריך רבי ילחק לדרשה דלא מראש בסתר דברתי ויש לומר דאיצטריך דאי לאו הכי ליטבלו בתחילת לילי השבת ומאלות לילה ואילך יקבלו תורה אבל ביום אם היו מאחרים עד שיטבלו כולם היו מתבטלין מת"ת: **אבל** פירשה מן האיש טמאה כל זמן שהיא לחה. הקשה ר"ת דמתני' היא דתנן בפרק דם הנדה (נדה נה:) הזוב והניע והרוק ושכבת זרע מטמאין לחין ואין מטמאין יבישין ומיהו לא קשה כולי האי דאיכא למימר מטמאין לחין תוך ג' ור"ת מפרש דהכא בזכר שנרבע ופלט זרע דומיא דאשה והתם ברואה קרי וכן פי' ר"ח: **וכתיב** התם החדש הזה לכם. תימה דבפרק קמא דפסחים (דף ו:) פריך אהאי קרא גופיה ממאי דבריש ירחא קאי וי"ל דודאי בריש ירחא קאי דאמרי' במדרש (מכילתא) שהראהו הקב"ה למשה בחלבע ובפסחים לא פריך אלא דבעי למילף מינה הא דאמר רשב"ג שדורשין לפני הפסח בהלכות הפסח שתי שבתות שהרי נביא עומד בר"ח ומזהיר על הפסח ומשמע דנביא בריש ירחא קאי ונהי דברהא חדש אמר ליה הקב"ה דילמא משה כשאמר לישראל בחלבע' בירחא לא במתמא הוה קאי ומסיק דיליף מדבר ממדבר דההוא דבאחד לחדש השני לאמירת משה לישראל היתה בו ביום כדכתיב באחד לחדש השני ויתילדו על משפחותם וגו' וא"ת דלמאי לא יליף הכא מדבר ממדבר כדיליף התם דהכא נמי כתיב מדבר סיני ויש לומר דטפי ניחא ליה למילף הזה הזה ולא מדבר ממדבר:

בתלתא אמר להו מצות הגבלה. לכ"ע הגבלה קדמה לפרישה דתלתא ויאמר כתיבי וסברא הוא דלכל אחד נאמר ביומו בקמא כתיב ואתם תהיו לי וגו' ובבתרא כתיב מלות פרישה ומלות הגבלה ובמלעי לא כתב ביה מידי שיעשה משה שליחות לישראל ואית לן למישדי מלות הגבלה אהאי אמירה ולא מלות פרישה שהרי מיד אחר אמירה אחרונה כתיבה מלות פרישה:

והא טבולי יום נינהו אביי בר רבין ורב חנינא בר אבין דאמרי תרווייהו ניתנה תורה לטבול יום יתיב מרימר וקאמר לה להא שמעת' א"ל רבינא למרימר ניתנה קאמרת או ראויה קאמרת אמר ליה ראויה קאמינא וליטבלו ביני שימשי וליקבלו תורה ביני שימשי ° אמר רבי יצחק א) לא מראש בסתר דברתי (א) וליטבלו בצפרא דשבתא וליקבלו תורה בצפרא דשבתא א"ר יצחק שלא יהא הללו הולכין לקבל תורה והללו הולכין לטבילה א"ר חייא ברבי אבא א"ר יוחנן זו דברי ר' ישמעאל ור' עקיבא אבל חכמים אומרים [א] שש עונות שלמות בעינן אמר רב חסדא מחלוקת שפירשה מן האשה ^א אבל פירשה מן האיש טמאה כל זמן שהיא לחה מתיב רב ששת ב) וכל בגד וכל עור אשר יהיה עליו שכבת זרע פרט לשכבת זרע שהיא סרוחה מאי לאו שפירשה מן האיש לא שפירשה מן האשה בעי רב פפא ^ב שכבת זרע של ישראל במעי כותית מהו ישראל דדאיגי במצות חביל גופייהו עכו"ם דלא דאיגי במצות לא או דילמא ^ג כיון דאכלין שקצים ורמשים חביל גופייהו ואם תמצי לומר ^ג כיון דאכלי שקצים ורמשים חביל גופייהו ^ג במעי בהמה מהו אשה (היא) דאית לה פרוזדור מסרחת אבל בהמה דלית לה פרוזדור לא או דילמא ל"ש תיקו: ת"ר ^ד בששי בחדש ניתנו עשרת הדברות לישראל ° רבי יוסי אומר בשבעה בו אמר רבא דכולי עלמא בר"ח אתו למדבר סיני כתיב הכא ג) ביום הזה באו מדבר סיני וכתיב התם ד) החדש הזה לכם ראש חדשים ^ה מה להלן ר"ח אף כאן ר"ח ודכולי עלמא בשבת ניתנה תורה לישראל כתיב הכא ה) זכור את יום השבת לקדשו וכתיב התם ו) ויאמר משה אל העם זכור את היום הזה מה להלן בעצומו של יום אף כאן בעצומו של יום כי פליגי בקביעא דירחא רבי יוסי סבר בחד בשבא איקבע ירחא ובחד בשבא לא אמר להו ולא מידי משום חולשא דאורחא בתרי בשבא אמר להו ז) ואתם תהיו לי ממלכת כהנים בתלתא

והא טבולי יום נינהו. כיון דלכולהו שמעינן דבלילי שבת טבלו הוו להו טבולי יום כשקבלו תורה שלא היה להם הערב שמש אחר הטבילה וכיון דהכי הוא איכא למימר דמבע"י טבלו שם ואפ"ה פליטתן טהורה ובלרי להו חדא עונה אליבא דכולהו: **ראויה קאמינא.** ראויה ליתנן לטבולי יום וקסברי הני תנאי לא הקפידה תורה על טבולי יום דלא כתיב הערב שמש אלא לענין קדשים הלכך ^י) כל ג' ימים האמורים לענין פרישה הוזקקו להיות א) קודם טבילה ומיהו לא ניתנה לטבולי יום לפי שטבלו מבעו"י ולא פלטו ואם היו פולטות יחזרו ויטבלו משתחשך אבל לא הולרכו לכך: **וליטבלו בי שמשי וליקבלו תורה בי שמשי.** ללילי שבת קרי בי שמשא בכל דוכתא מפני שבין השמשות שלו חלוק מכל ימים והולרך להזכירו בכמה מקומות והכי פריך לר' עקיבא דאמר הקפידה תורה על מנין העונות ולא הקפידה אלא על חמש למה לא קבלוה בלילה מדהמתינן עד הבקר איכא למימר שהקפידה על פליטת הלילה ואיכא ו' עונות: ^י) **לא בסתר דברתי.** במקום ארץ חשך ולילה חשך הוא: **ליטבלו בשבתא בצפרא.** ולמה הולרכו (ג) לירד בהשכמה דיום א' פרשו עם חשכה בד' ויטבלו בשבת שחרית ואם פלטו לאחר טבילה טהורין דהא עברו ה' עונות שלמות ואם פלטו לילי שבת ונטמאו לא איכפת לן וטובלין שחרית דהא בעל קרי טובל ביומו ואף אמרת ניתנה תורה לטבולי יום ויש ספרים דגרסינן ביה תרי לישני וגרסינן הכי לרבי אלעזר לישמשו ביממא דחמשא לר' ישמעאל לישמשו בליליא דחמשא לרבי עקיבא לישמשו ביממא דארבעה ואומר אני שהוא שיבוש והגורסו טועה ולא ידע לפרש מהו שאמר ר' ישמעאל פעמים שהן ה' עונות כו': **אבל חכמים אומרים ו' עונות שלמות.** סברי להו כר' יוסי דאמר בארבעה עביד פרישה ובהשכמה כר' עקיבא וליכא להו שטבלו בלילי שבת אלא סבירא להו דאותן שטבלו לילי שבת ופלטו לאחר טבילה הולרכו לטבול בשבת שחרית ולפיכך נתעכבה שכינה מליתן עד הבקר ולא משום לא בסתר דברתי לחודיה: **שפירשה מן האשה.** כגון פולטת שכבת זרע שקבלה מזכר הוא דאמר ר' אלעזר בן עזריה דבתרי יומי מסרחת מפני שמתחממת בגופה: **אבל פירשה מן האיש.** על הבגד מטמאה לעולם: **כל זמן שהיא לחה.** ומיהו משיבשה לא מטמיא דתו לא

חזיא להזריע: **מאי לאו שפירשה מן האיש.** על הבגד ומטהר לה למה מסרחת דלא קתני פרט לכשיבשה: **של ישראל במעי כותית מהו.** מי מסרחת בג' ימים כישראלית ואי פלטה ליה בתר ג' טהור הנוגע בטיפה או לא ולהכי נקט שכבת זרע של ישראל דאילו דכותי אמרינן במסכת נדה קריו טהור כפ' בנות כותים (נדה דף לד.): **דדאיגי במצות.** לקיים מלות ומרדים בדבר וממוך דאגה מתחממין כדכתיב (תהלים לט) חם לבי בקרבי: **חביל.** חם: **דאית לה פרוזדור.** בית הרחם בולט מן השינים ולחוץ ובית הרחם הוי מן השינים ולפנים: **אשה אית לה פרוזדור.** לפיכך לא שליט בה אויר בגופה ומתחממת: **בו' בחדש כו'.** דהא

דכתיב ויכסהו הענן ששת ימים ויקרא אל משה ביום השביעי סבירא להו כר' יוסי הגלילי דאמר בפ"ק דיומא (דף ד.) זה היה מעשה אחר עשרת הדברות ור' יוסי סבירא ליה למשה וכל ישראל עומדים לקבל עשרת הדברות ולא בא הכתוב אלא לחלוק כבוד למשה: **כתיב הכא.** הזה ביום הזה לגזירה שוה: **מה להלן.** זכור את היום הזה שיצאתם בו בעצמו של יום שהוציאה דיליאת מלרים ביום הוזכירה הזה נאמר להן לכון זכור את יום וגו': **בקביעא דירחא.** באיזה יום הוקבע החדש: **משום חולשא דאורחא גרסינן:** **בתרי בשבא אמר להו ואתם תהיו לי.** ומשה עלה ויקרא אליו כל הענין עד אלה הדברים אשר תדבר וגו' הדברים הללו נאמרו לו למחרת בילאתם כדאמרינן לקמן על עליותיו בהשכמה היו ואפי' למאן דלית ליה בהשכמה ירד לא אקים ליה בהדיא כתיב קרא

(א) גמ' בסתר דברתי וגו' וליטבלו: (ב) רש"י ד"ה ליטבלו בשבתא בצפרא ולמה הולרכו להפריש בהשכמה דיום רביעי יפרשו עם חשכה וכו' לא איכפת לן דטובלות וכו' לר' ישמעאל לישמשו ביממא דארבעה לר"ע לישמשו בליליא דארבעה:

נדה לד: ג) [שם וע"ז לו:] ג) [ע"ש], ד) תענית כח: יומא ד., ה) פסחים ו: ו) כ"ה גי' רש"ל וים גורסים כל ג' האמורים ר"ל דעת לרבב"ע או ר"ע או ר"י, ז) [ישעיה מ"ה פ"ו לא בסתר דברתי במקום ארך חשך וכך קרא מוקדם לקרא דמייתי בסוגיין לא מראש בסתר דברתי [ע"ש] ותלוה ליתן טעם], ח) שייך לקמן.

תוספות ישנים

א) נ"ל רק קודם טבילה ולא קודם טהרה.

הגהות הב"ח

גליון הש"ס

גמ' אמר ר"י לא מראש בסתר דברתי. זה פסוק בישעיה מח ורש"י ליין לא בסתר דברתי שזה פסוק שישעיה מ"ה: גמ' ר' יוסי אומר בשבעה בו. ע' ע"ז דף ג ע"א תוס' ד"ה יום הששי:

תורה אור השלם

א) קִרְבוּ אֵלַי שִׁמְעוּ זֹאת לֹא מֵרֹאשׁ בַּסֵּתֶר דִּבַּרְתִּי מֵעֵת הֱיוֹתָהּ שָׁם אָנִי וְעַתָּה אֲדֹנָי אֱלֹהִים שְׁלָחַנִי וְרוּחוֹ: [ישעיה מח, טז]

לֹא בַסֵּתֶר דִּבַּרְתִּי בִּמְקוֹם אֶרֶץ חֹשֶׁךְ לֹא אָמַרְתִּי לְזֶרַע יַעֲקֹב תֹּהוּ בַקְּשׁוּנִי אֲנִי יְיָ דֹּבֵר צֶדֶק מַגִּיד מֵישָׁרִים: [ישעיה מה, יט]

ב) וְכָל בֶּגֶד וְכָל עוֹר אֲשֶׁר יִהְיֶה עָלָיו שִׁכְבַת זָרַע וְכֻבַּס בַּמַּיִם וְטָמֵא עַד הָעָרֶב: [ויקרא טו, יז]

ג) בַּחֹדֶשׁ הַשְּׁלִישִׁי לְצֵאת בְּנֵי יִשְׂרָאֵל מֵאֶרֶץ מִצְרָיִם בַּיּוֹם הַזֶּה בָּאוּ מִדְבַּר סִינָי: [שמות יט, א]

ד) הַחֹדֶשׁ הַזֶּה לָכֶם רֹאשׁ חֳדָשִׁים רִאשׁוֹן הוּא לָכֶם לְחָדְשֵׁי הַשָּׁנָה: [שמות יב, ב]

ה) זָכוֹר אֶת יוֹם הַשַּׁבָּת לְקַדְּשׁוֹ: [שמות כ, ח]

ו) וַיֹּאמֶר מֹשֶׁה אֶל הָעָם זָכוֹר אֶת הַיּוֹם הַזֶּה אֲשֶׁר יְצָאתֶם מִמִּצְרַיִם מִבֵּית עֲבָדִים כִּי בְּחֹזֶק יָד הוֹצִיא יְיָ אֶתְכֶם מִזֶּה וְלֹא יֵאָכֵל חָמֵץ: [שמות יג, ג]

ז) וְאַתֶּם תִּהְיוּ לִי מַמְלֶכֶת כֹּהֲנִים וְגוֹי קָדוֹשׁ אֵלֶּה הַדְּבָרִים אֲשֶׁר תְּדַבֵּר אֶל בְּנֵי יִשְׂרָאֵל: [שמות יט, ו]

שלישי בשבת הרי כאן ד' שלימות. שמתחלתן וסופן הנץ ושקיעת מכלל ג' ימים. והיכי דמי פעמים שהן חמש כגון ששמשה בתחלת לילי אחד בשבת ופלטה בסוף לילי [שלישי] שבת. אם אתה חושב ד' לילי אחד ויום אחד ויום שני הרי הן משני ימים בלבד לפיכך לא מיחשב ליה אלא אחד מן יום אחד בשבת ושתים של שני ואחת של לילי שלישי. והיכי דמי פעמים שהן שש כגון ששמשה במקצת יום שבת אחר הנץ החמה ופלטה בסוף לילי שלישי לא מיחשב ליה יום שבת כל העיקר דלא הוה ליה הנץ החמה מן יום אחד ויום שני לא מיחשב אלא (שלשה) [חמש] ולילי שלישי הרי שש. והכין נמי אם שמשה בתחלת לילי אחד בשבת ופלטה בסוף יום שלשה קודם לשקיעת החמה אין כאן ד' עונות שלמות מכלל שלשה ימים כדפרישנא לעיל דלא מיחשב אלא אחד. והרי כן שש. ר' עקיבא אומר לעולם חמש. וטעמיה דר"ע דעונה ראשונה מקצת עונה שישית ומצריך שפלטה אחר ששים שעות מן התשמיש שהן שיעור ב' ימים ומחצה: **אמורה** רבנן קמיה דרב פפא ואמרי לה רב פפא לרבא (קמיה דרבא). בשלמא ר' אלעזר בן עזריה כרבנן דאמרי בחמשה עבד להו משה לישראל פרישה לילי ששי ויום ששי ומשהו מחמישי מקודם שקיעת החמה ופלטה בליליו שבת. לפיכך אם שמשה ביום חמישי קודם שקיעת החמה הרי שלימי ליל שבת אחר שקיעת החמה טהורה. ר"ש כר' יוסי דאמר בארבעה עבד להו משה פרישה כגון דאפרשינהו בחד בשבא פרישה מתחלת היום ישעיי. אלא ר' ישמעאל דקמצריך ד' עונות שלימות שמתחלת יום או תחלת לילה מתוך ג' ימים כמאן לא כרבנן ולא כר' יוסי. כר"ע עקיבא אם שמשה ביום שבת וטבלה ועונה שלמה שלימות וכו' כדפירשנו עונה שישית. רבינו מדרבנן דבר שבשבתא קאמר וכי אלא ר' ישמעאל דבעי חמש כמאן אי כר' יוסי. מדרבנן מרחק טובא. ומדר' יוסי נמי קא מצי למיסבר דאיה הוא דמוקי ד' ימים הלכך אי לא מקצת יום שבעה גרם אי כר' יוסי אי לא כר' יוסי שנייה דהא הוא מר דאבעיה דשפרשה לא מקצת יום בתר ישראל וכל חמש ישראל מקצת טבלה בתר ראובעא אי לא כר' יוסי קאי ר' ישמעאל. דאמר רב אדא בר אבא שבת בהשכמה עלה והשכמה ירד דהלמא סבר לעבר פרישה ביום רביעי בהשכמה קודם הנץ החמה והוה הנץ החמה להו חמש עונות מכלל ג' ימים. כדפרשינן לר' ישמעאל פעמים לה למה לי רבי ישמעאל ובני לרשב"ל בימים לישראל בימים דארבעה והאמר רב הונא ישראל קדושים הן ואין משמשין מטותיהן ביום. ופרקינן איצטריך למשה לאפרושינהו והאמר

According to the preceding explanation of their opinions, all the Tannaim agree that before the Revelation the women who emitted semen were granted until Friday night to immerse and the Torah was given on the Sabbath morning. The Gemara wonders: וְהָא טְבוּלֵי יוֹם נִינְהוּ – **But they were *tevulei yom*** when the Torah was given.[1] – ? –

The Gemara replies:

אַבַּיֵי בַּר רָבִין וְרַב חֲנִינָא בַּר אָבִין דְּאָמְרֵי תַּרְוַיְיהוּ – **Abaye bar Ravin and Rav Chanina bar Avin both said:** נִיתְּנָה תּוֹרָה לִטְבוּל יוֹם – **The Torah was** indeed **given to *tevulei yom*.**[2]

The Gemara cites a clarification of this statement:

יָתִיב מְרֵימַר וְקָאָמַר לָהּ לְהָא שְׁמַעְתָּא – **Mereimar was sitting and saying this teaching.** אֲמַר לֵיהּ רָבִינָא לִמְרֵימַר – **Ravina said to Mereimar:** נִיתְּנָה קָאָמְרַתְּ אוֹ רְאוּיָה קָאָמְרַתְּ – **Do you** mean to **say** that **[the Torah] was** actually **given** to *tevulei yom*, **or do you** mean to **say** that **it was fit** to be given to *tevulei yom*? אֲמַר לֵיהּ – **[Mereimar] replied:** רְאוּיָה קָאָמִינָא – I mean to **say** that **it was fit** to be given to *tevulei yom*, but actually, no Jew was a *tevul yom* on that momentous occasion.[3]

The Gemara further analyzes the schedule for the Revelation: וְלִיטְבְּלוּ בֵּינֵי שִׁמְשֵׁי – **They should have immersed themselves Friday evening**[4] וְלִיקַבְּלוּ תּוֹרָה בֵּינֵי שִׁמְשֵׁי – **and received the Torah Friday evening.** Why was it necessary to delay the giving of the Torah until morning?[5]

The Gemara answers:

אָמַר רַבִּי יִצְחָק – **R' Yitzchak said:** ,,לֹא מֵרֹאשׁ בַּסֵּתֶר דִּבַּרְתִּי״ – Scripture states: ***From the beginning, I did not speak in secret.***[6]

The Gemara asks further:

וְלִיטְבְּלוּ בְּצַפְרָא דְּשַׁבַּתָּא – **Then they should have immersed on the Sabbath morning** וְלִיקַבְּלוּ תּוֹרָה בְּצַפְרָא דְּשַׁבַּתָּא – **and received the Torah on the Sabbath morning.** Why was it necessary to advance the immersion to Friday evening?[7]

The Gemara answers:

אָמַר רַבִּי יִצְחָק – **R' Yitzchak said:** שֶׁלֹּא יְהֵא הַלָּלוּ הוֹלְכִין לְקַבֵּל תּוֹרָה וְהַלָּלוּ הוֹלְכִין לִטְבִילָה – This was done **so that there should not be** a situation where **these** people who are *tahor* **are** already **going to receive the Torah while these** others who are *tamei* **are** still **going to** their **immersion.**[8]

Having discussed the three Tannaic opinions mentioned above concerning the *tumah* of semen, the Gemara cites a fourth opinion:

אָמַר רַבִּי חִיָּיא בְּרַבִּי אַבָּא אָמַר רַבִּי יוֹחָנָן – **R' Chiya the son of R' Abba said in the name of R' Yochanan:** זוֹ דִּבְרֵי רַבִּי יִשְׁמָעֵאל וְרַבִּי עֲקִיבָא – **These are the words of R' Yishmael and R' Akiva,**

NOTES

1. A *tevul yom* [literally: one who immersed that day] is a person who has immersed in a *mikveh* to purify himself of a state of *tumah*, but must wait until nightfall in order to attain full purification. The immersion itself reduces his *tumah* in the regard that he no longer contaminates *chullin* (unsanctified foods). However, until the nightfall following the immersion he continues to contaminate *terumah* and *kodashim* and is forbidden to enter the Temple Courtyard (see *Keilim* 1:5,8, *Negaim* 14:3 and *Yevamos* 74b).

Now, if the women did not immerse until Friday night, they were *tevulei yom* until nightfall on the Sabbath and were in a partial state of *tumah* Sabbath morning, when the Torah was given. It would therefore seem more reasonable to say that they actually immersed on Friday afternoon, so that their purification was completed at nightfall Friday. And since there was apparently no concern for a subsequent emission of semen, each Tanna should deduct one period [or day] from the time he considers an emission *tamei* (*Rashi*).

2. Being a *tevul yom* was not an impediment to receiving the Torah, for the *tevul yom* is restricted only from eating sacred foods and entering the Temple Courtyard. Therefore, the women were able to wait until Friday night to immerse, and the Tannaim may reckon daytime Friday as one of the periods during which an emission would have been *tamei* (*Rashi*).

3. The period of abstinence that the Jews were required to observe was long enough that in the worst case everyone would have been able at least to immerse before the Torah was given and receive it as a *tevul yom*. However, no Jew was actually a *tevul yom* when the Torah was given. Rather than waiting until Friday night to immerse, they immersed on Friday afternoon so that upon nightfall their purification would be complete. If any woman had emitted semen late Friday afternoon after the immersion she would have been contaminated again (since the semen was still viable all day Friday). In that event, she would have had to immerse again Friday night and would have received the Torah as a *tevul yom*. As it turned out, nobody experienced an emission after the Friday afternoon immersion, so in actuality, all were completely *tahor* when the Torah was given (*Rashi; see Hagahos R' Elazar Moshe Horowitz*, who cites a source for Mereimar's assertion).

4. Literally: during the twilight period. The Gemara commonly refers to Friday evening simply as "the twilight period," because the Friday evening twilight period is unique in that it ushers in the Sabbath with all its laws and is thus the most frequently discussed twilight period (*Rashi*). [However, the reference here is not to twilight itself, but to the nighttime.]

5. This question is directed at the opinion of R' Akiva who holds that the critical factor in determining whether semen is *tahor* is how many full periods have passed; the number of periods required is five. Now, according to R' Akiva, the order for abstention was given on Wednesday morning so that by Friday evening five periods had passed and there was no longer any concern that a woman might become *tamei* by emitting semen. Why, then, was it necessary to postpone the giving of the Torah until the Sabbath morning? The fact that it was indeed postponed until morning would seem to indicate that *six* periods must pass before an emission of semen is *tahor* (*Rashi*).

Others explain that the Gemara's question pertains to the opinions of R' Elazar ben Azaryah and R' Yishmael as well. If, as they maintain, the critical factor is the arrival of the third or fourth calendar day, why was the Torah not given on Friday evening, as soon as the Sabbath arrived? Since the Revelation was delayed an extra half-day until morning it would seem that the passage of a specific number of day and night periods is critical, not just the passage of calendar days (*Tosafos* ד״ה וליטבלו, *Ritva MHK* ed.).

6. *Isaiah* 48:16. *Rashi* has a different version of the text, according to which the verse cited by the Gemara is *Isaiah* 45:19: לֹא בַסֵּתֶר דִּבַּרְתִּי בִּמְקוֹם אֶרֶץ חֹשֶׁךְ, *I did not speak in secret, in a location in the land of darkness.* These verses refer to the Revelation at Sinai and state that God did not speak to the Jewish people in secret or in the darkness of the night, but rather, in broad daylight for all to witness (*Rashi*). This was done so that the other nations would not be able to argue that if they had known about the Revelation, they too would have come and accepted the Torah (*Maharsha*). [Since the Revelation had to occur during daytime, the overnight delay does not indicate how much time must pass for semen to become *tahor*.]

7. The Gemara is again challenging the opinion of R' Akiva. If it is correct that only five periods must pass before semen loses its viability, why was it necessary for Moses to give the order for abstinence at daybreak Wednesday? The abstinence could have commenced late Wednesday evening, for this would have left them time to immerse themselves five periods later on the Sabbath morning. [The five periods would have been Wednesday night, daytime Thursday, Thursday night, daytime Friday and Friday night.] Had a woman emitted semen on the Sabbath morning after her immersion, it would have been of no consequence since five periods would already have passed. And had someone emitted semen Friday night, she would still have been able to immerse herself on the Sabbath morning since a person who emitted semen can immerse even on the day of the emission. The fact that she would have been a *tevul yom* at the time of the Revelation is also of no consequence, since the Torah was fit to be given to *tevulei yom* (*Rashi*, as emended by *Bach*; see also *Tosafos* ד״ה וליטבלו בצפרא; cf. *Ritva MHK* ed.).

8. [On this momentous occasion, God wanted the entire assemblage of the Jewish people to stride together in unison to accept His Torah. He therefore advanced the order of abstinence to daybreak Wednesday to allow for the orderly immersion of all who were *tamei* well before the time appointed for the Revelation.]

עין משפט נר מצוה

כט א מיי' פ"ה מהלכות שאר אבות הטומאות הלכה יג:
ל ב ג מיי' שם הלכ"ו:

הגהות הגר"א

[א] גמ' שש עונות. נ"ב גירסת הגאונים ג' עונות:

ליקוטי רש"י

לא מראש בסתר דברתי. בגלוי [ישעיה מח, טז]. דדאיגי במצות. ירלאים וחרדים במלות ומתוך כך לגופן מתחממין [נדה לד:].

רבינו חננאל

מוקים כתנאי. תני רישא טהורה וכולה ר' אלעזר בן עזריה היא ועד השתא איכא תנאי דתני טמאה ואיכא תנאי דתני טהורה. ואיכא רבנן דמפרשי בגירסא רב דמוקים לה כתנאי. ור' יוחנן לא מוקים לה כתנאי. ומן דלא מוקים ליה כתנאי דטרח כמה דיכיל למהוה מתני' אליבא דחד תנא מיפלגא מאני: בתרי לי מסותא. ואמר רב פפא מוקמינן לה מתניתין בתרי תלתא טעמי. ולא מוקמינן בתרי תלתא תנאי. וכי דפרשינן בפירקין קמאי: תנן התם הפולטת ש"ז ביום השלישי טהורה דברי ר' אלעזר בן עזריה. טעמיה דר' אלעזר בן עזריה אפילו ב' עונות שלימות ומשהו והעונה יום או לילה. וקא מיתני בפירוש דר' אלעזר בן עזריה טעמיה יש שם יום וכל שהוא והיא טהורה. כיצד ששמשה את ביתה ע"ש קודם שקיעת החמה ועברו ב' עונות לילי שבת ויום שבת ופלטה במ"ש לאחר שקיעת החמה והרי הוא יום שלישי נמצא יום כל שהוא והיא טהורה. ויש ב' ימים חסר משהו והיא טמאה. כיצד ששמשה את ביתה ע"ש לאחר שקיעת החמה ופלטה באחד בשבת קודם לשקיעת החמה הרי יש כאן ב' ימים חסר משהו והיא טמאה. לפי שאין יום שלישי עד שתשקע החמה ליכנס יום ב' בשבת. ר' ישמעאל אומר פעמים שהן ד' עונות פעמים שהן ה' פעמים שהן שש. טעמיה דר' ישמעאל שהוא עושה מקצת עונה ככולה וקסבר אין יום שלישי (אחד) [טהורה] פחות מד' עונות שהן ב' ימים שלימים. דקאמר ר' אלעזר בן עזריה ב' עונות שלימות ומשהו קאמר ר' ישמעאל צריך עונה שלימה לאחריהן. דקסבר יש פולטת ביום ג' והיא טמאה. כי הא מתני' דאמרי רישא לא כר' אלעזר בן עזריה דאמר ד' עונות לר' ישמעאל בעי להו מכלל ג' ימים והיא סגי דהוויין ב' ימים ובעי תחלתן וסופן מן הנץ החמה עד קמי הנץ החמה והא תמה מן קמי הנץ החמה שקיעתה אפילו בי"א שעות ומחצה לא מיחשיב. והיכי דמי פעמים שהן ד' וספק כגון ששמשה בסוף לילי אחד בשבת ופלטה בסוף לילי שלישי בשבת הרי כאן ד' שלימות. שמתחלתן וסופן הנץ ושקיעת מכלל ג' ימים. והיכי דמי פעמים שהן חמש כגון ששמשה בתחלת לילי אחד בשבת ופלטה בסוף לילי [שלישי] שבת. אם אתה חושב ד' של יום אחד ויום שני הרי הן משני ימים בלבד לפיכך לא מיחשיב ליה אלא אחד מן יום אחד בשבת ושתים של שני ואחת לילי שלישי. והיכי דמי פעמים שהן ששי כגון ששמשה במקצת יום שבת אחר הנץ החמה ופלטה בסוף לילי שלישי לא מיחשיב יום שבת כל העיקר דלא הוה ליה הנץ החמה ומן יום אחד ויום שני לא מיחשיב אלא (שלשה) [חמש] ולילי שלישי הרי שש. והכין נמי אם שמשה בתחלת לילי אחד בשבת ופלטה בסוף יום שלשה קודם לשקיעת החמה אין כאן ד' עונות שלמות מכלל שלשה ימים כדפרישנא לעילא דלא מיחשיב משלישי אלא אחד. והרי בן שש. יום אחד ויום שני ויום שלישי. ר"ע אומר לעולם חמש. טעמיה דר"ע דשקיל מן הכא להכא וסבר שאם יצאת מקצת עונה ראשונה משלימין לה מקצת עונה ששית ומצריך שפלטה אחר ששים שעות מן התשמיש שהן שיעור ב' ימים ומחצה: **אמרוה** רבנן קמיה דרב פפא ואמרי לה רב פפא לרבא (קמיה דרבא). בשלמא ר' אלעזר בן עזריה כרבנן דאמרי בחמשה עבד להו משה לישראל פרישה ומצא לישראל פרישה לילי ששי ויום ששי ומשהו מחמישי ומלילי שבת. לפיכך אם שמשה ביום חמישי קודם שקיעת החמה ופלטה בלילי שבת אחר שקיעת החמה טהורה. ר"ע כר' יוסי דאמר בארבעה עבד להו משה פרישה כגון דאפרשינהו בתר חדא שעתא מיום רביעי משכחת ה' עונות בתר חדא שעתא מלילי שבת. כדא"ר עקיבא אם יצאת מקצת עונה ראשונה משלימין לו מקצת עונה ששית. אלא ר' ישמעאל דקמצריך ד' עונות שלימות שמתחלת מתחלת יום או תחלת לילה מתוך ג' ימים כמאן לא כרבנן ולא כר' יוסי. מדרבנן מרחק טובא. ומדר' יוסי נמי דהא יומא דארבעה שיצא מקצתו לא מיני למחשביה עונה כי דחשיב ליה ר"ע וארבעי דבידיה חמישי ושש אינון בלחוד ובעאי להו מכלל ג' ימים כמאן קאי ופרקינן לעולם כר' יוסי קאי ר' ישמעאל. ואמר רב אדא בר אבא משה בהשכמה עלה ובהשכמה ירד דאלמא סבר דעבד להו פרישה ביום רביעי בהשכמה קודם הנץ החמה והוה להו חמש עונות מכלל ג' ימים. כדפרשינן לר' ישמעאל בענין פעמים ה'. וסלקא שמעתא ומקשינן בין לר' ישמעאל ובין לר"ע למה ליה למשה רבינו למעבד פרישה לישראל ביממא דארבעה והאמר רב הונא ישראל קדושים הן ואין משמשין מטותיהן ביום. ופרקינן איצטריך למשה לאפרושינהו והאמר רבא

וליטבלו ביני שימשי וליקבלו תורה ביני שימשי. פירש בקונטרס דלר' עקיבא פריך ור"י אומר דלהדר אלעזר בן עזריה ור' ישמעאל נמי פריך דניליף מהכא דלעונות קפיד קרא דאי איימים לקבלו תורה בי שימשי:

והא טבולי יום נינהו אביי בר רבין ורב חנינא בר אבין דאמרי תרווייהו ניתנה תורה לטבול יום יתיב מרימר וקאמר לה להא שמעתא א"ל רבינא למרימר ניתנה קאמרת או ראויה קאמרת אמר ליה ראויה קאמינא וליטבלו ביני שימשי וליקבלו תורה ביני שימשי • אמר רבי יצחק א) לא מראש בסתר דברתי (א) וליטבלו בצפרא דשבתא וליקבלו תורה בצפרא דשבתא א"ר יצחק שלא יהא הללו הולכין לקבל תורה והללו הולכין לטבילה א"ר חייא ברבי אבא א"ר יוחנן זו דברי ר' ישמעאל ור' עקיבא אבל חכמים אומרים [א] שש עונות שלמות בעינן אמר רב חסדא מחלוקת שפירשה מן האשה א אבל פירשה מן האיש טמאה כל זמן שהיא לחה מתיב רב ששת ב) וכל בגד וכל עור אשר יהיה עליו שכבת זרע פרט לשכבת זרע שהיא סרוחה מאי לאו שפירשה מן האיש לא שפירשה מן האשה בעי רב פפא ב שכבת זרע של ישראל במעי כותית מהו ישראל דדאיגי במצות חביל גופייהו עכו"ם דלא דאיגי במצות לא או דילמא כיון דאכלין שקצים ורמשים חביל גופייהו ואם תמצי לומר ג כיון דאכלי שקצים ורמשים חביל גופייהו במעי בהמה מהו אשה (היא) דאית לה פרוזדור מסרחת אבל בהמה דלית לה פרוזדור לא או דילמא לא שנא תיקו: ת"ר ד) בששי בחדש ניתנו עשרת הדברות לישראל • רבי יוסי אומר בשבעה בו אמר רבא דכולי עלמא בר"ח אתו למדבר סיני כתיב הכא ג) ביום הזה באו מדבר סיני וכתיב התם ד) החדש הזה לכם ראש חדשים מה להלן ר"ח אף כאן ר"ח ודכולי עלמא בשבת ניתנה תורה לישראל כתיב הכא ה) זכור את יום השבת לקדשו וכתיב התם ו) ויאמר משה אל העם זכור את היום הזה מה להלן בעצומו של יום אף כאן בעצומו של יום כי פליגי בקביעא דירחא רבי יוסי סבר בחד בשבא איקבע ירחא ובחד בשבא לא אמר להו ולא מידי משום חולשא דאורחא בתרי בשבא אמר להו ז) ואתם תהיו לי ממלכת כהנים

בתלתא

והא טבולי יום נינהו. כיון דלכולהו שמעינן דבלילי שבת טבלו הוו להו טבולי יום כשקבלו תורה שלא היה להם הערב שמש אחר הטבילה וכיון דהכי הוא איכא למימר דמבע"י טבלו שם ואפ"ה פליטתן טהורה ובלאי להו חדא עונה איכא דכולהו: **ראויה קאמינא.** ראויה ליתן לטבולי יום וקסברי הני תנאי לא הקפידה תורה על טבולי יום דלא כתיב הערב שמש אלא לענין קדשים הלכך ו) כל ג' ימים האמורים לענין פרישה הוזקקו להיות א) קודם טבילה ומיהו לא ניתנה לטבולי יום לפי שטבלו מבעו"י ולא פלטו ואם היו פולטות יחזרו ויטבלו משתחשך אבל לא הוצרכו לכך: **וליטבלו בי שמשי וליקבלו תורה בי שמשי.** לילי שבת קרי בי שמשא בכל דוכתא מפני שבין השמשות שלו חלוק מכל ימים והוצרך להזכירו בכמה מקומות והכי פריך לר' עקיבא דאמר הקפידה תורה על מנין העונות ולא הקפידה אלא על חמש למה לא קבלוה בלילה מדהמתין עד הבקר איכא למימר שהקפידה על פליטת הלילה ואיכא ו' עונות: ז) **לא בסתר דברתי.** במקום ארץ חשך ולילה חשך הוא: **ליטבלו בשבתא בצפרא.** ולמה הוצרך (ב) לירד בהשכמה דיום אי פרשו עם חשכה בד' ויטבלו בשבת שחרית ואם פלטו לאחר טבילה טהורין דהא עברו ה' עונות שלמות ואם פלטו לילי שבת ונטמאו לא איכפת לן וטובלין שחרית דהא בעל קרי טובל ביומו ואת אמרת ניתנה תורה לטבולי יום ויש ספרים דגרסינן ביה תרי לישני וגרסינן הכי לרבי אלעזר לישמשו ביממא דחמשא לר' ישמעאל לישמשו בליליא דחמשא לרבי עקיבא לישמשו ביממא דארבעה ואומר אני שהוא שיבוש והגורסו טעה ולא ידע לפרש מהו שאמר ר' ישמעאל פעמים שהן ה' עונות כו': **אבל חכמים אומרים ו' עונות שלמות.** סברי להו כר' יוסי דאמר בארבעה עביד פרישה והשכמה כר' עקיבא ולית להו שטבלו בלילי שבת אלא סבירא להו דאותן שטבלו לילי שבת ופלטו לאחר טבילה הוצרכו לטבול בשבת שחרית ולפיכך נתעכבה שכינה מליתן עד הבקר ולא משום לא בסתר דברתי לחודיה: **שפירשה מן האשה.** כגון פולטת שכבת זרע שקבלה מזכר הוא דאמר ר' אלעזר בן עזריה דבתרי יומי מסרחת מפני שמתחממת בגופה: **אבל פירשה מן האיש.** על הבגד מטמאה לעולם: **כל זמן שהיא לחה.** ומיהו משיבשה לא מטמיא דתו לא חזיא להזריע: **מאי לאו שפירשה מן האיש.** על הבגד ומטהר לה לחה מסרחת דלא קתני פרט לכשיבשה: **של ישראל במעי כותית מהו.** מי מסרחת בג' ימים כישראלית ואי פלטה ליה בתר ג' טהור הנוגע בטיפה או לא ולהכי נקט שכבת זרע של ישראל דאילו דכותי אמרינן במסכת נדה קריו טהור בפ' בנות כותים (נדה דף לד.): **דדייגי במצות.** לקיים מצות וחרדים בדבר ומתוך דאגה מתחממין כדכתיב (תהלים לט) חם לבי בקרבי: **חביל.** חם: **דאית לה פרוזדור.** בשר כותלי בית הרחם בולט מן השינים ולחוץ ובית הרחם הוי מן השינים ולפנים: **אשה אית לה פרוזדור.** לפיכך לא שליט בה אויר בגופה ומתחממת: **בו' בחדש כו'.** דהא דכתיב ויכסהו הענן ששת ימים ויקרא אל משה ביום השביעי סבירא להו כר' יוסי הגלילי דאמר בפ"ק דיומא (דף ד.) זה היה מעשה אחר עשרת הדברות ור' יוסי סבירא ליה דמשה וכל ישראל עומדים לקבל עשרת הדברות ולא בא הכתוב אלא לחלק כבוד למשה: **כתיב הכא.** הזה הזה לגזירה שוה: **מה להלן.** זכור את היום הזה בעצמו של יום הזכירה דיציאת מצרים נאמר להו כדכתיב הזה אף כאן בעצמו של יום הזכירה דשבת נאמר להן זכור את יום וגו': **בקביעא דירחא.** באיזה יום הוקבע החדש: **משום חולשא דאורחא** גרסינן: **בתרי בשבא אמר להו ואתם תהיו לי.** ומשה עלה ויקרא אליו כל הענין עד אלה הדברים אשר תדבר וגו' הדברים האלה נאמרו לו למחרת ביאתם כדאמרינן כל עליותיו בהשכמה היו ואפי' למאן דלית ליה בהשכמה ירד דלא אקים את ליה בהשכמה עלה דהא בהדיא כתיב קרא:

בתלתא

וליטבלו בצפרא דשבתא. הא ודאי לא פריך אלא לר' עקיבא דס"ל דלעונות קפיד קרא דנימא דילמא בעינן שש עונות וכי תימא אם היו פולטות בסוף ליל שבת מתי יטבלו ליטבלו בצפרא דשבתא אבל לר"א ורבי ישמעאל לא פריך דנימא דילמא קפיד רחמנא אעונות דפעמים היא קולא כגון אם שימשה בתחילת הלילה דאי קפדינן אעונות משעברו ה' עונות טהורה והשתא דקפיד איימים אינה טהורה עד יום רביעי ומיהו מצינן למימר דפריך דילמא קפיד אעונות ואימים אתרווייהו לחומרא כששימשה בתחילת הלילה ניזיל בתר יומי וכי שימשה בסוף היום ניזיל בתר עונות: **אמר** ר' יצחק **שלא יהא הללו הולכים לקבל תורה.** וא"ת א"כ מה צריך רבי יצחק לדרשה דלא מראש בסתר דברתי ויש לומר דאיצטריך דאי לאו הכי ליטבלו בתחילת לילי השבת ומתלות לילה ואילך יקבלו תורה אבל ביום אם היו מאחרים עד שיטבלו כולם היו מתבטלין מת"ת: **אבל פירשה מן האיש טמאה כל זמן שהיא לחה.** הקשה ר"ת דמתני' היא דתנן בפרק דם הנדה (נדה נד:) הזוב והניע והרוק ושכבת זרע מטמאין לחין ואין מטמאין יבישין ומיהו לא קשה כולי האי דאיכא למימר מטמאין לחין תוך ג' ור"ת מפרש דהכא בזכר שנרבע ופלט זרע דומיא דאשה והתם ברואה קרי וכן פי' ר"ח: **וכתיב** התם החדש הזה לכם. תימה דבפרק קמא דפסחים (דף ו.) פריך דהאי קרא גופיה ממאי דבריש ירחא קאי וי"ל דודאי בריש ירחא קאי דאמרי' (מכילתא) במדרש שהראהו הקב"ה למשה באצבע ובפסחים לא פריך אלא דבעי למילף מינה הא דאמר רשב"ג שדורשין לפני הפסח בהלכות הפסח שתי שבתות שהרי נביא עומד בר"ח ומזהיר על הפסח וממאי דנביא בריש ירחא קאי ונהי דבראש חדש אמר ליה הקב"ה דילמא משה כשאמר לישראל בארבע' בירחא או בחמשה הוה קאי ומסיק דיליף מדבר ממדבר דבהוהו דבאחד לחדש השני אמירת משה לישראל היתה בו ביום כדכתיב באחד לחדש השני ויתילדו על משפחותם וגו' וא"ת דאמאי לא יליף הכא מדבר ממדבר כדיליף התם דהכא נמי כתיב מדבר באו מדבר סיני ויש לומר דעדיפי ליה למילף הזה הזה ולא מדבר ממדבר:

ה) **בתלתא** אמר להו מצות הגבלה. לכ"ע הגבלה קדמה לפרישה דתלתא ויאמר כתיבי וסברא הוא דלכל אחד נאמר ביומו בקמא כתיב ואתם תהיו לי וגו' ובבתרא כתיב מצות פרישה ומצות הגבלה ובאמצעי לא כתב ביה מידי שיעשה משה שליחות לישראל ואית לן למישדי מצות הגבלה אההיא אמירה ולא אמצות פרישה שהרי מיד אחר אמירה אחרונה כתיבא מצות פרישה:

היום

מסורת הש"ס

א) נדה לד:, ב) [שם וע"ז לו:], ג) [ע"ש], ד) תענית כח: יומא ד:, ה) פסחים ו:, ו) כ"ה גי' רש"ל וש גורסים כל ג' האמורים ר"ל דעת לראב"ע או ר"ע או ר"י, ז) [ישעיה מ"ה פי"ט לא בסתר דברתי במקום ארץ חשך והך קרא מוקדם לקרא דלעיל דמייתי בסוגיין לא מראש בסתר דברתי [ע"ש] ונלוה ליתן טעם], ח) שייך לקמן.

תוספות ישנים

א) נ"ל רק קודם טבילה ולא קודם טהרה.

הגהות הב"ח

(א) גמ' בסתר דברתי וגו' וליטבלו: (ב) רש"י ד"ה ליטבלו בשבתא בצפרא ולמה הוצרך להפריש בהשכמה דיום רביעי יפרשו עם חשכה וכו' לא איכפת לן דטובלות וכו' לר' ישמעאל לישמשו ביממא דארבעה לר"ע לישמשו בליליא דארבעה:

גליון הש"ס

גמ' אמר ר"י לא מראש בסתר דברתי. זה הפסוק בישעיה מח ורש"י ליין לא בסתר דברתי שזה פסוק ישעיה מ"ה: גמ' ר' יוסי אומר בשבעה בו. ע' ע"ז דף ג ע"א תוס' ד"ה יום הששי:

תורה אור השלם

א) קִרְבוּ אֵלַי שִׁמְעוּ זֹאת לֹא מֵרֹאשׁ בַּסֵּתֶר דִּבַּרְתִּי מֵעֵת הֱיוֹתָהּ שָׁם אָנִי וְעַתָּה אֲדֹנָי אֱלֹהִים שְׁלָחַנִי וְרוּחוֹ: [ישעיה מח, טז]

לֹא בַסֵּתֶר דִּבַּרְתִּי בִּמְקוֹם אֶרֶץ חֹשֶׁךְ לֹא אָמַרְתִּי לְזֶרַע יַעֲקֹב תֹּהוּ בַקְּשׁוּנִי אֲנִי יְיָ דֹּבֵר צֶדֶק מַגִּיד מֵישָׁרִים: [ישעיה מה, יט]

ב) וְכָל בֶּגֶד וְכָל עוֹר אֲשֶׁר יִהְיֶה עָלָיו שִׁכְבַת זָרַע וְכֻבַּס בַּמַּיִם וְטָמֵא עַד הָעָרֶב: [ויקרא טו, יז]

ג) בַּחֹדֶשׁ הַשְּׁלִישִׁי לְצֵאת בְּנֵי יִשְׂרָאֵל מֵאֶרֶץ מִצְרָיִם בַּיּוֹם הַזֶּה בָּאוּ מִדְבַּר סִינָי: [שמות יט, א]

ד) הַחֹדֶשׁ הַזֶּה לָכֶם רֹאשׁ חֳדָשִׁים רִאשׁוֹן הוּא לָכֶם לְחָדְשֵׁי הַשָּׁנָה: [שמות יב, ב]

ה) זָכוֹר אֶת יוֹם הַשַּׁבָּת לְקַדְּשׁוֹ: [שמות כ, ח]

ו) וַיֹּאמֶר מֹשֶׁה אֶל הָעָם זָכוֹר אֶת הַיּוֹם הַזֶּה אֲשֶׁר יְצָאתֶם מִמִּצְרַיִם מִבֵּית עֲבָדִים כִּי בְּחֹזֶק יָד הוֹצִיא יְיָ אֶתְכֶם מִזֶּה וְלֹא יֵאָכֵל חָמֵץ: [שמות יג, ג]

ז) וְאַתֶּם תִּהְיוּ לִי מַמְלֶכֶת כֹּהֲנִים וְגוֹי קָדוֹשׁ אֵלֶּה הַדְּבָרִים אֲשֶׁר תְּדַבֵּר אֶל בְּנֵי יִשְׂרָאֵל: [שמות יט, ו]

רבא

אֲבָל חֲכָמִים אוֹמְרִים – **but the Sages say:** **שֵׁשׁ עוֹנוֹת שְׁלֵמוֹת בְּעִינָן** – **Six complete** twelve-hour **periods are needed** to elapse before an emission of semen can be considered *tahor*.[9]

The Gemara continues its discussion concerning the viability of semen:

אָמַר רַב חִסְדָּא – **Rav Chisda said:** **מַחֲלוֹקֶת שֶׁפֵּירְשָׁה מִן הָאִשָּׁה** – **The** Tannaic **dispute** cited above concerns only a case **where [the semen] issued from a woman,** **אֲבָל פֵּירְשָׁה מִן הָאִישׁ** – **but** if it **issued from a man** **טְמֵאָה כָּל זְמַן שֶׁהִיא לַחָה** – **it is *tamei* as long as it remains moist.**[10]

Rav Chisda's ruling is challenged:

מְתִיב רַב שֵׁשֶׁת – **Rav Sheishess challenged** Rav Chisda on the basis of the following Baraisa: "וְכָל־בֶּגֶד וְכָל־עוֹר אֲשֶׁר־יִהְיֶה עָלָיו שִׁכְבַת־זָרַע" – The Torah states: ***AND ANY GARMENT OR LEATHER ON WHICH THERE SHALL BE SEMEN*** *shall be immersed in water and remain tamei until evening.*[11] **פְּרָט לְשִׁכְבַת זֶרַע שֶׁהִיא סְרוּחָה** – This **EXCLUDES SEMEN WHICH IS FOUL.**[12] **מַאי לַאו שֶׁפֵּירְשָׁה מִן הָאִישׁ** – **Now, is it not** presumable that the Baraisa is dealing with a case **where [the semen] issued from a man** onto the garment or leather? Thus, we see that even semen which issues from a man loses its potential to generate *tumah* when it becomes foul, and is not considered viable indefinitely.[13] – ? –

The Gemara responds:

לֹא – **No!** **שֶׁפֵּירְשָׁה מִן הָאִשָּׁה** – The Baraisa is dealing with a case **where [the semen] issued from a woman** onto the garment or leather.[14]

A related inquiry is cited:

בָּעֵי רַב פָּפָּא – **Rav Pappa inquired:** **שִׁכְבַת זֶרַע שֶׁל יִשְׂרָאֵל בִּמְעֵי כּוּתִית מַהוּ** – **What is [the law]** concerning **the semen of a Jew** that was **in the womb of a Cuthean woman?** Does it become foul after three days, like semen in the womb of a Jewess, or not?[15]

The inquiry is clarified:

יִשְׂרָאֵל דִּדְאִיגֵי בְּמִצְוֹת חָבִיל גּוּפַיְיהוּ – Do we say that it is true only in regard to **Jewesses, who are** constantly **concerned with** the proper performance of **mitzvos,** that **their bodies become hot**[16] and thus cause semen to putrefy early, **עוֹבְדֵי כּוֹכָבִים דְּלֹא דְּאִיגֵי בְּמִצְוֹת לֹא** – but as for **idolatresses, who are not concerned with mitzvos,** their bodies do **not** become hot and therefore do not cause semen to putrefy early? Thus, perhaps their wombs will not render semen inviable after only three days! **אוֹ דִּילְמָא** – **Or perhaps,** **כֵּיוָן דְּאָכְלֵי שְׁקָצִים וּרְמָשִׂים** – **since [idolatresses]** do **eat abominable creatures and crawling creatures,**[17] **חָבִיל גּוּפַיְיהוּ** – **their bodies** also **become hot,** and therefore cause semen to putrefy after only three days. – ? –

A follow-up question is posed:

וְאִם תִּמְצֵי לוֹמַר – **And if you will conclude and say** in answer to the previous question **כֵּיוָן דְּאָכְלֵי שְׁקָצִים וּרְמָשִׂים חָבִיל גּוּפַיְיהוּ** – that **since [idolatresses] eat abominable creatures and crawling creatures their bodies** also **become hot** and therefore cause semen to putrefy after only three days, **בִּמְעֵי בְּהֵמָה מַהוּ** – **what is [the law]** concerning the semen of a Jew that was **in the womb of an animal** and was subsequently emitted? Does it become foul after three days like semen in the womb of a human or not?

The latter inquiry is clarified:

אִשָּׁה (הִיא) דְּאִית לָהּ פְּרוֹזְדוֹר מַסְרַחַת – Do we say that in the case of **a woman who has a corridor** (i.e. the vaginal canal) leading to her uterus **[the semen] becomes foul** in the uterus because it is not exposed to air and it becomes very hot, **אֲבָל בְּהֵמָה דְּלֵית לָהּ פְּרוֹזְדוֹר לֹא** – **but** in the case of **an animal, which does not have**

NOTES

9. These Sages concur with R' Yose that the order for abstinence was given on Wednesday, and with R' Akiva who says it was given at daybreak. However, they hold that the Revelation was delayed until the Sabbath morning not merely so that it would occur during daylight, [and not merely to provide extra time for orderly immersion (*Ran MHK* ed.)]. The principal reason for the delay was so that a woman who emitted semen Friday night – thus being contaminated – would have the opportunity to immerse Sabbath morning and attend the Revelation in purity. Thus, they derive that even an emission Friday night was considered *tamei,* and six periods were necessary (daytime Wednesday, Wednesday night, daytime Thursday, Thursday night, daytime Friday, and Friday night) before an emission would be considered *tahor* (*Rashi;* see *Ran MHK* ed.; see also *Magen Avraham,* beginning of §494, and *Pnei Yehoshua*).

[There is another version of the text, cited by *Ramban, Ran* and *Gra,* according to which the Sages say that *three* periods must pass for the semen to be considered *tahor.* However, that version refers to three *twenty-four-hour* periods, and thus means the same as our version (*Ramban, Ran*).]

10. It is only concerning semen deposited in the womb of a female that R' Elazar ben Azaryah said that it loses its viability after two days and no longer conveys *tumah* [and the other Tannaim gave other time limits]. The woman's body heat causes it to foul and lose its viability after this specific period (see *Sfas Emes*). However, if it issued from a man directly onto a garment [or other surface] it remains viable indefinitely. In this case, the loss of viability is determined not by the passage of a specific period of time, but by its drying up. As long as it remains moist it is deemed viable and conveys *tumah* to a person or object that it touches (*Rashi;* cf. *Tosafos* ד״ה אבל; see *Ramban*). [This rule reflects a *tumah*-generating capacity of semen that has not been mentioned previously, i.e. the capacity to contaminate through mere contact rather than through an emission.]

11. *Leviticus* 15:17.

12. The next verse in the passage (v. 18) states: וְאִשָּׁה אֲשֶׁר יִשְׁכַּב אִישׁ אֹתָהּ שִׁכְבַת־זָרַע וְרָחֲצוּ בַמַּיִם וְטָמְאוּ עַד־הָעָרֶב, *And a woman with whom a man will lie seminally, they shall immerse themselves in the water and remain tamei until evening.* Just as the second verse is dealing with viable semen (for it deals with semen issued during intercourse), so too the first verse is dealing with viable semen that is on a garment or leather. We thus learn that only viable semen conveys *tumah* to the object it touches (*Toras Kohanim* ad loc.).

13. [The previous verse in the passage (v. 16) begins: וְאִישׁ כִּי־תֵצֵא מִמֶּנּוּ שִׁכְבַת־זָרַע, *And a man from whom semen shall issue* ... It would therefore seem that our verse refers to semen that issued from a man directly onto a garment or leather (*Menachem Meishiv Nefesh*).] Since the Baraisa does not say that the verse excludes semen which has *dried up,* but that it excludes semen which has *fouled,* it implies that even moist semen that issued from a man will not convey *tumah* once enough time has elapsed for it to foul (*Rashi*). [Indeed, *Toras Kohanim* (ibid.) states explicitly that the semen mentioned in this verse is subject to the Tannaic dispute cited above.]

14. Therefore, it is excluded from *tumah* when it becomes foul, even if it has not yet dried up.

15. The practical difference will be if the Cuthean woman emits this semen after three days and someone touches it. If we say it becomes foul in her womb, it will not contaminate the person, but if we say it does not become foul, it will contaminate him [as long as it is moist].

The reason Rav Pappa focuses on the case of the semen of a *Jew* in the womb of a Cuthean woman is because the semen of a Cuthean is *tahor* (*Rashi,* citing *Niddah* 34a).

16. With fear and worry, lest they err in the performance of mitzvos, as it is written (*Psalms* 39:4): חַם־לִבִּי בְּקִרְבִּי בַּהֲגִיגִי תִבְעַר־אֵשׁ, *My heart grew hot within me, in my contemplation a fire blazed* (*Rashi*).

17. *Shekatzim,* "abominable creatures," include all creatures referred to by the Torah as abominable (see, for example, *Leviticus* 11:10,13,23). These include unkosher fish and sea creatures such as seals, frogs and the like; unkosher birds; insects such as flies, bees and mosquitoes; reptiles and rodents; and perhaps even unkosher wild and domesticated beasts. *Remasim,* "crawling creatures," are creatures that appear to reproduce spontaneously, e.g. from dung or rotting carcasses. This includes also those that spawn from fruits and other foods. Once they emerge to crawl upon the earth, they are prohibited (*Tos. Yom Tov* to *Makkos* 3:2).

עין משפט
נר מצוה

כט א מיי' פ"ה מהלכות שאר אבות הטומאות הלכה יג:
ל ב ג מיי' שם הלכ"ו:

הגהות הגר"א

[א] גמ' שש עונות. נ"ב גירסת הגאונים ג' עונות:

ליקוטי רש"י

לא מראש בסתר דברתי. בסיני [ישעיה מח, טז]. דדאיגי במצות. ילדים וחרדים במצות ומתוך כך מתחממין [נדה לד:].

והא טבולי יום נינהו אביי בר רבין ורב חנינא בר אבין דאמרי תרוייהו ניתנה תורה לטבול יום יתיב מרימר וקאמר לה להא שמעת' א"ל רבינא למרימר ניתנה קאמרת או ראויה קאמרת אמר ליה ראויה קאמינא וליטבלו ביני שימשי וליקבלו תורה ביני שימשי ° אמר רבי יצחק א) לא מראש בסתר דברתי (א) וליטבלו בצפרא דשבתא וליקבלו תורה בצפרא דשבתא א"ר יצחק שלא יהא הללו הולכין לקבל תורה והללו הולכין לטבילה א"ר חייא ברבי אבא א"ר יוחנן זו דברי ר' ישמעאל ור' עקיבא אבל חכמים אומרים [א] שש עונות שלמות בעינן אמר רב חסדא מחלוקת שפירשה מן האשה *אבל פירשה מן האיש טמאה כל זמן שהיא לחה מתיב רב ששת ב) וכל בגד וכל עור אשר יהיה עליו שכבת זרע פרט לשכבת זרע שהיא סרוחה מאי לאו שפירשה מן האיש לא שפירשה מן האשה בעי רב פפא (ב) שכבת זרע של ישראל במעי כותית מהו ישראל דדאיגי במצות חביל גופייהו עכו"ם דלא דאיגי במצות לא או דילמא ג) כיון דאכלין שקצים ורמשים חביל גופייהו ואם תמצי לומר ג) כיון דאכלי שקצים ורמשים חביל גופייהו ג במעי בהמה מהו (היא) אשה דאית לה פרוזדור מסרחת אבל בהמה דלית לה פרוזדור לא או דילמא ל"ש תיקו: ת"ר ד) בששי בחדש ניתנו עשרת הדברות לישראל ° רבי יוסי אומר בשבעה בו אמר רבא דכולי עלמא בר"ח אתו למדבר סיני כתיב הכא ג) ביום הזה באו מדבר סיני וכתיב התם ד) החדש הזה לכם ראש חדשים ה) מה להלן ר"ח אף כאן ר"ח ודכולי עלמא בשבת ניתנה תורה לישראל כתיב הכא ה) זכור את יום השבת לקדשו וכתיב התם ו) ויאמר משה אל העם זכור את היום הזה מה להלן בעצומו של יום אף כאן בעצומו של יום כי פליגי בקביעא דירחא רבי יוסי סבר בחד בשבא איקבע ירחא ובחד בשבא לא אמר להו ולא מידי משום חולשא דאורחא בתרי בשבא אמר להו ז) ואתם תהיו לי ממלכת כהנים בתלתא

וליטבלו ביני שימשי וליקבלו תורה ביני שימשי. פירש בקונטרס דלר' עקיבא פריך ור"י אומר דאדר' אלעזר בן עזריה ור' ישמעאל נמי פריך דנילף מהכא דאעונות קפיד קרא דאי אימים לקבלו תורה בי שימשי:

וליטבלו בצפרא דשבתא. הא ודאי לא פריך אלא לר' עקיבא דס"ל דאעונות קפיד קרא דנימא דילמא בעינן שש עונות וכי תימא אם היו פולטות בסוף ליל שבת מתי יטבלו ליטבלו בצפרא דשבתא אבל לר"א ורבי ישמעאל לא פריך דנימא דילמא קפיד רחמנא אעונות דפעמים היא קולא כגון אם שימשה בתחילת הלילה דאי קפדינן אעונות משעברו ה' עונות טהורה והשתא דקפיד אימים אינה טהורה עד יום רביעי ומיהו מצינן למימר דפריך דילמא קפיד אעונות ואימים אתרווייהו לחומרא כששימשה בתחילת הלילה ניזיל בתר יומי וכי שימשה בסוף היום ניזיל בתר עונות: **אמר** ר' יצחק שלא יהא הללו הולכים לקבל תורה. וא"ת א"כ מה צריך רבי יצחק לדרשה דלא מראש בסתר דברתי ויש לומר דאיצטריך דאי לאו הכי ליטבלו בתחילת לילי השבת ומחצות לילה ואילך יקבלו תורה אבל ביום אם היו מאחרים עד שיטבלו כולם היו מתבטלין מת"ת: **אבל** פירשה מן האיש טמאה כל זמן שהיא לחה. הקשה ר"ת דמתני' היא דתנן בפרק דם הנדה (נדה נד:) הזוב והניע והרוק ושכבת זרע מטמאין לחין ואין מטמאין יבישין ומיהו לא קשה כולי האי דאיכא למימר מטמאין לחין תוך ג' ור"ת מפרש דהכא בזכר שנרבע ופלט זרע דומיא דאשה והתם ברואה קרי וכן פי' ר"ח: **וכתיב** התם החדש הזה לכם. תימה דבפרק קמא דפסחים (דף ו:) פריך אהאי קרא גופיה ממאי דבריש ירחא קאי וי"ל דודאי בריש ירחא קאי דאמרי' במדרש (מכילתא) שהראהו הקב"ה למשה באצבע ובפסחים לא פריך אלא דבעי למילף מינה הא דאמר רשב"ג שדורשין לפני הפסח בהלכות הפסח שתי שבתות שהרי נביא עומד בר"ח ומזהיר על הפסח וממאי דנביא בריש ירחא קאי ונהי דבראש חדש אמר ליה הקב"ה דילמא משה כשאמר לישראל בארבע' בירחא או בחמשה הוה קאי ומסיק דיליף מדבר ממדבר דבההוא דבאחד לחדש השני אמירת משה לישראל היתה בו ביום כדכתיב באחד לחדש השני ויתילדו על משפחותם וגו' וא"ת דאמאי לא יליף הכא מדבר ממדבר כדיליף התם דהכא נמי כתיב מדבר באו מדבר סיני ויש לומר דטפי ניחא ליה למילף מהיום הזה ולא מדבר ממדבר:

בתלתא אמר להו מצות הגבלה. לכ"ע הגבלה קדמה לפרישה דתלתא ויאמר כתיבי וסברא הוא דלכל אחד נאמר ביומו בקמא כתיב ואתם תהיו לי וגו' ובבתרא כתיב מצות פרישה ומצות הגבלה ובאמצעי לא כתב ביה מידי שיעשה משה שליחות לישראל ואית לן למישדי מצות הגבלה אההיא אמירה ולא אמצות פרישה שהרי מיד אחר אמירה אחרונה כתיבא מצות פרישה:
היום

והא טבולי יום נינהו. כיון דלכולהו שמעינן דבלילי שבת טבלו הוו להו טבולי יום כשקבלו תורה שלא היה להם הערב שמש אחר הטבילה וכיון דהכי הוא איכא למימר דמבע"י טבלו שם ואפ"ה פליטתן טהורה ובגלי להו חדא עונה איבלא לכולהו: **ראויה קאמינא.** ראויה לינתן לטבולי יום וקסברי הני תנאי לא הקפידה תורה על טבולי יום דלא כתיב הערב שמש אלא לענין קדשים הלכך י) כל ג' ימים האמורים לענין פרישה הוזקקו להיות א) קודם טבילה ומיהו לא ניתנה לטבולי יום לפי שטבלו מבע"י ולא פלטו ואם היו פולטות יחזרו ויטבלו משתחשך אבל לא הוצרכו לכך: **וליטבלו בי שמשי וליקבלו תורה בי שמשי.** לילי שבת קרי בי שמשא בכל דוכתא מפני שבין השמשות שלו חלוק מכל ימים והולכך להזכירו בכמה מקומות והכי פריך לר' עקיבא דאמר הקפידה תורה על מנין העונות ולא הקפידה אלא על חמש למה לא קבלוה בלילה מדהמתין עד הבקר איכא למימר שהקפידה על פליטת הלילה ואיכא ו' עונות: י) **לא בסתר דברתי.** במקום ארץ חשך ולילה חשך הוא: **ליטבלו בשבתא בצפרא.** ולמה הוצרך (ג) לירד בהשכמה ליום אי פרשו עם חשכה כד' ויטבלו בשבת שחרית ואם פלטו לאחר טבילה טהורין דהא עברו ה' עונות שלמות ואם פלטו לילי שבת ונטמאו לא איכפת לן וטובלין שחרית דהא בעל קרי טובל ביומו ואת אמרת ניתנה תורה לטבולי יום ויש ספרים דגרסינן ביה תרי לישני וגרסינן הכי לרבי אלעזר ליטבלו בימימא דחמשה לר' ישמעאל ליטבלו בלילא דחמשה לרבי עקיבא ליטבלו בימימא דארבעה ואומר אני שהוא שיבוש והגורסו טעה ולא ידע לפרש מהו שאמר ר' ישמעאל פעמים שהן ה' עונות כו': **אבל חכמים אומרים ו' עונות שלמות.** סברי להו כר' יוסי דאמר בארבעה עביד פרישה ובהשכמה כר' עקיבא ולית להו שטבלו בלילי שבת אלא סבירא להו דאותן שטבלו לילי שבת ופלטו לאחר טבילה הוצרכו לטבול בשבת שחרית ולפיכך נתעכבה שכינה מליתן עד הבקר ולא משום לא בסתר דברתי לחודיה: **שפירשה מן האשה.** כגון פולטת שכבת זרע שקבלה מזכר הוא דאמר ר' אלעזר בן עזריה דבתרי יומי מסרחת מפני שמתחממת בגופה: **אבל פירשה מן האיש.** על הבגד מטמאה לעולם: **כל זמן שהיא לחה.** ומיהו משיבשה לא מטמיא דתו לא חזיא להזריע: **מאי לאו שפירשה מן האיש.** על הבגד ומטהר לה להא מסרחת דלא קתני פרט לכשיבשה: **של ישראל במעי כותית מהו.** מי מסרחת בג' ימים כישראלית ואי פלטה ליה בתר ג' טהור הנוגע בטיפה או לא ולהכי נקט שכבת זרע של ישראל דאילו דכותי אמרינן במסכת נדה קריו טהור בפ' בנות כותים (נדה דף לד.): **דדייגי במצות.** לקיים מצות וחרדים בדבר ומתוך דאגה מתחממין כדכתיב (תהלים לט) חם לבי בקרבי: **חביל.** חם: **דאית לה פרוזדור.** בשר כותלי בית הרחם בולט מן השינים ולחוץ ובית הרחם הוי מן השינים ולפנים: **אשה אית לה פרוזדור.** לפיכך לא שליט בה אויר בגופה ומתחממת: **בו' בחדש כו'.** דהא דכתיב ויכסהו הענן ששת ימים ויקרא אל משה ביום השביעי סבירא להו כר' יוסי הגלילי דאמר בפ"ק דיומא (דף ד.) זה היה מעשה אחר עשרת הדברות ור' יוסי סבירא ליה דמשה וכל ישראל עומדים לקבל עשרת הדברות ולא בא הכתוב אלא לחלק כבוד למשה: **כתיב הכא.** הזה הזה לגזירה שוה: **מה להלן.** זכור את היום הזה בעצמו של יום הזכירה דיציאת מצרים נאמר להו כדכתיב הזה אף כאן בעצמו של יום הזכירה דשבת נאמר להן זכור את יום וגו': **בקביעא דירחא.** באיזה יום הוקבע החדש: **משום חולשא דאורחא** גרסינן: **בתרי בשבא אמר להו ואתם תהיו לי.** ומשה עלה ויקרא אליו כל הענין עד אלה הדברים אשר תדבר וגו' הדברים האלה נאמרו לו למחרת ביאתם כדאמרינן כל עליותיו בהשכמה היו ואפי' למאן דלית ליה בהשכמה ירד דלא אקיש אית ליה בהשכמה עלה דהא בהדיא כתיב קרא:
בתלתא

מסורת הש"ס

א) נדה לג:, ב) [עם הס"ו לח:], ג) [ע"ש], ד) תענית כח: יומא ד., ה) פסחים ו:, ו) כ"ה גי' רש"ל וש גורסים כל ג' האמורים, ז) דעת לאב"ע או ר"ע או ר"י, ח) [ישעיה מ"ה פי"ע לא בסתר דברתי במקום ארץ חשך וכך קרא מוקדם לקרא דמייתי בסוגיין לא מראש בסתר דברתי (ע"ש) ומלוה ליתן טעם], ט) שייך לקמן.

תוספות ישנים

א) נ"ל רק קודם טבילה ולא קודם טהרה:

הגהות הב"ח

(א) גמ' בסתר דברתי וגו' וליטבלו: (ב) רש"י ד"ה וליטבלו בשבתא בצפרא ולמה הוצרך להפריש בהשכמה ליום רביעי יפרשו עם חשכה וכו' לא איכפת לן דטובלים וכו' לר' ישמעאל ליטבלו בימימא דארבעה לר"ע ליטבלו בליליא דארבעה:

גליון הש"ס

גמ' אמר ר"י לא מראש בסתר דברתי. זה הפסוק בישעיה מח וכו' ליכן לא בסתר דברתי זהו פסוק ישעיה מ"ה: שם גמ' ר' יוסי אומר בשבעה בו. ע' ע"ז דף ג ע"א תוס' ד"ה יום הששי:

תורה אור השלם

א) קִרְבוּ אֵלַי שִׁמְעוּ זֹאת לֹא מֵרֹאשׁ בַּסֵּתֶר דִּבַּרְתִּי מֵעֵת הֱיוֹתָהּ שָׁם אָנִי וְעַתָּה אֲדֹנָי אֱלֹהִים שְׁלָחַנִי וְרוּחוֹ: [ישעיה מח, טז]

לֹא בַסֵּתֶר דִּבַּרְתִּי בִּמְקוֹם אֶרֶץ חֹשֶׁךְ לֹא אָמַרְתִּי לְזֶרַע יַעֲקֹב תֹּהוּ בַקְּשׁוּנִי אֲנִי יְיָ דֹּבֵר צֶדֶק מַגִּיד מֵישָׁרִים: [ישעיה מה, יט]

ב) וְכָל בֶּגֶד וְכָל עוֹר אֲשֶׁר יִהְיֶה עָלָיו שִׁכְבַת זָרַע וְכֻבַּס בַּמַּיִם וְטָמֵא עַד הָעָרֶב: [ויקרא טו, יז]

ג) בַּחֹדֶשׁ הַשְּׁלִישִׁי לְצֵאת בְּנֵי יִשְׂרָאֵל מֵאֶרֶץ מִצְרָיִם בַּיּוֹם הַזֶּה בָּאוּ מִדְבַּר סִינָי: [שמות יט, א]

ד) הַחֹדֶשׁ הַזֶּה לָכֶם רֹאשׁ חֳדָשִׁים רִאשׁוֹן הוּא לָכֶם לְחָדְשֵׁי הַשָּׁנָה: [שמות יב, ב]

ה) זָכוֹר אֶת יוֹם הַשַּׁבָּת לְקַדְּשׁוֹ: [שמות כ, ח]

ו) וַיֹּאמֶר מֹשֶׁה אֶל הָעָם זָכוֹר אֶת הַיּוֹם הַזֶּה אֲשֶׁר יְצָאתֶם מִמִּצְרַיִם מִבֵּית עֲבָדִים כִּי בְּחֹזֶק יָד הוֹצִיא יְיָ אֶתְכֶם מִזֶּה וְלֹא יֵאָכֵל חָמֵץ: [שמות יג, ג]

ז) וְאַתֶּם תִּהְיוּ לִי מַמְלֶכֶת כֹּהֲנִים וְגוֹי קָדוֹשׁ אֵלֶּה הַדְּבָרִים אֲשֶׁר תְּדַבֵּר אֶל בְּנֵי יִשְׂרָאֵל: [שמות יט, ו]

רבינו חננאל

מוקים כתנאי. תני רישא טהורה וכולה ר' אלעזר בן עזריה היא ועד השתא איכא תנאי דתני טמאה ואיכא תנאי דתני טהורה. ואיכא רבנן דמפרשי כגירסא דר' מוקים לה כתנאי. ור' יוחנן לא מוקים לה כתנאי. ומן דלא מוקים ליה כתנאי דטרח כמה דיכול למהוה מתני' אליבא דחד תנא מיפלגא מאני' בתרי לבי מסותא. ואמר רב אשי מוקמינן לה מתניתין בתרי תלתא טעמי. ולא מוקמינן בתרי תלתא תנאי. וכי דפרשינן בפירקין קמאי: **תנן** התם הפולטת ש"ז ביום השלישי טהורה דברי ר' אלעזר בן עזריה. טעמיה דר' אלעזר בן עזריה אפילו ב' עונות שלימות ומשהו והעונה יום או לילה. וקא מיתני בפירוש דר' אלעזר בן עזריה טעמיה יש שם יום וכל שהוא והיא טהורה. כיצד שמשה אם ביתה ע"ש קודם לשקיעת החמה ועבר ב' עונות לילי שבת ויום שבת ופלטה בה בש"ש לאחר שקיעת החמה והרי הוא יום שלישי שנמצא יום וכל שהוא והיא טהורה. ויש ב' ימים חסר משהו והיא טמאה. כיצד שמשה את ביתה ע"ש לאחר שקיעת החמה ופלטה באחד בשבת קודם לשקיעת החמה הרי יש כאן ב' ימים חסר משהו והיא טמאה. לפי שאינו יום שלישי עד שתשקע החמה ליכנס יום ב' בשבת. ר' ישמעאל אומר פעמים שהן ד' עונות פעמים שהן ה' פעמים שהן שש. טעמיה דר' ישמעאל בעי שלשה עושה מקצת עונה ככולה וקסבר אין יום שלישי [אחד] [טהורה] עד שיהו שהן ב' ימים שלימים. דקאמר ר' אלעזר בן עזריה ב' עונות שלימו' ומשהו וקאמר ר' ישמעאל צריך עונה שלימה לפניהן ועונה שלימה לאחריהן. וקסבר יש פולטת ביום ג' והיא טמאה. כי הא מתני' דאמרינן רישא דלא כר' אלעזר בן עזריה ואלין ד' עונות לר' ישמעאל בעי להו מכלל ג' ימים ולא סגי דהווין ב' ימים ובעי תחלתן וסופן הנץ החמה ושקיעה. ואי הוה תשמש מן קמי הנץ החמה או שקיעתה אפילו בי"א שעות ומחצה לא מיחשיב. והיכי דמי פעמים שהן ד' וספק כגון ששמשה בסוף לילי אחד בשבת ופלטה בסוף לילי שלישי בשבת הרי כאן ד' שלימות. שמתחלתן וסופן הנץ ושקיעת מכלל ג' ימים. והיכי דמי פעמים שהן חמש כגון ששמשה בתחלת לילי אחד בשבת ופלטה בסוף לילי [שלישי] שבת. אם אתה חושב ד' של יום אחד ויום שני הרי הן משני ימים בלבד לפיכך לא מיחשיב ליה אלא אחד מן יום אחד בשבת ושתים של שני ואחת לילי שלישי. והיכי דמי פעמים שהן ששי כגון ששמשה במקצת יום שבת אחר הנץ החמה ופלטה בסוף לילי שלישי לא מיחשיב יום שבת כל העיקר דלא הוה ליה הנץ החמה ומן יום אחד ויום שני לא מיחשיב אלא (שלשה) [חמש] ולילי שלישי הרי שש. והכין נמי אם שמשה בתחלת לילי אחד בשבת ופלטה בסוף יום שלשה קודם לשקיעת החמה אין כאן ד' עונות שלמות מכלל שלשה ימים כדפרישנא לעילא דלא מיחשיב משלישי אלא אחד. והרי בן שש. יום אחד ויום שני ויום שלישי. ר"ע אומר לעולם חמש. טעמיה דר"ע דשקיל מן הכא להכא וסבר שאם יצאת מקצת עונה ראשונה משלימין לה מקצת עונה ששית ומצריך שפלטה אחר ששים שעות מן התשמיש שהן שיעור ב' ימים ומחצה: **אמרוה** רבנן קמיה דרב פפא ואמרי לה רב פפא לרבא (קמיה דרבא). בשלמא ר' אלעזר בן עזריה כרבנן דאמרי בחמשה עבד להו משה לישראל פרישה נמצא לישראל פרישה לילי ששי ויום ששי ומשהו מחמישי ומלילי שבת. לפיכך אם שמשה ביום חמישי קודם שקיעת החמה ופלטה בלילי שבת אחר שקיעת החמה טהורה. ר"ע כר' יוסי דאמר בארבעה עבד להו משה פרישה כגון דאפרשינהו בתר חדא שעתא מיום רביעי משכחת ה' עונות בתר חדא שעתא מלילי שבת. כדא"ר עקיבא אם יצאת מקצת עונה ראשונה משלימין לו מקצת עונה ששית. אלא ר' ישמעאל דקמצריך ד' עונות שלימות שמתחלת מתחלת יום או תחלת לילה מתוך ג' ימים כמאן לא כרבנן ולא כר' יוסי. מדרבנן מרחק טובא. ומדר' יוסי נמי דהא יומא דארבעה שיצא מקצתו לא מיני למחשביה עונה כי דחשיב ליה ר"ע וארבעי דבידיה חמישי ושש אינון בלחוד ובעאי להו מכלל ג' ימים כמאן קאי ופרקינן לעולם כר' יוסי קאי ר' ישמעאל. ואמר רב אדא בר אבא משה בהשכמה עלה ובהשכמה ירד דאלמא סבר דעבד להו פרישה ביום רביעי בהשכמה קודם הנץ החמה והוה להו חמש עונות מכלל ג' ימים. כדפרשינן לר' ישמעאל בענין פעמים ה'. וסלקא שמעתא ומקשינן בין לר' ישמעאל ובין לר"ע למה ליה למשה רבינו למעבד פרישה לישראל ביממא דארבעה והאמר רב הונא ישראל קדושים הן ואין משמשין מטותיהן ביום. ופרקינן איצטריך למשה לאפרושינן והאמר רבא

a corridor before its uterus, perhaps the semen does **not** become foul so quickly, since it is somewhat exposed to air? **אוֹ דִּילְמָא לֹא שְׁנָא – Or perhaps,** there is **no difference** between a human and an animal in this regard. – ? –

The Gemara offers no resolution of the inquiry, but concludes: **תֵּיקוּ – Let it stand.**

The Gemara above (86a) mentioned the dispute between the Rabbis and R' Yose regarding the length of the mandatory abstinence from marital relations before the Revelation. This dispute centers on the question of whether the Revelation occurred on the sixth or the seventh of the month of Sivan, as the Gemara now discusses at length:[18]

תָּנוּ רַבָּנָן – The Rabbis taught in a Baraisa: בְּשִׁשִּׁי בַּחֹדֶשׁ נִיתְּנוּ עֲשֶׂרֶת הַדִּבְּרוֹת לְיִשְׂרָאֵל – ON THE SIXTH OF THE MONTH of Sivan THE TEN COMMANDMENTS WERE GIVEN TO ISRAEL.[19] **רַבִּי יוֹסֵי אוֹמֵר** – R' YOSE SAYS: **בְּשִׁבְעָה בּוֹ** – They were given ON THE SEVENTH OF [SIVAN].

Rava isolates the point of contention between the Tanna Kamma of this Baraisa (i.e. the Rabbis) and R' Yose:

אָמַר רָבָא – Rava said: דְּכוּלֵּי עָלְמָא – In the opinion **of everyone** [the Rabbis and R' Yose], **בְּרֹאשׁ חֹדֶשׁ אָתוּ לְמִדְבַּר סִינַי – [the Jews] arrived at the Wilderness of Sinai**[20] **on Rosh Chodesh Sivan,** i.e. the first day of the month of Sivan. **כְּתִיב הָכָא** – For **it is stated here:**[21] **"בַּיּוֹם הַזֶּה בָּאוּ מִדְבַּר סִינַי"** – ***On this*** (*hazeh*) ***day they arrived at the Wilderness of Sinai.*** **וּכְתִיב הָתָם – And it is stated there,** concerning the laws of Rosh Chodesh: **"הַחֹדֶשׁ הַזֶּה לָכֶם רֹאשׁ חֳדָשִׁים"** – ***This*** (*hazeh*) ***month shall be for you the beginning of the months.***[22] The use of the word *hazeh* in both verses manifests a link (*gezeirah shavah*) between them, which teaches: **מָה לְהַלָּן רֹאשׁ חֹדֶשׁ** – Just **as there,** the event recorded in the verse occurred on **a Rosh Chodesh,**[23] **אַף כָּאן רֹאשׁ חֹדֶשׁ** – so **here, too,** the event recorded in the verse (i.e. the arrival at Mt. Sinai) occurred **on a Rosh Chodesh.**

Rava continues:

וּדְכוּלֵּי עָלְמָא – Furthermore, in the opinion **of everyone, בְּשַׁבָּת נִיתְּנָה תּוֹרָה לְיִשְׂרָאֵל – the Torah** (i.e. the Ten Commandments)[24] **was given to Israel on the Sabbath. כְּתִיב הָכָא** – For **it is written here,**[25] in the Ten Commandments: **"זָכוֹר אֶת־יוֹם הַשַּׁבָּת לְקַדְּשׁוֹ"** – ***Remember*** (*zachor*) ***the Sabbath day to sanctify it.***

NOTES

18. The following discussion is based on *Exodus* 19:1-16. For purposes of reference, the entire passage is cited here:

(1) בַּחֹדֶשׁ הַשְּׁלִישִׁי לְצֵאת בְּנֵי־יִשְׂרָאֵל מֵאֶרֶץ מִצְרָיִם בַּיּוֹם הַזֶּה בָּאוּ מִדְבַּר סִינָי׃ (2) וַיִּסְעוּ מֵרְפִידִים וַיָּבֹאוּ מִדְבַּר סִינַי וַיַּחֲנוּ בַּמִּדְבָּר וַיִּחַן־שָׁם יִשְׂרָאֵל נֶגֶד הָהָר׃ (3) וּמֹשֶׁה עָלָה אֶל־הָאֱלֹהִים וַיִּקְרָא אֵלָיו ה׳ מִן־הָהָר לֵאמֹר כֹּה תֹאמַר לְבֵית יַעֲקֹב וְתַגֵּיד לִבְנֵי יִשְׂרָאֵל׃ (4) אַתֶּם רְאִיתֶם אֲשֶׁר עָשִׂיתִי לְמִצְרָיִם וָאֶשָּׂא אֶתְכֶם עַל־כַּנְפֵי נְשָׁרִים וָאָבִא אֶתְכֶם אֵלָי׃ (5) וְעַתָּה אִם־שָׁמוֹעַ תִּשְׁמְעוּ בְּקֹלִי וּשְׁמַרְתֶּם אֶת־בְּרִיתִי וִהְיִיתֶם לִי סְגֻלָּה מִכָּל־הָעַמִּים כִּי־לִי כָּל־הָאָרֶץ׃ (6) וְאַתֶּם תִּהְיוּ־לִי מַמְלֶכֶת כֹּהֲנִים וְגוֹי קָדוֹשׁ אֵלֶּה הַדְּבָרִים אֲשֶׁר תְּדַבֵּר אֶל־בְּנֵי יִשְׂרָאֵל׃ (7) וַיָּבֹא מֹשֶׁה וַיִּקְרָא לְזִקְנֵי הָעָם וַיָּשֶׂם לִפְנֵיהֶם אֵת כָּל־הַדְּבָרִים הָאֵלֶּה אֲשֶׁר צִוָּהוּ ה׳׃ (8) וַיַּעֲנוּ כָל־הָעָם יַחְדָּו וַיֹּאמְרוּ כֹּל אֲשֶׁר־דִּבֶּר ה׳ נַעֲשֶׂה וַיָּשֶׁב מֹשֶׁה אֶת־דִּבְרֵי הָעָם אֶל ה׳׃ (9) וַיֹּאמֶר ה׳ אֶל־מֹשֶׁה הִנֵּה אָנֹכִי בָּא אֵלֶיךָ בְּעַב הֶעָנָן בַּעֲבוּר יִשְׁמַע הָעָם בְּדַבְּרִי עִמָּךְ וְגַם־בְּךָ יַאֲמִינוּ לְעוֹלָם וַיַּגֵּד מֹשֶׁה אֶת־דִּבְרֵי הָעָם אֶל־ה׳׃ (10) וַיֹּאמֶר ה׳ אֶל־מֹשֶׁה לֵךְ אֶל־הָעָם וְקִדַּשְׁתָּם הַיּוֹם וּמָחָר וְכִבְּסוּ שִׂמְלֹתָם׃ (11) וְהָיוּ נְכֹנִים לַיּוֹם הַשְּׁלִישִׁי כִּי בַּיּוֹם הַשְּׁלִשִׁי יֵרֵד ה׳ לְעֵינֵי כָל־הָעָם עַל־הַר סִינָי׃ (12) וְהִגְבַּלְתָּ אֶת־הָעָם סָבִיב לֵאמֹר הִשָּׁמְרוּ לָכֶם עֲלוֹת בָּהָר וּנְגֹעַ בְּקָצֵהוּ כָּל־הַנֹּגֵעַ בָּהָר מוֹת יוּמָת׃ (13) לֹא־תִגַּע בּוֹ יָד כִּי־סָקוֹל יִסָּקֵל אוֹ־יָרֹה יִיָּרֶה אִם־בְּהֵמָה אִם־אִישׁ לֹא יִחְיֶה בִּמְשֹׁךְ הַיֹּבֵל הֵמָּה יַעֲלוּ בָהָר׃ (14) וַיֵּרֶד מֹשֶׁה מִן־הָהָר אֶל־הָעָם וַיְקַדֵּשׁ אֶת־הָעָם וַיְכַבְּסוּ שִׂמְלֹתָם׃ (15) וַיֹּאמֶר אֶל־הָעָם הֱיוּ נְכֹנִים לִשְׁלֹשֶׁת יָמִים אַל־תִּגְּשׁוּ אֶל־אִשָּׁה׃ (16) וַיְהִי בַיּוֹם הַשְּׁלִישִׁי בִּהְיֹת הַבֹּקֶר וַיְהִי קֹלֹת וּבְרָקִים וְעָנָן כָּבֵד עַל־הָהָר וְקֹל שֹׁפָר חָזָק מְאֹד וַיֶּחֱרַד כָּל־הָעָם אֲשֶׁר בַּמַּחֲנֶה . . .

Day 1:

(1) *In the third month from the Exodus of the Children of Israel from Egypt, on this day, they arrived at the Wilderness of Sinai.* (2) *They journeyed from Rephidim and arrived at the Wilderness of Sinai and encamped in the Wilderness; and Israel encamped there, opposite the mountain.*

Day 2:

(3) *Moses ascended to God, and Hashem called to him from the mountain, saying, "So shall you say to the House of Jacob and relate to the Children of Israel. (4) 'You have seen what I did to Egypt, and that I have borne you on the wings of eagles and brought you to Me. (5) And now, if you hearken well to Me and observe My covenant, you shall be to Me the most beloved treasure of all peoples, for Mine is the entire world. (6) You shall be to Me a kingdom of ministers and a holy nation.' These are the words that you shall speak to the Children of Israel." (7) Moses came and summoned the elders of the people, and put before them all these words that Hashem had commanded him. (8) The entire people responded together and said, "Everything that Hashem has spoken we shall do!"*

Day 3:

Moses brought back the words of the people to Hashem. (9) Hashem said to Moses, "Behold! I am coming to you in the thickness of the cloud, so that the people shall hear as I speak to you, and they will also believe in you forever."

Day 4:

Moses related the words of the people to Hashem. (10) Hashem said to Moses, "Go to the people and sanctify them today and tomorrow, and they shall wash their clothing. (11) Let them be prepared for the third day, for on the third day Hashem shall descend in the sight of the entire people on Mount Sinai."

The commandment of setting boundaries:

(12) *"You shall set boundaries for the people roundabout, saying, 'Beware of ascending the mountain or touching its edge; whoever touches the mountain shall surely die. (13) A hand shall not touch it, for he shall surely be stoned or thrown down; whether animal or person he shall not live; upon an extended blast of the shofar, they may ascend the mountain.' "*

The days of preparation:

(14) *Moses descended from the mountain to the people. He sanctified the people and they washed their clothing. (15) He said to the people, "Be ready after a three-day period; do not draw near a woman."*

The day of the Revelation:

(16) *On the third day when it was morning, there was thunder and lightning and a heavy cloud on the mountain, and the sound of the shofar was very powerful, and the entire people that was in the camp shuddered . . .*

19. The opinion of this Tanna [the Rabbis] seems to be contradicted by the following verse (*Exodus* 24:16): וַיְכַסֵּהוּ הֶעָנָן שֵׁשֶׁת יָמִים וַיִּקְרָא אֶל־מֹשֶׁה בַּיּוֹם הַשְּׁבִיעִי מִתּוֹךְ הֶעָנָן, *. . . and the cloud covered it* [the mountain] *for a six-day period. He* [God] *called to Moses on the seventh day from the midst of the cloud.* The solution is that the Rabbis follow the Tannaic view which maintains that the events described here occurred *after* the Revelation [see *Yoma* 4a].

According to R' Yose, however, these events did indeed occur *before* the Revelation. In his opinion, the reason why the above verse specifies Moses, when in fact God spoke to *all* Israel at that time, is that it wishes to accord honor to Moses [see *Yoma* 4a-b] (*Rashi, Ritva MHK* ed.).

20. [I.e. the vicinity of Mount Sinai.]

21. *Exodus* 19:1 (see note 18).

22. Ibid. 12:2. The verse's plain meaning is that Nissan is the first of the months of the year. However, interpreting הַחֹדֶשׁ הַזֶּה as *this new moon,* the Mechilta teaches that God pointed out the new moon to Moses, showing him how it should appear when Rosh Chodesh is to be proclaimed. According to this interpretation, these words were evidently spoken on Rosh Chodesh (see *Rashi* to *Exodus* 12:2 and *Malbim;* see also *Tosafos*).

23. See previous note.

24. The Ten Commandments are referred to as "the Torah," because all the 613 commandments of the Torah are incorporated in them, as explained by *Rav Saadiah Gaon* (*Rashi* to *Exodus* 24:12; see *Rashi* below, 87a ד״ה התורה כולה).

25. *Exodus* 20:8.

והא טבולי יום נינהו אביי בר רבין ורב חנינא בר אבין דאמרי תרוייהו ניתנה תורה לטבול יום יתיב מרימר וקאמר לה להא שמעתא א"ל רבינא למרימר ניתנה קאמרת או ראויה קאמרת אמר ליה ראויה קאמינא וליטבלו ביני שימשי וליקבלו תורה ביני שימשי • אמר רבי יצחק א) לא מראש בסתר דברתי (א) וליטבלו בצפרא דשבתא וליקבלו תורה בצפרא דשבתא א"ר יצחק שלא יהא הללו הולכין לקבל תורה והללו הולכין לטבילה א"ר חייא ברבי אבא א"ר יוחנן זו דברי ר' ישמעאל ור' עקיבא אבל חכמים אומרים [א] שש עונות שלמות בעינן אמר רב חסדא מחלוקת שפירשה מן האשה *אבל פירשה מן האיש טמאה כל זמן שהיא לחה מתיב רב ששת ב) וכל בגד וכל עור אשר יהיה עליו שכבת זרע פרט לשכבת זרע שהיא סרוחה מאי לאו שפירשה מן האיש לא שפירשה מן האשה בעי רב פפא (ב) שכבת זרע של ישראל במעי כותית מהו ישראל דדאיגי במצות חביל גופייהו עכו"ם דלא דאיגי במצות לא או דילמא כיון דאכלין שקצים ורמשים חביל גופייהו ואם תמצי לומר כיון דאכלי שקצים ורמשים חביל גופייהו במעי בהמה מהו אשה (היא) דאית לה פרוזדור מסרחת אבל בהמה דלית לה פרוזדור לא או דילמא לא שנא תיקו: ת"ר בששי בחדש ניתנו עשרת הדברות לישראל • רבי יוסי אומר בשבעה בו אמר רבא דכולי עלמא בר"ח אתו למדבר סיני כתיב הכא ג) ביום הזה באו מדבר סיני וכתיב התם ד) החדש הזה לכם ראש חדשים מה להלן ר"ח אף כאן ר"ח ודכולי עלמא בשבת ניתנה תורה לישראל כתיב הכא ה) זכור את יום השבת לקדשו וכתיב התם ו) ויאמר משה אל העם זכור את היום הזה מה להלן בעצומו של יום אף כאן בעצומו של יום כי פליגי בקביעא דירחא רבי יוסי סבר בחד בשבא איקבע ירחא ובחד בשבא לא אמר להו ולא מידי משום חולשא דאורחא בתרי בשבא אמר להו ז) ואתם תהיו לי ממלכת כהנים בתלתא

רש"י

והא טבולי יום נינהו. כיון דלכולהו שמעינן דבלילי שבת טבלו הוו להו טבולי יום כשקבלו תורה שלא היה להם הערב שמש אחר הטבילה וכיון דהכי הוא איכא למימר דמבע"י טבלו שם ואפ"ה פליטתן טהורה ובצרי להו חדא עונה אליבא דכולהו: **ראויה קאמינא.** ראויה ליתן לטבולי יום וקסברי הני תנאי לא הקפידה תורה על טבולי יום דלא כתיב הערב שמש אלא לענין קדשים הלכך כל ג' ימים האמורים לענין פרישה הוזקקו להיות קודם טבילה ומיהו לא ניתנה לטבולי יום לפי שטבלו מבעו"י ולא פלטו ואם היו פולטות יחזרו ויטבלו משמחשך אבל לא הוצרכו לכך: **וליטבלו בי שמשי וליקבלו תורה בי שמשי.** לילי שבת קרי בי שמשא בכל דוכתא מפני שבין השמשות שלו חלוק מכל ימים והוצרך להזכירו בכמה מקומות והכי פריך לר' עקיבא דאמר הקפידה תורה על מנין העונות ולא הקפידה אלא על חמש למה לא קבלוה בלילה מדהמתין עד הבקר איכא למימר שהקפידה על פליטת הלילה ואיכא ו' עונות: **לא בסתר דברתי.** במקום ארץ חשך ולילה חשך הוא: **ליטבלו בשבתא בצפרא.** ולמה הוצרך (ג) לירד בהשכמה דיום א' פרשו עם חשכה בד' ויטבלו בשבת שחרית ואם פלטו לאחר טבילה טהורין דהא עברו ה' עונות שלמות ואם פלטו לילי שבת ונטמאו לא איכפת לן וטובלין שחרית דהא בעל קרי טובל ביומו ואת אמרת ניתנה תורה לטבולי יום ויש ספרים דגרסינן ביה תרי לישני וגרסינן הכי לרבי אלעזר לישמשו ביממא דחמשא לר' ישמעאל לישמשו בליליא דחמשא לרבי עקיבא לישמשו ביממא דארבעה ואומר אני שהוא שיבוש והגורסו טעה ולא ידע לפרש מהו שאמר ר' ישמעאל פעמים שהן ה' עונות כו': **אבל חכמים אומרים ו' עונות שלמות.** סברי להו כר' יוסי דאמר בארבעה עביד פרישה ובהשכמה כר' עקיבא ולית להו שטבלו בלילי שבת אלא סבירא להו דאותן שטבלו לילי שבת ופלטו לאחר טבילה הוצרכו לטבול בשבת שחרית ולפיכך נתעכבה שכינה מליתן עד הבקר ולא משום לא בסתר דברתי לחודיה: **שפירשה מן האשה.** כגון פולטת שכבת זרע שקבלה מזכר הוא דאמר ר' אלעזר בן עזריה דבתרי יומי מסרחת מפני שמתחממת בגופה: **אבל פירשה מן האיש.** על הבגד מטמאה לעולם: **כל זמן שהיא לחה.** ומיהו משיבשה לא מטמיא דתו לא חזיא להזריע: **מאי לאו שפירשה מן האיש.** על הבגד ומטהר לה לכשתסרח דלא קתני פרט לכשיבשה: **של ישראל במעי כותית** מהו. מי מסרחת בג' ימים כישראלית ואי פלטה ליה בתר ג' טהור הנוגע בטיפה או לא ולהכי נקט שכבת זרע של ישראל דאילו דכותי אמרינן במסכת נדה קריו טהור בפ' בנות כותים (נדה דף לד.): **דדייגי במצות.** לקיים מלות וחרדים בדבר ומתוך דאגה מתחממין כדכתיב (תהלים לט) חם לבי בקרבי: **חביל.** חם: **דאית לה פרוזדור.** בשר כותלי בית הרחם בולט מן השינים ולחוץ ובית הרחם הוי מן השינים ולפנים: **אשה אית לה פרוזדור.** לפיכך לא שליט בה אויר בגופה ומתחממת: **בו' בחדש כו'.** דהא דכתיב ויכסהו הענן ששת ימים ויקרא אל משה ביום השביעי סבירא להו כר' יוסי הגלילי דאמר בפ"ק דיומא (דף ד.) זה היה מעשה אחר עשרת הדברות ור' יוסי סבירא ליה דמשה וכל ישראל עומדים לקבל עשרת הדברות ולא בא הכתוב אלא לחלק כבוד למשה: **כתיב הכא.** הזה הזה לגזירה שוה: **מה להלן.** זכור את היום הזה בעצמו של יום הזכירה דיציאת מצרים נאמר להו כדכתיב הזה אף כאן בעצמו של יום הזכירה דשבת נאמר להן זכור את יום וגו': **בקביעא דירחא.** באיזה יום הוקבע החדש: **משום חולשא דאורחא** גרסינן: **בתרי בשבא אמר להו ואתם תהיו לי.** ומשה עלה ויקרא אליו כל הענין עד אלה הדברים אשר תדבר וגו' הדברים האלה נאמרו לו למחרת ביאתם כדאמרינן כל עליותיו בהשכמה היו ואפי' למאן דלית ליה בהשכמה ירד דלא אקים אית ליה בהשכמה עלה דהא בהדיא כתיב קרא:

בתלתא

תוספות

וליטבלו ביני שימשי וליקבלו תורה ביני שימשי. פירש בקונטרס דלר' עקיבא פריך ור"י אומר דלר' אלעזר בן עזריה ור' ישמעאל נמי פריך דנילף מהכא דלעונות קפיד קרא דאי איממים לקבלו תורה בי שימשי:

וליטבלו בצפרא דשבתא. הא ודאי לא פריך אלא לר' עקיבא דס"ל דלעונות קפיד קרא דנימא דילמא בעינן שש עונות וכי תימא אם היו פולטות בסוף ליל שבת מתי יטבלו ליטבלו בצפרא דשבתא אבל לר"א ורבי ישמעאל לא פריך דנימא דילמא קפיד רחמנא אעונות דפעמים היא קולא כגון אם שימשה בתחילת הלילה דאי קפדינן אעונות משעברו ה' עונות טהורה והשתא דקפיד איממים אינה טהורה עד יום רביעי ומיהו מצינן למימר דפריך דילמא קפיד אעונות ואימים אתרוייהו לחומרא כששימשה בתחילת הלילה ניזיל בתר יומי וכי שימשה בסוף היום ניזיל בתר עונות: **אמר ר' יצחק שלא יהא הללו הולכים לקבל תורה.** וא"ת א"כ מה צריך רבי יצחק לדרשה דלא מראש בסתר דברתי ויש לומר דאיצטריך דאי לאו הכי ליטבלו בתחילת לילי השבת ומחצות לילה ואילך יקבלו תורה אבל ביום אם היו מאחרים עד שיטבלו כולם היו מתבטלין מת"ת: **אבל פירשה מן האיש טמאה כל זמן שהיא לחה.** הקשה ר"ת דמתני' היא דתנן בפרק דם הנדה (נדה נד:) הזוב והניע והרוק ושכבת זרע מטמאין לחין ואין מטמאין יבישין ומיהו לא קשה כולי האי דאיכא למימר מטמאין לחין תוך ג' ור"ת מפרש דהכא בזכר שנרבע ופלט זרע דומיא דאשה והתם ברלה קרי וכן פי' ר"ח: **וכתיב התם החדש הזה לכם.** תימה דבפרק קמא דפסחים (דף ו.) פריך אהאי קרא גופיה ממאי דבריש ירחא קאי וי"ל דודאי בריש ירחא קאי דאמרי' במדרש (מכילתא) שהראהו הקב"ה למשה באצבע ובפסחים לא פריך אלא דבעי למילף מינה הא דאמר רשב"ג שדורשין לפני הפסח בהלכות הפסח שתי שבתות שהרי נביא עומד בר"ח ומזהיר על הפסח וממאי דנביא בריש ירחא קאי ונהי דבר"ח אמר ליה הקב"ה דילמא משה כשאמר לישראל בארבע' בירחא או בחמשה הוה קאי ומסיק דיליף מדבר ממדבר דבההוא דבאחד לחדש השני אמירת משה לישראל היתה בו ביום כדכתיב באחד לחדש השני ויתילדו על משפחותם וגו' וא"ת דהאי לא יליף הכא מדבר ממדבר כדיליף התם דהכא נמי כתיב מדבר באו מדבר סיני ויש לומר דטפי ניחא ליה למילף הזה הזה ולא מדבר ממדבר:

בתלתא אמר להו מצות הגבלה. לכ"ע הגבלה קדמה לפרישה דתלתא ויאמר כתיבי וסברא הוא דכל אחד נאמר ביומו בקמא כתיב ואתם תהיו לי וגו' ובבתרא כתיב מצות פרישה ומצות הגבלה ובאמצעי לא כתב ביה מידי שיעשה משה שליחות לישראל ואית לן למישדי מצות הגבלה אההיא אמירה ולא אמצות פרישה שהרי מיד אחר אמירה אחרונה כתיבא מצות פרישה:

היום

עין משפט נר מצוה

כט א מיי' פ"ה מהלכות שאר אבות הטומאות הלכה יג:

ל ב ג מיי' שם הלכ"ו:

הגהות הגר"א

[א] גמ' שש עונות. נ"ב גירסת הגאונים ג' עונות:

ליקוטי רש"י

לא מראש בסתר דברתי. בסיני [ישעיה מח, טז]. **דדאיגי במצות.** ירלאים וחרדים במלות ומתוך דאגתן מתחממין [נדה לד:].

רבינו חננאל

מוקים כתנאי. תני רישא טהורה וכולה ר' אלעזר בן עזריה היא ועד השתא איכא תנאי דתני טמאה ואיכא רבנן דמפרשי כגירסא רב מוקים לה כתנאי. ור' יוחנן לא מוקים לה כתנאי. ומן דלא מוקים ליה כתנאי דטרח כמה דיכול למהוה מתני' אליבא דחד תנא מיפלגא מאני בתרי לבי מסותא. ואמר רב פפא מוקמינן לה מתניתין כתרי תלתא טעמי. ולא מוקמינן בתרי תלתא תנאי. וכי דפרשינן בפירקין קמאי: תנן התם הפולטת ש"ז ביום השלישי טהורה דברי ר' אלעזר בן עזריה. טעמיה דר' אלעזר בן עזריה אפילו ב' עונות שלימות ומשהו והעונה יום או לילה. וקא מיתני בפירוש דר' אלעזר בן עזריה טעמיה יש שם יום וכל שהוא והיא טהורה. כיצד שמשה את ביתה ע"ש קודם שקיעת החמה ועברו ב' עונות לילי שבת ויום שבת ופלטה במ"ש לאחר שקיעת החמה וחזרי הוא יום שלישי נמצא יום וכל שהוא והיא טהורה. ב' ימים חסר משהו והיא טמאה. כיצד שמשה את ביתה ע"ש לאחר שקיעת החמה ופלטה לאחר בשבת קודם לשקיעת החמה הרי יש כאן ב' ימים חסר משהו והיא טמאה. לפי שאינו יום שלישי עד שתשקע החמה ליכנס יום ג' בשבת. ר' ישמעאל אומר פעמים שהן ד' עונות פעמים שהן ה' פעמים שהן שש. טעמיה דר' ישמעאל שהוא עושה מקצת עונה ככולה וסבר אין יום שלישי (אחד) [טהורה] פחות מד' עונות שהן ב' ימים שלימים. דקאמר ר' אלעזר בן עזריה ב' עונות שלימו' ומשהו קאמר ר' ישמעאל צריך עונה שלימה לפניהן ועונה שלימה לאחריהן. דקסבר יש פולטת בג' והיא טמאה. כי הא מתני' דאמרינן רישא דלא כר' אלעזר בן עזריה ואלין ד' עונות לר' ישמעאל בעי להו מכלל ג' ימים ולא סגי דהוויין ב' ימים ובעי דסופן הנץ החמה ושקיעה. ואי הוה תשמש מן קמי הנץ החמה או שקיעתא צריך אפילו בי"א שעות ומחצה לא מיחשב. והיכי דמי פעמים שהן ד' דספק כגון ששמשה בסוף לילי אחד בשבת ופלטה בסוף לילי שלישי בשבת הרי כאן ד' שלימות. שמתחלתן וסופן הנץ ושקיעת מכלל ג' ימים. והיכי דמי פעמים שהן חמש כגון ששמשה בתחלת לילי אחד בשבת ופלטה בסוף לילי [שלישי] שבת. אם אתה חושב ד' של יום אחד ויום שני הרי הן משני ימים בלבד לפיכך לא מיחשיב ליה אלא אחד מן יום אחד בשבת ושתים של שני ואחת ללילי שלישי. והיכי דמי פעמים שהן שש כגון ששמשה במקצת יום שבת אחר הנץ החמה ופלטה בסוף לילי שלישי לא מיחשיב יום שבת כל העיקר דלא הוה ליה הנץ החמה ומן יום אחד ויום שני לא מיחשיב אלא (שלשה) [חמש] ולילי שלישי הרי שש. והכין נמי אם שמשה בתחלת לילי אחד בשבת ופלטה בסוף יום שלשה קודם לשקיעת החמה אין כאן ד' עונות שלמות מכלל שלשה ימים לעילא דלא מיחשיב משלישי אלא אחד. והרי בן שש. יום אחד ויום שני ויום שלישי. ר"ע אומר לעולם חמש. טעמיה דר"ע דשקיל מן הכא להכא וסבר שאם יצאת מקצת עונה ראשונה משלימין לה מקצת עונה ששית ומצריך שפלטה אחר ששים שעות מן התשמיש שהן שיעור ב' ימים ומחצה: **אמרוה** רבנן קמיה דרב פפא ואמרי לה רב פפא לרבא (קמיה דרבא). בשלמא ר' אלעזר בן עזריה כרבנן דאמרי בחמשה עבד להו משה לישראל פרישה לילי ששי ויום ששי ומשהו מחמישי ומלילי שבת. לפיכך אם שמשה ביום חמישי קודם שקיעת החמה ופלטה בלילי שבת אחר שקיעת החמה טהורה. ר"ע כר' יוסי דאמר בארבעה עבד להו משה פרישה כגון דאפרשינהו מיום רביעי משכחת ה' עונות בתר חדא שעתא מלילי שבת. כדא"ר עקיבא אם יצאת מקצת עונה ראשונה משלימין לו מקצת עונה ששית. אלא ר' ישמעאל דקמצריך ד' עונות שלימות שמתחלת מתחלת יום או תחלת לילה מתוך ג' ימים כמאן לא כרבנן ולא כר' יוסי. מדרבנן מרחק טובא. ומדר' יוסי נמי דהא יומא דארבעה שיצא מקצתו לא מיני למחשביה עונה כי דחשיב ליה ר"ע וארבעי דבידיה חמישי ושש אינון בלחוד ובעי להו מכלל ג' ימים כמאן קאי ופרקינן לעולם כר' יוסי קאי ר' ישמעאל. ואמר רב אדא בר אבא משה בהשכמה עלה ובהשכמה ירד דאלמא סבר דעבד להו פרישה ביום רביעי בהשכמה קודם הנץ החמה והוה להו חמש עונות מכלל ג' ימים. כדפרשינן לר' ישמעאל בענין פעמים ה'. דסלקא שמעתא ומקשינן בין לר' ישמעאל ובין לר"ע למה ליה למשה רבינו למעבד פרישה לישראל בימא דארבעה והאמר רב הונא ישראל קדושים הן ואין משמשין מטותיהן ביום. ופרקינן איצטריך למשה לאפרושינן והאמר

רבא

מסורת הש"ס

א) נדה לד:, ב) [שם וע"ז לו:], ג) [ע"ש], ד) תענית כח: יומא ד:, ה) פסחים ו:, ו) כ"ה בג' רש"ל וש גורסים כל ג' האמורים ר"ל דעת לדא"ע או ר"ע או ר"י, ז) [ישעיה מ"ה פי"ט לא בסתר דברתי במקום ארץ חשך והך קרא מוקדם לקרא דמייתי בסוגיין לא מראש בסתר דברתי [ע"ש] ותלוה ליתן טעם], ח) שייך לקמן.

תוספות ישנים

א) נ"ל רק קודם טבילה ולא קודם טהרה.

הגהות הב"ח

(א) גמ' בסתר דברתי וגו' וליטבלו: (ב) רש"י ד"ה ליטבלו בשבתא בצפרא ולמה הוצרך להפריש בהשכמה דיום רביעי יפרשו עם חשכה וכו' לא איכפת לן דטובלות וכו' לר' ישמעאל לישמשו ביממא דארבעה לר"ע לישמשו בליליא דארבעה:

גליון הש"ס

גמ' אמר ר"י לא מראש בסתר דברתי. זה פסוק בישעיה מח ורש"י ליין לא בסתר דברתי שזה פסוק ישעיה מה: גמ' ר' יוסי אומר בשבעה בו. עי' ע"ז דף ג ע"א תוס' ד"ה יום הששי:

תורה אור השלם

א) קִרְבוּ אֵלַי שִׁמְעוּ זֹאת לֹא מֵרֹאשׁ בַּסֵּתֶר דִּבַּרְתִּי מֵעֵת הֱיוֹתָהּ שָׁם אָנִי וְעַתָּה אֲדֹנָי אֱלֹהִים שְׁלָחַנִי וְרוּחוֹ: [ישעיה מח, טז]

לֹא בַסֵּתֶר דִּבַּרְתִּי בִּמְקוֹם אֶרֶץ חֹשֶׁךְ לֹא אָמַרְתִּי לְזֶרַע יַעֲקֹב תֹּהוּ בַקְּשׁוּנִי אֲנִי יְיָ דֹּבֵר צֶדֶק מַגִּיד מֵישָׁרִים: [ישעיה מה, יט]

ב) וְכָל בֶּגֶד וְכָל עוֹר אֲשֶׁר יִהְיֶה עָלָיו שִׁכְבַת זָרַע וְכֻבַּס בַּמַּיִם וְטָמֵא עַד הָעָרֶב: [ויקרא טו, יז]

ג) בַּחֹדֶשׁ הַשְּׁלִישִׁי לְצֵאת בְּנֵי יִשְׂרָאֵל מֵאֶרֶץ מִצְרָיִם בַּיּוֹם הַזֶּה בָּאוּ מִדְבַּר סִינָי: [שמות יט, א]

ד) הַחֹדֶשׁ הַזֶּה לָכֶם רֹאשׁ חֳדָשִׁים רִאשׁוֹן הוּא לָכֶם לְחָדְשֵׁי הַשָּׁנָה: [שמות יב, ב]

ה) זָכוֹר אֶת יוֹם הַשַּׁבָּת לְקַדְּשׁוֹ: [שמות כ, ח]

ו) וַיֹּאמֶר מֹשֶׁה אֶל הָעָם זָכוֹר אֶת הַיּוֹם הַזֶּה אֲשֶׁר יְצָאתֶם מִמִּצְרַיִם מִבֵּית עֲבָדִים כִּי בְּחֹזֶק יָד הוֹצִיא יְיָ אֶתְכֶם מִזֶּה וְלֹא יֵאָכֵל חָמֵץ: [שמות יג, ג]

ז) וְאַתֶּם תִּהְיוּ לִי מַמְלֶכֶת כֹּהֲנִים וְגוֹי קָדוֹשׁ אֵלֶּה הַדְּבָרִים אֲשֶׁר תְּדַבֵּר אֶל בְּנֵי יִשְׂרָאֵל: [שמות יט, ו]

וּכְתִיב הָתָם – **And it is written there,**[26] concerning the Exodus from Egypt: ,,וַיֹּאמֶר מֹשֶׁה אֶל־הָעָם זָכוֹר אֶת־הַיּוֹם הַזֶּה'' – ***Moses said to the people, "Remember*** (*zachor*) ***this day*** *on which you departed from Egypt."* The use of the word *zachor* in both verses manifests a link (*gezeirah shavah*) between them, which teaches: מַה לְהַלָּן בְּעִצּוּמוֹ שֶׁל יוֹם – **Just as there,** the commandment to remember the Exodus was given **on the very day** of the Exodus,[27] אַף כָּאן בְּעִצּוּמוֹ שֶׁל יוֹם – so **here, too,** the commandment to remember the Sabbath (and, by inference, *all* the Ten Commandments) was given **on the very day** of the Sabbath.

Rava continues:

כִּי פְּלִיגֵי – **Where do they** [the Rabbis and R' Yose] **disagree?** בִּקְבִיעָא דְיַרְחָא – They disagree **regarding the establishment of the month,** i.e. on which day of the week the month of Sivan began.[28] רַבִּי יוֹסֵי סָבַר בְּחַד בְּשַׁבָּא אִיקְּבַע יַרְחָא – **R' Yose maintains** that **the month was established on Sunday,** i.e. the first day of Sivan was a Sunday.[29]

Before mentioning the Rabbis' opinion, Rava elaborates upon R' Yose's view:

וּבְחַד בְּשַׁבָּא לֹא אָמַר לְהוּ וְלֹא מִידֵי – **And on** that **Sunday, [Moses] did not report anything to [the people],**[30] מִשּׁוּם חוּלְשָׁא דְאוֹרְחָא – **because of exhaustion from the journey.** בִּתְרֵי בְּשַׁבָּא אָמַר לְהוּ – **On Monday, he reported to them:** ,,וְאַתֶּם תִּהְיוּ־לִי מַמְלֶכֶת כֹּהֲנִים'' – ***You shall be to Me*** [God] ***a kingdom of ministers.***[31]

NOTES

26. *Exodus* 13:3.

27. As is evident from the word הַזֶּה, *this* [day] (*Rashi, Chidushei HaRan*).

28. According to Torah law, the new month is proclaimed when witnesses report to *beis din* that they saw the new moon. Since the lunar cycle is between 29 and 30 days long, the new moon appears on the night of (i.e. the night preceding) the thirtieth day or the thirty-first day after its previous appearance. Thus, the first of the month (Rosh Chodesh) could fall on either one of these two days. [Nowadays, we follow a fixed calendar which generally alternates between a 29-day month and a 30-day month.]

29. The new moon was sighted on Saturday night, and hence that night and the following day (Sunday) was proclaimed as Rosh Chodesh. It emerges that, according to R' Yose, the Jews arrived at Mt. Sinai on a Sunday. [As we shall see below (87a), the Rabbis hold that they arrived on a Monday.]

30. That is, he did not tell them anything that God had commanded him to instruct them. He did, however, begin describing to them the reward for observing the Torah and the punishment for transgressing it, as stated below, 87a (*Ritva MHK* ed. here; *Chidushei HaRan* to 87a ד״ה שלישי; *Maharsha* ibid. [*Chidushei Halachos* ד״ה בד״ה לכדתניא]).

31. *Exodus* 19:6 (quoted in note 18). Moses always ascended early in the morning (see above, 86a). Consequently, he did not go up on the day of the Jews' arrival, but rather the next day, which was a Monday. God then told him that which is narrated in verses 3-6, and Moses reported it to the people (*Rashi*).

Although not everyone agrees that Moses *descended* early in the morning (for some do not subscribe to the Scriptural analogy between Moses' descents and ascents – see above, 86a), he certainly *ascended* at that time of day, for this is stated explicitly [in *Exodus* 34:4] (*Rashi*).

Rava said above that Moses did not report any message from God on Sunday because of "exhaustion from the journey." The commentators ask why Rava did not give the reason stated here instead (viz. Moses did not go up to God until Monday because he always ascended early in the morning). *Maharsha* answers that the people might have arrived at dawn on Sunday, giving time for Moses to ascend that very day. In such a case, the only reason why God would not have sent any message that Sunday was that the people were exhausted (see *Maharsha* to 87a ד״ה בתרי; see also *Rashash* and *Yad David* [*Kamma*]).

בִּתְלָתָא אָמַר לְהוּ מִצְוַת הַגְבָּלָה – **On Tuesday, he gave them the commandment of setting boundaries.**[1] בְּאַרְבָּעָה עֲבוּד פְּרִישָׁה – **On Wednesday, they separated**[2] from their wives.[3]

Rava now presents the order of events according to the Rabbis: וְרַבָּנָן סָבְרֵי – **But the Rabbis maintain** that בִּתְרֵי בְּשַׁבָּא אִיקְבַע יַרְחָא – **the month** of Sivan **was established** (i.e. it began) **on Monday.** Thus, it was on Monday that the people arrived at Sinai.[4] בִּתְרֵי בְּשַׁבָּא לֹא אָמַר לְהוּ וְלֹא מִידִי – **On** that **Monday, [Moses] did not report anything to them,**[5] מִשּׁוּם חוּלְשָׁא דְאוֹרְחָא – **because of exhaustion from the journey.** בִּתְלָתָא אָמַר לְהוּ – **On Tuesday, he reported to them:** "וְאַתֶּם תִּהְיוּ־לִי" – ***You shall be to Me** a kingdom of ministers* etc. בְּאַרְבָּעָה אָמַר לְהוּ מִצְוַת הַגְבָּלָה – **On Wednesday, he gave them the commandment of setting boundaries.** בַּחֲמִישָׁה עֲבוּד פְּרִישָׁה – **On Thursday, they separated** from their wives.[6]

The Gemara challenges R' Yose's view:

מֵיתִיבֵי – **They challenged** it from the following verse:[7] "וְקִדַּשְׁתָּם הַיּוֹם וּמָחָר" – *God said to Moses: Go to the people **and sanctify them today and tomorrow.*** The people were commanded to abstain for *two* days ("today and tomorrow"). Hence, this commandment was evidently given two days before the Sabbath,[8] i.e. on Thursday. קַשְׁיָא לְרַבִּי יוֹסֵי – It is thus **a contradiction to R' Yose,** who maintains that this commandment was given on Wednesday. – ? –

The Gemara answers:

אָמַר לָךְ רַבִּי יוֹסֵי – **R' Yose would answer you** as follows: יוֹם אֶחָד הוֹסִיף מֹשֶׁה מִדַּעְתּוֹ – **Moses added one day** of abstinence **on** the basis of **his** own **understanding.**[9]

The Gemara corroborates this answer:

דְּתַנְיָא – **As it was taught in a Baraisa:** שְׁלֹשָׁה דְבָרִים עָשָׂה מֹשֶׁה מִדַּעְתּוֹ – MOSES DID THREE THINGS based ON HIS own UNDERSTANDING, וְהִסְכִּים הַקָּדוֹשׁ בָּרוּךְ הוּא עִמּוֹ – AND THE HOLY ONE, BLESSED IS HE, AGREED WITH HIM in each instance: הוֹסִיף יוֹם אֶחָד מִדַּעְתּוֹ – HE ADDED ONE DAY of abstinence based ON HIS own UNDERSTANDING;[10] וּפֵירֵשׁ מִן הָאִשָּׁה – HE permanently SEPARATED FROM his WIFE;[11] וְשִׁבֵּר אֶת הַלּוּחוֹת – AND HE BROKE THE two TABLETS of the Law.[12]

NOTES

1. See *Exodus* 19:12,13 (cited in 86b note 18).

2. Literally: they made separation.

3. The chronology of events according to R' Yose:

Sunday: On Sunday, the first of Sivan, the people arrived at Sinai.

Monday: God said to Moses, "*You shall be to Me a kingdom of ministers* etc.," which was reported by Moses to the people that evening. The people responded, "*Everything that Hashem has spoken we shall do!*"

Tuesday: Moses ascended early in the morning and reported the people's response. God told Moses, "*Behold! I am coming to you in the thickness of the cloud* etc.," and He instructed Moses to set boundaries around the mountain (see end of note). Moses relayed this instruction to the people, which they accepted.

Wednesday: Again, Moses ascended in the morning and told God of the people's acceptance. Moses was commanded to tell them to abstain from marital relations for two days – "*Sanctify them today and tomorrow*" (i.e. Wednesday and Thursday). Thus, Wednesday was the first day of abstinence.

Thursday: The second day of abstinence.

Friday: The third day of abstinence, which was added by Moses (see Gemara below).

Sabbath: The Revelation.

Although the Torah records the commandment of setting boundaries *after* the commandment of abstinence (see 86b note 18), in fact it was stated the day before. This can be deduced from verse 9 which states: *Hashem said to Moses, "Behold! I am coming to you etc." Moses related the words of the people to Hashem.* The Torah does not say what these "words of the people" were. Moreover, God's statement in this case (*Behold! I am coming* etc.) did not require any response. It would therefore seem that God also gave at that time the commandment of setting boundaries. It was the people's acceptance of this commandment that Moses reported back to God (*Rashi; Tosafos* on 86b ד"ה בתלתא; *Ritva MHK* ed.; *Ran MHK* ed.; see also *Maharsha* ד"ה וישב משה; cf. *Rashi* to verse 9; see *Pnei Yehoshua*). Thus, the commandment of setting boundaries was given on Tuesday (the day when God said, "*Behold! I am coming to you*"), although the commandment of abstinence (which is recorded earlier) was not given until Wednesday.

4. All parties agree that they arrived on Rosh Chodesh Sivan, as Rava above (86b) inferred from Scripture.

5. See 86b note 30.

6. According to the Rabbis, the order of events was the same as above (note 3), except that some events occurred one day later in the week, as follows:

Monday: Arrival at Mt. Sinai.

Tuesday: God said, *"You shall be to Me a kingdom of ministers* etc.," and the people responded, *"Everything that Hashem has spoken we shall do!"*

Wednesday: God announced, *"Behold! I am coming to you,"* and gave the order to set boundaries.

Thursday: The people were instructed to abstain from marital relations "*today* [Thursday] *and tomorrow* [Friday]."

Friday: The second day of abstinence.

Sabbath: The Revelation.

In the Rabbis' opinion, there were only two days of abstinence before the Revelation (Thursday and Friday), whereas R' Yose maintains that there were three (Wednesday through Friday).

7. *Exodus* 19:10.

8. For everyone agrees that the Ten Commandments were given on the Sabbath.

9. The Gemara is answering that in fact it was on Wednesday that God issued the command to abstain, as R' Yose maintains. However, God intended that the period of abstinence would last two days [Wednesday and Thursday], whereas Moses proceeded to add an extra day [Friday] on his own accord. God agreed with Moses' innovation (*Rashi*). [Moses' reason for adding another day is discussed below.]

According to this, God planned to give the Ten Commandments on Friday, and Moses postponed this event until the Sabbath. This is apparently contradicted, however, by the Gemara above (86b) which infers from the very text of the Ten Commandments (specifically from the word זָכוֹר, *remember*) that they were given on the Sabbath. *Pnei Yehoshua* answers by citing the Gemara (*Shevuos* 20b) which states that God said two words – זָכוֹר, *remember,* and שָׁמוֹר, *guard* – simultaneously. Originally, God intended to say only שָׁמוֹר, *guard.* After God agreed with Moses' decision, He added the word זָכוֹר, *remember,* to demonstrate that the Ten Commandments were given on the Sabbath.

10. This Baraisa evidently follows R' Yose. According to the Rabbis, Moses did not add an extra day.

11. Moses abstained from marital relations shortly before the Revelation, when the rest of the people did. However, unlike them, he did not resume marital relations after the Torah was given (*Rashi*). Moses and his wife either divorced or lived in separate quarters (*Tos. HaRosh; Tosafos* to *Yevamos* 62a ד"ה דכתיב; cf. *Ben Yehoyada*).

Rashi implies that Moses began to abstain shortly before the Revelation. *Tosafos,* however, cite a Midrash which states that he was celibate from the time God first spoke to him [i.e. at the burning bush] (see *Yad David* [*Basra*] and *Yefei Einayim*).

Moses did this in spite of the fact that he did not have a daughter and thus was still Scripturally obligated to engage in procreation (see *Yevamos* 61b-62a). [The rationale for Moses' behavior is given below.]

12. God engraved the Ten Commandments on two sapphire tablets, which Moses was supposed to take to the people. But when Moses descended from Mt. Sinai and saw the people worshiping the Golden Calf, he threw the Tablets to the ground, shattering them (*Exodus* 32:19). [The Gemara below explains why he did this.]

בתלתא אמר להו מצות הגבלה בארבעה עבוד פרישה ורבנן סברי בתרי בשבא איקבע ירחא בתרי בשבא לא אמר להו ולא מידי משום חולשא דאורחא בתלתא אמר להו א) ואתם תהיו לי בארבעה אמר להו מצות הגבלה בה' עבוד פרישה מיתיבי ב) וקדשתם היום ומחר קשיא לר' יוסי אמר לך ר' יוסי יום אחד הוסיף משה מדעתו דתניא א) ג' דברים עשה משה מדעתו והסכים הקב"ה עמו הוסיף יום אחד מדעתו ופירש מן האשה ושבר את הלוחות הוסיף יום אחד מדעתו מאי דריש היום ומחר היום כמחר מה למחר לילו עמו אף היום לילו עמו ולילה דהאידנא נפקא ליה ש"מ תרי יומי לבר מהאידנא ומנלן דהסכים הקב"ה על ידו דלא שריא שכינה עד צפרא דשבתא ופירש מן האשה מאי דריש נשא קל וחומר בעצמו אמר ומה ישראל שלא דברה שכינה עמהן אלא שעה אחת וקבע להן זמן אמרה תורה ג) והיו נכונים וגו' אל תגשו אני שכל שעה ושעה שכינה מדברת עמי ואינו קובע לי זמן על אחת כמה וכמה ומנלן דהסכים הקב"ה על ידו דכתיב ד) לך אמור להם שובו לכם לאהליכם וכתיב בתריה ה) ואתה פה עמוד עמדי ואית דאמרי ו) פה אל פה אדבר בו שבר את הלוחות מאי דריש אמר ומה פסח שהוא אחד מתרי"ג מצות אמרה תורה ז) וכל בן נכר לא יאכל בו התורה כולה [כאן] וישראל מומרים על אחת כמה וכמה ומנלן דהסכים הקב"ה על ידו שנאמר ח) אשר שברת ב) ואמר ר"ל יישר כחך ששברת ת"ש ט) והיו נכונים ליום השלישי קשיא לר' יוסי הא אמרינן יום אחד הוסיף משה מדעתו ת"ש שלישי שלישי בחדש ושלישי בשבת קשיא לרבנן אמרי לך רבנן הא מני ר' יוסי היא שלישי למאי לכדתניא י) וישב משה את דברי העם אל ה' וכתיב כ) ויגד משה את דברי העם אל ה' מה אמר לו הקב"ה למשה ומה אמר להם משה לישראל ומה אמרו ישראל למשה ומה השיב משה לפני הגבורה זו מצות הגבלה דברי ר' יוסי בר יהודה רבי אומר בתחילה פירש עונשה דכתיב וישב משה דברים שמשבבין דעתו של אדם ולבסוף פירש מתן שכרה דכתיב ויגד משה דברים ג) שמושכין לבו של אדם כאגדה ואיכא דאמרי בתחילה פירש מתן שכרה דכתיב וישב משה דברים שמשיבין דעתו של אדם ולבסוף פירש עונשה דכתיב ויגד משה דברים שקשין לאדם ד) כגידין תא שמע ששי ששי בחודש ששי בשבת קשיא לרבנן הא נמי רבי יוסי היא ששי למאי רבא אמר לחנייתן

רש"י

בתלתא אמר להו מצות הגבלה. שהדברים שנאמרו לו בשני ירד לערב ואמרן לישראל כדכתיב ויבא משה ויקרא לזקני העם וגו' ולמחרת השכים ועלה וישב משה את דברי העם וגו' כדאמר כל עליותיו בהשכמה היו ובו ביום נאמר לו הנה אנכי בא אליך בעב וגו' ומצות הגבלה דהשמרו לכם עלות בהר אע"פ שהיא כתובה אחר וקדשתם היום ומחר שהיא מצות פרישה קודם לכן נאמרה דכתיב בההיא עלייה שעלה בשלישי להשיב להקב"ה דברי העם דנעשה (ונשמע) הנה אנכי בא אליך וסיפא דקרא ויגד משה את דברי העם וגו' וכי מה דברי העם יש כאן אלא מצות הגבלה נאמר לו בו ביום ולקמן תניא לה הכי ולערב אמרה לישראל ולמחרת בד' השכים ועלה והגיד שקבלו עליהם מצות הגבלה ונאמרה לו מצות פרישה וקדשתם היום ומחר ואע"פ שיש עוד ג' ימים עד יום שבת האמרינן לקמן לר"י דמשה הוסיף יום אחד מדעתו: **היום ומחר.** משמע בה' נאמר לו לפרוש ה' וו': **אמר לך ר' יוסי.** לעולם ברביעי נאמר לו לפרוש ד' וה' והוא הוסיף יום אחד והסכים הקב"ה לדעתו: **ופירש מן האשה.** לגמרי לאחר מתן תורה מיד משפירש עם חביריו שוב לא חזר לתשמיש: **אף היום.** צריך להיות לילו עמו והא לא אפשר: **וקבע להם זמן.** אימתי ידבר עמהם: **אמרה תורה והיו נכונים וגו'.** (א) פירשו מנשותיהן: **ולא קבע לי זמן.** לדבורו שאוכל לפרוש קודם לכן: **לאהליכם.** להתיר נשותיכם לתשמיש שאסרתי לכם: **בן נכר.** מומר שנתנכרו מעשיו לאביו שבשמים: **התורה כולה.** תלויה בלוחות הללו וישראל מומרים על אחת כמה וכמה שאינם כדי לה: **אשר.** אישור שאישרו ושיבחו על שבירתן: ה"ג והיו נכונים ליום השלישי ול"ג והיו נכונים לשלשת ימים: **הא אמרן יום אחד הוסיף.** והאי קרא דוהיו נכונים ליום השלישי קודשא בריך הוא אמר ליה (ב) ומשה אמר להן היו נכונים לשלשת ימים ולא אמר ליום השלישי אלא פירשו ג' ימים וקרא דכתיב ויהי ביום השלישי בהיות הבקר שלישי לימים שלמים שלילן עמם קאמר: **ת"ש.** דתניא בברייתא הכי שלישי שלישי בחדש היה שלישי בשבת היה ולקמן בעי שלישי קמא למאי ע"כ במילתא דשלישי קמיירי וקאמר עלה שלישי זה שלישי בחדש: **קשיא לרבנן.** דשמעינן בחד בשבא איקבע ירחא א"כ על כרחך בתרי בשבת אמר ואתם תהיו בתלתא הגבלה בארבעה פרישה ובשביעי נתנה תורה דהא לכ"ע בשבת נתנה תורה: **לכדתניא כו'.** והכי קאמר יום שלישי לדברים שהתחיל משה להמשיך לבם של ישראל ולפרש עונשן ומתן שכרן ואותו יום היה שלישי בחדש שלישי בשבת ורבי יוסי קאמר לה: **וישב ויגד וכי מה אמר הקב"ה למשה.** בין וישב משה דנעשה (ונשמע) לויגד משה שאמר להן לישראל ומה אמרו ישראל למשה על כך שהוצרך משה להגיד למקום והלא לא נאמר בינתיים אלא הנה אנכי בא וגו': **זו מצות הגבלה.** שאע"פ שכתובה אחר מצות פרישה בשלישי נאמרה לו והוצרך להשיב שקבלו עליהן: **עונשה.** של תורה: **משבבין.** כמו וילך שובב (ישעיה נז) שמונעין מלקבל שאם יקבלו יענשו הדברים הללו משבבין את לבם מן המקום ואף על פי כן קיבלו עליהן: **כגידין.** ירק מר: **ששי ששי בחדש כו'.** לקמיה בעי ששי קמא למאי דהכא ליכא למימר ששי לאותן דברים דבשלמא שלישי דברייתא לעיל איכא למימר דאיירי בהו דהא כל ג' ימים היה משה מדבר באותן הדברים דעל כרחך ויגד משה בד' כתיב דברים שקבלו בג': **קשיא לרבנן.** דמשמע דבחד בשבא איקבע ירחא:

תוספות

היום כמחר. אין זו דרשה גמורה אלא משמע דהיום ממש דאי לאו הכי אין זה מדעתו: **ומה** ישראל כו'. וא"ת מאי קאמר (ה) להוסיף מדעתו דאורייתא הוא דק"ו ניתן לידרש וי"ל דלא הוי ק"ו גמור דשאני התם משום עשרת הדברות:

וקבע להם זמן. תימה לר"י דהיא הנותנת דמשום שקבע להם זמן וידעו שבאותו יום ודאי תדבר שכינה עמהם הוצרכו לפרוש אבל הוא מספק למה יפרוש וי"ל דלהם נמי איכא ספיקא שמא לא תפלוט והכי עביד ק"ו ומה ישראל שקבע להן זמן וא"כ לא היו צריכים לפרוש משום קרי דביום אחד היה די אפ"ה משום חשש פליטה שהיא קלה הוזקקו לפרוש אני שלא קבע לי זמן ויש חשש קרי שהוא חמור לא כ"ש שיש לי לפרוש:

ואתה פה עמוד עמדי. וא"ת מנלן דפירש משה מדעתו קודם ושוב הסכים הקב"ה על ידו שמא זה הוא צווי גמור שצוה לו לפרוש ותירץ ר"ת דאם איתא דמחמת צווי הקב"ה פירש ולא מדעתו היאך היה מערער אהרן ומרים דכתיב ותדבר מרים ואהרן במשה אלא ודאי מתחלה פירש ממנה לגמרי משה מדעתו ואע"ג דהסכים הקב"ה על ידו מ"מ נתרעמו עליו לפי שאילו לא פירש מדעתו לא היה הקב"ה מסכים דבדרך י) שאדם הולך בה מוליכין אותו שהרי לאהרן ומרים לא אמר לפרוש אע"ג שגם עמהם היה מדבר ומיהו קשה דמשמע במדרש שלא ידעו זמן גדול שפירש ממנה גבי אלדד ומידד שהיו מתנבאים שאמרה מרים אשרי נשותיהן של אלו שנתמנו בעליהן פרנסין על הציבור אמרה צפורה אוי להם לנשותיהם של אלו שמיום שנתייחדה שכינה עם אחיך פירש ממני מיד ותדבר מרים ואהרן במשה משמע שלא ידעו קודם לכן וכי לא ידעו הא דכתיב ואתה פה עמוד עמדי ואור"ת דודאי ידעו אבל היו סבורין שפירש ע"פ הדבור עד שאמרה להם צפורה שמדעתו פירש ממנה מתחלה:

ומה פסח כו'. אין זה ק"ו י) גמור דהא מומר אסור בפסח שהוא קרבן מ"מ לא היה לו למנוע מליתן להם התורה ולהחזירם בתשובה:

קשיא לרבנן. פי' למה שפירש רבא לעיל דבקביעא דירחא פליגי:

רבינו חננאל

רבא אם היה בית אפל מותר. ואמר רבה (ואיתמר) [ואיתמא] רב פפא ת"ח המאפל בטליתו מותר ומקשינן כי מכדי פרישה עבידא אליבא דר' יוסי ור' ישמעאל ור"ע מארבעה ואליבא דר' אלעזר בן עזריה ורבנן מן חמשה. ולכולהו כל אשה ששמשה קודם הפרשה אם פלטה שכבת זרע בלילי שבת טהורה היא תישרי שכינה בליליא דשבתא אמאי איתאחרא עד לצפרא. ופרקינן א"ר יצחק לא מראש בסתר דברתי בין עלתה במחשבה למהוה ביממא והדר אקשינן. אם כן מה לי דעבד פרישה אליבא דר' ישמעאל ור"ע מצפרא ארבעה לר"ע תשמש כולא יומא דארבעה. והרי חמש עונות עד צפרא דשבתא ולר' ישמעאל תשמש עד צפרא דחמשא דהא איכא עד צפרא דשבתא ד' עונות דהלכתא מכלל ג' ימים. ופרקינן א"ר יצחק א"כ יאמרו הללו הולכין לבית הטבילה והללו הולכין לקבל התורה. ואילין שאומרים עליהן הולכין לבית הטבילה אינון נשים שפלטו שכבת זרע בלילי שבת שאילו לא פירשו ביום רביעי הות מיטמא מיניה שפולטת וצריכי למיטבל לצפרא דשבתא. ואיכא בהא מילתא סוגיא ולא שפיר שהללו ילכו לקבל תורה והללו ילכו לבית הטבילה. ואיכא מן דגרסי בהדין קושיא דלעילא נמי. ולר' אלעזר בן עזריה תשמש ביממא דחמשה. ולא צריכה מילתא להכין דר' אלעזר בן עזריה לא איכפת ליה (ששה) [חמשה] אם תשמש בחמש' עד קרוב לשקיעת החמה אם לאו ולא צריך אלא משהו מן חמשה וכולי יומא דמעלי [שבתא] ומשהו מן שבתא דהוא יום שלישי ופשטינן והא טבולי יום נינהו. ומפרקינן ראויה תורה להינתן לטבולי יום. ואיכא דמקדמי וגרסי ליה להאי קושיא והאי פירוקא מבתר אוקימתא דמילי דר' יוסי ור' ישמעאל ור"ע כר' יוסי ואיכא דגרסי ליה הכא ואית ליה תרין אנפי חד דהדרא קושיא על ר"ע דאמר במקצת יומא (דחמשי) [דארבעה] עבד להו פרישה וכל אשה שפלטה ש"ז בלילי שבת עד שמשלימין כשיעור הזה מה שיצא מיום חמישי טמאה היא. וכיון שאפשר על דעתו דר"ע שיש אשה שפולט' וטמאה בלילי שבת הרי היא צריכה טבילה עד הערב שמש וכל נשים שהיה להן כן טבולי יום אינון. ועוד אית ליה להאי קושיא אנפא אחרינא כי אמרו לר' ישמעאל ור"ע למה לי למיעבד להו פרישה דמטיא עד בי שמשא. ליעביד להו פרישה דלא מטיא אלא עד צפרא דשבתא. ופרקינן א"ר יצחק יאמרו הללו הולכין לבית הטבילה והללו הולכין לקבל תורה. ואקשינן למה ליה לר' יצחק לפרוקי כי הדין פירוקא הא טבולי יום נינהו או הות מטבלן עד צפרא דשבתא ואהדרינן

אעפ"כ ראוין הוו לקבל התורה והלכך צריכנן לפרוקא דר' יצחק ואע"ג דהאי דקאמרי' דהא טבולי יום נינהו משנינו אביי בר אבין ור' חנניא בר אבין תרווייהו דניתנה תורה לטבולי יום שכן מוכחא מלתא דאלו לא קבלו על שני קאי ולא כגברי אימר. והא כי דסדרנא לשמעתא מפרש בתלמוד א"י שמעתא. א"ר יוחנן טבולי יום קבלו ישראל את התורה. הדא דאת אמר בנשים אבל אנשים כבר טהרו מ"ט וקדשתם היום ומחר א"ר חייא בר אבא א"ר יוחנן ודברי ר' ישמעאל ור"ע אבל חכ"א ג' עונות שלימות בעינן ולא לרבנן. ושכבת זרע שפרש מלאים ט"ו יום לאשה [מימים הרבה]. ורב תניא פרט לש"ז שהסריח דפרשה מן האשה אבל בפרשה מן האיש טמאה הוא לעולם מפני שהיא לחה והיכי דמי אפי' הבא על הזכור אם פלט הזכור את שכבת זרעו כ"ז שהיא לחה טמאה ומנא לן מדקא מיבעיא ליה לרב פפא ש"ז במעי בהמה מהו וקא מפסקא ליה לרבנן דלית לה פרוזדור ופשיטא טמאה. ובמעי נכרית אף אינון חבילי גופייהו כישראלית' כל פלטה לה אחר ג' טהורה. ת"ר בששה לחדש נתנו עשר דברות לישראל ר' יוסי אומר בשבעה בו אמר רבא דכ"ע בר"ח סיון באו למדבר סיני וביום שבת נתנה תורה לישראל כי פליגי בקביעא דירחא ר' יוסי סבר בחד בשבא איקבע ירחא ובחד בשבא לא אמר להו ולא מידי משום חולשא דאורחא ובתרי בשבא אמר להו ואתם תהיו לי ממלכת כהנים ובתלתא אמר להו מצות הגבלה וברביעי עבוד פרישה ורבנן סברי בתרי בשבא איקבע ירחא ובתרי בשבא לא אמר להו ולא מידי משום חולשא דאורחא ובתלתא אמר להו ואתם תהיו לי ובארבעה אמר להו מצות הגבלה ובחמישי עבוד

מסורת הש"ס

א) יבמות סב. [עי' אדר"נ פ"ב משיב עוד אחד], ב) כ"ב יד: יבמות סב. מנחות צט:, ג) [חגיגה יד.], ד) [תרגום של הנני מאכיל את העם הזה לענה מרה כגידין ערוך ערך גד], ה) [נ"ל דפירש], ו) [כלאיים מכות י:], ז) [עי' אדר"נ פ"ב ק"ו אחר אינה שם].

הגהות הב"ח

(א) רש"י ד"ה אמרה תורה וכו' ופירשו מנשותיהן: (ב) ד"ה הא אמרן וכו'. א"ל למשה ומשה אמר להן:

גליון הש"ס

גמ' ואמר ר"ל יישר. אמר כמו ישר וכח הלא"ף במקום היו"ד. וכן אשרו חמוץ (ישעיה א') כמו ישרו חמוץ:

ליקוטי רש"י

וקדשתם. הזמינם שיכינו עצמם היום ומחר [שמות יט, י]. הוסיף יום אחד. הקב"ה אמר לו וקדשתם היום ומחר והוא אמר היו נכונים לשלשת ימים. עד צפרא דשבתא. כמס' שבת פרק ר"ע (פו.) גמרינן לה לעבוד פרישה בארבעה בשבתא ופירש מהיום ושני שלימים ובשבתא שרא שכינה והוא שלישי לימים השלמים ויום ראשון לא חשיב שלא היה לילו עמו. ואינו קובע לי זמן. אימתי ידבר עמי שאפרוש יום אחד קודם. לאהליכם. לנשיכם [יבמות סב.]. וכל בן נכר. שנתנכרו מעשיו לאביו שבשמים ואחד נכרי ואחד ישראל מומר במשמע (מכילתא) [שמות יב, מג]. שנאמר אשר שברת. ולא אמר ליה בלשון כעס כמו שמע מינה הסכימה עמו דעת השכינה כשביטל תורה ושיבן כיון דנתכוון לטובה [מנחות צט: ע"ש]. אשר. לשון יישר [יבמות שם]. וישב משה את דברי העם וגו'. ביום המחרת שהוא יום שלישי שעלה בהשכמה [שמות יט, ח]. ויגד משה וגו'. ביום המחרת שהוא רביעי לחדש את דברי העם וגו' [שם, ט].

תורה אור השלם

א) וְאַתֶּם תִּהְיוּ לִי מַמְלֶכֶת כֹּהֲנִים וְגוֹי קָדוֹשׁ אֵלֶּה הַדְּבָרִים אֲשֶׁר תְּדַבֵּר אֶל בְּנֵי יִשְׂרָאֵל: [שמות יט, ו]

ב) וַיֹּאמֶר יְיָ אֶל מֹשֶׁה לֵךְ אֶל הָעָם וְקִדַּשְׁתָּם הַיּוֹם וּמָחָר וְכִבְּסוּ שִׂמְלֹתָם: [שמות יט, י]

ג) וַיֹּאמֶר אֶל הָעָם הֱיוּ נְכֹנִים לִשְׁלֹשֶׁת יָמִים אַל תִּגְּשׁוּ אֶל אִשָּׁה: [שמות יט, טו]

ד) לֵךְ אֱמֹר לָהֶם שׁוּבוּ לָכֶם לְאָהֳלֵיכֶם: [דברים ה, כו]

ה) וְאַתָּה פֹּה עֲמֹד עִמָּדִי וַאֲדַבְּרָה אֵלֶיךָ אֵת כָּל הַמִּצְוָה וְהַחֻקִּים וְהַמִּשְׁפָּטִים אֲשֶׁר תְּלַמְּדֵם וְעָשׂוּ בָאָרֶץ אֲשֶׁר אָנֹכִי נֹתֵן לָהֶם לְרִשְׁתָּהּ: [דברים ה, כח] ו) פֶּה אֶל פֶּה אֲדַבֶּר בּוֹ וּמַרְאֶה וְלֹא בְחִידֹת וּתְמֻנַת יְיָ יַבִּיט וּמַדּוּעַ לֹא יְרֵאתֶם לְדַבֵּר בְּעַבְדִּי בְמֹשֶׁה: [במדבר יב, ח] ז) וַיֹּאמֶר יְיָ אֶל מֹשֶׁה וְאַהֲרֹן זֹאת חֻקַּת הַפָּסַח כָּל בֶּן נֵכָר לֹא יֹאכַל בּוֹ: [שמות יב, מג] ח) וַיֹּאמֶר יְיָ אֶל מֹשֶׁה פְּסָל לְךָ שְׁנֵי לֻחֹת אֲבָנִים כָּרִאשֹׁנִים וְכָתַבְתִּי עַל הַלֻּחֹת אֶת הַדְּבָרִים אֲשֶׁר הָיוּ עַל הַלֻּחֹת הָרִאשֹׁנִים אֲשֶׁר שִׁבַּרְתָּ: [שמות לד, א] ט) וְהָיוּ נְכֹנִים לַיּוֹם הַשְּׁלִישִׁי כִּי בַּיּוֹם הַשְּׁלִשִׁי יֵרֵד יְיָ לְעֵינֵי כָל הָעָם עַל הַר סִינָי: [שמות יט, יא] י) וַיַּעֲנוּ כָל הָעָם יַחְדָּו וַיֹּאמְרוּ כֹּל אֲשֶׁר דִּבֶּר יְיָ נַעֲשֶׂה וַיָּשֶׁב מֹשֶׁה אֶת דִּבְרֵי הָעָם אֶל יְיָ: [שמות יט, ח] כ) וַיֹּאמֶר יְיָ אֶל מֹשֶׁה הִנֵּה אָנֹכִי בָּא אֵלֶיךָ בְּעַב הֶעָנָן בַּעֲבוּר יִשְׁמַע הָעָם בְּדַבְּרִי עִמָּךְ וְגַם בְּךָ יַאֲמִינוּ לְעוֹלָם וַיַּגֵּד מֹשֶׁה אֶת דִּבְרֵי הָעָם אֶל יְיָ: [שמות יט, ט]

The Gemara explains why Moses performed each of these acts, and how God showed His concurrence:

הוֹסִיף יוֹם אֶחָד מִדַּעְתּוֹ – The Baraisa stated: **HE ADDED ONE DAY** of abstinence **ON** the basis of **HIS** own **UNDERSTANDING.**

The Gemara gives the justification for this decision:

מַאי דָּרִישׁ – **What** source **did he expound?** "הַיּוֹם וּמָחָר" – Moses interpreted God's command, *Go to the people and sanctify them **today and tomorrow,***[13] as follows: **הַיּוֹם כְּמָחָר** – The day referred to as **"today"** is presumably **similar to** the day described as **"tomorrow."**[14] **מַה לְּמָחָר לֵילוֹ עִמּוֹ** – Therefore, **just as "tomorrow"** means a day together **with its night,**[15] **אַף הַיּוֹם לֵילוֹ עִמּוֹ** – so **too, "today"** means a day together **with its night. וְלַיְלָה דְּהָאִידָּנָא נְפָקָא לֵיהּ** – **However, the night of that** particular **day** (i.e. the day when God gave this command) **had** already **passed. שְׁמַע מִינָּהּ תְּרֵי יוֹמֵי לְבַר מֵהָאִידָּנָא** – Moses was able to **deduce from this** that the **two days** of abstinence referred to as "today and tomorrow" were ***besides* that** particular **day.** Thus, in addition to the day on which God said this to Moses (i.e. Wednesday), it is evident that Thursday and Friday were also days of abstinence.[16]

The Gemara demonstrates that God concurred with Moses' decision to add a third day:

וּמִנָּלַן דְּהִסְכִּים הַקָּדוֹשׁ בָּרוּךְ הוּא עַל יָדוֹ – **And from where do we know that the Holy One, Blessed is He, agreed with him? דְּלֹא שָׁרְיָא שְׁכִינָה עַד צַפְרָא דְּשַׁבְּתָא** – This is evident from the fact **that the *Shechinah* did not rest** upon Mount Sinai **until the morning of the Sabbath,**[17] which was after the day added by Moses.

The Gemara now examines the second instance in which Moses acted on his own authority:

וּפֵירַשׁ מִן הָאִשָּׁה – The Baraisa stated: **MOSES SEPARATED FROM** his **WIFE.**

The Gemara gives Moses' reason:

מַאי דָּרִישׁ – **What** source **did he expound? נָשָׂא קַל וָחוֹמֶר בְּעַצְמוֹ** – **[Moses] applied** the following ***kal vachomer*** argument **to himself: אָמַר** – **He said: וּמָה יִשְׂרָאֵל** – **Since** regarding the Children of **Israel, שֶׁלֹּא דִּבְּרָה שְׁכִינָה עִמָּהֶן אֶלָּא שָׁעָה אַחַת** – **with whom the *Shechinah* spoke only once,**[18] **וְקָבַע לָהֶן זְמַן** – **and for whom [God] set a time,**[19] **אָמְרָה תּוֹרָה** – **the Torah** nevertheless **says:**[20] "וִהְיוּ נְכֹנִים וְגוֹ׳ אַל־תִּגְּשׁוּ" – ***Let them be prepared* etc. *Do not draw near** to a woman;* **אֲנִי שֶׁבְּכָל שָׁעָה וְשָׁעָה שְׁכִינָה מְדַבֶּרֶת עִמִּי** – then **I, with whom the *Shechinah* speaks at any time וְאֵינוֹ קוֹבֵעַ לִי זְמַן** – **and for whom [God] does not set a time,**[21] **עַל אַחַת כַּמָּה וְכַמָּה** – **how much more so** must I separate from my wife![22]

The Gemara shows that God concurred with Moses' decision:

וּמִנָּלַן דְּהִסְכִּים הַקָּדוֹשׁ בָּרוּךְ הוּא עַל יָדוֹ – **And from where do we know that the Holy One, Blessed is He, agreed with him?**

The Gemara answers:

דִּכְתִיב – **For it is written** that after the Revelation God told Moses:[23] "לֵךְ אֱמֹר לָהֶם שׁוּבוּ לָכֶם לְאָהֳלֵיכֶם" – ***Go say to them, "Return to your tents,"*** i.e. to your wives, **וּכְתִיב בַּתְרֵיהּ** – **and**

NOTES

13. *Exodus* 19:10 (quoted in 86b note 18).

14. [Since these words are mentioned in juxtaposition, they are assumedly similar in meaning.]

15. I.e. the preceding night. [In most contexts, the day follows the night (see *Chasam Sofer* and *Sfas Emes*).]

16. This is clearly not the actual intent of the verse, for the Baraisa says that Moses acted according to his own judgment. Rather, the verse means that there were to be only two days of abstinence (Wednesday and Thursday) and the Torah was to be given on the third day (Friday). Had God intended to impose *three* days of abstinence, He would have said לַיּוֹם הָרְבִיעִי, [be ready] *for the fourth day,* as opposed to לַיּוֹם הַשְּׁלִישִׁי, *for the third day.* The word הַיּוֹם, *today,* therefore, must refer to the remaining hours of Wednesday, without the preceding night. However, God knew that Moses would want to add another day of abstinence. Therefore, after saying לַיּוֹם הַשְּׁלִישִׁי, *for the third day,* God included the somewhat ambiguous term הַיּוֹם וּמָחָר, *today and tomorrow,* so that Moses would have some basis for his innovation and would not appear to be violating God's instructions (*Ramban;* see *Tosafos* ד״ה היום and *Maharsha;* see also *Magen Avraham* §494:1).

According to *Ritva* (*MHK* ed.), God left the matter vague, allowing Moses to interpret it as he saw fit. It is only because the verse's plain meaning implies two days that the decision to add a third day is attributed to Moses.

Ran (*MHK* ed.) maintains that in fact it was God's intent all along to require three days of abstinence. This approach is borne out by *Avos DeRabbi Nassan* (ch. 2): הִסְכִּים דַּעְתּוֹ לְדַעַת הַמָּקוֹם, *Moses caused his opinion to accord with that of the Almighty.* However, since God did not say it explicitly, it is referred to as Moses' decision (*Chidushei Geonim* [on *Ein Yaakov*]).

Why did Moses consider it necessary to add a third day of abstinence, contrary to the plain meaning of God's words? One explanation is that he was concerned lest semen be emitted by a woman within three days of intercourse, rendering her *tamei* and thus unfit to experience the Revelation. Therefore, to ensure that every woman would be eligible to receive the Torah, Moses postponed the Revelation until the fourth day. By that time, any semen would be too putrid to convey *tumah.*

The reason why God required only two days of abstinence is that, foreseeing the future, God knew that no woman would discharge semen on the third day. Moses, however, had to make a decision based on the limited knowledge of a human being, who cannot predict the future. Thus, from Moses' perspective, the decision was justified and God accepted it as such [for the Torah was given to man to interpret].

Regarding Moses' other two decisions as well, the "difference" between God and Moses can be explained in light of the fact that only God knows the future. (a) Moses abstained from marital relations lest he be in a state of impurity when God speaks to him (see note 22 below). God foresaw, however, that such a situation would never arise. (b) Moses broke the Tablets because he deemed the people, who were sinning with the Golden Calf, to be unworthy of them. God knew that the people would eventually repent (*Hagahos R' Elazar Moshe Horowitz;* see *Beis Shmuel* in his introduction to *Even HaEzer* for a different approach; see also *Tzlach* to 88a, *Chasam Sofer* and *Sfas Emes*).

17. As mentioned above (86b), both R' Yose and the Rabbis agree that the Revelation occurred on the Sabbath.

18. I.e. the Revelation.

19. They were told beforehand when God would speak with them.

20. *Exodus* 19:11,15 (quoted in 86b note 18).

21. Moses did not know in advance when God would speak to him so that he would be able to avoid marital relations beforehand (*Rashi*).

22. Moses, therefore, continued to separate himself from his wife even after the Revelation.

A law derived through a *kal vachomer* enjoys Scriptural status, even if the *kal vachomer* is based on one's own reasoning. Why, then, does the Baraisa attribute this decision to Moses? One answer is that the *kal vachomer* did not require Moses to abstain from marital relations completely. The source for the *kal vachomer* was the Revelation, which even a *tevul yom* was eligible to experience (see above, 86b). Thus, if Moses would immerse himself in a *mikveh* after performing the marital act, although he would be a *tevul yom* until nightfall, he would still be eligible to receive God's word. Moses, however, decided on his own to abstain from marital relations, so that he would be fit to receive Divine communication at *all* times (*Ramban*). He did not want to delay such communication even the short time that it would take until he immersed himself (*Ritva MHK* ed.; see also *Chidushei HaRan* and *Pnei Yehoshua;* cf. *Tosafos* here and to *Yevamos* 62a ד״ה מדעתיה, *Tos. HaRosh, Chasam Sofer* ד״ה והנה על ק״ו).

23. *Deuteronomy* 5:27. In this chapter, Moses reviews the events surrounding the Revelation. (Compare *Exodus* chs. 19 and 20.)

בתלתא אמר להו מצות הגבלה בארבעה עבוד פרישה ורבנן סברי בתרי בשבא איקבע ירחא בתרי בשבא לא אמר להו ולא מידי משום חולשא דאורחא בתלתא אמר להו א) ואתם תהיו לי בארבעה אמר להו מצות הגבלה בה' עבוד פרישה מיתיבי ב) וקדשתם היום ומחר קשיא לר' יוסי אמר לך ר' יוסי יום אחד הוסיף משה מדעתו דתניא א) ג' דברים עשה משה מדעתו והסכים הקב"ה עמו הוסיף יום אחד מדעתו ופירש מן האשה ושבר את הלוחות הוסיף יום אחד מדעתו מאי דריש היום ומחר היום כמחר מה למחר לילו עמו אף היום לילו עמו ולילה דהאידנא נפקא ליה ש"מ תרי יומי לבר מהאידנא ומנלן דהסכים הקב"ה על ידו דלא שריא שכינה עד צפרא דשבתא ופירש מן האשה מאי דריש נשא קל וחומר בעצמו אמר ומה ישראל שלא דברה שכינה עמהן אלא שעה אחת וקבע להן זמן אמרה תורה ג) והיו נכונים וגו' אל תגשו אני שכל שעה ושעה שכינה מדברת עמי ואינו קובע לי זמן על אחת כמה וכמה ומנלן דהסכים הקב"ה על ידו דכתיב ד) לך אמור להם שובו לכם לאהליכם וכתיב בתריה ה) ואתה פה עמוד עמדי ואית דאמרי ו) פה אל פה אדבר בו שבר את הלוחות מאי דריש אמר ומה פסח שהוא אחד מתרי"ג מצות אמרה תורה ז) וכל בן נכר לא יאכל בו התורה כולה [כאן] וישראל מומרים על אחת כמה וכמה ומנלן דהסכים הקב"ה על ידו שנאמר ח) אשר שברת ג) ואמר ר"ל יישר כחך ששיברת ת"ש ט) והיו נכונים ליום השלישי קשיא לר' יוסי הא אמרינן יום אחד הוסיף משה מדעתו ת"ש שלישי שלישי בחדש ושלישי בשבת קשיא לרבנן אמרי לך רבנן הא מני ר' יוסי היא שלישי למאי לכדתניא י) וישב משה את דברי העם אל ה' וכתיב כ) ויגד משה את דברי העם אל ה' מה אמר לו הקב"ה למשה ומה אמר להם משה לישראל ומה אמרו ישראל למשה ומה השיב משה לפני הגבורה זו מצות הגבלה דברי ר' יוסי בר יהודה רבי אומר בתחילה פירש עונשה דכתיב וישב משה דברים שמשבבין דעתו של אדם ולבסוף פירש מתן שכרה דכתיב ויגד משה דברים ד) שמושכין לבו של אדם כאגדה ואיכא דאמרי בתחילה פירש מתן שכרה דכתיב וישב משה דברים שמשיבין דעתו של אדם ולבסוף פירש עונשה דכתיב ויגד משה דברים שקשין לאדם ה) כגידין תא שמע ששי ששי בחודש ששי בשבת קשיא לרבנן הא נמי רבי יוסי היא ששי למאי רבא אמר לחנייתן

בתלתא אמר להו מצות הגבלה. שהדברים שנאמרו לו בשני ירד לערב ולמחר לישראל כדכתיב ויבא משה ויקרא לזקני העם וגו' ולמחרת השכים ועלה וישב משה את דברי העם וגו' כדאמר כל עליותיו בהשכמה היו ובו ביום נאמר לו הנה אנכי בא אליך בעב וגו' ומצות הגבלה דהשמרו לכם עלות בהר אע"פ שהיא כתובה אחר וקדשתם היום ומחר שהיא מצות פרישה קודם לכן נאמרה דכתיב בההיא עלייה שעלה בשלישי להשיב להקב"ה דברי העם דנעשה (ונשמע) הנה אנכי בא אליך וסיפא דקרא ויגד משה את דברי העם וגו' וכי מה דברי העם יש כאן אלא מצות הגבלה נאמר לו בו ביום ולקמן מייתי לה הכי ולערב אמרה לישראל ולמחרת בד' השכים ועלה והגיד שקבלו עליהם מצות הגבלה ונאמרה לו מצות פרישה וקדשתם היום ומחר ואע"פ שיש עוד ג' ימים עד יום שבת שהאמרינן לקמן לר' יוסי דמשה הוסיף יום אחד מדעתו: היום ומחר. משמע בה' נאמר לו לפרוש ה' וו': אמר לך ר' יוסי. לעולם ברביעי נאמר לו לפרוש ד' וה' והוא הוסיף יום אחד והסכים הקב"ה לדעתו: ופירש מן האשה. לגמרי לאחר מתן תורה מיד משפירש עם חביריו שוב לא חזר לתשמיש: אף היום. לריך להיות לילו עמו והא לא אפשר: וקבע להם זמן. אימתי ידבר עמהם: אמרה תורה והיו נכונים וגו'. (א) פירשו מנשותיהן: ולא קבע לי זמן. לדבורו שאוכל לפרוש קודם לכן: לאהליכם. להתיר נשותיכם לתשמיש שאסרתי לכם: בן נכר. מומר שנתנכרו מעשיו לאביו שבשמים: התורה כולה. תלויה בלוחות הללו וישראל מומרים על אחת כמה וכמה שאינם כדי לה: אשר. אישור שאישרו ושיבחו על שבירתן: ה"ג והיו נכונים ליום השלישי ול"ג והיו נכונים לשלשת ימים: הא אמרן יום אחד הוסיף. והאי קרא דוהיו נכונים ליום השלישי קודשא בריך הוא אמר ליה (ב) ומשה אמר להן היו נכונים לשלשת ימים ולא אמר ליום השלישי אלא פירשו ג' ימים וקרא דכתיב ויהי ביום השלישי בהיות הבקר שלישי לימים שלמים שלילן עמהם קאמר: ת"ש. דתניא בברייתא הכי שלישי שלישי בחדש היה שלישי בשבת היה ולקמן בעי שלישי קמא למאי ע"כ במילתא דשלישי קמיירי וקאמר עלה שלישי זה שלישי בחדש: קשיא לרבנן. דשמעינן בחד בשבת איקבע ירחא א"כ על כרחך בתרי בשבת אמר ואתם תהיו בתלתא הגבלה בארבעה פרישה ובשביעי נתנה תורה דהא לכ"ע בשבת נתנה תורה: לכדתניא כו'. והכי קאמר יום שלישי לדברים שהתחיל משה להמשיך לבם של ישראל ולפרש עונשן ומתן שכרן ואותו יום היה שלישי בחדש שלישי בשבת ורבי יוסי קאמר לה: וישב ויגד וכי מה אמר הקב"ה למשה. בין וישב משה לנעשה (ונשמע) לויגד משה שאמר להן לישראל ומה אמרו ישראל למשה על כך שהולך משה להגיד למקום והלא לא נאמר בינתיים אלא הנה אנכי בא וגו': זו מצות הגבלה. שאע"פ שכתובה אחר מצות פרישה בשלישי נאמרה לו והולך להשיב שקבלו עליהן: עונשה. של תורה: משבבין. כמו וילך שובב (ישעיה נז) שמונעין מלקבל שאם יקבלו יענשו הדברים הללו משבבין את לבם מן המקום ואף על פי כן קיבלו עליהן: כגידין. ירק מר: ששי ששי בחדש כו'. לקמיה בעי ששי קמא למאי דהכא ליכא למימר ששי לאותן דברים דבשלישי לעיל איכא למימר דלאירי בהו דהא כל ג' ימים היה משה מדבר באותן הדברים דעל כרחך ויגד משה בד' כתיב דברים שקבלו בג': קשיא לרבנן. דמשמע דבחד בשבא איקבע ירחא:

היום כמחר. אין זו דרשה גמורה אלא משמע דהיום ממש דאי לאו הכי אין זה מדעתו: **ומה** ישראל כו'. וא"ת מאי קאמר (ו) דהוסיף מדעתו דאורייתא הוא דק"ו ניתן לידרש וי"ל דלא הוי ק"ו גמור דשאני התם משום עשרת הדברות:

וקבע להם זמן. תימה לר"י דהיא הנותנת דמשום שקבע להם זמן וידעו שבאותו יום ודאי תדבר שכינה עמהם הוצרכו לפרוש אבל הוא מספק למה יפרוש וי"ל דלהם נמי איכא ספיקא שמא לא תפלוט והכי עביד ק"ו ומה ישראל שקבע להן זמן וא"כ לא היו לריכים לפרוש משום קרי דביום אחד היה די אפ"ה משום חשש פליטה שהיא קלה הוחקקו לפרוש אני שלא קבע לי זמן ויש חשש קרי שהוא חמור לא כ"ש שיש לי לפרוש:

ואתה פה עמוד עמדי. וא"ת מנלן דפירש משה מדעתו קודם ושוב הסכים הקב"ה על ידו שמא זה הוא לווי גמור שלוה לו לפרוש ותירץ ר"ת דאם איתא דמחמת לווי הקב"ה פירש ולא מדעתו היאך היה מערער אהרן ומרים דכתיב ותדבר מרים ואהרן במשה אלא ודאי מתחלה פירש ממנה לגמרי משה מדעתו ואע"ג דהסכים הקב"ה על ידו מ"מ נתרעמו עליו לפי שאילו לא פירש מדעתו לא היה הקב"ה מסכים דבדרך י) שאדם הולך בה מוליכין אותו שהרי לאהרן ומרים לא אמר לפרוש אע"ג שגם עמהם היה מדבר ומיהו קשה דמשמע במדרש שלא ידעו זמן גדול שפירש ממנה גבי אלדד ומידד שהיו מתנבאים שאמרה מרים אשרי נשותיהן של אלו שנתמנו בעליהן פרנסין על הציבור אמרה לפורה אוי להם לנשותיהם של אלו שמיום שנתייחדה שכינה עם אחיך פירש ממני מיד ותדבר מרים ואהרן במשה משמע שלא ידעו קודם לכן וכי לא ידעו הא דכתיב ואתה פה עמוד עמדי ואור"ת דודאי ידעו אבל היו סבורין שפירש ע"פ הדבור עד שאמרה להם לפורה שמדעתו פירש ממנה מתחלה:

ומה פסח כו'. אין זה ק"ו כ) גמור דאם מומר אסור בפסח שהוא קרבן מ"מ לא היה לו למנוע מליתן להם התורה ולהחזירם בתשובה:

קשיא לרבנן. פי' למה שפירש רבא לעיל דקביעא דירחא פליגי:

כאשר

רבא אם היה בית אפל מותר. ואמר רבה (ואיתמר) [ואיתימא] רב פפא ת"ח המאפל בטליתו מותר ומקשינן כי מכדי פרישה עבידא אליבא דר' יוסי ור' ישמעאל ור"ע מארבעה ואליבא דר' אלעזר בן עזריה ורבנן מן חמשה. ולכולהו כל אשה ששמשה קודם הפרשה אם פלטה שכבת זרע בלילי שבת טהורה היא תישרי שכינה מליליא דשבתא אמאי איתאחרא עד לצפרא. ופרקינן א"ר יצחק לא מראש בסתר דברתי כן עלתה במחשבה למהוה בימכא והדר אקשינן. אם כן למה לי דעבד פרישה אליבא דר' ישמעאל ור"ע מצפרא ארבעה לר"ע תשמש כולא יומא דארבעה. והרי חמש עונות עד צפרא דשבתא ולר' ישמעאל תשמש עד צפרא דחמשא דהא איכא עד צפרא דשבתא ד' עונות כהלכתן מכלל ג' ימים. ופרקינן א"ר יצחק א"כ יאמרו הללו הולכין לבית הטבילה והללו הולכין לקבל התורה. ואילין שאומרים עליהן הולכין לבית הטבילה אינון נשים שפלטו שכבת זרע בלילי שבת שאילו לא פירשו ביום רביעי הות מיטמא מיניה שפולטת וצריכ' למיטבל לצפרא דשבתא. ואיכא בהא מילתא סוגיא ולא שפיר שהללו ילכו לקבל תורה והללו ילכו לבית הטבילה. ואיכא מן דגרסי בהדין קושיא דלעילא נמי. ולר' אלעזר בן עזריה תשמש ביממא דחמשה. ולא צריכה מילתא להכין דר' אלעזר בן עזריה לא איכפת ליה (שמשה) אם [תשמש] בחמש' עד קרוב לשקיעת החמה אם לאו ולא צריך אלא משהו מן חמשה וכולי יומא דמעלי [שבתא] ומשהו מן שבתא דהוא יום שלישי ומקשינן והא טבולי יום נינהו. ומפרקינן ראויה תורה להינתן לטבולי יום. ואיכא דמקדמי וגרסי ליה להאי קושיא ולהאי פירוקא מבתר אוקימתא דמילי דר' ישמעאל ור' עקיבא כר' יוסי ואיכא דגרסי ליה הכא ואית ליה תרין אנפי חד דהויא קושיא על ר"ע דאמר במקצת יומא (דחמש') [דארבעה] עבד להו פרישא וכל אשה שפלטה ש"ז בלילי שבת עד שמשלימין כשיעור הזה מה שיצא מיום חמישי טמאה היא. וכיון שאפשר על דעתא דר"ע שיש אשה שפולט' וטמאה בלילי שבת הרי היא צריכה הערב שמש וכל נשים שהיה להן כן טבולי יום אינון. ועוד אית ליה להאי קושיא אנפא אחרינא כי אמרי' לר' ישמעאל ור"ע למה לי למיעבד להו פרישה דמטיא עד בי שמשא. ליעביד להו פרישה דלא מטיא אלא עד צפרא דשבתא. ופרקינן א"ר יצחק יאמרו הללו הולכין לבית הטבילה והללו הולכין לקבל תורה. ואקשינן למה ליה לר' יצחק לפרוקי כי הדין פירוקא הא טבולי יום נינהו או הות פרישתן עד צפרא דשבתא ואהדרינן אעפ"כ ראויין הוו לקבל התורה והלכך צריכינן לפרוקא דר' יצחק ואע"ג דהאי קושיא והא טבולי יום נינהו משנינן אביי בר אבין ורב חנניא בר אבין תרוייהו דניתנה תורה לטבולי יום מוכחא מלתא דלעל נשי קאי ולא בגברי אימיר. הוא כי דסרדנא לשמעתא מפרש בתלמוד א"י שמעתא. א"ר יוחנן טבולי יום קבלו ישראל את התורה. הדא דאת אמר בנשים אבל אנשים כבר טהרו מ"ט וקדשתם היום ומחר א"ר חייא בר אבא א"ר יוחנן זו דברי ר' ישמעאל ור"ע אבל חכ"א ג' עונות שלימות בעינן וכן הלכה. ושכבת זרע שפרשה מלאיש כ"ז שהיא [לחה] טמאה ואפי' פלט אותה [מימים הרבה]. וכי תניא פרט לש"ז שהסריחה דפרשה מן האיש טמאה כל זמן שהיא ליחה והיכי דמי אפי' הבא על הזכור מסתפקא משום דלית לה פרודור. ... בעי רב פפא ש"ז במעי בהמה מהו וקא מבעיא ליה ... ג' עונות שלימות טהורה ובהמה דלית לה פרודור לא מסרחא ש"ז במעיה ...

דברות לישראל ר' יוסי אומר בשבעה בו אמר רבה דכ"ע בר"ח סיון באו למדבר סיני וביום שבת נתנו עשר דברות ובקביעא דסיון פליגי רבנן סברי בתרי בשבא ... ר' יוסי סבר בחד בשבא איקבע ... אמר להו משה לישראל מידי משום חולשא דאורחא ... בחמישי עבד

א) יבמות סב. [עי' אדר"נ פ"ב השיג עוד אחד], ב) ב"ב יד: יבמות סב. מנחות צט:, ג) [מגילה יז.], ד) [תרגום של הנני מאכיל את העם הזה לענה מרה כגידין ערוך ערך גד], ה) [נ"ל דפירש], ו) [כדאיתא מכות י:], ז) [עי' אדר"נ פ"ב ק"ו אמר איתא שם].

הגהות הב"ח

(א) רש"י ד"ה אמרה תורה וכו' ישראו מנשותיהן: (ב) ד"ה הא אמרן וכו'. א"ל למשה ומשה אמר להן:

גליון הש"ס

גמ' ואמר ר"ל יישר. אשר כמו ישר ובא האל"ף במקום היו"ד וכן מאשרו חמוץ (ישעיה א') כמו ישרו חמוץ:

ליקוטי רש"י

וקדשתם. וזימנם שיכינו עצמם היום ומחר [שמות יט, י]. הוסיף יום אחד. הקב"ה אמר לו וקדשתם היום ומחר והוא אמר היו נכונים לשלשת ימים. עד צפרא דשבתא. כמס' שבת פרק ר"ע (פו.) גמרינן לה דעבוד פרישה בארבעה בשבת ופירשו חמישי וששי שלימים ובשבת שרא שכינה והוא שלישי לימים השלמים ויום ראשון לא חשיב שלא היה לילו עמו. ואינו קובע לי זמן. אימתי ידבר עמי שאפרוש יום אחד קודם. לאהליכם. לנשיכם [יבמות סב.]. וכל בן נכר. שנתנכרו מעשיו לאביו שבשמים ואחד נכרי ואחד ישראל מומר במשמע [שמות יב, מג (מכילתא)]. שנאמר אשר שברת. ולא אמר ליה בלשון כעס שמע מינה הסכימה עמו דעת השכינה לשבירת תורה ושיברן כיון דנתכוין לטובה [מנחות צט: ע"ש]. אשר. לשון ישר [יבמות שם]. וישב משה את דברי העם וגו'. ביום המחרת שהוא יום שלישי שהרי בהשכמה עלה [שמות יט, ח]. ויגד משה וגו'. ביום המחרת שהוא רביעי לחודש את דברי העם וגו' [שם, ט].

תורה אור השלם

א) וְאַתֶּם תִּהְיוּ לִי מַמְלֶכֶת כֹּהֲנִים וְגוֹי קָדוֹשׁ אֵלֶּה הַדְּבָרִים אֲשֶׁר תְּדַבֵּר אֶל בְּנֵי יִשְׂרָאֵל: [שמות יט, ו]

ב) וַיֹּאמֶר יְיָ אֶל מֹשֶׁה לֵךְ אֶל הָעָם וְקִדַּשְׁתָּם הַיּוֹם וּמָחָר וְכִבְּסוּ שִׂמְלֹתָם: [שמות יט, י]

ג) וַיֹּאמֶר אֶל הָעָם הֱיוּ נְכֹנִים לִשְׁלֹשֶׁת יָמִים אַל תִּגְּשׁוּ אֶל אִשָּׁה: [שמות יט, טו]

ד) לֵךְ אֱמֹר לָהֶם שׁוּבוּ לָכֶם לְאָהֳלֵיכֶם: [דברים ה, כז]

ה) וְאַתָּה פֹּה עֲמֹד עִמָּדִי וַאֲדַבְּרָה אֵלֶיךָ אֵת כָּל הַמִּצְוָה וְהַחֻקִּים וְהַמִּשְׁפָּטִים אֲשֶׁר תְּלַמְּדֵם וְעָשׂוּ בָאָרֶץ אֲשֶׁר אָנֹכִי נֹתֵן לָהֶם לְרִשְׁתָּהּ: [דברים ה, כח] ו) פֶּה אֶל פֶּה אֲדַבֶּר בּוֹ וּמַרְאֶה וְלֹא בְחִידֹת וּתְמֻנַת יְיָ יַבִּיט וּמַדּוּעַ לֹא יְרֵאתֶם לְדַבֵּר בְּעַבְדִּי בְמֹשֶׁה: [במדבר יב, ח] ז) וַיֹּאמֶר יְיָ אֶל מֹשֶׁה וְאַהֲרֹן זֹאת חֻקַּת הַפָּסַח כָּל בֶּן נֵכָר לֹא יֹאכַל בּוֹ: [שמות יב, מג] ח) וַיֹּאמֶר יְיָ אֶל מֹשֶׁה פְּסָל לְךָ שְׁנֵי לֻחֹת אֲבָנִים כָּרִאשֹׁנִים וְכָתַבְתִּי עַל הַלֻּחֹת אֶת הַדְּבָרִים אֲשֶׁר הָיוּ עַל הַלֻּחֹת הָרִאשֹׁנִים אֲשֶׁר שִׁבַּרְתָּ: [שמות לד, א] ט) וְהָיוּ נְכֹנִים לַיּוֹם הַשְּׁלִישִׁי כִּי בַּיּוֹם הַשְּׁלִשִׁי יֵרֵד יְיָ לְעֵינֵי כָל הָעָם עַל הַר סִינָי: [שמות יט, יא] י) וַיַּעֲנוּ כָל הָעָם יַחְדָּו וַיֹּאמְרוּ כֹּל אֲשֶׁר דִּבֶּר יְיָ נַעֲשֶׂה וַיָּשֶׁב מֹשֶׁה אֶת דִּבְרֵי הָעָם אֶל יְיָ: [שמות יט, ח] כ) וַיֹּאמֶר יְיָ אֶל מֹשֶׁה הִנֵּה אָנֹכִי בָּא אֵלֶיךָ בְּעַב הֶעָנָן בַּעֲבוּר יִשְׁמַע הָעָם בְּדַבְּרִי עִמָּךְ וְגַם בְּךָ יַאֲמִינוּ לְעוֹלָם וַיַּגֵּד מֹשֶׁה אֶת דִּבְרֵי הָעָם אֶל יְיָ: [שמות יט, ט]

immediately **after that it is written:** "וְאַתָּה פֹּה עֲמֹד עִמָּדִי" – ***But as for you*** [Moses], ***stand here with Me.***[24]

The Gemara cites an alternative proof for God's agreement to Moses' separation from his wife:

וְאִית דְּאָמְרִי – And there are those **who say** that the proof is from the fact that God later defended Moses' behavior, saying: "פֶּה אֶל־פֶּה אֲדַבֶּר־בּוֹ" – ***Mouth to mouth do I speak to him.***[25]

The Gemara analyzes the third instance in which Moses acted independently:

שִׁבֵּר אֶת הַלּוּחוֹת – HE BROKE THE two TABLETS of the Law.

The Gemara explains why Moses did this:

מַאי דְּרִישׁ – What source **did he expound? אָמַר – [Moses] said: וּמַה פֶּסַח – Since** regarding **the** ***pesach*** offering, **שֶׁהוּא אֶחָד מִתַּרְיַ"ג מִצְוֹת** – **which is** only **one of** the **six hundred and thirteen commandments, אָמְרָה תּוֹרָה – the Torah states:**[26] "(ו)כָל־בֶּן־נֵכָר לֹא־יֹאכַל בּוֹ" – ***no alienated person***[27] ***may eat from it;*** **הַתּוֹרָה כּוּלָּהּ [כאן]** – then, in this instance, where **the entire Torah** is being given,[28] **וְיִשְׂרָאֵל מוּמָרִים – and the Jews are apostates,**[29] **עַל אַחַת כַּמָּה וְכַמָּה – how much more so** are they unfit for it![30]

The Gemara proves that God concurred with Moses' action:

וּמְנָלַן דְּהִסְכִּים הַקָּדוֹשׁ בָּרוּךְ הוּא עַל יָדוֹ – And from where do we know that the Holy One, Blessed is He, agreed with him?

The Gemara answers:

שֶׁנֶּאֱמַר – For it is said:[31] "אֲשֶׁר שִׁבַּרְתָּ" – [The Tablets] ***which you broke.*** **וְאָמַר רֵישׁ לָקִישׁ – And Reish Lakish said** that this is interpreted to mean: **יִישַׁר כֹּחֲךָ שֶׁשִּׁיבַּרְתָּ – Your strength shall be true** to its mark, **because you broke** the Tablets.[32]

The Gemara resumes its treatment of the dispute between R' Yose and the Rabbis regarding the date of the Revelation:

תָּא שְׁמַע – Come, hear a proof from the following verse:[33] "וְהָיוּ נְכֹנִים לַיּוֹם הַשְּׁלִישִׁי" – [God said to Moses:] ***Let them be prepared for the third day.*** That is, after two days (of abstinence) they should be prepared for the Revelation which will occur on the third day. **קַשְׁיָא לְרַבִּי יוֹסֵי** – This verse is **a contradiction to R' Yose,** for it implies that there were only two days of abstinence, whereas R' Yose maintains that there were three. – ? –

The Gemara answers:

הָא אֲמְרִינַן – But we have already **said** that according to R' Yose **יוֹם אֶחָד הוֹסִיף מֹשֶׁה מִדַּעְתּוֹ – Moses added one day** of abstinence **on** the basis of **his** own **understanding.**[34]

The Gemara attempts another proof:

תָּא שְׁמַע – Come, learn a proof from the following Baraisa, which states in reference to the days before the Revelation: **שְׁלִישִׁי שְׁלִישִׁי בַּחֹדֶשׁ** – THE THIRD[35] WAS THE THIRD day OF THE MONTH **וּשְׁלִישִׁי בַּשַּׁבָּת** – AND THE THIRD day OF THE WEEK.[36] This Baraisa indicates that the third day of the month coincided with the third day of the week (Tuesday), thus implying that the first of the month fell on a Sunday. **קַשְׁיָא לְרַבָּנָן** – Hence, it is **a contradiction to the Rabbis,** who maintain that Sivan began on a Monday.[37] – ? –

The Gemara answers:

אָמְרֵי לָךְ רַבָּנָן – The Rabbis would say to you: הָא מַנִּי – Who is the Tanna of **this** Baraisa? **רַבִּי יוֹסֵי הִיא – It is R' Yose.**[38]

The first words of the Baraisa ("the third") are now explained:

שְׁלִישִׁי לְמַאי – It was the **third of what? לִכְדְתַנְיָא** – This refers

NOTES

24. *Deuteronomy* 5:28. God thus distinguished between Moses and the rest of the people, for He told only the others, and not Moses, to return to their wives. This demonstrates that God approved of Moses' decision to abstain from marital relations.

It can be proven as follows that this was not a *commandment* to abstain: God's communications with Moses before the Revelation were of the same quality as those after the Revelation. Therefore, if Moses *had* to abstain to receive Divine communication, he would surely have been commanded to do so much earlier. Rather, it was Moses' own decision to part from his wife, and here God is merely expressing His approval (*Ramban; Ritva MHK* ed.; cf. *Tosafos* ד"ה ואתה; see *Yefei Einayim* and *Yad David* [*Basra*]).

25. *Numbers* 12:8. Miriam and Aaron once wondered why Moses was the only prophet who abstained from marital relations – *They said, "Was it only to Moses that Hashem spoke? Did He not speak to us, as well?"* (ibid. v. 2). God defended Moses by noting that Moses' prophecies were unique. Whereas all other prophets received Divine communication only in the form of a vision, Moses would receive it directly – *"mouth to mouth"* (see *Maharsha* and *Yefei Einayim*).

26. *Exodus* 12:43.

27. The term refers to both (a) a Jewish מוּמָר, *apostate,* i.e. one who worships idols, desecrates the Sabbath, or denies the validity of any of the Torah's commandments (see, however, *Minchas Chinuch* 13:2); and (b) a non-Jew. Neither may participate in or eat from the *pesach* offering, because they are *alienated* from belief in the Torah (*Rashi* ad loc.).

28. The entire Torah is embodied in the Ten Commandments. See 86b note 24.

29. They were sinning with the Golden Calf (see note 12 above). [See *Maharsha* to *Yevamos* 62a, who points out that not all the Jews were guilty.]

30. This is not a full-fledged *kal vachomer,* because one could argue to the contrary: The very fact that they were apostates means that they needed the Torah to bring them to repentance (see *Tosafos* and *Tos. HaRosh;* see *Ramban* and *Ritva MHK* ed.).

31. *Exodus* 34:1.

32. [I.e. God blessed Moses for having broken the Tablets.]

Reish Lakish relates the word אֲשֶׁר, *which,* to אישור, *affirmation* (*Rashi*). Of course, not every אֲשֶׁר in the Torah carries this connotation. Here, however, it is interpreted this way because God commanded Moses to put the broken pieces of the tablets in the Ark (as the Gemara in *Bava Basra* 14b derives), thus demonstrating Divine approval of Moses' deed. [Alternatively: Divine acquiescence is evident from the fact that God refers here to the breaking of the Tablets without any expression of anger (*Rashi* to *Menachos* 99b ד"ה שביטולה).] This, in turn, prompts Reish Lakish to interpret אֲשֶׁר as signifying approval (see *Ramban, Ritva MHK* ed. and *Ran* [*MHK* ed. and *Chidushim*]; see also *Gilyon HaShas*).

33. *Exodus* 19:11 (quoted in 86b note 18).

34. The words וְהָיוּ נְכֹנִים לַיּוֹם הַשְּׁלִישִׁי, *"Let them be prepared for the third day,"* were said by God [before Moses decided to add an extra day]. When Moses reported this directive to the people, he changed the words, saying (verse 15): הֱיוּ נְכֹנִים לִשְׁלֹשֶׁת יָמִים, *Be prepared for a three-day period* – i.e. after three days of preparation, the Torah will be given on the fourth day. [See *Ritva* and *Maharsha,* who explain how the Rabbis understand Moses' change of God's wording.]

One difficulty, though, remains with R' Yose's view. It is later stated explicitly (verse 16) that the Torah was given on the *third* day: וַיְהִי בַיּוֹם הַשְּׁלִישִׁי בִּהְיֹת הַבֹּקֶר וַיְהִי קֹלֹת וּבְרָקִים וגו׳, *On the third day when it was morning, there was thunder and lightning* etc. The answer is that even if there were three days of preparation, only two of them were complete (for the night preceding the first day, Wednesday, was not included). Therefore, the day of the Revelation can justifiably be described as the "third" day (*Rashi;* cf. *Sfas Emes*).

35. As the Gemara explains below, this refers to the third day of Moses' encouraging the people to accept the Torah and his describing the rewards and punishments involved to them (*Rashi* ד"ה לכדתניא).

36. That is to say: Some event described as the "third" (see previous note) occurred on the third day of Sivan which was also Tuesday, the third day of the week.

37. From the Baraisa it emerges that the Torah was given on the seventh of Sivan, since everyone agrees that this event occurred on the Sabbath (see *Rashi*). The Rabbis, though, stated explicitly in the Baraisa on 86b that the Torah was given on the sixth of Sivan (see *Maharsha* in *Chidushei Halachos*).

38. The Rabbis, however, disagree with the Baraisa. [As Tannaim, they have the authority to dispute another Tannaic teaching.]

בתלתא אמר להו מצות הגבלה בארבעה עבוד פרישה ורבנן סברי בתרי בשבא איקבע ירחא בתרי בשבא לא אמר להו ולא מידי משום חולשא דאורחא בתלתא אמר להו א) ואתם תהיו לי בארבעה אמר להו מצות הגבלה בה' עבוד פרישה מיתיבי ב) וקדשתם היום ומחר קשיא לר' יוסי אמר לך ר' יוסי יום אחד הוסיף משה מדעתו דתניא ג' דברים עשה משה מדעתו והסכים הקב"ה עמו הוסיף יום אחד מדעתו ופירש מן האשה ושבר את הלוחות הוסיף יום אחד מדעתו מאי דריש היום ומחר היום כמחר מה למחר לילו עמו אף היום לילו עמו ולילה דהאידנא נפקא ליה ש"מ תרי יומי לבר מהאידנא ומנלן דהסכים הקב"ה על ידו דלא שריא שכינה עד צפרא דשבתא ופירש מן האשה מאי דריש נשא קל וחומר בעצמו אמר ומה ישראל שלא דברה שכינה עמהן אלא שעה אחת וקבע להן זמן אמרה תורה ג) והיו נכונים וגו' אל תגשו אני שכל שעה ושעה שכינה מדברת עמי ואינו קובע לי זמן על אחת כמה וכמה ומנלן דהסכים הקב"ה על ידו דכתיב ד) לך אמור להם שובו לכם לאהליכם וכתיב בתריה ה) ואתה פה עמוד עמדי ואית דאמרי ו) פה אל פה אדבר בו שבר את הלוחות מאי דריש אמר ומה פסח שהוא אחד מתרי"ג מצות אמרה תורה ז) וכל בן נכר לא יאכל בו התורה כולה [כאן] וישראל מומרים על אחת כמה וכמה ומנלן דהסכים הקב"ה על ידו שנאמר ח) אשר שברת ואמר ר"ל יישר כחך ששיברת ת"ש ט) והיו נכונים ליום השלישי קשיא לר' יוסי הא אמרינן יום אחד הוסיף משה מדעתו ת"ש שלישי שלישי בחדש ושלישי בשבת קשיא לרבנן אמרי לך רבנן הא מני ר' יוסי היא שלישי למאי לכדתניא י) וישב משה את דברי העם אל ה' וכתיב כ) ויגד משה את דברי העם אל ה' מה אמר לו הקב"ה למשה ומה אמר להם משה לישראל ומה אמרו ישראל למשה ומה השיב משה לפני הגבורה זו מצות הגבלה דברי ר' יוסי בר יהודה רבי אומר בתחילה פירש עונשה דכתיב וישב משה דברים שמשבבין דעתו של אדם ולבסוף פירש מתן שכרה דכתיב ויגד משה דברים שמושכין לבו של אדם כאגדה ואיכא דאמרי בתחילה פירש מתן שכרה דכתיב וישב משה דברים שמשיבין דעתו של אדם ולבסוף פירש עונשה דכתיב ויגד משה דברים שקשין לאדם כגידין תא שמע ששי בחודש ששי בשבת קשיא לרבנן הא נמי רבי יוסי היא ששי למאי רבא אמר

לחנייתן

בתלתא אמר להו מצות הגבלה. שהדברים שנאמרו לו בשני ירד לערב ואמרן לישראל כדכתיב ויבא משה ויקרא לזקני העם וגו' ולמחרת השכים ועלה וישב משה את דברי העם וגו' כדאמר כל עליותיו בהשכמה היו ובו ביום נאמר לו הנה אנכי בא אליך בעב וגו' ומצות הגבלתם דהשמרו לכם עלות בהר אע"פ שהיא כתובה אחר וקדשתם היום ומחר שהיא מצות פרישה קודם לכן נאמרה דכתיב בההיא עלייה שעלה בשלישי להשיב להקב"ה דברי העם דנעשה (ונשמע) הנה אנכי בא אליך וסיפא דקרא ויגד משה את דברי העם וגו' וכי מה דברי העם יש כאן אלא מצות הגבלה נאמר לו בו ביום ולקמן תניא לה הכי ולערב אמרה לישראל ולמחרת בד' השכים ועלה והגיד שקבלו עליהם מצות הגבלה ונאמרה לו מצות פרישה וקדשתם היום ומחר ואע"פ שיש עוד ג' ימים עד יום שבת שהאמרינן לקמן לר"י דמשה הוסיף יום אחד מדעתו: היום ומחר. משמע בה' נאמר לו לפרוש ה' וו': אמר לך ר' יוסי. לעולם ברביעי נאמר לו לפרוש ד' וה' והוא הוסיף יום אחד והסכים הקב"ה לדעתו: ופירש מן האשה. לגמרי לאחר מתן תורה מיד משפירש עם חביריו שוב לא חזר לתשמיש: אף היום. צריך להיות לילו עמו והא לא אפשר: וקבע להם זמן. אימתי ידבר עמהם: אמרה תורה והיו נכונים וגו'. (א) פירשו מנשותיהן: ולא קבע לי זמן. לדבורו שאוכל לפרוש קודם לכן: לאהליכם. להתיר תשמיש שאסרתי לכם: בן נכר. שנתנכרו מעשיו לאביו שבשמים: התורה כולה. תלויה בלוחות הללו וישראל מומרים על אחת כמה וכמה שאינם כדי לה: אשר. אישור שאישרו וחיזקו על שבירתן: ה"ג והיו נכונים ליום השלישי ול"ג והיו נכונים לשלשת ימים: הא אמרן יום אחד הוסיף. והאי קרא דוהיו נכונים ליום השלישי קודשא בריך הוא אמר ליה (ב) ומשה אמר להן היו נכונים לשלשת ימים ולא אמר ליום השלישי אלא פירשו ג' ימים וקרא דכתיב ויהי ביום השלישי בהיות הבקר שלישי לימים שלמים שלילן עמם קאמר: ת"ש. דתניא בברייתא הכי שלישי שלישי בחדש היה שלישי בשבת היה ולקמן בעי שלישי קמא למאי ע"כ במילתא דשלישי קמיירי וקאמר עלה שלישי זה שלישי בחדש: קשיא לרבנן. דשמעינן בחד בשבא איקבע ירחא א"כ על כרחך בתרי בשבת אמר ואתם תהיו בתלתא הגבלה בארבעה פרישה ובשביעי נתנה תורה דהא לכ"ע בשבת נתנה תורה: לכדתניא כו'. והכי קאמר יום שלישי לדברים שהתחיל משה להמשיך לבם של ישראל ולפרש עונשן ומתן שכרן ואותו יום היה שלישי בחדש שלישי בשבת ורבי יוסי קאמר לה: וישב ויגד וכי מה אמר הקב"ה למשה. בין וישב משה דנעשה (ונשמע) לויגד משה שאמר להן לישראל ומה אמרו ישראל למשה על כך שהוצרך משה להגיד למקום והלא לא נאמר בינתים אלא הנה אנכי בא וגו': זו מצות הגבלה. שאע"פ שכתובה אחר מצות פרישה בשלישי נאמרה לו והוצרך להשיב שקבלו עליהן: עונשה. של תורה: משבבין. כמו וילך שובב (ישעיה נז) שמונעין מלקבל שאם יקבלו יענשו הדברים הללו משבבין את לבם מן המקום ואף על פי כן קיבלו עליהן: כגידין. ירק מר: ששי ששי בחדש כו'. לקמיה בעי ששי קמא למאי דהכא ליכא למימר ששי לאותן דברים דבשלמא שלישי דברייתא לעיל איכא למימר דאיירי בהו דהא כל ג' ימים היה משה מדבר באותן הדברים דעל כרחיך ויגד משה בד' כתיב דברים שקבלו בג': קשיא לרבנן. דמשמע דבחד בשבא איקבע ירחא:

היום כמחר. אין זו דרשה גמורה אלא משמע דהיום ממש דאי לאו הכי אין זה מדעתו: **ומה** ישראל כו'. וא"ת מאי קאמר (ה) דהוסיף מדעתו דאורייתא הוא דק"ו ניתן לידרש וי"ל דלא הוי ק"ו גמור דשאני התם משום עשרת הדברות:

וקבע להם זמן. תימה לר"י דהיא הנותנת דמשום שקבע להם זמן וידעו שבאותו יום ודאי מדבר שכינה עמהם הוצרכו לפרוש אבל הוא מספק למה יפרוש וי"ל דלהם נמי איכא ספיקא שמא לא תפלוט והכי עביד ק"ו ומה ישראל שקבע להן זמן וא"כ לא היו צריכים לפרוש משום קרי דביום אחד היה די אפ"ה משום חשש פליטה שהיא קלה הוזקקו לפרוש אני שלא קבע לי זמן ויש חשש קרי שהוא חמור לא כ"ש שיש לי לפרוש:

ואתה פה עמוד עמדי. וא"ת מנלן דפירש משה מדעתו קודם ושוב הסכים הקב"ה על ידו שמא זה הוא צווי גמור שצוה לו לפרוש ותירץ ר"ת דאם איתא דמתחלת צווי הקב"ה פירש ולא מדעתו היאך היה מערער אהרן ומרים דכתיב ותדבר מרים ואהרן במשה אלא ודאי מתחלה פירש ממנה לגמרי משה מדעתו ואע"ג דהסכים הקב"ה על ידו מ"מ נתרעמו עליו לפי שאילו לא פירש מדעתו לא היה הקב"ה מסכים דבדרך (י) שאדם הולך בה מוליכין אותו שהרי לאהרן ומרים לא אמר לפרוש אע"ג שגם עמהם היה מדבר ומיהו קשה דמשמע במדרש שלא ידעו זמן גדול שפירש ממנה גבי אלדד ומידד שהיו מתנבאים שאמרה מרים אשרי נשותיהן של אלו שנתמנו בעליהן פרנסין על הציבור אמרה צפורה אוי להם לנשותיהם של אלו שמיום שנתייחדה שכינה עם אחיך פירש ממני מיד ותדבר מרים ואהרן במשה משמע שלא ידעו קודם לכן וכי לא ידעו הא דכתיב ואתה פה עמוד עמדי ואור"ת דודאי ידעו אבל היו סבורין שפירש ע"פ הדבור עד שאמרה להם צפורה שמדעתו פירש ממנה מתחלה:

ומה פסח כו'. אין זה ק"ו (י) גמור דאם מומר אסור בפסח שהוא קרבן מ"מ לא היה לו למנוע מליתן להם התורה ולהחזירם בתשובה:

קשיא לרבנן. פי' למה שפירש רבא לעיל דבקביעא דירחא פליגי:

כאשר

מסורת הש"ס

א) יבמות סב. [עי' אדר"נ פ"ב השיב עוד אחד], ב) ב"ב יד: יבמות סב. מנחות צט:, ג) [חגיגה יד.], ד) [מדרש של הגני מאכל את העם הזה לענה מרה כגידין עיין ערוך ערך גד], ה) [נ"ל דפירש], ו) [כדאיתא מכות י:], ז) [עי' אדר"נ פ"ב ק"ו אחר איתא שם].

הגהות הב"ח

(א) רש"י ד"ה אמרה תורה וכו' יפרשו מנשותיהן: (ב) ד"ה הא אמרן וכו'. נ"ל ומשה אמר להן:

גליון הש"ס

גמ' ואמר ר"ל יישר. אשר כמו ישר והא' הלא"ף במקום היו"ד. וכן אשרו חמוץ (ישעיה א') כמו ישרו חמוץ:

ליקוטי רש"י

וקדשתם. והזמנתם שיכינו עצמם היום ומחר [שמות יט, י]. הוסיף יום אחד. הקב"ה אמר לו וקדשתם היום ומחר והוא אמר היו נכונים לשלשת ימים. עד צפרא דשבתא. כמס' שבת פרק ר"ע (פו.) גמרינן לה לעבודת פרישה בארבעה בשבת ופירשו חמישי וששי שלימים ובשבת שריא שכינה והוא שלישי לימים השלמים ויום ראשון לא חשיב שלא היה לילו עמו. ואינו קובע לי זמן. אימתי ידבר עמי שאפרוש יום אחד קודם. לאהליכם. לנשיכם [יבמות סב.]. וכל בן נכר. שנתנכרו מעשיו לאביו שבשמים ואחד נכרי ואחד ישראל מומר במשמע (מכילתא) [שמות יב, מג]. שנאמר אשר שברת. ולא אמר ליה בלשון כעס שמע מינה הסכימה עמו לדעת וישכון כיון דנתכוין לטובה [מנחות צט:]. אשר. לשון ישר [יבמות שם]. וישב משה את דברי העם וגו'. ביום המחרת שהוא יום שלישי שהרי בשני עלה [שמות יט, ח]. ויגד משה וגו'. ביום המחרת שהוא רביעי להשיב על דברי העם וגו' [שם, ט].

תורה אור השלם

א) וְאַתֶּם תִּהְיוּ לִי מַמְלֶכֶת כֹּהֲנִים וְגוֹי קָדוֹשׁ אֵלֶּה הַדְּבָרִים אֲשֶׁר תְּדַבֵּר אֶל בְּנֵי יִשְׂרָאֵל: [שמות יט, ו]
ב) וַיֹּאמֶר יְיָ אֶל מֹשֶׁה לֵךְ אֶל הָעָם וְקִדַּשְׁתָּם הַיּוֹם וּמָחָר וְכִבְּסוּ שִׂמְלֹתָם: [שמות יט, י]
ג) וַיֹּאמֶר אֶל הָעָם הֱיוּ נְכֹנִים לִשְׁלֹשֶׁת יָמִים אַל תִּגְּשׁוּ אֶל אִשָּׁה: [שמות יט, טו]
ד) לֵךְ אֱמֹר לָהֶם שׁוּבוּ לָכֶם לְאָהֳלֵיכֶם: [דברים ה, כז]
ה) וְאַתָּה פֹּה עֲמֹד עִמָּדִי וַאֲדַבְּרָה אֵלֶיךָ אֵת כָּל הַמִּצְוָה וְהַחֻקִּים וְהַמִּשְׁפָּטִים אֲשֶׁר תְּלַמְּדֵם וְעָשׂוּ בָאָרֶץ אֲשֶׁר אָנֹכִי נֹתֵן לָהֶם לְרִשְׁתָּהּ: [דברים ה, כח]
ו) פֶּה אֶל פֶּה אֲדַבֶּר בּוֹ וּמַרְאֶה וְלֹא בְחִידֹת וּתְמֻנַת יְיָ יַבִּיט וּמַדּוּעַ לֹא יְרֵאתֶם לְדַבֵּר בְּעַבְדִּי בְמֹשֶׁה: [במדבר יב, ח]
ז) וַיֹּאמֶר יְיָ אֶל מֹשֶׁה וְאַהֲרֹן זֹאת חֻקַּת הַפָּסַח כָּל בֶּן נֵכָר לֹא יֹאכַל בּוֹ: [שמות יב, מג]
ח) וַיֹּאמֶר יְיָ אֶל מֹשֶׁה פְּסָל לְךָ שְׁנֵי לֻחֹת אֲבָנִים כָּרִאשֹׁנִים וְכָתַבְתִּי עַל הַלֻּחֹת אֶת הַדְּבָרִים אֲשֶׁר הָיוּ עַל הַלֻּחֹת הָרִאשֹׁנִים אֲשֶׁר שִׁבַּרְתָּ: [שמות לד, א]
ט) וְהָיוּ נְכֹנִים לַיּוֹם הַשְּׁלִישִׁי כִּי בַּיּוֹם הַשְּׁלִשִׁי יֵרֵד יְיָ לְעֵינֵי כָל הָעָם עַל הַר סִינָי: [שמות יט, יא]
י) וַיַּעֲנוּ כָל הָעָם יַחְדָּו וַיֹּאמְרוּ כֹּל אֲשֶׁר דִּבֶּר יְיָ נַעֲשֶׂה וַיָּשֶׁב מֹשֶׁה אֶת דִּבְרֵי הָעָם אֶל יְיָ: [שמות יט, ח]
כ) וַיֹּאמֶר יְיָ אֶל מֹשֶׁה הִנֵּה אָנֹכִי בָּא אֵלֶיךָ בְּעַב הֶעָנָן בַּעֲבוּר יִשְׁמַע הָעָם בְּדַבְּרִי עִמָּךְ וְגַם בְּךָ יַאֲמִינוּ לְעוֹלָם וַיַּגֵּד מֹשֶׁה אֶת דִּבְרֵי הָעָם אֶל יְיָ: [שמות יט, ט]

רבינו חננאל

רבא אם היה בית אפל מותר. ואמר רבה (ואיתמר) רב פפא ת"ח המאפל בטליתו מותר ומקשינן כי מכדי פרישה עבידא אליבא דר' יוסי ור' ישמעאל ור"ע מארבעה ואליבא דר' אלעזר בן עזריה ורבנן מן חמשה. ולכולהו כל אשה ששמשה קודם הפרשה אם פלטה שכבת זרע בלילי שבת טהורה היא תישרי שכינה בליליא דשבתא אמאי איתאחרא עד לצפרא. ופרקינן א"ר יצחק לא מראש בסתר דברתי לא עלתה במחשבה למהוה ביממא הדר אקשינן. אם כן למה לי דעבד פרישה אליבא דר' ישמעאל ור"ע מצפרא ארבעה לר"ע תשמש כולא יומא דארבעה. והרי חמש עונות עד צפרא דשבתא ולר' ישמעאל תשמש עד צפרא דחמשה דהא איכא עד צפרא דשבתא ד' עונות כהלכתן מכלל ג' ימים. ופרקינן א"ר יצחק א"כ יאמרו הללו הולכין לבית הטבילה והללו הולכין לקבל התורה. ואילין שאומרים עליהן הולכין לבית הטבילה אינון נשים שפלטו שכבת זרע בלילי שבת ביום רביעי הות מיטמא מיניה שפולטת וצריכ' למיטבל לצפרא דשבתא. ואיכא בהא מילתא סוגיא ולא שפיר שהללו ילכו לקבל התורה והללו ילכו לבית הטבילה. ואיכא מן דגרסי בהדין קושיא דלעילא נמי. ולר' אלעזר בן עזריה תשמש ביממא דחמשה. מילתא לא צריכא להכין דר' אלעזר בן עזריה לא איכפת ליה (שמשה) אם (תשמשה) בחמשי' עד קרוב לשקיעת החמה אם לאו ולא צריך אלא משהו מן חמשה וכולי יומא דמעלי [שבתא] ומשהו מן שבתא דהוא יום שלישי והא טבולי יום נינהו. ומפרקינן ראויה תורה להינתן לטבולי יום. ואיכא דמקדמי וגרסי ליה להאי קושיא ולהאי פירוקא מקמי אוקימתא דמילי דר' ישמעאל ור"ע עקיבא כר' יוסי ואיכא דגרסי ליה לכה ואית ליה תרין אנפי חד דהוה קושיא על ר"ע דאמר במקצת יומא (דחמשה) [דארבעה] עבד להו פרישה וכל אשה שפלטה ש"ז בלילי שבת עד שמשלימין כשיעור הזה מה שיצא מיום חמישי טמאה היא. וכיון שאפשר על דעתא דר"ע שיש אשה שפולט' וטמאה בלילי שבת הרי היא צריכה הערב שמש וכל נשים שהיה להן כן טבולי יום אינון. ועוד אית ליה להאי קושיא אנפא אחרינא כי אמרי' לר' ישמעאל ור"ע למה לי למיעבד להו פרישה דמטיא עד בי שמשא. ליעביד להו פרישה דלא מטיא אלא עד צפרא דשבתא. ופרקינן א"ר יצחק יאמרו הללו הולכין לבית הטבילה והללו הולכין לקבל תורה. ואקשינן למה ליה לר' יצחק לפרוקי הכי הדין פירוקא הא טבולי יום נינהו או הוה קשה לר' צפרא דשבתא והדרינן

אעפ"כ ראויין הוו לקבל התורה והלכך צריכינן לפרוקא דר' יצחק ואע"ג דהאי דקאמרי' והא טבולי יום נינהו משנינן אביי בר אבין ורב חנניא בר אבין תרווייהו דניתנה תורה לטבולי יום מוכחא מלתא דעל נשי קאי ולא בגברי איירי. הוא כי דסדרנא לשמעתא מפרש בתלמוד א"י שמעתא. א"ר יוחנן טבולי יום קבלו ישראל את התורה. הדא דאת אמר בנשים אבל אנשים כבר טהרו

to that which was taught in the following **Baraisa:** ,,וַיָּשֶׁב מֹשֶׁה אֶת־דִּבְרֵי הָעָם אֶל־ה׳״ – Scripture states:[39] *MOSES BROUGHT BACK THE WORDS OF THE PEOPLE TO HASHEM.* וּכְתִיב – AND IT IS WRITTEN in the next verse: ,,וַיַּגֵּד מֹשֶׁה אֶת־דִּבְרֵי הָעָם אֶל־ה׳״ – *MOSES RELATED THE WORDS OF THE PEOPLE TO HASHEM.* מַה אָמַר לוֹ הַקָּדוֹשׁ בָּרוּךְ הוּא לְמֹשֶׁה – WHAT DID THE HOLY ONE, BLESSED IS HE, SAY TO MOSES? וּמָה אָמַר לָהֶם מֹשֶׁה לְיִשְׂרָאֵל – AND WHAT DID MOSES SAY TO ISRAEL? וּמָה אָמְרוּ יִשְׂרָאֵל לְמֹשֶׁה – AND WHAT DID ISRAEL SAY TO MOSES? וּמָה הֵשִׁיב מֹשֶׁה לִפְנֵי הַגְּבוּרָה – AND WHAT DID MOSES REPORT BACK BEFORE THE ALMIGHTY?[40]

The Baraisa records various approaches:

זוֹ מִצְוַת הַגְבָּלָה – THIS IS THE COMMANDMENT OF SETTING BOUNDARIES. דִּבְרֵי רַבִּי יוֹסֵי בַּר יְהוּדָה – These are THE WORDS OF R' YOSE BAR YEHUDAH.[41]

A different approach:

רַבִּי אוֹמֵר – REBBI SAYS: בַּתְּחִילָּה פֵּירֵשׁ עוֹנְשָׁהּ – IN THE BEGINNING [MOSES] DESCRIBED THE PUNISHMENT FOR not observing [THE TORAH], דִּכְתִיב ,,וַיָּשֶׁב מֹשֶׁה״ – AS IT IS WRITTEN: *MOSES BROUGHT BACK* (*vayasheiv*), דְּבָרִים שֶׁמְּשַׁבְּבִין דַּעְתּוֹ שֶׁל אָדָם – which alludes to MATTERS THAT REPEL (*meshabevin*) A PERSON'S MIND.[42] וּלְבַסּוֹף פֵּירֵשׁ מַתַּן שְׂכָרָהּ – AND IN THE END [MOSES] DESCRIBED THE GIVING OF REWARD FOR observing [THE TORAH], דִּכְתִיב ,,וַיַּגֵּד מֹשֶׁה״ – AS IT IS WRITTEN: MOSES RELATED (*vayageid*), דְּבָרִים שֶׁמּוֹשְׁכִין לִבּוֹ שֶׁל אָדָם כְּאַגָּדָה – which alludes to MATTERS THAT ATTRACT A PERSON'S HEART LIKE AGGADAH.[43]

A third approach:

וְאִיכָּא דְּאָמְרִי – **And there are those who say:**[44] בַּתְּחִילָּה פֵּירֵשׁ מַתַּן שְׂכָרָהּ – IN THE BEGINNING [MOSES] DESCRIBED THE GIVING OF REWARD FOR observing [THE TORAH], דִּכְתִיב ,,וַיָּשֶׁב מֹשֶׁה״ – AS IT IS WRITTEN: *MOSES BROUGHT BACK,* דְּבָרִים שֶׁמְּשִׁיבִין דַּעְתּוֹ שֶׁל אָדָם – which alludes to MATTERS THAT RESTORE A PERSON'S MIND.[45] וּלְבַסּוֹף פֵּירֵשׁ עוֹנְשָׁהּ – AND IN THE END HE DESCRIBED THE PUNISHMENT FOR not observing [THE TORAH], דִּכְתִיב ,,וַיַּגֵּד מֹשֶׁה״ – AS IT IS WRITTEN: *MOSES RELATED* (*vayageid*), דְּבָרִים שֶׁקָּשִׁין לָאָדָם כְּגִידִין – which alludes to MATTERS THAT ARE AS HARSH TO A PERSON AS *GIDDIN.*[46]

The Gemara attempts another proof to one side of the dispute between R' Yose and the Rabbis:

תָּא שְׁמַע – **Come, hear** a proof from the following Baraisa, which refers to the days preceding the Revelation: שִׁשִּׁי שִׁשִּׁי בַּחוֹדֶשׁ – THE SIXTH[47] WAS THE SIXTH day OF THE MONTH, שִׁשִּׁי בַּשַּׁבָּת – and THE SIXTH day OF THE WEEK (Friday). Since this Baraisa states that the sixth of Sivan fell on a Friday (and thus the first of Sivan fell on a Sunday), קַשְׁיָא לְרַבָּנָן – it is **a contradiction to the Rabbis,** who maintain that Sivan began on a Monday.

The Gemara answers:

הָא נַמִּי רַבִּי יוֹסֵי הִיא – The Tanna of **this** Baraisa, **too, is R' Yose.**

The first words of the Baraisa ("the sixth") are now explained:

שִׁשִּׁי לְמַאי – It was **the sixth of what?**[48]

The Gemara cites two opinions:

רָבָא אָמַר – **Rava says:**

NOTES

39. *Exodus* 19:8 (see 86b note 18).

40. The Baraisa is raising the following problem: The quotation from verse 8 (וַיָּשֶׁב מֹשֶׁה אֶת־דִּבְרֵי הָעָם אֶל־ה׳, *Moses brought back the words of the people to Hashem*) clearly refers to the people's response cited earlier in that verse: *"Everything that Hashem has spoken we will do."* The quotation from verse 9, however (וַיַּגֵּד מֹשֶׁה אֶת־דִּבְרֵי הָעָם אֶל־ה׳, *Moses related the words of the people to Hashem*), is not so clear, for here Scripture does not record any message sent by God to the people to which the people would have responded. The only words recorded between these two quotations are: וַיֹּאמֶר ה׳ אֶל־מֹשֶׁה הִנֵּה אָנֹכִי בָּא אֵלֶיךָ בְּעַב הֶעָנָן וגו׳, *Hashem said to Moses, "Behold! I am coming to you in the thickness of the cloud* etc.," which is simply a statement of fact that does not require a response (*Rashi*).

41. R' Yose bar Yehudah is answering that together with the statement *"Behold! I am coming* etc.," God also gave the commandment of setting boundaries. Although this commandment is recorded after the commandment of abstinence (which was given on Wednesday, according to R' Yose), in point of fact it was stated a day earlier, on Tuesday. Moses then reported this commandment of setting boundaries to the people, and they accepted it. It was this acceptance that Moses then relayed to God, and which is referred to in verse 9: וַיַּגֵּד מֹשֶׁה אֶת־דִּבְרֵי הָעָם אֶל־ה׳, *Moses related the words of the people to God (Rashi*).

42. Hearing about the punishments for transgressing the Torah would discourage the people from accepting it. They would fear becoming subject to these punishments should they fail to fulfill their commitment. The Jews accepted the Torah nevertheless (*Rashi*).

Rebbi relates וַיָּשֶׁב, *he brought back,* to the root שבב, which appears in *Isaiah* 57:17, וַיֵּלֶךְ שׁוֹבָב בְּדֶרֶךְ לִבּוֹ, *he went rebelliously in the way of his heart (Rashi;* cf. *Rabbeinu Chananel* and *Rashash*). It thus alludes to the punishments for transgressing the Torah, which could cause a person to rebel against God [i.e. to refuse to accept the Torah] (*Rashi*). According to this interpretation, the verse, *Moses brought back the words of the people to Hashem,* means that Moses reported to God that the people accepted the Torah despite the potential for punishment involved (see *Chidushei HaRan;* see also *Shabbos Shel Mi*).

43. This interpretation relates וַיַּגֵּד, *vayageid* (he related), to אַגָּדָה, *aggadah.* וַיַּגֵּד thus alludes to the reward for observing the Torah, which, like aggadah, attracts a person. [Aggadah is the homiletic section of the Torah, which includes inspirational narratives, poetic expositions of Scripture and the like.]

The verse, וַיַּגֵּד מֹשֶׁה אֶת־דִּבְרֵי הָעָם אֶל־ה׳, *Moses relayed the words of the people to Hashem,* refers to the fourth day. After telling the people of these matters [reward and punishment] for three days, Moses related their acceptance of them to God on the fourth day (*Rashi* below ד״ה ששי; see *Chidushei HaRan*).

Basing itself on Rebbi's opinion, the Gemara explains the word שְׁלִישִׁי, *third,* in the Baraisa above, as referring to the third [and final] day on which Moses depicted the Torah's reward and punishment to the people. As stated in the Baraisa, that day coincided with the third day of Sivan and the third day of the week, Tuesday (*Rashi* ד״ה לכדתניא).

Maharsha explains that the Jewish people were like converts at that time, because they were committing themselves to observe the Torah. Hence, as is the case with a convert (see *Yevamos* 47a), they had to be told beforehand of the reward and punishment involved.

44. *Chidushei HaRan* implies that this is a separate Tannaic view (and not merely a different version of Rebbi's opinion).

45. This interpretation follows the literal meaning of וַיָּשֶׁב, *he restored.*

46. A type of bitter herb (*Rashi*). [Targum translates לַעֲנָה, *wormwood,* as גִּידִין in *Jeremiah* 9:14 and other places (*Aruch* [ע׳ גד [ט; see *Rashi* to *Deuteronomy* 29:17).]

The difference between the last two opinions in the Baraisa can be explained as follows: The first opinion maintains that it is preferable to mention the punishment first and the reward last, because then the promise of reward, rather than fear of punishment, will remain in the people's minds. The second opinion, though, reasons that if Moses would have begun by describing the punishment, the people might have been deterred from accepting the Torah. Moses therefore began with a depiction of the reward to draw their hearts to the Torah (*Maharal* in *Chidushei Aggados*).

47. This is explained in the Gemara below.

48. Here one cannot answer that it was the sixth day of Moses' lecturing to the people about reward and punishment (as the Gemara explained "the third" in the Baraisa above). Since Moses reported the people's acceptance of these matters to God on the morning of the fourth day (see note 43), it seems that Moses discussed these topics for only three days and no more (*Rashi*).

בתלתא אמר להו מצות הגבלה בארבעה עבוד פרישה ורבנן סברי בתרי בשבא איקבע ירחא בתרי בשבא לא אמר להו ולא מידי משום חולשא דאורחא בתלתא אמר להו א) ואתם תהיו לי בארבעה אמר להו מצות הגבלה בה' עבוד פרישה מיתיבי ב) וקדשתם היום ומחר קשיא לר' יוסי אמר לך ר' יוסי יום אחד הוסיף משה מדעתו דתניא א) ג' דברים עשה משה מדעתו והסכים הקב"ה עמו הוסיף יום אחד מדעתו ופירש מן האשה ושבר את הלוחות הוסיף יום אחד מדעתו מאי דריש היום ומחר היום כמחר מה למחר לילו עמו אף היום לילו עמו ולילה דהאידנא נפקא ליה ש"מ תרי יומי לבר מהאידנא ומנלן דהסכים הקב"ה על ידו דלא שריא שכינה עד צפרא דשבתא ופירש מן האשה מאי דריש נשא קל וחומר בעצמו אמר ומה ישראל שלא דברה שכינה עמהן אלא שעה אחת וקבע להן זמן אמרה תורה ג) והיו נכונים וגו' אל תגשו אני שכל שעה ושעה שכינה מדברת עמי ואינו קובע לי זמן על אחת כמה וכמה ומנלן דהסכים הקב"ה על ידו דכתיב ד) לך אמור להם שובו לכם לאהליכם וכתיב בתריה ה) ואתה פה עמוד עמדי ואית דאמרי ו) פה אל פה אדבר בו שבר את הלוחות מאי דריש אמר ומה פסח שהוא אחד מתרי"ג מצות אמרה תורה ז) וכל בן נכר לא יאכל בו התורה כולה [כאן] וישראל מומרים על אחת כמה וכמה ומנלן דהסכים הקב"ה על ידו שנאמר ח) אשר שברת ב) ואמר ר"ל ג) יישר כחך ששיברת ת"ש ט) והיו נכונים ליום השלישי קשיא לר' יוסי הא אמרינן יום אחד הוסיף משה מדעתו ת"ש שלישי שלישי בחדש ושלישי בשבת קשיא לרבנן אמרי לך רבנן הא מני ר' יוסי היא שלישי למאי לכדתניא י) וישב משה את דברי העם אל ה' וכתיב כ) ויגד משה את דברי העם אל ה' מה אמר לו הקב"ה למשה ומה אמר להם משה לישראל ומה אמרו ישראל למשה ומה השיב משה לפני הגבורה זו מצות הגבלה דברי ר' יוסי בר יהודה רבי אומר בתחילה פירש עונשה דכתיב וישב משה דברים שמשבבין דעתו של אדם ולבסוף פירש מתן שכרה דכתיב ויגד משה דברים ג) שמושכין לבו של אדם כאגדה ואיכא דאמרי בתחילה פירש מתן שכרה דכתיב וישב משה דברים שמשיבין דעתו של אדם ולבסוף פירש עונשה דכתיב ויגד משה דברים שקשין לאדם ד) כגידין תא שמע ששי בחודש ששי בשבת קשיא לרבנן הא נמי רבי יוסי היא ששי למאי רבא אמר לחנייתן

רש"י

בתלתא אמר להו מצות הגבלה. שהדברים שנאמרו לו בשני ירד לערב ואמרן לישראל כדכתיב ויבא משה ויקרא לזקני העם וגו' ולמחרת השכים ועלה וישב משה את דברי העם וגו' כדאמר כל עליותיו בהשכמה היו וכו ביום נאמר לו הנה אנכי בא אליך בעב וגו' ומצות הגבלה דהשמרו לכם עלות בהר אע"פ שהיא כתובה אחר וקדשתם היום ומחר שהיא מצות פרישה קודם לכן נאמרה דכתיב בההיא עלייה שעלה בשלישי להשיב להקב"ה דברי העם לנעשה (ונשמע) הנה אנכי בא אליך וסיפא דקרא ויגד משה את דברי העם וגו' וכי מה דברי העם יש כאן אלא מצות הגבלה נאמר לו בו ביום ולקמן מניא לה הכי ולערב אמרה לישראל ולמחרת בד' השכים ועלה והגיד שקבלו עליהם מצות הגבלה ונאמרה לו מצות פרישה וקדשתם היום ומחר ואע"פ שיש עוד ג' ימים עד יום שבת שהאמרינן לקמן לר"י דמשה הוסיף יום אחד מדעתו: היום ומחר. משמע בה' נאמר לו לפרוש כו': אמר לך ר' יוסי. לעולם ברביעי נאמר לו לפרוש ד' וה' והוא הוסיף יום אחד והסכים הקב"ה לדעתו: ופירש מן האשה. לגמרי לאחר מתן תורה מיד משפירש עם חביריו שוב לא חזר לתשמיש: אף היום. לריך להיות לילו עמו והא לא אפשר: וקבע להם זמן. אימתי ידבר עמהם: אמרה תורה והיו נכונים וגו'. (א) פירשו מנשותיהן: ולא קבע לי זמן. לדבורו שאוכל לפרוש קודם לכן: לאהליכם. להתיר תשמישם לנשותיהם שאסרתי לכם: בן נכר. שנתנכרו מעשיו לאביו שבשמים: התורה כולה. תלויה בלוחות הללו וישראל מומרים על אחת כמה וכמה שאינם כדי לה: אשר. לישור שאשרו ושיבחו על שבירתן: ה"ג והיו נכונים ליום השלישי ול"ג והיו נכונים לשלשת ימים: הא אמרן יום אחד הוסיף. והאי קרא דוהיו נכונים ליום השלישי קודשא בריך הוא אמר ליה (ב) ומשה אמר להן היו נכונים לשלשת ימים ולא אמר ליום השלישי אלא פירשו ג' ימים וקרא דכתיב ויהי ביום השלישי בהיות הבקר שלישי לימים שלמים שלנו עמהם קאמר: ת"ש. דתניא בברייתא הכי שלישי שלישי בחדש היה שלישי בשבת היה ולקמן בעי שלישי קמא למאי ע"כ במילתא דשלישי קמיירי וקאמר עלה שלישי זה שלישי בחדש: קשיא לרבנן. דשמעינן בחד בשבא איקבע ירחא א"כ על כרחך בתרי בשבת אמר ואתם תהיו בתלתא הגבלה בארבעה פרישה ובשביעי נתנה תורה דהא לכ"ע בשבת נתנה תורה: לכדתניא כו'. והכי קאמר יום שלישי לדברים שהתחיל משה להמשיך לבם של ישראל ולפרש עונשן ומתן שכרן ואותו יום היה שלישי בחדש שלישי בשבת ורבי יוסי קאמר לה: וישב ויגד וכי מה אמר הקב"ה למשה. בין וישב משה דנעשה (ונשמע) לויגד משה שאמר להן לישראל ומה אמרו ישראל למשה על כך שהוצרך משה להגיד למקום והלא לא נאמר בינתים אלא הנה אנכי בא וגו': זו מצות הגבלה. שאע"פ שכתובה אחר מצות פרישה בשלישי נאמרה לו והוצרך להשיב שקבלו עליהן: עונשה. של תורה: משבבין. כמו וילך שובב (ישעיה נז) שמונעין מלקבל שאם יקבלו יענשו הדברים הללו משבבין את לבם מן המקום ואף על פי כן קיבלו עליהן: כגידין. ירק מר: ששי ששי בחדש כו'. לקמיה בעי ששי קמא למאי דהכא ליכא למימר ששי לאותן דברים דבשלמא שלישי דברייתא לעיל איכא למימר דאיירי בהו דהא כל ג' ימים היה משה מדבר באותן הדברים דעל כרחך ויגד משה בד' כתיב דברים שקבלו בג': קשיא לרבנן. דמשמע דבחד בשבא איקבע ירחא:

תוספות

היום כמחר. אין זו דרשה גמורה אלא משמע דהיום ממש דאי לאו הכי אין זה מדעתו: ומה ישראל כו'. וא"ת מאי קאמר (ה) דהוסיף מדעתו דלאורייתא הוא דק"ו ניתן לידרש וי"ל דלא הוי ק"ו גמור דשאני התם משום עשרת הדברות:

וקבע להם זמן. תימה לר"י דהיא הנותנת דמשום שקבע להם זמן וידעו שבאותו יום ודאי תדבר שכינה עמהם הוצרכו לפרוש אבל הוא מספק למה יפרוש וי"ל דלהם נמי איכא ספיקא שמא לא תפלוט והכי עביד ק"ו ומה ישראל שקבע להן זמן וא"כ לא היו צריכים לפרוש משום קרי דביום אחד היה די אפ"ה משום חשש פליטה שהיא קלה הוזקקו לפרוש אני שלא קבע לי זמן ויש חשש קרי שהוא חמור לא כ"ש שיש לי לפרוש:

ואתה פה עמוד עמדי. וא"ת מנלן דפירש משה מדעתו קודם ושוב הסכים הקב"ה על ידו שמא זה הוא צווי גמור שלוה לו לפרוש ותירץ ר"ת דאם איתא דמחמת צווי הקב"ה פירש ולא מדעתו היאך היה מערער אהרן ומרים דכתיב ותדבר מרים ואהרן במשה אלא ודאי מתחלה פירש ממנה לגמרי משה מדעתו ואע"ג דהסכים הקב"ה על ידו מ"מ נתרעמו עליו לפי שאילו לא פירש מדעתו לא היה הקב"ה מסכים דבדרך ו) שאדם הולך בה מוליכין אותו שהרי לאהרן ומרים לא אמר לפרוש אע"ג שגם עמהם היה מדבר ומיהו קשה דמשמע במדרש שלא ידעו זמן גדול שפירש ממנה גבי אלדד ומידד שהיו מתנבאים שאמרה מרים אשרי נשותיהן של אלו שנתמנו בעליהן פרנסין על הציבור אמרה צפורה אוי להם לנשותיהם של אלו שמיום שנתייחדה שכינה עם אחיך פירש ממני מיד ותדבר מרים ואהרן במשה משמע שלא ידעו קודם לכן וכי לא ידעו הא דכתיב ואתה פה עמוד עמדי ואור"ת דודאי ידעו אבל היו סבורין שפירש ע"פ הדבור עד שאמרה להם צפורה שמדעתו פירש ממנה מתחלה:

ומה פסח כו'. אין זה ק"ו ז) גמור דאם מומר אסור בפסח שהוא קרבן מ"מ לא היה לו למנוע מליתן להם התורה ולהחזירם בתשובה:

קשיא לרבנן. פי' למה שפירש רבא לעיל דבקביעא דירחא פליגי:

רבינו חננאל

רבא אם היה בית אפל מותר. ואמר רבה (ואיתמר) [ואיתימא] רב פפא ת"ח המאפל בטליתו מותר ומקשינן כי מכדי פרישה עבידא אליבא דר' יוסי ור' ישמעאל ור"ע מארבעה ואליבא דר' אלעזר בן עזריה ורבנן מן חמשה. ולכולהו כל אשה ששמשה קודם הפרשה אם פלטה שכבת זרע בלילי שבת טהורה היא תישרי שכינה מליליא דשבתא אמאי איתאחרא עד לצפרא. ופרקינן א"ר יצחק לא מראש בסתר דברתי כן עלתה במחשבה למהוה בימּמא והדר אקשינן. אם כן למה לי דעבד פרישה אליבא דר' ישמעאל ור"ע מצפרא ארבעה לר"ע תשמש כולא יומא דארבעה. והרי חמש עונות עד צפרא דשבתא ולר' ישמעאל תשמש עד צפרא דחמשא דהא איכא עד צפרא דשבתא ד' עונות כהלכתן מכלל ג' ימים. ופרקינן א"ר יצחק א"כ יאמרו הללו הולכין לבית הטבילה והללו הולכין לקבל התורה. ואילין שאומרים עליהן הולכין לבית הטבילה אינון נשים שפלטו שכבת זרע בלילי שבת שאילו לא פירשו ביום רביעי הות מיטמא מיניה שפולטת וצריכ' למיטבל לצפרא דשבתא. ואיכא בהא מילתא סוגיא ולא שפיר שהללו ילכו לקבל תורה והללו ילכו לבית הטבילה. ואיכא מן דגרסי בהדין קושיא דלעילא נמי. ולר' אלעזר בן עזריה תשמש בימּמא דחמשה. ולא צריכה מילתא להכין דר' אלעזר בן עזריה לא איכפת ליה (שמשה) אם [תשמש] בחמש' עד קרוב לשקיעת החמה אם לאו ולא צריך אלא משהו מן חמשה וכולי יומא דמעלי [שבתא] ומשהו מן שבתא דהוא יום שלישי ומקשינן והא טבולי יום נינהו. ומפרקינן ראויה תורה להינתן לטבולי יום. ואיכא דמקדמי וגרסי ליה להאי קושיא ולהאי פירוקא מבתר אוקימתא דמילי דר' ישמעאל ור' עקיבא כר' יוסי ואיכא דגרסי ליה הכא ואית ליה תרין אנפי חד דהויא קושיא על ר"ע דאמר במקצת יומא (דחמש') [דארבעה] עבד להו פרישא וכל אשה שפלטה ש"ז בלילי שבת עד שמשלימין כשיעור הזה מה שיצא מיום חמישי טמאה היא. וכיון שאפשר על דעתא דר"ע שיש אשה שפולט' וטמאה בלילי שבת הרי היא צריכה הערב שמש וכל נשים שהיה להן כן טבולי יום אינון. ועוד אית ליה להאי קושיא אנפא אחרינא כי אמרי' לר' ישמעאל ור"ע למה לי למיעבד להו פרישה דמטיא עד בי שמשא. ליעביד להו פרישה דלא מטיא אלא עד צפרא דשבתא. ופרקינן א"ר יצחק יאמרו הללו הולכין לבית הטבילה והללו הולכין לקבל תורה. ואקשינן למה ליה לר' יצחק לפרוקי כי הדין פירוקא הא טבולי יום נינהו או הות פרישתן עד צפרא דשבתא והאדרינן אעפ"כ ראויין הוו לקבל התורה והלכך צריכינן לפרוקא דר' יצחק ואע"ג דהאי דקאמרי' והא טבולי יום נינהו משנינן אביי בר אבין ורב חנינא בר אבין תרווייהו דניתנה תורה לטבולי יום מוכחא מלתא דעל נשי קאי ולא בגברי אימיר. הוא כי דסדרנא לשמעתא מפרש בתלמוד א"י שמעתא. א"ר יוחנן טבולי יום קבלו ישראל את התורה. הדא [illegible]

[illegible]

דברות לישראל ר' יוסי אומר בשבעה בו [illegible]

מסורת הש"ס

א) יבמות סב. [עי' אדר"נ פ"ב חשיב עוד אחד], ב) כ"ע יד: יבמות סב. מנחות לט:, ג) [חגיגה יו.], ד) [תרגום של הנוי מאכיל את העם הזה לענה מרה כגידין ערוך ערך גד], ה) [ל"ל דפירש], ו) [כדאיתא מכות י:], ז) [עי' אדר"נ פ"ב ק"ו אמר איתא שם].

הגהות הב"ח

(א) רש"י ד"ה אמרה תורה וכו' ופירשו מנשותיהן: (ב) ד"ה הא אמרן וכו'. א"ל למשה ומשה אמר להן:

גליון הש"ס

גמ' ואמר ר"ל יישר. אשר כמו ישר וכה הפלי"ף במקום היו"ד. וכן אשרו חמוץ (ישעיה א') כמו ישרו חמוץ:

ליקוטי רש"י

וקדשתם. וזמנתם שיכינו עצמם היום ומחר [שמות יט, י]. הוסיף יום אחד. הקב"ה אמר לו וקדשתם היום ומחר והוא אמר היו נכונים לשלשת ימים. עד צפרא דשבתא. כמס' שבת פרק ר"ע (פז.) גמרינן לה דעבוד פרישה בחמשה בשבתא ופירשו חמישי וששי שלימים ובשבת שרת שכינה והוא שלישי לימים השלמים ויום ראשון לא חשיב שלא היה לילו עמו. ואינו קובע לי זמן. ואיני יודע אימתי ידבר עמי שאפרוש יום אחד קודם. לאהליכם. לנשיכם [יבמות סב.]. וכל בן נכר. שנתנכרו מעשיו לאביו שבשמים ואחד נכרי ואחד ישראל מומר במשמע (מכילתא) [שמות יב, מג]. שנאמר אשר שברת. ולא אמר ליה בלשון כעס שמע מינה הסכימה עמו דעת השכינה כשביטל תורה ושיבר כיון דנתכוין לטובה [מנחות צט: ע"ש]. אשר. לשון ישר [יבמות שם]. וישב משה את דברי העם וגו'. ביום המחרת שהוא יום שלישי שהרי בהשכמה עלה [שמות יט, ח]. ויגד משה וגו'. ביום המחרת שהוא רביעי להחדש את דברי העם וגו' [שם, ט].

תורה אור השלם

א) וְאַתֶּם תִּהְיוּ לִי מַמְלֶכֶת כֹּהֲנִים וְגוֹי קָדוֹשׁ אֵלֶּה הַדְּבָרִים אֲשֶׁר תְּדַבֵּר אֶל בְּנֵי יִשְׂרָאֵל: [שמות יט, ו]
ב) וַיֹּאמֶר יְיָ אֶל מֹשֶׁה לֵךְ אֶל הָעָם וְקִדַּשְׁתָּם הַיּוֹם וּמָחָר וְכִבְּסוּ שִׂמְלֹתָם: [שמות יט, י]
ג) וַיֹּאמֶר אֶל הָעָם הֱיוּ נְכֹנִים לִשְׁלֹשֶׁת יָמִים אַל תִּגְּשׁוּ אֶל אִשָּׁה: [שמות יט, טו]
ד) לֵךְ אֱמֹר לָהֶם שׁוּבוּ לָכֶם לְאָהֳלֵיכֶם: [דברים ה, כז]
ה) וְאַתָּה פֹּה עֲמֹד עִמָּדִי וַאֲדַבְּרָה אֵלֶיךָ אֵת כָּל הַמִּצְוָה וְהַחֻקִּים וְהַמִּשְׁפָּטִים אֲשֶׁר תְּלַמְּדֵם וְעָשׂוּ בָאָרֶץ אֲשֶׁר אָנֹכִי נֹתֵן לָהֶם לְרִשְׁתָּהּ: [דברים ה, כח]
ו) פֶּה אֶל פֶּה אֲדַבֶּר בּוֹ וּמַרְאֶה וְלֹא בְחִידֹת וּתְמֻנַת יְיָ יַבִּיט וּמַדּוּעַ לֹא יְרֵאתֶם לְדַבֵּר בְּעַבְדִּי בְמֹשֶׁה: [במדבר יב, ח]
ז) וַיֹּאמֶר יְיָ אֶל מֹשֶׁה וְאַהֲרֹן זֹאת חֻקַּת הַפָּסַח כָּל בֶּן נֵכָר לֹא יֹאכַל בּוֹ: [שמות יב, מג]
ח) וַיֹּאמֶר יְיָ אֶל מֹשֶׁה פְּסָל לְךָ שְׁנֵי לֻחֹת אֲבָנִים כָּרִאשֹׁנִים וְכָתַבְתִּי עַל הַלֻּחֹת אֶת הַדְּבָרִים אֲשֶׁר הָיוּ עַל הַלֻּחֹת הָרִאשֹׁנִים אֲשֶׁר שִׁבַּרְתָּ: [שמות לד, א]
ט) וְהָיוּ נְכֹנִים לַיּוֹם הַשְּׁלִישִׁי כִּי בַּיּוֹם הַשְּׁלִשִׁי יֵרֵד יְיָ לְעֵינֵי כָל הָעָם עַל הַר סִינָי: [שמות יט, יא]
י) וַיַּעֲנוּ כָל הָעָם יַחְדָּו וַיֹּאמְרוּ כֹּל אֲשֶׁר דִּבֶּר יְיָ נַעֲשֶׂה וַיָּשֶׁב מֹשֶׁה אֶת דִּבְרֵי הָעָם אֶל יְיָ: [שמות יט, ח]
כ) וַיֹּאמֶר יְיָ אֶל מֹשֶׁה הִנֵּה אָנֹכִי בָּא אֵלֶיךָ בְּעַב הֶעָנָן בַּעֲבוּר יִשְׁמַע הָעָם בְּדַבְּרִי עִמָּךְ וְגַם בְּךָ יַאֲמִינוּ לְעוֹלָם וַיַּגֵּד מֹשֶׁה אֶת דִּבְרֵי הָעָם אֶל יְיָ: [שמות יט, ט]

לחנייתן רב אחא בר יעקב אמר למסען וקמיפלגי בשבת דמרה דכתיב א) כאשר צוך ה' אלהיך ו) ואמר רב יהודה אמר רב כאשר צוך במרה מר סבר אשבת איפקוד אתחומין לא איפקוד ומר סבר אתחומין נמי איפקוד ת"ש ניסן שבו יצאו ישראל ממצרים בארבעה עשר שחטו פסחיהם ובחמשה עשר יצאו ולערב לקו בכורות לערב ס"ד אלא (א) מבערב לקו בכורות ואותו היום חמישי בשבת היה מדחמיסר בניסן חמשה בשבת ריש ירחא דאייר שבתא וריש ירחא דסיון חד בשבת קשיא לרבנן אמרי לך רבנן אייר דההיא שתא עבורי עברוה תא שמע דלא עברוה ניסן שבו יצאו ישראל ממצרים בארבעה עשר שחטו פסחיהם בחמשה עשר יצאו ולערב לקו בכורות לערב ס"ד אלא אימא מבערב לקו בכורות ואותו היום חמישי בשבת היה השלים ניסן ואירע אייר להיות בשבת חסר אייר ואירע סיון להיות באחד בשבת קשיא לרבנן הא מני ר' יוסי היא אמר רב פפא ת"ש ב) ויסעו מאלים ויבואו כל עדת בני ישראל וגו' בחמשה עשר יום לחדש השני ואותו היום שבת היה דכתיב ג) ובקר וראיתם את כבוד ה' וכתיב ד) ששת ימים תלקטוהו ומדחמיסר באייר שבתא ריש ירחא דסיון חד בשבת קשיא לרבנן אמרי לך רבנן אייר דההיא שתא עבורי עברוה א"ל רב (ב) חביבי מחוזנאה לרב אשי ת"ש ה) ויהי בחדש הראשון בשנה השנית באחד לחדש הוקם המשכן תנא אותו יום נטל עשר עטרות ראשון למעשה בראשית ראשון לנשיאים ראשון לכהונה ראשון לעבודה ראשון לירידת האש ראשון לאכילת קדשים ראשון לשכון (ג) שכינה ראשון לברך את ישראל ראשון לאיסור הבמות ראשון לחדשים ומדריש ירחא דניסן דהאי שתא חד בשבת דאשתקד [בד'] בשבתא דתניא אחרים אומרים ז) אין בין עצרת לעצרת ואין בין ר"ה לר"ה (ד) אלא ד' ימים בלבד ואם היתה שנה מעוברת ה' הוה ליה ריש ירחא דאייר מעלי שבתא וריש ירחא דסיון שבתא קשיא בין לרבנן בין לרבי יוסי לר' יוסי שבעה חסרין עבוד לרבנן

תוספות

כאשר צוך במרה. ואם תאמר מנא ליה דבמרה איפקוד אשבת דילמא כאשר צוך בפרשת מן דאשכחן דיני שבת כתובין שם את אשר תאפו אפו וגו' וי"ל משום דכבוד אב ואם נמי כתיב כאשר צוך ומסתמא כי היכי דהאי כאשר צוך במרה הכי נמי האי וכן מוכח בפרק ד' מיתות (סנהדרין דף נו:) דאיתמר מילתיה דר' יהודה אתרווייהו וא"ת וכיון דבמרה איפקוד אשבת היכי אמרינן בפ' כל כתבי (לקמן קיח:) אלמלי שמרו ישראל שבת ראשונה לא שלטה בהן אומה ולשון שנאמר ויהי ביום השביעי יצאו מן העם ללקוט וגו' וכתיב בתריה ויבא עמלק אמאי קרי להאי שבת ראשונה כיון דבמרה נצטוו והא לא היתה שבת ראשונה דמעיקרא כתיב ויסעו מאילם ויבאו וגו' ואמרינן בסמוך דאותו היום שבת היה ועוד מקשים דמשמע מתוך הפסוקים ששתי שבתות היו קודם ראשונה כשנסעו מאילם ואחר אותו שבת ירד להם המן וכתיב ויהי ביום הששי לקטו לחם משנה וגו' ויניחו אותו עד הבקר וגו' [ויאמר משה אכלוהו היום וגו' ששת ימים תלקטוהו וגו' ויהי ביום השביעי יצאו מן העם ללקוט וגו'] משמע שבשבת שלישית שאחר מרה היא:

ואמר רב יהודה כאשר צוך במרה. האי קרא במשנה תורה כתיב וליכא למימר (ח) כאשר צוך במתן תורה שהרי משה לא היה מספר אלא על הסדר ובכולהו לא כתיב כאשר צוך:

אתחומין לא איפקוד. אין צ"ל דאתיא כר' עקיבא דאמר ז) תחומין דאורייתא דהא משמע לכ"ע דבסיני לכל הפחות איפקוד אתחומין דלאו דוקא נקט תחומין אלא כלומר הוצאה שהיו מוליכין עמהן כל אשר להן ומר סבר אהוצאה לא איפקוד ומר סבר איפקוד ואע"ג דבפרשת מן כתיב אל יצא איש ממקומו ודרשינן מיניה הוצאה בספ"ק דעירובין (דף יז:) איכא למימר שאחר מתן תורה נאמר אחר שנעשה המשכן [כמו] שאמר הקב"ה להניח צנצנת לפני העדות ומשום דשייכי למילי דמן כתבינהו התם ולמאן דאמר איפקוד אע"פ שבמרה נאמר כתביה התם כדפרישית:

ואותו יום חמישי בשבת היה כו'. ואם כן ברביעי שחטו פסחיהם ונמצא בשבת שעברה לקחו פסחיהן שאז היה בעשור לחדש ועל כן קורין אותו שבת הגדול לפי שנעשה בו נס גדול כדאמרינן במדרש (שמות רבה פ' טז) כשלקחו פסחיהם באותה שבת נתקבצו בכורות אומות העולם אצל ישראל ושאלום למה היו עושין כך אמרו להן זבח פסח לה' שיהרוג בכורי מצרים הלכו אצל אבותיהם ואל פרעה לבקש ממנו שישלחו ישראל ולא רצו ועשו בכורות מלחמה והרגו מהן הרבה הה"ד למכה מצרים בבכוריהם:

וכתיב ששת ימים תלקטוהו. תימה היכי מייתי ראיה מהאי קרא דבשבת היה והלא זה הפסוק נכתב אחר שירד כבר מן שבוע כשהגידו נשיאי העדה למשה שלקטו לחם משנה דכתיב ויאמר משה אכלוהו היום וגו' ששת ימים תלקטוהו והמן כבר ירד מיום ראשון שעבר ואור"י דאע"ג דלא נאמר עד אח"כ מ"מ מוכח שפיר דמשה שכח לומר להם והיה אומר היה לי לומר לכם מה שאמר הקב"ה כשנתן את המן שתלקטוהו ששת ימים וא"כ אחד בשבת היה:

עשר עטרות נטל אותו היום. הא דלא חשיב ראשון להקמת המשכן משום דאמרינן במדרש (ויקרא רבה פ' שמיני) שכל ז' ימי המלואים היה משה מעמיד המשכן ומפרקו אי נמי משום דעליה דהקמת המשכן קאי דהכי קאמר אותו היום של הקמת המשכן נטל עשר עטרות אחרות:

ראשון לאכילת קדשים. ובת"כ במקום אכילת קדשים קתני שחיטתן בצפון:

ה) **לרבנן** ח' חסירין עבוד. אומר ר' יצחק דלא הוי צ"ל ח' חסירין ואייר דההיא שתא עבורי עברוה כדאמר לעיל אלא משום דלר"י איצטריך למימר דשבעה חסירין עבוד דהא תניא לעיל דאותו יום ה' בשבת היה נקט נמי לרבנן שמנה:

רש"י

לחנייתן. שהרי בר"ח חנו והכי קאמר ששי לחנייתן הוא הששי בחדש הוא ששי בשבת: למסען. אף למסען שביום שבאו למדבר סיני נסעו מרפידים: וקא מיפלגי. רב אחא ורבא במלות שבת שנאמר להם במרה אם נצטוו על התחומין בו ביום או לא דכתיב בדברות האחרונות שמור את יום השבת לקדשו כאשר צוך ש"מ קודם הדברות נצטוו בה: ואר"י במרה. דכתיב שם שם לו חק ומשפט (שמות טו): אתחומין לא איפקוד. הלכך כשנסעו מרפידים נסעו בשבת שלא הוזהרו (ה) לילך יותר מאלפים אמה: לערב. לערב משמע לערב הבא: ריש ירחא דאייר שבתא. שהרי ניסן מלא הוא לעולם (ו) א) וריש ירחא דסיון בחד בשבתא: השלים ניסן. נתמלא בשלשים יום לשון שלם ב) חיסר אייר שהרי אייר חסר כסדרן ומתרמי סיון בחד בשבתא: ואותו היום שבת היה שנא' ובקר וראיתם וגו'. שנתרעמו בו ביום על המן כדכתיב וילונו על משה וגו' להמית את כל הקהל הזה ברעב והבטיחם להוריד להם מן למחר וע"כ בחד בשבת ירד להם מן תחלה שנאמר ששת ימים תלקטוהו וביום השביעי לירידתו שבת לא יהיה בו: ריש ירחא דסיון חד בשבת. כשתשלים לאייר עד ט"ו ויום ט"ו ר"ח סיון: עשר עטרות. לשון עטרה דברים: ראשון לבריאת עולם. שאחד בשבת היה: ראשון לנשיאים. להקרבת נשיאים לחנוכת הבית: ראשון לכהונה. אותו היום שמיני למילואים ועבודה באהרן ובניו ועד עכשיו היה בבכורות: ראשון לעבודה. לסדר עבודת ציבור תמידין ושאר קרבנות של תרומת הלשכה: לירידת אש. ותצא אש מלפני ה' ותאכל על המזבח וגו' (ויקרא ט): לאכילת קדשים. במחיצה ועד עכשיו היו נאכלים בכל מקום: לשכון. בישראל שכינה שרתה שם כדכתיב ושכנתי בתוכם מכלל דעד השתא לא (ז) שרתה: לברך. ברכת כהנים כדכתיב וישא אהרן את ידיו וגו': לאיסור הבמות. מעכשיו נאסרו שהוא ראוי לפתח אהל מועד כדכתיב ואל פתח אהל מועד לא הביאו: דהאי שתא. שנה השנית ליציאתם הוקם המשכן: ד' ימים. כשהחמה קובע כל החדשים כסדרן אחד מלא ואחד חסר הוו ארבעה ימים בין תחלת שנה לתחלת שנה אחרת שמונין חדשי לבנה כסדרן שנ"ד ימים כולן שבועין חוץ מארבעה ימים: ואם היתה שנה מעוברת ה'. דקסבר שני האדרים עבדינן חסרים ופסח דהוי יום אחד לקמן: ז' חסרים עבוד. ולא היו אלא ג' בין פסח לפסח הלכך דאישתקד בה' בשבא ולית ליה דאחרים דאמרי אין מעברין ואין מחסרין שום חדש לצורך אלא לעולם אחד מלא ואחד חסר:

רבינו חננאל

עבד להו פרישה שלא יגשו אל אשה שלא תפלוט שכבת זרע בשעת [מתן תורה] ותטמא והא פרישנן דר' אלעזר בן עזריא הכין סברי ואף הלכתא דאמרה ר' יוחנן ג' עונות שלימות מעת לעת סלקא לפום הכין ושמעו דברות בצפרא דשבתא ... הנטלי ואיתא ביום הכפורים לענין מן כזרע גד. ת"ש ששי. ששי בחודש ששי בשבת הא נמי רבי יוסי והאי ששי למאי (דקאמר ביה) [קארי ליה] הכי רבה אמר ששי לחנייתן דאלמא בשבת במסען היו ולא היו מצווין על התחומין באותה שעה. רב אחא בר יעקב אמר אף ביום חנייתן היה מסען והוא חד בשב' ומצווין היו על התחומין. ת"ש ניסן שיצא בו ישראל ממצרים ביום חמישי הוה דמשכחת אייר בב' וסיון בחד בשבא. אמרי לך רבנן אייר דההיא שתא עבורי עברוה וסיון בתרין בשבא. ת"ש דלא עברוה דתניא יום ט"ו בניסן יום

מסורת הש"ס

א) סנהדרין נו:, ב) ערכין ט: סוטה נד: ר"ה ו: כ. [תוספתא ערכין פ"א], ג) יש שכתבו שזהו דיבור חדש וגרסי' חיסר אייר עשהו חסר כסדרן רש"ל, ד) [סוטה מ:], ה) דבור זה שייך לקמן דף פ"ח.

תוספות ישנים

א) יש שכתבו דכך וריש ירחא הוא דבור חדש וכל"ל וריש ירחא דסיון חד בשבתא שהרי אייר חסר:

הגהות הב"ח

(א) גמ' אלא אימא מבערב: (ב) שם א"ל רב אשי מחוזנאה: (ג) שם ראשון לשכון בישראל ראשון לברכת כהנים ראשון לאיסור הבמות: (ד) שם ואין בין ר"ה לר"ה אלא ד' ימים: (ה) רש"י ד"ה אתחומין וכו' שלא הוזהרו שלא לילך: (ו) ד"ה ריש ירחא וכו' לעולם הס"ד ואח"כ מה"ד וריש ירחא דסיון בחד בשבא שהרי אייר חסר כסדרן ומתרמי סיון בחד בשבתא הס"ד:

תורה אור השלם

א) שָׁמוֹר אֶת יוֹם הַשַּׁבָּת לְקַדְּשׁוֹ כַּאֲשֶׁר צִוְּךָ יְיָ אֱלֹהֶיךָ: [דברים ה, יב]

ב) וַיִּסְעוּ מֵאֵילִם וַיָּבֹאוּ כָּל עֲדַת בְּנֵי יִשְׂרָאֵל אֶל מִדְבַּר סִין אֲשֶׁר בֵּין אֵילִם וּבֵין סִינָי בַּחֲמִשָּׁה עָשָׂר יוֹם לַחֹדֶשׁ הַשֵּׁנִי לְצֵאתָם מֵאֶרֶץ מִצְרָיִם: [שמות טז, א]

ג) וּבֹקֶר וּרְאִיתֶם אֶת כְּבוֹד יְיָ בְּשָׁמְעוֹ אֶת תְּלֻנֹּתֵיכֶם עַל יְיָ וְנַחְנוּ מָה כִּי תַלִּינוּ עָלֵינוּ: [שמות טז, ז]

ד) שֵׁשֶׁת יָמִים תִּלְקְטֻהוּ וּבַיּוֹם הַשְּׁבִיעִי שַׁבָּת לֹא יִהְיֶה בּוֹ: [שמות טז, כו]

ה) וַיְהִי בַּחֹדֶשׁ הָרִאשׁוֹן בַּשָּׁנָה הַשֵּׁנִית בְּאֶחָד לַחֹדֶשׁ הוּקַם הַמִּשְׁכָּן: [שמות מ, יז]

ליקוטי רש"י

כאשר צוך. קודם מתן תורה במרה [דברים ה, יב]. כאשר צוך ה' אלהיך. כתיב בדברות האחרונות ...

משנה תורה ומזהירים על תלמודה אלא כמו שקבלנה הוא והיה חוזר ומגיד להם וכל מה שכתוב בדברות האחרונות היה כתוב בלוחות וכן שמע בסיני [סנהדרין נו:]. כאשר צוך במרה. במרה נתן להם מקצת פרשיות של תורה שיתעסקו בהם שבת ופרה אדומה ודינין [שמות טו, כה]. ראשון לנשיאים. שאותו היום היה ראשון להקרבת נשיאים [זבחים קיח.]. ראשון לברך. ברכת כהנים דכתיב וישא אהרן את ידיו [ויקרא ט, כב]. ראשון לחדשים. ראש למנין החדשים שיהא אייר קרוי שני וסיון שלישי [שמות יב, ב]. אלא ד' ימים. קסבר לעולם כל חדשי השנה אחד מלא ואחד חסר ...

לַחֲנָיָיתָן – It was the sixth day **of their encampment** at Sinai.[1]

A dissenting explanation:

רַב אַחָא בַּר יַעֲקֹב אָמַר – Rav Acha bar Yaakov says: לְמַסָּעָן – It was also the sixth day **following their departure** from their previous location.

According to Rav Acha bar Yaakov, the people not only arrived at Sinai on that Sunday (the first of Sivan), but they also left their previous location the very same day. Rava, however, holds that they only *arrived* at Sinai that day; they left their previous destination the day before, i.e. the Sabbath.

The Gemara defines their point of contention:

וְקָמִיפַּלְגֵי בְּשַׁבָּת דְּמָרָה – And they disagree regarding the scope of **the Sabbath** laws that were given **at Marah.**[2] It is certain that at least some Sabbath laws were given at Marah, **דִּכְתִיב – for it is written**[3] in the Ten Commandments: **,,כַּאֲשֶׁר צִוְּךָ ה' אֱלֹהֶיךָ'' –** *Safeguard the Sabbath day to sanctify it, **as Hashem your God has commanded you.***[4] **וְאָמַר רַב יְהוּדָה אָמַר רַב – And Rav Yehudah said in the name of Rav** that this verse means: **,,כַּאֲשֶׁר צִוְּךָ'' בְּמָרָה – *as He commanded you* at Marah.**[5] The dispute between Rava and Rav Acha bar Yaakov is as follows: **מַר סָבַר אַשַּׁבָּת אִיפְּקוּד – One master** [Rava] **holds** that at Marah **they were commanded to** observe the primary laws of **the Sabbath, אַתְּחוּמִין לֹא אִיפְּקוּד – but they were not commanded to** observe the law of Sabbath **boundaries.**[6] **וּמַר סָבַר אַתְּחוּמִין נַמִי אִיפְּקוּד – And** the other **master** [Rav Acha bar Yaakov] **holds** that **they were commanded to** observe the law of Sabbath **boundaries as well.**[7]

The Gemara attempts another proof:

תָּא שְׁמַע – Come, hear a proof from the following Baraisa: **נִיסָן שֶׁבּוֹ יָצְאוּ יִשְׂרָאֵל מִמִּצְרַיִם – The month of NISSAN IN WHICH THE JEWISH PEOPLE LEFT EGYPT, בְּאַרְבָּעָה עָשָׂר שָׁחֲטוּ פִּסְחֵיהֶם – ON THE FOURTEENTH** of the month **THEY SLAUGHTERED THEIR *PESACH* OFFERINGS,**[8] **וּבַחֲמִישָּׁה עָשָׂר יָצְאוּ – ON THE FIFTEENTH THEY LEFT** Egypt **וְלָעֶרֶב לָקוּ בְּכוֹרוֹת – AND THAT EVENING THE FIRSTBORN WERE SMITTEN.**

The Gemara interjects:

לָעֶרֶב סָלְקָא דַּעְתָּךְ – Can you possibly **think** that the firstborn were smitten **"that evening,"** which implies the evening *after* the fifteenth?! **אֶלָּא מִבָּעֶרֶב לָקוּ בְּכוֹרוֹת – Rather,** the Baraisa should read: **The firstborn were smitten from the evening** before.[9]

The Baraisa continues:

וְאוֹתוֹ הַיּוֹם חֲמִישִׁי בְּשַׁבָּת הָיָה – AND THAT DAY, i.e. the fifteenth of Nissan, **WAS A THURSDAY.**

Based on this last point, the Gemara develops its proof:

מִדַּחֲמֵיסַר בְּנִיסָן חֲמִשָּׁה בְּשַׁבָּת – Since the fifteenth of Nissan was a Thursday, רֵישׁ יַרְחָא דְּאִיָּיר שַׁבְּתָא – it follows that **the beginning of the month of Iyar,** which was sixteen days later,[10] **was a Sabbath, וְרֵישׁ יַרְחָא דְּסִיוָן חַד בְּשַׁבָּת – and** that **the beginning of the month of Sivan,** which was twenty-nine days after that,[11] **was a Sunday.**[12] **קַשְׁיָא לְרַבָּנַן – This is a contradiction to the Rabbis,** who maintain that Sivan began on a Monday.

The Gemara deflects the proof:

אָמְרֵי לָךְ רַבָּנַן – The Rabbis could answer you that **אִיָּיר דְּהַהִיא שַׁתָּא עַבּוּרֵי עַבְּרוּהַ – they extended the Iyar of that year.**[13]

NOTES

1. The Jewish people arrived at Sinai on the first of Sivan, which was a Sunday (according to R' Yose, the Tanna of this Baraisa). The Baraisa thus means that the sixth day of their encampment at Sinai was also the sixth day of the month as well as the sixth day of the week (*Rashi*).

2. Marah was the Israelites' first encampment after crossing the Red Sea (*Exodus* 15:22,23). At Marah, God gave the people certain passages of the Torah (namely, the Sabbath, *parah adumah* and civil law) with which they could occupy themselves [until they received the Ten Commandments] (*Rashi* ibid. v. 25; see, however, *Hagahos Yavetz*).

3. *Deuteronomy* 5:12.

4. That is to say: as He has commanded you previously. Thus, we see that the laws of the Sabbath were given *before* the Ten Commandments.

Although this verse appears only in the version of the Ten Commandments recorded in *Deuteronomy* (5:6-18), it cannot refer to the version recorded in *Exodus* (20:2-14). Since the Book of *Deuteronomy* is based on Moses' narration of the events that befell the Israelites in the Wilderness, its version of the Ten Commandments must have actually been heard at Sinai (*Rashi* to *Sanhedrin* 56b ד״ה כאשר צוך; cf. *Tosafos* here). The two versions complement each other – whatever one version lacks the other provides (*Ritva MHK* ed.).

5. For regarding Marah it is written (*Exodus* 15:25): *There He established for [the nation] a decree and an ordinance* (*Rashi*), which refers to Hashem commanding them certain laws – see note 2.

6. The law of the Sabbath boundary (*techum*) states that one may go no more than 2,000 *amos* from one's place of residence on the Sabbath (see *Rashi*). Rava holds that the people were not given this law at Marah. [They were instructed only in the primary Sabbath prohibitions, which are punishable by *kares* or the death penalty (e.g. the *melachos*). The prohibition of the Sabbath *techum* is a simple negative commandment (לאו), which does not carry these penalties (see next paragraph).] Since they did not have to observe the law of *techum* (until the Revelation), the Israelites still traveled even on the Sabbath. This is why Rava said above only that they *arrived* at Sinai on Sunday. [They did not necessarily *leave* their previous destination as well on Sunday, because they might have traveled on the Sabbath.]

The commentators question how they could have traveled on the Sabbath in view of the fact that carrying in a public domain is prohibited under the *melachah* of הוֹצָאָה, *transferring/transporting*. Some answer that they loaded all their belongings onto their animals. Although it is Biblically forbidden to lead an animal on the Sabbath when it is carrying a burden [מְחַמֵּר], it is not punishable by *kares* or the death penalty (see below, 154a). Therefore, like the prohibition of the Sabbath boundary, this prohibition was not taught at Marah either (*Ramban; Ritva* MHK ed.; *Ran* [*MHK* ed. and *Chidushim*]; cf. *Tosafos* and *Tos. HaRosh*).

It is difficult to explain how they dismantled their tents on the Sabbath. This should be forbidden under the *melachah* of סְתִירָה, *demolishing*. (See the solutions proposed by *Pnei Yehoshua* and *Meromei Sadeh;* see also *Mitzpeh Eisan.*)

7. Consequently, they did not travel on the Sabbath. For this reason, Rav Acha bar Yaakov stated above that the people must have embarked on their journey to Sinai on Sunday.

8. As they were commanded in *Exodus* 12:6.

9. I.e. the night before the Exodus, as related in *Exodus* 12:29 ff.

10. For the month of Nissan is always "full" [i.e. thirty days long] (*Rashi*).

11. [The months usually alternate between one of thirty days (a "full" month) and one of twenty-nine days (a "deficient" month).] Therefore, since Nissan is always thirty days long, the next month, Iyar, is usually twenty-nine days long (see *Rashi*).

12. See chart A.

13. That year the months did not follow their usual pattern. Rather, both Nissan and Iyar were "full." This meant that Sivan started a day later than computed above. Instead of beginning on a Sunday, it began on a Monday, as the Rabbis maintain. See chart B.

The Rishonim note that since the fifteenth of Nissan was a Thursday (as stated in this Baraisa), the tenth of Nissan evidently fell on

CHART A

NISSAN

S	M	T	W	T	F	S
				1	2	3
4	5	6	7	8	9	10
11	12	13	14	15	16	17
18	19	20	21	22	23	24
25	26	27	28	29	30	

IYAR

S	M	T	W	T	F	S
						1
2	3	4	5	6	7	8
9	10	11	12	13	14	15
16	17	18	19	20	21	22
23	24	25	26	26	28	29

SIVAN

S	M	T	W	T	F	S
1	2	3	4	5	6	7

R' YOSE'S OPINION

CHART B

NISSAN

S	M	T	W	T	F	S
				1	2	3
4	5	6	7	8	9	10
11	12	13	14	15	16	17
18	19	20	21	22	23	24
25	26	27	28	29	30	

IYAR

S	M	T	W	T	F	S
						1
2	3	4	5	6	7	8
9	10	11	12	13	14	15
16	17	18	19	20	21	22
23	24	25	26	26	28	29
30						

SIVAN

S	M	T	W	T	F	S
	1	2	3	4	5	6

THE RABBIS' OPINION
(Gemara's initial understanding)

לחנייתן רב אחא בר יעקב אמר למסען וקמיפלגי בשבת דמרה דכתיב (א) כאשר צוך ה' אלהיך (ו) ואמר רב יהודה אמר רב כאשר צוך במרה מר סבר אשבת איפקוד אתחומין לא איפקוד ומר סבר אתחומין נמי איפקוד ת"ש ניסן שבו יצאו ישראל ממצרים בארבעה עשר שחטו פסחיהם ובחמשה עשר יצאו ולערב לקו בכורות לערב ס"ד אלא (א) מבערב לקו בכורות ואותו היום חמישי בשבת היה מדחמיסר בניסן חמשה בשבתא וריש ירחא דאייר שבתא וריש ירחא דסיון חד בשבתא קשיא לרבנן אמרי לך רבנן אייר דההיא שתא עבורי עברוה תא שמע דלא עברוה ניסן שבו יצאו ישראל ממצרים בארבעה עשר שחטו פסחיהם בחמשה עשר יצאו ולערב לקו בכורות לערב ס"ד אלא אימא מבערב לקו בכורות ואותו היום חמישי בשבת היה השלים ניסן ואירע אייר להיות בשבת חסר אייר ואירע סיון להיות באחד בשבת קשיא לרבנן הא מני ר' יוסי היא אמר רב פפא ת"ש (ב) ויסעו מאלים ויבואו כל עדת בני ישראל וגו' בחמשה עשר יום לחדש השני ואותו היום שבת היה דכתיב (ג) ובקר וראיתם את כבוד ה' וכתיב (ד) ששת ימים תלקטוהו ומדחמיסר באייר שבתא ריש ירחא דסיון חד בשבת קשיא לרבנן אמרי לך רבנן אייר דההיא שתא עבורי עברוה א"ל רב (ג) חביבי מחוזנאה לרב אשי ת"ש (ה) ויהי בחדש הראשון בשנה השנית באחד לחדש הוקם המשכן תנא אותו יום נטל עשר עטרות ראשון למעשה בראשית ראשון לנשיאים ראשון לכהונה ראשון לעבודה ראשון לירידת האש ראשון לאכילת קדשים ראשון לשכון (ג) שכינה ראשון לברך את ישראל ראשון לאיסור הבמות ראשון לחדשים ומדריש ירחא דניסן דהאי שתא חד בשבת דאשתקד [בד'] בשבת דתניא אחרים אומרים (ג) אין בין עצרת לעצרת ואין בין ר"ה לר"ה (ד) אלא ד' ימים בלבד ואם היתה שנה מעוברת ה' הוה ליה ריש ירחא דאייר מעלי שבתא וריש ירחא דסיון שבתא קשיא בין לרבי יוסי בין לרבנן לר' יוסי שבעה חסרין עבוד לרבנן

רש"י

לחנייתן. שהרי בר"ח חנו והכי קאמר ששי לחנייתן הוא הששי בחדש הוא ששי בשבת: למסען. אף למסען שביום שבאו למדבר סיני נסעו מרפידים: וקא מיפלגי. רב אחא ורבא במצות שבת שנאמר להם במרה אם נצטוו על התחומין בו ביום או לא דכתיב בדברות האחרונות שמור את יום השבת לקדשו כאשר צוך ש"מ קודם הדברות נצטוו בה: ואר"י במרה. דכתיב שם שם לו חק ומשפט (שמות טו): אתחומין לא איפקוד. הלכך כשנסעו מרפידים נסעו בשבת שלא הוזהרו (ה) לילך יותר מאלפים אמה: לערב. לערב משמע לערב הבא: ריש ירחא דאייר שבתא. שהרי ניסן מלא הוא לעולם (ו) א) וריש ירחא דסיון בחד בשבתא: השלים ניסן. נתמלא בשלשים יום לשון שלם ג) חיסר אייר שהרי אייר חסר כסדרן ומתרמי סיון בחד בשבתא: ואותו היום שבת היה שנא' ובקר וראיתם וגו'. שנתרעמו בו ביום על המן כדכתיב וילונו על משה וגו' להמית את כל הקהל הזה ברעב והבטיחם להוריד להם מן למחר וע"כ בחד בשבת ירד להם מן תחלה שנאמר ששת ימים תלקטוהו וביום השביעי לירידתו שבת לא יהיה בו: ריש ירחא דסיון חד בשבת. כשתשלים לאייר על ט"ו ויום ט"ו ר"ח סיון: עשר עטרות. ראשון לעשרה דברים: ראשון לבריאת עולם. שאחד בשבת היה: ראשון לנשיאים. להקרבת נשיאים לחנוכת הבית: ראשון לכהונה. אותו היום שמיני למילואים ועבודה באהרן ובניו ועד עכשיו היה בבכורות: ראשון לעבודה. לסדר עבודת ציבור תמידין ושאר קרבנות של תרומת הלשכה: לירידת אש. ותצא אש מלפני ה' ותאכל על המזבח וגו' (ויקרא ט): לאכילת קדשים. במחילה ועד עכשיו היו נאכלים בכל מקום: לשכון. בישראל שכינה שרתה שם כדכתיב ושכנתי בתוכם מכלל דעד השתא לא (ז) שרתה: לברך. ברכת כהנים כדכתיב וישא אהרן את ידיו וגו': לאיסור הבמות. מעכשיו נאסרו שהוא ראוי לפתח אהל מועד כדכתיב ואל פתח אהל מועד לא הביאו: דהאי שתא. שנה השנית ליציאתם הוקם המשכן: ד' ימים. כשאתה קובע כל החדשים כסדרן אחד מלא ואחד חסר הוו ארבעה ימים בין תחלת שנה לתחלת שנה אחרת שמנין חדשי לבנה כסדרן שנ"ד ימים כולן שבועין חוץ מארבעה ימים: ואם היתה שנה מעוברת ה'. דקסבר שני האדרים עבדינן חסרים ופסח דהוי יום אחד לקמן: ז' חסרים עבוד. ולא היו אלא ג' בין פסח לפסח הלכך דאשתקד בה' בשבא ולית ליה דאחרים דאמרי אין מעברין ואין מחסרין שום חדש לצורך אלא לעולם אחד מלא ואחד חסר:

תוספות

כאשר צוך במרה. ואם תאמר מנא ליה דבמרה איפקוד אשבת דילמא כאשר צוך בפרשת מן דאשכחן דיני שבת כתובין שם את אשר תאפו אפו וגו' וי"ל משום דבכיבוד אב ואם נמי כתיב כאשר צוך ומסתמא כי היכי דהאי כאשר צוך במרה הכי נמי האי וכן מוכח בפרק ד' מיתות (סנהדרין דף נו:) דאיתמר מילתיה דר' יהודה אתרוויהו וא"ת וכיון דבמרה איפקוד אשבת היכי אמרינן בפ' כל כתבי (לקמן קיח:) אלמלי שמרו ישראל שבת ראשונה לא שלטה בהן אומה ולשון שנאמר ויהי ביום השביעי יצאו מן העם ללקוט וגו' וכתיב בתריה ויבא עמלק אמאי קרי להאי שבת ראשונה כיון דבמרה נצטוו והא לא היתה שבת ראשונה דמעיקרא כתיב ויסעו מאלים ויבאו וגו' ואמרינן בסמוך דאותו היום שבת היה ועוד מקשים דמשמע מתוך הפסוקים ששתי שבתות היו קודם ראשונה כשנסעו מאלים ואחר אותו שבת ירד להם המן וכתיב ויהי ביום הששי לקטו לחם משנה וגו' ויניחו אותו עד הבקר וגו' [ויאמר משה אכלוהו היום וגו' ששת ימים תלקטוהו וגו' ויהי ביום השביעי יצאו מן העם ללקוט וגו'] משמע שבשבת שלישית שאחר מרה היה: ואמר רב יהודה כאשר צוך במרה. האי קרא במשנה תורה כתיב וליכא למימר (ח) כאשר צוך במתן תורה שהרי משה לא היה מספר אלא על הסדר ובכולהו לא כתיב כאשר צוך: אתחומין לא איפקוד. אין נ"ל לאתויי כר' עקיבא דאמר ז) תחומין דאורייתא דהא משמע לכ"ע דבשיני לכל הפחות איפקוד אתחומין דלאו דוקא נקט תחומין אלא כלומר הוצאה שהיו מוליכין עמהן כל אשר להן ומר סבר הוצאה לא איפקוד ומר סבר איפקוד ואע"ג דבפרשת מן כתיב אל יצא איש ממקומו ודרשינן מיניה הוצאה בספ"ק דעירובין (דף יז:) איכא למימר שאחר מתן תורה נאמר שנעשה המשכן [כמו] שאמר הקב"ה להניח צנצנת לפני העדות ומשום דשייכי למילי דמן כתביניהו התם ולמאן דאמר איפקוד אע"פ שבמרה נאמר כתביה התם כדפרישית: ואותו יום חמישי בשבת היה כו'. ואם כן ברביעי שחטו פסחיהם ונמצא בשבת שעברה לקחו פסחיהן שאז היה בעשור לחדש ועל כן קורין אותו שבת הגדול לפי שנעשה בו נס גדול כדאמרינן במדרש (שמות רבה פ' טז) כשלקחו פסחיהם באותה שבת נתקבצו בכורות אומות העולם אצל ישראל ושאלום למה היו עושין כך אמרו להן זבח פסח לה' שיהרוג בכורי מצרים הלכו אצל אבותיהם ואל פרעה לבקש ממנו שישלחו ישראל ולא רצו ועשו בכורות מלחמה והרגו מהן הרבה הה"ד למכה מצרים בבכוריהם: וכתיב ששת ימים תלקטוהו. תימה היכי מייתי ראיה מהאי קרא דבשבת היה והלא זה הפסוק נכתב אחר שירד כבר מן שבוע כשהגידו נשיאי העדה למשה שלקטו לחם משנה דכתיב ויאמר משה אכלוהו היום וגו' ששת ימים תלקטוהו והמן כבר ירד מיום ראשון שעבר ואור"י דאע"ג דלא נאמר עד אח"כ מ"מ מוכח שפיר דמשה שכח לומר להם והיה אומר היה לי לומר לכם מה שאמר הקב"ה כשנתן את המן שתלקטוהו ששת ימים ואח"כ אחד בשבת היה: עשר עטרות נטל אותו היום. הא דלא חשיב ראשון להקמת המשכן משום דאמרינן במדרש (ויקרא רבה פ' שמיני) שכל ז' ימי המלואים היה משה מעמיד המשכן ומפרקו א"נ משום דעליה דהקמת המשכן קאי דה"ק אותו היום של הקמת המשכן נטל עשר עטרות אחרות: ראשון לאכילת קדשים. ובת"כ במקום אכילת קדשים קתני שחיטתן בצפון: ט) לרבנן ח' חסירין עבוד. אומר ר' יצחק דלא הוי צ"ל ח' חסירין עבוד אלא ז' חסירין ואייר דההיא שתא עבורי עברוה כדאמר לעיל אלא משום דלר"י איצטריך למימר דשבעה חסירין עבוד דהא תניא לעיל דאותו יום ה' בשבת היה נקט נמי לרבנן שמנה:

רבינו חננאל

עבד להו פרישה שלא יגשו אל אשה שלא תפלטו שכבת זרע בשעת [מתן תורה] ותטמא והא פרישנן דר' אלעזר בן עזריה הכין סברי ואף הלכתא דאמרה ר' יוחנן ג' עונות שלימות מעת לעת סלקא לפום הכין ושמעו דברות בצפרא דשבתא דהוא ר' בחודש ר' יוסי דסבר בחד בשבא הוה קבועי אמר לך בחד בשבא לא אמר להו ולא מידי משום חולשא דאורחא. בתרין אמר להו ואתם תהיו לי ממלכת כהנים וגו' בתלתא הגבלה בארבע פרישה וסלקא לר' ישמעאל ור' עקיבא כדפרישנא לעילא ומקשי' אי ר' יוסי דאמר מן צפרא דארבעה עבוד פרישה קרא דכתי' לך אל העם וקדשתם היום ומחר דאלמא היום חמשה ולמחר מעלי דשבתא שמעו דברות. ופריקנ' אמר לך ר' יוסי בארבעה הוא דאמר ליה רחמנא וקדשתם היום ומחר ודרש משה דלאו היום האידנא דהוא יומא דארבעה אלא הכי קאמר ב' ימים דדמי להדדי כי ביום השלישי ירד ה' וצריך למהוי היום כמחר תרוייהו לילותיה' עמהם וה"ק יום ומחר שלו ואינון מתחלת חמישי ומנ"ל דהסכימה דעתו לדעת המקום והסכים הקב"ה ע"י דהא לא שראי שכינה עד שבתא ולרבנן היום ומחר חמשה ומעלי ולא צריכי לילו עמו אבל קרא דאמר להו משה לישראל היו נכונים לשלשת ימים לית מוכח ולא קשי לא למר ולא למר. ת"ש שלישי שלישי לחודש שלישי בשבת אלמא ריש ירחא בחד בשבא ופרקי הא מני ר' יוסי היא: ואיבעיא לן האי שלישי דאמר ר' יוסי הוא שלישי לשבת ולחודש ולמאי אצטריך ליה הוי יומא ניהו ופירוש כיון דבשני אמר להו ואתם תהיו לי בשלישי וגו' וישב משה והוא יום הגבלה לר' יוסי ב"ר יהודה ולרבי הוא יום שהודיען עונשן ומתן שכרן שמשבבין לבו של אדם דאמר שהודיען עונשה פי' ששוברין לבו של אדם ונפיק מן כי שבבים יהיה עגלי שומרון. ומן ל' ארמי נמי ידוע הוא. שקשין כגידין דקא' דל רגש פרשוהו רבנן בלשון ארמית הרזוקלאי והוא בטיית הנטלי ואיתא ביום הכפורים לענין מן כזרע גד. ת"ש ששי. ששי בחודש ששי בשבת הא נמי רבי יוסי והאי ששי למאי (דקאמר ביה) [קארי ליה] הכי רבה אמר ששי לחנייתן דאלמא בשבת במסען היו ולא היו מצווין על התחומין באותה שעה. רב אחא בר יעקב אמר אף ביום חנייתן היה מסען והוא חד בשב' ומצווין היו על התחומין. ת"ש ניסן שיצא בו ישראל ממצרים ביום חמישי הוה דמשכחת אייר בד' וסיון בחד בשבא. אמרי לך רבנן אייר דההיא שתא עבורי עברוה וסיון בתרין בשבא. ת"ש דלא עברוה דתניא יום ט"ו בניסן יום חמישי השלים ניסן אירע אייר להיות בשבת חיסר אייר אירע סיון להיות באחד בשבת הא מני ר' יוסי היא. אמר רב פפא ת"ש בחמשה עשר יום לחודש השני אותו היום ע"ש היה ומדט"ו באייר בשבתא ריש ירחא דסיון בחד בשבא ופרקי דעיבורי עברוה לאייר וריש ירח סיון תרין בשבתא א"ל רב חבי מחוזנאה לרב אשי ת"ש ויהי בחודש הראשון בשנה השנית באחד לחדש הוקם המשכן ותניא אותו היום נטל עשר עטרות ראשון למעשה בראשית אלמא חד בשבא היה ומדר"ח ניסן שנה שנית חד בשבת הוה ר"ח ניסן דראשונה ארבע בשבת דתניא אחרים אומרים אין בין עצרת לעצרת ואין בין ר"ה לר"ה אלא ד' ימים בלבד ואם היתה שנה מעוברת חמשה וכיון דר"ח ניסן שנה ראשונה ד' בשבא הוה ר"ח אייר ע"ש ור"ח סיון שבת וקשיא בין לרבנן בין לר' יוסי ופרקינן לרבנן ח' חסרין עבוד לר' יוסי ז' חסרין עבוד דכי אמרו אחרים אין בין עצרת לעצרת אלא ד' ימים בזמן שחדשי השנה כסדרן אחד מלא ואחד חסר

מסורת הש"ס

א) סנהדרין מ:, ב) ערכין ט: סוכה נד: ר"ה ו: כ: [תוספתא ערכין פ"א], ג) יש שכתבו שזהו דיבור חדש וגרסי' חיסר אייר עשאו חסר כסדרן רש"ל, ד) [סוטה מ:], ה) דבור זה שייך לקמן דף פ"ח.

תוספות ישנים

א) יש שכתבו דהך וריש ירחא הוא דבור חדש וכל"ל וריש ירחא דסיון חד בשבתא שהרי אייר חסר:

הגהות הב"ח

(א) גמ' אלא אימא מבערב: (ב) שם א"ל רב אחי מחוזאה: (ג) שם ראשון לשכון בישראל ראשון לברכת כהנים ראשון לאיסור הבמות: (ד) שם ואין בין ר"ה לר"ה ואין בין פסח לפסח אלא ד' ימים: (ה) רש"י ד"ה אתחומין וכו' שלא הוזהרו שלא לילך: (ו) ד"ה ריש ירחא וכו' לעולם הס"ד ואח"כ מה"ד וריש ירחא דסיון בחד בשבתא שהרי אייר חסר כסדרן ומתרמי סיון בחד בשבתא הס"ד. ואח"כ מ"ה השלים וכו' ואח"כ ד"ה חיסר אייר עשאו חסר כסדרן הס"ד והשאר נמחק: (ז) ד"ה לשכון וכו' לא שכן הס"ד: (ח) תוס' ד"ה ואמר ר' יהודה וכו' וליכא למימר. נ"ב ובר"י מס' סנהדרין דף נו משני מירוץ אחר ע"ז ע"ש:

תורה אור השלם

א) שָׁמוֹר אֶת יוֹם הַשַּׁבָּת לְקַדְּשׁוֹ כַּאֲשֶׁר צִוְּךָ יְיָ אֱלֹהֶיךָ: [דברים ה, יב]

ב) וַיִּסְעוּ מֵאֵילִם וַיָּבֹאוּ כָּל עֲדַת בְּנֵי יִשְׂרָאֵל אֶל מִדְבַּר סִין אֲשֶׁר בֵּין אֵילִם וּבֵין סִינָי בַּחֲמִשָּׁה עָשָׂר יוֹם לַחֹדֶשׁ הַשֵּׁנִי לְצֵאתָם מֵאֶרֶץ מִצְרָיִם: [שמות טז, א]

ג) וּבֹקֶר וּרְאִיתֶם אֶת כְּבוֹד יְיָ בְּשָׁמְעוֹ אֶת תְּלֻנֹּתֵיכֶם עַל יְיָ וְנַחְנוּ מָה כִּי תַלִּינוּ עָלֵינוּ: [שמות טז, ז]

ד) שֵׁשֶׁת יָמִים תִּלְקְטֻהוּ וּבַיּוֹם הַשְּׁבִיעִי שַׁבָּת לֹא יִהְיֶה בּוֹ: [שמות טז, כו]

ה) וַיְהִי בַּחֹדֶשׁ הָרִאשׁוֹן בַּשָּׁנָה הַשֵּׁנִית בְּאֶחָד לַחֹדֶשׁ הוּקַם הַמִּשְׁכָּן: [שמות מ, יז]

ליקוטי רש"י

כאשר צוך. קודם מתן תורה במרה [דברים ה, יב]. כאשר צוך ה' אלהיך. כתיב בדברות האחרונות גבי שבת וכבוד אב ואם והיכן צוך הא ליכא למימר דמשה הוה אמר להו בערבות מואב כאשר צוך בסיני דמשה לא מאליו היה שונה להם משנה תורה ומוזהרים על מצותיה אלא כמו שקבלה הוא והיה חוזר ומגיד להם וכל מה שכתוב בדברות האחרונות היה כתוב בלוחות וכן שמע בסיני [סנהדרין נו:]. כאשר צוך במרה. במרה נתן להם מקצת פרשיות של תורה שיתעסקו בהם שבת ופרה אדומה ודינין [שמות טו, כה]. ראשון לנשיאים. שאותו היום היה ראשון להקרבת נשיאים [זבחים קא.]. ראשון לחדשים. [ויקרא ט, כג]. ראשון לחדשים. ראשון לחדשי השנה [ר"ה ו:]. אלא ד' ימים. קסבר לעולם חדשי השנה אחד מלא ואחד חסר ואין מחסרין שום חדש לצורך והיא לה שנה שנ"ד ימים כולה שבועות שלמים חוץ מד' ימים והן הזמן קביעות ארבעה ימים [שם כ.].

לבנה הוא שבין מולד למולד עשרים ותשעה יום ומחצה ושלשה חלקים ושבעים ושלשה חלקים והלכך עבדינן חדשים מלאים וחדשים חסרים ומשלמין השנה שנ"ד ימים כולם שבועות חוץ מארבעה ימים בין קביעות שנה זו לקביעות שנה הבאה [סוכה נד:]. ואם היתה שנה מעוברת חמשה. דקסבר חדש העיבור לעולם חסר עשרים ותשעה יום הרי ארבעה שבועות שלמים ויום אחד [שם כ:]. דקסבר חדש העיבור לעולם חסר ושמנה שבועות שלמים נמצא הפסח הבא [סוכה שם].

The Gemara rejects this answer:

תָּא שְׁמַע דְּלֹא עַבְּרוּהָ – **Come, hear** evidence **that they did** *not* **extend** the Iyar of that year, for a Baraisa[14] states: **נִיסָן שֶׁבּוֹ יָצְאוּ יִשְׂרָאֵל מִמִּצְרַיִם** – The month of NISSAN IN WHICH THE JEWISH PEOPLE LEFT EGYPT, **בְּאַרְבָּעָה עָשָׂר שָׁחֲטוּ פִּסְחֵיהֶם** – ON THE FOURTEENTH of the month THEY SLAUGHTERED THEIR *PESACH* OFFERINGS, **בַּחֲמִשָּׁה עָשָׂר יָצְאוּ** – ON THE FIFTEENTH THEY LEFT Egypt **וְלָעֶרֶב לָקוּ בְּכוֹרוֹת** – AND THAT EVENING THE FIRSTBORN WERE SMITTEN.

The Gemara interjects:

לָעֶרֶב סָלְקָא דַּעְתָּךְ – **Can you** possibly **think** that the firstborn were smitten **"that evening,"** which implies the evening after the fifteenth?! **אֶלָּא אֵימָא מִבָּעֶרֶב לָקוּ בְּכוֹרוֹת** – **Rather, say** that the Baraisa should read: **The firstborn were smitten from the evening** before.[15]

The Baraisa continues:

וְאוֹתוֹ הַיּוֹם חֲמִישִׁי בְּשַׁבָּת הָיָה – AND THAT DAY, i.e. the fifteenth of Nissan, WAS A THURSDAY. **הִשְׁלִים נִיסָן** – NISSAN WAS COMPLETE (i.e. thirty days long), **וְאֵירַע אִיָּיר לִהְיוֹת בְּשַׁבָּת** – AND thus the beginning of IYAR FELL ON A SABBATH. **חָסֵר אִיָּיר** – IYAR WAS DEFICIENT (i.e. twenty-nine days long),[16] **וְאֵירַע סִיוָן לִהְיוֹת בְּאֶחָד בְּשַׁבָּת** – AND thus the beginning of SIVAN FELL ON A SUNDAY.[17] **קַשְׁיָא לְרַבָּנָן** – This is **a contradiction to the Rabbis,** who maintain that Sivan began on a Monday. – ? –

The Gemara answers:

הָא מַנִּי – **Who is** the Tanna of **this** Baraisa? **רַבִּי יוֹסֵי הִיא** – **It is R' Yose.**[18]

The Gemara presents a proof derived from Scripture:

אָמַר רַב פָּפָּא – **Rav Pappa said:** **תָּא שְׁמַע** – **Come, hear** the following proof: **"וַיִּסְעוּ מֵאֵילִם וַיָּבֹאוּ כָּל־עֲדַת בְּנֵי־יִשְׂרָאֵל וגו׳ בַּחֲמִשָּׁה עָשָׂר יוֹם לַחֹדֶשׁ הַשֵּׁנִי"** – Scripture states:[19] ***They journeyed from Eilim, and the entire assembly of the Children of Israel arrived*** *at the Wilderness of Sin* **etc.** ***on the fifteenth day of the second month*** *from their departure from the land of Egypt . . .* [On that day] *the Children of Israel complained against Moses and Aaron* [saying], *". . . you have taken us out to this Wilderness to kill this entire congregation by famine."* **וְאוֹתוֹ הַיּוֹם שַׁבָּת הָיָה** – **And that day** (i.e. the fifteenth of Iyar) **was** evidently **a Sabbath,** **דִּכְתִיב** – **for it is written**[20] that Moses responded to their complaint: **"וּבֹקֶר וּרְאִיתֶם אֶת־כְּבוֹד ה׳"** – ***"And in the morning you will see the glory of Hashem"*** [i.e. you will see the manna begin to fall]; **וּכְתִיב** – **and it is written**[21] further: **"שֵׁשֶׁת יָמִים תִּלְקְטֻהוּ"** – ***"Six days shall you gather it*** [the manna], *but the seventh day is a Sabbath, in it there will be none,"* which indicates that the manna began to fall on a Sunday.[22] **וּמִדַּחֲמֵיסַר בְּאִיָּיר שַׁבְּתָא** – **Now, since the fifteenth of Iyar was a Sabbath,** **רֵישׁ יַרְחָא דְסִיוָן חַד בְּשַׁבָּת** – **the beginning of the month of Sivan,** which was fifteen days later,[23] **was a Sunday.** **קַשְׁיָא לְרַבָּנָן** – This is **a contradiction to the Rabbis,** who maintain that Sivan began on a Monday. – ? –

The Gemara deflects the proof:

אָמְרֵי לָךְ רַבָּנָן – **The Rabbis could answer you** that **אִיָּיר דְּהַהִיא שַׁתָּא עַבּוּרֵי עַבְּרוּהָ** – **they extended the Iyar of that year.**[24]

The Gemara attempts another proof:

אָמַר לֵיהּ רַב חֲבִיבִי מֵחוֹזְנָאָה לְרַב אַשִׁי – **Rav Chavivi**[25] **from Choznaah said to Rav Ashi:** **תָּא שְׁמַע** – **Come, hear** the following proof: **"וַיְהִי בַּחֹדֶשׁ הָרִאשׁוֹן בַּשָּׁנָה הַשֵּׁנִית בְּאֶחָד לַחֹדֶשׁ הוּקַם הַמִּשְׁכָּן"** – Scripture states:[26] ***It was in the first month of the second year on the first of the month that the Mishkan was erected.*** That is, the Mishkan was erected on the first of Nissan, almost one year after the Exodus.[27] **תָּנָא** – And **a Tanna taught:** **אוֹתוֹ יוֹם נָטַל עֶשֶׂר עֲטָרוֹת** – THAT DAY TOOK TEN CROWNS, i.e. ten things began on that day. **רִאשׁוֹן לְמַעֲשֵׂה בְרֵאשִׁית** – (1) It was THE FIRST day OF THE ACT OF CREATION (i.e. it was a Sunday); **רִאשׁוֹן לַנְּשִׂיאִים** – (2) THE FIRST day of the offerings OF THE PRINCES;[28] **רִאשׁוֹן לִכְהוּנָּה** – (3) THE FIRST day OF THE KEHUNAH;[29]

NOTES

the preceding Sabbath. The Jewish people were required to set aside animals for their *pesach* offerings on the tenth of Nissan (*Exodus* 12:3), and the Midrash relates that a great miracle occurred on that day: When the Jews took their animals, the firstborn of the nations asked them, "What is the purpose of this?" The Jews replied, "The animals are being prepared as *pesach* offerings to God, Who will slaughter the firstborn of Egypt." Upon hearing this, the firstborn went to their fathers and beseeched them to petition Pharaoh to send the Jewish people from the land, but their fathers did not want to comply. The firstborn then waged war against the other Egyptians, only to suffer massive losses. Since this happened on a Sabbath, the Sabbath before Pesach is always known as שַׁבָּת הַגָּדוֹל, *the Great Sabbath,* in commemoration of that miracle (*Tosafos; Ran* [*MHK* ed. and *Chidushim*]; cf. *Tur, Orach Chaim* 430, who gives a different version of this story; see *Maharsha*).

14. [The commentators imply that this citation is not a continuation of the Baraisa above (see *Maharsha* on *Tosafos* ד״ה לרבנן, *Rashash* on 88a; see also *Ramban* and *Ran MHK* ed. ibid.; cf. *Sfas Emes* here).]

15. See note 9.

16. This Baraisa states explicitly that Iyar was *not* extended.

17. See chart A (to note 12).

18. The Rabbis, however, disagree with the Baraisa. In their view, the month of Iyar was indeed extended *or* the Exodus occurred a day later, i.e. on a Friday (see *Sfas Emes* ד״ה בגמ׳ ת״ש and *Meromei Sadeh* ד״ה אמר רב פפא).

19. *Exodus* 16:1-3.

20. Ibid. v. 7.

21. Ibid. v. 26.

22. Since Moses said that they would gather the manna for six days before the Sabbath arrived, it evidently began falling on a Sunday. Therefore, the day on which they complained (i.e. the fifteenth of Iyar), which was the day before the manna began to fall, must have been a Sabbath.

Tosafos note that in point of fact, Moses did not say, *"Six days shall you gather* etc.," until the next Friday, when the people sought to know why a double portion had fallen that day. Accordingly, it would seem that he was referring to the six weekdays in general, and not specifically to the first six days of the manna's fall. How, then, can Rav Pappa infer from this statement that the manna began to fall on a Sunday? *Tosafos* answer that (according to Rav Pappa) this was a statement made by God that Moses *should* have related to the people the day before the manna fell; but he forgot to do so until the people came to him the following Friday. See also *Rashi* to *Exodus* 16:22.

[A difficulty: According to Rav Acha bar Yaakov, who stated above that the people were given the law of the Sabbath boundary at Marah, how could they have arrived at the Wilderness of Sin on the Sabbath? (See *Rashash* for a solution; see also *Hagahos Yavetz.*)]

23. Assuming that Iyar was its usual length of twenty-nine days. See chart A (to note 12).

24. That is, Iyar lasted thirty days, as opposed to twenty-nine. The first of Sivan was thus postponed by one day, to Monday. See chart B (to note 13).

25. *Bach* emends the text to read רַב אַסִּי, *Rav Assi.*

26. *Exodus* 40:17.

27. [It is called "the second year," because Nissan is the first month of the year.]

28. The prince of each tribe brought a set of offerings in honor of the Mishkan's dedication. Each prince presented his offerings on a different day for twelve consecutive days, beginning with Nachshon, prince of Judah, on the first of Nissan (see *Numbers* ch. 7).

29. From that day on, the Kohanim [Aaron and his sons] performed the sacrificial service. Until then, the service was carried out by the firstborn (*Rashi*).

Although Moses served during the "seven days of dedication" (which immediately preceded that Nissan – see *Leviticus* ch. 8), that is not a

לחנייתן רב אחא בר יעקב אמר למסען וקמיפלגי בשבת דמרה דכתיב (א) כאשר צוך ה' אלהיך (א) ואמר רב יהודה אמר רב כאשר צוך במרה מר סבר אשבת איפקוד אתחומין לא איפקוד ומר סבר אתחומין נמי איפקוד ת"ש ניסן שבו יצאו ישראל ממצרים בארבעה עשר שחטו פסחיהם ובחמשה עשר יצאו ולערב לקו בכורות לערב ס"ד אלא (א) מבערב לקו בכורות ואותו היום חמישי בשבת היה מדחמיסר בניסן חמשה בשבת ריש ירחא דאייר שבתא וריש ירחא דסיון חד בשבת קשיא לרבנן אמרי לך רבנן אייר דההיא שתא עבורי עבוריה תא שמע דלא עברוה ניסן שבו יצאו ישראל ממצרים בארבעה עשר שחטו פסחיהם בחמשה עשר יצאו ולערב לקו בכורות לערב ס"ד אלא אימא מבערב לקו בכורות ואותו היום חמישי בשבת היה השלים ניסן ואירע אייר להיות בשבת חסר אייר ואירע סיון להיות באחד בשבת קשיא לרבנן הא מני ר' יוסי היא אמר רב פפא ת"ש (ב) ויסעו מאלים ויבואו כל עדת בני ישראל וגו' בחמשה עשר יום לחדש השני ואותו היום שבת היה דכתיב (ג) ובקר וראיתם את כבוד ה' וכתיב (ד) ששת ימים תלקטוהו ומדחמיסר באייר שבתא ריש ירחא דסיון חד בשבת קשיא לרבנן אמרי לך רבנן אייר דההיא שתא עבורי עבוריה א"ל רב (ג) חביבי מחוזנאה לרב אשי ת"ש (ה) ויהי בחדש הראשון בשנה השנית באחד לחדש הוקם המשכן תנא אותו יום נטל עשר עטרות ראשון למעשה בראשית ראשון לנשיאים ראשון לכהונה ראשון לעבודה ראשון לירידת האש ראשון לאכילת קדשים ראשון לשכון (ג) שכינה ראשון לברך את ישראל ראשון לאיסור הבמות ראשון לחדשים ומדריש ירחא דניסן דהאי שתא חד בשבת דאשתקד [בד'] בשבת דתניא אחרים אומרים (ג) אין בין עצרת לעצרת ואין בין ר"ה לר"ה (ד) אלא ד' ימים בלבד ואם היתה שנה מעוברת ה' הוה ליה ריש ירחא דאייר מעלי שבתא וריש ירחא דסיון שבתא קשיא בין לרבי יוסי בין לרבנן לר' יוסי שבעה חסרין עבוד לרבנן

רש"י

לחנייתן. שהרי בר"ח תנו והכי קאמר ששי לחנייתן הוא הששי בחדש הוא ששי בשבת: למסען. אף למסען שביום שבאו למדבר סיני נסעו מרפידים: וקא מיפלגי. רב אחא ורבא במצות שבת שנאמר להם במרה אם נצטוו על התחומין בו ביום או לא דכתיב בדברות האחרונות שמור את יום השבת לקדשו כאשר צוך ש"מ קודם הדברות נצטוו בה: ואר"י במרה. דכתיב שם שם לו חק ומשפט (שמות טו): אתחומין לא איפקוד. הלכך כשנסעו מרפידים נסעו בשבת שלא הוזהרו (ה) לילך יותר מאלפים אמה: לערב. לערב משמע לערב הבא: ריש ירחא דאייר שבתא. שהרי ניסן מלא הוא לעולם (ו) (א) וריש ירחא דסיון באחד בשבתא: השלים ניסן. נתמלא בשלשים יום לשון שלם (ג) חיסר אייר שהרי אייר חסר כסדרן ומתרמי סיון באחד בשבתא: ואותו היום שבת היה שנא' ובקר וראיתם וגו'. שנתרעמו בו ביום על המן כדכתיב וילונו על משה וגו' להמית את כל הקהל הזה ברעב והבטיחם להוריד להם מן למחר וע"כ באחד בשבת ירד להם מן תחלה שנאמר ששת ימים תלקטוהו וביום השביעי לירידתו שבת לא יהיה בו: ריש ירחא דסיון חד בשבת. כשתשלים לאייר עד ט"ו ויום ט"ו ר"ח סיון: עשר עטרות. ראשון לעשרה דברים: ראשון לבריאת עולם. שאחד בשבת היה: ראשון לנשיאים. להקרבת נשיאים לחנוכת הבית: ראשון לכהונה. אותו היום שמיני למילואים ועבודה באהרן ובניו ועד עכשיו היה בבכורות: ראשון לעבודה. לסדר עבודת ציבור תמידין ושאר קרבנות של תרומת הלשכה: לירידת אש. ותצא אש מלפני ה' ותאכל על המזבח וגו' (ויקרא ט): לאכילת קדשים. במחיצה ועד עכשיו היו נאכלים בכל מקום: לשכון. בישראל שכינה שרתה שם כדכתיב ושכנתי בתוכם מכלל דעד השתא לא (ז) שרתה: לברך. ברכת כהנים כדכתיב וישא אהרן את ידיו וגו': לאיסור הבמות. מעכשיו נאסרו שהוא ראוי לפתח אהל מועד כדכתיב ואל פתח אהל מועד לא הביאו: דהאי שתא. שנה השנית ליציאתם הוקם המשכן: ד' ימים. כשאתה קובע כל החדשים כסדרן אחד מלא ואחד חסר הוו ארבעה ימים בין תחלת שנה לתחלת שנה אחרת שמנין חדשי לבנה כסדרן שכ"ד ימים כולן שבועין חוץ מארבעה ימים: ואם היתה שנה מעוברת ה'. דקסבר שני אדרים עבדינן חסרים ופסח דחוי יום אחד לקמן: ז' חסרים עבוד. ולא היו אלא ג' בין פסח לפסח הלכך דאישתקד בה' בשבא ולית ליה דאחרים דאמרי אין מעברין ואין מחסרין שום חדש לצורך אלא לעולם אחד מלא ואחד חסר:

לרבנן

תוספות

כאשר צוך במרה. ואם תאמר מנא ליה דבמרה איפקוד אשבת דילמא כאשר צוך בפרשת מן דאשכחן דיני שבת כתובין שם את אשר תאפו אפו וגו' וי"ל משום דבכיבוד אב ואם נמי כתיב כאשר צוך ומסתמא כי היכי דהאי כאשר צוך במרה הכי נמי האי וכן מוכח בפרק ד' מיתות (סנהדרין דף נו:) דקאמר מילתיה דר' יהודה אתרווייהו וא"ת וכיון דבמרה איפקוד אשבת היכי אמרינן בפ' כל כתבי (לקמן קיח:) אלמלי שמרו ישראל שבת ראשונה לא שלטה בהן אומה ולשון שנאמר ויהי ביום השביעי יצאו מן העם ללקוט וגו' וכתיב בתריה ויבא עמלק אמאי קרי להאי שבת ראשונה כיון דבמרה נצטוו והא לא היתה שבת ראשונה דמעיקרא כתיב ויסעו מאלים ויבאו וגו' ואמרינן בסמוך דאותו היום שבת היה ועוד מקשים דמשמע מתוך הפסוקים ששתי שבתות היו קודם לראשונה כשנסעו מאלים ואחר אותו שבת ירד להם המן וכתיב ויהי ביום הששי לקטו לחם משנה וגו' ויניחו אותו עד הבקר וגו' [ויאמר משה אכלוהו היום וגו' ששת ימים תלקטוהו וגו' ויהי ביום השביעי יצאו מן העם ללקוט וגו'] משמע שבשבת שלישית שאחר מרה היה: ואמר רב יהודה כאשר צוך במרה. האי קרא במשנה תורה כתיב וליכא למימר (ח) כאשר צוך במתן תורה שהרי משה לא היה מספר אלא על הסדר ובכולהו לא כתיב כאשר צוך: אתחומין לא איפקוד. אין נ"ל דאתיא כר' עקיבא דאמר (ז) תחומין דאורייתא דהא משמע לכ"ע דבסיני לכל הפחות איפקוד אתחומין דלאו דוקא נקט תחומין אלא כלומר הוצאה שהיו מוליכין עמהן כל אשר להן ומר סבר אהוצאה לא איפקוד ומר סבר איפקוד ואע"ג דבפרשת מן כתיב אל יצא איש ממקומו ודרשינן מיניה הוצאה בספ"ק דעירובין (דף יז:) איכא למימר שאחר מתן תורה נאמר אחר שנעשה המשכן [כמו] שאמר הקב"ה להניח צנצנת לפני העדות ומשום דשייכי למילי דמן כתבינהו התם ולמאן דאמר איפקוד אע"פ שבמרה נאמר כתביה התם כדפרישית:

ואותו יום חמישי בשבת היה כו'. ואם כן ברביעי שחטו פסחיהם ונמצא בשבת שעברה לקחו פסחיהן שאז היה בעשור לחדש ועל כן קורין אותו שבת הגדול לפי שנעשה בו נס גדול כדאמרינן במדרש (שמות רבה פ' טו) כשלקחו פסחיהם באותה שבת נתקבצו בכורות אומות העולם אצל ישראל ושאלום למה היו עושין כך אמרו להן זבח פסח לה' שיהרוג בכורי מצרים הלכו אצל אבותיהם ואל פרעה לבקש ממנו שישלחו ישראל ולא רצו ועשו בכורות מלחמה והרגו מהן הרבה הה"ד למכה מצרים בבכוריהם:

וכתיב ששת ימים תלקטוהו. תימה היכי מייתי ראיה מהאי קרא דבשבת היה והלא זה הפסוק נכתב אחר שירד כבר מן שבוע כשהגידו נשיאי העדה למשה שלקטו לחם משנה דכתיב ויאמר משה אכלוהו היום וגו' ששת ימים תלקטוהו והמן כבר ירד מיום ראשון שעבר ואור"י דאע"ג דלא נאמר עד אח"כ מ"מ מוכח שפיר דמשה שכח לומר להם והיה אומר היה לי לומר לכם מה שאמר הקב"ה כשנתן את המן שתלקטוהו ששת ימים וא"כ אחד בשבת היה: עשר עטרות נטל אותו היום. הא דלא חשיב ראשון להקמת המשכן משום דאמרינן במדרש (ויקרא רבה פ' שמיני) שכל ז' ימי המלואים היה משה מעמיד המשכן ומפרקו אי נמי משום דעליה דהקמת המשכן קאי דה"ק אותו היום של הקמת המשכן נטל עשר עטרות אחרות: ראשון לאכילת קדשים. ובת"כ במקום אכילת קדשים קתני שחיטתן בצפון: (ג) לרבנן ח' חסירין עבוד. אומר ר' יצחק דלא הוי ל"ל ח' חסירין עבוד אלא ז' חסירין ואייר דההיא שתא עבורי עבוריה כדאמר לעיל אלא משום דר"י איצטריך למימר דשבעה חסרין עבוד דהכא תניא לעיל דלאותו יום ה' בשבת היה נקט נמי לרבנן שמנה:

כפה

רבינו חננאל

עבד להו פרישה שלא יגשו אל אשה שלא תפלוט שכבת זרע בשעת [מתן תורה] ותטמא והא פרשנן דר' אלעזר בן עזריא הכין סברי ואף הלכתא דאמרה ר' יוחנן ג' עונות שלימות מעת לעת סלקא לפום הכין ושמעו דברות בצפרא דשבתא דהוא ר' בחודש ר' יוסי דסבר בחד בשבא הוה קבעי אמר לך בחד בשבא לא אמר להו ולא מידי משום חולשא דאורחא. בתרין אמר להו ואתם תהיו לי ממלכת כהנים וגו' בתלתא הגבלה בארבעה פרישה וסלקא לר' ישמעאל ור' עקיבא כפרשינא לעילא ומקשי' אי ר' יוסי דאמר מן צפרא דארבעה אמר פרישה קרא דכתי' לך אל העם וקדשתם היום ומחר דאלמא היום חמשה ולמחר מעלי דשבתא שמעו דברות. ופריק' אמר לך ר' יוסי בארבעה הוא אמר ליה רחמנא וקדשתם היום ומחר ודרש משה דלאו היום האידנא דהוא יומא דארבעה אלא הכי קאמר ב' ימים דדמי להדדי כי ביום השלישי ירד ה' וצריך למהוי היום כמחר תרוייהו לילותיהן עמהם והי"ק יום ומחר שלו ואינון מתחלת חמישי ומנ"ל דהסכימה דעתו לדעת המקום והסכים הקב"ה ע"י דהא לא שראי שכינה עד שבתא ולרבנן היום ומחר חמשה ומעלי ולא צריכי לילו עמו אבל קרא דאמר להו משה לישראל היו נכונים לשלשת ימים לית מוכח ולא קשי לא למר ולא למר. ת"ש שלישי שלישי לחודש שלישי בשבת אלמא ריש ירחא בחד בשבא ופרקי' הא מני ר' יוסי היא ואיבעיא לך האי שלישי דאמר ר' יוסי איזה שלישי לשבת ולחודש ולמאי אצטריך ליה והי יומא ניהו ופירוש כיון דבשני אמר להו ואתם תהיו לי לשלישי וגו' וישב משה והוא יום הגבלה לר' יוסי ב"ר יהודה ולרבי הוא יום שהודיען עונשן ומתן שכרן שמשבשבין לבו של אדם דאמר שהודיען ענשן פי' שוברין לבו של אדם ונפיק מן כי שבבים יהיה עגלי שומרון. ומן ל' ארמי נמי ידוע הוא. שקשין כגידין דקא' דל רב פרשוהו רבנן בלשון ארמית הרוקלאי והוא בטיית הנטלי ויאתא ביום הכפורים לענין מן כזרע גד. ת"ש ששי. בחודש ששי בשבת הא נמי רבי יוסי היא ששי למאי (דקאמר ביה) [קארי ליה] הכי רבה אמר ששי לחנייתן דאלמא בשבת במסען היו ולא היו מצווין על התחומין באותה שנה. רב אחא בר יעקב אמר אף ביום חנייתן היה מסען והוא חד בשב' ומצווין היו על התחומין. ת"ש ניסן שיצאו בו ישראל ממצרים ביום חמישי הוה דמשכחת אייר בד' וסיון בחד בשבא. אמרי לך רבנן אייר דההיא שתא עבורי עבוריה וסיון בתרין בשבא. ת"ש דלא עברוה דתניא יום ט"ו בניסן יום חמישי השלים ניסן ואירע אייר להיות בשבת חיסר אייר ואירע סיון להיות באחד בשבת הא מני ר' יוסי היא. אמר רב פפא ת"ש ויסעו מאלים וגו' בחמשה עשר יום לחדש השני ואותו היום שבת היה דכתיב ובקר וראיתם וגו' ששת ימים תלקטוהו ריש ירחא דסיון חד בשבא קשיא לרבנן ופרקי' אייר דההיא שתא עבורי עבוריה. ת"ש ויהי בחדש הראשון בשנה השנית באחד לחדש הוקם המשכן ותניא אותו היום נטל עשר עטרות ראשון למעשה בראשית וכו' אלמא אחד בשבת היה ואם היתה שנה מעוברת חמשה לר' יוסי ז' חסרין עבוד לרבנן ח' חסרין עבוד

מסורת הש"ס

א) סנהדרין נו: ב) ערכין ט: סוטה מ: ר"ה ו: כ. [תוספתא ערכין פ"א], ג) יש שכתבו זהו דיבור חדש וגרסי' חיסר אייר עשאו חסר כסדרן רש"ל, ד) [סוטה מו:], ה) דבור זה שייך לקמן דף פ"ח.

תוספות ישנים

א) יש שכתבו דהכי גרים ירחא הוא דבור חדש וכל"ל וריש ירחא דסיון חד בשבתא שהרי אייר חסר:

הגהות הב"ח

(א) גמ' אלא אימא מבערב: (ב) שם א"ל רב אחי מחוזנאה: (ג) שם ראשון לשכון ישראל ראשון לברכת כהנים ראשון לאיסור הבמות: (ד) שם ואין בין ר"ה לר"ה אלא ד' ימים: (ה) רש"י ד"ה אתחומין וכו' שלא הוזהרו שלא לילך: (ו) ד"ה ריש ירחא וכו' לעולם הס"ד ואח"כ מה"ד וריש ירחא דסיון בחד בשבא שהרי אייר חסר כסדרן ומתרמי סיון בחד בשבתא הס"ד. ואח"כ מ"ה השלים וכו' ואח"כ ד"ה חיסר אייר עשאו חסר כסדרן הס"ד והשאר נמחק: (ז) ד"ה לשכון וכו' לא שכן הס"ד: (ח) תוס' ד"ה ואמר ר' יהודה וכו' וליכא למימר. נ"ב וכרב"י מס' סנהדרין דף נו משני מירוץ אחר ע"ז ע"ש:

תורה אור השלם

א) שָׁמוֹר אֶת יוֹם הַשַּׁבָּת לְקַדְּשׁוֹ כַּאֲשֶׁר צִוְּךָ יְיָ אֱלֹהֶיךָ: [דברים ה, יב]

ב) וַיִּסְעוּ מֵאֵילִם וַיָּבֹאוּ כָּל עֲדַת בְּנֵי יִשְׂרָאֵל אֶל מִדְבַּר סִין אֲשֶׁר בֵּין אֵילִם וּבֵין סִינָי בַּחֲמִשָּׁה עָשָׂר יוֹם לַחֹדֶשׁ הַשֵּׁנִי לְצֵאתָם מֵאֶרֶץ מִצְרָיִם: [שמות טז, א]

ג) וּבֹקֶר וּרְאִיתֶם אֶת כְּבוֹד יְיָ בְּשָׁמְעוֹ אֶת תְּלֻנֹּתֵיכֶם עַל יְיָ וְנַחְנוּ מָה כִּי תַלִּינוּ עָלֵינוּ: [שמות טז, ז]

ד) שֵׁשֶׁת יָמִים תִּלְקְטֻהוּ וּבַיּוֹם הַשְּׁבִיעִי שַׁבָּת לֹא יִהְיֶה בּוֹ: [שמות טז, כו]

ה) וַיְהִי בַּחֹדֶשׁ הָרִאשׁוֹן בַּשָּׁנָה הַשֵּׁנִית בְּאֶחָד לַחֹדֶשׁ הוּקַם הַמִּשְׁכָּן: [שמות מ, יז]

ליקוטי רש"י

כאשר צוך. קודם מתן תורה במרה [דברים ה, יב]. כאשר צוך ה' אלהיך. כתיב בדברות האחרונות גבי שבת וכבוד אב ואם וסיקון לך ליכא למימר דמשה הוה קאמר לך כאשר צוך דהא לא מצאו היה בהם משנה תורה ומוזהרים על מצותיה אלא כמו שקבלה הוא והיה חוזר ומגיד להם וכל מה שכתוב בדברות האחרונות היה כתוב בלוחות וכן שמע משה [סנהדרין נו:]. כאשר צוך במרה. במרה נתן להם מקצת פרשיות של תורה שיתעסקו בהם שבת ופרה אדומה ודינין [שמות טו, כה]. ראשון לנשיאים. שאותו היום היה ראשון להקרבת נשיאים [זבחים קא:]. ראשון לברך. ברכת כהנים [ויקרא ט, כב]. ראשון לחדשים. ראש לסדר מנין החדשים שיהא אייר קרוי שני סיון שלישי [שמות יב, ב]. אלא ד' ימים. שנים עשר חדשי לבנה שנה של שלש מאות וחמשים וארבעה ימים ולעולם אין מעברין ואין מחסרין שום חדש לצורך והוא הדין לקביעת שנה מקביעות חברתה [ר"ה ו:]. אם נקבע עכשיו באחד בשבת תהיה לשנה הבאה בחמישי בשבת ... ואם היתה שנה מעוברת ה' ארבעה ימים [שם כ.]. לבנה הוא שבין מולד למולד עשרים ותשעה יום ומחצה ... ואם היתה שנה מעוברת חמשה. דקסבר חדש העיבור לעולם חסר עשרים ותשעה יום ... [סוכה נד.]

רִאשׁוֹן לַעֲבוֹדָה – (4) THE FIRST day OF THE communal SERVICE;[30] רִאשׁוֹן לִירִידַת הָאֵשׁ – (5) THE FIRST day OF THE DESCENT OF THE Heavenly FIRE upon the Altar;[31] רִאשׁוֹן לַאֲכִילַת קָדָשִׁים – (6) THE FIRST day OF EATING SACRIFICIAL FOODS in a prescribed place;[32] רִאשׁוֹן לִשְׁכּוּן שְׁכִינָה – (7) THE FIRST day of THE *SHECHINAH'S* RESIDING in the Temple;[33] רִאשׁוֹן לְבָרֵךְ אֶת יִשְׂרָאֵל – (8) THE FIRST day for the Kohanim TO BLESS THE PEOPLE;[34] רִאשׁוֹן לְאִיסּוּר הַבָּמוֹת – (9) THE FIRST day OF THE PROHIBITION AGAINST *BAMOS;*[35] רִאשׁוֹן לֶחֳדָשִׁים – (10) THE FIRST OF THE MONTHS of the year.[36]

This Baraisa teaches that the first of Nissan of the second year fell on a Sunday. Based on this point, the Gemara develops its proof:

וּמִדְּרֵישׁ יַרְחָא דְּנִיסָן דְּהַאי שַׁתָּא חַד בְּשַׁבָּת – Now, since the beginning of the month of Nissan of that year was a Sunday, דְּאֶשְׁתַּקַד [בְּרְבִיעִי] בְּשַׁבָּת – the first of Nissan **of the previous [year]**[37] must have fallen **on a Wednesday.**[38]

This calculation is based on the premise that the same dates in two consecutive years are four days of the week apart. The Gemara corroborates this point:

דְּתַנְיָא – For it was taught in a Baraisa: אֲחֵרִים אוֹמְרִים – OTHER SCHOLARS SAY that as far as the days of the week are concerned אֵין בֵּין עֲצֶרֶת לַעֲצֶרֶת – THERE IS NO difference BETWEEN the SHAVUOS of one year AND the SHAVUOS of the preceding year, וְאֵין בֵּין רֹאשׁ הַשָּׁנָה לְרֹאשׁ הַשָּׁנָה – AND THERE IS NO difference BETWEEN the ROSH HASHANAH of one year AND the ROSH HASHANAH of the preceding year, אֶלָּא אַרְבָּעָה יָמִים בִּלְבַד – EXCEPT FOUR DAYS.[39] וְאִם הָיְתָה שָׁנָה מְעוּבֶּרֶת חֲמִשָּׁה – AND IF IT WAS A LEAP YEAR, the difference would be FIVE days.[40]

Having established that Nissan (of the first year) began on a Wednesday, the Gemara calculates when the following months began:

הֲוָה לֵיהּ רֵישׁ יַרְחָא דְּאִיָּיר מַעֲלֵי שַׁבְּתָא – It therefore emerges that **the beginning of the month of Iyar was a Friday,**[41] וְרֵישׁ יַרְחָא דְּסִיוָן שַׁבְּתָא – **and** that **the beginning of the month of Sivan was a Sabbath.**[42] קַשְׁיָא בֵּין לְרַבִּי יוֹסֵי בֵּין לְרַבָּנָן – This is **a contradiction to both R' Yose,** who maintains that Sivan began on a Sunday, **and the Rabbis,** who maintain that it began on a Monday. – ? –

The Gemara answers:

לְרַבִּי יוֹסֵי – **According to R' Yose,** שִׁבְעָה חַסֵּרִין עֲבוּד – **they made seven deficient [months]** that year, as opposed to six.[43] The year was thus a day shorter than usual, and hence all the dates fell one day later in the week than computed above.[44]

NOTES

factor, because the service of those days was only a form of preparation (*Sfas Emes;* cf. *Yefei Einayim*).

30. This was the first day on which communal sacrifices, such as the *tamid,* were offered (*Rashi;* see *Sfas Emes* and *Hagahos R' Elazar Moshe Horowitz*).

31. As it is written (*Leviticus* 9:24): וַתֵּצֵא אֵשׁ מִלִּפְנֵי ה׳ וַתֹּאכַל עַל־הַמִּזְבֵּחַ, *A fire went forth from Hashem and consumed* [the offerings] *upon the Altar* (*Rashi*). This fire would always remain on the Altar (see *Zevachim* 61b).

32. Previously, sacrifices could be eaten anywhere (*Rashi;* see, however, *Tosafos* ד״ה ראשון). [From that day on, *kodshei kodashim* (sacrifices of greater holiness) had to be eaten in the Temple Courtyard and *kodashim kalim* (sacrifices of lesser holiness) in the Camp of Israel, or, in later years, in Jerusalem.] (See, however, *Hagahos R' Elazar Moshe Horowitz* and *Yefei Einayim.*)

33. God's command, וְעָשׂוּ לִי מִקְדָּשׁ וְשָׁכַנְתִּי בְּתוֹכָם, *They shall make a Sanctuary for Me, so that I may dwell among them* (*Exodus* 25:8), implies that the *Shechinah* did not "dwell" among the people until the Mishkan was erected (*Rashi*).

[*Sfas Emes* wonders why *Rashi* did not quote the verse: וּכְבוֹד ה׳ מָלֵא אֶת־הַמִּשְׁכָּן, *and the glory of God filled the Mishkan* (ibid. 40:34), which states explicitly that the *Shechinah* did in fact reside in the Mishkan when it was erected on the first of Nissan.]

34. Scripture reports that on that day, the first of Nissan, וַיִּשָּׂא אַהֲרֹן אֶת־יָדָו אֶל־הָעָם וַיְבָרְכֵם, *Aaron raised his hands toward the people and blessed them* (*Leviticus* 9:22). This refers to the Priestly Blessing that the Kohanim gave the people every day in the Temple: יְבָרֶכְךָ ה׳ וכו׳, *May Hashem bless you* etc. [see *Numbers* 6:22-27] (*Rashi*).

35. A *bamah* (pl. *bamos*) is any altar other than the one in the Mishkan [or Temple]. Once the Mishkan was built, it became forbidden to offer sacrifices on a *bamah,* as stated in *Leviticus* 17:3,4 (*Rashi*).

36. Nissan is the first month of the year, as taught in *Exodus* 12:2.

Maharsha lists other things the Baraisa could have mentioned (e.g. the official erection of the Mishkan, the Levite service, the prohibition against entering the Courtyard while intoxicated), and explains at length why the Baraisa lists only these ten. (See also *Tosafos* ד״ה עשר וד״ה ראשון and *Yefei Einayim.*)

37. I.e. the Nissan in which the Jews left Egypt.

38. See following note.

39. In the Jewish calendar, a regular year lasts 354 days. After 354 has been divided by seven (the number of days in the week), there is a remainder of four. This means that a particular date of one year will fall four days later in the week than it was in the preceding year. For example, if Shavuos falls on a Wednesday, the next year it will fall on a Sunday.

The preceding holds true only if the months follow their usual pattern of "full" (30 day) months alternating with "deficient" (29-day) months. In such a year, there are six "full" months and six "deficient" months, which amount to a total of 354 days. If the months are adjusted for some reason (i.e. a month that would have been "full" is made "deficient" or vice versa), the total number of days will not be 354. Thus, the "other scholars," who hold *as a rule* that there is always four weekdays difference between the dates of one year and the next (as explained above), evidently maintain that the months always follow their regular pattern and are never adjusted (*Rashi;* see *Bach, Maharam* and *Maharshal* who emend the text of the Baraisa to read: *between Pesach and Pesach*).

40. In some years a second month of Adar is added. This extra month is always "deficient," i.e. it is twenty-nine days long (*Rashi*). Twenty-nine is a multiple of seven plus one. Thus, in a leap year, one more day *of the week* will fall between a particular date of that year and the same date in the next year. Since, as established above, this difference is usually four days, in a leap year it will be five days.

41. For Nissan is always thirty days long.

42. Assuming that Iyar was twenty-nine days long. See chart C.

43. R' Yose disagrees with the "other scholars" (cited in the Baraisa above) who maintain that in every year there are six full months and six deficient months [see note 39] (*Rashi*).

44. That is, the Nissan (of the Exodus) began on a Thursday, as opposed to a Wednesday. Iyar began on a Sabbath and Sivan on a Sunday. See chart A (to note 12).

CHART C

NISSAN

S	M	T	W	T	F	S
			1	2	3	4
5	6	7	8	9	10	11
12	13	14	15	16	17	18
19	20	21	22	23	24	25
26	27	28	29	30		

IYAR

S	M	T	W	T	F	S
					1	2
3	4	5	6	7	8	9
10	11	12	13	14	15	16
17	18	19	20	21	22	23
24	25	26	27	28	29	

SIVAN

S	M	T	W	T	F	S
						1
2	3	4	5	6	7	8

לְרַבָּנָן – **According to the Rabbis,** שְׁמוֹנָה חֲסֵרִים עֲבוּד – **they made eight deficient [months]** that year, instead of just six. Since the year was two days shorter than usual, the dates fell two days later in the week than reckoned above.[1]

The Gemara presents another proof:

תָּא שְׁמַע – **Come, hear** the following proof: דְּתַנְיָא בְּסֵדֶר עוֹלָם – **For it was taught in *Seder Olam*:**[2] נִיסָן שֶׁבּוֹ יָצְאוּ יִשְׂרָאֵל מִמִּצְרַיִם – The month of NISSAN IN WHICH THE JEWISH PEOPLE LEFT EGYPT, בְּאַרְבָּעָה עָשָׂר שָׁחֲטוּ פִּסְחֵיהֶן – ON THE FOURTEENTH of the month THEY SLAUGHTERED THEIR *PESACH* OFFERINGS, בַּחֲמִשָּׁה עָשָׂר יָצְאוּ – and ON THE FIFTEENTH THEY LEFT Egypt. וְאוֹתוֹ הַיּוֹם עֶרֶב שַׁבָּת הָיָה – AND THAT DAY (i.e. the fifteenth) WAS A FRIDAY. וּמִדְּרֵישׁ יַרְחָא דְּנִיסָן עֶרֶב שַׁבָּת – **Now, since the beginning of the month of Nissan was a Friday,**[3] רֵישׁ יַרְחָא דְּאִיָּיר חַד בְּשַׁבָּא – **the beginning of the month of Iyar was a Sunday,**[4] וְסִיוָן בִּתְרֵי בְּשַׁבָּא – **and the beginning of the month of Sivan was a Monday.**[5] קַשְׁיָא לְרַבִּי יוֹסֵי – This is **a contradiction to R' Yose,** who holds that Sivan began on a Sunday. – ? –

The Gemara responds:

אָמַר לָךְ רַבִּי יוֹסֵי – **R' Yose would answer you:** הָא מַנִּי – **Who is** the Tanna of **this** Baraisa? רַבָּנָן הִיא – **It is the Rabbis.**[6]

The Gemara attempts another proof:

תָּא שְׁמַע – **Come, learn** the following Baraisa: רַבִּי יוֹסֵי אוֹמֵר – R' YOSE SAYS: בְּשֵׁנִי עָלָה מֹשֶׁה וְיָרַד – ON THE SECOND day of Sivan[7] MOSES WENT UP Mount Sinai AND CAME DOWN.[8] בִּשְׁלִישִׁי עָלָה וְיָרַד – ON THE THIRD day HE WENT UP AND CAME DOWN.[9] בָּרְבִיעִי יָרַד וְשׁוּב לֹא עָלָה – ON THE FOURTH day HE CAME DOWN[10] AND DID NOT GO UP AGAIN until the Ten Commandments were given.[11]

The Gemara interjects:

וּמֵאַחַר שֶׁלֹּא עָלָה – **But since he did not go up** on the fourth day, מֵהֵיכָן יָרַד – **from where did he come down?**[12] אֶלָּא – **Rather,** the Baraisa should read: בָּרְבִיעִי עָלָה וְיָרַד – ON THE FOURTH day HE WENT UP AND CAME DOWN.

The Baraisa continues:

בַּחֲמִישִׁי בָּנָה מִזְבֵּחַ וְהִקְרִיב עָלָיו קָרְבָּן – ON THE FIFTH day HE BUILT AN ALTAR AND BROUGHT AN OFFERING ON IT.[13] בַּשִּׁשִּׁי לֹא הָיָה לוֹ פְּנַאי – ON THE SIXTH day, HE DID NOT HAVE AN OPPORTUNITY to go up. Now, why did he have no opportunity on the sixth day? מַאי לָאו מִשּׁוּם תּוֹרָה – **Surely it was because the Torah** was given that day.[14] The Baraisa thus indicates that the Torah was given on the sixth day of Sivan, contrary to R' Yose's view that it was given on the seventh.[15] – ? –

The Gemara resolves the problem:

לֹא מִשּׁוּם טוֹרַח שַׁבָּת – **No!** It was **because** he was engaged in **the labor of** preparing for **the Sabbath** that he did not have time that day.[16]

The Gemara cites an Aggadic teaching:

דָּרֵשׁ הַהוּא גְּלִילָאָה עֲלֵיהּ דְּרַב חִסְדָּא – **A certain Galilean lectured in the presence of Rav Chisda**[17] as follows: בְּרִיךְ רַחֲמָנָא – **Blessed is the Merciful One,** דִּיהַב אוֹרְיָאן תְּלִיתָאי – **Who**

NOTES

CHART D

NISSAN

S	M	T	W	T	F	S
					1	2
3	4	5	6	7	8	9
10	11	12	13	14	15	16
17	18	19	20	21	22	23
24	25	26	27	28	29	30

IYAR

S	M	T	W	T	F	S
1	2	3	4	5	6	7
8	9	10	11	12	13	14
15	16	17	18	19	20	21
22	23	24	25	26	27	28
29						

SIVAN

S	M	T	W	T	F	S
	1	2	3	4	5	6

THE RABBIS' OPINION
(Gemara's conclusion)

1. That is, the Rabbis maintain that Nissan (of the first year) began on a Friday (*Rashi*). Thus, Iyar began on a Sunday, and Sivan on a Monday (*Ritva MHK* ed.). See chart D.

The commentators point out that this answer contradicts the Gemara on 87b which states that, in the Rabbis' opinion, Iyar was extended to thirty days. According to that approach, the Gemara here should have answered that there were only *seven* deficient months (and thus Nissan began on a Thursday and Iyar on a Sabbath); nevertheless, since Iyar was extended, Sivan did not begin until a Monday, as shown in 87b note 13 chart B. It is stated below (note 6) why the Gemara changed its explanation of the Rabbis' view.

2. [Literally: order of the world.] A collection of Baraisos compiled by R' Yose (*Yevamos* 82b) that traces the development of Jewish history.

3. The Baraisa states that the fifteenth of Nissan was a Friday. Consequently, the first of Nissan was also a Friday.

4. For Nissan is always thirty days long (see *Rashi* to 87b ד״ה ריש ירחא דאייר).

5. Assuming that Iyar was twenty-nine days long, as it usually is. See Chart D above.

6. As the Gemara has demonstrated, this Baraisa is consistent with the Rabbis' view that Sivan began on a Monday (see end of note).

This Baraisa states that the Exodus took place on a Friday. Hence, by attributing this Baraisa to the Rabbis, the Gemara teaches that the Rabbis disagree with the Baraisos on 87b which state that the Exodus occurred on a Thursday. Those Baraisos follow only the opinion of R' Yose (see *Ramban, Ran* [*MHK* ed. and *Chidushim*]; see also *Maharsha* on *Tosafos* to 87b ד״ה לרבנן). Although Rav Pappa proved from *Scripture* that the Exodus took place on a Thursday, the proof was based on an assumption that can easily be deflected [see 87b note 22] (*Sfas Emes;* see *Rashash, Yad David* [*Kamma*] and *Chazan Ish, Orach Chaim* 62:16).

Indeed, it is logical to assert that the Rabbis hold that the Exodus occurred on a Friday, rather than on a Thursday. The reason is that if it took place on a Thursday, one would have to say that Iyar was extended (so that Sivan begins on a Monday, as the Rabbis maintain). It is unlikely, however, that Iyar was extended, because, if it were, the Revelation would fall fifty-one days from the day after the Exodus. The Torah, though, states (*Leviticus* 23:15,16) that Shavuos [which we assume commemorates the Revelation] should be celebrated on the *fiftieth* day from the day after the first day of Pesach [which commemorates the Exodus] (*Ritva MHK* ed.; see *Ritva MHK* ed. to 87b ד״ה אמרי, *Sfas Emes* and *Maharal* in *Tiferes Yisrael* ch. 27).

[As mentioned above, R' Yose does maintain that the Exodus occurred on a Thursday. Although *Seder Olam* was compiled by R' Yose (see note 2), he included this Baraisa despite the fact that he disagrees with it (*Rashash*).]

7. This was also the second day of the week, according to R' Yose (the Tanna of this Baraisa), who maintains that Sivan began on a Sunday.

8. [I.e. Moses ascended Mount Sinai to communicate with God and then returned to the people to tell them what God had said.] On this day, God told Moses, "*You shall be to Me a kingdom of ministers*" (*Exodus* 19:6), which Moses subsequently relayed to the people (*Rashi;* see 86b note 18).

9. He heard the commandment of setting boundaries and reported it to the people (*Rashi;* see 87a note 1).

10. To order the people to abstain from marital relations (*Rashi;* see 86b note 18).

11. When he heard God's words together with all the people (see *Rashi*).

12. The Baraisa says only, "On the fourth [day] he came down." It does not say, "He went up and came down" (*Rashi*).

13. As it is written (*Exodus* 24:4): וַיִּבֶן מִזְבֵּחַ תַּחַת הָהָר, *he* [Moses] *built an altar at the foot of the mountain* (*Rashi*). [It was on this day that the Jewish people declared נַעֲשֶׂה וְנִשְׁמָע, "*We will do and we will hear*" (ibid. v. 7). See vs. 4-8 for the Torah's account of that day's service.]

14. Moses received the Ten Commandments that day together with all the people (*Rashi*).

15. [Since the Tanna of this Baraisa is R' Yose, this would constitute an internal contradiction in his teachings.]

16. In fact, the Ten Commandments were not given until the seventh of Sivan, as R' Yose maintains. Nevertheless, Moses did not have time even on the sixth, because it was a Friday (according to R' Yose) and he had to prepare for the Sabbath meals of the next day. [Even the manna was prepared for the Sabbath (see *Exodus* 16:23).]

17. Literally: above Rav Chisda. Since the speaker stood and Rav Chisda sat, he appeared to be above Rav Chisda (*Rashi;* see *Hagahos Yavetz*).

לרבנן ח׳ חסרים עבוד ת״ש דתניא בסדר עולם ניסן שבו יצאו ישראל ממצרים בארבעה עשר שחטו פסחיהן בחמשה עשר יצאו ואותו היום ע״ש היה ומדריש ירחא דאייר חד בשבא וסיון בתרי בשבא קשיא לר׳ יוסי אמר לך ר׳ יוסי הא מני רבנן היא ת״ש רבי יוסי אומר בשני עלה משה וירד בשלישי עלה וירד בד׳ ירד ושוב לא עלה ומאחר שלא עלה מהיכן ירד אלא ברביעי עלה וירד ° בחמישי בנה מזבח והקריב עליו קרבן בששי לא היה לו פנאי מאי לאו משום תורה לא משום טורח שבת דרש ההוא גלילאה עליה דרב חסדא בריך רחמנא דיהב אוריאן תליתאי לעם תליתאי על ידי תליתאי ביום תליתאי בירחא תליתאי כמאן כרבנן: [א] ויתיצבו בתחתית ההר [א] א״ר אבדימי בר חמא בר חסא מלמד שכפה הקב״ה עליהם את ההר כגיגית ואמר להם אם אתם מקבלים התורה מוטב ואם לאו שם תהא קבורתכם א״ר אחא בר יעקב מכאן מודעא רבה לאורייתא אמר רבא (א) אעפ״כ הדור קבלוה בימי אחשורוש דכתיב [ב] קימו וקבלו היהודים [ג] קיימו מה שקיבלו כבר [ג] אמר חזקיה מאי דכתיב [ג] משמים השמעת דין ארץ יראה ושקטה אם יראה למה שקטה ואם שקטה למה יראה אלא בתחילה יראה ולבסוף שקטה ולמה יראה כדריש לקיש דאמר [ד] ריש לקיש מאי דכתיב [ד] ויהי ערב ויהי בקר יום הששי ה׳ יתירה למה לי מלמד שהתנה הקב״ה עם מעשה בראשית ואמר להם אם ישראל מקבלים התורה אתם מתקיימין ואם לאו אני מחזיר אתכם לתוהו ובוהו: דרש ר׳ סימאי ° בשעה שהקדימו ישראל נעשה לנשמע באו ששים ריבוא של מלאכי השרת לכל אחד ואחד מישראל קשרו לו שני כתרים אחד כנגד נעשה ואחד כנגד נשמע וכיון שחטאו ישראל ירדו מאה ועשרים ריבוא מלאכי חבלה ופירקום שנאמר [ה] ויתנצלו בני ישראל את עדים מהר חורב א״ר חמא בר׳ חנינא בחורב טענו בחורב פרקו בחורב טענו כדאמרן בחורב פרקו דכתיב ויתנצלו בני ישראל וגו׳ א״ר יוחנן וכולן זכה משה ונטלן דסמיך ליה [ו] ומשה יקח את האהל אמר ר״ל עתיד הקב״ה להחזירן לנו שנאמר [ז] ופדויי ה׳ ישובון ובאו ציון ברנה ושמחת עולם על ראשם שמחה שמעולם על ראשם אמר רבי אלעזר בשעה שהקדימו ישראל נעשה לנשמע יצתה בת קול ואמרה להן מי גילה לבני רז זה שמלאכי השרת משתמשין בו דכתיב [ח] ברכו ה׳ מלאכיו גבורי כח עושי דברו לשמוע בקול דברו ברישא עושי והדר לשמוע א״ר חמא [ט] ברבי חנינא מ״ד [ט] כתפוח בעצי היער וגו׳ למה נמשלו ישראל לתפוח לומר לך מה תפוח זה פריו קודם לעליו אף ישראל הקדימו נעשה לנשמע ההוא צדוקי דחזייה לרבא דקא מעיין בשמעתא ויתבה אצבעתא דידיה תותי כרעא וקא מייץ בהו וקא מבען אצבעתיה דמא [י] א״ל עמא פזיזא דקדמיתו פומייכו לאודנייכו אכתי בפחזותייכו קיימיתו ברישא איבעי׳ לכו למשמע אי מציתו קבליתו ואי לא לא קבליתו א״ל אנן דסגינן

רש״י

לרבנן ח׳ חסרים עבוד. ולא היו בין פסח לעצרת להבדלה אלא ג׳ ימים ונמצא לאשתקד בע״ש: בשני עלה משה. ושמע ואתם תהיו לי וירד והגיד: בג׳ עלה. ושמע הגבלה וירד והגיד: בד׳ ירד. להפרישה: ושוב לא עלה. עד קבלת הדברות שעלו כולם: ומאחר שלא עלה מהיכן ירד. דקאמר׳ בד׳ ירד ולא אמרת עלה וירד אלא אימא בד׳ עלה וירד ושוב לא עלה: ובחמישי בנה מזבח. כדכתיב ויבן מזבח תחת ההר: מאי לאו משום תורה. לא היה לו פנאי לעלות שקבלו כולן יחד את הדברות: עליה דרב חסדא. לפני רב חסדא לפי שרב חסדא יושב והדרשן עומד קאמר עליה דדומה כמו שהעומד למעלה מן היושב: אוריאן תליתאי. תורה נביאים וכתובים: לעם תליתאי. כהנים לוים וישראלים: על יד תליתאי. משה תליתאי לבטן מרים אהרן ומשה: ביום תליתאי. לפרישה: תחתית ההר. תחת ההר ממש: גיגית. קובה שמטילין בה שכר: מודעא רבה. שאם יזמינם לדין למה לא קיימתם מה שקבלתם עליכם יש להם תשובה שקבלוה באונס: בימי אחשורוש. מאהבת הנס שנעשה להם: דין. תורה: בתחלה. קודם שאמרו ישראל נעשה ונשמע: יראה. שמא לא יקבלוה ויחזור העולם לתהו ובהו כדר״ל: ולבסוף. כשקבלוה: יום הששי. מאי שנא דכתיב ה׳ ביום גמר מעשה בראשית: מלמד שהתנה כו׳. הששי משמע הששי המיוחד במקום אחר כדאמרי׳ בעלמא (חולין דף צא.) הירך המיומנת אף כאן ויהי ערב ויהי בקר של גמר בראשית תלוי ביום הששי והוא ו׳ בסיון שנתנה בו תורה מריבוי דה׳ דריש ביה נמי הא: שני כתרים. מזיו שכינה: מאה ועשרים. [כל א׳ וא׳ נטל כתר]: טענו. הכתרים והכי משמע את עדים [אשר היו להם] מהר חורב: בחורב פרקו. דמשמע נמי ויתנצלו את עדים מהר חורב: ומשה יקח. אותו עדי לשון אחר את האהל לשון בהלו נרו (איוב כט) והוא היה קירון עור פניו: עושי דברו לשמוע. מוכנין לעשות קודם שישמעו ולא כדרך שאר עבדים ששומעים תחילה את הדבר לידע אם יכולין לקבלן עליהם אם לאו: פריו קודם לעליו. כך דרכו וחלוק משאר אילנות חנטת פירותיו קודם לעליו: אצבעתא דידיה. אצבעות ידיו: וקא מייץ בהו. היה ממעכן ברגליו ואינו מבין מתוך טירדא: עמא פזיזא. נמהר: דקדמיתו פומייכו לאודנייכו. קודם ששמעתם אותה היאך היא קשה ואם תוכלו לעמוד בה קבלתם עליכם לקיימה: דסגינן

תוספות

כפה עליהן הר כגיגית. ואע״פ שכבר הקדימו נעשה לנשמע שמא יהיו חוזרים כשיראו האש הגדולה [ז] שיצאתה נשמתן והא דאמר בפ״ק דמס׳ ע״ז (דף ג:) כלום כפית עלינו הר כגיגית דמשמע דאם היה כופה עליהן לא היה להן תשובה והכא אמר דמודעא רבה לאורייתא היינו על מה שלא קבלו אבל מה שלא קיימוה איכא תשובה: מודעא רבה לאורייתא. והא דאמר בנדרים (דף כה.) שכרת משה ברית עם ישראל על התורה והמצות והשביעם על כך ובפ׳ אלו נאמרין (סוטה לז:) (ב) שקבלו את כל התורה בהר גרזים ובהר עיבל אור״ת דע״פ הדיבור היה והרי כבעל כרחם אבל בימי אחשורוש קבלו מדעתם מאהבת הנס ומה שכרת עמהן ברית יהושע לעבוד את ה׳ התם לא קבלו אלא שלא לעבוד ע״ז כדכתיב (יהושע כד) חלילה לנו מעזוב את ה׳ וכן משמע כוליה עניינא: אמר רבא הדר קבלוה בימי אחשורוש. תימה לר״י דבמגילה (דף ז.) גבי אסתר ברוח הקודש נאמרה אמר רב יהודה אמר שמואל אי הואי התם ה״א להו דידי עדיפא מדידהו קיימו וקבלו היהודים קיימו למעלה מה שקבלו למטה ואמר רבא כולהו אית להו פירכא לבר משמואל דלית ליה פירכא והשתא דשמואל נמי אית ליה פירכא דרבא גופיה מוקי האי קרא לדרשה אחריתי ובפ״ק דחגיגה (דף י.) גבי היתר נדרים פורחין באויר קאמר כולהו אית להו פירכא וחשיב פירכא הא דצריך קרא לדרשה אחריתי ואי גרסינן התם רבה אתא שפיר אי נמי ה״ק במגילה כולהו אית להו פירכא שאר תנאים מוקשים בסברתם כדאמר התם אבל שמואל אינו מוקשה כל כך אלא דאיצטריך קרא לדרשה אחריתי[ח]: שני כתרים. של הוד היו לפיכך כשנטל משה קרן עור פניו: ירדו ק״כ ריבוא. מדכתיב ויתנצלו דריש תרי זימני ויש ספרים שכתוב בהן בהדיא וינצלו לא נאמר אלא ויתנצלו ° ואע״ג דגדולה מדה טובה ממדת פורענות הכא נמי גדולה היא שמלאך טוב היה קושר שני כתרים ומלאך חבלה לא היה בו כח כי אם להסיר אחד: פריו קודם לעליו. הקשה ר״ת שהרי אנו רואים שגדל כשאר אילנות ומפרש דתפוח היינו אתרוג וריח אפך כתפוחים מתרגמינן ° כריחא דאתרוגא ואתרוג פריו קודם לעליו שדר באילן משנה לשנה ואחר שנה נושרין עליו של אשתקד ובאין עלין אחרים הוי פריו קודם לאותם עלים אך תימה שמביא קרא כתפוח בעצי היער דבהאי קרא לא נמשלו ישראל לתפוח אלא הקב״ה כדכתיב כן דודי בין הבנים וקרא דריח אפך כתפוחים (שיר ז) הוה ליה לאתויי טפי: ולא

מסורת הש״ס

א) ע״ז דף ג: ע״ש, ב) שבועות לט., ג) ע״ז ג., ד) [ע״ז שם. ע״ש דף ה. ע״ש], ה) יש נוסחאות בר חנינא, ו) [כתובות קיב.], ז) [נ״ל שילאתה], ח) [ועי׳ תוס׳ שבועות לט. ד״ה קיימו].

הגהות הב״ח

(א) גמ׳ אמר רבה אעפ״כ: (ב) תוס׳ ד״ה מודעא וכו׳ ובפרק אלו נאמרין אמרו שקבלו:

גליון הש״ס

גמ׳ בחמישי בנה מזבח. עיין חגיגה דף ו ע״א ברש״י ד״ה יענה לפני הדיבור: שם בשעה שהקדימו כו׳. עי׳ תענית דף ... ע״ב: תוס׳ ד״ה ירדו וכו׳ ואף על גב דגדולה מדה טובה. יומא דף עו ע״א. שם ד״ה פריו וכו׳ כריחא דאתרוגא. עיין תענית דף כט ע״ב תוס׳ ד״ה של תפוחים:

תורה אור השלם

א) ויוצא משה את העם לקראת האלהים מן המחנה ויתיצבו בתחתית ההר: [שמות יט, יז]

ב) קימו וקבלו היהודים עליהם ועל זרעם ועל כל הנלוים עליהם ולא יעבור להיות עשים את שני הימים האלה ככתבם וכזמנם בכל שנה ושנה: [אסתר ט, כז]

ג) משמים השמעת דין ארץ יראה ושקטה: [תהלים עו, ט]

ד) וירא אלהים את כל אשר עשה והנה טוב מאד ויהי ערב ויהי בקר יום הששי: [בראשית א, לא]

ה) ויתנצלו בני ישראל את עדים מהר חורב: [שמות לג, ו]

ו) ומשה יקח את האהל ונטה לו מחוץ למחנה הרחק מן המחנה וקרא לו אהל מועד והיה כל מבקש יי יצא אל אהל מועד אשר מחוץ למחנה: [שמות לג, ז]

ז) ופדויי יי ישבון ובאו ציון ברנה ושמחת עולם על ראשם ששון ושמחה ישיגו ונסו יגון ואנחה: [ישעיה לה, י]

ח) ברכו יי מלאכיו גברי כח עשי דברו לשמע בקול דברו: [תהלים קג, כ]

ט) כתפוח בעצי היער כן דודי בין הבנים בצלו חמדתי וישבתי ופריו מתוק לחכי: [שיר השירים ב, ג]

רבינו חננאל

אחד מלא ואחד חסר דהוו ר׳ שלמין וששה חסרין והוו יומי דשתא שנ״ד דנאכלין ש״נ מנהון בשבועי ומשתיירין ד׳ אבל כדהוו בה ז׳ חסרין הוו להו יומי שנ״ג וכד אזלין שביעי משתיירי מינה ג׳ והלכך כד הוי ראש ניסן דשנייה יום אחד בשבת והוה בראשונה ז׳ חסרין הוי ניסן בראשונה בחמשה וסיון בחד בשבא כר׳ יוסי ואי הוי בשנה ראשונה שמנה חסרין והוו יומא שנ״ב משתיירי מינה תרין וכד הוי ראש ניסן שנייה בחד בשבא הוי ראש ניסן שנה ראשונה במעלי שבתא וראש סיון תרין בשבא כרבנן. ותנן אין פוחתין מארבעה חדשים המעוברין בשנה וכד הוויין ד׳ מעוברין הוו ח׳ מחוסרין ואפי׳ למאן דפריש ולא נראה לחכמים לחסר יתר על שמונה: ת״ש רבי יוסי אומר בשני עלה וירד. פי׳ שני לחנייתן במדבר סיני ובשלישי עלה וירד וברביעי כי תרצתא עלה וירד ובחמישי בנה מזבח והקריב עליו קרבן בששי לא היה לו פנאי ודאי לאו דהוא יום שבת ונתנה בו תורה. וסייעתא לרבנן ודחי ר׳ יוסי לא אלא הוא דע״ש ומשום טרחא דשבת לא היה לו פנאי: דרש ההוא גלילאה עלי׳ דרב חסדא בריך רחמנא דיהב אוריין תליתאי ע״י תליתאי לעם תליתאי ביום תליתאי בירח תליתאי ואית רבנן דמרוחין וגרסין כמאן כרבנן וסייעתא דרבנן מן ביום תליתאי יום ג׳ לפרישה: דאלמא בחמשה עביד להו פרישא כמאן כרבנן ותרין בשבא הוה ר״ח סיון ובששה בו נתנה תורה ומפרשא פלוגתא נמי בגמ׳ דשבעת ימים. צליחתא בלשון ישמעאל א׳ שקיקה. פתילת ההורד שעושין מצמר גפן צבוע כעין ורד וקורין אותו וורד וכן אמרו (כתובות עד) לענין יצאת ופרועה וטווה בשוק בטווה וורד כנגד פניה. ובלשון פרס נקרא גולגון נודע בבבל:

רב נסים גאון

דרש ההוא גלילאה עלי׳ דרב חסדא בריך רחמנא דיהב אוריין תליתאי. פי׳ תורה נביאי׳ וכתובי׳. ביום תליתאי. פי׳ ביום שלישי לפרישה כרבנן דאמר בחמישי עבד ליה פרישה. ע״י תליתאי פי׳ משה שהוא שלישי אהרן ומרים ומשה. לעם תליתאי כהנים לוים וישראל. בירח תליתאי בחודש השלישי ניסן אייר סיון ובסיון ניתנה התורה והוסיפה ההגדה בדבר זה אותותיה משולשים כלומר שהתורה נקרית אמת שנאמר (משלי כג) אמת קנה ואל תמכור ומספר אמת ג׳ אותיות וישראל בני אבות ג׳ אברהם יצחק ויעקב משבט שלישי ראובן שמעון לוי ומן לוי נולד משה שעל ידו ניתנה תורה לוי יש בו ג׳ אותיות משה ג׳ אותיות ונצפן ג׳ ירחים כדכתיב ותצפנהו ג׳ ירחים ובזה אמרו אמר ר׳ לוי הא למדתה שכל מעשה אותו היום היה משולש וכגון זה עוד יש במדרש ילמדנו (תנחומא פרשה יתרו) הלא כתבתי לך שלישים אמר ר׳ יהושע בן נחמיה הן תורה שאותיותיה משולשות אלף בית גימל ... משולש תורה משולשת תורה נביאים וכתובים משנה משולשת תלמוד הלכות ואגדות תפלה משולשת ערב ובוקר וצהרים קדושה משולשת קדוש קדוש קדוש ישראל משולשים כהנים לוים וישראלים ומשה אותיותיו משולשים משבט ...

ליקוטי רש״י

בחמישי בנה מזבח. קודם מתן תורה הקריבו שלמים בסיני דכתיב וישלח את נערי בני ישראל (שמות כד) ואף על גב דהאי קרא כתיב בואלה המשפטים לאחר עשרת הדברות קודם עשרת הדברות הוה ואין מוקדם ומאוחר בתורה והכי תניא במסכת שבת בפרק רבי עקיבא (פח.) רבי יוסי אומר וכו׳ בחמישי בנה מזבח והקריב עליו קרבן ואין אתה מוצא בנתינת התורה בנין מזבח אלא כאן וישלח את נערי בני ישראל וגו׳ [חגיגה ו.]. בתחתית ההר. לפי פשוטו ברגלי ההר ומדרשו שנתלש ההר ממקומו ונכפה עליהם כגיגית [שמות יט, יז]. השמעת דין. מתן תורה. בתחילה יראה. שמא לא יקבלו ישראל התורה ויחזור הארץ לתוהו ובוהו. ולבסוף. כשקבלוה בנעשה ונשמע שקטה. יום הששי. ה׳ דהששי יתירה וכתבה בסוף מעשה בראשית לדרשה זו והכי משמע ויהי ערב ויהי בקר יום הששי של ששה בסיון שעתידין ישראל לקבל התורה ותלוי הדבר בגמר מעשה בראשית לומר וכו׳ שכולם תלוים ועומדים עד יום הששי הוא ששי בסיון המוכן למתן תורה [בראשית א, לא]. את עדים מהר חורב. את העדי שהיה בידם מהר חורב [שמות לג, ו]. עמא פזיזא. עם בהול. דקדמיתו פומייכו לאודנייכו. מתחלתכם הייתם בהולים שהקדמתם נעשה לנשמע ועודכם בבהלתכם כבתחלה [כתובות קיב.].

gave our Torah of thirds[18] **לְעַם תְּלִיתָאֵי – to a people of thirds**[19] **עַל יְדֵי תְּלִיתָאֵי – through a** person born **third** to his mother[20] **בְּיוֹם תְּלִיתָאֵי – on the third day** of abstinence[21] **בְּיַרְחָא תְּלִיתָאֵי – during the third month** of the year.[22]

The Gemara comments:

כְּמַאן – With whom does this teaching accord? **כְּרַבָּנָן** – It accords **with the Rabbis.**[23]

The Gemara records a series of Aggadic teachings about Israel's experience at Sinai:

"וַיִּתְיַצְּבוּ בְּתַחְתִּית הָהָר" – Scripture states:[24] ***they stood at the foot of*** (literally: in the bottom of) ***the mountain.*** **אָמַר רַבִּי אַבְדִּימִי בַּר חָמָא בַּר חַסָּא – Rav Avdimi bar Chama bar Chasa said:** **מְלַמֵּד שֶׁכָּפָה הַקָּדוֹשׁ בָּרוּךְ הוּא עֲלֵיהֶם אֶת הָהָר כְּגִיגִית** – [This] **teaches that the Holy One, Blessed is He, covered them with the mountain as** though it were an upturned **vat.**[25] **וְאָמַר לָהֶם – And he said to them:** **אִם אַתֶּם מְקַבְּלִים הַתּוֹרָה מוּטָב – "If you accept the Torah, fine.** **וְאִם לָאו שָׁם תְּהֵא קְבוּרַתְכֶם – But if not, your burial will be there!"**[26]

The Gemara comments on the previous teaching:

מִכָּאן – אָמַר רַב אַחָא בַּר יַעֲקֹב – Rav Acha bar Yaakov said: **מוֹדָעָא רַבָּה לְאוֹרַיְיתָא – From here** stem **strong** grounds for a **notification** of coercion **regarding** acceptance of **the Torah.**[27]

The Gemara concludes:

אָמַר רָבָא – Rava[28] **said:** **אַף עַל פִּי כֵן הָדוּר קַבְּלוּהָ בִּימֵי אֲחַשְׁוֵרוֹשׁ – Nevertheless, they accepted [the Torah] again in the days of Achashverosh,**[29] **דִּכְתִיב – as it is written:** **"קִיְּמוּ וְקִבְּלֻ**

NOTES

18. It is comprised of three parts – the Pentateuch, Prophets and Writings (*Rashi*). All three were alluded to at Sinai (*Ritva MHK* ed., in explanation of *Rashi*).

Ritva (*MHK* ed.), however, maintains that the three parts are: (a) the narratives of the Torah, (b) the laws of the Torah and (c) the mystical section of the Torah.

19. The Jewish people are divided into Kohanim, Leviim and Yisraelim (*Rashi*).

20. Moses had two older siblings – Miriam and Aaron (*Rashi*).

21. See note 23 below.

22. Nissan is the first month of the year. It is followed by Iyar and then Sivan. [Although the *year* begins in Tishrei (see *Exodus* 34:22), the first *month* is Nissan (ibid. 12:2).]

See *Rav Nissim Gaon* who lists several other factors related to the number three.

The role of the number three in this context gives grounds for blessing because something composed of three parts is exceptionally strong and enduring, as indicated by the verse (*Ecclesiastes* 4:12): וְהַחוּט הַמְשֻׁלָּשׁ לֹא בִמְהֵרָה יִנָּתֵק, *the three-ply cord is not easily severed* (*Eitz Yosef;* for other approaches, see *Maharsha, Rif* [on *Ein Yaakov*] and *Iyun Yaakov*).

23. The statement that the Torah was given "on the third day [of abstinence]" is consistent with the Rabbis' view that the people began to abstain on the Thursday before the Sabbath of the Revelation. According to R' Yose, however, who maintains that the command to abstain was given on Wednesday, the Revelation occurred on the fourth day of abstinence. (See *Rashash.*)

There is discussion among the later commentators as to which opinion is accepted as authoritative. This question relates to laws of purity (see Gemara above, 86a). Regarding the date of Shavuos, however, the matter has no halachic ramifications, because the Torah requires that Shavuos always be observed on the fiftieth day after the first day of Pesach (see note 6). Thus, Shavuos could theoretically fall on the fifth, sixth or seventh of Sivan, depending on whether the months of Nissan and Iyar are "full" or "deficient" (see *Rosh Hashanah* 6b; cf. *Ritva MHK* ed. above, 87b ד"ה אמרי). According to our fixed calendar, this fiftieth day is always the sixth of Sivan, and it is this date on which we observe Shavuos. [In the Diaspora, a second day of Yom Tov is added, as is the case with the festivals of Pesach and Succos as well (see *Beitzah* 4b).]

However, the following difficulty arises: In the case of a woman who emitted semen on the third day after intercourse, the law is that she is *tamei* (*Shulchan Aruch, Yoreh Deah* 196:11). This accords with R' Yose's opinion that three days of abstinence were required before the Torah was given. According to R' Yose, though, the date of the Revelation was the seventh of Sivan. How, then, can we say in the Shavuos prayers on the sixth of Sivan, זְמַן מַתַּן תּוֹרָתֵנוּ, *the time of the giving of our Torah*? (*Magen Avraham, Orach Chaim* 494). For solutions to this problem, see *Sfas Emes* and *Maharal* in *Tiferes Yisrael* ch. 27.

24. *Exodus* 19:17. The verse describes the day of the Revelation.

25. [The verb כָּפָה, which is related to כִּיפָּה, *dome,* literally means to form a dome. God made the mountain into a dome over the people.]

The Torah could simply have said תַּחַת הָהָר. By stating בְּתַחְתִּית הָהָר, literally: in the bottom of, the Torah teaches that the people were *inside* the mountain. God enveloped them with the mountain as one would cover something with an overturned vessel (*Maharsha;* see *Ben Yehoyada*).

A גִּיגִית is a [large] vessel used for holding beer (*Rashi;* see *Chochmas HaMatzpun* on *Shemos,* p. 278).

26. I.e. inside the mountain (*Maharsha*).

The commentators ask why it was necessary for God to force the Jewish people to accept the Torah. They had already expressed their willingness to do so when they said earlier: כֹּל אֲשֶׁר־דִּבֶּר ה׳ נַעֲשֶׂה וְנִשְׁמָע, *"Everything that Hashem has said, we will do and we will hear"* (*Exodus* 24:7).

Tosafos answer that they might have changed their minds upon seeing the tremendous fire [that accompanied the Revelation], which temporarily caused their souls to leave their bodies (see *Deuteronomy* 5:22 and Gemara below, 88b; see also *Chasam Sofer*).

[Evidently, *Tosafos* maintain that *"We will do and we will hear"* was a valid commitment (see *Maharsha*), but it could have been rescinded on the basis that it was made without knowledge of the awesome consequences. However, why did God not first wait to see whether the people would renege, and then force them to make a new acceptance if necessary? (*Maharal, Tiferes Yisrael* ch. 32). The explanation is possibly that God wanted the commitment of *"We will do,* etc.," which was made purely out of love, to be the commitment that eternally bound them to the Torah. Hence, rather than risk having to coerce a new acceptance, which would inevitably be motivated by fear, God rendered the commitment of *"We will do,* etc." irreversible.]

Midrash Tanchuma (*Noach* §3) gives a different answer: The declaration of *"We will do and we will hear"* signaled acceptance only of the Written Law. The people were reluctant to accept the Oral Law, because it requires extreme effort and discipline in its study and observance. Coercion was therefore necessary in regard to the Oral Law (see ibid. at length; see also *Daas Zekeinim MiBaalei HaTosafos* on *Exodus* 19:17, *Eitz Yosef, Pnei Yehoshua, Shabbos Shel Mi* and *Ben Yehoyada*).

Maharal explains the need for a coercive threat as follows: Israel's allegiance to the Torah could not be regarded as a mere voluntarily accepted enhancement of man's status on earth; to the contrary, had Israel not accepted the Torah, the universe would have reverted to the vacuum that existed before Creation (see Gemara below). Had history recorded only that Israel's acceptance of the Torah was an optional, though praiseworthy, choice, it would have seemed as if an indispensable component of existence had been left to chance. To dispel such notions, God demonstrated that Israel's free-willed decision was such an unalterable necessity that their failure to make it would have caused their extinction (*Maharal* in *Tiferes Yisrael* ch. 32, *Gur Aryeh* on *Exodus* 19:17 and *Or Chadash* p. 45 [beginning of introduction]; see also *Or Gedalyahu* on Shavuos, p. 282).

27. That is, if God summons them to court and demands to know why they did not fulfill their commitment to observe the Torah, they could respond that the commitment was coerced (*Rashi;* see note 31 for further explanation).

[A מוֹדָעָה, *notification* (of coercion), is the title for a legal procedure by which someone can void a transaction (e.g. a sale or gift) performed under duress (see *Bava Basra* 48b-49a).]

28. Some have the reading רַבָּה, *Rabbah* (*Ritva* MHK ed.; *Hagahos HaBach*). *Tosafos,* however, have it as *Rava.* See *Dikdukei Soferim.*

29. [During the reign of Achashverosh (ruler of the Persian empire towards the end of the Babylonian exile), one of his chief advisers, Haman, sought the genocide of the entire Jewish people. The Jews were saved from almost certain death by a miracle, as related in the Book of *Esther.*]

Out of their love for [God engendered by] this miracle, the Jews reaccepted the Torah (*Rashi*).

לרבנן ח' חסרים עבוד ת"ש דתניא בסדר עולם ניסן שבו יצאו ישראל ממצרים בארבעה עשר שחטו פסחיהן בחמשה עשר יצאו ואותו היום ע"ש היה ומדריש ירחא דאייר חד בשבא וסיון בתרי בשבא קשיא לר' יוסי אמר לך ר' יוסי הא מני רבנן היא ת"ש רבי יוסי אומר בשני עלה משה וירד בשלישי עלה וירד בד' ירד ושוב לא עלה ומאחר שלא עלה מהיכן ירד אלא ברביעי עלה וירד • בחמישי בנה מזבח והקריב עליו קרבן בששי לא היה לו פנאי מאי לאו משום תורה לא משום טורח שבת דרש ההוא גלילאה עליה דרב חסדא בריך רחמנא דיהב אוריאן תליתאי לעם תליתאי על ידי תליתאי ביום תליתאי בירחא תליתאי כמאן כרבנן: א) ויתיצבו בתחתית ההר א"ר אבדימי בר חמא בר חסא מלמד שכפה הקב"ה עליהם את ההר כגיגית ואמר להם אם אתם מקבלים התורה מוטב ואם לאו שם תהא קבורתכם א"ר אחא בר יעקב מכאן מודעא רבה לאורייתא אמר רבא (א) אעפ"כ הדור קבלוה בימי אחשורוש דכתיב ב) קימו וקבלו היהודים ג) קיימו מה שקיבלו כבר ג) אמר חזקיה מאי דכתיב ג) משמים השמעת דין ארץ יראה ושקטה אם יראה למה שקטה ואם שקטה למה יראה אלא בתחילה יראה ולבסוף שקטה ולמה יראה כדריש לקיש דאמר ד) ריש לקיש מאי דכתיב ד) ויהי ערב ויהי בקר יום הששי ה' יתירה למה לי מלמד שהתנה הקב"ה עם מעשה בראשית ואמר להם אם ישראל מקבלים התורה אתם מתקיימין ואם לאו אני מחזיר אתכם לתוהו ובוהו: דרש ר' סימאי • בשעה שהקדימו ישראל נעשה לנשמע באו ששים ריבוא של מלאכי השרת לכל אחד ואחד מישראל קשרו לו שני כתרים אחד כנגד נעשה ואחד כנגד נשמע וכיון שחטאו ישראל ירדו מאה ועשרים ריבוא מלאכי חבלה ופירקום שנאמר ה) ויתנצלו בני ישראל את עדים מהר חורב א"ר חמא בר' חנינא בחורב טענו בחורב פרקו בחורב טענו כדאמרן בחורב פרקו דכתיב ויתנצלו בני ישראל וגו' א"ר יוחנן וכולן זכה משה ונטלן דסמיך ליה ו) ומשה יקח את האהל אמר ר"ל עתיד הקב"ה להחזירן לנו שנאמר ז) ופדויי ה' ישובון ובאו ציון ברנה ושמחת עולם על ראשם שמחה שמעולם על ראשם אמר רבי אלעזר בשעה שהקדימו ישראל נעשה לנשמע יצתה בת קול ואמרה להן מי גילה לבני רז זה שמלאכי השרת משתמשין בו דכתיב ח) ברכו ה' מלאכיו גבורי כח עושי דברו לשמוע בקול דברו ברישא עושי והדר לשמוע א"ר חמא ה) ברבי חנינא מ"ד ט) כתפוח בעצי היער וגו' למה נמשלו ישראל לתפוח לומר לך מה תפוח זה פריו קודם לעליו אף ישראל הקדימו נעשה לנשמע ההוא צדוקי דחזייה לרבא דקא מעיין בשמעתא ויתבה אצבעתא דידיה תותי כרעא וקא מייץ בהו וקא מבען אצבעתיה דמא ו) א"ל עמא פזיזא דקדמיתו פומייכו לאודנייכו אכתי בפחזותייכו קיימיתו ברישא איבעי' לכו למשמע אי מציתו קבליתו ואי לא לא קבליתו א"ל אנן דסגינן

רש"י

לרבנן ח' חסרים עבוד. ולא היו בין פסח דהאידנא לפסח דאשתקד אלא ב' ימים ונמצא דאשתקד בע"ש: בשני עלה משה. ושמע ואמר תהיו לי וירד והגיד: בג' עלה. ושמע הגבלה וירד והגיד: בד' ירד. לפרישה: ושוב לא עלה. עד קבלת הדברות שעלו כולם: ומאחר שלא עלה מהיכן ירד. דלאמר' בד' ירד ולא לאמרת עלה וירד ושוב לא עלה: אלא אימא בד' עלה וירד ושוב לא עלה: ובחמישי בנה מזבח. כדכתיב ויבן מזבח תחת ההר: מאי לאו משום תורה. לא היה לו פנאי לעלות שקבלו כולן יחד את הדברות: עליה דרב חסדא. לפני רב חסדא לפי שרב חסדא יושב והדרשן עומד קאמר עליה דדומה כמו שהעומד למעלה מן היושב: אוריאן תליתאי. תורה נביאים וכתובים: לעם תליתאי. כהנים לוים וישראלים: על יד תליתאי. משה תליתאי לבטן מרים אהרן ומשה: ביום תליתאי. לפרישה: תחתית ההר. תחת ההר ממש: גיגית. קובא שמטילין בה שכר: מודעא רבה. שאם יזמינם לדין למה לא קיימתם מה שקבלתם עליכם יש להם תשובה שקבלוה באונס: בימי אחשורוש. מאהבת הנס שנעשה להם: דין. תורה: בתחילה. קודם שאמרו ישראל נעשה ונשמע: יראה. שמא לא יקבלוה ויחזור העולם לתהו ובהו כדר"ל: ולבסוף. כשקבלוה: יום הששי. מאי שנא דכתיב ה' ביום גמר מעשה בראשית: מלמד שהתנה כו'. הששי משמע הששי המיוחד במקום אחר כדאמרי' בעלמא (חולין דף לא.) הירך המיומנת אף כאן ויהי ערב ויהי בקר של גמר בראשית תלוי ביום הששי והוא ו' בסיון שנתנה בו תורה מריבוי דה' דריש ליה נמי הא: שני כתרים. מזיו שכינה: מאה ועשרים. [כל א' וא' נטל כתרו]: טענו. הכתרים והכי משמע את עדים [אשר היו להם] מהר חורב: בחורב פרקו. דמשמע נמי ויתנצלו את עדים מהר חורב: ומשה יקח. אותו עדי לשון אחר את האהל לשון בהלו נרו (איוב כט) והוא היה קירון עור פניו: עושי דברו לשמוע. מוכנין לעשות קודם שישמעו ולא כדרך שאר עבדים ששומעים תחילה את הדבר לידע אם יכולין לקבלן עליהם אם לאו: פריו קודם לעליו. כך דרכו וחלוק משאר אילנות חנטת פירותיו קודם לעליו: אצבעתא דידיה. אצבעות ידיו: וקא מייץ בהו. היה ממעכן ברגליו ואינו מבין מתוך טירדא: עמא פזיזא. נמהר: דקדמיתו פומייכו לאודנייכו. קודם ששמעתם אותה היאך היא קשה ואם תוכלו לעמוד בה קבלתם עליכם לקיימה: דסגינן

תוספות

כפה עליהן הר כגיגית. ואע"פ שכבר הקדימו נעשה לנשמע שמא יהיו חוזרים כשיראו האש הגדולה ט) שיצאתה נשמתן והא דאמר בפ"ק דעמ"ז (דף ג.) כלום כפית עלינו הר כגיגית דמשמע דאם היה כופה עליהן לא היה להן תשובה והכא אמר דמודעא רבה לאורייתא היינו על מה שלא קבלו אבל מה שלא קיימוה איכא תשובה: מודעא רבה לאורייתא. והא דאמר בנדרים (דף כה.) שכרת משה ברית עם ישראל על התורה והמצות והשביעם על כך ובפ' אלו נאמרין (סוטה לז:) (ב) שקבלו את כל התורה בהר גרזים ובהר עיבל אור"ת דע"פ הדיבור היה והרי כבעל כרחם אבל בימי אחשורוש קבלו מדעתם מאהבת הנס ומה שכרת עמהן ברית יהושע לעבוד את ה' התם לא קבלו אלא שלא לעבוד ע"ז כדכתיב (יהושע כד) חלילה לנו מעזוב את ה' וכן משמע כוליה עניינא: אמר רבא הדר קבלוה בימי אחשורוש. תימה לר"י דבמגילה (דף ז.) גבי אסתר ברוח הקודש נאמרה אמר רב יהודה אמר שמואל אי הואי התם ה"א להו דידי עדיפא מדידהו קיימו וקבלו היהודים קיימו למעלה מה שקבלו למטה ואמר רבא כולהו אית להו פירכא לבר משמואל דלית ליה פירכא והשתא לרבא דשמואל נמי אית ליה פירכא דרבא גופיה מוקי האי קרא לדרשה אחריתי ובפ"ק דחגיגה (דף י.) גבי היתר נדרים פורחין באויר קאמר כולהו אית להו פירכא וחשיב פירכא הא דצריך קרא לדרשה אחריתי ואי גרסינן התם רבה אתי שפיר אי נמי ה"ק במגילה כולהו אית להו פירכא שאר תנאים מוקשים בסברתם כדאמר התם אבל שמואל אינו מוקשה כל כך אלא דאיצטריך קרא לדרשה אחריתי ה): שני כתרים. של הוד היו לפיכך כשנטל משה קרן עור פניו: ירדו ק"ב ריבוא. מדכתיב ויתנצלו דריש תרי זימני ויש ספרים שכתוב בהן בהדיא וינצלו לא נאמר אלא ויתנצלו • ואע"ג דגדולה מדה טובה ממדת פורענות הכא נמי גדולה היא שמלאך טוב היה קושר שני כתרים ומלאך חבלה לא היה בו כח כי אם להסיר אחד: פריו קודם לעליו. הקשה ר"ת שהרי אנו רואים שגדל כשאר אילנות ומפרש דתפוח היינו אתרוג וריח אפך כתפוחים מתרגמינן • כריחא דאתרוגא ואתרוג פריו קודם לעליו שדר באילן משנה לשנה ואחר שנה נושרין עליו של אשתקד ובאין עלין אחרים הוי פריו קודם לאותם עלים אך תימה שמביא קרא כתפוח בעצי היער דבהאי קרא לא נמשלו ישראל לתפוח אלא הקב"ה כדכתיב כן דודי בין הבנים וקרא דריח אפך כתפוחים (שיר ז) הוה ליה לאתויי טפי: ולא

מסורת הש"ס

א) ע"ז דף ג: ע"ש, ב) שבועות לט., ג) ע"ז ג., ד) [ע"ז שם. ע"ש ודף ה. ע"ש], ה) יש נוסחאות בר חנינא, ו) [כתובות קיב.], ז) [צ"ל שילתה], ח) [וע"ע תוס' שבועות לט. ד"ה קיימו].

הגהות הב"ח

(א) גמ' אמר רבה אעפ"כ: (ב) תוס' ד"ה מודעא וכו' ובפרק אלו נאמרין אמרו שקבלו:

גליון הש"ס

גמ' בחמישי בנה מזבח. עיין חגיגה דף ו ע"א ברש"י ד"ה ישנה לפני הדיבור: שם בשעה שהקדימו כו'. עי' תשב"ץ ח"ג ענין ש"ד: תוס' ד"ה ירדו וכו' ואף על גב דגדולה מדה טובה. יומא דף עו ע"א: שם ד"ה פריו וכו' כריחא דאתרוגא. עיין תענית דף כט ע"ב תוס' ד"ה של תפוחים:

תורה אור השלם

א) וַיּוֹצֵא מֹשֶׁה אֶת הָעָם לִקְרַאת הָאֱלֹהִים מִן הַמַּחֲנֶה וַיִּתְיַצְּבוּ בְּתַחְתִּית הָהָר: [שמות יט, יז]

ב) קִיְּמוּ וְקִבְּלֻ הַיְּהוּדִים עֲלֵיהֶם וְעַל זַרְעָם וְעַל כָּל הַנִּלְוִים עֲלֵיהֶם וְלֹא יַעֲבוֹר לִהְיוֹת עֹשִׂים אֵת שְׁנֵי הַיָּמִים הָאֵלֶּה כִּכְתָבָם וְכִזְמַנָּם בְּכָל שָׁנָה וְשָׁנָה: [אסתר ט, כז]

ג) מִשָּׁמַיִם הִשְׁמַעְתָּ דִּין אֶרֶץ יָרְאָה וְשָׁקָטָה: [תהלים עו, ט]

ד) וַיַּרְא אֱלֹהִים אֶת כָּל אֲשֶׁר עָשָׂה וְהִנֵּה טוֹב מְאֹד וַיְהִי עֶרֶב וַיְהִי בֹקֶר יוֹם הַשִּׁשִּׁי: [בראשית א, לא]

ה) וַיִּתְנַצְּלוּ בְנֵי יִשְׂרָאֵל אֶת עֶדְיָם מֵהַר חוֹרֵב: [שמות לג, ו]

ו) וּמֹשֶׁה יִקַּח אֶת הָאֹהֶל וְנָטָה לוֹ מִחוּץ לַמַּחֲנֶה הַרְחֵק מִן הַמַּחֲנֶה וְקָרָא לוֹ אֹהֶל מוֹעֵד וְהָיָה כָּל מְבַקֵּשׁ יְיָ יֵצֵא אֶל אֹהֶל מוֹעֵד אֲשֶׁר מִחוּץ לַמַּחֲנֶה: [שמות לג, ז]

ז) וּפְדוּיֵי יְיָ יְשֻׁבוּן וּבָאוּ צִיּוֹן בְּרִנָּה וְשִׂמְחַת עוֹלָם עַל רֹאשָׁם שָׂשׂוֹן וְשִׂמְחָה יַשִּׂיגוּ וְנָסוּ יָגוֹן וַאֲנָחָה: [ישעיה לה, י]

ח) בָּרְכוּ יְיָ מַלְאָכָיו גִּבֹּרֵי כֹחַ עֹשֵׂי דְבָרוֹ לִשְׁמֹעַ בְּקוֹל דְּבָרוֹ: [תהלים קג, כ]

ט) כְּתַפּוּחַ בַּעֲצֵי הַיַּעַר כֵּן דּוֹדִי בֵּין הַבָּנִים בְּצִלּוֹ חִמַּדְתִּי וְיָשַׁבְתִּי וּפִרְיוֹ מָתוֹק לְחִכִּי: [שיר השירים ב, ג]

ליקוטי רש"י

בחמישי בנה מזבח. קודם מתן תורה הקריבו שלמים בסיני דכתיב וישלח את נערי בני ישראל (שמות כד) ואף על גב דהאי קרא כתיב בואלה המשפטים לאחר עשרת הדברות קודם עשרת הדברות הוה ואין מוקדם ומאוחר בתורה והכי תניא במסכת שבת בפרק רבי עקיבא (פח.) רבי יוסי אומר וכו' בחמישי בנה מזבח והקריב עליו קרבן ואין אתה מוצא בנתינת התורה בנין מזבח אלא באותו שנאמר וישלח את נערי בני ישראל וגו' [חגיגה ו.]. בתחתית ההר. לפי פשוטו ברגלי ההר ומדרשו שנתלש ההר ממקומו ונכפה עליהם כגיגית [שמות יט, יז]. השמעת דין. מתן תורה. בתחילה יראה. שמא לא יקבלו ישראל התורה ותחזור הארץ לתוהו ובוהו. ולבסוף. כשקבלוה בנעשה ונשמע שקטה. יום הששי. ה' דהששי יתירה וכתבה בסוף מעשה בראשית לדרשה זו והכי משמע ויהי ערב ויהי בקר יום הששי של ששה בסיון שעתידין ישראל לקבל התורה [ע"ז ג.]. הוסיף ה' בששי בגמר מעשה בראשית לומר וכו' שכולם תלוים ועומדים עד יום הששי הוא ששי בסיון המוכן למתן תורה [בראשית א, לא]. את עדים מהר חורב. את העדי שהיה בידם מהר חורב [שמות לג, ו]. עם בהול. דקדמיתו פומייכו לאודנייכו. מתחלתכם הייתם בהולים שהקדמתם נעשה לנשמע ועודכם בבהלתכם כבתחלה [כתובות קיב.].

רבינו חננאל

אחד מלא ואחד חסר דהוו ר' שלמין וששה חסרין והוו יומי דשתא שנ"ד דנאכלין ש"נ מנהון בשבועי ומשתיירין ד' אבל כדהוו בה ד' חסרין הוו להו יומי שנ"ג וכד אזלין שביעי משתיירי מינה ג' והלכך כד הוי ראש ניסן דשנייה יום אחד בשבת והוה בראשונה ד' חסרין הוי ניסן בראשונה בחמשה וסיון בחד בשבא כר' יוסי ואי הוי בשנה ראשונה שמנה חסרין והוו יומא שנ"ב משתיירי מינה תרין וכד הוי ראש ניסן שנייה בחד בשבא הוי ראש ניסן שנה ראשונה במעלי שבתא וראש סיון תרין בשבא כרבנן. ותנן אין פוחתין מארבעה חדשים המעוברין בשנה וכד הוויין ד' מעוברין הוו ח' מחוסרין ואפי' למאן דפריש ולא נראה לחכמים לחסר יותר על שמונה: ת"ש רבי יוסי אומר בשני עלה וירד. פי' שני לחנייתן במדבר סיני ובשלישי עלה וירד וברביעי כי תרצתא עלה וירד ובחמישי בנה מזבח והקריב עליו קרבן בששי לא היה לו פנאי ודאי לאו דהוא יום שבת ונתנה בו תורה. וסייעתא לרבנן ודחי ר' יוסי לא אלא הוא דע"ש ומשום טרחא דשבת לא היה לו פנאי: דרש ההוא גלילאה עלי' דרב חסדא בריך רחמנא דיהב אוריין תליתאי ע"י תליתאי לעם תליתאי ביום תליתאי בירח תליתאי ואית רבנן דמרוחין וגרסין כמאן כרבנן וסייעתא דרבנן מן ביום תליתאי יום ג' לפרישה. דאלמא בחמשה עביד להו פרישא כמאן כרבנן ותרין בשבא הוה ר"ח סיון ובששה בו נתנה תורה ומפרשא פלוגתא נמי בגמ' דשבעת ימים. צליחתא בלשון ישמעאל א' שקיקה. פתילת הוורד שעושין מצמר גפן צבוע כעין ורד וקורין אותו וורד וכן אמרו (כתובות עד) לענין יצאת וראשה פרועה וטווה בשוק בטווה וורד כנגד פניה. ובלשון פרס נקרא גולגון נודע בבבל:

רב נסים גאון

דרש ההוא גלילאה עלי' דרב חסדא בריך רחמנא דיהב אוריין תליתאי. פי' תורה נביאי' וכתובי'. ביום תליתאי. פי' ביום שלישי לפרישה כרבנן דאמר בחמישי עבד ליה פרישה. ע"י תליתאי ע"י משה שהוא שלישי אהרן ומרים ומשה. לעם תליתאי כהנים לוים וישראל. בירחא תליתאי בחודש השלישי ניסן אייר סיון ובסיון ניתנה התורה והוסיפה ההגדה בדבר זה אותותיה משולשים כלומר שהתורה נקרית אמת שנאמר (משלי כג) אמת קנה ואל תמכור ומספר אמת ג' אותיות וישראל בני אבות ג' אברהם יצחק ויעקב משבט שלישי ראובן שמעון לוי ומן לוי נולד משה שעל ידו ניתנה תורה לוי יש בו ג' אותיות משה ג' אותיות ונצפן ג' ירחים כדכתיב (שמות ב) ותצפנהו ג' ירחים ובזה אמרו אמר ר' לוי הא למדתה שכל מעשה אותו היום היה משולש וכגון זה עוד יש במדרש (תנחומא פרשה יתרו) הלא כתבתי לך שלישים אמר ר' יהושע בן נחמיה הן תורה שאותיותיה משולשות אלף בית גימל והכל היה משולש תורה משולשת תורה נביאים וכתובים משנה משולשת תלמוד הלכות ואגדות תפלה ערב ובוקר וצהרים קדושה משולשת קדוש קדוש קדוש ישראל משולשים כהנים לוים וישראלים ומשה אותיותיו משולשים משבט

"הַיְּהוּדִים – ***The Jews established and accepted,***[30] which is interpreted to mean: קִיְּימוּ מַה שֶּׁקִּיבְּלוּ כְּבָר – **They established** in the days of Achashverosh **that which they had already accepted** in the days of Moses.[31]

Another teaching about Israel's acceptance of the Torah: אָמַר חִזְקִיָּה – **Chizkiyah said:** מַאי דִּכְתִיב – **What is** the meaning of **that which is written:**[32] ,,מִשָּׁמַיִם הִשְׁמַעְתָּ דִּין אֶרֶץ יָרְאָה וְשָׁקָטָה" – ***From Heaven You made judgment*** *(i.e. the Torah)* ***heard, the earth became afraid and grew calm?*** אִם יָרְאָה לָמָּה שָׁקְטָה – **If it became afraid, why did it grow calm?** וְאִם שָׁקְטָה לָמָּה יָרְאָה – **And if it grew calm, why did it become afraid?** אֶלָּא בַּתְּחִילָּה יָרְאָה – **Rather,** the verse means that **in the beginning,** i.e. before Israel accepted the Torah,[33] **[the earth] became afraid,**[34] וּלְבַסּוֹף שָׁקְטָה – **and in the end, it grew calm.**

The Gemara explains why the earth was afraid before the Jews accepted the Torah:

וְלָמָּה יָרְאָה – **And why did it become afraid?** כִּדְרֵישׁ לָקִישׁ – This can be explained **with [the teaching] of Reish Lakish,** דְּאָמַר רֵישׁ לָקִישׁ – **for Reish Lakish said:** מַאי דִּכְתִיב – **What is** the meaning of **that which is written:**[35] ,,וַיְהִי־עֶרֶב וַיְהִי־בֹקֶר יוֹם הַשִּׁשִּׁי" – ***and there was evening and there was morning, the sixth day?*** ה"א יְתֵירָה לָמָּה לִי – **Why do I need the extra** letter ***heh?***[36] מְלַמֵּד שֶׁהִתְנָה הַקָּדוֹשׁ בָּרוּךְ הוּא עִם מַעֲשֵׂה בְרֵאשִׁית – **It teaches that the Holy One, Blessed is He, stipulated with the works of the Creation,** וְאָמַר לָהֶם – **saying to them:** אִם יִשְׂרָאֵל מְקַבְּלִים הַתּוֹרָה אַתֶּם מִתְקַיְּימִין – **"If the Jewish people accept the Torah, you will endure.** וְאִם לָאו – **But if** they do **not** accept the Torah, אֲנִי מַחֲזִיר אֶתְכֶם לְתוֹהוּ וָבוֹהוּ – **I will return you to astonishing emptiness!"**[37]

NOTES

30. *Esther* 9:27. The verse literally means that the Jews accepted upon themselves the festival of Purim (which commemorates the aforementioned miracle), and that they established this mitzvah in practice. However, if that were the verse's only meaning, it would have said קִבְּלוּ וְקִיְּמוּ הַיְּהוּדִים, *the Jews accepted and established,* since acceptance precedes establishment. The verse is therefore interpreted as alluding to another acceptance as well (*Maharsha*).

31. Rava's point is that even if the Jews did not accept the Torah willingly in the days of Moses, it is nevertheless binding upon us, because the people reaccepted it in the days of Achashverosh.

The Gemara implies that were it not for this new acceptance of the Torah, the Jews would not have been held accountable for transgressing it. This is difficult to understand for two reasons:

(a) The Jewish people were punished for transgressing the Torah even before the miracle of Purim occurred. Indeed, they were exiled from their land several decades earlier. [The obvious answer to this problem would be that God's commandments must be obeyed regardless of whether one accepts them or not. However, from the very fact that the Gemara regards the coercion as a factor, it is evident that with respect to accepting the Torah, a legally binding commitment was required (see *Ramban* and *Ran MHK* ed.). Furthermore, one cannot answer that the Jews were punished for failing to observe the seven Noahide laws (which are binding without formal acceptance), because then the Jews would not have been punished more severely than the other nations.]

(b) The Jews were initiated into a covenant with God shortly before entering Eretz Yisrael (see *Deuteronomy* 29:8-28). They renewed their commitment upon entering the Land at the mountains of Gerizim and Ebal (as commanded in *Deuteronomy* ch. 27), and once again before the death of Joshua (see *Joshua* ch. 24; see also *Nedarim* 25a, *Sotah* 37b and *Shevuos* 39a). In all of these formal commitments, there is no hint of coercion. Hence, even if the acceptance of the Torah at Sinai was coerced and non-binding, the Jewish people were still obligated to observe the Torah on the strength of these later affirmations. [See *Tosafos* ד״ה מודעה for a treatment of this second problem; see also *Rivash* Responsa §32 in explanation of *Tosafos.*]

[According to the Midrash (cited in note 26) both of these difficulties are readily solved, because one could argue that all of these commitments were voluntary with respect to the Written Law. The people were thus deserving of punishment for violating the Written Law (see *Eitz Yosef* and *Pnei Yehoshua*). The Rishonim, however, offer various other approaches (see *Shabbos Shel Mi*).]

Ran (*MHK* ed.) answers that the people were coerced only insofar as they had to accept the Torah in order to receive Eretz Yisrael. The threat "and if not, your burial shall be there," means that if they refuse the Torah, they will die in the Wilderness and not enter the Promised Land. The basis for exemption mentioned in the Gemara ("*modaah*") applies only *after* the Jews were exiled from Eretz Yisrael. At that time, they argued that since they had accepted the Torah to receive the Land, once God deprived them of the Land, they were no longer bound to His Torah (see *Sanhedrin* 105a). Indeed, such a sentiment is recorded in *Ezekiel* (20:32): *"Let us be like the nations . . . to serve wood and stone."* (See *Ramban* for a similar approach; see also *Parashas Derachim, Derush* 22; *Beis Meir* here; *Iyun Yaakov.*)

When the exiles subsequently returned to Eretz Yisrael under the leadership of Ezra, they took it upon themselves to accept the Torah unconditionally, so that no future generation would have grounds for exempting itself. This new commitment was inspired by the miracle of Purim, which was even more precious to them than the miracle of the Exodus, since it saved them from imminent death (*Ramban* and *Ran MHK* ed.).

Ritva (*MHK* ed.) takes a different approach. In his opinion, the Gemara does not seriously mean that the Jewish people could ever have claimed exemption from the Torah on the grounds of coercion. After all, Scripture states that they accepted the Torah wholeheartedly: מִי־יִתֵּן וְהָיָה לְבָבָם זֶה לָהֶם . . . כָּל־הַיָּמִים, *Would that they have this [attitude of] heart . . . all the days!* (*Deuteronomy* 5:26). Furthermore, a commitment of this nature, even if it *is* coerced, is legally binding, because at the time the principal made the commitment, he sincerely intended to fulfill it (see *Shevuos* 29a and *Bava Basra* 47b-48b; see also *Mishneh LaMelech* to *Hil. Mechirah* 10:1 ד״ה כתב הטור סי״ה). The Gemara means only that a heretic of our times, who does not observe the Torah in any event, could use the issue of coercion as an excuse for his errant behavior. To this, the Gemara responds that the heretic is wrong even according to his own premise, because even if the original acceptance was not binding, the entire Jewish people voluntarily reaccepted the Torah after the miracle of Purim.

It should be noted that *Rashi* states only that the Jewish people could use the matter of the coercion in their defense (see note 27). He does not say that it releases them from having to observe the Torah in the first place. It seems, therefore, that they are indeed deserving of punishment for transgressing the Torah. The Gemara's point is only that the punishment should be less severe than if there had been no coercion (see *Yad David* [*Basra*]).

32. *Psalms* 76:9.

33. That is, before they declared (*Exodus* 24:7): *"We will do and we will hear"* (*Rashi;* see end of note 37).

34. The reason is given presently.

35. *Genesis* 1:31.

36. The letter ה, *heh* (the definite article) appears in the phrase יוֹם הַשִּׁשִּׁי, *the sixth day.* Regarding the other days, however, there is no definite article, e.g. יוֹם שֵׁנִי, *a second day* (v. 8 ibid.), יוֹם שְׁלִישִׁי, *a third day* (v. 13 ibid.), etc.

37. [תֹהוּ וָבֹהוּ, *astonishing emptiness,* is the Torah's description of the state that prevailed at the beginning of Creation (v. 2 ibid. with *Rashi*).]

Reish Lakish is answering that the definite article of יוֹם הַשִּׁשִּׁי, *the sixth day,* was added to indicate a special sixth day that is known from a different context – namely, the sixth day of Sivan, when the Torah was given. This verse, which concludes Scripture's account of the six days of Creation, thus teaches that the entire Creation was dependent on Israel's acceptance of the Torah (*Rashi;* see *Rashi* ibid. v. 31). For this reason, the earth was initially afraid and did not grow calm until the Jews accepted the Torah, as Chizkiyah taught above.

Ramban explains that the world was created so that Israel will accept the Torah. Therefore, should Israel refuse the Torah, the world will

לרבנן ח' חסרים עבוד ת"ש דתניא בסדר עולם ניסן שבו יצאו ישראל ממצרים בארבעה עשר שחטו פסחיהן בחמשה עשר יצאו ואותו היום ע"ש היה ומדריש ירחא דניסן ערב שבת ריש ירחא דאייר חד בשבא וסיון בתרי בשבא קשיא לר' יוסי אמר לך ר' יוסי הא מני רבנן היא ת"ש רבי יוסי אומר בשני עלה משה וירד בשלישי עלה וירד בד' ירד ושוב לא עלה ומאחר שלא עלה מהיכן ירד אלא ברביעי עלה וירד ° בחמישי בנה מזבח והקריב עליו קרבן בששי לא היה לו פנאי מאי לאו משום תורה לא משום טורח שבת דרש ההוא גלילאה עליה דרב חסדא בריך רחמנא דיהב אוריאן תליתאי לעם תליתאי על ידי תליתאי ביום תליתאי בירחא תליתאי כמאן כרבנן: א) ויתיצבו בתחתית ההר (א) א"ר אבדימי בר חמא בר חסא מלמד שכפה הקב"ה עליהם את ההר כגיגית ואמר להם אם אתם מקבלים התורה מוטב ואם לאו שם תהא קבורתכם א"ר אחא בר יעקב מכאן מודעא רבה לאורייתא אמר רבא (א) אעפ"כ הדור קבלוה בימי אחשורוש דכתיב ב) קימו וקבלו היהודים ג) קיימו מה שקיבלו כבר ג) אמר חזקיה מאי דכתיב ג) משמים השמעת דין ארץ יראה ושקטה אם יראה למה שקטה ואם שקטה למה יראה אלא בתחילה יראה ולבסוף שקטה ולמה יראה כדריש לקיש דאמר ריש לקיש מאי דכתיב ד) ויהי ערב ויהי בקר יום הששי ה' יתירה למה לי מלמד שהתנה הקב"ה עם מעשה בראשית ואמר להם אם ישראל מקבלים התורה אתם מתקיימין ואם לאו אני מחזיר אתכם לתוהו ובוהו: דרש ר' סימאי ° בשעה שהקדימו ישראל נעשה לנשמע באו ששים ריבוא של מלאכי השרת לכל אחד ואחד מישראל קשרו לו שני כתרים אחד כנגד נעשה ואחד כנגד נשמע וכיון שחטאו ישראל ירדו מאה ועשרים ריבוא מלאכי חבלה ופירקום שנאמר ה) ויתנצלו בני ישראל את עדים מהר חורב א"ר חמא בר' חנינא בחורב טענו בחורב פרקו בחורב טענו כדאמרן בחורב פרקו דכתיב ויתנצלו בני ישראל וגו' א"ר יוחנן וכולן זכה משה ונטלן דסמיך ליה ו) ומשה יקח את האהל אמר ר"ל עתיד הקב"ה להחזירן לנו שנאמר ז) ופדויי ה' ישובון ובאו ציון ברנה ושמחת עולם על ראשם שמחה שמעולם על ראשם אמר רבי אלעזר בשעה שהקדימו ישראל נעשה לנשמע יצתה בת קול ואמרה להן מי גילה לבני רז זה שמלאכי השרת משתמשין בו דכתיב ח) ברכו ה' מלאכיו גבורי כח עושי דברו לשמוע בקול דברו ברישא עושי והדר לשמוע א"ר חמא ו) ברבי חנינא מ"ד ט) כתפוח בעצי היער וגו' למה נמשלו ישראל לתפוח לומר לך מה תפוח זה פריו קודם לעליו אף ישראל הקדימו נעשה לנשמע ההוא צדוקי דחזייה לרבא דקא מעיין בשמעתא ויתבה אצבעתא דידיה תותי כרעא וקא מייץ בהו וקא מבען אצבעתיה דמא ז) א"ל עמא פזיזא דקדמיתו פומייכו לאודנייכו אכתי בפחזותייכו קיימיתו ברישא איבעי' לכו למשמע אי מציתו קבליתו ואי לא לא קבליתו א"ל אנן דסגינן

רש"י

לרבנן ח' חסרים עבוד. ולא היו בין פסח דאשתקד לפסח דהאידנא אלא ב' ימים ונמצא דאשתקד בע"ש: **בשני עלה משה.** ושמע ואתם תהיו לי וירד והגיד: **בג' עלה.** ושמע הגבלה וירד והגיד: **בד' ירד.** להפרישם: **ושוב לא עלה.** עד קבלת הדברות שעלו כולם: **ומאחר שלא עלה מהיכן ירד.** דאמר' בד' ירד ולא אמרת עלה וירד אלא אימא בד' עלה וירד ושוב לא עלה: **ובחמישי בנה מזבח.** כדכתיב ויבן מזבח תחת ההר: **מאי לאו משום תורה.** לא היה לו פנאי לעלות שקבלו כולן יחד את הדברות: **עליה דרב חסדא.** לפני רב חסדא לפי שרב חסדא יושב והדרשן עומד קאמר עליה דדומה כמו שהעומד למעלה מן היושב: **אוריאן תליתאי.** תורה נביאים וכתובים: **לעם תליתאי.** כהנים לוים וישראלים: **על יד תליתאי.** משה תליתאי לבטן מרים אהרן ומשה: **ביום תליתאי.** לפרישה: **תחתית ההר.** תחת ההר ממש: **גיגית.** קובא שמטילין בה שכר: **מודעא רבה.** שאם יזמינם לדין למה לא קיימתם מה שקבלתם עליכם יש להם תשובה שקבלוה באונס: **בימי אחשורוש.** מאהבת הנס שנעשה להם: **דין.** תורה: **בתחילה.** קודם שאמרו ישראל נעשה ונשמע: **יראה.** שמא לא יקבלוה ויחזור העולם לתהו ובהו כדר"ל: **ולבסוף.** כשקבלוה: **יום הששי.** מאי שנא דכתיב ה' ביום גמר מעשה בראשית: **מלמד שהתנה כו'.** הששי משמע הששי המיוחד במקום אחר כדאמרי' בעלמא (חולין דף צא.) הירך המיומנת אף כאן ויהי ערב ויהי בקר של גמר בראשית תלוי ביום הששי והוא ו' בסיון שנתנה בו תורה מריבוי דה' דריש ביה נמי הא: **שני כתרים.** מזיו שכינה: **מאה ועשרים.** [כל א' וא' נטל כתר]: **טענו.** הכתרים והכי משמע את עדים [אשר היו להם] מהר חורב: **בחורב פרקו.** דמשמע נמי ויתנצלו את עדים מהר חורב: **ומשה יקח.** אותו עדי לשון אחר את האהל לשון בהלו נרו (איוב כט) והוא היה קירון עור פניו: **עושי דברו לשמוע.** מוכנין לעשות קודם ששמעו ולא כדרך שאר עבדים ששומעים תחילה את הדבר לידע אם יכולין לקבלן עליהם אם לאו: **פריו קודם לעליו.** כך דרכו וחלוק משאר אילנות חנטת פירותיו קודם לעליו: **אצבעתא דידיה.** אצבעות ידיו: **וקא מייץ בהו.** היה ממעכן ברגליו ואינו מבין מתוך טירדא: **עמא פזיזא.** נמהר: **דקדמיתו פומייכו לאודנייכו.** קודם ששמעתם אותה היאך היא קשה ואם תוכלו לעמוד בה קבלתם עליכם לקיימה: **דסגינן**

תוספות

כפה עליהן הר כגיגית. ואע"פ שכבר הקדימו נעשה לנשמע שמא יהיו חוזרים כשיראו האש הגדולה ו) שיצאתה נשמתן והא דאמר בפ"ק דמס' ע"ז (דף ג:) כלום כפית עלינו הר כגיגית דמשמע דאם היה כופה עליהן לא היה להן תשובה והכא אמר דמודעא רבה לאורייתא היינו על מה שלא קבלוה אבל מה שלא קיימוה איכא תשובה: **מודעא** רבה לאורייתא. והא דאמר בנדרים (דף כה.) שכרת משה ברית עם ישראל על התורה והמצות והשביעם על כך ובפ' אלו נאמרין (סוטה לז:) (ב) שקבלו את כל התורה בהר גרזים ובהר עיבל אור"ת דע"פ הדיבור היה והרי כבעל כרחם אבל בימי אחשורוש קבלו מדעתם מאהבת הנס ומה שכרת עמהן ברית יהושע לעבוד את ה' התם לא קבלו אלא שלא לעבוד ע"ז כדכתיב (יהושע כד) חלילה לנו מעזוב את ה' וכן משמע כוליה ענינא: **אמר** רבא הדר קבלוה בימי אחשורוש. תימה לר"י דבמגילה (דף ז.) גבי אסתר ברוח הקודש נאמרה אמר רב יהודה אמר שמואל אי הואי התם הואי אמינא לדידי עדיפא מדידהו קיימו וקבלו היהודים קיימו למעלה מה שקבלו למטה ואמר רבא כולהו אית להו פירכא לבר משמואל דלית ליה פירכא והשתא דשמואל נמי אית ליה פירכא דרבא גופיה מוקי האי קרא לדרשה אחריתי ובפ"ק דחגיגה (דף י.) גבי היתר נדרים פורחין באויר קאמר כולהו אית להו פירכא וחשיב פירכא הא דלריך קרא לדרשה אחריתי ולי גרסינן התם רבה אתא שפיר אי נמי ה"ק במגילה כולהו אית להו פירכא משאר תנאים מוקשים בסברתם דלאמר התם אבל שמואל אינו מוקשה כל כך אלא דאיצטריך קרא לדרשה אחריתי(ה): **שני** כתרים. של הוד היו לפיכך כשנטל משה קרן עור פניו: **ירדו** ק"כ ריבוא. מדכתיב ויתנצלו דריש תרי זימני ויש ספרים שכתוב בהן בהדיא וינצלו לא נאמר אלא ויתנצלו ° ואע"ג דגדולה מדה טובה ממדת פורענות הכא נמי גדולה היא שמלאך טוב היה קושר שני כתרים ומלאך חבלה לא היה בו כח כי אם להסיר אחד: **פריו** קודם לעליו. הקשה ר"ת שהרי אנו רואים שגדל כשאר אילנות ומפרש דתפוח היינו אתרוג וריח אפך כתפוחים מתרגמינן ° כריחא דאתרוגא ואתרוג פריו קודם לעליו שדר באילן משנה לשנה ואחר שנה נושרין עליו של אשתקד ובאין עלין אחרים הוי פריו קודם לאותם עלים אך תימה שמביא קרא כתפוח בעצי היער דבהאי קרא לא נמשלו ישראל לתפוח אלא הקב"ה כדכתיב כן דודי בין הבנים וקרא דריח אפך כתפוחים (שיר ז) הוה ליה לאתויי טפי: ולא

מסורת הש"ס

א) ע"ז דף ג: ע"ש, ב) שבועות לט., ג) ע"ז ג., ד) [ע"ז שם. ע"ש ודף ה. ע"ש], ה) יש נוסחאות בר חנינא, ו) [כתובות קיב.], ז) [ע"ל שלמה], ח) [וע"ע תוס' שבועות לט. ד"ה קיימו].

הגהות הב"ח

(א) גמ' אמר רבה אעפ"כ: (ב) תוס' ד"ה מודעא וכו' ובפרק אלו נאמרין אמרו שקבלו:

גליון הש"ס

גמ' בחמישי בנה מזבח. עיין חגיגה דף ו ע"א ברש"י ד"ה ישנה לפני הדיבור: שם בשעה שהקדימו כו'. עי' תשב"ץ ח"ג עיין ש"ד: תוס' ד"ה ירדו וכו' ואף על גב דגדולה מדה טובה. יומא דף עו ע"א: שם ד"ה פריו וכו' כריחא דאתרוגא. עיין תענית דף כט ע"ב תוס' ד"ה של תפוחים:

תורה אור השלם

א) וַיּוֹצֵא מֹשֶׁה אֶת הָעָם לִקְרַאת הָאֱלֹהִים מִן הַמַּחֲנֶה וַיִּתְיַצְּבוּ בְּתַחְתִּית הָהָר: [שמות יט, יז]

ב) קִיְּמוּ וְקִבְּלוּ הַיְּהוּדִים עֲלֵיהֶם וְעַל זַרְעָם וְעַל כָּל הַנִּלְוִים עֲלֵיהֶם וְלֹא יַעֲבוֹר לִהְיוֹת עֹשִׂים אֵת שְׁנֵי הַיָּמִים הָאֵלֶּה כִּכְתָבָם וְכִזְמַנָּם בְּכָל שָׁנָה וְשָׁנָה: [אסתר ט, כז]

ג) מִשָּׁמַיִם הִשְׁמַעְתָּ דִּין אֶרֶץ יָרְאָה וְשָׁקָטָה: [תהלים עו, ט]

ד) וַיַּרְא אֱלֹהִים אֶת כָּל אֲשֶׁר עָשָׂה וְהִנֵּה טוֹב מְאֹד וַיְהִי עֶרֶב וַיְהִי בֹקֶר יוֹם הַשִּׁשִּׁי: [בראשית א, לא]

ה) וַיִּתְנַצְּלוּ בְנֵי יִשְׂרָאֵל אֶת עֶדְיָם מֵהַר חוֹרֵב: [שמות לג, ו]

ו) וּמֹשֶׁה יִקַּח אֶת הָאֹהֶל וְנָטָה לוֹ מִחוּץ לַמַּחֲנֶה הַרְחֵק מִן הַמַּחֲנֶה וְקָרָא לוֹ אֹהֶל מוֹעֵד וְהָיָה כָּל מְבַקֵּשׁ יְיָ יֵצֵא אֶל אֹהֶל מוֹעֵד אֲשֶׁר מִחוּץ לַמַּחֲנֶה: [שמות לג, ז]

ז) וּפְדוּיֵי יְיָ יְשֻׁבוּן וּבָאוּ צִיּוֹן בְּרִנָּה וְשִׂמְחַת עוֹלָם עַל רֹאשָׁם שָׂשׂוֹן וְשִׂמְחָה יַשִּׂיגוּ וְנָסוּ יָגוֹן וַאֲנָחָה: [ישעיה לה, י]

ח) בָּרְכוּ יְיָ מַלְאָכָיו גִּבֹּרֵי כֹחַ עֹשֵׂי דְבָרוֹ לִשְׁמֹעַ בְּקוֹל דְּבָרוֹ: [תהלים קג, כ]

ט) כְּתַפּוּחַ בַּעֲצֵי הַיַּעַר כֵּן דּוֹדִי בֵּין הַבָּנִים בְּצִלּוֹ חִמַּדְתִּי וְיָשַׁבְתִּי וּפִרְיוֹ מָתוֹק לְחִכִּי: [שיר השירים ב, ג]

ליקוטי רש"י

בחמישי בנה מזבח. קודם מתן תורה הקריבו שלמים בסיני דכתיב וישלח את נערי בני ישראל (שמות כד) ואף על גב דהאי קרא כתיב בואלה המשפטים לאחר עשרת הדברות קודם עשרת הדברות הוה ואין מוקדם ומאוחר בתורה והכי תניא במסכת שבת בפרק רבי עקיבא (פח.) רבי יוסי אומר וכו' בחמישי בנה מזבח והקריב עליו קרבן ואין אתה מוצא בנתינת התורה בנין מזבח אלא באותו שנאמר וישלח את נערי בני ישראל וגו' [חגיגה ו.]. **בתחתית ההר.** לפי פשוטו ברגלי ההר ומדרשו שנתלש ההר ממקומו ונכפה עליהם כגיגית [שמות יט, יז]. **השמעת דין.** מתן תורה. **בתחילה יראה.** שמא לא יקבלו ישראל התורה ותחזור הארץ לתוהו ובוהו. **ולבסוף.** כשקבלוה בנעשה ונשמע שקטה. **יום השישי.** ה' דהששי יתירה וכתבה בסוף מעשה בראשית לומר וכו' שכולם תלוים ועומדים עד יום הששי הוא ששי בסיון המוכן למתן תורה [ע"ז ג.]. הוסיף ה' בששי בגמר מעשה בראשית לומר שהתנה עמהם על מנת שיקבלו ישראל התורה [בראשית א, לא]. **את עדים מהר חורב.** את העדי שהיה בידם מהר חורב [שמות לג, ו]. **עמא פזיזא.** עם בהול. **דקדמיתו פומייכו לאודנייכו.** מתחלתכם הייתם בהולים שהקדמתם נעשה לנשמע ועודכם בבהלתכם כמתחלה [כתובות קיב.].

רבינו חננאל

אחד מלא ואחד חסר דהוו ר' שלמין ושסה חסרין והוו יומי דשתא שנ"ד דנאכלין ש"נ מנהון בשבועי ומשתיירין ד' אבל כדהוו בה ז' חסרין הוו להו יומי שנ"ג וכד אזלין שביעי משתיירי מינה ג' והלכך כד הוי ראש ניסן דשנייה יום אחד בשבת והוה בראשונה ד' חסרין הוי ניסן בראשונה בחמשה וסיון בחד בשבא כר' יוסי ואי הוי בשנה ראשונה שמנה חסרין והוו יומא שנ"ב משתיירי מינה תרין וכד הוי ראש ניסן שנייה בחד בשבא הוי ראש ניסן שנה ראשונה במעלי שבתא וראש סיון תרין בשבא כרבנן. ותנן אין פוחתין מארבעה חדשים המעוברין בשנה וכד הויין ד' מעוברין הוו ח' מחוסרין ואפי' למאן דפריש ולא נראה לחכמים לחסר יתר על שמונה: ת"ש רבי יוסי אומר בשני עלה וירד. פי' שני לחנייתן במדבר סיני ובשלישי עלה וירד וברביעי כי תרצתא עלה וירד ובחמישי בנה מזבח והקריב עליו קרבן בששי לא היה לו פנאי ודאי לאו דהוא יום שבת ונתנה בו תורה. וסייעתא לרבנן ודחי ר' יוסי לא אלא הוא דע"ש ומשום טרחא דשבת לא היה לו פנאי: דרש ההוא גלילאה עלי' דרב חסדא בריך רחמנא דיהיב אוריין תליתאי ע"י תליתאי לעם תליתאי ביום תליתאי בירחא תליתאי ואית רבנן דמרוחין וגרסין כמאן כרבנן וסייעתא דרבנן מן ביום תליתאי יום ג' לפרישה. דאלמא בחמשה עביד להו פרישה כמאן כרבנן ותרין בשבא הוה ר"ח סיון ובששה בו נתנה תורה ומפרשה פלוגתא נמי בגמ' דשבעת ימים. צליחתא בלשון ישמעאל א' שקיקה. פתילת הוורד שעושין מצמר גפן בצעין ורד וקורין אותו וורד וכן אמרו (כתובות עז) לענין יצאת וראשה פרועה וטווה בשוק בטווה וורד כנגד פניה. ובלשון פרס נקרא גולגון נודע בבבל:

רב נסים גאון

דרש ההוא גלילאה עלי' דרב חסדא בריך רחמנא דיהב אוריין תליתאי. פי' תורה נביאי' וכתובי'. ביום תליתאי. פי' ביום שלישי לפרישה כרבנן דאמר בחמישי עבד ליה פרישה. ע"י תליתאי ע"י משה שהוא שלישי אהרן ומרים ומשה. לעם תליתאי כהנים לוים וישראל. בירחא תליתאי בחודש השלישי ניסן אייר סיון ובסיון ניתנה התורה והוסיפה ההגדה בדבר זה אותותיה משולשים כלומר שהתורה נקרית אמת שנאמר (משלי כג) אמת קנה ואל תמכור ומספר אמת ג' אותיות וישראל בני אבות ג' אברהם יצחק ויעקב משבט שלישי ראובן שמעון לוי ומן לוי נולד משה שעל ידו ניתנה תורה לוי יש בו ג' אותיות משה ג' אותיות ונצפן ג' ירחים כדכתיב (שמות ב) ותצפנהו ג' ירחים ובזה אמרו אמר ר' לוי הא למדתה שכל מעשה אותו היום היה משולש וכבר זה עוד יש במדרש ילמדנו (תנחומא פרשה יתרו) הלא כתבתי לך שלישים אמר ר' יהושע בן נחמיה הן תורה שאותיותיה משולשות אלף בית גימל והכל היה משולש תורה משולשת תורה נביאים וכתובים משנה משולשת תלמוד הלכות ואגדות תפלה משולשת ערב ובוקר וצהרים קדושה משולשת קדוש קדוש קדוש ישראל משולשים כהנים לוים וישראלים ומשה ואותיותיו משולשים משבט

The Gemara cites several teachings about Israel's verbal acceptance of the Torah, *"We will do and we will hear"* (*Exodus* 24:7):

דָּרַשׁ רַבִּי סִימַאי – R' Simai expounded: **בְּשָׁעָה שֶׁהִקְדִּימוּ יִשְׂרָאֵל ,,נַעֲשֶׂה" לְ,,נִשְׁמַע" – At the time Israel preceded** ***we will do*** **to** ***we will hear,***[38] **בָּאוּ שִׁשִּׁים רִיבּוֹא שֶׁל מַלְאֲכֵי הַשָּׁרֵת לְכָל אֶחָד וְאֶחָד מִיִּשְׂרָאֵל – sixty myriads**[39] **of ministering angels came to each and every Jew.**[40] **קָשְׁרוּ לוֹ שְׁנֵי כְתָרִים – They tied two crowns on [each Jew],** **אֶחָד כְּנֶגֶד ,,נַעֲשֶׂה" – one corresponding to** ***we will do,*** **וְאֶחָד כְּנֶגֶד ,,נִשְׁמַע" – and one corresponding to** ***we will hear.***[41] **וְכֵיוָן שֶׁחָטְאוּ יִשְׂרָאֵל – But when Israel sinned** with the Golden Calf, **יָרְדוּ מֵאָה וְעֶשְׂרִים רִיבּוֹא מַלְאֲכֵי חַבָּלָה וּפֵירְקוּם – one hundred and twenty myriads of destructive angels descended and removed [the crowns].**[42] **שֶׁנֶּאֱמַר –** This[43] is **as it is stated:**[44] **,,וַיִּתְנַצְּלוּ בְנֵי־יִשְׂרָאֵל אֶת־עֶדְיָם מֵהַר חוֹרֵב" –** ***The Children of Israel were stripped of their jewelry from Mount Horeb*** (i.e. Sinai).[45]

A related teaching:

אָמַר רַבִּי חָמָא בְּרַבִּי חֲנִינָא – R' Chama said in the name of R' Chanina: **בְּחוֹרֵב טְעָנוּ – At Horeb they loaded** the crowns onto the people. **בְּחוֹרֵב פְּרָקוּ – At Horeb they unloaded** the crowns. **בְּחוֹרֵב טְעָנוּ – At Horeb they loaded** the crowns, **כִּדְאָמְרָן – as we said** above.[46] **בְּחוֹרֵב פְּרָקוּ – At Horeb they unloaded** the crowns, **דִּכְתִיב – as it is written:** **,,וַיִּתְנַצְּלוּ בְנֵי־יִשְׂרָאֵל וגו'" –** ***The Children of Israel were stripped*** **etc.**[47]

The Gemara relates what subsequently happened to the crowns:

אָמַר רַבִּי יוֹחָנָן – R' Yochanan said: **וְכוּלָּן זָכָה מֹשֶׁה וּנְטָלָן – Moses merited** to receive **all of them, and** indeed **he took them.** **דִּסְמִיךְ לֵיהּ – For next to [the aforementioned verse]** it is written: **,,וּמֹשֶׁה יִקַּח אֶת־הָאֹהֶל" –** ***And Moses would take the tent.***[48]

Another teaching about the crowns:

אָמַר רֵישׁ לָקִישׁ – Reish Lakish said: **עָתִיד הַקָּדוֹשׁ בָּרוּךְ הוּא לְהַחֲזִירָן לָנוּ – In the future, the Holy One, Blessed is He, will return them to us,**[49] **שֶׁנֶּאֱמַר – as it is said:**[50] **,,וּפְדוּיֵי ה'**

NOTES

automatically cease to exist (*Derashos HaRamban,* cited by *Chasam Sofer;* see also *Rashi* to *Genesis* 1:1 and *Maharal* in *Tiferes Yisrael* ch. 32).

Tosafos (*Avodah Zarah* 3a ד"ה היום) assert that this interpretation is compatible even with R' Yose's opinion that the Torah was given on the *seventh* of Sivan. Since there was no Divine communication on the first of Sivan because of "exhaustion from the journey" (see above, 86b), that day is discounted, and thus the day of the Revelation can justifiably be described as "the sixth day." Alternatively, it is referred to as "the sixth day" because the Torah was destined to be given on the sixth of Sivan, until Moses added an extra day of preparation.

Sfas Emes raises the following difficulty: *Rashi* writes that the world was "afraid" until the Jews said, *"We will do and we will hear"* (see *Rashi* ד"ה בתחילה, cited in note 31). That declaration, however, was made on the *fifth* of Sivan, according to both R' Yose and the Rabbis (see *Exodus* ch. 24 and *Rashi* ibid. v. 4). *Sfas Emes* answers on the basis of *Tosafos* ד"ה כפה that although the declaration was made on the fifth, it was not rendered irreversible until the sixth (see above, note 26).

38. By saying "we will do" before "we will hear," the Jewish people showed that they were prepared to *do* God's every command even before they *hear* what those commands involve.

39. I.e. 600,000.

40. I.e. one angel for each person. [At that time there were 600,000 Jewish men between the ages of 20 and 60.]

41. These crowns were from the radiance of the *Shechinah* (*Rashi;* see *Tosafos*).

According to *Maharsha,* the crowns are a metaphor for the offices of kingship and priesthood, to which God alluded in the days before the Revelation (*Exodus* 19:6), וְאַתֶּם תִּהְיוּ־לִי מַמְלֶכֶת כֹּהֲנִים, *And you shall be to Me a kingdom of priests* (see *Maharsha* at length; cf. *Iyun Yaakov*).

The commentators raise a problem: R' Simai implies that the Jews merited this reward because they said, "We will do" *before* they said, "We will hear" (see note 38). If so, they should have received three crowns (one for "we will do," one for "we will hear" and one for giving precedence to "we will do"), or just one crown (for giving precedence to "we will do").

Maharsha (*Mahadura Basra*) answers that the opposite order, "We will hear and we will do," would have conveyed that only after hearing the reasons for the commandments, would the people decide whether to perform them. Such "hearing" is of no merit and does not deserve reward. However, when they said, "We will do and we will hear," they meant that first they will perform the commandments regardless of whether they know the reasons, and then they will seek to discover ("hear") the reasons. In that case, both the "doing" and the "hearing" are meritorious, and thus each warrants a crown in its own right.

Along similar lines, *Beis HaLevi* (*Exodus* 24:7) explains that by saying "we will hear (i.e. study)" after "we will do," the Jewish people demonstrated their awareness that studying the Torah is not merely a prerequisite for performance of the mitzvos. Rather, studying Torah is an independent pursuit that is of value in its own right. [This is the "secret" to which the Gemara refers below (*Beis HaLevi* ibid.).]

42. Each angel took one crown (*Rashi*).

The commentators ask why twice the number of angels were required to remove the crowns than to put them on. One answer is that a "destructive angel" has less strength than a "ministering angel," in accordance with the principle (*Yoma* 76a): "The measure of reward is greater than the measure of punishment" (*Tosafos; Tos. HaRosh;* see, however, *Sfas Emes*).

An alternative explanation is that when they said, *"We will do and we will hear,"* they linked the "doing" and the "hearing" [for their hearing of a commandment would automatically lead to its performance]. Hence, although an angel carries out only one mission at a time (*Bereishis Rabbah* 50:2, cited by *Rashi* to *Genesis* 18:2), one angel sufficed to put on both crowns. But when the Jewish people sinned with the Golden Calf, they separated the "hearing" from the "doing." [Even though they heard that idolatry was forbidden, they committed this sin anyway.] Consequently, a different angel was required for each of the now-separated crowns (see *Maharal, Ben Yehoyada* and *Cheifetz Hashem;* see *Rif* [on *Ein Yaakov*] for a different approach).

43. [I.e. that they received the crowns at Sinai, and that they subsequently lost them.]

44. *Exodus* 33:6.

45. Horeb is synonymous with Sinai (see top of 89b).

The verse is interpreted to mean: *The Children of Israel were stripped of their jewelry* [that they had] *since* [the time they were at] *Horeb* (*Rashi* ד"ה טענו).

46. See previous note. [*Dikdukei Soferim* records a version of the text that omits כדאמרן, *as we said.*]

47. Here the verse is rendered: *The Children of Israel were stripped of their jewelry from* [the time they were at] *Horeb* (*Rashi*). I.e. from that time and on they no longer had their jewelry.

48. After stating, *The Children of Israel were stripped of their jewelry from Horeb,* the Torah continues, *And Moses would take the tent* (*Exodus* 33:6-7). These verses are juxtaposed to teach that Moses took the jewelry (i.e. the crowns) that had been removed from the people. Alternatively, the teaching is based on the similarity between אֹהֶל, *ohel* (tent) and הִלּוֹ, *hilo* (shining), which appears in *Job* (29:3): בְּהִלּוֹ נֵרוֹ עֲלֵי רֹאשִׁי, *When His lamp would shine (hilo) over my head.* The word אֹהֶל, *ohel,* thus alludes to the shining crowns which were formed from the radiance of the Shechinah (see note 41). It was these crowns that caused Moses' face to glow [as described in *Exodus* 34:29-35] (*Rashi*).

Targum Yonasan renders this verse (*Exodus* 33:7) as: *Moses took* [the crowns and put them in] *his tent.*

According to *Maharsha,* who explains the "crowns" as signifying kingship and priesthood (see note 41), the Gemara refers to the fact that Moses became the king and priest of the nation (see *Zevachim* 102a).

49. [The Gemara in *Berachos* (17a) states: "In the World to Come . . . the righteous sit with their crowns on their heads and delight in the radiance of the Divine Presence."]

In *Maharsha's* view, the reference is to the Messianic Era when the priesthood and kingship will be restored to Israel.

50. *Isaiah* 35:10.

לרבנן ח' חסרים עבוד ת"ש דתניא בסדר עולם ניסן שבו יצאו ישראל ממצרים בארבעה עשר שחטו פסחיהן בחמשה עשר יצאו ואותו היום ע"ש היה ומדריש ירחא דאייר חד בשבא וסיון בתרי בשבא קשיא לר' יוסי אמר לך ר' יוסי הא מני רבנן היא ת"ש רבי יוסי אומר בשני עלה משה וירד בשלישי עלה וירד בד' ירד ושוב לא עלה ומאחר שלא עלה מהיכן ירד אלא ברביעי עלה וירד ° בחמישי בנה מזבח והקריב עליו קרבן בששי לא היה לו פנאי מאי לאו משום תורה לא משום טורח שבת דרש ההוא גלילאה עליה דרב חסדא בריך רחמנא דיהב אוריאן תליתאי לעם תליתאי על ידי תליתאי ביום תליתאי בירחא תליתאי כמאן כרבנן: א) ויתיצבו בתחתית ההר א"ר אבדימי בר חמא בר חסא מלמד שכפה הקב"ה עליהם את ההר כגיגית ואמר להם אם אתם מקבלים התורה מוטב ואם לאו שם תהא קבורתכם א"ר אחא בר יעקב מכאן מודעא רבה לאורייתא אמר רבא (א) אעפ"כ הדור קבלוה בימי אחשורוש דכתיב ב) קימו וקבלו היהודים ג) קיימו מה שקיבלו כבר ג) אמר חזקיה מאי דכתיב ג) משמים השמעת דין ארץ יראה ושקטה אם יראה למה שקטה ואם שקטה למה יראה אלא בתחילה יראה ולבסוף שקטה ולמה יראה כדריש לקיש דאמר ד) ריש לקיש מאי דכתיב ד) ויהי ערב ויהי בקר יום הששי ה' יתירה למה לי מלמד שהתנה הקב"ה עם מעשה בראשית ואמר להם אם ישראל מקבלים התורה אתם מתקיימין ואם לאו אני מחזיר אתכם לתוהו ובוהו: דרש ר' סימאי ° בשעה שהקדימו ישראל נעשה לנשמע באו ששים ריבוא של מלאכי השרת לכל אחד ואחד מישראל קשרו לו שני כתרים אחד כנגד נעשה ואחד כנגד נשמע וכיון שחטאו ישראל ירדו מאה ועשרים ריבוא מלאכי חבלה ופירקום שנאמר ה) ויתנצלו בני ישראל את עדים מהר חורב א"ר חמא בר' חנינא בחורב טענו בחורב פרקו בחורב טענו כדאמרן בחורב פרקו דכתיב ויתנצלו בני ישראל וגו' א"ר יוחנן וכולן זכה משה ונטלן דסמיך ליה ו) ומשה יקח את האהל אמר ר"ל עתיד הקב"ה להחזירן לנו שנאמר ז) ופדויי ה' ישובון ובאו ציון ברנה ושמחת עולם על ראשם שמחה שמעולם על ראשם אמר רבי אלעזר בשעה שהקדימו ישראל נעשה לנשמע יצתה בת קול ואמרה להן מי גילה לבני רז זה שמלאכי השרת משתמשין בו דכתיב ח) ברכו ה' מלאכיו גבורי כח עושי דברו לשמוע בקול דברו ברישא עושי והדר לשמוע א"ר חמא ה) ברבי חנינא מ"ד ט) כתפוח בעצי היער וגו' למה נמשלו ישראל לתפוח לומר לך מה תפוח זה פריו קודם לעליו אף ישראל הקדימו נעשה לנשמע ההוא צדוקי דחזייה לרבא דקא מעיין בשמעתא ויתבה אצבעתא דידיה תותי כרעא וקא מייץ בהו וקא מבען אצבעתיה דמא ו) א"ל עמא פזיזא דקדמיתו פומייכו לאודנייכו אכתי בפחזותייכו קיימיתו ברישא איבע' לכו למשמע אי מציתו קבליתו ואי לא לא קבליתו א"ל אנן דסגינן

רש"י

לרבנן ח' חסרים עבוד. ולא היו בין פסח לפסח דהאידנא אלא ג' ימים ונמצא דאפשר בע"ש: בשני עלה משה. ושמע ואתם תהיו לי וירד והגיד: בג' עלה. ושמע הגבלה וירד והגיד: בד' ירד. לפרישה: ושוב לא עלה. עד קבלת הדברות שעלו כולם: ומאחר שלא עלה מהיכן ירד. דקאמר בד' ירד ולא קאמר עלה וירד אלא: אימא בד' עלה וירד ושוב לא עלה: ובחמישי בנה מזבח. כדכתיב ויבן מזבח תחת ההר: מאי לאו משום תורה. לא היה לו פנאי לעלות שקבלו כולן יחד את הדברות: עליה דרב חסדא. לפני רב חסדא לפי שרב חסדא יושב והדרשן עומד קאמר עליה לדומה כמו שהעומד למעלה מן היושב: אוריאן תליתאי. תורה נביאים וכתובים: לעם תליתאי. כהנים לוים וישראלים: על יד תליתאי. משה תליתאי לבטן מרים אהרן ומשה: ביום תליתאי. לפרישה: תחתית ההר. תחת ההר ממש: גיגית. קובא שמטילין בה שכר: מודעא רבה. שאם יזמינם לדין למה לא קיימתם מה שקבלתם עליכם יש להם תשובה שקבלוה באונס: בימי אחשורוש. מאהבת הנס שנעשה להם: דין. תורה: בתחילה. קודם שאמרו ישראל נעשה ונשמע: יראה. שמא לא יקבלוה ויחזור העולם לתוהו ובהו כדר"ל: ולבסוף. כשקבלוה: יום הששי. מאי שנא דכתיב ה' ביום גמר מעשה בראשית: מלמד שהתנה כו'. הששי משמע הששי המיוחד במקום אחר כדאמרי' בעלמא (חולין דף לא.) הירך המיומנת אף כאן ויהי ערב ויהי בקר של גמר בראשית תלוי ביום הששי והוא ו' בסיון שנתנה בו תורה והכי מריבוי דה' דריש ביה נמי הא: שני כתרים. מזיו שכינה: מאה ועשרים. [כל א' וא' נטל כתרן]: טענו. הכתרים והכי משמע את עדים [אשר היו להם] מהר חורב: בחורב פרקו. דמשמע נמי ויתנצלו את עדים מהר חורב: ומשה יקח. אותו עדי לשון אחר את האהל לשון בהלו נרו (איוב כט) והוא היה קירון עור פניו: עושי דברו לשמוע. מוכנין לעשות קודם שישמעו ולא כדרך שאר עבדים ששומעים תחילה את הדבר לידע אם יכולין לקבלן עליהם אם לאו: פריו קודם לעליו. כך דרכו וחלוק משאר אילנות חנטת פירותיו קודם לעליו: אצבעתא דידיה. אלבעות ידיו: וקא מייץ בהו. היה ממעכן ברגליו ואינו מבין מתוך טירדה: עמא פזיזא. נמהר: דקדמיתו פומייכו לאודנייכו. קודם ששמעתם אותה היאך היא קשה ואם תוכלו לעמוד בה קבלתם עליכם לקיימה: דסגינן

תוספות

כפה עליהן הר כגיגית. ואע"פ שכבר הקדימו נעשה לנשמע שמא יהיו חוזרים כשיראו האש הגדולה ז) שיצאתה נשמתן והא דאמר בפ"ק דע"ז (דף ג:) כלום כפית עלינו הר כגיגית דמשמע דאם היה כופה עליהן לא היה להן תשובה והכא אמר דמודעא רבה לאורייתא היינו על מה שלא קבלוה אבל מה שלא קיימוה איכא תשובה:

מודעא רבה לאורייתא. והא דאמר בנדרים (דף כה.) שכרת משה ברית עם ישראל על התורה והמצות והשביעם על כך ובפ' אלו נאמרין (סוטה לז:) (ב) שקבלו את כל התורה בהר גרזים ובהר עיבל אור"ת דע"פ הדיבור היה והרי כבעל כרחם אבל בימי אחשורוש קבלו מדעתם מאהבת הנס ומה שכרת עמהן ברית יהושע לעבוד את ה' התם לא קבלו אלא שלא לעבוד ע"ז כדכתיב (יהושע כד) חלילה לנו מעזוב את ה' וכן משמע כוליה עניינא:

אמר רבא הדר קבלוה בימי אחשורוש. תימה לר"י דבמגילה (דף ז.) גבי אסתר ברוח הקודש נאמרה אמר רב יהודה אמר שמואל אי הואי התם ה"א להו דידי עדיפא מדידהו קיימו וקבלו היהודים קיימו למעלה מה שקבלו למטה ואמר רבא כולהו אית להו פירכא לבר משמואל דלית ליה פירכא והשתא דשמואל נמי אית ליה פירכא דרבא גופיה מוקי האי קרא לדרשה אחריתי ובפ"ק דחגיגה (דף י.) גבי היתר נדרים פורחין באויר קאמר כולהו אית להו פירכא וחשיב פירכא הא דלריך קרא לדרשה אחריתי ואי גרסינן התם רבה אתא שפיר אי נמי ה"ק במגילה כולהו אית להו פירכא שאר תנאים מוקשים בסברתם כדאמר התם אבל שמואל אינו מוקשה כל כך אלא דאיצטריך קרא לדרשה אחריתי ח):

שני כתרים. של הוד היו לפיכך כשנטל משה קרן עור פניו:

ירדו ק"כ ריבוא. מדכתיב ויתנצלו דריש תרי זמני ויש ספרים שכתוב בהן בהדיא וינצלו לא נאמר אלא ויתנצלו ° ואע"ג דגדולה מדה טובה ממדת פורענות הכא נמי גדולה היא שמלאך טוב היה קושר שני כתרים ומלאך חבלה לא היה בו כח כי אם להסיר אחד:

פריו קודם לעליו. הקשה ר"ת שהרי אנו רואים שגדל כשאר אילנות ומפרש דתפוח היינו אתרוג וריח אפך כתפוחים מתרגמינן ° כריחא דאתרוגא ואתרוג פריו קודם לעליו שדר באילן משנה לשנה ואחר שנה נושרין עליו של אשתקד ובאין עלין אחרים הוי פריו קודם לאותם עלים אך תימה שמביא קרא כתפוח בעצי היער דבהאי קרא לא נמשלו ישראל לתפוח אלא הקב"ה כדכתיב כן דודי בין הבנים וקרא דריח אפך כתפוחים (שיר ז) הוה ליה לאתויי טפי: ולא

רבינו חננאל

אחד מלא ואחד חסר דהוו ר' שלמין וששה חסרין והוו יומי דשתא שנ"ד דנאכלין ש"נ מנהון בשבועי ומשתיירין ד' אבל כדהוו בה ז' חסרין הוו להו יומי שנ"ג וכד אזלין שביעי משתיירי מינה ג' והלכך כד הוי ראש ניסן דשנייה יום אחד בשבת והוה בראשונה ז' חסרין הוי ניסן בראשונה בחמשה וסיון בחד בשבא כר' יוסי ואי הוי בשנה ראשונה שמנה חסרין והוו יומא שנ"ב משתיירי מינה תרין וכד הוי ראש ניסן שנייה בחד בשבא הוי ראש ניסן שנה ראשונה במעלי שבתא וראש סיון תרין בשבא כרבנן. ותנן אין פוחתין מארבעה חדשים המעוברין בשנה וכד הוויין ד' מעוברין הוו ח' מחוסרין ואפי' למאן דפריש ולא נראה לחכמים לחסר יתר על שמונה: ת"ש רבי יוסי אומר בשני עלה וירד. פי' שני לחנייתן במדבר סיני ובשלישי עלה וירד וברביעי כי תרצתא עלה וירד ובחמישי בנה מזבח והקריב עליו קרבן בששי לא היה לו פנאי ודאי לאו דהוא יום שבת ונתנה בו תורה. וסייעתא לרבנן ודחי ר' יוסי לא אלא הוא דע"ש ומשום טרחא דשבת לא היה לו פנאי: דרש ההוא גלילאה עלי' דרב חסדא בריך רחמנא דיהב אוריין תליתאי ע"י תליתאי לעם תליתאי ביום תליתאי בירח תליתאי ואית רבנן דמרוחין וגרסין כמאן כרבנן וסייעתא דרבנן מן ביום תליתאי יום ג' לפרישה. דאלמא בחמשה עביד להו פרישא כמאן כרבנן ותרין בשבא הוה ר"ח סיון ובששה בו נתנה תורה ומפרשא פלוגתא נמי בגמ' דשבעת ימים. צליחתא בלשון ישמעאל א' שקיקה. פתילת הוורד שעושין מצמר גפן צבוע כעין ורד וקורין אותו וורד וכן אמרו (כתובות עד) לענין יצאת וראשה פרועה וטווה בשוק בטווה וורד כנגד פניה. ובלשון פרס נקרא גולגון נודע בבבל:

רב נסים גאון

דרש ההוא גלילאה עלי' דרב חסדא בריך רחמנא דיהב אוריין תליתאי. פי' תורה נביאי' וכתובי'. ביום תליתאי. פי' ביום שלישי לפרישה כרבנן דאמר בחמישי עבד ליה פרישה. ע"י תליתאי ע"י משה שהוא שלישי אהרן ומרים ומשה. לעם תליתאי כהנים לוים וישראל. בירח תליתאי בחודש השלישי ניסן אייר סיון ובסיון ניתנה התורה והוסיפה ההגדה בדבר זה אותותיה משולשים כלומר שהתורה נקרית אמת שנאמר (משלי כג) אמת קנה ואל תמכור ומספר אמת ג' אותיות וישראל בני אבות ג' אברהם יצחק ויעקב משבט שלישי ראובן שמעון לוי ומן לוי נולד משה שעל ידו ניתנה תורה לוי יש בו ג' אותיות משה ג' אותיות ונצפן ג' ירחים כדכתיב (שמות ב) ותצפנהו ג' ירחים ובזה אמרו אמר ר' לוי הא למדתה שכל מעשה אותו היום היה משולש וכגון זה עוד יש במדרש ילמדנו (תנחומא פרשה יתרו) הלא כתבתי לך שלישים אמר ר' יהושע בן נחמיה הן תורה שאותיותיה משולשות אלף בית גימל והכל היה משולש תורה משולשת תורה נביאים וכתובים משנה משולשת תלמוד הלכות ואגדות תפלה משולשת ערב ובוקר וצהרים קדושה משולשת קדוש קדוש קדוש ישראל משולשים כהנים לוים וישראלים ומשה אותיותיו משולשים משבט

מסורת הש"ס

א) ע"ז דף ג: ע"ש, ב) שבועות לט., ג) ע"ז ג., ד) [ע"ז שם. ע"ש ודף ה. ע"ש], ה) יש נוסחאות בר חנינא, ו) [כתובות קיב.], ז) [צ"ל שילאתה], ח) [וע"ע תוס' שבועות לט. ד"ה קיימו].

הגהות הב"ח

(א) גמ' אמר רבה אעפ"כ: (ב) תוס' ד"ה מודעא וכו' ובפרק אלו נאמרין אמרו שקבלו:

גליון הש"ס

גמ' בחמישי בנה מזבח. עיין חגיגה דף ו ע"א ברש"י ד"ה ישנה לפני הדיבור: שם בשעה שהקדימו כו'. עי' תשב"ץ ח"ג ענין ס"ד: תוס' ד"ה ירדו וכו' ואף על גב דגדולה מדה טובה. יומא דף עו ע"א: שם ד"ה פריו וכו' כריחא דאתרוגא. עיין תענית דף כט ע"ב תוס' ד"ה של תפוחים:

תורה אור השלם

א) וַיּוֹצֵא מֹשֶׁה אֶת הָעָם לִקְרַאת הָאֱלֹהִים מִן הַמַּחֲנֶה וַיִּתְיַצְּבוּ בְּתַחְתִּית הָהָר: [שמות יט, יז]

ב) קִיְּמוּ וְקִבְּלוּ הַיְּהוּדִים עֲלֵיהֶם וְעַל זַרְעָם וְעַל כָּל הַנִּלְוִים עֲלֵיהֶם וְלֹא יַעֲבוֹר לִהְיוֹת עֹשִׂים אֵת שְׁנֵי הַיָּמִים הָאֵלֶּה כִּכְתָבָם וְכִזְמַנָּם בְּכָל שָׁנָה וְשָׁנָה: [אסתר ט, כז]

ג) מִשָּׁמַיִם הִשְׁמַעְתָּ דִּין אֶרֶץ יָרְאָה וְשָׁקָטָה: [תהלים עו, ט]

ד) וַיַּרְא אֱלֹהִים אֶת כָּל אֲשֶׁר עָשָׂה וְהִנֵּה טוֹב מְאֹד וַיְהִי עֶרֶב וַיְהִי בֹקֶר יוֹם הַשִּׁשִּׁי: [בראשית א, לא]

ה) וַיִּתְנַצְּלוּ בְנֵי יִשְׂרָאֵל אֶת עֶדְיָם מֵהַר חוֹרֵב: [שמות לג, ו]

ו) וּמֹשֶׁה יִקַּח אֶת הָאֹהֶל וְנָטָה לוֹ מִחוּץ לַמַּחֲנֶה הַרְחֵק מִן הַמַּחֲנֶה וְקָרָא לוֹ אֹהֶל מוֹעֵד וְהָיָה כָּל מְבַקֵּשׁ יְיָ יֵצֵא אֶל אֹהֶל מוֹעֵד אֲשֶׁר מִחוּץ לַמַּחֲנֶה: [שמות לג, ז]

ז) וּפְדוּיֵי יְיָ יְשֻׁבוּן וּבָאוּ צִיּוֹן בְּרִנָּה וְשִׂמְחַת עוֹלָם עַל רֹאשָׁם שָׂשׂוֹן וְשִׂמְחָה יַשִּׂיגוּ וְנָסוּ יָגוֹן וַאֲנָחָה: [ישעיה לה, י]

ח) בָּרְכוּ יְיָ מַלְאָכָיו גִּבֹּרֵי כֹחַ עֹשֵׂי דְבָרוֹ לִשְׁמֹעַ בְּקוֹל דְּבָרוֹ: [תהלים קג, כ]

ט) כְּתַפּוּחַ בַּעֲצֵי הַיַּעַר כֵּן דּוֹדִי בֵּין הַבָּנִים בְּצִלּוֹ חִמַּדְתִּי וְיָשַׁבְתִּי וּפִרְיוֹ מָתוֹק לְחִכִּי: [שיר השירים ב, ג]

ליקוטי רש"י

בחמישי בנה מזבח. קודם מתן תורה הקריבו שלמים בסיני דכתיב וישלח את נערי בני ישראל (שמות כד) ואף על גב דהאי קרא כתיב בואלה המשפטים לאחר עשרת הדברות קודם עשרת הדברות הוה ואין מוקדם ומאוחר בתורה והכי תניא במסכת שבת בפרק רבי עקיבא (פח.) רבי יוסי אומר וכו' בחמישי בנה מזבח והקריב עליו קרבן ואין אתה מוצא בנתינת התורה בנין מזבח אלא את נערי בני ישראל וגו' [חגיגה ו.]. בתחתית ההר. לפי פשוטו ברגלי ההר ומדרשו שנתלש ההר ממקומו ונכפה עליהם כגיגית [שמות יט, יז]. השמעת דין. מתן תורה. בתחילה יראה. שמא לא יקבלו ישראל התורה ויחזור העולם לתוהו ובוהו. ולבסוף. כשקבלוה נעשה ונשמע שקטה. יום הששי. ה' דהששי יתירה וכתבה בסוף מעשה בראשית לדרשה זו והכי משמע ויהי ערב ויהי בקר יום הששי של ששה בסיון שעתידין ישראל לקבל התורה [ע"ז ג.]. הוסיף ה' בששי בגמר מעשה בראשית לומר וכו' שכולם תלוים ועומדים עד יום הששי הוא ששי בסיון המוכן למתן תורה [בראשית א, לא]. את עדים מהר חורב. את העדי שהיה בידם מהר חורב [שמות לג, ו]. עמא פזיזא. עם בהול. דקדמיתו פומייכו לאודנייכו. מתחלתכם הייתם בהולים שהקדמתם נעשה לנשמע ועודכם בבהלתכם כבתחלה [כתובות קיב.].

״יְשֻׁבוּן וּבָאוּ צִיּוֹן בְּרִנָּה וְשִׂמְחַת עוֹלָם עַל־רֹאשָׁם״ – ***And the redeemed ones of Hashem will return and come to Zion with song and*** *[with]* ***everlasting joy upon their heads.*** **שִׂמְחָה שֶׁמֵּעוֹלָם עַל רֹאשָׁם** – This alludes to **a joy that was upon their heads long ago,**[51] i.e. the crowns they received at Sinai.

The Gemara elaborates further upon the declaration of *"We will do and we will hear"*:

אָמַר רַבִּי אֶלְעָזָר – **R' Elazar said: בְּשָׁעָה שֶׁהִקְדִּימוּ יִשְׂרָאֵל ,,נַעֲשֶׂה״ לְ,,נִשְׁמַע״** – **At the time Israel preceded** ***we will do*** **to** ***we will hear,*** **יָצְתָה בַּת קוֹל וְאָמְרָה לָהֶן** – **a Heavenly voice emanated and said to them: מִי גִילָּה לְבָנַי רָז זֶה שֶׁמַּלְאֲכֵי הַשָּׁרֵת מִשְׁתַּמְּשִׁין בּוֹ** – **"Who revealed to My children this secret which the ministering angels use?"** **דִּכְתִיב** – **For it is written**[52] that this is the way of the ministering angels: **,,בָּרְכוּ ה׳ מַלְאָכָיו גִּבֹּרֵי כֹחַ עֹשֵׂי דְבָרוֹ לִשְׁמֹעַ בְּקוֹל דְּבָרוֹ״** – ***Bless Hashem, O His angels; the strong warriors who do His bidding, to hear the voice of His word.*** **בְּרֵישָׁא ,,עֹשֵׂי״** – **First** it is written: ***who do,*** **וְהָדַר ,,לִשְׁמֹעַ״** – **and then** it is written: ***to hear.***[53]

The Gemara continues on this theme:

אָמַר רַבִּי חָמָא בְּרַבִּי חֲנִינָא – **R' Chama the son of R' Chanina said: מַאי דִּכְתִיב** – **What is** the meaning of **that which is written:**[54] **,,כְּתַפּוּחַ בַּעֲצֵי הַיַּעַר וְגוֹ׳ ״** – ***Like an apple*** *[tree]* ***among the trees of the forest*** **etc.?** **לָמָּה נִמְשְׁלוּ יִשְׂרָאֵל לְתַפּוּחַ** – **Why are the Jewish people compared to an apple** tree?[55] **לוֹמַר לָךְ** – This serves **to tell you** the following lesson: **מַה תַּפּוּחַ זֶה פִּרְיוֹ קוֹדֵם לְעָלָיו** – **Just as** in the case of **this apple** tree, **its fruit precedes its leaves,**[56] **אַף יִשְׂרָאֵל הִקְדִּימוּ ,,נַעֲשֶׂה״ לְ,,נִשְׁמַע״** – **so too did Israel precede** ***we will do*** **to** ***we will hear.***[57]

A related narrative:

הַהוּא מִינָא דַּחֲזְיֵיהּ לְרָבָא דְּקָא מְעַיֵּין בִּשְׁמַעְתָּא – **There was a Sadducee who saw Rava studying a Talmudic matter.** **וְיָתְבָה אֶצְבְּעָתָא דִּידֵיהּ תּוּתֵי כַּרְעָא** – **And [Rava] had put the fingers of his hands under his leg** **וְקָא מָיֵיץ בְּהוּ** – **and he was crushing them,**[58] **וְקָא מַבְּעָן אֶצְבְּעָתֵיהּ דְּמָא** – **and his fingers were flowing with blood.** **אָמַר לֵיהּ** – **[The Sadducee] said to [Rava]: עַמָּא פְּזִיזָא דְּקַדְּמִיתוּ פּוּמַיְיכוּ לְאוּדְנַיְיכוּ** – **"O impulsive people, who put their mouths before their ears!**[59] **אַכַּתִּי בִּפְחֲזוּתַיְיכוּ קָיְימִיתוּ** – **You still persevere in your impulsiveness!**[60] **בְּרֵישָׁא אִיבַּעְיָא לְכוּ לְמִשְׁמַע** – **First you should have heard** the commandments so that you would have known **אִי מָצִיתוּ קַבְּלִיתוּ** – **whether you were able to accept** them. **וְאִי לָא** – **And if** you did **not** first hear the commandments, **לֹא קַבְּלִיתוּ** – **you should not have accepted** them." **אָמַר לֵיהּ** – **[Rava] said to [the Sadducee]: אֲנַן** – **"We,**

NOTES

51. The word עולם denotes *extended in time.* When prefixed with a מ (from) it means *since a long time ago* [see, for example, *Psalms* 90:2] (see *Eitz Yosef*).

52. *Psalms* 103:20.

53. An angel stands ready to perform God's commands even before it knows what they entail. This is in contrast to other servants, who first hear the command so that they can determine whether they are able to accept it upon themselves (*Rashi*). An angel behaves in this way because, being completely spiritual, it has but a single desire – to carry out the word of God. Man, however, who has both good and evil inclinations, is not always so dedicated to God's will. When the Jewish people stood at Sinai, the angels' secret of singleminded devotion was revealed to them, and they combined both of their inclinations into a single desire to perform the will of God. Thus, like the angels, they were ready to perform God's commandments, regardless of what might be involved (*Maharsha;* cf. *Eitz Yosef;* see also the approach of *Beis HaLevi* cited above, note 41).

The word רז, *secret,* is used here in the sense of something that is not readily understood (*Or Gedalyahu* on Shavuos, p. 161 fn. 3; cf. *Eitz Yosef*).

54. *Songs of Songs* 2:3.

55. The Book of *Song of Songs* is an impassioned dialogue between a man (representing God) and his bride (representing Israel). *Tosafos* object, therefore, that this verse refers to God, for it continues "so is my beloved among the *sons.*" *Maharsha* answers that the Gemara's interpretation of this verse links it to the previous one, "Like a rose among the thorns, so is my beloved among the *daughters,*" which speaks of Israel. (For other solutions, see *Anaf Yosef, Rif* [on *Ein Yaakov*], *Hagahos Yavetz* and *Chasam Sofer.*)

56. Unlike other fruit trees, its fruits begin to grow before its leaves are formed (*Rashi,* as explained by *Ben Aryeh;* see also *Ben Yehoyada;* cf. *Tosafos*).

57. The performance of mitzvos is compared to fruit and the study of mitzvos to leaves, because performance is primary whereas study is only subsidiary, as stated in *Pirkei Avos* 1:17 (*Maharsha, Meromei Sadeh;* see *Moed Katan* 9a,b for further explanation).

An alternative explanation: The leaves of a tree serve to protect its fruit. Nevertheless, the fruit of an apple tree begins to form before its leaves. Likewise, the Jewish people declared their willingness to do the mitzvos even before they had the protection of knowing what they entailed (*Meromei Sadeh*).

58. Rava did not realize because he was engrossed in his studies (*Rashi*).

59. You committed yourselves to observe the Torah even before you knew how difficult it is and whether you can adhere to it (*Rashi*).

60. A reference to Rava's preoccupation with his studies.

לרבנן ח' חסרים עבוד ת"ש דתניא בסדר עולם ניסן שבו יצאו ישראל ממצרים בארבעה עשר שחטו פסחיהן בחמשה עשר יצאו ואותו היום ע"ש היה ומדריש ירחא דניסן ערב שבת ריש ירחא דאייר חד בשבא וסיון בתרי בשבא קשיא לר' יוסי הא מני רבנן היא ת"ש רבי יוסי אומר בשני עלה משה וירד בשלישי עלה וירד בד' ירד ושוב לא עלה ומאחר שלא עלה מהיכן ירד אלא ברביעי עלה וירד ° בחמישי בנה מזבח והקריב עליו קרבן בששי לא היה לו פנאי מאי לאו משום תורה לא משום טורח שבת דרש ההוא גלילאה עליה דרב חסדא בריך רחמנא דיהב אוריאן תליתאי לעם תליתאי על ידי תליתאי ביום תליתאי בירחא תליתאי כמאן כרבנן: א) ויתיצבו בתחתית ההר א"ר אבדימי בר חמא בר חסא מלמד שכפה הקב"ה עליהם את ההר כגיגית ואמר להם אם אתם מקבלים התורה מוטב ואם לאו שם תהא קבורתכם א"ר אחא בר יעקב מכאן מודעא רבה לאורייתא אמר רבא (א) אעפ"כ הדור קבלוה בימי אחשורוש דכתיב ב) קימו וקבלו היהודים ז) קיימו מה שקיבלו כבר ג) אמר חזקיה מאי דכתיב ג) משמים השמעת דין ארץ יראה ושקטה אם יראה למה שקטה ואם שקטה למה יראה אלא בתחילה יראה ולבסוף שקטה ולמה יראה כדריש לקיש דאמר ד) ריש לקיש מאי דכתיב ה) ויהי ערב ויהי בקר יום הששי ה' יתירה למה לי מלמד שהתנה הקב"ה עם מעשה בראשית ואמר להם אם ישראל מקבלים התורה אתם מתקיימין ואם לאו אני מחזיר אתכם לתוהו ובוהו: דרש ר' סימאי ° בשעה שהקדימו ישראל נעשה לנשמע באו ששים ריבוא של מלאכי השרת לכל אחד ואחד מישראל קשרו לו שני כתרים אחד כנגד נעשה ואחד כנגד נשמע וכיון שחטאו ישראל ירדו מאה ועשרים ריבוא מלאכי חבלה ופירקום שנאמר ה) ויתנצלו בני ישראל את עדים מהר חורב א"ר חמא בר' חנינא בחורב טענו בחורב פרקו בחורב טענו כדאמרן בחורב פרקו דכתיב ויתנצלו בני ישראל וגו' א"ר יוחנן וכולן זכה משה ונטלן דסמיך ליה ו) ומשה יקח את האהל אמר ר"ל עתיד הקב"ה להחזירן לנו שנאמר ז) ופדויי ה' ישובון ובאו ציון ברנה ושמחת עולם על ראשם שמחה שמעולם על ראשם אמר רבי אלעזר בשעה שהקדימו ישראל נעשה לנשמע יצתה בת קול ואמרה להן מי גילה לבני רז זה שמלאכי השרת משתמשין בו דכתיב ח) ברכו ה' מלאכיו גבורי כח עושי דברו לשמוע בקול דברו ברישא עושי והדר לשמוע א"ר חמא ברבי חנינא מ"ד ט) כתפוח בעצי היער וגו' למה נמשלו ישראל לתפוח לומר לך מה תפוח זה פריו קודם לעליו אף ישראל הקדימו נעשה לנשמע ההוא צדוקי דחזייה לרבא דקא מעיין בשמעתא ויתבה אצבעתא דידיה תותי כרעא וקא מייץ בהו וקא מבען אצבעתיה דמא י) א"ל עמא פזיזא דקדמיתו פומייכו לאודנייכו אכתי בפחזותייכו קיימיתו ברישא איבעי' לכו למשמע אי מציתו קבליתו ואי לא לא קבליתו א"ל אנן דסגינן

רש"י

לרבנן ח' חסרים עבוד. ולא היו בין פסח לאשתקד לפסח דהאידנא אלא ג' ימים ונמצא לאשתקד בע"ש: בשני עלה משה. ושמע ואתם תהיו לי וירד והגיד: בג' עלה. ושמע הגבלה וירד והגיד: בד' ירד. להפריש: ושוב לא עלה. עד קבלת הדברות שעלו כולם: ומאחר שלא עלה מהיכן ירד. דקאמר' בד' ירד ולא אמרת עלה וירד אלא אימא בד' עלה וירד ושוב לא עלה: ובחמישי בנה מזבח. כדכתיב ויבן מזבח תחת ההר: מאי לאו משום תורה. לא היה לו פנאי לעלות שקבלו כולן יחד את הדברות: עליה דרב חסדא. לפני רב חסדא לפי שרב חסדא יושב והדרשן עומד קאמר עליה דדומה כמו שהעומד למעלה מן היושב: אוריאן תליתאי. תורה נביאים וכתובים: לעם תליתאי. כהנים לוים וישראלים: על יד תליתאי. משה תליתאי לבטן מרים אהרן ומשה: ביום תליתאי. לפרישה: תחתית ההר. תחת ההר ממש: גיגית. קובא שמטילין בה שכר: מודעא רבה. שאם יזמינם לדין למה לא קיימתם מה שקבלתם עליכם יש להם תשובה שקבלוה באונס: בימי אחשורוש. מאהבת הנס שנעשה להם: דין. תורה: בתחילה. קודם שאמרו ישראל נעשה ונשמע: יראה. שמא לא יקבלוה ויחזור העולם לתהו ובהו כדר"ל: ולבסוף. כשקבלוה: יום הששי. מאי שנא דכתיב ה' ביום גמר מעשה בראשית: מלמד שהתנה כו'. הששי משמע הששי המיוחד במקום אחר כדאמרי' בעלמא (חולין דף צא.) הירך המיומנת אף כאן ויהי ערב ויהי בקר של גמר בראשית תלוי ביום הששי והוא ו' בסיון שנתנה בו תורה מריבוי דה' דרשינן ליה נמי הא: שני כתרים. מזיו שכינה: מאה ועשרים. [כל א' וא' נטל כתר]: טענו. הכתרים והכי משמע את עדים [אשר היו להם] מהר חורב: בחורב פרקו. דמשמע נמי ויתנצלו את עדים מהר חורב: ומשה יקח. אותו עדי לשון אחר את האהל לשון בהלו נרו (איוב כט) והוא היה קירון עור פניו: עושי דברו לשמוע. מוכנין לעשות קודם שישמעו ולא כדרך שאר עבדים ששומעים תחילה את הדבר לידע אם יכולין לקבלו עליהם אם לאו: פריו קודם לעליו. כך דרכו וחלוק משאר אילנות חנטת פירותיו קודם לעליו: אצבעתא דידיה. אלבעות ידיו: וקא מייץ בהו. היה ממעכן ברגליו ואינו מבין מתוך טירדא: עמא פזיזא. נמהר: דקדמיתו פומייכו לאודנייכו. קודם ששמעתם אותה היאך היא קשה ואם תוכלו לעמוד בה קבלתם עליכם לקיימה: דסגינן

תוספות

כפה עליהן הר כגיגית. ואע"פ שכבר הקדימו נעשה לנשמע שמא יהיו חוזרים כשיראו האש הגדולה ז) שיצאתה נשמתן והא דאמר בפ"ק דמס' ע"ז (דף ג:) כלום כפית עלינו הר כגיגית דמשמע דאם היה כופה עליהן לא היה להן תשובה והכא אמר דמודעא רבה לאורייתא היינו על מה שלא קבלוה אבל מה שלא קיימוה איכא תשובה: מודעא רבה לאורייתא. והא דאמר בנדרים (דף כה.) שכרת משה ברית עם ישראל על התורה והמצות והשביעם על כך ובפ' אלו נאמרין (סוטה לז:) (ב) שקבלו את כל התורה בהר גרזים ובהר עיבל אור"ת דע"פ הדיבור היה והרי כבעל כרחם אבל בימי אחשורוש קבלו מדעתם מאהבת הנס ומה שכרת עמהן ברית יהושע לעבוד את ה' התם לא קבלו אלא שלא לעבוד ע"ז כדכתיב (יהושע כד) חלילה לנו מעזוב את ה' וכן משמע כוליה ענינא: אמר רבא הדר קבלוה בימי אחשורוש. תימה לר"י דבמגילה (דף ז.) גבי אסתר ברוח הקודש נאמרה אמר רב יהודה אמר שמואל אי הואי התם ה"א להו דידי עדיפא מדידהו קיימו וקבלו היהודים קיימו למעלה מה שקבלו למטה ואמר רבא כולהו אית להו פירכא לבר משמואל דלית ליה פירכא והשתא לשמואל נמי אית ליה פירכא דרבא גופיה מוקי האי קרא לדרשה אחריתי ובפ"ק דחגיגה (דף י.) גבי היתר נדרים פורחין באויר קאמר כולהו אית להו פירכא וחשיב פירכא הא דלריך קרא לדרשה אחריתי ואי גרסינן התם רבה אתי שפיר אי נמי ה"ק במגילה כולהו אית להו פירכא שאר תנאים מוקשים בסברתם כדאמר התם אבל שמואל אינו מוקשה כל כך אלא דאיצטריך קרא לדרשה אחריתי: שני כתרים. של הוד היו לפיכך כשנטל משה קרן עור פניו: ירדו ק"ב ריבוא. מדכתיב ויתנצלו דריש תרי זימני ויש ספרים שכתוב בהן בהדיא וינצלו לא נאמר אלא ויתנצלו ° ואע"ג דגדולה מדה טובה ממדת פורענות הכא נמי גדולה היא שמלאך טוב היה קושר שני כתרים ומלאך חבלה לא היה בו כח כי אם להסיר אחד: פריו קודם לעליו. הקשה ר"ת שהרי אנו רואים שגדל כשאר אילנות ומפרש דתפוח היינו אתרוג וריח אפך כתפוחים מתרגמינן ° כריחא דאתרוגא ואתרוג פריו קודם לעליו שדר באילן משנה לשנה ואחר שנה נושרין עליו של אשתקד ובאין עלין אחרים הוי פריו קודם לאותם עלין תימה שמביא קרא כתפוח בעצי היער דבהאי קרא לא נמשלו ישראל לתפוח אלא הקב"ה כדכתיב כן דודי בין הבנים וקרא דריח אפך כתפוחים (שיר ז) הוה ליה לאתויי טפי: ולא

רבינו חננאל

אחד מלא ואחד חסר דהוו ו' שלמין ושתה חסרין והוו יומי דשתא שנ"ד דנאפלין ש"נ מנהון בשבועי ומשתיירין ד' אבל כדהוו בה ד' חסרין הוו להו יומי שנ"ג וכד אזלין שבועי משתיירי מינה ג' והלכך כד הוי ראש ניסן דשנייה יום אחד בשבת והוה בראשונה ד' חסרין הוי ניסן בראשונה בחמשה וסיון בחד בשבא כר' יוסי ואי הוי בשנה ראשונה שמנה חסרין והוו יומא שנ"ב משתיירי מינה תרין וכד הוי ראש ניסן שנייה בחד בשבא הוי ראש ניסן שנה ראשונה במעלי שבתא וראש סיון תרין בשבא כרבנן. ותנן אין פוחתין מארבעה חדשים המעוברין בשנה וכד הוויין ד' מעוברין הוו ח' מחוסרין ואפי' למאן דפריש ולא נראה לחכמים לחסר יותר על שמונה: ת"ש רבי יוסי אומר בשני עלה וירד. פי' שני לחנייתן במדבר סיני ובשלישי עלה וירד וברביעי כי תרצתא עלה וירד ובחמישי בנה מזבח והקריב עליו קרבן בששי לא היה לו פנאי ודאי לאו דהוא יום שבת ונתנה בו תורה. וסייעתא לרבנן ודחי ר' יוסי לא הוא לאו דע"ש ומשום טרחא דשבת לא היה לו פנאי: דרש ההוא גלילאה עלי' דרב חסדא בריך רחמנא דיהב אוריין תליתאי ע"י תליתאי לעם תליתאי ביום תליתאי בירח תליתאי ואית רבנן דמרוחין וגרסין כמאן כרבנן וסייעתא דרבנן מן ביום תליתאי יום ג' לפרישה. דהלאו בחמשה עביד להו פרישה כמאן כרבנן ותרין בשבא הוה ר"ח סיון ובששה בו נתנה תורה ומפרשה פלוגתא מני גמ' דשבעת ימים. צליחתא בלשון ישמעאל א' שקיקה. פתילת הוורד שעושין מצמר גפן צבוע כעין ורד וקורין אותו וורד וכן אמרו (כתובות עב) לענין יצאת וראשה פרועה וטוה בשוק בטווה וורד כנגד פניה. ובלשון פרס נקרא גולגון נודע בבבל:

רב נסים גאון

דרש ההוא גלילאה עלי' דרב חסדא בריך רחמנא דיהב אוריין תליתאי. פי' תורה נביאים וכתובים. פי' ביום תליתאי שלישי לפרישה כרבנן דאמר בחמישי עבד להו פרישה. ע"י תליתאי ע"י משה שהוא שלישי אהרן ומרים ומשה. לעם תליתאי כהנים לוים וישראל. בירח תליתאי בחדש השלישי ניסן אייר סיון ובסיון ניתנה התורה והוסיפה ההגדה בדבר זה אותותיה משולשים כלומר שהתורה נקראת אמת שנאמר (משלי כג) אמת קנה ואל תמכור ומספר אמת ג' אותיות וישראל בני אבות ג' אברהם יצחק ויעקב משבט שלישי ראובן שמעון לוי ומן לוי נולד משה שעל ידו ניתנה תורה לוי יש בו ג' אותיות משה ג' אותיות ונצפן ג' ירחים כדכתיב (שמות ב) ותצפנהו ג' ירחים ובזה אמרו אמר ר' לוי הא למדתה שכל מעשה אותו היום היה משולש וכגון זה עוד יש במדרש (תנחומא פרשה יתרו) הלא כתבתי לך שלישים אמר ר' יהושע בן נחמיה הן תורה שאותיותיה משולשות אלף בית גימל והכל היה משולש תורה משולשת תורה נביאים וכתובים משנה משולשת תלמוד הלכות ואגדות תפלה משולשת ערב ובוקר וצהרים קדושה משולשת קדוש קדוש קדוש ישראל משולשים כהנים לוים וישראלים ומשה אותיותיו משולשים משבט

מסורת הש"ס

א) ע"ז דף ג: ע"ש, ב) שבועות לט., ג) ע"ז ג., ד) [ע"ז שם, ע"ש ודף ה. ע"ש], ה) יש נוסחאות בר חנינא, ו) [כתובות קיב.], ז) [צ"ל שיצתה], ח) [וע"ע תוס' שבועות לט. ד"ה קיימו].

הגהות הב"ח

(א) גמ' אמר רבא אעפ"כ: (ב) תוס' ד"ה מודעא וכו' ובפרק אלו נאמרין אמרו שקבלו:

גליון הש"ס

גמ' בחמישי בנה מזבח. עיין חגיגה דף ו ע"א ברש"י ד"ה ושנה לפני הדיבור: שם בשעה שהקדימו כו'. עי' תשב"ץ ח"ג סי' ש"ד: תוס' ד"ה ירדו וכו' ואף על גב דגדולה מדה טובה. יומא דף עו ע"א: שם ד"ה פריו וכו' כריחא דאתרוגא. עיין תענית דף כט ע"ב תוס' ד"ה של תפוחים:

תורה אור השלם

א) וַיּוֹצֵא מֹשֶׁה אֶת הָעָם לִקְרַאת הָאֱלֹהִים מִן הַמַּחֲנֶה וַיִּתְיַצְּבוּ בְּתַחְתִּית הָהָר: [שמות יט, יז]

ב) קִיְּמוּ וְקִבְּלוּ הַיְּהוּדִים עֲלֵיהֶם וְעַל זַרְעָם וְעַל כָּל הַנִּלְוִים עֲלֵיהֶם וְלֹא יַעֲבוֹר לִהְיוֹת עֹשִׂים אֵת שְׁנֵי הַיָּמִים הָאֵלֶּה כִּכְתָבָם וְכִזְמַנָּם בְּכָל שָׁנָה וְשָׁנָה: [אסתר ט, כז]

ג) מִשָּׁמַיִם הִשְׁמַעְתָּ דִּין אֶרֶץ יָרְאָה וְשָׁקָטָה: [תהלים עו, ט]

ד) וַיַּרְא אֱלֹהִים אֶת כָּל אֲשֶׁר עָשָׂה וְהִנֵּה טוֹב מְאֹד וַיְהִי עֶרֶב וַיְהִי בֹקֶר יוֹם הַשִּׁשִּׁי: [בראשית א, לא]

ה) וַיִּתְנַצְּלוּ בְנֵי יִשְׂרָאֵל אֶת עֶדְיָם מֵהַר חוֹרֵב: [שמות לג, ו]

ו) וּמֹשֶׁה יִקַּח אֶת הָאֹהֶל וְנָטָה לוֹ מִחוּץ לַמַּחֲנֶה הַרְחֵק מִן הַמַּחֲנֶה וְקָרָא לוֹ אֹהֶל מוֹעֵד וְהָיָה כָּל מְבַקֵּשׁ יְיָ יֵצֵא אֶל אֹהֶל מוֹעֵד אֲשֶׁר מִחוּץ לַמַּחֲנֶה: [שמות לג, ז]

ז) וּפְדוּיֵי יְיָ יְשֻׁבוּן וּבָאוּ צִיּוֹן בְּרִנָּה וְשִׂמְחַת עוֹלָם עַל רֹאשָׁם שָׂשׂוֹן וְשִׂמְחָה יַשִּׂיגוּ וְנָסוּ יָגוֹן וַאֲנָחָה: [ישעיה לה, י]

ח) בָּרְכוּ יְיָ מַלְאָכָיו גִּבֹּרֵי כֹחַ עֹשֵׂי דְבָרוֹ לִשְׁמֹעַ בְּקוֹל דְּבָרוֹ: [תהלים קג, כ]

ט) כְּתַפּוּחַ בַּעֲצֵי הַיַּעַר כֵּן דּוֹדִי בֵּין הַבָּנִים בְּצִלּוֹ חִמַּדְתִּי וְיָשַׁבְתִּי וּפִרְיוֹ מָתוֹק לְחִכִּי: [שיר השירים ב, ג]

ליקוטי רש"י

בחמישי בנה מזבח. קודם מתן תורה הקריבו שלמים בסיני דכתיב וישלח את נערי בני ישראל (שמות כד) ואף על גב דהאי קרא כתיב בואלה המשפטים לאחר עשרת הדברות קודם עשרת הדברות הוה ואין מוקדם ומאוחר בתורה והכי תניא במסכת שבת בפרק רבי עקיבא (פח.) רבי יוסי אומר וכו' בחמישי בנה מזבח והקריב עליו קרבן ואין אתה מוצא בנתינת התורה בנין מזבח אלא באותו שנאמר וישלח את נערי בני ישראל וגו' [חגיגה ו.]. בתחתית ההר. לפי פשוטו ברגלי ההר ומדרשו שנתלש ההר ממקומו ונכפה עליהם כגיגית [שמות יט, יז]. השמעת דין. מתן תורה. בתחילה יראה. שמא לא יקבלו ישראל התורה ותחזור הארץ לתוהו ובוהו. ולבסוף. כשקבלוה בנעשה ונשמע שקטה. יום הששי. ה' דהששי יתירה וכתבה בסוף מעשה בראשית לדרשה זו והכי משמע ויהי ערב ויהי בקר יום הששי של ששה בסיון שעתידין ישראל לקבל התורה [ע"ז ג.]. הוסיף ה' בששי בגמר מעשה בראשית לומר וכו' שכולם תלוים ועומדים עד יום הששי הוא ששי בסיון המוכן למתן תורה [בראשית א, לא]. את עדים מהר חורב. את העדי שהיה בידם מהר חורב [שמות לג, ו]. עמא פזיזא. עם בהול. דקדמיתו פומייכו לאודנייכו. מתחלתכם הייתם בהולים שהקדמתם נעשה לנשמע ועודכם בבהלתכם כבתחלה [כתובות קיב.].

עין משפט
נר מצוה

לא א מיי' פ"ה מהלכות דעות הלכה יג:

רב נסים גאון

לוי שאותיותיו משולשין מזרע אברהם יצחק ויעקב אבות שלשה בחודש משלש ניסן אייר סיון בסיני שאותיותיו משולשים לשלשה ימים נתקדשו שנאמר (שמות יט) והיו נכונים ליום השלישי: **אמרו** לפניו רבונו של עולם חמדה שגנוזה לפניך תשע מאות ושבעים וארבעה דורות קודם שנברא העולם. הא מילתא נפקא להו לרבנן (ב"ר פכ"ח) מהאי קרא דכתיב (תהלים קה) זכר לעולם בריתו דבר צוה לאלף דור שלפי שמצאו מן יצירת אדם הראשון ועד נתינת התורה כ"ו דור וזה פרטן י' דורות מאדם עד נח וי' מנח עד אברהם ומאברהם עד משה ו' דורות אברהם יצחק יעקב לוי קהת עמרם עד משה ועל ידו ניתנה התורה וכבר שלמו כ"ו דורות ידעו כי התורה היתה גנוזה תתקע"ד דורות וכיון שעברו עליה מימות העולם כ"ו דורות שהן השלמת אלף דור ניתנה התורה כדי שיתקיים דבר צוה לאלף דור:

ליקוטי רש"י

תנחם. מנהלם. **ישדם.** ישדדם [משלי יא, ג]. **לבבתני.** משכת את לבי אליך [שה"ש ד, ט]. קרבתני אצלך מחמת נוי מעשיך [לעיל נג:]. **כלה מזנה בתוך חופתה.** בעוד שכינה וישראל בסיני עשו את העגל שהרי לא נסעו מסיני עד לאחר הקמת המשכן בשנה שניה כדכתיב ויהי בשנה השנית בחדש השני וגו' ויסעו בני ישראל למסעיהם ממדבר סיני (במדבר י) [גיטין לו:]. **ברה דבת שמואל.** בכמה מקומות קרי ליה בר רחל וכן שמואל היתה ונשבית לבין העמים כדאמר בכתובות (כג.) ואת עליה הבא ונתעברה ממנו ואמר רב מרי בריה הורתו שלא בקדושה הוא לכך לא היה נקרא על שם אביו [ברכות טז.]. בת שמואל הוא, ונשבית ונשאה נכרי ונתגייר ומרי הורתו שלא בקדושה וילידתו בקדושה ונמצאת כבודו מתלאותו על שם אמו [ב"מ עג:]. **מאי קרא.** דיש לדרוש עליהם כלה מזנה בחופתה [גיטין שם]. **עד שהמלך במסיבו.** בעוד המלך על שולחן מסיבת חופתו. **נרדי נתן ריחו.** בעוד שהשכינה בסיני קלקלתי בעגל [שה"ש א, יב]. בושמי עזב ריחו הטוב כמו ולא נתן סיחון את ישראל וגו' (במדבר כא) [גיטין שם]. **ועדיין חביבותא הוא גבן.** ולשון חיבה כתב הכתוב נתן ריחו ולא כתב הבאיש או הסריח [שה"ש שם ע"ש]. אע"פ שהזכיר קלקוליהן לא הזכיר אלא במראית חיבה דלא כתיב הסריח. **הנעלבים.** גרסי' אותן שנעלבים מיד אחרים. **ואינן עולבין.** את אחרים. **עושין.** מצות מאהבת המקום ולא ליטול שכר ולא מיראת פורענות [גיטין שם]. **ואוהביו כצאת השמש בגבורתו.** לעתיד לבא שבעתים כאור שבעת הימים שהיא על אחת שלש מאות וארבעים ושלש כמספר ארבעים ותשע שביעיות [שופטים ה, לא]. **וכפטיש.** פי"ק בלע"ז ויש אומר מרטיי"ל בלע"ז [ירמיה כג, כט]. **שמעו כי נגידים אדבר** דברי נגידות וחשיבות [משלי ח, ו]. **למיימינין.** שמפשפשין טעמיהן בדקדוק וזורזין כימין המיומנת למלאכה. **למשמאילים בה.** שאין יגעים בה כל צרכן אי נמי מיימינין בה עוסקין לשמה משמאילים שלא לשמה [לעיל סג. ע"ש]. **בין שדי.** בין שני בדי הארון [שה"ש שם, יג]. **גשם נדבות תניף אלהים וגו'.** במתן תורה כתיב שיצתה נשמתן שנאמר נפשי יצאה בדברו (שיר השירים ה) והניף עליהן טל תחייתו שנאמר גשם נדבות תניף אלהים והאי קרא משתעי במתן תורה במזמור יקום אלהים יפוצו אויביו [חגיגה יב:]. **חזרו ישראל לאחוריהן.** היו נרתעין לאחוריהן י"ב מיל כאורך מחניהם ומלאכי השרת מסייעין אותן להחזירן שנא' (תהלים סח) מלכי צבאות ידודון ידודון [שמות כ, טו]. **שפירש שדי מזיו שכינתו.** פרשז נוטריקון הוא דריש [סוכה ה.].

ולא כתיב הסריח. לשון מגונה לא היה לו לכתוב אלא לכתוב אלא כלומר ולא כתב ערב ריחו דהוה משמע הסריח אלא כתב נתן לשון חביבות: **מה** פטיש זה מתחלק לכמה ניצוצות. הקשה רבינו שמואל והא קרא משמע דהפטיש מפוצץ את הסלע מדלא כתיב והפטיש יפוצצנו סלע וכן אנו רואין שהפטיש מפוצץ סלעים וליכא למיגרס מה סלע מתחלק לכמה ניצוצות דהא דיבור דהיינו תורה נמשלה לפטיש ולא לסלע וקונטרס פי' מה פטיש מתחלק הסלע על ידו ואינו מיושב שהדיבור הוא עצמו מתחלק ואינו דמיון גמור ואומר ר"ת דקרא מיירי באבן המפוצץ ברזל דאמר במדרש חזית מעשה באחד שקנה סנפירין ונתנה לבודקה נתנה על הסדן והכה עליה בקורנס נחלק הפטיש ונשבר הסדן וסנפירין לא זז ממקומו הה"ד וכפטיש יפוצץ סלע ואף על גב דלא כתיב יפוצצנו סלע הרבה פסוקים יש כענין זה אבנים שחקו מים (איוב יד) פי' שחקו אותן מים ואתי שפיר דאמר בפ"ק דקידושין (דף ל:) תנא דבי רבי ישמעאל בני אם פגע בך מנוול זה משכהו לביהמ"ד ואם אבן הוא נמוח שנא' אבנים שחקו מים פירוש שחקו אותם מים ואם ברזל הוא מתפוצץ פירוש אם יצר הרע מתחזק עליו כברזל מתפוצץ שנאמר וכפטיש יפוצץ סלע ואף על פי דהתם מדמה יצה"ר לפטיש וכאן מדמה ד"ת לפטיש אין לחוש ° דמקרא אחד יוצא לכמה טעמים:

תורה

דסגינן בשלימותא כתיב בהו תומת ישרים תנחם הנך אינשי דסגן בעלילותא כתיב בהו וסלף בוגדים ישדם: א"ר שמואל בר נחמני א"ר יונתן מאי דכתיב לבבתני אחותי כלה לבבתני באחת מעיניך בתחילה באחת מעיניך לכשתעשי בשתי עיניך אמר עולא עלובה כלה מזנה בתוך חופתה אמר רב מרי ברה דבת שמואל מאי קרא עד שהמלך במסיבו נרדי וגו' אמר רב ועדיין חביבותא היא גבן דכתי' נתן ולא כתב הסריח ת"ר עלובין ואינן עולבין שומעין חרפתן ואינן משיבין עושין מאהבה ושמחין ביסורין עליהן הכתוב אומר ואוהביו כצאת השמש בגבורתו א"ר יוחנן מאי דכתיב ה' יתן אומר המבשרות צבא רב כל דיבור ודיבור שיצא מפי הגבורה נחלק לשבעים לשונות תני דבי ר' ישמעאל וכפטיש יפוצץ סלע מה פטיש זה נחלק לכמה ניצוצות אף כל דיבור ודיבור שיצא מפי הקב"ה נחלק לשבעים לשונות אמר רב חננאל בר פפא מ"ד שמעו כי נגידים אדבר למה נמשלו דברי תורה כנגיד לומר לך מה נגיד זה יש בו להמית ולהחיות אף ד"ת יש בם להמית ולהחיות היינו דאמר רבא למיימינין בה סמא דחיי למשמאילים בה סמא דמותא ד"א נגידים כל דיבור ודיבור שיצא מפי הקב"ה קושרים לו שני כתרים: א"ר יהושע בן לוי מ"ד צרור המור דודי לי בין שדי ילין אמרה כנסת ישראל לפני הקב"ה רבש"ע אף על פי שמיצר ומימר לי דודי בין שדי ילין אשכול הכופר דודי לי בכרמי עין גדי מי שהכל שלו מכפר לי על עון גדי שכרמתי לי מאי משמע דהאי כרמי לישנא דמכניש הוא אמר מר זוטרא בריה דרב נחמן כדתנן כסא של כובס שכורמים עליו את הכלים: וא"ר יהושע בן לוי מאי דכתיב לחייו כערוגת הבושם כל דיבור ודיבור שיצא מפי הקב"ה נתמלא כל העולם כולו בשמים וכיון שמדיבור ראשון נתמלא דיבור שני להיכן הלך הוציא הקב"ה הרוח מאוצרותיו והיה מעביר ראשון ראשון שנאמר שפתותיו שושנים נוטפות מור עובר אל תקרי שושנים אלא ששונים: ואריב"ל כל דיבור ודיבור שיצא מפי הקב"ה יצתה נשמתן של ישראל שנאמר נפשי יצאה בדברו ומאחר שמדיבור ראשון יצתה נשמתן דיבור שני היאך קיבלו הוריד טל שעתיד להחיות בו מתים והחיה אותם שנאמר גשם נדבות תניף אלהים נחלתך ונלאה אתה כוננתה ואמר ר' יהושע בן לוי כל דיבור ודיבור שיצא מפי הקב"ה חזרו ישראל לאחוריהן י"ב מיל והיו מלאכי השרת מדדין אותן שנאמר מלאכי צבאות ידודון ידודון אל תיקרי ידודון אלא ידדון: ואריב"ל בשעה שעלה משה למרום אמרו מלאכי השרת לפני הקב"ה רבש"ע מה לילוד אשה בינינו אמר להן לקבל תורה בא אמרו לפניו חמודה גנוזה שגנוזה לך תשע מאות ושבעים וארבעה דורות קודם שנברא העולם אתה מבקש ליתנה לבשר ודם מה אנוש כי תזכרנו ובן אדם כי תפקדנו ה' אדונינו מה אדיר שמך בכל הארץ אשר תנה הודך על השמים אמר לו הקב"ה למשה החזיר להן תשובה אמר לפניו רבש"ע מתירא אני שמא ישרפוני בהבל שבפיהם אמר לו אחוז בכסא כבודי וחזור להן תשובה שנאמר מאחז פני כסא פרשז עליו עננו ואמר ר' נחום מלמד שפירש שדי מזיו שכינתו ועננו עליו אמר לפניו רבונו של עולם תורה שאתה נותן לי מה כתיב בה אנכי ה' אלהיך אשר הוצאתיך מארץ מצרים אמר להן למצרים ירדתם לפרעה השתעבדתם תורה למה תהא לכם שוב מה כתיב בה לא יהיה לך אלהים אחרים בין עמים אתם שרויין שעובדין ע"ז

דסגינן בשלימותא. התהלכנו עמו בתום לב כדרך העושים מאהבה וסמכנו עליו שלא יטעננו בדבר שלא נוכל לעמוד בו: **בתחלה.** בקבלה שקבלתם אחת הוא אצלכם ולבסוף כשקיימתם שתים יש: **לבבתני.** קרבתני: **עלובה.** חצופה דעולבנא לישנא דחוצפא היא והכי אמר במס' גיטין: **מזנה בתוך חופתה.** כישראל כשעמדו בסיני ועשו העגל: **במסיבו.** בחופתו: **נתן.** עזב ריחו הטוב לאחרים: **ועדיין חביבותא היא גבן.** אע"פ שהמקרא מספר בגנותנו הראה לנו לשון חבה מדלא כתיב הסריח: **הנעלבים ואינם עולבים.** אחרים באין עליהם בחוצפה ולא הן על אחרים: **עושין מאהבת המקום** ושמחים ביסורים. על עליבה הבאה עליהם: **צבא רב.** כל האומות: **מה פטיש.** מתחלק הסלע על ידו לכמה ניצוצות: **למיימינין.** (ב) עסוקים בכל כחם וטרודים לדעת סודה כאדם המשתמש ביד ימינו שהיא עיקר: **קושרים לו שני כתרים.** לדבור שהיה בו ממש ונראה כדכתיב רואים את הקולות (שמות כ): **אע"פ שמיצר ומימר לי דודי.** בעגל שאמר הורד עדיך: **בין שדי ילין.** אמר מיד לעשות לו משכן להיות מצומצמת שכינתו בין שני הבדים שנראי' במקדש ראשון כשני שדים דוחקין ובולטין בפרוכת שכנגד הפתח: **עין גדי.** עון עגל שהוא מין בהמה לשון אחר לשון עכו"ם העורכים לגד שלחן (ישעיה סה): **שכרמתי.** שאספתי להתאוות אלהות הרבה כדכתיב אלה אלהיך ישראל (שמות לב): **שכורמים עליו.** שאוספין עליו את הבגדים והוא דף ארוכה ומנוקבת נקבים הרבה ומניח המוגמר תחתיה והכלים מתגמרין מדרך הנקבים. לישנא דמיכנש גרסינן: **מעביר ראשון.** (ג) לגן עדן: **מור עובר.** על שהעבירן: **גשם נדבות.** גבי מתן תורה כתיב בספר תהלים: **י"ב מיל.** זו היא מדת מחניהם והיו הקרובים לדיבור חוזרין מפחד הקול עד קצה המחנה: **מדדין אותן.** מסייעין אותן להתקרב מעט מעט שהיו חלשים כאשה המדדה את בנה בתחלת הילוכו: **ידודון.** משמע הם עצמם ידודון: **ידדון.** מדדין אחרים: **תתקע"ד דורות.** (ד) באלפים שנה שקדמה תורה לעולם היו עתידין דורות הללו להבראות שנאמר (תהלים קה) דבר צוה לאלף דור ° וראה הקב"ה שאין העולם מתקיים בלא תורה כל כך והעבירן ולא בראן ונתנה לכ"ו דורות. הרי שחסרו תתקע"ד מאלף: **מה אדיר שמך.** אדיר הוא הרבה בארץ ואין ראוי לך ליתן הודך שם כי אם על השמים: **פירש שדי מזיו.** נוטריקון של פרשז:

קנאה

מסורת הש"ס

א) גיטין לו:, ב) [שם א"ר רבא], ג) ג"ז שם ויומא כג., ד) [סנהדרין לד.], ה) [יומא עב: ע"ש], ו) כלים פכ"ג מ"ד, ז) [לעיל נ.] פסחים קיח., ח) [חגיגה יב:], ט) [בקרא כתיב מלכי ועמ"ש הפטנה רוח פי' יתרון], י) [חגיגה יב. זבחים קטז.], כ) [סוכה ה.], ל) [בסוכה איתא תנחום], מ) נ"א עזב, נ) [במדרש רבה איכה ד"ה זכו מזיקין].

הגהות הב"ח

(א) גמ' תנו רבנן הנעלבין: (ב) רש"י ד"ה למיימינין. נ"ב ע' לעיל דף סג ע"א: (ג) ד"ה מעביר לאשון לאשון לג"ע: (ד) ד"ה תתקע"ד דורות. נ"ב ועיין בחגיגה פרק אין דורשין סוף דף יג ולא דף יד:

גליון הש"ס

רש"י ד"ה תתקע"ד דורות וכו' וראה הקב"ה שאין העולם מתקיים. במדרש רבה בראשית פ"ח איתא ראה הקב"ה שהיו רשעים נמנה לכ"ו דורות והמתקע"ד שמלן בכל דור ודור והן עזי פנים שבדורות: תוס' ד"ה מה פטיש וכו' כמדר דמקרא אחד יוצא לכמה טעמים. ע' בהרא"ם פרשת וארא בפסוק ט':

תורה אור השלם

א) תמת ישרים תנחם וסלף בוגדים ישדם: [משלי יא, ג]

ב) לבבתני אחתי כלה לבבתני באחת מעיניך באחד ענק מצורניך: [שיר השירים ד, ט]

ג) עד שהמלך במסבו נרדי נתן ריחו: [שיר השירים א, יב]

ד) כן יאבדו כל אויביך יי ואהביו כצאת השמש בגברתו ותשקט הארץ ארבעים שנה: [שופטים ה, לא]

ה) אדני יתן אמר המבשרות צבא רב: [תהלים סח, יב]

ו) הלוא כה דברי כאש נאם יי וכפטיש יפצץ סלע: [ירמיה כג, כט]

ז) שמעו כי נגידים אדבר ומפתח שפתי מישרים: [משלי ח, ו]

ח) צרור המר דודי לי בין שדי ילין: [שיר השירים א, יג]

ט) אשכל הכפר דודי לי בכרמי עין גדי: [שיר השירים א, יד]

י) לחיו כערוגת הבשם מגדלות מרקחים שפתותיו שושנים נטפות מור עבר: [שיר השירים ה, יג]

כ) פתחתי אני לדודי ודודי חמק עבר נפשי יצאה בדברו בקשתיהו ולא מצאתיהו קראתיו ולא ענני: [שיר השירים ה, ו]

ל) גשם נדבות תניף אלהים נחלתך ונלאה אתה כוננתה: [תהלים סח, י]

מ) מלכי צבאות ידדון ידדון ונות בית תחלק שלל: [תהלים סח, יג]

נ) מה אנוש כי תזכרנו ובן אדם כי תפקדנו: [תהלים ח, ה]

ס) יי אדנינו מה אדיר שמך בכל הארץ אשר תנה הודך על השמים: [תהלים ח, ב]

ע) מאחז פני כסה פרשז עליו עננו: [איוב כו, ט]

פ) אנכי יי אלהיך אשר הוצאתיך מארץ מצרים מבית עבדים: [שמות כ, ב]

צ) לא יהיה לך אלהים אחרים על פני: [שמות כ, ג]

דְּסָגֵינַן בִּשְׁלֵימוּתָא – who go in the ways of **complete [faith],**[1] **כְּתִיב בָּן – it is written**[2] **about us:** "תֻּמַּת יְשָׁרִים תַּנְחֵם" – ***The perfect [faith] of the upright shall lead them.***[3] **הָנָךְ אִינְשֵׁי דְּסָגָן בַּעֲלִילוּתָא – Those people who go in** the ways of **perverseness, כְּתִיב בְּהוּ – it is written**[4] **about them:** "וְסֶלֶף בֹּגְדִים יְשָׁדֵּם" – ***and the perverseness of the faithless shall destroy them.***

Another Aggadic teaching about Israel's acceptance of the Torah:

אָמַר רַבִּי שְׁמוּאֵל בַּר נַחְמָנִי אָמַר רַבִּי יוֹנָתָן – R' Shmuel bar Nachmani said in the name of R' Yonasan: מַאי דִּכְתִיב – What is the meaning of **that which is written:**[5] "לִבַּבְתִּנִי אֲחֹתִי כַלָּה לִבַּבְתִּנִי בְּאַחַת מֵעֵינַיִךְ" – ***You have captured My heart, My sister, O bride; you have captured My heart with one of your eyes?*** **בִּתְחִילָּה – At first,** when you accepted the Torah, "בְּאַחַת מֵעֵינַיִךְ" – you attracted Me **with** only **one of your eyes. לִכְשֶׁתַּעֲשִׂי – But when you perform** the Torah, **בִּשְׁתֵּי עֵינַיִךְ** – you attract Me **with both of your eyes.**[6]

While still at Sinai, only a few weeks after accepting the Torah, the Jewish people sinned with the Golden Calf. The Gemara describes this sudden downfall:

אָמַר עוּלָּא – Ulla said: עֲלוּבָה כַּלָּה מְזַנָּה בְּתוֹךְ חוּפָּתָהּ – How shameless is the bride who is unfaithful while still **in her bridal chamber.**[7]

The Gemara supports Ulla's description of Israel's behavior:

אָמַר רַב מָרִי בְּרָהּ דְּבַת שְׁמוּאֵל – Rav Mari the son of Shmuel's daughter[8] **said: מַאי קְרָא – What is the verse** that reflects Ulla's sentiment? "עַד־שֶׁהַמֶּלֶךְ בִּמְסִבּוֹ נִרְדִּי וגו׳" – ***While the King was still at His banquet, my perfume etc.*** [*gave out its fragrance*].[9]

Rav remarks:

אָמַר רַב – Rav said: וַעֲדַיִין חֲבִיבוּתָא הִיא גַּבָּן – Though the verse describes our nation's disgrace, **it is still** with **a** show of **endearment towards us** that it does so, **דִּכְתִיב "נָתַן" וְלֹא כָּתַב הִסְרִיחַ – for it is written "gave out," and it is not written "putrefied."**[10]

The Gemara records another context in which the root עלב is used:[11]

תָּנוּ רַבָּנָן – The Rabbis taught in a Baraisa: עֲלוּבִין וְאֵינָן עוֹלְבִין – THOSE WHO SUFFER INSULT BUT DO NOT INSULT in response, **שׁוֹמְעִין חֶרְפָּתָן וְאֵינָן מְשִׁיבִין – WHO HEAR THEIR DISGRACE BUT DO NOT REPLY, עוֹשִׂין מֵאַהֲבָה וּשְׂמֵחִין בְּיִסּוּרִין – WHO PERFORM** God's will **OUT OF LOVE**[12] **AND ARE HAPPY** even **IN SUFFERING,**[13] **עֲלֵיהֶן הַכָּתוּב אוֹמֵר – REGARDING THEM THE VERSE STATES:** "וְאֹהֲבָיו כְּצֵאת הַשֶּׁמֶשׁ בִּגְבֻרָתוֹ" – ***BUT THEY WHO LOVE HIM*** [God] ***SHALL BE AS THE SUN GOING FORTH IN ITS MIGHT.***[14]

The Gemara resumes its discussion about the giving of the Ten Commandments:

אָמַר רַבִּי יוֹחָנָן – R' Yochanan said: מַאי דִּכְתִיב – What is the meaning of **that which is written:**[15] "ה׳ יִתֶּן־אֹמֶר הַמְבַשְּׂרוֹת צָבָא רָב" – ***My Lord made a declaration, the heralds are a mighty host?*** **כָּל דִּיבּוּר וְדִיבּוּר שֶׁיָּצָא מִפִּי הַגְּבוּרָה – Every single statement**[16] **that emanated from the mouth of the Holy One, Blessed is He, נֶחֱלַק לְשִׁבְעִים לְשׁוֹנוֹת – was divided into seventy languages.**[17]

A Baraisa derives this point from a different verse:

תָּנֵי דְּבֵי רַבִּי יִשְׁמָעֵאל – A Baraisa of the academy of R' Yishmael

NOTES

1. We trusted God as one would out of love. We relied on Him not to burden us with something we could not uphold (*Rashi*).

2. *Proverbs* 11:3.

3. To their desired destination (*Ralbag* ibid.; see *Maharsha*).

4. Ibid.

5. *Song of Songs* 4:9. In this verse, a man (representing God) speaks to his beloved bride (representing Israel).

6. The verse speaks of Israel's connection with God, which was formed at Sinai (see note 7). However, at Sinai there was only *acceptance* of the Torah, and not *observance.* [While still at Sinai, the Jews sinned with the Golden Calf (see continuation of the Gemara).] Therefore, the verse specifies "one" of their eyes (*Maharal*).

The "eye" represents the process of "seeing," which can occur either in one's mind or in reality. When the Jewish people accepted the Torah, they saw it only in their mind ["one eye"]. It was not until they carried out the Torah that they saw it (i.e. its practice) physically as well ["two eyes"] (*Maharsha*).

7. Ulla used this allegory to describe the shameful behavior of the Jews who, while still encamped at Sinai – the "bridal chamber" where God had taken them to be His holy nation – were unfaithful to Him by worshiping the Golden Calf (*Rashi;* see *Rashi* to *Gittin* 36b ד״ה שזינתה). [We find elsewhere that the Revelation is likened to a "marriage" between God and Israel (e.g. *Taanis* 26b, end of Mishnah).]

Furthermore, they were still involved at that time in receiving the Torah, for Moses had not yet brought the Tablets of the Law down from the mountain (*Eitz Yosef*).

8. Rav Mari's father is not mentioned because he was an idolater at the time of Rav Mari's conception. Rav Mari's mother, the daughter of Shmuel, was kidnaped and violated by an idolater (see *Kesubos* 23a) and it was from that union that Rav Mari was born (*Rashbam* to *Bava Basra* 149a ד״ה דאיסור; cf. *Tosafos* ibid.).

9. *Song of Songs* 1:12. The entire verse reads: עַד־שֶׁהַמֶּלֶךְ בִּמְסִבּוֹ נִרְדִּי נָתַן רֵיחוֹ, *While the King was still at his banquet, my perfume gave out its fragrance.* Rav Mari interprets נָתַן, *gave out,* in the sense of *abandoned.* Thus, Israel confesses that while the Supreme King still sat at His wedding banquet, so to speak, her perfume abandoned its goodly fragrance to others (*Rashi*), i.e. she was unfaithful to Him.

10. The verse should have said that Israel's scent became putrid, but said instead only that its goodly scent disappeared. This choice of expression is a mark of God's continued love for the Jewish nation, despite its faithlessness towards Him (*Rashi;* cf. *Tosafos*). [In *Gittin* 36b, this teaching is attributed to רָבָא, *Rava.*]

11. [This passage appears in *Gittin* 36b, where the point under discussion is the meaning of עלב.] See *Hagahos Yavetz.*

12. That is, they perform God's commandments out of love for Him, not in order to earn reward or to avoid punishment (*Rashi* to *Gittin* ibid.).

13. The suffering caused by the insults and disgrace to which they are subjected (*Rashi*).

14. *Judges* 5:31. The Baraisa alludes to the Aggadah cited in *Chullin* 60b that the moon was originally as great as the sun, but was reduced in size after complaining that it was not fitting for two equally great luminaries to reign together. The sun, which did not respond to the moon's complaint, remained undiminished. Similarly, those who suffer insult but do not respond will be "as the sun that goes forth in its might"; i.e. they will emerge undiminished by their silence, whereas their antagonists will not only fail in their schemes but will be humbled as well (*Tos. HaRosh; Meiri* to *Gittin* ibid.).

15. *Psalms* 68:12.

16. I.e. each one of the Ten Commandments (see *Maharsha* ד״ה דבור שני).

17. [That is, it could be heard by each of the seventy nations in its own language.] צָבָא רָב, *mighty host,* is interpreted as referring to all the nations (*Rashi*).

God did this so that the nations would not be able to claim later: "If we would have heard the Torah in our own language, we would have accepted it" (*Maharsha*).

[The root of all languages in the world is Hebrew, the Holy Tongue. Hebrew was spoken exclusively until God confused the tongues of mankind at the Tower of Babel. He then distorted the Holy Tongue in seventy different ways, and seventy derivatives of Hebrew emerged. These languages were so corrupt that it was impossible to recognize their holy source. At Sinai, God split every Hebrew word He uttered into seventy languages to display the spark of holiness which is at the core of every foreign tongue (see *Sfas Emes* at the end of *Parashas Noach* and to *Psalms* 68:12).]

לא א מיי' פ"ה מהלכות דעות הלכה יג:

רב נסים גאון

לוי שאותיותיו משולשין מזרע אברהם יצחק ויעקב שלשה בחודש משלש ניסן אייר סיון בסיני שאותיותיו משולשים לשלשה ימים נתקדשו שנאמר (שמות יט) והיו נכונים ליום השלישי: אמרו לפני רבונו של עולם חמדה שגנוזה לפניך תשע מאות ושבעים וארבעה דורות קודם שנברא העולם. הא מלתא נפקא להו לרבנן (ב"ר פכ"ח) מהאי קרא (תהלים קה) זכר לעולם בריתו דבר צוה לאלף דור שלפי שמצאו מן יצירת אדם הראשון ועד נתינת התורה כ"ו דורות וזה פרטן י' דורות מאדם עד נח וי' מנח עד אברהם ומאברהם עד משה ו' דורות אברהם יצחק יעקב לוי קהת עמרם עד משה ועל ידו ניתנה התורה וכבר שלמו כ"ו דורות ידעו כי התורה היתה גנוזה תתקע"ד דורות וכיון שעברו עליה מימות העולם כ"ו דורות שהן השלמת אלף דור ניתנה התורה כדי שיתקיימו דבר צוה לאלף דור:

ולא כתיב הסריח. לשון מגונה לא היה לו לכתוב אלא כלומר ולא כתב מ) ערב ריחו דהוה משמע הסריח אלא כתב נתן לשון חביבות: **מה** פטיש זה מתחלק לכמה ניצוצות. הקשה רבינו שמואל והא קרא משמע דהפטיש מפוצץ את הסלע מדלא כתיב והפטיש יפוצצנו סלע וכן אנו רואין שהפטיש מפוצץ סלעים וליכא למיגרס מה סלע מתחלק לכמה נילוצות דהא דיבור דהיינו תורה נמשלה לפטיש ולא לסלע ובקונטרס פי' מה פטיש מתחלק הסלע על ידו ואינו מיושב שהדיבור הוא עצמו מתחלק ואינו דמיון גמור ואומר ר"ת דקרא מיירי באבן המפוצץ ברזל דאמר י) במדרש חזית מעשה באחד שקנה סנפירין ובא לבודקה נתנה על הסדן והכה עליה בקורנס נחלק הפטיש ונשבר הסדן וסנפירין לא זז ממקומו הה"ד וכפטיש יפוצץ סלע ואף על גב דלא כתיב יפוצצנו סלע הרבה פסוקים יש כענין זה אבנים שחקו מים (איוב יד) פי' שחקו אותן מים ואתי שפיר דאמר בפ"ק דקידושין (דף ל:) תנא דבי רבי ישמעאל בני אם פגע בך מנוול זה משכהו לביהמ"ד ואם אבן הוא נמוח שנא' אבנים שחקו מים פירוש שחקו אותם מים ואם ברזל הוא מתפוצץ פירוש אם יצר הרע מתחזק עליו כברזל מתפוצץ שנאמר וכפטיש יפוצץ סלע ואף על פי דהתם מדמה יצה"ר לפטיש וכאן מדמה ד"ת לפטיש אין לחוש ° דמקרא אחד יוצא לכמה טעמים:

תורה

דסגינן בשלימותא כתיב בן א) תומת ישרים תנחם הנך אינשי דסגן בעלילותא כתיב בהו א) וסלף בוגדים ישדם: א"ר שמואל בר נחמני א"ר יונתן מאי דכתיב ב) לבבתני אחותי כלה לבבתני באחת מעיניך בתחילה באחת מעיניך לכשתעשי בשתי עיניך ה) אמר עולא עלובה כלה מזנה בתוך חופתה אמר רב מרי ברה דבת שמואל מאי קרא ג) עד שהמלך במסיבו נרדי וגו' אמר ו) רב ועדיין חביבותא היא גבן דכתי' ג) נתן ולא כתב הסריח ז) ת"ר (א) א עלובין ואינן עולבין שומעין חרפתן ואינן משיבין עושין מאהבה ושמחין ביסורין עליהן הכתוב אומר ד) ואוהביו כצאת השמש בגבורתו א"ר יוחנן מאי דכתיב ה) ה' יתן אומר המבשרות צבא רב כל דיבור ודיבור שיצא מפי הגבורה נחלק לשבעים לשונות תני דבי ר' ישמעאל ו) וכפטיש יפוצץ סלע י) מה פטיש זה נחלק לכמה ניצוצות אף כל דיבור ודיבור שיצא מפי הקב"ה נחלק לשבעים לשונות אמר רב חננאל בר פפא מ"ד ז) שמעו כי נגידים אדבר למה נמשלו דברי תורה כנגיד לומר לך מה נגיד זה יש בו להמית ולהחיות אף ד"ת יש בם להמית ולהחיות היינו דאמר כ) רבא למיימינין בה סמא דחיי למשמאילים בה סמא דמותא ד"א נגידים כל דיבור ודיבור שיצא מפי הקב"ה קושרים לו שני כתרים: א"ר יהושע בן לוי מ"ד ח) צרור המור דודי לי בין שדי ילין אמרה כנסת ישראל לפני הקב"ה רבש"ע אף על פי שמיצר ומימר לי דודי בין שדי ילין ט) אשכול הכופר דודי לי בכרמי עין גדי מי שהכל שלו מכפר לי על עון גדי שכרמתי לי מאי משמע דהאי כרמי לישנא דמכניש הוא אמר מר זוטרא בריה דרב נחמן כדתנן ל) כסא של כובס שכורמים עליו את הכלים: וא"ר יהושע בן לוי מאי דכתיב י) לחייו כערוגת הבושם כל דיבור ודיבור שיצא מפי הקב"ה נתמלא כל העולם כולו בשמים וכיון שמדיבור ראשון נתמלא דיבור שני להיכן הלך הוציא הקב"ה הרוח מאוצרותיו והיה מעביר ראשון ראשון שנאמר י) שפתותיו שושנים נוטפות מור עובר אל תקרי שושנים אלא ששונים: ואריב"ל כל דיבור ודיבור שיצא מפי הקב"ה יצתה נשמתן של ישראל שנאמר כ) נפשי יצאה בדברו ומאחר שמדיבור ראשון יצתה נשמתן דיבור שני היאך קיבלו הוריד מ) טל שעתיד להחיות בו מתים והחיה אותם שנאמר ל) גשם נדבות תניף אלהים נחלתך ונלאה אתה כוננתה ואמר ר' יהושע בן לוי כל דיבור ודיבור שיצא מפי הקב"ה חזרו ישראל לאחוריהן י"ב מיל והיו מלאכי השרת מדדין אותן שנאמר מ) נ) מלאכי צבאות ידודון ידודון אל תיקרי ידודון אלא ידדון: ואריב"ל בשעה שעלה משה למרום אמרו מלאכי השרת לפני הקב"ה רבש"ע מה לילוד אשה בינינו אמר להן לקבל תורה בא אמרו לפניו חמודה גנוזה שגנוזה לך תשע מאות ושבעים וארבעה דורות ו) קודם שנברא העולם אתה מבקש ליתנה לבשר ודם נ) מה אנוש כי תזכרנו ובן אדם כי תפקדנו ס) ה' אדונינו מה אדיר שמך בכל הארץ אשר תנה הודך על השמים אמר לו הקב"ה למשה החזיר להן תשובה אמר לפניו רבש"ע מתירא אני שמא ישרפוני בהבל שבפיהם אמר לו אחוז בכסא כבודי וחזור להן תשובה שנאמר ע) ע) מאחז פני כסא פרשז עליו עננו ואמר ר' ל) נחום מלמד שפירש שדי מזיו שכינתו ועננו עליו אמר לפניו רבונו של עולם תורה שאתה נותן לי מה כתיב בה פ) אנכי ה' אלהיך אשר הוצאתיך מארץ מצרים אמר להן למצרים ירדתם לפרעה השתעבדתם תורה למה תהא לכם שוב מה כתיב בה צ) לא יהיה לך אלהים אחרים בין עמים אתם שרויין שעובדין

ע"ז

דסגינן בשלימותא. התהלכנו עמו בתום לב כדרך העושים מאהבה וסמכנו עליו שלא יטעננו בדבר שלא נוכל לעמוד בו: **בתחלה**. בקבלה שקבלתם אחת הוא אצלכם ולבסוף כשקיימתם שתים יש: **לבבתני**. קרבתני: **עלובה**. חצופה דעולבנא לישנא דחוצפא היא והכי אמר במס' גיטין: **מזנה בתוך חופתה**. כישראל כשעמדו בסיני ועשו העגל: **במסיבו**. בחופתו: **נתן**. עזב ריחו הטוב לאחרים: **ועדיין חביבותא היא גבן**. אע"פ שהמקרא מספר בגנותנו הראה לנו לשון חבה מדלא כתיב הסריח: **הנעלבים ואינם עולבים**. אחרים באין עליהם בחוצפה ולא הן על אחרים: **עושין מאהבת המקום ושמחים ביסורים**. על עליבה הבאה עליהם: **צבא רב**. כל האומות: **מה פטיש**. מתחלק הסלע על ידו לכמה נילוצות: **למיימינין**. (ב) עסוקים בכל כחם וטרודים לדעת סודה כאדם המשתמש ביד ימינו שהיא עיקר: **קושרים לו שני כתרים**. לדבור שהיה בו ממש ונראה כדכתיב רואים את הקולות (שמות כ): **אע"פ שמיצר ומימר לי דודי**. בעגל שאמר הורד עדיך: **בין שדי ילין**. אמר מיד לעשות לו משכן להיות מצומצמת שכינתו בין שני הבדים שנראין במקדש ראשון כשני שדים דוחקין ובולטין בפרוכת שכנגד הפתח: **עין גדי**. עון עגל שהוא מין בהמה לשון אחר לשון עכו"ם העורכים לגד שלחן (ישעיה סה): **שכרמתי**. שאספתי להתאוות אלהות הרבה כדכתיב אלה אלהיך ישראל (שמות לב): **שכורמים עליו**. שמאספין עליו את הבגדים והוא דף ארוכה ומנוקבת נקבים הרבה ומניח המוגמר תחתיה והכלים מתגמרין מדרך הנקבים. לישנא דמיכנש גרסינן: **מעביר ראשון**. (ג) לגן עדן: **מור עובר**. על שהעבירן: **גשם נדבות**. גבי מתן תורה כתיב בספר תהלים: **י"ב מיל**. זו היא מדת מחניהם והיו הקרובים לדיבור חוזרין מפחד הקול עד קצה המחנה: **מדדין אותן**. מסייעין אותן להתקרב מעט מעט שהיו חלשים כאשה המדדה את בנה בתחלת הילוכו: **ידודון**. משמע הם עצמם ידודון: **ידדון**. מדדין אחרים: **תתקע"ד דורות**. (ד) באלפים שנה שקדמה תורה לעולם היו עתידין דורות הללו להבראות שנאמר (תהלים קה) דבר צוה לאלף דור ° וראה הקב"ה שאין העולם מתקיים בלא תורה כל כך והעבירן ולא בראן ונתנה לכ"ו דורות. הרי שחסרו תתקע"ד מאלף: **מה אדיר שמך**. אדיר הוא הרבה בארץ ואין ראוי לך ליתן הודך שם כי אם על השמים: **פירש שדי מזיו**. נוטריקון של פרשז:

קנאה

מסורת הש"ס

א) גיטין לו:, ב) [שם אי' רבא], ג) ג"ז שם ויומא כג., ד) [סנהדרין לד.], ה) [יומא עב: ע"ש], ו) כלים פכ"ג מ"ד, ז) [לעיל נ.], ח) [חגיגה יב:], ט) [בקהלת כתיב מלבי ועמ"ש הפענח רזא פ' יתרו], י) [חגיגה יג: זבחים קטז.], כ) [סוכה ה.], ל) [בסוכה איתא תנחום], מ) ג"א עוז, נ) [במדרש רבה איכה ד"ה זכו מזריר].

הגהות הב"ח

(א) גמ' תנו רבנן הנעלבין: (ב) רש"י ד"ה למיימינין. נ"ב ע' לעיל דף סג ע"א: (ג) ד"ה מעביר ראשון לגן עדן נ"ב: (ד) ד"ה תתקע"ד דורות. נ"ב ועיין בחגיגה פרק אין דורשין סוף דף יג ורלש דף יד:

גליון הש"ס

רש"י ד"ה תתקע"ד דורות וכו' וראה הקב"ה שאין העולם מתקיים. במדרש רבה בראשית פ"א איתא ראה הקב"ה שהיו רשעים נתנה לכ"ו דורות והתתקע"ד שתלן בכל דור ודור והן עזי פנים שבדורות: תוס' ד"ה מה פטיש וכו' דמקרא אחד יוצא לכמה טעמים. ע' בהרא"ש פרשת ולת"ח בפסוק ט'.

תורה אור השלם

א) תֻּמַּת יְשָׁרִים תַּנְחֵם וְסֶלֶף בֹּגְדִים יְשָׁדֵּם: [משלי יא, ג]

ב) לִבַּבְתִּנִי אֲחֹתִי כַלָּה לִבַּבְתִּנִי בְּאַחַת מֵעֵינַיִךְ בְּאַחַד עֲנָק מִצַּוְּרֹנָיִךְ: [שיר השירים ד, ט]

ג) עַד שֶׁהַמֶּלֶךְ בִּמְסִבּוֹ נִרְדִּי נָתַן רֵיחוֹ: [שיר השירים א, יב]

ד) כֵּן יֹאבְדוּ כָל אוֹיְבֶיךָ יְיָ וְאֹהֲבָיו כְּצֵאת הַשֶּׁמֶשׁ בִּגְבֻרָתוֹ וַתִּשְׁקֹט הָאָרֶץ אַרְבָּעִים שָׁנָה: [שופטים ה, לא]

ה) אֲדֹנָי יִתֶּן אֹמֶר הַמְבַשְּׂרוֹת צָבָא רָב: [תהלים סח, יב]

ו) הֲלוֹא כֹה דְבָרִי כָּאֵשׁ נְאֻם יְיָ וּכְפַטִּישׁ יְפֹצֵץ סָלַע: [ירמיה כג, כט]

ז) שִׁמְעוּ כִּי נְגִידִים אֲדַבֵּר וּמִפְתַּח שְׂפָתַי מֵישָׁרִים: [משלי ח, ו]

ח) צְרוֹר הַמֹּר דּוֹדִי לִי בֵּין שָׁדַי יָלִין: [שיר השירים א, יג]

ט) אֶשְׁכֹּל הַכֹּפֶר דּוֹדִי לִי בְּכַרְמֵי עֵין גֶּדִי: [שיר השירים א, יד]

י) לְחָיָו כַּעֲרוּגַת הַבֹּשֶׂם מִגְדְּלוֹת מֶרְקָחִים שִׂפְתוֹתָיו שׁוֹשַׁנִּים נֹטְפוֹת מוֹר עֹבֵר: [שיר השירים ה, יג]

כ) פָּתַחְתִּי אֲנִי לְדוֹדִי וְדוֹדִי חָמַק עָבָר נַפְשִׁי יָצְאָה בְדַבְּרוֹ בִּקַּשְׁתִּיהוּ וְלֹא מְצָאתִיהוּ קְרָאתִיו וְלֹא עָנָנִי: [שיר השירים ה, ו] ל) גֶּשֶׁם נְדָבוֹת תָּנִיף אֱלֹהִים נַחֲלָתְךָ וְנִלְאָה אַתָּה כוֹנַנְתָּהּ: [תהלים סח, י] מ) מַלְכֵי צְבָאוֹת יִדֹּדוּן יִדֹּדוּן וּנְוַת בַּיִת תְּחַלֵּק שָׁלָל: [תהלים סח, יג] נ) מָה אֱנוֹשׁ כִּי תִזְכְּרֶנּוּ וּבֶן אָדָם כִּי תִפְקְדֶנּוּ: [תהלים ח, ה] ס) יְיָ אֲדֹנֵינוּ מָה אַדִּיר שִׁמְךָ בְּכָל הָאָרֶץ אֲשֶׁר תְּנָה הוֹדְךָ עַל הַשָּׁמָיִם: [תהלים ח, ב] ע) מְאַחֵז פְּנֵי כִסֵּה פַּרְשֵׁז עָלָיו עֲנָנוֹ: [איוב כו, ט] פ) אָנֹכִי יְיָ אֱלֹהֶיךָ אֲשֶׁר הוֹצֵאתִיךָ מֵאֶרֶץ מִצְרַיִם מִבֵּית עֲבָדִים: [שמות כ, ב] צ) לֹא יִהְיֶה לְךָ אֱלֹהִים אֲחֵרִים עַל פָּנָי: [שמות כ, ג]

ליקוטי רש"י

תנחם. תנהלם. ישדם. ישדדם [משלי יא, ג]. לבבתני. משכת את לבי אליך [שה"ש ד, ט]. קרבתני אצלך מחמת נוי מעשיך [לעיל נג:]. כלה מזנה בתוך חופתה. [illegible] עשו את העגל [illegible] נסעו מסיני [illegible] במדבר [illegible] עד שהמלך במסיבו. בעוד המלך על השלחן מסיבת מוסבו. נרדי נתן ריחו. [illegible] חביבותא היא גבן. [illegible] ולשון חיבה כתב הכתוב נתן ריחו ולא כתיב הבאיש או הסריח [שה"ש שם ע"ש]. אע"פ שהזכיר קלקוליהן לא הזכיר אלא במראית חיבה דלא כתיב [illegible] גרסי' אותן שנעלבים מיד אחרים. ואינן עולבין. את אחרים. עושין. מצות מאהבת המקום ולא [illegible] יראת פורענות [גיטין שם]. ואוהביו כצאת השמש בגבורתו. לעתיד לבא שבעתים כאור שבעת [illegible] אמת שלש מאות וארבעים ושלש כמספר ארבעים ושלש ותשע שביעיות [שופטים ה, לא]. וכפטיש. פי"ק [illegible] מרטיי"ל בלע"ז [ירמיה כג, כט]. שמעו כי נגידים אדבר דברי נגידות ונשיכות [משלי ח, ו]. [illegible] פסין עמיקן בדקדוק ובוררין כימין המיומנת למלאכה. למשמאילים בה. שאין יגעים בה כל צרכן [illegible] עוסקין לשמה משמאילים שלא לשמה [לעיל סג. ע"ש]. בין שדי. בין שני בדי הארון [שה"ש שם, יג]. [illegible] אלהים וגו'. במתן תורה כתיב שילתה נשמתן שנאמר נפשי יצאה בדברו (שיר השירים ה) והניף [illegible] שנאמר גשם נדבות תניף אלהים והאי קרא משתעי במתן תורה במזמור יקום אלהים יפוצו אויביו [חגיגה יב:]. חזרו ישראל לאחוריהן. היו נרתעין לאחוריהם י"ב מיל [illegible] להחזירן שנא' (תהלים סח) מלכי צבאות ידודון ידודון [שמות כ, טו]. שפירש שדי מזיו שכינתו. פרשז נוטריקון קא דריש [סוכה ה.].

has taught the following exposition: "וּכְפַטִּישׁ יְפֹצֵץ סָלַע" – Scripture states:[18] ***AND LIKE A HAMMER, IT*** *[the word of God]* ***BREAKS A ROCK.*** This teaches that מַה פַּטִּישׁ זֶה נֶחְלָק לְכַמָּה נִיצוֹצוֹת – **JUST AS THIS HAMMER** causes the rock to **BE DIVIDED INTO MANY SLIVERS,**[19] אַף כָּל דִּיבּוּר וְדִיבּוּר שֶׁיָּצָא מִפִּי הַקָּדוֹשׁ בָּרוּךְ הוּא – **SO, TOO, EVERY SINGLE STATEMENT THAT EMANATED FROM THE MOUTH OF THE HOLY ONE, BLESSED IS HE,** נֶחֱלַק לְשִׁבְעִים לְשׁוֹנוֹת – **WAS DIVIDED INTO SEVENTY LANGUAGES.**

The Gemara discusses another metaphor used for the Torah:

אָמַר רַב חֲנַנְאֵל בַּר פָּפָּא – **Rav Chananel the son of Pappa said:** מַאי דִּכְתִיב – **What is** the meaning of **that which is written:**[20] "שִׁמְעוּ כִּי־נְגִידִים אֲדַבֵּר" – ***Listen! For I will speak princely things?*** לָמָּה נִמְשְׁלוּ לְדִבְרֵי תוֹרָה כְּנָגִיד – **Why are the words of Torah compared to a prince?** לוֹמַר לָךְ – This serves **to tell you:** מַה נָּגִיד זֶה יֵשׁ בּוֹ לְהָמִית וּלְהַחֲיוֹת – **Just as this prince has the power to kill and to give life,**[21] אַף דִּבְרֵי תוֹרָה יֵשׁ בָּם לְהָמִית וּלְהַחֲיוֹת – **so too the words of Torah have the power to kill and to give life.**

The Gemara explains:

הַיְינוּ דְּאָמַר רָבָא – **This is** reflected by **that which Rava said:** לְמַיְימִינִים בָּהּ סַמָּא דְחַיֵּי – **To those who grasp it with their right hand,**[22] the Torah is **a drug of life.** לְמַשְׂמְאִילִים בָּהּ סַמָּא דְמוֹתָא – **To those who grasp it with their left hand,** it is **a drug of death.**[23]

The Gemara presents another explanation of why the words of Torah are compared to princes:

דָּבָר אַחֵר – **Another explanation:** נְגִידִים – Scripture uses the metaphor of **princes** because כָּל דִּיבּוּר וְדִיבּוּר שֶׁיָּצָא מִפִּי הַקָּדוֹשׁ בָּרוּךְ הוּא – **every single statement that emanated from the mouth of the Holy One, Blessed is He,** קוֹשְׁרִים לוֹ שְׁנֵי כְתָרִים – **had two crowns tied to it.**[24]

The Gemara presents a series of teachings by R' Yehoshua ben Levi about Israel's experience at Sinai:

אָמַר רַבִּי יְהוֹשֻׁעַ בֶּן לֵוִי – **R' Yehoshua ben Levi said:** מַאי דִּכְתִיב – **What is** the meaning of **that which is written:**[25] "צְרוֹר הַמֹּר דּוֹדִי לִי בֵּין שָׁדַי יָלִין" – ***A bundle of myrrh is my beloved to me, lodged between my bosom?*** אָמְרָה כְּנֶסֶת יִשְׂרָאֵל לִפְנֵי הַקָּדוֹשׁ בָּרוּךְ הוּא – **The Congregation of Israel said before the Holy One, Blessed is He:** רִבּוֹנוֹ שֶׁל עוֹלָם – **"O Master of the Universe,** אַף עַל פִּי שֶׁמֵּיצֵר וּמֵימֵר לִי דוֹדִי – **even though my Beloved** [God] **has distressed and embittered me,**[26] "בֵּין שָׁדַי יָלִין" – **He is** nevertheless **lodged between my bosom.**[27]

R' Yehoshua ben Levi interprets the next verse in *Song of Songs*:

"אֶשְׁכֹּל הַכֹּפֶר דּוֹדִי לִי בְּכַרְמֵי עֵין גֶּדִי" – ***A cluster of henna is my Beloved to me, in the vineyards of Ein Gedi.*** This verse conveys the following: מִי שֶׁהַכֹּל שֶׁלּוֹ מְכַפֵּר לִי – **He to Whom all belongs makes atonement for me** עַל עֲוֹן גְּדִי שֶׁכָּרַמְתִּי לִי – **for the sin of the kid** (i.e. the Golden Calf)[28] **which I heaped up for myself.**[29]

In the previous exposition, the word כַּרְמֵי, *karmei* (vineyards), is homiletically taken to mean *heaping up.* The Gemara corroborates this interpretation:

מַאי מַשְׁמַע דְּהַאי "כַּרְמֵי" לִישָּׁנָא דְּמַכְנִישׁ הוּא – **What indicates that this** word ***karmei*** **signifies heaping up?** אָמַר מָר זוּטְרָא בְּרֵיהּ דְּרַב נַחְמָן – **Mar Zutra answered in the name of Rav Nachman:** כִּדְתְנַן – **It is as we have learned in a Mishnah:**[30] כִּסֵּא שֶׁל כּוֹבֵס שֶׁכּוֹרְמִים עָלָיו אֶת הַכֵּלִים – **A LAUNDERER'S CHAIR ON WHICH ONE HEAPS UP** (*kormim*) **CLOTHING.**[31]

Another teaching by R' Yehoshua ben Levi:

וְאָמַר רַבִּי יְהוֹשֻׁעַ בֶּן לֵוִי – **And R' Yehoshua ben Levi said:** מַאי דִּכְתִיב – **What is** the meaning of **that which is written:**[32] "לְחָיָו כַּעֲרוּגַת הַבֹּשֶׂם" – ***His [God's] cheeks are like a bed of***

NOTES

18. *Jeremiah* 23:29.

19. *Rashi.* Other Rishonim, however, explain the Gemara to mean: *Just as this hammer is divided into many slivers* [when it is struck against an exceptionally hard rock] (*Tosafos, Tos. HaRosh*).

Rashi's rendition is problematic, because it draws a parallel between God's speech (divided into many languages) and the rock (divided into many pieces). The verse, though, compares God's word to the *hammer* (*Tosafos*). [See *Maginei Shlomo* for a defense of *Rashi.*]

20. *Proverbs* 8:6.

21. I.e. he can pardon someone who had been sentenced to death (see *Iyun Yaakov*).

22. Those who endeavor with all their might to uncover the Torah's secrets are compared to someone who uses his right hand (i.e. his stronger hand) to perform a task (*Rashi*).

Alternatively, the Gemara refers to those who study the Torah for its own sake (see above, 63a).

23. The Torah's effect on the soul is comparable to a drug's effect on the body. A drug must be properly used to cure a person from sickness; otherwise, it can cause his condition to worsen. Similarly, the Torah requires the appropriate usage for its beneficial properties to be effective (*Maharsha* to *Taanis* 7a).

This is not contradicted by the principle stated in *Pesachim* (50b): "A person should always study Torah, even if he has ulterior motives, because through his study of Torah for ulterior motives, he will eventually reach the level of studying Torah for its own sake." That principle applies to one who does not study for malicious reasons; for example, he studies in order to receive honor. Here the Gemara discusses one who studies Torah for the sake of being contentious and using his knowledge as a weapon against others (*Tosafos* to *Taanis* ibid.).

24. Each statement was tangible and visible, as indicated by the verse (*Exodus* 20:15): וְכָל־הָעָם רֹאִים אֶת־הַקּוֹלֹת, *The entire people saw the sounds* (*Rashi*).

The fact that there were *two* crowns is derived from the verse's use of the plural form נְגִידִים, princes. One crown represented the revealed meaning [נִגְלֶה] and one the hidden meaning [נִסְתָּר] (*Maharsha*).

25. *Song of Songs* 1:13. [This verse follows immediately after the one quoted above, עַד־שֶׁהַמֶּלֶךְ בִּמְסִבּוֹ וגו׳, *While the King was still at his banquet,* which was interpreted as referring to the sin of the Golden Calf (see notes 7 and 9).]

26. After the sin of the Calf, God ordered the people (*Exodus* 33:5): הוֹרֵד עֶדְיְךָ, *"Remove your jewelry"* (*Rashi*).

The Gemara homiletically interprets the words צְרוֹר הַמֹּר as מֵיצֵר וּמֵימֵר, *distressed and embittered.* [מֵימֵר is related to מְרִירוּת, *bitterness* (*Rashash*).]

27. God immediately commanded the people to build the Mishkan. The *Shechinah* resided in the Mishkan between the two poles of the Ark, which pressed into the curtain, giving the impression from without of twin bosomlike protrusions (*Rashi,* from *Yoma* 54a and *Menachos* 98a; cf. *Maharsha*).

28. The word גְּדִי [which literally means *goat*] signifies the Golden Calf insofar as it is a domestic animal. Alternatively, גְּדִי alludes to the Calf because it is the name of a certain idol, as in *Isaiah* (65:11): הָעֹרְכִים לַגַּד שֻׁלְחָן, *who set out a table for Gad* (*Rashi*).

In his commentary on the Torah (*Exodus* 23:19), however, *Rashi* clearly states that the word גְּדִי is a generic term which denotes the young of an animal, including lambs and calves (*Maharsha*).

29. The Gemara says "heaped up," because the people collected many gods in their desire to commit idolatry, as it is written (*Exodus* 32:4): אֵלֶּה אֱלֹהֶיךָ יִשְׂרָאֵל, *These are your gods, O Israel* (*Rashi*).

The verse (*Song of Songs* 1:14) is homiletically expounded as follows: אֶשְׁכֹּל = שֶׁהַכֹּל שֶׁלּוֹ, *to Whom all belongs;* הַכֹּפֶר = מְכַפֵּר, *atones;* עֵין = עָוֹן, *sin;* גֶּדִי = גְּדִי, *kid;* בְּכַרְמֵי = שֶׁכָּרַמְתִּי, *that I heaped up.*

30. *Keilim* 23:4.

31. A "launderer's chair" is a long perforated board under which aromatic spices are burned. The launderer piles clothes onto the board where they absorb the fragrance of the spices (*Rashi*).

32. *Song of Songs* 5:13.

עין משפט נר מצוה

לא א מיי' פ"ב מהלכות דעות הלכה יג:

רב נסים גאון

לוי שאותיותיו משולשין מזרע אברהם יצחק ויעקב אבות שלשה בחודש משלש ניסן אייר סיון בסיני שאותיותיו משולשים לשלשה ימים נתקדשו שנאמר (שמות יט) והיו נכונים ליום השלישי: אמרו לפניו רבונו של עולם חמדה שגנוזה לפניך תשע מאות ושבעים וארבעה דורות קודם שנברא העולם. הא מילתא נפקא להו לרבנן (ב"ר פכ"ח) מהאי קרא דכתיב (תהלים קה) זכר לעולם בריתו דבר צוה לאלף דור שלפי שמצאנו מן יצירת אדם הראשון ועד נתינת התורה כ"ו דור וזה פרטן י' דורות מאדם עד נח די' מנח עד אברהם ומאברהם יצחק יעקב לוי קהת עמרם עד משה ועל ידו ניתנה התורה וכבר שלמו כ"ו והתורה היתה גנוזה תתקע"ד דורות וכיון שבורא עליה מימות העולם כ"ו דורות שהן השלמת אלף דור ניתנה התורה כדי שיתקיים דבר צוה לאלף דור:

ליקוטי רש"י

תנחם. תנהלם. ישדם. [משלי יא, ג]. לבבתני. משכת את לבי אליך [שה"ש ד, ט]. קרבתני אליך [לעיל נג:]. כלה מזנה בתוך חופתה. [illegible] [גיטין לו:]. ברה דבת שמואל. [illegible] מאי קרא. [illegible] עד שהמלך במסיבו. [illegible] [גיטין שם]. ועדיין חביבותא הוא גבן. ולשון חיבה כתב הכתוב נתן ריחו ולא כתב הבאיש או הסריח [שה"ש שם ע"ש]. אע"פ שהזכיר קלקוליהן לא הזכיר אלא במראית חיבה דלא כתיב הסריח. הנעלבים. גרסי' אותן שנעלבים מיד אחרים. ואינן עולבין. את אחרים. עושין. מצות מאהבת המקום ולא ליטול שכר ולא מיראת פורענות [גיטין שם]. ואוהביו כצאת השמש בגבורתו. לעתיד לבא שבעתים כאור שבעת ימים שהיא אחת שלש מאות וארבעים ושלש כמספר ארבעים ותשע שביעיות [שופטים ה, לא]. וכפטיש. פי"ק מרטיי"ל בלע"ז [ירמיה כג, כט]. שמעו כי נגידים אדבר דברי נגידות ומשיבות [משלי ח, ו]. למיימינין. שמפשפשין טעמיהן בדקדוק וטורחין כימין המיומנת למלאכה. למשמאילים בה. שאין יגעים בה כל צרכן אי נמי מיימינין בה עוסקין לשמה משמאילים שלא לשמה [לעיל סג. ע"ש]. בין שדי. בין שני בדי הארון [שה"ש שם, יג]. גשם נדבות תניף אלהים וגו'. במתן תורה כתיב שיצאה נשמתן שנאמר נפשי יצאה בדברו (שיר השירים ה) והניף עליהן טל שהחייה מתים שנאמר גשם נדבות תניף אלהים והאי קרא משתעי במתן תורה במזמור יקום אלהים יפוצו אויביו [חגיגה יב:]. חזרו ישראל לאחוריהן. היו נרתעין לאחוריהם י"ב מיל כאורך מחניהם ומלאכי השרת באין ומסייעין אותן להחזירן שנא' (תהלים סח) מלכי צבאות ידודון ידודון [שמות כ, טו]. שפירש שדי מזיו שכינתו. פרשז נוטריקון קא דריש [סוכה ה.].

תוספות

ולא כתיב הסריח. לשון מגונה לא היה לו לכתוב אלא כלומר ולא כתב ערב ריחו דהוה משמע הסריח אלא כתב נתן לשון חביבות: **מה** פטיש זה מתחלק לכמה ניצוצות. הקשה רבינו שמואל והא קרא משמע דהפטיש מפוצץ את הסלע מדלא כתיב והפטיש יפוצצנו סלע וכן אנו רואין שהפטיש מפוצץ סלעים וליכא למיגרס מה סלע מתחלק לכמה ניצוצות דהא דיבור דהיינו תורה נמשלה לפטיש ולא לסלע ובקונטרס פי' מה פטיש מתחלק הסלע על ידו ואינו מיושב שהדיבור הוא עצמו מתחלק ואינו דמיון גמור ואומר ר"ת דקרא איירי באבן המפוצץ ברזל דאמר במדרש חזית מעשה באחד שקנה ספירין ובא לבודקה נתנה על הסדן והכה עליה בקורנס נחלק הפטיש ונשבר הסדן וספירין לא זז ממקומו הה"ד וכפטיש יפוצץ סלע ואף על גב דלא כתיב יפוצצנו סלע הרבה פסוקים יש כענין זה אבנים שחקו מים (איוב יד) פי' שחקו אותן מים ואתי שפיר דאמר בפ"ק דקידושין (דף ל:) תנא דבי רבי ישמעאל בני אם פגע בך מנוול זה משכהו לביהמ"ד ואם אבן הוא נמוח שנא' אבנים שחקו מים פירוש שחקו אותם מים ואם ברזל הוא מתפוצץ פירוש אם יצר הרע מתחזק עליו כברזל מתפוצץ שנאמר וכפטיש יפוצץ סלע ואף על פי דהתם מדמה יצה"ר לפטיש וכאן מדמה ד"ת לפטיש אין לחוש ° דמקרא אחד יוצא לכמה טעמים:

גמרא

דסגינן בשלימותא כתיב בן א) תומת ישרים תנחם הנך אינשי דסגן בעלילותא כתיב בהו א) וסלף בוגדים ישדם: א"ר שמואל בר נחמני א"ר יונתן מאי דכתיב ב) לבבתני אחותי כלה לבבתני באחת מעיניך בתחילה באחת מעיניך לכשתעשי בשתי עיניך א) אמר עולא עלובה כלה מזנה בתוך חופתה אמר רב מרי ברה דבת שמואל מאי קרא ג) עד שהמלך במסיבו נרדי וגו' אמר ב) רב ועדיין חביבותא היא גבן דכתי' ג) נתן ולא כתב הסריח ד) ת"ר (א) ה) עלובין ואינן עולבין שומעין חרפתן ואינן משיבין עושין מאהבה ושמחין ביסורין עליהן הכתוב אומר ד) ואוהביו כצאת השמש בגבורתו א"ר יוחנן מאי דכתיב ה) ה' יתן אומר המבשרות צבא רב כל דיבור ודיבור שיצא מפי הגבורה נחלק לשבעים לשונות תני דבי ר' ישמעאל ו) וכפטיש יפוצץ סלע ו) מה פטיש זה נחלק לכמה ניצוצות אף כל דיבור ודיבור שיצא מפי הקב"ה נחלק לשבעים לשונות אמר רב חננאל בר פפא מ"ד ז) שמעו כי נגידים אדבר למה נמשלו דברי תורה כנגיד לומר לך מה נגיד זה יש בו להמית ולהחיות אף ד"ת יש בם להמית ולהחיות היינו דאמר ז) רבא למיימינין בה סמא דחיי למשמאילים בה סמא דמותא ד"א נגידים כל דיבור ודיבור שיצא מפי הקב"ה קושרים לו שני כתרים: א"ר יהושע בן לוי מ"ד ח) צרור המור דודי לי בין שדי ילין אמרה כנסת ישראל לפני הקב"ה רבש"ע אף על פי שמיצר ומימר לי דודי בין שדי ילין ט) אשכול הכופר דודי לי בכרמי עין גדי מי שהכל שלו מכפר לי על עון גדי שכרמתי לי מאי משמע דהאי כרמי לישנא דמכניש הוא אמר מר זוטרא בריה דרב נחמן כדתנן ח) כסא של כובס שכורמים עליו את הכלים: ואריב"ל מאי דכתיב י) לחייו כערוגת הבושם כל דיבור ודיבור שיצא מפי הקב"ה נתמלא כל העולם כולו בשמים וכיון שמדיבור ראשון נתמלא דיבור שני להיכן הלך הוציא הקב"ה הרוח מאוצרותיו והיה מעביר ראשון ראשון שנאמר י) שפתותיו שושנים נוטפות מור עובר אל תקרי שושנים אלא ששונים: ואריב"ל כל דיבור ודיבור שיצא מפי הקב"ה יצתה נשמתן של ישראל שנאמר כ) נפשי יצאה בדברו ומאחר שמדיבור ראשון יצתה נשמתן דיבור שני היאך קיבלו הוריד ט) טל שעתיד להחיות בו מתים והחיה אותם שנאמר ל) גשם נדבות תניף אלהים נחלתך ונלאה אתה כוננתה ואמר ר' יהושע בן לוי כל דיבור ודיבור שיצא מפי הקב"ה חזרו ישראל לאחוריהן י"ב מיל והיו מלאכי השרת מדדין אותן שנאמר מ) מלאכי צבאות ידודון ידודון אל תיקרי ידודון אלא ידדון: ואריב"ל בשעה שעלה משה למרום אמרו מלאכי השרת לפני הקב"ה רבש"ע מה לילוד אשה בינינו אמר להן לקבל תורה בא אמרו לפניו חמודה גנוזה שגנוזה לך תשע מאות ושבעים וארבעה דורות י) קודם שנברא העולם אתה מבקש ליתנה לבשר ודם נ) מה אנוש כי תזכרנו ובן אדם כי תפקדנו ס) ה' אדונינו מה אדיר שמך בכל הארץ אשר תנה הודך על השמים אמר לו הקב"ה למשה החזיר להן תשובה אמר לפניו רבש"ע מתירא אני שמא ישרפוני בהבל שבפיהם אמר לו אחוז בכסא כבודי וחזור להן תשובה שנאמר ע) מאחז פני כסא פרשז עליו עננו ואמר ר' ל) נחום מלמד שפירש שדי מזיו שכינתו ועננו עליו אמר לפניו רבונו של עולם תורה שאתה נותן לי מה כתיב בה פ) אנכי ה' אלהיך אשר הוצאתיך מארץ מצרים אמר להן למצרים ירדתם לפרעה השתעבדתם תורה למה תהא לכם שוב מה כתיב בה צ) לא יהיה לך אלהים אחרים בין עמים אתם שרויין שעובדין ע"ז

רש"י

דסגינן בשלימותא. התהלכנו עמו בתום לב כדרך העושים מאהבה וסמכנו עליו שלא יטעננו בדבר שלא נוכל לעמוד בו: בתחלה. בקבלה שקבלתם אחת הוא אצלכם ולבסוף כשקיימתם שתים יש: לבבתני. קרבתני: עלובה. חצופה דעולבנא לישנא דחוצפא היא והכי אמר בגמ' גיטין: מזנה בתוך חופתה. כישראל כשעמדו בסיני ועשו העגל: במסיבו. בחופתו: נתן. עזב ריחו הטוב לאחרים: ועדיין חביבותא היא גבן. אע"פ שהמקרא מספר בגנותנו הראה לנו לשון חבה מדלא כתיב הסריח: הנעלבים ואינם עולבים. אחרים באין עליהם בחוצפה ולא הן על אחרים: עושין מאהבת המקום ושמחים ביסורים. על עליהם הכתוב עליהם: צבא רב. כל האומות: מה פטיש. מתחלק הסלע על ידו לכמה ניצוצות: למיימינין. (ב) עסוקים בכל כחם וטרודים לדעת סודה כאדם המשתמש ביד ימינו שהיא עיקר: קושרים לו שני כתרים. לדבור שהיה בו ממש ונראה כדכתיב רואים את הקולות (שמות כ): אע"פ שמיצר ומימר לי דודי. בעגל שאמר הורד עדיך: בין שדי ילין. אמר מיד לעשות לו משכן להיות מלוממת שכינתו בין שני הבדים שנראו' במקדש ראשון כשני שדים דוחקין ובולטין בפרוכת שכנגד הפתח: עין גדי. עון עגל שהוא מין בהמה לשון אחר לשון עכו"ם העורכים לגד שלחן (ישעיה סה): שכרמתי. שאספתי להתאוות אלהות הרבה כדכתיב אלה אלהיך ישראל (שמות לב): שכורמים עליו. שמאספין עליו את הבגדים והוא לוח ארוכה ומנוקבת נקבים הרבה ומניח המוגמר מתחתיו והכלים מתגמרין מדרך הנקבים. לישנא דמיכנס גרסינן: מעביר ראשון. (ג) לגן עדן: מור עובר. על שהעבירן: גשם נדבות. גבי מתן תורה כתיב בספר תהלים: י"ב מיל. זו היא מדת מחניהם והיו הקרובים לדיבור חוזרין מפחד הקול עד קצה המחנה: מדדין אותן. מסייעין אותן להתקרב מעט מעט שהיו חלשים כאשה המדדה את בנה בתחלת הילוכו: ידודון. משמע הם עצמם ידודון: ידדון. מדדין אחרים: תתקע"ד דורות. (ד) באלפים שנה קדמה תורה לעולם היו עתידין דורות הללו להבראות שנאמר (תהלים קה) דבר צוה לאלף דור * ורואה הקב"ה שאין העולם מתקיים בלא תורה כל כך והעבירן ולא בראן ונתנה לכ"ו דורות. הרי שחסרו תתקע"ד מאלף: מה אדיר שמך. אדיר הוא הרבה בארץ ואין ראוי לך ליתן הודך שם כי אם בשמים: פירש שדי מזיו. נוטריקון של פרשז: קנאה

מסורת הש"ס

א) גיטין לו:, ב) [שם אי' רבא], ג) ג"ז שם ויומא כג., ד) [סנהדרין לד.], ה) [יומא עב: ע"ש], ו) כלים פכ"ג מ"ד, ז) [לעיל ל.] פסחים קיח., ח) [חגיגה יב:], ט) [בקרא כתיב מלכי ועמ"ש הפענח רזא פ' יתרו], י) [חגיגה יד. זבחים קטז.], כ) [סוכה ה.], ל) [בסוכה איתא תנחום], מ) נ"א עוז, נ) [במדרש רבה איכה ד"ה זכו נזיריה].

הגהות הב"ח

(א) גמ' תנו רבנן הנעלבין: (ב) רש"י ד"ה למיימינין. נ"ב עי' לעיל דף סג ע"א: (ג) ד"ה מעביר ראשון ראשון לג"ע: (ד) ד"ה תתקע"ד דורות. נ"ב ועיין בחגיגה פרק אין דורשין סוף דף יג ורש דף יד:

גליון הש"ס

רש"י ד"ה תתקע"ד דורות וכו' וראה הקב"ה שאין העולם מתקיים. במדרש רבה בראשית פ"א איתא ראה הקב"ה שהיו רשעים נתנה לכ"ו דורות והתתקע"ד שתלן בכל דור ודור והן עזי פנים שבדורות: תוס' ד"ה מה פטיש וכו' בסה"ד דמקרא אחד יוצא לכמה טעמים. עי' בהרא"ם פרשת וארא בפסוק ט':

תורה אור השלם

א) תֻּמַּת יְשָׁרִים תַּנְחֵם וְסֶלֶף בּוֹגְדִים יְשָׁדֵּם: [משלי יא, ג]

ב) לִבַּבְתִּנִי אֲחֹתִי כַלָּה לִבַּבְתִּינִי בְּאַחַת מֵעֵינַיִךְ בְּאַחַד עֲנָק מִצַּוְּרֹנָיִךְ: [שיר השירים ד, ט]

ג) עַד שֶׁהַמֶּלֶךְ בִּמְסִבּוֹ נִרְדִּי נָתַן רֵיחוֹ: [שיר השירים א, יב]

ד) כֵּן יֹאבְדוּ כָל אוֹיְבֶיךָ יְיָ וְאֹהֲבָיו כְּצֵאת הַשֶּׁמֶשׁ בִּגְבֻרָתוֹ וַתִּשְׁקֹט הָאָרֶץ אַרְבָּעִים שָׁנָה: [שופטים ה, לא]

ה) אֲדֹנָי יִתֶּן אֹמֶר הַמְבַשְּׂרוֹת צָבָא רָב: [תהלים סח, יב]

ו) הֲלוֹא כֹה דְבָרִי כָּאֵשׁ נְאֻם יְיָ וּכְפַטִּישׁ יְפֹצֵץ סָלַע: [ירמיה כג, כט]

ז) שִׁמְעוּ כִּי נְגִידִים אֲדַבֵּר וּמִפְתַּח שְׂפָתַי מֵישָׁרִים: [משלי ח, ו]

ח) צְרוֹר הַמֹּר דּוֹדִי לִי בֵּין שָׁדַי יָלִין: [שיר השירים א, יג]

ט) אֶשְׁכֹּל הַכֹּפֶר דּוֹדִי לִי בְּכַרְמֵי עֵין גֶּדִי: [שיר השירים א, יד]

י) לְחָיָו כַּעֲרוּגַת הַבֹּשֶׂם מִגְדְּלוֹת מֶרְקָחִים שִׂפְתוֹתָיו שׁוֹשַׁנִּים נֹטְפוֹת מוֹר עֹבֵר: [שיר השירים ה, יג]

כ) פָּתַחְתִּי אֲנִי לְדוֹדִי וְדוֹדִי חָמַק עָבָר נַפְשִׁי יָצְאָה בְדַבְּרוֹ בִּקַּשְׁתִּיהוּ וְלֹא מְצָאתִיהוּ קְרָאתִיו וְלֹא עָנָנִי: [שיר השירים ה, ו] ל) גֶּשֶׁם נְדָבוֹת תָּנִיף אֱלֹהִים נַחֲלָתְךָ וְנִלְאָה אַתָּה כוֹנַנְתָּהּ: [תהלים סח, י] מ) מַלְכֵי צְבָאוֹת יִדֹּדוּן יִדֹּדוּן וּנְוַת בַּיִת תְּחַלֵּק שָׁלָל: [תהלים סח, יג] נ) מָה אֱנוֹשׁ כִּי תִזְכְּרֶנּוּ וּבֶן אָדָם כִּי תִפְקְדֶנּוּ: [תהלים ח, ה] ס) יְיָ אֲדֹנֵינוּ מָה אַדִּיר שִׁמְךָ בְּכָל הָאָרֶץ אֲשֶׁר תְּנָה הוֹדְךָ עַל הַשָּׁמָיִם: [תהלים ח, ב] ע) מְאַחֵז פְּנֵי כִסֵּה פַּרְשֵׁז עָלָיו עֲנָנוֹ: [איוב כו, ט] פ) אָנֹכִי יְיָ אֱלֹהֶיךָ אֲשֶׁר הוֹצֵאתִיךָ מֵאֶרֶץ מִצְרַיִם מִבֵּית עֲבָדִים: [שמות כ, ב] צ) לֹא יִהְיֶה לְךָ אֱלֹהִים אֲחֵרִים עַל פָּנָי: [שמות כ, ג]

spices? כָּל דִּבּוּר וְדִבּוּר שֶׁיָּצָא מִפִּי הַקָּדוֹשׁ בָּרוּךְ הוּא – **With every single statement that emanated from the mouth of the Holy One, Blessed is He,** נִתְמַלֵּא כָּל הָעוֹלָם כּוּלּוֹ בְּשָׂמִים – **the whole world became filled with** the fragrance of **spices.**[33] וְכֵיוָן שֶׁמִּדִּיבּוּר רִאשׁוֹן נִתְמַלֵּא – **Now, since [the world] became filled** with fragrance **from the first statement,** דִּיבּוּר שֵׁנִי לְהֵיכָן הָלַךְ – **where did** the fragrance of **the second statement go?** הוֹצִיא הַקָּדוֹשׁ בָּרוּךְ הוּא הָרוּחַ מֵאוֹצְרוֹתָיו – **The Holy One, Blessed is He, took the wind from His storehouses** וְהָיָה מַעֲבִיר רִאשׁוֹן רִאשׁוֹן – **and drove away each** fragrance **in turn,**[34] שֶׁנֶּאֱמַר – **as it is stated** in the continuation of that very verse: "שִׂפְתוֹתָיו שׁוֹשַׁנִּים נֹטְפוֹת מוֹר עֹבֵר" – ***His lips are flowers, they drip flowing myrrh.*** אַל תִּקְרֵי "שׁוֹשַׁנִּים" – **Do not read** this as it is written: ***shoshanim*** (*flowers*); אֶלָּא שֶׁשּׁוֹנִים – **rather,** read it as if it were written ***sheshonim*** (*they repeat*). The verse is thus interpreted allegorically to mean: *His lips* (i.e. His wind) *repeatedly caused* the fragrance of spices, such as *myrrh, to flow away.*

Another teaching by R' Yehoshua ben Levi on this subject:

וְאָמַר רַבִּי יְהוֹשֻׁעַ בֶּן לֵוִי – **And R' Yehoshua ben Levi said:** כָּל דִּיבּוּר וְדִיבּוּר שֶׁיָּצָא מִפִּי הַקָּדוֹשׁ בָּרוּךְ הוּא – **With every single statement that emanated from the mouth of the Holy One, Blessed is He,** יָצְתָה נִשְׁמָתָן שֶׁל יִשְׂרָאֵל – **the souls of the Jewish people departed** from their bodies, שֶׁנֶּאֱמַר – **as it is stated:**[35] "נַפְשִׁי יָצְאָה בְדַבְּרוֹ" – ***my soul departed as He spoke.*** וּמֵאַחַר שֶׁמִּדִּיבּוּר רִאשׁוֹן יָצְתָה נִשְׁמָתָן – **Now, since their souls departed after the first statement,** דִּיבּוּר שֵׁנִי הֵיאַךְ קִיבְּלוּ – **how could they have received the second statement?** הוֹרִיד טַל שֶׁעָתִיד לְהַחֲיוֹת בּוֹ מֵתִים – **[God] brought down the dew with which He will resurrect the dead in the future,** וְהֶחֱיָה אוֹתָם – **and He resurrected them,** שֶׁנֶּאֱמַר – **as it is said:**[36] "גֶּשֶׁם נְדָבוֹת תָּנִיף אֱלֹהִים נַחֲלָתְךָ וְנִלְאָה אַתָּה כוֹנַנְתָּהּ" – ***A generous rain did You lavish, O God, when Your heritage was weary You established it firmly.***

Another teaching by R' Yehoshua ben Levi describing the effect of the Ten Commandments:

וְאָמַר רַבִּי יְהוֹשֻׁעַ בֶּן לֵוִי – **And R' Yehoshua ben Levi said:** כָּל דִּיבּוּר וְדִיבּוּר שֶׁיָּצָא מִפִּי הַקָּדוֹשׁ בָּרוּךְ הוּא – **With every single statement that emanated from the mouth of the Holy One, Blessed is He,** חָזְרוּ יִשְׂרָאֵל לַאֲחוֹרֵיהֶן שְׁנֵים עָשָׂר מִיל – **the Jewish people retreated twelve *mils,***[37] וְהָיוּ מַלְאֲכֵי הַשָּׁרֵת מְדַדִּין אוֹתָן – **and the ministering angels helped them to totter** back,[38] שֶׁנֶּאֱמַר – **as it is said:**[39] "מַלְ(א)כֵי צְבָאוֹת יִדֹּדוּן יִדֹּדוּן" – ***The angels of legions totter, they totter.*** אַל תִּיקְרֵי "יִדֹּדוּן" – **Do not read** this as it is written: ***yidodun*** (they totter); אֶלָּא יְדַדּוּן – **rather,** read it as if it were written ***yedadun*** (they help others to totter).[40]

Another teaching by R' Yehoshua ben Levi regarding the giving of the Torah:

וְאָמַר רַבִּי יְהוֹשֻׁעַ בֶּן לֵוִי – **And R' Yehoshua ben Levi said:** בְּשָׁעָה שֶׁעָלָה מֹשֶׁה לַמָּרוֹם – **When Moses ascended to the** Heavenly **heights,** אָמְרוּ מַלְאֲכֵי הַשָּׁרֵת לִפְנֵי הַקָּדוֹשׁ בָּרוּךְ הוּא – **the ministering angels said before the Holy One, Blessed is He:** רִבּוֹנוֹ שֶׁל עוֹלָם – **"Master of the Universe!** מַה לִּילוּד אִשָּׁה בֵּינֵינוּ – **What is someone born of a woman** doing **among us?"** אָמַר לָהֶן – **[God] said to them:** לְקַבֵּל תּוֹרָה בָּא – **"He has come to receive the Torah."** אָמְרוּ לְפָנָיו – **They said before Him:** חֲמוּדָה גְּנוּזָה – **"The coveted and treasured [Torah]** שֶׁגְּנוּזָה לְךָ תְּשַׁע מֵאוֹת וְשִׁבְעִים וְאַרְבָּעָה דּוֹרוֹת קוֹדֶם שֶׁנִּבְרָא הָעוֹלָם – **that was stored by You as a treasure for nine hundred and seventy-four generations before the world was created!**[41] אַתָּה מְבַקֵּשׁ לִיתְּנָהּ לְבָשָׂר וָדָם – **You intend to give *that* to flesh and blood?!** "מָה־אֱנוֹשׁ כִּי־תִזְכְּרֶנּוּ וּבֶן־אָדָם כִּי תִפְקְדֶנּוּ" – ***What is a mortal that You should remember Him or the son of man that You should recall Him?***[42] "ה' אֲדֹנֵינוּ מָה־אַדִּיר שִׁמְךָ בְּכָל־הָאָרֶץ – ***Hashem, our Lord, how grand is Your Name in all the earth*** *[already],* אֲשֶׁר־תְּנָה הוֹדְךָ עַל־הַשָּׁמָיִם" – ***that You*** *[should rather]* ***bestow Your glory upon the Heavens."***[43]

NOTES

33. The fragrance of the spices was required to revive those who had become faint upon hearing the awesome sound of the Ten Commandments (*Maharsha*).

Alshich (ibid.) explains the Gemara to mean that God's words spiritually purified the people's souls, just as fragrant spices revive the body.

This interpretation links לְחָיָו (His cheeks) to לוחות, *tablets.* The verse is thus rendered: Every statement of *His tablets* (on which the Ten Commandments were engraved) emanated with a fragrance *like a bed of spices* (*Maharsha*).

Alternatively, "cheeks" are interpreted allegorically as the repository of His organs of speech (see *Metzudas David* ad loc.).

34. To the Garden of Eden (*Rashi*), which is sixty times larger than this world (*Maharsha,* from *Taanis* 10a).

35. *Song of Songs* 5:6.

36. *Psalms* 68:10. The theme of this psalm is the giving of the Torah (*Rashi*).

37. This was the length of their camp. Those closest to the sound were so awestruck that they retreated to the far end of the camp (*Rashi*).

38. Due to the people's weakness, the angels assisted them a short distance at a time, like a mother assists an infant who is beginning to walk (*Rashi*).

39. *Psalms* ibid. v. 13.

40. This teaching by R' Yehoshua ben Levi seems to contradict his previous one that the people *died* whey they heard each of the commandments. Furthermore, R' Yehoshua ben Levi taught above that a fragrance was sent forth to revive those who become weak, which also implies that they did not die. The solution is that different members of the Jewish people reacted in different ways, each according to his nature. Some fled, some became faint and some even died (*Maharsha*).

41. The Torah was destined to be given at the end of one thousand generations. This is based on the verse (*Psalms* 105:8): דָּבָר צִוָּה לְאֶלֶף דּוֹר, *His Word He commanded at* [the end of] *a thousand generations.* However, there were only twenty-six generations from Adam until Moses. Thus, in the period by which the Torah preceded this world, there should have been 974 other generations [1000-26=974]. God saw, though, that the world could not endure that long without the Torah, so He never created those generations (*Rashi*). [The period by which the Torah preceded the world is therefore referred to here as "974 generations."]

[*Rashi* states that the period by which the Torah preceded the world was two millennia. This is based on *Bereishis Rabbah* (8:2). This seems difficult, however, for "one thousand generations" would presumably span a much longer period! See *Menachem Meishiv Nefesh* for a possible explanation.]

The Gemara (*Chagigah* 14a) states that God planted members of these lost generations in subsequent generations, and that they are the brazen persons in every generation (see also *Gilyon HaShas* here).

42. *Psalms* 8:5.

43. Ibid. v. 2. Your name is sufficiently grand down on earth; it is not becoming for You to further bestow Your glory there. Bestow it rather upon the Heavens (*Rashi*).

The angels remonstrated: The Torah preceded the world by two thousand years and is thus beyond the strictures of the material world. Man, on the other hand, was formed from earth and is completely governed by the laws of nature. How can such a celestial treasure be cast before mortal flesh?! (*Maharal, Tiferes Yisrael* ch. 24).

Angels have no concept of free will; thus, they are critical even of a person who chooses to do good and observe the Torah. They wonder: "How could that person have struggled? How could he have entertained the notion even for a split second that the false is true?!" In the angels' eyes, the very act of weighing between one's desires and God's will is a desecration. From their perspective, man's existence itself is indefensible. How is it possible then to give him the Torah, the greatness of which surpasses all the worlds? (*Michtav MeEliyahu* III, p. 220; IV, pp. 48-49).

עין משפט
נר מצוה

לא א מיי' פ"ה מהלכות דעות הלכה יג:

רב נסים גאון

לוי שאותיותיו משולשין מזרע אברהם יצחק ויעקב אבות שלשה בחודש משלש ניסן אייר סיון בסיני שאותיותיו משולשים לשלשה ימים נתקדשו שנאמר (שמות יט) והיו נכונים ליום השלישי: אמרו לפניו רבונו של עולם חמדה שגנוזה לפניך תשע מאות ושבעים וארבעה דורות קודם שנברא העולם. הא מילתא נפקא להו לרבנן (ב"ר פכ"ח) מהאי קרא דכתיב (תהלים קה) זכר לעולם בריתו דבר צוה לאלף דור שלפי שמצאו מן יצירת אדם הראשון ועד נתינת התורה כ"ו דור וזה פרטן י' דורות מאדם עד נח וי' מנח עד אברהם ומאברהם עד משה ו' דורות אברהם יצחק יעקב לוי קהת עמרם עד משה ועל ידו ניתנה התורה וכבר שלמו כ"ו דורות ידעו כי התורה היתה גנוזה תתקע"ד דורות וכיון שעברו עליה מימות העולם כ"ו דורות שהן השלמת אלף דור ניתנה התורה כדי שיתקיים דבר צוה לאלף דור:

ולא כתיב הסריח. לשון מגונה לא היה לו לכתוב אלא כלומר ולא כתב [מ] ערב ריחו דהוה משמע הסריח אלא כתב נתן לשון חביבות: **מה** פטיש זה מתחלק לכמה ניצוצות. הקשה רבינו שמואל והא קרא משמע דהפטיש מפוצץ את הסלע מדלא כתיב והפטיש יפוצצנו סלע וכן אנו רואין שהפטיש מפוצץ סלעים וליכא למיגרס מה סלע מתחלק לכמה ניצוצות דהא דיבור דהיינו תורה נמשלה לפטיש ולא לסלע ובקונטרס פי' מה פטיש מתחלק הסלע על ידו ואינו מיושב שהדיבור הוא עצמו מתחלק ואינו דמיון גמור ואומר ר"ת דקרא מיירי באבן המפוצץ ברזל דאמר [נ] במדרש חזית מעשה באחד שקנה סנפירין ובא לבודקה נתנה על הסדן והכה עליה בקורנס נחלק הפטיש ונשבר הסדן וסנפירין לא זז ממקומו הה"ד וכפטיש יפוצץ סלע ואף על גב דלא כתיב יפוצצנו סלע הרבה פסוקים יש כענין זה אבנים שחקו מים (איוב יד) פי' שחקו אותן מים ואתי שפיר דאמר בפ"ק דקידושין (דף ל:) תנא דבי רבי ישמעאל בני אם פגע בך מנוול זה משכהו לביהמ"ד ואם אבן הוא נמוח שנא' אבנים שחקו מים פירוש שחקו אותם מים ואם ברזל הוא מתפוצץ פירוש אם יצר הרע מתחזק עליו כברזל מתפוצץ שנאמר וכפטיש יפוצץ סלע ואף על פי דהתם מדמה יצה"ר לפטיש וכאן מדמה ד"ת לפטיש אין לחוש ° דמקרא אחד יוצא לכמה טעמים:
תורה

דסגינן בשלימותא. התהלכנו עמו בתום לב כדרך העושים מאהבה וסמכנו עליו שלא יטעננו בדבר שלא נוכל לעמוד בו: בתחלה. בקבלה שקבלתם אחת הוא אצלכם ולבסוף כשקיימתם שתים יש: לבבתני. קרבתני: עלובה. חצופה דעולבנא לישנא דחולפא היא והכי אמר במס' גיטין: מזנה בתוך חופתה. כישראל כשעמדו בסיני ועשו העגל: במסיבו. בחופתו: נתן. עזב ריחו הטוב לאחרים: ועדיין חביבותא היא גבן. אע"פ שהמקרא מספר בגנותנו הראה לנו לשון חבה מדלא כתיב הסריח: הנעלבים ואינם עולבים. אחרים באין עליהם בחוצפה ולא הן על אחרים: עושין מאהבת המקום ושמחים ביסורים. על עליהם הבאה עליהם: צבא רב. כל האומות: מה פטיש. מתחלק הסלע על ידו לכמה ניצוצות: למיימינין. (ב) עסוקים בכל כחם וטרודים לדעת סודה כאדם המשמש ביד ימינו שהיא עיקר: קושרים לו שני כתרים. לדבור שהיה בו ממש ונראה כדכתיב רואים את הקולות (שמות כ): אע"פ שמיצר ומימר לי דודי. בעגל שאמר הורד עדיך: בין שדי ילין. אמר מיד לעשות לו משכן להיות מצומצמת שכינתו בין שני הבדים שנראי' במקדש ראשון כשני שדים דוחקין ובולטין בפרוכת שכנגד הפתח: עין גדי. עון עגל שהוא מין בהמה לשון אחר לשון עכו"ם העורכים לגד שלחן (ישעיה סה): שכרמתי. שאספתי להתאוות אלהות הרבה כדכתיב אלה אלהיך ישראל (שמות לב): שכורמים עליו. שמאספין עליו את הבגדים והוא דף ארוכה ומנוקבת נקבים הרבה ומניח המוגמר תחתיה והכלים מתגמרין מדרך הנקבים. לישנא דמיכנש גרסינן: מעביר ראשון. (ג) לגן עדן: מור עובר. על שהעבירן: גשם נדבות. גבי מתן תורה כתיב בספר תהלים: י"ב מיל. זו היא מדת מחניהם והיו הקרובים לדיבור חוזרין מפחד הקול עד קצה המחנה: מדדין אותן. מסייעין אותן להתקרב מעט מעט שהיו חלשים כאשה המדדה את בנה בתחלת הילוכו: ידודון. ידדון. משמע הם עצמם ידודון: ידדון. מדדין אחרים: תתקע"ד דורות. (ד) באלפים שנה שקדמה תורה לעולם שהיו עתידין דורות הללו להבראות שנאמר (תהלים קה) דבר צוה לאלף דור ° ורואה הקב"ה שאין העולם מתקיים בלא תורה כל כך והעבירן ולא בראן ונתנה לכ"ו דורות. הרי שחסרו תתקע"ד מאלף: מה אדיר שמך. אדיר הוא הרבה בארץ ואין ראוי לך ליתן הודך שם כי אם על השמים: פירש שדי מזיו. נוטריקון של פרשז:
קנאה

דסגינן בשלימותא כתיב בן א) תומת ישרים תנחם הנך אינשי דסגן בעלילותא כתיב בהו א) וסלף בוגדים ישדם: א"ר שמואל בר נחמני א"ר יונתן מאי דכתיב ב) לבבתני אחותי כלה לבבתני באחת מעיניך בתחילה באחת מעיניך לכשתעשי בשתי עיניך ה) אמר עולא עלובה כלה מזנה בתוך חופתה אמר רב מרי ברה דבת שמואל מאי קרא ג) עד שהמלך במסיבו נרדי וגו' אמר ו) רב ועדיין חביבותא היא גבן דכתי' ג) נתן ולא כתב הסריח ז) ת"ר ח) א עלובין ואינן עולבין שומעין חרפתן ואינן משיבין עושין מאהבה ושמחין ביסורין עליהן הכתוב אומר ד) ואוהביו כצאת השמש בגבורתו א"ר יוחנן מאי דכתיב ה) ה' יתן אומר המבשרות צבא רב כל דיבור ודיבור שיצא מפי הגבורה נחלק לשבעים לשונות תני דבי ר' ישמעאל ו) וכפטיש יפוצץ סלע ט) מה פטיש זה נחלק לכמה ניצוצות אף כל דיבור ודיבור שיצא מפי הקב"ה נחלק לשבעים לשונות אמר רב חננאל בר פפא מ"ד ז) שמעו כי נגידים אדבר למה נמשלו דברי תורה כנגיד לומר לך מה נגיד זה יש בו להמית ולהחיות אף ד"ת יש בם להמית ולהחיות היינו דאמר י) רבא למיימינין בה סמא דחיי למשמאילים בה סמא דמותא ד"א נגידים כל דיבור ודיבור שיצא מפי הקב"ה קושרים לו שני כתרים: א"ר יהושע בן לוי מ"ד ח) צרור המור דודי לי בין שדי ילין אמרה כנסת ישראל לפני הקב"ה רבש"ע אף על פי שמיצר ומימר לי דודי בין שדי ילין ט) אשכול הכופר דודי לי בכרמי עין גדי מי שהכל שלו מכפר לי על עון גדי שכרמתי לי מאי משמע דהאי כרמי לישנא דמכניש הוא אמר מר זוטרא בריה דרב נחמן כדתנן כ) כסא של כובס שכורמים עליו את הכלים: וא"ר יהושע בן לוי מאי דכתיב י) לחייו כערוגת הבושם כל דיבור ודיבור שיצא מפי הקב"ה נתמלא כל העולם כולו בשמים וכיון שמדיבור ראשון נתמלא דיבור שני להיכן הלך הוציא הקב"ה הרוח מאוצרותיו והיה מעביר ראשון ראשון שנאמר כ) שפתותיו שושנים נוטפות מור עובר ל) אל תקרי שושנים אלא ששונים: ואריב"ל כל דיבור ודיבור שיצא מפי הקב"ה יצתה נשמתן של ישראל שנאמר כ) נפשי יצאה בדברו ומאחר שמדיבור ראשון יצתה נשמתן דיבור שני היאך קיבלו הוריד מ) טל שעתיד להחיות בו מתים והחיה אותם שנאמר ל) גשם נדבות תניף אלהים נחלתך ונלאה אתה כוננתה ואמר ר' יהושע בן לוי כל דיבור ודיבור שיצא מפי הקב"ה חזרו ישראל לאחוריהן י"ב מיל והיו מלאכי השרת מדדין אותן שנאמר נ) מ) מלאכי צבאות ידודון ידודון אל תיקרי ידודון אלא ידדון: ואריב"ל בשעה שעלה משה למרום אמרו מלאכי השרת לפני הקב"ה רבש"ע מה לילוד אשה בינינו אמר להן לקבל תורה בא אמרו לפניו חמודה גנוזה שגנוזה לך תשע מאות ושבעים וארבעה דורות ס) קודם שנברא העולם אתה מבקש ליתנה לבשר ודם נ) מה אנוש כי תזכרנו ובן אדם כי תפקדנו ס) ה' אדונינו מה אדיר שמך בכל הארץ אשר תנה הודך על השמים אמר לו הקב"ה למשה החזיר להן תשובה אמר לפניו רבש"ע מתיירא אני שמא ישרפוני בהבל שבפיהם אמר לו אחוז בכסא כבודי וחזור להן תשובה שנאמר ע) ע) מאחז פני כסא פרשז עליו עננו ואמר ר' ף) נחום מלמד שפירש שדי מזיו שכינתו ועננו עליו אמר לפניו רבונו של עולם תורה שאתה נותן לי מה כתיב בה פ) אנכי ה' אלהיך אשר הוצאתיך מארץ מצרים אמר להן למצרים ירדתם לפרעה השתעבדתם תורה למה תהא לכם שוב מה כתיב בה צ) לא יהיה לך אלהים אחרים בין עמים אתם שרויין שעובדין ע"ז

ליקוטי רש"י

תנחם. תנהלם. **ישדם.** ישדדם [משלי יא, ג]. **לבבתני.** משכת את לבי אליך [שה"ש ד, ט]. קרבתני אצלך מחמת נוי מעשיך [לעיל נג:]. **כלה מזנה בתוך חופתה.** בעוד שכינה וישראל בסיני עשו את העגל שהרי לא נסעו משיני עד לאחר הקמת המשכן בשנה שניה כדכתיב ויהי בשנה השנית בחדש השני וגו' ויסעו בני ישראל למסעיהם ממדבר סיני (במדבר י) [גיטין לו:]. **ברה דבת שמואל.** בכמה מקומות קרי ליה בר רחל ובת שמואל היתה ונשבית לבין העמים כדאמר בכתובות (כג.) ובא עליה אחד ונתעברה הימנו ואחר כך נתגייר ושמיה איסור כדאמרינן בבבא בתרא (קמט.) רב מרי בריה הורתו שלא בקדושה הוה לכך לא היה נקרא על שם אביו [ברכות טז.]. רחל בת שמואל הוה, ונשבית ונשאה נכרי ונתגייר ושמיה איסור גיורא ורב מרי הורתו שלא בקדושה ולידתו בקדושה ומחמת כבודו תלאוהו על שם אמו [ב"מ עג:]. **מאי קרא.** דיש לדרוש עליהם כלה מזנה בחופתה [גיטין שם]. **עד שהמלך במסיבו.** בעוד המלך על השלחן מסיבת חופתו. **נרדי נתן ריחו.** חילוף להבאיש בעוד שהשכינה בסיני קלקלתי בעגל [שה"ש א, יב]. **בושמי** עזב ריחו הטוב כמו ולא נתן סיחון את ישראל וגו' (במדבר כא) [גיטין שם]. **ועדיין חביבותא הוא גבן.** ולשון חיבה כתב הכתוב נתן ריחו ולא כתב הבאיש או הסריח [שה"ש שם ע"ש]. אע"פ שהזכיר קלקוליהן לא הזכיר אלא במראית חיבה דלא כתיב הסריח. **הנעלבים.** גרסי' אותן שנעלבים מיד אחרים. **ואינן עולבין.** את אחרים. **עושין.** מצות מאהבת המקום ולא ליטול שכר ולא מיראת פורענות [גיטין שם]. **ואוהביו כצאת השמש בגבורתו.** לעתיד לבא שבעתים כאור שבעת הימים שהיא על אחת שלש מאות וארבעים ושלש כמספר ארבעים ותשע שביעיות [שופטים ה, לא]. **וכפטיש.** פי"ק בלע"ז ויש אומר מרטיי"ל בלע"ז [ירמיה כג, כט]. **שמעו כי נגידים אדבר** דברי נגידות ומשיבות [משלי ח, ו]. **למיימינין.** שמפשפשין טעמיהן בדקדוק וכוונין כימין המיומנת למלאכה. **למשמאילים בה.** שאין יגעים בה כל צרכן אי נמי מיימינין בה עוסקין לשמה משמאילים שלא לשמה [לעיל סג. ע"ש]. **בין שדי.** בין שני בדי הארון [שה"ש שם, יג]. **גשם נדבות תניף אלהים וגו'.** במתן תורה כתיב שילתה נשמתן שנאמר נפשי יצאה בדברו (שיר השירים ה) והניף עליהן טל תחייתו שנאמר גשם נדבות תניף אלהים והאי קרא משתעי במתן תורה במזמור יקום אלהים יפוצו אויביו [חגיגה יב:]. **חזרו ישראל לאחוריהן.** היו נרתעין לאחוריהם י"ב מיל כאורך מחניהם ומלאכי השרת באין ומסייעין אותן להחזירן שנא' (תהלים סח) מלכי צבאות ידודון [שמות כ, טו]. **שפירש שדי מזיו שכינתו.** פרשז נוטריקון קא דריש [סוכה ה.].

כ) פָּתַחְתִּי אֲנִי לְדוֹדִי וְדוֹדִי חָמַק עָבָר נַפְשִׁי יָצְאָה בְדַבְּרוֹ בִּקַּשְׁתִּיהוּ וְלֹא מְצָאתִיהוּ קְרָאתִיו וְלֹא עָנָנִי: [שיר השירים ה, ו] ל) גֶּשֶׁם נְדָבוֹת תָּנִיף אֱלֹהִים נַחֲלָתְךָ וְנִלְאָה אַתָּה כוֹנַנְתָּהּ: [תהלים סח, י] מ) מַלְכֵי צְבָאוֹת יִדֹּדוּן יִדֹּדוּן וּנְוַת בַּיִת תְּחַלֵּק שָׁלָל: [תהלים סח, יג] נ) מָה אֱנוֹשׁ כִּי תִזְכְּרֶנּוּ וּבֶן אָדָם כִּי תִפְקְדֶנּוּ: [תהלים ח, ה] ס) יְיָ אֲדֹנֵינוּ מָה אַדִּיר שִׁמְךָ בְּכָל הָאָרֶץ אֲשֶׁר תְּנָה הוֹדְךָ עַל הַשָּׁמָיִם: [תהלים ח, ב] ע) מְאַחֵז פְּנֵי כִסֵּה פַּרְשֵׁז עָלָיו עֲנָנוֹ: [איוב כו, ט] פ) אָנֹכִי יְיָ אֱלֹהֶיךָ אֲשֶׁר הוֹצֵאתִיךָ מֵאֶרֶץ מִצְרַיִם מִבֵּית עֲבָדִים: [שמות כ, ב] צ) לֹא יִהְיֶה לְךָ אֱלֹהִים אֲחֵרִים עַל פָּנָי: [שמות כ, ג]

מסורת הש"ס

א) גיטין לו:, ב) [שם א' רבא], ג) ג"ז שם ויומא כג., ד) [סנהדרין לז:], ה) [יומא עט: ע"ש], ו) כלים פכ"ב מ"ד, ז) [לעיל ג.] פסחים קח., ח) [חגיגה יב:], ט) [בקרא כתיב מלכי ועמ"ש הפסנעת רוח פ' יתרו], י) [חגיגה יד. זבחים קטו.], כ) [סוכה ה.], ל) [בכתובה איתא תנחום], מ) נ"ל עוז, נ) [במדרש רבה איכה ד"ה זכו גזירים].

הגהות הב"ח

(א) גמ' תנו רבנן הנעלבין: (ב) רש"י ד"ה למיימינין. נ"ב עי' לעיל דף סג ע"ש: (ג) ד"ה מעביר ראשון לג"ע: (ד) ד"ה תתקע"ד דורות. נ"ב ועיין בחגיגה פרק אין דורשין סוף דף יג ורלאש דף יד:

גליון הש"ס

רש"י ד"ה תתקע"ד דורות וכו' ורואה הקב"ה שאין העולם מתקיים. במדרש רבה בראשית פ' איתא שהקב"ה שהיו רשעים נתנה לכ"ו דורות והתתקע"ד שתלן בכל דור ודור והן עזי פנים שבדורות: תוס' ד"ה מה פטיש וכו' דמקרא אחד יוצא לכמה טעמים. עי' בהרא"ש פרשת וארא בפסוק ט':

תורה אור השלם

א) תֻּמַּת יְשָׁרִים תַּנְחֵם וְסֶלֶף בּוֹגְדִים יְשָׁדֵּם: [משלי יא, ג]
ב) לִבַּבְתִּנִי אֲחֹתִי כַלָּה לִבַּבְתִּנִי בְּאַחַת מֵעֵינַיִךְ בְּאַחַד עֲנָק מִצַּוְּרֹנָיִךְ: [שיר השירים ד, ט]
ג) עַד שֶׁהַמֶּלֶךְ בִּמְסִבּוֹ נִרְדִּי נָתַן רֵיחוֹ: [שיר השירים א, יב]
ד) כֵּן יֹאבְדוּ כָל אוֹיְבֶיךָ יְיָ וְאֹהֲבָיו כְּצֵאת הַשֶּׁמֶשׁ בִּגְבֻרָתוֹ וַתִּשְׁקֹט הָאָרֶץ אַרְבָּעִים שָׁנָה: [שופטים ה, לא]
ה) אֲדֹנָי יִתֶּן אֹמֶר הַמְבַשְּׂרוֹת צָבָא רָב: [תהלים סח, יב]
ו) הֲלוֹא כֹה דְבָרִי כָּאֵשׁ נְאֻם יְיָ וּכְפַטִּישׁ יְפֹצֵץ סָלַע: [ירמיה כג, כט]
ז) שִׁמְעוּ כִּי נְגִידִים אֲדַבֵּר וּמִפְתַּח שְׂפָתַי מֵישָׁרִים: [משלי ח, ו]
ח) צְרוֹר הַמֹּר דּוֹדִי לִי בֵּין שָׁדַי יָלִין: [שיר השירים א, יג]
ט) אֶשְׁכֹּל הַכֹּפֶר דּוֹדִי לִי בְּכַרְמֵי עֵין גֶּדִי: [שיר השירים א, יד]
י) לְחָיָו כַּעֲרוּגַת הַבֹּשֶׂם מִגְדְּלוֹת מֶרְקָחִים שִׂפְתוֹתָיו שׁוֹשַׁנִּים נֹטְפוֹת מוֹר עֹבֵר: [שיר השירים ה, יג]

אָמַר לוֹ הַקָּדוֹשׁ בָּרוּךְ הוּא לְמֹשֶׁה – The Holy One, Blessed is He, said to Moses: הַחֲזִיר לָהֶן תְּשׁוּבָה – "Give them an answer." **אָמַר לְפָנָיו – [Moses] said before Him: רִבּוֹנוֹ שֶׁל עוֹלָם – "Master of the Universe! מִתְיָירֵא אֲנִי שֶׁמָּא יִשְׂרְפוּנִי בַּהֶבֶל שֶׁבְּפִיהֶם – I fear** to reply to them **lest they burn me with the breath in their mouths." אָמַר לוֹ – [God] said to him: אֱחוֹז בְּכִסֵּא כְבוֹדִי וַחֲזוֹר לָהֶן תְּשׁוּבָה – "Take hold of the throne of My Glory and** then **give them an answer."**[44]

The Scriptural source:

שֶׁנֶּאֱמַר ,,מְאַחֵז פְּנֵי־כִסֵּ(א)(ה) פַּרְשֵׁז עָלָיו עֲנָנוֹ" – This is **as it says:**[45] ***He allows him to grasp the face of the throne; He spreads upon him His cloud.*** **וְאָמַר רַבִּי נַחוּם – And R' Nachum said: מְלַמֵּד שֶׁפֵּירֵשׁ שַׁדַּי מִזִּיו שְׁכִינָתוֹ וַעֲנָנוֹ עָלָיו – [This verse] teaches that the Almighty spread some of the radiance of His Presence and His cloud upon [Moses].**[46]

The narrative is resumed:

אָמַר לְפָנָיו – Commencing his argument, **[Moses] said before Him: רִבּוֹנוֹ שֶׁל עוֹלָם – "Master of the Universe, תּוֹרָה שֶׁאַתָּה נוֹתֵן לִי – the Torah that You are giving me, מַה כְּתִיב בָּהּ – what is written in it? ,,אָנֹכִי ה' אֱלֹהֶיךָ אֲשֶׁר הוֹצֵאתִיךָ מֵאֶרֶץ מִצְרַיִם" –** ***I am Hashem Your God Who has taken you out of the land of Egypt.***"[47] **אָמַר לָהֶן – [Moses] said to [the angels]: לְמִצְרַיִם יְרַדְתֶּם – "Did you descend to Egypt? לְפַרְעֹה הִשְׁתַּעְבַּדְתֶּם – Were you enslaved to Pharaoh? תּוֹרָה לָמָּה תְּהֵא לָכֶם – Why should the Torah be yours? שׁוּב מַה כְּתִיב בָּהּ – What else is written in [the Torah]? ,,לֹא־יִהְיֶה לְךָ אֱלֹהִים אֲחֵרִים" –** ***There shall not be unto you gods of others.***[48] **בֵּין עַמִּים אַתֶּם שְׁרוּיִין שֶׁעוֹבְדִין – Do you live among nations who worship**

NOTES

44. This itself was a response to the angels, that only man can be part of the lower world and yet reach the Throne of Glory. Only man, then, is deserving of the Torah (*Rif* [on *Ein Yaakov*]; see also *Maharsha* and *Maharal* loc. cit; see also 89a note 7).

45. *Job* 26:9.

46. פַּרְשֵׁז is interpreted here as an abbreviation of פֵּירֵשׁ שַׁדַּי מִזִּיו, *the Almighty spread some of the radiance* (*Rashi*).

47. *Exodus* 20:2. The first of the Ten Commandments.

48. Ibid. v. 3. The second commandment.

דָּבָר – and gave him something, שֶׁנֶּאֱמַר – as it is said:[11] ,,עָלִיתָ לַמָּרוֹם שָׁבִיתָ שֶּׁבִי לָקַחְתָּ מַתָּנוֹת בָּאָדָם'' – *You ascended to the heights, you captured a captive, you took gifts because of man.* בִּשְׂכַר שֶׁקְּרָאוּךָ אָדָם לָקַחְתָּ מַתָּנוֹת – That is to say, in reward for bearing the insult when [the angels] called you "a man," you took gifts.[12] אַף מַלְאַךְ הַמָּוֶת מָסַר לוֹ דָּבָר – The Angel of Death also gave him something,[13] שֶׁנֶּאֱמַר – as it is said:[14] ,,וַיִּתֵּן אֶת־הַקְּטֹרֶת וַיְכַפֵּר עַל־הָעָם'' – *Moses said to Aaron, "Take the fire-pan and put on it fire from upon the Altar and place incense . . . He [Aaron] placed the incense and atoned for the people . . .* ' ' וְאוֹמֵר ,,וַיַּעֲמֹד בֵּין־הַמֵּתִים וּבֵין הַחַיִּים וגו – And it says:[15] *He stood between the dead and the living,* etc. *and the plague was checked.* אִי לַאו דְּאָמַר לֵיהּ מִי הֲוָה יָדַע – Now if [the Angel of Death] had not told [Moses] this secret, how would he have known?[16]

Another teaching by R' Yehoshua ben Levi:

וְאָמַר רַבִּי יְהוֹשֻׁעַ בֶּן לֵוִי – And R' Yehoshua ben Levi said: בְּשָׁעָה שֶׁיָּרַד מֹשֶׁה מִלִּפְנֵי הַקָּדוֹשׁ בָּרוּךְ הוּא – When Moses descended from before the Holy One, Blessed is He, after receiving the Torah, בָּא שָׂטָן וְאָמַר לְפָנָיו – Satan came and said before [God]: רִבּוֹנוֹ שֶׁל עוֹלָם – "Master of the Universe! תּוֹרָה הֵיכָן הִיא – Where is the Torah?"[17] אָמַר לוֹ – [God] said to

עֲבוֹדַת גִּלּוּלִים – idols? שׁוּב מַה כְּתִיב בָּהּ – What else is written in it? ,,זָכוֹר אֶת־יוֹם הַשַּׁבָּת לְקַדְּשׁוֹ'' – *Remember the Sabbath day to sanctify it.*[1] כְּלוּם אַתֶּם עוֹשִׂים מְלָאכָה שֶׁאַתֶּם צְרִיכִין שְׁבוּת – Do you engage in any labor from which you would need to rest? שׁוּב מַה כְּתִיב בָּהּ – What else is written in it? ,,לֹא תִשָּׂא'' – *You shall not take the Name of Hashem, Your God, in vain.*[2] מַשָּׂא וּמַתָּן יֵשׁ בֵּינֵיכֶם – Are there any business transactions among you that might lead to oaths taken in vain?[3] שׁוּב מַה כְּתִיב בָּהּ – What else is written in it? ,,כַּבֵּד אֶת־אָבִיךָ וְאֶת־אִמֶּךָ'' – *Honor your father and mother.*[4] אָב וָאֵם יֵשׁ לָכֶם – Do you have a father or mother? שׁוּב מַה כְּתִיב בָּהּ – What else is written in it? ,,לֹא תִרְצָח'' ,,לֹא תִנְאָף'' ,,לֹא תִגְנֹב'' – *"You shall not murder; you shall not commit adultery; you shall not steal.*[5] קִנְאָה יֵשׁ בֵּינֵיכֶם – Is there envy among you?[6] יֵצֶר הָרָע יֵשׁ בֵּינֵיכֶם – Is there an Evil Inclination among you?" מִיָּד הוֹדוּ לוֹ לְהַקָּדוֹשׁ בָּרוּךְ הוּא – Immediately, [the angels] conceded to the Holy One, Blessed is He,[7] שֶׁנֶּאֱמַר – as it is said at the end of that psalm:[8] ,,ה' אֲדֹנֵינוּ מָה־אַדִּיר שִׁמְךָ וגו' '' – *Hashem, our Master, how grand is Your Name etc. in all the earth.* וְאִילּוּ ,,תְּנָה הוֹדְךָ עַל־הַשָּׁמָיִם'' לֹא כְּתִיב – Now, here it is not written: *bestow Your glory upon the Heavens.*[9] מִיָּד כָּל אֶחָד וְאֶחָד נַעֲשָׂה לוֹ אוֹהֵב – Immediately, every one of the angels became a friend of [Moses],[10] וּמָסַר לוֹ

NOTES

1. *Exodus* 20:8. The fourth commandment.

2. Ibid. v. 7. The third commandment. [*Dikdukei Soferim* records a version of the Gemara's text in which this verse appears before the aforementioned one.]

3. [It was common, in the midst of business dealings, to fortify one's position by swearing to the truth of a particular fact. Sometimes the oath was a bluff, or true but superfluous. The Torah forbids one from using God's Name in making vain or false oaths.]

4. Ibid. v. 12. The fifth commandment.

5. Ibid. v. 13. The sixth, seventh and eighth commandments.

6. Is there any jealousy among you that might incite you to murder? (*Rashi*).

Gilyon HaShas notes that *Rashi* in his commentary to *Genesis* 1:26 indicates that an angel can be envious (see also *Rashi* to *Chullin* 91b ד״ה בעו לסכוניה and *Tosafos* to *Berachos* 3a ד״ה ועונין). *Divrei David* (*Taz*) ad loc. suggests that angels are not jealous of each other, but they can be jealous of humans. See *Megadim Chadashim* to *Berachos* 3a, who deals with this issue at length.

7. *Chasam Sofer* explains the discussion as follows: When we say that the Torah existed before the Creation, it did not exist in its present external form, with all its physically defined commandments and historical incidents. Clearly, if no individual had desecrated the Sabbath in the Wilderness, the passage of the "gatherer" (*Numbers* 15:32-36) would not have been written. And if the Jewish people had not made the Golden Calf, that passage would similarly not have been written, etc. The truth is that the light of the Torah and its essence were concealed above before the world was created. [This is what is meant when the commentators state that the Torah is wholly composed of the Names of God (see *Ramban,* Introduction to *Commentary on the Torah*).] Since, however, the world is incapable of accessing this essence directly, it must manifest itself in more comprehensible forms, as required.

Now, the angels held no brief against Moses for receiving the "external" Torah with its practically oriented commandments. Their grievance focused on the "coveted and concealed" aspect of the Torah. Certainly, they said, mortal man is incapable of appreciating the hidden light of the Torah! However, when Moses was able to take hold of the Throne of Glory, this put the lie to all their claims. A human being can stand on earth and yet touch the Divine, as it were, at the same time (*Likkutim B'Shas,* at the end of *Derashos Chasam Sofer* III). At this point, the Jews had a superior claim to the Torah: The angels could relate only to its purely spiritual facet; the Jews, however, could relate to both its inner and outer aspects (*Toras Chaim* to *Sanhedrin* 71a cited by *Gilyon HaShas* here; see *Maharsha*).

Why, then, did Moses proceed to detail physical commandments that were alien to the angels? After all, they contested only the "inner" Torah. The solution is that Moses offered this defense out of humility, as if he did not understand their complaint and as if he himself knew only these external forms. This humility led them to love him all the more (*Chasam Sofer* ibid.). [See *Or Gedalyahu* on Shavuos p.164, who elaborates on this matter.]

8. *Psalms* 8:10.

9. [Thus, the angels conceded that the Torah should be given to the earth.]

10. This is the rule in every dispute where both sides earnestly seek the truth. In the beginning, each is the enemy of the other, since he thinks the other is attempting to push him away from what is correct. Afterwards, both become friends since they have together arrived at the truth. In this case, Moses' position was shown to be the accurate one and they befriended him (*Sichos Mussar,* 5732 §33, citing *Kiddushin* 30b).

11. *Psalms* 68:19.

12. אָדָם, *man,* is cognate to אֲדָמָה, *earth.* Thus, when the angels referred to Moses as בֶּן אָדָם [see above, 88b], this carried a degrading connotation (*Rashi*; see *Maharsha*). In order to appease Moses for this innuendo, they gave him gifts (*Chasam Sofer* ibid.).

13. *Rashi* states that the Angel of Death gave him "his secret," i.e. the device that would stop him from bringing death. The secret was to burn fire-pans of incense during a plague while standing between the living and the dead.

14. *Numbers* 17:11-12. [In the aftermath of the Korach rebellion, the Jews faulted Moses and Aaron for causing the deaths of the rebels. This complaint brought a plague upon the complainers. In these verses, Moses intervenes to save their lives.]

15. Ibid. v. 13.

16. *Rashi* explains: How would he have known? It is not written in the Torah.

It is difficult to fathom what Rashi means; it would seem that there are many things not written in the Torah that Moses could have nevertheless known. See *Chasam Sofer* (ibid.), *Ben Yehoyada* and *Hagahos R' Yaakov Emden* for possible approaches to this question.

17. *Tosafos* ask: How could Satan not have been aware of the giving of the Torah?

Chasam Sofer (ibid.) answers: Certainly Satan was aware of this event. After all, Satan is identical with the Angel of Death [and the Evil Inclination – see *Bava Basra* 16a], and the Gemara just said that the Angel of Death taught Moses his secret when the Torah was given. Nevertheless, when the angels relented and supported the transmission of the Torah to the lower realms, they were under the impression that it would also remain in the upper realms. That is, it would be shared between Heaven and earth. In this, they were mistaken: A fundamental

עבודת גלולים שוב מה כתיב בה א) זכור את יום השבת לקדשו כלום אתם עושים מלאכה שאתם צריכין שבות שוב מה כתיב בה ב) לא תשא משא ומתן יש ביניכם שוב מה כתיב בה ג) כבד את אביך ואת אמך אב ואם יש לכם שוב מה כתיב בה ד) לא תרצח לא תנאף לא תגנוב ° קנאה יש ביניכם יצר הרע יש ביניכם ° מיד הודו לו להקב"ה שנאמר ה) ה' אדונינו מה אדיר שמך וגו' ואילו תנה הודך על השמים לא כתיב מיד כל אחד ואחד נעשה לו אוהב ומסר לו דבר שנאמר ו) עלית למרום שבית שבי לקחת מתנות באדם בשכר שקראוך אדם לקחת מתנות אף מלאך המות מסר לו דבר שנאמר ז) ויתן את הקטורת ויכפר על העם ואומר ח) ויעמוד בין המתים ובין החיים וגו' אי לאו דאמר ליה מי הוה ידע: וא"ר יהושע בן לוי בשעה שירד משה מלפני הקב"ה בא שטן ואמר לפניו רבונו של עולם תורה היכן היא אמר לו נתתיה לארץ הלך אצל ארץ אמר לה תורה היכן היא אמרה לו ט) אלהים הבין דרכה וגו' הלך אצל ים ואמר לו אין עמדי הלך אצל תהום א"ל אין בי שנאמר י) תהום אמר לא בי היא וים אמר אין עמדי כ) אבדון ומות אמרו באזנינו שמענו שמעה חזר ואמר לפני הקב"ה רבש"ע חיפשתי בכל הארץ ולא מצאתיה אמר לו לך אצל בן עמרם הלך אצל משה אמר לו תורה שנתן לך הקב"ה היכן היא אמר לו וכי מה אני שנתן לי הקב"ה תורה א"ל הקב"ה למשה בדאי אתה אמר לפניו רבונו של עולם חמודה גנוזה יש לך שאתה משתעשע בה בכל יום אני אחזיק טובה לעצמי אמר לו הקב"ה למשה הואיל ומיעטת עצמך תקרא על שמך שנאמר ל) זכרו תורת משה עבדי וגו': וא"ר יהושע בן לוי ° בשעה שעלה משה למרום מצאו להקב"ה שהיה קושר כתרים לאותיות אמר לו משה אין שלום בעירך אמר לפניו ° כלום יש עבד שנותן שלום לרבו א"ל היה לך לעזרני מיד אמר לו מ) ועתה יגדל נא כח ה' כאשר דברת (אמר) ר' יהושע בן לוי מ"ד נ) וירא העם כי בושש משה אל תקרי בושש אלא באו שש בשעה שעלה משה למרום אמר להן לישראל לסוף ארבעים יום בתחלת שש אני בא לסוף מ' יום בא שטן ועירבב את העולם אמר להן משה רבכם היכן הוא אמרו לו עלה למרום אמר להן באו שש ולא השגיחו עליו מת ולא השגיחו עליו הראה להן דמות מטתו והיינו דקאמרי ליה לאהרן ס) כי זה משה האיש וגו': א"ל ההוא מרבנן לרב כהנא מי שמיע לך מאי הר סיני א"ל הר שנעשו בו נסים לישראל הר ניסאי מיבעי ליה אלא הר שנעשה סימן טוב לישראל הר סימנאי מיבעי ליה א"ל מ"ט לא שכיחת קמיה דרב פפא ורב הונא בריה דרב יהושע דמעייני באגדתא דרב חסדא ורבה בריה דרב הונא דאמרי תרווייהו מאי הר סיני הר שירדה שנאה לעכו"ם עליו והיינו דאמר ר' יוסי בר' חנינא ה' שמות יש לו מדבר צין שנצטוו ישראל עליו מדבר קדש שנתקדשו ישראל עליו מדבר קדמות שנתנה קדומה עליו מדבר פארן שפרו

שפרו

רש"י

קנאה יש ביניכם. שאתם באים על ידה לידי רציחה: **מסר לו.** למדו: **באדם בשכר.** שחרפוך וקראוך אדם נולד מאשה לשון שפלות: **מסר לו** סודו. להקטיר מחתות קטורת בשעת מגפה ולעמוד בין המתים ובין החיים: **ואי לאו דאמר ליה.** מלאך המות: **מנא ידע.** הלא בתורה לא נכתב: **בדאי אתה.** בתמיה: **קושר כתרים.** כגון הנך דאמרי' בפרק הבונה (דף קד.) תגא דקו"ף לגבי רי"ש וכן שעטנ"ז ג"ץ שצריכין כל אות ג' זיונים כדאמרינן במנחות (דף כט:) ראש הזיי"ן נמתח לימין ולשמאל בגגו מעט וכן ראש השי"ן השמאלי וכן כל ראשי שבע אותיות הללו בכל מקום שהן: **אין שלום.** אין דרך ליתן שלום: **בעירך.** במקומך: **לעזרני.** לומר תצלח מלאכתך: **מיד.** בעליה אחרת אמר לו יגדל נא כח ה': **בא השטן.** הוא יצר הרע המחטיא את האדם הוא העולה ומסטין [והאומר] דהוא מדת הדין אין הגון בעיני: **כשעלה משה.** להר אמר להם לסוף מ' יום אני בא בתוך שש שעות הם סבורים שאותו יום שעלה בו מן המנין הוה והוא אמר להם מ' יום שלימים יום ולילו עמו ויום עלייתו אין לילו עמו שהרי בז' בסיון עלה נמצא יום מ' בי"ז בתמוז היה בי"ו בא שטן ועירבב את העולם והראה דמות חשך ואפילה דמות ענן וערפל וערבוביא לומר ודאי מת משה שהרי באו כבר שש ולא בא ואי אפשר לומר שלא טעו אלא ביום המעונן בין קודם חצות לאחר חצות שהרי לא ירד משה עד יום המחרת שנאמר וישכימו ממחרת וגו': **באו שש.** שקבע להם: **שנאה לעכו"ם.** שלא קבלו בו תורה:

תוספות

תורה היכן היא. וא"ת וכי שטן לא היה יודע מתן תורה וי"ל דאמרינן במדרש לפניו ילך דבר שטרדו הקב"ה למלאך המות בשעת מתן תורה שלא יקטרג לומר אומה שעתידה לחטוא לסוף מ' יום בעגל אתה נותן להם התורה והוא שטן והוא מלאך המות כדאמרי' בפ"ק דב"ב (דף טז.) ואמרי' נמי בסנהדרין (דף כו:) תושי' שניתנה בחשאי מפני השטן:

לסוף מ' יום אני בא. פירש בקונטרס דאותו יום שעלה בו אינו מן המנין והוא היה אומר להם מ' יום שלימים יום ולילו עמו ויום עלייתו אין לילו עמו שהרי ז' בסיון עלה נמצא יום מ' היה בי"ז בתמוז ואין נראה לר"י בן רבינו מאיר דבהדיא משמע בפ"ק דיומא (דף ד.) דיום עלייה מן המנין דקאמר התם בשלמא לר"ע משכחת להו דבי"ז בתמוז נשתברו הלוחות כ"ד דסיון ושיתסר דתמוז מלו להו מ' יומין ובשיבסר בתמוז נחת אלמא חשיב יום עלייה ואיכא מ' יום ומ' לילה כשתחשוב לילה שאחר היום ועוד אם לא תחשוב יום עלייה לא ישלמו מ' ימים אחרונים עד אחר יום הכפורים ושלמו ביוה"כ שאז א"ל הקב"ה למשה סלחתי כדברך גם מה שפרש"י בפרשת כי תשא שבי"ט בתמוז עלה קשה לר"י שאז לא תמצא שמלו מ' ימים אחרונים ביום הכפורים ד):

מדבר צין. קשה לר"י דע"כ מדבר צין לאו היינו מדבר פארן דמדבר צין בתחילת דרומה של ארץ ישראל כדכתיב באלה מסעי והיה לכם פאת נגב (א) ממדבר צין על ידי אדום וכתיב ונסב לכם הגבול מנגב וגו' והיו תוצאותיו מנגב לקדש ברנע וקדש ברנע היינו פארן דכתיב בשילוח מרגלים וישלח אותם משה ממדבר פארן ובספר יהושע (יד) כתיב שאמר כלב בשלוח אותי משה מקדש ברנע לרגל את הארץ וכן באלה הדברים כתיב ונבא עד קדש ברנע ומפרש מיד שלוח מרגלים ועוד דכמה מסעות היו ממדבר פארן עד מדבר צין דכסוף בהעלותך כתיב ואחר נסעו העם מחצרות ויחנו במדבר פארן ובאלה מסעי כתיב ויסעו העם מחצרות ויחנו ברתמה א"כ רתמה היינו פארן וחשיב כמה מסעות עד מדבר צין וכן בין פארן לסיני מהלך י"א יום דכתיב אחד עשר יום מחורב דרך הר שעיר עד קדש ברנע א"כ מדבר צין ופארן וסיני לאו הכל אחד ואור"י דהכל מדב' אחד וגדול היה דע"כ סיני היינו פארן דכתי' הופיע מהר פארן ובפרק שור שנגח ד' וה' (ב"ק דף לח.) דרשינן מפארן הופיע ממונן לישראל גבי שור של ישראל שנגח שור של עובד כוכבים פטור ול"ג בריש מסכת ע"ז (דף ג:) מאי בעי בשעיר ומאי בעי בפארן ה) דהוה משמע דפארן היא אומה אחרת כמו שעיר אלא גרס מאי בעי בשעיר ומאי בעי בתימן וסיני נמי היינו מדבר צין דכתיב מדבר צין היא קדש וסיני איקרי קדש דכתיב בספר תהלים (כט) קול ה' יחיל ה' מדבר קדש משמע דהיינו בשעת מתן תורה ומיהו קשה לר"י דהא מדבר קדמות היה מזרחה של ארץ ישראל כדכתיב (דברים ב) ואשלח מלאכים ממדבר קדמות אל סיחון מלך חשבון וגו' שסיחה במזרח של א"י דכתיב (שם ד) בעבר הירדן מזרחה שמש ומדבר צין ופארן היינו בדרומה כמו שמשמע בפסוקים שהבאתי ואיך יתכן דמדבר קדמות היינו מדבר סיני:

מסורת הש"ס

א) מנחות כט:, ב) [עי' תוספות בבא קמא עג: ד"ה כדי], ג) ל"ל ואמר, ד) [וע"ע תוספות בבא קמא פב. ד"ה כדי], ה) [ועי' תוס' ע"ז ב: ד"ה מאי בעי].

הגהות הב"ח

(א) תוס' ד"ה מדבר וכו' פאת נגב מדבר צין:

גליון הש"ס

גמ' **קנאה יש ביניכם.** עי' ברש"י בחומש בראשית א כ"ו וברא"ם שם: **שם מיד הודו לו להקב"ה.** עי' תורת חיים סנהדרין דף עא ד"ה ולמה נכתבו: **שם כלום יש עבד שנותן שלום.** עי' מהרש"א בח"א רפ"ד דברכות. וקושייתו ותירוצו בתוס' ב"ק עג ע"ב ד"ה כדי:

ליקוטי רש"י

עלית. אתה נגיד עמו משה בן עמרם למרום [תהלים סח, יט]. **שנאמר ויתן את הקטורת וגו'.** רז זה מסר לו מלאך המות כשעלה לרקיע שהקטורת עוצר המגפה [במדבר יז, יא]. **אלהים הבין דרכה.** והוא ידע את מקומה שיודע הוא היכן שורה [איוב כח, כג]. **כתרים.** כגון התגין דס"ת [מנחות כט:]. **כי בושש משה.** כתרגומו לשון איחור וכן בשש רכבו (שופטים ה, כח) ויתחלו עד בוש (שם ג, כה). **ועירבב את העולם.** לומר ודאי מת משה לכך בא עירבוביא לעולם [שמות לב, א]. **לסוף מ' יום.** משבעה בסיון עד שבעה עשר בתמוז איכא ארבעים יום עשרים וארבעה דסיון שהוא מלא וששה עשר דתמוז הוי ארבעים יום שעמד משה בהר [תענית כח:]. **כי זה משה האיש.** כמין דמות משה הראה להם השטן שנושאים אותו באויר רקיע השמים [שמות שם]. **שנתנה קדומה.** התורה שקדמה לעולם [דברים ב, כו].

תורה אור השלם

א) זָכוֹר אֶת יוֹם הַשַּׁבָּת לְקַדְּשׁוֹ: [שמות כ, ח]

ב) לֹא תִשָּׂא אֶת שֵׁם יְיָ אֱלֹהֶיךָ לַשָּׁוְא כִּי לֹא יְנַקֶּה יְיָ אֵת אֲשֶׁר יִשָּׂא אֶת שְׁמוֹ לַשָּׁוְא: [שמות כ, ז]

ג) כַּבֵּד אֶת אָבִיךָ וְאֶת אִמֶּךָ לְמַעַן יַאֲרִכוּן יָמֶיךָ עַל הָאֲדָמָה אֲשֶׁר יְיָ אֱלֹהֶיךָ נֹתֵן לָךְ: [שמות כ, יב]

ד) לֹא תִרְצָח לֹא תִנְאָף לֹא תִגְנֹב לֹא תַעֲנֶה בְרֵעֲךָ עֵד שָׁקֶר: [שמות כ, יג]

ה) יְיָ אֲדֹנֵינוּ מָה אַדִּיר שִׁמְךָ בְּכָל הָאָרֶץ: [תהלים ח, י]

ו) עָלִיתָ לַמָּרוֹם שָׁבִיתָ שֶּׁבִי לָקַחְתָּ מַתָּנוֹת בָּאָדָם וְאַף סוֹרְרִים לִשְׁכֹּן יָהּ אֱלֹהִים: [תהלים סח, יט]

ז) וַיִּקַּח אַהֲרֹן כַּאֲשֶׁר דִּבֶּר מֹשֶׁה וַיָּרָץ אֶל תּוֹךְ הַקָּהָל וְהִנֵּה הֵחֵל הַנֶּגֶף בָּעָם וַיִּתֵּן אֶת הַקְּטֹרֶת וַיְכַפֵּר עַל הָעָם: [במדבר יז, יב]

ח) וַיַּעֲמֹד בֵּין הַמֵּתִים וּבֵין הַחַיִּים וַתֵּעָצַר הַמַּגֵּפָה: [במדבר יז, יג]

ט) אֱלֹהִים הֵבִין דַּרְכָּהּ וְהוּא יָדַע אֶת מְקוֹמָהּ: [איוב כח, כג]

י) תְּהוֹם אָמַר לֹא בִי הִיא וְיָם אָמַר אֵין עִמָּדִי: [איוב כח, יד]

כ) אֲבַדּוֹן וָמָוֶת אָמְרוּ בְּאָזְנֵינוּ שָׁמַעְנוּ שִׁמְעָהּ: [איוב כח, כב]

ל) זִכְרוּ תּוֹרַת מֹשֶׁה עַבְדִּי אֲשֶׁר צִוִּיתִי אוֹתוֹ בְחֹרֵב עַל כָּל יִשְׂרָאֵל חֻקִּים וּמִשְׁפָּטִים: [מלאכי ג, כב]

מ) וְעַתָּה יִגְדַּל נָא כֹּחַ אֲדֹנָי כַּאֲשֶׁר דִּבַּרְתָּ לֵאמֹר: [במדבר יד, יז]

נ) וַיַּרְא הָעָם כִּי בֹשֵׁשׁ מֹשֶׁה לָרֶדֶת מִן הָהָר וַיִּקָּהֵל הָעָם עַל אַהֲרֹן וַיֹּאמְרוּ אֵלָיו קוּם עֲשֵׂה לָנוּ אֱלֹהִים אֲשֶׁר יֵלְכוּ לְפָנֵינוּ כִּי זֶה מֹשֶׁה הָאִישׁ אֲשֶׁר הֶעֱלָנוּ מֵאֶרֶץ מִצְרַיִם לֹא יָדַעְנוּ מֶה הָיָה לוֹ: [שמות לב, א]

תבלין

[Satan]: נְתַתִּיהָ לָאָרֶץ – "I gave it to the earth." הָלַךְ אֵצֶל אֶרֶץ – [Satan] went to the earth, אָמַר לָהּ – and asked it: תּוֹרָה הֵיכָן הִיא – "Where is the Torah?" אָמְרָה לוֹ – It said to him: "אֱלֹהִים הֵבִין דַּרְכָּהּ וגו׳" – *"God understood its path, etc. and He knows its place."*[18] הָלַךְ אֵצֶל יָם וְאָמַר לוֹ "אֵין עִמָּדִי" – [Satan] then went to the sea, and it told him: *"It is not with me."* הָלַךְ אֵצֶל תְּהוֹם אָמַר לוֹ "אֵין בִּי" – [Satan] then went to the depth, and it said to him: *"It is not in me."* שֶׁנֶּאֱמַר – This is as it is said:[19] "תְּהוֹם אָמַר לֹא בִי הִיא וְיָם אָמַר אֵין עִמָּדִי" – *The depth said, "It is not in me." And the sea said, "It is not with me."* Satan went to destruction and death,[20] i.e. Gehinnom.[21] "אֲבַדּוֹן וָמָוֶת אָמְרוּ בְּאָזְנֵינוּ שָׁמַעְנוּ שִׁמְעָהּ" – *Destruction and death said, "With our ears we heard its report."*[22] חָזַר וְאָמַר לִפְנֵי הַקָּדוֹשׁ בָּרוּךְ הוּא – [Satan] returned and said before the Holy One, Blessed is He: רִבּוֹנוֹ שֶׁל עוֹלָם – "Master of the Universe! חִיפַּשְׂתִּי בְּכָל הָאָרֶץ וְלֹא מְצָאתִיהָ – I searched the entire earth but I did not find [the Torah]." אָמַר לוֹ – [God] said to him: לֵךְ אֵצֶל בֶּן עַמְרָם – "Go to the son of Amram."[23] הָלַךְ אֵצֶל מֹשֶׁה – [Satan] went to Moses,[24] אָמַר לוֹ תּוֹרָה שֶׁנָּתַן לְךָ הַקָּדוֹשׁ בָּרוּךְ הוּא הֵיכָן הִיא – and asked him: "The Torah that the Holy One, Blessed is He, gave you – where is it?" אָמַר לוֹ – [Moses] replied to him: וְכִי מָה אֲנִי שֶׁנָּתַן לִי הַקָּדוֹשׁ בָּרוּךְ הוּא תּוֹרָה – "Now, who am I that the Holy One, Blessed is He, should have given me the Torah?"[25] אָמַר לוֹ הַקָּדוֹשׁ בָּרוּךְ הוּא לְמֹשֶׁה – The Holy One, Blessed is He, said to Moses: מֹשֶׁה בַּדַּאי אַתָּה – "Moses, are you a fibber? Of course I gave the Torah to you!" אָמַר לְפָנָיו – [Moses] said before Him: רִבּוֹנוֹ שֶׁל עוֹלָם – "Master of the Universe! חֲמוּדָה גְּנוּזָה יֵשׁ לְךָ שֶׁאַתָּה מִשְׁתַּעֲשֵׁעַ בָּהּ בְּכָל יוֹם – You have this coveted and treasured [Torah] that You delight in every day; אֲנִי אַחֲזִיק טוֹבָה לְעַצְמִי – should I flatter myself that You gave the Torah to me?"[26] אָמַר לוֹ הַקָּדוֹשׁ בָּרוּךְ הוּא לְמֹשֶׁה – The Holy One, Blessed is He, said to Moses: הוֹאִיל וּמִיעַטְתָּ עַצְמְךָ – "Since you have diminished your role in receiving the Torah, תִּקָּרֵא עַל שִׁמְךָ – it shall be called by your name." שֶׁנֶּאֱמַר – This is as it is said:[27] "זִכְרוּ תּוֹרַת מֹשֶׁה עַבְדִּי וגו׳" – *Remember the Torah of Moses, My servant.*

Another teaching by R' Yehoshua ben Levi:

וְאָמַר רַבִּי יְהוֹשֻׁעַ בֶּן לֵוִי – And R' Yehoshua ben Levi said: בְּשָׁעָה שֶׁעָלָה מֹשֶׁה לַמָּרוֹם – When Moses ascended to the Heavenly heights, מְצָאוֹ לַקָּדוֹשׁ בָּרוּךְ הוּא שֶׁהָיָה קוֹשֵׁר כְּתָרִים לָאוֹתִיּוֹת – he found the Holy One, Blessed is He, fastening crowns to the letters of the Torah.[28] Moses said nothing. אָמַר לוֹ – [God] said to him: מֹשֶׁה אֵין שָׁלוֹם בְּעִירְךָ – "Moses, are there no greetings in your town?[29] Why did you not greet Me?" אָמַר לְפָנָיו – [Moses] said before Him: כְּלוּם יֵשׁ עֶבֶד שֶׁנּוֹתֵן שָׁלוֹם לְרַבּוֹ – "Is there any servant who greets his master? Proper reverence demands that I not greet You first." אָמַר לוֹ – [God] said to him: הָיָה לְךָ לְעָזְרֵנִי – "You should have at least offered Me support, i.e. you should have said, 'May Your labors be successful.'"[30] מִיָּד אָמַר לוֹ – Immediately,[31] [Moses] said to Him: "וְעַתָּה יִגְדַּל־נָא כֹּחַ אֲדֹנָי כַּאֲשֶׁר דִּבַּרְתָּ" – *"And now – may the strength of my Lord be magnified as You have spoken."*[32]

A final teaching by R' Yehoshua ben Levi regarding the giving of the Torah:

וְאָמַר רַבִּי יְהוֹשֻׁעַ בֶּן לֵוִי – And R' Yehoshua ben Levi said: מַאי דִּכְתִיב – What is the meaning of that which is written:[33] "וַיַּרְא הָעָם כִּי־בֹשֵׁשׁ מֹשֶׁה" – *The people saw that Moses had delayed in descending the mountain?* אַל תִּקְרֵי "בֹּשֵׁשׁ" – Do not read this as it is written: *vosheish* (*delayed*). אֶלָּא בָּאוּ שֵׁשׁ – Rather, read

NOTES

principle of *halachah* is that the Torah is not in Heaven; ministering angels have no portion in it. After Moses descended with the Torah, leaving nothing behind, Satan therefore asked: Where is the Torah?

Maharsha explains: Satan was perfectly knowledgeable regarding the giving of the Torah. He simply proceeded to play his role as Evil Inclination and entice the Jews to renege on their commitment. He argued that there was a mismatch between the depth of the discipline and the shallowness of the disciples. Thus, Satan first goes to the earth and sea, as if to drive home the message of the verse (*Job* 11:9): *It [the Torah] is longer in measure than the earth and wider than the sea.*

18. *Job* 28:23. [The Satan did not converse with the earth; rather, he spoke with the angel appointed over the earth (*Maharsha*).

19. Ibid. v. 14.

20. According to *Maharsha* and *Maharal* in *Tiferes Yisrael* ch. 23.

21. *Maharsha; Maharal* (loc. cit.) in his second explanation.

22. *Job* 28:22. [I.e. we have heard that the Torah was given to the earth, but it is not in our possession (see *Maharsha;* see also *Maharal* ibid.).]

23. When God told Satan, "I have given it to the earth," He intimated that the Torah endures only in a humble environment. Satan traveled from Heaven down to earth, but did not find the Torah. He went lower to the sea, then lower to the depths and even lower to Gehinnom, yet he did not find it. Finally, God told him, "Go to the son of Amram, the humblest of all men, and there shall you find the Torah" (*Iyun Yaakov;* cf. *Maharsha, Maharal*).

24. *Maharsha* notes that Satan was instructed to go to "the son of Amram," yet he went to "Moses." The subtext is as follows: Amram was one of only a handful of people who never sinned in their lives. Thus, the Angel of Death [i.e. Satan] held no power over him. (Amram died only because death was decreed upon all humankind from the time of Adam's sin – see above, 55b.) God told Satan that the Torah was given to the son of a man against whom he was powerless. Satan paid no heed to this and approached Moses as if he had no connection with Amram.

25. Literally: what am I.

The Satan, in effect, asked Moses: Where is the hidden light of the Torah? You are clearly incapable of containing it since you are a mere mortal born of a woman! Moses responds as if he concedes the point: All he knows is the external aspect of the Torah; its essence is certainly beyond him! (*Maharsha;* cf. *Chasam Sofer* ibid.).

26. It was only because You extended a bit of the radiance of Your Presence upon me that I was able to receive the Torah's essence (*Maharsha*).

[Even though Moses was apparently disingenuous in claiming to Satan that he did not know the inner Torah, this does not reflect upon his integrity.] It is the practice of Rabbinical scholars to understate the true extent of their knowledge (*Hagahos R' Elazar Moshe Horowitz,* citing *Bava Metzia* 23b).

27. *Malachi* 3:22.

28. I.e. God was adding *tagim,* small strokes, to the heads of certain letters. There are seven letters that have three *tagim* each: שעטנ״ז ג״ץ. All three *tagim* are drawn on the head of the letter (the leftmost head, if there are more than one). One *tag* inclines to the right, one to the left and one extends upward. Some letters, such as ק (see below, 105a), have a single *tag* (*Rashi,* according to *Rashash;* see also *Rashi* to *Menachos* 29b ד״ה שלשה זיונין and *Tosafos* there ד״ה שעטנז גץ).

The Gemara in *Menachos* (29b) records this incident in a more elaborate form. There, Moses asks God why the *tagim* are needed. God tells Moses of a man – R' Akiva – who would one day derive heaps of halachos from every stroke.

29. Is it not the custom to greet people there? (*Rashi*).

30. *Rashi.* Moses should have prayed that God assist His people to overcome their desires and observe the Torah. Any assistance rendered to the Jewish people is assistance rendered to God, as it says in the *Midrash* (*Vayikra Rabbah* 9:3): "The salvation of the Jewish people is the salvation of the Omnipresent" (*Ritva MHK* ed.).

Alternatively, *Ben Yehoyada* explains that God Himself did not, in any way, need Moses' blessing; rather, God wished to teach the protocol appropriate among human beings.

31. Actually, the following was said on another occasion that Moses ascended to Heaven (*Rashi*).

32. *Numbers* 14:17.

33. *Exodus* 32:1.

עבודת גלולים שוב מה כתיב בה א) זכור את יום השבת לקדשו כלום אתם עושים מלאכה שאתם צריכין שבות שוב מה כתיב בה ב) לא תשא משא ומתן יש ביניכם שוב מה כתיב בה ג) כבד את אביך ואת אמך אב ואם יש לכם שוב מה כתיב בה ד) לא תרצח לא תנאף לא תגנוב • קנאה יש ביניכם יצר הרע יש ביניכם • מיד הודו לו להקב"ה שנאמר ה) ה' אדונינו מה אדיר שמך וגו' ואילו תנה הודך על השמים לא כתיב מיד כל אחד ואחד נעשה לו אוהב ומסר לו דבר שנאמר ו) עלית למרום שבית שבי לקחת מתנות באדם בשכר שקראוך אדם לקחת מתנות אף מלאך המות מסר לו דבר שנאמר ז) ויתן את הקטורת ויכפר על העם ואומר ח) ויעמוד בין המתים ובין החיים וגו' אי לאו דאמר ליה מי הוה ידע: וא"ר יהושע בן לוי בשעה שירד משה מלפני הקב"ה בא שטן ואמר לפניו רבונו של עולם תורה היכן היא אמר לו נתתיה לארץ הלך אצל ארץ אמר לה תורה היכן היא אמרה לו ט) אלהים הבין דרכה וגו' הלך אצל ים ואמר לו אין עמדי הלך אצל תהום א"ל אין בי שנאמר י) תהום אמר לא בי היא וים אמר אין עמדי כ) אבדון ומות אמרו באזנינו שמענו שמעה חזר ואמר לפני הקב"ה רבש"ע חיפשתי בכל הארץ ולא מצאתיה אמר לו לך אצל בן עמרם הלך אצל משה אמר לו תורה שנתן לך הקב"ה היכן היא אמר לו וכי מה אני שנתן לי הקב"ה תורה א"ל הקב"ה למשה בדאי אתה אמר לפניו רבונו של עולם חמודה גנוזה יש לך שאתה משתעשע בה בכל יום אני אחזיק טובה לעצמי אמר לו הקב"ה למשה הואיל ומיעטת עצמך תקרא על שמך שנאמר ל) זכרו תורת משה עבדי וגו': וא"ר יהושע בן לוי • בשעה שעלה משה למרום מצאו להקב"ה שהיה קושר כתרים לאותיות אמר לו משה אין שלום בעירך אמר לפניו • כלום יש עבד שנותן שלום לרבו א"ל היה לך לעזרני מיד אמר לו מ) ועתה יגדל נא כח ה' כאשר דברת ג) (אמר) ר' יהושע בן לוי מ"ד נ) וירא העם כי בושש משה אל תקרי בושש אלא באו שש בשעה שעלה משה למרום אמר להן לישראל לסוף ארבעים יום בתחלת שש אני בא לסוף מ' יום בא שטן ועירבב את העולם אמר להן משה רבכם היכן הוא אמרו לו עלה למרום אמר להן באו שש ולא השגיחו עליו מת ולא השגיחו עליו הראה להן דמות מטתו והיינו דקאמרי ליה לאהרן ס) כי זה משה האיש וגו': א"ל ההוא מרבנן לרב כהנא מי שמיע לך מאי הר סיני א"ל הר שנעשו בו נסים לישראל הר ניסאי מיבעי ליה אלא הר שנעשה סימן טוב לישראל הר סימנאי מיבעי ליה א"ל מ"ט לא שכיחת קמיה דרב פפא ורב הונא בריה דרב יהושע דמעייני באגדתא דרב חסדא ורבה בריה דרב הונא דאמרי תרוייהו מאי הר סיני הר שירדה שנאה לעכו"ם עליו והיינו דאמר ר' יוסי בר' חנינא ה' שמות יש לו מדבר צין שנצטוו ישראל עליו מדבר קדש שנתקדשו ישראל עליו מדבר קדמות שנתנה קדומה עליו מדבר פארן

שפרו

רש"י

קנאה יש ביניכם. שאתם באים על ידה לידי רציחה: מסר לו. למדו: באדם בשכר. שחרפוך וקראוך אדם נולד מאדמה לשון שפלות: מסר לו סודו. להקטיר מחתות קטורת בשעת מגפה ולעמוד בין המתים ובין החיים: ואי לאו דאמר ליה. מלאך המות: מנא ידע. הלא בתורה לא נכתב: בדאי אתה. בתמיה: קושר כתרים. כגון תגין דאמרי' בפרק הבונה (דף קה.) תגא דקו"ף וגבי רי"ש וכן שעטנ"ז ג"ץ שצריכין כל אות ג' זיונים כדאמרינן במנחות (דף כט:) ראש הזיי"ן נמתח לימין ולשמאל כגגו מעט וכן ראש השי"ן השמאלי וכן כל ראשי שבע אותיות הללו בכל מקום שהן: אין שלום. אין דרך ליתן שלום: בעירך. במקומך: לעזרני. לומר תצלח מלאכתך: מיד. בעליה אחרת אמר לו יגדל נא כח ה': בא השטן. הוא יצר הרע המתעה את האדם הוא העולה ומסטין [והאומר] דהוא מדת הדין אין הגון בעיני: כשעלה משה. להר אמר להם לסוף מ' יום אני בא בתוך שש שעות הם סבורים שאותו יום שעלה בו מן המנין הוא והוא אמר להם מ' יום שלימים יום ולילו עמו ויום עלייתו אין לילו עמו שהרי בז' בסיון עלה נמצא יום מ' בי"ז בתמוז היה בא שטן ועירבב את העולם והראה דמות חשך ואפילה דמות ענן וערפל וערבוביא לומר ודאי מת משה שהרי באו כבר שש ולא בא ואי אפשר לומר שלא טעו אלא ביום המעונן בין קודם חצות ולאחר חצות שהרי לא ירד משה עד יום המחרת שנאמר וישכימו ממחרת וגו': באו שש. שקבע להם: שנאה לעכו"ם. שלא קבלו בו תורה:

תוספות

תורה היכן היא. וא"ת וכי שטן לא היה יודע מתן תורה וי"ל דאמרינן במדרש לפניו ילך דבר שטרדו הקב"ה למלאך המות בשעת מתן תורה שלא יקטרג לומר אומה שעתידה לחטוא לסוף מ' יום בעגל אתה נותן להם התורה והוא שטן והוא מלאך המות כדאמרי' בפ"ק דב"ב (דף טז.) ואמרי' נמי בסנהדרין (דף כו:) תושי' שניתנה בחשאי מפני השטן: לסוף מ' יום אני בא. פירש בקונטרס דאותו יום שעלה בו אינו מן המנין והוא היה אומר להם מ' יום שלימים יום ולילו עמו ויום עלייתו אין לילו עמו שהרי ז' בסיון עלה נמצא יום מ' היה בי"ז בתמוז ואין נראה לר"י בן רבינו מאיר דבהדיא משמע בפ"ק דיומא (דף ד.) דיום עלייה מן המנין דקאמר התם בשלמא לר"ע משכחת להו דבי"ז בתמוז נשתברו הלוחות כ"ד דסיון ושיתסר דתמוז מלו להו מ' יומין ובשיבסר בתמוז נחת אלמא חשיב יום עלייה ואיכא מ' יום ומ' לילה כשתחשוב לילה שאחר היום ועוד אם לא תחשוב יום עלייה לא ישלמו מ' ימים אחרונים עד אחר יום הכפורים ושלמו ביוה"כ שאז א"ל הקב"ה למשה סלחתי כדברך גם מה שפרש"י בפרשת כי תשא שבי"ט בתמוז עלה קשה לר"י שאז לא תמצא שישלמו מ' ימים אחרונים ביום הכפורים ד): מדבר צין. קשה לר"י דע"כ מדבר צין לאו היינו מדבר פארן דמדבר צין בתחילת דרומה של ארץ ישראל כדכתיב באלה מסעי והיה לכם פאת נגב (א) ממדבר צין על ידי אדום וכתיב ונסב לכם הגבול מנגב וגו' והיו תוצאותיו מנגב לקדש ברנע וקדש ברנע היינו פארן דכתיב בשילוח מרגלים וישלח אותם משה ממדבר פארן ובספר יהושע (יד) כתיב שאמר כלב בשלוח אותי משה מקדש ברנע לרגל את הארץ וכן באלה הדברים כתיב ונבא עד קדש ברנע ומפרש מיד שלוח מרגלים ועוד דכמה מסעות היו ממדבר פארן עד מדבר צין דבסוף בהעלותך כתיב ואחר נסעו העם מחצרות ויחנו במדבר פארן ובאלה מסעי כתיב ויסעו העם מחצרות ויחנו ברתמה א"כ רתמה היינו פארן וחשיב כמה מסעות עד מדבר צין וכן בין פארן לסיני מהלך י"א יום דכתיב אחד עשר יום מחורב דרך הר שעיר עד קדש ברנע א"כ מדבר צין ופארן וסיני לאו הכל אחד ואור"י דהכל מדב' אחד וגדול היה דע"כ סיני היינו פארן דכתי' הופיע מהר פארן ובפרק שור שנגח ד' וה' (ב"ק דף לח.) דרשינן מפארן הופיע ממונן לישראל גבי שור של ישראל שנגח שור של עובד כוכבים פטור ול"ג בריש מסכת ע"ז (דף ב:) מאי בעי בשעיר ומאי בעי בפארן ה) דהוה משמע דפארן היא אומה אחרת כמו שעיר אלא גרס מאי בעי בשעיר ומאי בעי בתימן וסיני נמי היינו מדבר צין דכתיב מדבר צין היא קדש וסיני איקרי קדש דכתיב בספר תהלים (כט) קול ה' יחיל מדבר יחיל ה' מדבר קדש משמע דהיינו בשעת מתן תורה ומיהו קשה לר"י דהא מדבר קדמות היה מזרחה של ארץ ישראל כדכתיב (דברים ב) ואשלח מלאכים ממדבר קדמות אל סיחון מלך חשבון וגו' שהיתה במזרח של א"י דכתיב (שם ד) בעבר הירדן מזרחה שמש ומדבר צין ופארן היינו בדרומה כמו שמשמע בפסוקים שהבאתי ואיך יתכן דמדבר קדמות היינו מדבר סיני:

תבלין

תורה אור השלם

א) זָכוֹר אֶת יוֹם הַשַּׁבָּת לְקַדְּשׁוֹ: [שמות כ, ח]

ב) לֹא תִשָּׂא אֶת שֵׁם יְיָ אֱלֹהֶיךָ לַשָּׁוְא כִּי לֹא יְנַקֶּה יְיָ אֵת אֲשֶׁר יִשָּׂא אֶת שְׁמוֹ לַשָּׁוְא: [שמות כ, ז]

ג) כַּבֵּד אֶת אָבִיךָ וְאֶת אִמֶּךָ לְמַעַן יַאֲרִכוּן יָמֶיךָ עַל הָאֲדָמָה אֲשֶׁר יְיָ אֱלֹהֶיךָ נֹתֵן לָךְ: [שמות כ, יב]

ד) לֹא תִרְצַח לֹא תִנְאָף לֹא תִגְנֹב לֹא תַעֲנֶה בְרֵעֲךָ עֵד שָׁקֶר: [שמות כ, יג]

ה) יְיָ אֲדֹנֵינוּ מָה אַדִּיר שִׁמְךָ בְּכָל הָאָרֶץ: [תהלים ח, י]

ו) עָלִיתָ לַמָּרוֹם שָׁבִיתָ שֶּׁבִי לָקַחְתָּ מַתָּנוֹת בָּאָדָם וְאַף סוֹרְרִים לִשְׁכֹּן יָהּ אֱלֹהִים: [תהלים סח, יט]

ז) וַיִּקַּח אַהֲרֹן כַּאֲשֶׁר דִּבֶּר מֹשֶׁה וַיָּרָץ אֶל תּוֹךְ הַקָּהָל וְהִנֵּה הֵחֵל הַנֶּגֶף בָּעָם וַיִּתֵּן אֶת הַקְּטֹרֶת וַיְכַפֵּר עַל הָעָם: [במדבר יז, יב]

ח) וַיַּעֲמֹד בֵּין הַמֵּתִים וּבֵין הַחַיִּים וַתֵּעָצַר הַמַּגֵּפָה: [במדבר יז, יג]

ט) אֱלֹהִים הֵבִין דַּרְכָּהּ וְהוּא יָדַע אֶת מְקוֹמָהּ: [איוב כח, כג]

י) תְּהוֹם אָמַר לֹא בִי הִיא וְיָם אָמַר אֵין עִמָּדִי: [איוב כח, יד]

כ) אֲבַדּוֹן וָמָוֶת אָמְרוּ בְּאָזְנֵינוּ שָׁמַעְנוּ שִׁמְעָהּ: [איוב כח, כב]

ל) זִכְרוּ תּוֹרַת מֹשֶׁה עַבְדִּי אֲשֶׁר צִוִּיתִי אוֹתוֹ בְחֹרֵב עַל כָּל יִשְׂרָאֵל חֻקִּים וּמִשְׁפָּטִים: [מלאכי ג, כב]

מ) וְעַתָּה יִגְדַּל נָא כֹּחַ אֲדֹנָי כַּאֲשֶׁר דִּבַּרְתָּ לֵאמֹר: [במדבר יד, יז]

נ) וַיַּרְא הָעָם כִּי בֹשֵׁשׁ מֹשֶׁה לָרֶדֶת מִן הָהָר וַיִּקָּהֵל הָעָם עַל אַהֲרֹן וַיֹּאמְרוּ אֵלָיו קוּם עֲשֵׂה לָנוּ אֱלֹהִים אֲשֶׁר יֵלְכוּ לְפָנֵינוּ כִּי זֶה מֹשֶׁה הָאִישׁ אֲשֶׁר הֶעֱלָנוּ מֵאֶרֶץ מִצְרַיִם לֹא יָדַעְנוּ מֶה הָיָה לוֹ: [שמות לב, א]

מסורת הש"ס

א) מנחות כט:, ב) [ע' תוספות בב"ק קמא עג: ד"ה כדין], ג) ל"ל ואמר, ד) [וע"ע תוספות בב"ק קמא סב. ד"ה כדין], ה) [וע' תוס' ע"ז ב: ד"ה מאי בעי].

הגהות הב"ח

(א) תוס' ד"ה מדבר וכו' פאת נגב מדבר צין:

גליון הש"ס

גמ' קנאה יש ביניכם. ע' ברש"י בחומש בראשית א כ"ו ובר"ס שם: שם מיד הודו לו להקב"ה. עי' תורת חיים סנהדרין דף עא ע"א ד"ה ולמה נכתבו: שם כלום יש עבד שנותן שלום. עי' מהרש"א בח"א רפ"ד דברכות. וקושיותו ותירוצו בתוס' ב"ק עג ע"ב ד"ה כדי:

ליקוטי רש"י

עלית. אתה נגיד עמו משה בן עמרם למרום [תהלים סח, יט]. שנאמר ויתן את הקטורת וגו'. רז זה מסר לו מלאך המות כשעלה לרקיע שהקטורת עוצר המגפה [במדבר יז, יא]. אלהים הבין דרכה. והוא ידע את מקומה שיודע הוא היכן שורה [איוב כח, כג]. כתרים. כגון התגין דס"ת [מנחות כט:]. כי בושש משה. כתרגומו לשון איחור וכן בשש רכבו (שופטים ה, כח) ויחילו עד בוש (שם ג, כה). ועירבב את העולם. לומר ודאי מת משה לכך באו ערבוביא לעולם [שמות לב, א]. לסוף מ' יום. שנשבעה בסיון עד שבעה עשר בתמוז מלאת ארבעים יום עשרים וארבעה דסיון וששה עשר דתמוז הרי ארבעים יום שעמד משה בהר [תענית כח:]. כי זה משה האיש. כמין דמות משה הראה להם השטן שנושאים אותו באויר רקיע השמים [שמות שם]. שנתנה קדומה. התורה שקדמה לעולם [דברים ב, כו].

it as if it were written: ***va'u sheish*** (*six have passed*). בְּשָׁעָה שֶׁעָלָה מֹשֶׁה לַמָּרוֹם אָמַר לָהֶן לְיִשְׂרָאֵל – **When Moses ascended to the** Heavenly **heights, he said to the Jewish people:** לְסוֹף אַרְבָּעִים יוֹם בִּתְחִלַּת שֵׁשׁ אֲנִי בָא – **"At the end of forty days, at the beginning of** the **sixth** hour of the day, **I will come** back." Moses meant that he would return on the seventeenth of Tammuz. The people, however, misconstrued his words and thought that he would return on the sixteenth.[34] לְסוֹף אַרְבָּעִים יוֹם – **At the end of forty days,** according to the people's count (i.e. on the sixteenth of Tammuz), בָּא שָׂטָן וְעִירְבֵּב אֶת הָעוֹלָם – **Satan came**[35] **and threw the world into confusion.**[36] אָמַר לָהֶן – **[Satan] said to them:** מֹשֶׁה רַבְּכֶם הֵיכָן הוּא – **"Moses, your teacher, where is he?"**[37] אָמְרוּ לוֹ – **They told him:** עָלָה לַמָּרוֹם – **"He ascended to the** Heavenly **heights."** אָמַר לָהֶן בָּאוּ שֵׁשׁ – **[Satan] said to them: "Six** [hours] **have passed** already! He said he would return by now, yet he is not here!" וְלֹא הִשְׁגִּיחוּ עָלָיו – **However, [the people] paid no attention to him.** מֵת – Satan said: **"He has died."** וְלֹא הִשְׁגִּיחוּ עָלָיו – **But [the people] paid no attention to him.** הֶרְאָה לָהֶן דְּמוּת מִטָּתוֹ – **[Satan] showed them the image of [Moses'] bier** being carried in the Heavens. This sight affected them. וְהַיְינוּ דְּקָאָמְרֵי לֵיהּ לְאַהֲרֹן – **And that is** why **they said to Aaron** subsequently, "כִּי־זֶה מֹשֶׁה הָאִישׁ וגו׳" – *"Make for us gods that will go before us,* ***for this man Moses, etc.*** *we do not know what became of him!"*[38]

The Gemara records a discussion concerning Mount Sinai:

אָמַר לֵיהּ הַהוּא מֵרַבָּנָן לְרַב כָּהֲנָא – **One of the rabbis asked Rav Kahana:** מִי שְׁמִיעַ לָךְ מַאי הַר סִינַי – **Have you ever heard what** the meaning is of the name **Mount Sinai?**

Rav Kahana replies:

אָמַר לֵיהּ – **He said to him:** הַר שֶׁנַּעֲשׂוּ בּוֹ נִסִּים לְיִשְׂרָאֵל – **The mountain where miracles** (*nissim*) **were performed for the Jewish people.**[39]

The rabbi objects:

הַר נִיסַאי מִיבְּעֵי לֵיהּ – Then **it should have been Mount Nisai!**

Rav Kahana attempts another answer:

אֶלָּא הַר שֶׁנַּעֲשָׂה סִימָן טוֹב לְיִשְׂרָאֵל – **Rather,** Mount Sinai means this: **The mountain that became a good omen** (*siman tov*) **for the Jewish people.**

The rabbi objects again:

הַר סִימָנַאי מִיבְּעֵי לֵיהּ – Then **it should have been Mount Simanai!**

The rabbi continues:

אָמַר לֵיהּ – **He told [Rav Kahana]:** מַאי טַעְמָא לָא שְׁכִיחַת קַמֵּיהּ דְּרַב פָּפָּא וְרַב הוּנָא בְּרֵיהּ דְּרַב יְהוֹשֻׁעַ דְּמְעַיְינֵי בְּאַגַּדְתָּא – **Why did you not frequent Rav Pappa and Rav Huna the son of Rav Yehoshua, who delve into Aggadah?**[40] If you had, you would know the answer to my question, דְּרַב חִסְדָּא וְרַבָּה בְּרֵיהּ דְּרַב הוּנָא דְּאָמְרֵי תַּרְוַיְיהוּ – **for Rav Chisda and Rabbah the son of Rav Huna both said:** מַאי הַר סִינַי – **What is** the meaning of **Mount Sinai?** הַר שֶׁיָּרְדָה שִׂנְאָה לְעוֹבְדֵי כּוֹכָבִים עָלָיו – It means **the mountain upon which** God's **hatred** (*sinah*) **to idolaters descended.**[41] וְהַיְינוּ דְּאָמַר רַבִּי יוֹסֵי בְּרַבִּי חֲנִינָא – **And this is** in consonance with **that which R' Yose the son of R' Chanina said:** חֲמִשָּׁה שֵׁמוֹת יֵשׁ לוֹ – **It** (i.e. the vicinity of that mountain) **has five names:** מִדְבַּר צִין – (a) **Tzin Desert;** שֶׁנִּצְטַוּוּ יִשְׂרָאֵל עָלָיו – it is so called **because the Jewish people were commanded** (*nitztavu*) **upon it** to observe the Torah. מִדְבַּר קָדֵשׁ – (b) **Kadesh Desert;** שֶׁנִּתְקַדְּשׁוּ יִשְׂרָאֵל עָלָיו – it is so called **because the Jewish people were sanctified** (*niskadshu*) **upon it.** מִדְבַּר קְדֵמוֹת – (c) **Kedeimos Desert;** שֶׁנִּתְּנָה קְדוּמָה עָלָיו – it is so called **because the primordial [Torah]**[42] (*kedumah*) **was given upon it.** מִדְבַּר פָּארָן – (d) **Paran Desert;**

NOTES

34. They thought that the day he ascended should be counted as the first day; he meant that he would be away for forty whole days, i.e. forty nighttime-daytime periods. The day he ascended was not accompanied by the previous night and therefore did not count.

Moses ascended on the 7th of Sivan. As we said, that day did not count. Sivan has thirty days, so there were 23 days remaining in that month. On the 17th of Tammuz, the forty days ended [23+17=40]. However, according to the people's count, they ended on the day before.

One might have thought that the people were in error only regarding the six hours. That is, because the sun was covered by clouds, they mistakenly thought that noon had already passed, whereas in actual fact it had not. However, this could not have been the point of error because the Torah indicates that Moses arrived the next day (*Rashi;* see *Exodus* 32:6).

35. Here, Satan was acting in his capacity as the Evil Inclination, attempting to incite the Jewish people to sin. Afterward, he would ascend to Heaven and prosecute them for heeding him (*Rashi;* see above, note 17). *Rashi* rejects the view that "Satan" here is the Attribute of Justice.

36. He caused the people to perceive a picture of gloom: darkness, murk and a cloudy, fog-like chaos. His intent was to deceive them into believing Moses had died (*Rashi*).

37. Satan did not assume the form of a person and carry on a conversation with the Jews. Rather, he planted doubt and worry in their minds regarding Moses' welfare until they succumbed and panicked (*Ben Yehoyada;* see also *Rashi*).

38. *Exodus* 32:1. The Gemara expounds the word זֶה, *this,* which would properly refer to something in front of them, to which they could point. This "something" was the image of the dead Moses (*Maharsha; Mishnas R' Aharon* III, pp. 182-183).

How is it possible that a nation that stood just before at the pinnacle of piety, at Mt. Sinai, should so quickly plunge towards the vulgarity of idols? Furthermore, the Gemara says below (105b) that the method of the Evil Inclination is to tell someone to do a small sin today, another sin tomorrow, and so on until he can tell him to worship idols. Yet here, in regard to the august assembly at Mt. Sinai, the Evil Inclination managed to bring them to this point in one fell swoop!

R' Chaim Shmulevitz explains: From the time the Jewish people left Egypt, Moses went before them, led them and guided their every action. Suddenly, Satan shows them that Moses is dead, alarm confronts them and chaos surrounds them. Broken and crushed over the death of their leader, they lose their moral equilibrium. When a person is confused and feels bereft of options, Satan can achieve far more than under normal circumstances. There is no need for a step-by-step approach: Satan can knock him from a high roof to a deep pit with one blow (*Sichos Musar* 5731 §13).

39. Namely, they died and were resuscitated several times (*Ben Yehoyada;* see above, 88b).

40. [It would appear that the study of Aggadah was not widespread in Talmudic times. See *Shearim HaMetzuyanim BaHalachah,* which discusses this.]

41. Because they did not accept the Torah upon it (*Rashi*).

"Hatred to idolaters" is also interpreted as the hatred idolaters feel towards Jews. The deep-rooted source of anti-Semitism is the Revelation at Sinai. The nations envy the Jews their sublime law (*Iyun Yaakov; Rambam* in *Iggeres Teiman,* cited by *Divrei Yoel* VII, p. 126).

42. It preceded the world (see 88b note 41).

עבודת גלולים שוב מה כתיב בה א) זכור את יום השבת לקדשו כלום אתם עושים מלאכה שאתם צריכין שבות שוב מה כתיב בה ב) לא תשא משא ומתן יש ביניכם שוב מה כתיב בה ג) כבד את אביך ואת אמך אב ואם יש לכם שוב מה כתיב בה ד) לא תרצח לא תנאף לא תגנוב • קנאה יש ביניכם יצר הרע יש ביניכם • מיד הודו לו להקב"ה שנאמר ה) ה' אדונינו מה אדיר שמך וגו' ואילו תנה הודך על השמים לא כתיב מיד כל אחד ואחד נעשה לו אוהב ומסר לו דבר שנאמר ו) עלית למרום שבית שבי לקחת מתנות באדם בשכר שקראוך אדם לקחת מתנות אף מלאך המות מסר לו דבר שנאמר ז) ויתן את הקטורת ויכפר על העם ואומר ח) ויעמוד בין המתים ובין החיים וגו' אי לאו דאמר ליה מי הוה ידע: וא"ר יהושע בן לוי בשעה שירד משה מלפני הקב"ה בא שטן ואמר לפניו רבונו של עולם תורה היכן היא אמר לו נתתיה לארץ הלך אצל ארץ אמר לה תורה היכן היא אמרה לו ט) אלהים הבין דרכה וגו' הלך אצל ים ואמר לו אין עמדי הלך אצל תהום א"ל אין בי שנאמר י) תהום אמר לא בי היא וים אמר אין עמדי כ) אבדון ומות אמרו באזנינו שמענו שמעה חזר ואמר לפני הקב"ה רבש"ע חיפשתי בכל הארץ ולא מצאתיה אמר לו לך אצל בן עמרם הלך אצל משה אמר לו תורה שנתן לך הקב"ה היכן היא אמר לו וכי מה אני שנתן לי הקב"ה תורה א"ל הקב"ה למשה בדאי אתה אמר לפניו רבונו של עולם חמודה גנוזה יש לך שאתה משתעשע בה בכל יום אני אחזיק טובה לעצמי אמר לו הקב"ה למשה הואיל ומיעטת עצמך תקרא על שמך שנאמר ל) זכרו תורת משה עבדי וגו': וא"ר יהושע בן לוי • בשעה שעלה משה למרום מצאו להקב"ה שהיה קושר כתרים לאותיות אמר לו משה אין שלום בעירך אמר לפניו • כלום • יש עבד שנותן שלום לרבו א"ל היה לך לעזרני מיד אמר לו מ) ועתה יגדל נא כח ה' כאשר דברת (אמר) ר' יהושע בן לוי מ"ד נ) וירא העם כי בושש משה אל תקרי בושש אלא באו שש בשעה שעלה משה למרום אמר להן לישראל לסוף ארבעים יום בתחלת שש אני בא לסוף מ' יום בא שטן ועירבב את העולם אמר להן משה רבכם היכן הוא אמרו לו עלה למרום אמר להן באו שש ולא השגיחו עליו מת ולא השגיחו עליו הראה להן דמות מטתו והיינו דקאמרי ליה לאהרן ס) כי זה משה האיש וגו': א"ל ההוא מרבנן לרב כהנא מי שמיע לך מאי הר סיני א"ל הר שנעשו בו נסים לישראל הר ניסאי מיבעי ליה אלא הר שנעשה סימן טוב לישראל הר סימנאי מיבעי ליה א"ל מ"ט לא שכיחת קמיה דרב פפא ורב הונא בריה דרב יהושע דמעייני באגדתא דרב חסדא ורבה ברי' דרב הונא דאמרי תרווייהו מאי הר סיני הר שירדה שנאה לעכו"ם עליו והיינו דאמר ר' יוסי בר' חנינא ה' שמות יש לו מדבר צין שנצטוו ישראל עליו מדבר קדש שנתקדשו ישראל עליו מדבר קדמות שנתנה קדומה עליו מדבר פארן שפרו

רש"י

קנאה יש ביניכם. שאתם באים על ידה לידי רציחה: מסר לו. למדו: באדם בשכר. שהרפתו וקראוהו אדם נוצר מאדמה לשון שפלות: מסר לו סודו. להקטיר קטורת בשעת מגפה ולעמוד בין המתים ובין החיים: ואי לאו דאמר ליה. מלאך המות: מנא ידע. הלא בתורה לא נכתב: בדאי אתה. בתמיה: קושר כתרים. כגון תגין דאמרי' בפרק הבונה (דף קה.) תגא דקו"ף לגבי רי"ש וכן שעטנ"ז ג"ץ שצריכין כל אות ג' זיונים כדאמרינן במנחות (דף כט:) ראש הזיי"ן נמתח לימין ולשמאל בגגו מעט וכן ראש השי"ן השמאלי וכן כל ראשי שבע אותיות הללו בכל מקום שהן: אין שלום. אין דרך ליתן שלום: בעירך. במקומך: לעזרני. לומר תצלח מלאכתך: מיד. בעליה אחרת אמר לו יגדל נא כח ה': בא השטן. הוא יצר הרע המתעה את האדם הוא העולה ומסטין [והאומר] דהוא מדת הדין אין הגון בעיני: כשעלה משה. להר אמר להם לסוף מ' יום אני בא בתוך שש שעות הם סבורים שאותו יום שעלה בו מן המנין הוה והוא אמר להם מ' יום שלימים יום ולילו עמו ויום עלייתו אין לילו עמו שהרי בז' בסיון עלה נמצא יום מ' בי"ז בתמוז היה בי"ו בא שטן ועירבב את העולם והראה דמות חשך ואפילה דמות ענן וערפל וערבוביא לומר ודאי מת משה שהרי באו כבר שש ולא בא ואי אפשר לומר שלא טעו אלא ביום המעונן בין קודם חצות לאחר חצות שהרי לא ירד משה עד יום המחרת שנאמר וישכימו ממחרת וגו': באו שש. שקבע להם: שנאה לעכו"ם. שלא קבלו בו תורה:

תוספות

תורה היכן היא. וא"ת וכי שטן לא היה יודע מתן תורה וי"ל דאמרינן במדרש לפניו ילך דבר שטרדו הקב"ה למלאך המות בשעת מתן תורה שלא יקטרג לומר אומה שעתידה לחטוא לסוף מ' יום בעגל אתה נותן להם התורה והוא שטן והוא מלאך המות כדאמרי' בפ"ק דב"ב (דף טז.) ואמרי' נמי בסנהדרין (דף כו:) תושי' שניתנה בחשאי מפני השטן:

לסוף מ' יום אני בא. פירש בקונטרס דאותו יום שעלה בו אינו מן המנין והוא היה אומר להם מ' יום שלימים יום ולילו עמו ויום עלייתו אין לילו עמו שהרי ז' בסיון עלה נמצא יום מ' היה בי"ז בתמוז ואין נראה לר"י בן רבינו מאיר דההיא משמע בפ"ק דיומא (דף ד.) דיום עלייה מן המנין דקאמר התם בשלמא לר"ע משכחת להו דבי"ז בתמוז נשתברו הלוחות כ"ד דסיון ושיתסר דתמוז מלו להו מ' יומין ובשיבסר בתמוז נחת אלמא חשיב יום עלייה ואיכא מ' יום ומ' לילה כשתחשוב לילה שאחר היום ועוד אם לא תחשוב יום עלייה לא ישלמו מ' ימים אחרונים עד אחר יום הכפורים ושלמו ביוה"כ שאז א"ל הקב"ה למשה סלחתי כדברך גם מה שפרש"י בפרשת כי תשא שבי"ט בתמוז עלה קשה לר"י שאז לא תמצא שנשלמו מ' ימים אחרונים ביום הכפורים ד):

מדבר צין. קשה לר"י דע"כ מדבר צין לאו היינו מדבר פארן דמדבר צין בתחילת דרומה של ארץ ישראל כדכתיב באלה מסעי והיה לכם פאת נגב (א) ממדבר צין על ידי אדום וכתיב ונסב לכם הגבול מנגב וגו' והיו תוצאותיו מנגב לקדש ברנע וקדש ברנע היינו פארן דכתיב בשילוח מרגלים וישלח אותם משה ממדבר פארן ובספר יהושע (יד) כתיב שאמר כלב בשלוח אותי משה מקדש ברנע לרגל את הארץ וכן באלה הדברים כתיב ונבא עד קדש ברנע ומפרש מיד שלוח מרגלים ועוד דכמה מסעות היו ממדבר פארן עד מדבר צין דבסוף בהעלותך כתיב ואחר נסעו העם מחצרות ויחנו במדבר פארן ובאלה מסעי כתיב ויסעו העם מחצרות ויחנו ברתמה א"כ רתמה היינו פארן וחשיב כמה מסעות עד מדבר צין וכן בין פארן לסיני מהלך י"א יום דכתיב אחד עשר יום מחורב דרך הר שעיר עד קדש ברנע א"כ מדבר צין ופארן וסיני לאו הכל אחד ואור"י דהכל מדב' אחד וגדול היה דע"כ סיני היינו פארן דכתי' הופיע מהר פארן ובפרק שור שנגח ד' וה' (ב"ק דף לח.) דרשינן מפארן הופיע ממונן לישראל גבי שור של ישראל שנגח שור של עובד כוכבים פטור ול"ג בריש מסכת ע"ז (דף ב:) מאי בעי בשעיר ומאי בעי בפארן ה) דהוה משמע דפארן היא אומה אחרת כמו שעיר אלא גרס מאי בעי בשעיר ומאי בעי בתימן וסיני נמי היינו מדבר צין דכתיב מדבר צין היא קדש וסיני איקרי קדש דכתיב בספר תהלים (כט) קול ה' יחיל מדבר יחיל ה' מדבר קדש משמע דהיינו בשעת מתן תורה ומיהו קשה לר"י דהא מדבר קדמות היה מזרחה של ארץ ישראל כדכתיב (דברים ב) ואשלח מלאכים ממדבר קדמות אל סיחון מלך חשבון וגו' שהיתה במזרח של א"י דכתיב (שם ד) בעבר הירדן מזרחה שמש ומדבר צין ופארן היינו בדרומה כמו שמשמע בפסוקים שהבאתי ואיך יתכן דמדבר קדמות היינו מדבר סיני:

מסורת הש"ס

א) מנחות כט:, ב) [עי' תוספות בבא קמא עג: ד"ה כדי], ג) צ"ל ואמר, ד) [וע"ע תוספות בבא קמא פב. ד"ה כדי], ה) [ועי' תוס' ע"ז ב: ד"ה מאי בעי].

הגהות הב"ח

(א) תוס' ד"ה מדבר וכו' פאת נגב מדבר צין:

גליון הש"ס

גמ' קנאה יש ביניכם. עי' ברש"י בחומש בראשית א כ"ו וברא"ם שם: שם מיד הודו לו להקב"ה. עי' תורת חיים סנהדרין דף עא ד"ה ולמה נכתבו: שם כלום יש עבד שנותן שלום. עי' מהרש"א בח"א רפ"ד דברכות. וקושייתו ותירוצו בתוס' ב"ק עג ע"ב ד"ה כדי:

ליקוטי רש"י

עלית. אתה נגיד עמו משה בן עמרם למרום [תהלים סח, יט]. שנאמר ויתן את הקטורת וגו'. רז זה מסר לו מלאך המות כשעלה לרקיע שהקטורת עוצר המגפה [במדבר יז, יא]. אלהים הבין דרכה. והוא ידע את מקומה שיודע הוא היכן שורה [איוב כח, כג]. כתרים. כגון התגין דס"ת [מנחות כט:]. כי בושש משה. כתרגומו לשון איחור וכן בשש רכבו (שופטים ה, כח) ויחילו עד בוש (שם ג, כה). ועירבב את העולם. לומר ודאי מת משה לכך בא ערבוביא לעולם [שמות לב, א]. לסוף מ' יום. משבעה בסיון עד שבעה עשר בתמוז איכא ארבעים יום עשרים וארבעה דסיון שהוא מלא וששה עשר דתמוז הוי ארבעים יום שעמד משה בהר [תענית כח:]. כי זה משה האיש. כמין דמות משה הראה להם השטן שנושאים אותו באויר רקיע השמים [שמות שם]. שנתנה קדומה. התורה שקדמה לעולם [דברים ב, כו].

תורה אור השלם

א) זָכוֹר אֶת יוֹם הַשַּׁבָּת לְקַדְּשׁוֹ: [שמות כ, ח]

ב) לֹא תִשָּׂא אֶת שֵׁם יְיָ אֱלֹהֶיךָ לַשָּׁוְא כִּי לֹא יְנַקֶּה יְיָ אֵת אֲשֶׁר יִשָּׂא אֶת שְׁמוֹ לַשָּׁוְא: [שמות כ, ז]

ג) כַּבֵּד אֶת אָבִיךָ וְאֶת אִמֶּךָ לְמַעַן יַאֲרִכוּן יָמֶיךָ עַל הָאֲדָמָה אֲשֶׁר יְיָ אֱלֹהֶיךָ נֹתֵן לָךְ: [שמות כ, יב]

ד) לֹא תִרְצָח לֹא תִנְאָף לֹא תִגְנֹב לֹא תַעֲנֶה בְרֵעֲךָ עֵד שָׁקֶר: [שמות כ, יג]

ה) יְיָ אֲדֹנֵינוּ מָה אַדִּיר שִׁמְךָ בְּכָל הָאָרֶץ: [תהלים ח, י]

ו) עָלִיתָ לַמָּרוֹם שָׁבִיתָ שֶּׁבִי לָקַחְתָּ מַתָּנוֹת בָּאָדָם וְאַף סוֹרְרִים לִשְׁכֹּן יָהּ אֱלֹהִים: [תהלים סח, יט]

ז) וַיִּקַּח אַהֲרֹן כַּאֲשֶׁר דִּבֶּר מֹשֶׁה וַיָּרָץ אֶל תּוֹךְ הַקָּהָל וְהִנֵּה הֵחֵל הַנֶּגֶף בָּעָם וַיִּתֵּן אֶת הַקְּטֹרֶת וַיְכַפֵּר עַל הָעָם: [במדבר יז, יב]

ח) וַיַּעֲמֹד בֵּין הַמֵּתִים וּבֵין הַחַיִּים וַתֵּעָצַר הַמַּגֵּפָה: [במדבר יז, יג]

ט) אֱלֹהִים הֵבִין דַּרְכָּהּ וְהוּא יָדַע אֶת מְקוֹמָהּ: [איוב כח, כג]

י) תְּהוֹם אָמַר לֹא בִי הִיא וְיָם אָמַר אֵין עִמָּדִי: [איוב כח, יד]

כ) אֲבַדּוֹן וָמָוֶת אָמְרוּ בְּאָזְנֵינוּ שָׁמַעְנוּ שִׁמְעָהּ: [איוב כח, כב]

ל) זִכְרוּ תּוֹרַת מֹשֶׁה עַבְדִּי אֲשֶׁר צִוִּיתִי אוֹתוֹ בְחֹרֵב עַל כָּל יִשְׂרָאֵל חֻקִּים וּמִשְׁפָּטִים: [מלאכי ג, כב]

מ) וְעַתָּה יִגְדַּל נָא כֹּחַ אֲדֹנָי כַּאֲשֶׁר דִּבַּרְתָּ לֵאמֹר: [במדבר יד, יז]

נ) וַיַּרְא הָעָם כִּי בֹשֵׁשׁ מֹשֶׁה לָרֶדֶת מִן הָהָר וַיִּקָּהֵל הָעָם עַל אַהֲרֹן וַיֹּאמְרוּ אֵלָיו קוּם עֲשֵׂה לָנוּ אֱלֹהִים אֲשֶׁר יֵלְכוּ לְפָנֵינוּ כִּי זֶה מֹשֶׁה הָאִישׁ אֲשֶׁר הֶעֱלָנוּ מֵאֶרֶץ מִצְרַיִם לֹא יָדַעְנוּ מֶה הָיָה לוֹ: [שמות לב, א]

עין משפט נר מצוה

לב א מיי' פי"ח מהלכ' שבת הלכה ב:
לג ב שם הלכה ה:
לד ג שם הלכה ח:

שפרו ורבו עליה ישראל מדבר סיני שירדה שנאה לעכו"ם עליו ומה שמו חורב שמו ופליגא דר' אבהו דא"ר אבהו הר סיני שמו ולמה נקרא הר חורב שירדה חורבה לעכו"ם עליו: מנין שקושרין לשון של זהורית וכו': א) כשנים כשני מיבעי ליה א"ר יצחק אמר להם הקב"ה לישראל אם יהיו חטאיכם כשנים הללו שסדורות ובאות מששת ימי בראשית ועד עכשיו כשלג ילבינו: דרש רבא מאי דכתיב א) לכו נא ונוכחה יאמר ה' לכו נא בואו נא מיבעי ליה יאמר ה' אמר ה' מיבעי ליה לעתיד לבא יאמר להם הקב"ה לישראל לכו נא אצל אבותיכם ויוכיחו אתכם ויאמרו לפניו רבש"ע אצל מי נלך אצל אברהם שאמרת לו ב) ידוע תדע ולא בקש רחמים עלינו אצל יצחק שבירך את עשו ג) והיה כאשר תריד ולא בקש רחמים עלינו אצל יעקב שאמרת לו ד) אנכי ארד עמך מצרימה ולא בקש רחמים עלינו אצל מי נלך עכשיו יאמר ה' אמר להן הקב"ה הואיל ותליתם עצמכם בי א) אם יהיו חטאיכם כשנים כשלג ילבינו: א"ר שמואל בר נחמני א"ר יונתן מ"ד ה) כי אתה אבינו כי אברהם לא ידענו וישראל לא יכירנו אתה ה' אבינו גואלנו מעולם שמך לעתיד לבא יאמר לו הקב"ה לאברהם בניך חטאו לי אמר לפניו רבש"ע ימחו על קדושת שמך אמר איאמר ליה ליעקב דהוה ליה צער גידול בנים אפשר דבעי רחמי עלייהו אמר ליה בניך חטאו אמר לפניו רבש"ע ימחו על קדושת שמך אמר לא בסבי טעמא ולא בדרדקי עצה אמר לו ליצחק בניך חטאו לי אמר לפניו רבש"ע בני ולא בניך בשעה שהקדימו לפניך נעשה לנשמע קראת להם ו) בני בכורי עכשיו בני ולא בניך ועוד כמה חטאו כמה שנותיו של אדם שבעים שנה דל עשרין דלא ענשת עלייהו פשו להו חמשין דל כ"ה דלילותא פשו להו כ"ה דל תרתי סרי ופלגא דצלויי ומיכל ודבית הכסא פשו להו תרתי סרי ופלגא אם אתה סובל את כולם מוטב ואם לאו פלגא עלי ופלגא עליך ואת"ל כולם עלי הא קריבית נפשי קמך פתחו ואמרו (כי) אתה אבינו אמר להם יצחק עד שאתם מקלסין לי קלסו להקב"ה ומחוי להו יצחק הקב"ה בעינייהו מיד נשאו עיניהם למרום ואומרים ה) אתה ה' אבינו גואלנו מעולם שמך א"ר חייא בר אבא א"ר יוחנן ראוי היה יעקב אבינו לירד למצרים בשלשלאות של ברזל אלא שזכותו גרמה לו דכתיב ו) בחבלי אדם אמשכם בעבותות אהבה ואהיה להם כמרימי עול על לחיהם ואט אליו אוכיל: מתני' א) המוציא עצים כדי לבשל ביצה קלה תבלין כדי לתבל ביצה קלה ומצטרפין זה עם זה ב) קליפי אגוזין קליפי רמונים איסטים ופואה כדי לצבוע בהן בגד קטן פי סבכה ג) מי רגלים נתר ובורית ג) קמוליא ואשלג כדי לכבס בגד קטן פי סבכה רבי יהודה אומר כדי להעביר את הכתם: גמ' תנינא חדא זימנא ד) קנה כדי לעשות קולמוס אם היה עב או מרוסס כדי לבשל ביצה קלה שבביצים טרופה ונתונה באילפס מהו דתימא התם הוא דלא חזי למידי אבל עצים דחזו לכבא דאקלידא אפילו כל שהוא קמ"ל: תבלין כדי לתבל ביצה קלה: ורמינהו ה) תבלין שנים וג' שמות ממין אחד או משלשה מינין (ושם אחד) אסורין ומצטרפין זה עם זה ואמר חזקיה במיני

רש"י

שפרו ורבו. דכל אחד נתעברה אשתו וזכר במצות שובו לכם לאהליכם * ולא ידענא היכא רמיזא: כשני מיבעי ליה. דומיא דכשלג דלא כתיב כשלגים: ארד עמך אעלך גם עלה. כאן רמז ד' גליות גם ריבויא הוא: יאמר ה'. אתה אומר התוכחה וכך אנו תולין: ימחו. הואיל שחטאו ויתקדש שמך בעולם כשתעשה דין בעוברין על דבריך: קראת להן בני בכורי ישראל. שהיה גלוי לפניך שהן עתידין לומר לפניך בסיני נעשה ונשמע ולקבל עולך מאהבה כבנים: דל עשרין דלא ענשת להו. שכן מצינו בדור המדבר שלא ענש הקב"ה אלא מכ' שנה ומעלה דכתיב (במדבר יד) במדבר הזה יפלו פגריכם וגו' מבן כ' שנה ומעלה אשר הלינותם עלי: כי אתה אבינו. כנגד יצחק אמרו והוא אמר להם הראו כנגד הקב"ה שהוא אביכם: בשלשלאות של ברזל. כדרך כל הגולים שהרי ע"פ גזרת גלות ירד לשם: בחבלי אדם. בשביל חיבת האדם משכתים למצרים בחבלים ולא בשלשלאות: כמרימי עול על לחייהם. כאדם הסובל ומסייע לבהמתו להרים עולה [י] מעל צוארה בלוחין ובמקלות: ואט אליו אוכיל. הטיתי לכם כח להכיל את עבודת הפרך: מתני' ביצה קלה. כבר מפורש [ז] זה ביצת תרנגולת שהיא קלה לבשל ולא כשיעור כל ביצה שיערו אלא כגרוגרת מביצה קלה: ומצטרפין. כל מיני תבלין זה עם זה: קליפי אגוזים. הגדילה ע"ג הקליפה בעודן לחין: סטים. [ח] קרוג: פואה. [ט] וורנלא: פי סבכה. בראש הסבכה שעשאה בקליעה נותן מעט בגד: נתר. מין אדמה שקורין ניטר"א: קמוליא ואשלג. בגמרא מפרש להו: את הכתם. של דם נדה שאלו הסמנין מעבירין על הכתם של דם נדה כנגד לטהרו: גמ' התם. הוא דקולמוס מרוסס לא חזי למידי אלא להסקה: כבא דאקלידא. פה של מפתח: ורמינהו. אממתני' דקתני תבלין מצטרפין שני מינין לשיעור: ב' וג' שמות. פלפל לבן שחור וארוך או אפילו מן ג' מינין והם (שם אחד) של איסור אסור אם תיבלו בהן את הקדרה: ומצטרפין. לתבלה אם אין בכל אחד כדי לתבל ונצטרפו ותיבלו: ואמר חזקיה. הא דקתני מצטרפין במיני

תוספות

תבלין שנים ושלשה שמות והן מין אחד. פירש רש"י כמו פלפל ארוך פלפל לבן פלפל שחור ולפי' הא דקתני בסיפא ר"ש אומר ב' שמות ממין אחד או שני מינין משם אחד אין מצטרפין משכחת לה שני מינין משם אחד כעין שמצינו לקמן (דף צ.) תרי גווני אהלא אבל קשיא וכי בשביל שיש להם שם אחד יש להן להצטרף יותר מה מועיל השם לגרום הצירוף כיון שהם שני מינין ואין טעמם שוה ומפרש ר"ת דג' עניני איסור כגון של ערלה או של כלאי הכרם ושל אשירה ושל עיר הנדחת קרי ג' שמות * כדאמרינן שלא השם המביאו לידי מכות מביאו לידי תשלומים ובפרק המקבל (ב"מ קטו.) עובר בכל השמות הללו וכן משמע בהדיא בירושלמי בריש פ"ב דמסכת ערלה דקתני התרומה ותרומת מעשר ותרומ' (א) של דמאי והחלה והבכורים עולין באחד ומאה ומצטרפין זה עם זה וקאמר עלה בגמרא כדברי שמעון נצרכה אע"ג דלאמר ר"ש אין שני שמות מצטרפין הכא מודה שכולם שם תרומה*: אסורין ומצטרפין. לכאורה נראה מדתני אסורין ותנא נמי מצטרפין דאסורין היינו לאסור את הקדרה ומצטרפין למלקות ואף על גב דלענין חיוב חטאת אמרי' בפ' כלל גדול (לעיל עא.) דחלב (ב) ופיגול ונותר אין מצטרפין למלקות מצטרפין ובפרק בתרא דע"ז (דף סו.) דפליגי אביי ורבא דאביי סבר בתר טעמא אזלינן וקאמר אביי מנא אמינא לה דתנן תבלין ב' וג' שמות כו' אלא"כ דבתר טעמא אזלינן כולהו חד טעמא ניהו אלא"כ בתר שמא אזלינן האי שמא לחוד והאי שמא לחוד ורבא אמר הא מני ר"מ היא דאמר כל איסורין שבתורה מצטרפין זה עם זה שנאמר לא תאכל כל תועבה כל שתיעבתי לך הרי הוא בבל תאכל משמע דלאביי אתיא אפי' אליבא דרבנן דר"מ אע"ג דע"כ פליגי עליה לכל הפחות לענין מלקות סבר אביי דלא פליגי אלא בב' מינין אבל בב' איסורין ומין אחד לא והא דקאמר ריש לקיש בפרק התערובות (זבחים עח.) הפיגול והנותר והטמא שבללן זה בזה ואכלן פטור אי אפשר שלא ירבה מין על חבירו ויבטלנו ולמלקות איירי דבטומאה לא שייך ביה חטאת ועוד מדקאמר התם ש"מ התראת ספק לא שמה התראה ומדמבטלין זה את זה היה משמע דשני איסורין לרבנן דר"מ אין מצטרפין י"ל דלא"פ שמבטלין זה את זה כשבללן מצטרפין הן למלקות וכן מוכח במעילה בפרק קדשי מזבח (דף יז:) דתנן הפיגול והנותר והטמא (ג) אין מצטרפין וקאמר בגמרא לא שנו אלא לטומאת ידים אבל לאכילה מצטרפין והא דאיצטריך (ד) לאשמועי' קרא לאכילה מצטרפין מלא יאכל כי קדש הם כל שבקודש פסול בא הכתוב ליתן לא תעשה על אכילתו פירוש מדנאמרו בלאו אחד מצטרפין לא איצטריך אלא לר"ש דאמר ב' שמות אין מצטרפין ובקודש מודה משום קרא דרבי אליעזר אבל לרבנן אפילו בעלמא מצטרפין והא דתנן בפ' קדשי מזבח (מעילה טו.) הערלה וכלאי הכרם מצטרפין אתיא שפיר כרבנן אליבא דאביי ומיהו לפי זה מצטרפין דרישא לא הוי פירושא כמו אין מצטרפין (ה) דרבי שמעון לצירוף דרבי שמעון היינו לאיסור דאי למלקות הא אית ליה כל שהוא למכות ור"ת מפרש דאסורין ומצטרפין הכל מיירי להצטרף לאסור את הקדירה ולא למלקות וא"כ אסורין בנותן טעם אם נפלו בקדירה ומצטרפין לאסור בתערובות יבש בלא נתינת טעם והשתא הוי מצטרפין (ו) כמו אין מצטרפין דסיפא דרבי שמעון: [ע' תוס' ע"ז סו. ד"ה רבא. ותוס' מעילה יז. ד"ה מין]

הואיל

מסורת הש"ס

א) ביצה לט., ב) לעיל עט., ג) פי' ערוך שרופולין בו להוציא הזוהמא [וגי' ס"ה קמוניא ועי' סנהדרין מט: ונדה סב.], ד) לעיל פ:, ה) ע"ז סו. ערלה פ"ב מ"י, ו) [ג"ל עלג], ז) [לעיל פ:], ח) לבע כמו מכלא, ט) עשב שלובעים בו אדום, י) [עי' תוס' ע"ז סו. ד"ה תבלין וכו' והם מין א'].

הגהות הב"ח

(א) תוס' ד"ה תבלין וכו' ותרומה מעשר ותרומת מעשר של דמאי והחלה: (ב) ד"ה אסורין וכו' דחלב ופיגול: (ג) באיד הפיגול והנותר והטמא אין מצטרפין כ"ל ותיבת והטמאה נמחק: (ד) באיד והא דאיצטריך לאשמועי קרא לאיסור לאמורי קרא: (ה) באיד ומיהו לפי זה וכו' כמו אין מצטרפין דסיפא דר"ש: (ו) באיד והשתא הוי מצטרפין דרישא כמו אין מצטרפין:

גליון הש"ס

רש"י בד"ה שפרו ורבו וכו' לא ידענא. עי' ברכות כט ע"ב ברש"י ד"ה מאן משמע ליה: תוס' ד"ה תבלין וכו' כדאמרי' שלא השם המביאו לידי מכות. מכות דף ד ע"ב:

תורה אור השלם

א) לכו נא ונוכחה יאמר יי אם יהיו חטאיכם כשנים כשלג ילבינו אם יאדימו כתולע כצמר יהיו: [ישעיה א, יח]

ב) ויאמר לאברם ידע תדע כי גר יהיה זרעך בארץ לא להם ועבדום וענו אתם ארבע מאות שנה: [בראשית טו, יג]

ג) ועל חרבך תחיה ואת אחיך תעבד והיה כאשר תריד ופרקת עלו מעל צוארך: [בראשית כז, מ]

ד) אנכי ארד עמך מצרימה ואנכי אעלך גם עלה ויוסף ישית ידו על עיניך: [בראשית מו, ד]

ה) כי אתה אבינו כי אברהם לא ידענו וישראל לא יכירנו אתה יי אבינו גאלנו מעולם שמך: [ישעיה סג, טז]

ו) ואמרת אל פרעה כה אמר יי בני בכרי ישראל: [שמות ד, כב]

ז) בחבלי אדם אמשכם בעבתות אהבה ואהיה להם כמרימי על על לחיהם ואט אליו אוכיל: [הושע יא, ד]

ליקוטי רש"י

והיה כאשר תריד. לשון צער כמו (תהלים נה, ג) אריד בשיחי כלומר כשיעברו ישראל את התורה ויהיה לך פתחון פה להצטער על הברכות שנטל ופרקת עלו וגו' [בראשית כז, מ]. בני בכורי. לשון גדולה כמו (תהלים פט) אף אני בכור אתנהו זה פשוטו ומדרשו כאן חתם הקב"ה על מכירת הבכורה שלקח יעקב מעשו [שמות ד, כב]. בחבלי אדם. בחבלים רכים וכו' כלומר במשיכות רחמים. ואהיה להם כמרימי עול על לחיהם. כאיכרים הטובים המרימי' עול בידיהם ע"י לוחים להקל מעל הפרה החורשת כן הייתי עמהם בכל צרה להקל מעליהן (ו"ה קא"ה). כמרימי עול על לחיהם כאיכרים המרימים עול מעל צואר השור ע"י שמאריכין את הכלונס שהעול נתון בראשו להקל מעל הפרה החורשת כן הייתי עמהם בכל צרה להקל מעליהן כן תרגם יונתן כאיכרים טבא ומוריך על לחייהון. ועל לחיהם. ל' לחי של מגרו. ואט אליו אוכיל. הטיתי לו כח להכיל עול היסורין ויונתן תרגם על שם שסיפק להם מזונות במדבר [הושע יא, ד]. ביצה קלה. שהיא קלה לבשל מכל הבילים ושיערו חכמים זו בילת תרנגולת [ביצה לט.]. קליפי אגוזים. קליפה לחה שעל קליפי האגוז. איסטים. ישטי"א [לעיל ע.]. מוריק"א קרו"א [פסחים נו:]. קרוג"א בלע"ז וכו' [ב"ק קא:]. פי סבכה. קופ"א שנותנין בגד בלאתעמיא [לעיל עט.]. מי רגלים. שמשמיתו והכריסו [סנהדרין מט:]. נתר. קקוץ הוא או אבן כעין שקורין קרי"א בלע"ז [תענית יג.]. מין אדמה שמכבסין ומסיר בה את הבגדים. בורית. נקיון כמו ובר לבב (תהלים כד) ויש לועזים בורית אשל"ג בלע"ז [ירמיה ב, כב]. בורית עשב הוא שמעביר את הכתם בלע"ז שנייר"א ולשון בורית דבר המנקה ומטהר כמו (תהלים עג) לברי לבב [מלאכי ג, ב]. עשב הוא ומלבנין בו הבגדים וקורין לו אירבי"ן שבונירי"א. אשלג. נמלא בנקבי מרגליות המתוק סיס [סנהדרין מט:]. מרוסס. לשון רסיס כמו (עמוס ו) והכה הבית הגדול רסיסים ולשון משנה הוא אם היה עבה או מרוסס (יחזקאל מו, יד). מרוסס. ולשון מקרא והכה הבית הגדול רסיסים (עמוס ו). מרוסס. שמתמרסס לבשלה [לעיל פ:]. תבלין שנים וג' שמות ממין אחד או משלשה מינין אסורין ומצטרפין. ה"ג במסכת ערלה ג' שמות והן מין אחד כגון פלפל לבן ופלפל שחור פלפל ארוך או מן ג' וג' שמות יש להן איסורין אם נפלו לקדירה ולא בזה כדי לתבל ובזה כדי לתבל ונצטרפו ותיבלו והן של איסור מצטרפין לאוסרה ולמר חזקיה הכא דקאמר מין ג' וג' שמות לא קאמר מינין אע"ג דכולהו מיני טעמא וכשמא נמי לא שוו [ע"ז סו.].

שֶׁפָּרוּ וְרָבוּ עָלֶיהָ יִשְׂרָאֵל – it is so called **because the Jewish people were fruitful** (*paru*) **and multiplied next to it.**[1] מִדְבַּר סִינַי – (e) **Sinai Desert;** שֶׁיָּרְדָה שִׂנְאָה לְעוֹבְדֵי כּוֹכָבִים עָלָיו – it is so called **because hatred** (*sinah*) **to idolaters descended upon it.** וּמַה שְּׁמוֹ – **And what is its** actual **name?** חוֹרֵב שְׁמוֹ – **Its name is Horeb.**

The Gemara notes a differing view:

וּפְלִיגָא דְּרַבִּי אֲבָהוּ – **And this disputes** the statement **of R' Abahu,** דְּאָמַר רַבִּי אֲבָהוּ – **for R' Abahu said:** הַר סִינַי שְׁמוֹ – **Its name is** actually **Mount Sinai.** וְלָמָּה נִקְרָא הַר חוֹרֵב – **And why is it called Mount Horeb?** שֶׁיָּרְדָה חוּרְבָּה לְעוֹבְדֵי כּוֹכָבִים עָלָיו – **Because ruin** (*churbah*) **to idolaters transpired upon it.**[2]

The Mishnah (86a) stated:

מִנַּיִן שֶׁקּוֹשְׁרִין לָשׁוֹן שֶׁל זְהוֹרִית וכו׳ – FROM WHERE DO WE KNOW THAT A STRIP OF WOOL etc. [is tied on the head of the goat that is sent out? For it is stated: *If your sins will be like scarlet wools, they will whiten like snow*].[3]

The Gemara asks:

,,כַּשָּׁנִים" – Why does the verse say ***like scarlet wools*** (*kashanim*) in the plural?[4] כַּשָּׁנִי מִיבְּעֵי לֵיהּ – It should have rather said ***like scarlet wool*** (*kashani*) in the singular! – ? –

The Gemara explains:

אָמַר רַבִּי יִצְחָק – **R' Yitzchak said:** אָמַר לָהֶם הַקָּדוֹשׁ בָּרוּךְ הוּא לְיִשְׂרָאֵל – **The Holy One, Blessed is He, said to the Jewish people:** אִם יִהְיוּ חֲטָאֵיכֶם כַּשָּׁנִים הַלָּלוּ – Even **if your sins are like these years** (*kashanim*), i.e. the years of the world, שֶׁסְּדוּרוֹת וּבָאוֹת מִשֵּׁשֶׁת יְמֵי בְרֵאשִׁית וְעַד עַכְשָׁיו – **in that they are constant and continuous from the six days of Creation until now,** כַּשֶּׁלֶג יַלְבִּינוּ – nevertheless, **they will whiten like snow.**[5]

The Gemara turns to the beginning of the above verse:

דָּרַשׁ רָבָא – **Rava expounded:** מַאי דִּכְתִיב – **What is** the meaning **of that which is written:**[6] ,,לְכוּ־נָא וְנִוָּכְחָה יֹאמַר ה׳" – ***Go, now, let us reason together, Hashem will say . . .*** ,,לְכוּ־נָא" בּוֹאוּ נָא מִיבְּעֵי לֵיהּ – ***Go, now?*** **It should have said "Come, now"!** ,,יֹאמַר ה׳" אָמַר ה׳ מִיבְּעֵי לֵיהּ – ***Hashem will say?*** **It should be "Hashem says"!** Rather the verse alludes to the following: לֶעָתִיד לָבֹא יֹאמַר לָהֶם הַקָּדוֹשׁ בָּרוּךְ הוּא לְיִשְׂרָאֵל – **At some future time, the Holy One, Blessed is He, will say to the Jewish people:** לְכוּ נָא אֵצֶל אֲבוֹתֵיכֶם וְיוֹכִיחוּ אֶתְכֶם – **Go, now, to your forefathers and let them rebuke you** for your transgressions.[7] וְיֹאמְרוּ לְפָנָיו – **And** [**the Jewish people**] **will say before Him:** רִבּוֹנוֹ שֶׁל עוֹלָם – **Master of the Universe,** אֵצֶל מִי נֵלֵךְ – **to whom should we go?** אֵצֶל אַבְרָהָם שֶׁאָמַרְתָּ לוֹ ,,יָדֹעַ תֵּדַע" – **To Abraham whom You told:**[8] ***Know with certainty*** *that your offspring shall be aliens in a land not their own, they will serve them, and they will oppress them four hundred years,* וְלֹא בִּקֵּשׁ רַחֲמִים עָלֵינוּ – **and,** nevertheless, **he did not ask for mercy on our behalf?!** אֵצֶל יִצְחָק שֶׁבֵּירַךְ אֶת עֵשָׂו ,,וְהָיָה כַּאֲשֶׁר תָּרִיד" – Should we go **to Isaac who blessed Esau,** saying:[9] ***and it shall be that when you are aggrieved,*** *you may cast off his yoke from upon your neck,*[10] וְלֹא בִּקֵּשׁ רַחֲמִים עָלֵינוּ – **and** yet **he did not ask for mercy on our behalf?** אֵצֶל יַעֲקֹב שֶׁאָמַרְתָּ לוֹ ,,אָנֹכִי אֵרֵד עִמְּךָ מִצְרַיְמָה" – Should we go **to Jacob, whom you told:**[11] ***I shall descend with you to Egypt,*** *and I shall also surely bring you up,* thus hinting to three more exiles,[12] וְלֹא בִּקֵּשׁ רַחֲמִים עָלֵינוּ – **and** yet **he did not ask for mercy on our behalf?!** אֵצֶל מִי נֵלֵךְ עַכְשָׁיו – **To whom should we go now** for rebuke?[13] ,,יֹאמַר ה׳" – Therefore, You ***Hashem will say*** our rebuke.[14] אָמַר לָהֶן הַקָּדוֹשׁ בָּרוּךְ הוּא – **The Holy One, Blessed is He, will tell them:** הוֹאִיל וּתְלִיתֶם עַצְמְכֶם בִּי – **Since you have made yourselves dependent upon Me,** ,,אִם־יִהְיוּ חֲטָאֵיכֶם כַּשָּׁנִים כַּשֶּׁלֶג יַלְבִּינוּ" – ***if your sins will be like scarlet wools, they will whiten like snow.***[15]

Another exposition regarding the Patriarchs and the Jewish people's future atonement:

אָמַר רַבִּי שְׁמוּאֵל בַּר נַחְמָנִי אָמַר רַבִּי יוֹנָתָן – **R' Shmuel bar Nachmani said in the name of R' Yonasan:** מַאי דִּכְתִיב – **What is the** meaning **of that which is written:**[16] ,,כִּי־אַתָּה אָבִינוּ – ***For you are our father,*** כִּי אַבְרָהָם לֹא יְדָעָנוּ וְיִשְׂרָאֵל לֹא יַכִּירָנוּ – ***because Abraham does not know us and Israel does not recognize us.*** אַתָּה ה׳ אָבִינוּ גֹּאֲלֵנוּ מֵעוֹלָם שְׁמֶךָ" – ***You, Hashem,***

NOTES

1. After the Giving of the Torah, the Jews were instructed שׁוּבוּ לָכֶם לְאָהֳלֵיכֶם, *Return to your tents* (*Deuteronomy* 5:27). This was a euphemistic way of saying that they could resume marital relations (which had been proscribed during the previous several days). On that occasion, each man's wife became pregnant with a boy (*Rashi*). *Rashi* states that he does not know where this is alluded to [in Scripture]. See *Maharsha* who suggests a possible allusion.

[The question is asked: If every couple had a boy, how is it that Tzelophchad had only daughters? (see *Numbers* 26:33). See *Ben Yehoyada* and *Megadim Chadashim* who discuss this at length.]

2. Literally: descended upon it.

The first time the Torah refers to this mountain, it is called "Horeb," as it says (*Exodus* 3:1): *Moses was shepherding the sheep of Jethro . . . and he arrived at the mountain of God, at Horeb.* However, the more common name for this mountain is Sinai. R' Yose bar R' Chanina and R' Abahu dispute which of these facts indicates its real name (*Maharsha;* see also *Meromei Sadeh*).

If its name was "Sinai," it is called this because the mountain held many סְנָאִים, *bushes* (*Ibn Ezra* on *Exodus* 3:2; *Meromei Sadeh*).

3. *Isaiah* 1:18.

4. After all, the verse does not continue in the plural. It says שֶׁלֶג, *snow* [singular], rather than שְׁלָגִים [plural] (*Rashi*).

5. *Maharal* (*Chidushei Aggados*) explains: If a person performs misdeeds rarely, those sins are not indicative of his true nature. Even a good person may run afoul of his principles at odd times. This is especially so if his sins do not form a pattern, but are rather random in kind. On the other hand, if a person's misdeeds are numerous and consistent, then we are forced to say, typically, that they define him as a wicked person.

However, this is not the case regarding the Jewish people. Even if the quantity and the regularity of their sins is comparable to the hundreds of thousands of days that have passed without interruption from Creation to the present, nevertheless the Jewish soul remains pure. Their sins are merely an accident of their material natures; they do not reflect upon their spiritual selves. At the end of history, the essence of the Jewish people shall have remained untouchable and their sins will be capable of forgiveness.

6. The first part of the verse reads: לְכוּ־נָא וְנִוָּכְחָה יֹאמַר ה׳ אִם־יִהְיוּ חֲטָאֵיכֶם כַּשָּׁנִים כַּשֶּׁלֶג יַלְבִּינוּ, *Go, now, let us reason together – Hashem will say – if your sins will be like scarlet wools, they will whiten like snow.*

7. [Presumably, the Jewish people would rather confront their forefathers than someone else. A father naturally loves his child despite his errant behavior. Thus, the Patriarchs would be gentler in their rebuke and in meting out punishment.]

8. *Genesis* 15:13.

9. Ibid. 27:40.

10. The Midrash relates that he told Esau: If you see your brother shirking the yoke of Torah [in which case your claim against him for taking the blessings has some merit – see *Rashi* to *Genesis* ibid.], decree massacres against him and you will rule him (*Bereishis Rabbah* 67:7).

11. *Genesis* 46:4.

12. The word גַּם, *also,* is also interpreted as inclusive, alluding to the exiles the Jewish nation would later suffer (*Rashi*): Babylonia, Persia, Greece and Rome [and its heirs].

13. [Who loves us more than You do?!]

14. We depend completely upon You (*Rashi*).

15. *Isaiah* 1:18. I.e. in the merit of your faith, for *He who trusts in Hashem, shall be surrounded by kindness* (*Psalms* 32:10). That is, God will incline towards kindness in deciding their fate and forgive them their iniquities (*Iyun Yaakov;* see also *Yalkut Shimoni, Yeshayah* 389 where the wording is: *Since you have placed your trust in Me . . .*).

16. *Isaiah* 63:16.

לב א מיי' פי"ח מהלכות' שבת הלכה ד:
לג ב שם הלכה ה:
לד ג שם הלכה ח:

תבלין שנים ושלשה שמות והן מין אחד. פירש רש"י כמו פלפל ארוך פלפל לבן פלפל שחור ולפי' הא דקתני בסיפא ר"ש אומר ב' שמות ממין אחד או שני מינין משם אחד אין מצטרפין משכחת לה שני מינין משם אחד כעין שמצינו לקמן (דף צ.) תרי גווני אהלא אבל תימה וכי בשביל שיש להם שם אחד יש להן להצטרף יותר מה מועיל השם לגרום הצירוף כיון שהם שני מינין ואין טעמם בשוה ומפרש ר"ת דג' עניני איסור כגון של ערלה או של כלאי הכרם ושל אשירה ושל עיר הנדחת קרי ג' שמות ° כדאמרינן שלא השם המביאו לידי מכות מביאו לידי תשלומים ובפרק המקבל (ב"מ קיא.) עובר בכל השמות הללו וכן משמע בהדיא בירושלמי בריש פ"ב דמסכת ערלה דקתני התרומה ותרומת מעשר ותרומ' (א) של דמאי והחלה והבכורים עולין באחד ומאה ומצטרפין זה עם זה וקאמר עלה בגמרא לרבי שמעון נצרכה אע"ג דאמר ר"ש אין שני שמות מצטרפין הכא מודה שכולם שם תרומה:

אסורין ומצטרפין. לכאורה נראה מדתני אסורים ותנא תו מצטרפין דאסורין היינו לאסור את הקדרה ומצטרפין למלקות ואף על גב דלענין חיוב חטאת אמרי' בפ' כלל גדול (לעיל עא.) דחלב (ב) ופיגול ונותר אין מצטרפין למלקות מצטרפין ובפרק בתרא דע"ז (דף סו.) דפליגי אביי ורבא דאביי סבר בתר טעמא אזלינן וקאמר אביי מנא אמינא לה דתנן תבלין ב' וג' שמות כו' אא"ב דבתר טעמא אזלינן כולהו חד טעמא נינהו אא"א בתר שמא אזלינן האי שמא לחוד והאי שמא לחוד ורבא אמר הא מני ר"מ היא דאמר כל איסורין שבתורה מצטרפין זה עם זה שנאמר לא תאכל כל תועבה כל שתיעבתי לך הרי הוא בבל תאכל משמע דלאביי אתיא אפי' אליבא דרבנן דר"מ אע"ג דע"כ פליגי עליה לכל הפחות לענין מלקות סבר אביי דלא פליגי אלא בב' מינין אבל בב' איסורין ומין אחד לא והא דאמר ריש לקיש בפרק התערובות (זבחים עח.) הפיגול והנותר והטמא שבללן זה בזה ואכלן פטור אי אפשר שלא ירבה מין על חבירו ויבטלנו ולמלקות איירי דבטמא לא שייך ביה חטאת ועוד מדקאמר התם ש"מ התראת ספק לא שמה התראה ומדמבטלין זה את זה היה משמע דשני איסורין לרבנן דר"מ אין מצטרפין צ"ל דאע"פ שמבטלין זה את זה כשבללן מצטרפין הן למלקות וכן מוכח במעילה בפרק קדשי מזבח (דף יז:) דתנן הפיגול והנותר והטמא (ג) אין מצטרפין וקאמר בגמרא לא שנו אלא לטומאת ידים אבל לאכילה מצטרפין והא דאיצטריך (ד) לאתויי קרא דלאכילה מצטרפין מלא יאכל כי קדש הם כל שבקודש פסול בא הכתוב ליתן לא תעשה על אכילתו פירוש מדנאמרו בלאו אחד מצטרפין לא איצטריך אלא לר"ש דאמר ב' שמות אין מצטרפין ובקודש מודה משום קרא דרבי אליעזר אבל לרבנן אפילו בעלמא מצטרפין והא דתנן בפ' קדשי מזבח (מעילה טו.) הערלה וכלאי הכרם מצטרפין אתיא שפיר כרבנן אליבא דאביי ומיהו לפי זה מצטרפין דרישא לא הוי פירושא כמו אין מצטרפין (ה) דרבי שמעון דלירוף דרבי שמעון היינו לאיסור דאי למלקות הא אית ליה כל שהוא למכות ור"ת מפרש דאסורי' ומצטרפין הכל מיירי להצטרף לאסור את הקדירה ולא למלקות א"נ אסורין בנתינת טעם אם נפלו בקדירה ומצטרפין לאסור בתערובת יבש בלא נתינת טעם והשתא הוי מצטרפין (ו) כמו אין מצטרפין דסיפא דרבי שמעון: [ע' תוס' ע"ז סח: ד"ה ר"ש. ותוס' מעילה יח. ד"ה תני]:

שפרו ורבו עליה ישראל מדבר סיני שירדה שנאה לעכו"ם עליו ומה שמו חורב שמו ופליגא דר' אבהו דא"ר אבהו הר סיני שמו ולמה נקרא הר חורב שירדה חורבה לעכו"ם עליו: מנין שקושרין לשון של זהורית וכו': א) כשנים כשני מיבעי ליה א"ר יצחק אמר להם הקב"ה לישראל אם יהיו חטאיכם כשנים הללו שסדורות ובאות מששת ימי בראשית ועד עכשיו כשלג ילבינו: דרש רבא מאי דכתיב א) לכו נא ונוכחה יאמר ה' לכו נא בואו נא מיבעי ליה יאמר ה' אמר ה' מיבעי ליה לעתיד לבא יאמר להם הקב"ה לישראל לכו נא אצל אבותיכם ויוכיחו אתכם ויאמרו לפניו רבש"ע אצל מי נלך אצל אברהם שאמרת לו ב) ידוע תדע ולא בקש רחמים עלינו אצל יצחק שבירך את עשו ג) והיה כאשר תריד ולא בקש רחמים עלינו אצל יעקב שאמרת לו ד) אנכי ארד עמך מצרימה ולא בקש רחמים עלינו אצל מי נלך עכשיו יאמר ה' אמר להן הקב"ה הואיל ותליתם עצמכם בי א) אם יהיו חטאיכם כשנים כשלג ילבינו: א"ר שמואל בר נחמני א"ר יונתן מ"ד ה) כי אתה אבינו כי אברהם לא ידענו וישראל לא יכירנו אתה ה' אבינו גואלנו מעולם שמך לעתיד לבא יאמר לו הקב"ה לאברהם בניך חטאו לי אמר לפניו רבש"ע ימחו על קדושת שמך אמר איםר ליה ליעקב דהוה ליה צער גידול בנים אפשר דבעי רחמי עלייהו אמר ליה בניך חטאו אמר לפניו רבש"ע ימחו על קדושת שמך אמר לא בסבי טעמא ולא בדרדקי עצה אמר לו ליצחק בניך חטאו לי אמר לפניו רבש"ע בני ולא בניך בשעה שהקדימו לפניך נעשה לנשמע קראת להם ו) בני בכורי עכשיו בני ולא בניך ועוד כמה חטאו כמה שנותיו של אדם שבעים שנה דל עשרין דלא ענשת עלייהו פשו להו חמשין דל כ"ה דלילותא פשו להו כ"ה דל תרתי סרי ופלגא דצלויי ומיכל ודבית הכסא פשו להו תרתי סרי ופלגא אם אתה סובל את כולם מוטב ואם לאו פלגא עלי ופלגא עליך ואת"ל כולם עלי הא קריבית נפשי קמך פתחו ואמרו (כי) אתה אבינו אמר להם יצחק עד שאתם מקלסין לי קלסו להקב"ה ומחוי להו יצחק הקב"ה בעינייהו מיד נשאו עיניהם למרום ואומרים ה) אתה ה' אבינו גואלנו מעולם שמך א"ר חייא בר אבא א"ר יוחנן ראוי היה יעקב אבינו לירד למצרים בשלשלאות של ברזל אלא שזכותו גרמה לו דכתיב ז) בחבלי אדם אמשכם בעבותות אהבה ואהיה להם כמרימי עול על לחיהם ואט אליו אוכיל:

מתני' א המוציא עצים כדי לבשל ביצה קלה ב תבלין כדי לתבל ביצה קלה ומצטרפין זה עם זה ג) קליפי אגוזין קליפי רמונים איסטים ופואה כדי לצבוע בהן בגד קטן פי סבכה מי רגלים נתר ובורית ג) קמוליא ואשלג כדי לכבס בגד קטן פי סבכה רבי יהודה אומר כדי להעביר את הכתם:

גמ' תנינא חדא זימנא ג קנה כדי לעשות קולמוס אם היה עב או מרוסס כדי לבשל ביצה קלה שבביצים טרופה ונתונה באילפס מהו דתימא התם הוא דלא חזי למידי אבל עצים דחזו לככא דאקלידא אפילו כל שהוא קמ"ל: תבלין כדי לתבל ביצה קלה: ורמינהו ט) תבלין שנים וג' שמות ממין אחד או משלשה מינין (ושם אחד) אסורין ומצטרפין זה עם זה ואמר חזקיה במיני

שפרו ורבו. דכל אחד נתעברה אשתו זכר במלות שובו לכם לאהליכם ° ולא ידענא היכא רמיזא: **כשני מיבעי ליה.** דומיא דכשלג דלא כתיב כשלגים: **ארד עמך** אעלך גם עלה. כאן רמז ד' גליות גם ריבויא הוא: **יאמר ה'.** אתה אמור התוכחה ובך אנו תולין: **ימחו.** הואיל שחטאו ויתקדש שמך בעולם כשתעשה דין בעוברין על דבריך: **קראת להן בני בכורי ישראל.** שהיה גלוי לפניך שהן עתידין לומר לפניך בסיני נעשה ונשמע לקבל עולך מאהבה כבנים: **דל עשרין דלא ענשת להו.** שכן מצינו בדור המדבר שלא ענש הקב"ה אלא מכ' שנה ומעלה דכתיב (במדבר יד) במדבר הזה יפלו פגריכם וגו' מבן כ' שנה ומעלה אשר הלינותם עלי: **כי אתה אבינו.** כנגד יצחק אמרו והוא אמר להם הראו כנגד הקב"ה שהוא אביכם: **בשלשלאות של ברזל.** כדרך כל הגולים שהרי ע"פ גזרת גלות ירד לשם: **בחבלי אדם.** בשביל חיבת האדם משכתים למצרים בחבלים ולא בשלשלאות: **כמרימי עול על לחייהם.** כאדם הסובל ומסייע לבהמתו להרים עולה י) מעל צוארה בלוחין ובמקלות: **ואט אליו אוכיל.** הטיתי לכם כח להכיל את עבודת הפרך: **מתני' ביצה קלה.** כבר מפורש ז) שזה בילת תרנגולת שהיא קלה לבשל ולא בשיעור כל בילה שיעורו אלא כגרוגרת מבילה קלה: **ומצטרפין.** כל מיני תבלין זה עם זה: **קליפי אגוזים.** הגדילה ע"ג הקליפה בעודן לחין: **סטים.** ח) קרוג: **פואה.** ט) וורנלא: **פי סבכה.** בראש הסבכה שעשאה בקליעה נותן מעט בגד: **נתר.** מין אדמה שקורין ניטר"א: **קמוליא ואשלג.** בגמרא מפרש להו: **את הכתם.** של דם נדה שאלו הסמנין מעבירין על הכתם של דם נדה בבגד לטהרו: **גמ' התם.** הוא דקולמוס מרוסס לא חזי למידי אלא להסקה: **ככא דאקלידא.** שן של מפתח: **ורמינהו.** אמתני' דקתני תבלין מצטרפין שני מינין לכשיעור: **ב' וג' שמות.** פלפל לבן שחור וארוך או אפילו מן ג' מינין והם (שם אחד) של איסור אסור אם תיבלו בהן את הקדרה: **ומצטרפין.** לתבלה אם אין בכל אחד כדי לתבל ונצטרפו ותיבלו: **ואמר חזקיה.** הא דקתני מצטרפין: במיני

הואיל

ליקוטי רש"י

והיה כאשר תריד. לשון צער כמו (תהלים נה, ג) אריד בשיחי כלומר כשיעברו ישראל את התורה ויהיה לך פתחון פה להצטער על הברכות שנטל ופרקת עלו וגו' [בראשית כז, מ]. **בני בכורי.** לשון גדולה כמו (תהלים פט) אף אני בכור אתנהו זהו פשוטו ומדרשו כאן חתם הקב"ה על מכירת הבכורה שלקח יעקב מעשו [שמות ד, כב]. **בחבלי אדם.** בחבלים רכים וכו' כלומר במשיכת רחמים. **ואהיה להם כמרימי עול על לחיהם.** כאיכרים הטובים המרימים עול בידיהם ע"י לוחים להקל מעל הפרה החורשת כן הייתי עמהם בכל צרה להקל מעליהן (ל"א קל"א) כמרימי עול על לחיהם כאכרים המרימים עול מעל לחיהם של השור ע"י שמאריכין את הכלונס שהעול נתון בראשו להקל מעל הפרה החורשת כן הייתי עמהם בכל צרה להקל מעליה' כן תרגם יונתן כאיכר' טבא ומוריך בלחיאתהון. **ועל לחיהם.** ל' לחי של מבוי. **ואט אליו אוכיל.** הטיתי לו כח להכיל עול היסורין ויונתן תרגם על שם שסיפק להם מזונות במדבר [הושע יא, ד]. **ביצה קלה.** שהיא קלה לבשל מכל הבילים ושיערו חכמים זו בילת תרנגולת [ביצה לט.]. **קליפי אגוזים.** קליפה לחה שעל קליפי האגוז. **איסטים.** ושיד"א [לעיל עט.]. מוריק"א קרו"ג [פסחים נו:]. קרוג"א בלע"ז כרכום [ב"ק קא:]. **פי סבכה.** קופ"א נותנין בגד באמצעיתה [לעיל עט.]. **מי רגלים.** שהחמילו והסריחו [סנהדרין מט:]. **נתר.** קרקע הוא או אבן כעין שקורין קרי"א בלע"ז [תענית יג.]. מין אדמה שחפין ושפין בה את הבגדים. **בורית.** נקיון כמו ובר לבב (תהלים כד) ויש לועזים בורית שאבו"ן בלע"ז [ירמי' ב, כב]. בורית עשב הוא שמעביר את הכתם בלע"ז שניר"א ולשון בורית דבר המנקה ומטהר כמו (תהלים עג) לברי לבב [מלאכי ג, ב]. עשב הוא ומעביר כתמין וקורין ליה אירבנ"ו שבונרי"א. **אשלג.** נמצא בנקבי מרגליות העולות מתוך הים [סנהדרין שם]. **מרוסס.** לשון רסיס כמו (עמוס ו) והכה הבית הגדול רסיסים ולשון משנה אם היה עבה או מרוסס [יחזקאל מו, יד]. סדוק סדקין הרבה כמו והכה הבית הגדול רסיסים (עמוס ו). **טרופה.** בשמן שממהרת לבשלה [לעיל פ:]. **תבלין שנים וג' שמות ממין אחד או משלשה מינין אסורין ומצטרפין.** ה"ג במסכת ערלה ג' שמות והן מין אחד כגון פלפל לבן פלפל שחור פלפל ארוך או מין ג' וג' שמות יש להן אסורין ומצטרפין אם נפלו לקדירה ולא בזה כדי לתבל ולא בזה כדי לתבל ונצטרפו ותיבלו והן של איסור מצטרפין לאוסרה ואמר חזקיה הכא דקאמר מין ג' וג' שמות להן מצטרפין אע"ג דתלתא מיני נינהו ובשמא נמי לא שוו [ע"ז סו.].

א) ביצה לט., ב) לעיל עט., ג) פי' ערוך שרונקין בו להוציא הזוהמא [וגי' ס"א קמוניא ועי' סנהדרין מט: ונדה סב.], ד) לעיל פ:, ה) ע"ז סו. ערלה פ"ב מ"י, ו) [נ"ל עב.], ז) [לעיל פ:], ח) עשב שצובעים בו אדום, ט) [ערוך] צבע כמו ארגמן, י) [עי' תוס' ע"ז סו. ד"ה תבלין וכו' והם מין א'].

הגהות הב"ח

(א) תוס' ד"ה תבלין וכו' ותרומת מעשר ותרומת מעשר של דמאי והחלה. (ב) ד"ה אסורין וכו' דחלב ודם ופיגול: (ג) בא"ד דתנן הפיגול והנותר אין מצטרפין כצ"ל ותיבת והטמא נמחק: (ד) בא"ד והא דאיצטריך ר' אליעזר לאתויי קרא: (ה) בא"ד ומיהו לפי זה וכו' כמו אין מצטרפין דסיפא דר"ש: (ו) בא"ד והשתא הוי מצטרפין דרישא כמו אין מצטרפין:

גליון הש"ס

רש"י בד"ה שפרו ורבו וכו' לא ידענא. עי' ברכות כה ע"ב ברש"י ד"ה מאן שמעת ליה: תוס' ד"ה תבלין וכו' כדאמרי' שלא השם המביאו לידי מכות. מכות דף ד ע"ב:

תורה אור השלם

א) לכו נא ונוכחה יאמר יי אם יהיו חטאיכם כשנים כשלג ילבינו אם יאדימו כתולע כצמר יהיו: [ישעיה א, יח]

ב) ויאמר לאברם ידע תדע כי גר יהיה זרעך בארץ לא להם ועבדום וענו אתם ארבע מאות שנה: [בראשית טו, יג]

ג) ועל חרבך תחיה ואת אחיך תעבד והיה כאשר תריד ופרקת עלו מעל צוארך: [בראשית כז, מ]

ד) אנכי ארד עמך מצרימה ואנכי אעלך גם עלה ויוסף ישית ידו על עיניך: [בראשית מו, ד]

ה) כי אתה אבינו כי אברהם לא ידענו וישראל לא יכירנו אתה יי אבינו גאלנו מעולם שמך: [ישעיה סג, טז]

ו) ואמרת אל פרעה כה אמר יי בני בכרי ישראל: [שמות ד, כב]

ז) בחבלי אדם אמשכם בעבתות אהבה ואהיה להם כמרימי על על לחיהם ואט אליו אוכיל: [הושע יא, ד]

are our Father, our Redeemer, from time immemorial is Your Name. לֶעָתִיד לָבֹא יֹאמַר לוֹ הַקָּדוֹשׁ בָּרוּךְ הוּא לְאַבְרָהָם – **At a future time, the Holy One, Blessed is He, will say to Abraham:** בָּנֶיךָ חָטְאוּ לִי – **Your children have sinned against Me.** אָמַר לְפָנָיו – **[Abraham] will reply before Him:** רִבּוֹנוֹ שֶׁל עוֹלָם יִמָּחוּ עַל קְדוּשַּׁת שְׁמֶךָ – **Master of the Universe, let them be obliterated for the sanctity of Your Name!**[17] אָמַר – Unsatisfied with this reply, **[Hashem] will say** to Himself: אֵימָר לֵיהּ לְיַעֲקֹב דַּהֲוָה לֵיהּ צַעַר גִּידּוּל בָּנִים – **I will speak** rather **to Jacob, since he experienced pain in raising his children.** אֶפְשָׁר דְּבָעֵי רַחֲמֵי עֲלַיְיהוּ – **Perhaps he will ask** Me to have **mercy upon them.**[18] אָמַר לֵיהּ – So **[Hashem] will say to [Jacob]:** בָּנֶיךָ חָטְאוּ – **Your children have sinned** against Me. אָמַר לְפָנָיו – **[Jacob] will reply before Him:** רִבּוֹנוֹ שֶׁל עוֹלָם יִמָּחוּ עַל קְדוּשַּׁת שְׁמֶךָ – **Master of the Universe, let them be obliterated for the sanctity of Your Name!** אָמַר – **[Hashem] will say:** לֹא בְּסָבֵי טַעְמָא וְלֹא בְּדַרְדְּקֵי עֵצָה – **There is neither reason among the elders nor counsel among the youth!**[19] אָמַר לוֹ לְיִצְחָק – So **[Hashem] will say to Isaac:** בָּנֶיךָ חָטְאוּ לִי – **Your children have sinned against Me.** אָמַר לְפָנָיו – **[Isaac] will say before Him:** רִבּוֹנוֹ שֶׁל עוֹלָם בָּנַי וְלֹא בָּנֶיךָ – **Master of the Universe, *my* children and not *Your* children?!** בְּשָׁעָה שֶׁהִקְדִּימוּ לְפָנֶיךָ ,,נַעֲשֶׂה" לְ,,נִשְׁמַע" – **When they preceded** the statement *we will do* to the statement *we will hear* **before You,**[20] קָרָאתָ לָהֶם ,,בְּנִי בְכֹרִי" – **You called them, *My son, My firstborn.***[21] עַכְשָׁיו בָּנַי וְלֹא בָּנֶיךָ – **Now,** you tell me that they are **my children and not Your Children?!** וְעוֹד – **Furthermore,** כַּמָּה חָטְאוּ – **how much,** after all, could **they have sinned?** כַּמָּה שְׁנוֹתָיו שֶׁל אָדָם – **How many are a man's years?** שִׁבְעִים שָׁנָה – **Seventy years.**[22] דַּל עֶשְׂרִין דְּלָא עָנְשַׁתְּ עֲלַיְיהוּ – **Take away** the first **twenty, since You do not punish** a person **for them.**[23] פְּשׁוּ לְהוּ חַמְשִׁין – **There are fifty years left.** דַּל עֶשְׂרִין וַחֲמִשָּׁה דְּלֵילָוָתָא – **Take away twenty-five, which are the nights.**[24] פְּשׁוּ לְהוּ עֶשְׂרִין וַחֲמִשָּׁה – **There are twenty-five left.** דַּל תַּרְתֵּי סְרֵי וּפַלְגָא דִּצְלוּיֵי וּמֵיכַל וּדְבֵית הַכִּסֵּא – **Take away twelve and a half, which are** spent **praying, eating or in the bathroom.** פְּשׁוּ לְהוּ תַּרְתֵּי סְרֵי וּפַלְגָא – **There are** only **twelve and a half years** of potential sin **left.**[25] אִם אַתָּה סוֹבֵל אֶת כּוּלָּם מוּטָב – **If You will shoulder them all, fine.** וְאִם לָאו פַּלְגָא עֲלַי וּפַלְגָא עֲלָיךְ – **And if not,** then **half** should be **on me and half on You.**[26] וְאִם תִּמְצָא לוֹמַר כּוּלָּם עֲלַי – **And if You wish to say** that **all of them should be on me,** הָא קְרֵיבִית נַפְשִׁי קַמָּךְ – **behold! I have already sacrificed myself before You.**[27] פָּתְחוּ וְאָמְרוּ – After hearing Isaac's defense of them, **[the Jewish people] will open** their mouths **and say,** ,,כִּי־אַתָּה אָבִינוּ" – ***For you*** [*Isaac*] ***are our*** [*true*] ***father.*** אָמַר לָהֶם יִצְחָק – **Isaac will tell them:** עַד שֶׁאַתֶּם מְקַלְּסִין לִי קַלְּסוּ לְהַקָּדוֹשׁ בָּרוּךְ הוּא – **Instead of lauding me, laud the Holy One, Blessed is He,** Who is your true Father. וּמַחְוֵי לְהוּ יִצְחָק הַקָּדוֹשׁ בָּרוּךְ הוּא בְּעֵינַיְיהוּ – **And [Isaac] will indicate the Holy One, Blessed is He, before their eyes.**[28] מִיָּד נָשְׂאוּ עֵינֵיהֶם לַמָּרוֹם – **Immediately, they will lift their eyes up above** וְאוֹמְרִים ,,אַתָּה ה' אָבִינוּ גֹּאֲלֵנוּ מֵעוֹלָם שְׁמֶךָ" – **and say, *You, Hashem, are our Father our Redeemer, from time immemorial is Your Name.***

NOTES

17. When You execute justice against those who transgress Your dictates, Your Name is thereby sanctified (*Rashi*).

18. Since Jacob expended more of himself in raising his children, his love for them would be that much greater (see *Michtav MeEliyahu* I pp. 36-37).

19. [Neither the grandfather, Abraham, nor the grandson, Jacob, can present a defense on the Jewish people's behalf.]

20. See above, 88a note 38.

21. *Exodus* 4:22. The significance of the designation "son" is as follows: If God relates to the Jewish people as a father to his sons, then they may be pardoned for their trespasses against Him. This is because of the principle: "If a father excuses his sons from giving him the honor due him, they are excused". If, however, God relates to the Jews as a king to his servants, then their judgment may be harsher, for if a king excuses his servants from the honor due him, they are not excused (*Cheifetz Hashem*, based on *Kiddushin* 32a-b).

[Actually, God called the Jews, "My son, My firstborn," before the Exodus, whereas the Jews said, "We will do and we will hear," later, at the Giving of the Torah. Isaac means this: "Since it was revealed before You that they would say, 'We will do and we will hear,' at Sinai, accepting Your yoke upon them with love like sons, You therefore called them, 'My son, My firstborn.' " (*Rashi*).]

22. *The days of our years . . . are seventy years* (*Psalms* 90:10).

23. We find that when God meted out punishment to the generation who accepted the evil report of the Spies (see *Numbers*, chs. 13,14) and decreed that they should wander in the Wilderness for forty years, He applied this decree only to those who were already twenty, as it says (*Numbers* 14:29): *In this Wilderness shall your carcasses drop . . . from twenty years of age and above, whom you provoked against Me* (*Rashi*).

This idea, that the Heavenly Court does not punish someone for sins committed before he is twenty, is referred to elsewhere as well: *Yerushalmi Bikkurim* 2:1; *Bamidbar Rabbah* 18:4; *Zohar Vayeira* 118b and *Haazinu* 293b. *Rashi* cites this principle in his commentary to *Genesis* 23:1. *Rambam* mentions it in his commentary to *Sanhedrin* 7:4. See also *Raavad* to *Exodus* 2:9 and *Tosafos* to *Moed Katan* 28a ד״ה מת.

Some Acharonim question whether this concept should have any practical consequences for us, and they discuss the scope of its application. Among these are *Chacham Tzvi* 49; *Chasam Sofer, Yoreh Deah* 155 and *Noda BiYehudah Tinyana, Yoreh Deah* 164. Disputing them are *Chida* in *Pesach Einayim* to *Chagigah* 15a, the author of the *Sho'eil U'Meishiv* in *Tzion Yerushalayim* to *Yerushalmi Bikkurim* 2:1, *Chikrei Lev, Orach Chaim* 64 as well as *Maharatz Chayes* to our Gemara. See also *Shearim HaMetzuyanim BaHalachah* who discusses this issue at length.

24. [When people are sleeping or resting; cf. *Ben Yehoyada.*]

25. Thus, only a small minority of a person's life could be spent sinning, and the majority of his years should atone for the minority (*Maharsha*).

26. The Jewish people's sins are instigated by two entities: the Evil Inclination (*yetzer hara*) and the oppressive regimes under which Jews live (see *Berachos* 17a). Hashem is responsible, as it were, for imbuing people with the *yetzer hara* (see *Berachos* 32a), whereas Isaac takes blame for the cruel excesses of the anti-Semitic governments (see above, note 12). On this basis, Isaac suggests to God that each should shoulder half the sins (*Derashos Chasam Sofer* I 144a).

27. [See *Genesis* ch. 22.] Several commentators note that Isaac's defense here stands in diametric opposition to his established character. For although Abraham is always the standard bearer of kindness, and Jacob of truth (or mercy), Isaac is synonymous with justice: Isaac is the one who confers only what is deserved and not a trifle more; Isaac is the Patriarch who marks the boundary and says, "No further." How is it that he, and he alone among the Patriarchs, is the one to present an extraordinary defense of the Jewish nation?

The answer is that the very characteristic of justice can be the source of pure kindness, when it is applied to itself. Isaac is the one to set a limit to limit setting, to critique criticism, to find fault in the very process of faultfinding. When the prosecution arrayed against the Jews is itself subjected to the unyielding scrutiny of justice, the Jews will be automatically acquitted! (*R' Tzaddok* in *Yisrael Kedoshim* 43a, cited and explained by *Michtav MeEliyahu* IV p. 55). *R' Yaakov Kamenetzky* (in *Emes LeYaakov* to *Genesis* 27:12) suggests that the presentation of this defense will be Isaac's great test. Both Abraham and Jacob were tested by God to follow His will in opposition to their tendencies: The kind Abraham was forced to send his son, Ishmael, out of his house, an apparently cruel act; the honest Jacob was forced to deceive his father in order to receive the blessings. Our Gemara informs us of Isaac's test: To reverse the fearful decision hanging over the Jewish people, he will be challenged to offer elaborate arguments for their innocence. Isaac will pass this test successfully and this itself will be a source of merit for the Jewish people. See there for further elaboration of our Gemara.

28. See *Ben Yehoyada,* who explains what is meant by "before their eyes."

עין משפט
נר מצוה

לב א מיי' פי"ח מהלכות שבת הלכה ד:
לג ב שם הלכה ה:
לד ג שם הלכה ח:

שפרו ורבו עליה ישראל מדבר סיני שירדה שנאה לעכו"ם עליו ומה שמו חורב שמו ופליגא דר' אבהו דא"ר אבהו הר סיני שמו ולמה נקרא הר חורב שירדה חורבה לעכו"ם עליו: מנין שקושרין לשון של זהורית וכו': (א) כשנים כשני מיבעי ליה א"ר יצחק אמר להם הקב"ה לישראל אם יהיו חטאיכם כשנים הללו שסדורות ובאות מששת ימי בראשית ועד עכשיו כשלג ילבינו: דרש רבא מאי דכתיב (א) לכו נא ונוכחה יאמר ה' לכו נא בואו נא מיבעי ליה יאמר ה' אמר ה' מיבעי ליה לעתיד לבא יאמר להם הקב"ה לישראל לכו נא אצל אבותיכם ויוכיחו אתכם ויאמרו לפניו רבש"ע אצל מי נלך אצל אברהם שאמרת לו (ב) ידוע תדע ולא בקש רחמים עלינו אצל יצחק שבירך את עשו (ג) והיה כאשר תריד ולא בקש רחמים עלינו אצל יעקב שאמרת לו (ד) אנכי ארד עמך מצרימה ולא בקש רחמים עלינו אצל מי נלך עכשיו יאמר ה' אמר להן הקב"ה הואיל ותליתם עצמכם בי (א) אם יהיו חטאיכם כשנים כשלג ילבינו: א"ר שמואל בר נחמני א"ר יונתן מ"ד (ה) כי אתה אבינו כי אברהם לא ידענו וישראל לא יכירנו אתה ה' אבינו גואלנו מעולם שמך לעתיד לבא יאמר לו הקב"ה לאברהם בניך חטאו לי אמר לפניו רבש"ע ימחו על קדושת שמך אמר איאמר ליה ליעקב דהוה ליה צער גידול בנים אפשר דבעי רחמי עלייהו אמר ליה בניך חטאו אמר לפניו רבש"ע ימחו על קדושת שמך אמר לא בסבי טעמא ולא בדרדקי עצה אמר לו ליצחק בניך חטאו לי אמר לפניו רבש"ע בני ולא בניך בשעה שהקדימו לפניך נעשה לנשמע קראת להם (ו) בני בכורי עכשיו בני ולא בניך ועוד כמה חטאו כמה שנותיו של אדם שבעים שנה דל עשרין דלא ענשת עלייהו פשו להו חמשין דל כ"ה דלילותא פשו להו כ"ה דל תרתי סרי ופלגא דצלויי ומיכל ודבית הכסא פשו להו תרתי סרי ופלגא אם אתה סובל את כולם מוטב ואם לאו פלגא עלי ופלגא עליך ואת"ל כולם עלי הא קריבית נפשי קמך פתחו ואמרו (כי) אתה אבינו אמר להם יצחק עד שאתם מקלסין לי קלסו להקב"ה ומחוי להו יצחק הקב"ה בעינייהו מיד נשאו עיניהם למרום ואומרים (ה) אתה ה' אבינו גואלנו מעולם שמך א"ר חייא בר אבא א"ר יוחנן ראוי היה יעקב אבינו לירד למצרים בשלשלאות של ברזל אלא שזכותו גרמה לו דכתיב (ז) בחבלי אדם אמשכם בעבותות אהבה ואהיה להם כמרימי עול על לחיהם ואט אליו אוכיל: **מתני'** (א) המוציא עצים כדי לבשל ביצה קלה (ב) תבלין כדי לתבל ביצה קלה ומצטרפין זה עם זה (ג) קליפי אגוזין קליפי רמונים איסטים ופואה כדי לצבוע בהן בגד קטן פי סבכה מי רגלים נתר ובורית (ד) קמוליא ואשלג כדי לכבס בגד קטן פי סבכה רבי יהודה אומר כדי להעביר את הכתם: **גמ'** תנינא חדא זימנא (ה) קנה כדי לעשות קולמוס אם היה עב או מרוסס כדי לבשל ביצה קלה שבביצים טרופה ונתונה באילפס מהו דתימא התם הוא דלא חזי למידי אבל עצים דחזו לכבא דאקלידא אפילו כל שהוא קמ"ל: תבלין כדי לתבל ביצה קלה: ורמינהו (ט) תבלין שנים וג' שמות ממין אחד או משלשה מינין (ושם אחד) אסורין ומצטרפין זה עם זה ואמר חזקיה במיני

רש"י

שפרו ורבו. דכל אחד נתעברה אשתו זכר במלות שובו לכם לאהליכם * ולא ידענא היכא רמיזא: כשני מיבעי ליה. דומיא דכשלג דלא כתיב כשלגים: ארד עמך ואעלך גם עלה. כאן רמז ד' גליות גם ריבויא הוא: יאמר ה'. אתה אמור התוכחה וכך אנו תולין ימחו. הואיל שחטאו ויתקדש שמך בעולם כשתעשה דין בעוברין על דבריך: קראת להן בני בכורי ישראל. שהיה גלוי לפניך שהן עתידין לומר לפניך בסיני נעשה ונשמע לקבל עולך מאהבה כבנים: דל עשרין דלא ענשת להו. שכן מלינו בדור המדבר שלא ענש הקב"ה אלא מבן כ' שנה ומעלה דכתיב (במדבר יד) במדבר הזה יפלו פגריכם וגו' מבן כ' שנה ומעלה אשר הלינותם עלי: כי אתה אבינו. כנגד יצחק אמרו והוא אמר להם הראו לפניכם כנגד הקב"ה שהוא אביכם: בשלשלאות של ברזל. כדרך כל הגולים שהרי ע"פ גזרת גלות ירד לשם: בחבלי אדם. בשביל חיבת האדם משכתים למצרים בחבלים ולא בשלשלאות: כמרימי עול על לחייהם. כאדם הסובל ומסייע לבהמתו להרים עולה (י) מעל צוארה בלחיים ובמקלות: ואט אליו אוכיל. הטיתי לכם כח להכיל את עבודת הפרך: מתני' ביצה קלה. כבר מפורש (כ) שזה ביצת תרנגולת שהיא קלה לבשל ולא בשיעור כל ביצה שיעורו אלא כגרוגרת מביצה קלה: ומצטרפין. כל מיני תבלין זה עם זה: קליפי אגוזים. הגדילה ע"ג הקליפה כשעודן לחין: סטים. (ח) קרוג: פואה. (ט) וורנלא: פי סבכה. בראש הסבכה שעשאה כקליעה נותן מעט בגד: נתר. מין אדמה שקורין ניטר"א: קמוליא ואשלג. בגמרא מפרש להו: את הכתם. של דם נדה שאלו הסמנין מעבירין על הכתם של דם נדה כנגד לטהרו: גמ' התם. הוא דקולמוס מרוסס לא חזי למידי אלא להסקה: כבא דאקלידא. פין של מפתח: ורמינהו. אמתני' דקתני תבלין מצטרפין שני מינין לכשיעור: ב' וג' שמות. פלפל לבן שחור וארוך או אפילו מן ג' מינין והם (שם אחד) של איסור אסור אם תיבלו בהן את הקדרה: ומצטרפין. לתבלה אם אין בכל אחד כדי לתבל ונצטרפו ותיבלו: ואמר חזקיה. הא דקתני מצטרפין: במיני

תוספות

תבלין שנים ושלשה שמות והן מין אחד. פירש רש"י כמו פלפל ארוך פלפל לבן פלפל שחור ולפי' הא דקתני בסיפא ר"ש אומר ב' שמות ממין אחד או שני מינין משם אחד אין מצטרפין משכחת לה שני מינין משם אחד כעין שמצינו לקמן (דף צ.) תרי גווני אהלא אבל קשה וכי בשביל שיש להם שם אחד יש להן להצטרף יותר מה מועיל השם לגרום הצירוף כיון שהם שני מינין ואין טעמם בשוה ומפרש ר"ת דג' ענייני איסור כגון של ערלה או של כלאי הכרם ושל אשירה ושל עיר הנדחת קרי ג' שמות * כדאמרינן שלא השם המביאו לידי מכות מביאו לידי תשלומים ובפרק המקבל (ב"מ קיא.) עובר בכל השמות הללו וכן משמע בהדיא בירושלמי בריש פ"ב דמסכת ערלה דקתני התרומה ותרומת מעשר ותרומ' (א) של דמאי והחלה והבכורים עולין באחד ומאה ומצטרפין זה עם זה וקאמר עלה בגמרא לרבי שמעון נצרכה דאע"ג דאמר ר"ש אין שני שמות מצטרפין הכא מודה שכולם שם תרומה: אסורין ומצטרפין. לכאורה נראה דמדקתני אסורים ותנא תו מצטרפין דאסורין היינו לאסור את הקדרה ומצטרפין למלקות ואף על גב דלענין חיוב חטאת אמרי' בפ' כלל גדול (לעיל עא.) דחלב (ב) ודם ופיגול ונותר אין מצטרפין למלקות מצטרפין ובפרק בתרא דע"ז (דף סו.) דפליגי אביי ורבא דאביי סבר בתר טעמא אזלינן וקאמר אביי מנא אמינא לה דתנן תבלין ב' וג' שמות כו' אלא"כ דבתר טעמא אזלינן כולהו חד טעמא נינהו אלא"א בתר שמא אזלינן האי שמא לחוד והאי שמא לחוד ורבא אמר הא מני ר"מ היא דאמר כל איסורין שבתורה מצטרפין זה עם זה שנאמר לא תאכל כל תועבה כל שתיעבתי לך הרי הוא בבל תאכל משמע דלאביי אתיא אפי' אליבא דרבנן דר"מ אע"ג דע"כ פליגי עליה לכל הפחות לענין מלקות סבר אביי דלא פליגי אלא בב' מינין אבל בב' איסורין ומין אחד לא והא דאמר ריש לקיש בפרק התערובות (זבחים עח.) הפיגול והנותר והטמא שבללן זה בזה ואכלן פטור אי אפשר שלא ירבה מין על חבירו ויבטלנו ולמלקות איירי דבטמא לא שייך ביה חטאת ועוד מדקאמר התם ש"מ התראת ספק לא שמה התראה ומדמבטלין זה את זה היה משמע דשני איסורין לרבנן דר"מ אין מצטרפין כ"ל דאע"פ שמבטלין זה את זה כשבללן מצטרפין הן למלקות וכן מוכח במעילה בפרק קדשי מזבח (דף יז:) דתנן הפיגול והנותר והטמא (ג) אין מצטרפין וקאמר בגמרא לא שנו אלא לטומאת ידים אבל לאכילה מצטרפין והא דאיצטריך (ד) לאתויי קרא דלאכילה מצטרפין מלא יאכל כי קדש הם כל שבקודש פסול בא הכתוב ליתן לא תעשה על אכילתו פירוש מדנאמרה בלאו אחד מצטרפין לא איצטריך אלא לר"ש דאמר ב' שמות אין מצטרפין ובקודש מודה משום קרא לדברי אליעזר אבל לרבנן אפילו בעלמא מצטרפין והא דתנן בפ' קדשי מזבח (מעילה טז.) הערלה וכלאי הכרם מצטרפין אתיא שפיר כרבנן אליבא דאביי ומיהו לפי זה מצטרפין דרישא לא הוי פירושא כמו אין מצטרפין (ה) דרבי שמעון לדירוך דרבי שמעון היינו לאיסור דאי למלקות הא אית ליה כל שהוא למכות ור"ת מפרש דאסורי' ומצטרפין הכל מיירי להצטרף לאסור את הקדירה ולא למלקות א"כ אסורין בנתינת טעם אם נפלו בקדירה ומצטרפין לאסור בתערובות יבש בלא נתינת טעם והשתא הוי מצטרפין (ו) כמו אין מצטרפין דסיפא דרבי שמעון: [ע' תוס' ע"ז סח: ד"ה ר"ש. ותוס' מעילה יז. ד"ה מן] הואיל

ליקוטי רש"י

והיה כאשר תריד. לשון לער כמו (תהלים נה, ג) אריד בשיחי כלומר כשיעברו ישראל את התורה ויהיה לך פתחון פה להלטער על הברכות שנטל ופרקת עלו וגו' [בראשית כז, מ]. בני בכורי. לשון גדולה כמו (תהלים פט) אף אני בכור אתנהו זהו פשוטו ומדרשו כאן חתם הקב"ה על מכירת הבכורה שלקח יעקב מעשו [שמות ד, כב]. בחבלי אדם. בחבלים רכים וכו' כלומר במשיכת רחמים. ואהיה להם כמרימי עול על לחיהם. כאיכרים הטובים המרימי' עול בידיהם ע"י לווחים להקל מעל הפרה החורשת כן הייתי עמם בכל צרה להקל מעליהן (ל"א סא"א) כמרימי עול על לחיהם כאכרים המרימים עול מעל צואר השור ע"י שמאריכין את הכלונס שהעול נתון בראשו להקל מעל הפרה החורשת כן הייתי עמם בכל צרה להקל מעליה' כן תרגם יונתן כאיכר' טבא ומוריך בלחיאתהון. ועל לחיהם. ל' לחי של מנור. ואט אליו אוכיל. הטיתי לו כח להכיל עול היסורין ויונתן תרגם על שם שסיפק להם מזונות במדבר [הושע יא, ד]. ביצה קלה. שהיא קלה לבשל מכל הבילים ושיערו חכמים זו בילת תרנגולת [ביצה לט.]. קליפי אגוזים. קליפה לחה שעל קליפי האגוז. איסטים. ויסוד"א [לעיל עט.]. מוריק"א קרו"ג [פסחים נו:]. קרוג"א בלע"ז כרכום [ב"ק קא:]. פי סבכה. קופ"א נותנין בגד באמצעיתה [לעיל עט.]. מי רגלים. שהחמילו והסריחו [סנהדרין מט:]. נתר. קרקע הוא או אבן כעין שקורין קרי"א בלע"ז [תענית יג.]. מין אדמה שחפין ושפין בה את הבגדים. בורית. נקיון כמו ובר לבב (תהלים כד) ויש לועזים בורית שאבו"ן בלע"ז [ירמי' ב, כב]. בורית עשב הוא שמעביר את הכתם בלע"ז שניי"ה ולשון בורית דבר המנקה ומטהר כמו (תהלים עג) לברי לבב [מלאכי ג, ב]. עשב הוא ומעביר כתמין וקורין ליה אירבג"ו שבונרי"א. אשלג. נמלא בנקבי מרגליות העולות מתוך הים [סנהדרין שם]. מרוסס. לשון רסיס כמו (עמוס ו) והכה הבית הגדול רסיסים ולשון משנה אם היה עבה או מרוסס [יחזקאל מו, יד]. סדוק סדקין הרבה כמו והכה הבית הגדול רסיסים (עמוס ו). טרופה. בשמן שממהרת לבשלה [לעיל פ:]. תבלין שנים וג' שמות ממין אחד או משלשה מינין אסורין ומצטרפין. ה"ג במסכת ערלה ג' שמות והן מין אחד כגון פלפל לבן פלפל שחור פלפל ארוך או מין ג' וג' שמות יש להן אסורין ומצטרפין אם נפלו לקדירה ולא בזה כדי לתבל ולא בזה כדי לתבל והן של איסור מצטרפין לאסורה ואמר חזקיה הכא דקאמר מין ג' וג' שמות הן מצטרפין אע"ג דלאו מיני מינה ובשמא נמי לא שוו [ע"ז סו.].

מסורת הש"ס

א) ביצה לט., ב) לעיל עט., ג) פי' עשב שרוחצין בו להוציא הזוהמא [וגי' ר"ח קמוניא ועי' סנהדרין מט: ונדה סב.], ד) לעיל פ:, ה) ע"ז סו. ערלה פ"ב מ"י, ו) [ל"ל עב], ז) [לעיל פ:], ח) לבע כמו תכלת, ט) עשב שלובעים בו אדום, י) [עי' תוס' ע"ז סו. ד"ה תבלין וכו' והם מין א'].

הגהות הב"ח

(א) תוס' ד"ה תבלין וכו' ותרומת מעשר ותרומת מעשר של דמאי והחלה: (ב) ד"ה אסורין וכו' דחלב ודם ופיגול: (ג) בא"ד דתנן הפיגול והנותר אין מצטרפין כצ"ל ותיבת והטמא נמחק: (ד) בא"ד והא דאיצטריך ר' אליעזר לאתויי קרא: (ה) בא"ד ומיהו לפי זה וכו' כמו אין מצטרפין דסיפא דר"ש: (ו) בא"ד והשתא הוי מצטרפין דרישא כמו אין מצטרפין:

גליון הש"ס

רש"י בד"ה שפרו ורבו וכו' לא ידענא. עי' ברכות כה ע"ב ברש"י ד"ה מאן שמעת ליה: תוס' ד"ה תבלין וכו' כדאמרי' שלא השם המביאו לידי מכות. מכות דף ד ע"א:

תורה אור השלם

א) לְכוּ נָא וְנִוָּכְחָה יֹאמַר יְיָ אִם יִהְיוּ חֲטָאֵיכֶם כַּשָּׁנִים כַּשֶּׁלֶג יַלְבִּינוּ אִם יַאְדִּימוּ כַתּוֹלָע כַּצֶּמֶר יִהְיוּ: [ישעיה א, יח]

ב) וַיֹּאמֶר לְאַבְרָם יָדֹעַ תֵּדַע כִּי גֵר יִהְיֶה זַרְעֲךָ בְּאֶרֶץ לֹא לָהֶם וַעֲבָדוּם וְעִנּוּ אֹתָם אַרְבַּע מֵאוֹת שָׁנָה: [בראשית טו, יג]

ג) וְעַל חַרְבְּךָ תִחְיֶה וְאֶת אָחִיךָ תַּעֲבֹד וְהָיָה כַּאֲשֶׁר תָּרִיד וּפָרַקְתָּ עֻלּוֹ מֵעַל צַוָּארֶךָ: [בראשית כז, מ]

ד) אָנֹכִי אֵרֵד עִמְּךָ מִצְרַיְמָה וְאָנֹכִי אַעַלְךָ גַם עָלֹה וְיוֹסֵף יָשִׁית יָדוֹ עַל עֵינֶיךָ: [בראשית מו, ד]

ה) כִּי אַתָּה אָבִינוּ כִּי אַבְרָהָם לֹא יְדָעָנוּ וְיִשְׂרָאֵל לֹא יַכִּירָנוּ אַתָּה יְיָ אָבִינוּ גֹּאֲלֵנוּ מֵעוֹלָם שְׁמֶךָ: [ישעיה סג, טז]

ו) וְאָמַרְתָּ אֶל פַּרְעֹה כֹּה אָמַר יְיָ בְּנִי בְכֹרִי יִשְׂרָאֵל: [שמות ד, כב]

ז) בְּחַבְלֵי אָדָם אֶמְשְׁכֵם בַּעֲבֹתוֹת אַהֲבָה וָאֶהְיֶה לָהֶם כִּמְרִימֵי עֹל עַל לְחֵיהֶם וְאַט אֵלָיו אוֹכִיל: [הושע יא, ד]

Since Jacob's exile to Egypt was mentioned before, the Gemara records a teaching on this subject:

אָמַר רַבִּי חִיָּיא בַּר אַבָּא אָמַר רַבִּי יוֹחָנָן – **R' Chiya Bar Abba said in the name of R' Yochanan:** רָאוּי הָיָה יַעֲקֹב אָבִינוּ לֵירֵד לְמִצְרַיִם בְּשַׁלְשְׁלָאוֹת שֶׁל בַּרְזֶל – **Jacob, our Father, was destined to descend to Egypt in iron chains,** like all those who go into exile.[29] אֶלָּא שֶׁזְּכוּתוֹ גָּרְמָה לוֹ – **However, his** great **merit caused him** to escape this fate, דִּכְתִיב ,,בְּחַבְלֵי אָדָם אֶמְשְׁכֵם בַּעֲבֹתוֹת אַהֲבָה – **as it is written,**[30] ***With the ropes of a man I will draw them*** [*to Egypt*] ***with braids of love,***[31] וָאֶהְיֶה לָהֶם כִּמְרִימֵי עֹל עַל לְחֵיהֶם וְאַט אֵלָיו אוֹכִיל'' – ***and I will be to them as those who lift a yoke upon their jowls,***[32] ***and I will extend towards them*** [*the strength*] ***to bear*** [*intense labor*].

Mishnah הַמּוֹצִיא עֵצִים כְּדֵי לְבַשֵּׁל בֵּיצָה קַלָּה – **One who takes out wood** is liable if he carries out **enough to cook an easily** cooked **egg;**[33] תְּבָלִין כְּדֵי לְתַבֵּל בֵּיצָה קַלָּה – if he takes out **seasoning,** he is liable for taking out **enough to season an easily** seasoned **egg;**[34] וּמִצְטָרְפִין זֶה עִם זֶה – **and they** [the different kinds of seasoning] **combine with one another** to form this minimum amount and render one liable.[35] קְלִיפֵּי אֱגוֹזִין קְלִיפֵּי רִמּוֹנִים אִיסְטִיס וּפוּאָה – One who takes out **nut husks,**[36] **pomegranate peels, safflower, or madder**[37] is liable if he takes out כְּדֵי לִצְבּוֹעַ בָּהֶן בֶּגֶד קָטָן פִּי סְבָכָה – **enough to dye the small cloth** on **the top of a** woman's **hat;**[38] מֵי רַגְלַיִם נֶתֶר וּבוֹרִית קִמוֹלְיָא וְאַשְׁלָג – if he takes out **urine, natron, soapwort, *kimolia,* or *ashlag,***[39] he is liable if he takes out כְּדֵי לְכַבֵּס בֶּגֶד קָטָן פִּי סְבָכָה – **enough to launder the small cloth** on **the top of a** woman's **hat.** רַבִּי יְהוּדָה אוֹמֵר כְּדֵי לְהַעֲבִיר אֶת הַכֶּתֶם – **R' Yehudah says: Enough to remove a** blood **stain.**[40]

Gemara The Gemara questions the need for the Mishnah's opening ruling:

תְּנֵינָא חֲדָא זִימְנָא – But **we have already learned** this **once in a Mishnah,** for the Mishnah above[41] stated: קָנֶה כְּדֵי לַעֲשׂוֹת קוּלְמוּס – If one takes out A REED, he is liable for taking out a piece large ENOUGH TO MAKE A QUILL; אִם הָיָה עָב אוֹ מְרוּסָס – IF IT WAS THICK OR CRACKED and thus not suited for making a quill, כְּדֵי לְבַשֵּׁל בֵּיצָה קַלָּה שֶׁבַּבֵּיצִים – he is not liable unless he takes out ENOUGH TO kindle a fire and COOK THE MOST EASILY cooked EGG, טְרוּפָה וּנְתוּנָה בָּאִילְפָּס – after it has been BEATEN AND PLACED IN A POT.[42] – ? –

The Gemara answers:

מַהוּ דְּתֵימָא הָתָם הוּא דְּלָא חֲזֵי לְמִידֵי – **You might have said** on the basis of that Mishnah that **it is** only **there** that this measure applies, **for [reeds] are not fit for anything** else; אֲבָל עֵצִים דַּחֲזוּ לְכָבָא דְּאַקְלִידָא – **but** pieces of **wood, which are fit for** use as **the**

NOTES

29. Jacob traveled to Egypt in fulfillment of a Divine decree of exile (*Rashi*). [Chains are mentioned in connection with the Babylonian exile in *Jeremiah* 40:1.]

30. *Hosea* 11:4.

31. Because of My affection for this man (Jacob), I have drawn them to Egypt with ropes instead of chains (*Rashi*).

These "ropes" were, among other things, the fine woolen tunic given to Joseph and the brother's hatred of him. These matters eventually led to Joseph's position in Egypt and inexorably to Jacob's descent there (*Akeidas Yitzchak* to *Genesis, Shaar* 31). Alternatively, the reference is to the bonds of love connecting Jacob to Joseph. God arranged that Jacob would go down to Egypt to see his beloved Joseph so that Joseph could feed the family during the famine (*Maharsha, Ben Yehoyadah*).

32. As one who eases a yoke onto his animal with boards and sticks (*Rashi*).

33. That is, a chicken egg, which is the egg requiring the least amount of heat [and thus, fuel] to cook, as explained by the Gemara above (80b). Moreover, one need not carry out enough wood to cook the entire egg; one is liable for carrying out enough wood to cook just a fig-size piece of egg (*Rashi,* from Gemara 80b).

34. This too refers to the chicken egg (see *Rambam's Commentary*), the egg that requires the least amount of seasoning (*Tiferes Yisrael*).

Rambam (in his *Commentary*) explains the word תְּבָלִין to refer to spices, such as pepper and ginger. See *Tos. Yom Tov* here, who discusses whether our Mishnah refers specifically to spices or even to herbs such as onion and garlic (see also *Shenos Eliyahu*).

35. Because they all serve the same purpose (*Rambam, Commentary*).

36. I.e. the soft husk that encases the shell while the nut is still growing (*Rashi*) [not the hard shell that covers the edible kernel of the nut].

37. [These substances were all used to manufacture dyes. Thus, to be liable for carrying them out, one must take out enough to make a minimally significant amount of dye.] The root of the madder plant (*Rubia tinctorum*) is used to produce a red dye (*Rav*). [A red dye is also produced from the florets of the safflower.] Although *Rashi* here translates אִיסְטִיס as *safflower* (see *Targum HaLaaz* by R' I. Gukovitzki), *Rashi* translated this word above (68a, 79a) as *woad* (*Isatis tinctoria*), a plant whose leaves were used to produce a blue dye.

38. The סְבָכָה, *hat* [the standard headdress worn by women in Talmudic times (see above, 57b)], was actually a netting, the top of which was capped with a small piece of colored cloth (*Rashi*). [Thus, the amount of dye for which one is liable need not be sufficient to color an entire hat, merely enough to color the small piece of cloth affixed to the top of the headdress.]

39. These five substances were all used as stain removers (see Mishnah, *Niddah* 61b). The urine of which the Mishnah speaks was left to sit until it became sour and pungent (*Rashi, Sanhedrin* 49b; see Gemara below, 90a and note 5 there). The identification of נֶתֶר, which we have translated as *natron,* has been discussed at length above, 16a note 3. Our translation of בּוֹרִית as soapwort (an herb whose leaves are used to produce a cleansing agent) is based on the French translation given by *Rashi* in *Sanhedrin* 49b, as interpreted by *Targum HaLaaz*. However, the Gemara below (90a), in its discussion of the meaning of this word, concludes that it is אַהֲלָא, a word that *Rashi* translates below (110b) as aloe; see further in note 11 to 90a. *Rambam* (*Commentary*) identifies this by an Arabic name that R' Y. Kafich (in his notes to *Rambam's Commentary* to *Niddah* 9:6) renders as *althaea officinalis* – the common marshmallow. As for the next item on the list, *Rashi* on 90a and in *Sanhedrin* 49b states that he does not know the identity of *kimolia* (or *kimonia*, as the Mishnah reads in Mishnayos). *Rambam* and *Rav* identify it as an herb known in Arabic as *alkali* (saltwort?) from which a type of salt is extracted that is used as a cleanser (see notes of R' Y. Kafich to *Rambam's Commentary*). *Ashlag* is a kind of mineral; this will be explained further in the Gemara on 90a.

40. The Mishnah in *Niddah* (61b-62a) lists seven substances that are applied to a blood stain to remove it, so that the garment can be purified (*Rashi*). [A garment stained by *niddah* blood cannot be purified by immersion in a *mikveh* until the stain has been removed; see further in that Mishnah.] Since the five detergents listed here are all part of that list, R' Yehudah considers even the small amount applied to a blood stain significant. [See Gemara above (80a,b) which states that wherever the Mishnah discusses measures in our tractate, R' Yehudah's opinion represents the smaller measure.]

[We have translated this phrase in accord with the reading found in the Gemara. The reading in Mishnayos, however, is לְהַעֲבִיר עַל הַכֶּתֶם, to pass over (i.e. to apply to) *a stain*. This is the reading in *Niddah* 61b as well. As the Mishnah there makes clear, these detergents are applied in sequence to the stain; none of them removes the stain by itself.]

41. Above, 80b.

42. [Reeds unfit to use as quills are judged simply as wood. Thus, this Mishnah already teaches that the minimum measure for wood is "enough to cook an easily cooked egg."]

עין משפט נר מצוה

לב א מיי' פי"ח מהלכו' שבת הלכה ד:
לג ב שם הלכה ה:
לד ג שם הלכה ח:

ליקוטי רש"י

והיה כאשר תריד. לשון צער כמו (תהלים נה, ג) אריד בשיחי כלומר כשיעברו ישראל את התורה ויהיה לך פתחון פה להצטער על הברכות שנטל ופרקת עלו וגו' [בראשית כז, מ]. בני בכורי. לשון גדולה כמו (תהלים פט) אף אני בכור אתנהו זהו פשוטו ומדרשו כאן חתם הקב"ה על מכירת הבכורה שלקח יעקב מעשו [שמות ד, כב]. בחבלי אדם. בחבלים רכים וכו' כלומר במשיכת רחמים. ואהיה להם כמרימי עול על לחיהם. כאיכרים הטובים המרימי' עול בידיהם ע"י לווחים להקל מעל הפרה החורשת כן הייתי עמם בכל צרה להקל מעליהן (ל"א פא"א) כמרימי עול על לחיהם כאכרים המרימים עול מעל צואר השור ע"י שמאריכין את הכלונס שהעול נתן בראשו להקל מעל הפרה החורשת כן הייתי עמם בכל צרה להקל מעליה' כן תרגם יונתן כאיכר' טבא ומוריך בלחיאתהון. ועל לחיהם. ל' לחי של מבוי. ואט אליו אוכיל. הטיתי לו כח להכיל עול היסורין ויונתן תרגם על שם שסיפק להם מזונות במדבר [הושע יא, ד]. ביצה קלה. שהיא קלה לבשל מכל הבילים ושיערו חכמים זו בילת תרנגולת [ביצה לט.]. קליפי אגוזים. קליפה לחה שעל קליפי האגוז. איסטים. ווישד"א [לעיל עט.]. מוריק"א קרו"ג [פסחים נו:]. קרוג"א בלע"ז כרכום [ב"ק קא:]. פי סבכה. קופ"א נותנין בגד באמצעיתה [לעיל עט.]. מי רגלים. שהחמיצו והסריחו [סנהדרין מט:]. נתר. קרקע הוא או אבן כעין שקורין קריי"א בלע"ז [תענית יג.]. מין אדמה שחופין בה את הבגדים. בורית. נקיון כמו ובר לבב (תהלים כד) בלע"ז שאפונ"א [ירמיה ב, כב]. בורית עשב הוא שמעביר את הכתם בלע"ז שאיי"א ולשון בורית דבר המנקה ומטהר כמו (תהלים עג) לברי לבב [מלאכי ג, ב]. עשב הוא ומעביר כתמין וקורין ליה אירבי"ץ שבונרי"א. אשלג. נמצא בנקבי המרגליות הגדולות מתוך הים [סנהדרין שם]. מרוסס. לשון רסיס כמו (עמוס ו) והכה הבית הגדול לרסיסים ולשון משנה הוא אם היה עבה או מרוסס [יחזקאל מו, יד]. מרוסס מדקין קנה כמו והכה הבית הגדול רסיסים (עמוס ו). טרופה. בשמן מחוסרת לבשלה [לעיל פ:]. תבלין שנים וג' שמות ממין אחד או משלשה מינין אסורין ומצטרפין. ה"ג במסכת ערלה ג' שמות ממין אחד כגון פלפל לבן פלפל שחור פלפל ארוך או מן ג' וג' מינין יש להן אסורין ומצטרפין אם נפלו לקדירה ולא בזה כדי לתבל ולא בזה כדי לתבל ונצטרפו ותיבלו והן של איסור מצטרפין לאוסרה ואמר חזקיה הכא דקאמר מין ג' וג' שמות להן מצטרפין אע"ג דתלתא מיני נינהו ובטעמא נמי לא שוו [ע"ז סו.].

תוספות

תבלין שנים ושלשה שמות והן מין אחד. פירש רש"י כמו פלפל ארוך פלפל לבן ופלפל שחור ולפי' הא דקתני בסיפא ר"ש אומר ב' שמות ממין אחד או שני מינין משם אחד אין מצטרפין משכחת לה שני מינין משם אחד כעין שמצינו לקמן (דף צ.) תרי גווני אהלא אבל תימה וכי בשביל שיש להם שם אחד יש להן להצטרף יותר מה מועיל השם לגרום הצירוף כיון שהם שני מינין ואין טעמם בשוה ומפרש ר"ת דג' ענייני איסור כגון של ערלה או של כלאי הכרם ושל אשירה ושל עיר הנדחת קרי ג' שמות * כדאמרינן שלא השם המביאו לידי מכות מביאו לידי תשלומים ובפרק המקבל (ב"מ קיא.) עובר בכל השמות הללו וכן משמע בהדיא בירושלמי בריש פ"ב דמסכת ערלה דקתני התרומה ותרומת מעשר ותרומ' (א) של דמאי והחלה והבכורים עולין באחד ומאה ומצטרפין זה עם זה וקאמר עלה בגמרא לרבי שמעון נצרכה אע"ג דאמר ר"ש אין שני שמות מצטרפין הכא מודה שכולם שם תרומה י):

אסורין ומצטרפין. לכאורה נראה מדתני אסורים ותנא נמי מצטרפין דאסורין היינו לאסור את הקדירה ומצטרפין למלקות ואף על גב דלענין חיוב חטאת אמרי' בפ' כלל גדול (לעיל עא.) דחלב (ב) ודם ופיגול ונותר אין מצטרפין למלקות מצטרפין ובפרק בתרא דע"ז (דף סו.) דפליגי אביי ורבא דאביי סבר בתר טעמא אזלינן וקאמר אביי מנא אמינא לה דתנן תבלין ב' וג' שמות כו' אע"ג דבתר טעמא אזלינן כולהו חד טעמא נינהו אלא בתר שמא אזלינן האי שמא לחוד והאי שמא לחוד ורבא אמר הא מני ר"מ היא דאמר כל איסורין שבתורה מצטרפין זה עם זה שנאמר לא תאכל כל תועבה כל שתיעבתי לך הרי הוא בבל תאכל משמע דלאביי אתיא אפי' אליבא דרבנן דר"מ אע"ג דע"כ פליגי עליה לכל הפחות לענין מלקות סבר אביי דלא פליגי אלא בב' מינין אבל בב' איסורין ומין אחד לא והא דאמר ריש לקיש בפרק התערובות (זבחים עח.) הפיגול והנותר והטמא שבללן זה בזה ואכלן פטור אי אפשר שלא ירבה מין על חבירו ויבטלנו ולמלקות איירי דבטמא לא שייך ביה חטאת ועוד מדקאמר התם ש"מ התראת ספק לא שמה התראה ומדמבטלין זה את זה היה משמע דשני איסורין לרבנן דר"מ אין מצטרפין צ"ל דאע"פ שמבטלין זה את זה כשבללן מצטרפין הן למלקות וכן מוכח במעילה בפרק קדשי מזבח (דף יז:) דתנן הפיגול והנותר והטמא (ג) אין מצטרפין וקאמר בגמרא לא שנו אלא לטומאת ידים אבל לאכילה מצטרפין והא דאיצטריך (ד) לאתויי קרא דלאכילה מצטרפין מלא יאכל כי קדש הם כל שבקודש פסול בא הכתוב ליתן לא תעשה על אכילתו פירוש מדנאמרו בלאו אחד מצטרפין לא איצטריך אלא לר"ש דאמר ב' שמות אין מצטרפין ובקודש מודה משום קרא דרבי אליעזר אבל לרבנן אפילו בעלמא מצטרפין והא דתנן בפ' קדשי מזבח (מעילה טו.) הערלה וכלאי הכרם מצטרפין אתיא שפיר כרבנן אליבא דאביי ומיהו לפי זה הוי מצטרפין דרישא לא הוי פירושא כמו אין מצטרפין (ה) דרבי שמעון לירוק דרבי שמעון היינו לאיסור דאי למלקות הא אית ליה כל שהוא למכות ור"ת מפרש לאסורי' ומצטרפין הכל מיירי להצטרף לאסור את הקדירה ולא למלקות א"כ אסורין בנתינת טעם אם נפלו בקדירה ומצטרפין לאסור בתערובת יבש בלא נתינת טעם והשתא הוי מצטרפין (ו) כמו אין מצטרפין דסיפא דרבי שמעון: [ע' תוס' ע"ז סו: ד"ה ר"ש. ותוס' מעילה יז. ד"ה תנן]

גמרא

שפרו ורבו עליה ישראל מדבר סיני שירדה שנאה לעכו"ם עליו ומה שמו חורב שמו ופליגא דר' אבהו דא"ר אבהו הר סיני שמו ולמה נקרא הר חורב שירדה חורבה לעכו"ם עליו: מנין שקושרין לשון של זהורית וכו': א) כשנים כשני מיבעי ליה א"ר יצחק אמר להם הקב"ה לישראל אם יהיו חטאיכם כשנים הללו שסדורות ובאות מששת ימי בראשית ועד עכשיו כשלג ילבינו: דרש רבא מאי דכתיב א) לכו נא ונוכחה יאמר ה' לכו נא בואו נא מיבעי ליה יאמר ה' אמר ה' מיבעי ליה לעתיד לבא יאמר להם הקב"ה לישראל לכו נא אצל אבותיכם ויוכיחו אתכם ויאמרו לפניו רבש"ע אצל מי נלך אצל אברהם שאמרת לו ב) ידוע תדע ולא בקש רחמים עלינו אצל יצחק שבירך את עשו ג) והיה כאשר תריד ולא בקש רחמים עלינו אצל יעקב שאמרת לו ד) אנכי ארד עמך מצרימה ולא בקש רחמים עלינו אצל מי נלך עכשיו יאמר ה' אמר להן הקב"ה הואיל ותליתם עצמכם בי א) אם יהיו חטאיכם כשנים כשלג ילבינו: א"ר שמואל בר נחמני א"ר יונתן מ"ד ה) כי אתה אבינו כי אברהם לא ידענו וישראל לא יכירנו אתה ה' אבינו גואלנו מעולם שמך לעתיד לבא יאמר לו הקב"ה לאברהם בניך חטאו לי אמר לפניו רבש"ע ימחו על קדושת שמך אמר אימר ליה ליעקב דהוה ליה צער גידול בנים אפשר דבעי רחמי עלייהו אמר ליה בניך חטאו אמר לפניו רבש"ע ימחו על קדושת שמך אמר לא בסבי טעמא ולא בדרדקי עצה אמר לו ליצחק בניך חטאו לי אמר לפניו רבש"ע בני ולא בניך בשעה שהקדימו לפניך נעשה לנשמע קראת להם ו) בני בכורי עכשיו בני ולא בניך ועוד כמה חטאו כמה שנותיו של אדם שבעים שנה דל עשרין דלא ענשת עלייהו פשו להו חמשין דל כ"ה דלילותא פשו להו כ"ה דל תרתי סרי ופלגא דצלויי ומיכל ודבית הכסא פשו להו תרתי סרי ופלגא אם אתה סובל את כולם מוטב ואם לאו פלגא עלי ופלגא עליך ואת"ל כולם עלי הא קריבית נפשי קמך פתחו ואמרו (כי) אתה אבינו אמר להם יצחק עד שאתם מקלסין לי קלסו להקב"ה ומחוי להו יצחק הקב"ה בעינייהו מיד נשאו עיניהם למרום ואומרים ה) אתה ה' אבינו גואלנו מעולם שמך א"ר חייא בר אבא א"ר יוחנן ראוי היה יעקב אבינו לירד למצרים בשלשלאות של ברזל אלא שזכותו גרמה לו דכתיב ז) בחבלי אדם אמשכם בעבותות אהבה ואהיה להם כמרימי עול על לחיהם ואט אליו אוכיל:

מתני' א) המוציא עצים כדי לבשל ביצה קלה ב) תבלין כדי לתבל ביצה קלה ומצטרפין זה עם זה ג) קליפי אגוזין קליפי רמונים איסטים ופואה כדי לצבוע בהן בגד קטן פי סבכה מי רגלים נתר ובורית ג) קמוליא ואשלג כדי לכבס בגד קטן פי סבכה רבי יהודה אומר כדי להעביר את הכתם:

גמ' תנינא חדא זימנא ד) קנה כדי לעשות קולמוס אם היה עב או מרוסס כדי לבשל ביצה קלה שבביצים טרופה ונתונה באילפס מהו דתימא התם הוא דלא חזי למידי אבל עצים דחזו לכבא דאקלידא אפילו כל שהוא קמ"ל: תבלין כדי לתבל ביצה קלה: ורמינהו ה) תבלין שנים וג' שמות ממין אחד או משלשה מינין (ושם אחד) אסורין ומצטרפין זה עם זה ואמר חזקיה במיני

רש"י

שפרו ורבו. דכל אחד נתעברה אשתו וזכר במלות שובו לכם לאהליכם * ולא ידענא היכא רמיזא: כשני מיבעי ליה. דומיא דכשלג דלא כתיב כשלגים: ארד עמך. אנכי ארד עמך מצרימה ואנכי אעלך גם עלה. כאן רמז ד' גליות גם ריבויא הוא: יאמר ה'. אתה אמור התוכחה ובך אנו תולין: ימחו. הואיל שחטאו ויתקדש שמך בעולם כשתעשה דין בעוברין על דבריך: קראת להן בני בכורי ישראל. שהיה גלוי לפניך שהן עתידין לומר לפניך בסיני נעשה ונשמע לקבל עולך מאהבה כבנים: דל עשרין דלא ענשת להו. שכן מצינו בדור המדבר שלא ענש הקב"ה אלא מכ' שנה ומעלה דכתיב (במדבר יד) במדבר הזה יפלו פגריכם וגו' מבן כ' שנה ומעלה אשר הלינותם עלי: כי אתה אבינו. כנגד יצחק אמרו והוא אמר להם הראו כנגד הקב"ה שהוא אביכם: בשלשלאות של ברזל. כדרך כל הגולים שהרי ע"פ גזרת גלות ירד לשם: בחבלי אדם. בשביל חיבת האדם משכתים למצרים בחבלים ולא בשלשלאות: כמרימי עול על לחייהם. כאדם הסובל ומסייע לבהמתו להרים עולה י) מעל צוארה בלווחין ובמקלות: ואט אליו אוכיל. הטיתי לכם כח להכיל את עבודת הפרך: מתני' ביצה קלה. כבר מפורש שזה ביצת תרנגולת שהיא קלה לבשל ולא בשיעור כל ביצה שיעורו אלא כגרוגרת מביצה קלה: ומצטרפין. כל מיני תבלין זה עם זה: קליפי אגוזים. הגדילה ע"ג הקליפה כשעודן לחין: סטים. ח) קרוג: פואה. ט) וורנצא: פי סבכה. בראש הסבכה שעשויה כקליעה וחוטן מעט כבגד: נתר. מין אדמה שקורין ניטר"א: קמוליא ואשלג. בגמרא מפרש להו: את הכתם. של דם נדה שאלו הסממנין מעבירין על הכתם של דם נדה בבגד לטהרו: גמ' התם. הוא דקולמוס מרוסס לא חזי למידי אלא להסקה: כבא דאקלידא. ראש של מפתח: ורמינהו. ומתני' דקתני תבלין מצטרפין שני מינין לכשיעור: ב' וג' שמות. פלפל לבן שחור וארוך או אפילו מן ג' מינין (שם אחד) של איסור אחד אם תיבלו בהן את הקדירה: ומצטרפין. לתבלה אם אין בכל אחד כדי לתבל ונצטרפו ותיבלו: ואמר חזקיה. הא דקתני מצטרפין במיני

מסורת הש"ס

א) ביצה לט., ב) לעיל עט., ג) פי' עשב שרוחצין בו להוציא הזוהמא [וגי' ס"א קמוניא וע' סנהדרין מט: ונדה סב.], ד) לעיל פ:, ה) ע"ז סו. ערלה פ"ב מ"י, ו) [צ"ל עג], ז) [לעיל פ:], ח) לבע כמו תכלת, ט) עשב שלובעים בו אדום, י) [ע' תוס' ע"ז סו. ד"ה תבלין וכו' והם מין א'].

הגהות הב"ח

(א) תוס' ד"ה תבלין וכו' ותרומת מעשר ותרומת מעשר של דמאי והחלה: (ב) ד"ה אסורין וכו' דחלב ודם ופיגול: (ג) בא"ד דתנן הפיגול והנותר אין מצטרפין כצ"ל ותיבת והטמא נמחק: (ד) בא"ד והא דאיצטריך ר' אליעזר לאתויי קרא: (ה) בא"ד ומיהו לפי זה וכו' כמו אין מצטרפין דסיפא דר"ש: (ו) בא"ד והשתא הוי מצטרפין דרישא כמו אין מצטרפין:

גליון הש"ס

רש"י בד"ה שפרו ורבו וכו' לא ידענא. עי' ברכות כה ע"ב ברש"י ד"ה מאן שמעת ליה: תוס' ד"ה תבלין וכו' כדאמרי' שלא השם המביאו לידי מכות. מכות דף ד ע"א:

תורה אור השלם

א) לְכוּ נָא וְנִוָּכְחָה יֹאמַר יְיָ אִם יִהְיוּ חֲטָאֵיכֶם כַּשָּׁנִים כַּשֶּׁלֶג יַלְבִּינוּ אִם יַאְדִּימוּ כַתּוֹלָע כַּצֶּמֶר יִהְיוּ: [ישעיה א, יח]

ב) וַיֹּאמֶר לְאַבְרָם יָדֹעַ תֵּדַע כִּי גֵר יִהְיֶה זַרְעֲךָ בְּאֶרֶץ לֹא לָהֶם וַעֲבָדוּם וְעִנּוּ אֹתָם אַרְבַּע מֵאוֹת שָׁנָה: [בראשית טו, יג]

ג) וְעַל חַרְבְּךָ תִחְיֶה וְאֶת אָחִיךָ תַּעֲבֹד וְהָיָה כַּאֲשֶׁר תָּרִיד וּפָרַקְתָּ עֻלּוֹ מֵעַל צַוָּארֶךָ: [בראשית כז, מ]

ד) אָנֹכִי אֵרֵד עִמְּךָ מִצְרַיְמָה וְאָנֹכִי אַעַלְךָ גַם עָלֹה וְיוֹסֵף יָשִׁית יָדוֹ עַל עֵינֶיךָ: [בראשית מו, ד]

ה) כִּי אַתָּה אָבִינוּ כִּי אַבְרָהָם לֹא יְדָעָנוּ וְיִשְׂרָאֵל לֹא יַכִּירָנוּ אַתָּה יְיָ אָבִינוּ גֹּאֲלֵנוּ מֵעוֹלָם שְׁמֶךָ: [ישעיה סג, טז]

ו) וְאָמַרְתָּ אֶל פַּרְעֹה כֹּה אָמַר יְיָ בְּנִי בְכֹרִי יִשְׂרָאֵל: [שמות ד, כב]

ז) בְּחַבְלֵי אָדָם אֶמְשְׁכֵם בַּעֲבֹתוֹת אַהֲבָה וָאֶהְיֶה לָהֶם כִּמְרִימֵי עֹל עַל לְחֵיהֶם וְאַט אֵלָיו אוֹכִיל: [הושע יא, ד]

tooth of a key, **אֲפִילּוּ כָּל שֶׁהוּא** – one is liable for carrying out **even a small [piece].** **קָא מַשְׁמַע לָן** – **[Our Mishnah] therefore teaches us** that even in the case of wood chips one is not liable unless he takes out enough to cook an egg.[43]

The Gemara examines the next ruling of our Mishnah:
תְּבָלִין כְּדֵי לְתַבֵּל בֵּיצָה קַלָּה – SEASONING, ENOUGH TO SEASON AN EASILY seasoned EGG [and the different kinds of seasoning combine with one another to form this minimum amount].

The Gemara challenges the last part of this ruling:
וּרְמִינְהוּ – **They posed a contradiction** to this ruling **from the** following **Mishnah:** **תְּבָלִין שְׁנַיִם וּשְׁלֹשָׁה שֵׁמוֹת מִמִּין אֶחָד** – Forbidden SEASONINGS OF TWO OR THREE DIFFERENT NAMES that are all OF ONE KIND,[44] **(וְשֵׁם אֶחָד) אוֹ מִשְּׁלֹשָׁה מִינִין** – OR OF THREE KINDS (that are all OF ONE NAME),[45] **אֲסוּרִין וּמִצְטָרְפִין זֶה עִם זֶה** – the foods into which they fall ARE FORBIDDEN AND [THESE SEASONINGS] COMBINE WITH ONE ANOTHER to forbid them.[46] **וְאָמַר חִזְקִיָּה** – **And Chizkiyah said** in regard to this:

NOTES

43. Although a piece of wood can be used for this purpose, wood is commonly used for kindling, not for keys. Thus, its measure for liability is defined by the amount used to fuel a fire for cooking, in accord with the rule stated above, 78a: "Where there is a common use [for an object] and an uncommon use [for it,] the Sages followed the common use" in setting the minimum measure – even if this results in a leniency (*Ritva MHK* ed.).

44. For example, black pepper, white pepper, and long pepper, all of which are peppers, though they go by different names (*Rashi; Rambam's Commentary* to *Orlah* 2:10). These seasonings were, for example, *kilei hakerem* and thus forbidden (*Rambam* ibid.).

[Our translation and explanation of this Mishnah follows *Rashi*. Many other Rishonim explain "three names" to refer to three different prohibitions; see *Tosafos* here and in *Avodah Zarah* 66a ד״ה תבלין של שנים וג׳ שמות והם מין א׳, as well as *Ramban* and *Ritva MHK* ed. here and there; see also *Raavad, Hil. Maachalos Asuros* 16:15.]

45. *Rashi* did not have the words וְשֵׁם אֶחָד, *that are all of one name,* in his text of the Gemara [nor do these words appear in the standard text of the Mishnah in *Orlah* (2:10)]. Thus, *Rashi* explains the Mishnah simply: Seasonings of three different names, whether they are of one kind or of three different kinds, are subject to the rule about to be stated (*Ritva; MHK* ed.). *Rambam* (*Commentary* to *Orlah* 2:10, see *Hil. Maachalos Asuros* 16:14), who does seem to have had this reading, gives as an example garden *karpas,* river *karpas* and meadow *karpas,* which, despite the similarity of their names, are actually three different species (see also *Ramban* and *Ritva,* who follow this reading).

46. I.e. even if there is too little of any of the individual varieties or kinds to flavor the food, they still forbid it if all of them together flavor it (*Rashi*). [Our translation follows *Rashi* here as explained by *Ramban* and *Ritva MHK* ed.; see also *Rashi* to *Avodah Zarah* 66a ד״ה תבלין and *Tosafos* there ד״ה תבלין של ב׳ וג׳ שמות אסורין ומצטרפין.]

בְּמִינֵי מְתִיקָה שָׁנוּ – They taught this only **in** connection with various **kinds of flavorings, הוֹאִיל וּרְאוּיִין לְמַתֵּק קְדֵירָה – because they are** all **fit to flavor a pot** of food.[1]

The Gemara concludes its question:

טַעְמָא דְּחָזוּ לְמַתֵּק אֶת הַקְּדֵירָה – The reason that the different kinds of seasoning combine to prohibit the food **is because they are** all **fit to flavor the pot, הָא לָאו הָכִי לֹא – but if not** for **this,** they would **not** combine to prohibit the food. Yet our Mishnah does not differentiate between kinds of seasoning, implying that *all* seasonings combine to form the minimum measure. – ? –

The Gemara answers:

הָכָא נַמִּי חָזוּ לְמַתֵּק – Here too the Mishnah speaks of a case in which **they are fit to flavor** a pot of food.[2]

The Gemara cites and analyzes the next ruling of the Mishnah:

קְלִיפֵּי אֱגוֹזִין וּקְלִיפֵּי רִמּוֹנִים סָטִיס וּפוּאָה כְּדֵי לִצְבּוֹעַ בֶּגֶד קָטָן – One who takes out NUT HUSKS, POMEGRANATE PEELS, SAFFLOWER, OR MADDER[3] is liable if he takes out ENOUGH TO DYE THE SMALL CLOTH on the top of a woman's hat.

The Mishnah's ruling is questioned:

וּרְמִינְהִי – And they posed a contradiction from the following Baraisa: **הַמּוֹצִיא סַמָּנִים שְׁרוּיִין כְּדֵי לִצְבּוֹעַ בָּהֶן דּוּגְמָא לְאִירָא** – ONE WHO TAKES OUT STEEPED HERBS is liable if he takes out ENOUGH TO DYE A SAMPLE swatch of the size needed FOR closing A WEAVER'S BOBBIN,[4] which is less than the amount stipulated by our Mishnah. – ? –

The Gemara answers:

(**הָא אִיתְּמַר עֲלָהּ**) **אָמַר רַב נַחְמָן אָמַר רַבָּה בַּר אֲבוּהָ – But it has already been stated concerning this: Rav Nachman said in the name of Rabbah bar Avuha: לְפִי שֶׁאֵין אָדָם טוֹרֵחַ לִשְׁרוֹת סַמְמָנִים לִצְבּוֹעַ בָּהֶן דּוּגְמָא לְאִירָא** – Our Mishnah requires the larger measure **because a person will not trouble himself to steep herbs** just **to dye with them a sample small** enough **to close a weaver's bobbin.**[5]

The Mishnah's next ruling concerns the measure that incurs liability in the case of substances used as detergents. The Gemara now elaborates on the first of these:

מֵי רַגְלַיִם – URINE. תָּנָא מֵי רַגְלַיִם עַד בֶּן אַרְבָּעִים יוֹם – A Baraisa has taught: The URINE of which we speak must be AT LEAST FORTY DAYS OLD.[6]

The Gemara defines more closely the second detergent mentioned:

נֶתֶר – NATRON. תָּנָא נֶתֶר אֲלֶכְּסַנְדְּרִית וְלֹא נֶתֶר אַנְפַּנְטְרִין – A Baraisa has taught: ALEXANDRIAN NATRON, NOT NATRON OF ANPATRIS.[7]

The third detergent:

בּוֹרִית – *BORIS*.[8] **אָמַר רַב יְהוּדָה – Rav Yehudah said: זֶה חוֹל – This is sand.**

The Gemara asks:

וְהָתַנְיָא הַבּוֹרִית וְהַחוֹל – But it has been taught in a Baraisa: *BORIS* AND SAND, making it clear that *boris* is not sand! – ? –

The Gemara therefore revises its identification of this substance:

אֶלָּא מַאי בּוֹרִית כַּבְרִיתָא – Rather, what is *boris*? Sulfur.[9]

This identification is challenged as well:

מֵיתִיבֵי – They challenged this from the following **Baraisa: הוֹסִיפוּ עֲלֵיהֶן הַחַלְבִּיצִין וְהַלְּעִינוּן וְהַבּוֹרִית וְהָאָהָל** – THEY ADDED TO THESE: SOW-THISTLES,[10] WORMWOOD, *BORIS* AND ALOE.[11] **וְאִי סָלְקָא דַּעְתָּךְ כַּבְרִיתָא – Now if you should think** that *boris* is **sulfur, כַּבְרִיתָא מִי אִיתָא בִּשְׁבִיעִית – is sulfur** then **subject to *sheviis*** law? (**והתנן**) [**וְהָתַנְיָא**][12] – **Surely** not, for **a Baraisa has taught: זֶה הַכְּלָל כֹּל שֶׁיֵּשׁ לוֹ עִיקָּר יֵשׁ לוֹ שְׁבִיעִית** – THIS IS THE RULE: WHATEVER HAS A ROOT HAS *SHEVIIS* law, **וְשֶׁאֵין לוֹ עִיקָּר אֵין לוֹ שְׁבִיעִית** – AND WHATEVER DOES NOT HAVE A ROOT DOES NOT HAVE *SHEVIIS* law.

The Gemara therefore again revises its identification of this substance:

אֶלָּא מַאי בּוֹרִית אָהָלָא – Rather, what is *boris*? *Ahala*.

NOTES

1. [Literally: with kinds of sweetness, because they are (all) fit to sweeten a pot.] I.e. for the spices to combine and prohibit the food into which they fall, they must all be of the type that can blend together to flavor [this] pot. If one of the spices is of the type that would not impart flavor in this pot, it does not combine with the others to prohibit (*Ritva MHK* ed.; see also *Rashi*). Our Mishnah, however, does not differentiate in this regard, implying that *all* spices combine to make one liable [even those that do not blend together] (*Rashi*).

2. Although we learned above (Mishnah 76b) that all foods combine with one another to make up the minimum amount for foods (the volume of a dried fig), and there is no difference in this regard whether they have the same taste or not, here we are dealing with a smaller measure (enough to season an egg) which is significant only because it can be used to flavor something. Thus, to add up to this measure, the different seasonings must actually be fit to serve this purpose together (*Ramban*).

3. All of these are substances used to produce dyes; see above, 89b.

4. This was explained on 79a; see note 27 there.

5. [Dyes already steeped in water are ready to use; thus, people store even a smaller amount of these.] Our Mishnah, however, deals with carrying out the *ingredients* used to make dyes, and people do not use very small amounts of these because it is not worth the effort of processing them into dyes for such a small amount of dye. Thus, our Mishnah states that to be liable for carrying out herbs that have not yet been steeped in water one must carry out enough to produce the larger amount of dye needed to color a hat cloth (*Rashi*).

6. So that it becomes sour and pungent [מַחְמִיץ וּמַסְרִיחַ] (*Rashi, Sanhedrin* 49b ד״ה ומי רגלים).

Our translation follows *Rashi,* as quoted by *Ramban* (see also *Rambam, Hil. Shabbos* 18:8). [*Rashi's* comment does not appear in the printed texts of *Rashi.*] *Tosafos* and others question this understanding of the Gemara because the Gemara in *Niddah* (63a) states that the level of souring needed for urine to serve as a cleansing agent is reached after three days. *Tosafos* therefore interpret our Gemara to mean that urine is effective "*up to* forty days" – i.e. it is only effective when it is between three and forty days old. (See *Tosafos* there for an answer in line with *Rashi's* understanding of our Gemara.)

7. The name of a place (*Rashi*). [In *Niddah* 62a, where this Baraisa is quoted as well, the reading is אַנְטִיפַּטְרִיס, *of Antipatris* (see also *Dikdukei Soferim* here), a place mentioned in *Yoma* 69a as the site of the encounter between Shimon HaTzaddik and Alexander the Great. It was located in Eretz Yisrael on the border between Judea and Galilee (see *Gittin* 76a.]

Although both forms of natron are used as cleansers, Antipatrian natron is not as strong as Alexandrian natron and one would therefore not be liable for carrying out such a small amount of it (*Meiri*).

8. [Our translation of this term in the Mishnah followed the Gemara's conclusion here.]

9. *Rashi;* cf. *Ritva MHK* ed. and *Ramban.*

10. The translation is based on *Rashi* as interpreted by *Targum HaLaaz.* The word חַלְבִּיצִין derives from the word חָלָב, *milk,* as stated by *Yerushalmi* to *Sheviis* 7:2, which states that this word is a contraction of בֵּיצֵי נֵץ חָלָב. The sow-thistle is a weed having thistlelike leaves and a milky juice.

11. These were added to the list of species subject to certain laws of *sheviis* [the Sabbatical year] (*Rashi*). *Ramban* asserts that the Baraisa cited here is a slightly modified version of Tosefta *Sheviis* 5:4, which adds these items to the rule given in Mishnah *Sheviis* 7:1; see also *Ritva MHK* ed.

12. [Emendation based on marginal gloss. *Ramban* and *Ritva MHK* ed. however, contend that what is about to be quoted is not a Baraisa but the Gemara's summary of the Mishnah's rule in *Sheviis* 7:2. The way most commentators explain that Mishnah, however, this cannot be the case (see *Rambam's Commentary* there as well as *Ri bar Malkitzedek, Rash* and *Rosh*). Thus, the Gemara must now be quoting an independent Baraisa.]

במיני מתיקה שנו הואיל וראויין למתק קדירה טעמא דחזו למתק את הקדירה הא לאו הכי לא הכי נמי חזו למתק: קליפי אגוזין וקליפי רמונים סטים ופואה כדי לצבוע בגד קטן: ורמינהי המוציא סמנים שרויין כדי לצבוע בהן דוגמא לאירא (הא איתמר עלה) אמר רב נחמן אמר רבה בר אבוה לפי שאין אדם טורח לשרות סממנים לצבוע בהן דוגמא לאירא: *מי רגלים: תנא מי רגלים עד בן (א) מ' יום: נתר: תנא נתר אלכסנדרית ולא נתר אנפנטרין: בורית: אמר רב יהודה זה חול והתניא הבורית והחול אלא מאי בורית כבריתא מיתיבי הוסיפו עליהן החלביצין והלעינון והבורית והאהל ואי ס"ד כבריתא כבריתא מי איתא בשביעית (והתנן) זה הכלל כל שיש לו עיקר יש לו שביעית ושאין לו עיקר אין לו שביעית אלא מאי בורית אהלא והתניא והבורית והאהלא (אלא) תרי גווני אהלא: קימוליא: אמר רב יהודה שלוף דוץ: אשלג אמר שמואל שאילתינהו לכל נחותי ימא ואמרו לי שוננא שמיה ומשתכח בנוקבא דמרגניתא ומפקי ליה ברמצא דפרזלא: **מתני'** פלפלת כל שהוא ועטרן כל שהוא מיני בשמים ומיני מתכות כל שהן מאבני המזבח ומעפר המזבח מקק ספרים ומקק מטפחותיהם כל שהוא שמצניעין אותן לגונזן רבי יהודה אומר אף המוציא משמשי ע"ז כל שהוא שנאמר א) ולא ידבק בידך מאומה מן החרם: **גמ'** פלפלת כל שהוא למאי חזיא לריח הפה: עיטרן כל שהוא: למאי חזיא לצילחתא: מיני בשמים כל שהן: ת"ר המוציא ריח רע כל שהוא שמן טוב כל שהוא ארגמן כל שהוא ובתולת הוורד אחת: מיני מתכות כל שהן: למאי חזו תניא רבי שמעון בן אלעזר אומר שכן ראוי לעשות ממנה דרבן קטן ת"ר האומר הרי עלי ברזל אחרים אומרים לא יפחות מאמה על אמה למאי חזיא אמר רב יוסף לכלייא עורב ואיכא דאמרי אחרים אומרים לא יפחות מכלייא עורב וכמה אמר רב יוסף אמה על אמה נחשת לא יפחות ממעה כסף תניא רבי אליעזר אומר לא יפחות מצינורא קטנה של נחשת למאי חזיא אמר אביי שמחטטין בה את הפתילות ומקנחין הנרות: מקק ספרים ומקק מטפחת: א"ר יהודה מקק דסיפרי תכך דשיראי ואילא דעינבי ופה דתאני והה דרימוני כולהו סכנתא ההוא תלמידא דהוה יתיב קמיה דר' יוחנן הוה קאכיל תאיני אמר ליה רבי קוצין יש בתאנים א"ל קטליה פה לדין: **מתני'** המוציא קופת הרוכלין אף על פי שיש בה מינין הרבה אינו חייב אלא חטאת אחת זרעוני גינה פחות מכגרוגרת ר' יהודה בן בתירה אומר חמשה

זרע

במיני מתיקה. עסקינן שכולן מיני מתיקת קדירה אבל מין אחר אין מלטרף ומתניתין לא מפליג: דוגמא לאירא. מעט לומר שהוא כמין דוגמא שמראה הלבע לבע"ה כזה תחפוץ או כזה והוא כדי ליתן באירא של קנה של גרדי ושיעורה מועט: לשרות. ומתני' בשאין שרויין והכא לשרות אינו שורה פחות מכדי בגד קטן: אנפטרין. מקום: הוסיפו עליהם. לענין שביעית: החלביצין. לטרו"ן: והלעונין. לענה: כברית'. גפרית: שיש לו עיקר. שנשרש בארץ ולפי דעתי תורישא דגרסינן במס' ע"ז דבר שאין לו שורש (ב) הוא כמו זה ולא כמו שמפרשין אותו פיונ"א: שלוף דוץ. לא איתפרש אבל כך שמו: ברמצא דפרזלא. פורייד ורא של ברזל: מתני' פלפלת כל שהוא. ואינו פלפל שלנו ובגמרא מפרש כל שהוא למאי חזי: מיני בשמים כל שהן. לריח טוב: מיני מתכות כל שהוא. ראוי לדרבן קטן: שמלניעין אותו לרפואה ל"ג: מקק ספרים. אכילת תולעת אוכלת הספרים ומרקבן ושמו מקק: שמצניעין אותן לגונזן. שכל דבר קדש טעון גניזה: מאומה. אלמא אחשביה קרא לאיסורא והא דתנן (לעיל דף עה:) כל שאינו כשר להצניע כו' ואוקימנא למעוטי עלי אשירה דלא כר' יהודה: גמ' לצילחתא. כאב חצי הראש: ריח רע. שמעשנין בהן חולין ותינוקות כגון חלטית להבריח מעליו מזיקין: ארגמן. צבע שצובעין בו ארגמן וטעמא לא איתפרש ול"נ שגם הוא ראוי להריח: בתולת הוורד. עלה של וורד בחור אחת: מיני מתכות כל שהוא. מתני' היא: הרי עלי ברזל. לבדק הבית: לכליא עורב. טבלאות של אמה (ג) היו עושין והן חדין כסכין סביבותיהם ומסמרין חדין בכולן ומחפין בהן גגו של היכל למנוע את העורבים מליישב: ממעה כסף. נחשת שוה מעה כסף: צנורא. מזלג קטן (ד) [כעין] שטוין בו זהב ולבדק הבית למאי חזי: שמוחטין בו פתילות. ומנקבין ראשיהן לעדויי חושכן מוקי"ר בלע"ז: מקק דסיפרי תכך דשיראי. כל אלו תולעין הן שבכל מין ומין וחלוקין בשמותיהם תכך אילא פה הה: כולהו סכנתא. לאוכלן: קוצים יש בתאנים. היה תולעת יושב ונוקב בגרונו ודומה שהוא קוץ: קטליה פה לדין. הרגו פה לזין: מתני' רוכלין. מוכרי בשמים לקישוטי נשים ויש להן קופות קטנות לצרורות בשמים: אינו חייב אלא חטאת אחת. דכולה חדא הוצאה היא: פחות מכגרוגרת. דאע"ג דכל האוכלין שיעורן כגרוגרת הני כיון לזריעה קיימי בפחות מכגרוגרת נמי מיחייב:

זרע

הואיל וראויין למתק הקדירה. הואיל וממתיקין הוה ליה למימר כדפי' בסוף כלל גדול (דף עו. ושם) וא"ת היכי מיירי אי בנותן טעם אפילו שאר מינין נמי ואי אין בהם נותן טעם אפי' מיני מתיקה נמי לא וי"ל דאפילו ביש בהן נותן טעם שרי בשאר מינין דנותן טעם לפגם הוא. ר"י:

מי רגלים בן מ' יום. אין גירסא זו נכונה דמשמע של קטן בן מ' יום ובנדה פרק האשה (דף סג.) גבי ז' סממנין מעבירין קתני כל הני דהכא ומי רגלים וקא בעי התם בגמרא(ט) דילד או מזקן ולית דגרסי של מ' יום ואין נראה דהתם נמי תניא ומי רגלים שהחמיצו וכמה חימוצן שלשה ימים ונראה כספרים דגרסי עד מ' יום דמג' ימים עד מ' מעבירין אותם על הכתם אבל תוך ג' ולאחר מ' אין מעבירין: **בורית** זה החול. ואע"ג דבפ' המוציא (לעיל פ:) יהיב בחול שיעורא אחרינא כדי ליתן על פי כף של סיד אומר רבינו מאיר דהתם מיירי בחול שנותנין בסיד אבל הכא איירי בחול שמלבנין בו את הבגדים ולספרים דגרסי הכא בורית זה אהלא אתי שפיר: **תרי** גווני אהלא. ולעיל דלא שני תרי גווני חול (ס) או לגירסא אחרת תרי גוונא אהלא) משום דקים ליה דליכא בהו תרי גוונין ויש ספרים דגרסי לעיל מאי בורית אהלא ולפי זה אתי שפיר דה"ק לעולם כדאמר מעיקרא דבורית זה אהלא ותרי גווני אהלא:

לא יפחות ממעה כסף. תימה לר"י דלא יפחות מפרוטה הוה ליה למימר כי היכי דתניא בפרק בתרא דמנחות (דף קו:) הרי עלי זהב לא יפחות מדינר זהב כסף לא יפחות מדינר כסף:

מכליא עורב. בערוך בערך כל פי' דבמקדש ראשון מפני רוב קדושה שהיתה בו לא הוה צריך כליא עורב וליתא דבפ"ק דמועד קטן (דף ט.) מוכח בהדיא שהיה במקדש ראשון כליא עורב:

המוציא קופת הרוכלין אע"פ שיש בה מינין הרבה אינו חייב אלא אחת. תימה דמאי קמ"ל פשיטא דאפילו בהוציא וחזר והוציא אינו חייב אלא אחת כמו בקצר וחזר וקצר כ"ש בבת אחת ואפילו רב יוסף דמחייב אליבא דר' אליעזר בקצר וחזר וקצר בפרק אמרו לו (יומא דף טו.) בהוצאה אחת פשיטא דפטור ותירץ ר"ת דמיירי כגון שנודע לו על מין זה ונתכפר וחזר ונודע לו על מין אחר אפ"ה פטור דהוי הכל כמו דבר אחד ואע"ג דבפרק המצניע (לקמן צג:) תניא ואם היה כלי צריך לו חייב אף על הכלי ומוקי לה רב אשי ששגג בזה ובזה ונודע לו וחזר ונודע לו ובפלוגתא דרבי יוחנן ור"ל דוקא בכלי והאוכלים שבתוכו מחלקין ידיעות אבל באוכלין שבתוך הכלי אפילו כפרות אין מחלקות ור"י מצא בירושלמי אילו הוציא והוציא כלום הוא חייב אלא אחת לא נצרכה אלא לר"א שלא תאמר מינים הרבה יעשו כהעלמות הרבה והא חייב על כל אחת ואחת קמ"ל לפי' דס"ד דמינים מחלקין כדלר"א יהושע דמחייב מחלקין [פ] ומיהו ה"ל להזכיר ר' יהושע:

אם

מסורת הש"ס

א) לעיל עט., ב) נדה סב. ע"ש, ג) [צ"ל והתניא], ד) ע"ז יד. נדה סב., ה) נדה סב., ו) [גי' הערוך ערך שלג שלגא וכנדה סב. איתא אשלגא], ז) [עי' תוס' לקמן לד. ד"ה את החמת], ח) [פי' שושן פסוס ורבינו האי גאון היה שונה פתולת הוורד שעושין מאמר גפן לבוע כמין וורד וקורין אותו וורד. ערוך ערך בתולן], ט) מנחות קז. ע"ש, י) [מנחות קו:], כ) [שם קז. ושם איתא ר"א בן יעקב], ל) [גי' הערוך שמוחטין ועי' בילה לב:], מ) לעיל עט., נ) ד' יד. ותרי גוונא תורניס' ניהו, ס) צ"ל ומקונבין, ע) [דף סג.], פ) רש"ל מ"ז ועי' מהרש"א, צ) [ובערכין ו. ד"ה כגון כו' כתבו יסוד נכון ע"ש וכ"כ במנחות קז. ד"ה כלי], ק) ומיהו היה לו להזכיר ר' יהושע אלא ר"ל ר"א דמחייב אתולדה במקום אב רש"ל.

רב נסים גאון

האומר הרי עלי ברזל לא יפחות מאמה על אמה למאי חזי אמר רב יוסף לכלה עורב. ותמצאנו במסכת מדות בפרק ד' ההיכל מאה על מאה על רום מאה האוטם ו' אמות וגובהו ארבעים אמה אמה כיור ואמתים [בית] דילפה אמה תיקרה ואמה מעזיבה וג' אמות מעקה ואמה כלה עורב ר' יהודה אומר לא היה כלה עורב עולה מן המדה אלא ד' אמות (עולה) היה מעקה וכגון זה במנחות (דף קז) בפרק הרי עלי עשרון:

הגהות הב"ח

(א) גמ' מי רגלים עד מ' יום כל"ל ותיבת בן נמחק: (ב) רש"י ד"ה שיש לו עיקר וכו' שאין לו עיקר הוא כמו: (ג) ד"ה לכליא עורב [וכו'] של אמה על אמה הי': (ד) ד"ה לנורא מזלג קטן הס"ד ואח"כ מ"ה שמוחטין בו פתילות ומקנחין ראשיהן כל"ל ותיבות שטוין בו זהב לבדק הבית למאי חזי נמחק:

תורה אור השלם

א) וְלֹא יִדְבַּק בְּיָדְךָ מְאוּמָה מִן הַחֵרֶם לְמַעַן יָשׁוּב יְיָ מֵחֲרוֹן אַפּוֹ וְנָתַן לְךָ רַחֲמִים וְרִחַמְךָ וְהִרְבֶּךָ כַּאֲשֶׁר נִשְׁבַּע לַאֲבֹתֶיךָ: [דברים יג, יח]

עין משפט נר מצוה

לה א מיי' פי"ח מהל' שבת הלכה ח:
לו ב ג שם הלכה ה:
לז ד מיי' פ"ב מהלכות ערכין הלכה ט:
לח ה מיי' פי"ח מהל' שבת הלכה כח:
לט ו שם הלכה ו:

ליקוטי רש"י

במיני מתיקה שנו. שכולן טעמן מתוק ומש"ה מצטרפין דטעמן שוה למתק בהן הקדירה [ע"ז סו.]. **דוגמא.** מעט לצבע לבוע אדום ומעט לבוע שחור וכן בכל מיני לבע שמראה בהם דוגמא לאמר כזה תרלו או כזה תרלו [לעיל יא:]. כלומר מעט כעין שמראין לדוגמא לומר רוצה אתה בזה. **לאירא.** והוא כשיעור הצריך לאירא של גרדי לסתום פי קנה שפקעית הערב נתונה בו [שם עט.]. אירא הוא צמר או צמר גפן שסותם בו פי הקנה לאחר שהניח בתוכו פקעיות הערב ומשייר בנקב מלא חוט לאריג חורקו לקנה והפקיע מתגלגל לתוכו ולצאת אינה יכולה שנסתם הנקב [שם יא:]. דרך הגרדי להניח צמר בקנה של ערב כדי שלא יצא הערב מן הקנה לכאן ולכאן [ב"ק קיט:]. **והאהל.** שורש עשב ששמו אהל [לעיל נ:]. אלויי"ן [לקמן קי:]. שמכבסים בו בגדים והוא עשב [ב"מ פא.]. **ושאין לו עיקר.** להתקיים בארץ בימות הגשמים כגון קישואין ודילועין וכיוצא בהן [ע"ז יד. וע"ש בתוס']. שורש שממנו מי ובפרים קרקע בעלמא הוא [נדה סב. וע"ש בתוס']. **אין לו שביעית.** ומותר לעשות מהן סחורה ואינו מצווה להפקירן [ע"ז שם]. **ומשתכח בנוקבא דמרגניתא.** נמצא בנקבי מרגליות העולות מתוך הים [סנהדרין מט:]. **ברמצא דפרזלא.** במסמר ארוך של ברזל [לקמן קג.]. **עטרן.** פסולתא דזיפתא, לאחר שיוצא הזפת מן העץ זב ממנו על ידי האור פסולת כשמן וקורין אותו עיטרן [שקורין דוזיר"ש בלשון כנען] [לעיל ב:]. **מקק ספרים.** רקבונית של אכילת התולעים [לקמן קטו.]. **דרבן.** מלמד הוא דרבן מרדע אגוילו"ן בלע"ז [שופטים ג, לא]. **לכליא עורב.** הגג כלה ומקצר למעלה עד כאמה ומחפין אותו שם בברזל ובמסמרים כדי שלא ישבו העורבים עליו [מו"ק ט.]. שהיו מכליאין העורבים של ברזל אמה על אמה והכהן מסמרות גבוהין אמה קבועין ומחפין בהן ראש הגג של היכל לגרש את העורבים שלא ישבו שם כליא לשון [מגרש] את העורבין כמו כי"ל דודי כי"ל פרומי דאמר במסכת נדה (ח.) שהיה מגרש זבובין ממשמש ושנעשת חשכה תשמש לגיעות דלאסור לשמש ממשו כפני כל מי ל"א כליא עורב מונע העורבים כמו (תהלים מ) לא תכלא רחמיך [ערכין ו. ע"ש בשמ"ק]. מסמרות חדין תוחבין בראש גג ההיכל לכלות העורבין שלא ישבו עליו [מנחות קז. וע"ש בתוס']. **נחשת לא יפחות ממעה כסף.** לא יפחות משוה מעה כסף דמיימי [נחושת] שוה מעה כסף [שם קז:]. **מחטטין.** מפילין ראש הפתילה כשהוא שרוף ובלע"ז ממוקי"ר. **ומקנחין הנרות.** של מנורה מאפרה שבתוכה [שם קז.]. **חמשה.** גרעינין [לעיל עט.].

This too is challenged:

וְהָתַנְיָא וְהַבּוֹרִית וְאָהָלָא – But a Baraisa has taught: ***BORIS*** **AND** ***AHALA,*** demonstrating that *boris* is not the same as *ahala.* – ? –

The Gemara answers:

(אֶלָּא) תְּרֵי גַּוְונֵי אָהָלָא – Rather, there are two types of ***ahala:*** *boris* is one and the species commonly referred to as *ahala* is the other.[13]

The Gemara identifies the fourth detergent listed by the Mishnah:

קִימוֹלְיָא – ***KIMOLIA.*** **אָמַר רַב יְהוּדָה שְׁלוּף דּוּץ – Rav Yehudah** says: This is ***shelof dutz*** .[14]

The fifth detergent listed by the Mishnah:

אַשְׁלָג – ***ASHLAG*** **.** **אָמַר שְׁמוּאֵל – Shmuel said:** **שְׁאִילְתִּינְהוּ לְכָל נָחוֹתֵי יַמָּא – I asked all the seafarers**[15] **וַאֲמַרוּ לִי שׁוֹנָאנָה שְׁמֵיהּ – and they told me that its name is** ***shonanah*** **וּמִשְׁתַּכַּח בְּנוּקְבָא דְּמַרְגָּנִיתָא – and it is found in the holes of pearls,** **וּמַפְּקֵי לֵיהּ בְּרַמְצָא דְּפַרְזְלָא – and they remove it with a** pointed **iron instrument.**

Mishnah

פִּלְפֶּלֶת כָּל שֶׁהוּא – For taking out **PEPPER,**[16] one is liable in **ANY AMOUNT;** **וְעִטְרָן כָּל שֶׁהוּא – AND** for **TAR** in **ANY AMOUNT;** **מִינֵי בְשָׂמִים וּמִינֵי מַתָּכוֹת כָּל שֶׁהֵן –** one is liable for taking out **TYPES OF SPICES**[17] **AND TYPES OF METAL** in **ANY AMOUNT;**[18] **מֵאַבְנֵי הַמִּזְבֵּחַ וּמֵעֲפַר הַמִּזְבֵּחַ –** for taking out some **OF THE ALTAR STONES OR** some **OF THE ALTAR EARTH,**[19] **מֶקֶק סְפָרִים וּמֶקֶק מִטְפְּחוֹתֵיהֶם –** or for taking out **THE DECAY OF SCROLLS, OR THE DECAY OF THEIR WRAPS,**[20] **כָּל שֶׁהוּא –** one is liable in **ANY AMOUNT,** **שֶׁמַּצְנִיעִין אוֹתָן לְגוֹנְזָן – FOR THEY STORE THESE TO PUT THEM AWAY.**[21] **רַבִּי יְהוּדָה אוֹמֵר – R' YEHUDAH SAYS:** **אַף הַמּוֹצִיא מְשַׁמְּשֵׁי עֲבוֹדָה זָרָה כָּל שֶׁהוּא – ALSO ONE WHO TAKES OUT ACCESSORIES OF AN IDOL**[22] is liable for **ANY AMOUNT,** **שֶׁנֶּאֱמַר – FOR IT SAYS:** **"וְלֹא־יִדְבַּק בְּיָדְךָ מְאוּמָה מִן־הַחֵרֶם" –** ***NOTHING OF THAT WHICH IS BANNED SHALL CLEAVE TO YOUR HAND."***[23]

Gemara

The Mishnah said:

פִּלְפֶּלֶת כָּל שֶׁהוּא – For taking out **PEPPER** one is liable in **ANY AMOUNT.**

The Gemara explains:

לְמַאי חַזְיָא – Of what use is it? **לְרֵיחַ הַפֶּה –** As a remedy **for bad breath.**[24]

The Mishnah continued:

עִיטְרָן כָּל שֶׁהוּא – And for **TAR** in **ANY AMOUNT.**

The Gemara explains:

לְמַאי חַזְיָא – Of what use is it? **לְצִילְחָתָא –** As a remedy **for migraine.**[25]

The Mishnah continued:

מִינֵי בְשָׂמִים כָּל שֶׁהֵן – One is liable for taking out **TYPES OF SPICES** ... in **ANY AMOUNT.**

The Gemara quotes a Baraisa that amplifies this ruling, listing additional substances that are useful in minute amounts:

תָּנוּ רַבָּנַן – The Rabbis taught in a Baraisa: **הַמּוֹצִיא רֵיחַ רַע כָּל שֶׁהוּא – ONE WHO TAKES OUT** a substance that emits **A FOUL ODOR** is liable for **ANY AMOUNT** of it;[26] **שֶׁמֶן טוֹב כָּל שֶׁהוּא – FRAGRANT OIL,**[27] for **ANY AMOUNT;**[28] **אַרְגָּמָן כָּל שֶׁהוּא – PURPLE** dye, for **ANY AMOUNT;**[29] **וּבְתוּלַת הַוֶּרֶד אַחַת – AND** for **A YOUNG ROSE** even **A SINGLE** petal.[30]

The Mishnah continued:

מִינֵי מַתָּכוֹת כָּל שֶׁהֵן – TYPES OF METAL in **ANY AMOUNT.**

NOTES

13. [Below (110b), *Rashi* identifies אָהָלָא as *aloe* (see *Targum HaLaaz*), whereas in *Sanhedrin* 49b he identifies בּוֹרִית as *soapwort* (see above, 89b note 39). Possibly, *Rashi's* identification in *Sanhedrin* is based on the Gemara's statement here that בּוֹרִית is not the common אָהָלָא (aloe), rather a different herbal cleanser – soapwort; see also *Aruch* ע׳ אהל.]

14. The name of an unidentified detergent (*Rashi*). *Rambam* (*Commentary*) and *Rav* identify it as an herb known in Arabic as *alkali* [possibly saltwort, a name for a group of plants that grow in salt marshes and alkaline regions].

15. Literally: those who go down to the sea.

16. This is not the pepper commonly found in our area [Western Europe] (*Rashi;* see below, note 24).

That the reference here is not to ordinary pepper is attested to by the fact that this Mishnah considers one liable for carrying out even the least amount of this pepper, whereas ordinary pepper is a seasoning and, therefore, included in the previous Mishnah's ruling (89b) that one is not liable for carrying out less than a sufficient quantity of seasoning to season an egg (*Rash, Orlah* 2:10; cf. *Tos. Yom Tov* and *Rashash* here; see also 89b note 34).

17. I.e. perfume-spices (*Rashi*) [but not seasoning-spices, which were dealt with in the previous Mishnah].

18. Even a minute amount of these substances is considered useful. The Gemara will explain their usefulness.

19. I.e. chips of stone that have come off the Altar, or bits of earth from the base of the Altar (see *Zevachim* 54a-b).

20. [From the Gemara below it is evident that מֶקֶק is actually the name of a type of worm that infests scrolls and their wraps (a bookworm). Thus, the phrase מֶקֶק סְפָרִים וּמֶקֶק מִטְפְּחוֹתֵיהֶם should be understood as: *the worm-eaten parts of scrolls and of their wraps* (*Rashi*).

21. Holy articles that can no longer be used cannot be discarded but must be put away in a respectable resting place (*Rashi*). [They were therefore put away in special chambers, known as a גְּנִיזָה, *genizah,* that were eventually sealed. Some of these old *genizos* have been discovered and have yielded old manuscripts of great value. Today, however, the practice is to bury worn-out holy articles.]

Since one is required by the Torah to save even the smallest pieces of such articles, they are considered of value (*Shenos Eliyahu*).

22. [This refers to any articles used to enhance an idol.]

23. *Deuteronomy* 13:18. Since the Torah imparts significance, albeit a negative one, to even a minute amount of accessories of an idol, one is liable for taking them out (*Rashi;* see also *Ramban,* gloss to *Sefer HaMitzvos, Lo Saaseh* 194).

This opinion of R' Yehudah is in dispute with the rule stated in the Mishnah earlier (75b), which, as explained by the Gemara there, exempts objects used in idol worship from liability, since they must be burned (*Rashi*).

[Seemingly, the *removal* of these objects is a form of מְלָאכָה שֶׁאֵינָהּ צְרִיכָה לְגוּפָהּ, *a melachah not needed for its defined purpose.* Now R' Yehudah's opinion is that one is indeed liable for such *melachah.* Whether R' Yehudah's ruling here is tied to his general view regarding a *melachah not needed for its defined purpose* is the subject of much discussion – see *Ritva MHK* ed. to 75b ד״ה לאפוקי; *Tos. Yom Tov* to this Mishnah and *Rashash* here.]

24. The type of pepper referred to in our Mishnah was carried about in the mouth as an antidote to bad breath (see *Rashi* above, 64b).

25. Pain in half the head [hemicrania] (*Rashi;* see *Meiri*).

26. Even a minute amount of such a substance is useful; such pungent substances were used to ward off harmful spirits from sick people and children (*Rashi*).

27. I.e. oil to which fragrant spices have been added (see *Rashi* to *Berachos* 53b).

28. [Since, as we learned in our Mishnah, perfumes are useful even in minute amounts.]

29. *Rashi* suggests that this dye was used as a fragrance and for that reason even a minute amount of it is useful. [Normally, dyes require a larger quantity to be useful, as the previous Mishnah taught.]

30. *Rashi. Aruch* explains this to be an unopened rose. He also quotes *Rav Hai Gaon* who (based on a slightly different reading) explains this to be an artificial rose made of dyed cotton.

במיני מתיקה שנו הואיל וראויין למתק קדירה טעמא דחזו למתק את הקדירה הא לאו הכי לא הכי נמי חזו למתק: קליפי אגוזין וקליפי רמונים סטים ופואה כדי לצבוע בגד קטן: ורמינהי המוציא סמנים שרויין כדי לצבוע בהן דוגמא לאירא (הא איתמר עלה) אמר רב נחמן אמר רבה בר אבוה לפי שאין אדם טורח לשרות סממנים לצבוע בהן דוגמא לאירא: מי רגלים: תנא מי רגלים עד בן (א) מ' יום: נתר: תנא נתר אלכסנדרית ולא נתר אנפנטרין: בורית: אמר רב יהודה זה חול והתניא הבורית והחול אלא מאי בורית כבריתא מיתיבי הוסיפו עליהן החלביצין והלעינון והבורית והאהל ואי ס"ד כבריתא כבריתא מי איתא בשביעית (ג) והתנן זה הכלל כל שיש לו עיקר יש לו שביעית ושאין לו עיקר אין לו שביעית אלא מאי בורית אהלא והתניא והבורית והאהלא (אלא) תרי גווני אהלא: קימוליא: אמר רב יהודה שלוף דוץ: אשלג: אמר שמואל שאילתינהו לכל נחותי ימא ואמרו לי שונאנה שמיה ומשתכח בנוקבא דמרגניתא ומפקי ליה ברמצא דפרזלא: **מתני'** פלפלת כל שהוא ועטרן כל שהוא מיני בשמים ומיני מתכות כל שהן מאבני המזבח ומעפר המזבח מקק ספרים ומקק מטפחותיהם כל שהוא שמצניעין אותן לגונזן רבי יהודה אומר אף המוציא משמשי ע"ז כל שהוא שנאמר ולא ידבק בידך מאומה מן החרם: **גמ'** פלפלת כל שהוא למאי חזיא לריח הפה: עיטרן כל שהוא: למאי חזיא לצילחתא: מיני בשמים כל שהן: ת"ר המוציא ריח רע כל שהוא שמן טוב כל שהוא ארגמן כל שהוא ובתולת הוורד אחת: מיני מתכות כל שהן: למאי חזו תניא רבי שמעון בן אלעזר אומר שכן ראוי לעשות ממנה דרבן קטן ת"ר האומר הרי עלי ברזל אחרים אומרים לא יפחות מאמה על אמה למאי חזיא אמר רב יוסף לכלייא עורב ואיכא דאמרי אחרים אומרים לא יפחות מכלייא עורב וכמה אמר רב יוסף אמה על אמה נחשת לא יפחות ממעה כסף תניא רבי אליעזר אומר לא יפחות מצינורא קטנה של נחשת למאי חזיא אמר אביי שמחטטין בה את הפתילות ומקנחין הנרות: מקק ספרים ומקק מטפחת: א"ר יהודה מקק דסיפרי תכך דשיראי ואילא דעינבי ופה דתאני והה דרימוני כולהו סכנתא ההוא תלמידא דהוה יתיב קמיה דר' יוחנן הוה קאכיל תאיני אמר ליה רבי קוצין יש בתאנים א"ל קטליה פה לדין: **מתני'** המוציא קופת הרוכלין אף על פי שיש בה מינין הרבה אינו חייב אלא חטאת אחת וזרעוני גינה פחות מכגרוגרת ר' יהודה בן בתירה אומר חמשה זרע

רש"י

במיני מתיקה. עסקינן שכולן מיני מתיקה קדירה אבל מין אחר אין מצטרף ומתמיכין לא מפליג: **דוגמא לאירא.** מעט למר שהוא כמין דוגמא שמראה הצבע לבע"ה כזה תחפוץ או כזה והוא כדי ליתן באירא של קנה של גרדי ושיעורה מועט: **לשרות.** ומתני' בשאין שרויין והכא לשרות אינו שורה פחות מכדי לגד בגד קטן: **אנפטרין.** מקום: **הוסיפו עליהם.** לענין שביעית: **החלביצין.** לטרו"ן: **והלעינון.** לענה: **כבריתא.** גפרית: **שיש לו עיקר.** שנשרש בארץ ולפי דעתי מוריסא דגרסינן במס' ע"ז דבר שאין לו שורש (ג) הוא כמו זה ולא כמו שמפרשין אותו פיונ"א: **שלוף דוץ.** לא איתפרש אבל כך שמו: **ברמצא דפרזלא.** פורידורא של ברזל: **מתני' פלפלת כל שהוא.** ואינו פלפל שלנו ובגמרא מפרש כל שהוא למאי חזי: **מיני בשמים כל שהן.** לריח טוב: **מיני מתכות כל שהוא.** ראוי לדרבן קטן: **מקק ספרים.** אכילת תולעת אוכלת הספרים ומרקבן ושמו מקק: **שמצניעין אותן לגונזן.** שכל דבר קדש טעון גניזה: **מאומה.** אלמא אחשביה קרא לאיסורא והא דתנן (לעיל דף עה:) כל שאינו כשר להצניע כו' ואוקימנא למעוטי עצי אשירה דלא כר' יהודה: **גמ' לצילחתא.** כאב חצי הראש: **ריח רע.** שמעשנין בהן חולין ותינוקות כגון תלטית להבריח מעליו מזיקין: **ארגמן.** צבע שצובעין בו ארגמן וטעמא לא איתפרש ול"נ שגם הוא ראוי להריח: **בתולת הוורד.** עלה של וורד בחור אחת. **מיני מתכות כל שהוא.** מתני' היא: **הרי עלי ברזל.** לבדק הבית: **לכלייא עורב.** טבלאות של אמה (ג) היו עושין והן חדין כסכין סביבותיהם ומסמרין חדין כלונן ומחפין בהן גגו של היכל למנוע את העורבים מלישב: **ממעה כסף.** נחשת שוה מעה כסף: **צינורא.** מזלג קטן (ד) [כעין] שטוין בו זהב ולבדק הבית למאי חזי: **שמוחטין בו פתילות.** ומנקבין ראשיהן לעדוי חושכן מוקי"ר בלע"ז: **מקק דסיפרי תכך דשיראי.** כל אלו תולעין הן שכולן מין ומין וחלוקין בשמותיהם תכך אילא פה הה: **כולהו סכנתא.** לאוכלן: **קוצים יש בתאנים.** היה תולעת יושב ונוקב בגרונו ודומה שהוא קוץ: **קטליה פה לדין.** הרגו פה לזה: **מתני' רוכלין.** מוכרי בשמים לקישוטי נשים ויש להן קופות קטנות לצרורות בשמים: **אינו חייב אלא חטאת אחת.** דכולה חדא הוצאה היא: **פחות מכגרוגרת.** דאע"ג דכל האוכלין שיעורן כגרוגרת הני כיון דלזריעה קיימי בפחות מכגרוגרת נמי מיחייב: זרע

תוספות

הואיל וראויין למתק הקדירה. הו"ל וממתקין הוה ליה למימר כדפי' בסוף כלל גדול (דף עו. ושם) ולא"ת היכי מיירי אי בנותן טעם אפילו שאר מינין נמי ואי אין בהם נותן טעם אפי' מיני מתיקה נמי לא וי"ל דאפילו ביש בהן נותן טעם שרי בשאר מינין דנותן טעם לפגם הוא. ר"י:

מי רגלים בן מ' יום. אין גירסא זו נכונה דמשמע של קטן בן מ' יום ובנדה פרק האשה (דף סג.) גבי ז' סממנין מעבירין קתני כל הני דהכא ומי רגלים וקא בעי התם בגמרא דילד או מזקן ולא גרסי של מ' יום ואין נראה דהתם נמי תניא ומי רגלים שהחמיצו וכמה חימוצן שלשה ימים ונראה כספרים דגרסי עד מ' יום דמג' ימים עד מ' מעבירין אותם על הכתם אבל תוך ג' ולאחר מ' אין מעבירין: **בורית** זה החול. ואע"ג דפ' המוציא (לעיל פ:) יהיב בחול שיעורא אחרינא כדי ליתן על פי כף של סיד אומר רבינו מאיר דהתם מיירי בחול שטוחנין בסיד אבל הכא איירי בחול שמלבנין בו את הבגדים ולספרים דגרסי הכא בורית זה אהלא אתי שפיר: **תרי** גווני אהלא. ולעיל דלא שני תרי גווני חול (ס) או לגירסא אחרת תרי גוונא אהלא) משום דקים ליה דליכא בהו תרי גוונין ויש ספרים דגרסי לעיל מאי בורית אהלא ולפי זה אתי שפיר דה"ק לעולם כדאמר מעיקרא דבורית זה אהלא ותרי גווני אהלא:

לא יפחות ממעה כסף. תימה לר"י דלא יפחות מפרוטה הוה ליה למימר כי היכי דתניא בפרק בתרא דמנחות (דף קז:) הרי עלי זהב לא יפחות מדינר זהב כסף לא יפחות מדינר כסף:

מכליא עורב. בערוך בערך כל פי' דבמקדש ראשון מפני רוב קדושה שהיתה בו לא הוה צריך כליא עורב וליתא דבפ"ק דמועד קטן (דף ט.) מוכח בהדיא שהיה במקדש ראשון כליא (ס) עורב:

המוציא קופת הרוכלין אע"פ שיש בה מינין הרבה אינו חייב אלא אחת. תימה דמאי קמ"ל פשיטא דאפילו בהוציא וחזר והוציא אינו חייב אלא אחת כמו בקצר וחזר וקצר כ"ש בבת אחת ואפילו רב יוסף דמחייב אליבא דר' אליעזר בקצר וחזר וקצר בפרק אמרו לו (יומא דף טו.) בהוצאה אחת פשיטא דפטור ותירץ ר"ת דמיירי כגון שנודע לו על מין זה ונתכפר וחזר ונודע לו על מין אחר אפ"ה פטור דהוי הכל כמו דבר אחד ואע"ג דבפרק המצניע (לקמן צג:) תניא ואם היה כלי צריך לו חייב אף על הכלי ומוקי לה רב אשי ששגג בזה ובזה ונודע לו וחזר ונודע לו ובפלוגתא דרבי יוחנן ור"ל דוקא בכלי ואוכלים שבתוכו מחלקין ידיעות אבל באוכלין שבתוך הכלי אפילו כפרות אין מחלקות ור"י מצא בירושלמי אילו הוציא והוציא כלום הוא חייב אלא אחת לא נצרכה אלא לר"א שלא תאמר מינים הרבה יעשו כהעלמות הרבה ויהא חייב על כל אחת ואחת קמ"ל פי' דס"ד דמינים מחלקין כדא"ר יהושע תמחוין מחלקין[ק] ומיהו ה"ל להזכיר ר' יהושע:

אס

מסורת הש"ס

א) לעיל עט., ב) נדה סב. ע"ש, ג) [צ"ל והתניא], ד) ע"ז יד. נדה סב., ה) נדה סב., ו) [גי' הערוך ערך שלג שלגא וכנדה סב. איתא אשלגא], ז) [עי' תוס' לקמן לד. ד"ה את הממת], ח) [פי' שושן סתום ורבינו האי גאון היה שונה פתילת הוורד שעושין מצמר גפן צבוע כמין וורד וקורין אותו וורד. ערוך ערך בתול], ט) מנחות קז. ע"ש, י) [מנחות קז:], כ) [שם קז. ושם איתא ר"א בן יעקב], ל) [גי' הערוך שמוחטין ועי' ביצה לב:], מ) לעיל עט., נ) ד' יד. ותרי גוונא מוריס' ניהו, ס) צ"ל ומקנבין, ע) [דף סב.], פ) רש"ל מ"ז ועי' מהרש"א, צ) [ובערכין ו. ד"ה כגון כו' כתבו ישוב נכון ע"ש וכ"כ במנחות קז. ד"ה כליי], ק) ומיהו היה לו להזכיר ר' יהושע אלא ר"ל ר"א דמחייב אתולדה במקום אב רש"ל.

רב נסים גאון

האומר הרי עלי ברזל לא יפחות מאמה על אמה למאי חזי אמר רב יוסף לכלה עורב. תמצאנו במסכת מדות בפרק ד' ההיכל מאה על מאה על רום מאה האוטם ו' אמות וגובהו ארבעים אמה אמה כיור ואמתים [בית] דילפה אמה תיקרה ואמה מעזיבה וג' אמות מעקה ואמה כלה עורב ר' יהודה אומר לא היה כלה עורב עולה מן המדה אלא ד' אמות (עולה) היה מעקה וכגון זה במנחות (דף קז) בפרק הרי עלי עשרון:

הגהות הב"ח

(א) גמ' מי רגלים עד מ' יום כצ"ל ותיבת בן נמחק: (ב) רש"י ד"ה שיש לו עיקר וכו' שאין לו עיקר הוא כמו: (ג) ד"ה לכליא עורב [וכו'] של אמה על אמה סי': (ד) ד"ה צנורא מזלג קטן הס"ד ואח"כ מ"ה שמוחטין בו פתילות ומקנחין ראשיהן כצ"ל ותיבות שטוין בו זהב לבדק הבית למאי חזי נמחק:

תורה אור השלם

א) וְלֹא יִדְבַּק בְּיָדְךָ מְאוּמָה מִן הַחֵרֶם לְמַעַן יָשׁוּב יְיָ מֵחֲרוֹן אַפּוֹ וְנָתַן לְךָ רַחֲמִים וְרִחַמְךָ וְהִרְבֶּךָ כַּאֲשֶׁר נִשְׁבַּע לַאֲבֹתֶיךָ: (דברים יג, יח)

עין משפט נר מצוה

לה א מיי' פי"ח מהל' שבת הלכה ס:
לו ב ג שם הלכה ה:
לז ד מיי' פ"ב מהלכות ערכין הלכה ט:
לח ה מיי' פי"ח מהל' שבת הלכה כ:
לט ו שם הלכה ו:

ליקוטי רש"י

במיני מתיקה שנו. שכולן טעמן מתוק ומש"ה מצטרפין דטעמן שוה למתק בהן הקדירה [ע"ז סו.]. **דוגמא.** מעט צמר צבוע אדום ומעט צבוע שחור וכן בכל מיני צבע שמראה בהם דוגמא לאמר כזה תרצו או כזה תרצו [לעיל יא:]. כלומר מעט מעט כעין שמראין לדוגמא לומר רוצה אתה כזה. **לאירא.** והוא כשיעור הצריך לאירא של גרדי לסתום בו נקב שבקנים שמשם שפקעות הערב נתונה בו [שם עט.]. אירא הוא צמר או צמר גפן שסותם בו פי הקנה לאחר שהכניס בתוכו פקעיות הערב ומעביר בנקב מלא מאריג חוטין לקנה והפקעיות מתגלגלת לתוכו ולצאת אינה יכולה שנסתם הנקב [שם יא:]. דרך הגרדי להכניס צמר בקנה של ערב כדי שלא יצא הערב מן הקנה לכאן ולכאן [ב"ק קיט:]. **והאהל.** שורש עשב ששמו אהל [לעיל נ:]. אלוי"ן [לקמן קי:]. שמכבסים בו בגדים והוא עשב [ב"מ סא.]. **ושאין לו עיקר.** להתקיים בארץ בימות הגשמים כגון קיסוסין ודילועין וכיוצא בהן [ע"ז יד. וע"ש בתוס']. שורש שממנו מי ונפרים קרקע בעלמא הוא [נדה סב. וע"ש בתוס']. **אין לו שביעית.** ומותר לעשות מהן סחורה ואינו מצווה להפקירן [ע"ז שם]. **ומשתכח בנוקבא דמרגניתא.** נמצא בנקבי מרגליות העולות מתוך הים [סנהדרין מט:]. **ברמצא דפרזלא.** במסמר ארוך של ברזל [לקמן קג.]. **עטרן.** פסולת דזיפתא. לאחר שיוצא הזפת מן העץ זב ממנו על ידי האור פסולת צלול כשמן והוא עיטרן [שקורין דוזי"ש בלשון כנען] [לעיל כ:]. **מקק ספרים.** רקבונו של ספרים. אכילת התולעים [לקמן קטו.]. **דרבן.** דרבן מרדע אגויי"ן בלע"ז [שופטים ג, לא]. **לכלייא עורב.** הגג כלה ומקצר למעלה עד כאמה ומחפין אותו בברזל ובמסמרים כדי שלא ישבו העורבים עליו [מו"ק ט.]. שהיו מביאין טבלאות של ברזל אמה על אמה ובהן מסמרות גבוהין אמה קבועין ומחפין בהן ראש הגג של היכל לגרש את העורבים שלא ישבו עליו [ערכין ו. ע"ש]. כליא לשון [מגרש] את העורבים כמו כי"ל דודי כיל פרושי דאמר במסכת נדה (יז.) שהיה מגרש זבובין ממטתו בשעת תשמיש משום צניעות דאסור לשמש מטתו בפני כל חי ל"א כליא עורב מונע העורבים כמו (תהלים מ) לא תכלא רחמיך [ערכין ו. ע"ש בשמ"ק]. מסמרות חדין תוחבין בראש גג ההיכל לכלות העורבין שלא ישבו עליו [מנחות קז. וע"ש בתוס']. **נחשת לא יפחות ממעה כסף.** לא יפחות משוה מעה כסף [שם קז:]. **מחטטין.** מפילין ראש הפתילה כשהוא שרוף ובלע"ז ממוקי"ר. **ומקנחין הנרות.** של מנורה מאפרה שבתוכה [שם קז.]. **חמשה.** גרעינין [לעיל עט.].

The Gemara explains:

לְמַאי חֲזוּ – **Of what use are they?** תַּנְיָא – **A Baraisa has taught:** רַבִּי שִׁמְעוֹן בֶּן אֶלְעָזָר אוֹמֵר – **R' SHIMON BEN ELAZAR SAYS:** שֶׁכֵּן רָאוּי לַעֲשׂוֹת מִמֶּנָּה דָּרְבָן קָטָן – **FOR IT IS FIT TO BE FASHIONED INTO** the tip of **A SMALL OX-GOAD.**

The Gemara quotes a Baraisa that deals with minimum amounts of metals in a different context:

תָּנוּ רַבָּנָן – **The Rabbis taught in a Baraisa:** הָאוֹמֵר הֲרֵי עָלַי בַּרְזֶל – **IF ONE SAYS: I TAKE UPON MYSELF** to bring **IRON** to the Temple treasury, אֲחֵרִים אוֹמְרִים – **OTHERS SAY:**[31] לֹא יִפְחוֹת מֵאַמָּה עַל אַמָּה – **HE MAY NOT GIVE LESS THAN** a piece of iron **ONE** *AMAH* long **BY ONE** *AMAH* wide. Anything less than that has no significant value for the Temple.

The Gemara explains:

לְמַאי חֲזְיָא – **Of what use is** a piece **this** size? אָמַר רַב יוֹסֵף – **Rav Yosef said:** לְכַלְיָא עוֹרֵב – It is fit **to** be made into **a "crow-chaser."**[32]

The Gemara quotes another version of this Baraisa and of Rav Yosef's comment on it:

וְאִיכָּא דְּאָמְרִי – **And some say** that the Baraisa ran as follows: אֲחֵרִים אוֹמְרִים לֹא יִפְחוֹת מִכַּלְיָא עוֹרֵב – **OTHERS SAY: HE MAY NOT GIVE LESS THAN** a piece of iron large enough to be used as **A "CROW-CHASER."** וְכַמָּה – **And how much** is this? אָמַר רַב יוֹסֵף – **Rav Yosef said:** אַמָּה עַל אַמָּה – A piece of iron **one** *amah* **by one** *amah*.

The Gemara continues its quotation of the Baraisa:[33]

נְחֹשֶׁת לֹא יִפְחוֹת מִמָּעָה כֶּסֶף – If he took upon himself to bring **COPPER, HE MAY NOT GIVE LESS THAN** an amount equal to **ONE** *MA'AH* **OF SILVER.**[34]

The Gemara quotes a dissenting view:

תַּנְיָא – **We learned in a Baraisa:** רַבִּי אֱלִיעֶזֶר אוֹמֵר – **R' ELIEZER SAYS:** לֹא יִפְחוֹת מִצִּינוֹרָא קְטַנָּה שֶׁל נְחֹשֶׁת – **HE MAY NOT GIVE LESS THAN A SMALL COPPER FORK.**

The Gemara explains:

לְמַאי חֲזְיָא – **Of what use is it?** אָמַר אַבַּיֵי – **Abaye said:** שֶׁמְּחַטְּטִין בָּהּ אֶת הַפְּתִילוֹת וּמְקַנְּחִין הַנֵּרוֹת – **For one trims the wicks** of the Menorah **and cleans out** its **lamps with it.**

Our Mishnah said:

מֶקֶק סְפָרִים וּמֶקֶק מִטְפַּחַת – **THE DECAY OF SCROLLS OR THE DECAY OF THEIR WRAPS** etc.

The term מֶקֶק that the Mishnah uses for *scroll decay* is actually the name of a type of worm. This leads the Gemara to quote the following teaching here:

אָמַר רַב יְהוּדָה – **Rav Yehudah said:** מֶקֶק דְּסִיפְרֵי – **The** *mekak*-worms **of scrolls,** תְּכָךְ דְּשִׁירָאֵי – **the** *techach*-worms **of silk,** וְאִילָא דְּעִינְבֵי – **the** *ila*-worms **of grapes,** וּפֶה דִּתְאֵנֵי – **the** *peh*-worms **of figs,** וְהָה דְּרִימוֹנֵי – **and the** *hah*-worms **of pomegranates** כּוּלְּהוּ סַכַּנְתָּא – **are all dangerous** if swallowed.

The Gemara recounts a related incident:

הַהוּא תַּלְמִידָא דַּהֲוָה יָתִיב קַמֵּיהּ דְּרַבִּי יוֹחָנָן – **A certain student sat before R' Yochanan** הֲוָה קָאָכִיל תְּאֵינֵי – **and was eating figs.** אָמַר לֵיהּ – **He** suddenly **said to [R' Yochanan]:** רַבִּי קוֹצִין יֵשׁ בַּתְּאֵנִים – **"My teacher! There are thorns in the figs!"** אָמַר לֵיהּ קַטְלֵיהּ פֶּה לְדֵין – **[R' Yochanan],** realizing that what the student was actually feeling were deadly worms, **said to him: "A** *peh*-worm **has killed him!"**[35]

Mishnah הַמּוֹצִיא קוּפַּת הָרוֹכְלִין – **If one takes out a peddlers' box** on the Sabbath, אַף עַל פִּי שֶׁיֵּשׁ בָּהּ מִינִין הַרְבֵּה – **even though there are many sorts** of spices contained **in [the box],** אֵינוֹ חַיָּיב אֶלָּא חַטָּאת אַחַת – **he is liable to only one** *chatas*.[36] זֶרְעוֹנֵי גִינָּה – If one takes out **garden seeds,** פָּחוֹת מִכַּגְּרוֹגֶרֶת – he is liable for taking out a bit **less than** the volume of **a dried fig.**[37] רַבִּי יְהוּדָה בֶּן בְּתֵירָה אוֹמֵר – **R' Yehudah ben Beseirah says:** חֲמִשָּׁה – He is liable even if he takes out only **five** seeds.[38]

NOTES

31. [The Gemara states in *Horayos* (13b) that the phrase "Others say" refers to R' Meir. *Tosafos* (in *Avodah Zarah* 64b) maintain, though, that this is not a hard and fast rule.]

32. The roof of the Temple was covered with square iron plates, each one an *amah* square, whose edges were razor sharp and which were studded with nails. These were designed to keep crows from roosting on the Temple's roof (see *Rashi* here and to *Arachin* 6a; cf. *Tosafos* to *Menachos* 107a ד"ה כליה עורב).

33. The next statement also appears in a Mishnah in *Menachos* 106b.

34. A *ma'ah* is one sixth of a dinar. Anything less than this is not considered a significant amount, and we assume that his intention when he vowed was to pledge a significant amount of copper (*Ritva MHK* ed.).

35. [It seems unlikely that R' Yochanan would address this remark to his afflicted student. Indeed, *Rif* and *Rosh* do not have the reading אָמַר לֵיהּ, *he said to him,* but rather just אָמַר, *he said* (to himself). See also *Dikdukei Soferim.*]

36. These peddlers sell perfumes and aromatic spices to women. Their boxes contain many smaller boxes, each with its small bundle of spices. The Mishnah teaches that although the act of transferring such a box from one domain to another results in the transfer of *many different sorts* of spices, one is not liable separately for each individual sort, since the transfer is viewed as a single act of carrying (*Rashi; Rabbeinu Yitzchak* from the *Yerushalmi*, quoted in *Tosafos; Ramban; Maharal*'s *Gur Aryeh* to *Shabbos;* cf. *Rabbeinu Tam,* quoted in *Tosafos*).

37. Although garden seeds are edible, their minimum measure for liability is not the same as that of all other foods – a dried fig – but is fixed at somewhat less than that amount. This is because these seeds serves a two-fold function – they are commonly used both for food and for planting. The Rabbis [in accordance with the Gemara on 78a] therefore fixed their minimum at the smaller, and thus more stringent, of the two measures (*Rashi*, as explained by *Tos. Yom Tov*; cf. *Rambam commentary*; *Meiri*; cf. also *Pnei Yehoshua*'s explanation of *Rashi*).

However, taking out garden seeds will not render one liable unless the amount carried is at least close to the volume of a dried fig [for since one will generally not bother to plant a smaller measure of seeds, it is not deemed a significant burden] (*Rambam, Commentary to the Mishnah*; see, however, *Pnei Yehoshua*). *Rambam* does not say precisely how close to the volume of a dried fig this amount must be; *Tos. Yom Tov* (10:1), however, states that it is certainly not less than an olive's volume. One accordingly would not be liable for taking out garden seeds unless he takes out at least the equivalent of the volume of an olive.

38. R' Yehudah ben Beseirah disputes the Tanna Kamma (*Rambam* ibid.), and holds that one is liable for taking out as few as five garden seeds. This is because even a measure of five seeds is considered a significant burden, since that is the minimum amount one generally plants in a garden row (*Yerushalmi*). Now, the five-seed minimum holds true only so long as the volume of five-seeds is *less* than that of a dried fig. However, in the case of seeds so large that five of them are *greater* in volume than a dried fig, their minimum measure is set at the volume of a dried fig! This is in accordance with the rule set forth in the previous note – that when faced with a choice between treating garden seeds like food or like seed, the Rabbis opt for the more stringent of the two. They accordingly fix the measure of large seeds at that of all other foods – the volume of a dried fig. Thus, the minimum measure of garden seeds according to R' Yehudah ben Beseirah is either five seeds or the volume of a dried fig, whichever is less (see *Hagahos R' Elazar Moshe Horowitz*).

[Although *Rambam* states clearly that R' Yehudah ben Beseirah disputes the Tanna Kamma, *Pnei Yehoshua* (91a) infers from *Rashi* to the first Mishnah in the tenth chapter that according to *Rashi* they are actually in agreement – both hold that the minimum measure of garden seeds is five seeds; R' Yehudah ben Beseirah is simply elucidating that which the Tanna Kamma left unstated (see also *Piskei Riaz*; but see *Rav* to our Mishnah).]

במיני מתיקה שנו הואיל וראויין למתק קדירה טעמא דחזו למתק את הקדירה הא לאו הכי לא הכי נמי חזו למתק: קליפי אגוזין וקליפי רמונים סטים ופואה כדי לצבוע בגד קטן: ורמינהו: [א] המוציא סמנים שרויין כדי לצבוע בהן דוגמא לאירא (הא איתמר עלה) אמר רב נחמן אמר רבה בר אבוה לפי שאין אדם טורח לשרות סממנים לצבוע בהן דוגמא לאירא: [ב] מי רגלים: תנא מי רגלים עד בן (א) מ' יום: נתר: [ג] תנא נתר אלכסנדרית ולא נתר אנפנטרין: בורית: אמר רב יהודה זה חול והתניא הבורית והחול אלא מאי בורית כבריתא מיתיבי הוסיפו עליהן החלביצין והלעינון והבורית והאהל ואי ס"ד כבריתא כבריתא מי איתא בשביעית (ג) והתנן [ד] זה הכלל כל שיש לו עיקר יש לו שביעית ושאין לו עיקר אין לו שביעית אלא מאי בורית אהלא והתניא והבורית ואהלא (אלא) תרי גווני אהלא: קימוליא: אמר רב יהודה שלוף דוץ: אשלג: [ה] אמר שמואל שאילתינהו לכל נחותי ימא ואמרו לי שונאנה [ו] שמיה ומשתכח בנוקבא דמרגניתא ומפקי ליה ברמצא דפרזלא: **מתני'** [ז] פלפלת כל שהוא ועטרן כל שהוא מיני בשמים ומיני מתכות כל שהן מאבני המזבח ומעפר המזבח מקק ספרים ומקק מטפחותיהם כל שהוא שמצניעין אותן לגונזן [ח] רבי יהודה אומר אף המוציא משמשי ע"ז כל שהוא שנאמר [א] ולא ידבק בידך מאומה מן החרם: **גמ'** פלפלת כל שהוא למאי חזיא לריח הפה: עיטרן כל שהוא: למאי חזיא לצילחתא: מיני בשמים כל שהן: ת"ר [ג] המוציא ריח רע כל שהוא שמן טוב כל שהוא ארגמן כל שהוא [ט] ובתולת הוורד אחת: מיני מתכות כל שהן: למאי חזו תניא רבי שמעון בן אלעזר אומר שכן ראוי לעשות ממנה דרבן קטן [ט] ת"ר האומר הרי עלי ברזל אחרים אומרים [ד] לא יפחות מאמה על אמה למאי חזיא אמר רב יוסף לכלייא עורב ואיכא דאמרי אחרים אומרים לא יפחות מכלייא עורב וכמה אמר רב יוסף אמה על אמה [י] נחשת לא יפחות ממעה כסף [כ] תניא רבי אליעזר אומר לא יפחות מצינורא קטנה של נחשת למאי חזיא אמר אביי [ל] שמחטטין בה את הפתילות ומקנחין הנרות: מקק ספרים ומקק מטפחות: א"ר יהודה מקק דסיפרי תכך דשיראי ואילא דעינבי ופה דתאני והה דרימוני כולהו סכנתא ההוא תלמידא דהוה יתיב קמיה דר' יוחנן הוה קאכיל תאיני אמר ליה רבי קוצין יש בתאנים א"ל קטליה פה לדין: **מתני'** [ה] המוציא קופת הרוכלין אף על פי שיש בה מינין הרבה אינו חייב אלא חטאת אחת [מ] זרעוני גינה פחות מכגרוגרת ר' יהודה בן בתירה אומר חמשה

זרע

רש"י

במיני מתיקה. עסקינן שכולן מיני מתיקה אבל מין אחר אין מצטרף ומתניתין לא מפליג: דוגמא לאירא. מעט לומר שהוא כמין דוגמא שמראה הצבע לבע"ה כזה תחפוץ או כזה והוא כדי ליתן באירה של קנה של גרדי ושיעורה מועט: לשרות. ומתני' בשאינן שרויין והכא לשרות אינו טורח פחות מכדי בגד קטן: אנפנטרין. מקום: הוסיפו עליהם. לענין שביעית: החלביצין. לטרו"ן: והלעינון. לענה: כבריתא. גפרית: שיש לו עיקר. שנשרש בארץ ולפי דעתי מוריגא דגרסינן במס' ע"ז (ג) דבר שאין לו שורש הוא כמו זה ולא כמו שמפרשין אותו פיו"א: שלוף דוץ. לא איתפרש אבל כך שמו: ברמצא דפרזלא. פורי"דורא של ברזל: מתני' פלפלת כל שהוא. ואינו פלפל שלנו ובגמרא מפרש כל שהוא למאי חזי: מיני בשמים כל שהן. לריח טוב: מיני מתכות כל שהוא. ראוי לדרבן קטן שמלגיעין אותו לרפואה ל"ג: מקק ספרים. אכילת תולעת אוכלת הספרים ומרקבן ושמו מקק: שמצניעין אותן לגונזן. שכל דבר קדש טעון גניזה: מאומה. אלמא אחשביה קרא לאיסורא והא דתנן (לעיל דף עה:) כל שאינו כשר להצניע כו' ואוקימנא למעוטי עצי אשירה דלא כר' יהודה: גמ' לצילחתא. כאב חצי הראש: ריח רע. שמעשנין בהן חולין ותינוקות כגון תלתים להבריח מעליו מזיקין: ארגמן. צבע שצובעין בו ארגמן וטעמא לא איתפרש ול"נ שגם הוא ראוי להריח: בתולת הוורד. עלה של וורד בחור אחת: מיני מתכות כל שהוא. מתני' היא: הרי עלי ברזל. לבדק הבית: לכליא עורב. טבלאות של אמה (ג) היו עושין והן חדין כסכין סביבותיהם ומסמרין חדין בכולן ומחפין בהן גגו של היכל למנוע את העורבים מלישב: ממעה כסף. נחשת שוה מעה כסף: צנורא. מזלג קטן (ד) [כעין] שטוין בו זהב ולבדק הבית למאי חזי: שמוחטין בו פתילות. ומנקבין (ם) ראשיהן לעדויי חושכן מוקיי"ר בלע"ז: מקק דסיפרי תכך דשיראי. כל אלו תולעין הן שבכל מין ומין וחלוקין בשמותיהם תכך איילא פה הה: כולהו סכנתא. לאוכלן: קוצים יש בתאנים. היה תולעת יושב ונוקב בגרונו ודומה שהוא קוץ: קטליה פה לדין. הרגו פה לדין: מתני' רוכלין. מוכרי בשמים לקישוטי נשים ויש להן קופות קטנות לצרורות בשמים: אינו חייב אלא חטאת אחת. דכולה חדא הוצאה היא: פחות מכגרוגרת. דאע"ג דכל האוכלין שיעורן כגרוגרת הני כיון דלזריעה קיימי בפחות מכגרוגרת נמי מיחייב:

זרע

תוספות

הואיל וראויין למתק הקדירה. הוצרך ליה למימר כדפי' בסוף כלל גדול (דף עו. ושם) וא"ת היכי מיירי אי בנותנין טעם אפילו שאר מינין נמי ואי אין בהם נותן טעם אפי' מיני מתיקה נמי לא וי"ל דאפילו בשיש בהן נותן טעם שרי בשאר מינין דנותנין טעם לפגם הוא. ר"י:

מי רגלים בן מ' יום. אין גירסא זו נכונה דמשמע של קטן בן מ' יום ובנדה פרק האשה (דף סג.) גבי ז' סממנין מעבירין קתני כל הני דהכא ומי רגלים וקא בעי התם בגמרא דילד או מזקן ולית דגרסי של מ' יום ואין נראה דהתם נמי תניא ומי רגלים שהחמיצו וכמה חימוצן שלשה ימים ונראה כספרים דגרסי עד מ' יום דמג' ימים עד מ' מעבירין אותם על הכתם אבל תוך ג' ולאחר מ' אין מעבירין: **בורית** זה החול. ואע"ג דבפ' המוציא (לעיל פ:) יהיב בחול שיעורא אחרינא כדי ליתן על פי כף של סיד אומר רבינו תם דהתם מיירי בחול שנותנין בסיד אבל הכא איירי בחול שמלבנין בו את הבגדים ולספרים דגרסי הכא בורית זה אהלא אתי שפיר: **תרי** גווני אהלא. ולעיל דלא שני תרי גווני חול (מ) או לגירסא אחרת תרי גוונא אהלא משום דקים ליה דליכא בהו תרי גוונין ויש ספרים דגרסי לעיל מאי בורית אהלא ולפי זה אתי שפיר דה"ק לעולם כדאמר מעיקרא דבורית זה אהלא ותרי גווני אהלא:

לא יפחות ממעה כסף. תימה לר"י דלא יפחות מפרוטה הוה ליה למימר כי היכי דתניא בפרק בתרא דמנחות (דף קו:) הרי עלי זהב לא יפחות מדינר זהב כסף לא יפחות מדינר כסף:

מכליא עורב. בערוך בערך כל פי' דבמקדש ראשון מפני רוב קדושה שהיתה בו לא הוה צריך כליא עורב וליתא דבפ"ק דמועד קטן (דף ט.) מוכח בהדיא שהיה במקדש ראשון כליא [ל] עורב:

המוציא קופת הרוכלין אע"פ שיש בה מינין הרבה אינו חייב אלא אחת. תימה דמאי קמ"ל פשיטא דאפילו בהוציא וחזר והוציא אינו חייב אלא אחת כמו בקצר וחזר וקצר כ"ש בבת אחת ואפילו רב יוסף דמחייב אליבא דר' אליעזר בקצר וחזר וקצר בפרק אמרו לו (יומא דף טו.) בהוצאה אחת פשיטא דפטור ותירץ ר"ת דמיירי כגון שנודע לו על מין זה ונתכפר וחזר ונודע לו על מין אחר אפ"ה פטור דהוי הכל כמו דבר אחד ואע"ג דבפרק המצניע (לקמן צג:) תניא ואם היה כלי צריך לו חייב אף על הכלי ומוקי לה רב אשי ששגג בזה ובזה ונודע לו וחזר ונודע לו ובפלוגתא דרבי יוחנן ור"ל דוקא בכלי ואוכלים שבתוכו מחלקין ידיעות אבל באוכלין שבתוך הכלי אפילו כפרות אין מחלקות ור"י מצא בירושלמי אילו הוציא והוציא כלום הוא חייב אלא אחת לא נצרכה אלא לר"א שלא תאמר מינים הרבה יעשו כהעלמות הרבה ויהא חייב על כל אחת ואחת קמ"ל פי' דס"ד דמינים מחלקין כדא"ר יהושע תמחוין מחלקין[ק] ומיהו ה"ל להזכיר ר' יהושע:

אם

עין משפט נר מצוה

לה א מיי' פי"ח מהל' שבת הלכה ח:
לו ב ג שם הלכה ה:
לז ד מיי' פ"ב מהלכות ערכין הלכה ט:
לח ה מיי' פי"ח מהל' שבת הלכה כח:
לט ו שם הלכה ו:

ליקוטי רש"י

במיני מתיקה שנו. שכולן טעמן מתוק ומש"ה מצטרפין דטעמן שוה למתק בהן הקדירה [ע"ז סו.]. דוגמא. מעט למר צבוע אדום ומעט צבוע שחור וכן בכל מיני צבע שמראה בהם דוגמא לאמר כזה תרצו או מה תרצו [לעיל יא:]. כלומר מעט כעין שמראין לדוגמא לומר רוצה אתה בזה. לאירא. והוא כשיעור הצריך לאירא של גרדי לסתום פי קנה שפקעית הערב נתונה בו [שם עט.]. אירא הוא למר או למר גפן שסותם בו פי הקנה לאחר שהניח בתוכו פקעיות הערב ומשייר בנקב מלא חוט לאריג חורקו לקנה והפקיע מתגלגל לתוכו ולצאת אינה יכולה שנסתם הנקב [שם יא:]. דרך הגרדי להניח למר בקנה של ערב כדי שלא יצא הערב מן הקנה לכאן ולכאן [ב"ק קיט:]. והאהל. שורש עשב ששמו אהל [לעיל נ:]. אלוי"ן [לקמן קי:]. שמכבסים בו בגדים והוא עשב [ב"מ פא.]. ושאין לו עיקר. להתקיים בארץ בימות הגשמים כגון קישואין ודילועין וכיוצא בהן [ע"ז יד. וע"ש בתוס']. שורש שממנו מי וגפרית קרקע בעלמא הוא [נדה סב. וע"ש בתוס']. אין לו שביעית. ומותר לעשות מהן סחורה ואינו מצווה להפקירן [ע"ז שם]. ומשתכח בנוקבא דמרגניתא. נמצא בנקבי מרגליות העולות מתוך הים [סנהדרין מט:]. ברמצא דפרזלא. במסמר ארוך של ברזל [לקמן קג.]. עטרן. פסולתא דזיפתא, לאחר שיוצא הזפת מן העץ זב ממנו על ידי האור פסולת צלול כשמן והוא עיטרן [שקורין דוזי"ט בלשון כנען] [לעיל כ:]. מקק ספרים. רקבובית של אכילת התולעים [לקמן קטו.]. דרבן. מלמד הוא דרבן מרדע אגויל"ן בלע"ז [שופטים ג, לא]. לכלייא עורב. הגג כלה ומקצר למעלה עד כאמה ומחפין אותו שם בברזל ובמסמרים כדי שלא ישבו העורבים עליו [מו"ק ט.]. שהיו מביאין טבלאות של ברזל אמה על אמה ובהן מסמרות גבוהין אמה קבועין ומחפין בהן ראש הגג של היכל לגרש את העורבים שלא ישכנו שם כליא לשון [מגרש] את העורבין כמו כייל דודי כייל פרוזי דאמר במסכת נדה (יז.) שהיה מגרש וזובין ממטתו בשעת תשמיש משום לניעות דאסור לשמש מטתו בפני כל חי ל"א כליא עורב מונע העורבים כמו (תהלים מ) לא תכלא רחמיך [ערכין ו. ע"ש בשמ"ק]. מסמרות חדין תוחבין בראש גג ההיכל לכלות העורבין שלא ישבו עליו [מנחות קז. וע"ש בתוס']. נחשת לא יפחות ממעה כסף. לא יפחות משוה מעה כסף דמיימי [נחושת] שוה מעה כסף [שם קו:]. מחטטין. מפילין ראש הפתילה כשהוא שרוף ובלע"ז ממוקי"ר. ומקנחין הנרות. של מנורה מאפרה שבתוכה [שם קו.]. חמשה. גרעינין [לעיל עט.].

מסורת הש"ס

א) לעיל עט., ב) נדה סב. ע"ש, ג) [צ"ל והתניא], ד) ע"ז יד. נדה סב., ה) נדה סב., ו) [גי' הערוך ערך שלג שלגא וכנדה סב. איתא אשלגא], ז) [עי' תוס' לקמן לד. ד"ה את המת], ח) [פי' שושן סתום ורבינו האי גאון היה שונה פתילת הוורד שעושין מצמר גפן לבוע כמין וורד וקורין אותו וורד. ערוך ערך בתולן, ט) מנחות קז. ע"ש, י) [מנחות קו:], כ) [שם קז. ושם איתא ר"א בן יעקב], ל) [גי' הערוך שמוחטין ועי' בילה לג:], מ) לעיל עט., נ) ד' יד. ותרי גוונא תורניס' נינהו, ס) צ"ל ומקנבין, ע) [דף סג.], פ) רש"ל מ"ז ועי' מהרש"א, ל) [וכערכין ו. ד"ה כגון כו' כתבו ישוב נכון ע"ש וכ"כ במנחות קז. ד"ה כלי], ק) ומיהו היה לו להזכיר ר' יהושע אלא ר"ל ר"א דמחייב אתולדה במקום אב רש"ל.

רב נסים גאון

האומר הרי עלי ברזל לא יפחות מאמה על אמה למאי חזי אמר רב יוסף לכלה עורב. תמצאנו במסכת מדות בפרק ד' ההיכל מאה על מאה על רום מאה האוטם ו' אמות וגובהו ארבעים אמה אמה כיור ואמתים [בית] דילפה אמה תיקרה ואמה מעזיבה וג' אמות מעקה ואמה כלה עורב ר' יהודה אומר לא היה כלה עורב עולה מן המדה אלא ד' אמות (עולה) היה מעקה וכגון זה במנחות (דף קז) בפרק הרי עלי עשרון:

הגהות הב"ח

(א) גמ' מי רגלים עד מ' יום כצ"ל ותיבת בן נמחק: (ב) רש"י ד"ה שיש לו עיקר וכו' שאין לו עיקר הוא כמו: (ג) ד"ה לכליא עורב [וכו'] של אמה על אמה הי': (ד) ד"ה צנורא מזלג קטן הס"ד ואח"כ מ"ה שמוחטין בו פתילות ומקנבין ראשיהן כצ"ל ותיבות שטוין בו זהב לבדק הבית למאי חזי נמחק:

תורה אור השלם

א) וְלֹא יִדְבַּק בְּיָדְךָ מְאוּמָה מִן הַחֵרֶם לְמַעַן יָשׁוּב יְיָ מֵחֲרוֹן אַפּוֹ וְנָתַן לְךָ רַחֲמִים וְרִחַמְךָ וְהִרְבֶּךָ כַּאֲשֶׁר נִשְׁבַּע לַאֲבֹתֶיךָ: [דברים יג, יח]

אם לנטיעה שתים. פי' אותם שהם ראויים לנטיעה אי נמי כלומר במקום שרגילין לנוטען והוי סתמא לנטוע דאי במוציא ממש לנטיעה הא אמר בריש פ' המצניע (לקמן צא.) מחייב היה ר' מאיר במוציא חטה אחת לזריעה: שמצניעין אותו לחזיר. פירוש שראוי ליתן לעובד כוכבים או למכור לו אבל ישראל אסור לגדל חזיר: דלא לימרו מיכל קא אכיל ליה ועבר משום בל תשקצו. אומר רשב"א דמשמע מכאן דחגב טהור אין טעון שחיטה דאלא קאמר דלא לימרו דקאכיל ליה בלא שחיטה ועוד דת"ק קאמר בסמוך דחגב חי טמא דילמא מיית ואכיל ליה ובטהור לא חייש והיינו משום דמותר בלא שחיטה ובתוספתא דמסכת תרומות [ז] תניא אוכל אדם חגבים בין חיין בין שחוטין ואע"ג דאסור לאכול חי משום בל תשקצו מ"מ מותר לחתוך ממנו אבר ולאוכלו על ידי רחיצה ואין בו משום אבר מן החי ורש"י הביאו באלו טרפות (חולין דף סו.) מה"ג דמפיק חגבים אין טעונין שחיטה מדכתיב ואת כל נפש החיה הרומשת במים אלו דגים ואת כל נפש השורצת אלו חגבים מדכתיב חגבים אחר דגים משמע דאין טעונין שחיטה כדגים ואפילו עוף הוה פטרינן ליה בולא כלום אי לאו דהוקש לבהמה כדאמר בהשוחט (שם כז:) [ז]:

ועובר משום בל תשקצו. משמע דשושיבא שרי ואומר ר"ת דבפ"ב דמס' ע"ז (דף לז.) גבי איל קמצא דמפרש רב פפא דהיינו שושיבא ורב חייא בר אשי אמר משמיה דעולא סוסבל וקאמר התם דבראשו ארוך היינו שושיבא כ"ע לא פליגי דאסור ל"ג דאסור אלא גרס כ"ע לא פליגי דשרי דהכא משמע דשושיבא שרי ולית ביה אלא משום בל תשקצו וסתם מתניתין דפרק אלו טריפות (חולין דף סה:) שרי ראשו ארוך לכך נראה לר"ת דגרס כ"ע לא פליגי דשרי [ח]:

הדרן עלך א"ר עקיבא

המצניע וכל אדם אין חייבין עליו אלא כשיעורו. תימה לר"י דאמאי איצטריך למיתני ליה הא תנא ליה חדא זימנא בפרק כלל גדול (לעיל דף עה:) (ו) ושאינו כשר להצניע אינו חייב אלא המצניע [ט]:

מתקיף

זרע קישואין שנים זרע דילועין שנים זרע פול המצרי שנים (א) [א] חגב חי טהור כל שהוא מת כגרוגרת צפורת כרמים בין חיה בין מתה כל שהוא שמצניעין אותה לרפואה ר' יהודה אומר אף המוציא חגב חי טמא כל שהוא שמצניעין אותו לקטן לשחוק בו: גמ' ורמינהי [ב] זבל וחול הדק כדי לזבל קלח של כרוב דברי ר"ע וחכמים אומרים כדי לזבל כרישא [ג] אמר רב פפא הא דזריע הא דלא זריע לפי שאין אדם טורח להוציא נימא אחת לזריעה: זרע קישואין: ת"ר [ג] המוציא גרעינין אם לנטיעה שתים אם לאכילה כמלא פי חזיר וכמה מלא פי חזיר אחת אם להסיק כדי לבשל ביצה קלה אם לחשבון שתים אחרים אומרים חמש ת"ר [ג] המוציא שני נימין מזנב הסוס ומזנב הפרה חייב שמצניעין אותן לנישבין מקשה של חזיר אחת צורי דקל שתים תורי דקל אחת: ציפורת כרמים בין חיה בין מתה כל שהוא: מאי ציפורת כרמים אמר רב פליא ביארי אמר אביי ומשתכח בדיקלא דחד נבארא ועבדי לה לחוכמא אכיל ליה לפלגא דימיני' ופלגא דשמאליה רמי לה בגובתא דנחשא וחתים לה בשיתין גושפנקי ותלי לה באיברא דשמאלא וסימניך [א] לב חכם לימינו ולב כסיל לשמאלו וחכים כמה דבעי וגמר כמה דבעי ואכיל ליה לאידך פלגא דאי לא מיעקר תלמודו: ר' יהודה אומר אף המוציא כו': ותנא קמא סבר לא מאי טעמא דילמא אכיל ליה ° אי הכי טהור נמי דהא רב כהנא הוה קאים קמיה דרב והוה קמעבר שושיבא אפומיה אמר ליה שקליה דלא לימרו מיכל קאכיל ליה וקעבר משום [ב] בל תשקצו את נפשותיכם אלא דילמא מיית ואכיל ליה ורבי יהודה אי מיית קטן מיספד ספיד ליה:

הדרן עלך אמר רבי עקיבא

המצניע [ד] לזרע ולדוגמא ולרפואה והוציאו בשבת חייב בכל שהוא וכל אדם אין חייב עליו אלא כשיעורו חזר והכניסו אינו חייב אלא כשיעורו: גמ' למה ליה למיתני המצניע ליתני המוציא לזרע ולדוגמא ולרפואה חייב בכל שהוא אמר אביי הכא במאי עסקינן [ה] כגון שהצניעו ושכח למה הצניעו והשתא קא מפיק ליה סתמא מהו

זרע קישואין. משום הוא וחייב בשני גרגרין: המוציא חגב חי (ב) כל שהוא. שמצניעין אותו לקטן לשחק בו כדמפרש רבי יהודה בסיפא דמתני': מת. הרי הוא כשאר אוכלין וחייב בכגרוגרת: ציפורת כרמים. לקמיה מפרש מאי היא ומאי רפואתו: שמצניעים אותו לקטן כו'. ות"ק מאי טעמא נמי מחייב ליה בחגב טהור ומיהו אטמא פליג דלא מצנעי ליה לשחק דילמא אכיל ליה כדלקמן: גמ' כדי לזבל. אלמא זרע הבא מגרעין אחד חשיב: הא דזריע. מאחר שהן זרועין חשיב כל אחד ואחד ואדם טורח לזבל אחד מהם אבל דלא זריע אין אדם טורח לזרוע גרגיר אחד: המוציא גרעינין. גרעיני תמרה: ביצה קלה. כגרוגרת מבילה שהיא קלה לבשל וזו של תרנגולת: לחשבון. כמו שנותנים לסימן עדות (ג) לכל דינר פשוט: אחרים אומרים ה'. דעד ד' כללות חשיב אינים ולא מינשי ואין צריך לתת סימן אבל חמש מינשי ומותיב סימנא לכולהו: לנישבין. לצוד עופות ובלע"ז ליצ"ש: מקשה של חזיר. נימין קשין שבשדרה של חזיר: אחת. דחזיא לאושכפי לתת בראש המשיחה של תפירה: צורי דקלים. נצרים קלופים לעשות סלים: שתים. לשתי בתי נירין: תורי דקל. דקין מצורי והן מן הסיב הגדל סביבותיו ° ולא ידעתי למאי [ד] חזי: פיילי ביירי. כך שמו: ומשתכח בדיקלא דחד נבארא. בדקל בחור שלא נכרך עדיין אלא בסיב א' שגדל סביבותיו וכורכו: לחוכמא. לפתוח הלב: גובתא. קנה: שיתין. לאו דוקא אלא מכסהו כסויין הרבה כגון זפת ושעוה על גבה ואדמה: גושפנקי. חותמות: ותלי ליה באיברא דשמאל'. בזרוע השמאלי: וסימן לב כסיל. כגון זה שצריך לפקח לב לשמאלו: ואכיל לאידך פלגא. בתר דאחכים: ואי לא. אכיל ליה אלא שדי ליה: מיעקר תלמודו. וחכמתו שלמד על ידו נעקר ממנו: ות"ק סבר. חגב טמא לא מצנעי' ליה לקטן לשחק: דילמא אכיל. ואפי' למאן דאמר קטן אוכל נבלות אין ב"ד מצווין עליו להפרישו מודה הוא דלא יהבינן ליה בידים דתניא (יבמות דף קיד.) לא תאכלום לא תאכילום להזהיר גדולים על הקטנים: אי הכי טהור. אי נמי דילמא אכיל ליה ואי משום דאין בו איסור אבר מן החי דחגב אין טעון שחיטה אית ביה מיהא [ה] משום בל תשקצו במסכת מכות (דף טז:) כדרב כהנא כו': שושיבא. מין חגב טהור: אלא. לאו משום דחיים דילמא אכיל לי' חי אלא דילמא מיית ואכיל לי' וקאכיל טמא אבל טהור ש"ד: מיספד ספיד ליה. תינוק ולאו אורחיה למיכליה:

הדרן עלך א"ר עקיבא

המצניע בכל שהוא. דהא אחשביה: אלא כשיעורו. בכל אחד שיעור המפורש לו בזרעונין חמשה זרע קישואין או דילועין או פול המצרי שנים ובשאר דברים כגון יין או אוכלין או גמי כשיעור המפורש בכלל גדול ובהמוציא: חזר והכניסו. זה שהצניע פחות מכשיעור והוציאו אם חזר ונמלך שלא לזורעו והכניסו: (ד) אינו חייב. בהכנסה זו אלא אם כן יש בו שיעור שלם דכיון דנמלך עליו שלא לזורעו ביטל מחשבתו והרי הוא ככל אדם: גמ' ליתני המוציא זרע בכל שהוא חייב. ואף על גב דלא אצנעיה מעיקרא להכי דהא דבעינן שיעורא היינו טעמא כדאמרן שאין אדם טורח להוציא נימא אחת לזריעה הלכך מוציא סתם פטור עד שיהא בו שיעור אבל זה שהוציא נימא אחת לזריעה בהדיא גלי דעתיה דטרח ואחשביה: אמר אביי. ודאי מוציא לזריעה חייב ואף על גב דלא אצנעיה מעיקרא ומתניתין דבעי מצניע במוציא סתם קאמר כגון לטלטלו מבית לבית דאינו חייב אלא משום דאחשביה בהצנעתו ואם תאמר כבר שנו בכלל גדול (עה:) (ה) כל שאינו כשר להצניע אינו חייב אלא מצניע הא מצניע חייב הכא במאי עסקינן דאיצטריך למתנייה כגון שהצניעו האי מצניע לזרע או לדוגמא ושכח למה מצניעו והשתא מפיק ליה סתמא לטלטלו מבית לבית:

מהו

עין משפט נר מצוה

מ א מיי' פי"ח מהלכות שבת הלכה יח: מא ב שם הלכה ז: מב ג שם הלכה יג: מג ד ה מיי' שם הלכה כ כא:

גליון הש"ס

גמ' אי הכי טהור נמי. עי' משנה למלך פרק ז' הלכה ט מה' מאכ"א: רש"י ד"ה תורי דקל ולא ידעתי כו'. עי' ברכות דף כה ע"ב רש"י ד"ה מאן שמעת ליה:

רבינו חננאל

וכי תנן זרע קישואין שנים וזרע דלועין שנים זרע פול המצרי שנים רמינן עלה למה לי שנים במעה אחת ליחייב דהא לענין זבל וחול הדק כדי לזבל כרישא אחת אמר רב פפא כד זריע מזבל אפילו בחטה אחת לפיכך חייב על זבל שיש בו שיעור לזבל אחת אבל לזרוע בתחלה אין אדם טורח להוציא נימה אחת לזריעה: א) אירא ונקרא עירא בלשון ארמי [אורזא] כמין מוך חתיכה קטנה מן הצמר או מן הפשתן או מן צמר של גפנים שאורגין אותן בתוך מטפחות (ספג כמו) [של] מילת נקראת בל' ישמעאל כמל והרבה צובעין אותן. צורי דקל ותורי דקל. צורי דקל הוצין שחולקין אותן לשנים וג' וארבעה וקולעין אותן או שמלפפין אותן ועושין אותן כמין חבל. תורי דקל קליפי חריות והיינו ריתא. ב) ויש שפירשוהו נבארא שהוא ליף בלשון ישמעאל ולא דמי כי נבארא סיב נקרא. צפורת כרמים ממיני חגבים רבנן סברי חגב חי [טהור] כל שהוא מפני שמצניעין אותו לקטן לשחק בו כדכתיב התשחק בו כצפור ותקשרנו לנערותיך אבל חגב מת כאוכלין דמי ושיעורו כגרוגרות ודווקא טהור ור' יהודה סבר אף טמא חי כל שהוא ואמרינן ת"ק מ"ט לא אמר חגב חי טמא כל שהוא אמר לך ת"ק אי רגילי אינשי להצניע חגב טמא לקטן לשחק בו דלמא אתי למכליה ואקשי' חגב חי טהור נמי לא ליהבו ליה לקטן דלמא אתי למכליה כשהוא חי ואית ביה משום בל תשקצו דהא רב קאמר ליה לרב כהנא לא תעביר שושיבא אפומך דלא לימרו קא אכיל ליה וקא עבר משום בל תשקצו ושושיבא הוא איל קמצא וכבר העידו על איל קמצא דהוא דכן אמרי לך רבנן לא רגיל שום קטן למיכל דבר חי והאי דלא יהבי ליה לקטן חגב חי טמא לשחק בו לאו דלמא אכיל ליה כשהוא חי אלא דילמא מאית ואכיל ליה ור' יהודה סבר כשהוא משחק בחגב קטן או מאית בין טהור הוא בין טמא הוא קשי ליה ומיספד ספיד ליה אבל מיכל לא אכיל ליה:

הדרן עלך אמר ר"ע

פ"י המצניע. כבר מפורש בפירקא קמא כל שאינו כשר להצניע ואין מצניעין כמוהו אם הוציאו בשבת אין חייב עליו אלא המצניע ... להצניע ... לזרע או לדוגמא ולרפואה והוציאו בשבת חייב עליו בכל שהוא ואלמלא שהצניעו לא היה חייב עליו ואחרים שלא הצניעוהו אין חייבים עליו אלא כשיעור. למה לי למיתנא המצניע לזרע ליתני המוציא לזרע ... אמר אביי הכא במאי עסקינן כגון שהצניעו ושכחו למה הצניעו וקא מפיק ליה בסתמא ...

מסורת הש"ס

א) לעיל עט. פ:, ב) [לעיל עט.], ג) [תוספתא פ"ט], ד) [ובערוך ערך מר כתב לחזי לספור פי' דלעת ע"ש], ה) משום בל תשקצו דמלקים הוא וכל דבר מיאוס אית בי' משום בל תשקצו כדאיתא במס' מכות וכו' כל"ל, ו) [פ"ט], ז) [וע"ע תוס' ע"ז לז. ד"ה לעולם ותוס' חולין סו. ד"ה כמאן], ח) [בחולין סה: כתבו וכן הלא בספר ישן וכע"ז לז: ד"ה כראשו כתבו וגר' ז' נגלה בפי' ר"ת], ט) ועתוס' מייסד תמי' זו.

הגהות הב"ח

(א) גמ' פול המצרי שנים המוציא חגב: (ב) רש"י ד"ה המוציא חגב חי טהור כל שהוא: (ג) ד"ה לחשבון וכו' לסימן לכל כל"ל ותיבת עדות נמחק:

פרק י

(ד) רש"י ד"ה חזר והכניסו וד"ה אינו חייב הד"א: (ה) ד"ה אמר אביי וכו' בכלל גדול וכל שאינו כשר להצניע ואין מצניעין כמוהו אינו חייב כל"ל והד"א עם ד"ה מהו דמיתא וד"ה בטלה וד"ה קמ"ל דכל: (ו) תוס' ד"ה המצניע וכו' בפ' כלל גדול וכל שאינו כשר להצניע ואין מצניעין כמוהו אינו חייב:

רב נסים גאון

זרע פול המצרי שנים פול המצרי הוא אל לוביה בלשון ישמעאל והן דמות פולים קטנים ביותר ובאמצעיתן שחור תמצא דבר זה מפורש בתלמוד (ירושלמי כלאים פ"ח) כלאים פול המצרי כו' דהוא רטיב אינון צווחין ליה לובי כד דהוא נגיב אינון צווחין ליה פול המצרי: דהא רב כהנא הוה קאי קמיה דרב והוה קא מעבר שושיבא אפומיה שושיבא הוא ממיני ארבה וביאור דבר זה במסכת ע"ז בפרק אין מעמידין (דף לז) מאי איל קמצא רב פפא אמר שושיבא:

סליק פרק אמר רבי עקיבא

תורה אור השלם

א) לֵב חָכָם לִימִינוֹ וְלֵב כְּסִיל לִשְׂמֹאלוֹ: [קהלת י, ב]

ב) אַל תְּשַׁקְּצוּ אֶת נַפְשֹׁתֵיכֶם בְּכָל הַשֶּׁרֶץ הַשֹּׁרֵץ וְלֹא תִטַּמְּאוּ בָּהֶם וְנִטְמֵתֶם בָּם: [ויקרא יא, מג]

ליקוטי רש"י

פול המצרי. מין קטנית [ושמו] פאזול"א [מנחות ל:]. ציפורת כרמים. מין ארבה דאין לו גבחת [חולין סה.]. כרישא. קפלוט ושיעוריה זוטר משל כרוב [לעיל פ:]. הא דזריע. דבלא אחד חשוב. נימא. גרעינין [שם עט.]. ביצה קלה. כבר מפורש ...

(לעיל פ:) שזה ביצת תרנגולת שהיא קלה לבשל ולא כשיעור כל ביצה שיערו אלא כגרוגרת מבילה קלה [שם פ:]. ... לנישבין. ... צורי דקל. ... נבארא. ... שושיבא. מין חגב ... וכל אדם אין חייבין עליו אלא כשיעורו. ...

חשק שלמה על רבינו חננאל א) דברי רבינו ... ב) נראה דצ"ל ...

ערוך ערך ...

זֶרַע קִישּׁוּאִין – If one takes out **cucumber seeds,** שְׁנַיִם – he is liable for taking out **two** seeds;[1] זֶרַע דִילוּעִין – if **gourd seeds,** שְׁנַיִם – for **two** seeds; זֶרַע פּוֹל הַמִּצְרִי – if **seeds of the Egyptian bean,** שְׁנַיִם – for **two** seeds. חָגָב חַי טָהוֹר – If one takes out **a live kosher locust,** כָּל שֶׁהוּא – he is liable **whatever its [size];**[2] מֵת – if **a dead** kosher locust, כִּגְרוֹגֶרֶת – for one **equivalent to** the volume of **a dried fig.**[3] צִפּוֹרֶת כְּרָמִים בֵּין חַיָּה בֵּין מֵתָה – If one takes out **a bird of the orchards** (a type of locust),[4] **whether alive or dead,** כָּל שֶׁהוּא – he is liable **whatever its [size],** שֶׁמַּצְנִיעִין אוֹתָהּ לִרְפוּאָה – **since [people] store it for** the purposes of **healing.**[5] רַבִּי יְהוּדָה אוֹמֵר – **R' Yehudah says:** אַף הַמּוֹצִיא חָגָב חַי טָמֵא – **Even** if **one takes out a live non-kosher locust** כָּל שֶׁהוּא – he is liable **whatever its [size],** שֶׁמַּצְנִיעִין אוֹתוֹ לְקָטָן לִשְׂחוֹק בּוֹ – **since [people]** will **store [a live locust] for a child to play with.**[6]

Gemara The Mishnah stated that one who takes out garden seeds is liable only if he takes out close to the volume of a dried fig. The Gemara takes note of an apparent contradiction between this ruling and the ruling of an earlier Mishnah:

וּרְמִינְהִי – **But contrast** what is stated in **[the following Mishnah]**[7] to the ruling of our Mishnah: זֶבֶל וְחוֹל הַדַּק – If one takes out **FERTILIZER OR FINE SAND** on the Sabbath, כְּדֵי לְזַבֵּל קֶלַח שֶׁל כְּרוּב – he is liable if he takes out **ENOUGH TO FERTILIZE A** single **STALK OF CABBAGE.** דִּבְרֵי רַבִּי עֲקִיבָא – **THESE ARE THE WORDS OF R' AKIVA.** וַחֲכָמִים אוֹמְרִים – **BUT THE SAGES SAY:** כְּדֵי לְזַבֵּל כְּרֵישָׁא – He is liable if he takes out **ENOUGH TO FERTILIZE A** single **LEEK.** We see that this Mishnah deems significant even a plant that grows from a single seed. But our Mishnah rules that a single garden seed is not significant enough to render one who takes it out liable! These Mishnahs thus contradict one another!

The Gemara resolves the contradiction:

אָמַר רַב פָּפָּא – **Rav Pappa said:** הָא דִּזְרִיעַ – In **this** case (i.e. of the earlier Mishnah), since the seed **has** already **been planted,** the amount needed to fertilize it is deemed significant, for a person will generally go to the trouble of fertilizing even a single growing plant. One who takes out fertilizer or sand sufficient for only a single plant is therefore liable. הָא דְּלָא זְרִיעַ – In **this** case (i.e. of our Mishnah), however, since the seed **has not** yet **been planted,** it is not deemed significant. לְפִי שֶׁאֵין אָדָם טוֹרֵחַ לְהוֹצִיא נִימָא אַחַת לִזְרִיעָה – **For a person will not** generally **bother to take out a single seed for planting.** One is therefore not liable for taking out a single unplanted seed; he must take seeds out in quantity.

The Mishnah stated:

זֶרַע קִישּׁוּאִין – If he takes out CUCUMBER SEEDS, etc.

The Gemara cites a Baraisa:

תָּנוּ רַבָּנָן – **The Rabbis taught** in a Baraisa: הַמּוֹצִיא גַּרְעִינִין – IF ONE TAKES OUT date PITS: אִם לִנְטִיעָה – IF they are meant FOR PLANTING,[8] שְׁתַּיִם – he is liable if he takes out TWO pits.[9] אִם לַאֲכִילָה – IF they are meant FOR FEEDING animals, כִּמְלֹא פִּי חֲזִיר – he is liable if he takes out AS MUCH AS A PIG'S MOUTHFUL.[10]

The Baraisa interrupts:

וְכַמָּה מְלֹא פִּי חֲזִיר – AND HOW MANY pits constitute A PIG'S MOUTHFUL? אַחַת – ONE pit.

The Baraisa continues:

אִם לְהַסִּיק – IF the pits are meant FOR FUELING a fire, כְּדֵי לְבַשֵּׁל בֵּיצָה קַלָּה – he is liable if he takes out ENOUGH TO COOK a dried fig's worth of AN EASILY COOKED EGG.[11] אִם לְחֶשְׁבּוֹן – IF they are meant FOR remembering A TALLY,[12] שְׁתַּיִם – he is liable if he takes out TWO pits. אֲחֵרִים אוֹמְרִים – OTHERS SAY: חָמֵשׁ – He is not liable until he takes out FIVE pits.[13]

The Gemara cites another Baraisa:

תָּנוּ רַבָּנָן – **The Rabbis taught** in a Baraisa: הַמּוֹצִיא שְׁנֵי נִימִין מִזְּנַב הַסּוּס וּמִזְּנַב הַפָּרָה – If ONE TAKES OUT to another domain TWO

NOTES

1. Since cucumber seeds are more valuable than ordinary garden seeds, even two of them are deemed a significant burden, and will render one liable (*Rashi*). Both the Tanna Kamma and R' Yehudah ben Beseira are in agreement concerning this measure (*Rambam, Comm.*).

2. [I.e. even if it is smaller than the volume of a dried fig.] The reason for this is that people will store a live locust for use as a children's plaything (*Rashi;* see further on in the Mishnah). [It is accordingly deemed a significant burden, and will render one liable whatever its size.]

See note 6 for this Tanna's opinion regarding a live *non-kosher* locust.

3. For a dead locust is like any other food (see below, note 28); therefore, its minimum measure for liability is equivalent to the volume of a dried fig (*Rashi*).

4. It is clear from the Gemara in *Chullin* (65a) that a "bird of the orchards" is a type of locust (see *Rashi* there ד״ה צפורת כרמים). This is also the stated opinion of *Rabbeinu Chananel* and *Aruch* [ע׳ צפור]; however, cf. *Rav;* see *Sfas Emes*.

We have translated כְּרָמִים as *orchards*, as opposed to its usual translation as *vineyards* in accordance with the Gemara, which states that this locust lives not in vineyards, but in palm trees. The translation follows *Radak* (*Sefer HaShorashim* שרש כרם) who explains that the word כֶּרֶם (singular of כְּרָמִים) is used to denote any group of trees planted close together – i.e. an orchard.

5. [And anything stored for such purposes will render one liable whatever its size (see beginning of Chapter 10).] The Gemara below will identify this "bird of the orchards," and will explain to what healing purpose it is put (*Rashi*).

6. The Tanna Kamma disputes R' Yehudah, and holds that one is not liable for taking out a live *non-kosher* locust of minuscule size. However, the Tanna Kamma agrees that the reason one is liable for carrying a live *kosher* locust whatever its size is because people will store it to give to a child (see note 2). Nonetheless, the Tanna Kamma feels that this reasoning does not apply in the case of a non-kosher locust. For he holds that people will not give a non-kosher locust to a child, for fear that he will consume it (*Rashi;* see below for further discussion of the dispute).

7. Above, 80b.

8. I.e. if they are the sort of pits used for planting. However, the Gemara does not mean that he takes them out at this moment for planting, for in that case he would be liable for taking out even a single seed! (*Tosafos*, from below, 90b-91a).

9. [This is the fewest number of pits that one will normally plant.]

10. [Although Jews generally do not raise pigs,] since it is forbidden for them to do so, they will store pig feed to give or sell to gentiles. Date pits fit for pig feed are therefore deemed significant items, and will thus render one liable for carrying them on the Sabbath (*Tosafos;* cf. *Chidushei HaRan;* see also *Rashi* to *Bava Basra* 11a ד״ה האי פירא דסופלי; see *Hagahos R' Yaakov Emden;* see also *Rashash*).

11. I.e. a hen's egg (*Rashi* from 80b). [Since this transfer is being performed for the sake of food, a measure of a dried fig is required. One therefore must take out enough fuel to cook a portion of an egg equivalent to the volume of a dried fig (see 80b, notes 50-52).]

12. E.g. for remembering a tally of coins. For when counting coins people will often say: Let each of these tokens represent a set of so-and-so many coins (*Rashi*). In this case, the date pits serve as tokens.

13. This opinion maintains that people will generally keep up to four sets in mind without resorting to memory aids. At five sets, however, they begin to lose track of the tally, and therefore employ tokens to represent all the sets. Since these pits are thus rarely needed in less than groups of five, less than five pits are not considered significant, and will not cause one to be liable (*Rashi*).

עין משפט נר מצוה

מ א מיי' פי"ח מהלכות שבת הלכה יח:
מא ב שם הלכה ז:
מב ג שם הלכה יג:
א ד ה מיי' שם הלכה כ כא:

גליון הש"ס

גמ' אי הכי טהור נמי. עי' משנה למלך פרק י"ז הלכה כו מהל' מ"א: רש"י ד"ה תורי כו' ול"י כו'. עי' ברכות דף כה ע"ב ברש"י ד"ה מאן שמעת ליה:

רבינו חננאל

וכי תנן זרע קישואין שנים וזרע דלועין שנים זרע פול המצרי שנים רמינן עלה למה לי שנים במעה אחת ליחייב דהא לענין זבל וחול הדק כדי לזבל כרישא אחת אמר רב פפא זבל כד זריע מזבל אפילו בחטה אחת לפיכך חייב על זבל שיש בו שיעור לזבל כרישא אחת אבל לזרוע בתחלה אין אדם טורח להוציא נימא אחת לזריעה: (א) אירא נקרא עירא בלשון ארמי (אורזא) [אורדא] והוא כמין מוך חתיכה קטנה מן הצמר או מן הפשתן או מן צמר של גפנים שאורגין אותן בתוך משפחות (ספג כמו) [של] מילת נקראת בל' ישמעאל כמל הרבה צובעין אותן. צורי דקל ותורי דקל. (בול שמענן) צורי דקל. הוצין שחולקין אותן לשנים וג' וארבעה וקולעין אותן שמלפפין אותן ועושין אותן כמין חבל. תורי דקל קליפי חריות והיינו ריתא. ב) (דהוה היה רב הונא בן ריש שפירשוהו בנבארא שהוא ליף בלשון ישמעאל ולא דמי כי ובבארא סיב נקרא. צפורת כרמים חגבים הרבה רבנן סברי חגב חי [טהור] כל שהוא מפני שמצניעין אותו לקטן לשחק בו כדכתיב התשחק בו כצפור ותקשרנו לנערותיך אבל חגב מת כאוכלין דמי ושיעורו כגרוגרת ודווקא טהור ור' יהודה סבר אף טמא חי כל שהוא ואמרינן ת"ק מ"ט לא אמר חגב חי טמא כל שהוא אמר לך ת"ק לא רגילי אינשי דיהבי חגב טמא לקטן לשחק בו דלמא אתי למכליה ואקשי' חגב חי טהור נמי לא ליהבו ליה לקטן דלמא אתי למכליה כשהוא חי ואית ביה משום בל תשקצו דהא רב קאמר ליה לרב כהנא לא תעבר שושיבא אפומך דלא לימרו קא אכיל ליה וקא עבר משום בל תשקצו ושושיבא הוא איל קמצא וכבר העידו על איל קמצא דהוא דכן אמרי לך רבנן לא רגיל תינוק קטן למיכל דבר חי והאי דלא יהבי ליה לקטן חגב חי טמא לשחק בו לאו דלמא אכיל ליה כשהוא חי אלא דלמא מאית ואכיל ליה ור' יהודה סבר סתם קטן כשהוא משחק בחגב חי או מאית בין טהור הוא בין טמא הוא קשי ליה ומיספד ספיד ליה אבל מיכל לא אכיל ליה:

הדרן עלך אמר ר"ע

אם לנטיעה שתים. פי' אותם שהם ראויים לנטיעה אי נמי כלומר במקום שרגילין לנוטען והוי סתמא לנטוע דאי במוציא ממש לנטיעה הא אמר בריש פ' המצניע (לקמן צא.) מחייב היה ר' מאיר במוציא חטה אחת לזריעה:

שמצניעין אותו לחזיר. פירוש שראוי ליתן לעובד כוכבים או למכור לו אבל ישראל אסור לגדל חזיר:

דלא לימרו מיכל קא אכיל ליה ועבר משום בל תשקצו. משמע דחגב טהור אין טעון שחיטה מדלא קאמר דלא לימרו דקאכיל ליה בלא שחיטה ועוד דמ"ק קאמר בסמוך בחגב חי טמא דילמא מיית ואכיל ליה ובטהור לא חייש והיינו משום דמותר בלא שחיטה ובתוספתא דמסכת תרומות ו) תניא אוכל אדם חגבים בין חיין בין שחוטין ולעג"ג דאסור לאכול חי משום בל תשקצו מ"מ מותר לחתוך ממנו אבר ולאוכלו על ידי רחילה ואין בו משום אבר מן החי ורש"י הביאו באלו טרפות (חולין דף סו.) מה"ג דמפיק חגבים אין טעונין שחיטה מדכתיב ואת כל נפש החיה הרומשת במים אלו דגים ואת כל נפש השורצת אלו חגבים מדכתיב חגבים אחר דגים משמע דאין טעונין שחיטה כדגים ואפילו עוף הוה פטרינן ליה בולא כלוס אי לאו דהוקש לבהמה כדאמר בהשוחט (שם כז:) ז):

ועובר משום בל תשקצו. משמע דשושיבא שרי ואומר ר"ת דבפ"ב דמס' ע"ז (דף לז.) גבי איל קמצא דמפרש רב פפא דהיינו שושיבא ורב חייא בר אשי אמר משמיה דעולא סוסבל וקאמר התם דבראשו ארוך היינו שושיבא כ"ע לא פליגי דאסור ל"ג דאסור אלא גרס כ"ע לא פליגי דשרי דהכא משמע דשושיבא שרי ולית ביה אלא משום בל תשקצו וסתם מתניתין דפרק אלו טריפות (חולין דף סה:) שרי ראשו ארוך לכך נראה לר"ת דגרס כ"ע לא פליגי דשרי ח):

הדרן עלך א"ר עקיבא

המצניע וכל אדם אין חייבין עליו אלא כשיעורו. תימה לר"י דלמאי איצטריך למיתני ליה הא תנא ליה חדא זימנא בפרק כלל גדול (לעיל דף עה:) (ו) ושאינו כשר להצניע אינו חייב אלא המצניעו ט):

זרע קישואין שנים זרע דילועין שנים זרע פול המצרי שנים (א) א חגב חי טהור כל שהוא מת כגרוגרת צפורת כרמים בין חיה בין מתה כל שהוא שמצניעין אותה לרפואה ר' יהודה אומר אף המוציא חגב חי טמא כל שהוא שמצניעין אותו לקטן לשחוק בו: **גמ'** ורמינהי ו זבל וחול הדק כדי לזבל קלח של כרוב דברי ר"ע וחכמים אומרים כדי לזבל כרישא ג אמר רב פפא הא דזריע הא דלא זריע לפי שאין אדם טורח להוציא נימא אחת לזריעה: זרע קישואין: ת"ר ג המוציא גרעינין אם לנטיעה שתים אם לאכילה כמלא פי חזיר וכמה מלא פי חזיר אחת אם להסיק כדי לבשל ביצה קלה אם לחשבון שתים אחרים אומרים חמש ת"ר ג המוציא שני נימין מזנב הסוס ומזנב הפרה חייב שמצניעין אותן לנישבין מקשה של חזיר אחת צורי דקל שתים תורי דקל אחת: ציפורת כרמים בין חיה בין מתה כל שהוא: מאי ציפורת כרמים אמר רב פליא ביארי אמר אביי ומשתכח בדיקלא דחד נבארא ועבדי לה לחוכמא אכיל ליה לפלגא דימיני' ופלגא דשמאליה רמי לה בגובתא דנחשא וחתים לה בשיתין גושפנקי ותלי לה באיברא דשמאלא וסימנך א לב חכם לימינו ולב כסיל לשמאלו וחכים כמה דבעי וגמר כמה דבעי ואכיל ליה לאידך פלגא דאי לא מיעקר תלמודו: ר' יהודה אומר אף המוציא כו': ותנא קמא סבר לא מאי טעמא דילמא אכיל ליה * אי הכי טהור נמי דהא רב כהנא הוה קאים קמיה דרב והוה קמעבר שושיבא אפומיה אמר ליה שקליה דלא לימרו מיכל קאכיל ליה וקעבר משום ב בל תשקצו את נפשותיכם אלא דילמא מיית ואכיל ליה ורבי יהודה אי מיית קטן מיספד ספיד ליה:

הדרן עלך אמר רבי עקיבא

מתני' **המצניע** ד לזרע ולדוגמא ולרפואה והוציאו בשבת חייב בכל שהוא וכל אדם אין חייב עליו אלא כשיעורו חזר והכניסו אינו חייב אלא כשיעורו: **גמ'** למה ליה למיתני המצניע ליתני המוציא לזרע ולדוגמא ולרפואה חייב בכל שהוא אמר אביי הכא במאי עסקינן ה כגון שהצניעו ושכח למה הצניעו והשתא קא מפיק ליה סתמא מהו

זרע קישואין. חשוב הוא וחייב בשני גרגרין: המוציא חגב חי (ב) כל שהוא. שמצניעין אותו לקטן לשחק בו כדמפרש רבי יהודה בסיפא דמתני': מת. הרי הוא כשאר אוכלין וחייב בכגרוגרת: ציפורת כרמים. לקמיה מפרש מאי היא ומאי רפואתו: שמצניעים אותו לקטן כו'. ות"ק מאי טעמא נמי מחייב ליה בחגב טהור ומיהו אטמא פליג דלא מצנעי ליה לשחק דילמא אכיל ליה כדלקמן: גמ' כדי לזבל. אלמא זרע הבא מגרעין אחד חשיב: הא דזריע. מאחר שהן זרועין חשיב כל אחד ואחד ואדם טורח לזבל אחד מהם אבל דלא זריע אין אדם טורח לזרוע גרגיר אחד: המוציא גרעינין. גרעיני תמרה: ביצה קלה. כגרוגרת מבילה שהיא קלה לבשל וזו של תרנגולת: לחשבון. כמו שנותנים לסימן עדות (ג) לכל דינר פשוט: אחרים אומרים ה'. דעד ד' כללות חשיב איניש ולא מינשי ואין צריך לתת סימן אבל חמש מינשי ומותיב סימנא לכולהו: לנישבין. לצוד עופות ובלע"ז לי"ש: מקשה של חזיר. נימין קשין שבשדרה של חזיר: אחת. דחזיא לאושכפי לתת בראש המשיחה של תפירה: צורי דקלים. נסרים קלופים לעשות סלים: שתים. לשתי בתי נירין: תורי דקל. דקין מצורי והן מן הסיב הגדל סביבותיו * ולא ידעתי למאי ד) חזי: פיילי ביירי. כך שמו: ומשתכח בדיקלא דחד נבארא. בדקל בחור שלא נכרך עדיין אלא בסיב א' שגדל סביבותיו וכורכו: לחוכמא. לפתוח הלב: גובתא. קנה: שיתין. לאו דוקא אלא מכסהו כסויין הרבה כגון זפת ושעוה על גבה ואדמה: גושפנקי. חותמות: ותלי ליה באיברא דשמאל'. בזרוע השמאלי: וסימן לב כסיל. כגון זה שצריך לפקח לב לשמאלו: ואכיל לאידך פלגא. בתר דאחכים: ואי לא. אכיל ליה אלא שדי ליה: מיעקר תלמודו. וחכמתו שלמד על ידו נעקר ממנו: ות"ק סבר. חגב טמא לא מצנעי' ליה לקטן לשחק: דילמא אכיל. ואפי' למאן דאמר קטן אוכל נבלות אין ב"ד מצווין עליו להפרישו מודה הוא דלא יהבינן ליה בידים דתניא (יבמות דף קיד.) לא תאכילום להזהיר גדולים על הקטנים: אי הכי טהור. חי נמי דילמא אכיל ליה ואי משום דאין בו איסור אבר מן החי דחגב אין טעון שחיטה אית ביה מיהא ה) משום בל תשקצו במסכת מכות (דף טז:) כדרב כהנא כו': שושיבא. מין חגב טהור: אלא. לאו משום דחיים דילמא אכיל לי' חי אלא דילמא מיית ואכיל לי' וקאכיל טמא אבל טהור ש"ד: מיספד ספיד ליה. תינוק ולאו אורחיה למיכליה:

הדרן עלך א"ר עקיבא

המצניע בכל שהוא. דהא אחשביה: אלא כשיעורו. בכל אחד שיעור המפורש לו בזרעונין חמשה זרע קישואין או דילועין או פול המצרי שנים ובשאר דברים כגון יין או אוכלין או גמי כשיעור המפורש בכלל גדול ובהמוציא: חזר והכניסו. זה שהצניע פחות מכשיעור והוציאו אם חזר ונמלך שלא לזורעו והכניסו: (ד) אינו חייב. בהכנסה זו אלא אם כן יש בו שיעור שלם דכיון דנמלך עליו שלא לזורעו ביטל מחשבתו והרי הוא ככל אדם: גמ' ליתני המוציא זרע בכל שהוא חייב. ואף על גב דלא אצנעיה מעיקרא להכי דהא דבעינן שיעורא היינו טעמא כדאמרן שאין אדם טורח להוציא נימא אחת לזריעה הלכך מוציא סתם פטור עד שיהא בו שיעור אבל זה שהוציא נימא אחת לזריעה בהדיא גלי דעתיה דטרח ואחשביה: אמר אביי. ודאי מוציא לזריעה חייב ואף על גב דלא אצנעיה מעיקרא ומתניתין דבעי מצניע במוציא סתם קאמר כגון לטלטלו מבית לבית דאינו חייב אלא משום דאחשביה בהצנעתו ואם תאמר כבר שנו בכלל גדול (עה:) (ה) כל שאינו כשר להצניע אינו חייב אלא מצניע הא מצניע חייב הכא במאי עסקינן דאיצטריך למתנייה כגון שהצניעו האי מצניע לזרע או לדוגמא ושכח למה מצניעו והשתא מפיק ליה סתמא לטלטלו מבית לבית:

מסורת הש"ס

א) לעיל עט. פ:, ב) לעיל עט:, ג) [תוספתא פ"ט], ד) [וערוך ערך תר כתב דמיר לחפור פי' דלעת ע"ש], ה) משום בל תשקצו דמאיס הוא וכל דבר מיאוס אית בי' משום בל תשקצו כדאיתא במס' מכות וכו' כל"ל, ו) [פ"ט], ז) [וע"ע תוס' ע"ז לח. ד"ה לעולם ותוס' חולין סו. ד"ה כמאן], ח) [בחולין סה. כתבו וכן מצא בספר ישן ובע"ז לז: ד"ה ברחשו כתבו וגי' זו נמצאת בפי' ר"ח], ט) ועתוס' מיישב תמי' זו.

הגהות הב"ח

(א) גמ' פול המצרי שנים המוציא חגב: (ב) רש"י ד"ה המוציא חגב חי טהור כל שהוא: (ג) ד"ה לחשבון וכו' לסימן לכל כל"ל ותיבת עדות נמחק:

פרק י

(ד) רש"י ד"ה חזר והכניסו וד"ה אינו חייב הכ"א: (ה) ד"ה אמר אביי וכו' בכלל גדול וכל שאינו כשר להצניע ואין מצניעין כמוהו אינו חייב כל"ל והד"א עם ד"ה מהו דמימא וד"ה בטלה הכ"א: (ו) תום' ד"ה המצניע וכו' בפ' כלל גדול וכל שאין כשר להצניע ואין מצניעין כמוהו אינו חייב:

רב נסים גאון

זרע פול המצרי שנים פול המצרי הוא אל לוביה בלשון ישמעאל והן דמות פולים קטנים ביותר ובאמצעיתן שחור תמצא דבר זה מפורש בתלמוד (ירושלמי כלאים פ"ח) כלאים פול המצרי כד דהוא רטיב אינון צוחין ליה לובי כד דהוא נגיב אינון צוחין ליה פול המצרי: דהא רב כהנא הוה קאי קמיה דרב והוה קא מעבר שושיבא אפומיה שושיבא הוא ממיני ארבה וביאור דבר זה במסכת ע"ז בפרק אין מעמידין (דף לז) מאי איל קמצא רב פפא אמר שושיבא:

סליק פרק אמר רבי עקיבא

תורה אור השלם

א) לֵב חָכָם לִימִינוֹ וְלֵב כְּסִיל לִשְׂמֹאלוֹ: [קהלת י, ב]

ב) אַל תְּשַׁקְּצוּ אֶת נַפְשֹׁתֵיכֶם בְּכָל הַשֶּׁרֶץ הַשֹּׁרֵץ וְלֹא תִטַּמְּאוּ בָּהֶם וְנִטְמֵתֶם בָּם: [ויקרא יא, מג]

ליקוטי רש"י

פול המצרי. מין קטנית [ושמו] פזולא"ש [מנחות לא:]. ציפורת כרמים. מין ארבה [חולין סה.]. כרישא. קפלוט [לעיל פ:]. הא דזריע. דקלח אחד חשוב. נימא. נימין. ביצה קלה. (לעיל פ:) שזה בילת תרנגולת שהיא קלה לבשל ולא בשיעור כל בילה שיעורו אלא כגרוגרת מבילה קלה לבשל מכל הבילים ושיערו חכמים זו בילת תרנגולת [ביצה לט.]. לנישבין. רשתות ומכמורות [ב"מ פה:] חיה ועוף [לעיל יז:]. צורי דקל. סיב הגדל סביב הדקל וכרוך עליו [סוטה ז:]. ורדים שגדלין סביב הדקל סיב שגדל ומתגלגל סביב הדקל כעין ויגיל"א של גפנים [עירובין נח.]. שושיבא. מין חגב וראשו ארוך. נבארא. וכל אדם אין חייב עליו אלא כשיעורו. ואע"פ שהוכשר לזה והצניעו [לקמן צא.]. דלגביה לאו מלאכה היא [לעיל עה:].

פ' המצניע. כבר מפורש בפירקא קמא כל שאינו כשר להצניע ואין מצניעין כמוהו אם הוציאו בשבת אין חייב עליו אלא המצניעו והשתא אתא ופריש המצניע כלום בחול שאינו כשיעור הוצאה לזרע או לדוגמא או לרפואה והוציאו בשבת חייב עליו בכל שהוא ואלמלא שהצניעו לא היה חייב עליו ואחרים שלא הצניעוהו אין חייבים עליו אלא כשיעורו. למה לי למיתנא המצניע לזרע ליתני המוציא לזרע פי' הכי קאמר אמאי לא תנן המוציא לזרע או לדוגמא או לרפואה מה שהצניעו לכך חייב עליו כל שהוא. ומ"ט אדכרה למחשבה באצנעה ולא [illegible] אמר אביי הכא במאי עסקינן כגון שהצניעו ושכחו למה הצניעו וקא מפיק ליה בסתמא פי' אגמרינן דלא אכפת לן מאי קא מכוין בשעת הוצאה בין קא מכוין להוציאו לאותו דבר שהצניעו לו ובין אפקיה בסתמא כיון דמעיקרא הצניעו לאחד מג' דברים הללו או כיוצא בהן אע"פ ששכח למה הצניעו והוציאו בסתמא חייב.

חשק שלמה על רבינו חננאל א) דברי רבינו אלו עד פי' והרבה נוטעין אותו שייך לע"א על הא דתניא שם המוציא שרוין כדי לנבוע בהן דוגמא לאירא: ב) נראה דל"ל דהוי תגר רב הונא ביה וכיון רבינו לדעת הש"ס דמגילה (כו ע"ב) ר"ה הוה תגר ריתא כו' ע"ש ועי' בערוך ערך תר התשיעי ותבין לתקן ולכוון את דברי רבינו ז"ל:

HAIRS FROM THE TAIL OF A HORSE OR FROM THE TAIL OF A COW, חַיָּיב – HE IS LIABLE, שֶׁמַּצְנִיעִין אוֹתָן לְנִישְׁבִּין – SINCE [PEOPLE] STORE as little as two of [THESE HAIRS] FOR use in making TRAPS.[14] מִקְשָׁה שֶׁל חֲזִיר – If he takes out THE BRISTLES OF A PIG,[15] אַחַת – he is liable for taking out only ONE bristle.[16] צוּרֵי דֶקֶל – If one takes out peeled PALM FRONDS, שְׁתַּיִם – he is liable for taking out TWO vines.[17] תּוּרֵי דֶקֶל – If he takes out PALM VINES, אַחַת – he is liable for taking out only ONE vine.[18]

The Mishnah continues:
צִיפּוֹרֶת כְּרָמִים בֵּין חַיָּה בֵּין מֵתָה כָּל שֶׁהוּא – If one takes out A BIRD OF THE ORCHARDS, WHETHER ALIVE OR DEAD, HE IS LIABLE WHATEVER ITS [SIZE] [since people store it for the purposes of healing].

The Gemara asks:
מַאי צִיפּוֹרֶת כְּרָמִים – What is a bird of the orchards?

The Gemara answers:
אָמַר רַב – Rav said: פַּלְיָא בִּיאָרִי – It is a ***palya biari*.**

The Gemara describes the habitat of this creature and the therapeutic use to which it is put:
אָמַר אַבָּיֵי – Abaye said: וּמִשְׁתַּכַּח בְּדִיקְלָא דְּחַד נְבָארָא – And [this locust] is found in a young **palm** that is wound about **with** but **a single vine.**[19] **וְעָבְדִי לֵהּ לְחוּכְמָא – And one uses it for** gaining **knowledge.**[20] **אָכִיל לֵיהּ לְפַלְגָא דִּימִינֵיהּ – One eats its right half, וּפַלְגָא דִּשְׂמָאלֵיהּ רָמֵי לֵהּ בְּגוּבְתָא דִּנְחָשָׁא – while its left half is thrown into a copper tube. וְחָתִים לֵהּ בְּשִׁיתִּין גּוּשְׁפַּנְקֵי – [The tube] is sealed with sixty seals,**[21] **וְתָלֵי לֵהּ בְּאֵיבְרָא דִּשְׂמָאלָא – and one hangs it upon his left arm.**[22] **וְסִימָנֵיךְ – And your mnemonic** for review is the following verse: **"לֵב חָכָם לִימִינוֹ וְלֵב כְּסִיל לִשְׂמֹאלוֹ" –** ***The heart of a wise man [guides him] towards his right, while the heart of a fool [guides him] towards his left*.**[23] This verse reminds one that to counteract one's foolish heart, and thus gain wisdom, one must hang this tube to his left side. **וְחַכִּים כַּמָּה דְּבָעֵי** – After hanging the tube upon his arm, **one may acquire as much knowledge as he wishes, וְגָמַר כַּמָּה דְּבָעֵי – and learn as much as he wishes,** since the half that he ate will allow him to retain whatever knowledge he gains.[24] **וְאָכִיל לֵיהּ לְאִידָךְ פַּלְגָא – He then must eat the other half** of the locust,[25] **דְּאִי לָא מִיעַקַּר תַּלְמוּדוֹ – for if he does not, all that he learned** through eating the first half **will be uprooted** and forgotten.

The Mishnah continues:
רַבִּי יְהוּדָה אוֹמֵר אַף הַמּוֹצִיא כו׳ – R' YEHUDAH SAYS: EVEN if ONE TAKES OUT etc. [a live non-kosher locust, he is liable whatever its size, since people store it for a child to play with].

The Tanna Kamma disputes R' Yehudah, and holds that one is not liable for taking out a non-kosher locust of minuscule size. The Gemara now gives the Tanna Kamma's reasoning:
וְתַנָּא קַמָּא סָבַר לָא – But the Tanna Kamma holds that **no,** people do not put aside live non-kosher locusts for a child to play with. **מַאי טַעְמָא – What is the reason? דִּילְמָא אָכִיל לֵיהּ** – For they fear that **perhaps [the child] will eat [the locust].** They therefore will not give it to him, as one is forbidden to cause a minor to transgress a prohibition.[26] Since people thus do not store non-kosher locusts, one will not be liable for taking one out unless it has a full measure.[27]

The Gemara asks:
אִי הָכִי טָהוֹר נַמִּי – If it is **so,** that people will withhold a live non-kosher locust from a child for fear that he will eat it, then they will withhold a live **kosher** locust **as well,** since it too is forbidden to eat![28] **דְּהָא רַב כָּהֲנָא הֲוָה קָאִים קַמֵּיהּ דְּרַב – For Rav Kahana was standing before Rav, וַהֲוָה קָמַעֲבַר שׁוּשִׁיבָא אַפּוּמֵּיהּ**

NOTES

14. I.e. for making nets used to trap birds (*Rashi*).

15. I.e. the hard bristles that grow on a pig's spine (*Rashi*). [מִקְשָׁה is derived from the word קָשֶׁה, *hard*.]

16. For it is a significant item, since cobblers attach it to the cord they use for stitching [and use it as a needle] (*Rashi*).

17. These fronds (i.e. palm leaves) are used for weaving baskets. Since two fronds are needed to set two heddles (see below, 103a note 38), the minimum measure for liability for fronds is set at two fronds (*Rashi*). [The leaves of palm trees are sometimes covered with hairs or spines, or in some cases, with an undercoating of wax. They thus must be scraped, or peeled, before being used for basketweaving.]

18. These are thin strips of woody material taken from vines that [grow from roots protruding from the base of the palm's stem, and then] wrap themselves around the tree. They are thinner than the peeled fronds discussed above (*Rashi,* as explained by *Meiri;* see also *Aruch* ע׳ צר and ע׳ תר[ט]). *Rashi* states that he does not know what these vines are used for; however, *Meiri* maintains that they are used as switches in working with beasts. One switch is deemed a significant burden (ע׳ תר [ט]).

[*Rashi* defines תּוּרֵי דֶקֶל as a type of סִיב. There is in fact some question as to the identity of סִיב. *Rashi* in *Eruvin* (58a ד״ה נברא) and in *Succah* (36b ד״ה בסיב) describes it as tendrilous stems that twine themselves around the palm in the manner of grapevines (see also *Rashi* above, 78b ד״ה סיב). These would seem to be the branches that sprout from the roots that protrude from the base of the palm's stem in many palm species. However, in the Gemara above (30b), *Rashi* (ד״ה נברא) speaks of another form of סִיב, namely, the soft fibrous sheathing of the palm's terminal bud (i.e. its young leaf, sometimes known as the palm heart, or "cabbage"). [See also *Rashi, Yoma* 58a ד״ה סיב, who seems to combine elements of both explanations.] This cloth-like bast, used to manufacture rope, remains on the stem of the palm and hardens (see *Rashi, Chullin* 51b ד״ה נברא) after the upper parts of the mature leaf decay. Thus, the length of the palm stem is wrapped around with a dense network of these fibers. Here too, *Rashi* might be speaking of these fibers and not of the vines discussed above. This indeed is the opinion of *Aruch* (ibid.), who states that תּוּרֵי דֶקֶל are the fibers of the sheathing of a palm heart. Even a single such fiber constitutes a significant burden, since it can be used to sew up a gourd to render it fit to drink from. See Gemara above, 78b, and *Rambam, Hil. Shabbos* 18:12-13.]

19. I.e. in a young palm, around which only a single vine has yet had time to grow (*Rashi;* see previous note). [*Aruch* (ע׳ פלייה) states that this refers to species of palm which sprouts only a single terminal bud at the tip of its stem — it is thus known as דִּיקְלָא דְּחַד נְבָארָא, *a palm of a single bast* (see also ע׳ נבר). This species was the habitat of the *palya biari*.]

20. I.e. to open one's heart [so that it will acquire wisdom] (*Rashi*).

21. The number sixty is not meant precisely; rather, he must simply use many [different] materials to close the tube, one on top of the other. Thus, he might first cover it, for example, with a seal of pitch, and then cover the pitch seal with one of wax, and that one with one of earth, and so on (*Rashi;* note that the Talmud often uses the number sixty to denote a large amount — see *Tosafos, Bava Metzia* 107b ד״ה שיתין; *Rashi, Sanhedrin* 7b ד״ה ששים גבורים; see above, bottom of 66b, note 29, for another example of talismanic healing performed with a copper tube closed with sixty seals).

22. [Literally: his left limb.]

23. *Ecclesiastes* 10:2. [In this verse, the words *his right* refer euphemistically to the path of righteousness, while *his left* refers to an unrighteous path (see *Rashi* ad loc.). Thus, the heart of one without wisdom leads him astray, while a wise man's heart is his guide to virtue.] The reference to a fool's heart being to the left serves as a reminder that to rectify such a heart (i.e. to fill it with wisdom), one must hang this tube upon one's left side (*Rashi*).

24. [Thus, consumption of this locust was a medicinal means for increasing one's mental capacity.]

25. I.e. after learning all he desires (*Rashi*).

26. For even those who hold that one is not commanded to *keep* a minor from performing a transgression agree that one may not directly cause him to do so (*Rashi* from *Yevamos* 114a; see there for the source of this law; see also *Chasam Sofer* and *Melo HaRo'im*).

27. [*Talmud Yerushalmi* gives a dog's mouthful as the minimum measure for liability for taking out non-kosher locusts. Cf. *Meiri;* see also *Yad David* (*Basra*).]

28. For although the law against eating אֵבֶר מִן הַחַי, *the limb of a live creature,* does not apply to eating a live locust, since a locust does not

זרע קישואין שנים זרע דילועין שנים זרע פול המצרי שנים (א) חגב חי טהור כל שהוא מת כגרוגרת צפורת כרמים בין חיה בין מתה כל שהוא שמצניעין אותה לרפואה ר' יהודה אומר אף המוציא חגב חי טמא כל שהוא שמצניעין אותו לקטן לשחוק בו: **גמ'** ורמינהי (א) זבל וחול הדק כדי לזבל קלח של כרוב דברי ר"ע וחכמים אומרים כדי לזבל כרישא (ג) אמר רב פפא הא דזריע הא דלא זריע לפי שאין אדם טורח להוציא נימא אחת לזריעה: זרע קישואין: ת"ר (ג) המוציא גרעינין אם לנטיעה שתים אם לאכילה כמלא פי חזיר וכמה מלא פי חזיר אחת אם להסיק כדי לבשל ביצה קלה אם לחשבון שתים אחרים אומרים חמש ת"ר (ג) המוציא שני נימין מזנב הסוס ומזנב הפרה חייב שמצניעין אותן לנישבין מקשה של חזיר אחת צורי דקל שתים תורי דקל אחת: ציפורת כרמים בין חיה בין מתה כל שהוא: מאי ציפורת כרמים אמר רב פליא ביארי אמר אביי ומשתכח בדיקלא דחד נבארא ועבדי לה לחוכמא אכיל ליה לפלגא דימיני' ופלגא דשמאליה רמי לה בגובתא דנחשא וחתים לה בשיתין גושפנקי ותלי לה באיברא דשמאלא וסימניך (א) לב חכם לימינו ולב כסיל לשמאלו וחכים כמה דבעי וגמר כמה דבעי ואכיל ליה לאידך פלגא דאי לא מיעקר תלמודו: ר' יהודה אומר אף המוציא כו': ותנא קמא סבר לא מאי טעמא דילמא אכיל ליה (ה) אי הכי טהור נמי דהא רב כהנא הוה קאים קמיה דרב והוה קמעבר שושיבא אפומיה אמר ליה שקליה דלא לימרו מיכל קאכיל ליה וקעבר משום (ב) בל תשקצו את נפשותיכם אלא דילמא מיית ואכיל ליה ורבי יהודה אי מיית קטן מיספד ספיד ליה:

הדרן עלך אמר רבי עקיבא

המצניע (ד) לזרע ולדוגמא ולרפואה והוציאו בשבת חייב בכל שהוא וכל אדם אין חייב עליו אלא כשיעורו חזר והכניסו אינו חייב אלא כשיעורו: **גמ'** למה ליה למיתני המצניע ליתני המוציא לזרע ולדוגמא ולרפואה חייב בכל שהוא אמר אביי הכא במאי עסקינן (ה) כגון שהצניעו ושכח למה הצניעו והשתא קא מפיק ליה סתמא מהו

רש"י

זרע קישואין. משום הוא וחייב בשני גרגרין: **המוציא חגב חי** (ג) **כל שהוא.** שמצניעין אותו לקטן לשחק בו כדמפרש רבי יהודה בסיפא דמתני': **מת.** הרי הוא כשאר אוכלין וחייב בכגרוגרת: **ציפורת כרמים.** לקמיה מפרש מאי היא ומאי רפואתו: **שמצניעים אותו לקטן כו'.** ות"ק מהאי טעמא נמי מחייב ליה בחגב טהור ומיהו אטמא פליג דלא מצנעי ליה לשחק דילמא אכיל ליה כדלקמן: **גמ' כדי לזבל.** אלמא זרע הבא מגרעין אחד חשיב: **הא דזריע.** מאחר שכן זורעין חשיב כל אחד ואחד ואדם טורח לזבל אחד מהם אבל דלא זריע אין אדם טורח לזרוע גרגיר אחד: **המוציא גרעינין.** גרעיני תמרה: **ביצה קלה.** כגרוגרת מגילה שהיא קלה לבשל או של תרנגולת: **לחשבון.** כמו שמונים לסימן עדות (ג) לכל דינר פשוט: **אחרים אומרים ה'.** דעד ד' כללות חשיב אינייש ולא מינשי ואין צריך לתת סימן אבל חמש מינשי ומוסיף סימנא לכולהו: **לנישבין.** לצוד עופות ובלע"ז לי"ש: **מקשה של חזיר.** זיפין קשין שבשדרה של חזיר: **אחת.** דחזיא לאושכפי לתת בראש המשיחה של תפירה: **צורי דקלים.** נצרים קלופים לעשות סלים: **שתים.** לשתי כתי ניריין: **תורי דקל.** דקין מצורי והן מן הסיב הגדל סביבותיו (ט) ולא ידעתי למאי (ז) חזי: **פייל ביירי.** כך שמו: **ומשתכח בדיקלא דחד נבארא.** בדקל בחור שלא נכרך עדיין אלא בסיב א' שגדל סביבותיו וכולם: **לחוכמא.** לפתוח הלב: **גובתא.** קנה: **שיתין.** לאו דוקא אלא מכסהו בכסויין הרבה כגון זפת ושעוה על גבה ולאדמה: **גושפנקי.** חותמות: **ותלי ליה באיברא דשמאלא.** בזרוע השמאלי: **וסימן לב כסיל.** כגון זה שצריך לפקח לב לשמאלו: **ואכיל לאידך פלגא.** בתר דאחכים: **ואי לא.** אכיל ליה אלא שדי ליה: **מיעקר תלמודו.** וחכמתו שלמד על ידו נעקר ממנו: **ות"ק סבר.** חגב טמא לא מצנעי' ליה לקטן לשחק: **דילמא אכיל.** ואפי' למאן דאמר קטן אוכל נבלות אין ב"ד מצווין עליו להפרישו מודה הוא דלא יהבינן ליה בידים דתניא (יבמות קיד.) לא תאכלום לא תאכילום להזהיר גדולים על הקטנים: **אי הכי טהור.** חי נמי דילמא אכיל ליה ואף על גב דליכא משום דלאין בו איסור אבר מן החי שהחגב אין טעון שחיטה איכא ביה מיהא (ח) משום בל תשקצו במסכת מכות (דף טז:) כדרב כהנא כו': **שושיבא.** מין חגב טהור: **אלא.** לאו משום דחייש דילמא אכיל לי' חי אלא דילמא מיית ואכיל לי' וקאכיל טמא אבל טהור ש"ד: **מיספד ספיד ליה.** תינוק ולאו אורחיה למיכליה:

הדרן עלך א"ר עקיבא

המצניע בכל שהוא. דהא אחשביה: **אלא כשיעורו.** בכל אחד שיעור המפורש לו בזרעונין חמשה זרע קישואין או דילועין או פול המצרי שנים ובשאר דברים כגון יין או אוכלין או גמי כשיעור המפורש בכלל גדול והמוציא: **חזר והכניסו.** זה שהצניע פחות מכשיעור והוציאו אם חזר ונמלך שלא לזורעו והכניסו: (ד) **אינו חייב.** בהכנסה זו אלא אם כן יש בו שיעור שלם דכיון דנמלך עליו שלא לזורעו ביטל מחשבתו והרי הוא ככל אדם: **גמ' ליתני המוציא זרע בכל שהוא חייב.** ואף על גב דלא אצנעיה מעיקרא להכי דהא דבעינן שיעורא היינו טעמא כדאמרן שאין אדם טורח להוציא נימא אחת לזריעה הלכך מוציא סתם פטור עד שיהא בו שיעור אבל זה שהוציא נימא אחת לזריעה בהדיא גלי דעתיה דטרח ואחשביה: **אמר אביי.** ודאי מוציא לזריעה חייב ואף על גב דלא אצנעיה מעיקרא ומתניתין דבעי מצניע במוציא סתם קאמר כגון לטלטלו מבית לבית דלאו חייב אלא משום דאחשביה בהצנעתו ואם תאמר כבר שנו בכלל גדול (עה:) (ה) כל שאינו כשר להצניע אינו חייב אלא מצניע הא מצניע חייב הכא במאי עסקינן דאיצטריך למתנייה כגון שהצניעו האי מצניע לזרע או לדוגמא ושכח למה מצניעו והשתא מפיק ליה סתמא לטלטלו מבית לבית:

תוספות

אם לנטיעה שתים. פי' אותם שהם ראוים לנטיעה אי נמי כלומר במקום שרגילין לנוטען והוי סתמא לנטוע דאי במוציא ממש לנטיעה הא אמר בריש פ' המצניע (לקמן צא.) מחייב היה ר' מאיר במוציא חטה אחת לזריעה: **שמצניעין אותן לחזיר.** פירוש שראוי ליתן לעובד כוכבים או למכור לו אבל ישראל אסור לגדל חזיר: **דלא לימרו מיכל קא אכיל ליה ועבר משום בל תשקצו.** אומר רשב"א דמשמע מכאן דחגב טהור אין טעון שחיטה מדלא קאמר דלא לימרו דקאכיל ליה בלא שחיטה ועוד דת"ק קאמר בסמוך בחגב חי טמא דילמא מיית ואכיל ליה ובטהור לא חייש והיינו משום דמותר בלא שחיטה ובתוספתא דמסכת תרומות (ז) תניא אוכל אדם חגבים בין חיין בין שחוטין ואע"ג דאסור לאכול חי משום בל תשקצו מ"מ מותר לחתוך ממנו אבר ולאוכלו על ידי רחיצה ואין בו משום אבר מן החי ורש"י הביאו בפ' אלו טרפות (חולין דף סו.) מה"ג דמפיק חגבים אין טעונין שחיטה מדכתיב ואת כל נפש החיה הרומשת במים אלו דגים ואת כל נפש השורצת אלו חגבים מדכתיב חגבים אחר דגים משמע דאין טעונין שחיטה כדגים ואפילו עוף זה פטרינן ליה בולא כלום אי לאו דהוקש לבהמה כדאמר בהשוחט (שם כז:) (ח): **ועובר משום בל תשקצו.** משמע דשושיבא שרי ואומר ר"ת דבפ"ב דמס' ע"ז (דף לז.) גבי איל קמצא דמפרש רב פפא דהיינו שושיבא ורב חייא בר אשי אמר משמיה דעולא קוטבל וקאמר התם דכ"ע שושיבא לא פליגי דאסור ל"ג דאסור אלא גרס כ"ע לא פליגי דשרי דהכא משמע דשושיבא שרי וליכא ביה אלא משום בל תשקצו וכמה מתמיהין דפרק אלו טריפות (חולין דף סה:) שרי ראשו ארוך לכך נראה לר"ת דגרס כ"ע לא פליגי דשרי (ט):

הדרן עלך א"ר עקיבא

המצניע וכל אדם אין חייבין עליו אלא כשיעורו. תימה לר"י דאמאי איצטריך למיתני ליה הא תנא ליה חדא זימנא בפרק כלל גדול (לעיל דף עה:) (ו) ושאינו כשר להצניע אינו חייב אלא המצניע (י):

עין משפט נר מצוה

מ א מיי' פי"ח מהלכות שבת הלכה יח:
מא ב שם הלכה ז:
מב ג שם הלכה יג:
א ד ה מיי' שם הלכה כ כא:

גליון הש"ס

גמ' **אי הכי טהור נמי.** עי' משנה למלך פרק י"ז הלכה כ מהל' מ"א: רש"י ד"ה תורי כו' ול"י כו'. עי' ברכות דף כה ע"ב ברש"י ד"ה מאן שמעת ליה:

רבינו חננאל

וכי תנן זרע קישואין שנים וזרע דלועין שנים זרע פול המצרי שנים רמינן עלה למה לי שנים במעה אחת ליחייב דהא לענין זבל וחול הדק כדי לזבל כרישה אחת אמר רב פפא כד זריע מזבל אפילו בחטה אחת לפיכך חייב על זבל שיש בו שיעור לזבל אחת אבל לזרוע בתחלה אין אדם טורח להוציא נימה אחת לזריעה: א) **אירא** ונקרא עירא בלשון ארמי (אורראׂ) [אודרא] והוא כמין מוך חתיכה קטנה מן הצמר או מן הפשתן או מן צמר של גפנים שאורגין אותן בתוך מטפחות (ספג כמו) [של] מילת נקראת בל' ישמעאל כמל והרבה צובעין אותן. צורי דקל ותורי דקל. (בול שמענן) צורי דקל. הוצין שחולקין אותן לשנים וג' וארבעה וקולעין אותן או שמלפפין אותן ועושין אותן כמין חבל. תורי דקל קליפי חריות והיינו ריתא. ב) (דהוה הים רב הונא בן) ויש שפירשוהו נבארא שהוא ליף בלשון ישמעאל ולא דמי כי נבארא סיב נקרא. צפורת כרמים ממיני חגבים רבנן סברי חגב חי [טהור] כל שהוא מפני שמצניעין אותו לקטן לשחק בו כדכתיב התשחק בו כצפור ותקשרנו לנערותיך אבל חגב מת כאוכלין דמי ושיעורו כגרוגרות ודווקא טהור ור' יהודה סבר אף טמא חי כל שהוא ואמרינן ת"ק מ"ט לא אמר חגב חי טמא כל שהוא אמר לך ת"ק לא רגילי אינשי להצניע חגב טמא לקטן לשחק בו דלמא אתי למכליה ואקשי' חגב חי טהור נמי לא ליהבו ליה לקטן דלמא אתי למכליה כשהוא חי ואית ביה משום בל תשקצו דהא רב קאמר ליה לרב כהנא לא תעבר שושיבא אפומך דלא לימרו קא אכיל ליה וקא עבר משום בל תשקצו ושושיבא הוא איל קמצא וכבר העידו על איל קמצא דהוא דכן אמרי לך רבנן לא רגיל סתם קטן למיכל דבר חי והאי דלא יהבי ליה לקטן חגב חי טמא לשחק בו לאו דלמא אכיל ליה כשהוא חי אלא דילמא מאית ואכיל ליה ור' יהודה סבר סתם קטן כשהוא משחק בחגב חי או מאית בין טהור הוא בין טמא הוא קשי ליה ומיספד ספיד ליה אבל מיכל לא אכיל ליה:

הדרן עלך אמר ר"ע

פ"י המצניע. כבר מפורש בפירקא קמא כל שאינו כשר להצניע ואין מצניעין כמוהו אם הוציאו בשבת אין חייב עליו אלא המצניעו והשתא אתא ופריש המצניע כלום בחול שאינו כשיעור הוצאה לזרע או לדוגמא או לרפואה והוציאו בשבת חייב עליו בכל שהוא ואלמלא שהצניעו לא היה חייב עליו ואחרים שלא הצניעוהו אין חייבים עליו אלא כשיעורו. למה לי למיתנא המצניע לזרע ליתני המוציא לזרע פי' הכי קאמר אמאי לא תנן המוציא לזרע או לדוגמא או לרפואה מה שהצניעו לכך חייב עליו כל שהוא. ומ"ט אדכרה למחשבה באצנעה ולא אדכרה בהוצאה ואהדרינן. אמר אביי הכא במאי עסקינן כגון שהצניעו ושכחו למה הצניעו וקא מפיק ליה בסתמא פי' אגמרינן דלא אכפת לן מאי קא מכוין בשעת הוצאה בין קא מכוין להוציאו לאותו דבר שהצניעו לו ובין אפקיה בסתמא כיון דמעיקרא הצניעו לאחד מג' דברים הללו או כיוצא בהן אע"פ ששכח למה הצניעו והוציאו בסתם חייב.

חשק שלמה על רבינו חננאל א) דברי רבינו אלו עד תי' והרבה צובעין אותו שייך לע"א על הא דתניא שם המוציא שרוין כדי לצבוע בהן דוגמא לאירא: ב) נראה דל"ל דהוי תגר רב הונא ביה וכיון רבינו לדעת הש"ס דמגילה (ס ע"ב) ר"ה הוה תגר ריתא כו' ע"ש ועי' בערוך ערך תר התשיעי ותבין לתקן ולכוון את דברי רבינו ז"ל:

מסורת הש"ס

א) לעיל עט. פ:, ב) [לעיל עט.], ג) [תוספתא פ"ט], ד) [ובערוך ערך תר כתב דחזי למפור פי' לעמת ע"ש], ה) משום בל תשקצו דמאיס הוא וכל דבר מיאוס אית בי' משום בל תשקצו כדאיתא במס' מכות וכו' כצ"ל, ו) [פ"ט], ז) [וע"ע תוס' ע"ז לז. ד"ה לעולם ותוס' חולין סו. ד"ה כמאן], ח) [בחולין סה: כתבו וכן מצא בספר ישן ובע"ז לז: ד"ה ברחשו כתבו וגרי' זו נמצאת בספר' ר"ח], ט) ועמש"ש מיישב תמי' זו.

הגהות הב"ח

(א) גמ' פול המצרי שנים המוציא חגב: (ב) רש"י ד"ה המוציא חגב חי טהור כל שהוא: (ג) ד"ה לחשבון וכו' ולסימן לכל כצ"ל ותיבת עדות נמחק: **פרק י** (ד) רש"י ד"ה חזר והכניסו וד"ה אינו חייב הד"א: (ה) ד"ה אמר אביי וכו' בכלל גדול וכל שאינו כשר להצניע ואין מצניעין כמוהו אינו חייב כצ"ל והד"א עם ד"ה מהו לזמיחה וד"ה בטלה וד"ה קמ"ל דכל: (ו) תוס' ד"ה המצניע וכו' בפ' כלל גדול וכל שאין כשר להצניע ואין מצניעין כמוהו אינו חייב:

רב נסים גאון

זרע פול המצרי שנים פול המצרי הוא אל לוביה בלשון ישמעאל והן דמות פולים קטנים ביותר ובאמצעיתן שחור תמצא דבר זה מפורש בתלמוד (ירושלמי כלאים פ"ח) כלאים פול המצרי כד הוא רטיב אינון צווחין ליה לובי כד דהוא נגיב אינון צווחין ליה פול המצרי: דהא רב כהנא הוה קאי קמיה דרב והוה קא מעבר שושיבא אפומיה שושיבא הוא ממיני ארבה וביאור דבר זה במסכת ע"ז בפרק אין מעמידין (דף לז) מאי איל קמצא רב פפא אמר שושיבא:
סליק פרק אמר רבי עקיבא

תורה אור השלם

א) לֵב חָכָם לִימִינוֹ וְלֵב כְּסִיל לִשְׂמֹאלוֹ: [קהלת י, ב]

ב) אַל תְּשַׁקְּצוּ אֶת נַפְשֹׁתֵיכֶם בְּכָל הַשֶּׁרֶץ הַשֹּׁרֵץ וְלֹא תִטַּמְּאוּ בָּהֶם וְנִטְמֵתֶם בָּם: [ויקרא יא, מג]

ליקוטי רש"י

פול המצרי. מין קטנית [ושמו] פאזול"א [מנחות ל:]. **ציפורת כרמים.** מין ארבה דאין לו גבחת [חולין סה.]. **כרישא.** קפלוט ושיעוריה זוטר משל כרוב [לעיל פ:]. **הא דזריע.** דקלא אחד חשוב. **נימא.** גרעינין [שם עט.]. **ביצה קלה.** כבר מפורש (לעיל פ:) שזה ביצת תרנגולת שהיא קלה לבשל ולא בשיעור כל ביצה שיעורו אלא כגרוגרת מגילה קלה [שם שם:]. שהיא קלה לבשל מכל הביצים ושיערו חכמים זו בביצת תרנגולת [ביצה לט.]. **לנישבין.** רשתות ומכמורות [ב"מ פה:]. פחים [ב"ק עט:]. לצוד חיה ועוף [לעיל יז:]. **צורי דקל.** סיב הגדל סביב הדקל וכרוך עליו [סוטה ז:]. זרדים שגדילין סביב הדקל [סוכה יד.]. **נבארא.** סיב שגדל ומתגלגל סביב הדקל כעין ויגיל"א של גפנים [עירובין נח.]. **שושיבא.** מין חגב וראשו ארוך [ע"ז לז. ועיין בתוס' שם]. **וכל אדם אין חייב עליו אלא כשיעורו.** ואע"פ שהוכשר לזה והצניעו [לקמן צא.]. דלגביה לא מלאכה היא [לעיל עה:].

– **and was passing a *shoshiva*** (a type of kosher locust)[29] **upon his mouth.** אָמַר לֵיהּ – **[Rav] said to him:** שַׁקְלֵיהּ – **Take it** off, דְּלָא לֵימְרוּ מֵיכַל קָאָכֵיל לֵיהּ וְקָעָבַר מִשּׁוּם בַּל תְּשַׁקְּצוּ אֶת נַפְשֹׁתֵיכֶם – **so that [onlookers] should not say** of you, **"He is eating [a live locust], and** thus **transgresses** the command **not to make your souls abominable** with disgusting foods."[30] We see from Rav's words that one is prohibited from eating live insects even if they are kosher. It follows then, that according to the Tanna Kamma, one would not give even a kosher locust to a child to play with, for fear that he might eat it live.[31] Yet the Tanna Kamma rules that one who takes out a live kosher locust on the Sabbath will be liable whatever its size, since it is an item stored for children to play with! Evidently, we do not suspect children of eating live insects! Why then does the Tanna Kamma exempt one who takes out a live non-kosher locust?

The Gemara explains:

אֶלָּא דִּילְמָא מָיֵית וְאָכֵיל לֵיהּ – **Rather,** the Tanna Kamma fears that **perhaps [the locust] will die and [the child] will eat it** upon its death.[32] One therefore will not give a live non-kosher locust to a child, lest he cause him to transgress the prohibition against eating unkosher food! Since people thus do not store non-kosher locusts, one will not be liable for taking one out unless it has a full measure.

The Gemara explains why R' Yehudah is not concerned for this possibility:

וְרַבִּי יְהוּדָה – **But R' Yehudah** holds that אִי מָיֵית – **if [the locust] will die,** קָטָן מִיסְפַּד סָפֵיד לֵיהּ – **the child will eulogize it,** not eat it.[33] Since people will therefore store live non-kosher locusts to give to children, one is liable for taking one out whatever its size.

הדרן עלך אמר רבי עקיבא

WE SHALL RETURN TO YOU, AMAR RABBI AKIVA

NOTES

require *shechitah* (i.e. ritual slaughter), it is nonetheless forbidden to eat for a different reason, which the Gemara will now set forth (*Rashi;* see *Tosafos* here and to *Avodah Zarah* 38a ד״ה לעולם; see *Yoreh Deah* 13:1).

29. *Rashi;* see *Tosafos* תוד״ה ועובר; see *Rambam, Shechitah* 1:3 with *Maggid Mishneh;* see also *Hagahos Maimonios* there §3.

30. When presenting the prohibition against eating *sheratzim*, the verse states (*Leviticus* 11:43): אַל־תְּשַׁקְּצוּ אֶת־נַפְשֹׁתֵיכֶם בְּכָל־הַשֶּׁרֶץ הַשֹּׁרֵץ, *Do not make your souls abominable by means of any creeping thing* (see also *Leviticus* 20:25). Although this verse speaks explicitly only about non-kosher *sheratzim*, it is expounded as well to teach that one must refrain from *any* food considered by most people to be disgusting (*Rashi;* see *Makkos* 16b; see *Rambam, Maacholos Asuros* 17:29-32; see *Rama*, *Yoreh Deah* ibid.). Rav commanded Rav Kahana to remove the locust from his mouth because of the appearance of violating this prohibition [מַרְאִית עַיִן].

[There is a question as to whether this prohibition is actually a Biblical law, or merely one of Rabbinic origin, with the verse functioning as an אַסְמַכְתָּא, an allusive support for a Rabbinic law (for discussion of the issue, see *Beis Yosef, Yoreh Deah*, end of §116; see also *Tevuos Shor* 13:2).]

31. [For (as we explained above) one is forbidden to directly cause a minor to transgress a prohibition.]

[Most authorities agree that this law pertains even to Rabbinic prohibitions (see *Tosafos, Rosh Hashanah* 33a סד״ה תניא נמי הכי; *Rambam* ibid. §27; *Orach Chaim* 343:1) – thus, even if the prohibition against eating repellent foods is only of Rabbinic origin, one may not cause a minor to transgress it. See, however, *Rashba* (to *Yevamos* ibid.), who rules that one is *permitted* to cause a minor to transgress a Rabbinic law; see *Mishneh LaMelech*, *Maacholos Asuros* (17:27) who explains our Gemara in light of *Rashba's* ruling; see also *Chasam Sofer* and *Melo HaRo'im*.]

32. In the case of a kosher locust, however, this suspicion is obviously not relevant, since one is permitted to eat it once it dies (*Rashi*). One also does not fear that a child will eat the locust live, for it is exceedingly unusual for people to do so (*Chidushei HaRan*). Since people will accordingly store a live locust for use as a plaything, one is liable for taking one out whatever its size.

33. See *Yevamos* 121b with *Rashi* ד״ה קמצא בעלמא (*Maharatz Chayes*).

עין משפט נר מצוה

מ א מיי' פי"ח מהלכות שבת הלכה יח:
מא ב שם הלכה ו:
מב ג שם הלכה יג:
א ד ה מיי' שם הלכה כ כא:

גליון הש"ס

גמ' אי הכי טהור נמי. עי' משנה למלך פרק י"ז הלכה כו מהל' מ"א. רש"י ד"ה תורי כו' וד"ה כו'. עי' ברכות דף כה ע"ב ברש"י ד"ה מאן שמעת ליה:

רבינו חננאל

וכי תנן זרע קישואין שנים וזרע דלועין שנים זרע פול המצרי שנים רמינן עלה למה לי שנים במעה אחת ליחייב דהא לענין זבל וחול הדק כדי לזבל כרישה אחת אמר רב פפא כד זריע מזבל אפילו בחמה אחת לפיכך חייב על זבל שיש בו שיעור לזבל אחת אבל לזורע בתחלה אין אדם טורח להוציא נימא אחת לזריעה: א) אירא ונקרא עירא בלשון ארמי (אורדא) [אודרא] והוא כמין מוך מתחיכה קטנה מן הצמר או מן הפשתן או מן צמר של גפנים שאורגין אותן בתוך מטפחות (ספג כמו) [של] מילת נקראת צ"ל ישמעאל כמל והרבה צובעין אותן. צורי דקל ותורי דקל. (בול שמעון) צורי דקל. הוצין שחולקין אותן לשנים וג' וארבעה וקולעין אותן או שמלפפין אחת ועושין אותן כמין חבל. תורי דקל קליפי חריות והיינו ריתא. ב) (דהוה הים רב הונא בן) ריש שפירשוהו נבארא שהוא ליף בלשון ישמעאל ולא דמי כי נבארא סיב נקרא. צפורת כרמים ממיני חגבים רבנן סברי חגב חי [טהור] כל שהוא מפני שמצניעין אותו לקטן לשחק בו כדכתיב התשחק בו כצפור ותקשרנו לנערותיך אבל חגב מת כאוכלין דמי ושיעורו כגרוגרת ודווקא טהור ור' יהודה סבר אף חגב חי כל שהוא ואמרינן ת"ק מ"ט לא אמר חגב חי טמא כל שהוא אמר לך ת"ק לא רגילי אינשי להצניע חגב טמא לקטן לשחק בו דלמא אתי למכליה ואקשי' חגב חי טהור נמי לא ליהבו ליה לקטן דלמא אתי למכליה כשהוא חי ואית ביה משום בל תשקצו דהא רב קאמר ליה לרב כהנא לא תעבר כשושיבא אפומך דלא לימרו קא אכיל ליה וקא עבר משום בל תשקצו ושושיבא הוא איל קמצא וכבר העידו על איל קמצא דהוא דכן אמרי לך רבנן לא רגיל סתם קטן למיכל דבר חי והאי דלא יהבי ליה לקטן חגב חי טמא לשחק בו לאו דלמא אכיל ליה כשהוא חי אלא דילמא מאית ואכיל ליה ור' יהודה סבר כיון שקטן כשהוא משחק בחגב חי או מאית בין טהור הוא בין טמא הוא קשי ליה ומיספד ספיד ליה אבל מיכל לא אכיל ליה:

הדרן עלך אמר ר"ע

זרע קישואין. חשוב הוא וחייב בשני גרגרין: המוציא חגב חי (ג) כל שהוא. שמצניעין אותו לקטן לשחק בו כדמפרש רבי יהודה בסיפא דמתני': מת. הרי הוא כשאר אוכלין וחייב בכגרוגרת: ציפורת כרמים. לקמיה מפרש מאי היא ומאי רפואתו: שמצניעים אותו לקטן כו'. ות"ק מהאי טעמא נמי מחייב ליה בחגב טהור ומיהו אטמא פליג דלא מצנעי ליה לשחק דילמא אכיל ליה כדלקמן: גמ' כדי לזבל. אלמא זרע הבא מגרעין אחד חשיב: הא דזריע. מאחר שהן זרועין חשיב כל אחד ואחד ואדם טורח לזבל אחד מהם אבל דלא זריע אין אדם טורח לזרוע גרגיר אחד: המוציא גרעינין. גרעיני תמרה: ביצה קלה. כגרוגרת מבילה שהיא קלה לבשל וזו של תרנגולת: לחשבון. כמו שנותנים לסימן עדות (ג) לכל דינר פשוט: אחרים אומרים ה'. דעד ד' כללות חשיב אינים ולא מינשי ואין צריך לתת סימן אבל חמש מינשי ומותיב סימנא לכולהו: לנישבין. לצוד עופות ובלע"ז ליל"ש: מקשה של חזיר. נימין קשין שבשדרה של חזיר: אחת. דחזיא לאושכפי לתת בראש המשיחה של תפירה: צורי דקלים. נצרים קלופים לעשות סלים: שתים. לשתי בתי נירין: תורי דקל. דקין מצורי והן מן הסיב הגדל סביבותיו ° ולא ידעתי למאי [ד] חזי: פיילי ביירי. כך שמו: ומשתכח בדיקלא דחד נבארא. בדקל בחור שלא נכרך עדיין אלא בסיב א' שגדל סביבותיו וכורכו: לחוכמא. לפתוח הלב: גובתא. קנה: שיתין. לאו דוקא אלא מכסהו כסויין הרבה כגון זפת ושעוה על גבה ואדמה: גושפנקי. חותמות: ותלי ליה באיברא דשמאלי. בזרוע השמאלי: וסימן לב כסיל. כגון זה שצריך לפקח לב לשמאלו: ואכיל לאידך פלגא. בתר דאחכים: ואי לא. אכיל ליה אלא שדי ליה: מיעקר תלמודו. וחכמתו שלמד על ידו נעקר ממנו: ות"ק סבר. חגב טמא לא מצנעי' ליה לקטן לשחק: דילמא אכיל. ואפי' למאן דאמר קטן אוכל נבלות אין ב"ד מצווין עליו להפרישו מודה הוא דלא יהבינן ליה בידים דתניא (יבמות דף קיד.) לא תאכלום לא תאכילום להזהיר גדולים על הקטנים: אי הכי טהור. חי נמי דילמא אכיל ליה ואי משום דאין בו איסור אבר מן החי דחגב אין טעון שחיטה אית ביה מיהא [ה] משום בל תשקצו במסכת מכות (דף טז:) כדרב כהנא כו': שושיבא. מין חגב טהור: אלא. לאו משום דחייש דילמא אכיל לי' חי אלא דילמא מיית ואכיל ליה וקאכיל טמא אבל טהור ש"ד: מיספד ספיד ליה. תינוק ולאו אורחיה למיכליה:

הדרן עלך א"ר עקיבא

אם לנטיעה שתים. פי' אותם שהם ראויים לנטיעה אי נמי כלומר במקום שרגילין לנוטען והוי סתמא לנטוע דאי במוציא ממש לנטיעה הא אמר בריש פ' המצניע (לקמן צא.) מחייב היה ר' מאיר במוציא חטה א' לזריעה: שמצניעין אותו לחזיר. פירוש שראוי ליתן לעובד כוכבים או למכור לו אבל ישראל אסור לגדל חזיר:

דלא לימרו מיכל קא אכיל ליה ועבר משום בל תשקצו. אומר רשב"א דמשמע מכאן דחגב טהור אין טעון שחיטה מדלא קאמר דלא לימרו דקאכיל ליה בלא שחיטה ועוד דת"ק קאמר בסמוך בחגב חי טמא דילמא מיית ואכיל ליה ובטהור לא חייש והיינו משום דמותר בלא שחיטה ובתוספתא דמסכת תרומות [ו] תניא אוכל אדם חגבים בין חיין בין שחוטין ואע"ג דאסור לאכול חי משום בל תשקצו מ"מ מותר לחתוך ממנו אבר ולאוכלו על ידי רחיצה ואין בו משום אבר מן החי ורש"י הביאו באלו טרפות (חולין דף סו.) מה"ג דמפיק חגבים אין טעונין שחיטה מדכתיב ואת כל נפש החיה הרומשת במים אלו דגים ואת כל נפש השורצת אלו חגבים מדכתיב חגבים אחר דגים משמע דאין טעונין שחיטה כדגים ואפילו עוף הוה פטרינן ליה בולא כלום אי לאו דהוקש לבהמה כדאמר בהשוחט (שם כז:) [ז]:

ועובר משום בל תשקצו. משמע דשושיבא שרי ואומר ר"ת דבפ"ב דמס' ע"ז (דף לז.) גבי איל קמצא דמפרש רב פפא דהיינו שושיבא ורב חייא בר אשי אמר משמיה דעולא סוסבל וקאמר התם דבראשו ארוך היינו שושיבא כ"ע לא פליגי דאסור ל"ג דאסור אלא גרס כ"ע לא פליגי דשרי דהכא משמע דשושיבא שרי ולית ביה אלא משום בל תשקצו וסתם מתניתין דפרק אלו טריפות (חולין דף סה:) שרי ראשו ארוך לכך נראה לר"ת דגרס כ"ע לא פליגי דשרי [ח]:

הדרן עלך א"ר עקיבא

המצניע וכל אדם אין חייבין עליו אלא כשיעורו. תימה לר"י דמאי איצטריך למיתני ליה הא תנא ליה חדא זימנא בפרק כלל גדול (לעיל דף עה:) (ו) ושאינו כשר להצניע אינו חייב אלא המצניע [ט]:

זרע קישואין שנים זרע דילועין שנים זרע פול המצרי שנים [א] חגב חי טהור כל שהוא מת כגרוגרת צפורת כרמים בין חיה בין מתה כל שהוא שמצניעין אותה לרפואה ר' יהודה אומר אף המוציא חגב חי טמא כל שהוא שמצניעין אותו לקטן לשחוק בו: גמ' ורמינהי [ב] זבל וחול הדק כדי לזבל קלח של כרוב דברי ר"ע וחכמים אומרים כדי לזבל כרישא [ג] אמר רב פפא הא דזריע הא דלא זריע לפי שאין אדם טורח להוציא נימא אחת לזריעה: זרע קישואין: ת"ר [ג] המוציא גרעינין אם לנטיעה שתים אם לאכילה כמלא פי חזיר וכמה מלא פי חזיר אחת אם להסיק כדי לבשל ביצה קלה אם לחשבון שתים אחרים אומרים חמש ת"ר [ג] המוציא שני נימין מזנב הסוס ומזנב הפרה חייב שמצניעין אותן לנישבין מקשה של חזיר אחת צורי דקל שתים תורי דקל אחת: ציפורת כרמים בין חיה בין מתה כל שהוא: מאי ציפורת כרמים אמר רב פליא ביארי אמר אביי ומשתכח בדיקלא דחד נבארא ועבדי לה לחוכמא אכיל ליה לפלגא דימיני' ופלגא דשמאליה רמי לה בגובתא דנחשא וחתים לה בשיתין גושפנקי ותלי לה באיברא דשמאלא וסימניך [א] לב חכם לימינו ולב כסיל לשמאלו וחכים כמה דבעי וגמר כמה דבעי ואכיל ליה לאידך פלגא דאי לא מיעקר תלמודו: ר' יהודה אומר אף המוציא כו': ותנא קמא סבר לא מאי טעמא דילמא אכיל ליה ° אי הכי טהור נמי דהא רב כהנא הוה קאים קמיה דרב והוה קמעבר שושיבא אפומיה אמר ליה שקליה דלא לימרו מיכל קאכיל ליה וקעבר משום [ב] בל תשקצו את נפשותיכם אלא דילמא מיית ואכיל ליה ורבי יהודה אי מיית קטן מיספד ספיד ליה:

הדרן עלך אמר רבי עקיבא

המצניע [ד] לזרע ולדוגמא ולרפואה והוציאו בשבת חייב בכל שהוא וכל אדם אין חייב עליו אלא כשיעורו חזר והכניסו אינו חייב אלא כשיעורו: גמ' למה ליה למיתני המצניע ליתני המוציא לזרע ולדוגמא ולרפואה חייב בכל שהוא אמר אביי הכא במאי עסקינן [ה] כגון שהצניעו ושכח למה הצניעו והשתא קא מפיק ליה סתמא מהו

המצניע בכל שהוא. דהא אחשביה: אלא כשיעורו. בכל אחד שיעור המפורש לו בזרעונים חמשה זרע קישואין או דלועין או פול המצרי שנים ובשאר דברים כגון יין או אוכלין או גמי כשיעור המפורש בכלל גדול ובהמוציא: חזר והכניסו. זה שהצניע פחות מכשיעור והוציאו אם חזר ונמלך שלא לזורעו והכניסו: (ד) אינו חייב. בהכנסה זו אלא אם כן יש בו שיעור שלם דכיון דנמלך עליו שלא לזורעו ביטל מחשבתו והרי הוא ככל אדם: גמ' ליתני המוציא זרע בכל שהוא חייב. ואף על גב דלא אצנעיה מעיקרא להכי דהא דבעינן שיעורא היינו טעמא כדאמרן שאין אדם טורח להוציא נימא אחת לזריעה הלכך סתם פטור עד שיהא בו שיעור אבל זה שהוציא נימא אחת לזריעה בהדיא גלי דעתיה דטרח ואחשביה: אמר אביי. ודאי מוציא לזריעה חייב ואף על גב דלא אצנעיה מעיקרא ומתניתין דבעי מצניע במוציא סתם קאמר כגון דטלטלו מבית לבית דלאו לזורעו אלא משום דאחשביה מעיקרא בהצנעתו ואם תאמר כבר שנו בכלל גדול (עה:) (ה) כל שאינו כשר להצניע ואין מצניעין כמוהו וכו' אינו חייב אלא מצניע הא מצניע חייב הכא במאי עסקינן דאיצטריך לאתנויה כגון שהצניעו ושכח למה הצניעו והשתא מפיק ליה סתמא לטלטלו מבית לבית:

מסורת הש"ס

א) לעיל עט. פ: ג) לעיל עה. ג) [תוספתא פ"ט], ד) [ובערוך ערך חר כתב דחזי לתפור פי לנעות ע"ש], ה) משום בל תשקצו דמאיס הוא וכל דבר מיאוס אית בי' משום בל תשקצו כדאיתא במס' מכות וכו' כל"ל, ו) [פ"ט], ז) [וע"ע תוס' ע"ז לז. ד"ה לעולם ותוס' חולין סו. ד"ה במאי], ח) [בחולין סה. כתבו וכן כתב בספר יבן וע"ע לז: ד"ה ברחשו כתבו וגי' זו נמצאת בספרי ר"ח], ט) ועתוי"ט מיישב תמי' זו.

הגהות הב"ח

(א) גמ' פול המצרי שנים המוציא חגב: (ב) רש"י ד"ה המוציא חגב חי טהור כל שהוא: (ג) ד"ה לחשבון וכו' לסימן לכל כל"ל ותיבת עדות נמחק:

פרק י

(ד) רש"י ד"ה חזר והכניסו ור"ה אינו חייב הד"א: (ה) ד"ה אמר אביי וכו' בכלל גדול וכל שאינו כשר להצניע ואין מצניעין כמוהו כל"ל והד"א עם ד"ה מהו לתמיה ור"ה בטלה וד"ה קמ"ל כל"ל: (ו) תוס' ד"ה המצניע וכו' בפ' כלל גדול וכל שאינו כשר להצניע ואין מצניעין כמוהו אינו חייב:

רב נסים גאון

זרע פול המצרי שנים פול המצרי הוא אל לוביה בלשון ישמעאל והן דמות פולים קטנים ביותר ובאמצעיתן שחור תמצא דבר זה מפורש בתלמוד (ירושלמי כלאים פ"ח) כלאים פול המצרי כד דחוא רטיב אינון צוחין ליה לובי כד דהוא נגיב אינון צוחין ליה פול המצרי: דהא רב כהנא הוה קאי קמיה דרב והוה קא מעבר שושיבא אפומיה שושיבא הוא ממיני ארבה וביאור דבר זה במסכת ע"ז בפרק אין מעמידין (דף לז) מאי איל קמצא רב פפא אמר שושיבא:

סליק פרק אמר רבי עקיבא

תורה אור השלם

א) לֵב חָכָם לִימִינוֹ וְלֵב כְּסִיל לִשְׂמֹאלוֹ: [קהלת י, ב]

ב) אַל תְּשַׁקְּצוּ אֶת נַפְשֹׁתֵיכֶם בְּכָל הַשֶּׁרֶץ הַשֹּׁרֵץ וְלֹא תִטַּמְּאוּ בָּהֶם וְנִטְמֵתֶם בָּם: [ויקרא יא, מג]

ליקוטי רש"י

פול המצרי. מין קטנית [ושמו] פאזו"ל [מנחות ל:]. ציפורת כרמים. מין ארבה שאין לו גבחת [חולין סה.]. כרישא. קפלוט ושעוריה זוטר משל כרוב [לעיל פ:]. הא דזריע. דקלא אחד משוב. נימא. גרעינין [שם עט.]. ביצה קלה. כבר מפורש [לעיל פ:] שזו ביצת תרנגולת שהיא קלה לבשל מכל הביצים ושיעורו חכמים זו בביצת תרנגולת [ביצה לט.]. לנישבין. רשתות ומכמורות [ב"מ סה.]. לצוד חיה ועוף [לעיל יז:]. צורי דקל. סיב הגדל סביב הדקל וכרוך עליו [סוטה ז:]. נבארא. סיב שגדל ומתגלגל סביב הדקל כעין יריעה [סוטה יז.] ודסים שגדלין סביב הדקל [ע"ז לז.]. שושיבא. מין חגב ולפיו ארוך [ע"ז לז. ועיין בתוס' שם]. וכל אדם אין חייב עליו אלא כשיעורו. ואע"פ שהצניעו לשם זה והכניסו [לקמן צא.]. לכגביה שיעור לא מלאכה היא [לעיל עה:].

פ"י המצניע. כבר מפורש בפירקא קמא כל שאינו כשר להצניע ואין מצניעין כמוהו אם הוציאו בשבת אין חייב עליו אלא המצניעו והשתא אתא ופריש המצניע כלום כחול שאינו כשיעור הוצאה לזרע או לדוגמא או לרפואה והוציאו בשבת חייב עליו בכל שהוא ואלמלא שהצניעו לא היה חייב עליו וחזרים שלא הצניעוהו אין חייבים עליו אלא כשיעור. למה לי למיתנא המצניע לזרע ליתני המוציא לזרע ולדוגמא או לרפואה מה שהצניעו לכך חייב עליו בכל שהוא. אמר אביי הכא במאי עסקינן כגון שהצניעו ושכח למה הצניעו ועתה הוציאו סתם מהו אדכרה למחשבה באצנעה או אדכרה להוצאה והדברים. אמר אביי הכא במאי עסקינן כגון שהצניעו ושכחו למה הצניעו והשתא קא מפיק ליה בסתמא פי' אגמרינן דלא אכפת לן מאי קא מכוין בשעת הוצאה כיון דמעיקרא הצניעו לאחד מכ' דברים הללו או כיוצא בהן אע"פ ששכח למה הצניעו והוציאו בסתם חייב.

חשק שלמה על רבינו חננאל א) דברי רבינו אלו עד פי' והרב הכא בתב אמר לנ"ע על אלו דחזר ומג על הכא כל ריתא ...

בערוך ערך חר תפשיטי ותבין ולכון על דברי רבינו ז"ל:

Chapter Ten

Mishnah An earlier Mishnah (75b) taught that one is liable to a *chatas* for the *melachah* of *transferring* only when a set minimum of the substance was carried. These minimums differ for various substances [e.g. the volume of a dried fig for foodstuffs; a *revi'is* for most liquids], and were set forth in the preceding chapters.[1] The Mishnah now delineates circumstances under which these minimums are waived so that even lesser amounts render one liable:

הַמַּצְנִיעַ לְזֶרַע – If one stored a minute amount of seed **for** the purpose of **planting, וּלְדוּגְמָא – or** he stored a small amount of a substance to use **as a sample** to show prospective customers **וְלִרְפוּאָה – or to** use as **medicine,**[2] **וְהוֹצִיאוֹ בְּשַׁבָּת – and he took [what he had stored] out on the Sabbath** to another domain, **חַיָּיב בְּכָל שֶׁהוּא – he is liable for any amount;** i.e. although he carried less than the set minimum, still, he is liable.[3] **וְכָל אָדָם – All** other **people, however, אֵין חַיָּיב עָלָיו אֶלָּא כְּשִׁיעוּרוֹ – are not liable except for its prescribed amount.**[4] **חָזַר וְהִכְנִיסוֹ** – Likewise, if **[the person who stored the quantity] returned and brought it** back **in** from the public domain,[5] **אֵינוֹ חַיָּיב אֶלָּא כְּשִׁיעוּרוֹ** – then **he** as well **is not liable except for its prescribed amount.**[6]

Gemara The Gemara questions the wording of our Mishnah's opening statement:

לָמָּה לֵיהּ לְמִיתְנֵי הַמַּצְנִיעַ – Why did [the Tanna] speak of "one who stored [a minute amount"] of a substance for a particular purpose [e.g. a seed for planting]? **לִיתְנֵי הַמּוֹצִיא לְזֶרַע – Let him** instead **teach: "If one takes out [a minute amount]** of seed **for** the purpose of **planting it, וּלְדוּגְמָא וְלִרְפוּאָה – or** he takes out a small amount of a substance **to use as a sample or as medicine, חַיָּיב בְּכָל שֶׁהוּא – he is liable for any amount"!**[7] – ? –

The Gemara answers:

אָמַר אַבַּיֵי – Abaye said: The Tanna surely agrees that one who takes the item out for those purposes is liable, even if he had not previously stored it. **הָכָא בְּמַאי עָסְקִינָן כְּגוֹן שֶׁהִצְנִיעוֹ** – But **here,** in the Mishnah, **we are dealing with a case where, for example, [the person] stored [an item]** for his designated purpose (e.g. he stored a seed to plant it), **וְשָׁכַח לָמָּה הִצְנִיעוֹ – but** then **he forgot why he stored it; וְהַשְׁתָּא קָא מַפִּיק לֵיהּ סְתָמָא – and now,** on the Sabbath, **he takes it out** from domain to domain **without any particular [intent].**[8]

NOTES

1. For each particular substance, the minimum represents what people generally consider the smallest significant quantity of that item. As the Mishnah (75b) put it, the substance being carried must be something generally used by people, and the amount carried must be an amount generally thought to be worth keeping (see Mishnah ibid.).

2. In all these cases, he stored less than the standard minimum for that particular substance. In the case of seeds, for example, he might have stored a single seed. [As the previous Mishnah taught, the standard minimum differs for particular varieties of seeds. When transporting garden seeds, for example, the threshold for liability according to R' Yehudah ben Beseirah is five seeds; for cucumber seeds, the threshold is two seeds. Anything less than this amount is generally considered not worth storing.]

3. The person is liable for quantities even smaller than the standard minimum, for since he set the item aside for a specific purpose, he indicated that even that small amount is important to him (see *Rashi*).

4. That is, if someone other than the one who set aside the item carried it out, he is not liable to a *chatas*. This is because we do not judge that person from the perspective of one individual (i.e. the storer), but by the minimums set forth in the preceding chapters, which represent the smallest amounts commonly used for the various endeavors listed. Barring any indications to the contrary, one is presumed to share the disposition of the common person.

5. I.e. the one who had stored it and carried it out subsequently decided not to use the thing in the way he had planned after all. He then transported it from the public domain back into a private domain (*Rashi;* cf. *Rashash*).

6. E.g. since he decided against planting the seed, it now has no more importance to him than it has to the general public. Thus, he is not liable for its transfer. He would be liable only in the event that he transported the prescribed minimum of seeds set forth in the previous Mishnah (*Rashi*).

7. The function of storing an item is that it confers significance; it shows that even though others may deem a single seed, for example, to be insignificant – this person *does* consider it significant, for he has stored it for some sort of later use (e.g. planting). It stands to reason, though, that actually *carrying* a seed in order to plant it confers at least as much significance as simply *planning* to plant it. If so, why did the Mishnah state that the person *stored* the seed in advance of carrying it? Even had he only carried the seed in order to plant it, he would still be liable! (*Rashi; Ritva*).

8. I.e. having forgotten his original intent in storing the seed, the person now chose to take the seed from one house to another house, and he set it down in the public domain.

מַהוּ דְתֵימָא – In such a case, **you might have supposed:** בְּטוּלֵי בָּטְלָה מַחְשַׁבְתּוֹ – **His** original **intent** to use this seed in some significant way **has become nullified,** since he has now forgotten about that intent.[1] קָא מַשְׁמַע לָן – **[Our Mishnah] therefore teaches** that this is not the case; כָּל הָעוֹשֶׂה עַל דַּעַת רִאשׁוֹנָה הוּא עוֹשֶׂה – rather, **anyone who does** something is presumed to **do it** based **upon his original intent.**[2] Hence, the seed retains its original significance, and the person is liable for having transferred it.[3]

A related ruling:

אָמַר רַב יְהוּדָה אָמַר שְׁמוּאֵל – **Rav Yehudah said in the name of Shmuel:** מְחַיֵּיב הָיָה רַבִּי מֵאִיר – **R' Meir used to hold one liable** אַף בְּמוֹצִיא חִטָּה אַחַת לִזְרִיעָה – **even for taking out a single kernel of wheat to plant** it.

The Gemara questions why Shmuel found it necessary to state this:

פְּשִׁיטָא – But certainly **this is obvious!** כָּל שֶׁהוּא תְּנַן – **In our Mishnah,** which presumably espouses the view of R' Meir,[4] **we learned** that when one's intent is to plant, he is liable for carrying **"any amount"!**[5] – ? –

The Gemara replies:

מַהוּ דְתֵימָא כָּל שֶׁהוּא – **You might have supposed** that when the Mishnah states **"any amount,"** לְאַפּוּקֵי מִגְּרוֹגֶרֶת – it only means **to exclude** a quantity as large as **a dried fig,** וּלְעוֹלָם עַד דְּאִיכָּא כְּזַיִת – **but in reality,** one is not liable **unless** he carries at least **an olive's [volume]** of kernels.[6] קָא מַשְׁמַע לָן – **[Shmuel] therefore teaches us** that this is not the case; rather, R' Meir holds one liable even for the smallest conceivable quantity [e.g. a single kernel of wheat].

As understood by Abaye, our Mishnah's basic premise is that one who accords importance to a minute quantity of things will, based on that intent, become liable for transferring those things to another domain. The Gemara now questions this general principle:[7]

מַתְקִיף לָהּ רַב יִצְחָק בְּרֵיהּ דְּרַב יְהוּדָה – **Rav Yitzchak the son of Rav Yehudah challenged this,** saying: אֶלָּא מֵעַתָּה חִישֵּׁב לְהוֹצִיא כָּל בֵּיתוֹ – **But now,**[8] **if one intends to take everything in his house out** into another domain all at once, הָכִי נָמֵי דְּלָא מִיחַיֵּיב עַד דְּמַפֵּיק לְכוּלֵּיהּ – **is it indeed so that he would not be liable unless he** actually **takes all of it out** in a single act?[9] This seems quite unreasonable! – ? –

The Gemara answers:

הָתָם בָּטְלָה דַּעְתּוֹ אֵצֶל כָּל אָדָם – **There,** in the case you describe, **[that person's] thoughts are negated in view of the** overwhelming consensus of **all** other **people** to the contrary.[10] As such, he remains liable even for a quantity smaller than that to which he has accorded significance.

The Gemara quotes a section of our Mishnah:

וְכָל אָדָם – ALL other PEOPLE, HOWEVER, אֵין חַיָּיבִין עָלָיו אֶלָּא כְּשִׁיעוּרוֹ – ARE NOT LIABLE EXCEPT FOR ITS PRESCRIBED AMOUNT.[11]

The Gemara declares:

מַתְנִיתִין דְּלָא כְּרַבִּי שִׁמְעוֹן בֶּן אֶלְעָזָר – **Our Mishnah's [ruling] is not in accordance with R' Shimon ben Elazar.** דְּתַנְיָא – **For it was taught in a Baraisa:** כְּלָל אָמַר רַבִּי שִׁמְעוֹן בֶּן אֶלְעָזָר – R' SHIMON BEN ELAZAR STATED A GENERAL RULE: כֹּל שֶׁאֵינוֹ כָּשֵׁר לְהַצְנִיעַ – WHATEVER IS NOT FIT TO STORE, וְאֵין מַצְנִיעִין כְּמוֹהוּ – OR PEOPLE DO NOT STORE IT IN SUCH [A QUANTITY], וְהוּכְשַׁר לָזֶה וְהִצְנִיעוֹ – BUT IT WAS FIT FOR THIS particular person AND HE STORED IT AWAY, וּבָא אַחֵר וְהוֹצִיא – AND ANOTHER PERSON CAME AND CARRIED IT OUT, נִתְחַיֵּיב זֶה בְּמַחְשַׁבְתּוֹ שֶׁל זֶה – THIS person who carried it out IS LIABLE

NOTES

1. The transfer of the seed would then not be deemed a significant act — for neither the intent that accompanied the original storing of the item, nor the intent that accompanied its actual transfer, would lend the act any significance (*Rashi*).

2. I.e. the person's transfer of the item is seen as congruent with his previous intent to store it, so long as he does not explicitly rescind his earlier thoughts. Thus, the original significance he accorded the item by storing it remains intact, even though he has no recollection of that intent while carrying it.

3. In sum, then, it is certainly true that one who takes an item out with intent to plant it, use it as a sample, etc., is liable; he need not have previously stored the item as well. Rather, the Mishnah requires *storing* because it is speaking of a person who had no particular intent while he was carrying the item; hence, the only way significance could be attached to the item is through the person's earlier intent [when storing it].

[In fact, even this teaching is superfluous. As various Rishonim, *Rashi* among them, point out, an earlier Mishnah has already taught that the act of storing an item is enough to confer it significance. The novel point of our Mishnah, then, lies not so much in its teaching that significance can be conferred by storing; rather, the salient point is that even when the person *forgot* his intent in storing the item while transporting it, still, that original intent does not become nullified (*Rashi; Rashba*).]

4. A Mishnah whose author is not attributed is presumed to reflect the view of R' Meir (*Rashi*).

5. [See 90b note 7. Throughout the Talmud, the term כָּל שֶׁהוּא, *any amount,* generally denotes even minuscule quantities.]

6. As far as transferring foodstuffs is concerned, the general minimum quantity for liability is the volume of a dried fig (*Rashi;* see Mishnah 76b). It could therefore have been thought that when our Mishnah states "he is liable for any amount," it does not mean this literally. Rather, it means simply to exclude the particular standard of a dried fig, whereas a smaller standard [the volume of an olive, another common Talmudic measure of volume] in fact applies.

Various commentators raise the problem that an earlier Mishnah (90a,b) has just taught that for seeds, the general standard for liability is the transfer of two to five seeds, depending on the exact type (see above, 90a note 38). This amount is clearly far less than the volume of an olive; hence, how could we have even thought that our Mishnah requires an olive's volume for liability? Some attempt to resolve this difficulty by distinguishing between ordinary seeds (discussed in the earlier Mishnah) and seeds similar to wheat kernels, the subject of Shmuel's ruling (*Pnei Yehoshua*). For some detailed approaches to this problem, see *Pnei Yehoshua, Chasam Sofer* and *R' Akiva Eiger*.

7. Our interpretation follows *Rashi. Tosafos,* however, understands that Rav Yitzchak's question is directed at the last statement made by the Gemara — Shmuel's report of R' Meir's ruling regarding a wheat kernel.

8. I.e. if indeed, the relative importance of an object to a given person determines whether or not he is liable for carrying it . . . (see *Rashi*).

9. If the person decided to carry out all his belongings in a single act, he has in effect accorded significance only to the transfer of that large bundle of things (*Rashi*). If he subsequently took out less than this amount, then, he ought not to be liable! (*Ran MHK* ed. in explanation of *Rashi;* see also *Pnei Yehoshua* and *Maginei Shlomo;* cf. *Tosafos*).

10. Virtually everyone would consider less than half of the contents of a house a quantity of significance; hence, this particular individual's perspective is treated as an anomaly and disregarded. In the case of a seed, however, the intent to make use of even a single seed is eminently reasonable. [Although usually people have no practical use for such small quantities, when particular circumstances arise — e.g. the need to store a seed for planting (see *Tosafos*) — most people would, indeed, make use of one seed.] Hence, in that situation the person's intent is not truly anomalous, and the threshold for significance is adjusted downward in his particular case.

11. Our Mishnah stated that only the person who stores something not usually fit for usage [because of its minute quantity] is liable for taking it out; however, if another person took this item out, he is exempt from punishment. The Gemara now cites a dissenting opinion.

מהו דתימא בטולי בטלה מחשבתו קמ"ל כל העושה על דעת ראשונה הוא עושה אמר רב יהודה אמר שמואל מחייב היה רבי מאיר אף במוציא חטה אחת לזריעה פשיטא כל שהוא תנן מהו דתימא כל שהוא לאפוקי מגרוגרת ולעולם ◦ עד דאיכא כזית קמ"ל מתקיף לה רב יצחק בריה דרב יהודה אלא מעתה חישב להוציא כל ביתו הכי נמי דלא מיחייב עד דמפיק לכוליה התם בטלה דעתו אצל כל אדם: וכל אדם אין חייבין עליו אלא כשיעורו: מתניתין דלא כרבי שמעון בן אלעזר [א]דתניא כלל א"ר שמעון בן אלעזר כל שאינו כשר להצניע ואין מצניעין כמוהו והוכשר לזה והצניעו ובא אחר והוציא נתחייב זה במחשבתו של זה אמר רבא אמר רב נחמן הוציא כגרוגרת לאכילה ונמלך עליה לזריעה אי נמי לזריעה ונמלך עליה לאכילה חייב פשיטא זיל הכא איכא שיעורא וזיל הכא איכא שיעורא מהו דתימא בעינן עקירה והנחה בחדא מחשבה והא ליכא קמ"ל בעי רבא הוציא חצי גרוגרת לזריעה ◦ ותפחה ונמלך עליה לאכילה מהו את"ל התם הוא דמיחייב דזיל הכא איכא שיעורא וזיל הכא איכא שיעורא הכא כיון דבעידנא דאפקה לא הוה ביה שיעור אכילה לא מיחייב או דילמא כיון דאילו אישתיק ולא חשיב עליה מיחייב אמחשבה דזריעה השתא נמי מיחייב ואת"ל [א]כיון דאילו אישתיק ולא חשיב עליה מיחייב אמחשבה דזריעה [ב]השתא נמי מיחייב הוציא כגרוגרת לאכילה ◦ וצמקה ונמלך עליה לזריעה מהו הכא ודאי כי אישתיק אמחשבה קמייתא לא מיחייב או דילמא בתר השתא אזלינן ומיחייב ואת"ל [ג]בתר השתא אזלינן ומיחייב הוציא כגרוגרת לאכילה וצמקה וחזרה ותפחה מהו יש דיחוי לענין שבת או אין דיחוי לענין שבת [ד]תיקו: בעא מיניה רבא מרב נחמן [ה]זרק כזית תרומה לבית טמא מהו למאי אי לענין שבת כגרוגרת בעינן אי לענין טומאה כביצה אוכלין בעינן לעולם לענין שבת ◦ וכגון דאיכא פחות מכביצה אוכלין והאי משלימו לביצה מאי מדמצטרף לענין טומאה מיחייב נמי לענין שבת או דילמא כל לענין שבת כגרוגרת בעינן א"ל תניתוה אבא שאול אומר שתי הלחם ולחם הפנים שיעורן כגרוגרת ואמאי לימא מדלענין יוצא

רש"י

מהו דתימא. כיון דשכח בשעת הוצאה שלא היה זוכר להצניעתו בטלה לו מחשבתו. ואין כאן לא חשיבות מחשבת הצנעה ולא מחשבת הוצאה: **קמ"ל.** דכל העושה סתם על דעת הראשונה עושה והחשיבותיה קמא קאי: **כל שהוא תנן.** וסתם משנה רבי מאיר: **לאפוקי מגרוגרת.** דשאר אוכלין: **אלא מעתה.** דמתני' בדעתיה תלינן כדקאמרת משום דעל דעת ראשונה הוא מחשבת ליה שיעורא: **חישב להוציא כל ביתו.** בהוצאה אחת דלא חשבה אלא אם כן הוציא כולה כאחד: **הכי נמי.** דכי אפקה פורתא פורתא לא מיחייב: **בטלה דעתיה.** ושיעורא דחשיב לאינשי חשיב: **וכל אדם אין חייבין אלא כשיעורו.** ולא"פ שהוכשר לזה והצניעו: **כגרוגרת.** איכא שיעורא לאכילה ולהוצאה וכ"ש לזריעה דשיעורא בכל שהוא: **ותפחה.** ועמדה על גרוגרת קודם הנחה: **ונמלך עליה לאוכלה. והניחה מהו: את"ל.** בההיא אע"ג דעקירה והנחה לאו בחדא מחשבה הואי מיחייב: **התם הוא דזיל הכא כו'.** בשעת מחשבה ראשונה היה בו כשיעור למחשבתו ושיעור (א) למחשבה שניה הלכך מילטרפי עקירה והנחה: **אבל הכא בעידנא דאפקה לא הוה בה שיעור.** למחשבה שניה של הנחה ולא מצטרפי הנחה לעקירה: **כיון דאילו אשתיק.** בהך שניה אית בה שיעור לזריעה ומיחייב: **השתא נמי מיחייב.** הואיל ויש שיעור למחשבה אחרונה ובשיעור זה איכא שיעורא למחשבה ראשונה ויותר: **לא מיחייב.** דהא בשעת הנחה ליכא שיעור למחשבה קמייתא: **בתר השתא.** בתר מחשבה דהשתא אזלינן לענין הנחה: **יש דיחוי.** מה שחסרה בינתים אילו אנחה בההיא שעתא לא מיחייב (ב) מי אמרינן תורת דיחוי דנדחה לו מחיוב חטאת ובטלה לה עקירה וכי הדר תפחה והניחה הוי הנחה בלא עקירה: **אי לענין טומאה.** דמיבעיא לך אם נטמא לטמא טומאת אוכלין או לאו כבילה בעינן: **והאי משלימו.** שנחה אצלו והשלימו וע"י הנחה זו נטמאו: **מאי.** מדחשיב הך זריקה לענין טומאה חשיב נמי לענין שבת כאלו הוא כגרוגרת ומיחייב או לא:

שיעורן

תוספות

מתקיף לה רב יצחק. פירש בקונטרס דפריך לאביי וקשה דלאביי נטר ליה עד הכא ואומר הרב פור"ת בשם רבינו שמואל דאדרב יהודה אבוה פריך וה"פ כיון דאמרת דמוציא חטה אחת לזריעה חייב אע"פ שאין רגילות משום דבתר מחשבתו אזלינן ה"נ כשחישב להוציא כל ביתו ניזול בתר מחשבתו ולא נחייבנו בפחות כיון דפחות מיכן אינו חשוב בעיניו ומשני התם בטלה דעתו אצל כל אדם דאין אדם שלא יהא חשוב בעיניו פחות מכן אבל הכא יש בני אדם שחשובה להם חטה אחת לזריעה: **או דילמא בתר השתא אזלינן.** משמע דאי בתר השתא אזלינן ליכא למיבעיא מידי מדקאמר את"ל בתר השתא אזלינן הוציא גרוגרת לאכילה וצמקה וחזרה ותפחה מהו ולא מיבעיא ליה אקמייתא ואמאי אכתי תיבעי ליה אי הוה דיחוי אצל שבת או לא כדבעי בסמוך דהא מיד כשצמקה נדחית וי"ל דדוקא ההיא דבסמוך חשיב ליה דיחוי שנדחית בין משיעור ראשון בין משיעור אחרון אבל הכא דמשיעור אחרון מיהא לא נדחית לא חשיב ליה דיחוי: **אי לענין טומאה כביצה אוכלין בעינן.** ◦ משמע דלא מקבל אוכל טומאה בפחות מכבילה ומה שהביא [ג] רש"י מת"כ דאוכל מקבל טומאה בכל שהוא דתניא מכל האוכל (ג) שמטמא בכל שהוא יכול יהא מטמא אחרים ת"ל אשר יאכל אוכל הנאכל בבת אחת הוי אומר זה בילת תרנגולת אומר ר"ת דאסמכתא היא דה"נ מעשר ירק מרבינן בת"כ מוכל מעשר הארץ ולא הוי אלא אסמכתא בעלמא והא דפריך בפרק כל שעה (פסחים ד' לג:) למ"ד משקין מיבלע בליעי מהא דתנן טמא מת שסחט זיתים וענבים כבילה מכוונת טהורים ואי מיבלע בליעי אמאי טהורים ומוקי לה בענבים שלא הוכשרו לאימת קא מיתכשרי לכי סחיט להו וכי סחיט להו בציר ליה שיעוריה אתי שפיר גם לפי' הקונטרס דאע"ג דמקבל טומאה בכל שהוא מ"מ בציר ליה שיעורא מלקבל הכשר לפירוש הרב פור"ת דמפרש בשם רש"י בפ' חבית (לקמן קמה.) דאין אוכל מקבל הכשר בפחות מכבילה וטעמא משום דמאשר יאכל נפקא לן לטמא אחרים בכבילה והא כתב אשר יבא עליו מים וכן בפרק אלו עוברין (פסחים מה:) גבי בלק שבסדקי עריבה דמפרש אביי כגון דאיכא פחות מכבילה אוכלין ונגעו בהאי בלק בפסח דאיסורו חושבו מצטרף אע"ג דבלא צירוף פחות מכבילה הוה מצי לאוקמי דנגע שרץ בכזית שבסדקי עריבה בפסח דאיסורו חושבו מקבל טומאה בשאר ימות השנה אי קפיד אין [ג] אי לא לא אלא דלענין קבלת טומאה עצמה לא נפקא לן מינה מידי דבלאו הכי אסורה משום חמץ להכי נקט לענין לטמא אחרים ומייתי רבינו תם ראיה דאין אוכל מקבל טומאה פחות מכבילה דתניא בפרק אלו עוברין (שם מד.) המקפה של תרומה השום והשמן של חולין ונגע טבול יום במקצתן פסל את כולן מקפה של חולין ושום ושמן של תרומה ונגע טבול יום במקצתן לא פסל אלא מקום מגעו והוינן בה מקום מגעו אמאי פסל והא לא הוי כבילה ורש"י ל"ג הכי אלא גריס והא בטל ברובא ומפרש דהכי פריך מקום מגעו אמאי פסול והא בטל שום ושמן אגב מקפה דהא משום הכי קתני ברישא פסל את כולן ואין נראה למחוק הספרים ועוד נהי דבטלי ברישא להחמיר להקל לא אמרינן דבטלי ועוד דלא שייך למימר דבטלי השום והשמן כיון שהן בעין מדקתני לא פסל אלא מקום מגעו ועוד ([ד]דתניא בתוספתא) בד"א בזמן שהיא גוש בקערה משמע שהן בעין ואין להאריך ורש"י חזר בו בכריתות (דף כא.) וגבי פרה מיטמא טומאת אוכלין (חולין דף פב.) והא דאמר בפ"ק דחולין (דף כד:) התורה העידה על כלי חרס אפילו מלא חרדל אלא לאו דוקא חרדל אלא כלומר מלא בילים ומשום דבחרדל איכא טובא ראשון ושני כו' ומקבל טומאה מדרבנן נקט ליה[ה]:

אי לענין שבת כגרוגרת בעינן. הוה מצי למיפרך אמאי נקט זרק ואמאי נקט תרומה ולבית טמא: **כגון** דאיכא פחות מכביצה אוכלים כו'. אור"י דלהכי נקט זרק דהשתא בהדי הדדי קא אתיין דלא מחייב לענין שבת עד דנח כדאמר בפרק המוציא (לעיל דף פ.) תוך ג' לרבנן בעיא הנחה על גבי משהו אבל מכנים מכי אתי תוך ג' איכא איסור שבת ואיסור טומאה ליכא עד דמצטרף ולא

אתון

מסורת הש"ס

א) לעיל ע. זבחים מז, ב) [פסחים לג. ד"ה כבינה], ג) נ"א לא קפיד אלא רוצה בקיומו לא אלא כו' רש"ל, ד) [נ"ל דמני בגמרא שהרי הוא שם במשנה ולא רב"כ במהר"ם] פ"ב דטבול יום לינא וכ"ה ג"כ בתוס' פסחים שם ד"ה כבינה רש"ן, ה) [וע"ע תוס' פסחים לג. ד"ה לאימת ותוס' [נדה] ז: ד"ה אפילו].

הגהות הב"ח

(א) רש"י ד"ה התם וכו' ושיעור למחשבה שניה: (ב) ד"ה יש דיחוי וכו' לא מיחייב חטאת מי: (ג) תוס' ד"ה אי לענין וכו' דתניא מכל האוכל מלמד שמיטמא בכל שהוא:

גליון הש"ס

גמ' עד דאיכא כזית. עיין עירובין דף פ ע"ב תוס' ד"ה לגג: שם ותפחה ונמלך עליה. עי' מנחות דף נד ע"א תוס' ד"ה לעמיקתא: שם וצמקה ונמלך. עיין לעיל דף עו ע"א תוס' ד"ה ועוד: שם וכגון דאיכא פחות מכביצה אוכלין. עיין משנה למלך פ"ד ה"א מהל' ע"ח: תוס' ד"ה אי לענין. משמע דלא מקבל אוכל טומאה. עי' זבחים דף לא. תוס' ד"ה אר"ש:

רבינו חננאל

ולא תימא בטולי מבטלא למחשבתו אלא כל העושה על דעת מחשבתו ראשונה הוא עושה. אמר רב יהודה אמר שמואל מחייב היה רבי מאיר אף במוציא חטה אחת לזריעה פי' הני מילי לענין המצניע אפילו הצניע חטה אחת והוציאה [חייב] וההיא דתנן באידך פרקין וזרעוני גינה פחות מגרוגרת ותנן זרע קישואין דלועין ופול המצרי שנים שיעורן דעלמא דלאו למצניעין שאין אדם מוציא נימה אחת לזריעה אבל המצניע אפי' אחת חייב עליה וכל אדם שהוציאו סתם בשלא הצניעו אינו חייב עליו אלא כשיעור אע"פ [שהצניע הראשון] ואינו מתחייב במחשבת הראשון ומתניתין דלא כרבי שמעון בן אלעזר כל אם הוציאו אחר שני מדעת המצניע חייב ואם הוציא כגרוגרת שהוא כשיעור הוצאה [לאכילה] ומעיקרא היתה מחשבתו לאכילה ונמלך עליה לזריעה או לזריעה ונמלך עליה לאכילה חייב ולא אמרינן צריך שתהא עקירה והנחה בחדא מחשבה ובעיי דרבא לא איפשיטו. הוציא חצי גרוגרת לזריעה ותפחה ונמלך עליה לאכילה בעידנא דעקירה הוה מחייב אמחשבתו ושיעור למחשבתו הואי ובעידנא דהנחה נמי שיעורא היא למחשבתו שבאותה שעה ואילו אשתיק ולא חשיב עליה מחייב אמחשב' דזריעה השתא נמי מחייב הוציא כגרוגרת לאכילה והיתה כשיעור בשעת עקירה וכשצמקה וחסרה נמלך עליה לזריעה דמחייב עליה נמי בשעת הנחה ובתר השתא אזלינן ומחייב אבל אם הוציא כגרוגרת לאכילה וצמקה וחזרה ותפחה ועדיין מחשבתו כדהות אע"פ דבעת עקירה יש בה כשיעור כיון שחסרה בין כך וכך מספקא לן יש דחוי אצל שבת או אין דחוי אצל שבת וקיימא בתיקו. ועקר דהא מלתא דכולה עקירה והנחה במחשבה דאיסורא (לעיל ד' ה') בכן רב ספרא א"ר אמי א"ר יוחנן המפנה חפצים מזוית לזוית ונמלך עליהן [והוציאן] פטור שלא היתה עקירה משעה ראשונה לכך ומפרשא נמי בגמ' דואלו נערות. בעא מיניה רבא מרב נחמן זרק כזית תרומה לבית טמא מהו (רמי) כגון שזרק מרה"ר להר"י אי נמי מרשו' היחיד לרה"ר ורשות הרבים באמצע [ושאלינן] למאי קא בעי רבא הא בעיי אי לענין שבת כגרוגרת בעינן שאם הוציא אוכלין פחות מכגרוגרת פטור אי לענין טומאה כביצה אוכלין בעינן בכזית פחות מכביצה פטור האי כזית לענין מאי קא מיבעי ליה לרבא ואהדרינן לעולם לענין שבת וכגון שזרק לאותו בית טמא תרומה פחות מכביצה ואיתא התם וזרק עכשיו כזית שהוא משלימו לההוא דאיתיה התם לכביצה מאי מדמצטרף לטומאה לענין טומאה מיחייב עליה נמי לענין שבת ואי לאו דקא מצטרף לענין טומאה ומחייב עליה לא איחייב עליה לענין שבת ומשום דקא מחשב ליה מחייב כי האי דסוף הזורק יש אוכל אכילה אחת וחייב עליה ארבע חטאות ואשם טמא שאכל המוקדשין ביה"כ ר"מ אומר אם היתה שבת והוציא חייב אמרו לו אינו השם ואמרינן עלה אמאי הא אין דרך הוצאה בכך ומהדרינן כיון דאחשביה מחייב הכא נמי הכין או דלמא כל לענין שבת כגרוגרת בעינן א"ל ר"נ תנינא אבא שאול אמר שתי הלחם

עין משפט נר מצוה

ב א מיי' פי"ח מהל' שבת הלכה כו: ג ב מיי' שם: ד ג מיי' שם: ה ד מיי' שם הל' מ: ו ה מיי' שם:

רב נסים גאון

פי' למאי אי לענין שבת כגרוגרת בעינן אי לענין טומאה כביצה אוכלין בעינן. אימא כגרוגרת להוצאת שבת הא אמור בכמה מקומות במשנה (דף עו) המוציא אוכלין כגרוגרת והרבה כזה ואסמכתא דילה מקרא דכתיב (דברים ח) ארץ חטה ושעורה וגפן ותאנה ורמון ואמרו תאנה כגרוגרת להוצאת שבת וכביצה לענין טומאת אוכלין בתורת כהנים (פ' שמיני) אוכל יטמא מלמד שהוא מיטמא בכל שהוא (א) ת"ל אשר יאכל הא אינו מיטמא אלא בכביצה ובפרק יום הכפורים (יומא פ) תניא ר' אומר כל איסורין שבתורה בכזית חוץ מטומאת אוכלין כו' וטומאת אוכלין מנלן דאמר ר' אבהו אמר ר' אלעזר אמר קרא (ויקרא יא) מכל האוכל אשר יאכל אוכל שאתה יכול לאוכלו בבת אחת ושיעורו חכמים שאין בית הבליעה מחזק יתר מביצת תרנגולת והזכרנו דבר זה בברכות (ופ' אל) משנה במסכת מעילה בפרק קדשי מזבח (דף יז) שנינו כל האוכלין מצטרפין לפסול את הגויה בכחצי פרס ומזון ב' סעודות לעירוב וכביצה לטמא טומאת אוכלין וכגרוגרת להוצאת שבת וככותבת ליום הכפורים:

התם

חשק שלמה על רב נסים גאון

א) יכול יטמא לאחרים כצ"ש.

ליקוטי רש"י

שאין כשר להצניע. כמסכת שבת כגון דם נדה או איסור (או) הנאה. **ואין מצניעין כמוהו.** שכשר הוא להצניעו אם היה [בו שיעור] אבל שיעורו של זה מועט הוא ואין אדם חושבו להצניעו. **ובא אחר והוציאו.** בשבת לרה"ר חייב דמשוי מלאכה מפני מחשבתו של זה שהכשירו לכך והצניעו [זבחים מז.]. **אי לענין טומאה כביצה אוכלין בעינן.** אוכל ומשקה מקבל טומאה בכל שהן אבל אין מטמא אחרים אלא בכביצה ומשקה ברביעית וכבי מנה בתורת כהנים מכל האוכל מלמד שמטמא בכל שהוא יכול יטמא אחרים בכל שהוא תלמוד לומר אשר יאכל אוכל הנאכל בבת אחת והייתי כביצה כדאמרינן בפרק יום הכפורים (יומא פ.) אין בית הבליעה מחזקת יותר מבילת תרנגולת ואמאי מבילה לא מקבל טומאה בעי כביצה [פסחים לג: עיין בתוס' כאן ושם].

ON ACCOUNT OF THE INTENTION OF THIS other person who stored it.

The Gemara considers some variations on the case mentioned by our Mishnah:

אָמַר רָבָא אָמַר רַב נַחְמָן – Rava said in the name of Rav Nachman: הוציא כגרוגרת לאכילה – If one took a quantity of produce[12] **the size of a dried fig out** to a public domain **for** the purpose of **eating** it there, **וְנִמְלַךְ עָלֶיהָ לִזְרִיעָה – and** before placing it down, **he changed his mind** and decided instead **to plant** it; **אִי נַמִּי לִזְרִיעָה – or else,** he initially meant **to plant** it, **וְנִמְלַךְ עָלֶיהָ לַאֲכִילָה – and** in mid-transfer, **he changed his mind** and decided **to eat** it; **חַיָּיב** – in both cases, **he is liable** for the *melachah* of transferring.

The Gemara questions the necessity to even state this teaching:

פְּשִׁיטָא – It is obviously so! זִיל הָכָא אִיכָּא שִׁיעוּרָא – Go here [to the moment he lifted the item] **and the requisite [volume] is present; וְזִיל הָכָא אִיכָּא שִׁיעוּרָא – and go here** [to the moment he set down the item] **and the requisite [volume] is present.**[13] Why is there any reason to doubt his liability?

The Gemara replies:

מַהוּ דְתֵימָא – Were it not for Rav Nachman's teaching, **you might have said:** In order to be liable for carrying, **בְּעֵינַן עֲקִירָה וְהַנָּחָה בַּחֲדָא מַחֲשָׁבָה – we require** that one's **removal** of the object from its present location **and** his **setting** it **down** in a new place should both be done **with the same intent;**[14] **וְהָא לֵיכָּא – and** here, in the situation Rav Nachman describes, **this is not** the case. **קָא מַשְׁמַע לָן** – Thus, **[Rav Nachman] informs us** that there is no such requirement.[15]

A related query:[16]

בָּעֵי רָבָא – Rava inquired: הוציא חֲצִי גְרוֹגֶרֶת לִזְרִיעָה – Suppose one **took** a quantity of produce **half** the size of **a dried fig out** to a public domain, intending **to plant** it there, **וְתָפְחָה – and in** mid-transfer **it swelled** to the volume of a full **dried fig, וְנִמְלַךְ עָלֶיהָ לַאֲכִילָה** – at which point **he changed his mind** and decided **to eat** it instead of planting it. **מַהוּ** – In such a case, **what is** [the law]? Is he liable or exempt for the transfer?

The Gemara elaborates two possible ways of looking at the question:

אִם תִּמְצֵי לוֹמַר – You might perhaps **say: הָתָם הוּא דְּמִיחַיֵּיב – It is** only **there,** in the case Rav Nachman had described, **that [the person] is liable, דְּזִיל הָכָא אִיכָּא שִׁיעוּרָא – for** in that case one can argue: **"Go here and the requisite [volume] is present; וְזִיל הָכָא אִיכָּא שִׁיעוּרָא – and go here and the requisite [volume] is present."**[17]

הָכָא – Here, though, in the case Rava has inquired about, one can assert: **כֵּיוָן דִּבְעִידָּנָא דְּאַפְּקָהּ – Since at the time he** first lifted the object and **took it out, לֹא הֲוָה בֵּיהּ שִׁיעוּר אֲכִילָה – it did not contain the requisite [volume]** to satisfy his later intent **to eat** it, **לֹא מִיחַיֵּיב – he should not become liable.**[18]

The Gemara explains another way of looking at the situation:

אוֹ דִילְמָא – Or perhaps, one might say: **כֵּיוָן דְּאִילּוּ אִישְׁתִּיק וְלֹא חָשֵׁיב עֲלֵיהּ – Since if [the person] had remained silent and not decided upon** a new **intent** before setting the item down, **מִיחַיֵּיב אַמַּחֲשָׁבָה דִזְרִיעָה – he would** certainly **have been liable on** account of his original **intent to plant** it;[19] **הַשְׁתָּא נַמִּי מִיחַיֵּיב** – so **too now, he should** likewise **be liable.**[20] – ? –

Rava continues, extending the scope of his query:

וְאִם תִּמְצֵי לוֹמַר – And should you decide in favor of the second alternative and **say: כֵּיוָן דְּאִילּוּ אִישְׁתִּיק וְלֹא חָשֵׁיב עֲלֵיהּ** – Indeed, **since had [the person] remained silent and not decided upon** a new **intent, מִיחַיֵּיב אַמַּחֲשָׁבָה דִזְרִיעָה – he would** certainly **have been liable on** account of his original **intent to plant, הַשְׁתָּא נַמִּי מִיחַיֵּיב** – so **too, now he should** likewise **be liable; הוציא כגרוגרת לאכילה** – if you indeed subscribe to this reasoning, what will you say of the following case: **[A person] took** a quantity of produce **the size of a dried fig out** to a public domain **for** the purpose of **eating** it, **וְצָמְקָה – and** in mid-transfer **it**

NOTES

12. Anything that is both edible and can be planted. Certain fruits, for example, can be planted whole in the ground, and the seeds inside them would begin to sprout and take root (see *Ramban*).

13. With respect to items eaten as food, the volume of a dried fig is the minimum one must carry to be liable on the Sabbath (Mishnah 76b; see above, note 6). With respect to items one intends to plant, liability is incurred for transferring even the smallest possible amount, as our Mishnah has taught. In the case Rav Nachman describes here, the amount that was transferred meets both these requirements (see *Rashi*).

14. Every transfer from one domain to another involves two elements: a) עֲקִירָה, *akirah* – *removing* the object from its first location, and b) הַנָּחָה, *hanachah* – *setting down* the object in a new location. Both these elements must combine for liability to accrue. If, for example, one performs an *akirah* but performs no qualifying *hanachah* [e.g. someone else takes the object from him and sets it down], he is exempt. In our case, one might have thought that since the *akirah* and *hanachah* are performed with different intents, they are seen as two independent acts that do not combine into a single prohibited act of transfer.

15. [I.e. an *akirah* and *hanachah* are said to be components of a single transfer even when they are done with different intents.]

16. Rava first cited Rav Nachman's ruling, which established that an *akirah* and *hanachah* combine even when a small disparity exists between them [e.g. the *akirah* was performed with a different intent than the *hanachah*]. Rava now explores, through a series of inquiries, the limits of this principle. Several cases are set forth in which progressively greater changes interfere with the connection between *akirah* and *hanachah,* and the question is raised whether, in each succeeding case, enough of a connection still exists to hold the perpetrator liable.

17. See following note.

18. I.e. in Rav Nachman's case, at both the moment of *akirah* and moment of *hanachah,* the item was large enough that it would satisfy the minimum requirements for *both* intentions expressed during the transfer (see above, note 13). As such, the switch between intentions was not deemed significant in that case. In Rava's newly proposed case, though, this is not so. Rather, at the moment of *akirah,* the object was too small [less than a fig] to be deemed adequate for the intent that would be in place later, during the *hanachah* [i.e. the intent to eat]. Indeed, had eating been this person's intent all along, he certainly would have been exempt. This being so, it could be said that the person's *switch* to the intent to eat constitutes a significant change. He has, we might say, created a break between the *akirah* and the *hanachah,* with the result that the two can no longer combine into a single transfer (see *Rashi*).

19. [Since the item *increased* in size, there is no question that he would be liable had he but maintained his intent to plant throughout the transfer.]

20. I.e. there was no point during the transfer at which having the requisite volume for liability was dependent upon the person's switch in intent. For indeed, had the person simply maintained his original intent throughout, he surely would have been liable (see previous note). Clearly, then, the switch in intent was not *necessary* for liability, and therefore one can argue that this switch was not a significant enough occurrence to constitute a break between the *akirah* and *hanachah* (see *Rashi*).

[Once the *akirah* and *hanachah* combine with one another, it follows that the perpetrator is liable, for at each stage the item contained the requisite amount for liability. The item's original size of a half-fig more than satisfies the original intent to plant, and by the time the perpetrator intended to eat the item, it had swelled to the size of a full fig (see *Rashi*).]

ב א מיי' פי"ח מהל' שבת הלכה כו: ג ב מיי' שם: ד ג מיי' שם: ה ד מיי' שם הל' ט: ו ה מיי' שם:

מהו דתימא בטולי בטלה מחשבתו קמ"ל כל העושה על דעת ראשונה הוא עושה אמר רב יהודה אמר שמואל מחייב היה רבי מאיר אף במוציא חטה אחת לזריעה פשיטא כל שהוא תנן מהו דתימא כל שהוא לאפוקי מגרוגרת ולעולם ° עד דאיכא כזית קמ"ל מתקיף לה רב יצחק בריה דרב יהודה אלא מעתה חישב להוציא כל ביתו הכי נמי דלא מיחייב עד דמפיק לכוליה התם בטלה דעתו אצל כל אדם: וכל אדם אין חייבין עליו אלא כשיעורו: מתניתין דלא כרבי שמעון בן אלעזר א) דתניא כלל א"ר שמעון בן אלעזר כל שאינו כשר להצניע ואין מצניעין כמוהו והוכשר לזה והצניעו ובא אחר והוציא נתחייב זה במחשבתו של זה אמר רבא אמר רב נחמן הוציא כגרוגרת לאכילה ונמלך עליה לזריעה אי נמי לזריעה ונמלך עליה לאכילה חייב פשיטא זיל הכא איכא שיעורא וזיל הכא איכא שיעורא מהו דתימא בעינן עקירה והנחה בחדא מחשבה והא ליכא קמ"ל בעי רבא הוציא חצי גרוגרת לזריעה ° ותפחה ונמלך עליה לאכילה מהו את"ל התם הוא דמיחייב דזיל הכא איכא שיעורא וזיל הכא איכא שיעורא הכא כיון דבעידנא דאפקה לא הוה ביה שיעור אכילה לא מיחייב או דילמא כיון דאילו אישתיק ולא חשיב עליה מיחייב אמחשבה דזריעה השתא נמי מיחייב ואת"ל א כיון דאילו אישתיק ולא חשיב עליה מיחייב אמחשבה דזריעה ב השתא נמי מיחייב הוציא כגרוגרת לאכילה ° וצמקה ונמלך עליה לזריעה מהו הכא ודאי כי אישתיק אמחשבה קמייתא לא מיחייב או דילמא בתר השתא אזלינן ומיחייב ואת"ל ג בתר השתא אזלינן ומיחייב הוציא כגרוגרת לאכילה וצמקה וחזרה ותפחה מהו יש דיחוי לענין שבת או אין דיחוי לענין שבת ד תיקו: בעא מיניה רבא מרב נחמן ה זרק כזית תרומה לבית טמא מהו למאי אי לענין שבת כגרוגרת בעינן אי לענין טומאה כביצה אוכלין בעינן לעולם לענין שבת ° וכגון דאיכא פחות מכביצה אוכלין והאי משלימו לביצה מאי מדמצטרף לענין טומאה מיחייב נמי לענין שבת או דילמא כל לענין שבת כגרוגרת בעינן א"ל תניתוה אבא שאול אומר שתי הלחם ולחם הפנים שיעורן כגרוגרת ואמאי לימא מדלענין
יוצא

רש"י

מהו דתימא. כיון דשכח בשעת הוצאה שלא היה זכור בהצנעתו: בטלה לו מחשבתו. ואין כאן לא חשיבות מחשבת הצנעה ולא מחשבת הוצאה: קמ"ל. דכל העושה סתם על דעת הראשונה עושה ובחשיבותיה קמא קאי: כל שהוא תנן. וסתם משנה רבי מאיר: לאפוקי מגרוגרת. דשאר אוכלין: אלא מעתה. דמתני' בדעתיה תלינן כדקאמרת משום דעל דעת ראשונה מחשבת ליה שיעורא: חישב להוציא כל ביתו. בהוצאה אחת דלא אחשבה אלא אם כן הוציא כולה כאחד: הכי נמי. דכי אפקא פורתא פורתא לא מיחייב: בטלה דעתיה. ושיעורא דחשיב לאינשי חשיב: וכל אדם אין חייבין אלא כשיעורו. ואע"פ שהוכשר לזה והצניעו: כגרוגרת. איכא שיעורא לאכילה ולהוצאה וכ"ש לזריעה דשיעורא בכל שהוא: ותפחה. ועמדה על גרוגרת קודם הנחה: ונמלך עליה לאכילה. והניחה מהו: את"ל. בהכיא אע"ג דעקירה והנחה לאו בחדא מחשבה הואי מיחייב: התם הוא דזיל הכא כו'. בשעת מחשבה ראשונה היה בו כשיעור למחשבתו ושיעור (א) למחשבה שניה הלכך מיצטרפי עקירה והנחה: אבל הכא בעידנא דאפקה לא הוה בה שיעור. למחשבה שניה של הנחה ולא מצטרפי הנחה לעקירה: כיון דאילו אשתיק. בסך שניה אית בה שיעור לזריעה ומיחייב: השתא נמי מיחייב. הואיל ויש שיעור למחשבה אחרונה ובשיעור זה איכא שיעורא למחשבה ראשונה ויותר: לא מיחייב. דהא בשעת הנחה ליכא שיעור למחשבה קמייתא: בתר השתא. בתר מחשבה דהשתא אזלינן לענין הנחה: יש דיחוי. מה שחסרה בינתים אילו נחה בההיא שעתא לא מיחייב (ב) מי אמרינן תורת דיחוי דנדחה לו מחיוב חטאת ובטלה לה עקירה וכי הדר תפחה והניחה הוי הנחה בלא עקירה: אי לענין טומאה. דמיבעיא לך אם נטמא לטמא טומאת אוכלין או לאו כביצה בעינן: והאי משלימו. שנגע אלו והשלימו וע"י הנחה זו נטמאו: מאי. מדחשיב הך זריקה לענין טומאה חשיב נמי לענין שבת כאלו הוא כגרוגרת ומיחייב או לא:
שיעורן

תוספות

מתקיף לה רב יצחק. פירש בקונטרס דפריך לאביי וקשה דלאביי נטר ליה עד הכא ואומר הרב פור"ת בשם רבינו שמואל דלדרב יהודה אבוה פריך וה"פ כיון דאמרת דמוליא חטה אחת לזריעה חייב אע"פ שאין רגילות משום דבתר מחשבתו אזלינן ה"נ כשחישב להוציא כל ביתו ניזול בתר מחשבתו ולא נחייבנו בפחות כיון דפחות מיכן אינו חשוב בעיניו ומשני התם בטלה דעתו אצל כל אדם דאין אדם שלא יהא חשוב בעיניו פחות מכן אבל הכא יש בני אדם שחשובה להם חטה אחת לזריעה: או דילמא בתר השתא אזלינן. משמע דאי בתר השתא אזלינן ליכא למיבעיא מידי מדקאמר את"ל בתר השתא אזלינן הוציא גרוגרת לאכילה וצמקה וחזרה ותפחה מהו ולא מיבעיא ליה אקמייתא ואמאי אכתי תיבעי ליה אי הוה דיחוי אצל שבת או לא כדבעי בסמוך דהא מיד כשצמקה נדחית וי"ל דדוקא ההיא דבסמוך חשיב ליה דיחוי שנדחית בין משיעור ראשון בין משיעור אחרון אבל הכא דמשיעור אחרון מיהא לא נדחית לא חשיב ליה דיחוי: אי לענין טומאה כביצה אוכלין בעינן. ° משמע דלא מקבל אוכל טומאה בפחות מכביצה ומה שהביא ג) רש"י מת"כ דאוכל מקבל טומאה בכל שהוא דתניא מכל האוכל (ג) שמטמא בכל שהוא יכול יהא מטמא אחרים ת"ל אשר יאכל אוכל הנאכל בבת אחת הוי אומר זה בילת תרנגולת אומר ר"ת דאסמכתא היא דה"נ מעשר ירק מרבינן בת"כ מוכל מעשר הארץ ולא הוי אלא אסמכתא בעלמא והא דפריך בפרק כל שעה (פסחים ד' לג:) למ"ד משקין מיבלע בליעי מהא דתנן טמא מת שסחט זיתים וענבים כביצה מכוונת טהורים ואי מיבלע בליעי אמאי טהורים ומוקי לה בענבים שלא הוכשרו לאימת קא מיתכשרי לכי סחיט להו וכי סחיט להו בציר ליה שיעוריה אתי שפיר גם לפי' הקונטרס דאע"ג דמקבל טומאה בכל שהוא מ"מ בציר ליה שיעורא מלקבל הכשר לפירוש הרב פור"ת דמפרש בשם רש"י בפ' חבית (לקמן קמה.) דאין אוכל מקבל הכשר בפחות מכביצה וטעמא משום דמאשר יאכל נפקא לן לטמא אחרים בכביצה והא כתב אשר יבא עליו מים וכן בפרק אלו עוברין (פסחים מה:) גבי בצק שבסדקי עריבה דמפרש אביי כגון דאיכא פחות מכביצה אוכלין ונגעו בהאי בצק בפסח דלאיסורו חושבו מצטרף אע"ג דבלא צירוף פחות מכביצה הוה מצי לאוקמי דנגע שרץ בכזית שבסדקי עריבה בפסח דלאיסורו חושבו מקבל טומאה בשאר ימות השנה אי קפיד אין ג) אי לא לא אלא דלענין קבלת טומאה עצמה לא נפקא לן מינה מידי דבלאו הכי אסורה משום חמץ להכי נקט לענין לטמא אחרים ומייתי רבינו תם ראיה דאין אוכל מקבל טומאה פחות מכביצה דתניא בפרק אלו עוברין (שם מד.) המקפה של תרומה והשום והשמן של חולין ונגע טבול יום במקצתן פסל את כולן מקפה של חולין ושום ושמן של תרומה ונגע טבול יום במקצתן לא פסל אלא מקום מגעו והוינן בה מקום מגעו אמאי פסל והא לא הוי כביצה ורש"י ל"ג הכי אלא גרים והא בטל ברובא ומפרש דהכי פריך מקום מגעו אמאי פסול והא בטל שום ושמן אגב מקפה דהא משום הכי קתני ברישא פסל את כולן ואין נראה למחוק הספרים ועוד נהי דבטלי ברישא להחמיר להקל לא אמרינן דבטלי ועוד דלא שייך למימר דבטלי השום והשמן כיון שהן בעין מדקתני לא פסל אלא מקום מגעו ועוד ד) דתניא בתוספתא בד"א בזמן שהיא גוש בקערה משמע שהן בעין ואין להאריך ורש"י חזר בו בכריתות (דף כא.) וגבי פרה מיטמא טומאת אוכלין (חולין דף פב.) והא דאמר בפ"ק דחולין (דף כד:) התורה העידה על כלי חרס אפילו מלא חרדל לאו דוקא חרדל אלא כלומר מלא בילים ומשום דבחרדל איכא טובא ראשון ושני כו' ומקבל טומאה מדרבנן נקט ליה ה):

אי לענין שבת כגרוגרת בעינן. הוה מצי למיפרך אמאי נקט זרק ואמאי נקט תרומה ולבית טמא: כגון דאיכא פחות מכביצה אוכלים כו'. אור"י דלהכי נקט זרק דהשתא בהדי הדדי קא אתיין דלא מחייב לענין שבת עד דנח כדאמר בפרק המוציא (לעיל דף פ.) תוך ג' לרבנן בעיא הנחה על גבי משהו אבל מכנים מכי אתי תוך ג' איכא איסור שבת ואיסור טומאה ליכא עד דמצטרף ולא אתון

מסורת הש"ס

א) לעיל ע. זבחים מז., ב) [פסחים לג. ד"ה בכביצה], ג) נ"ל אי לא קפיד אלא הוה בקיומו לא אלא כו' רש"ל, ד) [נ"ל דתני בסיפא שהרי הוא שם במשנה ואדרב' בתוס' פ"ג דטבול יום ליתא וכ"ה ג"כ בתוס' פסחים שם ד"ה ה"ג רש"י], ה) [וע"ע תוס' פסחים לג. ד"ה לאימת ותוס' נדה מ: ד"ה ליתני], ו) [ד"ה אפילו].

הגהות הב"ח

(א) רש"י ד"ה התם וכו' ושיעור למחשבה שניה: (ב) ד"ה יש דיחוי וכו' לא מיחייב חטאת מי: (ג) תוס' ד"ה אי לענין וכו' דתניא מכל האוכל מלמד שמיטמא בכל שהוא:

גליון הש"ס

גמ' עד דאיכא כזית. עיין עירובין דף פ ע"ב תוס' ד"ה אגב: שם ותפחה ונמלך עליה. עי' מנחות דף נד ע"א תוס' ד"ה המתמעכת: שם וצמקה ונמלך. עיין לעיל עו ע"ב תוס' ד"ה ועוד: שם וכגון דאיכא פחות מכביצה אוכלין. עיין מל"מ פ"ד מהל' טו"א: תוס' ד"ה אי לענין. משמע דלא מקבל אוכל טומאה. עי' זבחים דף לא. תוס' ד"ה אר"א:

רב נסים גאון

פ"י למאי אי לענין שבת כגרוגרת בעינן אי לענין טומאה כביצה אוכלין בעינן. אימא כגרוגרת להוצאת שבת הא אמור בכמה מקומות במשנה (דף עו) המוציא אוכלין כגרוגרת והרבה כזה ואסמכתא דילה מקרא דכתיב (דברים ח) ארץ חטה ושעורה וגפן ותאנה ורמון ואמרו תאנה כגרוגרת להוצאת שבת וכביצה לענין טומאת אוכלין בתורת כהנים [פ' שמיני] אוכל יטמא מלמד שהוא מיטמא בכל שהוא א) ת"ל אשר יאכל הא אינו מיטמא אלא בכביצה ובפרק יום הכפורים (יומא פ) תניא ר' אומר כל איסורין שבתורה בכזית חוץ מטומאת אוכלין כו' וטומאת אוכלין מנלן דאמר ר' אבהו אמר ר' אלעזר אמר קרא (ויקרא יא) מכל האוכל אשר יאכל אוכל שאתה יכול לאוכלו בבת אחת ושיערו חכמים שאין בית הבליעה מחזיק יותר מביצת תרנגולת והזכרנו דבר זה בברכות (ופי' אל) משנה במסכת מעילה בפרק קדשי מזבח (דף יז) שנינו כל האוכלין מצטרפין לפסול את הגויה בכחצי פרס ומזון ב' סעודות לעירוב וכביצה לטמא טומאת אוכלין וכגרוגרת להוצאת שבת וככותבת ליום הכפורים:
התם

חשק שלמה על רב נסים גאון

א) יכול יטמא לאחרים כב"מ.

ליקוטי רש"י

שאין כשר להצניע. במסכת שבת כגון דם נדה או איסור [או הנאה]. ואין מצניעין כמוהו. שכשר הוא להצניעו אם היה [בו שיעור] כגון שיעורו של זה מועט הוא ואין אדם חושבו להצניעו. ובא אחר והוציא. בשבת לרה"ר חייב דחשיב מלאכה מפני מחשבתו של זה שהוכשר לו והצניעו [זבחים מז.]. אי לענין טומאה כביצה אוכלין בעינן. אוכל ומשקה מקבל טומאה בכל שהן אבל אין מטמא אחרים אלא אוכל כביצה ומשקה ברביעית והכי תניא בתורת כהנים ומכל האוכל מלמד שמטמא בכל שהוא יכול יטמא לאחרים בכל שהוא תלמוד לומר אשר יאכל אוכל הנאכל בבת אחת והיינו כביצה כדאמרינן בפרק יום הכפורים (יומא פ.) אין בית הבליעה מחזקת יותר מביצת תרנגולת ולאי שמעתי דלא לקבל טומאה בעי כביצה [פסחים לג: עיין בתוס' כאן ושם].

רבינו חננאל

ולא תימא בטולי מבטלא למחשבתו אלא כל העושה על דעת מחשבתו ראשונה הוא עושה. אמר רב יהודה אמר שמואל מחייב היה רבי מאיר אף במוציא חטה אחת לזריעה פי' הני מילי לענין המצניע אפילו הצניע חטה אחת והוציאה [חייב] וההיא דתנן באידך פרקין זרעוני גינה פחות מגרוגרת ותנן זרע קישואין ודלועין ופול המצרי שנים שיעורין דעלמא דלאו למצניעין שאין אדם מוציא נימה אחת לזריעה אבל המצניע אפי' אחת חייב עליה וכל אדם שהוציאו סתם בשלא הצניעו אינו חייב עליו אלא כשיעור אע"פ [שהצניע הראשון] ואינו מתחייב במחשבת הראשון ומתניתין דלא כרבי שמעון בן אלעזר אבל אם הוציאו השני מדעת המצניע הראשון חייב ואם הוציא כגרוגרת שהוא כשיעור הוצאה [לאכילה] ומעיקרא היתה מחשבתו לאכילה ונמלך עליה לזריעה או לזריעה ונמלך עליה לאכילה חייב ולא אמרינן צריך עקירה והנחה בחדא מחשבה ובעיי דרבא לא איפשיטו. הוציא חצי גרוגרת לזריעה ותפחה והויא כגרוגרת ונמלך עליה לאכילה בעידנא דעקירה הוה מחייב אמחשבתו ושיעור למחשבתו הואי ובעידנא דהנחה נמי שיעורא היא למחשבתו שבאותה שעה ואילו אשתיק ולא חשיב עליה מחייב אמחשב' דזריעה השתא נמי מחייב הוציא כגרוגרת לאכילה והיתה כשיעור בשעת עקירה וכשצמקה וחסרה נמלך עליה לזריעה דמחייב עליה נמי בשעת הנחה ובתר השתא אזלינן ומחייב אבל אם הוציא כגרוגרת לאכילה וצמקה וחזרה ותפחה ועדיין מחשבתו כדהות אע"פ דבעת עקירה יש בה כשיעור כיון שחסרה בין כך וכך מספקא לן יש דחוי אצל שבת או אין דחוי אצל שבת וקיימא בתיקו. ועקר דהא מלתא דכולה עקירה והנחה במחשבה דאיסורא דקאמרינן (לעיל ד' ה' ב') אמר רב ספרא א"ר אמי א"ר יוחנן המפנה חפצים מזוית לזוית ונמלך עליהן [והוציאן] פטור שלא היתה עקירה משעה ראשונה לכך ומפרשא נמי בגמ' דואלו נערות. בעא מיניה רבא מרב נחמן זרק כזית תרומה לבית טמא מהו (ורמי) כגון שזרק מרה"ר לרה"י אי נמי מרשו' היחיד לרה"ר ורשות הרבים באמצע [ושאלינן] למאי קא בעי רבא הא בעיי אי לענין שבת כגרוגרת בעינן שאם הוציא אוכלין פחות מכגרוגרת פטור אי לענין טומאה כביצה אוכלין בעינן שאם טימא תרומה פחות מכביצה פטור האי כזית לענין מאי קא מיבעי ליה לרבא והאדרינן לעולם לענין שבת וכגון שזרק לאותו בית טמא פחות מכביצה ואיתא התם וזרק עכשיו כזית שהוא משלימו לההוא דאיתיה התם לכביצה מאי מדמצטרף לענין טומאה קא מחייב עליה נמי לענין שבת ואי לאו דקא מצטרף לענין טומאה ומחייב עליה לא איחייב עליה לענין שבת ומשום דקא מחשב ליה מחייב כי האי דסוף הזורק יש אוכל אכילה אחת וחייב עליה ארבע חטאות ואשם טמא שאכל חלב והוא נותר מן המוקדשין ביה"כ ר"מ אומר אם היתה שבת והוציא חייב אמרו לו אינו השם ואמרינן עלה אמאי הא אין דרך הוצאה בכך ומהדרינן כיון דאחשביה מחייב הכא נמי הכין או דלמא כל לענין שבת כגרוגרת בעינן א"ל ר"נ תנינא אבא שאול אמר שתי הלחם

shrank in size, וְנִמְלַךְ עָלֶיהָ לְזְרִיעָה – at which point **he changed his mind** and decided instead **to plant** it. מַהוּ – In such a case, **what is [the law]?** Is he liable or exempt for the transfer?

Rava elaborates the two sides of the question:

הָכָא וַדַּאי כִּי אִישְׁתִּיק – On the one hand, we might say: **Here,** it is **certainly** so that **if [the person] had remained silent,** i.e. he had not changed his mind and decided to plant the seeds, אַמַּחֲשָׁבָה קַמַּיְיתָא לֹא מִיחַיֵּיב – **he would not have become liable on** the basis of **his original intent** to eat the seeds.[21] As such, one might conclude that he should be exempt for the transfer.[22] אוֹ דִילְמָא – **Or perhaps** we should say: בָּתַר הַשְׁתָּא אָזְלִינַן – **We go** exclusively **after** one's **current** intent; that is, the only relevant consideration is whether at each stage the person was carrying the requisite volume for his intent *at that time.*[23] וּמִיחַיֵּיב – **And** following that approach, **[the person] would be liable. – ? –**

Rava extends his query one last step:

וְאִם תִּמְצֵי לוֹמַר – **And should you** decide in favor of the latter approach and **say:** בָּתַר הַשְׁתָּא אָזְלִינַן וּמִיחַיֵּיב – Indeed, **we go** exclusively **after** one's **current** intent, and **[the person] is liable;** then what will you say of the following case: הוֹצִיא כִּגְרוֹגֶרֶת לַאֲכִילָה – Suppose **[a person]** took a quantity of produce **the size of a dried fig out for** the purpose of **eating** it, וְצָמְקָה – **and** in mid-transfer **it shrank** in size, וְחָזְרָה וְתָפְחָה – **but** then **it swelled again,** so that when the person set it down it was again the size of a fig. מַהוּ – In that case, **what is [the law]?** Is the person liable or exempt?[24]

Rava again elaborates the rationale for each possible conclusion:

יֵשׁ דִּיחוּי לְעִנְיַן שַׁבָּת – **Is "negation"** an operative principle **with respect to Sabbath** law,[25] אוֹ אֵין דִּיחוּי לְעִנְיַן שַׁבָּת – **or is "negation" not** operative **with respect to Sabbath** law?

The Gemara concludes:

תֵּיקוּ – **Let it stand;** i.e. the question remains unresolved.

Rava begins a new line of inquiry:

בְּעָא מִינֵּיהּ רָבָא מֵרַב נַחְמָן – **Rava inquired of Rav Nachman:** זָרַק כְּזַיִת תְּרוּמָה לְבֵית טָמֵא – **If one threw an olive's [volume] of** ***terumah*** **into a house** that is ***tamei,***[26] מַהוּ – **what is [the law]?**

The Gemara attempts to clarify the point of Rava's question: לְמַאי – With reference **to what** area of law is Rava asking this? אִי לְעִנְיַן שַׁבָּת – **If** he is asking **with reference to Sabbath** law; i.e. he wishes to know whether one who throws this *terumah* from a public domain into a *tamei* house on the Sabbath is liable for transferring, כִּגְרוֹגֶרֶת בְּעִינַן – surely the answer is obvious: **The equivalent of a dried fig is needed** for liability; an olive's volume is not enough.[27] אִי לְעִנְיַן טוּמְאָה – And **if** he is asking **with reference to** the laws of ***tumah;*** i.e. he wishes to know whether the *terumah* that landed in the house can now transmit *tumah* to other food, כְּבֵיצָה אוֹכָלִין בְּעִינַן – surely this answer is obvious too: **The equivalent of an egg's** volume of **foodstuff is needed;** an olive's volume is not enough.[28] What, then, was Rava's question?

The Gemara replies:

לְעוֹלָם לְעִנְיַן שַׁבָּת – **Indeed, Rava** posed his question **with reference to Sabbath** law; וּכְגוֹן דְּאִיכָּא פָּחוֹת מִכְּבֵיצָה אוֹכָלִין – **and** he was speaking of **a case where there** already **was** some **food** inside the *tamei* house, the volume of which measured somewhat **less than an egg;** וְהַאי מַשְׁלִימוֹ לְבֵיצָה – **and this** small morsel thrown into the house landed next to the food already there, so that it **rounded it out to** the volume of **an egg.**[29] מַאי – In such a case, then, **what** is the law? מִדְּמִצְטָרֵף לְעִנְיַן טוּמְאָה – Do we say that **since** the two morsels **combine with reference to** ***tumah,*** allowing the consolidated mass of food to transmit *tumah,* מִיחַיֵּיב נַמִּי לְעִנְיַן שַׁבָּת – **[the person]** who threw the morsel **should be liable with reference to Sabbath** law as well?[30] אוֹ דִילְמָא – **Or perhaps** we say: כֹּל לְעִנְיַן שַׁבָּת כִּגְרוֹגֶרֶת בְּעִינַן – **With reference to the Sabbath,** the volume of **a dried fig is always**

NOTES

21. [Since at the time of the *hanachah* the seeds had shrunk to less than the volume of a fig, he certainly would not be liable had he still intended to eat them.]

22. [I.e. in this case, without the switch in intent from eating to planting, there would not have been the requisite volume for liability at the time of *hanachah* (see previous note). Thus, the switch in intent is more significant than it was in the previous case, and one might rightly deem it a significant disruption between the *akirah* and *hanachah* (see above, note 20).]

23. [I.e. a mere switch in intent is not, in itself, enough of a consideration to cause a disruption between an *akirah* and *hanachah.* As long as at each stage of the transfer the requisite volume exists for the person's intent *at that time,* he will be liable. This is indeed the situation in our case, for the item was the size of a full fig when the person initially meant to eat it, and later, when he placed it down and it had shrunk, he had decided to plant it.]

24. In the case described, had the person placed the item down during the time it had shrunk, he would certainly have been exempt, for his *hanachah* would have involved something smaller than a fig. Clearly, then, there was a moment during the transfer at which the substance was not large enough to satisfy the intent currently in place. The Gemara, in turn, considers the possibility that this negates the legal significance of the initial *akirah* (see following note), which in turn means that when the person actually *does* place the item down, he has in effect performed a *hanachah* without a qualifying *akirah* (*Rashi*).

[*Tosafos* questions why this same question could not have been posed in the previous case as well. See *Maharsha* and *R' Akiva Eiger.*]

25. דיחוי, *negation,* is a principle commonly applied in other areas of *halachah.* [In sacrificial law, for example, the principle of דיחוי, *dichui,* dictates that once an animal becomes disqualified as a sacrifice, it retains its disqualified status forever, even when the original reason for disqualification no longer exists (see, for example, *Yoma* 64a and *Kiddushin* 7a,b).] The Gemara here questions whether a similar principle applies in the area of Sabbath law: Would a potentially disqualifying moment at some point in the process of transfer "interrupt" the transfer? If it would, the obligation to bring a *chatas* would be negated, for the original *akirah* would be rendered void, and the *hanachah* would stand alone.

26. E.g. there was a corpse in the house; hence, any object within the house becomes *tamei.*

27. As we learned previously, one is liable for transferring foodstuffs only when the volume of a dried fig is carried or thrown. An olive's volume is considerably less than this amount.

28. Whereas even the smallest morsel of food can *contract tumah,* it is derived from Scripture that a piece of food *transmits tumah* [to other food it touches] only when its volume is at least that of an average-sized chicken egg (*Rashi* to *Pesachim* 33b ד״ה בכביצה; see *Rashi* here).

[The above reflects the view of *Rashi,* whose position it is throughout the Talmud that even the smallest amount of food can contract *tumah* (e.g. *Rashi* to *Zevachim* 31a ד״ה לטמא). This, indeed, is the opinion of *Rambam* as well (see *Hil. Tumas Ochalin* 4:1; see also *Meiri*). *Tosafos* and others, however, maintain that food cannot even contract *tumah* unless its volume is at least that of an egg. Indeed, based upon this, they interpret the flow of our Gemara differently (see *Tosafos* ד״ה אי לענין טומאה).]

29. While the food that was originally in the house was certainly *tamei* itself, it was not large enough to transmit *tumah* to other foods. It became capable of this only now that it has been joined by the additional food thrown into the house (*Maharsha,* in explanation of *Rashi*).

30. I.e. the act of throwing the food was clearly significant so far as the laws of *tumah* are concerned [it was only through this act that the mass of food became large enough to transmit *tumah*]. Perhaps, then, this is enough to make the act significant in the realm of Sabbath law too. If so, the person would be liable for transferring the food, even though he threw less than the amount usually required [the volume of a dried fig] (*Rashi;* see *Ramban* and *Rashba*).

מהו דתימא בטולי בטלה מחשבתו קמ"ל כל העושה על דעת ראשונה הוא עושה אמר רב יהודה אמר שמואל מחייב היה רבי מאיר אף במוציא חטה אחת לזריעה פשיטא כל שהוא תנן מהו דתימא כל שהוא לאפוקי מגרוגרת ולעולם • עד דאיכא כזית קמ"ל מתקיף לה רב יצחק בריה דרב יהודה אלא מעתה חישב להוציא כל ביתו הכי נמי דלא מיחייב עד דמפיק לכוליה התם בטלה דעתו אצל כל אדם: וכל אדם אין חייבין עליו אלא כשיעורו: מתניתין דלא כרבי שמעון בן אלעזר א) דתניא כלל א"ר שמעון בן אלעזר כל שאינו כשר להצניע ואין מצניעין כמוהו והוכשר לזה והצניעו ובא אחר והוציא נתחייב זה במחשבתו של זה אמר רבא אמר רב נחמן הוציא כגרוגרת לאכילה ונמלך עליה לזריעה אי נמי לזריעה ונמלך עליה לאכילה חייב פשיטא זיל הכא איכא שיעורא וזיל הכא איכא שיעורא מהו דתימא בעינן עקירה והנחה בחדא מחשבה והא ליכא קמ"ל בעי רבא הוציא חצי גרוגרת לזריעה • ותפחה ונמלך עליה לאכילה מהו את"ל התם הוא דמיחייב דזיל הכא איכא שיעורא וזיל הכא איכא שיעורא הכא כיון דבעידנא דאפקה לא הוה ביה שיעור אכילה לא מיחייב או דילמא כיון דאילו אישתיק ולא חשיב עליה מיחייב אמחשבה דזריעה השתא נמי מיחייב ואת"ל א כיון דאילו אישתיק ולא חשיב עליה מיחייב אמחשבה דזריעה ב השתא נמי מיחייב הוציא כגרוגרת לאכילה • וצמקה ונמלך עליה לזריעה מהו הכא ודאי כי אישתיק אמחשבה קמייתא לא מיחייב או דילמא בתר השתא אזלינן ומיחייב ואת"ל ג בתר השתא אזלינן ומיחייב הוציא כגרוגרת לאכילה וצמקה וחזרה ותפחה מהו יש דיחוי לענין שבת או אין דיחוי לענין שבת ד תיקו: בעא מיניה רבא מרב נחמן ה זרק כזית תרומה לבית טמא מהו למאי אי לענין שבת כגרוגרת בעינן אי לענין טומאה שיעורן כביצה אוכלין בעינן לעולם לענין שבת • וכגון דאיכא פחות מכביצה אוכלין והאי משלימו לביצה מאי מדמצטרף לענין טומאה מיחייב נמי לענין שבת או דילמא כל לענין שבת כגרוגרת בעינן א"ל תניתוה אבא שאול אומר שתי הלחם ולחם הפנים שיעורן כגרוגרת ואמאי לימא מדלענין יוצא

רש"י

מהו דתימא. כיון דשכח בשעת הוצאה שלא היה זכור בהצנעתו בטלה לו מחשבתו. ואין כאן לא חשיבות מחשבת הצנעה ולא מחשבת הוצאה: קמ"ל. דכל העושה סתם על דעת הראשונה עושה ובמחשבתו קמא קאי: כל שהוא תנן. וסתם משנה רבי מאיר: לאפוקי מגרוגרת. דשאר אוכלין: אלא מעתה. דמתני' בדעתיה תלינן דקאמרת משום דעל דעת ראשונה מחשבת ליה שיעורא: חישב להוציא כל ביתו. בהוצאה אחת דלא מחשבה אלא אם כן הוציא כולה כאחד: הכי נמי. דכי אפקא פורתא פורתא לא מיחייב: בטלה דעתיה. ושיעורא דחשיב לאינשי חשיב: וכל אדם אין חייבין אלא כשיעורו. ואע"פ שהוכשר לזה והצניעו: כגרוגרת. דאיכא שיעורא לאכילה ולהוצאה וכ"ש לזריעה דשיעורא בכל שהוא: ותפחה. ועמדה על גרוגרת קודם הנחה: ונמלך עליה לאכילה. והניחה מהו: את"ל. בההיא אע"ג דעקירה והנחה לאו בחדא מחשבה הוא מיחייב: התם הוא דזיל הכא כו'. בשעת מחשבה ראשונה היה בו כשיעור למחשבתו ושיעור (א) למחשבה שניה הלכך מיצטרפי עקירה והנחה: אבל הכא בעידנא דאפקה לא הוה בה שיעור. למחשבה שניה של הנחה ולא מצטרפי הנחה לעקירה: כיון דאילו אשתיק. בהך שניה איכא בה שיעור לזריעה ומיחייב: השתא נמי מיחייב. הואיל ויש שיעור למחשבה אחרונה ובשיעור זה איכא שיעורא למחשבה ראשונה ויותר: לא מיחייב. דהא בשעת הנחה ליכא שיעור למחשבה קמייתא: בתר השתא. בתר מחשבה דהשתא אזלינן לענין הנחה: יש דיחוי. מה שחסרה בינתים אילו אנחה בההיא שעתא לא מיחייב (ב) מי אמרינן תורת דיחוי דנדחה לו מחיוב חטאת ובטלה לה עקירה וכי הדר תפחה והניחה הוי הנחה בלא עקירה: אי לענין טומאה. דמיבעיא לך אם נטמא לטמא טומאת אוכלין או לאו כביצה בעינן: והאי משלימו. שנחה אצלו והשלימו וע"י הנחה זו נטמאו: מאי. מדחשיב הך זריקה לענין טומאה חשיב נמי לענין שבת כאלו הוה כגרוגרת ומיחייב או לא:

תוספות

מתקיף לה רב יצחק. פירש בקונטרס דפריך אמאי וקשה דאמאי נטר ליה עד הכא ואומר הרב פור"ת בשם רבינו שמואל דלדרב יהודה אבוה פריך וה"ק כיון דאמרת דמוציא חטה אחת לזריעה חייב אע"פ שאין רגילות משום דבתר מחשבתו אזלינן ה"נ כשחישב להוציא כל ביתו ניזול בתר מחשבתו ולא נחייבנו בפחות כיון דפחות מיכן אינו חשוב בעיניו ומשני התם בטלה דעתו אצל כל אדם דאין אדם שלא יהא חשוב בעיניו פחות מכן אבל הכא יש בני אדם שחשובה להם חטה אחת לזריעה:

או דילמא בתר השתא אזלינן. משמע דאי בתר השתא אזלינן ליכא למיבעיא מידי מדקאמר את"ל בתר השתא אזלינן הוציא גרוגרת לאכילה וצמקה וחזרה ותפחה מהו ולא מיבעיא ליה אקמייתא ואמאי אכתי מיבעי ליה אי הוי דיחוי אצל שבת או לא כדבעי בסמוך דהא מיד כשצמקה נדחית וי"ל דדוקא ההיא דבסמוך חשיב ליה דיחוי שנדחית בין משיעור ראשון בין משיעור אחרון אבל הכא דמשיעור אחרון מיהא לא נדחית לא חשיב ליה דיחוי:

אי לענין טומאה כביצה אוכלין בעינן. • משמע דלא מקבל אוכל טומאה בפחות מכביצה ומה שהביא ג) רש"י מת"כ דאוכל מקבל טומאה בכל שהוא דתניא מכל האוכל (ג) שמטמא בכל שהוא יכול יהא מטמא אחרים ת"ל אשר יאכל אוכל הנאכל בבת אחת הוי אומר זה ביצת תרנגולת אומר ר"ת דאסמכתא היא דהכ"ג מעשר ירק מרבנן בת"כ מוכל מעשר הארץ ולא היא אלא אסמכתא בעלמא והא דפריך בפרק כל שעה (פסחים ד' לג:) למ"ד משקין מיבלע בליעי מהא דתנן טמא מת שסחט זיתים וענבים כביצה מכוונת טהורים ואי מיבלע בליעי אמאי טהורים ומוקי לה בענבים שלא הוכשרו לאימת קא מיתכשרי לכי סחיט להו וכי סחיט להו בציר ליה שיעוריה אתי שפיר גם לפי' הקונטרס דאע"ג דמקבל טומאה בכל שהוא מ"מ בציר ליה שיעורא מלקבל הכשר לפירוש הרב פור"ת דמפרש בשם רש"י בפ' חבית (לקמן קמה.) דאין אוכל מקבל הכשר בפחות מכביצה וטעמא משום דמאשר יאכל נפקא לן לטמא אחרים בכביצה והאי כתב אשר יבא עליו מים וכן בפרק אלו עוברין (פסחים מה:) גבי בצק שבסידקי עריבה דמפרש אביי כגון דאיכא פחות מכביצה אוכלין ונגעו בהאי בצק בפסח דאיסורו חושבו מצטרף אע"ג דבלא צירוף פחות מכביצה הוה מצי לאוקמי דנגע שרץ בכזית שבסידקי עריבה בפסח דאיסורו חושבו מקבל טומאה בשאר ימות השנה אי קפיד אין ג) אי לא לא אלא דלענין קבלת טומאה עצמה לא נפקא לן מינה מידי דבלאו הכי אסורה משום חמץ להכי נקט לענין לטמא אחרים ומייתי רבינו תם ראיה דאין אוכל מקבל טומאה פחות מכביצה דתניא בפרק אלו עוברין (שם מד.) המקפה של תרומה השום והשמן של חולין ונגע טבול יום במקצתן פסל את כולן מקפה של חולין ושום ושמן של תרומה ונגע טבול יום במקצתן לא פסל אלא מקום מגעו והוינן בה מקום מגעו אמאי פסל והא לא הוי כביצה ורש"י ל"ג הכי אלא גרים והא בטל ברובא ומפרש דהכי פריך מקום מגעו אמאי פסול והא בטל שום ושמן אגב מקפה דהא משום הכי קתני ברישא פסל את כולן ואין נראה למחוק הספרים ועוד נהי דבטלי ברישא להחמיר להקל לא אמרינן דבטלי ועוד דלא שייך למימר דבטלי השום והשמן כיון שהן בעין מדקתני לא פסל אלא מקום מגעו ועוד (ד) דתניא בתוספתא) בד"א בזמן שהיא גוש בקערה משמע שהן בעין ואין להאריך ורש"י חזר בו בכריתות (דף כא.) וגבי פרה מיטמא טומאת אוכלין (חולין דף פב.) והא דאמר בפ"ק דחולין (דף כד:) התורה העידה על כלי חרס אפילו מלא חרדל לאו דוקא חרדל אלא כלומר מלא בילים ומשום דבחרדל איכא טובא ראשון ושני כו' ומקבל טומאה מדרבנן נקט ליה ה):

אי לענין שבת כגרוגרת בעינן. הוה מצי למיפרך אמאי נקט זרק ואמאי נקט תרומה ולבית טמא: כגון דאיכא פחות מכביצה אוכלים כו'. ור"י דלהכי נקט זרק דהשתא בהדי הדדי קא אתיין דלא מחייב לענין שבת עד דנח כדאמר בפרק המוציא (לעיל דף פ.) תוך ג' לרבנן בעיא הנחה על גבי משהו אבל מכניס מכי אתי תוך ג' איכא איסור שבת ואיסור טומאה ליכא עד דמצטרף ולא אתון

רבינו חננאל

ולא תימא בטולי מבטלא למחשבתו אלא כל העושה על דעת מחשבתו ראשונה הוא עושה. אמר רב יהודה אמר שמואל מחייב היה רבי מאיר אף במוציא חטה אחת לזריעה פי' הני מילי לענין המצניע אפילו הצניע חטה אחת והוציאה [חייב] והיא דתנן באידך פרקין דרעוני גינה פחות מגרוגרת ותנן זרע קישואין ודלועין ופול המצרי שנים שיעורין דעלמא דלאו למצניעין שאין אדם מוציא חטה אחת לזריעה אבל המצניע אפי' אחת חייב עליה וכל אדם שהוציאו סתם בשלא הצניעו אין חייב עליו אלא כשיעור אע"פ [שהצניע הראשון] ואינו מחשיב במחשבת הראשון ומתניתין דלא כרבי שמעון בן אלעזר אבל אם הוציאו השני מדעת המצניע הראשון חייב ואם הוציא כגרוגרת שהוא כשיעור הוצאה [לאכילה] ומעיקרא היתה מחשבתו לאכילה ונמלך עליה לזריעה או לזריעה ונמלך עליה לאכילה חייב ולא אמרינן צריך שתהא עקירה והנחה בחדא מחשבה ובעיי דרבא לא איפשיטו. הוציא חצי גרוגרת לזריעה ותפחה והויא כגרוגרת ונמלך עליה לאכילה בעידנא דעקירה הוה מחייב אמחשבתו ושיעור מחשבתו הואי ובעידנא דהנחה נמי שיעורא היא למחשבתו שבאותה שעה אילו אשתיק ולא חשיב עליה מחייב אמחשב' דזריעה השתא נמי מחייב הוציא כגרוגרת לאכילה והיתה כשיעור בשעת עקירה וכשצמקה וחסרה נמלך עליה לזריעה דמחייב עליה לזריעה נמי בשעת הנחה ובתר השתא אזלינן ומחייב אבל אם הוציא כגרוגרת לאכילה וצמקה וחזרה ותפחה ועדיין מחשבתו כדהות אע"פ דבעת עקירה יש בה כשיעור כיון שחסרה בין כך וכך מספקא לן יש דחוי אצל שבת או אין דחוי אצל שבת וקיימא בתיקו. ועקר דהא מלתא דכולה עקירה והנחה במחשבה דאיסורא דקאמרינן (לעיל ד' ב') אמר רב ספרא א"ר אמי א"ר יוחנן המפנה חפצים מזוית לזוית ונמלך עליהן [והוציאן] פטור שלא היתה עקירה משעה ראשונה לכך ומפרשא נמי בגמ' דואלו נערות. בעא מיניה רבא מרב נחמן זרק כזית תרומה לבית טמא מהו (ורמי) כגון זרק מרה"ר לרה"י אי נמי מרשו' היחיד לרה"ר ורשות הרבים באמצע [ושאלינן] למאי קא בעי רבא הא בעיי אי לענין שבת כגרוגרת בעינן שאם הוציא אוכלין פחות מכגרוגרת פטור אי לענין טומאה כביצה אוכלין בעינן שאם טימא תרומה פחות מכביצה פטור האי כזית לענין מאי קא מיבעי ליה לרבא ואהדרינן לעולם לענין שבת וכגון שזרק לאותו בית טמא ואיתא התם וזרק עכשיו כזית שהוא משלימו לההוא דאיתיה התם לכביצה מאי מדמצטרף לענין טומאה קא מחייב עליה נמי לענין שבת ואי לאו דקא מצטרף לענין טומאה ומחייב עליה לא איחייב עליה לענין שבת ומשום דקא מחשב ליה מחייב כי האי דסוף הזורק יש אוכל אכילה אחת וחייב עליה ארבע חטאות ואשם טמא שאכל חלב והוא נותר מן המוקדשין ביוה"כ ר"מ אומר אם היתה שבת והוציאו בפיו חייב אמרו לו אינו השם ואמרינן עלה אמאי הא אין דרך הוצאה בכך ומהדרינן כיון דאחשביה מחייב הכא נמי הכין כי דלמא כל לענין שבת כגרוגרת בעינן א"ל ר"נ תנינא אבא שאול אמר שתי הלחם

עין משפט נר מצוה

ב א מיי' פי"ח מהל' שבת הלכה כו:
ג ב מיי' שם:
ד ג מיי' שם:
ה ד מיי' שם הל' ט:
ו ה מיי' שם:

רב נסים גאון

פ"י למאי אי לענין שבת כגרוגרת בעינן אי לענין טומאה כביצה אוכלין בעינן. אימא כגרוגרת להוצאת שבת הא אמור בכמה מקומות במשנה (דף עו) המוציא אוכלין כגרוגרת והרבה כזה ואסמכתא דילה מקרא דכתיב (דברים ח) ארץ חטה ושעורה וגפן ותאנה ורמון ואמרו תאנה כגרוגרת להוצאת שבת וכביצה לענין טומאת אוכלין בתורת כהנים (פ' שמיני) אוכל יטמא מלמד שהוא מיטמא בכל שהוא א) ת"ל אשר יאכל הא אינו מיטמא אלא בכביצה ובפרק יום הכפורים (יומא פ) תניא ר' אומר כל איסורין שבתורה בכזית חוץ מטומאת אוכלין כו' וטומאת אוכלין בכמה דאמר ר' אבהו אמר ר' אלעזר אמר קרא (ויקרא יא) מכל האוכל אשר יאכל מכל שאתה יכול לאוכלו בבת אחת ושיערו חכמים שאין בית הבליעה מחזיק יתר מביצת תרנגולת והזכרנו דבר זה בברכות (ופי' אל) משנה במסכת מעילה בפרק קדשי מזבח (דף יז) שנינו כל האוכלין מצטרפין לפסול את הגויה בכחצי פרס ומזון ב' סעודות לעירוב וכביצה לטמא טומאת אוכלין וכגרוגרת להוצאת שבת וככותבת ליום הכפורים: התם

חשק שלמה על רב נסים גאון

א) יכול יטמא לאחרים כצ"ל:

ליקוטי רש"י

שאין כשר להצניע. במסכת שבת כגון דם נדה או איסור (או) הנאה. ואין מצניעין כמוהו. שכשר הוא להצניעו אם היה [בו שיעור] אלא שיעורו לא זה שהוא חשוב ואין אדם חושבו להצניעו. ובא אחר והוציא. בשבת לרה"ר חייב דמשוי מלאכה מפני מחשבתו של זה שהוכשר לו והצניעו [זבחים מז.]. אי לענין טומאה כביצה אוכלין בעינן. אוכל ומשקה מקבל טומאה בכל שהן אלא אין מטמא אחרים אלא אוכל כביצה ומשקה ברביעית והכי תניא בתורת כהנים מכל האוכל מלמד שמטמא בכל שהוא יכול יטמא לאחרים בכל שהוא תלמוד לומר אשר יאכל אוכל הנאכל בבת אחת והיינו כביצה כדאמרינן בפרק יום הכפורים (יומא פ.) אין בית הבליעה מחזקת יותר מביצת תרנגולת ואמי שמעתי דאף לקבל טומאה בעי כביצה [פסחים לג: עיין בתוס' כאן ושם].

מסורת הש"ס

א) לעיל עו. זבחים מז., ב) [פסחים לג. ד"ה בכביצה], ג) נ"ל אי לא קפיד אלא רוצה בקיומו לא אלא כו' רש"ל, ד) [נ"ל דתני בכפיפה שהרי הוא שם במשנה ופ"ב דטבול יום ליתא וכ"ה ג"כ בתוס' פסחים שם ד"ה נ"ה רש"י], ה) [וע"ע תוס' פסחים לג. ד"ה לאימת ותוס' נדה יז: ד"ה אפילו].

הגהות הב"ח

(א) רש"י ד"ה התם וכו' ושיעור למחשבה שניה: (ב) ד"ה יש דיחוי וכו' לא מיחייב חטאת מי: (ג) תוס' ד"ה אי לענין וכו' דתניא מכל האוכל מלמד שמטמא בכל שהוא:

גליון הש"ס

גמ' עד דאיכא כזית. עיין עירובין דף פ ע"ב תוס' ד"ה אגב: שם ותפחה ונמלך עליה. עי' מנחות דף נד ע"א תוס' ד"ה דמעיקרא: שם וצמקה ונמלך. עיין לעיל עו ע"א תוס' ד"ה ועוד: שם וכגון דאיכא פחות מכביצה אוכלין. עיין משנה למלך פ"ד ה"א מהל' ע"ח: תוס' ד"ה אי לענין. משמע דלא מקבל אוכל טומאה. עי' זבחים דף לא. תוס' ד"ה א"ל:

needed, and since the person threw less than this amount, he is exempt.[31] – ? –

Rav Nachman proposes an answer to the question:

אָמַר לֵיהּ – **Rav Nachman said to Rava:** תְּנִיתוּהָ – A precedent for **this was taught** in a Baraisa: אַבָּא שָׁאוּל אוֹמֵר – ABBA SHAUL SAYS: שְׁתֵּי הַלֶּחֶם וְלֶחֶם הַפָּנִים שִׁיעוּרָן כִּגְרוֹגֶרֶת – THE TWO LOAVES AND THE SHOWBREAD,[32] as far as transferring on the Sabbath is concerned, THEIR PRESCRIBED AMOUNT is the volume of A DRIED FIG.[33]

Rav Nachman analyzes the Baraisa to deduce his proof:

וְאַמַּאי – **But why,** indeed, ought that much volume be required? לֵימָא מִדִּלְעִנְיַן – **Let us say: Since with reference to**

NOTES

31. [Various commentators point out that as *Rashi* apparently understands Rava's query (see above, note 28), it seems irrelevant that the food thrown into the house was *terumah* (for the capacity of a food morsel to transmit *tumah* is not dependent on its being *terumah*). Some suggest that in *Rashi's* version of the text, Rava did not, in fact, mention that the food was *terumah.* To some extent, this conjecture is supported by the fact that *Rashi* never mentions the element of *terumah* throughout his treatment of our Gemara's discussion (see *Meiri* and *Yad David;* see also *Rambam Hil. Shabbos* 18:27 with *Mishneh LaMelech;* cf. *Chidushei R' Akiva Eiger* ד״ה והנה). In the alternative explanation of our Gemara suggested by *Tosafos,* however, the fact that the food is *terumah* is indeed a relevant factor (see *Tosafos* ד״ה אי לענין טומאה).]

[Several commentators also consider whether Rava's question would still be relevant had *less* than an olive's volume been thrown (so long as the combined amount of food reaches the volume of an egg). For discussions of this point, see *R' Akiva Eiger* at length, *Maharsha* and *Rashash;* see also *Meiri.*]

32. שְׁתֵּי הַלֶּחֶם, *the two loaves,* refers to the loaves of leavened bread that accompany the communal offerings brought during the festival of Shavuos. These loaves are the first Temple offerings to be brought from the new wheat crop (see *Leviticus* 23:17-18 with *Rashi;* see also *Menachos* 84b). לֶחֶם הַפָּנִים, *showbread,* denotes the twelve loaves placed weekly on the Golden Table in the Temple's Sanctuary (see *Leviticus* 24:5-9).

33. One who carries a piece of these breads into a public domain on the Sabbath would be liable only if the morsel was at least the size of a dried fig (*Rashi*). In this respect, these breads are no different from any other foodstuff.

מהו דתימא בטולי בטלה מחשבתו קמ"ל כל העושה על דעת ראשונה הוא עושה אמר רב יהודה אמר שמואל מחייב היה רבי מאיר אף במוציא חטה אחת לזריעה פשיטא כל שהוא תנן מהו דתימא כל שהוא לאפוקי מגרוגרת ולעולם ° עד דאיכא כזית קמ"ל מתקיף לה רב יצחק בריה דרב יהודה אלא מעתה חישב להוציא כל ביתו הכי נמי דלא מיחייב עד דמפיק לכוליה התם בטלה דעתו אצל כל אדם: וכל אדם אין חייבין עליו אלא כשיעורו: מתניתין דלא כרבי שמעון בן אלעזר [א] דתניא כלל א"ר שמעון בן אלעזר כל שאינו כשר להצניע ואין מצניעין כמוהו והוכשר לזה והצניעו ובא אחר והוציא נתחייב זה במחשבתו של זה אמר רבא אמר רב נחמן הוציא כגרוגרת לאכילה ונמלך עליה לזריעה אי נמי לזריעה ונמלך עליה לאכילה חייב פשיטא זיל הכא איכא שיעורא וזיל הכא איכא שיעורא מהו דתימא בעינן עקירה והנחה בחדא מחשבה והא ליכא קמ"ל בעי רבא הוציא חצי גרוגרת לזריעה ° ותפחה ונמלך עליה לאכילה מהו את"ל התם הוא דמיחייב דזיל הכא איכא שיעורא וזיל הכא איכא שיעורא הכא כיון דבעידנא דאפקה לא הוה ביה שיעור אכילה לא מיחייב או דילמא כיון דאילו אישתיק ולא חשיב עליה מיחייב אמחשבה דזריעה השתא נמי מיחייב ואת"ל [א] כיון דאילו אישתיק ולא חשיב עליה מיחייב אמחשבה דזריעה [ב] השתא נמי מיחייב הוציא כגרוגרת לאכילה ° וצמקה ונמלך עליה לזריעה מהו הכא ודאי כי אישתיק אמחשבה קמייתא לא מיחייב או דילמא בתר השתא אזלינן ומיחייב ואת"ל [ג] בתר השתא אזלינן ומיחייב הוציא כגרוגרת לאכילה וצמקה וחזרה ותפחה מהו יש דיחוי לענין שבת או אין דיחוי לענין שבת [ד] תיקו: בעא מיניה רבא מרב נחמן [ה] זרק כזית תרומה לבית טמא מהו למאי אי לענין שבת כגרוגרת בעינן אי לענין טומאה כביצה אוכלין בעינן לעולם לענין שבת ° וכגון דאיכא פחות מכביצה אוכלין והאי משלימו לביצה מאי מדמצטרף לענין טומאה מיחייב נמי לענין שבת או דילמא כל לענין שבת כגרוגרת בעינן א"ל תניתוה אבא שאול אומר שתי הלחם ולחם הפנים שיעורן כגרוגרת ואמאי לימא מדלענין

יוצא

רש"י

מהו דתימא. כיון דשכח בשעת הולאה שלא היה זכור דהלניעתו בטלה לו מחשבתו. ואין כאן לא חשיבות מחשבת הלנעה ולא מחשבת הולאה: **קמ"ל.** דכל העושה סתם על דעת הראשונה עושה ובחשיבותיה קמא קאי: **כל שהוא תנן.** וסתם משנה רבי מאיר: **לאפוקי מגרוגרת.** דשאר אוכלין: **אלא מעתה.** דמתני' בדעתיה תלינן דקאמרת משום דעל דעת ראשונה מחשבת ליה שיעורו: **חישב להוציא כל ביתו.** בהולאה אחת דלא אחשבה אלא אם כן הוליא כולה כאחד: **הכי נמי.** דכי אפקה פורתא פורתא לא מיחייב: **בטלה דעתיה.** ושיעורא דחשיב לאינשי חשיב: **וכל אדם אין חייבין אלא כשיעור.** ואע"פ שהוכשר לזה והלניעו: **כגרוגרת.** איכא שיעורא לאכילה ולהולאה וכ"ש לזריעה דשיעורא בכל שהוא: **ותפחה.** ועמדה על גרוגרת קודם הנחה: **ונמלך עליה לאוכלה.** והניחה מהו: **את"ל.** בההיא אע"ג דעקירה והנחה לאו בחדא מחשבה הוא מיחייב: **התם הוא דזיל הכא כו'.** בשעת מחשבה ראשונה היה בו כשיעור למחשבתו ושיעור [א] למחשבה שניה הלכך מילטרפי עקירה והנחה: **אבל הכא בעידנא דאפקה לא הוה בה שיעור.** למחשבה שניה של הנחה ולא מלטרפי הנחה לעקירה: **כיון דאילו אשתיק.** בהך שניה לית בה שיעור לזריעה ומיחייב: **השתא נמי מיחייב.** הואיל ויש שיעור למחשבה אחרונה ובשיעור זה איכא שיעורא למחשבה ראשונה ויותר: **לא מיחייב.** דהא בשעת הנחה ליכא שיעור למחשבה קמייתא: **בתר השתא.** בתר מחשבה דהשתא אזלינן לענין הנחה: **יש דיחוי.** מה שחסרה בינתים אילו מנחה בההיא שעתא לא מיחייב [ב] מי אמרינן תורת דיחוי דנדחה לו מחיוב חטאת ובטלה לה עקירה וכי הדר תפחה והניחה הוי הנחה בלא עקירה: **אי לענין טומאה.** דמיבעיא לך אם נטמא לטמא טומאת אוכלין או לאו כביצה בעינן: **והאי משלימו.** שנגע אלו והשלימו וע"י הנחה זו נטמאו: **מאי.** מדחשיב הך זריקה לענין טומאה חשיב נמי לענין שבת כאלו הוא כגרוגרת ומיחייב או לא:

שיעורן

תוספות

מתקיף לה רב יצחק. פירש בקונטרס דפריך אאביי וקשה דלמאי נטר ליה עד הכא ואומר הרב פור"ת בשם רבינו שמואל דאדרב יהודה אבוה פריך וה"פ כיון דאמרת דמוליא חטה אחת לזריעה חייב אע"פ שאין רגילות משום דבתר מחשבתו אזלינן ה"נ כשחישב להוליא כל ביתו ניזול בתר מחשבתו ולא נחייבנו בפחות כיון דפחות מיכן אינו חשוב בעיניו ומשני התם בטלה דעתו אצל כל אדם דאין אדם שלא יהא חשוב בעיניו פחות מכן אבל הכא יש בני אדם שחשובה להם חטה אחת לזריעה: **או דילמא בתר השתא אזלינן.** משמע דאי בתר השתא אזלינן ליכא למיבעיא מידי מדקאמר את"ל בתר השתא אזלינן הוליא גרוגרת לאכילה ולמקה וחזרה ותפחה מהו ולא מיבעיא ליה אקמייתא ואמאי אכתי מיבעי ליה אי הוה דיחוי אצל שבת או לא כדבעי בסמוך דהא מיד כשלמקה נדחית וי"ל דדוקא ההיא דבסמוך חשיב ליה דיחוי שנדחית בין משיעור ראשון בין משיעור אחרון אבל הכא דמשיעור אחרון מיהא לא נדחית לא חשיב ליה דיחוי: **אי לענין טומאה כביצה אוכלין בעינן.** ° משמע דלא מקבל אוכל טומאה בפחות מכבילה ומה שהביא [ג] רש"י מת"כ דאוכל מקבל טומאה בכל שהוא דתניא מכל האוכל [ג] שמטמא בכל שהוא יכול יהא מטמא אחרים ת"ל אשר יאכל אוכל הנאכל בבת אחת הוי אומר זה בילת תרנגולת אומר ר"ת דאסמכתא היא דהא"נ מעשר ירק מרבינן בת"כ מוכל מעשר הארץ ולא הוי אלא אסמכתא בעלמא והא דפריך בפרק כל שעה (פסחים ד' לג:) למ"ד משקין מיבלע בליעי מהא דתנן טומאת מה שבסחט זיתים וענבים כבילה מכוונות טהורים ואי מיבלע בליעי אמאי טהורים ומוקי לה בענבים שלא הוכשרו לאימת קא מיתכשרי לכי סחיט להו וכי סחיט להו בציר ליה שיעוריה אתי שפיר גם לפי' הקונטרס דאע"ג דמקבל טומאה בכל שהוא מ"מ בציר ליה שיעורא מלקבל הכשר לפירוש הרב פור"ת דמפרש בשם רש"י בפ' חבית (לקמן קמה.) דאין אוכל מקבל הכשר בפחות מכבילה וטעמא משום דמאשר יאכל נפקא לן לטמא אחרים בכבילה והתם כתב אשר יבא עליו מים וכן בפרק אלו עוברין (פסחים מה:) גבי בלק שבסדקי עריבה דמפרש אביי כגון דאיכא פחות מכבילה אוכלין ונגעו בהאי בלק דבפסח לאיסורו חושבו מלטרף אע"ג דבלא לירוף פחות מכבילה הוה מצי לאוקמי דנגע שרץ בכזית שבסדקי עריבה בפסח דלאיסורו חושבו מקבל טומאה בשאר ימות השנה לא קפיד אין [ג] אי לא לא אלא לענין קבלת טומאה עלמה לא נפקא לן מינה מידי דבלאו הכי אסורה משום חמץ להכי נקט לענין לטמא אחרים ומייתי רבינו תם ראיה דאין אוכל מקבל טומאה פחות מכבילה דתניא בפרק אלו עוברין (שם מד.) המקפה של תרומה והשום והשמן של חולין ונגע טבול יום במקצתן פסל את כולן מקפה של חולין ושום ושמן של תרומה ונגע טבול יום במקצתן לא פסל אלא מקום מגעו והוינן בה מקום מגעו אמאי פסל והא לא הוי כבילה ורש"י ל"ג הכי אלא גרים והא בטל ברובא ומפרש דהכי פריך מקום מגעו אמאי פסל והא בטל שום ושמן אגב מקפה דהא משום הכי קתני ברישא פסל את כולן ואין נראה להגיה ולמחוק הספרים ועוד דלדבריו ברישא להחמיר להקל לא אמרינן דבטלי ועוד דלא שייך למימר דבטלי השום והשמן כיון שהן בעין מדקתני לא פסל אלא מקום מגעו ועוד [ד] דתניא בתוספתא בד"א בזמן שהיא גוש בקערה משמע שהן בעין וגבי פרה מיטמאה טומאת אוכלין (חולין דף פב.) והא דאמר בפ"ק דחולין (דף לג:) התורה העידה על כלי חרס אפילו מלא חרדל ולאו דוקא חרדל אלא כלומר מלא ביליס ומשום דבחרדל איכא טובא לראשון ושני כו' ומקבל טומאה מדרבנן נקט ליה [ה]:

אי לענין שבת כגרוגרת בעינן. הוה מצי למיפרך אמאי נקט זרק ואמאי נקט תרומה ולבית טמא: **כגון דאיכא פחות מכביצה אוכלים כו'.** אור"י דלהכי נקט זרק דהשתא בהדי הדדי קא אתיין לענין שבת עד דנח כדאמר בפרק המוציא (לעיל דף פ.) תוך ג' לרבנן בעינן הנחה על גבי משהו אבל מכניס מכי מטי תוך ג' איכא איסור שבת ואיסור עד דמצטרף ולא

אמון

עין משפט נר מצוה

ב א מיי' פי"ח מהל' שבת הלכה כו:
ג ב מיי' שם:
ד ג מיי' שם:
ה ד מיי' שם הל' ט:
ו ה מיי' שם:

רב נסים גאון

פ"י למאי אי לענין שבת כגרוגרת בעינן אי לענין טומאה כביצה אוכלין בעינן. אימא כגרוגרת להוצאת שבת הא אמור בכמה מקומות במשנה (דף עו) המוציא אוכלין כגרוגרת והרבה כזה ואסמכתא דילה מקרא דכתיב (דברים ח) ארץ חטה ושעורה וגפן ותאנה ורמון ואמרו תאנה כגרוגרת להוצאת שבת וכביצה לענין טומאת אוכלין בתורת כהנים [פ' שמיני] אוכל יטמא מלמד שהוא מיטמא בכל שהוא [א] ת"ל אשר יאכל הא אינו מיטמא אלא בכביצה ובפרק יום הכפורים (יומא פ) תניא ר' אומר כל איסורין שבתורה בכזית חוץ מטומאת אוכלין כו' וטומאת אוכלין מנלן דאמר ר' אבהו אמר ר' אלעזר אמר קרא (ויקרא יא) מכל האוכל אשר יאכל אוכל שאתה יכול לאוכלו בבת אחת ושיערו חכמים שאין בית הבליעה מחזיק יתר מביצת תרנגולת והזכרנו דבר זה בברכות (ופי' אל) משנה במסכת מעילה בפרק קדשי מזבח (דף יז) שנינו כל האוכלין מצטרפין לפסול את הגויה בכחצי פרס ומזון ב' סעודות לעירוב וכביצה לטמא טומאת אוכלין וכגרוגרת להוצאת שבת וככותבת ליום הכפורים:

התם

חשק שלמה על רב נסים גאון

[א] יכול יטמא לאחרים כצ"ל:

ליקוטי רש"י

שאין כשר להצניע. במסכת שבת כגון דם נדה או איסור [או] הנאה. **ואין מצניעין כמוהו.** שכשר הוא להלניעו אם היה [בו שיעור] אבל שיעורו של זה מועט הוא ואין אדם חושבו להלניעו. **ובא אחר והוציא.** בשבת לרה"ר חייב דחשיב מלאכה מפני מחשבתו של זה שהוכשר לו והלניעו [זבחים מז.]. **אי לענין טומאה כביצה אוכלין בעינן.** אוכל ומשקה מקבל טומאה בכל שהן אבל אין מטמא אחרים אלא אוכל כבילה ומשקה ברביעית והכי תניא בתורת כהנים מכל האוכל מלמד שמטמא בכל שהוא יכול יטמא לאחרים בכל שהוא תלמוד לומר אשר יאכל אוכל הנאכל בבת אחת והיינו כבילה כדאמרינן בפרק יום הכפורים (יומא פ.) אין בית הבליעה מחזקת יותר מבילת תרנגולת ואני שמעתי דאף לקבל טומאה בעי כבילה [פסחים לג: עיין בתוס' כאן ושם].

מסורת הש"ס

א) לעיל עו. זבחים מז., ב) [פסחים לג. ד"ה בכבילה], ג) ל"ל אי לא קפיד אלא רולה בקיומו לא אלא כו' רש"ל, ד) [ל"ל דתני בפיפא שהרי הוא שם במשנה ולדרב' בתוס' פ"ב דטבול יום ליתא וכ"ה ג"כ בתוס' פסחים שם ד"ה ה"ג רש"י], ה) [וע"ע תוס' פסחים לג. ד"ה לאימת ותוס' [נדה] יז: ד"ה אפילו].

הגהות הב"ח

(א) רש"י ד"ה התם וכו' ושיעור למחשבתו שניה: (ב) ד"ה יש דיחוי וכו' לא מיחייב חטאת מי: (ג) תוס' ד"ה אי לענין וכו' דתניא מכל האוכל מלמד שמיטמא בכל שהוא:

גליון הש"ס

גמ' עד דאיכא כזית. עיין עירובין דף פ ע"ב תוס' ד"ה אגב: שם ותפחה ונמלך עליה. עי' מנחות דף נד ע"א תוס' ד"ה דמעיקרא: שם וצמקה ונמלך. עיין לעיל עז ע"א תוס' ד"ה ועוד: שם וכגון דאיכא פחות מכביצ' אוכלין. עיין משנה למלך פ"ד ה"א מהל' ט"א: תוס' ד"ה אי לענין. משמע דלא מקבל אוכל טומאה. עי' זבחים דף לא. תוס' ד"ה אר"א:

רבינו חננאל

ולא תימא בטולי מבטלא למחשבתו אלא כל העושה על דעת מחשבתו ראשונה הוא עושה. אמר רב יהודה אמר שמואל מחייב היה רבי מאיר אף במוציא חטה אחת לזריעה פי' הני מילי לענין המצניע אפילו הצניע חטה אחת והוציאה [חייב] וההיא דתנן באידך פרקין זרעוני גינה פחות מגרוגרת ותנן זרע קישואין ודלועין ופול המצרי שנים שיעורין דעלמא דלאו למצניעין שאין אדם מוציא נימה אחת לזריעה אבל המצניע אפי' אחת חייב עליה וכל אדם שהוציאו סתם בשלא הצניעו אינו חייב עליו אלא כשיעור אע"פ [שהצניע הראשון] ואינו מתחייב במחשבת הראשון ומתניתין דלא כרבי שמעון בן אלעזר אבל אם הוציאו השני מדעת המצניע הראשון חייב ואם הוציא כגרוגרת שהוא כשיעור הוצאה [לאכילה] ומעיקרא היתה מחשבתו לאכילה ונמלך עליה לזריעה או לזריעה ונמלך עליה לאכילה חייב ולא אמרינן צריך שתהא עקירה והנחה בחדא מחשבה ובעיי דרבא לא איפשיטו. הוציא חצי גרוגרת לזריעה ותפחה והויא כגרוגרת ונמלך עליה לאכילה בעידנא דעקירה הוה מחייב אמחשבתו ושיעור למחשבתו הואי ובעידנא דהנחה נמי שיעורא היא למחשבתו שבאותה שעה ואילו אשתיק ולא חשיב עליה מחייב אמחשב' דזריעה השתא נמי מחייב הוציא כגרוגרת לאכילה והיתה כשיעור בשעת עקירה וכשצמקה וחסרה נמלך עליה לזריעה דמחייב עליה בשעת הנחה ובתר השתא אזלינן ומחייב אבל אם הוציא כגרוגרת לאכילה וצמקה וחזרה ותפחה ועדיין מחשבתו כדהות אע"פ דבעת עקירה יש בה כשיעור כיון שחסרה בין כך וכך מספקא לן יש דחוי אצל שבת או אין דחוי אצל שבת וקיימא בתיקו. ועקר דהא מלתא דכולה עקירה והנחה במחשבה דאיסורא דקאמרינן (לעיל ד' ה' ב') אמר רב ספרא א"ר אמי א"ר יוחנן המפנה חפצים מזוית לזוית [ונמלך עליהן] והוציאן פטור שלא היתה עקירה משעה ראשונה לכך ומפרשא נמי בגמ' דאלו נערות. בעא מיניה רבא מרב נחמן זרק כזית תרומה לבית טמא מהו (ודמי) כגון שזרק מרה"ר לרה"י אי נמי מרשו' היחיד לרה"ר ורשות הרבים באמצע (?) למאי קא בעי אי לענין שבת כגרוגרת בעינן אי לענין טומאה כביצה אוכלין ופרקינן לענין שבת וכגון דאיכא אוכלין פחות מכביצה בבית ושם טמא ותרומה פחות מכביצה פטור האי כזית לענין מאי קא מיבעי ליה לרבא ואהדרינן לעולם לענין שבת וכגון שזרק לאותו בית טמא פחות מכביצה ואיתא התם כזית שהוא משלימו להוא דאיתיה התם לכביצה מאי מדמצטרף לענין טומאה קא מחייב עליה נמי לענין שבת ואי לאו דקא מצטרף לענין טומאה ומחייב עליה לא איחייב עליה לענין שבת ומשום דקא מחשב ליה מחייב כי האי דסוף הזורק יש זורק אוכל אכילה אחת חייב עליה ארבע חטאות ואשם טמא שאכל חלב והוא נותר מן המוקדשין ביה"כ ר"מ אומר אם היתה שבת והוציא חייב אמרו לו אינו מן השם ואמרינן עלה אמאי הא אין דרך הוצאה בכך ומהדרינן כיון דאחשביה מחייב הכא נמי הכין או דלמא כל לענין שבת כגרוגרת בעינן אמר ר"נ תנינא אבא שאול אומר שתי הלחם

ז א ב מיי' פי"ד מהל' שבת הלכה יד:
ח ג ד מיי' פי"ד מהל' שבת הלכה יא:
ט ה מיי' פ"ג מהל' גניבה הל' ג טוש"ע ח"מ סי' שנ:
י ו מיי' פי"ג מהל' שבת הלכה יא:

יוצא בכזית לענין שבת נמי בכזית הכי השתא התם מדאפקיה חוץ לחומת העזרה איפסיל ליה ביוצא אשבת לא מיחייב עד דמפיק ליה לרה"ר הכא שבת וטומאה בהדי הדדי קאתיין: חזר והכניסו אינו חייב אלא כשיעורו: פשיטא אמר אביי הכא במאי עסקינן כגון שזרקו לאוצר ומקומו ניכר מהו דתימא כיון דמקומו ניכר במילתיה קמייתא קאי קמ"ל מדזרקיה לאוצר בטולי בטליה:

מתני' * המוציא אוכלין ונתנן על האסקופה בין שחזר והוציאן בין שהוציאן אחר פטור מפני שלא עשה מלאכתו בבת אחת קופה שהיא מליאה פירות ונתנה על אסקופה החיצונה אע"פ שרוב פירות מבחוץ פטור עד שיוציא את כל הקופה:

גמ' האי אסקופה מאי אילימא אסקופ' רה"ר פטור הא קא מפיק מרה"י לרה"ר אלא אסקופה רה"י בין שחזר והוציאן בין שהוציאן אחר פטור הא קא מפיק מרה"י לרה"ר ב אלא אסקופה כרמלית והא קמ"ל טעמא דנח בכרמלית הא לא נח בכרמלית מיחייב מתני' דלא כבן עזאי דתניא א) המוציא מחנות לפלטיא דרך סטיו חייב ובן עזאי פוטר: ג קופה שהיא מליאה כו': אמר חזקיה לא שנו אלא בקופה מליאה קישואין ודלועין אבל מליאה חרדל חייב אלמא קסבר אגד כלי לא שמיה אגד ור' יוחנן אמר ד אפי' מליאה חרדל פטור * אלמא קסבר אגד כלי שמיה אגד א"ר זירא מתני' דלא כחזקיה דיקא ודלא כר' יוחנן דיקא כחזקיה לא דיקא דקתני עד שיוציא את כל הקופה טעמא דכל הקופה הא כל הפירות פטור אלמא קסבר אגד כלי שמיה אגד כרבי יוחנן לא דיקא דקתני אע"פ שרוב פירות בחוץ טעמא דרוב פירות הא כל פירות אע"ג דאגידא קופה מגואי חייב אלמא קסבר אגד כלי לא שמיה אגד ואלא קשיא חזקיה מתרץ לטעמי' ור' יוחנן מתרץ לטעמיה חזקיה מתרץ לטעמיה עד שיוציא את כל הקופה בד"א בקופה מליאה קישואין ודלועין אבל מליאה חרדל נעשה כמי שהוציא את כל הקופה וחייב ר"י מתרץ לטעמיה אע"פ שרוב פירות בחוץ ולא רוב פירות בלבד אלא אפילו כל פירות פטור עד שיוציא את כל הקופה מיתיבי ו) המוציא קופת הרוכלין ונתנה על אסקופה החיצונה אע"פ שרוב מינין בחוץ פטור עד שיוציא את כל הקופה קס"ד בצררי קשיא לחזקיה אמר לך חזקיה הכא במאי עסקינן באורנסי מתיב רב ביבי בר אביי ז) ה הגונב כיס בשבת חייב שכבר נתחייב בגניבה קודם שיבא לידי איסור שבת ו היה מגרר ויוצא פטור שהרי איסור גניבה ואיסור שבת באין כאחד ואי סלקא דעתך אגד כלי שמיה אגד קדים ליה איסור גניבה לאיסור שבת * אי דאפקיה דרך פיו הכי נמי הכא במאי עסקינן דאפקיה דרך שוליו והאיכא מקום חלמה דאי

רש"י

ז) שיעורן כגרוגרת. אם הוציאן לרה"ר בשבת: ואמאי לימא. בכזית מיחייב דהא חשיבה הוצאה לענין איפסולי ביוצא דאי אכליה הוא עובר בלאו דכל שבקודש פסול בא הכתוב ליתן לא תעשה על אכילתו ואכילה בכזית: חוץ לחומת עזרה. להיקף החיל שלפני עזרת נשים או לעזרת נשים שהיא בחיל: בהדי הדדי אתיין. דעד דאתנח ונצטרף עם השאר ח) (לא קבל טומאתו מן האויר דהא) לא הוי ביה שיעור: פשיטא. כיון דלא זרעיה בטליה ממחשבה קמייתא והוה ליה ככל אדם: אמר אביי. מתניתין בשלא נמלך עליו בפירוש אלא שזרקו לאוצר עם פירותיו וזהו ביטול מחשבה מדלא אצנעיה לחודיה ולמיתנייה איצטריך כגון שמקומו ניכר שלא נתערב יפה עם השאר והרי הוא ניכר ביניהם: מ"ד כיון דמקומו ניכר במילתא קמייתא קאי. דהוה ליה כמאן דאצנעיה לחודיה: ה"ג קמ"ל מדזרקיה לאוצר בטולי בטליה: מתני' על האסקופה. בגמרא מוקי לה באסקופה כרמלית: מלאכתו בבת אחת. עקירה ממקום חיוב והנחה במקום חיוב (א) [והכא] הוה ליה עקירה ממקום חיוב והנחה במקום פטור והדר עקירה ממקום פטור והנחה במקום חיוב: עד שיוציא. כלומר אלא אם כן הוציא בראשונה כל הקופה ובגמ' מפרש לה: גמ' אי נימא איסקופה רה"ר. כגון גבוהה ט' ורחב ארבעה (ב) ורבים מכתפין עליו דחזיא לרבים לכתופי כדאמר בפ"ק (דף ח.): רשות היחיד. גבוהה י' ורחבה ד' כי חזר והוציאה ליחייב דאיכא עקירה מרה"י והנחה ברה"ר: אלא אסקופה כרמלית. מג' ועד ט' [ולא ט' בכלל] ואינה מקורה ורחבה ד': הא לא נח מיחייב. ואע"ג דהעבירו דרך כרמלית ולא אמר מהלך כעומד דמי ואיכא הנחת גופו דהוי כהנחת חפץ: מחנות. רה"י: פלטיא. רה"ר: סטיו. מקום מוקף איצטבאות לישב והוא כרמלית דלא בקעיה ביה רבים להדיא: קישואין ודילועין. שהן ארוכין ועדיין יש מהם בפנים וכל מה דאגיד לגואי כל דהו לאו הוצאה היא: אבל מליאה חרדל. שהרי יש ממנו כולן בחוץ אע"פ שעל ידי הכלי הוא נאגד לצד פנים חייב דאגד כלי לא שמיה אגד לומר לא יצא כולו ועדיין אגדו בידו בפנים וזהו לשון הש"ס לענין שבת כל כמה דלא נפיק ליה כוליה קרי ליה אגוד דאגודו שייך לגבי רשות קמא: בד"א. דעד שיוציא את כל הקופה: במליאה קישואין. שהן ממלאין בארכן את כל רוחב הקופה וכל כמה דלא נפק כולה קופה לא נפיק אינהו (ג): ר' יוחנן מתרץ לטעמיה. תרתי קתני מתני' לא זו אף זו דסיפא [מוכחא] דקתני כל הקופה ולא קתני כל הפירות והכי קאמר אף על פי שרוב הפירות מבחוץ או אפילו כל הפירות מבחוץ נמי פטור עד שיוציא כל הקופה: רוכלין. מוכרי בשמים: קס"ד בצררי. שהיה בה צרור של בשמים שחוקין דכי אפקה למקצת קופה נפיק בההיא פורתא כמה צרורות כולן וקתני פטור אלמא אגד כלי שמיה אגד: באורנסי. אגודות שרשין ארוכין או קנה או קילופה של קנמון שהן ארוכין: הגונב כיס בשבת חייב. בתשלומין ואע"פ שנדון בנפשו שכבר נתחייב בגניבה בשעה שהגביה הכיס בבית הבעלים: היה מגרר ויוצא. שלא קנאה בהגבהה אלא בהוצאה מבית הבעלים: פטור. מתשלומין: שהרי איסור שבת כו'. ובכתובות פריך אי דאפקיה לרה"ר איסור גניבה ליכא דרשות הרבים לאו מקום קנייה היא ומוקי לה בצדי רה"ר אי נמי שצירף ידו למטה מג' וקבלה: קדים ליה איסור גניבה לאיסור שבת. דכיון שהוציאו מקצתו קנה כל המעות שמבחוץ שיכול להוציאו דרך פיו ולענין שבת מפטר דאגידי גבי רשות היחיד על ידי הכלי: דרך שוליו. וכיון דלא מצי למשקל לא קני בהגבהתו: הא איכא מקום חלמה. מקום התפירה שיכול לקרוע ולהוציא. חלמה שולדורא כמו בהעור והרוטב (חולין קכג.) שאני עור דחלים:

מפקע

תוספות

אתון בהדי הדדי. ודוקא נקט כזית תרומה דאיכא איסור לאוכלו בטומאה אבל פחות מכזית לא וכן כזית חולין דאין איסור לאוכלו בטומאה לא שייך לומר מיגו דמצטרף לענין טומאה מצטרף לענין שבת ואית מ"ש כזית תרומה מחצי זית דהא בתרומה טמאה ליכא אלא עשה כדמוכח בהערל (יבמות דף עג:) דהאוכלה בטומאת עצמה אינו לוקה וחצי זית נמי הא קי"ל כר' יוחנן דחצי שיעור אסור מן התורה (יומא עד.) וי"ל דמ"מ כזית חמיר טפי שהרי זית הוא שיעור ללקות עליו בכל מקום ודוקא לבית טמא אבל לבית טהור לא אע"ג דחשיב ללקות עליו זר האוכלו מ"מ לא חשיב בפחות מגרוגרת כיון דאיסור זרות לא בא ע"י הוצאה זו: י) פחות מכביצה אוכלין. ה"ה דה"מ למימר דאיכא כביצה אוכלין שאין הם צריכין לצירוף וכזית לבד צריך לצירופן א"נ אור"י דנקט דוקא פחות מכביצה אבל כביצה אפשר דאין מצטרף כיון שקודם צירוף כבר מטמא דילמא שבע לה טומאה דבעיא היא בהקומץ רבה (מנחות כד.) גבי עשרון שחלקו ונטמא אחד מהן והניחו בכלי ונגע טבול יום בטמא מהו מי אמר שבע לה טומאה ולא נטמא הטהור אע"ג דאם היו שניהם טהורים ונגע טבול יום באחד מהן שניהם טמאין דכלי מצרף מה שבתוכו לקדש השתא דשבע לה טומאה לא מצטריף או דילמא לא אמרי' שבע לה טומאה ומשום דהתם מספקא לן נקט פחות מכביצה:

קס"ד בצררי קשיא לחזקיה. ואלימא ליה ממתני' משום דהתם קופת הרוכלים אית ביה צררי וכ"מ מדקתני ובה מינין הרבה ומשני באורנסי ובה מינין הרבה אורחא דמילתא נקט וכל המינין ארוכים:

רבינו חננאל

ולחם הפנים שיעורן כגרוגרות וקא דייק מינה רב נחמן דהא מפיק מן המקדש בשבת שתי הלחם ולחם הפנים אע"ג דמפסיל לענין יוצא בכזית לא קא מחייב בשבת עד דהוי כגרוגרת ואם איתא דכיון דאחשביה מיחייב הוה מחייב בשבת על כזית בהוצאת שתי הלחם ולחם הפנים ואהדר ליה רבא הכי השתא התם מדאפקיה חוץ לחומת עזרה איפסיל ליה ביוצא ועדיין לא מחייב ליה לענין שבת כל עיקר עד דמפיק ליה לרה"ר אבל הכא לענין האי בעיא דהוא זרק כזית תרומה לבית טמא להשלים אוכל לכביצה שבת וטומאה בהדי הדדי קא אתיין איפשט: חזר והכניסו אינו חייב אלא כשיעור. מידעם דאחשביה והצניעו ואפקיה לצורך ואע"ג דלית ביה כשיעור הוצאה מחייב עליה כד מפיק ליה לצורכיה וחזר והכניסו בחול אם חזר אח"כ והוציאו סתם לא מחייב עליה עד דהוי ביה כשיעור הוצאה אלא שחזר והכניסו בתורת מצניע אבל אם הכניסו סתם כגון שזרקו לאוצר אע"פ שישנו [בו] [מקומו] ניכר הוא לא כיון שהוא מכיר את מקומו במלתיה קאי וחייב על הוצאתו אלא בטליה לההיא הצנעה קמייתא ודינה בכל מידעם דלא מחייב עליה אלא בשיעור: מתני' המוציא אוכלין ונתנן על האסקופה אם האסקופה שנתנן עליה רה"ר [חייב] רה"י פטור הא אם חזר והוציאן ממנה לרה"ר [חייב] אבל אם האסקופה כרמלית היא דרה"ר עומדת לפניה אם נחו האוכלין בכרמלית וחזר ועקרן מכרמלית והוציאן לרה"ר פטור] אבל אם לא נחו בכרמלית אע"פ שעברו מרה"י לרה"ר דרך כרמלית חייב ואשמעינן מתניתין דלא כבן עזאי דתניא המוציא מחנות לפלטיא דרך סטיו חייב ובן עזאי פוטר וחזקי' האסקופה מפורשין בגמ' דיציאות השבת היכי הויא רה"ר והיכי הויא רה"י והיכי הויא כרמלית. קופה שהיא מליאה פירות ונתונה על האסקופה החיצונה אע"פ שרוב פירות מבחוץ פטור עד שיוציא את כל הקופה סבר חזקיה בקופה של קישואין ושל דלועין מתני' שעדיין מקצת כל קישות וכל דלעת בפנים ולא נתקם מבפנים לחוץ אבל קופה שהיא מלאה פירות אחרים כגון אגוזים ושקדים ותאנים ורמונים וכיוצא בהן וכ"ש חרדל כיון שיש מן הפירות גופן מה שיצא כולן לחוץ יש בו שיעור גרוגרת חייב ואע"פ שהן בתוך הכלי ומקצת הכלי עדיין בפנים ויכול למושכו לפנים ולהכניסו וממילא מה שהוא בחוץ נמשך עם הקופה ונכנס אע"פ שלא נגע בו אלמא קסבר חזקיה אגד כלי לאו שמיה אגד ואית ליה למידק מן מתניתין הדין א"ר זירא דתנן אע"פ שרוב פירות מבחוץ פטור רובה של קישות ורובה של דלעת אבל אם הקישות כולה או הגרוגרת כולה בחוץ חייב ואע"פ שהוא בתוך הכלי ומקצת הכלי בפנים ור' יוחנן סבר אפילו קופה מליאה חרדל ויצא רובה לחוץ כיון שהוא מפורצת ואית ליה גדפאני איגד כלי שמיה איגד ועדיין אגודה היא לפנים ופטור עד שתנתק כולה לחוץ ודייק מן

מסורת הש"ס

א) לעיל ה., ב) נ"ל המוציא קופת האוכלין ובה מינין הרבה ונתנה כו' רש"ל, ג) כ"ב פו. סנהדרין עב. כתובות לא. [תוספ' ב"ק פ"ט], ד) שייך מעג"ל, ה) רש"ל מ"ז ואינו מוכח ד"ל דקאי אקבלת טומאה לטמא אחרים וער' במהרש"א, ו) שייך מע"ל.

הגהות הב"ח

(א) רש"י ד"ה מלאכתו וכו' במקום חיוב אבל הכא הוה ליה: (ב) ד"ה אי נימא וכו' ארבעה. נ"ב ע"ל בפ"ק דף ח ע"א פי' רש"י דלא בעי' אלא בין רחב בין קצר: (ג) ד"ה במליאה קישואין וכו' אינהו כולהו הס"ד:

גליון הש"ס

גמ' אלמא קסבר אגד כלי שמיה אגד. ע' פסחים דף פה ע"ב תוד"ה כנגדן: שם אי דאפקיה דרך פיו. הי"ג. ע' בהרא"ש פ"א דב"מ סימן כג:

רב נסים גאון

התם מדאפקיה חוץ לחומת העזרה איפסיל ליה ביוצא. עיקר זה בתורת כהנים שכל היוצא מן הקדשים חוץ למחיצתו נפסל וישרף באש כמו שנאמר בפירוש פסוק (ויקרא ז) והבשר אשר יגע בכל טמא לא יאכל באש ישרף אין לי טעון שריפה אלא הטמא הנותר ומנין לנשחטה בלילה ושנשפך דמה חוץ לקלעים הלן והיוצא ת"ל לא יאכל כי קודש הוא כל שהוא קודש [טעון] שריפה והבשר לרבות בשר הפנימי שהוא מותר והלא דין הוא הואיל והטמא פסול והיוצא פסול מה הטמא אם נטמא מקצתו כולו פסול אף היוצא אם יצא מקצתו יהא כולו פסול ת"ל והבשר לרבות בשר הפנימי שהוא מותר מיכן אמרו אבר שיצא מקצתו חוץ לחומה חותך בסכין עד שמגיע לעצם וקולף עד שהוא מגיע לפרק ומתירו מן הפרק ובמקדשין גורד כל מקום שהוא יוצא שאין בהם [משום] שבירת העצם ובפרק כיצד צולין את הפסח (פסחים דף פב) שנינו הפסח שיצא או שנטמא ישרף מיד ואמרו בתלמוד בשלמא נטמא דכתיב והבשר אשר יגע בכל טמא אלא יוצא מנלן אלא כל שפסולו בקודש בשרפה הלכתא גמירי לה: המוציא

ליקוטי רש"י

אסקופת רשות הרבים. כגון אסקופת מבוי שאין גובה שלשה מן הקרקע ולפני של מבוי לפנים הימנה. אסקופה רשות היחיד. כגון עומדת תחת המקרה או לפנים מן הלחי או גבוהה עשרה ורחבה ארבעה … כרמלית. רחבה ארבעה ואין גבוהה עשרה ומולה לה רשות הרבים ולפנים הימנה רשות היחיד … של עיר ששם מתקבצין לסחורה [לעיל ו.]. רחוב לשווקים [עירובין ז.]. רחבה והוא רשות הרבים. דרך … שיושבים סוחרים ושם כרמלית עליה דלאו להילוכה הוא כרשות הרבים. חייב. הואיל ולא עמד בסטיו … כפלטיא. ובן עזאי פוטר. כדמפרש קסבר מהלך כעומד דמי ונמצא נעקר מרשות היחיד ומונח … [ומונח] ברשות הרבים [לעיל ה:]. מהלך כעומד דמי ועקירת כל פסיעה הויא עקירה והנחת הרגל … קופת הרוכלין. מוכרי בשמים לקישוטי נשים ויש להן קופות קטנות לצרורות בשמים [לעיל צ.]. הגונב … ברשות הבעלים והוציאו לרה"ר [כתובות שם.]. שהגביהו וקנאו בהגבהה. חייב. להחזיר ואף על גב … הרבים ונתחייב בהוצאתו מיתה [סנהדרין עב.]. בתשלומין דליכא למימר קם ליה בדרבה מיניה דליכא הכא שתי רשעיות ביחד [רשב"ם ב"ב פח.]. בתשלומין אף על פי שנהרג. שכבר נתחייב בגניבה. לשם דהגבהה קונה בכל מקום … להתחייב באונסים [כתובות שם]. שהרי נתחייב בגניבה קודם שיבא לידי איסור שבת ובשביל חיוב מיתה הבא עליו לאחר מכן אינו נפטר מן התשלומין [סנהדרין שם] משעת הגבהה דהגבהה בכל מקום קונה ואיסור שבת ליכא עד שעת הוצאה … היה מגרר בקרקע דהגבהה ליכא ולא קני ליה אלא בשינוי רשות שימשכנה לרשותו [רשב"ם ב"ב שם]. שלא הגביהו ולא קנאו בתוך הבית אלא כשיוצא לרשות הרבים קנאו בשנוי רשות שהוציאו מרשות הבעלים וצירף ידו למטה משלשה … כארבעה על ארבעה והרי הוא לו כחצרו ואף על פי שאין כאן הגבהה והכי מוקים לה בכתובות [סנהדרין שם]. פטור. מן התשלומין דקם ליה בדרבה מיניה וכתיב כדי רשעתו (דברים כה) משום רשעה אחת אתה מחייבו ואי אתה מחייבו … שהרי איסור גניבה ואיסור שבת באין כאחד. דבשעת הוצאה הוא קנייה ומתחייב בסקילה ובכתובות בפרק אלו נערות פרכינן דמשכיה להיכא אי לרשות הרבים איסור שבת איכא איסור גניבה ליכא ומוקמינן לה כשצירף ידו למטה … חשובה לו כד' על ד' וקניא ליה ולא בטלה לגבי רה"ר אי נמי ויש כאן [איסור] שבת וגניבה באין כאחד והך קנייה לאו משום הגבהה היא אלא משיכה לתוך ידו שהרי ידו סמוכה בתוך ג' לקרקע ואית דמוקי ליה התם בצידי רשות הרבים … קני ולענין שבת הוי רשות הרבים כרבי אליעזר [רשב"ם ב"ב שם]. והאיכא מקום חלמה. חלים, דבר שהוא מדביק יפה שולדור בלע"ז כדאמרינן גבי תפירות עור בהעור והרוטב (חולין קכג.) שאני עור דחלים [קידושין כה.].

יוֹצֵא – **leaving** the Temple, בִּכְזַיִת – transferring even as little **as an olive's [volume]** of these breads is significant,[1] לְעִנְיַן שַׁבָּת נַמִּי בִּכְזַיִת – **so too, with reference to the Sabbath,** the transfer of as little **as an olive's [volume]** of these breads should be deemed significant![2] Rather, since the Baraisa rejects that conclusion, we see that just because a transfer is significant in one area of *halachah* does not mean that it is significant in Sabbath law, too.[3]

The Gemara rejects the proof:

הָכִי הַשְׁתָּא – **Now, is this** a valid comparison? הָתָם – **There,** with reference to the consecrated loaves, מִדְּאַפְּקֵיהּ חוּץ לְחוֹמַת הָעֲזָרָה – **once [a person] takes [a loaf] outside the walls of the** Temple **Courtyard,** אִיפְּסִיל לֵיהּ בְּיוֹצֵא – **it becomes disqualified under** the law of "offerings that have **left** the main Temple area";[4] אַשַּׁבָּת לֹא מִיחַיַּיב – yet **for** a violation of **Sabbath** law, **[the person] would not be liable** עַד דְּמַפִּיק לֵיהּ לִרְשׁוּת הָרַבִּים – **until he takes [the loaf]** all the way from the Temple grounds **into a public domain.**[5] הָכָא – **Here,** though, in the case of food thrown into a *tamei* house, שַׁבָּת וְטוּמְאָה בַּהֲדֵי הֲדָדֵי קָאָתְיָין – the potential violation of **the Sabbath and** the contraction of ***tumah* come** about **simultaneously!**[6] The two situations are therefore not comparable, and Rava's query remains unresolved.

The Gemara returns to analyze the end of our Mishnah:

חָזַר וְהִכְנִיסוֹ – The Mishnah had stated: Likewise, if [THE PERSON WHO STORED THE SEED] RETURNED AND BROUGHT IT back IN from the public domain, אֵינוֹ חַיָּיב אֶלָּא כְּשִׁיעוּרוֹ – then HE as well IS NOT LIABLE EXCEPT FOR ITS PRESCRIBED AMOUNT.

The Gemara asks why the Mishnah needed to state this:

פְּשִׁיטָא – But **this is obvious!** Once the person decided *not* to plant the seed, it stands to reason that he is treated just as any other person [for whom the transfer of a single seed is not a significant act]. – ? –

The Gemara answers:

אָמַר אַבַּיֵי – **Abaye said:** הָכָא בְּמַאי עַסְקִינַן – **Here, what** kind of **case are we dealing** with? כְּגוֹן שֶׁזְּרָקוֹ לָאוֹצָר – We are speaking of a situation **where, for example, [the person]** did not actually state that he was changing his mind, but instead, simply **threw [the seed] back into the storehouse** from which it came;[7] וּמְקוֹמוֹ נִיכָּר – **and** moreover, **its position** in the storehouse **is distinct** and recognizable. מַהוּ דְּתֵימָא – Were it not for the Tanna's teaching, then, **you might have said:** כֵּיוָן דִּמְקוֹמוֹ נִיכָּר – **Since its position is distinct** and the seed has not simply become lost among the rest of the seeds in the storehouse, בְּמִילְּתֵיהּ קַמַּיְיתָא קָאֵי – **[the seed] maintains its original status** as something that was especially set aside.[8] קָא מַשְׁמַע לָן – **[The Tanna] therefore teaches us** that this is not the case. Rather, מִדְּזַרְקֵיהּ לָאוֹצָר – **since he threw [the seed] back into the storehouse** with his other food, בַּטּוּלֵי בַּטְלֵיהּ – we presume that **he has annulled [that intent]** completely.[9]

Mishnah One is liable for transferring when he picks up an article in a public or private domain and deposits it in the opposite type of domain. The Mishnah now discusses a case where this process is interrupted: הַמּוֹצִיא אוֹכָלִין וּנְתָנָן עַל הָאִסְקוּפָּה – **If one takes foodstuffs out** of his house **and places them on the threshold** situated between his house and a public domain,[10] בֵּין שֶׁחָזַר וְהוֹצִיאָן – then no matter **whether he** himself **returns** and **takes [the foodstuffs] out** into the public domain, בֵּין שֶׁהוֹצִיאָן אַחֵר – **or someone else takes them out,** פָּטוּר – either way, all participants in the transfer are **exempt,** מִפְּנֵי שֶׁלֹּא עָשָׂה מְלַאכְתּוֹ בְּבַת אַחַת – **since [the person] did not perform his labor all at once.**[11]

NOTES

1. Like other *kodshei kodashim* (most-holy offerings) such as the *chatas* and *asham,* the showbread and the two loaves are fit for use only if they remain within the confines of the Temple Courtyard (the *Azarah*). Should they be taken out of the *Azarah,* they become disqualified as offerings.

Now, in general, the consumption of disqualified offerings is prohibited by the Torah (see *Exodus* 29:34), such that anyone who willfully eats at least an olive's volume of such an offering violates a negative commandment. In this area of law, then, the transfer of an olive's volume of the loaves outside the Temple Courtyard is significant, for the potential for a liability has been created (*Rashi*).

2. I.e. although the person transferred less than the volume of a dried fig, still, since his act has significance in another realm of law [i.e. sacrificial law; see previous note] his act of carrying should make him liable under Sabbath law, too (*Rashi*).

3. It follows, then, that in the case Rava inquired about – the transfer of less than a dried fig's volume into a *tamei* house – the perpetrator should be exempt for Sabbath liability, despite the significance of his act in the realm of *tumah.*

4. Once he takes the bread outside the main Temple Courtyard – either to the Women's Courtyard (*Ezras Nashim*) on the east, or to the *cheil* area (a ten-*amos*-wide corridor on the perimeter of the *Azarah*) on the north, west, or south – it becomes disqualified. Neither of these areas, however, is a true public domain [for both are surrounded by walls]; hence, the person who brought the bread there would not be liable for transferring on the Sabbath (see *Rashi* and *Chasam Sofer;* see also *Sefer Megadim Chadashim*).

5. See previous note. Since such a public domain would be well outside the entire Temple complex, the breads become disqualified well before the moment the person might become liable for a Sabbath violation. This being so, it is quite understandable that the importance the transfer has in the realm of disqualification does not lend any significance to it in the realm of Sabbath law.

6. That is, the food thrown into the house became capable of transmitting *tumah* only once it landed next to the other morsel of food already in the house, combining with it to achieve the volume of a full egg. Likewise, the potential liability for Sabbath violation would come at that precise moment too, for it is only once the food *lands* that a proper *hanachah* has been performed (*Rashi,* as interpreted by *Maharsha*). In this case, then, it may well be that the significance the act has in the realm of *tumah* simultaneously lends it consequence in Sabbath law.

[It now becomes clear why Rava described a case where food was *thrown* into the house, rather than merely having been placed there. For elsewhere (80a) it was taught that when an item being carried comes within three *tefachim* of the ground it is deemed to have rested. As such, had the person *carried* the food into the house, the transfer would have been complete, as far as Sabbath law is concerned, before the food actually touched the morsel already in the house. The significant moment as regards *tumah* would then have come at a different time than the moment of potential liability for carrying (*Tosafos*).]

7. I.e. we gather that he changed his mind not from his explicit statement, but from the fact that he has thrown the seed back into his storehouse [where he stores his other food] (*Rashi*).

8. We might have thought that this is akin to the person actually setting aside a special place for the seed in his storehouse (*Rashi;* see *Ritva MHK* ed.). As such, we would not say that the person rescinded his preferential treatment of this seed.

9. [Although that individual seed stands out among the rest in the storehouse, still, by merely throwing it there, the person has indicated that he no longer accords it any special significance.]

10. As the Gemara will state, the Mishnah treats the threshold as if it is set apart from the two domains it adjoins; it apparently has the status of neither a private nor a public domain (see following note). The precise nature and status of the threshold is clarified by the Gemara below.

11. In order to be liable for the *melachah* of transferring, a person must not only pick up the article in either a public or private domain and deposit it in the opposite domain, but he must also do so in a single act

עין משפט נר מצוה

ז א ב מיי' פי"ד מהל' שבת הלכה יד:
ח ג ד מיי' פי"ד מהל' שבת הלכה יא:
ט ה מיי' פי"ג מהל' גניבה הל' ב טוש"ע ח"מ סי' שנא:
י ו מיי' פי"ג מהל' שבת הלכה יא:

יוצא בכזית לענין שבת נמי בכזית הכי השתא התם מדאפקיה חוץ לחומת העזרה איפסיל ליה ביוצא אשבת לא מיחייב עד דמפיק ליה לרה"ר הכא שבת וטומאה בהדי הדדי קאתיין: חזר והכניסו אינו חייב אלא כשיעורו: פשיטא אמר אביי הכא במאי עסקינן כגון שזרקו לאוצר ומקומו ניכר מהו דתימא כיון דמקומו ניכר במילתיה קמייתא קאי קמ"ל מדזרקיה לאוצר בטולי בטליה:

מתני' המוציא אוכלין ונתנן על האסקופה בין שחזר והוציאן בין שהוציאן אחר פטור מפני שלא עשה מלאכתו בבת אחת קופה שהיא מליאה פירות ונתנה על אסקופה החיצונה אע"פ שרוב פירות מבחוץ פטור עד שיוציא את כל הקופה: **גמ'** האי אסקופה מאי אילימא אסקופ' רה"ר פטור הא קא מפיק מרה"י לרה"ר אלא אסקופה רה"י בין שחזר והוציאן בין שהוציאן אחר פטור הא קא מפיק מרה"י לרה"ר אלא אסקופה כרמלית והא קמ"ל טעמא דנח בכרמלית הא לא נח בכרמלית מיחייב מתני' דלא כבן עזאי דתניא המוציא מחנות לפלטיא דרך סטיו חייב ובן עזאי פוטר: קופה שהיא מליאה כו': אמר חזקיה לא שנו אלא בקופה מליאה קישואין ודלועין אבל מליאה חרדל חייב אלמא קסבר אגד כלי לא שמיה אגד ור' יוחנן אמר אפי' מליאה חרדל פטור אלמא קסבר אגד כלי שמיה אגד א"ר זירא מתני' דלא כחזקיה דיקא ודלא כר' יוחנן דיקא כחזקיה לא דיקא דקתני עד שיוציא את כל הקופה טעמא דכל הקופה הא כל הפירות פטור אלמא קסבר אגד כלי שמיה אגד כרבי יוחנן לא דיקא דקתני אע"פ שרוב פירות בחוץ טעמא דרוב פירות הא כל פירות אע"ג דאגידא קופה מגואי חייב אלמא קסבר אגד כלי לא שמיה אגד ואלא קשיא חזקיה מתרץ לטעמי' ור' יוחנן מתרץ לטעמיה חזקיה מתרץ לטעמיה עד שיוציא את כל הקופה בד"א בקופה מליאה קישואין ודלועין אבל מליאה חרדל נעשה כמי שהוציא את כל הקופה וחייב ר' יוחנן מתרץ לטעמיה אע"פ שרוב פירות בחוץ ולא רוב פירות בלבד אלא אפילו כל פירות פטור עד שיוציא את כל הקופה מיתיבי המוציא קופת הרוכלין ונתנה על אסקופה החיצונה אע"פ שרוב מינין בחוץ פטור עד שיוציא את כל הקופה קס"ד בצררי קשיא לחזקיה אמר לך חזקיה הכא במאי עסקינן באורנסי מתיב רב ביבי בר אביי הגונב כיס בשבת חייב שכבר נתחייב בגניבה קודם שיבא לידי איסור שבת היה מגרר ויוצא פטור שהרי איסור גניבה ואיסור שבת באין כאחד ואי סלקא דעתך אגד כלי שמיה אגד קדים ליה איסור גניבה לאיסור שבת אי דאפקיה דרך פיו הכי נמי הכא במאי עסקינן דאפקיה דרך שוליו והאיכא מקום חלמה

דאי

רש"י

שיעורן כגרוגרת. אם הוליאן לרה"ר בשבת: **ואמאי לימא.** בכזית מיחייב דהא חשיבה הולאה לענין איפסולי ביולא דאי אכליה הוא עובר בלאו דכל שבקודש פסול בא הכתוב ליתן לא תעשה על אכילתו ואכילה בכזית: חוץ לחומת עזרה. להיקף החיל שלפני עזרת נשים או לעזרת נשים שהיא בחיל: **בהדי הדדי אתיין.** דעד דאתנח ונצטרף עם השאר (לא קבל טומאתו מן האויר דהא) לא הוי ביה שיעור: **פשיטא.** כיון דלא זרעיה בטליה ממחשבה קמייתא והויא ליה ככל אדם: **אמר אביי.** מתניתין בשלא נמלך עליו בפירוש אלא שזרקו לאולר עם פירותיו וזהו ביטול מחשבה מדלא אצנעיה לחודיה ולמיתנייה איצטריך כגון שמקומו ניכר שלא נתערב יפה עם השאר והרי הוא ניכר בייניס: מ"ד כיון דמקומו ניכר **במילתא קמייתא קאי.** דהוה ליה כמאן דאצנעיה לחודיה: ה"ג קמ"ל מדזרקיה לאולר בטולי בטליה: **מתני' על האסקופה.** בגמרא מוקי לה באסקופה כרמלית: **מלאכתו בבת אחת.** עקירה ממקום חיוב והנחה במקום חיוב (א) [והכא] הוה ליה עקירה ממקום חיוב והנחה במקום פטור והדר עקירה ממקום פטור והנחה במקום חיוב: **עד שיוציא.** כלומר אלא אם כן הוליא בראשונה כל הקופה ובגמ' מפרש לה: **גמ' אי נימא אסקופה רה"ר.** כגון גבוהה ט' ורחב ארבעה (ב) ורבים מכתפין עליו דחזיא לרבים לכתופי כדאמר בפ"ק (דף ח.): **רשות היחיד.** גבוהה י' ורחבה ד' כי חזר והוליאה לימייב דהיא עקירה מרה"י והנחה ברה"ר: **אלא אסקופה כרמלית.** מג' ועד ט' [ולא ט' בכלל] ואינה מקורה ורחבה ד': **הא לא נח מיחייב.** ואע"ג דהעבירו דרך כרמלית ולא אמר מהלך כעומד דמי ואיכא הנחת גופו דהוי כהנחת חפץ: **מחנות.** רה"י: **פלטיא.** רה"ר: **סטיו.** מקום מוקף איצטבאות לישב והוא כרמלית דלא בקעיה ביה רבים להדיא: **קישואין ודלועין.** שהן ארוכין ועדיין יש מהם בפנים וכל מה דאגיד לגוואי כל דהו לאו הולאה היא: **אבל מליאה חרדל.** שהרי יש ממנו כולו בחוץ אע"פ שעל ידי הכלי הוא נאגד נגד פנים חייב דאגד כלי לא שמיה אגד לומר לא יצא כולו ועדיין אגדו בידו בפנים וזהו לשון הש"ס לענין שבת כל כמה דלא נפיק ליה כוליה קרי ליה אגוד דאגודו שייך לגבי רשות קמא: **בד"א.** דעד שיוליא את כל הקופה: **במליאה קישואין.** שהן ממלאין גארכן את כל רוחב הקופה וכל כמה דלא נפק כולה קופה לא נפיק אינהו (ג): ר' יוחנן מתריץ לטעמיה. תרתי קתני מתני' לא זו אף זו דסיפא [מוכחא] דקתני כל הקופה ולא קתני כל הפירות והכי קאמר אף על פי שרוב הפירות מבחוץ או אפילו כל הפירות מבחוץ נמי פטור עד שיוליא כל הקופה: רוכלין. מוכרי בשמים: **קס"ד בצררי.** שהיה בה לרור של בשמים שחוקין דכי אפקה למקלת קופה נפיק בההיא פורתא כמה לרורות כולן וקתני פטור אלמא אגד כלי שמיה אגד: **באורנסי.** אגודות שרשין ארוכין או קנה או קילופה של קנמון שהן ארוכין: הגונב כיס בשבת חייב. בתשלומין ואע"פ שנדון בנפשו שכבר נתחייב בגניבה בשעה שהגביה הכיס בבית הבעלים: **היה מגרר ויוצא.** שלא קנאה בהגבהה אלא בהולאה מבית הבעלים: **פטור.** מתשלומין: שהרי איסור שבת כו'. ובכתובות פריך אי דאפקיה לרה"ר איסור גניבה ליכא דרשות הרבים לאו מקום קנייה היא ומוקי לה בצדי רה"ר אי נמי שהגביה ידו למטה מג' וקבלה: קדים ליה **איסור גניבה לאיסור שבת.** דכיון שהוליאו מקלתו קנה כל המעות שמבחוץ שיכול להוליאו דרך פיו ולענין שבת מפטר דאגידי גבי רשות היחיד על ידי הכלי: **דרך שוליו.** וכיון דלא מצי למשקל לא קני בהגבהתו: **הא איכא מקום חלמה.** מקום התפירה שיכול לקרוע ולהוליא. חלמה שולדורא כמו הטור והרטוב (חולין קכח.) שאני עור דחלים:

מפקע

תוספות

אתון בהדי הדדי ודוקא נקט כזית תרומה דאיכא איסור לאוכלו בטומאה אבל פחות מכזית לא וכן כזית חולין כיון דאין איסור לאוכלו בטומאה לא שייך לומר מיגו דמצטרף לענין טומאה מצטרף לענין שבת וא"ת מ"ש כזית תרומה מחלי זית דהא בתרומה טמאה ליכא אלא עשה כדמוכח בהערל (יבמות דף עג:) דהאוכלה בטומאת עצמה אינו לוקה וחלי זית נמי הא קי"ל כר' יוחנן דחלי שיעור אסור מן התורה (יומא עד.) וי"ל דמ"מ כזית חמיר טפי שהרי זית הוא שיעור ללקות עליו בכל מקום ודוקא לבית טמא אבל לבית טהור לא אע"ג דחשיב ללקות עליו זר האוכלו מ"מ לא חשיב בפחות מגרוגרת כיון דלאיסור זרות לא בא ע"י הולאה זו: **פחות** מכביצה אוכלין. ה"ה דה"מ למימר דאיכא כביצה אוכלין שאין הם לריכין ליירוף וכזית לבד לריך ליירופן א"נ אור"י דנקט דוקא פחות מכביצה אבל כביצה אפשר דאין מצטרף כיון שקודם לירוף כבר מטמא דילמא שבע לה טומאה דבעיא היא בהקומץ רבה (מנחות כד.) גבי עשרון שחלקו ונטמא אחד מהן והניחו בכלי ונגע טבול יום בטמא מהו מי אמר שבע לה טומאה ולא נטמא הטהור אע"ג דאם היו שניהם טהורים ונגע טבול יום באחד מהן שניהם טמאין דכלי מצרף מה שבתוכו לקדש השתא דשבע לה טומאה לא מצטרף או דילמא לא אמרי' שבע לה טומאה ומשום דהכא מספקא לן נקט פחות מכביצה:

קס"ד בצררי קשיא לחזקיה. ולימא ליה ממתני' משום דסתם קופת הרוכלים אית ביה לררי וכ"מ מדקתני ובה מינין הרבה ומשני באורנסי ובה מינין הרבה אורחא דמילתא נקט וכל המינין ארוכים:

דאי

מסורת הש"ס

א) לעיל ה., ב) נ"ל המוציא קופת האוכלין ובה מינין הרבה ונתנה כו' רש"ל, ג) ב"ק ע. סנהדרין עב. כתובות לא. [תוספ' דב"ק פ"ט], ד) שייך מע"ל, ה) רש"ל מ"ז ולינו מוכח ד"ל דקלי אקבלת טומאה לטמא אחרים ועי' במהרש"א, ו) שייך מע"ל.

הגהות הב"ח

(א) רש"י ד"ה מלאכתו וכו' במקום חיוב אבל הכא הוי ליה: (ב) ד"ה אי נימא וכו' ארבעה. נ"ב ע"ל בפ"ק דף ח ע"א פי' רש"י דלא בעי ד' אלא בין רחב בין קלר: (ג) ד"ה במלאה קישואין וכו' לאינהו כולהו הס"ד:

גליון הש"ס

גמ' אלמא קסבר אגד כלי שמיה אגד. עי' פסחים דף פה ע"ב תוד"ה כנגדן: שם אי דאפקיה דרך פיו הי"נ. עי' בהרא"ש פ"א דב"מ סימן כג:

רב נסים גאון

התם מדאפקיה חוץ לחומת העזרה איפסיל ליה ביוצא. עיקר זה בתורת כהנים שכל היוצא מן הקדשים חוץ למחיצתו נפסל וישרף באש כמו שנאמר בפירוש פסוק (ויקרא ז) והבשר אשר יגע בכל טמא לא יאכל באש ישרף אין לי טעון שריפה אלא הטמא והנותר ומנין לנשחט בלילה ושנשפך דמה חוץ לקלעים הלן והיוצא ת"ל לא יאכל כי קודש הוא כל שהוא קודש [פסול] טעון שריפה הבשר לרבות בשר הפנימי שהוא מותר והלא דין הוא הואיל והטמא פסול והיוצא פסול מה הטמא אם נטמא מקצתו כולו פסול אף היוצא אם יצא מקצתו יהא כולו פסול ת"ל והבשר לרבות בשר הפנימי שהוא מותר מכאן אמרו אבר שיצא מקצתו חוץ לחומה בפסחים חותך עד שמגיע לעצם וקולף עד שמגיע לפרק ומתירו מן הפרק ובמוקדשין גורד כל מקום שהוא יוצא שאין בהם [משום] שבירת העצם ובפרק כיצד צולין את הפסח (פסחים דף פב) שנינו הפסח שיצא או שנטמא ישרף מיד ואמרו בתלמוד דכתיב והבשר אשר יגע בכל טמא לא יאכל מנלן ... בקודש בשרפה הלכתא גמירי לה:

המוציא

רבינו חננאל

ולחם הפנים שיעורן כגרוגרת וקא דייק מינה רב נחמן דהא מפיק מן המקדש בשבת שתי הלחם ולחם הפנים אע"ג דמפסיל לענין יוצא בכזית לא קא מחייב לענין שבת בשבת עד דהוי כגרוגרת ואם איתא דכיון דאחשביה מיחייב ואע"ג דפחות משיעור הוה מחייב בשבת על כזית בהוצאת שתי הלחם ולחם הפנים ואהדר ליה רבא הכי השתא התם מדאפקיה חוץ לחומת עזרה איפסיל ליה ביוצא ועדיין לא מחייב ליה לענין שבת כל עיקר עד דמפיק ליה לרה"ר אבל הכא לענין האי בעיא דהוא זרק כזית תרומה לבית טמא להשלים אוכל לכביצה שבת וטומאה בהדי הדדי קא אתיין ולא איפשיט: חזר והכניסו אינו חייב אלא כשיעור מידעם דאחשביה והצניעו ואפקיה לצורך ואע"ג דלית ביה כשיעור הוצאה מחייב עליה כד מפיק ליה בשבת אי לא איכוין ליה כשיעור צורכיה וחזר והכניסן בחול אם חזר אח"כ לשבת אחרת והוציאו סתם לא מחייב עליה עד דהוי ביה כשיעור הוצאה אא"כ הוא שחזר והכניסו בתורת מצניע אבל אם הכניסו סתם כגון שזרקו לאוצר אע"פ שישנו (בו) [מקומו] ניכר הוא לא אמרינן כיון שהוא מכיר את מקומו במלחיה קאי וחייב על הוצאתו אלא בטוליה בטליה להיא הצנעה קמייתא ודיניה בכל מידעם דלא מחייב עליה אלא בשיעורו: **מתני'** המוציא אוכלין ונתנן על האסקופה אם האסקופה שנתן עליה רה"ר [חייב] ואם רשות היחיד פטור הא אם חזר והוציאן ממנה לרה"ר חייב [אבל אם האסקופה כרמלית היא דרה"ר עומדת לפניה אם נחו האוכלין בכרמלית וחזר ועקרן מכרמלית והוציאן לרה"ר פטור] אבל אם לא נחו בכרמלית אע"פ שעברו מרה"י לרה"י דרך כרמלית חייב ואשמעינן מתניתין דלא כבן עזאי דתניא המוציא מחנות לפלטיא דרך סטיו חייב ובן עזאי פוטר וחזקי האסקופה מפורשין בגמ' דיציאות השבת היכי הויא רה"ר והיכי הויא רה"י והיכי הויא כרמלית. קופה שהיא מליאה פירות ונתונה על האסקופה החיצונה אע"פ שרוב פירות מבחוץ פטור עד שיוציא את כל הקופה סבר חזקיה בקופה מליאה קישואין ושל דלועין מתני' שעדיין מקצת מן הקשואין ושל דלעת בפנים ולא נתקם מבפנים לחוץ [illegible]

ליקוטי רש"י

אסקופת רשות הרבים. [illegible]

[illegible]

Another law:

קוּפָּה שֶׁהִיא מְלֵאָה פֵּירוֹת – If one takes **a basket filled with produce** from his house וּנְתָנָהּ עַל אִסְקוּפָּה הַחִיצוֹנָה – **and places it on the outer threshold,** i.e. the outermost step leading from his property into a public domain,[12] אַף עַל פִּי שֶׁרוֹב פֵּירוֹת מִבַּחוּץ – **even though most of the produce** in the basket **is outside** [i.e. in the public domain],[13] פָּטוּר – still as long as some of it remains in the private domain, the person is **exempt;**[14] עַד שֶׁיּוֹצִיא אֶת כָּל הַקּוּפָּה – he is not liable **unless he takes out the entire basket** into the public domain all at once.[15]

Gemara The Gemara clarifies the status of the threshold mentioned in the Mishnah's first case:

הַאי אִסְקוּפָּה מַאי – **This threshold – what** kind of domain is it? אִילֵימָא אִסְקוּפָּה רְשׁוּת הָרַבִּים – **If you say** the Tanna is speaking of **a threshold** that **is a public domain,**[16] פָּטוּר – then why did he say the person is **exempt** from liability? הָא קָא מַפִּיק מֵרְשׁוּת הַיָּחִיד לִרְשׁוּת הָרַבִּים – **He is** guilty of **transferring** an object **from a private domain** [his house] **to a public domain** [the threshold], in clear violation of Biblical law! – ? –

The Gemara entertains an alternative possibility:

אֶלָּא אִסְקוּפָּה רְשׁוּת הַיָּחִיד – **Rather,** you might say, this particular **threshold is a private domain.**[17] But this, too, cannot be, for the Mishnah states: בֵּין שֶׁחָזַר וְהוֹצִיאָן – NO MATTER WHETHER HE himself RETURNS and TAKES [THE FOODSTUFFS] from the threshold OUT into the public domain, בֵּין שֶׁהוֹצִיאָן אַחֵר – OR SOMEONE ELSE TAKES THEM OUT, פָּטוּר – either way, all participants in the transfer are EXEMPT. Now, why should he be exempt? הָא קָא מַפִּיק מֵרְשׁוּת הַיָּחִיד לִרְשׁוּת הָרַבִּים – **He is** guilty of **transferring** an object **from a private domain** [the threshold] **to a public domain!** – ? –

Having shown, then, that the threshold can be neither a private nor a public domain, the Gemara concludes:

אֶלָּא אִסְקוּפָּה כַּרְמְלִית – **Rather,** it must be that this **threshold** is a ***karmelis;***[18] וְהָא קָא מַשְׁמַע לָן – **and** it is **this** that **the Mishnah teaches us:** טַעְמָא דְּנָח בְּכַרְמְלִית – **The** only **reason** the person is exempt is because **he placed** the object down **in a** ***karmelis*** [the threshold]; הָא לֹא נָח בְּכַרְמְלִית – **but had he not** actually **placed** it down **in a** ***karmelis,*** but had merely *walked* through a *karmelis,* מִיחַיַּיב – **he would have been liable.**[19]

The Gemara notes that there are, in fact, other Tannaim who would not subscribe to this principle:

מַתְנִיתִין דְּלָא כְּבֶן עַזַּאי – **Our Mishnah,** then, **does not accord with** the view of **Ben Azzai.** דְּתַנְיָא – **For it was taught in a Baraisa:** הַמּוֹצִיא מֵחֲנוּת לִפְלַטְיָא דֶּרֶךְ סְטָיו – If SOMEONE

NOTES

of transfer. By first placing the object on the threshold before moving it to the opposite domain, he has made two separate transfers: a) from the private domain to the threshold, and b) from the threshold into the public domain. Thus, he incurs no liability under Torah law.

12. Unlike the threshold in the Mishnah's first case (simply termed an אִסְקוּפָּה), the stoop here is termed אִסְקוּפָּה הַחִיצוֹנָה, *an outer threshold;* i.e. it is the last step leading from private property into the public domain. So far as Sabbath law is concerned, this last step is deemed a part of the adjacent public domain, for it is less than three *tefachim* high (*Ritva MHK* ed.; cf. *Chidushei HaRan;* see also *Rashash*). [In general, mounds inside or adjacent to a public domain are deemed part of that domain so long as their elevation is less than three *tefachim* (see Gemara above, 8a).]

13. I.e. the basket was so placed that while the majority of the basket (and a majority of the produce inside it) rested upon the outer threshold (a public domain), a small part of it (and a small amount of the produce) still remained either inside the house (a private domain), or on the inner threshold (not a public domain).

14. An object cannot be said to have been transferred from one domain to another unless it has been removed entirely from the one and been placed entirely in the other. Since part of this basket and the produce it contained remained in the domain from which it was lifted, no liability for transferring can be imposed. The Gemara below will elaborate on the meaning of the Mishnah's ruling.

15. I.e. he is not liable under Torah law unless he moves the entire basket from domain to domain in a single act (*Rashi;* see *Maggid Mishneh* to *Rambam, Hil. Shabbos* 12:11; see also *Rashash*).

[Putting the basket down after it has been only partially transferred exempts the person even if he subsequently moves the rest of the basket out as well. As the first part of our Mishnah taught, a single, continuous transfer between the domains is required.]

16. E.g. it rises nine *tefachim* above the ground, and is used by foot traffic as a place to rest their burdens (*Rashi;* cf. *Sfas Emes;* see below).

The Gemara's ensuing discussion requires some familiarity with the various ways a threshold might be classified:

The Domain Status of a Threshold. In order for a surface in the public domain to have public domain status, it must be something fit to be used by the public. For this reason, though objects less than three *tefachim* high have this status, objects between three and nine *tefachim* do not, for they are too high to step on and too low to adjust packages on. A surface nine *tefachim* high, however, is just the right height to use for adjusting loads, being neither too low nor too high. When people indeed make use of it in this way, it has public domain status, since it both serves a public need and is within the airspace of the public domain.

[From *Rashi* to 8a ד״ה תשעה, it seems that the above applies only to a surface exactly nine *tefachim* high. This is also the view of *Rambam* (*Hil. Shabbos* 14:8). *Rosh,* however, maintains that this applies to anything between nine and ten *tefachim* high (see *Orach Chaim* 345:10 and *Mishnah Berurah* there §35; see *Kehillos Yaakov* §7).]

Now, if a threshold rises more than ten *tefachim* above the ground, it is classified a private domain (*Rashi*). This follows from the general rule that any elevation or depression higher or lower than ten *tefachim* – or any area surrounded by walls ten *tefachim* high – is deemed a private domain.

It emerges, therefore, that if the height of a threshold is between three and ten *tefachim* above the ground [but not an exact nine *tefachim*], it fails to meet the standards of either a public or private domain. Thus, it is classified a *karmelis* (*Rashi*). This is a domain which, Biblically speaking, is neither public nor private, nonetheless, carrying between it and private or public domains is still Rabbinically prohibited.

From *Rashi* here it seems that the classification of a nine-*tefach* high threshold as a *reshus harabim* applies only when the surface area of the threshold is at least four by four *tefachim*. [If the area of the threshold is smaller than this, it presumably does not have the status of a domain at all. Rather, it would be classified as an *exempt area,* from which it is permitted to carry into either a public or private domain (see above, 4a).] *Rashi* earlier (8a), though, states that the area need not be four *tefachim* wide. See *Bach* here and *Gilyon HaShas* to 8a, who note this difficulty; see also *Sfas Emes* to 4b for a possible solution; see also *Tos. Rid* to 8a, and above, 8a note 16.

17. I.e. it is at least ten *tefachim* tall and four *tefachim* wide (*Rashi;* see previous note).

18. I.e. it is between three and ten (but not nine) *tefachim* tall.

[When the threshold is a *karmelis,* it seems obvious that transfers between it and private or public domains do not incur liability on the Biblical level. The Gemara will immediately spell out the particular novelty of our Mishnah's teaching.]

19. I.e. the implied point of the Mishnah is that when the person is walking, he is not considered stationary at the instant both his feet are upon the ground (see *Rashi* to *Kesubos* 31b ד״ה מהלך). Were he indeed deemed stationary, he would be exempt due to having passed through the *karmelis,* for when both feet touched the ground at the same time, he would have performed a *hanachah* and completed the act of transfer [his body coming to rest is deemed tantamount to setting down the item itself] (see *Rashi*).

יוצא בכזית לענין שבת נמי בכזית הכי השתא התם מדאפקיה חוץ לחומת העזרה איפסיל ליה ביוצא אשבת לא מיחייב עד דמפיק ליה לרה"ר הכא שבת וטומאה בהדי הדדי קאתיין: חזר והכניסו אינו חייב אלא כשיעורו: פשיטא אמר אביי הכא במאי עסקינן כגון שזרקו לאוצר ומקומו ניכר מהו דתימא כיון דמקומו ניכר במילתיה קמייתא קאי קמ"ל מדזרקיה לאוצר בטולי בטליה:

מתני' *המוציא אוכלין ונתנן על האסקופה בין שחזר והוציאן בין שהוציאן אחר פטור מפני שלא עשה מלאכתו בבת אחת קופה שהיא מליאה פירות ונתנה על אסקופה החיצונה אע"פ שרוב פירות מבחוץ פטור עד שיוציא את כל הקופה:

גמ' האי אסקופה מאי אילימא אסקופ' רה"ר פטור הא קא מפיק מרה"י לרה"ר אלא אסקופה רה"י בין שחזר והוציאן בין שהוציאן אחר פטור הא קא מפיק מרה"י לרה"ר אלא אסקופה כרמלית והא קמ"ל טעמא דנח בכרמלית הא לא נח בכרמלית מיחייב מתני' דלא כבן עזאי דתניא המוציא מחנות לפלטיא דרך סטיו חייב ובן עזאי פוטר: קופה שהיא מליאה כו': אמר חזקיה לא שנו אלא בקופה מליאה קישואין ודלועין אבל מליאה חרדל חייב אלמא קסבר אגד כלי לא שמיה אגד ור' יוחנן אמר אפי' מליאה חרדל פטור ∘ אלמא קסבר אגד כלי שמיה אגד א"ר זירא מתני' דלא כחזקיה דיקא ודלא כר' יוחנן דיקא כחזקיה לא דיקא דקתני עד שיוציא את כל הקופה טעמא דכל הקופה הא כל הפירות פטור אלמא קסבר אגד כלי שמיה אגד כרבי יוחנן לא דיקא דקתני אע"פ שרוב פירות בחוץ טעמא דרוב פירות הא כל פירות אע"ג דאגידא קופה מגואי חייב אלמא קסבר אגד כלי לא שמיה אגד ואלא קשיא חזקיה מתרץ לטעמיה ור' יוחנן מתרץ לטעמיה חזקיה מתרץ לטעמיה עד שיוציא את כל הקופה בד"א בקופה מליאה קישואין ודלועין אבל מליאה חרדל נעשה כמי שהוציא את כל הקופה וחייב ר"י מתרץ לטעמיה אע"פ שרוב פירות בחוץ ולא רוב פירות בלבד אלא אפילו כל פירות פטור עד שיוציא את כל הקופה מיתיבי המוציא קופת הרוכלין ונתנה על אסקופה החיצונה אע"פ שרוב מינין בחוץ פטור עד שיוציא את כל הקופה קס"ד בצררי קשיא לחזקיה אמר לך חזקיה הכא במאי עסקינן באורנסי מתיב רב ביבי בר אביי הגונב כיס בשבת חייב שכבר נתחייב בגניבה קודם שיבא לידי איסור שבת היה מגרר ויוצא פטור שהרי איסור גניבה ואיסור שבת באין כאחד ואי סלקא דעתך אגד כלי שמיה אגד קדים ליה איסור גניבה לאיסור שבת ∘ אי דאפקיה דרך פיו הכי נמי הכא במאי עסקינן דאפקיה דרך שוליו והאיכא מקום חלמה דאי

רש"י

שיעורן בגרוגרת. אם הוליאן לרה"ר בשבת: **ואמאי לימא.** בכזית מיחייב דהא חשיבה הולאה לענין איפסולי ביולא דאי אכליה הוא עובר בלאו דכל שבקודש פסול בא הכתוב ליתן לא תעשה על אכילתו ואכילה בכזית: **חוץ לחומת עזרה.** להיקף החיל שלפני עזרת נשים או לעזרת נשים שהיא כחיל: **בהדי הדדי אתיין.** דעד דאתנח ונלטרף עם השאר (לא קבל טומאתו מן האוכל דהכא) לא הוי ביה שיעור: **פשיטא.** כיון דלא זרעיה בטליה ממחשבה קמייתא והויה ליה ככל אדם: **אמר אביי.** מתניתין בשלא נמלך עליו לפירוש אלא זורקו לאולר עם פירותיו והוו ביטול מחשבה מדלא אצנעיה לחודיה ולמימניה איצטריך כגון שמקומו ניכר שלא נתערב יפה עם השאר והרי הוא ניכר ביניהם: מ"ד כיון דמקומו ניכר **במילתא קמייתא קאי.** דהויה ליה כמאן דאצנעיה לחודיה: ה"ג קמ"ל מדזרקיה לאולר בטולי בטליה: **מתני' על האסקופה.** בגמרא מוקי לה באסקופה כרמלית: **מלאכתו בבת אחת.** עקירה ממקום חיוב והנחה במקום חיוב (א) [והכא] הוה ליה עקירה ממקום חיוב והנחה במקום פטור והדר עקירה ממקום פטור והנחה במקום חיוב: **עד שיוציא.** כלומר אלא אם כן הוליא בראשונה כל הקופה ובגמ' מפרש לה: **גמ' אי נימא איסקופה רה"ר.** כגון גבוהה ט' ורחב ארבעה (ב) ורבים מכתפין עליו דחזיא לרבים לכתופי כדאמר בפ"ק (דף ח.): **רשות היחיד.** גבוהה י' ורחבה ד' כי חזר והוליאה ליחייב דאיכא עקירה מרה"י והנחה ברה"ר: **אלא אסקופה כרמלית.** [ולא ט' בכלל] ואינה מקורה ורחבה ד': **הא לא נח מיחייב.** ואע"ג דהעבירו דרך כרמלית ולא אמר מהלך כעומד דמי ואיכא הנחת גופו דהוי כהנחת חפץ: **מחנות.** רה"י: **פלטיא.** רה"ר: **סטיו.** מקום מוקף אילטבאות לישב והוא כרמלית דלא בקעיה ביה רבים להדיא: **קישואין ודילועין.** שהן ארוכין ועדיין יש מהם בפנים וכל מה דאגיד גוואי לאו הולאה היא: **אבל מליאה חרדל.** שהרי יש ממנו כולו בחוץ אע"פ שעל ידי הכלי הוא נאגד לגד פנים חייב דאגד כלי לא שמיה אגד לומר לא יצא כולו ועדיין אגודו בידו בפנים זהו לשון הש"ס לענין שבת כל כמה דלא נפיק ליה כוליה קרי ליה אגוד דאגודו שייך לגבי רשות קמא: **בד"א.** דעד שיוליא את כל הקופה: **במליאה קישואין.** שהן ממלאין בארכן את כל רוחב הקופה וכל כמה דלא נפק כולה קופה לא נפיק אינהו (ג): **ר' יוחנן מתריץ לטעמיה.** תרתי קתני מתני' לא זו אף זו דסיפא [מוכחא] דקתני כל הקופה ולא קתני כל הפירות והכי קאמר אף על פי שרוב הפירות מבחוץ או אפילו כל הפירות מבחוץ נמי פטור עד שיוליא כל הקופה: **רוכלין.** מוכרי בשמים: **קס"ד בצררי.** שהיה בה צרור של בשמים שחוקין דכי אפקה למקצת קופה נפיק בההיא פורתא כמה צרורות כולן וקתני פטור אלמא אגד כלי שמיה אגד: **באורנסי.** אגודות שרשין ארוכין או קנה או קילופה של קנמון שהן ארוכין: **הגונב כיס בשבת חייב.** בתשלומין ואע"פ שנדון בנפשו שכבר נתחייב בגניבה בשעה שהגביה הכיס בבית הבעלים: **היה מגרר ויוצא.** שלא קנאה בהגבהה אלא בהולאה מבית הבעלים: **פטור.** מתשלומין: **שהרי איסור שבת כו'.** ובכתובות פריך אי דאפקיה לרה"ר איסור גניבה ליכא דרשות הרבים לאו מקום קנייה היא ומוקי לה בלדי רה"ר אי נמי שלירף ידו למטה מג' וקבלה: **קדים ליה איסור גניבה לאיסור שבת.** דכיון שהוליאו מקלתו קנה כל המעות שמבחוץ שיכול להוליאו דרך פיו ולענין שבת מפטר דאגידי גבי רשות היחיד על ידי הכלי: **דרך שוליו.** וכיון דלא מצי למשקל לא קני בהגבהתו: **הא איכא מקום חלמה.** מקום התפירה שיכול לקרוע ולהוליא. חלמה שולדורא כמו בהעור והרוטב (חולין קכג.) שאני עור דתלים:

מפקע

תוספות

אתון בהדי הדדי ודוקא נקט כזית תרומה דאיכא איסור לאוכלו בטומאה אבל פחות מכזית לא וכן כזית חולין כיון דאין איסור לאוכלו בטומאה לא שייך לומר מיגו דמצטרף לענין טומאה מצטרף לענין שבת ולא"ת מ"ש כזית תרומה מחלי זית דהא בתרומה טמאה ליכא אלא עשה כדמוכח בהערל (יבמות דף עג:) דהאוכלה בטומאת עצמה אינו לוקה וחלי זית נמי הא קי"ל כר' יוחנן דאמר חלי שיעור אסור מן התורה (יומא עד.) וי"ל דמ"מ כזית חמיר טפי שהרי זית הוא שיעור לנקות עליו בכל מקום ודוקא לבית טמא אבל לבית טהור לא אע"ג דחשיב לנקות עליו זר האוכלו מ"מ לא חשיב בפחות מגרוגרת כיון דלאיסור זרות לא בא ע"י הולאה זו: **פחות** מכביצה אוכלין. ה"ה דה"מ למימר דאיכא כביצה אוכלין שאין הם צריכין לצירוף וכזית לבד צריך לצירופן א"נ אור"י דנקט דוקא פחות מכביצה אבל כביצה אפשר דאין מצטרף כיון שקודם לצירוף כבר מטמא דילמא שבע לה טומאה דבעיא היא בהקומץ רבה (מנחות כד.) גבי עשרון שחלקו ונטמא אחד מהן והניחו בכלי ונגע טבול יום בטמא מהו מי אמר שבע לה טומאה ולא נטמא הטהור אע"ג דאם היו שניהם טהורים ונגע טבול יום באחד מהן שניהם טמאין דכלי מלרף מה שבתוכו לקדש השתא דשבע לה טומאה לא מלטריף או דילמא לא אמרי' שבע לה טומאה ומשום דהכא מספקא לן נקט פחות מכביצה:

קס"ד בצררי קשיא לחזקיה. ואלימא ליה ממתני' משום דהכא קופת הרוכלים לית ביה צררי וכ"מ מדקתני וכה מינין הרבה ומשני באורנסי וכה מינין הרבה אורחא דמילתא נקט וכל המינין ארוכים:

דאי

עין משפט נר מצוה

ז א ב מיי' פי"ח מהל' שבת הלכה יד:

ח ג ד מיי' פי"ח מהל' שבת הלכה יא:

ט ה מיי' פ"ג מהל' גניבה הל' ב טוש"ע ח"מ סי' שנ:

י ו מיי' פי"ג מהל' שבת הלכה יא:

רבינו חננאל

ולחם הפנים שיעורן כגרוגרת וקא דייק מינה רב נחמן דהא מפיק מן המקדש בשבת שתי הלחם ולחם הפנים אע"ג דמפסיל לענין יוצא בכזית לא קא מחייב לענין שבת עד דהוי כגרוגרת ואם איתא דכיון דאחשביה מיחייב ואע"ג דפחות משיעור הוה מחייב בשבת על כזית בהוצאת שתי הלחם ולחם הפנים ואהדר ליה רבא הכי השתא התם מדאפקיה חוץ לחומת עזרה איפסיל ליה ביוצא ועדיין לא מחייב ליה לענין שבת עד דמפיק ליה לרה"ר אבל הכא לענין האי בעיא דהוא זרק שיעור תרומה לבית טמא להשלים אוכל לכביצה שבת וטומאה בהדי הדדי קא אתיין ולא אישתני: חזר והכניסו אינו חייב אלא כשיעור מידעם דאחשביה והצניעו ואפקיה לצעוץ ואע"ג דלית ביה כשיעור הוצאה מחייב עליה כל מפיק ליה בשבא אי לא איכוין ליה כשיעור צורכיה וחזר והכניסו בחול אם חזר אח"כ בשבת אחרת והוציאו סתם לא מחייב עליה עד דהוי ביה כשיעור הוצאה אא"כ הוא שחזר והכניסו בתורת מצניע אבל אם הכניסו אע"פ שישנו (בו) [מקומו] ניכר הוא לא מחייב אלא כיון שהוא מכיר את מקומו במלתיה קאי חייב על הוצאתו אלא הוא בטליה לזה הצנעה קמייתא ודיניה בכל מידעם דלא מחייב עליה אלא בשיעורו: מתני' המוציא אוכלין ונתנן על האסקופה אם האסקופה שנתן עליה רה"ר [חייב] ואם רשות היחיד פטור הא אם חזר והוציאן ממנה לרה"ר חייב [אבל אם האסקופה] כרמלית היא דרה"ר עומדת לפניה אם נחו האוכלין בכרמלית חזר ועקרן מכרמלית והוציאן לרה"ר פטור] אבל אם לא נחו בכרמלית אלא העבירן שעברו מרה"י לרה"ר דרך כרמלית חייב ואשמעינן מתניתין דלא כבן עזאי דתניא המוציא מחנות לפלטיא דרך סטיו חייב ובן עזאי פוטר וחוקי האסקופה מפורשין בגמ' דיציאות השבת היכי הויא רה"י והיכי הויא רה"ר והיכי הויא כרמלית. קופה שהיא מליאה פירות ונתנה על האסקופה החיצונה אע"פ שרוב פירות מבחוץ פטור עד שיוציא את כל הקופה סבר חזקיה בקופה של קישואין ושל דלועין שהן קשות ועדיין מקצת כל הקופה בפנים ולא נתקם מבפנים לחרץ [illegible] מלאה פירות אחרים כגון אגוזים ושקדים ותאנים ורמונים וכיוצא בהן וכ"ש חרדל כיון שיש מן הפירות גופן מה שיצא כולן לחוץ יש בו שיעור גרוגרת חייב ואע"פ שהן בתוך הכלי ומקצת הכלי עדיין בפנים ויכול למושכו לפנים ולהכניסו וממילא מה שהוא בחוץ נמשך עם הקופה ונכנס אע"פ שלא נגע בו אלמא קסבר חזקיה אגד כלי לאו שמיה אגד ואית ליה למידק מן מתניתין הדין א"ר זירא דתנן אע"פ שרוב פירות [illegible] של קישות ורובה של דלעת אבל אם הקישות כולה או הגרוגרת כולה בחוץ חייב ואע"פ שהוא בתוך הכלי ומקצת הכלי בפנים ור' יוחנן סבר אפילו קופה מליאה חרדל ויצא רובה לחוץ כיון שהוא [illegible] גדפאני איגד כלי שמיה איגד ועדיין אגודה היא לפנים ופטור עד שתנתק כולה לחוץ ודייק מן

מסורת הש"ס

א) לעיל ה:, ב) נ"ל המוציא קופת האוכלין ובה מינין הרבה ונתנה כו' רש"ל, ג) כ"ב פו. סנהדרין עב. כתובות לא. [תוספ' דב"ק פ"ט], ד) שייך מעב"ל, ה) רש"ל מ"ז ולא מוכח דר"ל דקאי אקבלת טומאה לטמא אחרים וער' במהרש"א, ו) שייך מע"ל.

הגהות הב"ח

(א) רש"י ד"ה מלאכתו וכו' במקום חיוב אבל הכא הוי ליה: (ב) ד"ה אי נימא וכו' ארבעה. נ"ב ע"ל בפ"ק דף ח ע"א פי' רש"י דלא בעי' אלא רחב בין קלר: (ג) ד"ה במלאה קישואין וכו' אינהו כולהו הס"ד:

גליון הש"ס

גמ' אלמא קסבר אגד כלי שמיה אגד. ע' פסחים דף פה ע"ב תוד"ה בגגרלין: שם אי דאפקיה דרך פיו ה"נ. עי' בהרא"ש פ"א דב"מ סימן כג:

רב נסים גאון

התם מדאפקיה חוץ לחומת העזרה איפסיל ליה ביוצא. עיקר זה בתורת כהנים שכל היוצא מן הקדשים חוץ למחיצתו נפסל וישרף באש כמו שנאמר בפירוש פסוק (ויקרא ז) והבשר אשר יגע בכל טמא לא יאכל באש ישרף אין לי טעון שריפה אלא הטמא הנוגע ומנין לנשחטה בלילה ושנשפך דמה חוץ לקלעים הלן והיוצא ת"ל לא יאכל כי קודש הוא כל שהוא קודש [פסול] טעון שריפה הבשר לרבות בשר הפנימי שהוא מותר והלא דין הוא הואיל והטמא פסול והיוצא פסול מה הטמא אם נטמא מקצתו כולו פסול אף היוצא אם יצא מקצתו יהא כולו פסול ת"ל הבשר לרבות בשר הפנימי שהוא מותר מיכן אמרו אבר שיצא מקצתו חוץ לחומה בפסחים חותך עד שמגיע לעצם וקולף עד שמגיע לפרק ומתירו מן הפרק ובמוקדשין גורר כל מקום שהוא יוצא שאין בהם [משום] שבירת העצם ובפרק כיצד צולין את הפסח (פסחים דף פב) שנינו הפסח שיצא או שנטמא ישרף מיד ואמרו בתלמוד בשלמא נטמא דכתיב והבשר אשר יגע בכל טמא אלא יצא מנלן אלא כל שפסולו בקודש בשרפה הלכתא גמירי לה:

המוציא

ליקוטי רש"י

אסקופת רשות הרבים. כגון אסקופת מבוי שאין גבוה מן הקרקע ולפני של מבוי לפנים הימנו. רשות היחיד. כגון עומדת תחת התקרה או לפנים מן הלחי או גבוהה עשרה ורחבה ארבעה [לעיל ...]. אסקופה כרמלית. רחבה ארבעה ואין גבוהה עשרה ומולה לה רשות הרבים ולפנים הימנה רשות היחיד [עירובין צח.]. פלטיא. רחבה של עיר ששם מתקבצין לסחורה [לעיל ו.]. רחוב לשווקים [עירובין ז.]. רחבה והוא רשות הרבים. דרך סטיו. שיושבים סוחרים ושם כרמלית עליה דלאו להילוכה הוא כרשות הרבים. חייב. הואיל ולא עמד בסטיו לנוח כפלטיא. ובן עזאי פוטר. כדמפרש קסבר מהלך כעומד דמי ונמצא נעקר מרשות היחיד ומונח בסטיו [ונעקר] [ומונח] ברשות הרבים [לעיל ה:]. מהלך כעומד דמי ועקירת כל פסיעה הויא עקירה והנחת הרגל הויא הנחה [כתובות לא:]. קופת הרוכלין. מוכרי בשמים לקישוטי נשים ויש להן קופות קטנות לצרורות בשמים [לעיל צ.]. הגונב כיס בשבת. [illegible] ברשות הבעלים והוליאו לרה"ר [כתובות שם.]. שהגביהו וקנאו בהגבהה. חייב. להחזיר ואף על גב ש[illegible] ונתחייב בהולאתו מיתה [סנהדרין עב.]. בתשלומין דליכא למימר קם ליה בדרבה מיניה דליכא הכא שתי רשעיות ביחד [רשב"ם ב"ב פו.]. בתשלומין אף על פי שנהרג. שכבר נתחייב בגניבה. לאלם דהגבהה קונה בכל מקום [illegible] להתחייב בתשלומין [כתובות שם]. שהרי נתחייב בגניבה קודם שיבא לידי איסור שבת ובשביל חיוב מיתה הבא עליו לאחר מכן אינו נפטר מן התשלומין [סנהדרין שם] משעת הגבהה דהגבהה בכל מקום קונה ואיסור שבת ליכא עד שעת הולאה [illegible] דהגבהה ליכא ולא קני ליה אלא בשינוי רשות שימשכנה לרשותו [רשב"ם ב"ב שם]. שלא הגביהו ולא קנאו בתוך הבית אבל כשיולא לרשות הרבים קנאו בשנוי רשות שהוליאו מרשות הבעלים ולירף ידו למטה משלשה וקבלו [illegible] והרי הוא לו כמלרו ואף על פי שאין כאן הגבהה והכי מוקים לה בכתובות [סנהדרין שם]. פטור. מן התשלומין דקם ליה בדרבה מיניה וכתיב כדי רשעתו (דברים כה) משום רשעה אחת אתה מחייבו ואי אתה מחייבו משום שתי רשעיות. שהרי איסור גניבה ואיסור שבת באין כאחד. דבשעת הולאה הוא קנייה ונתחייב בסקילה ובכתובות בפרק אלו נערות פרכינן דמשכיה להיכא אי לרשות הרבים איסור שבת איכא איסור גניבה ליכא ומוקמינן לה כשלירף ידו למטה [illegible] וקניא ליה ולא בטלה לגבי רה"ר לגבי קנייה ויש כאן [איסור] שבת וגניבה באין כאחד והך קנייה לאו משום הגבהה היא אלא משיכה לתוך ידו שהרי ידו סמוכה בתוך ג' לקרקע ואית דמוקי ליה התם בלידי רשות הרבים [illegible] רשות הרבים כרבי אליעזר [רשב"ם ב"ב שם]. והאיכא מקום חלמה. מלים, דבר שהוא מדביק יפה שולדו"ר בלע"ז כדאמרינן גבי תפירות עור בהעור והרוטב (חולין קכג:) שאני עור דתלים [קידושין כה.]. לשון חיבור [מנחות לה.].

TRANSFERS an object FROM A STORE [a private domain] TO A PUBLIC PLAZA [a public domain] by walking THROUGH AN intervening BENCH AREA [a *karmelis*],[20] חַיָּב – HE IS LIABLE for transferring from a private domain to a public domain. וּבֶן עַזַּאי פּוֹטֵר – BUT BEN AZZAI EXEMPTS HIM.[21]

The second part of our Mishnah is cited as a preface to the next discussion:

קוּפָּה שֶׁהִיא מְלֵאָה כו׳ – If one takes A BASKET FILLED with produce from his house etc.

The Mishnah had ruled that when the person sets the basket down in a way that part of it remains in the private domain, he is exempt, even though most of the produce rests in the public domain. A dispute arises, however, as to the particulars of this case:

אָמַר חִזְקִיָּה – Chizkiyah said: לֹא שָׁנוּ אֶלָּא בְּקוּפָּה מְלֵיאָה קִישׁוּאִין וּדְלוּעִין – [The Mishnah's] ruling was taught only with reference to a basket full of cucumbers and gourds, where each unit of produce is very long;[22] אֲבָל מְלֵיאָה חַרְדָּל – but if the basket had been full of mustard seeds, חַיָּב – [the person] would be liable even when the basket straddles both domains, for inevitably, some of the seeds would be resting entirely within the public domain.[23]

The Gemara notes the presumption that underlies Chizkiyah's ruling:

אַלְמָא קָסָבַר אֶגֶד כְּלִי לֹא שְׁמֵיהּ אֶגֶד – Evidently, [Chizkiyah] maintains that the bond of a vessel is not recognized as a true bond.[24]

An opposing opinion:

וְרַבִּי יוֹחָנָן אָמַר – However, R' Yochanan said: אֲפִילּוּ מְלֵיאָה חַרְדָּל – Even if the basket were full of mustard seeds, פָּטוּר – still, [the person] is exempt.

R' Yochanan's reasoning is given:

אַלְמָא קָסָבַר אֶגֶד כְּלִי שְׁמֵיהּ אֶגֶד – Evidently, [R' Yochanan] maintains that the bond of a vessel is regarded as a true bond.[25]

The Gemara proposes that both Chizkiyah and R' Yochanan will encounter some difficulty interpreting our Mishnah:

אָמַר רַבִּי זֵירָא – R' Zeira said: מַתְנִיתִין דְּלֹא כְּחִזְקִיָּה דַּיְקָא – Our Mishnah does not precisely conform with Chizkiyah, וּדְלֹא כְּרַבִּי יוֹחָנָן דַּיְקָא – nor does it precisely conform with R' Yochanan.

The Gemara explains:

כְּחִזְקִיָּה לֹא דַּיְקָא – It does not precisely conform with Chizkiyah, דְּקָתָנֵי – for it teaches that the person is exempt עַד שֶׁיּוֹצִיא אֶת כָּל הַקּוּפָּה – UNLESS HE TAKES THE ENTIRE BASKET OUT into the public domain all at once. טַעְמָא דְּכָל הַקּוּפָּה – Seemingly, then, the only cause for being liable is "taking out the entire basket"; הָא כָּל הַפֵּירוֹת – but should one take out all the produce without taking out the whole basket,[26] פָּטוּר – here, he would be exempt. אַלְמָא קָסָבַר אֶגֶד כְּלִי שְׁמֵיהּ אֶגֶד – Evidently, then, our Tanna maintains that the bond of a vessel is recognized as a true bond,[27] unlike Chizkiyah.

The Gemara now shows why R' Yochanan, too, will encounter difficulty with our Mishnah's wording:

כְּרַבִּי יוֹחָנָן לֹא דַּיְקָא – Likewise, [the Mishnah] does not precisely conform with R' Yochanan either. דְּקָתָנֵי – For it teaches that when the basket is placed down, אַף עַל פִּי שֶׁרוֹב פֵּירוֹת בַּחוּץ – EVEN THOUGH MOST OF THE PRODUCE IS OUTSIDE [i.e. in the public domain], still, the person is exempt. טַעְמָא דְּרוֹב פֵּירוֹת – Seemingly, then, the cause for being exempt is because ***most*** of the produce had been taken out; i.e. none of the produce had been *completely* taken out, as the Mishnah deals with produce such as cucumbers and gourds. הָא כָּל פֵּירוֹת – Now, this implies that had ***all*** of the produce been taken out to the public domain, אַף עַל גַּב דַּאֲגִידָא קוּפָּה מִגַּוַּאי – even though the vessel itself is still bound to the inside [i.e. it is still partly within the private domain], חַיָּב – he would be liable.[28] אַלְמָא קָסָבַר אֶגֶד כְּלִי לֹא שְׁמֵיהּ אֶגֶד – Evidently, then, [the Tanna] maintains that the bond of a vessel is not recognized as a true bond, a position inconsistent with that of R' Yochanan.

The Gemara observes:

וְאֶלָּא קַשְׁיָא – But the Mishnah, then, is difficult! It first seems to take one position and then it seems to take another! – ? –

NOTES

20. The shops of Talmudic times were fronted by low blocks, usually of stone, on which the merchants sat to hawk their wares (*Rashi*). [In Mediterranean lands, public activities, including commerce, often took place out of doors. Stone or wood blocks that served as benches were known as אִיצְטַבָּאוֹת; these were located alongside many public areas, including the Temple Mount (see *Pesachim* 13b and *Rashi* there ד״ה על גב האיצטבא). A strip of אִיצְטַבָּאוֹת (block benches), or an area surrounded by such benches, was called a סְטָיו (*Rashi*). [This comes from the Greek word *stoa,* which refers to a covered elevated area, such as a colonnade or portico, in which people gathered to take shelter from the sun or rain (see *Mussaf HeAruch* ע׳ סטיו).]

The bench area (סְטָיו) outside the stores is considered a *karmelis,* because the street traffic does not pass through it. [The benches themselves were not ten *tefachim* high and thus did not constitute a private domain.] The shop itself is a private domain, and the market plaza is a public domain (*Rashi*). Thus, one who carries something from the store to the street through the bench area has carried from a private domain to a public domain through a *karmelis.*

21. For Ben Azzai maintains that the person is deemed to have come to rest in the *karmelis* [at the moment both feet touched the ground at the same time].

22. Each cucumber or gourd spans the entire length of the basket. As such, as long as part of the basket still rests in its original domain, so necessarily does a part of each unit inside it, and no single unit has been fully transferred (*Rashi*).

23. One is then liable for having transferred those units of produce from one domain to another. This, although he is not liable for having transported the basket itself. [He will only be liable, however, if he transfers an amount of produce that is legally significant (see *Rabbeinu Chananel*).]

24. Conceivably, one might argue that although some individual units of produce have been transferred, still, those pieces are not totally removed from the first domain. This is because they are still in a vessel that is partly inside the first domain (*Rashi; see Rabbeinu Chananel*). The Gemara characterizes this idea with the words אֶגֶד כְּלִי שְׁמֵיהּ אֶגֶד, *the bond of a utensil is regarded as a bond,* i.e. the bond created by a utensil between the items inside it and a domain it has not fully left forces us to regard the items inside the utensil as being within that domain, too.

The Gemara notes that Chizkiyah appears *not* to subscribe to this principle; rather, he ascribes liability for any individual unit of produce transferred into the new domain, even when the larger container has not been fully transferred.

[*Rambam* (*Hil. Shabbos* 12:11) appears to interpret the above principle differently. In his view, the point of אֶגֶד כְּלִי שְׁמֵיהּ אֶגֶד is that all the various units contained in a vessel are considered as if legally bound together by that vessel, and are therefore viewed by the law as one unit. As such, even though several of these units may physically be entirely removed from their original domain, still, as long as the basket is partially in that domain, the individual units are judged that way, too.]

25. I.e. when the vessel is still touching the original domain, it *will* bind the items within it to that domain [so that even if some items inside are physically entirely within the new domain, they are viewed as not having been fully transferred]. See previous note.

26. [I.e. he takes out almost the entire length of the basket, so that whatever produce is in the basket is now in the public domain, but the edge of the basket still remains in the private domain.]

27. [For although units of produce have been completely moved to the public domain, still, they are not seen as having been transferred, since part of the container still straddles the private domain.]

28. I.e. he would be liable for having taken out the produce, although part of the basket remains in the private domain.

עין משפט נר מצוה

ז א ב מיי' פי"ד מהל' שבת הלכה יד:
ח ג ד מיי' פי"ב מהל' שבת הלכה יא:
ט ה מיי' פ"ג מהל' גניבה הל' ב טוש"ע ח"מ סי' שנא:
י ו מיי' פי"ג מהל' שבת הלכה יא:

תוספות

אמון בהדי הדדי ודוקא נקט כזית תרומה דליכא איסור לאוכלו בטומאה אבל פחות מכזית לא וכן כזית חולין כיון דאין איסור לאוכלו בטומאה לא שייך לומר מיגו דמצטרף לענין טומאה מצטרף לענין שבת ונ"מ כזית תרומה מחלי זית דהא בתרומה טמאה ליכא אלא עשה כדמוכח בהערל (יבמות דף עג:) דהאוכלה בטומאת עצמה אינו לוקה ומלי זית נמי הא קי"ל כר' יוחנן דחצי שיעור אסור מן התורה (יומא עד.) וי"ל דמ"מ כזית חמיר טפי שהרי זית הוא שיעור ללקות עליו בכל מקום ודוקא לבית טמא אבל לבית טהור לא אע"ג דחשיב ללקות עליו זר האוכלו מ"מ לא חשיב בפחות מגרוגרת כיון דלאיסור זרות לא בא ע"י הולאה זו: **פחות** מכביצה אוכלין. ה"ה דה"מ למימר דליכא כביצה אוכלין שאין הם צריכין לצירוף וכזית לבד צריך לצירופין א"נ אורי' דנקט דוקא פחות מכביצה אבל כביצה אפשר דלאו מצטרף כיון שקודם לירוף ככר מטמא דילמא שבע לה טומאה דבעיא היא בהקומץ רבה (מנחות כד.) גבי עשרון שחלקו ונטמא אחד מהן והניחו בכלי ונגע טבול יום בטמא מהו מי אמר שבע לה טומאה ולא נטמא הטהור אע"ג דאם היו שניהם טהורים ונגע טבול יום באחד מהן שניהם טמאין דכלי מלרף מה שבתוכו לקדש השתא דשבע לה טומאה לא מלטרף או דילמא לא אמרי' שבע לה טומאה ומשום דהכא מספקא לן נקט פחות מכביצה:

קס"ד בצררי קשיא לחזקיה. ולימא ליה ממתני' משום דקתני קופת הרוכלים אית ביה לרבי וכ"מ מדקתני ובה מינין הרבה ומשני באורנסי ובה מינין הרבה אורחא למילתא נקט וכל המינין ארוכים: דאי

גמרא

יוצא בכזית לענין שבת נמי בכזית הכי השתא התם מדאפקיה חוץ לחומת העזרה איפסיל ליה ביוצא אשבת לא מיחייב עד דמפיק ליה לרה"ר הכא שבת וטומאה בהדי הדדי קאתיין: חזר והכניסו אינו חייב אלא כשיעורו: פשיטא אמר אביי הכא במאי עסקינן כגון שזרקו לאוצר ומקומו ניכר מהו דתימא כיון דמקומו ניכר במילתיה קמייתא קאי קמ"ל מדזרקיה לאוצר בטולי בטליה:

מתני' [א] המוציא אוכלין ונתנן על האסקופה בין שחזר והוציאן בין שהוציאן אחר פטור מפני שלא עשה מלאכתו בבת אחת קופה שהיא מליאה פירות ונתנה על אסקופה החיצונה אע"פ שרוב פירות מבחוץ פטור עד שיוציא את כל הקופה: **גמ'** האי אסקופה מאי אילימא אסקופ' רה"ר פטור הא קא מפיק מרה"י לרה"ר אלא אסקופה רה"י בין שחזר והוציאן בין שהוציאן אחר פטור הא קא מפיק מרה"י לרה"ר [ב] אלא אסקופה כרמלית והא קמ"ל טעמא דנח בכרמלית הא לא נח בכרמלית מיחייב מתני' דלא כבן עזאי דתניא [א] המוציא מחנות לפלטיא דרך סטיו חייב ובן עזאי פוטר: [ג] קופה שהיא מליאה כו': אמר חזקיה לא שנו אלא בקופה מליאה קישואין ודלועין אבל מליאה חרדל חייב אלמא קסבר אגד כלי לא שמיה אגד ור' יוחנן אמר [ד] אפי' מליאה חרדל פטור אלמא קסבר אגד כלי שמיה אגד א"ר זירא מתני' דלא כחזקיה דיקא ודלא כר' יוחנן דיקא דלא כחזקיה לא דיקא דקתני עד שיוציא את כל הקופה טעמא דכל הקופה הא כל הפירות פטור אלמא קסבר אגד כלי שמיה אגד כרבי יוחנן לא דיקא דקתני אע"פ שרוב פירות בחוץ טעמא דרוב פירות הא כל פירות אע"ג דאגידא קופה מגואי חייב אלמא קסבר אגד כלי לא שמיה אגד ואלא קשיא חזקיה מתרץ לטעמי' ור' יוחנן מתרץ לטעמיה חזקיה מתרץ לטעמיה עד שיוציא את כל הקופה בד"א בקופה מליאה קישואין ודלועין אבל מליאה חרדל נעשה כמי שהוציא את כל הקופה וחייב ר"י מתרץ לטעמיה אע"פ שרוב פירות בחוץ ולא רוב פירות בלבד אלא אפילו כל פירות פטור עד שיוציא את כל הקופה מיתיבי [ג] המוציא קופת הרוכלין ונתנה על אסקופה החיצונה אע"פ שרוב מינין בחוץ פטור עד שיוציא את כל הקופה קס"ד בצררי קשיא לחזקיה אמר לך חזקיה הכא במאי עסקינן באורנסי מתיב רב ביבי בר אביי [ה] הגונב כיס בשבת חייב שכבר נתחייב בגניבה קודם שיבא לידי איסור שבת [ו] היה מגרר ויוצא פטור שהרי איסור גניבה ואיסור שבת באין כאחד ואי סלקא דעתך אגד כלי שמיה אגד קדים ליה איסור גניבה לאיסור שבת • אי דאפקיה דרך פיו הכי נמי הכא במאי עסקינן דאפקיה דרך שוליו והאיכא מקום חלמה דאי

רש"י

שיעורן כגרוגרת. אם הוליאן לרה"ר בשבת: **ואמאי לימא.** בכזית מיחייב דהא חשיבה הולאה לענין איפסולי ביולא דאי אכליה הוא עובר בלאו דכל שבקודש פסול בא הכתוב ליתן לא תעשה על אכילתו ואכילה בכזית: **חוץ לחומת עזרה.** להקיף החיל שלפני עזרת נשים או לעזרת נשים שהיא החיל: **בהדי הדדי אתיין.** דעד דאתנח ונלטרף עם השאר (לא קבל טומאתו מן האויר דהכא) לא הוי ביה שיעור: **פשיטא.** כיון דלא זרעיה בטוליה בטליה ממחשבה קמייתא והוה ליה ככל אדם: **אמר אביי.** מתניתין בשלא נמלך עליו לפירוש אלא זורקו לאולר עם פירותיו וזהו ביטול מחשבה מדלא אלנעיה להודיה ולמיתמייה איצטריך כגון שמקומו ניכר שלא נתערב יפה עם השאר והרי הוא ניכר בייניהם: **מ"ד כיון דמקומו ניכר במילתא קמייתא קאי.** דהוה ליה כמאן דאלנעיה לזורעה: ה"ג קמ"ל מדזרקיה לאולר בטולי בטליה: **מתני' על האסקופה.** בגמרא מוקי לה באסקופה כרמלית: **מלאכתו בבת אחת.** עקירה ממקום חיוב והנחה במקום חיוב (א) [והכא] הוה ליה עקירה ממקום חיוב והנחה במקום פטור והדר עקירה ממקום פטור והנחה במקום חיוב: **עד שיוציא.** כלומר אלא אם כן הוליא בראשונה כל הקופה ובגמ' מפרש לה: **גמ' אי נימא איסקופה רה"ר.** כגון גבוהה ט' ורחב ארבעה (ב) ורבים מכתפין עליו דחזיא לרבים לכתופי כדאמר בפ"ק (דף ח.): **רשות היחיד.** גבוהה י' ורחבה ד' כי חזר והוליאה ליחייב דליכא עקירה מרה"י והנחה ברה"ר: **אלא אסקופה כרמלית.** מג' ועד ט' [ולא ט' בכלל] ואינה מקורה ורחבה ד': **הא לא נח מיחייב.** ואע"ג דהעבירו דרך כרמלית ולא אמר מהלך כעומד דמי ואיכא הנחת גופו דהוי כהנחת חפץ: **מחנות.** רה"י: **פלטיא.** רה"ר: **סטיו.** מקום מוקף איצטבאות לישב והוא כרמלית דלא בקעיה ביה רבים להדיא: **קישואין ודילועין.** שהן ארוכין ועדיין יש מהם בפנים וכל מה דלאגיד לגואי כל דהו לאו הולאה היא: **אבל מליאה חרדל.** שהרי יש ממנו כולו בחוץ אע"פ שעל ידי הכלי הוא נאגד לגד פנים חייב דאגד כלי לא שמיה אגד לומר לא יצא כולו ועדיין אגדו בידו בפנים וזהו לשון הש"ס לענין שבת בכל כמה דלא נפיק ליה כוליה קרי ליה אגוד דלאגודו שייך לגבי רשות קמא: **בד"א.** דעד שיוליא את כל הקופה: **במליאה קישואין.** שהן ממלאין בארכן את כל רוחב הקופה וכל כמה דלא נפק כולה קופה לא נפיק איהו (ג): **ר' יוחנן** מתרץ לטעמיה. תרתי קתני מתני' לא זו אף זו דסיפא [מוכחא] דקתני כל הקופה ולא קתני כל הפירות והכי קאמר אף על פי שרוב הפירות מבחוץ או אפילו כל הפירות מבחוץ נמי פטור עד שיוליא כל הקופה: **רוכלין.** מוכרי בשמים: **קס"ד בצררי.** שהיה בה לרור של בשמים שמוקין דכי אפקה למקלת קופה נפיק בההיא פורתא כמה לרורות כולן וקתני פטור אלמא אגד כלי שמיה אגד: **באורנסי.** אגודות ארוכין או קנה או קילופה של קנמון שהן ארוכין: **הגונב כיס בשבת חייב.** בתשלומין ואע"פ שנדון בנפשו שכבר נתחייב בגניבה בשעה שהגביה הכיס בבית הבעלים: **היה מגרר ויוצא.** שלא קנאה בהגבהה אלא בהולאה מבית הבעלים: **פטור.** מתשלומין: **שהרי איסור שבת כו'.** ובכתובות פריך אי דאפקיה לרה"ר איסור גניבה ליכא דלרשות הרבים לאו מקום קנייה היא ומוקי לה בלדי רה"ר אי נמי שלריך ידו למטה מג' וקבלה: **קדים ליה איסור גניבה לאיסור שבת.** דכיון שהוליאו מקלתו קנה כל המעות שבתוכו שיכול להוליאו דרך פיו ולענין שבת מפטר דלאגידי גבי רשות היחיד על ידי הכלי: **דרך שוליו.** וכיון דלא מצי למשקל לא קני בהגבהתו: **הא איכא מקום חלמה.** מקום התפירה שיכול לקרוע ולהוליא. חלמה שולדורא כמו בהעור והרוטב (חולין קכג.) שאני עור דחלים:

מפקע

רבינו חננאל

ולחם הפנים שיעורן כגרוגרת וקא דייק מינה רב נחמן דהא מפיק מן המקדש בשבת שתי הלחם ולחם הפנים אע"ג דמפסיל לענין יוצא בכזית לא קא מחייב לענין שבת בשבת עד דהוי כגרוגרת ואם איתא דכיון דאחשביה מיחייב ואע"ג דפחות משיעור הוה מחייב בשבת על כזית בהוצאת שתי הלחם ולחם הפנים ואהדר ליה רבא הכי השתא התם מדאפקיה חוץ לחומת עזרה איפסיל ליה ביוצא ועדיין לא מחייב ליה לענין שבת כל עיקר עד דמפיק ליה לרה"ר אבל הכא לענין האי בעיא דהוא זרק כזית תרומה לבית טמא להשלים אוכל לכביצה שבת וטומאה בהדי הדדי קא אתיין ולא איפשיט: חזר והכניסו אינו חייב אלא כשיעור מידעם דאחשביה והצניעו ואפקיה לצורך ואע"ג דלית ביה כשיעור הוצאה מחייב עליה כד מפיק ליה בשבת אי לא איכוון ליה כשיעור צורכיה וחזר והכניסו בחול אם חזר אח"כ לשבת אחרת והוציאו סתם לא מחייב עליה עד דהוי ביה כשיעור הוצאה אא"כ הוא שחזר והכניסו בתורת מצניע אבל אם הכניסו סתם כגון שזרקו לאוצר אע"פ שישנו (בו) [מקומו] ניכר הוא לא אמרינן כיון שהוא מכיר את מקומו במלתיה קאי וחייב על הוצאתו אלא בטוליה בטליה להיא הצנעה קמייתא ודיניה בכל מידעם דלא מחייב עליה אלא בשיעורו: **מתני'** המוציא אוכלין ונתנן על האסקופה אם האסקופה שנתן עליה רה"ר [חייב] ואם רשות היחיד פטור הא אם חזר והוציאן ממנה לרה"ר חייב [אבל אם האסקופה כרמלית היא דרה"ר עומדת לפניה אם נחו האוכלין בכרמלית וחזר ועקרן מכרמלית והוציאן לרה"ר פטור] אבל אם לא נחו בכרמלית אע"פ שעברו מרה"י לרה"ר דרך כרמלית חייב ואשמעינן מתניתין דלא כבן עזאי דתניא המוציא מחנות לפלטיא דרך סטיו חייב ובן עזאי פוטר וחוקי האסקופה מפורשין בגמ' דיציאות השבת היכי הויא רה"ר והיכי הויא רה"י והיכי הויא כרמלית. קופה שהיא מליאה פירות ונתונה על האסקופה החיצונה אע"פ שרוב פירות מבחוץ פטור עד שיוציא את כל הקופה סבר חזקיה בקופה של קישואין ושל דלועין מתני' שעדיין מקצת כל קישות וכל דלעת בפנים ולא נתקם מבפנים לחוץ אבל קופה שהיא מלאה פירות אחרים כגון אגוזים ושקדים ותאנים ורמונים וכיוצא בהן וכ"ש חרדל כיון שיש מן הפירות גופן מה שיצא כולן לחוץ יש בו שיעור גרוגרת חייב ואע"פ שהן בתוך הכלי ומקצת הכלי עדיין בפנים ויכול למושכו לפנים ולהכניסו וממילא מה שהוא בחוץ נמשך עם הקופה ונכנס אע"פ שלא נגע בו אלמא קסבר חזקיה אגד כלי לאו שמיה אגד ואית ליה למידק מן מתניתין הדין א"ר זירא דתנן אע"פ שרוב פירות מבחוץ פטור רובה של קישות ורובה של דלעת אבל אם הקישות כולה או הגרוגרת כולה בחוץ חייב ואע"פ שהוא בתוך הכלי ומקצת הכלי בפנים ור' יוחנן סבר אפילו קופה מליאה חרדל ויצא רובה לחוץ כיון שהוא מפורצת ואית ליה גדפאני איגד כלי שמיה איגד ועדיין אגודה היא לפנים ופטור עד שתנתק כולה לחוץ ודייק מן

א) לעיל ה:, ב) נ"ל המוציא קופת האוכלין ובה מינין הרבה ונתנה כו' רש"ל, ג) ב"ב פו. סנהדרין עב. כתובות לא. [תוספ' דב"ק פ"ט], ד) שייך מעב"ל, ה) רש"ל מ"ז ואינו מוכח די"ל דקאי אקבלת טומאה לטמא אחרים ועי' במהרש"א, ו) שייך מעב"ל.

הגהות הב"ח

(א) רש"י ד"ה מלאכתו וכו' במקום חיוב אבל הכא דהוו ליה: (ב) ד"ה אי נימא וכו' ארבעה. נ"ב ע"ל בפ"ק דף ח ע"א פי' רש"י דלא בעי' ד' אלא בין רחב בין קלר: (ג) ד"ה במלאה קישואין וכו' איהו כולהו הס"ד:

גליון הש"ס

גמ' **אלמא קסבר אגד כלי שמיה אגד.** עי' פסחים דף פה ע"ב תוד"ה כנגרנין: **שם אי דאפקיה דרך פיו** ה"נ. עי' בהרא"ש פ"א דב"מ סימן כג:

רב נסים גאון

התם מדאפקיה חוץ לחומת העזרה איפסיל ליה ביוצא. עיקר זה בתורת כהנים שכל היוצא מן הקדשים חוץ למחיצתו נפסל וישרף באש כמו שנאמר בפירוש פסוק (ויקרא ז) והבשר אשר יגע בכל טמא לא יאכל באש ישרף אין לי טעון שריפה אלא הטמא והנותר ומנין לנשחטה בלילה ושנשפך דמה חוץ לקלעים הלן והיוצא ת"ל לא יאכל כי קודש הוא כל שהוא קודש [פסול] טעון שריפה הבשר לרבות בשר הפנימי שהוא מותר והלא דין הוא הואיל והטמא פסול והיוצא פסול מה הטמא אם נטמא מקצתו כולו פסול אף היוצא אם יצא מקצתו יהא כולו פסול ת"ל והבשר לרבות בשר הפנימי שהוא מותר מיכן אמרו אבר שיצא מקצתו חוץ לחומה בפסחים חותך עד שמגיע לעצם וקולף עד לפרק ומתירו מן הפרק ובמקדשין גורד כל מקום שהוא יוצא שאין בהם [משום] שבירת העצם ובפרק כיצד צולין את הפסח (פסחים דף פב) שנינו הפסח שיצא או שנטמא ישרף מיד ואמרו בתלמוד בשלמא נטמא דכתיב והבשר אשר יגע בכל טמא אלא יוצא מנלן אלא כל שפסולו בקודש בשרפה הלכתא גמירי לה:

המוציא

ליקוטי רש"י

אסקופת רשות הרבים. כגון אסקופת מבוי שאין עליה תקרה ואין גבוה שלשה מן הקרקע ולחי של מבוי לפנים הימנה. **אסקופה רשות היחיד.** כגון עומדת תחת המקרה או לפנים מן הלחי או גבוהה עשרה ורחבה ארבעה [לעיל ח:]. **אסקופה כרמלית.** רחבה ארבעה ואין גבוהה עשרה ועולה לה רשות הרבים ולפנים הימנה רשות היחיד [עירובין צח.]. **פלטיא.** רחבה של עיר ששם מתקבלין לסחורה [לעיל ו.]. רחוב לשווקים [עירובין ז.]. רחבה והוא רשות הרבים. **דרך סטיו.** מקום איצטבאות שיושבים סוחרים ושם כרמלית עליה דלאו להילוכה הוא כרשות הרבים. **חייב.** הואיל ולא עמד בסטיו לפוש אין כאן הנחה אלא בפלטיא. **ובן עזאי פוטר.** כדמפרש קסבר מהלך כעומד דמי ונמלא נעקר מרשות היחיד ומונח בסטיו [ונעקר] מסטיו [ומונח] ברשות הרבים [לעיל ה:]. מהלך כעומד דמי ועקירת כל פסיעה הויא עקירה והנחת הרגל הויא הנחה [כתובות לא:]. **קופת הרוכלין.** מוכרי בשמים לקישוטי נשים ויש להן קופות קטנות ללרורות בשמים [לעיל צ.]. **הגונב כיס בשבת.** הגביהו ברשות הבעלים והוליאו לרה"ר [כתובות שם.]. שהגביהו וקנאו בהגבהה. **חייב.** להחזיר ואף על גב שהוליאו אחר כך לרשות הרבים ונתחייב בהולאתו מיתה [סנהדרין עב.]. בתשלומין דליכא למימר קם ליה בדרבה מיניה דליכא הכא שתי רשעיות כיחד [רשב"ם ב"ב פו.]. בתשלומין אף על פי שנהרג. **שכבר נתחייב בגניבה.** דשלח להגבהה קונה בכל מקום וקמה לה ברשותיה אף להתחייב באונסים [כתובות שם]. שהרי נתחייב בגניבה קודם שיבא לידי איסור שבת ובשביל חיוב מיתה הבא עליו לאחר מכן אינו נפטר מן התשלומין [סנהדרין שם] משעת הגבהה דהגבהה בכל מקום קונה ואיסור שבת ליכא עד שעת הולאה. **היה מגרר ויוצא.** היה מגרר בקרקע דהגבהה ליכא ולא קני ליה אלא בשינוי רשות שימשכנה לרשותו [רשב"ם שם]. שלא הגביהו ולא קנאו כתוך הבית אבל כשיולא לרשות הרבים קנאו בשנוי רשות שהוליאו מרשות הבעלים ולריך ידו למטה משלשה וקבלה בידו דידו חשובה לו כארבעה על ארבעה והרי הוא לו כחלרו ואף על פי שאין כאן הגבהה והכי מוקים לה בכתובות [סנהדרין שם]. **פטור.** מן התשלומין דקם ליה בדרבה מיניה וכתיב כדי רשעתו (דברים כה) משום רשעה אחת אתה מחייבו ואי אתה מחייבו משום שתי רשעיות. **שהרי איסור גניבה ואיסור שבת באין כאחד.** דבשעת הולאה מוך קנייה ומתחייב בסקילה ובכתובות בפרק אלו נערות פרכינן דמשכיה להיכא אי לרשות הרבים איסור שבת איכא איסור גניבה ליכא ומוקמינן לה כשלריך ידו למטה מג' וקבלה וידו של אדם חשובה לו כד' על ד' וקניא ליה ולא בטלה לגבי רה"ר לגבי קנייה ויש כאן [איסור] שבת וגניבה באין כאחד והך קנייה לאו משום הגבהה היא אלא משיכה לתוך ידו שהרי ידו סמוכה בתוך ג' לקרקע ואית דמוקי ליה התם בלדי רשות הרבים דלענין גניבה מיקנא קני ולענין שבת הוי רשות הרבים כרבי אליעזר [רשב"ם ב"ב שם]. **והאיכא מקום חלמה.** חלים, דבר שהוא מדביק יפה שולדו"ר בלע"ז כדאמרינן גבי תפירות עור בהעור והרוטב (חולין קכג:) שאני עור דחליס [קידושין כה.]. **לשון חיבור** [מנחות לה.].

The Gemara shows, how, in fact, the Mishnah can be reconciled:

חִזְקִיָּה מְתָרֵץ לְטַעֲמֵיהּ – Actually, **Chizkiyah interprets** the Mishnah according **to his understanding,** וְרַבִּי יוֹחָנָן מְתָרֵץ לְטַעֲמֵיהּ – **and R' Yochanan interprets** the Mishnah according **to his understanding.**

The Gemara elaborates:

חִזְקִיָּה מְתָרֵץ לְטַעֲמֵיהּ – **Chizkiyah interprets** the Mishnah according **to his understanding** as follows: עַד שֶׁיּוֹצִיא אֶת כָּל הַקּוּפָּה – The Mishnah stated: He is exempt UNLESS HE TAKES THE ENTIRE BASKET OUT into the public domain all at once. בַּמֶּה דְּבָרִים אֲמוּרִים – Now, **in what situation does this ruling apply?** בְּקוּפָּה מְלֵיאָה קִישׁוּאִין וּדְלוּעִין – A situation **where the basket** was **full of cucumbers and gourds,** in which case it is virtually impossible to transfer all the produce without transferring the entire basket anyway.[29] אֲבָל מְלֵיאָה חַרְדָּל – **But** where the basket was **filled with** something like **mustard seeds,** where entire pieces of produce *could* change domains before the entire basket,[30] נַעֲשָׂה כְּמִי שֶׁהוֹצִיא אֶת כָּל הַקּוּפָּה – then, should that indeed occur, **it is as if the entire basket were taken out** to the public domain, וְחַיָּיב – **and [the person] is liable.**

The Gemara now explains how R' Yochanan would interpret the Mishnah:

רַבִּי יוֹחָנָן מְתָרֵץ לְטַעֲמֵיהּ – And **R' Yochanan interprets** the Mishnah according **to his understanding** as follows: אַף עַל פִּי שֶׁרוֹב פֵּירוֹת בַּחוּץ – The Mishnah stated: EVEN THOUGH MOST OF THE PRODUCE IS OUTSIDE [i.e. in the public domain], still, the person is exempt. וְלֹא רוֹב פֵּירוֹת בִּלְבַד – **And** he is **not only** exempt when just **"most" of the produce** is outside; אֶלָּא אֲפִילוּ כָּל פֵּירוֹת – **rather, even** where **all the produce** was taken outside, פָּטוּר – still, **[the person] is exempt,** עַד שֶׁיּוֹצִיא אֶת כָּל הַקּוּפָּה – **unless he takes out the entire basket.**[31]

The Gemara attempts to decide the dispute between Chizkiyah and R' Yochanan:

מֵיתִיבֵי – **They challenged** Chizkiyah from the following Baraisa: הַמּוֹצִיא קוּפַּת הָרוֹכְלִין – IF ONE TOOK A SPICE PEDDLER'S BASKET OUT of a private domain, וּנְתָנָהּ עַל אִסְקוּפָּה הַחִיצוֹנָה – AND HE PLACED IT ON THE OUTER THRESHOLD [part of a public domain][32] in a way that a portion of the basket is still within the private domain, אַף עַל פִּי שֶׁרוֹב מִינִין בַּחוּץ – EVEN THOUGH MOST OF THE various TYPES of spices inside the basket ARE OUTSIDE [i.e. in the public domain], פָּטוּר – still, [THE PERSON] IS EXEMPT, עַד שֶׁיּוֹצִיא אֶת כָּל הַקּוּפָּה – UNLESS HE TOOK THE ENTIRE BASKET OUT into the public domain all at once.

The Gemara concludes:

קָא סַלְקָא דַּעְתָּךְ בִּצְרָרֵי – **Assuming** that we are dealing **with** a basket containing small **bundles** of shredded spices, קַשְׁיָא לְחִזְקִיָּה – this Baraisa poses **a difficulty for Chizkiyah,** for although some bundles have surely come entirely into the public domain, still, the Tanna exempts the perpetrator.[33] – ? –

The Gemara answers on behalf of Chizkiyah:

אָמַר לָךְ חִזְקִיָּה – **Chizkiyah would say to you:** הָכָא בְּמַאי עַסְקִינַן – **What** kind of **case are we dealing with here?** בְּאוּרְנַסֵי – A situation **where** the basket contained **bundles of long stems,** each of which spans the full interior of the basket.[34] As such, no individual unit has entirely come into the public domain, and, for this reason, the perpetrator is exempt.

The Gemara again attempts to decide the dispute, this time with a proof in favor of Chizkiyah:

מְתִיב רַב בִּיבִי בַּר אַבָּיֵי – **Rav Bivi bar Abaye challenged** R' Yochanan's view from the following Baraisa: הַגּוֹנֵב כִּיס בְּשַׁבָּת – ONE WHO STEALS A PURSE ON THE SABBATH from someone's house and then carries it into a public domain חַיָּיב – IS LIABLE to pay for the stolen purse even though he is also liable to the death penalty for desecrating the Sabbath,[35] שֶׁכְּבָר נִתְחַיֵּיב בִּגְנֵיבָה – FOR HE HAS ALREADY BECOME LIABLE FOR committing THEFT קוֹדֶם שֶׁיָּבֹא לִידֵי אִיסּוּר שַׁבָּת – BEFORE HE COMES TO THE point of transgressing THE SABBATH PROHIBITION.[36] הָיָה מְגָרֵר וְיוֹצֵא – IF, HOWEVER, HE WAS DRAGGING IT OUT, i.e. he did not lift the purse and carry it out, but rather took hold of it in the house and dragged it into the street, פָּטוּר – HE IS EXEMPT from liability for his theft, שֶׁהֲרֵי אִיסּוּר גְּנֵיבָה וְאִיסּוּר שַׁבָּת בָּאִין כְּאֶחָד – BECAUSE in this case THE PROHIBITION AGAINST THEFT AND THE SABBATH PROHIBITION COME SIMULTANEOUSLY.[37]

NOTES

29. [Since the cucumbers or gourds span the entire length of the basket's interior, it is almost impossible for the produce to be entirely within the public domain while part of the basket still straddles the private domain (see *Rashi*).]

30. [Some individual seeds could be entirely transferred, even if much of the basket remained behind in the private domain.]

31. I.e. the basket itself must be fully transferred, not just the seeds within it (see *Rashi*).

The Gemara means that R' Yochanan reads the Mishnah as follows: The Tanna first taught that one is exempt in the less novel case – when part of the basket, along with parts of the produce, remains behind in the private domain. He then adds a phrase, though, to teach the more novel law: עַד שֶׁיּוֹצִיא אֶת כָּל הַקּוּפָּה, *unless he removes the entire basket;* i.e. should, in fact, complete units of produce have been transferred to the new domain, still, one remains exempt unless the basket containing these units is *also* entirely within that new domain (*Rashi*).

32. See above, note 12.

33. According to Chizkiyah, the perpetrator ought to have been liable, for the bundles already in the private domain would not be seen as "bound" to the public domain by virtue of the container holding them. [The case is essentially comparable to that of the basket of mustard seeds described above, where although the basket straddles two domains, some of the units inside are entirely within the new domain.]

[The Gemara presumed that the basket indeed contained small bundles because this is the more common scenario (*Tosafos*).]

34. I.e. as opposed to ground spices, the basket contained long stems of fragrant reeds or roots bound together with flax *Rashi;* see *Aruch* and *Rabbeinu Chananel* for another interpretation).

35. When he carried the stolen purse from the house into the public domain, he incurred the death penalty for transferring an object from a private domain (the house) into a public domain (the street).

36. There is a general rule that one who commits a capital offense and a lesser offense at the same time is liable only to the death penalty, and not to any lesser penalty that he would otherwise have incurred. [קָם לֵיהּ בִּדְרַבָּה מִינֵּיהּ, *He is subject to [the punishment] that is greater than it.*] Under this rule, someone who simultaneously steals and desecrates the Sabbath is exempt from the penalty for theft, since he is subject to the greater penalty for desecrating the Sabbath. In the first case of this Baraisa, however, we are taught that the thief is liable both for his theft and for his desecration of the Sabbath, because the two violations are *not* truly simultaneous. The liability for theft is incurred as soon as he picks up the purse in the house (he has performed an act of acquisition – *hagbahah* – that is effective even in the domain of the original owner). The desecration of the Sabbath, however, does not occur until he crosses the threshold of the house into the public domain and stops or puts the purse down there (*Rashi*).

37. In this case, the act of acquisition that constitutes his theft is *meshichah* (*pulling*) – drawing the purse out of the house; by completing the act of *meshichah,* he completes both the act of theft and the act of transferring from domain to domain. Thus, the liabilities for theft and for desecrating the Sabbath come simultaneously, and he is subject only to the greater penalty (see *Rashi*). [Generally, the criteria for establishing an act of theft are the same as for establishing any other

יוצא בכזית לענין שבת נמי בכזית הכי השתא התם מדאפקיה חוץ לחומת העזרה איפסיל ליה ביוצא אשבת לא מיחייב עד דמפיק ליה לרה"ר הכא שבת וטומאה בהדי הדדי קאתיין: חזר והכניסו אינו חייב אלא כשיעורו: פשיטא אמר אביי הכא במאי עסקינן כגון שזרקו לאוצר ומקומו ניכר מהו דתימא כיון דמקומו ניכר במילתיה קמייתא קאי קמ"ל מדזרקיה לאוצר בטולי בטליה:

מתני' [א] המוציא אוכלין ונתנן על האסקופה בין שחזר והוציאן בין שהוציאן אחר פטור מפני שלא עשה מלאכתו בבת אחת קופה שהיא מליאה פירות ונתנה על אסקופה החיצונה אע"פ שרוב פירות מבחוץ פטור עד שיוציא את כל הקופה:

גמ' האי אסקופה מאי אילימא אסקופ' רה"ר פטור הא קא מפיק מרה"י לרה"ר אלא אסקופה רה"י בין שחזר והוציאן בין שהוציאן אחר פטור הא קא מפיק מרה"י לרה"ר [ב] אלא אסקופה כרמלית והא קמ"ל טעמא דנח בכרמלית הא לא נח בכרמלית מיחייב מתני' דלא כבן עזאי דתניא [ח] המוציא מחנות לפלטיא דרך סטיו חייב ובן עזאי פוטר: [ג] קופה שהיא מליאה כו': אמר חזקיה לא שנו אלא בקופה מליאה קישואין ודלועין אבל מליאה חרדל חייב אלמא קסבר אגד כלי לא שמיה אגד ור' יוחנן אמר [ד] אפי' מליאה חרדל פטור ∘ אלמא קסבר אגד כלי שמיה אגד א"ר זירא מתני' דלא כחזקיה דיקא ודלא כר' יוחנן דיקא כחזקיה לא דיקא דקתני עד שיוציא את כל הקופה טעמא דכל הקופה הא כל הפירות פטור אלמא קסבר אגד כלי שמיה אגד כרבי יוחנן לא דיקא דקתני אע"פ שרוב פירות בחוץ טעמא דרוב פירות הא כל פירות אע"ג דאגידא קופה מגואי חייב אלמא קסבר אגד כלי לא שמיה אגד ואלא קשיא חזקיה מתרץ לטעמי' ור' יוחנן מתרץ לטעמיה חזקיה מתרץ לטעמיה עד שיוציא את כל הקופה בד"א בקופה מליאה קישואין ודלועין אבל מליאה חרדל נעשה כמי שהוציא את כל הקופה וחייב ר"י מתרץ לטעמיה אע"פ שרוב פירות בחוץ ולא רוב פירות בלבד אלא אפילו כל פירות פטור עד שיוציא את כל הקופה מיתיבי [ז] המוציא קופת הרוכלין ונתנה על אסקופה החיצונה אע"פ שרוב מינין בחוץ פטור עד שיוציא את כל הקופה קס"ד בצררי קשיא לחזקיה אמר לך חזקיה הכא במאי עסקינן באורנסי מתיב רב ביבי בר אביי [ג] [ה] הגונב כיס בשבת חייב שכבר נתחייב בגניבה קודם שיבא לידי איסור שבת [ו] היה מגרר ויוצא פטור שהרי איסור גניבה ואיסור שבת באין כאחד ואי סלקא דעתך אגד כלי שמיה אגד קדים ליה איסור גניבה לאיסור שבת ∘ אי דאפקיה דרך פיו הכי נמי הכא במאי עסקינן דאפקיה דרך שוליו והאיכא מקום חלמה דאי

[ד] שיעורן כגרוגרת. אם הוליאן לרה"ר בשבת: ואמאי לימא. בכזית מיחייב דהא חשיבה הולאה לענין איפסולי ביולא דהא אכליה הוא עובר בלאו דכל שבקודש פסול בא הכתוב ליתן לא תעשה על אכילתו ואכילה בכזית: חוץ לחומת עזרה. להיקף החיל שלפני עזרת נשים או לעזרת נשים שהיא בחיל: בהדי הדדי אתיין. דעד דאתנח ונלטרף עם השאר [ה] (לא קבל טומאתו מן האויר דהא) לא הוי ביה שיעור: פשיטא. כיון דלא זרעיה בטליה ממחשבה קמייתא והוה ליה ככל אדם: אמר אביי. מתניתין בשלא נמלך עליו בפירוש אלא שזרקו לאולר עם פירותיו והוו ביטול ממחשבה מדלא אלנעיה לחודיה ולמיתנייה אילטריך כגון שמקומו ניכר שלא נתערב יפה עם השאר והרי הוא ניכר כשיכניס: מ"ד כיון דמקומו ניכר במילתא קמייתא קאי. דהוה ליה כמאן דאלנעיה לחודיה: ה"ג קמ"ל מדזרקיה לאולר בטולי בטליה: מתני' על האסקופה. בגמרא מוקי לה באסקופה כרמלית: מלאכתו בבת אחת. עקירה ממקום חיוב והנחה במקום חיוב (א) [והכא] הוה ליה עקירה ממקום חיוב והנחה במקום פטור והדר עקירה ממקום פטור והנחה במקום חיוב: עד שיוציא. כלומר אלא אם כן הוליא בראשונה כל הקופה ובגמ' מפרש לה: גמ' אי נימא איסקופה רה"ר. כגון גבוהה ט' ורחב ארבעה (ב) ורבים מכתפין עליו דחזיא לרבים לכתופי כדאמר בפ"ק (דף ח.): רשות היחיד. גבוהה י' ורחבה ד' כי חזר והוליאה ליחייב דאיכא עקירה מרה"י והנחה ברה"ר: אלא אסקופה כרמלית. מג' ועד ט' [ולא ט' בכלל] ואינה מקורה ורחבה ד': הא לא נח מיחייב. ואע"ג דהעבירו דרך כרמלית ולא אמר מהלך כעומד דמי ואיכא הנחת גופו דהוי כהנחת חפץ: מחנות. רה"י: פלטיא. רה"ר: סטיו. מקום מוקף אילטבאות לישב והוא כרמלית דלא בקעיה ביה רבים להדיא: קישואין ודילועין. שהן ארוכין ועדיין יש מהם בפנים וכל מה דאגיד לגואי כל דהו לאו הולאה היא: אבל מליאה חרדל. שהרי יש ממנו כולו בחוץ אע"פ שעל ידי הכלי הוא נאגד לצד פנים חייב דאגד כלי לא שמיה אגד לומר לא יצא כולו ועדיין אגדו בידו בפנים זהו לשון הש"ס לענין שבת כל כמה דלא נפיק ליה כוליה קרי ליה אגוד דאגודו שייך לגבי רשות קמא: בד"א. דעד שיוליא את כל הקופה: במליאה קישואין. שהן ממלאין בארכן את כל רוחב הקופה וכל כמה דלא נפק כולה קופה לא נפיק אינהו (ג): ר' יוחנן מתרץ לטעמיה. תרתי קתני מתני' לא זו אף זו דסיפא [מוכחא] דקתני כל הקופה ולא קתני כל הפירות והכי קאמר אף על פי שרוב הפירות מבחוץ או אפילו כל הפירות מבחוץ נמי פטור עד שיוליא כל הקופה: רוכלין. מוכרי בשמים: קס"ד בצררי. שהיה בה צרור של בשמים שחוקין דכי אפקה למקצת קופה נפיק בההיא פורתא כמה צרורות כולן וקתני פטור אלמא אגד כלי שמיה אגד: באורנסי. אגודות שרשין ארוכין או קנה או קליפה של קנמון שהן ארוכין: הגונב כיס בשבת חייב. בתשלומין ואע"פ שנדון בנפשו שכבר נתחייב בגניבה בשעה שהגביה הכיס בבית הבעלים: היה מגרר ויוצא. שלא קנאה בהגבהה אלא בהולאה מבית הבעלים: פטור. מתשלומין: שהרי איסור שבת כו'. ובכתובות פריך אי דאפקיה לרה"ר איסור גניבה ליכא דרשות הרבים לאו מקום קנייה היא ומוקי לה בצדי רה"ר אי נמי שלירף ידו למטה מג' וקבלה: קדים ליה איסור גניבה לאיסור שבת. דכיון שהוליאו מקצתו קנה כל המעות שמבחוץ שיכול להוליאו דרך פיו ולענין שבת מפטר דאגידי גבי רשות היחיד על ידי הכלי: דרך שוליו. וכיון דלא מצי למשקל לא קני בהגבהתו: הא איכא מקום חלמה. מקום התפירה שיכול לקרוע ולהוליא. חלמה שולדורא כמו בהעור והרוטב (חולין קכג.) שאני עור דחלים:

מפקע

אתון בהדי הדדי ודוקא נקט כזית תרומה דאיכא איסור לאוכלו בטומאה אבל פחות מכזית לא וכן כזית חולין כיון דאין איסור לאוכלו בטומאה לא שייך לומר מיגו דמצטרף לענין טומאה מצטרף לענין שבת ואת"ת מ"ש כזית תרומה מחצי זית דהא בתרומה טמאה ליכא אלא עשה כדמוכח בהערל (יבמות דף עג:) דהאוכלה בטומאת עצמה אינו לוקה וחצי זית נמי הא קי"ל כר' יוחנן דחצי שיעור אסור מן התורה (יומא עד.) וי"ל דמ"מ כזית חמיר טפי שהרי זית הוא שיעור ללקות עליו בכל מקום ודוקא לבית טמא אבל לבית טהור לא אע"ג דחשיב ללקות עליו זר האוכלו מ"מ לא חשיב בפחות מגרוגרת כיון דלאיסור זרות לא בא ע"י הולאה זו: [י] פחות מכביצה אוכלין. ה"ה דה"מ למימר דאיכא כביצה אוכלין שאין הם צריכין לצירוף וכזית לבד צריך לצירופו א"נ א"ור' דנקט דוקא פחות מכביצה אבל כביצה אפשר דאין מצטרף כיון שקודם לצירוף כבר מטמא דילמא שבע לה טומאה דבעיא היא בהקומץ רבה (מנחות כד.) גבי עשרון שחלקו ונטמא אחד מהן והניחו בכלי ונגע טבול יום בטמא מהו מי אמר שבע לה טומאה ולא נטמא הטהור אע"ג דאם היו שניהם טהורים ונגע טבול יום באחד מהן שניהם טמאין דכלי מצרף מה שבתוכו לקדש השתא דשבע לה טומאה לא מצטריף או דילמא לא אמרי' שבע לה טומאה ומשום דהתם מספקא לן נקט פחות מכביצה:

קס"ד בצררי קשיא לחזקיה. ואלימא ליה ממתני' משום דסתם קופת הרוכלים אית ביה צררי וכ"ת מדקתני ובה מינין הרבה ומשני באורנסי ובה מינין הרבה אורחא דמילתא נקט וכל המינין ארוכים: דאי

עין משפט
נר מצוה

ז א ב מיי' פי"ד מהל' שבת הלכה יד:
ח ג ד מיי' פי"ב מהל' שבת הלכה יא:
ט ה מיי' פ"א מהל' גניבה הל' ג טוש"ע ח"מ סי' שנ:
י ו מיי' פי"ג מהל' שבת הלכה יא:

רבינו חננאל

ולחם הפנים שיעורן כגרוגרת וקא דייק מינה רב נחמן דהא מפיק מן המקדש בשבת שתי הלחם ולחם הפנים אע"ג דמפסיל לענין יוצא בכזית לא קא מחייב לענין שבת בשבת עד דהוי כגרוגרת ואם איתא דכיון דאחשביה מיחייב ואע"ג דפחות משיעור הוה מחייב בשבת על כזית בהוצאת שתי הלחם ולחם הפנים ואהדר ליה רבא הכי השתא התם מדאפקיה חוץ לחומת עזרה איפסיל ליה ביוצא ועדיין לא מחייב ליה לענין שבת כל עיקר עד דמפיק ליה לרה"ר אבל הכא לענין האי בעיא דהוא זרק כזית תרומה לבית טמא להשלים אוכל לכביצה שבת וטומאה בהדי הדדי קא אתיין ולא איפשיט: חזר והכניסו אינו חייב אלא כשיעור מידעם דאחשביה והצניעו ואפקיה לצורך ואע"ג דלית ביה כשיעור הוצאה מחייב עליה כד מפיק ליה בשבת אי לא איכוין ליה כשיעור צורכיה וחזר והכניסן בחול אם חזר אח"כ לשבת אחרת והוציאו סתם לא מחייב עליה עד דהוי ביה כשיעור הוצאה אא"כ הוא שחזר והכניסו בתורת מצניע אבל אם הכניסו סתם כגון שזרקו לאוצר אע"פ שישנו (בו) [מקומו] ניכר הוא לא אמרינן כיון שהוא מכיר את מקומו במלתיה קאי וחייב על הוצאתו אלא בטוליה בטליה לההיא הצנעה קמייתא ודיניה בכל מידעם דלא מחייב עליה אלא בשיעורו: מתני' המוציא אוכלין ונתנן על האסקופה אם האסקופה שנתן עליה רה"ר [חייב] ואם רשות היחיד פטור הא אם חזר והוציאן ממנה לרה"ר חייב [אבל אם האסקופה כרמלית היא דרה"ר עומדת לפניה אם נחו האוכלין בכרמלית וחזר ועקרן מכרמלית והוציאן לרה"ר פטור] אבל אם לא נחו בכרמלית אע"פ שעברו מרה"י לרה"י דרך כרמלית חייב ואשמעינן מתניתין דלא כבן עזאי דתניא המוציא מחנות לפלטיא דרך סטיו חייב ובן עזאי פוטר וחוקי האסקופה מפורשין בגמ' דיציאות השבת היכי הויא רה"ר והיכי הויא רה"י והיכי הויא כרמלית. קופה שהיא מליאה פירות ונתונה על האסקופה החיצונה אע"פ שרוב פירות מבחוץ פטור עד שיוציא את כל הקופה סבר חזקיה בקופה של קישואין ושל דלועין מתני' שעדיין מקצת כל קישות וכל דלעת בפנים ולא נתקם מבפנים לחוץ אבל קופה שהיא מלאה פירות אחרים כגון אגוזים ושקדים ותאנים ורמונים וכיוצא בהן וכ"ש חרדל כיון שיש מן הפירות גופן מה שיצא כולן לחוץ יש בו שיעור גרוגרת חייב ואע"פ שהן בתוך הכלי ומקצת הכלי עדיין בפנים ויכול למושכו לפנים ולהכניסו וממילא מה שהוא בחוץ נמשך עם הקופה ונכנס אע"פ שלא נגע בו אלמא קסבר חזקיה אגד כלי לאו שמיה אגד ואית ליה למידק מן מתניתין הדין א"ר זירא דתנן אע"פ שרוב פירות של קישות ורובה של דלעת אבל אם הקישות כולה או הגרוגרת כולה בחוץ חייב ואע"פ שהוא בתוך הכלי ומקצת הכלי בפנים ור' יוחנן סבר אפילו קופה מליאה חרדל ויצא רובה לחוץ כיון שהוא מפורצת ואית ליה גרפאני איגד כלי שמיה איגד ועדיין אגודה היא לפנים ופטור עד שתנתק כולה לחוץ ודייק מן

מסורת הש"ס

א) לעיל ה:, ב) נ"ל המוציא קופת האוכלין ובה מינין הרבה ונתנה כו' רש"ל, ג) כ"ק פ. סנהדרין עב. כתובות לא. [תוספ' דב"ק פ"ט], ד) שייך מעב"ל, ה) רש"ל מ"ז ולשון מוחק ד"ל דקאי אקבלת טומאה לטמא אחרים וע' במהרש"א, ו) שייך מע"ל.

הגהות הב"ח

(א) רש"י ד"ה מלאכתו וכו' במקום חיוב אבל הכא הוה ליה: (ב) ד"ה אי נימא וכו' ארבעה. נ"ב ע"ל בפ"ק דף ח ע"א פי' רש"י דלא בעי ד' אלא בין רחב בין קלר: (ג) ד"ה במלאה קישואין וכו' אינהו כולהו הס"ד:

גליון הש"ס

גמ' אלמא קסבר אגד כלי שמיה אגד. ע' פסחים דף פה ע"ב תוס' ד"ה נגררין: שם אי דאפקיה דרך פיו ה"נ. ע' בהרל"ח פ"א דב"מ סימן כג:

רב נסים גאון

התם מדאפקיה חוץ לחומת העזרה איפסיל ליה ביוצא. עיקר בתורת כהנים שכל היוצא מן הקדשים חוץ למחיצתו נפסל וישרף באש כמו שנאמר בפירוש (ויקרא ז) והבשר אשר יגע בכל טמא לא יאכל באש ישרף אין לי טעון שריפה אלא הטמא והנותר ומנין לנשחטה בלילה ושנשפך דמה חוץ לקלעים הלן והיוצא ת"ל לא יאכל כי קודש הוא כל שהוא קודש [פסול] טעון שריפה הבשר לרבות בשר הפנימי שהוא מותר והלא דין הוא הואיל והטמא פסול והיוצא פסול מה הטמא אם נטמא מקצתו כולו פסול אף היוצא אם יצא מקצתו יהא כולו פסול ת"ל והבשר לרבות בשר הפנימי שהוא מותר מיכן אמרו אבר שיצא מקצתו חוץ לחומה בפסחים חותך עד שמגיע לעצם וקולף עד שמגיע לפרק ומתירו מן הפרק ובמוקדשים גודר בקופיץ שאין בהם [משום] שבירת העצם ובפרק כיצד צולין את הפסח (פסחים דף פב) שנינו הפסח שיצא או שנטמא ישרף מיד ואמרו בתלמוד בשלמא נטמא דכתיב והבשר אשר יגע בכל טמא לא יאכל אלא יוצא מנלן אלא כל שפסולו בקודש בשרפה הלכתא גמירי לה:

המוציא

ליקוטי רש"י

אסקופת רשות הרבים. כגון אסקופת מבוי שאין עליה תקרה ואין גבוה שלשה מן הקרקע ולחי של מבוי לפנים הימנה. אסקופה רשות היחיד. כגון עומדת תחת המקרה או לפנים מן הלחי או גבוהה עשרה ורחבה ארבעה [עירובין צח.]. אסקופה כרמלית. רחבה ארבעה ואין גבוהה עשרה ומולה לה רשות הרבים ולפנים הימנה רשות היחיד [עירובין צח.]. פלטיא. רחבה של עיר ששם מתקבלין לסחורה [לעיל ו.]. רחוב לשווקים [עירובין ז.]. רחבה והוא רשות הרבים. דרך סטיו. מקום אילטבאות שיושבים סוחרים ושם כרמלית עליה דלאו להילוכה הוא כרשות הרבים. חייב. הואיל ולא עמד בסטיו לפוש בפלטיא. ובן עזאי פוטר. כדמפרש קסבר מהלך כעומד דמי ונמלא נעקר מרשות היחיד ומונח [ומונח] ברשות הרבים [לעיל ה:]. מהלך כעומד דמי ועקירת כל פסיעה היא עקירה והנחת הרגל היא הנחה [כתובות לא:]. קופת הרוכלין. מוכרי בשמים לקישוטי נשים ויש להן קופות קטנות לצרורות בשמים [לעיל צ.]. הגונב כיס בשבת. הגביהו מרשות הבעלים והוציאו לרה"ר [כתובות שם.]. שהגביהו וקנאו בהגבהה. חייב. להחזיר ואף על גב ש הכיס ומתחייב בהולאתו מיתה [סנהדרין עב.]. בתשלומין אף על פי שנהרג. בתשלומין דליכא למימר קם ליה בדרבה מיניה דליכא הכא שתי רשעיות כיחד [רשב"ם ב"ב פו.]. לשלם דהגבהה קונה בכל מקום אף להתחייב בתשלומים [כתובות שם]. שהרי נתחייב בגניבה קודם שיבא לידי איסור שבת ובשביל חיוב מיתה הבא עליו לאחר מכן אינו נפטר מן התשלומין [סנהדרין שם] משעת הגבהה דהגבהה בכל מקום קונה ואיסור שבת ליכא עד שעת הולאה. היה מגרר ויוצא. דאי מגררו ולא הגבהה ליכא ולא קני ליה אלא בשינוי רשות שימשכנה לרשותו [רשב"ם ב"ב שם]. שלא הגביהו ולא קנאו בתוך הבית אבל כשיולא לרשות הרבים קנאו בשנוי רשות שהוליאו מרשות הבעלים ולירף ידו למטה משלשה וקבלו לכלרעצה של ארבעה והרי הוא לו כחלרו ואף על פי שאין כאן הגבהה והכי מוקים לה בכתובות [סנהדרין שם]. פטור. מן התשלומין דקם ליה בדרבה מיניה וכתיב כדי רשעתו (דברים כה) משום רשעה אחת אתה מחייבו ואי אתה מחייבו משום שתי רשעיות. שהרי איסור גניבה ואיסור שבת באין כאחד. דבשעת הולאת תוך קנייה ונתחייב בסקילה ובכתובות בפרק אלו נערות פרכינן דמשכיה להיכא אי לרשות הרבים איסור שבת איכא איסור גניבה ליכא ומוקמינן לה כשלירף ידו למטה מג' וקבלה וידו של אדם קונה לו כד' על ד' וקניא ליה ולא בטלה לגבי רה"ר לגבי קנייה ויש כאן [איסור] שבת וגניבה באין כאחד והך קנייה לאו משום הגבהה היא אלא משיכה לתוך ידו שהרי ידו סמוכה בתוך ג' לקרקע ואית דמוקי ליה התם בלדי רשות הרבים דקני קני ולענין שבת הוי כרשות הרבים כרבי אליעזר [רשב"ם ב"ב שם]. והאיכא מקום חלמה. חלים, דבר שהוא מדביק יפה שולדור"ר בלע"ז כדאמרינן גבי תפירות עור בהעור והרוטב (חולין קכג:) שאני עור דחלים [קידושין כה.]. לשון חיבור (מנחות לה.).

Rav Bivi concludes his proof:

וְאִי סָלְקָא דַּעְתָּךְ – **Now, if it would enter your mind** to say, as R' Yochanan does, that אֶגֶד כְּלִי שְׁמֵיהּ אֶגֶד – **the bond of a vessel is regarded as a bond,** then as far as Sabbath law is concerned, we would not view the coins in the purse as having been transferred until the *entire* purse leaves the victim's domain. If so, even in the Baraisa's second case, קָדִים לֵיהּ אִיסּוּר גְּנֵיבָה לְאִיסּוּר שַׁבָּת – **the prohibition against theft** ought to **precede the Sabbath prohibition!**[38] Since the Baraisa does not, in fact, rule this way, it seems that the bond of a vessel is *not* regarded as a bond. – ? –

The Gemara proposes an answer to this problem on behalf of R' Yochanan:

אִי דְּאַפְּקֵיהּ דֶּרֶךְ פִּיו – R' Yochanan would say to you: **If [the thief] took [the purse] out** of the victim's domain **by its mouth,** הָכִי נַמִּי – then, **indeed,** you are correct. The prohibition against theft *would* devolve first.[39] הָכָא בְּמַאי עָסְקִינַן – But **here** in the Baraisa, **what** kind of **case are we dealing with?** דְּאַפְּקֵיהּ דֶּרֶךְ שׁוּלָיו – With a case **where [the thief] took [the purse] out by its underside.**[40] In such a case, the theft prohibition and the Sabbath prohibition indeed devolve simultaneously, as the Baraisa had stated.

The Gemara questions this:

וְהָאִיכָּא מְקוֹם חֲלָמָה – **But** on the bottom of the purse, **there is the place of the stitching,** where the seams are bound together,

NOTES

type of acquisition. Whatever act constitutes a *kinyan* (acquisitory act) for a particular item constitutes an act of theft if it is done to someone else's item with the intent to steal.]

Meshichah is the act of drawing the article being acquired *into the domain of the acquirer.* Thus, *Rashi* notes, the Baraisa here cannot refer to a case where he dragged the purse directly into a public thoroughfare, for in that case, he would not yet be guilty of theft since he has not drawn the purse into *his domain.* Rather, the Gemara in *Kesubos* (31b) explains that the Baraisa speaks of a case in which the thief dragged the purse to the shoulder of the public thoroughfare, and follows the view of R' Eliezer. According to R' Eliezer, *meshichah* is effective in the shoulder of a thoroughfare [since this is not a crowded area, and it approximates private property]; however, as regards the Sabbath labor of transferring, it is considered a public domain [since crowds sometimes overflow into this area] (see *Rashi*).

For another possible explanation of the case, see *Kesubos* ad loc.

38. As a rule, *meshichah* is complete once the object being acquired comes into the new domain [even if it is inside something larger, which is not fully in the new domain – provided the object being acquired is at least accessible in the new domain (*Rashba*)]. As regards the theft of a purse, then, once the mouth of the purse enters the new domain, the coins are accessible there, and as each coin passes into the public domain, the theft of that particular coin is completed. The fact that part of the purse juts back into the private domain is, so far as the act of theft is concerned, irrelevant. As such, at least some liability for theft should occur before the violation of the Sabbath, which, in R' Yochanan's view, happens only at the point where the *entire* purse comes into the new domain (*Rashi*). See further, *Dvar Avraham* vol. I 21:5

39. See previous note.

40. I.e. he clutched the bottom of the purse and dragged it out that way; hence, the mouth of the purse was the last part of the vessel to reach the new domain. This being so, the theft occurs only when the *entire* purse enters the new domain, for it is only at this point that any of the coins become accessible there (*Rashi*). Since according to R' Yochanan the Sabbath violation also occurs when the purse *entirely* comes to the new domain, it emerges that the two liabilities come about simultaneously.

דְּאִי בָּעֵי מַפְקַע לֵיהּ וְשָׁקִיל – **so that if [the thief] wished, he could** simply **tear** open **[the seams] and take** the coins, even before the mouth of the purse passed into the new domain![1] – ? –

The Gemara answers on behalf of R' Yochanan:

בְּנִסְכָּא – R' Yochanan would assert that the purse was filled not with coins, but **with** long **silver bars** that span the full length of the purse.[2]

The Gemara protests that even so, the theft should precede the Sabbath violation:

וְכֵיוָן דְּאִיכָּא שְׁנָצִין – **But** still, **since there is** presumably **a drawstring** connected to the purse, R' Yochanan ought to hold that the Sabbath transfer is not complete until the drawstring, too, arrives in the new domain. מַפִּיק לֵיהּ עַד פּוּמֵּיהּ – **The thief,** though, **can** simply **take the purse out until its mouth** crosses into the public domain, וְשָׁרֵי וְשָׁקִיל – **loosen** the drawstring **and remove** the silver bars, וּשְׁנָצִין אֲגִידֵי מִגַּוַּאי – all **while the** ends of the **drawstring,** trailing behind the purse, **are bound to the inside** [i.e. are at least partly inside the old domain]![3] – ? –

The Gemara again answers on behalf of R' Yochanan:

דְּלֵיכָּא שְׁנָצִין – The Baraisa must be dealing with a situation **where there was no drawstring** attached to the purse.

Another possibility:

וְאִיבָּעֵית אֵימָא דְּאִית לֵיהּ – **Or if you prefer, say: [The purse]** indeed **has a drawstring,** וּמְכַּרְכֵי עִילָּוֵיהּ – **but it is wrapped around [the purse],** so that none of it trails behind as the purse is dragged.

Returning to the original dispute between Chizkiyah and R' Yochanan, the Gemara shows that this dispute was mirrored by other Amoraim as well:[4]

וְכֵן אָמַר רָבָא – **And so said Rava:** לֹא שָׁנוּ אֶלָּא בְּקוּפָּה מְלֵאָה קִישׁוּאִין וּדְלוּעִין – **[The Mishnah's]** ruling **was taught only with reference to a basket full of cucumbers and gourds,** where each unit of produce is very long; אֲבָל מְלֵאָה חַרְדָּל – **but** if the basket had been **full of mustard seeds,** חַיָּיב – **[the person]** would be **liable** even when the basket straddles both domains, for inevitably, some of the seeds would be entirely resting within the public domain.

The Gemara notes the presumption that underlies Rava's ruling:

אַלְמָא קָסָבַר אֶגֶד כְּלִי לֹא שְׁמֵיהּ אֶגֶד – **Evidently, [Rava] maintains that the bond of a vessel is not** recognized as **a bond.**

An opposing opinion is cited:

אַבָּיֵי אָמַר – However, **Abaye said:** אֲפִילּוּ מְלֵיאָה חַרְדָּל – **Even** if the basket were **full of mustard seeds,** פָּטוּר – **still, [the person] is exempt.**

Abaye's reasoning is given:

אַלְמָא קָסָבַר אֶגֶד כְּלִי שְׁמֵיהּ אֶגֶד – **Evidently, [Abaye] maintains that the bond of a vessel is regarded as a bond.**

The Gemara reports that both Rava and Abaye later reversed their positions:

קָם אַבָּיֵי בְּשִׁיטָתֵיהּ דְּרָבָא – **Abaye** subsequently **took up Rava's view,** קָם רָבָא בְּשִׁיטָתֵיהּ דְּאַבָּיֵי – and **Rava took up Abaye's view;** hence, at the end, Abaye identified with Chizkiyah's position, and Rava propounded R' Yochanan's view.

The Gemara asks:

וְרָמֵי דְּאַבָּיֵי אַדְּאַבָּיֵי – **But note a contradiction between Abaye's** final view as cited here, **and Abaye's** own words; וְרָמֵי דְּרָבָא אַדְּרָבָא – **and** likewise, **note a contradiction between Rava's** final view as cited here **and Rava's** own words![5] דְּאִיתְּמַר – **For it was stated:** הַמּוֹצִיא פֵּירוֹת לִרְשׁוּת הָרַבִּים – Concerning **one who takes produce** from a private domain **out to a public domain,** אַבָּיֵי אָמַר – **Abaye said:** בְּיָד חַיָּיב – If the person transfers it **in his hand,** and the rest of his body remains behind in the private domain, **he is liable;**[6] בִּכְלִי פָּטוּר – but if he transfers it **in a vessel,** and part of the vessel remains behind in the private domain, **he is exempt.**[7] וְרָבָא אָמַר – **And Rava said** the opposite: בְּיָד פָּטוּר – If he transfers it **in his hand, he is exempt,** בִּכְלִי חַיָּיב – but if he transfers it **in a vessel, he is liable.**[8] Evidently, Abaye recognizes a vessel's bond to the domain of origin as legally significant, while Rava does not. This, though, contradicts the positions of these Amoraim as outlined above! – ? –

The Gemara responds:

אִיפּוּךְ – **Switch** their positions as recorded in this last teaching,[9] so that Rava is the one who exempts in the case of the vessel, while Abaye is the one that holds the person liable.

The Gemara finds difficulty with one of the positions enunciated in the last discussion:

בְּיָד חַיָּיב – Can it really be that one who transfers **with his hand is liable,** even if the rest of his body remains in the domain of origin? וְהָתְנַן – **But we have learned** otherwise **in a Mishnah:**[10] פָּשַׁט בַּעַל הַבַּיִת אֶת יָדוֹ לַחוּץ – If THE HOUSEHOLDER EXTENDED HIS HAND OUTSIDE [i.e. from a private domain into a public domain], וְנָטַל הֶעָנִי מִתּוֹכָהּ – AND THE POOR MAN TOOK an object FROM IT, אוֹ שֶׁנָּתַן לְתוֹכָהּ וְהִכְנִיס – OR [THE POOR MAN] PLACED an object INTO [THE HOUSEHOLDER'S HAND] AND [THE

NOTES

1. The Gemara's point is that once the purse passed even partially into the new domain, the coins situated in that new domain would be accessible to the thief – if not through the mouth, then by an easy tear at the seams on the purse's bottom (see *Tosafos*). This being so, the theft of some of the coins would occur as the purse still straddles the two domains, while according to R' Yochanan, the Sabbath violation ought not come until the purse *fully* passes into the new domain.

2. Thus, since no individual bar would fully leave the old domain before the entire purse, even the theft cannot occur until the whole purse passes into the new domain. [*Meshichah* is not effective until the whole item being acquired passes into the new domain.]

3. [See *Rashi.*] When the body of the purse is in the new domain, and just the drawstring lags behind, the act of theft would have already been performed; for even if the thief does not *actually* remove the bars at that point, still, they are certainly accessible to him in the new domain by then. Meanwhile, though, the Sabbath prohibition has not yet been violated, for in R' Yochanan's view, the lagging drawstring would bind the vessel and everything in it to the former domain.

4. For more extensive commentary on the following discussion, see above, 91b notes 22-25.

5. Apparently, the questioner was certain that Abaye and Rava made these purportedly contradictory remarks *after* they had already reversed their positions (*Tosafos*).

6. I.e. once the produce crosses the boundary into the public domain, he is liable. This, despite the fact that the person's hand is obviously attached to his body [which remains behind in the domain of origin]; for in the view of this Amora, אֶגֶד גּוּף לֹא שְׁמֵיהּ אֶגֶד, *the bond [to a domain of origin caused by] one's body is not regarded as a bond* (*Rashi*).

7. I.e. the vessel was placed down in such a way that it straddles both domains; hence, although the produce itself may be entirely situated in the new domain, still, this Amora views it as "bound" to the domain of origin by virtue of the vessel in which it is contained.

8. According to this view, one's hand is viewed as subsidiary to his body, and is therefore judged according to the location of the body. A given part of the vessel, though, is not deemed subsidiary to any other part; thus, each part of the vessel is judged according to the domain in which it actually rests (see *Rashi*).

9. [I.e. the attribution of the teachings is reversed; Rava is the first Amora and Abaye is the second.] See also *Ritva MHK* ed.

10. Above, 2a.

דאי בעי מפקע ליה ושקיל בנסכא וכיון דאיכא שנצין מפיק ליה עד פומיה ושרי ושקיל ושנצין אגידי מגואי דליכא שנצין ואיבעית אימא דאית ליה ומכרכי עילויה וכן אמר רבא לא שנו אלא בקופה מלאה קישואין ודלועין אבל מלאה חרדל חייב אלמא קסבר אגד כלי לא שמיה אגד אביי אמר אפילו מלאה חרדל פטור אלמא קסבר אגד כלי שמיה אגד קם אביי בשיטתיה דרבא קם רבא בשיטתיה דאביי ורמי דאביי אדאביי ורמי דרבא אדרבא דאיתמר המוציא פירות לרה"ר אביי אמר ביד חייב בכלי פטור ורבא אמר ביד פטור בכלי חייב איפוך [א]ביד חייב והתנן [א]פשט בעל הבית את ידו לחוץ ונטל העני מתוכה או שנתן לתוכה והכנים שניהן פטורין [ב]התם למעלה מג' הכא למטה מג': מתני' [ג]המוציא בין בימינו בין בשמאלו בתוך חיקו או על כתיפו חייב שכן משא בני קהת [ד]כלאחר ידו ברגלו בפיו [ג]ובמרפקו באזנו ובשערו ובפונדתו ופיה למטה בין פונדתו לחלוקו [ג]ובשפת חלוקו במנעלו בסנדלו פטור שלא הוציא כדרך המוציאין: גמ' אמר ר"א [ז]המוציא משאוי למעלה מעשרה טפחים חייב שכן משא בני קהת ומשא בני קהת מנלן [א]דכתיב (א)על המשכן ועל המזבח סביב [ה]מקיש מזבח למשכן מה משכן י' אמות אף מזבח י' אמות ומשכן גופיה מנלן דכתיב [ב]עשר אמות אורך הקרש וכתיב [ג]ויפרוש את האהל על המשכן [ו]ואמר רב משה רבינו פרשו מכאן אתה למד גובהן של לויים עשר אמות וגמירי דכל טונא דמידלי במוטות תילתא מלעיל ותרי תילתי מלתחת אישתכח דהוה מידלי טובא ואיבעית אימא מארון [ז]דאמר מר ארון תשעה [ח]וכפורת טפח הרי כאן י' וגמירי דכל טונא דמידלי במוטות תילתא מלעיל ותרי תילתי מלרע אישתכח דלמעלה מי' הוה קאי וליגמר ממשה דילמא משה שאני [ט]דאמר מר אין השכינה שורה אלא על חכם גבור ועשיר ובעל קומה אמר רב משום רבי חייא המוציא משאוי בשבת על ראשו חייב חטאת שכן אנשי הוצל עושין כן ואנשי הוצל [י]רובא דעלמא אלא אי איתמר הכי איתמר אמר רב משום רבי חייא אחד מבני הוצל שהוציא משוי על ראשו בשבת חייב שכן בני עירו עושין כן ותיבטל דעתו אצל כל אדם אלא אי איתמר הכי איתמר [ה]המוציא משוי על ראשו פטור ואת"ל

מפקע. קורע: בנסכא. שהן חתיכות ארוכות וכל זמן שמקצתן בפנים לא קנה: ופרכינן וכיון דאיכא שנצין. רצועות שקורין אשטולד"ן: מפיק ליה עד פומיה ושקיל. וכיון דמצי למשקלינהו קני ולענין שבת לא מיחייב עד דמפיק להו לשנצין דעל ידו הוא אגוד לרה"י שהרי לא יצאו: ומכרכי עילויה. שאין יכול להוציאו (ב) בלא שנצין: קם אביי בשיטתיה כו'. שניהם חזרו בדבריהם והחליפום: ביד חייב. משיצאו הפירות ואע"פ שגופו ברשות היחיד ולא אמרינן אגד גופו שמיה אגד: בכלי פטור. כל זמן שיש מקצת הכלי בביתו: ביד פטור. דאגד גופו שמיה אגד דידו בתר גופו גרירא בכלי חייב ותקשי אתרוייהו למה שהחליפו שיטתן: התם למעלה מג'. וטעמא משום דלא נח ולא משום אגד גופה: והכא למטה מג'. דליכא למיפטרי' משום הנחה דכמונחת דמי: מתני' שכן משא בני קהת. בכתף ישאו (במדבר ז) וימין ושמאל וחיק אורח ארעא ובשם רבינו יצחק בר יהודה מצאתי שאמר בשם רב האי שמפורש בהש"ס ירושלמי ופקודת אלעזר בן אהרן הכהן שמן המאור וקטורת הסמים ומנחת התמיד ושמן המשחה [שמן] אחד בימין [ושמן] אחד בשמאל והקטורת בחיקו והמנחה בכתף: מרפקו. אישיל"ש: פונדתו. אזור חלול: ופיה למטה. אין דרך הוצאה בכך אבל פיה למעלה דרך הוצאה: שפת חלוקו. שפה התחתונה: גמ' המוציא משאוי למעלה מי'. מעבירו באויר בידו ואינו על כתפו וגבוה מן הארץ [עשרה] קאמר דאי במונח על כתפו מתניתין היא והא דתנן (לקמן דף ק.) הזורק ד' אמות בכותל למעלה מעשרה כזורק באויר אלמא אין למעלה מעשרה רשות הרבים דווקא זורק אבל מעביר חייב דיליף מבני קהת במשכן: אשר על המשכן וגו'. בקלעי החצר משתעי: אף מזבח. גובהו י' אמות והולך ומוכח בקלעים של י' אמות רחב ומה אני מקיים וג' אמות קומתו (שמות כז) משפת סובב ולמעלה ומה אני מקיים וקומה ה' דקלעים משפת מזבח ולמעלה כך מפורש בזבחים (דף נט:) שהיו הקלעים ט"ו אמות: מכאן אתה למד. דקסבר דבר הלוים נמי גביהי כמשה: תילתא מלעיל. וכיון דמזבח י' אמות והוא נושא בכתף כדכתיב (במדבר ז) ולבני קהת לא נתן (עגלות וגו') והלוים י' אמות נמי דכי מדלו ליה תילתא למעלה מראשיהן או מכתפיהן נמצא גבוה מן הארץ קרוב לשליש של י' אמות דהוו טובא טפי יותר מי' טפחים: ואיבעית אימא. לא גביהי לוים ולאו ממזבח גמרינן דשמא לוים לא גביהי אלא ז' אמות ואין משאן דמזבח גבוה מן הארץ אלא ב' או ג' טפחים ומארון גמר לה ר' אלעזר: אשתכח דלמעלה מי' קאי. טובא אפילו אין גובהן של לוים אלא ג' אמות כמותו הרי י"ח טפחים וארון אינו תלוי למטה מכתפותיהן אלא ו' טפחים וב' שלישי טפח אישתכח דגבוה י' ויותר: וליגמר ממשה. שפרש המשכן ונמצא דגובהן של לוים עשר אמות וניליף מלוים נושאי המזבח: דאמר מר. במסכת נדרים: אנשי הוצל. היו נושאין כדי מים ויין על ראשיהן ואין אוחזין אותם בידים:

מתני'

דאי בעי מפקע ליה. נראה לר"י שכיסין שלהם לא היו תפורות בחוזק כמו שלנו ולהכי פריך ממקום התפירה ולא ממקום אחר: ורמי דאביי אדאביי. [ס] קים ליה להש"ס דהך מילתא דמייתי איתמר בתר דהדור בהו: התם למעלה מג'. ונהי דלאו שמיה אגד הנחה ליכא כדפירש בקונטרס הקשה ה"ר אלחנן לרבה דמוקי מתני' בריש מכילתין (דף ד.) כר"ע דאמר קלוטה כמי שהונחה דמיא בהך בבא דמייתי הכא אמאי שניהם פטורין והלא למעלה מג' לר' עקיבא כמו למטה מג' לרבנן וי"ל דרבה סבר אגד גוף שמיה אגד ור"י מפרש התם למעלה מג' ואית לן למימר דשמיה אגד כדאמר בפ"ק (דף ג.) דידו בתר גופו גריר הכא למטה מג' דלאו שמיה אגד: לאחר ידו ברגלו. ולספרים דגרס כלאחר ידו י"ל דברגלו הוי פירוש כלאחר ידו ומיהו גירסא קמא ניחא טפי דהכי תניא בברייתא בגמרא: במרפקו. (ג) הוא שקורין [כ]קוד"א ולא כמו שפירש בקונטרס אישיל"ש מדתנן באהלות (פ"א מ"ח) רמ"ח אברים באדם שלשים בפיסת היד ו' בכל אצבע שנים בקנה שנים במרפק אחד בזרוע (ד) שנים בכתף כו' משמע דמרפק הוא למטה מן הזרוע וכן בפרק האומר משקלי (ערכין יט:) ידי ורגלי עלי ממלא חבית מים ומכניס ביד עד העציל וברגל עד הארכובה ולעציל קרי ליה במתניתין דהתם במרפקו ותרגום של אצילי ידי מרפקי ידיה (יחזקאל יג) משמע דעציל היינו קוד"א שהוא ביד כנגד ארכובה ברגל ובפ"ב דזבחים (דף יח:) לא יחגרו ביזע שאין חוגרין לא למטה ממתניהם ולא למעלה מאציליהם אלא כנגד אצילי ידיהם ואי אצילי היינו אישיל"ש היאך יחגרו למעלה מהם ועוד א"כ כנגד אציליהן היאך חוגרים אדרבה שם היא מקום זיעה אלא ודאי היינו קוד"א וכן יש להוכיח מכאן דלא כמפרש דמקום תפילין הוי בקנה למטה ממרפק דבכל מקום אמרינן תפילין בזרוע ובמס' אהלות (פ"א מ"ח) משמע דזרוע הוא למעלה ממרפק ועוד דבפ' האומר משקלי (שם ד' יט:) פריך ויד עד העציל והכתיב והיה לאות על ידך ותנא זה קיבורית ומשני דאורייתא קיבורית כולה פירוש קרויה יד בנדרים הלך אחר לשון בני אדם משמע דמקום תפילין למעלה מן העציל[ל]: המוציא בפיו כו'. והא דתנן באמרו לו (כריתות ד' יג:) אם היתה שבת והוציאו בפיו חייב ה"מ אוכלים שדרכן להוציאן בפיו בשעת אכילה: אישתכח דלמעלה מי' הוה קאי. דמכתף אדם עד לארץ שלש אמות כדאמר בתרגום מגלת אסתר פרשנדתא אצטליב על תלת אמין וכן כלהו וראשיהם (ה) היו קטועים ומקוה דאמר (יומא לא.) דהוי כל גופו עולה בהן אפילו ראש באמה על אמה ברום ג' אמות דכשיכנס במים יעלו המים למעלה מראשו וכוכן דאמר בסוף המוכר פירות (ב"ב דף ק:[מ]) דאורכן ארבע אמות היינו עם ראש וצואר ועובי הארון עם מה שמשקעין ארון בתוך הכוך טפח או טפחיים וגבי היזק ראיה דהצריך ארבע אמות בריש בבא בתרא (דף ג:) משום צואר וראש ובקל יגביה עצמו שיוכל לראות לכך צריך ארבע אמות והא דאמרינן במי שהוציאוהו (עירובין דף מח.) דמקומו של אדם ארבע אמות היינו כשפושט ידו למעלה מראשו[נ]: ואת"ל

מסורת הש"ס

א) לעיל ב, ב) פי' בין אצילי ידיו, ג) [גירסת הערוך ובפונדתו], ד) לקמן קג. [ע"ש], ה) [זבחים נט:], ו) נדרים לח. [בכורות מד.], ז) עירובין ד: סוכה דף ד: [סנהדרין ז.], ח) [נדה כו:], ט) נדרים לח. [ע"ש היטב ותלוה ליישב], י) לקמן קמד: [עירובין כח. כט:], כ) קוד"א בל"א עי' כורין וכשיל"ש בל"א אקשלי"ן ור"ל מקום הכתף שלעל בית השחי ועי' מנחות לו. גתוס' שם, ל) [ועי' תוס' מנחות לו. ד"ה קיבורת ותוס' חולין קו: ד"ה אמר רב ותוס' ערכין יט. ד"ה מרפיקו ותוס' נדה לז: ד"ה שני], מ) [ושם ד"ה והכונין], נ) [ועי' תוס' עירובין מח: ד"ה גופו ותוס' פסחים קט: ד"ה כרוס].

הגהות הב"ח

(א) גמ' דכתיב אשר על המשכן: (ב) רש"י ד"ה ומכרכי וכו' להוציאו. נ"ב פי' לכיס: (ג) תוס' ד"ה במרפקו הוא שקורין קוד"א. נ"ב לקמן בס"פ הכונה דף קד ע"ב פירש"י גופיה מרפקו אצילי ידיו ע"ש: (ד) בא"ד ואחד בזרוע וב' בכתף: (ה) ד"ה אישתכח וכו' דראשיהם היו:

גליון הש"ס

תוס' ד"ה ורמי דאביי וכו' קים ליה. כעין זה בתוס' לעיל דף ע ע"ב ד"ה הא לן וש"נ:

תורה אור השלם

א) וְקַלְעֵי הֶחָצֵר וְאֶת מָסַךְ פֶּתַח שַׁעַר הֶחָצֵר אֲשֶׁר עַל הַמִּשְׁכָּן וְעַל הַמִּזְבֵּחַ סָבִיב וְאֵת מֵיתָרָיו לְכֹל עֲבֹדָתוֹ: [במדבר ג, כו]

ב) עֶשֶׂר אַמּוֹת אֹרֶךְ הַקָּרֶשׁ וְאַמָּה וַחֲצִי הָאַמָּה רֹחַב הַקֶּרֶשׁ הָאֶחָד: [שמות כו, טז]

ג) וַיִּפְרֹשׂ אֶת הָאֹהֶל עַל הַמִּשְׁכָּן וַיָּשֶׂם אֶת מִכְסֵה הָאֹהֶל עָלָיו מִלְמָעְלָה כַּאֲשֶׁר צִוָּה יְיָ אֶת מֹשֶׁה: [שמות מ, יט]

ליקוטי רש"י

למטה מג'. דהוית קרקע [לעיל ה.]. ובמרפקו. אצילי ידיו [לקמן קג.]. אצל קורין אישיל"א [ערכין יט.]. שקורין קוד"א [זבחים יח: ועי' בתוס' כאן]. פונדתו. אזור חלול ועושין בו מעות [ברכות נד.]. מה משכן. צריך [קלעי החצר שסביבות] גובה [המשכן] להם כמו גובה הקרש [של המשכן] דכתיב (שמות כו) י' אמות אורך הקרש. אף מזבח. צריך הקיפו לכל דיהיה מוקף קלעים עשר אמות [זבחים נט:]. ומה אני מקיים שלש אמות קומתו משפת סובב עד מקום הקרנות [מנחות צז:]. עשר אמות אורך הקרש. למדנו גבהו של משכן עשר אמות [שמות כו, טז]. ויפרוש את האהל. הן יריעות העזים [שם מ, יט]. ארון תשעה. גובהו דכתיב אמה וחצי קומתו ואמה בת ששה טפחים [סוכה ד:].

עין משפט נר מצוה

יא א ב מיי' פי"ג מהל' שבת הלכה ו:
יב ג מיי' פי"ג שם הלכה יג:
יג ד שם הלכה יג:
יד ה שם הלכה יג:

רב נסים גאון

המוציא בין בימינו בין בשמאלו בתוך חיקו ועל כתיפו חייב שכן משא בני קהת. בגמ' דבני מערבא מפרש כתי' ופקודת אלעזר בן אהרן הכהן שמן המאור וגו' שמן המאור בימינו וקטורת הסמים בשמאלו ומנחת התמיד של יום תלויה בזרועו שמן המשחה איכן היה נתון ר' אבין בש"ר אלעזר כמין צלוחית קטנה היתה תלויה באפונדתו: מה משכן עשר אמות אף מזבח עשר אמות בפרק מבוי (עירובין דף ב) אמרו איבעית אימא כי כתי' קלעים חמש עשרה אמה לכתף בגובהה הוא דכתי' גובהה והא כתי' וקומה חמש אמות ההוא משפת מזבח ולמעלה כדי שלא יהא כהן עומד ועבודה בידו והעם רואין אותו מבחוץ נתבאר כבר שהמזבח יש בגובהו י' אמות ובמסכת זבחים בפרק קדשי קדשים (דף נט) אמרו ר' יהודה לטעמיה דאמר מזבח דמשה נמי גדול הוה דתניא ה' אמות אורך וה' אמות רוחב רבוע יהיה דברים ככתבן דברי ר' יוסי ר' יהודה אומר נאמר כאן רבוע ונאמר להלן רבוע מה להלן מאמצעיתו הוא מודד אף כאן מאמצעיתו הוא מודד כולה ור' יוסי כי גמיר גזירה שוה בגובהה גמיר דתניא ושלש אמות קומתו דברים ככתבן דברי ר' יהודה ר' יוסי אומר נאמר כאן רבוע ונאמר להלן במזבח הזהב רבוע מה להלן גובהו כשנים ברחבו אף כאן גובהו כשנים ברחבו הא מה אני מקיים וקומה חמש אמות משפת סובב ולמעלה: דאמר מר אין השכינה שורה אלא על חכם גבור ועשיר. עיקר דיליה במסכת נדרים בפרק אין בין מודר הנאה מחבירו (דף לח) א"ר יוחנן אין הקב"ה משרה שכינתו אלא על חכם גבור ועשיר ועניו ומנלן ממשה דכתיב (שמות מ) ויפרוש את האהל על המשכן ואמר מר משה פרשו וכתיב (שמות כו) עשר אמות ארך הקרש איכא דאריך וקטין אלא מן הדין קרא דכתיב (דברים ט) ואתפש בשני הלוחות ותניא אורכן ו' ורחבן ו' ועובין ו' עשיר דכתיב

רבינו חננאל

מתניתין כר' זירא עד שיוציא את כל הקופה היא אם הוציא כל הפירות פטור וחזקיה מתרץ לה למתני' כטעמיה ור' יוחנן מתרץ לה כטעמיה ומותבינן לחזקיה המוציא קופת הרוכלין ונתנה על האסקופה החיצונה אע"פ שרוב מינין מבחוץ פטור עד שיוציא את כל הקופה קס"ד דאית בקופת הרוכלים חפצים קטנים כגון חוליות ומרגליות או כיוצא בהן דציירין בצררי וקאמר אע"פ שרובי הצרורות מבחוץ פטור מפני שאגד כלי [שמיה] אגד עד שיוציא כל הקופה ופריקנא אמר לך חזקיה לית בה בהאי קופה צררי דדמי לאגוזים ותאנים ולחרדל אלא הני מינין דאית בה אורנסי וכיוצא בהן שהן דומין לקישואין ולדלועין שכל אחד מהן נותר ממנו כלום בפנים ובלשון ארמי שנודע עכשיו בינותינו אין אנן יודעין [מהו] אורנסי אלא עצים או קנים שעושין אותן לכרוך עליהן צמר או פשתן והאשה נושאה אותן בידה ומושכה מהן וצריא מיניה חוטי לפילכא ונמצאו אלו הוי בה בקופת הרוכלים ויש להן ארך כקישואין ודלועין מיתיבי רב ביבי בר אביי הגונב כיס בשבת חייב שכבר נתחייב בגנבה קודם שבא לידי איסור שבת היה מגרר ויוצא מגרר ויוצא פטור שאיסור שבת ואיסור גניבה באין כאחד. ועיקר הא מלתא שכל המתחייב בנפשו פטור מן התשלומין אבל אם נתחייב בתשלומין קודם שיתחייב בנפשו לא מיפטר. וכי אמר ר' אבין (כתובות לא) הזורק חץ מתחלת ארבע לסוף ארבע וקרע שיראין בהליכתו פטור שעקירה צורך הנחה היא אותיב שם רב ביבי בר אביי כי הא תשובה דקא מותיב מהא מתניתא הגונב כיס בשבת ופריקו ליה והה"נ קא מותיב ליה למאן דאמר אגד כלי שמיה אגד מהא מתניתא וקאמר ליה (את) [אם] אמרת מעות המונחים בכיס ופירות המונחים בקופה אע"פ שהוציא מקצת כיס ומקצת הקופה וכבר יצאו מעות הרבה ופירות הרבה לחוץ כיון שאגודים בכיס ומקצת הכיס בפנים פטור והכא קתני היה מגרר ויוצא פטור שהרי איסור שבת ואיסור גנבה באין כאחד ואי היה אגד כלי שמיה אגד היה זה מתחייב בגניבה קודם שיבוא לידי איסור שבת דמן כד מפיק פורתא מן הכלי לחוץ נתחייב בגניבה דאי בעי שרי ושקיל ולדבריך עדיין לא בא לידי איסור שבת שהרי לא הוציא את כל הכיס וכיון שהוא בא לכלל איסור שבת בהוצאת מקצת הכיס שהרי הגנבה והשבת באין כאחד תיובתא דר' יוחנן ופרקינן אמר לך ר' יוחנן אי אפקי לכיס דרך פיו הכי נמי דמחייב שהרי נתחייב בגנבה קודם שיבוא לידי איסור שבת והא מתניתין לא אתאמרא אלא בדאפקיה לכיס דרך שוליו דלא מצי למשקל מיניה מידעם עד דמפיק ליה לכוליה ובהכון גנבה ואיסור שבת באין כאחד והדר אקשינן ליה לר' יוחנן והא איכא חלאמא שהוא המקום התפור בשולי הכיס דאי ניחא ליה מפקע ליה ודחיק או בפתח דוכתא מן חלאמא דרך שוליו של כיס ושקול מיניה ופריק ר' יוחנן שאם מעות יש בכיס דמצי למעבד הכי ודאי מחייב בגנבה קודם שיבא לידי איסור שבת ולא בהכין עסיק' בהא מתניתא אי לאמת (הא ברייתא בכי הא דאית ביה שבא) דלא מצי למשקל מיניה מקצת עד מפיק ליה לכוליה ולא מחייב בגנבה קודם שיבא לידי איסור שבת והדר מקשינן והאיכא שנציא ומפרקינן בדליכא ואי בעית אימא

HOUSEHOLDER] BROUGHT the object IN, שְׁנֵיהֶם פְּטוּרִין – BOTH parties ARE EXEMPT. Now, in the first case described here, the householder extends his laden hand into a public domain, but still, the Mishnah rules that he is exempt for this – apparently because the person's body remains behind in the domain of origin! – ? –

The Gemara replies that this is not, in fact, the reason the householder is held to be exempt:

הָתָם – **There,** in the Mishnah, לְמַעְלָה מִשְּׁלֹשָׁה – the householder's hand remained more than **three** *tefachim* **above** the ground; hence, the reason he is exempt is because he never placed the object at rest in the public domain.[11] הָכָא – **Here,** in Rava's teaching, לְמַטָּה מִשְּׁלֹשָׁה – the person's hand *did* come **below three** *tefachim* from the ground, so that legally speaking, the object *has* come to rest in the new domain.[12]

Mishnah The Mishnah teaches that under Biblical law, one is not liable for carrying an object from one domain to another unless he carries it in a normal manner:[13]

הַמּוֹצִיא – **If one takes** an object **out** from one domain to another, בֵּין בִּימִינוֹ בֵּין בִּשְׂמֹאלוֹ – **whether** he carries it **in his right [hand] or in his left [hand],** בְּתוֹךְ חֵיקוֹ אוֹ עַל כְּתֵיפָיו – **in his bosom or on his shoulders,** חַיָּיב – **he is liable,** שֶׁכֵּן מַשָּׂא בְּנֵי קְהָת – **for such was the** method of **carrying** used **by the sons of Kehath.**[14] כִּלְאַחַר יָדוֹ – If, however, he carried it **backhandedly,** i.e. in some unusual manner,[15] בְּרַגְלוֹ – for example, he carried it **with his foot,** בְּפִיו – **in his mouth,**[16] וּבְמַרְפְּקוֹ – **in his armpit,**[17] בְּאָזְנוֹ – **in his ear,** וּבִשְׂעָרוֹ – **in his hair,** וּבְפוּנְדָּתוֹ וּפִיהָ לְמַטָּה – **in his moneybelt with its opening** hanging **downward,**[18] בֵּין פוּנְדָּתוֹ לַחֲלוּקוֹ – **between his moneybelt and his shirt,**[19] וּבִשְׂפַת חֲלוּקוֹ – **in the hem of his cloak,**[20] בְּמִנְעָלוֹ בְּסַנְדָּלוֹ – **in his** shoe or **in his sandal,** פָּטוּר – in all these cases, he is **exempt,** שֶׁלֹּא הוֹצִיא כְּדֶרֶךְ הַמּוֹצִיאִין – **for he did not carry out in the manner of those who carry things out.**

Gemara The Gemara derives another law from the way in which the family of Kehath carried the vessels of the Tabernacle:

אָמַר רַבִּי אֶלְעָזָר – **R' Elazar said:** הַמּוֹצִיא מַשּׂאוֹי לְמַעְלָה מֵעֲשָׂרָה טְפָחִים חַיָּיב – **One who transfers a load** from domain to domain, carrying it by hand **more than ten** ***tefachim*** **above** the ground,[21]

NOTES

11. The poor person took the object out of his hand before the householder set it down in the new domain (or placed it within three *tefachim* of the ground, the legal equivalent of setting it down). Hence, the reason the householder is exempt is not because of any "bond" to the domain of origin created by his body; it is because he never performed the *hanachah* necessary for liability (*Rashi*).

12. Generally speaking, the rule of *lavud* dictates that anything within three *tefachim* of the ground is viewed as though it is touching the ground. In Rava's case, then, a valid *hanachah was* performed, so Rava held him liable [in accord with his position that a hand is not bound by the body to a domain of origin] (see *Rashi; cf. Tosafos*).

13. I.e. he is exempt both from capital punishment (if the sin is intentional), and from a *chatas* (if the sin is unintentional).

Since clothing in former times did not have pockets, various methods were employed to transport small items. The Mishnah delineates which of these were considered usual and which were considered unusual.

14. During the Jewish people's travels through the Wilderness, the Tabernacle was taken down each time they broke camp and was reerected at the new encampment. Transporting the Tabernacle was the responsibility of the three Levite families, with the most sacred objects – the Ark, Table, Menorah and two Altars – being entrusted to the family of Kehath. Although other parts of the Tabernacle were carried on wagons, these objects of extreme sanctity were, by Divine decree, to be carried on the Leviim's shoulders alone (*Rashi;* see *Numbers* 7:9). From this precedent, it is derived that carrying on shoulders is a normative method of transport.

[The first three methods listed – carrying in one's right or left hand, or in one's bosom – require no Scriptural support to be categorized as normal means of transport. The less common method of transporting objects by carrying them on the shoulder, though, might have been classified as unusual. The Tanna, therefore, cites a Scriptural reference to prove that such carrying is normal (*Rashi*; see also *Rambam, Commentary to Mishnah* and *Pnei Yehoshua*).

Alternatively, there is Scriptural support for all four methods listed, for Scripture states (*Numbers* 4:16): *And the charge of Elazar the son of Aaron was the oil of illumination, the incense spices, the meal offering of the daily offering and the anointment oil.* Concerning this verse, it is related in *Talmud Yerushalmi* (*Shabbos* 10:3) that Elazar would carry these four items on his person: the two types of oil in his two hands, the incense in his bosom and the meal offering on his shoulder (*Rashi*, citing *R' Yitzchak bar Yehudah* quoting *Rav Hai Gaon's* version of *Yerushalmi. Rabbeinu Chananel* and *Meiri* cite a slightly different version, while extant editions of *Yerushalmi* have still a third reading).]

15. According to our reading, כִּלְאַחַר יָדוֹ, literally: backhandedly, is not meant as a specific example of carrying in an unusual manner. Rather, it is the general term used for anything done in an unusual way, and it introduces the Mishnah's listing of many unusual methods. Some texts of the Mishnah, however, read: לְאַחַר יָדוֹ, *on the back of his hand.* According to this version, the phrase is the first of many specific examples of unusual methods of carrying (see *Tosafos*).

[The Mishnah's exemption for unusual methods of carrying follows from the general rule that when Sabbath labors are performed in a way that is significantly different from the norm, no Biblical prohibition has been transgressed. See General Introduction.]

16. This applies only to carrying non-foods in one's mouth. One would indeed be liable for carrying food in his mouth on the Sabbath, for it is not unusual to carry food in such a manner (*Tosafos,* from Gemara below, 102a).

17. Our translation follows *Rashi*; *Tosafos*, however, render מַרְפְּקוֹ as *his elbow* [i.e. he carries in the crook of his arm, on the inside of his elbow].

18. *Rashi* describes פּוּנְדָּתוֹ as a hollow belt. *Meiri* and *Chidushei HaRan* add that money was placed into the belt which could then be knotted. However, this end of the belt, even when knotted, would not usually hang downwards, because of the tendency of the knot to become undone, thus causing the money to fall out. Instead, that end was usually fastened to his waist. If he did not wear the belt in this usual manner, but allowed the end to hang freely, he is not liable for carrying out what is in the belt (cf. *Rambam, Commentary to Mishnah*).

19. I.e. draped over the moneybelt, partly between the belt and the shirt and partly over the outside of the belt. An object transported in this manner is not secure, since its weight often shifts, thereby unbalancing the object. People, therefore, do not usually carry in this manner (*Meiri, Chidushei HaRan*).

20. As *Meiri* and *Chidushei HaRan* apparently understand it, a חָלוּק was a long tunic extending down to the ankles. Since the lower hem of the garment is not close to the person's hand, it is not easy to tap the hem to see whether his articles are secure there. Furthermore, the garment sometimes drags or snags, causing the stitches of the bottom hem to become undone. It was therefore not common for people to transport items in these hems.

Others read: וּבְחַפַּת חֲלוּקוֹ, also denoting a hem (*Aruch*).

21. E.g. he walked from domain to domain, carrying an object in his hand or hung on a pole at an elevation of over ten *tefachim* above the ground. Upon arriving in the new domain, he did not set the item on the ground; rather, he stood in place and continued to hold the item high in the air, above ten *tefachim* (based on *Rashba* to 5a; see also *Tosafos* to 102a ד״ה והוציאו).

Ritva (to *Eruvin* 33a), however, cites a different interpretation in the name of one of the Tosafists. In this alternative explanation, the person traversed four *amos* in a public domain, holding the item above ten

מסורת הש"ס

א) לעיל ג., ב) פי' בין אצילי ידיו, ג) [גירסת הערוך ובחפת], ד) לקמן לג., ה) [זבחים נט:], ו) נדרים לח. [בכורות מה.], ז) עירובין ד: סוכה דף ד: [סנהדרין ז.], ח) [נדה כו:], ט) נדרים לח. [ע"ש היטב ותוס' לישנא], י) לקמן קמד. [עירובין כח. כט:], כ) קוד"א בל"א שר"ל גוביץ ואישא"ל בל"א אקפלי"ן ור"ל תחת הכתף שהוא בית השחי ועי' במנחות לו. תוס' שם, ל) [וע"ע תוס' מנחות לז. ד"ה קיבורת ותוס' חולין קו: ד"ה אמר רב ותוס' ערכין יט: ד"ה מרפקו ותוס' נדה לו: ד"ה שני], מ) [ועי' תוס' ד"ה והכוכין], נ) [וע"ע תוס' עירובין מח: ד"ה גופו ותוס' פסחים קט: ד"ה כרוס].

הגהות הב"ח

(א) גמ' דכתיב אשר על המשכן: (ב) רש"י ד"ה ומכרכי וכו' להוציאו. נ"ב פי' לכיס: (ג) תוס' ד"ה במרפקו הוא שקורין קוד"א. נ"ב לקמן בס"פ הבונה דף קד ע"ב פירש"י גופיה מרפקו אצילי ידיו ע"ש: (ד) בא"ד ואחד בזרוע וד' בכתף: (ה) ד"ה אישתכח וכו' דראשיהם היו:

גליון הש"ס

תוס' ד"ה ורמי דאביי וכו' קים ליה. לעיין זה בתוס' לעיל דף ט ע"ב ד"ה הא לן וש"נ:

תורה אור השלם

א) וְקַלְעֵי הֶחָצֵר וְאֶת מָסַךְ פֶּתַח שַׁעַר הֶחָצֵר אֲשֶׁר עַל הַמִּשְׁכָּן וְעַל הַמִּזְבֵּחַ סָבִיב וְאֵת מֵיתָרָיו לְכֹל עֲבֹדָתוֹ: [במדבר ג, כו]

ב) עֶשֶׂר אַמּוֹת אֹרֶךְ הַקָּרֶשׁ וְאַמָּה וַחֲצִי הָאַמָּה רֹחַב הַקֶּרֶשׁ הָאֶחָד: [שמות כו, טז]

ג) וַיִּפְרֹשׂ אֶת הָאֹהֶל עַל הַמִּשְׁכָּן וַיָּשֶׂם אֶת מִכְסֵה הָאֹהֶל עָלָיו מִלְמָעְלָה כַּאֲשֶׁר צִוָּה יְיָ אֶת מֹשֶׁה: [שמות מ, יט]

ליקוטי רש"י

למטה מג'. דהוי קרקע [לעיל ה.]. ובמרפקו. אצילי ידיו [לקמן קד.]. אציל שקורין איישיל"ש [ערכין יט.]. שקורא קוד"א [זבחים יח: ועי' בתוס' כאן]. פונדתו. חגור חלול ומטמין בו מעות [ברכות נד.]. מה משכן. צריך [קלעי החצר] שמקיפין גובהן דהא הכי הוה גובהו דכתיב (שמות כו) י' אמות אורך הקרש. אף מזבח. צריך [להיות מוקף קלעים] גובהן י' אמות [זבחים נט:]. ומה מקיים שלש אמות קומתו משפת סובב עד מקום הקרנות [מנחות צז:]. עשר אמות אורך הקרש. למדנו גבהו של משכן עשר אמות [שמות כו, טז]. ויפרוש את האהל. הן יריעות העזים [שם מ, יט]. ארון תשעה. גובהו דכתיב ואמה וחצי קומתו ואמה בו ששה טפחים [סוכה ד:].

עין משפט נר מצוה

יא א ב מיי' פי"ג מהל' שבת הלכה ו:
יב ג מיי' פי"ב שם הלכה יב:
יג ד שם הלכה יג:
יד ה שם הלכה יד:

רב נסים גאון

המוציא בין בימינו בין בשמאלו בתוך חיקו ועל כתיפו חייב שכן משא בני קהת. בגמ' דבני מערבא מפרש כתי' ופקדת אלעזר בן אהרן הכהן שמן המאור וגו' שמן המאור בימינו וקטורת הסמים בשמאלו ומנחת התמיד של יום תלויה בזרועו שמן המשחה איכן היה נתון ר' אבין בש"ר אלעזר כמין צלוחית קטנה היתה תלויה באפונדתו: מה משכן עשר אף מזבח עשר אמות בפרק מבוי (עירובין דף ב) אמרו איבעית אימא כי כתי' קלעים חמש עשרה אמה לכתף בגובהה הוא דכתי' והא כתי' וקומה חמש אמות ההוא משפת מזבח ולמעלה כדי שלא יהא כהן עומד ועבודה בידו והעם רואין אותו מבחוץ נתבאר כבר שהמזבח היה בגבהו י' אמות ובמסכת זבחים בפרק קדשי קדשים (דף נט) אמרו ר' יהודה לטעמיה דאמר מזבח דמשה נמי גדול הוה דתניא ה' אמות אורך וה' אמות רוחב רבוע יהיה דברים ככתבן דברי ר' יוסי ר' יהודה אומר נאמר כאן רבוע ונאמר להלן רבוע מה להלן מאמצעיתו הוא מודד אף כאן מאמצעיתו הוא מודד כולה ור' יוסי כי גמיר גזירה שוה בגובהה דתניא ושלש אמות קומתו דברים ככתבן דברי ר' יהודה ור' יוסי אומר נאמר כאן רבוע ונאמר להלן במזבח הזהב רבוע מה להלן גובהו כשנים ברחבו אף כאן גובהו כשנים ברחבו וקומה חמש אמות מקיים משפת סובב ולמעלה: דאמר מר אין השכינה שורה אלא על חכם גבור ועשיר. עיקר דיליה במסכת נדרים בפרק אין בין מודר הנאה מחברו (דף לח) א"ר יוחנן אין הקב"ה משרה שכינתו אלא על חכם גבור ועשיר ועניו ומנלן ממשה דכתיב (שמות מ) ויפרוש את האהל על המשכן ואמר מר משה פרשו וכתיב (שמות כו) עשר אמות ארך הקרש אימא דאריך וקטין אלא מן הדין קרא דכתיב (דברים ט) ואתפש בשני הלוחות ותניא אורכן ו' ורחבן ו' ועוביין ג' עשיר דכתיב

רבינו חננאל

מתניתין כדר' זירא עד שיוציא את כל הקופה אם הוציא כל הפירות פטור וחזקיה מתרץ לה למתני' כטעמיה ור' יוחנן מתרץ לה כטעמיה ומותבינן לחזקיה המוציא קופת הרוכלים ונתנה על האסקופה החיצונה אע"פ שרוב מינין מבחוץ פטור עד שיוציא את כל הקופה קס"ד דאית בקופת הרוכלים חפצים קטנים כגון חוליות ומרגליות וכיוצא בהן דציירין בצירי

דאי בעי מפקע ליה ושקיל בנסכא וכיון דאיכא שנצין מפיק ליה עד פומיה ושרי ושקיל ושנצין אגידי מגואי דליכא שנצין ואיבעית אימא דאית ליה ומכרכי עילויה וכן אמר רבא לא שנו אלא בקופה מלאה קישואין ודלועין אבל מלאה חרדל חייב אלמא קסבר אגד כלי לא שמיה אגד אביי אמר אפילו מלאה חרדל פטור אלמא קסבר אגד כלי שמיה אגד קם אביי בשיטתיה דרבא קם רבא בשיטתיה דאביי ורמי דאביי אדאביי ורמי דרבא אדרבא דאיתמר המוציא פירות לרה"ר אביי אמר ביד חייב בכלי פטור ורבא אמר ביד פטור בכלי חייב איפוך [א] ביד חייב והתנן [ב] פשט בעל הבית את ידו לחוץ ונטל העני מתוכה או שנתן לתוכה והכנים שניהן פטורין [ה] התם למעלה מג' הכא למטה מג': **מתני'** [ג] המוציא בין בימינו בין בשמאלו בתוך חיקו או על כתפיו חייב שכן משא בני קהת [ד] כלאחר ידו ברגלו בפיו [ו] ובמרפקו באזנו ובשערו ובפונדתו ופיה למטה בין פונדתו לחלוקו [ג] ובשפת חלוקו במנעלו בסנדלו פטור שלא הוציא כדרך המוציאין: **גמ'** אמר ר"א [ז] המוציא משאוי למעלה מעשרה טפחים חייב שכן משא בני קהת ומשא בני קהת מנלן (א) דכתיב [א] על המשכן ועל המזבח סביב [ב] מקיש מזבח למשכן מה משכן י' אמות אף מזבח י' אמות ומשכן גופיה מנלן דכתיב [ב] עשר אמות אורך הקרש וכתיב [ג] ויפרוש את האהל על המשכן [י] ואמר רב משה רבינו פרשו מכאן אתה למד גובהן של לויים עשר אמות וגמירי דכל טונא דמידלי במוטות תילתא מלעיל ותרי תילתי מלתחת אישתכח דהוה מידלי טובא ואיבעית אימא מארון [ז] דאמר מר ארון תשעה [ח] וכפורת טפח הרי כאן י' וגמירי דכל טונא דמידלי במוטות תילתא מלעיל ותרי תילתי מלרע אישתכח דלמעלה מי' הוה קאי וליגמר ממשה דילמא משה שאני [ט] דאמר מר אין השכינה שורה אלא על חכם גבור ועשיר ובעל קומה אמר רב משום רבי חייא המוציא משאוי בשבת על ראשו חייב חטאת שכן אנשי הוצל עושין כן ואנשי הוצל [י] רובא דעלמא אלא אי איתמר הכי איתמר אמר רב משום רבי חייא אחד מבני הוצל שהוציא משוי על ראשו בשבת חייב שכן בני עירו עושין כן ותיבטל דעתו אצל כל אדם אלא אי איתמר הכי איתמר [ה] המוציא משוי על ראשו פטור ואת"ל

רש"י

מפקע. קורע: בנסכא. שהן חתיכות ארוכות וכל זמן שמקלקלתן בפנים לא קנה: ופרכינן וכיון דאיכא שנצין. רצועות שקורין אשטולד"ן: מפיק ליה עד פומיה ושקיל. וכיון דמלי למשקלינהו קני ולענין שבת לא מיחייב עד דמפיק להו לשנצין דעל ידו הוא אגוד לרה"י שהרי לא יצאו: ומכרכי עילויה. שאין יכול להוציאו (ב) בלא שנצין: קם אביי בשיטתיה כו'. שניהם חזרו בדבריהם והחליפו: ביד חייב. משיצאו הפירות ואע"פ שגופו ברשות היחיד ולא אמרינן אגד גופו שמיה אגד: בכלי פטור. כל זמן שיש מקצת הכלי בביתו: ביד פטור. דאגד גופו שמיה אגד דידו בתר גופו גרירא בכלי חייב וקשיא אתרוייהו למה שהחליפו שיטתן: התם למעלה מג'. וטעמא משום דלא נח ולא משום אגד גופה: והכא למטה מג'. דליכא למיפטרי' משום הנחה דכמונח דמי: מתני' שכן משא בני קהת. בכתף ישאו (במדבר ז) וימין ושמאל וחיק אורח ארעא ובשם רבינו יצחק בר יהודה מצאתי שאמר בשם רב האי שמפורש בהש"ס ירושלמי ופקודת אלעזר בן אהרן הכהן שמן המאור וקטורת הסמים ומנחת התמיד ושמן המשחה [שמן] אחד בימין [ושמן] אחד בשמאל והקטורת בחיקו והחביתין בכתף: מרפקו. איישיל"א: פונדתו. אזור חלול: ופיה למטה. אין דרך הוצאה בכך אבל פיה למעלה דרך הוצאה: שפת חלוקו. שפה התחתונה: גמ' המוציא משאוי למעלה מי'. מעבירו באויר בידו ואינו על כתפו וגבוה מן הארץ [עשרה] קאמר דאי במונח על כתפו מתניתין היא והא דתנן (לקמן דף ק.) הזורק ד' אמות בכותל למעלה מעשרה כזורק באויר אלמא אין למעלה מעשרה רשות הרבים דווקא זורק אבל מעביר חייב דיליף מבני קהת במשכן: אשר על המשכן וגו'. בקלעי החצר משתעי: אף מזבח. גובהו י' אמות והוצרך לסובבו בקלעים של י' אמות רחב ומה אני מקיים וג' אמות קומתו (שמות כז) משפת סובב ולמעלה ומה אני מקיים וקומה ה' דקלעים משפת מזבח ולמעלה כך מפורש בזבחים (דף נט:) שהיו הקלעים ט"ו אמות: מכאן אתה למד. דקס"ד שאר הלוים נמי גביהי כמשה: תלתא מלעיל. וכיון דמזבח י' אמות והוא נושא בכתף כדכתיב (במדבר ז) ולבני קהת לא נתן (עגלות) וגו' והלוים י' אמות כי מדלו ליה תילתא למעלה מראשיהן או מכתיפו נמצא גבוה מן הארץ קרוב לשליש של י' אמות דהוו טובא טפי יותר מי' טפחים: ואיבעית אימא. לא גביהי לוים ולאו ממזבח גמרינן דשמא לוים לא גביהי אלא ז' אמות ואין משאן דמזבח גבוה מן הארץ אלא ב' או ג' טפחים ומארון גמר לה ר' אלעזר: אשתכח דלמעלה מי' קאי. טובא אפילו אין גובהן של לוים אלא ג' אמות כמותו הרי י"ח טפחים וארון אינו תלוי למטה מכתפותיהן אלא ו' טפחים וב' שלישי טפח אישתכח דגבוה י' ויותר: וליגמר ממשה. שפרש המשכן ונמצא שגובהן של לוים עשר אמות וליגמר מלוים נושאי המזבח: דאמר מר. במסכת נדרים: אנשי הוצל. היו נושאין כדי מים ויין על ראשיהן ואין אוחזין אותם בידים:

מתני'

תוספות

דאי בעי מפקע ליה. נראה לר"י שהיכין שלהם לא היו תפורות בחוזק כמו שלנו ולהכי פריך ממקום התפירה ולא ממקום אחר: ורמי דאביי אדאביי. [כ] קים ליה להש"ס דהך מילתא דמייתי איתמר בתר דהדור בהו: התם למעלה מג'. ונהי דלאו שמיה אגד הנחה ליכא כדפירש בקונטרס הקשה ה"ר אלחנן לרבה דמוקי מתני' בריש מכילתין (דף ד.) כר"ע דאמר קלוטה כמי שהונחה דמיא בהך בבא דמייתי הכא אמאי שניהם פטורין והלא למעלה מג' לר' עקיבא כמו למטה מג' לרבנן וי"ל דרבה סבר אגד גוף שמיה אגד ור"י מפרש התם למעלה מג' ואית לן למימר דשמיה אגד כדאמר בפ"ק (דף ג.) דידו בתר גופו גריר הכא למטה מג' דלאו שמיה אגד: לאחר ידו ברגלו. ולספרים דגרס כלאחר ידו י"ל דברגלו הוי פירוש כלאחר ידו ומיהו גירסא קמא ניחא טפי דהכי תניא בברייתא בגמרא: במרפקו. (ג) הוא שקורין [כ] קוד"א ולא כמו שפירש בקונטרס איישיל"ש מדתנן באהלות (פ"א מ"ח) רמ"ח אברים באדם שלשים בפיסת היד ו' בכל אצבע שנים בקנה שנים במרפק אחד בזרוע (ד) שנים בכתף כו' משמע דמרפק הוא למטה מן הזרוע וכן בפרק האומר משקלי (ערכין יט:) ידי ורגלי עלי ממלא חבית מים ומכניס ביד עד העציל וברגל עד הארכובה ולעציל קרי ליה במתניתין דהתם במרפקו ותרגום של אצילי ידי מרפקי ידיה (יחזקאל יג) משמע דעציל היינו קוד"א שהוא ביד כנגד ארכובה ברגל ובפ"ב דזבחים (דף יח:) לא יחגרו ביזע שאין חוגרין לא למטה ממתניהם ולא למעלה מאציליהם אלא כנגד אצילי ידיהם ואי אצילי היינו איסיל"ש היאך יחגרו למעלה מהם ועוד א"כ כנגד אציליהן היאך חוגרים אדרבה שם היא מקום זיעה אלא ודאי היינו קוד"א וכן יש להוכיח מכאן דלא כמפרש דמקום תפילין הוי בקנה למטה ממרפק דבכל מקום אמרינן תפילין בזרוע ובמס' אהלות (פ"א מ"ח) משמע דזרוע הוא למעלה ממרפק ועוד דבפ' האומר משקלי (שם ד' יט:) פריך ויד עד העציל והכתיב והיה לאות על ידך ותנא זה קיבורית ומשני דאורייתא קיבורית כולה פירוש קרויה יד בנדרים הלך אחר לשון בני אדם משמע דמקום תפילין למעלה מן העציל [ל]: המוציא בפיו כו'. והא דתנן באמרו לו (כריתות ד' יג:) אם היתה שבת והוציאו בפיו חייב ה"מ אוכלים שדרכן להוציאן בפיו בשעת אכילה: אישתכח דלמעלה מי' הוה קאי. דמכתף אדם עד לארץ שלש אמות כדאמר בתרגום מגלת אסתר פרשנדתא אצטליב על תלת אמין וכן כלהו ולראשיהם (ה) היו קטועים ומקוה דאמר (יומא לא.) דכל גופו עולה בהן אפילו ראש באמה על אמה ברום ג' אמות דכשיכנס במים יעלו המים למעלה מראשו וכוכין דאמר בסוף המוכר פירות (ב"ב דף ק:) [מ] דאורכן ארבע אמות היינו עם ראש וצואר ועובי הארון עם מה שמשקעין ארון בתוך הכוך טפח או טפחיים וגבי היזק ראיה דהצריך ארבע אמות בריש בבא בתרא (דף ג:) משום צואר וראש ובקל יגביה עצמו שיוכל לראות לכך צריך ארבע אמות והא דאמרינן במי שהוציאוהו (עירובין דף מח.) [נ] דמקומו של אדם ארבע אמות היינו כשפושט ידו למעלה מראשו:

ואת"ל

רבינו חננאל (המשך)

וקאמר אע"פ שרובי הצרורות מבחוץ פטור מפני שאגד כלי [שמיה] אגד עד שיוציא כל הקופה ופריקנא אמר לך חזקיה לית בה אלא קופה צרורי דמי לאגודים ותאנים ולחרדל אלא הני מינין דאית בה אורנסי וכיוצא בהן שהן דומין לקישואין ולדלועין שכל אחד מהן נותר ממנו כלום בפנים [illegible]

או קנים שעושין אותן לכרוך עליהן צמר או פשתן והאשה נושאה אותן בידה ומושכה מהן [illegible] ויש להן ארך כקישואין ודלועין מיתיבי רב ביבי בר אביי הגונב כיס בשבת חייב שכבר נתחייב (באבדה) קודם שבא לידי איסור שבת היה מגרר ויוצא פטור שאיסור שבת ואיסור גניבה באין כאחד [illegible]

is liable, שֶׁכֵּן מַשָּׂא בְּנֵי קְהָת – **for such was the** method of **carrying** used **by the sons of Kehath.**[22]

The Gemara demonstrates that the Kehathites indeed carried their burdens this high above the ground:

וּמַשָּׂא בְּנֵי קְהָת מְנָלַן – **And from where do we know** that such was **the** method of **carrying** used **by the sons of Kehath?** דִּכְתִיב – **For it is written:**[23] ,,עַל־הַמִּשְׁכָּן וְעַל־הַמִּזְבֵּחַ סָבִיב" – *The curtains of the Courtyard . . .* ***that surrounded the Tabernacle and the Altar.*** מַקִּישׁ מִזְבֵּחַ לְמִשְׁכָּן – By juxtaposing these two items, **Scripture compares the Altar to the Tabernacle,** thereby teaching: מַה מִשְׁכָּן עֶשֶׂר אַמּוֹת – **Just as the Tabernacle** was **ten** ***amos*** tall, אַף מִזְבֵּחַ עֶשֶׂר אַמּוֹת – **so too** was **the Altar ten** ***amos*** tall.[24]

The Gemara pauses to establish that, indeed, the Tabernacle was this height:

וּמִשְׁכָּן גּוּפֵיהּ מְנָלַן – **And from where do we know** that **the Tabernacle itself** was ten *amos* tall? דִּכְתִיב ,,עֶשֶׂר אַמּוֹת אֹרֶךְ הַקָּרֶשׁ" – **For it is written:** ***Ten amos was the length of each plank.***[25]

The Gemara resumes its argument, establishing the height of the Leviim who transported the vessels of the Tabernacle (including the Altar):

וּכְתִיב ,,וַיִּפְרֹשׂ אֶת־הָאֹהֶל עַל־הַמִּשְׁכָּן" – **And it is written:** ***He spread the Tent over the Tabernacle.***[26] וְאָמַר רַב – **And** concerning this verse, **Rav said:** מֹשֶׁה רַבֵּינוּ פְּרָשׂוֹ – **Our teacher, Moses,** personally **spread out [this tent-spread];** מִכַּאן אַתָּה לָמֵד גּוֹבְהָן שֶׁל לְוִיִּם עֶשֶׂר אַמּוֹת – **from here you may learn: The Leviim's height was ten** ***amos.***[27]

The Gemara uses the information just gathered to calculate how much clearance there was between the ground and the Altar when the Altar was being carried on the shoulders of the Leviim:

וּגְמִירֵי דְּכָל טוּנָא דְּמִידְּלֵי בְּמוֹטוֹת – **Now, we have a tradition that any load that is carried with poles**[28] תִּילְתָּא מִלְּעֵיל וּתְרֵי תִּילְתֵּי מִלְּתַחַת – is positioned so that **one third** of its bulk **is above** the carriers' shoulders **and two thirds is below** their shoulders.[29] Thus, two thirds of the Altar's height ($6^{2}/_{3}$ *amos*) would have hung below the Leviim's shoulders, leaving a clearance of just under $3^{1}/_{3}$ *amos* between the Altar and the ground.[30] אִישְׁתַּכַּח דַּהֲוָה מִידְּלֵי טוּבָא – **We thus find that [the Altar] was elevated well [above]** ten *tefachim* from the ground,[31] lending support to the notion that one who carries at this height is liable.

The Gemara provides an alternative proof that the Kehathites carried vessels more than ten *tefachim* above the ground:

וְאִיבָּעִית אֵימָא מֵאָרוֹן – **Or, if you prefer, say:** We can derive this **from the** Holy **Ark.** דְּאָמַר מַר – **For the master said:** אָרוֹן תִּשְׁעָה – **The Ark was nine** *tefachim* tall, as stated explicitly in Scripture,[32] וְכַפּוֹרֶת טֶפַח – **and the covering** placed on top of the Ark was **a** ***tefach*** thick, הֲרֵי כָּאן עֲשָׂרָה – so that **we have here** a total of **ten** *tefachim.*

NOTES

tefachim, and then physically set the item down on the ground (see *Chazon Ish* to *Orach Chaim* 62:19 for extensive elaboration on each of these views; see also *Maggid Mishneh* to *Hil. Shabbos* 12:12; see also *Kehillos Yaakov* §1 and *Totzaos Chaim* §13).

Rashi explains that the Gemara cannot be speaking of a situation where the item held aloft was carried on the person's *shoulder,* for it is already known that one is liable in that case. Indeed, our Mishnah explicitly stated that one is liable for carrying on the shoulder [and an average person's shoulder is well above ten *tefachim* from the ground (see *Tosafos* ד״ה אישתכח)]. Rather, the Gemara must be speaking of a case where the person carried the item in his *hand.* [The Gemara's point, then, is that liability for carrying in the hand can be deduced from liability for carrying by shoulder. Indeed, carrying by hand is the more common way of carrying, and thus, once liability has been established for carrying by shoulder above ten *tefachim,* it follows logically that the same applies for carrying by hand (*Meiri*). The particular novelty of the fact that one is liable *at all* for carrying above ten *tefachim* is explained in the following note.]

22. I.e. when the family of Kehath carried the Tabernacle's vessels, they transported these vessels at a height of more than ten *tefachim* above the ground, as the Gemara will demonstrate below. [Hence, it follows that one is liable for carrying in this way, for the construction and transport of the Tabernacle serves as the source for every Sabbath labor (including transferring; see below, 96b).]

This law represents a novelty because generally the airspace of a public domain ten *tefachim* (or more) above the ground is reckoned as an "exempt area," and causing an object to come to rest there does not bring about liability. For example, if one were to throw an object in a public domain so that it lands on the side of a wall ten *tefachim* above the ground, he would be exempt (Mishnah, 100a). Our Gemara teaches, however, that when the item is *carried* – not thrown – then this no longer applies. Rather, once the person comes to a halt in the public domain, he is liable, even though the item is still held above ten *tefachim.* The reason for this is that since the person's *body* has certainly come to rest in the public domain [his feet are standing on its ground], the object he holds is also deemed to have come to rest in that same domain, even though, had the object been judged on its own, it would be seen as above the public domain (*Chazon Ish* to *Orach Chaim* 62:19 in explanation of *Rashi;* see also *Rashba* to 5a; cf. *Ritva* to *Eruvin* 33a in the name of *Ri*).

23. *Numbers* 3:26.

24. Although Scripture states that the Altar was three *amos* high (*Exodus* 27:1), the Gemara elsewhere (*Zevachim* 59b) interprets this as a measure of only the upper part of the structure, whereas the Altar as a whole stood ten *amos* tall, as stated here (*Rashi;* see, however, *Zevachim* ad loc. for an Amoraic opinion that the entire Altar was indeed but three *amos* high).

25. *Exodus* 26:16. The Tabernacle's walls were made of huge wooden planks of acacia wood. These planks stood on the ground vertically, and, as this verse states, each one was ten *amos* high [approximately 17-20 feet].

26. Ibid. 40:19. The Tabernacle had several covers, placed one on top of the other (see *Exodus* 26:1-6). This verse states that when Moses erected the Tabernacle he spread the second cover [the "tent"] over the first cover [known simply as the Tabernacle].

27. [The presumption is that Moses must have been as tall as the Tabernacle to be able to spread out and arrange its coverings (see *Chidushei HaRan*).]

At this point, the Gemara presumes that Moses, a Levite, was physically representative of his tribe: Just as Moses was exceptionally tall, ten *amos,* so too were his fellow Leviim who carried the Altar and other vessels (see *Rashi* and *Meiri*; cf. *Rabbeinu Chananel* and *Rav Hai Gaon* cited by *Rashba*).

28. The Altar (as well as many other vessels of the Tabernacle) was constructed with removable poles to facilitate its transport. These poles were inserted into rings built into the sides of the Altar.

29. [The Gemara does not literally mean that this was a "tradition"; rather, it simply means that it is well known that this is how people using poles generally carry things (*Minchas Baruch,* Responsa to *Orach Chaim* §76).]

As applied to the Tabernacle's vessels, then, this means that the rings in which the poles were placed (see previous note) would have been situated two-thirds the way up the vessel. In the case of the Altar, this meant that the rings would have been $6^{2}/_{3}$ *amos* above the base of the Altar (see *Minchas Baruch* ibid. ד״ה וגם, who attempts to reconcile this with Scriptural passages seeming to indicate a different placement of the rings).

30. Since the full height of the Leviim was *ten* amos, the distance between their shoulders and the ground would have been somewhat less than this. Still, even with the bulk of the Altar extending $6^{2}/_{3}$ *amos* downward, the remaining distance to the ground would have been just somewhat less than $3^{1}/_{3}$ *amos* (*Rashi,* as elaborated by *Maharsha*).

[*Rashi,* as just noted, presumes that the *Leviim* measured ten *amos* from head to foot. *Rabbeinu Chananel* and *Meiri,* however, suggest that ten *amos* was the distance between their *shoulders* and the ground. Hence, the Altar would have cleared the ground by precisely $3^{1}/_{3}$ *amos.*]

31. $3^{1}/_{3}$ *amos* converts to 20 *tefachim* [1 *amah*=6 *tefachim*].

32. In *Exodus* 25:10 the Torah relates that the Holy Ark was one-and-a-half *amos* in height, which is nine *tefachim* [$1^{1}/_{2}$×6=9].

דאי בעי מפקע ליה ושקיל בנסכא וכיון דאיכא שנצין מפיק ליה עד פומיה ושרי ושקיל ושנצין אגידי מגואי דליכא שנצין ואיבעית אימא דאית ליה ומכרכי עילויה וכן אמר רבא לא שנו אלא בקופה מלאה קישואין ודלועין אבל מלאה חרדל חייב אלמא קסבר אגד כלי לא שמיה אגד אביי אמר אפילו מלאה חרדל פטור אלמא קסבר אגד כלי שמיה אגד קם אביי בשיטתיה דרבא קם רבא בשיטתיה דאביי ורמי דאביי אדאביי ורמי דרבא אדרבא דאיתמר המוציא פירות לרה"ר אביי אמר ביד חייב בכלי פטור ורבא אמר ביד פטור בכלי חייב איפוך ביד חייב והתנן פשט בעל הבית את ידו לחוץ ונטל העני מתוכה או שנתן לתוכה והכנים שניהן פטורין התם למעלה מג' הכא למטה מג': **מתני'** המוציא בין בימינו בין בשמאלו בתוך חיקו או על כתיפיו חייב שכן משא בני קהת כלאחר ידו ברגלו בפיו ובמרפקו באזנו ובשערו ובפונדתו ופיה למטה בין פונדתו לחלוקו ובשפת חלוקו במנעלו בסנדלו פטור שלא הוציא כדרך המוציאין: **גמ'** אמר ר"א המוציא משאוי למעלה מעשרה טפחים חייב שכן משא בני קהת ומשא בני קהת מנלן (א) דכתיב על המשכן ועל המזבח סביב מקיש מזבח למשכן מה משכן י' אמות אף מזבח י' אמות ומשכן גופיה מנלן דכתיב עשר אמות אורך הקרש וכתיב ויפרוש את האהל על המשכן ואמר רב משה רבינו פרשו מכאן אתה למד גובהן של לויים עשר אמות וגמירי דכל טונא דמידלי במוטות תילתא מלעיל ותרי תילתי מלתחת אישתכח דהוה מידלי טובא ואיבעית אימא מארון דאמר מר ארון תשעה וכפורת טפח הרי כאן י' וגמירי דכל טונא דמידלי במוטות תילתא מלעיל ותרי תילתי מלרע אישתכח דלמעלה מי' הוה קאי וליגמר ממשה דילמא משה שאני דאמר מר אין השכינה שורה אלא על חכם גבור ועשיר ובעל קומה אמר רב משום רבי חייא המוציא משאוי בשבת על ראשו חייב חטאת שכן אנשי הוצל עושין כן ואנשי הוצל רובא דעלמא אלא אי איתמר הכי איתמר אמר רב משום רבי חייא אחד מבני הוצל שהוציא משוי על ראשו בשבת חייב שכן בני עירו עושין כן ותיבטל דעתו אצל כל אדם אלא אי איתמר הכי איתמר המוציא משוי על ראשו פטור ואת"ל

רש"י

מפקע. קורע: בנסכא. שהן חתיכות ארוכות וכל זמן שמקצתן בפנים לא קנה: ופרכינן וכיון דאיכא שנצין. רצועות שקורין אשטולד"ץ: מפיק ליה עד פומיה ושקיל. וכיון דמצי למשקלינהו קני ולענין שבת לא מיחייב עד דמפיק להו לשנצין דעל ידו הוא אגוד לרה"י שהרי לא יצאו: ומכרכי עילויה. שאין יכול להוציאו (ב) בלא שנצין: קם אביי בשיטתיה כו'. שניהם חזרו בדבריהם והחליפו שיטותם: ביד חייב. משאלו הפירות ואע"פ שגופו ברשות היחיד ולא אמרינן אגד גופו שמיה אגד: בכלי פטור. כל זמן שיש מקצת הכלי בידו: ביד פטור. דאגד גופו שמיה אגד וידו בתר גופו גרירא: בכלי חייב וקשיא אתרוייהו למה שהחליפו שיטתן: התם למעלה מג'. וטעמא משום דלא נח ולא משום אגד גופה: והכא למטה מג'. דליכא למיפטרי' משום הנחה דכמונח דמי: מתני' שכן משא בני קהת. בכתף ישאו (במדבר ז) וימין ושמאל וחיק אורח ארעא ובשם רבינו יצחק בר יהודה מצאתי שאמר בשם רב כל הני שמפורש בהש"ס ירושלמי ופקודת אלעזר בן אהרן הכהן שמן המאור וקטורת הסמים ומנחת התמיד ושמן המשחה [שמן] אחד בימין [ושמן] אחד בשמאל והקטורת בחיקו והמנחה בכתף: מרפקו. אישיל"א: פונדתו. אזור חלול: ופיה למטה. אין דרך הוצאה בכך אבל פיה למעלה דרך הוצאה: שפת חלוקו. שפה התחתונה: גמ' המוציא משאוי למעלה מי'. מעבירו באויר בידו ואינו על כתפו וגבוה מן הארץ [עשרה] קאמר דלאו במונח על כתפו מתניתין היא והא דתנן (לקמן דף ק.) הזורק ד' אמות בכותל למעלה מעשרה כזורק באויר אלמא אין למעלה מעשרה רשות הרבים דוקא זורק אבל מעביר חייב דיליף מבני קהת במשכן: אשר על המשכן וגו'. בקלעי החצר משתעי: אף מזבח. גובהו י' אמות והולכך לסובבו בקלעים של י' אמות ומה אני מקיים וג' אמות קומתו (שמות כז) משפת סובב ולמעלה ומה אני מקיים וקומה ה' בקלעים משפת מזבח ולמעלה כך מפורש בזבחים (דף נט:) שהיו הקלעים ט"ו אמות: מכאן אתה למד. דקס"ד שאר הלוים נמי גביהי כמשה: תלתא מלעיל. וכיון דמזבח י' אמות והוא נושא בכתף כדכתיב (במדבר ז) ולבני קהת לא נתן (עגלות) וגו' והלוים י' אמות כי מדלו ליה תילתא למעלה מראשיהן או מכתיפו נמצא גבוה מן הארץ קרוב לשליש של י' אמות דהוו טובא טפי יותר מי' טפחים: ואיבעית אימא. לא גביהי לוים ולאו ממזבח גמרינן דשמא לוים לא גביהי אלא ז' אמות ואין משאן דמזבח גבוה מן הארץ אלא ב' או ג' טפחים ומארון גמר לה ר' אלעזר: אשתכח דלמעלה מי' קאי. טובא אפילו אין גובהן של לוים אלא ג' אמות כמותו הרי י"ח טפחים וארון אינו תלוי למטה מכתפותיהן אלא ו' טפחים וב' שלישי טפח אישתכח דגבוה י' ויותר: וליגמר ממשה. שפרש המשכן ונמצא דגובהן של לוים עשר אמות ונילף מלוים נושאי המזבח: דאמר מר. במסכת נדרים: אנשי הוצל. היו נושאין כדי מים ויין על ראשיהן ואין אוחזין אותם בידים: מתני' צריך ארבע אמות והא דאמרינן במי שהוציאוהו (עירובין דף מח.) דמקומו של אדם ארבע אמות היינו כשפושט ידו למעלה מראשו[י]: ואת"ל

תוספות

דאי בעי מפקע ליה. נראה לר"י שכיסין שלהם לא היו תפורות בחוזק כמו שלנו ולהכי פריך ממקום התפירה ולא ממקום אחר: **ורמי** דאביי אדאביי. ° קים ליה להש"ס דהך מילתא דמייתי איתמר בתר דהדור בהו: **התם** למעלה מג'. והוי דלאו שמיה אגד הנחה ליכא כדפירש בקונטרס הקשה ה"ר אלחנן לרבה דמוקי מתני' בריש מכילתין (דף ד.) כר"ע דאמר קלוטה כמי שהונחה דמיא בהך בבא דמייתי הכא אמאי שניהם פטורין והלא למעלה מג' לר' עקיבא כמו למטה מג' לרבנן וי"ל דרבה סבר אגד גוף שמיה אגד ור"י מפרש התם למעלה מג' ואית לן למימר דשמיה אגד כדאמר בפ"ק (דף ג.) דידו בתר גופו גריר הכא למטה מג' דלאו שמיה אגד: **לאחר** ידו ברגלו. ולספרים דגרס כלאחר ידו י"ל דברגלו הוי פירוש כלאחר ידו ומיהו גירסא קמא ניחא טפי דהכי תניא בברייתא בגמרא: **במרפקו.** (ג) הוא שקורין קוד"א ולא כמו שפירש בקונטרס אישיל"ש מדתנן באהלות (פ"א מ"ח) רמ"ח אברים באדם שלשים בפיסת היד ו' בכל אצבע שנים בקנה שנים במרפק אחד בזרוע (ד) שנים בכתף כו' משמע דמרפק הוא למטה מן הזרוע וכן בפרק האומר משקלי (ערכין יט:) ידי ורגלי עלי ממלא חבית מים ומכניס ביד עד העציל וברגל עד הארכובה ועציל קרי ליה במתניתין דהתם במרפקו ותרגום של אצילי ידי מרפקי ידיה (יחזקאל יג) משמע דעציל היינו קוד"א שהוא ביד כנגד ארכובה ברגל ובפ"ב דזבחים (דף יח:) לא יחגרו ביזע שאין חוגרין לא למטה ממתניהם ולא למעלה מאציליהם אלא כנגד אצילי ידיהם ואי אצילי היינו אישיל"ש היאך יחגרו למעלה מהם ועוד א"כ כנגד אציליהן היאך חוגרים אדרבה שם היא מקום זיעה אלא ודאי היינו קוד"א וכן יש להוכיח מכאן דלא כמפרש דמקום תפילין הוי בקנה למטה ממרפק דבכל מקום אמרינן תפילין בזרוע ובמס' אהלות (פ"א מ"ח) משמע דזרוע הוא למעלה ממרפק ועוד דבפ' האומר משקלי (שם ד' יט:) פריך וביד עד העציל והכתיב והיה לאות על ידך ותנא זה קיבורית ומשני דאורייתא קיבורית כולה פירוש קרויה יד בנדרים הלך אחר לשון בני אדם משמע דמקום תפילין למעלה מן העציל[ל]: **המוציא** בפיו כו'. והא דתנן באמרו לו (כריתות ד' יג:) אם היתה שבת והוציאו בפיו חייב ה"מ אוכלים שדרכן להוציאן בפיו בשעת אכילה: **אישתכח** דלמעלה מי' הוה קאי. דמכתף אדם עד לארץ שלש אמות כדאמר בתרגום מגלת אסתר פרשנדתא אצטליב על תלת אמין וכן כלהו וראשיהם (ה) היו קטועים ומקוה דאמר (יומא לא.) דהוי כל גופו עולה בהן אפילו ראש באמה על אמה ברום ג' אמות דכשיכנס במים יעלו המים למעלה מראשו וכוכין דאמר בסוף המוכר פירות (ב"ב דף ק:[מ]) דאורכן ארבע אמות היינו עם ראש וצואר ועובי הארון עם מה שמשקעין ארון בתוך הכוך טפח או טפחיים וגבי היזק ראיה דהצריך ארבע אמות בריש בבא בתרא (דף ג:) משום צואר וראש ובקל יגביה עצמו שיוכל לראות לכך צריך ארבע אמות והא דאמרינן במי שהוציאוהו (עירובין דף מח.) דמקומו של אדם ארבע אמות היינו כשפושט ידו למעלה מראשו[י]: ואת"ל

מסורת הש"ס

א) לעיל ג., ב) פי' בין אצילי ידיו, ג) [גירסת הערוך ובחפתת], ד) לקמן לז., ה) [זבחים נט:], ו) נדרים לח. [בכורות מד.], ז) עירובין ד: סוכה דף ד: [סנהדרין ז.], ח) [נדה כו:], ט) נדרים לח., י) [illegible], כ) [illegible], ל) [illegible], מ) [illegible]

עין משפט נר מצוה

יא א ב מיי' פי"ג מהל' שבת הלכה ו:
יב ג מיי' פי"ג שם הלכה יג:
יג ד שם הלכה יג:
יד ה שם הלכה יד:

רב נסים גאון

המוציא בין בימינו בין בשמאלו בתוך חיקו ועל כתיפו חייב שכן משא בני קהת. בגמ' דבני מערבא מפרש כתי' ופקדת אלעזר בן אהרן הכהן שמן המאור וגו' שמן המאור בימינו וקטורת הסמים בשמאלו ומנחת התמיד של יום תלויה בזרועו שמן המשחה איכן היה נתון ר' אבין בשם ר' אלעזר כמין צלוחית קטנה היתה תלויה באפונדתו: מה משכן עשר אף מזבח עשר אמות בפרק מבוי (עירובין דף ב) אמרו איבעית אימא כי כתי' קלעים חמש עשרה אמה לכתף בגבוהה הוא כתי' והא כתי' וקומה חמש אמות ההוא משפת מזבח ולמעלה כדי שלא יהא כהן עומד ועבודה בידו והעם רואין אותו מבחוץ נתבאר כבר שהמזבח יש בגבהו י' אמות ובמסכת זבחים בפרק קדשי קדשים (דף נט:) אמרו ר' יהודה לטעמיה דאמר מזבח דמשה נמי גדול הוה דתניא ה' אמות אורך וה' אמות רוחב רבוע יהיה דברים ככתבן דברי ר' יוסי ר' יהודה אומר נאמר כאן רבוע ונאמר להלן רבוע מה להלן מאמצעיתו הוא מודד אף כאן מאמצעיתו הוא מודד כולה ור' יוסי כי גמיר גזירה שוה לגבהו גמיר דתניא ושלש אמות קומתו דברים ככתבן דברי ר' יהודה ר' יוסי אומר נאמר כאן רבוע ונאמר להלן במזבח הזהב רבוע מה להלן גובהו כשנים ברחבו אף כאן גובהו כשנים ברחבו הא מה אני מקיים וקומה חמש אמות משפת סובב ולמעלה: דאמר מר אין השכינה שורה אלא על חכם גבור ועשיר. עיקר דיליה במסכת נדרים בפרק אין בין המודר הנאה מחבירו (דף לח) א"ר יוחנן אין הקב"ה משרה שכינתו אלא על חכם גבור ועשיר ועניו ומכולן ממשה דכתיב (שמות מ) ויפרוש את האהל על המשכן ואמר מר משה פרשו וכתיב (שמות כו) עשר אמות ארך הקרש אימא דאריך וקטין אלא מן הדין קרא דכתיב (דברים ט) ואתפש בשני הלוחות ותניא אורכן ו' ורחבן ו' ועוביין ג' עשיר דכתיב

רבינו חננאל

מתניתין כדר' זירא עד שיוציא את כל הקופה הא אם הוציא כל הפירות לבר וחזקיה מתרץ לה למתני' כטעמיה ור' יוחנן מתרץ לה כטעמיה ומותבינן לחזקיה המוציא קופת הרוכלין ונתנה על האסקופה החיצונה אע"פ שרוב המינין מבחוץ פטור עד שיוציא את כל הקופה וקס"ד דאית בקופת הרוכלים חפצים קטנים כגון חוליות וכיוצא בהן [illegible]

הגהות הב"ח

(א) גמ' דכתיב אשר על המשכן: (ב) רש"י ד"ה ומכרכי וכו' להוציאו. נ"ב פי' לכיס: (ג) תוס' ד"ה במרפקו הוא שקורין קוד"א. נ"ב לקמן בס"פ הזורק דף קב ע"ב פירש"י גופיה מרפקו ידו עיין שם: (ד) בא"ד ואחד בזרוע וד' בכתף: (ה) ד"ה אישתכח וכו' דלראשיהם היו:

גליון הש"ס

תוס' ד"ה ורמי דאביי וכו' קים ליה. כעין זה בתוס' לעיל דף ט ע"ב ד"ה הא לן וש"נ:

תורה אור השלם

א) וְקַלְעֵי הֶחָצֵר וְאֶת מָסַךְ פֶּתַח הֶחָצֵר אֲשֶׁר עַל הַמִּשְׁכָּן וְעַל הַמִּזְבֵּחַ סָבִיב וְאֵת מֵיתָרָיו לְכֹל עֲבֹדָתוֹ: [במדבר ג, כו]
ב) עֶשֶׂר אַמּוֹת אֹרֶךְ הַקָּרֶשׁ וְאַמָּה וַחֲצִי הָאַמָּה רֹחַב הַקֶּרֶשׁ הָאֶחָד: [שמות כו, טז]
ג) וַיִּפְרֹשׂ אֶת הָאֹהֶל עַל הַמִּשְׁכָּן וַיָּשֶׂם אֶת מִכְסֵה הָאֹהֶל עָלָיו מִלְמָעְלָה כַּאֲשֶׁר צִוָּה יְיָ אֶת מֹשֶׁה: [שמות מ, יט]

ליקוטי רש"י

למטה מג'. דהויא כקרקע [לעיל ה.]. ובמרפקו. אצילי ידיו [לקמן קד.]. אציל שקורין אישיל"א [ערכין יט.]. [illegible] פונדתו. אזור חלול ועושין בו מעות [ברכות נד.]. מה משכן. [illegible] עשר אמות אורך הקרש. [illegible] ומה אמות קומתו משפת סובב ולמעלה [זבחים נט:]. עשר אמות אורך הקרש. למדנו גובהו של משכן עשר אמות [illegible]

[illegible]

The Gemara proceeds with its proof:

וּגְמִירֵי דְּכָל טוּנָא דְּמִידְלֵי בְּמוֹטוֹת – Now, as stated above, **we have a tradition that any load that [people] carry with poles** תִּילְתָּא מִלְּעֵיל וּתְרֵי תִּילְתֵּי מִלְּרַע – is positioned so that **one third** of its bulk **is above** the shoulders **and two thirds is below** the shoulders. Thus, when the Leviim carried the Ark, 6⅔ *tefachim* of its height hung below their shoulders, leaving a gap between the bottom of the Ark and the surface of the ground.[33] אִישְׁתַּכַּח דִּלְמַעְלָה מֵעֲשָׂרָה הֲוָה קָאֵי – **We thus find that [the Ark] was** carried **more than ten** *tefachim* above the ground, lending support to R' Elazar, who holds that one who carries at this height is liable.

The Gemara questions why it was necessary to provide an alternative proof that some vessels were carried above ten *tefachim:*

וְלִיגְמַר מִמֹּשֶׁה – **But let us derive it from Moses,** and from the way the Leviim carried the Altar! Why is it necessary to add that one can also learn this from the way the Leviim carried the Ark?

The Gemara answers that the first argument was based on a presumption that could be disputed:

דִּילְמָא מֹשֶׁה שָׁאנֵי – One might argue: **Perhaps Moses was different,** he was taller than all the other Leviim;[34] דְּאָמַר מַר – **for** indeed, **the master said:** אֵין הַשְּׁכִינָה שׁוֹרָה אֶלָּא עַל חָכָם גִּבּוֹר וְעָשִׁיר וּבַעַל קוֹמָה – **The Divine Presence rests only upon someone who is wise, strong, wealthy, and tall.**

The Mishnah classified certain ways of carrying things as normal, and several others as aberrant or unusual. The Gemara now discusses a mode of transport not specifically mentioned in the Mishnah:

אָמַר רַב מִשּׁוּם רַבִּי חִיָּיא – **Rav said in the name of R' Chiya:** הַמּוֹצִיא מַשּׂאוֹי בְּשַׁבָּת עַל רֹאשׁוֹ – **If, on the Sabbath, one transfers a load upon his head** to another domain, חַיָּיב חַטָּאת – **he is liable to a** ***chatas,***[35] שֶׁכֵּן אַנְשֵׁי הוּצָל עוֹשִׂין כֵּן – **for the people of Hutzeil** regularly **do this,**[36] and it is therefore not deemed unusual.

The Gemara asks:

וְאַנְשֵׁי הוּצָל רוּבָּא דְעָלְמָא – **But** does **the population of Hutzeil** represent **the majority** of the people **in the world?** While it may be normal for them to carry loads in such a manner, most others certainly do not carry things that way![37] – ? –

The Gemara accepts this objection, and emends Rav's statement:

אֶלָּא אִי אִיתְּמַר הָכִי אִיתְּמַר – **Rather, if this was stated** at all, **this is how** it must have been **stated:** אָמַר רַב מִשּׁוּם רַבִּי חִיָּיא – **Rav said in the name of R' Chiya:** אֶחָד מִבְּנֵי הוּצָל שֶׁהוֹצִיא מַשּׂוֹי עַל רֹאשׁוֹ בְּשַׁבָּת – **If, on the Sabbath, one of the people of Hutzeil transfers a load on his head** to another domain, חַיָּיב – **he is liable,** שֶׁכֵּן בְּנֵי עִירוֹ עוֹשִׂין כֵּן – **for the people of his city do this** regularly.

The Gemara asks:

וְתִיבָּטֵל דַּעְתּוֹ אֵצֶל כָּל אָדָם – **But let [that person's] thoughts be negated in view of the** overwhelming consensus of **all** other **people** in the world to the contrary. Since the vast majority of people do *not* use this method of transport, the practice should be deemed categorically unusual![38] – ? –

Accepting this point, the Gemara once again emends Rav's ruling:

אֶלָּא אִי אִיתְּמַר הָכִי אִיתְּמַר – **Rather, if this was stated** at all, **this is how** it must have been **stated:** הַמּוֹצִיא מַשּׂוֹי עַל רֹאשׁוֹ פָּטוּר – **One who transfers a load on his head is exempt.**[39]

NOTES

33. Even if the Leviim were just of average height – 3 *amos* (18 *tefachim*) tall – still, the Ark, which hung almost seven *tefachim* below their shoulders, would have cleared the ground by more than ten *tefachim* (*Rashi*). [As to how the Leviim would have carried the much taller Altar, see next note.]

Tosafos and others observe that this calculation presumes that the Leviim measured at least three *amos* at their shoulders, not three *amos* overall. See also *Maharsha.*

34. Had the Leviim been any less than ten *amos* tall, even if they were still quite tall [e.g. seven *amos*], still, there could be no proof from the case of the Altar. The Altar would have hung 6⅔ *amos* below their shoulders, so that it would be carried just a few *tefachim* from the ground (*Rashi*).

Minchas Baruch (Responsa to *Orach Chaim* §76) explains that if the height of the other Leviim was *not* derived from Moses (as the Gemara now contends), then the Leviim would not have been of a single, uniform height (*ten* amos); rather, some would have been taller and others would have been shorter. In such case, the taller ones would have carried the Altar, a large vessel that could be carried only by men at least about 7 *amos* tall (see above). The shorter Leviim might have then carried the much smaller Ark; but even if the shorter Leviim were just of average height (3 *amos*), the Ark would still have cleared the ground by more than ten *tefachim* (see previous note; see also *Chidushei HaRan,* quoting *Chidushei HaRaah*).

35. [If he did so inadvertently. If he did this deliberately, he would be subject to capital punishment.]

36. They would transport jugs of water or wine by balancing them on their heads (*Rashi*).

37. [A given way of doing things is not judged as normative just because a small minority of people, somewhere in the world, routinely practice it.]

38. Various Rishonim note that in other situations (e.g. *Kiddushin* 6a), the Gemara indeed considers the custom of a certain place to be legally material within that place, and does not assert that those mores are insignificant since they are not followed elsewhere. Why, then, is the custom of Hutzeil not seen as binding at least for residents of that town?

Several resolution to this problem are proposed: *Ritva* (*MHK* ed.) suggests that carrying an item on one's head is an especially bizarre mode of transport, and, for that reason, must be seen as unusual even though an entire city practices it. *Chidushei HaRan,* though, sees the case of Hutzeil as different because it was just a small town. Had it been a large city with a sizable population, it would have indeed been judged according to its own mores. Since, however, its population was small, its people are given no independent standing, but are judged by the standards of the rest of the world.

39. [I.e. even a resident of *Hutzeil* who carries out an object on his head is exempt.]

עין משפט נר מצוה

יא א ב מיי' פי"ג מהל' שבת הלכה ז: יב ג מיי' פי"ג שם הלכה יג: יג ד שם הלכה יג: יד ה שם הלכה יד:

דאי בעי מפקע ליה ושקיל בנסכא וכיון דאיכא שנצין מפיק ליה עד פומיה ושרי ושקיל ושנצין אגידי מגואי דליכא שנצין ואיבעית אימא דאית ליה ומכרכי עילויה וכן אמר רבא לא שנו אלא בקופה מלאה קישואין ודלועין אבל מלאה חרדל חייב אלמא קסבר אגד כלי לא שמיה אגד אביי אמר אפילו מלאה חרדל פטור אלמא קסבר אגד כלי שמיה אגד קם אביי בשיטתיה דרבא קם רבא בשיטתיה דאביי ורמי דאביי אדאביי ורמי דרבא אדרבא דאיתמר המוציא פירות לרה"ר אביי אמר ביד חייב בכלי פטור ורבא אמר ביד פטור בכלי חייב איפוך ביד חייב והתנן פשט בעל הבית את ידו לחוץ ונטל העני מתוכה או שנתן לתוכה והכנים שניהן פטורין התם למעלה מג' הכא למטה מג': **מתני'** המוציא בין בימינו בין בשמאלו בתוך חיקו או על כתיפיו חייב שכן משא בני קהת כלאחר ידו ברגלו בפיו ובמרפקו באזנו ובשערו ובפונדתו ופיה למטה בין פונדתו לחלוקו ובשפת חלוקו במנעלו בסנדלו פטור שלא הוציא כדרך המוציאין: **גמ'** אמר ר"א המוציא משאוי למעלה מעשרה טפחים חייב שכן משא בני קהת ומשא בני קהת מנלן (א) דכתיב על המשכן ועל המזבח סביב מקיש מזבח למשכן מה משכן י' אמות אף מזבח י' אמות ומשכן גופיה מנלן דכתיב עשר אמות אורך הקרש וכתיב ויפרוש את האהל על המשכן ואמר רב משה רבינו פרשו מכאן אתה למד גובהן של לויים עשר אמות וגמירי דכל טונא דמידלי במוטות תילתא מלעיל ותרי תילתי מלתחת אישתכח דהוה מידלי טובא ואיבעית אימא מארון דאמר מר ארון תשעה וכפורת טפח הרי כאן י' וגמירי דכל טונא דמידלי במוטות תילתא מלעיל ותרי תילתי מלרע אישתכח דלמעלה מי' הוה קאי וליגמר ממשה דילמא משה שאני דאמר מר אין השכינה שורה אלא על חכם גבור ועשיר ובעל קומה אמר רב משום רבי חייא המוציא משאוי בשבת על ראשו חייב חטאת שכן אנשי הוצל עושין כן ואנשי הוצל רובא דעלמא אלא אי איתמר הכי איתמר אמר רב משום רבי חייא אחד מבני הוצל שהוציא משוי על ראשו בשבת חייב שכן בני עירו עושין כן ותיבטל דעתו אצל כל אדם אלא אי איתמר הכי איתמר המוציא משוי על ראשו פטור ואת"ל

רש"י

מפקע. קורע: בנסכא. שהן חתיכות ארוכות וכל זמן שמקצתן בפנים לא קנה: ופרכינן וכיון דאיכא שנצין. רצועות שקורין אשטולד"ן: מפיק ליה עד פומיה ושקיל. וכיון דמצי למשקלינהו קני ולענין שבת לא מיחייב עד דמפיק להו לשנצין דעל ידו הוא אגוד לרה"י שהרי לא יצאו: ומכרכי עילויה. שאין יכול להוציאו (ג) בלא שנצין: קם אביי בשיטתיה כו'. שניהם חזרו בדבריהם והחליפום: ביד חייב. משיצאו הפירות ואע"פ שגופו ברשות היחיד ולא אמרינן אגד גופו שמיה אגד: בכלי פטור. כל זמן שיש מקצת הכלי בביתו: ביד פטור. דאגד גופו שמיה אגד דידו בתר גופו גרירא בכלי חייב וקשיא אתרוייהו למה שהחליפו שיטתן: התם למעלה מג'. וטעמא משום דלא נח ולא משום אגד גופה: והכא למטה מג'. דליכא למיפטרי' משום הנחה דכמונחת דמי: מתני' שכן משא בני קהת. בכתף ישאו (במדבר ז) וימין ושמאל וחיק אורח ארעא ובשם רבינו יצחק בר יהודה מצאתי שאמר בשם רב האי שמפורש בהש"ס ירושלמי ופקודת אלעזר בן אהרן הכהן שמן המאור וקטורת הסמים ומנחת התמיד ושמן המשחה [שמן] אחד בימין [ושמן] אחד בשמאל והקטורת בחיקו והחביתין בכתף: מרפקו. אישיל"א: פונדתו. אזור חלול: ופיה למטה. אין דרך הוצאה בכך אבל פיה למעלה דרך הוצאה: שפת חלוקו. שפה התחתונה: גמ' המוציא משאוי למעלה מי'. מעבירו באויר בידו ואינו על כתפו וגבוה מן הארץ [עשרה] קאמר דאי במונח על כתפו מתניתין היא והא דתנן (לקמן דף ק.) הזורק ד' אמות בכותל למעלה מעשרה כזורק באויר אלמא אין למעלה מעשרה רשות הרבים דווקא זורק אבל מעביר חייב דיליף מבני קהת שבמשכן: אשר על המשכן וגו'. בקלעי החצר משתעי: אף מזבח. גובהו י' אמות והוצרך לסובבו בקלעים של י' אמות רחב ומה אני מקיים וג' אמות קומתו (שמות כז) משפת סובב ולמעלה ומה אני מקיים וקומה ה' דקלעים משפת מזבח ולמעלה כך מפורש בזבחים (דף נט:) שהיו הקלעים ט"ו אמות: מכאן אתה למד. דקס"ד שאר הלוים נמי גביהי כמשה: תלתא מלעיל. וכיון דמזבח י' אמות והוא נושא בכתף כדכתיב (במדבר ז) ולבני קהת לא נתן (עגלות) וגו' והלוים י' אמות כי מדלו ליה תילתא למעלה מראשיהן או מכתיפו נמצא גבוה מן הארץ קרוב לשליש של י' אמות דהוו טובא טפי יותר מי' טפחים: ואיבעית אימא. לא גביהי לוים ולאו ממזבח גמרינן דשמא לוים לא גביהי אלא ז' אמות ואין משכן דמזבח גבוה מן הארץ אלא ב' או ג' טפחים ומארון גמר לה ר' אלעזר: אשתכח דלמעלה מי' קאי. טובא אפילו אין גובהן של לוים אלא ג' אמות כמותו הרי י"ח טפחים וארון אינו תלוי למטה מכתפותיהן אלא ו' טפחים וב' שלישי טפח אישתכח דגבוה י' ויותר: וליגמר ממשה. שפרש המשכן ונמצא דגובהן של לוים עשר אמות וניליף מלוים נושאי המזבח: דאמר מר. במסכת נדרים: אנשי הוצל. היו נושאין כדי מים ויין על ראשיהן ואין אוחזין אותם בידים: מתני' צריך ארבע אמות והא דאמרינן במי שהוציאוהו (עירובין דף מח.) דמקומו של אדם ארבע אמות היינו כשפושט ידו למעלה מראשו:

תוספות

דאי בעי מפקע ליה. נראה לר"י שכיסין שלהם לא היו תפורות בחוזק כמו שלנו ולהכי פריך ממקום התפירה ולא ממקום אחר: ורמי דאביי אדאביי. קים ליה להש"ס דהך מילתא דמייתי איתמר בתר דהדור בהו: התם למעלה מג'. והוי דלאו שמיה אגד הנחה ליכא כדפירש בקונטרס הקשה ה"ר אלחנן לרבה דמוקי מתני' בריש מכילתין (דף ד.) כר"ע דאמר קלוטה כמי שהונחה דמיא בהך בבא דמייתי הכא אמאי שניהם פטורין והלא למעלה מג' לר' עקיבא כמו למטה מג' לרבנן וי"ל דרבה סבר אגד גוף שמיה אגד ור"י מפרש התם למעלה מג' ואית לן למימר דשמיה אגד כדאמר בפ"ק (דף ג.) דידו בתר גופו גריר הכא למטה מג' דלאו שמיה אגד: לאחר ידו ברגלו. ולספרים דגרס כלאחר ידו י"ל דברגלו הוי פירוש כלאחר ידו ומיהו גירסא קמא ניחא טפי דהכי תניא בברייתא בגמרא: במרפקו. (ג) הוא שקורין קוד"א ולא כמו שפירש בקונטרס אישיל"ש מדתנן באהלות (פ"א מ"ח) רמ"ח אברים באדם שלשים בפיסת היד ו' בכל אצבע שנים בקנה שנים במרפק אחד בזרוע (ד) שנים בכתף כו' משמע דמרפק הוא למטה מן הזרוע וכן בפרק האומר משקלי (ערכין יט:) ידי ורגלי עלי ממלא חבית מים ומכניס ביד עד העציל וברגל עד הארכובה ולעציל קרי ליה במתניתין דהתם במרפקו ותרגום של אצילי ידי מרפקי ידיה (יחזקאל יג) משמע דעציל היינו קוד"א שהוא ביד כנגד ארכובה ברגל ובפ"ב דזבחים (דף יח:) לא יחגרו ביזע שאין חוגרין לא למטה ממתניהם ולא למעלה מאציליהם אלא כנגד אצילי ידיהם ואי אצילי היינו אישיל"ש היאך יחגרו למעלה מהם ועוד א"כ כנגד אציליהן היאך חוגרים אדרבה שם היא מקום זיעה אלא ודאי היינו קוד"א וכן יש להוכיח מכאן דלא כמפרש דמקום תפילין הוי בקנה למטה ממרפק דבכל מקום אמרינן תפילין בזרוע ובמס' אהלות (פ"א מ"ח) משמע דזרוע הוא למעלה ממרפק ועוד דבפ' האומר משקלי (שם ד' יט:) פריך וניד עד העציל והכתיב והיה לאות על ידך ותנא זה קיבורית ומשני דאורייתא קיבורית כולה פירוש קרויה יד בנדרים הלך אחר לשון בני אדם משמע דמקום תפילין למעלה מן העציל: המוציא בפיו כו'. והא דתנן באמרו לו (כריתות ד' יג:) אם היתה שבת והוציאו בפיו חייב ה"מ אוכלים שדרכן להוציאן בפיו בשעת אכילה: אישתכח דלמעלה מי' הוה קאי. דמכתף אדם עד לארץ שלש אמות כדאמר בתרגום מגלת אסתר פרשנדתא אצטליב על תלת אמין וכן כלהו וראשיהם (ה) היו קטועים ומקוה דאמר (יומא לא.) דהוי כל גופו עולה בהן אפילו ראש באמה על אמה ברום ג' אמות

תורה אור השלם

א) וְקַלְעֵי הֶחָצֵר וְאֶת מָסַךְ פֶּתַח שַׁעַר הֶחָצֵר אֲשֶׁר עַל הַמִּשְׁכָּן וְעַל הַמִּזְבֵּחַ סָבִיב וְאֵת מֵיתְרֵיהֶם לְכָל עֲבֹדָתָם: [במדבר ד, כו]

ב) עֶשֶׂר אַמּוֹת אֹרֶךְ הַקָּרֶשׁ וְאַמָּה וַחֲצִי הָאַמָּה רֹחַב הַקֶּרֶשׁ הָאֶחָד: [שמות כו, טז]

ג) וַיִּפְרֹשׂ אֶת הָאֹהֶל עַל הַמִּשְׁכָּן וַיָּשֶׂם אֶת מִכְסֵה הָאֹהֶל עָלָיו מִלְמָעְלָה כַּאֲשֶׁר צִוָּה יְיָ אֶת מֹשֶׁה: [שמות מ, יט]

רב נסים גאון

המוציא בין בימינו בין בשמאלו בתוך חיקו ועל כתפיו חייב שכן משא בני קהת.

ואת"ל אנשי הוצל עושין כן בטלה דעתן אצל כל אדם: **מתני'** [א] המתכוין להוציא לפניו ובא לו לאחריו פטור לאחריו ובא לו לפניו חייב באמת אמרו האשה החוגרת בסינר בין מלפניה ובין מלאחריה חייבת שכן ראוי להיות חוזר רבי יהודה אומר אף מקבלי פתקין: **גמ'** מאי שנא לפניו ובא לו לאחריו דפטור דלא אתעביד מחשבתו לאחריו ובא לו לפניו נמי הא לא אתעביד מחשבתו א"ר אלעזר [ב] תברא מי ששנה זו לא שנה זו אמר רבא ומאי קושיא דילמא לפניו ובא לו לאחריו היינו טעמא דפטור [ג] דנתכוון לשמירה מעולה ועלתה בידו שמירה פחותה לאחריו ובא לו לפניו היינו טעמא דחייב דנתכוון לשמירה פחותה ועלתה בידו שמירה מעולה אלא מאי קושיא דיוקא דמתני' קשיא המתכוין להוציא לפניו ובא לו לאחריו פטור הא לאחריו ובא לו לאחריו חייב אימא סיפא לאחריו ובא לו לפניו הוא דחייב הא לאחריו ובא לו לאחריו פטור א"ר אלעזר תברא מי ששנה זו לא שנה זו אמר רב אשי מאי קושיא דילמא לא מיבעיא קאמר לא מיבעיא לאחריו ובא לו לאחריו דחייב דאיתעבידא מחשבתו אלא אפילו לאחריו ובא לו לפניו איצטריכא ליה סלקא דעתך אמינא הואיל ולא איתעביד מחשבתו לא ליחייב קמ"ל דנתכוון לשמירה פחותה ועלתה בידו שמירה מעולה דחייב [ג] ולאחריו ובא לו לאחריו תנאי היא דתניא [א] [ד] המוציא מעות בפונדתו ופיה למעלה חייב פיה למטה רבי יהודה מחייב וחכמים פוטרין אמר להן ר' יהודה אי אתם מודים בלאחריו ובא לו לאחריו שהוא חייב ואמרו לו ואי אתה מודה כלאחר ידו ורגלו שהוא פטור אמר ר' יהודה אני אמרתי דבר אחד והן אמרו דבר אחד אני לא מצאתי תשובה לדבריהם והן לא מצאו תשובה לדברי מדקאמר להו אי אתם מודין לאו מכלל דפטרי רבנן וליטעמיך דקאמרי ליה אי אתה מודה מכלל דמחייב רבי יהודה והתניא לאחר ידו ורגלו ד"ה פטור אלא לאחריו ובא לו לאחריו ד"ה חייב לאחר ידו ורגלו דברי הכל פטור כי פליגי בפונדתו ופיה למטה מר מדמי ליה לאחריו ובא לו לאחריו ומר מדמי ליה לאחר ידו ורגלו: באמת אמרו האשה כו': [תנא [ה] כל באמת אמרו הלכה היא: רבי יהודה אומר אף מקבלי פתקין]: תנא [ו] שכן לבלרי מלכות עושין כן: **מתני'** המוציא ככר לרשות הרבים חייב [ז] הוציאוהו שנים פטורין [ח] לא יכול אחד להוציאו והוציאוהו שנים חייבין ור' שמעון פוטר: **גמ'** אמר רב יהודה אמר רב ואמרי לה אמר אביי ואמרי לה במתניתא תנא זה יכול וזה יכול רבי מאיר מחייב ור' יהודה ור' שמעון פוטרים זה אינו יכול וזה אינו יכול רבי יהודה ור' מאיר מחייבים ורבי שמעון פוטר [ז] זה יכול וזה אינו יכול דברי הכל חייב תניא נמי הכי המוציא ככר לרשות הרבים חייב הוציאו שנים רבי מאיר מחייב ורבי יהודה אומר אם לא יכול אחד להוציאו והוציאו שנים חייבין ואם לאו פטורים ורבי שמעון פוטר מנא הני מילי [ח] דתנו רבנן [א] בעשותה העושה את כולה ולא העושה את מקצתה כיצד שנים שהיו אוחזין במלגז ולוגזין בכרכר ושובטין בקולמוס וכותבין בקנה והוציאו לרשות הרבים יכול יהו חייבין תלמוד לומר בעשותה העושה את כולה ולא העושה מקצתה

בעיגול

רש"י

מתני' המתכוין להוציא לפניו. כגון שצרר מעות בסדינו כדי שיהיו תלוין לפניו ובא לו לאחריו: **פטור.** דלא נתקיימה מחשבתו וה"ל כמתעסק ולא מתכוין: **לאחריו ובא לו לפניו חייב.** בגמ' מפרש טעמא: **סינר.** כעין מכנסים קטנים וחוגרת אותו לצניעות ולא תלתה בו שום דבר להוציא ובא לו לצד אחר חייבת: **שכן ראוי להיות חוזר.** דרכו להיות חוזר סביבותיה ומתחלתה ידעה שסופו להתהפך: **ר' יהודה אומר אף מקבלי פתקין.** של מלך למוסרם לרצים אף הם חייבים בהולכתן אפילו לא נתקיימה מחשבתן כגון הוליכן על מנת לתתן לזה ונתנו לזה כך לשון רבותי ולבי מגמגם: **גמ' מי ששנה זו לא שנה זו.** ת"ק פטור בתרוייהו ותנא בתרא מחייב בתרוייהו: **ועלתה בידו שמירה פחותה.** ולהכי קפדי דלא ניחא ליה אבל סיפא כל שכן דניחא ליה: **דיוקא דמתני' קשיא.** דיוקא (א) דמצינן למידק ממתני': **לאחריו ובא לו לפניו הוא דחייב.** דעלתה בידו שמירה מעולה: **וחכמים פוטרין.** שאין דרך הולכה בכך: **אני אמרתי דבר אחד.** אי אתם מודים כו': **והם אמרו דבר א'.** אי אתה מודה כו': **מכלל דמחייב רבי יהודה.** בתמיה הא ודאי דברי הכל פטור דלא מפקי אינשי הכי: **לאחריו ובא לו לאחריו דברי הכל חייב.** דיש מוליכין כן בשמירה פחותה: **לאחר ידו דברי הכל פטור.** דאין מוליכין כן: **מר מדמי לה לאחריו.** דשמירה פחותה היא ומר מדמי לה לאחר ידו דלא דמי למוליך לאחריו דהתם משמרים כן מן הגנבים אבל אלו נופלין מאליהן ואין מוליכין כן: **שכן לבלרי מלכות עושין כן.** כדעתו למוסרן לזה ואין מוצאו ודבר המלך נחוץ ומוצא אחר ומוסרו לו: **מתני' הוציאוהו (ג) שנים פטורין.** כדילפינן בעשותה יחיד ולא שנים: **חייבים.** וטעמא מפרש בגמרא: **גמ' זה יכול.** להוציאו לבדו וזה יכול להוציאו לבדו והוציאו שניהם: **ר"מ מחייב.** דלא דריש בעשותה להכי אלא לפטור יחיד שעשה בהוראת ב"ד דלקמן: **ור' יהודה פוטר.** דלאו אורחיה בהכי וסתם מתני' ר' יהודה היא: **זה אינו יכול וזה אינו יכול.** דאורחייהו להוציא בשנים בהא סבירא ליה לר' יהודה כר"מ דחייב ולרבי שמעון פוטר דיליף מקרא דלקמן: **זה יכול וזה אינו יכול.** והוציאו שניהם דברי הכל חייב ולקמן מפרש הי מינייהו חייב: **ה"ג הוציאוהו שנים ר"מ מחייב ול"ג פטור: ר' יהודה אומר אם לא יכול אחד.** כלומר כל אחד ואחד: **ואם לאו.** אלא זה יכול וזה יכול פטור וממילא דכ"ש הא בעשותה: **גוונא ר' מאיר מחייב: מלגז.** פורק"א בת ג' שיניים ומהפכין בה תבואה בגורן והוא מעמר דהוי אב מלאכה: **ולוגזין.** מאספין השבלין: **בכרכר ושובטין.** הוא מיסך כדאמר בפרק כלל גדול (לעיל דף עה:) שובט הרי הוא בכלל מיסך: **בקנה והוציאוהו כו'.** וכל הנך זה יכול וזה יכול נינהו:

עיגול

תוספות

ואת"ל אנשי הוצל עושין כן בטלה דעתן אצל כל אדם. משמע דעל אתרא נמי אמר דבטלה דעתן וכן בריש כל מערבין (עירובין דף כח.) פריך ובבל הוי רובא לעלמא והתניא כו' וכן בתר הכי (ג) פריך ופרסאי הוי רובא לעלמא וקשה דבפ' חבית (לקמן קמד:) גבי של בית מנשיא היו סוחטין ברמונים (ד) ופריך בית מנשיא הוי רובא דעלמא ומשני אין דהתנן המקיים קוצים בכרם כו' שכן בערביא מקיימין קוצים לגמליהן ופריך מי דמי ערביא אתרא הוא הכא בטלה דעתו אצל כל אדם וי"ל דהתם חשוב מנהג ערביא דלכל העולם נמי אם היה להם רוב גמלים הוו נמי מקיימי אבל בית מנשיא דחד גברא בטלה דעתו אע"ג דלכל העולם אם היה להם רמונים הרבה היו סוחטין:

רבי יהודה אומר אף מקבלי פיתקין. מפרש רבינו שמואל שיש אדם ממונה למלך שנושא פיתקין של מלך לידע מנין גדוריו וחייליו ובית אוצרותיו ונושאין אותן בכיסין התלוין באזוריהן ואותן כיסין חוזרין פעמים לפניהם ופעמים לאחוריהן והוי ממש דומיא דסינר דלעיל שהוא חוזר ות"ק דר' יהודה לא חשיב ליה חוזר והא דמייתי בגמרא תנא שכן לבלרי מלכות עושין כן כלומר שחוזר דבעינן זה מיירי רישא (דבריתא) [דמתני']:

תברא מי ששנה זו כו'. ת"ק ה"ל למינקט לאחריו ובא לו לפניו פטור ולתנא בתרא דמחייב הוה לו למינקט לפניו ובא לו לאחריו דהוי רבותא טפי אלא דהשתא לא ידע * שיש בזה שום חילוק:

הא לאחריו ובא לו לאחריו פטור. לעיל (דף נג:) גבי חזקיה משני נעשה וכפ"ק דקדושין (דף ה:) גבי נתנה היא ואמרה היא וכמה דוכתי לא משני:

זה אינו יכול וזה אינו יכול ר"מ ורבי יהודה מחייבין. מה שהקשה ריב"א אמאי לא אמרינן חטאת אחד אמר רחמנא ולא שנים ושלשה כדאמר גבי כופר מפורש בפרק ד' וה' (ב"ק דף מ. ד"ה כופר):

תלתא

עין משפט נר מצוה

טו א ב מיי' פי"ח מהל' שבת הל' יג סמג לאוין סה:
טז ג מיי' שם הל' יג:
יז ד מיי' שם הל' טו:
יח ה ו שם הל' טז:

רב נסים גאון

(שמות לד) פסל לך פסולתן שלך תהא הכם רב ושמואל דאמרי תרוייהו נ' שערי בינה נבראו בעולם וכולם ניתנו למשה חסר א' שנא' (תהלים ח) ותחסרהו מעט מאלהים ועניו דכתיב (במדבר יב) והאיש משה עניו מאד:

רבינו חננאל

לעולם דאיכא ומכרכי עילויה ד' והא קושיא איכא דמרוחי ביה ומרבו ביה מילי כגון פירושא ומשום לה לענין מי שהוציא את הכיס דרך שוליו דרך דחוקה היא ולא סליק טעמייהו וגמ' שנצין בדליכא. והכין פירשוהו רבותינו וכו דקאי אי דאפקיה דרך פיו הכי נמי דאלמ' מחייב משום דאי בעי שקיל ומנקא בו את לידי נגעו קודם שיבא לידי איסור שבת ועלה קא מקשי למה לי אגרוי בכי האי אלמא והיכי [מצי להן] למשקל מדרך פיו קמיה דנפק' לשוליה והאידנא בשעה שנוגע ודאי לשוליא לולאות דידיען בעברי אל בריסה ואל כדאשת דר' מר גובי דשוליו בהדי הדדי והכין הוה מנהג דכיסי דההוא זמן כההיא דתנן כיס של שנאצות שניטל שנציו טמא נפשט טהור וכי האי (לא) מיצי להו למשרייה לגישיה אלא מכלפי שולי' דאלמ' צריך להוציא כולו ודחינן איכא כיסי דלית להו שנצי ואי נמי דאית להו שנצי ומכרכי על פומייהו ואינן (עקורין) [כרוכין] כלפי שוליו. והא סברה סברה חזקיה דאגד כלי לאו שמיה אגד ואביי סברה כר"י דאגד כלי שמיה אגד וקם אביי בשיטתיה (ורבא) פי' קם בשיטתיה הדר מן מימרא דנפשיה ואי' כמימרא דרבא דחייב אלמא אגד כלי לא שמיה אגד וקם כשיטתיה דאביי פי' דסבר רבא כאביי דאגד כלי שמיה אגד ואיסקופה אלא מלאה פירות פטור כרבי יוחנן והלכה כרבא דכל היכא דפליגי אביי ורבא הלכה כרבא לבר יע"ל קג"ם. ורמי דרבא אדרבא ורמי דאביי אדאביי דאיתמר המוציא פירות לה"ר אמר אביי ביד חייב בכלי פטור ורבא אמר ביד פטור בכלי חייב והשתא דהדר אביי ורבא אגד כלי (שמיה) לא שמיה אגד וחייב קשיא הא דקא' הכא בכלי פטור ורבא דקאמר פטור אפילו מליאה חרדל פטור קשיא אהא דקא' הכא בכלי חייב. ואמרינן איפוך אביי אמר בכלי חייב רבא אמר בכלי פטור ואפילו תימא לא תיפוך דעתך דהא דאביי ורבא כגון שהיה עומד ברה"י והוציא כלי שיש בו פירות לרה"ר וכי אפכינן דהמוציא פירות אבל הא שמעתא דחזקיה ורבי יוחנן קבלה הוא דהדר ביה אביי ממימריה וקם בשיטתיה דרבא דאיפליג עליה רבא ולענין הוציא ביד סליקא ליה דליכא פלוגתא ג) דמאן דאמר חייב בזמן ששלשל ידו למטה משלשה ומאן דאמר פטור למעלה משלשה והתם ביציאות השבת כי תני העני חייב אקשינן והא בעינן עקירה מע"ג מקום ארבעה ואמרי' בה כמה טעמי ואיפריכו ולבסוף אמרי' א"ר אבהו כגון ששלשל ידו למטה משלשה וקבלה ואקשינא והא עומד קתני ואוקימנא בשוחה אי נמי דקאי בגומא ואי איתא נפק הך טעמא מהלכתא ואע"ג דלא קמה ביה מתניתין מדאקשינן איכפל תנא לאשמעינן כולהי הני ולא משום דמימרא בטל הוא ובפירקא אחרינא (לקמן בהזורק צז.) אמרי' אמר רב חלקיה בר טובי לא תוך שלשה דברי הכל חייב למעלה מעשרה דברי הכל פטור מג' ועד י' באין למחלוקת ר' עקיבא ורבנן ושמעתא דכל פחות מג' כלבוד דמי גמרא גמירי לה ובהא דוכתי מפרשי לה כתיקונה בסייעתא דשמיא והא מלתא דאמרנה לענין קם אביי בשיטתיה דרבא דפרישנא הדר מן מימריה ואמר כמימריה דרבא והוי תרוייהו שיטה אית לה דומיא בכמה דוכתי מגמרא. בלולב וערבה אמרי' לוי אמר אתרוג בשמיני נמי אסורה אבוה דשמואל אמר אתרוג בשביעי אסורה בשמיני מותרת קם ר' זירא בשיטתיה דאבוה דשמואל קם אבוה דשמואל בשיטתיה דלוי דא"ר זירא אתרוג שנפסלה אסור לאכילה כל שבעה פירושיה ברור דא"ר זירא כמימרא דאבוה דשמואל קמא שאסורה כל שבעה ובשמיני מותרת והדר אבוה דשמואל כמימרא דלוי. ובהא מסכתא דשבתא בפ' ר"א דתולין אתמר חרדל שלשו מע"ש אמר רב ממחו בכלי ואין ממחו ביד ומפרש אלא אמר שמואל ממחו ביד ואין ממחו בכלי איתמר רבי אלעזר אמר אחד זה ואחד זה אסור למחות ר' יוחנן אמר אחד זה ואחד זה מותר אביי ורבא דאמרי תרווייהו אין הלכה כר' יוחנן קם ר' אלעזר בשיטתא דשמואל פי' הדר מן מאי דאמר זה וזה אסור וא' ממחו ביד ואין ממחו בכלי קם ר' יוחנן בשיטתא דר' אלעזר הדר ביה ר' יוחנן מן מאי דאמר זה וזה מותר ואמר זה וזה אסור כי היכי דהוה א"ר אלעזר מעיקרא אביי ורבא דאמרי תרווייהו הלכה כר' יוחנן מן מאי דהכי קאמר הלכתא לא

חשק שלמה על רבינו חננאל א) דברי רבינו אלו מכאן עד תיבת ואינן עקורין כלפי שוליו הם מסופרי הבנה לפי קוצר דעתנו. ואולי יש איזה ט"ס בכת"י. ומלוה רבה לידך לנסוף כוונתו בזה וה' יאיר עינינו במאור תורתו: ב) מדברי רבינו נראה שהיה לו גי' אחרת בכאן. דלאביי ורבא לא פליגי כלל ואביי מיירי למעלה מג'. ומשום זה כתב דמאי דמתרך לעיל דף ה' כגון שלשל ידו למטה מג' הוא נפיק מהלכתא. ועיין תוס' שם ד"ה כגון. ובחדושי הרשב"א ז"ל שם ודו"ק:

מסורת הש"ס

א) [יבמות יג. כתובות עה: ב"ק מז: ועי' תוס' כתובות עה: פירושו של תברא], ב) ליתא לאחריו ובא לו כל"ל, ג) [תוספתא פ"ט ע"ש], ד) [ב"מ ס. וע"ש רש"י], ה) [בערוך ערך לבלר פירש לבלר סופרי מלכות חוגרין בסינר ותולין פיתקין במתניהן פעמים שבאין לפניהם ופעמים שבאין לאחוריהן], ו) לעיל ג., ז) [פי' מלגז ע"ד מילוף האותיות כמו כבש כשב מוסף ערוך].

הגהות הב"ח

(א) רש"י ד"ה דיוקא דמתניתין קשיא דמצינו כצ"ל ותיבת דיוקא נמחק: (ב) ד"ה הוציאוהו שני': (ג) תוס' ד"ה ואת"ל וכו'. בתר הכי פריך. נ"ב סוף דף כ"ט: (ד) בא"ד היו סוחטין ברימונים דפריך ובית מנשיא וכו' ומשני אין דתנן המקיים:

גליון הש"ס

תוס' ד"ה תברא וכו' שיש בזה שום חילוק. עי' תוס' כתובות דף עה ע"ב ד"ה מי ששנה. וביבמות דף י ע"ב ד"ה וליטעמי:

הגהות הגר"א

[א] גמרא דתניא המוציא מעות בפונדתו ופיה למעלה כו'. נ"ב בתוספתא הגיר' המתכוין להוציא בפונדתו ופיה למעלה והוציא בפונדתו ופיה למטה. המתכוין להוציא בפונדתו ופיה למטה ר"י מחייב וחכמים פוטרין. וזהו מובן תשובת ר"י א"א מודים בלאחריו ובא לו לאחריו:

תורה אור השלם

א) וְאִם נֶפֶשׁ אַחַת תֶּחֱטָא בִשְׁגָגָה מֵעַם הָאָרֶץ בַּעֲשֹׂתָהּ אַחַת מִמִּצְוֹת יְיָ אֲשֶׁר לֹא תֵעָשֶׂינָה וְאָשֵׁם: [ויקרא ד, כז]

ליקוטי רש"י

סינר. פורליי"ט שהיא חוגרת בו ומגיע ממתנים ולמטה [לעיל יג:]. תברא. קשיא רישא לסיפא [כתובות עה:]. קשה אהדדי רישא וסיפא [ב"ק מז:]. כל באמת הלכה היא. ואין חולק בדבר [סוכה לח:]. כל היכא דתני באמת הלכה ואין לחשש ולגמגם בדבר [ב"מ ס.]. בעשותה. גבי חטאת כתיב [לעיל ג.]. מלגז. כמין עתר שקורין פורק"א של ברזל ולו שלש שיניים ומהפכין בו קש בגורן [לקמן קכב:]. בכרכר ושובטין. שובט. משוה השתי בכרכר שקורין ריו"ל [לעיל עה:]. שובט. מכרכר בכרכר [לקמן צה:]. כרכר. עץ יש לאורגין ולאשו חד [לעיל פא.].

וְאִם תִּמְצָא לוֹמַר אַנְשֵׁי הוּצַל עוֹשִׂין כֵּן – **And if you should say** in retort: **The people of Hutzeil do this** regularly, and the practice should therefore be deemed normative, בָּטְלָה דַּעְתָּן אֵצֶל כָּל אָדָם – I will answer: **Their thoughts are negated in view of the** overwhelming consensus of **all** other **people** in the world to the contrary.

Mishnah The Mishnah discusses situations where one intended to perform a prohibited transfer in a certain manner, but due to happenstance, he did it in a different manner:

הַמִּתְכַּוֵּין לְהוֹצִיא לְפָנָיו – **If one intended to take [an object] out in front of him,**[1] וּבָא לוֹ לְאַחֲרָיו – **but** in mid-transfer, **it came** and slipped **behind him,** פָּטוּר – **he is exempt.**[2] לְאַחֲרָיו – If he intended to take out an object **behind him,**[3] וּבָא לוֹ לְפָנָיו – **but** in mid-transfer, **it came** and slipped **in front of him,** חַיָּיב – **he is liable.**[4]

בֶּאֱמֶת אָמְרוּ – **In truth, they said:**[5] הָאִשָּׁה הַחוֹגֶרֶת בְּסִינָר – **If a woman girded with an underskirt**[6] hangs an object from it and transports the object outside, בֵּין מִלְּפָנֶיהָ וּבֵין מִלְּאַחֲרֶיהָ – no matter **whether [the object]** shifted **in front of her or behind her,** חַיֶּיבֶת – **she is liable,** שֶׁכֵּן רָאוּי לִהְיוֹת חוֹזֵר – **for it is common** for an underskirt **to shift around.**[7]

רַבִּי יְהוּדָה אוֹמֵר – **R' Yehudah says:** אַף מְקַבְּלֵי פִּתְקִין – **Letter carriers, as well,** are liable when the object they are carrying shifts behind them or in front of them.[8]

Gemara The Gemara analyzes the first two statements of the Mishnah:

מַאי שְׁנָא לְפָנָיו וּבָא לוֹ לְאַחֲרָיו דְּפָטוּר – **What is special** about the first case of the Mishnah – where the item was initially **in front of him but it came** and slipped **behind him – that** makes the person **exempt** in that situation? דְּלֹא אִתְעֲבִיד מַחֲשַׁבְתּוֹ – Apparently, it is **that [the person's] intentions were not fulfilled,** for he actually transported the item differently than he had wished to.[9] לְאַחֲרָיו וּבָא לוֹ לְפָנָיו נָמֵי – But **the same** can be said in the very next case, where the item was initially tied **behind him but it came** and slipped **in front of him;** הָא לֹא אִתְעֲבִיד מַחֲשַׁבְתּוֹ – here too, **[the person's] intentions were not fulfilled!** Why, then, is he liable in that case?

The Gemara replies that indeed, the rulings are genuinely inconsistent with one another:

אָמַר רַבִּי אֶלְעָזָר – **R' Elazar said:** תַּבְרָא – **It is** indeed **a contradiction!**[10] מִי שֶׁשָּׁנָה זוֹ לֹא שָׁנָה זוֹ – **[The Tanna] that taught this** part of the Mishnah is **not** the same Tanna who **taught that** part.[11]

Another Amora, however, questions whether the conflict between the two rulings is as great as it seems:

אָמַר רָבָא – **Rava said:** וּמַאי קוּשְׁיָא – **And what is difficult** about saying that the rulings are compatible? דִּילְמָא לְפָנָיו וּבָא לוֹ לְאַחֲרָיו הַיְינוּ טַעְמָא דְּפָטוּר – **Perhaps** where the item was initially tied **in front of him but it came** and slipped **behind him, this is the reason [the person] is exempt:** דְּנִתְכַּוֵּון לִשְׁמִירָה מְעוּלָּה – **Because he intended to** transport the item in a way that it would be **guarded well,** וְעָלְתָה בְּיָדוֹ שְׁמִירָה פְּחוּתָה – **but it came about** that he transported it in a way that it was **guarded poorly.**[12] לְאַחֲרָיו וּבָא לוֹ לְפָנָיו הַיְינוּ טַעְמָא דְּחַיָּיב – By contrast, in the next case, where the item **was behind him and it came** and slipped **in front of him, this is the reason he is** held **liable:** דְּנִתְכַּוֵּון לִשְׁמִירָה פְּחוּתָה – **Because he intended to** transport the item in a way that it would be **guarded poorly,**

NOTES

1. E.g. he wrapped money in a cloth and tied the bundle to his cloak in such a way that it would hang in front of him (*Rashi*).

2. Since he did not intend to transfer the item in this manner. The situation is similar, in this respect, to that of מִתְעַסֵּק, *[the commission of] an unwitting act* (*Rashi*). [The principle of מִתְעַסֵּק dictates that when one performs an act accidentally, i.e. he intends to perform one act and inadvertently performs another, he is free of responsibility, since he had no intention of carrying out the prohibited act that actually occurred (see above, 72b).]

3. [E.g. he tied the money in such a way that it would hang behind him.]

4. The Gemara will explain the reason for the Mishnah's different rulings in these two cases.

5. The expression בֶּאֱמֶת אָמְרוּ, *in truth they said,* generally introduces a statement that is universally accepted as law (see Gemara below, *Bava Metzia* 60a, and *Rashi* to *Succah* 38a). It is also occasionally used to preface a הֲלָכָה לְמֹשֶׁה מִסִּינַי, *a law taught orally to Moses at Sinai* (see *Rashi* to *Nazir* 54b, *Rambam, Commentary to Mishnah* and *Rav* to *Terumos* 2:1). See also *Sfas Emes* and *Maharatz Chayes*.

6. *Rashi* characterizes סִינָר as a short underskirt worn for purposes of modesty. Others translate it as *belt* or *girdle* (see *Rambam, Commentary to Mishnah;* see also *Meiri*).

7. Since the underskirt is likely to shift its position, she knew in advance that the object might slip behind her. From the outset, therefore, her intent must have been to carry it either way (*Rashi*).

8. מְקַבְּלֵי פִּתְקִין were either couriers (*Meiri*) or royal officials (*Tosafos*). They would hang pouches or tubes from their belts or from a loop around their necks to carry messages or documents. As they walked or ran, these containers would shift from front to back.

Since the rule of the letter carriers is cited in the name of R' Yehudah, many commentators assume that the first Tanna disagrees. Though the tubes do shift, they do so less frequently than does the object carried in the underskirt discussed previously. The first Tanna would deem this a somewhat unusual occurrence, and therefore not necessarily expected or accepted by the carrier, while R' Yehudah classifies it as usual. It is therefore expected by the courier, and deemed a part of his intent (*Tosafos,* as explained by *Tos. Yom Tov*). *Meiri,* though, writes that the first Tanna and R' Yehudah do not disagree; rather, R' Yehudah means merely to add to the original statement.

[*Rashi* cites an alternative interpretation in the name of his teachers. Under this interpretation, מְקַבְּלֵי פִּתְקִין denotes aides who would transmit royal dispatches from the king to particular couriers. R' Yehudah speaks of a situation where an aide delivered a dispatch to the wrong courier, in which case the aide is liable for transferring the document even though his original intent was not completely fulfilled. *Rashi* himself, though, expresses reservations about the accuracy of this explanation – presumably because the case, as just explained, seems unrelated to the previous cases of the Mishnah (see *Rashba*).]

9. See above, note 2.

10. This translation follows *Rashi* to Kesubos 75b. According to *Rabbeinu Chananel*, however, the word תַּבְרָא connotes an oath (see *Tosefos* ad loc. ד״ה תברא).

11. I.e. the Mishnah reflects two opposing Tannaic views. The first Tanna would exempt the person in both cases [no matter whether the object slipped in front of him or behind him] and the second Tanna would hold the person liable in both cases (*Rashi*).

12. When an object hangs in front of a person, he can guard it closely as he walks; when it shifts to the back, he can exert only a weak vigilance over it. Here, then, the way in which he actually transported the item was inferior to the way in which he tried to transport it. The person is presumably dissatisfied with the unplanned change, and he therefore does not bear responsibility for the transfer (see *Rashi;* see also above, note 2).

ואת"ל אנשי הוצל עושין כן בטלה דעתן אצל כל אדם: **מתני'** [א]המתכוין להוציא לפניו ובא לו לאחריו פטור לאחריו ובא לו לפניו חייב באמת אמרו האשה החוגרת בסינר בין מלפניה ובין מלאחריה חייבת שכן ראוי להיות חוזר רבי יהודה אומר אף מקבלי פתקין: **גמ'** מאי שנא לפניו ובא לו לאחריו דפטור דלא אתעביד מחשבתו לאחריו ובא לו לפניו נמי הא לא אתעביד מחשבתו א"ר אלעזר [א]תברא מי ששנה זו לא שנה זו אמר רבא ומאי קושיא דילמא לפניו ובא לו לאחריו היינו טעמא דפטור [ב]דנתכוון לשמירה מעולה ועלתה בידו שמירה פחותה לאחריו ובא לו לפניו היינו טעמא דחייב דנתכוון לשמירה פחותה ועלתה בידו שמירה מעולה אלא מאי קושיא דיוקא דמתני' קשיא המתכוין להוציא לפניו ובא לו לאחריו פטור הא לאחריו ובא לו לאחריו חייב אימא סיפא לאחריו ובא לו לפניו הוא דחייב הא לאחריו ובא לו לאחריו פטור א"ר אלעזר תברא מי ששנה זו לא שנה זו אמר רב אשי מאי קושיא דילמא לא מיבעיא קאמר לא מיבעיא לאחריו ובא לו לאחריו דחייב דאיתעבידא מחשבתו אלא אפילו לאחריו ובא לו לפניו איצטריכא ליה סלקא דעתך אמינא הואיל ולא איתעביד מחשבתו לא ליחייב קמ"ל דנתכוון לשמירה פחותה ועלתה בידו שמירה מעולה דחייב [ג]ולאחריו ובא לו לאחריו תנאי היא דתניא [א] [ד]המוציא מעות בפונדתו ופיה למטה חייב פיה למעלה רבי יהודה מחייב וחכמים פוטרין אמר להן ר' יהודה אי אתם מודים בלאחריו ובא לו לאחריו שהוא חייב ואמרו לו ואי אתה מודה כלאחר ידו ורגלו שהוא פטור אמר ר' יהודה אני אמרתי דבר אחד והן אמרו דבר אחד אני לא מצאתי תשובה לדבריהם והן לא מצאו תשובה לדברי מדקאמר להו אי אתם מודין לאו מכלל דפטרי רבנן וליטעמיך דקאמרי ליה אי אתה מודה מכלל דמחייב רבי יהודה והתניא לאחר ידו ורגלו ד"ה פטור אלא לאחריו ובא לו לאחריו ד"ה חייב לאחר ידו ורגלו דברי הכל פטור כי פליגי בפונדתו ופיה למטה מר מדמי ליה לאחריו ובא לו לאחריו ומר מדמי ליה לאחר ידו ורגלו: [ג]באמת אמרו האשה כו': [תנא [ד]כל באמת הלכה היא: רבי יהודה אומר אף מקבלי פתקין]: תנא [ה]שכן לבלרי מלכות עושין כן: **מתני'** המוציא ככר לרשות הרבים חייב [ו]הוציאוהו שנים פטורין [ה]לא יכול אחד להוציאו והוציאוהו שנים חייבין ור' שמעון פוטר: **גמ'** אמר רב יהודה אמר רב ואמרי לה אמר אביי ואמרי לה במתניתא תנא זה יכול וזה יכול רבי מאיר מחייב ור' יהודה ור' שמעון פוטרים זה אינו יכול וזה אינו יכול רבי יהודה ור' מאיר מחייבים ורבי שמעון פוטר [ו]זה יכול וזה אינו יכול דברי הכל חייב תניא נמי הכי המוציא ככר לרשות הרבים חייב הוציאו שנים רבי מאיר מחייב ורבי יהודה אומר אם לא יכול אחד להוציאו והוציאו שנים חייבין ואם לאו פטורים ורבי שמעון פוטר מנא הני מילי [ז]דתנו רבנן [א]בעשותה העושה את כולה ולא העושה את מקצתה כיצד שנים שהיו אוחזין [ז]במלגז ולוגזין בכרכר ושובטין בקולמוס וכותבין בקנה והוציאו לרשות הרבים יכול יהו חייבין תלמוד לומר בעשותה העושה את כולה ולא העושה מקצתה

בעיגול

מתני' המתכוין להוציא לפניו. כגון שצרר מעות בסדינו כדי שיהיו תלוין לפניו ובא לו לאחריו: **פטור.** דלא נתקיימה מחשבתו וה"ל כמתעסק ולא מתכוין: **לאחריו ובא לו לפניו חייב.** בגמ' מפרש טעמא: **סינר.** כעין מכנסיים קטנים וחוגרת אותו לצניעות ואם תלתה בו שום דבר להוציא ובא לו לצד אחר חייבת: **שכן ראוי להיות חוזר.** דרכו להיות חוזר סביבותיה ומתחלתה ידעה שסופו להתהפך: **ר' יהודה אומר אף מקבלי פתקין.** של מלך למוסרם לרצים אף הם חייבים בהוצאתן אפילו לא נתקיימה מחשבתן כגון הוליכן על מנת לתתן לרץ זה ונתנו לזה כך לשון רבותי ולבי מגמגם: **גמ' מי ששנה זו לא שנה זו.** ת"ק פטר בתרוייהו ותנא בתרא מחייב בתרוייהו: **ועלתה בידו שמירה פחותה.** ולהכי פטר דלא ניחא ליה אבל סיפא כל שכן דניחא ליה: **דיוקא דמתני' קשיא.** דיוקא (א) דמצינן למידק ממתני': **לאחריו ובא לו לפניו הוא דחייב.** דעלתה בידו שמירה מעולה: **וחכמים פוטרין.** שאין דרך הוצאה בכך: **אני אמרתי דבר אחד.** אי אתם מודים כו': **והם אמרו דבר א'.** אי אתה מודה כו': **מכלל דמחייב רבי יהודה.** בתמיה הא ודאי דברי הכל פטור דלא מפקי אינשי הכי: **לאחריו ובא לו לאחריו דברי הכל חייב.** דיש מוליכין כן בשמירה פחותה: **לאחר ידו דברי הכל פטור.** דאין מוליכין כן: **מר מדמי לה לאחריו.** דשמירה פחותה היא ומר מדמי לה לאחר ידו דלא דמי למוליך לאחריו דהתם משמרים הן מן הגנבים אבל אלו נופלין מאליהן ואין מוליכין כן: **שכן לבלרי מלכות עושין כן.** בדעתו למוסרן לזה ואין מוצאו ודבר המלך נחוץ ומוצא אחר ומוסרו לו: **מתני' הוציאו (ב) שנים פטורין.** כדילפינן בעשותה יחיד ולא שנים: **חייבים.** וטעמא מפרש בגמרא: **גמ' זה יכול.** להוציאו לבדו וזה יכול להוציאו לבדו והוציאו שניהם: **ר"מ מחייב.** דלא דריש בעשותה להכי אלא לפטור יחיד שעשה בהוראת ב"ד כדלקמן: **ור' יהודה פוטר.** דלאו אורחיה בהכי וסתם מתני' ר' יהודה היא: **זה אינו יכול וזה אינו יכול.** דאורחייהו להוציא בשנים בהא סבירא ליה לרבי יהודה כרבי מאיר דחייב ורבי שמעון פוטר דיליף מקראי כדלקמן: **זה יכול וזה אינו יכול.** והוציאו שניהן דברי הכל חייב ולקמן מפרש הי מינייהו חייב: ה"ג הוציאוהו שנים ר' מאיר מחייב ול"ג פטור: **ר' יהודה אומר אם לא יכול אחד.** כלומר כל אחד ואחד: **ואם לאו.** אלא זה יכול וזה יכול פטור וממילא דבכי האי גוונא ר' מאיר מחייב: **מלגז.** פורק"א בת ג' שיניים ומהפכין בה תבואה בגורן והוא מעמר דהוא אב מלאכה: **ולוגזין.** מאספין השבלין: **בכרכר ושובטין.** דהוא מיסך כדאמר בפרק כלל גדול (לעיל דף עה:) שובט הרי הוא בכלל מיסך: **בקנה והוציאוהו כו'.** וכל הנך זה יכול וזה יכול נינהו:

עיגול

ואת"ל אנשי הוצל עושין כן בטלה דעתן אצל כל אדם. משמע דעל אתרא נמי אמר דבטלה דעתן וכן בריש בכל מערבין (עירובין דף כח.) פריך ובבל הוי רובא דעלמא והתניא כו' וכן בתר הכי (ג) פריך ופרסאי הוי רובא דעלמא וקשה דבפ' חבית (לקמן קמד:) גבי של בית מנשיא היו סוחטים ברמונים (ד) ופריך בית מנשיא הוי רובא דעלמא ומשני אין דהתנן המקיים קוצים בכרם כו' שכן בערביא מקיימין קוצים לגמליהן ופריך מי דמי ערביא אתרא הוא הכא בטלה דעתו אצל כל אדם וי"ל דהתם חשוב מנהג ערביא דלכל העולם נמי אם היה להם רוב גמלים הוו נמי מקיימי אבל בית מנשיא דחד גברא בטלה דעתו אע"ג דלכל העולם אם היה להם רמונים הרבה היו סוחטין:

רבי יהודה אומר אף מקבלי פיתקין. מפרש רבינו שמואל שיש אדם ממונה למלך שנושא פיתקין של מלך לידע מנין גבוריו וחייליו ובית אוצרותיו ונושאין אותן בכיסים התלויין באזוריהן ואותן כיסין חוזרין פעמים לפניהן ופעמים לאחוריהן והוי ממש דומיא דסינר דלעיל שהוא חוזר ות"ק דר' יהודה לא חשיב ליה חוזר והא דמייתי בגמרא תנא שכן לבלרי מלכות עושין כן כלומר שחוזר דבענין זה מיירי רישא (דברייתא) [דמתני']:

תברא מי ששנה זו כו'. ת"ק ה"ל למינקט לאחריו ובא לו לפניו פטור ולתנא בתרא דמחייב הוה לו למינקט לפניו ובא לו לאחריו דהוי רבותא טפי אלא דהשתא לא ידע * שיש בזה שום חילוק:

הא לאחריו ובא לאחריו פטור. לעיל (דף לא:) גבי חזקיה משני נעשה ובפ"ק דקדושין (דף ה:) גבי נתנה היא ואמרה היא ובכמה דוכתי לא משני: **זה** אינו יכול וזה אינו יכול ר"מ ורבי יהודה מחייבין. מה שהקשה ריב"א אמאי לא אמרינן חטאת אחד אמר רחמנא ולא שנים ושלשה כדאמר גבי כופר מפורש בפרק ד' וה' (ב"ק דף מ. ד"ה כופר):

תלתא

עין משפט
נר מצוה

טו א ב מיי' פ"א מהל' שבת הל' יב סמג לאוין סה:
טז ג מיי' שם הל' יג:
יז ד מיי' שם הל' טו:
יח ה ו שם הל' טז:

רב נסים גאון

(שמות לד) פסל לך פסילותן שלך תהא חכם רב ושמואל דאמרי תרוייהו נ' שערי בינה נבראו בעולם וכולם ניתנו למשה חסר א' שנא' (תהלים ח) ותחסרהו מעט מאלהים עניו דכתיב (במדבר יב) והאיש משה עניו מאד:

רבינו חננאל

לעולם דאיכא ומכרכי עילויה א) והא קושיא איכא דמרווחי ביה ומרבו ביה מילי כגון פירושא ומשוו לה לענין מי שהוציא את הכיס דרך שוליו ודרך דחוקה היא ולא סליק טעמייהו וגמ' דיקא הכין הואי והאיכא שנצין בדליכא. והכין פירשוהו רבותינו ובו אתא דילמא לענין מאי דקאי אי דאפקיה דרך פיו הכי נמי דאלמ' מחייב משום דאי בעי שקיל ונמצא בא לידי גנבה קודם שיבא לידי איסור שבת ועלה קא מקשי למה לי אגרויי בכי האי מלתא והיכי [מצי להן] למשקל מדרך פיו קמיה דנפקי' לשוליה והאידנא שנינו דאינן לולאות דידיען בערי אל בריטה ואל כדאטת די גובי על שוליו בהדי הדדי והכין הוה מנהא דכיסי דההוא זמן כההיא דתנן כיס של שנאצות שניטלו שנאציו טמא נפשט טהור וכי האי (לא) מיצי למשרייה לגישיה אלא מכלפי שולי' דאלמ' צריך להוציא כולו ודחינן איכא כיסי דלית להו שנצי [אי נמי] דאית להו שנצי ומכרכי על פומייהו ואינן (עקורין) [כרוכין] כלפי שוליו. ורבא סברה כחזקיה דאגד כלי לאו שמיה אגד ואביי סברה כר"י דאגד כלי שמיה אגד קם אביי בשיטתיה (ורבא) פי' קם בשיטתיה והדר מן מימרא דנפשיה וא' כמימרא דרבא דחייב אלמא אגד כלי לא שמיה אגד כחזקיה קם רבא כשיטתיה דאביי פי' דסבר רבא כאביי דאגד כלי שמיה אגד ואיסקופה מליאה פירות פטור כרבי יוחנן והלכה כרבא דכל היכא דפליגי אביי ורבא הלכתא כרבא לבר יע"ל קג"ם. ורמי דרבא אדרבא ורמי דאביי אדאביי דאיתמר המוציא פירות לרה"ר אמר אביי ביד חייב בכלי פטור ורבא אמר ביד פטור בכלי חייב והשתא דהדר אביי וא' אגד כלי (שמיה) לא שמיה אגד וחייב קשיא הא דקא' הכא בכלי פטור ורבא דקאמר אפילו מליאה חרדל פטור קשיא אהא דקא' הכא בכלי חייב. ואמרינן איפוך אביי אמר בכלי חייב רבא אמר בכלי פטור וקא סלקא דעתך דהא דאביי ורבא כגון שהיה עומד ברה"י והוציא כלי שיש בו פירות לרה"ר וכי אפכינן דהמוציא פירות אבל הא שמעתא דחזקיה ורבי יוחנן קבלה הוא דהדר ביה אביי ממימריה וקם בשיטתיה דרבא דאיפליג עליה רבא ולענין הוציא ביד סליקא ליה דליכא פלוגתא ג) דמאן דאמר חייב בזמן ששלשל ידו למטה משלשה ומאן דאמר פטור למעלה משלשה והתם ביציאות השבת כי תני העני חייב אקשינן והא בעינן עקירה מע"ג מקום ארבעה ואמרי' בה כמה טעמי ואיפריכו ולבסוף אמרי' א"ר אבהו כגון ששלשל ידו למטה משלשה וקבלה ואקשינא והא עומד קתני ואוקימנא בשוחה אי נמי דקאי בגומא ואי איתא נפק הך טעמא מהלכתא ואע"ג דלא קמה ביה מתניתין מדאקשינן איכפל תנא לאשמעינן כולהי הני ולא משום דמימרא בטל הוא ובפירקא אחרינא (לקמן בהזורק צז.) אמרי' אמר רב חלקיה בר טובי לא תוך שלשה דברי הכל חייב למעלה מעשרה דברי הכל פטור מג' ועד י' באין למחלוקת ר' עקיבא ורבנן ושמעתא דכל פחות מג' כלבוד דמי גמרא גמירי לה ובהא דוכתי מפרשי לה כתיקונה בסייעתא דשמיא והא מלתא דאמרנה לענין קם אביי בשיטתיה דרבא דפרישנא הדר מן מימריה ואמר כמימריה דרבא והוי תרווייהו שיטה אית לה דומיא בכמה דוכתי מגמרא. בלולב וערבה אמרי' לוי אמר אתרוג בשמיני נמי אסורה אבוה דשמואל אמר אתרוג בשביעי אסורה בשמיני מותרת קם ר' זירא בשיטתיה דאבוה דשמואל קם אבוה דשמואל בשיטתיה דלוי דא"ר זירא אתרוג שנפסלה אסור לאכילה כל שבעה פירושיה ברור דא"ר זירא כמימרא דאבוה דשמואל קמא שאסורה כל שבעה ובשמיני מותרת והדר אבוה דשמואל כמימרא דלוי. ובהא מסכתא דשבתא בפ' ר"א דתולין אתמר חרדל שלשו מע"ש אמר רב ממחו בכלי ואין ממחו ביד ומפרש אלא אמר שמואל ממחו ביד ואין ממחו בכלי איתמר רבי אלעזר אמר אחד זה ואחד זה אסור למחות ר' יוחנן אמר אחד זה ואחד זה מותר אביי ורבא דאמרי תרווייהו אין הלכה כר' יוחנן קם ר' אלעזר בשיטתא דשמואל פי' הדר מן מאי דאמר זה וזה אסור וא' ממחו ביד ואין ממחו בכלי קם ר' יוחנן בשיטתא דר' אלעזר הדר ביה ר' יוחנן מן מאי דאמר זה וזה מותר ואמר זה וזה אסור כי היכי דהוה א"ר אלעזר מעיקרא אביי ורבא דאמרי תרווייהו הלכה כר' יוחנן מן מאי דהכי קאמר הלכתא לא

חשק שלמה על רבינו חננאל א) דברי רבינו אלו מכאן עד תיבת ואינן עקורין כלפי שוליו הם מחוסרי הבנה לפי קוצר דעתנו. ואולי יש איזה ט"ס בכת"י. ומלוה רבה לידך לסוף כוונתו בזה וה' יאיר עינינו במאור תורתו: ג) מדברי רבינו נראה שהיה לו גי' אחרת בכאן. דאביי ורבא לא פליגי כלל ואביי מיירי למעלה מג'. ומשום זה כתב דמאי דממרך לעיל דף ה' כגון ששלשל ידו למטה מג' הוא נפיק מהילכתא. ועיין תוס' שם ד"ה כגון. ובחדושי הרשב"א ז"ל שם ודו"ק:

מסורת הש"ס

א) [יבמות יג. כתובות עה: ב"ק מז. ועי' תוס' כתובות עה: פירושו של תברא], ב) לימא לאחריו ובא לו כל"ג, ג) [תוספתא פ"ט ע"ש], ד) [ב"מ ס. וע"ש רש"י], ה) [בערוך ערך לבלר פירש לבלר סופרי מלכות חוגרין בסינר ותולין פיתקין במתניהן פעמים שבאין לפניו ופעמים שבאין לאחור], ו) לעיל ג., ז) [פי' מזלג ע"ד מזלג הצלוחות כמו כלש כשר מוסף ערוך].

הגהות הב"ח

(א) רש"י ד"ה דיוקא דמתניתין קשיא דמצינו כצ"ל ותיבת דיוקא נמחק: (ב) ד"ה הוציאוהו שני': (ג) תוס' ד"ה ואת"ל וכו' וכן בתר הכי פריך. נ"ב סוף דף כ"ט: (ד) בא"ד היו סוחטין ברימונים דפריך ובית מנשיא וכו' ומשני אין דתנן המקיים.

גליון הש"ס

תוס' ד"ה תברא וכו' שיש בזה שום חילוק. עי' תוס' כתובות דף עה ע"ב ד"ה מי ששנה. וביבמות דף י ע"ב ד"ה ולימא:

הגהות הגר"א

[א] גמרא דתניא המוציא מעות בפונדתו ופיה למעלה כו'. נ"ב בתוספתא הגי' המתכוין להוציא בפונדתו ופיה למעלה והוציא בפונדתו ופיה למטה. המתכוין להוציא בפונדתו ופיה למטה והוציא בפונדתו ופיה למעלה ר"י מחייב וחכמים פוטרין. וזהו מובן תשובת ר"י א"א מודים כלאחריו ובא לו לאחריו:

תורה אור השלם

א) וְאִם נֶפֶשׁ אַחַת תֶּחֱטָא בִשְׁגָגָה מֵעַם הָאָרֶץ בַּעֲשֹׂתָהּ אַחַת מִמִּצְוֺת יְיָ אֲשֶׁר לֹא תֵעָשֶׂינָה וְאָשֵׁם: [ויקרא ד, כז]

ליקוטי רש"י

סינר. פורציי"ט שהיא חוגרת בו ומגיע ממתנים ולמטה [לעיל יג:]. **תברא.** קשיא רישא לסיפא [כתובות עה:]. קשה אהדדי רישא וסיפא [ב"ק מז:]. **כל באמת הלכה היא.** ואין חולק בדבר [סוכה לח.]. כל היכא דתני באמת הלכה ואין לחסס ולגמגם בדבר [ב"מ ס.]. **בעשותה.** גבי חטאת כתיב [לעיל ג.]. **מלגז.** כמין עמר שקורין פורק"א של ברזל ולו שלש שיניים ומהפכין בו קש בגורן [לקמן קכב:]. **בכרכר ושובטין.** שובט. משוה השתי בכרכר שקורין ריו"ל [לעיל עה:]. שובט, מכרכר בכרכר [לקמן צז:]. **כרכר.** עץ יש לאורגין ולהשו חד [לעיל פא.].

וְעָלְתָה בְּיָדוֹ שְׁמִירָה מְעוּלָּה – **and it came about** that he transported it in a way that it was **guarded well.**[13]

Rava continues:

אֶלָּא מַאי קוּשְׁיָא – **Rather, what was** it, then, that R' Elazar found **difficult** about the Mishnah? דִּיוּקָא דְּמַתְנִיתִין קַשְׁיָא – He found **difficult the inferences that** can be drawn from the **Mishnah.**[14] For the Mishnah teaches: הַמִּתְכַּוֵּין לְהוֹצִיא לְפָנָיו וּבָא לוֹ לְאַחֲרָיו פָּטוּר – IF ONE INTENDED TO TAKE OUT an object IN FRONT OF HIM, BUT IT CAME and slipped BEHIND HIM, HE IS EXEMPT. הָא לְאַחֲרָיו וּבָא לוֹ לְאַחֲרָיו חַיָּיב – Now, **this implies** that if he intended to transport the object **behind him and it remained behind him** throughout the transfer, **he is liable.**[15] אֵימָא סֵיפָא – **But now cite the end** of the Mishnah. לְאַחֲרָיו וּבָא לוֹ לְפָנָיו הוּא דְּחַיָּיב – This states that when the person tied the object **behind him and it came** and slipped **in front of him, it is then that he is liable,** הָא לְאַחֲרָיו וּבָא לוֹ לְאַחֲרָיו פָּטוּר – **but** had he tied the object **behind him and it remained behind him,** the implication is that **he would be exempt!**[16] אָמַר רַבִּי אֶלְעָזָר – And it was in response to this apparent difficulty that **R' Elazar said:** תַּבְרָא – **It is** indeed **a contradiction!** מִי שֶׁשָּׁנָה זוֹ לֹא שָׁנָה זוֹ – **[The Tanna] that taught this** part of the Mishnah is **not** the same Tanna who **taught that** part!

A third Amora, however, suggests that even the conflicting inferences can be reconciled:

אָמַר רַב אַשִׁי – **Rav Ashi said:** מַאי קוּשְׁיָא – **What is the difficulty** here? דִּילְמָא לֹא מִיבַּעְיָא קָאָמַר – **Perhaps** in its second clause, **[the Mishnah] is** in effect **saying** that **there is no necessity** to teach the lesser novelty [i.e. a case in which the object was tied behind him and it remained there] in view of the greater novelty that the Mishnah in fact teaches.[17] That is: לֹא מִיבַּעְיָא לְאַחֲרָיו וּבָא לוֹ לְאַחֲרָיו דְּחַיָּיב – **It is not necessary** to mention **that** if he tied the object **behind him and it remained behind him, he is liable,** דְּאִיתְעֲבִידָא מַחֲשַׁבְתּוֹ – **for** here, **his intent was** clearly **fulfilled,** and thus, one would expect that he is liable. אֶלָּא אֲפִילּוּ לְאַחֲרָיו וּבָא לוֹ לְפָנָיו אִיצְטְרִיכָא לֵיהּ – **Rather, even** where he tied the object **behind him and it came** and slipped **in front of him** – that is the case **[the Mishnah] needed** to discuss. סַלְקָא דַעְתָּךְ אָמִינָא – **For** in that situation, **you might have thought to say:** הוֹאִיל וְלֹא אִיתְעֲבִיד מַחֲשַׁבְתּוֹ – **Since [the person's]** precise **intentions were not fulfilled,** לֹא לִיחַיַּיב – **he should not be held liable.** קָא מַשְׁמַע לָן – **The Mishnah therefore informs us** דְּנִתְכַּוֵּון לִשְׁמִירָה פְּחוּתָה – **that** since **he intended to** transport the item in a way that it would be **guarded poorly,** וְעָלְתָה בְּיָדוֹ שְׁמִירָה מְעוּלָּה – **and it came about** that he transported it in a way that it was **guarded well,** we say that *in effect* his intent was fulfilled, דְּחַיָּיב – and **that he is liable.**[18]

The Gemara proposes that a Tannaic dispute may surround the law in the case just discussed:

וּלְאַחֲרָיו וּבָא לוֹ לְאַחֲרָיו תַּנָּאֵי הִיא – **[Shall we say]**[19] that there **is a Tannaic dispute** concerning one who tied the object **behind him and it remained behind him?** דְּתַנְיָא – **For it was taught in a Baraisa:** הַמּוֹצִיא מָעוֹת בְּפוּנְדָּתוֹ וּפִיהָ לְמַעְלָה – IF ONE CARRIES OUT COINS IN HIS MONEY BELT WITH ITS OPENING fastened ABOVE, near his waist, חַיָּיב – HE IS LIABLE.[20] פִּיהָ לְמַטָּה – If, however, ITS OPENING was hanging DOWNWARD, where the money could more easily fall out, רַבִּי יְהוּדָה מְחַיֵּיב – then R' YEHUDAH HOLDS him LIABLE, וַחֲכָמִים פּוֹטְרִין – WHILE THE SAGES RULE he is EXEMPT.[21]

The Baraisa records an exchange between the disputants:

אָמַר לָהֶן רַבִּי יְהוּדָה – R' YEHUDAH SAID TO [THE SAGES]: אִי אַתֶּם מוֹדִים – WOULD YOU NOT AGREE בִּלְאַחֲרָיו וּבָא לוֹ לְאַחֲרָיו – that IN a case where one tied an object BEHIND HIM AND IT REMAINED BEHIND HIM, שֶׁהוּא חַיָּיב – THAT [THE PERSON] IS LIABLE, even though he transported the object in an insecure way? If so, apply the same ruling to one whose money belt was hanging downward![22] וְאָמְרוּ לוֹ – AND [THE SAGES] RESPONDED TO HIM: וְאִי אַתָּה מוֹדֶה בִּלְאַחַר יָדוֹ וְרַגְלוֹ שֶׁהוּא פָּטוּר – AND WOULD YOU NOT AGREE that when one places an object ON THE BACK OF HIS HAND OR FOOT and transports it that way, HE IS EXEMPT?[23] If so, apply the same ruling to one whose money belt was hanging downwards!

Summing up their debate, R' Yehudah concludes:

אָמַר רַבִּי יְהוּדָה – R' YEHUDAH SAID: אֲנִי אָמַרְתִּי דָּבָר אֶחָד – I STATED ONE POINT to support my view, וְהֵן אָמְרוּ דָּבָר אֶחָד – AND in response, THEY STATED ONE POINT to support their view. אֲנִי לֹא מָצָאתִי תְּשׁוּבָה לְדִבְרֵיהֶם – I HAVE NOT FOUND A REJOINDER

NOTES

13. In the second case of the Mishnah, then, he ended up transporting the item in an even better way than he intended. As he is certainly pleased with the result (even though it was unplanned), we say that, in effect, his intentions have been fulfilled, and he is held liable (see *Rashi*).

14. [I.e. whereas the two rulings of the Mishnah do not in themselves contradict each other, inferences that can be drawn from the two rulings are indeed contradictory.]

15. [I.e. it is only when the person planned to transport the item in a superior way but unwittingly transferred it in an inferior way that he is exempt. Had he planned to use an inferior method of transport all along, it seems he would be liable.]

16. [I.e. it is only when the person who wished to use an inferior method ended up using a superior one that he is liable. Had he succeeded in using the inferior method he had planned, seemingly he would be exempt.

Although the person's intent was entirely fulfilled in this case, still, it is conceivable that he is exempt on grounds he did not transport the item in a normative fashion. As the Mishnah above (92a) taught, when one transports an item in an especially insecure manner, he is deemed to have performed an unusual act, for which he is not held liable.]

17. Rav Ashi suggests that in the second part of the Mishnah the Tanna chose to state his law in a case where the object shifted in front of him because, contrary to what was thought before, *this* is the case of greater novelty. It was *not necessary* to state that the same law applies when the object started out behind him and remained there, for this was relatively obvious. The Gemara now explains why this is so.

18. [According to Rav Ashi's interpretation, then, our Mishnah was authored by a single Tanna, whose view it was that one is liable when one plans to, and succeeds in, carrying an object behind him.]

19. [A marginal note emends the text to read ... לֵימָא לְאַחֲרָיו, *say [that] behind him* ...]

20. This is a secure way of transporting money, and is classified as a normative method of transfer. See above, 92a note 18.

21. [R' Yehudah holds that although this is not a secure way of carrying coins, it is not so significantly different from the norm as to be deemed aberrant.] The Sages, however, deem this a completely unusual method of transfer, and exempt the perpetrator (*Rashi*).

22. [Just as the one method of transport is deemed unusual, so ought the other.]

23. As taught in the previous Mishnah, backhanded and clearly unusual methods of transport, e.g. placing an item on one's ear or feet, are not considered transgressions of Biblical law.

Rashash emends the text of the Baraisa to read ... בִּלְאַחַר יָדוֹ, a reading supported as well by *Tosafos* to 92a ד״ה לאחר ידו. With this emendation, the Baraisa speaks of *carrying on the back of the hand or foot,* as opposed to carrying "backhandedly." [Our Baraisa's text is, indeed, the basis for *Tosafos'* contention that our Mishnah, as well, reads לְאַחַר יָדוֹ without the "ב" prefix. Either way, though, the point of the Mishnah is identical: One is not liable when he employs clearly unusual methods of transport.]

ואת"ל אנשי הוצל עושין כן בטלה דעתן אצל כל אדם: **מתני'** א המתכוין להוציא לפניו ובא לו לאחריו פטור לאחריו ובא לו לפניו חייב באמת אמרו האשה החוגרת בסינר בין מלפניה ובין מלאחריה חייבת שכן ראוי להיות חוזר רבי יהודה אומר אף מקבלי פתקין: **גמ'** מאי שנא לפניו ובא לו לאחריו דפטור דלא אתעביד מחשבתו לאחריו ובא לו לפניו נמי הא לא אתעביד מחשבתו א"ר אלעזר תברא מי ששנה זו לא שנה זו אמר רבא ומאי קושיא דילמא לפניו ובא לו לאחריו היינו טעמא דפטור ב דנתכוון לשמירה מעולה ועלתה בידו שמירה פחותה לאחריו ובא לו לפניו היינו טעמא דחייב דנתכוון לשמירה פחותה ועלתה בידו שמירה מעולה אלא מאי קושיא דיוקא דמתני' קשיא המתכוין להוציא לפניו ובא לו לאחריו פטור הא לאחריו ובא לו לאחריו חייב אימא סיפא לאחריו ובא לו לפניו הוא דחייב הא לאחריו ובא לו לאחריו פטור א"ר אלעזר תברא מי ששנה זו לא שנה זו אמר רב אשי מאי קושיא דילמא לא מיבעיא קאמר לא מיבעיא לאחריו ובא לו לאחריו דחייב דאיתעבידא מחשבתו אלא אפילו לאחריו ובא לו לפניו איצטריכא ליה סלקא דעתך אמינא הואיל ולא איתעביד מחשבתו לא ליחייב קמ"ל דנתכוון לשמירה פחותה ועלתה בידו שמירה מעולה דחייב ג ולאחריו ובא לו לאחריו תנאי היא דתניא [א] ג המוציא מעות בפונדתו ופיה למעלה חייב פיה למטה רבי יהודה מחייב וחכמים פוטרין אמר להן ר' יהודה אי אתם מודים בלאחריו ובא לו לאחריו שהוא חייב ואמרו לו ואי אתה מודה כלאחר ידו ורגלו שהוא פטור אמר ר' יהודה אני אמרתי דבר אחד והן אמרו דבר אחד אני לא מצאתי תשובה לדבריהם והן לא מצאו תשובה לדברי מדקאמר להו אי אתם מודין לאו מכלל דפטרי רבנן וליטעמיך דקאמרי ליה אי אתה מודה מכלל דמחייב רבי יהודה והתניא לאחר ידו ורגלו ד"ה פטור אלא לאחריו ובא לו לאחריו ד"ה חייב לאחר ידו ורגלו דברי הכל פטור כי פליגי בפונדתו ופיה למטה מר מדמי ליה לאחריו ובא לו לאחריו ומר מדמי ליה לאחר ידו ורגלו: ג באמת אמרו האשה כו': [תנא ז כל באמת הלכה היא: רבי יהודה אומר אף מקבלי פתקין]: תנא ה שכן לבלרי מלכות עושין כן: **מתני'** המוציא ככר לרשות הרבים חייב ד הוציאוהו שנים פטורין ה לא יכול אחד להוציאו והוציאוהו שנים חייבין ור' שמעון פוטר: **גמ'** אמר רב יהודה אמר רב ואמרי לה אמר אביי ואמרי לה במתניתא תנא זה יכול וזה יכול רבי מאיר מחייב ור' יהודה ור' שמעון פוטרים זה אינו יכול וזה אינו יכול רבי יהודה ור' מאיר מחייבים ורבי שמעון פוטר ו זה יכול וזה אינו יכול דברי הכל חייב תניא נמי הכי המוציא ככר לרשות הרבים חייב הוציאו שנים רבי מאיר מחייב ורבי יהודה אומר אם לא יכול אחד להוציאו והוציאו שנים חייבין ואם לאו פטורים ורבי שמעון פוטר מנא הני מילי ז דתנו רבנן א בעשותה העושה את כולה ולא העושה את מקצתה כיצד שנים שהיו אוחזין ח במלגז ולוגזין בכרכר ושובטין בקולמוס וכותבין בקנה והוציאו לרשות הרבים יכול יהו חייבין תלמוד לומר בעשותה העושה את כולה ולא העושה מקצתה בעיגול

רש"י

מתני' המתכוין להוציא לפניו. כגון שצרר מעות בסדינו כדי שיהיו תלוין לפניו ובא לו לאחריו: **פטור.** דלא נתקיימה מחשבתו וה"ל כמתעסק ולא מתכוין: **לאחריו ובא לו לפניו חייב.** בגמ' מפרש טעמא: **סינר.** כעין מכנסיים קטנים וחוגרת אותו לצניעות ואם תלתה בו שום דבר להוציא ובא לו לצד אחר חייבת: **שכן ראוי להיות חוזר.** דרכו להיות חוזר סביבותיה ומתחלתה ידעה שסופו להתהפך: **ר' יהודה אומר אף מקבלי פתקין.** של מלך למוסרם לרצים אף הם חייבים בהוצאתן אפילו לא נתקיימה מחשבתן כגון הוציאן על מנת לתתן לרץ זה ונתנו לזה כך לשון רבותי ולבי מגמגם: **גמ' מי ששנה זו לא שנה זו.** ת"ק פטר בתרוייהו ותנא בתרא מחייב בתרוייהו: **ועלתה בידו שמירה פחותה.** ואע"ג דלא ניחא ליה אבל סיפא כל שכן דניחא ליה: **דיוקא דמתני' קשיא.** דיוקא (א) דמצינן למידק ממתני': **לאחריו ובא לו לפניו הוא דחייב.** דעלתה בידו שמירה מעולה: **וחכמים פוטרין.** שאין דרך הוצאה בכך: **אני אמרתי דבר אחד.** אי אתם מודים כו': **והם אמרו דבר א'.** אי אתה מודה כו': **מכלל דמחייב רבי יהודה.** בתמיה הא ודאי דברי הכל פטור דלא מפקי אינשי הכי: **לאחריו ובא לו לאחריו דברי הכל חייב.** דיש מוציאין כן בשמירה פחותה: **לאחר ידו דברי הכל פטור.** דאין מוציאין כן: **מר מדמי לה לאחריו.** דשמירה פחותה היא ומר מדמי לה לאחר ידו דלא דמי למוציא לאחריו דהתם משתמרים הן מן הגנבים אבל אלו נופלין מאליהן ואין מוציאין כן: **שכן לבלרי מלכות עושין כן.** בדעתו למוסרן לזה ואין מוצאו ודבר המלך נחוץ ומוצא אחר ומוסרו לו: **מתני' הוציאו** (ב) **שנים פטורין.** כדילפינן בעשותה יחיד ולא שנים: **חייבים.** וטעמא מפרש בגמרא: **גמ' זה יכול.** להוציאו לבדו וזה יכול להוציאו לבדו והוציאו שניהם: **ר"מ מחייב.** דלא דריש בעשותה להכי אלא לפטור יחיד שעשה בהוראת ב"ד כדלקמן: **ור' יהודה פוטר.** דלאו אורחיה בהכי וסתם מתני' ר' יהודה היא: **זה אינו יכול וזה אינו יכול.** דאורחייהו להוציא בשנים בהא סבירא ליה לרבי יהודה כרבי מאיר דחייב ורבי שמעון פוטר דיליף מקראי כדלקמן: **זה יכול וזה אינו יכול.** והוציאו שניהן דברי הכל חייב ולקמן מפרש הי מינייהו חייב: ה"ג הוציאוהו שנים ר' מאיר מחייב ול"ג פטור: **ר' יהודה אומר אם לא יכול אחד.** כלומר כל אחד ואחד: **ואם לאו.** אלא זה יכול וזה יכול פטור וממילא דבכי האי גוונא ר' מאיר מחייב: **מלגז.** פורק"א בת ג' שיניים ומהפכין בה תבואה בגורן והוא מעמר דהוא אב מלאכה: **ולוגזין.** מאספין השבלין: **בכרכר ושובטין.** דהוא מיסך כדאמר בפרק כלל גדול (לעיל דף עה:) שובט הרי הוא בכלל מיסך: **בקנה והוציאוהו כו'.** וכל הנך זה יכול וזה יכול נינהו: עיגול

תוספות

ואת"ל אנשי הוצל עושין כן בטלה דעתן אצל כל אדם. משמע דעל אתרא נמי אמר דבטלה דעתן וכן בריש בכל מערבין (עירובין דף כח.) פריך ובבל הוי רובא דעלמא והתניא כו' וכן בתר הכי (ג) פריך ופרסאי הוי רובא דעלמא וקשה דבפ' חבית (לקמן קמד:) גבי של בית מנשיא היו סוחטים ברמונים (ד) ופריך בית מנשיא הוי רובא דעלמא ומשני אין דהתנן המקיים קוצים בכרם כו' שכן בערביא מקיימין קוצים לגמליהן ופריך מי דמי ערביא אתרא הוא הכא בטלה דעתו אצל כל אדם וי"ל דהתם חשוב מנהג ערביא דלכל העולם נמי אם היה להם רוב גמלים הוו נמי מקיימי אבל בית מנשיא דחד גברא בטלה דעתו אע"ג דלכל העולם אם היה להם רמונים הרבה היו סוחטין:

רבי יהודה אומר אף מקבלי פיתקין. מפרש רבינו שמואל שיש אדם ממונה למלך שנושא פיתקין של מלך לידע מנין גבוריו וחייליו ובית אוצרותיו ונושאין אותן בכיסיהן התלוין באזוריהן ואותן כיסין חוזרין פעמים לפניהן ופעמים לאחוריהן והוי ממש דומיא דסינר דלעיל שהוא חוזר ות"ק דר' יהודה לא חשיב ליה חוזר והא דמייתי בגמרא תנא שכן לבלרי מלכות עושין כן כלומר שחוזר דבענין זה מיירי רישא (דברייתא) [דמתני']:

תברא מי ששנה זו כו'. ת"ק ה"ל למינקט לאחריו ובא לו לפניו פטור ולתנא בתרא דמחייב הוה לו למינקט לפניו ובא לו לאחריו דהוי רבותא טפי אלא דהשתא לא ידע ° שיש בזה שום חילוק:

הא לאחריו ובא לאחריו פטור. לעיל (דף נא:) גבי חזקיה משני נעשה ובפ"ק דקדושין (דף ה:) גבי נתנה היא ואמרה היא ובכמה דוכתי לא משני:

זה אינו יכול וזה אינו יכול ר"מ ורבי יהודה מחייבין. מה שהקשה ריב"א אמאי לא אמרינן חטאת אחד אמר רחמנא ולא שנים ושלשה כדאמר גבי כופר מפורש בפרק ד' וה' (ב"ק דף מ. ד"ה כופר): תלתא

עין משפט נר מצוה

טו א ב מיי' פי"ח מהל' שבת הל' יב סמג לאוין סה:
טז ג מיי' שם הל' יג:
יז ד מיי' שם הל' טו:
יח ה ו שם הל' טז:

רב נסים גאון

(שמות לד) פסל לך פסילותן שלך תהא חכם רב ושמואל דאמרי תרווייהו נ' שערי בינה נבראו בעולם וכולם ניתנו למשה חסר א' שנא' (תהלים ח) ותחסרהו מעט מאלהים ענין דכתיב (במדבר יב) והאיש משה עניו מאד:

רבינו חננאל

לעולם דאיכא ומכרכי עילויה א) והא קושיא איכא דמרוחי ביה ומרבו ביה מילי כגון פירושא ומשום לה לענין מי שהוציא את הכיס דרך שוליו ודרך דחוקה היא ולא סליק טעמייהו וגמ' דיקא הכין הואי והאיכא שנצין בדליכא. והכין פירשוהו רבותינו ובו אתא דילמא לענין מאי דקאי אי דאפקיה דרך פיו הכי נמי דאלמ' מחייב משום דאי בעי שקיל ומנצא בא לידי גגבה קודם שיבא לידי איסור שבת ועלה קא מקשי למה לי אגרוי בכי האי מלתא והיכי [מצי להן] למשקל מדרך פיו קמיה דנפקי' לשוליה והאידנא שנינו דאינן לולאות דידיעין בעברי אל בריטה ואל כדאמת די גובי על שוליו בהדי הדדי והכין הוה מנהא דכיסי דההוא זמן כההיא דתנן כיס של שנאצות שניטלו שנאציו טמא נפשט טהור וכי האי (לא) מיצי למשרייה לגישיה אלא מכלפי שולי' דאלמ' צריך להוציא כולו ודחינן איכא כיסי דלית להו שנצי [אי נמי] דאית להו שנצי ומכרכי על פומייהו ואינן (עקורין) [כרוכין] כלפי שוליו. ורבא סברה כחזקיה דאגד כלי לאו שמיה אגד ואביי סברה כר"י דאגד כלי שמיה אגד קם אביי בשיטתיה (ורבא) פי' קם בשיטתיה והדר מן מימרא דנפשיה וא' כמימרא דרבא דחייב אלמא אגד כלי לא שמיה אגד כחזקיה קם רבא כשיטתיה דאביי פי' דסבר רבא כאביי דאגד כלי שמיה אגד ואיקפא מליאה פירות פטור כרבי יוחנן והלכה כרבא דכל היכא דפליגי אביי ורבא הלכתא כרבא לבר יע"ל קג"ם. ורמי דרבא אדרבא ורמי דאביי אדאביי דאיתמר המוציא פירות לרה"ר אמר אביי ביד חייב בכלי פטור ורבא אמר ביד פטור בכלי חייב והשתא דהדר אביי וא' אגד כלי (שמיה) לא שמיה אגד וחייב קשיא הא דקא' הכא בכלי פטור ורבא דקאמר אפילו מליאה חרדל פטור קשיא אהא דקא' הכא בכלי חייב. ואמרינן איפוך אביי אמר בכלי חייב רבא אמר בכלי פטור וקא סלקא דעתך דהא דאביי ורבא כגון שהיה עומד ברה"י והוציא כלי שיש בו פירות לרה"ר וכי אפכינן דהמוציא פירות אבל הא שמעתא דחזקיה ורבי יוחנן קבלה הוא דהדר ביה אביי ממימריה וקם בשיטתיה דרבא דאיפליג עליה רבא ולענין הוציא ביד סליקא ליה דליכא פלוגתא ב) דמאן דאמר חייב בזמן ששלשל ידו למטה משלשה ומאן דאמר פטור למעלה משלשה והתם ביציאות השבת כי תני העני חייב אקשינן והא בעינן עקירה מע"ג מקום ארבעה ואמרי' בה כמה טעמי ואפריכו ולבסוף אמרי' א"ר אבהו כגון ששלשל ידו למטה משלשה וקבלה ואקשינא והא עומד קתני ואוקימנא בשוחה אי נמי דקאי בגומא ואי איתא נפק הך טעמא מהלכתא ואע"ג דלא קמה ביה מתניתין מדאקשינן איכפל תנא לאשמעינן כולהי הני ולא משום דמימרא בטל הוא ובפירקא אחרינא (לקמן בהזורק צז.) אמרי' אמר רב חלקיה בר טובי לא תוך שלשה דברי הכל חייב למעלה מעשרה דברי הכל פטור מג' ועד י' באין למחלוקת ר' עקיבא ורבנן ושמעתא דכל פחות מג' כלבוד דמי גמרא גמירי לה ובהא דוכתי מפרשי לה כתיקונה בסייעתא דשמיא והא מלתא דאמרנה לענין קם אביי בשיטתיה דרבא דפרישנא הדר מן מימריה ואמר כמימריה דרבא והוי תרווייהו שיטה איה לה דומיא בכמה דוכתי מגמרא. בלולב וערבה אמרי' לוי אמר אתרוג בשמיני נמי אסורה אבוה דשמואל אמר אתרוג בשביעי אסורה בשמיני מותרת קם ר' זירא בשיטתיה דלוי דא"ר זירא אתרוג שנפסלה אסור לאכילה כל שבעה פירושיה ברור דא"ר זירא כמימרא דאבוה דשמואל קמא שאסורה כל שבעה ובשמיני מותרת והדר אבוה דשמואל כמימרא דלוי. ובהא מסכתא דשבתא בפ' ר"א דתולין אתמר חרדל שלשו מע"ש אמר רב ממחו ביד ומפרש אלא אמר שמואל ממחו ביד ואין ממחו בכלי איתמר רבי אלעזר אמר אחד זה ואחד זה אסור למחות ר' יוחנן אמר אחד זה ואחד זה מותר אביי ורבא דאמרי תרווייהו אין הלכה כר' יוחנן קם ר' אלעזר בשיטתא דשמואל פי' הדר מן מאי דאמר זה וזה אסור וא' ממחו ביד ואין ממחו בכלי קם ר' יוחנן בשיטתא דר' אלעזר הדר ביה ר' יוחנן מן מאי דאמר זה וזה מותר ואמר זה וזה אסור כי היכי דהוה א"ר אלעזר מעיקרא אביי ורבא דאמרי תרווייהו הלכה כר' יוחנן מן מאי דהכי קאמר הלכתא לא

חשק שלמה על רבינו חננאל א) דברי רבינו אלו מכאן עד תיבת ואינן עקורין כלפי שוליו הם מסופרי הכנה לפי קוצר דעתנו. ואולי יש לאות ע"ס בכת"י. ומגוה רבה לידך לסוף כוונתו בזה וה' יאיר עינינו במאור תורתו: ב) מדברי רבינו נראה שהיה לו גי' אחרת בכאן. דאביי ורבא לא פליגי כלל ואביי מיירי למעלה מג'. ומשום זה כתב דמאי דמתרץ לעיל דף ה' כגון ששלשל ידו למטה מג' הוא נפיק מהלכתא. ועיין תוס' שם ד"ה כגון. ובחדושי הרשב"א ז"ל שם ודו"ק:

מסורת הש"ס

א) [יבמות יג. כתובות עה: ב"ק מז: ועי' תוס' כתובות עה: פירושו של תברא], ב) לימא לאחריו ובא לו כצ"ל, ג) [תוספתא פ"י ע"ש], ד) [ב"מ ס. וע"ש רש"י], ה) [בערוך ערך לבלר פירש לבלר סופרי מלכות חוגרין בסינר ותולין פיתקין במתניהן פעמים שבאין לפנים ופעמים שבאין לאחור], ו) לעיל ג., ז) [פי' מזלג ע"ד חילוף האותיות כמו כבש כשב מוסף ערוך].

הגהות הב"ח

(א) רש"י ד"ה דיוקא דמתניתין קשיא דמצינו כצ"ל ותיבת דיוקא נמחק: (ב) ד"ה הוציאוהו שני': (ג) תוס' ד"ה ואת"ל וכו'. בתר הכי פריך. נ"ב סוף דף כ"ט: (ד) בא"ד היו סוחטין ברימונים דפריך ובית מנשיא וכו' ומשני אין דתנן המקיים:

גליון הש"ס

תוס' ד"ה תברא וכו' שיש בזה שום חילוק. עי' תוס' כתובות דף עה ע"ב ד"ה מי ששנה. וביבמות דף י ע"ב ד"ה וליתני:

הגהות הגר"א

[א] גמרא דתניא המוציא מעות בפונדתו ופיה למעלה כו'. נ"ב בתוספתא הגירי' המתכוין להוציא בפונדתו ופיה למעלה והוציא בפונדתו ופיה למטה. המתכוין להוציא בפונדתו ופיה למטה ר"י מחייב וחכמים פוטרין. ובזה מובן תשובת ר"י א"א מודים בלאחריו ובא לו לאחריו:

תורה אור השלם

א) וְאִם נֶפֶשׁ אַחַת תֶּחֱטָא בִשְׁגָגָה מֵעַם הָאָרֶץ בַּעֲשֹׂתָהּ אַחַת מִמִּצְוֹת יְיָ אֲשֶׁר לֹא תֵעָשֶׂינָה וְאָשֵׁם: [ויקרא ד, כז]

ליקוטי רש"י

סינר. פורליי"ט שהיא חוגרת בו ומגיע ממתניה ולמטה [לעיל יג:]. **תברא.** קשיא רישא לסיפא [כתובות עה:]. קשה אהדדי רישא וסיפא [ב"ק מז:]. **כל באמת הלכה היא.** ואין חולק בדבר [סוכה לח.]. כל היכא דתני באמת הלכה היא ואין לחכם ולגמגם בדבר [ב"מ ס.]. **בעשותה.** גבי חטאת כתיב [לעיל ג.]. **מלגז.** כמין עתר שקורין פורק"א של ברזל ולו שלש שיניים ומהפכין בו קש בגורן [לקמן קכב:]. **בכרכר ושובטין.** שובט. משוה השתי בכרכר שקורין ריו"ל [לעיל עה:]. שובט, מכרכר בכרכר [לקמן צז:]. **כרכר.** עץ יש לאורגין וראשו חד [לעיל פא.].

AGAINST THEIR POINT, וְהֵן לֹא מָצְאוּ תְּשׁוּבָה לִדְבָרַי – AND THEY HAVE NOT FOUND A REJOINDER AGAINST MY POINT.

The Gemara analyzes the implications of the Baraisa:

מִדְּקָאָמַר לְהוּ אִי אַתֶּם מוֹדִין – From the fact that R' Yehudah said to [the Sages]: "Would you not agree in a case where the object was tied behind him and it remained there, that he is liable," לָאו מִכְּלָל דְּפָטְרֵי רַבָּנַן – can it not be inferred that indeed, the Sages *do not* agree with him and would exempt the perpetrator in that case?[24] If so, this confirms that there is a Tannaic debate – a dispute between R' Yehudah and the Sages – over whether one is liable in the case where the object remained tied behind the person. – ? –

The Gemara rejects this analysis:

וְלְטַעֲמֵיךְ – But according to your very own reasoning, we should also say: דְּקָאָמְרֵי לֵיהּ אִי אַתָּה מוֹדֶה – From the fact that the Sages said to [R' Yehudah]: "Would you not agree in a case where one places an object on the back of his hand or foot, etc.," מִכְּלָל דִּמְחַיֵּיב רַבִּי יְהוּדָה – it can be inferred that indeed, R' Yehudah *does not* agree in that case, and he holds the perpetrator liable. וְהָתַנְיָא – But this conclusion is untenable, for it was explicitly taught in a Baraisa: לְאַחַר יָדוֹ וְרַגְלוֹ דִּבְרֵי הַכֹּל פָּטוּר – One who places an item ON THE BACK OF HIS HAND OR FOOT and transports it IS EXEMPT ACCORDING TO EVERYONE.[25] – ? –

In light of this, the Gemara provides a new analysis of the respective positions of R' Yehudah and the Sages:[26]

אֶלָּא לְאַחֲרָיו וּבָא לוֹ לְאַחֲרָיו דִּבְרֵי הַכֹּל חַיָּיב – Rather, in the case where one ties an object behind him and it remains behind him, everyone [both R' Yehudah and the Sages] agrees that [the perpetrator] is liable.[27] לְאַחַר יָדוֹ וְרַגְלוֹ דִּבְרֵי הַכֹּל פָּטוּר – Likewise, in the case where one transports an object on the back of his hand or foot, everyone agrees he is exempt.[28] כִּי פְּלִיגֵי – Where, indeed, do [R' Yehudah and the Sages] disagree? בְּפוּנְדָּתוֹ וּפִיהָ לְמַטָּה – They disagree only concerning one who transports coins in his money belt with its opening hanging downward. מַר מְדַמֵּי לֵיהּ לְאַחֲרָיו וּבָא לוֹ לְאַחֲרָיו – One master [R' Yehudah] compares this to a situation where one tied an object behind him and it remained behind him,[29] and he therefore rules in favor of liability. וּמַר מְדַמֵּי לֵיהּ לְאַחַר יָדוֹ וְרַגְלוֹ – And the other master [the Sages] compares this to a situation where one placed an object on the back of his hand or foot, and they therefore rule in favor of exemption.[30]

The Mishnah stated:

בֶּאֱמֶת אָמְרוּ הָאִשָּׁה כו׳ – IN TRUTH, THEY SAID: IF A WOMAN girded with an underskirt, etc.

The Gemara explains the introductory phrase "in truth":

תָּנָא – It was taught in a Baraisa: כָּל בֶּאֱמֶת הֲלָכָה הִיא – ANYTIME a ruling is introduced with the phrase IN TRUTH, it means THE LAW IS definitively decided this way.[31]

The Mishnah concluded:

רַבִּי יְהוּדָה אוֹמֵר – R' YEHUDAH SAID: אַף מְקַבְּלֵי פִתְקִין – LETTER CARRIERS, AS WELL, are liable when the object they are carrying shifts behind or in front of them.

An explanatory Baraisa:

תָּנָא – It was taught in a Baraisa: שֶׁכֵּן לַבְלָרֵי מַלְכוּת עוֹשִׂין כֵּן – FOR SO THE ROYAL SCRIBES WOULD DO.[32]

Mishnah הַמּוֹצִיא כִּכָּר לִרְשׁוּת הָרַבִּים – If one takes a loaf of bread from a private domain out into a public domain, חַיָּיב – he is liable.[33] הוֹצִיאוּהוּ שְׁנַיִם – If two people took [the loaf] out together, פְּטוּרִין – they are both exempt.[34] לֹא יָכוֹל אֶחָד לְהוֹצִיאוֹ – If, however, no one of the two could have taken it out by himself, וְהוֹצִיאוּהוּ שְׁנַיִם – and the two took it out together,[35] חַיָּיבִין – they are both liable; וְרַבִּי שִׁמְעוֹן פּוֹטֵר – whereas R' Shimon considers both exempt.[36]

NOTES

24. Various Rishonim find difficulty with this inference. Generally, the statement: "Would you not agree . . ." implies that the questioner is adducing a proof from a fact that both he and his disputant *accept*. Why, then, does the Gemara presume the opposite here – that the Sages *disagree* with the ruling R' Yehudah cites?

In response to this difficulty, *Rashba* suggests that the Gemara's real inference comes from R' Yehudah's last remark: . . . *and they have not found a rejoinder against me*. The insinuation is that even though the Sages have not found a reason to distinguish between the primary case in question ["the money belt"] and the case R' Yehudah cites as proof ["behind and remains behind"], still, they persist in issuing a ruling of exemption in the primary case. By process of elimination, this means that they must reject R' Yehudah's basic presumption about the case he cites as proof; even there, it must be that the Sages consider the person exempt.

For other resolutions of this difficulty, see *Ritva MHK* ed.

25. This is such a highly deviant method of transport that it is unanimously recognized as unusual (see *Rashi*).

26. The Gemara now discards the notion that R' Yehudah and the Sages each reject the presumed rulings cited by the other as proof (see above, note 24). It will now suggest that they concede to each other in these cases, but dispute whether the comparison their opponent draws to these cases is valid. [Still, though, R' Yehudah can say that each side has not found a rejoinder for the other, for neither can *prove* that his opponent's comparison is incorrect.]

27. Although the object being transported is not as secure as it could be, still, some people do carry items that way (*Rashi*). Hence, we say that the act is not so grossly negligent as to be classed "unusual."

28. Virtually no one transports items in such a haphazard manner (*Rashi*).

29. R' Yehudah sees both as cases where one provides a minimal degree of security for the item being transported (*Rashi*).

30. In the Sages' view, carrying inside a money belt hanging downward provides less protection than hanging an object on the back of one's cloak. In the latter case, the item is not *well* protected, but it is at least protected somewhat [e.g. from thieves]. With a money belt hanging downward, though, there is no protection whatsoever, for the coins can literally fall out and become lost of their own accord (*Rashi*).

31. Based on *Rashi* to *Succah* 38a ד״ה באמת אמרו.

32. I.e. the royal scribes would transport letters and documents in pouches hung from their belts. The pouches would often slip from the front of the person to his back (or vice versa), and this was of no concern to the scribe (*Rashba,* quoting *Rav Hai Gaon;* see *Ran MHK* ed.).

Rashi, though, cites a different interpretation, consistent with his explanation of מְקַבְּלֵי פִתְקִין in our Mishnah (see above, note 8). In his view, the Baraisa refers to aides who would transmit royal dispatches from the king to couriers. The aide might have in mind to give the dispatch to a particular courier, but if he cannot find him, he will give it to a different one. [If this was done on the Sabbath, the aide would be liable – for although his precise intent was not fulfilled, he *does* wish the backup courier to take the letter, for it is important that the delivery of the king's message be expedited.]

33. This ruling is obvious and is stated only as an introduction to the following case (*Ritva MHK* ed., *Meiri*).

34. [No assistance is required to carry out a loaf of bread; therefore, the second person's help does nothing but detract from the amount of labor being performed by the first.] The exemption of both parties in this case is derived from a Scriptural source, cited in the Gemara below (*Rashi*).

35. E.g. the two persons carried out something like a beam or plank which was too heavy for either to carry alone.

36. [*Tosafos* (to 93a ד״ה אמר מר) state that for the purposes of our Mishnah, when we determine whether a person is "able" to carry an object alone, we do not look at the person's objective strength as the only

ואת"ל אנשי הוצל עושין כן בטלה דעתן אצל כל אדם: **מתני'** א המתכוין להוציא לפניו ובא לו לאחריו פטור לאחריו ובא לו לפניו חייב באמת אמרו האשה החוגרת בסינר בין מלפניה ובין מלאחריה חייבת שכן ראוי להיות חוזר רבי יהודה אומר אף מקבלי פתקין: **גמ'** מאי שנא לפניו ובא לו לאחריו דפטור דלא אתעביד מחשבתו לאחריו ובא לו לפניו נמי הא לא אתעביד מחשבתו א"ר אלעזר א) תברא מי ששנה זו לא שנה זו אמר רבא ומאי קושיא דילמא לפניו ובא לו לאחריו היינו טעמא דפטור ב דנתכוון לשמירה מעולה ועלתה בידו שמירה פחותה לאחריו ובא לו לפניו היינו טעמא דחייב דנתכוון לשמירה פחותה ועלתה בידו שמירה מעולה אלא מאי קושיא דיוקא דמתני' קשיא המתכוין להוציא לפניו ובא לו לאחריו פטור הא לאחריו ובא לו לאחריו חייב אימא סיפא לאחריו ובא לו לפניו הוא דחייב הא לאחריו ובא לו לאחריו פטור א"ר אלעזר תברא מי ששנה זו לא שנה זו אמר רב אשי מאי קושיא דילמא לא מיבעיא קאמר לא מיבעיא לאחריו ובא לו לאחריו דחייב דאיתעבידא מחשבתו אלא אפילו לאחריו ובא לו לפניו איצטריכא ליה סלקא דעתך אמינא הואיל ולא איתעביד מחשבתו לא ליחייב קמ"ל דנתכוון לשמירה פחותה ועלתה בידו שמירה מעולה דחייב ג) ולאחריו ובא לו לאחריו תנאי היא דתניא [א] ג המוציא מעות בפונדתו ופיה למעלה חייב פיה למטה רבי יהודה מחייב וחכמים פוטרין אמר להן ר' יהודה אי אתם מודים בלאחריו ובא לו לאחריו שהוא חייב ואמרו לו ואי אתה מודה כלאחר ידו ורגלו שהוא פטור אמר ר' יהודה אני אמרתי דבר אחד והן אמרו דבר אחד אני לא מצאתי תשובה לדבריהם והן לא מצאו תשובה לדברי מדקאמר להו אי אתם מודין לאו מכלל דפטרי רבנן וליטעמיך דקאמרי ליה אי אתה מודה מכלל דמחייב רבי יהודה והתניא לאחר ידו ורגלו ד"ה פטור אלא לאחריו ובא לו לאחריו ד"ה חייב לאחר ידו ורגלו דברי הכל פטור כי פליגי בפונדתו ופיה למטה מר מדמי ליה לאחריו ובא לו לאחריו ומר מדמי ליה לאחר ידו ורגלו: ג באמת אמרו האשה כו': [תנא ד כל באמת הלכה היא: רבי יהודה אומר אף מקבלי פתקין]: תנא ה שכן לבלרי מלכות עושין כן: **מתני'** המוציא ככר לרשות הרבים חייב ד הוציאוהו שנים פטורין ה לא יכול אחד להוציאו והוציאוהו שנים חייבין ור' שמעון פוטר: **גמ'** אמר רב יהודה אמר רב ואמרי לה אמר אביי ואמרי לה במתניתא תנא זה יכול וזה יכול רבי מאיר מחייב ור' יהודה ור' שמעון פוטרים זה אינו יכול וזה אינו יכול רבי יהודה ור' מאיר מחייבים ורבי שמעון פוטר ו זה יכול וזה אינו יכול דברי הכל חייב תניא נמי הכי המוציא ככר לרשות הרבים חייב הוציאו שנים רבי מאיר מחייב ורבי יהודה אומר אם לא יכול אחד להוציאו והוציאו שנים חייבין ואם לאו פטורים ורבי שמעון פוטר מנא הני מילי ז דתנו רבנן א) בעשותה העושה את כולה ולא העושה את מקצתה כיצד שנים שהיו אוחזין ח במלגז ולוגזין בכרכר ושובטין בקולמוס וכותבין בקנה והוציאו לרשות הרבים יכול יהו חייבין תלמוד לומר בעשותה העושה את כולה ולא העושה מקצתה בעיגול

רש"י

מתני' המתכוין להוציא לפניו. כגון שצרר מעות בסדינו כדי שיהיו תלוין לפניו ובא לו לאחריו: **פטור.** דלא נתקיימה מחשבתו וה"ל כמתעסק ולא מתכוין: **לאחריו ובא לו לפניו חייב.** בגמ' מפרש טעמא: **סינר.** כעין מכנסיים קטנים וחוגרת אותו לצניעות ואם תלתה בו שום דבר להוציא ובא לו לצד אחר חייבת: **שכן ראוי להיות חוזר.** דרכו להיות חוזר סביבותיה ומתחלתה ידעה שסופו להתהפך: **ר' יהודה אומר אף מקבלי פתקין.** של מלך למוסרם לרצים אף הם חייבים בהוצאתן אפילו לא נתקיימה מחשבתן כגון הוציאן על מנת לתתן לרץ זה ונתנו לזה כך לשון רבותי ולבי מגמגם: **גמ'** מי ששנה זו לא שנה זו. ת"ק פטר בתרוייהו ותנא בתרא מחייב בתרוייהו: **ועלתה בידו שמירה פחותה.** ואנן סהדי דלא ניחא ליה אבל סיפא כל שכן דניחא ליה: **דיוקא דמתני' קשיא.** דיוקא (א) דמלינן למידק ממתני': **לאחריו ובא לו לפניו הוא דחייב.** דעלתה בידו שמירה מעולה: **וחכמים פוטרין.** שאין דרך הוצאה בכך: **אני אמרתי דבר אחד.** אי אתם מודים כו': **והם אמרו דבר א'.** אי אתה מודה כו': **מכלל דמחייב רבי יהודה.** בתמיה הא ודאי דברי הכל פטור דלא מפקי אינשי הכי: **לאחריו ובא לו לאחריו דברי הכל חייב.** דיש מוציאין כן בשמירה פחותה: **לאחר ידו דברי הכל פטור.** דאין מוציאין כן: **מר מדמי לה לאחריו.** דשמירה פחותה היא ומר מדמי לה לאחר ידו דלא דמי למוציא לאחריו דהתם משתמרים הן מן הגנבים אבל אלו נופלין מאליהן ואין מוציאין כן: **שכן לבלרי מלכות עושין כן.** בדעתו למוסרן לזה ואין מוצאו ודבר המלך נחוץ ומוצא אחר ומוסרו לו: **מתני'** הוציאו (ב) שנים פטורין. כדילפינן בעשותה יחיד ולא שנים: **חייבים.** וטעמא מפרש בגמרא: **גמ'** זה יכול. להוציאו לבדו וזה יכול להוציאו לבדו והוציאו שניהם: **ר"מ מחייב.** דלא דריש בעשותה להכי אלא לפטור יחיד שעשה בהוראת ב"ד כדלקמן: **ור' יהודה פוטר.** דלאו אורחיה בהכי וסתם מתני' ר' יהודה היא: **זה אינו יכול וזה אינו יכול.** דאורחייהו להוציא בשנים בהא סבירא ליה לרבי יהודה כרבי מאיר דחייב ורבי שמעון פוטר דיליף מקראי כדלקמן: **זה יכול וזה אינו יכול.** והוציאו שניהן דברי הכל חייב ולקמן מפרש הי מינייהו חייב: ה"ג הוציאוהו שנים ר' מאיר מחייב ול"ג פטור: **ר' יהודה אומר אם לא יכול אחד.** כלומר כל אחד ואחד: **ואם לאו.** אלא זה יכול וזה יכול פטור וממילא דבכי האי גוונא ר' מאיר מחייב: **מלגז.** פורק"א בת ג' שיניים ומהפכין בה תבואה בגורן והוא מעמר דהוא אב מלאכה: **ולוגזין.** מאספין השבלין: **בכרכר ושובטין.** דהוא מיסך כדאמר בפרק כלל גדול (לעיל דף עה:) שובט הרי הוא בכלל מיסך: **בקנה והוציאוהו כו'.** וכל הנך זה יכול וזה יכול נינהו: עיגול

תוספות

ואת"ל אנשי הוצל עושין כן בטלה דעתן אצל כל אדם. משמע דעל אתרא נמי אמר דבטלה דעתן וכן בריש בכל מערבין (עירובין דף כח.) פריך ובבל הוי רובא דעלמא והתניא כו' וכן בתר הכי (ג) פריך ופרסאי הוי רובא דעלמא וקשה דבפ' חבית (לקמן קמד:) גבי של בית מנשיא היו סוחטים ברמונים (ד) ופריך בית מנשיא הוי רובא דעלמא ומשני אין דהתנן המקיים קוצים בכרם כו' שכן בערביא מקיימין קוצים לגמליהן ופריך מי דמי ערביא אתרא הוא הכא בטלה דעתו אצל כל אדם וי"ל דהתם חשוב מנהג ערביא דלכל העולם נמי אם היה להם רוב גמלים הוו נמי מקיימי אבל בית מנשיא דחד גברא בטלה דעתו אע"ג דלכל העולם אם היה להם רמונים הרבה היו סוחטין:

רבי יהודה אומר אף מקבלי פיתקין. מפרש רבינו שמואל שיש אדם ממונה למלך שנושא פיתקין של מלך לידע מנין גבוריו וחייליו ובית אוצרותיו ונושאין אותן בכיסיהן התלויין באחוריהן ואותן כיסין חוזרין פעמים לפניהן ופעמים לאחוריהן והוי ממש דומיא דסינר דלעיל שהוא חוזר ות"ק דר' יהודה לא חשיב ליה חוזר והא דמייתי בגמרא תנא שכן לבלרי מלכות עושין כן כלומר שחוזר דבענין זה מיירי רישא (דברייתא) [דמתני']:

תברא מי ששנה זו כו'. ת"ק ה"ל למינקט לאחריו ובא לו לפניו פטור ולתנא בתרא דמחייב הוה לו למינקט לפניו ובא לו לאחריו דהוי רבותא טפי אלא דהשתא לא ידע ° שיש בזה שום חילוק:

הא לאחריו ובא לאחריו פטור. לעיל (דף לא:) גבי חזקיה משני נעשה ובפ"ק דקדושין (דף ה:) גבי נתנה היא ואמרה היא ובכמה דוכתי לא משני: **זה** אינו יכול וזה אינו יכול ר"מ ורבי יהודה מחייבין. מה שהקשה ריב"א אמאי לא אמרינן חטאת אחד אמר רחמנא ולא שנים ושלשה כדאמר גבי כופר מפורש בפרק ד' וה' (ב"ק דף מ. ד"ה כופר): תלתא

עין משפט נר מצוה

טו א ב מיי' פי"ח מהל' שבת הל' יג סמג לאוין סה:
טז ג מיי' שם הל' יג:
יז ד מיי' שם הל' טו:
יח ה ו שם הל' טז:

רב נסים גאון

(שמות לד) פסל לך פסילותן שלך תהא חכם רב ושמואל דאמרי תרוייהו נ' שערי בינה נבראו בעולם וכולם ניתנו למשה חסר א' שנא' (תהלים ח) ותחסרהו מעט מאלהים ענין דכתיב (במדבר יב) והאיש משה ענו מאד:

רבינו חננאל

לעולם דאיכא ומכרכי עילויה א) והא קושיא איכא דמרוחי ביה ומרבו ביה מילי כגון פירושא ומשנו לה לענין מי שהוציא את הכיס דרך שוליו ודרך דחוקה היא ולא סליק טעמייהו וגמ' דיקא הכין הוא והאיכא שצנין בדליכא. והכין פירשוהו רבותינו ובו אתא דילמא לענין מאי דקאי אי דאפקיה דרך פיו הכי נמי דאלמ' מחייב משום דאי בעי שקיל ונמצא בא לידי בגד קודם שיבא לידי איסור שבת ועלה קא מקשי למה לי אגרוי בכי האי מלתא והיכי [מצי להן] למשקל מדרך פיו קמיה דנפק' לשוליה והאידנא שנינו דאנין לוצאות דידיען בעדי אל בריהה ואל כדאסת די גובי על שוליו בהדי הדדי אבי והכין הזה מנהא דכיסי דההוא זמן כההיא דתנן כיס של שנאצות שנטלו שנאציו טמא נפשט טהור וכי האי (לא) מוצי למשרייה לגשיה אלא מכלפי שוליו דאלמ' צריך להוציא כולו ודחינן איכא כיסי דלית להו שנצי [אי נמין דאית להו שנצי ומכרכי על פומייהו ואינן (עקורין) [כרוכין] כלפי שוליו. ורבא סברה כחזקיה דאגד כלי לאו שמיה אגד ואביי סברה כר"י דאגד כלי שמיה אגד קם אביי בשיטתיה (ורבא) פי' קם בשיטתיה הדדר מן מימרא דנפשיה ואו' כמימרא דרבא דחייב אלא אגד כלי לא שמיה אגד כחזקיה קם רבא בשיטתיה דאביי דסבר רבא כאביי דאגד כלי שמיה אגד ואיטקופה מליאה פירות פטור כרבי יוחנן והלכה כרבא דכל היכא דפליגי אביי ורבא הלכתא כרבא לבר יע"ל קג"ם. ורמי דרבא אדרבא ורמי דאביי אדאביי דאיתמר המוציא פירות לרה"ר אמר אביי ביד חייב בכלי פטור ורבא אמר ביד פטור בכלי חייב והשתא דהדר אביי וא' אגד כלי (שמיה) לא שמיה אגד וחייב קשיא הא דקא' הכא בכלי פטור ורבא דקאמר אפילו מליאה חרדל פטור קשיא אהא דקא' הכא בכלי חייב. ואמרינן איפוך אביי אמר בכלי חייב רבא אמר בכלי פטור וקא סלקא דעתך דהא דאביי ורבא

כגון שהיה עומד ברה"י והוציא כלי שיש בו פירות לרה"ר וכי אפכינן דהמוציא פירות אבל הא שמעתא דחזקיה ורבי יוחנן קבלה הוא דהדר ביה אביי ממימריה וקם בשיטתיה דרבא דאיפליג עליה רבא ולענין הוציא ביד סליקא ליה דליכא פלוגתא ב) דמאן דאמר חייב בזמן שלשל ידו למטה משלשה ומאן דאמר פטור למעלה משלשה והתם ביציאות השבת כי תני העני חייב אקשינן והא בעינן עקירה מע"ג מקום ארבעה ואמרי' בה כמה טעמי ואיפריכו ולבסוף אמרי' א"ר אבהו כגון ששלשל ידו למטה משלשה וקבלה ואקשינא והא עומד קתני ואוקימנא בשוחה אי נמי דקאי בגומא ואי איתא נפק הך טעמא מהלכתא ואע"ג דלא קמה ביה מתניתין מדאקשינן איכפל תנא לאשמעינן כולהי הני ולא משום דמימרא בטל הוא ובפירקא אחרינא (לקמן בהזורק צז.) אמרי' אמר רב חלקיה בר טובי לא תוך שלשה דברי הכל חייב למעלה מעשרה דברי הכל פטור מג' ועד י' באין למחלוקת ר' עקיבא ורבנן ושמעתא דכל פחות מג' כלבוד דמי גמרא גמירי לה ובהא דוכתי מפרשי לה כתיקונה בסייעתא דשמיא והא מלתא דאמרנה לענין קם אביי בשיטתיה דרבא דפרישנא הדר מן מימריה ואמר כמימריה דרבא והוי תרווייהו שיטה אית לה דומיא בכמה דוכתי מגמרא. בלולב וערבה אמרי' לוי אמר אתרוג בשמיני נמי אסורה אבוה דשמואל אמר אתרוג בשביעי אסורה בשמיני מותרת קם ר' זירא בשיטתיה דלוי דא"ר זירא אתרוג שנפסלה אסור לאכילה כל שבעה פירושיה ברור דא"ר זירא כמימרא דאבוה דשמואל קמא שאסורה כל שבעה ובשמיני מותרת והדר אבוה דשמואל כמימרא דלוי. ובהא מסכתא דשבתא בפ' ר"א דתולין אתמר חרדל שלשו מע"ש אמר רב ממחו בכלי ואין ממחו ביד ומפרש אלא אמר שמואל ממחו ביד ואין ממחו בכלי איתמר רבי אלעזר אמר אחד זה ואחד זה אסור למחות ר' יוחנן אמר אחד זה ואחד זה מותר אביי ורבא דאמרי תרווייהו אין הלכה כר' יוחנן קם ר' אלעזר בשיטתא דשמואל פי' הדר מן מאי דאמר זה וזה אסור וא' ממחו ביד ואין ממחו בכלי קם ר' יוחנן בשיטתא דר' אלעזר הדר ביה ר' יוחנן מן מאי דאמר זה וזה מותר ואמר זה וזה אסור כי היכי דהוה א"ר אלעזר מעיקרא אביי ורבא דאמרי תרווייהו הלכה כר' יוחנן מן מאי דהכי קאמר הלכתא לא

חשק שלמה על רבינו חננאל א) דברי רבינו אלו מכאן עד תיבת ואינן עקורין כלפי שוליו הם מסוסרי הבנה לפי קוצר דעתנו. ואולי יש אחה ט"ס בכת"י. ומגוה רבה לירד לסוף כוונתו בזה וה' יאיר עינינו במאור תורתו: ב) מדברי רבינו נראה שהיה לו גי' אחרת בכאן. דאביי ורבא לא פליגי כלל ואביי מיירי למעלה מג'. ומשום זה כתב דמאי דממרך לעיל דף ה' כגון ששלשל ידו למטה מג' הוא נפיק מהילכתא. ועיין תוס' שם ד"ה כגון. ובחדושי הרשב"א ז"ל שם ודו"ק:

מסורת הש"ס

א) [יבמות יג. כתובות עה: ב"ק מז: ועי' תוס' כתובות עה. פירושו של תברא], ב) לימא לאחריו ובא לו כו', ג) [תוספתא פ"ט ע"ש], ד) [ב"מ ס. וע"ש רש"י], ה) [בערוך ערך לבלר פירש לבלר סופרי מלכות חוגרין בסינר ותולין פיתקין במתניהן פעמים שבאין לפניו ופעמים שבאין לאחור], ו) לעיל ג., ז) [פי' מזלג ע"ד אילוף האותיות כמו כבש כשב מוסף ערוך].

הגהות הב"ח

(א) רש"י ד"ה דיוקא דמתניתין קשיא דמלינן כל"ל ותיבת דיוקא נמחק: (ב) ד"ה הוציאוהו שני': (ג) תוס' ד"ה ואת"ל וכו' בתר הכי פריך. נ"ב סוף דף כ"ט: (ד) בא"ד היו סוחטין ברימונים דפריך ובית מנשיא וכו' ומשני אין דתנן המקיים:

גליון הש"ס

תוס' ד"ה תברא וכו' שיש בזה שום חילוק. עי' תוס' כתובות דף עה ע"ב ד"ה מי ששנה. וביבמות דף י ע"ב ד"ה וליתני:

הגהות הגר"א

[א] גמרא דתניא המוציא מעות בפונדתו ופיה למעלה כו'. נ"ב בתוספתא הגיר' המתכוין להוציא בפונדתו ופיה למעלה והוציא בפונדתו ופיה למטה. המתכוין להוציא בפונדתו ופיה למטה ר"י מחייב וחכמים פוטרין. אמר להן כגון תשובת ר"י א"א מודים בלאחריו ובא לו לאחריו:

תורה אור השלם

א) וְאִם נֶפֶשׁ אַחַת תֶּחֱטָא בִשְׁגָגָה מֵעַם הָאָרֶץ בַּעֲשׂתָהּ אַחַת מִמִּצְוֹת יְיָ אֲשֶׁר לֹא תֵעָשֶׂינָה וְאָשֵׁם: [ויקרא ד, כז]

ליקוטי רש"י

סינר. פורצי"נט שהיא חוגרת בו ומגינע ממתנים ולמטה [לעיל עז:]. **תברא.** קשיא רישא לסיפא [כתובות עה:]. קשה אהדדי רישא וסיפא [ב"ק מז:]. **כל באמת הלכה היא.** ואין חולק בדבר [סוכה לח.]. כל היכא דתני באמת הלכה ואין לחסם ולגמגם בדבר [ב"מ ס.]. **בעשותה.** גבי חטאת כתיב [לעיל ג.]. **מלגז.** כמין עתר שקורין פורק"א של ברזל ולו שלש שיניים ומהפכין בו קש בגורן [לקמן קכב:]. **בכרכר ושובטין.** שובט. משוה השתי בכרכר שקורין ריו"ל [לעיל עה:]. שובט, מכרכר בכרכר [לקמן צז:]. **כרכר.** עץ יש לאורגין וראשו חד [לעיל פא.].

Gemara The Gemara elaborates a broader Tannaic dispute regarding our Mishnah's discussion:

אָמַר רַב יְהוּדָה אָמַר רַב – **Rav Yehudah said in the name of Rav,** וְאָמְרֵי לָהּ אָמַר אַבַּיֵי – **and some say, Abaye** was the one who **said** it; וְאָמְרֵי לָהּ בְּמַתְנִיתָא תָּנָא – **and** still **[others] say it was taught in a Baraisa:** When two people jointly transport an object on the Sabbath, we can classify their liability as follows: זֶה יָכוֹל וְזֶה יָכוֹל – If **this one was able** to carry the object himself, **and this** other **one was** likewise **able** to carry it himself, but nevertheless, they carried it together – רַבִּי מֵאִיר מְחַיֵּיב – **R' Meir holds** both persons **liable,**[37] וְרַבִּי יְהוּדָה וְרַבִּי שִׁמְעוֹן פּוֹטְרִים – **and R' Yehudah and R' Shimon exempt them.** זֶה אֵינוֹ יָכוֹל וְזֶה אֵינוֹ יָכוֹל – If **this one was unable** to carry it himself, **and this** other **one was** likewise **unable,** then רַבִּי יְהוּדָה וְרַבִּי מֵאִיר מְחַיְּיבִים – **R' Yehudah and R' Meir hold them** both **liable,**[38] וְרַבִּי שִׁמְעוֹן פּוֹטֵר – **and R' Shimon exempts them.** זֶה יָכוֹל וְזֶה אֵינוֹ יָכוֹל – If **this one was able** to carry it himself, **but this** other **one was unable** to carry it without assistance, דִּבְרֵי הַכֹּל חַיָּיב – **everyone agrees he is liable.**[39]

A Bariasa is cited that confirms the accuracy of this report:

תַּנְיָא נַמִּי הָכִי – **And so it was taught in a Baraisa:** הַמּוֹצִיא כִּכָּר לִרְשׁוּת הָרַבִּים – If ONE TAKES A LOAF of bread from a private domain OUT INTO A PUBLIC DOMAIN, חַיָּיב – HE IS LIABLE. הוֹצִיאוּ שְׁנַיִם – IF TWO people TOOK [THE LOAF] OUT together, רַבִּי מֵאִיר מְחַיֵּיב – R' MEIR HOLDS THEM both LIABLE, וְרַבִּי יְהוּדָה אוֹמֵר – WHILE R' YEHUDAH SAYS: This depends on the situation; אִם לֹא יָכוֹל אֶחָד לְהוֹצִיאוֹ – IF NEITHER person WAS ABLE to carry the item himself, וְהוֹצִיאוּ שְׁנַיִם – AND the TWO TOOK IT OUT together, חַיָּיבִין – then [BOTH] ARE LIABLE; וְאִם לָאו – BUT IF this was NOT the case [i.e. each *could* have transported it alone], פְּטוּרִים – then THEY ARE both EXEMPT.[40] וְרַבִּי שִׁמְעוֹן פּוֹטֵר – R' SHIMON, THOUGH, EXEMPTS the parties in both these cases.

The Gemara shows how each Tanna came to his respective conclusion:[41]

מְנָא הָנֵי מִילֵּי – **From where do we know these** things? דְּתָנוּ רַבָּנָן – **For the Rabbis taught in a Baraisa:** "בַּעֲשֹׂתָהּ" – Scripture states:[42] *BY HIS COMMITTING IT.* הָעוֹשֶׂה אֶת כּוּלָּהּ – This implies that only ONE WHO PERFORMS AN ENTIRE prohibited ACT is liable, וְלֹא הָעוֹשֶׂה אֶת מִקְצָתָהּ – NOT ONE WHO PERFORMS ONLY PART OF A prohibited ACT.

The Baraisa explains:

כֵּיצַד – HOW IS THIS so? שְׁנַיִם שֶׁהָיוּ אוֹחֲזִין בְּמַלְגֵּז וְלוֹגְזִין – Suppose, for example, that on the Sabbath TWO people WERE HOLDING A PITCHFORK AND WERE STACKING produce,[43] בְּכַרְכָּר וְשׁוֹבְטִין – or they were holding A POINTED ROD AND ARRANGING the threads of a warp,[44] בְּקוּלְמוֹס וְכוֹתְבִין – or they were holding A PEN AND WRITING with it, בְּקָנֶה וְהוֹצִיאוּ לִרְשׁוּת הָרַבִּים – or they were holding A REED AND THEY TOOK IT OUT TO A PUBLIC DOMAIN; יָכוֹל יְהוּ חַיָּיבִין – in all these cases, YOU MIGHT HAVE THOUGHT THEY WOULD BE LIABLE. תַּלְמוּד לוֹמַר – SCRIPTURE thus TEACHES otherwise, stating: "בַּעֲשֹׂתָהּ" – *BY HIS COMMITTING IT.* הָעוֹשֶׂה אֶת כּוּלָּהּ – This implies that only ONE WHO PERFORMS AN ENTIRE prohibited ACT is liable to bring a *chatas,* וְלֹא הָעוֹשֶׂה מִקְצָתָהּ – NOT ONE WHO PERFORMS just PART OF [THE PROHIBITED] ACT.[45]

NOTES

relevant factor. Rather, what must be assessed is whether he is presently carrying the object in a way that it could be transported even if the other person were not assisting him. For example, two physically strong people might be carrying a relatively light object, but they might be gripping it such a way that neither alone could carry it. For the purposes of our discussion, we would classify this as a case where neither was "able" to carry the article (see also *Ramban, Rashba, Ritva MHK* ed.).]

37. As the Baraisa later makes clear, R' Meir does not distinguish between a situation where each person could carry the object himself and a situation where each required the assistance of the other; in both cases, he holds both perpetrators liable. Our Mishnah, which had exempted the parties where both were "able," reflects the view of R' Yehudah, who will be cited next in the Baraisa (*Rashi*).

38. When both are "able" R' Yehudah deems their joint effort an unusual way of carrying the item, since each could have simply carried it himself. When both are "unable" [to carry the object alone], their joint effort is a normative mode of transport, for this is the only way they *can* carry the object (*Rashi*). [As we shall see below, R' Yehudah's position, as well as those of the other Tannaim, is based on Scriptural exegesis. The above logic, however, remains important, for it dictates *which* of the cases is deemed excluded by Scripture. For more elaboration, see below, 93a notes 3-6.]

39. The Gemara below (93a) will explain which of the two people is liable (*Rashi*).

40. The text implies that R' Yehudah is the only one who draws this distinction. R' Meir, who simply stated: "they are liable," evidently holds that they are liable *no matter what* [whether each could have performed the act alone, or whether each requires the assistance of the other] (*Rashi*).

41. [The following Baraisa will elaborate the views of R' Yehudah and R' Shimon. R' Meir's view will be explained by the Gemara later (93a).]

42. *Leviticus* 4:27. The verse introduces the obligation of an individual to bring a *chatas* offering when he transgresses a negative commandment inadvertently. In its larger context, the verse states: וְאִם־נֶפֶשׁ אַחַת תֶּחֱטָא בִשְׁגָגָה מֵעַם הָאָרֶץ בַּעֲשֹׂתָהּ אַחַת מִמִּצְוֹת ה׳ אֲשֶׁר־לֹא־תֵעָשֶׂינָה . . . , *If an individual from among the people of the land shall sin unintentionally, by his committing* (בַּעֲשֹׂתָהּ) *one of the commandments of Hashem that may not be done* . . . The word בַּעֲשֹׂתָהּ, a contraction of the phrase בַּעֲשׂוֹת אוֹתָהּ, *by his committing it [the misdeed],* implies that one person must commit the *entire* forbidden act in order to become liable to a *chatas* (*Tosafos* to 3a ד״ה בעשותה).

43. Using a pitchfork to stack harvested produce constitutes the Biblically prohibited labor of מְעַמֵּר, *gathering together* (*Rashi*).

Wielding a pitchfork is a relatively easy activity, one that could clearly have been done by either of the two participants alone. The same applies for the other cases that immediately follow this one.

44. When a weaving loom is set, the vertical [warp] threads are stretched to the desired length and lined up side by side so that all lie parallel to one another. Pressing the threads with something like a rod to separate them and line them up properly is called שׁוֹבֵט, (literally: *hitting with a rod*), which is a subsidiary labor of the Biblically prohibited act of מֵסֵךְ, *mounting the warp* (see above, 75b).

45. [The Tanna understands that one performs only "part" of the act when he could just as easily have done the act himself, but was instead assisted by someone else.] This was the situation in each of the above cases (*Rashi*).

בְּעִיגּוּל שֶׁל דְּבֵילָה – If, however, the two people were holding heavier objects, for example, they were grasping A large, ROUND CAKE OF PRESSED FIGS וְהוֹצִיאוּ לִרְשׁוּת הָרַבִּים – AND THEY TOOK IT OUT INTO A PUBLIC DOMAIN, בְּקוֹרָה וְהוֹצִיאוּ לִרְשׁוּת הָרַבִּים – or they were holding A PLANK AND TOOK IT OUT INTO A PUBLIC DOMAIN, רַבִּי יְהוּדָה אוֹמֵר – in this case, R' YEHUDAH SAYS: אִם לֹא יָכוֹל אֶחָד לְהוֹצִיאוֹ – IF neither ONE WAS ABLE to carry the thing himself, וְהוֹצִיאוּהוּ שְׁנַיִם – AND the TWO TOOK IT OUT together, חַיָּיבִין – then [BOTH] ARE LIABLE; וְאִם לָאו – BUT IF this was NOT the case [i.e. each could have transported it alone], פְּטוּרִים – then THEY ARE both EXEMPT.[1]

R' Shimon, however, interprets the verse differently: רַבִּי שִׁמְעוֹן אוֹמֵר – R' SHIMON SAYS: אַף עַל פִּי שֶׁלֹּא יָכוֹל אֶחָד לְהוֹצִיאוֹ – EVEN IF neither ONE WAS ABLE TO TRANSPORT [THE THING] himself, וְהוֹצִיאוּהוּ שְׁנַיִם – AND the TWO TRANSPORTED IT together, פְּטוּרִים – THEY ARE EXEMPT. לְכָךְ נֶאֱמַר ,,בַּעֲשֹׂתָהּ" – Indeed, IT IS FOR THIS THAT THE VERSE SAYS: *BY HIS COMMITTING,* יָחִיד שֶׁעֲשָׂאָהּ חַיָּיב – for the verse implies that AN INDIVIDUAL WHO single-handedly PERFORMED [THE MISDEED], IS LIABLE to bring a *chatas,* שְׁנַיִם שֶׁעֲשָׂאוּהָ פְּטוּרִין – but TWO PEOPLE WHO PERFORMED [THE PROHIBITED ACT] jointly ARE EXEMPT.

It is clear from the Baraisa that the Tannaim expound the same verse, but arrive at different conclusions. The Gemara elaborates on their respective interpretations:

בְּמַאי קָמִיפַּלְגֵי – **Over what** exact point **do they disagree?** בְּהַאי קְרָא – They disagree **over** the interpretation of **this verse:** ,,וְאִם־נֶפֶשׁ אַחַת תֶּחֱטָא בִשְׁגָגָה מֵעַם הָאָרֶץ – ***If an individual*** [literally: one soul] ***among the people of the land shall sin unintentionally,*** בַּעֲשֹׂתָהּ" – ***by his committing*** *one of the commandments of Hashem that may not be done.*[2] רַבִּי שִׁמְעוֹן סָבַר – **R' Shimon maintains:** תְּלָתָא מִיעוּטֵי כְּתִיבֵי – There are **three exclusionary phrases written** in this verse, and they are as follows: נֶפֶשׁ תֶּחֱטָא – ***A soul ... shall sin,*** אַחַת תֶּחֱטָא – ***one ... shall sin,*** בַּעֲשֹׂתָהּ תֶּחֱטָא – and ***by his committing it [he] shall sin.***[3] Now, each phrase teaches about a different case in which joint perpetrators are not liable to a *chatas.* חַד לְמַעוּטֵי זֶה עוֹקֵר וְזֶה מַנִּיחַ – **One** phrase comes **to exclude** a case where **this** person **lifts** an object in one domain, **and this** other person **places it down** in another domain.[4] וְחַד לְמַעוּטֵי זֶה יָכוֹל וְזֶה יָכוֹל – **And** another **one** comes **to exclude** a case where **this one was able** to carry the object himself, **and this** other **one was** likewise **able** to do so, but nevertheless, they carried it together.[5] וְחַד לְמַעוּטֵי זֶה אֵינוֹ יָכוֹל וְזֶה אֵינוֹ יָכוֹל – **And** the last **one** comes **to exclude** a case where **this one was unable** to carry it himself, **and this** other **one was** likewise **unable,** and they joined together to carry it.[6] R' Shimon therefore concludes that in all three of these cases, the persons involved are excluded from liability to a *chatas.*

The Gemara explains how R' Yehudah arrived at a different conclusion:

וְרַבִּי יְהוּדָה – **Now, R' Yehudah** agrees that there are three exclusionary phrases here, but he employs them differently. He asserts: חַד לְמַעוּטֵי זֶה עוֹקֵר וְזֶה מַנִּיחַ – **One** of the phrases comes **to exclude** a case where **this** person **lifts** an object in one domain **and this** other person **places it down** in another domain. וְחַד לְמַעוּטֵי זֶה יָכוֹל וְזֶה יָכוֹל – **And** another **one** comes **to exclude** a case where **this one was able** to carry the object himself, **and this** other **one was** likewise **able** to do so, yet nevertheless, they carried it together. וְחַד לְמַעוּטֵי יָחִיד שֶׁעֲשָׂאָהּ בְּהוֹרָאַת בֵּית דִּין – **But** the last **one** comes **to exclude** from liability **an individual who committed [a misdeed] as a result of** his following **the teaching of the** High **Court.**[7] R' Yehudah thus maintains that when two people carry an object that neither could have transported alone, both are liable.[8]

The Gemara adds:

וְרַבִּי שִׁמְעוֹן – **And R' Shimon,** who assigns the last exclusion differently than R' Yehudah, maintains that יָחִיד שֶׁעֲשָׂאָהּ בְּהוֹרָאַת בֵּית דִּין חַיָּיב – **an individual who committed [a misdeed] as a result of** his following **the teaching of the** High **Court is** in fact **liable** for the act.[9]

NOTES

1. R' Yehudah maintains that the phrase בַּעֲשֹׂתָהּ, *by his committing,* excludes *only* a situation where either person could carry the thing alone. Thus, he holds the perpetrators liable when neither could have carried the thing himself.

For a discussion as to why R' Yehudah employs the verse to exclude the former case as opposed to the latter, see below, note 4.

2. *Leviticus* 4:27. As mentioned above, the verse introduces the obligation of an individual to bring a *chatas* offering when he transgresses a negative commandment inadvertently.

3. The verse contains three words: נֶפֶשׁ, אַחַת and בַּעֲשֹׂתָהּ, each of which implies that *an individual* is performing the prohibited act: נֶפֶשׁ, *a soul* – as opposed to "souls" (*Rashi*); אַחַת, *one* – as opposed to two; בַּעֲשֹׂתָהּ, *by his committing* [*the act*] – he commits *the entire* act, as opposed to only part of it. The combined effect of these phrases is to exclude three separate cases; i.e. in three particular cases there will be no liability to a *chatas,* since the person performing the act did not do so alone, but acted in concert with others.

4. The general principles of derivations dictate that a single derivation may be applied only to the case it most logically fits. [For this reason numerous derivations are often required to cover all possible cases of a single topic.]

Among the various cases of joint execution, the one in which the perpetrators are least likely to be liable is where one person picks up the object in one domain, and another person deposits it in the second domain (see above, 2a). In this case, no one person participates in the entire act, and thus, this is the first of the cases that the various Tannaim exclude from a *chatas* (*Rashi*). The second and third exclusions of the verse are applied toward cases of joint execution where liability would have been seen as progressively more likely.

5. Here, exemption from a *chatas* is a somewhat greater novelty, for both persons *did* participate in the entire act. Nevertheless, since each could have simply carried the article alone, the fact that they carried it together makes the act somewhat unusual. [This makes the case more likely to be excluded than the more "normative" case of *this one is unable and this one is unable,* where the participation of each partner was necessary and to be expected] (*Rashi*).

6. This is the case of greatest novelty: Since each of the two people would have been unable to carry the object by himself, it is perfectly normal that they would decide to carry it together. Nevertheless, R' Shimon considers them exempt by virtue of the last exclusion mentioned in the verse (*Rashi*).

7. E.g. the Sanhedrin ruled in error that it was permissible to eat *cheilev* (certain animal fats whose consumption is explicitly prohibited by the Torah; see *Leviticus* 3:17), and an individual, relying on their ruling, went ahead and ate *cheilev* thinking this was permissible. Based on our verse, R' Yehudah asserts that the person is exempt from liability to a *chatas.*

From the Gemara elsewhere (*Horayos* 2b), it is clear that the particular phrase employed for this exemption is the word בַּעֲשֹׂתָהּ, *by **his** committing it.* The implication is that the person is liable when he sins on his own authority, not when he sins on authority of the court.

8. [R' Yehudah assigns the last exclusion of the verse – בַּעֲשֹׂתָהּ – to the case of an individual who follows the mistaken ruling of the Sanhedrin, rather than to people who jointly carry an article too heavy for either alone.]

9. [Since R' Shimon employs the exclusion בַּעֲשֹׂתָהּ for people who jointly carry an article, he is left with no source to exclude a person who follows the mistaken ruling of the Sanhedrin. He therefore rules that such a person is liable for his misdeed.]

Rashi states that in Tractate *Horayos* R' Shimon is indeed on record as taking this very position. *Tosafos,* however, object that the Mishnah in *Horayos* (3b) actually quotes R' Shimon as taking the *opposite*

עין משפט נר מצוה

יט א ב מיי' פ"א מהל' שבת הלכה טו:
כ ג מיי' פ"ו מהל' משכב ומושב הלכה ה:
כא ד שם הלכה ו:
כב ה שם הלכה ז:

מסורת הש"ס

א) נ"ל ור' שמעון לטעמיה דאמר יחיד וכו' רש"ל, ב) הוריות ג:, ג) [נ"ל הא קא], ד) [ביצה כב.], ה) זבים פ"ד מ"ג, ו) ג"ז שם, ז) שם מ"ה, ח) רש"ל מ"ז.

בעיגול של דבילה והוציאו לרשות הרבים בקורה והוציאו לרה"ר רבי יהודה אומר אם לא יכול אחד להוציאו והוציאוהו שנים חייבין ואם לאו פטורין ר"ש אומר אע"פ שלא יכול אחד להוציא והוציאוהו שנים פטורים לכך נאמר א) בעשותה יחיד שעשאה חייב שנים שעשאוה פטורין במאי קמיפלגי בהאי קרא א) ואם נפש אחת תחטא בשגגה מעם הארץ בעשותה ר"ש סבר תלתא מיעוטי כתיבי נפש תחטא אחת תחטא בעשותה תחטא חד למעוטי זה עוקר וזה מניח וחד למעוטי זה יכול וזה יכול וחד למעוטי זה אינו יכול וזה אינו יכול ורבי יהודה חד למעוטי זה עוקר וזה מניח וחד למעוטי זה יכול וזה יכול וחד למעוטי יחיד שעשאה בהוראת ב"ד ב) ור"ש ג) יחיד שעשאה בהוראת ב"ד חייב ור"מ מי כתיב נפש תחטא אחת תחטא בעשותה תחטא תרי מעוטי כתיבי חד למעוטי זה עוקר וזה מניח וחד למעוטי יחיד שעשאה בהוראת ב"ד: אמר מר זה יכול וזה אינו יכול דברי הכל חייב הי מנייהו מיחייב אמר רב חסדא ד) זה שיכול דאי זה שאינו יכול מאי קא עביד אמר ליה רב המנונא ה) דקא מסייע בהדיה אמר ליה ו) מסייע אין בו ממש אמר רב זביד משמיה דרבא אף אנן נמי תנינא ז) היה יושב על גבי המטה וארבע טליות תחת רגלי המטה טמאות מפני שאינה יכולה לעמוד על שלש ור' שמעון מטהר ח) היה רוכב על גבי בהמה וד' טליות תחת רגלי הבהמה טהורות מפני שיכולה לעמוד על ג' ואמאי הא קמסייע בהדי הדדי לאו משום דאמרינן מסייע אין בו ממש אמר רב יהודה מדיסקרתא לעולם אימא לך מסייע יש בו ממש ושאני הכא דעקרה לה לגמרי וכיון דזימנין עקרה הא וזימנין עקרה הא ליהוי כזב המתהפך מי לא תנן ט) זב שהיה מוטל על ה' ספסלין או על ה' פונדאות לאורכן טמאים לרחבן טהורין ישן ספק מתהפך עליהן טמאין אלא לאו משום דאמרינן מסייע אין בו ממש אמר רב פפי משמיה דרבא אף אנן נמי תנינא רבי

רש"י

עיגול וקורה גדולים הן ואין אחד יכול להוציאו: ואם לאו. שיכול אחד להוציאו: נפש תחטא. משמע נפש ולא נפשות: חד למעוטי זה עוקר. מרשות הרבים: וזה מניח. ברשות היחיד דלכל כמה דלא כתיב אלא חד מיעוט מסתברא דהאי הוא דממעט דהאי קעביד פלגא והאי פלגא וליכא חד דמסייע בכולהו: וחד. יתורא למעוטי אף על פי דעבדי כי הדדי דהאי עביד כולה והאי עביד כולה ומיהו זה יכול וזה יכול הוא דממעיט דלאו אורחיה למעבדה בתרי: וחד. יתורא למעוטי תו זה אינו יכול וזה אינו יכול דאף על גב דאורחייהו למיעבד בתרי מעטינהו: יחיד שעשה בהוראת ב"ד. הורו ב"ד שחלב מותר והלך היחיד ועשה על פיהם דאנוס הוא ורבי שמעון לטעמיה דאמר בהוריות יחיד שעשה בהוראת ב"ד חייב: תרי מיעוטי כתיבי. נפש אחת חד מיעוטא הוא דאורחיה דקרא לאשתעי הכי: זה שיכול. דאיהו עבדה לכולה: אין בו ממש. מי שאינו אלא מסייע בדבר ואם בא לעשותו לבדו אינו יכול אין בו ממש ולא חשיב מידי ולא מיפטר אידך: אף אנן נמי תנינא. דמסייע אין בו ממש: היה. זב יושב על גבי מטה: וד' טליות. טליתות: שאינה יכולה לעמוד על ג'. וכיון דזה אינו יכול וזה אינו יכול כל אחד ואחד כולי מעשה עביד וגבי מדרס הזב בעינן שינשא רובו עליו בת"כ: ור' שמעון מטהר. ר' שמעון לטעמיה דאמר זה אינו יכול וזה אינו יכול נמי אינו אלא כמסייע ופטור (א) ח) (ל"א דבעי שיעור זיבה לזה ושיעור זיבה לזה כלומר רובו של זב מכביד על כל אחד ואחד ואפילו מסייע לא הוי): מפני שיכולה לעמוד על ג'. הלכך כל אחד ואחד ה"ל רביעי ואינו אלא מסייע וסתמא כר' יהודה דזה יכול וזה יכול קרי מסייע: דעקרה ליה לגמרי. עוקרת הרגל מן הארץ ואפי' מסייע לא הוי: ופרכינן ואי טעמא משום דעקרה ליה כיון דזימנין דעקרה האי וזימנין עקרה האי ובכל ג' איכא לספוקי שמא הכבידה עליהן ולא עקרתן לטמינהו מספק כזב (ב) המתהפך על ה' פונדאות דמטמינן ליה מספק: פונדאות. כמין חריטין כיסים ארוכים ונותנין בהן מעות ובלעז ברידי"ש ורגילין לשמש שכיבה עם מלאכתן שיושב עליהם והם מלאות מעות ופותח פיהם ונוטל ואין צריך לומר לו עמוד ונעשה מלאכתנו: לאורכן. כגון שהיה שוכב על מעיו או פרקדן ואורכו מוטל על (ג) אורכן: טמאים גרסינן במשנה דטהרות דיש לומר בכל אחת מהן שנישא רובו עליו פעמים על זו ופעמים על זו: לרחבן טהורין. לפי שארכו מוטל על רחבן ואין רובו נישא על אחת מהן: ישן. לו עליהן לרחבן: ספק נתהפך. על ארכו ונמצא כולו נשען על אחת מהן: טמאות. דכל חדא איכא למימר על זו נתהפך אלמא מטמינן מספק והכא נמי אי משום עקירה הוא ליטמינהו מספיקא אלא לאו טעמא משום דכולהו הוו כל חדא וחדא מסייע ואין בו ממש כן נראה בעיני משנה זו. ורבותי גורסין לאורכן טהורין ופירשו טעמא דלאורכן טהורין משום דאמרי שמא בינייהו שכב ולא עליהם וקשיא לי א"כ לקולא תלינן ואמאי תני סיפא ספק נתהפך טמאים:

תוספות

תלתא מיעוטי כתיבי. והא דנקט בעשותה בברייתא טפי מהנך משום שהוא מיעוט אחרון שבפסוק והנך פליגי ולא ידע ר"י לאמאי נקט במילתיה דר' שמעון יחיד שעשאה חייב כו' ולא נקט לישנא דלעיל העושה את כולה ולא העושה את מקצתה ושמא לישנא דשנים שעשאוה פטורין משמע טפי אפי' זה אינו יכול וזה אינו יכול:

חד למעוטי זה עוקר וזה מניח. וזה כתב אות אחת וזה אחת ולא הכירו וכתב אות שניה לא איצטריך קרא אלא אהוצאה דה"א אהכנסה והוצאה הוא דקפיד רחמנא וליחייב אפי' בלא הנחה:

ה"ג ורבי שמעון יחיד שעשאה בהוראת ב"ד לא צריך קרא ול"ג ר"ש לטעמיה דאמר יחיד שעשאה בהוראת ב"ד חייב כדפירש בקונטרס דהא תנן בהדיא בפ"ק דהוריות (ד' ג.) הלך ועשה על פיהן בין הביאו כפרתן בין לא כו' ר' שמעון פוטר ומפרש טעמא תולה בב"ד אנוס הוא:

אמר מר זה יכול וזה אינו יכול. נראה לר"י דהאי אינו יכול היינו אפי' בעל כח הרבה אלא שהוא נושא הקורה בענין זה בכי האי גוונא שאלמלא אחר לא היה יכול לנושאה לבדו כגון באצבע או תופשה בענין זה שאינו יכול לנושאה לבדו דמה לנו לכחו כיון דהשתא מיהא אינו יכול לנושאה:

הי מינייהו מיחייב. לא בעי למימר שיהא פטור אותו שיכול וליחייב שאינו יכול דאין זה סברא אלא קאמר דליתחייב נמי אפילו שאינו יכול כמו לר' יהודה ור"מ דאמרי לעיל זה אינו יכול וזה אינו יכול חייב:

אמר רב זביד משמיה דרבא אף אנן נמי תנינא. פירוש דמסייע אין בו ממש קשה לר"י דהכא אית ליה לרב זביד דמסייע אין בו ממש וכן רב אשי בסמוך ובפ"ב דבילה (דף כב.) אמרינן אמימר כחל עינא על יד נכרי בשבת א"ל רב אשי מאי דעתיך כו' ואמר רב כהנא חולה שאין בו סכנה אומר לנכרי ועושה הא מסייע בהדיה דקא עמיץ ופתח א"ל איכא רב זביד דקאי כוותך ושני ליה מסייע אין בו ממש משמע דרב זביד ורב אשי סוברים דיש בו ממש ואין לומר דהא דאמר הכא אין בו ממש לא שיפטר לגמרי אלא דאין בו חיוב חטאת דהא מייתי רב אשי דעבודתו כשרה משמע דאפי' פסולא דרבנן ליכא א"כ לענין שבת נמי מנלן שיש בו איסורא דרבנן ומיהו לרב אשי איכא למימר דבתר דשמעה מאמימר סברה אלא לרב זביד קשה דלאו גופיה קאמר משמיה דרבא דאין בו ממש ואמימר היה הרבה אחר רבא ואפי' אחר רב פפא שהיה תלמידו של רבא ושמא בתר מעשה דאמימר שמעה רב זביד משמיה דרבא ולא * מרבא עצמו ועוד אור"י דהכי פריך התם והא קא מסייע בהדיה דקא עמיץ ופתח ואע"ג דמסייע אין בו ממש בעלמא הא אית לן למימר דאסרו משום שחיקת סממנין ומשני דאין בו ממש אפילו לענין זה:

ור"ש מטהר. פי' בקונטרס דר"ש לטעמיה דפטר זה אינו יכול וזה אינו יכול [ואין] נראה לרשב"א דשאני התם דגלי רחמנא דליכא קרא לפטור ונראה דטעמא משום דבעי שיהא רוב הזב נישא על כל אחד וכן משמע במסכת זבים פ"ד (משנה ה) דתנן הזב בכף מאזנים ומשכב ומושב כנגדו כרע הזב טהורין כרעו הן טמאין ר"ש אומר ביחיד טמאין פי' כשאין אלא משכב אחד או מושב אחד במרובין טהורין שאין כל אחד נושא רובו:

היה רוכב ע"ג בהמה. בעומדת איירי דאי במהלכת כל שעה עוקרת רגל הא' ועומדת על ג' וטמאה מה שתחתיה: מפני שיכולה לעמוד על ג'. והו"ל כל רגל אינו יכול והג' אחרים יכולין: וכיון דזימנין עקרה הא וזימנין עקרה הא ליהוי כזב המתהפך. ואפילו כר"ש טמא: לאורכן טמאין. כן גרים הקונטרס ופי' דטמאין משום דאיכא למימר לכל אחד נושא רובו עליו פעמים על זה ופעמים על זה ולרוחבן טהורין שאין רובו נישא על כל אחד מהן ולפי זה אתיא כר"ש דבעי שיהא רוב הזב נישא עליו ור"י אומר דמצי למימר דאתיא אפילו כרבנן וטעמא דטהורות משום דה"ל כל אחד מסייע שאין בו ממש ומהכא ראיה הוה מצי למיפרך דמטמאין לאורכן מספיקא אלא ניחא ליה למיפרך בה טעמא אמאי טמאין:

משמעת

הגהות הב"ח

(א) רש"י ד"ה ור' שמעון וכו' כמסייע ופטור (ל"א דבעי וכו' לא הוי). תא"מ ונ"ב ס"א נמחק האי ל"א כי אינו מפירש"י אלא מפי' הסוס: (ב) ד"ה ופרכינן וכו' כזב המתהפך על: (ג) ד"ה לארכן וכו' מוטל על רחבן וכו':

גליון הש"ס

תוס' ד"ה אמר רב זביד וכו' ולא מרבא עצמו. עיין חולין קיג ע"ב בתוס' ד"ה הא דרבינא:

רב נסים גאון

זב שהיה מוטל על ה' ספסלין או על ה' פונדאות לאורכן טמאין לרחבן טהורין. פירוש דבר זה מצוי בתוספתא (זבים פרק ד) זב שהיה מוטל על ד' כסאות לרחבן טהורות שאין אחד מהן נושא רובו ומשכחת לה בתורת

תורה אור השלם

א) וְאִם נֶפֶשׁ אַחַת תֶּחֱטָא בִשְׁגָגָה מֵעַם הָאָרֶץ בַּעֲשֹׂתָהּ אַחַת מִמִּצְוֹת יְיָ אֲשֶׁר לֹא תֵעָשֶׂינָה וְאָשֵׁם: (ויקרא ד, כז)

ליקוטי רש"י

וחד למעוטי יחיד שעשאה בהוראת ב"ד. דמשמע בעשותה שעשה מעצמו חייב ועושה בבית דין לפטור [הוריות ג:]. מסייע אין בו ממש. שאינו עושה מלאכה ממש אלא מסייע מעט כי האי ולאו הוא מעבדת לה אין בו ממש [ביצה כב.].

רבינו חננאל

יטרוף אלא יערב בסוף מי שמת [דף קנח] א"ר עקיבא מודה אני בזה שהנכסים בחזקתן ואמרינן עלה בחזקת מי ר' אילא אמר בחזקת יורשי האם רבי זירא אמר בחזקת יורשי הבן כי סליק ר' זירא קם בשיטתיה דר' (אלעזר) [אילא] קם רבא בשיטתא דר' זירא א"ר זירא שמע מינה אוירא דא"י מחכים פי' משום דהוא הדר למימרא דר' אילא דמן א"י ורבא דמן בבל קם במימרא קמא דר' זירא דהוה אמר בבבל: בין בימינו ובין בשמאלו ובחיקו ועל כתפו הני ארבע דתנן כתף חייב שכן משא בני קהת וזהו אמרינן ברבואתא שכן הוה אלעזר בן אהרן נושא שמן המאור וקטורת הסמים ומנחת התמיד ושמן המשחה ואשכחן בתלמוד א"י שמן המאור בימינו וקטורת הסמים בשמאלו ומנחת התמיד תלויה בזרועו ושמן המשחה א"ר אבין בשם ר' אלעזר כמין צלוחית קטנה היתה תלויה באפונדתו: א"ר אלעזר המוציא משאוי למעלה מעשרה טפחים חייב שכן משא בני קהת ומנ"ל דמשא בני קהת למעלה מעשרה טפחים דאשכחן דמזבח עשר אמות היה גובהו וקא פרסו לוים פריסא עליה וכו' ופריש עליו כסוי עור תחש ומיכן את למד ללוים שקומתן עשר אמות ואי לאו הכין לא יכלין למפרס פרסא אמזבח ומנ"ל דמזבח גובהו עשר אמות דאיתקש למשכן דכתיב ואת קלעי החצר ואת מסך [פתח] שער (המזבח) [החצר] אשר על המשכן ועל המזבח סביב מקיש מזבח למשכן מה משכן עשר אמות אף מזבח עשר אמות ואשכחן במשה רבינו שהיתה קומתו עשר אמות דכתיב ויפרוש את האהל על המשכן ואמר רב משה פירשו והא מלתא דגובהה דמזבח עשר אמות היא דכתיב ושלש אמות קומתו מפרשא בגמרא דקדשים בפרק קדשי קדשים והכין אמרי' שם ר' יהודה לטעמיה דאמר מזבח משה גדול היה דתניא ה' אמות אורך וה' אמות רחב רבוע יהיה המזבח וגו' דברים ככתבן דברי רבי יוסי ר' יהודה [אומר] נאמר כאן רבוע ונאמר להלן רבוע מה להלן מאמצעיתו הוא מודד אף כאן מאמצעיתו הוא מודד ואמרינן ור' יוסי כי גמיר גזירה שוה בגובהא גמיר דתניא ושלש אמות קומתו דברים ככתבן דברי ר' יהודה ר' יוסי אומר נאמר כאן רבוע ונאמר להלן במזבח הזהב רבוע מה להלן גובהו כשנים כרחבו אף כאן גובהו כשנים כרחבו א"ל ר' יהודה והלא כבר נאמר ארך החצר מאה באמה ורחב חמשים בחמשים וקומה חמש אמות אפשר כהן עומד ע"ג מזבח ועבודה בידו וכל העם רואין אותו מבחוץ א"ל ר' יוסי ואתה אי אתה אומר כן גבהו והלא כבר נאמר אשר על המשכן ועל המזבח סביב מה משכן עשר אמות אף מזבח עשר אמות ואומר קלעים חמש עשרה אמה לכתף ומה ת"ל וחמש אמות קומתו משפת סובב ולמעלה ומה ת"ל ושלש אמות קומתו משפת סובב ולמטה ור' יהודה כי גמיר ג"ש ברוחבה ...

Having explained the basis for the views of R' Shimon and R' Yehudah, the Gemara now shows how R' Meir arrived at a different conclusion altogether:

וְרַבִּי מֵאִיר – **And R' Meir,** who asserted that two people are *always* liable when they jointly carry an object, would counter: מִי כְּתִיב נֶפֶשׁ תֶּחֱטָא אַחַת תֶּחֱטָא בַּעֲשׂתָהּ תֶּחֱטָא – **Is it really written in Scripture: *A soul ... shall sin; one ... shall sin; by his committing it [he] shall sin*?** Indeed, these are not the exact words of Scripture. The way the verse actually reads, תְּרֵי מִעוּטֵי כְּתִיבֵי – there are only **two exclusions written** in it.[10] חַד לְמַעוּטֵי זֶה עוֹקֵר וְזֶה מַנִּיחַ – **One** comes **to exclude** a case where **this** person **lifts** an object **and this** other person **places it down** in another domain. וְחַד לְמַעוּטֵי יָחִיד שֶׁעָשָׂה בְּהוֹרָאַת בֵּית דִּין – **And one** comes **to exclude an individual who committed [a misdeed] as a result of** his following **the teaching of the court.** In R' Meir's view, then, there are no sources left to exclude people who jointly carry objects – and therefore, he deems people who do this liable to a *chatas.*

The Gemara now examines a statement made at the beginning of the discussion:

אָמַר מַר – **The master stated** earlier: זֶה יָכוֹל וְזֶה אֵינוֹ יָכוֹל – **If this one was able** to carry an article himself, **but this** other **one was unable** to carry it without assistance, and they both carried it together, דִּבְרֵי הַכֹּל חַיָּיב – **everyone agrees he is liable.**

The Gemara asks:

הֵי מִנַּיְיהוּ מִיחַיֵּיב – **Which of them is liable?**[11]

The Gemara replies:

אָמַר רַב חִסְדָּא – **Rav Chisda said:** זֶה שֶׁיָּכוֹל – **He who was able** to carry the article himself is liable; דְּאִי זֶה שֶׁאֵינוֹ יָכוֹל – **for if** you say **the one who was unable** is the one liable, I can retort to you: מַאי קָא עָבִיד – **What has he done** to warrant holding him liable?[12]

Another Amora objects:

אָמַר לֵיהּ רַב הַמְנוּנָא – **Rav Hamnuna said to [Rav Chisda]:** דְּקָא מְסַיֵּיעַ בַּהֲדֵיהּ – **[The weaker person] is aiding [the stronger one];** perhaps for this he would be held liable![13] – ? –

The Gemara responds:

אָמַר לֵיהּ – **[Rav Chisda] replied to [Rav Hamnuna]:** מְסַיֵּיעַ אֵין בּוֹ מַמָּשׁ – Merely **aiding** someone else **is not significant.**[14]

The Gemara supports the notion that merely "aiding"[15] in the performance of an act is not legally consequential:

אָמַר רַב זְבִיד מִשְּׁמֵיהּ דְּרָבָא – **Rav Zevid said in the name of Rava:** אַף אֲנַן נַמִּי תָּנֵינָא – **And so we have also learned in a Mishnah,** for it was taught:[16] הָיָה יוֹשֵׁב עַל גַּבֵּי הַמִּטָּה – IF [A *ZAV*] WAS SITTING UPON A BED, וְאַרְבַּע טַלִּיּוֹת תַּחַת רַגְלֵי הַמִּטָּה – AND there were FOUR SHAWLS, one placed UNDER each of THE BED'S four LEGS, טְמֵאוֹת – [THE SHAWLS] ARE all *TAMEI,* מִפְּנֵי שֶׁאֵינָהּ יְכוֹלָה לַעֲמוֹד עַל שָׁלֹשׁ – FOR [THE BED] CANNOT STAND UPON just THREE legs.[17] וְרַבִּי שִׁמְעוֹן מְטַהֵר – BUT R' SHIMON DEEMS [THE SHAWLS] *TAHOR.*[18]

NOTES

position – that an individual who follows the mistaken ruling of the court is *exempt.* In line with this, *Tosafos* accept an alternative version of our Gemara's text, in which R' Shimon states that such a person is exempt, and that no verse is even required as a source for this (see also *Rashba*, *Ran MHK* ed., *Ritva MHK* ed. et al.; see also *Maginei Shlomo,* who defends *Rashi's* version of the text).

10. I.e. the words נֶפֶשׁ אַחַת must be viewed as only one exclusion, for Scripture commonly uses these words a single expression [denoting "a person"] (*Rashi;* cf. *Ritva MHK* ed.). There are thus only two exclusions in the verse: (a) נֶפֶשׁ אַחַת, and (b) בַּעֲשׂתָהּ.

[In effect, R' Meir argues: Had the Torah actually split up the expression נֶפֶשׁ אַחַת – writing, for example: נֶפֶשׁ תֶּחֱטָא, *a soul shall sin,* and then later in the verse: אַחַת תֶּחֱטָא, *one shall sin* – then, indeed, these words could be expounded separately as two distinct exclusions. In fact, though, Scripture writes this as a single expression – נֶפֶשׁ אַחַת – and it therefore must be treated as a single exclusion.]

11. I.e. is the stronger person liable, or is it the weaker one who is liable? (*Rashi,* as understood by *Maharshal* and *Chasam Sofer;* see also *Baal HaMaor*). *Tosafos,* however, interpret the query differently: Is only the stronger of the two persons liable, or are they both liable? [According to *Tosafos,* the Gemara does not consider the possibility that the weaker person is liable while the stronger one is exempt, for this seems unreasonable.]

[For the sake of simplicity, we refer to the person who was able to carry the object alone as "the stronger person," and to his partner who was unable to as "the weaker person." As noted above, however, it is not always the case that one is physically stronger than the other; the relevant issue is only whether each alone could carry the object using the grip he currently has on it (see 92b note 36).]

12. [He could not have carried the object himself whereas the stronger one could have; why, then, hold the *weaker* one liable?]

13. Perhaps since the weaker one is exerting all his strength to help carry the object (whereas the stronger one is only using *part* of his strength), the weaker could be judged as the one putting in more effort, causing him to be the liable partner (*Ramban* and *Rashba,* citing *R' Moshe bar Yosef; Baal HaMaor*).

14. I.e. the person is neither held liable for assisting, nor does his assistance cause his partner to become exempt, for merely "aiding" is seen as entirely inconsequential.

15. [For the purposes of this discussion, the general term מְסַיֵּיעַ, *aiding,* will refer to someone who lends assistance, but: (a) he could not have performed the act on his own, and (b) the partner he is assisting *could* have performed the act even without him. See *Rashi* to *Beitzah* 22a ד״ה מסייע אין בו ממש.]

16. *Zavim* 4:7. A *zav* is a man who has become *tamei* through a certain unusual seminal emission. Although things that a *zav* touches in any manner at all achieve a certain level of *tumah* [ראשון לטוּמְאָה, *first-degree of transmitted tumah*], things that support his weight [e.g. a mattress he lies or sits upon, or rugs that lie beneath the mattress] become primary sources of *tumah,* even if he does not directly touch them (see above, 84a). This method of transmitting *tumah* is known as מִדְרָס, *midras* [literally: weighing upon].

Now, it is derived from Scripture (*Leviticus* 15:4; see *Toras Kohanim* ad loc.) that in order for an object to become *tamei* through *midras,* it must support the majority of the *zav's* weight (*Rashi*). The following Mishnah elaborates several laws in connection with this requirement.

17. I.e. when evaluating the contribution that a single leg makes to the support of the bed, we judge that leg in relation to the other three, and conclude that neither party [neither the single leg nor the other three] is capable of supporting the bed on its own. Now, since we make this calculation independently for each of the bed's legs, we judge each of the bed's legs as participating in a situation of זֶה אֵינוֹ יָכוֹל וְזֶה אֵינוֹ יָכוֹל, *this one is unable to do it, and this one is unable to do it.* In such situations, the contribution of each partner is deemed legally significant; in effect, we view each partner as a responsible agent for the entire act. Here, the same applies: The full support of the *zav's* weight is ascribed to each leg, for each is a crucial partner in the act (*Rashi*).

[This corresponds conceptually with R' Yehudah's position concerning Sabbath law: If the effort of two people was *necessary* to carry the beam, then the two who carry it each bear full responsibity for the act, and both are held liable for it. In line with this, *Rashi* (ד״ה מפני שיכולה לעמוד על ג׳) notes that this Mishnah reflects the view of R' Yehudah.]

18. According to R' Shimon, *whenever* two people combine to perform an act (even when neither could have done it on his own), we view each partner as performing a legally insignificant act, having merely helped the other along (*Rashi*). [This is seen from the fact that R' Shimon exempts both perpetrators when they combine to carry a beam, even when each was unable to do it on his own.] In the case of the bed legs, then, R' Shimon does not attribute the support of the *zav* to any of the individual legs. [Although clearly the legs *do* support the *zav,* R' Shimon would argue that they do so only *collectively;* judged as individuals, each contribution is insignificant, and thus, each shawl is *tahor*] (see also *Meiri;* cf. *Tosafos*).

יט א ב מיי' פ"א מהל' שבת הלכה טו:
כ ג מיי' פ"ז מהל' משכב ומושב הלכה ה:
כא ד שם הלכה ו:
כב ה שם הלכה ד:

בעיגול של דבילה והוציאו לרשות הרבים בקורה והוציאו לרה"ר רבי יהודה אומר אם לא יכול אחד להוציאו והוציאוהו שנים חייבין ואם לאו פטורין ר"ש אומר אע"פ שלא יכול אחד להוציא והוציאוהו שנים פטורים לכך נאמר א בעשותה יחיד שעשאה חייב שנים שעשאוה פטורין במאי קמיפלגי בהאי קרא א ואם נפש אחת תחטא בשגגה מעם הארץ בעשותה ר"ש סבר תלתא מיעוטי כתיבי נפש תחטא אחת תחטא בעשותה תחטא חד למעוטי זה עוקר וזה מניח וחד למעוטי זה יכול וזה יכול וחד למעוטי זה אינו יכול וזה אינו יכול ורבי יהודה חד למעוטי זה עוקר וזה מניח וחד למעוטי זה יכול וזה יכול וחד למעוטי יחיד שעשאה בהוראת ב"ד ו ור"ש ז יחיד שעשאה בהוראת ב"ד חייב ור"מ מי כתיב נפש תחטא אחת תחטא בעשותה תחטא תרי מעוטי כתיבי חד למעוטי זה עוקר וזה מניח וחד למעוטי יחיד שעשאה בהוראת ב"ד: אמר מר זה יכול וזה אינו יכול דברי הכל חייב הי מנייהו מיחייב אמר רב חסדא א זה שיכול דאי זה שאינו יכול מאי קא עביד אמר ליה רב המנונא ג דקא מסייע בהדיה אמר ליה ב מסייע אין בו ממש אמר רב זביד משמיה דרבא אף אנן נמי תנינא ה ג היה יושב על גבי המטה וארבע טליות תחת רגלי המטה טמאות מפני שאינה יכולה לעמוד על שלש ור"ש מטהר ו ד היה רוכב על גבי בהמה וד' טליות תחת רגלי הבהמה טהורות מפני שיכולה לעמוד על ג' ואמאי הא קמסייע בהדי הדדי לאו משום דאמרינן מסייע אין בו ממש אמר רב יהודה מדיסקרתא לעולם אימא לך מסייע יש בו ממש ושאני הכא דעקרה לה לגמרי וכיון דזימנין עקרה הא וזימנין עקרה הא ליהוי כזב המתהפך מי לא תנן ח ה זב שהיה מוטל על ה' ספסלין או על ה' פונדאות לאורכן טמאים לרחבן טהורין ישן ספק מתהפך עליהן טמאין אלא לאו משום דאמרינן מסייע אין בו ממש אמר רב פפי משמיה דרבא אף אנן נמי תנינא רבי

רש"י

עיגול וקורה גדולים הן ואין אחד יכול להוציאו: ואם לאו. שיכול אחד להוציאו: נפש תחטא. משמע נפש ולא נפשות: חד למעוטי זה עוקר. מרשות הרבים: וזה מניח. ברשות היחיד דכל כמה דלא כתיב אלא חד מיעוט מסתברא דהאי הוא דממעט דהאי קעביד פלגא והאי פלגא וליכא חד דמסייע בכולהו: וחד. יתורא למעוטי אף על פי דעבדי כי הדדי דהאי עביד כולה והאי עביד כולה ומיהו זה יכול וזה יכול הוא דממעיט דלאו אורחיה למעבדה בתרי: וחד. יתורא למעוטי נמי זה אינו יכול וזה אינו יכול דאף על גב דאורחייהו למיעבד בתרי מעטינהו: יחיד שעשה בהוראת ב"ד. הורו ב"ד שחלב מותר והלך היחיד ועשה על פיהם דפטור הוא ורבי שמעון לטעמיה דאמר בהוריות יחיד שעשה בהוראת ב"ד חייב: תרי מיעוטי כתיבי. נפש אחת חד מיעוטא הוא דאורחיה דקרא לאשתעויי הכי: זה שיכול. דאיהו עבדה לכולה: אין בו ממש. מי שאינו אלא מסייע בדבר ואם בא לעשותו לבדו אינו יכול אין בו ממש ולא חשיב מידי ולא מיפטר אידך: אף אנן נמי תנינא. דמסייע אין בו ממש: היה. זב יושב על גבי מטה: וד' טליות. שאינה יכולה לעמוד על ג'. וכיון דזה אינו יכול וזה אינו יכול כל אחד ואחד כולי מעשה עביד וגבי מדרס הזב בעינן שינשא רובו עליו בת"כ: ור' שמעון מטהר. ר' שמעון לטעמיה דאמר זה אינו יכול וזה אינו יכול נמי אינו אלא כמסייע ופטור (א) (ל"א דבעי שיעור זיבה לזה ושיעור זיבה לזה כלומר רובו של זב מכביד על כל אחד ואחד ואפילו מסייע לא הוי): מפני שיכולה לעמוד על ג'. הלכך כל אחד ואחד ה"ל רביעי ואינו אלא מסייע וטמאה כר' יהודה דזה יכול וזה יכול קרי מסייע: דעקרה ליה לגמרי. עוקרת הרגל מן הארץ ואפי' מסייע לא הוי: ופרכינן והא טעמא משום דעקרה ליה כיון דזימנין דעקרה האי וזימנין עקרה האי איכא לספוקי שמא הכבידה עליהן ולא עקרתן לטמינהו מספק כזב (ב) המתהפך על ה' פונדאות דמטמינן ליה מספק: פונדאות. כמין חריטין כיסים ארוכים ונותנין בהן מעות ובלעז בורי"ש ורגילין לשמש שכיבה עם מלאכתן שיושב עליהם והם מלאות מעות ופותח פיהם ונוטל ואין צריך לומר לו עמוד ונעשה מלאכתנו: לאורכן. כגון שהיה שוכב על מיעיו או פרקדן ואורכו מוטל על (ג) אורכן: טמאים גרסינן במשנה דטהרות דיש לומר בכל אחת מהן שנישא רובו עליו פעמים על זו ופעמים על זו: לרחבן טהורין. לפי שארכו מוטל על רחבן ואין רובו נישא על אחת מהן: ישן. לו עליהן לרחבן: ספק נתהפך. על ארכו ונמצא כולו נשען על אחת מהן. טמאות. דכל חדא איכא למימר על זו נתהפך אלמא מטמינן מספק והכא נמי אי משום עקירה הוא ניטמינהו מספיקא אלא לאו טעמא משום דכולהו הוו כל חדא וחדא מסייע ואין בו ממש כן נראה בעיני משנה זו. ורבותי גורסין לאורכן טהורין ופירשו טעמא לאורכן טהורין משום דלאמרי שמא בינייהו שכב ולא עליהם וקשיא לי א"כ לקולא תלינן ואמאי תני סיפא ספק נתהפך טמאים:

הסוס

תוספות

תלתא מיעוטי כתיבי. והא דנקט בעשותה בברייתא טפי מהנך משום שהוא מיעוט אחרון שבפסוק והא פליגי ולא ידע ר"י דלמאי נקט במילתיה דר' שמעון יחיד שעשאה חייב כו' ולא נקט ליתנא לעיל העושה את כולה ולא העושה את מקצתה ושמא ליתנא דשנים שעשאוה פטורין משמע טפי אפי' זה אינו יכול וזה אינו יכול: חד למעוטי זה עוקר וזה מניח. וזה כתב אות אחת וזה חבירו וכתב אות שניה לא איצטריך קרא אלא להוצאה דה"א הכנסה והוצאה הוא דקפיד רחמנא וליחייב אפי' בלא הנחה: ה"ג ורבי שמעון יחיד שעשאה בהוראת ב"ד לא צריך קרא ול"ג ר"ש לטעמיה דאמר יחיד שעשאה בהוראת ב"ד חייב כדפירש בקונטרס דהא תנן בהדיא בפ"ק דהוריות (ד' ג.) הלך ועשה על פיהן בין הביאו כפרתן בין לא כו' ר' שמעון פוטר ומפרש טעמא תולה בב"ד אנוס הוא: אמר מר זה יכול וזה אינו יכול. נראה לר"י דהאי אינו יכול היינו אפי' בעל כח הרבה אלא שהוא נושא הקורה בענין זה בכי האי גוונא שאלמלא אחר לא היה יכול לנושאה לבדו כגון שאלבע או תופשה בענין זה שאינו יכול לנושאה לבדו דמה לנו לכחו כיון דהשתא מיהא אינו יכול לנושאה: הי מינייהו מיחייב. לא בעי למימר שיהא פטור אותו שיכול וליחייב שאינו יכול דאין זה סברא אלא קאמר דליחייב נמי אפילו שאינו יכול כמו לר' יהודה ור"מ דאמרי לעיל זה אינו יכול וזה אינו יכול חייב: אמר רב זביד משמיה דרבא אף אנן נמי תנינא. פירוש דמסייע אין בו ממש קשה לר"י דהכא אית ליה לרב זביד דמסייע אין בו ממש וכן רב אשי בסמוך ובפ"ב דביצה (דף כב.) אמרינן אמימר כחל עינא על יד נכרי בשבת א"ל רב אשי מאי דעתיך כו' ואמר רב כהנא חולה שאין בו סכנה אומר לנכרי ועושה הא מסייע בהדיה דקא עמיץ ופתח א"ל איכא רב זביד דקאי כוותך ושני ליה מסייע אין בו ממש משמע דרב זביד ורב אשי סוברים דיש בו ממש ואין לומר דהא דקאמר הכא אין בו ממש לא שיפטר לגמרי אלא דאין בו חיוב חטאת דהא מיימי רב אשי לעבודתו כשרה משמע דלפי' פסולה דרבנן ליכא א"כ לענין שבת נמי מנלן שיש בו איסורא דרבנן ומיהו לרב אשי איכא למימר דבתר דשמעה מאמימר סברה אלא לרב זביד קשה דליהוי גופיה קאמר משמיה דרבא דאין בו ממש ומימר היה הרבה אחר רבא ואפי' אחר רב פפא שהיה תלמידו של רבא ושמא בתר מעשה דאמימר שמעה רב זביד משמיה דרבא ולא * מרבא עצמו ועוד אור"י דהכי פריך התם והא קא מסייע בהדיה דקא עמיץ ופתח ואע"ג דמסייע אין בו ממש בעלמא הא לית לן למימר דאסרו משום שחיקת סממנין ומשני דאין בו ממש אפילו לענין זה: ור"ש מטהר. פי' בקונטרס דר"ש לטעמיה דפטר זה אינו יכול וזה אינו יכול [ואינו] נראה לר"י דשאני התם דגלי רחמנא דליכא קרא לפטור ונראה דטעמא משום דבעי שיהיה רוב הזב נישא על כל אחד וכן משמע במסכת זבים פ"ד (משנה ה) דתנן הזב בכף מאזנים ומשכב ומושב כנגדו כרע הזב טהורין כרעו הן טמאין פי' כשאין אלא משכב אחד או מושב אחד במרובין טהורין שאין כ"א נושא רובו: היה רוכב ע"ג בהמה. בעומדת איירי דאי במהלכת כל שעה עוקרת רגל האי ועומדת על ג' וטמא מה שתחתיהן שאינה יכולה לעמוד על שתים: מפני שיכולה לעמוד על ג'. וה"ל כל רגל אינו יכול והג' אחרים יכולין: וכיון דזימנין עקרה הא וזימנין הא ליהוי כזב המתהפך. ואפילו כרה"ר טמא: לאורכן טמאין. כן גרים הקונטרס ופי' דטמאין משום דאיכא למימר לכל אחד נושא רובו עליו פעמים על זה ופעמים על זה ולרחבן טהורין שאין רובו נישא על כל אחד מהן ולפי זה אתיא כר"ש דבעי שיהא רוב הזב נישא עליו ור"י אומר דמצי למימר דאתיא אפילו כרבנן וטעמא דטהורות משום דה"ל כל אחד מסייע שאין בו ממש ומהך רישא הוה מצי למיפרך דמטמאין לאורכן מספיקא אלא ניחא ליה למיפרך מסיפא דמפרש בה טעמא אמאי טמאין:

משמעות

רבינו חננאל

יטרוף אלא יערב בסוף מי שמת [דף קנח] א"ר עקיבא מודה אני בזה שהנכסים בחזקתן ואמרינן עלה בחזקת מי ר' אילא אמר בחזקת יורשי האם רבי זירא אמר בחזקת יורשי הבן כי סליק ר' זירא קם בשיטתיה דר' (אלעזר) [אילא] קם רבא בשיטתא דר' זירא א"ר זירא שמע מינה אוירא דא"י מחכים פי' משום דהוא הדר למימרא דר' אילא דמן א"י ורבא דמן בבל קם במימרא קמא דר' זירא דהוה אמר בבבל: בין בימינו ובין בשמאלו ובחיקו ועל כתפו הני ארבע דתנן חייב שכן משא בני קהת והוה אמרינן רבוואתא שכן הוה אלעזר בן אהרן נושא שמן המאור וקטורת הסמים ומנחת התמיד ושמן המשחה ואשכחינן בתלמוד א"י שמן המאור בימינו וקטורת הסמים בשמאלו ומנחת התמיד תלויה בזרועו ושמן המשחה ר' אבין בשם ר' אלעזר כמין צלוחה קטנה היתה תלויה באפונדתו: א"ר אלעזר המוציא משאוי למעלה מעשרה טפחים חייב שכן משא בני קהת ומנ"ל דמשא בני קהת למעלה מעשרה טפחים דאשכחינן דמזבח עשר אמות היה גובהו וקא פרסו לוים פריסא עליה וכו' ופרשו עליו כסוי עור תחש ומיכן את למד ללוים שקומתן עשר אמות ואי לאו הכין לא יכלין למפרס פרסא אמזבח ומנ"ל דמזבח גובהו עשר אמות דאיתקש למשכן דכתיב ואת קלעי החצר ואת מסך [פתח] שער (המזבח) [החצר] אשר על המשכן ועל המזבח סביב מקיש מזבח למשכן מה משכן עשר אמות דכתיב עשר אמות אורך הקרש אף מזבח עשר אמות ואשכחן במשה רבינו שהיתה קומתו עשר אמות דכתיב ויפרש את האהל על המשכן ואמר רב משה פירשו והא מלתא דגובהה דמזבח עשר אמות אע"ג דכתיב ושלש אמות קומתו מפרשא בגמרא דקדשים בפרק קדשי קדשים והכין אמרי' שם ר' יהודה לטעמיה דאמר מזבח משה גדול היה דתניא ה' אמות אורך וה' אמות רחב רבוע היה המזבח וגו' דברים ככתבן דברי רבי יוסי ר' יהודה [אומר] נאמר כאן רבוע ונאמר להלן רבוע מה להלן מאמצעיתו הוא מודד אף כאן מאמצעיתו הוא מודד ואמרינן ור' יוסי כי גמיר גזירה שוה בגובהא גמירי דתניא ושלש אמות קומתו דברים ככתבן דברי ר' יהודה ר' יוסי אומר נאמר כאן רבוע ונאמר להלן במזבח הזהב רבוע מה להלן גובהן כשנים כרחבו אף כאן גובהו כשנים כרחבו א"ל רבי יהודה והלא כבר נאמר ארך החצר מאה באמה ורחב חמשים בחמשים וקומה חמש אמות אפשר כהן עומד ע"ג מזבח ועבודה בידו וכל העם רואין אותו מבחוץ א"ל ר' יוסי ואתה אי אתה אומר כן גבהו והלא כבר נאמר אשר על המשכן ועל המזבח סביב מה משכן עשר אמות אף מזבח עשר אמות ואומר קלעים חמש עשרה אמה לכתף ומה ת"ל וחמש אמות קומתו משפת מזבח ולמעלה ומה ת"ל ושלש אמות קומתו משפת סובב ולמעלה ור' יהודה כי גמיר ג"ש ברוחבה לר' יהודה נמי קא מיתחזי כהן נהי דכהן מיתחזי עבודה בידו מי מתחזיא וכיון שקומת הלוים עשר אמות וראה שאפי' המזבח שגבהו עשר אמות הוא נשוי למעלה מי"ט משום דטבעות שהן בתים לבדים קבועות בסוף שליש העליון של מזבח וגמירי דכל טעונא דמידלי במטות תילתא מלעיל ותרי תילתא מלתחת ומשכחת תילתיה עילאה לעיל מן כתפיהן דהוא ג' אמות (ושליש) [וששה] מכתף לוי ולמטה והויא

מסורת הש"ס

א) נ"ל ור' שמעון לטעמי' דאמר יחיד וכו' רש"ל, ב) הוריות ג:, ג) [נ"ל הא קא], ד) [ביצה כב.], ה) זבין פ"ד מ"ז, ו) ג"ז שם, ז) שם מ"ד, ח) רש"ל מ"ו.

הגהות הב"ח

(א) רש"י ד"ה ור' שמעון וכו' כמסייע ופטור (ל"א דבעי וכו' לא הוי). תא"מ ונ"ב ס"א נמחק האי ל"א כי אינו מפירש"י אלא מפי' הסוס: (ב) ד"ה ופרכינן וכו' כזב המתהפך על: (ג) ד"ה לארכן וכו' מוטל על רחבן והס"ד:

גליון הש"ס

תוס' ד"ה אמר רב זביד וכו' ולא מרבא עצמו. עיין חולין קיג ע"ב ברש"י ד"ה הא דרביה:

רב נסים גאון

זב שהיה מוטל על ה' ספסלין או על ה' פונדאות לאורכן טמאין לרחבן טהורין. פירוש דבר זה מצוי בתוספתא (זבים פרק ד) זב שהיה מוטל על ד' כסאות לרחבן טהורות שאין אחד מהן נושא רובו ומשכחת לה בתורת

תורה אור השלם

א) וְאִם נֶפֶשׁ אַחַת תֶּחֱטָא בִשְׁגָגָה מֵעַם הָאָרֶץ בַּעֲשֹׂתָהּ אַחַת מִמִּצְוֹת יְיָ אֲשֶׁר לֹא תֵעָשֶׂינָה וְאָשֵׁם: [ויקרא ד, כז]

ליקוטי רש"י

וחד למעוטי יחיד שעשאה בהוראת ב"ד. דמשמע בעשותה כולה בנים דין לפטור [הוריות ב:]. מסייע אין בו ממש. מי שאינו עושה מלאכה ממש אלא מסייע מעט מי שהוא ולאו הוא מתעבדא אין בו ממש [ביצה כב.].

The Mishnah continues:

הָיָה רוֹכֵב עַל גַּבֵּי בְּהֵמָה – IF, however, **[THE** ***ZAV*****] WAS RIDING UPON AN ANIMAL,** וְאַרְבַּע טַלִּיּוֹת תַּחַת רַגְלֵי הַבְּהֵמָה **– AND** the animal came to stand in a place where there were **FOUR SHAWLS,** one **UNDER** each of **THE ANIMAL'S** four **LEGS,** טְהוֹרוֹת **– [THE SHAWLS] ARE** all ***TAHOR,*** מִפְּנֵי שֶׁיְּכוֹלָה לַעֲמוֹד עַל שָׁלֹשׁ **– BECAUSE [AN ANIMAL] CAN STAND UPON** just **THREE** legs.[19]

The Gemara examines this last ruling to deduce its proof:

וְאַמַּאי – Now, why indeed should the shawls be *tahor?* הָא קָמְסַיֵּיעַ בַּהֲדֵי הֲדָדֵי **– [Each of the animal's legs] aid each other** in supporting the animal! לָאו מִשּׁוּם דְּאָמְרִינַן מְסַיֵּיעַ אֵין בּוֹ מַמָּשׁ **– Is it not because we say that** merely **aiding is insignificant?**[20] Surely this confirms Rav Chisda's words.

The Gemara attempts to dismiss the proof:

אָמַר רַב יְהוּדָה מִדִּיסְקַרְתָּא **– Rav Yehudah of Diskarta said:** לְעוֹלָם אֵימָא לָךְ מְסַיֵּיעַ יֵשׁ בּוֹ מַמָּשׁ **– Really, I can say to you that aiding** ***is*** **significant;** וְשָׁאנֵי הָכָא **– but here,** in the particular case discussed by the Mishnah, **it is different,** דְּעָקְרָה לָהּ לְגַמְרֵי **– for [a standing animal]** often **lifts [one of its legs] entirely** off the ground. Perhaps, then, the reason the Mishnah considers the shawls *tahor* is that each particular shawl might not have been bearing the weight of the *zav,* even by its leg aiding in that support.[21] – ? –

The Gemara rejects this as grounds to deem the shawls *tahor*:

וְכֵיוָן דְּזִימְנִין עָקְרָה הָא וְזִימְנִין עָקְרָה הָא **– But** even so, **since** you will agree that **sometimes [the animal] lifts this** leg, **and sometimes it lifts that** leg, לֶיהֱוֵי כְּזָב הַמִּתְהַפֵּךְ **– [the case] should be** treated **like** that of **a** ***zav*** **who shifted** himself while asleep.[22] מִי לֹא תְּנַן **– For did we not learn in a Mishnah:**[23] זָב שֶׁהָיָה מוּטָל עַל חֲמִשָּׁה סַפְסָלִין **–** Consider the case of **A** ***ZAV*** **WHO WAS LYING** prone **UPON FIVE BENCHES,** אוֹ עַל חָמֵשׁ פּוּנְדָּאוֹת **– OR UPON FIVE MONEY BELTS.**[24] לְאוֹרְכָּן **–** If he was lying **ACROSS THE LENGTH OF [THESE BENCHES OR BELTS],** טְמֵאִים **–** then **THEY ARE** all ***TAMEI.***[25] לְרָחְבָּן **–** If, however, he was lying **ACROSS THEIR WIDTHS,** טְהוֹרִין **– THEY ARE** all ***TAHOR,*** because no one bench or money belt would have at any time supported the majority of his weight.[26]

The Mishnah continues:

יָשֵׁן – IF, though, **[THE** ***ZAV*****] WAS SLEEPING** as he lay across their widths, סָפֵק מִתְהַפֵּךְ עֲלֵיהֶן **–** in which case **IT IS UNCERTAIN** whether **HE SHIFTED HIMSELF AROUND UPON THEM,**[27] טְמֵאִין **–** then **THEY ARE** all deemed ***TAMEI,*** for at some point the *zav* might have been lying lengthwise upon one of the benches. Now, in this last case, although it is merely uncertain whether most of the *zav's* weight was supported by a given bench or belt, still, the Mishnah states that all the benches or belts must be treated as *tamei.*[28] The same, then, should apply in the case of the shawls: Although it is merely uncertain whether any given shawl was stepped upon by the animal, still, the shawls should all be treated as *tamei.*[29] Despite this, though, the Mishnah states that they are *tahor.* How can this be explained? אֶלָּא לָאו מִשּׁוּם דְּאָמְרִינַן מְסַיֵּיעַ

NOTES

19. When we evaluate the contribution that each of the animal's legs makes to support the animal (and hence, to support the *zav* riding upon it), we find that each individual leg is merely מְסַיֵּיעַ, *aiding,* the other three. No one leg is doing enough to support the animal on its own, and the assistance it lends is minimal, since the animal would have been supported anyway by the other three (see above, note 15). R' Yehudah and R' Shimon thus agree that each leg's contribution to the support of the *zav* is legally insignificant, and the shawls remain *tahor* (*Rashi*).

Rashi remarks that this Baraisa, which exempts the מְסַיֵּיעַ, *one who aids,* follows R' Yehudah, who exempts in a case of זֶה יָכוֹל וְזֶה יָכוֹל, *this one is able and this one is able.* Seemingly, *Rashi* is saying that the exemption for the מְסַיֵּיעַ follows conceptually from the fact that both parties are exempt when each could have done the act alone (see *Rashba*; cf. *Maharsha* and *Chasam Sofer*). [Presumably, the idea is that when each is "able," each is in a sense just a מְסַיֵּיעַ, *one who aids,* for the act could have been done without him.]

Rashba, though, contests *Rashi* on this point, and argues that the two cases are unrelated. Indeed, *Rashba* asserts that even R' Meir, who holds that both parties are liable when both are able, can hold that when an "unable" party assists an "able" one, the "unable" party [the מְסַיֵּיעַ] is exempt. Indeed, R' Meir would argue as follows: When both are able, the full act is attributed to each party, since each is doing something he could have done himself. Although one might say that one party is merely helping achieve something that could have been done without him – still, to classify one party as the "helper" to the other would be arbitrary, since both have the same capabilities. When one party is unable and the other is able, though, this logic no longer holds. The contribution of the unable party is clearly less than that of the able one – and since the able person could have done the act himself, the contribution of his partner is deemed negligible.

20. [Since each leg merely aids the other three, it has done nothing of significance. See previous note.]

21. If the animal actually raised its leg, that leg would not have provided even minimal assistance to the other three (*Rashi;* see *Chidushei HaRan*). If this is the reason the shawls are considered *tahor,* then it might well be that when a person or thing *does* help minimally, its act *is* deemed significant.

[*Chazon Ish* finds difficulty with the Gemara's question on grounds that the animal *certainly* kept at least three of its legs on the ground. If so, at least three of the shawls should certainly be *tamei* (see *Chazon Ish* to *Zavim* 3:11).]

22. I.e. the fact that the animal sometimes raises a leg is not sufficient reason to render the shawls *tahor.* On the contrary, since each leg might have been one of the three remaining on the ground, we ought to consider each *tamei* out of doubt (*Rashi*). The Gemara will now prove from the case of the "shifting *zav*" that when such uncertainties exist concerning a *zav's tumah,* we indeed ascribe *tumah* to *all* of the items that might have become *tamei.*

23. *Zavim* 4:4.

24. Money belts were long hollow belts in which coins would be placed. In our case, a number of these belts [or benches] were spread out alongside each other on the floor, and a *zav* rested himself upon them.

[In general, a utensil being used as a cushion does not become a *midras* unless it can still serve its ordinary purpose while serving as a cushion (see above, 59a). A money belt fits this requirement, for it can effectively store money – and can allow one to remove money from its opening – while someone is lying upon it (*Rashi*).]

25. In this case, it is uncertain whether the *zav* stayed on one bench or cushion, or whether he rolled himself from one to the other. If the latter occurred, he may have lain lengthwise across each of them in turn, placing the majority of his weight upon each and every one of them. For this reason, the Baraisa states that each bench or cushion is judged as *tamei* (see *Rashi;* see also *Tosafos*).

Others, however, suggest that in this case it was known for certain that the *zav* rolled from one bench to the other (see *Mishnah Acharonah* to *Zavim* 4:4, who infers that this is the position of several Rishonim; see also *Gur Aryeh*).

26. In such a case, even when the *zav* rolls from side to side, no one bench supports most of his weight. Indeed, the benches' support of the *zav* cannot even be called a collective effort (in which case we might say that they all collectively support the *zav*); rather, each bench acts individually, merely supporting that small part of the *zav* which happens to be lying upon that particular bench (see *Rashi* and *Ritva MHK* ed.; cf. *Tosafos*).

27. The possibility being considered is that, while sleeping, the *zav* may have shifted the direction of his body, so that he moved from a widthwise position to a lengthwise one. In such a case, at least one of the benches would have supported the majority of his weight, although we now have no way of determining which bench this is (*Rashi*).

28. [Out of doubt; see also *Netziv* in *Meromei Sadeh.*]

29. See above, note 22.

תלתא מיעוטי כתיבי. והא דנקט בעשותה בברייתא טפי מהנך משום שהוא מיעוט אחרון שבפסוק ובהא פליגי ולא ידע ר"י דלמאי נקט במילתיה דר' שמעון יחיד שעשאה חייב כו' ולא נקט לישנא דלעיל העושה את כולה ולא העושה את מקצתה ושמא לישנא דשנים שעשאוה פטורין משמע טפי אפי' זה אינו יכול וזה אינו יכול: **חד** למעוטי זה עוקר וזה מניח. וזה כתב אות אחת וזה אות אחת ובא חבירו וכתב אות שניה לא איצטריך קרא אלא אהוצאה דה"ה אהכנסה ואהוצאה הוא דקפיד רחמנא וליחייב אפי' בלא הנחה: **ה"ג** ורבי שמעון יחיד שעשאה בהוראת ב"ד לא צריך קרא ול"ג ר"ש לטעמיה דאמר יחיד שעשאה בהוראת ב"ד חייב כדפירש בקונטרס דהא תנן בהדיא בפ"ק דהוריות (ד' ג.) הלך ועשה על פיהן בין הביאו כפרתן בין לא כו' ר' שמעון פוטר ומפרש טעמא תולה בב"ד אנוס הוא: **אמר** מר זה יכול וזה אינו יכול. נראה לר"י דהאי אינו יכול היינו אפי' בעל כח הרבה אלא שהוא נושא הקורה בענין זה בכי האי גוונא שאלמלא אחר לא היה יכול לנושאה לבדו כגון באצבע או תופסה בענין זה שאינו יכול לנושאה לבדו דמה לנו לכמו כיון דהשתא מיהא אינו יכול לנושאה: **הי** מינייהו מיחייב. לא בעי למימר שיהא פטור אותו שיכול וליחייב שאינו יכול דאין זה סברא אלא קאמר דליחייב נמי אפילו שאינו יכול כמו לר' יהודה ור"מ דאמרי לעיל זה אינו יכול וזה אינו יכול חייב: **אמר** רב זביד משמיה דרבא אף אנן נמי תנינא. פירוש דמסייע אין בו ממש קשה לר"י דהכא אית ליה לרב זביד דמסייע אין בו ממש וכן רב אשי סמוך ובפ"ב דביצה (דף כב.) אמרינן אמימר כחל עינא על יד נכרי בשבת א"ל רב אשי מאי דעתיך כו' ואמר רב כהנא חולה שאין בו סכנה אומר לנכרי ועושה הא מסייע בהדיה דקא עמיץ ופתח א"ל איכא רב זביד דקא כוותך ושני ליה מסייע אין בו ממש משמע דרב זביד ורב אשי סוברים דיש בו ממש ואין לומר דהא דאמר הכא אין בו ממש לא שיפטר לגמרי אלא דאין בו חיוב חטאת דהא מייתי רב אשי דעבודתו כשרה משמע דאפי' פסולא דרבנן ליכא א"כ לענין שבת נמי מנלן שיש בו איסורא דרבנן ומיהו לרב אשי איכא למימר דבתר דשמעה מאמימר סברה אלא לרב זביד קשה דאיהו גופיה קאמר משמיה דרבא דאין בו ממש ואמימר היה הרבה אחר רבא ואפי' אחר רב פפא שהיה תלמידו של רבא ושמא בתר מעשה דאמימר שמעה רב זביד משמיה דרבא ולא מרבא עצמו ועוד אור"י דהכי פריך התם והא קא מסייע בהדיה דקא עמיץ ופתח ואע"ג דמסייע אין בו ממש בעלמא הא אית לן למימר דאסרו משום שחיקת סממנין ומשני דאין בו ממש אפילו לענין זה: **ור"ש** מטהר. פי' בקונטרס דר"ש לטעמיה דפטר זה אינו יכול וזה אינו יכול [ואינו] נראה לרשב"א דשאני התם דגלי רחמנא דאיכא קרא לפטור ונראה דטעמא משום דבעי שיהיה רוב הזב נישא על כל אחד וכן משמע במסכת זבים פ"ד (משנה ה) דתנן הזב בכף מאזנים ומשכב ומושב כנגדו כרע הזב טהורין כרעו הן טמאין ר"ש אומר ביחיד טמאין פי' כשאין אלא משכב אחד או מושב אחד במרובין טהורין שאין כ"א נושא רובו: **היה** רוכב ע"ג בהמה. בעומדת איירי דאי במהלכת כל שעה עוקרת רגל אחת ועומדת על ג' וטמא מה שתחתיהן שאינה יכולה לעמוד על שתים: **מפני** שיכולה לעמוד על ג'. וה"ל כל רגל אינו יכול והג' אחרים יכולין: **וכיון** דזימנין עקרה הא וזימנין הא ליהוי כזב המתהפך. ואפילו כרה"ר טמא: **לאורכן** טמאין. כן גרים הקונטרס ופי' דטמאין משום דאיכא למימר דכל אחד נושא רובו עליו פעמים על זה ופעמים על זה לרוחבן טהורין שאין רובו נישא על כל אחד מהן ולפי זה אתיא כר"ש דבעי שיהא רוב הזב נישא עליו ור"י אומר דמצי למימר דאתיא אפילו כרבנן וטעמא דטהורות משום דה"ל כל אחד מסייע שאין בו ממש ומהך רישא הוה מצי למיפרך דמטמאין לאורכן מספיקא אלא ניחא ליה למיפרך מסיפא דמפרש בה טעמא אמאי טמאין:

בעיגול של דבילה והוציאו לרשות הרבים בקורה והוציאו לרה"ר רבי יהודה אומר אם לא יכול אחד להוציאו והוציאוהו שנים חייבין ואם לאו פטורין ר"ש אומר אע"פ שלא יכול אחד להוציאו והוציאוהו שנים פטורים לכך נאמר בעשותה יחיד שעשאה חייב שנים שעשאוה פטורין במאי קמיפלגי בהאי קרא ואם נפש אחת תחטא בשגגה מעם הארץ בעשותה ר"ש סבר תלתא מיעוטי כתיבי נפש תחטא אחת תחטא בעשותה תחטא חד למעוטי זה עוקר וזה מניח וחד למעוטי זה יכול וזה יכול וחד למעוטי זה אינו יכול וזה אינו יכול ורבי יהודה חד למעוטי זה עוקר וזה מניח וחד למעוטי זה יכול וזה יכול וחד למעוטי יחיד שעשאה בהוראת ב"ד ור"ש יחיד שעשאה בהוראת ב"ד חייב ור"מ מי כתיב נפש תחטא אחת תחטא בעשותה תחטא תרי מעוטי כתיבי חד למעוטי זה עוקר וזה מניח וחד למעוטי יחיד שעשאה בהוראת ב"ד: אמר מר זה יכול וזה אינו יכול דברי הכל חייב הי מינייהו מיחייב אמר רב חסדא זה שיכול דאי זה שאינו יכול מאי קא עביד אמר ליה רב המנונא דקא מסייע בהדיה אמר ליה מסייע אין בו ממש אמר רב זביד משמיה דרבא אף אנן נמי תנינא היה יושב על גבי המטה וארבע טליות תחת רגלי המטה טמאות מפני שאינה יכולה לעמוד על שלש ור' שמעון מטהר היה רוכב על גבי בהמה וד' טליות תחת רגלי הבהמה טהורות מפני שיכולה לעמוד על ג' ואמאי הא קמסייע בהדי הדדי לאו משום דאמרינן מסייע אין בו ממש אמר רב יהודה מדיסקרתא לעולם אימא לך מסייע יש בו ממש ושאני הכא דעקרה לה לגמרי וכיון דזימנין עקרה הא וזימנין עקרה הא ליהוי כזב המתהפך מי לא תנן זב שהיה מוטל על ה' ספסלין או על ה' פונדאות לאורכן טמאים לרחבן טהורין ישן ספק מתהפך עליהן טמאין אלא לאו משום דאמרינן מסייע אין בו ממש אמר רב פפי משמיה דרבא אף אנן נמי תנינא רבי

עיגול וקורה גדולים הן ואין אחד יכול להוציאו: **ואם לאו.** שיכול אחד להוציאו: **נפש תחטא.** משמע נפש ולא נפשות: **חד למעוטי זה עוקר.** מרשות הרבים: **וזה מניח.** ברשות היחיד דכל כמה דלא כתיב אלא חד מיעוט מסתברא דהאי הוא דממעט דהאי קעביד פלגא והאי פלגא וליכא חד דמסייע בכולהו: **וחד.** יתורא למעוטי אף על פי דעבדי כי הדדי דהאי עביד כולה והאי עביד כולה ומיהו זה יכול וזה יכול הוא דממעט דלאו אורחיה למעבדה בתרי: **וחד.** יתורא למעוטי נמי זה אינו יכול וזה אינו יכול דאף על גב דלאורחייהו למיעבד בתרי מעטינהו: **יחיד שעשה בהוראת ב"ד.** הורו ב"ד שחלב מותר והלך היחיד ועשה על פיהם לאנוס הוא ורבי שמעון לטעמיה דאמר בהוריות יחיד שעשה בהוראת ב"ד חייב: **תרי מיעוטי כתיבי.** נפש אחת חד מיעוטא הוא דלאורחיה דקרא לאשתעויי הכי: **זה שיכול.** לאיהו עבדה לכולה: **אין בו ממש.** מי שאינו אלא מסייע בדבר ואם בא לעשותו לבדו אינו יכול אין בו ממש ולא חשיב מידי ולא מיפטר אידך: **אף אנן נמי תנינא.** דמסייע אין בו ממש: **היה.** זב יושב על גבי מטה: **וד' טליות.** טליתות: **שאינה יכולה לעמוד על ג'.** וכיון דזה אינו יכול בלא זה ואחד כולו מעשה עביד וגבי מדרס הזב בעינן שינשא רובו עליו במ"כ: **ור' שמעון מטהר.** ר' שמעון לטעמיה דאמר זה אינו יכול וזה אינו יכול נמי אינו אלא כמסייע ופטור (א) (ל"א דבעי שיעור זיבה לזה ושיעור זיבה לזה כלומר רובו של זב מכביד על כל אחד ואחד ואפילו מסייע לא הוי): **מפני שיכולה לעמוד על ג'.** הלכך כל אחד ואחד הו"ל רביעי ואינו אלא מסייע וטמאה כר' יהודה דזה יכול וזה אינו יכול קרי מסייע: **דעקרה ליה לגמרי.** עוקרת הרגל מן הארץ ואפי' מסייע לא הוי: **ופרכינן** ואי טעמא משום דעקרה ליה כיון דזימנין דעקרה האי וזימנין עקרה האי ובכל ג' איכא לספוקי שמא הכבידה עליהן ולא עקרתן לטמינהו מספק כזב (ג) המתהפך על ה' פונדאות דמטמינן ליה מספק: **פונדאות.** כמין חריטין כיסים ארוכים ונותנין בהן מעות ובלעז ברויד"ש ורגילין לשמש שכיבה עם מלאכתן שיושב עליהם והם מלאות מעות ופותח פיהם ונוטל ואין צריך לומר לו עמוד ונעשה מלאכתנו: **לאורכן.** כגון שהיה שוכב על מעיו או פרקדן ואורכו מוטל על (ג) אורכן: **טמאים** גרסינן במשנה דטהרות דיש לומר בכל אחת מהן שנישא רובו עליו פעמים על זו ופעמים על זו: **לרחבן טהורין.** לפי שארכו מוטל על רחבן ואין רובו נישא על אחת מהן: **ישן.** לו עליהן לרחבן: **ספק נתהפך.** על ארכו ונמצא כולו נשען על אחת מהן: **טמאות.** דכל חדא איכא למימר על זו נתהפך אלמא מטמינן מספק והתם נמי אי משום עקירה הוא ניטמינהו מספיקא אלא לאו טעמא משום דכולהו הוו כל חדא וחדא מסייע ואין בו ממש כן נראה בעיני משנה זו. ורבותי גורסין לאורכן טהורין ופירשו טעמא דלאורכן טהורין משום דאמרי שמא ביניהן שכב ולא עליהם וקשיא לי א"כ לקולא תלינן ואמאי תני סיפא ספק נתהפך טמאים:

הסוס

מסורת הש"ס

א) נ"ל ור' שמעון לטעמיה דאמר יחיד וכו' רש"ל, ב) הוריות ב:, ג) [נ"ל הא קאן], ד) [ביצה כב.], ה) זבים פ"ד מ"ג, ו) ג"ז שם, ז) שם מ"ד, ח) רש"ל מ"ז.

הגהות הב"ח

(א) רש"י ד"ה ור' שמעון וכו' כמסייע ופטור (ל"א דבעי וכו' לא הוי). תא"מ ונ"ב ס"א נמחק האי ל"א כי אינו מפירש"י אלא מפי' השום: (ב) ד"ה ופרכינן וכו' כזב המתהפך על: (ג) ד"ה לאורכן וכו' מוטל על רחבן והס"ד:

גליון הש"ס

תוס' ד"ה אמר רב זביד וכו' ולא מרבא עצמו. עיין חולין קיג ע"ב ברש"י ד"ה הא דרבינא:

רב נסים גאון

זב שהיה מוטל על ה' ספסלין או על ה' פונדאות לאורכן טמאין לרחבן טהורין. פירוש דבר זה מצוי בתוספתא (זבים פרק ד) זב שהיה מוטל על ה' כסאות לרחבן טהורות שאין אחד מהן נושא רובו ומשכחת לה בתורת

תורה אור השלם

א) וְאִם נֶפֶשׁ אַחַת תֶּחֱטָא בִשְׁגָגָה מֵעַם הָאָרֶץ בַּעֲשֹׂתָהּ אַחַת מִמִּצְוֹת יְיָ אֲשֶׁר לֹא תֵעָשֶׂינָה וְאָשֵׁם: [ויקרא ד, כז]

ליקוטי רש"י

וחד למעוטי יחיד שעשאה בהוראת ב"ד. דמשמע בעשותה מפי עצמו לאין בעשותה מפי עצמו ולא כיוצא בזה תולה בב"ד לפטור [הוריות ב:]. מסייע אין בו ממש. מי שאינו עושה מלאכה ממש אלא מסייע מעט כי האי ולאו הוא מתעבדא אין בו ממש [ביצה כב.].

עין משפט נר מצוה

יט א ב מיי' פ"א מהל' שבת הלכה טו: כ ג מיי' פ"ו מהל' משכב ומושב הלכה ה: כא ד שם הלכה ו: כב ה שם הלכה ז:

רבינו חננאל

יטרוף אלא יערב בסוף מי שמת [דף קנה] א"ר עקיבא מודה אני בזה שהנכנסים בחזקתן ואמרינן עלה בחזקת מי ר' אילא אמר בחזקת יורשי האם רבי זירא אמר בחזקת יורשי הבן כי סליק ר' זירא קם בשיטתיה דר' (אלעזר) [אילא] קם רבא בשיטתא דר' זירא א"ר זירא שמע מינה אוירא דא"י מחכים פי' משום דהוא הדר למימרא דר' אילא דמן א"י ורבא דמן בבל קם במימרא קמא דר' זירא דהוה אמר בבבל: בין בימינו ובין בשמאלו ובחיקו ועל כתפו הני ארבע דתנן חייב שכן משא בני קהת והוה אמרינן ובהוראתא שכן הוה אלעזר בן אהרן נושא שמן המאור וקטורת הסמים ומנחת התמיד ושמן המשחה והאשכחינן בתלמוד א"י שמן המאור בימינו וקטורת הסמים בשמאלו ומנחת התמיד תלויה בזרועו ושמן המשחה היכן היה א"ר אבין בשם ר' אלעזר כמין צלוחית קטנה היתה תלויה באפונדתו: א"ר אלעזר המוציא משאוי למעלה מעשרה טפחים חייב שכן משא בני קהת ומנ"ל דמשא בני קהת למעלה מעשרה טפחים דאשכחנן המזבח עשר אמות היה גובהו וקא פרס לוים פריסא עליה וכו' ופריש עליו כסוי עור תחש ומיכן את למד ללוים שקומתן עשר אמות ואי לאו הכין לא יכלין למפרס פרסא אמזבח ומנ"ל דמזבח גובהו עשר אמות דאיתקש למשכן דכתיב ואת קלעי החצר ואת מסך [פתח] שער (המזבח) [החצר] אשר על המשכן ועל המזבח סביב מקיש מזבח למשכן מה משכן עשר אמות אף מזבח עשר אמות ואשכחן במשה רבינו שהיתה קומתו עשר אמות דכתיב ויפרוש את האהל על המשכן ואמר רב משה פירשו והא מלתא דגובהה המזבח עשר אמות אע"ג דכתיב ושלש אמות קומתו אמרינן בגמרא דקדשים בפרק קדשי קדשים והכין אמרי' שם ר' יהודה לטעמיה דאמר מזבח משה גדול היה דתניא ה' אמות אורך וה' אמות רוחב רבוע יהיה המזבח וגו' דברים ככתבן דברי רבי יוסי ר' יהודה [אומר] נאמר כאן רבוע ונאמר להלן רבוע מה להלן מאמצעיתו הוא מודד אף כאן מאמצעיתו הוא מודד ומודדין ור' יוסי כי גמיר גזירה שוה בגובהה גמיר דתניא ושלש אמות קומתו דברים ככתבן דברי ר' יהודה ר' יוסי אומר נאמר כאן רבוע ונאמר להלן במזבח הזהב רבוע מה להלן גובהו כשנים כרחבו אף כאן גובהו כשנים כרחבו א"ל ר' יהודה והלא כבר נאמר ארך החצר מאה באמה ורחב חמשים בחמשים וקומה חמש אמות אפשר כהן עומד ע"ג מזבח ועבודה בידו וכל העם רואין אותו מבחוץ א"ל ר' יוסי ואתה אי אתה אומר כן גבהו והלא כבר נאמר על המשכן ועל המזבח סביב מה משכן עשר אמות אף מזבח עשר אמות ואומר קלעים חמש עשרה אמה לכתף ומה ת"ל וחמש אמות קומתו משפת מזבח ולמעלה ומה ת"ל ושלש אמות קומתו משפת סובב ולמעלה ור' יהודה כי גמיר ג"ש ברוחבה לר' יהודה נמי קא מיתחזי כהן מיתחזי עבודה בידו מי מתחזיא וכיון שקומת הלוים עשר אמות וראה שאפי' המזבח שגבהו עשר אמות הוא נשוי למעלה מי"ט משום דטבעות שבהן בתים לבדים קבועות בסוף שליש העליון של מזבח וגמירי דכל טעונא דמידלי במוטות תילתא מלעיל ותרי תילתא מלתחת ומשכחת תילתא עילאה לעיל מן כתפיהן דהוא ג' אמות (ושליש) [וששה] מכתף לוי ולמטה והויא

משמעות

אֵין בּוֹ מַמָּשׁ – **Is it not because we say** that merely **aiding is not significant?**[30] Certainly, this is the reason! The proof to Rav Chisda's words is thus reaffirmed.

The Gemara suggest another proof in favor of Rav Chisda: אָמַר רַב פַּפִּי מִשְּׁמֵיהּ דְּרָבָא – **Rav Pappi said in the name of Rava:** אַף אֲנַן נַמִּי תְּנֵינָא – And **so we have also learned in a Mishnah:**[31]

NOTES

30. I.e. the only remaining explanation for the *tahor* status of the shawls is that each leg makes only a marginal contribution to the *zav's* support. We thus see that מְסַייֵּעַ, *[merely] aiding,* is deemed legally insignificant.

31. *Zavim* 4:7.

יט א ב מיי' פ"א מהל' שגגות הלכה נז:
כ ג מיי' פ"ו מהל' משכב ומושב הלכה ה:
כא ד שם הלכה ו:
כב ה שם הלכה ד:

בעיגול של דבילה והוציאו לרשות הרבים בקורה והוציאו להר"ר רבי יהודה אומר אם לא יכול אחד להוציאו והוציאוהו שנים חייבין ואם לאו פטורין ר"ש אומר אע"פ שלא יכול אחד להוציאו והוציאוהו שנים פטורים לכך נאמר א בעשותה יחיד שעשאה חייב שנים שעשאוה פטורין במאי קמיפלגי בהאי קרא א ואם נפש אחת תחטא בשגגה מעם הארץ בעשותה ר"ש סבר תלתא מיעוטי כתיבי נפש תחטא אחת תחטא בעשותה תחטא חד למעוטי זה עוקר וזה מניח וחד למעוטי זה יכול וזה יכול וחד למעוטי זה אינו יכול וזה אינו יכול ורבי יהודה חד למעוטי זה עוקר וזה מניח וחד למעוטי זה יכול וזה יכול וחד למעוטי יחיד שעשאה בהוראת ב"ד ב ור"ש ג יחיד שעשאה בהוראת ב"ד חייב ור"מ מי כתיב נפש תחטא אחת תחטא בעשותה תחטא תרי מעוטי כתיבי חד למעוטי זה עוקר וזה מניח וחד למעוטי יחיד שעשאה בהוראת ב"ד: אמר מר זה יכול וזה אינו יכול דברי הכל חייב הי מנייהו מיחייב אמר רב חסדא *זה שיכול דאי זה שאינו יכול מאי קא עביד אמר ליה רב המנונא ג דקא מסייע בהדיה אמר ליה ד מסייע אין בו ממש אמר רב זביד משמיה דרבא אף אנן נמי תנינא ה היה יושב על גבי המטה וארבע טליות תחת רגלי המטה טמאות מפני שאינה יכולה לעמוד על שלש ור' שמעון מטהר ו היה רוכב על גבי בהמה וד' טליות תחת רגלי הבהמה טהורות מפני שיכולה לעמוד על ג' ואמאי הא קמסייע בהדי הדדי לאו משום דאמרינן מסייע אין בו ממש אמר רב יהודה מדיסקרתא לעולם אימא לך מסייע יש בו ממש ושאני הכא דעקרה לה לגמרי וכיון דזימנין עקרה הא וזימנין עקרה הא ליהוי כזב המתהפך מי לא תנן ז זב שהיה מוטל על ה' ספסלין או על ה' פונדאות לאורכן טמאים לרחבן טהורין ישן ספק מתהפך עליהן טמאין אלא לאו משום דאמרינן מסייע אין בו ממש אמר רב פפי משמיה דרבא אף אנן נמי תנינא רבי

רש"י

עיגול וקורה גדולים הן ואין אחד יכול להוציאו: ואם לאו. שיכול אחד להוציאו: נפש תחטא. משמע נפש ולא נפשות: חד למעוטי זה עוקר. מרשות הרבים: וזה מניח. ברשות היחיד דכל כמה דלא כתיב אלא חד מיעוט מסתברא דהאי הוא דממעט דהאי קעביד פלגא והאי פלגא וליכא חד דמסייע בכולהו: וחד. יתורא למעוטי אף על פי דעבדי כי הדדי דהאי עביד כולה והאי עביד כולה ומיהו זה יכול וזה יכול הוא דממעיט דלאו אורחיה למעבדה בתרי: וחד. יתורא למעוטי תו זה אינו יכול וזה אינו יכול דאף על גב דאורחייהו למיעבד בתרי מעטינהו: יחיד שעשה בהוראת ב"ד. הורו ב"ד שחלב מותר והלך היחיד ועשה על פיהם דאנוס הוא ורבי שמעון לטעמיה דאמר בהוריות יחיד שעשה בהוראת ב"ד חייב: תרי מיעוטי כתיבי. נפש אחת חד מיעוטא הוא דאורחיה דקרא לאישתעי הכי: זה שיכול. דאיהו עבדה לכולה: אין בו ממש. מי שאינו אלא מסייע בדבר ואם בא לעשותו לבדו אינו יכול אין בו ממש ולא חשיב מידי ולא מיפטר אידך: אף אנן נמי תנינא. דמסייע אין בו ממש: היה. זב יושב על גבי מטה: וד' טליות. טליתות: שאינה יכולה לעמוד על ג'. וכיון דזה אינו יכול וזה אינו יכול כל אחד ואחד כולי מעשה עביד וגבי מדרס הזב בעינן שינשא רובו עליו בת"כ: ור' שמעון מטהר. ר' שמעון לטעמיה דאמר זה אינו יכול וזה אינו יכול נמי אינו אלא כמסייע ופטור (א) (ל"א דבעי שיעור זיבה לזה ושיעור זיבה לזה כלומר רובו של זב מכביד על כל אחד ואחד ואפילו מסייע לא הוי): מפני שיכולה לעמוד על ג'. הלכך כל אחד ואחד ה"ל רביעי ואינו אלא מסייע וסתמא כר' יהודה דזה יכול וזה יכול קרי מסייע: דעקרה ליה לגמרי. עוקרת הרגל מן הארץ ואפי' מסייע לא הוי: ופרכינן ואי טעמא משום דעקרה ליה כיון דזימנין דעקרה האי וזימנין עקרה האי וככל ג' איכא לספוקי שמא הכבידה עליהן ולא עקרתן לטמינהו מספק כזב (ב) המתהפך על ה' פונדאות דמטמינן ליה מספק: פונדאות. כמין חריטין כיסים ארוכים ועושין בהן מעות ובלעז בורש"א ורגילין לשמש שכיבה עם מלאכתן שיושב עליהם והם מלאות מעות ופותח פיהם ונוטל ואין צריך לומר לו עמוד ונעשה מלאכתנו: לאורכן. כגון שהיה שוכב על מעיו או פרקדן ואורכו מוטל על (ג) אורכן: טמאים גרסינן במשנה דטהרות דיש לומר בכל אחת מהן שנישא רובו עליו פעמים על זו ופעמים על זו: לרחבן טהורין. לפי שארכו מוטל על רחבן ואין רובו נישא על אחת מהן: ישן. לו עליהן לרחבן: ספק נתהפך. על ארכו ונמצא כולו נשען על אחת מהן: טמאות. דכל חדא איכא למימר על זו נתהפך אלמא מטמינן מספק והכא נמי אי משום עקירה הוא ליטמינהו מספיקא אלא לאו טעמא משום דכולהו הוו כל חדא וחדא מסייע ואין בו ממש כן נראה בעיני משנה זו. ורבותי גורסין לאורכן טהורין ופירשו טעמא דלאורכן טהורין משום דאמרי שמא בינייהו שכב ולא עליהם וקשיא לי א"כ לקולא תלינן ואמאי תני סיפא ספק נתהפך טמאים:

תוספות

תלתא מיעוטי כתיבי. והא דנקט בעשותה בברייתא טפי מהנך משום שהוא מיעוט אחרון שבפסוק ובהא פליגי ולא ידע ר"י דלמאי נקט במילתיה דר' שמעון יחיד שעשאה חייב כו' ולא נקט ליתנא דלעיל העושה את כולה ולא העושה את מקצתה ושמא ליתנא דשנים שעשאוה פטורין משמע טפי אפי' זה אינו יכול וזה אינו יכול: חד למעוטי זה עוקר וזה מניח. וזה כתב אות אחת ובא חבירו וכתב אות שניה לא איצטריך קרא אלא אהוצאה דה"א אהכנסה והוצאה הוא דקפיד רחמנא וליחייב אפי' בלא הנחה: ה"ג ורבי שמעון יחיד שעשאה בהוראת ב"ד לא צריך קרא ול"ג ר"ש לטעמיה דאמר יחיד שעשאה בהוראת ב"ד חייב כדפירש בקונטרס דהא תנן בהדיא בפ"ק דהוריות (ד' ג.) הלך ועשה על פיהן בין הביאו כפרתן בין לא כו' ר' שמעון פוטר ומפרש טעמא תולה בב"ד אנוס הוא: אמר מר זה יכול וזה אינו יכול. נראה לר"י דהאי אינו יכול היינו אפי' בעל כח הרבה אלא שהוא נושא הקורה בענין זה בכי האי גוונא שאלמלא אחר לא היה יכול לנושאה לבדו כגון באצבע או תופסה בענין זה שאינו יכול לנושאה לבדו דמה לנו לכחו כיון דהשתא מיהא אינו יכול לנושאה: הי מינייהו מיחייב. לא בעי למימר שיהא פטור אותו שיכול וליחייב שאינו יכול דאין זו סברא אלא קאמר דליתחייב נמי אפילו שאינו יכול כמו לר' יהודה ור"מ דאמרי לעיל זה אינו יכול וזה אינו יכול חייב: אמר רב זביד משמיה דרבא אף אנן נמי תנינא. פירוש דמסייע אין בו ממש קשה לר"י דהכא אית ליה לרב זביד דמסייע אין בו ממש וכן רב אשי בסמוך ובפ"ב דביצה (דף כב.) אמרינן אמימר כחל עינא על יד נכרי בשבת א"ל רב אשי מאי דעתיך כו' ואמר רב כהנא חולה שאין בו סכנה אומר לנכרי ועושה הא מסייע בהדיה דקא עמיץ ופתח א"ל איכא רב זביד דקאי כוותך ושני ליה מסייע אין בו ממש משמע דרב זביד ורב אשי סוברים דיש בו ממש ואין לומר דהא דאמר הכא אין בו ממש לא שיפטר לגמרי אלא דאין בו חיוב חטאת דהא מייתי רב אשי דעבודתו כשרה משמע דאפי' פסולה דרבנן ליכא א"כ לענין שבת נמי מגנן שיש בו איסורא דרבנן ומיהו לרב אשי איכא למימר דבתר דשמעה מאמימר סברה אלא לרב זביד קשה דלאיהו גופיה קאמר משמיה דרבא דאין בו ממש ואמימר היה הרבה אחר רבא ואפי' אחר רב פפא שהיה תלמידו של רבא ושמא בתר מעשה דאמימר שמעה רב זביד משמיה דרבא ולא * מרבא עצמו ועוד אור"י דהכי פריך התם והא קא מסייע בהדיה דקא עמיץ ופתח ואע"ג דמסייע אין בו ממש בעלמא הא איכא לן למימר דאסרו חכמים משום סמיכה סממנין ומשני דאין בו ממש אפילו לענין זה: ור"ש מטהר. פי' בקונטרס דר"ש לטעמיה דפטר זה אינו יכול וזה אינו יכול [ולאין] נראה לרשב"א דשאני התם דגלי רחמנא דאיכא קרא לפטור ונראה דטעמא משום דבעי שיהיה רוב הזב נישא על כל אחד ואחד וכן משמע במסכת זבים פ"ד (משנה ה) דתנן הזב בכף מאזנים ומשכב ומושב כנגדו כרעו הזב טהורין כרעו הן טמאין ר"ש אומר ביחיד טמאין פי' כשאין אלא משכב אחד או מושב אחד במרובין טהורין פי' שאין כל אחד נושא רובו: היה רוכב ע"ג בהמה. בעומדת איירי דאי במהלכת כל שעה עוקרת רגל אחד ועומדת על ג' וטמא מה שמתחתיהן שאינה יכולה לעמוד על שתים: מפני שיכולה לעמוד על ג'. וה"ל כל רגל אינו יכול והג' אחרים יכולין: וכיון דזימנין עקרה הא וזימנין הא ליהוי כזב המתהפך. ואפילו ברה"ר טמא: לאורכן טמאין. כן גרים הקונטרס ופי' דטמאין משום דאיכא למימר דכל אחד נושא רובו עליו פעמים על זה ופעמים על זה ולרחבן טהורין שאין רובו נישא על כל אחד מהן ולפי זה אתיא כר"ש דבעי שיהא רוב הזב נישא עליו ור"י אומר דמצי למימר דאתיא אפילו כרבנן וטעמא משום דה"ל כל אחד ואחד מסייע שאין בו ממש ומהך רישא הוה מצי למיפרך דמטמאין לאורכן מספיקא אלא ניחא ליה למיפרך מסיפא דמפרש בה טעמא אמאי טמאין:

משענת

מסורת הש"ס

א) נ"ל ור' שמעון לטעמי' דאמר יחיד וכו' רש"ל, ב) הוריות ב:, ג) [נ"ל הא קא], ד) [ביצה כב.], ה) זבים פ"ד מ"ז, ו) ג"ז שם, ז) שם מ"ד, ח) רש"ל מ"ז.

הגהות הב"ח

(א) רש"י ד"ה ור' שמעון וכו' כמסייע ופטור (ל"א דבעי וכו' לא הוי). תא"מ ונ"ב ס"א נמחק האי ל"א כי אינו מפירש"י אלא מפי' הסוס': (ב) ד"ה ופרכינן וכו' כזב המתהפך על: (ג) ד"ה לארכן וכו' מוטל על רחבן והס"ד:

גליון הש"ס

תוס' ד"ה אמר רב זביד וכו' ולא מרבא עצמו. עיין חולין קיג ע"ב ברש"י ד"ה הא דרביה:

רב נסים גאון

זב שהיה מוטל על ה' ספסלין או על ה' פונדאות לאורכן טמאין לרחבן טהורין. פירוש דבר זה מצוי בתוספתא (זבים פרק ד) זב שהיה מוטל על ד' כסאות לרחבן טהורות שאין אחד מהן נושא רובו ומשכחת לה בתורת

תורה אור השלם

א) וְאִם נֶפֶשׁ אַחַת תֶּחֱטָא בִשְׁגָגָה מֵעַם הָאָרֶץ בַּעֲשֹׂתָהּ אַחַת מִמִּצְוֹת יְיָ אֲשֶׁר לֹא תֵעָשֶׂינָה וְאָשֵׁם: [ויקרא ד, כז]

ליקוטי רש"י

וחד למעוטי יחיד שעשאה בהוראת ב"ד. דמשמע בעשותה מפי עצמו חייב למעוטי תולה בבית דין דפטור [הוריות ב:]. מסייע אין בו ממש. מי שאינו עושה מלאכה ממש אלא מסייע מעט כי האי ובלאו הוא מתעבדא אין בו ממש [ביצה כב.].

רבינו חננאל

יטרוף אלא יערב בסוף מי שמת [דף קנז] א"ר עקיבא מודה אני בזה שהנכסים בחזקתן ואמרינן עלה בחזקת מי ר' אילא אמר בחזקת יורשי האם ר' זירא אמר בחזקת יורשי הבן כי סליק ר' זירא קם בשיטתיה דר' (אלעזר) [אילא] קם רבא בשיטתא דר' זירא א"ר זירא שמע מינה אוירא דא"י מחכים פי' משום דהוא הדר למימרא דר' אילא דמן א"י ורבא דמן בבל קם במימרא קמא דר' זירא דהוה אמר בבבל: בין בימינו ובין בשמאלו ובחיקו ועל כתפו חייב שכן משא בני קהת והוה אמרינן רבוואתא שכן הוה אלעזר בן אהרן נושא שמן המאור וקטורת הסמים ומנחת התמיד ושמן המשחה ואשכחינן בתלמוד א"י שמן המאור בימינו וקטורת הסמים בשמאלו ומנחת התמיד תלויה בזרועו ושמן המשחה ר' אבין בשם ר' אלעזר כמין צלוחית קטנה היתה תלויה באפונדתו: א"ר אלעזר המוציא משאוי למעלה מעשרה טפחים חייב שכן משא בני קהת ומנ"ל דמשא בני קהת למעלה מעשרה טפחים דאשכחן דמזבח עשר אמות היה גובהו וקא פרסו לוים פריסא עליה וכו' ופרשו עליו כסוי עור תחש ומיכן את למד ללוים שקומתן עשר אמות ואי לאו הכי לא יכלין למפרס פרסא אמזבח ומנ"ל דמזבח גובהו עשר אמות דאיתקש למשכן ואת קלעי החצר ואת מסך [פתח] שער (המזבח) [החצר] אשר על המשכן ועל המזבח סביב מקיש מזבח למשכן מה משכן עשר אמות אורך הקרש אף מזבח עשר אמות ואשכחן במשה רבינו שהיתה קומתו עשר אמות דכתיב ויפרוש את האהל על המשכן ואמר רב משה פירשו והא מלתא דגובהה דמזבח עשר אמות אע"ג דכתיב ושלש אמות קומתו מפרשא בגמרא דקדשים בפרק קדשי קדשים והכין אמרי' שם ר' יהודה לטעמיה דאמר מזבח משה גדול היה דתניא ה' אמות אורך וה' אמות רחב רבוע יהיה המזבח וגו' דברים ככתבן דברי רבי יוסי ר' יהודה [אומר] נאמר כאן רבוע ונאמר להלן רבוע מה להלן מאמצעיתו הוא מודד אף כאן מאמצעיתו הוא מודד ואמרינן ור' יוסי כי גמיר גזירה שוה בגובהה גמיר דתניא ושלש אמות קומתו דברים ככתבן דברי ר' יהודה ר' יוסי אומר נאמר כאן רבוע ונאמר להלן במזבח הזהב רבוע מה להלן גובהו כשנים כרחבו אף כאן גובהו כשנים כרחבו א"ל רבי יהודה והלא כבר נאמר ארך החצר מאה באמה ורחב

חמשים בחמשים וקומה חמש אמות ואפשר כהן עומד ע"ג מזבח ועבודה בידו וכל העם רואין אותו מבחוץ א"ל ר' יוסי ואתה אי אתה אומר כן גבהו והלא כבר נאמר אשר על המשכן ועל המזבח סביב מה משכן עשר אמות אף מזבח עשר אמות ואומר קלעים חמש עשרה אמה לכתף ומה ת"ל חמש אמות קומתו משפת סובב ולמעלה ומה ת"ל ושלש אמות קומתו משפת סובב ולמעלה ור' יהודה כי גמיר ג"ש ברוחבה לר' יהודה נמי קא מיתחזי כהן מיתחזי עבודה בידו מי מתחזיא וכיון שקומת הלוים עשר אמות וראה שאפי' המזבח שגבהו עשר אמות הוא נשוי למעלה מי"ט משום דטבעות שהן לבדים קבועות בסוף שליש העליון של מזבח וגמירי דכל טעונא דמידלי במוטות תילתא מלעיל ותרי תילתא מלתחת ומשכחת תילתיה עילאה לעיל מן כתפיהן דהוא ג' אמות (ושליש) [ושתה] מכתף לוי ולמטה והויא

עין משפט נר מצוה

כג א ב מיי' פ"ה מהל' ביאת המקדש הל' יח:
כד ג מיי' פ"י מהל' שבת הלכה טו:
כה ד מיי' פ"ב מהל' גניבה הל' יד סמג עשין עא:
כו ה מיי' פ"ח מהל' שבת הלכה כח:
כז ו מיי' שם הל' יח:

רבי יוסי אומר [א] הסוס מטמא על ידיו והחמור על רגליו שמשענת הסוס על ידיו וחמור על רגליו ואמאי הא קא מסייע בהדי הדדי לאו משום דאמרינן מסייע אין בו ממש אמר רב אשי אף אנן נמי תנינא ר' אליעזר אומר רגלו אחת על הכלי ורגלו אחת על הרצפה רגלו אחת על האבן ורגלו אחת על הרצפה רואין כל שאילו ינטל הכלי ותינטל האבן יכול לעמוד על רגלו אחת עבודתו כשרה ואם לאו עבודתו פסולה ואמאי הא קא מסייע בהדי הדדי לאו משום דאמרינן מסייע אין בו ממש אמר רבינא אף אנן נמי תנינא קיבל בימין ושמאל מסייעתו עבודתו כשרה ואמאי הא קא מסייע בהדי הדדי לאו משום דאמרינן מסייע אין בו ממש ש"מ: אמר מר זה יכול וזה יכול ר"מ מחייב איבעיא להו בעינן שיעור לזה ושיעור לזה או דילמא שיעור אחד לכולם רב חסדא ורב המנונא חד אמר שיעור לזה ושיעור לזה וחד אמר שיעור אחד לכולן אמר רב פפא משמיה דרבא אף אנן נמי תנינא היה יושב על גבי מטה וארבע טליות תחת ארבע רגלי המטה טמאות מפני שאין יכולה לעמוד על שלש ואמאי ליבעי שיעור זיבה לזה ושיעור זיבה לזה לאו משום דאמרינן שיעור אחד לכולן אמר רב נחמן בר יצחק אף אנן נמי תנינא צבי שנכנס לבית ונעל אחד בפניו חייב נעלו שנים פטורין לא יכול אחד לנעול ונעלו שנים חייבים ואמאי ליבעי שיעור צידה לזה ושיעור צידה לזה לאו משום דאמרינן שיעור אחד לכולם אמר רבינא אף אנן נמי תנינא השותפין שגנבו וטבחו חייבין ואמאי ליבעי שיעור טביחה לזה ושיעור טביחה לזה לאו משום דאמרינן שיעור אחד לכולם ואמר רב אשי אף אנן נמי תנינא שנים שהוציאו קנה של גרדי חייבין ואמאי ליבעי שיעור הוצאה לזה ושיעור הוצאה לזה לאו משום דאמרי' שיעור א' לכולם א"ל רב אחא בריה דרבא לרב אשי דילמא דאית ביה כדי לבשל ביצה קלה לזה וביצה קלה לזה א"כ לישמעינן קנה דעלמא מ"ש דגרדי ודילמא דאית ב' כדי לארוג מפה לזה וכדי לארוג מפה לזה אלא מהא ליכא למשמע מינה תני תנא קמיה דרב נחמן שנים שהוציאו קנה של גרדי פטורין ורבי שמעון מחייב כלפי לייא אלא אימא חייבין ור"ש פוטר: **מתני'** המוציא אוכלין פחות מכשיעור בכלי פטור אף על הכלי שהכלי טפלה לו את החי במטה פטור אף על המטה שהמטה טפלה לו את המת במטה חייב וכן כזית מן המת וכזית מן הנבלה וכעדשה מן השרץ חייב ורבי שמעון פוטר: **גמ'** ת"ר המוציא אוכלין כשיעור אם בכלי חייב על האוכלין ופטור על הכלי ואם היה כלי צריך לו חייב אף על הכלי שמע מינה אוכל שני זיתי חלב בהעלם אחד חייב שתים אמר רב ששת הכא במאי עסקינן כגון ששגג

רש"י

הסוס מטמא בידיו. אם הזב רוכב עליו וטלית תחת אחת מידיו של סוס טמאה אבל תחת רגליו טהורה שאין משענתו על רגליו והא דתנן לעיל ד' טליות תחת רגלי הבהמה טהורות לא כרבי יוסי: כהן העומד. על גבי כלי או אבן או שום דבר החוצץ בינו לבין הרצפה ועבד עבודתו פסולה דכתיב ושרת ככל אחיו הלוים העומדים שתהא עמידתו כשאר אחיו ותנא דבי ר' ישמעאל הואיל ורצפה מקודשת וכלי שרת מקודשין כו' בזבחים: שמאל פסולה לעבודה כדאמר בפ"ק דחולין (דף כב.) כל מקום שנאמר אצבע וכהונה אינו אלא ימין: שיעור לזה. גרוגרת אם אוכל הוא: שיעור זיבה. שיכביד רובו עליו וצריך להיות כאן ד' זבים: נעל אחד בפניו. זו היא צידתו: נעלו שנים פטורין. ור' יהודה הוא דפטר בשניהם יכולין: שיעור. צידת צבי לכל אחד ואחד אלא שמע מינה שיעור אחד לכולן ומדר' יהודה נשמע לר' מאיר בשניהן יכולים דבהא לא פליגי: חייבין לשלם. תשלומי ד' וה': קנה גרדי. אורחא דמילתא והוא העולה ויורד בשתי: קנה דעלמא. שאינו עומד אלא להסקה דהוי שיעורו כעלים דאילו האי שיעורו כדי אריגה: כלפי לייא. כלפי היכא נהפך דבר זה הא רבי שמעון הוא דפטר שנים שהוציאוהו: **מתני'** את החי במטה. וחי לא מיחייב על הוצאתו דהוא מקיל עצמו ונושא עצמו: וכן כזית מן המת. חייב אם הוציא דהואיל ומטמא הוצאה חשובה היא להציל עצמו מן הטומאה: ור' שמעון פוטר. אפילו במת שלם דהוי מלאכה שאינה צריכה לגופה וכל מלאכה שאינה צריכה (לגופה) אלא לסלקה מעליו הוי מלאכה שאינה צריכה לגופה דברצונו לא באה לו ולא היה צריך לה הלכך לאו מלאכת מחשבת היא לר' שמעון: **גמ'** ופטור על הכלי. שהיא טפילה לאוכל: ואם היה צריך לכלי. להשתמש בו תשמיש אחר מקום שמוציאו שם: חייב. על כל אחד ואחד כי היכי דמיחייב ליה תרתי אתרתי הוצאות בהעלם אחד:

תוספות

שמשענת הסוס על ידיו. הכי תנן לה במס' זבים פ"ד (משנה ז) היה רוכב על גבי בהמה וארבע טליות תחת רגלי בהמה טהורות מפני שיכולה לעמוד על שלש היתה טלית אחת תחת שתי ידים תחת שתי רגלים תחת יד ורגל טמאה רבי יוסי אומר הסוס מטמא בידיו כו' ונראה לר"י דרבי יוסי לא פליג אלא ארישא אבל אסיפא דקתני תחת שתי רגלים טמאה לא פליג דאף על גב דמשענת הסוס על ידיו דבר פשוט הוא דבלא שתי רגליו לא היה יכול לעמוד קשה לר"י מה ראה רב פפי להביא מסיפא ולא מייתי מרישא ממילתייהו דרבנן כדאייתי לעיל ואומר ר"י דמשום דמרישא איכא לדחויי כדבעי למימר לעיל שאני הכא דעקרה לגמרי אבל אר' יוסי ליכא למידחי דטעמיה משום דעקרה דא"כ לא יטמא הסוס אפילו בידיו דפשיטא נמי דעקרה להו: **ויכול** לעמוד על רגלו אחת עבודתו כשרה ואם לאו פסולה. מהכא ליכא למיפשט דמין במינו חוצץ דאבן הוא ממין הרצפה ומין בשאינו מינו (א) חוצץ דכלי אינו ממין הרצפה ובעיא הוא בפ' הוציאו לו (יומא דף נח.) בהניח סיב בתוך המזרק וקיבל בו את הדם דודאי סיב מבטל ליה אבל כלי ואבן לא מבטל ליה דאבן נתקלים בה ההולכים שם: **אמר** מר זה יכול וזה יכול רבי מאיר מחייב איבעיא להו כו'. תימה לר"ח דאמאי בעי לה אליבא דרבי מאיר ומאי למיבעי בזה אינו יכול וזה אינו יכול אליבא דר"י דקיימא מתני' כוותיה ונראה דגירסא זו טעות וגרסי' אמר מר זה אינו יכול וזה אינו יכול ואומר ר"י דאין למחוק הספרים משום זה דהא דלא נקט זה אינו יכול כו' משום דאין רגילות באין יכול שלא יהא בו שיעור לכל א' ועל גי' ר"ח קשה לר"י דמאן דבעי שיעור לזה ולזה אטו מי לא שמיע ליה מתני' דמייתי בסמוך לא יכול אחד לנעול ונעלו שנים חייבין אבל לגיר' הספרים דפליגי בזה יכול וזה יכול איכא למימר דבאין יכול מודו כולהו דשיעור אחד לכולן ומאן דמייתי סייעתא מצבי שנכנס לבית אין נראה לו לחלק בין שניהם יכולין לאין יכולין ומיהו לגי' ר"ח איכא למימר דמאן דבעי שיעור לכל אחד יאמר דצבי שנכנס לאו דוקא אחד אלא כלומר שנים: **ואמאי** ליבעי שיעור טביחה כו'. אבל מגנבו דרישא לא מצי למיפרך דהתם לא בעי שיעור דתשלומי כפל נוהג בכל דבר ובכל שהוא: **דילמא** דאית ביה כדי לארוג מפה לזה כו'. והא דלא נקט קנה דעלמא לאשמעינן דאע"ג דאין רגילות לארוג שתי מפות בקנה אחד אם יש שיעור לארוג מפה לזה ולזה חייב: **אלא** אימא חייבין ור' שמעון פוטר. ובקנה כבד דה"ל זה אינו יכול וזה אינו יכול: **ששגג** על האוכלין והזיד על הכלי. וחייב על הכלי היינו סקילה כפי' רש"י ורבינו שמואל קשה לו לאוקמי ברייתא בחיוב סקילה דבכל דוכתא איירי בחיוב חטאת והגיה הגירסא כגון ששגג על הכלים והזיד על האוכלין ולא התרו בו דליכא באוכלין לא סקילה ולא חטאת ועל הכלי חייב חטאת ואין נראה לר"י לא פי' הקונטרס ולא פי' רשב"ם דכשהזיד באחד אינו חייב חטאת על השני ששגג בו דלא שב מידיעתו הוא כיון שהזיד באחד מהן ונראה דהשתא דמוקי בהזיד בכלי איירי הכל לענין סקילה וה"פ דברייתא המוציא אוכלין כשיעור בכלי חייב סקילה על האוכלין כגון שהתרו בו על האוכלין ופטור על הכלי אם התרו בו משום כלי ואם היה צריך לכלי חייב סקילה אף אם התרו בו משום כלי ופריך והא אף על הכלי קתני משמע דחייב שתים: ובפלוגתא

רַבִּי יוֹסֵי אוֹמֵר – R' YOSE SAYS: **הַסּוּס מְטַמֵּא עַל יָדָיו** – A HORSE carrying a *zav* CONVEYS *TUMAH* THROUGH ITS FORELEGS,[1] **הַחֲמוֹר עַל רַגְלָיו** – while A DONKEY CONVEYS *TUMAH* THROUGH ITS HIND LEGS;[2] **שֶׁמִּשְׁעֶנֶת הַסּוּס עַל יָדָיו** – FOR A HORSE LEANS primarily ON ITS FORELEGS, **וַחֲמוֹר עַל רַגְלָיו** – AND A DONKEY LEANS primarily ON ITS HIND LEGS.

The Gemara analyzes the statement to deduce its proof:

וְאַמַּאי – **Now, why** do the hind legs of a horse or the forelegs of a donkey not convey *tumah* to a shawl underneath one of them? **הָא קָא מְסַיֵּיעַ בַּהֲדֵי הֲדָדֵי** – Certainly **[each such leg] helps the others** to support the animal![3] **לַאו מִשּׁוּם דְּאָמְרִינַן מְסַיֵּיעַ אֵין בּוֹ מַמָּשׁ** – **Is it not because we say** that merely **aiding** a process **is not significant?**[4] Certainly, this is the reason; Rav Chisda's words are thus confirmed.

Yet another proof:

אָמַר רַב אַשִׁי – **Rav Ashi said:** **אַף אֲנַן נַמִּי תְּנֵינָא** – **And so we have learned in a Baraisa:** **רַבִּי אֱלִיעֶזֶר אוֹמֵר** – R' ELIEZER SAYS: **רַגְלוֹ אַחַת עַל הַכְּלִי וְרַגְלוֹ אַחַת עַל הָרִצְפָּה** – If a Kohen performing the Temple service was standing with ONE OF HIS FEET ON A UTENSIL, AND ONE OF HIS FEET ON THE FLOOR,[5] **רַגְלוֹ אַחַת עַל הָאֶבֶן וְרַגְלוֹ אַחַת עַל הָרִצְפָּה** – or with ONE OF HIS FEET ON A STONE, AND ONE OF HIS FEET ON THE FLOOR, **רוֹאִין** – WE ANALYZE the situation and make the following determination: **כֹּל שֶׁאִילּוּ יִנָּטֵל הַכְּלִי וְתִינָּטֵל הָאֶבֶן** – In ANY case where, IF THE UTENSIL OR THE STONE WERE REMOVED, **יָכוֹל לַעֲמוֹד עַל רַגְלוֹ אַחַת** – [THE KOHEN] WOULD BE ABLE TO STAND ON HIS ONE FOOT that is on the Temple floor and perform the service, **עֲבוֹדָתוֹ כְּשֵׁרָה** – HIS SERVICE IS VALID. **וְאִם לַאו** – BUT IF he would NOT be able to support himself on his one foot that is on the floor, **עֲבוֹדָתוֹ פְּסוּלָה** – HIS SERVICE IS INVALID.

The Gemara analyzes the Baraisa to deduce its proof:

וְאַמַּאי – **Now, why** is the service valid just because he is able to support himself on his one foot on the floor? **הָא קָא מְסַיֵּיעַ בַּהֲדֵי הֲדָדֵי** – **[His foot]** on the utensil or stone **is** still **aiding [the other foot]** in supporting him! **לַאו מִשּׁוּם דְּאָמְרִינַן מְסַיֵּיעַ אֵין בּוֹ מַמָּשׁ** – **Is it not because we say that** merely **aiding has no significance?** Indeed, it must be so.[6] This, too, supports Rav Chisda.

A final confirmation of R' Chisda's principle:

אָמַר רָבִינָא – **Ravina said:** **אַף אֲנַן נַמִּי תְּנֵינָא** – And **so we have learned in** the following **Baraisa:** **קִיבֵּל בְּיָמִין** – IF [A KOHEN] RECEIVES the blood of an offering USING HIS RIGHT HAND, **וּשְׂמֹאל מְסַיַּיעְתּוֹ** – AND HIS LEFT HAND AIDS [HIS RIGHT HAND] in holding the receptacle, **עֲבוֹדָתוֹ כְּשֵׁרָה** – HIS SERVICE IS VALID.[7]

The Gemara analyzes this:

וְאַמַּאי – **Now, why** is his service valid? **הָא קָא מְסַיֵּיעַ בַּהֲדֵי הֲדָדֵי** – **[His left hand] is aiding [his right hand],** and any service performed with the left hand is invalid! **לַאו מִשּׁוּם דְּאָמְרִינַן מְסַיֵּיעַ אֵין בּוֹ מַמָּשׁ** – **Is it not because we say that** merely **aiding is insignificant?** Certainly it is so. Thus, Rav Chisda's principle is apparent here as well.

The Gemara concludes:

שְׁמַע מִינָּהּ – **We can** indeed **infer from here** [the above Tannaic statements] that aiding is insignificant.

The Gemara poses a query:

אָמַר מָר – **The master stated** earlier (92b): **זֶה יָכוֹל וְזֶה יָכוֹל** – If **this person was able** to carry the object himself, **and this** other **person was** likewise **able** to carry it himself, but nevertheless, they carried it together, **רַבִּי מֵאִיר מְחַיֵּיב** – **R' Meir holds** both persons **liable.** **אִיבַּעְיָא לְהוּ** – Concerning this, **they inquired:** For R' Meir to hold the participants liable, **בְּעֵינַן שִׁיעוּר לָזֶה וְשִׁיעוּר לָזֶה** – **do we need a** full **measure for this one and a** full **measure for that one,** **אוֹ דִּילְמָא שִׁיעוּר אֶחָד לְכוּלָּם** – **or, perhaps,** might it suffice if there is **just one measure for all [the participants]?**[8]

NOTES

1. E.g. if a *zav* is seated upon a stationary horse, and a shawl is placed under one of the horse's forelegs, R' Yose says that the shawl becomes *tamei* as a *midras*. As the Baraisa explains, this is because a horse rests its weight primarily on its forelegs, so that it cannot continue standing when one of its forelegs stays raised above the ground. Therefore, the relation of each foreleg to the other three legs is that of זֶה אֵינוֹ יָכוֹל וְזֶה אֵינוֹ יָכוֹל, *this one is unable and this one is unable* – the single foreleg is unable to support the horse on its own, and the other three legs are likewise unable to do so. As stated above (see 93a note 17), in these situations we attribute the entire act to each partner individually, and thus, R' Yose treats each foreleg as if it supports the majority of the *zav's* weight. The shawl is thus deemed *tamei* (*Rashi*).

Now, had the shawl been placed under one of the horse's *hind legs,* it would remain *tahor*. This is because (a) the horse could stand even with this hind leg off the ground, and (b) this hind leg is incapable of supporting the horse on its own. Thus, as the Gemara goes on to state, each hind leg is just a מְסַיֵּיעַ, a mere aid in supporting the horse, and its contribution is legally insignificant (see *Rashi*).

[*Rashi* adds that R' Yose's position is indeed not compatible with the earlier-cited Tanna who stated that when a shawl is underneath each of an animal's four legs, they all remain *tahor*. In such a situation, R' Yose would presumably hold that the shawls underneath (either of) the two forelegs would be *tamei.*]

2. [If a *zav* is seated upon a stationary donkey, and a shawl is placed under one of the donkey's hind legs, that shawl is *tamei.*]

In our text of Mishnah *Zavim,* the teaching is reversed: A horse conveys *tumah* through its *hind legs,* and a donkey through its *forelegs* (see *Mesoras HaShas*).

3. [I.e. each of a horse's hind legs or a donkey's forelegs provides at least *minimal* assistance in supporting the animal.]

It should be emphasized that the Gemara is speaking only about a shawl underneath a lone leg. When, for example, a single shawl extended beneath *both* hind legs of a horse or forelegs of a donkey, all agree that it is *tamei,* since the animal certainly could not stand with both of those legs raised in the air (*Tosafos*).

4. See above, note 1.

5. The law is that a Kohen must be in direct contact with the floor of the Temple when performing the Temple service (see *Zevachim* 15b, 23b-24a); if he fails to do so, his service is invalid. In our case, one of the Kohen's feet was placed on the Temple floor as required, but the other was resting upon a utensil.

6. [Since the minimal support he receives from his other leg (propped on the utensil) is insignificant, we can say that for all legal purposes the Kohen is standing entirely on the floor.]

7. The Gemara elsewhere (*Zevachim* 24b) derives that whenever the Torah states the word *etzba* (forefinger), it refers specifically to the forefinger of the right hand (*Rashi*). Since the Torah states that the Kohen should receive the blood with his *etzba,* we derive that the Kohen must hold the vessel into which he receives the blood with the fingers of his right hand.

In the case here, the Kohen grasped the vessel in his right hand, and although he could have held it with just this hand, he allowed his left hand to hold it too. Nevertheless, the Baraisa deems the service valid.

8. As explained earlier, the labor of transferring has a minimum threshold for liability; when carrying food items, for example, one must transport at least the volume of a dried fig to be liable. The Gemara now asks whether this threshold changes when *two* people jointly carry the item. Are the partners liable only if they are carrying the volume of at least *two* figs [a full "measure" for each person]? Or might they be liable even if they together carry just one fig's worth [so that they jointly – but not individually – carry a full "measure"]?

[The two possibilities apparently reflect two views of how joint acts are attributed to the partners that perform them. On the one hand, we might attribute half the act to each partner. If so, we would say that the partners are liable only if they jointly do enough for each person to be held liable for the half that he performs (the act must involve "a full

שמשענת הסוס על ידיו. הכי תנן לה במס' זבים פ"ד (משנה ז) היה רוכב על גבי בהמה וארבע טליות תחת רגלי בהמה טהורות מפני שיכולה לעמוד על שלש היתה טלית אחת תחת שתי ידים תחת שתי רגלים תחת יד ורגל טמאה רבי יוסי אומר הסוס מטמא בידיו כו' ונראה לר"י דרבי יוסי לא פליג אלא ארישא אבל אסיפא דקתני תחת שתי רגלים טמאה לא פליג דאף על גב דמשענת הסוס על ידיו דבר פשוט הוא דבלא שתי רגליו לא היה יכול לעמוד קשה לר"י מה ראה רב פפי להביא מסיפא ולא מייתי מרישא ממילתייהו דרבנן כדאייתי לעיל ואומר ר"י דמשום דמרישא איכא לדחויי כדבעי למימר לעיל שאני הכא דעקרה לגמרי אבל אר' יוסי ליכא למידחי דטעמיה משום דעקרה דא"כ לא יטמא הסוס אפילו בידיו דפשיטא נמי דעקרה להו: **ויכול** לעמוד על רגלו אחת עבודתו כשרה ואם לאו פסולה. מהכא ליכא למיפשט דמין במינו חוצץ דאבן הוא ממין הרצפה ומין בשאינו מינו (א) חוצץ דכלי אינו ממין הרצפה ובעיא הוא בפ' הוציאו לו (יומא דף נח.) בהניח סיב בתוך המזרק וקיבל בו את הדם דודאי סיב מבטל ליה אבל כלי ואבן לא מבטל ליה דאבן נתקלים בה ההולכים שם: **אמר** מר זה יכול וזה יכול רבי מאיר מחייב איבעיא להו כו'. תימה לר"ח דאמאי בעי לה אליבא דרבי מאיר ומצי למיבעי בזה אינו יכול וזה אינו יכול אליבא דר"י דקיימא מתני' כוותיה ונראה דגירסא זו טעות וגרסי' אמר מר זה אינו יכול וזה אינו יכול ואומר ר"י דאין למחוק הספרים משום זה דהא דלא נקט זה אינו יכול כו' משום דאין רגילות באין יכול שלא יהא בו שיעור לכל א' ועל גי' ר"ח קשה לר"י דמאן דבעי שיעור לזה ולזה אטו מי לא שמיע ליה מתני' דמייתי בסמוך לא יכול אחד לנעול ונעלו שנים חייבין אבל לגיר' הספרים דפליגי בזה יכול וזה יכול איכא למימר דלאן יכול מודו כולהו דשיעור אחד לכולן ומאן דמייתי סייעתא מצבי שנכנס לבית אין נראה לו לחלק בין שניהם יכולין לאין יכולין ומיהו ק' גבי ר"מ איכא למימר דמאן דבעי שיעור לכל אחד יאמר דצבי שנכנס לאו דווקא אחד אלא כלומר שנים: **ואמאי** ליבעי שיעור טביחה כו'. אבל מגנבו דרישא לא מצי למיפרך דהתם לא בעי שיעור דתשלומי כפל נוהג בכל דבר וככל שהוא: **דילמא** דאית ביה כדי לארוג מפה לזה כו'. והא דלא נקט קנה דעלמא לאשמעינן דלע"ג דאין רגילות לארוג שתי מפות בקנה אחד אם יש שיעור לארוג מפה לזה ולזה חייב: **אלא** אימא חייבין ור' שמעון פוטר. ובקנה כבד הס"ד זה אינו יכול וזה אינו יכול: **ששגג** על האוכלין והזיד על הכלי. וחייב על הכלי היינו סקילה כפי' רש"י ורבינו שמואל קשה לו לאוקמי בריתא בחיוב סקילה דבכל דוכתא איירי בחיוב חטאת והגיה הגירסא כגון ששגג על הכלים והזיד בהוצאה האוכלין ולא התרו בו דליכא לאוכלין לא קטלא ולא חטאת ועל הכלי חייב חטאת ואין נראה לר"י לא פי' הקונטרס ולא פי' רשב"ם דכשהזיד באחד אינו חייב חטאת על השני דלא שב מידיעתו הוא כיון שהזיד באחד מהן ונראה להשמא דמוקי בהזיד בכלי איירי הכל לענין סקילה וה"פ דברייתא המוציא אוכלין כשיעור בכלי חייב סקילה על האוכלין כגון שהתרו בו על האוכלין ופטור על הכלי אם התרו בו משום הכלי ואם היה צריך לכלי חייב אף אם לא התרו בו משום הכלי וקתני חייב כלומר משמע דחייב שתים: ובפלוגתא

מתני' **הסוס** מטמא בידיו. אם הזב רוכב עליו וטלית תחת אחת מידיו של סוס טמאה אבל תחת רגליו טהורה שאין משענתו על רגליו והא דתנן לעיל ד' טליות תחת רגלי הבהמה טהורות לא כרבי יוסי: **כהן** העומד. על גבי כלי או אבן או שום דבר החוצץ בינו לבין הרצפה ועבד עבודתו פסולה דכתיב ושרת ככל אחיו הלוים העומדים שתהא עמידתו כשאר אחיו ותנא דבי ר' ישמעאל הואיל ורצפה מקודשת וכלי שרת מקודשין כו' בזבחים: **שמאל** פסולה לעבודה כדאמר בפ"ק דחולין (דף כב.) כל מקום שנאמר אצבע וכהונה אינו אלא ימין: **שיעור לזה.** גרוגרת אם אוכל הוא: **שיעור זיבה.** שיכביד רובו עליו וצריך להיות כאן ד' זבים: **נעל** אחד בפניו. זו היא צידתו: **נעלו** שנים פטורין. ור' יהודה הוא דפטר בשניהם יכולין: **שיעור.** צידת צבי לכל אחד ואחד אלא שמע מינה שיעור אחד לכולן ומדר' יהודה נשמע לר' מאיר בשניהן יכולים דבהא לא פליגי: **חייבין** לשלם. תשלומי ד' וה': **קנה** גרדי. אורחא דמילתא והוא העולה ויורד בשתי: **קנה** דעלמא. שאינו עומד אלא להסקה דהוי שיעורו כעצים דאילו האי שיעורו כדי אריגה: **כלפי** לייא. כלפי היכא נהפך דבר זה הא רבי שמעון הוא דפטר שנים שהוציאוהו: **מתני'** את החי במטה. וחי לא מיחייב על הוצאתו דהוא מקיל עצמו ונושא עצמו: **וכן** כזית מן המת. חייב אם הוציא דהואיל ומטמא הוצאה חשובה היא להציל עצמו מן הטומאה: **ור' שמעון פוטר.** אפילו במת שלם דהוי מלאכה שאינה צריכה לגופה וכל מלאכה שאינה צריכה (לגופה) אלא לסלקה מעליו הוי מלאכה שאינה צריכה לגופה דברצונו לא באה לו ולא היה צריך לה הלכך לאו מלאכת מחשבת היא לר' שמעון: **גמ'** ופטור על הכלי. שהיא טפילה לאוכל: **ואם היה צריך לכלי.** להשתמש בו תשמיש אחר מקום שמוליכו שם: **חייב.** על כל אחד ואחד כי היכי דמחייב ליה תרתי אתרתי הוצאות בהעלם אחד: ששגג

רבי יוסי אומר [א] הסוס מטמא על ידיו החמור על רגליו שמשענת הסוס על ידיו וחמור על רגליו ואמאי הא קא מסייע בהדי הדדי לאו משום דאמרינן מסייע אין בו ממש אמר רב אשי אף אנן נמי תנינא ר' אליעזר אומר רגלו אחת על הכלי ורגלו אחת על הרצפה רגלו אחת על האבן ורגלו אחת על הרצפה רואין כל שאילו ינטל הכלי ותינטל האבן יכול לעמוד על רגלו אחת עבודתו כשרה ואם לאו עבודתו פסולה ואמאי הא קא מסייע בהדי הדדי לאו משום דאמרינן מסייע אין בו ממש אמר רבינא אף אנן נמי תנינא קיבל בימין ושמאל מסייעתו עבודתו כשרה ואמאי הא קא מסייע בהדי הדדי לאו משום דאמרינן מסייע אין בו ממש ש"מ: אמר מר זה יכול וזה יכול ר"מ מחייב איבעיא להו בעינן שיעור לזה ושיעור לזה או דילמא שיעור אחד לכולם רב חסדא ורב המנונא חד אמר שיעור לזה ושיעור לזה וחד אמר שיעור אחד לכולן אמר רב פפא משמיה דרבא אף אנן נמי תנינא היה יושב על גבי מטה וארבע טליות תחת ארבע רגלי המטה טמאות מפני שאין יכולה לעמוד על שלש ואמאי ליבעי שיעור זיבה לזה ושיעור זיבה לזה לאו משום דאמרינן שיעור אחד לכולן אמר רב נחמן בר יצחק אף אנן נמי תנינא צבי שנכנס לבית ונעל אחד בפניו חייב נעלו שנים פטורין לא יכול אחד לנעול ונעלו שנים חייבים ואמאי ליבעי שיעור צידה לזה ושיעור צידה לזה לאו משום דאמרינן שיעור אחד לכולם אמר רבינא אף אנן נמי תנינא השותפין שגנבו וטבחו חייבין ואמאי ליבעי שיעור טביחה לזה ושיעור טביחה לזה לאו משום דאמרינן שיעור אחד לכולם ואמר רב אשי אף אנן נמי תנינא שנים שהוציאו קנה של גרדי חייבין ואמאי ליבעי שיעור הוצאה לזה ושיעור הוצאה לזה לאו משום דאמרי' שיעור א' לכולם א"ל רב אחא בריה דרבא לרב אשי דילמא דאית ביה כדי לבשל ביצה קלה לזה וביצה קלה לזה א"כ לישמעינן קנה דעלמא מ"ש דגרדי ודילמא דאית בי' כדי לארוג מפה לזה וכדי לארוג מפה לזה אלא מהא ליכא למשמע מינה תני תנא קמיה דרב נחמן שנים שהוציאו קנה של גרדי פטורין ורבי שמעון מחייב כלפי לייא אלא אימא חייבין ור"ש פוטר: **מתני'** המוציא אוכלין פחות מכשיעור בכלי פטור אף על הכלי שהכלי טפלה לו את החי במטה פטור אף על המטה שהמטה טפלה לו את המת במטה חייב וכן כזית מן המת וכזית מן הנבלה וכעדשה מן השרץ חייב ורבי שמעון פוטר: **גמ'** ת"ר המוציא אוכלין כשיעור אם בכלי חייב על האוכלין ופטור על הכלי ואם היה כלי צריך לו חייב אף על הכלי שמע מינה אוכל שני זיתי חלב בהעלם אחד חייב שתים אמר רב ששת הכא במאי עסקינן כגון ששגג

The Gemara replies:

רַב חִסְדָּא וְרַב הַמְנוּנָא – **Rav Chisda and Rav Hamnuna** took different sides on the matter, but it is not known which Amora took which view. חַד אָמַר שִׁיעוּר לָזֶה וְשִׁיעוּר לָזֶה – **One** of them **said:** We need **a** full **measure for this** one **and a** full **measure for that** one, וְחַד אָמַר שִׁיעוּר אֶחָד לְכוּלָּן – **and the** other **one said:** It is enough to have just **one measure for all [the participants].**

The Gemara finds several indications to support the latter view:

אָמַר רַב פָּפָּא מִשְּׁמֵיהּ דְּרָבָא – **Rav Pappa said in the name of Rava:** אַף אֲנַן נַמִּי תְּנֵינָא – **And so we have also learned in a Mishnah:**[9] הָיָה יוֹשֵׁב עַל גַּבֵּי מִטָּה – IF [A *ZAV*] WAS SITTING UPON A BED, וְאַרְבַּע טַלִּיּוֹת תַּחַת רַגְלֵי הַמִּטָּה – AND there were FOUR SHAWLS, one placed UNDER each of THE BED'S four LEGS, טְמֵאוֹת – [THE SHAWLS] ARE all *TAMEI*, מִפְּנֵי שֶׁאֵין יְכוֹלָה לַעֲמוֹד עַל שָׁלֹשׁ – FOR [THE BED] CANNOT STAND UPON just THREE legs.

The Gemara deduces its proof:

וְאַמַּאי – **Now, why** should all the shawls become *tamei*? Only one *zav* is being supported by all four shawls, לִיבָּעֵי שִׁיעוּר זִיבָה לָזֶה וְשִׁיעוּר זִיבָה לָזֶה – **and we ought to require** a full **measure of** *zav's* weight **for this** shawl **and a** full **measure of** *zav's* weight **for that** shawl![10] Rather, when the Mishnah states that all the shawls become *tamei*, לַאו מִשּׁוּם דְּאָמְרִינַן שִׁיעוּר אֶחָד לְכוּלָּן – **is it not because we say that** just **one measure** is enough **for all of them?**[11]

A second proof of this point:

אָמַר רַב נַחְמָן בַּר יִצְחָק – **Rav Nachman bar Yitzchak said:** אַף אֲנַן נַמִּי תְּנֵינָא – **And so we have learned in** the following **Mishnah:**[12] צְבִי שֶׁנִּכְנַס לַבַּיִת – If A DEER ENTERED A HOUSE וְנָעַל אֶחָד בְּפָנָיו – AND ONE CLOSED the door IN FRONT OF IT, חַיָּיב – HE IS LIABLE for the labor of trapping.[13] נָעֲלוּ שְׁנַיִם – If TWO PEOPLE jointly CLOSED [THE DOOR], פְּטוּרִין – THEY ARE EXEMPT. לֹא יָכוֹל אֶחָד לִנְעוֹל – If, however, each ONE COULD NOT CLOSE the door on his own, וְנָעֲלוּ שְׁנַיִם – AND the TWO CLOSED IT together, חַיָּיבִים – then THEY ARE both LIABLE.[14]

The Gemara proceeds with its proof:

וְאַמַּאי – **Now,** in this latter case, **why** ought the two be liable? They together trapped just one animal, לִיבָּעֵי שִׁיעוּר צֵידָה לָזֶה וְשִׁיעוּר צֵידָה לָזֶה – and **we should require** a full **measure of trapping for this [person] and a** full **measure of trapping for that one!**[15] Rather, when the Mishnah states that both participants are liable, לַאו מִשּׁוּם דְּאָמְרִינַן שִׁיעוּר אֶחָד לְכוּלָּם – **is it not because we say that** just **one measure** is enough **for all of them?**[16]

The Gemara adduces yet another proof:

אָמַר רָבִינָא – **Ravina said:** אַף אֲנַן נַמִּי תְּנֵינָא – **And so we have also learned in a Baraisa:** הַשּׁוּתָּפִין שֶׁגָּנְבוּ וְטָבְחוּ חַיָּיבִין – PARTNERS WHO STEAL a sheep or ox AND SLAUGHTER it together[17] ARE LIABLE to pay the four or fivefold penalty.[18]

The Gemara asks:

וְאַמַּאי – **Now, why** should they be liable? They slaughtered but one animal, לִיבָּעֵי שִׁיעוּר טְבִיחָה לָזֶה – and **we ought to require** a full **measure of slaughtering for this one** וְשִׁיעוּר טְבִיחָה לָזֶה – **and a** full **measure of slaughtering for that one!**[19] Rather, when the Tanna states that both are liable, לַאו מִשּׁוּם דְּאָמְרִינַן שִׁיעוּר אֶחָד לְכוּלָּם – **is it not because we say that** just **one measure** is enough **for all of them?**

The Gemara cites one last proof to this view:

וְאָמַר רַב אַשִׁי – **And Rav Ashi said:** אַף אֲנַן נַמִּי תְּנֵינָא – **So it was taught in the** following **Baraisa:** שְׁנַיִם שֶׁהוֹצִיאוּ קָנֶה שֶׁל גַּרְדִּי חַיָּיבִין – TWO PEOPLE WHO CARRY OUT A WEAVER'S REED[20] ARE both LIABLE for the labor of transferring.[21]

The Gemara asks:

וְאַמַּאי – **Now, why** are they both liable? The instrument they carried was presumably suited to weave just one cloth, and לִיבָּעֵי שִׁיעוּר הוֹצָאָה לָזֶה – **we ought to require** a full **measure of carrying for this one** וְשִׁיעוּר הוֹצָאָה לָזֶה – **and a** full **measure**

NOTES

measure for this one and a full measure for that one"). On the other hand, we might say that each partner is a participant in a full, indivisible act – their joint act being fully attributed to each of them. If so, only one "measure" is required, for once the act itself meets the minimum threshold, each partner is liable for it.]

Although the Gemara framed its query in the context of R' Meir's view, the same general question applies in the context of R' Yehudah's opinion, too. That is, when R' Yehudah holds liable the partners in a case of זֶה אֵינוֹ יָכוֹל וְזֶה אֵינוֹ יָכוֹל [both are unable to do the act alone], is this only when there is "a full measure" for each partner, or is it even when there is only one "measure" between them? (*Ritva MHK* ed.; see *Rashi* ד״ה שיעור; see also *Tosafos,* who in one interpretation actually emends the text so that it speaks of R' Yehudah's view rather than R' Meir's).

9. *Zavim* 4:7.

10. Since an item becomes *tamei* as a *midras* only if it supports most of the *zav's* weight, four different *zavs* would need to be sitting on this bed [presuming that attribution of the act is *divided* between the partners]! (*Rashi*; see also *Chidushei HaRan*).

11. One *zav* suffices to render *tamei* each of the four shawls [for since the shawls support the *zav* collectively, the full act is attributed to each of them].

12. Below, 106b. The Mishnah discusses the Biblically prohibited labor of *trapping* on the Sabbath.

13. [Although he has not physically led the animal into captivity,] he is regarded as having trapped it [since by locking the door he has prevented its escape] (*Rashi*).

14. The Mishnah follows the view of R' Yehudah, who says that the participants are liable only if each could not have performed the labor alone (*Rashi*).

15. I.e. if we truly divide attribution of an act between the partners, then in this case the perpetrators should be liable only if two animals are trapped. If they trapped just one, then each partner would have in effect trapped just "half" an animal – not enough to become liable.

16. As noted above, the Mishnah here reflects R' Yehudah's view. Nevertheless, once it is shown that R' Yehudah requires just one measure for both partners (in a case of זֶה אֵינוֹ יָכוֹל וְזֶה אֵינוֹ יָכוֹל), it follows that R' Meir would hold the same (in a case of זֶה יָכוֹל וְזֶה יָכוֹל), for there is no reason to assume the Tannaim would argue over this point (*Rashi;* see above, note 8).

17. Either they physically grasped the knife together and slaughtered, or one slaughtered the animal on behalf of both of them (*Ritva MHK* ed.; see also *Tosafos* to *Bava Metzia* 8a ד״ה השותפין).

18. The Torah states that a thief is liable to repay double the value of the object he stole. A greater penalty is levied if he steals a lamb or ox and then slaughters or sells it: For a lamb, he pays fourfold its value; for an ox, fivefold (see *Exodus* 21:37). The Baraisa states that should two partners jointly steal and slaughter an animal, they are jointly liable to pay this manifold penalty.

19. [If attribution of an act is divided between partners, each could only be liable if *two* animals were slaughtered. If they slaughtered but one, we would view each as slaughtering just a half, not enough to be liable for the manifold penalty.]

20. A weaver's reed is a comb-like device that can be inserted into a loom. Just after the cloth is woven, the weaver inserts the reed, and slides it along the length of the warp threads. This presses the newly woven weft threads into place (see *Rashi*), and also assures that the warp threads remain evenly spaced so that the finished cloth has a symmetrical appearance.

21. [The Baraisa apparently reflects the view of R' Meir – that partners are liable even when each could have performed the act alone.]

רבי יוסי אומר [א] הסוס מטמא על ידיו והחמור על רגליו שמשענת הסוס על ידיו וחמור על רגליו ואמאי הא קא מסייע בהדי הדדי לאו משום דאמרינן מסייע אין בו ממש אמר רב אשי אף אנן נמי תנינא ר' אליעזר אומר רגלו אחת על הכלי ורגלו אחת על הרצפה רגלו אחת על האבן ורגלו אחת על הרצפה רואין כל שאילו ינטל הכלי ותינטל האבן יכול לעמוד על רגלו אחת עבודתו כשרה ואם לאו עבודתו פסולה ואמאי הא קא מסייע בהדי הדדי לאו משום דאמרינן מסייע אין בו ממש אמר רבינא אף אנן נמי תנינא קיבל בימין ושמאל מסייעתו עבודתו כשרה ואמאי הא קא מסייע בהדי הדדי לאו משום דאמרינן מסייע אין בו ממש ש"מ: אמר מר זה יכול וזה יכול ר"מ מחייב איבעיא להו בעינן שיעור לזה ושיעור לזה או דילמא שיעור אחד לכולם רב חסדא ורב המנונא חד אמר שיעור לזה ושיעור לזה וחד אמר שיעור אחד לכולן אמר רב פפא משמיה דרבא אף אנן נמי תנינא היה יושב על גבי מטה וארבע טליות תחת ארבע רגלי המטה טמאות מפני שאין יכולה לעמוד על שלש ואמאי ליבעי שיעור זיבה לזה ושיעור זיבה לזה לאו משום דאמרינן שיעור אחד לכולן אמר רב נחמן בר יצחק אף אנן נמי תנינא צבי שנכנס לבית ונעל אחד בפניו חייב נעלו שנים פטורין לא יכול אחד לנעול ונעלו שנים חייבים ואמאי ליבעי שיעור צידה לזה ושיעור צידה לזה לאו משום דאמרינן שיעור אחד לכולם אמר רבינא אף אנן נמי תנינא השותפין שגנבו וטבחו חייבין ואמאי ליבעי שיעור טביחה לזה ושיעור טביחה לזה לאו משום דאמרינן שיעור אחד לכולם ואמר רב אשי אף אנן נמי תנינא שנים שהוציאו קנה של גרדי חייבין ואמאי ליבעי שיעור הוצאה לזה ושיעור הוצאה לזה לאו משום דאמרי' שיעור א' לכולם א"ל רב אחא בריה דרבא לרב אשי דילמא דאית ביה כדי לבשל ביצה קלה לזה וביצה קלה לזה א"כ לישמעינן קנה דעלמא מ"ש דגרדי ודילמא דאית בי' כדי לארוג מפה לזה וכדי לארוג מפה לזה אלא מהא ליכא למשמע מינה תני תנא קמיה דרב נחמן שנים שהוציאו קנה של גרדי פטורין ורבי שמעון מחייב כלפי לייא אלא אימא חייבין ור"ש פוטר: **מתני'** המוציא אוכלין פחות מכשיעור בכלי פטור אף על הכלי שהכלי טפלה לו את החי במטה פטור אף על המטה שהמטה טפלה לו את המת במטה חייב וכן כזית מן המת וכזית מן הנבלה וכעדשה מן השרץ חייב ורבי שמעון פוטר: **גמ'** ת"ר המוציא אוכלין כשיעור אם בכלי חייב על האוכלין ופטור על הכלי ואם היה כלי צריך לו חייב אף על הכלי שמע מינה אוכל שני זיתי חלב בהעלם אחד חייב שתים אמר רב ששת הכא במאי עסקינן כגון ששגג

ששגג

הסוס מטמא בידיו. אם הזב רוכב עליו וטלית תחת אחת מידיו של סוס טמאה אבל תחת רגליו טהורה שאין משענתו על רגליו והא דתנן לעיל ד' טליות תחת רגלי הבהמה טהורות לא כרבי יוסי: **כהן העומד.** על גבי כלי או אבן או שום דבר החוצץ בינו לבין הרצפה ועבד עבודתו פסולה דכתיב ושרת ככל אחיו הלוים העומדים שתהא עמידתו כשאר אחיו ותנא דבי ר' ישמעאל הואיל ורצפה מקודשת וכלי שרת מקודשין כו' בזבחים: **שמאל** פסולה לעבודה כדאמר בפ"ק דחולין (דף כב.) כל מקום שנאמר אצבע וכהונה אינו אלא ימין: **שיעור לזה.** גרוגרת אם אוכל הוא: **שיעור זיבה.** שיכביד רובו עליו וצריך להיות כאן ד' זבים: **נעל אחד בפניו.** זו היא לידתו: **נעלו שנים פטורין.** ור' יהודה הוא לפטר בשניהם יכולין: **שיעור.** לידת צבי לכל אחד ואחד אלא שמע מינה שיעור אחד לכולן ומדר' יהודה נשמע לר' מאיר בשניהן יכולים דבהא לא פליגי: **חייבין לשלם.** תשלומי ד' וה': **קנה גרדי.** אורחא דמילתא והוא העולה ויורד בשתי: **קנה דעלמא.** שאינו עומד אלא להסקה דהוי שיעורו כעצים דאילו האי שיעורו כדי אריגה: **כלפי לייא.** כלפי היכא נהפך דבר זה הא רבי שמעון הוא דפטר שנים שעשאוהו: **מתני' את החי במטה.** ומי לא מיחייב על הוצאתו דהוא מקיל עצמו ונושא עצמו: **וכן כזית מן המת.** חייב אם הוציא הואיל ומטמא הוצאה חשובה היא להציל עצמו מן הטומאה: **ור' שמעון פוטר.** אפילו במת שלם דהוי מלאכה שאינה צריכה לגופה וכל מלאכה שאינה צריכה (לגופה) אלא לסלקה מעליו הוי מלאכה שאינה צריכה לגופה דברצונו לא באה לו ולא היה צריך לה הלכך לאו מלאכת מחשבת היא לר' שמעון: **גמ' ופטור על הכלי.** שהיא טפילה לאוכל: **ואם היה צריך לכלי.** להשתמש בו תשמיש אחר מקום שמוציאו שם: **חייב.** על כל אחד ואחד כי היכי דמיחייב ליה תרתי אתרתי הוצאות בהעלם אחד: ששגג

שמשענת הסוס על ידיו. הכי תנן לה במס' זבים פ"ד (משנה ז) היה רוכב על גבי בהמה וארבע טליות תחת רגלי בהמה טהורות מפני שיכולה לעמוד על שלש היתה טלית אחת תחת שתי ידים תחת שתי רגלים תחת יד ורגל טמאה רבי יוסי אומר הסוס מטמא בידיו כו' ונראה לר"י דרבי יוסי לא פליג אלא ארישא אבל אסיפא דקתני תחת שתי רגלים טמאה לא פליג דאף על גב דמשענת הסוס על ידיו דבר פשוט הוא דבלא שתי רגליו לא היה יכול לעמוד קשה לר"י מה ראה רב פפי להביא מסיפא ולא מייתי מרישא ממילתייהו דרבנן כדאייתי לעיל ואומר ר"י דמשום דמרישא איכא לדחויי כדבעי למימר לעיל שאני הכא דעקרה לגמרי אבל אר' יוסי ליכא למידחי דטעמיה משום דעקרה דא"כ לא יטמא הסוס אפילו בידיו דפשיטא נמי דעקרה להו: **ויכול** לעמוד על רגלו אחת עבודתו כשרה ואם לאו פסולה. מהכא ליכא למיפשט דמין במינו חוצץ דאבן הוא ממין הרצפה ומין בשאינו מינו (א) חוצץ דכלי אינו ממין הרצפה ובעיא הוא בפ' הוציאו לו (יומא דף נח.) בהניח סיב בתוך המזרק וקיבל בו את הדם דודאי סיב מבטל ליה אבל כלי ואבן לא מבטל ליה דאבן נתקלים בה ההולכים שם: **אמר** מר זה יכול וזה יכול רבי מאיר מחייב איבעיא להו כו'. תימה לר"ח דמאי בעי לה אליבא דרבי מאיר ומצי למיבעי בזה אינו יכול וזה אינו יכול אליבא דר"י דקיימא מתני' כוותיה ונראה דגירסא זו טעות וגרסי' אמר מר זה אינו יכול וזה אינו יכול ואומר ר"י דאין למחוק הספרים משום זה דהא דלא נקט זה אינו יכול כו' משום דאין רגילות באין יכול שלא יהא בו שיעור לכל א' ועל גי' ר"ח קשה לר"י דמאן דבעי שיעור לזה ולזה אטו מי לא שמיע ליה מתני' דמייתי בסמוך לא יכול אחד לנעול ונעלו שנים חייבין אבל לגיר' הספרים דפליגי בזה יכול וזה יכול איכא למימר דבאין יכול מודו כולהו דשיעור אחד לכולן ומאן דמייתי סייעתא מצבי שנכנס לבית אין נראה לו לחלק בין שניהם יכולין לאין יכולין ומיהו * לגי' ר"ח איכא למימר דמאן דבעי שיעור לכל אחד יאמר דצבי שנכנס לאו דוקא אחד אלא כלומר שנים: **ואמאי** ליבעי שיעור טביחה כו'. אבל מגנבו דרישא לא מצי למיפרך דהתם לא בעי שיעור דתשלומי כפל נוהג * בכל דבר ובכל שהוא: **דילמא** דאית ביה כדי לארוג מפה לזה כו'. והא דלא נקט קנה דעלמא לאשמעינן דאע"ג דאין רגילות לארוג שתי מפות בקנה אחד אם יש שיעור לארוג מפה לזה ולזה חייב: **אלא** אימא חייבין ור' שמעון פוטר. וקנה כבד הא"ל זה אינו יכול וזה אינו יכול: **ששגג** על האוכלין והזיד על הכלי. וחייב על הכלי היינו סקילה כפי' רש"י ורבינו שמואל קשה לו לאוקמי ברייתא בחיוב סקילה דבכל דוכתא איירי בחיוב חטאת והגיה הגירסא כגון ששגג על הכלים והזיד על האוכלין ולא התרו בו דליכא באוכלין לא סקילה ולא חטאת ועל הכלי חייב חטאת ואין נראה לר"י לא פי' הקונטרס ולא פי' רשב"ם דכשהזיד באחד אינו חייב חטאת על השני ששגג בו דלא שב מידיעתו הוא כיון שהזיד באחד מהן ונראה דהשתא דמוקי בהזיד בכלי איירי הכל לענין סקילה וה"פ דברייתא המוציא אוכלין כשיעור בכלי חייב סקילה על האוכלין כגון שהתרו בו על האוכלין ופטור על הכלי אם התרו בו משום כלי ואם היה צריך לכלי חייב סקילה אף אם התרו בו משום כלי ופריך והא אף על הכלי קתני משמע דחייב שתים: ובפלוגתא

כג א ב מיי' פ"ה מהל' ביאת המקדש הל' יח:
כד ג מיי' פ"א מהל' שבת הלכה טו:
כה ד מיי' פ"ב מהל' גניבה הל' ד סמג עשין עא:
כו ה מיי' פ"ח מהל' שבת הלכה כח:
כז ו מיי' שם הל' יח:

רבינו חננאל

קומתם עשר אמות צא מהם שש אמות ושני שלישי אמה שאר המזבח נשתייר ג' אמות ושליש שהן כ"ו טפחים והיינו דקא אשתכח דקא מידלי טובא ואי [בעית] אימא מארון דאמר מר ארון ט' וכפרת טפח ובדים למעלה משליש העליון נשתייר מכתפי לוים ועד סוף ארון פחות מג' טפחים ואפילו אין אנו למידין לגובהן של לוים שהוא עשר אמות אלא אמרינן קומתו מן כתיפו למטה ג' אמות שהן י"ח טפחים צא מהן ו' טפחים ושני שלישים לשני שלישי ארון שלמטה נמצא המשוי למעלה מי"א טפחים ושליש ומקשינן למה לי דיליף לקומות הלוים מן קומת מזבח דאתי בהקישא ובגזירה שוה כדמפרש לעיל. נגמר מן משה רבינו דאמ' רב משה רבינו פירש את האהל והוא על ראש עשר אמות ומפרקינן דלמא שאני משה דאמר מר אין השכינה שורה אלא על חכם וגבור ועשיר ואיכא למימר שאין שאר הלוים כמוהו לכך אצטריכנן למילף לשאר לוים. והמוציא משוי על ראשו פטור כלישנא בתרא דאפילו אחד מבני הוצל: המתכוין להוציא לפניו ובא לו לאחריו פטור שנתכוון לשמירה מעולה ועלתה בידו שמירה פחותה לאחריו ובא לפניו שנתכוון לשמירה פחותה ועלתה בידו שמירה מעולה כדרכה ולאו כדסליק אדעתא דר' אלעזר דמי שנה זו לא שנה זו [ודיוקא דקא] קשיא [דמדתנן לפניו ובא לאחריו פטור דייקינן שאם נתכוון לאחוריו ובא לאחריו חייב ומדתנן] סיפא לאחוריו ובא לפניו חייב איכא למידק ובא לאחריו פטור ואסתברא ליה לר' אלעזר מי שנה זו לא שנה זו האי נמי לא קם אלא כרב אשי דלא מיבעיא קאמר לא מיבעיא לאחוריו ובא לאחריו [דחייב] דאיתעבדא מחשבתו אלא אפילו לאחריו ובא לו לפניו דלא איתעבדא מחשבתו גם כן חייב ומסקינן לאחריו ובא לאחריו דברי הכל היא וכי פליגי רבי יהודה ורבנן בפונדתו ופיה למטה מר מדמי לה לאחריו ובא לאחריו דלאו שמירה מעולה היא וחייב ומר מדמי לאחר ידו פטור והלכתא כרבנן. ואשה החוגרת בסינר ומחתה ביה מידעם אפילו נתכוונה לפניה וחזרה לאחריה חייבת שכן ראוי להיות חוזר וקיי"ל כל האמור בהלי"מ. ובלרי מלכות חוגרין בסינר ותולין פתקין במתניהם פעמים שבאין לפנים ופעמים שבאין לאחור ואי אפכת להון [חייב]. ולענין שנים שהוציאו ככר דתנן פטורים ואם לא יכול אחד להוציא והוציאו שנים חייבים ור' שמעון פוטר אית בעסק שנים שהוציאו תלתא גווני כל אחד מהן יכול לבדו להוציא אלא שהוציאוהו שנים ר' מאיר מחייב וחכמים פוטרים זה אינו יכול וזה אינו יכול וכשמתחברין שניהם יכולין ר' מאיר ור' יהודה מחייבין ור' שמעון פוטר אחד יכול אחד אינו יכול דברי הכל חייב. ותלמודא דשנים שעשו פטורין בעשותה את כולה ולא בעושה מקצתה הא כיצד בזמן שכל אחד מהן יכול כגון לגזוז במלגז ושביטה בכרכר וכתיבה בקולמוס במנהגא בעלמא שכל אחד ואחד יכול ואם עשו שנים פטורין אבל כגון הוצאת עיגול של דבילה דטועאי יקירא הוא או קורה דטועאי יקירא היא דכל חד באפי נפשיה לא מצי ביה ושניהם מצי ביה ר' יהודה מחייב ור' שמעון פוטר וקא מיפלגי בהאי קרא ואם נפש אחת תחטא בשגגה בעשותה. ר' שמעון סבר תלתא מיעוטא כתיבי נפש אחת בעשותה חד למעוטי זה עוקר וזה מניח כגון פשט העני את ידו לפנים ונתן בעה"ב לתוכה והוציא וחד למעוטי זה יכול וזה יכול וחד למעוטי זה אינו יכול וזה אינו יכול ור' יהודה סבר זה אינו יכול וזה אינו יכול לא אימעט ומיעוטא שלישי לאפוקי יחיד שעשה בהוראת ב"ד

א) זבין פ"ד מ"ז [ע"ש הגירסא מהופך ועי' תוי"ט], ב) זבחים כד., ג) [תוספתא דזבחים פ"א], ד) לקמן קו:, ה) ב"ק עח: [ע"ש ותלוה ליישב ב"מ ח. ע"ש], ו) [עי' פירש"י בפסחים ה: ועמ"ש רש"י לקמן קכז.], ז) [לעיל פב:], ח) לקמן קמא: עירובין לו., ט) [עתום' לקמן לד. ד"ה אלא], י) [עי' תוס' לקמן לד. ד"ה כי], כ) עיין מהרש"א, ל) שייך לדף לד ע"א.

הגהות הב"ח

(א) תוס' ד"ה ויכול וכו' ומין בשאינו מינו חולץ דכלי שאינו מין הרצפה הוא דבעיא היא:

גליון הש"ס

תוס' ד"ה אמר מר. ומיהו לגי' ר"ח. ק"ל הא ע"כ גם להר"ח צ"ל כן דאל"כ יקשה למאן דפשטא מד' טליות דתחת רגלי המטה וא"כ צ"ל דאין לחלק בזה בין ז"י וזה אין יכול... תוס' ד"ה ואמאי ליבעי וכו' בכל דבר ובכל שהוא. עיין ב"ק דף סג ע"א תוס' ד"ה דבר שאין מסוים ועע"ק:

הגהות הגר"א

[א] גמ' הסוס מטמא על ידיו והחמור כו'. נ"ל הפיך (וכמ"ש במתני' דזבים ועי' בא"ר שם):

רב נסים גאון

בת"כ [סוף פ' מצורע] אשר ישב עליו עד שישא רובו עליו: המוציא אוכלים פחות מכשיעור בכלי פטור אף על הכלי שהכלי טפילה לו. בגמ' דבני מערבא גרסי הא דעת אמר בצריכין לכלים כגון אלין תותיא אבל אם אינן

ליקוטי רש"י

רגלו אחת על האבן. שמוטלת על הרצפה ואינה מן הרצפה [זבחים כד.]. עבודתו פסולה. דתני דבי ר' ישמעאל הואיל ורצפה מקדשת וכלי שרת מקדשים מה כלי שרת לא יהא דבר חוצץ בינו ובין כלי שרת אף רצפה לא יהא דבר חוצץ בינו לבין הרצפה במסכת זבחים (כד.) [יומא נח.]. קיבל בימין. גמר ממצורע עני דכתיב ביה וטבל הכהן אצבעו הימנית ומיניה ילפינן לכל היכא דכתיב כהן או אצבע שתהא עבודה בימין [חולין כב.]. צבי שנכנס. מאליו. נעלו שנים פטורין. דהוי להו שנים שעשאוה. לא יכול אחד לנעול. אורחיה הוא לנעול בשנים והרי לכל אחד מלאכה דבלא איהו לא מתעבדא [לקמן קו:]. השותפין שגנבו. והאחד הוציאה מרשות בעלים לדעתו ולדעת חבירו אמרינן בבבא קמא (עח:) דחייבין [ב"מ ח. ע"ש בתוס']. וטבחו. שותף שטבח לדעת חבירו משלמין בין שניהם דליכא וטבחו כולה בחיובא דהטובח חייב על חלקו וחבירו נמי עשאו שליח והא רבינן לעיל בבא קמא (עא.) דיש שליח לדבר עבירה הכא דאמרינן תחת לרבות את השליח [ב"ק עח:]. קנה של גרדי. קנה שמקעית הערב נתונה בו [לעיל עד:]. כלפי לייא. כנגד היכן פונה הדבר הזה האמור להיפך [לקמן קכז.]. שתי מלות כלפי היכן נוטה דבר זה. לייא, היכן ותבירו בברכות בפרק הרואה (נח.) אבבי לנהרא כגני לייא תרסים שבורים להיכן הולכין [פסחים ה: וכעי"ז ב"מ נח.]. כנגד איפוא הפכת דבריך לייא איפוא כדאמר בברכות (נח.) כגני לייא כדים שבורים להיכן הולכים [סוטה מד.]. כנגד מה שונה כאן ולאן הדבר נוטה כדאמרינן בברכות (נח.) אבבי לנהרא כגני לייא הקדירות שלמות הולכות לנהר לשאוב בהן מים אבל השבורין להיכן הולכין [רשב"ם ב"ב קד:]. פחות מכשיעור. דלא מיחייב על הוצאת אוכלין פחות מגרוגרת כדלקמן (לעיל עו:). שהכלי טפלה לו. ולא מיחייב עליה שלא נתכוין להוציא אלא משום אוכלין [לעיל סב:]. פטור אף על המטה. ופטור על החי דקיימא לן חי נושא את עצמו [עירובין צד:]. ורבי שמעון פוטר. מוציא את המת לקוברו אינו צריך לגופה דהוצאה ולא למת אלא לפנות ביתו והוצאה הצריכה לגופה כגון שהוא צריך לחפץ זה במקום אחר [לעיל עג: ע"ש ברש"ש]

of carrying for that one![22] Rather, when the Mishnah states that both participants are liable, לָאו מִשּׁוּם דְּאָמְרִינַן שִׁיעוּר אֶחָד לְכוּלָּם – **is it not because we say that** just **one measure** is enough **for all of them?**

The Gemara calls the proof into question:

אָמַר לֵיהּ רַב אַחָא בְּרֵיהּ דְּרָבָא לְרַב אַשִׁי – **Rav Acha the son of Rava said to Rav Ashi:** If we see the reed as a weaver's instrument, it is true that it consists of just one "measure." But if we see it as simply a piece of wood, it might consist of two "measures"; דִּילְמָא דְּאִית בֵּיהּ כְּדֵי לְבַשֵּׁל בֵּיצָה קַלָּה לְזֶה – for **perhaps [the reed] has enough** wood **in it to cook an easily** cooked **egg for this** person, וּבֵיצָה קַלָּה לְזֶה – **and an easily** cooked **egg for that** person.[23] If so, perhaps the people are liable because there was, indeed, a "measure" for each of them. – ? –

The Gemara replies:

אִם כֵּן – **If so,** לִישְׁמְעִינַן קָנֶה דְּעָלְמָא – **[the Tanna] should have taught** his ruling with reference to **an ordinary reed;** מַאי שְׁנָא דְּגַרְדִּי – **for what [reason]** did he choose to speak of **a weaver's** reed?[24] Apparently, it was to teach that the two are liable even though the reed contained just one "measure" for the two of them.

The Gemara rejects this logic:

וְדִילְמָא דְּאִית בֵּיהּ כְּדֵי לֶאֱרוֹג מַפָּה לְזֶה – **And** how do you know the weaver's reed indeed contained just one measure? **Perhaps it has enough** length **to weave** with it **a towel for this [person],** וּכְדֵי לֶאֱרוֹג מַפָּה לְזֶה – **and enough to weave a towel for this** other **one!**[25] – ? –

The Gemara accepts the rebuttal and concludes:

אֶלָּא מֵהָא לֵיכָּא לְמִשְׁמַע מִינַּהּ – **Rather, from this** Baraisa **[a proof] cannot be inferred.**

The Gemara cites a related Baraisa:

תָּנֵי תַּנָּא קַמֵּיהּ דְּרַב נַחְמָן – **A Tanna**[26] **taught the** following **Baraisa before Rav Nachman:** שְׁנַיִם שֶׁהוֹצִיאוּ קָנֶה שֶׁל גַּרְדִּי פְּטוּרִין – TWO PEOPLE WHO CARRY OUT A WEAVER'S REED ARE EXEMPT from bringing an offering, as they have not Biblically transgressed the labor of transferring. רַבִּי שִׁמְעוֹן מְחַיֵּיב – R' SHIMON, though, HOLDS THEM LIABLE.

The Gemara finds this untenable, and emends the text of the Baraisa accordingly:

כְּלַפֵּי לַיָּיא – **Which way** is this teaching headed? R' Shimon *always* exempts partners who jointly perform a labor; why should he hold them liable here? אֶלָּא אֵימָא – **Rather, say** the Baraisa this way: חַיָּיבִין – Two people who carry out a weaver's reed are LIABLE; וְרַבִּי שִׁמְעוֹן פּוֹטֵר – BUT R' SHIMON EXEMPTS them.[27]

Mishnah The Mishnah discusses liability for carrying out objects that are mere accessories of other objects: הַמּוֹצִיא אוֹכָלִין פָּחוֹת מִכַּשִּׁיעוּר בִּכְלִי – **If one takes** from one domain **out** to another **less than the prescribed amount of foodstuffs,**[28] and the foodstuffs are **in a container,** פָּטוּר אַף עַל הַכְּלִי – **he is exempt** for the entire act, **even for** having carried **the container,** שֶׁהַכְּלִי טְפֵלָה לוֹ – **because the container is secondary to [the food].**[29]

אֶת הַחַי בְּמִטָּה – Likewise, if one carries **a live person on a bed,** פָּטוּר אַף עַל הַמִּטָּה – **he is exempt** for the entire act, **even for** taking out **the bed,** שֶׁהַמִּטָּה טְפֵלָה לוֹ – **because the bed is secondary to [the person]** being carried on it.[30]

A contrasting case:

אֶת הַמֵּת בְּמִטָּה – If, though, one carries **a corpse on a bed,** חַיָּיב – **he is liable** for the transfer.[31]

The Mishnah concludes:

וְכֵן כְּזַיִת מִן הַמֵּת – **And similarly,** if one carries from domain to domain **[part] of a corpse the size of an olive,**

NOTES

22. As far as carrying a weaver's reed is concerned, the minimum size requirement for liability is a reed big enough to press a single woven cloth (*Rashi;* see *Chidushei R' Akiva Eiger*). [Since most weaver's reeds are not any bigger than this, it seems that the Mishnah's attibution of liability to the two bearers of the reed indicates that just one "measure" suffices for both.]

23. The Mishnah (89b) teaches that for plain wood the "measure" for liability [for transferring] is a piece that can provide enough fire to cook an olive-sized portion of an easily cooked egg [i.e. a chicken egg (see 80b)].

24. I.e. had the Tanna meant that the object should be judged as a piece of firewood, he should not have spoken of a weaver's reed, which has a highly specialized function. He should have spoken instead of an ordinary reed, which basically has no use other than firewood. Since he *does* speak of a specialized reed, the implication is that we see the reed only in this capacity, and its potential use as firewood is not relevant (see *Rashi* and *R' Akiva Eiger*).

25. I.e. perhaps the weaver's reed was a particularly large one, capable of pressing two cloths simultaneously. The Baraisa would thus teach that although this reed is usually used for just one cloth, still, since it *can* be used for two, it is deemed to consist of two "measures" (see *Tosafos*).

26. In this context, Tanna means a scholar who had memorized the texts of numerous Tannaic teachings.

27. We would now construe the Baraisa as speaking of an especially heavy reed, which each partner could not have carried himself [זֶה אֵינוֹ יָכוֹל וְזֶה אֵינוֹ יָכוֹל] (*Tosafos*). The Tanna Kamma, presumably R' Yehudah, holds that each partner is liable [consistent with his position concerning partners who are each "unable"], whereas R' Shimon exempts them [consistent with his position that joint acts are always exempt].

28. I.e. less than the volume of a dried fig, the minimum amount of food whose transfer incurs liability.

29. I.e. he is exempt for carrying the food, for it did not meet the dried fig minimum volume. In addition, he is also exempt for carrying out the container. This is because the container was not transported for its own sake, but merely as something in which to hold the foodstuffs; relative to this act of carrying, it had no inherent importance but was merely an accessory. As such, it is deemed subordinate to the foodstuffs; and since there can be no liability for carrying out the primary substance [the foodstuffs], there can be no liability for carrying out the subordinate substance [the container]. See *Meiri.*

30. The Gemara (94a) will explain that one is not liable for carrying out a live person due to the fact that he aids in his own transport. The person being carried holds on and instinctively balances himself, in effect lightening his burden for the person transporting him (see *Rashi;* for further explanation as to why this is reason to exempt the perpetrator, see below, 94a note 7). This concept, known as חַי נוֹשֵׂא אֶת עַצְמוֹ, *a living creature supports its own weight,* will be discussed extensively in the Gemara below.

Once he is exempt for carrying the person, he is exempt even for carrying the bed, for the bed is merely an accessory to that person. [It is not transported for its own sake but merely as a means to hold the person.]

31. In this case, the principle of *a living creature carries itself* obviously does not apply. The corpse is treated as any other inanimate object, for whose transfer one is liable.

רבי יוסי אומר [א] ו) הסוס מטמא על ידיו והחמור על רגליו שמשענת הסוס על ידיו וחמור על רגליו ואמאי הא קא מסייע בהדי הדדי לאו משום דאמרינן מסייע אין בו ממש אמר רב אשי אף אנן נמי תנינא ז) ר' אליעזר אומר א רגלו אחת על הכלי ורגלו אחת על הרצפה רגלו אחת על האבן ורגלו אחת על הרצפה רואין כל שאילו ינטל הכלי ותינטל האבן יכול לעמוד על רגלו אחת עבודתו כשרה ואם לאו עבודתו פסולה ואמאי הא קא מסייע בהדי הדדי לאו משום דאמרינן מסייע אין בו ממש אמר רבינא אף אנן נמי תנינא ב קיבל בימין ושמאל מסייעתו עבודתו כשרה ואמאי הא קא מסייע בהדי הדדי לאו משום דאמרינן מסייע אין בו ממש ש"מ: אמר מר זה יכול וזה יכול ר"מ מחייב איבעיא להו בעינן שיעור לזה ושיעור לזה או דילמא שיעור אחד לכולם רב חסדא ורב המנונא חד אמר שיעור לזה ושיעור לזה וחד אמר ג שיעור אחד לכולן אמר רב פפא משמיה דרבא אף אנן נמי תנינא היה יושב על גבי מטה וארבע טליות תחת ארבע רגלי המטה טמאות מפני שאין יכולה לעמוד על שלש ואמאי ליבעי שיעור זיבה לזה ושיעור זיבה לזה לאו משום דאמרינן שיעור אחד לכולן אמר רב נחמן בר יצחק אף אנן נמי תנינא ד) צבי שנכנס לבית ונעל אחד בפניו חייב נעלו שנים פטורין לא יכול אחד לנעול ונעלו שנים חייבים ואמאי ליבעי שיעור צידה לזה ושיעור צידה לזה לאו משום דאמרינן שיעור אחד לכולם אמר רבינא אף אנן נמי תנינא ה) ד השותפין שגנבו וטבחו חייבין ואמאי ליבעי שיעור טביחה לזה ושיעור טביחה לזה לאו משום דאמרינן שיעור אחד לכולם ואמר רב אשי אף אנן נמי תנינא שנים שהוציאו קנה של גרדי חייבין ואמאי ליבעי שיעור הוצאה לזה ושיעור הוצאה לזה לאו משום דאמרי' שיעור א' לכולם א"ל רב אחא בריה דרבא לרב אשי דילמא דאית ביה כדי לבשל ביצה קלה לזה וביצה קלה לזה א"כ לישמעינן קנה דעלמא מ"ש דגרדי ודילמא דאית בי' כדי לארוג מפה לזה וכדי לארוג מפה לזה אלא מהא ליכא למשמע מינה תני תנא קמיה דרב נחמן שנים שהוציאו קנה של גרדי פטורין ורבי שמעון מחייב י) כלפי לייא אלא אימא חייבין ור"ש פוטר: **מתני'** י) ה המוציא אוכלין פחות מכשיעור בכלי פטור אף על הכלי שהכלי טפלה לו כ) את החי במטה פטור אף על המטה שהמטה טפלה לו ט) את המת במטה חייב וכן ו כזית מן המת וכזית מן הנבלה וכעדשה מן השרץ חייב י) ורבי שמעון פוטר: **גמ'** ת"ר המוציא אוכלין כשיעור אם בכלי חייב על האוכלין ופטור על הכלי ואם היה כלי צריך לו חייב אף על הכלי שמע מינה אוכל שני זיתי חלב בהעלם אחד חייב שתים אמר רב ששת הכא במאי עסקינן כגון ששגג

רש"י

הסוס מטמא בידיו. אם הזב רוכב עליו וטלית תחת אחת מידיו של סוס טמאה אבל תחת רגליו טהורה שאין משענתו על רגליו והא דתנן לעיל ד' טליות תחת רגלי הבהמה טהורות לא כרבי יוסי: **בהן העומד.** על גבי כלי או אבן או שום דבר החוצץ בינו לבין הרצפה ועבד עבודתו פסולה דכתיב ושרת ככל אחיו הלוים העומדים שתהא עמידתו כשאר אחיו ותנא דבי ר' ישמעאל הואיל ורצפה מקודשת וכלי שרת מקודשין כו' בזבחים: **שמאל פסולה** לעבודה כדאמר בפ"ק דחולין (דף כב.) כל מקום שנאמר אצבע וכהונה אינו אלא ימין: **שיעור לזה.** גרוגרת אם אוכל הוא: **שיעור זיבה.** שיכביד רוכב עליו וצריך להיות כאן ד' זבים: **ונעל אחד בפניו.** זו היא לידתו: **נעלו שנים פטורין.** ור' יהודה הוא דפטר בשניהם יכולין: **שיעור.** לידת צבי לכל אחד ואחד אלא שמע מינה שיעור אחד לכולן ומדר' יהודה נשמע לר' מאיר בשניהן יכולים דבהא לא פליגי: **חייבין לשלם.** תשלומי ד' וה': **קנה גרדי.** אורחא דמילתא והוא העולה ויורד בשתי: **קנה דעלמא.** שאינו עומד אלא להסקה דהוי שיעורו כעצים דאילו האי שיעורו כדי אריגה: **כלפי לייא.** כלפי היכא נהפך דבר זה הא רבי שמעון הוא דפטר שנים שהוציאוהו: **מתני' את החי במטה.** וחי לא מיחייב על הולכתו דהוא מקיל עצמו ונושא עצמו: **וכן כזית** מן המת. חייב אם הוציא דהואיל ומטמא הוצאה חשובה היא להציל עצמו מן הטומאה: **ור' שמעון פוטר.** אפילו במת שלם דהוי מלאכה שאינה צריכה לגופה וכל מלאכה שאינה צריכה (לגופה) אלא לסלקה מעליו הוי מלאכה שאינה צריכה לגופה דברצונו לא באה לו ולא היה צריך לה הלכך לאו מלאכת מחשבת היא לר' שמעון: **גמ' ופטור על הכלי.** שהיא טפילה לאוכל: **ואם היה צריך לכלי.** להשתמש בו תשמיש אחר מקום שמוציאו שם: **חייב.** על כל אחד ואחד כי היכי דמיחייב ליה תרתי אתרתי הוצאות בהעלם אחד:

תוספות

שמשענת הסוס על ידיו. הכי תנן לה במס' זבים פ"ד (משנה ז) היה רוכב על גבי בהמה וארבע טליות תחת רגלי בהמה טהורות מפני שיכולה לעמוד על שלש היתה טלית אחת תחת שתי ידים תחת שתי רגלים תחת יד ורגל טמאה רבי יוסי אומר הסוס מטמא בידיו כו' ונראה לר"י דרבי יוסי לא פליג אלא ארישא אבל אסיפא דקתני תחת שתי רגלים טמאה לא פליג דאף על גב דמשענת הסוס על ידיו דבר פשוט הוא דבלא שתי רגליו לא היה יכול לעמוד קשה לר"י מה ראה רב פפי להביא מסיפא ולא מייתי מרישא ממילתייהו דרבנן כדלעיל ואומר ר"י דמשום דמרישא איכא לדחויי כדבעי למימר לעיל שאני הכא דעקרה לגמרי אבל אר' יוסי ליכא למידחי דטעמיה משום דעקרה דא"כ לא יטמא הסוס אפילו בידיו דפשיטא נמי דעקרה להו: **ויכול** לעמוד על רגלו אחת עבודתו כשרה ואם לאו פסולה. ג) מהכא ליכא למיפשט דמין במינו חוצץ דלאבן הוא ממין הרצפה ומין בשאינו מינו (א) חוצץ דכלי אינו ממין הרצפה ובעיא הוא בפ' הוציאו לו (יומא דף נח.) בהניח סיב בתוך המזרק וקיבל בו את הדם דודאי סיב מבטל ליה אבל כלי ואבן לא מבטל ליה דאבן נתקלים בה ההולכים שם: **אמר** מר זה יכול וזה יכול רבי מאיר מחייב איבעיא להו כו'. תימה לר"ת דלמאי בעי לה אליבא דרבי מאיר ומאי למיבעי בזה אינו יכול וזה אינו יכול אליבא דר"י דקיימא מתני' כוותיה ונראה דגירסא זו טעות וגרסי' אמר מר זה אינו יכול וזה אינו יכול ור"י דאין למחוק הספרים משום זה דהא לא נקט זה אינו יכול וזה אינו יכול כו' משום דאין רגילות באין יכול שלא יהא בו שיעור לכל א' ועל גי' ר"ת קשה לר"י דמאן דבעי שיעור לזה ולזה אטו מי לא שמיע ליה מתני' דמייתי בסמוך לא יכול אחד לנעול ונעלו שנים חייבין אבל לגיר' הספרים דפליגי בזה יכול וזה יכול איכא למימר דבאין יכול מודו כולהו דשיעור אחד לכולן ומאן דמייתי סייעתא מצבי שנכנס לבית אין נראה לו לחלק בין שניהם יכולין לאין יכולין ומיהו ° לגי' ר"ת איכא למימר דמאן דבעי שיעור לכל אחד יאמר דצבי שנכנס לאו דוקא אחד אלא כלומר שנים: **ואמאי** ליבעי שיעור טביחה כו'. אבל מגנבו דרישא לא מצי למיפרך דהתם לא בעי שיעור דתשלומי כפל נוהג ° בכל דבר ובכל שהוא: **דילמא** דאית ביה כדי לארוג מפה לזה כו'. והא דלא נקט קנה דעלמא לאשמעינן דאע"ג דאין רגילות לארוג שתי מפות בקנה אחד אם יש שיעור לארוג מפה לזה ולזה חייב: **אלא** אימא חייבין ור' שמעון פוטר. וקנה כבר דה"ל זה אינו יכול וזה אינו יכול: ל) **ששגג** על האוכלין והזיד על הכלי. וחייב על הכלי היינו סקילה כפי' רש"י ורבינו שמואל קשה לו לאוקמי ברייתא בחיוב סקילה דבכל דוכתא איירי בחיוב חטאת והגיה הגירסא כגון ששגג על הכלים והזיד על האוכלין ולא התרו בו דליכא באוכלין לא סקילה ולא חטאת ועל הכלי חייב חטאת ואין נראה לר"י לא פי' הקונטרס ולא פי' רשב"ס דהזיד באחד אינו חייב חטאת על השני ששגג בו דלא שב מידיעתו הוא כיון שהזיד באחד מהן ונראה דהשתא למוקי בהזיד בכלי איירי לענין סקילה וה"פ דברייתא המוציא אוכלין כשיעור בכלי חייב סקילה על האוכלין כגון שהתרו בו על האוכלין ופטור על הכלי אם התרו בו משום כלי ואם היה צריך לכלי חייב סקילה אף על הכלי ופריך והא אף על הכלי קתני משמע דחייב שתים:

ופלוגתא

עין משפט נר מצוה

כג א ב מיי' פ"ט מהל' ביאת המקדש הל' יח: כד ג מיי' פי"ב מהל' שבת הלכה נח: כה ד מיי' פ"ב מהל' גניבה הל' ד סמג עשין עא: כו ה מיי' פי"ח מהל' שבת הלכה כח: כז ו מיי' שם הל' יח:

הגהות הב"ח

(א) תוס' ד"ה ויכול וכו' ומין בשאינו מינו דחוצץ דכלי שאינו מין הרצפה הוא דבעיא היא:

הגהות הגר"א

[א] גמ' הסוס מטמא על ידיו והחמור כו'. נ"ל להיפך (וכמ"ש במתני' דזבים פ"ד) בא"ר שם):

וּכְזַיִת מִן הַנְּבֵלָה – or [part] of an animal's carcass the size of an olive, וְכַעֲדָשָׁה מִן הַשֶּׁרֶץ – or [part] of a dead *sheretz*[32] the size of a lentil, חַיָּיב – he is liable.[33] וְרַבִּי שִׁמְעוֹן פּוֹטֵר – But R' Shimon exempts him.[34]

Gemara The Gemara cites a Baraisa concerning the transfer of subsidiary items:

תָּנוּ רַבָּנָן – **The Rabbis taught in a Baraisa:** הַמּוֹצִיא אוֹכָלִין כַּשִּׁיעוּר – IF ONE TAKES THE PRESCRIBED AMOUNT OF FOODSTUFFS [the volume of a dried fig] from one domain OUT to another, his liability is assessed as follows: אִם בִּכְלִי – IF he was carrying the foodstuffs out IN A CONTAINER, חַיָּיב עַל הָאוֹכָלִין – HE IS LIABLE FOR THE transfer of the FOODSTUFFS, וּפָטוּר עַל הַכְּלִי – BUT IS EXEMPT FOR the transfer of THE CONTAINER.[35] וְאִם הָיָה כְּלִי צָרִיךְ לוֹ – BUT IF HE NEEDED THE CONTAINER for some other purpose in the new domain, חַיָּיב אַף עַל הַכְּלִי – HE IS LIABLE EVEN ON ACCOUNT OF THE CONTAINER.[36]

The Gemara sets forth the apparent predicate of the Baraisa's teaching:

שְׁמַע מִינָּהּ – Seemingly, **we can infer from here** אוכֵל שְׁנֵי זֵיתֵי חֵלֶב בְּהֶעְלֵם אֶחָד – that **if one eats two olive-sized** amounts of ***cheilev***[37] **in one lapse of awareness,** חַיָּיב שְׁתַּיִם – **he is liable twice.**[38]

The Gemara responds that this cannot, in fact, be inferred:

אָמַר רַב שֵׁשֶׁת – **Rav Sheishess said:** הָכָא בְּמַאי עָסְקִינַן – **What** kind of **case are we dealing with here?** כְּגוֹן – With a case where, **for example,**

NOTES

32. One of eight species of creeping animals whose carcasses convey *tumah* (see *Leviticus* 11:29-30 and below, 107a).

33. The amounts listed here are the minimums of each object that convey *tumah* to a person touching it (see *Leviticus* 22:5 with *Rashi*). When one transports these things to another domain, he accomplishes the objective of removing an object that can transmit *tumah* to him. The transfer is thus deemed significant enough to render him liable for a *chatas* (*Rashi*).

34. All these cases are examples of מְלָאכָה שֶׁאֵינָהּ צְרִיכָה לְגוּפָהּ, *a labor not needed for its defined purpose* (see below). It is R' Shimon's position throughout our tractate that one who performs such an act is exempt from bringing a *chatas* [however, the act remains Rabbinically prohibited]. The Tanna Kamma of our Mishnah, presumed to be R' Yehudah (*Tosafos* to 94a ד״ה את המת במטה), maintains that even in these cases the perpetrator has performed a Biblically prohibited act.

The dispute between R' Yehudah and R' Shimon recorded here has wide-ranging ramifications throughout our tractate. In the view of *Tosafos,* our Mishnah is the primary source text for this dispute, and we shall therefore elaborate its basic parameters here:

מְלָאכָה שֶׁאֵינָהּ צְרִיכָה לְגוּפָהּ, a labor not needed for its defined purpose. It is a general principle of Sabbath law that a labor must serve a constructive purpose to qualify as a *melachah.* R' Shimon and R' Yehudah, however, dispute whether the Torah recognizes only certain specific purposes in this regard.

According to R' Yehudah, a labor done for *any* constructive purpose is considered a *melachah* and one is liable for its performance. According to R' Shimon, though, a labor is considered a Biblically prohibited *melachah* only if it is done to achieve certain *defined* purposes. If it is done for any other reason, it does not violate the Torah prohibition [although it is Rabbinically prohibited].

In determining the *defined purpose* of various *melachos,* R' Shimon returns to the linkage of the laws of the Sabbath to the construction of the Tabernacle (see General Introduction). According to *Rashi* (here and elsewhere throughout the tractate) the salient point is that in the Mishkan all *melachos* were done to achieve an inherently higher order of design; they were not performed merely as a response to some sort of external difficulty. Thus, the *melachos* prohibited on the Sabbath must also be performed to achieve a higher order of design: A labor performed only in reaction to an undesirable condition – either to prevent it or to rectify it – is not an inherently creative act and one is therefore not liable for it.

Some examples of this are the cases discussed at the end of our Mishnah: One who carries out a corpse, for instance, is not involved in a truly "creative" act; rather, he seeks merely to rectify an unwanted situation [e.g. he wishes to avoid contracting *tumah* from the corpse]. The labor therefore is not being done for its "defined purpose," and according to R' Shimon the perpetrator is exempt. (For other examples of this, see above, Mishnah 29b, with Gemara 30a and note 1 there.)

The position of Tosafos: The above explanation reflects the view of *Rashi. Tosafos* (94a ד״ה רבי שמעון פוטר), however, adopt an entirely different definition of מְלָאכָה שֶׁאֵינָהּ צְרִיכָה לְגוּפָהּ, *a labor not needed for its defined purpose.*

Tosafos interpret the link to the construction of the Tabernacle in a stricter sense. According to them, a labor is only a Biblically prohibited *melachah* when it is done to achieve a purpose similar to that for which it was done in the Tabernacle. For example, in the Tabernacle, the boards (which comprised the walls) were transferred from a private domain (the wagons in which they were transported) to a public domain (where the Tabernacle was erected). The purpose of this act was to transport the boards to the place that they were needed. Consequently, the *defined purpose* of the *melachah* of transferring is defined as "transferring an object to the domain in which it is needed." One who transfers an object to another domain only to *remove* it from the domain in which it is [as is the case for one who transfers a corpse in our Mishnah] is consequently not liable. Although his act was constructive and even necessary, still, it is not the *defined purpose* of this *melachah;* i.e. it is not the purpose for which this *melachah* was done in the Tabernacle.

35. As above, the container is subsidiary to the foodstuffs, and there is therefore no separate liability for it (see above, note 29).

36. In this case, the container is not deemed subordinate to the foodstuffs, since the person had some separate reason for transferring the container. He is thus liable for the container, independent of his liability for the foodstuffs.

37. [An olive-sized piece is the minimum amount of *cheilev* that one must consume to be liable to a *chatas.*]

38. If, during a single lapse of awareness, one commits repeated inadvertent transgressions of the same prohibition, it is generally accepted that he is liable to but one *chatas.* Indeed, this is taught explicitly in a Mishnah in *Kereisos* (11b), and is accepted as *halachah* (see *Rambam, Hil. Shegagos* 6:1). The Gemara elsewhere (*Chullin* 82b), though, entertains the possibility that a lone Tanna – Sumchos – might indeed hold that the person is liable to *two chatas* offerings. [The Gemara expresses this using the example of *cheilev:* If one eats two olive-sized portions of *cheilev,* one after another, during a single lapse of awareness, does Sumchos hold that he is liable twice?] The Gemara there leaves this question unanswered.

The Gemara here raises the possibility that this question can now be resolved. Our Baraisa teaches that when someone carries two things at once – food and a container – he can be liable to a separate *chatas* for each thing. In this case, the person is twice transgressing the same prohibition [transferring], and he clearly does so in a single lapse of awareness; yet we find that the Tanna holds him liable to *two* chatas offerings. Evidently, then, there *is* a Tanna [presumably Sumchos] who holds "one who eats two olive-sized amounts of *cheilev* in one lapse is liable twice" (*Rashba*).

[Various Rishonim point out that on the face of it these two cases do not really seem comparable. In the case of the Baraisa, one carries the foodstuffs and their container *simultaneously.* This is not really analogous, then, to a case where one ate two olive-sized portions of *cheilev* one after another; the more accurate analogy would be to a case where one ate one portion of *cheilev,* the size of two olives, in a single act. This, however, presents a difficulty, for in that case even Sumchos agrees that the person is liable to just one *chatas!*

Rashba and others resolve this problem by noting that in the Baraisa's case of transferring, the person carried two unlike objects – food and a container. They suggest, then, that carrying *different* things simultaneously is the legal equivalent of eating the same thing in two separate acts. The cases of the Baraisa and Sumchos are thus indeed parallel. (*Rashba;* see also *Rashi, Ritva MHK* ed. and *Chidushei HaRan*).]

שֶׁשָּׁגַג עַל הָאוֹכְלִין – **[the person] sinned inadvertently concerning the food,** וְהֵזִיד עַל הַכְּלִי – **and sinned deliberately concerning the container.**[1] Thus, while he is liable to a *chatas* for taking out the food, his liability for taking out the container is to the death penalty, a different category altogether.[2]

The Gemara raises a difficulty with this interpretation:

וְהָא אַף – מַתְקִיף לָהּ רַב אַשִׁי – **Rav Ashi objected to this,** saying: עַל הַכְּלִי קָתָנֵי – **But [the Baraisa] teaches** these words: He is liable ALSO ON ACCOUNT OF THE CONTAINER. "Also" implies that we are dealing with two liabilities of the same type, not one for a *chatas* and one for the death penalty! – ? –

Rav Ashi therefore advances a different interpretation of the Baraisa:

אֶלָּא אָמַר רַב אַשִׁי – **Rather, Rav Ashi said:** כְּגוֹן שֶׁשָּׁגַג בָּזֶה וּבָזֶה – **The situation is that he sinned inadvertently concerning** both **this** item [the food] **and that** item [the container]; וְנוֹדַע לוֹ – **but [one sin] became known to him** at one time, וְחָזַר וְנוֹדַע לוֹ – **and then [the other sin] became known to him** later.[3] It is only because there were two separate revelations, then, that the Tanna deems the person twice liable.[4] As such, there is no indication from the Baraisa that "one who eats two portions of *cheilev* in the same lapse" is liable twice.

The Gemara comments:

וּבִפְלוּגְתָּא דְּרַבִּי יוֹחָנָן וְרַבִּי שִׁמְעוֹן בֶּן לָקִישׁ – **And** these Amoraim [Rav Sheishess and Rav Ashi] argue **in the** same **point disputed by R' Yochanan and Reish Lakish** earlier in our tractate.[5]

The next part of the Mishnah is cited:

אֶת הַחַי בַּמִּטָּה – If one carries A LIVE PERSON ON A BED, פָּטוּר אַף עַל הַמִּטָּה – HE IS EXEMPT for the entire act, EVEN FOR taking out THE BED, because the bed is secondary.

This ruling is clearly predicated on the notion that one is exempt for carrying out a live person.[6] The Gemara attempts to demonstrate that this is a minority view:

לֵימָא מַתְנִיתִין רַבִּי נָתָן הִיא וְלֹא רַבָּנָן – **Let us say that the Mishnah is** representative of **R' Nassan's view, and not** that of **the Sages.** דְּתַנְיָא – **For** the following **was taught in a Baraisa:** הַמּוֹצִיא בְּהֵמָה חַיָּה וָעוֹף לִרְשׁוּת הָרַבִּים – IF ONE CARRIES OUT A DOMESTICATED ANIMAL, A WILD ANIMAL OR A BIRD INTO A PUBLIC DOMAIN, בֵּין חַיִּין וּבֵין שְׁחוּטִין חַיָּיב – no matter WHETHER [THESE CREATURES] ARE ALIVE OR HAVE BEEN SLAUGHTERED, HE IS LIABLE. רַבִּי נָתָן אוֹמֵר – But R' NASSAN SAYS: עַל שְׁחוּטִין חַיָּיב – FOR SLAUGHTERED [ANIMALS], HE IS LIABLE; וְעַל חַיִּין פָּטוּר – BUT FOR LIVING ONES, HE IS EXEMPT, שֶׁהַחַי נוֹשֵׂא אֶת עַצְמוֹ – BECAUSE A LIVING CREATURE SUPPORTS ITS OWN WEIGHT.[7] Now, our Mishnah, too, exempts one who carries out a living creature [the live person on the bed]; hence, it evidently reflects R' Nassan's view and not that of the Sages.

NOTES

1. E.g. he realized that taking out the container constitutes a desecration of the Sabbath, but he did not realize that taking out the food was also prohibited (see *Rashba*). [He may have presumed that the Torah did not forbid carrying out food.]

2. Since the Baraisa is not dealing with a case of two *chatas* offerings at all, its teaching is not relevant to the situation where two portions of *cheilev* were eaten in the same lapse of awareness.

Rashba and others raise a difficulty with the notion that one could be liable to a *chatas* for inadvertently transferring the food when he is also liable to the death penalty for deliberately transferring the container. In general, there is a rule that one is liable to a *chatas* only if he would have refrained from performing the act had he known that it was forbidden (see above, 69a). Here, it would seem that the person *would* have transported the food even had he known it was forbidden – for indeed, at the very moment he inadvertently transfers this food, he is deliberately violating the Sabbath by transferring the container! Because of this difficulty, some suggest that indeed, the Gemara does not mean that the person would be liable to both a *chatas* and the death penalty; rather, he would be liable only for the latter (*Rashba;* see also *Tosafos* and *Rabbeinu Chananel*). *Rashi,* though, appears not to accept this approach. For possible explanations of *Rashi* in light of this difficulty, see *Rashba* in explanation of *Rav Hai Gaon;* see also *Maginei Shlomo* (cf. *Chidushei R' Akiva Eiger*, *Meromei Sadeh* and *Chasam Sofer*). See also *Tosafos* to *Pesachim* 29a ד״ה ר׳ נחוניא and *Chidushei HaRan* here.

3. [E.g. he first discovered that transporting the container was a violation of the Sabbath, and then later he discovered that his transfer of the food had likewise been prohibited.]

4. Had both sins become known at the same time, though, the Tanna would agree that he is liable just once. This indeed is the situation discussed earlier, where two portions of *cheilev* were eaten during the same lapse of awareness.

5. R' Yochanan and Reish Lakish are already on record as debating the very case that Rav Ashi proposes our Baraisa discusses: A situation where two violations were committed in the same lapse of awareness, but were afterwards *discovered* at different times (see above, 71b). In R' Yochanan's view, the perpetrator is liable to a second *chatas,* but in the view of Reish Lakish, he is liable to only one.

The Gemara concludes, then, that Rav Ashi accepts the view of R' Yochanan, and, for this reason, he found no problem construing our Baraisa as requiring a second *chatas* in this kind of case. Rav Sheishess, though, did not construe the Baraisa this way, for he accepts as authoritative Reish Lakish's opposing view that the perpetrator is liable only once. He therefore opted to give an alternative explanation of the Baraisa (*Rashi*; cf. *Tosafos*).

6. The assumption is that a live human being supports his own weight (see following note, and above, 93b note 30).

7. [A living creature is presumed to instinctively balance itself while being carried, lessening its burden on those transporting it.]

Tosafos raise a central difficulty here: Even if it is true that a living creature is easier to carry than an inanimate object, why should this make a difference as regards the labor of transferring? Surely one is liable even for carrying very lightweight objects; ease of carriage, then, ought not be a reason for exemption. *Tosafos* argue further that even if we would view the creature as *assisting* in his own transport, this too could not lead to an exemption [on grounds that two partners performed the act together], for the person could presumably have carried the creature even if it were dead, and the case is thus one of זֶה יָכוֹל וְזֶה אֵינוֹ יָכוֹל, *this one is able [to perform the transfer alone] and this one is not able,* where it is clear that the one who was able is held liable! (see 93a).

In view of these problems, *Tosafos* explain the basis for the rule as follows: As we have seen before, the forbidden labors of the Sabbath are those labors that were performed in the construction of the Tabernacle. At no time during the building of the Tabernacle were live creatures carried. Only three animals were needed: (a) rams, (b) *techashim* [whose hides were used for the topmost coverings (*Exodus* 26:14) and for the carrying cases of the vessels (*Numbers* 4:6-14)], and (c) the *chilazon* fish [whose blood was the basis of the תְּכֵלֶת, *techeiles,* a blue dye used for the curtains and covers of the Mishkan]. The first two creatures walked on their own and there was no need to carry them until after their slaughter. Likewise, the *chilazon* fish was killed immediately upon being removed from the water, for any delay would affect the quality of the dye. Thus, in the Torah there is no source to prohibit the carrying of a living creature (*Tosafos*, citing *Ri;* see also *Pnei Yehoshua*).

According to *Tosafos,* then, the concept that "a living creature supports its own weight" is not itself the *reason* for exempting one who carries live creatures. The reason for exemption is rather the lack of a Biblical source to prohibit these kinds of transfers. Nevertheless, the reasoning that "a living creature supports its own weight" still plays a crucial role. For if no logical basis could be found for distinguishing between live creatures and inanimate objects, the lack of a clear source for carrying out live creatures would be immaterial. We would simply presume that liability applies for all objects – living or inanimate – there being no reason to distinguish between them. Rather, it is only because there *is* a distinguishing characteristic to live creatures – the fact that they help support their weight when carried – that allows us to differentiate and say that live creatures are not in the category of items the Torah meant to prohibit (based on *Korban Nesanel* §6).

ששגג על האוכלין והזיד על הכלי מתקיף לה רב אשי והא אף על הכלי קתני אלא א"ר אשי כגון ששגג בזה ובזה ונודע לו וחזר ונודע לו ובפלוגתא דרבי יוחנן ור"ש בן לקיש: את החי במטה פטור אף על המטה: לימא מתני' רבי נתן היא ולא רבנן דתניא המוציא בהמה חיה ועוף לרה"ר בין חיין ובין שחוטין חייב רבי נתן אומר על שחוטין חייב ועל חיין פטור שהחי נושא את עצמו אמר רבא אפילו תימא רבנן ע"כ לא פליגי רבנן עליה דרבי נתן אלא בבהמה חיה ועוף דמשרבטי נפשייהו אבל אדם חי דנושא את עצמו אפילו רבנן מודו א"ל רב אדא בר אהבה לרבא והא דתנן בן בתירא מתיר בסוס ותניא בן בתירא מתיר בסוס מפני שהוא עושה בו מלאכה שאין חייבין עליו חטאת ואמר רבי יוחנן בן בתירא ורבי נתן אמרו דבר אחד ואי אמרת דלא פליגי רבנן עליה דר' נתן אלא בבהמה חיה ועוף דמשרבטי נפשייהו מאי איריא בן בתירא ורבי נתן והאמרת אפילו רבנן מודו כי א"ר יוחנן בסוס המיוחד לעופות ומי איכא סוס המיוחד לעופות אין איכא דבי ווייאדן א"ר יוחנן ומודה ר' נתן בכפות א"ל רב אדא בר מתנה לאביי והא הני פרסאי דכמאן דכפיתי דמו וא"ר יוחנן בן בתירא ור' נתן אמרו דבר אחד התם רמות רוחא הוא דנקיט להו דההוא פרדשכא דרתח מלכא עילויה ורהיט תלתא פרסי בכרעיה: את המת במטה חייב וכן כזית מן המת וכו': אמר רבה בב"ח א"ר יוחנן וא"ר יוסף אמר רשב"ל פוטר היה ר"ש אף

רש"י

ששגג על האוכלין והזיד על הכלי. ומשו"ה חייב דקתני מיתה: והא אף קתני. משמע שני חיובין שוין: בפלוגתא דר' יוחנן ור"ל. דאיפלוגי בידיעות מחלקות בפ' כלל גדול (לעיל דף עא.) איפלוגי נמי רב ששת ורב אשי הכא רב ששת דלא מוקי לה הכי קסבר דאין ידיעות מחלקות ורב אשי סבר ידיעות מחלקות: דמשרבטי נפשייהו. משמטים לכלפי מטה ומכבידין עצמן להשמיט מיד הנושאן: מתיר בסוס. למוכרו לנכרי מפני שמלאכת הסוס אם היה אדם עושה אותה אין חייב עליה חטאת דלרכיבה עומד והחי נושא את עצמו והא דאסרו למכור בהמה גסה לנכרי משום שאלה ומשום שכירות אסור וסוס אי נמי דמושיל ומוגר לאו איסורא דאורייתא איכא שאין זו מלאכה אלא הסוס וגבי אזהרת שביתת בהמה מלאכה כתיב: ואמר רבי יוחנן גרסינן: דבי ווייאדן. של ציידי עופות שנותנין על הסוס עופות כשהן חיין כגון נץ ומינו לצוד שאר עופות ולא משרבטי נפשייהו דלא קטירי והשתא נמי החי נושא את עצמו ומשום הכי א"ר יוחנן בן בתירא ורבי נתן אמרו דבר אחד: בכפות. בין עוף בין אדם: כמאן דכפיתי דמו. שרוכבים מעוטפין בבגדים רחבים וגם הם עצמן מעונגין מהלג על הארץ: ואמר רבי יוחנן גרסינן: בן בתירא ור' נתן אמרו דבר אחד. והא אמרת מודה ר' נתן בכפות ואי משום דאוקמינן בסוס המיוחד לעופות משום רבנן אוקמינן דפליגי עליה ולמימר דאילו באדם שניהם שוין לפטור ואי בכפות מודה רבי נתן היכי מתוקמא דבן בתירא כר' נתן משום דחי נושא את עצמו הא בן בתירא מתיר אפילו למכור לפרסיים דכמאן דכפיתי דמו וכל האומות קרי להו נכרים דסבר דכפות נושא את עצמו: רמות רוחא. גסות: הא דלא מסגו בכרעייהו גסות הוא: פרדשכא. סרדיוט: אף

תוספות

ובפלוגתא דר' יוחנן ור"ל. פי' חייב שתי חטאות לרבי יוחנן כשנודע לו וחזר ונודע לו דידיעות מחלקות ולר"ל אחר (א) שנתכפר נודע לו על אחד ופי' הקונטרס אין נראה לר"י דנהי דלית ליה לרב ששת ידיעות מחלקות מ"מ יעמיד בנודע לו על האחד בשכבר כיפר דכפרה לכ"ע מחלקת:

שהחי נושא את עצמו. תימה לר"י למה פטור דאי משום שהחי מיקל עצמו והלא אפילו במשא קל יותר חייב ואי משום דשנים שעשאוה פטורין הא הוי זה יכול וזה אינו יכול שאין הנישא יכול לישא עצמו בלא הנושא והנושא יש בו כח לנושאו אפילו היה מת ואומר ר"י דממשכן גמרינן שלא היו נושאין דבר חי שהתחשים והאילים היו הולכים ברגליהם והחלזון (ב) מיד היו פוצעין אותו טרם ימות דכמה דאית ביה נשמה טפי ניחא ליה כי היכי דליזיל ליציעיה: אבל אדם חי נושא את עצמו. תימה דבריש נוטל (לקמן דף קמא:) משמע דפליגי נמי באדם דקאמר גבי תינוק דלא כרבי נתן סבירא ליה ואומר רשב"א דקטן כבהמה דמי דמשרביט נפשיה אך קשה לן דבפרק מפנין (שם דף קמח.) תניא מדדין בהמה חיה ועוף בחצר אבל לא בר"ה והאשה מדדה את בנה ברה"ר ופירש התם בקונטרס דבהמה ברה"ר לא שמא יגביהנה מן הארץ וסתמא כרבנן דר' נתן דמחייבי אבל בנה אי נמי מגביה ליה הא באדם מודו רבנן דחי נושא את עצמו [ושמא ההוא דבפרק נוטל איירי בתינוק בן יומו]: בסוס המיוחד לעופות. ובן בתירא מתיר בסוס בכל הסוסים קאמר ורבנן אוסרין בכל הסוסים משום סוס המיוחד לעופות דלא פלוגי חכמים בסוסים: סוסא דבי ווייאדן. פר"ח שכן ציידי עופות מניחין עליהן עופות שלהן שצדין בהן עופות אחרים אבל אין לפרש בעופות הנילודין דהני כפותין נינהו ואמר בסמוך דמודה רבי נתן בכפות: והא הני פרסאי. ואיהו לא מפליג למכור לשום נכרי: את המת במטה חייב. נראה לר"י דמהכא קים לן בכל דוכתא דאית ליה לר' יהודה מלאכה שאינה צריכה לגופה חייב עליה דמסתמא ת"ק דר"ש היינו רבי יהודה כי ההיא דלעיל זה אינו יכול וזה אינו יכול דת"ק דר"ש היינו ר' יהודה כדמוכח בגמ' ורשב"א אומר דיש להביא מדתנן לעיל (דף ל.) ר' יהודה אומר אף המוציא משמשי ע"ז דהוי מלאכה שאינה צריכה לגופה: רבי שמעון פוטר. נראה לר"י דמלאכה שאינה צריכה לגופה קרי כשעושה מלאכה ואין צריך לאותו צורך כעין שהיו צריכין לה במשכן אלא לענין אחר כי הצורך שהיתה מלאכה נעשית בשבילו במשכן הוא גוף (איסור) המלאכה ושורשו ולפי זה אתי כולהו שפיר הוצאת המת אין צריך למת ובמשכן היו צריכין לחפצים שהוציאו לצד נחש שלא ישכנו אינו צריך לנחש ובמשכן היו צריכין לתחש וחלזון ומפיס מורסא להוציא ליחה המזיקתו ואין עומד להכניס ולהוציא ליחה תמיד אע"פ שנעשה פתח גמור שהרי ראוי (הוא) להכניס ולהוציא אם היה צריך מ"מ לא דמי לפתחים שבמשכן שהיו עומדין להכניס ולהוציא אבל לעשות לה פה דמיא למשכן וחייב והריגת המזיקין אין צריך להם ובמשכן היו צריכין לעורות אילים המאדמים ותחשים וחופר גומא ואינו צריך אלא לעפרה ובמשכן היו צריכין לגומא לנעוץ בה או לדבר אחר וכן בכל כיבוי שלא יבער הכלי הוי אינה צריכה לגופה שאינו צריך לכיבוי עצמו ואפילו ... צריך להוצאה זו ... על הנר ועל השמן או על הפתילה המהובהבת כבר אין צריכין לגופן שבמשכן לא היה כיבוי אלא לעשות פחמין בכיבוי זה ומתקנין על ידי כיבוי זה שיהו ראוין למלאכת הצורפין וכיבוי כדי שלא יקדיחו הסממנין בבישולן לא היה במשכן כי זהירים היו שלא להרבות אש יותר מדאי וכן סותר ע"מ לבנות נמי לא מחייב ר' שמעון דבעי שתהא צריכה לגופה אלא כגון סותר ע"מ לתקן יותר ממה שהיה בתחלה כגון שהבנין האחרון טוב מן הראשון כדמוכח בשמעתין דחם על הנר וכן קורע על (ג) מתו או שובר כלים למירמי אימתא אאינשי דביתיה אין צריכין לגופה דבמשכן היתה קריעה לצורך תיקון דבר הנקרע ואע"ג דבהוצאה לא בעי רבי שמעון שיהא לגמרי כמו שהיה במשכן (ד) דלא בעי מר לעשות בו טס או ס"ת כדי להגיה אע"פ שבמשכן הוצאת הנדבה היתה כדי לתקנה לעשות ממנה משכן וכלים מקלקלים כגון מכבה וסותר וקורע מסתברא דלצריך שיהא על מנת לתקן כמו במשכן ולא חשיבי המקלקלים צריכות לגופה עד דהוי לגופו ולגופה והא דלא קרי לה לגופו ולגופה כיון דבעו תרוייהו בכלל לגופה היא אבל לגבי מר וס"ת כיון דלא בעי אלא לגופו דהא לא בעי כמר לעשות בו טס וס"ת כדי להגיה בו לא הוי בכלל לגופה ולפי שצריכות לגופה הוי כעין דהוי במשכן כמו שפירש' הוצרך להשמיענו כמר דלא בעינן לעשות לו טס כמו שהיה במשכן ורש"י דפירש דברצונו לא היתה בזה לו ולא היה צריך לה שאינה אלא לסלקה מעליו כמו צד נחש שלא ישכנו או מכבה גחלת שלא יוזקו בה רבים דברצונו שלא היה בעולם וכן בפרק במה מדליקין (לעיל דף לא:) פירש כחם על הפתילה המהובהבת כבר דאינה צריכה לגופה משום דאין צריך לכיבוי זה ואם לא הובערה מעולם הוה ניחא ליה להדליק וקשה עליה כי אית בה טפי הוה ניחא ליה כה קשה סותר על מנת לבנות כמו במחלה וקורע במתו למירמי אימתא אאינשי דביתיה דהתם צריך למלאכה ורוצה הוא שיהא בעולם וניחא ליה שיתרמי ואין לומר דלא ניחא ליה שיצטרך למירמי אימתא אם כן מפיס מורסא לעשות לה פה יהא פטור דברצונו היה שלא יהא מורסא מעולם וכן קורע יריעה שנפל בה דרנא על מנת לתפור דברצונו לא היה טופל בה וכן תופר בגד קרוע ברצונו שלא היה קרוע אלא צריך לפרש כדפירשתי: (שייך לע"ב) גדול כבוד הבריות שדוחה את לא תעשה שבתורה. קשה לר"י דגבי טלטול דהוי איסורא דרבנן לא שרינן משום כבוד הבריות אלא ע"י ככר או תינוק כדאמר בפרק במה מדליקין (לעיל דף ל:) ובפרק כירה (שם דף מג.) ויש לומר דשאני טלטול דאפשר על ידי ככר או תינוק לכך לא התיר בענין אחר:

מסורת הש"ס

א) [לעיל דף עא.], ב) [תוספתא פרק ט], ג) [לקמן קמא: יומא סו: ערכין קג.], ד) ע"ז יד: בכורות ב. [פסחים נג.], ה) [בערוך ע' ויידן גרס דביזיידין וע"ש בשם רב האי גאון], ו) [ע"ז עא.], ז) בדפו"י הגי' אמר רבא כו' ור' יוסף אמר ריש לקיש, ח) [עי' רש"ל ורש"א], ט) צ"ל ואי בכפות מודה ר' נתן עד סה"ד ואח"כ שייך ואי משום וכו' לפטור וכן הגיה הס"ג מו"ה שכנא ז"ל, י) [וע"ע תוס' ערכין כז: ד"ה את החיים], כ) [שייך במשנה לג.], ל) [ג"ז שייך שם], מ) [לעיל לא.], נ) הנקרע ומיתקן בכך ועכ"ע כי כל"ל, ס) וס"א אלא כדי לקרות בו כ"ה בס"א, ע) גיר' הב"י א"נ, פ) [ועי' תוס' חגיגה י: ד"ה מלאכת].

הגהות הב"ח

(א) תוס' ד"ה ובפלוגתא וכו' ולר"ל אחר שנתכפר על אחד חזר ונודע לו על אחר: (ב) ד"ה שהחי וכו' והחלזון. נ"ב ע"ל דף עה ע"א: (ג) ד"ה ר"ש וכו' וכן קורע במתו או שובר. כצ"ל ונ"ב עי' בפרק האורג דף קה ע"ב: (ד) בא"ד דהא לא בעי גבי מר לעשות בו טס:

רב נסים גאון

צריכין לכלים חייב אף על הכלי: ובפלוגתא דר' יוחנן וריש לקיש. עיקר דיליה בפרק כלל גדול (דף עא):

ליקוטי רש"י

בפלוגתא דר' יוחנן ור"ש בן לקיש. דר' יוחנן דאמר לעיל דאוכל שני זיתי חלב בהעלם אחד ונודע לו בשני ידיעות מביא שתי חטאות על כל אחת ואחת דמשמע ליה חילוק ידיעה כאילו הביא קרבן בין חלב לידיעה. וקאמר ריש לקיש דאין ידיעות מחלקות להתחייב בשתים על שני זיתי חלב בהעלם אחד [לעיל עב.]. מתני' ר' נתן היא. דאמר חי נושא את עצמו הוא ואין חייב אלא משום שבות. בן בתירא מתיר בסוס. שאין מלאכתו אלא לרכיבה שבות היא ולאו מלאכה משום דחי נושא את עצמו [ע"ז יד:]. לפי שמלאכתו לרכיבה ומשוי דידיה ליכא למיגזר שלא משום שבות שאין רוכבין על גבי בהמה גבי שבות שנו לה במסכת ביצה (לו:) [פסחים נג.]. שאין עושין בו מלאכה שיהא בו חיוב חטאת דסתם סוס לרכיבה עומד והרוכב בשבת אינו [חייב] אלא משום שבות שהחי נושא את עצמו [בכורות ב.]. פרדשכא. פקיד ונגיד [מגילה יב:].

עין משפט נר מצוה

כח א מיי' פי"ח מהל' שבת הלכה טז:
כט ב מיי' פ"כ שם הלכה ד:
ל ג מיי' פי"ח שם הלכ' טז:

גליון הש"ס

גמ' ונודע לו וחזר ונודע לו. עי' לעיל דף ל ע"א תוס' ד"ה המוציא: תוס' ד"ה גדול וי"ל דשאני טלטול דאפשר ע"י ככר. ק"ל הא מבואר לעיל דף מג ע"ב דליכא ככר דשרי טלטול מן הצד רק מטעם דאדם בהול על מתו ואי לא שרית ליה אתי לכבויי ולא שרינן מטעם כבוד הבריות וצ"ע. ועי' סוכה דף לו ע"ב בתוס' שם:

רבינו חננאל

ופטור מן הקרבן והיכי דמי כגון האי דתנן נשאת ע"פ ב"ד תצא ופטורה מן הקרבן שלא ע"פ ב"ד תצא וחייבת בקרבן ור' שמעון אמר לך יחיד שעשה בהוראת ב"ד לא צריך קרא למעוטיה ור' מאיר דקא מחייב זה יכול וזה יכול אמר לך תרין מיעוטי אינון ואם נפש אחת תחטא בשגגה אחת לאו מיעוטא הוא אלא נפש תחטא בעשותה חד לזה עוקר וזה מניח וחד ליחיד שעשה בהוראת בית דין ובזמן שאחד יכול ואחד אינו יכול והוציאו (שניהם פטורין) [ד"ה חייב]. אמר רב חסדא היכול הוא דחייב ואידך שאינו יכול לא קא עביד מידי אלא מסייע הוא ומסייע אין בו ממש ואיסתייע רב חסדא בכמה סייעתא זפש"ן סימן רב זביד משמיה דרבא סייעיה מהא דתני בזב היה רוכב ע"ג בהמה וד' טליות תחת ד' רגלי בהמה טהורות מפני שהיא יכולה לעמוד על שלש דחשבת כל חדא מסייעת ומסייע אין בו ממש (וכי) אמר רב יהודה מדסקרתא לעולם אימא לך מסייע יש בו ממש ושאני בהמה דכי עקרא חדא רגל משויא בדעתא למעקר כולהי גופיה אהדרו ליה לאו זמנין עקרא הא זמנין עקרא הא וכיון דאפילו בעי למעקר כולי גופה ומתחלה עקרא חדא זמנין עקרא הא וזמנין דעקרא הא ולאו חדא בעינא הוא דעקרא או הוה אית ביה ממש במסייע והוה האי זב דרכיב על האי בהמה כזב המתהפך על ה' ספסלין לארכן ויש ספק מתהפך עליהן טמאין דכל רגל מסייעת הוא ספק הא מתעקרא וספק הא מתעקרא לא אמרינן מסייע אין בו ממש. ורב פפי משמיה דרבא סייע מהא ר' יוסי אמר הסוס מטמא [על ידיו] וחמור מטמא ברגליו שמשענת הסוס על [ידיו] וחמור על [רגליו] ואמאי הא קא מסייעת ברגליו בהדי ידים וידים בהדי רגלים לאו משום דאמרי' מסייע אין בו ממש ודרב אשי ורבינא ברירין ומפרשן בתוספתא ובכל הזבחים שקבל דמן: ושמעתתא דבתרא קא גרסין לה. אמר מר זה יכול וזה יכול ר' מאיר מחייב איבעיא להו בעינן שיעור לזה ושיעור לזה או דלמא שיעור אחד לכולן ואנחנא חזינא דהא טעותא היא דלא בעו כי האי בעיא אליבא דרבי מאיר דלאו הלכתא כוותי' ולא אמרי אמוראי (פשמ"ש) [סמנ"ש] סימן. אף אנן תנינא אלא אהא קאי האי בעיא זה יכול וזה אינו יכול ר' מאיר ור' יהודה מחייבין ור' שמעון פוטר ובהא הלכה כר' מאיר ור' יהודה והא קאמרינן באין צדין [דף כז] בהדיא רבי יהודה ור"ש הלכה כר' יהודה וכיון דהלכתא זה אינו יכול וזה אינו יכול חייבין עלה בעינן מי צריכינן שיעור לכל חד וחד או חד שיעור לשניהן וסליקא הלכה שיעור אחד לשניהם ופשטה דמתניתין לא יכול אחד להוציאו והוציאו שנים חייבין דאלמא כל אחד מהן בפני עצמו אינו יכול אבל שניהן בהדי הדדי יכולין ואעפ"כ חייבין ולא מצית מימר על זה יכול וזה אינו יכול קאי ולאו אליבא דר' מאיר קאי בעי אלא אליבא דרבנן דפטורין קאמר מי פטרי רבנן אע"פ שהוציאו שניהן שני שיעורין או דלמא אם הוציאו שניהן אחד פטורין ואם הוציאו שני שיעורין

The Gemara rejects the argument:

אָמַר רָבָא – **Rava said:** אֲפִילּוּ תֵּימָא רַבָּנָן – **You can even say** that our Mishnah accords with **the Sages,** for we can assert the following: עַד כָּאן לֹא פְּלִיגֵי רַבָּנָן עֲלֵיהּ דְּרַבִּי נָתָן אֶלָּא בִּבְהֵמָה חַיָּה וָעוֹף – **The Sages disputed R' Nassan only as far as a domesticated animal, a wild animal or a bird is concerned,** דִּמְשַׁרְבְּטֵי נַפְשַׁיְיהוּ – **for [these creatures] stiffen themselves** when someone holds them, and attempt to escape his grasp.[8] אֲבָל אָדָם חַי – **But** as regards **a live human being,** דְּנוֹשֵׂא אֶת עַצְמוֹ – **who** on the contrary **supports himself** while being carried,[9] אֲפִילּוּ רַבָּנָן מוֹדוּ – **even the Sages would agree** that he who carries him is exempt.[10] Thus, our Mishnah could accord with the view of the Sages as well.

The Gemara raises a difficulty with this notion that the Sages concede to R' Nassan as regards carrying a live human:

אָמַר לֵיהּ רַב אַדָּא בַּר אַהֲבָה לְרָבָא – **Rav Adda bar Ahavah said to Rava:** וְהָא דִּתְנַן – **But** what of **that which we learned in a Mishnah:**[11] בֶּן בְּתֵירָא מַתִּיר בְּסוּס – BEN BESEIRA PERMITS the sale of an animal to a gentile IN the case of A HORSE.[12] וְתַנְיָא – **And** elaborating upon this, **a Baraisa taught:** בֶּן בְּתֵירָא מַתִּיר בְּסוּס – BEN BESEIRA PERMITS IT IN the case of A HORSE, מִפְּנֵי שֶׁהוּא עוֹשֶׂה בּוֹ מְלָאכָה – BECAUSE ONE DOES the kind of LABOR WITH [A HORSE] [i.e. riding upon it] שֶׁאֵין חַיָּיבִין עָלָיו חַטָּאת – FOR WHICH THERE CAN BE NO LIABILITY TO A *CHATAS.*[13] וְאָמַר רַבִּי יוֹחָנָן – **Now,** in explaining Ben Beseira's reasoning, **R' Yochanan has said:** בֶּן בְּתֵירָא וְרַבִּי נָתָן אָמְרוּ דָּבָר אֶחָד – **Ben Beseira and R' Nassan are saying one** and the same **thing;** i.e. Ben Beseira's ruling is founded upon R' Nassan's principle that a living creature supports its own weight.[14]

The Gemara concludes its argument:

וְאִי אָמְרַתְּ – **And** now, **if you say** דְּלָא פְּלִיגֵי רַבָּנָן עֲלֵיהּ דְּרַבִּי נָתָן אֶלָּא בִּבְהֵמָה חַיָּה וָעוֹף – **that the Sages dispute R' Nassan only in** the case of **a domesticated animal, a wild animal or a bird,** וּמִשּׁוּם דִּמְשַׁרְבְּטֵי נַפְשַׁיְיהוּ – **and** it was **because these [animals] stiffen themselves** that the Sages imposed liability for carrying them,[15] but they agree with R' Nassan that there is no liability for carrying humans; מַאי אִירְיָא בֶּן בְּתֵירָא וְרַבִּי נָתָן – if so, **why** did R' Yochanan **single out** an association between **Ben Beseira and R' Nassan?** וְהָאָמְרַתְּ אֲפִילּוּ רַבָּנָן מוֹדוּ – **You said** that **even the Sages would agree** that one is exempt for carrying a human being, and therefore even the Sages ought to permit the sale of a horse![16] Apparently, then, your assumption is mistaken; it must be that the Sages argue with R' Nassan in *all* cases, even as regards carrying a person! – ? –

The Gemara resolves the difficulty:

כִּי אָמַר רַבִּי יוֹחָנָן – We can respond: **When R' Yochanan said** that Ben Beseira accords with R' Nassan, בְּסוּס הַמְיוּחָד לְעוֹפוֹת – he was speaking specifically **of** R' Nassan's position concerning **a horse set aside for** carrying **birds.** In permitting the sale of *that* kind of horse, too, Ben Beseira indeed follows only R' Nassan, and not the Sages.[17]

The Gemara questions whether these kinds of horses really exist:

וּמִי אִיכָּא סוּס הַמְיוּחָד לְעוֹפוֹת – **And is there** such a thing **as a horse set aside** just **for** carrying **birds?**

The Gemara replies:

אִין – **Yes;** אִיכָּא דְּבֵי וַיָּיאדָן – **there are,** for example, the horses **of the birdhunters.**[18]

The Gemara further clarifies R' Nassan's view that one who carries a living creature – either man or animal – is exempt:

אָמַר רַבִּי יוֹחָנָן – **R' Yochanan said:** וּמוֹדֶה רַבִּי נָתָן בִּכְפוּת – **But R' Nassan concedes in** the case of a creature **tied** with ropes that one is liable for its transfer.[19]

NOTES

8. They attempt to squirm out of the person's clutches. If anything, this makes them seem *heavier* to the person carrying them (*Rashi*).

9. [He instinctively shifts his weight to balance himself properly, allowing himself to be carried more easily.]

10. I.e. they hold that the Torah's exclusion of living creatures applies to humans only. Live animals, by virtue of the fact that they do *not* assist the one bearing them, are classified in the same group as inanimate objects, which the Torah includes in the labor of transferring (*Korban Nesanel* §6, in explanation of *Tosafos;* see above, note 7).

[The Sages thus agree with R' Nassan's basic principle that "a living creature supports its own weight." They differ only insofar as R' Nassan applies the principle to both animals and human beings, whereas the Sages apply it to humans only.]

11. *Pesachim* 53a, *Avodah Zarah* 14b.

12. The context of Ben Beseira's ruling is the Rabbinic ban on selling beasts of burden [e.g. cows and donkeys] to gentiles. The reason for the ban was the fear that if Jews engaged in selling these animals to gentiles, some might lend or rent them to gentiles as well. The non-Jewish borrower or renter might then use the animal to perform labor on the Sabbath – and since the animal is still *owned* by the Jew, it would emerge that the Jew would transgress the law requiring his animals to desist from labor on the Sabbath (*Rashi;* see *Exodus* 20:10).

The Gemara proceeds to explain why Ben Beseira asserts that a horse does not fall under the above ban.

[Nowadays, the prevalent custom is to sell all kinds of animals, beasts of burden or otherwise, to gentiles. Various reasons are suggested as to why the restriction no longer applies; see *Yoreh Deah* 151:4 with commentators.]

13. Horses are generally used to carry human beings. A horse, then, is not used for a type of labor that would be prohibited on the Sabbath, for the carriage of human beings is permitted under Biblical law (due to the principle that *a live creature supports its own weight*). Thus, Ben Beseira rules that a Jew may sell his horse to a gentile (see *Rashi*).

14. See previous note.

15. Whereas for carrying a person, the Sages agree there is no liability.

16. [If *both* the Sages and R' Nassan maintain that a horse, which carries a human rider, is not performing prohibited labor on the Sabbath, then both ought to subscribe to Ben Beseira's permit to sell horses to gentiles. R' Yochanan, then, ought not to have associated Ben Beseira's ruling with R' Nassan to the exclusion of the Sages.]

17. I.e. Ben Beseira seems to allow the sale of *any* horse to gentiles, even a horse used just to carry other animals. In this aspect of his ruling, Ben Beseira surely follows only R' Nassan, for it is only R' Nassan who applies the principle of חַי נוֹשֵׂא אֶת עַצְמוֹ, *a living creature supports its own weight,* even to the carrying of animals (*Ritva MHK* ed.).

[Ben Beseira, then, permits the sale of any horse, for in his view all horses perform permitted labor, no matter what kind of creature they are carrying. The Sages, on the other hand, prohibit the sale of all horses on account of the one type of horse that carries other animals, which in their view is a prohibited labor (*Tosafos;* cf. *Tosafos* to *Avodah Zarah* 14b ד״ה ובן בתירה, *Rambam, Commentary to Mishnah* ad loc.; see also *Sfas Emes*, and *Tos. R' Akiva Eiger* to Mishnah ad loc.).]

18. Hunters of the time would sometimes use sparrow-hawks and other birds of prey to capture various other birds (*Rashi*). This mode of hunting, known as falconry, was a favorite pastime of the nobility in ancient times and throughout the Middle Ages.

The hunters would transport the birds of prey by allowing them to perch on the backs of horses, and in this way, the birds would remain rested for the hunt to come (*Ritva MHK* ed., *Aruch* ע' ויידן; see following note).

19. Once tied up and made immobile, a man or animal (*Rashi*) cannot balance himself to assist the person carrying him.

Ran suggests, based on *Yoma* 66b, that with reference to this law, an ill creature [that cannot move about properly] has the same status as one who is bound up (see *Chidushei HaRan* and *Ritva MHK* ed.).

[The birds of prey mentioned earlier were not bound; rather, they were allowed to perch on the horse without restraint (*Maharsha*).]

ששגג על האוכלין והזיד על הכלי מתקיף לה רב אשי והא אף על הכלי קתני אלא א"ר אשי כגון ששגג בזה ובזה ° ונודע לו וחזר ונודע לו ובפלוגתא א) דרבי יוחנן ור"ש בן לקיש: את החי במטה פטור אף על המטה: לימא מתני' רבי נתן היא ולא רבנן דתניא ב) א המוציא בהמה חיה ועוף לרה"ר בין חיין ובין שחוטין חייב רבי נתן אומר על שחוטין חייב ועל חיין פטור ג) שהחי נושא את עצמו אמר רבא אפילו תימא רבנן ע"כ לא פליגי רבנן עליה דרבי נתן אלא בבהמה חיה ועוף דמשרבטי נפשייהו אבל אדם חי דנושא את עצמו אפילו רבנן מודו א"ל רב אדא בר אהבה לרבא והא דתנן ד) בן בתירא מתיר בסוס ותניא בן בתירא ב מתיר בסוס מפני שהוא עושה בו מלאכה שאין חייבין עליו חטאת ואמר רבי יוחנן בן בתירא ורבי נתן אמרו דבר אחד ואי אמרת דלא פליגי רבנן עליה דר' נתן אלא בבהמה חיה ועוף משום דמשרבטי נפשייהו מאי איריא בן בתירא ורבי נתן והאמרת אפילו רבנן מודו כי א"ר יוחנן בסוס המיוחד לעופות ומי איכא סוס המיוחד לעופות אין איכא ה) דבי וייאדן א"ר יוחנן ג ומודה ר' נתן בכפות א"ל רב אדא בר מתנה לאביי והא הני פרסאי דכמאן דכפיתי דמו וא"ר יוחנן בן בתירא ור' נתן אמרו דבר אחד התם ו) רמות רוחא הוא דנקיט להו דההוא פרדשכא דרתח מלכא עילויה ורהיט תלתא פרסי בכרעיה: את המת במטה חייב וכן כזית מן המת וכו': ז) אמר רבה בב"ח א"ר יוחנן וא"ר יוסף אמר רשב"ל פוטר היה ר"ש אף

ששגג על האוכלין והזיד על הכלי. ומאי חייב דקתני מיתה: והא אף קתני. משמע שני חיובין שוין: בפלוגתא דר"י ור"ל. דאיפלוגי בידיעות מחלקות בפ' כלל גדול (לעיל דף עא.) איפלוגי נמי רב ששת ורב אשי הכא רב ששת דלא מוקי לה הכי קסבר דאין ידיעות מחלקות ורב אשי סבר ידיעות מחלקות: דמשרבטי נפשייהו. משמטים לכפי מטה ומכבידין עצמן להשמיט מיד הנושאן: מתיר בסוס. למוכרו לנכרי מפני שמלאכת הסוס אם היה אדם עושה אותה אין חייב עליה חטאת דלרכיבה עומד והחי נושא את עצמו והא דאסרו למכור בהמה גסה לנכרי משום שאלה ומשום שכירות אסור וסוס אי נמי דמושיל ומוגר לאו איסורא דאורייתא איכא שאין זו מלאכה אלא הסוס וגבי אזהרת שביתת בהמה מלאכה כתיב: ואמר רבי יוחנן גרסינן: דבי וייאדן. של לידי עופות שנותנין על הסוס עופות כשהן חיין כגון נץ ומינו לצוד שאר עופות ח) ולא משרבטי נפשייהו דלא קשירי והשתא נמי החי נושא את עצמו ומשום הכי א"ר יוחנן בן בתירא ורבי נתן אמרו דבר אחד: בכפות. בין עוף בין אדם: כמאן דכפיתי דמו. שרוכבים מעוטפין בבגדים רחבים וגם הם עצמן מעונגין מהלוך על הארץ: ואמר רבי יוחנן גרסינן: בן בתירא ור' נתן אמרו דבר אחד. והא אמרת מודה ר' נתן בכפות ט) ואי משום דאוקמינן בסוס המיוחד לעופות משום רבנן אוקמינן דפליגי עליה ולמימר דאילו באדם שניהם שוין לפטור ואי בכפות מודה רבי נתן היכי מתוקמא דבן בתירא כר' נתן משום דחי נושא את עצמו הא בן בתירא מתיר אפילו למכור לפרסיים דכמאן דכפיתי דמו וכל האומות קרי להו נכרים דסבר דכפות נושא את עצמו: רמות רוחא. גסות: הא דלא מסגו בכרעייהו גסות הוא: פרדשכא. סרדיוט: אף

ובפלוגתא דר' יוחנן ור"ל. פי' חייב שתי חטאות לרבי יוחנן כשנודע לו וחזר ונודע לו דידיעות מחלקות ולר"ל אחר (א) שנתכפר נודע לו על אחד ופי' הקונטרס אין נראה לר"י דנהי דלית ליה לר"ל ששת ידיעות מחלקות מ"מ יעמיד בנודע לו על האחד בשכבר כיפר דכפרה לכ"ע מחלקת: שהחי נושא את עצמו. תימה לר"י למה פטור דאי משום שהחי מיקל עצמו והלא אפילו במשא קל יותר חייב ואי משום דשניהם שעשאוה פטורין הא הוי זה יכול וזה אינו יכול שאין הניטל יכול לישא עצמו בלא הנושא והנושא יש בו כח לנושאו אפילו היה מת ואומר ר"י דממשכן גמרינן שלא היו נושאין דבר חי שהתחשים והאילים היו הולכים ברגליהם והחלזון (ב) מיד היו פוצעין אותו טרם ימות דכמה דאית ביה נשמה טפי ניחא ליה כי היכי דליצליל ליבעיה: אבל אדם חי נושא את עצמו. תימה דבריש נוטל (לקמן דף קמא:) משמע דפליגי נמי באדם דקאמר גבי תינוק רבא כרבי נתן סבירא ליה ואומר רשב"א דקטן כבהמה דמי דמשרביט נפשיה אך קשה לן דבפרק מפנין (שם דף קכח:) תניא מדדין בהמה חיה ועוף בחצר אבל לא ברה"ר והאשה מדדה את בנה ברה"ר ופירש התם בקונטרס דבהמה ברה"ר לא שמא יגביהנה מן הארץ וסתמא כרבנן דר' נתן דמחייבי אבל בנה אי נמי מגבה ליה הא באדם מודו רבנן דחי נושא את עצמו (ושמא ההוא דבפרק נוטל איירי בתינוק בן יומו): בסוס המיוחד לעופות. וכן בתירא מתיר בסוס בכל הסוסים קאמר ורבנן אוסרין בכל הסוסים משום סוס המיוחד לעופות דלא חילקו חכמים בסוסים: סוסא דבי וייאדן. פר"ח שכן לידי עופות מניחין עליהן עופות שלהן שצדין בהן עופות אחרים אבל אין לפרש בעופות הנילודין דהני כפותין נינהו ואמר בסמוך דמודה רבי נתן בכפות: והא הני פרסאי. ואיהו לא מפליג למכור לסוס נכרי: ט) את המת במטה חייב. נראה לר"י דמהכא קים לן בכל דוכתא דאית ליה לר' יהודה מלאכה שאינה צריכה לגופה חייב עליה דמסתמא ת"ק דר"ש היינו רבי יהודה כי ההיא דלעיל זה אינו יכול וזה אינו יכול דת"ק דר"ש היינו ר' יהודה כדמוכח בגמ' ורשב"א אומר דיש להביא מדתנן לעיל (דף ל.) ר' יהודה אומר אף המוציא משמשי ע"ז דהוי מלאכה שאינה צריכה לגופה: י) רבי שמעון פוטר. נראה לר"י דמלאכה שאינה צריכה לגופה קרי כשעושה מלאכה ואין צריך לאותו צורך כעין שהיו צריכין לה במשכן אלא לענין אחר כי הצורך שהיתה מלאכה נעשית בשבילו במשכן הוא גוף (איסור) המלאכה ושורשו ולפי זה אתי כולהו שפיר הוצאת המת אין צריך למת ובמשכן היו צריכין לחפצים שהוציאו לד נחש שלא ישכנו אינו צריך לנחש ובמשכן היו צריכין לתחש וחלזון ומפיס מורסא להוציא ליחה המזיקתו ואין עומד להכניס אויר ולהוציא ליחה תמיד אע"פ שנעשה פתח גמור שהרי ראוי (הוא) להכניס ולהוציא אם היה צריך מ"מ לא דמי לפתחים שבמשכן שהיו עומדין להכניס ולהוציא אבל לעשות לה פה דמיא למשכן וחייב והריגת המזיקין אין צריך להם ובמשכן היו צריכין לעורות אילים הנשחטים וחופר גומא ואינו צריך אלא לעפרה ובמשכן היו צריכין לגומא לנעוץ בה או לדבר אחר וזב בכיס שלא יטנפו כליו הוי אינה צריכה לגופה שאינו צריך לכיס עצמו ואפילו למנות ראיותיו או נקיים דצריך הכיס מ"מ אין צריך להוצאה זו דה"נ סגי ליה אי יתיב בחד דוכתא ומכבה גחלת שלא יוזקו בה רבים וכחם על הנר ועל השמן או על הפתילה המהובהבת כבר אין צריכין לגופן שבמשכן לא היה כיבוי אלא לעשות פחמין בכיבוי זה ומתקנין על יד כיבוי זה שיהו ראוין למלאכת הצורפין וכיבוי כדי שלא יקדיחו הסממנין בבישולן לא היה במשכן כי זהירים היו שלא להרבות אש יותר מדאי וכן סותר ע"מ לבנות נמי לא מחייב ר' שמעון דבעי שתהא צריכה לגופה אלא כגון שסותר ע"מ לתקן יותר ממה שהיה בתחלה כגון שהבנין האחרון טוב מן הראשון כדמוכח בשמעתין ל) דחס על הנר וכן קורע על (ג) מתו או שובר כלים למירמי אימתא אאינשי דביתיה אין צריכין לגופה דבמשכן היתה קריעה לצורך תיקון דבר מ) הנקרע ואע"ג דהוצאה לא בעי רבי שמעון שיהא לגמרי כמו שהיה במשכן (ד) דלא בעי מר לעשות לו טס או ס"ת להגיה אע"פ שבמשכן הוצאת הנדבה היתה כדי לתקנה לעשות ממנה משכן וכלים במקלקלים כגון מכבה וסותר וקורע מסתברא דצריך שיהא על מנת לתקן כמו במשכן ולא חשיבי המקלקלים צריכות לגופה עד דהוי לגופו ולגופה והא דלא קרי לה לגופו ולגופה כיון דבעו תרוייהו בכלל לגופה היא אבל לגבי מר וס"ת כיון דלא בעי אלא לגופו דהא לא בעי במר לעשות בו טס נ) וס"ת כדי להגיה בו לא הוי בכלל לגופה ולפי שצריכות לגופה הוי כעין דהוי במשכן כמו שפיר' הוצרך להשמיענו במר דלא בעינן לעשות לו טס כמו שהיה במשכן ורש"י דפירש דרצונו לא היתה באה לו ולא היה צריך לה שאינה אלא לסלקה מעליו כמו לד נחש שלא ישכנו או מכבה גחלת שלא יוזקו בו רבים דרצונו שלא היה בעולם ס) וכן בפרק במה מדליקין (לעיל דף לא:) פירש כחם על הפתילה המהובהבת כבר דאינה צריכה לגופה משום דאין צריך לכיבוי זה ואם לא הובערה מעולם הוה ניחא ליה דהואיל וחס עליה כי אית בה טפי הוה ניחא ליה בה קשה מסותר על מנת לבנות כמו בתחלה וקורע בחמתו למירמי אימתא אאינשי דביתיה דהתם צריך למלאכה ורוצה הוא שיהא בעולם ואין לומר דלא ניחא ליה שיצטרך למירמי אימתא ע) אם כן מפיס מורסא לעשות לה פה יהא פטור דרצונו היה שלא היה מורסא מעולם וכן קורע יריעה שנפל בה דרנא על מנת לתפור דרצונו לא היה נופל בה וכן תופר בגד קרוע ברצונו שלא היה קרוע אלא צריך לפרש כדפירשתי פ): (שייך לע"ב) גדול כבוד הבריות שדוחה את לא תעשה שבתורה. קשה לר"ת דגבי טלטול דהוי איסורא דרבנן לא שרינן משום כבוד הבריות אלא ע"י ככר או תינוק כדאמר בפרק במה מדליקין (לעיל דף ל:) ובפרק כירה (שם דף מג:) ° ויש לומר דשאני טלטול דאפשר על ידי ככר או תינוק לכך לא התיר בענין אחר: אהני

מסורת הש"ס

א) [לעיל דף עא.], ב) [תוספתא פרק ט], ג) [לקמן קמא:] יומא סו: ערכין קג., ד) ע"ז יד: בכורות נג. [פסחים נג.], ה) [בערוך ע' וייאדן גרס דבוידן וע"ש מ"ש בשם רב האי גאון], ו) [ע"ז עא.], ז) בדפו"י הגי' אמר רבא א"ר יוסף אמר ריש לקיש, ח) [עי' רש"י ור"ח], ט) נ"ל ואי בכפות מודה ר' נתן עד קס"ד ואח"כ שייך ואי משום סוס וכו' לפטור וכן הגיה הב"ח מוה"ר שכנא ז"ל, י) [וע"ע תוס' עירובין קג. ד"ה את החי], כ) [שייך לעיל במשנה לג.], ל) [ג"ז שייך שם], מ) [לעיל לג:], נ) הקצע ומתקן בכך ולע"ג כו' כצ"ל, ס) וס"ת אלא כדי לקרות בו כ"ה בב"ח, ע) גירי הב"י א"כ, פ) [ועי' תוס' חגיגה י: ד"ה מלאכת].

הגהות הב"ח

(א) תוס' ד"ה ובפלוגתא וכו' ולר"ל אחר שנתכפר על אחד חזר ונודע לו על אחר: (ב) ד"ה שהחי וכו' והחלזון. נ"ב ע"ל דף עה ע"א: (ג) ד"ה ר"ש וכו' וכן קורע בחמתו או שובר. נ"ב וע"ע בפרק הבונה קג ע"ב: (ד) בא"ד דהא לא בעי גבי מר לעשות בו טס:

רב נסים גאון

צריכין לכלים חייב אף על הכלי: ובפלוגתא דר' יוחנן וריש לקיש. עיקר דיליה בפרק כלל גדול (דף עא):

ליקוטי רש"י

בפלוגתא דר"י ור"ש בן לקיש. דר' יוחנן דאמר לעיל באוכל שני זיתי חלב בהעלם אחד ונודע לו באחד מהן וחזר ונודע לו בשני מביא שתי חטאות על כל אחת ואחת דמשיגא ליה חילוק ידיעה לגבי קרבן ידיעה לידיעה. וקאמר ריש לקיש דאין ידיעות מחלקות להתחייב בשתים על שני זיתי חלב בהעלם אחד [לעיל עב.]. מתני' ר' נתן היא. דאמר חי נושא את עצמו ואין בו אלא משום שבות [יומא סו:]. בן בתירא מתיר בסוס. שאין מלאכתו אלא לרכיבה ורכיבה שבות היא ולאו מלאכה משום דחי נושא את עצמו [ע"ז יד:]. לפי שמלאכתו לרכיבה ונשיאת אדם וחי נושא את עצמו ודבר שאין חייבין עליו חטאת אין בו משום שביתת בהמה [פסחים נג.]. שאין עושין בו מלאכה שיש בה חיוב חטאת דסוס לרכיבה עומד והרוכבת בשבת אינו [חייב] אלא משום שבות שהחי נושא את עצמו [בכורות ב:]. פרדשכא. פקיד ונגיד [מגילה יב:].

עין משפט נר מצוה

כח א מיי' פי"ח מהל' שבת הלכה טז:
כט ב מיי' פ"כ שם הלכה ד:
ל ג מיי' פי"ח שם הלכ' טו:

גליון הש"ס

גמ' ונודע לו וחזר ונודע לו. עי' לעיל דף ע ע"א תוס' ד"ה המוליא: תוס' ד"ה גדול וי"ל דשאני טלטול דאפשר ע"י ככר. ק"ל הא מבואר לעיל דף מג ע"ב דלהכי ככר דשרי טלטול מן הצד רק מטעם דאדם בהול על מתו ולא שרינן ליה אלא לכבוד הבריות ולא שרינן מטעם כבוד הבריות וצ"ע. ועי' סוכה דף לו ע"ב בתוס' שם:

רבינו חננאל

ופטור מן הקרבן והיכי דמי כגון האי דתנן נשאת ע"פ ב"ד תצא ופטורה מן הקרבן שלא ע"פ ב"ד תצא וחייבת בקרבן ור' שמעון אמר לך יחיד שעשה בהוראת ב"ד לא צריך קרא למעוטיה ור' מאיר דקא מחייב זה יכול וזה יכול אמר לך תרין מיעוטי אינון ואם נפש אחת תחטא בשגגה אחת לאו מיעוטא הוא אלא נפש תחטא בעשותה חד לזה עוקר וזה מניח וחד ליחיד שעשה בהוראת בית דין ובזמן שאחד יכול ואחד אינו יכול והוציאו (שניהם פטורין) [ד"ה חייב]. אמר רב חסדא היכול הוא דחייב ואידך שאינו יכול לא קא עביד מידי אלא מסייע הוא ומסייע אין בו ממש ואיסתייע רב חסדא בכמה סייעתא זפש"ן סימן רב זביד משמיה דרבא סייעיה מהא דתני בזב היה רוכב ע"ג בהמה וד' טליות תחת ד' רגלי בהמה טהורות מפני שהיא יכולה לעמוד על שלש דחשבת כל חדא מסייעת ומסייע אין בו ממש (וכי) אמר רב יהודה מדסקרתא לעולם אימא לך מסייע יש בו ממש ושאני בהמה דכי עקרא חדא רגל משויא בדעתא למעקר כולהי גופיה אהדרו ליה לאו זמנין עקרא הא וזמנין עקרא הא וכיון דאפילו בעי למעקר כולי גופה ומתחלה עקרא חדא זמנין עקרא הא וזמנין דעקרא הא ולאו חדא בעינא הוא דעקרא או הוה אית ביה ממש במסייע והוה האי זב דרכיב על האי בהמה כזב המתהפך על ה' ספסלין לארכן ויש ספק מתהפך עליהן טמאין דכל רגל מסייעת הוא ספק הא מתעקרא וספק הא מתעקרא לא אמרינן מסייע אין בו ממש. ורב פפי משמיה דרבא סייע מהא ר' יוסי אמר הסוס מטמא [על ידיו] וחמור מטמא ברגליו שמשענת הסוס על [ידיו] וחמור על [רגליו] ואמאי הא קא מסייעת ברגליו בהדי ידים וידים בהדי רגלים לאו משום דאמרי' מסייע אין בו ממש ודרב אשי ורבינא ברירין ומפרשן בתוספתא ובכל הזבחים שקבל דמן: ושמעתתא דבתרא קא גרסין לה. אמר מר זה יכול וזה יכול ר' מאיר מחייב איבעיא להו בעינן שיעור לזה ושיעור לזה או דלמא שיעור אחד לכולן ואנחנא חזיינא דהא טעותא היא דלא בעו כי האי בעיא אליבא דרבי מאיר דלאו הלכתא כוותי' ולא אמרי אמוראי (פשמ"ש) [פמנ"ש] סימן. אף אנן תנינא אלא אהא קאי האי בעיא זה אינו יכול וזה אינו יכול ר' מאיר ור' יהודה מחייבין ור' שמעון פוטר ובהא הלכה כר' מאיר ור' יהודה והא קאמרינן באין צדין [דף כז] בהדיא רבי יהודה ור"ש הלכה כר' יהודה וכיון דהלכתא זה אינו יכול וזה אינו יכול חייבין עלה בעינן מי צריכינן שיעור לכל חד וחד או חד שיעור לשניהן וסליקא הלכה שיעור אחד לשניהן ופשטה דמתניתין לא יכול אחד להוציאו והוציאו שנים חייבין דאלמא כל אחד מהן בפני עצמן אינו יכול אבל שניהן בהדי הדדי יכולין ואעפ"כ חייבין ולא מצית אמרת זה יכול וזה אינו יכול קאי ולאו אליבא דר' מאיר קאי בעי אלא אליבא דרבנן דפטורין קאמר מי פטרי רבנן אע"פ שהוציאו שניהן שני שיעורין או דלמא אם הוציאו שניהן שני שיעורין פטורי ואם הוציאו שני שיעורין

The Gemara questions this:
אָמַר לֵיהּ רַב אַדָּא בַּר מַתְנָה לְאַבַּיֵי – **Rav Adda bar Masnah said to Abaye:** וְהָא הָנֵי פַּרְסָאֵי – **But those Persians** ride horses in a way that is כְּמַאן דִּכְפִיתֵי דָּמוּ – **comparable to one who is tied up,**[20] and yet Ben Beseira seems to allow the sale of horses even to Persians. It appears, then, that Ben Beseira holds that there is no *melachah* involved in carrying even a tied-up creature,[21] וְאָמַר רַבִּי יוֹחָנָן – **and** yet **R' Yochanan said:** בֶּן בְּתֵירָא וְרַבִּי נָתָן אָמְרוּ דָּבָר אֶחָד – **Ben Beseira and R' Nassan are saying one** and the same **thing.**[22] It would appear, then, that R' Nassan, too, holds that there is no *melachah* involved in carrying a bound creature! – ? –

The Gemara rejects the inference:
הָתָם – **There,** in the case of Persians, they are not truly immobile when perched upon a horse; רָמוּת רוּחָא הוּא דְּנָקִיט לְהוּ – rather, **it is** only **out of arrogance that they choose this** particular way of riding.[23] As proof of this, note the fact that דְּהַהוּא פַּרְדַּשְׁכָּא דִּרְתַח מַלְכָּא עִילָוֵיהּ – there was once **a certain** Persian **officer with whom the king was angry,** וְרְהִיט תְּלָתָא פַּרְסֵי בְּכַרְעֵיהּ – **and he ran three *parsaos* by foot** to elude the king's troops.

As a preface to a new discussion, the next portion of our Mishnah is cited:
אֶת הַמֵּת בַּמִּטָּה – If, however, one carries out **A CORPSE ON A BED,** חַיָּיב – **HE IS LIABLE** for the transfer. וְכֵן כְּזַיִת מִן הַמֵּת וכו׳ – **AND SIMILARLY,** if one carries from domain to domain **[PART] OF A CORPSE THE SIZE OF AN OLIVE, ETC.** [. . . he is liable, but R' Shimon exempts him].

The Gemara elaborates on R' Shimon's view:
אָמַר רַבָּה בַּר בַּר חָנָה אָמַר רַבִּי יוֹחָנָן – **Rabbah bar bar Chanah said** the following **in the name of R' Yochanan,** וְאָמַר רַב יוֹסֵף אָמַר רַבִּי שִׁמְעוֹן בֶּן לָקִישׁ – **and Rav Yosef** likewise **said** it **in the name of R' Shimon ben Lakish:** פּוֹטֵר הָיָה רַבִּי שִׁמְעוֹן – **R' Shimon would exempt**

NOTES

20. The Persians ride swathed in wide clothing, which restricts their mobility. Moreover, they live pampered lives, and hardly set foot on the ground (see *Rashi*). Thus, for all practical purposes, they are physically immobile, and the principle that "a living creature carries itself" should not apply.

21. [If Ben Beseira considered this a *melachah,* he should have prohibited the sale of horses to Persians on grounds that horses they rent or borrow from Jews would not rest from labor on the Sabbath.]

22. I.e. Ben Beseira's law is predicated on his acceptance of R' Nassan's principle that carrying a live creature, man or animal, is not a *melachah.* R' Yochanan's language, though, implies that Ben Beseira's position is *completely* congruent with that of R' Nassan [*Ben Beseira and R' Nassan are saying one [and the same] thing*]. This would clearly not be so if R' Nassan distinguishes between bound creatures and unbound ones, whereas Ben Beseira does not.

23. They disdain walking simply out of diffidence; they are not *unable* to do so. For we see that when the need arises, they run with great agility, as the Gemara proceeds to relate.

ששגג על האוכלין והזיד על הכלי מתקיף לה רב אשי והא אף על הכלי קתני אלא א"ר אשי כגון ששגג בזה ובזה ונודע לו וחזר ונודע לו ובפלוגתא דרבי יוחנן ור"ש בן לקיש: את החי במטה פטור אף על המטה: לימא מתני' רבי נתן היא ולא רבנן דתניא המוציא בהמה חיה ועוף לרה"ר בין חיין ובין שחוטין חייב רבי נתן אומר על שחוטין חייב ועל חיין פטור שהחי נושא את עצמו אמר רבא אפילו תימא רבנן ע"כ לא פליגי רבנן עליה דרבי נתן אלא בבהמה חיה ועוף דמשרבטי נפשייהו אבל אדם חי דנושא את עצמו אפילו רבנן מודו א"ל רב אדא בר אהבה לרבא והא דתנן בן בתירא מתיר בסוס ותניא בן בתירא מתיר בסוס מפני שהוא עושה בו מלאכה שאין חייבין עליו חטאת ואמר רבי יוחנן בן בתירא ורבי נתן אמרו דבר אחד ואי אמרת דלא פליגי רבנן עליה דר' נתן אלא בבהמה חיה ועוף דמשרבטי נפשייהו מאי איריא בן בתירא ורבי נתן והאמרת אפילו רבנן מודו כי א"ר יוחנן בסוס המיוחד לעופות ומי איכא סוס המיוחד לעופות אין איכא דבי וייאדן א"ר יוחנן ומודה ר' נתן בכפות א"ל רב אדא בר מתנה לאביי והא הני פרסאי דכמאן דכפיתי דמו וא"ר יוחנן בן בתירא ור' נתן אמרו דבר אחד התם רמות רוחא הוא דנקיט להו דההוא פרדשכא דרתח מלכא עילויה ורהיט תלתא פרסי בכרעיה: את המת במטה חייב וכן כזית מן המת וכו': אמר רבה בב"ח א"ר יוחנן וא"ר יוסף אמר רשב"ל פוטר היה ר"ש אף

רש"י

ששגג על האוכלין והזיד על הכלי. ומאי חייב דקתני מיתה: והא אף קתני. משמע שני חיובין שוין: בפלוגתא דר"י ור"ל. דאיפלוגי בידיעות מחלקות בפ' כלל גדול (לעיל דף עא.) איפלוגי נמי רב ששת ורב אשי הכא רב ששת דלא מוקי לה הכי קסבר דאין ידיעות מחלקות ורב אשי סבר ידיעות מחלקות: דמשרבטי נפשייהו. משמטים עצמן לכפי מטה ומכבידין עצמן להשמיט מיד הנושאן: מתיר בסוס. למוכרו לנכרי מפני שמלאכת הסוס אם היה אדם עושה אותה אין חייב עליה חטאת דלרכיבה עומד והחי נושא את עצמו והא דאסרו למכור בהמה גסה לנכרי משום שאלה ומשום שכירות אסור וסוס אי נמי דמושיל ומוגר לאו איסורא דאורייתא ליכא שאין זו מלאכה אלא הסוס וגבי אזהרת שביתת בהמה מלאכה כתיב: ואמר רבי יוחנן גרסינן: דבי וייאדן. של ציידי עופות שנותנין על הסוס עופות כשהן חיין כגון נץ ומינו לצוד שאר עופות ולא משרבטי נפשייהו דלא קשירי והשתא נמי החי נושא את עצמו ומשום הכי א"ר יוחנן בן בתירא ורבי נתן אמרו דבר אחד: בכפות. בין עוף בין אדם: כמאן דכפיתי דמו. שרוכבים מעוטפין בבגדים רחבים וגם הם עצמן מעונגין מהלג על הארץ: ואמר רבי יוחנן גרסינן: בן בתירא ור' נתן אמרו דבר אחד. והא אמרת מודה ר' נתן בכפות ואי משום דאוקמינן בסוס המיוחד לעופות משום רבנן אוקמינן דפליגי עליה ולמימר דאלו באדם שניהם שוין לפטור ואי בכפות מודה רבי נתן היכי מתוקמא דבן בתירא כר' נתן משום דחי נושא את עצמו הא בן בתירא מתיר אפילו למכור לפרסיים דכמאן דכפיתי דמו וכל האומות קרי להו נכרים דסבר דכפות נושא את עצמו: רמות רוחא. גסות: הא דלא מסגו בכרעייהו גסות הוא: פרדשכא. סרדיוט: אף

תוספות

ובפלוגתא דר' יוחנן ור"ל. פי' חייב שתי חטאות לרבי יוחנן כשנודע לו וחזר ונודע לו לדידעות מחלקות ולר"ל אחר (א) שנתכפר נודע לו על אחד ופי' הקונטרס אין נראה לר"י דנהי דלית ליה לרב ששת ידיעות מחלקות מ"מ יעמיד בנודע לו על האחד כשכבר כיפר דכפרה לכ"ע מחלקת:

שהחי נושא את עצמו. תימה לר"י למה פטור דאי משום שהחי מיקל עצמו והלא אפילו במשא קל יותר חייב ואי משום דשנים שעשאוה פטורין הא הוי זה יכול וזה אינו יכול דאין הנישא יכול לישא עצמו בלא הנושא והנושא יש בו כח לנושאו אפילו היה מת ואומר ר"י דממשכן גמרינן שלא היו נושאין דבר חי שהתחשים והאילים היו הולכים ברגליהם והחלזון (ג) מיד היו פוצעין אותו טרם ימות דכמה דאית ביה נשמה טפי ניחא ליה כי היכי דליציל ליצבעיה: אבל אדם חי נושא את עצמו. תימה דבריש נוטל (לקמן דף קמא:) משמע דפליגי נמי באדם דקאמר גבי תינוק רבא כרבי נתן סבירא ליה ואומר רשב"א דקטן כבהמה דמי דמשרביט נפשיה אך קשה לן דבפרק מפנין (שם דף קכח:) תניא מדדין בהמה חיה ועוף בחצר אבל לא ברה"ר והאשה מדדה את בנה ברה"ר ופירש התם בקונטרס דבהמה ברה"ר לא שמא יגביהנה מן הארץ וסתמא כרבנן דר' נתן דמחייבי אבל בנה אי נמי מגבה ליה הא באדם מודו רבנן דחי נושא את עצמו [ושמא ההוא דבפרק נוטל איירי בתינוק בן יומו]: בסוס המיוחד לעופות. ובן בתירא מתיר בסוס בכל הסוסים קאמר ורבנן אוסרין בכל הסוסים משום סוס המיוחד לעופות דלא חילקו חכמים בסוסים: סוסא דבי וייאדן. פר"ח שכן ציידי עופות מניחין עליהן עופות שלהן שצדין בהן עופות אחרים אבל אין לפרש בעופות הנילודין דהני כפותין נינהו ואמר בסמוך דמודה רבי נתן בכפות: והא הני פרסאי. ואיהו לא מפליג למכור לסוס נכרי: את המת במטה חייב. נראה לר"י דמהכא קים לן בכל דוכתא דאית ליה לר' יהודה מלאכה שאינה צריכה לגופה חייב עליה דמסתמא ת"ק דר"ש היינו רבי יהודה כי ההיא דלעיל זה אינו יכול וזה אינו יכול דת"ק דר"ש היינו ר' יהודה כדמוכח בגמ' ורשב"א אומר דיש להביא מדתנן לעיל (דף ה.) ר' יהודה אומר אף המוציא משמשי ע"ז דהוי מלאכה שאינה צריכה לגופה: רבי שמעון פוטר. נראה לר"י דמלאכה שאינה צריכה לגופה קרי כשעושה מלאכה ואין צריך לאותו צורך כעין שהיו צריכין לה במשכן אלא לענין אחר כי הצורך שהיתה מלאכה נעשית בשבילו במשכן הוא גוף (איסור) המלאכה ושורשו ולפי זה אתי כולהו שפיר הוצאת המת אין צריך למת ובמשכן היו צריכין לחפצים שהוציאו צד נחש שלא ישכנו אינו צריך לנחש ובמשכן היו צריכין לתחש וחלזון ומפיס מורסא להוציא ליחה המזיקתו ואין עומד להכניס אויר ולהוציא ליחה תמיד אע"פ שנעשה פתח גמור שהרי ראוי (הוא) להכניס ולהוציא אם היה צריך מ"מ לא דמי לפתחים שבמשכן שהיו עומדין להכניס ולהוציא אבל לעשות לה פה דמיא למשכן וחייב והריגת המזיקין אין צריך להם ובמשכן היו צריכין לעורות אילים הנשחטים וחופר גומא ואינו צריך אלא לעפרה ובמשכן היו צריכין לגומא לנעוץ בה או לדבר אחר וזב בכיס שלא יטנפו כליו הוי אינה צריכה לגופה שאינו צריך לכיס עצמו ואפילו למנות ראיותיו או נקיים דצריך הכיס מ"מ אין צריך להוצאה זו דה"נ סגי ליה אי יתיב בחד דוכתא ומכבה גחלת שלא יוזקו בה רבים וכחס על הנר ועל השמן או על הפתילה המהובהבת כבר אין צריכין לגופן שבמשכן לא היה כיבוי אלא לעשות פחמין בכיבוי זה ומתקנין על יד כיבוי זה שיהו ראויין למלאכת הצורפין וכיבוי כדי שלא יקדיחו הסממנין בבישולן לא היה במשכן כי זהירים היו שלא להרבות אש יותר מדאי וכן סותר ע"מ לבנות נמי לא מחייב ר' שמעון דבעי שתהא צריכה לגופה אלא כגון שסותר ע"מ לתקן יותר ממה שהיה בתחלה כגון שהבנין האחרון טוב מן הראשון כדמוכח בשמעתין דחס על הנר וכן קורע על (ג) מתו או שובר כלים למירמי אימתא אאינשי דביתיה אין צריכין לגופה דבמשכן היתה קריעה לצורך תיקון דבר הנקרע ואע"ג דהוצאה לא בעי רבי שמעון שיהא לגמרי כמו שהיה במשכן (ד) דלא בעי מר לעשות לו טס או ס"ת להגיה אע"פ שבמשכן הוצאת הנדבה היתה כדי לתקנה לעשות ממנה משכן וכלים במקלקלים כגון מכבה וסותר וקורע מסתברא דצריך שיהא על מנת לתקן כמו במשכן ולא חשיבי המקלקלים צריכות לגופה עד דהוי לגופו ולגופה והא דלא קרי לה לגופו ולגופה כיון דבעו תרוייהו בכלל לגופה היא אבל לגבי מר וס"ת כיון דלא בעי אלא לגופו דהא לא בעי במר לעשות בו טס וס"ת כדי להגיה בו לא הוי בכלל לגופה ולפי שצריכות לגופה הוי כעין דהוי במשכן כמו שפיר' הוצרך להשמיענו במר דלא בעינן לעשות לו טס כמו שהיה במשכן ורש"י דפירש דברצונו לא היתה באה לו ולא היה צריך לה שאינה אלא לסלקה מעליו כמו צד נחש שלא ישכנו או מכבה גחלת שלא יוזקו בו רבים דברצונו שלא היה בעולם וכן בפרק במה מדליקין (לעיל דף לא:) פירש כחס על הפתילה המהובהבת כבר דאינה צריכה לגופה משום דאין צריך לכיבוי זה ואם לא הובערה מעולם הוה ניחא ליה דהואיל וחס עליה כי אית בה טפי הוה ניחא ליה בה קשה מסותר על מנת לבנות כמו בתחלה וקורע בחמתו למירמי אימתא אאינשי דביתיה דהתם צריך למלאכה ורוצה הוא שיהא בעולם ואין לומר דלא ניחא ליה שיצטרך למירמי אימתא אם כן מפיס מורסא לעשות לה פה יהא פטור דברצונו היה שלא היה מורסא מעולם וכן קורע יריעה שנפל בה דרנא על מנת לתפור דברצונו לא היה נופל בה וכן תופר בגד קרוע ברצונו שלא היה קרוע אלא צריך לפרש כדפירשתי: (שייך לע"ב) גדול כבוד הבריות שדוחה את לא תעשה שבתורה. קשה לר"ת דגבי טלטול דהוי איסורא דרבנן לא שרינן משום כבוד הבריות אלא ע"י ככר או תינוק כדאמר בפרק במה מדליקין (לעיל דף ל:) ובפרק כירה (שם דף מג:) ויש לומר דשאני טלטול דאפשר על ידי ככר או תינוק לכך לא התיר בענין אחר: אהני

עין משפט נר מצוה

כח א מיי' פי"ח מהל' שבת הלכה טו:
כט ב מיי' פ"כ שם הלכה ד:
ל ג מיי' פי"ח שם הלכ' טז:

מסורת הש"ס

א) [לעיל דף עא.], ב) [תוספתא פרק ט], ג) [לקמן קמא: יומא סו: עירובין קג.], ד) ע"ז יד: בכורות נג., ה) [פסחים נג.], ו) [בערוך ע' וייזן גרס דבוייזדן וע"ש בשם רב האי גאון], ז) [ע"ז עא.], ח) בדפו"י הגי' אמר רבא כו' ור' יוסף אמר ריש לקיש, ט) [עי' רש"ל ורש"א], י) ל"ל ואי בכפות מודה ר' נתן עד סק"ד ואמאי שייך ואי משום וכו' עד לפטור וכן הגיה הה"א מו"ה שכנא ז"ל, כ) [וע"ע תוס' עירובין לב: ד"ה אם תמצי], ל) [שייך לעיל במשנה לב.], מ) [ג"ז שייך שם], נ) [לעיל לא:], ס) הנקרע ומתקן בכך ולא"ג כו' כל"ל, פ) וס"ת אלא כדי לקרות בו כ"ה בס"י, צ) גירי הב"י א"ל, ק) [ועי' תוס' חגיגה י: ד"ה מלאכת].

גליון הש"ס

גמ' ונודע לו וחזר ונודע לו. עי' לעיל דף ל ע"א תוס' ד"ה שמתלאת: תוס' ד"ה גדול וכו' דשאני טלטול דאפשר ע"י ככר. ק"ל הא מבואר לעיל דף מג ע"ב דבליכא ככר דשרי טלטול מן הצד רק מטעם דלאדם בזול על מתו ואי לא שריא ליה אתי לכבויי ולא שרינן מטעם כבוד הבריות וע"ע ועי' סוכה דף לו ע"ב בתוס' שם:

הגהות הב"ח

(א) תוס' ד"ה ובפלוגתא וכו' ולר"ל אחר שנתכפר על אחד חזר ונודע לו על אחר: (ב) בא"ד כשכבר כיפר דכפרה לכ"ע מחלקת: (ג) ד"ה שהחי וכו' והחלזון נ"ב ע"ל בדף עה ע"א: (ג) ד"ה ר"ש וכו' וכן קורע בחמתו או שובר. כצ"ל ונ"ב וכן בפרק האורג קה ע"ב: (ד) בא"ד דהא לא בעי גבי מר לעשות בו טס:

רב נסים גאון

צריכין לכלים חייב אף על הכלי: ובפלוגתא דר' יוחנן וריש לקיש. עיקר דיליה בפרק כלל גדול (דף עא)

ליקוטי רש"י

בפלוגתא דר"י ור"ש בן לקיש. דר' יוחנן דאמר לעיל דבשוגג בשני זיתי חלב בהעלם אחד ונודע לו בשני ידיעות שמביא שתי חטאות על כל אחת ואחת דמשיצא ליה חלוק קרבן בין ידיעה לידיעה ולמאד ריש לקיש דאין ידיעות מחלקות להתחייב בשתים על שני זיתי חלב בהעלם אחד [לעיל עב.]. מתני' ר' נתן היא. דאמר שהחי נושא את עצמו ואין בו אלא משום שבות [יומא סו:]. בן בתירא מתיר בסוס. שאין מלאכתו אלא לרכיבה ורכיבה שבות היא ולאו מלאכה משום דחי נושא את עצמו [ע"ז יד:]. לפי שמלאכתו לרכיבה ומשאוי דידיה ליכא [פסחים נג.]. שאין עושין בו מלאכה שיהא בו חיוב חטאת דסתם סוס לרכיבה עומד והרוכב בשבת אינו [חייב] אלא משום שבות שהחי נושא את עצמו [בכורות ב.]. פרדשכא. פקיד ונגיד [מגילה יב:].

רבינו חננאל

ופטור מן הקרבן והיכי דמי כגון האי דתנן נשאת ע"פ ב"ד תצא ופטורה מן הקרבן שלא ע"פ ב"ד תצא וחייבת בקרבן ר' שמעון אמר לך יחיד שעשה בהוראת ב"ד לא צריך קרא דמפטר ור' מאיר דקא מחייב זה יכול וזה יכול אמר לך תרין מיעוטי אינון ואם נפש אחת תחטא בשגגה הכא לאו מיעוטא הוא אלא נפש תחטא בעשותה חד לזה עוקר וזה מניח חד ליחיד שעשה בהוראת בית דין ובזמן שאחד יכול ואחד אינו יכול והוציאו (שניהם פטורין) [ד"ה חייב]. אמר רב חסדא היכול הוא דחייב ואידך שאינו יכול לא קא עביד מידי אלא מסייע הוא ומסייע אין בו ממש ואיסתייע רב חסדא בהמה סייעתא ופשין סימן רב זביד משמיה דרבא סייעיה מהא דתני מבו היה רוכב ע"ג בהמה וד' טליות תחת ד' רגלי בהמה טהורות מפני שהיא יכולה לעמוד על שלש דחשבת כל חדא מסייעת ומסייע אין בו ממש (וכי) אמר רב יהודה מדרסקרתא לעולם אימא לך מסייע יש בו ממש ושאני בהמה דכי עקרא חדא רגל משויא בדעתא למעקר כולהו כולי גופיה אהדרו ליה לאו זמנין עקרא הא וזמנין עקרא הא וכיון דאפילו בעי למעקר כולי גופה ומתחלה עקרא חדא וזמנין דעקרא הא ולאו חדא בעינא הוא דעקרא או הוה אית ביה ממש במסייע והוה האי זב דרכיב על האי בהמה כזב המתהפך על ה' ספסלין לארכן ויש ספק מתהפך עליהן טמאין דכל רגל מסייעת הוא וספק הא מתעקרא וספק הא מתעקרא לא אמרינן מסייע אין בו ממש. ורב פפי משמיה דרבא סייע מהא א"ר יוסי אמר הסוס מטמא [על ידיו] וחמור מטמא ברגליו שמשענת הסוס על [ידיו] וחמור על [רגליו] ואמאי הא קא מסייעת ברגליו בהדי ידים וידים בהדי רגלים לאו משום דאמרי' מסייע אין בו ממש ודרב אשי ורבינא ברירין ומפרשן בתוספתא ובכל הזבחים שקבל דמן: ושמעתתא דבתרא קא גרסין לה. אמר מר זה יכול וזה יכול ר' מאיר מחייב איבעיא להו בעינן שיעור לזה ושיעור לזה או

דלמא שיעור אחד לכולן ואנחנא חזינא דהא טעותא היא דלא בעו כי האי בעיא אליבא דרבי מאיר דלאו הלכתא כוותי' ולא אמרי אמוראי (פשמ"ש) [פמנ"ש] סימן. אף אנן תנינא אלא אהא קאי האי בעיא זה אינו יכול וזה אינו יכול ר' מאיר ור' יהודה מחייבין ור' שמעון פוטר ובהא הלכה כר' מאיר ור' יהודה והא קאמרינן באין צדין [דף כז] בהדיא רבי יהודה ור"ש הלכה כר' יהודה וכיון דהלכתא זה אינו יכול וזה אינו יכול חייבין עלה בעינן מי צריכינן שיעור לכל חד וחד או חד שיעור וסליקא הלכה שיעור אחד לשניהן ופשטה דמתניתין לא יכול אחד להוציא והוציאו שנים חייבין דאלמא כל אחד מהן בפני עצמן אינו יכול אבל שניהן בהדי הדדי יכולין ואפ"ה חייבין ולא מצית מימר על זה יכול וזה אינו יכול קאי ולאו אליבא דרבנן דפטורין קאמר מי פטרי רבנן אע"פ שהוציאו שניהן שני שיעורין או דלמא אם הוציאו שיעור אחד פטורי ואם הוציאו שני שיעורין

אף במוציא את המת לקוברו אמר רבא ומודה ר' שמעון במר לחפור בו וספר תורה לקרות בו דחייב פשיטא דאי הא נמי מלאכה שאינה צריכה לגופה היא אלא מלאכה שצריכה לגופה לרבי שמעון היכי משכחת לה מהו דתימא עד דאיכא לגופו ולגופה כגון מר לעשות לו טס ולחפור ספר תורה להגיה ולקרות בו קא משמע לן א ההוא שכבא דהוה בדרוקרא • שרא רב נחמן בר יצחק לאפוקיה לכרמלית א"ל רבי יוחנן אחוה דמר בריה דרבנא לרב נחמן בר יצחק כמאן כר"ש אימר דפטר ר"ש מחיוב חטאת איסורא דרבנן מיהא איכא א"ל האלהים דעיילת ביה את ואפילו לר' יהודה (שרי) דמי קאמינא לרה"ר לכרמלית קאמינא [א] גדול כבוד הבריות שדוחה את לא תעשה שבתורה [ג] תנן התם ב התולש סימני טומאה והכוה המחיה עובר בלא תעשה איתמר אחת משתים חייב • אחת משלש רב נחמן אמר חייב רב ששת אמר פטור רב נחמן אמר חייב אהני מעשיו דאי משתקלא חדא אחריתי אזלה לה טומאה רב ששת ג אמר פטור השתא מיהת הא איתא לטומאה אמר רב ששת מנא אמינא לה דתנן וכן כזית מן המת וכזית מן הנבילה חייב הא חצי זית פטור והתניא חצי זית חייב מאי לאו הא דתניא חייב דאפיק חצי זית מכזית והא דתנן פטור דאפיק חצי זית מכזית ומחצה ורב נחמן אידי ואידי חייב והא דתנן פטור דאפיק חצי זית ממת גדול: מתני' ד הנוטל צפרניו זו בזו או בשיניו וכן שערו וכן שפמו וכן זקנו וכן הגודלת וכן הכוחלת וכן הפוקסת רבי אליעזר מחייב וחכמים אוסרין משום שבות: גמ' אמר ר"א ה מחלוקת ביד אבל בכלי (א) חייב פשיטא זו בזו תנן מהו דתימא רבנן בכלי נמי פטרי והא דקתני זו בזו להודיעך כחו דר' אליעזר קא משמע לן ואמר רבי אלעזר ו מחלוקת לעצמו אבל לחבירו דברי הכל פטור פשיטא צפרניו תנן מהו דתימא לחבירו נמי מחייב והא דקתני צפרניו להודיעך כחן דרבנן קמ"ל: וכן שערו כו': תנא ג הנוטל מלא [ז] פי הזוג חייב וכמה מלא פי הזוג אמר רב יהודה שתים והתניא ולקרחה שתים אימא וכן לקרחה שתים תניא נמי הכי [ט] ז הנוטל מלא פי הזוג בשבת חייב וכמה מלא פי הזוג שתים רבי אליעזר אומר אחת ח ומודים חכמים לר"א במלקט לבנות מתוך שחורות שאפילו אחת חייב ט ודבר זה אף בחול אסור משום שנאמר א) לא ילבש גבר שמלת אשה י תניא [י] ר"ש בן אלעזר אומר צפורן שפירש רובה וציצין שפרשו רובן ביד מותר בכלי חייב חטאת מי איכא מידי דבכלי חייב חטאת וביד מותר לכתחלה הכי קאמר פירשו רובן ביד מותר בכלי פטור אבל אסור לא פירשו רובן ביד פטור אבל אסור בכלי חייב חטאת אמר רב יהודה הלכה כרבי שמעון בן אלעזר אמר רבה בר בר חנה אמר רבי יוחנן כ והוא שפרשו כלפי מעלה ומצערות אותו: וכן הגודלת כו': גודלת כוחלת ופוקסת משום מאי מחייבא אמר רבי אבין א"ר יוסי בר' חנינא גודלת משום אורגת כוחלת משום כותבת פוקסת משום טווה אמרו רבנן קמיה דרבי אבהו וכי דרך אריגה בכך וכי דרך כתיבה בכך וכי דרך טויה בכך אלא א"ר אבהו לדידי מפרשא לי מיניה דר' יוסי בר' חנינא כוחלת

רש"י

אף במוציא את המת לקוברו. ולא תימא לא פטר אלא במניחו לחוץ דלאו צורך לא לגופו של מוליא ולא לגופה של הוצאה דאפילו הוא צורך המת פטור: מר לחפור בו. שהוא צורך המוליא: מר לעשות לו טס ולחפור. מרה שנרצף פיו וצריך להושיב עליו כמין טס דק שיהא ראוי לחפור: להגיה ולקרות: לאפוקיה לכרמלית. שהיה מוטל בבזיון או בדליקה או בחמה ולאי משום טלטול מניח עליו ככר או תינוק: לא תעשה. לאו דלא תסור כי הכא: התולש סימני טומאה. שתי שערות לבנות שבבהרת מטמאה בהן: והכוה את המחיה. מחית בשר חי והוא סימן טומאה בשאת והכוה זה לבטלה משום מחיה ולטהרה: עובר בלא תעשה. השמר בנגע הצרעת (דברים כד): אחד מב'. שלא היו בה אלא שתי שערות ותלש האחד: חייב. דשקלא לטומאה שאין מטמאה בפחות מב' דהכי ילפינן לה בת"כ שיער שנים וחייב מלקות: מאי לאו הא דתני חייב דאפיק חצי זית מכזית. דשקליה ובצריה לשיעורא: והא דתני פטור דאפיק חצי זית מכזית ומחצה. דאף על גב דמצמצם לשיעור לאו מילתא היא ולא אמרינן אהני דאי שקיל מיניה פורתא תו ליתא לשיעורא: ממת גדול. דלא אהני מידי: מתני' וכן שערו. תולש שער ראשו בידיו: וכן הגודלת. שערה: וכן הכוחלת. עיניה: וכן הפוקסת. יש מרבותי אומרים מתקנת שערה במסרק או בידי' ויש שמפרשין טחה כמין בצק על פניה וכשנוטלו מאדים הבשר[י]: רבי אליעזר מחייב. בכולם חטאת וחכמים אוסרין משום שבות וטעמא דרבי אליעזר מפרש בגמרא משום מאי מחייב: גמ' מחלוקת ביד. בהא שנוטלן בידו ולא בכלי הוא דפטרי רבנן שאין דרך גזיזה בכך בחול: מהו דתימא בכלי נמי פטרי רבנן. דאין כאן משום גוזז דלא שייך אלא בצמר בהמה: מחלוקת לעצמו. בהא הוא דמחייב ר' אליעזר שיכול לאמן ידו לעצמו לתקנו בלא כלי: אבל לחברו. אין יכול לאמן את ידו ליטול יפה בלי כלי: פשיטא צפרניו תנן. של עצמו: הנוטל מלא פי הזוג. מלא ראש המספרים: חייב. בשבת לרבנן בכלי לר' אליעזר אף ביד וזהו שיעורו: והא תניא. בההיא ברייתא בסיפא ולקרחה שהזהירה תורה לא תשימו קרחה (דברים יד) שתים הוי קרחה מכלל דפי הזוג לאו ב' שערות נינהו: תניא נמי הכי. כרב יהודה דאמר שתים: רבי אליעזר אומר. באחת הוא חייב ולא בעינן מלא פי הזוג: אחת חייב. שבאחת הוא מקפיד שלא יהא נראה זקן: שמלת אשה. ולכך הנשים להקפיד על כך ולהתנאות: ציצין. כמין רצועות דקות הפורשות מעור האצבע סביב הצפורן: שפירשו רובן. קרובין לינתק: מי איכא מידי כו'. כיון דבכלי חייב חטאת ביד איכא שבות גזירה אטו כלי: כלפי מעלה. לצד הצפורן התחילו לפרוש דקא מצערו ליה טפי: משום כותבת. שמוליכה מכחול סביב העין כאדם המוליך קולמוס סביב האות: טווה. שמתקנת שערה בין אצבעותיה ופושטתה כשהוא נכרך וללשון השני עושה אותו באצבע כמין חוט: לעצמה

תוספות

אהני מעשיו דאי משתקלא חדא כו'. באתא מארבע דאי משתקלא חדא אחריתי נמי לא אזלא לה טומאה כ"ע מודו דפטור דהוי כמו חצי זית ממת גדול: והא דתנן פטור דאפיק חצי זית ממת גדול. וה"ה דהוה מצי לאוקמיה כגון דליכא אלא חצי זית בלבד אלא דניחא ליה לשנויי בחצי זית ממת גדול דהוי רבותא טפי דאי ליכא אלא חצי זית מן הכל פשיטא דפטור ודווקא חצי זית אבל כזית ממת גדול חייב אע"ג דאי משתקלה זית אחר לא אזלא טומאה מ"מ אהני מעשיו דמשתכו לא גריר בתר המת וכשיוציאו המת מן הבית וישאר כזית זה יטמא כל הבית ונמצא שעתה בהוצאה זו הוא גורם טהרה: ממת גדול. לאו דווקא גדול אלא כלומר מב' זיתים או ג': אבל בכלי ד"ה חייב. היינו כרבי יהודה דמחייב במלאכה שאינה צריכה לגופה וא"ת ודילמא רבנן כר"ש סבירא להו ומנא ליה דמחייב בכלי ויש לומר דא"כ ליפלגי בכלי להודיעך כחן דרבנן והא דקאמר מהו דתימא רבנן בכלי נמי פטרי היינו פירושו דס"ל כר"ש וכדפרישית אבל רש"י פירש דפטרי משום דלא שייכא גזיזה אלא בצמר ואין נראה לר"י דהא ליכא למיטעי דבכל בעלי חיים שייכא גזיזה כדאמר לעיל התולש כנף חייב משום גוזז: והוא שפירשו כלפי מעלה. פירש בקונטרס כנגד ראשי אצבעותיו שהן למעלה כשמגביה ידיו ור"ת מפרש שכלפי גוף קרי כלפי מעלה כדאשכחן בפ"ב דנדה (דף יג:) דקאמר מן העטרה ולמעלה והתם היינו לצד הגוף[ס]: פוקסת. מה שפירש בקונטרס פוקסת היינו סורקת ביד או במסרק אין נראה דבגמרא משמע דהוי כעין טוויה וסריקה אינה כעין טוויה כלל ועוד דא"כ היה שונה סורקת כדתנן (נזיר דף מב.) נזיר חופף ומפספס אבל לא סורק[ט]: וכי דרך אריגה בכך. ואף על גב דקולע נימין חשיבא אריגה כדאמרינן בפרק במה אשה (ב) (לעיל ד' סד.) הכא בשער לא חשיבא אריגה כמו בבגד ועוד דהכא אין סופה להתקיים שעומדת לסתירה:

החולב

עין משפט נר מצוה

לא א מיי' פט"ו מהל' שבת הלכה כב ופכ"ו הלכה כג סמג לאוין סה טוש"ע א"ח סי' שי"א סעיף ב:

לב ב ג מיי' פ"י מהל' טומאת צרעת הלכה א סמג לאוין שמג:

לג ד ה ו ז ח מיי' פ"ט מהל' שבת הלכה ח ט סמג לאוין סה טוש"ע א"ח סי' שמ סעיף א:

לד ט מיי' פי"ב מהל' ע"ז הלכה י סמג לאוין ס טוש"ע שם וטוש"ע י"ד סי' קפב סעיף ו:

לה י כ מיי' פ"ט מהל' שבת הלכה ט סמג לאוין סה טוש"ע א"ח סי' שכח סעיף לא:

גליון הש"ס

גמ' שרא ר"נ בר יצחק לאפוקיה לכרמלית. עי' סוכה לו ע"ב תוס' ד"ה בשבת: שם אחת משלש. עי' תה"ד סי' מח:

תורה אור השלם

א) לֹא יִהְיֶה כְלִי גֶבֶר עַל אִשָּׁה וְלֹא יִלְבַּשׁ גֶּבֶר שִׂמְלַת אִשָּׁה כִּי תוֹעֲבַת יְיָ אֱלֹהֶיךָ כָּל עֹשֵׂה אֵלֶּה: [דברים כב, ה]

רבינו חננאל

מחייבין חדא דלאו הכי קאמר לא בבעיא ולא בתשובה ועוד דאיפשיטא לן בזה יכול וזה יכול שאע"פ שמוציא כמה שיעורין פטורין הלכך ליכא לאוקמא אלא בענין זה אינו יכול וזה אינו יכול ואמרי' דשיעור אחד לכולן וחייבין בו. אמר רב פפא משמיה דרבא אף אנן נמי תנינא היה יושב ע"ג מטה וד' טליות תחת רגלי מטה טמאות מפני שאינה יכולה לעמוד על ג' ואמאי ליבעי שיעור לזה ושיעור לזה פי' שיעור רובו של זב דתנן זב שהיה מוטל על ה' ספסלין לרוחבו טהורין ותני עלה מפני שאין רובו על אחד מהן והכי קאמר הני ד' טליות כל חדא אין רובו עליה ואמאי טמאות אלא לאו משום דשיעור אחד לכולן אמר רב נחמן אף אנן נמי תנינא צבי שנכנס לבית ונעל אחד בפניו חייב נעלו השנים פטורין לא יכול אחד לנעלו ונעלו שנים חייבים ור' שמעון פוטר ואמאי ליבעי שיעור צידה לזה ושיעור צידה לזה לאו משום דאמרינן שיעור אחד לכולן ומן הא נמי גמרינן דהא שמעתא לענין זה אינו יכול וזה אינו יכול אמירא חדא מדמפרש לא יכול אחד להוציאו והוציאוהו שנים חייבים ור' שמעון פוטר (ופטר) בהא אמר רבינא אף אנן נמי תנינא השותפין שגנבו וטבחו חייבין עיקר דילה [בב"ק עח:] השותפין שגנבו וטבחו פטורין והתניא השותפין שגנבו וטבחו חייבין אר"נ לא קשיא כאן בשותף שגנב מחבירו כאן בשותף שגנב מחבירו ומשותף שגנב בעלמא. איתיביה רבא לרב נחמן יכול שותף

שגנב מחבירו ושותפין שגנבו יהו חייבין ת"ל וטבחו או מכרו כלו טבחו כלו אלא אמר רב נחמן לא קשיא כאן בשותף שטבח מדעת חבירו כאן בשותף שטבח שלא בדעת חבירו ואמאי ליבעי טביחה לזה וטביחה לזה והיכי משכחת שנים בטביחה אחת אלא לאו משום דאמרינן שיעור אחד לכולן אמר רב אשי אף אנן נמי תנינא שנים שהוציאו קנה של גרדי חייבין אע"פ [דמאה לאו] שמעינן מינה דשיעור אחד לכולן או צריכי שיעור לכל אחד ואחד מפני שקנה של גרדי יש בו כשני שיעורין וכבר שמעתם שיעור אחד לכולן אמר רב נחמן שנים שהוציאו קנה של גרדי פטורין אינו יכול קיימינן דהיא פלוגתא דר' שמעון ורבנן והא כי תנא קמיה דר' יהודה וזה ור' שמעון מחייב תמה ר"נ ואמר כלפי לייא היכי אמרת הכי הא תנן מתניתין והוציאוהו שנים חייבין ר' שמעון פוטר ותרצה להא ברייתא נמי בהכין הלכך מאי דגרים אמר מר שנים שיכולין ר' מאיר מחייב ואמר עלה איבעיא להו טעותא

מסורת הש"ס

א) [עירובין מא: מגילה ג:] לעיל פא: ברכות יט: מנחות לז:, ב) נגעים פ"ז מ"ד, ג) מכות כ: ע"ש, ד) נ"ל פי הזוג בשבת חייב, ה) [תוספתא פ"י ע"ש], ו) [שם], ז) עיין לעיל סד: רש"י ד"ה ולא מיפקום, ח) [ועיין תוס' מנחות יא. ד"ה מלמטה], ט) [וע"ע תוס' כתובות ז. ד"ה ופוקסת ועי' תוס' מו"ק ט. ד"ה ופוקסת מבואר היטב].

הגהות הב"ח

(א) גמ' אבל בכלי ד"ה חייב: (ב) תוס' ד"ה וכי דרך וכו' בפ' במה אשה. נ"ב ע"ל נז ע"א גבי מיני חלילתא. ועי' עוד בדף סד ריש ע"א אלא ותולה בצואר כמו:

רב נסים גאון

גדול כבוד הבריות שדוחה את לא תעשה שבתורה וזה הדבר מיוחד בלאו דלא תסור כמו שפירשו בברכות (דף יט) בפרק מי שמתו ומשכחת לה עוד בסוף פרק הקומץ (דף לז) במסכת מנחות: התולש סימני טומאה והכוה את המחיה עובר בלא תעשה. עיקר זה הוא מה שהזהיר הכתוב (דברים כד) השמר בנגע הצרעת ואמרו רבותינו ז"ל בפירושו שזה הלשון הוא במקום לא תעשה ובכל מקום שכתוב כמותו לא בא לומר אלא שלא תעשה אותו דבר כמו שאמר (עירובין דף צו) אמר ר' אבין אמר ר' אילעאי כל מקום שנאמר השמר פן ואל אינו אלא לא תעשה והזהיר הקב"ה את המצורע שלא יחתוך מה שנראה בבשרו מסימני צרעת ומי שעובר על כך עובר בלא תעשה ומיכן אמר המשנה התולש סימני טומאה והכוה את המחיה עובר בלא תעשה ומשכחת לה בספרי השמר בלא תעשה בנגע זה שיער לבן הצרעת זו המכוה ולפיכך הוצרכנו שיתיר לנו המילה בעת שתתראה בערלה צרעת כמו שאמרו בפרק ר' אליעזר אומר אם לא הביא כלי (דף קלב) תנו רבנן מילה דוחה את הצרעת כו' תנו רבנן ימול ערלתו ואע"פ שיש שם בהרת ומה אני מקיים השמר בנגע הצרעת בשאר מקומות חוץ מן המילה כו' ת"ל בשר ואע"פ שיש שם בהרת ובפ' ואלו הן הלוקין (מכות כב) אמרו מתקיף לה ר' אבהו וליחשוב נמי קוצץ בהרתו ואזהרתיה השמר בנגע

ליקוטי רש"י

אף במוציא את המת לקוברו. וקאמר רבי שמעון פטור על הוצאה זו שבשלטו לא היתה באה אליו ולא היה צריך לה [חגיגה י.]. האלהים. לשון שבועה [סנהדרין עב.]. גדול כבוד הבריות שדוחה את לא תעשה שבתורה. דבר שהוא מדברי סופרים נדחה מפני כבוד הבריות וקרי ליה לא תעשה משום דכתיב לא תסור [ברכות יט:].

אַף בְּמוֹצִיא אֶת הַמֵּת לְקוֹבְרוֹ – **even one who carries out a corpse** in order **to bury it.**[1] Even though such an act clearly serves the needs of the corpse, still, it is deemed *a labor not needed for its defined purpose.*

The Gemara elaborates further upon R' Shimon's position:

אָמַר רָבָא – **Rava said:** וּמוֹדֶה רַבִּי שִׁמְעוֹן – **R' Shimon would admit, though,** בְּמַר לַחְפּוֹר בּוֹ – **in** a situation where one carries out **a hoe** in order to **dig with it,** וְסֵפֶר תּוֹרָה לִקְרוֹת בּוֹ – **or** he carries out **a Torah scroll** in order **to read from it,** דְּחַיָּיב – **that [the person] is liable.** Here, the acts are of intrinsic benefit to the person who performs them; hence, R' Shimon considers them true acts of *melachah.*[2]

The Gemara retorts:

פְּשִׁיטָא – **But this is obvious!** דְּאִי הָא נַמִּי מְלָאכָה שֶׁאֵינָהּ צְרִיכָה לְגוּפָהּ הִיא – **For if that** kind of act, **too,** was deemed **"a labor not needed for its defined purpose,"** אֶלָּא מְלָאכָה שֶׁצְּרִיכָה לְגוּפָהּ לְרַבִּי שִׁמְעוֹן הֵיכִי מַשְׁכַּחַת לָהּ – **then how could we** ever **find** *any* act that, according **to R' Shimon,** is **"a labor needed for its defined purpose"?**[3]

The Gemara replies:

מַהוּ דְּתֵימָא – Were it not for Rava's teaching, **you might have said:** עַד דְּאִיכָּא לְגוּפוֹ וּלְגוּפָהּ – One is not liable for a *melachah* **unless** he **is** peforming the act both **for his sake and for its sake;** i.e. it must be of benefit both to the person himself, and to the object he is acting upon. כְּגוֹן מַר לַעֲשׂוֹת לוֹ טַס וְלַחְפּוֹר – **For example,** a person carries out **a hoe** both **to make a plate for it and to dig** with it once it is fixed;[4] סֵפֶר תּוֹרָה לְהַגִּיהַּ וְלִקְרוֹת בּוֹ – or someone carries out **a Torah scroll** both **to correct** any errors it might contain **and to read from it.** You might have thought that these are the only kinds of acts R' Shimon considers "labors needed for their defined purpose"; קָא מַשְׁמַע לָן – **[Rava] therefore informs us** otherwise.[5]

A related case:

הַהוּא שִׁכְבָא דַּהֲוָה בִּדְרוֹקֶרְתָּ – It once happened that on the Sabbath **there was a corpse** lying in a private domain somewhere **in** the town of **Derokera,** שָׁרָא רַב נַחְמָן בַּר יִצְחָק לְאַפּוּקֵיהּ לְכַרְמְלִית – and **Rav Nachman bar Yitzchak permitted it to be taken out to a** *karmelis.*[6] אָמַר לֵיהּ רַבִּי יוֹחָנָן אֲחוּהּ דְּמַר בְּרֵיהּ דְּרַבָּנָא לְרַב נַחְמָן בַּר יִצְחָק – Thereupon, **Rav Yochanan, brother of Mar the son of Rabbana, said to Rav Nachman bar Yitzchak:** כְּמַאן – **Following whom** did you permit this? כְּרַבִּי שִׁמְעוֹן – Were you **following R' Shimon,** who stated in the Mishnah that one who carries out a corpse is exempt? If so, you have erred; אֵימַר דְּפָטַר רַבִּי שִׁמְעוֹן מֵחִיּוּב חַטָּאת – for we can **say** only **that R' Shimon exempts from liability to a** *chatas.* אִיסוּרָא דְּרַבָּנָן מִיהָא אִיכָּא – He agrees, though, that **there is** still **a Rabbinic prohibition** in place against performing this kind of act! How, then, could you have allowed people to transport this corpse?

Rav Nachman responds:

אָמַר לֵיהּ – **[Rav Nachman bar Yitzchak] replied to him:** הָאֱלֹהִים – **By God!** דְּעָיְילַת בֵּיהּ אַתְּ – In such a case, it is so clear that R' Shimon would permit this that **you** personally **would go in** and carry the corpse out yourself! וַאֲפִילוּ לְרַבִּי יְהוּדָה שָׁרֵי – **And** moreover, **this would be permitted even according to R' Yehudah,** who generally rules that transferring a corpse on the Sabbath is a violation of Biblical law. דְּמִי קָאָמִינָא לִרְשׁוּת הָרַבִּים – **For did I say** that they could take the corpse out **to a public domain?** No! לְכַרְמְלִית קָאָמִינָא – I merely **said** that they should take it **to a** ***karmelis;***[7] and thus, we apply the rule: גָּדוֹל כְּבוֹד הַבְּרִיּוֹת – **Human dignity is so great** שֶׁדּוֹחֶה אֶת לֹא תַעֲשֶׂה שֶׁבַּתּוֹרָה – **that it suspends a prohibition of the Torah,** specifically, the Torah law that one must abide by the decrees of

NOTES

1. As explained above (93b note 34), R' Shimon's exemption for carrying out a corpse is founded upon his general position that there is no liability for מְלָאכָה שֶׁאֵינָהּ צְרִיכָה לְגוּפָהּ, *a labor not needed for its defined purpose. Rashi's* view of this is that R' Shimon holds a person liable only when he performs a labor to achieve an inherently positive benefit. A labor performed only in reaction to an undesirable condition – either to prevent it or to rectify it – is not an inherently creative act and one is therefore exempt for its performance.

The Gemara now elaborates more extensively upon R' Shimon's position in these matters. Conceivably, we might see a labor as having "inherent benefit" in one of two ways. It can be of benefit to the *person* performing the act, or it can be of benefit to the *object* being acted upon. The difference between the two can be seen in the case of one who takes a corpse to a cemetery in order to bury it there. Seen from the perspective of the person carrying the body, the act is not of inherent benefit to him. He is merely trying to rectify an undesirable situation that happened to befall him – the presence of a corpse in his house – by removing the body for burial. Seen from the perspective of the corpse, however, the act *is* of inherent benefit – for burial serves its needs and enhances its condition.

One might have supposed, then, that R' Shimon exempts only when the act is devoid of inherent benefit from *both* angles. [Such, for example, is the situation when one carries a corpse to a public domain and leaves it there. Here, no benefit at all accrues to the corpse, and from the live person's perspective, he has merely rectified an undesirable situation (the presence of the corpse in his house); he has not achieved anything inherently positive.] Our Gemara asserts, however, that R' Shimon goes farther than this, and can exempt even when the *melachah* benefits the object being acted upon. That is, even when the person takes the corpse out *for burial* – where the act *is* of inherent benefit to the corpse (see above) – still, R' Shimon exempts the perpetrator (on grounds of מְלָאכָה שֶׁאֵינָהּ צְרִיכָה לְגוּפָהּ), since from that person's perspective he has merely resolved an adverse situation (*Rashi;* see *Ritva;* see also *Menachem Meishiv Nefesh*). See *Meiri* to the Mishnah, *Sfas Emes* here, and *Avnei Nezer* §91.

2. [The acts are צְרִיכָה לְגוּפָהּ, *needed for its defined purpose,* since from the perspective of the perpetrator, they are of positive benefit to him. They are not merely reactions to adverse circumstances.]

3. We have already established that benefit to the *object* being acted upon does not, in the view of R' Shimon, qualify an act as a *melachah* performed for its "defined purpose." It would seem, then, that the relevant criterion is benefit to the *person* performing the act. If even an act of inherent benefit to the perpetrator does not incur liability, then when would R' Shimon *ever* hold someone liable for *melachah* on the Sabbath?

4. I.e. the edge of the hoe's blade was dented, and the person wished to affix to it a thin metallic plate that would serve, in effect, as a new blade (*Rashi*). He thus took the hoe out to a public domain where he intended to make the repair, and to dig with the instrument once the repair was completed.

5. I.e. that in fact, so long as an act is of inherent benefit to the person performing it, it is considered "needed for its defined purpose," even though it is of no benefit to the object being acted upon (based on *Rashi;* see also *Chidushei HaRan* and *Ritva MHK* ed.).

[As explained earlier, *Rashi* interprets a מְלָאכָה שֶׁצְּרִיכָה לְגוּפָהּ, *a labor needed for its defined purpose,* as an act that has inherent positive benefit. It would seem that his position in this matter is based, at least in part, on the Gemara's usage of the terms לְגוּפָהּ and לְגוּפוֹ in the above discussion. The Gemara clearly uses these terms here in the sense of "benefit" (for the *person's* own sake or "benefit," and for the *object's* sake or benefit). This, in turn, lends credence to the notion that when the Gemara speaks of the related phrase מְלָאכָה שֶׁצְּרִיכָה לְגוּפָהּ, it refers to a labor performed to accomplish a "benefit" (not just to rectify an undesirable situation).]

6. There was some pressing need to move the corpse; e.g. it was in danger of rotting in the sun, being burned by fire, or was otherwise lying in disgrace (*Rashi*).

A corpse is considered *muktzeh,* and, as a general rule, is not to be moved on the Sabbath. The Sages, however, permitted the moving of a corpse if something like a loaf of bread or infant is placed upon it (see above, 43b); in such a case, the corpse is considered ancillary to the non-*muktzeh* bread or infant, and thus, one is primarily moving the bread or infant, a permissible act (*Ritva MHK* ed. to 43b; see *Rashi* to 142b ד״ה הניחו עליה ככר או תינוק). In our case, then, this method was presumably employed to circumvent the *muktzeh* prohibition (*Rashi*). [*Ramban* and others, however, argue that an infant or loaf would not have been used in this case. For an extensive treatment of this issue, see *Rashba;* see also *Ran MHK* ed. and *Ran* to *Rif.*]

7. An area into which transfer is only *Rabbinically* prohibited.

עין משפט
נר מצוה

לא א מיי' פט"ו מהל' שבת הלכה כב ופכ"ו הלכה כג סמג לאוין סה טוש"ע א"ח סי' ש"ח סעיף ב:
לב ב ג מיי' פ"ו מהל' טומאת צרעת הלכה ח סמג לאוין שמג:
לג ד ה ו ז ח ט מיי' פ"ט מהל' שבת הלכה ח ט סמג לאוין סה טוש"ע א"ח סי' שמ סעיף א:
לד י מיי' פי"ב מהל' ע"ז הלכה י סמג לאוין סה טוש"ע שם וטוש"ע י"ד סי' קפב סעיף א:
לה י ב מיי' פי"ט מהל' שבת הלכה ט סמג לאוין סה טוש"ע א"ח סי' שכח סעיף לא:

גליון הש"ס

גמ' שרא ר"נ בר יצחק לאפוקיה לכרמלית. עי' סוכה לו ע"ב תוס' ד"ה בשבת. שם אחת משלש. עי' תוס' כ"ד סי' מח:

תורה אור השלם

א) לֹא יִהְיֶה כְלִי גֶבֶר עַל אִשָּׁה וְלֹא יִלְבַּשׁ גֶּבֶר שִׂמְלַת אִשָּׁה כִּי תוֹעֲבַת יְיָ אֱלֹהֶיךָ כָּל עֹשֵׂה אֵלֶּה: [דברים כב, ה]

מסורת הש"ס

א) [עירובין מא: מגילה ג:] ב) לעיל פא: ברכות יט: מנחות לז:, ג) נגעים פ"ז מ"ד, ד) מכות כ: ע"ש, ה) צ"ל פי הזוג בשבת חייב, ו) [תוספתא פ"י] ע"ש, ז) [סש], ח) עיין לעיל קד: רש"י ד"ה ולא מיפקים, ט) [ועיין תוס' מנחות יא. ד"ה מלמטה] י) [וע"ש תוס' כתובות ד. ד"ה ופוקסת ועי' תוס' מו"ק ט. ד"ה ופוקסת מבואר היטב]

הגהות הב"ח

(א) גמ' אבל בכלי ד"ה חייב: (ב) תוס' ד"ה וכי דרך וכו' בפ' במה אשה, נ"ב ע"ל נז ע"א גבי מוכי חלילות. ועי' עוד בדף קד ריש ע"א אבל ונולה בלאור כמו:

רב נסים גאון

גדול כבוד הבריות שדוחה את לא תעשה שבתורה וזה הדבר מיוחד בלאו דלא תסור כמו שפירשו בברכות (דף יט) בפרק מי שמתו ומשכחת לה עוד בסוף פרק הקומץ (דף לז) במסכת מנחות: התולש סימני טומאה והכוה את המחיה עובר בלא תעשה. עיקר זה הוא מה שהזהיר הכתוב (דברים כד) השמר בנגע הצרעת ואמרו רבותינו ז"ל בפירושו שזה הלשון הוא במקום לא תעשה ובכל מקום שכתוב כמותו לא בא לומר אלא שלא תעשה אותו דבר כמו שאמר (עירובין דף צו) אמר ר' אבין אמר ר' אילעאי כל מקום שנאמר השמר פן ואל אינו אלא לא תעשה והזהיר הקב"ה את המצורע שלא יתחוך מה שנראה בבשרו מסימני צרעת ומי שעובר על כך עובר בלא תעשה ומיכן אמר המשנה התולש סימני טומאה והכוה את המחיה עובר בלא תעשה ומשכחת לה בספרי השמר בנגע הצרעת בלא תעשה לבן הצרעת זו המכוה ולפיכך הצרכנו שיחד לנו המילה בעת שתתראה בערלה צרעת כמו שאמרו בפרק ר' אליעזר אומר אם לא הביא כלי (דף קלב) תנו רבנן מילה דוחה את הצרעת כו' תנו רבנן ימול ערלתו ואע"פ שיש שם בהרת ומה אני מקיים השמר בנגע הצרעת בשאר מקומות חוץ מן המילה כו' ת"ל בשר ואע"פ שיש שם בהרת ובפ' ואלו הן הלוקין (מכות כב) אמרו מתקיף לה ר' אבהו וליחשוב נמי קוצץ בהרתו ואזהרתיה השמר בנגע

רבינו חננאל

מחייבין חדא דלאו הכי קאמר לא בבעיא ולא בתשובה ועוד דאיפשיטא לן בזה יכול וזה יכול שאע"פ שמוציא כמה שיעורין פטורין הלכך ליכא לאוקומיה אלא בענין זה אינו יכול וזה אינו יכול ואמרי' דשיעור אחד לכולן וחייבין בו. אמר רב פפא משמיה דרבא אף אנן נמי תנינא היה יושב ע"ג מטה וד' טליות תחת רגלי מטה טמאות מפני שאינה יכולה לעמוד על ג' ואמאי ליבעי שיעור לזה ושיעור לזה פי' שיעור רובו של זב דתנן זב שהיה מוטל על ה' ספסלין לרוחבו טהורין ותני עלה מפני שאין רובו על אחד מהן והכי קאמר הני ד' טליות כל חדא אין רובו עליה ואמאי טמאות אלא לאו משום דשיעור אחד לכולן אמר רב נחמן אף אנן נמי תנינא צבי שנכנס לבית ונעל אחד בפניו חייב נעלו השנים פטורין לא יכול אחד לנעול ונעלו שנים חייבים ור' שמעון פוטר אמאי חייבין ניבעי שיעור צידה לזה ושיעור צידה לזה לאו משום דאמרינן שיעור אחד לכולן ומן הא נמי גמרינן דהא שמעתא לענין זה אינו יכול וזה אינו יכול אמירא חדא מדמפרש לא יכול א' להוציאו והוציאוהו שנים חייבים ועוד מדר"ש פטור (יפטור) בהא אמר רבינא אף אנן נמי תנינא השותפין שגנבו חייבין עיקר דילה [בב"ק עח] השותפין שגנבו וטבחו פטורין והתניא השותפין שגנבו חייבין אר"נ לא קשיא כאן בשותף שגנב מחבירו כאן בשותף שגנב מעלמא. איתיביה רבא לרב נחמן יכול שותף שגנב מחבירו ושותפין שגנבו יהו חייבין ת"ל וטבחו או מכרו מכרו כלו טבחו כלו אלא אמר רב נחמן לא קשיא כאן בשותף שטבחו לדעת חבירו כאן בשותף שטבחו שלא בדעת חבירו: ואמאי ניבעי טביחה לזה וטביחה לזה והיכי מחייבי שנים בטביחה אחת אלא לאו משום דאמרינן שיעור אחד לכולן אמר רב אשי אף אנן נמי תנינא שנים שהוציאו קנה של גרדי חייבין אע"פ [דמהא לא] שמעינן מינה דשיעור אחד לכולן או צריכי שיעור לכל אחד ואחד מפני שקנה של גרדי יש בו כשני שיעורין וכבר שמענו מן הנך מתניתא דאמרי' שיעור אחד לכולן אלא דגמרינן דלענין זה אינו יכול קיימינן דהיא פלוגתא דר' שמעון ורבנן והא כי תנא תנא קמיה דרב נחמן שנים שהוציאו קנה של גרדי פטורין ור' שמעון מחייב תמה ר"נ ואמר כלפי לייא היכי אמרת הכי הא תנן מתניתין והוציאוהו שנים חייבין ור' שמעון פוטר ותרצה להא ברייתא נמי בההכין הלכך מאי דגריס אמר מר שניהם יכולין ר' מאיר מחייב ואמר עלה איבעיא להו טעותא

אף במוציא את המת לקוברו אמר רבא ומודה ר' שמעון במר לחפור בו וספר תורה לקרות בו דחייב פשיטא דאי הא נמי מלאכה שאינה צריכה לגופה היא אלא מלאכה שצריכה לגופה לרבי שמעון היכי משכחת לה מהו דתימא עד דאיכא לגופו ולגופה כגון מר לעשות לו טס ולחפור ספר תורה להגיה ולקרות בו קא משמע לן ° ההוא שכבא דהוה בדרוקרא ° שרא רב נחמן בר יצחק לאפוקיה לכרמלית א"ל רבי יוחנן אחוה דמר בריה דרבנא לרב נחמן בר יצחק כמאן כר"ש אימר דפטר ר"ש מחיוב חטאת איסורא דרבנן מיהא איכא א"ל האלהים דעיילת ביה את ואפילו לר' יהודה (שרי) דמי קאמינא לרה"ר לכרמלית קאמינא ° גדול כבוד הבריות שדוחה את לא תעשה שבתורה ° תנן התם ° התולש סימני טומאה והכוה המחיה עובר בלא תעשה איתמר אחת משתים חייב ° אחת משלש רב נחמן אמר חייב רב ששת אמר פטור רב נחמן אמר חייב אהני מעשיו דאי משתקלא חדא אחריתי אזלה לה טומאה רב ששת ° אמר פטור השתא מיהת הא איתא לטומאה אמר רב ששת מנא אמינא לה דתנן וכן כזית מן המת וכזית מן הנבילה חייב הא חצי זית פטור והתניא חצי זית חייב מאי לאו הא דתניא חייב דאפיק חצי זית מכזית והא דתנן פטור דאפיק חצי זית מכזית ומחצה ורב נחמן אידי ואידי חייב והא דתנן פטור דאפיק חצי זית ממת גדול:

מתני' ° הנוטל צפרניו זו בזו או בשיניו וכן שערו וכן שפמו וכן זקנו וכן הגודלת וכן הכוחלת וכן הפוקסת רבי אליעזר מחייב וחכמים אוסרין משום שבות:

גמ' אמר ר"א ° מחלוקת ביד אבל בכלי (א) חייב פשיטא זו בזו תנן מהו דתימא רבנן בכלי נמי פטרי והא דקתני זו בזו להודיעך כחו דר' אליעזר קא משמע לן ואמר רבי אלעזר ° מחלוקת לעצמו אבל לחבירו דברי הכל פטור פשיטא צפרניו תנן מהו דתימא רבי אליעזר לחבירו נמי מחייב והא דקתני צפרניו להודיעך כחן דרבנן קמ"ל: וכן שערו כו': תנא ° הנוטל מלא ° פי הזוג חייב וכמה מלא פי הזוג אמר רב יהודה שתים והתניא ולקרחה שתים אימא וכן לקרחה שתים תניא נמי הכי ° הנוטל מלא פי הזוג בשבת חייב וכמה מלא פי הזוג שתים רבי אליעזר אומר אחת ° ומודים חכמים לר"א במלקט לבנות מתוך שחורות שאפילו אחת חייב ° ודבר זה אף בחול אסור משום שנאמר ° לא ילבש גבר שמלת אשה ° תניא ° ר"ש בן אלעזר אומר צפורן שפירש רובה וציצין שפרשו רובן ביד מותר בכלי חייב חטאת מי איכא מידי דבכלי חייב חטאת וביד מותר לכתחלה הכי קאמר פירשו רובן ביד מותר בכלי פטור אבל אסור לא פירשו רובן ביד פטור אבל אסור בכלי חייב חטאת אמר רב יהודה הלכה כרבי שמעון בן אלעזר אמר רבה בר בר חנה אמר רבי יוחנן ° והוא שפרשו כלפי מעלה ומצערות אותו: וכן הגודלת כו': גודלת כוחלת ופוקסת משום מאי מחייבא אמר רבי אבין א"ר יוסי בר' חנינא גודלת משום אורגת כוחלת משום כותבת פוקסת משום טווה אמרו רבנן קמיה דרבי אבהו וכי דרך אריגה בכך וכי דרך כתיבה בכך וכי דרך טויה בכך אלא א"ר אבהו לדידי מפרשא לי מיניה דר' יוסי בר' חנינא

כוחלת

רש"י

אף במוציא את המת לקוברו. ולא תימא לא פטר אלא במניחו לחוץ דאין צורך לא לגופו של מוציא ולא לגופה של הוצאה דאפילו הוא צורך המת פטור: מר לחפור בו. שהוא צורך המוציא: מר לעשות לו טס ולחפור. מרה שנרגם פיו וצריך להושיב עליו כמין טס דק שיהא ראוי לחפור: להגיה ולקרות: לאפוקיה לכרמלית. שהיה מוטל בבזיון או בדליקה או בחמה ואי משום טלטול מניח עליו ככר או תינוק: לא תעשה. לאו דלא תסור כי הכא: התולש סימני טומאה. שתי שערות לבנות שבבהרת מטמאה בהן: והכוה את המחיה. מחית בשר חי והוא סימן טומאה בשאת והכוה זה לבטלה משום מחיה ולטהרה: עובר בלא תעשה. השמר בנגע הצרעת (דברים כד) השמר לאו הוא: אחת משתים. שלא היו בה אלא שתי שערות ותלש האחד: חייב. דשקלא לטומאה שאין מטמאה בפחות מב' דהכי ילפינן לה בת"כ שיעור שנים וחייב מלקות: מאי לאו הא דתני חייב דאפיק חצי זית מכזית. דשקליה ובטליה לשיעורא: והא דתני פטור דאפיק חצי זית מכזית ומחצה. דאף על גב דמלמלם לשיעור לאו מילתא היא ולא אמרינן אהני דאי שקיל מיניה פורתא תו ליתא לשיעורא: ממת גדול. דלא אהני מידי: מתני' וכן שערו. תולש שער ראשו בידיו: וכן הגודלת. שערה: וכן הכוחלת. עיניה: וכן הפוקסת. יש מרבותי אומרים מתקנת שערה במסרק או בידי' ויש שמפרשין טחה כמין בצק על פניה וכשנוטלו מאדים הבשר: רבי אליעזר מחייב. בכולם חטאת וחכמים אוסרין משום שבות וטעמא דרבי אליעזר מפרש בגמרא משום מאי מיחייב: גמ' מחלוקת ביד. בהא שנוטלן בידו ולא בכלי הוא דפטרי רבנן אבל בכלי (א) נמי כך בכלל: מהו דתימא בכלי נמי פטרי רבנן. דלאו היינו משום גוזז דלא שייך אלא בצמר בהמה: מחלוקת לעצמו. בהא הוא דמחייב ר' אליעזר שיכול לאמן ידו לעצמו לתקנו בלא כלי: אבל לחבירו. אין יכול לאמן את ידו ליטול יפה בלי כלי: פשיטא צפרניו תנן. של עצמו: הנוטל מלא פי הזוג. מלא ראש המספרים: חייב. בשבת לרבנן בכלי לר' אליעזר אף ביד וזהו שיעורו: והא תניא. בהאי בריייתא בסיפא ולקרחה שהזהירה תורה לא תשימו קרחה (דברים יד) שתים הוי קרחה מכלל דפי הזוג לאו ב' שערות נינהו: תניא נמי הכי. כרב יהודה דאמר שתים: רבי אליעזר אומר. באחת הוא חייב ולא בעינן מלא פי הזוג: אחת חייב. שבאחת הוא מקפיד שלא יהא נראה כזקן: שמלת אשה. ודרך הנשים להקפיד על כך ולהתנאות: ציצין. כמין רצועות דקות הפורשות מעור האצבע סביב הצפורן: שפירשו רובן. קרובין לינתק: מי איכא מידי כו'. כיון דבכלי חייב חטאת ביד איכא שבות גזירה אטו כלי: כלפי מעלה. לצד הצפורן התחילו לפרוש דקא מצערו ליה טפי: משום כותבת. שמוליכה מכחול סביב העין כאדם המוליך קולמוס סביב האות: טווה. שמתקנת שערה בין אצבעותיה ופושטתו כשהוא נכרך וללשון השני עושה מאותו בצק כמין חוט:

לעצמה

תוספות

אהני מעשיו דאי משתקלא חדא כו'. באמת מהרבע דאי משתקלא חדא אחריתי נמי לא אזלא לה טומאה כ"ע מודו דפטור דהוי כמו חצי זית ממת גדול: והא דתנן פטור דאפיק חצי זית ממת גדול. וה"ה דהוה מצי לאוקמיה כגון דליכא אלא חצי זית בלבד אלא דניחא ליה לשנויי בחצי זית ממת גדול דהוי רבותא טפי דאי ליכא אלא חצי זית מן הכל פשיטא דפטור ודווקא חצי זית אבל כזית ממת גדול חייב אע"ג דאי משתקלה זית אחר לא אזלא טומאה מ"מ אהני מעשיו דמשתכו לא גריר בתר המת וכשיוציאו המת מן הבית וישאר כזית זה יטמא כל הבית ונמצא שעתה בהוצאה זו הוא גורם טהרה: ממת גדול. לאו דווקא גדול אלא כלומר מב' זיתים או ג': אבל בכלי ד"ה חייב. היינו כרבי יהודה דמחייב במלאכה שאינה צריכה לגופה וא"ת ודילמא רבנן כר"ש סבירא להו ומנא ליה דמחייב בכלי וי"ל דא"כ ליפלגי בכלי להודיען כחן דרבנן והא דקאמר מהו דתימא רבנן בכלי נמי פטרי היינו פירושו דס"ל כר"ש ולפרשית אבל רש"י פירש דפטרי משום דלא שייכא גזיזה אלא בצמר ואין נראה לר"י דבהא ליכא למיטעי דבכל בעלי חיים שייכא גזיזה כדאמר לעיל התולש כנף חייב משום גוזז: והוא שפירשו כלפי מעלה. פירש בקונטרס כנגד ראשי אצבעותיו שהן למעלה כשמגביה ידיו ור"ת מפרש שכלפי גוף קרי כלפי מעלה כדאשכחן בפ"ב דנדה (דף יג:) דקאמר מן העטרה ולמעלה והתם היינו לצד הגוף: פוקסת. מה שפירש בקונטרס פוקסת היינו סורקת ביד או במסרק אין נראה דבגמרא משמע דהוי כעין טוויה וסריקה אינה כעין טוויה כלל ועוד דא"כ היה שונה סורקת כדתנן (נזיר דף מב.) נזיר חופף ומפספס אבל לא סורק: וכי דרך אריגה בכך. ואף על גב דקולע נימין חשיבא אריגה כדאמרינן בפרק במה אשה (ב) (לעיל ד' סד.) הכא בשער לא חשיבא אריגה כמו בבגד ועוד דהכא אין סופה להתקיים שעומדת לסתירה:

ליקוטי רש"י

אף במוציא את המת לקוברו. וקאמר רבי שמעון שלא הוצאה זו שבלנו לא היה צריך לה אליו ולא היה צריך לה [חגיגה י.]. האלהים. שבועה [סנהדרין עב.]. גדול כבוד הבריות שדוחה את לא תעשה שבתורה. דבר שהוא מדברי סופרים נדחה מפני כבוד הבריות וקרי ליה לא תעשה משום דכתיב לא תסור ודקא קשיא דאורייתא הוא רבנן אתלוה ליקרייהו לעבור על דבריהם היכא דאיכא כבוד הבריות [illegible] אבנים של בית הכסא לקנוח (שבת פא:) או מי שנפסקה ציצית טליתו בכרמלית לא הצריכו להניח טליתו [illegible] (מנחות לח.) [ברכות יט.]. כלאו דלא תסור כגון טלטול [אבנים] איסור מדרבנן ואבנים מקורזלות מותר [illegible] משום כבוד הבריות אבל לשאת משא דכתיב בהדיא לא דמי כבוד הבריות [מנחות לח.]. דכתיב (דברים כב) [illegible] לזקן ואינו לפי כבודו והכא נמי טלטול דרבנן אלאו דלא תסור אסמכוה רבנן ובמקום כבוד הבריות נדחה [illegible] תוכל להתעלם (דברים כב) וכתיב והתעלמת פעמים שאתה מתעלם כגון זקן ואינו לפי כבודו [מגילה ג:] [illegible] בין עיניה כדי שדומות נאים. פוקסת. מחלקת שערה לכאן ולכאן [מו"ק ט: ע"ש בתוס']. אבל בכלי [ד"ה] [illegible] רבנן דחייב חטאת דחשבינן ליה תולדה דגוזז את הצמר שהוא תולש מן המחובר לבעלי חיים. מחלוקת [illegible]

ד"ה פטור. דחבירו לא מתקן ליה שפיר [עירובין קג:]. פי הזוג. סוכן של מספרים. אימא וכן לקרחה שתים. ולפרושי אתא. במלקט. שערות לבנות מתוך שחורות דכיון דאדם מקפיד על שער לבן אחד שבין שערותיו שחורות [illegible] דכשהוא מלקט אותו מבין השחורות מלאכה חשובה היא לו וחייב משום גוזז כיון דחייש לגזיזה זו. שחורות מתוך לבנות לא גרסינן. אף בחול אסור. שמתנאה עצמו בנויי אשה [מכות כ:]. ליפות את עצמו אסור משום לא ילבש גבר [illegible]

the Sages.[8] The transfer of the corpse into a *karmelis* was thus completely permissible.

Our Mishnah stated that one is liable for transferring a piece of a corpse the size of an olive. The Gemara now engages in a related discussion:

תְּנַן הָתָם – We learned there, in another **Mishnah:**[9] הַתּוֹלֵשׁ סִימָנֵי טוּמְאָה – **ONE WHO PLUCKS OUT THE SIGNS OF *TUMAH*** from a *tzaraas* affliction וְהַכְוֶה הַמִּחְיָה – **OR SEARS OFF A *MICHYAH***[10] עוֹבֵר בְּלֹא תַעֲשֶׂה – **TRANSGRESSES A NEGATIVE COMMAND** of the Torah.[11] אִיתְּמַר – Now, concerning this, **it was stated:** If there were only two white hairs in an afflicted area of the skin, אַחַת מִשְּׁתַּיִם – and someone plucked out **one of** the **two,** חַיָּיב – **he is liable.**[12] אַחַת מִשָּׁלֹשׁ – If, however, there was a total of three white hairs, and he plucked out **one of** the **three,**[13] רַב נַחְמָן אָמַר חַיָּיב – then **Rav Nachman said he is liable,** רַב שֵׁשֶׁת אָמַר פָּטוּר – **and Rav Sheishess said he is exempt.**

The Gemara explains the reasoning of each Amora:

רַב נַחְמָן אָמַר חַיָּיב – **Rav Nachman said** the person who plucks one of the three **is liable,** for he asserts: אַהֲנֵי מַעֲשָׂיו – **[The person's] action is** potentially **consequential;** דְּאִי מִשְׁתַּקְלָא חֲדָא אַחֲרִיתִי אָזְלָה לָהּ טוּמְאָה – **for if one more** hair somehow **becomes removed, the *tumah* will depart.** רַב שֵׁשֶׁת אָמַר פָּטוּר – But **Rav Sheishess said he is exempt,** for he asserts: הַשְׁתָּא מִיהַת הָא אִיתָא לְטוּמְאָה – **Now, though, the *tumah* is still present,** for two white hairs yet remain in place. We thus say that his plucking of the single hair was inconsequential, and he is not held liable for it.

Rav Sheishess attempts to prove his position:

אָמַר רַב שֵׁשֶׁת – **Rav Sheishess said:** מְנָא אֲמִינָא לָהּ – **From where do I** know to **say this?** My source is as follows: דִּתְנַן – **For we learned in** our **Mishnah:** וְכֵן כְּזַיִת מִן הַמֵּת – **AND SIMILARLY,** if one carries from domain to domain **[PART] OF A CORPSE THE SIZE OF AN OLIVE,** וּכְזַיִת מִן הַנְּבֵלָה – **OR [PART] OF AN ANIMAL'S CARCASS THE SIZE OF AN OLIVE,** חַיָּיב – **HE IS LIABLE.**[14] הָא חֲצִי זַיִת פָּטוּר – **Now** this implies that had he instead carried a piece **the size of** just **half an olive, he would be exempt.** This, however, is problematic, for וְהָתַנְיָא – **it was taught in** the following **Baraisa:** חֲצִי זַיִת חַיָּיב – If one removes a piece of a corpse **THE SIZE OF HALF AN OLIVE, HE IS LIABLE!** – ? –

Rav Sheishess concludes his proof by proposing a way to reconcile these rulings:

מַאי לָאו – **Now, is it not so** that the resolution to this contradiction is as follows: הָא דְּתַנְיָא חַיָּיב – **That Baraisa which taught that one is liable** for half an olive דְּאַפֵּיק חֲצִי זַיִת מִכְּזַיִת – was speaking of a case **where one removed half an olive's** volume **from** a total mass that was **the size of an olive.** In doing so, he immediately rendered the remaining mass incapable of transmitting *tumah,* and is therefore liable for having performed a significant transfer. וְהָא דִּתְנַן פָּטוּר – **And that Mishnah which taught,** in effect, **that one is exempt** for half an olive דְּאַפֵּיק חֲצִי זַיִת מִכְּזַיִת וּמֶחֱצָה – was speaking of a case **where one removed half an olive's** volume **from** a mass that was **the size of an olive and a half.** In that case, he is ruled exempt, for even after he has taken away the half-olive's worth, the remaining mass can still transmit *tumah.*[15] We see, then, that an act that causes no immediate change in status is not deemed legally significant.

The Gemara shows why Rav Nachman was not convinced by this proof:

וְרַב נַחְמָן – **But Rav Nachman** would reply: אִידִי וְאִידִי חַיָּיב – **Actually, in both this case and that case**[16] the person would be liable for his transfer of half an olive's volume.[17] וְהָא דִּתְנַן פָּטוּר – **And** as for **that which the Mishnah taught, "he is exempt,"** דְּאַפֵּיק חֲצִי זַיִת מִמֵּת גָּדוֹל – that was speaking of a case **where he removed half an olive's** volume **from a large corpse;** i.e. a corpse big enough that even if more was taken from it, it would still retain enough mass to transmit *tumah.*[18] Here, then, the person's act was clearly inconsequential, and it is for this reason that the Mishnah rules he is exempt.[19]

NOTES

8. All Rabbinic ordinances can be said to have a basis in Torah law, for Scripture states (*Deuteronomy* 17:11): לֹא תָסוּר מִן־הַדָּבָר אֲשֶׁר־יַגִּידוּ לְךָ, *do not deviate from the things that they tell you.* Rabbinic decrees are suspended, however, in cases where human dignity is offended. Such was the situation here, for the dignity of the corpse could not be maintained without removing it to another domain (*Ritva MHK* ed.; see *Meiri;* cf. *Raavad* [cited by *Ritva*]). [*Raavad* suggests that removal of the corpse also served the dignity of the living, since the smell of a decaying corpse is repulsive.]

Tosafos (to 94a ד״ה גדול) state that the Rabbinic decree against moving *muktzeh* was not suspended, for this problem can be easily remedied through the placement of a loaf of bread or infant (see above, note 6).

It should be noted that considerations of human dignity do not as a general rule allow violation of *other* Torah prohibitions. E.g. if a person suddenly discovers that the garment he is wearing is *shatnez,* he must remove it immediately, even in the street (see *Berachos* 19b-20a for parameters of this law).

[Various Rishonim discuss whether it was necessary to specifically take the corpse to a *karmelis* according to the view of R' Shimon. See *Rashba, Ritva MHK* ed., and *Tos. HaRosh* et al., who discuss exactly what types of Rabbinic prohibition are overruled for the sake of human dignity.]

9. *Negaim* 7:4.

10. The Torah states (*Leviticus* 13:3-4) that a *baheres* (a certain type of *tzaraas* affliction in one's skin) is rendered *tamei* if there are at least two white hairs in the afflicted area. Similarly, the Torah states (ibid. v. 10) that a different type of affliction known as a *se'eis* becomes *tamei* if there is a patch of skin with the appearance of healthy flesh [known as a מִחְיָה, *michyah*] within the afflicted area. Now, conceivably, one might prevent the afflicted area from being pronounced *tamei* by simply plucking out the white hairs or searing off the healthy skin. This Mishnah, however, teaches that such a practice is forbidden.

[*Rashi* mentions white hairs in connection with *baheres* and *michyah* in connection with *se'eis.* This, indeed, follows the precedent of Scripture, for the concept of *michyah* is first introduced in the Torah's description of *se'eis* (v. 10), while white hairs were introduced earlier, in the description of *baheres* (v. 4). As a point of law, however, the presence of white hairs or a *michyah* is a sign of *tumah* in both these types of afflictions (see *Leviticus* 13:10 with *Rashi*).]

11. The Torah (*Deuteronomy* 24:8) states: *Watch carefully the tzaraas affliction.* This is interpreted to mean that one may not interfere with an affliction in such a way that would lead a Kohen examining it to pronounce it *tahor* (*Rashi,* from *Sifrei*).

12. A minimum of two white hairs is needed for an affliction to be pronounced *tamei.* By uprooting one of them, the person has changed the *tumah* status of the affliction, and thereby transgressed the commandment that prohibits such tampering. He is thus liable to lashes, the standard punishment for active transgression of a negative command (*Rashi*).

13. In this case, the affliction remains *tamei,* since the requisite minimum of two hairs is still in place.

14. [As mentioned above (93b note 33), an olive's volume is the smallest amount of these substances capable of transmitting *tumah.* His transfer of this amount is thus deemed significant.]

15. He is exempt, then, despite the fact that he has brought the mass one step closer to losing its requisite size for transmission of *tumah* (*Rashi*). [If any additional amount is taken away, the mass will be too small to have this capability.]

16. I.e. whether he took the half-olive from a mass exactly the size of an olive or a mass the size of an olive and a half, in either case he is liable.

17. Even when the original mass was the volume of an olive and a half, the person's transfer is significant, for this transfer has diminished the mass to the extent that any further decline will cause a change in status [a loss of capability to transmit *tumah*].

18. I.e. in any case that more than the minimum measure of corpse would be left; e.g. if the corpse fragment was two or three times the size of an olive (*Tosafos*; see also *Ramban, Ritva MHK* ed., *Chidushei HaRan*).

19. The loss of half an olive's worth from a large corpse does not even bring the mass to the *verge* of a change in status, for even if more would

עין משפט נר מצוה

לא א מיי' פט"ו מהל' שבת הלכה כב ופכ"ו הלכה כג סמג לאוין סה טוש"ע א"ח סי' שי"א סעיף ב:

לב ב ג מיי' פ"י מהל' טומאת צרעת הלכה א סמג לאוין שמג:

לג ד ה ו ז ח מיי' פ"ט מהל' שבת הלכה ח ט סמג לאוין סה טוש"ע א"ח סי' שמ סעיף א:

לד ט מיי' פי"ב מהל' ע"ז הלכה י סמג לאוין ס טוש"ע שם וטוש"ע י"ד סי' קפב סעיף ו:

לה י כ מיי' פ"ט מהל' שבת הלכה ט סמג לאוין סה טוש"ע א"ח סי' שכח סעיף לא:

גליון הש"ס

גמ' שרא ר"נ בר יצחק לאפוקיה לכרמלית. ע' סוכה לו ע"ב תוס' ד"ה בשבת: שם אחת משלש. ע' תס"ד סי' מח:

תורה אור השלם

א) לֹא יִהְיֶה כְלִי גֶבֶר עַל אִשָּׁה וְלֹא יִלְבַּשׁ גֶּבֶר שִׂמְלַת אִשָּׁה כִּי תוֹעֲבַת יְיָ אֱלֹהֶיךָ כָּל עֹשֵׂה אֵלֶּה: [דברים כב, ה]

רבינו חננאל

מחייבין חדא דלאו הכי קאמר לא בבעיא ולא בתשובה ועוד דאיפשיטא לן בזה יכול וזה יכול שאע"פ שמוציא כמה שיעורין פטורין הלכך ליכא לאוקמא אלא בענין זה אינו יכול וזה אינו יכול ואמרי' דשיעור אחד לכולן וחייבין בו. אמר רב פפא משמיה דרבא אף אנן נמי תנינא היה יושב ע"ג מטה וד' טליות תחת רגלי מטה טמאות מפני שאינה יכולה לעמוד על ג' ואמאי ליבעי שיעור לזה ושיעור לזה פי' שיעור רובו של זב דתנן זב שהיה מוטל על ה' ספסלין לרוחבן טהורין ותני עלה מפני שאין רובו על אחד מהן והכי קאמר הני ד' טליות כל חדא אין רובו עליה ואמאי טמאות אלא לאו משום דשיעור אחד לכולן אמר רב נחמן אף אנן נמי תנינא צבי שנכנס לבית ונעל אחד בפניו חייב נעלו שנים פטורין לא יכול אחד לנעול ונעלו שנים חייבים ור' שמעון פוטר אמאי חייבין ניבעי שיעור צידה לזה ושיעור צידה לזה לאו משום דאמרינן שיעור אחד לכולן ומן הא נמי גמרינן דהא שמעתא לענין זה אינו יכול וזה אינו יכול אמרה חדא מדברים לא יכול א' להוציאו והוציאוהו שנים חייבים ור' שמעון פוטר (ופטור) בהא אמר רבינא אף אנן נמי תנינא השותפין שגנבו וטבחו חייבין עיקר דילה [בב"ק עח] השותפין שגנבו וטבחו פטורין והתניא השותפין שגנבו וטבחו חייבין אר"נ קשיא כאן בשותף שגנב משותף כאן בשותף שגנב מאחר ...

תוספות

אהני מעשיו דאי משתקלא חדא כו'. בלאחת מארבע דאי משתקלא חדא אחריתי נמי לא אזלא לה טומאה כ"ע מודו דפטור דהוי כמו אלו זית ממת גדול: **והא** דתנן פטור דאפיק חצי זית ממת גדול. וה"ה דהוה מצי לאוקמיה כגון דליכא אלא אלו זית בלבד אלא דניחא ליה לשנויי בהאי זית ממת גדול דהוי רבותא טפי דאי ליכא אלא אלו זית מן הכל פשיטא דפטור ודווקא אלו זית אבל כזית ממת גדול חייב אע"ג דאי משתקלא זית אחר לא אזלא טומאה מ"מ אהני מעשיו דמשתמתכו לא גריר בתר המת וכשיוצאו המת מן הבית וישאר כזית זה יטמא כל הבית ונמצא שעתה בהוצאה זו הוא גורם טהרה: **ממת** גדול. לאו דווקא גדול אלא כלומר מב' זיתים או ג': **אבל** בכלי ד"ה חייב. היינו כרבי יהודה דמחייב במלאכה שאינה צריכה לגופה וא"ת ודילמא רבנן כר"ש סבירא להו ומנא ליה דמחייב בכלי ויש לומר דא"כ ליפלגי בכלי להודיעך כחן דרבנן והא דקאמר מהו דתימא רבנן בכלי נמי פטרי היינו פירושו דס"ל כר"ש וכדפרישית אבל רש"י פירש דפטרי משום דלא שייכא גזיזה אלא בצמר ואין נראה לר"י דהא ליכא למיטעי דבכל בעלי חיים שייכא גזיזה כדאמר לעיל התולש כנף חייב משום גוזז: **והוא** שפירשו כלפי מעלה. פירש בקונטרס כנגד ראשי אצבעותיו שהן למעלה כשמגביה ידיו ור"ת מפרש שכלפי גוף קרי כלפי מעלה כדאשכחן בפ"ב דנדה (דף יג:) דקאמר מן העטרה ולמעלה והתם היינו לצד הגוף[ט]: **פוקסת.** מה שפירש בקונטרס פוקסת היינו סורקת ביד או במסרק אין נראה דבגמרא משמע דהוי כעין טוויה וסריקה אינה כעין טוויה כלל ועוד דא"כ היה שונה סורקת כדתנן (נזיר דף מב.) נזיר חופף ומפספס אבל לא סורק[י]: **וכי** דרך אריגה בכך. ואף על גב דקולע נימין חשיבא אריגה כדאמרינן בפרק במה אשה (ג) (לעיל ד' סד.) הכא בשער לא חשיבא אריגה כמו בבגד ועוד דהכא אין סופה להתקיים שעומדת לסתירה: החולצ

רש"י

אף במוציא את המת לקוברו. ולא תימא לא פטר אלא במניחו לחוץ דאין צורך לא לגופו של מוציא ולא לגופה של הוצאה דאפילו הוא צורך המת פטור: **מר לחפור בו.** שהוא צורך המוציא: **מר לעשות לו טס ולחפור.** מרה שנכלף פיו וצריך להושיב עליו כמין טס דק שיהא ראוי לחפור: **להגיה ולקרות: לאפוקיה לכרמלית.** שהיה מוטל בבזיון או בדליקה או בחמה ואי משום טלטול מניח עליו ככר או תינוק: **לא תעשה.** לאו דלא תסור כי הכא: **התולש סימני טומאה.** שתי שערות לבנות שבבהרת מטמאה בהן: **והכוה את המחיה.** מחית בשר חי והוא סימן טומאה בשאת והכוה זה לבטלה משום מחיה ולטהרה: **עובר בלא תעשה.** דהשמר בנגע הצרעת (דברים כד): **אחד מב'.** שלא היו בה אלא שתי שערות ותלש האחד: **חייב.** דשקלא לטומאה שאין מטמאה בפחות מב' דהכי ילפינן לה בת"כ שיעור שנים וחייב מלקות: **מאי לאו הא דתני חייב דאפיק חצי זית מכזית.** דשקליה ובצריה לשיעורא: **והא דתני פטור דאפיק חצי זית מכזית ומחצה.** דאף על גב דמצמצם לשיעור לאו מילתא היא ולא אמרינן אהני דאי שקיל מיניה פורתא תו ליתא לשיעורא: **ממת גדול.** דלא אהני מידי: **מתני' וכן שערו.** תולש שער ראשו בידיו: **וכן הגודלת.** שערה: **וכן הכוחלת.** עיניה: **וכן הפוקסת.** יש מרבותי אומרים מתקנת שערה במסרק או בידי' ויש שמפרשין טחה כמין בצק על פניה וכשנוטלו מאדים הבשר[ז]: **רבי אליעזר מחייב.** בכולם חטאת וחכמים אוסרין משום שבות וטעמא דרבי אליעזר מפרש בגמרא משום מאי מיחייב: **גמ' מחלוקת ביד.** בהא שנוטלן בידו ולא בכלי הוא דפטרי רבנן שאין דרך גזיזה בכך בכול: **מהו דתימא בכלי נמי פטרי רבנן.** דאין כאן משום גוזז דלא שייך אלא בצמר בהמה: **מחלוקת לעצמו.** בהא הוא דמחייב ר' אליעזר שיכול לאמן ידו לעצמו לתקנו בלא כלי: **אבל לחבירו.** אין יכול לאמן את ידו ליטול יפה בלא כלי: **פשיטא צפרניו תנן.** של עצמו: **הנוטל מלא פי הזוג.** מלא ראש המספרים: **חייב.** בשבת לרבנן בכלי לר' אליעזר אף ביד וזהו שיעורו: **והא תניא.** בההיא ברייתא בסיפא ולקרחה שהזהירה תורה לא תשימו קרחה (דברים יד) שתים הוי קרחה מכלל דפי הזוג לאו ב' שערות נינהו: **תניא נמי הכי.** כרב יהודה דאמר שתים: **רבי אליעזר אומר.** באחת הוא חייב ולא בעינן מלא פי הזוג: **אחת חייב.** שבאחת הוא מקפיד שלא יהא נראה כזקן: **שמלת אשה.** ודרך הנשים להקפיד על כך ולהתנאות: **ציצין.** כמין רצועות דקות הפורשות מעור האצבע סביב הצפורן: **שפירשו רובן.** קרובין לינתק: **מי איכא מידי כו'.** כיון דבכלי חייב חטאת ביד איכא שבות גזירה אטו כלי: **כלפי מעלה.** לצד הצפורן התחילו לפרוש דקא מצערו ליה טפי: **משום כותבת.** שמוליכה מכחול סביב העין כאדם המוליך קולמוס סביב האות: **טווה.** שמתקנת שערה בין אצבעותיה ופושטתו כשהוא נכרך וללשון השני עושה מאותו בצק כמין חוט: לעצמה

גמרא

אף במוציא את המת לקוברו אמר רבא ומודה ר' שמעון במר לחפור בו ובספר תורה לקרות בו דחייב פשיטא דאי הא נמי מלאכה שאינה צריכה לגופה היא אלא מלאכה שצריכה לגופה לרבי שמעון היכי משכחת לה מהו דתימא עד דאיכא לגופו ולגופה כגון מר לעשות לו טס ולחפור ספר תורה להגיה ולקרות בו קא משמע לן ההוא שכבא דהוה בדרוקרא שרא רב נחמן בר יצחק לאפוקיה לכרמלית א"ל רבי יוחנן אחוה דמר בריה דרבנא לרב נחמן בר יצחק כמאן כר"ש אימר דפטר ר"ש מחיוב חטאת איסורא דרבנן מיהא איכא א"ל האלהים דעיילת ביה את ואפילו לר' יהודה (שרי) דמי קאמינא לרה"ר לכרמלית קאמינא גדול כבוד הבריות שדוחה את לא תעשה שבתורה תנן התם התולש סימני טומאה והכוה המחיה עובר בלא תעשה איתמר אחת משתים חייב אחת משלש רב נחמן אמר חייב רב ששת אמר פטור רב נחמן אמר חייב אהני מעשיו דאי משתקלא חדא אחריתי אזלה לה טומאה רב ששת אמר פטור השתא מיהת הא איתא לטומאה אמר רב ששת מנא אמינא לה דתנן וכן כזית מן המת וכזית מן הנבילה חייב הא חצי זית פטור והתניא חצי זית חייב מאי לאו הא דתניא חייב דאפיק חצי זית מכזית והא דתנן פטור דאפיק חצי זית מכזית ומחצה ורב נחמן אידי ואידי חייב והא דתנן פטור דאפיק חצי זית ממת גדול:

מתני' הנוטל צפרניו זו בזו או בשיניו וכן שערו וכן שפמו וכן זקנו וכן הגודלת וכן הכוחלת וכן הפוקסת רבי אליעזר מחייב וחכמים אוסרין משום שבות:

גמ' אמר ר"א מחלוקת ביד אבל בכלי (א) חייב פשיטא זו בזו תנן מהו דתימא דרבנן בכלי נמי פטרי והא דקתני זו בזו להודיעך כחו דר' אליעזר קא משמע לן ואמר רבי אלעזר מחלוקת לעצמו אבל לחבירו דברי הכל פטור פשיטא צפרניו תנן מהו דתימא רבי אליעזר לחבירו נמי מחייב והא דקתני צפרניו להודיעך כחן דרבנן קמ"ל: וכן שערו כו': תנא הנוטל מלא פי הזוג חייב וכמה מלא פי הזוג אמר רב יהודה שתים והתניא ולקרחה שתים אימא וכן לקרחה שתים תניא נמי הכי הנוטל מלא פי הזוג בשבת חייב וכמה מלא פי הזוג שתים רבי אליעזר אומר אחת ומודים חכמים לר"א במלקט לבנות מתוך שחורות שאפילו אחת חייב ודבר זה אף בחול אסור משום שנאמר א) לא ילבש גבר שמלת אשה תניא ר"ש בן אלעזר אומר צפורן שפירש רובה וציצין שפרשו רובן ביד מותר בכלי חייב חטאת מי איכא מידי דבכלי חייב חטאת וביד מותר לכתחלה הכי קאמר פירשו רובן ביד מותר בכלי פטור אבל אסור לא פירשו רובן ביד פטור אבל אסור בכלי חייב חטאת אמר רב יהודה הלכה כרבי שמעון בן אלעזר אמר רבה בר בר חנה אמר רבי יוחנן והוא שפירשו כלפי מעלה ומצערות אותו: וכן הגודלת כו': גודלת כוחלת ופוקסת משום מאי מחייבא אמר רבי אבין א"ר יוסי בר' חנינא גודלת משום אורגת כוחלת משום כותבת פוקסת משום טווה אמרו רבנן קמיה דרבי אבהו וכי דרך אריגה בכך וכי דרך כתיבה בכך וכי דרך טויה בכך אלא א"ר אבהו לדידי מפרשא לי מיניה דר' יוסי בר' חנינא כוחלת

מסורת הש"ס

א) [עירובין מא: מגילה ג:] לעיל פא: ברכות יט: מנחות לז:, ב) נגעים פ"ז מ"ד, ג) מכות כ: ע"ש, ד) נ"ל פי הזוג בשבת חייב, ה) [תוספתא פ"י ע"ש], ו) [שם], ז) עיין לעיל סד: רש"י ד"ה ולא תיפקס, ח) [ועיין תוס' מנחות יח. ד"ה מלמטה], ט) [וע"ש תוס' כתובות ז. ד"ה ופוקסת ועי' תוס' מו"ק ט. ד"ה ופוקסת מגולל היטב].

הגהות הב"ח

(א) גמ' אבל בכלי ד"ה חייב: (ב) תוס' ד"ה וכי דרך וכו' בפ' במה אשה. נ"ב עיין בע"א גבי פיפי סלילתא. ועי' עוד בדף סד ריש ע"א אלא ומולה בלולב כמו:

רב נסים גאון

גדול כבוד הבריות שדוחה את לא תעשה שבתורה וזה הדבר מיוחד בלאו דלא תסור כמו שפירשו בברכות (דף יט) בפרק מי שמתו ומשכחת לה עוד בסוף פרק הקומץ (דף לז) במסכת מנחות: התולש סימני טומאה והכוה את המחיה עובר בלא תעשה. עיקר זה הוא מה שהזהיר הכתוב (דברים כד) השמר בנגע הצרעת ואמרו רבותינו ז"ל בפירושו שזה הלשון הוא במקום לא תעשה ובכל מקום שכתוב כמותו הוא בא לומר כלא שלא תעשה אותו דבר כמו שאמר (עירובין דף צו) אמר ר' אבין אמר ר' אילעאי כל מקום שנאמר השמר פן ואל אינו אלא לא תעשה והזהיר הקב"ה את המצורע שלא יחתוך מה שנראה בבשרו מסימני צרעת ומי שעובר על כן עובר בלא תעשה ומיכן אמר המשנה התולש סימני טומאה והכוה את המחיה עובר בלא תעשה ומשכחת לה בסיפרי השמר בנגע לבן הצרעת זו המכוה ולפיכך הוצרכו שיתיר לנו המילה בעת שתתראה בערלה צרעת כמו שאמרו בפרק ר' אליעזר אם לא הביא כלי (דף קלב) תנו רבנן מילה דוחה את הצרעת כו' תנו רבנן ימול ערלתו ואע"פ שיש שם בהרת ומה אני מקיים השמר בנגע הצרעת בשאר מקומות חוץ מן המילה כו' ת"ל בשר ואע"פ שיש שם בהרת ובפ' ואלו הן הלוקין (מכות כב) אמרו מתקיף לה ר' אבהו וליחשוב נמי קוצץ בהרתו ואזהרתיה השמר בנגע

ליקוטי רש"י

אף במוציא את המת לקוברו. וקאמר רבי שמעון פטור על הוצאה זו שבגלותו לא היה צורך לה אליו לא היה צריך לה [חגיגה י.]. האלהים. שבועה [סנהדרין עג.]. גדול כבוד הבריות שדוחה את לא תעשה שבתורה. דבר שהוא מדברי סופרים נדחה מפני כבוד הבריות וקרי ליה לא תעשה משום דכתיב לא תסור [illegible]

שגנב מחבירו ושותפין שגנבו יהו חייבין ת"ל וטבחו או מכרו כלו טבחו כלו אלא אמר רב נחמן לא קשיא כאן [illegible]

ד"ה פטור. לחבירו לא מתקן ליה שפיר [עירובין קג.] [illegible]

Mishnah The Mishnah turns to discuss *tolados* of various *avos:*[20] הַנּוֹטֵל צִפָּרְנָיו זוֹ בְּזוֹ – **One who removes his fingernails one with the other,** i.e. he uses the edge of one of his fingernails as a blade to remove the others, אוֹ בְּשִׁינָּיו – **or** he removes them **with his teeth,** i.e. he bites them, וְכֵן שְׂעָרוֹ – **and similarly** one who removes **his hair** in such a manner, i.e. he plucks the hair of his head with his hand, וְכֵן שְׂפָמוֹ – **or** the hair of **his mustache,** וְכֵן זְקָנוֹ – **or** the hair of **his beard;** וְכֵן הַגּוֹדֶלֶת – **and likewise [a woman] who braids** her hair, וְכֵן הַכּוֹחֶלֶת – **or paints** her eyes, וְכֵן הַפּוֹקֶסֶת – **or fixes** her **hair**[21] – רַבִּי אֱלִיעֶזֶר מְחַיֵּיב – **R' Eliezer holds** that person **liable** to a *chatas,*[22] וַחֲכָמִים אוֹסְרִין מִשּׁוּם שְׁבוּת – **while the Sages prohibit** each of these acts **as a Rabbinical enactment.**[23]

Gemara The Gemara discusses the dispute between R' Eliezer and the Rabbis regarding removing the fingernails:

אָמַר רַבִּי אֶלְעָזָר – **R' Elazar said:** מַחֲלוֹקֶת בְּיָד – **The dispute pertains** only **to** removing the fingernails with **the hand.** In this case the Rabbis maintain that the person is not liable for shearing, since this is not the normal way of cutting the nails. אֲבָל בִּכְלִי חַיָּיב – **But** if one does this **with an instrument,** e.g. a scissors, even the Rabbis agree that **he is liable.**[24]

The Gemara asks:

פְּשִׁיטָא זוֹ בְּזוֹ תְּנַן – This is **obvious,** for **the Mishnah states** openly that the person removes his fingernails **"one with the other"!** -?-

The Gemara answers:

מַהוּ דְּתֵימָא רַבָּנָן בִּכְלִי נַמִּי פָּטְרֵי – **You might have said,** without R' Elazar's teaching, that **the Rabbis exempt** the person **even** where he removes them **with an instrument,**[25] וְהָא דְּקָתָנֵי זוֹ בְּזוֹ לְהוֹדִיעֲךָ כֹּחוֹ דְּרַבִּי אֱלִיעֶזֶר – **and that which the Mishnah teaches** that he removed them **"one with the other"** is only **to inform you of the extent of** the stringent opinion of **R' Eliezer,** i.e. to teach that he holds the person liable even where he does not use an instrument. קָא מַשְׁמַע לָן – **[R' Elazar]** therefore **informs us** that this is not so; i.e. that the Rabbis agree that one who uses an instrument is liable.

The Gemara continues discussing the dispute between R' Eliezer and the Rabbis regarding removing fingernails:

וְאָמַר רַבִּי אֶלְעָזָר – **And R' Elazar said** further: מַחֲלוֹקֶת לְעַצְמוֹ – **The dispute refers** only **to** where the person removed the fingernails **for himself,** i.e. his own fingernails. In this case R' Eliezer maintains that the person is dexterous enough to properly remove his fingernails without the aid of an instrument, and is therefore considered to have performed the *melachah* in the usual manner. אֲבָל לַחֲבֵירוֹ דִּבְרֵי הַכֹּל פָּטוּר – **But** if he did so **for his fellow,** i.e. he used his fingernail to remove his companion's fingernails, **all agree** that **he is exempt.**

The Gemara asks:

פְּשִׁיטָא צִפָּרְנָיו תְּנַן – This is **obvious,** for **the Mishnah states** openly that he removed **"*his* fingernails"!** – ? –

The Gemara answers:

מַהוּ דְּתֵימָא רַבִּי אֱלִיעֶזֶר לַחֲבֵירוֹ נַמִּי מְחַיֵּיב – **You might have said,** without R' Elazar's statement, that **R' Eliezer holds [the person] liable even** where he removes the fingernails **for his fellow,** וְהָא דְּקָתָנֵי צִפָּרְנָיו לְהוֹדִיעֲךָ כֹּחָן דְּרַבָּנָן – **and that which the Mishnah teaches "*his* fingernails" is to inform you of the extent of** the lenient opinion of **the Rabbis,** to teach that they exempt the person even where he removes his own fingernails. קָא מַשְׁמַע לָן – **[R' Elazar]** therefore **informs us** that R' Eliezer agrees that if he removes the fingernails of his fellow, he is exempt.

The Mishnah states:

וְכֵן שְׂעָרוֹ כו' – AND SIMILARLY HIS HAIR etc.

The Gemara cites a Baraisa which discusses the minimum amount of hair necessary to be removed in order to be liable for cutting the hair on the Sabbath:

תָּנָא – **A Baraisa taught:** הַנּוֹטֵל מְלֹא פִּי הַזּוּג חַיָּיב – IF A PERSON REMOVES A SCISSORS'-TIP FULL of hair on the Sabbath, HE IS LIABLE to a *chatas.*[26]

The Gemara comments:

וְכַמָּה מְלֹא פִּי הַזּוּג – **And how many** hairs **are contained in a "scissors'-tip full"?** אָמַר רַב יְהוּדָה שְׁתַּיִם – **Said Rav Yehudah: Two.**

The Gemara asks:

וְהָתַנְיָא – **But it was taught** later **in the** same **Baraisa:** וּלְקָרְחָה שְׁתַּיִם – AND AS REGARDS the prohibition against TEARING OUT HAIR,[27] the minimum amount for which one incurs *malkus* is TWO hairs. Does this not clearly imply that the amount stated previously in the Baraisa in regard to the Sabbath is *not* two hairs?

NOTES

be taken from the corpse, it will still have enough volume [e.g. at least an olive's worth] to transmit *tumah.* Thus, even Rav Nachman reckons this transfer inconsequential.

[Removal of a *full* olive's volume, though, would render the one who transfers it liable. Since the severed piece is now an entity unto itself, its transfer is potentially significant. This is so because if it had *not* been transferred, then when the corpse is eventually removed from the house, the house would still remain *tamei* on account of this fragment that has remained behind. Thus, the transfer of this piece out of the house removes even *that* potential for *tumah,* and it is therefore deemed a significant act (*Tosafos*; see *Ritva MHK* ed.).]

20. [The commentators puzzle over why this Mishnah is inserted here in the midst of a discussion about carrying. See *Meleches Shlomo* and *Rashash* and *Emes LeYaakov* for suggestions.]

21. She separates her hair with a comb or with her hand (see *Rashi* here and below ד״ה טווה; see also note 32). Alternatively, פּוֹקֶסֶת means that she applies dough to her face, which when removed gives her a reddish complexion (*Rashi*).

22. [For removing the hair or nails, the person is liable for גּוֹזֵז, *shearing* (see *Eglei Tal* גוזז 5:7 and 107b note 50).] As far as the other acts (braiding, painting the eyes, adjusting the hair), the Gemara will identify the *av melachos* violated (*Rashi*).

23. Because these acts are not done in the usual manner of the *melachos* under which they are classified (see Gemara below). [As for why braiding, eye-painting, and fixing hair are exempt, see 95a note 1.]

24. *Tosafos* (ד״ה אבל) state that this ruling follows the view of R' Yehudah, who holds that one is liable for a *melachah* not needed for its designated purpose [מְלָאכָה שֶׁאֵינָהּ צְרִיכָה לְגוּפָהּ]. However, according to R' Shimon, who exempts such an act from liability, one would be exempt for cutting his hair or nails even with an instrument because they are not cut off to be used [as is done with wool]. Others disagree. They note that in making the *Mishkan,* hair was removed from hides to make the hides serviceable. By the same token, removing unwanted hair or nails from a person to beautify the person also serves the designated purpose of the *melachah* (*Rivash* 394 cited by *Magen Avraham* 303:22; see *Beur Halachah* 340:1 ד״ה וחייב).

25. Because the *melachah* of *shearing* applies only to cutting the wool of an animal (*Rashi;* cf. *Tosafos*). See *Emes LeYaakov.*

26. According to the Rabbis, with a scissors; according to R' Eliezer, even with the hand (*Rashi*).

27. Tearing hair out of one's head in mourning for a dead person is prohibited by the Torah (*Deuteronomy* 14:1).

עין משפט נר מצוה

לא א מיי' פט"ו מהל' שבת הלכה כב סמג לאוין סה טוש"ע א"ח סי' ש"מ סעיף ב:

לב ב ג מיי' פ"ב מהל' טומאת צרעת הלכה א סמג לאוין שמג:

לג ד ה ו ז ח מיי' פ"ט מהל' שבת הלכה ח ט סמג לאוין סה טוש"ע א"ח סי' שמ סעיף א:

לד ט מיי' פי"ב מהל' ע"ז הלכה י סמג לאוין סה טוש"ע יו"ד סי' קפב סעיף ו:

לה י כ מיי' פ"ט מהל' שבת הלכה טו סמג לאוין סה טוש"ע א"ח סי' שכח סעיף לא:

גליון הש"ס

גמ' שרא ר"נ בר יצחק לאפוקיה לכרמלית. עי' סוכה לו ע"ב תוס' ד"ה בשבת: שם אחת משלש. עי' תוס' ד"ה חייב. עי' תוס' סי' מח:

תורה אור השלם

א) לֹא יִהְיֶה כְלִי גֶבֶר עַל אִשָּׁה וְלֹא יִלְבַּשׁ גֶּבֶר שִׂמְלַת אִשָּׁה כִּי תוֹעֲבַת יְיָ אֱלֹהֶיךָ כָּל עֹשֵׂה אֵלֶּה: [דברים כב, ה]

רבינו חננאל

מחייבין חדא דלאו הכי קאמר לא בבציא ולא בתשובה ועוד דאפשיטא לן בזה יכול וזה יכול שאע"פ שמוציא כמה שיעורין פטורין הלכך ליכא לאוקמא אלא בענין זה אינו יכול וזה אינו יכול ואמרי' דשיעור אחד לכולן וחייבין בו. פושט רב פפא משמיה דרבא אף אנן נמי תנינא היה יושב ע"ג מטה וד' טליות תחת ד' רגלי מטה טמאות מפני שאינה יכולה לעמוד על ג' ואמאי ליבעי שיעור לזה ושיעור לזה פי' שיעור רובו של זב דתנן זב שהיה מוטל על ה' ספסלין לרוחבו טהורין ותני עלה מפני שאין רובו על אחד מהן והכי קאמר הני ד' טליות כל חדא אין רובו עליה ואמאי טמאות אלא לאו משום דשיעור אחד לכולן אמר רב נחמן אף אנן נמי תנינא צבי שנכנס לבית ונעל אחד בפניו חייב נעלו שנים פטורין ואם לא יכול אחד לנעול ונעלו שנים חייבין ור' שמעון פוטר ואמאי ליבעי שיעור צידה לזה ושיעור צידה לזה לאו משום דאמרינן שיעור אחד לכולן ומן הא נמי גמרינן דהא שמעתא לענין זה אינו יכול וזה אינו יכול אמירא הוא דמחייבינן לא יכול א' להוציאו והוציאוהו שנים חייבים ור"ש פוטר מדי"ס פטור (ויסבור) בהא אמר רבינא אף אנן נמי תנינא עיקר דילה [בב"ק עח] השותפין שגנבו וטבחו פטורין והתניא השותפין שגנבו וטבחו חייבין ארב"נ לא קשיא כאן בשותף שגנב משותף כאן בשותף שגנב מעלמא. איתיביה רבא לרב נחמן יכול שותף שגנב מחבירו ושותפין שגנבו יהו חייבין ת"ל וטבחו או מכרו מכרו כלו טבחו כלו אלא אמר רב נחמן לא קשיא כאן בשותף שטבחו בדעת חבירו כאן בשותף שטבחו שלא בדעת חבירו: ואמאי ניבעי טביחה לזה וטביחה לזה והיכי חייבין שנים בטביחה אחת אלא לאו משום דאמרינן שיעור אחד לכולן אמר רב אשי אף אנן נמי תנינא שנים שהוציאו קנה של גרדי חייבין אע"פ [דמהא לא] שמעינן מינה דשיעור אחד לכולן או צריכי שיעור לכל אחד ואחד מפני שקנה של גרדי יש בו כשני שיעורין וכבר שמענו מן הנך מתניתא דאמרי' שיעור אחד לכולן אלא דגמרינן דלענין זה אינו יכול וזה אינו יכול קיימינן דהיא פלוגתא דר' שמעון ורבנן והא כי תנא תנא קמיה דרב נחמן שנים שהוציאו קנה של גרדי פטורין ור' שמעון מחייב תמה ר"נ ואמר כלפי לייא היכי אמרת הכי הא תנן מתניתין והוציאוהו שנים חייבין ור' שמעון פוטר ותרצה להא ברייתא נמי בהכין הלכך מאי דגריס אמר מר שניהם יכולין ר' מאיר מחייב ואמר עלה איבעיא להו טעותא

אהני מעשיו דאי משתקלא חדא כו'. באחת מארבע דאי משתקלא חדא אחריתי נמי לא אזלא לה טומאה כ"ע מודו דפטור דהוי כמו חצי זית ממת גדול: והא דתנן פטור דאפיק חצי זית ממת גדול. וה"ה דהוה מצי לאוקמיה כגון דליכא אלא חצי זית בלבד אלא דניחא ליה לשנויי בחצי זית ממת גדול דהוי רבותא טפי דאי ליכא אלא חצי זית מן הכל פשיטא דפטור ודווקא חצי זית אבל כזית ממת גדול חייב אע"ג דאי משתקלה זית אחר לא אזלא טומאה מ"מ אהני מעשיו דמשמתכו לא גריר בתר המת וכשיוליאו המת מן הבית ויש אר כזית זה יטמא כל הבית ומאלא שעתה בהולאה זו הוא גורם טהרה: ממת גדול. לאו דווקא גדול אלא כלומר מב' זימים או ג': אבל בכלי ד"ה חייב. היינו כרבי יהודה דמחייב במלאכה שאינה צריכה לגופה וא"ת ודילמא רבנן כר"ש סבירא להו ומנא ליה דמחייב בכלי ויש לומר דא"כ ליפלגי בכלי להודיעך כחן דרבנן והא דקאמר מהו דתימא רבנן בכלי נמי פטרי היינו פירושו דס"ל כר"ש וכדפרישית אבל רש"י פירש דפטרי משום דלא שייכא גזיזה אלא בצמר ואין נראה לר"י דהא ליכא למיטעי דבכל בעלי חיים שייכא גזיזה כדאמר לעיל התולש כנף חייב משום גוזז: והוא שפירשו כלפי מעלה. פירש בקונטרס כנגד ראשי אצבעותיו שהן למעלה כשמגביה ידיו ור"ת מפרש שכלפי גוף קרי כלפי מעלה כדאשכחן בפ"ב דנדה (דף יג:) דקאמר מן העטרה ולמעלה והתם היינו לצד הגוף[מ]: פוקסת. מה שפירש בקונטרס פוקסת היינו סורקת ביד או במסרק אין נראה דבגמרא משמע דהוי כעין טוויה וסריקה אינה כעין טוויה כלל ועוד דא"כ היה שונה סורקת כדתנן (נזיר דף מב.) נזיר חופף ומפספס אבל לא סורק[ט]: וכי דרך אריגה בכך. ואף על גב דקולע נימין חשיבא אריגה כדאמרינן בפרק במה אשה (ב) (לעיל ד' סד.) הכא בשער לא חשיבא אריגה כמו בבגד ועוד דהכא אין סופה להתקיים שעומדת לסתירה: החולב

אף במוציא את המת לקוברו. ולא תימא לא פטר אלא במניחו לחוץ דלאין צורך לא לגופו של מוציא ולא לגופה של הוצאה דאפילו הוא צורך המת פטור: מר לחפור בו. שהוא צורך המוציא: מר לעשות לו טס ולחפור. מרה שנלקף פיו וצריך להושיב עליו כמין טס דק שיהא ראוי לחפור: להגיה ולקרות: לאפוקיה לכרמלית. שהיה מוטל בבזיון או בדליקה או בחמה ואי משום טלטול מניח עליו ככר או תינוק: לא תעשה. לאו דלא תסור כי הכא: התולש סימני טומאה. שתי שערות לבנות שבהרת מטמאה כהן: והכוה את המחיה. מחית בשר חי והוא סימן טומאה בשאת והכוה זה לבטלה משום מחיה ולטהרה: עובר בלא תעשה. השמר בנגע הצרעת (דברים כד): אחת מג'. שלא היו בה אלא שתי שערות ותלש האחד: חייב. דשקלא לטומאה שאין מטמאה בפחות מב' דהכי ילפינן לה בת"כ שיער שנים וחייב מלקות: מאי לאו הא דתני חייב דאפיק חצי זית מכזית. דשקליה ובצריה לשיעורא: והא דתני פטור דאפיק חצי זית מכזית ומחצה. דאף על גב דמצמצם לשיעור לאו מילתא היא ולא אמרינן אהני דאי שקיל מיניה פורתא תו ליתא לשיעורא: ממת גדול. דלא אהני מידי: מתני' וכן שערו. תולש שער ראשו בידיו: וכן הגודלת. שערה: וכן הכוחלת. עיניה: וכן הפוקסת. יש מרבותי אומרים מתקנת שערה במסרק או בידיה ויש שמפרשין טחה כמין בצק על פניה וכשנוטלו מאדים הבשר[י]: רבי אליעזר מחייב. בכולם חטאת וחכמים אוסרין משום שבות וטעמא דרבי אליעזר מפרש בגמרא משום מאי מיחייב: גמ' מחלוקת ביד. בהא שנוטלן בידו ולא בכלי הוא דפטרי רבנן שאין דרך גזיזה בכך בכך: מהו דתימא בכלי נמי פטרי רבנן. דלאין כאן משום גוזז לפי שייך אלא בצמר בהמה: מחלוקת לעצמו. בהא הוא דמחייב ר' אליעזר שיכול לאמן ידו לעצמו לתקנו בלא כלי: אבל לחברו. אין יכול לאמן את ידו ליטול יפה בלא כלי: פשיטא צפרניו תנן. של עצמו: הנוטל מלא פי הזוג. מלא ראש המספרים: חייב. בשבת לרבנן בכלי ולר' אליעזר אף ביד כזה שיעורו: והא תניא. בהכיא בריתא בנסיבה ולקרחה שהזהירה תורה לא תשימו קרחה (דברים יד) שתים הוי קרחה מכלל דפי הזוג לאו ב' שערות נינהו: תניא נמי הכי. כרב יהודה לאמר שתים: רבי אליעזר אומר. באחת הוא חייב ולא בעינן מלא פי הזוג: אחת חייב. שבאחת הוא מקפיד שלא יהא נראה זקן: שמלת אשה. והדרך הנשים להקפיד על כך ולהתנאות: ציצין. כמין רצועות דקות הפורשות מעור האצבע סביב הצפורן: שפירשו רובן. קרובין לינתק: מי איכא מידי כו'. כיון דבכלי חייב חטאת ביד איכא שבות גזירה אטו כלי: כלפי מעלה. לצד הצפורן התחילו לפרוש דקא מצערו ליה טפי: משום כותבת. שמוליכה מכחול סביב העין כאדם המוליך קולמוס סביב האות: טווה. שמתקנת שערה בין אצבעותיה ופושטתו כשהוא נכרך וללשון השני עושה מאותו בצק כמין חוט: לעצמה

אף במוציא את המת לקוברו אמר רבא ומודה ר' שמעון במר לחפור בו וספר תורה לקרות בו דחייב פשיטא דאי הא נמי מלאכה שאינה צריכה לגופה היא אלא מלאכה שצריכה לגופה לרבי שמעון היכי משכחת לה מהו דתימא עד דאיכא לגופו ולגופה כגון מר לעשות לו טס ולחפור ספר תורה להגיה ולקרות בו קא משמע לן [א]ההוא שכבא דהוה בדרוקרא [ב]שרא רב נחמן בר יצחק לאפוקיה לכרמלית א"ל רבי יוחנן אחוה דמר בריה דרבנא לרב נחמן בר יצחק כמאן כר"ש אימר דפטר ר"ש מחיוב חטאת איסורא דרבנן מיהא איכא א"ל האלהים דעיילת ביה את ואפילו לר' יהודה (שרי) דמי קאמינא לרה"ר לכרמלית קאמינא [א]גדול כבוד הבריות שדוחה את לא תעשה שבתורה [ג]תנן התם [ג]התולש סימני טומאה והכוה המחיה עובר בלא תעשה איתמר אחת משתים חייב [ד]אחת משלש רב נחמן אמר חייב רב ששת אמר פטור רב נחמן אמר חייב אהני מעשיו דאי משתקלא חדא אחריתי אזלה לה טומאה רב ששת [ג]אמר פטור השתא מיהת הא איתא לטומאה אמר רב ששת מנא אמינא לה דתנן וכן כזית מן המת וכזית מן הנבילה חייב הא חצי זית פטור והתניא חצי זית חייב מאי לאו הא דתניא חייב דאפיק חצי זית מכזית והא דתנן פטור דאפיק חצי זית מכזית ומחצה ורב נחמן אידי ואידי חייב והא דתנן פטור דאפיק חצי זית ממת גדול: **מתני'** [ה]הנוטל צפרניו זו בזו או בשיניו וכן שערו וכן שפמו וכן זקנו וכן הגודלת וכן הכוחלת וכן הפוקסת רבי אליעזר מחייב וחכמים אוסרין משום שבות: **גמ'** אמר ר"א [ו]מחלוקת ביד אבל בכלי [א] חייב פשיטא זו בזו תנן מהו דתימא רבנן בכלי נמי פטרי והא דקתני זו בזו להודיעך כחו דר' אליעזר קא משמע לן ואמר רבי אלעזר [ז]מחלוקת לעצמו אבל לחבירו דברי הכל פטור פשיטא צפרניו תנן מהו דתימא רבי אליעזר לחבירו נמי מחייב והא דקתני צפרניו להודיעך כחן דרבנן קמ"ל: וכן שערו כו': תנא [ג]הנוטל מלא [ז] פי הזוג חייב וכמה מלא פי הזוג אמר רב יהודה שתים והתניא ולקרחה שתים אימא וכן לקרחה שתים תניא נמי הכי [ט]הנוטל מלא פי הזוג בשבת חייב וכמה מלא פי הזוג שתים רבי אליעזר אומר אחת [ח]ומודים חכמים לר"א במלקט לבנות מתוך שחורות שאפילו אחת חייב [ט]ודבר זה אף בחול אסור משום שנאמר [א]לא ילבש גבר שמלת אשה [י]תניא [י]ר"ש בן אלעזר אומר צפורן שפירש רובה וציצין שפרשו רובן ביד מותר בכלי חייב חטאת מי איכא מידי דבכלי חייב חטאת וביד מותר לכתחלה הכי קאמר פירשו רובן ביד מותר בכלי פטור אבל אסור בכלי חייב חטאת אמר רב יהודה הלכה כרבי שמעון בן אלעזר אמר רבה בר בר חנה אמר רבי יוחנן [כ]והוא שפירשו כלפי מעלה ומצערות אותו: וכן הגודלת כו': גודלת כוחלת ופוקסת משום מאי מחייבא אמר רבי אבין א"ר יוסי בר' חנינא גודלת משום אורגת כוחלת משום כותבת פוקסת משום טווה אמרו רבנן קמיה דרבי אבהו וכי דרך אריגה בכך וכי דרך כתיבה בכך וכי דרך טויה בכך אלא א"ר אבהו לדידי מפרשא לי מיניה דר' יוסי בר' חנינא כוחלת

שדוחה את לא תעשה שבתורה. דבר שהוא מדברי סופרים נדחה מפני כבוד הבריות וקרי ליה לא תסור ודקא קשיא לאורייתא הוא רבנן אמלוה ליקרייהו לעבור על דבריהם היכא דאיכא כבוד הבריות כגון לטלטל בשבת אבנים של בית הכסא לקנוח (שבת פא:) או מי שנפסקה ציצית טליתו בכרמלית לא הצריכו להניח טליתו שם וליכנס לביתו ערום (מנחות לח.) [ברכות יט.]. בלאו דלא תסור כגון טלטול [אבנים] איסור מדרבנן ואבנים מקורזלות מותר לטלטל משום כבוד הבריות אבל לשאת משא דכתיב בהדיא לא דמי כבוד הבריות [מנחות לח.]. דכתיב (דברים כב) לזקן ואינו לפי כבודו והכא נמי טלטול דרבנן אלאו דלא תסור אסמכוה רבנן ובמקום כבוד הבריות נדחה תוכל להתעלם (דברים כב) וכתיב והתעלמת פעמים שאתה מתעלם כגון זקן ואינו לפי כבודו [מגילה ג:]. כוחלת. נותנת כחול בין עיניה כדי שדומות נאים. פוקסת. מחלקת שערה לכאן ולכאן [מו"ק ט: ע"ש בתוס']. אבל בכלי [דברי הכל חייב]. רבנן דחייב חטאת דחשבינן ליה תולדה דגוזז את הצמר שהוא חותך מן המחובר לבעלי חיים. מחלוקת לעצמו אבל לחבירו...

ד"ה פטור. דמכירו לא מתקן ליה שפיר [עירובין קג:]. פי הזוג. חודן של מספרים. אימא וכן לקרחה שתים. ולפרושי אתא. במלקט. שערות לבנות מתוך שחורות דכיון דאדם מקפיד על שער לבן אחד שבין שערותיו שחורות כדי שלא יראה זקן אמרינן דכשהוא מלקט אותו מבין השחורות מלאכה חשובה היא לו וחייב משום גוזז כיון דחייש לגזיזה זו. שחורות מתוך לבנות לא גרסינן. אף בחול אסור. שמתנאה עצמו בנויי אשה [מכות כ:]. ליפות את עצמו אסור משום לא ילבש גבר שמלת אשה [לעיל נ:].

מסורת הש"ס

א) [עירובין מא: מגילה ג:] לעיל פא: ברכות יט: מנחות לז:, ב) נגעים פ"ז מ"ד, ג) מכות כ: ע"ש, ד) ל"ל פי הזוג בשבת חייב, ה) [תוספתא פ"י ע"ש], ו) [שם], ז) עיין לעיל סד: רש"י ד"ה ולא מיפקום, ח) [ועיין תוס' מנחות יא. ד"ה מלמטה], ט) [וע"ע תוס' כתובות ד. ד"ה ופוקסת ועי' תוס' מו"ק ט. ד"ה ופוקסת מגולל היטב].

הגהות הב"ח

(א) גמ' אבל בכלי ד"ה חייב: (ב) תוס' ד"ה וכי דרך וכו' בפ' במה אשה. נ"ב דף ע"א גבי מיני מלילתא. ועי' עוד לדף קד ריש ע"א אלא ותולה בנולה כמו:

רב נסים גאון

גדול כבוד הבריות שדוחה את לא תעשה שבתורה וזה הדבר מיוחד בלאו דלא תסור כמו שפירשו בברכות (דף יט) בפרק מי שמתו ומשכחת לה עוד בסוף פרק הקומץ (דף לז) במסכת מנחות: התולש סימני טומאה והכוה את המחיה עובר בלא תעשה. עיקר זה הוא מה שהזהיר הכתוב (דברים כד) השמר בנגע הצרעת ואמרו רבותינו ז"ל בפירושו שזה הלשון הוא במקום לא תעשה ובכל מקום שכתוב כמותו לא בא לומר אלא שלא תעשה אותו דבר כמו שאמר (עירובין דף צו) אמר ר' אבין אר' אילעאי כל מקום שנאמר השמר פן ואל אינו אלא לא תעשה והזהיר הקב"ה את המצורע שלא יחתוך מה שנראה בבשרו מסימני צרעת ומי שעובר על כך עובר בלא תעשה ומיכן אמר המשנה התולש סימני טומאה והכוה את המחיה עובר בלא תעשה ומשכחת לה בספרי השמר בנגע הצרעת שלא תעשה בנגע זה שיער לבן הצרעת זו המכוה ולפיכך הזכירנו שיחיד לנו המילה בעת שתהראה בבהרת צרעת כמו שאמרו בפרק ר' אליעזר אומר אם לא הביא כלי (דף קלב) תנו רבנן מילה דוחה את הצרעת כו' תנו רבנן ימול ערלתו ואע"פ שיש שם בהרת ומה אני מקיים השמר בנגע הצרעת בשאר מקומות חוץ מן המילה כו' ת"ל בשר ואע"פ שיש שם בהרת וכפ' ואלו הן הלוקין (מכות כב) אמרו מתקיף לה ר' אבהו וליחשוב נמי קוצץ בהרתו ואזהרתיה השמר בנגע

ליקוטי רש"י

אף במוציא את המת לקוברו. וקאמר רבי שמעון לא היתה הוצאה זו צריכה לו שאלו לא היה צריך לה [חגיגה י:]. האלהים. שבועה [סנהדרין עב.]. גדול כבוד הבריות

The Gemara answers:

אֵימָא – **Interpret** the Baraisa in the following way: וְכֵן לְקָרְחָה שְׁתַּיִם – ***And similarly*** **as regards** the prohibition against making **a bald spot,** the minimum amount for which one incurs *malkus* is **two** hairs.

The Gemara cites a Baraisa that confirms Rav Yehudah's definition:

תַּנְיָא נַמִּי הָכִי – **It was taught likewise in a Baraisa:** הַנּוֹטֵל מְלֹא פִּי הַזּוּג בְּשַׁבָּת חַיָּיב – IF A PERSON REMOVES A SCISSORS'-TIP FULL of hair ON THE SABBATH, HE IS LIABLE to a *chatas.* וְכַמָּה מְלֹא פִּי הַזּוּג – AND HOW MANY HAIRS are CONTAINED IN A "SCISSORS'-TIP FULL"? שְׁתַּיִם – TWO. This is the view of the Sages. [This confirms Rav Yehudah's definition.] רַבִּי אֱלִיעֶזֶר אוֹמֵר אַחַת – But R' ELIEZER SAYS: One is liable to a *chatas* for cutting even ONE hair. R' Eliezer rules that one is liable for removing even less than a scissors'-tip full of hair. וּמוֹדִים חֲכָמִים לְרַבִּי אֱלִיעֶזֶר – AND THE SAGES, though they rule that ordinarily only the removal of two or more hairs is considered significant, AGREE WITH R' ELIEZER בִּמְלַקֵּט לְבָנוֹת מִתּוֹךְ שְׁחוֹרוֹת – REGARDING A PERSON WHO PULLS OUT on the Sabbath WHITE hairs FROM AMONG DARK hairs, שֶׁאֲפִילּוּ אַחַת חַיָּיב – THAT HE IS LIABLE FOR EVEN ONE white hair. Since a person is anxious not to appear old, the removal of even one white hair is significant to him. וְדָבָר זֶה אַף בְּחוֹל אָסוּר – AND furthermore, THIS act of a man pulling out white hairs from among dark ones IS FORBIDDEN EVEN ON A WEEKDAY מִשּׁוּם שֶׁנֶּאֱמַר ,,לֹא־יִלְבַּשׁ גֶּבֶר שִׂמְלַת אִשָּׁה" – BECAUSE IT IS STATED:[28] *A MAN SHALL NOT WEAR A WOMAN'S GARMENT.* A man who weeds out his white hairs is performing the cosmetic act of a woman, and thus performs the activity of dressing like a woman.[29]

The Gemara returns to the prohibition of cutting one's nails:

תַּנְיָא – **It was taught in a Baraisa:** רַבִּי שִׁמְעוֹן בֶּן אֶלְעָזָר אוֹמֵר – R' SHIMON BEN ELAZAR SAYS: צִפּוֹרֶן שֶׁפֵּירַשׁ רוּבָּהּ – A FINGERNAIL THAT HAS BECOME DETACHED MOST OF THE WAY, וְצִיצִין שֶׁפֵּרְשׁוּ רוּבָּן – AND similarly CUTICLES [strips of skin that peel off from the finger around the fingernail] THAT HAVE BECOME DETACHED MOST OF THE WAY, and are on the verge of falling off completely, בַּיָּד מוּתָּר – removing them WITH THE HAND IS PERMITTED; בִּכְלִי חַיָּיב חַטָּאת – while if one removes them WITH AN INSTRUMENT, HE IS LIABLE TO A *CHATAS.*

The Gemara asks:

מִי אִיכָּא מִידֵי – **Is there,** then, **anything,** i.e. any act, דְּבִכְלִי חַיָּיב חַטָּאת וּבַיָּד מוּתָּר לְכַתְּחִלָּה – **which** if performed on the Sabbath **with a utensil** renders the person **liable to a *chatas,* yet if** performed **with the hand is permitted initially?** Since one is liable to a *chatas* if he trims a mostly detached fingernail or cuticle with an instrument, it should surely be Rabbinically prohibited to remove this fingernail or cuticle by hand, lest one come to do this with an instrument! – ? –

The Gemara answers:

הָכִי קָאָמַר – **This is what [the Baraisa] is saying,** i.e. the Baraisa should be emended to read as follows: פֵּירְשׁוּ רוּבָּן – **If they** [the fingernail and cuticle] **became detached most of the way,** בַּיָּד מוּתָּר בִּכְלִי פָּטוּר אֲבָל אָסוּר – removing them **with the hand is permitted; with an instrument, [the person] is exempt** from a *chatas* **but is prohibited** from doing so. לֹא פֵּירְשׁוּ רוּבָּן – **If they did not become detached most of the way,** בַּיָּד פָּטוּר אֲבָל אָסוּר בִּכְלִי חַיָּיב חַטָּאת – if one removes them **with the hand he is exempt** from a *chatas* **but is prohibited** from doing so; **with an instrument, he is liable to a *chatas.***[30]

The Gemara comments:

אָמַר רַב יְהוּדָה – **Rav Yehudah says:** הֲלָכָה כְּרַבִּי שִׁמְעוֹן בֶּן אֶלְעָזָר – **The halachah follows R' Shimon ben Elazar.**

As stated by R' Shimon ben Elazar, one is permitted even initially to remove a cuticle that has separated most of the way and is about to fall off. This ruling is qualified:

אָמַר רַבָּה בַּר בַּר חָנָה אָמַר רַבִּי יוֹחָנָן – **Rabbah bar bar Chanah said in the name of R' Yochanan:** וְהוּא שֶׁפֵּרְשׁוּ כְּלַפֵּי מַעְלָה – **This** permission **is** granted **provided that [the cuticles] have become detached toward the top** of the finger, i.e. they disconnected starting near the fingertip and are peeling back toward the base of the nail, וּמְצַעֲרוֹת אוֹתוֹ – **in which case they cause him** a significant amount of **discomfort.** However if they disconnected starting near the base of the nail and are peeling back toward the fingertip, the Rabbis did not permit their removal, because the discomfort felt is not that great.[31]

The Mishnah states:

וְכֵן הַגּוֹדֶלֶת כו' – AND LIKEWISE [A WOMAN] WHO BRAIDS her hair etc., or paints her eyes, or fixes her hair is liable according to R' Eliezer.

The Gemara gives the *av melachos* under which these acts fall:

גּוֹדֶלֶת כּוֹחֶלֶת וּפוֹקֶסֶת מִשּׁוּם מַאי מִחַיְּיבָא – **[A woman] who braids** her hair, **or paints** her eyes, **or fixes** her **hair, on account of what** *av melachah* **is she liable** according to R' Eliezer? אָמַר רַבִּי אָבִין אָמַר רַבִּי יוֹסֵי בְּרַבִּי חֲנִינָא – **Said R' Avin in the name of R' Yose the son of R' Chanina:** גּוֹדֶלֶת מִשּׁוּם אוֹרֶגֶת – **She who braids** her hair is liable **on account of "weaving";** כּוֹחֶלֶת מִשּׁוּם כּוֹתֶבֶת – **she who paints** her eyes is liable **on account of "writing";**[32] פּוֹקֶסֶת מִשּׁוּם טוֹוָה – **and she who adjusts** her **hair** is liable **on account of "spinning."**[33]

This explanation is challenged:

אָמְרוּ רַבָּנָן קַמֵּיהּ דְּרַבִּי אַבָּהוּ – **The rabbis said before R' Abahu:** How can these be the *avos melachos* for which she is liable? וְכִי דֶּרֶךְ אֲרִיגָה בְּכָךְ – **Is this the usual manner of weaving,** i.e. with hair; וְכִי דֶּרֶךְ כְּתִיבָה בְּכָךְ – **is this the usual manner of writing,** i.e. by painting the eye; וְכִי דֶּרֶךְ טְוִיָּה בְּכָךְ – **is this the usual manner of spinning,** i.e. with hair? Since it is not usual to perform these *melachos* in such a manner, R' Eliezer cannot hold the woman liable. – ? –

A new explanation is offered:

אֶלָּא אָמַר רַבִּי אַבָּהוּ – **Rather, R' Abahu said:** לְדִידִי מִפָּרְשָׁא לִי מִינֵּיהּ דְּרַבִּי יוֹסֵי בְּרַבִּי חֲנִינָא – **It was explained to me in the name of R' Yose the son of R' Chanina:**

NOTES

28. *Deuteronomy* 22:5.

29. See *Nazir* 58b-59a and *Yoreh Deah* 182; see also *Chidushei HaRan.*

30. [While the measurement of "most of the nail" is self-evident, it is unclear where the cuticle begins and ends in order to determine when "most" of it has become detached. *Pri Megadim* (cited by *Mishnah Berurah* 328:95) suggests that the extent of the cuticle is determined by the amount people are accustomed to peeling off. When the majority of this amount has separated from the flesh, the cuticle is considered mostly detached.]

31. *Rashi,* as explained by *Perishah, Orach Chaim* 328:11; cf. *Tosafos.* [For the halachah in practice, see *Orach Chaim* 328:31.]

32. For she outlines her eye with a painting stick as one traces a letter with a quill (*Rashi*).

33. She runs her fingers through her hair and straightens it if it is tangled (see *Rashi*). This resembles spinning in that the result is separate, threadlike strands. See *Maginei Shlomo*; cf. *Chasam Sofer,* who describes the process somewhat differently; see below, 95a note 2.

Alternatively, according to the second explanation cited in note 21, she forms threadlike strands from the dough (*Rashi*).

כּוֹחֶלֶת מִשּׁוּם צוֹבַעַת – She who paints her eyes **is liable for "dyeing"; גּוֹדֶלֶת וּפוֹקֶסֶת מִשּׁוּם בּוֹנָה – she who braids or fixes** her **hair** is liable **for "building."**

The Gemara asks:

וְכִי דֶּרֶךְ בִּנְיָן בְּכָךְ – And is this the usual manner of building, i.e. with hair?

The Gemara answers:

אִין – Yes. כִּדְדָרֵשׁ רַבִּי שִׁמְעוֹן בֶּן מְנַסְיָא – As R' Shimon ben Menasya expounded: "וַיִּבֶן ה׳ אֱלֹהִים אֶת־הַצֵּלָע. . ." – The verse states:[1] ***And Hashem, God, built the side that He had taken from the man into a woman.*** **מְלַמֵּד שֶׁקִּילְּעָהּ הַקָּדוֹשׁ בָּרוּךְ הוּא לְחַוָּה וֶהֱבִיאָהּ אֵצֶל אָדָם – This teaches that the Holy One, Blessed is He, braided Eve's** hair **and brought her to Adam; שֶׁכֵּן בִּכְרַכֵּי הַיָּם קוֹרִין לְקַלָּעִיתָא בְּנָיְתָא – for in the cities by the sea, they call a braider a** hair **builder.**[2]

The Gemara cites a related Baraisa:

תַּנְיָא – It was taught in a Baraisa: רַבִּי שִׁמְעוֹן בֶּן אֶלְעָזָר אוֹמֵר – R' SHIMON BEN ELAZAR SAYS: גּוֹדֶלֶת כּוֹחֶלֶת וּפוֹקֶסֶת – A WOMAN WHO BRAIDS hair, **PAINTS** eyes, **OR FIXES HAIR, לְעַצְמָהּ פְּטוּרָה –** if she does this **FOR HERSELF,** i.e. to her own hair or eyes, **SHE IS NOT LIABLE; לַחֲבֶרְתָּהּ חַיֶּיבֶת – FOR HER COMPANION, SHE IS LIABLE.**[3]

The Baraisa discusses the permissibility of another type of feminine grooming on the Sabbath:

וְכֵן הָיָה רַבִּי שִׁמְעוֹן בֶּן אֶלְעָזָר אוֹמֵר מִשּׁוּם רַבִּי אֱלִיעֶזֶר – AND LIKEWISE R' SHIMON BEN ELAZAR WOULD SAY IN THE NAME OF R' ELIEZER: אִשָּׁה לֹא תַעֲבִיר סָרָק עַל פָּנֶיהָ מִפְּנֵי שֶׁצּוֹבַעַת – A WOMAN SHOULD NOT APPLY ROUGE TO HER FACE on the Sabbath, **BECAUSE SHE** thereby **DYES** her skin.

The Gemara digresses to discuss the *tolados* of other *avos*:

תָּנוּ רַבָּנָן – The Rabbis taught in a Baraisa: הַחוֹלֵב – ONE WHO MILKS an animal, **וְהַמְחַבֵּץ – OR WHO STRAINS COAGULATED MILK,** i.e. he places coagulated milk into a wicker container so that the whey will drip out,[4] **וְהַמְגַבֵּן – OR WHO MAKES CHEESE,** i.e. he presses together individual curds to form a block of cheese,[5] **כִּגְרוֹגֶרֶת –** the minimum amount for him to be liable is **THE EQUIVALENT OF A DRIED FIG.**

The Baraisa continues:

הַמְכַבֵּד – ONE WHO SWEEPS the floor of a house, **וְהַמְרַבֵּץ – OR WHO LAYS THE DUST,** i.e. he sprinkles water over the floor to prevent the dust from rising, **וְהָרוֹדֶה חַלּוֹת דְּבַשׁ – OR ONE WHO REMOVES LOAVES OF HONEY** (i.e. honeycombs) from a beehive, **שָׁגַג בְּשַׁבָּת חַיָּיב חַטָּאת – IF HE DID THIS UNWITTINGLY ON THE SABBATH, HE IS LIABLE TO A *CHATAS;* הֵזִיד בְּיוֹם טוֹב לוֹקֶה אַרְבָּעִים – IF HE DID THIS DELIBERATELY ON A FESTIVAL, HE RECEIVES FORTY LASHES. דִּבְרֵי רַבִּי אֱלִיעֶזֶר –** These are **THE WORDS OF R' ELIEZER. וַחֲכָמִים אוֹמְרִים – BUT THE SAGES SAY: אֶחָד זֶה וְאֶחָד זֶה אֵינוֹ אֶלָּא מִשּׁוּם שְׁבוּת – BOTH THIS AND THAT,** i.e. whether he performed these acts on the Sabbath or on a festival, he is guilty **ONLY** of violating **A RABBINIC ENACTMENT.**[6]

The Gemara relates a relevant incident:

רַב נַחְמָן בַּר גּוּרְיָא אִיקְלַע לִנְהַרְדְּעָא – Rav Nachman bar Gurya visited Nehardea. בָּעוּ מִינֵּיהּ – They inquired of him: חוֹלֵב מִשּׁוּם מַאי מִיחַיֵּיב – One who milks an animal, **on account of what is he liable? אָמַר לְהוּ מִשּׁוּם חוֹלֵב – On account of milking, he replied. מְחַבֵּץ מִשּׁוּם מַאי מִיחַיֵּיב – One who strains coagulated milk, on account of what is he liable? אָמַר לְהוּ מִשּׁוּם מְחַבֵּץ – On account of straining coagulated milk, he replied. מְגַבֵּן מִשּׁוּם מַאי חַיָּיב – One who makes cheese, on account of what is he liable? אָמַר לְהוּ מִשּׁוּם מְגַבֵּן – On account of making cheese, he responded. אָמְרוּ לֵיהּ – They said to him: רַבָּךְ קָטִיל קָנֵי בְּאַגְמָא הֲוָה – Your teacher was a reed cutter in a swamp!**[7] **אָתָא שָׁאֵיל בֵּי מִדְרְשָׁא – He came and inquired in the study hall. אָמְרוּ לֵיהּ – They said to him: חוֹלֵב חַיָּיב מִשּׁוּם מְפָרֵק – One who milks is liable on account of "extracting";**[8] **מְחַבֵּץ חַיָּיב מִשּׁוּם בּוֹרֵר – one who strains coagulated milk is liable on account of "selecting";**[9] **מְגַבֵּן חַיָּיב מִשּׁוּם בּוֹנֶה – one who makes cheese is liable on account of "building."**[10]

The Gemara examines the second half of the aforementioned Baraisa:

הַמְכַבֵּד הַמְרַבֵּץ וְהָרוֹדֶה חַלּוֹת דְּבַשׁ – ONE WHO SWEEPS the floor, **OR WHO LAYS THE DUST, OR WHO REMOVES LOAVES OF HONEY** from a beehive, **שָׁגַג בְּשַׁבָּת חַיָּיב חַטָּאת – IF HE DID THIS UNWITTINGLY ON**

NOTES

1. *Genesis* 2:22.

2. This proves that גּוֹדֶלֶת, *braiding* the hair, is considered "building." As far as פּוֹקֶסֶת, according to *Rashi's* first explanation cited above (94b note 21) that this means fixing the hair with a comb or the fingers, we must say that the verse about Eve teaches that adjustments to hair in general (not just braiding) are considered "building." *Rivash* (*She'eilos U'Teshuvos* §394) suggests that the comb (or fingers) was dipped into an oily mixture before combing, which caused the hairs to adhere to each other and to the scalp. This is considered a form of "building."

According to *Rashi's* second explanation on 94b that פוקסת refers to the reddening of the facial skin through the application and removal of dough, we must say that the teaching from the verse concerning Eve is even broader. We derive from there that any cosmetic improvement to the body proper is considered "building" (see *Tosafos* to *Moed Katan* 9b ד״ה פוקסת). [See *Emes LeYaakov*, who suggests that this is as opposed to something like the application of rouge, whereby the color of the skin itself does not change, and the redness is due only to the rouge.] Cf. *Korban HaEidah* to *Yerushalmi* here.

[The Sages, however, maintain that the *melachah* of "dyeing" does not Biblically apply to human skin [but only to animal hides or fabrics]. The Rabbis neverthless prohibited it because of its similarity to dyeing (see *Orach Chaim* 303:25 with *Mishnah Berurah* §78; see further, *Nishmas Adam, Shabbos* 24:1). Similarly, the Sages maintain that the melachah of "building" does not Biblically apply to human hair (*Meiri* to Mishnah), but the Rabbis prohibited "braiding" and "fixing" hair because of their similarity to building (*Rambam, Hil. Shabbos* 22:26; see also *Tosafos* 57a ד״ה במה אשה and *Rosh* 6:1).]

3. A woman who styles her own hair [or applies her own eye paint] cannot do a proper job, because she cannot see what she is doing. Accordingly, these acts qualify as "building" [and "dyeing"] only when a woman performs them for her neighbor [as God did for Eve] (*Rashi*).

This statement by R' Shimon ben Elazar follows the opinion of R' Eliezer in our Mishnah, who considers these acts Biblical transgressions. According to the Rabbis, however, even a woman who performs these acts for a neighbor is guilty only of a Rabbinic transgression (*Beur Halachah,* 303:25 ד״ה משום צובע).

4. *Rashi's* preferred explanation. Alternatively, *Rashi* defines מְחַבֵּץ as the placing of milk into the fourth stomach of a calf, the lining of which contains an enzyme (rennet) that causes the milk to curdle.

5. See *Rambam, Hil. Shabbos* 7:6; *Nishmas Adam* 93:1.

6. The *av melachah* which R' Eliezer considers the person to have violated in each case will be explained below.

Many Rishonim (e.g. *Rashi* to *Pesachim* 65a ד״ה אחד; *Rambam, Hil. Shabbos* 7:6 and 8:7) maintain that the Rabbis dispute R' Eliezer only in regard to the Baraisa's last three cases (sweeping, laying the dust, removing honeycombs from the hive); they agree, however, that the three acts mentioned in the first part of the Baraisa (milking, straining the whey out of coagulated milk, forming cheese) are Biblically forbidden. Other Rishonim argue that the Rabbis dispute R' Eliezer's ruling in regard to *all* of the six acts (see *Maggid Mishneh* to *Rambam* ibid. 8:7).

7. He did not know how to explain a Baraisa (*Rashi*).

8. מְפָרֵק, *extracting*, is a *toladah* of דָּשׁ, *threshing*, whereby one extracts grain from its outer covering. Similarly, one who milks an animal extracts the milk from the ducts in the animal's udders (*Rashi;* cf. *Tosafos* to 73b ד״ה מפרק).

9. For he thereby separates the curds from the whey.

10. Because he presses the curds into a block. Any combining of individual pieces into one large mass is considered "building" (*Rambam, Hil. Shabbos* 7:6).

כוחלת משום צובעת גודלת ופוקסת משום בונה וכי דרך בנין בכך אין כדדרש רבי שמעון בן מנסיא ויבן ה' אלהים את הצלע מלמד שקילעה הקב"ה לחוה והביאה אצל אדם שכן בכרכי הים קורין לקלעיתא בניתא תניא ר"ש בן אלעזר אומר גודלת כוחלת ופוקסת לעצמה פטורה לחברתה חייבת וכן היה רבי שמעון בן אלעזר אומר משום רבי אליעזר אשה לא תעביר סרק על פניה מפני שצובעת תנו רבנן החולב והמחבץ והמגבן כגרוגרת המכבד והמרבץ והרודה חלות דבש שגג בשבת חייב חטאת הזיד ביום טוב לוקה ארבעים דברי ר' אליעזר וחכ"א אחד זה ואחד זה אינו אלא משום שבות רב נחמן בר גוריא איקלע לנהרדעא בעו מיניה חולב משום מאי מיחייב אמר להו משום חולב מחבץ משום מאי מיחייב אמר להו משום מחבץ מגבן משום מאי חייב אמר להו משום מגבן אמרו ליה רבך קטיל קני באגמא הוה אתא שאיל בי מדרשא אמרו ליה חולב חייב משום מפרק מחבץ חייב משום בורר מגבן חייב משום בונה המכבד המרבץ והרודה חלות דבש שגג בשבת חייב חטאת הזיד ביו"ט לוקה ארבעים דברי רבי אליעזר א"ר אלעזר מ"ט דר' אליעזר דכתיב וטבול אותה ביערת הדבש וכי מה ענין יער אצל דבש אלא לומר לך מה יער התולש ממנו בשבת חייב חטאת אף חלות דבש הרודה ממנו בשבת חייב חטאת אמימר שרא זילחא במחוזא אמר טעמא מאי אמור רבנן דילמא אתי לאשויי גומות הכא ליכא גומות רבא תוספאה אשכחיה לרבינא דקא מצטער מהבלא ואמרי לה מר קשישא ברי' דרבא אשכחיה לרב אשי דקא מצטער מהבלא א"ל לא סבר לה מר להא דתניא הרוצה לרבץ את ביתו בשבת מביא עריבה מלאה מים ורוחץ פניו בזוית זו ידיו בזוית זו רגליו בזוית זו ונמצא הבית מתרבץ מאליו א"ל לאו אדעתאי תנא אשה חכמה מרבצת ביתה בשבת והאידנא דסבירא לן כר' שמעון שרי אפי' לכתחלה: **מתני'** התולש מעציץ נקוב חייב ושאינו נקוב פטור ור"ש פוטר בזה ובזה: **גמ'** רמי ליה אביי לרבא ואמרי לה רבי חייא בר רב לרב תנן רבי שמעון פוטר בזה ובזה אלמא נקוב לר"ש כשאינו נקוב משוי ליה ורמינהו ר"ש אומר אין בין נקוב לשאינו נקוב אלא

רש"י

לעצמה פטורה. שאינה יכולה לבנות יפה ואין דרך בנין אלא אשה לחברתה שרואה ועושה: וכן. מילתא אחריתי דשבת לאיסורא: סרק. צבע אדום הוא הבא בקניס שקורין טיפוניי"ן: המחבץ. המעמיד החלב בקיבה ול"נ מחבץ עושה כמין כלי גמי ונותן הקפוי בתוכו ומי החלב שהן נסיובי נוטפין ולועזין אותן אנקייד"ש: המכבד. את הבית: והמרבץ. במים להרביץ את האבק שלא יעלה: חייב חטאת. לקמיה מפרש טעמא דהרודה חלות דבש חייב משום תולש (מחבץ חייב משום בורר) ומכבד ומרבץ משום בונה: אחד זה ואחד זה. אחד שבת ואחד יו"ט: משום שבות. דילמא כי כניס ליה מתמלאין הגומות שבבית מאליהן והוי בנין: קטיל קני באגמא. חותך קנים מן האגם הוה לא ידע לפרש משנה: מפרק. כמו מפרק משאוי שפורק אוכל ממקום שנתכסה בו והוי תולדת דש ואית דאמרי תולדה דקוצר ולא היא דלאו מחובר הוא אלא פקיד ועקיר וקאי בעטיני הדד כתבואה בקשיה ולשון מפרק נמי לא שייך למימר אלא לשון תולש: בורר. אוכל מתוך פסולת: זילחא. לרבץ הבית ורצפת אבנים היתה בכל העיר: מהבלא. שהיה אבק עולה ומרבה הבל: לאו אדעתאי. לא הייתי זכור ורבותי פירשו לא סבירא לי: אשה חכמה. אשת ת"ח או בת ת"ח שמעה מאביה: מרבצת ביתה. רוחצת קיתוניות בזוית זו וכוסות בזוית זו: כרבי שמעון. דדבר שאין מתכוין מותר והמרבץ אינו מתכוין להדביק עפר בגומא ולהשוות הבית אלא שלא יעלה אבק: מתני' התולש מעציץ נקוב חייב. דהוי כמחובר דיונק מן הקרקע ע"י הנקב שמריח לחלוחית הקרקע ואפילו הנקב כדופנו:

תוספות

החולב משום דש הוא. כדפי' בקונט' ואתיא ברייתא כר' יהודה דאמר יש דישה שלא בגידולי קרקע כדפרי' לעיל בפ' כלל גדול (לעיל דף עג:) וכן נראה לר"י דודאי כרבי יהודה אתיא דהא אסרי חכמים ריבוץ משום שבות ולר"ש שרי לקמן אפילו לכתחלה:

המכבד והמרבץ. תימה דע"כ מיירי דלא הוי פסיק רישיה שישוה הגומות דאי פסיק רישיה היכי שרי לקמן ר"ש לכתחילה הא מודה ר"ש בפסיק רישיה ולא ימות וכיון דלא הוי פסיק רישיה אמאי מחייב ר' אליעזר חטאת האמר בפ' אמר להם הממונה (יומא ד' לד:) גבי צירוף עששיות דדבר שאין מתכוין מותר לר' יהודה מן התורה דלא הוי מלאכת מחשבת וי"ל דהכא פליגי דר' אליעזר סבר דהוי פסיק רישיה ורבנן סברי דלא הוי והא דאמר והאידנא דסבירא לן כר' שמעון שרי לכתחלה אע"ג דאפשר דסבר ר"ש דהוי פסיק רישיה מכל מקום הש"ס סבר כרבנן דלא הוי פסיק רישיה הילכך שרי לכתחלה כיון דקיימא לן כר"ש [עי' תוספות סנהדרין פה. ד"ה ור"ש]:

והרודה חלות דבש. תימה לר"י אמאי לוקה בי"ט ולרבי אליעזר ורבנן נמי לא פליגי אלא משום דלא חשבי לה מלאכה והא תנן בפ"ק דמגילה (דף ז:) אין בין יו"ט לשבת אלא אוכל נפש בלבד ר' יהודה אומר אף מכשירי אוכל נפש וקאמר בגמ' מ"ט דת"ק אמר קרא הוא לבדו יעשה לכם הוא ולא מכשירין ורבי יהודה כתיב הוא וכתיב לכם כאן במכשירין שאפשר לעשותן מעי"ט וכאן במכשירין שא"א כו' מכלל דאוכל נפש שרי רבי יהודה אפי' באפשר ורבנן נמי משמע דלא פליגי אלא במכשירין ולא באוכל נפש ועוד דהך ברייתא כר' יהודה כדפרישית ועוד דבפ' תולין (לקמן דף קלט:) אמרינן דר' אליעזר סבר כרבי יהודה ועדיפא מדרבי יהודה ושרי אפילו אפשר לעשותן מעי"ט וליכא למימר דמיירי ברודה לצורך חול דמכ"מ תקשי למאן דאית ליה הואיל ואי מקלעי ליה אורחין בפרק אלו עוברין (פסחים ד' מו:) ועוד דרבי אליעזר גופיה אית ליה התם הואיל ואור"י דאיכא לאוקמי ברודה סמוך לחשיכה דלא חזי תו לאורחין אי נמי בדבש שהדבים או אסור בהנאה דלא חזי לאכילה ומיהו תימה לר"י כיון דמותר לגבן בי"ט מן התורה אפילו באפשר (ג) אפילו לא יהא מותר מדרבנן אלא בדלא אפשר אם כן נפל ביתו בי"ט יהא מותר לבנותו בי"ט דמתוך שהותר בנין לצורך דמגבן הוי משום בונה כדאמר בסמוך הותר נמי שלא לצורך ובלבד שיהא צורך היום לאכול בתוכו שלא יכנו שרב ושמש וי"ל דאסור מדרבנן דהוי עובדא דחול כי היכי דאסורין טחינה והרקדה ביו"ט:

שרא זילחא במחוזא. תימה דבשילהי תמיד נשחט (שם ד' סד.) תנן כמעשהו בחול כך מעשהו בשבת אלא שהכהנים מדיחים את העזרה שלא ברצון חכמים ומפרש בגמ' דשלא ברצון חכמים היינו שלא ברצון ר' אליעזר דאי רבנן שבות הוא ואין שבות במקדש דתניא המכבד והמרבץ כו' ומדמוקי מתני' כר"א משמע דמחייב מדאורייתא אפי' בעזרה דאיכא רצפה והכא משמע דברצפה ליכא אשויי גומות וי"ל דהדחה איכא אשויי גומות טפי שהיו מתמלאות הגומות שבין רובד לרובד א"נ בעזרה נמי לא אסור לר"א אלא משום שבות אטו היכא דליכא רצפה דאיכא חיוב חטאת לר"א וחמיר האי שבות ונוהג אפילו במקדש וכמה שבות אשכחן במקדש (ג) בפ' בתרא דעירובין (דף קב:) אבל לרבנן לא חמיר האי שבות כיון דאפי' בלא רצפה לא הוי לדידהו אלא איסורא דרבנן הלכך אינו נוהג במקדש:

והאידנא דקי"ל כר"ש שרי אפי' לכתחלה. בה"ג שרי כיבוד מהאי טעמא אפי' בדהוצין ואין נראה לר"י דבפרק כל הכלים (לקמן דף קכד:) אמר ר' אליעזר אף מכבדות של תמרה מותר לטלטלן ופריך אי מחמה לצל בהא לימא ר' אליעזר אפי' בשל תמרה משמע דפשיטא ליה דליכא מאן דשרי אפי' לרבי שמעון משום דהוי מלאכתו לאיסור ואי שרי לכבד הוי מלאכתו להיתר אלא ודאי כיבוד אסור לכולי עלמא מפני שמזיז עפר ממקומו ולא שרינן הכא לרבי שמעון אלא דווקא ריבוץ:

ורמינהו רבי שמעון אומר אין בין נקוב כו'. תימה מאי קפריך והא בהך ברייתא נמי קתני כמו במתני' דלכל מילי נקוב כשאינו נקוב בר מלענין הכשר זרעים בלבד ואי קשיא ליה מ"ש שבת מהכשר זרעים אם כן בלא משנה תקשי ליה ברייתא גופה מ"ש להכשר זרעים חשיב נקוב כמחובר ולענין שאר דברים חשוב כתלוש ואומר ר"ת דהכי פריך כיון דלענין שבת חשיב נקוב כשאינו נקוב אף על גב דהוי לקולא ופטור וכן לענין כלאים במסכת כלאים (פ"ז מ"ח) כ"ש לענין הכשר זרעים אית לן לאחשוביה נקוב כשאינו נקוב דהוי לחומרא ובברייתא קתני דנקוב הוי כמחובר לענין הכשר זרעים שאינו מכשיר והכי פירושא דברייתא אין בין נקוב לשאינו

תורה אור השלם

א) וַיִּבֶן יְיָ אֱלֹהִים אֶת הַצֵּלָע אֲשֶׁר לָקַח מִן הָאָדָם לְאִשָּׁה וַיְבִאֶהָ אֶל הָאָדָם: [בראשית ב, כב]

ב) וְיוֹנָתָן לֹא שָׁמַע בְּהַשְׁבִּיעַ אָבִיו אֶת הָעָם וַיִּשְׁלַח אֶת קְצֵה הַמַּטֶּה אֲשֶׁר בְּיָדוֹ וַיִּטְבֹּל אוֹתָהּ בְּיַעְרַת הַדְּבָשׁ וַיָּשֶׁב יָדוֹ אֶל פִּיו וַתָּאֹרְנָה עֵינָיו: [שמואל א' יד, כז]

הגהות הב"ח

(א) גמ' רבה תוספאה: (ב) תוס' ד"ה והרודה וכו' אפי' לא יהא מותר. נ"ב עי' פרק ר"א דמילה דף קלג: (ג) ד"ה שרא וכו' אשכחן במקדש. נ"ב ע"ל פרק כל הכלים דף קכג ע"ב בד"ה הרי הוא ככל:

גליון הש"ס

גמרא והמגבן כגרוגרת. עי' לעיל דף עג ע"ב תוד"ה המולח: שם מ"ט דר"א דכתיב וטבול. עי' פ"י מ"ז דשבועות בפי' הרע"ב: רש"י ד"ה זילחא כו' בכל העיר. עי' לעיל דף טו ע"ב תוד"ה גזירה. ולקמן דף קנה ע"ב רש"י ד"ה קרקע.

THE SABBATH, HE IS LIABLE TO A *CHATAS;* הֵזִיד בְּיוֹם טוֹב לוֹקֶה – אַרְבָּעִים – IF HE DID THIS DELIBERATELY ON A FESTIVAL, HE RECEIVES FORTY LASHES. דִּבְרֵי רַבִּי אֱלִיעֶזֶר – These are THE WORDS OF R' ELIEZER.

The Gemara considers the last of these rulings:

אָמַר רַבִּי אֶלְעָזָר – **R' Elazar said:** מַאי טַעְמָא דְּרַבִּי אֱלִיעֶזֶר – **What is R' Eliezer's reason** for ruling the removal of honeycombs from a hive to be a Biblical transgression? דִּכְתִיב "וַיִּטְבֹּל אוֹתָהּ בְּיַעְרַת הַדְּבָשׁ" – **For it is written:** ***and he dipped it into the forest of honey.***[11] וְכִי מָה עִנְיַן יַעַר אֵצֶל דְּבַשׁ – **Now, what connection does a forest have to honey?** אֶלָּא לוֹמַר לָךְ – **Rather,** the verse comes **to teach you** that מָה יַעַר הַתּוֹלֵשׁ מִמֶּנּוּ בְּשַׁבָּת חַיָּיב חַטָּאת – **just as with** respect to a tree in **a forest, one who detaches** something **from it on the Sabbath is liable to a** ***chatas,*** אַף חַלּוֹת דְּבַשׁ הָרוֹדֶה מִמֶּנּוּ בְּשַׁבָּת חַיָּיב חַטָּאת – **so too with respect to loaves of honey** in a beehive, **one who removes from it on the Sabbath is liable to a** ***chatas.***[12]

The Rabbis in the Baraisa consider laying the dust only Rabbinically forbidden. The Gemara discusses this prohibition:

אֲמֵימַר שָׁרָא זִילְחָא בְּמָחוֹזָא – **Ameimar permitted sprinkling** the floors to lay the dust **in Mechoza.** אָמַר – **He said** in explanation of his ruling: טַעְמָא מַאי אָמוּר רַבָּנַן – **What is the reason that the Rabbis said** that laying the dust on the Sabbath is forbidden? דִּילְמָא אָתֵי לְאַשְׁוּוּיֵי גּוּמוֹת – It is **lest one come to level out holes** in the ground.[13] הָכָא לֵיכָּא גּוּמוֹת – **Here,** in Mechoza, **there are no holes,** for all the floors are made of stone; hence, the reason for the prohibition does not apply.

A related incident:

רָבָא תּוֹסְפָאָה אַשְׁכְּחֵיהּ לְרָבִינָא דְּקָא מִצְטַעֵר מֵהַבְלָא – **Rava**[14] **Tosfaah found Ravina** one Sabbath **in distress from the** dusty **air,** וְאָמְרֵי לָהּ מַר קַשִּׁישָׁא בְּרֵיהּ דְּרָבָא אַשְׁכְּחֵיהּ לְרַב אַשִׁי דְּקָא מִצְטַעֵר מֵהַבְלָא – **and others say** it was **Mar Kashisha the son of Rava** who **found Rav Ashi in distress from the** dusty **air;** i.e. the dry dust was rising and polluting the air in the house. אָמַר לֵיהּ – **He said to him:** לֹא סָבַר לָהּ מָר לְהָא דְתַנְיָא – **Does not master agree with that which was taught in a Baraisa:** הָרוֹצֶה לְרַבֵּץ אֶת בֵּיתוֹ בְּשַׁבָּת – HE WHO WISHES TO LAY THE DUST IN HIS HOUSE ON THE SABBATH מֵבִיא עֲרֵיבָה מְלֵאָה מַיִם – BRINGS A BASIN FULL OF WATER וְרוֹחֵץ פָּנָיו בְּזָוִית זוֹ יָדָיו בְּזָוִית זוֹ רַגְלָיו בְּזָוִית זוֹ – AND WASHES HIS FACE IN THIS CORNER, HIS HANDS IN THIS CORNER, HIS FEET IN THIS CORNER, וְנִמְצָא הַבַּיִת מִתְרַבֵּץ מֵאֵלָיו – AND IT EMERGES THAT THE HOUSE HAS ITS DUST LAID AUTOMATICALLY, i.e. by the water which spills out incidentally during the washing?[15] Why does master not employ this device? אָמַר לֵיהּ – **He said to him:** לָאו אַדַּעְתַּאי – **I was not mindful** of it, i.e. I forgot about it.[16]

Another Baraisa teaches the same law:

תָּנָא – **A Baraisa has taught:** אִשָּׁה חֲכָמָה מְרַבֶּצֶת בֵּיתָהּ בְּשַׁבָּת – THE WIFE OR DAUGHTER OF A TORAH SCHOLAR[17] CAN LAY THE DUST IN HER HOUSE ON THE SABBATH by rinsing out the dishes in one corner, the cups in another, etc.

The Gemara concludes:

וְהָאִידָּנָא דִּסְבִירָא לָן כְּרַבִּי שִׁמְעוֹן שְׁרֵי אֲפִילּוּ לְכַתְּחִלָּה – **And nowadays that we follow R' Shimon,** who maintains that one may perform a permitted act even where a second, forbidden act may unintentionally result,[18] **[laying the dust] is permitted outright.** Since the person does not intend to level out the holes in the floor, only to settle the dust, it is permitted to lay the dust, even if holes are levelled as a result.

Mishnah This Mishnah discusses the rule for things growing in a flowerpot:

הַתּוֹלֵשׁ מֵעָצִיץ נָקוּב – **One who plucks** a plant **from a perforated flowerpot** on the Sabbath חַיָּיב – **is liable,**[19] וְשֶׁאֵינוֹ נָקוּב – **but** if he plucks it **from an unperforated** flowerpot פָּטוּר – **he is exempt.**[20]

NOTES

11. *I Samuel* 14:27. Scripture is describing how Jonathan (son of King Saul) dipped his staff into some honey and ate it. The verse refers to the honeycombs as a "forest of honey." The Gemara proceeds to expound this unusual expression.

12. For detaching something from a tree in a forest one is liable for "reaping." Similarly, Scripture teaches that one who removes honey from a beehive is guilty of having performed this *melachah.*

The Rabbis, however, dispute this exposition. In their view, detaching honeycombs from a beehive is only Rabbinically forbidden (*Ritva MHK* ed.).

13. In the process of laying the dust, it is possible that some of the dust may enter holes in the floor and level them out. This would be a *toladah* of בּוֹנֶה, *building.*

This reasoning follows the view of the Rabbis. R' Eliezer, however, considers laying the dust a form of "building" in its own right, because the floor is thereby improved. Alternatively, he regards this as a form of מַכֶּה בְּפַטִּישׁ, *striking the final blow,* considering the settling of the dust as putting the final touches on the house (*Rashba, Ritva MHK* ed.; cf. *Tosafos*).

14. *Bach* emends to "Rabbah."

15. [*Ramban* (ד״ה הכא) explains that the likelihood of the laying of the dust resulting in the leveling out of holes is not that great. Thus, although the Rabbis forbade laying the dust directly, they were lenient and permitted it when this subterfuge is employed.]

16. Alternatively: *I do not agree with it* (*Rashi* in the name of his teachers).

17. Who heard of this device from [her husband] or father (*Rashi*).

[The wife or daughter of a חָכָם is sometimes called a חֲכָמָה just as the wife of a Kohen is sometimes called a כֹּהֶנֶת (*Emes LeYaakov*).]

18. In numerous places the Talmud cites a dispute between R' Yehudah and R' Shimon as to whether we may perform a permissible act where a second, forbidden act may result. R' Yehudah forbids this while R' Shimon permits it. The halachah follows R' Shimon.

19. Although the plant is not connected to the ground, it nonetheless absorbs nourishment from it through the hole in the pot. This renders the plant מְחוּבָּר לַקַּרְקַע, *attached to the ground* (*Rashi*). Accordingly, plucking a plant from it violates the *melachah* of תּוֹלֵשׁ, *plucking,* which is a *toladah* of קוֹצֵר, *reaping.*

The Mishnah's law applies even if the hole is in the wall of the flowerpot (*Rashi*), as long as it is aligned with the soil in the pot (*Teshuvos HaRashba* 3:341). [*Rashi's* reason for pointing this out here will emerge from the Gemara below; see 95b note 10; cf. *Mishneh LaMelech, Hil. Bikkurim* 2:9.]

[*Rashi* implies above (81b ד״ה חייב משום תולש) as well that even if the flowerpot is not in direct contact with the ground but suspended above it (e.g. standing on pegs), the plant still derives some nourishment from the ground and is considered attached to it (see note 19 there). This view is accepted by *Tosafos* there ד״ה אפילו as well, but is disputed by *Rambam* (*Hil. Shabbos* 8:4; see *Beur Halachah, Orach Chaim* 336:8 who demonstrates that the *Shulchan Aruch* follows *Rashi's* view).]

20. Since no nourishment is absorbed from the ground, the plant is considered detached from it. Although the plant is growing in the soil of the pot, and by plucking the plant one severs it from its source in this soil, since a flowerpot is not the natural place for plants to grow, the extraction of a plant from it does not constitute the *melachah* of תּוֹלֵשׁ, *plucking* (Gemara and *Rashi* below, 108a, as explained by *Divrei Yechezkel* 3:6 ד״ה ומה; for an alternative explanation, see *Tziyunim LaTorah* by *R' Yosef Engel,* III ד״ה עוי״ל). Nonetheless, it is Rabbinically forbidden to pluck a plant even from an unperforated pot (*Orach Chaim* 336:7).

[Whether our Mishnah's distinction between a perforated and unperforated flowerpot applies to all materials is the subject of a major debate among the Rishonim. *Raavad* (*Tumas Ochalin* 2:11) is of the opinion that the Mishnah's rule applies to (virtually) all materials. *Rashi* (*Gittin* 7b) states that it does not apply to an earthenware pot, which is *always* treated as perforated, even when it is not. Thus, according to *Rashi,* our Mishnah must be speaking specifically of wood or metal pots. *Rashi* here, however, and indeed the Gemara below, discuss the distinction explicitly in regard to earthenware, a difficulty pointed out by *Tosafos* on 95b (ד״ה טהור מלהכשיר). *Tosafos* (ibid.) cite *Rabbeinu Tam* as holding the distinction to apply only to earthenware (or metal), not wood (which would always be treated as perforated, due to its strong ability to absorb moisture).

מסורת הש"ס

א) ברכות סא. עירובין יח. נדה מה: ע"ש, ב) [תוספ' פ"י], ג) [גירסת הערוך שרק], ד) פסחים סה. [תוספתא פ"י], ה) [פי' המקפה גבינה ומקבץ פתיתי החלב לעשותם חריץ של גבינה ערוך], ו) [סנהדרין לג.], ז) ב"ב סו. פ"ג, ח) [ברכות כו. וש"נ], ט) [עירובין קג.], י) לקמן קח., כ) [מח.], ל) [וע' תוס' ביצה ג. סד"ה גזירה שמא], מ) סה., נ) [צ"ל אליעזר].

עין משפט נר מצוה

לו א מיי' פכ"ב מהל' שבת הלכה כג [נ"ל פכ"ג הל' יג כתב כוחלת משום כותבת וכתב הש"ג בשם ריא"ז ולא ידעתי לו ישוב אם לא שנאמר שבגרסת מיימוני היה כתוב גם בלישנא בתרא דכוחלת הוי משום כותבת ע"ש ולדעתי צריכים אנו לומר כן גם בסמג לאוין סה שכתב כוחלת משום כותבת וה' האיר עיני בערוך ערך גדל כתב הגרסא במסקנא כוחלת משום כותבת גודלת ופוקסת משום בונה מעתה זכינו שגם הרמב"ם והסמג ואחריהם הרב מברטנורה היה גרסתם כך ושוב אין מקום לתמיהות המיי"ט ע"ש] סמג לאוין סה טוש"ע א"ח סי' שג סעיף כה:

לז ב מיי' שם הלכה כו סמג שם טוש"ע שם סעיף כו:

לז [ב] [מיי' פכ"ג שם הלכה כב כג טוש"ע שם סעיף כה]:

לז [ג] [מיי' פ"ז שם הלכה ו ופ"ה הל' ז ברי"ף פרק כלל גדול ד' לד. וברא"ש שם סי' ב]:

לח ג ד מיי' פכ"א מהל' שבת הל' י וסמג שם טוש"ע א"ח סי' שכא סעיף יג וסי' שלז סעי' ב:

לט ה מיי' פ"ח מהל' שבת הלכה ז סמג שם טוש"ע א"ח סי' שה סעיף כ:

מ ו מיי' שם הלכה יא ופכ"א הלכה יז סמג שם טוש"ע א"ח סי' שיט סעיף יז:

מא ז מיי' פ"י מהלכות שבת הלכה יג:

מב ח מיי' פכ"א שם הלכה ג סמג שם טוש"ע א"ח סי' שלו סעיף ב:

מג ט מיי' וסמג שם טוש"ע שם סעיף א:

מד י מיי' פ"ח מהל' שבת הל' ג טוש"ע א"ח סי' שלו סעיף ז:

כוחלת משום צובעת גודלת ופוקסת משום בונה וכי דרך בנין בכך אין כדדרש רבי שמעון בן מנסיא ויבן ה' אלהים את הצלע מלמד שקילעה הקב"ה לחוה והביאה אצל אדם שכן בכרכי הים קורין לקלעיתא בניתא תניא ר"ש בן אלעזר אומר גודלת כוחלת ופוקסת לעצמה פטורה לחברתה חייבת וכן היה רבי שמעון בן אלעזר אומר משום רבי אליעזר אשה לא תעביר סרק על פניה מפני שצובעת תנו רבנן החולב והמחבץ והמגבן כגרוגרת המכבד והמרבץ והרודה חלות דבש שגג בשבת חייב חטאת הזיד ביום טוב לוקה ארבעים דברי ר' אליעזר וחכ"א אחד זה ואחד זה אינו אלא משום שבות רב נחמן בר גוריא איקלע לנהרדעא בעו מיניה חולב משום מאי מיחייב אמר להו משום חולב מחבץ משום מאי מיחייב אמר להו משום מחבץ מגבן משום מאי חייב אמר להו משום מגבן אמרו ליה רבך קטיל קני באגמא הוה אתא שאיל בי מדרשא אמרו ליה חולב חייב משום מפרק מחבץ חייב משום בורר מגבן חייב משום בונה המכבד והמרבץ והרודה חלות דבש שגג בשבת חייב חטאת הזיד ביו"ט לוקה ארבעים דברי רבי אליעזר א"ר אלעזר מ"ט דר' אליעזר דכתיב ויטבול אותה ביערת הדבש וכי מה ענין יער אצל דבש אלא לומר לך מה יער התולש ממנו בשבת חייב חטאת אף חלות דבש הרודה ממנו בשבת חייב חטאת אמימר שרא זילחא במחוזא אמר טעמא מאי אמור רבנן דילמא אתי לאשויי גומות הכא ליכא גומות רבא תוספאה אשכחיה לרבינא דקא מצטער מהבלא ואמרי לה מר קשישא בריה דרבא אשכחיה לרב אשי דקא מצטער מהבלא א"ל לא סבר לה מר להא דתניא הרוצה לרבץ את ביתו בשבת מביא עריבה מלאה מים ורוחץ פניו בזוית זו ידיו בזוית זו רגליו בזוית זו ונמצא הבית מתרבץ מאליו א"ל לאו אדעתאי תנא אשה חכמה מרבצת ביתה בשבת והאידנא דסבירא לן כר' שמעון שרי אפי' לכתחלה: **מתני'** התולש מעציץ נקוב חייב ושאינו נקוב פטור ור"ש פוטר בזה ובזה: **גמ'** רמי ליה אביי לרבא ואמרי לה רבי חייא בר רב לרב תנן רבי שמעון פוטר בזה ובזה אלמא נקוב לר"ש כשאינו נקוב משוי ליה ורמינהו ר"ש אומר אין בין נקוב לשאינו נקוב אלא

רש"י

לעצמה פטורה. שאינה יכולה לבנות יפה ואין דרך בנין אלא אשה לחברתה שרואה ועושה: וכן. מילתא אחריתי דשבת לאיסורא: סרק. לבע אדום הוא הבא בקנים שקורין טיפוני"ן: המחבץ. המעמיד החלב בקיבה ול"נ מחבץ עושה כמין כלי גמי ונותן הקפוי בתוכו ומי החלב שהן נסיובי נוטפין ולועזין אותן אנקייד"ש: המכבד. את הבית: והמרבץ. במים להרביץ את האבק שלא יעלה: חייב חטאת. לקמיה מפרש טעמא והרודה חלות דבש חייב משום תולש (מחבץ חייב משום בורר) ומכבד ומרבץ משום בונה: אחד זה ואחד זה. אחד שבת ואחד יו"ט: משום שבות. דילמא כי כניס ליה מתמלאין הגומות שבבית מאליהן והוי בנין: קטיל קני באגמא. חותך קנים מן האגם הוה לא ידע לפרש משנה: מפרק. כמו מפרק משאוי שפורק אוכל ממקום שנתכסה בו והוי תולדת דש ואית דאמרי תולדה דקוצר ולא היא דלאו מחובר הוא אלא פקיד ועקיר וקאי בעטיני הדד כתבואה בקשיה ולשון מפרק נמי לא שייך למימר אלא לשון תולש: בורר. אוכל מתוך פסולת: זילחא. לרבץ הבית ורצפת אבנים היתה ° בכל העיר: מהבלא. שהיה אבק עולה ומרבה הבל: לאו אדעתאי. לא הייתי זכור ורבותי פירשו לא סבירא לי: אשה חכמה. אשת ת"ח או בת ת"ח ששמעה מאביה: מרבצת ביתה. רוחצת קיתוניות בזוית זו וכוסות בזוית זו: כרבי שמעון. דדבר שאין מתכוין מותר והמרבץ אינו מתכוין להדביק עפר בגומא ולהשוות הבית אלא שלא יעלה אבק: מתני' התולש מעציץ נקוב חייב. דהוי כמחובר דיונק מן הקרקע ע"י הנקב שמריח לחלוחית הקרקע ואפילו הנקב בדופנו: אלא

תוספות

החולב משום דש הוא. כדפי' בקונט' ואתיא ברייתא כר' יהודה דאמר יש דישה שלא בגידולי קרקע כדפרי' לעיל בפ' כלל גדול (לעיל דף עג:) וכן נראה לר"י דודאי כרבי יהודה אתיא דהא אסרי חכמים ריבוץ משום שבות ולר"ש שרי לקמן אפילו לכתחלה:

המכבד והמרבץ. תימה דע"כ מיירי דלא הוי פסיק רישיה שישוה הגומות דאי פסיק רישיה היכי שרי לקמן ר"ש לכתחילה הא מודה ר"ש בפסיק רישיה ולא ימות וכיון דלא הוי פסיק רישיה אמאי מחייב ר' אליעזר חטאת האמר בפ' אמר להם הממונה (יומא ד' לד:) גבי צירוף עששיות דדבר דאין מתכוין מותר לר' יהודה מן התורה דלא הוי מלאכת מחשבת וי"ל דבהא פליגי דר' אליעזר סבר דהוי פסיק רישיה ורבנן סברי דלא הוי והא דאמר והאידנא דסבירא לן כר' שמעון שרי לכתחלה אע"ג דאפשר דסבר ר"ש דהוי פסיק רישיה מכל מקום הש"ס סבר כרבנן דלא הוי פסיק רישיה הילכך שרי לכתחלה כיון דקיימא לן כר"ש [עי' תוספות סנהדרין פה. ד"ה ור"ש]:

והרודה חלות דבש. תימה לר"י אמאי לוקה בי"ט ולרבי אליעזר ורבנן נמי לא פליגי אלא משום דלא חשבי לה מלאכה והא תנן בפ"ק דמגילה (דף ז:) אין בין יו"ט לשבת אלא אוכל נפש בלבד ר' יהודה אומר אף מכשירי אוכל נפש וקאמר בגמ' מ"ט דת"ק אמר קרא הוא לבדו יעשה לכם הוא ולא מכשירין ורבי יהודה כתיב הוא וכתיב לכם כאן במכשירין שאפשר לעשותן מעי"ט וכאן במכשירין שא"א כו' מכלל דאוכל נפש שרי רבי יהודה אפי' באפשר ורבנן נמי משמע דלא פליגי אלא במכשירין ולא באוכל נפש ועוד דהך ברייתא כר' יהודה כדפרישית ועוד דבפ' תולין (לקמן דף קלז:) אמרינן דר' אליעזר סבר כרבי יהודה ועדיפא מדרבי יהודה ושרי אפילו אפשר לעשותן מעי"ט וליכא למימר דמיירי ברודה לצורך חול דמכ"מ תקשי למאן דלית ליה הואיל ומקלעי ליה אורחין בפרק אלו עוברין (פסחים ד' מו:) ועוד דרבי אליעזר גופיה אית ליה התם° הואיל ואור"י דליכא לאוקמי ברודה סמוך לחשיכה דלא חזי תו לאורחין אי נמי בדבש שהדבים או אסור בהנאה דלא חזי לאכילה ומיהו תימה לר"י כיון דמותר לגבן בי"ט מן התורה אפילו באפשר (ב) אפילו לא יהא מותר מדרבנן אלא בדלא אפשר אם כן נפל ביתו בי"ט יהא מותר לבנותו בי"ט דמתוך שהותר בנין לצורך דמגבן הוי משום בונה כדאמר בסמוך הותר נמי שלא לצורך ובלבד שיהא צורך היום לאכול בתוכו שלא יכנו שרב ושמש וי"ל דלאסור מדרבנן דהוי עובדא דחול כי היכי דאסורין טחינה והרקדה ביו"ט°:

שרא זילחא במחוזא. תימה דבשילהי תמיד נשחט (שם ד' סה.) תנן כמעשהו בחול כך מעשהו בשבת אלא שהכהנים מדיחים את העזרה שלא ברצון חכמים ומפרש בגמ'° דשלא ברצון חכמים היינו שלא ברצון ר' אליעזר דאי רבנן שבות הוא ואין שבות במקדש דתניא המכבד והמרבץ כו' ומדמוקי מתני' כר"א משמע דמחייב מדאורייתא אפי' בעזרה דאיכא רצפה והכא משמע דברצפה ליכא אשוויי גומות וי"ל דבההיא איכא אשווי גומות טפי שהיו מתמלאות הגומות שבין רובד לרובד א"נ בעזרה נמי לא אסור לר"א אלא משום שבות אטו היכא דליכא רצפה דאיכא חיוב חטאת לר"א וחמיר האי שבות ונוהג אפילו במקדש וכמה שבות אשכחן במקדש (ג) בפ' בתרא דעירובין (דף קב:) אבל לרבנן לא חמיר האי שבות כיון דאפי' בלא רצפה לא הוי לדידהו אלא איסורא דרבנן הלכך אינו נוהג במקדש:

והאידנא דקי"ל כר"ש שרי אפי' לכתחלה. בה"ג שרי כיבוד מהאי טעמא אפי' בדהוצין ואין נראה לר"י דבפרק כל הכלים (לקמן דף קכד:) אמר ר' אליעזר° אף מכבדות של תמרה מותר לטלטלן ופריך אי מחמה לצל בהא לימא ר'° אליעזר אפי' בשל תמרה משמע דפשיטא ליה דליכא מאן דשרי אפי' לרבי שמעון משום דהוי מלאכתו לאיסור ואי שרי לכבד הוי מלאכתו להיתר אלא ודאי כיבוד אסור לכולי עלמא מפני שמזיז עפר ממקומו ולא שרינן הכא לרבי שמעון אלא דווקא ריבוץ:

ורמינהו רבי שמעון אומר אין בין נקוב כו'. תימה מאי קפריך והא בהך ברייתא נמי קתני כמו במתני' דלכל מילי נקוב כשאינו נקוב בר מלענין הכשר זרעים בלבד ואי קשיא ליה מ"ש שבת מהכשר זרעים אם כן בלא משנה תקשי ליה ברייתא גופה מ"ש להכשר זרעים חשיב נקוב כמחובר ולענין שאר דברים חשוב כתלוש ואומר ר"ת דהכי פריך כיון דלענין שבת חשיב נקוב כשאינו נקוב אף על גב דהוי לקולא ופטור וכן לענין כלאים במסכת כלאים (פ"ז מ"ח) כ"ש לענין הכשר זרעים אית לן לאחשוביה נקוב כשאינו נקוב דהוי לחומרא ובברייתא קתני דנקוב הוי כמחובר לענין הכשר זרעים שאינו מכשיר והכי פירושא דברייתא אין בין נקוב לשאינו

הגהות הב"ח

(א) גמ' רבא תוספאה: (ב) תוס' ד"ה והרודה וכו' אפי' לא יהא מותר. נ"ב ע"י פרק ר"א דמילה דף קלד: (ג) ד"ה שרא וכו' ואשכחן במקדש. נ"ב ע"ל פרק כל הכלים דף קכג ע"ב בד"ה הרי הוא ככל:

גליון הש"ס

גמרא והמגבן כגרוגרת. עי' לעיל דף עו ע"ב תוד"ה המוציא: שם מ"ט דר"א דכתיב ויטבול. עי' פ"י דשביעית מ"ב הרע"ב: רש"י ד"ה זילחא כו' בכל העיר. עי' לעיל כט ע"ב תוד"ה גזירה. ולקמן דף קכד ע"ב רש"י ד"ה קרקע:

תורה אור השלם

א) וַיִּבֶן יְהוָה אֱלֹהִים אֶת הַצֵּלָע אֲשֶׁר לָקַח מִן הָאָדָם לְאִשָּׁה וַיְבִאֶהָ אֶל הָאָדָם: [בראשית ב, כב]

ב) וְיוֹנָתָן לֹא שָׁמַע בְּהַשְׁבִּיעַ אָבִיו אֶת הָעָם וַיִּשְׁלַח אֶת קְצֵה הַמַּטֶּה אֲשֶׁר בְּיָדוֹ וַיִּטְבֹּל אוֹתָהּ בְּיַעְרַת הַדְּבָשׁ וַיָּשֶׁב יָדוֹ אֶל פִּיו וַתָּאֹרְנָה עֵינָיו: [שמואל א' יד, כז]

ליקוטי רש"י

ויבן. משמע שהיתה מתוקנת כבנין. שקילעה. קליעת שער [עירובין יח.]. סרק על פניה. כדי שתראה אדומה [מו"ק ט:]. לבע המאדים את הפנים [כתובות יז.]. החולב. מוציא החלב מן הבהמה. מחבץ. מעמיד החלב ועושהו גבינה ומקבץ שקורין מטונ"ו [פסחים סה.]. והרודה חלות דבש. כשהיא במקומה דהיינו מקום גידולו של דבש חייב חטאת כתולש מן הקרקע [רשב"ם ב"ב סו.]. אחד זה ואחד זה. מכבד ומרבץ ורודה אבל מאליך לא קאמרי דהמחבץ במנין המלאכות בפרק כלל גדול ר' אליעזר לחייב משום מפרק מגבן משום בונה מחבץ משום בורר ומכבד ומרבץ משום בונה גומות [פסחים שם]. קטיל קני. קטלי קני. קוצץ קנים באגם [סנהדרין לג.]. חולב חייב משום מפרק. חולב בידיו חייב משום מפרק דבר מגידולו והיונק הוי מפרק ע"י שינוי והיינו כלאחר יד [יבמות קיד.]. מפרק. תולדה דדש שמפרק תבואה משבליה לשון פורק מן המשוי דישקארגיי"ר בלע"ז רבינו לוי וגם רבינו הגאון מלאתי כן [לעיל עג:]. הנותק דבר ממקום שגדל בו ולא מן המחובר אלא מן התלוש ותולדה דדש שמפרק תבואה מקשיה [שבת עג:]. [כתובות ס.]. מ"ט דר' אליעזר. דחשיב לכוורת דבורים כמחובר. דכתיב ויטבול אותה ביערת הדבש. ביונתן כתיב ודבש במקום גידולו מיירי [וקא קרי] ליה יער והלכך חשיב ליה מחובר ומוכרת ממש בקרקע [רשב"ם ב"ב שם]. זילחא. זלוחאי. מרבילי הבית במים מפני אבק העולה [חולין ס.]. לאו אדעתאי. לא נתתי לבי [ברכות כו.]. ושאינו נקוב פטור. משום דלא מחובר בקרקע עולם הוא [לקמן קח.].

רבינו חננאל

הוא אלא הכין מיבעי למגרס. איבעיא להו בעינן שיעור לזה ושיעור לזה ולא למגרס קמיה פיסקא מן בריתא ואעיקר מתניתין קאי דתנן לא יכול אחד להוציאו והוציאוהו שנים חייבין ור' שמעון פוטר דלא משכחת הא פלוגתא דרבי שמעון ורבנן אלא לענין זה אינו יכול וזה אינו יכול דלענין שניה' (אין) יכולין לית מאן דמחייב אלא ר' מאיר ולענין אחד יכול ואחד אינו יכול דברי הכל חייב כמו דאיתא לעיל בשמעתא בהדיא הלכך הא מתני' דרבנן מחייבין ור"ש פוטר ליתא אלא בזה אינו יכול וזה אינו יכול ועלה אמרי' הדין בעיא ותשובתו: **המוציא** אוכלין פחות מכשיעור בכלי פטור אף על הכלי שהכלי טפילה לו ואם הוציא כשיעור בכלי חייב על האוכלין ופטור על הכלי ואם היה הכלי צריך לו חייב על זה ועל זה כגון שצריך לאוכל וצריך עוד לכלי אי נמי שאין יכול להוציא את האוכל אלא בכלי כגון התותין בא"י וכיוצא בהן ודייקינן מי אתינן למשמע מינה אכל שני זיתי חלב בהעלם אחד דהוא כמי שהוציא אוכל בכלי אחד חייב שתים אמר רב ששת הכא במאי עסקינן כגון ששגג על האוכלין והזיד [על] הכלי פי' והכי קאמר חייב ע"ז חטאת וע"ז (כזית) [כרת]. מתקיף לה רב אשי וכו' כגון ששגג בזה ובזה ונודע לו על זה וחזר ונודע לו על זה ובפלוגתא דר' יוחנן ור"ל וכבר פרישנא לעיל בכלל גדול והכא קא מסתייע ר"י דאמר חייב שתים [דכתיב] על חטאתו והביא: **ואת** החי במטה פטור אף על המטה שהמטה טפלה לו אוקימנא באדם חי מפני שהוא נושא את עצמו ודברי הכל בין לר' נתן ובין לרבנן אבל בבהמה חיה ועוף פליגי רבנן ור' נתן רבנן מחייבי עלייהו דסברי אגב ביעותיה משרבטי נפשייהו ומתרשלין ואין נושאין את עצמן ור' נתן פטר (בחיים) [בכל בע"ח]. א"ל רב אדא בר אבא לרבא הא דתנן לענין אין מוכרין בהמה גסה לנכרים בן בתירא מתיר בסוס ותניא עלה בן בתירא מתיר בסוס מפני שהוא עושה מלאכה שאין חייבין עליה חטאת וסליק אדעתין שהוא נושא את האדם החי דהוי בן בתירא כר' נתן דאמר חי נושא את עצמו ולא מחייב נמי בבהמה לימא בן בתירא ור' נתן אמרו דבר אחד אלמא רבנן פליגי עלייהו ולא לענין בהמה חיה ועוף לאו לענין הוצאת אדם ודחינא מפני שאין עליה חטאת ומי איכא סוס המיוחד לעופות ואמרי' איכא (דבי ויידן) [דבי וויאדן] הנץ וכיוצא בו שהמלכים

וְרַבִּי שִׁמְעוֹן פּוֹטֵר בָּזֶה וּבָזֶה – **R' Shimon, however, exempts him in both this** case **and that** case, i.e. whether he plucks it from a perforated pot or an unperforated one.[21]

Gemara The Gemara notes a contradiction concerning R' Shimon's opinion:

רָמֵי לֵיהּ אַבַּיֵי לְרָבָא – **Abaye pointed out a contradiction to Rava,** וְאָמְרֵי לָהּ רַבִּי חִיָּיא בַּר רַב לְרַב – **and others say** it was **R' Chiya bar Rav** who did so **to Rav:** תְּנַן – **We learned in our Mishnah:** רַבִּי שִׁמְעוֹן פּוֹטֵר בָּזֶה וּבָזֶה – R' SHIMON EXEMPTS one who plucks a plant from a flowerpot BOTH IN THIS case AND THAT case, i.e. whether the flowerpot was perforated or not. אַלְמָא נָקוּב לְרַבִּי שִׁמְעוֹן – **Thus,** we see that the status of **a perforated flowerpot according to R' Shimon** כְּשֶׁאֵינוֹ נָקוּב מְשַׁוֵּי לֵיהּ – **is treated** the same **as an unperforated one.**[22] וּרְמִינְהוּ – **But contrast this with the following:** רַבִּי שִׁמְעוֹן אוֹמֵר – R' SHIMON SAYS: אֵין בֵּין נָקוּב לְשֶׁאֵינוֹ נָקוּב – THERE IS NO legal DIFFERENCE BETWEEN A PERFORATED FLOWERPOT AND AN UNPERFORATED ONE,

NOTES

However, *Tosafos* in *Menachos* cite the opinion of *Rabbeinu Tam* (84b-85a ד״ה כאן בספינה של עץ) as being that a wooden pot is *never* considered attached to the ground, even when it is perforated. For an extensive discussion of these opinions, see *Mishneh LaMelech, Hil. Bikkurim* 2:9.]

21. [According to R' Shimon, since the plant is contained in the flowerpot, it cannot be considered attached to the ground even if the plant does receive some nourishment from it.]

22. It would have sufficed for the Mishnah to just state *R' Shimon exempts,* from which it would have been understood that R' Shimon exempts in the very instance that the Tanna Kamma obligates. By adding the words *both in this case and that case,* the Mishnah seems to imply that they are completely the same and there is no basis to differentiate between them (*Rabbeinu Chananel* [printed on 96b], *Ramban;* cf. *Tosafos, Rashba*).

א) ברכות סא. עירובין יח. נדה מה: ע"ש, ב) [תוספ' פ"י], ג) [גירסת הערוך שרק], ד) פסחים סה. [תוספתא פ"י], ה) [פי' המקפה גבינה ומקבץ פסולת החלב לעשותם תריץ של גבינה ערוך], ו) [סנהדרין לג.], ז) ב"ב סו. פ:, ח) [ברכות כו. וש"נ], ט) [עירובין קד:], י) לקמן קמ., כ) [מת.], ל) [וע' תוס' ביצה ג. סד"ה גזירה שמא], מ) סה., נ) [צ"ל אלעזר].

א כוחלת משום צובעת ב גודלת ופוקסת משום בונה וכי דרך בנין בכך אין א) כדדרש רבי שמעון בן מנסיא א) ויבן ה' אלהים את הצלע מלמד שקילעה הקב"ה לחוה והביאה אצל אדם שכן בכרכי הים קורין לקלעיתא בניתא תניא ב) ר"ש בן אלעזר אומר גודלת כוחלת ופוקסת לעצמה פטורה לחברתה חייבת וכן היה רבי שמעון בן אלעזר אומר משום רבי אליעזר [ב] אשה לא תעביר ג) סרק על פניה מפני שצובעת תנו רבנן ד) [ג] החולב והמחבץ ה והמגבן כגרוגרת ג המכבד והמרבץ והרודה חלות דבש שגג בשבת חייב חטאת הזיד ביום טוב לוקה ארבעים דברי ר' אליעזר וחכ"א ד אחד זה ואחד זה אינו אלא משום שבות רב נחמן בר גוריא איקלע לנהרדעא בעו מיניה חולב משום מאי מיחייב אמר להו משום חולב מחבץ ו) משום מאי מיחייב אמר להו משום מחבץ מגבן משום מאי חייב אמר להו משום מגבן אמרו ליה רבך ז) קטיל קני באגמא הוה אתא שאיל בי מדרשא אמרו ליה ה חולב חייב משום מפרק ו מחבץ חייב משום בורר ז מגבן חייב משום בונה המכבד המרבץ והרודה חלות דבש שגג בשבת חייב חטאת הזיד ביו"ט לוקה ארבעים דברי רבי אליעזר ח) א"ר אלעזר ט) מ"ט דר' אליעזר דכתיב ב) ויטבול אותה ביערת הדבש וכי מה ענין יער אצל דבש אלא לומר לך מה יער התולש ממנו בשבת חייב חטאת אף חלות דבש הרודה ממנו בשבת חייב חטאת ח אמימר שרא זילחא במחוזא אמר טעמא מאי אמור רבנן דילמא אתי לאשויי גומות הכא ליכא גומות רבא (א) תוספאה אשכחיה לרבינא דקא מצטער מהבלא ואמרי לה מר קשישא ברי' דרבא אשכחיה לרב אשי דקא מצטער מהבלא א"ל לא סבר לה מר להא דתניא הרוצה לרבץ את ביתו בשבת מביא עריבה מלאה מים ורוחץ פניו בזוית זו ידיו בזוית זו רגליו בזוית זו ונמצא הבית מתרבץ מאליו א"ל י) לאו אדעתאי תנא אשה חכמה מרבצת ביתה בשבת ט) ט והאידנא דסבירא לן כר' שמעון שרי אפי' לכתחלה: מתני' י) י התולש מעציץ נקוב חייב ושאינו נקוב פטור ור"ש פוטר בזה ובזה: גמ' רמי ליה אביי לרבא ואמרי לה רבי חייא בר רב לרב תנן רבי שמעון פוטר בזה ובזה אלמא נקוב לר"ש כשאינו נקוב משוי ליה ורמינהו ר"ש אומר אין בין נקוב לשאינו נקוב אלא

לעצמה פטורה. שאינה יכולה לבנות יפה ואין דרך בנין אלא אשה לחברתה שרואה ועושה: וכן. מילתא אחריתי דשבת לאיסורא: סרק. צבע אדום הוא הבא בקניס שקורין טיפוניי"ן: המחבץ. המעמיד החלב בקיבה ול"נ מחבץ עושה כמין כלי גמי ונותן הקפוי בתוכו ומי החלב שהן נסיובי נוטפין ולועזין אותן אנקייד"ש: המכבד. את הבית: והמרבץ. במים להרבין את האבק שלא יעלה: חייב חטאת. לקמיה מפרש טעמא דהרודה חלות דבש חייב משום תולש (מחבץ חייב משום בורר) ומכבד ומרבץ משום בונה: אחד זה ואחד זה. אחד שבת ואחד יו"ט: משום שבות. דילמא כי כניס ליה מתמלאין הגומות שבבית מאליהן והוי בנין: קטיל קני באגמא. חותך קניס מן האגם הוה לא ידע לפרש משנה: מפרק. כמו מפרק משאוי שפורק אוכל ממקום שנתכסה בו והוי תולדת דש ואית דאמרי תולדה דקוצר ולא היא דלאו מחובר הוא אלא פקיד ועקיר וקאי בעטיני הדד כתבואה בקשיה ולשון מפרק נמי לא שייך למימר אלא לשון תולש: בורר. אוכל מתוך פסולת: זילחא. לרבץ הבית ורצפת אבנים היתה ס) בכל העיר: מהבלא. שהיה אבק עולה ומרבה הבל: לאו אדעתאי. לא הייתי זכור ורבותי פירשו לא סבירא לי: אשה חכמה. אשת ת"ח או בת ת"ח ששמעה מאביה: מרבצת ביתה. רוחצת קיתוניות בזוית זו וכוסות בזוית זו: כרבי שמעון. דדבר שאין מתכוין מותר והמרבץ אינו מתכוין להדביק עפר בגומא ולהשוות הבית אלא שלא יעלה אבק: מתני' התולש מעציץ נקוב חייב. דהוי כמחובר דיונק מן הקרקע ע"י הנקב שמריח לחלוחית הקרקע ואפילו הנקב בדופנו: אלא

החולב משום דש הוא. כדפי' בקונט' ואתיא ברייתא כר' יהודה דאמר יש דישה שלא בגידולי קרקע כדפרי' לעיל בפ' כלל גדול (לעיל דף עג:) וכן נראה לר"י דודאי כרבי יהודה אתיא דהא אסרי חכמים ריבוץ משום שבות ולר"ש שרי לקמן אפילו לכתחלה:

המכבד והמרבץ. תימה דע"כ איירי דלא הוי פסיק רישיה שישוה הגומות דאי פסיק רישיה היכי שרי לקמן ר"ש לכתחילה הא מודה ר"ש בפסיק רישיה ולא ימות וכיון דלא הוי פסיק רישיה אמאי מחייב ר' אליעזר חטאת האמר בפ' אמר להם הממונה (יומא ד' לד:) גבי צירוף עששיות דדבר דאין מתכוין מותר לר' יהודה מן התורה דלא הוי מלאכת מחשבת וי"ל דבהא פליגי דר' אליעזר סבר דהוי פסיק רישיה ורבנן סברי דלא הוי והא דאמר והאידנא דסבירא לן כר' שמעון שרי לכתחלה אע"ג דאפשר דסבר ר"ש דהוי פסיק רישיה מכל מקום הש"ס סבר כרבנן דלא הוי פסיק רישיה הילכך שרי לכתחלה כיון דקיימא לן כר"ש [עי' תוספות סנהדרין פה. ד"ה ור"ש]:

והרודה חלות דבש. תימה לר"י אמאי לוקה בי"ט ולרבי אליעזר ורבנן נמי לא פליגי אלא משום דלא חשבי לה מלאכה והא תנן בפ"ק דמגילה (דף ז:) אין בין יו"ט לשבת אלא אוכל נפש בלבד ר' יהודה אומר אף מכשירי אוכל נפש וקאמר בגמ' מ"ט דת"ק אמר קרא הוא לבדו יעשה לכם הוא ולא מכשירין ורבי יהודה כתיב הוא וכתיב לכם כאן במכשירין שאפשר לעשותן מעי"ט וכאן במכשירין שא"א כו' מכלל דאוכל נפש שרי רבי יהודה אפי' באפשר ורבנן נמי משמע דלא פליגי אלא במכשירין ולא באוכל נפש ועוד דהך ברייתא כר' יהודה כדפרישית ועוד דבפ' תולין (לקמן דף קלז:) אמרינן דר' אליעזר סבר כרבי יהודה ועדיפא מדרבי יהודה ושרי אפילו אפשר לעשותן מעי"ט וליכא למימר דמיירי ברודה לצורך חול דמכ"מ תקשי למאן דאית ליה הואיל ואי מקלעי ליה אורחין בפרק אלו עוברין (פסחים ד' מו:) ועוד דרבי אליעזר גופיה אית ליה התם פ) הואיל ואור"י דאיכא לאוקמי ברודה סמוך לחשיכה דלא חזי תו לאורחין אי נמי בדבש שהדביש או אסור בהנאה דלא חזי לאכילה ומיהו תימה לר"י כיון דמותר לגבן בי"ט מן התורה אפילו באפשר (ב) אפילו לא יהא מותר מדרבנן אלא בדלא אפשר אם כן נפל ביתו בי"ט יהא מותר לבנותו בי"ט דמתוך שהותר בנין לצורך דמגבן הוי משום בונה כדאמר בסמוך הותר נמי שלא לצורך ובלבד שיהא צורך היום לאכול בתוכו שלא יכנו שרב ושמש וי"ל דאסור מדרבנן דהוי עובדא דחול כי היכי דאסורין טחינה והרקדה ביו"ט צ):

שרא זילחא במחוזא. תימה דבשילהי תמיד נשחט (שם ד' סד.) תנן כמעשהו בחול כך מעשהו בשבת אלא שהכהנים מדיחים את העזרה שלא ברצון חכמים ומפרש בגמ' ק) דשלא ברצון חכמים היינו שלא ברצון ר' אליעזר דאי רבנן שבות הוא ואין שבות במקדש דתניא המכבד והמרבץ כו' ומדמוקי מתני' כר"א משמע דמחייב מדאורייתא אפי' בעזרה דאיכא רצפה והכא משמע דברצפה ליכא אשויי גומות וי"ל דבהדחה איכא אשויי גומות טפי שהיו מתמלאות הגומות שבין רובד לרובד א"נ בעזרה נמי לא אסור לר"א אלא משום שבות אטו היכא דליכא רצפה דאיכא חיוב חטאת לר"א וחמיר האי שבות ונוהג אפילו במקדש וכמה שבות אשכחן במקדש (ג) בפ' בתרא דעירובין (דף קב:) אבל לרבנן לא חמיר האי שבות כיון דאפי' בלא רצפה לא הוי לדידהו אלא איסורא דרבנן הלכך אינו נוהג במקדש:

והאידנא דקי"ל כר"ש שרי אפי' לכתחלה. בה"ג שרי כיבוד מהאי טעמא אפי' בדהוצין ואין נראה לר"י דבפרק כל הכלים (לקמן דף קכד:) אמר ר' אליעזר ר) אף מכבדות של תמרה מותר לטלטלן ופריך אי מחמה לכל בהא לימא ר' ש) אליעזר אפי' בשל תמרה משמע דפשיטא ליה דליכא מאן דשרי אפי' לרבי שמעון משום דהוי מלאכתו לאיסור ואי שרי לכבד הוי מלאכתו להיתר אלא ודאי כיבוד אסור לכולי עלמא מפני שמזיז עפר ממקומו ולא שרינן הכא לרבי שמעון אלא דווקא ריבוץ:

ורמינהו רבי שמעון אומר אין בין נקוב כו'. תימה מאי קפריך והא בהך ברייתא נמי קתני כמו במתני' דלכל מילי נקוב כשאינו נקוב בר מלענין הכשר זרעים בלבד ואי קשיא ליה מ"ש שבת מהכשר זרעים אם כן לא מקשה ליה ברייתא גופה מ"ש להכשר זרעים חשיב נקוב כמחובר ולענין שאר דברים חשוב כתלוש ואומר ר"ת דהכי פריך כיון דלענין שבת חשיב נקוב כשאינו נקוב אף על גב דהוי קולא ופטור וכן לענין כלאים במסכת כלאים (פ"ז מ"ח) כ"ש לענין הכשר זרעים אית לן לאחשוביה נקוב כשאינו נקוב דהוי לחומרא ובברייתא קתני דנקוב הוי כמחובר לענין הכשר זרעים שאינו מכשיר והכי פירושא דברייתא אין בין נקוב לשאינו

עין משפט נר מצוה

לו א מיי' פכ"ב מהל' שבת הלכה כג [צ"ל פכ"ג הל' יב כתב כוחלת משום כותבת וכתב הש"ג בשם ריא"ז ולא ידעתי לו ישוב אם לא שנאמר שבגירסת מיימוני היה כתוב גם בגמרא כוחלת משום כותבת ע"ש ולדעתי צריכים אנו לומר כן גם במקום לאוין גם שכתב כוחלת משום כותבת וכו' האיר עיני עירך ערך גדל כתב הגירסא במסקנא כוחלת משום כותבת גודלת ופוקסת משום בונה מעתה זכינו שגם הרמב"ם והסמג והאחריהם הרב מגרשוטה היה גרסתם כך ושוב אין מקום לתמיהות התוי"ט ע"ש]:

לז ב מיי' שם הלכה כו סמג שם טוש"ע א"ח סי' שג סעיף כו:

לז [ב] [מיי' פכ"ב שם הלכה כג סמג שם טוש"ע שם סעיף כה]:

לז [ג] [מיי' פ"ט שם הלכה ו ופ"ה הל' ג ופ"ח הל' ז ובריף פרק כלל גדול ד' לד. ובהרא"ש סי' בן]:

לח ג ד מיי' פכ"א מהל' שבת הל' ג סמג שם טוש"ע א"ח סי' שלז סעיף יג וסי' שלו סעי' ג:

לט ה מיי' פ"ח מהל' שבת הלכה ז סמג שם טוש"ע א"ח סי' שה סעיף כ:

מ ו מיי' פ"ט שם הלכה יא ופ"י הלכה יב סמג שם טוש"ע א"ח סי' שיט סעיף יז:

מא ז מיי' פ"י מהלכות שבת הלכה יג:

מב ח מיי' שם הלכה ג סמג שם טוש"ע א"ח סי' שלז סעיף ב:

מג ט מיי' וסמג שם טוש"ע שם סעיף א:

מד י מיי' פ"ח מהל' שבת הל' ג טוש"ע א"ח סי' שלו סעיף ז:

רבינו חננאל

הוא אלא הכין מיבעי למגרס. איבעיא להו בעינן שיעור לזה ושיעור לזה ולא לגרס קמיה פיסקא מן ברייתא ואעיקר מתניתין קאי דתנן אם יכול אחד להוציאו והוציאוהו שנים חייבין ור' שמעון פוטר לא משכחת הא פלוגתא דרבי שמעון ורבנן אלא לענין זה אינו יכול וזה אינו יכול דלענין שניה' (אין) יכולין לית מאן דמחייב אלא ר' מאיר ולענין אחד יכול ואחד אינו יכול דברי הכל חייב כמו דאיתא לעיל בשמעתא בהדיא הלכך הא מתני' דרבנן מחייבין ור"ש פוטר ליתא אלא בזה אינו יכול וזה אינו יכול ועלה אמרי' הדין בעיא ותשובתו: המוציא אוכלין פחות מכשיעור בכלי פטור אף על הכלי שהכלי טפילה לו ואם הוציא כשיעור בכלי חייב על האוכלין ופטור על הכלי ואם היה הכלי צריך לו חייב על זה ועל זה כגון שצריך לאוכל וצריך עוד לכלי אי נמי שאין יכול להוציא את האוכל אלא בכלי כגון התותין באי"ו ודייקינן מי אתינן למשמע מינה אכל שני זיתי חלב בהעלם אחד חייב תרתי כמו שהוציא אוכל בכלי אחד

הגהות הב"ח

(א) גמ' רבא תוספאה: (ב) תוס' ד"ה והרודה וכו' אפי' לא יהא מותר. נ"ב ע"י פרק ר"א דמילה דף קלג: (ג) ד"ה שרא וכו' דשכחן במקדש. נ"ב ע"ל פרק כל הכלים דף קכב ע"ב בד"ה הרי הוא ככל:

גליון הש"ס

גמרא והמגבן כגרוגרת. עי' לעיל דף עג ע"ב תוס' ד"ה המולח: שם מ"ט דר"א דכתיב ויטבול. עי' ש"י מ"ז דשבועות כפי' הרע"ב: רש"י ד"ה זילחא כו' בכל העיר. עי' לעיל כט ע"ב תוד"ה גזירה. ולקמן דף קנא ע"ב רש"י ד"ה קרקע:

תורה אור השלם

א) וַיִּבֶן יְיָ אֱלֹהִים אֶת הַצֵּלָע אֲשֶׁר לָקַח מִן הָאָדָם לְאִשָּׁה וַיְבִאֶהָ אֶל הָאָדָם: [בראשית ב, כב]

ב) וְיוֹנָתָן לֹא שָׁמַע בְּהַשְׁבִּיעַ אָבִיו אֶת הָעָם וַיִּשְׁלַח אֶת קְצֵה הַמַּטֶּה אֲשֶׁר בְּיָדוֹ וַיִּטְבֹּל אוֹתָהּ בְּיַעְרַת הַדְּבָשׁ וַיָּשֶׁב יָדוֹ אֶל פִּיו וַתָּאֹרְנָה עֵינָיו: [שמואל א' יד, כז]

ליקוטי רש"י

ויבן. משמע שהיתה מתוקנת כבנין. שקילעה. קליעת שיער [עירובין יח.]. סרק על פניה. סם אחד כדי שתראה אדומה [מו"ק ט:]. צבע המאדים את הפנים [כתובות יז.]. החולב. מושך החלב מן הבהמה. מחבץ. מעמיד החלב ועושה ממנו מבלין קורין מטו"ש [פסחים סה.]. והרודה חלות דבש. כשהיא במקומה דהיינו מקום גידולו של דבש חייב חטאת כתולש מן הקרקע [שבועות ב"ב סו.]. אחד זה ואחד זה. מכבד ומרבץ ורודה [פסחים שם]. קטיל קני. קוצר קנים [סנהדרין לג.].

לג. חולב חייב משום מפרק. חולב בידו חייב משום מפרק דבר מגידולו והיונק הוי מפרק ע"י שינוי והיינו כלאחר יד [יבמות קיד.]. מפרק. משום מפרק תולדה מפרק חייב כי מלינו חטאת כלומר הבלה בפרק ...

חייב שתים אמר רב ששת הכא במאי עסקינן כגון ששגג על האוכלין והזיד על הכלי ...

עין משפט
נר מצוה

מה א מיי' פי"ט מהל' כלים הלכה ב:

גליון הש"ס

גמ' ניקב בכדי טהרתו מיבעיא. עי' כתובות נג ע"א תוס' ד"ה ומיגו: רש"י ד"ה ועדיין כלי הוא לקבל בו רמונים שאם יחדו. עיין לעיל דף נט ע"א תד"ה ור' יוחנן. ובעירובין ד ע"ב תד"ה כל כלי. ובפ"ג מ"ב דכלים בר"ש שם:

תורה אור השלם

א) וְכִי יִפֹּל מִנִּבְלָתָם עַל כָּל זֶרַע זֵרוּעַ אֲשֶׁר יִזָּרֵעַ טָהוֹר הוּא: [ויקרא יא, לז]

רבינו חננאל

שהמלכים צדין בהן עופות וקורין אותו כאז והאחד העוסק [בהן] קורין אותו בלשון פרסי כאזיאר ובזמן שהוא יותר מאחד קוראין להן כאזיארן ויש להן סוסים מיוחדין לכך לשאת את העופות הדורסין הנקראין כאזי ואמרינן א"ר יוחנן הלכה כבן בתירא א"ר יוחנן ואדם כפות מודה רבי נתן שאינו יכול לשאת את עצמו והמוציאו בשבת חייב א"ל רב אדא בר מתנא לאביי והא הני פרסאי דכפיתי דמו שאת רואה אותן שאינן יכולין להלוך על רגליהן ואינן יוצאין ובאין אלא רכובין והסוס נושא אותן ובן בתירא מתיר למכרן לנכרים וסבר ליה שהוא עושה מלאכה שאין חייבין עליה חטאת דאלמא אף הכפות בן בתירא פוטר עליו וא"ר יהודה בן בתירא ור' נתן אמרו דבר אחד והא א"ר יוחנן מודה ר' נתן בכפות ופריק ליה אביי דהנך פרסאי יש בהם כח להלך ואף הן נושאין את עצמן וממאי דנקיטא להו רמות רוחא מענגין את עצמן מלהלך כענין דכתיב אשר לא נסתה כף רגלה הצג וגו' מהתענג ומרוך וכו' בעי למרמס מצי דהא הוא פרדשכא והא האיך פקיד המלך דרחתי מלכא עלויה ורהיט תלתא פרסי בכרעיה אבל חולה ודאי ככפות דמי ומחמיר ר' נתן על הוצאתו כההיא דגמרא דב' שעירי יוה"כ דתניא עתי אפי' בשבת ואמרי' למאי הלכתא אמר רב ששת שאם חלה מרכיבו על כתיפו כמאן דלא כר' נתן דאי כר' נתן האמר חי נושא את עצמו אפי' תימא ר' נתן כיון שחלה ככפות דמי וא"ר יוחנן מודה ר' נתן בכפות: וכן כזית מן המת וכזית מן הנבלה וכעדשה מן השרץ חייב ור' שמעון פוטר. א"ר אבא א"ר יוחנן ורב יוסף אמר ר"ל פוטר היה ר' שמעון אף במוציא את המת לקוברו וטעמיה דר' שמעון דהוצאת המת לקוברו מלאכה שאינה צריכה לגופה היא וכל מלאכה שאינה צריכה לגופה פטור עליה. ואשכחנן דרבא ס"ל כר' שמעון בהא מלתא ואף סבירא ליה כר' נתן כההוא קמייתא דתני בריש פירקא נוטל אדם את בנו והאבן בידו דאמרינן עלה אמר רבא הוציא תינוק וכיס תלוי לו בצוארו חייב וליחייב משום תינוק רבא כר' נתן סבירא ליה דאמר חי נושא את עצמו וליבטל כיס לגבי תינוק מי לא תנן ואת החי במטה פטור אף על המטה שהמטה טפלה לו מטה לגבי חי מבטל לה כיס לגבי תינוק לא מבטיל ליה. הוציא תינוק מת וכיס תלוי לו בצוארו פטור וליחייב משום תינוק רבה כר' שמעון סבירא ליה [דאמר] כל מלאכה שאינה צריכה לגופה פטור עליה ומדקדקי רבנן בההיא דקא מפטר המוציא את מת דהני מילי דהיכא דלית ליה ריחא דאי אית ליה ריחא נמצאת הוצאתו מלאכה שצריכה לגופה ותניא בפ' א"ר עקיבא בסופיה המוציא ריח רע כל שהוא ואית לה להא מלתא סייעתא בתלמוד א"י ומלתא דמוכחא היא. אמר רבה ומודה ר' שמעון במרא לחפור בו דאי מפיק להו חייב ודייקינן בה מאי אצטריך רבה לאשמעינן

אלא להכשיר זרעים בלבד א"ל לכל מילי רבי שמעון כתלוש משוי ליה ושאני לענין טומאה דהתורה ריבתה טהרה אצל זרעים שנאמר א) על כל זרע זרוע אשר יזרע בעא מיניה ההוא סבא מרבי זירא שורש כנגד נקב מה לי א"ר שמעון אישתיק ולא אמר ליה ולא מידי זימנא חדא אשכחיה דיתיב וקאמר ומודה ר"ש שאם ניקב בכדי טהרתו א"ל השתא שורש כנגד נקב בעאי מינך ולא אמרת לי ולא מידי ° ניקב בכדי טהרתו מיבעיא אמר אביי ואי איתמר להא דרבי זירא הכי הוא דאיתמר ומודה רבי שמעון שאם ניקב למטה מרביעית *אמר רבא ב) חמש מדות בכלי חרס ניקב כמוציא משקה טהור מלטמא גיסטרא ועדיין כלי הוא לקדש בו מי חטאת ניקב בכונס משקה טהור מלקדש בו מי חטאת ועדיין כלי הוא להכשיר בו זרעים ניקב כשורש קטן טהור מלהכשיר בו זרעים ועדיין כלי הוא לקבל בו זיתים ניקב כמוציא זיתים טהור מלקבל בו זיתים ועדיין כלי ג) הוא לקבל בו רימונים ° ניקב כמוציא רימונים טהור מכלום ואם הוקף צמיד פתיל עד שיפחת רובו אמר רב אסי שמעתי כלי חרס שיעורו כמוציא רימון אמר ליה רבא שמא לא שמעת אלא במוקף צמיד פתיל והא רבא הוא דאמר מוקף צמיד פתיל עד שיפחת רובו לא קשיא הא

רש"י

אלא להכשיר זרעים. הזרועים בתוכו עליך נקוב אינו מקבל הכשר לטומאה ושאינו נקוב מקבל הכשר דתלוש הוא והא רבי שמעון קאמר ליה וה"ג ר"ש אומר אין בין נקוב כו' דאלו לרבנן איכא טובא דהא מיחייבי אנקוב משום שבת ופטרי אשאינו נקוב: לכל מילי. לשבת ולקנות במשיכה ולא בכסף ולפרוזבול שאינו נכתב אלא על הקרקע: אשר יזרע. דרך שאדם מוליא לזריעה למעוטי מחובר כל דהו להכי אהני זריעה יתירי דקרא ומיהו שאינו נקוב תלוש גמור הוא: מה לי אמר רבי שמעון. מי מודה דהא במחובר הוא הואיל שורש ולא תלאו לי' בשבת מיחייב: זימנין. פעם אחרת: שאם ניקב. העציץ בכדי טהרתו ושאם נטמא נטהר בשבירה זו והיינו כמוציא זית דתנן במסכת כלים (פ"ג מ"א) כלי חרס העשוי לאוכלין שיעורו בזיתים ומודה ר' שמעון בהא דחשיב מחובר כל הזרעים שבתוכו דתו לא הוי כלי: ניקב בכדי טהרתו מיבעיא. דהוה לן לספוקי ביה בהנך דלאו כנגד הנקב ואת פשטת להו דכולהו מחובר נינהו: אי אתמר לדרבי זירא. למודה ר"ש בשום נקב: הכי הוא דאיתמר. שאם ניקב למטה מרביעית שאינו מחזיק רביעית מן הנקב ולמטה דבליר מהכי לאו כלי הוא: חמש מדות גרסי': כמוציא משקה. נקב דק מאד שמשקה יוצא בו: טהור מלטמא גיסטרא. כלומר אם כלי שלם הוא אינו נטהר בכך אבל אם היה שבר כלי והיה ראוי להשתמש בו דמקבל טומאה משנשבר כדתנן הן וקרקרותיהן ודופנותיהן יושבין שלא מסומכין כו' באלו טרפות (חולין דף נד:) וניקב שוב כמוציא משקה אינו טמא עוד משום תורת גיסטרא: גיסטרא. שבר כלי ולקמיה מפרש טעמא דאין שבר כלי חשוב להצניעו משניקב ולומר הבא גיסטרא (א) אחר ונניח תחתיו לקבל טיף טיף הנוטף מזה אבל אם היה כלי שלם וניקב מעט אין מאבדין אותו אלא אומר הבא גיסטרא אחר ונניח תחתיו: ועדיין כלי הוא לקדש בו מי חטאת. כלומר אם כלי שלם היה וניקב כמוציא משקה עדיין כל תורת כלי עליו ואפי' לקדש בו מי חטאת באפר פרה דבעינן כלי ראוי דכתיב (במדבר יט) מים חיים אל כלי וכ"ש שמקבל טומאה: ניקב בכונס משקה. שאם מושיבו על המים נכנס בתוכו דהיינו נקב רחב קלת: טהור מלקדש בו מי חטאת. טהור לאו דוקא אלא כמו טהר יומא (ברכות דף ב.) כלומר בטל לו מתורת כלי לענין מי חטאת: ועדיין כלי הוא לענין הכשר זרעים. הזרועים בתוכו דכתלושין נינהו ואפילו לרבנן שאין נקב זה ראוי להריח לחלוחית הקרקע: ניקב בשורש קטן. הוי טפי מכונס משקה: טהור מלהכשיר זרעים. לרבנן דהוי עליך נקוב: ועדיין כלי הוא לקבל בו זיתים. שהוא שיעור לטומאה בכל כלי חרס העשוי לאוכלין סתם כל זמן שלא יחדו לרימונים ומקבל עדיין טומאה: טהור מלקבל בו זיתים. כלומר מלקבל עוד טומאה משום תורת סתם כלי חרס שהרי שיעורן כזיתים ואם היתה עליו טומאה נטהר ממנה: ועדיין כלי הוא לקבל בו רימונים. ° שאם יחדו שוב לרימונים מקבל טומאה מכאן ולהבא או אם היה מיוחד לרימונים מתחילה לא נטהר: טהור מכלום. משום כלי אלא א"כ מצניעו לגיסטרא יטמא בתורת גיסטרא: ואם היה מוקף צמיד פתיל. והוא באהל המת אין טומאה נכנסת בו דרך נקב ומציל על כל מה שבתוכו: עד שיפחת רובו. דכל כלי פתוח כתיב (שם) דרך פתח נכנסת לו טומאה ולא דרך נקביו: אלא במוקף צמיד פתיל. שאם ניקב כמוציא רימון אינו מציל:

ברברבי

תוספות

לשאינו נקוב דלכל מילי נקוב שוין ושאינו נקוב שוין ואזלינן לחומרא דבמקום דהוי תלוש חומרא חשבינן תרוייהו כתלוש ולא הוי מחובר חומרא כמו שבת וכלאים חשבינן תרוייהו כמחובר אלא בהכשר זרעים דלא החמירו לאחשובי נקוב כתלוש כשאינו נקוב אלא אוקמוה אדינייה ליחשב כמחובר וצ"ל לפי זה דאין תורמין לר"ש מן הנקוב על פירות הגדלים בקרקע כמו דאינו נקוב דאזלינן לחומרא ור"י פי' דהכי פריך ר"ש אומר אין בין נקוב לשאינו נקוב אלא הכשר זרעים בלבד וכיון דגבי הכשר זרעים חשוב נקוב כמחובר אע"ג דהוי להקל שאינו מקבל הכשר ש"מ מדאורייתא חשוב כמחובר דאי מדאורייתא חשוב כתלוש היכי הוה מטהרינן להו מדרבנן כשנגעה בהן טומאה כיון דקיבלו הכשר מן התורה ואם כן הא דקתני ברישא דברייתא אין בין נקוב לשאינו נקוב ע"כ לעשות שניהם כמחוברים ולא לעשות שניהם כתלושין כיון דנקוב חשיב מחובר מדאורייתא ובכל מילי נקוב ואינו נקוב כמחוברים חוץ מהכשר זרעים בלבד דלאחמיר רבנן לטמויי כשאינו נקוב והשתא משני שפיר שאני לענין טומאה כו' דהתם הוא דכתב רחמנא בהדיא דחשיב נקוב כמחובר אבל לכל מילי חשיב כתלוש ולהכי פטר במתני' אבל קשה לאלו הפירושים דקאמר אלמא נקוב לר"ש כשאינו נקוב משוי ליה משמע דבעי לאיתויי מברייתא דלא משוי נקוב כשאינו נקוב וזה אינו ויש לפרש דה"ק אלמא נקוב לר"ש כשאינו נקוב משוי ליה ורמינהו כו' לאדרבה שאינו נקוב כנקוב משוי ליה ועוד פר"י דה"ק אין בין נקוב לשאינו נקוב לענין מעשר ופאה וכלאים דכיון דכתיב בהו שדך וכרמך וכן במעשר כתיב היוצא השדה שנה שנה חשיבי תלוש בין נקוב בין שאינו נקוב ואין בו חילוק אלא לענין הכשר זרעים וכל דדמי ליה כגון שבת שאינן תלוים בדבר שהוא חשוב שדה אלא בתלוש ומחובר ובהנהו לא הוי נקוב כשאינו נקוב ולפי זה אתי שפיר הא דקאמר אלמא נקוב לר"ש כשאינו נקוב משוי ליה ורמינהו דלא משוי נקוב כשאינו נקוב:

ומודה ר"ש שאם ניקב בכדי טהרתו. פי' כמוציא זית דסתמו של כלי חרס לאוכלין ושיעורן כמוציא זית ונראה לר"י דהיינו טעמא דמודה משום דבטל אגב קרקע כשניקב בכדי טהרתו ודוקא בניקב כמוציא זית אבל בכלי המיוחד למשקין אע"פ שטהרתו בכונס משקה לא אמרי' דבטל דאפי' לרבנן לא חשבי ליה כמחובר בכונס משקה אלא כשורש קטן כדאמר בסמוך:

טהור מלקדש בו מי חטאת. וכ"ש דטהור מלקבל טומאה אם היה מיוחד למשקין: **טהור** מלהכשיר בו זרעים. משמע דכלי חרס בעי נקיבה ולא כפי' הקונט' בפ"ק דגיטין (דף ז:) שפירש דספינה של חרס דכיון שהיא של עפר חשובה כנקובה ועת לקצר: **ניקב** כמוציא רימון טהור מכלום. תימה לר"י היכי קאמר דטהור מכלום והלא אם יחדו לגיסטרא מקבל טומאה כדפי' בקונט' וכפירושו ודאי כן הוא שהרי אפילו אם נשברו בשברים דקים מקבלים השברים טומאה בתורת גיסטרא כשנשאר בשברים שיעור המפורש במסכת כלים (פ"ב משנה ב) ומייתי לה בפ' אלו טריפות (חולין נד:) הדקים שבכלי חרס הן וקרקרותיהן ודופנותיהן יושבין שלא מסומכין שיעורן בכדי סיכת קטן עד לוג ומלוג עד סאה ברביעית כו' ועוד קשה לרשב"א דהוה מצי למימר שש מדות בכלי חרס וי"ל דכשנשבר לגמרי השברים ראויין לגיסטרא אבל כשהכלי שלם אלא שניקב כמוציא רימון אין ראוי לגיסטרא ואפי' יחדו בטלה דעתו אצל כל אדם אבל מתוך פי' הקונט' משמע דכשניקב כמוציא רימון ראוי הוא לגיסטרא דפירש טהור מכלום משום כלי אא"כ מצניעו משום גיסטרא ולפירושו הא דלא נקט ו' מדות דלא מיירי אלא כשיכול להשתמש כדרכן וניקב כמוציא רימון אין ראוי אלא אם כן מטהו על צידו: **שמא** לא שמעת אלא במוקף צמיד פתיל. תימה לר"י דילמא במיוחד לרימונים שמע ואצטריך לאפוקי מדר"א דאמר בסמוך ניקב כמוציא זית אין לו טומאה כו' וי"ל דמשמע דבסתם כלי חרס איירי בלא יחוד וליכא למימר דלענין הכשר זרעים שמע כמ"ד בסמוך שיעורו כמוציא רימון לפירוש הקונט' דפירש דלענין הכשר זרעים פליגי דא"כ אמאי נקט כלי חרס אפי' כלי עץ נמי ועוד דרבא סבירא ליה דלענין הכשר זרעים שיעורו כשורש קטן:

הא

מסורת הש"ס

א) [עי' תוס' כ"ב קנה. ד"ה לימא קטן], ב) [עי' תוס' עירובין ד: ד"ה כל וכו"ה שיעורן], ג) [ע"ש].

הגהות הב"ח

(א) רש"י ד"ה גיסטרא וכו' הבא גיסטרא ונניח כצ"ל ותיבת אחר נמחק:

ליקוטי רש"י

ניקב כמוציא משקה. אם נותן המים לתוכו יוצא המשקה לחוץ. טהור מלטמא גיסטרא. גסטרא שנקבה אפילו כמוציא משקה בטלה לה. גיסטרא. היינו שברי כלי חרס הראויין למלאכה ועדיין מקבלין טומאה כדתניא בגמרא באלו טרפות (חולין נד:) הדקין שבכלי חרס הן וקרקרותיהן ודופנותיהן יושבין שלא מסומכין שיעורן בכדי סיכת קטן עד לוג ומלוג עד סאה ברביעית כו'. ועדיין כלי הוא לקדש בו מי חטאת. מוליא דנקב קטן הוא כשר למי חטאת לכלי שלם בנקב קטן כולי האי לא בטיל. ניקב בכונס משקה. שהוא מכניס משקה כשמניח על המים יש בו נקב גדול שהמים נכנסין לתוכו. פסול לקדש בו מי חטאת ועדיין כלי הוא לכל שאר דברים. טהור מלקדש בו מי חטאת. דרחמנא אמר (במדבר יט) מים חיים אל כלי והאי לאו כלי הוא. ועדיין כלי הוא לקבל בו זיתים. ועדיין כלי הוא לטומאה שהרי כלי לקבל בו זיתים. ניקב כמוציא זיתים. טהור מטומאה שקבל עד שיימדנו לרמונים [נדה מט.].

רב נסים גאון

בנגע הצרעת: אמר רבא ה' מדות בכלי חרש כו' משכחת לה בתורת כהנים כל אשר בתוכו יטמא כמה שיעורו של נקב בכלי חרש בכונס משקה ובכלי שטף במוציא זיתים ובמסכת כלים פרק ג' שיעור כלי חרס לטהר העשוי לאוכלין שיעורו כזיתים העשוי למשקין שיעורו במשקין כו' הלפס והקדירה שיעורן בזיתים כו' ובפרק ד' שנינו וכן גיסטרא שנתרועעה ואינה מקבלת משקין אע"פ שמקבלת אוכלין טהורה שאין שירין לשירין אי זו היא גיסטרא כל שניטלו אזניה והיו בה חדודין יוצאין ובתוספתא בפ' ג' נסדקה למטה מאזניה אע"פ שאזניה קיימות הרי זו כגיסטרא ואם מתחילה עשאה בלא אזנים נידונת כחבית וכן עוד אמרו אם היתה גיסטרא הרי זו טהרה שלא אמרו שירים לשירים אלא אמרו לכלים ובפ' ד' כיצד בודקין כלי חרס לידע אם ניקב בכונס משקה אם לאו מביא עריבה מליאה מים ונותן את הקדירה לתוכה אם כינסה ואם לאו בידוע שבמוציא משקה כו' ומשכחת לה בגמ' במסכת נדה בפרק בא סימן התחתון (דף מט) ששנינו בו כלי חרס מכניס ומוציא ויש שהוא מוציא ואינו מכניס ותני עלה מכניס פסול למי חטאת (במדבר יט) ונתן עליו מים חיים אל כלי ואם ניקב בכונס משקה יצא מתורת כלי באלו במסכת פרה בפרק ה' מפני שאין ממלאין ואין מקדשין ואין מזין מי חטאת אלא בכלי ולזה אמרו פסול למי חטאת ומשום גיסטרא דאמר רב אשי שונין כלי חרס שיעורו בכונס משקה לא אמרו לענין גיסטרא בלבד מאי טעמא אמר מר זוטרא בריה דרב נחמן לפי שאין אומרין הבא גיסטרא... הכשר (חולין דף קז) אמר רבא כלי שניקב בכונס משקה אין נוטלין ממנו לידים:

ולר'

אֶלָּא לְהַכְשִׁיר זְרָעִים בִּלְבַד – EXCEPT IN REGARD TO RENDERING SEEDS SUSCEPTIBLE TO *TUMAH*.[1] This seemingly contradicts that which was implied by R' Shimon in our Mishnah, namely, that in all areas of Torah law there is no basis to differentiate between perforated and unperforated pots.[2] – ? –

The Gemara resolves the contradiction:

אָמַר לֵיהּ – He [Rava] **answered him** [Abaye; or Rav answered his son R' Chiya]: **לְכָל מִילֵּי – In regard to all matters** of Torah law[3] **רַבִּי שִׁמְעוֹן כְּתָלוּשׁ מְשַׁוֵּי לֵיהּ – R' Shimon treats [a perforated pot] as detached,** as you inferred from the Mishnah. **וְשָׁאנֵי לְעִנְיַן טוּמְאָה – However, with regard to *tumah*** the case **is different, דְּהַתּוֹרָה רִיבְּתָה טָהֳרָה אֵצֶל זְרָעִים – because the Torah added *taharah* with respect to seeds** and their susceptibility to *tumah*. **שֶׁנֶּאֱמַר – For [the Torah] states: "עַל־כָּל־זֶרַע זֵרוּעַ אֲשֶׁר יִזָּרֵעַ" –** *And if any part of their carcass should fall* ***on any sowing of seed that is sown,*** *it is tahor*.[4]

R' Shimon's position is further analyzed:

בְּעָא מִינֵּיהּ הַהוּא סָבָא מֵרַבִּי זֵירָא – A certain elder[5] **inquired of R' Zeira: שׁוֹרֶשׁ כְּנֶגֶד נֶקֶב מַה לִּי אָמַר רַבִּי שִׁמְעוֹן –** If the **root** of the plant is **directly opposite the hole** in the flowerpot, **what would R' Shimon say to me?**[6] **אִישְׁתִּיק – [R' Zeira] remained silent וְלָא אָמַר לֵיהּ וְלָא מִידִי – and did not say anything to him** in response.[7] **זִימְנָא חֲדָא אַשְׁכְּחֵיהּ דְּיָתִיב וְקָאָמַר – One time** that same elder **found [R' Zeira] sitting and saying: וּמוֹדֶה רַבִּי שִׁמְעוֹן שֶׁאִם נִיקַּב בִּכְדֵי טָהֳרָתוֹ – R' Shimon agrees that if [the flowerpot] was perforated enough to render it *tahor*,**[8] one is liable for plucking the plants contained in it. **אָמַר לֵיהּ – He** [the elder] **said to [R' Zeira]: הַשְׁתָּא שׁוֹרֶשׁ כְּנֶגֶד נֶקֶב בְּעַאי מִינָּךְ – Now if when I asked you** regarding the case of **a root directly opposite the hole, וְלָא אֲמַרְתְּ לִי וְלָא מִידִי – you did not say anything to me** in response, indicating your uncertainty in this matter, **נִיקַּב בִּכְדֵי טָהֳרָתוֹ מִיבַּעְיָא – then in the case where [the flowerpot] was perforated enough to render it *tahor*, is there any question** that you should be uncertain in that case as well?[9]

Abaye explains R' Zeira's position:

אָמַר אַבַּיֵי – Abaye said: וְאִי אִיתְּמַר לְהָא דְּרַבִּי זֵירָא – If this statement **of R' Zeira was said, הָכִי הוּא דְּאִיתְּמַר – this is how it was said: וּמוֹדֶה רַבִּי שִׁמְעוֹן שֶׁאִם נִיקַּב לְמַטָּה מֵרְבִיעִית – R' Shimon agrees that if** it was **perforated below** the level of **a *revi'is*** (i.e. at a point so close to the bottom of the flowerpot that what remains below the hole could not contain a *revi'is* of liquid)

NOTES

1. [The term זְרָעִים, *seeds,* refers here to edible produce. It is used in this sense by the Torah in the verse cited below (see *Rashi* to *Leviticus* 11:37).] Before a food can become *tamei* it must receive *hechsher* (literally: preparation to make it susceptible to *tumah*). This means that the food must have been made wet by one of the following seven liquids: water, dew, wine, oil, blood, milk and bees' honey (*Machshirin* 6:4). Now, *hechsher* of food can take place only after the food has been detached from the ground (*Chullin* 118b). [Otherwise, every food would be eligible to accept *tumah* simply by virtue of the fact that it becomes wet during its growth (*Rashi* to *Leviticus* 11:38).] R' Shimon considers a plant contained in a perforated pot to be attached to the ground in this respect and thus immune to *hechsher* even when wet, while he considers a plant contained in an unperforated pot to be detached and thus fit to receive *hechsher* (*Rashi*).

2. See 95a note 22. [Our explanation of the Gemara's question has followed *Rabbeinu Chananel* and *Ramban;* see also *Maharshal*. We have assumed from *Rashi's* silence that he also understood the question in this manner. See *Tosafos, Rashba* and *Meiri* for alternative explanations.]

3. Such as Sabbath law, or the laws of קִנְיָן, *acquisition* (where things attached to the ground may be acquired through money, whereas movable objects must be acquired through *meshichah* [or *hagbahah*] rather than money; see Mishnah *Kiddushin* 26a), and the law of *prosbul* (which requires that the borrower own real estate for the *prosbul* to be effective; see *Sheviis* 10:6 and *Gittin* 37a) (*Rashi*).

4. *Leviticus* 11:37. This verse teaches that seeds (i.e. edible plants) that were never rendered susceptible to *tumah* by being wet cannot become *tamei*. The Gemara asserts that the seemingly superfluous phrase אֲשֶׁר יִזָּרֵעַ, *that is sown,* indicates that liquid renders seed susceptible to *tumah* only if the seed is in the form in which it would be taken out to sow – namely, it is completely detached from the ground. A seed that is even to a *slight* degree "attached" to the ground is excluded. Thus, a plant growing in a perforated pot, which draws some of its nourishment from the ground, is not rendered susceptible to *tumah,* even according to R' Shimon who considers it detached from the ground in regard to other matters. However, a plant in an unperforated pot [עָצִיץ שֶׁאֵינוֹ נָקוּב] is considered *completely* detached from the ground [since it draws no nourishment from outside the pot] (*Rashi*) and is therefore not included in this special teaching.

5. See *Tosafos, Chullin* 6a ד״ה ההוא סבא for a discussion of the identity of that "certain elder"; see also *Maharatz Chayes* there.

6. Would R' Shimon agree in this instance that [since the root is directly opposite the hole and not blocked off from the ground by any part of the utensil] the root is considered attached to the ground and one who plucks it on the Sabbath is thus liable for תּוֹלֵשׁ, *plucking*? (*Rashi;* see *Rashash*). Or would he stand by his general ruling that a plant in a perforated flowerpot is always considered detached? [For perhaps the fact that the plant is contained inside a *utensil* prevents it from being considered connected to the ground.]

7. [For he was in doubt as to what R' Shimon would hold in such a case; see Gemara below.]

8. [All utensils (with the exception of metal ones) are susceptible to *tumah* only if they are containers – i.e. capable of holding something. Now, any utensil that is damaged to the extent that it can no longer serve as the type of container for which it was intended has its status as a "utensil" nullified – if it was *tahor* it loses its susceptibility to *tumah* and if it was *tamei* it becomes *tahor* (*Keilim* 2:1 and *Eliyahu Rabbah* ibid.). In the case of ordinary earthenware utensils, a hole large enough for an olive to pass through [כְּמוֹצִיא זַיִת] is sufficient to undo its status as a כְּלִי, *utensil* (*Rashi,* from Gemara below). [This is the measure for utensils made to hold food, and earthenware utensils are assumed to be primarily for the purpose of containing food (*Tosafos* ד״ה ומודה ר״ש).]

R' Zeira asserts that if the hole in the flowerpot was large enough to nullify its status as a utensil in regard to *tumah* [then the flowerpot can no longer be viewed as separating the plants from the ground, since it is no longer legally considered a utensil]. Therefore, even R' Shimon agrees that [since the plants draw nourishment from the ground], they are considered attached to the ground and one who plucks them on the Sabbath is liable for the *melachah* of תּוֹלֵשׁ, *plucking* (*Rashi*).

9. By stating categorically that R' Shimon agrees that a flowerpot punctured enough to render it *tahor* is considered attached to the ground, R' Zeira implies that he considers even those roots that are not directly opposite the hole to be attached. But why was it clear to R' Zeira that these roots should be considered attached? (*Rashi*). [For if even where a root is directly opposite the hole – so that nothing prevents it from drawing nourishment directly from the ground – R' Zeira was unsure whether the pot's legal status as a utensil prevents it from being considered attached to the ground, then certainly where the roots are physically separated from the ground (by the bottom of the pot), they should not be considered definitely attached to the ground! For in the elder's opinion, direct exposure is logically a stronger reason to consider a plant attached than the nullification of the pot's legal status as a container. This point will be amplified further in the next note.]

[It is evident from *Rashi* that the elder accepted that where a pot has lost its status as a utensil, the roots that are directly opposite the hole are surely considered attached to the ground (since they are neither blocked from drawing sustenance directly from the ground nor are they legally contained in a utensil). His problem was only with those not directly opposite the hole.]

אלא להכשיר זרעים בלבד א"ל לכל מילי רבי שמעון כתלוש משוי ליה ושאני לענין טומאה דהתורה ריבתה טהרה אצל זרעים שנאמר א) על כל זרע זרוע אשר יזרע בעא מיניה ההוא סבא מרבי זירא זרע שורש כנגד נקב מה לי א"ר שמעון אישתיק ולא אמר ליה ולא מידי זימנא חדא אשכחיה דיתיב וקאמר ומודה ר"ש שאם ניקב בכדי טהרתו א"ל השתא שורש כנגד נקב בעאי מינך ולא אמרת לי ולא מידי * ניקב בכדי טהרתו מיבעיא אמר אביי ואי איתמר להא דרבי זירא הכי הוא דאיתמר ומודה רבי שמעון שאם ניקב למטה מרביעית *אמר רבא א) חמש מדות בכלי חרס ניקב כמוציא משקה טהור מלטמא גיסטרא ועדיין כלי הוא לקדש בו מי חטאת ניקב ככונס משקה טהור מלקדש בו מי חטאת ועדיין כלי הוא להכשיר בו זרעים ניקב כשורש קטן טהור מלהכשיר בו זרעים ועדיין כלי הוא לקבל בו זיתים ניקב כמוציא זיתים טהור מלקבל בו זיתים ועדיין כלי ג) הוא לקבל בו רימונים ניקב כמוציא רימונים טהור מכלום ואם הוקף צמיד פתיל עד שיפחת רובו אמר רב אסי שמעתי כלי חרס שיעורו כמוציא רימון אמר ליה רבא שמא לא שמעת אלא במוקף צמיד פתיל והא רבא הוא דאמר מוקף צמיד פתיל עד שיפחת רובו לא קשיא הא

רש"י

אלא להכשיר זרעים. הזרעים בתוכו עליך נקוב אינו מקבל הכשר לטומאה ושאינו נקוב מקבל הכשר דתלוש הוא והא רבי שמעון קאמר ליה וה"ג ר"ש אומר אין בין נקוב כו' דאלו לרבנן איכא טובא דהא מיחייבי אנקוב משום שבת ופטרי אשאינו נקוב: לכל מילי. לשבת ולקנות במשיכה ולא בכסף ולפרוזבול שאינו נכתב אלא על הקרקע: אשר יזרע. כדרך שאדם מוליא לזריעה למעוטי מחובר כל דהו לאהני זריעות יתירי דקרא ומיהו שאינו נקוב תלוש גמור הוא: מה לי אמר רבי שמעון. מי מודה דהא כמחובר הוא הא שורש ואי תלשו לי' בשבת מיחייב: זימנין. פעם אחרת: שאם ניקב. העליך בכדי טהרתו ושאם נטמא נטהר בשבירה זו והיינו כמוליא זית דתנן במסכת כלים (פ"ג מ"א) כלי חרס העשוי לאוכלין שיעורו כזיתים ומודה ר' שמעון בהא דחשיב מחובר כל הזרעים שבתוכו דמו לא הוי כלי: ניקב בכדי טהרתו מיבעיא. דהוה לן לספוקי ביה בהנך דלאו כנגד הנקב ואת פשטת להו דכולהו מחובר נינהו: אי אתמר לדרבי זירא. למודה ר"ש בשום נקב: הכי הוא דאיתמר. שאם ניקב למטה מרביעית שאינו מחזיק רביעית מן הנקב ולמטה דבליר מההי לאו כלי הוא: חמש מדות גרסי': כמוציא משקה. נקב דק מאד משקה יולא בו: טהור מלטמא גיסטרא. כלומר אם כלי שלם הוא אינו נטהר בכך אבל אם היה שבר כלי והיה ראוי להשתמש בו ומקבל טומאה משנשבר כדתנן הן וקרקרותיהן ודופנותיהן יושבין שלא מסומכין כו' באלו טרפות (חולין דף נד:) וניקב שוב כמוליא משקה אינו טמא עוד משום תורת גיסטרא: גיסטרא. שבר כלי ולקמיה מפרש טעמא דלאין שבר כלי חשוב להצניעו משניקב ולומר הבא גיסטרא (א) אחר ונניח תחתיו לקבל טיף טיף הנוטף מזה אבל אם היה כלי שלם וניקב מעט אין מאבדין אותו אלא אומר הבא גיסטרא אחר ונניח תחתיו: ועדיין כלי הוא לקדש בו מי חטאת. כלומר אם כלי שלם היה וניקב כמוליא משקה עדיין כל תורת כלי עליו ואפי' לקדש בו מי חטאת דבעינן כלי ראוי דכתיב (במדבר יט) מים חיים אל כלי וכ"ש שמקבל טומאה: ניקב בכונס משקה. שאם מושיבו על המים נכנס בתוכו דהיינו נקב רחב קלת: טהור מלקדש בו מי חטאת. טהור לאו דוקא אלא כמו טהור יומא (כריתות דף ג.) כלומר בטל לו מתורת כלי לענין מי חטאת: ועדיין כלי הוא לענין הכשר זרעים. הזורעים בתוכו כתלושין נינהו ואפילו לרבנן שאין נקב זה ראוי להריח לחלוחית הקרקע: ניקב כשורש קטן. הוי טפי מכונס משקה: טהור מלהכשיר בו זרעים. לרבנן דהוי עליך נקוב: ועדיין כלי הוא לקבל בו זיתים. שהוא שיעור טומאה בכל כלי חרס העשוי לאוכלין סתם כל זמן שלא יחדו לרימונים ומקבל עדיין טומאה: טהור מלקבל בו זיתים. כלומר מלקבל עוד טומאה משום תורת כלי חרס שהרי שיעורן כזיתים ואם היתה עליו טומאה נטהר ממנה: ועדיין כלי הוא לקבל בו רימונים. * שאם יחדו שוב לרימונים מקבל טומאה מכאן ולהבא או אם היה מיוחד לרימונים מתחילה לא נטהר: טהור מכלום. משום כלי אלא א"כ מגיעו לגיסטרא יטמא בתורת גיסטרא: ואם היה מוקף צמיד פתיל. והוא באהל המת אין טומאה נכנסת בו דרך נקב ומציל על כל מה שבתוכו: עד שיפחת רובו. דכל כלי פתוח כתיב (שם) דרך פתח נכנסת לו טומאה ולא דרך נקביו: אלא במוקף צמיד פתיל. שאם ניקב כמוליא רימון אינו מציל:

ברברי

תוספות

לשאינו נקוב לכל מילי נקוב ושאינו נקוב שוין ואזלינן לחומרא דבמקום דהוי תלוש חומרא חשבינן תרווייהו כתלוש ואי הוי מחובר חומרא כמו שבת וכלאים חשבינן תרווייהו כמחובר אלא בהכשר זרעים דלא החמירו לאחשובי נקוב כתלוש כשאינו נקוב אלא אוקמוה אדיניה ליחשב כמחובר ונ"ל לפי זה דאין תורמין לר"ש מן הנקוב על פירות הגדלים בקרקע כמו משאינו נקוב דאזלינן לחומרא ור"י פי' דהכי פריך ר"ש אומר אין בין נקוב לשאינו נקוב אלא הכשר זרעים בלבד וכיון דגבי הכשר זרעים חשוב נקוב כמחובר אע"ג דהוי להקל שאינו מקבל הכשר ש"מ מדאורייתא חשוב כמחובר דאי מדאורייתא חשוב כתלוש היכי הוה מטהרינן להו מדרבנן כשנוגעה בהן טומאה כיון דקיבלו הכשר מן התורה ואם כן הא דקתני ברישא דברייתא אין בין נקוב לשאינו נקוב ע"כ לעשות שניהם כמחוברים ולא לעשות שניהם כתלושין כיון דנקוב חשיב מחובר מדאורייתא ובכל מילי נקוב ואינו נקוב כמחוברים חוץ מהכשר זרעים בלבד דאחמור רבנן לטמויי כשאינו נקוב והשתא משני שפיר שאני לענין טומאה כו' דהתם הוא דכתב רחמנא בהדיא דחשיב נקוב כמחובר אבל לכל מילי חשיב כתלוש ולהכי פטר במתני' אבל קשה לאלו הפירושים דקאמר אלמא נקוב לר"ש כשאינו נקוב משוי ליה משמע דבעי לאיתויי מברייתא דלא משוי נקוב כשאינו נקוב וזה אינו ויש לפרש דה"ק אלמא נקוב לר"ש כשאינו נקוב משוי ליה ורמינהו כו' דאדרבה שאינו נקוב כנקוב משוי ליה ועוד פר"י דה"ק אין בין נקוב לשאינו נקוב לענין מעשר ופאה וכלאים דכיון דכתיב בהו שדך וכרמך וכן במעשר כתיב היוצא השדה שנה שנה חשיבי תלוש בין נקוב בין שאינו נקוב ואין בו חילוק אלא לענין הכשר זרעים וכל דדמי ליה כגון שבת שאינן תלוים בדבר שהוא חשוב שדה אלא בתלוש ומחובר ובהנהו לא הוי נקוב כשאינו נקוב ולפי זה אתי שפיר הא דקאמר אלמא נקוב לר"ש כשאינו נקוב משוי ליה ורמינהו דלא משוי נקוב כשאינו נקוב:

ומודה ר"ש שאם ניקב בכדי טהרתו. פי' כמוליא זית דסתמו של כלי חרס לאוכלין ושיעורן כמוליא זית ונראה לר"י דהיינו טעמא דמודה משום דבטל אגב קרקע כשניקב בכדי טהרתו ודוקא בניקב כמוליא זית אבל בכלי המיוחד למשקין אע"פ שטהרתו בכונס משקה לא אמרי' דבטל דאפי' לרבנן לא חשבי ליה כמחובר בכונס משקה אלא כשורש קטן כדאמר בסמוך:

טהור מלקדש בו מי חטאת. וכ"ש דטהור מלקבל טומאה אם היה מיוחד למשקין:

טהור מלהכשיר בו זרעים. משמע דכלי חרס בעי נקיבה ודלא כפי' הקונט' בפ"ק דגיטין (דף ז:) שפירש דספינה של חרס דכיון שהיא של עפר חשובה כנקובה ועת לקצר:

ניקב כמוציא רימון טהור מכלום. תימה לר"י היכי קאמר דטהור מכלום והלא אם יחדו לגיסטרא מקבל טומאה כדפי' בקונט' וכפירושו ודאי כן הוא שהרי אפילו אם נשברו בשברים דקים מקבלים השברים טומאה בתורת גיסטרא כשנשאר בשברים שיעור המפורש במסכת כלים (פ"ב משנה ג) ומייתי לה בפ' אלו טריפות (חולין נד:) הדקים שבכלי חרס הן וקרקרותיהן ודופנותיהן יושבין שלא מסומכין שיעורן בכדי סיכת קטן עד לוג ומלוג עד סאה ברביעית כו' ועוד קשה לרשב"א דהוה מצי למימר שש מדות בכלי חרס וי"ל דכשנשבר לגמרי השברים ראויין לגיסטרא אבל כשהכלי שלם אלא שניקב כמוליא רימון אין ראוי לגיסטרא ואפי' יחדו בטלה דעתו אצל כל אדם אבל מתוך פי' הקונט' משמע דכשניקב כמוליא רימון ראוי הוא לגיסטרא דפירש טהור מכלום משום כלי אא"כ מגיעו משום גיסטרא ולפירושו הא דלא נקט ו' מדות דלא איירי אלא כשיכול להשתמש כדרכן וניקב כמוליא רימון אין ראוי אלא אם כן מטהו על לידו:

שמא לא שמעת אלא במוקף צמיד פתיל. תימה לר"י דילמא במיוחד לרימונים שמע ואצטריך לאפוקי מדר"א דאמר בסמוך ניקב כמוליא זית אין לו טומאה כו' וי"ל דמשמע דבסתם כלי חרס איירי בלא יחוד וליכא למימר דלענין הכשר זרעים שמע כמ"ד בסמוך שיעורו כמוליא רימון לפירוש הקונט' דפירש דלענין הכשר זרעים פליגי דא"כ אמאי נקט כלי חרס אפי' כלי עץ נמי ועוד דרבא סבירא ליה דלענין הכשר זרעים שיעורו כשורש קטן:

הא

עין משפט נר מצוה

מה א מיי' פי"ע מהל' כלים הלכה ג:

גליון הש"ס

גמ' ניקב בכדי טהרתו מיבעיא. עי' כתובות נג ע"א תוד"ה ומיבעי: רש"י ד"ה ועדיין כלי הוא לקבל בו רמונים שאם יחדו. עיין לעיל דף נט ע"א תד"ה ור' יוחנן. ובעירובין ד ע"ב תד"ה כל כלי. ובפ"ב מ"ב דכלים בר"ש שם:

תורה אור השלם

א) וְכִי יִפֹּל מִנִּבְלָתָם עַל כָּל זֶרַע זֵרוּעַ אֲשֶׁר יִזָּרֵעַ טָהוֹר הוּא: [ויקרא יא, לז]

רבינו חננאל

שהמלכים צדין בהן עופות וקורין אותו כאז והאחד העוסק [בהן] קורין אותו בלשון פרסי כאזיאר ובזמן שהוא יותר מאחד קוראין להן כאזיארן ויש להן סוסים מיוחדין לכך לשאת את העופות הדורסן הנקראין כאזי ואמרינן א"ר יוחנן הלכה כבן בתירא א"ר יוחנן ואדם כפות מודה רבי נתן שאינו יכול לשאת את עצמו והמוציאו בשבת חייב א"ל רב אדא בר מתנא לאביי והא הני פרסאי דכפיתי דמו שאת רואה אותן שאינן יכולין להלוך על רגליהן ואינן יוצאין ובאין אלא רכובין והסוס נושא אותן ובן בתירא מתיר למכרן לנכרים וסבר ליה שהוא עושה מלאכה שאין חייבין עליה חטאת דאלמא אף הכפות בן בתירא פוטר עליו וא"ר יהודה בן בתירא ור' נתן אמרו דבר אחד והא א"ר יוחנן מודה ר' נתן בכפות ופריק ליה אביי דהנך פרסאי יש בהו כח להלך ואף הן נושאין את עצמן וממאי דנקיטא להו רמות רוחא מענגין את עצמן מלהלך כענין דכתיב אשר לא נסתה כף רגלה וגו' מהתענג ומרוך וכי בעי למרהט מצי דהא הוא פרדשכא ואיהו פקיד המלך דרתח מלכא עלויה ורהיט תלתא פרסי בכרעיה אבל חולה ודאי ככפות דמי ומחייב ר' נתן על הוצאתו כההיא דגמרא דב' שעירי יוה"כ דתניא עתי אפי' בשבת ואמרי' למאי הלכתא אמר רב ששת שאם חלה מרכיבו [על כתיפו] כמאן דלא כר' נתן דאי כר' נתן האמר חי נושא את עצמו אפי' תימא ר' נתן כיון שחלה ככפות דמי וא"ר יוחנן מודה ר' נתן בכפות: **וכן** כזית מן המת וכזית מן הנבלה וכעדשה מן השרץ חייב ור' שמעון פוטר. א"ר אבא א"ר יוחנן ורב יוסף אמר ר"ל פוטר היה ר' שמעון אף במוציא את המת לקוברו וטעמיה דר' שמעון דהוצאת המת לקוברו מלאכה שאינה צריכה לגופה היא וכל מלאכה שאינה צריכה לגופה פטור עליה. ואשכחן דרבא ס"ל כר' שמעון בהא מלתא ואף סבירא ליה כר' נתן כההוא קמייתא דתני בריש פירקא נוטל אדם את בנו והאבן בידו דאמרינן עלה אמר רבא הוציא תינוק וכיס תלוי לו בצוארו חייב וליחייב משום תינוק רבא כר' נתן סבירא ליה דאמר חי נושא את עצמו וליבטל כיס לגבי תינוק מי לא תנן ואת החי במטה פטור אף על המטה שהמטה טפלה לו מטה לגבי חי מבטל לה כיס לגבי תינוק לא מבטיל ליה. הוציא תינוק מת וכיס תלוי לו בצוארו פטור וליחייב משום תינוק רבה כר' שמעון סבירא ליה [דאמר] כל מלאכה שאינה צריכה לגופה פטור עליה ומדקדקי רבנן בההיא דקא מפטר המוציא את מת דהני מילי דהיכא דלית ליה ריחא דאי אית ליה ריחא נמצאת הוצאתו מלאכה שצריכה לגופה ותניא בפ' א"ר עקיבא בסופיה המוציא ריח רע כל שהוא ואית לה להא מלתא סייעתא בתלמוד א"י ומלתא דמוכחא היא. אמר רבה ומודה ר' שמעון במרא לחפור בו וס"ת לקרות בו דאי מפיק להו חייב ודייקינן בה מאי אצטריך רבה לאשמעינן

מסורת הש"ס

א) [עי' תוס' ב"ב קנה. ד"ה איתמר קטנן], ב) [עי' תוס' ערכין ד: ד"ה כל ובד"ה שיעורן], ג) [ע"ש].

הגהות הב"ח

(א) רש"י ד"ה גיסטרא וכו' הבא גיסטרא ונניח כו"ל ותיבת אחר נמחק:

ליקוטי רש"י

ניקב כמוציא משקה. אם נותן המים לתוכו יולא המשקה לחוץ. טהור מלטמא גיסטרא. גסטרא שנקבה אפילו כמוליא משקה בטלה לה. גיסטרא. היינו שברי כלי חרס הראויין לתשמיש ועדיין מקבלין טומאה כדתניא בגמרא באלו טרפות (חולין נד:) הדקין שבכלי חרס הן וקרקרותיהן ודופנותיהן יושבין שלא מסומכין שיעורן בכדי סיכת קטן עד לוג ומלוג עד סאה ברביעית כו'. ועדיין כלי הוא לקדש בו מי חטאת. מוליא דנקב קטן הוא כל כמי שמכניס שמוליא כולי שלא בנקב קטן כולי להי לא בטיל. ניקב בכונס משקה. שהוא מכניס משקה כשמניחו על המים יש בו נקב גדול שהמים נכנסין לתוכו. פסול לקדש בו מי חטאת ועדיין כלי הוא לכל שאר דברים. טהור מלקדש בו מי חטאת. דרחמנא אמר (במדבר יט) מים חיים אל כלי והאי לאו כלי הוא. ועדיין כלי הוא לקבל בו זיתים. ועדיין כלי הוא לטומאה שהרי ראוי לקבל בו זיתים. ניקב כמוציא זיתים. טהור מטומאה מקבל עד שיחדנו לרמונים [נדה מט.].

רב נסים גאון

בנגע הצרעת: אמר רבא ה' מדות בכלי חרש כו' משכחת לה בתורת כהנים כל אשר בתוכו יטמא כמה שיעורו של נקב בכלי חרש בכונס משקה ובכלי שטף במוציא זיתים ובמסכת כלים פרק ג' שיעור כלי חרש לטהר העשוי לאוכלין שיעורו כזיתים העשוי למשקין שיעורו כו' הלפס המשקין כו' הקדירה שיעורו בזיתים כו' ובפרק ד' שנינו וכן גיסטרא שנתרועעה ואינה מקבלת משקין אע"פ שמקבלת אוכלין טהורה שאין שירין לשירים איזו היא גיסטרא כל שניטלו אזניה והיו בה חדודין יוצאין ובתוספתא בפ' ג' נסדקה למטה מאזניה אע"פ שאזניה קיימות הרי זו כגיסטרא ואם מתחילה עשאה בלא אזנים נידונת כחבית וכן עוד אמרו אם היתה גיסטרא הרי זו טהורה שלא אמרו שירים לשירים אלא שירים לכלים. ובפ' ד' כיצד בודקין כלי חרס לידע אם ניקב בכונס משקה אם לאו מביא עריבה מליאה מים ונותן את הקדירה לתוכה אם כינסה משקה ואם לאו בידוע שבמוציא משקה כו' ומשכחת לה בגמ' במסכת נידה בפרק בא סימן התחתון (דף מט) ושנינו בו כל כלי חרס מכניס ומוציא ויש שהוא מוציא ואינו מכניס ותני עלה מכניס פסול למי חטאת תורה במי חטאת (במדבר יט) ונתן עליו מים חיים אל כלי ואם ניקב בכונס משקה יצא מתורת כלי ובמשנה במסכת פרה בפרק ה' מפני שאין ממלאין ואין מקדשין ואין מזין מי חטאת אלא בכלי ולזה אמרו ניקב בכונס משקה פסול למי חטאת ומשום גיסטרא דאמר רב אשי שונין כלי חרס שיעורו בכונס משקה לא אמרו משקה אלא לענין גיסטרא בלבד מאי טעמא אמר מר זוטרא בריה דרב נחמן לפי שאין אומרין הבא גיסטרא ובפרק כל הבשר (חולין דף קז) אמר רבא כלי שניקב בכונס משקה אין נוטלין ממנו לידים:

ולר'

then all the roots are considered attached to the ground and one is liable for plucking them on the Sabbath.[10]

The Gemara now delineates the gradations of holes that affect earthenware vessels:

אָמַר רָבָא – Rava said: חָמֵשׁ מִדּוֹת בִּכְלֵי חֶרֶס – There are five measures with regard to perforations in **an earthenware utensil:**

(1) נִיקַּב בְּמוֹצִיא מַשְׁקֶה – If it was perforated with a hole large **enough to let out liquid,** i.e. to leak,[11] **טָהוֹר מִלִּטַּמֵּא גִּיסְטְרָא – it is unfit**[12] **to be *tamei* as a shard,**[13] **וַעֲדַיִין כְּלִי הוּא לְקַדֵּשׁ בּוֹ מֵי חַטָּאת – but,** if it is a complete utensil, **it is still a utensil with respect to sanctifying the purification waters** of a *parah adumah* **with it.**[14]

(2) נִיקַּב בְּכוֹנֵס מַשְׁקֶה – If it was perforated enough to take in liquid, i.e. to allow liquid to seep in,[15] **טָהוֹר מִלְּקַדֵּשׁ בּוֹ מֵי חַטָּאת – it is invalid for sanctifying purification waters with it,**[16] **וַעֲדַיִין כְּלִי הוּא לְהַכְשִׁיר בּוֹ זְרָעִים – but it is still a utensil with respect to rendering seeds** growing **in it susceptible** to *tumah.*[17]

NOTES

10. As mentioned above (see note 8), if a utensil is damaged to the extent that it loses its function, then even if it was previously *tamei* it becomes *tahor.* It can, however, still become *tamei* as a גִּיסְטְרָא, *gistera* (shard), if the part of it that is intact is large enough to contain a *revi'is* of liquid (Mishnah, *Keilim* 2:2). This is because fragments this size are not discarded but set aside to be used, e.g. to be placed under a leaking utensil (see *Rashi* below ד״ה גיסטרא). If, however, the fragment cannot contain a *revi'is,* then it is no longer subject to *tumah* at all. (This rule applies to ordinary-sized earthenware utensils. Very small and very large ones have somewhat different measures; see *Keilim* 2:2 for details.)

Abaye states that when R' Zeira asserted that R' Shimon agrees that a flowerpot perforated to the extent that would render it *tahor* is considered attached to the ground, he meant it only in the case where the hole was situated below the *revi'is* mark of the pot. For a hole this size at such a point in the pot not only removes the flowerpot's *current* status as a utensil, but it also puts the flowerpot beyond the point where it can be considered a utensil *at any level* – even as a *gistera.* This absolute loss of utensil status causes R' Shimon to view what is in the pot as though it were not in a container at all (*Rashi,* as explained by *Chazon Ish* 62:21).

Even the elder who challenged R' Zeira would agree in this case. His challenge was based on his understanding that R' Zeira meant that R' Shimon agrees regardless of where in the utensil the hole was made. For a hole even in the upper wall of a utensil will render it *tahor* [since it can no longer be used for its original function]. But this should not suffice to cause us to view the pot as nonexistent – since what remains of the pot can still conceivably *become* a utensil by being designated for use as a *gistera*! [Thus, even in the absence of such a designation the elder held that it should still be considered something of a legal container. He was therefore surprised that R' Zeira should state categorically that plants inside this quasi-container – even those whose roots are not exposed to the ground – are considered definitely attached to the ground, whereas he was uncertain whether roots completely exposed to the ground but in a legal container are considered attached. For though the exposed roots of which he inquired suffer from the drawback of being in a legal container, they have the strong advantage of drawing direct nourishment from the ground. This should certainly count for more than indirect nourishment in a utensil which is only technically not considered a utensil but still has the potential to be a utensil (*gistera*).]

Abaye therefore explains that R' Zeira did not mean that R' Shimon agrees in the case of a *taharah*-size hole *anywhere* in the pot. Rather, R' Zeira meant that he agrees where this hole appears below the *revi'is* mark of the utensil. In such a case, where the flowerpot is utterly nullified as a utensil, it may be viewed as legally nonexistent [so that whatever is in it is no longer considered "contained" in any measure]. For this reason R' Shimon would certainly agree that it should be considered attached to the ground [despite the indirectness of its nourishment]. However, where the hole appears higher up in the utensil, R' Zeira is indeed in doubt as to whether R' Shimon would agree – just as he is in doubt as to what R' Shimon holds concerning a root directly opposite a hole that is less than *taharah* size (*Chazon Ish* ibid.).

It emerges from this discussion of R' Shimon's view, that the dispute in our Mishnah between R' Shimon and the Sages concerns even a flowerpot perforated on its side, where enough remains below the hole to qualify as a *gistera.* For this reason *Rashi* explained in the Mishnah that the law of the perforated pot applies even to one perforated in its side (*Chazon Ish* ibid.; see 95a note 19).

[We have explained this Gemara according to the view of *Rashi,* who is of the opinion that a punctured utensil does not become a *gistera* unless it is designated as such (see below ד״ה טהור מכלום; see also *Tosafos* ד״ה ניקב). Thus, the utensil becomes *tahor* when it is punctured at any height, but can still become a utensil again if it is designated for use as a *gistera* (see *Chazon Ish*). This is disputed by *Rash* and *Rosh* to *Keilim* 2:2, who rule that an earthenware utensil automatically becomes a *gistera* when it breaks if it can contain a *revi'is* below the break [and it is only the part above the break that becomes *tahor* (see *Shenos Eliyahu* to *Keilim* 3:1)].

11. [This is the smallest hole to affect a utensil's legal status. A hole smaller than this has no legal significance.]

12. [The word *tahor* is used by Rava in this list in a number of different senses. Its basic meaning is that the container in question is removed from a certain level of utensil status by virtue of the hole. We will translate the word each time according to its context.]

13. I.e. a piece of earthenware that is considered a utensil only by virtue of its being a usable shard (*gistera*) loses its legal status as a כְּלִי, *utensil,* with a hole just large enough to cause it to leak. A regular earthenware utensil, however, does not lose its utensil status because of such a small hole. The reason for this is that people do not discard a regular utensil because of a tiny leak but put a shard under it to catch the slight drip. Thus, it retains its legal status as a utensil despite the tiny hole. People do not, however, keep a shard that leaks, because using a leaking shard would require them to place yet another shard beneath the first one to catch *its* drip. Hence, a shard loses its utensil status as a result of any hole large enough to leak (*Rashi,* from Gemara 96a).

14. To be purified of טוּמְאַת מֵת, *corpse tumah,* a contaminated person must be sprinkled with מֵי חַטָּאת, *mei chatas,* which is springwater that has been mixed with ash from a *parah adumah.* In order for this solution to be effective, the springwater must be placed in a כְּלִי, *utensil* (*Numbers* 19:17). Rava teaches that even a utensil which has developed a hole that allows liquid to drip out of it is still legally considered a כְּלִי, *utensil,* even in regard to using it to prepare מֵי חַטָּאת [*mei chatas*], *purification waters.* It is certainly a utensil in regard to other things, such as being susceptible to *tumah* (*Rashi*).

15. This is slightly larger than a hole that allows liquid to leak out (see *Beis Yosef, Orach Chaim* 159 and *Yoreh Deah* 201 for a discussion of its precise size).

16. I.e. it is not considered a utensil with respect to sanctifying *mei chatas* (*Rashi*), because a container meant to hold liquid loses its legal status as a utensil with a hole that allows liquid to seep in (*Ritva MHK* ed. see *Sfas Emes* for another explanation). [Once a hole is large enough to allow liquid to seep in, it leaks too much to make it worthwhile to use it as a container for liquid. When the hole is only large enough to allow water to leak out but not to seep in, however, it leaks at a very slow rate, and people will therefore retain it to use as a liquid container despite its leak, and catch its slow drip with a *gistera* (shard) placed beneath it.] (See *Ohr HaChamah, Aruch HaShulchan HeAsid, Taharos* 61:17-20 and *Chazon Ish, Keilim* 6:4 for a discussion of whether this invalidation applies as well to a utensil designated as a food container.)

17. I.e. if there is a plant growing in this utensil, it is considered detached from the ground despite the presence of a hole large enough for liquid to seep through. This is because a hole smaller than the width of a root is too small for a plant to receive any significant amount of nourishment through it from the ground below. Therefore, even according to the Sages of our Mishnah the plant in it can be rendered מוּכְשָׁר לְטוּמְאָה, *susceptible to tumah* (*Rashi*), because it is, in effect, an עָצִיץ שֶׁאֵינוֹ נָקוּב, *unperforated flowerpot.*

[According to most Rishonim (see *Tosafos, Chidushei HaRan*), even if the utensil was designated as a liquid container, and hence lost its status as a utensil upon acquiring a hole large enough for liquid to seep through, it nevertheless remains a utensil in regard to *hechsher,* since no nourishment is absorbed through it.]

עין משפט נר מצוה

מה א מיי' פי"ט מהל' כלים הלכה ג:

גליון הש"ס

גמ' ניקב בכדי טהרתו מיבעיא. עי' כתובות נג ע"א תוד"ה ומיפגי: רש"י ד"ה ועדיין כלי הוא לקבל בו רמונים שאם יחדו. עיין לעיל דף נט ע"א תד"ה ור' יוחנן. ובעירובין ד ע"ב תד"ה כל כלי. ובפ"ב מ"ב דכלים בר"ש שם:

תורה אור השלם

א) וְכִי יִפֹּל מִנִּבְלָתָם עַל כָּל זֶרַע זֵרוּעַ אֲשֶׁר יִזָּרֵעַ טָהוֹר הוּא: [ויקרא יא, לז]

רבינו חננאל

שהמלכים צדין בהן עופות וקורין אותו כאז והאחד העוסק [בהן] קורין בלשון פרסי כאזיאר ובזמן שלהם יותר מאחד קוראין להן כאזיאראן ויש להן סוסים מיוחדין לכך לשאת את העופות הדורסין הנקראין כאזי ואמרינן א"ר יוחנן הלכה כבן בתירא א"ר יוחנן ואדם כפות מודה רבי נתן שאינו יכול לשאת את עצמו והמוציאו בשבת חייב א"ל רב אדא בר מתנא לאביי והא תני פרסאי דכפיתי דמו שאת רואה אותן שאינן יכולין להלוך על רגליהן ואינן יוצאין ובאין אלא ברכובין והסוס נושא אותן ובן בתירא מתיר למכרן לנכרים וסבר ליה שהוא עושה מלאכה שאין חייבין עליה חטאת דאלמא אף הכפות בן בתירא פוטר עליו וא"ר יוחנן בן בתירא ור' נתן אמרו דבר אחד והא א"ר יוחנן מודה ר' נתן בכפות ופריק ליה אביי ההנך פרסאי יש בהו כח להלך ואף הן נושאין את עצמן ומאי דנקיטא להו רמות רוחא מענגין את עצמן מלהלך כענין דכתיב אשר לא נסתה כף רגלה הצג וגו' מהתענג ומרוך וכי בעי למרהט מצי דהא הוא בשאטא ואיהו פקיד המלך דרתת מלכא עליה והויא תלתא פרסי בכפות דמי ומחייב ר' נתן על הוצאתו כההיא דגמרא דב' שעירי יוה"כ דתניא עתי אפי' בשבת ואמרי' למאי הלכתא אמר רב ששת שאם חלה מרכיבו [על כתיפו] כמאן דלא כר' נתן דאי כר' נתן האמר חי נושא את עצמו אפי' תימא ר' נתן כיון שחלה כפות דמי וא"ר יוחנן מודה ר' נתן בכפות: וכן כזית מן המת וכזית מן הנבלה וכעדשה מן השרץ חייב ור' שמעון פוטר. א"ר אבא א"ר יוחנן ורב יוסף אמר ר"ל פוטר היה ר' שמעון אף במוציא את המת לקוברו וטעמיה דר' שמעון דהוצאת המת לקוברו מלאכה שאינה צריכה לגופה היא וכל מלאכה שאינה צריכה לגופה פטור עליה. ואשכחנן

מסורת הש"ס

א) [עי' תוס' ב"ב קנה. ד"ה איתמר קטן], ב) [עי' תוס' עירובין ד: ד"ה כל וכד"ה שיעורן], ג) [ע"ש].

הגהות הב"ח

(א) רש"י ד"ה גיסטרא וכו' הבא גיסטרא וכו' כצ"ל ותיבת אחר נמחק:

ליקוטי רש"י

ניקב כמוציא משקה. אם נתן המים לתוכו יוצא המשקה לחוץ. טהור מלטמא גיסטרא. גסטרא שנקבה אפילו כמוציא משקה בטלה לה. גיסטרא. היינו שברי כלי חרס הראוין למלאכה ועדיין מקבלין טומאה כדתניא בגמרא באלו טרפות (חולין נד:) הדקין שבכלי חרס הן וקרקרותיהן ודופנותיהן יושבין שלא מסומכין שיעורן בכדי סיכת קטן עד לוג ומלוג עד סאה ברביעית כו'. ועדיין כלי הוא לקדש בו מי חטאת. מולית דנקיב קטן הוא כשר למי חטאת דכלי שלם הוא דנקב קטן כולי האי לא בטיל. ניקב ככונס משקה. שהוא מכניס משקה כשמניחו על המים יש בו נקב גדול שהמים נכנסין לתוכו. פסול לקדש בו מי חטאת ועדיין כלי הוא לכל שאר דברים. טהור מלקדש בו מי חטאת. דרחמנא אמר (במדבר יט) מים חיים אל כלי והאי לאו כלי הוא. ועדיין כלי הוא לקבל בו זיתים. שהרי ראוי לקבל בו זיתים. ניקב כמוציא זיתים. טהור מטומאה דמקבל עד שייחדו לרמונים [נדה מט.].

רב נסים גאון

בנגע הצרעת: אמר רבא ה' מדות בכלי חרש כו' משכחת לה בתורת כהנים כל אשר בתוכו יטמא כמה שיעורו של נקב בכלי חרש בכונס משקה ובכלי שטף במוציא זיתים ובמסכת כלים פרק ג' שיעור כלי חרס לטהר העשוי לאוכלין שיעורו כזיתים העשוי למשקין כמשקין כו' הלפס והקדירה שיעורן כזיתים כו' ובפרק ד' שנינו וכן גיסטרא שנתרועעה ואינה מקבלת משקין אע"פ שמקבלת אוכלין טהורה שאין שירים לשירים אי זו היא גיסטרא כל שניטלו אזניה והיו בה חדודין יוצאין ובתוספתא בפ' ג' נסדקה למטה מאזניה אע"פ שאזניה קיימות הרי זו גיסטרא ואם מתחילה עשאה בלא אזנים נידונת כחבית וכן עוד אמרו אם היתה גיסטרא הרי זו טהורה שלא אמרו שירים לשירים אלא שירים לכלים ובפ' ד' כיצד בודקין כלי חרס לידע

גמרא

אלא להכשיר זרעים בלבד א"ל לכל מילי רבי שמעון כתלוש משוי ליה ושאני לענין טומאה דהתורה ריבתה טהרה אצל זרעים שנאמר א) על כל זרע זרוע אשר יזרע בעא מיניה ההוא סבא מרבי זירא שורש כנגד נקב מה לי א"ר שמעון אישתיק ולא אמר ליה ולא מידי זימנא חדא אשכחיה דיתיב וקאמר ומודה ר"ש שאם ניקב בכדי טהרתו א"ל השתא שורש כנגד נקב בעאי מינך ולא אמרת לי ולא מידי • ניקב בכדי טהרתו מיבעיא אמר אביי ואי איתמר להא דרבי זירא הכי הוא דאיתמר ומודה רבי שמעון שאם ניקב למטה מרביעית *אמר רבא א) חמש מדות בכלי חרס ניקב כמוציא משקה טהור מלטמא גיסטרא ועדיין כלי הוא לקדש בו מי חטאת ניקב ככונס משקה טהור מלקדש בו מי חטאת ועדיין כלי הוא להכשיר בו זרעים ניקב כשורש קטן טהור מלהכשיר בו זרעים ועדיין כלי הוא לקבל בו זיתים ניקב כמוציא זיתים טהור מלקבל בו זיתים ועדיין כלי ג) הוא לקבל בו רימונים ניקב כמוציא רימונים טהור מכלום ואם הוקף צמיד פתיל עד שיפחת רובו אמר רב אסי שמעתי כלי חרס שיעורו כמוציא רימון אמר ליה רבא שמא לא שמעת אלא במוקף צמיד פתיל והא רבא הוא דאמר מוקף צמיד פתיל עד שיפחת רובו לא קשיא הא

רש"י

אלא להכשיר זרעים. הזורעים בתוכו עציץ נקוב אינו מקבל הכשר לטומאה ושאינו נקוב מקבל הכשר דתלוש הוא והא דר' שמעון קאמר ליה וה"ג ר"ש אומר אין בין נקוב כו' דאילו לרבנן איכא טובא דהא מחייבי אנקוב משום שבת ופטרי אשאינו נקוב: לכל מילי. לשבת ולקנות במשיכה ולא בכסף ולפרוזבול שאינו נכתב אלא על הקרקע: אשר יזרע. כדרך שאדם מוליך לזריעה למעוטי מחובר כל דהו להכי אהני זריעות יתירי דקרא ומיהו שאינו נקוב תלוש גמור הוא: מה לי אמר רבי שמעון. מי מודה דהא במחובר הוא הא שורש ואי תלשו לי' בשבת מיחייב זימנין. פעם אחרת: שאם ניקב. העציץ בכדי טהרתו ושאם נטמא טהור בשבירה זו והיינו כמוציא זית דתנן במסכת כלים (פ"ג מ"א) כלי חרס העשוי לאוכלין שיעורו בזיתים ומודה ר' שמעון בהא דחשיב מחובר כל הזרעים שבתוכו דמו לא הוי כלי: ניקב בכדי טהרתו מיבעיא. דהוה לן לספוקי ביה בהנך דלאו כנגד הנקב ואת פשטת להו דכולהו מחובר נינהו: אי אתמר לדרבי זירא. דמודה ר"ש בשום נקב: הכי הוא דאיתמר. שאם ניקב למטה מרביעית שאינו מחזיק רביעית מן הנקב ולמטה דבציר מהכי לאו כלי הוא: חמש מדות גרסי': כמוציא משקה. נקב דק מאד שמשקה יוצא בו: טהור מלטמא גיסטרא. כלומר אם כלי שלם הוא אינו נטהר בכך אבל אם היה שבר כלי והיה ראוי להשתמש בו דמקבל טומאה משנשבר כדתנן הן וקרקרותיהן ודופנותיהן יושבין שלא מסומכין כו' באלו טרפות (חולין דף נד:) וניקב שוב כמוציא משקה אינו טמא עוד משום תורת גיסטרא: גיסטרא. שבר כלי ולקמיה מפרש טעמא דאין שבר כלי חשוב להצניעו משניקב ולומר הבא גיסטרא (א) אחר ונניח תחתיו לקבל טיף טיף הנוטף מזה אבל אם היה כלי שלם וניקב מעט אין מאבדין אותו אלא אומר הבא גיסטרא אחר ונניח תחתיו: ועדיין כלי הוא לקדש בו מי חטאת. כלומר אם כלי שלם היה וניקב כמוציא משקה עדיין לא תורת כלי עליו ואפי' לקדש בו מי חטאת באפר פרה דבעינן כלי ראוי דכתיב (במדבר יט) מים חיים אל כלי וכ"ש שמקבל טומאה: ניקב ככונס משקה. שאם מושיבו על המים נכנס בתוכו דהיינו נקב רחב קלת: טהור מלקדש בו מי חטאת. טהור לאו דוקא אלא כמו טהר יומא (ברכות דף ב.) כלומר בטל לו מתורת כלי לענין מי חטאת: ועדיין כלי הוא לענין הכשר זרעים. הזורעים בתוכו דכתלושין נינהו ואפילו לרבנן שאין נקב זה ראוי להריח לתלוחית הקרקע: ניקב כשורש קטן. הוי טפי מכונס משקה: טהור מלהכשיר זרעים. לרבנן דהוי עציץ נקוב: ועדיין כלי הוא לקבל בו זיתים. שהוא שיעור לטומאה בכל כלי חרס העשוי לאוכלין סתם כל זמן שלא יחדו לרימונים ומקבל עדיין טומאה: טהור מלקבל בו זיתים. כלומר מלקבל עוד טומאה משום תורת סתם כלי חרס שהרי שיעורן כזיתים ואם היתה עליו טומאה נטהר ממנה: ועדיין כלי הוא לקבל בו רימונים. ° שאם יחדו שוב לרימונים מקבל טומאה מכאן ולהבא או אם היה מיוחד לרימונים מתחילה לא נטהר: טהור מכלום. משום כלי אלא א"כ מצניעו לגיסטרא יטמא בתורת גיסטרא: ואם היה מוקף צמיד פתיל. והוא באהל המת אין טומאה נכנסת בו דרך נקב ומציל על כל מה שבתוכו: עד שיפחת רובו. דכל כלי פתוח כתיב (שם) דרך פתח נכנסת לו טומאה ולא דרך נקביו: אלא במוקף צמיד פתיל. שאם ניקב כמוציא רימון אינו מציל:

ברברי

תוספות

לשאינו נקוב לכל מילי נקוב ושאינו נקוב שוין ואזלינן לחומרא דבמקום דהוי תלוש חומרא חשבינן תרוייהו כתלוש ואי הוי מחובר חומרא כמו שבת וכלאים חשבינן תרוייהו כמחובר אלא בהכשר זרעים דלא החמירו לאחשובי נקוב כתלוש כשאינו נקוב אלא אוקמוה אדיניה ליחשב כמחובר ונ"ל לפי זה דאין תורמין לר"ש מן הנקוב על פירות הגדלים בקרקע כמו מאינו נקוב דאזלינן לחומרא ור"י פי' דהכי פריך ר"ש אומר אין בין נקוב לשאינו נקוב אלא הכשר זרעים בלבד וכיון דגבי הכשר זרעים חשוב נקוב כמחובר אע"ג דהוי להקל שאינו מקבל הכשר ש"מ מדאורייתא חשוב כמחובר דאי מדאורייתא חשוב כתלוש היכי הוה מטהרינן להו מדרבנן כשנגעה בהן טומאה כיון דקיבלו הכשר מן התורה ואם כן הא דקתני ברישא דברייתא אין בין נקוב לשאינו נקוב ע"כ לעשות שניהם כמחוברים ולא לעשות שניהם כתלושין כיון דנקוב חשיב מחובר מדאורייתא ובכל מילי נקוב ואינו נקוב כמחוברים חוץ מהכשר זרעים בלבד דאחמיר רבנן לטמויי כשאינו נקוב והשתא משני שפיר שאני לענין טומאה כו' דהתם הוא דכתב רחמנא בהדיא דחשיב נקוב כמחובר אבל לכל מילי חשיב כתלוש ולהכי פטר במתני' אבל קשה לאלו הפירושים דקאמר אלמא נקוב לר"ש כשאינו נקוב משוי ליה משמע דבעי לאיתויי מברייתא דלא משוי נקוב כשאינו נקוב וזה אינו ויש לפרש דה"ק אלמא נקוב לר"ש כשאינו נקוב משוי ליה ורמינהו כו' דאדרבה שאינו נקוב כנקוב משוי ליה ועוד פר"י דה"ק אין בין נקוב לשאינו נקוב לענין מעשר ופאה וכלאים דכיון דכתיב בהו שדך וכרמך וכן במעשר כתיב היוצא השדה שנה שנה חשיבי תלוש בין נקוב בין שאינו נקוב ואין בו חילוק אלא לענין הכשר זרעים וכל דדמי ליה כגון שבת שאינן תלוים בדבר שהוא חשוב שדה אלא בתלוש ומחובר ובהנהו לא הוי נקוב כשאינו נקוב ולפי זה אתי שפיר הא דקאמר אלמא נקוב לר"ש כשאינו נקוב משוי ליה ורמינהו דלא משוי נקוב כשאינו נקוב:

ומודה ר"ש שאם ניקב בכדי טהרתו. פי' כמוציא זית דסתמו של כלי חרס לאוכלין ושיעורן כמוציא זית ונראה לר"י דהיינו טעמא דמודה משום דבטל אגב קרקע כשניקב בכדי טהרתו ודוקא בניקב כמוציא זית אבל בכלי המיוחד למשקין אע"פ שטהרתו בכונס משקה לא אמרי' דבטל דאפי' לרבנן לא חשבי ליה כמחובר בכונס משקה אלא כשורש קטן כדאמר בסמוך:

טהור מלקדש בו מי חטאת. וכ"ש דטהור מלקבל טומאה אם היה מיוחד למשקין: **טהור** מלהכשיר בו זרעים. משמע דכלי חרס בעי נקיבה ולא כפי' הקונט' בפ"ק דגיטין (דף ז:) שפירש דספינה של חרס דכיון שהיא של עפר חשובה כנקובה ועת לקצר: **ניקב** כמוציא רימון טהור מכלום. תימה לר"י היכי קאמר דטהור מכלום והלא אם יחדו לגיסטרא מקבל טומאה כדפי' בקונט' וכפירושו ודאי כן הוא שהרי אפילו אם נשברו בשברים דקים מקבלים השברים טומאה בתורת גיסטרא כשנשאר בשברים שיעור המפורש במסכת כלים (פ"ב משנה ב) ומייתי לה בפ' אלו טריפות (חולין נד:) הדקים שבכלי חרס הן וקרקרותיהן ודופנותיהן יושבין שלא מסומכין שיעורן בכדי סיכת קטן עד לוג ומלוג עד סאה ברביעית כו' ועוד קשה לרשב"א דהוה מצי למימר שש מדות בכלי חרס וי"ל דכשנשבר לגמרי השברים ראויין לגיסטרא אבל כשהכלי שלם אלא שניקב כמוציא רימון אין ראוי לגיסטרא ואפי' יחדו בטלה דעתו אצל כל אדם אבל מתוך פי' הקונט' משמע דכשניקב כמוציא רימון ראוי הוא לגיסטרא דפירש טהור מכלום משום כלי אא"כ מצניעו משום גיסטרא ולפירושו הא דלא נקט ו' מדות דלא מיירי אלא כשיכול להשתמש כדרכן וניקב כמוציא רימון אין ראוי אלא אם כן מטהו על צידו: **שמא** לא שמעת אלא במוקף צמיד פתיל. תימה לר"י דילמא במיוחד לרימונים שמע ואצטריך לאפוקי מדר"א דאמר בסמוך ניקב כמוציא זית אין לו טומאה כו' וי"ל דמשמע דבסתם כלי חרס איירי בלא יחוד וליכא למימר דלענין הכשר זרעים שמע כמ"ד בסמוך שיעורו כמוציא רימון לפירוש הקונט' דפירש דלענין הכשר זרעים פליגי דא"כ אמאי נקט כלי חרס אפי' כלי עץ נמי ועוד דרבא סבירא ליה דלענין הכשר זרעים שיעורו כשורש קטן:

הא

[illegible]

(3) נִיקַּב כְּשׁוֹרֶשׁ קָטָן – **If it was perforated to the size of a small root,**[18] טָהוֹר מִלְּהַכְשִׁיר בּוֹ זְרָעִים – **it is unfit to render seeds** growing **in it susceptible** to *tumah,*[19] וַעֲדַיִין כְּלִי הוּא לְקַבֵּל בּוֹ זֵיתִים – **but it is still a utensil with respect to containing olives** and it can therefore still become *tamei.*[20]

(4) נִיקַּב כְּמוֹצִיא זֵיתִים – **If it was perforated enough to let olives through,** טָהוֹר מִלְּקַבֵּל בּוֹ זֵיתִים – **it is *tahor* from** the *tumah* associated with **being able to contain olives,**[21] וַעֲדַיִין כְּלִי הוּא לְקַבֵּל בּוֹ רִימּוֹנִים – **but it is still a utensil with respect to containing pomegranates.** That is, if it was designated to hold pomegranates, it can become *tamei* as long as the hole is smaller than a pomegranate.[22]

(5) נִיקַּב כְּמוֹצִיא רִימּוֹנִים – **If it was perforated enough to let pomegranates through,** טָהוֹר מִכְּלוּם – **it is *tahor* from everything,** i.e. it is no longer subject to *tumah.*[23] וְאִם הוּקַּף צָמִיד פָּתִיל – **But if it was surrounded by a sealed cover,**[24] it still prevents the entry of *tumah* into its interior עַד שֶׁיִּפָּחֵת רוּבּוֹ – **until the majority of [the utensil] has broken off.**[25]

The Gemara introduces another view:

אָמַר רַב אַסִּי – **Rav Assi said:** שָׁמַעְתִּי כְּלִי חֶרֶס שִׁיעוּרוֹ כְּמוֹצִיא רִימּוֹן – **I have heard** concerning **an earthenware utensil** that **its prescribed measure** in regard to losing susceptibility to

NOTES

18. This is larger than the size needed to let in liquid (*Rashi*).

19. For a plant can draw nourishment from the ground through a hole this size. Thus, the vessel is treated as an עָצִיץ נָקוּב, *perforated flowerpot,* which, according to the Sages of our Mishnah, is considered מְחוּבָּר, *attached,* to the ground (*Rashi*). Therefore, a plant growing in it cannot become susceptible to *tumah* (see note 4 above; cf. *Afikei Yam* 2:43).

[Seemingly, this ruling should hold true both according to the Sages and R' Shimon, since R' Shimon agrees with the Sages in regard to rendering seeds susceptible to *tumah,* as the Gemara explained above. It is therefore not clear why *Rashi* should ascribe this ruling specifically to the Sages' view. See *Chidushei HaRan,* (whose answer will be explained on 96a note 7), *Maharsha,* and *Afikei Yam* ibid. for possible solutions.]

20. An earthenware utensil [which is typically made to hold food (*Tosafos* ד״ה ומודה ר״ש)] is considered fit for holding food as long as it can retain olives (see next note). Thus, even a utensil with a hole the size of a small root is still considered a utensil with respect to *tumah* because it can still hold olives [which are too large to fall through a root-sized hole] (*Rashi*).

21. For people generally discard earthenware utensils once they have a hole the size of an olive. Consequently, an earthenware utensil with an olive-size hole is no longer considered a utensil (*Chasdei David, Keilim Bava Kamma* 6:12 ד״ה ואמנם; *Chazon Ish, Keilim* 5:10). Others suggest that the olive-size measure is based on the fact that in all areas of halachah pertaining to food, anything less than the size of an olive is considered insignificant (*Sidrei Taharos* 80b ד״ה רבי מאיר; *Mishnah Acharonah, Keilim* 3:2 ד״ה ר״מ אומר).

22. Although most people discard an earthenware utensil as soon as it has a hole the size of an olive, if someone designates a container to hold pomegranates, its measure reflect its use [for there is no reason for the owner to discard it because of an olive-size hole]. Thus, if a utensil was designated as a pomegranate container, it would remain subject to *tumah* unless it developed a hole the size of a pomegranate. Also, if an ordinary utensil became *tahor* through an olive-size hole and was then redesignated to hold pomegranates, it would regain its utensil status and now become susceptible to new *tumah* contamination (*Rashi*).

[We have explained the Gemara according to *Rashi.* It follows from his explanation that if a container was designated for holding figs – which are larger than olives but smaller than pomegranates – only a fig-size hole would render it *tahor.* The reason Rava speaks specifically of pomegranates is because that is the largest item for which special designation is effective, as will be explained in the next note (*Chazon Ish, Keilim* 5:10).

However, *Rash* (*Keilim* 3:1) holds that *all* utensils become *tahor* with a hole the size of an olive, even those designated to hold items larger than olives. The reason for this is that since most people tend to discard their earthenware once it is perforated with a hole the size of an olive, we assume that this person will do so as well. According to *Rash,* Rava's ruling here refers specifically to a utensil that was designated for pomegranate use *after* it had developed an olive-size hole. Such explicit designation helps to restore it to utensil status (see *Chazon Ish, Keilim* 5:10 at length; see also *Mishnah Acharonah* to *Keilim* 3:1 ד״ה העשוי לאוכלים, and *Meromei Sadeh* to *Keilim* 3:1).]

23. Even if the owner of this utensil would now designate it to contain an item larger than pomegranates, his designation would not accord it legal status as a utensil [because it deviates too greatly from the normal usage of earthenware utensils] (*Chazon Ish, Keilim* 5:10 in explanation of *Rashi*). However, if he would now designate the vessel as a *gistera* (shard) to stop leaks in other vessels, this perforated utensil would now be susceptible to *tumah* as a shard (*Rashi;* this point is significant to the next ruling of Rava, see note 25; cf. *Tosafos*).

24. [While this is surely the translation of צָמִיד פָּתִיל, it is a matter of debate as to which word means "sealed" and which word means "cover." From the Mishnah in *Keilim* 10:2 it is clear that the word צָמִיד means "sealed" and פָּתִיל means "cover." *Rashi* to *Chullin* 25a (ד״ה הא יש), *Radak* (*Shorashim*) and *Eliyahu Rabbah* to *Keilim* 9:7 all follow this translation. However, *Sifrei Bamidbar, Chukas* 4, and *Rashi, Numbers* 19:15, translate these words in the opposite fashion.]

25. [A utensil contracts *tumah* from a corpse simply by being under the same roof as it. (This is known as *tumas ohel* – literally: tent [or roof] *tumah.*) The Torah, however, states regarding an earthenware utensil (which contracts *tumah* only through its *interior*), that if it has on it a צָמִיד פָּתִיל, *sealed cover,* it cannot become *tamei* (*Numbers* 19:15). The Torah thus teaches that the sealed cover insulates the interior of the utensil from the *tumah* outside. Accordingly, the sealed cover also protects the *contents* of the utensil from becoming *tamei.*]

Rava now teaches that if an earthenware utensil with a sealed cover is in a room with a corpse, and it develops a hole, as long as half the utensil is still intact, the contents of the utensil remain *tahor.* Although the contents are now exposed to the air of the room through the hole, the verse concerning the transmission of *tumas ohel* to an earthenware utensil specifies that the utensil becomes *tamei* if it is a כְּלִי פָּתוּחַ, an *open* utensil, indicating that *tumas ohel* can enter an earthenware utensil only through its natural opening and not through a hole in its side (*Rashi*). Thus, as long as this utensil can be perceived as a container of some kind, its contents are considered as being enclosed in it and they remain *tahor.*

Now *Ri* (quoted in *Tosafos* 96a ד״ה ולענין) demonstrates from a Mishnah in *Keilim* (9:8) that when the hole is in the lower portion of the utensil, so that what remains below the hole cannot hold a *revi'is* of liquid and thus cannot qualify as a utensil, even as a *gistera* (shard), then even a hole the size of an olive will suffice to destroy the container's status as a כְּלִי, *utensil,* and thereby allow what is in it to become *tamei.* [Only a sealed earthenware "utensil" serves as a barrier to *tumah.*] Accordingly, Rava's rule that a majority of the container must break off to destroy its utensil status and render its sealed cover ineffective, was said only when the hole is in the *side* of the container and enough remains intact below the hole to qualify as a *gistera.* In such a case, the container can still be viewed as a כְּלִי, *utensil,* of sorts [since it can still requalify as a utensil by being designated a *gistera*], and its sealed cover can therefore protect its contents from *tumah* despite a larger than olive-size hole (*Chazon Ish, Keilim* 6:2 in explanation of *Rashi*). Once the majority of the utensil has broken off, however, even this no longer suffices to allow us to consider it a utensil. (Our explanation is based on *Chazon Ish, Keilim* 6:2 who understands the *Ri* as explaining *Rashi.* See, however, *Mei Neftoach, Parpar* 39:5.) *Rashi's* explanation is disputed by *Rabbeinu Tam* (quoted in *Tosafos* ibid.). See there for his explanation of our Gemara.

Although this last rule of Rava constitutes a *sixth* measure of perforation, Rava lists only "five measures in an earthenware utensil" because Rava is relating to a perforated *utensil,* not to perforations per se. Since a utensil that has lost the majority of its body is no longer a utensil in regard to *anything,* this measure cannot be referred to as "a measure for earthenware *utensils.*" A utensil with a pomegranate-size hole, however, is still a utensil in regard to the law of a צָמִיד פָּתִיל, *sealed cover;* thus, it is counted as one of the five measures (*Maharsha* to *Tosafos* ד״ה ניקב; see *Mei Neftoach, Parpar* 39:2 for another answer).

אלא להכשיר זרעים בלבד א"ל לכל מילי רבי שמעון כתלוש משוי ליה ושאני לענין טומאה דהתורה ריבתה טהרה אצל זרעים שנאמר א) על כל זרע זרוע אשר יזרע בעא מיניה ההוא סבא מרבי זירא זרע שורש כנגד נקב מה לי א"ר שמעון אישתיק ולא אמר ליה ולא מידי זימנא חדא אשכחיה דיתיב וקאמר ומודה ר"ש שאם ניקב בכדי טהרתו א"ל השתא שורש כנגד נקב בעאי מינך ולא אמרת לי ולא מידי ° ניקב בכדי טהרתו מיבעיא אמר אביי ואי איתמר להא דרבי זירא הכי הוא דאיתמר ומודה רבי שמעון שאם ניקב למטה מרביעית א אמר רבא ה) חמש מדות בכלי חרס ניקב כמוציא משקה טהור מלטמא גיסטרא ועדיין כלי הוא לקדש בו מי חטאת ניקב בכונס משקה טהור מלקדש בו מי חטאת ועדיין כלי הוא להכשיר בו זרעים ניקב כשורש קטן טהור מלהכשיר בו זרעים ועדיין כלי הוא לקבל בו זיתים ניקב כמוציא זיתים טהור מלקבל בו זיתים ועדיין כלי ב) הוא לקבל בו רימונים ג) ניקב כמוציא רימונים טהור מכלום ואם הוקף צמיד פתיל עד שיפחת רובו אמר רב אסי שמעתי כלי חרס שיעורו כמוציא רימון אמר ליה רבא שמא לא שמעת אלא במוקף צמיד פתיל והא רבא הוא דאמר מוקף צמיד פתיל עד שיפחת רובו לא קשיא הא

אלא להכשיר זרעים. הזרועים בתוכו עליך נקוב אינו מקבל הכשר לטומאה ושאינו נקוב מקבל הכשר כתלוש הוא והא רבי שמעון קאמר ליה וה"ג ר"ש אומר אין בין נקוב כו' דאלו לרבנן איכא טובא דהא מיחייבי אנקוב משום שבת ופטרי אשאינו נקוב: לכל מילי. לשבת ולקנות במשיכה ולא בכסף ולפרוזבול שאינו נכתב אלא על הקרקע: אשר יזרע. כדרך שאדם מוציא לזריעה למעוטי מחובר כל דהו להכי אהני זריעות יתירי דקרא ומיהו שאינו נקוב תלוש גמור הוא: מה לי אמר רבי שמעון. מי מודה דהא במחובר הוא האי שורש או לא ותלשו לי' בשבת מיחייב: זימנין. פעם אחרת: שאם ניקב. העציץ בכדי טהרתו ושאם נטמא נטהר בשבירה זו והיינו כמוציא זית דתנן במסכת כלים (פ"ג מ"א) כלי חרס העשוי לאוכלין שיעורו כזיתים ומודה ר' שמעון בהא דחשיב מחובר כל הזרעים שבתוכו דתו לא הוי כלי: ניקב בכדי טהרתו מיבעיא. דהוה לן לספוקי ביה בהנך דלאו כנגד הנקב ואת פשטת להו דכולהו מחובר נינהו: אי אתמר לדרבי זירא. במודה ר"ש בשום נקב: הכי הוא דאיתמר. שאם ניקב למטה מרביעית שאינו מחזיק רביעית מן הנקב ולמטה דבציר מהכי לאו כלי הוא: חמש מדות גרסי': כמוציא משקה. נקב דק מאד שמשקה יוצא בו: טהור מלטמא גיסטרא. כלומר אם כלי שלם הוא אינו נטהר בכך אבל אם היה שבר כלי והיה ראוי להשתמש בו דמקבל טומאה משנשבר כדתנן הן וקרקרותיהן ודופנותיהן יושבין שלא מסומכין כו' באלו טרפות (חולין דף נד:) וניקב שוב כמוציא משקה אינו טמא עוד משום תורת גיסטרא: גיסטרא. שבר כלי ולקמיה מפרש טעמא דאין שבר כלי חשוב להצניעו משניקב ולומר הבא גיסטרא (א) אחר ונניח תחתיו לקבל טיף טיף הנוטף מזה אבל אם היה כלי שלם וניקב מעט אין מאבדין אותו אלא אומר הבא גיסטרא אחר ונניח תחתיו: ועדיין כלי הוא לקדש בו מי חטאת. כלומר אם כלי שלם היה וניקב כמוציא משקה עדיין כל תורת כלי עליו ואפי' לקדש בו מי חטאת באפר פרה דבעינן כלי ראוי דכתיב (במדבר יט) מים חיים אל כלי וכ"ש שמקבל טומאה: ניקב בכונס משקה. שאם מושיבו על המים נכנס בתוכו דהיינו נקב רחב קצת: טהור מלקדש בו מי חטאת. טהור לאו דוקא אלא כמו טהר יומא (ברכות דף ב.) כלומר בטל לו מתורת כלי לענין מי חטאת: ועדיין כלי הוא לענין הכשר זרעים. הזרועים בתוכו דכתלושין נינהו ואפילו לרבנן שאין נקב זה ראוי להריח לחלוחית הקרקע: ניקב כשורש קטן. הוי טפי מכונס משקה: טהור מלהכשיר זרעים. לרבנן דהוי עציץ נקוב: ועדיין כלי הוא לקבל בו זיתים. שהוא שיעור לטומאה בכל כלי חרס העשוי לאוכלין סתם כל זמן שלא יחדו לרימונים ומקבל עדיין טומאה: טהור מלקבל בו זיתים. כלומר מלקבל עוד טומאה משום תורת סתם כלי חרס שהרי שיעורן כזיתים ואם היתה עליו טומאה נטהר ממנה: ועדיין כלי הוא לקבל בו רימונים. ° שאם יחדו שוב לרימונים מקבל טומאה מכאן ולהבא או אם היה מיוחד לרימונים מתחילה לא נטהר: טהור מכלום. משום כלי אלא א"כ מצניעו לגיסטרא יטמא בתורת גיסטרא: ואם היה מוקף צמיד פתיל. והוא באהל המת אין טומאה נכנסת בו דרך נקב ומציל על כל מה שבתוכו: עד שיפחת רובו. דבכל כלי פתוח כתיב (שם) דרך פתח נכנסת לו טומאה ולא דרך נקביו: אלא במוקף צמיד פתיל. שאם ניקב כמוציא רימון אינו מציל:

ברברי

לשאינו נקוב לכל מילי ושאינו נקוב שוין ואזלינן לחומרא דבמקום דהוי תלוש חומרא חשבינן תרוייהו כתלוש ואי הוי מחובר חומרא כמו שבת וכלאים חשבינן תרוייהו כמחובר אלא בהכשר זרעים דלא החמירו לאחשובי נקוב כתלוש כשאינו נקוב אלא אוקמוה אדיניה ליחשב כמחובר וא"ל לפי זה דאין תורמין לר"ש מן הנקוב על פירות הגדלים בקרקע כמו באינו נקוב דאזלינן לחומרא ור"י פי' דהכי פריך ר"ש אומר אין בין נקוב לשאינו נקוב אלא הכשר זרעים בלבד וכיון דגבי הכשר זרעים חשוב נקוב כמחובר אע"ג דהוי להקל שאינו מקבל הכשר ש"מ מדאורייתא חשוב כמחובר דאי מדאורייתא חשוב כתלוש היכי הוה מטהרינן להו מדרבנן כשנוגעה בהן טומאה כיון דקיבלו הכשר מן התורה ואם כן הא דקתני ברישא דברייתא אין בין נקוב לשאינו נקוב ע"כ לעשות שניהם כמחוברים ולא לעשות שניהם כתלושין כיון דנקוב חשיב מחובר מדאורייתא ובכל מילי נקוב ואינו נקוב כמחוברים חוץ מהכשר זרעים בלבד דאחמיר רבנן לטמויי כשאינו נקוב והשתא משני שפיר שאני לענין טומאה כו' דהתם הוא דכתב רחמנא בהדיא דחשיב נקוב כמחובר אבל לכל מילי חשיב כתלוש ולהכי פטר במתני' אבל קשה לאלו הפירושים דקאמר אלמא נקוב לר"ש כשאינו נקוב משוי ליה משמע דבעי לאיתויי מברייתא דלא משוי נקוב כשאינו נקוב וזה אינו ויש לפרש דה"ק אלמא נקוב לר"ש כשאינו נקוב משוי ליה ורמינהו כו' דאדרבה שאינו נקוב כנקוב משוי ליה ועוד פר"י דה"ק אין בין נקוב לשאינו נקוב לענין מעשר ופאה וכלאים דכיון דכתיב בהו שדך וכרמך וכן במעשר כתיב היוצא השדה שנה שנה חשיבי תלוש בין נקוב בין שאינו נקוב ואין בו חילוק אלא לענין הכשר זרעים וכל דדמי ליה כגון שבת שאינן תלויים בדבר שהוא חשוב שדה אלא בתלוש ומחובר ובהנהו לא הוי נקוב כשאינו נקוב ולפי זה אתי שפיר הא דקאמר אלמא נקוב לר"ש כשאינו נקוב משוי ליה ורמינהו דלא משוי נקוב כשאינו נקוב:

ומודה ר"ש שאם ניקב בכדי טהרתו. פי' כמוציא זית דסתמו של כלי חרס לאוכלין ושיעורן כמוציא זית ונראה לר"י דהיינו טעמא דמודה משום דבטל אגב קרקע כשניקב בכדי טהרתו ודוקא בניקב כמוציא זית אבל בכלי המיוחד למשקין אע"פ שטהרתו בכונס משקה לא אמרי' דבטל דאפי' לרבנן לא חשבי ליה כמחובר בכונס משקה אלא כשורש קטן כדאמר בסמוך:

טהור מלקדש בו מי חטאת. וכ"ש דטהור מלקבל טומאה אם היה מיוחד למשקין: **טהור** מלהכשיר בו זרעים. משמע דכלי חרס בעי נקיבה ודלא כפי' הקונט' בפ"ק דגיטין (דף ז:) שפירש דספינה של חרס דכיון שהיא של עפר חשובה כנקובה ועת לקצר: **ניקב** כמוציא רימון טהור מכלום. תימה לר"י היכי קאמר דטהור מכלום והלא אם יחדו לגיסטרא מקבל טומאה כדפי' בקונט' וכפירושו ודאי כן הוא שהרי אפילו אם נשברו בשברים דקים מקבלים השברים טומאה בתורת גיסטרא כשנשאר בשברים שיעור המפורש במסכת כלים (פ"ב משנה ג) ומייתי לה בפ' אלו טריפות (חולין נד:) הדקים שבכלי חרס הן וקרקרותיהן ודופנותיהן יושבין שלא מסומכין שיעורן בכדי סיכת קטן עד לוג ומלוג עד סאה ברביעית כו' ועוד קשה לרשב"א דהוה מצי למימר שש מדות בכלי חרס וי"ל דכשנשבר לגמרי השברים ראויין לגיסטרא אבל כשהכלי שלם אלא שניקב כמוציא רימון אין ראוי לגיסטרא ואפי' יחדו בטלה דעתו אצל כל אדם אבל מתוך פי' הקונט' משמע דכשניקב כמוציא רימון ראוי הוא לגיסטרא דפירש טהור מכלום משום כלי אא"כ מצניעו משום גיסטרא ולפירושו הא דלא נקט ו' מדות דלא מיירי אלא כשיכול להשתמש כדרכו וניקב כמוציא רימון אין ראוי אלא אם כן מטהו על צדו: **שמא** לא שמעת אלא במוקף צמיד פתיל. תימה לר"י דילמא במיוחד לרימונים שמע ואצטריך לאפוקי מדר"א דאמר בסמוך ניקב כמוציא זית אין לו טומאה כו' וי"ל דמשמע דבסתם כלי חרס איירי בלא יחוד וליכא למימר דלענין הכשר זרעים שמע כמ"ד בסמוך שיעורו כמוציא רימון לפירוש הקונט' דפירש דלענין הכשר זרעים פליגי דא"כ אמאי נקט כלי חרס אפי' כלי עץ נמי ועוד דרבא סבירא ליה דלענין הכשר זרעים שיעורו כשורש קטן:

הא

מה א מיי' פי"ט מהל' כלים הלכה ג:

גליון הש"ס

גמ' ניקב בכדי טהרתו מיבעיא. עי' כתובות נג ע"א תוד"ה ומיבעי: רש"י ד"ה ועדיין כלי הוא לקבל בו רמונים שאם יחדו. עיין לעיל דף נט ע"א תד"ה ור' יוחנן. ובעירובין ד ע"ב תד"ה כל כלי. ובפ"ב מ"ב דכלים בר"ש שם:

תורה אור השלם

א) וְכִי יִפֹּל מִנִּבְלָתָם עַל כָּל זֶרַע זֵרוּעַ אֲשֶׁר יִזָּרֵעַ טָהוֹר הוּא: [ויקרא יא, לז]

רבינו חננאל

שהמלכים צדין בהן עופות וקורין אותו כאז והאחד העוסק [בהן] קורין אותו בלשון פרסי כאזיאר ובזמן שהוא יותר מאחד קוראין להן כזיאראן ויש להן סוסים מיוחדין לכך לשאת את העופות הדורסן הנקראין כאזי ואמרינן א"ר יוחנן הלכה כבן בתירא א"ר יוחנן ואדם כפות מודה רבי נתן שאינו יכול לשאת את עצמו והמוציאו בשבת חייב א"ל רב אדא בר מתנא לאביי והא הני פרסאי דכפיתי דמו שאת רואה אותן שאינן יכולין להלוך על רגליהן ואינן יוצאין ובאין אלא רכובין והסוס נושא אותן ובן בתירא מתיר למכרן לנכרים וסבר ליה שהוא עושה מלאכה שאין חייבין עליה חטאת דאלמא אף הכפות בן בתירא פוטר עליו וא"ר יהודה בן בתירא ור' נתן אמרו דבר אחד והא א"ר יוחנן מודה ר' נתן בכפות ופריך ליה אביי דהנך פרסאי יש בהו כח להלך ואף הן נושאין את עצמן ומאי דנקיטא להו רמות רוחא מענגין את עצמן כענין דכתיב בהו לא נסתה כף רגלה וגו' מהתענג ומרוך וכי בעי פרדשכא ואיהו פקיד המלך דרתח מלכא עלויה ומהדר מצי דהא הוא בבריא אבל חולה ודאי בכפות דמי ומחייב ר' נתן על הוצאתו כההיא דגמרא דב' שיעורי יוה"כ דתניא עתי אפי' בשבת ואמרי' למאי הלכתא אמר רב ששת שאם חלה מרכיבו [על כתיפו] כמאן דלא כר' נתן דאי כר' נתן האמר חי נושא את עצמו אפי' תימא ר' נתן כיון שחלה בכפות דמי וא"ר יוחנן מודה ר' נתן בכפות: וכן בזית מן המת וכזית מן הנבלה וכעדשה מן השרץ חייב ור"ש פוטר. א"ר יוחנן ורב יוסף אמר ר"ל פוטר היה ר' שמעון אף בהוצאת המת לקוברו וטעמיה דר' שמעון דהוצאת המת לקוברו מלאכה שאינה צריכה לגופה היא וכל מלאכה שאינה צריכה לגופה פטור עליה. ואשכחנן

דרבא ס"ל כר' שמעון בהא מלתא ואף סבירא ליה כר' נתן כההוא קמייתא דתני בריש פירקא נוטל אדם את בנו והאבן בידו דאמרינן עלה אמר רבא הוציא תינוק וכיס תלוי לו בצוארו חייב וליחייב משום תינוק רבא כר' נתן סבירא ליה דאמר חי נושא את עצמו וליבטל כיס לגבי תינוק מי לא תנן ואת החי במטה פטור אף על המטה שהמטה טפלה לו מטה לגבי חי מבטל לה כיס לגבי תינוק לא מבטיל ליה. הוציא תינוק מת וכיס תלוי לו בצוארו פטור וליחייב משום תינוק רבה כר' שמעון סבירא ליה [דאמר] כל מלאכה שאינה צריכה לגופה פטור עליה ומדקדקי רבנן בההיא דקא מפטר המוציא את מת דהני מילי דהיכא דלית ליה ריחא דאי אית ליה ריחא נמצאת הוצאתו מלאכה שצריכה לגופה ותניא בפ' א"ר עקיבא בסופיה המוציא ריח רע כל שהוא ואית לה להא מלתא סייעתא בתלמוד א"י ומלתא דמוכחא היא. אמר רבה ומודה ר' שמעון במרא לחפור בו וס"ת לקרות בו דאי מפיק להו חייב ודייקינן בה מאי אצטריך רבה לאשמעינן

א) [עי' תוס' ב"ב קנה. ד"ה איתמר קטן], ב) [עי' תוס' עירובין ד: ד"ה כל ובד"ה שיעורן], ג) [ע"ש].

הגהות הב"ח

(א) רש"י ד"ה גיסטרא וכו' הבא גיסטרא ונניח כצ"ל ותיבת אחר נמחק:

ליקוטי רש"י

ניקב כמוציא משקה. אם נותן המים לתוכו יוצא המשקה לחוץ. טהור מלטמא גיסטרא. גסטרא שנקבה אפילו כמוציא משקה בטלה לה. גיסטרא. היינו שברי כלי חרס הראויין למלאכה ועדיין מקבלין טומאה כדתניא בגמרא באלו טרפות (חולין נד:) הדקין שבכלי חרס הן וקרקרותיהן ודופנותיהן יושבין שלא מסומכין שיעורן בכדי סיכת קטן עד לוג ומלוג עד סאה ברביעית כו'. ועדיין כלי הוא לקדש בו מי חטאת. מוציא דנקב קטן הוא כשר למי חטאת דכלי שלם בנקב קטן כולי האי לא בטיל. ניקב בכונס משקה. שהוא מכניס משקה כשמניחו על המים יש בו נקב גדול שהמים נכנסין לתוכו. פסול לקדש בו מי חטאת ועדיין כלי הוא לכל שאר דברים. טהור מלקדש בו מי חטאת. דרחמנא אמר (במדבר יט) מים חיים אל כלי והאי לאו כלי הוא. ועדיין כלי הוא לקבל בו זיתים. ועדיין כלי הוא לטומאה שהרי ראוי לקבל בו זיתים. ניקב כמוציא זיתים. טהור מטומאה שקבל עד שייחדנו לרמונים [נדה מט.].

רב נסים גאון

בנגע הצרעת: אמר רבא ה' מדות בכלי חרש כו' משכחת לה בתורת כהנים כל אשר בתוכו יטמא כמה שיעורו של נקב בכלי חרש בכונס משקה ובכלי שטף במוציא זיתים ובמסכת כלים פרק ג' שיעור כלי חרס לטהר העשוי לאוכלין שיעורו בזיתים העשוי למשקין שיעורו במשקין כו' הלפס והקדירה שיעורן בזיתים כו' ובפרק ד' שנינו וכן גיסטרא שנתרועעה ואינה מקבלת משקין אע"פ שמקבלת אוכלין טהורה שאין שירין לשירין אי זו היא גיסטרא כל שניטלו אוזניה והיו לה חדודין יוצאין ובתוספתא בפ' ג' נסדקה למטה מאוזניה אע"פ שאוזניה קיימות הרי זו כגיסטרא ואם מתחילה עשאה בלא אזנים נידונת כחבית וכן עוד אמרו אם היתה גיסטרא הרי זו טהורה שלא אמרו שירים לשירים אלא שירים לכלים ובפ' ד' כיצד בודקין כלי חרס לידע

אם ניקב בכונס משקה אם לאו מביא עריבה מליאה מים ונותן את הקדירה לתוכה אם כינסה בידוע שבכונס משקה ואם לאו בידוע שבמוציא משקה כו' ומשכחת לה בגמ' במסכת נידה בפרק בא סימן התחתון (דף מט) ושנינו בו כל כלי חרס מכניס ומוציא ויש שהוא מוציא ואינו מכניס ותני עלה מכניס פסול למי חטאת לפי שאמרה תורה במי חטאת (במדבר יט) ונתן עליו מים חיים אל כלי ואם ניקב בכונס משקה יצא מתורת כלי באלו הראיות ובמשנה במסכת פרה בפרק ה' מפני שאין ממלאין ואין מקדשין ואין מזין מי חטאת אלא בכלי ולזה אמרו ניקב בכונס משקה פסול למי חטאת ומשום גיסטרא דאמר רב אשי שונין כלי חרס שיעורו בכונס משקה לא אמרו מוציא משקה אלא לענין גיסטרא בלבד מאי טעמא אמר מר זוטרא בריה דרב נחמן לפי שאין אומרין הבא גיסטרא לגיסטרא ובפרק כל הבשר (חולין דף קז) אמר רבא כלי שניקב בכונס משקה אין נוטלין ממנו לידים:

ולר'

tumah is a hole large **enough to let a pomegranate through.**[26] אָמַר לֵיהּ רָבָא – **Rava replied to him:** שֶׁמָּא לֹא שָׁמַעְתָּ אֶלָּא בְּמוּקָף צָמִיד פָּתִיל – **Perhaps you did not hear** this measure cited **except in regard to an** earthenware utensil **surrounded by a sealed cover?**[27]

The Gemara questions Rava's reply:

וְהָא רָבָא הוּא דְּאָמַר – **But Rava is the one that said** that מוּקָף צָמִיד פָּתִיל – **[a utensil] surrounded by a sealed cover** protects its contents from *tumah* עַד שֶׁיִּפָּחֵת רוּבּוֹ – **until the** ***majority*** **of [the utensil] has broken off!** How then can Rava suggests to Rav Assi that the measure for this is a hole large enough for pomegranates to pass through?

The Gemara answers:

לֹא קַשְׁיָא – **There is no difficulty.**

NOTES

26. [This contradicts Rava's view that an ordinary earthenware utensil loses its susceptibility to *tumah* with a hole small enough to let olives pass through; see notes 21 and 22.]

27. I.e. if the earthenware utensil was covered with a sealed lid, *tumah* does not enter it unless it was perforated with a hole the size of a pomegranate (*Rashi*). [For as we learned above, a utensil with a sealed cover requires a larger break to destroy its effectiveness as a barrier to *tumah.*] In regard to its own *tumah,* however, an earthenware utensil would lose its *tumah* status with a hole the size of an olive, as Rava said above.

הָא בְּרַבְרְבֵי – **This** first statement of Rava – that the sealed cover is effective in blocking *tumah* until the *majority* of the container breaks off – **is said with regard to large** earthenware **utensils;** וְהָא בְּזוּטְרֵי – **and this** second statement of his – that a pomegranate-size hole destroys its effectiveness – **is said with regard to small** earthenware **utensils.**[1]

The Gemara continues its discussion of perforations in earthenware vessels:

אָמַר רַב אַסִּי – **Rav Assi said:** שׁוֹנִין – **They teach** a Baraisa:[2] כְּלִי חֶרֶס – AN EARTHENWARE VESSEL, שִׁיעוּרוֹ בְּכוֹנֵס מַשְׁקֶה – ITS PRESCRIBED MEASURE, i.e. the smallest hole that will deprive it of utensil status in any degree, IS a hole large ENOUGH TO TAKE IN LIQUID.[3] וְלֹא אָמְרוּ מוֹצִיא מַשְׁקֶה – AND THEY DID NOT SAY the measure of "ENOUGH TO LET OUT LIQUID" (which is a smaller size) אֶלָּא לְעִנְיַן גִּיסְטְרָא בִּלְבַד – EXCEPT IN REGARD TO A SHARD.[4] מַאי טַעְמָא – **What is the reason** for this? Why does a hole too small to undo a complete utensil deprive a shard of its utensil status? אָמַר מַר זוּטְרָא בְּרֵיהּ דְּרַב נַחְמָן – **Mar Zutra the son of Rav Nachman said:** לְפִי שֶׁאֵין אוֹמְרִים הָבֵא גִּיסְטְרָא לְגִיסְטְרָא – **Because [people] do not say, "Bring a shard for a shard."**[5] Rather, once a shard is punctured enough for liquid to leak out of it, they discard it. A complete utensil, however, is not discarded because of such a small hole.[6]

The Gemara continues to discuss the different sizes of perforations as they affect earthenware vessels:

אָמַר עוּלָּא – **Ulla said:** פְּלִיגֵי בָּהּ תְּרֵי אָמוֹרָאֵי בְּמַעֲרָבָא – **Two Amoraim in the West** (i.e. Eretz Yisrael) **disagree concerning it** – the size of the hole that renders the plants inside a flowerpot as attached to the ground and thus not susceptible to *tumah.* They are: רַבִּי יוֹסֵי בְּרַבִּי אָבִין וְרַבִּי יוֹסֵי בַּר זַבְדָּא – **R' Yose the son of R' Avin and R' Yose bar Zavda.** חַד אָמַר כְּמוֹצִיא רִמּוֹן – **One said** the measure is a hole large **enough to let a pomegranate through,** וְחַד אָמַר כְּשׁוֹרֶשׁ קָטָן – **and one said** the measure is **that of a small root.**[7] וְסִימָנֵיךְ – **And your sign** for remembering this is the well-known expression, אֶחָד הַמַּרְבֶּה וְאֶחָד הַמַּמְעִיט – **"Whether one gives a lot or one gives a little."**[8]

The Gemara gives a concluding view for the law of earthenware utensils and their perforations:

אָמַר רַב חִינָּנָא בַּר כַּהֲנָא מִשְּׁמֵיהּ דְּרַבִּי אֱלִיעֶזֶר – **R' Chinnana bar Kahana said in the name of Rabbi Eliezer:** כְּלִי חֶרֶס – **An earthenware vessel,** שִׁיעוּרוֹ כְּמוֹצִיא זֵיתִים – **its prescribed measure** in regard to becoming *tahor* from its *tumah* is a hole large **enough to let olives through.**[9] וּמַר קַשִׁישָׁא בְּרֵיהּ דְּרַבָּה מְסַיֵּים בָּהּ מִשְּׁמֵיהּ דְּרַבִּי אֱלִיעֶזֶר – **And Mar Keshisha the son of**

NOTES

1. *Rashi.* It is not clear from here exactly what constitutes a large utensil and what constitutes a small one – or why there should be a difference between them. *Maharsha, Sfas Emes* and *Aruch HaShulchan HeAsid* (*Tohoros* 47:9) explain *Rashi* to be saying that "small" is any utensil in which a pomegranate-size hole represents more than half its structure and "large" is one in which such a hole constitutes half or less of its structure. Thus, in a large utensil the צָמִיד פָּתִיל, *sealed cover,* loses its effectiveness once a majority of the utensil has broken off. In a small utensil the sealed cover remains effective even after a majority has been lost, as long as the hole is not pomegranate-size. See also *Ramban.*

[*Tosafos* reject this interpretation of *Rashi* (because of the implausibility of assuming that a small utensil can suffer a greater degree of deterioration than a large utensil and still remain a utensil with regard to this law, as *Maharsha* explains). *Tosafos* therefore explain the Gemara to mean the reverse: In a small utensil the sealed cover loses its effectiveness once the majority of the utensil has been lost even if the hole is *less* than the size of a pomegranate. In a large utensil – i.e. one in which a pomegranate-size hole is less than half its structure – the sealed cover loses its effectiveness with just a pomegranate-size hole. (See *Maginei Shlomo* here and *Mishnah Acharonah* to *Keilim* 17:1 for alternative explanations of *Rashi.*)]

2. I.e. the teachers of Baraisos teach the following Baraisa (see *Rashi*). [The "teachers of Baraisos" were those who, in Amoraic times, specialized in memorizing the many Baraisos that existed at that time and reciting them for the Amoraim when necessary. They are referred to in the Gemara as תַּנָּאִים, *teachers of Baraisos* (not to be confused with Tannaim of the Tannaitic era) in the common Talmudic expression: תָּנֵי תַּנָּא קַמֵּיהּ דר׳, *a teacher of Baraisos taught in the presence of R'* . . .] *Rashi* in *Niddah* (49a), however, understands the expression here to refer to a *Halachah LeMoshe MiSinai.*

3. A hole large enough to let liquid seep in renders the earthenware utensil unfit for sanctifying *mei chatas* (purification waters), as we learned above (*Rashi*).

4. I.e. that a shard loses its utensil status even with a hole that is only large enough to let liquid leak out but not to let liquid seep in.

5. I.e. people do not place a shard under a leaking shard to catch its drippings (*Rashi*).

6. Rather, it continues to be used and a shard is placed under it to catch the slow drip. A complete container therefore retains its utensil status despite the small hole. But since a shard is discarded because of such a hole, it loses its utensil status (*Rashi*).

7. This latter measure was the one given above by Rava for rendering a flowerpot as being attached to the ground and thus unfit for *hechsher* of seeds. Ulla teaches that there is another opinion that the hole must be pomegranate-size to render the pot attached to the ground (see *Rashi*).

Tosafos challenge this explanation on the grounds that a Mishnah in *Uktzin* (2:10) states explicitly that the measure for *hechsher* of seeds is a hole the size of small root; thus, no Amora could dispute this measure. *Tosafos* therefore explain the dispute to refer to something else (see *Tosafos* ד״ה פליגי בה). *Ramban* and *Ritva MHK* ed. defend *Rashi's* interpretation by explaining that the dispute is specifically in regard to R' Shimon's opinion. For R' Shimon does not consider a perforated flowerpot to be attached to the ground in regard to most Torah laws and it is only in regard to *hechsher* of seeds that he makes an exception, as the Gemara taught above (95b). But R' Shimon does not state what size hole renders a flowerpot attached in regard to *hechsher.* One Amora is of the opinion that R' Shimon is fully in agreement with the Sages in this regard and considers a small-root-sized hole sufficient to render the pot attached in this regard. The other Amora, however, rules that since R' Shimon does not in general consider a perforated pot attached, then even though he agrees that it is considered attached with regard to *hechsher,* he nonetheless requires a larger size hole – one the size of a pomegranate. [This interpretation of the dispute would indeed explain why *Rashi* above (95b ד״ה טהור מלהכשיר זרעים) said that Rava's rule that a hole the size of a small root deprives a utensil of its *hechsher* status is true according to the *Sages* – for according to R' Shimon it is the subject of the dispute cited here (*Chidushei HaRan;* see 95b note 19).]

8. This dictum of the Sages was originally said in regard to the relative merits of one who donates an animal *olah* offering, one who donates a bird *olah* offering, and one who donates a flour offering: "Whether one gives a lot or whether one gives a little, [the offering is equally pleasing to God] provided he directs his heart towards his Father in Heaven" (*Menachos* 110a; *Shevuos* 15a; see our note 22 there).

The phrase is cited here to serve as a reminder that the two opinions of our dispute are opposite extremes. For of the five measures listed by Rava above, the first two (the size that allows liquid to leak out, and the size that allows liquid to seep in) are discounted because no one could ever make the mistake of assuming that they would be deemed sufficient in regard to the *hechsher* of seeds. [These are smaller than the size of a root.] Of the remaining sizes – the size of a small root, an olive and a pomegranate – the measures adopted by these two Amoraim represent the two extremes (the size of a small root and the size of a pomegranate), but no one advocates the *middle* measure (the size of an olive). To help remember this, the Gemara provides the mnemonic, "Whether one gives a lot (i.e. the largest size) or one gives a little (the smallest size) (*Rashi*).

9. This is the measure for an earthenware utensil designated for food, or one that has not been designated for anything in particular [since ordinary earthenware utensils are assumed to be for food; see 95b note 8] (*Ritva MHK* ed.).

הא ברברבי והא בזוטרי [א] אמר רב אסי [א] שונין כלי חרס שיעורו בכונס משקה ולא אמרו מוציא משקה אלא לענין גיסטרא בלבד מאי טעמא אמר מר זוטרא בריה דרב נחמן לפי שאין אומרים הבא גיסטרא לגיסטרא אמר עולא פליגי בה תרי אמוראי במערבא רבי יוסי בר' אבין ור' יוסי בר זבדא חד אמר כמוציא רמון וחד אמר כשורש קטן וסימניך [ב] אחד המרבה ואחד הממעיט אמר רב חיננא בר כהנא משמיה דרבי אליעזר כלי חרס שיעורו כמוציא זיתים ומר קשישא בריה דרבה מסיים בה משמיה דרבי אליעזר והרי הן ככלי גללים וכלי אבנים וכלי אדמה שאין מקבלין טומאה לא מדברי תורה ולא מדברי סופרים ולענין צמיד פתיל עד שיפחת רובו:

הדרן עלך המצניע

הזורק [ג] מרשות היחיד לרשות הרבים מרשות הרבים לרשות היחיד חייב [ג] מרשות היחיד לרשות היחיד ורשות הרבים באמצע רבי עקיבא מחייב וחכמים פוטרין כיצד [ג] שתי גזוזטראות זו כנגד זו ברשות הרבים המושיט והזורק מזו לזו פטור היו [ד] שתיהן בדיוטא אחת המושיט חייב והזורק פטור שכך היתה עבודת הלוים שתי עגלות זו אחר זו ברשות הרבים מושיטין הקרשים מזו לזו אבל לא זורקין: גמ'

רש"י

ברברבי. כרוכו: זוטרי. כמוציא רמון בטל ליה מכלי: שונין. התנאים שונין בברייתא: כלי חרס. דשיעור הראשון האמור בו לבטלו מקבלת טומאה משום כלי: בכונס משקה. הוא דמבטל ליה מיהא מתורת כלי טהרה ולא אמרו נקב מוציא משקה חשוב נקב לבטלו אלא לגיסטרא דהכא ודלא אי נקבה הכי כמוציא משקה משלא שדי ליה: שאין אומרים הבא גיסטרא. אמרת לגיסטרא זו להביא תחתיה לקבל הטיפין אבל כלי שלם חסין עליו ומשום נקב פורתא לא שדו ליה ומניחין גיסטרא תחתיו: פליגי בה. בהכשר זרעים: וסימן. דלא תיטעי למימר חד אמר כמוציא זית: אחד המרבה ואחד הממעיט ובלבד שיכוין כו'. ברייתא היא (מנחות קי.) והיא לך לסימן שאחד מן האמוראים ריבה לשער בגדול שבשלשתן ואחד ממעט לשער בקטן שבשלשתן ולא בבינוני כונס משקה ומוציא משקה ליכא למיטעי בהן לענין זרעים: שיעורו כמוציא זיתים. ליטהר מטומאה: הרי הוא ככלי גללים. משניקב כמוציא זית ואפילו יחדוס לרמונים והא דתנן כלי בעלי בתים שיעורן כרמונים גבי כלי עץ תנינן לה במסכת כלים (פי"ז מ"א):

הדרן עלך המצניע

הזורק רבי עקיבא מחייב. טעמא מפרש בגמרא[ד]: כיצד שתי גזוזטראות כו'. רבנן קאמרי להו: גזוזטראות. זיזין היוצאין מן הכותל ומניחין עליהן נסרים להלך: זו כנגד זו. בשני צידי רה"ר והן רה"י שגבוהות י' ורחבות ד': פטור. שלא מצינו זריקה והושטה במלאכת המשכן מרה"י לרשות היחיד ורחב רה"ר מפסיק ביניהן שלא היתה עבודת הלוים כך להושיט קרשים מעגלה שלפניה (ולאחריה) שארבע עגלות היו לבני מררי שהיו נושאין קרשי המשכן והן הולכין שתים כאחד זו בצד זו כדאמרינן בגמ'[ה] וכשהיו פורקין את המשכן לטעון על העגלות היו מעמידין העגלות בדרך הליכתן שתים זו אצל זו סמוך למשכן ושתים זו אצל זו לפניהם דרך הליכתן לאורך רה"ר שהיו רוצים להלך אחר עמוד הענן ההולך לפניהם ופורקי המשכן היו מושיטין הקרשים לאותן שעל שתי העגלות הסמוכות למשכן והן מושיטין לאותן שלפניהם אבל מעגלה לעגלה שבצדה לא היו צריכין להושיט שהרי שתיהן סמוכות לפורקי המשכן: היו שתיהן בדיוטא אחת. כלומר בעלייה אחת באורך רה"ר על פני הבית ויש הפסק רה"ר ביניהם: הזורק פטור. הואיל ולמעלה מי' ולא מצינו זריקה מרה"י לרה"י דרך רה"ר במשכן לא באורך ולא ברוחב: והמושיט חייב. שמצינו הושטה כיוצא בה למעלה מי' במשכן מרה"י לרה"י וקצת אורך רשות הרבים מפסיק ביניהם: שכך היתה עבודת הלוים. ומפרש ואזיל כיצד מצינו כן בעבודתן שבשתי עגלות זו אחר זו ברשות הרבים פורקי משכן מושיטין לאותן שעל העגלות שאצלן והן מושיטין לאלו שלפניהם אבל לא זורקין שאין אותן קרשים נזרקות מפני כובדן: גמרא

תוספות

הא ברברבי והא בזוטרי. פי' בקונטרס דרברבי כרוכו זוטרי כמוציא רמון וקשה לר"י דאין זה שיעור ומה קרי רברבי ומה קרי זוטרי לידע איזה הוא כמוציא רמון ונראה לר"י דברברבי כמוציא רמון ובזוטרי שמוציא רמון הוא יותר מרוב סגי ברוב והא דקאמר עד (א) שתיפחת רובו לא קאי אשיעור דמוציא רמון אלא אשיעור דמוציא זית:

ולענין צמיד פתיל עד שיפחת רובו. פירש רש"י דאין טומאה נכנסת דרך נקב דכל כלי פתוח כתיב דדרך פתחו נכנסת ולא דרך נקב ° ומקשינן דתנן בפ"י דמסכת כלים (מ"א) ואלו מצילין בצמיד פתיל כו' ומצילין בין מפיהם בין מצידיהם משמע דצריך שיהא מוקף צמיד פתיל כשניקב מצידו ועוד דתנן בתר הכי ובמה מקיפין בסיד ובחרסית כו' ובכל דבר שהוא מתמרח ואין מקיפין לא בבעץ ולא בעופרת מפני שהוא פתיל ואינו צמיד משמע דבנקב כל שהוא נכנסת טומאה ועוד דתנן התם ומייתי לה בהגוזל קמא (ב"ק קה.) חבית שניקבה וסתמוה שמרים הצילוה פקקה בזמורה עד שימרח מן הצדדים היו שתים עד שימרח מן הצדדים ובין זמורה לחבירתה[1] ואומר ר"י דאינם קושיות לפירוש הקונט' דודאי בפתחה נכנסת טומאה אפילו דרך נקב קטן ובעינן עד שיסתם לגמרי כל הפתח והכי צריך מירוח והיא דבין מפיהם בין מצדיהם לא מיירי שניקבו כשבר מן הצד אלא נעשה לצורך פתח והיא דהגוזל דחבית שניקבה מיירי כשנפתחה רובה או כמוציא רמון דחשיב כפתח ובעי סתימה מעליא וריב"א הקשה מהא דתנן במסכת כלים פ"ט (משנה ח) נקב העשוי לאוכלין שיעורן כזיתים העשוי למשקין שיעורן כמשקין העשוי לכך ולכך מטילין אותו לחומרא בצמיד פתיל ובכונס משקה פירוש כיון שעשוי למשקים ולאוכלים ויש בו נקב כונס משקה אינו מציל בצמיד פתיל על מה שבתוכו דגזרו אטו ההוא דמיוחד למשקין לחודייהו ולענין קבלת טומאה הוי כלי כיון שמיוחד לאוכלין ובנקב כי האי (ב) נכנסה טומאה ותירץ ר"י דהא דבעי הכא נפחת רובו או כמוציא רמון היינו דוקא בניקב במקום שנשאר עוד שיעור כלי מן הנקב ולמטה כשיעור המפורש בההיא דמייתי באלו טריפות (חולין נה.) אבל ניקב למטה במקום שאין נשאר למטה מן הנקב כשיעור כלי הוי שיעור לאוכלים בכזית ולמשקין בכונס משקה כי ההוא דמסכת כלים פ"ט (משנה ח) ור"ת מפרש בשמעתין הכי עד שיפחת רובו מועיל צמיד פתיל אם הנקבים נסתמים אבל בנפחת רובו או במוציא רמון שוב אין מועלת סתימה אלא הוי כאוכלין שגבלן בטיט שאין ניצולין כדאמרינן בריש זבחים (דף ג:) דכיון שנפחת רובו בטלו להו מתורת כלי והיא דחבית שנקבה וסתמוה שמרים מיירי בשלא נפחתה כשיעור וסתמו שמרים כל הנקב והא דבעי רבא התם (בב"ק שם) סתם אגף חביה מהו ה"פ אגף חביה וסתמוה שמרים חביה מאי מי הוי סתימה מעליא או לא ומייתי מפקקה בזמורה דלא חשיבא סתימה בלא מירוח בין זמורה לחבירתה הכא נמי לא חשיבא סתימה אגף חביה וסתמוה שמרים חביה ומשני התם לא קאי הכא קאי:

פליגי בה תרי אמוראי. פי' בקונטרס ° דלענין הכשר זרעים פליגי ואומר ר"ת דבמסכת עוקצין (פ"ב משנה י) תנן דהכשר זרעים כשורש קטן אלא אמר ר"ת דלענין מוקף צמיד פתיל פליגי: **שיעורו** כמוציא זיתים. ה"ג ברוב ספרים ובפי' ר"ח ורש"י וא"ת מתני' היא במס' כלים (פ"ג מ"א) העשוי לאוכלין שיעורו כזיתים וי"ל דאיצטריך ליה לאשמעינן דלא מהני בה יחוד לרמונים ולאפוקי מדרבא ולהכי מסיים בהו לפרושה הרי הן ככלי אבנים שהם טהורין בכל ענין:

הדרן עלך המצניע

הזורק. כיצד שתי גזוזטראות כו'. תימה לרבה דמוקי פלוגתא דרבי עקיבא ורבנן (לעיל ד' ד.) בקלוטה ופליגי למטה מעשרה לא אתי שפיר כיצד דהא לא קאי אדלעיל דהכא איירי בגזוזטראות למעלה מעשרה דומיא דעגלות ואפילו ר' עקיבא נמי מודה התם ולמאן דמוקי פלוגתייהו למעלה מעשרה אתי שפיר ומיהו יש בירושלמי איכא דתני כיצד ואיכא דלא תני כיצד ומפרש התם דההוא אמורא דמוקי פלוגתא למעלה מעשרה תנא כיצד וההוא דמוקי לה למטה מעשרה לא תני כיצד:

מסורת הש"ס

א) [נדה מט.], ב) [ברכות ה: יומא מב. מנחות קי. שבועות טו.], ג) לעיל ד., ד) ל"ל מתמניין, ה) שייך לעיל ע"ב, ו) עי' בתוי"ט פ"ט מ"ח דלהלכות.

הגהות הב"ח

(א) תוס' ד"ה הא כו' דקאמר עד שיפחת רובו: (ב) ד"ה ולענין וכו' ובנקב כי האי נכנסת טומאה:

גליון הש"ס

תוס' ד"ה ולענין צמיד פתיל וכו'. ומקשי' דתנן פ"י דמס' כלים. עי' מ"ע רפ"י דאהלות: ד"ה פליגי בה כו' דלענין הכשר זרעים פליגי. עי' זבחים צד ע"ב תוד"ה ל"ש בקפ"ד לא ע"א:

ליקוטי רש"י

שונין. הלכה למשה מסיני. שיעורו בכונס משקה. פסוק של שיעורים המבטלים אותו מהיות כלי כונס משקה הוא שיעור הראשון שהוא מבטלו מהיות כלי [illegible] אחד המרבה ואחד הממעיט. [illegible] כלי גללים. [illegible] אין מקבלין טומאה. [illegible] שכך היתה עבודת הלוים וכו'. [illegible] אבל לא זורקין. [illegible]

עין משפט נר מצוה

מו א מיי' פי"ט מהל' כלים הלכה א:
א ב מיי' פי"ג מהלכות שבת הלכה י סמג לאוין סה טוש"ע א"ח סי' שמה סעיף א:
ב ג מיי' פי"ג שם הלכה יט:
ג ד שם הלכה יח:

רבינו חננאל

הא מלתא וכבר פשיטא דאי אמרת מרא לחפור בה וס"ת לקרות בו מלאכה שאינה צריכה לגופה היא היכי משכחת לה לר' שמעון מלאכה שהיא צריכה לגופה ומהדרינן מהו דתימא לית ליה לרבי שמעון משצ"ל עד דאיכא לגופה כגון מר לעשות לו טס וס"ת להגיהו קמ"ל רבא דלא צריך (האי כולה) [כה"ג] אלא אפי' מר לחפור בו וס"ת לקרות בו מודה בו ר"ש [דחייב] והוצאת המת דקא פטר בה ר' שמעון דוקא מקרבן חטאת אבל מ"מ [לכתחלה] (הכי) אסור דקיי"ל כל פטורי שבת פטור אבל אסור לבר מן הנך תלת ולא שרי לכתחלה אלא היכא דכבודו לאפוקי מרה"י לרשות הרבים או לעיליה מרשות הרבים לרה"י (אסור) [מותר] כדקא מפרשינן מעשה דההוא שכבא דשכיב בדרא חדא וקאמר ליה רב נחמן בר יצחק לרב יוחנן אחוה דמר בריה דרבנא האלקים דעיילת ביה את ודרית ליה וקא מפרש לא תימא דכר' שמעון קא אמינא ולאו כר' יהודה אלא אפילו לר' יהודה דאמר מלאכה שאינה צריכה לגופה חייב עליה הכא לכרמלי' קאמינ' דלית ביה חיובא אע"ג דאיכא בשאר מילי איסורא [דרבנן] מרה"י או מרה"ר לכרמלית הכא שאני במקום כבוד הבריות שדוחה את לא תעשה והאי ל"ת לאו דלא תסור כדמפורש במנחות סוף פ' הקומץ: פלוגתא דר"ש ור' יהודה בהדיא לא אשכחן היכא פליגו אלא מדוקייהו (במתכוין) [שמעינן הכא] דאמרינן (לקמן בהאורג) הקורע בחמתו ועל מתו וכל המקלקלין פטור שניית מתו חמתו אחמתו קשיא. חמתו אחמתו נמי לא קשיא הא רבי יהודה דאמר מלאכה שאינה צריכה לגופה חייב עליה הא ר' שמעון דאמר מלאכה שאינה צריכה לגופה פטור עליה ותוב הא דתנן (לקמן קכא) ועל עקרב שלא תשוך כר' ואמרי' איכא דמתני לה אהא הצד נחש בשבת ומתעסק שלא ישכנו פטור ואם לרפואה חייב מאן תנא אמר רב יהודה א"ר [רבין] שמעון היא דאמר מלאכ' שאינה צריכה לגופה פטור עליה וכן אמר שמואל כל פטורי שבת פטור אבל אסור בר מהני תלת דפטור ומותר וחדא מינייהו הצד נחש בשבת וממאי דפטור מותר הוא דתנן ועל עקרב שלא תשוך ש"מ כי פליגי במתניתין במלאכה שאינה צריכה לגופה

[illegible] לגופה כר"ש ס"ל והא קי"ל [illegible] פליגי שמואל על ר' יהודה אבל [illegible] את המחיה להעבירו עובר בלא [illegible] לבן שהפך בבהרת משני נימין [illegible] מנא אמינא לה דתנן המוציא [illegible] שכבר מיעט הטומאה ולפיכך [illegible] לא מקרב מיעוטי טומאה [illegible] שנוטלו בשיניו או בידו שלא [illegible] לנוטלן ביד אבל בכלי אסור [illegible] שער לבן מתוך שחור אפילו [illegible] משום בונה: ירושלמי גודלת משום

חשק שלמה על רבינו חננאל א) עי' תוס' לעיל דף ג ע"ב [illegible] ב) [illegible] טומאה:

Rabbah concluded this statement in the name of R' Eliezer: וַהֲרֵי הֵן כִּכְלֵי גְלָלִים וּכְלֵי אֲבָנִים וּכְלֵי אֲדָמָה – **They** (earthenware utensils with olive-size holes) **are** then **the same as dung utensils, stone utensils and clay utensils,**[10] שֶׁאֵין מְקַבְּלִין טוּמְאָה – **which are not susceptible to** ***tumah*** לֹא מִדִּבְרֵי תוֹרָה וְלֹא מִדִּבְרֵי סוֹפְרִים – **either under Biblical law or under Rabbinic law.**[11] וּלְעִנְיַן צָמִיד פָּתִיל – **And in regard to a sealed cover** its measure is עַד שֶׁיִּפָּחֵת רוּבּוֹ – **until the majority of the utensil has broken off.**[12]

הדרן עלך המצניע

WE SHALL RETURN TO YOU, HAMATZNIA

NOTES

10. These differ from earthenware vessels in that they are not baked in a kiln (see *Rashi* above, 58a ד״ה אלא אי אמרת; *Kesef Mishneh, Hil. Keilim* 1:6; cf. *Rashi* above, 16b ד״ה כלי אדמה).

11. [See Baraisa above, 58a; see also Mishnah *Keilim* 10:1.] I.e. earthenware utensils with olive-size holes are not susceptible to *tumah* even if they were designated for pomegranates (*Rashi*). This teaching is in dispute with Rava, who ruled above (95b) that a utensil with an olive-size hole can still be considered a utensil in regard to pomegranates if it was so designated [see note 22 there] (*Tosafos*). According to this view, the Mishnah in *Keilim* (17:1) which gives a pomegranate-size hole as a measure refers only to wood utensils (*Rashi*), whereas according to Rava it can refer to even earthenware utensils.

12. As stated by Rava on 95b.

הא ברברבי והא בזוטרי [א] אמר רב אסי [א] שונין כלי חרם שיעורו בכונס משקה ולא אמרו מוציא משקה אלא לענין גיסטרא בלבד מאי טעמא אמר מר זוטרא בריה דרב נחמן לפי שאין אומרים הבא גיסטרא לגיסטרא אמר עולא פליגי בה תרי אמוראי במערבא רבי יוסי בר' אבין ור' יוסי בר זבדא חד אמר כמוציא רמון וחד אמר כשורש קטן וסימניך [ג] אחד המרבה ואחד הממעיט אמר רב חיננא בר כהנא משמיה דרבי אליעזר כלי חרם שיעורו כמוציא זיתים ומר קשישא בריה דרבה מסיים בה משמיה דרבי אליעזר והרי הן ככלי גללים וכלי אבנים וכלי אדמה שאין מקבלין טומאה לא מדברי תורה ולא מדברי סופרים ולענין צמיד פתיל עד שיפחת רובו:

הדרן עלך המצניע

הזורק [ב] מרשות היחיד לרשות הרבים מרשות הרבים לרשות היחיד חייב [ג] מרשות היחיד לרשות היחיד ורשות הרבים באמצע רבי עקיבא מחייב וחכמים פוטרין כיצד [ג] שתי גזוזטראות זו כנגד זו ברשות הרבים המושיט והזורק מזו לזו פטור היו [ד] שתיהן בדיוטא אחת המושיט חייב והזורק פטור שכך היתה עבודת הלוים שתי עגלות זו אחר זו ברשות הרבים מושיטין הקרשים מזו לזו אבל לא זורקין: גמ'

רש"י

ברברבי. ברוזו: זוטרי. כמוליא רמון בטל ליה מכלי: שונין. התנאים שונין ברייתא: כלי חרם. דשיעור הראשון האמור בו לבטלו במקלת משום כלי: בכונס משקה. הוא דמבטל ליה מיהא מתורת מי חטאת ולא אמרו נקב מוליא משקה חשוב נקב לכלום אלא לגיסטרא דהתם ודאי אי נקבה הכי כמוליא משקה משדא שדי ליה: שאין אומרים הבא גיסטרא. אחרת לגיסטרא זו להניח תחתיה לקבל הטיפין אבל כלי שלם חסין עליו ומשום נקב פורתא לא שדו ליה ומניחין גיסטרא תחתיו: פליגי בה. בהכשר זרעים: וסימן. דלא תיטעי למימר חד אמר כמוליא זית: אחד המרבה ואחד הממעיט ובלבד שיכוין כו'. ברייתא היא (מנחות קי.) והיא לך לסימן שאחד מן האמוראים ריבה לשער בגדול שבשלשתן ואחד ממעט לשער בקטן שבשלשתן ולא בבינוני כונס משקה ומוציא משקה ליכא למיטעי בהן לענין זרעים: שיעורו כמוציא זיתים. ליטהר מטומאה: הרי הוא ככלי גללים. משניקב כמוליא זית ואפילו יחדוס לרמונים והא דתנן כלי בעלי בתים שיעורן כרמונים גבי כלי עץ תנינן לה במסכת כלים (פ' יז מ"א):

הדרן עלך המצניע

הזורק רבי עקיבא מחייב. טעמא מפרש בגמרא[ד]: כיצד שתי גזוזטראות כו'. רבנן קאמרי להו: גזוזטראות. זיזין היוצאין מן הכותל ומניחין עליהן נסרים להלך: זו כנגד זו. בשני לידי רה"ר והן רה"י שגבוהות י' ורחבות ד': פטור. שלא מצינו זריקה והושטה במלאכת המשכן מרה"י לרשות היחיד ורחב רה"ר מפסיק ביניהן שלא היתה עבודת הלוים כך להושיט קרשים מעגלה לעגלה שבצדה אלא לעגלה שלפניה (ושלאחריה) שארבע עגלות היו לבני מררי שהיו נושאין קרשי המשכן והן הולכין שתים כאחד זו בצד זו כדאמרינן בגמ'[ה] וכשהיו פורקין את המשכן לטעון על העגלות היו מעמידין העגלות כדרך הליכתן שתים זו אצל זו סמוך למשכן ושתים זו אצל זו לפניהם דרך הליכתן לאורך רה"ר שהיו רוצים להלך אחר עמוד הענן ההולך לפניהם ופורקי המשכן היו מושיטין הקרשים לאותן שעל שתי העגלות הסמוכות למשכן והן מושיטין לאותן שלפניהם אבל מעגלה לעגלה שבצדה לא היו צריכין להושיט שהרי שתיהן סמוכות לפורקי המשכן: היו שתיהן בדיוטא אחת. כלומר בעלייה אחת באורך רה"ר על פני הבית ויש הפסק רה"ר ביניהם: הזורק פטור. הואיל ולמעלה מי' ולא מצינו זריקה מרה"י לרה"י דרך רה"ר במשכן לא באורך ולא ברוחב: והמושיט חייב. שמצינו הושטה כיוצא בה למעלה מי' במשכן מרה"י לרה"י וקצת אורך רשות הרבים מפסיק ביניהם: שכך היתה עבודת הלוים. ומפרש ואזיל כיצד מצינו כן בעבודתן שבשתי עגלות זו אחר זו ברשות הרבים פורקי משכן מושיטין לאותן שעל העגלות שאצלן והן מושיטין לאלו שלפניהם אבל לא זורקין שאין אותן קרשים נזרקות מפני כובדן: גמרא

תוספות

הא ברברבי והא בזוטרי. פי' בקונטרס דברבי ברוזו זוטרי כמוליא רמון וקשה לר"י דאין זו שיעור ומה קרי דברבי ומה קרי זוטרי לידע איזה הוא כמוליא רמון ונראה לר"י דברברבי כמוליא רמון ובזוטרי שמוליא רמון הוא יותר מרוב סגי ברוב והא דקאמר עד (א) שתיפחת רובו לא קאי אשיעור דמוליא רמון אלא אשיעור דמוליא זית:

ולענין צמיד פתיל עד שיפחת רובו. פירש רש"י דאין טומאה נכנסת דרך נקב דכל כלי פתוח כתיב דדרך פתחו נכנסת ולא דרך נקב ° ומקשינן דתנן בפ"י דמסכת כלים (מ"א) ואלו מצילין בצמיד פתיל כו' ומצילין בין מפיהם בין מצדיהם משמע דצריך שיהא מוקף צמיד פתיל כשניקב מצדו ועוד דתנן בתר הכי ובמה מקיפין בסיד ובחרסית כו' ובכל דבר שהוא מתמרח ואין מקיפין לא בבעץ ולא בעופרת מפני שהוא פתיל ואינו צמיד משמע דבנקב כל שהוא נכנסת טומאה ועוד דתנן התם ומייתי לה בהגוזל קמא (ב"ק קה.) חבית שניקבה וסתמוה שמרים הצילוה פקקה בזמורה עד שימרח מן הצדדים היו שתים עד שימרח מן הצדדין ובין זמורה לחבירתה[ז] ואומר ר"י דאינם קושיות לפירוש הקונט' דודאי בפתח נכנסת טומאה אפילו דרך נקב קטן ובעינן עד שיסתם לגמרי כל הפתח ולהכי צריך מירוח והאי דבין מפיהם בין מצדיהן לא מיירי שניקבו כשבר מן הצד אלא נעשה לצורך פתח והאי דהגוזל דחבית שניקבה מיירי כשנפחתה רובה או כמוליא רמון דחשיב כפתח ובעי סתימה מעליא וריב"א הקשה מהא דתנן במסכת כלים פ"ט (משנה ח) נקב העשוי לאוכלין שיעורן כזיתים העשוי למשקין שיעורן כמשקין העשוי לכך ולכך מטילין אותו לחומרא בצמיד פתיל ובכונס משקה פירוש כיון שעשוי למשקים ולאוכלים ויש בו נקב כונס משקה אינו מציל בצמיד פתיל על מה שבתוכו דגזרו אטו ההוא דמיוחד למשקין לחודייהו ולענין קבלת טומאה הוי כלי כיון שמיוחד לאוכלין ובנקב כי האי (ב) נכנסה טומאה ותירץ ר"י דהא דבעי הכא נפחת רובו או כמוליא רמון היינו דוקא בניקב במקום שנשאר עוד שיעור כלי מן הנקב ולמטה כשיעור המפורש בההיא דמייתי באלו טריפות (חולין נה.) אבל ניקב למטה במקום שאין נשאר למטה מן הנקב כשיעור כלי הוי שיעור לאוכלים בכזית ולמשקין בכונס משקה כי ההוא דמסכת כלים פ"ט (משנה ח) ור"ת מפרש בשמעתין הכי עד שיפחת רובו מועיל צמיד פתיל אם הנקבים נסתמים אבל בנפחת רובו או במוליא רמון שוב אין מועלת סתימה אלא הוי כאוכלין שגבלן בטיט שאין ניצולין כדאמרינן בריש זבחים (דף ג:) דכיון שנפחת רובו בטלו להו מתורת כלי והאי דחבית שנקבה וסתמוה שמרים מיירי בשלא נפחתה כשיעור וסתמו שמרים כל הנקב והא דבעי רבא התם (בב"ק שם) סתם אגף חביה מהו ה"פ אגף חביה וסתמוה שמרים חביה מאי מי הוי סתימה מעליא או לא ומייתי מפקקה בזמורה דלא חשיבא סתימה בלא מירוח בין זמורה לחבירתה הכא נמי לא חשיבא סתימה אגף חביה וסתמוה שמרים חביה ומשני התם לא קאי הכא קאי:

פליגי בה תרי אמוראי. פי' בקונטרס ° דלענין הכשר זרעים פליגי ואומר ר"ת דבמסכת עוקצין (פ"ג משנה י) תנן דהכשר זרעים כשורש קטן אלא אמר ר"ת דלענין מוקף צמיד פתיל פליגי:

שיעורו כמוציא זיתים. ה"ג ברוב ספרים ובפי' ר"ח ורש"י וא"ת מתני' היא במס' כלים (פ"ג מ"א) העשוי לאוכלין שיעורו כזיתים וי"ל דאיצטריך ליה לאשמעינן דלא מהני בה יחוד לרמונים ולאפוקי מדרבא ולהכי מסיים בהו לפרושה הרי הן ככלי אבנים שהם טהורין בכל ענין:

הדרן עלך המצניע

הזורק. כיצד שתי גזוזטראות כו'. תימה לרבה דמוקי פלוגתא דרבי עקיבא ורבנן (לעיל ד' ד.) בקלוטה ופליגי למטה מעשרה לא אתי שפיר כיצד דהא לא קאי אדלעיל דהכא איירי בגזוזטראות למעלה מעשרה דומיא דעגלות ואפילו ר' עקיבא נמי מודה התם ולמאן דמוקי פלוגתייהו למעלה מעשרה אתי שפיר ומיהו יש בירושלמי איכא דתני כיצד ואיכא דלא תני כיצד ומפרש התם דההוא אמורא דמוקי פלוגתא למעלה מעשרה תנא כיצד וההוא דמוקי לה למטה מעשרה לא תני כיצד: הוצאה

רבינו חננאל

הא מלתא וכבר פשטא דאי אמרת מרא לחפור בה וס"ת לקרות בו מלאכה שאינה צריכה לגופה היא היכי משכחת לה לר' שמעון מלאכה שהיא צריכה לגופה ומהדרינן מהו דתימא לית ליה לרבי שמעון משצ"ל עד דאיכא לגופה כגון מר לעשות לו טס וס"ת להגיהו קמ"ל רבא דלא צריך [האי כולה] [כה"ג] אלא אפי' מר לחפור בו וס"ת לקרות בו מודה בו ר"ש [דחייב] והוצאת המת דקא פטר בה ר' שמעון דוקא מקרבן חטאת אבל מ"מ [לכתחלה] (הכי) אסור דקיי"ל כל פטורי שבת פטור אבל אסור לבר מן הנך תלת ולא שרי לכתחלה אלא היכא דכבודו לאפוקי מהר"י לרשות הרבים או לעילויה מרשות הרבים להר"י (אסור) [מותר] כדקא מפרשינן מעשה דההוא שכבא דשכיב בה בדרא חדא וקאמר ליה רב נחמן בר יצחק לרב יוחנן אחתה דמר בריה דרבא האלקים דעיילת ביה את ודרית ליה וקא מפרש לא תימא דכר' שמעון קא אמינא ולאו כר' יהודה אלא אפילו לר' יהודה דאמר מלאכה שאינה צריכה לגופה חייב עליה הכא לכרמלית קאמינא דלית ביה חיובא אע"ג דאיכא בשאר מילי איסורא [דרבנן] מהר"י או מהר"ר לכרמלית הכא שאני במקום כבוד הבריות שדוחה את לא תעשה והאי ל"ת לאו דלא תסור כדמפורש במנחות סוף פ' הקומץ: פלוגתא דר"ש ור' יהודה בהדיא לא אשכחן היכא פליגי אלא מדוקיה [במתניתין] [שמעינן הכא] דאמרינן (לקמן בהאורג) הקורע בחמתו ועל מתו וכל המקלקלין פטור שניית מתו חמתו אחמתו קשיא. חמתו אחמתו נמי לא קשיא הא רבי יהודה דאמר מלאכה שאינה צריכה לגופה חייב עליה הא ר' שמעון דאמר מלאכה שאינה צריכה לגופה פטור עליה וכן הא דתנן (לקמן קכא) ועל עקרב שלא תשוך כו' ואמרי' איכא מתני' לה אהא הצד נחש בשבת והמתעסק שלא ישכנו פטור ואם לרפואה חייב מאן תנא אמר רב יהודה א"ר [רבי] שמעון היא דאמר מלאכ' שאינה צריכה לגופה פטור עליה וכן אמר שמואל כל פטורי שבת פטור אבל אסור בר מהני תלת דפטור ומותר וחדא מינייהו הצד נחש בשבת וממאי דפטור מותר הוא דתנן על עקרב שלא תשוך ש"מ כי פליגי במתניתין במלאכה שאינה צריכה לגופה פליגי וקשיא לן אי הכי קשיא דשמואל אדשמואל דאמר שמואל א) הכא (א') דפטור [מותר] ומוקי לטעמיה מכופין קערה על גבי הנר אלמא שמואל במלאכה שאינה צריכה לגופה כר' ש"ל והא קי"ל דשמואל במלאכה שאינה צריכה לגופה כר' יהודה ס"ל. מיהו [איכא למימר] היכא דאית ביה היזק לרבים כגון גחלת של מתכת וכגון עקרב שלא תישוך כגון הני בלחוד פליגי שמואל על ר' יהודה אבל במלאכה שאינה צריכה לגופה שמואל כרבי יהודה ס"ל: תנן התם בפ"ז דנגעים התולש סימני טמאה והכוה את המחיה עובר בלא תעשה פי' שיער לבן שהפך בשאת והכוה את המחיה להעבירו עובר אבל תעשה עיקרה השמר בנגע הצרעת אלמא אל תעבירהו ביד וכדר' אבין א"ר אלעא כל מקום שנאמר השמר פן ואל אינו [אלא] בל"ת: אתמר אם תלש נימא אחת שלש שיער לבן שהפך בבהרות משני נימין דברי הכל חייב אחת משלש רב נחמן אמר חייב אהני מעשיו שקירב דאותו לעבור ג) רב ששת אמר פטור השתא מיהא הא איתיה לטמאה ולא עבירה לאיסורה אמר רב ששת מנא אמינא לה דתנן המוציא כזית מן המת חייב ודייקינן מינה אם הוציא כזית חייב הא חצי כזית פטור והתניא המוציא חצי כזית חייב ומשני אמר רב ששת הא דתני חצי כזית חייב דאפיק חצי זית מן כזית שכבר מיעטו חייב והא דתני פטור דאפיק חצי זית מן כזית ומחצה דלא אהני השתא מידי ואע"פ שקרב מיעוט הטומאה ורב נחמן משני הא דתני חצי זית פטור דאפקוה ממת גדול דהאי שיעורא לא מקרב מיעוט טומאה אבל חצי זית מכזית ומחצה שמקרב הסרת הטומאה חייב וקיי"ל כרב ששת (וטפי עדיף): הנוטל צפורניו זו בזו או בשיניו או בידו שלא בכלי וכן שערו וכן שפמו וכן זקנו שנוטלו בין בידו בין שלא בכלי בין לעצמו בין לחבירו אסור משום שבות אבל אם נטלו בכלי כגון אזמל או בגוסטר חייב. וצפורן שפרש רובו וציצין שפירשו רובן כלפי למעלה ומצערות אותו מותר לנוטלן בידו אבל בכלי אסור ואם לא פירש חייב עליהן ביד פטור אבל אסור בכלי חייב חטאת. תנא הנוטל מלא פי הזוג חייב וכמה מלא פי הזוג שתים וכן לקרחה שתים (באכהנוס) אבל המלקט שער לבן אפילו שערה אחת אסור משום לא יהיה כלי גבר על אשה וכן הגדולת וכן הפוקסת ר' אלעזר מחייב חטאת וחכ"א משום שבות ואוקימנא כוחלת משום כותבת גודלת ופוקסת משום בונה: ירושלמי גודלת משום

עין משפט נר מצוה

מו א מיי' פי"ט מהל' כלים הלכה א:
א ב מיי' פי"ב מהלכות שבת הלכה ה סמג לאוין סה טוש"ע א"ח סי' שמו סעיף א:
ב ג מיי' שם הלכה יט:
ג ד שם הלכה יח:

מסורת הש"ס

א) [נדה מט.], ב) [כריתות ה: יומא מב. מנחו' קד. שבועות טו.], ג) לעיל ד., ד) נ"ל מתמיהין, ה) שייך לעיל ע"ב, ו) [ב"ק כמוס' פ"ה מ"א להלות.

הגהות הב"ח

(א) תוס' ד"ה הא כו' דקאמר עד שיפחת רובו: (ב) ד"ה ולענין וכו' כי האי אין נכנסת טומאה:

גליון הש"ס

תוס' ד"ה ולענין צמיד פתיל וכו'. ומקשי' דתנן פ"י דמס' כלים. עי' מ"ש רפ"ה דאהלות: ד"ה פליגי בה כו' דלענין הכשר זרעים פליגי. עי' זבחים לב ע"ב תוד"ה ל"ש בכסף לה ע"א:

ליקוטי רש"י

שונין. הלכה למשה מסיני. שיעורו בכונס משקה. פחות של שיעורים המבטלים אותו מהיות כלי כונס משקה הוא שיעור הראשון שהוא מבטלו מהיות כלי למי חטאת כדאמר במסכת שבת (צה:) ממה מדות בכלי חרס [ניקב כונס] משקה טהור מלטמא בגסטרא ועדיין [וכו' נמלא] כונס משקה הוא שיעור הראשון אבל כמוליא משקה לא כנ"ל. ולא אמרו מוציא משקה. בגיל אלא לענין גסטרא בלבד ע"פ שאינו מכניס לפי שאין אומרים הבא גסטרא לגסטרא כשניקבה כמוליא משקה שוב אין מקבלת עליה ואינו משתמש בה שאין אומר הבא גסטרא אחרת וניתן תחתיה לקבל משקה היוצא אבל בכלי שלם שנקב כמוליא משקה לא בטיל מכלום לפי שהוא חס עליו ואינו זורקו ומשתמש בו ומביא גסטרא ומניח תחתיו לקבל משקה היוצא [נדה מט.]. וסימניך. משנה זו תהא לך סימן ששנינו (מנחות קי.) אחד המרבה ואחד הממעיט ובלבד שיכוין לבו לשמים בסימן זה תזכור לומר שהמרבה נתן בה שיעור וקא הממעט נקט בו שיעור קטנו ולא לחכר כלל [יומא מב.]. אחד המרבה ואחד הממעיט. לענין קרבנות שנויה בשלהי מנחות (קי.) נאמר בעולת בהמה ריח ניחוח ובמנחה ריח ניחוח ללמדך שאחד המרבה ואחד הממעיט [ברכות ה:]. כלי גללים. כלי גללי בהמה [מנחות סט: בתוס' ובהגהת"ש]. לפיגי בקר מפרש להו במנחות בפרק כל ישמעאל (סט.) [יומא ב. ועייש בגה"ש]. לפיגי בקר עשויה מהן כלי [לעיל נח.] גללים, שיש [שם טו: ועייש בב"ח ובגה"ש]. כלי אדמה. שאין עשויין ככלי חרס בכבשן ולא הולף האדמה היה כלי כמו שהוא לכן רכה והוקקין עשויין מאדמה כלים [יומא שם]. דלאו על ידי גיבול נגמר הוא ככלי חרס [לעיל שם]. כלי עשוי מכלי עשוי כלי ... אין מקבלין טומאה. שאינם כלים לענין קבלת טומאה [שם טז:]. שכך היתה עבודת הלוים וכו'. שמושיטין את הקרשים מזו לזו והן רשות היחיד וביניהם רשות הרבים. אבל לא זורקין. שלא יתקלקלו [שם ד:].

Chapter Eleven

Mishnah In previous chapters, the Tanna delineated the laws governing transferring by carrying. He now proceeds to delineate the laws of transfer by throwing and handing over:

הַזּוֹרֵק מֵרְשׁוּת הַיָּחִיד לִרְשׁוּת הָרַבִּים – **If one throws** an object **from a private domain to a public domain** on the Sabbath, **מֵרְשׁוּת הָרַבִּים לִרְשׁוּת הַיָּחִיד** – or **from a public domain to a private domain, חַיָּיב** – **he is liable.**[1]

מֵרְשׁוּת הַיָּחִיד לִרְשׁוּת הַיָּחִיד – If he throws the object **from** one **private domain to** another **private domain, וּרְשׁוּת הָרַבִּים בָּאֶמְצַע** – **and there is a public domain in between** the two private domains, **רַבִּי עֲקִיבָא מְחַיֵּיב** – **R' Akiva holds** him **liable, וַחֲכָמִים פּוֹטְרִין** – **while the Sages exempt** him.[2]

The Mishnah continues:

כֵּיצַד – **How so?**[3] **שְׁתֵּי גְּזוּזְטְרָאוֹת זוֹ כְּנֶגֶד זוֹ בִּרְשׁוּת הָרַבִּים** – If there are **two balconies,**[4] **one opposite the other, in a public domain,**[5] **הַמּוֹשִׁיט וְהַזּוֹרֵק מִזּוֹ לְזוֹ פָּטוּר** – **one who hands over or throws** an object **from this** private domain **to the other** across the public domain **is exempt.**[6] **הָיוּ שְׁתֵּיהֶן בִּדְיוֹטָא אַחַת** – But if **both** balconies **were in one upper story,** i.e. on the same side of the public domain,[7] **הַמּוֹשִׁיט חַיָּיב וְהַזּוֹרֵק פָּטוּר** – then **one who hands over** an object from one balcony to the other **is liable,**[8] **whereas one who throws** the object to the other balcony **is exempt.** And why is there liability specifically for "handing over" from one private domain to another, and only when the two private domains are on the same side of the public domain? **שֶׁכָּךְ הָיְתָה עֲבוֹדַת הַלְוִיִּם** – **Because this was the** manner of **work of the Leviim** when loading the Tabernacle boards onto the wagons,[9] as the Mishnah proceeds to explain. **שְׁתֵּי עֲגָלוֹת זוֹ אַחַר זוֹ בִּרְשׁוּת הָרַבִּים** – There would be **two wagons one beyond the other in the public domain,**[10] **מוֹשִׁיטִין הַקְּרָשִׁים מִזּוֹ לְזוֹ** – and **they would hand over the** Tabernacle **boards from this** wagon **to the other,**[11]

NOTES

1. Carrying an object from a *reshus hayachid* to a *reshus harabim* or vice versa is a *melachah,* whose inadvertent transgression makes the person liable to a *chatas.* Similarly, throwing the object from the one domain to the other is a Biblically prohibited *toladah* (and bears *chatas* liability – see Gemara below). For in the case of throwing as well, the person has in effect *lifted* the object [עֲקִירָה] from the one domain and *placed* it *down* [הַנָּחָה] in the other.

2. Generally, transferring an object from one private domain to another, even if they are owned by different people, is not prohibited on the Biblical level (see *Rashba* to 97a ד״ה אי כוונתו). The Mishnah here, however, deals with a specific case, in which R' Akiva deems the transferrer liable, while the Sages exempt him. The specifics of this case and the reasons of the disputants will be explained in the Gemara below [97a] (see *Rashi*).

3. The Mishnah is now elaborating the view of the Sages (*Rashi*). [*Tos. Yom Tov* asserts that *Rashi's* comments here reflect the explanation of the dispute considered first by the Gemara on 97a rather than the Gemara's conclusion. Moreover, *Tosafos* here (citing *Yerushalmi*) state that the introductory expression כֵּיצַד, *how so,* should be altogether deleted according to the explanation of our Mishnah accepted by our Gemara below, 97a. These issues will be treated more fully on 97a – see end of note 27 there.]

4. These are [unwalled] balconies formed by planks laid across beams protruding from the wall (see *Rashi*).

5. They extend towards each other from the buildings on opposite sides of the street. Each balcony is at least ten *tefachim* above the ground of the *reshus harabim* and is at least four *tefachim* long by four *tefachim* wide; thus, each one is a *reshus hayachid* (*Rashi*). [Regarding the precise conditions under which such balconies have the status of *reshus hayachid,* see *Hagahos R' Simchah MiDessau,* from *Eruvin* 98b and *Tosafos* there 86b ד״ה גזוזטרא; *Tosafos* below, 99a ד״ה שתי גזוזטראות; *Chidushei Tzemach Tzedek* at length; *Nishmas Adam* 47:3, citing *Rashba.*]

6. [As in most other cases of moving an object from one *reshus hayachid* to the other, which are generally not included in the *melachah* of transferring.]

7. Both balconies jutted out of the same upper story, and were thus on the same side of the *reshus harabim,* though separated by [an open space that is above] the *reshus harabim* (*Rashi*).

8. Even though the object does not technically pass through the *reshus harabim* at all but rather through the "exempt area" above the ten-*tefach* ceiling (see Mishnah below, 100a) of the *reshus harabim.*

[*Tosafos* above (4a ד״ה אבל למעלה) seek to demonstrate that the same liability would apply if the object were passed from one *reshus hayachid* to another across the length of the *reshus harabim* **below** the height of ten *tefachim,* which is within the airspace of the *reshus harabim* (see, however, *Tos. R' Akiva* here §118).]

9. I.e. they would pass the boards from one *reshus hayachid* to another along the length of the *reshus harabim,* but they would not throw them, as the Mishnah proceeds to explain.

10. During Israel's travels through the Wilderness, the Tabernacle would be dismantled, transported and subsequently reerected at the site of the new encampment. The boards that formed the Tabernacle walls [as well as the crossbars, pillars and sockets] were the responsibility of the Leviim of the Merari family (*Numbers* 3:36, 4:31), who would dismantle and load them on four wagons assigned to them for the transport of these items (see ibid. 7:8). When the Tabernacle was dismantled, the four wagons would line up in front of the Tabernacle in two pairs – one pair behind the other – pointed in the direction of the Clouds of Glory that had begun to move along the route of the new journey (see *Rashi*). [The route traced out by the Clouds of Glory (and subsequently traveled by the Israelites) had the status of a *reshus harabim* in regard to the laws of Shabbos; thus, the wagons were in effect lined up along the length of the *reshus harabim.*]

11. The boards to be loaded on the front wagons were passed from the ground to the Leviim standing on the rear wagons (nearest the Tabernacle) and from there to the Leviim standing on the front wagons. Each wagon was considerably wider than four *tefachim* by four *tefachim* (see below, 99a); and its sides were ten *tefachim* high (see *Rashi* to 49b ד״ה עגלה and to 99a ד״ה חמיסרי הויין). Thus even though the wagon had no floor (see below, beginning of 98b), the top of the first layer of beams placed across the wagon had the status of a *reshus hayachid* (see *Tosafos* to 99a ד״ה שתי גזוזטראות). Accordingly, we find in the Tabernacle an instance in which objects were **handed over** from one *reshus hayachid* to another (wagon to wagon) **across the length** of the *reshus harabim* (the gap between the rear wagon and the front one) above the height of ten *tefachim.* There was no reason, however, for the Leviim to pass the boards laterally across the width of the *reshus harabim* to the adjacent wagon. Thus, it is only passing an object from one *reshus hayachid* to another across the *length* of the *reshus harabim* that is a Biblical *melachah* (because of the Mishkan precedent) and not passing it across the *width* of the *reshus harabim* (see *Rashi*).

[*Rav Hai Gaon* (cited in *Ritva MHK* ed., and *Rashba* to 99a ד״ה שתיהן), however, has an altogether different interpretation of the *melachah* of *handing over.*]

הא בברבי והא בזוטרי א) אמר רב אסי א שונין כלי חרס שיעורו בכונס משקה ולא אמרו מוציא משקה אלא לענין גיסטרא בלבד מאי טעמא אמר מר זוטרא בריה דרב נחמן לפי שאין אומרים הבא גיסטרא לגיסטרא אמר עולא פליגי בה תרי אמוראי במערבא רבי יוסי בר' אבין ור' יוסי בר זבדא חד אמר כמוציא רמון וחד אמר כשורש קטן וסימניך ג) אחד המרבה ואחד הממעיט אמר רב חיננא בר כהנא משמיה דרבי אליעזר כלי חרס שיעורו כמוציא זיתים ומר קשישא בריה דרבה מסיים בה משמיה דרבי אליעזר והרי הן ככלי גללים וכלי אבנים וכלי אדמה שאין מקבלין טומאה לא מדברי תורה ולא מדברי סופרים ולענין צמיד פתיל עד שיפחת רובו:

הדרן עלך המצניע

הזורק ג מרשות היחיד לרשות הרבים מרשות הרבים לרשות היחיד חייב ד מרשות היחיד לרשות היחיד ורשות הרבים באמצע רבי עקיבא מחייב וחכמים פוטרין כיצד ה שתי גזוזטראות זו כנגד זו ברשות הרבים המושיט והזורק מזו לזו פטור היו ו שתיהן בדיוטא אחת המושיט חייב והזורק פטור שכך היתה עבודת הלוים שתי עגלות זו אחר זו ברשות הרבים מושיטין הקרשים מזו לזו אבל לא זורקין: גמ'

רש"י

בברבי. ברובו: **זוטרי.** כמוציא רמון בטל ליה מכלי: **שונין.** התנאים שונין בברייתא: **כלי חרס.** דשיעור הראשון האמור בו לבטלו במקלקת משום כלי: **בכונס משקה.** הוא דמבטל ליה מיהא מתורת מטלא ולא אמרו נקב מוציא משקה חשוב נקב לבטלו אלא לגיסטרא דהשתא ודאי לאו נקבה הכי כמוציא משקה משלא שדי ליה: **שאין אומרים הבא גיסטרא.** אמרת לגיסטרא זו להניח תחתיה לקבל הטיפין אבל כלי שלם חסין עליו ומשום נקב פורתא לא שדו ליה ומניחין גיסטרא תחתיו: **פליגי בה.** בהכשר זרעים: **וסימן.** דלא מיטעי למימר חד אמר כמוציא זית: **אחד המרבה ואחד הממעיט** ובלבד שיכוין כו'. ברייתא היא (מנחות קי.) והיא לך לסימן שאחד מן האמוראים ריבה לשער בגדול שבשלשתן ואחד ממעט לשער בקטן שבשלשתן ולא בכינוס כונס משקה ומוציא משקה דליכא למיטעי בהן לענין זרעים: **שיעורו כמוציא זיתים.** ליטהר מטומאה: **הרי הוא ככלי גללים.** משניקב כמוציא זית ואפילו יחדוס לרמונים והא דתנן כלי בעלי בתים שיעורן כרמונים גבי כלי עץ תנינן לה במסכת כלים (פי"ז מ"א):

הדרן עלך המצניע

הזורק רבי עקיבא מחייב. טעמא מפרש בגמרא ז): **כיצד שתי גזוזטראות כו'.** רבנן קאמרי להו: **גזוזטראות.** זיזין היוצאין מן הכותל ומניחין עליהן נסרים להלך: **זו כנגד זו.** בשני צידי רה"ר והן רה"י שגבוהות י' ורחבות ד': **פטור.** שלא מצינו זריקה והושטה במלאכת המשכן מרה"י לרשות היחיד ורחב רה"ר מפסיק ביניהן שלא היתה עבודת הלוים כך להושיט קרשים מעגלה לעגלה שבצדה אלא לעגלה שלפניה (ושלאחריה) שארבע עגלות היו לבני מררי שהיו נושאין קרשי המשכן והן הולכין שתים כאחד זו בצד זו כדאמרינן בגמ' ח) וכשהיו פורקין את המשכן לטעון על העגלות היו מעמידין העגלות כדרך הליכתן שתים זו אצל זו סמוך למשכן ושתים זו אצל זו לפניהם דרך הליכתן לאורך רה"ר שהיו רוצים להלך אחר עמוד הענן ההולך לפניהם ופורקי המשכן היו מושיטין הקרשים לאותן שעל שתי העגלות הסמוכות למשכן והן מושיטין לאותן שלפניהם אבל מעגלה לעגלה שבצדה לא היו צריכין להושיט שהרי שתיהן סמוכות לפורקי המשכן: **היו שתיהן בדיוטא אחת.** כלומר בעלייה אחת באורך רה"ר על פני הבית ויש הפסק רה"ר ביניהם: **הזורק פטור.** הואיל ולמעלה מי' ולא מצינו זריקה מרה"י לרה"י דרך רה"ר במשכן לא באורך ולא ברוחב: **והמושיט חייב.** שמצינו הושטה כיוצא בה למעלה מי' במשכן מרה"י לרה"י וקלט אורך רשות הרבים מפסיק ביניהם: **שכך היתה עבודת הלוים.** ומפרש ואזיל כיצד מצינו כו בעבודתן שבשתי עגלות זו אחר זו ברשות הרבים פורקי משכן מושיטין לאותן שעל העגלות שאצלן והן מושיטין לאלו שלפניהם אבל לא זורקין שאין אותן קרשים נזרקות מפני כובדן: גמרא

תוספות

הא ברברבי והא בזוטרי. פי' בקונטרס רברבי ברובו זוטרי כמוציא רמון וקשה לר"י דאין זו שיעור ומה קרי רברבי ומה קרי זוטרי לידע איזה הוא כמוציא רמון ונראה לר"י דברברבי כמוציא רמון ובזוטרי שמוציא רמון הוא יותר מרוב סגי ברוב והא דקאמר עד (א) שתיפחת רובו לא קאי אשיעור דמוציא רמון אלא אשיעור דמוציא זית:

ולענין צמיד פתיל עד שיפחת רובו. פירש רש"י דאין טומאה נכנסת דרך נקב דכל כלי פתוח כתיב דדרך פתחו נכנסת ולא דרך נקב ° ומקשין דתנן בפ"י דמסכת כלים (מ"א) ואלו מצילין בצמיד פתיל כו' ומצילין בין מפיהם בין מצדיהם משמע דצריך שיהא מוקף צמיד פתיל כשניקב מצידו ועוד דתנן בתר הכי ובמה מקיפין בסיד ובחרסית כו' ובכל דבר שהוא מתמרח ואין מקיפין לא בבעץ ולא בעופרת מפני שהוא פתיל ואינו צמיד משמע דבנקב כל שהוא נכנסת טומאה ועוד דתנן התם ומייתי לה בהגוזל קמא (ב"ק קה.) חבית שניקבה וסתמוה שמרים הצילוה פקקה בזמורה עד שימרח מן הצדדים היו שתים עד שימרח מן הצדדין ובין זמורה לחבירתה י) ואומר ר"י דאינם קושיות לפירוש הקונט' דודאי בפתח נכנסת טומאה אפילו דרך נקב קטן ובעינן עד שיסתם לגמרי כל הפתח והכי צריך מירוח וההיא דבין מפיהם בין מצדיהן לא איירי שניקבו כשבר מן הצד אלא נעשה לצורך פתח וההיא דהגוזל דחבית שניקבה איירי כשנפחתה רובה או כמוציא רמון דחשיב כפתח ובעי סתימה מעליא וריב"א הקשה מהא דתנן במסכת כלים פ"ט (משנה ח) נקב העשוי לאוכלין שיעורן כזיתים העשוי למשקין שיעורן כמשקין העשוי לכך ולכך מטילין אותו לחומרא בצמיד פתיל ובכונס משקה פירוש כיון שעשוי למשקים ולאוכלים ויש בו נקב כונס משקה אינו מציל בצמיד פתיל על מה שבתוכו דגזרו אטו ההוא דמיוחד למשקין לחודייהו ולענין קבלת טומאה הוי כלי כיון שמיוחד לאוכלין ובנקב כי האי (ב) נכנסה טומאה ומירך ר"י דהא דבעי הכא נפחת רובו או כמוציא רמון היינו דוקא בניקב במקום שנשאר עוד שיעור כלי מן הנקב ולמטה כשיעור המפורש בההיא דמייתי באלו טריפות (חולין נה.) אבל ניקב למטה במקום שאין נשאר למטה מן הנקב כשיעור כלי הוי שיעור לאוכלים כזית ולמשקין בכונס משקה כי ההוא דמסכת כלים פ"ט (משנה ח) וי"מ מפרש בשמעתין הכי עד שיפחת רובו מועיל צמיד פתיל אם הנקבים נסתמים אבל בנפחת רובו או כמוציא רמון שוב אין מועלת סתימה אלא הוי כאוכלין שגבלן בטיט שאין ניצולין כדאמרינן בריש זבחים (דף ג:) דכיון שנפחת רובו בטלו להו מתורת כלי וההיא דחבית שנקבה וסתמוה שמרים מיירי בשלא נפחתה כשיעור וסתמו שמרים כל הנקב והא דבעי רבא התם (בב"ק שם) סתם אגף חליה מהו ה"פ אגף חליה וסתמוה שמרים חליה מאי מי הוי סתימה מעליא או לא ומייתי מפקקה בזמורה דלא חשיבא סתימה בלא מירוח בין זמורה לחבירתה הכא נמי לא חשיבא סתימה אגף חליה וסתמוה שמרים חליה ומשני התם לא קאי הכא קאי: **פליגי** בה תרי אמוראי. פי' בקונטרס ° דלענין הכשר זרעים פליגי ואומר ר"ת דבמסכת עוקצין (פ"ב משנה י) תנן דהכשר זרעים כשורש קטן אלא אמר ר"ת דלענין מוקף צמיד פתיל פליגי: **שיעורן** כמוציא זיתים. ה"ג ברוב ספרים וכפי' ר"ח ורש"י וא"ת מתני' היא במס' כלים (פ"ג מ"א) העשוי לאוכלין שיעורו כזיתים וי"ל דאיצטריך ליה לאשמעינן דלא מהני בה יחוד לרמונים ולאפוקי מדרבא ולהכי מסיים בהו לפרושה הרי הן ככלי אבנים שהם טהורין בכל ענין:

הדרן עלך המצניע

הזורק. כיצד שתי גזוזטראות כו'. תימה לרבה דמוקי פלוגתא דרבי עקיבא ורבנן (לעיל ד' ד.) בקלוטה ופליגי למטה מעשרה לא אתי שפיר כיצד דהא לא קאי אדלעיל דהכא איירי בגזוזטראות למעלה מעשרה דומיא דעגלות ואפילו ר' עקיבא נמי מודה התם ולמאן דמוקי פלוגתייהו למעלה מעשרה אתי שפיר ומיהו יש בירושלמי איכא דתני כיצד ואיכא דלא תני כיצד ומפרש התם דההוא אמורא דמוקי פלוגתא למעלה מעשרה תנא כיצד וההוא דמוקי לה למטה מעשרה לא תני כיצד:

רבינו חננאל

הא מלתא וכבר פשטא דאי אמרת מרא לחפור בה וס"ת לקרות בו מלאכה שאינה צריכה לגופה היא היכי משכחת לה לר' שמעון מלאכה שהיא צריכה לגופה ומהדרינן מהו דתימא לית ליה לרבי שמעון מצא"ל עד דאיכא לגופה כגון מר לעשות לו טס וס"ת להגיהו קמ"ל רבא דלא צריך (האי כולה) [כה"ג] אלא אפי' מר לחפור בו וס"ת לקרות בו מודה בו ר"ש [דחייב] והוצאת המת דקא פטר בה ר' שמעון קא מקרבן חטאת אבל מ"מ [לכתחלה] (הכי) אסור דקיי"ל כל פטורי שבת פטור אבל אסור לבר מן הנך תלת ולא שרי לכתחלה אלא היכא דכבודו לאפוקי מהר"י לרשות הרבים או לעיוליה מרשות הרבים להר"י (אסור) [מותר] כדקא מפרשינן מעשה דההוא שכבא דשכיב בדרוא חדא וקאמר ליה רב נחמן בר יצחק לרבי יוחנן אחוה דמר בריה דרבנא האלקים דעיילת ביה את ודרית ליה וקא מפרש ליה תימא דכר' שמעון קא אמינא ולאו כר' יהודה אלא אפילו לר' יהודה דאמר מלאכה שאינה צריכה לגופה חייב עליה הכא לכרמלית קאמינ' דלית ביה חיובא אע"ג דאיכא בשאר מילי איסורא [דרבנן] מהר"י או מהר"ה לכרמלית הכא שאני במקום כבוד הבריות שדוחה את לא תעשה והאי ל"ת לאו דלא תסור כדמפורש במנחות סוף פ' הקומץ: פלוגתא דר"ש ור' יהודה בהדיא לא אשכחן היכא פליגי אלא מדוקיהו (במתכוין) [שמעינן הכא] דאמרינן (לקמן בהאורג) הקורע בחמתו ועל מתו וכל המקלקלין פטור שנייה מתו אחמתו קשיא חמתו אחמתו נמי לא קשיא הא רבי יהודה דאמר מלאכה שאינה צריכה לגופה חייב עליה הא ר' שמעון דאמר מלאכה שאינה צריכה לגופה פטור עליה ותנו הא דתנן (לקמן קכא) ועל עקרב שלא תשוך כו' ואמרי' איכא דמתני לה אהא הצד נחש בשבת ומתעסק שלא ישכנו פטור ואם לרפואה חייב מאן תנא אמר רב יהודה א"ר [רבי] שמעון היא דאמר מלאכ' שאינה צריכה לגופה פטור עליה וכן אמר שמואל כל פטורי שבת פטור אבל אסור בר מהני תלת דפטור ומותר וחדא מינייהו הצד נחש בשבת וממאי דפטור ומותר הוא דתנן ועל עקרב שלא תשוך ש"מ כי פליגי במתניתין במלאכה שאינה צריכה לגופה

פליגי וקשיא לן אי הכי קשיא דשמואל א) הכא (א') דפטורו [מותר] ומוקי לטעמיה מכופין קערה על גבי הנר אלמא שמואל במלאכה שאינה צריכה לגופה כר"ש ס"ל והא קי"ל דשמואל במלאכה שאינה צריכה לגופה כר' יהודה ס"ל. מיהו [איכא למימר] היכא דאית ביה היזק לרבים כגון גחלת של מתכת וכגון עקרב שלא תישוך כגון הני בלחוד פליגי שמואל במלאכה שאינה צריכה לגופה שמואל כרבי יהודה ס"ל: **תנן** התם בפ"ז דנגעים התולש סימני טמאה והכוה את המחיה עובר בלא תעשה פי' שיער לבן שהפך בשאת והכוה את המחיה תעשה עיקרה השמר בנגע הצרעת אלמא אל תעבירהו ביד וכדר' אבין א"ר אלעא כל מקום שנאמר השמר פן ואל אינו [אלא] בל"ת: אתמר אם תלש נימא אחת שלש שיער לבן שהפך דברי הכל חייב אחת משלש רב נחמן אמר חייב אהני מעשיו שקירב דאותו לעבור ג) רב ששת אמר פטור השתא מיהא הא איתיה לטמאה ולא עבירה לאיסורה אמר רב ששת מנא אמינא לה דתנן המוציא כזית מן המת חייב ודייקינן מינה אם הוציא כזית חייב הא חצי כזית פטור והתניא המוציא חצי כזית חייב ומשני אמר רב ששת הא דתני חצי כזית חייב דאפיק חצי זית מן כזית שכבר מי חייב והא דתני פטור דאפיק חצי זית מן כזית ומחצה דלא אהני השתא מידי ואע"פ שקרב מיעוט הטומאה ורב נחמן משני הא דתני חצי זית פטור דאפקוה ממת גדול דהאי שיעורא לא מ אבל חצי זית מכזית ומחצה שמקרב הסרת הטומאה חייב וקיי"ל כרב ששת (וטפי עדיף): הנוטל צפורניו זו בזו או בשיניו או בידו שלא בכלי וכן שערו וכן שפמו וכן זקנו שנוטלו ב בכלי בין לעצמו בין לחבירו אסור משום שבות אבל אם נטלו בכלי כגון אזמל או בגוסטר חייב. וצפורן שפרש רובו וציצין שפירשו רובן כלפי למעלה ומצערות אותו מותר לנוטלן ב ואם לא פירש חייב עליהן ביד פטור אבל אסור בכלי חייב חטאת. תנא הנוטל מלא פי הזוג חייב וכמה מלא פי הזוג שתים וכן לקרחה שתים (באכהנוס) אבל המלקט שער לבן שערה אחת אסור משום לא יהיה כלי גבר על אשה וכן הגודלת וכן הפוקסת ר' אלעזר מחייב חטאת וחכ"א משום שבות ואוקימנא כוחלת משום כותבת גודלת ופוקסת משום בונה: ירושלמי גודלת משום

חשק שלמה על רבינו חננאל א) עי' תוס' לעיל דף ג ע"א ד"ה הכל שהבילו קושיא זו בשם ר"ת ועי"ש: ב) נראה דצ"ל שקירב למעט הטומאה. דאי משתקלא הדא אמרינא אולא לה טומאה:

מסורת הש"ס

א) [נדה מט.], ב) [ברכות ה: יומא מב. מנחות קי. שבועות טו.], ג) לעיל ד., ד) צ"ל מתמיהין, ה) שייך לעיל ע"ב, ו) בכמה"ע פ"ה מ"א לאהלות.

הגהות הב"ח

(א) תוס' ד"ה הא כו' דקאמר עד שיפחת רובו: (ב) ד"ה ולענין וכו' בנקב כי האי אין נכנסת טומאה:

גליון הש"ס

תוס' ד"ה ולענין צמיד פתיל וכו'. ומקשי' דתנן פ"י דכלים. עי' מ"מ רפ"ה דאהלות: ד"ה פליגי בה כו' דלענין הכשר זרעים פליגי. עי' זבחים לו ע"ב תוד"ה ל"ש בקס"ד לה ע"א:

ליקוטי רש"י

שונין. הלכה למשה מסיני. **שיעורו בכונס משקה.** פחות של שיעורים המבטלים אותו מהיות כלי כונס משקה הוא שיעור הראשון שהוא מבטלו מהיות כלי למי שלא כדאמר במסכת שבת (צה:) ממש מדות בכלי חרס [ניקב] כמוציא משקה טהור מלטמא בטבולה ועדיין [כלי] ולא נמלא כונס משקה הוא שיעור הראשון אבל כמוציא משקה לא בטיל. **ולא אמרו מוציא משקה.** בטיל אלא לענין גסטרא בלבד דא"ס שאינו מכונס בטבולה לפי שאין אומרים הבא גסטרא לגסטרא כשניקבה כמוציא משקה שוב אין עליו ואינו משמש בה שאין אומר הבא גסטרא אחרת ונניח אותה תחת גסטרא זו לקבל משקה היוצא אבל בכלי שלם שנקב כמוציא משקה לא בטיל מכלים לפי שהוא חס בו ומניח גסטרא תחתיו לקבל משקה היוצא [נדה מט.]. **וסימניך.** משנה היא זה לך סימן שעינו (מנחות קי.) אחד המרבה ואחד הממעיט ובלבד שיכוין לבו לשמים בסימן זה תזכור לומר שאמר שאחד נתן בה שיעור המרבה מכולן והאחד נתן בה שיעור וקא ממעט מכולן אבל שיעור ביניני לא קתני כאן [יומא מב.]. **אחד המרבה ואחד הממעיט.** לענין קרבנות שנויה במס' מנחות (קי.) נאמר בעולת בהמה ריח ניחוח ובמנחה ריח ניחוח ללמדך שאחד המרבה כו' [ברכות ה:]. **כלי גללים.** כלי גללי בהמה [מנחות סט. ע"ש בתוס' ובהגר"ב]. לפיעי בקר עשויין כלי וכתב במנחות בפרק בי ישמעאל (סט:) [יומא ב. תע"ש בבה"ש]. לפיעי בקר עשה מהן כלי גללים, שיש [שם טז:] וע"ש בבה"ש. **כלי אדמה.** שאין עשוין ככלי חרס בכבשן אלא האדמה היא שכן דרך רכה והוקרין מקום כלים [יומא שם]. דלאו על ידי גיבול וצרוף הוא וכל כלי חרס [לעיל שם]. כלי העשוי מן אבנים שאין מלבנים בכבשן כמעשה יד יוצר לנקמן קרי כלי אדמה אלא כלי אדמה [שם נח.]. **אין מקבלין טומאה.** שאין קרויים כלים לענין קבלת טומאה [שם טז:]. **שכך היתה עבודת הלוים וכו'.** שמושיטין את הקרשים מזו לזו והן רשות היחיד וביניהם רשות הרבים. **אבל לא זורקין.** שלא יתקלקלו [שם ד:].

עין משפט נר מצוה

מו א מיי' פי"ט מהל' כלים הלכה ה:
א ב מיי' פי"ב מהלכות שבת הלכה יב סמג לאוין סה טוש"ע א"ח סי' שמו סעיף א:
ב ג מיי' פי"ג שם הלכה יט:
ג ד שם הלכה יח:

אֲבָל לֹא זוֹרְקִין – but they would not throw the boards.[12]

NOTES

12. The boards were not thrown because they were too heavy (*Rashi*) or so that they not be damaged (*Rashi* to 4b ד״ה זורק) or because it is not seemly to throw sanctified objects (*Yerushalmi,* cited by *Hagahos Ben Aryeh* [see there]). Thus, it is only **handing over** along the length of the *reshus harabim* that is a Biblical *melachah* (because of the Mishkan precedent) but not **throwing.**

The *melachah* of "handing over" has several novel features. It is deemed a *melachah* even though it involves passing an object from one *reshus hayachid* to another via an exempt area (see note 8) and even though the *melachah* is done by two people – the one passing it from one *reshus hayachid* and the one receiving it in the other (see *Meiri,* who cites a dispute whether only the one passing it across is liable or the one receiving it as well; see also *Tosafos* to 3a ד״ה בעשותה, citing *Yerushalmi*). Because "handing over" possesses these novel features, we must restrict liability to the specifics of how "handing over" was performed in the Mishkan, and we cannot extend liability to even slightly varied situations (such as "throwing," or passing across the *width* of the *reshus harabim*), though such slight variations would be considered at least Biblically proscribed *tolados* in the case of other *melachos* (ibid.). [*Tosafos* (2a ד״ה פשט; 96b ד״ה הכנסה), however, attribute this lack of extension to slightly varied situations to the uniqueness of "transferring" in general, rather than to the specific novelties of "handing over."]

הא ברברבי והא בזוטרי [א] אמר רב אסי [א] שונין כלי חרס שיעורו בכונס משקה ולא אמרו מוציא משקה אלא לענין גיסטרא בלבד מאי טעמא אמר מר זוטרא בריה דרב נחמן לפי שאין אומרים הבא גיסטרא לגיסטרא אמר עולא פליגי בה תרי אמוראי במערבא רבי יוסי בר' אבין ור' יוסי בר זבדא חד אמר כמוציא רמון וחד אמר כשורש קטן וסימניך [ג] אחד המרבה ואחד הממעיט אמר רב חיננא בר כהנא משמיה דרבי אליעזר כלי חרס שיעורו כמוציא זיתים ומר קשישא בריה דרבה מסיים בה משמיה דרבי אליעזר והרי הן ככלי גללים וכלי אבנים וכלי אדמה שאין מקבלין טומאה לא מדברי תורה ולא מדברי סופרים ולענין צמיד פתיל עד שיפחת רובו:

הדרן עלך המצניע

הזורק [ג] מרשות היחיד לרשות הרבים מרשות הרבים לרשות היחיד חייב [ג] מרשות היחיד לרשות היחיד ורשות הרבים באמצע רבי עקיבא מחייב וחכמים פוטרין כיצד [ג] שתי גזוזטראות זו כנגד זו ברשות הרבים המושיט והזורק מזו לזו פטור היו [ד] שתיהן בדיוטא אחת המושיט חייב והזורק פטור שכך היתה עבודת הלוים שתי עגלות זו אחר זו ברשות הרבים מושיטין הקרשים מזו לזו אבל לא זורקין: **גמ'**

רש"י

ברברבי. ברובו: זוטרי. כמוציא רמון בטל ליה מכלי: שונין. התנאים שונין ברייתא: כלי חרס. דשיעור הראשון האמור בו לבטלו במקלת משום כלי: בכונס משקה. הוא דמבטל ליה מיהא מתורת מי חטאת ולא אמרו נקב מוציא משקה חשוב נקב לכלום אלא לגיסטרא דהתם ודאי אי נקבה הכי כמוציא משקה משלא שדי ליה: שאין אומרים הבא גיסטרא. אחרת לגיסטרא זו להניח תחתיה לקבל הטיפין אבל כלי שלם חסין עליו ומשום נקב פורתא לא שדו ליה ומניחין גיסטרא תחתיו: פליגי בה. בהכשר זרעים: וסימן. דלא תיטעי למימר חד אמר כמוציא זית: אחד המרבה ואחד הממעיט ובלבד שיכוין כו'. ברייתא היא (מנחות קי.) והיא לך לסימן שאחד מן האמוראים ריבה לשער בגדול שבשלשתן ואחד ממעט לשער בקטן שבשלשתן ולא בבינוני כונס משקה ומוציא משקה ליכא למיטעי בהן לענין זרעים: שיעורו כמוציא זיתים. ליטהר מטומאה: הרי הוא ככלי גללים. משניקב כמוציא זית ואפילו יחדוס לרמונים והא דתנן כלי בעלי בתים שיעורן כרמונים גבי כלי עץ תנינן לה במסכת כלים (פ' י"ז מ"א):

הדרן עלך המצניע

הזורק רבי עקיבא מחייב. טעמא מפרש בגמרא[ד]: כיצד שתי גזוזטראות כו'. רבנן קאמרי להו: גזוזטראות. זיזין היוצאין מן הכותל ומניחין עליהן נסרים להלך: זו כנגד זו. בשני צידי רה"ר והן רה"י שגבוהות י' ורחבות ד': פטור. שלא מצינו זריקה והושטה במלאכת המשכן מרה"י לרשות היחיד ורחב רה"ר מפסיק ביניהן שלא היתה עבודת הלוים כך להושיט קרשים מעגלה שלפניה (ולאחריה) שארבע עגלות היו נושאין קרשי המשכן והן הולכין שתים כאחד זו בצד זו כדאמרינן בגמ'[ה] וכשהיו פורקין את המשכן לטעון על העגלות היו מעמידין העגלות כדרך הליכתן שתים זו אצל זו סמוך למשכן ושתים זו אצל זו לפניהם דרך הליכתן לאורך רה"ר שהיו רוצים להלך אחר עמוד הענן ההולך לפניהם ופורקי המשכן היו מושיטין הקרשים לאותן שעל שתי העגלות הסמוכות למשכן והן מושיטין לאותן שלפניהם אבל מעגלה לעגלה שבצדה לא היו צריכין להושיט שהרי שתיהן סמוכות לפורקי המשכן: היו שתיהן בדיוטא אחת. כלומר בעלייה אחת באורך רה"ר על פני הבית ויש הפסק רה"ר ביניהם: הזורק פטור. הואיל ולמעלה מי' ולא מצינו זריקה מרה"י לרה"י דרך רה"ר במשכן לא באורך ולא ברוחב: והמושיט חייב. שמצינו הושטה כיוצא בה למעלה מי' במשכן מרה"י לרה"י וקצת אורך רשות הרבים מפסיק ביניהם: שכך היתה עבודת הלוים. ומפרש ואזיל כיצד מצינו כו בעבודתן שבשתי עגלות זו אחר זו ברשות הרבים פורקי משכן מושיטין לאותן שעל העגלות שאצלן והן מושיטין לאלו שלפניהם אבל לא זורקין שאין אותן קרשים נזרקות מפני כובדן:

תוספות

הא ברברבי והא בזוטרי. פי' בקונטרס ברברבי ברובו זוטרי כמוציא רמון וקשה לר"י דאין זו שיעור ומה קרי רברבי ומה קרי זוטרי לידע איזה הוא כמוציא רמון ונראה לר"י דברברבי כמוציא רמון ובזוטרי שמוציא רמון הוא יותר מרוב סגי ברוב והא דקאמר עד (א) שתיפחת רובו לא קאי אשיעור דמוציא רמון אלא אשיעור דמוציא זית:

ולענין צמיד פתיל עד שיפחת רובו. פירש רש"י דאין טומאה נכנסת דרך נקב דכל כלי פתוח כתיב דדרך פתחו נכנסת ולא דרך נקב ° ומקשינן דתנן בפ"י דמסכת כלים (מ"א) ואלו מצילין בצמיד פתיל כו' ומצילין בין מפיהם בין מצידיהם משמע דצריך שיהא מוקף צמיד פתיל כשניקב מצידו ועוד דתנן בתר הכי ובמה מקיפין בסיד ובחרסית כו' ובכל דבר שהוא מתמרח ואין מקיפין לא בבעץ ולא בעופרת מפני שהוא פתיל ואינו צמיד משמע דבנקב כל שהוא נכנסת טומאה ועוד דתנן התם ומייתי לה בהגוזל קמא (ב"ק קה.) חבית שניקבה וסתמוה שמרים הצילוה פקקה בזמורה עד שימרח מן הצדדים היו שתים עד שימרח מן הצדדין ובין זמורה לחבירתה[ו] ואומר ר"י דאינם קושיות לפירוש הקונט' דודאי בפתח נכנסת טומאה אפילו דרך נקב קטן ובענין עד שיסתם לגמרי כל הפתח ולהכי צריך מירוח והיא דבין מפיהם בין מצידיהם לא איירי שניקבו כשבר מן הצד אלא נעשה לצורך פתח והא דהגוזל דחבית שניקבה איירי כשנפחתה רובה או כמוציא רמון דחשיב כפתח ובעי סתימה מעליא וריב"א הקשה מהא דתנן במסכת כלים פ"ט (משנה ח) העשוי לאוכלין שיעורן כזיתים העשוי למשקין שיעורן במשקין העשוי לכך ולכך מטילין אותו לחומרא בצמיד פתיל כיון שעשוי למשקים ולאוכלים ויש בו נקב כונס משקה אינו מציל בצמיד פתיל על מה שבתוכו דגזרו אטו ההוא דמיוחד למשקין לחודייהו ולענין קבלת טומאה הוי כלי כיון שמיוחד לאוכלין ובנקב כי האי (ג) נכנסה טומאה ותירץ ר"י דהא דבעי הכא נפחת רובו או כמוציא רמון היינו דוקא בניקב במקום שנשאר עוד שיעור כלי מן הנקב ולמטה כשיעור המפורש בההיא דמייתי באלו טריפות (חולין נה.) אבל ניקב למטה במקום שאין נשאר למטה מן הנקב כשיעור כלי הוי שיעור לאוכלים בזית ולמשקין בכונס משקה כי ההוא דמסכת כלים פ"ט (משנה ח) ור"ת מפרש בשמעתין הכי עד שיפחת רובו מועיל צמיד פתיל אם הנקבים נסתמים אבל בנפחת רובו או במוציא רמון שוב אין מועלת סתימה אלא הוי כאוכלין שגבלן בטיט שאין ניצולין כדאמרינן בריש זבחים (דף ג:) דכיון שנפחת רובו בטלו להו מתורת כלי והיא דחבית שנקבה וסתמוה שמרים מיירי בשלא נפחתה כשיעור וסתמו שמרים כל הנקב והא דבעי רבא התם (ב"ק שם) סתם אגף חציה מהו ה"פ אגף חציה וסתמוה שמרים חציה מאי מי הוי סתימה מעליא או לא ומייתי מפקקה בזמורה דלא חשיבא סתימה בלא מירוח בין זמורה לחבירתה הכא נמי לא חשיבא סתימה אגף חציה וסתמוה שמרים חציה ומשני התם לא קאי הכא קאי:

פליגי בה תרי אמוראי. פי' בקונטרס ° דלענין הכשר זרעים פליגי ואומר ר"ת דבמסכת עוקצין (פ"ב משנה י) תנן דהכשר זרעים כשורש קטן אלא אמר ר"ת דלענין מוקף צמיד פתיל פליגי:

שיעורו כמוציא זיתים. ה"ג ברוב ספרים וכפי' ר"ת ורש"י וא"ת מתני' היא במס' כלים (פ"ג מ"א) העשוי לאוכלין שיעורו כזיתים וי"ל דאיצטריך ליה לאשמעינן דלא מהני בה יחוד לרמונים ולאפוקי מדרבא ולהכי מסיים בהו לפרושה הרי הן ככלי אבנים שהם טהורין בכל ענין:

הדרן עלך המצניע

הזורק. כיצד שתי גזוזטראות כו'. תימה לרבה דמוקי פלוגתא דרבי עקיבא ורבנן (לעיל ד' ד.) בקלוטה ופליגי למטה מעשרה לא אתי שפיר כיצד דהא לא קאי אדלעיל דהכא איירי בגזוזטראות למעלה מעשרה דומיא דעגלות ואפילו ר' עקיבא נמי מודה התם ולמאן דמוקי פלוגתייהו למעלה מעשרה אתי שפיר ומיהו יש בירושלמי איכא דתני כיצד ואיכא דלא תני כיצד ומפרש התם דההוא דמוקי לה דמוקי פלוגתא למעלה מעשרה תנא כיצד וההוא דמוקי לה למטה מעשרה לא תני כיצד:

עין משפט נר מצוה

מו א מיי' פי"ט מהל' כלים הלכה א:

א ב מיי' פי"ב מהלכות שבת הלכה י סמג לאוין סה טוש"ע א"ח סי' שמו סעיף א:

ב ג מיי' פי"ג שם הלכה יט:

ג ד שם הלכה יח:

עין משפט נר מצוה

ד א מיי' פי"ב מהלכות שבת הלכה ח סמג לאוין סה:
ה ב מיי' פ"ז שם הל' ז:

רבינו חננאל

משום בונה כוחלת משום כותבת פוקסת מכרועא אלנושרי ובלשון ערבית תגער אל אצדג. פוקסת משום צובעת ומדמפרשי רבנן טעמיה דר' אליעזר ש"מ הלכתא כוותיה ויש מי שחולק ואומר הלכה כחכמים דאמרי משום שבות ומ"ד כר' אליעזר טפי עדיף דאיסורא דאורייתא היא ולחומרא עבדינן וכן נמי לענין החולב והמחבץ והמכבד והמרבץ והרודה חלות דבש שוגג בשבת חייב חטאת במזיד ביו"ט לוקה מ' דברי ר' אליעזר וחכמים אומרים א' [זה] ואחד [זה חייב] משום שבות ומדמפרשי אליבא דר' אליעזר ואומר חולב משום מפרק מחבץ משום בורר מגבן משום בונה ש"מ סוגיא דהא שמעתיה כר' אליעזר ויש מי שחולק גם על זה ויש מרבנן דמדקדקי דאמרי כי החולב והמחבץ והמגבן כגרוגרת דברי הכל היא ומסתייעא מהא דגרסינן בפרק אע"פ תניא ר' מרינוס אומר גונח יונק חלב בשבת מ"ט יונק מפרק כלאחר יד הוא ובמקום סכנה לא גזרו רבנן א"ר יוסף הלכה כר' מרינוס ולא שמעינן דאית ליה האי סברא דחולב אסור משום מפרק אלא אליבא דר' אליעזר ורבי מרינוס לא התיר אלא היונק מכלל שהחולב אסור ובסוף פרק חרש שנשא פקחת אסיקנא דיונק מפרק כלאחר יד הוא: שבת דאיסור סקילה גזרו רבנן יו"ט דאיסור לאו הוא לא גזרו רבנן וסבירא להו דבהחולב ובמחבץ שמוציא החמאה ובמגבן דברי הכל אסור לא פליגי רבנן עליה דר' אליעזר אלא במכבד ומרבץ וברודה חלות דבש ובהני הלכתא כרבנן וסוגיא כוותייהו דהא לא אימנעו מלרבץ אלא משום דחיישינן משום אשווי גומות ואסיקנא והאידנא דסבירא לן כרבי שמעון [דפטר] במלאכה שאינה צריכה לגופה ובדבר שאין מתכוין שרי אפי' לכתחלה לענין כיבוד נמי שרי ואפי' בדהוצי כר' שמעון: הלכתא מחלב בהמה אפי' למאן דסבר דשרי משום שבות אסור וכ"ש למ"ד משום מפרק אסור דמלאכה היא והא דאמר רב חסדא מדברי רבנן נלמד חולב אדם עז לתוך הקדרה אבל [לא] לתוך הקערה כבר פרשה מו' רב יהודאי גאון זצ"ל דבי"ט הוא וכבר פירשנו בפרק חבית: מתני' התולש מעציץ נקוב חייב משאינו נקוב פטור ר' שמעון פוטר בזה ובזה ורמי ליה אביי לרבא תנן ר' שמעון פוטר בזה ובזה אלמא לר' שמעון לכל מילי נקוב כשאינו נקוב משוי ליה והתנן ר' שמעון [אומר] אין בין נקוב לשאינו נקוב אלא להכשיר זרעים בלבד

ופריק רבא לעולם ר' שמעון לכל ... ר' שמעון אפילו בתולש מעציץ נ... והא דשני ביניהון לענין הכשר ז... הזרעים וקא מודה בה ר"ש דאלמ... אבל עציץ נקוב זרעים שיש בו כ... לפטור והכא בזרעים משני בין נ... מים על זרע (א) זרוע אשר יזרע ט...

הוצאה גופה היכא כתיבא. ואע"ג שהיתה במשכן כדאמר [ט] הם הורידו קרשים מעגלה כו' מכל מקום אי לאו דכתיב לא הוה מחייבי עלה לפי שמלאכה גרועה היא כדפי' לעיל (דף ב.): **וממאי** דבשבת קאי. ר"ח ל"ג כל זה עד אשכחן הוצאה דהא אפילו בחול קאי נפקא ליה שפיר דהוצאה מלאכה הוא דהא רחמנא קרייה מלאכה כדכתיב איש ואשה אל יעשו עוד מלאכה לתרומת הקדש וכתיב ויכלא העם מהביא אלמא קרי להוצאה מלאכה וכן דריש בהדיא בירושלמי:

הכנסה מנלן סברא הוא כו'. וא"ת מה צריך להאי סברא כיון דהוות במשכן כדאמר [י] הם העלו קרשים לעגלה כו' דהא בסמוך משמע גבי זריקה דאם היתה במשכן הוה אתי ליה שפיר וי"ל דבזריקה נמי איכא סברא מה לי ע"י הוצאה מה לי ע"י זריקה דאי לאו סברא לא הוה מחשבינן לה תולדה דהוצאה ואי לא הוות נמי במשכן לא הוה מחייבין עלה מסברא לפי שמלאכה גרועה היא:

ולרבי אליעזר דמחייב אתולדה במקום אב אמאי קרי לה אב כו'. הוה מצי למימר דנפקא מינה לענין התראה כדפי' בפ' כלל גדול (לעיל עג:) ואיכא למימר דהיינו דקמשני הך דהוות במשכן חשיבא כו'. אית דגרסי הך דהוות במשכן חשיבא קרי לה אב והך דלא הוות במשכן חשיבא קרי לה תולדה ולפי זה יש מלאכות דהוו במשכן כגון מנכס ומשקה זרעים דלא חשיבי ולא הוו אבות ואי גרסינן דהוות במשכן וחשיבא קרי לה אב אבל אי גרסי' הך דהוות במשכן חשיבא וקרי לה אב הך דלא הוות במשכן לא חשיבא וקרי לה תולדה לפי זה התולדות לא היו במשכן:

אי נמי הך דכתיבא קרי לה אב. הך ליכא לא איצטריך אלא משום הוצאה: **ודילמא** שלחופי הוו משלחפי. הכי נמי הוה מצי למיפרך דילמא תוך ארבע אמות הוו יתבי:

גמ' מכדי זריקה תולדה דהוצאה היא [א] הוצאה גופה היכא כתיבא א"ר יוחנן דאמר קרא א) ויצו משה ויעבירו קול במחנה משה היכן הוה יתיב במחנה לויה ומחנה לויה רה"ר הואי וקאמר להו לישראל לא תפיקו ותיתו מרה"י דידכו לרה"ר וממאי דבשבת קאי דילמא בחול קאי ומשום דשלימא לה (א) מלאכה כדכתיב ב) והמלאכה היתה דים וגו' גמר העברה העברה מיוה"כ כתיב הכא ויעבירו קול במחנה וכתיב התם ג) והעברת שופר תרועה מה להלן ביום אסור אף כאן ביום אסור אשכחן הוצאה הכנסה מנלן סברא היא מכדי מרשות לרשות הוא מה לי אפוקי ומה לי עיולי מיהו הוצאה אב הכנסה תולדה ומכדי אהא מיחייב ואהא מיחייב אמאי קרי לה האי אב ואמאי קרי לה האי תולדה ב נפקא מינה דאי עביד שתי אבות בהדי הדדי אי נמי שתי תולדות בהדי הדדי מיחייב תרתי ואי עביד אב ותולדה דידיה לא מיחייב אלא חדא ג ולר"א דמחייב אתולדה במקום אב אמאי קרו לה אב ואמאי קרו לה תולדה הך דהואי במשכן חשיבא קרי לה אב הך דלא הואי במשכן חשיבא לא קרי לה אב אי נמי הך דכתיבא קרי אב והאי דלא כתיבא קרי תולדה והא דתנן ג) הזורק ד' אמות בכותל למעלה מי' טפחים כזורק באויר למטה מי' טפחים כזורק בארץ והזורק בארץ ד' אמות חייב זרק ד' אמות ברה"ר מנלן דמיחייב אמר ר' יאשיה שכן אורגי יריעות זורקין מחטיהן זה לזה אורגין מחטין למה להו אלא שכן תופרי יריעות זורקין מחטיהן זה לזה ודילמא גבי הדדי הוו יתבי מטו הדדי במחטין דילמא בתוך ארבע הוו יתבי אלא אמר רב חסדא שכן אורגי יריעות זורקין בוכיאר ביריעה והלא אוגדו בידו בניסכא בתרא והא במקום פטור קאזלא אלא שכן אורגי יריעות זורקין בוכיאר ד) לשואליהן ודילמא גבי הדדי הוו יתבי מטו הדדי בחפת ודילמא שלחופי הוו משלחפי ותו מי שאילי מהדדי והתניא ה) לודא ד) איש איש ממלאכתו אשר המה עושים ממלאכתו הוא עושה ואינו עושה ממלאכת חבירו ותו מעביר ד' אמות ברה"ר מנלן דמחייב אלא כל ד' אמות ברה"ר גמרא גמירי לה: אמר רב יהודה אמר שמואל מקושש מעביר ארבע אמות ברה"ר הוה במתניתא תנא תולש הוה רב אחא ברבי יעקב אמר מעמר הוה למאי נפקא מינה לכדרב ו) דאמר רב מצאתי מגלת סתרים בי ר' חייא וכתוב ביה איסי בן יהודה אומר אבות מלאכות ארבעים חסר אחת ז) (ואם עשאן כולם בהעלם אחת) ואינו חייב אלא אחת אחת ותו לא והתנן ח) אבות מלאכות ארבעים חסר אחת והוינן בה מניינא למה לי וא"ר יוחנן שאם עשאן כולם בהעלם א' חייב על כל אחת ואחת אימא אינו חייב על אחת מהם רב יהודה פשיטא ליה דהמעביר חייב ומתני' פשיטא ליה דתולש חייב ורב אחא בר יעקב פשיטא ליה דמעמר חייב מ"ס הא מיתה לא מספקא ומ"ס הא מספקא: ת"ר מקושש זה צלפחד וכן הוא אומר ה) ויהיו בני ישראל במדבר וימצאו איש וגו' ולהלן הוא אומר ו) אבינו מת במדבר מה להלן צלפחד אף כאן צלפחד דברי ר' עקיבא אמר לו ר' יהודה בן בתירא עקיבא בין כך ובין כך אתה עתיד ליתן את הדין אם כדבריך התורה כיסתה ואתה מגלה אותו ואם לאו אתה מוציא לעז על אותו צדיק

גמ' מכדי זריקה תולדה דהוצאה. על כרחיך תולדה היא דלא נמנית באבות מלאכות ותולדה דהוצאה היא שאין לך לתתה תולדת אב אחר למעין הוצאה היא האמורה באבות מלאכות: מחנה לויה ר"ה היא. שהיו הכל מצויין אצל משה רבינו: מרה"י דידכו. מאהליכם: דשלימא ליה עבידתיה. שהיה הנדבה כדי להשלים: סברא היא. להיות הכנסה תולדת הוצאה שהיא מעין לה כשאר תולדות שהיא מעין מלאכות: מכדי אהאי מיחייב ואהאי מיחייב. כדתנן (לעיל ע"א ב.) פשטו העני ידו לפנים: נפקא מינה. לכל אבות מלאכות: שתי אבות. דלא דמיין ושתי תולדות דשתי אבות: ולר"א כו'. במסכת כריתות בפרק אמרו לו: והא דתנן. בפירקין: בכותל. כדמוקי לה בדבילה שמינה ונדבקת: כזורק באויר. ופטור דלא נח ברשות הרבים דאין רה"ר למעלה מעשרה וכרה"י נמי לא נח שאינו מקום מסוים שיהא רחבו ד' שהרי לא נח ברחב הכותל אלא בפניו: כזורק בארץ. דאויר רה"ר הוא וחייב וכיון דאויר רה"ר הוא ונח בכל דהו מיחייב ורשותא לנפשיה לא הוי לא כרמלית ולא מקום פטור הואיל ופניו נח ולא נח ברחבו שיהא מקום מסוים: תופרי יריעות. מעשה רוקם: גבי הדדי. בתוך אמה אחת ואין צריכין לזרוק אלא להושיט: מטו אהדדי במחטין. כשמותחין את החוט מכין זה את זה במחט: בוכיאר. כלי שקנה של ערב נתון בו שזורקין בין שני דופני היריעה: והלא אגדו בידו. חוט של ערב אוחז והקנה נכרך בחוט ואינו נשמט ממנו: בניסכא בתרא. בחוט האחרון של קנה שהקנה נשמט מהחוט והבוכיאר נופל: ניסכא. זריקה אחרונה של חוט לשון המיסך: והא במקום פטור אזלא. בין דופני היריעה ואין זה רשות הרבים אלא מקום פטור דאין רחב ד': לשואליהן. אורגי יריעה אחרת ויש לו לזה שנים: ה"ג ודילמא שואליהן גביהן הוו יתבין: מטו אהדדי בחפת. אי גבייהו הוו יתבי מגיעין ידו של זה בשל זה בשפת היריעה כשמותחין חוט הערב: בחפת. כמו חפת חלוקו (יומא ד' עז:): שלחופי הוו משלחפי. לעולם גבי הדדי הוו יתבי אלא שאין מכוונים אלא זה נמשך לפנים וזה לאחור: ואין עושה ממלאכת חבירו. שכולם מוכנים בכלי אומנותם ולא הוצרכו לשאול: מעביר ד' אמות הוה. לא תלשן ולא עימרן אלא העבירן ד' אמות לכך נהרג: מעמר. תלושין ומפוזרין היו ועמרן כדאמרן (לעיל ד' עג:) האי מאן דכניף מלחא חייב משום מעמר: מגילת סתרים. שהסתירוה לפי שאין כותבין הלכות: ואינו חייב אלא אחת. על כרחיך לענין שוגג קאמר ולחטאת דבמזיד תרי קטלי לא מקטלי ולהכי פריך והא אנן תנן כו': ואינו חייב על אחת מהן. מיתה יש בהן אחת שאינו נהרג עליה ולא פירש איזו היא והשתא לרב יהודה אין זו העברה שהרי נהרג מקושש עליה ולמתניתא אין תולש באותו ספק: ואלא

[לעיל ב.] והמלאכה היתה דים. לאו מלאכה היא אלא כדמשמע קרא בהבאת נדבה וכמאן דאמ... וכל מידי דרמי עליה דאינש קרי ליה עבידתא כדאמרינן במס... היכלא ואינו אלא כנא מלחמה להחריב [שם מט:]. ומלאכת ההבאה... אות אותה ולהותר [שמות לו, ז]. אשכחן הוצאה. דמויעבירו קול... סברא היא. שכשם שהקפידה תורה מרשות לרשות בהוצאה כך הקפ... שתי אבות. כשוגג. מיחייב תרתי. חטאות. לא מיחייב אלא חדא. אאב מלאכה אבל אתו... ולר"א דמחייב אתולדה במקום אב. דאי עביד אב ותולדה דידיה מחייב תרתי חטאות במס' כריתות כפ' אמרו לו (טז.)... מלאכות ממשכן גמרינן להו במסכת שבת (מט:) [ב"ק ב.]. ... ת שבת נסמכה לפרשת מלאכת המשכן ללמוד הימנה [לעיל מט:].

מסורת הש"ס

א) [גי' רבינו האי הוצאה מנלן דהוה מלאכה], ב) ב"ק ב. לעיל עה. כריתות טז., ג) לעיל ז: ק., ד) [בערך שול גרים הערוך שוליהן פי' משרתיהן], ה) [בילקוט איתא לוי], ו) לעיל ו:, ז) בס"א ל"ג, ח) [שם וש"נ], ט) לעיל מט:, י) (לעיל מט:).

הגהות הב"ח

(א) גמ' דשלימא לה עבידתא כדכתיב והמלאכה:

רב נסים גאון

פי"א ולר' אליעזר דמחייב על תולדה במקום אב קול א) ר' אליעזר במסכת (כריתות דף טז) וכבר פירשנו דבריו בפרק כלל גדול ועיקרן בתורת כהנים בפרשת כהן משיח בסדר ויקרא:

ואלא

חשק שלמה על רב נסים גאון

א) פירושו בלשון ערבי מאמר ר' אליעזר:

תורה אור השלם

א) וַיְצַו מֹשֶׁה וַיַּעֲבִירוּ קוֹל בַּמַּחֲנֶה לֵאמֹר אִישׁ וְאִשָּׁה אַל יַעֲשׂוּ עוֹד מְלָאכָה לִתְרוּמַת הַקֹּדֶשׁ וַיִּכָּלֵא הָעָם מֵהָבִיא: [שמות לו, ו]

ב) וְהַמְּלָאכָה הָיְתָה דַיָּם לְכָל הַמְּלָאכָה לַעֲשׂוֹת אֹתָהּ וְהוֹתֵר: [שמות לו, ז]

ג) וְהַעֲבַרְתָּ שׁוֹפַר תְּרוּעָה בַּחֹדֶשׁ הַשְּׁבִעִי בֶּעָשׂוֹר לַחֹדֶשׁ בְּיוֹם הַכִּפֻּרִים תַּעֲבִירוּ שׁוֹפָר בְּכָל אַרְצְכֶם: [ויקרא כה, ט]

ד) וַיָּבֹאוּ כָּל הַחֲכָמִים הָעֹשִׂים אֵת כָּל מְלֶאכֶת הַקֹּדֶשׁ אִישׁ אִישׁ מִמְּלַאכְתּוֹ אֲשֶׁר הֵמָּה עֹשִׂים: [שמות לו, ד]

ה) וַיִּהְיוּ בְנֵי יִשְׂרָאֵל בַּמִּדְבָּר וַיִּמְצְאוּ אִישׁ מְקֹשֵׁשׁ עֵצִים בְּיוֹם הַשַּׁבָּת: [במדבר טו, לב]

ו) אָבִינוּ מֵת בַּמִּדְבָּר וְהוּא לֹא הָיָה בְּתוֹךְ הָעֵדָה הַנּוֹעָדִים עַל יְיָ בַּעֲדַת קֹרַח כִּי בְחֶטְאוֹ מֵת וּבָנִים לֹא הָיוּ לוֹ: [במדבר כז, ג]

ליקוטי רש"י

משה היכן הוה יתיב במחנה לויה. ובמדבר נמי היו ג' מחנות לפנים מן הקלעים מחנה שכינה והלוים חונים סביב למשכן העדות (במדבר א) זו מחנה לויה והדגלים ג' פרסאות זו מחנה ישראל ומשה היה לוי [סוטה כ:]. לא תפיקו ותיתו מרה"י דידכו לרה"ר להביא נדבה לגזבר...

חשק שלמה על רבינו חננאל א) בקרא דוכי יותן מים לא כתיב ...

Gemara The Mishnah opened by stating that one who transfers between the private and public domains on the Sabbath by means of *throwing* is liable. This prompts the Gemara to inquire:

מִכְּדִי – **Now,** let us see. זְרִיקָה תּוֹלָדָה דְּהוֹצָאָה הִיא – **"Throwing"** an object from the private to public domain **is a derivative of** the primary *melachah* of **"taking out"** from the private to public domain.[1] הוֹצָאָה גּוּפָהּ הֵיכָא כְּתִיבָא – But **where is "taking out" itself written** in the Torah?[2]

The Gemara answers:

אָמַר רַבִּי יוֹחָנָן – **R' Yochanan said:** דְּאָמַר קְרָא – **For Scripture states:** "וַיְצַו מֹשֶׁה וַיַּעֲבִירוּ קוֹל בַּמַּחֲנֶה" – ***And Moses commanded, and they sounded the proclamation in the camp . . .***[3] מֹשֶׁה הֵיכָן הֲוָה יָתֵיב בְּמַחֲנֵה לְוִיָּה – Now, **where was Moses residing? In the Levite camp.**[4] וּמַחֲנֵה לְוִיָּה רְשׁוּת הָרַבִּים הֲוַאי – **And the Levite camp was** legally **a public domain.**[5] וְקָאָמַר לְהוּ לְיִשְׂרָאֵל – **And,** by issuing this proclamation [requesting that the people bring no more contributions for the Sanctuary], **[Moses],** in effect, **was saying to the Israelites:** לֹא תַּפִּיקוּ וְתֵיתוּ מֵרְשׁוּת הַיָּחִיד דִּידְכוּ לִרְשׁוּת הָרַבִּים – **"Do not take out and bring** materials **from your private domain**[6] **to the public domain of the Levite camp."**[7]

The Gemara asks:

וּמִמַּאי דִּבְשַׁבָּת קָאֵי – **And how** do we know **that this** proclamation **took place on the Sabbath** and it was because of the prohibition against carrying on the Sabbath that Moses commanded them to desist? דִּילְמָא בְּחוֹל קָאֵי – **Perhaps it took place on a weekday,** וּמִשּׁוּם דִּשְׁלִימָא לָהּ מְלָאכָה – **and** Moses commanded them to desist from bringing more **because the work** of contribution **was complete** (i.e. the materials already collected were sufcient), כְּדִכְתִיב "וְהַמְּלָאכָה הָיְתָה דַיָּם וגו׳" – **as it is written** in the very next verse: ***And the work [of contribution] was sufficient* etc. – ? –**

The Gemara answers:

גָּמַר הַעֲבָרָה הַעֲבָרָה מִיּוֹם הַכִּפּוּרִים – **[R' Yochanan] derives** this through the *gezeirah shavah* ***"sounding, sounding"*** **from** a verse dealing with **Yom Kippur:** כְּתִיב הָכָא "וַיַּעֲבִירוּ קוֹל בַּמַּחֲנֶה" – **It is written here** in the verse cited above: ***and they "sounded" a proclamation in the camp,*** וּכְתִיב הָתָם "וְהַעֲבַרְתָּ שׁוֹפַר תְּרוּעָה" – **and it is written there** in regard to Yom Kippur: ***And you shall "sound" a broken blast on the shofar.***[8] מָה לְהַלָּן בְּיוֹם אָסוּר – **Just as there** the verse discusses **a day of prohibition,** i.e. Yom Kippur,[9] אַף כָּאן בְּיוֹם אָסוּר – **so too** here the verse

NOTES

1. "Throwing" is clearly a *toladah* rather than an *av* in its own right, as the Mishnah above (73a) does not list it among the thirty-nine *avos.* And it is necessarily a *toladah* of "taking out," since it is more similar to "taking out" than to any of the other *avos* (*Rashi*).

2. That it should be deemed an *av melachah* and that it should carry *chatas* liability (see *Tosafos*).

Tosafos explain that, ordinarily, a labor need not be written in the Torah in order to constitute an *av melachah,* but need only be found among the labors done in the Mishkan (see Gemara above, 73b, 74b). And indeed, "taking out" was done in the Mishkan, as stated in the Baraisa on 49b ("They lowered the boards from the wagon to the ground . . ."). Nevertheless, in regard to the *melachah* of "taking out," the Gemara seeks an explicit *Scriptural* source, because the labor of "transferring" is by its very nature an "inferior labor" [מְלָאכָה גְּרוּעָה], as explained above, 2b note 14; thus, were it not stated in *Scripture,* it would not constitute a *melachah* even though it appeared in the Mishkan. [*Mesoras HaShas* (based on *Maggid Mishneh, Hil. Shabbos* 12:8), however, cites *Rav Hai Gaon's* reading of the Gemara as being simply: הוֹצָאָה מְנָלַן דַּהֲוָה מְלָאכָה, *from where [is it known] to us that "taking out" is a labor* – see *Yad David (Kamma).*]

[In any event, the Acharonim find difficulty with the Gemara's question. First of all, why does the Gemara wait until this point in the tractate to inquire about the Scriptural source for "transferring," when the question could have been posed earlier (in the seventh chapter) when the Mishnah lists "transferring" among the thirty-nine categories of *melachah,* or even as early as the beginning of the tractate, where this *melachah* is discussed at length? Furthermore, why does the Gemara present the question as if it follows from the initial observation that "throwing" is a *toladah* of "transferring"? Moreover, it appears from several passages in the Talmud (see *Tosafos* to *Eruvin* 17b ד״ה לאו שניתן) that the Scriptural source for the *melachah* of "taking out" is *Exodus* 16:29: אַל־יֵצֵא אִישׁ מִמְּקֹמוֹ בַּיּוֹם הַשְּׁבִיעִי, *no man shall go out of his place on the seventh day* [which is interpreted to mean that he shall not go out from his tent (a private domain) carrying the utensils needed to collect the manna (in the public domain)] – a source that the Gemara here fails to cite in answer to its question! *Pnei Yehoshua* answers that the fundamental case of "transferring" is the one in which the person *personally carries* the object from the private to public domain (see *Tosafos* to *Shevuos* 2a ד״ה יציאות השבת), and this is the case alluded to by *Exodus* 16:29 (see, however, *Tosafos* to 2a ד״ה פשט, and 2a note 14 with references cited there). The Gemara here, however, is dealing with situations such as "throwing," in which the person does not *carry* the object out of the private domain, but rather moves the object to the outside without leaving the private domain himself. This is also the case of the first Mishnah in the tractate, in which the object alone is moved, and not the mover. Because of the "inferiority" of the *melachah* of "transferring," such secondary forms of transfer cannot be derived from the case of actual "carrying" (discussed by *Exodus* 16:29), and were assumed until now by the Gemara to be prohibited by a *Halachah LeMoshe MiSinai.* However, a *Halachah LeMoshe MiSinai* cannot be expanded (asserts *Pnei Yehoshua*) to include *tolados,* just as we find the rule that one cannot build a *kal vachomer* on a *Halachah LeMoshe MiSinai* (e.g. below, 132a). Thus, once the Gemara here observes that "throwing" is a *toladah* of the secondary form of transfer, it is apparent that the secondary form is not simply a *Halachah LeMoshe MiSinai,* but has a Scriptural basis, which the Gemara seeks to discover. (See also *Chasam Sofer, Yad David* [*Kamma*], and *Meromei Sadeh,* who address these questions.)]

3. *Exodus* 36:6. The verse concludes: לֵאמֹר אִישׁ וְאִשָּׁה אַל־יַעֲשׂוּ־עוֹד מְלָאכָה לִתְרוּמַת הַקֹּדֶשׁ וַיִּכָּלֵא הָעָם מֵהָבִיא, *saying, "Man and woman shall not do more work [of contribution] toward the gift for the Sanctuary!" And the people were restrained from bringing.* As stated in the preceding verse, those overseeing construction of the Tabernacle informed Moses that the people had already donated more materials than needed. Moses thereupon issued this proclamation, instructing the people to bring no more materials for the Tabernacle.

4. [The assumption is that the contributions were brought to the environs of the tent of Moses, who issued the original proclamation for the people to contribute the necessary materials.]

5. Since Moses resided there, and all the people would come to him [to learn Torah and submit their disputes to him] (*Rashi*). [Although the Levite camp was populated by more than twenty-two thousand Leviim, *Rashi* emphasizes that "*all* would come," in keeping with his view (stated in *Eruvin* 6a ד״ה ר״ה and *Eruvin* 59a ד״ה עיר של יחיד; see, however, above, 6b note 11) that a *reshus harabim* must be frequented by six hundred thousand people (*Emes LeYaakov*; cf. *Chasam Sofer* [*Machon Chasam Sofer* ed.] at length).]

6. I.e. your tents (*Rashi*).

7. For it is forbidden to carry from the private domain to the public domain on the Sabbath. The Gemara will now demonstrate how it is indicated that this proclamation was Sabbath-related. [See, however, end of note 10.]

[According to the explanation of *Pnei Yehoshua* (cited in note 2), the Gemara's proof here is based on the duplication of verses: Since this verse was not needed to teach that actual *carrying* from domain to domain is forbidden (as that is already stated in *Exodus* 16:29), we must interpret it as coming to teach that simply transferring the object itself from domain to domain is also forbidden (אם אינו ענין).]

8. *Leviticus* 25:9. Both words – וַיַּעֲבִירוּ, *and they sounded,* and וְהַעֲבַרְתָּ, *and you shall sound* – are the *hif'il* [causative] form of the root עבר, and they constitute the basis of a *gezeirah shavah* [common expression], which directs us to derive the particulars of one context from the other.

9. [Whatever *melachos* are forbidden on the Sabbath are forbidden on Yom Kippur as well.]

גמ' מכדי זריקה תולדה דהוצאה היא ^א הוצאה ^ה גופה היכא כתיבא א"ר יוחנן דאמר קרא ^א ויצו משה ויעבירו קול במחנה משה היכן הוה יתיב במחנה לויה ומחנה לויה רה"ר הואי וקאמר להו לישראל לא תפיקו ותיתו מרה"י דידכו לרה"ר וממאי דבשבת קאי דילמא בחול קאי ומשום דשלימא לה (א) מלאכה כדכתיב ^ב והמלאכה היתה דים וגו' גמר העברה העברה מיוה"כ כתיב הכא ויעבירו קול במחנה וכתיב התם ^ג והעברת שופר תרועה מה להלן ביום אסור אף כאן ביום אסור אשכחן הוצאה הכנסה מנלן סברא היא מכדי מרשות לרשות הוא מה לי אפוקי ומה לי עיולי מיהו הוצאה אב הכנסה תולדה ומכדי אהא מיחייב ואהא מיחייב אמאי קרי לה האי אב ואמאי קרי לה האי תולדה ^ב נפקא מינה דאי עביד שתי אבות בהדי הדדי אי נמי שתי תולדות בהדי הדדי מיחייב תרתי ואי עביד אב ותולדה דידיה לא מיחייב אלא חדא ^ג ולר"א דמחייב אתולדה במקום אב אמאי קרו לה אב ואמאי קרו לה תולדה הך דהואי במשכן חשיבא קרי לה אב הך דלא הואי במשכן חשיבא לא קרי לה אב אי נמי הך דכתיבא קרי אב והאי דלא כתיבא קרי תולדה והא דתנן ^ד הזורק ד' אמות בכותל למעלה מי' טפחים כזורק באויר למטה מי' טפחים כזורק בארץ והזורק בארץ ד' אמות חייב זרק ד' אמות ברה"ר מנלן דמיחייב אמר ר' יאשיה שכן אורגי יריעות זורקין מחטיהן זה לזה אורגין מחטין למה להו אלא שכן תופרי יריעות זורקין מחטיהן זה לזה ודילמא גבי הדדי הוו יתבי מטו הדדי במחטין דילמא בתוך ארבע הוו יתבי אלא אמר רב חסדא שכן אורגי יריעות זורקין בוכיאר ביריעה והלא אוגדו בידו בניסכא בתרא והא במקום פטור קאזלא אלא שכן אורגי יריעות זורקין בוכיאר ^ה לשואליהן ודילמא גבי הדדי הוו יתבי מטו הדדי ודילמא שלחופי הוו משלחפי ותו מי שאילי מהדדי והתניא ^ו לודא ^ח איש איש ממלאכתו אשר המה עושים ממלאכתו הוא עושה ואינו עושה ממלאכת חבירו ותו מעביר ד' אמות ברה"ר מנלן דמחייב אלא כל ד' אמות ברה"ר גמרא גמירי לה: אמר רב יהודה אמר שמואל מקושש מעביר ארבע אמות ברה"ר הוה במתניתא תנא תולש הוה רב אחא ברבי יעקב אמר מעמר הוה למאי נפקא מינה לכדרב ^ט דאמר רב מצאתי מגלת סתרים בי ר' חייא וכתוב ביה איסי בן יהודה אומר אבות מלאכות ארבעים חסר אחת ^י (ואם עשאן כולם בהעלם אחת) ואינו חייב אלא אחת אחת ותו לא והתנן ^כ אבות מלאכות ארבעים חסר אחת והוינן בה מניינא למה לי וא"ר יוחנן שאם עשאן כולם בהעלם א' חייב על כל אחת ואחת אימא אינו חייב על אחת מהם רב יהודה פשיטא ליה דהמעביר חייב ומתני' פשיטא ליה דתולש חייב ורב אחא בר יעקב פשיטא ליה דמעמר חייב מ"ס הא מיהת לא מספקא ומ"ס הא מיהת לא מספקא: ת"ר מקושש זה צלפחד וכן הוא אומר ^ל ויהיו בני ישראל במדבר וימצאו איש וגו' ולהלן הוא אומר ^מ אבינו מת במדבר מה להלן צלפחד אף כאן צלפחד דברי ר' עקיבא אמר לו ר' יהודה בן בתירא עקיבא בין כך ובין כך אתה עתיד ליתן את הדין אם כדבריך התורה כיסתו ואתה מגלה אותו ואם לאו אתה מוציא לעז על אותו צדיק

רש"י

גמ' מכדי זריקה תולדה דהוצאה. על כרחיך תולדה היא דלא נמנית באבות מלאכות ותולדה דהוצאה היא שאין לך לתתה תולדת אב אחר דמעין הוצאה היא האמורה באבות מלאכות: מחנה לויה ר"ה היא. שהיו הכל מצויין אצל משה רבינו: מרה"י דידכו. מאהליכם: דשלימא ליה עבידתיה. שהיה הנדבה כדי להשלים: סברא היא. להיות הכנסה תולדת הוצאה שהיא מעין לה כשאר תולדות שהיא מעין מלאכות: מכדי אהאי מיחייב ואהאי מיחייב. כדתנן (לעיל פ"א ב.) פשט העני ידו לפנים: נפקא מינה. דכל אבות מלאכות: שתי אבות. דלא דמיין ושתי תולדות דשתי אבות: ולר"א כו'. במסכת כריתות בפרק אמרו לו: והא דתנן. בפירקין: בכותל. כדמוקי לה בדבילה שמינה ונדבקת: כזורק באויר. ופטור דלא נח ברשות הרבים דאין רה"ר למעלה מעשרה וברה"י נמי לא נח שאינו מקום מסוים שיהא רחבו ד' שהרי לא נח בראש הכותל אלא בפניו: כזורק בארץ. דאויר רה"ר הוא וחייב וכיון דאויר רה"ר הוא ונח בכל דהו מיחייב ורשותא לנפשיה לא הוי לא כרמלית ולא מקום פטור הואיל ובפניו נח ולא נח בראשו שיהא מקום מסוים: תופרי יריעות. מעשה רוקם: גבי הדדי. בתוך אמה אחת ואין צריכין לזרוק אלא להושיט: מטו אהדדי במחטין. כשמותחין את החוט מכין זה את זה במחט: בוכיאר. כלי שקנה של ערב נתון בו שזורקין בין שני דופני היריעה: והלא אגדו בידו. חוט של ערב הוא אוחז והקנה נכרך בחוט ואינו נשמט ממנו: בניסכא בתרא. בחוט האחרון של קנה שהקנה נשמט מהחוט והבוכיאר נופל: ניסכא. זריקה אחרונה של חוט לשון המיסך: והא במקום פטור אזלא. בין דופני היריעה ואין זה רשות הרבים אלא מקום פטור דאין רחב ד': לשואליהן. אורגי יריעה אחרת ויש לו לזה שנים: ה"ג ודילמא שואליהן גביהן הוו יתבין: מטו אהדדי בחפת. אי גביהו הוו יתבי מגיעין ידו של זה בשל זה בשפת היריעה כשמותחין חוט הערב: בחפת. כמו חפת חלוקו (יומא ד' עז:): שלחופי הוו משלחפי. לעולם גבי הדדי הוו יתבי אלא שאין מכוונים אלא זה נמשך לפנים וזה לאחור: ואין עושה מלאכת חבירו. שכולם מוכנים בכלי אומנותם ולא הוצרכו לישאול: מעביר ד' אמות הוה. לא תלשן ולא עימרן אלא העבירן ד' אמות לכך נהרג: מעמר. תלשן ומפוזרין היו ועמרן כדאמרינן (לעיל ד' עג:) האי מאן דכניף מלחא חייב משום מעמר: מגילת סתרים. שהסתירוה לפי שאין כותבין הלכות: ואינו חייב אלא אחת. על כרחיך לענין שוגג קאמר ולהטעתה דכמזיד תרי קטלי לא מקטלי ולהכי פריך והא אנן תנן כו': ואינו חייב על אחת מהן. מיתה יש בהן אחת שאינו נהרג עליה ולא פירש איזו היא והשתא לרב יהודה אין זו העברה שהרי נהרג מקושש עליה ולמתניתא אין תולש באותו ספק: ואלא

[לעיל ב.] והמלאכה היתה דים. לאו מלאכה היא אלא כדמשמע קרא בהבאת נדבה וכמאן דאמר דשלימא ליה עבידתיה מלאכה ההבאה אלא לא קרי לה מלאכה. כדאמרינן בסוטה (דף) ... [אינו קריא] ... המשכן לכל המלאכה של משכן לעשות אותה והותר [שמות לו, ז]. אשכחן הוצאה. דמויעבירו קול במחנה (שמות לו) לא משמע אלא הוצאות [לעיל ב:]. סברא היא. שכשם שהקפידה תורה מרשות לרשות בהוצאה כך הקפידה בהכנסה [שבועות ב.]. שתי אבות. בשוגג. מיחייב תרתי. חטאות. לא מיחייב אלא חדא. אאב מלאכה אבל אתולדה דידיה לא מיחייב. ולר"א דמחייב אתולדה במקום אב. דאי עביד אב ותולדה דידיה מחייב תרתי חטאות במס' כריתות בפ' אמרו לו (טז.). הך דהואי במשכן. כולהו אבות מלאכות ממשכן גמרינן להו במסכת שבת (מט:) [ב"ק ב.]. אותן המנויות שם בפרק כלל גדול היו צריכין למשכן ופרשת שבת נסמכה לפרשת מלאכת המשכן ללמוד הימנה [לעיל מט:]. [המשך בדף צז.]

תוספות

הוצאה גופה היכא כתיבא. ואע"ג שהיתה במשכן כדאמר ^ט הם הורידו קרשים מעגלה כו' מכל מקום אי לאו דכתיב לא הוה מחייבי עלה לפי שמלאכה גרועה היא כדפי' לעיל (דף ב.):

וממאי דבשבת קאי. ר"ח ל"ג כל זה עד אשכחן הוצאה דהא אפילו בחול קאי נפקא ליה שפיר דהוצאה מלאכה הוא דהא רחמנא קרייה מלאכה כדכתיב איש ואשה אל יעשו עוד מלאכה לתרומת הקדש וכתיב ויכלא העם מהביא אלמא קרי להוצאה מלאכה וכן דריש בהדיא בירושלמי:

הכנסה מנלן סברא הוא כו'. וא"ת מה צריך להאי סברא כיון דהוות במשכן כדאמר ^י הם העלו קרשים לעגלה כו' דהא בסמוך משמע גבי זריקה דאם היתה במשכן הוה אתי ליה שפיר וי"ל דבזריקה נמי איכא סברא מה לי ע"י הוצאה מה לי ע"י זריקה דאי לאו סברא לא הוה מחשבינן לה תולדה דהוצאה ואי לא הוות נמי במשכן לא הוה מחייבינן עלה מסברא לפי שמלאכה גרועה היא:

ולרבי אליעזר דמחייב אתולדה במקום אב אמאי קרי לה אב כו'. הוה מצי למימר דנפקא מינה לענין התראה כדפי' בפ' כלל גדול (לעיל עג:) ואיכא למימר דהיינו דקמשני הך דהוות במשכן חשיבא כו'. אית דגרסי הך דהוות במשכן חשיבא קרי לה אב וכן דלא הוות במשכן חשיבא קרי לה תולדה ולפי זה יש מלאכות דהוו במשכן כגון מנכש ומשקה זרעים דלא חשיבי ולא הוו אבות וכן אי גרסינן דהוות במשכן וחשיבא קרי לה אב אבל אי גרסי' הך דהוות במשכן חשיבא וקרי לה אב הך דלא הוות במשכן לא חשיבא וקרי לה תולדה לפי זה התולדות לא היו במשכן:

אי נמי הך דכתיבא קרי לה אב. הך לישנא לא איצטריך אלא משום הוצאה:

ודילמא שלחופי הוו משלחפי. הכי נמי הוה מצי למיפרך דילמא תוך ארבע אמות הוו יתבי:

עין משפט נר מצוה

ד א מיי' פי"ב מהלכות שבת הלכה ח סמג לאוין סה:

ה ב מיי' פ"ז שם הל' ז:

רבינו חננאל

משום בונה כוחלת משום כותבת פוקסת מכרועא אלנושרי ובלשון ערבית תגער אל אצדג. פוקסת משום צובעת ומדמפרשי רבנן טעמיה דר' אליעזר ש"מ הלכתא כוותיה ויש מי שחולק ואומר הלכה כחכמים דאמרי משום שבות ומ"ד כר' אליעזר טפי עדיף דאיסורא דאורייתא היא ולחומרא עבדינן וכן נמי לענין החולב והמחבץ והמכבד והמרבץ והרודה חלות דבש שוגג בשבת חייב חטאת במזיד ביו"ט לוקה מ' דברי ר' אליעזר וחכמים אומרים א' [זה] ואחד [זה חייב] משום שבות ומדמפרשי אליבא דר' אליעזר ואומר חולב משום מפרק מחבץ משום בורר מגבן משום בונה ש"מ סוגיא דהא שמעתיה כר' אליעזר ויש מי שחולק גם על זה ויש מרבנן דמדקדקי דאמרי כי החולב והמחבץ והמגבן כגרוגרות דברי הכל היא ומסתייעא מהא דגרסינן בפרק אע"פ תניא ר' מרינוס אומר גונח יונק חלב בשבת מ"ט יונק מפרק כלאחר יד הוא ובמקום סכנה לא גזרו רבנן א"ר יוסף הלכה כר' מרינוס ולא שמעינן דאית ליה האי סברא דהולב משום מפרק אלא אליבא דר' אליעזר ורבי מרינוס לא התיר אלא היונק מכלל שהחולב אסור ובסוף פרק חרש שנשא פקחת אסיקנא דיונק מפרק כלאחר יד הוא: שבת דאיסור סקילה גזרו רבנן י"ט דאיסור לאו לא גזרו רבנן וסבירא להו דבהחולב והמחבץ שמוציא החמאה והמגבן דברי הכל אסור ולא פליגי רבנן עליה דר' אליעזר אלא במכבד ומרבץ וברודה הלכתא כרבנן וסוגיא כוותייהו דהא לא אימעט מלרבץ אלא משום דחיישינן דאתי לאשויי גומות ואסיקנא והאידנא דסבירא לן כרבי שמעון [דפטר] במלאכה שאינה צריכה לגופה ובדבר שאין מתכוין לכתחלה לענין כיבוד נמי שרי ואפי' בדהוצי כר' שמעון: הלכתא מחלב בהמה אפי' למאן דסבר דשרי משום שבות אסור וכ"ש למ"ד משום מפרק אסור מלאכה היא והא דאמר רב חסדא מדברי רבנן נלמוד חולב אדם עז לתוך הקדרה אבל [לא] לתוך הקערה כבר פרשה מר' רב יהודאי גאון זצ"ל דבי"ט הוא וכבר פירשנו בפרק חבית: מתני' התולש מעציץ נקוב חייב שאינו נקוב פטור ר' שמעון פוטר בזה ובזה ור' שמעון פוטר בזה ובזה אלמא לר' שמעון לכל מילי כשאינו נקוב משוי ליה והתנן [אומר] אין בין נקוב לשאינו נקוב אלא להכשיר זרעים בלבד

ופרק רבא לעולם ר' שמעון לכל מילי נקוב כשאינו נקוב משוי לה ואיכא דגרסי כתלוש משוי והדבר אחד הוא פי' כיון דפוטר ר' שמעון אפילו בתולש מעציץ נקוב אלמא דבר תלוש הוא והכי דייקינן מינה דסבר כל מאי דהוה ביה כתלוש דמי ואע"ג שהוא עציץ נקוב חשיב והא דשני ביניהן לענין הכשר זרעים דתנן בסוף [פ"ב] דעוקצין עציץ נקוב אינו מכשיר את הזרעים ושאינו נקוב מכשיר הזרעים וקא מודה בה ר"ש דאלמא זרעים שהן בעציץ שאינו נקוב כתלושין דמי ומים הניתנין עליהן הרי הן בכי יותן ומכשירין המים וכל זרעים שיש בו כמחוברים דמו וכל מים הניתנין בהן אין מכשירין אותן והכא בשבת חשיב הנקוב כשאינו נקוב לפטור והכא בזרעים משני בין נקוב לשאינו נקוב קשיין אהדדי ומשני הכשר זרעים שאני שהתורה רבתה להן טהרה וכי יותן מים על זרע אשר יזרע טהור הוא פי' כל זרע שאינו ראוי עכשיו לזריעה טהור הוא אין המים מכשירין אותן והא כיון דאינו ראוי לזריעה הוא וא"ת א"ה אפי' שאינו נקוב נמי שאני התם כיון דאינו נקוב לאו זריעה הוא דכל שאינו נקוב לאו זריעה הוא והאי דאמר לכל מילי כגון ההוא דתנן בכלאים פרק (ז) עציץ נקוב מקדש בכרם ושאינו נקוב אינו מקדש ר"ש אומר זה וזה אסורין ואין מקדשין ולענין כלאים נמי איכא למימר דפליג ר"ש אבל רבנן דבר ברור הוא משנה שלמה היא (דמאי פ"ה) שעציץ נקוב הרי הוא כארץ תרם מן הארץ על עציץ נקוב ומן עציץ נקוב על הארץ תרומתו תרומה כו' והלכתא כרבנן שהתולש מעציץ נקוב חייב וגרסינן בסוף פרק חרש שנשא פקחת לא יאמר אדם לתינוק הבא לי קסם אלא מניחו תולש ומניחו זורק אמר אביי תולש מעציץ שאינו נקוב וזורק בכרמלית מדרבנן וגרסי' נמי במנחות (ד' ע) אמר רב טובי בר קיסנא אמר שמואל הזורע כלאים בעציץ שאינו נקוב אסור אמר אביי מאי קמ"ל בשלמא אי אשמעינן לוקה מכת מרדות מדרבנן אלא אסור מאי קמ"ל דהוי זריעה מדרבנן תנינא משאינו נקוב על הנקוב תרומה ויחזור ויתרום כו' דייקינן לר' שמעון דפטר התולש מעציץ נקוב דבעא מיניה ההוא סבא מר' זירא אם היה שורש הזרע כנגד הנקב מה לי אמר ר' שמעון בזה אשכחיה דיתיב וקאמר ומודה ר' שמעון שאם נקוב בכדי טהרתו פי' במוציא רימון שהתולש ממנו חייב א"ל שורש כנגד הנקב בעינא מינך ולא פשטתה לי לפטורה ניקב בכדי טהרתו מיבעיא. אמר אביי אם איתא לדר' זירא הכי רבנן שאם נקב למטה מרביעית פי' הכי קאמר אביי שפיר עבד ר' זירא דלא אהדר ליה להההוא סבא דאי אתמר הכי אתמר מודה ר' שמעון שאם ניקב העציץ בארעיתו או קרוב לארעיתו במקום שלא נשאר בו כדי לקבל רביעית דכיון רביעית בטל מתורת כלי דכי מנקיב עציץ בההוא דוכתא ודאי שרשי הזרעים שיש בו מגיעין לארץ והרי הן כזורעים בארץ והתולש מהן חייב אבל ניקב העציץ מצדו ונשאר בו כדי לקבל רביעית עדיין כלי הוא ואע"פ שהושרש כנגד

חשק שלמה על רבינו חננאל א) בקרא דוכי יותן מים לא כתיב כלל אשר יזרע טהור הוא. ולכן נראה דצ"ל על כל זרע זרוע אשר יזרע פי' זרע שראוי עכשיו לזריעה אבל כל זרע שאינו ראוי וכו' כצ"ל:

מסורת הש"ס

א) [גי' רבינו האי הוצאה מנלן דהוה מלאכה], ב) ב"ק ב. לעיל עג., כריתות טז:, ג) לעיל ז: ק., ד) [גיר' שאול שוב גריס הערוך שואליהן פי' משכיהן], ה) [ילקוט איתא לוי], ו) לעיל ו:, ז) ב"ק ל"ג. ח) [עי' ה"ג], ט) לעיל מט:, י) לעיל מט.

הגהות הב"ח

(א) גמ' דשלימא לה עבידתיה כדכתיב והמלאכה:

רב נסים גאון

פי"א ולר' אליעזר דמחייב על תולדה במקום אב קול א) ר' אליעזר במסכת (כריתות דף טז) וכבר פירשנו דבריו בפרק כלל גדול ועיקרו בתורת כהנים בפרשת כהן משיח בסדר ויקרא ואלא

חשק שלמה על רב נסים גאון

א) פירוש גלגון ערבי מאמר ר' אליעזר:

תורה אור השלם

א) וַיְצַו מֹשֶׁה וַיַּעֲבִירוּ קוֹל בַּמַּחֲנֶה לֵאמֹר אִישׁ וְאִשָּׁה אַל יַעֲשׂוּ עוֹד מְלָאכָה לִתְרוּמַת הַקֹּדֶשׁ וַיִּכָּלֵא הָעָם מֵהָבִיא: [שמות לו, ו]

ב) וְהַמְּלָאכָה הָיְתָה דַיָּם לְכָל הַמְּלָאכָה לַעֲשׂוֹת אֹתָהּ וְהוֹתֵר: [שמות לו, ז]

ג) וְהַעֲבַרְתָּ שׁוֹפַר תְּרוּעָה בַּחֹדֶשׁ הַשְּׁבִעִי בֶּעָשׂוֹר לַחֹדֶשׁ בְּיוֹם הַכִּפֻּרִים תַּעֲבִירוּ שׁוֹפָר בְּכָל אַרְצְכֶם: [ויקרא כה, ט]

ד) וַיָּבֹאוּ כָּל הַחֲכָמִים הָעֹשִׂים אֵת כָּל מְלֶאכֶת הַקֹּדֶשׁ אִישׁ אִישׁ מִמְּלַאכְתּוֹ אֲשֶׁר הֵמָּה עֹשִׂים: [שמות לו, ד]

ה) וַיִּהְיוּ בְנֵי יִשְׂרָאֵל בַּמִּדְבָּר וַיִּמְצְאוּ אִישׁ מְקֹשֵׁשׁ עֵצִים בְּיוֹם הַשַּׁבָּת: [במדבר טו, לב]

ו) אָבִינוּ מֵת בַּמִּדְבָּר וְהוּא לֹא הָיָה בְּתוֹךְ הָעֵדָה הַנּוֹעָדִים עַל יְיָ בַּעֲדַת קֹרַח כִּי בְחֶטְאוֹ מֵת וּבָנִים לֹא הָיוּ לוֹ: [במדבר כז, ג]

ליקוטי רש"י

משה היכן הוה יתיב במחנה לויה. ובמדבר נמי היו ג' מחנות לפנים מן הקלעים מחנה שכינה ולוים שהיו חונים סביב למשכן העדות (במדבר א) זו מחנה לויה והדגלים ג' פרסאות אלו מחנה ישראל ומשה היה לוי [סוטה כ:]. לא תפיקו ותיתו. מרה"י דידכו לרה"ר. להביא נדבה למלאכת

discusses **a day of prohibition,** i.e. the Sabbath.[10]

The Gemara seeks the source for the prohibition against other forms of transfer:

אַשְׁכְּחַן הוֹצָאָה – **We have found** the source that **"taking out"** is prohibited on the Sabbath. הַכְנָסָה מְנָלַן – But **from where** is it known **to us** that **"bringing in"** from a public to private domain is prohibited as well?[11]

The Gemara answers:

סְבָרָא הִיא – **It is a logical argument,** as follows: מִכְּדִי מֵרְשׁוּת לִרְשׁוּת הוּא – **Now,** let us see. **It is** transferring an object **from domain to domain** that the Torah has prohibited in the verse cited above.[12] מַה לִּי אַפּוּקֵי וּמַה לִּי עַיּוּלֵי – **What difference** should there be whether the transfer being done is **"taking out"** from the private to public domain, **or** whether it is **"bringing in"** from the public to private domain?[13] מִיהוּ הוֹצָאָה אָב הַכְנָסָה תּוֹלָדָה – **However,** though logic dictates that the two forms of transfer are legally equivalent, **"taking out" is the primary labor,** whereas **"bringing in" is a derivative labor.**[14]

Having differentiated between a primary labor and a derivative, the Gemara explores the distinction between them:

וּמִכְּדִי – **And now,** let us see: אַהָא מִיחַיַּיב וְאַהָא מִיחַיַּיב – **One is liable** to a *chatas* **for** inadvertent violation of **this one** [the primary *melachah* of "taking out"] **and for this one** [the derivative *melachah* of "bringing in"].[15] אַמַּאי קָרֵי לָהּ הַאי אָב – **Why,** then, **is this one** ["taking out"] **called "a primary** labor" וְאַמַּאי קָרֵי לָהּ הַאי תּוֹלָדָה – **and why is this one** ["bringing in"] **called "a derivative** labor"?[16]

The Gemara answers:

נְפְקָא מִינָּהּ – **The** practical **outcome** of *melachos* in general being segregated into categories of "primary" and "derivative" *melachos* is דְּאִי עָבִיד שְׁתֵּי אָבוֹת בַּהֲדֵי הֲדָדֵי – **that if one** unwittingly **performs two** different **primary labors,**[17] even if he performs them **together,**[18] אִי נַמִּי שְׁתֵּי תוֹלָדוֹת בַּהֲדֵי הֲדָדֵי – **or two derivatives** – each one a derivative of a different *av*[19] – even if he performs them **together,**[20] מִיחַיַּיב תַּרְתֵּי – **he is liable to two** *chataos,* one for each category of *melachah.*[21] וְאִי עָבִיד אָב וְתוֹלָדָה דִּידֵיהּ – **Whereas if he performs a primary labor and its own derivative** together, לֹא מִיחַיַּיב אֶלָּא חֲדָא – **he is liable to only one** *chatas.*[22]

The Gemara asks:

וּלְרַבִּי אֱלִיעֶזֶר דִּמְחַיֵּיב אַתּוֹלָדָה – **And according to R' Eliezer,**

NOTES

10. Now, if the point of the proclamation was to call a halt to the contributions simply because they were no longer needed, there would be no point in the Torah informing us through the *gezeirah shavah* that the proclamation took place on Shabbos. From the fact that the Torah *does* go out of its way to indicate that the proclamation took place on Shabbos, we can infer that the proclamation *forbade* them to bring further contributions because "taking out" is forbidden on Shabbos (*Ran MHK* ed.; *Chidushei HaRan; Yad David [Kamma];* cf. *Chasam Sofer* [*Machon Chasam Sofer* ed.] at length).

[*Rav Hai Gaon* (cited by *Rashba* and *Ritva MHK* ed.) and *Rabbeinu Chananel* (cited also by *Tosafos*), however, assert that the entire question and answer beginning from וּמְמַּאי דִּבְשַׁבָּת קָאֵי, *And how [do we know] that this took place on the Sabbath,* is not part of the authentic Gemara text and should be deleted. For even if the proclamation took place on a weekday and was meant only to halt further, unnecessary contributions, the Gemara has succeeded in presenting a source that "taking out" is a *melachah,* since the verse terms the bringing of contributions to the Levite camp as מְלָאכָה, *melachah* (see note 3), and Scripture elsewhere (*Exodus* 20:10 et al.) forbids the performance of "*any melachah*" on the Sabbath! *Ritva MHK* ed. defends our reading by suggesting that the Gemara merely intended to bolster its proof that "taking out" is *prohibited* on the Sabbath, by proceeding to demonstrate that the proclamation was Shabbos-motivated and represented a *prohibition.*]

11. Though "bringing in" was also found in the Mishkan, as stated in the Baraisa on 49b ("They lifted the boards from the ground onto the wagon . . ."), that would not be a sufficient basis to deem it forbidden, since "transfer" is by its very nature an "inferior labor" [see above, note 2] (see *Tosafos*).

12. [Based on *Rashi* to 2b ד״ה תני אבות.]

13. The fact that "bringing in" was found in the Mishkan allows us to consider "bringing in" a candidate for being a *melachah* that is forbidden on the Sabbath – if logic can attach "bringing in" to a Scripturally explicit category of *melachah.* [The mere fact that "bringing in" was found in the Mishkan is insufficient, since it is an "inferior labor."] The logical argument presented by the Gemara here is what allows us to attach "bringing in" to the Scripturally stated category of *hotzaah* (*Tosafos*).]

14. Though reason dictates that the two are legally identical, "taking out," which is stated explicitly in the verse (as demonstrated above), is the *av,* whereas "bringing in" is merely a *toladah* of that *av* (*Ritva MHK* ed.; *Chidushei HaRan*).

[Even if the Mishnah on 73a also means to include "bringing in" when it lists "one who transfers from domain to domain" (as stated by Rav Ashi on 2b), it means only that "bringing in" is a *toladah,* not that it is an *av* (see Gemara 2b and *Tosafos* there ד״ה מי לא עסקינן).]

15. [Certainly, one is liable to a *chatas* for "taking out," as it is one of the *avos* listed by the Mishnah on 73a, and one is liable to a *chatas* for an *av,* as stated by the Mishnah on 67b-68a. And one is also liable for "bringing in"] as we see from the Mishnah on 2a, which states that the poor man is liable for transferring an object from the public to private domain (*Rashi*).

16. I.e. if both acts result in *chatas* liability, why classify one as an *av* and the other as a *toladah*? Why not call them both *avos*? (see *Ran MHK* ed.; cf. *Ritva MHK* ed.).

17. That is, he performs *avos* of different categories (see *Rashi*). For instance, he cuts down a tree and plants another in its place, thus transgressing two distinct *avos* – "reaping" and "planting." [Performing two forms of the same *av* (such as planting a seed and planting a sapling – see 73b with *Rashi*), however, is the tantamount to performing the same act twice.]

18. [The expression בַּהֲדֵי הֲדָדֵי, *together,* in the present context does not refer necessarily to actual simultaneity, but rather to the performance of the two acts within *a single lapse of awareness* (בְּהֶעְלֵם אֶחָד). That is, a person committed both acts under the mistaken impression that neither was forbidden on the Sabbath, and he did not become aware of their forbidden nature until after both acts were committed.]

19. *Rashi.* See also *Rambam, Hil. Shegagos* 7:6 with *Kesef Mishneh* and *Lechem Mishneh.*

20. For example, he diced beets finely, which is a *toladah* of "grinding" (above, 74b), and he milked a cow, which is a *toladah* of "threshing" (above, 95a).

21. The fact that he had done them "together" (in one lapse of awareness) does not restrict his liability in this case, because he has performed two distinct categories of *melachah.* See Mishnah above, 67b-68a.

22. For instance, he threshed grain and milked a cow, thereby transgressing the *av* of "threshing" and its *toladah.* Since the two acts fall in the same *melachah* category, he is liable to but one *chatas,* as both were done "together," i.e. during a single period of unawareness. [Had a flash of awareness intervened between the two acts, however, he would be liable to separate *chataos* even if the acts were absolutely identical.]

The Gemara has thus explained the significance of categorizing *melachos* in general as either *avos* or *tolados.* Similarly, in the case of "transferring," there is legal significance to designating one act as an *av* and another as a *toladah,* rather than simply calling both "*avos.*" For if both were reckoned distinct *avos,* then one who unwittingly performed both would be liable to two *chataos,* even if he did both in a single lapse of awareness. Now, however, that one is a *toladah* of the other, there is only one *chatas* obligation incurred.

The Gemara has *not* explained, however, how it is determined *which* act is the *av* and which the *toladah.* This the Gemara will do shortly according to the view of R' Eliezer, and that explanation will serve as well for the views of all other Tannaim (*Ran MHK* ed.).

ד א מיי' פי"ג מהלכות שבת הלכה ח סמג לאוין סה:
ה ב מיי' פי"ג שם הל' ו:

גמ' מכדי זריקה תולדה דהוצאה היא א) הוצאה ב) גופה היכא כתיבא א"ר יוחנן דאמר קרא א) ויצו משה ויעבירו קול במחנה משה היכן הוה יתיב במחנה לויה ומחנה לויה רה"ר הואי וקאמר להו לישראל לא תפיקו ותיתו מרה"י דידכו לרה"ר וממאי דבשבת קאי דילמא בחול קאי ומשום דשלימא לה (א) מלאכה כדכתיב ב) והמלאכה היתה דים וגו' גמר העברה העברה מיוה"כ כתיב הכא ויעבירו קול במחנה וכתיב התם ג) והעברת שופר תרועה מה להלן ביום אסור אף כאן ביום אסור אשכחן הוצאה הכנסה מנלן סברא היא מכדי מרשות לרשות הוא מה לי אפוקי ומה לי עיולי מיהו הוצאה אב הכנסה תולדה ומכדי אהא מיחייב ואהא מיחייב אמאי קרי לה האי אב ואמאי קרי לה האי תולדה ג) נפקא מינה דאי עביד שתי אבות בהדי הדדי אי נמי שתי תולדות בהדי הדדי מיחייב תרתי ואי עביד אב ותולדה דידיה לא מיחייב אלא חדא ד) ולר"א דמחייב אתולדה במקום אב אמאי קרו לה אב ואמאי קרו לה תולדה הך דהואי במשכן חשיבא קרי לה אב הך דלא הואי במשכן חשיבא לא קרי לה אב אי נמי הך דכתיבא קרי אב והאי דלא כתיבא קרי תולדה והא דתנן ה) הזורק ד' אמות בכותל למעלה מי' טפחים כזורק באויר למטה מי' טפחים כזורק בארץ והזורק בארץ ד' אמות חייב זרק ד' אמות ברה"ר מנלן דמיחייב אמר ר' יאשיה שכן אורגי יריעות זורקין מחטיהן זה לזה אורגין מחטין למה להו אלא שכן תופרי יריעות זורקין מחטיהן זה לזה ודילמא גבי הדדי הוו יתבי מטו הדדי במחטין דילמא בתוך ארבע הוו יתבי אלא אמר רב חסדא שכן אורגי יריעות זורקין בוכיאר ביריעה והלא אוגדו בידו בניסכא בתרא והא במקום פטור קאזלא אלא שכן אורגי יריעות זורקין בוכיאר ו) לשואליהן ודילמא גבי הדדי הוו יתבי מטו הדדי בחפת ודילמא שלחופי הוו משלחפי ותו מי שאילי מהדדי והתניא ז) לודא ד) איש איש ממלאכתו אשר המה עושים ממלאכתו הוא עושה ואינו עושה ממלאכת חבירו ותו מעביר ד' אמות ברה"ר מנלן דמחייב אלא כל ד' אמות ברה"ר גמרא גמירי לה: אמר רב יהודה אמר שמואל מקושש מעביר ארבע אמות ברה"ר הוה במתניתא תנא תולש הוה רב אחא ברבי יעקב אמר מעמר הוה למאי נפקא מינה לכדרב ח) דאמר רב מצאתי מגלת סתרים בי ר' חייא וכתוב ביה איסי בן יהודה אומר אבות מלאכות ארבעים חסר אחת ט) (ואם עשאן כולם בהעלם אחת) ואינו חייב אלא אחת אחת ותו לא והתנן י) אבות מלאכות ארבעים חסר אחת והוינן בה מניינא למה לי וא"ר יוחנן שאם עשאן כולם בהעלם א' חייב על כל אחת ואחת אימא אינו חייב על אחת מהם רב יהודה פשיטא ליה דהמעביר חייב ומתני' פשיטא ליה דתולש חייב ורב אחא בר יעקב פשיטא ליה דמעמר חייב מ"ם הא מיהת לא מספקא ומ"ם הא מיהת לא מספקא: ת"ר מקושש זה צלפחד וכן הוא אומר ה) ויהיו בני ישראל במדבר וימצאו איש וגו' ולהלן הוא אומר ו) אבינו מת במדבר מה להלן צלפחד אף כאן צלפחד דברי ר' עקיבא אמר לו ר' יהודה בן בתירא עקיבא בין כך ובין כך אתה עתיד ליתן את הדין אם כדבריך התורה כיסתו ואתה מגלה אותו ואם לאו אתה מוציא לעז על אותו צדיק

הוצאה גופה היכא כתיבא. ולא"ג שהיתה במשכן כדאמר (י) הם הורידו קרשים מעגלה כו' מכל מקום אי לאו דכתיב לא הוה מחייבי עלה לפי שמלאכה גרועה היא כדפי' לעיל (דף ב.): **וממאי** דבשבת קאי. ר"ת ל"ג כל זה עד אשכחן הוצאה דהא אפילו בחול קאי נפקא ליה שפיר דהוצאה מלאכה הוא דהא רחמנא קרייה מלאכה כדכתיב איש ואשה אל יעשו עוד מלאכה לתרומת הקדש וכתיב ויכלא העם מהביא אלמא קרי להוצאה מלאכה וכן דריש בהדיא בירושלמי:

הכנסה מנלן סברא הוא כו'. וא"ת מה צריך להאי סברא כיון דהוות במשכן כדאמר (י) הם העלו קרשים לעגלה כו' דהא בסמוך משמע גבי זריקה דאם היתה במשכן הוה אתי ליה שפיר וי"ל דזריקה נמי איכא סברא מה לי ע"י הוצאה מה לי ע"י זריקה דלאו סברא לא הוה מחשבינן לה תולדה דהוצאה ואי לא הוות נמי במשכן לא הוה מחייבינן עלה מסברא לפי שמלאכה גרועה היא:

ולרבי אליעזר דמחייב אתולדה במקום אב אמאי קרי לה אב כו'. הוה מצי למימר דנפקא מינה לענין התראה כדפי' בפ' כלל גדול (לעיל עג:) ואיכא למימר דהיינו דקמשני הך דהוות במשכן חשיבא כו'. אית דגרסי הך דהוות במשכן חשיבא קרי לה אב והך דלא הוות במשכן חשיבא קרי לה תולדה ולפי זה יש מלאכות דהוו במשכן כגון מנכש ומשקה וזרעים דלא חשיבי ולא הוו אבות ואי לא גרסינן דהוות במשכן וחשיבא קרי לה אב אבל אי גרסי' הך דהוות במשכן חשיבא וקרי לה אב הך דלא הוות במשכן לא חשיבא וקרי לה תולדה לפי זה התולדות לא היו במשכן:

אי נמי הך דכתיבא קרי לה אב. הך לישנא לא איצטריך אלא משום הוצאה:

ודילמא שלחופי הוו משלחפי. הכי נמי הוה מצי למיפרך דילמא תוך ארבע אמות הוו יתבי:

גמ' מכדי זריקה תולדה דהוצאה. על כרחיך תולדה היא דלא נמנית באבות מלאכות ותולדה דהוצאה היא שאין לך לעשות תולדה לה אלא לאחר למעין הוצאה היא האמורה באבות מלאכות: **מחנה לויה ר"ה היא.** שהיו הכל מצויין אצל משה רבינו: **מרה"י דידכו.** מאהליכם: **דשלימא ליה עבידתיה.** שהיה הנדבה כדי להשלים: **סברא היא.** להיות הכנסה תולדת הוצאה שהיא מעין לה כשאר תולדות שהיא מעין מלאכות: **מכדי אהאי מיחייב ואהאי מיחייב.** כדתנן (לעיל ד' ב.) פשט העני ידו לפנים: **נפקא מינה.** דלכל אבות מלאכות: **שתי אבות.** דלא דמיין ושתי תולדות דשתי אבות: **ולר"א כו'.** במסכת כריתות בפרק אמרו לו: **והא דתנן.** בפירקין: **בכותל.** כדמוקי לה בדבילה שמינה ונדבקת: **כזורק באויר.** ופטור דלא נח ברשות הרבים דאין רה"ר למעלה מעשרה ורה"י נמי לא נח שאינו מקום מסוים שיהא רחבו ד' שהרי לא נח ברחב הכותל אלא בפניו: **כזורק בארץ.** דאויר רה"ר הוא וגם בכל דהו מיחייב ושותא לנפשיה לא הוי לא כרמלית ולא מקום פטור הואיל ובפניו נח ולא נח בראשו שיהא מקום מסוים: **תופרי יריעות.** מעשה רוקם: **גבי הדדי.** בתוך אמה אחת ואין צריכין לזרוק אלא להושיט: **מטו אהדדי במחטין.** כשמותחין את החוט מכין זה את זה במחט: **בוכיאר.** כלי שקנה של ערב נתון בו שזורקין בין שני דופני היריעה: **והלא אגדו בידו.** חוט של ערב הוא אוחז והקנה נכרך בחוט ולאו נשמט ממנו: **בניסכא בתרא.** בחוט האחרון של קנה שהקנה נשמט מהחוט והבוכיאר נופל: **ניסכא.** זריקה אחרונה של חוט לשון המיסך: **והא במקום פטור אזלא.** בין דופני היריעה ואין זה רשות הרבים אלא מקום פטור דאין רחב ד': **לשואליהן.** אורגי יריעה אחרת ויש לו לזה שנים: ה"ג ודילמא שואליהן גביהן הוו יתבין: **מטו אהדדי בחפת.** אי גבייהו הוו יתבי מגיעין ידו של זה בשל זה בשפת היריעה כשמותחין חוט הערב: **בחפת.** כמו חפת חלוקו (יומא ד' עז:): **שלחופי הוו משלחפי.** לעולם גבי הדדי הוו יתבי אלא שאין מכוונים אלא זה נמשך לפנים וזה לאחור: **ואין עושה ממלאכת חבירו.** שכולם מוכנים בכלי אומנותם ולא הוצרכו לישאול: **מעביר ד' אמות הוה.** לא תלשן ולא עימרן אלא העבירן ד' אמות לכך נהרג: **מעמר.** תלושין ומפוזרין היו ועמרן כדאמרן (לעיל ד' עג:) האי מאן דכניף מלחא חייב משום מעמר: **מגילת סתרים.** שהסתירוה לפי שאין כותבין הלכות: **ואינו חייב אלא אחת.** על כרחיך לענין שוגג קאמר ולחטאת דבמזיד תרי קטלי לא מקטלי ולהכי פריך והא אנן תנן כו': **ואינו חייב על אחת מהן.** מיתה יש בהן אחת שאינו נהרג עליה ולא פירש איזו היא והשתא לרב יהודה אין זו העבירה שהרי נהרג מקושש עליה ולמתניתא אין תולש באותו ספק: ואלא

רבינו חננאל

משום בונה כוחלת משום כותבת פוקסת מכרוכא אלגושרי ובלשון ערבית תגער אל אצדג. פוקסת משום צובעת ומדמפרשי רבנן טעמיה דר' אליעזר ש"מ הלכתא כוותיה ויש מי שחולק ואומר הלכה כחכמים דאמרי משום שבות ומ"ד כר' אליעזר טפי עדיף דאיסורא דאורייתא היא ולחומרא עבדינן וכן נמי לענין החולב והמחבץ והמכבד והמרבץ והרודה חלות דבש שוגג בשבת חייב חטאת במזיד ביו"ט לוקה מ' דברי ר' אליעזר וחכמים אומרים א' [זה] ואחד [זה] אינו [אלא] משום שבות ומדמפרשי אליבא דר' אליעזר ואומר חולב משום מפרק מחבץ משום בורר מגבן משום בונה ש"מ סוגיא דהא שמעתיה כר' אליעזר ויש מי שחולק על זה ויש מרבנן דמדקדקי דאמרי כי החולב והמחבץ והמגבן כגרוגרות דברי הכל היא ומסתייעא מהא דגרסינן בפרק אע"פ תניא ר' מרינוס אומר גונח יונק חלב בשבת מ"ט יונק מפרק כלאחר יד הוא ובמקום סכנה לא גזרו רבנן א"ר יוסף הלכה כר' מרינוס ש"מ לא שמעינן דאית ליה האי סברא דחולב אסור משום מפרק אלא אליבא דר' אליעזר ורבי מרינוס לא התיר אלא היונק מכלל שהחולב אסור ובסוף פרק חרש שנשא פקחת אסיקנא דיונק מפרק כלאחר יד הוא: שבת דאיסור סקילה גזרו רבנן י"ט דאיסור לאו הוא לא גזרו רבנן וסבירא להו דהחולב ומחבץ ומגבן שמוציא החמאה ומגבן דברי הכל אסור לא פליגי רבנן עליה דר' אליעזר אלא במכבד ומרבץ וברודה חלות דבש ובהני הלכתא כרבנן וסוגיא כוותייהו דהא לא אימנעו מלרבץ אלא משום דחיישינן דאתי לאשויי גומות ואסיקנא והאידנא דסבירא לן כרבי שמעון [דפטר] במלאכה שאינה צריכה לגופה ובדבר שאין מתכוין שרי אפי' לכתחלה לענין כיבוד נמי שרי ואפי' בדהוצי כר' שמעון: הלכתא מחלב בהמה אפי' למאן דסבר דשרי משום שבות אסור וכ"ש למ"ד משום מפרק אסור משום מלאכה היא והא דאמר רב חסדא מדברי רבנן נלמד חלב אדם עד [לא] לתוך הקדרה אבל [לא] לתוך הקערה כבר פרשה מר רב יהודאי גאון זצ"ל דבי"ט הוא וכבר פירשנו בפרק חבית: מתני' התולש מעציץ נקוב חייב משאינו נקוב פטור ר' שמעון פוטר בזה ובזה ורמי ליה אביי לרבא תנן ר' שמעון פוטר בזה ובזה אלמא לר' שמעון לכל מילי נקוב כשאינו נקוב משוי ליה והתנן ר' שמעון [אומר] אין בין נקוב לשאינו נקוב אלא להכשיר זרעים בלבד ופריק רבא לעולם ר' שמעון לכל מילי נקוב כשאינו נקוב משוי לה ואיכא דגרסי כתלוש משוי והדבר אחד הוא פי' כיון דפוטר ר' שמעון אפילו בתולש מעציץ נקוב דייקינן מינה דסבר כל מאי דזרע ביה כתלוש דמי ואע"פ שהוא נקוב כשאינו נקוב חשוב והא דשני ביניהון לענין הכשר זרעים דתני בסוף (פ"ב) דעוקצים עציץ נקוב אינו מכשיר את הזרעים ושאינו נקוב מכשיר את הזרעים וקא מודה בה ר"ש דאלמא זרעים שהן בעציץ שאינו נקוב כתלושין דמי ומים הניתנין עליהן הרי הן בכי יותן ומכשירין אבל עציץ נקוב זרעים שיש בו כמחוברים דמו וכל מים הניתנין בהן אין מכשירין אותן והכא בשבת חשיב הנקוב כשאינו נקוב לפטור והכא בזרעים משני בין נקוב לשאינו נקוב קשיין אהדדי ומשני הכשר זרעים שאני שהתורה רבתה להן טהרה וכי יותן מים על זרע א) זרוע אשר יזרע טהור הוא פי' כל זרע שאינו ראוי עכשיו לזריעה טהור הוא אין המים מכשירין אותן והא כיון שהוא מחובר כמי שאינו ראוי לזריעה הוא וא"ת א"ה אפי' שאינו נקוב נמי שאני התם כיון דאינו נקוב לאו זריעה הוא דכל זריעה שאינה בארץ לאו זריעה הוא והאי דאמר לכל מילי כגון ההוא דתנן בכלאים פרק (ז) עציץ נקוב מקדש בכרם ושאינו נקוב אינו מקדש ר"ש אומר זה וזה אסורין ואין מקדשין ולענין כלאים נמי איכא למימר דפליג ר"ש אבל רבנן דבר ברור הוא משנה שלמה בדמאי פרק (ה) שעציץ נקוב הרי הוא כארץ תרם מן הארץ על עציץ נקוב ומן עציץ נקוב על הארץ תרומתו תרומה כו' והלכתא כרבנן שהתולש מעציץ נקוב חייב וגרסינן בסוף פרק חרש שנשא פקחת לא יאמר אדם לתינוק הבא לי קסם אלא מניחו תולש מניחו זורק אמר אביי תולש מעציץ שאינו נקוב זורק בכרמלית מדרבנן וגרסי' נמי במנחות (ד' ע) אמר רב טובי בר קיסנא אמר שמואל הזורע כלאים בעציץ שאינו נקוב אסור אמר אביי מאי קמ"ל בשלמא אי אשמעינן לוקה מכת מרדות מדרבנן שפיר אלא האי דקאמר אסור מאי קמ"ל דהוי זריעה מדרבנן תנינא משאינו נקוב על הנקוב תרומה ויחזור ויתרום כו' דייקינן לר' שמעון דפטר התולש מעציץ נקוב דבעא מיניה ההוא סבא מר' זירא אם היה שורש הזרע כנגד הנקב מה לי אמר ר' שמעון בזה אשתיק ר' זירא זמנין אשכחיה דיתיב וקאמר ומודה ר' שמעון שאם נקוב בכדי טהרתו פי' במוציא רימון שהתולש ממנו חייב א"ל שורש כנגד הנקב בעינא מינך ולא פשטתה לי לפטורה ניקב בכדי טהרתו מיבעיא. אמר אביי אם איתא לדר' זירא הכי אתמר ומודה ר' שמעון שאם נקב למטה מרביעית פי' הכי קאמר אביי שפיר עבד ר' זירא דלא אהדר ליה לההוא סבא דאי אתמר הכי אתמר מודה ר' שמעון שאם ניקב העציץ בארעיתו או קרוב לארעיתו במקום שלא נשאר בו כ[די] דלית ביה כדי לקבל רביעית בטל מתורת כלי דכי מנקיב עציץ בההוא דוכתא ודאי שרשי הזרעים שיש בו מגיעין לארץ והרי הן כזרועים בארץ והתולש מהן חייב אבל ניקב העציץ מצדו ונשאר בו כדי לקבל רביעית עדיין כלי הוא

מסורת הש"ס

א) [גי' רבינו שלא הוצאה מנלן דהוה מלאכה], ב) ר"ק ב. לעיל עג, כריתות טז., ג) לעיל ז: ק., ד) [נעתק שורש ג"ם הערוך שוליהן פי' משרתיהן], ה) [ילקוט איתא לוין], ו) לעיל ו:, ז) בפ"א ל"ג, ח) [שם וש"נ], ט) לעיל מט:, י) [לעיל מט:].

הגהות הב"ח

(א) גמ' דשלימא לה עבידתא כדכתיב והמלאכה:

רב נסים גאון

פי"א ולר' אליעזר דמחייב על תולדה במקום אב קול (א) ר' אליעזר במסכת (כריתות דף טז) וכבר פירשנו דבריו בפרק כלל גדול ועיקרן בתורת כהנים בפרשת כהן משיח בסדר ויקרא: ואלא

חשק שלמה על רב נסים גאון

(א) פירושו נלפנן ערכי מאמר ר' אליעזר.

תורה אור השלם

א) וַיְצַו מֹשֶׁה וַיַּעֲבִירוּ קוֹל בַּמַּחֲנֶה לֵאמֹר אִישׁ וְאִשָּׁה אַל יַעֲשׂוּ עוֹד מְלָאכָה לִתְרוּמַת הַקֹּדֶשׁ וַיִּכָּלֵא הָעָם מֵהָבִיא: [שמות לו, ו]

ב) וְהַמְּלָאכָה הָיְתָה דַיָּם לְכָל הַמְּלָאכָה לַעֲשׂוֹת אֹתָהּ וְהוֹתֵר: [שמות לו, ז]

ג) וְהַעֲבַרְתָּ שׁוֹפַר תְּרוּעָה בַּחֹדֶשׁ הַשְּׁבִעִי בֶּעָשׂוֹר לַחֹדֶשׁ בְּיוֹם הַכִּפֻּרִים תַּעֲבִירוּ שׁוֹפָר בְּכָל אַרְצְכֶם: [ויקרא כה, ט]

ד) וַיָּבֹאוּ כָּל הַחֲכָמִים הָעֹשִׂים אֵת כָּל מְלֶאכֶת הַקֹּדֶשׁ אִישׁ אִישׁ מִמְּלַאכְתּוֹ אֲשֶׁר הֵמָּה עֹשִׂים: [שמות לו, ד]

ה) וַיִּהְיוּ בְנֵי יִשְׂרָאֵל בַּמִּדְבָּר וַיִּמְצְאוּ אִישׁ מְקֹשֵׁשׁ עֵצִים בְּיוֹם הַשַּׁבָּת: [במדבר טו, לב]

ו) אָבִינוּ מֵת בַּמִּדְבָּר וְהוּא לֹא הָיָה בְּתוֹךְ הָעֵדָה הַנּוֹעָדִים עַל יְיָ בַּעֲדַת קֹרַח כִּי בְחֶטְאוֹ מֵת וּבָנִים לֹא הָיוּ לוֹ: [במדבר כז, ג]

ליקוטי רש"י

משה היכן הוה יתיב במחנה לויה. ובמדבר נמי היו ג' מחנות לפנים מן הקלעים מחנה שכינה והלוים יחנו סביב למשכן העדות (במדבר א) זה מחנה לויה והדגלים ג' פרסאות זה מחנה ישראל ומשה היה לוי [סוטה כ:]. **לא תפיקו ותיתו מרה"י דידכו לרה"ר.** להביא נדבה למחנה לויה [לעיל ב.]. **והמלאכה היתה דים.** לאו מלאכה היא אלא כדמשמע קרא בהבאת נדבה וכמאן דאמר שלימא ליה עבידתא מלאכת ההבאה שלא היו צריכין עוד וכל מידי דרמי עליה דאינש קרי ליה עבידתא כדאמרינן במסכת סוטה (לג.) בטילת עבידתא דאמר סנאה לאייתויא להיכלא ואינו אלא לבא מלחמה להחריב [שם מט:]. ומלאכת ההבאה היתה דים של עושי המשכן לכל המלאכה של משכן לעשות אותה ולהותר [שמות לו, ז]. **אשכחן הוצאה.** דמויעבירו קול במחנה (שמות לו) לא משמע אלא הוצאות [לעיל ב:]. **סברא היא.** שכשם שהקפידה תורה מרשות לרשות בהוצאה כך הקפידה בהכנסה [שבועות ב.]. **שתי אבות.** בשוגג. **מיחייב תרתי.** חטאות. **לא מיחייב אלא חדא.** אאב מלאכה אבל אתולדה דידיה לא מיחייב. **ולר"א דמחייב אתולדה במקום אב.** דאי עביד אב ותולדה דידיה מחייב תרתי חטאות במס' כריתות בפ' אמרו לו (טז.). **הך דהואי במשכן.** כולהו אבות מלאכות ממשכן גמרינן להו במסכת שבת (מט:) [ב"ק ב.]. אותן המנויות שם בפרק כלל גדול היו צריכין למשכן ופרשת שבת נסמכה לפרשת מלאכת המשכן ללמוד הימנה [לעיל מט:].

[המשך בדף צז.].

חשק שלמה על רבינו חננאל א) בקרא דוכי יותן מים לא כתיב כלל אשר יזרע טהור הוא. ולכן נראה דצ"ל על כל זרע זרוע אשר יזרע פי' זרע שראוי עכשיו לזריעה אבל כל זרע שאינו ראוי וכו' כצ"ל:

בְּמְקוֹם אָב – **who obligates** a sinner to a separate *chatas* **for a derivative** *melachah* performed **along with the primary** *melachah*,[23] אַמַּאי קָרוּ לָהּ אָב וְאַמַּאי קָרוּ לָהּ תּוֹלָדָה – **why is this one** form of a labor **called "a primary** labor" **and why is this other** form of the labor **"a derivative** labor"?[24]

The Gemara answers:

הַךְ דַּהֲוַאי בְּמִשְׁכָּן חֲשִׁיבָא קָרֵי לָהּ אָב – **That** act **which was significant in the Tabernacle is called a primary** labor, הַךְ דְּלֹא הֲוַאי בְּמִשְׁכָּן חֲשִׁיבָא לֹא קָרֵי לָהּ אָב – while **that** act **which was not significant in the Tabernacle is not called a primary** labor, but rather a derivative one.[25] אִי נַמִּי – **Or,** in the case of "transfer,"[26] הַךְ דִּכְתִיבָא קָרֵי אָב – **that** labor **which is written** in the Torah ["taking out"] **is called the primary** labor, וְהַאי דְּלֹא כְתִיבָא קָרֵי תּוֹלָדָה – **while that** labor **which is not written** in the Torah ["bringing in"] **is called the derivative.**[27]

The Gemara now seeks the source for the prohibition against another form of "transfer":

וְהָא דִּתְנַן – **And** we will now seek the source for **that which we learned in a Mishnah:**[28] הַזּוֹרֵק אַרְבַּע אַמּוֹת בַּכּוֹתֶל – IF ONE THROWS an object a distance of FOUR *AMOS* in the public domain AGAINST A WALL[29] לְמַעְלָה מֵעֲשָׂרָה טְפָחִים – and it strikes the wall ABOVE TEN *TEFACHIM* from the ground, כְּזוֹרֵק בָּאֲוִיר – IT IS AS THOUGH HE THREW IT IN THE AIR.[30] לְמַטָּה מֵעֲשָׂרָה טְפָחִים – If its strikes the wall BELOW TEN *TEFACHIM,* כְּזוֹרֵק בָּאָרֶץ – IT IS AS THOUGH HE THREW IT ON THE GROUND;[31] וְהַזּוֹרֵק בָּאָרֶץ אַרְבַּע אַמּוֹת חַיָּיב – AND ONE WHO THROWS an object so that it lands ON THE GROUND FOUR *AMOS* away in the public domain IS LIABLE.

After citing this Mishnah, the Gemara inquires:

זָרַק אַרְבַּע אַמּוֹת בִּרְשׁוּת הָרַבִּים מְנָלַן דְּמִיחַיַּיב – **From where do we know that one who throws** an object a distance of **four *amos* in the public domain is liable?**[32]

The Gemara answers:

אָמַר רַבִּי יֹאשִׁיָּה – **R' Yoshiyah said:** שֶׁכֵּן אוֹרְגֵי יְרִיעוֹת זוֹרְקִין מַחֲטֵיהֶן זֶה לָזֶה – **For indeed the weavers of the curtains would throw their needles to each other.**[33]

The Gemara asks:

אוֹרְגִין מַחְטִין לָמָּה לְהוּ – **Why do weavers need needles?** Weavers use a loom for their work rather than needles!

The Gemara revises this answer:[34]

אֶלָּא שֶׁכֵּן תּוֹפְרֵי יְרִיעוֹת זוֹרְקִין מַחֲטֵיהֶן זֶה לָזֶה – **Rather,** the precedent for "throwing four *amos*" is **that indeed the sewers of the curtains would throw their needles to each other.**[35]

The Gemara asks:

וְדִילְמָא גַּבֵּי הֲדָדֵי הֲווּ יָתְבֵי – **But perhaps [the sewers] would sit close by to one another.**[36] – ? –

NOTES

23. R' Eliezer's view is found in *Kereisos* 16a. In his opinion, there is no distinction between *avos* and *tolados* in regard to *chatas* liability, for just as transgression of two separate *avos* renders one liable to two *chataos,* transgression of an *av* and its *toladah* also renders one liable to two *chataos.*

24. In R' Eliezer's view, there is indeed no legal significance to the grouping of the *melachos* into *avos* and *tolados.* Why, then, categorize them as such altogether? (*Ran MHK* ed.; see also *Ramban*).

25. The Gemara answers that according to R' Eliezer, the titles *av* and *toladah* indeed have no legal significance. They merely reflect whether a particular activity figured prominently in the Tabernacle (*Ramban; Ran MHK* ed.; cf. *Tosafos*). The thirty-nine activities reckoned as *avos* (73a) figured prominently in the Tabernacle (above, 49b; *Rashi* there ד״ה כנגד). Activities that did not figure prominently in the Tabernacle but are akin to the *avos* are reckoned as their *tolados.*

[This explanation of what constitutes an *av* or a *toladah* follows the reading found here in our Gemara texts. There are, however, alternative readings cited by the Rishonim – see *Tosafos* and *Rashba;* see also *Tosafos* to *Bava Kamma* 2a ד״ה ה״ג הך דהואי and commentators ad loc.]

Some explain that this distinction also accounts for "taking out" being reckoned the *av* and "bringing in" being reckoned the *toladah.* For although both activities were done in the Mishkan (as explained above), the "taking out" of the contributed materials from the tents to the Levite camp (where the Mishkan was constructed) was more significant than the "bringing in" of the boards from the ground to the wagons (*Tos. HaRosh*). Others explain that the respective designations in the case of "transfer" are accounted for solely by the Gemara's next reason (see *Ramban* et al.).

26. The reason which follows is applicable only to the *melachah* of transfer (see *Tosafos*).

27. As stated in the Gemara above, "taking out" is written explicitly in the Torah (in *Exodus* 36:6), whereas "bringing in" is derived through reason and from the fact that it, too, was performed in the Mishkan.

28. Below, 100a.

29. The Gemara (100a) will explain that he threw a sticky object, such as a sticky cake of pressed figs, and it adhered to the wall facing the public domain (*Rashi*).

30. I.e. he is exempt. By sticking to the side of the wall, the object has come to rest in the air over a public domain. The Mishnah teaches that the airspace above ten *tefachim* does not have the status of the public domain below – for *reshus harabim* status reaches only to a height of ten *tefachim.* Since the object has not come to rest in a *reshus harabim,* he is not liable for throwing it four *amos* in the *reshus harabim.* Nor can he be held liable for transferring it to a *reshus hayachid* above ten *tefachim,* because the face of a wall cannot be considered a *reshus hayachid.* A *reshus hayachid* can be established only in a defined, self-contained area that is four *tefachim* wide – namely, a horizontal surface. A point in space, however, cannot become a private domain (*Rashi;* see also *Rashi* above, 7b ד״ה כזורק באויר). The thrower is therefore exempt, because he has merely placed the object "in the air" – a place that is by definition neither a public nor a private domain.

31. Whatever comes to some form of rest within the airspace of the *reshus harabim* is considered to be at rest in the *reshus harabim.* [Thus, the thrower is liable just as if it had come to rest "on the ground" of the *reshus harabim.*] An object suspended in the airspace of the public domain is unlike an object lying on a platform in the public domain (e.g. the top of a brick that is three *tefachim* high), because a platform, being a defined, self-contained area, establishes its own domain – either as a *karmelis* (if it is four *tefachim* wide) or as a *mekom petur* (if it is less than four *tefachim* wide). Thus, an object lying on it is not at rest in the *reshus harabim.* A point in midair, however, does not constitute a separate domain. Thus, an object at rest in midair (clinging to the side of a wall) is viewed as at rest in the public domain (*Rashi;* see also *Rashi* to 7a ד״ה חייב and *Tosafos* there ד״ה וטח with *Maharsha;* see also note 20 there).

32. [The only form of "transferring four *amos* in the public domain" stated explicitly in a Mishnah is "throwing." Hence, the Gemara inquires about the basis for liability in the case of "throwing four *amos*" in the public domain, rather than in the case of "carrying four *amos*" in the public domain.]

33. The construction of the Tabernacle [which included the production of many curtains] was done in the public domain (*Rabbeinu Chananel*). [Thus, we find the Mishkan precedent of a curtain weaver throwing his needle a distance of four *amos* in the public domain.]

34. See *Ritva MHK* ed. and *Chidushei HaRan.*

35. This refers to those who would embroider the curtains (*Rashi*). [*Rashash* objects that the curtains were not embroidered, but were rather woven initially with their designs. (Only the מָסָךְ, *screen,* at the Tabernacle's entrance was embroidered – see *Exodus* 26:36.) *Rashash* therefore wonders why *Rashi* did not explain that the Gemara here refers to the sewing together of the five woven panels (see *Rashi* below, 99a ד״ה ונראין) or to the stitching repairs of curtains that developed holes (see Gemara above, 75a).]

36. That is, within an *amah* of one another. If so, they did not have to throw the needles at all, but could simply hand them to one another (*Rashi*).

גמ׳ מכדי זריקה תולדה דהוצאה היא [א] הוצאה גופה היכא כתיבא א״ר יוחנן דאמר קרא [א] ויצו משה ויעבירו קול במחנה משה היכן הוה יתיב במחנה לויה ומחנה לויה רה״ר הואי וקאמר להו לישראל לא תפיקו ותיתו מרה״י דידכו לרה״ר וממאי דבשבת קאי דילמא בחול קאי ומשום דשלימא לה (א) מלאכה כדכתיב [ב] והמלאכה היתה דים וגו׳ גמר העברה העברה מיוה״כ כתיב הכא ויעבירו קול במחנה וכתיב התם [ג] והעברת שופר תרועה מה להלן ביום אסור אף כאן ביום אסור אשכחן הוצאה הכנסה מנלן סברא היא מכדי מרשות לרשות הוא מה לי אפוקי ומה לי עיולי מיהו הוצאה אב הכנסה תולדה ומכדי אהא מיחייב ואהא מיחייב אמאי קרי לה האי אב ואמאי קרי לה האי תולדה [ב] נפקא מינה דאי עביד שתי אבות בהדי הדדי אי נמי שתי תולדות בהדי הדדי מיחייב תרתי ואי עביד אב ותולדה דידיה לא מיחייב אלא חדא [ג] ולר״א דמחייב אתולדה במקום אב אמאי קרו לה אב ואמאי קרו לה תולדה הך דהואי במשכן חשיבא קרי לה אב הך דלא הואי במשכן חשיבא לא קרי לה אב אי נמי הך דכתיבא קרי אב והאי דלא כתיבא קרי תולדה והא דתנן [ד] הזורק ד׳ אמות בכותל למעלה מי׳ טפחים כזורק באויר למטה מי׳ טפחים כזורק בארץ והזורק בארץ ד׳ אמות חייב זרק ד׳ אמות ברה״ר מנלן דמיחייב אמר ר׳ יאשיה שכן אורגי יריעות זורקין מחטיהן זה לזה אורגין מחטין למה להו אלא שכן תופרי יריעות זורקין מחטיהן זה לזה ודילמא גבי הדדי הוו יתבי מטו הדדי במחטין דילמא בתוך ארבע הוו יתבי אלא אמר רב חסדא שכן אורגי יריעות זורקין בוכיאר ביריעה והלא אוגדו בידו בניסכא בתרא והא במקום פטור קאזלא אלא שכן אורגי יריעות זורקין בוכיאר [ה] לשואליהן ודילמא גבי הדדי הוו יתבי מטו הדדי בחפת ודילמא שלחופי הוו משלחפי ותו מי שאילי מהדדי והתניא [ד] איש איש ממלאכתו אשר המה עושים ממלאכתו הוא עושה ואינו עושה ממלאכת חבירו ותו מעביר ד׳ אמות ברה״ר מנלן דמחייב אלא כל ד׳ אמות ברה״ר גמרא גמירי לה: אמר רב יהודה אמר שמואל מקושש מעביר ארבע אמות ברה״ר הוה במתניתא תנא תולש הוה רב אחא ברבי יעקב אמר מעמר הוה למאי נפקא מינה לכדרב [ו] דאמר רב מצאתי מגלת סתרים בי ר׳ חייא וכתוב ביה איסי בן יהודה אומר אבות מלאכות ארבעים חסר אחת [ז] (ואם עשאן כולם בהעלם אחת) ואינו חייב אלא אחת ותו לא והתנן [ח] אבות מלאכות ארבעים חסר אחת והוינן בה מניינא למה לי וא״ר יוחנן שאם עשאן כולם בהעלם א׳ חייב על כל אחת ואחת אימא אינו חייב על אחת מהם רב יהודה פשיטא ליה דהמעביר חייב ומתני׳ פשיטא ליה דתולש חייב ורב אחא בר יעקב פשיטא ליה דמעמר חייב מ״ס הא מיהת לא מספקא ומ״ס הא מיהת לא מספקא: ת״ר מקושש זה צלפחד וכן הוא אומר [ה] ויהיו בני ישראל במדבר וימצאו איש וגו׳ ולהלן הוא אומר [ו] אבינו מת במדבר מה להלן צלפחד אף כאן צלפחד דברי ר׳ עקיבא אמר לו ר׳ יהודה בן בתירא עקיבא בין כך ובין כך אתה עתיד ליתן את הדין אם כדבריך התורה כיסתו ואתה מגלה אותו ואם לאו אתה מוציא לעז על אותו צדיק

רש״י

גמ׳ מכדי זריקה תולדה דהוצאה. על כרחיך תולדה היא דלא נמנית באבות מלאכות ותולדה דהוצאה היא שאין לך לתתה תולדת אב אחר דמעין הוצאה היא האמורה באבות מלאכות: **מחנה לויה ר״ה היא.** שהיו הכל מצויין אצל משה רבינו: **מרה״י דידכו.** מאהליכם: **דשלימא ליה עבידתיה.** שהיה הנדבה כדי להשלים: **סברא היא.** להיות הכנסה תולדת הוצאה שהיא מעין לה כשאר תולדות שהיא מעין מלאכות: **מכדי אהאי מיחייב ואהאי מיחייב.** כדתנן (לעיל ע״ב ב.) פשט העני ידו לפנים: **נפקא מינה.** דכל אבות מלאכות: **שתי אבות.** דלא דמיין ושתי תולדות דשתי אבות: **ולר״א כו׳.** במסכת כריתות בפרק אמרו לו: **והא דתנן.** בפירקין: **בכותל.** כלומר לה בדבילה שמינה ונדבקת: **כזורק באויר.** ופטור דלא נח ברשות הרבים דאין רה״ר למעלה מעשרה וברה״י נמי לא נח שאינו מקום מסוים שיהא רחבו ד׳ שהרי לא נח בראש הכותל אלא בפניו: **כזורק בארץ.** דאויר רה״ר הוא וחייב וכיון דאויר רה״ר הוא ונח בכל דהו מיחייב ורשותא לנפשיה לא הוי לא כרמלית ולא מקום פטור הואיל ובפניו נח ולא נח בראשו שיהא מקום מסוים: **תופרי יריעות.** מעשה רוקם: **גבי הדדי.** בתוך אמה אחת ואין צריכין לזרוק אלא להושיט: **מטו אהדדי במחטין.** כשמותחין את החוט מכין זה את זה במחט: **בוכיאר.** כלי שקנה של ערב נתון בו שזורקין בין שני דופני היריעה: **והלא אגדו בידו.** חוט של ערב הוא אוחז והקנה נכרך בחוט ואינו נשמט ממנו: **בניסכא בתרא.** בחוט האחרון של קנה שהקנה נשמט מהחוט והבוכיאר נופל: **ניסכא.** זריקה אחרונה של חוט לשון המיסך: **והא במקום פטור אזלא.** בין דופני היריעה ואין זה רשות הרבים אלא מקום פטור דלאין רחב ד׳: **לשואליהן.** אורגי יריעה אחרת ויש לו לזה שנים: ה״ג ודילמא שואליהן גביהן הוו יתבין: **מטו אהדדי בחפת.** אי גביהו הוו יתבי מגיעין ידו של זה בשל זה בשפת היריעה כשמותחין חוט הערב: **בחפת.** כמו שפת חלוקו (יומא ד׳ עז:): **שלחופי הוו משלחפי.** לעולם גבי הדדי הוו יתבי אלא שאין מכוונים אלא זה נמשך לפנים וזה לאחור: **ואין עושה ממלאכת חבירו.** שכולם מוכנים בכלי אומנותם ולא הוצרכו לישאול: **מעביר ד׳ אמות הוה.** לא תלשן ולא עימרן אלא העבירן ד׳ אמות לכך נהרג: **מעמר.** תלושין ומפוזרין היו ועמרן כדאמרן (לעיל ד׳ עג:) האי מאן דכניף מלחא חייב משום מעמר: **מגילת סתרים.** שהסתירוה לפי שאין כותבין הלכות: **ואינו חייב אלא אחת.** על כרחיך לענין שוגג קאמר ולחטאת דבמזיד תרי קטלי לא מקטלי ולהכי פריך והא אנן תנן כו׳: **ואינו חייב על אחת מהן.** מיתה יש בהן אחת שאינו נהרג עליה ולא פירש איזו היא והשתא לרב יהודה אין זו העברה שהרי נהרג מקושש עליה ולמתניתא אין תולש באותו ספק: ואלא

תוספות

הוצאה גופה היכא כתיבא. ואע״ג שהיתה במשכן כדאמר (לעיל מט:) הם הורידו קרשים מעגלה כו׳ מכל מקום אי לאו דכתיב לא הוה מחייבי עלה לפי שמלאכה גרועה היא כדפי׳ לעיל (דף ב.): **וממאי דבשבת קאי.** ר״ת ל״ג כל זה עד אשכחן הוצאה דהא אפילו בחול קאי נפקא ליה שפיר דהוצאה מלאכה הוא דהא רחמנא קרייה מלאכה דכתיב איש ואשה אל יעשו עוד מלאכה לתרומת הקדש וכתיב ויכלא העם מהביא אלמא קרי להוצאה מלאכה וכן דריש בהדיא בירושלמי:

הכנסה מנלן סברא הוא כו׳. וא״ת מה צריך להאי סברא כיון דהוות במשכן כדאמר הם העלו קרשים לעגלה כו׳ דהא בסמוך משמע גבי זריקה דאי היתה במשכן הוה אתי ליה שפיר וי״ל דזריקה נמי איכא סברא מה לי ע״י הוצאה מה לי ע״י זריקה דאי לאו סברא לא הוה מחשבינן לה תולדה דהוצאה ואי לא הוות נמי במשכן לא הוה מחייבינן עלה מסברא לפי שמלאכה גרועה היא:

ולרבי אליעזר דמחייב אתולדה במקום אב אמאי קרי לה אב כו׳. הוה מצי למימר דנפקא מינה לענין התראה כדפי׳ בפ׳ כלל גדול (לעיל עג:) ואיכא למימר דהיינו דקתני הך דהוות במשכן חשיבא כו׳. אית דגרסי הך דהוות במשכן חשיבא קרי לה אב והך דלא הוות במשכן חשיבא קרי לה תולדה ולפי זה יש מלאכות דהוו במשכן כגון מנכש ומשקה זרעים דלא חשיבי ולא הוו אבות וכן אי גרסינן דהוות במשכן וחשיבא קרי לה אב אבל אי גרסי׳ הך דהוות במשכן חשיבא וקרי לה אב הך דלא הוות במשכן לא חשיבא וקרי לה תולדה לפי זה התולדות לא היו במשכן:

אי נמי הך דכתיבא קרי לה אב. הך לישנא לא איצטריך אלא משום הוצאה: **ודילמא שלחופי הוו משלחפי.** הכי נמי הוה מצי למיפרך דילמא תוך ארבע אמות הוו יתבי:

עין משפט נר מצוה

ד א מיי׳ פי״ב מהלכות שבת הלכה ח סמג לאוין סה:

ה ב מיי׳ פי״ז שם הל׳ ז:

רבינו חננאל

משום בונה כוחלת משום כותבת פוקסת מכרועא אלנשרי ובלשון ערבית תנער אל אצבע. פוקסת משום צובעת ומדמפרשי רבנן טעמיה דר׳ אליעזר ש״מ הלכתא כוותיה ויש מי שחולק ואומר הלכה כחכמים דאמרי משום שבות ומ״ד כר׳ אליעזר טפי עדיף דאיסורא דאורייתא היא ולחומרא עבדינן וכן נמי לענין החולב והמחבץ והמכבד והמרבץ והרודה חלות דבש שוגג בשבת חייב חטאת במזיד ביו״ט לוקה מ׳ דברי ר׳ אליעזר וחכמים אומרים א׳ [זה] ואחד [זה] חייב משום שבות ומדמפרשי אליבא דר׳ אליעזר ואומר חולב משום מפרק מחבץ משום בורר מגבן משום בונה ש״מ סוגיא דהא שמעתיה כר׳ אליעזר ויש מי שחולק גם על זה ויש מרבנן מדקדקי דאמרי כי החולב והמחבץ והמגבן כגרוגרת דברי הכל היא ומסתייעא מהא דגרסינן בפרק אע״פ תניא ר׳ מרינוס אומר גונח יונק חלב בשבת מ״ט יונק מפרק כלאחר יד הוא ובמקום סכנה לא גזרו רבנן א״ר יוסף הלכה כר׳ מרינוס ולא שמעינן דאית ליה האי סברא דחולב אסור משום מפרק אלא אליבא דר׳ אליעזר ור׳ מרינוס לא התיר אלא היונק מכלל שהחולב אסור ובסוף פרק חרש שנשא פקחת אסיקנא דיונק מפרק כלאחר יד הוא

מסורת הש״ס

א) [גי׳ רבינו הא׳ הוצאה מנלן דהוה מלאכה], ב) ב״ק ב. לעיל עג., ג) כריתות טז:, לעיל ז: ק, ד) [בערוך ערך שול גרים השולים...], ה) [ילקוט איתא לזה], ו) לעיל ו:, ז) [רש״א ל״ג], ח) [שם וש״נ], ט) [לעיל מט:], י) [לעיל מט:].

הגהות הב״ח

(א) גמ׳ דשלימא לה עבידתא כדכתיב והמלאכה:

רב נסים גאון

פי״א ולר׳ אליעזר דמחייב על תולדה במקום אב קול א) ר׳ אליעזר במסכת כריתות (דף טז) וכבר פירשנו דבריו בפרק כלל גדול ועיקרן בתורת כהנים בפרשה כהן משיח בסדר ויקרא: ואלא

חשק שלמה על רב נסים גאון

א) פירוש כלשון ערבי מאמר ר׳ אליעזר:

תורה אור השלם

א) וַיְצַו משֶׁה וַיַּעֲבִירוּ קוֹל בַּמַּחֲנֶה לֵאמֹר אִישׁ וְאִשָּׁה אַל יַעֲשׂוּ עוֹד מְלָאכָה לִתְרוּמַת הַקֹּדֶשׁ וַיִּכָּלֵא הָעָם מֵהָבִיא: [שמות לו, ו]

ב) וְהַמְּלָאכָה הָיְתָה דַיָּם לְכָל הַמְּלָאכָה לַעֲשׂוֹת אֹתָהּ וְהוֹתֵר: [שמות לו, ז]

ג) וְהַעֲבַרְתָּ שׁוֹפַר תְּרוּעָה בַּחֹדֶשׁ הַשְּׁבִעִי בֶּעָשׂוֹר לַחֹדֶשׁ בְּיוֹם הַכִּפֻּרִים תַּעֲבִירוּ שׁוֹפָר בְּכָל אַרְצְכֶם: [ויקרא כה, ט]

ד) וַיָּבֹאוּ כָּל הַחֲכָמִים הָעֹשִׂים אֵת כָּל מְלֶאכֶת הַקֹּדֶשׁ אִישׁ אִישׁ מִמְּלַאכְתּוֹ אֲשֶׁר הֵמָּה עֹשִׂים: [שמות לו, ד]

ה) וַיִּהְיוּ בְנֵי יִשְׂרָאֵל בַּמִּדְבָּר וַיִּמְצְאוּ אִישׁ מְקֹשֵׁשׁ עֵצִים בְּיוֹם הַשַּׁבָּת: [במדבר טו, לב]

ו) אָבִינוּ מֵת בַּמִּדְבָּר וְהוּא לֹא הָיָה בְּתוֹךְ הָעֵדָה הַנּוֹעָדִים עַל יְיָ בַּעֲדַת קֹרַח כִּי בְחֶטְאוֹ מֵת וּבָנִים לֹא הָיוּ לוֹ: [במדבר כז, ג]

ליקוטי רש״י

משה היכן הוה יתיב. במחנה לויה. ובמדבר נמי היו ג׳ מחנות לפנים מן הקלעים מחנה שכינה והלוים יחנו סביב למשכן העדות (במדבר א) זו מחנה לויה והדגלים ג׳ פרסאות זו מחנה ישראל ומשם היה לוי (סוטה כ:). לא תפיקו ותיתו מרה״י דידכו לרה״ר. להביא נדבה למלאכת לויה

[לעיל ב.]. והמלאכה היתה דים. לאו מלאכה היא אלא כדמשמע קרא בהבאת נדבה וכמאן דאמר שלימא ליה עבידתא

ופריך רבא לעולם ר׳ שמעון לכל מילי נקוב כשאינו נקוב משוי לה ואיכא דגרסי כתלוש משוי והדבר אחד הוא פי׳ כיון דפוטר ר׳ שמעון אפילו בתולש מעציץ נקוב דייקינן מינה דסבר כל מאי דזרע ביה כתלוש דמי ואע״פ שהוא נקוב כשאינו נקוב חשוב והא דשני בענין הכשר זרעים דתני בסוף (פ״ב) דעוקצים עציץ נקוב אינו מכשיר את הזרעים ושאינו נקוב מכשיר את הזרעים וקא מודה בה ר״ש דאלמא זרעים שהן בעציץ שאינו נקוב כתלושין דמי ומים הניתנין עליהן הרי הן בכי יותן ומכשירין ושיש בו כמחוברים דמו וכל מים הניתנין בהן אין מכשירין אותן והכא בשבת חשיב הנקוב כשאינו נקוב משני בין נקוב לשאינו נקוב קשיין אהדדי ומשני הכשר זרעים שאני שהתורה רבתה להן טהרה וכי יותן אשר יזרע טהור הוא פי׳ כל זרע שאינו ראוי עכשיו לזריעה טהור הוא אין המים מכשירין אותן והא כיון שאינו ראוי לזריעה הוא וא״ת א״ה אפי׳ שאינו נקוב נמי שאני התם כיון דאינו נקוב לאו זריעה הוא דכל לאו זריעה הוא והאי דאמר לכל מילי כגון ההוא דתנן בכלאים פרק (ז) עציץ נקוב מקדש בכרם ושאינו נקוב זה וזה אסורין ואין מקדשין ולענין כלאים נמי איכא למימר דפליג ר״ש אבל רבנן דבר ברור הוא משנה

The Gemara defends its answer:

מָטוּ הֲדָדֵי בִּמְחָטִין – They could not sit near one another for **they would** then **reach** and prick **one another with the needles** when drawing them back to tighten the stitches.

Still, the Gemara asks:

דִּילְמָא בְּתוֹךְ אַרְבַּע הָווּ יָתְבֵי – Granted that they did not sit close by, but **perhaps they sat within four *amos* of** one another.[37] – ? –

The Gemara therefore explains:

אֶלָּא אָמַר רַב חִסְדָּא – **Rather, Rav Chisda said:** **שֶׁכֵּן אוֹרְגֵי יְרִיעוֹת זוֹרְקִין בּוּכְיָאר בַּיְרִיעָה** – The precedent for "throwing four *amos*" is **that indeed the weavers of the curtains would throw the shuttle across** the width of **the curtain.**[38]

The Gemara asks:

וַהֲלֹא אוֹגְדוֹ בְּיָדוֹ – **But** to some degree **he** still **grasps [the shuttle] with his hand** even after it is thrown.[39] – ? –

The Gemara answers:

בְּנִיסְכָּא בַּתְרָא – We learn from the throw during which **the last piece of** weft **thread** will unwind from the spool, causing the shuttle to fly free. In that case, the shuttle reaches the end of the four *amos* unattached to the weaver who threw it.

The Gemara asks:

וְהָא בִּמְקוֹם פְּטוּר קָאָזְלָא – **But [the shuttle]** in any case **travels in** between the two panels of warp threads, which is **an exempt area.**[40] – ? –

The Gemara therefore suggests yet a different precedent:

אֶלָּא שֶׁכֵּן אוֹרְגֵי יְרִיעוֹת זוֹרְקִין בּוּכְיָאר לְשׁוֹאֲלֵיהֶן – **Rather,** the precedent for "throwing four *amos*" is **that indeed the curtain weavers would throw the** spare **shuttle** they had to **those borrowing** it **from them** to work on another loom.

The Gemara asks:

וְדִילְמָא גַּבֵּי הֲדָדֵי הָווּ יָתְבֵי – **But perhaps they** [the various weavers] **would sit close by to one another,** so that the spare shuttle could be simply handed over without being thrown four *amos* in the public domain. – ? –

The Gemara answers:

מָטוּ הֲדָדֵי בְּחֶפֶת – The weavers could not sit near one another for **they would** then **reach** and interfere with **one another** when pulling the weft thread taut **at the edge** of the curtain.[41]

The Gemara asks:

וְדִילְמָא שַׁלְחוּפֵי הָווּ מְשַׁלְחֲפֵי – **But perhaps [the weavers]** sat close by to one another but **were staggered**[42] so that they would not interfere with one another when pulling the weft thread taut. – ? –

The Gemara raises a further difficulty with the proposed source:

וְתוּ – **And furthermore,** **מִי שְׁאִילֵי מֵהֲדָדֵי** – **did [the weavers] borrow** tools **from one another** altogether? **וְהָתַנְיָא לוּדָא** – **Why, Luda taught in a Baraisa:** **"אִישׁ־אִישׁ מִמְּלַאכְתּוֹ אֲשֶׁר־הֵמָּה עֹשִׂים"** – The verse states regarding the construction of the Tabernacle: ***EACH MAN FROM HIS WORK THAT THEY WERE DOING,***[43] **מִמְּלַאכְתּוֹ הוּא עוֹשֶׂה** – which teaches us that **FROM HIS OWN WORK WOULD HE DO,** i.e. with his own tools, **וְאֵינוֹ עוֹשֶׂה מִמְּלֶאכֶת חֲבֵירוֹ** – **BUT HE WOULD NOT DO FROM THE WORK OF HIS FELLOW,** i.e. he would not use his fellow-craftsman's tools.[44] – ? –

The Gemara raises yet a third difficulty with the proposed source:

וְתוּ – **And furthermore,** even if we would grant that the proposed source is a valid precedent for "throwing four *amos* in the public domain," **מַעֲבִיר אַרְבַּע אַמּוֹת בִּרְשׁוּת הָרַבִּים מְנָלַן דְּמִחַיֵּיב** – **from where** would it be known **to us that one who** personally **carries** an object **four *amos* in the public domain is liable?**[45]

The Gemara therefore concludes:

אֶלָּא כָּל אַרְבַּע אַמּוֹת בִּרְשׁוּת הָרַבִּים גְּמָרָא גְּמִירֵי לַהּ – **Rather, all** manners of transferring an object **four *amos* in the public domain** (i.e. whether by means of carrying or throwing) **are** Biblically forbidden through **a tradition transmitted** orally from Sinai.[46]

Having discussed the Biblical prohibition against transferring an object four *amos* in the public domain, the Gemara discusses a Biblical passage that might deal with a violation of this prohibition:

אָמַר רַב יְהוּדָה אָמַר שְׁמוּאֵל – **Rav Yehudah said in the name of Shmuel:** **מְקוֹשֵׁשׁ מַעֲבִיר אַרְבַּע אַמּוֹת בִּרְשׁוּת הָרַבִּים הֲוָה** – **The**

NOTES

37. In that case, they would be sufficiently far apart so that they would not prick each other, but still close enough so that they could hand the needles to each other without throwing them a distance of four *amos*.

38. [In the weaving process, alternate warp threads are threaded through loops connected to a rod, whose movement back and forth creates two panels of warp threads, each panel being alternately closer to and further from the weaver. When the two panels of warp are spread apart, the shuttle (which holds a spool of weft thread that can unwind freely) is passed between them, and the weaving effect (one over, one under) is created each time the positions of the two panels are reversed. Now, each section of the Tabernacle curtains was four *amos* wide and twenty-eight *amos* long (*Exodus* 26:2).] Thus, when they were woven, the shuttle would be thrown four *amos* between the two panels of warp threads (see *Rashi*).

39. Since he is still holding the weft thread at one end while the spool in the shuttle unwinds (see *Rashi*). And one is not Biblically liable for throwing an object to another domain [or four *amos* in the public domain] if the object remains attached in some way to the person who threw it there [since the object is then deemed not to have left the original domain entirely (see below, 102a note 11)]. How, then, can this throwing of the shuttle be the precedent for the *melachah* of throwing an object four *amos* in the public domain?

40. The loom, though situated in a *reshus harabim,* is a utensil less than four *tefachim* deep even when the two warp panels are spread apart for the shuttle to pass through (*Rashi*). Thus, the area traveled by the shuttle is a *mekom petur* even though its other dimension is four *amos* (the width of the panels). For a surface (three *tefachim* or higher) that is less than four *tefachim* in one horizontal dimension is a *mekom petur* regardless of how long it is in the second horizontal dimension. (Had the spread between the panels been four *tefachim* or more, then the Gemara would have said that the shuttle passes through a *karmelis* rather than through a *mekom petur.*) [See, however, *Rashash,* who seems to have understood the Gemara as referring to a horizontal loom; hence, his difficulty with *Rashi's* comments (for the height of the vertical spread between the panels is irrelevant). See also *Rashba.*]

Now, the law is that one is not liable for throwing an object in the public domain from one point to another four *amos* away if the object traverses some of those four *amos* in a *mekom petur*. How, then, can the case of the weaver's shuttle be the precedent for the *melachah* of throwing an object four *amos* in the public domain?

41. Enough room would be left between looms so that the weavers would not interfere with each other when drawing the length of the weft thread out between the panels of the loom.

42. That is, each weaver was positioned slightly in front of or behind the one adjacent to him (*Rashi;* see *Tosafos*).

43. *Exodus* 36:4.

44. For each craftsman was equipped with his own tools; thus, there was no need for one to borrow tools from the other (*Rashi*).

45. [The case of the weaver throwing his spare shuttle to his fellow four *amos* away – even if it did occur in the Mishkan – would establish a precedent only for *throwing* an object four *amos* in the public domain, not for *carrying* it. Yet, we know that carrying it is indeed Biblically forbidden as well. There must therefore be some other source for the *melachah* of transferring an object four *amos* in the public domain.]

46. This *Halachah LeMoshe MiSinai* includes them as *toldos* of "taking out" (see *Baal HaMaor* here and *Ran* to *Rif* above [p. 31b] ד״ה והמוציא).

עין משפט נר מצוה

ד א מיי' פי"ג מהלכות שבת הלכה ח סמג לאוין סה:
ה ב מיי' פ"ז שם הל' ז:

רבינו חננאל

משום בונה כוחלת משום כותבת פוקסת מכרועא אלנושרי ובלשון ערבית תגער אל אצדג. פוקסת משום צובעת ומדמפרשי רבנן טעמיה דר' אליעזר ש"מ הלכה כוותיה ויש מי שחולק ואומר הלכה כחכמים דאמרי משום שבות ומ"ד כר' אליעזר טפי עדיף דאיסורא דאורייתא היא ולחומרא עבדינן וכן נמי לענין החולב והמחבץ והמכבד והמרבץ והרודה חלות דבש שוגג בשבת חייב חטאת במזיד ביו"ט לוקה מ' דברי ר' אליעזר וחכמים אומרים א' [זה] ואחד [זה] [חייב] משום שבות ומדמפרשי אליבא דר' אליעזר ואומר חולב משום מפרק מחבץ משום בורר מגבן משום בונה ש"מ סוגיא דהא שמעתיה כר' אליעזר ויש מי שחולק גם על זה ויש מרבנן דמדקדקי ואמרי כי החולב והמחבץ והמגבן כגרוגרת דברי הכל היא ומסתייעא מה דגרסינן בפרק אע"פ תניא ר' מרינוס אומר גונח יונק חלב בשבת מ"ט יונק מפרק כלאחר יד הוא ובמקום סכנה לא גזרו רבנן א"ר יוסף הלכה כר' מרינוס ולא שמעינן דאית ליה האי סברא דחולב אסור משום מפרק אלא אליבא דר' אליעזר ורבי מרינוס לא התיר אלא היונק מכלל שהחולב אסור ובסוף פרק חרש שנשא פקחת אסיקנא דיונק מפרק כלאחר יד הוא: שבת דאיסור סקילה גזרו רבנן י"ט דאיסור לאו הוא לא גזרו רבנן ובמקום להו דבהחולב ובמחבץ שמוריה החמאה ובמגבן דברי הכל אסור לא פליגי רבנן עליה דר' אליעזר אלא במכבד ומרבץ ורודה חלות דבש ובהני הלכתא כרבנן וסוגיא כוותייהו דהא לא אמינן מלרבץ אלא משום דחיישינן משום אשוויי גומות ואסיקנא והאידנא דסבירא לן כר' שמעון [דפטר] במלאכה שאינה צריכה לגופה ובדבר שאין מתכוין שרי אפי' לכתחלה לענין כיבוד נמי שרי ואפי' בדהוצי כר' שמעון: הלכתא מחלב בהמה אפי' למאן דסבר דשרי משום שבות אסור וכ"ש למ"ד משום מפרק אסור דמלאכה היא והא דאמר רב חסדא מדברי רבנן נלמד חולב עז לתוך הקדרה אבל [לא] לתוך הקערה כבר פרשה מר' רב יהודאי גאון זצ"ל דבי"ט הוא וכבר פירשנו בהיות: מתני' התולש מעציץ נקוב חייב משאינו נקוב פטור ר' שמעון פוטר בזה ובזה ורמי ליה אביי לרבא תנן ר' שמעון פוטר בזה ובזה אלמא לר' שמעון לכל מילי נקוב כשאינו נקוב משוי ליה והתניא ר' שמעון [אומר] אין בין נקוב לשאינו נקוב אלא להכשיר זרעים בלבד

גמ' מכדי זריקה תולדה דהוצאה היא [א] הוצאה [א] גופה היכא כתיבא א"ר יוחנן דאמר קרא [א] ויצו משה ויעבירו קול במחנה משה היכן הוה יתיב במחנה לויה ומחנה לויה רה"ר הואי וקאמר להו לישראל לא תפיקו ותיתו מרה"י דידכו לרה"ר וממאי דבשבת קאי דילמא בחול קאי ומשום דשלימא לה (א) מלאכה כדכתיב [ב] והמלאכה היתה דים וגו' גמר העברה העברה מיוה"כ כתיב הכא ויעבירו קול במחנה וכתיב התם [ג] והעברת שופר תרועה מה להלן ביום אסור אף כאן ביום אסור אשכחן הוצאה הכנסה מנלן סברא היא מכדי מרשות לרשות הוא מה לי אפוקי ומה לי עיולי מיהו הוצאה אב הכנסה תולדה ומכדי אהא מיחייב ואהא מיחייב אמאי קרי לה האי אב ואמאי קרי לה האי תולדה [ב] נפקא מינה דאי עביד שתי אבות בהדי הדדי אי נמי שתי תולדות בהדי הדדי מיחייב תרתי ואי עביד אב ותולדה דידיה לא מיחייב אלא חדא [ג] ולר"א דמחייב אתולדה במקום אב אמאי קרו לה אב ואמאי קרו לה תולדה הך דהואי במשכן חשיבא קרי לה אב הך דלא הואי במשכן חשיבא לא קרי לה אב אי נמי הך דכתיבא קרי אב והאי דלא כתיבא קרי תולדה והא דתנן [ד] הזורק ד' אמות בכותל למעלה מי' טפחים כזורק באויר למטה מי' טפחים כזורק בארץ והזורק בארץ ד' אמות חייב זרק ד' אמות ברה"ר מנלן דמיחייב אמר ר' יאשיה שכן אורגי יריעות זורקין מחטיהן זה לזה אורגין מחטין למה להו אלא שכן תופרי יריעות זורקין מחטיהן זה לזה ודילמא גבי הדדי הוו יתבי מטו הדדי במחטין דילמא בתוך ארבע הוו יתבי אלא אמר רב חסדא שכן אורגי יריעות זורקין בוכיאר ביריעה והלא אוגדו בידו בניסכא בתרא והא במקום פטור קאזלא אלא שכן אורגי יריעות זורקין בוכיאר [ד] לשואליהן ודילמא גבי הדדי הוו יתבי מטו הדדי בחפת ודילמא שלחופי הוו משלחפי ותו מי שאילי מהדדי והתניא [ד] איש איש ממלאכתו אשר המה עושים ממלאכה שהוא עושה ואינו עושה ממלאכת חבירו ותו מעביר ד' אמות ברה"ר מנלן דמחייב אלא כל ד' אמות ברה"ר גמרא גמירי לה: אמר רב יהודה אמר שמואל מקושש מעביר ארבע אמות ברה"ר הוה במתניתא תנא תולש הוה רב אחא ברבי יעקב אמר מעמר הוה למאי נפקא מינה לכדרב [ו] דאמר רב מצאתי מגלת סתרים בי ר' חייא וכתוב ביה איסי בן יהודה אומר אבות מלאכות ארבעים חסר אחת [ז] (ואם עשאן כולם בהעלם אחת) ואינו חייב אלא אחת אחת ותו לא והתנן [ח] אבות מלאכות ארבעים חסר אחת והוינן בה מניינא למה לי וא"ר יוחנן שאם עשאן כולם בהעלם א' חייב על כל אחת ואחת אימא אינו חייב על אחת מהם רב יהודה פשיטא ליה דהמעביר חייב ומתני' פשיטא ליה דתולש חייב ורב אחא בר יעקב פשיטא ליה דמעמר חייב מ"ם הא מיהת לא מספקא ומ"ם הא מספקא: ת"ר מקושש זה צלפחד וכן הוא אומר [ה] ויהיו בני ישראל במדבר וימצאו איש וגו' ולהלן הוא אומר [ו] אבינו מת במדבר מה להלן צלפחד אף כאן צלפחד דברי ר' עקיבא אמר לו ר' יהודה בן בתירא עקיבא בין כך ובין כך אתה עתיד ליתן את הדין אם כדבריך התורה כיסתו ואתה מגלה אותו ואם לאו אתה מוציא לעז על אותו צדיק

הוצאה גופה היכא כתיבא. ואע"ג שהיתה במשכן כדאמר [ט] הם הורידו קרשים מעגלה כו' מכל מקום אי לאו דכתיב לא הוה מחייבי עלה לפי שמלאכה גרועה היא כדפי' לעיל (דף ב.): **וממאי** דבשבת קאי. ר"ח ל"ג כל זה עד אשכחן הוצאה דהא אפילו בחול קאי נפקא ליה שפיר דהוצאה מלאכה הוא דהא רחמנא קרייה מלאכה כדכתיב איש ואשה אל יעשו עוד מלאכה לתרומת הקדש וכתיב ויכלא העם מהביא אלמא קרי להוצאה מלאכה וכן דריש בהדיא בירושלמי: **הכנסה** מנלן סברא הוא כו'. וא"ת מה צריך להאי סברא כיון דהוות במשכן כדאמר [י] הם העלו קרשים לעגלה כו' דהא בסמוך משמע גבי זריקה דאם היתה במשכן הוה אתי ליה שפיר וי"ל דזריקה נמי איכא סברא מה לי ע"י הוצאה מה לי ע"י זריקה דאי לאו סברא לא הוה מחשבינן לה תולדה דהוצאה ואי לא הוות נמי במשכן לא הוה מחייבינן עלה מסברא לפי שמלאכה גרועה היא: **ולרבי** אליעזר דמחייב אתולדה במקום אב אמאי קרי לה אב כו'. הוה מצי למימר דנפקא מינה לענין התראה כדפי' בפ' כלל גדול (לעיל עג:) ואיכא למימר דהיינו דקמשני הך דהוות במשכן חשיבא כו'. אית דגרסי הך דהוות במשכן חשיבא קרי לה אב והך דלא הוות במשכן חשיבא קרי לה תולדה ולפי זה יש מלאכות דהוו במשכן כגון מנכש ומשקה זרעים דלא חשיבי ולא הוו אבות וכן אי גרסינן דהוות במשכן וחשיבא קרי לה אב אבל אי גרסי' הך דהוות במשכן חשיבא וקרי לה אב הך דלא הוות במשכן לא חשיבא וקרי לה תולדה לפי זה התולדות לא היו במשכן: **אי** נמי הך דכתיבא קרי לה אב. הך לישנא לא איצטריך אלא משום הוצאה: **ודילמא** שלחופי הוו משלחפי. הכי נמי הוה מצי למיפרך דילמא תוך ארבע אמות הוו יתבי:

גמ' מכדי זריקה תולדה דהוצאה. על כרחיך תולדה היא דלא נמנית באבות מלאכות ותולדה דהוצאה היא שאין לך לתתה תולדת אב אחר מעין הוצאה היא המנויה באבות מלאכות: **מחנה** לויה ר"ה היא. שהיו הכל מצויין אצל משה רבינו: **מרה"י דידכו.** מאהליכם: **דשלימא ליה עבידתיה.** שהיה הנדבה כדי להשלים: **סברא היא.** להיות הכנסה תולדת הוצאה שהיא מעין לה כשאר תולדות שהיא מעין מלאכות: **מכדי אהאי מיחייב ואהאי מיחייב.** כדתנן (לעיל פ"א ב.) פשט העני ידו לפנים: **נפקא מינה.** דכל אבות מלאכות: **שתי אבות.** דלא דמיין ושתי תולדות דשתי אבות: **ולר"א כו'.** במסכת כריתות בפרק אמרו לו: **והא דתנן.** בפירקין: **בכותל.** כדמוקי לה בדבילה שמינה ונדבקת: **כזורק באויר.** ופטור דלא נח ברשות הרבים דאין רה"ר למעלה מעשרה וברה"י נמי לא נח שאינו מקום מסוים שיהא רחבו ד' שהרי לא נח בראש הכותל אלא בפניו: **כזורק בארץ.** דאויר רה"ר הוא וחייב וכיון דאויר רה"ר הוא ונח בכל דהו מיחייב ורשותא לנפשיה לא הוי לא כרמלית ולא מקום פטור הואיל ובפניו נח ולא נח בראשו שיהא מקום מסוים: **תופרי יריעות.** מעשה רוקם: **גבי הדדי.** בתוך אמה אחת ואין צריכין לזרוק אלא להושיט: **מטו אהדדי במחטין.** כשמותחין את החוט מכין זה את זה במחט: **בוכיאר.** כלי שקנה של ערב נתון בו שזורקין בין שני דופני היריעה: **והלא אגדו בידו.** חוט של ערב הוא אוחז והקנה נכרך בחוט ואינו נשמט ממנו: **בניסכא בתרא.** בחוט האחרון של קנה שהקנה נשמט מהחוט והבוכיאר נופל: **ניסכא.** זריקה אחרונה של חוט לשון המיסך: **והא במקום פטור אזלא.** בין דופני היריעה ואין זה רשות הרבים אלא מקום פטור דאין רחב ד': **לשואליהן.** אורגי יריעה אחרת ויש לו לזה שנים: ה"ג ודילמא שואליהן גביהן הוו יתבין: **מטו אהדדי בחפת.** אי גבייהו הוו יתבי מגיעין ידו של זה בשל זה בשפת היריעה כשמותחין חוט הערב: **בחפת.** כמו חפת חלוקו (יומא ד' עז:): **שלחופי הוו משלחפי.** לעולם גבי הדדי הוו יתבי אלא שאין מכוונים אלא זה נמשך לפנים וזה לאחור: **ואין עושה ממלאכת חבירו.** שכולם מוכנים בכלי אומנותם ולא הוצרכו לישאול: **מעביר ד' אמות הוה.** לא תלשן ולא עימרן אלא העבירן ד' אמות לכך נהרג: **מעמר.** תלושין ומפוזרין היו ועמרן כדאמרן (לעיל ד' עג:) האי מאן דכניף מלחא חייב משום מעמר: **מגילת סתרים.** שהסתירוה לפי שאין כותבין הלכות: **ואינו חייב אלא אחת.** על כרחיך לענין שוגג קאמר ולחטאת דבמזיד תרי קטלי לא מקטלי ולהכי פריך והא אנן תנן כו': **ואינו חייב על אחת מהן.** מיתה יש בהן אחת שאינו נהרג עליה ולא פירש איזו היא והשתא לרב יהודה אין זו העברה שהרי נהרג מקושש עליה ולמתניתא אין תולש באותו ספק:

ולאו

מסורת הש"ס

א) [ג' רבינו הא' הוצאה מנלן דהוה מלאכה], ב) ב"ק ב. לעיל עה. כריתות טז:, ג) לעיל ז: ק., ד) [בערך עיל גרים הערוך שוליהן פי' משרתיהן], ה) [ילקוט איתא לזיך], ו) לעיל ו:, ז) בס"א ל"ג, ח) [שם וש"נ], ט) לעיל מט:, י) לעיל מט:.

הגהות הב"ח

(א) גמ' דשלימא לה עבידתא כדכתיב והמלאכה:

רב נסים גאון

פי"א ולר' אליעזר דמחייב על תולדה במקום אב קול א) ר' אליעזר במסכת (כריתות דף טז) וכבר פירשנו דבריו בפרק כלל גדול ויעקיב בתורת כהנים בפרשה כהן משיח בסדר ויקרא ואלא

חשק שלמה על רב נסים גאון

א) פירושו בלשון ערבי מאמר ר' אליעזר.

תורה אור השלם

א) וַיְצַו מֹשֶׁה וַיַּעֲבִירוּ קוֹל בַּמַּחֲנֶה לֵאמֹר אִישׁ וְאִשָּׁה אַל יַעֲשׂוּ עוֹד מְלָאכָה לִתְרוּמַת הַקֹּדֶשׁ וַיִּכָּלֵא הָעָם מֵהָבִיא: [שמות לו, ו]

ב) וְהַמְּלָאכָה הָיְתָה דַיָּם לְכָל הַמְּלָאכָה לַעֲשׂוֹת אֹתָהּ וְהוֹתֵר: [שמות לו, ז]

ג) וְהַעֲבַרְתָּ שׁוֹפַר תְּרוּעָה בַּחֹדֶשׁ הַשְּׁבִעִי בֶּעָשׂוֹר לַחֹדֶשׁ בְּיוֹם הַכִּפֻּרִים תַּעֲבִירוּ שׁוֹפָר בְּכָל אַרְצְכֶם: [ויקרא כה, ט]

ד) וַיָּבֹאוּ כָּל הַחֲכָמִים הָעֹשִׂים אֵת כָּל מְלֶאכֶת הַקֹּדֶשׁ אִישׁ אִישׁ מִמְּלַאכְתּוֹ אֲשֶׁר הֵמָּה עֹשִׂים: [שמות לו, ד]

ה) וַיִּהְיוּ בְנֵי יִשְׂרָאֵל בַּמִּדְבָּר וַיִּמְצְאוּ אִישׁ מְקֹשֵׁשׁ עֵצִים בְּיוֹם הַשַּׁבָּת: [במדבר טו, לב]

ו) אָבִינוּ מֵת בַּמִּדְבָּר וְהוּא לֹא הָיָה בְּתוֹךְ הָעֵדָה הַנּוֹעָדִים עַל יי בַּעֲדַת קֹרַח כִּי בְחֶטְאוֹ מֵת וּבָנִים לֹא הָיוּ לוֹ: [במדבר כז, ג]

ליקוטי רש"י

משה היכן הוה יתיב. במחנה לויה. ובמדבר נמי היו ג' מחנות לפנים מן הקלעים מחנה שכינה והלוים חונים סביב למשכן העדות (במדבר א) זו מחנה לויה והדגלים ג' פרסאות זו היא מחנה ישראל ומשה היה לוי [סוטה ב.]: לא תפיקו ותיתו מרה"י דידכו לרה"ר. להביא נדבה למחנה לויה

[לעיל ב.]. והמלאכה היתה דים. לא מלאכה היא אלא לדמשמע קרא בהבאת נדבה וכמאן דאמר מלאכת ההבאה שלא היו צריכין עוד וכל מידי דרמי עליה דאינש קרי ליה עבידתא כדאמרינן במסכת עבידתא דאמר קנאה לאייתויא להיכלא ואינו אלא לבא מלחמה להחריב [שם מט:]. ומלאכת ההבאה המשכן לכל המלאכה של משכן לעשות אותה ולהותר [שמות לו, ז]. אשכחן הוצאה. דמויעבירו קול משמע אלא הוצאות [לעיל ב:]. סברא היא. שכשם שהקפידה תורה מרשות לרשות בהוצאה כך הקפ' [לעיל ב.]. שתי אבות. בשוגג. מיחייב תרתי. חטאות. לא מיחייב אלא חדא. אבל מלאכה אבל אחת. ולר"א דמחייב אתולדה במקום אב. דאי עביד אב ותולדה דידיה מחייב תרתי חטאות במס' כריתות. הך דהואי במשכן. כולהו אבות מלאכות ממשכן גמרינן להו במסכת שבת (מט:) [ב"ק ב.]. אותן כלל גדול היו צריכין למשכן ופרשת שבת נסמכה לפרשת מלאכת המשכן ללמוד הימנה [לעיל מט:].

ופריך רבא לעולם ר' שמעון לכל מילי נקוב כשאינו נקוב משוי לה ואיכא דגרסי כתלוש משוי והדבר אחד הוא פי' כיון דפוטר ר' שמעון אפילו בתולש מעציץ נקוב דייקינן מינה דסבר כל מאי דזרע ביה כתלוש דמי ואע"פ שהוא נקוב כשאינו נקוב חשוב והא דשני ביניהון לענין הכשר זרעים דתני בסוף (פ"ב) דעוקצים עציץ נקוב אינו מכשיר את הזרעים ושאינו נקוב מכשיר את הזרעים פי' כי הא דאמרי' זרעים שהן בעציץ שאינו נקוב כתלושין דמי ומים הניתנין עליהן הרי הן בכי יותן ומכשירין אבל עציץ נקוב זרעים שיש בו כמחוברים דמו וכל מים הניתנין בהן אין מכשירין אותן והכא בשבת חשיב הנקוב כשאינו נקוב לפטור והכא בזרעים שיש בין נקוב לשאינו נקוב קשיין אהדדי ומשני הכשר זרעים שאני שהתורה רבתה להן טהרה וכי יותן מים על זרע זרוע אשר יזרע טהור הוא פי' כל זרע שאינו ראוי עכשיו לזריעה טהור הוא אין המים מכשירין אותן והא כיון שהוא מחובר כמי שאינו ראוי לזריעה הוא וא"ת א"ה אפי' שאינו נקוב נמי שאני התם כיון דאינו נקוב לאו זריעה הוא דכל זריעה שאינה בארץ לאו זריעה הוא והאי דאמר לכל מילי כגון ההוא דתנן בכלאים פרק (ז) עציץ נקוב מקדש בכרם ושאינו נקוב אינו מקדש וכן לענין מעשרות ואין מקדשין ולענין כלאים נמי איכא למימר דפליג ר"ש אבל רבנן דבר ברור הוא משנה שלמה בדמאי פרק (ה) שעציץ נקוב הרי הוא כארץ תרם מן הארץ על עציץ נקוב ומן עציץ נקוב על הארץ תרומתו תרומה כו' והלכתא כרבנן שהתולש מעציץ נקוב חייב וגרסינן בסוף פרק חרש שנשא פקחת לא יאמר אדם לתינוק הבא לי קסם אלא מניחו תולש מניחו זורק אמר אביי תולש מעציץ שאינו נקוב חורק בכרמלית מדרבנן וגרסי' נמי במנחות (ד' ע) אמר רב טובי בר קיסנא אמר שמואל הזורע כלאים בעציץ שאינו נקוב אסור אמר אביי מאי קמ"ל בשלמא אי אשמעינן לוקה מכת מרדות מדרבנן שפיר אלא אי קמ"ל דהוי זריעה מדרבנן תנינא משאינו נקוב על הנקוב תרומה ויחזור ויתרום כו' דייקינן לר' שמעון דפטר התולש מעציץ נקוב דבעא מיניה ההוא סבא מר' זירא אם היה שורש הזרע כנגד הנקב בזה אשתיק ר' זירא ומנין שאמרתו פי' שכתבו ואמרו מתיבתיה דיתיב וקאמר ומודה ר' שמעון שאם נקוב בכדי טהרתו פי' במוציא רימון שהתולש ממנו חייב א"ל שורש כנגד הנקב בעינא מינך ולא פשטתה לי לפטורה ניקב בכדי טהרתו מיבעיא. אמר אביי אם איתא לדר' זירא אמר ר' שמעון שאם נקב למטה מרביעית פי' הכי קאמר אביי שפיר עבד ר' זירא דלא אהדר ליה להאוא סבא דאי אתמר הכי אתמר מודה ר' שמעון שאם ניקב העציץ בארעיתו או קרוב לארעיתו במקום שלא נשאר בו כדי לקבל רביעית דלית ביה כדי לקבל רביעית בטל מתורת כלי דכי מנקיב עציץ בההוא דוכתא ודאי שרשי הזרעים שיש בו מגיעין לארץ והרי הן כזרועים בארץ והתולש מהן חייב אבל ניקב העציץ מצדו ונשאר בו כדי לקבל רביעית עדיין כלי הוא ואע"פ שהשורש כנגד

חשק שלמה על רבינו חננאל א) נקרא דומי יוחנן מים לא כתיב כלל אשר יזרע טהור הוא. ולכן נראה דל"ל על כל זרע זרוע אשר יזרע פי' זרע שראוי עכשיו לזריעה אבל כל זרע שאינו ראוי וכו' כנ"ל:

"gatherer" was a transporter of wood **four** ***amos*** **in a public domain.**[47]

בְּמַתְנִיתָא תָּנָא – In a Baraisa, a Tanna taught: תּוֹלֵשׁ הֲוָה – [THE GATHERER] WAS A DETACHER of wood that was still growing.[48]

רַב אַחָא בְּרַבִּי יַעֲקֹב אָמַר – Rav Acha the son of R' Yaakov said: מְעַמֵּר הֲוָה – **He was a gatherer** of detached and scattered wood.[49]

The Gemara explains that the question of which *melachah* was committed by the gatherer is not purely academic:

לְמַאי נַפְקָא מִינָּהּ – **What is the** practical **outcome of [this dispute]?** לְכִדְרַב – It is relevant **to** resolving some of the uncertainty raised by a statement **of Rav.** דְּאָמַר רַב – **For Rav said:** מְצָאתִי מְגִלַּת סְתָרִים בֵּי רַבִּי חִיָּיא – **I found a hidden scroll in the academy of R' Chiya,**[50] וְכָתוּב בֵּיהּ – **and in it was written:** אִיסִי בֶּן יְהוּדָה אוֹמֵר – **Issi ben Yehudah says:** אָבוֹת מְלָאכוֹת אַרְבָּעִים חָסֵר אַחַת – **The primary labors** prohibited on the Sabbath **are forty minus one** (ואם עשאן כולם בהעלם אחת)[51] וְאֵינוֹ חַיָּיב אֶלָּא אַחַת – **and** even if he commits them all **he is liable** to **only one.**[52]

The Gemara first clarifies Issi's statement:

אַחַת וְתוּ לָא – Can Issi mean that he is liable **to** but **one** *chatas* **and no more?** וְהָתְנַן – **Why, we learned** otherwise **in the** following **Mishnah:**[53] אָבוֹת מְלָאכוֹת אַרְבָּעִים חָסֵר אַחַת – THE PRIMARY LABORS prohibited on the Sabbath ARE FORTY MINUS ONE. וְהָוֵינַן בָּהּ – **And we asked concerning [this Mishnah]:** מִנְיָינָא לָמָּה לִי – **Why do I need** the Tanna to specify **the number** of labors?[54] וְאָמַר רַבִּי יוֹחָנָן – **And** in answer to this **R' Yochanan said:** שֶׁאִם עֲשָׂאָן כּוּלָּם בְּהֶעְלֵם אֶחָד – It is to teach **that if someone performed all** thirty-nine **of them in one lapse of awareness,** חַיָּיב עַל כָּל אַחַת וְאַחַת – **he is liable** to a separate *chatas* **for each and every** labor.[55] How then can Issi rule that one is liable to only one *chatas* for performing all of them?

The Gemara therefore corrects its citation of Issi's view:

אֵימָא אֵינוֹ חַיָּיב עַל אַחַת מֵהֶם – Rather, **say** that Issi ben Yehudah stated the following: The primary labors prohibited on the Sabbath are forty minus one, **but he is not liable for one of them,** i.e. of the thirty-nine, there is one labor for which there is no penalty of stoning.[56]

Issi, however, does not specify which of the thirty-nine labors is excepted from the death penalty, and it is regarding this question that the dispute concerning the gatherer's sin has practical relevance:

רַב יְהוּדָה פְּשִׁיטָא לֵיהּ דְּהַמַּעֲבִיר חַיָּיב – From his opinion that the gatherer was executed for transporting four *amos* in the public domain, we see that **it is clear to Rav Yehudah that "one who transports"** an object four *amos* in the public domain **is liable** to the death penalty.[57] וּמַתְנִיתָא פְּשִׁיטָא לֵיהּ דְּתוֹלֵשׁ חַיָּיב – And from his opinion that the gatherer was executed for detaching wood, we see that **it is clear to** the Tanna of **the Baraisa that "one who detaches"** a growing object **is liable** to the death penalty. וְרַב אַחָא בַּר יַעֲקֹב פְּשִׁיטָא לֵיהּ דִּמְעַמֵּר חַיָּיב – And from his

NOTES

47. *Numbers* 15:32-36 records the incident of the person who was executed for "gathering wood on the Sabbath day," but does not identify which *melachah* was committed by the "gathering" of wood. Shmuel explains that the man had neither detached the wood from its source of growth [which would have constituted *reaping*] nor had he literally "gathered" them into a a bundle [which would have constituted *gathering together*], but he had simply lifted a pile of detached wood and carried it four *amos* in the public domain (see *Rashi*). The Gemara will also present other explanations.

48. And thus committed the third *melachah* listed on 73a – קוֹצֵר, *reaping*.

49. By gathering together the detached and scattered wood, he committed the fourth *melachah* listed on 73a – מְעַמֵּר, *gathering together* – as in the analogous case of "gathering salt from the salt ditch," where Rava states above (73b) that one is liable for מְעַמֵּר, *gathering together* (*Rashi*).

[*Minchas Chinuch* (*Musach HaShabbos* מעמר) wonders what *Rashi* means to accomplish by citing Rava's ruling regarding salt. He suggests that *Rashi* means to prove that *gathering together* applies even to non-food items such as wood (salt, too, is deemed by many authorities to be a non-food item; see *Rashi* to *Bava Basra* 20a ד"ה המלח). And such proof is necessary, since other Talmudic statements could be construed to indicate otherwise (see there at length).]

50. The Torah forbids writing down the Oral Law (see *Gittin* 60b). [This prohibition was eventually suspended by Rebbi, who recorded the Mishnah as an emergency measure, to prevent the Oral Law from being forgotten (ibid.). Before that time,] when someone would come upon a novel opinion that was not included in the regular teachings of the academy, he would record it for himself so as not to forget it, but would hide the scroll so as not to violate the prohibition against committing the Oral Law to writing (*Rashi* here and above, 6b ד"ה מגילה; see also 6b note 14).

[R' Chiya (a disciple of Rebbi) still had in his possession some "hidden scrolls," that is, personal notes that had been hidden from public view at the time that the prohibition was still in force. Rav was R' Chiya's nephew (*Pesachim* 4a) as well as his secretary (see *Bava Kamma* 99b), and thus had access to his private papers.]

51. [*Maharshal* deletes the words in parentheses, though they are true according to the Gemara's present understanding of Issi's teaching. These words are also absent in the identical *sugya* that appears above on 6b.]

52. The expression "he is liable to only one" cannot refer to execution for deliberate transgression, since obviously one cannot be executed more than once. Rather, Issi refers to *chatas* liability for inadvertent transgression (*Rashi*), and means (as the Gemara now understands him) that he is liable to only one *chatas* even if he commits all thirty-nine *melachos* during a single lapse of awareness. The rationale for this ruling would be the rule that if a person inadvertently violates one prohibition many times before becoming aware of the fact that he has sinned, he is liable to just one *chatas* for his repeated violations. On the other hand, if one inadvertently violates a number of *different* prohibitions before becoming aware of his error, he must bring a separate *chatas* offering for each prohibition violated. Thus, Issi would be ruling that all thirty-nine *melachos* are considered part of a *single* prohibition – not to perform *melachah* on the Sabbath. Accordingly, one who performs all thirty-nine before realizing his error would be liable to just one *chatas* (*Rashi* to 6b ד"ה אינו חייב).

53. Above, 73a.

54. Since the Mishnah lists them all, we would see on our own that there are thirty-nine. What purpose is served by the Mishnah counting them for us?

55. By stating that there are thirty-nine primary *melachos,* the Mishnah means to tell us the maximum number of *chatas* offerings possible for violating all the *melachos* in a single period of forgetfulness. [For, as taught in the Mishnah (67b, 68a), if one knows that it is the Sabbath but forgets the laws of the Sabbath, he is liable to a *chatas* for each category of *melachah* he violates before being reminded of the laws.] Thus, the Mishnah teaches that even if one performs all thirty-nine *avos* together with their *toldos,* he is still liable to only thirty-nine *chatas* offerings in all, because transgression of the *toldos* are viewed as equivalent to repeated transgressions of the *avos* (*Rashi* to 6b ד"ה חייב).

At any rate, we see from this Mishnah that one is liable to a separate *chatas* for each and every category of *melachah* performed – for each of the *melachos* is viewed as a *separate* prohibition.

56. *Rashi.* Issi ben Yehudah, however, agrees that one is liable to a *chatas* for *each* of the thirty-nine *avos melachos,* for he does not dispute the teaching of the Mishnah just cited. It is only in regard to the death penalty for willful transgression that he maintains that there is one *melachah* for which there is no death penalty. Cf. *Rabbeinu Chananel.*

57. And certainly, one who commits the *av melachah* of transferring from domain to domain is executed as well (see *Yad David [Basra]* and *Sfas Emes*).

ד א מיי' פי"ב מהלכות שבת הלכה ח סמג לאוין סה:
ה ב מיי' פ"ו שם הל' ז:

רבינו חננאל

משום בונה כוחלת משום כותבת פוקסת מכרועא אלנושרי ובלשון ערבית תגער אל אצדג. פוקסת משום צובעת ומדמפרשי רבנן טעמיה דר' אליעזר ש"מ הלכתא כוותיה ויש מי שחולק ואומר הלכה כחכמים דאמרי משום שבות ומ"ד כר' אליעזר טפי עדיף דאיסורא דאורייתא היא ולחומרא עבדינן וכן נמי לענין החולב והמחבץ והמכבד והמרבץ והרודה חלות דבש שוגג בשבת חייב חטאת במזיד ביו"ט לוקה מ' דברי ר' אליעזר וחכמים אומרים א' [זה] ואחד [זה חייב] משום שבות ומדמפרשי אליבא דר' אליעזר ואומר חולב משום מפרק מחבץ משום בורר מגבן משום בונה ש"מ סוגיא דהא שמעתיה כר' אליעזר ויש מי שחולק גם על זה ויש מרבנן דמדקדקי דאמרי כי החולב והמחבץ והמגבן כגרוגרת דברי הכל היא ומסתייעא מהא דגרסינן בפרק אע"פ תניא ר' מרינוס אומר גונח יונק חלב בשבת מ"ט יונק מפרק כלאחר יד הוא ובמקום סכנה לא גזרו רבנן א"ר יוסף הלכה כר' מרינוס ולא שמעינן דאית ליה האי סברא דחולב אסור משום מפרק אלא אליבא דר' אליעזר ורבי מרינוס לא התיר אלא היונק מכלל שהחולב אסור ובסוף פרק חרש שנשא פקחת אסיקנא דיונק מפרק כלאחר יד הוא: שבת דאיסור סקילה גזרו רבנן י"ט דאיסור לאו הוא לא גזרו רבנן וסבירא להו דבהחולב ובמחבץ שמוציא החמאה ובמגבן דברי הכל אסור לא פליגי רבנן עליה דר' אליעזר אלא במכבד ומרבץ וברודה חלות דבש ובהני הלכתא כרבנן וסוגיא כוותייהו דהא לא אימנעו מלרבץ אלא משום דחיישינן משום אשויי גומות ואסיקנא והאידנא דסבירא לן כרבי שמעון [דפטר] במלאכה שאינה צריכה לגופה ובדבר שאין מתכוין שרי אפי' לכתחלה לענין כיבוד נמי שרי ואפי' בדהוצי כר' שמעון: הלכתא מחלב בהמה אפי' למאן דסבר דשרי משום שבות אסור וכ"ש למ"ד משום מפרק אסור דמלאכה היא והא דאמר רב חסדא מדברי רבנן נלמד חולב אדם עז לתוך הקדרה אבל [לא] לתוך הקערה כבר פרשה מר' רב יהודאי גאון זצ"ל דבי"ט הוא וכבר פירשנו בפרק חבית: מתני' התולש מעציץ נקוב חייב משאינו נקוב פטור ר' שמעון פוטר בזה ובזה ורמי ליה אביי לרבא תנן ר' שמעון פוטר בזה ובזה אלמא לר' שמעון לכל מילי נקוב כשאינו נקוב משוי ליה והתנן ר' שמעון [אומר] אין בין נקוב לשאינו נקוב אלא להכשיר זרעים בלבד ופריק רבא לעולם ר' שמעון לכל מילי נקוב כשאינו נקוב משוי לה ואיכא דגרסי כתלוש משוי והדבר אחד הוא פי' כיון דפוטר ר' שמעון אפילו בתולש מעציץ נקוב דייקינן מינה דסבר כל מאי דזרע ביה כתלוש דמי ואע"פ שהוא נקוב כשאינו נקוב חשוב והא דשני ביניהון לענין הכשר זרעים דתני בסוף (פ"ב) דעוקצים עציץ נקוב אינו מכשיר את הזרעים ושאינו נקוב מכשיר את הזרעים וקא מודה בה ר"ש דאלמא זרעים שהן בעציץ שאינו נקוב כתלושין דמי ומים הניתנין עליהן הרי הן בכי יותן ומכשירין אבל עציץ נקוב זרעים שיש בו כמחוברים דמו וכל מים הניתנין בהן אין מכשירין אותן והכא בשבת חשיב הנקוב כשאינו נקוב לפטור והכא בזרעים משני בין נקוב לשאינו נקוב קשיין אהדדי ומשני הכשר זרעים שאני שהתורה רבתה להן טהרה וכי יותן מים על זרע א) זרוע אשר יזרע טהור הוא פי' כל זרע שאינו ראוי עכשיו לזריעה טהור הוא אין המים מכשירין אותן והא כיון שהוא מחובר כמי שאינו ראוי לזריעה הוא וא"ת א"ה אפי' שאינו נקוב נמי שאני התם כיון דאינו נקוב לאו זריעה הוא דכל זריעה שאינה בארץ לאו זריעה הוא והאי דאמר לכל מילי כגון ההוא דתנן בכלאים פרק (ז) עציץ נקוב מקדש בכרם ושאינו נקוב אינו מקדש ר"ש אומר זה וזה אסורין ואין מקדשין ולענין כלאים נמי איכא למימר דפליג ר"ש אבל רבנן דבר ברור הוא משנה שלמה בדמאי פרק (ה) שעציץ נקוב הרי הוא כארץ תרם מן הארץ על עציץ נקוב ומן עציץ נקוב על הארץ תרומתו תרומה כו' והלכתא כרבנן שהתולש מעציץ נקוב חייב וגרסינן בסוף פרק חרש שנשא פקחת לא יאמר אדם לתינוק הבא לי קסם אלא מניחו תולש מניחו זורק אמר אביי תולש מעציץ שאינו נקוב זורק בכרמלית מדרבנן וגרסי' נמי במנחות (ד' ע) אמר רב טובי בר קיסנא אמר שמואל הזורע כלאים בעציץ שאינו נקוב אסור אמר אביי מאי קמ"ל בשלמא אי אשמעינן לוקה מכת מרדות מדרבנן שפיר אלא האי דקאמר אסור מאי קמ"ל דהוי זריעה מדרבנן תנינא משאינו נקוב על הנקוב תרומה ויחזור ויתרום כו' דייקינן לר' שמעון דפטר התולש מעציץ נקוב דבעא מיניה ההוא סבא מר' זירא אם היה שורש הזרע כנגד הנקב מה לי אמר ר' שמעון בזה אשתיק ר' זירא זמנין אשכחיה דיתיב וקאמר ומודה ר' שמעון שאם נקוב בכדי טהרתו פי' במוציא רימון שהתולש ממנו חייב א"ל שורש כנגד הנקב בעינא מינך ולא פשטתה לי לפטורה ניקב בכדי טהרתו מיבעיא. אמר אביי אם איתא לדר' זירא הכי אתמר ומודה ר' שמעון שאם נקב למטה מרביעית פי' הכי קאמר אביי שפיר עבד ר' זירא דלא אהדר ליה לההוא סבא דאי אתמר הכי אתמר מודה ר' שמעון שאם ניקב העציץ בארעיתו או קרוב לארעיתו במקום שלא נשאר בו כדי לקבל רביעית דכיון דלית ביה כדי לקבל רביעית בטל מתורת כלי דכי מנקיב עציץ בההוא דוכתא ודאי שרשי הזרעים שיש בו מגיעין לארץ והרי הן כזרועים בארץ והתולש מהן חייב אבל ניקב העציץ מצדו ונשאר בו כדי לקבל רביעית עדיין כלי הוא ואע"פ שהושרש כנגד

חשק שלמה על רבינו חננאל א) בקרא דוקי יותן מים לא כתיב כלל אשר יזרע טהור הוא. ולכן נראה דצ"ל על כל זרע זרוע אשר יזרע פי' זרע שראוי עכשיו לזריעה אבל כל זרע שאינו ראוי וכו' כצ"ל:

תוספות

הוצאה גופה היכא כתיבא. ואע"ג שהיתה במשכן כדאמר (ט) הם הורידו קרשים מעגלה כו' מכל מקום אי לאו דכתיב לא הוה מחייבי עלה לפי שמלאכה גרועה היא כדפי' לעיל (דף ב.): **וממאי** דבשבת קאי. ר"ת ל"ג כל זה עד אשכחן הוצאה דהא אפילו בחול קאי קשה נפקא ליה שפיר דהוצאה מלאכה הוא דהא רחמנא קרייה מלאכה כדכתיב איש ואשה אל יעשו עוד מלאכה לתרומת הקדש וכתיב ויכלא העם מהביא אלמא קרי להוצאה מלאכה וכן דריש בהדיא בירושלמי: **הכנסה** מנלן סברא הוא כו'. וא"ת מה צריך להאי סברא כיון דהוות במשכן כדאמר (י) הם העלו קרשים לעגלה כו' דהא בסמוך משמע גבי זריקה דאם היתה במשכן הוה אתי ליה שפיר וי"ל דזריקה נמי איכא סברא מה לי ע"י הוצאה מה לי ע"י זריקה דאי לאו סברא לא הוה מחשבינן לה תולדה דהוצאה ואי לא הוות נמי במשכן לא הוה מחייבינן עלה מסברא לפי שמלאכה גרועה היא: **ולרבי** אליעזר דמחייב אתולדה במקום אב אמאי קרי לה אב כו'. הוה מצי למימר דנפקא מינה לענין התראה כדפי' בפ' כלל גדול (לעיל עג:) ואיכא למימר דהיינו דקמשני הך דהוות במשכן חשיבא כו'. אית דגרסי הך דהוות במשכן חשיבא קרי לה אב והך דלא הוות במשכן חשיבא קרי לה תולדה ולפי זה יש מלאכות דהוו במשכן כגון מנכש ומשקה וזרעים דלא חשיבי ולא הוו אבות וכן אי גרסינן דהוות במשכן וחשיבא קרי לה אב אבל אי גרסי' הך דהוות במשכן חשיבא וקרי לה אב הך דלא הוות במשכן לא חשיבא וקרי לה תולדה לפי זה התולדות לא היו במשכן: **אי** נמי הך דכתיבא קרי לה אב. הך ליכא לא איצטריך אלא משום הוצאה: **ודילמא** שלחופי הוו משלחפי. הכי נמי הוה מצי למיפרך דילמא תוך ארבע אמות הוו יתבי:

גמרא

גמ' מכדי זריקה תולדה דהוצאה היא הוצאה גופה היכא כתיבא א"ר יוחנן דאמר קרא ויצו משה ויעבירו קול במחנה משה היכן הוה יתיב במחנה לויה ומחנה לויה רה"ר הואי וקאמר להו לישראל לא תפיקו ותיתו מרה"י דידכו לרה"ר וממאי דבשבת קאי דילמא בחול קאי ומשום דשלימא לה מלאכה כדכתיב והמלאכה היתה דים וגו' גמר העברה העברה מיוה"כ כתיב הכא ויעבירו קול במחנה וכתיב התם והעברת שופר תרועה מה להלן ביום אסור אף כאן ביום אסור אשכחן הוצאה הכנסה מנלן סברא היא מכדי מרשות לרשות הוא מה לי אפוקי ומה לי עיולי מיהו הוצאה אב הכנסה תולדה ומכדי אהא מיחייב ואהא מיחייב אמאי קרי להא אב ואמאי קרי לה האי תולדה נפקא מינה דאי עביד שתי אבות בהדי הדדי אי נמי שתי תולדות בהדי הדדי מיחייב תרתי ואי עביד אב ותולדה דידיה לא מיחייב אלא חדא ולר"א דמחייב אתולדה במקום אב אמאי קרו לה אב ואמאי קרו לה תולדה הך דהואי במשכן חשיבא קרי לה אב הך דלא הואי במשכן חשיבא לא קרי לה אב אי נמי הך דכתיבא קרי אב והאי דלא כתיבא קרי תולדה והא דתנן הזורק ד' אמות בכותל למעלה מי' טפחים כזורק באויר למטה מי' טפחים כזורק בארץ והזורק בארץ ד' אמות חייב זרק ד' אמות ברה"ר מנלן דמחייב אמר ר' יאשיה שכן אורגי יריעות זורקין מחטיהן זה לזה אורגין מחטין למה להו אלא שכן תופרי יריעות זורקין מחטיהן זה לזה ודילמא גבי הדדי הוו יתבי מטו הדדי במחטין דילמא בתוך ארבע הוו יתבי אלא אמר רב חסדא שכן אורגי יריעות זורקין בוכיאר ביריעה והלא אוגדו בידו בניסכא בתרא והא במקום פטור קאזלא אלא שכן אורגי יריעות זורקין בוכיאר לשואליהן ודילמא גבי הדדי הוו יתבי מטו הדדי בחפת ודילמא שלחופי הוו משלחפי ותו מי שאילי מהדדי והתניא לודא איש איש ממלאכתו אשר המה עושים ממלאכתו הוא עושה ואינו עושה ממלאכת חבירו ותו מעביר ד' אמות ברה"ר מנלן דמחייב אלא כל ד' אמות ברה"ר גמרא גמירי לה: אמר רב יהודה אמר שמואל מקושש מעביר ארבע אמות ברה"ר הוה במתניתא תנא תולש הוה רב אחא ברבי יעקב אמר מעמר הוה למאי נפקא מינה לכדרב דאמר רב מצאתי מגלת סתרים בי ר' חייא וכתוב ביה איסי בן יהודה אומר אבות מלאכות ארבעים חסר אחת (ואם עשאן כולם בהעלם אחת) ואינו חייב אלא אחת אחת ותו לא והתנן אבות מלאכות ארבעים חסר אחת והוינן בה מניינא למה לי וא"ר יוחנן שאם עשאן כולם בהעלם א' חייב על כל אחת ואחת אימא אינו חייב על אחת מהם רב יהודה פשיטא ליה דהמעביר חייב ומתני' פשיטא ליה דתולש חייב ורב אחא בר יעקב פשיטא ליה דמעמר חייב מ"ס הא מיהת לא מספקא ומ"ס הא מיהת לא מספקא: ת"ר מקושש זה צלפחד וכן הוא אומר ויהיו בני ישראל במדבר וימצאו איש וגו' ולהלן הוא אומר אבינו מת במדבר מה להלן צלפחד אף כאן צלפחד דברי ר' עקיבא אמר לו ר' יהודה בן בתירא עקיבא בין כך ובין כך אתה עתיד ליתן את הדין אם כדבריך התורה כיסתו ואתה מגלה אותו ואם לאו אתה מוציא לעז על אותו צדיק

רש"י

גמ' מכדי זריקה תולדה דהוצאה. על כרחיך תולדה היא דלא נמנית בהדי מלאכות ותולדה דהוצאה היא שאין לך לתתה תולדת אב אחר דמעין הוצאה היא המנויה בהדי מלאכות: **מחנה לויה ר"ה היא.** שהיו הכל מצויין אצל משה רבינו: **מרה"י דידכו.** מאהליכם: **דשלימא ליה עבידתיה.** שהיה הנדבה כדי להשלים: **סברא היא.** להיות הכנסה תולדת הוצאה שהיא מעין לה כשאר תולדות שהיא מעין מלאכות: **מכדי אהאי מיחייב ואהאי מיחייב.** כדתנן (לעיל פ"א ב.) פשט העני ידו לפנים: **נפקא מינה.** דכל אבות מלאכות: **שתי אבות.** דלא דמיין ושתי תולדות דשתי אבות: **ולר"א כו'.** במסכת כריתות בפרק אמרו לו: **והא דתנן.** בפירקין: **בכותל.** כדמוקי לה בדבילה שמינה ונדבקת: **כזורק באויר.** ופטור דלא נח ברשות הרבים דאין רה"ר למעלה מעשרה וכרה"י נמי לא נח שאינו מקום מסוים שיהא רחבו ד' שהרי לא נח ברוחב הכותל אלא לפניו: **כזורק בארץ.** דאויר רה"ר הוא וחייב וכיון דאויר רה"ר הוא ונח בכל דהו מיחייב ובשותא לנפשיה לא הוי לא כרמלית ולא מקום פטור הואיל ובפניו נח ולא נח ברחבו שיהא מקום מסוים: **תופרי יריעות.** מעשה רוקם: **גבי הדדי.** בתוך אמה אחת ואין צריכין לזרוק אלא להושיט: **מטו אהדדי במחטין.** כשמותחין את החוט מכין זה את זה במחט: **בוכיאר.** כלי שקנה של ערב נתון בו שזורקין בין שני דופני היריעה: **והלא אגדו בידו.** חוט של ערב הוא אוחז והקנה נכרך בחוט ואינו נשמט ממנו: **בניסכא בתרא.** בחוט האחרון של קנה שהקנה נשמט מהחוט והבוכיאר נופל: **ניסכא.** זריקה אחרונה של חוט לשון המיסך: **והא במקום פטור אזלא.** בין דופני היריעה ואין זה רשות הרבים אלא מקום פטור דאין רחב ד': **לשואליהן.** אורגי יריעה אחרת ויש לו לזה שנים: ה"ג ודילמא שואליהן גביהן הוו יתבין: **מטו אהדדי בחפת.** אי גבייהו הוו יתבי מגיעין ידו של זה בשל זה בשפת היריעה כשמותחין חוט הערב: **בחפת.** כמו חפת חלוקו (יומא ד' עז:): **שלחופי הוו משלחפי.** לעולם גבי הדדי הוו יתבי אלא שאין מכוונים אלא זה נמשך לפנים וזה לאחור: **ואין עושה ממלאכת חבירו.** שכולם מוכנים בכלי אומנותם ולא הוצרכו לשאול: **מעביר ד' אמות הוה.** לא תלשן ולא עימרן אלא העבירן ד' אמות לכך נהרג: **מעמר.** תלושין ומפוזרין היו ועמרן כדאמרן (לעיל ד' עג:) האי מאן דכניף מלחא חייב משום מעמר: **מגילת סתרים.** שהסתירוה לפי שאין כותבין הלכות: **ואינו חייב אלא אחת.** על כרחיך לענין שוגג קאמר ולחטאת דבמזיד תרי קטלי לא מקטלי ולהכי פריך והא אנן תנן כו': **ואינו חייב על אחת מהן.** מיהא יש בהן אחת שאינו נהרג עליה ולא פירש איזו היא והשתא לרב יהודה אין זו העברה שהרי נהרג מקושש עליה ולמתניתא אין תולש באותו ספק:
ואלא

מסורת הש"ס

א) [גי' רבינו האי הוצאה מנלן דהוה מלאכה], ב) ב"ק ב. לעיל עט. כריתות טז., ג) לעיל ז: ק., ד) [בערוך שזר גריס הערוך שוליהן פי' משרתיהם], ה) [ילקוט איתא לוי], ו) לעיל ו:, ז) ב"ק ל"ג., ח) [שם וש"נ], ט) לעיל מט:, י) [לעיל מט:].

הגהות הב"ח

(א) גמ' דשלימא לה עבידתא כדכתיב והמלאכה:

רב נסים גאון

פי"א ולר' אליעזר דמחייב על תולדה במקום אב א) ר' אליעזר במסכת (כריתות דף טז) וכבר פירשנו דבריו בפרק כלל גדול והעיקר בתורת כהנים בפרשת כהן משיח בסדר ויקרא: ואלא

חשק שלמה על רב נסים גאון

א) פירושו בלשון ערבי מאמר ר' אליעזר.

תורה אור השלם

א) וַיְצַו מֹשֶׁה וַיַּעֲבִירוּ קוֹל בַּמַּחֲנֶה לֵאמֹר אִישׁ וְאִשָּׁה אַל יַעֲשׂוּ עוֹד מְלָאכָה לִתְרוּמַת הַקֹּדֶשׁ וַיִּכָּלֵא הָעָם מֵהָבִיא: [שמות לו, ו]
ב) וְהַמְּלָאכָה הָיְתָה דַיָּם לְכָל הַמְּלָאכָה לַעֲשׂוֹת אֹתָהּ וְהוֹתֵר: [שמות לו, ז]
ג) וְהַעֲבַרְתָּ שׁוֹפַר תְּרוּעָה בַּחֹדֶשׁ הַשְּׁבִעִי בֶּעָשׂוֹר לַחֹדֶשׁ בְּיוֹם הַכִּפֻּרִים תַּעֲבִירוּ שׁוֹפָר בְּכָל אַרְצְכֶם: [ויקרא כה, ט]
ד) וַיָּבֹאוּ כָּל הַחֲכָמִים הָעֹשִׂים אֵת כָּל מְלֶאכֶת הַקֹּדֶשׁ אִישׁ אִישׁ מִמְּלַאכְתּוֹ אֲשֶׁר הֵמָּה עֹשִׂים: [שמות לו, ד]
ה) וַיִּהְיוּ בְנֵי יִשְׂרָאֵל בַּמִּדְבָּר וַיִּמְצְאוּ אִישׁ מְקֹשֵׁשׁ עֵצִים בְּיוֹם הַשַּׁבָּת: [במדבר טו, לב]
ו) אָבִינוּ מֵת בַּמִּדְבָּר וְהוּא לֹא הָיָה בְּתוֹךְ הָעֵדָה הַנּוֹעָדִים עַל יְיָ בַּעֲדַת קֹרַח כִּי בְחֶטְאוֹ מֵת וּבָנִים לֹא הָיוּ לוֹ: [במדבר כז, ג]

ליקוטי רש"י

משה היכן הוה יתיב. במחנה לויה. ובמדבר נמי היו ג' מחנות לפנים מן הקלעים ולפנים מחנה שכינה והלוים יחנו סביב למשכן העדות (במדבר א) זה מחנה לויה והדגלים ג' פרסאות זה מחנה ישראל ומשה היה לוי [סוטה כ:]. **לא תפיקו ותיתו** מרה"י דידכו לרה"ר. להביא נדבה למחנה לויה [לעיל ב.]. **והמלאכה היתה דים.** לאו מלאכה היא אלא כדמשמע קרא בהבאת נדבה וכמאן דאמר שלימא ליה עבידתא מלאכת ההבאה שלא היו צריכין עוד וכל מידי דרמי עליה דאינש קרי ליה עבידתא כדאמרינן במסכת סוטה (לג.) בטילת עבידתא דאמר סנאה לאייתאה להיכלא ואינו אלא צבא מלחמה להחריב [שם מט:]. ומלאכת ההבאה היתה דים של עושי המשכן לכל המלאכה של משכן לעשות אותה ולהותר [שמות לו, ז]. **אשכחן הוצאה.** דמויעבירו קול במחנה (שמות לו) לא משמע אלא הוצאות [לעיל ב:]. **סברא היא.** שכשם שהקפידה תורה מרשות לרשות בהוצאה כך הקפידה בהכנסה [שבועות ב.]. **שתי אבות.** כשוגג. מיחייב תרתי. חטאות. **לא מיחייב אלא חדא.** אאב מלאכה אבל אתולדה דידיה לא מיחייב. **ולר"א דמחייב אתולדה במקום אב.** דאי עביד אב ותולדה דידיה מחייב תרתי חטאות במס' כריתות בפ' אמרו לו (טז.). **הך דהואי במשכן.** כולהו אבות מלאכות ממשכן גמרינן להו במסכת שבת (מט:) [ב"ק ב.]. אותן המנויות שם בפרק כלל גדול היו צריכין למשכן ופרשת שבת נסמכה לפרשת מלאכת המשכן ללמוד הימנה [לעיל מט:]. [המשך בדף צז.].

opinion that the gatherer was executed for gathering together wood, we see that **it is clear to Rav Acha the son of R' Yaakov that "one who gathers together" is liable** to the death penalty. **מַר סָבַר הָא מִיהַת לֹא מְסַפְּקָא** – Thus, **one master holds that** the death penalty for **this** labor, **at any rate, is not in question, וּמַר סָבַר הָא מִיהַת לֹא מְסַפְּקָא** – and **the other master holds that** the death penalty for **this** other labor, **at any rate, is not in question.**

The Gemara digresses to a discussion concerning the identity of the gatherer:

תָּנוּ רַבָּנַן – The Rabbis taught in a Baraisa: מְקוֹשֵׁשׁ זֶה צְלָפְחָד – "THE GATHERER" – THIS WAS TZELOPHCHAD.[58] וְכֵן הוּא אוֹמֵר – AND THUS DOES IT STATE: ,,וַיִּהְיוּ בְנֵי־יִשְׂרָאֵל בַּמִּדְבָּר וַיִּמְצְאוּ אִישׁ וגו׳'' – *AND THE ISRAELITES WERE "IN THE WILDERNESS," AND THEY FOUND A MAN* **etc.** *gathering wood on the Sabbath day.*[59] וּלְהַלָּן הוּא אוֹמֵר ,,אָבִינוּ מֵת בַּמִּדְבָּר'' – AND FURTHER ON IT STATES: *OUR FATHER DIED "IN THE WILDERNESS."*[60] The expression "in the Wilderness" used in both verses establishes a *gezeirah shavah*: מַה לְהַלָּן צְלָפְחָד – JUST AS THERE, in the second verse, the reference is to TZELOPHCHAD, אַף כָּאן צְלָפְחָד – SO TOO HERE, in the first verse, the reference is to TZELOPHCHAD. דִּבְרֵי רַבִּי עֲקִיבָא – These are THE WORDS OF R' AKIVA. אָמַר לוֹ רַבִּי יְהוּדָה בֶּן בְּתֵירָא – R' YEHUDAH BEN BESEIRA SAID TO [R' AKIVA]: עֲקִיבָא בֵּין כָּךְ וּבֵין כָּךְ אַתָּה עָתִיד לִיתֵּן אֶת הַדִּין – AKIVA, EITHER WAY YOU ARE DESTINED TO GIVE AN ACCOUNTING for what you have just expounded. אִם כִּדְבָרֶיךָ – IF IT IS indeed true AS YOU STATE that the gatherer was Tzelophchad, הַתּוֹרָה כִּיסַּתּוּ וְאַתָּה מְגַלֶּה אוֹתוֹ – you have sinned because THE TORAH CONCEALED IT AND YOU REVEAL IT! וְאִם לָאו – AND IF you are NOT correct in your identification of Tzelophchad as the gatherer, אַתָּה מוֹצִיא לַעַז עַל אוֹתוֹ צַדִּיק – THEN YOU ARE guilty of MALIGNING THAT RIGHTEOUS MAN![61]

NOTES

58. Tzelophchad was an Israelite who died during the sojourn in the Wilderness and was inherited by his five daughters (see *Numbers* 26:33, 27:1 ff.).

59. *Numbers* 15:32.

60. Ibid. 27:3, quoting the statement of Tzelophchad's daughters.

61. Though Tzelophchad was not completely righteous (as his daughters admit in *Numbers* 27:3: ,כִּי־בְחֶטְאוֹ מֵת *but he died of his own sin*), it would be maligning a righteous man to say that he was guilty of the heinous crime of intentionally desecrating the Sabbath (see *Rashi* to 97a ד"ה מויעפילו; see also *Sfas Emes* here).

The Gemara asks:

וְאֶלָּא הָא גְּמַר גְּזֵירָה שָׁוָה – **But** what is R' Yehudah ben Beseira's objection? **Why, [R' Akiva] has received the *gezeirah shavah*** that he expounds **as a tradition** from his teachers reaching back to Sinai.[1] In effect, then, the Torah has *not* concealed the identity of the gatherer but has indeed revealed it to be Tzelophchad. How, then, can R' Yehudah ben Beseira accuse R' Akiva of revealing what the Torah has concealed?[2]

The Gemara answers:

גְּזֵירָה שָׁוָה לֹא גְּמַר – **He** (R' Yehudah ben Beseirah) **did not receive the *gezeirah shavah*** **as a tradition** from his teachers.[3]

The Gemara asks:

אֶלָּא מֵהֵיכָא הֲוָה – **Then** according to R' Yehudah ben Beseira, **from where did it come about** that Tzelophchad died, i.e. which sin did he commit that brought about his death?[4]

The Gemara answers:

מ,,וַיַּעְפִּלוּ" הֲוָה – **It came about from** the sin described in the verse: ***But they defiantly** ascended to the mountaintop.*[5]

The Baraisa continues with a second revelation presented by R' Akiva (and R' Yehudah ben Beseira's similar objection):

כַּיּוֹצֵא בַּדָּבָר אַתָּה אוֹמֵר – YOU MAY SAY SOMETHING SIMILAR with regard to the verse: ,,וַיִּחַר־אַף ה׳ בָּם וַיֵּלַךְ" – *AND THE WRATH OF HASHEM FLARED UP AGAINST "THEM" AND HE LEFT.*[6] מְלַמֵּד שֶׁאַף אַהֲרֹן נִצְטָרַע – Through use of the plural "them," THIS verse TEACHES THAT AARON, TOO, WAS AFFLICTED WITH *TZARAAS,* not only Miriam.[7] דִּבְרֵי רַבִּי עֲקִיבָא – These are THE WORDS OF R' AKIVA.

אָמַר לוֹ רַבִּי יְהוּדָה בֶּן בְּתֵירָא – R' YEHUDAH BEN BESEIRA SAID TO HIM: עֲקִיבָא בֵּין כָּךְ וּבֵין כָּךְ אַתָּה עָתִיד לִיתֵּן אֶת הַדִּין – AKIVA, EITHER WAY YOU ARE DESTINED TO GIVE AN ACCOUNTING for what you have just expounded. אִם כִּדְבָרֶיךָ – IF IT IS indeed true AS YOU STATE that Aaron, too, was afflicted with *tzaraas,* הַתּוֹרָה כִּיסַּתּוּ וְאַתָּה מְגַלֶּה אוֹתוֹ – you have sinned because THE TORAH CONCEALED IT AND YOU REVEAL IT! וְאִם לָאו – AND IF you are NOT correct in your assertion that Aaron was afflicted as well, אַתָּה מוֹצִיא לַעַז עַל אוֹתוֹ צַדִּיק – THEN YOU ARE guilty of MALIGNING THAT RIGHTEOUS MAN!

The Gemara asks:

וְאֶלָּא הָכְתִיב ,,בָּם" – **But** what is R' Yehudah ben Beseira's objection? **Surely it is written** in the Torah ***against "them,"*** which implies that the outcome of God's wrath was directed at Aaron as well! – ? –

The Gemara answers:

הַהוּא בִּנְזִיפָה בְּעָלְמָא – R' Yehudah ben Beseira explains **that** "wrath" as **referring to mere censure,** without any physical impact.[8]

The Gemara cites a Baraisa that accords with R' Akiva's view:[9]

תַּנְיָא כְּמַאן דְּאָמַר אַף אַהֲרֹן נִצְטָרַע – **A Baraisa was taught in accordance with the one who says that Aaron, too, was afflicted with *tzaraas*:** דִּכְתִיב ,,וַיִּפֶן אַהֲרֹן אֶל־מִרְיָם וְהִנֵּה מְצֹרָעַת" – **For** in regard to that which **is written: *and Aaron turned to Miriam and behold! she was afflicted with tzaraas,***[10] תָּנָא – **a Tanna taught:** שֶׁפָּנָה מִצָּרַעְתּוֹ – "And Aaron turned" can be interpreted to mean THAT HE "TURNED" FROM HIS *TZARAAS,*[11] i.e. his own *tzaraas* was cured first, while Miriam's remained.[12] Thus, this Baraisa, too, explains that Aaron as well was afflicted with *tzaraas.*

Having cited the passage in which Miriam is afflicted with *tzaraas* for wrongfully speaking against Moses, the Gemara cites a related teaching:

אָמַר רֵישׁ לָקִישׁ – **Reish Lakish said:** הַחוֹשֵׁד בִּכְשֵׁרִים לוֹקֶה בְּגוּפוֹ – **One who suspects innocent people** of misdeeds **is** punished by being **stricken in his body.**[13] דִּכְתִיב ,,וְהֵן לֹא־יַאֲמִינוּ לִי וגו׳ " – **For it is written: *But behold! they will not believe me* etc.**[14] וְגַלְיָא קַמֵּי קוּדְשָׁא בְּרִיךְ הוּא דִּמְהֵימְנֵי יִשְׂרָאֵל – **Now, it was revealed before the Holy One, Blessed is He, that the Israelites would believe** the prophecy of Moses. אָמַר לוֹ – So **[God] said to him:** הֵן מַאֲמִינִים בְּנֵי מַאֲמִינִים – **They** [i.e. the Israelites] **are believers the children of believers,** וְאַתָּה אֵין סוֹפְךָ לְהַאֲמִין – **while you will ultimately fail to believe.**

The Gemara explains:

הֵן מַאֲמִינִים דִּכְתִיב ,,וַיַּאֲמֵן הָעָם" – **"They are believers," as it is**

NOTES

1. A *gezeirah shavah* is valid only if received from one's teachers, who in turn received it from their teachers etc. all the way back to Sinai (see *Rashi* ד״ה ומשני). Thus, R' Akiva must have had a tradition reaching back to Sinai concerning this *gezeirah shavah.*

2. *Rashi*; cf. *Sfas Emes.*

3. I.e. R' Yehudah ben Beseira was not taught this *gezeirah shavah* by his teachers, and could therefore not expound it on his own (*Rashi*). In his view, then, the Torah had concealed the identity of the gatherer. [See *Tosafos,* who discuss why R' Yehudah ben Beseira could not rely on R' Akiva's tradition regarding this *gezeirah shavah.*]

Alternatively, the Gemara is answering that *R' Akiva* did not learn this *gezeirah shavah* from his teachers, as we had thought originally, but rather expounded it on his own [as a homiletic exposition] (*Aruch,* cited by *Mesoras HaShas*; see also *Rabbeinu Chananel*).

4. As stated by his daughters (*Numbers* 27:3): כִּי־בְחֶטְאוֹ מֵת, *but he died of his own sin* (*Rashi*).

5. *Numbers* 14:44. The Israelites had accepted the Spies' prediction of sure defeat should they invade the Land of Canaan, whereupon God decreed that the generation would indeed not enter the Land, but would rather wander and die out in the Wilderness. The chastened nation regretted what they had done and sought the next morning to ascend and invade the Land of Canaan. Moses warned them that this was not the will of God, *but they defiantly ascended to the mountaintop . . .,* whereupon they were defeated by the Amalekites and Canaanites who dwelled on the mountain.

This sin was less grievous than desecration of the Sabbath [which is why R' Yehudah ben Beseira criticizes R' Akiva for maligning Tzelophchad] (*Rashi*).

6. Ibid. 12:9. Aaron and Miriam had wrongfully spoken against their brother Moses, whereupon God appeared to them and rebuked them for having done so. The verse states that *the wrath of Hashem flared against them and He left,* and the next verse states that *the cloud departed from atop the Tent and behold! Miriam was afflicted with tzaraas.*

7. The "wrath of Hashem" is apparently synonymous with His afflicting the offending party with *tzaraas.* And since the verse states that the wrath of Hashem *flared against "them"* – i.e. Miriam *and* Aaron – we can derive that Aaron, too, was afflicted with *tzaraas* (see Gemara below).

8. Miriam deserved a harsher punishment than Aaron, because it was she who initiated the critical conversation [see *Numbers* 12:1 with *Rashi*] (*Maharsha*).

9. [See *Sfas Emes.*]

10. *Numbers* 12:10.

11. See also explanation of *Chidushei HaRan* [based on a slightly different Gemara text].

12. [See note 8.]

13. For other sins, however, the Merciful One generally sends His punishment first against the person's property, in hopes of spurring him to repentance (see *Chasam Sofer*).

14. *Exodus* 4:1. God had told Moses to inform the Israelites that he had been sent to redeem them, whereupon Moses replied that they would not believe his prophecy.

ואלא הא גמיר גזירה שוה. וא"כ לא כסתו התורה דהוה ליה כמפורש ומשני רבי יהודה בן בתירא לא גמרה ואין אדם דן ג"ש מעצמו: **ואלא.** לרבי יהודה: מהיכן הוה. באיזו חטא מת דכתיב כי בחטאו מת: **מויעפילו.** ויעפילו לעלות וגו' שלא הרשיע כ"כ כחילול שבת: **שפנה מצרעתו.** קדש ונתרפא: **והנה ידו מצורעת.** היינו לוקה בגופו: **ויוציאה והנה ידו.** אחר הלילה מצורעת כשלג ובמדה טובה כתיב מחיקו והנה שבה: **נס בתוך נס.** לאחר שחזר ונעשה מטה בלען ולא כשהוא תנין דלא כתיב ויבלע תנין אהרן: **ולא ילפינן זורק ממושיט.** שהיה בעבודת הלוים למעלה מעשרה מרשות היחיד לרשות היחיד ורשות הרבים באמצע וסיפא דקתני הזורק פטור והמושיט חייב דברי הכל היא: **או דילמא למעלה מי' פליגי.** ומשום הכי פליגי ופטרי רבנן דאין כאן אויר רה"ר חורק ממושיט לא ילפינן ורבי עקיבא יליף וסיפא רבנן קאמרי לה: **ועובר** גרסינן מרה"י לרה"י ועובר ברשות הרבים עצמה. ולא גרסינן ברישא הזורק: **והא אמר ר' אלעזר.** בהמלניע ויליף ממשא בני קהת דארון: **אלא לאו בזורק.** מיירי מתניתא כי מתניתין וקתני בברייתא עצמה ובהא הוא דמחייב ר' עקיבא משום דנקלטה באוירו של רה"ר: **למעלה מעשרה.** דיליף זורק ממושיט: **ופליגא דרב חלקיה.** הא דר' אלעזר: **תוך שלשה דברי הכל חייב.** ואע"ג דלא נח מודו דכמונח דמי: **פטור.** דלא ילפינן זורק ממושיט: **באנו למחלוקת.** ובקלוטה כמה שהונחה: **משום שבות.** שזרק מרשותו לרשות חבירו ולאו משום הפסק רה"ר דהוא הדין נמי אם היתה אצלו עד שיערבו: **ואם היו.** שתיהן הרשויות שלו מותר לכתחילה: **אסור לזרוק מזה לזה.** ואפילו הן שלו דאי משלו לשל חבירו לא הוה שרי שמואל: **לאו מי אוקימנא.** בעירובין: **דמדלי חד ומתתי חד.** דמתוך כך לריך לאמן ידו מגבוה לנמוך או מנמוך לגבוה טריד בה ודילמא לא זריק על הגג ונופל לרה"ר ואתי לאתויי ולהכי נקט ואתי לאתויי דאילו משום נפילת רה"ר ליכא חיוב חטאת דמתעסק הוא אצל הוצאה דלא נתכוון לזרוק לרה"ר: **כלבוד דמי.** דרשות שאינו גבוה ג' בטל אצל רה"ר: **אמר ליה.** סברא היא: **לפי שאי אפשר.** להחליק רה"ר מגבשושיות כאילו נלקטו במלקט והיטני פליינא בלע"ז והן בשני גווני כלים של עץ וברזל חד נעוץ בתוכו והן משוה פני רוחב הקרש ומחליקה הלכך גבשושיות נמי רה"ר: **אמר ליה.** אי מסברא אפילו ג' נמי: **המשלשל.** מתחיל לארוג דופני הסוכה בערב כלפי מעלה ומשלשל ובא כלפי מטה: **משלשל.** מוריד: **אם גבוהות מן הארץ ג' טפחים פסולה הא פחות מג' כשרה.** דאמרינן לבוד כמי שנכפף עליהן ונשלמו עד למטה הכא לאו טעמא דתילקט הוא נראה לי דהכי גרסינן מאי איכא למימר: **התם** משום דהויא לה מחיצה שהגדיים בוקעין בה. ובפחות משלשה ליכא בקיעת גדיים: **תינח למטה למעלה מאי איכא למימר.** למעלה היכא דאמרינן לבוד למעלה בכמה דוכתין כגון מקיפין ג' חבלים דעירובין (דף טז:) וכגון שהרחיק את הסיכוך מן הדפנות ג' טפחים פסולה (סוכה דף יז.): **כמאן דמלי.** מתוך שהוא חושך ומלא הבלא: **אבל שאינו מקורה.** כגון חלר: **וקא קשיא ליה.** בהא דאגמריה רביה: דבריס

ואלא הא גמר גזירה שוה ג"ש לא גמר אלא מהיכא הוה מויעפילו הוה כיוצא בדבר אתה אומר ויחר אף ה' בם וילך מלמד שאף אהרן נצטרע דברי רבי עקיבא אמר לו רבי יהודה בן בתירא עקיבא בין כך ובין כך אתה עתיד ליתן את הדין אם כדבריך התורה כסתו ואתה מגלה אותו ואם לאו אתה מוציא לעז על אותו צדיק ואלא הכתיב בם ההוא בנזיפה בעלמא תניא כמאן דאמר אף אהרן נצטרע דכתיב ויפן אהרן אל מרים והנה מצורעת תנא שפנה מצרעתו אמר ריש לקיש החושד בכשרים לוקה בגופו דכתיב והן לא יאמינו לי וגו' וגליא קמי קוב"ה דמהימני ישראל אמר לו הן מאמינים בני מאמינים ואתה אין סופך להאמין הן מאמינים דכתיב ויאמן העם בני מאמינים והאמין בה' אתה אין סופך להאמין שנאמר יען לא האמנתם בי וגו' ממאי דלקה דכתיב ויאמר ה' לו עוד הבא נא ידך בחיקך וגו': אמר רבא ואיתימא רבי יוסי בר' חנינא מדה טובה ממהרת לבא ממדת פורענות דאילו במדת פורענות כתיב ויוציאה והנה ידו מצורעת כשלג ואילו במדה טובה כתיב ויוציאה מחיקו והנה שבה כבשרו מחיקו הוא דשבה כבשרו ויבלע מטה אהרן את מטותם א"ר אלעזר נס בתוך נס: מרה"י לרה"י כו': בעי רבה למטה מעשרה פליגי ובהא פליגי דמ"ס אמרינן קלוטה כמה שהונחה ומר סבר לא אמרינן קלוטה כמה שהונחה אבל למעלה מעשרה דברי הכל פטור ולא ילפינן זורק ממושיט או דילמא למעלה מעשרה פליגי ובהא פליגי דמר סבר ילפינן זורק ממושיט ומר סבר לא ילפינן זורק ממושיט אבל למטה מי' דברי הכל חייב מאי טעמא קלוטה כמה שהונחה דמיא אמר רב יוסף הא מילתא איבעיא ליה לרב חסדא ופשטה ניהליה רב המנונא מהא מרה"י לרה"י ועובר ברשות הרבים עצמה ר' עקיבא מחייב וחכמים פוטרים מדקאמר ברשות הרבים עצמה פשיטא למטה מעשרה פליגי ובמאי אילימא במעביר (א) למטה מעשרה הוא דמחייב למעלה מי' לא מחייב והאמר ר' אלעזר המוציא משוי למעלה מעשרה חייב שכן משא בני קהת אלא לאו בזורק ולמטה מעשרה הוא דמחייב למעלה מעשרה לא מחייב ש"מ בקלוטה כמה שהונחה פליגי ש"מ ופליגא דר' אלעזר דאמר ר"א מחייב היה ר' עקיבא אפילו למעלה מי' והאי דקתני רה"ר עצמה להודיעך כחן דרבנן ופליגא דרב חלקיה בר טובי דאמר רב חלקיה בר טובי תוך שלשה דברי הכל חייב למעלה מעשרה דברי הכל פטור מג' ועד י' באנו למחלוקת ר' עקיבא ורבנן תניא נמי הכי בתוך ג' דברי הכל חייב למעלה מי' אינו אלא משום שבות ואם היו רשויות שלו מותר מג' ועד עשרה ר"ע מחייב וחכמים פוטרין אמר מר אם היו רשויות שלו מותר לימא תהוי תיובתיה דרב דאיתמר שני בתים בשני צדי רה"ר רבה בר רב הונא אמר רב אסור לזרוק מזה לזה ושמואל אמר מותר לזרוק מזה לזה ולאו מי אוקימנא להההיא כגון דמידלי חד ומתתי חד דזימנין נפל ואתי לאתויי אמר ליה רב חסדא לרב המנונא ואמרי לה רב המנונא לרב חסדא מנא הא מילתא דאמור רבנן כל פחות מג' כלבוד דמי אמר ליה לפי שאי אפשר לה לרשות הרבים שתילקט במלקט וברהיטני אי הכי ג' נמי ותו הא דתנן המשלשל דפנות מלמעלה למטה אם הן גבוהין מן הארץ שלשה טפחים פסולה הא פחות מג' כשרה (ב) התם היינו טעמא משום דהויא לה מחיצה שהגדיים בוקעין בה תינח למטה למעלה מאי איכא למימר אלא כל פחות משלשה כלבוד דמי הלכתא גמירי לה ת"ר מרה"ר לרה"ר ורה"י באמצע רבי מחייב וחכמים פוטרין רב ושמואל דאמרי תרוייהו לא חייב רבי אלא ברה"י מקורה דאמרינן ביתא כמאן דמליא דמי אבל שאינו מקורה לא אמר רב חנא אמר רב יהודה אמר שמואל מחייב היה רבי שתים אחת משום הוצאה ואחת משום הכנסה יתיב רב חנא וקא קשיא ליה למימרא

גזירה שוה לא גמיר. ואם תאמר וליגמר מר' עקיבא שהוא קבלה מרבו ואור"ת שהיה להם בקבלה מנין ג"ש שבכל התורה וזו היתה יתירה על החשבון לפיכך לא קיבלה: למימרא

מסורת הש"ס

א) [מכות יד: וח"ל הערוך ערך גזר ר' גורס שוה לא גמיר פי' לא גמיר ר"ע ג"ש שלא הוה דרש לעצמו עכ"ל וכזה מיושב קושית התוס' דהכא ד"ה ג"ש], ב) [יומא עה: ע"ש], ג) [פסחים קיח: חולין קמו.], ד) [לעיל ד:], ה) [גיטין עט. ב"ק ע:], ו) לעיל ל:, ז) עירובין פט., ח) [עי' סוכה ו:], ט) שם טו: סוכה טז., כ) לעיל ד:, ל) ג"ל רב חסדא.

הגהות הב"ח

(א) גמ' ובמאי אילימא במעביר. נ"ב פי' ופליגי בהכנסת גופו:

תורה אור השלם

א) וַיַּעְפִּלוּ לַעֲלוֹת אֶל רֹאשׁ הָהָר וַאֲרוֹן בְּרִית יְיָ וּמֹשֶׁה לֹא מָשׁוּ מִקֶּרֶב הַמַּחֲנֶה: [במדבר יד, מד]
ב) וַיִּחַר אַף יְיָ בָּם וַיֵּלַךְ: [במדבר יב, ט]
ג) וְהֶעָנָן סָר מֵעַל הָאֹהֶל וְהִנֵּה מִרְיָם מְצֹרַעַת כַּשָּׁלֶג וַיִּפֶן אַהֲרֹן אֶל מִרְיָם וְהִנֵּה מְצֹרָעַת: [במדבר יב, י]
ד) וַיַּעַן מֹשֶׁה וַיֹּאמֶר וְהֵן לֹא יַאֲמִינוּ לִי וְלֹא יִשְׁמְעוּ בְּקֹלִי כִּי יֹאמְרוּ לֹא נִרְאָה אֵלֶיךָ יְיָ: [שמות ד, א]
ה) וַיַּאֲמֵן הָעָם וַיִּשְׁמְעוּ כִּי פָקַד יְיָ אֶת בְּנֵי יִשְׂרָאֵל וְכִי רָאָה אֶת עָנְיָם וַיִּקְּדוּ וַיִּשְׁתַּחֲווּ: [שמות ד, לא]
ו) וְהֶאֱמִן בַּיְיָ וַיַּחְשְׁבֶהָ לּוֹ צְדָקָה: [בראשית טו, ו]
ז) וַיֹּאמֶר יְיָ אֶל מֹשֶׁה וְאֶל אַהֲרֹן יַעַן לֹא הֶאֱמַנְתֶּם בִּי לְהַקְדִּישֵׁנִי לְעֵינֵי בְּנֵי יִשְׂרָאֵל לָכֵן לֹא תָבִיאוּ אֶת הַקָּהָל הַזֶּה אֶל הָאָרֶץ אֲשֶׁר נָתַתִּי לָהֶם: [במדבר כ, יב]
ח) וַיֹּאמֶר יְיָ לוֹ עוֹד הָבֵא נָא יָדְךָ בְּחֵיקֶךָ וַיָּבֵא יָדוֹ בְּחֵיקוֹ וַיּוֹצִאָהּ וְהִנֵּה יָדוֹ מְצֹרַעַת כַּשָּׁלֶג: [שמות ד, ו]
ט) וַיֹּאמֶר הָשֵׁב יָדְךָ אֶל חֵיקֶךָ וַיָּשֶׁב יָדוֹ אֶל חֵיקוֹ וַיּוֹצִאָהּ מֵחֵיקוֹ וְהִנֵּה שָׁבָה כִּבְשָׂרוֹ: [שמות ד, ז]
י) וַיַּשְׁלִיכוּ אִישׁ מַטֵּהוּ וַיִּהְיוּ לְתַנִּינִם וַיִּבְלַע מַטֵּה אַהֲרֹן אֶת מַטֹּתָם: [שמות ז, יב]

ליקוטי רש"י

הזורק ד' אמות. ברשות הרבים ... כזורק באויר.

עין משפט נר מצוה

ו א ב ג מיי' פי"ג מהל' שבת הלכה טז סמג לאוין סה:
ז ד ה מיי' פט"ו שם הל' ח סמג שם טוש"ע א"ח סי' שנג סעיף א:
ח ו מיי' פי"ג שם הלכה טו:

גליון הש"ס

גמ' והאמר ר"א המוציא משוי. עיין עירובין דף לג ע"א תד"ה והא לא נעי:

רבינו חננאל

אותו הנקב איכא למימר שאינו מגיע לארץ ואע"פ שאין דבר חוצץ בינו לבינה עדיין מיבעי אליבא דר' שמעון. אמר רבא ה' מדות בכלי חרס ...

written: ***And the people believed;***[15] **"בְּנֵי מַאֲמִינִים ,,וְהֶאֱמִן בַּה׳ – "the children of believers," as it is written** regarding their forefather Abraham: ***And he believed in Hashem.***[16] **אַתָּה אֵין סוֹפְךָ לְהַאֲמִין** – But **you will ultimately fail to believe, שֶׁנֶּאֱמַר "יַעַן לֹא־הֶאֱמַנְתֶּם בִּי וגו׳ ,, – as it is stated** in reference to Moses and Aaron: ***Because you did not believe in Me*** **etc.**[17]

The Gemara continues:

מִמַּאי דִּלְקָה – And **from what** verse is it known **that [Moses] was stricken** bodily for his wrongful suspicion of Israel? **דִּכְתִיב "וַיֹּאמֶר ה׳ לוֹ עוֹד הָבֵא־נָא יָדְךָ בְּחֵיקֶךָ וגו׳ ,, – For it is written:** ***And Hashem said further to him, "Bring your hand to your bosom,"*** **etc.** [*and he brought his hand to his bosom; and he withdrew it and behold, his hand was stricken with tzaraas, like snow*].[18] Thus, Moses was stricken bodily.

The Gemara gleans another lesson from these verses:

אָמַר רָבָא – **Rava said,** **וְאִיתֵימָא רַבִּי יוֹסֵי בְּרַבִּי חֲנִינָא** – **and some say, R' Yose the son of R' Chanina** said: **מִדָּה טוֹבָה מְמַהֶרֶת לָבֹא מִמִּדַּת פּוּרְעָנוּת** – **The beneficent measure** meted out by God **comes to pass more quickly than the measure of punishment.**[19] **דְּאִילּוּ בְּמִדַּת פּוּרְעָנוּת כְּתִיב "וַיּוֹצִאָהּ וְהִנֵּה יָדוֹ מְצֹרַעַת כַּשָּׁלֶג ,, – For regarding the measure of punishment it is written:** ***and he withdrew it and behold, his hand was stricken with tzaraas, like snow.*** The implication is that his hand did not become stricken until *after* he had withdrawn it from his bosom. **וְאִילּוּ בְּמִדָּה טוֹבָה כְּתִיב "וַיּוֹצִאָהּ מֵחֵיקוֹ וְהִנֵּה־שָׁבָה כִּבְשָׂרוֹ ,, – Whereas regarding the beneficent measure, it is written** in the very next verse: ***then he withdrew it "from his bosom" and behold it had reverted to be like his flesh.***[20] The superfluous expression "from his bosom" indicates that **מֵחֵיקוֹ הוּא דְּשָׁבָה כִּבְשָׂרוֹ** – **it was from** the moment his hand was at **his bosom that [his hand] reverted to be like his flesh.** Thus, the beneficent measure was implemented more quickly than the punishment.[21]

The Gemara closes this discussion with the exposition of another verse:[22]

"וַיִּבְלַע מַטֵּה־אַהֲרֹן אֶת־מַטֹּתָם ,, – The verse states: ***and "the staff" of Aaron swallowed their staffs.***[23] **אָמַר רַבִּי אֶלְעָזָר – R' Elazar said: נֵס בְּתוֹךְ נֵס** – This was **a miracle within a miracle.**[24]

The Gemara now examines the dispute recorded in our Mishnah between R' Akiva and the Rabbis [Sages]:

מֵרְשׁוּת הַיָּחִיד לִרְשׁוּת הַיָּחִיד כו׳ – If one throws an object **FROM** one **PRIVATE DOMAIN TO** another **PRIVATE DOMAIN etc.** [and there is a public domain in between the two private domains, R' Akiva holds him liable, while the Sages exempt him].

בָּעֵי רַבָּה – Rabbah inquired: Regarding what case do R' Akiva and the Rabbis disagree? **לְמַטָּה מֵעֲשָׂרָה פְּלִיגֵי – Do they disagree** in a case where the object passed through the public domain **below ten** *tefachim* from the ground, **וּבְהָא פְּלִיגֵי – and they disagree concerning the following** point – **דְּמַר סָבַר אַמְרִינַן קְלוּטָה כְּמָה שֶׁהוּנְּחָה – that one master** [R' Akiva] **holds** that **we say** that **something contained** in the airspace of a domain **is** legally viewed **as if it has come to rest** there,[25] **וּמַר סָבַר לֹא אַמְרִינַן קְלוּטָה כְּמָה שֶׁהוּנְּחָה – while the other master** [the Rabbis] **holds** that **we do not say** that **something contained** in the airspace of a domain **is** legally viewed **as if it has come to rest** there? **אֲבָל לְמַעְלָה מֵעֲשָׂרָה – However,** in a case where the object passed through the public domain **above ten** *tefachim* from the ground, **דִּבְרֵי הַכֹּל פָּטוּר – all would agree that he is exempt,** for the object has not been contained by the public domain,[26] **וְלֹא יָלְפִינָן זוֹרֵק מִמּוֹשִׁיט – and** all agree that **we do not derive** the law for **throwing from** the law for **handing over.**[27]

NOTES

15. *Exodus* 4:31. The Jews did believe Moses and his prophecy.

16. *Genesis* 15:6.

17. *Numbers* 20:12.

18. *Exodus* 4:6.

19. [Both refer to measures meted out to righteous people (*Maharsha*).]

20. Ibid. v. 7. After Moses was afflicted with *tzaraas,* God instructed him to return his hand to his bosom, and upon withdrawing it, Moses saw that his affliction had been cured. This verse, concerning the cure, adds the apparently superfluous expression מֵחֵיקוֹ, *from his bosom,* whereas the preceding verse does not.

21. Perhaps the reason for this distinction in the way God metes out various measures is that God waits until the last possible moment to inflict punishment, in order to give a sinner the greatest opportunity to repent, while He confers reward quickly, before the recipient can be proved to be unworthy (*Iyun Yaakov*; cf. *Maharal, Chidushei Aggados*).

22. See *Riaf* (in *Ein Yaakov*) and *Chasam Sofer,* who discuss the connection between the following exposition and the preceding one.

23. *Exodus* 7:12. God instructed Moses to instruct Aaron to cast down his staff in front of Pharaoh, and it turned into a snake. When Pharaoh's magicians duplicated that feat, Aaron's staff proceeded to swallow those of the magicians.

24. That is, the miracle of Aaron's "snake" swallowing those of the magicians, was compounded by this occurring *after* his snake had already reverted to being a staff. This is indicated by the verse's statement that *the staff* of Aaron swallowed their staffs (*Rashi*; cf. *Maharsha*).

25. R' Akiva maintains that although an object thrown through a public domain does not *physically* come to rest in that domain, it does so *legally*, by way of the principle that an object "contained" in the airspace of a domain is viewed as if it had come to rest on the ground below (*Rashi* above, 4a ד״ה קלוטה, and to *Gittin* 79a ד״ה הני מילי; see also *Rashi* to *Eruvin* 33b ד״ה אלא, *Rabbeinu Chananel* here and *Rambam, Peirush HaMishnah, Parah* 10:5). The person throwing the object is thus liable for transferring an object from a private domain to a public domain. The Rabbis, on the other hand, do not subscribe to the principle of *kelutah.* Accordingly, they maintain that since the object never came to rest in the public domain, the thrower is exempt. [See also above, 4a note 15, for further discussion of the *kelutah* principle.]

Now, if it is regarding the matter of *kelutah* that R' Akiva and the Rabbis disagree, the case must be one in which the object passed through the public domain below ten *tefachim.* For all agree that the domain of the *reshus harabim* extends only to a height of ten *tefachim,* above which is considered a *mekom petur*; thus, an object that passes through the public domain at a height of ten *tefachim* or more has not been "contained" in the public domain at all.

26. [As explained at the end of the previous note.]

27. As mentioned at the end of our Mishnah, the Leviim who transported the boards of the Mishkan would hand them over (but not throw them) from the rear wagons to the front wagons [*reshus hayachid* to *reshus hayachid*] along the length of the *reshus harabim* above the height of ten *tefachim.* Thus, הושטה, *handing over* [from one *reshus hayachid* to another, across the length of the *reshus harabim*], is Biblically prohibited, even though the object travels through the exempt airspace high above the *reshus harabim.* [This prohibition has nothing at all to do with the principle of *kelutah,* as the object never passes through the legal domain of the *reshus harabim.*] Now, even though the Mishkan boards were handed over but not thrown, one could reason that *throwing* an object in this manner should also be Biblically prohibited by extension from *handing over.* The Gemara therefore states that according to the present explanation of the dispute, both R' Akiva and the Rabbis agree that one who throws an object from one *reshus hayachid* to another through the exempt airspace above the *reshus harabim* is *not* liable, for we do *not* derive the law for throwing from the law for handing over (see *Tosafos* to 4a ד״ה אבל למעלה מי׳ and ד״ה דאמרינן קלוטה, who elaborate).

According to this explanation of the dispute, the latter clause of our Mishnah (How so? Two balconies . . . [which apparently deals exclusively with transfers through the public domain *above* the height of ten *tefachim*] – see *Tosafos* to 96a ד״ה הזורק כיצד) is not a continuation of the Sages' view, but is an independent and unanimously held statement

ואלא הא גמיר גזירה שוה. וא"כ לא כסתו התורה דהוה ליה כמפורש ומשני רבי יהודה בן בתירא לא גמרה ואין אדם דן ג"ש מעצמו: **ואלא.** לרבי יהודה: מהיכן הוה. באיזו חטא מת דכתיב כי בחטאו מת: **מויעפילו.** ויעפילו לעלות וגו' שלא הרשיע כ"כ כחילול שבת: **שפנה מצרעתו.** קדם ונתרפא: **והנה ידו מצורעת.** היינו לוקה בגופו: **ויוציאה והנה ידו.** אחר היציאה מלורעת כשלג ובמדה טובה כתיב מחיקו והנה שבה: **נס בתוך נס.** לאחר שחזר ונעשה מטה בלען ולא כשהוא תנין דלא כתיב ויבלע תנין אהרן: **ולא ילפינן זורק ממושיט.** שהיה בעבודת הלוים למעלה מעשרה מרשות היחיד לרשות היחיד ורשות הרבים באמצע וסיפא דקתני הזורק פטור והמושיט חייב דברי הכל היא: **או דילמא למעלה מי' פליגי.** ומשום הכי פליגי ופטרי רבנן דלאו כאן הויר רה"ר וזורק ממושיט לא ילפינן ורבי עקיבא יליף וסיפא רבנן קאמרי לה: **ועובר** גרסינן מרה"י לרה"י ועובר ברשות הרבים עצמה. ולא גרסינן ברישא הזורק: **והא אמר ר' אלעזר.** במתניתא ויליף ממשא בני קהת לארון: **אלא לאו בזורק.** מיירי מתניתא כי מתניתין וקתני ברייתא עצמה והכא הוא דמחייב ר' עקיבא משום דנקלטה באוירו של רה"ר: **למעלה מעשרה.** דיליף זורק ממושיט: **ופליגא דרב חלקיה.** הא דר' אלעזר: **תוך שלשה דברי הכל חייב.** ולעג"ג דלא נח מודו דכמונח דמי: **פטור.** דלא ילפינן זורק ממושיט: **באנו למחלוקת.** וקלוטה כמה שהונחה: **משום שבות.** שזרק מרשותו לרשות חבירו ולאו משום הפסק רה"ר דהוא הדין נמי אם היתה אלא עד שיערבו: **ואם היו.** שתיהן הרשויות שלו מותר לכתחילה: **אסור לזרוק מזה לזה.** ואפילו הן שלו דאי משלו לשל חבירו לא הוה שרי שמואל: **לאו מי אוקימנא.** בעירובין: **דמדלי חד ומתתי חד.** דמתוך כך צריך לאמן ידו מגבוה לנמוך או מנמוך לגבוה טריד בה ודילמא לא זריק על הגג ונופל לרה"ר ואתי לאתויי ולהכי נקט ואתי לאתויי דאילו משום נפילת רה"ר ליכא חיוב חטאת דמתעסק הוא אלא הואלה דלא נתכוון לזרוק לרה"ר: **כלבוד דמי.** לרשות שאינו גבוה ג' בטל אלא רה"ר: **אמר ליה.** סברא היא: **לפי שאי אפשר.** להחליק רה"ר מגבשושיות כאילו נלקטו במלקט והריטני פליינא בלע"ז והן בשני גווני כלים של עץ וברזל חד נעוץ בתוכו ובהן משוה פני רוחב הקרקע ומחליקה הלכך גבשושיות נמי רה"ר: **אמר ליה.** אי מסברא אפילו ג' נמי: **המשלשל.** מתחיל לארוג דופני הסוכה בערב כלפי מעלה ומשלשל ובא כלפי מטה: **משלשל.** מוריד: **אם גבוהות מן הארץ ג' טפחים פסולה הא פחות מג' כשרה.** דאמרינן לבוד כמי שנכפף עליהן ונשלמו עד למטה הכא לאו טעמא דתילקט הוא נראה לי דהכי גרסינן מאי איכא למימר: **התם משום דהויא לה מחיצה שהגדיים בוקעין בה.** ובפחות משלשה ליכא בקיעת גדיים: **תינח למטה למעלה מאי איכא למימר.** למעלה היכא דאמרינן לבוד למעלה בכמה דוכתין כגון מקיפין ג' חבלים דעירובין (דף טז:) וכגון שהרחיק את הסיכוך מן הדפנות ג' טפחים פסולה (סוכה דף יז.): **כמאן דמלי.** מתוך שהוא חושך ומלא הבלא: **אבל שאינו מקורה.** כגון חצר: **וקא קשיא ליה.** בהא דאמריה רביה:

ואלא הא גמר גזירה שוה [א] ג"ש לא גמר אלא מהיכא הוה [א] מויעפילו הוה כיוצא בדבר אתה אומר [ב] ויחר אף ה' בם וילך מלמד שאף אהרן נצטרע דברי רבי עקיבא אמר לו רבי יהודה בן בתירא עקיבא בין כך ובין כך אתה עתיד ליתן את הדין אם כדבריך התורה כסתו ואתה מגלה אותו ואם לאו אתה מוציא לעז על אותו צדיק ואלא הכתיב בם ההוא בנזיפה בעלמא תניא כמאן דאמר אף אהרן נצטרע דכתיב [ג] ויפן אהרן אל מרים והנה מצורעת תנא שפנה מצרעתו אמר ריש לקיש [ד] החושד בכשרים לוקה בגופו דכתיב [ה] והן לא יאמינו לי וגו' וגליא קמי קוב"ה דמהימני ישראל אמר לו הן מאמינים בני מאמינים ואתה אין סופך להאמין הן מאמינים דכתיב [ח] ויאמן העם בני מאמינים [ו] והאמין בה' אתה אין סופך להאמין שנאמר [ז] יען לא האמנתם בי וגו' ממאי דלקה דכתיב [ח] ויאמר ה' לו עוד הבא נא ידך בחיקך וגו': אמר רבא ואיתימא רבי יוסי בר' חנינא מדה טובה ממהרת לבא ממדת פורענות דאילו במדת פורענות כתיב [ט] ויוציאה והנה ידו מצורעת כשלג ואילו במדה טובה כתיב [ט] ויוציאה מחיקו והנה שבה כבשרו מחיקו הוא דשבה כבשרו [י] ויבלע מטה אהרן את מטותם א"ר אלעזר [י] נס בתוך נס: מרה"י לרה"י כו': בעי רבה למטה מעשרה פליגי ובהא פליגי דמ"ס אמרינן קלוטה כמה שהונחה ומר סבר לא אמרינן קלוטה כמה שהונחה אבל למעלה מעשרה דברי הכל פטור ולא ילפינן זורק ממושיט או דילמא למעלה מעשרה פליגי ובהא פליגי דמר סבר ילפינן זורק ממושיט ומר סבר לא ילפינן זורק ממושיט אבל למטה מי' דברי הכל חייב מאי טעמא קלוטה כמה שהונחה דמיא אמר רב יוסף הא מילתא איבעיא ליה לרב חסדא ופשטה ניהליה רב המנונא מהא מרה"י לרה"י ועובר ברשות הרבים עצמה ר' עקיבא מחייב וחכמים פוטרים מדקאמר ברשות הרבים עצמה פשיטא למטה מעשרה פליגי ובמאי אילימא במעביר (א) למטה מעשרה הוא דמחייב למעלה מי' לא מחייב * והאמר ר' אלעזר המוציא משוי למעלה מעשרה חייב שכן משא בני קהת אלא לאו בזורק ולמטה מעשרה הוא דמחייב למעלה מעשרה לא מחייב ש"מ בקלוטה כמה שהונחה פליגי ש"מ ופליגא דר' אלעזר דאמר ר"א מחייב היה ר' עקיבא אפילו למעלה מי' והאי דקתני רה"ר עצמה להודיעך כחן דרבנן ופליגא דרב חלקיה בר טובי דאמר רב חלקיה בר טובי [א] תוך שלשה דברי הכל חייב למעלה מעשרה דברי הכל פטור מג' ועד י' באנו למחלוקת ר' עקיבא ורבנן תניא נמי הכי בתוך ג' דברי הכל חייב למעלה מי' אינו אלא משום [ב] שבות ואם היו רשויות שלו מותר מג' ועד עשרה ר"ע מחייב [ג] וחכמים פוטרין אמר מר אם היו רשויות שלו מותר לימא תהוי תיובתיה דרב דאיתמר [ד] שני בתים בשני צדי רה"ר רבה בר רב הונא אמר רב [ה] אסור לזרוק מזה לזה ושמואל אמר מותר לזרוק מזה לזה ולאו מי אוקימנא להההיא כגון דמידלי חד ומתתי חד דזימנין נפל ואתי לאתויי אמר ליה רב חסדא לרב המנונא ואמרי לה רב המנונא לרב חסדא מנא הא מילתא דאמור רבנן כל פחות מג' כלבוד דמי אמר ליה לפי שאי אפשר לה לרשות הרבים שתילקט במלקט ובהרוטני אי הכי ג' נמי ותו הא דתנן המשלשל דפנות מלמעלה למטה אם הן גבוהין מן הארץ שלשה טפחים פסולה הא פחות מג' כשרה (ג) התם היינו טעמא משום דהויא לה מחיצה שהגדיים בוקעין בה תינח למטה למעלה מאי איכא למימר אלא כל פחות משלשה כלבוד דמי הלכתא גמירי לה ת"ר מרה"ר לרה"ר ורה"י באמצע רבי מחייב וחכמים פוטרין רב ושמואל דאמרי תרוייהו לא חייב רבי אלא ברה"י מקורה דאמרינן ביתא כמאן דמליא דמי אבל שאינו מקורה לא אמר רב חנא אמר רב יהודה אמר שמואל מחייב היה רבי שתים אחת משום הוצאה ואחת משום הכנסה יתיב רב חנא וקא קשיא ליה למימרא

גזירה שוה לא גמיר. ואם תאמר וליגמר מר' עקיבא שהוא קבלה מרבו ואור"ת שהיה להם בקבלה מנין ג"ש שבכל התורה וזו היתה יתירה על החשבון לפיכך לא קיבלה:

מסורת הש"ס

א) [מכות יד: ח"ל הערוך ערך גזר ג' גזרה שוה ופי' לא גמיר ר"ע ג"ש אלא הוא דרש לעצמו ע"כ וזהו מיושב קושית התוס' דהכלל ד"ס כ"ט], ב) [יומא יט: ע"ש], ג) [פסחים קיח: חולין קמ.], ד) [לעיל ד:], ה) [גיטין עט. ב"ק ע:], ו) לעיל ג., ז) עירובין פט. ח) [שם], ט) [עי' סוכה ו:], י) שם טו: סוכה טז., כ) לעיל ג. ל) ג"ל רב חסדא.

הגהות הב"ח

(א) גמ' ובמאי אילימא במעביר. נ"ב פי' ופליגו בהכנסת גופו אלו כהכנסת חפץ דמי: (ב) שם הא פחות משלשה כשרה מאי איכא למימר התם היינו:

תורה אור השלם

א) וַיַּעְפִּלוּ לַעֲלוֹת אֶל רֹאשׁ הָהָר וַאֲרוֹן בְּרִית יְיָ וּמשֶׁה לֹא מָשׁוּ מִקֶּרֶב הַמַּחֲנֶה: [במדבר יד, מד]
ב) וַיִּחַר אַף יְיָ בָּם וַיֵּלַךְ: [במדבר יב, ט]
ג) וְהֶעָנָן סָר מֵעַל הָאֹהֶל וְהִנֵּה מִרְיָם מְצֹרַעַת כַּשָּׁלֶג וַיִּפֶן אַהֲרֹן אֶל מִרְיָם וְהִנֵּה מְצֹרָעַת: [במדבר יב, י]
ד) וַיַּעַן משֶׁה וַיֹּאמֶר וְהֵן לֹא יַאֲמִינוּ לִי וְלֹא יִשְׁמְעוּ בְּקֹלִי כִּי יֹאמְרוּ לֹא נִרְאָה אֵלֶיךָ יְיָ: [שמות ד, א]
ה) וַיַּאֲמֵן הָעָם וַיִּשְׁמְעוּ כִּי פָקַד יְיָ אֶת בְּנֵי יִשְׂרָאֵל וְכִי רָאָה אֶת עָנְיָם וַיִּקְּדוּ וַיִּשְׁתַּחֲווּ: [שמות ד, לא]
ו) וְהֶאֱמִן בַּייָ וַיַּחְשְׁבֶהָ לּוֹ צְדָקָה: [בראשית טו, ו]
ז) וַיֹּאמֶר יְיָ אֶל משֶׁה וְאֶל אַהֲרֹן יַעַן לֹא הֶאֱמַנְתֶּם בִּי לְהַקְדִּישֵׁנִי לְעֵינֵי בְּנֵי יִשְׂרָאֵל לָכֵן לֹא תָבִיאוּ אֶת הַקָּהָל הַזֶּה אֶל הָאָרֶץ אֲשֶׁר נָתַתִּי לָהֶם: [במדבר כ, יב]
ח) וַיֹּאמֶר יְיָ לוֹ עוֹד הָבֵא נָא יָדְךָ בְּחֵיקֶךָ וַיָּבֵא יָדוֹ בְּחֵיקוֹ וַיּוֹצִאָהּ וְהִנֵּה יָדוֹ מְצֹרַעַת כַּשָּׁלֶג: [שמות ד, ו]
ט) וַיֹּאמֶר הָשֵׁב יָדְךָ אֶל חֵיקֶךָ וַיָּשֶׁב יָדוֹ אֶל חֵיקוֹ וַיּוֹצִאָהּ מֵחֵיקוֹ וְהִנֵּה שָׁבָה כִּבְשָׂרוֹ: [שמות ד, ז]
י) וַיַּשְׁלִיכוּ אִישׁ מַטֵּהוּ וַיִּהְיוּ לְתַנִּינִם וַיִּבְלַע מַטֵּה אַהֲרֹן אֶת מַטֹּתָם: [שמות ז, יב]

ליקוטי רש"י

הזורק ד' אמות. ברשות הרבים ונדבק בכותל כגון דבילה שמינה לדמוקי לה לקמן. **כזורק באויר.** ופטור דלאו ברשות הרבים נח ורשות היחיד נמי לא הוי אלא דבר המסויים ורחב ארבעה. **כזורק בארץ.** וחייב דאויר רשות הרבים משנח משהו הוי הנחה ולא נימא כל דבר המסויים למטה מעשרה דההוא חשיב למיהוי רשות חשוב לעצמו או כרמלית או מקום פטור ולא הויא הנחה ברשות הרבים [לעיל ז:]. וכי אמר למטה מעשרה ברוחב ארבעה כרמלית וכשאין רחב ארבעה מקום פטור היינו בתשמיש המסויים לעצמו כגון גב כותל או עמוד דהני מסתיים תשמישתייהו אבל אויר כגון פני הכותל דבר הנדבק בו לא הוי רשותא לנפשיה אלא למטה מעשרה הוא הוי רשות הרבים גמור ואי למעלה מעשרה הוא דלא שלטי ביה רבים הוי אוירא בעלמא מקום פטור למעלה מעשרה טפחים כזורק באויר ופטור [שם.]. **והתניא לודא.** שם חכם [לקמן קלז.]. **מגלת סתרים.** שהספרים היו יראים ליכתוב וכששומעין דברי יחיד חדשים שאינן נשנין בבית המדרש וכותבין אותן שלא ישתכחו מסתירין את המגילה שלה טמונה לפי שאסור לכתוב הלכות וכשהיה שומע דבר חידוש וירא לשוכחו היה כותבו ומסתיר מן העין [ב"מ צב.]. **ואינו חייב אלא אחת.** השתא משמע אם עשאן בהעלם אחד שלא נודע לו בין כל אחת ואחת שחטא אינו חייב אלא אחת שכל השבת גוף אחד של עבירה הוא. **מניינא למה לי.** ליתני אבות מלאכות הזורע והחורש כו' למה לי למיתנא ארבעים חסר אחת להו ואזיל [לעיל שם]. ליתני אבות מלאכות הזורע והחורש כו' למה לי למיתנא ארבעים חסר אחת לאשמעינן דאי אתנא ארבעים חסר אחת איכא [שם סט.]. ליתני אבות מלאכות הזורע והחורש כו' ואנא חזינא אי ארבעין איכא אי לא [שם עג:]. **חייב על כל אחת ואחת.** ובא להודיענו סכום החטאות שאדם חייב באיסורי שבת בהעלם אחד ארבעים חסר אחת הן ותו לא שאפילו עשה תולדותיהן עמהן אינו מביא על התולדה היכא דעשאה עם אביה דמלאכה ושבת עשה דכולה חדא עבירה היא [שם ו:]. וסימנא בעלמא אשמעינן לידע כמה חטאות חייב על חילול שבת בהעלם אחד כגון שאם נתעלמו כל הלכות שבת ממנו כמה חטאות [חייב] עליו [שם עג:]. [ע"כ שייך לדף צו:].

ואלא הא גמר גזירה שוה. וכל היקש וגזירה שוה המופנת הרי הוא כמפורש במקרא וכו' לפי שלא ניתנה למדרש מעצמו [סנהדרין עג.]. [המשך בעמוד ב]

עין משפט נר מצוה

ו א ב ג מיי' פי"ג מהל' שבת הלכה טז סמג לאוין סה:
ז ד ה מיי' פט"ו שם הל' ח סמג שם טוש"ע א"ח סי' שנג סעיף א:
ח ו מיי' פי"ג שם הלכה טז:

גליון הש"ס

גמ' והאמר ר"א המוציא משוי. עיין עירובין דף לג ע"א תד"ה והא לא בעי:

רבינו חננאל

אותו הנקב איכא למימר שאינו מגיע לארץ ואע"פ שאין דבר חוצץ בינו לבינה עדיין מיבעי אליבא דר' שמעון. אמר רבא ה' מדות בכלי חרס עיקרא כל כלי שנשבר נטהר מידו לא מחשיב שבור אלא עד שיפסל ממה שהוכן לשמש כגון כלי חרס שהוכן לקיבול משקין מקבל טומאה עד שניקב שיעור הכונס משקין או הוצאת משקין וכן כלי חרס שהוכן לאוכלין אע"פ שניקב בכונס משקה מקבל טומאה עד שניקב שיעור הוצאת זיתים. כדתנן שיעור כלי חרס לטהר העשוי לאוכלין שיעורו בזיתים עשוי למשקין שיעורו במשקין עשוי לאוכלין ולמשקין מטילין אותו לחומרו בזיתים ולענין רימונים חלוקת אמוראים היא אבל במשנה לא מצינו בכלי חרס שיעור ברימונים ולא הגיעה אלא עד זיתים ולענין כלי עץ או כלי עור או כיוצא בו הא דתנן כל כלי בעלי בתים שיעורו כרימונים השתא הני חמש מדות דאמר רבא חדא דניקב במוציא משקה טהור מלטמא גסטרא ועדיין כלי הוא לקדש בו מי חטאת משום דגסטרא כלי גדול הוא דמחתכין ביה כדים וחצובים והכי דמיא דמקבל מאי דדאיב מינהון ומינטר עיקר גם גסטרא להא מלתא הוכן פעמים שהחבית או חצבא גדולה נשברה לראשה ונוטלו אזניה ומכניס אותה ולשומו תחת מטה ותותי מצבי כמו כן ונקראת גיסטרא וכד מינקיב גיסטרא במוציא משקה בטלה מן הדבר שהוכנה לו וליכא כלי חרס דמטהר במוציא משקה בר מגיסטרא בלחוד לפי שאין אומרים הבא גסטרא לגסטרא. פי' אם ניקבה חצבא במוציא משקה או' הבא גיסטרא והנח תחתיה כדי שיקבל מה שיזוב ממנו אבל אם הגיסטרא גופו מוציא משקה אין אומרים הבא גיסטרא לגיסטרא שיקבל מה שיזוב ממנה לפיכך לקבל ואע"פ שניקב במוציא משקה ותנן גיסטרא שנתרועעה ואינה מקבלת משקין אע"פ שמקבלת אוכלין טהורה שאין שיריים לשיריים פי' שאין שירים לשירים הוא שפירשנו למעלה שהגיסטרא עיקרה: שירי חבית או חצבא שנטלו אזניה וכלי הוא לקדש מי חטאת ועיקרא ההוא דתנן אין ממלאין ואין מקדשין ואין מזין מי חטאת אלא בכלי אשמעינן הכא דגסטרא שנתרועעה ומוציאה משקין תורת כלי עליה וכשרה למי חטאת: שנייה. ניקב בכונס משקה פסול מלקדש בו מי חטאת ועדיין כלי הוא להכשיר בו זרעים כדתנן בנדה פרק ששי כיוצא בו כלי חרס שמכניס מוציא ויש מוציא ואינו מכניס ואמרינן עלה מכניס פסול למי חטאת וטהור משום גסטרא דאמר רב אסי שיעור כלי החרס שיעורו בכונס משקה לא אמרו במוציא משקה אלא לענין גסטרא בלבד ואמרינן ת"ר כיצד בודקין כלי חרס לידע אם ניקב בכונס משקה אם לאו מביא עריבה מליאה מים ונותן קדירה לתוכה אם כנסה בידוע שבכונס משקה ואם לאו בידוע שבמוציא משקה ר' יהודה אומר כופף אזני קדירה לתוך עריבה ומציף עליה מים אם כנסה בידוע שבכונס משקה ואם לאו בידוע שבמוציא משקה או שופתה ע"ג האור אם האור מעמידה בידוע שבמוציא משקה ואם לא בידוע שבכונס משקה ר' יוסי אומר אף לא שופתה על האור מפני שהאור מעמידה אלא מניחה על גבי רמץ מעמידה בידוע שבמוציא משקה ואם לאו בידוע שבכונס משקה היתה יורדת טפה אחר טפה בידוע שבמוציא משקה מאי איכא בין ת"ק לר' יהודה אמר עולא כינוס ע"י הדחק איכא בינייהו אשמעינן אע"פ שרחב הנקב והוסיף על כדי הוצאת משקה והגיע להכנסת משקה עדיין אותו עציץ כשאינו נקוב דמי ומכשיר את הזרעים כדפרשינן לעילא: שלישית. ניקב בשורש קטן טיהר מלהכשיר זרעים ועדיין כלי הוא לקבל בו זיתים בהא אשמעינן רבה לר' שמעון דאמר אם ניקב למטה מרביעית וקאמר אפילו ניקב בשורש קטן דאפשר דמתחברין אותו זרעים שיש בו לקרקע ודומה לעציץ נקוב וטהור מלהכשיר זרעים אם לא הגיע הנקב לכדי הוצאת זיתים עדיין כלי הוא ומקבל טומאה. רביעית ניקב במוציא זיתים. אמר רבא אם הוכן מעיקרא זה הכלי לקבל רימונים אע"פ שניקב במוציא זיתים עדיין כלי הוא ואם מעיקרא לא הוכן אלא לקבל זיתים כיון שניקב במוציא זיתים טהור והא מלתא פליגי בה רבה בר [illegible] שיעורו במוציא זיתים לפום דמפרש ליה [לדרב אסי] [ורב אסי] נמי אמר הכין שמעתי וחד מתרי [illegible] סבר במוציא רימון וחד סבר בשורש קטן וסימניך אחד המרבה ואחד הממעיט ורב חנניא בר שלמיא משום ר' אליעזר תני כל כלי חרס בין קטן בין גדול אם ניקב במוציא זיתים טהור ומר קשישא מסיים בה דר' אליעזר כל כלי חרס שניקב במוציא זיתים הרי הן ככלי גללים וכלי אבנים וכלי אדמה שאין מקבלין טומאה לא מדברי תורה ולא מדברי סופרים והלכתא הכין ובהכין סלקא שמעתתא ולא סליק דפרקין דעציץ נקוב בכונס משקה או מוציא רימון וליתא לדרבא. חמישית ולענין צמיד פתיל עד שיפחת רובו: **פרק יא הזורק** מרה"י לרה"ר או מרה"ר לרה"י חייב. אמרינן זריקה תולדה דהוצאה היא והוצאה גופה מייתי לה ר' יוחנן דהיא מלאכה מהא ויצו משה ויעבירו קול במחנה [illegible] משה היה יתיב במחנה לויה מחנה

אוֹ דִילְמָא – **Or perhaps** לְמַעְלָה מֵעֲשָׂרָה פְּלִיגֵי – **they disagree** in a case where the object passed through the public domain **above ten** *tefachim* from the ground, וּבְהָא פְּלִיגֵי – **and they disagree concerning the following** point – דְּמַר סָבַר יַלְפִינַן זוֹרֵק מִמּוֹשִׁיט – **that one master** [R' Akiva] **holds** that **we derive** the law for **throwing from** the law for **handing over,**[28] וּמָר סָבַר לֹא יַלְפִינַן זוֹרֵק מִמּוֹשִׁיט – **while the other master** [the Rabbis] **holds** that **we do not derive** the law for **throwing from** the law for **handing over.**[29] אֲבָל לְמַטָּה מֵעֲשָׂרָה – **However,** in a case where the object passed through the public domain **below ten** *tefachim* from the ground, דִּבְרֵי הַכֹּל חַיָּיב – **all would agree** that **he is liable.** מַאי טַעְמָא – **What is the reason?** קְלוּטָה כְּמָה שֶׁהוּנְּחָה דָּמְיָא – Because we say that **something contained** in the airspace of a domain **is** legally viewed **as if it had come to rest** there.[30]

The Gemara resolves this inquiry:

אָמַר רַב יוֹסֵף – **Rav Yosef said:** הָא מִילְּתָא אִיבַּעְיָא לֵיהּ לְרַב חִסְדָּא – **This matter was a subject of doubt to Rav Chisda,** וּפַשְׁטָהּ נִיהֲלֵיהּ רַב הַמְנוּנָא מֵהָא – **and Rav Hamnuna resolved it for him from the following Baraisa:** מֵרְשׁוּת הַיָּחִיד לִרְשׁוּת הַיָּחִיד וְעוֹבֵר בִּרְשׁוּת הָרַבִּים עַצְמָהּ – If one transfers an object **FROM** one **PRIVATE DOMAIN TO** another **PRIVATE DOMAIN AND [THE OBJECT] PASSES THROUGH THE PUBLIC DOMAIN ITSELF,** רַבִּי עֲקִיבָא מְחַיֵּיב – **R' AKIVA HOLDS** him **LIABLE,** וַחֲכָמִים פּוֹטְרִים – **WHILE THE SAGES EXEMPT** him.

The proof is drawn:

מִדְּקָאָמַר בִּרְשׁוּת הָרַבִּים עַצְמָהּ – Now, **from that which [the Baraisa] states** that the object passed **through the public domain "itself,"** פְּשִׁיטָא לְמַטָּה מֵעֲשָׂרָה פְּלִיגֵי – **it is clear that they are disagreeing** in a case where the object passed through the public domain **within ten** *tefachim* of the ground.[31] וּבְמַאי – **And about what** manner of transfer are they arguing? אִילֵימָא בְּמַעֲבִיר – **If you say that** they are arguing **about one who** *carries* the object through the public domain,[32] לְמַטָּה מֵעֲשָׂרָה הוּא דִּמְחַיֵּיב – then **is it only** when the object passes through the public domain **below ten** *tefachim* **that he is liable** according to R' Akiva, לְמַעְלָה מֵעֲשָׂרָה לֹא מִיחַיֵּיב – but if it passes through the public domain **above ten** *tefachim* **he is not liable?**[33] וְהָאָמַר רַבִּי אֶלְעָזָר – **But R' Elazar said:** הַמּוֹצִיא מַשּׂוֹי לְמַעְלָה מֵעֲשָׂרָה חַיָּיב – **One who carries out a load** from domain to domain while keeping it **above** the height of **ten** *tefachim* **is liable** nonetheless,[34] שֶׁכֵּן מַשָּׂא בְּנֵי קְהָת – **for such was the** manner of **carrying** done **by the sons of Kehath.**[35] Thus, "carrying" cannot be the case being discussed by R' Akiva and the Sages in this Baraisa. אֶלָּא לָאו בְּזוֹרֵק – **Rather, is it not** that the Baraisa is necessarily **referring to one who** *throws* the object through the public domain?[36] וּלְמַטָּה מֵעֲשָׂרָה הוּא דִּמְחַיֵּיב – **And it is only** when the object passes through the public domain **below ten** *tefachim* **that he is liable** according to R' Akiva; לְמַעְלָה מֵעֲשָׂרָה לֹא מְחַיֵּיב – but if it passes through the public domain **above ten** *tefachim,* **he would not be liable** even according to R' Akiva. שְׁמַע מִינָּהּ בִּקְלוּטָה כְּמָה שֶׁהוּנְּחָה פְּלִיגֵי – Accordingly, **learn from here** that **[R' Akiva and the Sages] argue about** whether **something contained** in the airspace of a domain **is** legally viewed **as if it had come to rest** there.[37]

NOTES

(*Rashi*). For even R' Akiva, who rules liable one who throws an object from one *reshus hayachid* to another through a *reshus harabim,* agrees that there is no liability where the thrown object passes through the *reshus harabim* above the height of ten *tefachim.*

28. I.e. we say that just as it is Biblically prohibited (as established by the Mishkan precedent) to *hand over* an object from one *reshus hayachid* to another across the exempt airspace above an intervening public domain, so too – by extension – it is Biblically prohibited to *throw* an object in this manner.

29. According to this second explanation of the dispute, the latter clause of our Mishnah (How so? Two balconies . . .) is a continuation of the Sages' view. But R' Akiva argues, maintaining that even one who *throws* the object between the balconies (along the length of the *reshus harabim*) is liable, since we extend the prohibition found in the case of *handing over* to the case of *throwing* as well (see *Rashi*).

30. For the object has been contained by the legal domain of the *reshus harabim,* and is thus viewed is if it had come to rest there (see note 25).

[See *Tosafos* to 4a ד"ה דאמרינן קלוטה, who suggest that the Gemara here might mean only that *the Sages* hold the principle of *kelutah.* R' Akiva, however, might deem the thrower liable in the case of below ten because he derives "throwing" from "handing over."]

31. "Itself" implies that the object is within the legal domain of the *reshus harabim* – that is, below the height of ten *tefachim.*

32. And the dispute in the Baraisa is different from the dispute in the Mishnah, which clearly mentions "throwing."

[According to this possibility, the Tannaim in the Baraisa would be disputing whether "walking is tantamount to standing" (see above, end of 5b). R' Akiva would hold that walking is tantamount to standing; hence, the person is liable for carrying out of the *reshus hayachid* and "stopping" in the *reshus harabim.* The Sages, however, would hold that walking is *not* tantamount to standing; hence, the person is not liable, since he has not stopped in the *reshus harabim* (*Ramban* et al.; cf. *Sfas Emes*; see also *Hagahos HaBach*; see, however, end of note 35 below).]

33. The Baraisa's specifying that the object passed through the public domain itself implies that R' Akiva would *not* rule the person liable were the object to pass through the *reshus harabim* above ten *tefachim.* But this cannot be true if the case is one in which the person is *carrying* the object, as the Gemara proceeds to show.

34. Even though the load is never within the airspace of the *reshus harabim.* [The same applies to one who carries a load the distance of four *amos* in the *reshus harabim* while keeping the load higher than ten *tefachim.* See above, 92a note 21.]

35. Who carried the Holy Ark on their shoulders through the public domain of the Wilderness in such a way that the bottom of the Ark remained above ten *tefachim* (see 92a note 33).

[R' Elazar teaches us that this is true not only of one who carries the load on his shoulder, but also for one who carries the load in his hand (*Rashi* to 92a ד"ה המוציא משאוי). Thus, no matter how the article is being carried in the case discussed by R' Akiva and the Sages, R' Akiva (who holds the person liable for carrying) would have to hold that the person is liable even if he holds the article above the height of ten *tefachim.*]

[*Tosafos* (to *Eruvin* 33a ד"ה והא; see also *Tosafos* above, 2a ד"ה שבועות), however, do not explain the Gemara as does *Ramban* (cited above in note 32), and therefore take the Gemara's statement here to indicate that *all* must agree that one who carries an article from one *reshus hayachid* to another via a *reshus harabim* is liable even if he held the article at a height of ten *tefachim* or more. (Accordingly, the Gemara could have asked: If you say that they are arguing about one who *carries* the object through the public domain, then why do the Sages rule that he is not liable?) The Acharonim advance different rationales to explain why such a transfer should be Biblically prohibited. Some explain that the person would be liable for carrying four *amos* in the *reshus harabim,* even though the *akirah* and the *hanachah* take place in a *reshus hayachid* (*R' Akiva Eiger* to *Tosafos* above, 5b ד"ה בשלמא, and *Totzaos Chaim* 1:1). Others, however, explain that this would be a distinct form of forbidden transfer established by the Mishkan precedent of the Kehathites carrying from one *reshus hayachid* to another via the *reshus harabim* (see *Chazon Ish, Orach Chaim* 62:19 §3; see also *Chasam Sofer* [*Mechon Chasam Sofer* ed.] above, 2a ד"ה אבל באמת). According to the way *Ramban, Rashba* et al. explain the Gemara here, however, there is no suggestion whatsoever to a new liability for carrying from one *reshus hayachid* to another via the *reshus harabim,* and many of these Rishonim (here and to *Eruvin* 33a) expressly reject *Tosafos'* view in this matter. The halachah would seem to accord with the position of these other Rishonim (*Chazon Ish* loc. cit. §5).]

36. Just as in our Mishnah (*Rashi*).

37. [But if the object travels through the *reshus harabim* above ten *tefachim,* then even R' Akiva exempts him; for all agree that we do not derive "throwing" from "handing over."]

ואלא הא גמר גזירה שוה ג"ש לא גמר אלא מהיכא הוה מויעפילו הוה כיוצא בדבר אתה אומר ויחר אף ה' בם וילך מלמד שאף אהרן נצטרע דברי רבי עקיבא אמר לו רבי יהודה בן בתירא עקיבא בין כך ובין כך אתה עתיד ליתן את הדין אם כדבריך התורה כסתו ואתה מגלה אותו ואם לאו אתה מוציא לעז על אותו צדיק ואלא הכתיב בם ההוא בנזיפה בעלמא תניא כמאן דאמר אף אהרן נצטרע דכתיב ויפן אהרן אל מרים והנה מצורעת תנא שפנה מצרעתו אמר ריש לקיש החושד בכשרים לוקה בגופו דכתיב והן לא יאמינו לי וגו' וגליא קמי קוב"ה דמהימני ישראל אמר לו הן מאמינים בני מאמינים ואתה אין סופך להאמין הן מאמינים דכתיב ויאמן העם בני מאמינים והאמין בה' אתה אין סופך להאמין שנאמר יען לא האמנתם בי וגו' ממאי דלקה דכתיב ויאמר ה' לו עוד הבא נא ידך בחיקך וגו': אמר רבא ואיתימא רבי יוסי בר' חנינא מדה טובה ממהרת לבא ממדת פורענות דאילו במדת פורענות כתיב ויוציאה והנה ידו מצורעת כשלג ואילו במדה טובה כתיב ויוציאה מחיקו והנה שבה כבשרו מחיקו הוא דשבה כבשרו ויבלע מטה אהרן את מטותם א"ר אלעזר נס בתוך נס: מרה"י לרה"י כו': בעי רבה למטה מעשרה פליגי ובהא פליגי דמ"ס אמרינן קלוטה כמה שהונחה ומר סבר לא אמרינן קלוטה כמה שהונחה אבל למעלה מעשרה דברי הכל פטור ולא ילפינן זורק ממושיט או דילמא למעלה מעשרה פליגי ובהא פליגי דמר סבר ילפינן זורק ממושיט ומר סבר לא ילפינן זורק ממושיט אבל למטה מי' דברי הכל חייב מאי טעמא קלוטה כמה שהונחה דמיא אמר רב יוסף הא מילתא איבעיא ליה לרב חסדא ופשטה ניהליה רב המנונא מהא מרה"י לרה"י ועובר ברשות הרבים עצמה ר' עקיבא מחייב וחכמים פוטרים מדקאמר ברשות הרבים עצמה פשיטא למטה מעשרה פליגי ובמאי אילימא במעביר (א) למטה מעשרה הוא דמחייב למעלה מי' לא מחייב והאמר ר' אלעזר המוציא משוי למעלה מעשרה חייב שכן משא בני קהת אלא לאו בזורק ולמטה מעשרה הוא דמחייב למעלה מעשרה לא מחייב ש"מ בקלוטה כמה שהונחה פליגי ש"מ ופליגא דר' אלעזר דאמר ר"א מחייב היה ר' עקיבא אפילו למעלה מי' והאי דקתני רה"ר עצמה להודיעך כחן דרבנן ופליגא דרב חלקיה בר טובי דאמר רב חלקיה בר טובי תוך שלשה דברי הכל חייב למעלה מעשרה דברי הכל פטור מג' ועד י' באנו למחלוקת ר' עקיבא ורבנן תניא נמי הכי בתוך ג' דברי הכל חייב למעלה מי' אינו אלא משום שבות ואם היו רשויות שלו מותר מג' ועד עשרה ר"ע מחייב וחכמים פוטרין אמר מר אם היו רשויות שלו מותר לימא תהוי תיובתיה דרב דאיתמר שני בתים בשני צדי רה"ר רבה בר רב הונא אמר רב אסור לזרוק מזה לזה ושמואל אמר מותר לזרוק מזה לזה ולאו מי אוקימנא להההיא כגון דמידלי חד ומתתי חד דזימנין נפל ואתי לאתויי אמר ליה רב חסדא לרב המנונא ואמרי לה רב המנונא לרב חסדא מנא הא מילתא דאמור רבנן כל פחות מג' כלבוד דמי אמר ליה לפי שאי אפשר לה לרשות הרבים שתילקט במלקט וברהיטני אי הכי ג' נמי ותו הא דתנן המשלשל דפנות מלמעלה למטה אם הן גבוהין מן הארץ שלשה טפחים פסולה הא פחות מג' כשרה (ב) התם היינו טעמא משום דהויא לה מחיצה שהגדיים בוקעין בה תינח למטה למעלה מאי איכא למימר אלא כל פחות משלשה כלבוד דמי הלכתא גמירי לה ת"ר מרה"ר לרה"ר ורה"י באמצע רבי מחייב וחכמים פוטרין רב ושמואל דאמרי תרוייהו לא חייב רבי אלא ברה"י מקורה דאמרינן ביתא כמאן דמליא דמי אבל שאינו מקורה לא אמר רב חנא אמר רב יהודה אמר שמואל מחייב היה רבי שתים אחת משום הוצאה ואחת משום הכנסה יתיב רב חנא וקא קשיא ליה למימרא

רש"י

ואלא הא גמיר גזירה שוה. וא"כ לא כסתו התורה דהוה ליה כמפורש ומשני רבי יהודה בן בתירא לא גמרה ואין אדם דן ג"ש מעצמו: ואלא. לרבי יהודה: מהיכן הוה. באיזו חטא מת דכתיב כי בחטאו מת: מויעפילו. ויעפילו לעלות וגו' שלא הרשיע כ"כ כחילול שבת: שפנה מצרעתו. קדם ונתרפא: והנה ידו מצורעת. היינו לוקה בגופו: ויוציאה והנה ידו. אחר היציאה מצורעת כשלג ובמדה טובה כתיב מחיקו והנה שבה: נס בתוך נס. לאחר שחזר ונעשה מטה בלען ולא כשהוא תנין דלא כתיב ויבלע תנין אהרן: ולא ילפינן זורק ממושיט. שהיה בעבודת הלוים למעלה מעשרה מרשות היחיד לרשות היחיד ורשות הרבים באמצע וסיפא דקתני הזורק פטור והמושיט חייב דברי הכל היא: או דילמא למעלה מי' פליגי. ומשום הכי פליגי ופטרי רבנן דאין כאן אויר רה"ר וזורק ממושיט לא ילפינן ורבי עקיבא יליף וסיפא רבנן קאמרי לה: ועובר גרסינן מרה"י לרה"י ועובר ברשות הרבים עצמה. ולא גרסינן ברישא הזורק: והא אמר ר' אלעזר. בהמכניס ויליף ממשא בני קהת דארון: אלא לאו בזורק. מיירי מתניתא כי מתניתין וקתני בברייתא עצמה ובהא הוא דמחייב ר' עקיבא משום דנקלטה באוירו של רה"ר: למעלה מעשרה. דיליף זורק ממושיט: ופליגא דרב חלקיה. הא דר' אלעזר: תוך שלשה דברי הכל חייב. ואע"ג דלא נח מודו דכמונח דמי: פטור. דלא ילפינן זורק ממושיט: באנו למחלוקת. ובקלוטה כמה שהונחה: משום שבות. שזרק מרשותו לרשות חבירו ולאו משום הפסק רה"ר דהוא הדין נמי אם היתה אצלו עד שיערבו: ואם היו. שתיהן הרשויות שלו מותר לכתחילה: אסור לזרוק מזה לזה. ואפילו הן שלו דאי משלו לשל חבירו לא הוה שרי שמואל: לאו מי אוקימנא. בעירובין: דמדלי חד ומתתי חד. דמתוך כך צריך לאמן ידו מגבוה לנמוך או מנמוך לגבוה טריד בה ודילמא לא זריק על הגג ונופל לרה"ר ואתי לאתויי ולהכי נקט ואתי לאתויי דאילו משום נפילת רה"ר ליכא חיוב חטאת דמתעסק הוא אצל הוצאה דלא נתכוון לזרוק לרה"ר: כלבוד דמי. לרשות שאינו גבוה ג' בטל אצל רה"ר: אמר ליה. סברא היא: לפי שאי אפשר. להחליק רה"ר מגבשושיות כאילו נלקטו במלקט והיטני פלינא בלע"ז והן בשני גווני כלים של עץ וברזל חד נעוץ בתוכו והכן משוה פני רומח הקרקע ומחליקה הלכך גבשושיות נמי רה"ר: אמר ליה. אי מסברא אפילו ג' נמי: המשלשל. מתחיל לארוג דופני הסוכה בערב כלפי מעלה ומשלשל ובא כלפי מטה: משלשל. מוריד: אם גבוהות מן הארץ ג' טפחים פסולה הא פחות מג' כשרה. דאמרינן לבוד כמי שנכפף עליהן ונשלמו עד למטה הכא לאו טעמא דתילקט הוא נראה לי דהכי גרסינן מאי איכא למימר: התם משום דהויא לה מחיצה שהגדיים בוקעין בה. ובפחות משלשה ליכא בקיעת גדיים: תינח למטה למעלה מאי איכא למימר. למעלה היכא דאמרינן לבוד למעלה בכמה דוכתין כגון מקיפין ג' חבלים דעירובין (דף טז:) וכגון שהרחיק את הסיכוך מן הדפנות ג' טפחים פסולה (סוכה דף יז.): כמאן דמלי. מתוך שהוא חושך ומלא הבלא: אבל שאינו מקורה. כגון חלר: וקא קשיא ליה. בהא דאגמריה רביה:

תוספות

גזירה שוה לא גמיר. ואם תאמר וליגמר מר' עקיבא שהוא קבלה מרבו ואור"ת שהיה להם בקבלה מנין ג"ש שבכל התורה וזו היתה יתירה על החשבון לפיכך לא קיבלה: למימרא דברים

שיריים לשיריים פי' שאין שירים לשירים הוא שפירשנו למעלה שהגיסטרא עיקרה: שירי חבית או חצבא שנטלו אזניה וכלי הוא לקדש מי חטאת ועיקרא ההוא דתנן אין ממלאין ואין מקדשין ואין מזין מי חטאת אלא בכלי אשמעינן הכא דגסטרא שנתרועעה ומוציאה משקין תורת כלי עליה וכשרה למי חטאת: שנייה. ניקב בכונס משקה פסול מלקדש בו מי חטאת ועדיין כלי הוא להכשיר בו זרעים כדתנן בנדה פרק ששי כיוצא בו בכל כלי שמכניס מוציא ויש מוציא ואינו מכניס ואמרינן עלה מכניס פסול למי חטאת וטהור משום גסטרא דאמר רב אסי שיעור כלי החרס שיעורו בכונס משקה לא אמרו במוציא משקה אלא לענין גסטרא בלבד ואמרינן ת"ר כיצד בודקין כלי חרס לידע אם ניקב בכונס משקה אם לאו מביא עריבה מליאה מים ונותן קדירה לתוכה אם כונסה בידוע שבכונס משקה ואם לאו בידוע שבמוציא משקה ר' יהודה אומר כופף אזני קדירה לתוך עריבה ומציף עליה מים אם מעמדת בידוע שבכונס משקה ואם לאו בידוע שבמוציא משקה או שופתה ע"ג האור אם האור מעמידה בידוע שבמוציא משקה ואם לא בידוע שבכונס משקה ר' יוסי אומר אף לא שופתה על האור מפני שהאור מעמידה אלא מעמידה ע"ג הרמץ אם רמץ מעמידה בידוע שבמוציא משקה ואם לאו בידוע שבכונס משקה היתה יורדת טפה אחר טפה בידוע שבכונס משקה מאי איכא בין ת"ק לר' יהודה אמר עולא כינוס ע"י הדחק איכא בינייהו אשמעינן אע"פ שרחב הנקב והוסיף על כדי הוצאת משקה והגיע להכנסת משקה עדיין אותו עציץ כשאינו נקוב דמי ומכשיר את הזרעים כדפרשינן לעילא: שלישית. ניקב בשורש קטן טיהר מלהכשיר זרעים ועדיין כלי הוא לקבל בו זיתים בהא אשמעינן רבה דלא כר' שמעון דאמר אם ניקב למטה מרביעית וקאמר אפילו ניקב בשורש קטן דאפשר דמתחברין אותו זרעים שיש בו לקרקע ודומה לעציץ נקוב וטהור מלהכשיר זרעים אם לא הגיע הנקב לכדי הוצאת זיתים עדיין כלי הוא ומקבל טומאה.

נח ורשות היחיד נמי לא הוי אלא דבר המסויים ורחב ארבעה. בזורק בארץ. וחייב דאויר רשות הרבים משנח משהו הוי הנחה ... [ע"כ שייך לדף צו:].

עין משפט נר מצוה

ו א ב ג מיי' פי"ג מהל' שבת הלכה טז סמג לאוין סה:
ז ד ה מיי' פט"ו שם הל' א סמג שם טוש"ע א"ח סי' שנג סעיף א:
ח ו מיי' פי"ג שם הלכה טז:

גליון הש"ס

גמ' והאמר ר"א המוציא משוי. עיין עירובין דף לג ע"א תד"ה והא לא בעי:

מסורת הש"ס

א) [מכות יד: חו"ל הערוך ערך גזר ב' גורס שוה לא גמיר פי' לא גמיר ר"ע ג"ש אלא הוא דרש לעצמו עכ"ל וזה מיושב קושית התוס' הכהל ד"ה ג"ש], ב) [יומא יט: ע"ש], ג) [פסחים קיח: חולין קמ.], ד) [לעיל ד:], ה) [גיטין עט. ב"ק ע:], ו) לעיל לב., ז) עירובין פה., ח) [שם], ט) [עי' סוכה י:], י) שם טו: סוכה טז., כ) לעיל ד:, ל) נ"ל רב חסדא.

הגהות הב"ח

(א) גמ' ובמאי אילימא במעביר. נ"ב פי' ופליגי בהכנסת גופו אי כהכנסת חפץ דמי: (ב) שם הא פחות משלשה כשרה מאי איכא למימר התם היינו:

תורה אור השלם

א) וַיַּעְפִּלוּ לַעֲלוֹת אֶל רֹאשׁ הָהָר וַאֲרוֹן בְּרִית יְיָ וּמֹשֶׁה לֹא מָשׁוּ מִקֶּרֶב הַמַּחֲנֶה: [במדבר יד, מד]
ב) וַיִּחַר אַף יְיָ בָּם וַיֵּלַךְ: [במדבר יב, ט]
ג) וְהֶעָנָן סָר מֵעַל הָאֹהֶל וְהִנֵּה מִרְיָם מְצֹרַעַת כַּשָּׁלֶג וַיִּפֶן אַהֲרֹן אֶל מִרְיָם וְהִנֵּה מְצֹרָעַת: [במדבר יב, י]
ד) וַיַּעַן מֹשֶׁה וַיֹּאמֶר וְהֵן לֹא יַאֲמִינוּ לִי וְלֹא יִשְׁמְעוּ בְּקֹלִי כִּי יֹאמְרוּ לֹא נִרְאָה אֵלֶיךָ יְיָ: [שמות ד, א]
ה) וַיַּאֲמֵן הָעָם וַיִּשְׁמְעוּ כִּי פָקַד יְיָ אֶת בְּנֵי יִשְׂרָאֵל וְכִי רָאָה אֶת עָנְיָם וַיִּקְּדוּ וַיִּשְׁתַּחֲווּ: [שמות ד, לא]
ו) וְהֶאֱמִן בַּייָ וַיַּחְשְׁבֶהָ לּוֹ צְדָקָה: [בראשית טו, ו]
ז) וַיֹּאמֶר יְיָ אֶל מֹשֶׁה וְאֶל אַהֲרֹן יַעַן לֹא הֶאֱמַנְתֶּם בִּי לְהַקְדִּישֵׁנִי לְעֵינֵי בְּנֵי יִשְׂרָאֵל לָכֵן לֹא תָבִיאוּ אֶת הַקָּהָל הַזֶּה אֶל הָאָרֶץ אֲשֶׁר נָתַתִּי לָהֶם: [במדבר כ, יב]
ח) וַיֹּאמֶר יְיָ לוֹ עוֹד הָבֵא נָא יָדְךָ בְּחֵיקֶךָ וַיָּבֵא יָדוֹ בְּחֵיקוֹ וַיּוֹצִאָהּ וְהִנֵּה יָדוֹ מְצֹרַעַת כַּשָּׁלֶג: [שמות ד, ו]
ט) וַיֹּאמֶר הָשֵׁב יָדְךָ אֶל חֵיקֶךָ וַיָּשֶׁב יָדוֹ אֶל חֵיקוֹ וַיּוֹצִאָהּ מֵחֵיקוֹ וְהִנֵּה שָׁבָה כִּבְשָׂרוֹ: [שמות ד, ז]
י) וַיַּשְׁלִיכוּ אִישׁ מַטֵּהוּ וַיִּהְיוּ לְתַנִּינִם וַיִּבְלַע מַטֵּה אַהֲרֹן אֶת מַטֹּתָם: [שמות ז, יב]

ליקוטי רש"י

הזורק ד' אמות. ברשות הרבים ונדבק בכותל כגון דבילה שמינה כדמוקי לה לקמן. בזורק באויר. ופטור דלאו ברשות הרבים

רבינו חננאל

אותו הנקב איכא למימר שאינו מגיע לארץ וארע"פ שאין דבר חוצץ בינו לבינה עדיין מיכבי אליבא דר' שמעון. אמר רבא ה' מדות בכלי חרס עיקרו כל כלי שנשבר נטהר מיהו לא מחשיב שבור אלא עד שיפסל ממה שהוכן לשמש כגון כלי חרס שהוכן לקיבול משקין מקבל טומאה עד שניקב שיעור הכונס משקין או הוצאת משקין וכן כלי חרס שהוכן לאוכלין אע"פ שניקב בכונס משקה מקבל טומאה עד שיקב שיעור הוצאת זיתים. כדתנן שיעור כלי חרס לטהר העשוי לאוכלין שיעורו בזיתים עשוי למשקין שיעורו במשקין עשוי לאוכלין ולמשקין מטילין אותו לחומרו בזיתים ולענין רימונים חלוקת אמוראים היא אבל במשנה לא מצינו בכלי חרס שיעור ברימונים ולא הגיעה אלא עד זיתים ולענין כלי עץ או כלי עור או כיוצא בו הא דתנן כל כלי בעלי בתים שיעורו כרימונים השתא הני חמש מדות דאמר רבא הכי חדא דניקב במוציא משקה טהור מלטמא משום גסטרא ועדיין כלי הוא לקדש בו מי חטאת משום דגסטרא כלי גדול הוא דמחתין ביה כדים וחצובים

שְׁמַע מִינָּהּ – Rav Hamnuna concludes: Indeed, **learn** it **from here.**[38]

The Gemara notes that the explanation and proof just offered by Rav Hamnuna is not universally accepted:

וּפְלִיגָא דְּרַבִּי אֶלְעָזָר – **And R' Elazar's** explanation of the Tannaic dispute and of the Baraisa just cited **is at odds** with the one just presented. דְּאָמַר רַבִּי אֶלְעָזָר – **For R' Elazar said:** מְחַיֵּיב הָיָה רַבִּי עֲקִיבָא אֲפִילּוּ לְמַעְלָה מֵעֲשָׂרָה – **R' Akiva would hold one liable even** if the thrown object passed through the public domain **above ten** *tefachim* from the ground.[39] וְהַאי דְּקָתָנֵי רְשׁוּת הָרַבִּים עַצְמָהּ – **And that which [the Baraisa] states** that the object passed through **the public domain "itself,"** i.e. within ten *tefachim* of the ground, לְהוֹדִיעֲךָ כֹּחָן דְּרַבָּנָן – **is to inform you of the extent of the Rabbis'** position – namely, that they exempt the thrower even if the object was thrown *within* ten *tefachim* of the ground.[40]

The Gemara, however, notes further:

וּפְלִיגָא דְּרַב חִלְקִיָּה בַּר טוֹבִי – **And** not only is Rav Hamnuna at odds with R' Elazar, but **Rav Chilkiyah bar Tovi's** explanation of the dispute, too, **is at odds** with that of R' Elazar. דְּאָמַר רַב חִלְקִיָּה בַּר טוֹבִי – **For Rav Chilkiyah bar Tovi said** regarding one who throws an object from one private domain to another via the public domain: תּוֹךְ שְׁלֹשָׁה דִּבְרֵי הַכֹּל חַיָּיב – If the thrown object passes through the public domain **within three** *tefachim* of the ground, in **the opinion of all** (both R' Akiva and the Rabbis) **he is liable.**[41] לְמַעְלָה מֵעֲשָׂרָה דִּבְרֵי הַכֹּל פָּטוּר – If the thrown object passes through the public domain **above ten** *tefachim,* in **the opinion of all he is exempt.**[42] מִשְּׁלֹשָׁה וְעַד עֲשָׂרָה – Where the object passes through the public domain at a height of **between three and ten** *tefachim,* בָּאנוּ לְמַחֲלוֹקֶת רַבִּי עֲקִיבָא וְרַבָּנָן – **we have come to the dispute between R' Akiva and the Rabbis.**[43]

A Baraisa corroborates Rav Chilkiyah bar Tovi's interpretation of the dispute:

תַּנְיָא נַמִּי הָכִי – And **so was it also taught in a Baraisa** regarding one who throws an object from one private domain to another via the public domain: בְּתוֹךְ שְׁלֹשָׁה דִּבְרֵי הַכֹּל חַיָּיב – If the thrown object passes through the public domain WITHIN THREE *tefachim* of the ground, IN THE OPINION OF ALL HE IS LIABLE. לְמַעְלָה מֵעֲשָׂרָה אֵינוֹ אֶלָּא מִשּׁוּם שְׁבוּת – If the thrown object passes through the public domain ABOVE TEN *tefachim,* all agree that IT IS PROHIBITED ONLY BY RABBINIC DECREE, which prohibits transfer between different private domains that are not joined through an *eruvei chatzeiros.*[44] וְאִם הָיוּ רְשׁוּיוֹת שֶׁלּוֹ מוּתָּר – AND IF both THE private DOMAINS BELONGED TO HIM, IT IS entirely PERMITTED for him to throw the object from one to the other via the airspace that is more than ten *tefachim* above the ground of the public domain.[45] מִשְּׁלֹשָׁה וְעַד עֲשָׂרָה – Where the thrown object passes

NOTES

38. [The Gemara above (4b) states that Rabbah, too, ultimately concluded that the dispute pertains to "below ten," but in a case of "above ten," all agree that the thrower is not liable.]

[In the Mishnah (96a), the case of "Two balconies . . .," which deals with transfers from one private domain to another through the intervening public domain *above* the height of ten *tefachim,* is introduced with the expression "How so?" which indicates that the clause to follow elaborates in some way on the preceding. *Tosafos* (to 96a ד״ה הזורק כיצד) observe that this is understandable according to the position (just rejected) that R' Akiva and the Sages argue about an object thrown through the *reshus harabim* above the height of ten *tefachim* (and the question is whether we derive "throwing" from "handing over"). Accordingly, the Mishnah continues and elaborates the view of the Sages, explaining the conditions under which the Sages exempt the transferrer above ten *tefachim*: where he throws – or even hands over *across* the public domain; but not where he hands over *along* the public domain. But according to Rav Hamnuna's conclusion here, that R' Akiva and the Sages argue about an object thrown through the *reshus harabim* below the height of ten *tefachim* (and they argue about the principle of *kelutah*), the case of "Two balconies . . ." involves an entirely new issue (transfers above ten *tefachim*) and should not be introduced with "How so?" *Tosafos* cite the *Yerushalmi,* which indeed states that those who explain the Mishnah in the way accepted by the Gemara here in fact omit the introductory expression כֵּיצַד, *how so,* from the Mishnah text.]

39. For R' Akiva holds that we extend the law found in the case of *handing over* to the case of *throwing* as well (*Rashi*). Thus, just as one is liable for *handing over* an object from one *reshus hayachid* to another across the length of the *reshus harabim* (even if the object remains above ten *tefachim*), so too is one liable for *throwing* the article in this manner.

40. Even though the object has been thrown through the actual airspace of the *reshus harabim,* so that the *kelutah* principle might conceivably apply. For the Rabbis do not derive "throwing" from "handing over," nor do they subscribe to the *kelutah* principle. [If the Baraisa's purpose in specifying "below ten" is to emphasize the extent of the Rabbis' exemption, then it might very well be that R' Akiva would consider the thrower liable even if the object traveled *above* ten – unlike the inference drawn earlier by Rav Hamnuna.]

[It should be noted that R' Elazar's explanation of the dispute differs from either of the two possibilities considered by Rabbah and Rav Chisda above. Those two Amoraim assumed that the dispute involves only *one* situation – either above ten *tefachim* or below – with all Tannaim being in agreement regarding the other situation. R' Elazar, however, asserts that the dispute involves *both* situations: R' Akiva holds the thrower liable whether the object passed through the *reshus harabim* above or below ten *tefachim* (see *Tosafos* to 4a-b ד״ה דאמרינן קלוטה), whereas the Sages exempt the thrower in both cases.]

41. According to R' Chilkiyah bar Tovi, all agree that an object which passes within three *tefachim* of a domain is viewed as though it has come to rest there (*Rashi*). Below (100a), Rava maintains that the Rabbis agree that the thrower is liable in this case only if the thrown object comes to at least a momentary halt within three *tefachim* of the ground – e.g. it is held momentarily by a gust of wind. According to many Rishonim, however, this is *not* the view of Rav Chilkiyah bar Tovi (see *Ramban, Ran MHK* ed.; see also *Rashi* to 80a ד״ה לרבנן and *Tosafos* there ד״ה והא).]

The Gemara here means only that Rav Chilkiyah bar Tovi's teaching is at odds with that of *R' Elazar* (see below, end of note 43), but Rav Chilkiyah's teaching might be compatible with the view of Rav Hamnuna, if we assume that Rav Hamnuna, too, holds that the Rabbis rule the thrower liable if the object passes through the *reshus harabim* within three *tefachim* of the ground (see *Shabbos Shel Mi* in explanation of *Rashi*; cf. *Rav Hai Gaon,* cited by *Rashba*).

42. For it passes through exempt airspace, and we do not derive the "throwing" from "handing over" (*Rashi*).

43. Whether we say that the object "contained" by the airspace of the public domain (*kelutah*) is deemed as if it has come to rest there (*Rashi*).

Thus, Rav Chilkiyah bar Tovi's interpretation of the dispute is clearly at odds with that of R' Elazar. For whereas R' Elazar explains that the dispute involves *both* cases (where the thrown object passes through the *reshus harabim* below ten or above ten), R' Chilkiyah bar Tovi (like Rav Hamnuna above) explains that the dispute involves only the case in which the thrown object passes through the *reshus harabim* below ten *tefachim.* But where it passes above ten *tefachim,* then all agree that the thrower is not liable, because we do not derive "throwing" from "handing over."

44. The Rabbis prohibited transferring an object between two private domains owned by different people – regardless of whether there is a public domain separating those two domains – unless the owners have joined in an *eruvei chatzeiros* [that serves to place both domains under common ownership]. The "prohibition by Rabbinic decree" mentioned here in the Baraisa has nothing to do with the fact that the object is passing through an intervening *reshus harabim.* The same would hold true if the two private domains were adjacent to one another (*Rashi*).

45. In this case, there is no need for an *eruvei chatzeiros,* since he owns both private domains. [The same permit would apply if someone else owns both private domains.]

ואלא הא גמיר גזירה שוה. וא"כ לא כסתו התורה דהוה ליה כמפורש ומשני רבי יהודה בן בתירא לא גמרה ואין אדם דן ג"ש מעצמו: ואלא. לרבי יהודה: מהיכן הוה. באיזו חטא מת דכתיב כי בחטאו מת: מויעפילו. ויעפילו לעלות וגו' שלא הרשיע כ"כ כחילול שבת: שפנה מצרעתו. קדם ונתרפא: והנה ידו מצורעת. היינו לוקה בגופו: ויוציאה והנה ידו. אחר הוציאה מצורעת כשלג ובמדה טובה כתיב מחיקו והנה שבה: נס בתוך נס. לאחר שחזר ונעשה מטה בלען ולא כשהוא תנין דלא כתיב ויבלע תנין אהרן: ולא ילפינן זורק ממושיט. שהיה בעבודת הלוים למעלה מעשרה מרשות היחיד לרשות היחיד ורשות הרבים באמצע וסיפא דקתני הזורק פטור והמושיט חייב דברי הכל היא: או דילמא למעלה מי' פליגי. ומשום הכי פליגי ופטרי רבנן דאין כאן אויר רה"ר וזורק ממושיט לא ילפינן ורבי עקיבא יליף וסיפא רבנן קאמרי לה: ועובר גרסינן מרה"י לרה"י ועובר ברשות הרבים עצמה. ולא גרסינן ברישא הזורק: והא אמר ר' אלעזר. בהמכניס ויליף ממשא בני קהת דארון: אלא לאו בזורק. מיירי מתניתא כי מתניתין וקתני בברייתא עצמה ובהא הוא דמחייב ר' עקיבא משום דנקלטה באוירו של רה"ר: למעלה מעשרה. דיליף זורק ממושיט: ופליגא דרב חלקיה. הא דר' אלעזר: תוך שלשה דברי הכל חייב. ואע"ג דלא נח מודו דכמונח דמי: פטור. דלא ילפינן זורק ממושיט: באנו למחלוקת. ובקלוטה כמה שהונחה: משום שבות. שזרק מרשותו לרשות חבירו ולאו משום הפסק רה"ר דהוא הדין נמי אם היתה אצלו עד שיערבו: ואם היו. שתיהן הרשויות שלו מותר לכתחילה: אסור לזרוק מזה לזה. ואפילו הן שלו דאי משלו לשל חבירו לא הוה שרי שמואל: לאו מי אוקימנא. בעירובין: דמדלי חד ומתתי חד. דמתוך כך צריך לאמן ידו מגבוה לנמוך או מנמוך לגבוה טריד בה ודילמא לא זריק על הגג ונופל לרה"ר ואתי לאתויי ולהכי נקט ואתי לאתויי דאילו משום נפילת רה"ר ליכא חיוב חטאת דמתעסק הוא אצל הוצאה דלא נתכוון לזרוק לרה"ר: כלבוד דמי. דרשות שאינו גבוה ג' בטל אצל רה"ר: אמר ליה. סברא היא: לפי שאי אפשר. להחליק רה"ר מגבשושיות כאילו נלקטו במלקט ורהיטני פליינא בלע"ז והן בשני גווני כלים של עץ וברזל חד נעוץ בתוכו ובהן משוה פני רוחב הקרש ומחליקה הלכך גבשושיות נמי רה"ר: אמר ליה. אי מסברא אפילו ג' נמי: המשלשל. מתחיל לארוג דופני הסוכה בערב כלפי מעלה ומשלשל ובא כלפי מטה: משלשל. מוריד: אם גבוהות מן הארץ ג' טפחים פסולה הא פחות מג' כשרה. דאמרינן לבוד כמי שנכפף עליהן ונשלמו עד למטה הכא לאו טעמא דתילקט הוא נראה לי דהכי גרסינן מאי איכא למימר: התם משום דהויא לה מחיצה שהגדיים בוקעין בה. ובפחות משלשה ליכא בקיעת גדיים: תינח למטה למעלה מאי איכא למימר. למעלה היכא דאמרינן לבוד למעלה בכמה דוכתין כגון מקיפין ג' חבלים דעירובין (דף טז:) וכגון שהרחיק את הסיכוך מן הדפנות ג' טפחים פסולה (סוכה דף יז.): כמאן דמלי. מתוך שהוא חוסך ומלא הבלא: אבל שאינו מקורה. כגון תלר: וקא קשיא ליה. בהא דאגמריה רביה:

ואלא הא גמר גזירה שוה[א] ג"ש לא גמר אלא מהיכא הוה[א] מויעפילו הוה כיוצא בדבר אתה אומר[ב] ויחר אף ה' בם וילך מלמד שאף אהרן נצטרע דברי רבי עקיבא אמר לו רבי יהודה בן בתירא עקיבא בין כך ובין כך אתה עתיד ליתן את הדין אם כדבריך התורה כסתו ואתה מגלה אותו ואם לאו אתה מוציא לעז על אותו צדיק ואלא הכתיב בם ההוא בנזיפה בעלמא תניא כמאן דאמר אף אהרן נצטרע דכתיב[ג] ויפן אהרן אל מרים והנה מצורעת תנא שפנה מצרעתו אמר ריש לקיש[ג] החושד בכשרים לוקה בגופו דכתיב[ד] והן לא יאמינו לי וגו' וגליא קמי קוב"ה דמהימני ישראל אמר לו הן מאמינים בני מאמינים ואתה אין סופך להאמין הן מאמינים דכתיב[ה] ויאמן העם בני מאמינים[ו] והאמין בי"י אתה אין סופך להאמין שנאמר[ז] יען לא האמנתם בי וגו' ממאי דלקה דכתיב[ח] ויאמר ה' לו עוד הבא נא ידך בחיקך וגו': אמר רבא ואיתימא רבי יוסי בר' חנינא מדה טובה ממהרת לבא ממדת פורענות דאילו במדת פורענות כתיב[ח] ויוציאה והנה ידו מצורעת כשלג ואילו במדה טובה כתיב[ט] ויוציאה מחיקו והנה שבה כבשרו ויבלע מטה אהרן את מטותם א"ר אלעזר[י] נס בתוך נס: מרה"י לרה"י כו': בעי רבה למטה מעשרה פליגי ובהא פליגי דמ"ס אמרינן קלוטה כמה שהונחה ומר סבר לא אמרינן קלוטה כמה שהונחה אבל למעלה מעשרה דברי הכל פטור ולא ילפינן זורק ממושיט או דילמא למעלה מעשרה פליגי ובהא פליגי דמר סבר ילפינן זורק ממושיט ומר סבר לא ילפינן זורק ממושיט אבל למטה מי' דברי הכל חייב מאי טעמא קלוטה כמה שהונחה דמיא אמר רב יוסף הא מילתא איבעיא ליה לרב חסדא ופשטה ניהליה רב המנונא מהא מרה"י לרה"י ועובר ברשות הרבים עצמה ר' עקיבא מחייב וחכמים פוטרים מדקאמר ברשות הרבים עצמה פשיטא למטה מעשרה פליגי ובמאי אילימא במעביר (א) למטה מעשרה הוא דמחייב למעלה מי' לא מחייב והאמר ר' אלעזר המוציא משוי למעלה מעשרה חייב שכן משא בני קהת אלא לאו בזורק ולמטה מעשרה הוא דמחייב למעלה מעשרה לא מחייב ש"מ בקלוטה כמה שהונחה פליגי ש"מ ופליגא דר' אלעזר דאמר ר"א מחייב היה ר' עקיבא אפילו למעלה מי' והאי דקתני רה"ר עצמה להודיעך כחן דרבנן ופליגא דרב חלקיה בר טובי דאמר רב חלקיה בר טובי תוך שלשה דברי הכל חייב למעלה מעשרה דברי הכל פטור מג' ועד י' באנו למחלוקת ר' עקיבא ורבנן תניא נמי הכי בתוך ג' דברי הכל חייב למעלה מי' אינו אלא משום שבות ואם היו רשויות שלו מותר מג' ועד עשרה ר"ע מחייב וחכמים פוטרין אמר מר אם היו רשויות שלו מותר לימא תהוי תיובתיה דרב דאיתמר שני בתים בשני צדי רה"ר רבה בר רב הונא אמר רב אסור לזרוק מזה לזה ושמואל אמר מותר לזרוק מזה לזה ולאו מי אוקימנא להההיא כגון דמידלי חד ומתתי חד דזימנין נפל ואתי לאתויי אמר ליה רב חסדא לרב המנונא ואמרי לה רב המנונא לרב חסדא מנא הא מילתא דאמור רבנן כל פחות מג' כלבוד דמי אמר ליה לפי שאי אפשר לה לרשות הרבים שתילקט במלקט וברהיטני אי הכי ג' נמי ותו הא דתנן המשלשל דפנות מלמעלה למטה אם הן גבוהין מן הארץ שלשה טפחים פסולה הא פחות מג' כשרה (ג) התם היינו טעמא משום דהויא לה מחיצה שהגדיים בוקעין בה תינח למטה למעלה מאי איכא למימר אלא כל פחות משלשה כלבוד דמי הלכתא גמירי לה ת"ר מרה"ר לרה"ר ורה"י באמצע רבי מחייב וחכמים פוטרין רב ושמואל דאמרי תרוייהו לא חייב רבי אלא ברה"י מקורה דאמרינן ביתא כמאן דמליא דמי אבל שאינו מקורה לא אמר רב חנא אמר רב יהודה אמר שמואל מחייב היה רבי שתים אחת משום הוצאה ואחת משום הכנסה יתיב רב חנא וקא קשיא ליה למימרא

גזירה שוה לא גמיר. ואם תאמר וליגמר מר' עקיבא שהוא קבלה מרבו ואור"ת שהיה להם בקבלה מנין ג"ש שבכל התורה וזו היתה יתירה על החשבון לפיכך לא קיבלה: למימרא

עין משפט נר מצוה

ו א ב ג מיי' פי"ג מהל' שבת הלכה טז סמג לאוין סה:

ז ד ה מיי' פט"ו שם הל' ח סמג שם טוש"ע א"ח סי' שנג סעיף א:

ח ו מיי' פי"ג שם הלכה טו:

גליון הש"ס

גמ' והאמר ר"א המוציא משוי. עיין עירובין דף לג ע"א תד"ה והא לאו:

מסורת הש"ס

א) [מכות יד: וח"ל הערוך ערך גזר ג' גזרה שוה לא גמיר פי' לא גמיר ר"ע ג"ש אלא הוה דרש לעצמו עכ"ל וכזה מיושב קושית התוס' דהכא ד"ה גזירה], ב) [יומא יט: ע"ש], ג) [פסחים קיח: חולין קט.], ד) [לעיל ד:], ה) [גיטין עט. ב"ק ע:], ו) לעיל צז., ז) עירובין פט., ח) [שם], ט) [ע"י סוכה ו:] [שם טז: סוכה טז.], כ) לעיל ד:, ל) נ"ל רב חסדא.

הגהות הב"ח

(א) גמ' ובמאי אילימא במעביר. נ"ב פי' ופליגי בהכנסת גופו אי הכנסת ספק דמי: (ב) שם הא פחות משלשה כשרה מאי איכא למימר התם היינו:

תורה אור השלם

א) וַיַּעְפִּלוּ לַעֲלוֹת אֶל רֹאשׁ הָהָר וַאֲרוֹן בְּרִית יְיָ וּמֹשֶׁה לֹא מָשׁוּ מִקֶּרֶב הַמַּחֲנֶה: [במדבר יד, מד]

ב) וַיִּחַר אַף יְיָ בָּם וַיֵּלַךְ: [במדבר יב, ט]

ג) וְהֶעָנָן סָר מֵעַל הָאֹהֶל וְהִנֵּה מִרְיָם מְצֹרַעַת כַּשָּׁלֶג וַיִּפֶן אַהֲרֹן אֶל מִרְיָם וְהִנֵּה מְצֹרָעַת: [במדבר יב, י]

ד) וַיַּעַן מֹשֶׁה וַיֹּאמֶר וְהֵן לֹא יַאֲמִינוּ לִי וְלֹא יִשְׁמְעוּ בְּקֹלִי כִּי יֹאמְרוּ לֹא נִרְאָה אֵלֶיךָ יְיָ: [שמות ד, א]

ה) וַיַּאֲמֵן הָעָם וַיִּשְׁמְעוּ כִּי פָקַד יְיָ אֶת בְּנֵי יִשְׂרָאֵל וְכִי רָאָה אֶת עָנְיָם וַיִּקְּדוּ וַיִּשְׁתַּחֲווּ: [שמות ד, לא]

ו) וְהֶאֱמִן בַּייָ וַיַּחְשְׁבֶהָ לּוֹ צְדָקָה: [בראשית טו, ו]

ז) וַיֹּאמֶר יְיָ אֶל מֹשֶׁה וְאֶל אַהֲרֹן יַעַן לֹא הֶאֱמַנְתֶּם בִּי לְהַקְדִּישֵׁנִי לְעֵינֵי בְּנֵי יִשְׂרָאֵל לָכֵן לֹא תָבִיאוּ אֶת הַקָּהָל הַזֶּה אֶל הָאָרֶץ אֲשֶׁר נָתַתִּי לָהֶם: [במדבר כ, יב]

ח) וַיֹּאמֶר יְיָ לוֹ עוֹד הָבֵא נָא יָדְךָ בְּחֵיקֶךָ וַיָּבֵא יָדוֹ בְּחֵיקוֹ וַיּוֹצִאָהּ וְהִנֵּה יָדוֹ מְצֹרַעַת כַּשָּׁלֶג: [שמות ד, ו]

ט) וַיֹּאמֶר הָשֵׁב יָדְךָ אֶל חֵיקֶךָ וַיָּשֶׁב יָדוֹ אֶל חֵיקוֹ וַיּוֹצִאָהּ מֵחֵיקוֹ וְהִנֵּה שָׁבָה כִּבְשָׂרוֹ: [שמות ד, ז]

י) וַיַּשְׁלִיכוּ אִישׁ מַטֵּהוּ וַיִּהְיוּ לְתַנִּינִם וַיִּבְלַע מַטֵּה אַהֲרֹן אֶת מַטֹּתָם: [שמות ז, יב]

ליקוטי רש"י

רבינו חננאל

through the public domain at a height of BETWEEN THREE AND TEN *tefachim,* רַבִּי עֲקִיבָא מְחַיֵּיב וַחֲכָמִים פּוֹטְרִין – R' AKIVA HOLDS him LIABLE, WHILE THE SAGES EXEMPT him.

The Gemara digresses to discuss the implications of one of the Baraisa's rulings:

אָמַר מַר – The master said in the Baraisa: אִם הָיוּ רְשׁוּיוֹת שֶׁלּוֹ מוּתָּר – IF both THE private DOMAINS BELONGED TO HIM, IT IS entirely PERMITTED for him to throw the object from one to the other at a height of more than ten *tefachim.* לֵימָא תֶּהֱוֵי תְּיוּבְתֵּיהּ דְּרַב – **Shall we say that this is a refutation of Rav?** דְּאִיתְּמַר – **For it was stated:** שְׁנֵי בָתִּים בִּשְׁנֵי צִדֵּי רְשׁוּת הָרַבִּים – Regarding **two houses** that are **on two** opposite **sides of a public domain,** רַבָּה בַּר רַב הוּנָא אָמַר רַב – **Rabbah bar Rav Huna says in the name of Rav:** אָסוּר לִזְרוֹק מִזֶּה לָזֶה – **It is prohibited to throw** objects **from** the roof of **one** house **to the other.** וּשְׁמוּאֵל אָמַר – **And Shmuel says:** מוּתָּר לִזְרוֹק מִזֶּה לָזֶה – **It is permitted to throw** objects **from** the roof of **one** house **to the other.** Now, Rav prohibits this even though the two houses belong to one person.[46] Is this not refuted by the Baraisa just cited?

The Gemara answers:

וְלָאו מִי אוֹקִימְנָא לְהַהִיא – **But have we not interpreted**[47] **that** dispute between Rav and Shmuel כְּגוֹן דְּמִידְלֵי חַד וּמִתַּתֵּי חַד – **as** referring to **a case where one** house **is high and one is low,** i.e. where the target is not on the same plane as the thrower? דְּזִימְנִין נָפֵל – It is only in such a case that Rav prohibits throwing the object, **for** he is concerned that **sometimes it will fall** into the intervening public domain,[48] וְאָתֵי לְאַתּוּיֵי – **and [the thrower] will come to bring it** from the public domain into the private domain.[49]

The Gemara inquires about the source for a law:

אָמַר לֵיהּ רַב חִסְדָּא לְרַב הַמְנוּנָא – **Rav Chisda said to Rav Hamnuna,** וְאָמְרִי לָהּ רַב הַמְנוּנָא לְרַב חִסְדָּא – **and some say** that it was **Rav Hamnuna** who **said** it **to Rav Chisda:** מְנָא הָא מִילְּתָא דְּאָמוּר רַבָּנַן – **From where** do we know **this matter that the Rabbis said:** כֹּל פָּחוֹת מִשְּׁלוֹשָׁה כְּלָבוּד דָּמֵי – **Whatever** is **within three** *tefachim* of something else **is like an extension** of it?[50] אָמַר לֵיהּ – **He replied to him:** לְפִי שֶׁאִי אֶפְשָׁר לָהּ לִרְשׁוּת הָרַבִּים שֶׁתִּילָּקֵט בְּמַלְקֵט וּבִרְהִיטְנִי – **For it is impossible for a public domain to be planed with planes**[51] so that it is perfectly smooth, without occasional bumps and mounds.[52]

The Gemara asks:

אִי הָכִי שְׁלֹשָׁה נַמִּי – **If so,** that this rule derives from reason, as you suggest, then a surface that is **three** *tefachim* high should **also** be deemed subordinate to the surrounding public domain.[53] Why is this rule limited to something that is *less* than three *tefachim* high?

The Gemara asks further:

וְתוּ הָא דִּתְנַן – **And furthermore,** how will the reason you have advanced account for **that which we learned in the** following **Mishnah?**[54] הַמְשַׁלְשֵׁל דְּפָנוֹת מִלְמַעְלָה לְמַטָּה – If ONE WEAVES the WALLS of a succah FROM THE TOP TOWARDS THE BOTTOM,[55] but he does not extend them all the way to the ground, אִם הֵן גְּבוֹהִין מִן הָאָרֶץ שְׁלֹשָׁה טְפָחִים – IF THEY ARE THREE *TEFACHIM* OFF THE GROUND at their lowest point, פְּסוּלָה – [THE SUCCAH] IS INVALID, because the walls do not extend to the ground. הָא פָּחוֹת מִשְּׁלֹשָׁה – **But,** it is clearly implied, would the bottom of the walls be **less than three** *tefachim* off the ground, כְּשֵׁרָה – then **[the succah] would be valid.**[56] Certainly, the reason you have advanced above cannot account for this application of the "less than three *tefachim*" rule![57] – ? –

The Gemara answers this last question:

הָתָם הַיְינוּ טַעְמָא – **There,** in the case of a succah, **the following is the reason** a gap of three *tefachim* between the floor and the bottom of the wall invalidates the wall: מִשּׁוּם דְּהָוְיָא לָהּ מְחִיצָה שֶׁהַגְּדָיִים בּוֹקְעִין בָּהּ – **because it is a partition that kids can** easily **penetrate,** thereby undermining its status as a partition. But where the gap at the bottom is reduced to less than three *tefachim,* thereby preventing the easy penetration of kids, the wall's validity is restored.[58]

NOTES

46. For had the two houses been owned by *different* people, Shmuel would not have permitted the transfer (*Rashi*).

47. In *Eruvin* [85b] (*Rashi*). [Actually, *Rashi's* explanation that the *sugya* in *Eruvin* is the primary source of this interpretation is difficult, since the Gemara there as well states "have we not interpreted . . ." Perhaps *Rashi* had a different reading in the Gemara there (*Ramban*; see also *Ritva MHK* ed., *Chidushei HaRan* and *Cheifetz Hashem [R' Chaim Ibn Atar]*; see also *Tosafos* to *Eruvin* loc. cit. ד״ה לאו מי אוקימנא).]

48. Since he is preoccupied with compensating for the difference in height, he might miscalculate his throw and miss the other roof entirely (*Rashi*).

49. The mere fact that by missing the mark he will have in effect transferred the object from the private to public domain would not have prompted Rav to prohibit such throwing. For no Biblical violation would have occurred, since the thrower did not intend that act of transfer at all [מִתְעַסֵּק] (*Rashi*; see above, 72b, and note 5 there). [Rather, the concern is that in such cases the thrower will then forget himself and carry the fallen object inside – intending to do *the act,* though forgetting that it is Shabbos or that the act is forbidden on Shabbos – thereby committing an act for which there is *chatas* liability.]

50. [This principle of "*lavud*" has several applications, as emerges from the Gemara below. The Gemara's initial inquiry here pertains to the law that a surface (such as the top of a mound) within three *tefachim* of the ground of the *reshus harabim* also has the status of a *reshus harabim* (see *Rashi* ד״ה כלבוד דמי and ד״ה לפי שאי אפשר). The Gemara's mention above that a thrown object coming to within three *tefachim* of the floor of the *reshus harabim* is considered as if it has come to rest there – a law seemingly related to the principle of *lavud* – prompts the Gemara here to inquire about various aspects of *lavud.*]

51. מַלְקֵט and רְהִיטְנִי are various types of planes used for planing wood to make it smooth (*Rashi*).

52. Therefore, any bump or mound whose top is within three *tefachim* of the ground level of the *reshus harabim* is deemed to be a mere irregularity in the ground of the *reshus harabim* itself (see *Rashi*).

53. [For reason would dictate that the same should be true of surfaces even three *tefachim* high, since irregularities in the ground of the public ground commonly reach even such heights.]

54. *Succah* 16a.

55. לְשַׁלְשֵׁל means literally *to lower,* and is used to refer to any action that is done from the top downward. Here it refers to the weaving of the succah walls from the top downward (see *Rashi*). That is, one erected an open frame and then began filling in the walls by adding successive horizontal strips beginning from the top and working his way towards the bottom.

56. Apparently, this is because we would view the gap of less than three *tefachim* as being filled in and closed (see *Rashi*).

57. The inevitability of irregularities in the level of a stretch of ground causes us to view such actual irregularities as part of the ground itself. But in no way does it follow that gaps of less than three are viewed as filled in! (see *Rashi*).

58. You have, then, no proof that the principle of *lavud* bids us to view a gap of less than three *tefachim* as filled in.

Thus, the Gemara answers (the second question) by explaining that the measure of "less than three *tefachim*" found with regard to a space at the bottom of a wall is based on purely physical considerations (the opening that a kid can easily penetrate), and simply happens to coincide with the measure found with regard to the *legal* principle of *lavud,* determined above through reason.

ואלא הא גמר גזירה שוה ג"ש לא גמר אלא מהיכא הוה מויעפילו הוה כיוצא בדבר אתה אומר ויחר אף ה' בם וילך מלמד שאף אהרן נצטרע דברי רבי עקיבא אמר לו רבי יהודה בן בתירא עקיבא בין כך ובין כך אתה עתיד ליתן את הדין אם כדבריך התורה כסתו ואתה מגלה אותו ואם לאו אתה מוציא לעז על אותו צדיק ואלא הכתיב בם ההוא בנזיפה בעלמא תניא כמאן דאמר אף אהרן נצטרע דכתיב ויפן אהרן אל מרים והנה מצורעת תנא שפנה מצרעתו אמר ריש לקיש החושד בכשרים לוקה בגופו דכתיב והן לא יאמינו לי וגו' וגליא קמי קוב"ה דמהימני ישראל אמר לו הן מאמינים בני מאמינים ואתה אין סופך להאמין הן מאמינים דכתיב ויאמן העם בני מאמינים והאמין בה' אתה אין סופך להאמין שנאמר יען לא האמנתם בי וגו' ממאי דלקה דכתיב ויאמר ה' לו עוד הבא נא ידך בחיקך וגו': אמר רבא ואיתימא רבי יוסי בר' חנינא מדה טובה ממהרת לבא ממדת פורענות דאילו במדת פורענות כתיב ויוציאה והנה ידו מצורעת כשלג ואילו במדה טובה כתיב ויוציאה מחיקו והנה שבה כבשרו מחיקו הוא דשבה כבשרו ויבלע מטה אהרן את מטותם א"ר אלעזר נס בתוך נס: מרה"י לרה"ר כו': בעי רבה למטה מעשרה פליגי ובהא פליגי דמ"ס אמרינן קלוטה כמה שהונחה ומר סבר לא אמרינן קלוטה כמה שהונחה אבל למעלה מעשרה דברי הכל פטור ולא ילפינן זורק ממושיט או דילמא למעלה מעשרה פליגי ובהא פליגי דמר סבר ילפינן זורק ממושיט ומר סבר לא ילפינן זורק ממושיט אבל למטה מי' דברי הכל חייב מאי טעמא קלוטה כמה שהונחה דמיא אמר רב יוסף הא מילתא איבעיא ליה לרב חסדא ופשטה ניהליה רב המנונא מהא מרה"י לרה"י ועובר ברשות הרבים עצמה ר' עקיבא מחייב וחכמים פוטרים מדקאמר ברשות הרבים עצמה פשיטא למטה מעשרה פליגי ובמאי אילימא במעביר למטה מעשרה הוא דמחייב למעלה מי' לא מחייב והאמר ר' אלעזר המוציא משוי למעלה מעשרה חייב שכן משא בני קהת אלא לאו בזורק ולמטה מעשרה הוא דמחייב למעלה מעשרה לא מחייב ש"מ בקלוטה כמה שהונחה פליגי ש"מ ופליגא דר' אלעזר דאמר ר"א מחייב היה ר' עקיבא אפילו למעלה מי' והאי דקתני רה"ר עצמה להודיעך כחן דרבנן ופליגא דרב חלקיה בר טובי דאמר רב חלקיה בר טובי תוך שלשה דברי הכל חייב למעלה מעשרה דברי הכל פטור מג' ועד י' באנו למחלוקת ר' עקיבא ורבנן תניא נמי הכי בתוך ג' דברי הכל חייב למעלה מי' אינו אלא משום שבות ואם היו רשויות שלו מותר מג' ועד עשרה ר"ע מחייב וחכמים פוטרין אמר מר אם היו רשויות שלו מותר לימא תהוי תיובתיה דרב דאיתמר שני בתים בשני צדי רה"ר רבה בר רב הונא אמר רב אסור לזרוק מזה לזה ושמואל אמר מותר לזרוק מזה לזה ולאו מי אוקימנא להההיא כגון דמידלי חד ומתתי חד דזימנין נפל ואתי לאתויי אמר ליה רב חסדא לרב המנונא ואמרי לה רב המנונא לרב חסדא מנא הא מילתא דאמור רבנן כל פחות מג' כלבוד דמי אמר ליה לפי שאי אפשר לה לרשות הרבים שתילקט במלקט וברהיטני אי הכי ג' נמי ותו הא דתנן המשלשל דפנות מלמעלה למטה אם הן גבוהין מן הארץ שלשה טפחים פסולה הא פחות מג' כשרה התם היינו טעמא משום דהויא לה מחיצה שהגדיים בוקעין בה תינח למטה למעלה מאי איכא למימר אלא כל פחות משלשה כלבוד דמי הלכתא גמירי לה ת"ר מרה"ר לרה"ר ורה"י באמצע רבי מחייב וחכמים פוטרין רב ושמואל דאמרי תרוייהו לא חייב רבי אלא ברה"י מקורה דאמרינן ביתא כמאן דמליא דמי אבל שאינו מקורה לא אמר רב חנא אמר רב יהודה אמר שמואל מחייב היה רבי שתים אחת משום הוצאה ואחת משום הכנסה יתיב רב חנא וקא קשיא ליה למימרא

ואלא הא גמיר גזירה שוה. וא"כ לא כסתו התורה דהוה ליה כמפורש ומשני רבי יהודה בן בתירא לא גמרה ואין אדם דן ג"ש מעצמו: ואלא. לרבי יהודה: מהיכן הוה. באיזו חטא מת דכתיב כי בחטאו מת: מויעפילו. ויעפילו לעלות וגו' שלא הרשיע כ"כ כחילול שבת: שפנה מצרעתו. קדם ונתרפא: והנה ידו מצורעת. היינו לוקה בגופו: ויוציאה והנה ידו. אחר היציאה מצורעת כשלג ובמדה טובה כתיב מחיקו והנה שבה: נס בתוך נס. לאחר שחזר ונעשה מטה בלען ולא כשהוא תנין דלא כתיב ויבלע תנין אהרן: ולא ילפינן זורק ממושיט. שהיה בעבודת הלוים למעלה מעשרה מרשות היחיד לרשות היחיד ורשות הרבים באמצע וסיפא דקתני הזורק פטור והמושיט חייב דברי הכל היא: או דילמא למעלה מי' פליגי. ומשום הכי פליגי ופטרי רבנן דלאין כאן אויר רה"ר וזורק ממושיט לא ילפינן ורבי עקיבא יליף וסיפא רבנן קאמרי לה: ועובר גרסינן מרה"י לרה"י ועובר ברשות הרבים עצמה. ולא גרסינן ברישא הזורק: והא אמר ר' אלעזר. בהמעביר ויליף ממשא בני קהת שהיו למעלה מי': אלא לאו בזורק. מיירי מתניתא כי מתניתין וקתני ברה"ר עצמה והכא הוא דמחייב ר' עקיבא משום דנקלטה באוירו של רה"ר: למעלה מעשרה. דיליף זורק ממושיט: ופליגא דרב חלקיה. הא דר' אלעזר: תוך שלשה דברי הכל חייב. ואע"ג דלא נח לכמונח דמי: פטור. דלא ילפינן זורק ממושיט: באנו למחלוקת. וקלוטה כמה שהונחה: משום שבות. שזרק מרשותו לרשות חבירו ולאו משום הפסק רה"ר דהוא הדין נמי אם היתה אצלו עד שיערבו: ואם היו. שתיהן הרשויות שלו מותר לכתחילה: אסור לזרוק מזה לזה. ואפילו הן שלו דאי משלו לשל חבירו לא הוה שרי שמואל: לאו מי אוקימנא. בעירובין: דמדלי חד ומתתי חד. דמתוך כך צריך לאמץ ידו מגבוה לנמוך או מנמוך לגבוה טריד בה ודילמא לא זריק על הגג ונופל לרה"ר ואתי לאתויי ולהכי נקט ואתי לאתויי דאילו משום נפילת רה"ר ליכא חיוב חטאת דמתעסק הוא אלא הוצאה דלא נתכוון לזרוק לרה"ר: כלבוד דמי. שבטל אלא רה"ר: אמר ליה. סברא היא: לפי שאי אפשר. להחליק רה"ר מגבשושיות כאילו נלקטו במלקט והרהיטני פליינא בלע"ז והן בשני גווני כלים של עץ וברזל חד נעוץ בתוכו ונכון משום פני רוחב הקרקע וממחליקה הלכך גבשושיות נמי רה"ר: אמר ליה. אי מסברא אפילו ג' נמי: המשלשל. מתחיל לארוג דופני הסוכה בערב כלפי מעלה ומשלשל ובא כלפי מטה: משלשל. מוריד: אם גבוהות מן הארץ ג' טפחים פסולה הא פחות מג' כשרה. דאמרינן לבוד כמי שנכפף עליהן ונשלמו עד למטה הכא לאו טעמא דתילקט הוא נראה לי דהכי גרסינן מאי איכא למימר: התם משום דהויא לה מחיצה שהגדיים בוקעין בה. ובפחות משלשה ליכא בקיעת גדיים: תינח למטה למעלה מאי איכא למימר. למעלה היכא דאמרינן לבוד למעלה בכמה דוכתין כגון מקיפין ג' חבלים דעירובין (דף טז:) וכגון שהרחיק את הסיכוך מן הדפנות ג' טפחים פסולה (סוכה דף יז.): כמאן דמליא. מתוך שהוא חושך ומלא הבלא: אבל שאינו מקורה. כגון חצר: וקא קשיא ליה. בהא דאגמריה רביה:

גזירה שוה לא גמיר. ואם תאמר וליגמר מר' עקיבא שהוא קבלה מרבו ואור"ת שהיה להם בקבלה מנין ג"ש שבכל התורה וזו היתה יתירה על החשבון לפיכך לא קיבלה: למימרא

דברים

שיריים לשיריים פי' שאין שירים לשירים הוא שפירשנו למעלה שהגיסטרא עיקרה: שירי חבית או חצב שנטלו אזניה וכלי הוא לקדש מי חטאת ועיקרא ההוא דתנן אין ממלאין ואין מקדשין ואין מזין מ[illegible] אלא בכלי אשמעינן הכא דגסטרא שנתרועעה ומוציאה משקין תורת כלי עליה וכשרה למי חטאת: שנייה. ניקב בכונס משקה פסול מלקדש בו מי חטאת ועדיין כלי הוא להכשיר בו זרעים כדתנן בנדה פרק ששי כיוצא בו כל כלי שמכניס מוציא ויש מוציא ואינו מכניס ואמרינן עלה מכניס פסול למי חטאת וטהור משום גסטרא דאמר רב אסי שונין כלי החרס שיעורו בכונס משקה לא אמרו במוציא משקה אלא לענין גסטרא בלבד ואמרינן ת"ר כיצד בודקין כלי חרס לידע אם ניקב בכונס משקה אם לאו מביא עריבה מליאה מים ונותן קדירה לתוכה אם כנסה בידוע שבכונס משקה ואם לאו בידוע שבמוציא משקה ר' יהודה אומר כופף אזני קדירה לתוך עריבה ומציף עליה מים אם כנסה בידוע שבכונס משקה ואם לאו בידוע שבמוציא משקה או שופתה ע"ג האור אם האור מעמידה בידוע שבכונס משקה ואם לא בידוע שבכונס משקה ר' יוסי אומר אף לא שופתה על האור מפני שהאור מעמידה אלא מעמידה ע"ג הרמץ אם רמץ מעמידה בידוע שבמוציא משקה ואם לאו בידוע שבכונס משקה היתה יורדת טפה אחר טפה בידוע שבמוציא משקה מאי איכא בין ת"ק לר' יהודה אמר עולא כינוס ע"י הדחק איכא בינייהו אשמעינן אע"פ שרחב הנקב והוסיף על כדי הוצאת משקה והגיע להכנסת משקה עדיין אותו עציץ כשאינו נקוב דמי ומכשיר את הזרעים כדפרשינן לעילא: שלישית. ניקב בשורש קטן טיהר מלהכשיר זרעים ועדיין כלי הוא לקבל בו זיתים בהא אשמעינן רבה לרב כר' שמעון דאמר אם ניקב למטה מרביעית וקאמר אפילו ניקב בשורש קטן דאפשר דמתחברין אותו זרעים שיש בו לקרקע ודומה לעציץ נקוב וטהור מלהכשיר זרעים אם לא הגיע הנקב לכדי הוצאת זיתים עדיין כלי הוא ומקבל טומאה. רביעית. ניקב במוציא זיתים. אמר רבא אם הוכן מעיקרא זה הכלי לקבל רימונים אע"פ שניקב במוציא זיתים עדיין כלי הוא ואם מעיקרא לא הוכן אלא לקבל זיתים כיון שניקב במוציא זיתים טהור והא מלתא פליגי בה רבה [illegible]

הגהות הב"ח

(א) גמ' ובמאי אילימא במעביר. נ"ב פי' ופליגי בהנחת גופו אי כהנחת חפץ דמי: (ב) שם הא פחות משלשה כשרה מאי איכא למימר התם היינו:

תורה אור השלם

א) וַיַּעְפִּלוּ לַעֲלוֹת אֶל רֹאשׁ הָהָר וַאֲרוֹן בְּרִית יְיָ וּמֹשֶׁה לֹא מָשׁוּ מִקֶּרֶב הַמַּחֲנֶה: [במדבר יד, מד]
ב) וַיִּחַר אַף יְיָ בָּם וַיֵּלַךְ: [במדבר יב, ט]
ג) וְהֶעָנָן סָר מֵעַל הָאֹהֶל וְהִנֵּה מִרְיָם מְצֹרַעַת כַּשָּׁלֶג וַיִּפֶן אַהֲרֹן אֶל מִרְיָם וְהִנֵּה מְצֹרָעַת: [במדבר יב, י]
ד) וַיַּעַן מֹשֶׁה וַיֹּאמֶר וְהֵן לֹא יַאֲמִינוּ לִי וְלֹא יִשְׁמְעוּ בְּקֹלִי כִּי יֹאמְרוּ לֹא נִרְאָה אֵלֶיךָ יְיָ: [שמות ד, א]
ה) וַיַּאֲמֵן הָעָם וַיִּשְׁמְעוּ כִּי פָקַד יְיָ אֶת בְּנֵי יִשְׂרָאֵל וְכִי רָאָה אֶת עָנְיָם וַיִּקְּדוּ וַיִּשְׁתַּחֲווּ: [שמות ד, לא]
ו) וְהֶאֱמִן בַּייָ וַיַּחְשְׁבֶהָ לּוֹ צְדָקָה: [בראשית טו, ו]
ז) וַיֹּאמֶר יְיָ אֶל מֹשֶׁה וְאֶל אַהֲרֹן יַעַן לֹא הֶאֱמַנְתֶּם בִּי לְהַקְדִּישֵׁנִי לְעֵינֵי בְּנֵי יִשְׂרָאֵל לָכֵן לֹא תָבִיאוּ אֶת הַקָּהָל הַזֶּה אֶל הָאָרֶץ אֲשֶׁר נָתַתִּי לָהֶם: [במדבר כ, יב]
ח) וַיֹּאמֶר יְיָ לוֹ עוֹד הָבֵא נָא יָדְךָ בְּחֵיקֶךָ וַיָּבֵא יָדוֹ בְּחֵיקוֹ וַיּוֹצִאָהּ וְהִנֵּה יָדוֹ מְצֹרַעַת כַּשָּׁלֶג: [שמות ד, ו]
ט) וַיֹּאמֶר הָשֵׁב יָדְךָ אֶל חֵיקֶךָ וַיָּשֶׁב יָדוֹ אֶל חֵיקוֹ וַיּוֹצִאָהּ מֵחֵיקוֹ וְהִנֵּה שָׁבָה כִּבְשָׂרוֹ: [שמות ד, ז]
י) וַיַּשְׁלִיכוּ אִישׁ מַטֵּהוּ וַיִּהְיוּ לְתַנִּינִם וַיִּבְלַע מַטֵּה אַהֲרֹן אֶת מַטֹּתָם: [שמות ז, יב]

ליקוטי רש"י

הזורק ד' אמות. ברשות הרבים ונדבק בכותל כגון דבילה שמינה כדמוקי לה לקמן. בזורק באויר. ופטור דלאו ברשות הרבים נח ורשות היחיד נמי לא הוי אלא דבר המסויים ורחב ארבעה. בזורק בארץ. וחייב דאויר רשות הרבים משנח משהו הוי הנחה ולא דמי לנח על דבר המסויים למטה מעשרה דההוא חשיב למיהוי רשות חשוב לעצמו או כרמלית או מקום פטור ולא הויא הנחה ברשות הרבים [לעיל ז:]. וכי אמר למטה מעשרה ברוחב ארבעה כרמלית וכשאין רחב ארבעה מקום פטור היינו בתשמיש המסוים כגון גב לבינה וראש כותל או עמוד דהני מסתיים תשמישתייהו אבל אויר כגון פני הכותל דבר הנדבק בו לא הוי רשותא לנפשיה אלא אי למטה מעשרה הוא הוי רשות הרבים גמור ואי למעלה מעשרה הוא דלא שלטי ביה רבים הוי אוירא בעלמא מקום פטור כדתנן למעלה מעשרה טפחים כזורק באויר ופטור [שם.]. והתניא לודא. שם חכם [לקמן קלז.]. מגלת סתרים. שהסתירוה מפני שלא ניתנה ליכתוב וכששומעין דברי יחיד חדשים שאינן נשנין בבית המדרש וכותבין אותן שלא ישתכחו מסתירין את המגילה [לעיל ו:]. מגילה טמונה לפי שאסור לכתוב הלכות וכשהיה שומע דבר חידוש וירא לשוכחו היה כותבו ומסתיר מן העין [ב"מ צב.]. ואינו חייב אלא אחת. השתא משמע אם עשאן בהעלם אחד שלא נודע לו בין כל אחת ואחת שחטא אינו חייב אלא אחת דכל חילול דשבת גוף אחד של עבירה הוא. מניינא למה לי. ליתני אבות מלאכות הזורע והחורש כו' למה לי לאשמעינן מניינא הא מני להו ואזיל [לעיל שם]. ליתני אבות מלאכות הזורע והחורש כו' למה לי למיתנא ארבעים חסר אחת ליתנינהו ואנן ידעינן דארבעים חסר אחת איכא [שם סט.]. ליתני אבות מלאכות הזורע והחורש כו' ואנא חזינא אי ארבעין [חסר אחת] נינהו [שם עג:]. חייב על כל אחת ואחת. ובא להודיענו סכום החטאות שאדם חייב באיסורי שבת בהעלם אחד ואשמעינן ארבעים חסר אחת הן ותו לא שאפילו עשה תולדותיהן עמהן אינו מביא על התולדה היכא דעשאה עם אביה דהוה ליה כעושה וחוזר ועושה דכולה חדא עבירה היא [שם ו:]. וסימנא בעלמא אשמעינן לידע כמה חטאות חייב על חילול שבת אחת [שם סט.]. ובא להודיעך שאם נתעלמו כל הלכות שבת ממנו כמה חטאות [חייב] עליו [שם עג:]. [ע"כ שייך לדף צו:].
ואלא הא גמר גזירה שוה. וכל היקש וגזירה שוה המופנה הרי הוא כמפורש במקרא וכו' לפי שלא ניתנה למדרש מעצמו [סנהדרין עג.]. [המשך בעמוד ב]

מסורת הש"ס

א) [מכות יד: וש"נ הערוך ערך גז ר' גזרה שוה לא גמיר פי' לא גמיר ג"ש שלא דרש לעצמו עכ"ל ובזה מיושב קושית התוס' הנ"ל ד"ה ג"ש], ב) [יומא יט: ע"ש], ג) [פסחים קיט: חולין קמ.], ד) [לעיל ד.], ה) [גיטין עט: ב"ק ע:], ו) לעיל ע., ח) [שם], ט) [עי' סוכה ז:], י) שם טו: סוכה טו., כ) לעיל ד: ל) נ"ל רב חסדא.

עין משפט נר מצוה

ו א ב ג מיי' פי"ג מהל' שבת הלכה טז סמג לאוין סה:
ז ד ה מיי' פט"ו שם הל' ח סמג שם טוש"ע א"ח סי' שנג סעיף א:
ח ו מיי' פי"ג שם הלכה טו:

גליון הש"ס

גמ' והאמר ר"א המוציא משוי. עיין עירובין דף לג ע"א תד"ה והא לא בעי:

רבינו חננאל

אותו הנקב איכא למימר שאינו מגיע לארץ ואע"פ שאין דבר חוצץ בינו לבינה עדיין מיבעי אליבא דר' שמעון. אמר רבא ה' מדות בכלי חרס עיקרא כל כלי שנשבר נטהר מיהו לא מחשיב שבור אלא עד שיפסל ממה שהוכן לשמש כגון כלי חרס שהוכן לקיבול משקין מקבל טומאה עד שניקב שיעור הכונס משקין או הוצאת משקין וכן כלי חרס שהוכן לאוכלין אע"פ שניקב בכונס משקה מקבל טומאה עד שיקב שיעור הוצאת זיתים. כדתנן שיעור כלי חרס לטהר העשוי לאוכלין שיעורו בזיתים עשוי למשקין שיעורו במשקין עשוי לאוכלין ולמשקין מטילין אותו לחומרו בזיתים ולענין רימונים חלוקת אמוראים היא אבל במשנה לא מצינו בכלי חרס שיעור ברימונים ולא הגיעה אלא עד זיתים ולענין כלי עץ או כלי עור או כיוצא בו הא דתנן כל כלי בעלי בתים שיעורו כרימונים השתא הני חמש מדות דאמר רבא חדא דניקב במוציא משקה טהור מלטמא גסטרא ועדיין כלי הוא לקדש בו מי חטאת משום דגסטרא כלי גדול הוא דמתחזן ביה כדים וחצובים והכי דמיא דמקבל משקה מאי דמי דאריה מינהון ומינטר עיקר גם גסטרא להא מלתא הוכן פעמים שהחבית או חצבא גדולה נשברה לראשה וניטלו אזניה ומכניס אותה ולשונו תחת מטה ותותי מצבי כמו כן ונקראת גיסטרא וכד מינקיב גיסטרא במוציא משקה בטלה מן הדבר שהוכנה לו וליכא כלי חרס דמטהר במוציא משקה בר מגיסטרא בלחוד לפי שאין אומרים הבא גסטרא לגסטרא. פי' אם ניקבה חצבא במוציא משקה או' הבא גיסטרא והנח תחתיה כדי שיקבל מה שיזוב ממנו אבל אם הגיסטרא גופו מוציא משקה אין אומרים הבא גיסטרא לגיסטרא שיקבל מה שיזוב ממנה לקבל ואע"פ שניקב במוציא משקה ותנן גיסטרא שנתרועעה ואינה מקבלת משקין אע"פ שמקבלת אוכלין טהורה לפי שאין

The Gemara challenges this last answer:

תֵּינַח לְמַטָּה – **Granted** that your answer accounts for why "less than three *tefachim*" is the critical measure for a space **at the bottom** of the wall. לְמַעְלָה מַאי אִיכָּא לְמֵימַר – **But what is there to say** concerning spaces **above** the ground, where we also find that "less than three *tefachim*" is the critical measure?[59]

The Gemara concedes these points and therefore concludes:

אֶלָּא כֹּל פָּחוֹת מִשְּׁלֹשָׁה כְּלָבוּד דָּמֵי הִלְכְתָא גְּמִירֵי לַהּ – **Rather,** we must say that the rule that **"whatever** is **within three** *tefachim* of something else **is like an extension** of it" **is a halachah learned** as part of the Oral Tradition taught to Moses at Sinai.[60]

The Gemara cites another dispute concerning throwing an object through an intervening domain:

תָּנוּ רַבָּנָן – **The Rabbis taught** in a Baraisa: מֵרְשׁוּת הָרַבִּים לִרְשׁוּת הָרַבִּים וּרְשׁוּת הַיָּחִיד בָּאֶמְצַע – If someone throws an object **FROM** one **PUBLIC DOMAIN TO** another **PUBLIC DOMAIN, AND THERE IS A PRIVATE DOMAIN IN BETWEEN,**[61] רַבִּי מְחַיֵּיב וַחֲכָמִים פּוֹטְרִין – **REBBI HOLDS** him **LIABLE, WHILE THE SAGES EXEMPT** him.

The Gemara explains the circumstances of this dispute:

רַב וּשְׁמוּאֵל דְּאָמְרֵי תַּרְוַיְיהוּ – **Rav and Shmuel both say:** לֹא חִיֵּיב רַבִּי אֶלָּא בִּרְשׁוּת הַיָּחִיד מְקוֹרָה – **Rebbi held** him **liable only in** the case of **a private domain that is roofed,** דְּאַמְרִינַן בֵּיתָא כְּמַאן דְּמַלְיָא דָּמֵי – **for we say that the house is as though it is full** of articles.[62] אֲבָל שֶׁאֵינוֹ מְקוֹרָה לֹא – **But** if the private domain is **not roofed,** Rebbi would **not** hold him liable.

Another elaboration on Rebbi's ruling:

אָמַר רַב חָנָא אָמַר רַב יְהוּדָה אָמַר שְׁמוּאֵל – **Rav Chana said in the name of Rav Yehudah,** who **said in the name of Shmuel:** מְחַיֵּיב הָיָה רַבִּי שְׁתַּיִם – **Rebbi held** him **liable to two** *chataos,* אַחַת מִשּׁוּם הוֹצָאָה – **one for taking out** from the private domain to the public domain, וְאַחַת מִשּׁוּם הַכְנָסָה – **and one for bringing in** from the public domain to the private domain.[63]

The Gemara continues:

יָתִיב רַב חָנָא וְקָא קַשְׁיָא לֵיהּ – **Rav Chana sat,** analyzing what he had heard from his teacher concerning Rebbi's ruling, **and found** the following **difficulty** with it:

NOTES

59. For example, we find in the Mishnah (*Eruvin* 16b) that a ten-*tefach* partition can be constructed by stretching between two poles three ropes (with a cumulative height of a little more than a *tefach*) one above the other – the first rope is positioned at a height of just less than three *tefachim* above the ground, the second is just less than three *tefachim* above the first, and the third just less than three *tefachim* above the second. [In this case, the kids cannot easily penetrate between the upper ropes even if they are three *tefachim* apart. Why, then, the requirement that they be *within* three *tefachim* of each other? Obviously, this requirement reflects the principle that a gap of less than three *tefachim* is viewed as filled in and closed, thereby conferring on this arrangement of ropes the status of a solid partition.] Another example is the case of the Mishnah (*Succah* 17a) which teaches that a succah is invalid where the *s'chach* roof does not extend to within three *tefachim* of the walls. [But if the *s'chach* must extend to the walls, then why is it valid if the gap between the *s'chach* and the walls is *less* than three *tefachim*? It can only be that the principle of *lavud* allows us to view the gap of less than three *tefachim* as filled in, legally rendering it as if the *s'chach* does extend all the way to the walls] (see *Rashi*). In such cases, neither the penetration of kids nor the legal extension of domain is pertinent, which leaves us with our original question: What is the source for this principle of *lavud*?

60. [And the principle of *lavud* (taught by this *Halachah LeMoshe MiSinai*) has various aspects, one of which is that a surface within three *tefachim* of the ground is like an extension of the ground itself, and another of which is that spaces of less than three *tefachim* are viewed as filled in (see, though, *Ran* to *Rif, Succah,* top of page 9a).]

61. For example, a house stands between two thoroughfares that run parallel to one another, and one threw the object from one thoroughfare to the other via the intervening house.

62. To be considered a private domain, an area need not be roofed, but only walled. Rav and Shmuel state, however, that this particular ruling of Rebbi does not apply to *all* private domains, but only to a case in which the private domain is roofed. This is because an area that is both walled and roofed, being dark and stuffy, is regarded as though it lacks airspace entirely, but is rather filled until its roof. An object contained in the close airspace of such an area is thus perceived as being at rest there (*Rashi* here and to 5a ד״ה כמאן; see, however, *Pnei Yehoshua* and *Shabbos Shel Mi* here). Thus, the person who has thrown the object from the *reshus harabim* through the house has, in effect, made a *hanachah* in the house, for which he is liable.

63. Since Rebbi considers the object to have legally come to rest in the intervening private domain, its subsequent travel from there to the second public domain constitutes a second act of transfer – an *akirah* from the private domain and a *hanachah* in the second public domain. Thus, the flight of the object through the intervening private domain results in the commission of two *melachos* – transfer from the first public domain to the private domain (הַכְנָסָה) and transfer from the private domain to the second public domain, where the object lands (הוֹצָאָה).

ואלא הא גמר גזירה שוה (א) ג"ש לא גמר אלא מהיכא הוה א) מויעפילו הוה כיוצא בדבר אתה אומר ב) ויחר אף ה' בם וילך מלמד שאף אהרן נצטרע דברי רבי עקיבא אמר לו רבי יהודה בן בתירא עקיבא בין כך ובין כך אתה עתיד ליתן את הדין אם כדבריך התורה כסתו ואתה מגלה אותו ואם לאו אתה מוציא לעז על אותו צדיק ואלא הכתיב בם ההוא בנזיפה בעלמא תניא כמאן דאמר אף אהרן נצטרע דכתיב ג) ויפן אהרן אל מרים והנה מצורעת תנא שפנה מצרעתו אמר ריש לקיש ג) החושד בכשרים לוקה בגופו דכתיב ד) והן לא יאמינו לי וגו' וגליא קמי קוב"ה דמהימני ישראל אמר לו הן מאמינים בני מאמינים ואתה אין סופך להאמין הן מאמינים דכתיב ה) ויאמן העם בני מאמינים ו) והאמין בה' אתה אין סופך להאמין שנאמר ז) יען לא האמנתם בי וגו' ממאי דלקה דכתיב ח) ויאמר ה' לו עוד הבא נא ידך בחיקך וגו': אמר רבא ואיתימא רבי יוסי בר' חנינא מדה טובה ממהרת לבא ממדת פורענות דאילו במדת פורענות כתיב ח) ויוציאה והנה ידו מצורעת כשלג ואילו במדה טובה כתיב ט) ויוציאה מחיקו והנה שבה כבשרו מחיקו הוא דשבה כבשרו י) ויבלע מטה אהרן את מטותם א"ר אלעזר ג) נס בתוך נס: מרה"י לרה"י כו': בעי רבה למטה מעשרה פליגי ובהא פליגי דמ"ס אמרינן ד) קלוטה כמה שהונחה ומר סבר לא אמרינן קלוטה כמה שהונחה אבל למעלה מעשרה דברי הכל פטור ולא ילפינן זורק ממושיט או דילמא למעלה מעשרה פליגי ובהא פליגי דמר סבר ילפינן זורק ממושיט ומר סבר לא ילפינן זורק ממושיט אבל למטה מי' דברי הכל חייב מאי טעמא קלוטה כמה שהונחה דמיא אמר רב יוסף הא מילתא איבעיא ליה לרב חסדא ופשטה ניהליה רב המנונא מהא מרה"י לרה"י ועובר ברשות הרבים עצמה ר' עקיבא מחייב וחכמים פוטרים מדקאמר ברשות הרבים עצמה פשיטא למטה מעשרה פליגי ובמאי אילימא במעביר (א) למטה מי' הוא דמחייב למעלה מי' לא מחייב * והאמר ר' ה) אלעזר המוציא משוי למעלה מעשרה חייב שכן משא בני קהת אלא לאו בזורק ולמטה מעשרה הוא דמחייב למעלה מעשרה לא מחייב ש"מ בקלוטה כמה שהונחה פליגי ש"מ ופליגא דר' אלעזר דאמר ר"א מחייב היה ר' עקיבא אפילו למעלה מי' והאי דקתני רה"ר עצמה להודיעך כחן דרבנן ופליגא דרב חלקיה בר טובי דאמר רב חלקיה בר טובי א) תוך שלשה דברי הכל חייב למעלה מעשרה דברי הכל פטור מג' ועד י' באנו למחלוקת ר' עקיבא ורבנן תניא נמי הכי בתוך ג' דברי הכל חייב למעלה מי' אינו אלא משום ב) שבות ואם היו רשויות שלו מותר מג' ועד עשרה ר"ע מחייב ג) וחכמים פוטרין אמר מר אם היו רשויות שלו מותר לימא תהוי תיובתיה דרב דאיתמר ו) שני בתים בשני צדי רה"ר רבה בר רב הונא אמר רב ד) אסור לזרוק מזה לזה ושמואל אמר מותר לזרוק מזה לזה ולאו ז) מי אוקימנא להאיא ה) כגון דמידלי חד ומתתי חד דזימנין נפל ואתי לאתויי אמר ליה רב חסדא לרב המנונא ואמרי לה רב המנונא לרב חסדא מנא הא מילתא דאמור רבנן כל פחות מג' ח) כלבוד דמי אמר ליה לפי שאי אפשר לה לרשות הרבים שתילקט במלקט וברהיטני אי הכי ג' נמי ותו הא דתנן ט) המשלשל דפנות מלמעלה למטה אם הן גבוהין מן הארץ שלשה טפחים פסולה הא פחות מג' (ג) כשרה התם היינו טעמא משום דהויא לה מחיצה שהגדיים בוקעין בה תינח למטה למעלה מאי איכא למימר אלא כל פחות משלשה כלבוד דמי הלכתא גמירי לה י) ת"ר מרה"ר לרה"ר ורה"י באמצע רבי מחייב ו) וחכמים פוטרין רב ושמואל דאמרי תרוייהו לא חייב רבי אלא ברה"י מקורה דאמרינן ביתא כמאן דמליא דמי אבל שאינו מקורה לא אמר רב כ) חנא אמר רב יהודה אמר שמואל מחייב היה רבי שתים אחת משום הוצאה ואחת משום הכנסה יתיב רב חנא וקא קשיא ליה למימרא

רש"י

ואלא הא גמיר גזירה שוה. וא"כ לא כסתו התורה דהוה ליה כמפורש ומשני רבי יהודה בן בתירא לא גמרה ואין אדם דן ג"ש מעצמו: ואלא. לרבי יהודה: מהיכן הוה. באיזו חטא מת דכתיב כי בחטאו מת: מויעפילו. ויעפילו לעלות וגו' שלא הרשיע כ"כ כחילול שבת: שפנה מצרעתו. קדש ונתרפא: והנה ידו מצורעת. היינו לוקה בגופו: ויוציאה והנה ידו. אחר היציאה מצורעת כשלג ובמדה טובה כתיב מחיקו והנה שבה: נס בתוך נס. לאחר שחזר ונעשה מטה בלען ולא כשהוא תנין דלא כתיב ויבלע תנין אהרן: ולא ילפינן זורק ממושיט. שהיה בעבודת הלוים למעלה מעשרה מרשות היחיד לרשות היחיד ורשות הרבים באמצע וסיפא דקתני הזורק פטור והמושיט חייב דברי הכל היא: או דילמא למעלה מי' פליגי. ומשום הכי פליגי ופטרי רבנן דאין כאן אויר רה"ר וזורק ממושיט לא ילפינן ורבי עקיבא יליף וסיפא רבנן קאמרי לה: ועובר גרסינן מרה"י לרה"י ועובר ברשות הרבים עצמה. ולא גרסינן ברישא הזורק: והא אמר ר' אלעזר. בהמלניע ויליף ממשא בני קהת דארון: אלא לאו בזורק. מיירי מתניתא כי מתניתין וקתני בברייתא עצמה ובהא הוא דמחייב ר' עקיבא משום דנקלטה באוירו של רה"ר: למעלה מעשרה. דיליף זורק ממושיט: ופליגא דרב חלקיה. הא דר' אלעזר: תוך שלשה דברי הכל חייב. ואע"ג דלא נח מודו דכמונח דמי: פטור. דלא ילפינן זורק ממושיט: באנו למחלוקת. ובקלוטה כמה שהונחה: משום שבות. שזרק מרשותו לרשות חבירו ולאו משום הפסק רה"ר דהוא הדין נמי אם היתה אצלו עד שיערבו: ואם היו. שתיהן הרשויות שלו מותר לכתחילה: אסור לזרוק מזה לזה. ואפילו הן שלו דאי משלו לשל חבירו לא הוה שרי שמואל: לאו מי אוקימנא. בעירובין: דמדלי חד ומתתי חד. דמתוך כך צריך לאמן ידו מגבוה לנמוך או מנמוך לגבוה טריד בה ודילמא לא זריק על הגג ונופל לרה"ר ואתי לאתויי ולהכי נקט ואתי לאתויי דאילו משום נפילת רה"ר ליכא חיוב חטאת דמתעסק הוא אצל הוצאה דלא נתכוון לזרוק לרה"ר: כלבוד דמי. דרשות שאינו גבוה ג' בטל אצל רה"ר: אמר ליה. סברא היא: לפי שאי אפשר. להחליק רה"ר מגבשושיות כאילו נלקטו במלקט ורהיטני פליינא בלע"ז והן בשני גווני כלים של עץ וברזל חד נעוץ בתוכו ובהן משוה פני רוחב הקרש ומחליקה הלכך גבשושיות נמי רה"ר: אמר ליה. אי מסברא אפילו ג' נמי: המשלשל. מתחיל לארוג דופני הסוכה בערב כלפי מעלה ומשלשל ובא כלפי מטה: משלשל. מוריד: אם גבוהות מן הארץ ג' טפחים פסולה הא פחות מג' כשרה. דאמרינן לבוד כמי שנכפף עליהן ונשלמו עד למטה הכא לאו טעמא דתילקט הוא נראה לי דהכי גרסינן מאי איכא למימר: התם משום דהויא לה מחיצה שהגדיים בוקעין בה. ובפחות משלשה ליכא בקיעת גדיים: תינח למטה למעלה מאי איכא למימר. למעלה היכא דאמרינן לבוד למעלה בכמה דוכתין כגון מקיפין ג' חבלים דעירובין (דף טז:) וכגון שהרחיק את הסיכוך מן הדפנות ג' טפחים פסולה (סוכה דף יז.): כמאן דמלי. מתוך שהוא חושך ומלא הבלא: אבל שאינו מקורה. כגון חצר: וקא קשיא ליה. בהא דאגמריה רביה:

דברים

תוספות

גזירה שוה לא גמיר. ואם תאמר וליגמר מר' עקיבא שהוא קבלה מרבו ואור"ת שהיה להם בקבלה מנין ג"ש שבכל התורה וזו היתה יתירה על החשבון לפיכך לא קיבלה:

למימרא

מסורת הש"ס

א) [מכות יד: וש"נ] ערוך ערך גזר ב' גזרה שוה לא גמיר ר"ע ג"ש אלא הוא דרש לעצמו עכ"ל ובזה מיושב קושית התוס' דהכא ד"ה ג"ש], ב) [יומא יט: ע"ש], ג) [פסחים קיח: חולין קמ.], ד) [לעיל ד:], ה) [גיטין עט. ב"ק ע:], ו) [לעיל צב.], ז) עירובין פה. ח) [שם], ט) [ע"ש], י) שם פו: סוכה טז., כ) [לעיל ד:], ל) ע"ל רב חסדא.

הגהות הב"ח

(א) גמ' ובמאי אילימא במעביר. נ"ב פי' ופליגי בהכנסת גופו אם הוא פתח מסך דמי: (ב) שם הא פחות משלשה כשרה מאי איכא למימר התם היינו:

תורה אור השלם

א) וַיַּעְפִּלוּ לַעֲלוֹת אֶל רֹאשׁ הָהָר וַאֲרוֹן בְּרִית יְיָ וּמֹשֶׁה לֹא מָשׁוּ מִקֶּרֶב הַמַּחֲנֶה: [במדבר יד, מד]

ב) וַיִּחַר אַף יְיָ בָּם וַיֵּלַךְ: [במדבר יב, ט]

ג) וְהֶעָנָן סָר מֵעַל הָאֹהֶל וְהִנֵּה מִרְיָם מְצֹרַעַת כַּשָּׁלֶג וַיִּפֶן אַהֲרֹן אֶל מִרְיָם וְהִנֵּה מְצֹרָעַת: [במדבר יב, י]

ד) וַיַּעַן מֹשֶׁה וַיֹּאמֶר וְהֵן לֹא יַאֲמִינוּ לִי וְלֹא יִשְׁמְעוּ בְּקֹלִי כִּי יֹאמְרוּ לֹא נִרְאָה אֵלֶיךָ יְיָ: [שמות ד, א]

ה) וַיַּאֲמֵן הָעָם וַיִּשְׁמְעוּ כִּי פָקַד יְיָ אֶת בְּנֵי יִשְׂרָאֵל וְכִי רָאָה אֶת עָנְיָם וַיִּקְּדוּ וַיִּשְׁתַּחֲווּ: [שמות ד, לא]

ו) וְהֶאֱמִן בַּיְיָ וַיַּחְשְׁבֶהָ לּוֹ צְדָקָה: [בראשית טו, ו]

ז) וַיֹּאמֶר יְיָ אֶל מֹשֶׁה וְאֶל אַהֲרֹן יַעַן לֹא הֶאֱמַנְתֶּם בִּי לְהַקְדִּישֵׁנִי לְעֵינֵי בְּנֵי יִשְׂרָאֵל לָכֵן לֹא תָבִיאוּ אֶת הַקָּהָל הַזֶּה אֶל הָאָרֶץ אֲשֶׁר נָתַתִּי לָהֶם: [במדבר כ, יב]

ח) וַיֹּאמֶר יְיָ לוֹ עוֹד הָבֵא נָא יָדְךָ בְּחֵיקֶךָ וַיָּבֵא יָדוֹ בְּחֵיקוֹ וַיּוֹצִאָהּ וְהִנֵּה יָדוֹ מְצֹרַעַת כַּשָּׁלֶג: [שמות ד, ו]

ט) וַיֹּאמֶר הָשֵׁב יָדְךָ אֶל חֵיקֶךָ וַיָּשֶׁב יָדוֹ אֶל חֵיקוֹ וַיּוֹצִאָהּ מֵחֵיקוֹ וְהִנֵּה שָׁבָה כִּבְשָׂרוֹ: [שמות ד, ז]

י) וַיַּשְׁלִיכוּ אִישׁ מַטֵּהוּ וַיִּהְיוּ לְתַנִּינִם וַיִּבְלַע מַטֵּה אַהֲרֹן אֶת מַטֹּתָם: [שמות ז, יב]

ליקוטי רש"י

הזורק ד' אמות. ברשות הרבים ונדבק בכותל כגון דבילה שמינה כדמוקי לה לקמן. כזורק באויר. ופטור דלאו ברשות הרבים נח ורשות היחיד נמי לא הוי אלא דבר המסויים ורחב ארבעה. כזורק בארץ. וחייב דאויר רשות הרבים משנח משהו הוי הנחה ולא דמי לנח על דבר המסויים למטה מעשרה דההוא חשיב למיהוי רשות חשוב לעצמו או כרמלית או מקום פטור ולא הויא הנחה ברשות הרבים [לעיל ז:]. וכי אמר למטה מעשרה ברוחב ארבעה כרמלית וכשאין רחב ארבעה מקום פטור היינו בתשמיש המסויים כגון גב לבינה וראש כותל או עמוד דהני מסתיים תשמישתייהו אבל אויר כגון פני הכותל דבר הנדבק בו לא הוי רשותא לנפשיה אלא אי למטה מעשרה הוא הוי רשות הרבים גמור ואי למעלה מעשרה הוא דלא שלטי ביה רבים הוי אוירא בעלמא מקום פטור כדתנן למעלה מעשרה טפחים כזורק באויר ופטור [שם.]. והתניא לודא. שם חכם [לקמן קלז.]. מגלת סתרים. שהסתירוה מפני שלא ניתנה ליכתוב וכששומעין דברי יחיד חדשים שאינן נשנין בבית המדרש וכותבין אותן שלא ישתכחו מסתירין את המגילה [לעיל ו:]. מגילה טמונה לפי שאסור לכתוב הלכות וכשהיה שומע דבר חידוש וירא לשוכחו היה כותבו ומסתיר מן העין [ב"מ צב.]. ואינו חייב אלא אחת. השתא משמע אם עשאן בהעלם אחד שלא נודע לו בין כל אחת ואחת שחטא אינו חייב אלא אחת דכל חילול דשבת גוף אחד של עבירה הוא. מניינא למה לי. ליתני אבות מלאכות הזורע והחורש כו' למה לי לאשמעינן מניינא הא מני להו ואזיל [לעיל שם]. ליתני אבות מלאכות הזורע והחורש כו' למה לי למיתנא ארבעים חסר אחת ליתנינהו ואנן ידעינן דארבעים חסר אחת איכא [שם סט.]. ליתני אבות מלאכות הזורע והחורש כו' ואנא חזינא אי ארבעין [חסר אחת] ניהו [שם עג:]. חייב על כל אחת ואחת. ובא להודיענו סכום החטאות שאדם חייב באיסורי שבת בהעלם אחד ולאשמעינן ארבעים חסר אחת הן ותו לא שאפילו עשה תולדותיהן עמהן אינו מביא על התולדה היכא דעשאה עם אביה דהוה ליה כעושה וחוזר ועושה דכולה חדא עבירה היא [שם ו:]. וסימנא בעלמא אשמעינן לידע כמה חטאות חייב על חילול שבת אחת [שם סט.]. ובא להודיעך שאם נתעלמו כל הלכות שבת ממנו כמה חטאות [חייב] עליו [שם עג:]. [ע"כ שייך לדף צו:]. ואלא הא גמר גזירה שוה. וכל היקש וגזירה שוה המופנת הרי הוא כמפורש במקרא וכו' לפי שלא ניתנה למדרש מעצמו [סנהדרין עג.]. [המשך בעמוד ב]

עין משפט נר מצוה

ו א ב ג מיי' פי"ג מהל' שבת הלכה טו סמג לאוין סה:

ז ד ה מיי' פט"ו שם הל' ח סמג שם טוש"ע א"ח סי' שנג סעיף א:

ח ו מיי' פי"ג שם הלכה טז:

גליון הש"ס

גמ' והאמר ר"א המוציא משוי. עיין עירובין דף לג ע"א תד"ה והא אי בעי:

רבינו חננאל

אותו הנקב איכא למימר שאינו מגיע לארץ ואע"פ שאין דבר חוצץ בינו לבינה עדיין מיבעי אליבא דר' שמעון. אמר רבא ה' מדות בכלי חרס עיקרא כל כלי שנשבר נטהר מיהו לא מחשיב שבור אלא עד שיפסל ממה שהוכן לשמש כגון כלי חרס שהוכן לקיבול משקין מקבל טומאה עד שניקב שיעור הכנסת משקין או הוצאת משקין וכן כלי חרס שהוכן לאוכלין אע"פ שניקב בכונס משקה מקבל טומאה עד שניקב שיעור הוצאת זיתים. כדתנן שיעור כלי חרס לטהר העשוי לאוכלין שיעורו בזיתים עשוי למשקין שיעורו במשקין עשוי לאוכלין ולמשקין מטילין אותו לחומרו בזיתים ולענין רימונים חלוקת אמוראים היא אבל במשנה לא מצינו בכלי חרס שיעור ברימונים ולא הגיעה אלא עד זיתים ולענין כלי עץ או כלי עור או כיוצא בו הא דתנן כל כלי בעלי בתים שיעורו כרימונים השתא הני חמש מדות דאמר רבא חדא דניקב במוציא משקה טהור מלטמא גסטרא ועדיין כלי הוא לקדש בו מי חטאת משום דגסטרא כלי גדול הוא דמחתין ביה כדים וחצובים והכי דמיא דמקבל מאי דדאיב מינהון ומינטר עיקר גם גסטרא להא מלתא הוכן פעמים שהחבית או חצבא גדולה נשברה לראשה וניטלו אזניה ומכניס אותה ולשומו תחת מטה ותותי מצבי כמו כן ונקראת גיסטרא וכד מינקיב גיסטרא במוציא משקה בטלה מן הדבר שהוכנה לו וליכא כלי חרס דמטהר במוציא משקה בר מגיסטרא בלחוד לפי שאין אומרים הבא גסטרא לגסטרא. פי' אם ניקבה חצבא במוציא משקה או' הבא גיסטרא והנח תחתיה כדי שיקבל מה שיזוב ממנו אבל אם הגיסטרא גופו מוציא משקה אין אומרים הבא גיסטרא לגיסטרא שיקבל מה שיזוב ממנה לקבל ואע"פ שניקב במוציא משקה ותנן גיסטרא שנתרועעה ואינה מקבלת משקין אע"פ שמקבלת אוכלין טהורה שאין שיריים לשיריים פי' שאין שירים לשירים הוא שפירשנו למעלה שהגיסטרא עיקרה: שירי חבית או חצבא שנטלו אזניה וכלי הוא לקדש מי חטאת ועיקרא ההוא דתנן אין ממלאין ואין מקדשין ואין מזין מי חטאת אלא בכלי אשמעינן הכא דגסטרא שנתרועעה ומוציאה משקין תורת כלי עליה וכשרה למי חטאת: שנייה. ניקב בכונס משקה פסול מלקדש בו מי חטאת ועדיין כלי הוא להכשיר בו זרעים כדתנן בנדה פרק ששי כיוצא בו כל כלי חרס שמכניס מוציא ויש מוציא ואינו מכניס ואמרינן עלה מכניס פסול למי חטאת וטהור משום גסטרא דאמר רב אסי שונין כלי החרס שיעורו בכונס משקה לא אמרו במוציא משקה אלא לענין גסטרא בלבד ואמרינן ת"ר כיצד בודקין כלי חרס לידע אם ניקב בכונס משקה אם לאו מביא עריבה מליאה מים ונותן קדירה לתוכה אם כנסה בידוע שבכונס משקה ואם לאו בידוע שבמוציא משקה ר' יהודה אומר כופף אזני קדירה לתוך עריבה ומציף עליה מים אם כנסה בידוע שבכונס משקה ואם לאו בידוע שבמוציא משקה או שופתה ע"ג האור אם האור מעמידה בידוע שבמוציא משקה ואם לא בידוע שבכונס משקה ר' יוסי אומר אף לא שופתה על האור מפני שהאור מעמידה אלא מעמידה ע"ג הרמץ אם רמץ מעמידה בידוע שבמוציא משקה ואם לאו בידוע שבכונס משקה היתה יורדת טפה אחר טפה בידוע שבכונס משקה מאי איכא בין ת"ק לר' יהודה אמר עולא כינוס ע"י הדחק איכא בינייהו אשמעינן אע"פ שרחב הנקב והוסיף על כדי הוצאת משקה והגיע להכנסת משקה עדיין אותו עציץ כשאינו נקוב דמי ומכשיר את הזרעים כדפרשינן לעילא: שלישית. ניקב בשורש קטן טיהר מלהכשיר זרעים ועדיין כלי הוא לקבל בו זיתים בהא אשמעינן רבה דלא כר' שמעון דאמר אם ניקב למטה מרביעית וקאמר אפילו ניקב בשורש קטן דאפשר דמתחברין אותו זרעים שיש בו לקרקע ודומה לעציץ נקוב וטהור מלהכשיר זרעים אם לא הגיע הנקב לכדי הוצאת זיתים עדיין כלי הוא ומקבל טומאה. רביעית ניקב במוציא זיתים. אמר רבא אם הוכן מעיקרא זה הכלי לקבל רימונים אע"פ שניקב במוציא זיתים עדיין טמא הוא אבל אם מעיקרא לא הוכן אלא לקבל זיתים כיון שניקב במוציא זיתים טהור והא מלתא פליגי בה רבה סבר דכלי חרס ורברבי שיעורו במוציא זיתים לפום דמפרש ליה [לדרב אסי] [ורב אסין] נמי אמר הכין שמעתי וחד מתרי אמוראי דמערבא חד סבר במוציא רימון וחד סבר בשורש קטן וסימניך אחד המרבה ואחד הממעיט ורב חנניא בר שלמיא משום ר' אליעזר תני כל כלי חרס בין גדול בין קטן אם ניקב במוציא זיתים טהור ומר קשישא מסיים בה דר' אליעזר כל כלי חרס שניקב במוציא זיתים הרי הן ככלי גללים וכלי אבנים וכלי אדמה שאין מקבלין טומאה לא מדברי תורה ולא מדברי סופרים והלכתא הכין ובהכין סלקא שמעתתא ולא סליק דצריך כלי חרס במוציא רימון וליתא לדרבא. חמישית ולענין צמיד פתיל עד שיפחת רובה: פרק יא הזורק מרה"ר לרה"י או מרה"י לרה"ר חייב. אמרינן זריקה תולדה דהוצאה היא והוצאה גופה מייתי לה ר' יוחנן דהיא מלאכה מהא ויצו משה ויעבירו קול במחנה וגו' משה היה יתיב במחנה לויה

מחנה

עין משפט נר מצוה

ט א ב מיי' פ"ט מהל' שבת הלכה ז ועי"ש:
י ג ד מיי' פי"ג שם הלכה כא:
יא ה מיי' שם הל' טו:

מסורת הש"ס

א) לעיל ע. עד. מכילתא פר' ויקהל, ב) לעיל עה:, ג) [ב"ק סז:], ד) [שם], ה) [לעיל עח:].

הגהות הב"ח

(א) גמ' אתולדה במקום אב (ממאי דילמא וכו' ובהא קא מיפלגי. תא"מ ונ"ב ס"א לעולם אימא לך רבי יהודה אתולדה במקום אב לא מחייב ובהא קא מיפלגי:

תורה אור השלם

א) וַיַּקְהֵל מֹשֶׁה אֶת כָּל עֲדַת בְּנֵי יִשְׂרָאֵל וַיֹּאמֶר אֲלֵהֶם אֵלֶּה הַדְּבָרִים אֲשֶׁר צִוָּה יְיָ לַעֲשֹׂת אֹתָם: [שמות לה, א]

למימרא דמחייב רבי אתולדה במקום אב והתניא רבי אומר [א] דברים הדברים [א] אלה הדברים אלו ל"ט מלאכות שנאמרו למשה בסיני אמר ליה רב יוסף מר אהא מתני לה וקשיא ליה דרבי אדרבי אנן אדרבי יהודה מתנינן ולא קשיא לן דתניא מרה"י לרשות הרבים ועבר ארבע אמות ברה"ר רבי יהודה מחייב וחכמים פוטרין אמר רב יהודה אמר שמואל מחייב היה רבי יהודה שתים אחת משום הוצאה ואחת משום העברה דאי ס"ד חדא הוא דמחייב מכלל דרבנן פטרי לגמרי הא אפיק לה מרה"י לרה"ר ממאי דילמא לעולם אימא לך ר' יהודה חדא הוא דמחייב ורבנן פטרי לגמרי והיכי משכחת לה כגון דאמר עד דנפקא ליה לרה"ר תנוח ובהא קמיפלגי דר' יהודה סבר אמרינן קלוטה כמה שהונחה ואיתעבידא ליה מחשבתו ורבנן סברי לא אמרינן קלוטה כמה שהונחה ולא איתעבידא ליה מחשבתו אבל אתולדה במקום אב לא מחייב רבי יהודה לא ס"ד דתניא רבי יהודה [ג] מוסיף אף השובט והמדקדק [ד] אמרו לו שובט הרי הוא בכלל מיסך מדקדק הרי הוא בכלל אורג מאי לאו דעבדינהו לתרווייהו בהדי הדדי וש"מ מחייב היה רבי יהודה אתולדה במקום אב (א) ממאי דילמא לעולם דעבדה להא לחודה והא לחודה ורבי יהודה אתולדה במקום אב לא מחייב ובהא קמיפלגי דר' יהודה סבר הני אבות נינהו [ב] ורבנן סברי הני תולדות נינהו תדע דקתני רבי יהודה מוסיף אי אמרת בשלמא אבות מאי מוסיף מוסיף אבות אלא אי אמרת תולדות מאי מוסיף איתמר נמי רבה ורב יוסף דאמרי תרווייהו לא חייב רבי יהודה אלא אחת א"ל רבינא לרב אשי ולמאי דסליק אדעתין מעיקרא דמחייב היה ר' יהודה שתים אי להכא קבעי לה להכא לא קבעי לה אי להכא קבעי לה להכא לא קבעי לה אמר ליה [ג] באומר כל מקום שתרצה תנוח: [ג] פשיטא נתכוון לזרוק שמנה וזרק ארבע הרי כתב שם משמעון [ד] נתכוון לזרוק ארבע וזרק שמנה מהו מי אמרינן הא אפיק ליה או דילמא היכא דבעי הא לא נח ולאו היינו דאמר ליה רבינא לרב אשי [ד] וא"ל באומר כל מקום שתרצה תנוח ודקאמרת הרי כתב שם משמעון מי דמי התם כמה דלא כתיב שם לא מכתיב ליה שמעון הכא כמה דלא זריק ארבע לא מיזדרקי ליה תמני: תנו רבנן [ה] הזורק מרשות הרבים לרה"ר ורשות היחיד באמצע ד' אמות חייב פחות

תוספות

למימרא דמחייב רבי אתולדה במקום אב והתניא כו'. הקשה ה"ר פור"ת מנא ליה דמחייב אתולדה במקום אב דילמא הא דמחייב שתים היינו כשנודע לו וחזר ונודע לו ובפלוגתא דר' יוחנן וריש לקיש [ו] דמחייב אפילו בהוצאה והוצאה בהעלם אחת ואור"י דאם כן לא היה רב יהודה משמיענו שום חידוש שחייב שתים ועל כרחך אתא לאשמועינן דרבי מחייב אתולדה במקום אב: **לא ס"ד דתניא** ר' יהודה מוסיף כו'. לפי מאי דקס"ד דטעמא דרבי יהודה משום דמחייב אתולדה במקום אב אמאי נקט טפי שובט ומדקדק איכא למימר דס"ד דרבנן נמי מחייבי אתולדה במקום אב ולא פליגי אלא בשובט ומדקדק ואמרי דלאו תולדה היינו אלא היינו ממש מיסך ואורג אי נמי לא מחייבי רבנן אתולדה במקום אב ולדבריו דרבי יהודה קאמרי:

מאי לאו דעבדינהו לתרווייהו בהדי הדדי. אין הלשון מיושב דמשמע דלמסקנא לא קאי הכי וזה אינו דלמסקנא נמי דמפ' דר' יהודה חשיב להן אבות מיירי נמי דעבדינהו לתרווייהו בהדי הדדי דאי בדעבד האי לחודיה והאי לחודיה כדגרסינן בכמה ספרים בהא לא הוה פליגי רבנן עליה דתיפוק ליה דמשום תולדה הוו מחייבי ואומר ר"י דאין למחוק ושפיר גרסינן ליה וה"פ לעולם דעבדה האי לחודיה והאי לחודיה ופליגי במזיד ולענין התראה דלרבי יהודה צריך להתרותו משום שובט ומדקדק ולרבנן משום מיסך ואורג וה"ה דהוה מצי למידחי דעבדינהו לתרווייהו בהדי הדדי ורבי יהודה סבר הני אבות נינהו אלא דניחא ליה לדחויי דעביד האי לחודיה והאי לחודיה דהשתא ע"כ טעמא דר"י לאו משום דמחייב אתולדה במקום אב אלא משום דאבות נינהו:

הרי כתב שם משמעון. הך פשיטותא לא קיימא כדמסיק ורבינא נמי דפריך לרב אשי אמילתא דר"י אי להכא קבעי לה להכא לא קבעי לה סבר דלא דמי לכתב שם משמעון דאי דמי לא הוי פריך מידי דהא כי קא בעי דתנוח בסוף ד' כשנחה בתחלת רה"ר ע"י קליטה הרי כתב שם משמעון וכי אזלה תו ד"א ליחייב עלייהו דנעשית מחשבתו ראשונה ולהכי קאמר הש"ס לאו היינו דאמר ליה רבינא לרב אשי דלא הוה ליה לאיתויי מילתיה דרבינא אלא שרוצה לסתור לו אף מה שהיה פשוט לו הרי כתב שם משמעון:

הכי גרסינן ודקאמרת הרי כתב שם משמעון מי דמי התם כו'. ואי גרסי' ואמאי והרי כתב שם משמעון אתי נמי שפיר אלא שהוא קושיא ולספרים דגרסינן אמר מר פריך לפי מאי דס"ד מעיקרא: הניחא

רש"י

דברים הדברים אלה הדברים. גבי שבת כתיב ויקהל אלה הדברים אשר צוה וגו' דברים משמע תרין ה"א מרבי חד הא תלת אלה בגימטריא תלתין ושש הלו ל"ט כו' ומנינא למה לי על כרחך לדעת כמה חטאות אדם מתחייב בהעלם אחד על השבת ואי מחייב אתולדה במקום אב בהעלם אחד הוו להו טובא: **אמר ליה רב יוסף.** לרבה מר מתני לה. להא דרב יהודה אמר שמואל מחייב היה רבי שתים אהא דרבי: **וקשיא ליה דרבי אדרבי.** רב יהודה לאו אהא אמרה אלא אדרבי יהודה מתני לה ולא קשיא ליה דלא אשכחן בעלמא דפטר ר"י אתולדה במקום אב: **מרה"י לרה"ר ועבר ד' אמות ברה"ר.** קודם שנחה דליכא תרתי הוצאה וזריקה ארבע אמות: ה"ג **ואחת משום העברה.** ורבנן פטרי אהעברה משום דלא סבירא להו קלוטה כמה שהונחה ותהוי כמי שהונחה משילאה בפתח וחזרה ונעקרה ונחה לסוף ד' אבל חייב הוא משום הוצאה: **ואיתעביד ליה מחשבתו.** שנחה ביציאתה מיד הלכך חייב משום הוצאה אבל משום העברה לא מחייב ואע"ג דחשיב ליה כמה שהונחה ונעקרה והונחה משום דהויא תולדה במקום אב: **אף השובט.** עם שאר אבות מלאכות נהא דאמרן דלכך נמנו שאם עשאן בהעלם א' חייב על כל א' וא': **שובט.** מכרכר בכרכר: **ומדקדק.** לאחר שמתח החוט של ערב מכה בכרכר בב' וג' מקומות וי"מ מדקדק משוה האריגה כשיש ב' חוטין כרוכין זה עם זה ומובדלים מן השאר משוה אותן בכרכר או במחט: **מאי לאו דעבדינהו לכולהו.** שובט ומדקדק בהדי שאר מלאכות דהא מוסיף קתני ומיסך ואורג נמנו עם אבות מלאכות ואלה תולדותיה' כדקתני שובט בכלל מיסך: **מאי מוסיף.** הרי לא נמנו אלא אבות: **ולמאי דסליק אדעתא כו'.** נהי נמי דמיחייב אתולדה במקום אב הכא לאו תרתי איכא דאי להכא לסוף ד' בעי לה דתנוח הכא לא מיחייב אהעברת ד' דלא עבר מתחלת ד' (מר"ה והעביר) לסוף ד' ברה"ר אלא אהוצאה לחודיה הוא דמיחייב והוצאה אריכא הוא דעבד: **ואי להכא.** אבל היציאה קבעי לה דתנוח הכא לסוף ד' לא בעי לה דתנוח וליתא לזריקה ד' ולא מיחייב לה דבעינן עקירה מתחילת ד' ברה"ר והנחה לסוף ד' ברה"ר והכא עם יציאת הפתח הא לא נח והעביר לסוף ד' דניחייב אתרווייהו ומיהו אהוצאה הוא דמחייב דנתקיימה מחשבתו דהא נח ברה"ר: **באומר כל מקום שתרצה תנוח.** וכיון דלא איכפת ליה הויא ליה קיום מחשבה בתרווייהו: **הרי כתב שם משמעון.** דתנן לקמן בפ' הבונה (לקמן דף קג.) דחייב בב' אותיות ואף על פי שנתכוון למלאכה גדולה: **ולאו היינו דבעי מיניה כו' ואמר ליה באומר כו'.** הא לא אמר הכי לא מיחייב אלא אם כן נחה במקום מחשבתו הכי נמי בתרווייהו מיפטר לא שנא נתכוון לזרוק שמונה וזרק ארבע לא שנא לזרוק ארבע וזרק שמונה פטור: ה"ג **ודקאמרת הרי כתב שם משמעון.** ואנתכוין לזרוק שמונה וזרק ד' דפשיטא ליה לחיובא קא מותיב מי דמי התם כל כמה דלא כתב שם לא מכתב שמעון הלכך כי כתב שם בכוונה כתבי' והא עבד ליה מלאכה דיש שם אדם בב' אותיות הללו: **הכא כל כמה דלא זריק ד'.** שתנוח לסוף ד' לא מזדרק ליה תמניא בתמיה הלכך כי נח לסוף ד' לא נתקיימה מחשבתו ולא דמי לשם משמעון. לשון אחר ה"ג אמר מר הרי כתב שם משמעון מי דמי כו' והיא היא: **מרה"ר לרה"ר ורה"י באמצע ד"א חייב.** אם עבר ברה"ר ד"א ואפי' ע"י צירוף חייב:

לְמֵימְרָא דִּמְחַיֵּיב רַבִּי אַתּוֹלָדָה בִּמְקוֹם אָב – Is this to say that Rebbi holds one **liable** to a separate *chatas* **for a derivative labor** performed **along with the primary labor?**[1] **וְהָתַנְיָא – But it was taught** otherwise **in a Baraisa: רַבִּי אוֹמֵר – REBBI SAYS:** "דְּבָרִים", "הַדְּבָרִים", "אֵלֶּה הַדְּבָרִים" – The Torah writes concerning the labors prohibited on the Sabbath: ***THINGS, THE THINGS, THESE ARE THE THINGS.***[2] אֵלּוּ שְׁלֹשִׁים וָתֵשַׁע מְלָאכוֹת שֶׁנֶּאֶמְרוּ לְמֹשֶׁה בְּסִינַי – THESE ARE THE THIRTY-NINE primary LABORS THAT WERE TAUGHT TO MOSES AT SINAI. Now, the only purpose in the Torah alluding to the number of primary labors is to indicate the maximum number of *chataos* to which one can become liable during one lapse of awareness for desecration of the Sabbath.[3] But this presumes that one is *not* liable to a separate *chatas* for a derivative labor performed along with the primary one![4] – ? –

Rav Yosef responds to Rav Chana's difficulty:

אָמַר לֵיהּ רַב יוֹסֵף – Rav Yosef said to [Rav Chana]: מַר אַהָא מַתְנֵי לָהּ – Master teaches it [the elaboration stated by Rav Yehudah in the name of Shmuel] as being said **with respect to this** ruling of Rebbi, **וְקַשְׁיָא לֵיהּ דְּרַבִּי אַדְּרַבִּי – and** therefore **finds difficulty** reconciling one teaching **of Rebbi with** the other teaching **of Rebbi.**[5] **אֲנַן אַדְּרַבִּי יְהוּדָה מַתְנִינַן – We,** however, **teach** this elaboration stated by Rav Yehudah in the name of Shmuel as being said **with respect to** a ruling **of R' Yehudah** (recorded in the Baraisa that will be cited shortly), **וְלָא קַשְׁיָא לַן – and we** therefore **find no difficulty** with it at all.[6] **דְּתַנְיָא – For it was taught in a Baraisa:** מֵרְשׁוּת הַיָּחִיד לִרְשׁוּת הָרַבִּים – If one threw an object FROM A PRIVATE DOMAIN TO A PUBLIC DOMAIN, וְעָבַר אַרְבַּע אַמּוֹת בִּרְשׁוּת הָרַבִּים – AND it did not land until IT TRAVELED FOUR *AMOS* IN THE PUBLIC DOMAIN,[7] רַבִּי יְהוּדָה מְחַיֵּיב וַחֲכָמִים פּוֹטְרִין – R' YEHUDAH HOLDS him LIABLE, WHILE THE SAGES EXEMPT him.[8] **אָמַר רַב יְהוּדָה אָמַר שְׁמוּאֵל** – And it was regarding this ruling that **Rav Yehudah said in the name of Shmuel: מְחַיֵּיב הָיָה רַבִּי יְהוּדָה שְׁתַּיִם – R' Yehudah held** him **liable to two** *chataos,* **אַחַת מִשּׁוּם הוֹצָאָה – one for taking out** from the private domain to the public domain, **וְאַחַת מִשּׁוּם הַעֲבָרָה – and one for passing** the object four *amos* in a public domain.[9]

The Gemara seeks to prove this assertion:

דְּאִי סָלְקָא דַּעְתָּךְ חֲדָא הוּא דִּמְחַיֵּיב – For if it should enter your mind to say that **it is only one** *chatas* **that [R' Yehudah] holds** him **liable to, מִכְּלָל דְּרַבָּנַן פָּטְרִי לְגַמְרֵי – would** this not necessarily **imply that the Rabbis exempt** him **entirely?** But how could they do so? **הָא אַפֵּיק לָהּ מֵרְשׁוּת הַיָּחִיד לִרְשׁוּת הָרַבִּים – Why, he has taken [the object] out from the private domain to the public domain!** Certainly, then, they must hold him liable at least to one *chatas.* Their disputant, R' Yehudah, then, must hold him liable to two *chataos,* as stated by Rav Yehudah in the name of Shmuel.

The Gemara challenges this proof:

מִמַּאי – How do you know that this is so? **דִּילְמָא לְעוֹלָם אֵימָא לָךְ – Perhaps, in truth I can say to you** that **רַבִּי יְהוּדָה חֲדָא הוּא דִּמְחַיֵּיב – it is only one** *chatas* **that R' Yehudah holds him liable to, וְרַבָּנַן פָּטְרִי לְגַמְרֵי – while the Rabbis exempt** him **entirely. וְהֵיכִי מַשְׁכַּחַת לָהּ – And how do you find it** [a case in which the Rabbis would not hold him liable for taking the object out from the private to public domain]?[10] **כְּגוֹן דְּאָמַר עַד דְּנָפְקָא לֵיהּ לִרְשׁוּת הָרַבִּים תָּנוּחַ** – You find it **in a case where he said** [i.e. intended] before throwing the object: **It should come to rest as soon as it goes out into the public domain. וּבְהָא קָמִיפַּלְגֵי – And it is concerning this** following point **that they** [R' Yehudah and the Rabbis] **disagree: דְּרַבִּי יְהוּדָה סָבַר** – Namely, **that R' Yehudah holds** that **אָמְרִינַן קְלוּטָה כְּמָה שֶׁהוּנְחָה – we say** that **something contained** in the airspace of a domain **is** legally viewed **as if it has come to rest** there; **וְאִיתְעֲבִידָא לֵיהּ מַחֲשַׁבְתּוֹ – thus, his intent** that the object should come to rest as soon as it enters the public domain **has been fulfilled.**[11] **וְרַבָּנַן סָבְרֵי – Whereas the**

NOTES

1. Granted that in Rebbi's view the one who throws the object from one public domain to another via a roofed private domain has in effect committed two *melachos* – *hachnasah* and *hotzaah* – those two *melachos* are an *av* (*hotzaah*) and its *toladah* (*hachnasah*) that have been done in one lapse of awareness. If then, as Shmuel asserts, "Rebbi held him liable to two *chataos,*" then we will have to say that Rebbi holds one liable to separate *chataos* for a *toladah* committed along with its *av* (i.e. during the same lapse of awareness).

2. *Exodus* 35:1. This verse prefaces the general prohibition against performing *melachah* on the Sabbath with the phrase אֵלֶּה הַדְּבָרִים, *these are the things.* Now, *things* (which is plural) refers to a minimum of *two* things; the prefix הַ, *the,* adds one more; and the numerical value of the word אֵלֶּה, *these,* is thirty-six (א=1, ל=30 and ה=5), for a total of thirty-nine.

3. *Rashi.* [See above, 96b and 73a.]

4. For if he is liable to separate *chataos* for the *tolados,* then it is possible for him to be liable to far more than thirty-nine *chataos* – thirty-nine for the *avos* plus many additional *chataos* for the *tolados* (see *Rashi*).

5. That is, reconciling Rebbi's holding the thrower liable to two *chataos* (as asserted by Shmuel) with Rebbi's teaching that one is liable to but a single *chatas* for a *toladah* performed along with its *av* (as implied in the Baraisa).

6. For although this elaboration will presume that R' Yehudah holds one liable to a separate *chatas* for a *toladah* performed along with its *av* (as will be seen shortly), there is in fact no evidence that R' Yehudah holds otherwise (*Rashi*).

7. So that there are two potential sources of liability – transfer from the private to public domain, and the additional transfer of four *amos* in the public domain (*Rashi*).

8. The Gemara will explain the extent to which the Sages exempt him.

9. For [the case is one in which the thrown object traveled within ten *tefachim* of the floor of the *reshus harabim* and] R' Yehudah subscribes to the principle of *kelutah.* Accordingly, the thrown object has legally come to rest as soon as it enters the *reshus harabim* (completing the *melachah* of *hotzaah*) and is then uprooted from that spot and comes to rest four *amos* away in the public domain (completing the *melachah* of "transferring four *amos* in the public domain"). [And R' Yehudah holds that one is liable to a separate *chatas* for a *toladah* performed along with its *av.*] The Rabbis, who dispute R' Yehudah and "exempt" the thrower, exempt him only from the second *chatas* – the one for transferring four *amos* in the public domain. For they do *not* subscribe to the principle of *kelutah*; hence, the thrower has simply made an *akirah* in the private domain and a *hanachah* four *amos* into the public domain, where the object actually lands. But they agree that he is liable to a *chatas* for *hotzaah* (*Rashi*; see also *Kehillos Yaakov* §5).

[Alternatively, the Rabbis exempt the thrower from a second *chatas* because they do not hold one liable to a separate *chatas* for a *toladah* performed along with its *av* (*Ritva MHK* ed.; see also *Rashash* and *Chasam Sofer* [*Machon Chasam Sofer* ed.]).]

10. [It was on the basis of this difficulty that the Gemara proved above that the Rabbis must hold him liable at least to one *chatas.*]

11. [There is a rule that one is not liable for a *melachah* unless it was done in the manner he intended (see above, 92b).] Now, in our case, the thrower intended for the object to come to rest immediately upon entering the public domain. Since R' Yehudah subscribes to the principle of *kelutah,* that intent was fulfilled, and he is liable for the *melachah* of *hotzaah* (*Rashi*). [Some Rishonim explain that the case is not one in which the thrower intended the object to come to rest *physically* immediately upon entering the *reshus harabim,* for that intent would not be fulfilled through the legal "coming to rest" of *kelutah.* Rather, the Gemara means that the thrower intended for his act of transfer to be legally completed immediately upon the object's entry into the *reshus harabim* (see *Ramban* et al.; *Hagahos R' Elazar Moshe Horowitz* to *Rashi* below ד״ה בא״ד דנתקיימה, however, understands that

עין משפט נר מצוה

ט א ב מיי' פ"ט מהל' שבת הלכה ז ויט:
י ג ד מיי' פי"ג שם הלכה כא:
יא ה מיי' שם הל' נז:

רבינו חננאל

מחנה לויה רה"ר היא וקאמר להו משה לישראל לא תפיקו מבתיכון דהוא רה"י ותיתו לרה"ר והאי דגרסי' בתרה וממאי דבשבת הוה קאי ומשני דגמיר העברה העברה שמיע לן מרבוותא דליתא מעיקרא דשמעתא וגירסני דלאו בקיאין אינון קשיא להון וטפלה הדין גירסא וסוגיא דמשה רבינו בחול הוה קאי במחנה לויה דהוא רה"ר וקאמר לישראל לא תיתי מידי דשלים ליה צורכיה כדכתיב מרבים העם להביא מדי העבודה וגו' ומש"ה ויצו משה ויעבירו קול במחנה וגו' וכתיב והמלאכה היתה דים לכל: **ומגלן** דהוצאה מרשות לרשות מלאכה היא דדייקינן מדלא אמרה תורה איש ואשה אל יביאו עוד לתרומת הקודש אלא אל יעשו עוד מלאכה קאמרה תורה ולא הוו עבדי מידי אחרינא אלא מפקי ומייתי ש"מ דהבאה קרי לה מלאכה וכיון דאמר להו אל יעשו עוד מלאכה קבילו כדכתיב ויכלא העם מהביא וכיון דהבאה מבתיהון ליתן לגזברים במחנה לויה בחול איקראי מלאכה וקי"ל דכל מלאכה אסור' בשבת איבריה לה מלתא דהוצאה והכנסה נמי מלאכה היא כשם שנמנעו העם מלהוציא ולהביא וליתן לגזברים כך נמנעו הגזברין מלקבל מהן ולהכניס ללשכה ומפורש נמי בירושל' ביציאות השבת שההוצאה קרויה מלאכה: ולר' אליעזר מחייב אתולדה במקום אב והעושה אב ותולדה דידיה מחייב תרתי כאשר הוא מפורש בכריתות וכיון דאהוצאה ואהכנסה מחייב ואזריקה מחייב אמאי קרי להאי אב ולהאי תולדה ופשוטה היא וכבר פירשנוה למעלה: ואמרי' אשכחן הוצאה וזריקה נמי מרשות לרשות דחייב: **הזורק** ד' אמות ברה"ר מנלן דחייב א"ר יאשיה שכן אורגי יריעות זורקין מחטיהן זה לזה משום דברה"ר היתה מלאכת המשכן נעשית ואקשינן אורגין מחטין למה להו ותרצינן שכן תופרי יריעות זורקין מחטין ואקשינן תוב ומנלן שהתופרין הללו היו זורקין מחטיהן ארבע אמות ברה"ר שמא זה בצד זה היו יושבין ומשלימין מחט זה לזה ואפילו תימא לא היו זה בצד זה [מ"מ מנ"ל] דד' אמות היו ביניהן דלמא פחות מד' אמות הוו. ונדחת זו דרבי יאשיה ופירק רב חסדא שכן אורגי יריעות זורקין בוכיאן ביריעה ויש שגורסין בוכיאר פי' בוכיאר הקנה שהחוט של ערב תלוי בו שזורקו לרחבה להיארג בתוך היריעה [illegible]

למימרא דמחייב רבי אתולדה במקום אב והתניא רבי אומר [א] דברים הדברים [א] אלה הדברים אלו ל"ט מלאכות שנאמרו למשה בסיני אמר ליה רב יוסף מר אהא מתני לה וקשיא ליה דרבי אדרבי אנן אדרבי יהודה מתנינן ולא קשיא לן דתניא מרה"י לרשות הרבים ועבר ארבע אמות ברה"ר רבי יהודה מחייב וחכמים פוטרין אמר רב יהודה אמר שמואל מחייב היה רבי יהודה שתים אחת משום הוצאה ואחת משום העברה דאי ס"ד חדא הוא דמחייב מכלל דרבנן פטרי לגמרי הא אפיק לה מרה"י לרה"ר ממאי דילמא לעולם אימא לך ר' יהודה חדא הוא דמחייב ורבנן פטרי לגמרי והיכי משכחת לה כגון דאמר עד דנפקא ליה לרה"ר תנוח ובהא קמיפלגי דר' יהודה סבר אמרינן קלוטה כמה שהונחה ואיתעבידא ליה מחשבתו ורבנן סברי לא אמרינן קלוטה כמה שהונחה ולא איתעבידא ליה מחשבתו אבל אתולדה במקום אב לא מחייב רבי יהודה לא ס"ד דתניא רבי יהודה [ג] מוסיף אף השובט והמדקדק [א] אמרו לו שובט הרי הוא בכלל מיסך מדקדק הרי הוא בכלל אורג מאי לאו דעבדינהו לתרווייהו בהדי הדדי וש"מ מחייב היה רבי יהודה אתולדה במקום אב (א) ממאי דילמא לעולם דעבדה להא לחודה והא לחודה ורבי יהודה אתולדה במקום אב לא מחייב ובהא קמיפלגי דר' יהודה סבר הני אבות נינהו [ב] ורבנן סברי הני תולדות נינהו תדע דקתני רבי יהודה מוסיף בשלמא אי אמרת אבות מאי מוסיף מוסיף אבות אלא אי אמרת תולדות מאי מוסיף איתמר נמי רבה ורב יוסף דאמרי תרווייהו לא חייב רבי יהודה אלא אחת א"ל רבינא לרב אשי ולמאי דסליק אדעתין מעיקרא דמחייב היה ר' יהודה שתים אי להכא קבעי לה להכא לא קבעי לה אי להכא קבעי לה להכא לא קבעי לה [ג] באומר כל מקום שתרצה תנוח: [ג] פשיטא נתכוון לזרוק שמנה וזרק ארבע הרי כתב שם משמעון [ד] נתכוון לזרוק ארבע וזרק שמנה מהו מי אמרינן הא אפיק ליה או דילמא היכא דבעי הא לא נח ולאו היינו דאמר ליה רבינא לרב אשי [ד] וא"ל באומר כל מקום שתרצה תנוח ודקאמרת הרי כתב שם משמעון מי דמי התם כמה דלא כתיב שם לא מכתיב ליה שמעון הכא כמה דלא זריק ארבע לא מיזדרקי ליה תמני: תנו רבנן [ה] הזורק מרשות הרבים לרה"ר ורשות היחיד באמצע ד' אמות חייב

פחות

למימרא דמחייב רבי אתולדה במקום אב והתניא כו'. הקשה ה"ר פור"ת מנא ליה דמחייב אתולדה במקום אב דילמא הא דמחייב שתים היינו כשנודע לו וחזר ונודע לו וכפלוגתא דר' יוחנן ור"ש לקיש [ו] דמחייב אפילו בהוצאה והוצאה בהעלם אחת ואור"י דאם כן לא היה רב יהודה משמיענו שום חידוש שחייב שתים ועל כרחיך אתא לאשמעינן דרבי מחייב אתולדה במקום אב: **לא** ס"ד דתניא ר' יהודה מוסיף כו'. לפי מאי דקס"ד דטעמא דרבי יהודה משום דמחייב אתולדה במקום אב אמאי נקט טפי שובט ומדקדק איכא למימר דס"ד דרבנן נמי מחייב אתולדה במקום אב ולא פליגי אלא בשובט ומדקדק ואמרי דלאו היינו תולדה אלא היינו ממש מיסך ואורג אי נמי לא מחייבי רבנן אתולדה במקום אב ולדבריו דרבי יהודה קאמרי: **מאי** לאו דעבדינהו לתרווייהו בהדי הדדי. אין הלשון מיושב דמשמע דלמסקנא לא קאי הכי וזה אינו דלמסקנא נמי דמפ' דר' יהודה חשיב להן אבות מיירי נמי דעבדינהו לתרווייהו בהדי הדדי דאי בדעבד הא לחודיה והא לחודיה לגרסינן בכמה ספרים בהא לא הוה פליגי רבנן עליה דתיפוק ליה דמשום תולדה הוו מחייבי ואומר ר"י דאין למחוק ושפיר גרסינן ליה וה"פ לעולם דעבדה הא לחודיה והא לחודיה ופליגי במזיד ולענין התראה דלרבי יהודה צריך להתרותו משום שובט ומדקדק ולרבנן משום מיסך ואורג וה"ה דהוה מצי למימדי דעבדינהו לתרווייהו בהדי הדדי ורבי יהודה סבר הני אבות נינהו אלא דניחא ליה למיהוי דעביד הא לחודיה והא לחודיה דהשתא ע"כ טעמא דר"י לאו משום דמחייב אתולדה במקום אב אלא משום דאבות נינהו: **הרי** כתב שם משמעון. הך פשיטותא לא קיימא למסקנא ורבינא נמי דפריך לרב אשי אמילתא דר"א אי להכא קבעי לה להכא לא קבעי לה סבר דלא דמי לכתב שם משמעון דאי דמי לא הוי פריך מידי דהא כי קא בעי דתנוח בסוף ד' כשנחה בתחלת רה"ר ע"י קליטה הרי כתב שם משמעון וכי אזלה מו ד"א ליחייב עלייהו דנעשית מחשבתו ראשונה ולהכי קאמר הש"ס לאו היינו דאמר ליה רבינא לרב אשי דלא הוה ליה לאיתויי מילתיה דרבינא אלא ברווחא למסור לו אף מה שהיה פשוט לו הרי כתב שם משמעון: **הכי** גרסינן ודקאמרת הרי כתב שם משמעון מי דמי התם כו'. ולא גרסי' ולאו והרי כתב שם משמעון אתי נמי שפיר אלא שהוא קושיא ולספרים דגרסינן אמר מר פריך לפי מאי דס"ד מעיקרא:

הניחא

דברים הדברים אלה הדברים. גבי שבת דכתיב בויקהל אלה הדברים אשר צוה וגו' דברים משמע תרין ה"א מרבי חד הא תלת אלה בגימטריא תלתין ושש אלו ל"ט כו' ומניינא למה לי על כרחיך לדעת כמה חטאות אדם מתחייב בהעלם אחד על השבת ואי מחייב אתולדה במקום אב בהעלם אחד הוו להו טובא: **אמר ליה רב יוסף.** לרב חנא: מר מתני לה. להא דרב יהודה אמר שמואל מחייב היה רבי שתים אהא דרבי: **וקשיא ליה דרבי אדרבי.** רב יהודה לאו אהא אמרה אלא אדרבי יהודה מתני לה ולא קשיא ליה דלא אשכחן בעלמא דפטר ר"י אתולדה במקום אב: מרה"י לרה"ר ועבר ד' אמות ברה"ר. קודם שתנוח דאיכא תרתי הוצאה וזריקה ארבע אמות: ה"ג ואחת משום העברה. ורבנן פטרי אהעברה משום דלא סבירא להו קלוטה כמה שהונחה ותהוי כמי שהונחה משילתה בפתח וחזרה ונעקרה ונחה לסוף ד' אבל חייב הוא משום הוצאה: **ואיתעביד ליה מחשבתו.** שנחה ביציאתה מיד הלכך חייב משום הוצאה אבל משום העברה לא מחייב ואע"ג דחשיב ליה כמה שהונחה ונעקרה והונחה משום דהויא תולדה במקום אב: **אף השובט.** עם שאר אבות מלאכות להא דאמרן דלכך נמנו שאם עשאן בהעלם א' חייב על כל א' וא': שובט. מכרכר בכרכר: ומדקדק. לאחר שמתח החוט של ערב מכה בכרכר בב' וג' מקומות וי"מ מדקדק משוה האריגה כשיש ב' חוטין כרוכין זה עם זה ומובדלים מן השאר משוה אותן בכרכר או במחט: **מאי לאו** דעבדינהו לכולהו. שובט ומדקדק בהדי שאר מלאכות דהא מוסיף קתני ומיסך ואורג נמנו עם אבות מלאכות ואלה תולדותיה' דקתני שובט בכלל מיסך: **מאי מוסיף.** הרי לא נמנו אלא אבות: **ולמאי דסליק אדעתא** כו'. נהי נמי דמיחייב אתולדה במקום אב הכא לאו תרתי איכא דאי להכא לסוף ד' בעי לה דתנוח הכא לא מיחייב אהעברת ד' דלא עבר מתחלת ד' (מר"ה והעביר) לסוף ד' ברה"ר אלא אהוצאה לחודיה הוא דמיחייב והוצאה אריכא הוא דעבד: **ואי להכא.** אבל היציאה קבעי לה דתנוח הכא לסוף ד' לא בעי לה דתנוח וליתא לזריקה ד' ולא מיחייב לה דבעינן עקירה מתחילת ד' ברה"ר והנחה לסוף ד' ברה"ר והכא עם יציאת הפתח הא לא נח והעביר לסוף ד' דניחייב אתרווייהו ומיהו אהוצאה הוא דמתחייב דנתקיימה מחשבתו דהא נח ברה"ר: **באומר כל מקום שתרצה תנוח.** וכיון דלא איכפת ליה הויא ליה קיום מחשבה בתרווייהו: **הרי כתב שם משמעון.** דתנן לקמן בפ' הבונה (לקמן דף קג.) דחייב בב' אותיות ואף על פי שנתכוון למלאכה גדולה: **ולאו היינו דבעי מיניה** כו' **ואמר ליה באומר** כו'. הא לא אמר הכי לא מיחייב אלא אם כן נחה במקום מחשבתו הכי נמי בתרווייהו מיפטר לא שנא נתכוון לזרוק שמונה וזרק ארבע לא שנא לזרוק ארבע וזרק שמונה פטור: ה"ג **ודקאמרת הרי כתב שם משמעון.** ולנתכוון לזרוק שמונה וזרק ד' דפשיטא ליה לחיובא קא מותיב מי דמי התם כל כמה דלא כתב שם לא מכתב שמעון הלכך כי כתב שם בכוונה כתבי' והא עבד ליה מלאכה דיש שם אדם בב' אותיות הללו: **הכא כל כמה דלא זריק ד'.** שתנוח לסוף ד' לא מודרק ליה תמניא בתמיה הלכך כי נח לסוף ד' לא נתקיימה מחשבתו ולא דמי לשם משמעון. לשון אחר ה"ג אמר מר הכי כתב שם משמעון מי דמי כו' והיא היא: מרה"ר לרה"ר ורה"י באמצע ד"א חייב. אם עבר ברה"ר ד"א ואפי' ע"י לירוק חייב:

פחות

מסורת הש"ס

א) לעיל ע. עד. מכילתא פר' ויקהל, ב) לעיל עה:, ג) [ב"ק כו:], ד) [שם], ה) [לעיל עא:].

הגהות הב"ח

(א) גמ' אתולדה במקום אב (ממאי דילמא וכו' ובהא קא מיפלגי). תא"מ ונ"ב ס"א לעולם אימא לך רבי יהודה אתולדה במקום אב לא מחייב ובהא קא מיפלגי:

תורה אור השלם

א) וַיַּקְהֵל מֹשֶׁה אֶת כָּל עֲדַת בְּנֵי יִשְׂרָאֵל וַיֹּאמֶר אֲלֵהֶם אֵלֶּה הַדְּבָרִים אֲשֶׁר צִוָּה יְיָ לַעֲשֹׂת אֹתָם: [שמות לה, א]

ליקוטי רש"י

ג"ש לא גמר. ולא למדה מרבו [מכות יד:]. ולא ניתן לדרוש מעצמו מכל י"ג מדות שהתורה נדרשת בהן אלא ק"ו [סוכה לא. ע"ש בתוס' ובגה"ש]. והאמין בה'. לא שאל לו אות על זאת [בראשית טו, ו]. למטה מעשרה פליגי. דאילו למעלה מי' לאו אויר רה"ר הוא אלא אויר מקום פטור הוא ואפילו קלוטה ליכא [לעיל ד:]. קלוטה. בתוך האויר [גיטין עט.]. החפץ הוא"ל ונקלט באוירה של רשות הרבים [לעיל שם]. כמה שהונחה. לארץ [גיטין שם]. כמונח הוא ואף על גב דלא נח [לעיל שם]. כיון שקלטה האויר נתחייב משום שבת [ב"ק ע:]. ולא ילפינן זורק ממושיט. דאילו במושיט מרשות היחיד לרשות היחיד דרך רשות הרבים אפילו למעלה מעשרה קיימא לן בפרק הזורק דחייב דיליף מעגלות של מדבר שמושיטין את הקרשים מזו לזו והן רשות היחיד וביניהם רשות הרבים ולא היו זורקים אותן שלא יתקלקלו [לעיל שם:]. המוציא משוי למעלה מעשרה. מעבירו באויר בידו ולמעלה על כתפו וגבוה מן הארץ [עשרה] קאמר דאי במונח על כתפו מתניתין היא והא דתנן (שבת ק.) הזורק ארבע אמות בכותל למעלה מעשרה זורק באויר אלמא אין למעלה מעשרה רשות הרבים דווקא זורק אבל מעביר חייב דיליף מבני קהת במשכן [שם צב.]. שני בתים. של אדם אחד אסור לזרוק ואף על גב דכי סגי באויר רשות הרבים למעלה מעשרה קא סגי. דמידלי חד ומתתי חד. אחד גבוה ואחד נמוך שמא יזרוק מן הנמוך לגבוה ולא יגיע ויפול לרשות הרבים [עירובין פה:]. לבוד. סניף אפושטי"ך בלע"ז דבר שמאריכין אותו על ידי סניפין כדי לסנוף סקק על סקק [סוכה ד:]. ולשון לבוד כמו סניף דבר קלר שהוסיפו עליו והאריכוהו [עירובין ד:]. לשון סניף להאריך ובלע"ז אפש"ק [שם ט.]. מלקט. פלייז"א

[illegible]

Rabbis hold that לֹא אַמְרִינַן קְלוּטָה כְּמָה שֶׁהוּנְּחָה – **we do not say** that **something contained** in the airspace of a domain **is** legally viewed **as if it has come to rest** there; וְלֹא אִיתְעֲבִידָא לֵיהּ מַחֲשַׁבְתּוֹ – **thus, his intent** that the object should come to rest as soon as it enters the public domain **has not been fulfilled.**[12] אֲבָל אַתּוֹלָדָה בִּמְקוֹם אָב לֹא מְחַיֵּיב רַבִּי יְהוּדָה – **But,** according to this explanation, **R' Yehudah does** ***not*** **hold** one **liable** to a separate *chatas* **for a derivative labor** performed **along with the primary labor.**[13] – ? –

The Gemara responds:

לֹא סַלְקָא דַעְתָּךְ – **It should not enter your mind** to say this.[14] דְּתַנְיָא – **For it was taught in a Baraisa:** רַבִּי יְהוּדָה מוֹסִיף אַף הַשּׁוֹבֵט וְהַמְדַקְדֵּק – R' YEHUDAH ADDS to the list containing the thirty-nine primary labors ALSO LINING UP the warp threads WITH A ROD[15] AND BEATING the weft threads,[16] for he maintains that one is liable separately for committing these two labors. אָמְרוּ לוֹ – [THE SAGES] SAID TO HIM: שׁוֹבֵט הֲרֵי הוּא בִּכְלַל מֵיסֵךְ – LINING UP WITH A ROD IS INCLUDED IN THE CATEGORY OF MOUNTING THE WARP, מְדַקְדֵּק הֲרֵי הוּא בִּכְלַל אוֹרֵג – and BEATING the weft threads IS INCLUDED IN THE CATEGORY OF WEAVING; thus, there is no separate liability for them. מַאי לָאו דַּעֲבַדִינְהוּ לְתַרְוַיְיהוּ בַּהֲדֵי הֲדָדֵי – Now, is this Baraisa **not** referring to **where one performed both** the derivative and primary labors **together?**[17] וּשְׁמַע מִינָּהּ מְחַיֵּיב הָיָה רַבִּי יְהוּדָה אַתּוֹלָדָה בִּמְקוֹם אָב – **And** you may thus **learn from here that R' Yehudah would hold** one **liable** to a separate *chatas* **for a derivative labor** performed **along with the primary labor.**[18]

The Gemara rejects this proof:

מִמַּאי – **How** do you know your interpretation of the Baraisa is correct? דִּילְמָא לְעוֹלָם דַּעֲבָדָהּ לְהָא לְחוּדָהּ וְהָא לְחוּדָהּ – **Perhaps, in truth** the Baraisa refers to **where one performed this** labor **alone and this** labor **alone,**[19] וְרַבִּי יְהוּדָה אַתּוֹלָדָה בִּמְקוֹם אָב לֹא מְחַיֵּיב – **and R' Yehudah does** ***not*** **hold** one **liable** to a separate *chatas* **for a derivative labor** performed **along with the primary labor,** וּבְהָא קָמִיפַּלְגֵי – **and it is** rather **concerning this** following matter **that they disagree:** דְּרַבִּי יְהוּדָה סָבַר הָנֵי אָבוֹת נִינְהוּ – Namely, **that R' Yehudah holds** that **these** acts of lining up with a rod and beating **are primary labors,** וְרַבָּנָן סָבְרֵי הָנֵי תּוֹלָדוֹת נִינְהוּ – **whereas the Rabbis hold** that **these** acts **are derivative labors.**[20]

The Gemara corroborates this latter approach:

תֵּדַע – And **know** that it is indeed so that R' Yehudah considers these acts to be primary labors, דְּקָתָנֵי רַבִּי יְהוּדָה מוֹסִיף – **for the Baraisa states:** R' YEHUDAH "ADDS" even lining up with a rod and

NOTES

Rashi here disputes *Ramban's* approach; see also *Chidushei R' Elazar Moshe Horowitz* here).]

According to the Gemara's present explanation, even R' Yehudah would agree, though, that he is not liable to a separate *chatas* for transferring the object four *amos* in the public domain, because R' Yehudah does *not* obligate one to a separate *chatas* for a *toladah* performed along with its *av* (*Rashi*). [Moreover, he cannot be liable to a *chatas* for transferring four *amos* in the public domain, since (as we are now explaining) he did not intend for that additional transfer to occur (*Maharsha*).]

12. Since the object does not come to rest until it is four *amos* into the public domain. Accordingly, neither the act of *hotzaah* nor of transfer that actually occurred was intended by the thrower and he is exempt entirely.

13. [Shmuel's main purpose in stating that R' Yehudah holds the thrower liable to two *chataos* would be to teach us the novelty that R' Yehudah holds one liable to a separate *chatas* for a *toladah* performed along with its *av* (see *Tosafos* above ד״ה למימרא). Thus, the rebuttal of the *proof* that R' Yehudah holds the thrower liable to two *chataos,* in effect, allows us to understand R' Yehudah as agreeing with the normative view that one is *not* liable to a separate *chatas* for a *toladah* performed along with its *av.*]

14. [That is, although you have indeed demonstrated that it cannot be proven from the Baraisa itself that R' Yehudah holds the thrower liable to two *chataos,* our basic premise – that R' Yehudah holds one liable to a separate *chatas* for a *toladah* performed along with its *av* – is, in fact, evident from the following Baraisa.]

15. After the warp threads are stretched across the loom (מֵסֵךְ), a pointed rod is passed between them to line them up and separate those that have become stuck to one another; this "lining up with a rod" is called שׁוֹבֵט (see *Rashi* here and to 75b; see note 29 there).

16. After the weft thread is passed through the warp threads, it must be pulled taut. In order to ensure that it is not too taut, thereby bunching up the material, the woven cloth is beaten at two or three points [along the width of the weave], which serves to loosen the taut weft thread and flatten the garment. This "beating" is called מְדַקְדֵּק. Alternatively, מְדַקְדֵּק refers to straightening the weave by separating tangled threads and lining them up with the rest (see *Rashi* here, and to 75b; see also note 30 there).

17. I.e. where he performed the *avos* of *mounting the warp* and *weaving,* as well as their respective *tolados* – *lining up with a rod* and *beating.* For the Baraisa states that R' Yehudah "adds" these two, implying that the person has *also* done the other thirty-nine mentioned in the list (*Rashi*).

18. At this point, the Gemara understands that even R' Yehudah agrees that *lining up with a rod* and *beating* are *tolados,* but he adds them to the list of *chataos* incurred because he holds one liable to a separate *chatas* for a *toladah* performed along with its *av.*

Accordingly, R' Yehudah could have "added" numerous other *tolados* as well. The Baraisa, however, mentions only these two, because it is only in the case of these two *tolados* that the full force of the Sages' objection emerges. For the Sages do not mean to object simply that one is *not* liable to a separate *chatas* for a *toladah* performed along with its *av.* Rather, they are saying that even if we grant R' Yehudah's premise that one *is* generally liable to a separate *chatas* for the *toladah,* this would *not* hold true in the case of *lining up with a rod* and *beating* (performed together with their respective *avos*). Because, in the Sages' view, these are not merely *tolados* of those *avos* but rather *identical* to those *avos* [for lining up with a rod *is* arranging the warp threads, and beating *is* forming the weave – see *Rashi* to 75b] (see *Tosafos*).

19. [I.e. he performed *lining up with a rod* and *beating* but not *mounting the warp* and *weaving* (see, though, next note).

20. That is, R' Yehudah holds that there are forty-one *avos,* whereas the Rabbis hold that there are only thirty-nine. Thus, according to R' Yehudah, one can be liable to a maximum of forty-one *chataos* for *melachos* performed during one period of unawareness.

[Actually, the Gemara's prefacing of this explanation with the statement "perhaps the Baraisa refers to where one performed each labor alone" is puzzling. On the contrary, it is precisely in a case where one *did* perform the other *melachos* as well that R' Yehudah's ruling assumes its practical significance: For in that case, he is liable to separate *chataos* for the *avos* of *lining up with a rod* and *beating,* even though he has *also* performed the *avos* of *mounting the warp* and *weaving.* Where he has done *lining up with a rod* and *beating* without *mounting the warp* and *weaving,* however, even *the Sages* would rule that he is liable to two *chataos,* as in any other case where one performs *tolados* of two different *avos*! For this reason, some commentators delete this introductory phrase, and explain that the Gemara remains with the earlier premise that the person performed all the *melachos* together. *Tosafos* (see also *Tos. HaRosh*), however, defend our text, as follows: According to the present explanation, the case in dispute *might even be* one in which *lining up with a rod* and *beating* were performed alone. And the dispute would involve liability to *the death penalty* for one who performs the *melachah* willfully. In order to be liable to the death penalty, the sinner must be warned in advance that what he is about to do constitutes the particular *av melachah* of that activity (see, however, *Tosafos* to 73b ד״ה משום זורע). Therefore, R' Yehudah holds that the warning to one who is about to line up with a rod or beat the threads must state that the planned activity constitutes *lining up with a rod* or *beating* (since these are *avos* in their own right), whereas the Rabbis hold that the warning must mention *mounting the warp* or *weaving* respectively [which, in the Rabbis' view, are the *avos* of these activities]. (See also *Ritva MHK* ed.)]

עין משפט נר מצוה

ט א ב מיי' פי"ט מהל' שבת הלכה ז ועיי' ...
י ג ד מיי' פי"ג שם הלכה ...
יא ה מיי' שם הל' ...

מסורת הש"ס

א) לעיל ע. עד. מכילתא פר' ויקהל, ב) לעיל עה:, ג) [כ"ק כו:], ד) [עסן], ה) [לעיל עג:].

למימרא דמחייב רבי אתולדה במקום אב והתניא רבי אומר דברים הדברים אלה הדברים אלו ל"ט מלאכות שנאמרו למשה בסיני אמר ליה רב יוסף מר אהא מתני לה וקשיא ליה דרבי אדרבי אנן אדרבי יהודה מתנינן ולא קשיא לן דתניא מרה"י לרשות הרבים ועבר ארבע אמות ברה"ר רבי יהודה מחייב וחכמים פוטרין אמר רב יהודה אמר שמואל מחייב היה רבי יהודה שתים אחת משום הוצאה ואחת משום העברה דאי ס"ד חדא הוא דמחייב מכלל דרבנן פטרי לגמרי הא אפיק לה מרה"י לרה"ר ממאי דילמא לעולם אימא לך ר' יהודה חדא הוא דמחייב ורבנן פטרי לגמרי והיכי משכחת לה כגון דאמר עד דנפקא ליה לרה"ר תנוח ובהא קמיפלגי דר' יהודה סבר אמרינן קלוטה כמה שהונחה ואיתעבידא ליה מחשבתו ורבנן סברי לא אמרינן קלוטה כמה שהונחה ולא איתעבידא ליה מחשבתו אבל אתולדה במקום אב לא מחייב רבי יהודה לא ס"ד דתניא רבי יהודה מוסיף אף השובט והמדקדק אמרו לו שובט הרי הוא בכלל מיסך מדקדק הרי הוא בכלל אורג מאי לאו דעבדינהו לתרווייהו בהדי הדדי וש"מ מחייב היה רבי יהודה אתולדה במקום אב ממאי דילמא לעולם דעבדה להא לחודה והא לחודה ורבי יהודה אתולדה במקום אב לא מחייב ובהא קמיפלגי דר' יהודה סבר הני אבות נינהו ורבנן סברי הני תולדות נינהו תדע דקתני רבי יהודה מוסיף אי אמרת בשלמא אבות מאי מוסיף מוסיף אבות אלא אי אמרת תולדות מאי מוסיף איתמר נמי רבה ורב יוסף דאמרי תרוייהו לא חייב רבי יהודה אלא אחת א"ל רבינא לרב אשי ולמאי דסליק אדעתין מעיקרא דמחייב היה ר' יהודה שתים אי להכא קבעי לה להכא לא קבעי לה אי להכא לא קבעי לה אמר ליה באומר כל מקום שתרצה תנוח: פשיטא נתכוון לזרוק שמונה וזרק ארבע הרי כתב שם משמעון נתכוון לזרוק ארבע וזרק שמונה מהו מי אמרינן הא אפיק ליה או דילמא היכא דבעי הא לא נח ולאו היינו דאמר ליה רבינא לרב אשי וא"ל באומר כל מקום שתרצה תנוח ודקאמרת הרי כתב שם משמעון מי דמי התם כמה דלא כתיב שם לא מכתיב ליה שמעון הכא כמה דלא זריק ארבע לא מיזדרקי ליה תמני: תנו רבנן הזורק מרשות הרבים לרה"ר ורשות היחיד באמצע ד' אמות חייב פחות

רש"י

דברים הדברים אלה הדברים. גבי שבת דכתיב בויקהל אלה הדברים אשר צוה וגו' דברים משמע תרין ה"א מרבי חד הא תלת אלה בגימטריא תלתין ושש אלו ל"ט כו' ומניינא למה לי על כרחיך לדעת כמה חטאות אדם מתחייב בהעלם אחד על השבת ואי מחייב אתולדה במקום אב בהעלם אחד הוו להו טובא: אמר ליה רב יוסף. לרב חנא: מר מתני לה. להא דרב יהודה אמר שמואל מחייב היה רבי שתים אהא דרבי: וקשיא ליה דרבי אדרבי. רב יהודה לאו אהא אמרה אלא אדרבי יהודה מתני לה ולא קשיא ליה דלא אשכחן בעלמא דפטר ר"י אתולדה במקום אב: מרה"י לרה"ר ועבר ד' אמות ברה"ר. קודם שתנוח דאיכא תרתי הוצאה וזריקה ארבע אמות: ה"ג ואחת משום העברה. ורבנן פטרי אהעברה משום דלא סבירא להו קלוטה כמה שהונחה ותהוי כמי שהונחה משילתה בפתח וחזרה ונעקרה ונחה לסוף ד' אבל חייב הוא משום הוצאה: ואיתעביד ליה מחשבתו. שנחה בילאתה מיד הלכך חייב משום הוצאה אבל משום העברה לא מחייב ואע"ג דחשיב ליה כמה שהונחה ונעקרה והונחה משום דהויא תולדה במקום אב: אף השובט. עם שאר אבות מלאכות נהא דאמרן דלכך נמנו שאם עשאן בהעלם א' חייב על כל א' וא': שובט. מכרכר בכרכר: ומדקדק. לאחר שמתח החוט של ערב מכה בכרכר בב' וג' מקומות וי"מ מדקדק משוה האריגה כשיש ב' חוטין כרוכין זה עם זה ומובדלים מן השאר משוה אותן בכרכר או במחט: מאי לאו דעבדינהו לכולהו. שובט ומדקדק בהדי שאר מלאכות דהא מוסיף קתני ומיסך ואורג נמנו עם אבות מלאכות ואלה תולדותיה' כדקתני שובט בכלל מיסך: מאי מוסיף. הרי לא נמנו אלא אבות: ולמאי דסליק אדעתא כו'. נהי נמי דמיחייב אתולדה במקום אב הכא לאו תרתי איכא דאי להכא לסוף ד' בעי לה דתנוח הכא לא מיחייב אהעברת ד' דלא עבר מתחלת ד' (מר"ה והעביר) לסוף ד' ברה"ר אלא אהוצאה לחודיה הוא דמיחייב והוצאה איכא הוא דעבד: ואי להכא. אבל היציאה קבעי לה דתנוח הכא לסוף ד' לא בעי לה דתנוח וליתא לזריקה ד' ולא מיחייב לה דבעינן עקירה מתחילת ד' ברה"ר והנחה לסוף ד' ברה"ר והכא עם יציאת הפתח הא לא נח והעביר לסוף ד' דניחייב אתרווייהו ומיהו אהוצאה הוא דמתחייב דנתקיימה מחשבתו דהא נח ברה"ר: באומר כל מקום שתרצה תנוח. וכיון דלא איכפת ליה הויא ליה קיום מחשבה בתרווייהו: הרי כתב שם משמעון. דתנן לקמן בפ' הבונה (לקמן דף קג.) דחייב בב' אותיות ואף על פי שנתכוין למלאכה גדולה: ולאו היינו דבעי מיניה כו' ואמר ליה באומר כו'. הא לא אמר הכי לא מיחייב אלא אם כן נחה במקום מחשבתו הכי נמי בתרווייהו מיפטר לא שנא נתכוון לזרוק שמונה וזרק ארבע לא שנא לזרוק ארבע וזרק שמונה פטור: ה"ג ודקאמרת הרי כתב שם משמעון. ולאוקמא לזרוק שמונה וזרק ד' דפשיטא ליה לחיובא קא מותיב מי דמי התם כל כמה דלא כתב שם לא מכתב שמעון הלכך כי כתב שם בכוונה כתבי' והא עבד ליה מלאכה דיש שם אדם בב' אותיות הללו: הכא כל כמה דלא זריק ד'. שתנוח בתמניא הלכך כי נח לסוף ד' לא נתקיימה מחשבתו ולא דמי לשם משמעון. לשון אחר ה"ג אמר מר ד' והיא היא: מרה"ר לרה"ר ורה"י באמצע ד"א חייב. אם עבר ברה"ר ד"א ואפי' ע"י צירוף חייב:

תוספות

למימרא דמחייב רבי אתולדה במקום אב והתניא כו'. הקשה ה"ר פור"ת מנא ליה דמחייב אתולדה במקום אב דילמא הא דמחייב שתים היינו כשנודע לו וחזר ונודע לו ובפלוגתא דר' יוחנן ור"ש לקיש דמחייב אפילו בהוצאה והוצאה בהעלם אחת ואור"י דאם כן לא היה רב יהודה משמיענו שום חידוש שחייב שתים ועל כרחיך אתא לאשמעינן דרבי מחייב אתולדה במקום אב: לא ס"ד דתניא ר' יהודה מוסיף כו'. לפי מאי דקס"ד דטעמא דרבי יהודה משום דמחייב אתולדה במקום אב אמאי נקט טפי שובט ומדקדק איכא למימר דס"ד דרבנן נמי מחייב אתולדה במקום אב ולא פליגי אלא בשובט ומדקדק ואמרי דלאו היינו תולדה אלא היינו ממש מיסך ואורג אי נמי לא מחייבי רבנן אתולדה במקום אב ולדברי רבי יהודה קאמרי:

מאי לאו דעבדינהו לתרוייהו בהדי הדדי. אין הלשון מיושב דמשמע דלמסקנא לא קאי הכי והא ודאי למסקנא נמי דמפ' דר' יהודה חשיב להן אבות מיירי נמי דעבדינהו לתרוייהו בהדי הדדי דאי בדעבד האי לחודיה והאי לחודיה כדגרסינן בכמה ספרים בהא לא הוה פליגי רבנן עליה דמיפטר ליה דמשום תולדה הוו מחייבי ואומר ר"י דלאו דוקא ושפיר גרסינן ליה והכי פי' לעולם דעבדה האי לחודיה והאי לחודיה ופליגי במזיד ולענין התראה דלרבי יהודה צריך להתרותו משום שובט ומדקדק ולרבנן משום מיסך ואורג וה"ה דהוה מצי למימר דעבדינהו לתרוייהו בהדי הדדי ורבי יהודה סבר הני אבות נינהו אלא דניחא ליה למימר דעביד האי לחודיה והאי לחודיה דהשתא ע"כ טעמא דר"י לאו משום דמחייב אתולדה במקום אב אלא משום דאבות נינהו:

הרי כתב שם משמעון. הך פשיטותא לא קיימא כדמסיק ורבינא נמי דפריך לרב אשי אמילתא דר"י אי להכא קבעי לה להכא לא קבעי לה סבר דלא דמי לכתב שם משמעון דאי דמי לא הוי פריך מידי דהא כי קא בעי דתנוח בסוף ד' כשנחה בתחלת רה"ר ע"כ קליטה הרי כתב שם משמעון וכי אזלה תו ד"א ליחייב עלייהו דנעשית מחשבתו ראשונה והכי קאמר הש"ס לאו היינו דאמר ליה רבינא לרב אשי דלא הוה ליה לאתויי מילתיה דרבינא אלא שרוצה לסמוך לו אף מה שהיה פשוט לו הרי כתב שם משמעון:

הכי גרסינן ודקאמרת הרי כתב שם משמעון מי דמי התם כו'. ולא גרסי' ולמאי דקאמרת והרי כתב שם משמעון אמי נמי שפיר אלא שהוא קושיא ולספרים דגרסינן אמר מר פריך לפי מאי דס"ד מעיקרא:

רבינו חננאל

מחנה לויה רה"ר היא וקאמר להו משה לישראל לא תפיקו מביתכון דהוא רה"י ותיתו לרה"ר ואי גרסינן בתרה וממאי דבשבת הוה קאי ומשני דגמיר העברה העברה שמיע לן מרבוותא דליתא מעיקרא דשמעתא וגירסני דלאו בקיאין אינון קשיא להון ופשלו בה גירסא וסוגיא דמשה רבינו בחול הוה קאי במחנה לויה דהוא רה"ר וקאמר לישראל לא תיתו מידי דשלים ליה צורכיה כדכתיב מרבים העם להביא מדי העבודה וגו' ומשה"ה ויצו משה ויעבירו קול במחנה וגו' וכתיב והמלאכה היתה דים לכל: ומגלן דהוצאה מרשות לרשות מלאכה היא ...

הגהות הב"ח

(א) גמ' אתולדה במקום אב (ממאי דילמא וכו' ובהא קא מיפלגי. תא"מ ונ"ב ס"א לעולם אימא לך רבי יהודה אתולדה במקום אב לא מחייב ובהא קא מיפלגי:

תורה אור השלם

א) וַיַּקְהֵל מֹשֶׁה אֶת כָּל עֲדַת בְּנֵי יִשְׂרָאֵל וַיֹּאמֶר אֲלֵהֶם אֵלֶּה הַדְּבָרִים אֲשֶׁר צִוָּה יְיָ לַעֲשֹׂת אֹתָם: [שמות לה, א]

ליקוטי רש"י

...

beating. אִי אָמְרַת בִּשְׁלָמָא אָבוֹת – This expression "adds" **fits well if you say** that R' Yehudah considers the additional acts to be primary labors. For in that case מַאי מוֹסִיף – **what** does it mean **"he adds"?** מוֹסִיף אָבוֹת – It means that **he adds** two more **primary labors** to the Mishnah's list of thirty-nine. אֶלָּא אִי אָמְרַת תּוֹלָדוֹת – **But if you say** that R' Yehudah holds these acts to be **derivative labors,** מַאי מוֹסִיף – then **what** does it mean, **"he adds"?**[21] Thus, you have no proof whatsoever that R' Yehudah holds one liable to a separate *chatas* for a *toladah* performed along with its *av.*

The Gemara adds:

אִיתְּמַר נַמִּי – **It was stated as well** (concerning R' Yehudah's ruling in the case of the object thrown into the public domain): רַבָּה וְרַב יוֹסֵף דְּאָמְרֵי תַּרְוַויְיהוּ – **Rabbah and Rav Yosef both say:** לֹא חַיֵּיב רַבִּי יְהוּדָה אֶלָּא אַחַת – **R' Yehudah held** the thrower **liable** to **only one** *chatas.*[22]

The Gemara discusses Rav Yosef's original understanding of R' Yehudah's ruling:

וּלְמַאי – אָמַר לֵיהּ רָבִינָא לְרַב אַשִׁי – **Ravina said to Rav Ashi:** דְּסָלִיק אַדַּעְתִּין מֵעִיקָּרָא – **And according to what we thought originally,** דִּמְחַיֵּיב הָיָה רַבִּי יְהוּדָה שְׁתַּיִם – **that R' Yehudah held** him **liable** to **two** *chataos* – one for "taking out" from the private domain and one for "transferring four *amos* in the public domain" – under what circumstances could such a ruling be said, even granted that R' Yehudah obligates one to a separate *chatas* for a *toladah* performed along with its *av?* אִי לְהָכָא קָבָעֵי לָהּ – **If [the thrower] wants [the object]** to land **here,** where it actually comes to rest – that is, four *amos* into the public domain – לְהָכָא לֹא קָבָעֵי לָהּ – then **he does not want it** to land **here,** immediately outside the private domain.[23] אִי לְהָכָא קָבָעֵי לָהּ – And **if he wants it** to land **here,** immediately outside the private domain, לְהָכָא לֹא קָבָעֵי לָהּ – then **he does not want it** to land **here,** four *amos* into the public domain.[24] How, then, can he be held liable to two *chataos*?

Rav Ashi answers:

אָמַר לֵיהּ – **He said to [Ravina]:** בְּאוֹמֵר כָּל מָקוֹם שֶׁתִּרְצֶה תָּנוּחַ – The case would be one **where he says** [i.e. intends], **"Let it come to rest wherever it pleases."** Thus, his original intent is fulfilled no matter where the object lands.[25]

The Gemara cites a different discussion, in the course of which the preceding exchange between Ravina and Rav Ashi is introduced:

פְּשִׁיטָא – **It is clear** that נִתְכַּוֵּון לִזְרוֹק שְׁמוֹנֶה וְזָרַק אַרְבַּע – **if one intended to throw** an object **eight** *amos* in a public domain **but** he actually **threw** it only **four** *amos,*[26] הֲרֵי כָּתַב שֵׁם מִשִּׁמְעוֹן – it is **indeed** as if **he has written** the name **Shem** when writing the first two letters **of** the intended name **Shimon,** i.e. he has performed a shorter prohibited act when intending to perform a lengthier prohibited act,[27] and he is therefore liable to a *chatas.* נִתְכַּוֵּון לִזְרוֹק אַרְבַּע וְזָרַק שְׁמוֹנֶה – But **if one intended to throw** an object **four** *amos* in a public domain **and** actually **threw** it **eight** *amos,*[28] מַהוּ – **what is [the law]?**

The Gemara explains the alternatives:

מִי אָמְרִינַן הָא אַפֵּיק לֵיהּ – **Do we say: Why,** in the final analysis, **he removed it** four *amos* from its original location – as he intended to – and he should thus be liable? אוֹ דִילְמָא הֵיכָא דְּבָעֵי הָא לֹא נָח – **Or perhaps** we say: **Why,** in the final analysis, in the place **where he wanted [the object]** to be, **it did not come to rest.** Therefore, he should be exempt.[29]

The Gemara replies:

וְלָאו הַיְינוּ דְּאָמַר לֵיהּ רָבִינָא לְרַב אַשִׁי – **But is this not** derivable from **that which Ravina said to Rav Ashi** above, where Ravina raised the point that one cannot be held liable unless his exact intent was fulfilled, וְאָמַר לֵיהּ בְּאוֹמֵר כָּל מָקוֹם שֶׁתִּרְצֶה תָּנוּחַ – **and [Rav Ashi] said to [Ravina]** that, in fact, the thrower is liable only **where he said, "Let it come to rest wherever it pleases"?** Thus, we see (from Ravina's question, as well as from Rav Ashi's answer) that unless the thrower had no specific goal in mind, he is liable only if the act turned out exactly the way he intended it to. Accordingly, whether the thrower intended to throw the object a distance of eight and it traveled only four (the case in which the Gemara had initially assumed that he is *clearly liable*), or whether he intended to throw it a distance of four and it traveled eight (the case about which the Gemara was uncertain), the thrower is *not* liable; for in either case his

NOTES

21. Only *avos* are mentioned in that Mishnah! Accordingly, the Baraisa must mean that he adds additional *avos* (*Rashi*).

[True, the Gemara had been fully aware of the expression "he adds" when it proposed the previous explanation, and it had interpreted that expression to mean that R' Yehudah adds to the number of *chataos* incurred. Now, however, the Gemara considers that explanation of "adds" forced, since "*avos*" rather than "*chataos*" are mentioned in the Mishnah, and the implication is that R' Yehudah adds to what is actually stated in the Mishnah (see *Ritva MHK* ed.).]

22. For, in their view, R' Yehudah does *not* hold one liable to a separate *chatas* for a *toladah* performed along with its *av* (*Rashba*). [According to Rav Yehudah in the name of Shmuel, however, who explains that R' Yehudah holds the thrower liable to two *chataos,* R' Yehudah's opinion is indeed that one is liable to a separate *chatas* for a *toladah* performed along with its *av.* Alternatively, R' Yehudah considers "transferring four *amos* in a public domain" to be an independent *av*; thus, he holds the thrower liable to two *chataos* because he has performed two *avos* (ibid.).]

23. Therefore, even though R' Yehudah subscribes to the principle of *kelutah,* we cannot hold the thrower liable for the object's "coming to rest" immediately outside the public domain, since he did not *intend* for it to come to rest there. [Thus, with respect to the thrower's liability, we must disregard that coming to rest of *kelutah,* and] we can hold him liable only for the object's coming to rest four *amos* into the public domain, where he *intended* it to land, which culminates the elongated act of *hotzaah* – which began with the *akirah* in the private domain and ended with the *hanachah* four *amos* into the public domain (see *Rashi*; see also *Hagahos R' Elazar Moshe Horowitz* here and *Tosafos* to 100a ד״ה אחותו; see also *Chidushei R' Akiva Eiger*; cf. *Meromei Sadeh*).

24. Accordingly, we cannot hold him liable for the subsequent transfer of four *amos* in the public domain, since he did not intend for the object to travel that far! Rather, we can hold him liable only for *hotzaah,* since the object did come to rest "upon its exit from the private domain" [by virtue of *kelutah*] as he had intended (*Rashi,* as explained by *Maharsha*; see also *Hagahos R' Elazar Moshe Horowitz*).

25. Since he does not care where it lands, his intention is fulfilled by the object's "coming to rest" in both places (*Rashi*).

26. That is, he underthrew his mark and the object fell four *amos* short of the intended location.

27. One who writes on the Sabbath even two letters from the alphabet is liable to a *chatas* (Mishnah, 73a). The Mishnah below (103a) teaches that a person who intended to write a long name (such as שִׁמְעוֹן) whose first two letters are a shorter name (שֵׁם) is liable as soon as he writes those first two letters. Thus, we see that one who intended a larger degree of *melachah* is liable if he performed a smaller degree of that *melachah* (*Rashi*). Similarly, reasons the Gemara, one who intended to throw an object eight *amos* in the *reshus harabim* is liable even if the object in fact travels only four *amos.*

28. That is, he overthrew his mark, and the object landed four *amos* beyond the intended location.

29. [In other words: Do we say that the intent to perform a small degree of *melachah* is considered fulfilled if a larger degree is performed? See *Ran MHK* ed. at length.]

עין משפט נר מצוה

ט א ב מיי' פ"ט מהל' שבת הלכה ז ויט:
י ג ד מיי' פי"ג שם הלכה כא:
יא ה מיי' שם הל' טו:

רבינו חננאל

מחנה לויה רה"ר היא וקאמר להו משה לישראל לא תפיקו מבתיכון דהוא רה"י ותיתו לרה"ר והאי דגרסי' בתרה ומשני דבשבת הוה קאי ומשני דגמיר העברה העברה שמיע לן מרבותא דליתא מעיקרא דשמעתא וגירסני דלאו בקיאין אינון קשיא להון ושפלה הדין גירסא וסוגיא דמשה רבינו בחול הוה קאי במחנה לויה דהוא רה"ר וקאמר לישראל לא תיתי מידי דשלים ליה צורכיה כדכתיב מרבים העם להביא מדי העבודה וגו' ומש"ה ויצו משה ויעבירו קול במחנה וגו' וכתיב והמלאכה היתה דים לכל: ומנלן דהוצאה מרשות לרשות מלאכה היא דדייקינן מדלא אמרה תורה איש ואשה אל יביאו עוד לתרומת הקודש אלא אל יעשו עוד מלאכה קאמרה תורה ולא הוו עבדי מידי אחרינא אלא מפקי ומייתי ש"מ דהבאה קרי לה מלאכה וכיון דאמר להו אל יעשו עוד מלאכה קבילו כדכתיב ויכלא העם מהביא וכיון דהבאה מבתיהן ליתן לגוברים במחנה לויה בחול איקראי מלאכה וקי"ל דכל מלאכה אסור' בשבת איברירה לה מלתא דהוצאה והכנסה נמי מלאכה היא כשם שנמנעו העם מלהוציא ולהביא וליתן לגוברים כך נמנעו הגוברין מלקבל מהן ולהכניס ללשכה ומפורש נמי בירושל' ביציאות השבת שההוצאה קרויה מלאכה: ולר' אליעזר מחייב אתולדה במקום אב והעושה אב ותולדה דידיה מחייב תרתי כאשר הוא מפורש בכריתות וכיון דאהוצאה ואהכנסה מחייב ואזריקה מחייב אמאי קרי להאי אב ולהאי תולדה ופשוטה היא וכבר פירשנוה למעלה: ואמרי' אשכחן הוצאה וזריקה נמי מרשות לרשות דחייב: הזורק ד' אמות ברה"ר מגלן דחייב א"ר יאשיה שכן אורגי יריעות זורקין מחטיהן זה לזה משום דברה"ר היתה מלאכת המשכן נעשית ואקשינן אורגין מחטין למה להו ותרצינן שכן תופרי יריעות זורקין מחטין ואקשינן תוב ומנלן שהתופרין הללו היו זורקין מחטיהן ארבע אמות ברה"ר שמא זה בצד זה היו יושבין ומשלימין מחט זה לזה ואפילו תימא לא היו זה בצד זה [מ"מ מנ"ל] דד' אמות היו ביניהן דלמא פחות מד' אמות הוו. ונדחת זו דרבי יאשיה ופירק רב חסדא שכן אורגי יריעות זורקין בוכיאן בידיעה ויש שגורסין בוכיאר פי' בוכיאר הקנה שהחוט של ערב תלוי בו שזורקו האורג בתוך הידיעה לרחבה להיארג אותו החוט בכלל הידיעה ושמעינן מרבותינו הגאונים כי בבבל קורין אותו אל נאזכה ויש מי שאומר אל מכוך ואקשינן עליה והלא איגדו בידו וקיי"ל דכל הזורק דבר ואגדו בידו אינו חייב דהא לא יצא מידו כדמפורש בהמצניע וכדגרסי' סוף הדין פרקא לענין לכתא ומתנא ובמתניתין דסוף עירובין דף צ"ט הקורא בס"ת על האסקופה הכא נמי עיקר החוט של ערב אצל האורג והוא משימו על הבוכיאן ואורג בו והוא נמתח מאצל האורג ובזה אין חייבין עליו ושנינן בניסכא בתרא פי' החוט של ערב שבסוף שאין איגודו ביד האורג ואקשינן תוב והא אותו מקום שהבוכיאן נזרק בו והוא נפש המסכת מקום פטור הוא ואינו רה"ר ואנן בעינן ד' אמות ברה"ר ונדחה גם הבוכיאן הנזרק בידיעה ושנינן אלא שכן אורגי ידיעות זורקין בוכיאר לשוליהן פי' כגון שוליא דנגרי והוא כגון תלמיד המשרת ללמוד מלאכה נקרא שולא ודחינן ודלמא שוליהן גביהן הוו יתבי ולא מרחיקי ד' אמות מהן ושנינן אלא שכן אורגי ידיעות זורקין בוכיאר זה לזה דליכא למימר כי האורגין גבי הדדי הוו יתבי דא"כ מטו הדדי בחפא פי' מגיעין זה לזה במסרק שמכסה בו על הידיעה ואקשינן תוב וא' ודלמא שלחופי הוו משלחפי כלומר לא היו יושבין זה כנגד זה אלא זה אחורי זה כדגרסי' בפרק המוכר פירות לחבירו בענין כרובין בנס היו עומדין ואתקיף רב אשי ודלמא שלחופי הוו משלחפי או שמא באלכסון או זה ידיעתו מתוחה לצפון וזה למערב ובהיות כן יתכן להיות קרובין זה לזה ועוד וכי שואלין היו זה מזה והתני לודא איש איש ממלאכתו אשר המה עושים ממלאכתו היה עושה ולא היה עושה ממלאכת חבירו ועמדו הקושיות הללו בלא פירוק ואקשי תוב אדבעית זורק [בר"ה מנ"ל] מכלל דמעביר פשיטא לן מנא לן דמעביר ד' אמות ברה"ר חייב אלא מעביר גמרא גמירי לה זורק נמי גמרא גמירי לה: מגלת סתרים שהיה כתוב בה אבות מלאכות מ' חסר אחת ואם עשאן כולן

למימרא דמחייב רבי אתולדה במקום אב והתניא רבי אומר דברים הדברים אלה הדברים אלו ל"ט מלאכות שנאמרו למשה בסיני אמר ליה רב יוסף מר אהא מתני לה וקשיא ליה דרבי אדרבי אנן אדרבי יהודה מתנינן ולא קשיא לן דתניא מרה"י לרשות הרבים ועבר ארבע אמות ברה"ר רבי יהודה מחייב וחכמים פוטרין אמר רב יהודה אמר שמואל מחייב היה רבי יהודה שתים אחת משום הוצאה ואחת משום העברה דאי ס"ד חדא הוא דמחייב מכלל דרבנן פטרי לגמרי הא אפיק לה מרה"י לרה"ר ממאי דילמא לעולם אימא לך ר' יהודה חדא הוא דמחייב ורבנן פטרי לגמרי והיכי משכחת לה כגון דאמר עד דנפקא ליה לרה"ר תנוח ובהא קמיפלגי דר' יהודה סבר אמרינן קלוטה כמה שהונחה ואיתעבידא ליה מחשבתו ורבנן סברי לא אמרינן קלוטה כמה שהונחה ולא איתעבידא ליה מחשבתו אבל אתולדה במקום אב לא מחייב רבי יהודה לא ס"ד דתניא רבי יהודה מוסיף אף השובט והמדקדק אמרו לו שובט הרי הוא בכלל מיסך מדקדק הרי הוא בכלל אורג מאי לאו דעבדינהו לתרווייהו בהדי הדדי וש"מ מחייב היה רבי יהודה אתולדה במקום אב (א) ממאי דילמא לעולם דעבדה להא לחודה והא לחודה ורבי יהודה אתולדה במקום אב לא מחייב ובהא קמיפלגי דר' יהודה סבר הני אבות נינהו ורבנן סברי הני תולדות נינהו תדע דקתני רבי יהודה מוסיף אי אמרת בשלמא אבות מאי מוסיף מוסיף אבות אלא אי אמרת תולדות מאי מוסיף איתמר נמי רבה ורב יוסף דאמרי תרווייהו לא חייב רבי יהודה אלא אחת א"ל רבינא לרב אשי ולמאי דסליק אדעתין מעיקרא דמחייב היה ר' יהודה שתים אי להכא קבעי לה להכא לא קבעי לה אי להכא קבעי לה להכא לא קבעי לה אמר ליה באומר כל מקום שתרצה תנוח: פשיטא נתכוון לזרוק שמונה וזרק ארבע הרי כתב שם משמעון נתכוון לזרוק ארבע וזרק שמונה מהו מי אמרינן הא אפיק ליה או דילמא היכא דבעי הא לא נח ולאו היינו דאמר ליה רבינא לרב אשי וא"ל באומר כל מקום שתרצה תנוח ודקאמרת הרי כתב שם משמעון מי דמי התם כמה דלא כתיב שם לא מכתיב ליה שמעון הכא כמה דלא זריק ארבע לא מיזדרקי ליה תמני: תנו רבנן הזורק מרשות הרבים לרה"ר ורשות היחיד באמצע ארבע אמות חייב

פחות

למימרא דמחייב רבי אתולדה במקום אב והתניא כו'. הקשה ה"ר פור"ת מנא ליה דמחייב אתולדה במקום אב דילמא הא דמחייב שתים היינו כשנודע לו וחזר ונודע לו וכפלוגתא דר' יוחנן וריש לקיש (ה) דמחייב אפילו בהוציא והוציא בהעלם אחת ואור"י דאם כן לא היה רב יהודה משמיענו שום חידוש שחייב שתים ועל כרחיך אתא לאשמעינן דלרבי מחייב אתולדה במקום אב: **לא** ס"ד דתניא ר' יהודה מוסיף כו'. לפי מאי דקס"ד דטעמא דרבי יהודה משום דמחייב אתולדה במקום אב אמאי נקט טפי שובט ומדקדק איכא למימר דס"ד דרבנן נמי מחייבי אתולדה במקום אב ולא פליגי אלא בשובט ומדקדק ואמרי דלאו היינו תולדה אלא היינו ממש מיסך ואורג אי נמי לא מחייבי רבנן אתולדה במקום אב ולדבריו דרבי יהודה קאמרי: **מאי** לאו דעבדינהו לתרווייהו בהדי הדדי. אין הלשון מיושב דמשמע דלמסקנא לא קאי הכי וזה אינו דלמסקנא נמי דמפ' דר' יהודה חשיב להן אבות מיירי נמי דעבדינהו לתרווייהו בהדי הדדי דאי בדעבד האי לחודיה והאי לחודיה כדגרסינן בכמה ספרים בהא לא הוה פליגי רבנן עליה דמיפוק ליה דמשום תולדה הוו מחייבי ואומר ר"י דאין למחוק ושפיר גרסינן ליה וה"פ לעולם דעבדה האי לחודיה והאי לחודיה ופליגי במזיד ולענין התראה דלרבי יהודה צריך להתרות משום שובט ומדקדק ולרבנן משום מיסך ואורג וה"ה דהוה מצי למימר דעבדינהו לתרווייהו בהדי הדדי ורבי יהודה סבר הני אבות נינהו אלא דניחא ליה לדמויי דעביד האי לחודיה והאי לחודיה דהשתא ע"כ טעמא דר"י לאו משום דמחייב אתולדה במקום אב אלא משום דאבות נינהו: **הרי** כתב שם משמעון. הך פשיטותא לא קיימא כדמסיק ורבינא נמי דפריך לרב אשי אמילתא דר"י אי להכא קבעי לה להכא לא קבעי לה סבר דלא דמי לכתב שם משמעון דאי דמי לא הוי פריך מידי דהא כי קא בעי דתנוח בסוף ד' כשנחה בתחלת רה"ר ע"י קליטה הרי כתב שם משמעון וכי אזלה תו ד"א ליחייב עלייהו דנעשית מחשבתו ראשונה ולהכי קאמר הש"ס לאו היינו דאמר ליה רבינא לרב אשי דלא הוה ליה לאיתויי מילתיה דרבינא אלא שרוצה לסתור לו אף מה שהיה פשוט לו הרי כתב שם משמעון: **הכי** גרסינן ודקאמרת הרי כתב שם משמעון מי דמי התם כו'. ואי גרסי' ואמאי והרי כתב שם משמעון אתי נמי שפיר אלא שהוא קושיא ולספרים דגרסינן אמר מר פריך לפי מאי דס"ד מעיקרא:

הניחא

דברים הדברים אלה הדברים. גבי שבת כתיב בויקהל אלה הדברים אשר צוה וגו' דברים משמע תרין ה"א מרבי חד הא תלת אלה בגימטריא תלתין ושש הלו ל"ט כו' ומנינא למה לי על כרחך לדעת כמה חטאות אדם מתחייב בהעלם אחד על השבת ואי מחייב אתולדה במקום אב בהעלם אחד הוו להו טובא: **אמר ליה רב יוסף.** לרב מנא: מר מתני לה. להא דרב יהודה אמר שמואל מחייב היה רבי שתים אהא דרבי: **וקשיא ליה דרבי אדרבי.** רב יהודה לאו אהא אמרה אלא אדרבי יהודה מתני לה ולא קשיא ליה דלא אשכחן בעלמא דפטר ר"י אתולדה במקום אב: **מרה"י לרה"ר ועבר ד' אמות ברה"ר.** קודם שנחה דאיכא תרתי הוצאה וזריקה ארבע אמות: ה"ג ואחת משום העברה. ורבנן פטרי אהעברה משום דלא סבירא להו קלוטה כמה שהונחה והוי כמי שהונחה מתחלתה בפתח וחזרה ונעקרה ונחה לסוף ד' אבל חייב הוא משום הוצאה: **ואיתעביד ליה מחשבתו.** שנחה ביציאתה מיד הלכך חייב משום הוצאה אבל משום העברה לא מחייב ואע"ג דחשיב ליה כמה שהונחה ונעקרה והונחה משום דהוי תולדה במקום אב: **אף השובט.** עם שאר אבות מלאכות להא דאמרן דלכך נמנו שאם עשאן בהעלם א' חייב על כל א' וא': **שובט.** מכרכר בכרכר: **ומדקדק.** לאחר שמתח החוט של ערב מכה בכרכר בב' וג' מקומות וי"מ מדקדק משוה הארוגה כשיש בה ב' חוטין כרוכין זה עם זה ומובדלים מן השאר משוה אותן בכרכר או במחט: **מאי לאו דעבדינהו לכולהו.** שובט ומדקדק בהדי שאר מלאכות דהא מוסיף קתני ומיסך ואורג נמנו עם אבות מלאכות ואלו תולדותיה' דקתני שובט בכלל מיסך: **מאי מוסיף.** הרי לא נמנו אלא אבות: **ולמאי דסליק אדעתא כו'.** נהי נמי דמחייב אתולדה במקום אב הכא הכא לאו תרתי איכא דאי להכא לסוף ד' בעי לה דתנוח הכא לא מיחייב אהעברת ד' דלא עבר מתחלת ד' (מר"ה והעביר) לסוף ד' ברה"ר אלא אהוצאה איכא הוא לעבד: **ואי להכא.** אבל היציאה קבעי לה דתנוח הכא לסוף ד' לא בעי לה דתנוח וליתא לזריקה ולא מיחייב לה דבעינן עקירה מתחילת ד' ברה"ר והנחה לסוף ד' ברה"ר והכא עם יציאת הפתח הא לא נח והעביר לסוף ד' דניחייב אתרווייהו ומיהו אהוצאה הוא דמחייב דנתקיימה מחשבתו דהא נח ברה"ר: **באומר כל מקום שתרצה תנוח.** וכיון דלא איכפת ליה הוה ליה קיום מחשבה בתרווייהו: **הרי כתב שם משמעון.** דתנן לקמן בפ' הבונה (לקמן דף קג.) דחייב בב' אותיות ואף על פי שנתכוון למלאכה גדולה: **ולאו היינו דבעי מיניה כו' ואמר ליה באומר כו'.** הא לא אמר הכי לא מיחייב אלא אם כן נחה במקום מחשבתו הכי נמי בתרווייהו מיפטר לא שנא נתכוון לזרוק שמונה וזרק ארבע לא שנא לזרוק ארבע וזרק שמונה פטור: ה"ג ודקאמרת הרי כתב שם משמעון. ולא נתכוין לזרוק שמונה וזרק ד' דפשיטא ליה לחיובא קא מותיב מי דמי התם כל כמה דלא כתב שם לא מכתב שמעון הלכך כי כתב שם בכוונה כתבי' והא עבד ליה מלאכה דיש שם אדם בב' אותיות הללו: **הכא כל כמה דלא זריק ד'.** שתנוח לסוף ד' לא מזדרק ליה תמניא בתמיה הלכך כי נח לסוף ד' לא נתקיימה מחשבתו ולא דמי לשם משמעון. לשון אחר ה"ג אמר מר הרי כתב שם משמעון מי דמי כו' והיא היא: **מרה"ר לרה"ר ורה"י באמצע ד"א חייב.** אם עבר ברה"ר ד"א ואפי' ע"י צירוף חייב:

פחות

מסורת הש"ס

א) לעיל ע. עד. מכילתא פר' ויקהל, ב) לעיל עה:, ג) [ב"ק כו:], ד) [שם], ה) [לעיל עא:].

הגהות הב"ח

(א) גמ' אתולדה במקום אב (ממאי דילמא וכו' והכא קא מיפלגי). תא"מ ונ"ב ס"א לעולם אימא לך רבי יהודה אתולדה במקום אב לא מחייב והכא קא מיפלגי:

תורה אור השלם

א) וַיַּקְהֵל מֹשֶׁה אֶת כָּל עֲדַת בְּנֵי יִשְׂרָאֵל וַיֹּאמֶר אֲלֵהֶם אֵלֶּה הַדְּבָרִים אֲשֶׁר צִוָּה יְיָ לַעֲשֹׂת אֹתָם: [שמות לה, א]

ליקוטי רש"י

ג"ש **לא גמר.** ולא למדה מרבו [מכות יד:]. ולא ניתן לדרוש מעצמו מכל י"ג מדות שהתורה נדרשת בהן אלא ק"ו [סוכה לא. ע"ש בתוס' ובגהש"ס]. **והאמין בה'.** לא שאל לו אות על זאת [בראשית טו, ו]. **למטה מעשרה פליגי.** דאילו למעלה מי' לאו אויר רה"ר הוא אלא אויר מקום פטור הוא ואפילו קלוטה ליכא [לעיל ד:]. **קלוטה.** בתוך האויר [גיטין עט.]. החפץ הוויל ונקלט באוירה של רשות הרבים [לעיל שם]. **כמה שהונחה.** לארץ [גיטין שם]. כמוכו הוא ואף על גב דלא נח [לעיל שם]. **כיון** שקלטה האויר נתחייב משום שבת [ב"ק ע:]. **ולא ילפינן זורק ממושיט.** דאילו כמושיט מרשות היחיד לרשות היחיד דרך רשות הרבים אפילו למעלה מעשרה קיימא לן בפרק הזורק דחייב דיליף מעגלות של מדבר שמושיטין את הקרשים מזו לזו והן רשות היחיד וביניהם רשות הרבים ולא היו זורקים אותן שלא יתקלקלו [לעיל שם:]. **המוציא משוי למעלה מעשרה.** מעבירו באויר בידו ואינו על כתפו וגבוה מן הארץ [עשרה] קאמר דאי כמונח על כתפו מתניתין היא והא דמכן [שבת ק.]. הזורק ארבע אמות כנוטל למעלה מעשרה זורק באויר אלמא אין למעלה מעשרה רשות הרבים דווקא זורק אבל מעביר חייב דיליף מבני קהת במשכן [שם צב.]. **שני בתים.** של לדם אחד אסור לזרוק ואף על גב דכי סגי באויר רשות הרבים למעלה מעשרה קא סגי. **דמידלי חד** ומתתי חד. אחד גבוה ואחד נמוך שמא יזרוק מן הנמוך לגבוה ולא יגיע ויפול לרשות הרבים [עירובין פה:]. **לבוד.** סניף פוסטיי"ך בלע"ז דבר שמאריכין אותו על ידי סניפין כדי לסנוף חקק על חקק [סוכה ד:]. ולשון לבוד כמו סניף דבר קצר שהוסיפו עליו והאריכוהו [עירובין ד:]. לשון סניף להאריך ובלע"ז אפשט"ק [שם ט.]. **מלקט.** פליי"א של מלמלתי מרכות שממלקיטן בה את מיק הסיף [קידושין לה:]. מלקחים שקורין טנל"ש [יבמות מג.]. **רהיטני.** פליי"א של עושי מריסן [קידושין
בה את המריסין ונותנין הברזל לתוך דפוס של עץ המתוקן לו ולאחר מלאכתו נוטלו הימנו [לעיל מח:]. פ
שנותנים האיזמל לתוך בין שני עצים העשוין לכך ולאחר מלאכתו נוטלו ומצניעו [שם נח:]. **המשלשל**
פו:]. כל מלמעלה למטה קרי שלשול [סוכה טו.]. **מלמעלה למטה.** שהתחיל לארוג ממילוי הסוכה
[עירובין שם]. שהתחיל לארוג המחילה אצל הסכך ואורג ובא כלפי מטה [סוכה שם]. **גבוהין מן ה**
בוקעים בה הויא לה תלויה ופסולה [עירובין שם]. דהיינו כדי שיתקר הגדי בבת ראש דאמרן פסו
שהגדיים בוקעין בה. ובקיעת גדיים מעכבת מלומר גוד אחית שהרי עוברין תחתיה [לקמן קא.
כמאן דמליא דמי. דבר סתום מכל צד הוי כמלא מפלים עד גגו דאין אוירו חשיב אויר הלכך כל הזורק ל
מחייב היה רבי שתים. דהוי כאלו נח ברשות היחיד וחזר ונעקר משם והכניס לרשות הרבים [שם
שובט. משוה השתי בכרכר שקורין ריו"ל. **מדקדק.** כשמותח חוט הערב מכה בכרכר עליו במקומות
מתות יותר מדאי שהמתיחה מעכבתו מהתקבר יפה עם הארג. **שובט הרי הוא בכלל מיסך.** דהיינו
השתי. **מדקדק הרי הוא בכלל אורג.** דהיינו אורג ממש ולא דמי לזורה ובורר ומרקד דזה בקשין וזה
עה:]. **מיסך.** אורדי"ר [שם עג.]. **באומר כל מקום שתרצה תנוח.** שהרי יש כאן מלאכה מחשבת.
וכו'. אבל נתכוון לזרוק שתים וזרק ארבע אפילו אמר כל מקום שתרצה תנוח פטור שעיקר מחשבתו

intention was not fulfilled.[30]

The Gemara continues its reply:

וּדְקָאָמְרַת הֲרֵי כָּתַב שֵׁם מִשִּׁמְעוֹן – **And** in response to **that which you say** above, that one who intended to throw a distance of eight but threw a distance of four is liable because it is **indeed** as if **he has written** the name **Shem** when writing the first two letters **of** the intended name **Shimon,** I will challenge you: מִי דָּמֵי – **Is it** at all **comparable** to the case at hand? הָתָם – **There,** in the case of writing, כַּמָּה דְּלָא כְּתִיב שֵׁם – **as long as** the name **Shem is not written,** לָא מִכְּתִיב לֵיהּ שִׁמְעוֹן – **the name Shimon cannot be written.** Thus, inherent in the writer's original intent to write the name Shimon is the intent to write the name Shem first.[31] הָכָא – **Here,** in the case of throwing an object through a public domain, on the other hand, כַּמָּה דְּלָא זָרֵיק אַרְבַּע – is it at all true that **as long as he does not throw** the object a distance of **four** *amos,* לָא מִיזְדַּרְקֵי לֵיהּ תְּמָנֵי – **it cannot be thrown** a distance of **eight?** Certainly not! An object can be thrown eight *amos* without having first been thrown a distance of four.[32] Thus, the thrower is not liable, since he never intended to throw the object four *amos.*

The Gemara cites another ruling concerning an intervening domain:

תָּנוּ רַבָּנָן – **The Rabbis taught in a Baraisa:** הַזּוֹרֵק מֵרְשׁוּת הָרַבִּים לִרְשׁוּת הָרַבִּים – IF ONE THROWS an object FROM one PUBLIC DOMAIN TO another PUBLIC DOMAIN, וּרְשׁוּת הַיָּחִיד בָּאֶמְצַע – AND THERE IS A PRIVATE DOMAIN IN BETWEEN them, אַרְבַּע אַמּוֹת חַיָּיב – if the object traveled FOUR *AMOS* through the public domain,[33] HE IS LIABLE.

NOTES

30. *Rashi* and *Tosafos,* in accordance with our Gemara texts. [This is an unusual instance, in which a ruling the Gemara has previously introduced by the expression פְּשִׁיטָא, *clear,* is then reversed. Other Rishonim (following different texts), however, explain that the Gemara here means to resolve only the uncertain case (he intended to throw four but threw eight), not to reverse its "clear" ruling in the case of one who intended to throw eight but threw four (see *Rashba*).]

[*R' Elazar Moshe Horowitz* (to *Tosafos* ד״ה הרי) points out, however, that according to those who subscribe to the principle of *kelutah,* one certainly *is* liable (in *Rashi's* view – see above, end of note 11) where he intended to throw the object four *amos* and it traveled eight, since the object technically "came to rest" (by virtue of *kelutah*) exactly where he intended it – at the end of four *amos* (see above, note 24).]

31. The writer is liable for writing Shem not because intent for the larger act suffices for the smaller act, but rather because the larger intent actually includes performance of the smaller act.

32. The *melachah* of transfer is defined not by the *movement* of the transferred object, but rather by its being uprooted from one point (*akirah*) and being set down at another (*hanachah*). Thus, the eight-*amah* "transfer" of an object does not inherently include an initial four-*amah* transfer, since the object need not be set down halfway in order to complete the eight-*amah* transfer. And, in the present case, the thrower intended an eight-*amah* transfer, not a four-*amah* one (see *Rashi*).

[The Rishonim who explain that the Gemara's initial "clear" ruling is not reversed, and the one who intended to throw a distance of eight but threw only four is indeed liable (see note 30), interpret the Gemara here (according to a slightly different text) as a declarative statement rather than a rhetorical question. That is, the Gemara is explaining that "throwing four out of an intended eight" is indeed analogous to "writing Shem from Shimon." For in both cases, the *melachah* actually done is included in the person's original larger intent (see *Rashba* and *Meiri*; see also *Chidushei R' Akiva Eiger*).]

33. For example, the object traveled two *amos* in the first public domain, through the private domain, and then another two *amos* in the second public domain (see *Rashi*).

פָּחוֹת מֵאַרְבַּע אַמּוֹת – But if the object traveled LESS THAN FOUR *AMOS* in the public domain, פָּטוּר – HE IS EXEMPT.[1]

The Gemara points out the Baraisa's novel rulings:

מַאי קָא מַשְׁמַע לָן – **What does [the Tanna of the Baraisa] teach us?** הָא קָא מַשְׁמַע לָן – **He teaches us the following:** רְשׁוּיוֹת מִצְטָרְפוֹת – that **two** identical **domains combine** in regard to liability for transferring,[2] וּדְלָא אַמְרִינַן קְלוּטָה כְּמָה שֶׁהוּנְּחָה – **and that we do not say that something contained** in the airspace of a domain **is** legally viewed **as if it had come to rest** there.[3]

The Gemara now discusses another aspect of the law concerning the prohibition against transferring an object four *amos* in the public domain:

אָמַר רַב שְׁמוּאֵל בַּר יְהוּדָה אָמַר רַב אַבָּא אָמַר רַב הוּנָא אָמַר רַב – **Rav Shmuel bar Yehudah said in the name of Rav Abba, who said in the name of Rav Huna, who said in the name of Rav:** הַמַּעֲבִיר אַרְבַּע אַמּוֹת בִּרְשׁוּת הָרַבִּים מְקוֹרָה – **One who transfers** an object **four *amos* in a roofed public domain** פָּטוּר – **is exempt,** לְפִי שֶׁאֵינוֹ דּוֹמֶה לְדִגְלֵי מִדְבָּר – **because it** [a roofed public domain] **does not resemble the encampment of the Israelites in the Wilderness.**[4]

The Gemara questions this assertion:

אִינִי – **But is this so?** וְהָא עֲגָלוֹת – **Why,** there were in the Wilderness **the** Tabernacle **wagons,** דִּמְקוּרוֹת הֲוַיִין – **which were roofed,**[5] וְאָמַר רַב מִשּׁוּם רַבִּי חִיָּיא – **and Rav said in the name of R' Chiya:** עֲגָלוֹת – Concerning the Tabernacle **wagons** – תַּחְתֵּיהֶן – **the areas beneath them** וּבֵינֵיהֶן – **and the areas between them** וְצִדֵּיהֶן – **and the areas to their sides**[6] רְשׁוּת הָרַבִּים – had the status of **a public domain.**[7] – ? –

The Gemara answers:

כִּי קָאָמַר רַב – **Concerning what does Rav say** his statement?[8]

NOTES

1. For he has not "transferred the object four *amos* in the public domain." And neither has he been guilty of *hachnasah* (from the first *reshus harabim* to the *reshus hayachid*) or of *hotzaah* (from the *reshus hayachid* to the second *reshus harabim*) because this Tanna does not subscribe to the principle of *kelutah* (*Rashi*; see below, note 3).

2. I.e. even though the object did not travel four *amos* in any given *reshus harabim*, the person is liable because the object did indeed travel a total of four *amos* in the two *reshus harabims*.

This Baraisa disputes the opinion of R' Yose (above, 80a), who rules that one who takes out half the volume of a dried fig from the house to one *reshus harabim* and another half to a different *reshus harabim* is *not* liable to a *chatas*, because the two half-measures – carried into different public domains – do not combine. [The volume of a dried fig is the usual minimum amount of food that must be carried on the Sabbath in order for one to be liable to a *chatas*.] The Baraisa here, however, holds that a half measure in one *reshus harabim* (i.e. a two-*amah* transfer) and a half measure in another *reshus harabim* do combine with respect to liability (*Rashi*).

[Other Rishonim assert, however, that R' Yose's ruling is compatible with that of our Baraisa. In R' Yose's case the two domains do not combine only because a separate act of transfer is done in each. Here, however, both two-*amah* distances are traveled as a result of a *single* act of throwing; in this case, even R' Yose would agree that the two domains combine (see *Rashba* et al.).]

3. According to *Rashi* (above ד״ה פחות מארבע פטור), this is evident from the fact that the Baraisa rules the thrower exempt where the object did not travel a total of four *amos* in the public domain, though it did travel through the private domain (see above, note 1). And you cannot argue that the Baraisa *does* subscribe to the principle of *kelutah*, but exempts the thrower in this case because he did not *intend* for the object to land inside (see 97b note 23), for there would then be no need for the Tanna to state the obvious ruling that the thrower is exempt in this case. Rather, the Baraisa must be referring to a case in which the thrower said, "Let it come to rest wherever it pleases," in which case he *would* be liable according to those who subscribe to the principle of *kelutah* (see 97b and note 25 there). And the Tanna means to teach us that the thrower is *not* liable, for we do *not* accept the principle of *kelutah* (see *Hagahos R' Elazar Moshe Horowitz*, in explanation of *Rashi*; see also *Rashba*).

[Other Rishonim, however, explain that the Baraisa's second ruling (exempting the thrower where the object does not travel four *amos* in the *reshus harabim*) does not prove that the Tanna does not subscribe to *kelutah*, since the case might in fact be one in which the thrower did not intend for the object to land in the private domain. Rather, the Gemara deduces that this Tanna does not subscribe to *kelutah* from the Baraisa's first ruling, which states that the thrower *is* liable if the object *does* travel four *amos* in the *reshus harabim*. If, however, the Tanna subscribed to *kelutah*, then the thrower would not be liable even in that case, because it would be deemed as if the object had come to rest in the intervening private domain, interrupting the act of travel through the public domain. And neither would the thrower be liable for *hachnasah* or *hotzaah*, since it was not his *intent* for the object to land in the *reshus hayachid* (see *Rashba*; see also *Sfas Emes*; see *Yefei Einayim*, who suggests a reason why *Rashi* did not adopt this latter explanation).]

4. The laws of transferring objects between private and public domains on the Sabbath are derived from the Mishkan precedent in the Wilderness (above, 96b; see also above, *Rashi* to 5a ד״ה לדגלי מדבר). Accordingly, a "public domain" with reference to these laws must share the characteristics of the public domain used by the Israelites in the Wilderness. And the *Halachah LeMoshe MiSinai* that teaches the prohibition against "transferring an object four *amos* in the *public domain*" refers to the public domain as defined by the laws of transfer between domains. The Gemara therefore rules that since the public domain in the desert encampment had no roofed areas, a roofed area in a public domain is not deemed to be a public domain with regard to the laws of the Sabbath.

5. By virtue of the boards that were placed atop them (*Rashi*; see next note).

6. The Merarite Leviim were issued four wagons (*Numbers* 7:8) to transport the Tabernacle's forty-eight boards (*Exodus* 25:18-23) – twelve on each wagon (*Rashi* below ד״ה ארבעה). The wagons traveled in side-by-side pairs along the public domain, laden with the Tabernacle boards. The body of each wagon was five *amos* long by two-and-a-half *amos* wide (Gemara below, 99a). The wheels extended to 1¼ *amos* on either side of the wagon body. The twelve boards were laid across the top of the wagon's walls in several stacks, with the length of the boards running across the width of the wagon; thus, the ten-*amah* tall boards extended 3¾ *amos* beyond the walls and 2½ *amos* beyond the wheels on either side of the wagon. The tips of the boards extending over the inner wheels of one wagon reached the tips of the boards extending over the wheels of the second wagon in the pair (see, however, 99a note 14). Thus, the boards spanned the entire width of the public domain [see illustration] (see *Rashi*).

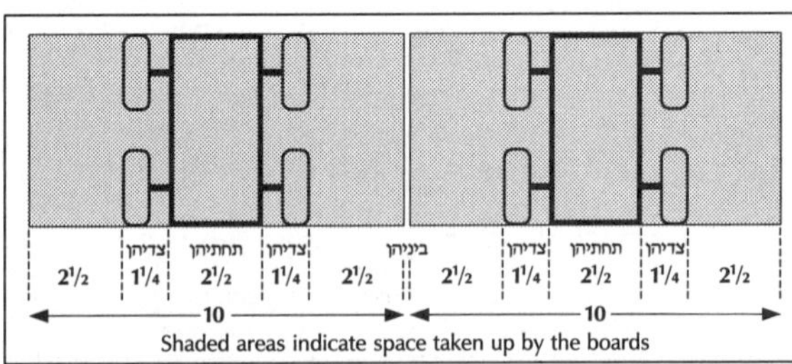

Shaded areas indicate space taken up by the boards

"Beneath them" refers to the area under the body of the wagon. "Between them" refers to the five-*amah*-wide area between the outer edges of the inner wheels of each pair of wagons. "Their sides" refers to the 1¼-*amah*-wide area between the outer side of each wagon body and the outer limit of the wheels (*Rashi*; see also *Meiri*; see also 99a note 11).

7. At this point, the Gemara assumes that the boards were piled in such a way that they covered the entire length of the wagon, roofing the entire area beneath, between and to the sides of the wagons. Yet, Rav states in the name of R' Chiya that the areas beneath, between and to the sides of the wagons had the status of a *reshus harabim*. Does his statement, then, not indicate that even a roofed area can have the status of a *reshus harabim*? (see *Rashi*).

8. That the areas underneath the wagons had the status of a *reshus harabim* (*Rashi*; see *Maharsha*, who explains why *Rashi* singles out the area *underneath* the wagons).

פחות מארבע אמות פטור מאי קמ"ל הא קא משמע לן רשויות מצטרפות (א) ואמרינן קלוטה כמה שהונחה: א) אמר רב שמואל בר יהודה אמר רבי אבא אמר רב הונא אמר רב המעביר ד' אמות בר"ה מקורה פטור לפי שאינו דומה לדגלי מדבר איני והא עגלות דמקורות הוויין ג) ואמר רב משום רבי חייא עגלות תחתיהן וביניהן וצדיהן רה"ר כי קאמר רב בדראתא מכדי אורכא דעגלה כמה הואי חמש אמין פותיא דקרש כמה הואי אמתא ופלגא כמה מותיב תלתא פשא ליה פלגא דאמתא כי שדי ליה מר ביני וביני כלבוד דמי מי סברת קרשים אפותייהו הוה מנח להו אחודן מנח להו סוף סוף סומכא דקרש כמה הוי אמתא כמה הוה מותיב ארבעה פשא לה אמתא כי שדי לה מר ביני וביני כלבוד דמי הניחא למ"ד קרשים מלמטן עוביין אמה מלמעלן כלין והולכין עד כאצבע שפיר אלא למ"ד כשם שמלמטן עוביין אמה כך מלמעלה עוביין אמה מאי איכא למימר א"ר כהנא ג) באטבעי אטבעי היכא מנח להו אגבא דעגלה עגלה גופא מקורה הואי אמר

רש"י

פחות מארבע פטור. דמשום הוצאה לא מיחייב דלא אמרינן קלוטה כמה שהונחה: רשויות. השוות: מצטרפות. רשות הרבים זו עם רשות הרבים זו ודלא כר' יוסי דאמר בפרק המוציא יין (לעיל פ.) אף בהעלם אחד לרשות אחת חייב לשתי רשויות פטור ועוד קא משמע לן דלא אמרינן קלוטה כמה שהונחה: מקורה. מכוסה: והא עגלות. דמשכן: דמקורות הוו. בקרשים הסדורין עליהן רחבן לאורך העגלה ואורכן לרחבן על ראש דפנותיה וקא סלקא דעתך על פני כל אורך העגלות היו מסודרות: וביניהן. בין עגלה לעגלה שבלדה ואף על פי שראשי הקרשים יוצאים לכאן ולכאן שתי אמות ומחצה לכל רוח וראשי קרשים של עגלה זו מגיעין לראשי קרשים של זו שבלדה שהרי חמש אמות היו בין עגלה לעגלה כדלקמן ורחב עגלה חמש אמות החלל שתי אמות ומחצה ובין הדפנות והאופנים ועובי האופנים שתי אמות ומחצה וי' אמות אורך הקרש וכשאורכה נתון על דופני עגלה לרחבה נמלאו ב' אמות ומחצה בולטין מכל צד ונמלא ריוח שבין ב' העגלות מקורה בראשי קרשים: וצדיהן. ריוח שבין דופן עגלה לאופן ועובי האופן: כי קאמר רב. תחתיהן רה"ר: בדראתא. בריוח שבין שורות הסדר שהיה סודר קרש על קרש סדר אחד ומניחו ריוח וסודר סדר אחר ומניחו ריוח: ה' אמות. כדלקמן: כמה מותיב. כמה סדרים יכול להושיב על אורך דפנותיה תלתא ותו לא ומחזיקות ד' אמות ואמאי פש ליה ריוח פלגא דאמתא: שדי ליה מר ביני וביני. כשאתה מחלק לריוח שבין הסדרים אין בכל ריוח אלא רביע אמה דהוא טפח ומחצה דס"ל לבוד והיינו מקורה: אחודן מנח להו. דליכא רווחא טפי: סומכא. עובי: אמתא. כדמשני לקמן עוביין אמה: כמה מותיב. כמה סדרים הוא מסדר: ארבעה. דעל כרחך כל מה שיכול לסדר על פני אורך העגלה הוא מסדר ואינו מגביה להושיב זו על זו שהרי י"ב קרשים היו לעגלה אחת שמ"ח קרשים היו כ' קרשים לצפון ועשרים לדרום וששה למערב ושנים למקצועות וכיון דרחבן אמה ואמה ומושב אורכן קצר אם אתה מסדר זו על זו הרבה הן נופלות הלכך כמה הוא מותיב ארבע דחמשה בחמשה לא יתבי דלא אפשר לדוחקן ולמלאת להושיב ה' בתוך ה' אמות ועוד מפני בליטת הטבעות: כי שדי מר ביני וביני. לתלתא לאמה וג' רווחים שבין ארבע סדרים כלבוד דמי שאין כאן ריוח אלא שני טפחים: הניחא. הא דאמרת שהריוח הזה רשות הרבים הוא למ"ד שעובי הקרשים כלה והולך עד כאצבע איכא למימר דאיכא רווחא טפי בין ד' סדרים: אלא למ"ד כו'. פלוגתא לקמן בשמעתין: אמר רב כהנא באטבעי. בריוח שבין לדי הקרשים שהטבעות קבועות בהם קאמר רב דהוי רשות הרבים כלומר אי אפשר לסדר בה ארבע סדרים דקאמרת לפי שטבעות קבועין בקרשים דכתיב (שמות כו) ואת טבעותיהם תעשה זהב שהיה מוחב הבריחים לתוכן לפי שהן גבוהות וכשיושבות על האדנים שאינם אלא אמה מתנענעות לפנים או לאחור אלא שהבריחים מחברים את כולם והבריח התיכון מחבר כל ג' הרוחות ומחזיקין זה את זה ואותן טבעות זקופין היו ולא שוכבין והיו רחבין ולא אפשר להן לעמוד זה כנגד זה כאותו ריוח לפיכך מושיב שתים זו אלל זו בראש העגלה האחת ופונה לד הטבעות של חיצונה לחוץ ושל פנימית לפנים ואין לריך להניח ריוח ביניהן וכן בראש העגלה השני וכל ד) אחת הריוח באמצע בין לדי הטבעות כך פירשו רבותי וכך היו גורסין אמר רב כהנא באטבעי אטבעי היכא מנח להו אגבא דעגלה ועגלה גופה מקורה הואי אמר שמואל ביתדות ומפרש אטבעי כמו טבעי ופרכינן הנך רווחא דאטבעי היכא מנח להו אגבא דעגלה כדפרישית והתינח לדיהן וביניהן רשות הרבים אלא תחתיהן היכי הוי רשות הרבים הא עגלה גופה מקורה הואי דקא סלקא דעתך שהיו עשויות כעלייה מלמטה כאותן שלנו שטוענין בהן חול ועפר לבנין:

תוספות

הניחא למ"ד קרשים מלמטה עוביין אמה וכלין והולכין עד כאצבע. הקשה הרב פור"ת ולדידיה מי ניחא והלא כיון שהולכין וכלין עד כאצבע יכולין לסדר ששה סדרים או יותר שיתנו מודו של זה כנגד עביו של זה ויחזיקו ששה סדרים שלא אמות ושלש אלבעות ושאלו י"א טפחים לאויר וכי שדית להו ביני וביני כלבוד דמי ותירץ דגלגלי הוא להשים לד העב העומד סמוך לקרקע אלא הקלר שהיה למעלה מקום שהיריעות פרוסות עליהן ודמי להא דאמרינן מעלין בקדש ואין מורידין ור"ת תירץ דכמו שהיו פורקין אותן מן המשכן כך היו מניחים על העגלה שהיתה אלא דופן המשכן כי כך היו עושין בלא טורח אלא להופכן היה טורח גדול ורבינו ילחק אומר דשמא מתחלין ולמעלה היו כלין והולכין והשתא אי אפשר לסדר יותר וא"ת מנלן דילפינן ממה שאינו מקורה נילף מן המקורה שבו ויהא המעביר ד' אמות ברשות הרבים מקורה חייב וי"ל דמן האויר יש לנו ללמוד שדומה יותר רשות הרבים ור"י אומר דמהכא לא ילפינן רשות הרבים אלא ממחנה לויה כדאמר לעיל ומהכא לא ילפינן אלא שיעור רשות הרבים דהוי י"ו אמות ומכל מקום אי לאו דמתחיהן וביניהן ולדיהן רשות הרבים לא הוה ילפינן מינייהו שיעור רה"ר:

אטבעי היכא מנח להו אגבא דעגלה עגלה מקורה היא. פירש רש"י דסלקא דעתך שהעגלה היתה מקורה ותימה למה היה סבור לומר כן ועוד דבכל הספרים גרסינן אטבעי היכא מנח להו אגבא דעגלה מה לו להזכיר אטבעי בהך אתקפתא לא הוה ליה למימר אלא הא עגלה מקורה היא ועוד דגרסינן לעיל בדראתא ובכל ספרים גרס' בדרא תתא ולפי גירסתם נמי אין הלשון משמע בין השורות כמו שפיר' ונראה לר"ת כמו שפי' ר"ח בדרא תתא פי' בשורה ראשונה שעדיין לא הניח בין השורות כדמפרש ואזיל אלא כשמסדר שורה שניה ושלישית נסתם האויר שבין השורות שלא היו יכולים להיות מכוונים ולהשים זה על זה בשוה ממש אלא כל אחד היה בולט לחוץ עד שנסתם כל האויר כמו באריח על גבי לבינה ופריך אורכא דעגלה כמה הוי כו' כלומר אפילו בשורה ראשונה לא היה תחתיהן רשות הרבים כדמפרש ואזיל ומשני אמר רב כהנא באטבעי אע"ג דלא קאמר אלא הדר ביה דודאי כשיש קרשים על העגלה אפילו דרא תתאה לא הוו רשות הרבים תחתיה אלא כי קאמר דהוי רשות הרבים באטבעי שאין על העגלה אלא אטבעי גרידא פי' אטבעי שני עלים נקובים בשני ראשיהן נקובין כעין טבעות לכך קרי להו אטבעי ותוחבין אותן על הקונדיסין העומדין בשני לדי העגלה לרחבה לפניה ולאחריה כדי שלא יפלו הקרשים ולפי שלא נזכר אמורא לעיל אין דרך הש"ס לומר אלא ופריך אטבעי היכא מנחא להו אגבא דעגלה פירוש אחר שנתנו הקרשים על העגלה נותנין עליהן אטבעי טבעות ומסגרות כדפרישית לפניה ולאחריה כדי שיאחזו הקרשים ואז כבר עגלה מקורה היא ולא גרסינן עגלה גופא אלא עגלה מקורה היא ומשני אמר שמואל ביתדות פירוש אטבעי דקאמר רב כהנא לא אותן עלים נקובים המשימין לרוחב העגלה כדפי' אלא ביתדות פירוש שני עלים ארוכים שכמו כן נוקבין אותן בשני ראשיהן ותוחבין על הקונדיסין לאורך העגלה ועל אותן עלים נותנין הקרשים כדי שיהו גבוהים למעלה מן האופנים ועשויין כמו אטבעי של רוחב העגלה שלאחר הטעינה ולפי ששמואל אינו כ"א מפרש דברי רב כהנא לא קאמר אלא אבל ר"ח מפרש דהדר ביה משינויא דרב כהנא ואין נראה מדלא קאמר אלא ועוד היאך היה טועה רב כהנא דהא אין רגילות להניח אטבעי עד לאחר טעינה:

מסורת הש"ס

א) לעיל ה., ב) [לקמן לט.], ג) [ז"ל הערוך בע' אטבא פי' אטבי הם המסגרות שמשימין למעלה בעגלות סביב כשהיא טעונה], ד) ל"ל אמת.

הגהות הב"ח

(א) גמרא מלטרפות ולא אמרינן:

גליון הש"ס

גמ' עגלות תחתיהן וביניהן. עי' עירובין ו ע"א תוד"ה כילד מערבין:

ליקוטי רש"י

לדגלי מדבר. וכל מלאכות דשבת ממשכן גמרי לקמן מדנסמכה פרשת שבת לפרשת משכן בויקהל [לעיל ה:].

עין משפט נר מצוה

יב א מיי' פי"ד מהל' שבת הלכה א סמג לאוין סה טוש"ע א"ח סי' שמה סעיף ז ויד:

רבינו חננאל

בהעלם אחת אינו חייב על אחת מהן כלומר אינו חייב אלא ל"ח חטאות שיש אחת בהן שהוא פטור עליה ונמצא ספק בכולן ואמר שמואל מקושש מעביר ד' אמות ברה"ר הוה פי' כיון שנסקל נתברר כי המעביר ד' אמות ברשות הרבים אינו מן הספיקות אלא ודאי חייב: במתניתא תנא תולש היה והוא הקוצר רב אחא אמר מעמר היה כל אחד מאלו אומרים זו היא הברירה בלא ספק [דחייב] ור' עקיבא שאמר מקושש זה צלפחד נדחו דבריו. ופירשו דלא גמר מפי רבו ג"ש זו אלא הוא לעצמו דן זה וקיי"ל אדם דן ק"ו מעצמו ואין אדם דן ג"ש מעצמו ומזאת אתה למד דכל ג"ש דלא גמרא הוא ליכא למיסמך עלה. ור' עקיבא כיון דלא הות גמרא בידיה לפיכך נידחת ולא קבלה ממנו. ואף לא עמד שאהרן נצטרע ואין משום דכתיב ויחר אף ה' בם בנזיפה בעלמא: נתברר לנו מפסקא קמא דמתניתין כי הזורק מרה"ר לנוח ברה"י או מרה"י לנוח ברה"ר ברשות הרבים ונעשית מחשבתו חייב ופסקו תנינא במתניתין הזורק מרה"ר לרה"י אחרת ורה"ר באמצע ר' עקיבא מחייב וחכמים פוטרין ולענין בעיא דרבא פליגי פשיטא לן דמודים למעלה מעשרה ברה"ר ונח ברה"ר חייב וכן מושיט מרה"י לרה"י ברה"ר וכמוציא משוי על כתיפו דמי שהרי למעלה מעשרה הוא וכן היה משא בני קהת ומלאכה היא אלא אי מהו מושיט מרה"י לרה"י אע"פ שלא הגיע ברה"ר אם ד' אמות חייב כיון דנח ברה"ר שהרי הוא מוציא מרשות לרשות אבל המגבה חפץ ברה"ר והעבירו ברשות הרבים ולא הכניסו ולא הוציאו מרשות לרשות אם העבירו ד' אמות ברה"ר חייב ואם לאו פטור. אלו כולן פשוטות הן ובעיא דרבה נמי פשוטה היא מדתניא מרה"י לרה"י ועובר ברה"ר עצמה ר' עקיבא מחייב וחכמים פוטרין ודייקינן מדקתני ברה"ר עצמה פשיטא דלמטה מי' פליגי ולא מיתוקמא במעביר כגון מוציא ומושיט דהני אפילו למעלה מי' חייב אלא פשוטה היא למטה מי' [הוא] דחייב ר"ע ולמעלה מעשרה אפילו ר' עקיבא פוטר והכא בהא פליגי ר' עקיבא סבר אמרי' קלוטה כמי שהונחה דמי ורבנן סברי לא אמרינן קלוטה באויר כמה שהונחה דמי ור' אלעזר פליג וסבירא ליה דרבנן פטרי אפי' למטה מי' ור' עקיבא מחייב אפילו למעלה מעשרה טפחים והאי דקתני ברה"ר עצמה להודיעך כחן דרבנן דהלכתא כוותייהו. והא דאמר רב חלקיה בר טובי תוך שלשה דברי הכל חייב למעלה מעשרה דברי הכל פטור מג' ועד י' מחלוקת … נמי הכי פליגא אתרוייהו אדר' אלעזר … כולהו האי … ותניא כוותיה וסוגיין דשמעתין … והמושיט … עדיפא דתניא כוותיה … לפיכך למטה מעשרה אם אין אותן ב' רשויות שלו אסור לזרוק מזו לזו משום שבות ואם הם ב' דיוטאות … ורה"ר ביניהן … מותר לזרוק מזו לזו ואם היתה דיוטא

אחת למעלה ואחת למטה שהזורק צריך להעקים ולזרוק אסור משום גזירה גזרינן לזרוק דלמא נפלה ברה"ר עצמה ואתי לעיולא מרה"ר לרה"י ותרגומא נמי להא דרב דאמר ב' בתים שלו בשתי צדי רה"ר אסור לזרוק מזו לזו דמידלי חד ומיתתי חד כדפרשינא והלכתא כוותיה דרב ובלבד דלמעלה מעשרה נפלו ואסיקנא כל פחות מג' טפחים כלבוד דמי בין למעלה כגון הרחקת סכך מן הדפנות וכיוצא בה ובין למטה הלכתא גמירי לה. ת"ר הזורק מרה"ר לרה"ר ורה"י באמצע ר' מחייב וחכמים פוטרין פי' כגון שזורק מרה"ר ונתכוון לנוח ברה"ר אחר ולא נתכוון כדי שינוח ברה"י וגם לא נח ברה"י אלא עברה בלבד העברה ברה"י ונח ברה"ר שנתכוון כדי שינוח בו ואין ממקום שזורק עד מקום שנח ד' אמות דכיון שאין ביניהם ד' אמות פטרי רבנן ורבי סבר קלוטה באויר כמו שהונחה בקרקע דמו. רב ושמואל דאמרי תרווייהו לא חייב רבי אלא בזמן שעברה ברה"י מקורה דסבר ביתיה כמאן דמליא דמי וכאלו נחה ברה"י ונמצא מכניס ומוציא מרשות לרשות ואע"ג דלית תמן ד' אמות חייב ומפרשא בגיטין בהזורק גט. אבל הזורק דרך רה"י שאינו מקורה לא מחייב ר' ולא אמרינן קלוטה כמו שהונחה: אמר רב יהודה אמר שמואל מחייב היה רבי שתים אחת משום הכנסה ואחת משום הוצאה. ודחי' לה להא הכי והא הכנסה תולדה דהוצאה היא כדתנן בחשבון אבות מלאכות המוציא מרשות לרשות ואע"ג דאוקימנא בתחלת מסכתא זאת תנא כל עקירת חפץ ממקומו הוצאה קרי לה מיהו חדא אב וחדא תולדה. וא"ת מחייב ר' שתים ונמצא מחייב אתולדה במקום אב דידיה והא תניא ר' אומר דברים הדברים אלה הדברים ל"ט מלאכות שנאמרו לו למשה מסיני וכל מאן דאית ליה חילוק מלאכות והללו הן אבות והשאר תולדות ואוקימנא דאינו מחייב אתולדה במקום אב דידיה אלא על האב ועל אתולדה דידיה לא מחייב אלא חדא וא"ל רב יוסף לרב חסדא מר הא שמעתא דרב יהודה אמר שמואל אדר' מתני לה וקשיא ליה. רב יהודה אמר שמואל לא קתני לה אדר' כלל אלא אדר' יהודה מתני לה דתניא הזורק מרה"י לרה"ר ועובר ד' אמות ברה"ר ר' יהודה מחייב וחכמים פוטרין אמר רב יהודה אמר שמואל מחייב היה ר' יהודה שתים אחת משום הוצאה מרשות לרשות ואחת משום מעביר ד' אמות ברה"ר. ודחינן ממאי דלמא ר' יהודה חדא הוא מחייב כגון דאמ' עד דנפקא לרה"ר תנוח ובהא פליגי ר' יהודה סבר כיון דנפקא לרה"ר קלטתה רה"ר כאילו נחה שם ונעשה מחשבתו ולפיכך חייב. ורבנן סברי לא אמרי' קלוטה כמי שהונחה וכיון שלא נעשת מחשבתו פטור לגמרי דקיי"ל לענין שבת מלאכת מחשבת אסרה תורה אבל אתולדה במקום אב אפילו ר' יהודה לא מחייב ובהכי סלקא שמעתין ואע"ג דטרח למפשט מהא דתניא ר' יהודה מוסיף אף השובט והמדקדק מכלל דהני תולדות נינהו דר' יהודה מחייב אתולדה במקום אב דחויא היא ואסיקנא הני לר' יהודה אבות נינהו ומוסיף להו בהני אבות ואוקמוה רבה ורב יוסף דלא הוה מחייב רבי יהודה אלא אחת וא"ל רבינא לרבא למאי דסליק אדעתין מעיקרא דמחייב ר' יהודה שתים אי האי זורק דעתו שתנוח עם יציאתה לרה"ר ואין דעתו להעבירה ד"א ברה"ר אע"ג דסבר קלוטה כמי שהונחה בהעברה לא מחייב דהא לא נתכוון להעבירה ד"א ברה"ר דהא לא מחייב אלא על מחשבתו כר' יוחנן דאמר המפנה חפצים מזוית לזוית ונמלך עליהן והוציאו לרה"ר פטור שלא היתה עקירה משעה ראשונה לכך. ושני ליה רבא לרבינא באומר הריני זורק ובדעתי כ"מ שתנוח בו הוא רצוני דכל היכא דנח אמרינן הרי נעשית מחשבתו: פשיטא נתכוון לזרוק ח"א וזרק ד' הרי כתב שם משמעון וחייב. ואקשינן מי דמי התם כמה דלא כתב שם לא מכתב ליה שמעון וכאלו מתחלה כך היתה מחשבתו כתוב שם ואחריו עון והנה נעשית מחשבתו ולפיכך חייב אבל זורק מי לא יכול לזרוק חי"ת בבת אחת כי לא נייח ביניהן כלל ונדחת. נתכוון לזרוק ד' אמות וזרק ח' חייב אם אמר

חשק שלמה על רבינו חננאל א) עיין תוס' לעיל דף ס ד"ה והא. ולהלן דף ק ד"ה לאתויי מש"כ בזה:

בְּדָרָאתָא – **Concerning** the areas underneath **the gaps** between the stacks of boards.[9]

The Gemara asks:

מִכְּדִי – Now, let us see. אוּרְכָּא דַּעֲגָלָה כַּמָּה הֲוַאי – **What was the length of the wagon?** חָמֵשׁ אַמִּין – **Five *amos*.** פּוּתְיָא דְּקֶרֶשׁ כַּמָּה הֲוַאי – And **what was the width of a board?** אַמְּתָא וּפַלְגָּא – **One and a half *amos*.** כַּמָּה מוֹתִיב – **How many** stacks of boards **could one** then **place** on the wagon? תְּלָתָא – **Three** stacks, covering a total of four and a half *amos* of the wagon's length. פָּשָׁא לֵיהּ פַּלְגָּא דְּאַמְּתָא – **Left over,** then, is an open space of **half an *amah*.** כִּי שָׁדֵי לֵיהּ מַר בֵּינֵי וּבֵינֵי – **When master distributes it** evenly **between** the two gaps – a quarter *amah* for each gap[10] – כְּלָבוּד דָּמֵי – **it is as if** the stacks are **extended** across the gaps, legally closing those gaps.[11] Accordingly, even the areas beneath the gaps were legally considered roofed. Thus, we return to our original difficulty, that Rav seems to assign public-domain status to the roofed areas under the wagons. – ? –

The Gemara answers:

מִי סָבְרַת קְרָשִׁים אַפּוּתַיְיהוּ הֲוָה מַנַּח לְהוּ – **Do you think that one would place the boards** atop the wagon **on their wide side,** which measured one and a half *amos*? This is not so. אַחוּדָן מַנַּח לְהוּ – Rather, **one placed them on their narrow side,** which was only an *amah* across.[12] This would leave wider gaps between the stacks – too wide to be considered closed through the principle of *lavud*.[13]

The Gemara asks:

סוֹף סוֹף סוּמְכָא דְּקֶרֶשׁ כַּמָּה הָוֵי – **But in the final analysis, what was the thickness of a board** on its narrow side? אַמְּתָא – **An *amah*.** כַּמָּה הֲוָה מוֹתִיב – **How many** stacks **could one** then **place** on the wagon? אַרְבָּעָה – **Four** stacks,[14] covering a total of four *amos* of the wagon's length. פָּשָׁא לָהּ אַמְּתָא – **Left over,** then, is an open space of **an *amah*.** כִּי שָׁדֵי לָהּ מַר בֵּינֵי וּבֵינֵי – **When master distributes it** evenly **among** the three gaps that are between the four stacks, כְּלָבוּד דָּמֵי – **it is as if** the stacks are **extended** across the gaps, legally closing those gaps.[15]

The Gemara concludes its question with one additional point: הָנִיחָא לְמַאן דְּאָמַר קְרָשִׁים מִלְּמַטָּן עוֹבְיָין אַמָּה – Now, **it is fine according to the one who says that the boards were an *amah* thick below,** at the base, מִלְמַעְלָן כָּלִין וְהוֹלְכִין עַד כְּאֶצְבַּע – but **above** the base **they tapered gradually until** they were as thin **as a finger** at their tips.[16] שַׁפִּיר – According to that view, your resolution works **well.** For there could then have been gaps between the stacks too wide for the application of *lavud*,[17] and Rav's statement about the public-domain status underneath could apply to the areas underneath those gaps. אֶלָּא לְמַאן דְּאָמַר כְּשֵׁם שֶׁמִּלְּמַטָּן עוֹבְיָין אַמָּה – **But according to the one who says that just as they were an *amah* thick below,** כָּךְ מִלְמַעְלָה עוֹבְיָין אַמָּה – **so too were they an *amah* thick above** at the top, מַאי אִיכָּא לְמֵימַר – **what is there to say?** The remaining *amah* of space, when distributed among the three gaps, would leave gaps of less than three *tefachim* between the stacks along their entire lengths.[18] How, then, could Rav say that the area underneath constituted a public domain?

The Gemara answers:

אָמַר רַב כַּהֲנָא – **Rav Kahana said:** בְּאַטְבְּעֵי – The stacks of boards were not evenly spaced, but rather positioned **in a clip formation.**[19] This created in the middle of the wagon between the

NOTES

9. I.e. the boards were piled on the wagons in neat and spaced stacks (see Gemara below). Rav's statement that the areas underneath had the status of a *reshus harabim* refers only to the areas underneath the gaps between the stacks, as those gaps were not roofed (see *Rashi*). [The Gemara at the very end of the *amud* will object that apparently the floor of the wagon "roofed" the ground underneath even at points opposite the gaps between the piles of boards, and this should have prevented that ground from being deemed a *reshus harabim*.]

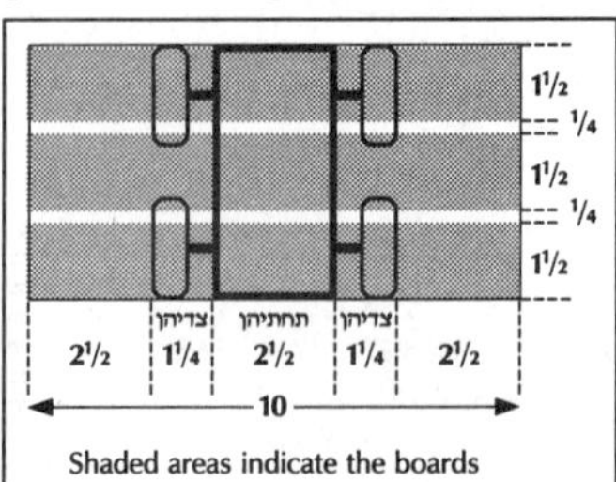

Shaded areas indicate the boards

10. See illustration. [The Tabernacle boards were one-and-a-half *amos* wide and one *amah* thick. The Gemara's present assumption is that the wide side of the boards was laid upon the wagon, for greater stability. Now, the twelve boards were certainly arranged in the maximum number of stacks that could fit along the length of the five-*amah* wagon, in order to minimize the height of the stacks, thereby maximizing their stability (*Rashi* below ד״ה ארבעה). Thus, rather than stack the twelve boards in two stacks of six, they surely stacked the boards in three stacks of four – one stack at either end, and a third stack in the middle.]

11. We learned above (97a) that a gap of less than three *tefachim* is considered closed by virtue of the principle of *lavud*.

12. [It was not feasible to lay the boards on their wide side, since that side had the rings for the crossbars attached to them; thus, the weight of the upper boards would rest on the rings of the lower ones. The narrow sides of the boards, however, were completely flat.]

13. [For the three stacks would then take up only a total of three *amos* (3 x 1 *amah*), leaving a gap of one *amah* between each stack. The principle of *lavud*, though, applies only to an opening of less than half an *amah* (half an *amah* is three *tefachim*).]

14. As mentioned above, the boards were arranged in the maximum number of stacks that could fit along the wagon's length. Now, it is true that even though the wagon was five *amos* long, the boards would not be arranged, narrow side down, in five one-*amah* stacks (three containing two boards each, and two containing three boards each). For the stacks could not be pressed so close together as to fit on the five-*amah* wagon. Moreover, one stack could not be placed flush against another, because of the gold rings that protruded from the wide side of the boards [see note 12]. However, the boards would have been arranged in *four* stacks [of three boards each] rather than in three stacks [of four boards each] (*Rashi*).

15. For distributing one *amah* (six *tefachim*) among three gaps leaves us with two *tefachim* for each gap, to which the law of *lavud* is applied.

16. The Gemara below (98b) records a Tannaic dispute regarding the thickness of the Tabernacle boards. All agree that they were one-*amah* thick at the base (i.e. at the point from which the tenons extended). Some maintain that this thickness remained constant throughout the remaining nine *amos* of the board's length, whereas others maintain that the board narrowed until it was but a fingerwidth at the tip.

17. See illustration. [Measuring from the lower tip of the tenon, and assuming that the board began narrowing immediately and linearly, the gaps between the four stacks widened to three *tefachim* at a point slightly beyond 2½ *amos* from the tip of the tenon, or just inside the outer extremity of the wagon's outer wheels.]

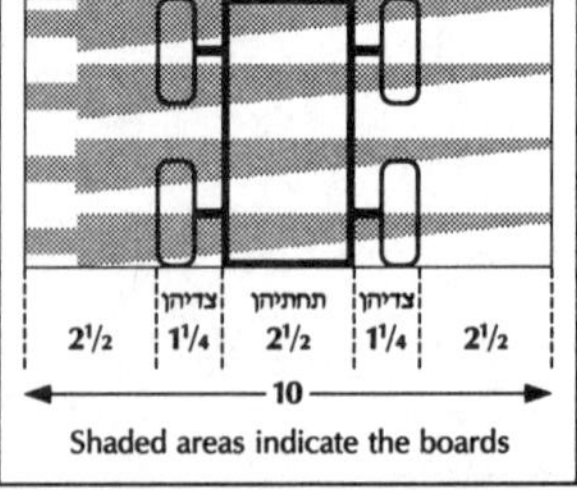

Shaded areas indicate the boards

[*Tosafos* ask that according to this view, the stacks could apparently have been staggered, alternating thick and thin ends, which would allow the boards to be piled, say, in six stacks. These six stacks would then cover a total of just more than 3⅛ *amos* [3×(1+1/24); a fingerwidth is 1/24 of an *amah*], leaving about eleven *tefachim* open, which – when distributed among the five gaps – would leave gaps of considerably less than three *tefachim*, to which the principle of *lavud* would be applied. See the various resolutions offered by *Tosafos*.]

18. See note 15.

19. [*Dikdukei Soferim* (§3) notes that the reading in earlier printed editions throughout the course of the Gemara and *Rashi's* comments

פחות מארבע אמות פטור מאי פטור מאי קמ"ל הא קא משמע לן רשויות מצטרפות (א) ואמרינן קלוטה כמה שהונחה: א אמר רב שמואל בר יהודה אמר רבי אבא אמר רב הונא אמר רב א המעביר ד' אמות בר"ה מקורה פטור לפי שאינו דומה לדגלי מדבר איני והא עגלות דמקורות הויין ב ואמר רב משום רבי חייא ° עגלות תחתיהן וביניהן וצדיהן רה"ר כי קאמר רב בדראתא מכדי אורכא דעגלה כמה הואי חמש אמין פותיא דקרש כמה הואי אמתא ופלגא כמה מותיב תלתא פשא ליה פלגא דאמתא כי שדי ליה מר ביני וביני כלבוד דמי מי סברת קרשים אפותייהו הוה מנח להו אחודן מנח להו סוף סוף סומכא דקרש כמה הוי אמתא כמה הוה מותיב ארבעה פשא לה אמתא כי שדי לה מר ביני וביני כלבוד דמי הניחא למ"ד קרשים מלמטן עוביין אמה מלמעלן כלין והולכין עד כאצבע שפיר אלא למ"ד כשם שמלמטן עוביין אמה כך מלמעלה עוביין אמה מאי איכא למימר א"ר כהנא ג באטבעי אטבעי היכא מנח להו אגבא דעגלה עגלה גופא מקורה הואי אמר

רש"י

פחות מארבע פטור. דמשום הולאה לא מיחייב דלא אמרינן קלוטה כמה שהונחה: רשויות. השוות: מצטרפות. רשות הרבים זו ודלא כר' יוסי דאמר בפרק המוליא יין (לעיל פ.) אף בהעלם אחד לרשות אחת חייב לשתי רשויות פטור ועוד קא משמע לן דלא אמרינן קלוטה כמה שהונחה: מקורה. מכוסה: והא עגלות. דמשכן: דמקורות הוו. בקרשים הסדורין עליהן רחבן לאורך העגלה ואורכן לרחבן על ראש דפנותיה וקא סלקא דעתך על פני כל אורך העגלות היו מסודרות: וביניהן. בין עגלה לעגלה שבלדה ואף על פי שראשי הקרשים יולאים לכאן ולכאן שתי אמות ומחצה לכל רוח וראשי קרשים של עגלה זו מגיעין לראשי קרשים של זו שבלדה שהרי חמש אמות היו בין עגלה לעגלה כדלקמן ורחב עגלה חמש אמות החלל שתי אמות ומחצה ובין הדפנות והאופנים ועובי האופנים שתי אמות ומחצה וי' אמות אורך הקרש וכשאורכה נתון על דופני עגלה לרחבה נמלאו ב' אמות ומחצה בולטין מכל לד ונמלא ריוח שבין ב' העגלות מקורה בראשי קרשים: וצדיהן. ריוח שבין דופן עגלה לאופן ועובי האופן: כי קאמר רב. תחתיהן רה"ר: בדראתא. בריוח שבין שורות הסדר שהיה סודר קרש על קרש סדר אחד ומניחו ריוח וסודר סדר אחר ומניחו ריוח: ה' אמות. כדלקמן: כמה מותיב. כמה סדרים יכול להושיב על אורך דפנותיה תלתא ותו לא ומחזיקות ד' אמות ואחי פש ליה פלגא דאמתא: שדי ליה מר ביני וביני. כשאתה מחלק לריוח שבין הסדרים אין בכל ריוח אלא רביע אמה דהוא טפח ומחצה דה"ל לבוד והיינו מקורה: אחודן מנח להו. דאיכא רווחא טפי: סומכא. עובי: אמתא. כדמשני לקמן עוביין אמה: כמה מותיב. כמה סדרים הוא מסדר: ארבעה. דעל כרחיך כל מה שיכול לסדר על פני אורך העגלה הוא מסדר ואינו מגביה להושיב זו על זו שהרי י"ב קרשים היו לעגלה אחת שמ"ח קרשים היו כ' קרשים לצפון ועשרים לדרום ושש למערב ושנים למקלועות וכיון דרחבן אמה ואי ומושב חודן קצר אם אתה מסדר זו על זו הרבה הן נופלות הלכך כמה הוא מותיב ארבע דחמשה בחמשה לא יתבי דאי אפשר לדוחקן ולאמלא להושיב ה' בתוך ה' אמות ועוד מפני בליטת הטבעות: כי שדי מר ביני וביני. לחלקה לאמה זו ג' רווחים שבין ארבע סדרים כלבוד דמי שאין כאן ריוח אלא שני טפחים: הניחא. הא דאמרת שהריוח הזה רשות הרבים הוא למ"ד שעובי הקרשים כלה והולך עד כאצבע איכא למימר דאיכא רווחא טפי בין ד' סדרים: אלא למ"ד כו'. פלוגתא לקמן בשמעתין: אמר רב כהנא באטבעי. בריוח שבין לדי הקרשים שהטבעות קבועות בהם קאמר רב דהוי רשות הרבים כלומר אי אפשר לסדר בה ארבע סדרים כדקאמרת לפי שטבעות קבוען בקרשים כדכתיב (שמות כו) ואת טבעותיהם תעשה זהב שהיה תוחב הבריחים לתוכן לפי שהן גבוהות וכשיושבות על האדנים שאינם אלא אמה מנענעות לפנים או לאחור אלא שהבריחים מחברים את כולם והבריח התיכון מחבר כל ג' הרוחות ומחזיקין זה את זה ואותן טבעות זקופין היו ולא שוכבין והיו רחבין ואי אפשר להן לעמוד זה כנגד זה באותו ריוח לפיכך מושיב שתים זו אצל זו בראש העגלה האחת ופונה לד הטבעות של חילונה לחוץ ושל פנימית לפנים ואין לריך להניח ריוח ביניהן וכן בראש העגלה השני וכל ד) אחת הריוח באמלע בין לדי הטבעות כך פירשו רבותי וכך היו גורסין אמר רב כהנא באטבעי אטבעי היכא מנח להו אגבא דעגלה ועגלה גופה מקורה הואי אמר שמואל ביתדות ומפרש אטבעי כמו טבעי ופרכינן הנך רווחא דאטבעי היכא מנח להו אגבא דעגלה כדפרישית והתינח לדיהן וביניהן רשות הרבים אלא תחתיהן היכי הוי רשות הרבים הא עגלה גופה מקורה הואי דקא סלקא דעתך שהיו עשויות כעלייה מלמטה כאותן שלנו שטוענין בהן חול ועפר לבנין:

אמר

תוספות

הניחא למ"ד קרשים מלמטה עוביין אמה וכלין והולכין עד כאצבע. הקשה הרב פור"ת ולדידיה מי ניחא והלא כיון שהולכין וכלין עד כאצבע יכולין לסדר ששה סדרים או יותר שיתנו חודו של זה כנגד עביו של זה ויחזיקו ששה סדרים שלא אמות ושלא אלצבעות וישארו י"א טפחים לאויר וכי שדית להו ביני וביני כלבוד דמי ותירץ דגמ' הוה להשים לד העב העומד סמוך לקרקע אלא הקצר שהיה למעלה מקום שהיריעות פרוסות עליהן ודמי להא דאמרינן מעלין בקדש ואין מורידין ור"ת תירץ דכמו שהיו פורקין אותן מן המשכן כך היו מניחים על העגלה שהיתה אלא דופן המשכן כי כך היו עושין בלא טורח אבל להופכן היה טורח גדול ורבינו יצחק אומר דשמא מחצין ולמעלה היו כלין והולכין והשתא אי אפשר לסדר יותר וא"ת מנלן דילפינן ממה שאינו מקורה נילף מן המקורה שבו ויהא המעביר ד' אמות ברשות הרבים מקורה חייב וי"ל דמן האויר יש לנו ללמוד שדומה יותר רשות הרבים ור"י אומר דמהכא לא ילפינן רשות הרבים אלא ממחנה לויה כדאמר לעיל ומהכא לא ילפינן אלא שיעור רשות הרבים דהוי י"ו אמות ומכל מקום אי לאו דתחתיהן וביניהן ולידיהן רשות הרבים לא הוה ילפינן מינייהו שיעור רה"ר:

אטבעי היכא מנח להו אגבא דעגלה עגלה מקורה היא. פירש רש"י דסלקא דעתך שהעגלה היתה מקורה ותימה למה היה סבור לומר כן ועוד דבכל הספרים גרסינן אטבעי היכא מנח להו אגבא דעגלה מה לו להזכיר אטבעי בהך אתקפתא לא הוה ליה למימר אלא הא עגלה מקורה היא ועוד דגרסינן לעיל בדראתא ובכל ספרים גרסי' בדרא תתא ולפי גירסתם נמי אין הלשון משמע בין השורות כמו שפיר' ונראה לר"ת כמו שפי' ר"ח בדרא תתא פי' בשורה ראשונה שעדיין לא הניח על העגלה אלא קרשים התחתיים בלבד שאינה מקורה כולה שיש ריוח בין השורות כדמפרש ואזיל אבל כשמסדר שורה שניה ושלישית נסתם האויר שבין השורות שלא היו יכולים להיות מכוונים ולהשימן זה על זה בשוה ממש אלא כל אחד היה בולט לחוץ עד שנסתם כל האויר כמו באריח על גבי לבינה ופריך אורכא דעגלה כמה הוי כו' כלומר אפילו בשורה ראשונה לא היה תחתיהן רשות הרבים כדמפרש ואזיל ומשני אמר רב כהנא באטבעי אע"ג דלא קאמר אלא הדר ביה דודאי כשיש קרשים על העגלה אפילו דרא תתאה לא הוו רשות הרבים תחתיה אלא כי קאמר דהוי רשות הרבים באטבעי שאין על העגלה אלא אטבעי גרידא פי' אטבעי שני עלים נקובים בשני ראשיהן נקובין כעין טבעות לכך קרי להו אטבעי ותוחבין אותן על הקונדיסין העומדין בשני לדי העגלה לרחבה לפניה ולאחריה כדי שלא יפלו הקרשים ולפי שלא נזכר אמורא לעיל אין דרך הש"ס לומר אלא ופריך אטבעי היכא מנחא להו אגבא דעגלה פירוש אחר שנתנו הקרשים על העגלה נותנין עליהן אטבעי טבעות ומסגרות כדפרישית לפניה ולאחריה כדי שיאחזו הקרשים ואז כבר עגלה מקורה היא ולא גרסינן עגלה גופא אלא עגלה מקורה היא ומשני אמר שמואל ביתדות פירוש אטבעי דקאמר רב כהנא לא אותן עלים נקובים המשימין לרוחב העגלה כדפי' אלא ביתדות פירוש שני עלים ארוכים שכמו כן נוקבין אותן בשני ראשיהן ונותנין על הקונדיסין לאורך העגלה ועל אותן עלים נותנין הקרשים כדי שיהו גבוהים למעלה מן האופנים ועשויין כמו אטבעי של רוחב העגלה שלאחר הטעינה ולפי ששמואל אינו כ"א מפרש דברי רב כהנא לא קאמר אלא אבל ר"ח מפרש דהדר ביה משינויא דרב כהנא ואין נראה מדלא קאמר אלא ועוד היאך היה טועה רב כהנא דהא אין רגילות להניח אטבעי עד לאחר טעינה:

דל

מסורת הש"ס

א) לעיל ה., ב) [לקמן לט.], ג) [ז"ל הערוך בע' אטבא פי' אטבי הם המסגרות שמשימין למעלה בעגלות סביב כשהיא טעונה], ד) ל"ל אחת.

הגהות הב"ח

(א) גמרא מלטרפות ולא אמרינן:

גליון הש"ס

גמ' עגלות תחתיהן וביניהן. עי' עירובין ו ע"א תוד"ה כילד מערבין:

ליקוטי רש"י

לדגלי מדבר. וכל מלאכות דשבת ממשכן גמרי לקמן מדנסמכה פרשת שבת לפרשת משכן בויקהל [לעיל ה:].

רבינו חננאל

בהעלם אחת אינו חייב על אחת מהן כלומר אינו חייב אלא ל"ח חטאות שיש אחת בהן שהוא פטור עליה ונמצא ספק בכולן ואמר שמואל מקושש מעביר ד' אמות ברה"ר הוה פי' כיון שנסקל נתברר כי המעביר ד' אמות ברשות הרבים אינו מן הספיקות אלא ודאי חייב: במתניתא תנא תולש היה והוא הקוצר רב אחא אמר מעמר היה כל אחד מאלו אומרים זו היא הברירה בלא ספק [דחייב] ור' עקיבא שאמר מקושש זה צלפחד נדחו דבריו. ופירשו דלא גמר מפי רבו ג"ש זו אלא הוא דן ק"ו מעצמו ואין אדם דן ג"ש מעצמו ומוצאת אתה למד דכל ג"ש דלא סמך הוא ליכא למיסמך עלה. ור' עקיבא כיון דלא הוה גמרא בידיה לפיכך נידחת ולא קבלה ממנו. ואף לא עמד שאהרן נצטרע ואי משום דכתיב ויחר אף ה' בם בנזיפה בעלמא. נתברר לנו מפסקא קמא דמתניתין כי הזורק מרה"ר לנוח ברה"י או מרה"י לנוח ברשות הרבים ונעשית מחשבתו חייב והא דתנן במתניתין הזורק מרה"י לרה"י אחרת ורה"ר באמצע ר' עקיבא מחייב וחכמים פוטרין ולענין בעיא דרבא תניא למטה מעשרה פטורין עליה משום דמושיט למעלה מעשרה ברה"י ונח ברה"ר חייב וכן מושיט מרה"י לרה"ר דהיינו מעביר ד' אמות ברה"ר וכמוציא משוי על כתיפו דמי שהרי למעלה מעשרה היה וכן משא בני קהת ומלאכה היא אלא אי מהו מושיט שלא הגיע ברה"ר עד ד' אמות חייב ברה"ר כיון דנח ברה"ר שהרי הוא מוציא

עין משפט נר מצוה

יב א מיי' פי"ד מהל' שבת הלכה א סמג לאוין סה טוש"ע א"ח סי' שמה סעיף ז ויד:

רבינו חננאל

אחת למעלה ואחת למטה שהזורק צריך להעקים ולזרוק אסור משום גזירה גזרינן לזרוק דלמא נפלה ברה"ר עצמה ואתי לעיולא מרה"ר לרה"י ותרגומא נמי להא דרב דאמר ב' בתים שלו בשתי צדי רה"ר אסור לזרוק מזו לזו דמידלי חד ומיתתי חד כדפרשינא והלכתא כוותיה דרב ובלבד דלמעלה מעשרה נפלו ואסיקנא כל פחות מג' טפחים כלבוד דמי בין למעלה כגון הרחקת סכך מן הדפנות וכיוצא בה ובין למטה הלכתא גמירי לה. ת"ר הזורק מרה"ר לרה"ר ורה"י באמצע ר' מחייב וחכמים פוטרין פי' כגון שזרק מרה"ר ונתכוון לנוח ברה"ר אחר ולא נתכוון כדי שינוח ברה"י וגם לא נח ברה"י אלא עברה בלבד העברה ברה"י ונח ברה"ר שנתכוון כדי שינוח בו ואין ממקום שזורק עד מקום שנח ד' אמות דכיון שאין ביניהם ד' אמות פטרי רבנן ורבי סבר קלוטה באויר כמו שהונחה בקרקע דמו. רב ושמואל דאמרי תרווייהו לא חייב רבי אלא בזמן שעברה ברה"י מקורה דסבר ביתיה כמאן דמליא דמי וכאלו נחה ברה"י ונמצא מכניס ומוציא מרשות לרשות ואע"ג דלית תמן ד' אמות חייב ומפרשא בגיטין בהזורק גט. אבל הזורק דרך רה"י שאינו מקורה לא מחייב ר' ולא אמרינן קלוטה כמו שהונחה: אמר רב יהודה אמר שמואל מחייב היה רבי שתים אחת משום הכנסה ואחת משום הוצאה. ודחי' לה דהא הכי הא הכנסה תולדה דהוצאה היא כדתנן בחשבון אבות מלאכות המוציא מרשות לרשות ואע"ג דאוקימנא בתחלת מסכתא זאת תנא כל עקירת חפץ ממקומו הוצאה קרי לה מיהו חדא אב וחדא תולדה. וא"ת מחייב ר' שתים ונמצא מחייב אתולדה במקום אב דידיה והא תניא ר' אומר דברים הדברים אלה הדברים ל"ט מלאכות שנאמרו לו למשה מסיני וכל מאן דאית ליה חילוק מלאכות והללו הן אבות והשאר תולדות ואוקימנא דאינו מחייב אתולדה במקום אב דידיה אלא על האב ועל תולדה דידיה לא מחייב אלא חדא וא"ל רב יוסף לרב חסדא מר הא שמעתא מרב יהודה אמר שמואל אדר' אמר' מתני להו וקשיא ליה. רב יהודה אמר שמואל לא קתני לה אדר' אלא אדר' יהודה מתני לה דתניא הזורק מרה"ר לרה"י ועובר ד' אמות ברה"ר ר' יהודה מחייב וחכמים פוטרין אמר רב יהודה אמר שמואל מחייב היה ר' יהודה שתים אחת משום הוצאה ואחת משום הכנסה

מרשות לרשות אבל המגביה חפץ בר"ה והעבירו ברשות הרבים ולא הכניסו ולא הוציאו מרשות לרשות אם העבירו ד' אמות חייב ואם לאו פטור. אלו כולן פשוטות הן ובעיא דרבה נמי פשוטה היא מדתנא מרה"י לרה"י ורה"ר באמצע ר' עקיבא מחייב וחכמים פוטרין ודייקינן מדקתני רה"י עצמה פשיטא למטה מי פליגי ולא מיתוקמא במעביר [illegible]

ברה"ר ר' יהודה מחייב וחכמים פוטרין אמר רב יהודה אמר שמואל מחייב היה ר' יהודה שתים אחת משום הוצאה ואחת משום הכנסה [illegible]

חשק שלמה על רבינו חננאל א) עיין תוס' לעיל דף פ ד"ה והא. ולהלן דף ק ד"ה אמתו מש"כ בזה:

stacks a gap an *amah* wide, which is too wide for *lavud* to apply to it; thus, Rav's statement referred to the areas beneath this gap.

The Gemara asks:

אַטְבְּעֵי הֵיכָא מַנַּח לְהוּ – Nevertheless, **where did one place the clip formations** of stacks? **אַגַּבָּא דַעֲגָלָה** – **On top of the wagon.** **עֲגָלָה גוּפָא מְקוֹרָה הֲוַאי** – But **the wagon itself was "roofed"** – i.e. a roof was formed over the ground beneath it.[20] Thus, the area directly underneath the wagon was roofed even at the points that were directly opposite the gap between the stacks. How, then, could Rav state that the area "beneath them" had the status of a public domain?[21]

NOTES

(even in the version *Rashi* cites in the name of his teachers) is בְּאַטְבֵּי rather than בְּאַטְבְּעֵי.]

אַטְבֵּי are paper clips (akin to simple clothespins) made by slitting a stick along part of its length. Since the upper part of the stick remains uncut toward the top, the two halves below remain flush against each other. Similarly, to place stacks of boards "in clip formation" means to position two stacks so that they are flush with one another.

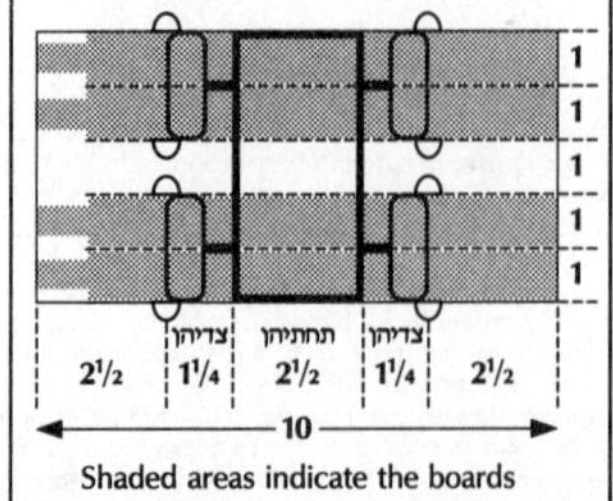

Shaded areas indicate the boards

The Gemara is now explaining that – unlike our earlier assumption – the four stacks of boards were *not* evenly spaced. For since the boards were stacked three high on their narrow side (as explained above), each stack – being 4½ *amos* high on a base only one *amah* wide – would be unsteady on the wagon and tend to topple over. Therefore, two stacks were placed with their backs flush against one another (with the sides containing the protruding rings facing outside), so that one stack would buttress the other, effectively doubling the width of the base and providing greater stability. One double-stack was placed at the front of the wagon and another double-stack was placed at the rear, so that there was nearly an *amah* of open space in the middle of the wagon between the two double-stacks (*Rashi,* preferred explanation [printed on 98b]). See illustration.

20. The Gemara now assumes that the wagons had a floor, like the wagons we use to transport sand or dirt (*Rashi*).

21. Granted that the areas "between them" and "to their sides" were a *reshus harabim* in the gap between the stacks, but how could any area underneath the wagon itself be deemed a *reshus harabim*? (*Rashi*).

פחות מארבע אמות פטור מאי קמ"ל הא קא משמע לן רשויות מצטרפות (א) ואמרינן קלוטה כמה שהונחה: ב) אמר רב שמואל בר יהודה אמר רבי אבא אמר רב הונא אמר רב א המעביר ד' אמות בר"ה מקורה פטור לפי שאינו דומה לדגלי מדבר איני והא עגלות דמקורות הויין ג) ואמר רב משום רבי חייא עגלות תחתיהן וביניהן וצידיהן רה"ר כי קאמר רב בדראתא מכדי אורכא דעגלה כמה הואי חמש אמין פותיא דקרש כמה הואי אמתא ופלגא כמה מותיב תלתא פשא ליה פלגא דאמתא כי שדי ליה מר ביני וביני כלבוד דמי מי סברת קרשים אפותייהו הוה מנח להו אחודן מנח להו סוף סוף סומכא דקרש כמה הוי אמתא כמה הוה מותיב ארבעה פשא לה אמתא כי שדי לה מר ביני וביני כלבוד דמי הניחא למ"ד קרשים מלמטן עוביין אמה מלמעלן כלין והולכין עד כאצבע שפיר אלא למ"ד כשם שמלמטן עוביין אמה כך מלמעלה עוביין אמה מאי איכא למימר א"ר כהנא ג) באטבעי אטבעי היכא מנח להו אגבא דעגלה עגלה גופא מקורה הואי

אמר

רש"י

פחות מארבע פטור. דמשום הולכה לא מיחייב דלא אמרינן קלוטה כמה שהונחה: רשויות. השתי: מצטרפות. רשות הרבים זו עם רשות הרבים זו ודלא כר' יוסי דאמר בפרק המוציא יין (לעיל פ.) אף בהעלם אחד לרשות אחת חייב לשתי רשויות פטור ועוד קא משמע לן דלא אמרינן קלוטה כמה שהונחה: מקורה. מכוסה: והא עגלות. דמשכן: דמקורות הוו. בקרשים הסדורין עליהן רחבן לאורך העגלה ואורכן לרחבן על ראש דפנותיה וקא סלקא דעתך על פני כל אורך העגלות היו מסודרות: וביניהן. בין עגלה לעגלה שבצדה ואף על פי שראשי הקרשים יוצאים לכאן ולכאן שתי אמות ומחצה לכל רוח וראשי קרשים של עגלה זו מגיעין לראשי קרשים של זו שבצדה שהרי חמש אמות היו בין עגלה לעגלה כדלקמן ורחב עגלה חמש אמות החלל שתי אמות ומחצה ובין הדפנות והאופנים ועובי האופנים שתי אמות ומחצה וי' אמות אורך הקרש וכשאורכה נתון על דופני עגלה לרחבה נמצאו ב' אמות ומחצה בולטין מכל צד ונמצא ריוח שבין ב' העגלות מקורה בראשי קרשים: וצדיהן. ריוח שבין דופן עגלה לאופן ועובי האופן: כי קאמר רב. תחתיהן רה"ר: בדראתא. בריוח שבין שורות הסדר שהיה סודר קרש על קרש סדר אחד ומניחו ריוח וסודר סדר אחר ומניחו ריוח: ה' אמות. כדלקמן: כמה מותיב. כמה סדרים יכול להושיב על אורך דופנותיה תלתא ותו לא ומחזיקות ד' אמות ואכתי פש ליה ריוח פלגא דאמתא: שדי ליה מר ביני וביני. כשאתה מחלק לריוח שבין הסדרים אין בכל ריוח אלא רביע אמה דהוא טפח ומחצה דה"ל לבוד והיינו מקורה: אחודן מנח להו. דאיכא רווחא טפי: סומכא. עובי: אמתא. כדמסקי לקמן עוביין אמה: כמה מותיב. כמה סדרים הוא מסדר: ארבעה. דעל כרחיך כל מה שיכול לסדר על פני אורך העגלה הוא מסדר ואינו מגביה להושיב זו על זו שהרי י"ב קרשים היו לעגלה אחת שמ"ח קרשים היו כ' קרשים לצפון ועשרים לדרום ושש למערב ושנים למקצועות וכיון דרחבן אמה ואי מושב חודן קצר אם אתה מסדר זו על זו הרבה הן נופלות הלכך כמה הוא מותיב ארבע דחמשה בחמשה לא יתבי דאי אפשר לדוחקן ולגמלס להושיב ה' בתוך ה' אמות ועוד מפני בליטת הטבעות: כי שדי מר ביני וביני. לחלקה לאמה זו ג' רווחים שבין ארבע סדרים כלבוד דמי שאין כאן ריוח אלא שני טפחים: הניחא. הא דאמרת שהריוח הזה רשות הרבים הוא למ"ד שעובי הקרשים כלה והולך עד כאצבע איכא למימר דאיכא רווחא טפי בין ד' סדרים: אלא למ"ד כו'. פלוגתא לקמן בשמעתין: אמר רב כהנא באטבעי. בריוח שבין צדי הקרשים שהטבעות קבועות בהם קאמר רב דהוי רשות הרבים כלומר אי אפשר לסדר בה ארבע סדרים כדקאמרת לפי שטבעות קבועין בקרשים כדכתיב (שמות כו) ואת טבעותיהם תעשה זהב שהיה תוחב הבריחים לתוכן לפי שהן גבוהות וכשיושבות על האדנים שאינם אלא אמה מנענעות לפנים או לאחור אלא שהבריחים מחברים את כולם והבריח התיכון מחבר כל ג' הרוחות ומחזיקין זה את זה ואותן טבעות זקופין היו ולא שוכבין והיו רחבין ואי אפשר להן לעמוד זה כנגד זה באותו ריוח לפיכך מושיב שתים זו אצל זו בראש העגלה האחת ופונה צד הטבעות של חיצונה לחוץ ושל פנימית לפנים ואין צריך להניח ריוח ביניהן וכן בראש העגלה השני וכל ד) אחת הריוח באמצע בין צדי הטבעות כך פירשו רבותי וכך היו גורסין אמר רב כהנא באטבעי אטבעי היכא מנח להו אגבא דעגלה ועגלה גופה מקורה הואי אמר שמואל ביתדות ומפרש אטבעי כמו טבעי ופרכינן הכך רווחא דאטבעי היכא מנח להו אגבא דעגלה כדפרישית והתינח לדידן וביניהן רשות הרבים אלא תחתיהן היכי הוי רשות הרבים הא עגלה גופה מקורה הואי דקא סלקא דעתך שהיו עשויות כעלייה מלמטה כאותן שלנו שטוענין בהן חול ועפר לבנין:

אמר

תוספות

הניחא למ"ד קרשים מלמטה עוביין אמה וכלין והולכין עד כאצבע. הקשה הרב פור"ת ולדידיה מי ניחא והלא כיון שהולכין וכלין עד כאצבע יכולין לסדר ששה סדרים או יותר שיתנו חודו של זה כנגד עביו של זה ויחזיקו ששה סדרים בשלש אמות ושלש אצבעות וישארו י"א טפחים לאויר וכי שדית להו ביני וביני כלבוד דמי ותירץ דעגלי הוא להשים לד העב העומד סמוך לקרקע אלא הקלר שהיה למעלה מקום שהיריעות פרוסות עליהן ודמי להא דאמרינן מעלין בקדש ואין מורידין ור"ת תירץ דכמו שהיו פורקין אותן מן המשכן כך היו מניחים על העגלה שהיתה אלא דופן המשכן כי כך היו עושין בלא טורח אלא להופכן היה טורח גדול ורבינו יצחק אומר דשמא ממזיין ולמעלה היו כלין והולכין והשתא אי אפשר לסדר יותר וא"ת מנלן דילפינן ממה שאינו מקורה נילף מן המקורה שבו ויהא המעביר ד' אמות ברשות הרבים מקורה חייב וי"ל דמן האויר יש לנו ללמוד שדומה יותר רשות הרבים ור"י אומר דמהכא לא ילפינן רשות הרבים אלא ממחנה לויה כדאמר לעיל ומהכא לא ילפינן אלא שיעור רשות הרבים דהוי י"ו אמות ומכל מקום אי לאו דתחתיהן וביניהן ולדידהן רשות הרבים לא הוה ילפינן מינייהו שיעור רה"ר:

אטבעי היכא מנח להו אגבא דעגלה עגלה מקורה היא. פירש רש"י דסלקא דעתך שהעגלה היתה מקורה ותימה למה היה סבור לומר כן ועוד דבכל הספרים גרסינן אטבעי היכא מנח להו אגבא דעגלה מה לו להזכיר אטבעי בהך אתקפתא לא הוה ליה למימר אלא הא עגלה מקורה היא ועוד דגרסינן לעיל בדראתא ובכל ספרים גרסי' בדרא תתא ולפי גירסתם נמי אין הלשון משמע בין השורות כמו שפיר' ונראה לר"ת כמו שפי' ר"ח בדרא תתא פי' בשורה ראשונה שעדיין לא הניח על העגלה אלא קרשים התחתיים בלבד שאינה מקורה כולה שיש ריוח בין השורות כדמפרש ואזיל אבל כשמסדר שורה שניה ושלישית נסתם האויר שבין השורות שלא היו יכולים להיות מכוונים ולהשימן זה על זה בשוה ממש אלא כל אחד היה בולט לחוץ עד שנסתם כל האויר כמו באריח על גבי לבינה ופריך אורכא דעגלה כמה הוי כו' כלומר אפילו בשורה ראשונה לא היה תחתיהן רשות הרבים כדמפרש ואזיל ומשני אמר רב כהנא באטבעי אע"ג דלא קאמר אלא הדר ביה דודאי כשיש קרשים על העגלה אפילו דרא תתאה לא הוו רשות הרבים תחתיה אלא כי קאמר דהוי רשות הרבים באטבעי שאין על העגלה אלא אטבעי גרידא פי' אטבעי שני עלים נקובים בשני ראשיהן נקובין כעין טבעות לכך קרי להו אטבעי ותוחבין אותן על הקונדיסין העומדין בשני צדי העגלה לרחבה לפניה ולאחריה כדי שלא יפלו הקרשים ולפי שלא נזכר אמורא לעיל אין דרך הש"ס לומר אלא ופריך אטבעי היכא מנחא להו אגבא דעגלה פירוש אחר שנתנו הקרשים על העגלה נותנין עליהן אטבעי טבעות ומסגרות כדפרישית לפניה ולאחריה כדי שיאחזו הקרשים ואז כבר עגלה מקורה היא ולא גרסינן עגלה גופא אלא עגלה מקורה היא ומשני אמר שמואל ביתדות פירוש אטבעי דקאמר רב כהנא לא אותן עלים נקובים המשימין לרוחב העגלה כדפי' אלא ביתדות פירוש שני עלים ארוכים שכמו כן נוקבין אותן בשני ראשיהן ונותנין על הקונדיסין לאורך העגלה ועל אותן עלים נותנין הקרשים כדי שיהו גבוהים למעלה מן האופנים ועשויין כמו אטבעי של רוחב העגלה שלאחר הטעינה ולפי ששמואל אינו כ"א מפרש דברי רב כהנא לא קאמר אלא אבל ר"ח מפרש דהדר ביה משינויא דרב כהנא ואין נראה מדלא קאמר אלא ועוד היאך היה טועה רב כהנא דהא אין רגילות להניח אטבעי עד לאחר טעינה:

דל

עין משפט נר מצוה

יב א מיי' פי"ד מהל' שבת הלכה א סמג לאוין סה טוש"ע א"ח סי' שמה סעיף ז וי"ד:

רבינו חננאל

אחת למעלה ואחת למטה שהזורק צריך להעקים ולזרוק אסור משום גזירה גזרינן לזרוק דלמא נפלה ברה"ר עצמה ואתי לעיולא מרה"ר לרה"י ותרגומא נמי להא דרב דאמר ב' בתים שלו בשתי צדי רה"ר אסור לזרוק מזו לזו דמידלי חד ומיתתי חד כדפרשינא והלכתא כוותיה דרב ובלבד דלמעלה מעשרה נפלו ואסיקנא כל פחות מג' טפחים כלבוד דמי בין למעלה כגון הרחקת סכך מן הדפנות וכיוצא בה ובין למטה הלכתא גמירי לה. ת"ר הזורק מרה"ר לרה"ר ורה"י באמצע ר' מחייב וחכמים פוטרין פי' כגון שזורק מרה"ר ונתכוון לנוח ברה"ר אחר ולא נתכוון כדי שינוח ברה"י וגם לא נח ברה"י אלא עברה בלבד העברה ברה"י ונח ברה"ר שנתכוון כדי שינוח בו ואין ממקום שזורק עד מקום שנח ד' אמות דכיון שאין ביניהם ד' אמות פטרי רבנן ורבי סבר קלוטה באויר כמו שהונחה בקרקע דמו. רב ושמואל דאמרי תרווייהו לא חייב רבי אלא בזמן שעברה ברה"י מקורה דסבר ביתיה כמאן דמליא דמי וכאלו נחה ברה"י ונמצא מכניס ומוציא מרשות לרשות ואע"ג דלית תמן ד' אמות חייב ומפרשא בגיטין בהזורק גט. אבל הזורק דרך רה"י שאינו מקורה לא מחייב ר' ולא אמרינן קלוטה כמו שהונחה: אמר רב יהודה אמר שמואל מחייב היה רבי שתים אחת משום הכנסה ואחת משום הוצאה. ודחי' לה להא הכי והא הכנסה תולדה דהוצאה היא כדתנן בחשבון אבות מלאכות המוציא מרשות לרשות ואע"ג דאוקימנא בתחלת מסכתא זאת תנא כל עקירת חפץ ממקומו הוצאה קרי לה מיהו חדא אב וחדא תולדה. וא"ת מחייב ר' שתים ונמצא מחייב אתולדה במקום אב דידיה והא תניא ר' אומר דברים הדברים אלה הדברים ל"ט מלאכות שנאמרו לו למשה מסיני וכל מאן דאית ליה חילוק מלאכות והללו הן אבות והשאר תולדות ואוקימנא דאינו מחייב אתולדה במקום אב דידיה אלא על האב ועל אתולדה דידיה לא מחייב אלא חדא וא"ל רב יוסף לרב חסדא מר הא שמעתא דרב יהודה אמר שמואל אדר' מתני לה וקשיא ליה. רב יהודה אמר שמואל לא קתני לה אדר' כלל אלא אדר' יהודה מתני לה דתניא הזורק מרה"י לרה"ר ועובר ד' אמות ברה"ר ר' יהודה מחייב וחכמים פוטרין אמר רב יהודה אמר שמואל מחייב היה ר' יהודה שתים אחת משום הוצאה מרשות לרשות ואחת משום מעביר ד' אמות ברה"ר. ודחינן ממאי דלמא ר' יהודה חדא הוא מחייב כגון דאמ' עד דנפקא לרה"ר תנוח ובהא פליגי ר' יהודה סבר כיון דנפקא לרה"ר קלטתה רה"ר כאילו נחה שם ונעשה מחשבתו ולפיכך חייב. ורבנן סברי לא אמרי' קלוטה כמי שהונחה וכיון שלא נעשת מחשבתו פטור לגמרי דקיי"ל לענין שבת מלאכת מחשבת אסרה תורה אבל אתולדה במקום אב אפילו ר' יהודה לא מחייב ובהכי סלקא שמעתין ואע"ג דטרח למפשט מהא דתניא ר' יהודה מוסיף אף השובט והמדקדק מכלל דהני תולדות נינהו דר' יהודה מחייב אתולדה במקום אב דחויא היא ואסיקנא הני לר' יהודה אבות נינהו ומוסיף להו בהני אבות ואוקמוה רבה ורב יוסף דלא הוה מחייב רבי יהודה אלא אחת וא"ל רבינא לרבא למאי דסליק אדעתין מעיקרא דמחייב ר' יהודה שתים אי האי זורק דעתו שתנוח עם יציאתה לרה"ר ואין דעתו להעבירה ד"א ברה"ר אע"ג דסבר קלוטה כמי שהונחה בהעברה לא מחייב דהא לא נתכוון להעבירה ד"א ברה"ר דהא לא מחייב אלא על מחשבתו כר' יוחנן דאמר המפנה חפצים מזוית לזוית ונמלך עליהן והוציאו לרה"ר פטור שלא היתה עקירה משעה ראשונה לכך. ושני ליה רבא לרבינא באומר הריני זורק ובדעתי כ"מ שתנוח בו הוא רצוני דכל היכא דנח אמרינן הרי נעשית מחשבתו: **פשיטא** נתכוון לזרוק ח"א וזרק ד' הרי כתב שם משמעון וחייב. ואקשינן מי דמי התם כמה דלא כתב שם לא מכתב ליה שמעון וכאלו מתחלה כך היתה מחשבתו כתוב שם ואחריו עון והנה נעשית מחשבתו ולפיכך חייב אבל זורק מי לא יכול לזרוק ח"ת בבת אחת כי לא נייח ביניהן כלל ונדחת. נתכוון לזרוק ד' אמות וזרק ח' חייב אם

אמר

מסורת הש"ס

א) לעיל ה., ב) [לקמן לט.], ג) [ז"ל הערוך בע' אטבע פי' אטבעי הם המסגרות שמשימין למעלה בעגלות סביב כשהיא טעונה], ד) נ"ל אמה.

הגהות הב"ח

(א) גמרא מצטרפות ולא אמרינן:

גליון הש"ס

גמ' עגלות תחתיהן וביניהן. עי' עירובין ו ע"א תוד"ה כלל מערבין:

ליקוטי רש"י

לדגלי מדבר. וכל מלאכות דשבת ממשכן גמרי לקמן מדנסמכה פרשת שבת לפרשת משכן ויקהל [לעיל מט:].

רבינו חננאל

בהעלם אחת אינו חייב על אחת מהן כלומר אינו חייב אלא ל"ח חטאות שיש אחת בהן שהוא פטור עליה ונמצא ספק בכולן ואמר שמואל המקושש מעביר ד' אמות ברה"ר הוה פי' כיון שנסקל נתברר כי המעביר ד' אמות ברשות הרבים אינו מן הספיקות אלא ודאי חייב: במתניתא תנא תולש היה והוא הקוצר רב אחא אמר מעמר היה כל אחד מאלו אומרים זו היא הבריירה בלא ספק [דחייב] ור' עקיבא שאמר מקושש זה נצחון דבריו. ופירשו דלא גמר מפי רבו ג"ש זו אלא הוא לעצמו דן זה וקיי"ל אדם דן ק"ו מעצמו ואין אדם דן ג"ש מעצמו ומזאת אתה למד דכל ג"ש דלא גמרא הוא ליכא למיסמך עלה. ור' עקיבא כיון דלא הות גמרא בידיה לפיכך נידחת ולא קבלה ממנו. ואף לא עמד שאהרן נצטרע ואי משום [illegible] בנזיפה בעלמא: נתברר לנו מפסקא קמא דמתניתין כי הזורק מרה"ר לנוח ברה"י או מרה"י לנוח ברה"ר בעשיית מחשבתו חייב ופסקא תניא במתניתין הזורק מרה"י לרה"י אחרות ורה"ר באמצע ר' עקיבא מחייב וחכמים פוטרין ולענין בעיא דרבא למטה מעשרה פליגי פשיטא לן דמושיט למעלה מעשרה ברה"ר ונח ברה"י חייב וכן מושיט ד' אמות ברה"ר [illegible] חייב [illegible] והיינו מעביר ד' אמות ברה"ר וכמוציא משוי על כתפו דמי שהרי למעלה מעשרה הוא וכן היה משא בני קהת והמלאכה היא אלא מהו מושיט [illegible] שלא הגיע ברה"ר עד ד' אמות חייב כיון דנח [illegible] שהרי זה הוא מוציא [illegible] ביה חפץ ברה"ר והעבירו ברשות הרבים ולא הכניסו ולא הוציאו מרשות לרשות אם העבירו ד' [illegible] ור. אלו כולן פשוטות הן ובעיא דרבה נמי פשוטה היא מדתניא מרה"י לרה"י ועובר ברה"ר עצמה [illegible] ם פוטרין ודייקינן מדקתני ברה"ר עצמה פשיטא דלמטה מי' פליגי ולא מיתוקמא במעביר כגון [illegible] ילו למעלה מי' חייב אלא לאו בזורק ולמטה מי' [הוא] דחייב ר"ע אבל למעלה מעשרה אפילו ר' [illegible] קא מיפלגי ר' עקיבא סבר אמרי' קלוטה באויר כמה שהונחה דמי ורבנן סברי לא אמרינן קלוטה [illegible] ור' אלעזר פליג וסבירא ליה דרבנן פטרי אפי' למטה מי' ור' עקיבא מחייב אפילו למעלה מעשרה [illegible] "ר עצמה להודיעך כחן דרבנן דהלכתא כוותיהן. והא דאמר רב חלקי' בר טובי תוך שלשה דברי [illegible] ברי הכל פטור מחטאת ואינו אסור אלא משום שבות מג' ועד י' ר"ע מחייב וחכמים פוטרין ותניא [illegible] ו אדר' אלעזר דסבר אפי' (למטה) [למעלה] מי' פליגי ולרב המנונא דסבר למטה מי' פליגי בי' [illegible] עד י' בלבד הוא דפליגי ותניא כוותיה וסוגיין דשמעתין אסור לזרוק מרה"י לרה"י ורה"ר באמצע [illegible] אם זרק חייב חטאת ואע"ג דאמר רבא לקמן (ד' ק') בתוך ג' לרבנן צריך הנחה ע"ג משהו [illegible] קימנן בזורק מכלל שאם לא נח אפילו ע"ג משהו לא מחייבי רבנן הא א) דרב חלקיה בר טובי [illegible] הדיא מג' ועד י' פטור אבל אסור כרבנן למעלה מעשרה אם אין אותן ב' רשויות שלו אסור לזרוק [illegible] ם הם ב' דיוטאות שלו זו כנגד זו ורה"ר ביניהם (משות) מותר לזרוק מזו לזו ואם היתה דיוטא

חשק שלמה על רבינו חננאל א) עיין תוס' לעיל דף פ ד"ה והא. ולהלן דף ק ד"ה אחזו מש"כ בזה:

אמר שמואל ביתדות ת"ר קרשים מלמטן עוביין אמה ומלמעלן כלין והולכין עד כאצבע שנאמר א) יהיו תמים על ראשו ולהלן הוא אומר ב) תמו נכרתו דברי רבי יהודה רבי נחמיה אומר כשם שמלמטן עוביין אמה כך מלמעלן עוביין אמה שנאמר א) יחדיו והכתיב תמים ההוא דליתו שלמין ולא ליתו דניסרא ואידך נמי הכתיב יחדיו ההוא דלא לישלחופינהו מהדדי בשלמא למ"ד כשם שמלמטן עוביין אמה כך מלמעלן עוביין אמה היינו דכתיב ג) ולירכתי המשכן ימה תעשה ששה קרשים ושני קרשים תעשה למקצעות דאתי פותיא דהני ממלי ליה לסומכא דהני אלא למ"ד מלמטן עוביין אמה מלמעלן כלין והולכין עד כאצבע האי עייל והאי נפיק דשפי להו כי טורין א): ד) והבריח התיכון בתוך הקרשים תנא בנס היה עומד ה) ואת המשכן תעשה עשר יריעות אורך היריעה האחת שמנה ועשרים באמה שדי אורכייהו לפותיא דמשכן כמה הויא עשרין ותמני דל עשר לאיגרא פשא להו ט' להאי גיסא וט' להאי גיסא לר' יהודה מיגליא אמה דאדנים לר' נחמיה מיגליא אמה דקרשים שדי פותייהו לאורכא דמשכן כמה הויא ארבעין דל תלתין לאיגרא פשא להו י' לר' יהודה מכסיא אמה דאדנים לר' נחמיה מיגליא אמה דאדנים ו) ועשית יריעות עזים לאהל וגו' אורך היריעה האחת שלשים באמה וגו' שדי אורכייהו לפותיא דמשכן כמה הויא תלתין דל עשר לאיגרא פשא להו עשר להאי גיסא ועשר להאי גיסא לר' יהודה מיכסיא אמה דאדנים לר' נחמיה מיגליא אמה דאדנים תניא נמי הכי ז) והאמה מזה והאמה מזה בעודף לכסות אמה של אדנים דברי ר' יהודה ר' נחמיה אומר לכסות אמה של קרשים * שדי פותייהו לאורכיה דמשכן כמה הויא מ' וארבע דל תלתין לאיגרא פשא להו ארבע סרי דל תרתי לכפלא דכתיב ח) וכפלת את היריעה הששית אל מול פני האהל פשא להו תרתי סרי בשלמא לר' יהודה היינו דכתיב ט) חצי היריעה העודפת תסרח אלא לר' נחמיה מאי תסרח תסרח מחברותיה תנא דבי ר' ישמעאל למה משכן דומה לאשה שמהלכת בשוק ושפוליה מהלכין אחריה ת"ר חרוצים היו קרשים וחלולים היו האדנים ונראין

דל עשר לאיגרא. בכולה שמעתא אמר דרוחב המשכן י' אמות וקשה לר"י דמנא ליה להש"ס הא דילמא המשכן היה רוחבו י"א אמה והקרשים נאמר שלא היה עוביין אלא חצי אמה ושני קרשים למקצעות המשכן היו סותמות אמה ומחצה אמה מכאן ואמה מכאן וחצי אמה העודפת ברוחב הקרש כנגד עובי הקרשים של צד צפון ודרום ומאי חזית למימר איפכא שחצי אמה לכאן וחצי אמה [לכאן] הוא למלאות חסרון הכותל ואמה עובי להיות כנגד עובי הקרש הדרומי והצפוני ואומר ר"י דמבית עולמים ילפינן לה שהיה אורכו ששים אמה ורוחבו עשרים וה"נ במשכן רחבו שליש ארכו: תנא בנס היה עומד. אומר ר"י דהכלה דקאמר שבריח התיכון היה מסבב ג' רוחות פליגא אברייתא דמלאכת המשכן דהתם אמר שלא היה נס אלא היו שם חמשה שנים למעלה ואחד מתחיל מתחלת אורך המשכן עד חציו והשני מתחיל משם ואילך עד סוף הרוח וכן למטה היו שני בריחים כזה הענין אבל האמצעי היה הולך מרוח מזרח עד רוח מערב והיינו מן הקצה אל הקצה ולא היה מקיף כל שלש רוחות: שתי

אמר שמואל ביתדות. לא היו מקורות מלמטה אלא יתדות היו וריוח ביניהן כעין אותן שלנו העשויות להביא עצים. ולי נראה פי' דלאטבי כמו לאטבא דספרי האמור במנחות (ד' לג.) והוא גלוא"ז בלע"ז שמבקע מקל אחד בראשו ונושך בו דפי הקונטרס והכי קאמר רב כהנא באטבי לא היה נותן ריוח בין כל סדרא וסדרא דקאמרת דמתוך שהסדר גובה ג' קרשים כל אחד רחבו אמה וחצי ומושבו קצר שהוא אמה של עובי ותו לא הרי הן נופלות זו על זו אלא מושיב שתי שורות של שלש שנים זו אצל זו כמין אטבי ששתי צלעות האטבא סמוכות זו לזו כן מושיב לראש העגלה האחת ומחזיקות זו את זו ונמצא מקום מושב הסדר ב' אמות וכן עושה לראש השני ואמת הריוח באמצע ופרכינן היכא מנח להו לקרשים אגבה דעגלה והא עגלה גופה מקורה הואי ומינח לידיהן וביניהן כו' כדפרי' וללשון רבותי אין לשון הגירסא נראה כפירושן ולמה הזכרו אותן טבעות כאן לשלחופינהו לקרשים שבשני סדרים הפנימית שלא יהו טבעותיהן מכוונין זו כנגד זו: ולהלן הוא אומר תמו נכרתו. מה תמו הנאמר להלן לשון כלייה אף תמים האמור כאן לשון כלייה: שנא' יחדו. כולן שוות: דלא לייתי דנסרא. קרש אחד מב' חתיכות: דלא לישלחופינהו. אחד לפנים ואחד לחוץ אלא מושיב הקרשים מכוונין זה אצל זה שיעמדו הקרשים מכוונים עוביה של זו כנגד עוביה של זו: ואתי פותיא דהני וממלא סומכא דהני. שכשהושיב ששה קרשים למערב נמצא רחבן תשע אמות והמשכן רחבו י' נמצא חסר הכותל חצי אמה לצפון וחצי אמה לדרום ומביא שני קרשים אחד למקצוע זה ואחד למקצוע זה ומושיבן אצל הששה ורוחב הקרש אמה וחצי נמצא חצי האמה ממלא וסותם חסרון הקיר מערבי והאמה מכסה עביו של קרש הדרומי הסילון נמלאו הזווית שוין מבחוץ שני חודי הקרשים סמוכין יחד וכן לצפון: האי עייל והאי נפיק. דכיון דקרש אחד שבדרום ושבצפון למעלה כלה בעביו וקרש ההוא נותן במקצוע רחב אמה וחצי נמצא רחב הקרש של מקצוע בולט ויוצא לדרום מלמעלה חוץ מעביו של דרומי וכן לצפון: דשפי להו. לרוחב ב' קרשים שבמקצוע ומקרבן למעלה מרחבן שלא יהיו בולטין: כי טורים. ההרים הללו שהן משופעין [מב' צדדים]: בנס היה עומד. שאותר שהקרשים כולן נתונין באדנים לצפון למערב ולדרום היה נותנו ומבריח לשלשת הרוחות ואין לך אומן יכול לעשות כן ובנס היה כנכפף מאליו: דל עשר לאיגרא. לרחב חלל המשכן שהוא י' אמות: לרבי יהודה. דאמר למעלה כלין עוביין של קרשים לכאצבע אינן ממעטין ביריעות וכשפורשן לרחב המשכן נופלות תשע אמות לצפון ומכסין ט' אמות לקרשים מבחוץ ואמה של אדנים מגולה שהאדנים גבהן אמה ותלויין הם והקרשים חרוצין למטה באמצע רחב בגובה אמה ונשאר חצי אמה לכאן וחצי אמה לכאן והן שתי ידות לקרש האחד ומחסר מן הידות מבחוץ ומשני צידיהן לרכוב על עובי דופני האדן כשנועץ שתי הידות בשני אדנים כדי שיהיו הקרשים תכופות ומשולבות אשה אל אחותה ולא יהא עובי האדן מפסיק ביניהן: לרבי נחמיה. דאמר אף מלמעלה עוביין אמה ממעט עובי הקרשים הדרומיות והצפוניות אמה לכאן ואמה לכאן באורך היריעות ואינן נופלות אלא ח' אמות לכל צד: מיגליא אמה מן הקרשים. חוץ לאדנים לאדנים: שדי פותייהו לאורכא דמשכן. לאחר שחברו ה' יריעות לבד וכל אחת ד' אמות רחב הרי כ' אמות וכנגדן במחברת השנית שהיא של ה' יריעות הרי מ' ל' מהן הויין גג למשכן לאורכו ועשר העודפות: לרבי יהודה. דלאמר אין עובי קרשים שבמערב ממעט בהו נמצא היו"ד אמות כולן תלויות ומכסות כל י' אמות של אורך הקרש הרי אף האדנים של צד מערבי מכוסין: ועשית יריעות עזים. אלו יריעות עליונות הפרוסות על יריעות התחתונות העליונות קרויות אהל כלומר לגג ומכסה והתחתונות קרויות משכן עצמו שהן לגוי תכלת וארגמן ותולעת שני: מיכסיא אמה דאדנים. שנשארת מגולה מן התחתונות יכסה העליונות: לרבי נחמיה מיגליא אמה דאדנים. ועודפה של יריעה זו הולך לכסות אמה דקרשים שלא כסוה התחתונות: בעודף. שיריעות האהל עודפות על יריעות המשכן ב' אמות יהיה סרוח על כיסוי התחתונות לכסות מה שלא כיסוהו: ארבעים וארבע. די"א יריעות היו: תרתי דכפלא. שהיתה נוטה רוחב חצי יריעה על רוח מזרחית שלא היו שם קרשים שהוא פתח למשכן ואין שם אלא מסך פרוש כמו וילון כדכתיב ועשית מסך לפתח האהל וגו': בשלמא לרבי יהודה. דלאמר עובי הקרשים לא ממעט ביריעות היינו דכתיב חצי היריעה העודפת בעליונות יותר מן התחתונות תסרח על אחורי המשכן סרוח על כל אורך הקרשים והאדנים של מערב ונגררות בארץ: מאי תסרח. אמה אחת נגררת ותו לא שהרי עובי הקרשים מיעט בה אמה: מחברותיה. חצי היריעה סרוחה מחברותיה אמה ממנה לכסות האדנים ואמה נגררת: ושיפוליה. שולי בגדיה כך היתה יריעה של אחריו נגררת בארץ: חרוצים היו קרשים. כמו שפירשתי חצי אמה באמצע רחבן מלמטה בגובה אמה ונשארין הידות לכאן ולכאן וגם הם חרולים מבחוץ כשיעור עובי דופן האדן ברחב ובגובה אמה עד הארץ לרכוב על האדן שיהו משולבות קרש ג) על קרש ולא יפסיק עובי שני האדנים ביניהם: וחלולים היו האדנים. שבאותו חלל היו תוקעין ידות הקרשים: ונראין

רבינו חננאל

אמר כל מקום שתרצה תנוח וכבר פרשנוה בבבא קמא בפרק כיצד הרגל בסופו דקתני התם בפירושא אם אמר כל מקום שתרצה תנוח אין ואי לא לא מחייב. ת"ר הזורק מרה"ר לרה"ר ורה"י באמצע ד' אמות חייב פחות מד' אמות פטור פי' אם יש ממקום שזרק עד שנח בב' הצדדין שהן רה"ר ד' אמות חייב כגון שיש רה"ר בצד זה ב' אמות ובצד אחר ב' אמות אחרות רה"ר שנמצא מעביר ד' אמות ברה"ר וקמ"ל רשויות מצטרפי' אע"ג דרה"י חולק בין ב' רשויות הרבים ולא אמרינן קלוטה כמו שהונחה כלומר קלטתן רה"י טרם תנוח ד' אמות אלא כיון שבזריקה אחת הלך החפץ ד' אמות ברה"ר אע"פ שהן אמות מקוטעות ואינן ארבעתן רצופות ביחד חייב. אמר א) משמיה דרב המעביר ד' אמות ברה"ר מקורה פטור דהא כל מלאכת דשבת מן המשכן גמרינן להו (ולמה) [ולכן] הוא פטור לפי שאינו דומה לדגלי מדבר ואקשינן איני והא עגלות שהיו טעונות קרשי המשכן מקורות היו בזמן שהקרשים עליהן ואמר רב משמיה דרבי חייא עגלות תחתיהן וביניהן וצדיהן רה"ר הן ופרקי' כי אמר רב לפי שאינן דומה לדגלי מדבר בדרא קמא פי' בזמן שלא הניח על העגלות קרשים אלא התחתונים בלבד שאינה מקורה כולה אבל כשינתן עליה שניים ושלישיים ותהא כולה מקורה לא אמר רב ואקשי' אמרי כמה אורך העגלה כמה היא ה' אמות רוחב כל קרש אמה וחצי כמה קרשים טוען בעגלה שלש שאינה מחזקת יתר כי ארכה ה' אמות ורחב ג' קרשים כל קרש אמה וחצי ארבע אמות וחצי נמצאת חצי אמה עודפת העגלה על הקרשים והן ג' טפחים כי שדית בין קרש לקרש זה העודף כלבוד דמי ואפי' בדרא תתאה עגלה כולהי מקורה היא ודחי רב מן סברת קרשים כרחבם היה מטעינים על העגלה אלא כעוביין תחת מנח להן ואקשי' תו סוף סוף עובי כל קרש אמה היא כשמסדרין על העגלה נותן [ד'] קרשים על העגלה נמצאת עודף בעגלה אמה שהיא ו' טפחים כשתחלקם בין הקרשים יבא ביניהם פחות מג' טפחים שהרי בין ד' קרשים רווח לחלקם וקיי"ל כל פחות מג' טפחים כלבוד דמי ומכל פנים העגלה אפילו בדרא תתא מקורה היא וניחא למ"ד כדבעינן למימר לקמן קרשים מלמטה עוביין אמה מלמעלה כלין והולכין עד כאצבע פי' הוה הנגר משפע ואוכל בקרש ועולה עד שנמצאת ראש הקרש עוביה אצבע ותחתיה הקרש עביה אמה משכחת לה דמשלבי קרשים מלמטה זו עם זו ומתרפקין ועולין עד שנמצא למעלה ביניהן קרוב לאמה וכיון שיש בין ב' הקרשים אמה ודאי אינן מקורות אלא למ"ד כשם שמלמטה עוביין אמה כך מלמעלה עוביין אמה היכי

משכחת לה עגלה שאינה מקורה ופריק רב כהנא תמצא עגלה שאינה מקורה בזמן שאין על העגלה קרשים אלא אטבי בלבד פירוש עגלה זו עשויה ב' קורות ארוכות וב' קצרות בראשיהן כגון מלבנות המטה. והאמצע מגולה ומניחין באמצעה לרחבה קורה יוצאה חוץ לעגלה ב' אמות ומחצה מזה הצד וב' אמות ומחצה מן הצד האחר ומכניסין האופנים בראשי הקורה היוצאות חוץ לעגלה ומטעינין ע"ג העגלה הקרשים תחתיים שניים ושלישים ועוד בארבעת מקצועי העגלה ד' עצים ארוכים קבועים ועומדים כמין כנפי המטה וראשיהן משופעין ואחרי שמטעינין העגלה מביאין ד' קרשים רחבין כשיעור טפחים ונקראין אטבי שנים מהן ארוכים כאורך העגלה וב' מהן ארוכין כשיעור רוחב העגלה נקובים כל אחד נקב בראשו וב' נקבים בכל אחד ואחד ומכניס אלו הקרשים נקביה בראשי העצים העומדים כמין כנפי הארוכין לאורך העגלה והקצרים לרוחב העגלה ונמצאו אלו העצים הנקראים אטבי כמין מסגרות ונמצאו העצים העומדין בארבעת מקצועי העגלה כמין קורות מחזיקין הקרשים שלא ישמטו לא לארכן ולא לרחבן והן כמין מסגרות שסוגרין בעד הקרשים מכל הצד ואלמלא האטבי היו הקרשים דוחין העצים ונופלין ויש מי שעושין אטבי הללו מן ברזל כענין שפרשנו וכיון שפירק רב כהנא באטבי הקשו עליו וכי תמצא עגלה מגולה ואטבי עליה והלא אטבי לא נעשו אלא להנתן על גבי עגלה טעונה ובעת שהיא טעונה מקורה היא ונדחה רב כהנא ותירגמא שמואל ביתידות פי' יתידות שנים שלשה רחבות כמו טפח אגודות בעגלה שנמצא בין יתד ליתד כמו אמה ונמצאת העגלה כולו מגולה היא כולה. והוצרך שמואל להעמידה ביתידות משום דתני ר' חייא תחת תחתיהן ואי אפשר להיות לעגלה תחת והיא אינה מקורה אלא ביתידות שיש ריוח הרבה ביניהן דליכא למימר בהן כלבוד דמי והוא כדבעינן למימר לקמן כי שיעור ב' עגלות מהלכות זו בצד זו בט"ו אמה ומיכן למדנו דרך רשות הרבים ט"ז אמה אלו ט"ו אמה ואמה יתירה למקום בן לוי כו'. ת"ר קרשים מלמטה עוביין אמה מלמעלן כלין והולכין עד כר' ר' יהודה דרש יהיו תמים על ראשו מלשון כלוי כדכתיב תמו נכרתו והאי דכתיב יחדיו בעינן דליהוי משולבים כאחד כשמחברן דומין כאלו אחד הן ולא להוון משתלפי מהדדי ור' נחמיה דייק יחדיו שיהו שוין סופן עד ראשן והא דכתיב תמים דמיתי שלמים ולא מיתי דניסרא בשלמא למ"ד כשם שמלמטן עוביין אמה כך מלמעלן עוביין

חשק שלמה על רבינו חננאל א) [רב שמואל בר יהודה אמר ר' אבא אמר רב הונא]:

מסורת הש"ס

א) [גירסת הערוך מריז לשון פרכי הוא דבר שרחב ומתקצר והולך למעלה], ב) נ"ל אל קרש.

גליון הש"ס

גמ' שדי פותייהו. ע"ל דף כח ע"א תוס' ד"ה ואין קרשים:

תורה אור השלם

א) ויהיו תאמם מלמטה ויחדו יהיו תמים על ראשו אל הטבעת האחת כן יהיה לשניהם לשני המקצעת יהיו: [שמות כו, כד]

ב) ויעמדו המים הירדים מלמעלה קמו נד אחד הרחק מאד מאדם העיר אשר מצד צרתן והירדים על ים הערבה ים המלח תמו נכרתו והעם עברו נגד יריחו: [יהושע ג, טז]

ג) ולירכתי המשכן ימה תעשה ששה קרשים: ושני קרשים תעשה למקצעת המשכן בירכתים: [שמות כו, כב-כג]

ד) והבריח התיכן בתוך הקרשים מברח מן הקצה אל הקצה: [שמות כו, כח]

ה) ואת המשכן תעשה עשר יריעת שש משזר ותכלת וארגמן ותלעת שני כרבים מעשה חשב תעשה אתם: ארך היריעה האחת שמנה ועשרים באמה ורחב ארבע באמה היריעה האחת מדה אחת לכל היריעת: [שמות כו, א-ב]

ו) ועשית יריעת עזים לאהל על המשכן עשתי עשרה יריעת תעשה אתם: ארך היריעה האחת שלשים באמה ורחב ארבע באמה היריעה האחת מדה אחת לעשתי עשרה יריעת: [שמות כו, ז-ח]

ז) והאמה מזה והאמה מזה בעדף בארך יריעת האהל יהיה סרוח על צדי המשכן מזה ומזה לכסתו: [שמות כו, יג]

ח) וחברת את חמש היריעת לבד ואת שש היריעת לבד וכפלת את היריעה הששית אל מול פני האהל: [שמות כו, ט]

ט) וסרח העדף ביריעת האהל חצי היריעה העדפת תסרח על אחרי המשכן: [שמות כו, יב]

The Gemara answers:

אָמַר שְׁמוּאֵל – **Shmuel said:** בִּיתֵדוֹת – The wagons were not floored. Rather, the sides were connected to each other **by** several long and widely spaced **pegs.**[1] Thus, there were large areas under the wagon body that were open to the sky.

The Gemara cites a Baraisa concerning the Tabernacle boards:

תָּנוּ רַבָּנָן – **The Rabbis taught in a Baraisa:** קְרָשִׁים – THE Tabernacle BOARDS מִלְּמַטָּן עוֹבְיָין אַמָּה – WERE AN *AMAH* THICK BELOW at the base, וּמִלְּמַעְלָן כָּלִין וְהוֹלְכִין עַד כְּאֶצְבַּע – BUT ABOVE the base THEY TAPERED GRADUALLY UNTIL, at their tips, they were as thin AS A FINGER. שֶׁנֶּאֱמַר ,,יִהְיוּ תַמִּים עַל־רֹאשׁוֹ" – FOR IT IS STATED with regard to the boards: *THEY SHALL BE "TAMIM" AT ITS TOP.*[2] וּלְהַלָּן הוּא אוֹמֵר ,,תַּמּוּ נִכְרָתוּ" – AND ELSEWHERE IT STATES: *THEY CAME TO AN END* (*tamu*), *THEY WERE CUT OFF.*[3] דִּבְרֵי רַבִּי יְהוּדָה – These are THE WORDS OF R' YEHUDAH. רַבִּי נְחֶמְיָה אוֹמֵר – R' NECHEMYAH SAYS: כְּשֵׁם שֶׁמִּלְּמַטָּן עוֹבְיָין אַמָּה – JUST AS [THE BOARDS] WERE AN *AMAH* THICK BELOW at the base, כָּךְ מִלְּמַעְלָן עוֹבְיָין אַמָּה – SO TOO WERE THEY AN *AMAH* THICK ABOVE at the top, שֶׁנֶּאֱמַר ,,יַחְדָּו" – AS IT IS STATED: *TOGETHER.*[4]

The Gemara explains how each view deals with the Biblical support offered by his disputant:

וְהָכְתִיב ,,תַּמִּים" – **But it is** indeed **written** ***tamim,*** which indicates that the boards tapered towards the top, as R' Yehudah argues. How does R' Nechemyah account for that expression?

The Gemara answers:

הַהוּא דְּלֵיתוּ שְׁלֵמִין – R' Nechemyah will explain **that** expression to indicate **that they should bring whole [timbers]** for the making of each board, וְלֹא לֵיתוּ דְּנִיסְרָא – **and they should not bring fragments.** I.e. each board should consist of one solid timber, not of several pieces joined together.[5]

The Gemara continues:

וְאִידָךְ נַמִּי הָכְתִיב ,,יַחְדָּו" – **And** according to **the other one** [R' Yehudah], **too – why, it is written** ***together,*** which implies that the board's dimensions were uniform. How can he maintain that the boards were tapered?

The Gemara answers:

הַהוּא דְּלֹא לִישַׁלְחוּפִינְהוּ מֵהֲדָדֵי – **That** expression "together" comes to teach only **that one should not place them out of alignment with each other.**[6]

The Gemara challenges the view that the boards were tapered:

בִּשְׁלָמָא לְמַאן דְּאָמַר כְּשֵׁם שֶׁמִּלְּמַטָּן עוֹבְיָין אַמָּה כָּךְ מִלְּמַעְלָן עוֹבְיָין אַמָּה – **It is well, according to the one who says that just as [the boards] were an** ***amah*** **thick below, so too were they an** ***amah*** **thick above,** הַיְינוּ דִּכְתִיב ,,וּלְיַרְכְּתֵי הַמִּשְׁכָּן יָמָּה תַּעֲשֶׂה שִׁשָּׁה קְרָשִׁים – **that which is written:** ***And for the western end of the Tabernacle, you shall make six boards.*** וּשְׁנֵי קְרָשִׁים תַּעֲשֶׂה לִמְקֻצְעֹת" – ***And two boards shall you make for the corners*** *of the Tabernacle, at the end.*[7] דְּאָתֵי פּוּתְיָא דְּהָנֵי – **For the width of these** two corner boards **comes** מְמַלֵּי לֵיהּ לְסוּמְכָא דְּהָנֵי – and **fills the thickness of these** end-boards at the western end of the northern and southern walls.[8] אֶלָּא לְמַאן דְּאָמַר מִלְּמַטָּן עוֹבְיָין אַמָּה מִלְּמַעְלָן כָּלִין וְהוֹלְכִין עַד כְּאֶצְבַּע – **But according to the one who says that [the boards] were an** ***amah*** **thick below** at the base, **but above** the base **they tapered gradually until they were** as thin **as a finger** at their tips, then at the northwestern and southwestern corners הַאי עָיֵיל וְהַאי נָפֵיק – **this** board would **go in and this one would go out!**[9] – ? –

The Gemara answers:

דְּשָׁפֵי לְהוּ כִּי טוּרִין – This is not difficult, **for** according to this view, **one would taper them** [the corner boards of the western wall] **like mountains.**[10]

The Gemara elaborates on another verse concerning the Tabernacle walls:

,,וְהַבְּרִיחַ הַתִּיכֹן בְּתוֹךְ הַקְּרָשִׁים" – The verse states: ***And the***

NOTES

1. *Rashi* [see illustration]. [We have presented only *Rashi's* explanation of this *sugya,* but there are several different approaches detailed by the Rishonim; see further in *Rashi, Tosafos, Rabbeinu Chananel* et al.]

2. *Exodus* 26:24. The verse states concerning all the Tabernacle boards (*Rashi* ad loc.; see also *Ramban* ad loc.): וְיִהְיוּ תֹאֲמִם מִלְּמַטָּה וְיַחְדָּו יִהְיוּ תַמִּים עַל־רֹאשׁוֹ אֶל־הַטַּבַּעַת הָאֶחָת, *And they shall be flush below, and together they shall be "tamim" at its top, into a single ring.* [*At "its" top* refers to the top of each and every board (see *Rashi* ad loc.).]

3. *Joshua* 3:16, regarding the waters of the Jordan split by Joshua. The Gemara demonstrates from this verse that the root תם (as in the word תַּמּוּ) denotes *coming to an end.* Similarly, in the verse concerning the Tabernacle boards, the word תַּמִּים means *they shall come to an end,* i.e. narrow to a point. Thus, יִהְיוּ תַמִּים עַל־רֹאשׁוֹ is to be rendered: *they shall come to an end at its top* (see *Rashi;* see *Maharam* and *Shabbos Shel Mi*).

4. *Exodus* 26:24, cited above in note 2. "Together" implies that the board's dimensions were uniform throughout (see *Rashi*).

5. *Rashi;* cf. *Chidushei HaRan.* [Accordingly, תַּמִּים, *tamim,* is used here in the sense of *wholeness* or *completeness.*]

6. Rather, the boards on each side of the Mishkan should be lined up perfectly, presenting a flush expanse of wall, front and back (see *Rashi; Rabbeinu Chananel*).

7. *Exodus* 26:22-23. The northern and southern walls consisted of twenty boards each, spanning 30 *amos* [20×1½ *amos*=30 *amos*] (see *Exodus* 26:16,18,20). The verses just cited by the Gemara describe the western wall, and state that it shall consist of six boards in the middle, with another two boards – one at each corner – to fill the gaps there (see *Rashi* ד"ה ואתי פותיא).

8. As known from tradition, the inner dimensions of the Mishkan were 30 *amos* by 10 *amos* (see *Ritva MHK* ed.). The six middle boards of the western wall spanned 9 *amos* (6×1½=9). A half-*amah* of the width of each corner board was visible inside the Tabernacle (completing the 10 *amos* on that side); the remaining *amah* of width of each corner board covered the thickness of the end boards that were at the western ends of the northern and southern walls [see illustration]. Thus, if the boards had a uniform thickness of one *amah* throughout their height, the corners of the end boards at the northwestern and southwestern corners lined up perfectly top and bottom (see *Rashi* ד"ה ואתי פותיא).

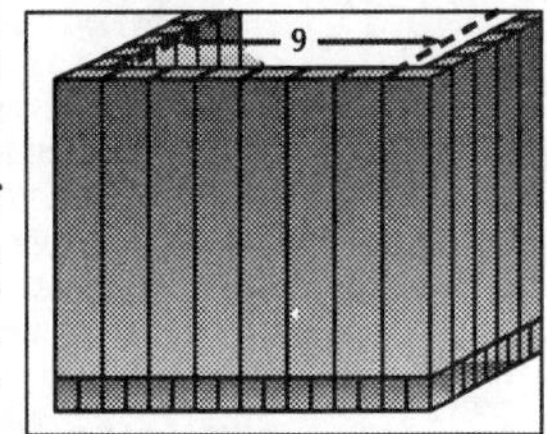

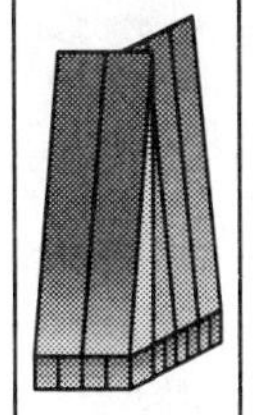

9. I.e. the corner boards would not line up along their entire height, since the end boards of the northern and southern walls would taper inwards, while the inner faces of the western wall's two corner boards would rise straight up, until nearly an *amah* of their inner faces would be visible on the outside [see illustration] (*Rashi*). Thus, these corners would not possess the feature of יַחְדָּו, *together,* specified by the Torah [see above, note 6] (*Maharsha*).

10. Which slope on two sides (*Rashi*). Similarly, these corner boards – in addition to being tapered in their thickness (like all the other boards) – were also tapered at the outer sides of their widths, so that they would match the tapered contours of the end boards at the western ends of the northern and western walls [see illustration] (see *Rashi*).

אמר שמואל ביתדות ת"ר קרשים מלמטן עוביין אמה ומלמעלן כלין והולכין עד כאצבע שנאמר א) יהיו תמים על ראשו ולהלן הוא אומר ב) תמו נכרתו דברי רבי יהודה רבי נחמיה אומר כשם שמלמטן עוביין אמה כך מלמעלן עוביין אמה שנאמר א) יחדיו והכתיב תמים ההוא דליתו שלמין ולא ליתו דניסרא ואידך נמי הכתיב יחדיו ההוא דלא לישלחופינהו מהדדי בשלמא למ"ד כשם שמלמטן עוביין אמה כך מלמעלן עוביין אמה היינו דכתיב ג) ולירכתי המשכן ימה תעשה ששה קרשים ושני קרשים תעשה למקצעות דאתי פותיא דהני ממלי ליה לסומכא דהני אלא למ"ד מלמטן עוביין אמה מלמעלן כלין והולכין עד כאצבע האי עייל והאי נפיק דשפי להו כי טורין א): ד) והבריח התיכון בתוך הקרשים תנא בנס היה עומד ה) ואת המשכן תעשה עשר יריעות אורך היריעה האחת שמנה ועשרים באמה שדי אורכייהו לפותיא דמשכן כמה הויא עשרין ותמני דל עשר לאיגרא פשא להו ט' להאי גיסא וט' להאי גיסא לר' יהודה מיגליא אמה דאדנים לר' נחמיה מיגליא אמה דקרשים שדי פותייהו לאורכא דמשכן כמה הויא ארבעין דל תלתין לאיגרא פשא להו י' לר' יהודה מכסיא אמה דאדנים לר' נחמיה מיגליא אמה דאדנים ו) ועשית יריעות עזים לאהל וגו' אורך היריעה האחת שלשים באמה וגו' שדי אורכייהו לפותיא דמשכן כמה הויא תלתין דל עשר לאיגרא פשא להו עשר להאי גיסא ועשר להאי גיסא לר' יהודה מיכסיא אמה דאדנים לר' נחמיה מיגליא אמה דאדנים תניא נמי הכי ז) והאמה מזה והאמה מזה בעודף לכסות אמה של אדנים דברי ר' יהודה ר' נחמיה אומר לכסות אמה של קרשים * שדי פותייהו לאורכיה דמשכן כמה הויא מ' וארבע דל תלתין לאיגרא פשא להו ארבע סרי דל תרתי לכפלא דכתיב ח) וכפלת את היריעה הששית אל מול פני האהל פשא להו תרתי סרי בשלמא לר' יהודה היינו דכתיב ט) חצי היריעה העודפת תסרח אלא לר' נחמיה מאי תסרח תסרח מחברותיה תנא דבי ר' ישמעאל למה משכן דומה לאשה שמהלכת בשוק ושפוליה מהלכין אחריה ת"ר חרוצים היו קרשים וחלולים היו האדנים ונראין

אמר שמואל ביתדות. לא היו מקורות מלמטה אלא יתדות היו וריוח ביניהן כעין אותן שלנו העשויות להביא עצים. ולי נראה פי' דאטבי כמו אטבא דספרי האמור במנחות (ד' לג.) והוא גלוזי"ן בלע"ז שמבקע מקל אחד בראשו ונושך בו דפי הקונטרס והכי קאמר רב כהנא באטבי לא היה נותן ריוח בין כל סדרא וסדרא כדקאמרת דמתוך שהסדר גבוה ג' קרשים כל אחד רחבו אמה וחצי ומושבו קצר שהוא אמה של עובי ותו לא הרי הן נופלות זו על זו אלא מושיב שתי שורות של שלש שנים זו אצל זו כמין אטבי ששתי צלעות האטבא סמוכות זו לזו כן מושיב לראש העגלה האחת ומחזיקות זו את זו ונמצא מקום מושב הסדר ב' אמות וכן עושה לראש השני ואמת הריוח באמצע ופרכינן היכא מנח להו לקרשים אגבה דעגלה והא עגלה גופה מקורה הואי ותינח לידיהן וביניהן כו' כדפרי' וללשון רבותי אין לשון הגירסא נראה כפירושן ולמה הוזכרו אותן טבעות כאן לשלחופינהו לקרשים שבשני סדרים הפנימית שלא יהו טבעותיהן מכוונין זו כנגד זו: ולהלן הוא אומר תמו נכרתו. מה תמו האמור להלן לשון כלייה אף תמים האמור כאן לשון כלייה: שנא' יחדיו. כולן שוות: דלא לייתי דנסרא. קרש אחד מב' חתיכות: דלא לישלחופינהו. אחד לפנים ואחד לחוץ אלא מושיב הקרשים מכוונין זה אצל זה שיעמדו הקרשים מכוונים עוביה של זו כנגד עוביה של זו: ואתי פותיא דהני וממלא סומכא דהני. שכשהושיב ששה קרשים למערב נמצא רחבן תשע אמות והמשכן רחבו י' נמצא חסר הכותל חצי אמה לצפון וחצי אמה לדרום ומביא שני קרשים אחד למקצוע זה ואחד למקצוע זה ומושיבן אצל הששה ורוחב הקרש אמה וחצי נמצא חצי האמה ממלא וסותם חסרון הקיר מערבי והאמה מכסה עביו של קרש הדרומי החיצון נמצאו הזויות שוין מבחוץ שני חודי הקרשים סמוכין יחד וכן לצפון: האי עייל והאי נפיק. דכיון דקרש אחד שבדרום ושבצפון למעלה כלה בעביו וקרש ההוא נותן במקצוע רחב אמה וחצי נמצא רחב הקרש של מקצוע בולט ויוצא לדרום מלמעלה חוץ מעביו של דרומי וכן לצפון: דשפי להו. לרוחב ב' קרשים שבמקצוע ומקצרן למעלה מרחבן שלא יהיו בולטין: כי טורים. ההרים הללו שהן משופעין [מב' צדדים]: בנס היה עומד. שאחר שהקרשים כולן נתונין באדנים לצפון למערב ולדרום היה נותנו ומבריח לשלשת הרוחות ואין לך אומן יכול לעשות כן ובנס היה נכפף מאליו: דל עשר לאיגרא. לרחב חלל המשכן שהוא י' אמות: לרבי יהודה. דאמר למעלה כלין עוביין של קרשים לכאצבע אין ממעטין ביריעות וכשפורשן לרחב המשכן נופלות תשע אמות לצפון ומכסין ט' אמות לקרשים מבחוץ ואמה של אדנים מגולה שהאדנים גבהן אמה וחלולין הם והקרשים חרוצין למטה באמצע חצי אמה רחב בגובה אמה ונשאר חצי אמה לכאן וחצי אמה לכאן והן שתי ידות לקרש האחד ומחסר מן הידות מבחוץ ומשני צידיהן לרכוב על עובי דופני האדן כשנועץ שתי הידות בשני אדנים כדי שיהיו הקרשים תכופות ומשולבות אשה אל אחותה ולא יהא עובי האדן מפסיק ביניהן: לרבי נחמיה. דאמר אף מלמעלה עוביין אמה ממעט עובי הקרשים הדרומיות והצפוניות אמה לכאן ואמה לכאן באורך היריעות ואינן נופלות אלא ח' אמות לכל צד: מיגליא אמה מן הקרשים. חוץ לאדנים ואמה דאדנים: שדי פותייהו לאורכא דמשכן. לאחר שחברו ה' יריעות לבד וכל אחת ד' אמות רחב הרי כ' אמות וכנגדן במחברת השנית שהיא של ה' יריעות הרי מ' ל' מהן הויין גג למשכן לאורכו ועשר העודפות: לרבי יהודה. דאמר אין עובי קרשים שבמערב ממעט בהו נמצא היו"ד אמות כולן תלויות ומכוסות כל י' אמות של אורך הקרש הרי אף האדנים של צד מערבי מכוסין: ועשית יריעות עזים. אלו יריעות עליונות הפרוסות על יריעות התחתונות העליונות קרויות אהל כלומר לגג ומכסה והתחתונות קרויות משכן עצמו שהן לנוי תכלת וארגמן ותולעת שני: מיכסיא אמה דאדנים. שנשארת מגולה מן התחתונות יכסוה העליונות: לרבי נחמיה מיגליא אמה דאדנים. ועודפה של יריעה זו הולך לכסות אמה דקרשים שלא כסוה התחתונות: בעודף. שיריעות האהל עודפות על יריעות המשכן ב' אמות יהיה סרוח על כיסוי התחתונות לכסות מה שלא כיסוהו: ארבעים וארבע. די"א יריעות היו: תרתי דכפלא. שהיתה נוטה רוחב חצי יריעה על רוח מזרחית שלא היו שם קרשים שהוא פתח למשכן ואין שם אלא מסך פרוש כמו וילון כדכתיב ועשית מסך לפתח האהל וגו': בשלמא לרבי יהודה. דאמר עובי הקרשים לא ממעט ביריעות היינו דכתיב חצי היריעה העודפת בעליונות יותר מן התחתונות תסרח על אחורי המשכן סרוח על כל אורך הקרשים והאדנים של מערב ונגררות בארץ: מאי תסרח. אמה אחת נגררת ותו לא שהרי עובי הקרשים מיעט בה אמה: מחברותיה. חצי היריעה סרוחה מחברותיה אמה ממנה לכסות האדנים ואמה נגררת: ושיפוליה. שולי בגדיה כך היתה יריעה של אחריו נגררת בארץ: חרוצים היו קרשים. כמו שפירשתי חצי אמה באמצע רחבן מלמטה בגובה אמה ונשארין הידות לכאן ולכאן וגם הם חרוצים מבחוץ כשיעור עובי דופן האדן ברחב ובגובה אמה עד הארץ לרכוב על האדן שיהו משולבות קרש ג) על קרש ולא יפסיק עובי שני האדנים ביניהם: וחלולים היו האדנים. שבאותו חלל היו תוקעין ידות הקרשים: ונראין

דל עשר לאיגרא. בכולה שמעתא אמר דרוחב המשכן י' אמות וקשה לר"י דמנא ליה להש"ס הא דילמא המשכן היה רוחבו י"א אמה והקרשים נאמר שלא היה עוביין אלא חצי אמה ושני קרשים למקצעות המשכן היו סותמות אמה אויר מכאן ואמה אויר מכאן וחצי אמה העודפת ברוחב הקרש כנגד עובי הקרשים של צד צפון ודרום ומאי חזית למימר איפכא שחצי אמה לכאן וחצי אמה [לכאן] הוא למלאות חסרון הכותל ואמה עובי להיות כנגד עובי הקרש הדרומי והצפוני ואומר ר"י דמבית עולמים ילפינן לפי שהיה אורכו ששים אמה ורוחבו עשרים ה"נ במשכן רחבו שליש ארכו: תנא בנס היה עומד. אומר ר"י דהכלה דקאמר שבריח התיכון היה מסבב ג' רוחות פליגא אברייתא דמלאכת המשכן דהתם אמר שלא היה נס אלא היו שם חמשה שנים למעלה אחד מתחיל מתחילת אורך המשכן עד חציו והשני מתחיל משם והולך עד סוף הרוח וכן למטה היו שני בריחים כזה הענין אבל האמצעי היה הולך מרוח מזרח עד רוח מערב והיינו מן הקצה אל הקצה ולא היה מקיף כל שלש רוחות:

רבינו חננאל

אמר כל מקום שתרצה תנוח וכבר פרשנוה בבבא קמא בפרק כיצד הרגל בסופו דקתני התם בפירושא אם אמר כל מקום שתרצה תנוח אין ואי לא לא מחייב. ת"ר הזורק מרה"ר לרה"ר ורה"י באמצע ד' אמות חייב פחות מד' אמות פטור פי' אם יש ממקום שזרק עד שנח בב' הצדדין שהן רה"ר ד' אמות חייב כגון שיש רה"ר בצד זה ב' אמות ובצד אחר ב' אמות אחרות רה"ר שנמצא מעביר ד' אמות ברה"ר וקמ"ל רשויות מצטרפו' אע"ג דרה"י חולק בין ב' רשויות הרבים ולא אמרינן קלוטה כמו שהונחה כלומר קלטתן רה"י טרם תנוח ד' אמות אלא כיון שבזריקה אחת הלך החפץ ד' אמות ברה"ר אע"פ שהן אמות מקוטעות ואינן ארבעתן רצופות ביחד חייב. אמר א) משמיה דרב המעביר ד' אמות ברה"ר מקורה פטור דהא כל מלאכת דשבת מן המשכן גמרינן להו (ולמה) [ולכן] הוא פטור לפי שאינו דומה לדגלי מדבר ואקשינן איני והא עגלות שהיו טעונות קרשי המשכן מקורות היו בזמן שהקרשים עליהן ואמר רב משמיה דרבי חייא עגלות תחתיהן וביניהן וצדיהן רה"ר הן ופרקי' כי אמר רב לפי שאינן דומה לדגלי מדבר בדרא קמא פי' בזמן שלא הניח על העגלות קרשים אלא התחתונים בלבד שאינה מקורה כולה אבל כשיניחו עליה שניים ושלישים ותהא כולה מקורה לא אמר רב ואקשי' מכדי אורך העגלה כמה היא ה' אמות רוחב כל קרש אמה וחצי כמה קרשים טוען בעגלה שלש שאינה מחזקת יתר כי ארכה ה' אמות ורחב ג' קרשים כל קרש אמה וחצי ארבע אמות וחצי נמצאת חצי אמה עודפת העגלה על הקרשים והן ג' טפחים כי שדית בין קרש לקרש זה העודף כלבוד דמי ואפי' בדרא תתאה עגלה כולהי מקורה היא ודחי רב מי סברת קרשים כרחבם היה מטעינם על העגלה אחודן הוה מנח להן ואקשי' תו סוף סוף עובי כל קרש אמה היא כשמסדרן על העגלה נותן [ד'] קרשים על העגלה נמצאת עודף בעגלה אמה שהיא ו' טפחים כשתחלקם בין הקרשים יבא ביניהם פחות מג' טפחים שהרי בין ד' קרשים רוצה לחלקם וקיי"ל כל פחות מג' טפחים כלבוד דמי ומכל פנים העגלה אפילו בדרא תתא מקורה היא הניחא למ"ד כדבעינן למימר לקמן קרשים מלמטה עוביין אמה מלמעלה כלין והולכין עד כאצבע פי' הוה הנגר משפע ואוכל בקרש ועולה עד שנמצאת ראש הקרש עוביה אצבע ותחתיה הקרש עביה אמה משכחת לה דמשלבי קרשים מלמטה זו עם זו ומתרפקין ועולין עד שנמצא למעלה ביניהן קרוב לאמה וכיון שיש בין ב' הקרשים אמה ודאי אינן מקורות אלא למ"ד כשם שמלמטה עוביין אמה כך מלמעלה עוביין אמה היכי משכחת לה עגלה שאינה מקורה ופריק רב כהנא תמצא עגלה שאינה מקורה בזמן שאין על העגלה קרשים אלא אטבי בלבד פירוש עגלה זו עשויה ב' קורות ארוכות וב' קצרות בראשיהן כגון מלבנות המטה. והאמצע מגולה ומניחין באמצעה לרחבה קורה יוצאה חוץ לעגלה ב' אמות ומחצה מזה הצד וב' אמות ומחצה מן הצד האחר ומכניסין האופנים בראשי הקורה היוצאות חוץ לעגלה ומטעינין ע"ג העגלה הקרשים תחתיים שניים ושלישים ועוד בארבעת מקצועי העגלה ד' עצים ארוכים קבועים ועומדים כמין כנופי המטה וראשיהן משופעין ואחרי שמטעינין העגלה מביאין ד' קרשים רחבין כשיעור טפחים ונקראין אטבי שנים מהן ארוכים כאורך העגלה וב' מהן ארוכין כשיעור רוחב העגלה נקובים כל אחד נקב בראשו ב' נקבים בכל אחד ואחד ומכניס אלו הקרשים נקביה בראשי העצים העומדים כמין כנופי הארוכין לאורך העגלה והקצרים לרוחב העגלה ונמצאו אלו העצים הנקראים אטבי כמין מסגרות ונמצאו העצים העומדין בארבעת מקצועי העגלה כמין קורות מחזיקין הקרשים שלא ישמטו לא לארכן ולא לרחבן והן כמין מסגרות שסוגרין בעד הקרשים מכל הצד ואלמלא האטבי היו הקרשים דוחין העצים ונופלין ויש מי שעושין אטבי הללו מן ברזל כענין שפרשנו וכיון שפירק רב כהנא באטבי הקשו עליו וכי תמצא עגלה מגולה ואטבי עליה והלא אטבי לא נעשו אלא להנתן על גבי עגלה טעונה ובעת שהיא טעונה מקורה היא ונדחה רב כהנא ותירגמא שמואל ביתידות פי' יתידות שנים שלשה רחבות כמו טפח אגודות בעגלה שנמצא בין יתד ליתד כמו אמה ונמצאת העגלה כולו מגולה היא כולה. והוצרך שמואל להעמידה ביתידות משום דתני ר' חייא תחתיהן ואי אפשר להיות לעגלה תחת והיא אינה מקורה אלא ביתידות שיש ריוח הרבה ביניהן דליכא למימר בהן כלבוד דמי והוא כדבעינן למימר לקמן כי שיעור ב' עגלות מהלכות זו בצד זו בט"ו אמה ומכאן למדנו דרך רשות הרבים ט"ז אמה אלו ט"ו אמה ואמה יתירה למקום בן לוי כו'. ת"ר קרשים מלמטה עוביין אמה מלמעלן כלין והולכין עד כו' ר' יהודה דרש יהיו תמים על ראשו מלשון כלוי כדכתיב תמו נכרתו והאי דכתיב יחדיו בעינן דליהוי משולבים כאחד כשמחברן דומין כאלו אחד הן ולא להוון משתלפי מהדדי ור' נחמיה דייק יחדיו שיהו שוין סופן עד ראשן והא דכתיב תמים דמיתי שלמים ולא מיתי דניסרא בשלמא למ"ד כשם שמלמטן עוביין אמה כך מלמעלן עוביין

חשק שלמה על רבינו חננאל א) [רב שמואל בר יהודה אמר ר' אבא אמר רב הונא]:

מסורת הש"ס

א) [גירסת הערוך טריש לשון פרשי הוא דבר שרחב ומתקצר והולך למעלה, כן ע"ל אל קרש.]

גליון הש"ס

גמ' שדי פותייהו. ע"ל דף קט ע"א תוס' ד"ה ואין קרשים:

תורה אור השלם

א) ויהיו תאמם מלמטה ויחדו יהיו תמים על ראשו אל הטבעת האחת כן יהיה לשניהם לשני המקצעת יהיו: [שמות כו, כד]

ב) ויעמדו המים הירדים מלמעלה קמו נד אחד הרחק מאד מאדם העיר אשר מצד צרתן והירדים על ים הערבה ים המלח תמו נכרתו והעם עברו נגד יריחו: [יהושע ג, טז]

ג) ולירכתי המשכן ימה תעשה ששה קרשים: ושני קרשים תעשה למקצעת המשכן בירכתים: [שמות כו, כב-כג]

ד) והבריח התיכן בתוך הקרשים מברח מן הקצה אל הקצה: [שמות כו, כח]

ה) ואת המשכן תעשה עשר יריעת שש משזר ותכלת וארגמן ותלעת שני כרבים מעשה חשב תעשה אתם: ארך היריעה האחת שמנה ועשרים באמה ורחב ארבע באמה היריעה האחת מדה אחת לכל היריעת: [שמות כו, א-ב]

ו) ועשית יריעת עזים לאהל על המשכן עשתי עשרה יריעת תעשה אתם: ארך היריעה האחת שלשים באמה ורחב ארבע באמה היריעה האחת מדה אחת לעשתי עשרה יריעת: [שמות כו, ז-ח]

ז) והאמה מזה והאמה מזה בעדף בארך יריעת האהל יהיה סרוח על צדי המשכן מזה ומזה לכסתו: [שמות כו, יג]

ח) וחברת את חמש היריעת לבד ואת שש היריעת לבד וכפלת את היריעה הששית אל מול פני האהל: [שמות כו, ט]

ט) וסרח העדף ביריעת האהל חצי היריעה העדפת תסרח על אחרי המשכן: [שמות כו, יב]

middle bar inside the boards, extending *from end to end.*[11] תָּנָא – **A Baraisa taught:** בְּנֵס הָיָה עוֹמֵד – [THE MIDDLE BAR] WAS POSITIONED MIRACULOUSLY.[12]

The Gemara discusses ramifications of the dispute between R' Yehudah and R' Nechemyah regarding whether the thickness of the boards tapered or remained constant:

"וְאֶת־הַמִּשְׁכָּן תַּעֲשֶׂה עֶשֶׂר יְרִיעֹת" – The verse states: ***And you shall make the Tabernacle-spread of ten panels . . .*** "אֹרֶךְ הַיְרִיעָה הָאַחַת שְׁמֹנֶה וְעֶשְׂרִים בָּאַמָּה" – ***The length of one panel twenty-eight amos,*** *and the width of one panel four amos . . .*[13] שְׁדֵי אוֹרְכַּיְיהוּ לְפוּתְיָא דְמִשְׁכָּן – **Place the lengths of [the panels] across the width of the Tabernacle.** כַּמָּה הָוְיָא – **How much was [the spread]** of each panel? עֶשְׂרִין וּתְמָנֵי – **Twenty-eight** *amos.* דַּל עֶשֶׂר לְאִיגְּרָא – **Subtract ten** *amos* **for the roof** over the inner width of the Tabernacle. פָּשָׁא לְהוּ תֵּשַׁע לְהַאי גִּיסָא – **Remaining are nine** *amos* of curtain **to this** [the northern] **side,** וְתֵשַׁע לְהַאי גִּיסָא – **and nine** *amos* of curtain **to this** [the southern] **side,** to be draped over the outside of the walls. לְרַבִּי יְהוּדָה – **According to R' Yehudah,** who holds that the boards tapered to a fingerwidth on top, מִיגַּלְיָא אַמָּה דַּאֲדָנִים – only **the *amah* of the sockets was** left **exposed.**[14] לְרַבִּי נְחֶמְיָה – **According to R' Nechemyah,** who holds that the boards remained an *amah* thick even on top, מִיגַּלְיָא אַמָּה דִּקְרָשִׁים – **an *amah* of the boards was** also left **exposed.**[15]

The Gemara now considers the ramifications of this dispute on how the spread draped across the Tabernacle's western wall:

שְׁדֵי פּוּתְיַיהוּ לְאוֹרְכָּא דְמִשְׁכָּן – **Place the** combined **widths of [the panels] across the length of the Tabernacle.** כַּמָּה הָוְיָא – **How much was [the combined width]?** אַרְבְּעִין – **Forty** *amos.* דַּל תְּלָתִין לְאִיגְּרָא – **Subtract thirty** *amos* **for the roof** over the inner length of the Tabernacle. פָּשָׁא לְהוּ עֶשֶׂר – **Remaining are ten** *amos* of curtain to be draped over the western wall. לְרַבִּי יְהוּדָה – **According to R' Yehudah,** who holds that the boards tapered to a fingerwidth on top, מִכַּסְיָא אַמָּה דַּאֲדָנִים – even **the *amah* of the sockets was covered** by the curtain on the western side.[16] לְרַבִּי נְחֶמְיָה – **According to R' Nechemyah,** who holds that the boards remained an *amah* thick even on top, מִיגַּלְיָא אַמָּה דַּאֲדָנִים – **the *amah* of the sockets was** left **exposed** on the western side.[17]

The Gemara now makes the analogous calculations for the next layer of the Tabernacle's covering:

"וְעָשִׂיתָ יְרִיעֹת עִזִּים לְאֹהֶל וגו׳" – The verse states: ***And you shall make panels of goat hair for a tent-spread*** *over the Tabernacle-spread; eleven panels shall you make them.* "אֹרֶךְ הַיְרִיעָה הָאַחַת שְׁלֹשִׁים בָּאַמָּה וגו׳" – ***The length of one panel thirty amos, and***

NOTES

11. *Exodus* 26:28. The preceding two verses state that the boards on each side of the Tabernacle shall be further braced with five bars running across the length of each wall. Each wall would be braced in three places – towards the top, in the middle and towards the bottom. The top and bottom braces consisted of two bars each, running through rings mounted on the outer sides of the boards. These two bars began at opposite ends of the wall and met in the middle. The verse cited here states that the middle bar was a single bar spanning the entire length of the wall, running not through rings mounted on the outside but rather through holes bored in the thickness of the boards.

12. [The Tanna interprets *end to end* to refer to the northeastern and southeastern ends.] That is, after all three walls had been set up and secured in a U shape, a single middle bar more than 70 *amos* long was inserted at the eastern end and miraculously snaked around the corners at the western ends until it came through the last board at the other eastern end (*Rashi*).

This Baraisa is at odds with the *Baraisa DiMleches HaMishkan* (the Baraisa Concerning the Construction of the Tabernacle) [cited by *Rashi* to *Exodus* ad loc.], which explains the words *end to end* as referring specifically to the ends of each individual side. That is, in contrast to the upper and lower braces, which consisted of two separate bars meeting at the center, the middle brace was one long bar spanning the entire length of that side. Accordingly, there was nothing miraculous about the positioning of the middle bar (*Tosafos;* see also *Meiri* and *Chasam Sofer* [*Mechon Chasam Sofer* ed.]).

13. *Exodus* 26:1-2. [The word מִשְׁכָּן in this verse refers to the lowermost covering (made of twisted linen, blue wool, purple wool, and scarlet wool, woven in an intricate pattern) draped over the upright frame of boards, covering the outside of the boards and forming a tent over the interior of the Mishkan. It is called "Mishkan" because it served as the decorative interior ceiling of the Mishkan (see *Rashi* below ד״ה ועשית יריעות עזים).] It consisted of ten panels, 4 *amos* by 28 *amos* each. These were sewn together into two large sections of five panels each, measuring 20 *amos* by 28 *amos* (5×4 *amos*=20 *amos*). The two five-panel sections were then hooked together, so that the final dimensions of the spread were 40 *amos* by 28 *amos.*

14. The boards were ten *amos* tall, with their bottom *amah* (the tenons) being encased in silver sockets. According to R' Yehudah, who holds that the boards were tapered, the remaining nine *amos* of curtain on each side covered the outer surface of the boards (9 *amos*), leaving only the one-*amah*-tall silver sockets exposed [see illustration] (*Rashi*). [Actually, slightly more than 2 1/5 fingerwidths of the boards were exposed as well, since we must also subtract the fingerwidth at the top of the board and the slightly more than 1 1/5 fingerwidths that the inclined outer surface of the boards exceeded the nine-*amah*-tall inner, perpendicular surface. This small amount, however, is disregarded when dealing with things measured in terms of *amos* (see *Rabbeinu Chananel* and *Ran MHK* ed.).]

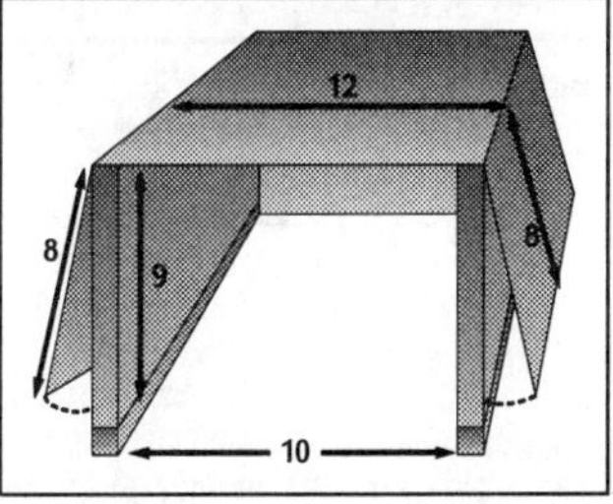

15. Since the walls were an *amah* thick on top, an extra *amah* of curtain was taken up on each side by the width of the boards. Thus, only eight *amos* of curtain draped over the backs of the walls on the northern and southern sides, covering eight *amos* of the walls' outer, perpendicular ten-*amah* surface. This left the *amah*-high sockets exposed, as well as one *amah* of board on top of them [see illustration] (*Rashi*).

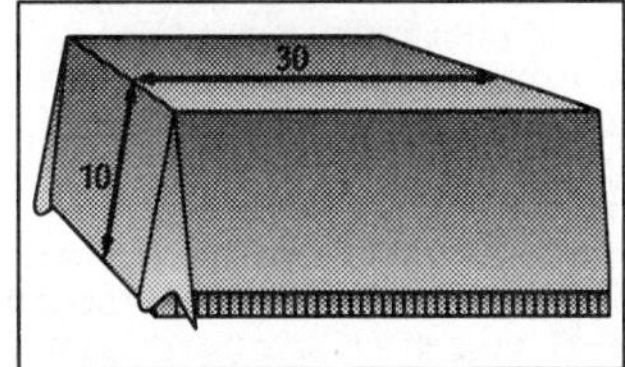

16. For the ten *amos* of curtain could cover the nine *amos* of exposed board as well as the *amah* that was encased in the socket [see illustration] (*Rashi*). [Actually, slightly more than 2 1/5 fingerwidths of the socket remained exposed (see end of note 14).]

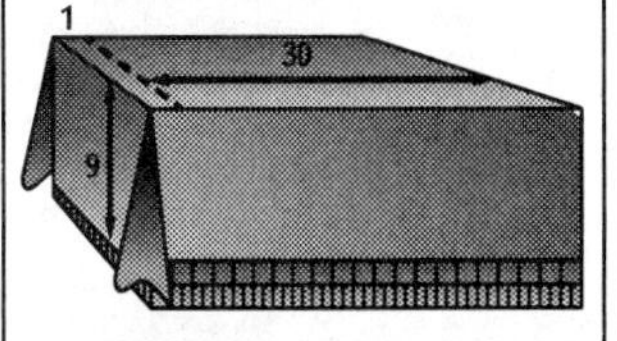

17. Since the remaining ten *amos* of curtain had to cover the *amah*-thickness of the western wall, leaving only nine *amos* to drape over the rear of that wall [see illustration].

[*Rashi* to *Exodus* 26:5 notes that the positioning of the curtains detailed by the Gemara here is at odds with the one detailed by the *Baraisa of Forty-nine Middos,* which has the curtains moved one *amah* to the east to cover the pillars at the entrance. This pulls the curtains up one *amah* at the western end, so that the curtains covered exactly the same amount on all three sides (see *Meiri* here).]

דל עשר לאיגרא. בכולה שמעתא אמר דרוחב המשכן י' אמות וקשה לר"י דמנא ליה להש"ס הא דילמא המשכן היה רוחבו י"א אמה והקרשים נאמר שלא היה עוביין אלא חצי אמה ושני קרשים למקצעות המשכן היו סותמות אמה אויר מכאן ואמה אויר מכאן וחצי אמה העודפת ברוחב הקרש כנגד עובי הקרשים של צד צפון ודרום ומאי חזית למימר איפכא שחצי אמה לכאן וחצי אמה [לכאן] הוא למלאות חסרון הכותל ואמה עובי להיות כנגד עובי הקרש הדרומי והצפוני ואומר ר"י דמבית עולמים ילפינן לה שהיה אורכו ששים אמה ורוחבו עשרים וה"נ במשכן רחבו שליש ארכו: **תנא בנס היה עומד.** אומר ר"י דהכא דקאמר שבריח התיכון היה מסבב ג' רוחות פליגא אברייתא דמלאכת המשכן דהתם אמר שלא היה נס אלא היו שם חמשה שנים למעלה אחד מתחיל מתחילת אורך המשכן עד חציו והשני מתחיל משם ואילך עד סוף הרוח וכן למטה היו שני בריחים כזה הענין אבל האמצעי היה הולך מרוח מזרח עד רוח מערב והיינו מן הקצה אל הקצה ולא היה מקיף כל שלש רוחות:
שתי

אמר שמואל ביתדות ת"ר קרשים מלמטן עוביין אמה ומלמעלן כלין והולכין עד כאצבע שנאמר א) יהיו תמים על ראשו ולהלן הוא אומר ב) תמו נכרתו דברי רבי יהודה רבי נחמיה אומר כשם שמלמטן עוביין אמה כך מלמעלן עוביין אמה שנאמר א) יחדיו והכתיב תמים ההוא דליתו שלמין ולא ליתו דניסרא ואידך נמי הכתיב יחדיו ההוא דלא לישלחופינהו מהדדי בשלמא למ"ד כשם שמלמטן עוביין אמה כך מלמעלן עוביין אמה היינו דכתיב ג) ולירכתי המשכן ימה תעשה ששה קרשים ושני קרשים תעשה למקצעות דאתי פותיא דהני ממלי ליה לסומכא דהני אלא למ"ד מלמטן עוביין אמה ומלמעלן כלין והולכין עד כאצבע האי עייל והאי נפיק דשפי להו כי טורין [א]: ד) והבריח התיכון בתוך הקרשים תנא בנס היה עומד ה) ואת המשכן תעשה עשר יריעות אורך היריעה האחת שמנה ועשרים באמה שדי אורכייהו לפותיא דמשכן כמה הויא עשרין ותמני דל עשר לאיגרא פשא להו ט' להאי גיסא וט' להאי גיסא לר' יהודה מיגליא אמה דאדנים לר' נחמיה מיגליא אמה דקרשים שדי פותיהו לאורכא דמשכן כמה הויא ארבעין דל תלתין לאיגרא פשא להו י' לר' יהודה מכסיא אמה דאדנים לר' נחמיה מיגליא אמה דאדנים ו) ועשית יריעות עזים לאהל וגו' אורך היריעה האחת שלשים באמה וגו' שדי אורכייהו לפותיא דמשכן כמה הויא תלתין דל עשר לאיגרא פשא להו עשר להאי גיסא ועשר להאי גיסא לר' יהודה מיכסיא אמה דאדנים לר' נחמיה מיגליא אמה דאדנים תניא נמי הכי ז) והאמה מזה והאמה מזה בעודף לכסות אמה של אדנים דברי ר' יהודה ר' נחמיה אומר לכסות אמה של קרשים * שדי פותייהו לאורכיה דמשכן כמה הויא מ' וארבע דל תלתין לאיגרא פשא להו ארבע סרי דל תרתי לכפלא דכתיב ח) וכפלת את היריעה הששית אל מול פני האהל פשא להו תרתי סרי בשלמא לר' יהודה היינו דכתיב ט) חצי היריעה העודפת תסרח אלא לר' נחמיה מאי תסרח תסרח מחברותיה תנא דבי ר' ישמעאל למה משכן דומה לאשה שמהלכת בשוק ושפוליה מהלכין אחריה ת"ר חרוצים היו קרשים וחלולים היו האדנים
ונראין

אמר שמואל ביתדות. לא היו מקורות מלמטה אלא יתדות היו וריוח ביניהן כעין אומן שלנו העשויות להביא עצים. ולי נראה פי' דלאטבי כמו אטבא דספרי האמור במנחות (דף לג.) והוא גלוא"ן בלע"ז שמבקע מקל אחד בראשו ונושך בו דפי הקונטרס והכי קאמר רב כהנא באטבי לא היה נותן ריוח בין כל סדרא וסדרא כדקאמרת דממוך שהסדר גבוה ג' קרשים כל אחד רחבו אמה וחצי ומושבו קצר שהוא אמה של עובי ותו לא הרי הן נופלות זו על זו אלא מושיב שתי שורות של שלש שנים זו אצל זו כמין אטבי ששתי לצלעות האטבא סמוכות זו לזו כן מושיב לראש העגלה האחת ומחזיקות זו את זו ונמלא מקום מושב הסדר ב' אמות וכן עושה לראש השני ואמת הריוח באמצע ופרכינן היכא מנח להו לקרשים אגבה דעגלה והא עגלה גופה מקורה הואי ומינח לידיהן וביניהן כו' כדפרי' וללשון רבותי אין לשון הגירסא נראה כפירושו ולמה הוזכרו אומן טבעות כאן שלשלופינהו לקרשים שבשני סדרים הפנימיות שלא יהו טבעותיהן מכוונין זו כנגד זו: **ולהלן הוא אומר תמו נכרתו.** מה תמו האמור להלן לשון כלייה אף תמים האמור כאן לשון כלייה: **שנא' יחדו.** כולן שוות: **דלא לייתי דנסרא.** קרש אחד מב' חתיכות: **דלא לישלחופינהו.** אחד לפנים ואחד לחוץ אלא מושיב הקרשים מכוונין זה אצל זה שיעמדו הקרשים מכוונים עוביה של זו כנגד עוביה של זו: **ואתי פותיא דהני וממלא סומכא דהני.** שכשהושיב ששה קרשים למערב נמלא רחבן תשע אמות והמשכן רחבו י' נמלא חסר הכותל חצי אמה לצפון וחצי אמה לדרום ומביא שני קרשים אחד למקצוע זה ואחד למקצוע זה ומושיבן אצל השש ורוחב הקרש אמה וחצי נמלא חצי האמה ממלא וסותם חסרון הקיר מערבי והאמה מכסה עביו של קרש הדרומי החילון נמלאו הזויות שוין מבחוץ שני חודי הקרשים סמוכין יחד וכן לצפון: **האי עייל והאי נפיק.** דכיון דקרש אחד שבדרום ושבצפון למעלה כלה בעביו וקרש ההוא נותן במקצוע רחב אמה וחצי נמלא רחב הקרש של מקצוע בולט ויולא לדרום מלמעלה חוץ מעביו של דרומי וכן לצפון: **דשפי להו.** לרוחב ב' קרשים שבמקצוע ומקלרן למעלה מרחבן שלא יהיו בולטין: **כי טורים.** ההרים הללו שהן משופעין [מב' לדדים]: **בנס היה עומד.** שאחר שהקרשים כולן נתונין באדנים לצפון למערב ולדרום היה נותנו ומבריח לשלשת הרוחות ואין לך אומן יכול לעשות כן ובנס היה נכפף מאליו: **דל עשר לאיגרא.** לרחב חלל המשכן שהוא י' אמות: **לרבי יהודה.** דאמר למעלה כלין עוביין של קרשים לכאצבע אינן ממעטין ביריעות וכשפורשן לרחב המשכן נופלות תשע אמות לצפון ומכסין ט' אמות לקרשים מבחוץ ואמה של אדנים מגולה שהאדנים גבהן אמה וחלולין הם והקרשים חרוצין למטה באמצע חצי אמה רחב בגובה אמה ונשאר חצי אמה לכאן וחצי אמה לכאן והן שתי ידות לקרש האחד ומחסר מן הידות מבחוץ ומשני לידיהן לרבוע על עובי דופני האדן כשנועץ שתי הידות בשני אדנים כדי שיהיו הקרשים תכופות ומשולבות אשה אל אחותה ולא יהא עובי האדן מפסיק ביניהן: **לרבי נחמיה.** דאמר אף מלמעלה עוביין אמה ממעט עובי הקרשים הדרומיות והצפוניות אמה לכאן ואמה לכאן באורך היריעות ואינן נופלות אלא ח' אמות לכל לד: **מיגליא אמה מן הקרשים.** חוץ לאדנים ואמה דאדנים: **שדי פותייהו לאורכא דמשכן.** לאחר שחברו ה' יריעות לבד וכל אחת ד' אמות רחב הרי כ' אמות וכנגדן במחברת השנית שהיא של ה' יריעות הרי מ' ל' מהן הויין גג למשכן לאורכו ועשר העודפות: **לרבי יהודה.** דאמר אין עובי קרשים שבמערב ממעט בהו נמלא היו"ד אמות כולן תלויות ומכוסות כל י' אמות של אורך הקרש הרי אף האדנים של לד מערבי מכוסין: **ועשית יריעות עזים.** אלו יריעות עליונות הפרוסות על יריעות התחתונות העליונות קרויות אהל כלומר לגג ומכסה והתחתונות קרויות משכן עלמו שהן לנוי תכלת וארגמן ותולעת שני: **מיכסיא אמה דאדנים.** שנשארת מגולה מן התחתונות יכסוה העליונות: **לרבי נחמיה מיגליא אמה דאדנים.** ועודפה של יריעה זו הולך לכסות אמה דקרשים שלא כסוה התחתונות: **בעודף.** שיריעות האהל עודפות על יריעות המשכן ב' אמות יהיה סרוח על כיסוי התחתונות לכסות מה שלא כיסוהו: **ארבעים וארבע.** די"א יריעות היו: **תרתי דכפלא.** שהיתה נוטה רוחב חצי יריעה על רוח מזרחית שלא היו שם קרשים שהוא פתח למשכן ואין שם אלא מסך פרוש כמו וילון כדכתיב ועשית מסך לפתח האהל וגו': **בשלמא לרבי יהודה.** דאמר עובי הקרשים לא ממעט ביריעות היינו דכתיב חצי היריעה העודפת בעליונות יותר מן התחתונות תסרח על אחורי המשכן סרוח על כל אורך הקרשים והאדנים של מערב ונגררות בארץ: **מאי תסרח.** אמה אחת נגררת ותו לא שהרי עובי הקרשים מיעט בה אמה: **מחברותיה.** חצי היריעה סרוחה מחברותיה אמה ממנה לכסות האדנים ואמה נגררת: **ושיפוליה.** שולי בגדיה כך היתה יריעה של אחריו נגררת בארץ: **חרוצים היו קרשים.** כמו שפירשתי חצי אמה באמצע רחבן מלמטה בגובה אמה ונשארין הידות לכאן ולכאן וגם הם חרולים מבחוץ כשיעור עובי דופן האדן ברחב ובגובה אמה עד הארץ לרבוע על האדן שיהו משולבות קרש [ג] על קרש ולא יפסיק עובי שני האדנים ביניהם: **וחלולים היו האדנים.** שבאותו חלל היו תוקעין ידות הקרשים:
ונראין

רבינו חננאל

אמר כל מקום שתרצה תנוח וכבר פרשנוה בבבא קמא בפרק כיצד הרגל בסופו דקתני התם בפירושא אם אמר כל מקום שתרצה תנוח אין ואי לא לא מחייב. ת"ר הזורק מרה"ר לרה"ר ורה"י באמצע ד' אמות חייב פחות מד' אמות פטור פי' אם יש ממקום שזורק עד שנח בב' הצדדין שהן רה"ר ד' אמות חייב כגון שיש רה"ר בצד זה ב' אמות ובצד אחר ב' אמות אחרות רה"ר שנמצא מעביר ד' אמות ברה"ר וקמ"ל רשויות מצטרפו' אע"ג דרה"י חולק בין ב' רשויות הרבים ולא אמרינן קלוטה כמו שהונחה כלומר קלטתן רה"י טרם תנוח ד' אמות אלא כיון שבודיקה אחת הלך החפץ ד' אמות ברה"ר אע"פ שהן אמות מקוטעות ואינן ארבעתן רצופות ביחד חייב. אמר א) משמיה דרב המעביר ד' אמות ברה"ר מקורה פטור דהא כל מלאכת דשבת מן המשכן גמרינן להו (ולמה) [ולכן] הוא פטור לפי שאינו דומה לדגלי מדבר ואקשינן איני והא עגלות שהיו טעונות קרשי המשכן מקורות היו בזמן שהקרשים עליהן ואמר רב משמיה דרבי חייא עגלות תחתיהן וביניהן וצדיהן רה"ר הן ופרקי' כי אמר רב לפי שאינן דומה לדגלי מדבר בדרא קמא פי' בזמן שלא הניח על העגלות קרשים אלא התחתונים בלבד שאינה מקורה כולה אבל כשיניחו עליה שניים ושלישים ותהא כולה מקורה לא אמר רב ואקשי' מכדי אורך העגלה כמה היא ה' אמות רוחב כל קרש אמה וחצי כמה קרשים טוען בעגלה שלש שאינה מחזקת יתר כי ארכה ה' אמות ורחב ג' קרשים כל קרש אמה וחצי ארבע אמות וחצי נמצאת חצי אמה עודפת העגלה על הקרשים והן ג' טפחים כי שדית בין קרש לקרש זה העודף כלבוד דמי ואפי' בדרא קמא תהא עגלה כולהי מקורה היא ודחי רב מי סברת קרשים כרחבם היה מטעינם על העגלה אחורן הוה מנח להן ואקשי' תו סוף סוף עובי כל קרש אמה היא כשמסדרן על העגלה נותן [ד'] קרשים על העגלה נמצאת עודף בעגלה אמה שהיא ו' טפחים כשתחלקם בין הקרשים יבא ביניהם פחות מג' טפחים שהרי בין ד' קרשים רוצה לחלקם וקיי"ל כל פחות מג' טפחים כלבוד דמי ומכל פנים העגלה אפילו בדרא תתא מקורה היא הניחא למ"ד כדבעינן למימר לקמן קרשים מלמטה עוביין אמה מלמעלה כלין והולכין עד כאצבע פי' הוה הנגר משפע ואוכל בקרש ועולה עד שנמצאת ראש הקרש עוביה אצבע ותחתיה הקרש עביה אמה משכחת לה דמשלבי קרשים מלמטה זו עם זו ומתרפקין ועולין עד שנמצא למעלה ביניהן קרוב לאמה וכיון שיש בין ב' הקרשים אמה ודאי אינן מקורות אלא למ"ד כשם שמלמטה עוביין אמה כך מלמעלה עוביין אמה היכי משכחת לה עגלה שאינה מקורה ופריק רב כהנא תמצא עגלה שאינה מקורה בזמן שאין על העגלה קרשים אלא אטבי בלבד פירוש עגלה זו עשויה ב' קורות ארוכות וב' קצרות בראשיהן כגון מלבנות המטה. והאמצע מגולה ומניחין באמצעה לרחבה קורה יוצאה חוץ לעגלה ב' אמות ומחצה מזה הצד וב' אמות ומחצה מן הצד האחר ומכניסין האופנים בראשי הקורה היוצאות חוץ לעגלה ומטעינין ע"ג העגלה הקרשים תחתיים שניים ושלישים ועוד בארבעת מקצועי העגלה ד' עצים ארוכים קבועים ועומדים כמין כנופי המטה וראשיהן משופעין ואחרי שמטעינין העגלה מביאין ד' קרשים רחבין כשיעור טפחים ונקראין אטבי שנים מהן ארוכים כאורך העגלה וב' מהן ארוכין כשיעור רוחב העגלה נקובים כל אחד נקב בראשו ב' נקבים בכל אחד ואחד ומכניס אלו הקרשים נקביה בראשי העצים העומדים כמין כנופי הארוכין לאורך העגלה והקצרים לרוחב העגלה ונמצאו אלו העצים הנקראים אטבי כמין מסגרות ונמצאו העצים העומדין בארבעת מקצועי העגלה כמין קורות מחזיקין הקרשים שלא ישמטו לא לארכן ולא לרחבן והן כמין מסגרות שסוגרין בעד הקרשים מכל הצד ואלמלא האטבי היו הקרשים דוחין העצים ונופלין ויש מי שעושין אטבי הללו מן ברזל כענין שפרשנו וכיון שפירק רב כהנא באטבי הקשו עליו וכי תמצא עגלה [illegible] והלא אטבי לא נעשו אלא להנתן על גבי עגלה טעונה ובעת שהיא טעונה מקורה היא ונדחה רב כהנא ותירגמא שמואל ביתדות פי' יתידות שנים שלשה רחבות כמו טפח אגודות בעגלה שנמצא בין יתד ליתד כמו אמה ונמצאת [illegible] כולה. והצרך שמואל להעמידה ביתידות משום דתני ר' חייא תחתיהן וביניהן דליכא למימר בהן כלבוד דמי והוא כדבעינן למימר לקמן כי שיעור [illegible] בצד זו בט"ו אמה ומכאן למדנו דרך רשות הרבים ט"ז אמה ואמה יתירה למקום בן לוי כו'. ת"ר קרשים מלמטה עוביין אמה מלמעלן כלין והולכין עד כו' ר' יהודה דרש יהיו תמים על ראשו מלשון כלוי כדכתיב [illegible] יחדיו בעינן דליהוי משולבים כאחד כשמחברן דומין כאלו אחד הן ולא להוון משתלפי מהדדי ור' נחמיה דייק יחדיו שיהו שוין סופן עד ראשן והא דכתיב תמים דמיתי שלמים ולא מיתי דניסרא בשלמא למ"ד כשם שמלמטן עוביין [illegible]

מסורת הש"ס

א) [גירסת הערוך טריז לשון פרסי הוא דבר שרחב ומתקצר והולך למעלה], ב) נ"ל אל קרש.

גליון הש"ס

גמ' שדי פותייהו. ע"ל דף כח ע"א תוס' ד"ה ואין קרשים:

תורה אור השלם

א) וְיִהְיוּ תֹאֲמִם מִלְּמַטָּה וְיַחְדָּו יִהְיוּ תַמִּים עַל רֹאשׁוֹ אֶל הַטַּבַּעַת הָאֶחָת כֵּן יִהְיֶה לִשְׁנֵיהֶם לִשְׁנֵי הַמִּקְצֹעֹת יִהְיוּ: [שמות כו, כד]

ב) וַיַּעַמְדוּ הַמַּיִם הַיֹּרְדִים מִלְמַעְלָה קָמוּ נֵד אֶחָד הַרְחֵק מְאֹד מֵאָדָם הָעִיר אֲשֶׁר מִצַּד צָרְתָן וְהַיֹּרְדִים עַל יָם הָעֲרָבָה יָם הַמֶּלַח תַּמּוּ נִכְרָתוּ וְהָעָם עָבְרוּ נֶגֶד יְרִיחוֹ: [יהושע ג, טז]

ג) וּלְיַרְכְּתֵי הַמִּשְׁכָּן יָמָּה תַּעֲשֶׂה שִׁשָּׁה קְרָשִׁים: וּשְׁנֵי קְרָשִׁים תַּעֲשֶׂה לִמְקֻצְעֹת הַמִּשְׁכָּן בַּיַּרְכָתָיִם: [שמות כו, כב-כג]

ד) וְהַבְּרִיחַ הַתִּיכֹן בְּתוֹךְ הַקְּרָשִׁים מַבְרִחַ מִן הַקָּצֶה אֶל הַקָּצֶה: [שמות כו, כח]

ה) וְאֶת הַמִּשְׁכָּן תַּעֲשֶׂה עֶשֶׂר יְרִיעֹת שֵׁשׁ מָשְׁזָר וּתְכֵלֶת וְאַרְגָּמָן וְתֹלַעַת שָׁנִי כְּרֻבִים מַעֲשֵׂה חֹשֵׁב תַּעֲשֶׂה אֹתָם: אֹרֶךְ הַיְרִיעָה הָאַחַת שְׁמֹנֶה וְעֶשְׂרִים בָּאַמָּה וְרֹחַב אַרְבַּע בָּאַמָּה הַיְרִיעָה הָאֶחָת מִדָּה אַחַת לְכָל הַיְרִיעֹת: [שמות כו, א-ב]

ו) וְעָשִׂיתָ יְרִיעֹת עִזִּים לְאֹהֶל עַל הַמִּשְׁכָּן עַשְׁתֵּי עֶשְׂרֵה יְרִיעֹת תַּעֲשֶׂה אֹתָם: אֹרֶךְ הַיְרִיעָה הָאַחַת שְׁלֹשִׁים בָּאַמָּה וְרֹחַב אַרְבַּע בָּאַמָּה הַיְרִיעָה הָאֶחָת מִדָּה אַחַת לְעַשְׁתֵּי עֶשְׂרֵה יְרִיעֹת: [שמות כו, ז-ח]

ז) וְהָאַמָּה מִזֶּה וְהָאַמָּה מִזֶּה בָּעֹדֵף בְּאֹרֶךְ יְרִיעֹת הָאֹהֶל יִהְיֶה סָרוּחַ עַל צִדֵּי הַמִּשְׁכָּן מִזֶּה וּמִזֶּה לְכַסֹּתוֹ: [שמות כו, יג]

ח) וְחִבַּרְתָּ אֶת חֲמֵשׁ הַיְרִיעֹת לְבָד וְאֶת שֵׁשׁ הַיְרִיעֹת לְבָד וְכָפַלְתָּ אֶת הַיְרִיעָה הַשִּׁשִּׁית אֶל מוּל פְּנֵי הָאֹהֶל: [שמות כו, ט]

ט) וְסֶרַח הָעֹדֵף בִּירִיעֹת הָאֹהֶל חֲצִי הַיְרִיעָה הָעֹדֶפֶת תִּסְרַח עַל אֲחֹרֵי הַמִּשְׁכָּן: [שמות כו, יב]

חשק שלמה על רבינו חננאל א) [רב שמואל בר יהודה אמר ר' אלא אמר רב הונא]:

the width of one panel four amos . . .[18] שְׁדֵי אוֹרְכַּיְיהוּ לְפוּתְיָא דְמִשְׁכָּן – **Place the lengths of [the panels] across the width of the Tabernacle.** כַּמָּה הַוְיָא – **How much was [the spread]** of each panel? תְּלָתִין – **Thirty** *amos.* דַּל עֲשַׂר לְאִיגְּרָא – **Subtract ten** *amos* **for the roof** over the inner width of the Tabernacle. פָּשָׁא לְהוּ עֲשַׂר לְהַאי גִּיסָא – **Remaining are ten** *amos* of tent-spread **to this** [the northern] **side,** וַעֲשַׂר לְהַאי גִּיסָא – **and ten** *amos* of tent-spread **to this** [the southern] **side,** to be draped over the outside of the walls. לְרַבִּי יְהוּדָה – **According to R' Yehudah,** who holds that the boards tapered to a fingerwidth on top, מִיכַּסְיָא אַמָּה דַאֲדָנִים – even **the *amah* of the sockets was covered** by the tent-spread.[19] לְרַבִּי נְחֶמְיָה – **According to R' Nechemyah,** who holds that the boards remained an *amah* thick even on top, מִיגַּלְיָא אַמָּה דַאֲדָנִים – **the *amah* of the sockets was** left **exposed.**[20]

A Baraisa supports the preceding calculations:

תַּנְיָא נַמִּי הָכִי – **It was also taught so in a Baraisa:** ,,וְהָאַמָּה מִזֶּה וְהָאַמָּה מִזֶּה בָּעֹדֵף״ – The verse states concerning the longer panels of the tent-spread: ***AND THE AMAH ON THIS SIDE AND THE AMAH ON THIS SIDE IN EXCESS*** *in the length of the panels of the tent-spread shall drape over the sides of the Tabernacle-spread on this side and on this side to cover it.*[21] What does the verse mean: *to cover "it"*? לְכַסּוֹת אַמָּה שֶׁל אֲדָנִים – This means: **TO COVER THE *AMAH* OF THE SOCKETS** left exposed by the first layer of covering. דִּבְרֵי רַבִּי יְהוּדָה – These are **THE WORDS OF R' YEHUDAH.**[22] רַבִּי נְחֶמְיָה אוֹמֵר – **R' NECHEMYAH SAYS:** לְכַסּוֹת אַמָּה שֶׁל קְרָשִׁים – This means: **TO COVER THE *AMAH* OF THE BOARDS** above the sockets, left exposed by the first covering.[23]

The Gemara now deals with how the tent-spread covered the Tabernacle's western wall:

שְׁדֵי פּוּתְיֵיהוּ לְאוֹרְכֵּיהּ דְמִשְׁכָּן – **Place the** combined **widths of [the eleven panels] across the length of the Tabernacle.** כַּמָּה הַוְיָא – **How much was [the combined width]?** אַרְבְּעִין וְאַרְבַּע – **Forty-four** *amos.* דַּל תְּלָתִין לְאִיגְּרָא – **Subtract thirty** *amos* **for the roof** of the inner length of the Tabernacle. פָּשָׁא לְהוּ אַרְבַּע סְרֵי – **Remaining are fourteen** *amos* of tent. דַּל תַּרְתֵּי לְכַפְלָא – **Subtract** another **two** *amos* **for the fold** over the eastern front of the Tabernacle, דִּכְתִיב ,,וְכָפַלְתָּ אֶת־הַיְרִיעָה הַשִּׁשִּׁית אֶל־מוּל פְּנֵי הָאֹהֶל״ – **for it is written:** ***and you shall fold the sixth panel over the face of the Tent.***[24] פָּשָׁא לְהוּ תַּרְתֵּי סְרֵי – **Remaining are twelve** *amos* of tent hanging over the western wall of the Tabernacle. בִּשְׁלָמָא לְרַבִּי יְהוּדָה – Now, **it is fine, according to R' Yehudah,** who holds that the boards tapered to a fingerwidth at the top, הַיְינוּ דִּכְתִיב ,,חֲצִי הַיְרִיעָה הָעֹדֶפֶת תִּסְרַח״ – **that which is written:** ***half the extra panel shall drape*** *over the back of the Tabernacle.*[25] אֶלָּא לְרַבִּי נְחֶמְיָה – **But according to R' Nechemyah,** who holds that the boards remained an *amah* thick even on top, מַאי ,,תִּסְרַח״ – **what** does the verse mean when it says *half the extra panel* **shall drape** [i.e. on the ground]? Only one *amah* of the extra panel lay on the ground![26] – **?** –

NOTES

18. *Exodus* 26:7-8. [This upper covering is called אֹהֶל, *tent,* because it functioned as a protective outer covering, and not as a decorative interior, as did the lower "Mishkan" (*Rashi*).] These were sewn together in two sections – one of six panels (6×4 *amos* = 24 *amos*) and one of five panels (5×4 *amos* = 20 *amos*). The two sections were then hooked together, so that the final dimensions of the tent-spread were 30 *amos* by 44 *amos*.

19. [Except for a height of slightly more than 2¹/₅ fingerwidths at the very bottom (see end of note 14).] Accordingly, the tent-spread panels were an *amah* longer (than the Tabernacle-spread panels) on each side in order to cover the sockets left exposed by the first layer of curtains [see illustration] (*Rashi*).

20. Since an extra *amah* of tent-spread was taken up on each side by the *amah*-thickness at the top of each wall. Accordingly, the tent-spread panels were an *amah* longer (than the Tabernacle-spread panels) on each side in order to cover the *amah* of boards left exposed above the sockets by the first layer of curtains [see illustration] (*Rashi*).

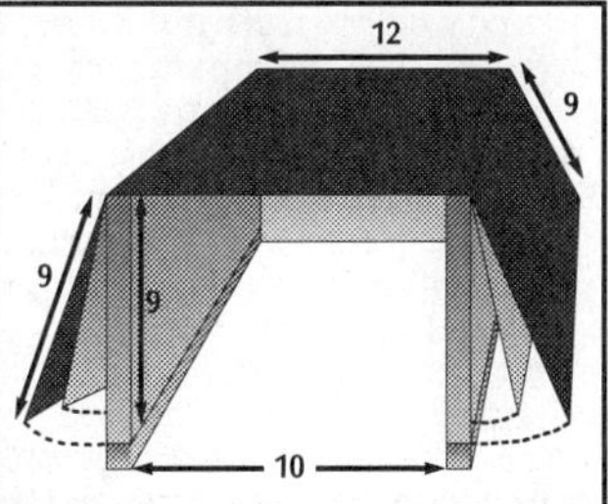

21. *Exodus* 26:13. The tent-spread panels (which were 30 *amos* long) were an *amah* longer on each side than the Tabernacle-spread panels (which were 28 *amos* long). The verse states that the extra *amah* on each side was meant to hang down below the Tabernacle-spread to cover "it" – i.e. the area that had been left exposed by the Tabernacle-spread (*Rashi*).

22. See above, note 19.

23. See above, note 20.

24. Ibid. v. 9. The eleventh panel gave the tent-spread an extra four *amos* of combined width over the Tabernacle-spread (44 *amos* instead of 40 *amos*). Here, the Torah commands that half the sixth panel [the five-panel section was towards the west; the six-panel section was to the east] be extended over the front of the Tabernacle. [That *half* the panel was extended over the front is evident from verse 12, which states that *half the extra panel shall drape over the back of the Tabernacle;* the implication is that the *other* half was extended over the front (see *Sifsei Chachamim* on *Rashi* to *Exodus* 26:9).] There were no boards at the eastern end of the Tabernacle, but only a screen (מָסָךְ) drawn across. [Thus, there was no need for the tent-covering to hang down further on the eastern side] (*Rashi;* see, however, *Nachalas Yaakov* on *Rashi* to *Exodus* 26:9, and *Encyclopedia of the Tabernacle* Vol. 1, pp. 68-69).

25. Ibid. v. 12. The verse implies that half the extra panel (two *amos*) shall drape *on the ground* behind the wall (see *Rashi*). [Actually, we find the same expression *shall drape* in v. 13 (cited above by the Gemara), where it clearly does *not* refer to draping on the ground. Perhaps, the Gemara's inference is as follows: Verse 12 states that *half the extra panel shall drape over the back of the Tabernacle,* implying that this is the *only* part of the tent-spread draping over the back. This cannot refer, then, simply to hanging over the top of the back wall, since more than another two panels also hung over the back wall. Rather, "drape" here must mean dragging on the ground – something that only half the extra panel did. The verse must thus be understood to mean *drape "beyond" the back of the Tabernacle* (not "over" its back).] In v. 13, however, the Torah states: *And the amah on this side and the amah on this side . . . shall drape over the sides of the Tabernacle-spread . . . "to cover it,"* adding the qualifying "to cover it." And indeed, it was only the extra *amah* on each side that "draped *to cover it,*" i.e. what had been left exposed by the Tabernacle-spread (see above). Thus, in this latter verse, there is no reason to interpret "draping" to mean specifically "dragging on the ground."]

Now, if the boards tapered to a fingerwidth on top, then of the remaining twelve *amos* of tent, ten covered the nine *amos* of board and one *amah* of socket, and the extra two *amos* of tent (half the extra panel) lay on the ground behind the wall (see illustration). [Here, too, the insignificant additional 2¹/₅ fingerwidths of "board" is being disregarded in the calculation – see note 14.]

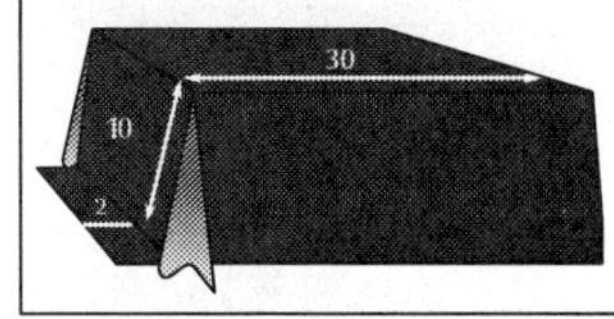

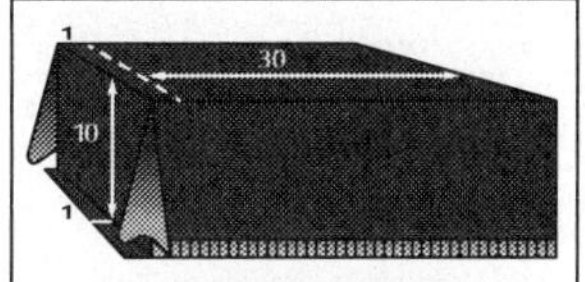

26. According to R' Nechemyah, one *amah* was needed to cover the one-*amah* width of the western wall. Another ten *amos* covered the nine *amos* of board and one *amah* of socket, and only one *amah* lay on the ground (see *Rashi*).

דל עשר לאיגרא. בכולה שמעתא אמר לרוחב המשכן י' אמות וקשה לר"י דמנא ליה להש"ס הא דילמא המשכן היה רוחבו י"א אמה והקרשים נאמר שלא היה עוביין אלא חצי אמה ושני קרשים למקצעות המשכן היו סותמות אמה אויר מכאן ואמה אויר מכאן וחצי אמה העודפת ברוחב הקרש כנגד עובי הקרשים של צד צפון ודרום ומאי חזית למימר איפכא שחצי אמה לכאן וחצי אמה [לכאן] הוא למלאות חסרון הכותל ואמה עובי להיות כנגד עובי הקרש הדרומי והצפוני ואומר ר"י דמבית עולמים ילפינן לה שהיה אורכו ששים אמה ורחבו עשרים ה"נ במשכן רחבו שליש ארכו: **תנא** בנס היה עומד. אומר ר"י דהכא דקאמר שבריח התיכון היה מסבב ג' רוחות פליגא אברייתא דמלאכת המשכן דהתם אמר שלא היה נס אלא היו שם חמשה שנים למעלה אחד מתחיל מתחילת אורך המשכן עד חציו והשני מתחיל משם והולך עד סוף הרוח וכן למטה היו שני בריחים כזה הענין אבל האמצעי היה הולך מרוח מזרח עד רוח מערב והיינו מן הקצה אל הקצה ולא היה מקיף כל שלש רוחות: שתי

אמר שמואל ביתדות. ת"ר קרשים מלמטן עוביין אמה ומלמעלן כלין והולכין עד כאצבע שנאמר א) יהיו תמים על ראשו ולהלן הוא אומר ב) תמו נכרתו דברי רבי יהודה רבי נחמיה אומר כשם שמלמטן עוביין אמה כך מלמעלן עוביין אמה שנאמר א) יחדיו והכתיב תמים ההוא דליתו שלמין ולא ליתו דניסרא ואידך נמי הכתיב יחדיו ההוא דלא לישלחופינהו מהדדי בשלמא למ"ד כשם שמלמטן עוביין אמה כך מלמעלן עוביין אמה היינו דכתיב ג) ולירכתי המשכן ימה תעשה ששה קרשים ושני קרשים תעשה למקצעות דאתי פותיא דהני ממלי ליה לסומכא דהני אלא למ"ד מלמטן עוביין אמה מלמעלן כלין והולכין עד כאצבע האי עייל והאי נפיק דשפי להו כי טורין א): ד) והבריח התיכון בתוך הקרשים תנא בנס היה עומד ה) ואת המשכן תעשה עשר יריעות שתי אורך היריעה האחת שמנה ועשרים באמה שדי אורכייהו לפותיא דמשכן כמה הויא עשרין ותמני דל עשר לאיגרא פשא להו ט' להאי גיסא וט' להאי גיסא לר' יהודה מיגליא אמה דאדנים לר' נחמיה מיגליא אמה דקרשים שדי פותייהו לאורכא דמשכן כמה הויא ארבעין דל תלתין לאיגרא פשא להו י' לר' יהודה מכסיא אמה דאדנים לר' נחמיה מיגליא אמה דאדנים ו) ועשית יריעות עזים לאהל וגו' אורך היריעה האחת שלשים באמה וגו' שדי אורכייהו לפותיא דמשכן כמה הויא תלתין דל עשר לאיגרא פשא להו עשר להאי גיסא ועשר להאי גיסא לר' יהודה מיכסיא אמה דאדנים לר' נחמיה מיגליא אמה דאדנים תניא נמי הכי ז) והאמה מזה והאמה מזה בעודף לכסות אמה של אדנים דברי ר' יהודה ר' נחמיה אומר לכסות אמה של קרשים • שדי פותייהו לאורכיה דמשכן כמה הויא מ' וארבע דל תלתין לאיגרא פשא להו ארבע סרי דל תרתי לכפלא דכתיב ח) וכפלת את היריעה הששית אל מול פני האהל פשא להו תרתי סרי בשלמא לר' יהודה היינו דכתיב ט) חצי היריעה העודפת תסרח אלא לר' נחמיה מאי תסרח תסרח מחברותיה תנא דבי ר' ישמעאל למה משכן דומה לאשה שמהלכת בשוק ושפוליה מהלכין אחריה ת"ר חרוצים היו קרשים וחלולים היו האדנים ונראין

אמר שמואל ביתדות. לא היו מקורות מלמטה אלא יתדות היו וריוח ביניהן כעין אותן שלנו העשויות להביא עצים. ולי נראה פי' דלאטבי כמו אטבא דספרי האמור במנחות (ד' לג.) והוא גלוסטו בלע"ז שמבקעא מקל אחד בראשו ונושך בו דפי הקונטרס והכי קאמר רב כהנא באטבי לא היה נותן ריוח בין כל סדרא וסדרא כדקאמרת דמתוך שהסדר גבוה ג' קרשים כל אחד רחבו אמה וחצי ועוביו קצר שהוא אמה של עובי ותו לא הרי הן נופלות זו על זו אלא מושיב שתי שורות של שלש שנים זו אצל זו כמין אטבי שמתי לצלעות העגלה סמוכות זו לזו כן מושיב לראש העגלה האחת ומחזיקות זו את זו ונמצא מקום מושב הסדר ב' אמות וכן עושה לראש השני ואמת הריוח באמצע ופרכינן היכא מנח להו לקרשים אגבה דעגלה והא עגלה גופה מקורה הואי ותינח לידיהן וביניהן כו' כדפרי' וללשון רבותי אין לשון הגירסא נראה כפירושן ולמה הוזכרו אותן טבעות כאן לשלחופינהו לקרשים שבשני סדרים הפנימית שלא יהו טבעותיהן מכוונין זו כנגד זו: ולהלן הוא אומר תמו נכרתו. מה תמו הנאמר להלן לשון כלייה אף תמים האמור כאן לשון כלייה: שנא' יחדו. כולן שוות: דלא לייתי דנסרא. קרש אחד מב' חתיכות: דלא לישלחופינהו. אחד לפנים ואחד לחוץ אלא מושיב כולן שיהא מכוונין זה אצל זה שיעמדו הקרשים מכוונים עוביה של זו כנגד עוביה של זו: ואתי פותיא דהני וממלא סומכא דהני. שכשהושיב ששה קרשים למערב נמצא רחבן תשע אמות והמשכן רחבו י' נמצא חסר הכותל חצי אמה לצפון וחצי אמה לדרום ומביא שני קרשים אחד למקצוע זה ואחד למקצוע זה ומושיבן אצל השש ורוחב הקרש אמה וחצי נמצא חצי האמה ממלא וסותם חסרון הקיר מערבי והאמה מכסה עביו של קרש הדרומי הסיום נמצאו הזויות שוין מבחוץ שני עודי הקרשים סמוכין יחד וכן לצפון: האי עייל והאי נפיק. דכיון דקרש אחד שבדרום ושבצפון למעלה כלה בעביו וקרש ההוא נותן במקצוע רחב אמה וחצי נמצא רחב הקרש של מקצוע בולט ויוצא לדרום מלמעלה חוץ מעביו של דרומי וכן לצפון: דשפי להו. לרוחב ב' קרשים שבמקצוע ומקצרן למעלה מרחבן שלא יהיו בולטין: כי טורים. ההרים הללו שהן משופעין [מב' צדדים]: בנס היה עומד. שאחר שהקרשים כולן נתונין באדנים לצפון למערב ולדרום היה נותנו ומבריח לשלשת הרוחות ואין לך אומן יכול לעשות כן ובנס היה נכפף מאליו: דל עשר לאיגרא. לרחב חלל המשכן שהוא י' אמות: לרבי יהודה. דאמר למעלה כלין עוביין של קרשים לכאצבע אינן ממעטין ביריעות וכשפורסן לרחב המשכן נופלות תשע אמות לצפון ומכסין ט' אמות לקרשים מבחוץ ואמה של אדנים מגולה שהאדנים גבהן אמה וחלולין הם והקרשים חרוצין למטה באמצע חצי אמה רחב בגובה אמה ונשאר חצי אמה לכאן וחצי אמה לכאן והן שתי ידות לקרש האחד ומחסר מן הידות מבחוץ ומשני צדיהן לרכוב על עובי דופני האדן כשנועץ שתי הידות בשני אדנים כדי שיהיו הקרשים תכופות ומשולבות אשה אל אחותה ולא יהא עובי האדן מפסיק ביניהן: לרבי נחמיה. דאמר אף מלמעלה עוביין אמה ממעט עובי הקרשים הדרומיות והצפוניות אמה לכאן ואמה לכאן באורך היריעות ואינן נופלות אלא ח' אמות לכל צד: מיגליא אמה מן הקרשים. חוץ לאדנים ואמה דאדנים: שדי פותייהו לאורכא דמשכן. לאחר שחברו ה' יריעות לבד וכל אחת ד' אמות רחב הרי כ' אמות וכנגדן במחברת השנית שהיא של ה' יריעות הרי מ' ל' מהן הוין גג למשכן לאורכו ועשר העודפות: לרבי יהודה. דאמר אין עובי קרשים שבמערב ממעט בהו נמצא היו"ד אמות כולן תלויות ומכוסות כל י' אמות של אורך הקרש הרי אף האדנים של צד מערבי מכוסין: ועשית יריעות עזים. אלו יריעות עליונות הפרוסות על יריעות התחתונות העליונות קרויות אהל כלומר לגג ומכסה והתחתונות קרויות משכן עצמו שהן לנוי תכלת וארגמן ותולעת שני: מיכסיא אמה דאדנים. שנשארת מגולה מן התחתונות יכסוה העליונות: לרבי נחמיה מיגליא אמה דאדנים. ועודפה של יריעה זו הולך לכסות אמה דקרשים שלא כסוה התחתונות: בעודף. שיריעות האהל עודפות על יריעות המשכן ב' אמות יהיה סרוח על כיסוי התחתונות לכסות מה שלא כיסוהו: ארבעים וארבע. די"א יריעות היו: תרתי דכפלא. שהיתה נוטה רוחב חצי יריעה על רוח מזרחית שלא היו שם קרשים שהוא פתח למשכן ואין שם אלא מסך פרוש כמו וילון כדכתיב ועשית מסך לפתח האהל וגו': בשלמא לרבי יהודה. דאמר עובי הקרשים לא ממעט ביריעות היינו דכתיב חצי היריעה העודפת בעליונות יותר מן התחתונות תסרח על אחורי המשכן סרוח על כל אורך הקרשים והאדנים של מערב ונגררות בארץ: מאי תסרח. אמה אחת נגררת ותו לא שהרי עובי הקרשים מיעט בה אמה: מחברותיה. חצי היריעה סרוחה מחברותיה אמה ממנה לכסות האדנים ואמה נגררת: ושיפוליה. שולי בגדיה כך היתה יריעה של אחריו נגררת בארץ: חרוצים היו קרשים. כמו שפירשתי חצי אמה באמצע רחבן מלמטה בגובה אמה ונשארין הידות לכאן ולכאן וגם הם חרוצים מבחוץ כשיעור עובי דופן האדן ברחב ובגובה אמה עד הארץ לרכוב על האדן שיהו משולבות קרש ג) על קרש ולא יפסיק עובי שני האדנים ביניהם: וחלולים היו האדנים. שבתוכו חלל היו תוקעין ידות הקרשים: ונראין

רבינו חננאל

אמר כל מקום שתרצה תנוח וכבר פרשנוה בבבא קמא בפרק כיצד הרגל בסופו דקתני התם בפירושא אם אמר כל מקום שתרצה תנוח אין ואי לא לא מחייב. ת"ר הזורק מרה"ר לרה"ר ורה"י באמצע ד' אמות חייב פחות מד' אמות פטור פי' אם יש ממקום שזרק עד שנח בב' הצדדין שהן רה"ר ד' אמות חייב כגון שיש רה"ר בצד זה ב' אמות ובצד אחר ב' אמות אחרות רה"ר שנמצא מעביר ד' אמות ברה"ר וקמ"ל רשויות מצטרפו' אע"ג דרה"י חולק בין ב' רשויות הרבים ולא אמרינן קלוטה כמו שהונחה כלומר קלטתן רה"י טרם תנוח ד' אמות אלא כיון שבזריקה אחת הלך החפץ ד' אמות ברה"ר אע"פ שהן אמות מקוטעות ואינן ארבעתן רצופות ביחד חייב. אמר א) משמיה דרב המעביר ד' אמות ברה"ר מקורה פטור דהא כל מלאכת דשבת מן המשכן גמרינן להו (ולמה) [ולכן] הוא פטור לפי שאינו דומה לדגלי מדבר ואקשינן איני והא עגלות שהיו טעונות קרשי המשכן מקורות היו בזמן שהקרשים עליהן ואמר רב משמיה דרבי חייא עגלות תחתיהן וביניהן וצדיהן רה"ר הן ופרקי' כי אמר רב לפי שאינן דומה לדגלי מדבר בדרא קמא פי' בזמן שלא הניח על העגלות קרשים אלא התחתונים בלבד שאינה מקורה כולה אבל כשיניחו עליה שניים ושלישים ותהא כולה מקורה לא אמר רב ואקשי' מכדי אורך העגלה כמה היא ה' אמות רוחב כל קרש אמה וחצי כמה קרשים טוען בעגלה שלש שאינה מחזקת יתר כי ארכה ה' אמות ורחב ג' קרשים כל קרש אמה וחצי ארבע אמות וחצי נמצאת חצי אמה עודפת העגלה על הקרשים והן ג' טפחים כי שדית בין קרש לקרש זה העודף כלבוד דמי ואפי' בדרא תתאה עגלה כולהי מקורה היא ודחי רב מי סברת קרשים כרחבם היה מטעינם על העגלה אחודן הוה מנח להן ואקשי' תו סוף סוף עובי כל קרש אמה היא כשמסדרן על העגלה נותן [ד'] קרשים על העגלה נמצאת עודף בעגלה אמה שהיא ו' טפחים כשתחלקם בין הקרשים יבא ביניהם פחות מג' טפחים שהרי בין ד' קרשים רוצה לחלקם וקיי"ל כל פחות מג' טפחים כלבוד דמי ומכל פנים העגלה אפילו בדרא תתא מקורה היא הניחא למ"ד כדבעינן למימר לקמן קרשים מלמטה עוביין אמה מלמעלה כלין והולכין עד כאצבע פי' הוה הנגר משפע ואוכל בקרש ועולה עד שנמצאת ראש הקרש עוביה אצבע ותחתיה הקרש עביה אמה משכחת לה דמשלבי קרשים מלמטה זו עם זו ומתרפקין ועולין עד שנמצא למעלה ביניהן קרוב לאמה וכיון שיש בין ב' הקרשים אמה ודאי אינן מקורות אלא למ"ד כשם שמלמטה עוביין אמה כך מלמעלה עוביין אמה היכי משכחת לה עגלה שאינה מקורה ופריק רב כהנא תמצא עגלה שאינה מקורה בזמן שאין על העגלה קרשים אלא אטבי בלבד פירוש עגלה זו עשויה ב' קורות ארוכות וב' קצרות בראשיהן כגון מלבנות המטה. והאמצע מגולה ומניחין באמצעה לרחבה קורה יוצאה חוץ לעגלה ב' אמות ומחצה מזה הצד וב' אמות ומחצה מן הצד האחר ומכניסין האופנים בראשי הקורה היוצאות חוץ לעגלה ומטעינין ע"ג העגלה הקרשים תחתים שניים ושלישים ועוד בארבעת מקצועי העגלה ד' עצים ארוכים קבועים ועומדים כמין כנופי המטה וראשיהן משופעין ואחרי שמטעינין העגלה מביאין ד' קרשים רחבין כשיעור טפחים ונקראין אטבי שנים מהן ארוכים כאורך העגלה וב' מהן ארוכין כשיעור רוחב העגלה נקובים כל אחד נקב בראשו ב' נקבים בכל אחד ואחד ומכניס אלו הקרשים נקביה בראשי העצים העומדים כמין כנופי הארוכין לאורך העגלה והקצרים לרוחב העגלה ונמצאו אלו העצים הנקראים אטבי כמין מסגרות ונמצאו העצים העומדין בארבעת מקצועי העגלה כמין קורות מחזיקין הקרשים שלא ישמטו לא לארכן ולא לרחבן והן כמין מסגרות שסוגרין בעד הקרשים מכל הצד ואלמלא האטבי היו הקרשים דוחין העצים ונופלין ויש מי שעושין אטבי הללו מן ברזל כענין שפרשנו וכיון שפירק רב כהנא באטבי הקשו עליו וכי תמצא עגלה מגולה ואטבי עליה והלא אטבי לא נעשו אלא להנתן על גבי עגלה טעונה ובעת שהיא טעונה מקורה היא ונדחה רב כהנא ותירגמא שמואל ביתידות פי' יתידות שנים שלשה רחבות כמו טפח אגודות בעגלה שנמצא בין יתד ליתד כמו אמה ונמצאת העגלה כולו מגולה ד כולה. והוצרך שמואל להעמידה ביתידות משום דתני ר' חייא תחתיהן ואי אפשר להיות לעגלה תחת והיא אינה מקורה אלא ביתידות שיש ריוח הרבה ביניהן דליכא למימר בהן כלבוד דמי והוא כדבעינן למימר לקמן כי שיעור ב' עגלות מהלכות בצד זו בט"ו אמה ומיכן למדנו דרך רשות הרבים ט"ז אמה אלו ט"ו אמה ואמה יתירה למקום בן לוי כו'. ת"ר קרשים מלמטה עוביין אמה מלמעלן כלין והולכין עד כו' ר' יהודה דרש יהיו תמים על ראשו מלשון כלוי כדכתיב תמו נכרתו והאי דכתי יחדיו בעינן דליהוי משולבים כאחד כשמחברן דומין כאלו אחד הן ולא להוון משתלפי מהדדי ור' נחמיה דייק יחדיו שיהו שוין סופן עד ראשן והא דכתיב תמים דמיתי שלמים ולא מיתי דניסרא בשלמא למ"ד כשם שמלמטן עוביין אמה כך מלמע עוביין

מסורת הש"ס

א) [גירסת הערוך ערך טריז לשון פרקי הוא דבר שרחבו ומתקצר והולך למעלה], ב) צ"ל אל קרש.

גליון הש"ס

גמ' שדי פותייהו. ע"ל דף כח ע"א תוס' ד"ה ואין קרשים:

תורה אור השלם

א) וְיִהְיוּ תֹאֲמִם מִלְּמַטָּה וְיַחְדָּו יִהְיוּ תַמִּים עַל רֹאשׁוֹ אֶל הַטַּבַּעַת הָאֶחָת כֵּן יִהְיֶה לִשְׁנֵיהֶם לִשְׁנֵי הַמִּקְצֹעֹת יִהְיוּ: [שמות כו, כד]

ב) וַיַּעַמְדוּ הַמַּיִם הַיֹּרְדִים מִלְמַעְלָה קָמוּ נֵד אֶחָד הַרְחֵק מְאֹד מֵאָדָם הָעִיר אֲשֶׁר מִצַּד צָרְתָן וְהַיֹּרְדִים עַל יָם הָעֲרָבָה יָם הַמֶּלַח תַּמּוּ נִכְרָתוּ וְהָעָם עָבְרוּ נֶגֶד יְרִיחוֹ: [יהושע ג, טז]

ג) וּלְיַרְכְּתֵי הַמִּשְׁכָּן יָמָּה תַּעֲשֶׂה שִׁשָּׁה קְרָשִׁים: וּשְׁנֵי קְרָשִׁים תַּעֲשֶׂה לִמְקֻצְעֹת הַמִּשְׁכָּן בַּיַּרְכָתָיִם: [שמות כו, כב-כג]

ד) וְהַבְּרִיחַ הַתִּיכֹן בְּתוֹךְ הַקְּרָשִׁים מַבְרִחַ מִן הַקָּצֶה אֶל הַקָּצֶה: [שמות כו, כח]

ה) וְאֶת הַמִּשְׁכָּן תַּעֲשֶׂה עֶשֶׂר יְרִיעֹת שֵׁשׁ מָשְׁזָר וּתְכֵלֶת וְאַרְגָּמָן וְתֹלַעַת שָׁנִי כְּרֻבִים מַעֲשֵׂה חֹשֵׁב תַּעֲשֶׂה אֹתָם: אֹרֶךְ הַיְרִיעָה הָאַחַת שְׁמֹנֶה וְעֶשְׂרִים בָּאַמָּה וְרֹחַב אַרְבַּע בָּאַמָּה הַיְרִיעָה הָאֶחָת מִדָּה אַחַת לְכָל הַיְרִיעֹת: [שמות כו, א-ב]

ו) וְעָשִׂיתָ יְרִיעֹת עִזִּים לְאֹהֶל עַל הַמִּשְׁכָּן עַשְׁתֵּי עֶשְׂרֵה יְרִיעֹת תַּעֲשֶׂה אֹתָם: אֹרֶךְ הַיְרִיעָה הָאַחַת שְׁלֹשִׁים בָּאַמָּה וְרֹחַב אַרְבַּע בָּאַמָּה הַיְרִיעָה הָאֶחָת מִדָּה אַחַת לְעַשְׁתֵּי עֶשְׂרֵה יְרִיעֹת: [שמות כו, ז-ח]

ז) וְהָאַמָּה מִזֶּה וְהָאַמָּה מִזֶּה בָּעֹדֵף בְּאֹרֶךְ יְרִיעֹת הָאֹהֶל יִהְיֶה סָרוּחַ עַל צִדֵּי הַמִּשְׁכָּן מִזֶּה וּמִזֶּה לְכַסֹּתוֹ: [שמות כו, יג]

ח) וְחִבַּרְתָּ אֶת חֲמֵשׁ הַיְרִיעֹת לְבָד וְאֶת שֵׁשׁ הַיְרִיעֹת לְבָד וְכָפַלְתָּ אֶת הַיְרִיעָה הַשִּׁשִּׁית אֶל מוּל פְּנֵי הָאֹהֶל: [שמות כו, ט]

ט) וְסֶרַח הָעֹדֵף בִּירִיעֹת הָאֹהֶל חֲצִי הַיְרִיעָה הָעֹדֶפֶת תִּסְרַח עַל אֲחֹרֵי הַמִּשְׁכָּן: [שמות כו, יב]

חשק שלמה על רבינו חננאל א) [רב שמואל בר יהודה אמר ר' אבא אמר רב הונא]:

The Gemara answers:

תִּסְרַח מֵחַבְרוֹתֶיהָ – R' Nechemyah will explain the verse to mean that **it should drape beyond its companions,** i.e. beyond the point covered by the first (Tabernacle) spread.[27]

The Gemara cites a Baraisa concerning the excess of tent-covering draped on the ground behind the Tabernacle's western wall: תָּנָא דְּבֵי רַבִּי יִשְׁמָעֵאל – **It was taught in the academy of R' Yishmael:** לְמַה מִשְׁכָּן דּוֹמֶה – TO WHAT WAS THE TABERNACLE SIMILAR? לְאִשָּׁה שֶׁמְּהַלֶּכֶת בַּשּׁוּק – TO A WOMAN WHO TRAVELS IN THE STREET, וְשִׁפּוּלֶיהָ מְהַלְּכִין אַחֲרֶיהָ – WITH HER TRAIN TRAILING BEHIND HER. So, too, the Tabernacle's tent-covering trailed behind it.

The Gemara cites a Baraisa which describes the arrangement of various elements of the Tabernacle:

תָּנוּ רַבָּנָן – **The Rabbis taught in a Baraisa:** חֲרוּצִים הָיוּ קְרָשִׁים – THE BOARDS WERE CHISELED at the bottom, around the tenons, וַחֲלוּלִים הָיוּ הָאֲדָנִים – AND THE SOCKETS WERE HOLLOW.[28]

NOTES

27. According to R' Nechemyah, the verse does not mean that half the extra panel shall drape on the ground, but only that it shall drape beyond the first covering. [And indeed, only half the extra panel – two *amos* worth – drapes beyond the first covering.] One of the extra two *amos* covers the sockets left exposed on the western side by the first covering, and the second extra *amah* drapes on the ground (see *Rashi*).

28. Had the tenons been made simply by notching the bottom of the board one-half *amah* in the middle (leaving tenons a half-*amah* thick on either side), the thickness of the walls of the sockets into which the tenons fitted would then have produced a gap between one board and the next. In order to allow the socketed boards to stand flush against one another, the tenons were chiseled a quarter-*amah* all around (so that each tenon was only a quarter-*amah* thick). In this way, the sockets (which measured one *amah* by three-quarters of an *amah*, and which were hollowed out except for the thickness of a quarter-*amah* all around) fit onto the tenons without extending beyond the width or thickness of the boards [see illustration] (see *Rashi* here, and above ד״ה לר׳ יהודה [א׳]; see also *Maharsha*).

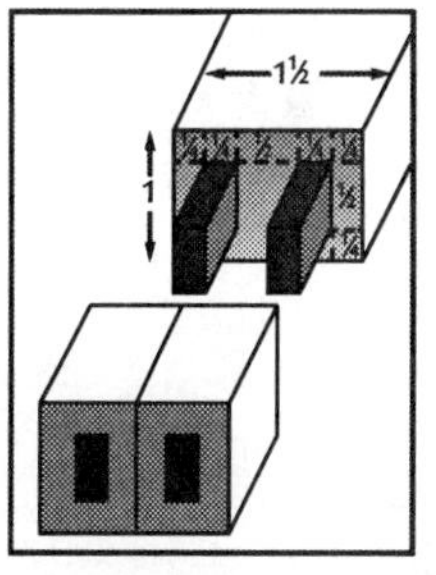

וְנִרְאִין קְרָסִין בַּלּוּלָאוֹת כְּכוֹכָבִים בָּרָקִיעַ – AND THE HOOKS IN THE LOOPS APPEARED AS STARS IN THE SKY.[1]

The Gemara cites another Baraisa concerning the Tabernacle coverings:

תָּנוּ רַבָּנָן – **The Rabbis taught in a Baraisa:** יְרִיעוֹת הַתַּחְתּוֹנוֹת – THE LOWER CURTAINS (i.e. the Tabernacle-spread) שֶׁל תְּכֵלֶת וְשֶׁל אַרְגָּמָן וְשֶׁל תּוֹלַעַת שָׁנִי – WERE made OF BLUE WOOL, OF PURPLE WOOL, OF SCARLET WOOL וְשֶׁל שֵׁשׁ – AND OF LINEN.[2] וְעֶלְיוֹנוֹת – AND THE UPPER ONES (i.e. the tent-spread) שֶׁל מַעֲשֵׂה עִזִּים – WERE OF GOAT-HAIR CONSTRUCTION.[3] וּגְדוֹלָה חָכְמָה שֶׁנֶּאֶמְרָה בָּעֶלְיוֹנוֹת – AND GREATER IS THE EXPERTISE THAT WAS SAID ABOUT the making of THE UPPER ONES יוֹתֵר מִמַּה שֶּׁנֶּאֶמְרָה בַּתַּחְתּוֹנוֹת – THAN THAT WHICH WAS SAID ABOUT the making of THE LOWER ONES. דְּאִילּוּ בַּתַּחְתּוֹנוֹת כְּתִיב ,,וְכָל־אִשָּׁה חַכְמַת־לֵב בְּיָדֶיהָ טָווּ'' – FOR WITH REGARD TO the making of THE LOWER ONES, IT IS WRITTEN: *EVERY WISE-HEARTED WOMAN SPUN WITH HER HANDS,*[4] וְאִילּוּ בָּעֶלְיוֹנוֹת כְּתִיב ,,וְכָל־הַנָּשִׁים אֲשֶׁר נָשָׂא לִבָּן אֹתָנָה בְּחָכְמָה טָווּ אֶת־הָעִזִּים'' – WHEREAS WITH REGARD TO the making of THE UPPER ONES, IT IS WRITTEN: *ALL THE WOMEN WHOSE HEARTS INSPIRED THEM WITH WISDOM SPUN THE GOAT HAIR.*[5]

The Gemara explains the special expertise needed for spinning the goat hair:

וְתַנְיָא מִשּׁוּם רַבִּי נְחֶמְיָה – **And it was taught in a Baraisa in the name of R' Nechemyah:** שָׁטוּף בָּעִזִּים – [THE HAIR] WAS WASHED ON THE GOATS וְטָווּי מִן הָעִזִּים – AND SPUN WHILE still ON THE GOATS.[6]

The Gemara returns to elaborate on our Mishnah. The Mishnah stated:

שְׁתֵּי גְזוּזְטְרָאוֹת כו' – If there are TWO BALCONIES **etc.** [... on the same side of the public domain, one who hands over an object from one balcony to the other is liable ... because this was the manner of work done by the Leviim when loading the Tabernacle boards onto the wagons].

The Gemara presents a teaching regarding the precedent cited by the Mishnah:

אָמַר רַב מִשּׁוּם רַבִּי חִיָּיא – **Rav said in the name of R' Chiya:** עֲגָלוֹת – Concerning the Tabernacle **wagons** – תַּחְתֵּיהֶן – **the areas beneath them,** וּבֵינֵיהֶן – **and the areas between them,** וְצִדֵּיהֶן – **and the areas to their sides** רְשׁוּת הָרַבִּים – had the status of **a public domain.**[7]

The Gemara describes the arrangement and dimensions of the wagons used to transport the Tabernacle boards:

אָמַר אַבָּיֵי – **Abaye said:** בֵּין עֲגָלָה לַעֲגָלָה כִּמְלֹא אֹרֶךְ עֲגָלָה – The space **between** one **wagon and the wagon** alongside it **equaled the length of a wagon.** וְכַמָּה אֹרֶךְ עֲגָלָה – **And how much was the length of a wagon?** חָמֵשׁ אַמּוֹת – **Five** ***amos.***[8]

The Gemara asks:

לָמָּה לִי – **Why do I need** the wagon to be five *amos* long? בְּאַרְבַּע וּפַלְגָּא סַגִּי – A length of **four and a half** *amos* **would have sufficed!**[9] – ? –

The Gemara answers:

כִּי הֵיכִי דְּלָא לִידַּחֲקוּ קְרָשִׁים – The wagons were made the extra half-*amah* long **so that** even if they would desire to stack the boards on their wide sides, **the boards would not be pressed** together.[10]

The Gemara continues:

אָמַר רָבָא – **Rava said:** צִידֵּי עֲגָלָה כִּמְלֹא רֹחַב עֲגָלָה – **The** two **sides of the wagon** together **equaled the width of the wagon** itself.[11] וְכַמָּה רֹחַב עֲגָלָה – **And how much was the width of a wagon?** שְׁתֵּי אַמּוֹת וּמֶחֱצָה – **Two and a half** ***amos.***

The Gemara asks:

לָמָּה לִי – **Why do I need** the wagon to be two and a half *amos* wide? בְּאַמְּתָא וּפַלְגָּא סַגְיָא – A width of **one and a half** ***amos***

NOTES

1. The ten panels of the Tabernacle-spread were sewn into two five-panel sets. Fifty loops of blue wool were sewn at the end of each set, which were then joined with gold hooks (*Rashi,* from *Exodus* 26:4-6). The glitter of the gold hooks against the blue background of loops gave the appearance of stars in the sky (see *Ritva MHK* ed.).

2. As stated in *Exodus* 26:1.

3. As stated ibid. v. 7.

4. Ibid. 35:25.

5. Ibid v. 26. The expression *inspiration of the heart* implies a higher degree of wisdom (*Rashi*).

6. The goat hair would be washed and spun into thread before being shorn from the goats. This was done so that the final product should be especially lustrous, since goat hair tends to diminish in quality as soon as it is removed from its source of growth (*Sforno* ad loc.). Spinning the hair under these conditions requires an exceptional degree of skill.

7. See above, 98a note 6.

8. See illustration.

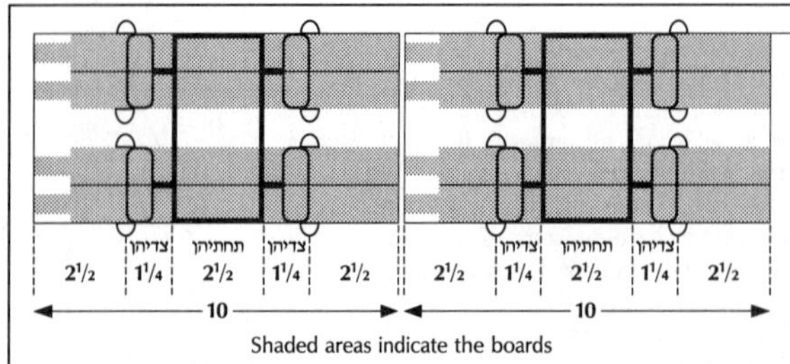

Shaded areas indicate the boards

9. The five-*amah*-long wagon could accommodate no more than three piles, if stacked on their one-and-a-half-*amah* sides, or four piles of boards, if stacked on their one-*amah* sides [the protruding rings would prevent boards stacked on the one-*amah* sides from being pressed together to allow for a fifth pile] (see 98a notes 10 and 14). Either way, a length of 4½ *amos* would have sufficed. For this length could accommodate three piles stacked on the one-and-a-half-*amah* sides [at this point, the Gemara considers it possible to place three stacks 1½ *amos* wide in a space that is exactly 4½ *amos* (see *Maharsha*)]. And it could also accommodate four piles stacked on the one-*amah* sides, though the rings for the bars protruded, since one-half *amah* was sufficient for the protruding rings (*Rashi*).

10. *Rashi.* [The Gemara now retreats from its earlier assumption that three stacks of one-and-a-half-*amah* boards could fit onto a wagon exactly 4½ *amos* long (see *Maharsha*).]

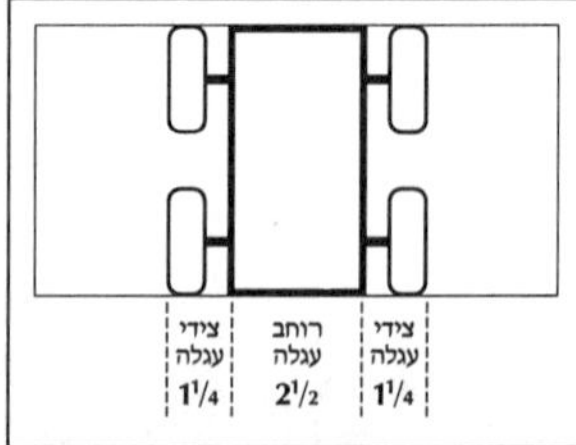

11. Each side of the wagon – from the walls of the wagon to the end of the wheels – measured one and a quarter *amos.* Thus, the two sides of the wagon together measured two and a half *amos,* which was the same as the width of the wagon itself [see illustration] (see *Rashi*). [According to *Rashi's* comments here, "the sides of the wagon" includes the width of the wagon walls, but that is not how *Rashi's* comments are quoted by *Ritva* (*MHK* ed.). See also *Rashi's* comments to 98a, where he defines the "sides" of the wagon as beginning beyond the wagon's walls. Perhaps, *Rashi's* comments can be reconciled as follows: On 98a, the reference is to the area *on the ground* to the side of the wagon. Certainly, the "side" in this context refers only to the area next to the wagon's wall, whereas the area under the thickness of the wall itself is included in "beneath" the wagon. Here, however, the reference is to the "side" of the wagon itself. The "side" of the wagon is its wall, as well as the thickness of the wheels and the space in between.]

ונראין קרסין בלולאות ככוכבים ברקיע ת"ר יריעות התחתונות של תכלת ושל ארגמן ושל תולעת שני ושל שש ועליונות של מעשה עזים וגדולה חכמה שנאמרה בעליונות יותר ממה שנאמרה בתחתונות דאילו בתחתונות כתיב א) וכל אשה חכמת לב בידיה טוו ואילו בעליונות כתיב ב) וכל הנשים אשר נשא לבן אותנה בחכמה טוו את העזים ותניא משום ר' נחמיה שטוף בעזים וטווי מן העזים: שתי גזוזטראות כו': ג) אמר רב משום רבי חייא עגלות תחתיהן וביניהן וצידיהן רה"ר אמר אביי בין עגלה לעגלה כמלא ארך עגלה וכמה ארך עגלה ה' אמות ל"ל בא' ופלגא סגי כי היכי דלא לידחקו קרשים אמר רבא צידי עגלה כמלא רחב עגלה וכמה רחב עגלה שתי אמות ומחצה למה לי באמתא ופלגא סגיא כי היכי דלא לידדו קרשים אלא דקי"ל ג) דרך רה"ר שש עשרה אמה אנן דגמרינן לה ממשכן דמשכן חמיסרי הואי אמתא יתירא הואי דהוה קאי בן לוי דכי משתלפי קרשים הוה נקיט להו: **מתני'** חולית הבור והסלע שהן גבוהין עשרה ורחבן ארבעה הנוטל מהן והנותן על גבן חייב פחות מכן פטור: **גמ'** למה לי למיתני חולית הבור והסלע ליתני הבור והסלע מסייע ליה לרבי יוחנן דאמר ר' יוחנן ד) ב) בור וחוליתה מצטרפין לעשרה תניא נמי הכי בור ברה"ר עמוקה י' ורחבה ארבעה אין ממלאין הימנה בשבת

רש"י

ונראין קרסין בלולאות. מילתא אחריתי היא שתי מחברות היו היריעות כל אחת ואחת ה' יריעות תפורות זו עם זו במחט על פני כל ארכן ובאמצע היה מחבר בקרסים מחברת עם מחברת שהיו לולאות בשפת חילונה של כל מחברת באמצע המשכן אלו כנגד אלו כדכתיב מקבילות הלולאות וגו' (שמות כו): **נשא לבן.** יתירות חכמה משמע: **בין עגלה לעגלה.** שבצלה ה' אמות כמלא אורך העגלה: **למה לי.** אורך העגלה ה' אמות: **בארבע ופלגא סגי.** שאם מסדרן על רחבן אינו מסדר על ה' אמות יותר מג' והרי בארבע ומחצה יכול לסדרן ואי מסדרן בחודן יותר מד' לא יסדר מפני הפסקת מקום הבריחים שבאמצע הסדרים ובפלגא אמה נמי סגי ליה: **דלא לידחקו.** אם בא לסדרן על רחבן: **צדי עגלה.** חלל שבין דפנות לאופנים ועובי הדופן ועובי האופן: **כמלא רחב עגלה.** שני הצדדים כמלא רחב חללה דהיינו אמה ורביע לכל צד: **למה לי.** רחבה תרתי ופלגא אם מפני שאם יתעכב להושיב מן הקרשים לתוכה יכניס: **באמתא ופלגא סגי.** ויכניס בה על חודן: **כי היכי דלא לידדו קרשים.** שלא יהיו הקרשים המוטלים לאורכן על דופנותיה לרחבן מדדין ונוטין לכאן ולכאן שאם מושבות הקרשים קצר מתוך שהן ארוכות ויוצאות לחוץ הרבה יכבד אחד מן הראשין כשהן מדדין בהליכתן ויפלו: **חמיסרי הויין.** שתי העגלות ההולכות זו בצד זו רחב כל אחת ה' אמות הרי י' וה' אמות ריוח שבין עגלה לעגלה הרי ט"ו ואם תאמר יותר מעשרים הן שהרי הקרשים אורכן י' אמות והן מוטלות על גבי דופני עגלה לרחבה נמצא אורך הקרשים הרי כ' אמה לבד מה שצריך למשוך קרשי כל עגלה ועגלה לצד החיצון של עגלה שלא יגיעו ראשי הקרשים זו בזו ומעכבין את הילוך העגלות אין זו תשובה שהקרשים למעלה מעשרה הן שהעגלה גבוה י' ולגבי רה"ר לית לן למיחשב אלא מקום העגלות וריוח שביניהן שהוא למטה מי' דכל למעלה מי' לאו רה"ר היא הלכך לא חשיב ליה: **אמתא יתירתא הואי.** עוד צריך להיות ברחב הדרך עודף אמה שמתפן חצי אמה לכאן וחצי אמה לכאן לשני לצדדין החיצונות של ב' עגלות: **דקאי בן לוי דאי משתלפי.** זו מזו ליפול לתוך אויר שביניהם: **הוה נקיט להו.** נכנס לבין האויר אמה שביניהם ועומד בחצי אמה שיש בין העגלה לצדדין ומתקן את הסדר זו על זו שלא תפול העליונה וכל הדרך הוא מהלך אחורי העגלה וכשרואה אותן משתלפות אל תוך האויר רץ לתוך (א) בליטת הקרשי' שבצדדין עד שמגיע לאמת האויר שביניהם ודוחק עצמו לעמוד בחצי אמה עד שיחזיר הנשלפת למקומה ועל סדרה: **מתני' חולית הבור.** קרקע חפירת הבור נותנין סביבותיו להקיף כמין חומה כמו שאנו נותנין היקף עצים או אבן סביב פי הבור: **גמ' למה לי למתני חולית הבור והסלע.** פשיטא לן דסלע נקט לענין גובהה ובור לענין עומק שנוטל מתוכו ומוציא לרשות הרבים דאי לענין גובהה כגון למוריד מחוליא למטה וכגון דרחבה ארבע למה לי למיתניא כלל הא תנא ליה סלע אלא ודאי למוציא מתוך אוגני בור נקט לה וכיון דהכי הוא חוליא למה לי ליתני הבור לעומק והסלע לגובה: **מצטרפין לעשרה.** לשויה הבור רה"י ואם הוציא מתוך אוגן חוליא חייב: מחילה

תוספות

שתי גזוזטראות כו'. מיירי שסתום למטה בשום דבר ואין גדיים בוקעים תחתיהם או שיש מחיצות למעלה מן הגזוזטרא דאי לא חיישינן לבקיעת גדיים דהכא עגלות היו רה"י אע"פ שתחתיהם רה"ר לפי שיש מגוף העגלה עד למעלה מן הקרשים הרבה יותר מעשרה: **בין עגלה לעגלה כמלא אורך עגלה.** לשימנא בעלמא נקטיה ולאו אורחא קמ"ל דאורך עגלה חמש אמות: **כי היכי דלא לידחקו קרשים.** פרש"י אם באת לסדרן על רוחבן וקשה דהא מסיק לעיל דמנח להו אחודן אלא נראה לפרש דלא לידחקו קרשים (ב) אע"ג דדי היה בארבע ואמי לטבעות שהן זו כנגד זו והיו שם אטבעי כדמפרש שהן גלוא"ש מכל מקום מפני כובדן משתרבבים ודוחקין זה לזה אם לא שיש ריוח גדול ביניהם ורחוקין ה): **למה לי באמתא ופלגא סגי.** לשיטת רש"י ששתי עגלות היו מפורקות זו מזו ויש הפסק ביניהם ה' אמות וכל אחת טעונה לבד משוי של קרשים קשה דהיאך יכולין קרשים שכל כך כבדין שאורכן עשר אמות ורוחבן אמה וחצי ועוביין אמה לעמוד על ב' אמות ומחצה רוחב ועוד דפריך באמתא ופלגא סגי איך יכול כ"כ כובד גדול לעמוד באמתא ופלגא וכל שכן למ"ד כלין והולכין עד כאצבע שלא היו יכולין לעמוד ועוד היאך היו יכולים שתי עגלות להלך זו בצד זו בט"ו אמות א"כ היו הקרשים נוקשין זה בזה ועוד שצריך לומר לפירושו שהקרשים היו נוטים על האהלים או על החצרות מלמעלה מי' מכל צד ב' אמות ומחצה כמו שפי' בקונטרס בעצמו שהרי אורך שני הקרשים הוא כ' אמה ורה"ר אינו רוחב כי אם ט"ז אמה ועוד מנלן דשתי עגלות היו הולכות זו בצד זו למילף שיהא רה"ר ט"ז אמה שמא היו הולכות כולן זו אחר זו והיה רה"ר קטן או ארבעתן יחד והיה רה"ר גדול הרבה ונראה לר"ת ששתי עגלות היו מחוברות יחד שהיה שם עץ ארוך ט"ו אמה והיו בה ארבע אופנים כמו לשתי עגלות ושתי תיקוני דפנות כמו לשתי עגלות ובין עגלה לעגלה כמו אורך עגלה פירוש בין דופן עגלה זו לדופן עגלה זו ה' אמות ולידי העגלה כמלא רוחב העגלה מכל צד וצד דבין דופן העגלה עם האופן שתי אמות ומחצה ולא כפירוש הקונטרס שפי' אמה ורביע לכל צד ורוחב שתי העגלות עם צידיהן ט"ו אמה ומדופן עגלה זו החיצון לדופן עגלה זו החיצון י' אמות באורך הקרש והיה משכיב הקרש על שתי דופני העגלות ושתי עגלות אחרות לפניהן שאם היו הולכות זו אצל זו היו נוקשות זו בזו או אחר זו היו הולכות יפה והשתא פריך שפיר באמתא ופלגא סגי דהואיל ועל שתי העגלות היה משכיבן הוה ס"ד דלא לידדו ומשני דאפילו הכי מידדו:

אמתא יתירא הואי. בצד העגלה דהוי קאי בה בן לוי וצריך לו אמה דגברא באמתא יתיב כדאמר בפ"ק דסוכה (ד' ז:) גבי סוכה העשויה ככבשן ואע"פ שפעמים היה הולך מצד זה ופעמים מצד זה מ"מ היה די לו באמה אחת שמאיזה צד שהיה רוצה ליכנס היה מטה העגלה לצד אחר והיה נכנס בין האהל לעגלה ומתקנם אף על פי שהיה רחוק מן הקרשים שתי אמות ומחצה כשיעור צד העגלה מכל מקום היה יכול להושיט ידו שם ולתקן או על ידי מקל או על ידי שום דבר: **מסייע** ליה לר' יוחנן דאמר בור וחולייתה מצטרפין לעשרה. וא"ת ומה צריך למתני' לאשמעינן הא תנינא חדא זימנא בפרק בתרא דעירובין (ד' צט:) בור ברה"ר וחולייתו גבוהה י' טפחים חלון שעל גביו ממלאין ממנו בשבת ומוקי רבי יוחנן בגמרא בסמוכה לה וקא משמע לן דבור וחולייתה מצטרפין לעשרה ויש לומר דדרך תנא להשמיענו בקוצר אע"ג שכבר השמיענו במקום אחר כדאמרינן בריש ברכות (דף ב.) מילתא אגב אורחיה קמ"ל דהעריב שמשו אוכל בתרומה אע"ג דמשנה שלימה היא במס' נגעים (פי"ד מ"ג) העריב שמשו אוכל בתרומה וכהנה רבות בהש"ס אי נמי מיתורא דמתניתין שמעינן דמצטרפין לארבעה ולהשתמש על גבה מיירי משום דמנח עליה מידי ומשתמש כדאמרינן בפרק חלון (עירובין דף עח:) ומיירי כשהחוליא גבוה עשרה דבאינה גבוה י' לא מחייב נוטל ונותן על גבה והשתא אתי שפיר הא דקתני במתניתין גבוהין עשרה והא דנקט נמי על גבן ואי מתניתין להצטרף לעשרה קאמר ואין החוליא גבוה עשרה לא אתי שפיר הא דקתני גבוה עשרה והנותן על גבן נמי אינו חייב כשמניח על גב החוליא כשאינה גבוה עשרה: אלא

מסורת הש"ס

א) לעיל דף עד:, ב) [לעיל לג.], ג) [ב"ב דף צט:], ד) עירובין עח. צט:, ה) נ"ל ודוחק רש"ל.

הגהות הב"ח

(א) רש"י ד"ה הוה נקיט וכו' רץ לתוך בליטת: (ב) תוס' ד"ה כי היכי וכו' נראה לפרש דלא לידחקו קרשים זו כנגד זו והיו שם אטבעי כדפי' שהן גלוא"ש אע"ג דדי היה בארבע ואמי מ"מ מפני וכו' ביניהם ודוחק הס"ד:

רב נסים גאון

ואלא דקיימא לן דרך רשות הרבים ט"ז אמה ומשכחת עיקר דילה במשנה בפרק המוכר פירות בבבא בתרא (דף צט) דרך היחיד ד' אמות ודרך הרבים ט"ז אמה ודרך המלך אין לה שיעור:

תורה אור השלם

א) וְכָל אִשָּׁה חַכְמַת לֵב בְּיָדֶיהָ טָווּ וַיָּבִיאוּ מַטְוֶה אֶת הַתְּכֵלֶת וְאֶת הָאַרְגָּמָן אֶת תּוֹלַעַת הַשָּׁנִי וְאֶת הַשֵּׁשׁ: [שמות לה, כה]

ב) וְכָל הַנָּשִׁים אֲשֶׁר נָשָׂא לִבָּן אֹתָנָה בְּחָכְמָה טָווּ אֶת הָעִזִּים: [שמות לה, כו]

ליקוטי רש"י

של תכלת ושל ארגמן ושל תולעת שני ושל שש. הרי ארבע מינין יחד בכל חוט וחוט ו' של פשתים וו' של כל חוט וחוט כפול ו' הרי ד' מינין כשהן שזורין יחד כ"ד כפלים לכל חוט [כריתות ה:] למשכן [שמות כו, א]. תכלת. למר לבוע בדם חלזון וצבעו ירוק. ארגמן. למר לבוע ממין צבע ששמו ארגמן [שם כה, ד]. תולעת שני. [ע"פ גיטין סט:]. שש. הוא פשתן [שמות שם]. מעשה עזים. מנוצה של עזים [שם כו, ז]. טוו את העזים. היא היתה אומנות יתירה שמעל גבי העזים טוו אותן [שם לה, כו]. שטוף בעזים וטווי מן העזים. קרא קדריש טוו את העזים (שמות לה) כגופן של עזים משמע [לעיל עד:]. בור וחוליתה. בור ברה"ר וחוליתו סביבו וכן הכל גבוה י' מקרקעית הבור [עירובין צט:]. קרקע שנוטלה מחפירת הבור והקיפו בו פי הבור סביב. מצטרפין. להשלים עשרה לעומק הבור להשוות רשות היחיד והוא הדין נמי לגובה הבור ועושי היקף החוליא מצטרפין להשלים ארבעה לרוחב לחייב הנוטל [illegible] והסלע שהן גבוהין עשרה ורחבן ארבעה הנוטל מהן והנותן על גבן חייב ומההיא יליף ר' יוחנן לטעמיה דלאמר מאי איריא דתני חולית הבור והסלע ליתני הבור והסלע אלא הא קא משמע לן דהבור וחולייתה מצטרפין לעשרה ומי היכי דשמעינן מינה נמי דמצטרפין לפומיה דהא קתני ורחבן ארבעה. הוי גגה דחוליא רה"י וכו' דמנח מידי כגון דף או אבן על פיה ומשתמש [שם עח.]

עין משפט נר מצוה

יג א מיי' פי"ד מהל' שבת הלכה א סמג לאוין סה טוש"ע א"ח סי' שמה סעיף ז:

יד ב מיי' פט"ו שם הלכה ט סמג שם טוש"ע א"ח סי' שנד סעיף א:

רבינו חננאל

עוביין אמה היינו דכתיב ולירכתי המשכן ימה תעשה ששה קרשים ושני קרשים תעשה למקצועות המשכן בירכתים דל פלגא [דאמתא] לחללה דהאי גיסא ופלגא [דאמתא] לחללה דהאי גיסא דאישתייר מעשר אמות חללו של משכן כי חללו של עשר אמות והן ששה קרשים ט' אמות נשארה אמה תשלום עשר אמות למלאות עשר אמות אורך של משכן ואמתא סומכא דקרש מהאי גיסא ואמתא מאידך גיסא היינו דאתיא פותיא דב' קרשים שבמקצועות ממלא לסומכא דהני קרשים ולחללה דאמתא כדאמרן פירוש המשכן עשר אמות חללו כשמעמיד ברוח מערבית ו' קרשים כל קרש רחבו אמה וחצי הרי ט' אמות נשאר מלחלל אמה נמצא פתוח חצי אמה מיכן וחצי אמה מכאן היה מביא ב' קרשים כל קרש רחבו אמה וחצי ומעמידם במקצועות נמצא כל אחד תופס חצי אמה החלל וממלא אמה עובי הקרש האחרון העומד בקצה הצפון שהוא סוף לעשרים קרשים וכן כיוצא בו בקצה הדרום נמצאו מכוונים תמים מלמטן ותמים מלמעלן אין אחד מהם עודף ויוצא על חבירו אלא כ"ד כלין והולכין עד כאצבע כי האי מעייל והאי נפיק כי אע"פ שהן מכוונים מלמטן כנגד עביו של קרש הסמוך להן מן הצפון והקרש הסמוך להן מן הדרום. אבל מלמעלן מקום אשר כלו מכלפי עוביו ועומד על כאצבע נמצא כל אחד מב' קרשים הללו של מקצועות המשכן יוצא אמה חסר אצבע מקרשי צפון ודרום ופריך ר"י [כי טורין] דשפי להו כי מידי בלשון ערבי בגיקא שעושין בבגדים והיא רחבה מלמטה ומשפיע ומיצר מלמעלן ובלע"ז גיירי כך באלו ב' קרשי המקצועות היה תחתיתו רחב אמה וחצי והיה הגגר אוכל ועולה כשיפוע עד שיכלה למעלה עד כאצבע כדי שישוו לקרשי צפון ודרום מבחוץ ולא יהיה קרש יוצא וקרש נכנס: והבריח התיכון בתוך הקרשים משלש רוחות ואין עץ אחד מבריח ג' רוחות אלא במעשה נס: כתיב אורך היריעה האחת שמנה ועשרים באמה רחב חללו של משכן עשר אמות כשתכסה היריעה על המשכן והוא המשכן עומד מכסה החלל עשר אמות נמצאו עודפות ט' אמות מזה הצד הצפוני משולשלת על הקרשים וכן בצד הדרומי כיוצא בו לר' יהודה שאמר כי הקרשים למעלה עוביין אצבע בלבד נמצא גג המשכן עשר אמות וט' אמות מצד צפון כיסה הקרש נשארו האדנים מגולין וב' אצבעות מן הקרשים כי כל קרש ארכו (ד') [י'] אמות אמה ממנו ידות מובלעות באדן אבל לר' נחמיה שאמר כי ראשי הקרשים נמי עוביין אמה נמצא חלל המשכן וראשי הקרשים מתכסין מן היריעה י"ב אמה נשארו מכ"ח אמה ט"ז אמה ח' אמות [illegible]

כשתכסה המשכן ל' אמה נשארו י' אמות שמשתפעות ויורדות בקרשים אחורי המשכן [illegible]

חשק שלמה על רבינו חננאל א) נראה דחסר וכצ"ל למה המשכן דומה לאשה שמהלכת בשוק ושיפוליה מהלכין אחריה:

would have sufficed![12] – ? –

The Gemara answers:

כִּי הֵיכִי דְּלֹא לִידַּדּוּ קְרָשִׁים – The wagons were made two and a half *amos* wide **so that the boards not totter** to the side.[13]

Having detailed the dimensions of the wagons and the space between them, the Gemara asks:

אֶלָּא דְּקַיְימָא לָן דֶּרֶךְ רְשׁוּת הָרַבִּים שֵׁשׁ עֶשְׂרֵה אַמָּה – **But** then how do we account for **that which we hold** as an **established** principle that **a public thoroughfare** must be at least **sixteen** ***amos* wide? אֲנַן דְּגַמְרִינַן לָהּ מִמִּשְׁכָּן** – **We, who derive this from the Tabernacle** precedent – specifically, from the place occupied by the laden wagons as they traveled through the Wilderness – how do we do so? **דְּמִשְׁכָּן חֲמֵיסְרֵי הֲוַאי** – Why, the place occupied by the wagons **of the Tabernacle was** only **fifteen** *amos* wide![14] – ? –

The Gemara answers:

אַמְּתָא יְתֵירָא הֲוַאי – **There was** necessarily **an extra** *amah* of width on the road traveled by the Tabernacle wagons, **דְּהָוֵה קָאֵי בֶּן לֵוִי** – **where a Levite could stand, דְּכִי מִשְׁתַּלְּפֵי קְרָשִׁים הֲוָה נָקִיט לְהוּ** – **so that if the boards should** begin to **slide** off one another, **he could take hold of them** to set them right.[15]

Mishnah The Mishnah discusses other cases of transfer between the private and public domain: **חוּלְיַת הַבּוֹר** – In the case of **the bank of a pit** in the public domain[16] **וְהַסֶּלַע** – **and a rock** in a public domain **שֶׁהֵן גְּבוֹהִין עֲשָׂרָה** – **that are ten** *tefachim* **high וְרָחְבָּן אַרְבָּעָה** – **and four** *tefachim* **wide,**[17] and are therefore deemed private domains, **הַנּוֹטֵל מֵהֶן** – **one who takes** an object **from them** and places it in the public domain, **וְהַנּוֹתֵן עַל גַּבָּן** – **or one who** lifts an object from the public domain and **places** it **upon them, חַיָּיב** – **is liable** for transferring an object between private and public domains. **פָּחוֹת מִכֵּן** – If the dimensions of the bank or rock are **less than that, פָּטוּר** – **he is exempt,** since the bank or rock is then not a private domain.

Gemara The Gemara examines the cases of our Mishnah: **לָמָּה לִי לְמִיתְנֵי חוּלְיַת הַבּוֹר וְהַסֶּלַע** – **Why do I need the Mishnah to state *"the bank of* a pit and a rock"? לִיתְנֵי הַבּוֹר וְהַסֶּלַע** – **Let it state simply "a pit and a rock"!**[18] From the mention of "the bank of" a pit, the Gemara infers: **מְסַיֵּיע לֵיהּ לְרַבִּי יוֹחָנָן** – **This** Mishnah **supports** the ruling of **R' Yochanan. דְּאָמַר רַבִּי יוֹחָנָן** – **For R' Yochanan said: בּוֹר וְחוּלְיָתָהּ מִצְטָרְפִין לַעֲשָׂרָה** – **The** depth of the **pit and** the height of **its bank combine to** form the **ten-*tefach*** partition enclosing a private domain.[19]

NOTES

12. Since the boards were laid across the top of the wagon, a width of less than 2½ *amos* would have sufficed. And if you say that they wanted to allow for the possibility of laying some boards lengthwise *inside* the wagon walls, a width of 1½ *amos* would have sufficed, and the boards could be laid lengthwise on their *amah*-wide sides (*Rashi*).

13. A width of 2½ *amos* was necessary to provide a sufficiently wide base for the boards to lay upon. For if the base had been any narrower, the boards – extending a considerable degree over either side – would tend to tip over the side of the wagon in transit. The wider base of 2½ *amos* served to keep the boards steady (*Rashi*).

14. The four wagons conveying the Tabernacle boards traveled in pairs – one pair in front of the other. Now, as emerges from the Gemara above, the wagon formation, as it traveled through the Wilderness, spanned fifteen *amos* across the public domain. [Each wagon was five *amos* wide (wheel to wheel) and they were separated from each other by five *amos* ("the length of a wagon") – see above, note 8.] Thus, the minimum width of a public domain should be fifteen *amos,* not sixteen (*Rashi*).

[Actually, the traveling wagons would span more than twenty *amos,* if we would count the span of the adjoining boards atop the wagons from end to end – besides adding a small space in between so that the boards on one wagon not rub against those on the other and interfere with the wagons' movements (see illustration in note 8). In truth, though, we do *not* count the span of the boards, since they rested on the wagon walls, whose tops were ten *tefachim* off the ground; the public domain, however, extends halachically only to a height of ten *tefachim.* Therefore, we measure only the span of the wagons themselves (from the outer wheel of one to the outer wheel of the other), which were actually contained within the public domain, and not the span of the boards, which were above the point to which the public domain extends upward (*Rashi*).]

15. A Levi would walk behind the wagon to watch for boards that might slide from the top of the pile and begin to fall into the *amah*-wide space between the piles. [As explained at the top of 98b, the twelve boards on each wagon were laid on their *amah*-wide sides in four stacks of three, with two stacks placed together across the front of the wagon and two placed together across the rear; hence, there was a space an *amah* wide between the stacks in the middle of the wagon.] When the Levi noticed this happening, he would run alongside the wheels under the boards; he would then go to the *amah*-wide space between the piles as close to the wheels as possible – within a half-*amah* – to set the slipping boards straight. Thus, an additional half-*amah* on either side of the fifteen-*amah*-wide wagon pairs was necessary for the transport of the boards, and is counted when calculating the minimum width of a public domain (*Rashi*; cf. *Tosafos*).

[We have followed *Rashi's* explanation of the *sugya* and of the configuration of the wagons and their loads. *Tosafos* and other Rishonim, however, find difficulty with *Rashi's* approach, and detail alternative explanations. *Rashi's* approach is defended by *Maginei Shlomo* and *Shabbos Shel Mi.*]

16. When digging a pit, it is common to pile excavated dirt at the rim of the pit, forming an earthen bank around it (*Rashi*).

17. The meaning in the case of the rock is clear: The surface of the rock is four *tefachim* by four *tefachim* wide and the sides of the rock are ten *tefachim* high. The meaning in the case of the bank of the pit will be explained below (see notes 18 and 19).

18. Surely, the Mishnah does not mean that the bank itself is ten *tefachim* high and four *tefachim* wide and that the object was taken from or placed on the top of the bank; for the case of the bank could have then been omitted altogether, since it is identical to that of the rock. Rather, the Mishnah certainly states the case of "rock" to teach that a surface ten *tefachim high* is a *reshus hayachid,* and the case of "pit" to teach that a surface ten *tefachim deep* is a *reshus hayachid,* and that one who takes something from *inside* the pit to a *reshus harabim* is liable (*Rashi*; see *Pnei Yehoshua*; cf. *Tosafos* ד"ה מסייע; see also end of next note). But if so, why mention the bank altogether? Let the Mishnah state simply that one moved an object between the public domain and a pit or a rock! (*Rashi*).

19. For example, if the pit is five *tefachim* deep and its bank is five *tefachim* high, the two vertical surfaces combine to form a wall ten *tefachim* high [since one standing in the pit faces a wall of ten *tefachim*]. Accordingly, one who transfers something between the public domain and the area within the confines of the bank is liable (see *Rashi*).

From *Rashi's* comments here, it would seem that only the area *within* the confines of the bank is deemed a *reshus hayachid,* but not the surface of the bank. [Accordingly, we would have to say that the Mishnah's formulation that "one who places *upon* them is liable" refers specifically to the case of the rock; in the case of the pit, however, he would not be liable unless he places something *in* it.] However, in his comments to *Eruvin* 78a (based on the Gemara there) *Rashi* states clearly that R' Yochanan is inferring *two* things from our Mishnah: From our Mishnah's statement that the banks are "ten *tefachim* high," R' Yochanan infers that the pit and its bank combine *in height* to form a partition of ten *tefachim.* By the same token, though, from our Mishnah's statement that the banks are "four *tefachim* wide," R' Yochanan infers that the pit and its bank combine *in width* to form the

שתי גזוזטראות כו'. מיירי שסתום למטה בשום דבר ואין גדיים בוקעים תחתיהם או שיש מחילות למעלה מן הגזוזטרא דאז לא חיישינן לבקיעת גדיים וכן עגלות היו רה"י אע"פ שתחתיהם רה"ר לפי שיש מגוף העגלה עד למעלה מן הקרשים הרבה יותר מעשרה: **בין** עגלה לעגלה כמלא אורך עגלה. לסימנא בעלמא נקטיה ואגב אורחא קמ"ל דאורך עגלה חמש אמות: **כי** היכי דלא לידחקו קרשים. פרש"י אם בא לסדרן על רוחבן וקשה דהא מסיק לעיל דמנח להו אחודן אלא נרא' לפרש דלא לידחקו קרשים (ב) אע"ג דדי היה בארבע וחצי לטבעות שהן זו כנגד זו והיו שם אטבעי כדמפרש שהן גלוא"ש מכל מקום מפני כובדן משתרבבים ודוחקין זה לזה אם לא שיש ריוח גדול ביניהם ורחוקין[ה]: **למה** לי באמתא ופלגא סגי. לשיטת רש"י ששתי עגלות היו מפורקות זו מזו ויש הפסק ביניהם ה' אמות וכל אחת טעונה לבד משוי של קרשים קשה דהיאך יכולין קרשים שכל כך כבדין שאורכן עשר אמות ורוחבן אמה וחצי ועוביין אמה לעמוד על ב' אמות ומחצה רוחב ועוד דפריך באמתא ופלגא סגי איך יכול כ"כ כובד גדול לעמוד באמתא ופלגא וכל שכן למ"ד כלין והולכין עד כאצבע שלא היו יכולין לעמוד ועוד היאך היו יכולים שתי עגלות להלך זו בצד זו בט"ו אמות א"כ היו הקרשים נוקשין זה בזה ועוד שצריך לומר לפירושו שהקרשים היו נוטים על האהלים או על החצרות מלמעלה מי' מכל צד ב' אמות ומחצה כמו שפי' בקונטרס בעצמו שהרי אורך שני הקרשים הוא כ' אמה ורה"ר אינו רוחב כי אם ט"ז אמה ועוד מנלן דשתי עגלות היו הולכות זו בצד זו למילף שיהא רה"ר ט"ז אמה שמא היו הולכות כולן זו אחר זו והיה רה"ר קטן או ארבעתן יחד והיה רה"ר גדול הרבה ונראה לר"ת ששתי עגלות היו מחוברות יחד שהיה שם עץ ארוך ט"ו אמה והיו בה ארבע אופנים כמו לשתי עגלות ושתי תיקוני דפנות כמו לשתי עגלות ובין עגלה לעגלה כמו אורך עגלה פירוש בין דופן עגלה זו לדופן עגלה זו ה' אמות ולידי העגלה כמלא רוחב העגלה מכל צד וצד דבין דופן העגלה עם האופן שתי אמות ומחצה ולא כפירוש הקונטרס שפי' אמה ורביע לכל צד ורוחב שתי העגלות עם צידיהן ט"ו אמה ומדופן עגלה זו החיצון לדופן עגלה זו החיצון י' אמות באורך הקרש והיה משכיב הקרש על שתי דופני העגלות ושתי עגלות אחרות לפניהן שאם היו הולכות זו אצל זו היו נוקשות זו בזו וזו אחר זו היו הולכות יפה והשתא פריך שפיר באמתא ופלגא סגי דהואיל ועל שתי העגלות היה משכיבן הוה ס"ד דלא לידדו ומשני דאפילו הכי מידדו:

אמתא יתירא הואי. בצד העגלה דהוי קאי בה בן לוי וצריך לו אמה דגברא באמתא יתיב כדאמר בפ"ק דסוכה (ד' ז:) גבי סוכה העשויה ככבשן ואע"פ שפעמים היה הולך מצד זה ופעמים מצד זה מ"מ היה די לו באמה אחת שמאיזה צד שהיה רוצה ליכנס היה מטה העגלה לצד אחר והיה נכנס בין האהל לעגלה ומתקנם אף על פי שהיה רחוק מן הקרשים שתי אמות ומחצה כשיעור צד העגלה מכל מקום יכול להגיע לשם ולתקן או על ידי מקל או על ידי שום דבר: **מסייע** ליה לר' יוחנן דאמר בור וחוליתה מצטרפין לעשרה. וא"ת ומה צריך למתני' לאשמעינן הא תנינא חדא זימנא בפרק בתרא דעירובין (ד' צט:) בור ברה"ר וחולייתו גבוהה י' טפחים חלון שעל גביו ממלאין ממנו בשבת ומוקי ר' יוחנן בגמרא בסמוכה לה וקא משמע לן דבור וחולייתה מצטרפין לעשרה וי"ל דדרך תנא לאשמעינן אע"ג שכבר השמיענו במקום אחר כדאמרינן בריש ברכות (דף ב.) מילתא אגב אורחיה קמ"ל דהעריב שמשו אוכל בתרומה אע"ג דמשנה שלימה היא במס' נגעים (פי"ד מ"ג) העריב שמשו אוכל בתרומה וכהנה רבות בהש"ס אי נמי איצטריך דמתני' משמע דמצטרפין לארבעה ולהשתמש על גבה מיירי משום דמנח עליה מידי ומשתמש כדאמרינן בפרק חלון (עירובין דף עח:) ומיירי כשהחוליא גבוה עשרה והא דנקט אתי שפיר הא דקתני במתני' גבוהין עשרה והשתא ניחא דנקט נמי על גבן ולא אתי שפיר הא דקתני גבוה עשרה והנותן על גב חוליא כשאינה גבוה עשרה:

ונראין קרסין בלולאות ככוכבים ברקיע ת"ר יריעות התחתונות של תכלת ושל ארגמן ושל תולעת שני ושל שש ועליונות של מעשה עזים וגדולה חכמה שנאמרה בעליונות יותר ממה שנאמרה בתחתונות דאילו בתחתונות כתיב [א] וכל אשה חכמת לב בידיה טוו ואילו בעליונות כתיב [ב] וכל הנשים אשר נשא לבן אותנה בחכמה טוו את העזים [א] ותניא משום ר' נחמיה שטוף בעזים וטווי מן העזים: שתי גזוזטראות כו': [ג] אמר רב משום רבי חייא עגלות תחתיהן וביניהן וצידיהן רה"ר אמר אביי בין עגלה לעגלה כמלא ארך עגלה וכמה ארך עגלה ה' אמות ל"ל בד' ופלגא סגי כי היכי דלא לידחקו קרשים אמר רבא צידי כמלא רחב עגלה וכמה רחב עגלה שתי אמות ומחצה למה לי באמתא ופלגא סגיא כי היכי דלא לידדו קרשים אלא דקי"ל [ג] דרך רה"ר שש עשרה אמה אנן דגמרינן לה ממשכן דמשכן חמיסרי הואי אמתא יתירא הואי דהוה קאי בן לוי דכי משתלפי קרשים הוה נקיט להו: **מתני'** חולית הבור והסלע שהן גבוהין עשרה ורחבן ארבעה הנוטל מהן והנותן על גבן חייב פחות מכן פטור: **גמ'** למה לי למיתני חולית הבור והסלע ליתני הבור והסלע מסייע ליה לרבי יוחנן דאמר ר' יוחנן [ד] [ב] בור וחוליתה מצטרפין לעשרה תניא נמי הכי בור ברה"ר עמוקה י' ורחבה ארבעה אין ממלאין הימנה בשבת

רש"י

ונראין קרסין בלולאות. מילתא אחריתי היא שתי מחברות היו היריעות כל אחת ואחת ה' יריעות תפורות זו עם זו במחט על פני כל ארכן ובאמצע היה מחבר בקרסים מחברת עם מחברת שהיו לולאות בשפת תילונה של כל מחברת באמצע המשכן אלו כנגד אלו כדכתיב מקבילות הלולאות וגו' (שמות כו): נשא לבן. יתירות חכמה משמע: בין עגלה לעגלה. שבצדה ה' אמות כמלא אורך העגלה: למה לי. אורך העגלה ה' אמות: בארבע ופלגא סגי. שאם מסדרן על רחבן אינו מסדר על ה' אמות יותר מג' והרי בארבע ומחצה יכול לסדרן ואי מסדרן בחודן יותר מד' לא יסדר מפני הפסקת מקום הבריחים שבאמצע הסדרים ובפלגא אמה נמי סגי ליה: דלא לידחקו. אם בא לסדרן על רחבן: צדי עגלה. חלל שבין דפנות לאופנים ועובי הדופן ועובי האופן: כמלא רחב עגלה. שני הצדדים כמלא רחב חללה דהיינו אמה ורביע לכל צד: למה לי. רחבה תרתי ופלגא אם מפני שאם יצטרך להושיב מן הקרשים לתוכה יכנים: באמתא ופלגא סגי. ויכניס בה על חודן: כי היכי דלא לידדו קרשים. שלא יהיו הקרשים המוטלים לאורכן על דופנותיה לרחבן מדדין ונוטין לכאן ולכאן שאם מושבות הקרשים קצר מתוך שהן ארוכות ויוצאות לחוץ הרבה יכבד אחד מן הראשין כשהן מדדין בהליכתן ויפלו: חמיסרי הויין. שתי העגלות ההולכות זו בצד זו ב' רוחב כל אחת ה' אמות הרי י' וה' אמות ריוח שבין עגלה לעגלה הרי ט"ו ואם תאמר יותר מעשרים הן שהרי הקרשים אורכן י' אמות והן מוטלות על גבי דופני עגלה לרחבה נמצא אורך הקרשים הרי כ' אמה לבד מה שצריך למשוך קרשי כל עגלה ועגלה לצד החיצון של עגלה שלא יגיעו ראשי הקרשים זו בזו ומעכבין את הילוך העגלות אין זה תשובה שהקרשים למעלה מעשרה הן שהעגלה גבוה י' ולגבי רה"ר לית לן למיחשב אלא מקום העגלות וריוח שביניהן שהוא למטה מי' דכל למעלה מי' לאו רה"ר היא הלכך לא חשיב ליה: אמתא יתירתא הואי. עוד צריך להיות ברחב הדרך עודף אמה שתהא חצי אמה לכאן וחצי אמה לכאן לשני צדדין החיצונות של ב' עגלות: דקאי בן לוי דאי משתלפי. זו מזו ליפול לתוך אויר שביניהם: הוה נקיט להו. נכנס לבין האויר אמה שביניהם ועומד בחצי אמה שיש בין העגלה לצדדין ומתקן את הסדר זו על זו שלא תפול העליונה וכל הדרך הוא מהלך אחורי העגלה וכשרואה אותן משתלפות אל תוך האויר רץ לתוך (א) בליטת הקרשי' שבצדדין עד שמגיע לאמת האויר שביניהם ודוחק עצמו לעמוד בחצי אמה עד שיחזיר הנשלפת למקומה ועל סדרה: **מתני'** חולית הבור. קרקע חפירת הבור נותנין סביבותיו להקיף כמין חומה כמו שאנו נותנין היקף עצים או אבן סביב פי הבור: **גמ'** למה לי למתני חולית הבור והסלע. פשיטא לן דסלע נקט לענין גובהה ובור לענין עומק שנוטל מתוכו ומוציא לרשות הרבים דאי לענין גובהה כגון למוריד מחוליא למטה וכגון דרחבה ארבע למה לי למיתניא כלל הא תנא ליה סלע אלא ודאי למוציא מתוך אוגני בור נקט לה וכיון דהכי הוא חוליא למה לי ליתני הבור והסלע לגובה: מצטרפין לעשרה. לשויה הבור רה"י ואם הוציא מתוך אוגן חוליא חייב:

מחילה

מסורת הש"ס

א) לעיל דף עד:, ב) [לעיל לז.], ג) [ב"ב דף צט.], ד) עירובין עח. צט:, ה) נ"ל ודוחק רש"א.

הגהות הב"ח

(א) רש"י ד"ה הוה נקיט וכו' רץ לתוך בליטת: (ב) תוס' ד"ה כי וכו' נראה לפרש דלא לידחקו קרשים לטבעות שהן זו כנגד זו והיו שם אטבעי כדפי' שהן גלוא"ש אע"ג דדי היה בארבע וחצי מ"מ מפני וכו' ביניהם ורחוקין הס"ד:

רב נסים גאון

ואלא דקיימא לן דרך רשות הרבים ט"ז אמה ומשכחת עיקר דילה במשנה בפרק המוכר פירות בבבא בתרא (דף צט) דרך היחיד ד' אמות ודרך הרבים ט"ז אמה ודרך המלך אין לה שיעור:

תורה אור השלם

א) וְכָל אִשָּׁה חַכְמַת לֵב בְּיָדֶיהָ טָווּ וַיָּבִיאוּ מַטְוֶה אֶת הַתְּכֵלֶת וְאֶת הָאַרְגָּמָן אֶת תּוֹלַעַת הַשָּׁנִי וְאֶת הַשֵּׁשׁ: [שמות לה, כה]

ב) וְכָל הַנָּשִׁים אֲשֶׁר נָשָׂא לִבָּן אֹתָנָה בְּחָכְמָה טָווּ אֶת הָעִזִּים: [שמות לה, כו]

ליקוטי רש"י

של תכלת ושל ארגמן ושל תולעת שני ושל שש. הרי ארבע מינין יחד בכל חוט וחוט א' של פשתים וג' של צמר וכל חוט וחוט כפול ו' הרי ד' מינין כשהן שזורין יחד כ"ד כפלים לחוט [כריתות דמלאכת המשכן] [שמות כו, א]. תכלת. צמר צבוע בדם חלזון וצבעו ירוק. ארגמן. צמר צבוע ממין צבע ששמו ארגמן [שם כה, ד]. תולעת שני. צמר [ע"פ גיטין סט:]. שש. הוא פשתן [שמות שם]. מעשה עזים. מנוצה של עזים [שם כו, ז]. טוו את העזים. היא היתה אומנות יתירה שמעל גבי העזים טוון אותן [שם לה, כו]. שטוף בעזים וטווי מן העזים. קרא קדים טוו את העזים [שמות לה] כגופן של עזים משמע [לעיל עד:]. בור וחוליתה. בור ברה"ר וחולייתו סביבו וכן הכל גבוה י' מקרקעית הבור [עירובין צט:]. קרקע שנוטלה מחפירת הבור והקיפו בו פי הבור. מצטרפין. להשלים עשרה לעומק הבור והוא רשות היחיד והדין נמי דהלל הבור ועובי היקף החוליא מצטרפין להשלים לארבעה לרוחב דהחלל לבדו לא הוי רחב ארבע. חייב גבוה עשרה לרה"י הוא וכיון שהחוליא גבוה עשרה אלא שהחוליא הבור מלאה עשרה מלמטה לא ינוח חייב. מצטרפין. הבור לא הוי בו עשרה לעומק ליתא בור החוליא להשלים עשרה ברוחב:

עין משפט נר מצוה

יג א מיי' פי"ד מהל' שבת הלכה ה סמג לאוין סה טוש"ע א"ח סי' שמה סעיף ז:

יד ב מיי' פט"ו שם הלכה ט סמג שם טוש"ע א"ח סי' שנד סעיף א:

רבינו חננאל

עוביין אמה היינו דכתיב ולירכתי המשכן ימה תעשה ששה קרשים ושני קרשים תעשה למקצועות המשכן בירכתים דל פלגא [דאמתא] לחללה דהאי גיסא ופלגא [דאמתא] לחללה דהאי גיסא דאישתייר מעשר אמות חללו של משכן הרי חללו של עשר אמות והן ששה קרשים ט' אמות נשארה אמה תשלום עשר אמות למלאות עשר אמות אורך של משכן ואמתא סומכא דקרש מהאי גיסא ואמתא מאידך גיסא היינו דתניא פותיא דב' קרשים שבמקצועות ממלא לסומכא דהני קרשים ולחללה דאמתא כדאמרן פירוש המשכן עשר אמות חללו כשתעמוד ברוח מערבית ו' קרשים כל קרש רחבו אמה וחצי הרי ט' אמות נשאר מלחלל אמה נמצא פתוח חצי אמה מיכן וחצי אמה מכאן היה מביא ב' קרשים כל קרש רחבו אמה וחצי ומעמידה במקצועות נמצא כל אחד תופס חצי אמה החלל וממלא אמה עובי הקרש האחרון העומד בקצה הצפון שהוא סוף לעשרים קרשים וכן כיוצא בו בקצה הדרום נמצאו מכוונים תמים מלמטן ותמים מלמעלן אין אחד מהם עודף ויוצא על חבירו אלא ש"ה כלין והולכין עד כאצבע האי מעייל והאי נפיק כי אע"פ שהן מכוונים מלמטן כנגד עביו של קרש הסמוך להן מן הצפון והקרש הסמוך להן מן הדרום. אבל מלמעלן מקום אשר כלו מכלפי עוביו ועומד על כאצבע נמצא כל אחד מב' קרשים הללו של מקצועות המשכן יוצא אמה חסר אצבע מקרשי צפון דרום ופריק ר"י [כי טורין] דשפי להו כי מידי בלשון ערבי בגיקא שעושין בבגדים והיא רחבה מלמטה ומשפע ומיצר מלמעלן ובלע"ז גיירי כך באלו ב' קרשי המקצועות היה תחתיתו רחב אמה וחצי והיה הנגב הולך ועולה כשיפוע עד שיכלה למעלה עד כאצבע כדי שישוו לקרשי צפון ודרום מבחוץ ולא יהיה קרש יוצא וקרש נכנס: והבריח התיכון בתוך הקרשים משלש רוחות ואין עץ אחד מבריח ג' רוחות אלא במעשה נס: כתיב אורך היריעה האחת שמנה ועשרים באמה רחב חללו של משכן עשר אמות כשתכסה היריעה את המשכן והוא המשכן עומד מכסה חללו עשר אמות ונמצאו עודפות ט' אמות מזה הצד הצפוני משולשלת על הקרשים וכן בצד הדרומי כיוצא בו לר' יהודה שאמר כי הקרשים למעלה עוביין

אצבע בלבד נמצא גג המשכן עשר אמות וט' אמות מצד צפון כיסה הקרש נשארו האדנים מגולין וב' אמות מגולין הקרשים כי כל קרש ארכו (ד) [י'] אמות אמה אמה ממנו דרך הירידה נשארו ב' אמות מכסות מקרש שבצפון י"א ואמה בקרש שבדרום וכל קרש וקרש נשארו האדנים מגולין וכו' לר' נחמיה שאמר כי ראשי הקרשים כמו עוביין אמה נמצא גג המשכן י"ב אמות ומן הצד הצפוני ח' אמות מכסות ואמה מכסה חלל הקרשים ונשארו גלוי ונמצא מגולה אמה ואדן וכו' המשכן ועוד כתיב ואת המשכן תעשה עשר יריעות כל יריעה רחבה ד' אמות הרי ארבעים

ורחבן ארבעה הנוטל מהן והנותן על גבן חייב והסלע יליף ר' יוחנן לטעמיה דאמר בור וחוליתה מצטרפין לעשרה להכי נקט מידי דליתני הבור והסלע אלא ש"מ דקא משמע לן דבור וחוליתה מצטרפין לעשרה ולא מבעיא גובה עשרה אלא אפי' דבאמצעי רבי אינה מדרבנן מצטרפין לעשרה והוי כמי דמלאה. והא דקתני הנוטל לה חוליה דמגולה היא רה"י וכו' [שם עח.]

כשתכסה המשכן ל' אמה נשארו י' אמות שמשתלשלות ויורדות בקרשים אחורי המשכן ונתכסו לר' יהודה הקרשים והאדנים עד קרוב לקרקע אצבע אחת ולר' נחמיה נתכסו הקרשים ונשארו האדנים מגולין ועשו יריעות עזים לאהל על המשכן עשתי עשרה יריעות אורך כל היריעה ל' אמה ורחבה ד' אמות כשנמצאו אלו י"א יריעות בעת שהן מחוברות מ"ד אמה ע"ג הקרשים בצפון וכיוצא בהן בדרום. לר' יהודה מיכסיא אדניא לא נשארו מגולה אלא אצבע אחת ולר' נחמיה במ"ד אמה מכסה הקרשים ונשארו האדנים מגולין. תניא נמי הכי כי רוחב י"א יריעה מ"ד אמות כשתלה לי מהם לאורכו של משכן כשתכסה מן הארץ עד הארץ נשארו י"ד אמות ואמה שבמקצוע הרי י"ג והנשארים משלשלות ויורדות אחורי המשכן לר' יהודה נתכסו הקרשים והאדנים ונשארו ב' אמות מוטלות על הארץ והיינו דכתיב חצי היריעה העודפת תסרח על אחורי המשכן אלא לר' נחמיה הגג ל' ושתי אמות הכפולה ואמה עובי הקרש הנה י"א אמות נשארו לאדנים ואמה עובי הקרש לפנים שהיתה היריעה תסרח וכו' והיינו דכתיב חצי היריעה העודפת תסרח על אחורי המשכן והאדנים וכשאתה מחשב אמה של אדנים והו שעל הארץ הנה חצי היריעה. ותניא בשם רבי שמעאל על זה דתסרחת העודף (חולין דף קלו) פי' שטוף וטווה מן העזים כשהן חיים שלא ישבר השוטף את רחליו ומעל גבי העזים

חשק שלמה על רבינו חננאל א) נראה דחסר וכל"ל למה המשכן דומה לאשה שמהלכת בשוק ושיפוליה מהלכין אחריה:

A Baraisa supports R' Yochanan:

תַּנְיָא נַמִּי הָכִי – **It was** also **taught so in a Baraisa:** בּוֹר בִּרְשׁוּת הָרַבִּים – If there is A CISTERN[20] IN A PUBLIC DOMAIN עֲמוּקָּה עֲשָׂרָה וּרְחָבָה אַרְבָּעָה – that is TEN *tefachim* DEEP AND FOUR *tefachim* WIDE, אֵין מְמַלְּאִין הֵימֶנָּה בְּשַׁבָּת – WE MAY NOT FILL a bucket FROM IT ON THE SABBATH,[21]

NOTES

four-*tefach* expanse needed for a *reshus hayachid* (i.e. where the diameter of the pit itself is less than four *tefachim,* but the diameter of the pit plus the banks is four *tefachim* or more), and that the surface of the bank *does* have the status of a *reshus hayachid* (see further in *Eruvin* ibid.). [In this latter case, where the hollow of the pit is not in itself four *tefachim* wide, there is a dispute among the Rishonim whether the *inside* of the pit is deemed a *reshus hayachid* – see below, 99b note 15.] See also *Tosafos* here.

[Some Rishonim maintain that the surface of the bank is deemed a *reshus hayachid* only if that surface is ten *tefachim* higher than the adjoining public domain (*Tosafos*; *Rabbeinu Chananel*). Others, however, maintain that the bank's surface is deemed to be a *reshus hayachid* distinct from the adjoining public domain even if that surface is within ten *tefachim* – or even within three *tefachim* – of the public domain (see *Meiri, Ritva MHK* ed., and *Chidushei HaRan*).]

Thus, the Mishnah mentions the *bank of* a pit to indicate R' Yochanan's ruling that the bank's dimensions, too, are counted when measuring whether a pit has the requisite dimensions of a *reshus hayachid.*

20. The word בור can refer both to an ordinary pit (as in the case of our Mishnah) or to a cistern containing water (as in this Baraisa).

21. The cistern, since it is ten *tefachim* deep and four *tefachim* by four *tefachim* wide, is a private domain situated in the middle of the public domain. Hence, drawing a bucket of water from it would constitute *hotzaah* – taking the water out of the *reshus hayachid* into the *reshus harabim.*

ונראין קרסין בלולאות ככוכבים ברקיע ת"ר יריעות התחתונות של תכלת ושל ארגמן ושל תולעת שני ושל שש ועליונות של מעשה עזים וגדולה חכמה שנאמרה בעליונות יותר ממה שנאמרה בתחתונות דאילו בתחתונות כתיב א) וכל אשה חכמת לב בידיה טוו ואילו בעליונות כתיב ב) וכל הנשים אשר נשא לבן אותנה בחכמה טוו את העזים ו) ותניא משום ר' נחמיה שטוף בעזים וטווי מן העזים: **שתי** גזוזטראות כו': ג) אמר רב משום רבי חייא עגלות תחתיהן וביניהן וצידיהן רה"ר אמר אביי בין עגלה לעגלה כמלא ארך עגלה וכמה ארך עגלה ה' אמות ל"ל בד' ופלגא סגי כי היכי דלא לידחקו קרשים אמר רבא צידי עגלה כמלא רחב עגלה וכמה רחב עגלה שתי אמות ומחצה למה לי באמתא ופלגא סגיא כי היכי דלא לידדו קרשים אלא דקי"ל ג) דרך רה"ר שש עשרה אמה אנן דגמרינן לה ממשכן דמשכן חמיסרי הואי אמתא יתירא הואי דהוה קאי בן לוי דכי משתלפי קרשים הוה נקיט להו: **מתני'** חולית הבור והסלע שהן גבוהין עשרה ורחבן ארבעה הנוטל מהן והנותן על גבן חייב פחות מכן פטור: **גמ'** למה לי למיתני חולית הבור והסלע ליתני הבור והסלע מסייע ליה לרבי יוחנן דאמר ר' יוחנן ד) ב בור וחוליתה מצטרפין לעשרה תניא נמי הכי בור ברה"ר עמוקה י' ורחבה ארבעה אין ממלאין הימנה בשבת

רש"י

ונראין קרסין בלולאות. מילתא אחריתי היא שתי מחברות היו היריעות כל אחת ואחת ה' יריעות תפורות זו עם זו במחט על פני כל ארכן ובאמצע היה מחבר קרסים מחברת עם מחברת שהיו לולאות בשפת תילונה של כל מחברת באמצע המשכן אלו כנגד אלו ככתיב מקבילות הלולאות וגו' (שמות כו): **נשא לבן.** יתירות חכמה משמע: **בין עגלה לעגלה.** שבצדה ה' אמות כמלא אורך העגלה: **למה לי.** אורך העגלה ה' אמות: **בארבע ופלגא סגי.** שאם מסדרן על רחבן אינו מסדר על ה' אמות יותר מג' והרי בארבע ומחצה יכול לסדרן ואי מסדרן באורך יותר מד' לא יסדר מפני הפסקת מקום הבריחים שבאמצע הסדרים ובפלגא אמה נמי סגי ליה: **דלא לידחקו.** אם לא לסדרן על רחבן: **צדי עגלה.** חלל שבין דפנות לאופנים ועובי הדופן ועובי האופן: **כמלא רחב עגלה.** שני הצדדים כמלא רחב חללה דהיינו אמה ורביע לכל צד: **למה לי.** רחבה תרתי ופלגא אם מפני שאם יצטרך להושיט מן הקרשים לתוכה יכניס: **באמתא ופלגא סגי.** ויכניס בה על צודן: **כי היכי דלא לידדו קרשים.** שלא יהיו הקרשים המוטלים לאורכן על דופנותיה לרחבן מדלין ונוטין לכאן ולכאן שאם מושבות הקרשים קצר מתוך שהן ארוכות ויוצאות לחוץ הרבה יכבד אחד מן הראשין כשהן מדלין בהליכתן ויפלו: **חמיסרי הויין.** שתי העגלות ההולכות זו בצד זו רחב כל אחת ה' אמות הרי י' וה' אמות ריוח שבין עגלה לעגלה הרי ט"ו ואם תאמר יותר מעשרים הן שהרי הקרשים אורכן י' אמות והן מוטלות על גבי דופני עגלה לרחבה נמצא אורך הקרשים הרי כ' אמה לבד מה שצריך למשוך קרשי כל עגלה ועגלה לצד החיצון של עגלה שלא יגיעו ראשי הקרשים זו בזו ומעכבין את הילוך העגלות אין זה תשובה שהקרשים למעלה מעשרה הן שהעגלה גבוה י' ולגבי רה"ר לית לן למיחשב אלא מקום העגלות וריוח שביניהן שהוא למטה מי' דכל למעלה מי' לאו רה"ר היא הלכך לא חשיב ליה: **אמתא יתירתא הואי.** עוד צריך להיות ברחב הדרך עודף אמה שתתן חצי אמה לכאן וחצי אמה לכאן לשני צדדין החיצונות של ב' עגלות: **דקאי בן לוי דאי משתלפי.** זו מזו ליפול לתוך אויר שביניהם: **הוה נקיט להו.** נכנס לבין האויר אמה שביניהם ועומד בחצי אמה שיש בין העגלה לצדדין ומתקן את הסדר זו על זו שלא תפול העליונה וכל הדרך הוא מהלך אחורי העגלה וכשרואה אותן משתלפות אל תוך האויר רץ לתוך (א) בליטת הקרשי' שבצדדין עד שמגיע לאמת האויר שביניהם ודוחק עצמו לעמוד בחצי אמה עד שיחזיר הנשלפת למקומה ועל סדרה: **מתני' חולית הבור.** קרקע חפירת הבור נותנין סביבותיו להקיף כמין חומה כמו שאנו נותנין היקף עצים או אבן סביב פי הבור: **גמ' למה לי למתני חולית הבור והסלע.** פשיטא לן דסלע נקט לענין גובהה ובור לענין עומק שנוטל מתוכו ומוציא לרשות הרבים דאי לענין גובהה כגון למוריד מחוליא למטה וכגון דרחבה ארבע למה לי למיתניא כלל הא תנא ליה סלע אלא ודאי למוציא מתוך אוגני בור נקט לה וכיון דהכי הוא חוליה למה לי ליתני הבור לעומק והסלע לגובה: **מצטרפין לעשרה.** לשויה הבור רה"י ואם הוציא מתוך אוגן חוליה חייב: מחילה

תוספות

שתי גזוזטראות כו'. מיירי שסתום למטה בשום דבר ואין גדיים בוקעים תחתיהם או שיש מחילות למעלה מן הגזוזטרא דתו לא חיישינן לבקיעת גדייסוכן עגלות היו רה"י אע"פ שתחתיהם רה"ר לפי שיש מגוף העגלה עד למעלה מן הקרשים הרבה יותר מעשרה: **בין** עגלה לעגלה כמלא אורך עגלה. לסימנא בעלמא נקטיה ואגב אורחא קמ"ל דאורך עגלה חמש אמות: **כי** היכי דלא לידחקו קרשים. פרש"י אם באת לסדרן על רוחבן וקשה דהא מסיק לעיל דמנח להו אאורדן אלא נרא' לפרש דלא לידחקו קרשים (ג) אע"ג דדי היה בארבע וחצי לטבעות שהן זו כנגד זו והיו שם אטבעי כדמפרש שהן גלוא"ש מכל מקום מפני כובדן משתרבבים ודוחקין זה לזה אם לא שיש ריוח גדול ביניהם ורחוקין ה): **למה** לי באמתא ופלגא סגי. לשיטת רש"י ששתי עגלות היו מפורקות זו מזו ויש הפסק ביניהם ה' אמות וכל אחת טעונה לבד משוי של קרשים קשה דהיאך יכולין קרשים שכל כך כבדין שאורכן עשר אמות ורוחבן אמה וחצי ועוביין אמה לעמוד על ב' אמות ומחצה רוחב ועוד דפריך באמתא ופלגא סגי איך יכול כ"כ כובד גדול לעמוד באמתא ופלגא וכל שכן למ"ד כלין והולכין עד כאצבע שלא היו יכולין לעמוד ועוד היאך היו יכולים שתי עגלות להלך זו בצד זו בט"ו אמות א"כ היו הקרשים נוקשין זה בזה ועוד שצריך לומר לפירושו שהקרשים היו נוטים על האהלים או על החצרות מלמעלה מי' מכל צד ב' אמות ומחצה כמו שפי' בקונטרס בעצמו שהרי אורך שני הקרשים הוא כ' אמה ורה"ר אינו רוחב כי אם ט"ו אמה ועוד מנלן דשתי עגלות היו הולכות זו בצד זו למילף שיהא רה"ר ט"ו אמה שמא היו הולכות כולן זו אחר זו והיה רה"ר קטן או ארבעתן יחד והיה רה"ר גדול הרבה ונראה לר"ת ששתי עגלות היו מחוברות יחד שהיה שם עץ ארוך ט"ו אמה והיו בה ארבע אופנים כמו לשתי עגלות ושתי תיקוני דפנות כמו לשתי עגלות ובין עגלה לעגלה כמו אורך עגלה פירוש בין דופן עגלה זו לדופן עגלה זו ה' אמות וצידי העגלה כמלא רוחב העגלה מכל צד וצד דבין דופן העגלה עם האופן שתי אמות ומחצה ולא כפירוש הקונטרס שפי' אמה ורביע לכל צד ורוחב שתי העגלות עם צידיהן ט"ו אמה ומדופן עגלה זו החיצון לדופן עגלה זו החיצון י' אמות באורך הקרש והיה משכיב הקרש על שתי דופני העגלות ושתי עגלות אחרות לפניהן שאם היו הולכות זו אצל זו היו נוקשות זו בזו או אחר זו היו הולכות יפה והשתא פריך שפיר באמתא ופלגא סגי דהואיל ועל שתי העגלות היה משכיבן הוה ס"ד דלא לידדו ומשני דאפילו הכי מידדו:

אמתא יתירא הואי. בצד העגלה דהוי קאי בה בן לוי וצריך לו אמה דנגררת באמתא יתיב כדאמר בפ"ק דסוכה (ד' ז:) גבי סוכה העשויה ככבשן ואע"פ שפעמים היה הולך מצד זה ופעמים מצד זה מ"מ היה די לו באמה אחת שמאחיזה לצד שהיה רוצה ליכנס היה מטה העגלה לצד אחר והיה נכנס בין האהל לעגלה ומתקנם אף על פי שהיה רחוק מן הקרשים שתי אמות ומחצה כשיעור צד העגלה מכל מקום היה יכול להושיט ידו שם ולתקן או על ידי מקל או על ידי שום דבר: **מסייע** ליה לר' יוחנן דאמר בור וחולייתה מצטרפין לעשרה. וא"ת ומה צריך למתני' לאשמעינן הא תנינא חדא זימנא בפרק בתרא דעירובין (ד' צט.) בור ברה"ר וחולייתה גבוהה י' טפחים חלון שעל גביו ממלאין ממנו בשבת ומוקי רבי יוחנן בגמרא בסמוכה לה וקא משמע לן דבור וחולייתה מצטרפין לעשרה ויש לומר דלדרך תנא להשמיענו בקולר אע"ג שכבר השמיענו במקום אחר כדאמרינן בריש ברכות (דף ב.) מילתא אגב אורחיה קמ"ל להעריב בתרומה אע"ג דמשנה שלימה היא במס' נגעים (פי"ד מ"ג) העריב שמשו אוכל בתרומה וכהנה רבות בהש"ס אי נמי מיתורא דמתני' שמעינן דמצטרפין לארבעה ולהשתמש על גבה מיירי משום דמנח עליה מידי ומשתמש כדאמרינן בפרק חלון (עירובין דף עח.) ומיירי כשהחוליא גבוה עשרה דבלאו הכי לא מיחייב נוטל ונותן על גבה ואשמעינן דאף על גב דלא מחייבין לענין מצטרפין לעשרה ואין החוליה גבוה עשרה לא אתי שפיר הא דקתני עשרה והנותן על גבן נמי אינו חייב כשמניח על גג החוליה כשאינה גבוה עשרה: הלכה

עין משפט נר מצוה

יג א מיי' פי"ד מהל' שבת הלכה א סמג לאוין סה טוש"ע א"ח סי' שמה סעיף ז:

יד ב מיי' פט"ו שם הלכה ט סמג שם טוש"ע א"ח סי' שנד סעיף א:

מסורת הש"ס

א) לעיל דף עד:, ב) [לעיל לה.], ג) [ב"ב דף נט:], ד) עירובין עח. צט:, ה) נ"ל ודוחקין רש"א.

הגהות הב"ח

(א) רש"י ד"ה הוה נקיט וכו' רץ לתוך בליטת: (ג) תוס' ד"ה כי היכי וכו' נראה לפרש דלא לידחקו קרשים לטבעות כו' וכו' שהן זו כנגד זו והיה שם אטבעי כדפי' שהן גלוא"ש אע"ג דדי היה בארבע וחצי מ"מ מפני וכו' ביניהם ורחוקין הס"ד:

רב נסים גאון

ואלא דקיימא לן דרך רשות הרבים י"ו אמה ומשתכח עיקר דילה במשנה בפרק המוכר פירות בבבא בתרא (דף צט) דרך היחיד ד' אמות ודרך הרבים י"ו אמה ודרך המלך אין לה שיעור:

תורה אור השלם

א) וְכָל אִשָּׁה חַכְמַת לֵב בְּיָדֶיהָ טָווּ וַיָּבִיאוּ מַטְוֶה אֶת הַתְּכֵלֶת וְאֶת הָאַרְגָּמָן אֶת תּוֹלַעַת הַשָּׁנִי וְאֶת הַשֵּׁשׁ: [שמות לה, כה]

ב) וְכָל הַנָּשִׁים אֲשֶׁר נָשָׂא לִבָּן אֹתָנָה בְּחָכְמָה טָווּ אֶת הָעִזִּים: [שמות לה, כו]

ליקוטי רש"י

של תכלת ושל ארגמן ושל תולעת שני ושל שש. הרי ארבע מינין יחד בכל חוט וחוט א' של משמים וג' של צמר וכל חוט וחוט כפול ו' הרי ד' מינין כשהן שזורין יחד כ"ד כפלים לחוט [בריתא דמלאכת המשכן] [שמות כו, א]. **תכלת.** צמר צבוע בדם חלזון וצבעו ירוק. **ארגמן.** צמר צבוע ממין צבע ששמו ארגמן [שם כה, ד]. **תולעת שני.** צמר צבוע בתולעת [עיין גיטין סט:]. **שש.** הוא פשתן [שמות שם]. **מעשה עזים.** מנוצה של עזים [שם כו, ז]. **טוו את העזים.** היא היתה אומנות יתירה שמעל גבי העזים טוו אותן [שם לה, כו]. **שטוף בעזים וטווי מן העזים.** כלפי קדשים טוו את העזים (שמות לה) כנוצתן של עזים משמע [לעיל עד:]. **בור וחוליתה.** בור ברה"ר וחוליתו סביבו ועל הכל גבוה י' מקרקעית הבור רה"י [עירובין צט.]. **קרקע** שעוקרים מחפירת הבור ומקיפו בו פי הבור סביב. **מצטרפין.** להשלים עשרה לעומק הבור לשוייה רשות היחיד והוא הדין נמי לסלע ועובי היקף מצטרפין להשלים לארבעה רשות היחיד והנוטל מתוך גג החוליה הנותן על גבה כלום ואם הנותן על גבה מתמן חולית הבור והסלע שהן גבוהין עשרה ורחבן ארבעה הנוטל מהן והנותן על גבן חייב ...

רבינו חננאל

עוביין אמה היינו דכתיב ולירכתי המשכן ימה תעשה ששה קרשים ושני קרשים תעשה למקצועות המשכן בירכתים דל פלגא [דאמתא] לחללה בהאי גיסא ופלגא [דאמתא] לחללה בהאי גיסא דאשתייר מעשר אמות חללו של משכן כי חללו של עשר אמות הן ששה קרשים ט' אמות נשארה אמה תשלום עשר אמות ...

חשק שלמה על רבינו חננאל א) נראה דחסר וצ"ל למה המשכן דומה לאשה שמהלכת בשוק ושיפוליה מהלכין אחריה:

עין משפט נר מצוה

טו א ב מיי' פי"ד מהל' שבת הלכה ג וכ' סמג לאוין סה טוש"ע א"ח סי' שמה סעיף ג:
טז ג מיי' שם הל' כ:
יז ד שם הלכה כא:
יח ה מיי' פי"ג מהל' שבת הלכה ד ופ"ח מהל' טומאת אוכלין הלכה ג:

רבינו חננאל

בלי גזיזה היו טוות אותן כדאמרי' (לעיל דף ע"ה) הטוה מע"ג בהמה בשבת וטויה בענין הזה צריכה חכמה יתירה: שתי גוזטראות שתיהן רה"י הן כל אחת רשות לעצמה ורה"ר בינתיים. המושיט והזורק מזו לזו בתוך ד"ט לדברי חכמים פטור אבל אסור וזה על עיקר לרה"י ורה"ר באמצע ר' עקיבא מחייב וחכמים פוטרין אבל המושיט [והזורק] למעל' מעשרה אם היו שתיהן שלו ואין אחת גבוהה מן האחרת אלא שתיהן זו כנגד זו כבר פירשתי למעלה שמותר להושיט ולזרוק מזו לזו ואם אין שתיהן שלו אסור להושיט ולזרוק מזו לזו משום [דלא ערבו] ואם חדא מידליא וחדא מיתתא אסור משום גזירה ואם היו הגוזטראות הללו עומדות למעלה מעשרה ברה"ר מכוונות להיותן דיוטא אחת ורשות אחת כיצד שמרכיבין קרש מזו לזו ע"ג רה"ר רחבה ד' טפחים כדי להיותן דיוטא אחת ורשות אחת ואם עשה כן מבע"י הרי הן כרשות אחת ומותר לטלטל מזו לזו ע"ג הנסר המתוח מזו לזו ע"ג רה"ר ותנן בעירובין (דף עח) חריץ שהוא עמוק י' ורחב ד' נותן עליו נסר שרחב ד' טפחים וכן בב' גוזטראות זו כנגד זו מערבין אחת ואין מערבין שנים פחות מד' מערבין שנים ואין מערבין אחד השתא אם הגוזטראות זו למעלה מעשרה ונותן עליהן נסר רחב ד"ט מבעוד יום מותר לטלטל מזו לזו שנעשו שתיהן רשות אחת אבל אם קדש [היום] ולא חוברו אסור להושיט בין זו לזו בין זולתי נסר אסור להושיט אחר שקידש היום והמושיט והזורק חייב שכך היו עגלות במדבר היו ב' עגלות זו בצד זו ברה"ר והיו [מושיטין] קרשים ומצניבין קרש על ב' עגלות ראשו (זה על זה) [האחד על זו וראשו השני על זו] כנגד שפירשנו ענינו למעלה וזהו היו שתיהן בדיוטא אחת המושיט מזו לזו חייב שכן היה דרך הלוים שהיו מושיטין הקרשים מזו לזו ולפיכך העושה כן בשבת חייב: ירושל' ולא היו זורקין תני בר קפרא כדי שלא לנהוג בזיון בקדשים לפיכך הזורק מזו לזו פטור אבל אסור. וראוי לעמוד לפירוש זה להזהר בו כי עמוק הוא ועלה אמר רב משום ר' חייא עגלות תחתיהן וביניהן וצידיהן רה"ר. אמר אביי בין עגלה לעגלה כמלוא עגלה וכמה אורך

אלא אם כן עשו לה מחיצה גבוה י' טפחים. אבל פסין לא מהני אלא בבאר מים חיים או בור הרבים כדתנן בפרק עושין פסין (עירובין דף כב:) אבל בור היחיד עושין לו מחיצה כו' ודווקא עמוק י' ורוחב ארבע דהוי רה"י אבל פחות מיכן דהוי כרמלית לא החמירו כל כך ומשתרי שפיר בפסין.

או דילמא כיון דממקום פטור קא אתיא לא. הרב פור"ת: ואם תאמר ומאי קמיבעיא ליה תיפשוט מדתניא בפ"ק (דף ו.) המוציא מחנות לפלטיא דרך סטיו חייב ואחד המושיט ואחד הזורק חייב ואמרינן לעיל (דף צב.) המוציא משוי למעלה מעשרה חייב ומפרש הרב פור"ת דדוקא כשפסק כחו במקום פטור קמיבעיא ליה כגון שזרק למעלה מי' כנגד אויר רה"ר וירד האבן באלכסון ונחה על העמוד דירידה זו אינו מכחו הראשון אלא כח כחו היא וכיון דממקום פטור קא אתיא יש הפסק בין עקירה ראשונה להנחה אבל אם זרק ממש כנגד העמוד שלא הלכה באלכסון כלל אלא הלכה מכחו עד העמוד ודאי חייב ודווקא בזורק מבעיא ליה כדפי' אבל מוציא ומכניס פשיטא ליה דחייב והא דמייתי ראיה מהנוטל והנותן ע"ג חייב היינו משום דמשמע ליה דמיירי בכל ענין בין בזורק בין במושיט כדתניא ברישא הזורק פטור והמושיט חייב והשתא לא דמי למוציא מחנות לפלטיא דרך סטיו דהתם מכחו בא לרה"ר:

ומוקף לכרמלית ועשאו רה"י. אומר ר"י דמשמע דדוקא מוקף לכרמלית דכיון דמוקף לכרמלית אין כ"כ סברא שיעשה רה"י מטעם דלאחרים עושה מחיצה אבל מוקפת לרה"ר ועשאו רה"י פשיטא דלעצמו נמי מהני ומשום חורי רה"י ליכא לחוייבי כמו דמיא בחרילא לעיל דלא ניחא תשמישתיה לבני רה"י כולי האי על הכותל: **לאחרים** עושה מחיצה כו'. גבי חוליא דבור לא שייך למימר הכי ליחייב המשתמש מרה"ר על גבה כיון שאין החוליא עצמו גבוה י': **ואמאי** והא קא ממעט מארבע אמות. פירש בקונטרס דמשמע ליה דמיירי אפילו בד' אמות מלומלמות שעובי הדבילה ממעט מד' אמות וקשה לר"י דבענין זה אין נראה שיתחייב כיון שאיגודו בפנים כמו מוציא חצי קופה לרה"ר דאינו חייב עד שיוציאנה כולה לחוץ דאטו אם זרק אדם רומח וכל דבר ארוך כל שהוא יתחייב כיון שראשו אחד יצא חוץ לד' אמות ואם בזורק ד' אמות הכי גמירי לה שיתחייב בכה"ג א"כ היכי פשיט מינה ועוד דמאי משמע ליה טפי בהאי דזורק ארבע אמות בכותל דהוו מלומלמות משאר ארבע אמות השנויות בכל הש"ס ונראה לר"י דמיירי הכא שזרק חוץ לארבע אמות כמו בכל מקום והכי פריך והא קא ממעט מד' אמות שמקום הדבילה נתבטלה מתורת רשות הרבים שבטל לכותל והרי הוא ככותל עב ולא הוי עוד על גביו רשות הרבים ואם זרק מתחת או קוץ ד' אמות ונח על הדבילה או נתקע בתוכו היה פטור דהרי מקום הדבילה נתמעט מדין רשות הרבים ואפ"ה חייב הואיל ובתחלת הזריקה עד קודם הנחה היה שם רה"ר עליו ובהנחה ומיעוט רה"ר בהדי הדדי קא אתו והכא נמי הוה לן למימר הנחה וסילוק מחיצה בהדי הדדי קאתו ומשני התם לא מבטל ליה והכי לא מבטל רה"ר: **זרק** דף כו' הנחת חפץ ועשיית מחיצה כו'. וא"ת אפילו ליכא בקיעת גדיים היכי חשוב לשויה תחתיו רה"י הא מ"מ מטרסקל ועמוד ברה"ר גבוה י' ורחב ד' ואין בעיקרו ד' דאמרינן (לקמן דף קא.) זרק ונח על גביו חייב משמע דוקא על גביו אבל תחתיו לא ואומר ר"י כגון שיש שתי מחיצות של יתדות ובשלישית אמרינן פי תקרת דף יורד וסותם:

אלא אם כן עשו לה מחיצה גבוה י' טפחים ואין שותין הימנה בשבת אא"כ הכנים לה ראשו ורובו ובור וחוליתה מצטרפין לעשרה: בעא מיניה רב מרדכי א) מרבא עמוד ברה"ר גבוה י' ורחב ד' ב) וזרק ונח על גביו מהו מי אמרינן הרי עקירה באיסור הרי הנחה באיסור או דילמא כיון דממקום פטור קאתיא לא א"ל מתניתין היא אתא שייליה לרב יוסף א"ל מתניתין היא אתא שייליה לאביי א"ל מתני' היא אמר להו ג) כולכו ברוקא דהדדי תפיתו א"ל ואת לא תסברא והתנן הנוטל מהן (א) ונותן על גבן חייב א"ל דילמא מתני' במחט מחט נמי א"א דלא מדליא פורתא דאית ליה מורשא א"נ דרמיא בחריצה אמר רב מישא בעי רבי יוחנן כותל ברה"ר גבוה י' ואינו רחב ארבע ומוקף לכרמלית ועשאו רה"י וזרק ונח על גביו מהו מי אמרינן כיון דאינו רחב ד' מקום פטור הוא או דילמא כיון דעשאו רה"י כמאן דמלי דמיא אמר עולא ק"ו וחומר לאחרים עושה מחיצה לעצמו לא כ"ש איתמר נמי א"ר חייא בר אשי אמר רב וכן א"ר יצחק א"ר יוחנן כותל ברה"ר גבוה י' ואינו רחב ארבע ומוקף לכרמלית ועשאו רה"י הזורק ונח על גביו חייב לאחרים עושה מחיצה לעצמו לא כ"ש בעי רבי יוחנן בור תשעה ועקר ממנו חוליא והשלימה לעשרה מהו עקירת חפץ ועשיית מחיצה בהדי הדדי קאתו ומיחייב או לא מיחייב ואם תימצי לומר כיון דלא הוי מחיצה עשרה מעיקרא לא מיחייב בור י' ונתן לתוכה חוליא ומיעטה מהו הנחת חפץ וסילוק מחיצה בהדי הדדי קאתו מיחייב או לא מיחייב תיפשוט ליה מדידיה דתנן ד) הזורק ארבע אמות בכותל למעלה מעשרה טפחים כזורק באויר למטה מעשרה כזורק בארץ והזורק בארץ ארבע אמות חייב ה) והוינן בה והא לא נח ואמר רבי יוחנן בדבילה שמינה שנינו ואמאי הא קא ממעט מארבע אמות התם לא מבטל ליה הכא מבטל ליה בעי רבא זרק דף ונח על גבי יתדות מהו מאי קמיבעיא ליה הנחת חפץ ועשיית מחיצה בהדי הדדי קאתו היינו דרבי יוחנן כי קמיבעיא ליה לרבא כגון דזורק דף וחפץ על גביו מאי כיון דבהדי הדדי קאתו כהנחת חפץ ועשיית מחיצה דמי או דילמא כיון דלא אפשר דלא מידלא פורתא והדר נייח כעשיית מחיצה והנחת חפץ דמי תיקו ו) אמר רבא פשיטא לי מים על גבי מים היינו הנחתן אגוז על גבי מים לאו

מחיצה י'. שיהא הממלא עומד לפנים מן המחיצה וממלא: **ואין** שותין הימנה. לעמוד על שפתה ולשאוב בכלי ולהכניס ראשו לחללה ולשתות כדתנן לא יעמוד אדם ברה"ר וישתה ברה"י שמא ימשוך הכלי אליו: **אלא אם כן הכנים ראשו ורובו**. למקום שהוא שותה: **הרי עקירה באיסור**. מרה"ר: **הרי הנחה באיסור**. ברה"י: **ממקום פטור קאתיא**. שאי אפשר שלא הגביה תחילה למעלה מן העמוד שהוא מקום פטור שאינו אויר רה"ר ואויר רה"י נמי לא הוי דכי אמרינן רה"י עולה עד לרקיע ה"מ כנגד רה"י אבל האי מקמי דלימטי לאויר עמוד אגבהיה למעלה מעשרה: **מתניתין היא**. הנוטל מהן והנותן על גבן חייב: **ברוקא דהדדי תפיתו**. כולכם רוק אחד אתם רוקקים: **ואת לא תסברא**. דמתני' היא: **במחט**. דאינה גבוהה: **דאית לה**. לסלע מורשא נמוך מי' וכיון דכולה גבוהה י' בר מההיא מורשא ואיהו לא הוי מקום חשוב הוי ליה חורי רשות היחיד: **אי נמי דרמיא**. מחט בחריץ שבסלע שבראשו ולא נפל מלמעלה מי' אלא לתוך י': **מוקף לכרמלית**. בכותל זה הקיפו בקעה שהיתה כרמלית ועל ידו נעשית רה"י כגון שהוקף לדירה או לא הקיפו בו אלא בית סאתים: **וזרק**. מרה"ר ונח על ראשו מהו: **או דילמא כיון**. דכותל זה עשאה לכרמלית זו רה"י: **כמאן דמלי דמיא**. והוי ראשו כארבעה סמיכתא כל החלל: **לאחרים**. כל החלל עשאו רה"י: **לעצמו לא כל שכן**. ראש הכותל: **ועקר ממנה חוליא**. והניחו ברה"ר מי מיחייב אע"ג דמקמי עקירה לאו רה"י הוה בשעת עקירה מיהא רה"י הוה: **כזורק בארץ**. דאויר רשות הרבים הוא ונח שם: **וסילוק מחיצה**. בהנחה זו נסתלקה מחיצת הבור שנתמעטה מעשרה מי מהני האי מיעוטא למיפטריה או לא: **בדבילה שמינה**. שנדבק בפני הכותל: **ואמאי**. מיחייב הא מתני' ד' אמות קתני ואפילו מלומלמות וכי נח בפני הכותל נתמעטה הזריקה מד' אמות כדי מקום הדבילה וקתני חייב כיון דמעיקרא ד' אמות הוה: **התם לא מיבטל ליה**. דבילה הלכך לאו מיעוט הוא: **על גבי יתדות**. דקות שהיו גבוהות י' ואין רחבות ד' ודף זה רחב ד' עשאו רשות היחיד: **מהו**. להתחייב בזריקה זו: **וחפץ על גביו**. ואם תימצי לומר הוא אם תימצי לומר כר' יוחנן דהנחת חפץ ועשיית מחיצה בהדי הדדי לא מיחייב הכא ודאי אדף לא מיחייב מיהו אחפץ מהו לחיובי: **דלא אפשר דלא מידלי**. החפץ מעל הדף בשעת הנחת הדף והדר נייח: **כעשיית מחיצה**. ברישא והדר הנחת החפץ דמי וחייב דבשעת הנחתו כבר נעשה דף רה"י: **היינו הנחתן**. ואם נטל מקלתן והוציא הוה עקירה: לאו

מסורת הש"ס

א) [נ"ל מרבה], ב) [נדה מב. ע"ש פרש"י], ג) כל"ל, ד) [לקמן ק. וש"נ], ה) [לעיל ז: וש"נ], ו) לעיל ה:, ז) [עירובין עט. לעיל יא.].

הגהות הב"ח

(א) גמ' הנוטל מהן והנותן על גבן:

גליון הש"ס

גמ' בעא מיניה רב מרדכי כו' זורק ונח על גביו. עי' סוכה ד ע"ב תד"ה פחות מג': שם ואת לא כיון דלא הוי מחיצה. עי' לעיל ח ע"א תוד"ה רחבה שם: רש"י ד"ה מוקף לכרמלי' וכו' אלא בית סאתים. עיין לעיל ז ע"א וצ"ע:

ליקוטי רש"י

אא"כ הכנים לה ראשו ורובו. דחיישינן שמא ימשך גופו למקום רגליו ויוליא הכלי עמו [עירובין כ.]. שמא יוציא הכלי אליו ונמצא מתחייב חטאת [לעיל יא.]. כולכו ברוקא דהדדי תפיתו. כולכם מטעם שמועה אחת תפיתו לשון רוק [נדה מב.]. כזורק באויר. ופטור דלא נח ברשות הרבים דאין רשות הרבים למעלה מעשרה ורשות היחיד נמי לא הוי שאינו מקום מסויים שיהא ראוי לתשמיש. כזורק בארץ. דאויר רשות הרבים הוא והזורק בארץ ד' אמות חייב. והא לא נח. בארץ אלא בפני הכותל. בדבילה שמינה. שנדבקה בכותל ולא נפלה [לעיל ז:]. כרחק קופלא לאמוריה [שם].

אֶלָּא אִם כֵּן עָשׂוּ לָהּ מְחִיצָה גְּבוֹהָ עֲשָׂרָה טְפָחִים – UNLESS THEY HAVE MADE FOR IT A PARTITION TEN *TEFACHIM* HIGH all around.[1] **וְאֵין שׁוֹתִין הֵימֶנָּה בְּשַׁבָּת – AND** if the cistern does not have a partition around it, **WE MAY NOT DRINK FROM IT ON THE SABBATH,**[2] **אֶלָּא אִם כֵּן הִכְנִיס לָהּ רֹאשׁוֹ וְרוּבּוֹ – UNLESS ONE EXTENDS INTO [THE CISTERN] HIS HEAD AND A MAJORITY OF [HIS BODY].**[3]

The Baraisa continues:

וּבוֹר וְחוּלְיָתָהּ מִצְטָרְפִין לַעֲשָׂרָה – AND A PIT AND ITS BANK COMBINE TO form the **TEN**-*tefach* partition enclosing a private domain. Thus, R' Yochanan's ruling is taught explicitly by the Tanna of this Baraisa.

The Gemara presents an inquiry:

בְּעָא מִינֵּיהּ רַב מָרְדֳּכַי מֵרָבָא – Rav Mordechai inquired of Rava:[4] **עַמּוּד בִּרְשׁוּת הָרַבִּים גָּבוֹהַּ עֲשָׂרָה וְרָחָב אַרְבָּעָה –** If there is **a post in the public domain ten** *tefachim* **high and four** *tefachim* by four *tefachim* **wide, וְזָרַק וְנָח עַל גַּבָּיו – and someone** standing in the public domain **threw** an object **and it landed on top of [the post], מַהוּ – what is [the law]? מִי אַמְרִינַן הֲרֵי עֲקִירָה בְּאִיסּוּר – Do we say: You have** before you a case in which **the lifting** was done **in a prohibited way** [i.e. from the public domain] **הֲרֵי הֲנָחָה בְּאִיסּוּר – and you have** before you a case in which **the placing down** was done **in a prohibited way** [i.e. in the private domain], and the person should therefore be liable? **אוֹ דִּילְמָא – Or** do we say, **perhaps,** that **כֵּיוָן דִּמְמָּקוֹם פְּטוּר קָאָתְיָא – since [the object] comes** into the private domain **from an exempt area,** i.e. the exempt airspace above ten *tefachim* in the public domain,[5] **לֹא –** the person is **not** liable?[6]

אָמַר לֵיהּ – [Rava] said to [Rav Mordechai]: מַתְנִיתִין הִיא – It is a Mishnah![7] **אֲתָא שַׁיְילֵיהּ לְרַב יוֹסֵף – [Rav Mordechai] then came and posed [the question] to Rav Yosef, אָמַר לֵיהּ** – whereupon **[Rav Yosef] said to him** as well: **מַתְנִיתִין הִיא – It is a Mishnah! אֲתָא שַׁיְילֵיהּ לְאַבַּיֵי – [Rav Mordechai]** then **went and posed [the question] to Abaye, אָמַר לֵיהּ –** whereupon **[Abaye] said to him** as well: **מַתְנִיתִין הִיא – It is a Mishnah!**

אָמַר לְהוּ – [Rav Mordechai] said to the three of **them: כּוּלְּכוּ בְּרוּקָא דַּהֲדָדֵי תְּפִיתוּ – You are all spitting the same spittle! אָמְרוּ לֵיהּ – They said to [Rav Mordechai]: וְאַתְּ לֹא תִּסְבְּרָא – And do you not** also **hold** that the answer to your inquiry is contained in the Mishnah? **וְהָתְנַן – Why, we learned in the Mishnah** regarding the bank of a pit or rock in the public domain that is ten *tefachim* high and four *tefachim* wide: **הַנּוֹטֵל מֵהֶן וְנוֹתֵן עַל גַּבָּן חַיָּיב – ONE WHO TAKES** an object **FROM THEM** and places it in the public domain, **OR ONE WHO** lifts an object from the public domain and **PLACES** it **UPON THEM IS LIABLE,** even though the object has necessarily passed through the exempt airspace ten *tefachim* above the public domain![8] **– ? –**

Rav Mordechai responds:

אָמַר לְהוּ – He said to them: דִּילְמָא מַתְנִיתִין בְּמַחַט – Perhaps the Mishnah is dealing with the transfer of **a needle,** whose height is negligible.[9]

NOTES

1. In this way, the area surrounding the cistern is a *reshus hayachid* as well, so that the one drawing water from it is drawing water from a *reshus hayachid* into an adjoining *reshus hayachid,* which is permitted (see *Rashi*).

2. The first part of the Baraisa forbids *drawing* water from the cistern and placing it in the *reshus harabim,* which is a case of *hotzaah.* Here, the Baraisa also forbids one to lean his head over the cistern, draw water with a vessel that is in the cistern, and drink the water while he is still poised over the cistern. Even though this would not constitute *hotzaah* (since he is drawing water from the private domain and drinking it right there – see *Tosafos* to 11a ד"ה לא יעמוד), it is Rabbinically forbidden nonetheless, lest the person come to withdraw the vessel into the public domain (where the majority of his body is located) and thereby be guilty of *hotzaah* (*Rashi,* citing the Mishnah in *Eruvin* 99a; see also Gemara above, end of 11a).

3. Since the major portion of his body is over the *reshus hayachid,* there is no longer any concern that he will withdraw the vessel into the *reshus harabim* (*Rashi*).

4. [*Mesoras HaShas* emends this to read רַבָּה, *Rabbah,* but see *Melo HaRo'im.*]

5. When an object is thrown from the public domain to the top of a post ten *tefachim* high, the trajectory of the object necessarily takes it into the exempt airspace (*mekom petur*) ten *tefachim* above the public domain (*Rashi*).

6. That is, perhaps the person is not liable because the "prohibited" *akirah* and *hanachah* are interrupted by the object's passage through a *mekom petur.*

Rav Mordechai's inquiry seems puzzling, as the matter has apparently been decided conclusively elsewhere. For we have learned in a Baraisa on 6a that one who carries or throws an object from a store (a private domain) to a public plaza (a public domain) through a bench area (an exempt area) is liable. And we have also learned (above, 92a) that one who holds an object ten *tefachim* off the ground as he carries it four *amos* in the public domain is liable. How, then, could Rav Mordechai entertain the possibility that one who transfers something from the public to private domain should be exempt simply because the object has passed through an exempt area?

R' Poras (cited in *Tosafos*) answers that Rav Mordechai never questioned the person's liability where the object travels through the *mekom petur* as a result of the person's direct force (which is what happens in the two precedents cited above). He inquires here specifically about an object that is thrown onto a post and begins its descent onto the post while still in the exempt airspace over the public domain. For the direct influence of the thrower's force on the object's movement is viewed as ceasing when the object reaches the apex of its trajectory [see, though, *Rashash*]. Accordingly, Rav Mordechai inquires whether the cessation of the thrower's direct force in a *mekom petur* might not constitute an interruption between the *akirah* and the *hanachah,* since the descent of the object begins in a *mekom petur* and not as the result of the thrower's direct force. But where the descent of the object results from the thrower's direct force (e.g. he raised his hand higher than the post and threw the object downward toward the post rather than upward), he is certainly liable, even though the object's descent takes it through a *mekom petur.* [Similarly, if the thrower's direct force ceases *after* the object has passed the *mekom petur* (e.g. he throws the object from the public domain onto a roof and the object reaches its apex over the roof), he is certainly liable. Thus, Rav Mordechai presents his inquiry specifically in regard to throwing an object onto *a post,* which is relatively narrow, where the apex of the trajectory will invariably be reached over the public domain (in a *mekom petur*), not over the narrow private domain.]

[Other Rishonim adopt a different approach. They maintain that the law that the domain of a *reshus hayachid* extends infinitely upwards applies only to a *reshus hayachid* whose partitions stand above its surface (e.g. a fenced-in yard). But the airspace of a post (in the public domain), whose "partitions" do not stand above its surface, has the status of a *mekom petur,* even though the surface of the post itself is a *reshus hayachid.* Hence, Rav Mordechai was uncertain whether one is liable for transferring an object to the *reshus hayachid* where the object comes to rest on a *reshus hayachid* but remains enveloped by the airspace of a *mekom petur* (see *Ramban* et al.; see also *Chidushei R' Chaim HaLevi* to *Rambam, Hil. Succah* 4:11; see also *Ritva MHK* ed. and *Ran MHK* ed., who quote *Rashi* as holding this view as well, but see footnote 45 to *Ran MHK* ed. and footnote 105 to *Rashba MHK* ed.). We will explain the remainder of the *sugya* according to *R' Poras'* approach.]

7. I.e. the answer to the inquiry is contained in our Mishnah, as the Gemara will explain shortly.

8. [According to *R' Poras* (see note 6), the assumption here is that the Mishnah refers to all manners of transfer – placing *and* throwing (as mentioned in the earlier Mishnahs). Thus, the Mishnah in effect says that if one throws an object to the top of the rock, he is liable (*Tosafos* ד"ה או דילמא; see *Maharsha* and *Maharam*).]

9. [The distance above the rock that the needle must traverse is minuscule, and thus is not deemed as having gone through the airspace of a *mekom petur.*]

אלא אם כן עשו לה מחיצה גבוה י' טפחים ואין שותין הימנה בשבת אא"כ הכניס לה ראשו ורובו ובור וחוליתה מצטרפין לעשרה: בעא מיניה רב מרדכי [א] מרבא עמוד ברה"ר גבוה י' ורחב ד' [ב] וזרק ונח על גביו מהו מי אמרינן הרי עקירה באיסור הרי הנחה באיסור או דילמא כיון דממקום פטור קאתיא לא א"ל מתניתין היא אתא שייליה לרב יוסף א"ל מתניתין היא אתא שייליה לאביי א"ל מתני' היא אמר להו [ג] כולכו ברוקא דהדדי תפיתו א"ל ואת לא תסברא והתנן הנוטל מהן (א) ונותן על גבן חייב א"ל דילמא מתני' במחט נמי א"א דלא מדליא פורתא דאית ליה מורשא א"נ דרמיא בחריצה אמר רב מישא בעי רבי יוחנן כותל ברה"ר גבוה י' ואינו רחב ארבע ומוקף לכרמלית ועשאו רה"י וזרק ונח על גביו מהו מי אמרינן כיון דאינו רחב ד' מקום פטור הוא או דילמא כיון דעשאו רה"י כמאן דמלי דמיא אמר עולא [א] קל וחומר לאחרים עושה מחיצה לעצמו לא כ"ש איתמר נמי א"ר חייא בר אשי אמר רב וכן א"ר יצחק א"ר יוחנן כותל ברה"ר גבוה י' ואינו רחב ארבע ומוקף לכרמלית ועשאו רה"י הזורק ונח על גביו חייב לאחרים עושה מחיצה לעצמו לא כ"ש בעי רבי יוחנן בור תשעה ועקר ממנו חוליא והשלימה לעשרה מהו עקירת חפץ ועשיית מחיצה בהדי הדדי קאתו ומיחייב או לא מיחייב ואם תימצי לומר [ב] כיון דלא הוי מחיצה עשרה מעיקרא לא מיחייב בור י' ונתן לתוכה חוליא ומיעטה מהו הנחת חפץ וסילוק מחיצה בהדי הדדי קאתו [ג] מיחייב או [ג] לא מיחייב תיפשוט ליה מדידיה דתנן [ד] הזורק ארבע אמות בכותל למעלה מעשרה טפחים כזורק באויר למטה מעשרה כזורק בארץ והזורק בארץ ארבע אמות חייב [ה] והוינן בה והא לא נח ואמר רבי יוחנן בדבילה שמינה שנינו ואמאי הא קא ממעט מארבע אמות התם לא מבטל ליה הכא מבטל ליה בעי רבא זרק דף ונח על גבי יתידות מהו מאי קמיבעיא ליה הנחת חפץ ועשיית מחיצה בהדי הדדי קאתו היינו דרבי יוחנן כי קמיבעיא ליה לרבא כגון דזורק דף וחפץ על גביו מאי כיון דבהדי הדדי קאתו [ו] כהנחת חפץ ועשיית מחיצה דמי או דילמא כיון דלא אפשר דלא מידלא פורתא והדר נייח בעשיית מחיצה והנחת חפץ דמי תיקו [ז] אמר רבא [ה] פשיטא לי מים על גבי מים היינו הנחתן אגוז על גבי מים לאו

רש"י

מחיצה י'. שיהא הממלא עומד לפנים מן המחילה וממלא: ואין שותין הימנה. לעמוד על שפתה ולשאוב בכלי ולהכניס ראשו למחילה ולשתות כדתנן (עירובין דף כ:) לא יעמוד אדם ברה"ר וישתה ברה"י שמא ימשוך הכלי אצלו: אלא אם כן הכניס ראשו ורובו. למקום שהוא שותה: הרי עקירה באיסור. מרה"ר: הרי הנחה באיסור. ברה"י: ממקום פטור קאתיא. שאי אפשר שלא הגביה תחילה למעלה מן העמוד שהוא מקום פטור שאינו אויר רה"ר ואויר רה"י נמי לא הוי דכי אמרינן רה"י עולה עד לרקיע ה"מ כנגד רה"י אבל האי מקמי דלימטי לאויר עמוד אגבהיה למעלה מעשרה: מתניתין היא. הנוטל מהן והנותן על גבן חייב: ברוקא דהדדי תפיתו. כולכם רוק אחד אתם רוקקים: ואת לא תסברא. דמתני' היא: במחט. דלאיה גבוהה: דאית לה. לסלע מורשא נמוך מי' וכיון דכולה גבוהה י' בר מההיא מורשא ואיהו לא הוי מקום חשוב הוי ליה חורי רשות היחיד: אי נמי דרמיא. מחט בחריץ שבסלע שבראשו ולא נפל מלמעלה מי' אלא לתוך י': מוקף לכרמלית. בכותל זה הקיפו בקעה שהיתה כרמלית ועל ידו נעשית רה"י כגון שהוקף לדירה או לא הקיפו בו אלא בית סאתים: זורק. מרה"ר ונח על ראשו מהו: או דילמא כיון. דכותל זה עשאה לכרמלית זו רה"י כמאן דמלי דמיא. והוי אגב ראשו כארעא סמיכתא כל החלל: לאחרים. כל החלל עשאו רה"י: לעצמו לא כל שכן. ראש הכותל: ועקר ממנה חוליא. והניחו ברה"ר מי מיחייב אע"ג דמקמי עקירה לאו רה"י הוה בשעת עקירה מיהא רה"י הוה: וסילוק מחיצה. בהנחה זו נסתלקה מחילת הבור שנתמעטה מעשרה מי מהני האי מיעוט למיפטריה או לא: בדבילה שמינה. שנדבק בפני הכותל: ואמאי. מיחייב הא מתני' ד' אמות קתני ואפילו מלומלמות וכי נח בפני הכותל נתמעט הזריקה מד' אמות כדי מקום הדבילה וקתני חייב כיון דמעיקר' ד' אמות הוה: התם לא מבטיל ליה. דבילה הלכך לאו מיעוט הוא: על גבי יתידות. דקות שהיו גבוהות י' ואין רחבות ד' ודף זה רחב ד' עשאו רשות היחיד: מהו. להתחייב בזריקה זו: וחפץ על גביו. ואם תימצי לומר כר' יוחנן דהנחת חפץ ועשיית מחיצה בהדי הדדי לא מיחייב מיהו אחפץ מהו לחיובי: דלא אפשר דלא מידלי. החפץ מעל הדף בשעת הנחת הדף והדר נייח: בעשיית מחיצה. ברישא והדר הנחת החפץ דמי וחייב דבשעת הנחתו כבר נעשה דף רה"י: היינו הנחתן. ואם נטל מקלתן והוציא הוה עקירה: לאו

תוספות

אלא אם כן עשו לה מחיצה גבוה י' טפחים. אבל פסקין לא מהני אלא בבאר מים חיים או בור הרבים כדתנן בפרק עושין פסין (עירובין דף כב:) אבל בור היחיד עושין לו מחילה כו' ודווקא עמוק י' ורוחב ארבע דהוי רה"י אבל פחות מיכן דהוי כרמלית לא החמירו כל כך ומשתרי שפיר בפסקין. הרב פור"ת: או דילמא כיון דממקום פטור קא אתיא לא. ואם תאמר ומאי קמיבעיא ליה תיפשוט מדתניא בפ"ק (דף ו.) המוציא מחנות לפלטיא דרך סטיו חייב ואחד המושיט ואחד הזורק חייב ואמרינן לעיל (דף צב.) המוציא משוי למעלה מעשרה חייב ומפרש הרב פור"ת דדוקא כשמפסק כמו במקום פטור קמיבעיא ליה כגון זורק למעלה מי' כנגד אויר רה"ר וירד האבן באלכסון ונחה על העמוד דירידה זו אינו מכח הראשון אלא כח כחו היא וכיון דממקום פטור קא אתיא יש הפסק בין עקירה לראשונה להנחה אבל אם זרק ממש כנגד העמוד שלא הלכה באלכסון כלל אלא הלכה מכחו על העמוד ודאי חייב ודוקא בזורק מבעיא ליה כדפי' אבל מוציא ומכניס פשיטא ליה דחייב והא דמייתי ראיה מהנוטל והנותן ע"ג חייב היינו משום דמשמע ליה דמיירי בכל ענין בין בזורק בין במושיט כדתניא ברישא הזורק פטור והמושיט חייב והשתא לא דמי למוציא מחנות לפלטיא דרך סטיו דהתם מכחו בא לרה"ר: ומוקף לכרמלית ועשאו רה"י. אומר ר"י דמשמע דדוקא מוקף לכרמלית דכיון דמוקף לכרמלית אין כ"כ סברא שיעשה רה"י מטעם דלאחרים עושה מחילה אבל מוקפת לרה"ר ועשאו רה"י פשיטא דלעצמו נמי מהני ומשום חורי רה"י ליכא לחיוביה כמו רמיא בחריצה דלעיל דלא ניחא תשמישתיה לבני רה"י כולי האי על הכותל: לאחרים עושה מחיצה כו'. גבי חוליא דבור לא שייך למימר הכי ליחייב המשתמש מרה"ר על גבה כיון שאין החוליא עצמו גבוה י': ואמאי והא קא ממעט מארבע אמות. פירש בקונטרס דמשמע ליה דמיירי אפילו בד' אמות מלומלמות שעובי הדבילה ממעט מד' אמות וקשה לר"י דבענין זה אין נראה שיתחייב כיון שאיגודו בפנים כמו מוציא חצי קופה לרה"ר דאינו חייב עד שיוציאנה כולה לחוץ דאטו אם זרק אדם רומח וכל דבר ארוך כל שהוא יתחייב כיון שראשו אחד יצא חוץ לד' אמות ואם בזורק ד' אמות הכי גמירי לה שיתחייב בכה"ג א"כ היכי פשיט מינה ועוד דלמאי משמע ליה טפי בהאי דזורק ארבע אמות בכותל דהוו מלומלמות משאר ארבע אמות השנויות בכל הש"ס ונראה לר"י דמיירי הכא שזרק חוץ לארבע אמות כמו בכל מקום והכי פריך והא קא ממעט מד' אמות שמקום הדבילה נתבטלה מתורת רשות הרבים שבטל לכותל והרי הוא ככותל עב ולא הוי עוד על גביו רשות הרבים ואם זרק מחט או קוץ ד' אמות ונח על הדבילה או נתקע בתוכו היה פטור דהרי מקום הדבילה נתמעט מדין רשות הרבים ואפ"ה חייב הואיל ובתחילת הזריקה עד קודם הנחה היה שם רה"ר עליו והנחה ומיעוט רה"ר בהדי הדדי קא אתו והכא נמי הוה לן למימר הנחה וסילוק מחילה בהדי הדדי קאתו ומשני התם לא מבטלי ולהכי לא מבטל רה"ר: זרק דף כו' הנחת חפץ ועשיית מחיצה כו'. וא"ת אפילו ליכא בקיעת גדיים היכי חשוב לשויה תחתיו רה"י מ"ש מטרסקל ועמוד ברה"ר גבוה י' ורחב ד' ואין בעיקרו ד' דאמרינן (לקמן דף קא.) זרק ונח על גביו חייב משמע דוקא על גביו אבל תחתיו לא ואומר ר"י כגון שיש שתי מחילות של יתידות ובשלישית אמרינן פי תקרת דף יורד וסותם:

עין משפט נר מצוה

טו א ב מיי' פי"ד מהל' שבת הלכה ג וכ' סמג לאוין סה טוש"ע א"ח סי' שמה סעיף ג:
טז ג מיי' שם הל' כ:
יז ד שם הלכה כא:
יח ה מיי' פי"ג מהל' שבת הלכה ד ופ"ח מהל' טומאת אוכלין הלכה ג:

רבינו חננאל

בלי גזיזה היו טוות אותן כדאמרי' (לעיל ד' ע"ד) הטוה מע"ג בהמה בשבת וטויה בענין הזה צריכה חכמה יתירה: שתי גזוזטראות שתיהן רה"י הן כל אחת רשות לעצמה ורה"ר ביניהן. המושיט והזורק מזו לזו בתוך י"ט לדברי חכמים פטור אבל אסור וזה על עיקר משנתנו ששנינו מרה"י לרה"י ורה"ר באמצע ר' עקיבא מחייב וחכמים פוטרין אבל המושיט [והזורק] למעל' מעשרה אם היו שתיהן שלו ואין אחת גבוה מן האחרת אלא שתיהן מכוונות זו כנגד זו כבר פירשתי למעלה שמותר להושיט ולזרוק מזו לזו ואם אינן שתיהן שלו אסור להושיט ולזרוק מזו לזו משום [דלא ערבו] ואם חדא מידליא וחדא מיתתא אסור משום גזירה ואם היו הגזוזטראות הללו עומדות למעלה מעשרה ברה"ר מכוונות להיותן דיוטא אחת ורשות אחת כיצד שמרכיבין נסר מזו לזו ע"ג רה"ר רחבה ד' טפחים כדי להיותן דיוטא אחת ורשות אחת אם עשה כן מבעי' הרי הן כרשות אחת ומותר לטלטל מזו לזו ע"ג הנסר המתוח מזו לזו ע"ג רה"ר ותנן בעירובין (דף עח) חריץ שהוא עמוק י' ורחב ד' ונתן עליו נסר שרחב ד' טפחים וכן ב' גזוזטראות זו כנגד זו מערבין אחת ואין מערבין שתים פחות מד' מערבין שנים ואין מערבין אחד השתא אם הגזוזטראות הללו הן למעלה מעשרה וניתן עליהן נסר רחב ד"ט מבעוד יום מותר לטלטל מזו לזו שנעשו שתיהן רשות אחת אבל אם קדש [היום] ולא חוברו אסור להושיט מזו לזו בין נסר בין זולתי נסר אסור להושיט אחר שקידש היום והמושיט חייב הוא שכך היו עגלות במדבר היו ב' עגלות זו בצד זו ברה"ר והיו [מושיטין] קרשים ומציבין קרש על ב' עגלות ראשו (זה על זה) [האחד על זו וראשו השני על זו] כנסר שפירשנו עניינו למעלה והוו היו שתיהן בדיוטא אחת המושיט מזו לזו חייב שכן היה דרך הלוים שהיו מושיטין הקרשים מזו לזו זו היא מלאכתן ולפיכך העושה כן בשבת חייב: ירושל' ולא היו זורקין תני בר קפרא כדי שלא לנהוג בזיון בקדשים לפיכך הזורק מזו לזו פטור אבל אסור. וראוי לעמוד בפירוש זה להזהר בו כי עמוק הוא ועלה אמר רב משום ר' חייא עגלות תחתיהן וביניהן וצידיהן רה"ר. אמר אביי בין עגלה לעגלה כמלוא רחב עגלה וכמה אורך עגלה ה' אמות ואקשינן אמאי כיון דג' קרשים מניחין בעגלה בדרא תתאה ועל גבה מניחין אחרים ועולין וכל קרש רחבו אמה וחצי די לעגלה ארכה ד' אמות וחצי כדי שיעור הנחת ג' קרשים ופרקינן הרויח להן חצי אמה כי היכי דלא נידחקו קרשים. אמר רבא וצידי עגלות ב' אמות ומחצה כמלא רחב עגלה ואקשינן למה לי כוליה האי הלא אורך הקרשים מוטלין לרוחב עגלה קצה הקרש בעגלה זו ב' אמות ומחצה וקצתו השני של קרש זה מוטל על העגלה אחרת ב' אמות ומחצה ובין ב' העגלות ה' אמות אמצעיים הקרש תלוי ביניהן אפילו אמה אחת ומחצה מן הקצה שלו מכאן בעגלה וכן מן הקצה השני דיו למה ה' אמות בפחות מהכי סגי ושנינן כי היכי דלא לידדו קרשים פי' אם הן שתי אמות ומחצה מיכן מוטלין בעגלה אפשר שישמט וירד הקרש ולא יכון נמצא שיעור רוחב העגלה ב' אמות ומחצה וצידה ב' אמות ומחצה כשיעור עגלה וכן בצידה השני נמצא שיעור העגלה וב' צדדיה ז' אמות ומחצה וכשהיו מהלכים במדבר קרשי המשכן היו מוטלין מעגלה זו לעגלה זו והיו הקרשים מוטלין רוחב הקרשים לאורך העגלות נמצאו שיעור העגלות כשטעונות קרשי המשכן ומהלכות מתפשטות בדרך ט"ו אמה (דו זו) תחתיהן וביניהן וצידיהן. ואקשינן אלא הא דקיי"ל דרך רה"ר ט"ז אמה וכדתנן בפרק המוכר פירות לחבירו ובפרק הכונס צאן לדיר וגמרינן לה ממשכן ממהלך העגלות העגלות הנה אינם אלא ט"ו אמה ומשנינן הוה תמן בעגלות אמתא אחריתי פלגא דאמתא מהאי גיסא ופלגא דאמתא דהאי גיסא דהוה קאי בן לוי התם למחזי דאי משלפי קרשים נקיט בהו ומהדר אטבעי למקומן. וכן בגזוזטראות שמכוונות להיות דיוטא אחת ומושיטין נסרים מזו לזו המושיט חייב והזורק פטור שכך היתה עבודת הלוים: מתני' פי' העפר היוצא מן הבור מניחין אותן סביביו כדי שיהא לו כמעקה ואם החוליא גבוה י' ורחבה ד' הרי היא כרה"י. וכן סלע כיוצא בה ואם נטל מרה"ר ונתן על גבו או נטל מעל גבו והניח ברה"י חייב ואם אינה גבוהה י' או גבוהה י' ואינה רחבה ד' אינה כרה"י והעוקר ממנה ומניח ברה"ר פטור וזה מפורש ביציאות השבת בארבע רשויות לשבת גדר ברה"ר גבוהה י' ורחב ד' זו היא רה"י גמורה אבל מקום שיש לו רחב ד' ואינה גבוהה י' אם [אין] גבוהה מן הארץ ג' טפחים הא קיי"ל דכל פחות משלשה דארעא כארעא קאי ואם גבוהה ג' ורחב ד' ולא הגיע לעשרה ככרמלית וכמקום פטור הוא ואינו לא כרה"ר ולא כרה"י ואסור להוציא מרה"י אליו אבל [אינו] רחב ארבעה מותר לכאן ולכאן ובלבד שלא יחליף דהא תניא אדם עומד על האסקופה נוטל מן העני ונותן לו נוטל מבעה"ב ונותן לו ואמרינן האי אסקופה

פירות

מסורת הש"ס

א) [נ"ל מרבה], ב) [נדה מב. ע"ש פרש"י], ג) כל"ע, ד) [לקמן ק. וש"נ], ה) [לעיל ז: וש"נ], ו) [לעיל ה:], ז) [עירובין צט. לעיל יא.].

הגהות הב"ח

(א) גמ' הנוטל מהן והנותן על גבן:

גליון הש"ס

גמ' בעא מיניה רב מרדכי כו' זורק ונח על גביו. ע' תוס' לעיל ע"ב ד"ה פחות מג': שם ואת"ל כיון דלא הוי מחיצה. ע' לעיל ח ע"א תוד"ה רחבה: שם. רש"י ד"ה מוקף לכרמלי' וכו' אלא בית סאתים. עיין לעיל ז ע"ב וצ"ע:

ליקוטי רש"י

אא"כ הכניס לה ראשו ורובו. דחיישינן שמא ימשך גופו למקום רגליו ויוליא הכלי עמו [עירובין כ:]. שמא יוליא הכלי אליו ונמלא מתחייב חטאת [לעיל יא.]. כולכו ברוקא דהדדי תפיתו. כולכם ממעשם שמועה אחת תפיתו לשון רוק ותבירו בכתובות סוף שני בפרק על פי (דף כט.) [נדה מב.]. כזורק באויר. ופטור דלא נח ברשות הרבים דלאו רשות הרבים הוא למעלה מעשרה וברשות היחיד נמי לא נח שאינו מקום מסוים שיהא רוחב ארבעה שהרי לא נח בראש הכותל אלא בפניו. כזורק בארץ. דאויר רשות הרבים הוא וחייב וכיון שנח ברשות הרבים הוא ונח בכל דהו מחייב ודשותא לנפשיה לא הוי דהא לא כרמלית הוא ולא מקום פטור שיהא גבוה ג' ורחב ד' [לעיל ז:]. והא לא נח. והא לא נפלה לתוך ד' אמות כלמפורש [שם ז:].

The Gemara asks:

אִי אֶפְשָׁר דְּלָא מִדַּלְיָא מַחַט נַמִּי – But **even** in the case of **a needle,** פּוּרְתָּא – **it is impossible that it was not lifted slightly** into the exempt airspace before reaching the top of the rock![10] – ? –

Rav Mordechai's response is clarified:

דְּאִית לֵיהּ מוּרְשָׁא – The Mishnah refers to **where [the rock] has a** small **protrusion** just below ten *tefachim.* This insignificant protrusion, too, assumes the private-domain status of the top surface,[11] and the needle can come to rest on it without ever entering the exempt airspace above the public domain. אִי נַמִּי דְּרַמְיָא בַּחֲרִיצָה – **Alternatively,** the Mishnah refers to **where [the needle] sits in a crevice** on top of the rock, which it entered without ever entering the exempt airspace above ten *tefachim.*[12]

The Gemara discusses yet another case of transferring from a public domain to a private domain:

אָמַר רַב מְיָשָׁא – **Rav Meyasha said:** בָּעֵי רַבִּי יוֹחָנָן – **R' Yochanan inquired:** כּוֹתֶל בִּרְשׁוּת הָרַבִּים – If there is **a wall in the public domain** גָּבוֹהַּ עֲשָׂרָה וְאֵינוֹ רָחָב אַרְבָּעָ[ה] – **that is ten** *tefachim* **high but is not four** *tefachim* **wide,** וּמוּקָּף לְכַרְמְלִית וַעֲשָׂאוֹ רְשׁוּת הַיָּחִיד – **and it surrounds a** *karmelis* **and** thus **makes it a private domain,**[13] וְזָרַק וְנָח עַל גַּבָּיו – **and someone** standing in the public domain **threw** an object **and it landed on top of [the wall],** מַהוּ – **what is [the law]?** מִי אַמְרִינַן כֵּיוָן דְּאֵינוֹ רָחָב אַרְבָּעָ[ה] – **Do we say** that **since [the wall] is not four** *tefachim* **wide,** מְקוֹם פְּטוּר הוּא – **it is an exempt area** at its top, and the person is not liable? אוֹ דִילְמָא – **Or** do we say, **perhaps,** that כֵּיוָן דַּעֲשָׂאוֹ רְשׁוּת הַיָּחִיד – **since [the wall] made [the** *karmelis*] which it enclosed **a private domain,** כְּמַאן דְּמַלְיָא דָּמְיָא – **it is as though** the enclosed area **is filled up** to the top of the wall, making the top of the wall a mere extension of the four-*tefachim* by four-*tefachim* "surface" adjacent to it on the inside, and the thrower is liable?[14]

אָמַר עוּלָּא – **Ulla said:** קַל וָחוֹמֶר – This inquiry may be resolved through application of the following *kal vachomer*: לַאֲחֵרִים עוֹשֶׂה מְחִיצָה – If **[the wall] forms a partition for other areas,** לְעַצְמוֹ לֹא כָּל שֶׁכֵּן – **shall it not certainly** do so **for itself** as well?![15]

Ulla's argument is echoed by other Amoraim:

אִיתְּמַר נַמִּי – **It was stated as well:** אָמַר רַבִּי חִיָּיא בַּר אַשִׁי אָמַר רַב – **R' Chiya bar Ashi said in the name of Rav,** וְכֵן אָמַר רַבִּי יִצְחָק אָמַר רַבִּי יוֹחָנָן – **and so did R' Yitzchak say in the name of R' Yochanan** himself:[16] כּוֹתֶל בִּרְשׁוּת הָרַבִּים גָּבוֹהַּ עֲשָׂרָה וְאֵינוֹ רָחָב אַרְבָּעָ[ה] – If there is **a wall in the public domain** that is **ten** *tefachim* **high but not four** *tefachim* **wide,** וּמוּקָּף לְכַרְמְלִית וַעֲשָׂאוֹ רְשׁוּת הַיָּחִיד – **and it surrounds a** *karmelis* and thus **makes [the** *karmelis*] **a private domain,** הַזּוֹרֵק וְנָח עַל גַּבָּיו חַיָּיב – then **someone** standing in the public domain **who throws** an object **and** it **lands on top of [the wall] is liable.** לַאֲחֵרִים עוֹשֶׂה מְחִיצָה – For **if it forms a partition for other areas,** לְעַצְמוֹ לֹא כָּל שֶׁכֵּן – **shall it not certainly** do so **for itself** as well?![17]

The Gemara presents another inquiry:

בָּעֵי רַבִּי יוֹחָנָן – **R' Yochanan inquired:** בּוֹר תִּשְׁעָה – If there is in the public domain **a pit nine** *tefachim* deep (and four *tefachim* wide) וְעָקַר מִמֶּנָּה חוּלְיָא – **and one lifted a segment of earth** a *tefach* high from the pit's bottom, וְהִשְׁלִימָהּ לַעֲשָׂרָה – **and** thereby **filled out** the depth of **[the pit]** to the requisite **ten** *tefachim,*[18] and placed that earth in the public domain, מַהוּ – **what is [the law]?** עֲקִירַת חֵפֶץ וַעֲשִׂיַּית מְחִיצָה בַּהֲדֵי הֲדָדֵי קָאָתוּ – In this case, **the lifting of the object and the formation of the partition** that makes the area a private domain **occur simultaneously,** וּמִיחַיֵּיב אוֹ לֹא מִיחַיֵּיב – **and** the question is: **Is he liable or not liable?** Do we view it as if the earth was lifted from a private domain or not?[19]

NOTES

10. [Granted that such entry is negligible, but it is entry nonetheless.]

11. The law is that "a crevice in [the wall of] a private domain" (חוֹרֵי רְשׁוּת הַיָּחִיד) that is accessible to a person standing in the private domain has the status of a private domain, even though it lacks the necessary dimensions of a private domain (see above, 7b). For we consider the crevice, which is insignificant on its own, to be an extension of the main body of the private domain.

Here, too, if the rock (which is a private domain) has an insignificant ledge protruding from its side below a height of ten *tefachim,* that ledge assumes private-domain status as well, since it is subordinate to the private domain (see *Rashi*).

12. That is, perhaps the needle made its way onto the top of the rock not through the airspace above the top of the rock, but rather via a crevice in the rock, so that it never entered exempt airspace ten *tefachim* above the public domain (see *Rashi*).

[The Rishonim note, however, that Rav Mordechai's deflection of the proof from our Mishnah is forced, and that the halachah follows all the Amoraim to whom the inquiry was submitted, who considered our Mishnah clear proof that one is liable in Rav Mordechai's case (*Ritva MHK* ed.; see also *Meiri*).]

13. That is, there was a *karmelis* adjoining a *reshus harabim,* and one built a thin wall around the *karmelis* (the wall abuts the *reshus harabim* on at least one side), thereby transforming the *karmelis* into a *reshus hayachid* (*Rashi*; cf. *Rashba, Ran MHK* ed., and *Chidushei HaRan*). The new enclosure is now a *reshus hayachid,* provided that it was enclosed for residential purposes or the enclosure encompasses no more than two *beis se'ah* [see Gemara above, beginning of 7a] (*Rashi*; see end of next note).

14. In other words, does the fact that the wall encloses a *reshus hayachid* automatically give its top the status of a *reshus hayachid* even though that top is not itself four *tefachim* wide? [The top of the wall cannot be deemed a *reshus hayachid* by virtue of its being like "a crevice in [the wall of] a private domain" (see above, note 11), since the top of the wall is not considered sufficiently accessible for use by people standing in the *reshus hayachid* (*Tosafos*).]

R' Yochanan's specifies that the wall surrounds "a *karmelis,*" because his uncertainty regards only that case, where the wall does not effect so radical a transformation to the area it encloses. But where the wall surrounds what had hitherto been a *reshus harabim,* and has thus effected a radical change in the status of the enclosed area, R' Yochanan realized that the narrow top of the wall would be deemed a *reshus hayachid* as well, by virtue of the argument (see Gemara below) that if the wall serves to transform the *reshus harabim* into a *reshus hayachid,* it certainly serves to do so for its top as well (*Tosafos*; see *Tos. Rid*; cf. *Meiri*).

[Since the issue here is of a Biblical nature (does the top of the wall assume the status of a *reshus hayachid* with regard to *chatas* liability), *R' Akiva Eiger* is puzzled by *Rashi's* introduction of the conditions of "enclosure for residential purposes" or "less than two *beis se'ah*"), which do not affect the status of an enclosure on the Biblical level (see *Rashi* to beginning of 7a). See, however, *Chidushei Chasam Sofer* here.]

15. [Thus, Ulla resolves the inquiry through application of a new line of reasoning not considered by R' Yochanan in his inquiry (see, however, *Taz, Orach Chaim* 345:2).]

According to *Tosafos,* this argument is valid only where the wall is ten *tefachim* high in its own right. But in the case of the bank around a pit (end of 99a), where the bank is deemed a partition only by virtue of its combining with the depth of the pit, the top of the bank would *not* be deemed a *reshus hayachid* by virtue of this argument. (See, however, the view of other Rishonim, cited in note 19 to 99a.)

16. [R' Yochanan was the one who posed the inquiry, which he now resolves in the same way Ulla did.]

17. See *Chidushei R' Chaim* to *Rambam, Hil. Shabbos* 14:1, who elaborates on this *sugya.*

18. Thereby rendering the pit a private domain.

19. Although the pit was not a private domain before the earth was lifted from it, can we hold him liable because the pit became a private domain as he lifted the earth from it? (*Rashi*). [Is simultaneity sufficient for purposes of liability, or do we require that the pit have the status of a private domain *before* the earth is lifted from it? Cf. *Ritva MHK* ed.]

[The inquiry involves a case in which there is no liability for

עין משפט
נר מצוה

טו א ב מיי' פי"ד מהל' שבת הלכה ג וכ' סמג לאוין סה טוש"ע א"ח סי' שמה סעיף ג:
טז ג מיי' שם הל' כ:
יז ד שם הלכה כא:
יח ה מיי' פי"ג מהל' שבת הלכה ד ופ"ח מהל' טומאת אוכלין הלכה ג:

אלא אם כן עשו לה מחיצה גבוה י' טפחים ואין שותין הימנה בשבת אא"כ הכניס לה ראשו ורובו וחוליתה מצטרפין לעשרה: **גמ'** בעא מיניה רב מרדכי [א] מרבא עמוד ברה"ר גבוה י' ורחב ד' [ב] וזרק ונח על גביו מהו מי אמרינן הרי עקירה באיסור הרי הנחה באיסור או דילמא כיון דממקום פטור קאתיא לא א"ל מתניתין היא אתא שייליה לרב יוסף א"ל מתניתין היא אתא שייליה לאביי א"ל מתני' היא אמר להו [ג] כולכו ברוקא דהדדי תפיתו א"ל ואת לא תסברא והתנן הנוטל מהן (א) ונותן על גבן חייב א"ל דילמא מתני' במחט נמי א"א דלא מדליא פורתא דאית ליה מורשא א"נ דרמיא בחריצה אמר רב מישא בעי רבי יוחנן כותל ברה"ר גבוה י' ואינו רחב ארבע ומוקף לכרמלית ועשאו רה"י וזרק ונח על גביו מהו מי אמרינן כיון דאינו רחב ד' מקום פטור הוא או דילמא כיון דעשאו רה"י כמאן דמלי דמיא אמר עולא [ד] קל וחומר לאחרים עושה מחיצה לעצמו לא כ"ש איתמר נמי א"ר חייא בר אשי אמר רב וכן א"ר יצחק א"ר יוחנן כותל ברה"ר גבוה י' ואינו רחב ארבע ומוקף לכרמלית ועשאו רה"י הזורק ונח על גביו חייב לאחרים עושה מחיצה לעצמו לא כ"ש בעי רבי יוחנן בור תשעה ועקר ממנו חוליא והשלימה לעשרה מהו עקירת חפץ ועשיית מחיצה בהדי הדדי קאתו ומיחייב או לא מיחייב [ה] ואם תימצי לומר [ב] כיון דלא הוי מחיצה עשרה מעיקרא לא מיחייב בור י' ונתן לתוכה חוליא ומיעטה מהו הנחת חפץ וסילוק מחיצה בהדי הדדי קאתו [ג] מיחייב או [ו] לא מיחייב תיפשוט ליה מדידיה דתנן [ד] הזורק ארבע אמות בכותל למעלה מעשרה טפחים כזורק באויר למטה מעשרה כזורק בארץ והזורק בארץ ארבע אמות חייב [ה] והוינן בה והא לא נח ואמר רבי יוחנן בדבילה שמינה שנינו ואמאי הא קא ממעט מארבע אמות התם לא מבטל ליה הכא מבטל ליה בעי רבא זרק דף ונח על גבי יתידות מהו מאי קמיבעיא ליה הנחת חפץ ועשיית מחיצה בהדי הדדי קאתו היינו דרבי יוחנן כי קמיבעיא ליה לרבא כגון דזרק דף וחפץ על גביו מאי כיון דבהדי הדדי קאתו [ז] כהנחת חפץ ועשיית מחיצה דמי או דילמא כיון דלא אפשר דלא מידלא פורתא והדר נייח כעשיית מחיצה והנחת חפץ דמי תיקו [ו] אמר רבא [ח] פשיטא לי מים על גבי מים היינו הנחתן אגוז על גבי מים לאו

רש"י

מחיצה י'. שיהא הממלא עומד לפנים מן המחילה וממלא: **ואין שותין הימנה.** לעמוד על שפתה ולשאוב בכלי ולהכניס ראשו לחללה ולשתות כדתנן (לקמן [ז]) לא יעמוד אדם ברה"ר וישתה ברה"י שמא ימשוך הכלי אצלו: **אלא אם כן הכנים ראשו ורובו.** למקום שהוא שותה: **הרי עקירה באיסור.** מרה"ר: **הרי הנחה באיסור.** ברה"י: **ממקום פטור קאתיא.** שאי אפשר שלא הגביה תחילה למעלה מן העמוד שהוא מקום פטור שאינו אויר רה"ר ואויר רה"י נמי לא הוי דכי אמרינן רה"י עולה עד לרקיע ה"מ כנגד רה"י אבל האי מקמי דלימטי לאויר עמוד אגבהיה למעלה מעשרה: **מתניתין היא.** הנוטל מהן והנותן על גבן חייב: **ברוקא דהדדי תפיתו.** כולכם רוק אחד אתם רוקקים: **ואת לא תסברא.** דמתני' היא: **במחט.** דאינה גבוהה: **דאית לה.** לסלע מורשא נמוך מי' וכיון דכולה גבוהה י' בר מההיא מורשא ואיהו לא הוי מקום חשוב הוי ליה חורי רשות היחיד: **אי נמי דרמיא.** מחט בחריץ שבסלע שבראשו ולא נפל מלמעלה מי' אלא לתוך י': **מוקף לכרמלית.** בכותל זה הקיפו בקעה שהיתה כרמלית ועל ידו נעשית רה"י כגון שהוקף לדירה או לא הקיפו בו ° אלא בית סאתים: **וזרק.** מרה"ר ונח על ראשו מהו: **או דילמא כיון.** דכותל זה עשאה לכרמלית זו רה"י: **כמאן דמלי דמיא.** והוי אגל ראשו כארעא סמיכתא כל החלל: **לאחרים.** כל החלל עשאו רה"י: **לעצמו לא כל שכן.** ראש הכותל: **ועקר ממנה חוליא.** והניחו ברה"ר מי מיחייב אע"ג דמקמי עקירה לאו רה"י הוה בשעת עקירה מיהא רה"י הוה: **וסילוק מחיצה.** בהנחה זו נסתלקה מחילת הבור שנתמעטה מעשרה מי מהני האי מיעוטא למיפטריה או לא: **בדבילה שמינה.** שנדבק בפני הכותל: **ואמאי.** מיחייב הא מתני' ד' אמות קתני ואפילו מצומצמות וכי נח בפני הכותל נתמעט הזריקה מד' אמות כדי מקום הדבילה וקתני חייב כיון דמעיקרא ד' אמות הוה: **התם לא מיבטיל ליה.** דבילה הלכך לאו מיעוט הוא: **על גבי יתידות.** דקות שהיו גבוהות י' ואין רחבות ד' ודף זה רחב ד' עשאו רשות היחיד: **מהו.** להתחייב בזריקה זו: **וחפץ על גביו.** ואם תימצי לומר הוא אם תימצי לומר כר' יוחנן להנחת חפץ ועשיית מחילה בהדי הדדי לא מיחייב הכא ודאי אדף לא מיחייב מיהו אחפץ מהו לחיובי: **דלא אפשר דלא מידלי.** החפץ מעל הדף בשעת הנחת הדף והדר נייח: **כעשיית מחיצה.** ברישא והדר הנחת החפץ דמי וחייב דבשעת הנחתו כבר נעשה דף רה"י: **היינו הנחתן.** ואם נטל מקלתן והוציא הוה עקירה: לאו

תוספות

אלא אם כן עשו לה מחיצה גבוה י' טפחים. אבל פסין לא מהני אלא בבאר מים חיים או בור הרבים כדתנן בפרק עושין פסין (עירובין דף כב:) אבל בור היחיד עושין לו מחיצה כו' ודווקא עמוק י' ורוחב ארבע דהוי רה"י אבל פחות מיכן דהוי כרמלית לא החמירו כל כך ומשתרי שפיר בפסין.

הרב פור"ת: **או** דילמא כיון דממקום פטור קא אתיא לא. ואם תאמר ומאי קמיבעיא ליה תיפשוט מדתניא בפ"ק (דף ו.) המוציא מחנות לפלטיא דרך סטיו חייב ואחד המושיט ואחד הזורק חייב ואמרינן לעיל (דף ה.) המוציא משוי למעלה מעשרה חייב ומפרש הרב פור"ת דדוקא כשפסק כמו במקום פטור קמיבעיא ליה כגון שזורק למעלה מי' כנגד אויר רה"ר וילך האבן באלכסון ונחה על העמוד דירידה זו אינו מכחו הראשון אלא כח כמו היא וכיון דממקום פטור קא אתיא יש הפסק בין עקירה ראשונה להנחה אבל אם זרק ממש כנגד העמוד שלא הלכה באלכסון כלל אלא הלכה מכחו עד העמוד ודאי חייב ודווקא בזורק מבעיא ליה כדפי' אבל מוליא ומכניס פשיטא ליה דחייב והא דמייתי ראיה מהנוטל והנותן ע"ג חייב היינו משום דמשמע ליה דמיירי בכל ענין בין בזורק בין במושיט כדתניא ברישא הזורק פטור והמושיט חייב והשתא לא דמי למוציא מחנות לפלטיא דרך סטיו דהתם מכחו בא לרה"ר:

ומוקף לכרמלית ועשאו רה"י. אומר ר"י דמשמע דדוקא מוקף לכרמלית דכיון דמוקף לכרמלית אין כ"כ סברא שיעשה רה"י מטעם דלאחרים עושה מחיצה אבל מוקפת לרה"ר ועשאו רה"י פשיטא לעצמו נמי מהני ומשום חורי רה"י ליכא לחיוביה כמו דמיה בחריבה לעיל דלא ניחא תשמישתיה לבני רה"י כולי האי על הכותל: **לאחרים** עושה מחיצה כו'. גבי מוליא דבור לא שייך למימר הכי ליחייב המשתמש מרה"ר על גבה כיון שאין החוליא עצמו גבוה י': **ואמאי** והא קא ממעט מארבע אמות. פירש בקונטרס דמשמע ליה דמיירי אפילו בד' אמות מצומצמות שעובי הדבילה ממעט מד' אמות וקשה לר"י דבענין זה אין נראה שיתחייב כיון שאינגדו בפנים כמו מוליא חצי קופה לרה"ר דאינו חייב עד שיוציאנה כולה לחוץ דאינו אם זרק אדם רומח וכל דבר ארוך כל שהוא יתחייב כיון שראשו אחד יצא חוץ לד' אמות ואם בזורק ד' אמות הכי גמירי לה שיתחייב בכה"ג א"כ היכי פשיט מינה ועוד דלהאי משמע ליה טפי בהאי דזרק ארבע אמות בכותל דהוו מצומצמות משאר ארבע אמות השנויות בכל הש"ס ונראה לר"י דמיירי הכא שזורק חוץ לארבע אמות כמו בכל מקום והכי פריך והא קא ממעט מד' אמות שמקום הדבילה נתבטלה מתורת רשות הרבים שבטל לכותל והרי הוא ככותל עב ולא הוי עוד על גביו רשות הרבים ואם זרק מחט או קוץ ד' אמות ונח על הדבילה או נתקע בתוכו היה פטור דהרי מקום הדבילה נתמעט מדין רשות הרבים ואפ"ה חייב הואיל ובתחילת הזריקה עד קודם הנחה היה שם רה"ר עליו והנחה ומיעוט רה"ר בהדי הדדי קא אתו והכא נמי הוה לן למימר הנחה וסילוק מחילה בהדי הדדי קאתו ומשני התם לא מבטלי ולהכי לא מבטל רה"ר: **זרק** דף כו' הנחת חפץ ועשיית מחיצה כו'. וא"ת אפילו ליכא בקיעת גדיים היכי חשוב לשוייה תחתיו רה"י מ"ש מטרסקל ועמוד ברה"ר גבוה י' ורחב ד' ואין בעיקרו ד' דאמרינן (לקמן דף קא.) זרק ונח על גביו חייב משמע דוקא על גביו אבל תחתיו לא ואומר ר"י כגון שיש שתי מחילות של יתידות ובשלישית אמרינן פי תקרת דף יורד וסותם:

רבינו חננאל

בלי גזיזה היו טוות אותן כדאמרי' (לעיל ד' ע"ד) הטוה מע"ג בהמה בשבת וטויה בענין הזה צריכה חכמה יתירה: **שתי** גזוזטראות שתיהן רה"י הן כל אחת רשות לעצמה ורה"ר ביניהן. המושיט והזורק מזו לזו בתוך י"ט לדברי חכמים פטור אבל אסור וזה על עיקר משנתנו ששנינו מרה"י לרה"י ורה"ר באמצע ר' עקיבא מחייב וחכמים פוטרין אבל המושיט [והזורק] למעל' מעשרה אם היו שתיהן שלו ואין אחת גבוה מן האחרת אלא שתיהן מכוונות זו כנגד זו כבר פירשתי למעלה שמותר להושיט ולזרוק מזו לזו ואם אינן שתיהן שלו אסור להושיט ולזרוק מזו לזו משום [דלא ערבו] ואם חדא מידליא וחדא מיתתא אסור משום גזירה ואם היו הגזוזטראות הללו עומדות למעלה מעשרה ברה"ר מכונות להיותן דיוטא אחת ורשות אחת כיצד שמרכיבין נסר מזו לזו ע"ג רה"ר רחבה ד' טפחים כדי להיותן דיוטא אחת ורשות אחת אם עשה כן מבעו"י הרי הן כרשות אחת ומותר לטלטל מזו לזו ע"ג הנסר המתוח מזו לזו ע"ג רה"ר ותנן בעירובין (דף עח) חריץ שהוא עמוק י' ורחב ד' ונתן עליו נסר שרחב ד' טפחים וכן ב' גזוזטראות זו כנגד זו מערבין אחת ואין מערבין שתים פחות מד' מערבין שנים ואין מערבין אחד השתא אם הגזוזטראות הללו הן למעלה מעשרה וניתן עליהן נסר רחב ד"ט מבעוד יום מותר לטלטל מזו לזו שנעשו שתיהן רשות אחת אבל אם קדש [היום] ולא חוברו אסור להושיט מזו לזו בין נסר בין זולתי נסר אסור להושיט אחר שקידש היום והמושיט חייב הוא שכן היו עגלות במדבר היו ב' עגלות זו בצד זו ברה"ר והיו [מושיטין] קרשים ומציבין קרש על ב' עגלות ראשו (זה על זה) [האחד על זו וראשו השני על זו] כנסר שפירשנו ענינו למעלה וזהו היו שתיהן בדיוטא אחת המושיט מזו לזו חייב שכן היה דרך הלוים שהיו מושיטין הקרשים מזו לזו זו היא מלאכתן ולפיכך העושה כן בשבת חייב: **ירושל'** ולא היו זורקין תני בר קפרא כדי שלא לנהוג בזיון בקדשים לפיכך הזורק מזו לזו פטור אבל אסור. וראוי לעמוד בפירוש זה להזהר בו כי עמוק הוא ועלה אמר רב משום ר' חייא עגלות תחתיהן וביניהן וצידיהן רה"ר. אמר אביי בין עגלה לעגלה כמלוא רחב עגלה וכמה אורך עגלה ה' אמות ואקשינן אמאי כיון דג' קרשים מניחין בעגלה בדרא תתאה ועל גבה מניחין אחרים ועולין וכל קרש רחבו אמה וחצי די לעגלה ארכה ד' אמות וחצי כדי שיעור הנחת ג' קרשים ופרקינן הרויח להן חצי אמה כדי שלא יהיו נדחקים קרשים. אמר רבא וצידי עגלות ב' אמות ומחצה כמלא רחב עגלה ואקשינן למה לי כוליה האי הלא אורך הקרשים מוטלין לרוחב עגלה קצה הקרש בעגלה זו ב' אמות ומחצה וקצתו השני של קרש זה מוטל על העגלה אחרת ב' העגלות ב' אמות אמצעיים הקרש תלוי ביניהן אפילו אמה אחת ומחצה מן הקצה שלו מכאן בעגלה וכן מן הקצה השני דיו למה ה' אמות בפחות מהכי סגי ושנינן כי היכי דלא לידדו קרשים פי' אם הן שתי אמות ומחצה מיכן מוטלין בעגלה אפשר שישמט וירד הקרש ולא יכון נמצא שיעור רוחב העגלה ב' אמות ומחצה וצידה ב' אמות ומחצה כשיעור עגלה וכן בצידה השני נמצא שיעור העגלה וב' צדדיה ז' אמות ומחצה וכשהיו מהלכים במדבר היו מוטלין מעגלה זו לעגלה זו והיו הקרשים מוטלין רוחב הקרשים לאורך העגלות נמצאו שיעור העגלות כשטעונות קרשי המשכן ומהלכות מתפשטות בדרך ט"ו אמה (דו זו) תחתיהן וביניהן וצידיהן. ואקשינן אלא הא דקיי"ל דרך ... חבירו ובפרק הכונס צאן לדיר וגמרינן לה ממשכן ממהלך העגלות העגלות הנה אינם אלא ט"ו אמה ומשנינן הוה תמן בעגלות אמתא אחריתי פלגא דאמתא מהאי גיסא ופלגא דאמתא דהאי גיסא דהוה קאי ... משלפי קרשים נקיט בהו ומהדר אטבעי למקומן. וכן בגזוזטראות שמכוונות להיות דיוטא אחת ומושיטין נסרים מזו לזו המושיט חייב והזורק פטור שכך היתה עבודת הלוים: **מתני'** חולית הבור. פי' העפר היוצא מן הבור מניחין לו כמעקה ואם החוליא גבוה י' ורחבה ד' הרי היא כרה"י. וכן סלע כיוצא בה ואם נטל מעל גבו או נטל מעל גבו והניח ברה"י חייב ואם אינה גבוהה י' או גבוהה י' ואינה רחבה ד' אינה כרה"י והעוקר ממנה ומניח ב... ביציאות השבת כארבע רשויות לשבת גדר ברה"ר גבוהה י' ורחב ד' זו היא רה"י גמורה אבל מקום שיש לו רחב ד' ואינה גבוהה י' אם [אין] גבוהה מן הארץ ג' טפחים הא קיי"ל דכל פחות משלשה דארעא כארעא קאי ואם גבוהה ג' ולא הגיע לעשרה כרמלית וכמקום פטור הוא ואינו לא כרה"י ולא כרה"ר ... אבל [אינו] רחב ארבעה מותר לכאן ולכאן ובלבד שלא יחליף דהא תניא אדם עומד על האסקופה נוטל מן העני ונותן לו ואמרינן לו ... אסקופה

א) [ג"ל מרבה], ב) [נדה מב. ע"ש פרש"י], ג) כל"ל, ד) [לקמן ק. וש"נ], ה) [לעיל ה: וש"נ], ו) לעיל ה:, ז) [עירובין לג. לעיל יא.].

הגהות הב"ח

(א) גמ' הנוטל מהן והנותן על גבן:

גליון הש"ס

גמ' בעא מיניה רב מרדכי כו' זורק ונח על גביו. עי' סוכה ד ע"ב תד"ה פחות מג': שם ואת"ל כיון דלא הוי מחיצה. עי' לעיל ח ע"א תוד"ה רחבה: שם רש"י ד"ה מוקף לכרמלי' וכו' אלא בית סאתים. עיין לעיל ז ע"א וצ"ע:

ליקוטי רש"י

אא"כ הכניס לה ראשו ורובו. דחיישינן שמא ימשך גופו למקום רגליו ויוליא הכלי עמו [עירובין כ.]. שמא יוליא הכלי אליו ונמצא מתחייב חטאת [לעיל יא.]. כולכו ברוקא דהדדי תפיתו. כולכם שמעתם שמועה אחת מפיהו כלשון רוק ונביכו בכתובות תוך שדי בפרק שני על פי (דף כח:) [נדה מב.]. כזורק באויר. ופטור דלא נח ברשות הרבים דאין רשות הרבים למעלה מעשרה וברשות היחיד נמי לא נח שאינו מקום מסוים שיהא רחבו ארבעה שהרי לא אמרו אלא בפניו. כזורק בארץ. דאויר רשות הרבים הוא וחייב וכיון דאויר רשות הרבים הוא ולא נח ... ואמאי. מיחייב הא מתני' ד' אמות קתני ואפילו מצומצמות וכי נח בפני הכותל נתמעט הזריקה מד' אמות ... התם לא מבטל ליה ... [שם ז:]. וכי אמר למטה מי' ... והא לא נח ... [שם].

פירות

R' Yochanan takes his inquiry a step further:

וְאִם תִּמְצֵי לוֹמַר כֵּיוָן דְּלָא הָוֵי מְחִיצָה עֲשָׂרָה מֵעִיקָּרָא – **And if you conclude and say** that **since there was no partition of ten** *tefachim* **initially** when he began to lift the dirt from the bottom of the pit, לֹא מִיחַיֵּיב – **he is not liable,** בּוֹר עֲשָׂרָה – I could still inquire about the following case: If there is in the public domain a **pit ten** *tefachim* deep and four *tefachim* wide (which is a private domain), וְנָתַן לְתוֹכָהּ חוּלְיָא – **and one placed a segment of earth** from the public domain **into it** וּמִיעֲטָהּ – **and thereby reduced** the depth of **[the pit]** to less than ten *tefachim,* so that it is no longer a private domain, מַהוּ – **what is [the law]?** הֲנָחַת חֵפֶץ וְסִילּוּק מְחִיצָה בַּהֲדֵי הֲדָדֵי קָאָתוּ – In this case, **the placing of the object and the removal of the partition** that makes the area a private domain **occur simultaneously.** מִיחַיֵּיב אוֹ לֹא מִיחַיֵּיב – **Is he liable or is he not liable?** Do we view it as if the earth was deposited in a private domain or not?[20]

The Gemara seeks to resolve the inquiry:

תִּיפְשׁוֹט לֵיהּ מִדִּידֵיהּ – Why not **resolve it** [R' Yochanan's inquiry] **on the basis of** one of **his own** statements? דִּתְנַן – **For we learned in a Mishnah:**[21] הַזּוֹרֵק אַרְבַּע אַמּוֹת בַּכּוֹתֶל – IF ONE THROWS an object a distance of FOUR *AMOS* in the public domain AGAINST A WALL לְמַעְלָה מֵעֲשָׂרָה טְפָחִים – and it strikes the wall ABOVE TEN *TEFACHIM* from the ground, כְּזוֹרֵק בָּאֲוִיר – IT IS AS THOUGH HE THREW IT IN THE AIR. לְמַטָּה מֵעֲשָׂרָה – If it strikes the wall BELOW TEN *TEFACHIM,* כְּזוֹרֵק בָּאָרֶץ – IT IS AS THOUGH HE THREW IT ON THE GROUND; וְהַזּוֹרֵק בָּאָרֶץ אַרְבַּע אַמּוֹת חַיָּיב – AND ONE WHO THROWS an object so that it lands ON THE GROUND FOUR *AMOS* away in the public domain IS LIABLE. וְהָוֵינַן בָּהּ – **And** when we learned this Mishnah **we asked concerning it:** How can the Mishnah say that if it strikes the wall below ten *tefachim,* it is as if he threw it on the ground? וְהָא לֹא נָח – **But** if it strikes the wall, then **it never came to rest** four *amos* away, for after striking the wall it certainly bounced back and came to rest *within* four *amos* of the thrower![22] וְאָמַר רַבִּי יוֹחָנָן – **And R' Yochanan said** to resolve this problem: בִּדְבֵילָה שְׁמֵינָה שָׁנִינוּ – What **we have learned in the Mishnah concerns** one who throws **a sticky fig-cake,** which adheres to the wall and does not bounce back.[23]

The Gemara now concludes the proof it seeks to adduce from this explanation of R' Yochanan:

וְאַמַּאי – **But why** should he be liable even where the fig-cake *does* stick to the wall? הָא קָא מְמַעֵט מֵאַרְבַּע אַמּוֹת – **Why,** simultaneous with its coming to rest on the wall, **it reduces** the distance from the point of "lifting" to the point of "placing" **to less than four** ***amos*****!**[24] – ? –

The Gemara answers that the two cases cannot be compared:

הָתָם לֹא מְבַטֵּל לֵיהּ – **There,** in the case of the fig-cake, **[the thrower] does not abandon it** to remain on the wall indefinitely.[25] הָכָא מְבַטֵּל לֵיהּ – **Here,** in the case of R' Yochanan's inquiry, however, **[the thrower] abandons [the dirt]** there at the bottom of the pit.[26]

The Gemara presents a similar inquiry:

בָּעֵי רָבָא – **Rava inquired:** זָרַק דַּף וְנָח עַל גַּבֵּי יְתֵידוֹת – **If one** standing in the public domain **threw a board and it came to rest** in the public domain **on top of pegs** that were ten *tefachim* high, thereby creating a private domain, מַהוּ – **what is [the law]?** Since the board now rests in the private domain, is the person liable for depositing it there?[27]

The Gemara asks:

מַאי קָמִיבַּעְיָא לֵיהּ – About **what is [Rava] inquiring?** הֲנָחַת חֵפֶץ וַעֲשִׂיַּית מְחִיצָה בַּהֲדֵי הֲדָדֵי קָאָתוּ – About a case in which **the placing of the object and the formation of the partition occur simultaneously.**[28] הַיְינוּ דְּרַבִּי יוֹחָנָן – Why, **this is** essentially the same as **R' Yochanan's** inquiry![29] – ? –

NOTES

"digging," such as where the earth at the bottom of the pit was already very loose (*Chidushei HaRan*; cf. *Shabbos Shel Mi*).]

20. Does the negation of the pit's status as a private domain at the moment the earth comes to rest in the pit serve to exempt the thrower? (*Rashi*).

R' Yochanan has said that that even if we conclude that simultaneity is not the equivalent of successive occurrence with regard to *akirah* (i.e. if the domain becomes a *reshus hayachid* with the removal of the object from it, it is not deemed as if the object was removed from a *reshus hayachid*), it might be the equivalent of successive occurrence with regard to *hanachah* (i.e. if the domain ceases to be a *reshus hayachid* with the placement of the object in it, it is nonetheless deemed as if the object was placed in a *reshus hayachid*). *Tosafos* (to 8a ד״ה רחבה ששה פטור [ב]) see in this distinction the notion that the *akirah* [which begins the act of transfer] might have to be more significant than the *hanachah* (see also 4b, end of note 7; cf. *Hagahos R' Elazar Moshe Horowitz* here). Thus, whereas simultaneity might be insufficient for liability as regards the *akirah,* it might be sufficient for liability as regards the *hanachah.*

21. Below, 100a.

22. *Rashi* to 7b ד״ה והא. The Mishnah states simply that "one throws four *amos,*" which implies that the Mishnah's rulings hold true even if the thrower stands exactly four *amos* away from the wall (*Rashi*).

23. Thus, the thrower is liable, since he has deposited the fig-cake on a place (i.e. the vertical surface of the wall) that is four *amos* away from the fig-cake's original location in the *reshus harabim.*

The Rishonim ask: How can the thrower be liable if the item did not travel four *amos*? *Ramban* answers that although most of the fig-cake – except for the part stuck to the wall – is still within the original four *amos,* the thrower is liable, because the *place* on which the fig-cake rests is four *amos* away (see also *Ritva MHK* ed., *Ran MHK* ed., and *Maginei Shlomo*; see also *Rashash* to *Tosafos* 8b ד״ה לא).

24. At this point, the Gemara assumes that the fig-cake becomes considered an extension of the wall (just as the earth thrown into the ten-*tefach* pit becomes considered an extension of the pit's base). Now, if the fig-cake was *not* deemed part of the wall, then we would say that the fig-cake has come to rest on the surface of the wall, which is four *amos* away from the original location. But now that the fig-cake is part of the wall, we cannot say that it rests *on* the wall since it *is* the wall. Rather it now rests exactly where it is, which is *less* that four *amos* from the original location. And though this occurs simultaneously with the *hanachah,* the Mishnah rules the thrower liable! Does this not indicate, then, that with regard to *hanachah,* simultaneity can be construed as successive occurrence, and it is viewed as if the object came to rest first and then became part of the wall? Why, then, R' Yochanan's uncertainty with regard to his second inquiry?

25. Since the thrower does not intend to leave the fig-cake on the wall, it is not considered part of the wall and thus does not reduce the four-*amah* distance at all (*Rashi*), even *after* it comes to rest there.

26. R' Yochanan inquired about a case in which the person depositing the segment of earth in the pit intends to leave it there. The earth is then considered part of the pit from the moment it comes to rest in it, and this is what gives rise to R' Yochanan's uncertainty in the matter. [See also *Rambam, Hil. Shabbos* 14:20 with *Maggid Mishneh* there and to 13:3,4.]

27. The pegs were ten *tefachim* high, but less than four *tefachim* wide, so that their surfaces are not a *reshus hayachid* until the board comes to rest on top (see *Rashi*). When the board does come to rest on top, the entire area covered by it becomes a *reshus hayachid* down to the ground, so that the board itself is said to be resting in a *reshus hayachid* (see *Tosafos*; see also *Rashba* and *Chidushei HaRan*).

28. And Rava's question was whether one could be held liable for placing an object down on a private domain which was created simultaneously with the placement of the object.

29. [According to *Tosafos* (cited above in note 20), the meaning here would apparently be that Rava's inquiry – whether simultaneity is sufficient for liability with regard to the *hanachah* – is in essence the same as R' Yochanan's second inquiry (which revolves around precisely the same point). Why, then, does Rava reiterate the same inquiry? Cf. *Ritva MHK* ed. and *Chidushei HaRan.*]

אלא אם כן עשו לה מחיצה גבוה י' טפחים ואין שותין הימנה בשבת אא"כ הכנים לה ראשו ורובו ובור וחוליתה מצטרפין לעשר' בעא מיניה רב מרדכי א) מרבא עמוד ברה"ר גבוה י' ורחב ד' ° וזרק ונח על גביו מהו מי אמרינן הרי עקירה באיסור הרי הנחה באיסור או דילמא כיון דממקום פטור קאתיא לא א"ל מתניתין היא אתא שייליה לרב יוסף א"ל מתניתין היא אתא שייליה לאביי א"ל מתני' היא אמר להו ג) כולכו ברוקא דהדדי תפיתו א"ל ואת לא תסברא והתנן הנוטל מהן (א) ונותן על גבן חייב א"ל דילמא מתני' במחט מחט נמי א"א דלא מדליא פורתא דאית ליה מורשא א"נ דרמיא בחריצה אמר רב מישא בעי רבי יוחנן כותל ברה"ר גבוה י' ואינו רחב ארבע ומוקף לכרמלית ועשאו רה"י וזרק ונח על גביו מהו מי אמרינן כיון דאינו רחב ד' מקום פטור הוא או דילמא כיון דעשאו רה"י כמאן דמלי דמיא אמר עולא קל וחומר לאחרים עושה מחיצה לעצמו לא כ"ש איתמר נמי א"ר חייא בר אשי אמר רב וכן א"ר יצחק א"ר יוחנן כותל ברה"ר גבוה י' ואינו רחב ארבע ומוקף לכרמלית ועשאו רה"י הזורק ונח על גביו חייב לאחרים עושה מחיצה לעצמו לא כ"ש בעי רבי יוחנן בור תשעה ועקר ממנו חוליא והשלימה לעשרה מהו עקירת חפץ ועשיית מחיצה בהדי הדדי קאתו ומיחייב או לא מיחייב ° ואם תימצי לומר ב) כיון דלא הוי מחיצה עשרה מעיקרא לא מיחייב בור י' ונתן לתוכה חוליא ומיעטה מהו הנחת חפץ וסילוק מחיצה בהדי הדדי קאתו ג) מיחייב או ד) לא מיחייב תיפשוט ליה מדידיה דתנן ד) הזורק ארבע אמות בכותל למעלה מעשרה טפחים כזורק באויר למטה מעשרה כזורק בארץ והזורק בארץ ארבע אמות חייב ה) והוינן בה והא לא נח ואמר רבי יוחנן בדבילה שמינה שנינו ואמאי הא קא ממעט מארבע אמות התם לא מבטל ליה הכא מבטל ליה בעי רבא זרק דף ונח על גבי יתידות מהו מאי קמיבעיא ליה הנחת חפץ ועשיית מחיצה בהדי הדדי קאתו היינו דרבי יוחנן כי קמיבעיא ליה לרבא כגון דזרק דף וחפץ על גביו מאי כיון דבהדי הדדי קאתו ו) כהנחת חפץ ועשיית מחיצה דמי או דילמא כיון דלא אפשר דלא מידלא פורתא והדר נייח כעשיית מחיצה והנחת חפץ דמי תיקו ז) אמר רבא ה) פשיטא לי מים על גבי מים היינו הנחתן אגוז על גבי מים לאו

רש"י

מחיצה י'. שיהא הממלא עומד לפנים מן המחילה וממלא: ואין שותין הימנה. לעמוד על שפתה ולשאוב בכלי ולהכניס ראשו לחללה ולשתות כדתנן ז) לא יעמוד אדם ברה"ר וישתה ברה"י שמא ימשוך הכלי אצלו: אלא אם כן הכנים ראשו ורובו. למקום שהוא שותה: הרי עקירה באיסור. מרה"ר: הרי הנחה באיסור. ברה"י: ממקום פטור קאתיא. שאי אפשר שלא הגביה תחילה למעלה מן העמוד שהוא מקום פטור שאינו אויר רה"ר ואויר רה"י נמי לא הוי דכי אמרינן רה"י עולה עד לרקיע ה"מ כנגד רה"י אבל האי מקמי דלימטי לאויר עמוד אגבהיה למעלה מעשרה: מתניתין היא. הנוטל מהן והנותן על גבן חייב: ברוקא דהדדי תפיתו. כולכם רוק אחד אתם רוקקים: ואת לא תסברא. דמתני' היא: במחט. דאינה גבוהה: דאית לה. לסלע מורשא נמוך מי' וכיון דכולה גבוהה י' בר מההיא מורשא ואיהו לא הוי מקום חשוב הוי ליה חורי רשות היחיד: אי נמי דרמיא. מחט בחריץ שבסלע שבראשו ולא נפל מלמעלה מי' אלא לתוך י': מוקף לכרמלית. בכותל זה הקיפו בקעה שהיתה כרמלית ועל ידו נעשית רה"י כגון שהוקף לדירה או לא הקיפו בו ° אלא בית סאתים: וזרק. מרה"ר ונח על ראשו מהו: או דילמא כיון. דכותל זה עשאה לכרמלית זו רה"י: כמאן דמלי דמיא. והוי אגב ראשו כארעא סמיכתא כל החלל: לאחרים. כל החלל עשאו רה"י: לעצמו לא כל שכן. ראש הכותל: ועקר ממנה חוליא. והניחו ברה"ר מי מיחייב אע"ג דמקמי עקירה לאו רה"י הוה בשעת עקירה מיהא רה"י הוה: וסילוק מחיצה. בהנחה זו נסתלקה מחילת הבור שנתמעטה מעשרה מי מהני האי מיעוטא למיפטריה או לא: בדבילה שמינה. שנדבק בפני הכותל: ואמאי. מיחייב הא מתני' ד' אמות קתני ואפילו מצומצמות וכי נח בפני הכותל נתמעט הזריקה מד' אמות כדי מקום הדבילה וקתני חייב כיון דמעיקרא ד' אמות הוה: התם לא מיבטיל ליה. דבילה הלכך לאו מיעוט הוא: על גבי יתידות. דקות שהיו גבוהות י' ואין רחבות ד' ודף זה רחב ד' עשאו רשות היחיד: מהו. להתחייב בזריקה זו: וחפץ על גביו. ואם תימצי לומר הוא אם תימצי לומר כר' יוחנן דהנחת חפץ ועשיית מחילה בהדי הדדי לא מיחייב הכא ודאי אדף לא מיחייב מיהו אחפץ מהו לחיובי: דלא אפשר דלא מידלי. החפץ מעל הדף בשעת הנחת הדף והדר נייח: כעשיית מחיצה. ברישא והדר הנחת החפץ דמי וחייב דבשעת הנחתו כבר נעשה דף רה"י: היינו הנחתן. ואם נטל מקלתן והוליא הוה עקירה: לאו

תוספות

אלא אם כן עשו לה מחיצה גבוה י' טפחים. אבל פסין לא מהני אלא בבאר מים חיים או בור הרבים כדתנן בפרק עושין פסין (עירובין דף כב:) אבל בור היחיד עושין לו מחילה כו' ודווקא עמוק י' ורוחב ארבע דהוי רה"י אבל פחות מיכן דהוי כרמלית לא החמירו כל כך ומשתרי שפיר בפסין.

או דילמא כיון דממקום פטור קא אתיא לא. ואם תאמר ומאי קמיבעיא ליה תיפשוט מדתניא בפ"ק (דף ו.) המוליא מחנות לפלטיא דרך סטיו חייב ואחד המושיט ואחד הזורק חייב ואמרינן לעיל (דף נג.) המוליא משוי למעלה מעשרה חייב ומפרש הרב פור"ת דדוקא כשפסק כחו במקום פטור קמיבעיא ליה כגון שזרק למעלה מי' כנגד אויר רה"ר וירד האבן באלכסון ונחה על העמוד דירידה זו אינו מכחו הראשון אלא כח כחו היא וכיון דממקום פטור קא אתיא יש הפסק בין עקירה ראשונה להנחה אבל אם זרק ממש כנגד העמוד שלא הלכה באלכסון כלל אלא הלכה מכחו עד העמוד ודאי חייב ודווקא בזורק מבעיא ליה כדפי' אבל מוליא ומכניס פשיטא ליה דחייב והא דמייתי ראיה מהנושא והנותן ע"ג חייב היינו משום דמשמע ליה דמיירי בכל ענין בין בזורק בין במושיט כדתניא ברישא הזורק פטור והמושיט חייב והשתא לא דמי למוליא מחנות לפלטיא דרך סטיו דהתם מכחו בא לרה"ר:

ומוקף לכרמלית ועשאו רה"י. אומר ר"י דמשמע דדוקא מוקף לכרמלית דכיון דמוקף לכרמלית אין כ"כ סברא שיעשה רה"י מטעם דלאחרים עושה מחילה אבל מוקפת לרה"ר ועשאו רה"י פשיטא דלעצמו נמי מהני ומשום חורי רה"י ליכא לחיוביה כמו רמיא בחרילא דלעיל דלא ניחא תשמישתיה לבני רה"י כולי האי על הכותל:

לאחרים עושה מחיצה כו'. גבי חוליא דבור לא שייך למימר הכי ליחייב המשתמש מרה"ר על גבה כיון שאין החוליא עצמו גבוה י':

ואמאי והא קא ממעט מארבע אמות. פירש בקונטרס דמשמע ליה דמיירי אפילו בד' אמות מצומצמות שעובי הדבילה ממעט מד' אמות וקשה לר"י דבענין זה אין נראה שיתחייב כיון שאיגודו בפנים כמו מוליא חצי קופה לרה"ר דאינו חייב עד שיוליאנה כולה לחוץ דאטו אם זרק אדם רומח וכל דבר ארוך כל שהוא יתחייב כיון שראשו אחד יצא חוץ לד' אמות ואם בזורק ד' אמות הכי גמירי לה שיתחייב בכה"ג א"כ היכי פשיט מינה ועוד דמאי משמע ליה טפי בהאי דזרק ארבע אמות בכותל דהוו מצומצמות משאר ארבע אמות השנויות בכל הש"ס ונראה לר"י דמיירי הכא שזרק חוץ לארבע אמות כמו בכל מקום והכי פריך והא קא ממעט מד' אמות שמקום הדבילה נתבטלה מתורת רשות הרבים שבטל לכותל והרי הוא ככותל עב ולא הוי עוד על גביו רשות הרבים ואם זרק מחט או קוץ ד' אמות ונח על הדבילה או נתקע בתוכו היה פטור דהרי מקום הדבילה נתמעט מדין רשות הרבים ואפ"ה חייב הואיל ובתחילת הזריקה עד קודם הנחה היה שם רה"ר עליו והנחה ומיעוט רה"ר בהדי הדדי קא אתו והכא נמי הוה לן למימר הנחה וסילוק מחילה בהדי הדדי קאתו ומשני התם לא מבטלי ולהכי לא מבטל רה"ר:

זרק דף כו' הנחת חפץ ועשיית מחיצה כו'. וא"ת אפילו ליכא בקיעת גדיים היכי חשוב לשויה תחתיו רה"י מ"ש מטרסקל ועמוד ברה"ר גבוה י' ורחב ד' ואין בעיקרו ד' דאמרינן (לקמן דף קא.) זרק ונח על גביו חייב משמע דוקא על גביו אבל תחתיו לא ואומר ר"י כגון שיש שתי מחילות של יתידות ובשלישית אמרינן פי תקרת דף יורד וסותם:

עין משפט נר מצוה

טו א ב מיי' פי"ד מהל' שבת הלכה ג וכ' סמג לאוין סה טוש"ע א"ח סי' שמה סעיף ג:
טז ג מיי' שם הל' כ:
יז ד שם הלכה כח:
יח ה מיי' פי"ג מהל' שבת הלכה ד ופ"ח מהל' טומאת אוכלין הלכה ג:

רבינו חננאל

בלי גדיזה היו טוות אותן כדאמרי' (לעיל ד' ע"ד) הטוה מע"ג בהמה בשבת וטויה בענין הזה צריכה חכמה יתירה: שתי גזוזטראות שתיהן רה"י הן כל אחת רשות לעצמה ורה"ר ביניהן. המושיט והזורק מזו לזו בתוך י"ט לדברי חכמים פטור אבל אסור וזה על עיקר משנתנו שמשנו מרה"י לרה"י ורה"ר באמצע ר' עקיבא מחייב וחכמים פוטרין אבל המושיט [והזורק] למעל' מעשרה אם היו שתיהן שלו ואין אחת גבוה מן האחרת אלא שתיהן מכוונות זו כנגד זו כבר פירשתי למעלה שמותר להושיט ולזרוק מזו לזו ואם אינן שתיהן שלו אסור להושיט ולזרוק מזו לזו משום [דלא ערבו] ואם חדא מידליא וחדא מיתתא אסור משום גדירה ואם היו הגזוזטראות הללו עומדות למעלה מעשרה ברה"ר מכונות להיותן דיוטא אחת ורשות אחת כיצד שמרכיבין נסר מזו לזו ע"ג רה"ר רחבה ד' טפחים כדי להיותן דיוטא אחת ורשות אחת אם עשה כן מבעו"י הרי הן כרשות אחת ומותר לטלטל מזו לזו ע"ג הנסר המתוח מזו לזו ע"ג רה"ר ותנן בעירובין (דף עח) חריץ שהוא עמוק י' ורחב ד' נתן עליו נסר שרחב ד' טפחים וכן ב' גזוזטראות זו כנגד זו מערבין אחת ואין מערבין שתים פחות מד' מערבין שנים ואין מערבין אחד השתא אם הגזוזטראות הללו הן למעלה מעשרה וניתן עליהן נסר רחב ד"ט מבעוד יום מותר לטלטל מזו לזו שנעשו שתיהן רשות אחת אבל אם קדש [היום] ולא חוברו אסור להושיט מזו לזו בין נסר בין זולתי נסר אסור להושיט אחר שקידש היום והמושיט חייב הוא שכך היו עגלות במדבר היו ב' עגלות זו בצד זו ברה"ר והיו [מושיטין] קרשים ומציבין קרש על ב' עגלות ראשו (זה על זה) [האחד על זו וראשו השני על זו] כנסר שפירשנו ענינו למעלה וזהו היו שתיהן בדיוטא אחת המושיט מזו לזו חייב שכן היה דרך הלוים שהיו מושיטין הקרשים מזו לזו זו היא מלאכתן ולפיכך העושה כן בשבת חייב: ירושל' ולא היו זורקין תני בר קפרא כדי שלא לנהוג בזיון בקדשים לפיכך הזורק מזו לזו פטור אבל אסור. וראוי לעמוד בפירוש זה להזהר בו כי עמוק הוא ועלה אמר רב משום ר' חייא עגלות תחתיהן וביניהן וצידיהן רה"ר. אמר אביי בין עגלה לעגלה כמלוא רחב עגלה וכמה אורך

מסורת הש"ס

א) [ל"ל מרבה], ב) [נדה מב. ע"ש פרש"י], ג) כל"ל, ד) [לקמן ק. וש"נ], ה) [לעיל ו: וש"נ], ו) לעיל ה., ז) [עירובין לג. לעיל יא.].

הגהות הב"ח

(א) גמ' הנוטל מהן והנותן על גבן:

גליון הש"ס

גמ' בעא מיניה רב מרדכי כו' זורק ונח על גביו. ע' סוכה ד ע"ב תד"ה פחות מג': שם ואת"ל כיון דלא הוי מחיצה. עי' לעיל ח ע"א תוס' ד"ה רחבה: שם: רש"י ד"ה מוקף לכרמלי' וכו' אלא בית סאתים. עיין לעיל ז ע"א וצ"ע:

ליקוטי רש"י

אא"כ הכנים לה ראשו ורובו. דחיישינן שמא ימשך גופו למקום רגליו ויוליא הכלי עמו [עירובין כ:]. שמא יוליא הכלי אליו ונמצא מתחייב חטאת [לעיל יא.]. כולכו ברוקא דהדדי תפיתו. כולכם מטעמם שמועה אחת תפיתו לשון רוק [נדה מב.].

פירות

עגלה ה' אמות ואקשינן אמאי כיון דג' קרשים מניחין בעגלה בדרא תתאה ועל גבה מניחין אחרים ועולין וכל קרש רחבו אמה וחצי די לעגלה ארכה ד' אמות וחצי כדי שיעור הנחת ג' קרשים ופרקינן הרויח להן חצי אמה כי היכי דלא נידחקו קרשים. אמר רבא וצידי עגלות ב' אמות ומחצה כמלא רחב עגלה ואקשינן למה לי כוליה האי הלא אורך הקרשים מוטלין לרוחב עגלה קצה הקרש בעגלה זו ב' אמות ומחצה וקצתו השני של קרש זה מוטל על העגלה אחרת ב' אמות ומחצה ובין ב' העגלות ה' אמות אמצעיים הקרש תלוי ביניהן אפילו אמה אחת ומחצה מן הקצה שלו מכאן בעגלה וכן מן הקצה השני דיו למה ה' אמות בפחות מהכי סגי ושנינן כי היכי דלא לידדו קרשים פי' אם הן שתי אמות ומחצה [illegible]
אסקופה

The Gemara answers by refining our understanding of Rava's inquiry:

כְּגוֹן כִּי קָמִיבַּעְיָא לֵיהּ לְרָבָא – About **what did Rava inquire?** דְּזָרַק דַּף וְחֵפֶץ עַל גַּבָּיו – About **a case where one threw a board with an object upon it** and it landed on pegs in the public domain, thereby creating a private domain. מַאי – **What is [the law]?** Even if we conclude that he is *not* liable for placing the *board* in a private domain,[30] is he liable nonetheless for placing the object that is on top of it in the private domain? כֵּיוָן דְּבַהֲדֵי הֲדָדֵי קָאָתוּ – Do we say that **since both** the placing of the (upper) object and the formation of the private domain **occur simultaneously,** כְּהַנָּחַת חֵפֶץ וַעֲשִׂיַּית מְחִיצָה דָּמֵי – **it is like** a case in which **the placing of the object** happens first **and the formation of the partition** happens second, and he would be exempt for placing the upper object as well?[31] אוֹ דִּילְמָא – **Or perhaps,** we say that כֵּיוָן דְּלֹא אֶפְשָׁר דְּלֹא מִידְלָא פּוּרְתָּא וַהֲדַר נָיְיח – **since it is impossible that [the object]** on top of the board **does not lift slightly** off the board when the board lands on the pegs, **and only then does it come down and rest** on the board, כַּעֲשִׂיַּית מְחִיצָה וְהַנָּחַת חֵפֶץ דָּמֵי – **it is like** a case in which **the formation of the partition** happens first **and the placing of the object** happens second, where the person is liable.[32]

The Gemara says in conclusion:

תֵּיקוּ – **Let [the inquiry] stand** unresolved.

The Gemara discusses various situations relevant to an object's being deemed to be "at rest":

אָמַר רָבָא – **Rava said:** פְּשִׁיטָא לִי – **It is clear to me** that מַיִם עַל גַּבֵּי מַיִם הַיְינוּ הַנָּחָתָן – **water** lying **upon water is** considered to be in **its** natural **state of rest.**[33] אֱגוֹז עַל גַּבֵּי מַיִם – And it is also clear that **a nut** floating **on water**

NOTES

30. That is, even if we conclude in the case of R' Yochanan's [second] inquiry that simultaneity is not sufficient for liability [even with regard to *hanachah* (see above, note 20)] (see *Rashi*).

31. That is, do we say with regard to the object on top of the board the same as we say with regard to the board itself? Just as we say with regard to the board that it is not as if the board came to rest on a private domain (i.e. simultaneity is not sufficient), so too with regard to the object on top of the board, it is as if it first came to rest on the board and only afterwards did the board become a private domain.

32. Since the board comes to rest on the pegs before the object on top of it ceases to bounce, we should say that the object has certainly come to rest on what is already a private domain, and the person should be liable. [On the other hand, perhaps the bounce of the object is disregarded, and the object – which was sitting on the board all along – is considered to be as one with the board. Thus, the object is considered to have come to rest as of the moment the board comes to rest, and the thrower would be exempt for throwing the object just as he is exempt for throwing the board.]

33. Therefore, skimming some water off the top is deemed an *akirah*, and if one then carries the water he has skimmed off out of the private domain into the public domain, he is liable for *hotzaah* (*Rashi*). For even though the upper layer of water moves about upon the bottom layer, we view the entire body of water as one mass; thus, even the top layer of water is viewed as being at rest upon the floor of the pit (see *Rambam, Hil. Shabbos* 13:4).

לָאו הַיְינוּ הַנָּחְתָן – **is not** considered **in its** natural **state of rest.**[1]

A related query is posed:

בָּעֵי רָבָא – **Rava inquired:** אֱגוֹז בִּכְלִי – If **a nut is in a vessel** וּכְלִי צָף עַל גַּבֵּי מַיִם – **and the vessel is floating upon water,** מַהוּ – **what is [the law]?**[2]

The Gemara explains the alternatives:

מִי אַמְרִינַן בָּתַר אֱגוֹז אָזְלִינַן – **Do we say that we follow** the state of **the nut,** וְהָא נָיֵיח – **and [the nut] is at rest** in the vessel? אוֹ דִילְמָא – **Or perhaps,** בָּתַר כְּלִי אָזְלִינַן – **we follow** the state of **the vessel,** וְהָא לָא נָיֵיח – **and [the vessel] is not at rest,** for it is moving in the water. – ? –

The Gemara concludes:

תֵּיקוּ – **Let [the question] stand** unresolved.

The Gemara discusses a similar case:

שֶׁמֶן עַל גַּבֵּי יַיִן – If someone lifts **oil** floating **on top of wine** and places it in another domain,[3] מַחֲלוֹקֶת רַבִּי יוֹחָנָן בֶּן נוּרִי וְרַבָּנָן – his liability is dependent on **a dispute between R' Yochanan ben Nuri and the Rabbis.** דִּתְנַן – **For we learned in a Mishnah:**[4] שֶׁמֶן שֶׁצָּף עַל גַּבֵּי יַיִן – If **OIL** of *terumah* **IS FLOATING ON TOP OF WINE** of *terumah*,[5] וְנָגַע טְבוּל יוֹם בַּשֶּׁמֶן – **AND A** *TEVUL YOM*[6] **TOUCHED THE OIL** but did not touch the wine, לֹא פָּסַל אֶלָּא שֶׁמֶן – **HE HAS INVALIDATED ONLY THE OIL.**[7] רַבִּי יוֹחָנָן בֶּן נוּרִי אוֹמֵר – **R' YOCHANAN BEN NURI SAYS:** שְׁנֵיהֶם חִיבּוּר זֶה לָזֶה – **BOTH OF THEM** [i.e. the oil and the wine] **ARE CONNECTED WITH EACH OTHER,** and they both become invalidated.[8]

The Rabbis consider the two liquids as separate; R' Yochanan ben Nuri considers the two liquids as one. Accordingly, the Rabbis would compare oil floating on wine to a nut floating on water, and exempt one who lifts the oil from on top of the wine (for neither the nut nor the oil are at rest). R' Yochanan ben Nuri, however, would hold him liable, for he would compare oil floating on wine to water floating on water (and both the water and the oil are at rest).

The Gemara presents another case of a private domain being negated with the placement of an object in it:

אָמַר אַבַּיֵי – **Abaye said:** בּוֹר בִּרְשׁוּת הָרַבִּים עֲמוּקָה עֲשָׂרָה וּרְחָבָה שְׁמֹנָה – If there is **a pit in the public domain ten** *tefachim* **deep and eight** *tefachim* **wide,** וְזָרַק לְתוֹכָהּ מַחְצֶלֶת – **and one threw a mat**[9] **into it,** חַיָּיב – **he is liable.**[10] חִילְּקָהּ בְּמַחְצֶלֶת – **If he bisected [the pit] with a mat,** by standing it on its end in the middle of the pit,[11] פָּטוּר – **he is exempt,** because the place in which the mat lands ceases to be a private domain when the mat comes to rest in it.[12]

The Gemara relates Abaye's position to that of R' Yochanan above:[13]

לְאַבַּיֵי – **According to Abaye,** דִּפְשִׁיטָא לֵיהּ דְּמַחְצֶלֶת מְבַטְּלָא מְחִיצָה – **to whom it is clear that a mat nullifies a partition,** i.e. it nullifies the private-domain status that the pit's walls had conferred upon it, כָּל שֶׁכֵּן חוּלְיָא דִּמְבַטְּלָא מְחִיצָה – it is **certainly** true in regard to **a segment of earth that it nullifies a partition,** i.e. the segment of earth that is thrown into the pit and reduces its depth to less than ten *tefachim* will nullify the private-domain status that the pit's walls had heretofore conferred on it.[14] לְרַבִּי יוֹחָנָן דְּמִיבַּעְיָא לֵיהּ חוּלְיָא – But **according to R' Yochanan, who inquires about** the case in which **a segment of earth** was thrown into the pit, מַחְצֶלֶת פְּשִׁיטָא דְּלָא מְבַטְּלָא מְחִיצָתָא – **it is clear that**

NOTES

1. [The text should apparently read: הַנָּחְתוֹ, *its state of rest,* which is the reading found above on 5b.]

A nut is not considered one with the water. Thus, since it moves about upon the water, it is not considered in a state of rest, and one who removes it from the water has not performed an *akirah* (*Rashi;* see *Meromei Sadeh*). [For a somewhat different approach to our Gemara, see *Shitah Mekubetzes* to *Bava Metzia* 9b bottom of p. 70 ד״ה וז״ל הראב״ד and *Rashash* above, 5b, to the end of תד״ה אגוז.]

2. If a person removes the nut from the vessel, is it considered an *akirah*? (see *Rambam*, *Hil. Shabbos* 13:4; cf. *Raavan* cited by *Sfas Emes* above, 5b).

3. *Rashi* to 5b ד״ה שמן. The Gemara could have posed this question in a case of oil floating on top of *water*. The case of *wine* was chosen because the Mishnah which the Gemara now cites to resolve this question speaks of *terumah,* and water can never become *terumah* (ibid.).

4. *Tevul Yom* 2:5.

5. The oil and the wine were both *terumah* and were in a single container; the oil naturally floated to the top.

6. When a person who has become *tamei* on the Biblical level has purified himself through immersion in a *mikveh*, he retains a vestige of his prior *tumah* for the remainder of the day until nightfall. During that time he is called a *tevul yom* (literally: someone who has immersed that day). A *tevul yom* can transmit his residual *tumah* to *terumah* and thereby "invalidate" it (meaning that the *terumah* itself cannot be eaten, but it cannot transmit any *tumah* to other *terumah*).

7. Only the oil becomes invalidated because that is what the *tevul yom* touched; the oil and the wine are viewed as separate entities.

[The Mishnah specifies that the person was a *tevul yom,* rather than one who was fully *tamei.* For had a *tamei* person touched the oil, then the oil would become *tamei* and transmit that *tumah* to the wine that is touching it, even though they are separate entities (*Rashi;* see *Rashash*).]

8. R' Yochanan ben Nuri views the oil and the wine as a single entity. Thus, when the *tevul yom* touched the oil, it is as if he touched the wine as well.

9. [This is a mat made of woven reeds.]

10. Because he has transferred the mat from a public to a private domain. This first ruling of Abaye is obvious, and is stated only in order to introduce the second ruling, which follows (*Rashi;* see below, note 12).

11. By positioning it in this way, it is as if there are now two pits, neither of which is four *tefachim* wide. For the pit had originally measured exactly eight *tefachim* across, and the mat possesses a width of its own. Thus, neither section of the pit will now measure a full four *tefachim* from one end to the mat in the middle.

12. Abaye thus teaches that where "the placing of an object and the removal of the partition" occur simultaneously, one is *not* liable.

[The Rishonim question why Abaye rules the person liable in the first case, where the mat lands flat at the bottom of the pit (see, however, *Rabbeinu Chananel*). There, too, the mat apparently reduced the depth of the pit (which presumably is also *exactly* ten *tefachim* deep) simultaneously with its coming to rest there! The Rishonim suggest distinctions between Abaye's first and second cases. *Rashi* (see above, note 10), however, comments that Abaye's first ruling was stated only in order to introduce the second ruling. This comment may indicate that *Rashi* explained Abaye's case to be one in which the pit was *deeper* than ten *tefachim,* so that the mat lying on its bottom does *not* reduce its depth to less than ten *tefachim* (see also a similar explanation cited – but rejected – by *Meiri*), in which case that first ruling is indeed perfectly obvious. Or else, *Rashi* considered the distinction between the two cases to be so elementary, that it renders the first case unnecessary, if not simply to introduce the second one.]

13. Whereas Abaye here rules conclusively that one is *not* liable where the placing of the object and the removal of the partition occur simultaneously, R' Yochanan above (99b) in his second inquiry remained uncertain about this very matter. The Gemara will now note a further difference in the views of Abaye and R' Yochanan.

14. We learned above (99b) that a "nullification of partition" comes about only if the object nullifying the partition is abandoned there (as in the case of a segment of earth), but not if the object is not abandoned there (as in the case of a fig-cake). Thus, when Abaye rules that the person is exempt because the mat bisecting the pit has nullified its private-domain status, Abaye must be of the opinion that [under normal circumstances] the mat is assumed to have been abandoned in the pit. If Abaye makes this assumption about a mat thrown into a pit, then he will certainly make this assumption about a segment of earth thrown into a pit, since people more readily abandon earth in pits than they do mats (see *Rashi*).

לאו היינו הנחתן בעי רבא אגוז בכלי וכלי צף על גבי מים מהו מי אמרינן בתר אגוז אזלינן והא לא נייח או דילמא בתר כלי אזלינן והא לא נייח תיקו שמן על גבי יין מחלוקת ר' יוחנן בן נורי ורבנן דתנן שמן שצף על גבי יין ונגע טבול יום בשמן לא פסל אלא שמן ר' יוחנן בן נורי אומר שניהם חיבור זה לזה אמר אביי בור ברה"ר עמוקה עשרה ורחבה שמנה וזרק לתוכה מחצלת חייב חילקה במחצלת פטור לאביי דפשיטא ליה דמחצלת מבטלא מחיצה כל שכן חוליא דמבטלא מחיצה לרבי יוחנן דמיבעיא ליה חוליא מחצלת פשיטא דלא מבטלא מחיצת' ואמר אביי בור ברה"ר עמוקה עשרה ורחבה ארבעה מלאה מים וזרק לתוכה חייב מלאה פירות וזרק לתוכה פטור מ"ט מים לא מבטלי מחיצתא פירות מבטלי מחיצתא תניא נמי הכי הזורק מן הים לאיסרטיא ומן האיסרטיא לים פטור ר"ש אומר אם יש במקום שזורק עמוק עשרה ורחב ארבעה חייב: **מתני'** הזורק ארבע אמות בכותל למעלה מעשרה טפחים כזורק באויר למטה מעשרה טפחים כזורק בארץ הזורק בארץ ארבע אמות חייב: **גמ'** והא לא נח א"ר יוחנן בדבילה שמינה שנינו א"ר יהודה אמר רב א"ר חייא זרק למעלה מעשרה והלכה ונחה בחור כל שהוא באנו למחלוקת ר' מאיר ורבנן דר"מ דאמר חוקקין להשלים מיחייב לרבנן דאמרי אין חוקקין להשלים לא מיחייב תניא נמי הכי זרק למעלה מעשרה והלכה ונחה בחור כל שהוא ר"מ מחייב וחכמים פוטרין א"ר יהודה אמר רב בר תל המתלקט עשרה מתוך ארבע וזרק ונח על גביו חייב תנ"ה מבוי ששוה לתוכו ונעשה מדרון לרה"ר או שוה לרה"ר ונעשה מדרון לתוכו אותו מבוי אינו צריך לא לחי ולא קורה רבי חנינא בן גמליאל אומר תל המתלקט עשרה מתוך ארבע וזרק ונח על גביו חייב: **מתני'** זרק לתוך ד' אמות ונתגלגל חוץ לד' אמות פטור חוץ לד' אמות ונתגלגל לתוך ד' אמות חייב: **גמ'** והא לא נח אמר ר' יוחנן והוא שנח על גבי משהו תניא נמי הכי זרק חוץ לד' אמות ודחפתו הרוח והכניסתו ואע"פ שחזרה והוציאתו פטור אחזתו הרוח משהו אף על פי שחזרה והכניסתו חייב אמר רבא תוך ג' לרבנן צריך הנחה על גבי משהו יתיב מרימר וקאמר לה להא שמעתא אמר ליה רבינא למרימר לאו

רש"י

לאו היינו הנחתן. ואם נטלו משם לאו עקירה היא: **שמן על גבי יין.** לענין שבת מחלוקת ר' יוחנן בן נורי ורבנן: **דתנן שמן.** של תרומה: **שצף על גבי יין.** של תרומה משום הכי נקט טבול יום משום דפוסל ואינו מטמא הלכך לא פסל אלא שמן בלבד דלאו חיבור הוא למיהוי כחד ואילו הוה טמא הוה מטמא ליה לשמן ושמן פסל ליה ליין: **שניהם חיבור.** דהוי כחד ונפסל אף היין ולענין שבת נמי לרבנן הוה ליה כאגוז על גבי מים ולרבי יוחנן הוה ליה כמים על גבי מים: **וזרק לתוכה מחצלת.** משום סיפא נקט ליה דבעי למימר חלקה במחצלת פטור לאשמועי' דהנחת חפץ וסילוק מחילה בהדדי פטור והכא סילוק מחילה דזיל הכא ליכא ארבעה וזיל הכא ליכא ד' דבצר ליה עוזי מקום מחצלת: **כל שכן חוליא.** דסילוק מחילה ודאי הוא ולא מבטיל לה: **לרבי יוחנן (א) מחצלת פשיטא ליה דלא מבטלה.** דלאו נמי אמרינן סילוק מחילה והנחת חפץ כי הדדי פטור הכא חייב דלא מבטל ליה הלכך לאו סילוק מחילה היא: **וזרק לתוכה.** מרה"ר מידי דניחא כגון אבן או מים: **חייב.** ולא אמרינן כיון דמלאה הוא לא הוי רה"י דמבטל להו מחילות: **מלאה פירות.** פטור דבטל מחילות כאילו מלאוה עפר: **תניא נמי הכי.** דמים לא מבטלי מחילה: **מן הים לאיסרטיא.** מכרמלית לרה"ר פטור: **איסרטיא.** הוא סרטיא: **ר"ש אומר אם יש.** בים במקום שזורק גומא מיוחדת לבדה עמוקה עשרה ורחבה ד' רה"י לעצמה היא ולא הוי כשאר ים אף על גב דים נמי עמוק הוא וממילא שמעינן מדר"ש דמים לא מבטלי מחילה: **גמ' רבי מאיר ורבנן.** דאפליגו בחוקקים להשלים בפ"ק דיומא (דף יא:) ובעירובין (ד' יא:) לר"מ דאמר חוקקין להשלים במקו' שיש כדי לחוק הכא חייב דרואין החור כאלו הוא ארבע: **תל המתלקט.** שהוא מדרון והולך ומתלקט מעט מעט עד שמגביה י' מתוך ד"א הרי הוא כאלו זקוף כולו והוי רה"י במקום גובהו ואם זרק מרה"ר ונח על גביו חייב ודוקא נקט מתוך ד' אמות אבל מתוך ה' הרי הוא כשאר רשות הרבים דניחא תשמישתיה להילוך: **ונעשה מדרון לרה"ר.** שהיה קרקע המבוי גבוה מקרקע רה"ר והולך ומשפע אבל פתחו לצד רה"ר או שהיה שוה לרה"ר ונעשה מדרון לתוכו שהיה רה"ר גבוה מקרקע המבוי וכניסת המבוי נמי מן הפתח ולפנים גבוה כקרקע רה"ר ברחב אמה או אלו אמה ואח"כ הוא נעשה מדרון לצד דופן האמצעי: **אותו מבוי אינו צריך לחי.** דאותו גובה שבצד הפתח הוה ליה מחילה אף על פי שהוא משפע והולך: **מתני' זרק חוץ לד"א ונתגלגל** כו' **חייב.** לא שנפל לארץ דא"כ לא צריכא למימר אלא שהרוח גלגלתהו מן האויר לתוך ד' אמות: **גמ' והא לא נח.** חוץ לד' ואמאי אזלינן בתרה: **שנח ע"ג משהו.** שעמד קצת ואח"כ נתגלגל והוא הדין אם אחזתו הרוח באויר ועכבתו מעט ואחר כך הכניסתו דחשיב נמי הנחה אם בתוך ג' הוא: **ודחפתו הרוח.** בעודו באויר: **אחזתו משהו.** הרוח עכבתו במקומו מעט: **לרבנן.** דפליגי עליה דר"ע בזורק מרה"י לרה"י ורה"ר באמצע דלית להו קלוטה כמי שהונחה לא תימא בתוך ג' מודו אלא אפילו תוך ג' נמי צריך שינוח ואם עבר רה"ר כולה פטור ונפקא מינה נמי לזורק ד' אמות וכשבא לנוח והגיע לתוך ג' נזכר שגגתו עד שלא נח פטור כדאמרינן במתני' (דף קב.) עד שתהא תחלתו וסופו שגגה ולא אמרינן עד שלא נזכר הוה ליה מונח:

תוספות

פירות מבטלי מחיצתא. וא"ת ומ"ש מדבילה שמינה דאמרינן לעיל דלא מבטלי ואביי דהכא אית ליה שינויא דדבילה שמינה שנו כדאמר בפ"ק (דף ז:) זימנין משני ליה בכותל דלית ביה חור ודבילה שמינה כו' וי"ל דדבילה אינה עומדת כל כך להתבטל שם בכותל כמו שרגילין לבטל פירות בבור כעין תבואה אי נמי דבילה דבר מועט הוא ולא מבטלא אבל בור מלא פירות או חציו מבטל רה"י וה"ה דגרעין אחד או דבר מועט לא מבטל רה"י וא"ת היכי ממעטי הני פירות והא אמר בפרק חלון (עירובין עח:) כל דבר הניטל בשבת אינו ממעט ואפי' אי איירי הכא בטבל שאין ניטל בשבת מ"מ כיון דניטל מן התורה הזורק לתוכו אמאי פטור ואומר ר"י דמן התורה ממעט כל דבר ואפילו הניטל ומדרבנן הוא דגזרו דדבר הניטל אינו ממעט ולהכי לא קאמר מותר לזרוק בתוכו אלא קאמר הזורק לתוכו פטור משמע דאיסורא דרבנן איכא ואפילו בחריץ שבין שתי חצרות אמרו דדבר הניטל אינו ממעט אע"ג דהוי לקולא דלא אסרי אהדדי אבל ק"ק דבפרק חלון (שם) מייתי על בית שמילאוהו תבן דהוי לענין אהל דאורייתא:

והלכה ונחה בחור כל שהוא כו'. בחור מפולש איירי והאי חוקקין להשלים היינו לשויה מקום ד' כדפי' בפ"ק (דף ז:): **והא** לא נח. וא"ת מאי פריך והתניא לעיל (ד' צז.) תוך ג' ד"ה חייב אע"ג דלא נח ואין נראה לומר דלתוך ד' אמות קאי אמאי פטור הא לא נח וא"כ כשנח אחר כך חוץ לארבע יתחייב דהא [מתניתין] נמי הכי משמע דלחוץ לד' אמות פריך אמאי חייב וי"ל דפריך לרבא דאמר תוך שלשה לרבנן בעי הנחה ע"ג משהו:

אחזתו הרוח משהו כו'. פי' שעיכבתו ע"ג קרקע או אפי' באויר כדפי' בקונט' דחשיבה אחיזת הרוח כמונח על גבי משהו ונראה דע"ג קרקע (ג) אפי' לר' יהודה דהיינו רבנן דקאמר רבא דצריך הנח' מודה (ג) ט) דלא בעינן כדפי' לעיל (דף פ.) ומיהו ק"ק דבסמוך מסקינן איפכא דמתגלגל כיון דאין סופו לנוח לאו כמונח דמי אבל האי כיון דסופו לנוח כמונח דמי וחזר ר"י לפרש דודאי רבי יהודה סבר כר"ע דקלוטה כמו שהונחה (ד) היכא דבעי שתנוח שם כי ההוא דפירקין אבל בההוא דפרק בתרא דעירובין (ד' צז:) היה קורא בספר דלא בעי שתפול שם בעי ר' יהודה הנחה על גבי משהו ורבא קאמר דרבנן דר"ע לית להו קלוטה כמו שהונחה דמיא בשום מקום אפי' רצונו שתנוח שם אפילו תוך ג' ולא ס"ל כברייתא דלעיל דקתני תוך ג' ד"ה חייב אלא סבר כברייתא דהכא דקתני אחזתו הרוח משהו ומתניתין נמי משמע דאיירי בנח משהו כדאוקי ר' יוחנן דומיא דרישא דקתני תוך ד' אמות פטור דאיירי בשנח דאי לאו הכי אמאי מיפטר ורב חלקיה בר טוביה דאמר לעיל תוך שלשה ד"ה חייב מוקי מתניתין בדלא נח ורישא דקתני פטור מיירי כגון שפסק כחו ומחמת הרוח נתגלגל חוץ לארבע:

לאו

a mat does not nullify the partition.[15]

Abaye continues to discuss other situations in which objects contained in a pit might be said to be deemed part of the pit, thereby reducing its earlier dimensions:

וְאָמַר אַבַּיֵי – And Abaye said: בּוֹר בִּרְשׁוּת הָרַבִּים עֲמוּקָּה עֲשָׂרָה וּרְחָבָה אַרְבָּעָה מְלֵאָה מַיִם – If there was **a pit in the public domain ten** *tefachim* **deep and four** *tefachim* **wide full of water** וְזָרַק לְתוֹכָהּ – **and someone** in the public domain **threw** an object **into it,**[16] חַיָּיב – **he is liable** for transferring the object from the public to private domain, for the pit retains its private-domain status even though it is filled with water. מְלֵאָה פֵּירוֹת וְזָרַק לְתוֹכָהּ – If, however, **it is filled with produce and one threw** an object **into it,** פָּטוּר – **he is exempt,** because the produce fills in the pit, which – no longer having a depth of ten *tefachim* – is no longer a private domain.

The Gemara explains:

מַאי טַעְמָא – **What is the reason** that one is liable in the first case and exempt in the second? מַיִם לֹא מְבַטְּלֵי מְחִיצְתָּא – Because **water** in a pit **does not nullify the partition,**[17] פֵּירוֹת מְבַטְּלֵי מְחִיצְתָּא – whereas **produce** in the pit **does nullify the partition.**[18]

The Gemara cites a Baraisa supporting the assertion that water does not negate walls of a pit:

תַּנְיָא נַמִּי הָכִי – It was also taught so in a Baraisa: הַזּוֹרֵק מִן הַיָּם לְאִיסְרַטְיָא וּמִן הָאִיסְרַטְיָא לַיָּם פָּטוּר – ONE WHO THROWS an object FROM A SEA TO A HIGHWAY[19] OR FROM A HIGHWAY TO A SEA IS EXEMPT from a *chatas.*[20] רַבִּי שִׁמְעוֹן אוֹמֵר – R' SHIMON SAYS: אִם יֵשׁ בְּמָקוֹם שֶׁזָּרַק עָמוֹק עֲשָׂרָה וְרָחָב אַרְבָּעָה – IF THERE IS IN THE AREA WHERE HE THREW the object a depression TEN *tefachim* DEEP AND FOUR *tefachim* WIDE, חַיָּיב – the thrower is LIABLE.[21] R' Shimon, who holds one liable for throwing an object into a pit on the sea floor, must hold that the partitions of that pit are not nullified though they are filled with water, as Abaye has ruled.[22]

Mishnah Having discussed the law of throwing in the context of a transfer between domains, the Mishnah now takes up the law of throwing in regard to transferring four *amos* in the public domain: הַזּוֹרֵק אַרְבַּע אַמּוֹת בַּכּוֹתֶל – **One who throws** an object **four** ***amos*** in the public domain **against a wall,** לְמַעְלָה מֵעֲשָׂרָה טְפָחִים – if it is **above ten** ***tefachim*** from the ground, כְּזוֹרֵק בָּאֲוִיר – **it is as though he threw it in the air** and he is exempt; לְמַטָּה מֵעֲשָׂרָה – if it is **below ten** *tefachim,* כְּזוֹרֵק בָּאָרֶץ – **it is as though he threw it on the ground** and he is liable.[23] הַזּוֹרֵק בָּאָרֶץ אַרְבַּע אַמּוֹת חַיָּיב – **One who throws** an object **four** ***amos*** **onto the ground is liable.**

Gemara The Gemara wonders how the Mishnah could hold the thrower liable when the object struck the wall within ten *tefachim* of the ground:

וְהָא לֹא נָח – **But it never came to rest** four *amos* away – for when it struck the wall it must have bounced back and fallen within four *amos* of the thrower![24] – ? –

NOTES

15. [The Gemara is drawing its inference from the fact that R' Yochanan made his inquiry about the case of a segment of earth placed in a pit, rather than about the case of a mat, as Abaye did. This indicates that R' Yochanan would not have had any question in the case of a mat, since in his view a mat is *not* assumed to have been abandoned in the pit; thus, it would not nullify the partition altogether. It is only in the case of a segment of earth that one is assumed to have abandoned it in the pit, thereby nullifying the partition. Thus, in that case, R' Yochanan inquires whether one is exempt where the placing of the object and the nullification of the partition occur simultaneously.] See *Rashba* at length.

16. That is, he threw into the pit an object that came to a legal state of rest in it, such as a rock [which would come to rest on the floor of the pit] or water [which is considered at rest upon water (see end of 99b) (*Rashi*). But one could not be liable for transferring onto the water an object that would float there.

17. Water does not nullify the partitions of the pit [even if the water is abandoned there (see next note)], because most objects placed in the water will sink to the bottom of the pit [and thus the water is not seen as intruding upon the pit's normal use] (*Meiri;* cf. *Tos. Rid;* see, however, *Ramban* et al., cited in next note).

18. The produce in the pit nullifies the partitions, as if the pit were filled to its top with earth (*Rashi*).

Although a fig-cake is *not* assumed to be abandoned on a wall (see above, 99b), Abaye assumes that produce – such as grain – that is left [for long periods] in the pit [since they store well without spoiling] will be abandoned (*Tosafos*). Alternatively, the requirement of "abandonment" applies only to things (such as the fig-cake) that cover a relatively small area. But in the case of a pit filled with produce, where the pit is largely filled in, we can consider the partitions to be nullified even if the filler material is not abandoned there (ibid.; see *Shabbos Shel Mi*).

Other Rishonim (see *Ramban, Ritva MHK* ed. and *Ran MHK* ed.) explain that Abaye is working with a different mechanism entirely. The issue is not whether the contents of the pit are said to fill it in (where abandonment is a prerequisite), but rather whether the contents obscure the pit's partitions from view. Since produce obscures the pit's partitions from view, an object placed on top of the produce is not deemed to have been placed in a private domain, since the partitions which form that private domain are at that moment obscured from view. Water, however, does not obscure the partitions from view, and thus one who places an object in the pit is deemed to have placed the object in a private domain. See also 100b note 9.

19. A sea was listed above (6a) as an example of a *karmelis,* while an אִיסְרַטְיָא is the same as a סְרַטְיָא, *highway,* listed there as one of the examples of a public domain (*Rashi*). See below, 100b note 6 for an extensive discussion of the status of a sea as a *karmelis.*

20. The person has, however, violated a Rabbinic prohibition, as in the case of any other transfer from a *karmelis* to the public domain.

21. Although the sea itself is deep, yet has the status of a *karmelis,* R' Shimon holds that a depression (in the *karmelis*-sea) having the requisite dimensions for a *reshus hayachid* is deemed a distinct *reshus hayachid* apart from the sea (*Rashi;* cf. *Meiri*).

22. *Rashi.*

The question is raised that whereas R' Shimon's ruling supports Abaye, the ruling of the Tanna Kamma (who disputes R' Shimon) apparently *contradicts* Abaye! Some commentators explain that the Tanna Kamma does not, in fact, dispute R' Shimon. Rather, R' Shimon simply added a point in elaboration of the Tanna Kamma's view (see *Tos. HaRosh; Rashba; Yere'im* §274; *Pnei Yehoshua*). Many Rishonim, however, explain that the Tanna Kamma *does* dispute R' Shimon and exempt the thrower even when the object lands in the undersea depression. Nevertheless, they explain, the Tanna Kamma does not dispute R' Shimon's basic premise that water does not nullify partitions. It is only in the case of a depression *in the sea* that the Tanna Kamma rules that it is not deemed a *reshus hayachid,* because it is part of the larger sea, which is by definition a *karmelis* [even though it, too, has partitions] (see *Rambam, Hil. Shabbos* 14:6, as cited by *Rashba* [according to the reading of *Raavad* there]). Alternatively, the partitions of the undersea depression are not visible at all, and thus do not confer on it private-domain status. A pit on land, however, though filled with water, is clearly recognizable as a partitioned area – albeit presently filled with water. And water does not nullify the partitions (see *Rashba, Ritva MHK* ed., *Ran MHK* ed., all quoting *Raavad's* glosses to *Rambam*, *Hil. Shabbos* 14:6; cf. *Rambam* there with *Maggid Mishneh,* and *Rambam's* Responsum §34, quoted by *Migdal Oz*).

23. This part of the Mishnah was explained at length on 99b; see notes 22-26 there.

24. [At this point, the Gemara assumes that the Mishnah deals with an ordinary object.] Such an object would surely strike the wall and ricochet

לאו היינו הנחתן בעי רבא אגוז בכלי וכלי צף על גבי מים מהו מי אמרינן בתר אגוז אזלינן והא נייח או דילמא בתר כלי אזלינן והא לא נייח תיקו שמן שצף על גבי יין מחלוקת ר' יוחנן בן נורי ורבנן דתנן שמן שצף על גבי יין ונגע טבול יום בשמן לא פסל אלא שמן ר' יוחנן בן נורי אומר שניהם חיבור זה לזה אמר אביי בור ברה"ר עמוקה עשרה ורחבה שמנה וזרק לתוכה מחצלת חייב חילקה במחצלת פטור לאביי דפשיטא ליה דמחצלת מבטלא מחיצה כל שכן חוליא דמבטלא מחיצה לרבי יוחנן דמיבעיא ליה חוליא מחצלת פשיטא דלא מבטלא מחיצת' ואמר אביי בור ברה"ר עמוקה עשרה ורחבה ארבעה מלאה מים וזרק לתוכה חייב מלאה פירות וזרק לתוכה פטור מ"ט מים לא מבטלי מחיצתא פירות מבטלי מחיצתא תניא נמי הכי הזורק מן הים לאיסרטיא ומן האיסרטיא לים פטור ר"ש אומר אם יש במקום שזרק עמוק עשרה ורחב ארבעה חייב: **מתני'** הזורק ארבע אמות בכותל למעלה מעשרה טפחים כזורק באויר למטה מעשרה טפחים כזורק בארץ הזורק בארץ ארבע אמות חייב: **גמ'** והא לא נח א"ר יוחנן בדבילה שמינה שנינו א"ר יהודה אמר רב א"ר חייא זרק למעלה מעשרה והלכה ונחה בחור כל שהוא באנו למחלוקת ר' מאיר ורבנן לר"מ דאמר חוקקין להשלים מיחייב לרבנן דאמרי אין חוקקין להשלים לא מיחייב תניא נמי הכי זרק למעלה מעשרה והלכה ונחה בחור כל שהוא ר"מ מחייב וחכמים פוטרין א"ר יהודה אמר רב תל המתלקט עשרה מתוך ארבע וזרק ונח על גביו חייב תנ"ה מבוי ששוה לתוכו ונעשה מדרון לרה"ר או שוה לרה"ר ונעשה מדרון לתוכו אותו מבוי אינו צריך לא לחי ולא קורה רבי חנינא בן גמליאל אומר תל המתלקט עשרה מתוך ארבע וזרק ונח על גביו חייב: **מתני'** זרק לתוך ד' אמות ונתגלגל חוץ לד' אמות פטור חוץ לד' אמות ונתגלגל לתוך ד' אמות חייב: **גמ'** והא לא נח אמר ר' יוחנן והוא שנח על גבי משהו תניא נמי הכי זרק חוץ לד' אמות והחזירתו הרוח והכניסתו ואע"פ שחזרה והוציאתו פטור אחזתו הרוח משהו אף על פי שחזרה והכניסתו חייב אמר רבא תוך ג' לרבנן צריך הנחה על גבי משהו יתיב מרימר וקאמר לה להא שמעתא אמר ליה רבינא למרימר לאו

לאו היינו הנחתן. ואם נטלו משם לאו עקירה היא: **שמן על גבי יין.** לענין שבת מחלוקת ר' יוחנן בן נורי ורבנן: **דתנן שמן.** של תרומה: **שצף על גבי יין.** של תרומה משום הכי נקט טבול יום משום דפוסל ואינו מטמא הלכך לא פסל אלא שמן בלבד דלאו חיבור הוא למיהוי כחד ואילו הוה טמא הוה מטמא ליה לשמן ושמן פסל ליה ליין: **שניהם חיבור.** דהוי כחד ונפסל אף היין ולענין שבת נמי לרבנן הוה ליה כאגוז על גבי מים ולרבי יוחנן הוה ליה כמים על גבי מים: **וזרק לתוכה מחצלת.** משום סיפא נקט ליה דבעי למימר חלקה במחצלת פטור לאשמועי' דהנחת חפץ וסילוק מחילה בהדדי פטור והכא סילוק מחילה דזיל הכא ליכא ארבעה וזיל הכא ליכא ד' דבצר ליה עוגי מקום מחצלת: **כל שכן חוליא.** דסילוק מחילה ודאי הוא דמבטיל לה: **לרבי יוחנן (א) מחצלת פשיטא ליה דלא מבטלה.** דלאו נמי אמרינן סילוק מחילה והנחת חפץ כי הדדי פטור הכא חייב דלא מבטל ליה הלכך לאו סילוק מחילה היא: **וזרק לתוכה.** מרה"ר מידי דנייחא כגון אבן או מים: **חייב.** ולא אמרינן כיון דמלא הוא לא הוי רה"י דמבטל להו מחילות: **מלאה פירות.** פטור דבטיל מחילות כאילו מלאוה עפר: **תניא נמי הכי.** דמים לא מבטלי מחילה: **מן הים לאיסרטיא.** מכרמלית לרה"ר פטור: **איסרטיא.** הוא סרטיא: **ר"ש אומר אם יש.** בים במקום שזרק גומא מיוחדת לבדה עמוקה עשרה ורחבה ד' רה"י לעצמה היא ולא הוי כשאר ים אף על גב דים נמי עמוק הוא וממילא שמעינן מדר"ש דמים לא מבטלי מחילה: **גמ' רבי מאיר ורבנן.** דאיפליגו בחוקקים להשלים בפ"ק דיומא (דף יא:) ובעירובין (ד' יא:) לר"מ דאמר חוקקין להשלים במקו' שיש כדי לחוק הכא חייב דרואין החור כאלו הוא ארבע: **תל המתלקט.** שהוא מדרון והולך ומתלקט מעט מעט עד שמגביה י' מתוך ד"א הרי הוא כאלו זקוף כולו והוי רה"י במקום גובהו ואם זרק מרה"ר ונח על גביו חייב ודוקא נקט מתוך ד' אמות דאי מתוך ה' הרי הוא כשאר רשות הרבים דניחא תשמישתיה להילוך: **ונעשה מדרון לרה"ר.** שהיה קרקע המבוי גבוה מקרקע רה"ר והולך לשפע אצל פתחו לצד רה"ר או שהיה שוה לרה"ר ונעשה מדרון לתוכה שהיה רה"ר גבוה מקרקע המבוי וכניסת המבוי נמי מן הפתח ולפנים גבוה כקרקע רה"ר ברחב אמה או חצי אמה ואח"כ הוא נעשה מדרון לצד דופן האמצעי: **אותו מבוי אינו צריך לחי.** דאותו גובה שבצד הפתח הוה ליה מחילה אף על פי שהוא משפע והולך: **מתני' זרק חוץ לד"א ונתגלגל כו' חייב.** לא שנפל לארץ דא"כ לא צריכא למימר אלא שהרוח גלגלתהו מן האויר לתוך ד' אמות: **גמ' והא לא נח.** חוץ לד' ואמאי אזלינן בתרה: **שנח ע"ג משהו.** שעמד קצת ואח"כ נתגלגל והוא הדין אם אחזתו הרוח באויר ועכבתו מעט ואחר כך הכניסתו דחשיב נמי הנחה אם בתוך ג' הוא: **ודחפתו הרוח.** בעודו באויר: **אחזתו משהו.** הרוח עכבתו במקומו מעט: **לרבנן.** דפליגי עליה דר"ע בזורק מרה"י לרה"י ורה"ר באמצע דלית להו קלוטה כמי שהונחה לא תימא בתוך ג' מודו אלא אפילו תוך ג' נמי צריך שינוח ואם עבר רה"ר כולה פטור ונפקא מינה נמי לזורק ד' אמות וכשבא לנוח והגיע לתוך ג' נזכר שגגתו עד שלא נח פטור כדאמרינן במתני' (דף קב.) עד שתהא תחלתו וסופו שגגה ולא אמרינן עד שלא נזכר הוה ליה מונח:

מבטלי מחיצתא. וא"ת ומ"ש מדבילה שמינה דאמרינן לעיל דלא מבטלי ואביי דהכא אית ליה שינויא דדבילה שמינה שנו כדאמר בפ"ק (דף ז:) זימנין משני ליה בכותל דלית ביה חור ודבילה שמינה כו' וי"ל דדבילה אינה עומדת כל כך להתבטל שם בכותל כמו שרגילין לבטל פירות בבור כעין תבואה אי נמי דבילה דבר מועט הוא ולא מבטלא אבל בור מלא פירות או חציו מבטל רה"י וה"ה דגרעין אחד או דבר מועט לא מבטל רה"י וא"ת היכי ממעטי הני פירות והא אמר בפרק חלון (עירובין עח:) כל דבר הניטל בשבת אינו ממעט ואפי' אי איירי הכא בטבל שאין ניטל בשבת מ"מ כיון דניטל מן התורה הזורק לתוכו אמאי פטור ואומר ר"י דמן התורה ממעט כל דבר ואפילו הניטל ומדרבנן הוא דגזרו דדבר הניטל אינו ממעט ולהכי לא קאמר מותר לזרוק בתוכו אלא קאמר הזורק לתוכו פטור משמע דאיסורא דרבנן איכא ואפילו בחריץ שבין שתי חצרות אמרו דדבר הניטל אינו ממעט אע"ג דהוי לקולא דלא אסרי אהדדי אבל ק"ק דבפרק חלון (שם) מייתי על בית שמילאוהו תבן דהוי לענין אהל דאורייתא:

והלכה ונחה בחור כל שהוא כו'. בחור מפולש איירי והאי חוקקין להשלים היינו לשוויה מקום ד' כדפי' בפ"ק (דף ז:): **והא** לא נח. וא"ת מאי פריך והתניא לעיל (ד' צז.) תוך ג' ד"ה חייב אע"ג דלא נח ואין נראה לומר דאתוך ד' אמות קאי אמאי פטור הא לא נח וא"כ כשנח אחר כך חוץ לארבע יתחייב דהא [מתניתין] נמי הכי משמע דאחוץ לד' אמות פריך אמאי חייב וי"ל דפריך לרבא דאמר תוך שלשה לרבנן בעי הנחה ע"ג משהו:

אחזתו הרוח משהו כו'. פי' שעיכבתו ע"ג קרקע או אפי' באויר כדפי' בקונט' דחשיבה אחיזת הרוח כמונח על גבי משהו ונראה דע"ג קרקע (ב) אפי' לר' יהודה דהיינו רבנן דקאמר רבא דצריך הנח' מודה (ג) דלא בעינן כדפי' לעיל (דף פ.) ומיהו ק"ק דבסמוך מסקינן איפכא דמתגלגל כיון דאין סופו לנוח לאו כמונח דמי אבל האי כיון דסופו לנוח כמונח דמי וחזר ר"י לפרש דודאי רבי יהודה סבר כר"ע דקלוטה כמו שהונחה (ד) היכא דבעי שתנוח שם כי ההיא דפירקין אבל בההיא דפרק במה בהמה דעירובין (ד' צז:) היה קורא בספר דלא בעי שתנוח שם בעי ר' יהודה הנחה על גבי משהו ורבא קאמר דרבנן דר"ע לית להו קלוטה כמו שהונחה דמיא בשום מקום אפי' רצונו שתנוח שם אפילו תוך ג' ולא ס"ל כבריית' דלעיל דקתני תוך ג' ד"ה חייב אלא סבר כברייתא דהכא דקתני אחזתו הרוח משהו ומתניתין נמי משמע דאיירי כדאוקי ר' יוחנן דומיא דרישא דקתני פטור דאיירי בשנח דאי לאו הכי אמאי מיפטר ורב חלקיה בר טוביה דאמר לעיל תוך שלשה ד"ה חייב מוקי מתניתין דלא נח ורישא דקתני פטור מיירי כגון שפסק כחו ומחמת הרוח נתגלגל חוץ לארבע:

מסורת הש"ס

א) לעיל דף ה:, ב) [ע"ז שם עירובין דף עח.], ג) [טבול יום פ"ב מ"ה], ד) [לעיל לא:], ה) [ע"ז שם וש"נ], ו) [לעיל פ. עירובין לג:], ז) [לעיל צז.], ח) [לעיל לז.], ט) [לא בעינן הנחה כדפי' לעיל דים סילוק בין מתגלגל ובין אינו מתגלגל כצ"ל.

הגהות הב"ח

(א) רש"י ד"ה כ"ש וכו' דמבטל לה הס לר' יוחנן דמיבעיא ליה אי חוליא מחצלת פשיטא ליה כצ"ל והד"א: (ב) תוס' ד"ה אחזתו וכו' ונראה דע"ג קרקע. נ"ב פי' אפי' במתגלגל ואפי' לא אחזתו הרוח: (ג) בא"ד דלא בעינן כדפרישית לעיל. נ"ב בס' המוציא יין דף פ ד"ה והא קאמר: (ד) בא"ד כמי שהונחה דמיא היכא וכו' כי ההיא דפירקין. נ"ב דף צז ע"ב:

גליון הש"ס

גמ' חילקה במחצלת. עיין בחידושי הרשב"א לעיל דף ה ע"א ד"ה רחבה ששה:

ליקוטי רש"י

שמן על גבי יין. ועקר השמן והוציאו לרשות הרבים והוא הדין על גבי מים לענין שבת אבל לענין תרומה לא נקט אלא יין. טבול יום. פוסל את התרומה מן התורה ביבמות בפרק הערל (עד:) [לעיל ה.]. לא פסל אלא שמן. בלבד לפי שאינו חיבור זה לזה ושמן פסול הוא ולא טמא הלכך לא פסיל ליה ליין ולענין שבת נמי הוי כדבר אחר הצף על גבי המים דלאו חיבור הוא. איסרטיא. מקום שהולכין בה מעיר לעיר [שם ו.]. דרך הלוכי בני אדם [עירובין ז.]. כזורק באויר. ופטור דלא נח ברשות הרבים. כזורק בארץ. לאויר רשות הרבים הוא וחייב דאויר רשות הרבים משנח משהו הוי הנחה ולא דמי לנח על דבר המסוים למטה מעשרה דההוא חשיב למיהוי רשות חשוב לעצמו או כרמלית או מקום פטור ולא הויא הנחה ברשות הרבים [שם ז:]. וכי אמר למטה מי' ברוחב ארבעה כרמלית וכשאין רחב ד' מקום פטור היינו בתשמיש המסוים כגון גב לבינה וראש כותל או עמוד דהני מסתיים תשמישתייהו אבל אויר כגון פני הכותל דבר הנדבק בו לא הוי רשותא לנפשיה אלא אי למטה מי' הוא הוי רה"ר גמור ואי למעלה מי' הוא דלא שלטי ביה רבים הוי אוירא בעלמא מקום פטור כדתנן למעלה מי' טפחים כזורק באויר ופטור [שם.]. והא לא נח. וכי חזרה נפלה לתוך ארבע אמות דעל כרחך כשמכה בכותל קופצת לאחוריה [שם.]. בדבילה שמינה. שנדבק בפני הכותל [שם צט:]. ר' מאיר ורבנן. במסכת יומא גבי מזוזה. לר"מ דאמר. דבר שאין בו שיעור ויש שם עוגי ורחב לחקוק ולהשלים לכשיעור אמרינן כמאן דמחקק דמי והכא נמי לר' מאיר חוקקין להשלים וחייב [שם ז:]. אין חוקקין. הלכך מקום פטור בעלמא הוא [עירובין קא:]. תל המתלקט עשרה. טפחים. מתוך ארבע. אמות תל משופע אבל מלדונו זקוף קודם שימשך ארבע אמות עלה ונתלקט גובהו לעשרה טפחים. חייב. לענין שבת הוי רשות היחיד [שם יט:]. תוך ג' לרבנן. דפליגי לקמן בהזורק (לעיל לז.) ולית להו קלוטה כמו

עין משפט נר מצוה

יט א מיי' פי"ד מהל' שבת הלכה כב: כ ב שם הלכה כג: כא ג מיי' שם הל' יח סמג לאוין סה טוש"ע א"ח סי' שמה סעיף יג: כב ד מיי' שם: כג ה מיי' שם הלכה יח וסמג לאוין שם טוש"ע שם סעיף יד: כד ו מיי' שם הל' טו: כה ז מיי' פי"ג שם הל' ד טוש"ע א"ח סי' שנב סעיף ז: כו ח ט מיי' פי"ג שם הלכה כג: כז י מיי' שם הל' טו [וע"ש בכ"מ]:

רבינו חננאל

אסקופה מאי היא ואוקימנא [באסקופת] כרמלית ואקשינן עלה סוף סוף איסורא דרבנן איכא ושנינן דלית בה ד' על ד' וכר' יוחנן דאמר מקום שאין בו ד' על ד' מותר לבני רה"י ולבני רה"ר לכתף עליו ובלבד שלא יחליפו השתא דתנינן בחולית הבור והסלע פחות מכאן פטור אם הן פחות בגובה ואין פחות ברוחב הוא פטור אבל אסור ואם פחות ברוחב פטור ומותר בלבד שלא יחליף ודייקינן למה ליה למיתנא חולית הבור והסלע מסייעא ליה לר' יוחנן דאמר בור וחולייתו מצטרפין לעשרה והא דר' יוחנן בהמוצא תפלין (ד' צט) בענין בור ברשות הרבים וחולייתו גבוהה י' טפחים והיכי דמי כגון בור ברה"ר וחקק בו עד ארעית (כנגד) רה"ר מקצתו עשאו ביד ומקצתו עשאו חוליא על הבור וארעית הבור עם רה"ר שוה לו והבור עצמו גבוהה מרה"ר וחולייתו למעלה ממנו אם הבור וחולייתו שניהם יחדיו עשרה טפחים הרי הן מצטרפין ולמעלה מן החוליא רשות אחרת. וגרסינן בירושלמי דקדוק אחד א"ר יוחנן (העמוד) [והעמוד] והחלול מצטרפין לארבעה והוא שהיה (העמוד) [העמוד] רובה על החלל והחלל זהו פתיחת הבור (והעמוד) [העמוד] הוא רחב החוליא העומדת שהיא שפת הבור אם נמצא מן השפה אל השפה ד' טפחים אע"פ שיש חלל באמצע הרי הוא רה"י כמו שפירשנו: בעא רב מרדכי מרבה עמוד ברה"ר גבוה י' ורחב ד' וזרק ונח על גביו מהו בעיא זו עיקרא כי רה"י תופשת עד עשרה ומי' ולמעלה מקום פטור הוא ולפיכך אם הגביה אדם חפץ מרה"ר והגביהו יותר מי' טפחים אלא לאלתר שהגיע לעשרה הניחו ע"ג העמוד חייב אבל זרקו למעלה מי' מעקם כשהוא ברה"ר ויש במחשבתו שאם יפול ינוח ברה"י אלא שבזורקתו יצא ברה"י למקום פטור שהוא האויר ואח"כ חזר ונפל ונח ברה"י מי אמרינן הרי עקירה ברה"י ועביד עקירה והנחה נכנס למקום פטור חייב או דלמא כיון דממקום פטור הוא דקא אתיא פטור ופשטו ליה רבה ורב יוסף ואביי מתניתין היא הלא תראה חוליית הבור והסלע שגבוהין י' ורחבין ד' מכותנין הנותן על גבו חייב וכן הנוטל מעל גבו חייב ואי אפשר הנותן והנושא שאין מגביה משהו וימצא יוצא למעלה מעשרה ואח"כ יורד ונח בחוליא או לסלע וכן הנוטל מעל גבו ומניח ברה"ר ואעפ"כ חייב ואקשינן עלייהו ודלמא מתניתין בדבר דק כמו מחט דאפשר למשקליה ולאתויה בלא הגבהה השיבו לו מחט נמי אי אפשר דלא מידלא פורתא והני מילי דחיות הן ושניא הא שמעתא מדרב חסדא דיציאות השבת כדבעינן לפרושי לקמן: **א"ר** מיאשא בעו ר' יוחנן כותל ברה"ר גבוה עשרה ואינו רוחב ד' ומוקף כרמלית ועשאו רה"י חזרק ונח על גביו מהו פי' כגון שהיה הכותל מחיצה בין רה"ר לכרמלית אח"כ בנה כותל בכרמלית שכנגדו ועשה הכרמלית ההיא רה"י מי אמרינן הרי הכותל זה בחזקתו וכיון שאין בו רחב ד' מקום פטור הוא או דלמא כיון שעשאו [רה"י] כמאן דמליא שאר ד"ט דמי. ופשטינן כשהיה כותל לכרמלית מקום פטור היה והשתא דהוה ליה כותל רה"י כיון שנח עליו כמאן דנח ברה"י דמי שאם זה הכותל הוא שעושה הכרמלית ההוא רה"י כ"ש שיעשה הכותל ההוא רה"י וכן אמר עולא ק"ו לאחרים נעשה מחיצה לעצמו לא כ"ש וסלקא בהאי טעמא: **בעי** ר' יוחנן בור ברה"ר עמוקה ט' ועקר חוליא ממנו שיש בה טפח ובעקירת החוליא נגמר הבור רה"י כדתניא חריץ עמוק עשרה ורחב ד' זו היא רה"י גמורה והניח החוליא ההוא ברה"ר מאי מי אמרינן עקירת חפץ ממקומו ועשיית מחיצה בהדי הדדי קא אתינן וחייב או לא ופשיטא אם תמצי לומר כיון דבשעת עקירה לא מרה"י עקר ובעקירתו הוא דהוה רה"י לא מחייב אבל זו הבעיא השנית אם הבור עמוק עשרה שהוא רה"י גמורה ועקר חוליא מרה"ר ונתנה לתוכה ובנתינת החוליא לתוכו נתמעט הבור מעשרה מי אמרינן כיון דבשעת התחלת הנחה רה"י גמורה הוא מיחייב או דלמא כיון שבהנחת החוליא נסתלקה המחיצה ונתמעט הבור פטור א) ואקשינן והא לא נח וא"ר יוחנן בדבילה שמינה שנו הלא כיון שעמד ברחוק ד' אמות מצומצמות מן הכותל וזרק בכותל דבילה שמינה ונדבקה בכותל הרי מיעטה הדבילה הד' אמות שבינו ובין הכותל אעפ"כ הוא חייב הכא נמי כיון שהניח החוליא בבור עמוק י' אע"פ שמיעטו החוליא והא חייב ופרקינן שאני התם דדבילה לא מבטל לה ודעתו לנוטלה לפיכך לא ממעטא אבל החוליא בטולי מבטל לה לגבי בור ויש לומר

חשק שלמה על רבינו חננאל א) נראה דחסר כאן בדברי רבינו וצ"ל ותפשוט ליה מדידיה דתנן הזורק וכו' למטה מי' טפחים כזורק בארץ:

The Gemara answers:

אָמַר רַבִּי יוֹחָנָן – **R' Yochanan said:** בִּדְבֵילָה שְׁמֵינָה שָׁנִינוּ – **We learned** this ruling of the Mishnah **in regard to** the case of **a sticky fig-cake,** which adheres to the wall and does not bounce back.

The Mishnah discussed a case where an object adhered to the face of a wall. The Gemara now discusses a case where the object lands in a crevice inside the wall:

אָמַר רַב יְהוּדָה אָמַר רַב אָמַר רַבִּי חִיָּיא – **Rav Yehudah said in the name of Rav who said in the name of R' Chiya:** זָרַק לְמַעְלָה מֵעֲשָׂרָה וְהָלְכָה וְנָחָה בְּחוֹר כָּל שֶׁהוּא – If **someone threw** an object from the public domain **above ten** *tefachim* **and it went and landed in a small crevice** in the wall,[25] בָּאנוּ לְמַחֲלוֹקֶת רַבִּי מֵאִיר וְרַבָּנָן – **we have arrived at the** point of **dispute between R' Meir and the Rabbis.** לְרַבִּי מֵאִיר דְּאָמַר חוֹקְקִין לְהַשְׁלִים – **According to R' Meir, who states that "we carve to complete"** the necessary dimensions, thereby expanding the crevice to the legal width of four *tefachim* necessary to make it a private domain, מִיחַיֵּיב – **[the thrower] would be liable.** לְרַבָּנָן דְּאָמְרֵי אֵין חוֹקְקִין לְהַשְׁלִים – **According to the Rabbis, who state that "we do not carve to complete"** the necessary dimensions, לֹא מִיחַיֵּיב – **[the thrower] would not be liable,** because the crevice is too small to be considered a private domain.[26]

The Gemara cites a Baraisa wherein this dispute is recorded explicitly: תַּנְיָא נַמִּי הָכִי – **This was taught in a Baraisa as well:** זָרַק לְמַעְלָה מֵעֲשָׂרָה וְהָלְכָה וְנָחָה בְּחוֹר כָּל שֶׁהוּא – If ONE THREW an object from the public domain ABOVE TEN *tefachim* AND IT WENT AND LANDED IN A SMALL CREVICE, רַבִּי מֵאִיר מְחַיֵּיב – R' MEIR HOLDS HIM LIABLE, וַחֲכָמִים פּוֹטְרִין – WHILE THE SAGES EXEMPT HIM.

The Gemara discusses the law for a mound:

אָמַר רַב יְהוּדָה אָמַר רַב – **Rav Yehudah said in the name of Rav:** תֵּל הַמִּתְלַקֵּט עֲשָׂרָה מִתּוֹךְ אַרְבַּע – **A mound that** gradually **accumulates** a height of **ten** *tefachim* **within** a span of **four** *amos,* וְזָרַק וְנָח עַל גַּבָּיו – **if someone threw** an object from the public domain **and it landed upon [the mound],** חַיָּיב – **he is liable** for throwing from a public domain to a private domain.[27]

The Gemara corroborates Rav's ruling from a Baraisa:

תַּנְיָא נַמִּי הָכִי – **This was taught in a Baraisa as well:** מָבוֹי שֶׁשָּׁוֶה לְתוֹכוֹ וְנַעֲשָׂה מִדְרוֹן לִרְשׁוּת הָרַבִּים – A *MAVOI* THAT IS LEVEL ALONG ITS INSIDE BUT SLOPES downward TOWARD THE PUBLIC DOMAIN, אוֹ שָׁוֶה לִרְשׁוּת הָרַבִּים וְנַעֲשָׂה מִדְרוֹן לְתוֹכוֹ – OR THAT IS LEVEL WITH THE PUBLIC DOMAIN BUT SLOPES downward TOWARDS ITS INSIDE,[28] אוֹתוֹ מָבוֹי אֵינוֹ צָרִיךְ לֹא לֶחִי וְלֹא קוֹרָה – THAT *MAVOI* REQUIRES NEITHER A *LECHI* NOR A *KORAH* to permit carrying within its confines, because the slope leading up or down to the public domain at the *mavoi's* entrance serves as a wall partitioning the *mavoi's* entrance from the public domain.[29]

NOTES

back, landing on the ground between the thrower and the wall. [Since the Mishnah speaks of a case where the thrower stood exactly four *amos* away from the wall ("One who throws four *amos* against a wall"),] the object perforce came to rest less than four *amos* away from the thrower. Why then should the thrower be liable? (*Rashi* above, 7b ד"ה והא).

25. That is, a crevice ten *tefachim* high on the wall, but less than four *tefachim* wide. Had the crevice measured four *tefachim* wide, all would agree that it has *reshus hayachid* status, as do all areas ten *tefachim* high and four *tefachim* wide (*Rabbeinu Chananel*).

26. The dispute between R' Meir and the Rabbis is recorded in *Eruvin* 11b. The Torah commands that a *mezuzah* be affixed to each doorway of a Jewish home, provided that the entrance is at least ten *tefachim* high and four *tefachim* wide. R' Meir and the Sages disagree about a *rounded* archway that is ten *tefachim* high but less than four *tefachim* wide at its top, and the wall surrounding the archway is wide enough and tall enough that one could, if he wished, widen the entrance to measure the full four-*tefachim* width up to a height of ten *tefachim*. R' Meir rules that "we carve to complete" the necessary dimensions – i.e. we legally view the entrance as if it were enlarged, because the potential to do so exists. Thus, the entrance requires a *mezuzah* even in its unwidened state. But the Sages hold that "we do not carve to complete" the necessary dimensions, i.e. we do not take the potential into account, but consider the archway as it presently stands – lacking the dimensions necessary for a *mezuzah*.

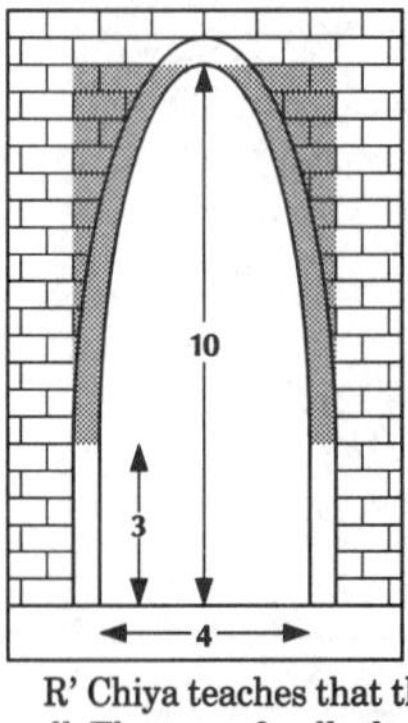

R' Chiya teaches that this dispute applies to our case of the crevice as well. The type of walls that border the *reshus harabim* are typically more than four *tefachim* thick (*Chidushei HaRan* to 7b). Thus, even if a crevice in the wall is less than four *tefachim* wide, there is room to broaden the crevice to four *tefachim*. R' Meir would therefore maintain that "we carve to complete" the small crevice to the dimensions of four by four *tefachim* – i.e. we legally view the small crevice as if it were enlarged to four by four *tefachim*. Since the crevice is ten *tefachim* above the ground, this makes it a *reshus hayachid*. Consequently, one who threw something into that crevice from a *reshus harabim* would be liable (*Rashi* to 7b; cf. *Tosafos* here and *Tosafos* 7b ד"ה והלכה ונחה בחור). According to the Rabbis, however, "we do not carve to complete" the necessary dimensions. Thus, a crevice less than four *tefachim* wide remains a *mekom petur* and, if one throws an object into it from a *reshus harabim,* he is exempt.

27. A mound ten *tefachim* high with steeply inclined sides is considered a *reshus hayachid* along its top – even if it stands in a *reshus harabim* – because its slopes are treated as if they were upright walls. For this to be true, though, the slopes must be inclined steeply enough to make walking up them inconvenient [לא ניחא תשמישתיה]. Otherwise, the slopes are viewed simply as the surface of the *reshus harabim.* The Sages determined that a slope that rises to a height of ten *tefachim* within a span of four *amos* is inclined too steeply to be convenient for walking. An incline that is less pronounced – for example, one that reaches a height of ten *tefachim* over five *amos* – is easy to walk on and the top of that mound is therefore considered part of the *reshus harabim* around it (*Rashi*).

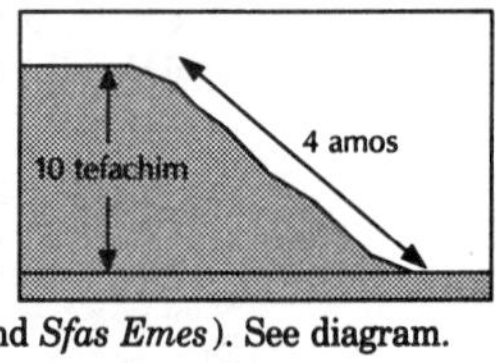

The four *amos* are measured along the slope itself [and not along the imaginary plane beneath the slope] (*Ritva MHK* ed.; see also *Mishnah Berurah* 345:5, and *Sfas Emes*). See diagram.

28. [As we have learned previously (6a), a *mavoi* is an alley into which several courtyards open and which in turn leads to the *reshus harabim.* If such an alley is enclosed on three sides, carrying is Biblically permitted in it but it still needs to be enclosed on its fourth side with a *korah* (crossbeam) or *lechi* (post) to permit carrying on the Rabbinic level.] Our Baraisa describes two cases where a *mavoi* and an adjacent *reshus harabim* are on two different levels but connected by a slope. In the first case, the *mavoi* itself is level but its entrance is ten *tefachim* above the *reshus harabim,* and a slope runs from the *mavoi's* entrance down to the *reshus harabim.* In the second case, the *reshus harabim* is ten *tefachim* above the *mavoi* and the entrance to the *mavoi* is even with it, but an *amah* or half an *amah* inside the entrance, the floor of the *mavoi* begins sloping downward into the *mavoi*'s interior (*Rashi*).

[The reason *Rashi* speaks of the floor of the *mavoi* not sloping downward until half an *amah* or so inside the doorway is to account for the Baraisa's language that the *mavoi* "is level with the public domain." This factor, however, would not seem to make any legal difference, and the Baraisa presumably uses this expression only to preserve the symmetry of expression between the two cases. It may also have been unusual for a *mavoi's* entrance to be higher than the floor of the *mavoi* and then open directly into the *reshus harabim,* for it would be difficult for people to exit from the *mavoi* into the traffic of the public domain by stepping *up* into it. Thus, where the *mavoi* was lower than the public domain, a small platform even with the street may have been provided inside the *mavoi's* entrance.]

29. *Rashi* (see *Tur, Orach Chaim* 363 and *Magen Avraham* there §40;

לאו היינו הנחתן בעי רבא א) אגוז בכלי וכלי צף על גבי מים מהו מי אמרינן בתר אגוז אזלינן והא נייח או דילמא בתר כלי אזלינן והא לא נייח תיקו שמן על גבי יין מחלוקת ר' יוחנן בן נורי ורבנן דתנן ג) שמן שצף על גבי יין ונגע טבול יום בשמן לא פסל אלא שמן ר' יוחנן בן נורי אומר שניהם חיבור זה לזה אמר אביי א בור ברה"ר עמוקה עשרה ורחבה שמנה וזרק לתוכה מחצלת חייב חילקה במחצלת פטור לאביי דפשיטא ליה דמחצלת מבטלא מחיצה כל שכן חוליא דמבטלא מחיצה לרבי יוחנן דמיבעיא ליה חוליא מחצלת פשיטא דלא מבטלא מחיצת' ואמר אביי ב בור ברה"ר עמוקה עשרה ורחבה ארבעה מלאה מים וזרק לתוכה חייב מלאה פירות וזרק לתוכה פטור מ"ט מים לא מבטלי מחיצתא פירות מבטלי מחיצתא תניא נמי הכי הזורק מן הים לאיסרטיא ומן האיסרטיא לים פטור ר"ש אומר אם יש במקום שזרק עמוק עשרה ורחב ארבעה חייב: **מתני'** ג) הזורק ארבע אמות בכותל למעלה מעשרה טפחים כזורק באויר למטה מעשרה טפחים כזורק בארץ הזורק בארץ ארבע אמות חייב: **גמ'** ד) והא לא נח א"ר יוחנן ה) בדבילה שמינה שנינו א"ר יהודה אמר רב א"ר חייא ו) זרק למעלה מעשרה והלכה ונחה בחור כל שהוא באנו למחלוקת ר' מאיר ורבנן לר"מ דאמר ז) חוקקין להשלים מיחייב לרבנן דאמרי ח) אין חוקקין להשלים לא מיחייב תניא נמי הכי זרק למעלה מעשרה והלכה ונחה בחור כל שהוא ר"מ מחייב וחכמים פוטרין א"ר יהודה אמר רב ט) תל המתלקט עשרה מתוך ארבע וזרק ונח על גביו חייב תנ"ה ז) מבוי ששוה לתוכו ונעשה מדרון לרה"ר או שוה לרה"ר ונעשה מדרון לתוכו אותו מבוי אינו צריך לא לחי ולא קורה רבי חנינא בן גמליאל אומר תל המתלקט עשרה מתוך ארבע וזרק ונח על גביו חייב: **מתני'** ח) זרק לתוך ד' אמות ונתגלגל חוץ לד' אמות פטור חוץ לד' אמות ונתגלגל לתוך ד' אמות חייב: **גמ'** והא לא נח אמר ר' יוחנן ט) והוא שנח על גבי משהו תניא נמי הכי זרק חוץ לד' אמות ודחפתו הרוח והכניסתו ואע"פ שחזרה והוציאתו פטור אחזתו הרוח משהו אף על פי שחזרה והכניסתו חייב י) אמר רבא תוך ג' לרבנן צריך הנחה על גבי משהו יתיב מרימר וקאמר לה להא שמעתא אמר ליה רבינא למרימר לאו

רש"י

לאו היינו הנחתן. ואם נטלו משם לאו עקירה היא: שמן על גבי יין. לענין שבת מחלוקת ר' יוחנן בן נורי ורבנן: דתנן שמן. של תרומה: שצף על גבי יין. של תרומה משום הכי נקט טבול יום משום דפוסל ואינו מטמא הלכך לא פסל אלא שמן בלבד דלאו חיבור הוא למיהוי כחד ואילו הוה טמא הוה מטמא ליה לשמן ושמן פסל ליה ליין: שניהם חיבור. דהוי כחד ונפסל אף היין ולענין שבת נמי לרבנן הוה ליה כאגוז על גבי מים ולרבי יוחנן הוה ליה כמים על גבי מים: וזרק לתוכה מחצלת. משום סיפא נקט ליה דבעי למימר חלקה במחצלת פטור לאשמעי' דהנחת חפץ וסילוק מחילה בהדדי פטור והכא סילוק מחילה דזיל הכא ליכא ארבעה וזיל הכא ליכא ד' דבצר ליה עוביי מקום מחצלת: כל שכן חוליא. דסילוק מחילה ודאי הוא דמבטל לה: לרבי יוחנן (א) מחצלת פשיטא ליה דלא מבטלה. דלאו נמי אמרינן סילוק מחילה והנחת חפץ כי הדדי פטור הכא חייב דלא מבטל לה הלכך לאו סילוק מחילה היא: וזרק לתוכה. מרה"ר מידי דנייחא כגון אבן או מים: חייב. ולא אמרינן כיון דמלא הוא לא הוי רה"י דמבטל להו מחילות: מלאה פירות. פטור דבטיל מחילות כאילו מלאוה עפר: תניא נמי הכי. דמים לא מבטלי מחילה: מן הים לאיסרטיא. מכרמלית לרה"ר פטור: איסרטיא. הוא סרטיא: ר"ש אומר אם יש. בים במקום שזרק גומא מיוחדת לבדה עמוקה עשרה ורחבה ד' רה"י לעצמה היא ולא הוי כשאר ים אף על גב דים נמי עמוק הוא וממילא שמעינן מדר"ש דמים לא מבטלי מחילה: גמ' רבי מאיר ורבנן. דאפליגו בחוקקים להשלים בפ"ק דיומא (דף יא:) ובעירובין (דף יא:) לר"מ דאמר חוקקין להשלים במקום שיש כדי לחוק הכא חייב דרואין החור כאלו הוא ארבע: תל המתלקט. שהוא מדרון והולך ומתלקט מעט מעט עד שמגביה י' מתוך ד"א הרי הוא כאלו זקוף כולו והוי רה"י במקום גובהו ואם זרק מרה"ר ונח על גביו חייב ודוקא נקט מתוך ד' אמות דאי מתוך ה' הרי הוא כשאר רשות הרבים דניחא תשמישתיה להילוך: ונעשה מדרון לרה"ר. שהיה קרקע המבוי גבוה מקרקע רה"ר והולך לשפע אצל פתחו לצד רה"ר או שהיה שוה לרה"ר ונעשה מדרון לתוכה שהיה רה"ר גבוה מקרקע המבוי וכניסת המבוי נמי מן הפתח ולפנים גבוה כקרקע רה"ר ברחב אמה או חצי אמה ואח"כ הוא נעשה מדרון לצד דופן האמצעי: אותו מבוי אינו צריך לחי. דאותו גובה שבצד הפתח הוה ליה מחילה אף על פי שהוא משפע והולך: מתני' זרק חוץ לד"א ונתגלגל כו' חייב. לא שנפל לארץ דא"כ לא צריכא למימר אלא שהרוח גלגלתהו מן האויר לתוך ד' אמות: גמ' והא לא נח. תוך לד' ואמאי אזלינן בתרה: שנח ע"ג משהו. שעמד קצת ואח"כ נתגלגל והוא הדין אם אחזתו הרוח באויר ועכבתו מעט ואחר כך הכניסתו דחשיב נמי הנחה אם בתוך ג' הוא: ודחפתו הרוח. בעודו באויר: אחזתו משהו. הרוח עכבתו במקומו מעט: לרבנן. דפליגי עליה דר"ע ח) בזורק מרה"י לרה"י ורה"ר באמצע דלית להו קלוטה כמי שהונחה לא תימא בתוך ג' מודו אלא אפילו תוך ג' כולה פטור ונפקא מינה נמי לזורק ד' אמות וכשבא לנוח והגיע לתוך ג' נזכר שגגתו עד שלא נח פטור כדאמרינן במתני' (דף קב.) עד שתהא תחלתו וסופו שגגה ולא אמרינן עד שלא נזכר הוה ליה מונח:

תוספות

פירות מבטלי מחיצתא. וא"ת ומ"ש מדבילה שמינה דאמרינן לעיל דלא מבטלי ולאביי דהכא לית ליה שינויא דדבילה שמינה שנו כדאמר בפ"ק (דף ז:) דזימנין משני ליה בכותל דלית ביה חור ודבילה שמינה כו' וי"ל דדבילה אינה עומדת להתקיים שם בכותל כמו שרגילין לבטל פירות בבור כעין תבואה אי נמי דבילה דבר מועט הוא ולא מבטלא אבל בור מלא פירות או אפילו מבטל רה"י וה"ה דגרעינן אחד או דבר מועט לא מבטל רה"י וא"ת היכי ממעטי הני פירות והא אמר בפרק חלון (עירובין עח.) כל דבר הניטל בשבת אינו ממעט ואפי' אי איירי הכא בטבל שאין ניטל בשבת מ"מ כיון דניטל מן התורה הזורק לתוכו אמאי פטור ואומר ר"י דמן התורה ממעט כל דבר ואפילו הניטל ומדרבנן הוא דגזרו דדבר הניטל אינו ממעט ולהכי לא קאמר מותר לזרוק בתוכו אלא קאמר הזורק לתוכו פטור משמע דאיסורא דרבנן איכא ואפילו בחריץ שבין שתי חצרות אמרו דדבר הניטל אינו ממעט אע"ג דהוי לקולא דלא אסרי אהדדי אבל ק"ק דבפרק חלון (שם) מייתי על בית שמילאוהו תבן דהוי לענין אהל דאורייתא:

והלכה ונחה בחור כל שהוא כו'. בחור מפולש איירי והאי חוקקין להשלים היינו לשויה מקום ד' כדפי' בפ"ק (דף ז:): **והא** לא נח. וא"ת מאי פריך והתניא לעיל (ד' צז.) תוך ג' ד"ה חייב אע"ג דלא נח ואין נראה לומר דאתוך ד' אמות קאי אמאי פטור הא לא נח וא"כ כשנח אחר כך חוץ לארבע יתחייב דהא [מתניתין] נמי הכי משמע דאחוץ לד' אמות פריך אמאי חייב וי"ל דפריך לרבא דאמר תוך שלשה לרבנן בעי הנחה ע"ג משהו:

אחזתו הרוח משהו כו'. פי' שעיכבתו ע"ג קרקע או אפי' באויר כדפי' בקונט' דחשיבה אחיזת הרוח כמונח על גבי משהו ונראה דע"ג קרקע (ב) אפי' לר' יהודה דהיינו רבנן דקאמר רבא דצריך הנח' מודה (ג) ט) דלא בעינן כדפי' לעיל (דף פ.) ומיהו ק"ק דבסמוך מסקינן איפכא דמתגלגל כיון דאין סופו לנוח לאו כמונח דמי אבל האי כיון דסופו לנוח כמונח דמי וחזר ר"י לפרש דודאי רבי יהודה סבר כר"ע דקלוטה כמו שהונחה (ד) היכא דבעי שתנוח שם כי ההוא דפירקין אבל בההוא דפרק בתרא דעירובין (ד' צז:) היה קורא בספר דלא בעי שתפול שם בעי ר' יהודה הנחה על גבי משהו ורבא קאמר דרבנן דר"ע לית להו קלוטה כמו שהונחה דמיא בשום מקום אפי' רצונו שתנוח שם אפילו תוך ג' ולא ס"ל כברייתא דלעיל דקתני תוך ג' ד"ה חייב אלא סבר כברייתא דהכא דקתני אחזתו הרוח משהו ומתניתין נמי משמע דאיירי בנח משהו כדאוקי ר' יוחנן דומיא דרישא דקתני תוך ד' אמות פטור דאיירי בשנח דאי לאו הכי אמאי מיפטר ורב חלקיה בר טוביה דאמר לעיל תוך שלשה ד"ה חייב מוקי מתניתין בדלא נח ורישא דקתני פטור מיירי כגון שפסק כחו ומחמת הרוח נתגלגל חוץ לארבע:

מסורת הש"ס

א) לעיל דף ה:, ב) ג"ז שם עירובין דף עח: [טבול יום פ"ב מ"ה], ג) [לעיל לג:], ד) [לעיל ז: ולעיל צו:], ה) ג"ז שם, ו) [ג"ז שם וש"נ], ז) [לעיל פ. עירובין לג:], ח) [לעיל נו.], ט) דלא בעינן הנחה כדפרש"י לעיל דיש חלוק בין מתגלגל ובין אינו מתגלגל כל"ל.

הגהות הב"ח

(א) רש"י ד"ה כ"ש וכו' דמבטל לה הסם לר' יוחנן דמיבעיא ליה חוליא מחצלת פשיטא ליה כל"ל והד"א: (ב) תוס' ד"ה אחזתו וכו' ונראה דע"ג קרקע. נ"ב פי' אפי' במתגלגל ואפי' לא אחזתו הרוח: (ג) בא"ד דלא בעינן כדפירשתי לעיל. נ"ב בפ' המוציא יין דף פ ד"ה והא קאמר: (ד) בא"ד כמו שהונחה דמיא היכא וכו' כי ההיא דפירקין. נ"ב דף צז ע"ב:

גליון הש"ס

גמ' חילקה במחצלת. עיין בחידושי הרשב"א לעיל ס ע"א ד"ה רחבה ששה:

ליקוטי רש"י

שמן על גבי יין. ועקר השמן והוליאו לרשות הרבים הוא הדין על גבי מים לענין שבת אבל לענין תרומה לא נקט אלא שמן על גבי יין. טבול יום. פוסל את התרומה מן התורה ביבמות בפרק הערל (עד:) [לעיל יד.]. איסרטיא. מסילה שהולכין בה מעיר לעיר [שם ג.]. כזורק באויר. ופטור דלא נח. כזורק בארץ. ...

עין משפט נר מצוה

יט א מיי' פי"ד מהל' שבת הלכה כג: כ ב שם הלכה כג: כא ג מיי' שם הל' יט סמג לאוין סה טוש"ע א"ח סי' שמה סעיף יג: כב ד מיי' שם: כג ה מיי' שם הלכה יח וסמג לאוין שם טוש"ע שם סעיף יד: כד ו מיי' שם הל' טו: כה ז מיי' פי"ג שם הל' ד טוש"ע א"ח סי' שנג סעיף ב: כו ח ט מיי' פי"ג שם הלכה כב: כז י מיי' שם הל' טז [וע"ש בכ"מ]:

רבינו חננאל

אסקופה מאי היא ואוקימנא [באסקופת] כרמלית ואקשינן עלה סוף סוף איסורא דרבנן איכא ושנינן דלית בה ד' על ד' וכר' יוחנן דאמר מקום שאין בו ד' על ד' מותר לבני רה"י ולבני רה"ר לכתף עליו ובלבד שלא יחליפו השתא דתנינן בחולית הבור והסלע פחות מכאן פטור אם הן פחות בגובה ואין פחות ברוחב הוא פטור אבל אסור ואם פחות ברוחב פטור ומותר ובלבד שלא יחליף ודייקינן למה ליה למיתנא חולית הבור והסלע מסייעא ליה לר' יוחנן דאמר בור וחוליתו מצטרפין לעשרה והא דר' יוחנן בהמוצא תפילין (ד' צט) בענין בור ברשות הרבים והיכי דמי גבוהה י' טפחים ורחבה ד' ... ברה"ר וחקק בו עד ארעית רה"ר מקצתו עשאו ביד ומקצתו עשאו חוליא לבור וארעית הבור עם רה"ר שוה לו הבור עצמו גבוהה מרה"ר וחוליתו למעלה ממנו אם גבוה הבור וחוליתו שניהם יחדיו עשרה טפחים הרי הן מצטרפין ולמעלה מן החוליא רשות אחרת: וגרסינן בירושלמי דקדוק אחד א"ר יוחנן (העמוד) [העמוד] והחלול מצטרפין לארבעה והוא שהיה (העמוד) [העמוד] רובה על החלל והחלל זהו פתיחות הבור (והעמוד) [העמוד] הוא רחב החוליא העומדת שהיא שפת הבור אם נמצא מן השפה אל השפה ד' טפחים אע"פ שיש חלל באמצע הרי הוא רה"י כמו שפירשנו: בעא רב מרדכי מרבה עמוד ברה"י גבוה י' ורחב ד' וזרק ונח על גביו מהו בעיא זו עיקרו כי רה"י תופשת עד עשרה ומי' ולמעלה מקום פטור הוא ואי למיפך אם הגביה אדם חפץ מרה"י ולא הגביה יותר מי' טפחים אלא לאלתר שהגיע לעשרה הניחו ע"ג העמוד חייב אבל זרקו למעלה מי' מעקם כשהוא ברה"י ויש במחשבתו שאם יפול ינוח ברה"י אלא שבזריקתו יצא מרה"י למקום פטור שהוא האויר ואח"כ חזר ונפל ונח ברה"י מי אמרינן הרי עקירה ברה"י והנחה ברה"י ועביד עקירה והנחה נכנס למקום פטור חייב או דלמא כיון דממקום פטור הוא דקא אתיא פטור ופשטו לה רבה ורב יוסף ואביי מתניתין היא הלא תראה לאו

וְזָרַק וְנָח עַל גַּבָּיו – IF SOMEONE THREW an object from the public domain AND IT LANDED UPON [THE MOUND], חַיָּיב – HE IS LIABLE for throwing from a public domain to a private domain.[30] תֵּל – רַבִּי חֲנִינָא בֶּן גַּמְלִיאֵל אוֹמֵר – R' CHANINA BEN GAMLIEL SAYS: הַמִּתְלַקֵּט עֲשָׂרָה מִתּוֹךְ אַרְבַּע – A MOUND THAT gradually ACCUMULATES to a height of TEN *tefachim* WITHIN a span of FOUR *amos,*

Mishnah This Mishnah continues discussing the prohibition against throwing an object four *amos* in a public domain: זָרַק לְתוֹךְ אַרְבַּע אַמּוֹת – If **one** standing in a public domain **threw** an object **to** a point **within four *amos*** of himself,[31] וְנִתְגַּלְגֵּל חוּץ לְאַרְבַּע אַמּוֹת – **but it rolled,** i.e. was propelled by the wind, to a point **beyond four *amos,***[32] פָּטוּר – **he is exempt.**[33] חוּץ לְאַרְבַּע אַמּוֹת – If he threw the object **beyond four *amos*** וְנִתְגַּלְגֵּל לְתוֹךְ אַרְבַּע אַמּוֹת – **but it rolled,** i.e. was propelled by the wind, back **to within four *amos,*** חַיָּיב – **he is liable.**[34]

Gemara The Gemara asks concerning the Mishnah's second case:

וְהָא לֹא נָח – **But [the object] never came to rest** outside of four *amos*! How can the thrower be liable?

The Gemara answers:

אָמַר רַבִּי יוֹחָנָן – **R' Yochanan said:** וְהוּא שֶׁנָּח עַל גַּבֵּי מַשֶּׁהוּ – The Mishnah's ruling was stated **provided [the object] rested** briefly **on a place of** at least **a minute size.**[35]

The Gemara cites a Baraisa echoing R' Yochanan's explanation of our Mishnah:

תַּנְיָא נַמִּי הָכִי – **It was also taught likewise in a Baraisa:** זָרַק חוּץ לְאַרְבַּע אַמּוֹת – IF ONE standing in a public domain THREW an object TO a point BEYOND FOUR *AMOS* from himself, וּדְחָפַתּוּ הָרוּחַ וְהִכְנִיסַתּוּ – AND THE WIND PUSHED IT BACK to WITHIN four *amos,* וְאַף עַל פִּי שֶׁחֲזָרָה וְהוֹצִיאַתּוּ – EVEN IF [THE WIND] THEN BROUGHT IT BACK OUT to beyond four *amos,* פָּטוּר – [THE THROWER] IS EXEMPT. אֲחָזַתּוּ הָרוּחַ מַשֶּׁהוּ – But IF THE WIND HELD [THE OBJECT] BRIEFLY in place in midair beyond four *amos,* אַף עַל פִּי שֶׁחֲזָרָה וְהִכְנִיסַתּוּ – EVEN IF IT THEN BROUGHT [THE OBJECT] BACK to WITHIN four *amos,* חַיָּיב – [THE THROWER] IS LIABLE.

The Gemara cites a related ruling:

אָמַר רָבָא – **Rava said:** תּוֹךְ שְׁלֹשָׁה – An object that is **within three** *tefachim* of the ground לְרַבָּנָן צָרִיךְ הַנָּחָה עַל גַּבֵּי מַשֶּׁהוּ – **requires a placement on a place of** at least **a minute size according to the Rabbis.**[36]

The need for Rava's ruling is questioned:

יָתִיב מְרֵימָר וְקָאָמַר לָהּ לְהָא שְׁמַעְתָּא – **Mereimar was sitting and relating this teaching** of Rava. אָמַר לֵיהּ רָבִינָא לִמְרֵימָר – **Ravina said to Mereimar:**

NOTES

see also *Divrei Yechezkel* 6:16).

Here too, the Baraisa speaks of an incline that rises to a height of ten *tefachim* within a span of four *amos;* see next note (*Rashba, Ritva MHK* ed.).

30. R' Chanina ben Gamliel does not dispute the Tanna Kamma in regard to the steepness of the incline; on the contrary, he clarifies the steepness of the incline of which the Tanna Kamma speaks. Indeed, the Tosefta (from which this Baraisa is taken) states this measure explicitly in the Tanna Kamma's view as well. Our Gemara, however, quotes the Baraisa in abbreviated form [relying on the concluding statement of R' Chanina ben Gamliel to make clear the degree of steepness of which we speak]. Thus, *both* opinions quoted in this Baraisa support Rav's ruling (*Rashba* and *Ritva MHK* ed.; see *Rambam* and *Raavad, Hil. Shabbos* 17:4; cf. *Sfas Emes*).

31. I.e. he tossed the object indiscriminately, not intending that it land in any particular place (*Rashba*). The force that he exerted, however, was sufficient to propel it only a distance of two *amos.*

32. A gust of wind swept it up and carried it to beyond four *amos.*

33. The specifics of the scenario and the reason for this ruling will be explained at the end of note 35.

34. The wind swept up the object in midair [after it came to within three *tefachim* of the ground outside of four *amos*], and carried it back to within four *amos* (*Rashi*). The Mishnah teaches that the thrower is liable despite the fact that the object never landed outside of four *amos.*

Rashi states that the Mishnah cannot mean that the object actually landed on the ground outside of four *amos* before rolling back to within four *amos,* because the Mishnah's ruling that the thrower is liable would then be superfluous. Apparently, *Rashi* maintains that for *hanachah* to occur, it is sufficient that the object hit the ground; it is unnecessary that it stop moving (*R' Akiva Eiger, Treatise on the Principle of Kelutah,* para. 11 ד״ה ונלענ״ד; *She'eilos U'Teshuvos Avnei Nezer, Orach Chaim* 240:5).

35. If the wind-borne article never came to rest even briefly outside of four *amos,* the thrower is indeed not liable. The Mishnah refers to where, for a fleeting instant before being blown back within four *amos,* the article rested [on an area of at least a minute size].

The same law would apply if the object never landed at all, but was held aloft momentarily by the wind in a stationary position before being blown back to within four *amos.* As long as this occurred within three *tefachim* of the ground [where the principle of *lavud* is operative (see above, 97a)], the object is considered to have had a legal *hanachah* (see *Rashi*).

This same explanation applies to the first half of our Mishnah. We learned there that if a person threw an object with sufficient force to carry it only two *amos,* but a wind came and carried it four *amos,* the thrower is not liable. Here the reverse question arises: Why is he not liable, since the object did not come to rest within four *amos*? R' Yochanan responds that the Mishnah refers to where the object indeed momentarily came to rest within four *amos,* [either] on a minute-sized place or by being held stationary in midair by the wind within three *tefachim* of the ground. Indeed, the Gemara could have asked and answered its question in regard to the Mishnah's first case as well (*Rashba;* see also *Tosafos* ד״ה אחזתו; cf. *Rambam, Commentary to Mishnah*).

36. The reference is to the dispute recorded above (97a) between R' Akiva and the Rabbis concerning one who throws an object from one private domain to another via an intervening public domain. R' Akiva, it will be remembered, holds the thrower liable, based on the principle of *kelutah.* This principle states that an object that is contained within the airspace of a domain legally is considered to be at rest in that domain. Consequently, the thrower has violated the Biblical prohibition against transferring between a private and a public domain. The Rabbis, however, regard this as merely an act of throwing from one private domain to another (which is not Biblically prohibited), because they dispute the principle of *kelutah* and maintain that an object is not considered to be at rest in a domain unless it actually lands on a surface.

Rava now states that the Rabbis' opposition to the principle of *kelutah* applies even where the object passed within three *tefachim* of the ground of the public domain. This has two ramifications. First, it means that the Rabbis dispute R' Akiva in the above case even where the object traversed the public domain within three *tefachim* of the ground. For the thrower to be liable, the Rabbis assert, the object must pause in flight at least briefly.

A second ramification of Rava's statement is in a case in which a person inadvertently threw an object four *amos* in a public domain, and just before the object landed and had reached within three *tefachim* of the ground, he realized his mistake. The Mishnah (below, 102a) teaches that in order to be liable to a *chatas* for inadvertent Sabbath desecration, one must become aware of his sin only after the sin is completed, so that the sin, beginning and end, is performed in a state of unawareness. Without Rava's statement, therefore, we might have said that the Rabbis hold the thrower in the above case liable to a *chatas* offering, for the sin is completed immediately when the object enters the three-*tefachim* airspace above the ground, before the thrower remembered his mistake. Rava teaches, however, that the thrower is exempt, for an object even within three *tefachim* of the ground must pause there briefly to be considered at rest, and this did not occur. Thus, the transfer was not complete until the object came to an actual rest upon the ground, by which time the thrower had already become aware of his misdeed (see *Rashi*).

לאו היינו הנחתן בעי רבא אגוז בכלי וכלי צף על גבי מים מהו מי אמרינן בתר אגוז אזלינן והא נייח או דילמא בתר כלי אזלינן והא לא נייח תיקו שמן על גבי יין מחלוקת ר' יוחנן בן נורי ורבנן דתנן שמן שצף על גבי יין ונגע טבול יום בשמן לא פסל אלא שמן ר' יוחנן בן נורי אומר שניהם חיבור זה לזה אמר אביי בור ברה"ר עמוקה עשרה ורחבה שמנה וזרק לתוכה מחצלת חייב חילקה במחצלת פטור לאביי דפשיטא ליה דמחצלת מבטלא מחיצה כל שכן חוליא דמבטלא מחיצה לרבי יוחנן דמיבעיא ליה חוליא מחצלת פשיטא דלא מבטלא מחיצת' ואמר אביי בור ברה"ר עמוקה עשרה ורחבה ארבעה מלאה מים וזרק לתוכה חייב מלאה פירות וזרק לתוכה פטור מ"ט מים לא מבטלי מחיצתא פירות מבטלי מחיצתא תניא נמי הכי הזורק מן הים לאיסרטיא ומן האיסרטיא לים פטור ר"ש אומר אם יש במקום שזרק עמוק עשרה ורחב ארבעה חייב: **מתני'** הזורק ארבע אמות בכותל למעלה מעשרה טפחים כזורק באויר למטה מעשרה טפחים כזורק בארץ הזורק בארץ ארבע אמות חייב: **גמ'** והא לא נח א"ר יוחנן בדבילה שמינה שנינו א"ר יהודה אמר רב א"ר חייא זרק למעלה מעשרה והלכה ונחה בחור כל שהוא באנו למחלוקת ר' מאיר ורבנן לר"מ דאמר חוקקין להשלים מיחייב לרבנן דאמרי אין חוקקין להשלים לא מיחייב תניא נמי הכי זרק למעלה מעשרה והלכה ונחה בחור כל שהוא ר"מ מחייב וחכמים פוטרין א"ר יהודה אמר רב תל המתלקט עשרה מתוך ארבע וזרק ונח על גביו חייב תנ"ה מבוי ששוה לתוכו ונעשה מדרון לרה"ר או שוה לרה"ר ונעשה מדרון לתוכו אותו מבוי אינו צריך לא לחי ולא קורה רבי חנינא בן גמליאל אומר תל המתלקט עשרה מתוך ארבע וזרק ונח על גביו חייב: **מתני'** זרק לתוך ד' אמות ונתגלגל חוץ לד' אמות פטור חוץ לד' אמות ונתגלגל לתוך ד' אמות חייב: **גמ'** והא לא נח אמר ר' יוחנן והוא שנח על גבי משהו תניא נמי הכי זרק חוץ לד' אמות ודחפתו הרוח והכניסתו ואע"פ שחזרה והוציאתו פטור אחזתו הרוח משהו אף על פי שחזרה והכניסתו חייב אמר רבא תוך ג' לרבנן צריך הנחה על גבי משהו יתיב מרימר וקאמר לה להא שמעתא אמר ליה רבינא למרימר לאו

רש"י

לאו היינו הנחתן. ואם נטלו משם לאו עקירה היא: שמן על גבי יין. לענין שבת מחלוקת ר' יוחנן בן נורי ורבנן: דתנן שמן. של תרומה: שצף על גבי יין. של תרומה משום הכי נקט טבול יום משום דפוסל ואינו מטמא הלכך לא פסל אלא שמן בלבד דלאו חיבור הוא למיהוי כחד ואילו הוה טמא הוה מטמא ליה לשמן ושמן פסל ליה ליין: שניהם חיבור. דהוי כחד ונפסל אף היין ולענין שבת נמי לרבנן הוה ליה כאגוז על גבי מים ולרבי יוחנן הוה ליה כמים על גבי מים: וזרק לתוכה מחצלת. משום סיפא נקט ליה דבעי למימר חלקה במחצלת פטור לאשמעי' דהנחת חפץ וסילוק מחילה בהדדי פטור והכא סילוק מחילה דזיל הכא ליכא ארבעה וזיל הכא ליכא י' דבצר ליה עובי מקום מחצלת: כל שכן חוליא. דסילוק מחילה ודאי הוא דמבטיל לה: לרבי יוחנן (א) מחצלת פשיטא ליה דלא מבטלה. דלאו נמי אמרינן סילוק מחילה והנחת חפץ כי הדדי פטור הכא חייב דלא מבטל ליה הלכך לאו סילוק מחילה היא: וזרק לתוכה. מרה"ר מידי דניחא כגון אבן או מים: חייב. ולא אמרינן כיון דמלאה הוא לא הוי רה"י דמבטל להו מחיצות: מלאה פירות. פטור דבטלו מחיצות כאילו מלאוה עפר: תניא נמי הכי. דמים לא מבטלי מחילה: מן הים לאיסרטיא. מכרמלית לרה"ר פטור: איסרטיא. הוא סרטיא: ר"ש אומר אם יש. בים במקום שזורק גומא מיוחדת לבדה עמוקה עשרה ורחבה ד' רה"י לעצמה היא ולא הוי כשאר ים אף על גב דים נמי עמוק הוא וממילא שמעינן מדר"ש דמים לא מבטלי מחילה: גמ' רבי מאיר ורבנן. דאיפליגו בחוקקים להשלים בפ"ק דיומא (דף יא:) ובעירובין (ד' יא:) לר"מ דאמר חוקקין להשלים במקו' שיש כדי לחוק הכא חייב דרואין החור כאלו הוא ארבע: תל המתלקט. שהוא מדרון והולך ומתלקט מעט מעט עד שמגביה י' מתוך ד"א הרי הוא כאלו זקוף כולו והוי רה"י במקום גובהו ואם זרק מרה"ר ונח על גביו חייב ודוקא נקט מתוך ד' אמות דאי מתוך ה' הרי הוא כשאר רשות הרבים דניחא תשמישתיה להילוך: ונעשה מדרון לרה"ר. שהיה קרקע המבוי גבוה מקרקע רה"ר והולך לשפע אצל פתחו לצד רה"ר או שהיה שוה לרה"ר ונעשה מדרון לתוכה שהיה רה"ר גבוה מקרקע המבוי וכניסת המבוי נמי מן הפתח ולפנים גבוה כקרקע רה"ר ברחב אמה או חצי אמה ואח"כ הוא נעשה מדרון לצד דופן האמצעי: אותו מבוי אינו צריך לחי. דאותו גובה שבצד הפתח הוה ליה מחילה אף על פי שהוא משפע והולך: מתני' זרק חוץ לד"א ונתגלגל כו' חייב. לא שנפל לארץ דא"כ לא צריכא למימר אלא שהרוח גלגלתהו מן האויר לתוך ד' אמות: גמ' והא לא נח. חוץ לד' ואמאי אזלינן בתרה: שנח ע"ג משהו. שעמד קלת ואח"כ נתגלגל והוא הדין אם אחזתו הרוח באויר ועכבתו מעט ואחר כך הכניסתו דחשיב נמי הנחה אם בתוך ג' הוא: ודחפתו הרוח. בעודו באויר: אחזתו משהו. הרוח עכבתו במקומו מעט: לרבנן. דפליגי עליה דר"ע בזורק מרה"י לרה"י ורה"ר באמצע דלית להו קלוטה כמי שהונחה לא תימא בתוך ג' מודו דלאו לאויר תוך ג' נמי צריך שינוח ואם עבר רה"ר כולה פטור ונפקא מינה נמי לזורק ד' אמות וכשבא לנוח והגיע לתוך ג' נזכר שגגתו עד שלא נח פטור כדאמרינן במתני' (דף קב.) עד שתהא תחלתו וסופו שגגה ואי אמרינן על שלא נח נזכר הוה ליה מונח:

תוספות

מבטלי מחיצתא. וא"ת ומ"ש מדבילה שמינה דאמרינן לעיל דלא מבטלי ואביי דהכא אית ליה שינויא דדבילה שמינה כדאמר בפ"ק (דף ז:) זימנין משני ליה בכותל דלית ביה חור ודבילה שמינה כו' וי"ל דדבילה אינה עומדת כל כך להתבטל שם בכותל כמו שרגילין לבטל פירות בבור כעין תבואה אי נמי דבילה דבר מועט הוא ולא מבטלא אבל בור מלא פירות או אליו מבטל רה"י וה"ה דגרעין אחד או דבר מועט לא מבטל רה"י וא"ת היכי ממעטי הני פירות והא אמר בפרק חלון (עירובין עח:) כל דבר הניטל בשבת אינו ממעט ואפי' אי איירי הכא בטבל שאין ניטל בשבת מ"מ כיון דניטל מן התורה הזורק לתוכו אמאי פטור ואומר ר"י דמן התורה ממעט כל דבר ואפילו הניטל ומדרבנן הוא דגזרו דדבר הניטל אינו ממעט ולהכי לא קאמר מותר לזרוק בתוכו אלא קאמר הזורק לתוכו פטור משמע דאיסורא דרבנן איכא ואפילו בחריץ שבין שתי חצרות אמרו דדבר הניטל אינו ממעט אע"ג דהוי לקולא דלא אסרי אהדדי אבל ק"ק דבפרק חלון (שם) מייתי על בית שמילאוהו תבן דהוי לענין אהל דאורייתא:

והלכה ונחה בחור כל שהוא כו'. בחור מפולש איירי והאי חוקקין להשלים היינו לשוויה מקום ד' כדפי' בפ"ק (דף ז:): **והא לא נח.** וא"ת מאי פריך והתניא לעיל (ד' צז.) תוך ג' ד"ה חייב אע"ג דלא נח ואין נראה לומר דאתוך ד' אמות קאי אמאי פטור הא לא נח וא"כ כשנח אחר כך חוץ לארבע יתחייב דהא [מתניתין] נמי הכי משמע דלאתוך לד' אמות פריך אמאי חייב וי"ל דפריך לרבה דאמר תוך שלשה לרבנן בעי הנחה ע"ג משהו:

אחזתו הרוח משהו כו'. פי' שעיכבתו ע"ג קרקע או אפי' באויר כדפי' בקונט' דמשיבה אחיזת הרוח כמונח על גבי משהו ונראה דע"ג קרקע (ג) אפי' לר' יהודה דהיינו רבנן דקאמר רבא דצריך הנחה מודה (ג) דלא בעינן כדפי' לעיל (דף פ.) ומיהו ק"ק דבסמוך מסקינן איפכא דקלוטה כיון דאין סופו לנוח לאו כמונח דמי אלא כיון דסופו לנוח כמונח דמי וחזר ר"י לפרש דודאי רבי יהודה סבר כר"ע דקלוטה כמו שהונחה (ד) היכא דבעי שתנוח שם כי ההוא דפירקין אבל בההוא דפרק בתרא דעירובין (ד' צט:) היה קורא בספר דלא בעי שתפול שם בעי ר' יהודה הנחה על גבי משהו והכא קאמר דרבנן דר"ע לית להו קלוטה כמו שהונחה דמיא בשום מקום אפי' רצונו שתנוח שם אפילו תוך ג' ולא ס"ל כברייתא דלעיל דקתני תוך ג' ד"ה חייב אלא סבר כברייתא דהכא דקתני אחזתו הרוח משהו ומתניתין נמי משמע דאיירי כלאוקי ר' יוחנן דומיא דרישא דקתני תוך ד' אמות פטור דאיירי בשנח דלאו הכי אמאי פטור ורבי בר טוביה דאמר לעיל תוך שלשה ד"ה חייב אלא מוקי מתניתין דלא נח ורישא דקתני פטור מיירי כגון שפסק כחו ומחמת הרוח נתגלגל חוץ לארבע:

לאו

מסורת הש"ס

א) לעיל דף ה., ב) ג"ז שם עירובין דף עח. [טבול יום פ"ב מ"ה], ג) לעיל לז:, ד) [לעיל ז: ולעיל לב:], ה) ג"ז שם, ו) [ג"ז שם וש"נ], ז) לעיל פ. עירובין לח:, ח) [לעיל נז:], ט) דלא בעינן הנחה כדפי' לעיל דים סילוק בין מתגלגל ובין אינו מתגלגל כל"ל.

הגהות הב"ח

(א) רש"י ד"ה כ"ש וכו' דמבטל לה הס"ד ואח"כ מה"ד לר' יוחנן דמיבעיא ליה חוליא מחצלת פשיטא ליה כל"ל והד"א: (ב) תוס' ד"ה אחזתו וכו' ונראה דע"ג קרקע. נ"ב פי' אפי' בחמת הרוח לא אחזתו בקרקע: (ג) בא"ד דלא בעינן כדפי' לעיל. נ"ב בפ' המוליא יין דף פ' בד"ה והא אמר: (ד) בא"ד כמו שהונחה דמיא היכא וכו' כי ההיא דפירקין. נ"ב בד' לז ע"ב:

גליון הש"ס

גמ' חילקה במחצלת. עיין בחידושי הרשב"א לעיל ח ע"א ד"ה רחבה ששה:

ליקוטי רש"י

שמן על גבי יין. ועקר השמן והוציאו לרשות הרבים והוא הדין על גבי מים ולענין שבת אבל לענין תרומה לא קני דלא נקט יין. טבול יום. פוסל את התרומה ביבמות בפרק הערל [עד:]. [לעיל ה:]. [טבול יום לאוריית' דכתיב] וכלו השמש וטהר ומקמי הכלה לא ואוקימנא ביבמות בתרומה בפרק הערל (עד:) ואפילו לנגיעה. כל כלי אשר יעשה מלאכה בהם במים [יובא וטמא עד הערב וטהר] וגו' והאי נגיעה הוא ובעינן הערב שמש דאמר פסיל שמנו... [illegible]

עין משפט נר מצוה

יט א מיי' פי"ד מהל' שבת הלכה כב:
כ ב שם הלכה כג:
כא ג מיי' שם הל' יח סמג לאוין סה טוש"ע א"ח סי' שמה סעיף יב:
כב ד מיי' שם:
כג ה מיי' שם הל' יח וסמג לאוין שם טוש"ע שם סעיף יד:
כד ו מיי' שם הל' טו:
כה ז מיי' פי"ז שם הל' כה טוש"ע א"ח סי' שסג סעיף לו:
כו ח ט מיי' פי"ג שם הלכה כב:
כז י מיי' שם הל' טו [וע"ש בכ"מ]:

רבינו חננאל

אסקופה מאי היא ואוקימנא [באסקופת] כרמלית ואקשינן עלה סוף סוף איסורא דרבנן איכא ושנינן דלית בה ד' על ד' וכר' יוחנן דאמר מקום שאין בו ד' על ד' מותר לבני רה"י ולבני רה"ר לכתף עליו ובלבד שלא יחליפו השתא דתנינן בחולית הבור והסלע פחות מכאן פטור אם הן פחות בגובה ואין פחות ברוחב הוא פטור אבל אסור ואם פחות ברוחב פטור ומותר לבלבד שלא יחליף ודייקינן חולית הבור והסלע מסייעא ליה לר' יוחנן דאמר בור וחולייתו מצטרפין לעשרה ...

לאו היינו מתני' וא"ר יוחנן והוא שנח [א]ואע"ג משהו א"ל מתגלגל קאמרת מתגלגל אין סופו לנוח אבל האי כיון דסופו לנוח אע"ג דלא נח כמאן דנח דמי קמ"ל: **מתני'** [א]הזורק בים ארבע אמות פטור [ב]אם (א) היה רקק מים ורשות הרבים מהלכת בו הזורק לתוכו ד' אמות חייב וכמה הוא רקק מים פחות מעשרה טפחים רקק מים ורשות הרבים מהלכת בו הזורק בתוכו ד' אמות חייב: **גמ'** א"ל ההוא מרבנן לרבא בשלמא הילוך הילוך תרי זימני הא קמ"ל הילוך ע"י הדחק שמיה הילוך תשמיש ע"י הדחק לא שמיה תשמיש אלא רקק רקק תרי זימני למה לי חד בימות החמה וחד בימות הגשמים וצריכי דאי תנא חדא ה"א ה"מ בימות החמה דעבידי אינשי דמסגי לאקורי נפשייהו אבל בימות הגשמים לא ואי אשמעינן בימות הגשמים דכיון דמיטנפי לא איכפת להו אבל בימות החמה לא אביי אמר [ג]איצטריך סד"א ה"מ היכא דלא הוי ד' אמות אבל היכא דהוי ד' אמות אקופי מקפי ליה רב אשי אמר איצטריך ס"ד אמינא ה"מ היכא דהוה ד' אבל היכא דלא הוי ארבעה מיפסעי פסעי ליה ואזדא רב אשי לטעמיה דאמר רב אשי האי מאן דזריק ונח אגודא דגמלא מיחייב שהרי רבים בוקעין בו: **מתני'** הזורק מן הים ליבשה ומן היבשה לים ומן הים לספינה ומן הספינה לים ומן הספינה לחבירתה פטור [ד]ספינות קשורות זו בזו מטלטלין מזו לזו אם אינן קשורות אע"פ שמוקפות אין מטלטלין מזו לזו: **גמ'** איתמר ספינה רב הונא אמר מוציאין הימנה זיז כל שהוא וממלא רב חסדא ורבה בר רב הונא אמרי [ה]עושה מקום ארבעה וממלא רב הונא אמר מוציא הימנה זיז כל שהוא וממלא קסבר כרמלית מארעא משחינן ואוירא מקום פטור הוא ובדין הוא דזיז נמי לא ליבעי אלא כי היכי דליהוי ליה היכרא רב חסדא ורבה בר רב הונא אמרי עושה מקום ארבעה וממלא קסברי [ו]כרמלית משפת מיא משחינן [ז]מיא ארעא סמיכתא אי לא עביד מקום ארבעה קא מטלטל מכרמלית לרה"י א"ל רב נחמן לרבה בר אבוה ולרב הונא דאמר מוציא הימנה זיז כל שהוא וממלא זימנין דליכא עשרה וקא מטלטל מכרמלית לרה"י אמר ליה גמרינן דאין ספינה מהלכת בפחות מעשרה והא מורשא אית לה אמר רב ספרא גשושי אזלי קמה א"ל רב נחמן בר יצחק לרב חייא בר אבין לרב חסדא ולרבה בר רב הונא דאמרי עושה מקום ארבעה וממלא שופכין דידיה היכי שדי להו וכ"ת דשדי להו באותו מקום מאיסי ליה [ז]דשדי להו אדפנא דספינה והא איכא כחו [ט]כחו בכרמלית לא גזרו ומנא תימרא דתניא ספינה אין מטלטלין לא מתוכה לים ולא מן הים לתוכה רבי

רש"י

לאו היינו מתניתין. דקתני חוץ לארבע אמות ונתגלגל כו' חייב ואמר רבי יוחנן והוא שנח הא לא נח לא מלגא אוקמא רבי יוחנן כגון שבא לתוך ג': **מתגלגל קאמרת.** דבר שהרוח מגלגלו באויר קאמרת: **כיון דסופו לנוח.** ונזכר עד שלא נח נימא כמונח דמי דהא סופו לנוח וכבר בא לתוך ג': **מתני'** **וכמה הוא רקק מים.** כמה עומקו דנימא אכתי רה"ר הוא ולא נעשה כרמלית. רקק גרבילי"א: **גמ' הילוך הילוך.** דנקט תרי זימני רשות הרבים מהלכת בו חד למימרא דאי אין רגילין להלך בו פטור וכי רגילין להלך בו חייב ואע"ג דהילוך ע"י הדחק הוא וחד לאשמעינן דדוקא הילוך ע"י הדחק שמיה הילוך אבל תשמיש לרבים ע"י הדחק כגון גומא תשעה ברה"ר אע"ג דחזיא לאצנועי ביה כומתא וסודרא לא הוי תשמיש למיהוי ההוא גומא רה"ר כעמוד ט' שהרבים מכתפין עליו דאמרינן בפ"ק דהוי רה"ר: **אלא רקק תרי זימני למה לי.** לאשמעינן הילוך על ידי הדחק אחרינא: **דלא הוי ד' אמות.** רחב דלא טריחא להו מילתא לעבור בתוכו ונוח לעבור מלהקיף ולילך לראשו שהוא כלה שם: **אבל היכא כו'.** הדר תניא זימנא אחריתי לאיתויי הא: **ה"מ.** דהוי ר"ה: **היכא דהוי רחבו ד' אמות.** דלאו אורחיה למפסעי אלא עברי בגויה: **אגודא דגמלא.** על דף שבגשר המוטל לרוחב הגשר כשאר הדפים ומובדל מחבירו: **חייב.** ואע"ג דאיכא דמיפסעו פסעי ולא מנחי כרעייהו עלה איכא טובא דעברי עליה: **מתני'** **מן הים ליבשה.** מכרמלית לר"ה: **מן הים לספינה.** מכרמלית לרה"י: **מטלטלין מזו לזו.** ובגמרא פריך פשיטא: **שמוקפות.** סמוכות זו לזו כמו אין מקיפין שתי חביות (ביצה דף לב:): **אין מטלטלין מזו לזו.** דמהפסק כרמלית מיפרשי מהדדי ואנן מוקמינן לה בגמרא שהספינות של שני בני אדם וע"י עירוב מטלטל מזו לזו הלכך כי מיפרשי ומפסקה כרמלית בטל עירוב: **גמ' ספינה.** המפרש בספינה בים: **מוציא זיז כל שהוא.** מדופני הספינה על המים להיכר בעלמא כדמפרש ואזיל: **וממלא.** מן הים ומכניס לספינה: **מקום ארבעה.** חלל ד' מוקף מחילות קטנות ומחילה תלויה מתרת במים: **כרמלית מארעא משחינן.** י' של אויר שנתנו חכמים לאיסור כרמלית כדאמרינן בפ"ק (דף ז.) ותופסת עד י' מקרקעית הים משחינן להו ואוירא שהוא למעלה מי' ואפילו הן מים הוי מקום פטור הלכך בהיתירא קא שקיל לכתחלה: **דליהוי ליה היכרא.** לכרמלית גמורה: **ארעא סמיכתא היא.** וכל המים כרמלית הן: **עבה:** זימנין דליכא. במים עמוקה עשרה ואי נמי מארעא משחינן כולה כרמלית היא: **גמירי אין ספינה מהלכת כו'.** [ה]יכא דתניא ספינה ולא תני עריבה גדולה היא: **והא מורשא אית לה גרסי'.** ראש הספינה הולך ומגביה מן המים ואפילו (א) היו [המים] פחותין מי' אין גוששת שם ואם ממלא כנגד אותו מקום מטלטל מכרמלית לרה"י: **גשושי אזלי קמה.** בני אדם ממששים [בכלונס]ות את עומק המים ואין מניחין לילך הספינה אלא במקום עמוק שמא תמהר לילך ותשכון לארץ במקום מושבה: **עושה לה מקום [ארבעה.** ד]אלמא כל המים כרמלית הן: **שופכין דידיה.** מים רעים כגון רחיצת כוסות וקערות: **מאיסי ליה.** המים שימלא שוב דרך אותו מקום: **דשדי להו.** בכ"מ שירלה על דופני הספינה והן יורדין לים: **והא איכא כחו.** נהי דלא זריק להדיא לים מיהו מכחו הן באין לים: עמוקה

תוספות

עושה מקום ארבעה וממלא. פירש בקונטרס עושה מחילות קטנות ואין נראה לר"ת ולר"י דהא תנן בפרק כילד משתתפין (עירובין דף פז:) גזוזטרא שהיא למעלה מן המים אין ממלאין ממנה מים בשבת אא"כ עשו לה מחילה גבוה י' כו' אלא עושה מקום (ב) היינו שיהיה הזיז רחב ארבע טפחים כדי שלא יהיו המחילות עשויות לפחות מארבע ולמאן דשרי הכא בזיז כל שהוא לא תקשי דמוקי התם כשאין המים עמוקים י' אי נמי התם גזרינן שמא יעלה הים שירטון כדגרסינן בפרק קמא דעירובין (דף ח.) אבל ספינה לעולם אין מהלכת בפחות מי' ולא שייך למגזר:

גמירי דאין ספינה מהלכת למטה מי'. והא דקאמר בפרק מי שהוציאוהו (עירובין דף מג.) במהלכת ברקק התם מיירי בספינה קטנה אבל הכא בספינות גדולות שטוענין אותן ביותר ונשקעות הרבה במים ואין מהלכות בפחות מי' ° ומיהו צ"ל דאף הכלי שדולה בו ונשקע במים הוי למעלה מי' דאי לאו הכי היאך ממלא:

ודילמא מורשא אית לה. פירש ר"ח דילמא יש מורשא לקרקע שסמוך לספינה שהקרקע גבוה שם ואם יוליא דרך שם יהיה למטה מעשרה במקום מילואו כיון שהקרקע גבוה שם אבל רש"י דמפרש מורשא דספינה לא יתכן לשון ודילמא דגרסינן בכל הספרים וגרסינן והא מורשא אית לה: **כחו** בכרמלית לא גזרו רבנן. והכי נמי משני בפרק תולין (לקמן דף קמא.) גבי האי מאן דסחי במיא כו'. וק' לר"י דבפרק כילד משתתפין (עירובין דף פח.) אמרי' גבי גזוזטרא שהיא למעלה מן המים לא שנו אלא למלאות אבל לשפוך אסור משום שהמים נדחין מכחו חוץ לארבע אמות אלמא כחו בכרמלית אסור ויש לומר דגזוזטרא פעמים שהיא סמוכה למקום שרה"ר מהלכת וגזרו כחו בכרמלית משום כחו ברשות הרבים אבל בספינה דלעולם הוי כחו בכרמלית לא גזרו: רבי

עין משפט נר מצוה

כח א מיי' פי"ד מהל' שבת הל' ב ד"ה סמג לאוין סה טוש"ע א"ח סי' שמה סעיף יד:

כט ב ג מיי' שם הל' כד: ל ד מיי' פ"ג מהלכות עירובין הלכה כה:

לא ה ו מיי' פי"ד מהל' שבת הלכה ח ופט"ו הלכה כ סמג שם טוש"ע א"ח סי' שמה סעיף יח וסי' שנה סעיף ב:

[לא] [ז] [מיי' פט"ו שם הלכה יג סמג שם טוש"ע א"ח ריש סי' שנה]:

רבינו חננאל

לומר דממעטא בבור ופטור הוו איבעיא לא אפשטא. **בעי רבא** זרק דף ע"ג יתידות כגון טרסקל בראש קנה דנעשה רה"י ואמרינן מאי קא מיבעיא ליה הנחת חפץ ועשיית מחיצה בהדי הדדי היינו בעיא דר' יוחנן דאיבעיא ולא אפשיטא אלא כי קא מיבעיא ליה לרבא כגון שזרק דף ויש על גביו חפץ ונח הדף על גבי יתידות והחפץ על גבי מי אמרינן אפי' זה הנחתו חפץ ובהנחתו נעשית מחיצה דמי או דלמא כיון דלא אפשר שלא מידלא החפץ מעט ואח"כ יפול על הדף נמצא שנעשה מחיצה ואח"כ נתן החפץ עליו ועלתה בתיקו: **אמר רבא** פשיטא לי זרק מים על גבי מים [illegible]

מסורת הש"ס

א) לעיל ה., ב) [גיטין ח.], ג) [לקמן קמא.].

הגהות הב"ח

(א) רש"י ד"ה והא מורשא וכו' ואפי' המים הן פחותין: (ב) תוס' ד"ה עושה וכו' עושה מקום ארבעה היינו:

גליון הש"ס

תוס' ד"ה גמירי וכו' ומיהו צ"ל. עיין מג"א סימן רמח ס"ק יז בזה להמתין דברי תוספות אלו:

הגהות הגר"א

[א] גמרא והוא שנח ע"ג משהו. נ"ב ל"ל והוא שנח משהו:

ליקוטי רש"י

[illegible]

בכותל הרי הוא כזורק בארץ והזורק בארץ ד' אמות חייב ואקשינן עלה הזורק למטה מי' טפחים חייב והא לא נח ואוקמא ר' יוחנן דזורק דבילה שמנה שיש בה לחלוחית ונדבקת בכותל חייב שהרי נגמרת מחשבתו כאשר ניטחה זו היא הנחתה והא דאמר ר' חייא זרק למעלה מי' טפחים בכותל והלכה ונחה בחור שהוא מחלוקת ר' מאיר ורבנן. פירוש כגון שהיה זה החור עצמו כגבה י' טפחים ומקרקעית החור ולמטה עשרה טפחים מכוונים ואלו היה בחור ד' על ד' דברי הכל כרה"י וחייב הזורק מרה"ר לתוכו ושמעתין [illegible]

לָאו הַיְינוּ מַתְנִיתִין – **Is this** teaching **not** derivable from **our Mishnah** and R' Yochanan's comment thereon? For the Mishnah teaches that if one threw an object beyond four *amos* and it was tossed back by the wind to within four *amos,* he is liable. And we asked concerning this Mishnah: Why, the object never came to rest outside of four *amos*! וְאָמַר רַבִּי יוֹחָנָן – **And R' Yochanan said** in reply: וְהוּא שֶׁנָּח עַל גַּבֵּי מַשֶּׁהוּ – The Mishnah's ruling applies **provided [the object] rested** briefly **on a place of** at least **a minute size.** Now, why was it necessary for R' Yochanan to say this? Let him simply explain that the object passed within three *tefachim* of the ground, and an object within three *tefachim* of the ground is legally considered at rest there. Apparently, R' Yochanan maintains that even within three *tefachim* of the ground, an object is not considered at rest unless it pauses briefly. Why, then, did Rava need to teach this point when it had been implied previously by R' Yochanan?[1]

The Gemara answers:

אָמַר לֵיהּ – **[Mereimar] said to [Ravina]:** מִתְגַּלְגֵּל קָאָמְרַתְּ – **Are you saying** that we could derive Rava's teaching from our Mishnah, which deals with an object being **rolled,** i.e. swirled about by the wind? But they are different! מִתְגַּלְגֵּל אֵין סוֹפוֹ לָנוּחַ – An object **rolling,** i.e. swirling about in the wind, **is not destined to come to rest** upon the ground beneath it. Thus, even where it passes within three *tefachim* of the ground, I readily understand that it is not considered at rest there unless it pauses briefly.[2] אֲבָל הַאי – **But that** object in Rava's case,[3] כֵּיוָן דְּסוֹפוֹ לָנוּחַ – **since it is destined to come to rest** beneath itself, אַף עַל גַּב דְּלֹא נָח כְּמַאן דְּנָח דָּמֵי – I might reason that **even where it has not** yet **come to rest** but is within three *tefachim* of the ground, **it is as though it has come to rest.**[4] קָא מַשְׁמַע לָן – **[Rava]** therefore **informs us** that even in that case, the Rabbis require that the object pause briefly within three *tefachim* for us to consider it at rest in that domain.[5]

Mishnah The next two Mishnahs discuss the status of various bodies of water with regard to the *melachah* of transferring:

הַזּוֹרֵק בַּיָּם אַרְבַּע אַמּוֹת פָּטוּר – **One who throws** an object **four *amos* in the sea is exempt.**[6] אִם הָיָה רְקָק מַיִם וּרְשׁוּת הָרַבִּים מְהַלֶּכֶת בּוֹ – **If there was a shallow pool of water**[7] **and the public domain passes through it,**[8] הַזּוֹרֵק לְתוֹכוֹ אַרְבַּע אַמּוֹת חַיָּיב – **one who throws** an object **into it** a distance of **four *amos* is liable,** because the pool is considered part of the public domain. וְכַמָּה הוּא רְקָק מַיִם – **And how much is a shallow pool?** How deep can it be and still be a public domain? פָּחוֹת מֵעֲשָׂרָה טְפָחִים – **Less than ten *tefachim*** deep.[9] רְקָק מַיִם וּרְשׁוּת הָרַבִּים מְהַלֶּכֶת בּוֹ – **A shallow pool of water through which the public domain passes,** הַזּוֹרֵק בְּתוֹכוֹ אַרְבַּע אַמּוֹת חַיָּיב – **one who throws** an object **into it** a distance of **four *amos* is liable.**

NOTES

1. R' Yochanan's explanation of our Mishnah was widely known. Why, then, did Rava state a ruling that could be inferred from R' Yochanan's words? (*Ritva MHK* ed; cf. *Rashba*).

2. The wind tossing the object about will not allow the object to fall to the ground in place. Thus, the object is not viewed as being at rest at a point four *amos* distant from the thrower, even when it is within three *tefachim* of the ground (see *Meiri*).

3. I.e. in the second case described above (100a note 36), where the thrower remembered his mistake when the object was within three *tefachim* of the public domain ground (*Rashi*).

4. Since it is falling down vertically, it is destined to come to rest on the spot beneath it, four *amos* away from where it was thrown.

5. Rava wished to teach that an object is *never* considered at rest within three *tefachim* of the ground unless it pauses briefly, even where the object is destined to come to rest there. He therefore did not content himself with R' Yochanan's teaching in regard to our Mishnah, but instead made a general statement to this effect.

In concluding this discussion, it is important to note that Rava, who maintains that an object within three *tefachim* of the ground is not considered at rest on the ground unless its motion is momentarily halted, seems to be at odds with the Baraisa cited on 97a which states that even the Rabbis agree that one who throws an object from one private domain to another via a public domain within three *tefachim* of the ground is liable. See *Tosafos* and the Rishonim at length for discussion of this point.

6. Because the sea is a *karmelis* and transfer in a *karmelis* is not Biblically prohibited (Baraisa above, 6a).

The status of the sea as a *karmelis*

Seemingly, a sea should qualify as *reshus harabim* on account of it serving as the thoroughfare for marine traffic. Why then is it not a *reshus harabim,* as our Mishnah makes clear? Some explain that since travel on it is difficult in comparison to travel on a road, it cannot be considered a *reshus harabim* no matter how many people travel it (*Magen Avraham* 345:14, based on *Eruvin* 22b). Alternatively, since it is not similar to the Israelite encampment in the Wilderness – from which all the rules of the *melachah* of *transferring* are derived – it cannot be considered a *reshus harabim* (*Tosefos Shabbos* 345:41).

What remains to be explained is why the sea should not be deemed a *reshus hayachid* on account of its being more than ten *tefachim* deep and surrounded by banks or shorelines. The *Mishnah Berurah* (345:48) cites two opinions in this matter:

The *Magen Avraham* (345:14) explains that since a slope qualifies as a wall only if it reaches a height of ten *tefachim* within a span of four *amos* or less (as we learned on 100a), and most shorelines are not that steeply inclined, their slopes cannot be considered as walls enclosing the water. If, however, there is a sea with such steep banks, or a trench in the sea that satisfies this criterion, it would indeed be Biblically considered a private domain. [Even then, however, it would not be subject to the leniencies of a *reshus hayachid* for, due to its large size, the area would be subject to the Rabbinic stringencies of a *karmelis,* like an enclosed field of more than two *beis se'ah;* see above, 7a, and note 9 below (see *Mishnah Berurah* ibid. and *Beur Halachah* 345:14 ד״ה כגון).]

Alternatively, *Meiri* explains that even if the banks *are* sufficiently steep, an area as vast as a sea cannot be considered enclosed. [This follows the opinion of *Ritva* in the name of *Ramban* in *Eruvin* 22b (discussed at length by *Beur Halachah* 346:3 ד״ה קרפף) that walls only enclose an area and render it a *reshus hayachid* if a person standing between them *realizes* that he is in an enclosure. Once walls enclose so vast an area that a person no longer perceives himself as being enclosed, the walls are disregarded. (As to whether this is true only of natural partitions or even man-made ones, see *Mishnah Berurah* 345:48 and *Beur Halachah* to 346:3 ד״ה קרפף.)]

7. The word רְקָק actually means a sandy, gravelly area (such as that found at the seashore), which in this case has water floating on top of it (see *Rashi*).

[The term רְקָק is indeed often used to describe the low water area along the shore (see *Eruvin* 43a regarding a boat passing through the רְקָק, and the Gemara in *Chullin* 27b which states that birds were created neither from the land nor the sea but from the רְקָק). Accordingly, the Mishnah here may be speaking of a *reshus harabim* that runs along the shoreline and passes through a small inlet or tidal pool of the sea where there is water up to ten *tefachim* deep. This would explain why the Mishnah opens with a law regarding the sea, which seemingly should have prefaced the *next* Mishnah, which discusses the law of transfers in the sea. The Mishnah means to teach that although the sea itself is a *karmelis,* if a finger of the sea enters into a *reshus harabim,* it may attain *reshus harabim* status.]

8. I.e. the people using the public domain walk right through this pool (*Rashi* above, 8b).

9. That is, as long as the pool is less than ten *tefachim* deep, public passage through it renders it a *reshus harabim.* A pool that is ten

עין משפט נר מצוה

כח א מיי' פי"ד מהל' שבת הל' ד ו"א סמג לאוין סה טוש"ע א"ח סי' שמה סעיף יד: כט ב ג מיי' שם הל' כד: ד ה מיי' פ"ב מהלכות עירובין הלכה כה: ל ה ו מיי' פי"ד מהל' שבת הלכה ה ופט"ו הלכה כ סמג שם טוש"ע א"ח סי' שמה סעיף יט ופי' שנה סעיף א: [לא] ז [מיי' שם הלכה יט סמג שם טוש"ע א"ח ריש סי' שנה]:

רבינו חננאל

לומר דממעטא בבור ופטור וזו היא איבעיא לא אפשטא: בעי רבא זרק דף ע"ג יתידות כגון טרסקל בראש קנה דנעשה רה"י ואמרינן מאי קא מיבעיא ליה הנחת חפץ ועשיית מחיצה בהדי הדדי היינו בעיא דר' יוחנן דאיבעיא ולא אפשיטא אלא כי קא מיבעיא ליה לרבא כגון שזרק דף ויש על גביו חפץ ונח הדף על גבי יתידות והחפץ על גביו מי אמרינן אפי' זה כהנחת חפץ והנחתו בבת אחת דמי או דלמא כיון דלא אפשר שלא ימלא החפץ מעט אח"כ יפול על הדף נמצא שנעשה מחיצה ואח"כ נתון החפץ עליו הוי ועלתה בתיקו: אמר רבא פשיטא לי זרק מים על גבי מים או שעקר מים מרה"ר והניחן על מים ברה"ר חייב וזו היא הנחתן זרק או שהניח אגוז על גבי מים וצף על גבי המים לא הנחה היא ופטור ואגוז בכלי וכלי ע"ג המים לא אפשיטא שמן על גבי מים פלוגתא דרבי יוחנן בן נורי ורבנן: אמר אביי בור ברה"ר עמוק עשרה ורחב ח' זרק לתוכה מחצלת חייב דעדיין חדא רשותא היא אבל נחבטת לחלקה במחצלת הזורק להו ב' בורות שלעמוק עשרה ואין בכל אחד רחב ד' שהרי מיעטן המחצלת מלהיות בכל אחד ד' יוצא מתורת רה"י הויין הן מקום פטור והא דאביי שמעה ר' יוחנן דהא ר' יוחנן בעי ליה חוליא מבטלא מחיצתא או לא וכיון דחוליא מיבעיא ליה מחצלת פשיטא ליה דוודאי לא מבטלא מחיצתא ועדיין רה"י היא ולאביי דפשיטא ליה דמבטלא מחיצתא כ"ש חוליא דוודאי מבטלא מלתא דמיבעיא ליה לר' יוחנן פשיטא ליה לאביי ומים בבור לא מבטלי ליה ולא מבטלי מחיצות אבל פירות (שבכרי השומן) [שבכיבה ושמנן] בבור אם נתן כלום למעלה פטור דפירי מבטלי מחיצתא והמ"ם דבטלינהו גבי בור אבל אי אצטעינהו לפירי בבור למהדר ולמיכל מיניהו לבתר הכי לא מבטלי: מתני' הזורק ד' אמות בכותל אם נתכוון לזרוק למעלה מעשרה הרי הוא כזורק באויר הזורק באויר פטור ואם נתכוון לזרוק למטה מי' טפחים

מסורת הש"ס

א) לעיל ה:, ב) [גיטין ח.], ג) [לקמן קמא.]

הגהות הב"ח

(א) רש"י ד"ה והא מורשא וכו' ואפי' המים הן פחותין: (ב) תוס' ד"ה עושה וכו' עושה מקום ארבעה היינו:

גליון הש"ס

תוס' ד"ה גמירי וכו' ומיהו צ"ל. עיין מג"א סימן רמח סק"ז בישוב להמשך דברי תוספות אלו:

הגהות הגר"א

[א] גמרא והוא שנח ע"ג משהו. נ"ב ל"ל והוא שנח משהו:

ליקוטי רש"י

שהונחה אפילו עברה סמוך לקרקע לא מיחייב עד שתנוח על גבי משהו מקום שהוא ולא בעינן מקום ארבעה הואיל ובתוך שלשה הוא כלבוד מקום הנחה כל דהו בעינן [לעיל פ.]. דפליגי עליה דר' עקיבא בקלוטה כמי שהונחה [דמיא] ואמרי דהזורק מרשות היחיד לרשות היחיד דרך רשות הרבים [...]

גמרא

לאו היינו מתני' וא"ר יוחנן והוא שנח [א] וע"ג משהו א"ל מתגלגל קאמרת מתגלגל אין סופו לנוח אבל האי כיון דסופו לנוח אע"ג דלא נח כמאן דנח דמי קמ"ל: **מתני'** הזורק בים ארבע אמות פטור אם היה רקק מים ורשות הרבים מהלכת בו הזורק לתוכו ד' אמות חייב וכמה הוא רקק מים פחות מעשרה טפחים רקק מים ורשות הרבים מהלכת בו הזורק בתוכו ד' אמות חייב: **גמ'** א"ל ההוא מרבנן לרבא בשלמא הילוך הילוך תרי זימני הא קמ"ל הילוך ע"י הדחק שמיה הילוך תשמיש ע"י הדחק לא שמיה תשמיש אלא רקק רקק תרי זימני למה לי חד בימות החמה וחד בימות הגשמים וצריכי דאי תנא חדא ה"א ה"מ בימות החמה דעבידי אינשי דמסגי לאקורי נפשיהו אבל בימות הגשמים לא ואי אשמעינן בימות הגשמים דכיון דמיטנפי לא איכפת להו אבל בימות החמה לא אביי אמר איצטריך סד"א ה"מ היכא דלא הוי ד' אמות אבל היכא דהוי ד' אמות אקופי מקפי ליה רב אשי אמר איצטריך ס"ד אמינא ה"מ היכא דהוה ד' אבל היכא דלא הוי ארבעה מיפסעי פסעי ליה ואזדא רב אשי לטעמיה דאמר רב אשי האי מאן דזריק ונח אגודא דגמלא מיחייב שהרי רבים בוקעין בו: **מתני'** הזורק מן הים ליבשה ומן היבשה לים ומן הים לספינה ומן הספינה לים ומן הספינה לחבירתה פטור ספינות קשורות זו בזו מטלטלין מזו לזו אם אינן קשורות אע"פ שמוקפות אין מטלטלין מזו לזו: **גמ'** איתמר ספינה רב הונא אמר מוציאין הימנה זיז כל שהוא וממלא רב חסדא ורבה בר רב הונא אמרי עושה מקום ארבעה וממלא רב הונא אמר מוציא הימנה זיז כל שהוא וממלא קסבר כרמלית מארעא משחינן ואוירא מקום פטור הוא ובדין הוא דזיז נמי לא ליבעי אלא כי היכי דליהוי ליה היכרא רב חסדא ורבה בר רב הונא אמרי עושה מקום ארבעה וממלא קסברי כרמלית משפת מיא משחינן מיא ארעא סמיכתא אי לא עביד מקום ארבעה קא מטלטל מכרמלית לרה"י א"ל רב נחמן לרבה בר אבוה ולרב הונא דאמר מוציא הימנה זיז כל שהוא וממלא זימנין דליכא עשרה וקא מטלטל מכרמלית לרה"י אמר ליה גמרינן דאין ספינה מהלכת בפחות מעשרה והא מורשא אית לה אמר רב ספרא גשושי אזלי קמה א"ל רב נחמן בר יצחק לרב חייא בר אבין לרב חסדא ולרבה בר רב הונא דאמרי עושה מקום ארבעה וממלא שופכין דידיה היכי שדי להו וכ"ת דשדי להו באותו מקום מאיסי ליה [ז] דשדי להו אדפנא דספינה והא איכא כחו כחו בכרמלית לא גזרו ומנא תימרא דתניא ספינה אין מטלטלין לא מתוכה לים ולא מן הים לתוכה רבי

רש"י

לאו היינו מתניתין. דקתני חוץ לארבע אמות ונתגלגל כו' חייב ואמר רבי יוחנן והוא שנח הא לא נח לא מדלא אוקמא רבי יוחנן כגון שבא לתוך ג': מתגלגל קאמרת. דבר שהרוח מגלגלו באויר קאמרת: כיון דסופו לנוח. ונזכר עד שלא נח נימא כמונח דמי דהא סופו לנוח וכבר בא לתוך ג': מתני' וכמה הוא רקק מים. כמה עומקו דנימא אכתי רה"ר הוא ולא נעשה כרמלית. רקק גרדיל"א: גמ' הילוך הילוך. דנקט תרי זימני רשות הרבים מהלכת בו חד למימרא דאי אין רגילין להלך בו פטור וכי רגילין להלך בו חייב ואע"ג דהילוך ע"י הדחק הוא וחד לאשמעינן דדוקא הילוך ע"י הדחק שמיה הילוך אבל תשמיש לרבים ע"י הדחק כגון גומא תשעה ברה"ר אע"ג דחזיא לאצנועי ביה כומתא וסודרא לא הוי תשמיש למיהוי ההוא גומא רה"ר כעמוד ט' שהרבים מכתפין עליו דאמרינן בפ"ק דהוי רה"ר: אלא רקק תרי זימני למה לי. לאשמעינן הילוך על ידי הדחק אחרינא: דלא הוי ד' אמות. רחב דלא טריחא להו מילתא לעבור בתוכו ונוח לעבור מלהקיף ולילך לראשו שהוא כלה שם: אבל היכא כו'. הדר תניא זימנא אחריתי לאיתויי הא: ה"מ. דהוי ר"ה: היכא דהוי רחבו ד' אמות. דלאו אורחיה למפסעי אלא עברי בגויה: אגודא דגמלא. על דף שבגשר המוטל לרוחב הגשר כשאר הדפים ומובדל מחבירו: חייב. ואע"ג דאיכא דמיפסעו פסעי ולא מנחי כרעייהו עלה איכא טובא דעברי עליה: מתני' מן הים ליבשה. מכרמלית לר"ה: מן הים לספינה. מכרמלית לרה"י: מטלטלין מזו לזו. ובגמרא פריך פשיטא: שמוקפות. סמוכות זו לזו כמו אין מקיפין שתי חביות (ביצה דף לב:): אין מטלטלין מזו לזו. דמהפסק כרמלית מיפרשי מהדדי ואנן מוקמינן לה בגמרא שהספינות של שני בני אדם וע"י עירוב מטלטל מזו לזו הלכך כי מיפרשי ומפסקה כרמלית בטל עירוב: גמ' ספינה. המפרש בספינה בים: מוציא זיז כל שהוא. מדופני הספינה על המים להיכר בעלמא כדמפרש ואזיל: וממלא. מן הים ומכניס לספינה: מקום ארבעה. חלל ד' מוקף מחילות קטנות ומחילה תלויה מתרת במים: כרמלית מארעא משחינן. י' של אויר שנתנו חכמים לאיסור כרמלית כדאמרינן בפ"ק (דף ז.) ותופסת עד י' מקרקעית הים משחינן להו ואוירא שהוא למעלה מי' ואפילו הן מים הוי מקום פטור הלכך בהיתירא קא שקיל לכתחלה: דליהוי ליה היכירא. לכרמלית גמורה: ארעא סמיכתא היא. וכל המים כרמלית הן: סמיכתא. עבה: זימנין דליכא. במים עמוקה עשרה ואי נמי מארעא משחינן כולה כרמלית היא: גמירי אין ספינה מהלכת כו'. דכל היכא דתניא ספינה ולא תני עריבה גדולה היא: והא מורשא אית לה גרסי'. ראש הספינה הולך ומגביה מן המים ואפילו (א) היו המים פחותין מי' אין גוששת שם ואם ממלא כנגד אותו מקום מטלטל מכרמלית לרה"י: גששי אזלי קמה. בני אדם ממשמשים בכלונסות את עומק המים ואין מניחין לילך הספינה אלא במקום עמוק שמא תמהר לילך ותשכון לארץ במקום מושבה: עושה לה מקום ד'. אלמא כל המים כרמלית הן: שופכין דידיה. מים רעים כגון רחיצת כוסות וקערות: מאיסי ליה. המים שימלא שוב דרך אותו מקום: דשדי להו. בכ"מ שירלה על דופני הספינה והן יורדין לים: והא איכא כחו. נהי דלא זריק להדיא לים מיהו מכחו הן באין לים: עמוקה

תוספות

עושה מקום ארבעה וממלא. פירש בקונטרס עושה מחילות קטנות ואין נראה לר"ת ולר"י דהא תנן בפרק כילד משתתפין (עירובין דף פז:) גזוזטרא שהיא למעלה מן המים אין ממלאין ממנה מים בשבת אא"כ עשו לה מחילה גבוה י' כו' אלא עושה מקום (ב) היינו שיהיה הזיז רחב ארבע טפחים כדי שלא יהיו המחילות עשויות לפחות מארבע ולמאן דשרי הכא בזיז כל שהוא לא תקשי דמוקי התם כשאין המים עמוקים י' אי נמי התם גזרינן שמא יעלה הים שירטון כדגזרינן בפרק קמא דעירובין (דף ח.) אבל ספינה לעולם אין מהלכת בפחות מי' ולא שייך למגזר:

גמירי דאין ספינה מהלכת למטה מי'. והא דקאמר בפרק מי שהוציאוהו (עירובין דף מג.) במהלכת ברקק התם מיירי בספינה קטנה אבל הכא בספינות גדולות שטוענין אותן ביותר ושקעות הרבה במים ואין מהלכות בפחות מי' ומיהו צ"ל דאף הכלי שדולה בו ונשקע במים הוי למעלה מי' דאי לאו הכי היאך ממלא:

ודילמא מורשא אית לה. פירש ר"ח דילמא יש מורשא לקרקע שסמוך לספינה שהקרקע גבוה שם ואם יוליא דרך שם יהיה למטה מעשרה במקום מילואו כיון שהקרקע גבוה שם אבל רש"י דמפרש מורשא דספינה לא יתכן לשון ודילמא דגרסינן בכל הספרים וגרסינן והא מורשא אית לה:

כחו בכרמלית לא גזרו רבנן. והכי נמי משני בפרק תולין (לקמן דף קמא.) גבי האי מאן דסחי במיא כו'. וק' לר"י דבפרק כילד משתתפין (עירובין דף פח.) אמרי' גבי גזוזטרא שהיא למעלה מן המים לא שנו אלא למלאות אבל לשפוך אסור משום שהמים נדחין מכחו חוץ לארבע אמות אלמא כחו בכרמלית אסור ויש לומר דגזוזטרא פעמים שהיא סמוכה למקום שרה"ר מהלכת וגזרו כחו בכרמלית משום כחו ברשות הרבים אבל בספינה דלעולם הוי כחו בכרמלית לא גזרו:

רבי

בכותל הרי הוא כזורק בארץ והזורק בארץ ד' אמות חייב ואקשינן עלה הזורק למטה מי' טפחים חייב והא לא נח ואוקמא ר' יוחנן בזורק דבילה שמינה שיש בה לחלוחית ונדבקת בכותל חייב שהרי נגמרת מחשבתו כאשר ניטוחה זו היא הנחתה הא דאמר ר' חייא זרק למעלה מי' טפחים [...]

אע"ם

Gemara The Mishnah teaches the law for a shallow pool twice. The Gemara addresses this redundancy:

אֲמַר לֵיהּ הַהוּא מֵרַבָּנָן לְרָבָא – **A certain one of the rabbis said to Rava:** בִּשְׁלָמָא הִילּוּךְ הִילּוּךְ תְּרֵי זִימְנֵי – Now, **it is understandable** that the Mishnah should state **twice** that a public domain **"passes"** through the pool, הָא קָא מַשְׁמַע לָן – for **this is what [the Tanna]** means to **teach us:** הִילּוּךְ עַל יְדֵי הַדְּחָק שְׁמֵיהּ הִילּוּךְ – **Inconvenient** ***passage*** through an area **is** nonetheless **considered passage** and thus renders the area through which it passes a public domain; תַּשְׁמִישׁ עַל יְדֵי הַדְּחָק לֹא שְׁמֵיהּ תַּשְׁמִישׁ – but **inconvenient** ***usage*** of an area **is not considered usage** and does not render the area a public domain.[10] אֶלָּא רְקָק רְקָק תְּרֵי זִימְנֵי לָמָּה לִי – **However, why do I need** the Mishnah to state **twice "a shallow pool"?**[11]

Rava answers:

חַד בִּימוֹת הַחַמָּה וְחַד בִּימוֹת הַגְּשָׁמִים – **One** teaches that a shallow pool is a public domain **in the summer and one** teaches that it is a public domain **in the winter.** וּצְרִיכִי – **And it is necessary** for the Mishnah to teach both of these. דְּאִי תְּנָא חֲדָא – **For if [the Mishnah] had taught just once** that a shallow pool is treated as part of the public domain, הֲוָה אָמֵינָא הָנֵי מִילֵּי בִּימוֹת הַחַמָּה – **I would have said that this is so** only **in the summer,** דַּעֲבִידֵי אִינָשֵׁי דְּמַסְגֵּי לְאַקּוֹרֵי נַפְשַׁיְיהוּ – **because it is common** at that time **for people to walk through** a pool **to cool themselves;** אֲבָל בִּימוֹת הַגְּשָׁמִים לֹא – **but during the winter** when people are reluctant to walk through a pool of water, I would have said that the pool is **not** treated as part of the public domain. וְאִי אַשְׁמְעִינַן בִּימוֹת הַגְּשָׁמִים – **And if [the Mishnah] had taught us** that the pool is a public domain **in the winter,** I might have said that it is only then, דְּכֵיוָן דְּמִיטַּנְּפֵי לֹא אִיכְפַּת לְהוּ – **because once people are** in any case **dirty** from all the mud in the public domain, **they do not mind** if they get dirty by walking through the pool. אֲבָל בִּימוֹת הַחַמָּה לֹא – **But in the summer,** when people's clothing are not dirty, I would have said that the pool is **not** a public domain, because people step around it to avoid dirtying themselves. It was thus necessary for the Mishnah to state twice that a pool is a public domain, to teach that this is so both in the summer and in the winter.

A second explanation for the Mishnah's repetition of the ruling of the shallow pool:[12]

אַבַּיֵּי אָמַר – **Abaye said:** אִיצְטְרִיךְ – **It was necessary** to teach this twice. סַלְקָא דַעְתָּךְ אָמֵינָא – **For you might have thought to say** הָנֵי מִילֵּי הֵיכָא דְּלֹא הָוֵי אַרְבַּע אַמּוֹת – **that this is so** only **where [the pool] is not four** ***amos*** wide,[13] אֲבָל הֵיכָא דְּהָוֵי אַרְבַּע אַמּוֹת אַקּוּפֵי מְקַפֵּי לֵיהּ – **but where [the pool] is four** ***amos*** wide, **[the public] goes around it** rather than through it, thereby depriving the pool of public domain status. The Mishnah therefore states its ruling twice, to teach that even a pool four *amos* wide is treated as part of the public domain.[14]

A third explanation for the Mishnah's repetition of the ruling about a shallow pool:

רַב אַשִׁי אָמַר – **Rav Ashi said:** אִיצְטְרִיךְ – **It was necessary** to teach this twice, סַלְקָא דַעְתָּךְ אָמֵינָא – **for you might have thought I would say** הָנֵי מִילֵּי הֵיכָא דַּהֲוָה אַרְבָּעָה – **that this is so where [the pool] is four** ***tefachim*** wide, making it likely that people will walk through the pool rather than jump over it; אֲבָל הֵיכָא דְּלֹא הֲוַאי אַרְבָּעָה מִיפְסְעֵי פָּסְעֵי לֵיהּ – **but where [the pool] is not four** ***tefachim*** wide, **[people] step over it** rather than walk through it, thus depriving it of public domain status. The Mishnah therefore repeated this ruling to teach that even a pool less than four *tefachim* wide is treated as a public domain.[15]

NOTES

tefachim deep, however, [is set apart from the surrounding *reshus harabim* in spite of the public's passage through it, and] is a *karmelis* (*Rashi*).

[Seemingly, if the pool is ten *tefachim* deep, its sides are steep enough to serve as walls (as we learned on 100a). If so, the pool should be considered a *reshus hayachid* rather than simply a *karmelis*. Indeed, this is *Ritva's* view, but *Rashi* states that it is a *karmelis*.

Some suggest that *Rashi* may agree that such a pool is Biblically a *reshus hayachid* and only Rabbinically treated as a *karmelis,* because it is filled with muddy water that obscures its walls. A pool of clear water, however, would be treated as a *reshus hayachid* [like a pit filled with water; see above, 100a note 22] (*Pri Megadim* in *Aishel Avraham* 345:11, cited by *Mishnah Berurah* 345:48). Other authorities hold that a pool filled with muddy water is not even Biblically a *reshus hayachid* (*Meiri*, quoted in *Shaar HaTziyun* 345:53). According to both of these views, we must say that according to *Rashi* our Mishnah deals with a pool of *muddy* water.

Or Same'ach (to *Rambam, Hil. Shabbos* 14:24), however, maintains that a flowing pool, e.g. a brook, is even Biblically not a *reshus hayachid,* though it has banks ten *tefachim* high. This type of pool, according to him, is the subject of our Mishnah. A still-water pool, however, would Biblically be considered a *reshus hayachid.*]

10. Our Mishnah's initial ruling concerning the shallow pool teaches that the status of such an area depends upon its use by the public – if the public does not regularly pass through the pool it is not a *reshus harabim;* if they do regularly pass through it, it is treated as a *reshus harabim,* even though passage through it is inconvenient. The Mishnah then repeats this ruling not for its own sake but for the implication it provides: Only inconvenient *passage* by the public (e.g. walking through a pool) renders an area part of the *reshus harabim;* inconvenient *usage* of an area by the public (e.g. storing objects inside a pit nine *tefachim* deep) does *not* render it part of the public domain. This is actually the rule taught by Rava above (8a,b), that although a post nine *tefachim* high in a public domain attains *reshus harabim* status if it is used by the general public (e.g. to adjust their burdens), a pit nine *tefachim* deep does not attain *reshus harabim* status even if the public uses it to store objects, because it is used in this capacity only with difficulty (*Rashi*).

11. That is, the Mishnah could have chosen a different example of inconvenient passage. Why did the Mishnah repeat the same case of a shallow pool? (*Rashi*).

12. The answers about to be suggested by Abaye and Rav Ashi do not preclude the Gemara's first answer. Rather, Abaye and Rav Ashi give additional reasons why the Mishnah repeated the case of the shallow pool (*Ritva MHK* ed.; see also *Rambam*, *Hil. Shabbos* 14:24 and *Maggid Mishneh* there).

13. [I.e. the distance across it is less than four *amos.*] Accordingly, the effort involved in walking through it is less than the effort required to walk around it (*Rashi*).

14. [For many people walk through it anyway (see next note).]

15. For many people still walk through it (see *Rashi* below ד״ה חייב; *Ritva MHK* ed.; see also *Chidushei HaRan*).

[*Magen Avraham* 345:11 deduces from *Rashi* below that it may only be a *reshus harabim* when *most* people walk through it rather than jump over it (cf. *Ritva MHK* ed.). However, *Rambam* (*Hil. Shabbos* 14:24) understands this Gemara to mean that it is a *reshus harabim* even though most people step over it (see *Pri Megadim* to *Magen Avraham* there and *Mishnah Berurah* 345:48).]

[We have explained the Gemara according to the reading found in our texts, in which Rav Ashi speaks of a pool that is "אַרְבָּעָה" wide. This is the masculine form of the number "four" and thus refers to *tefachim,* not *amos* (as pointed out by *Rashash* here). This would appear to have been the reading of most Rishonim – see *Rambam, Hil. Shabbos* 14:24, *Ritva* (*MHK* ed.), *Meiri,* and *Chidushei HaRan. Rashi,* however, seems to have had the reading אַרְבַּע, which is the feminine form of the number and thus refers to *amos* rather than *tefachim. Rashash* questions this reading on the grounds that it would be difficult for most people to jump over an area slightly less than four *amos* (four *amos* equals six to eight feet). Moreover, *Rashash* notes that *Rashi* himself states in *Eruvin* (78b ד״ה ורחב) that the distance a person will easily jump over is four *tefachim*!]

לאו היינו מתני' וא"ר יוחנן והוא שנח [א]ע"ג משהו א"ל מתגלגל קאמרת מתגלגל אין סופו לנוח אבל האי כיון דסופו לנוח אע"ג דלא נח כמאן דנח דמי קמ"ל: **מתני'** [*]הזורק בים ארבע אמות פטור [ב]אם [א]היה רקק מים ורשות הרבים מהלכת בו הזורק לתוכו ד' אמות חייב וכמה הוא רקק מים פחות מעשרה טפחים רקק מים ורשות הרבים מהלכת בו הזורק בתוכו ד' אמות חייב: **גמ'** א"ל ההוא מרבנן לרבא בשלמא הילוך הילוך תרי זימני הא קמ"ל הילוך ע"י הדחק שמיה הילוך תשמיש ע"י הדחק לא שמיה תשמיש אלא רקק רקק תרי זימני למה לי חד בימות החמה וחד בימות הגשמים וצריכי דאי תנא חדא ה"א ה"מ בימות החמה דעבידי אינשי דמסגי לאקורי נפשייהו אבל בימות הגשמים לא ואי אשמעינן בימות הגשמים דכיון דמיטנפי לא איכפת להו אבל בימות החמה לא אביי אמר [ג]איצטריך סד"א ה"מ היכא דלא הוי ד' אמות אבל היכא דהוי ד' אמות אקופי מקפי ליה רב אשי אמר איצטריך ס"ד אמינא ה"מ היכא דהוה ד' אבל היכא דלא הואי ארבעה מיפסעי פסעי ליה ואזדא רב אשי לטעמיה דאמר רב אשי האי מאן דזריק ונח אגודא דגמלא מיחייב שהרי רבים בוקעין בו: **מתני'** הזורק מן הים ליבשה ומן היבשה לים ומן הים לספינה ומן הספינה לים ומן הספינה לחבירתה פטור [ד]ספינות קשורות זו בזו מטלטלין מזו לזו אם אינן קשורות אע"פ שמוקפות אין מטלטלין מזו לזו: **גמ'** איתמר ספינה רב הונא אמר מוציאין הימנה זיז כל שהוא וממלא רב חסדא ורבה בר רב הונא אמרי [ה]עושה מקום ארבעה וממלא רב הונא אמר מוציא הימנה זיז כל שהוא וממלא קסבר כרמלית מארעא משחינן ואוירא מקום פטור הוא ובדין הוא דזיז נמי לא ליבעי אלא כי היכי דליהוי ליה היכרא רב חסדא ורבה בר רב הונא אמרי עושה מקום ארבעה וממלא קסברי [ו]כרמלית משפת מיא משחינן [ז]מיא ארעא סמיכתא אי לא עביד [ח]מקום ארבעה קא מטלטל מכרמלית לרה"י א"ל רב נחמן לרבה בר אבוה ולרב הונא דאמר מוציא הימנה זיז כל שהוא וממלא זימנין דליכא עשרה וקא מטלטל מכרמלית לרה"י אמר ליה גמרינן דאין ספינה מהלכת בפחות מעשרה והא מורשא אית לה אמר רב ספרא גשושי אזלי קמה א"ל רב נחמן בר יצחק לרב חייא בר אבין לרב חסדא ולרבה בר רב הונא דאמרי עושה מקום ארבעה וממלא שופכין דידיה היכי שדי להו וכ"ת דשדי להו באותו מקום מאיסי ליה [ז]דשדי להו אדפנא דספינה והא איכא כחו [ט]כחו בכרמלית לא גזרו ומנא תימרא דתניא ספינה אין מטלטלין לא מתוכה לים ולא מן הים לתוכה
רבי

רש"י

לאו היינו מתניתין. דקתני חוץ לארבע אמות ונתגלגל כו' חייב ואמר רבי יוחנן והוא שנח הא לא נח לא מדלא אוקמא רבי יוחנן כגון שבא לתוך ג': **מתגלגל קאמרת.** דבר שהרוח מגלגלו באויר קאמרת: **כיון דסופו לנוח.** ונזכר עד שלא נח נימא כמונח דמי דהא סופו לנוח וכבר בא לתוך ג': **מתני' וכמה הוא רקק מים.** כמה עומקו דנימא אכתי רה"ר הוא ולא נעשה כרמלית. רקק גרביל"א: **גמ' הילוך הילוך.** דנקט תרי זימני רשות הרבים מהלכת בו חד למימרא דאי אין רגילין להלך בו פטור וכי רגילין להלך בו חייב ואע"ג דהילוך ע"י הדחק הוא וחד לאשמעינן דדוקא הילוך ע"י הדחק שמיה הילוך אבל תשמיש לרבים ע"י הדחק כגון גומא תשעה ברה"ר אע"ג דחזיא לאצנועי ביה כומתא וסודרא לא הוי תשמיש למיהוי ההוא גומא רה"ר כעמוד ט' שהרבים מכתפין עליו דאמרינן בפ"ק דהוי רה"ר: **אלא רקק תרי זימני למה לי.** לאשמעינן הילוך על ידי הדחק אחרינא: **דלא הוי ד' אמות.** רחב דלא טריחא להו מילתא לעבור בתוכו ונוח לעבור מלהקיף ולילך לראשו שהוא כלה שם: **אבל היכא כו'.** הדר תניא זימנא אחריתי לאיתויי הא: **ה"מ.** דהוי ר"ה: **היכא דהוי רחבו ד' אמות.** דלאו אורחיה למפסעי אלא עברי בגויה: **אגודא דגמלא.** על דף שבגשר המוטל לרוחב הגשר כשאר הדפים ומובדל מחבירו: **חייב.** ואע"ג דאיכא דמיפסעו פסעי ולא מנחי כרעייהו עלה איכא טובא דעברי עליה: **מתני' מן הים ליבשה.** מכרמלית לר"ה: **מן הים לספינה.** מכרמלית לרה"י: **מטלטלין מזו לזו.** ובגמרא פריך פשיטא: **שמוקפות.** סמוכות זו לזו כמו אין מקיפין שתי חביות (ביצה דף לב:): **אין מטלטלין מזו לזו.** דמהפסק כרמלית מיפרשי מהדדי ואנן מוקמינן לה בגמרא שהספינות של שני בני אדם וע"י עירוב מטלטל מזו לזו הלכך כי מיפרשי ומפסקה כרמלית בטל עירוב: **גמ' ספינה.** המפרש בספינה בים: **מוציא זיז כל שהוא.** מדופני הספינה על המים להיכר בעלמא כדמפרש ואזיל: **וממלא.** מן הים ומכניס לספינה: **מקום ארבעה.** חלל ד' מוקף מחילות קטנות ומחילה תלויה מתרת במים: **כרמלית מארעא משחינן.** י' של אויר שנתנו חכמים לאיסור כרמלית כדאמרינן בפ"ק (דף ז.) ותופסת עד י' מקרקעית הים משחינן להו ואוירא שהוא למעלה מי' ואפילו הן מים הוי מקום פטור הלכך בהיתירא קא שקיל לכתחלה: **דליהוי ליה היכירא.** לכרמלית גמורה: **ארעא סמיכתא היא.** וכל המים כרמלית הן: **סמיכתא.** עבה: **זימנין דליכא.** במים עמוקה עשרה ואי נמי מארעא משחינן כולה כרמלית היא: **גמירי אין ספינה מהלכת כו'.** דכל היכא דתניא ספינה ולא תני עריבה גדולה היא: **והא מורשא אית לה גרסי'.** ראש הספינה הולך ומגביה מן המים ואפילו (א) היו המים פחותין מי' אין גוששת שם ואם ממלא כנגד אותו מקום מטלטל מכרמלית לרה"י: **גשושי אזלי קמה.** בני אדם ממששים בכלונסות את עומק המים ואין מניחין לילך הספינה אלא במקום עמוק שמא תמהר לילך ותשכון לארץ במקום מושבה: **עושה לה מקום ד'.** אלמא כל המים כרמלית הן: **שופכין דידיה.** מים רעים כגון רחיצת כוסות וקערות: **מאיסי ליה.** המים שימלא שוב דרך אותו מקום: **דשדי להו.** בכ"מ שירצה על דופני הספינה והן יורדין לים: **והא איכא כחו.** נהי דלא זריק להדיא לים מיהו מכחו הן באין לים:
עמוקה

תוספות

עושה מקום ארבעה וממלא. פירש בקונטרס עושה מחילות קטנות ואין נראה לר"ת ולר"י דהא תנן בפרק כילד משתתפין (עירובין דף פז:) גזוזטרא שהיא למעלה מן המים אין ממלאין ממנה מים בשבת אא"כ עשו לה מחיצה גבוה י' כו' אלא עושה מקום (ב) היינו שיהיה הזיז רחב ארבע טפחים כדי שלא יהיו המחילות עשויות לפחות מארבע ולמאן דשרי הכא בזיז כל שהוא לא תקשי דמוקי התם כשאין המים עמוקים י' אי נמי התם גזרינן שמא יעלה הים שירטון כדגזרינן בפרק קמא דעירובין (דף ח.) אבל ספינה לעולם אין מהלכת בפחות מי' ולא שייך למגזר:

גמירי דאין ספינה מהלכת למטה מי'. והא דקאמר בפרק מי שהוציאוהו (עירובין דף מג.) במהלכת ברקק התם מיירי בספינה קטנה אבל הכא בספינות גדולות שטוענין אותן ביותר ונשקעות הרבה במים ואין מהלכות בפחות מי' [*] ומיהו צ"ל דאף הכלי שדולה בו ונשקע במים הוי למעלה מי' דאי לאו הכי היאך ממלא:

ודילמא מורשא אית לה. פירש ר"ח דילמא יש מורשא לקרקע שסמוך לספינה שהקרקע גבוה שם ואם יוליך דרך שם יהיה למטה מעשרה במקום מילואו כיון שהקרקע גבוה שם אבל רש"י דמפרש מורשא דספינה לא יתכן לשון ודילמא דגרסינן בכל הספרים וגרסינן והא מורשא אית לה:

כחו בכרמלית לא גזרו רבנן. והכי נמי משני בפרק תולין (לקמן דף קמא.) גבי האי מאן דסחי במיא כו'. וק' לר"י דבפרק כילד משתתפין (עירובין דף פח.) אמרי' גבי גזוזטרא שהיא למעלה מן המים לא שנו אלא למלאות אבל לשפוך אסור משום שהמים נדחין מכחו חוץ לארבע אמות אלמא כחו בכרמלית אסור ויש לומר דגזוזטרא פעמים שהיא סמוכה למקום שרה"ר מהלכת וגזרו כחו בכרמלית משום כחו ברשות הרבים אבל בספינה דלעולם הוי כחו בכרמלית לא גזרו:
רבי

עין משפט נר מצוה

כח א מיי' פי"ד מהל' שבת הל' ד וי"א סמג לאוין סה טוש"ע א"ח סי' שמה סעיף יד:
כט ב ג מיי' שם הל' כד:
ל ד מיי' פ"ג מהלכות עירובין הלכה כה:
לא ה ו מיי' פי"ד מהל' שבת הלכה ה ופט"ו הלכה כ סמג שם טוש"ע א"ח סי' שמה סעיף יח וסי' שנה סעיף א:
[לא] [ז] [מיי' פט"ו שם הלכה יט סמג שם טוש"ע א"ח ריש סי' שנה]:

רבינו חננאל

לומר דממעטא בבור ופטור הו איבעיא לא אפשטא: **בעי** רבא זרק דף ע"ג יתידות כגון טרסקל בראש קנה דנעשה רה"י ואמרינן מאי קא מיבעיא ליה הנחת חפץ ועשיית מחיצה בהדי הדדי היינו בעיא דר' יוחנן דאיבעיא ולא אפשיטא אלא כי קא מיבעיא ליה לרבא כגון שזרק דף ויש על גביו חפץ ונח הדף על גבי יתידות והחפץ על גביו מי אמרינן אפי' זה כהנחת חפץ והנחתו נעשית מחיצה דמי או דלמא כיון דלא אפשר שלא מידלא החפץ מעט ואח"כ יפול על הדף נמצא שנעשה מחיצה ואח"כ נותן החפץ עליו וחייב ועלתה בתיקו: **אמר** רבא פשיטא לי זרק מים על גבי מים או שעקר מים מרה"י והניחן על גבי מים ברה"ר חייב וזו היא הנחתן זרק או שהניח אגוז על גביהן וצף על גביהן לאו הנחה היא ופטור ואגוז בכלי וכלי ע"ג המים לא אפשיטא שמן על גבי מים פלוגתא דרבי יוחנן בן נורי ורבנן: **אמר** אביי בור ברה"ר עמוק עשרה ורחב ח' זרק לתוכה מחצלת חייב דעדיין חדא רשותא היא אבל נתכוון לחלקה במחצלת הוויין להו ב' בורות עמוקין עשרה ואין בכל אחד רחב ד' שהרי מיעטן המחצלת מלהיות בכל אחד ד' ויצאו מתורת רה"י והרי הן מקום פטור והא דאביי פליגא אדר' יוחנן דהא ר' יוחנן בעי ליה חוליא מבטלא מחיצתא או לא וכיון דחוליא מיבעיא ליה מחצלת פשיטא ליה דודאי לא מבטלא מחיצתא ועדיין רה"י היא ולאביי דפשיטא ליה דמבטלא מחיצתא כ"ש חוליא דודאי מיבטלא מלתא דמיבעיא ליה לר' יוחנן פשיטא ליה לאביי ומים בבור לא ממעטי לה ולא מבטלי מחיצות אבל פירות (שביכר השומן) [שבכיה השומן] בבור אם נתן כלום למעל' פטור דפירי מבטלי מחיצתא וה"מ דבטלינהו גבי בור אבל אי אצנעינהו לפירי בבור למהדר ולמיכל מינייהו לבתר הכי לא ממעטי בבור: **מתני'** הזורק ד' אמות בכותל אם נתכוון לזרוק למעלה מעשרה טפחים בכותל הרי הוא כזורק באויר והזורק באויר פטור ואם נתכוון למטה מי' טפחים בכותל הרי הוא כזורק בארץ והזורק בארץ ד' אמות חייב ואקשינן עלה הזורק למטה מי' טפחים חייב והא לא נח ואוקמא ר' יוחנן בזורק דבילה שמינה שיש בה לחלוחית ונדבקת בכותל חייב שהרי נגמרת מחשבתו כאשר ניטוחה זו היא הנחתה הא דאמר ר' חייא זרק למעלה מי' טפחים בכותל והלכה ונחה בחור שהוא מחלוקת ר' מאיר ורבנן. פירוש כגון שהיה זה החור עצמו כגבוה י' טפחים ומקרקעית החור ולמטה עשרה טפחים מכוונים ואלו היה בחור ד' על ד' דברי הכל כרה"י וחייב הזורק מרה"ר לתוכו ושמעתין בחור דלית ביה ד' על ד' דר' מאיר סבר כל כי האי גוונא חוקקין להשלים וכיון שיש בעובי הכותל לחוק ולהשלימו לחור היה ד' על ד' רואין בכוונת הלב כאלו חקוק הוא ויש בו ד' על ד' וחייב וחכ"א אם יש בחור הזה ד' על ד' [חייב] אבל לחוק ולהשלים אין חוקקין כי האי גוונא חקיקה בלבו אלא הרי הוא כגדר גבוה י' טפחים ואינו רחב ד' שהזורק לתוכו פטור והא דר' מאיר וחכמים מפורש בפרק א' דעירובין כיפה ר' מאיר מחייב במזוזה וחכמים פוטרין ושוין שאם יש ברגליה עשרה שחייבת אמר אביי הכל מודין אין ברגליה שלשה ולא כלום יש ברגליה ג' ואינה רחבה ד' ולא כלום הוא כי פליגי היכא דרחבה ד' ויש ברגליה ג' ואינה גבוה י' ויש בה לחוק ולהשלימה לעשרה דר"מ סבר חוקקין להשלים וחכמים סברי אין חוקקין להשלים וזה הוא (ביוה"כ) [בסוכה] פרק א' דחוקקין להשלים ומפורש נמי בפרק המוצא תפלין בעניין מפתח שהוא למעלה מעשרה: **ירושלמי** אם יש חור בכותל מחלוקת ר' מאיר וחכמים על דעתיה דר' מאיר יש בו ד' על ד' בין אין בו [illegible] על דעתייהו דרבנן אין את רואה את הכותל כגמום אלא כסתום. והך דרב חסדא דיציאות השבת דאמר נעץ קנה ברה"י חרק ונח על גביו חייב אפי' גבוה מאה אמה שרה"י שלה עולה עד לרקיע לא דמיא להא לא ליבעיא דמרדכי ולא [illegible]ד עומד ברה"ר וחלק רשות לעצמו בגובהו וכותל שהוא ברה"ר ונח בחור שהוא למעלה מי' טפחים אבל דרב חסדא בעמוד ברה"י ועקר אדם חפץ מרה"ר וזורק ברה"י למעלה ונח ע"ג עמוד שהוא ברה"י אפילו ע"ג ק' אמה חייב שכבר [illegible]מרי' בה אמר אביי ברה"י כ"ע לא פליגי כדרב חסדא והאי חור אם היה בתוך י' לא חשיב לא כרה"ר ולא כרה"י דאתמר חורי רה"ר אביי אמר כרה"ר דמו רבא אמר לא כרה"ר דמו והאי דתנן למטה מי' טפחים כזורק בארץ דקא מוקי לה איתיביה רבא לאביי מינה וא"ל אי ס"ד חורי רה"ר כרה"ר למה לי לאוקמה בדבילה שמינה לוקמה בחור. זמנין משני ליה אביי שאני צרור וחפץ דעבידי דהדרי זמנין משני ליה בכותל דלית ביה חור ממאי מדקתני רישא למעלה מי' טפחים [illegible]כותל דאית ביה חור אמאי כזורק באויר לוקמא דנח בחור וכי תימא דלית ביה ד' והא רב יהודה אמר רב א"ר חייא זרק למעלה מי' ונח בחור כל שהוא באנו למחלוקת ר"מ ורבנן אלא לאו ש"מ בכותל דלית ביה חור ואע"ג דאביי פריק **אמר** רב יהודה אמר רב תל המתלקט י"ט מתוך ד' אמות וזרק ונח על גביו חייב. פי' אדם שעומד ברה"ר ועקר מרה"ר והניחו בתל זה כיון דקיי"ל גדר ברה"ר גבוה י' רחבו ד' זו היא רה"י גמורה האי תל נמי רה"י הוא והיכא דמי מתלקט [illegible]בגידור י' טפחים מן הארץ כגדר והצד שכנגדו משופע כמדרון וכמין כבש שמתוך ד' אמות בשיפוע המדרגה גובה ועולה י' טפחים כגון זה ד' אמות י' טפחים הציור. אם נח החפץ הזורק על גובהו של תל זה שהוא גבוה י' טפחים
אע"פ

מסורת הש"ס

א) לעיל ח. ב) [גיטין ח.], ג) [לקמן קמא.].

הגהות הב"ח

(א) רש"י ד"ה והא מורשא וכו' ואפי' המים הן פחותין: (ב) תוס' ד"ה עושה וכו' עושה מקום ארבעה היינו:

גליון הש"ס

תוס' ד"ה גמירי וכו' ומיהו צ"ל. עיין מג"א סימן רמח סק"ז ביאור להמשך דברי תוספות אלו:

הגהות הגר"א

[א] גמרא והוא שנח ע"ג משהו. נ"ב ל"ל והוא שנח משהו:

ליקוטי רש"י

שהומשה אפילו עבירה סמוך לקרקע לא מיחייב עד שתנוח על גבי משהו מקום כל שהוא ולא בעינן מקום ארבעה הואיל וכתוך שלשה הוא כלל מקום הנחה כל דהו בעינן [לעיל ח.]. דפליגי עליה דר' עקיבא בקלוטה כמי שהונחה [דמיא] ואמרי דהזורק מרשות היחיד לרשות היחיד דרך רשות הרבים למטה מעשרה טפחים אמרינן הואיל ונקלטה בעשרה תחתונים שהן רשות הרבים הרי היא כמי שהונחה ומחייב ואפילו זרק למטה משלשה [נמין] לא מיחייב עד שלא הגיע לארץ נסרף או נלעטו לכלב אלא אם כן נח על גבי משהו או הוי מקום ארבעה הואיל ולמעלה משלשה אם כן הם פטור ואפילו לר' עקיבא דאי מקום ארבעה הוא ולא נח ארבעה הוי מקום פטור הוא [עירובין צה:]. **רקק.** גרויל"א ומים צפין עליו. **ורשות הרבים מהלכת בו.** שעוברין באותו רקק ברגליהם. שהוא כרה"ר גמורה. **פחות מעשרה.** שאין המים עמוקים עשרה [לעיל ח:]. ועומקו של מקום מים לבטל קומו מדין קרקע עשרה טפחים כדאמרינן במסכת שבת (ק:) ואם היה רקק מים וכו' כמה רקק מים פחות מעשרה טפחים [עירובין כד:]. **בשלמא הילוך הילוך תרי זימני.** להכי הדר תנייה דוקא שיהא הילוך לרבים דאף על גב על ידי הדחק הוא שמיה הילוך אבל אם היה צריך רבים לשמשו לא הוי רשות לרבים [לעיל שם]. **כי היכי דליהוי ליה היכרא.** לאו משום שהוא צריך בעלמא הוא דלא לימי לטלטולי מכרמלית לרשות היחיד ויש לגבי מילוי היכא דליכא לא אסרו כרמלית היא אלא קרקעיתא אבל אוירא דמיא מקום פטור הוא דמיא כמאן דליתנהו למו [עירובין פה.].

וְאַזְדָא רַב אַשִׁי לְטַעְמֵיהּ – **And Rav Ashi follows his own** previously stated **reasoning** in this matter. דְּאָמַר רַב אַשִׁי – **For Rav Ashi said:** הַאי מַאן דְּזָרֵיק וְנָח אַגּוּדָא דְּגַמְלָא מִיחַיֵּיב – **A person who throws an object that lands on an** isolated **plank of a bridge**[16] **is liable,** שֶׁהֲרֵי רַבִּים בּוֹקְעִין בּוֹ – **for** although some will jump over that plank, **the public** nonetheless **passes through it.**[17]

Mishnah הַזּוֹרֵק מִן הַיָּם לַיַּבָּשָׁה וּמִן הַיַּבָּשָׁה לַיָּם – **One who throws** an object **from the sea to the dry land or from the dry land to the sea,** וּמִן הַיָּם לַסְּפִינָה וּמִן הַסְּפִינָה לַיָּם – **or from the sea to a ship or from a ship to the sea,** וּמִן הַסְּפִינָה לַחֲבֵירְתָּהּ – **or from one ship to another** פָּטוּר – **is exempt.**[18] סְפִינוֹת קְשׁוּרוֹת זוֹ בָּזוֹ – In the case of **ships that are tied together** without any gap between them, מְטַלְטְלִין מִזּוֹ לָזוֹ – **we may carry** objects **from this** ship **to that** ship.[19] אִם אֵינָן קְשׁוּרוֹת – But **if they are not tied** together, אַף עַל פִּי שֶׁמּוּקָּפוֹת – **even though they are close** together, with no gap between them, אֵין מְטַלְטְלִין מִזּוֹ לָזוֹ – **we may not carry** objects **from this** ship **to that** ship.[20]

Gemara The Gemara discusses how water may be drawn from the sea aboard a ship on the Sabbath:[21]

אִיתְּמַר – **It was stated:** סְפִינָה – For people on board **a ship** – רַב הוּנָא אָמַר – **Rav Huna said:** מוֹצִיאִין הֵימֶנָּה זִיז כָּל שֶׁהוּא וּמְמַלֵּא – **We extend a small rod from [the ship] and one may** then **fill** a bucket with water and bring it aboard. רַב חִסְדָּא וְרַבָּה בַּר רַב הוּנָא אָמְרֵי – **Rav Chisda and Rabbah bar Rav Huna said:** עוֹשֶׂה מְקוֹם אַרְבָּעָה וּמְמַלֵּא – **One should make an** enclosed **area four** *tefachim* wide over the water, **and fill** the bucket through that place.[22]

The Gemara explains the basis of the dispute:

רַב הוּנָא אָמַר – **Rav Huna said:** מוֹצִיא הֵימֶנָּה זִיז כָּל שֶׁהוּא וּמְמַלֵּא – **One extends a small rod from [the ship] and he may** then **fill** a bucket with water and bring it aboard, קָסָבַר כַּרְמְלִית מֵאַרְעָא מַשְׁחִינַן – for **he maintains that** the ten *tefachim* height of **a** ***karmelis*** at sea **is measured from the floor** of the sea, וַאֲוִירָא מְקוֹם פְּטוּר הוּא – **and the air** above those ten *tefachim* **is** therefore **an exempt area.**[23] Thus, the water taken from the surface is being lifted from an exempt area onto the ship, which is permissible. וּבְדִין הוּא דְּזִיז נַמִּי לָא לִיבְעֵי – **And by right,** therefore, **one should not even need** to extend **a rod** from the ship to be allowed to bring up water, אֶלָּא כִּי הֵיכִי דְּלֶיהֱוֵי לֵיהּ הֶיכֵּרָא – **but** the Rabbis imposed this requirement **in order that it should serve as a reminder** that it is forbidden to transfer from a *karmelis* to a private domain.[24]

NOTES

16. The bridge is sixteen *amos* wide and is thus a public domain (*Ritva MHK* ed.). However, one of the planks laid across the bridge's width was set slightly apart from the other planks (*Rashi*), or was not fastened securely to it (*Ritva MHK* ed.). Accordingly, many people consciously avoid stepping on that plank [so as to avoid inadvertently stepping into the gap between it and the neighboring planks, or to avoid stepping on an unsteady plank].

17. For although some will avoid stepping on that plank, many will step on it anyway (*Rashi*). Thus, the plank remains part of the public domain.

[As noted above (note 15), *Rashi*'s language here (see also *Meiri* and *Ritva MHK* ed.) indicates that a large amount of traffic must actually use that plank to render it a public domain – perhaps even a majority (see *Magen Avraham* 345:11 and *Pri Megadim* there). However, from *Rambam* it seems that even though most people do not step on it, the mere fact that they pass *over* it renders it a *reshus harabim* (see *Magen Avraham* ibid. and *Mishnah Berurah* 345:48).]

18. Because the sea is a *karmelis,* as we learned above (note 6). Thus, even if the land along the shore was a *reshus harabim,* he has transferred only between a *karmelis* and a *reshus harabim,* for which there is no [Biblical] liability. Similarly, although a ship is a *reshus hayachid* (see *Eruvin* 90a,b with *Rashi* and *Tosafos*), one is not liable for transferring between a *karmelis* and a *reshus hayachid* (*Rashi*). And one is certainly not liable for transferring from one *reshus hayachid* to another (ship to ship).

19. [For it is permissible to carry from one private domain to another if they both belong to the same person. And if the two ships belong to two people (in which case the two boats would be like two adjacent houses belonging to different people, between which transfer is Rabbinically prohibited), the owners of the boats may arrange to carry from one to the other by making an *eruvei chatzeiros* (Gemara below, 101b; see above, 6a note 31, for an explanation of *eruvei chatzeiros*).]

20. Out of concern that if the ships drift apart, a *karmelis* will separate them, thereby invalidating the *eruv* (*Rashi*). Because of this concern, the Rabbis did not permit making an *eruv* between untied boats, and an *eruv* between them would have no validity at all (*Sfas Emes;* see Gemara 101b). [*Sfas Emes* notes that if the two ships are separated, one may not carry from one to the other even if they both belong to the same person; see also *Meiri* and below, 101b.]

21. [This was relevant to ships sailing on freshwater seas (e.g. the Sea of Kinneret) or rivers, which drew their drinking water directly from the body of water around them.]

22. That is, he constructs a frame of four token walls enclosing an area four *tefachim* by four *tefachim* and suspends it over the sea. We then consider the walls as extending downward to the surface of the water, thereby enclosing the area below and making it a *reshus hayachid.* [Thus, one is bringing the water up from a *reshus hayachid* to a *reshus hayachid,* which is permitted.] Although suspended walls are not usually valid, they are acceptable over water (*Rashi*; see *Eruvin* 86ff and Rishonim here). [The area must be at least four *tefachim* wide because walls do not have legal significance if they enclose a smaller area (*Tosafos*).]

[*Rashi's* view that token walls suffice is shared by *Rav Hai Gaon,* who cites a tradition of the Geonim concerning this (see *Ran MHK* ed.). It is also implied by the fact that the Gemara saw fit to mention only the area within the walls, not the length of the walls themselves (*Maginei Shlomo*). *Tosafos*, however, dispute this based on a Gemara in *Eruvin* (87b) which states that in order to bring up water from a body of water beneath one's porch, one must suspend a frame with walls ten *tefachim* long over it. *Baal HaMaor* and *Ran* answer that there is a distinction between a porch, where it is possible for a person to build suspended walls ten *tefachim* long over the water and leave them in place, and a ship, where the four-*tefachim* frame can only be hung over the side of the ship on a temporary basis. For this reason the Rabbis were more lenient in the case of a ship and did not require walls of ten *tefachim* (see *Rashba* at length).]

23. The Gemara has taught above (7a,b) that a *karmelis,* like a *reshus harabim,* reaches to a height of just ten *tefachim;* airspace above that is a *mekom petur*. According to Rav Huna, when the Baraisa on 6a ruled that a sea is a *karmelis,* it referred to the floor of the sea. Thus, only the water within ten *tefachim* of the sea floor is in a *karmelis*, while water above that is in a *mekom petur*. Assuming that the ship is in water more than ten *tefachim* deep (see below), the water located upon the surface of the sea is in a *mekom petur,* and it is therefore permitted to transfer it into a *reshus hayachid,* such as a ship (*Rashi*).

24. *Rashi*. This reminder is required here and not in other cases of a *mekom petur* because other exempt areas are easily identified as such by their dimensions, while this *mekom petur* is established by the water's less apparent ten-*tefachim* depth. Since a person observing this transfer might believe the water to be less than ten *tefachim* deep and thus a *karmelis,* the Rabbis required placing a "sign" over the side of the ship to demonstrate that a sea is different from other types of *karmelis* (*Chidushei HaRan*, *Pnei Yehoshua*). Alternatively, the concern is that an observer might mistakenly believe that a sea-*karmelis* is measured from the sea's surface and not from the seabed, and thus think that the water is being taken from a *karmelis* (*Ritva MHK* ed.). Thus, the rod serves as a reminder that a sea is different, for

עין משפט
נר מצוה

כח א מיי' פי"ד מהל' שבת הל' ד ופ"א סמג לאוין סה טוש"ע א"ח סי' שמה סעיף יד:
כט ב ג מיי' שם הל' כד: ד מיי' פ"ג מהלכות עירובין הלכה כב:
ל ה ו מיי' פי"ד מהל' שבת הלכה ה ופט"ו הלכה כ סמג שם טוש"ע א"ח סי' שמה סעיף יח וסי' שנה סעיף ב:
[לא] [ז] [מיי' פט"ו שם הלכה יג סמג שם טוש"ע א"ח ריש סי' שנה]:

רבינו חננאל

לומר דמעשה בבור ופטור הוו איבעיא לא אפשטא: בעי רבא זרק דף ע"ג יתידות כגון טרסקל בראש קנה דנעשה רה"י ואמרינן מאי קא מיבעיא ליה הנחת חפץ ועשיית מחיצה בהדי הדדי היינו בעיא דר' יוחנן דאיבעיא ולא אפשטא אלא כי קא מיבעיא ליה לרבא כגון שזרק דף ויש על גבי חפץ ונח הדף על גבי יתידות והחפץ על גבי מי אמרינן אפי' זה כהנחת חפץ ובהנחתו נעשית מחיצה דמי או דלמא כיון דלא אפשר שלא מידלא החפץ מעט ואח"כ יפול על הדף נמצא שנעשה מחיצה ואח"כ נותן החפץ עליו וחייב הלכה לתוקף: אמר רבא פשיטא לי זרק מים על גבי מים או שעקר מים מרה"ר והניחן על גבי מים ברה"י חייב מי זו היא הנחתן זרק או שהניח אגוז על גביהן וצף על גביהן פטור ואגוז בכלי וכלי ע"ג המים לא אפשיטא שמן על גבי מים פלוגתא דרבי יוחנן בן נורי ורבנן: אמר אביי בור ברה"ר עמוק י' ורחב ח' זרק לתוכה מחצלת חייב דעדיין חורא רשותא היא אבל נתכוון לחלקה במחצלת הוויין להו ב' בורות עמוקין עשרה ואין בכל אחד רחב ד' שהרי מיעטן המחצלת מלהיות בכל אחד ד' ויצאו מתורת רה"י והרי הן מקום פטור והא דאביי פליגא אדר' יוחנן דהא ר' יוחנן בעי ליה חוליא מבטלא מחיצתא או לא וכיון דחוליא מיבעיא ליה מחצלת פשיטא ליה דודאי לא מבטלא מחיצתא ועדיין רה"י היא ולאביי דפשיטא ליה דמבטלא מחיצתא כ"ש חוליא דודאי מבטלא מלתא דמיבעיא ליה לר' יוחנן פשיטא לה לאביי ומים בבור לא ממעטי ליה ולא מבטלי מחיצות אבל פירות (שבכיכר השומן) [שבכיכרה ושמן] בבור אם נתן כלום למעלה בבור דפירי מבטלי מחיצתא וה"מ דבטלינהו גבי בור אם אי אצנעינהו לבור לגבי בור למהדר ולמיכל מינייהו לבתר הכי לא מבטלי בבור: מתני' הזורק ד' אמות בכותל אם נתכוון לזרוק למעלה מעשרה טפחים בכותל הרי הוא כזורק באויר הזורק באויר פטור ואם נתכוון למטה מי' טפחים

לאו היינו מתני' וא"ר יוחנן והוא שנח [א] ע"ג משהו א"ל מתגלגל קאמרת מתגלגל אין סופו לנוח אבל האי כיון דסופו לנוח אע"ג דלא נח כמאן דנח דמי קמ"ל: מתני' [א] הזורק בים ארבע אמות פטור [ב] אם היה רקק מים ורשות הרבים מהלכת בו הזורק לתוכו ד' אמות חייב וכמה הוא רקק מים פחות מעשרה טפחים רקק מים ורשות הרבים מהלכת בו הזורק בתוכו ד' אמות חייב: גמ' א"ל ההוא מרבנן לרבא בשלמא הילוך הילוך תרי זימני הא קמ"ל הילוך ע"י הדחק שמיה הילוך תשמיש ע"י הדחק לא שמיה תשמיש אלא רקק רקק תרי זימני למה לי חד בימות החמה וחד בימות הגשמים וצריכי דאי תנא חדא ה"א ה"מ בימות החמה דעבידי אינשי דמסגי לאקורי נפשייהו אבל בימות הגשמים לא ואי אשמעינן בימות הגשמים דכיון דמיטנפי לא איכפת להו אבל בימות החמה לא אביי אמר [ג] איצטריך סד"א ה"מ היכא דלא הוי ד' אמות אבל היכא דהוי ד' אמות אקופי מקפי ליה רב אשי אמר איצטריך ס"ד אמינא ה"מ היכא דהוה ד' אבל היכא דלא הואי ארבעה מיפסעי פסעי ליה ואזדא רב אשי לטעמיה דאמר רב אשי האי מאן דזריק ונח אגודא דגמלא מיחייב שהרי רבים בוקעין בו: מתני' הזורק מן הים ליבשה ומן היבשה לים ומן הים לספינה ומן הספינה לים ומן הספינה לחבירתה פטור [ד] ספינות קשורות זו בזו מטלטלין מזו לזו אם אינן קשורות אע"פ שמוקפות אין מטלטלין מזו לזו: גמ' איתמר ספינה רב הונא אמר מוציאין הימנה זיז כל שהוא וממלא רב חסדא ורבה בר רב הונא אמרי [ה] עושה מקום ארבעה וממלא רב הונא אמר מוציא הימנה זיז כל שהוא וממלא קסבר כרמלית מארעא משחינן ואוירא מקום פטור הוא ובדין הוא דזיז נמי לא ליבעי אלא כי היכי דליהוי ליה היכרא רב חסדא ורבה בר רב הונא אמרי עושה מקום ארבעה וממלא קסברי [ו] כרמלית משפת מיא משחינן [ז] מיא ארעא סמיכתא אי לא עביד מקום ארבעה קא מטלטל מכרמלית לרה"י א"ל רב נחמן לרבה בר אבוה ולרב הונא דאמר מוציא הימנה זיז כל שהוא וממלא זימנין דליכא עשרה וקא מטלטל מכרמלית לרה"י אמר ליה גמרינן דאין ספינה מהלכת בפחות מעשרה והא מורשא אית לה אמר רב ספרא גשושי אזלי קמה א"ל רב נחמן בר יצחק לרב חייא בר אבין לרב חסדא ולרבה בר רב הונא דאמרי עושה מקום ארבעה וממלא שופכין דידיה היכי שדי להו וכ"ת דשדי להו באותו מקום מאיסי ליה [ז] דשדי להו אדפנא דספינה והא איכא כחו [ח] כחו בכרמלית לא גזרו ומנא תימרא דתניא ספינה אין מטלטלין לא מתוכה לים ולא מן הים לתוכה רבי

רש"י

לאו היינו מתניתין. דקתני חוץ לארבע אמות ונתגלגל כו' חייב ואמר רבי יוחנן והוא שנח הא לא נח לא מדלא אוקמא רבי יוחנן כגון שבא לתוך ג': מתגלגל קאמרת. דבר שהרוח מגלגלו באויר קאמרת: כיון דסופו לנוח. וזכר עד שלא נח נימא כמונח דמי דהא סופו לנוח וכבר בא לתוך ג': מתני' וכמה הוא רקק מים. כמה עומקו דנימא אכתי רה"ר הוא ולא נעשה כרמלית. רקק גרביל"א: גמ' הילוך. דנקט תרי זימני רשות הרבים מהלכת בו חד למימרא דאי אין רגילין להלך בו פטור וכי רגילין להלך בו חייב ואע"ג דהילוך ע"י הדחק הוא וחד לאשמעינן דדוקא הילוך ע"י הדחק שמיה הילוך אבל תשמיש לרבים ע"י הדחק כגון גומא תשעה ברה"ר אע"ג דחזיא לאצנועי ביה כומתא וסודרא לא הוי תשמיש למיהוי ההוא גומא רה"ר כעמוד ט' שהרבים מכתפין עליו דאמרינן בפ"ק דהוי רה"ר: אלא רקק תרי זימני למה לי. לאשמעינן הילוך על ידי הדחק אחרינא: דלא הוי ד' אמות. רחב דלא טריחא להו מילתא לעבור בתוכו ונוח לעבור מלהקיף ולילך לראשו שהוא כלה שם: אבל היכא כו'. הדר תניא זימנא אחריתי לאיתויי הא: ה"מ. דהוי ר"ה: היכא דהוי רחבו ד' אמות. דלאו אורחיה למפסעי אלא עברי בגויה: אגודא דגמלא. על דף שבגשר המוטל לרוחב הגשר כשאר הדפים ומובדל מחבירו: חייב. ואע"ג דאיכא דמיפסעו פסעי ולא מנחי כרעייהו עלה איכא טובא דעברי עליה: מתני' מן הים ליבשה. מכרמלית לר"ה: מן הים לספינה. מכרמלית לרה"י: מטלטלין מזו לזו. ובגמרא פריך פשיטא: שמוקפות. סמוכות זו לזו כמו אין מקיפין שתי חביות (ביצה דף לב:): אין מטלטלין מזו לזו. דמהפסק כרמלית מיפרשי מהדדי ואנן מוקמינן לה בגמרא שהספינות של שני בני אדם וע"י עירוב מטלטל מזו לזו הלכך כי מיפרשי ומפסקה כרמלית בטל עירוב: גמ' ספינה. המפרש בספינה בים: מוציא זיז כל שהוא. מדופני הספינה על המים להיכר בעלמא כדמפרש ואזיל: וממלא. מן הים ומכניס לספינה: מקום ארבעה. חלל ד' מוקף מחילות קטנות ומחילה תלויה מתרת במים: כרמלית מארעא משחינן. י' של אויר שנתנו חכמים לאיסור כרמלית כדאמרינן בפ"ק (דף ז.) ותופסת עד י' מקרקעית הים משחינן להו ואוירא שהוא למעלה מי' ואפילו הן מים הוי מקום פטור הלכך בהיתירא קא שקיל לכתחלה: דליהוי ליה היכירא. לכרמלית גמורה: ארעא סמיכתא היא. וכל המים כרמלית הן: סמיכתא. עבה: זימנין דליכא. במים עמוקה עשרה ואי נמי מארעא משחינן כולה כרמלית היא: גמירי אין ספינה מהלכת כו'. דכל היכא דתניא ספינה ולא תני עריבה גדולה היא: והא מורשא אית לה גרסי'. ראש הספינה הולך ומגביה מן המים ואפילו (א) היו המים פחותין מי' אין גוששת שם ואם ממלא כנגד אותו מקום מטלטל מכרמלית לרה"י: גששי אזלי קמה. בני אדם ממשמשים בכלונסות את עומק המים ואין מניחין לילך הספינה אלא במקום עמוק שמא תמהר לילך ותשכון לארץ במקום מושבה: עושה לה מקום ד'. אלמא כל המים כרמלית הן: שופכין דידיה. מים רעים כגון רחיצת כוסות וקערות: מאיסי ליה. המים שימלא שוב דרך אותו מקום: דשדי להו. בכ"מ שירצה על דופני הספינה והן יורדין לים: והא איכא כחו. נהי דלא זריק להדיא לים מיהו מכחו הן באין לים:

תוספות

עושה מקום ארבעה וממלא. פירש בקונטרס עושה מחילות קטנות ואין נראה לר"ת ולר"י דהא תנן בפרק כילד משתתפין (עירובין דף פז:) גזוזטרא שהיא למעלה מן המים אין ממלאין ממנה מים בשבת אא"כ עשו לה מחיצה גבוה י' כו' אלא עושה מקום (ג) היינו שיהיה הזיז רחב ארבע טפחים כדי שלא יהיו המחילות עשויות לפחות מארבע ולמאן דשרי הכא בזיז כל שהוא לא תקשי דמוקי התם כשאין המים עמוקים י' אי נמי התם גזרינן שמא יעלה הים שירטון כדגזרינן בפרק קמא דעירובין (דף ח.) אבל ספינה לעולם אין מהלכת בפחות מי' ולא שייך למגזר:

גמירי דאין ספינה מהלכת למטה מי'. והא דקאמר בפרק מי שהוציאוהו (עירובין דף מג.) במהלכת ברקק התם מיירי בספינה קטנה אבל הכא בספינות גדולות שטוענין אותן ביותר ושקועות הרבה במים ואין מהלכות בפחות מי' ° ומיהו צ"ל דאף הכלי שדולה בו ונשקע במים הוי למעלה מי' דאי לאו הכי היאך ממלא:

ודילמא מורשא אית לה. פירש ר"ח דילמא יש מורשא לקרקע שסמוך לספינה שהקרקע גבוה שם ואם יוליא דרך שם יהיה למטה מעשרה במקום מילואו כיון שהקרקע גבוה שם אבל רש"י דמפרש מורשא דספינה לא יתכן לשון ודילמא דגרסינן בכל הספרים וגרסינן והא מורשא אית לה:

כחו בכרמלית לא גזרו רבנן. והכי נמי משני בפרק תולין (לקמן דף קמא.) גבי האי מאן דסחי במיא כו'. וק' לר"י דבפרק כילד משתתפין (עירובין דף פח.) אמרי' גבי גזוזטרא שהיא למעלה מן המים לא שנו אלא למלאות אבל לשפוך אסור משום שהמים נדחין מכחו חוץ לארבע אמות אלמא כחו בכרמלית אסור ויש לומר דגזוזטרא פעמים שהיא סמוכה למקום שרה"ר מהלכת וגזרו כחו בכרמלית משום כחו ברשות הרבים אבל בספינה דלעולם הוי כחו בכרמלית לא גזרו:

רבי

מסורת הש"ס

א) לעיל ח:, ב) [גיטין ח.], ג) [לקמן קמא.].

הגהות הב"ח

(א) רש"י ד"ה והא מורשא וכו' ואפי' המים הן פחותין: (ג) תוס' ד"ה עושה וכו' עושה מקום ארבעה היינו:

גליון הש"ס

תוס' ד"ה גמירי וכו' ומיהו צ"ל. עיין מג"א סימן רמח סק"ז ביאור להמשך דברי תוספות אלו:

הגהות הגר"א

[א] גמרא והוא שנח ע"ג משהו. נ"ב נ"ל והוא שנח משהו:

ליקוטי רש"י

שהונחה אפילו עברה סמוך לקרקע לא מחייב עד שתנוח על גבי משהו מקום כל שהוא ולא בעינן מקום ארבעה הואיל וכתוך שלשה הוא מכל מקום הנחה כל דהו בעינן [לעיל פ.]. דפליגי עליה דר' עקיבא בקלוטה כמי שהונחה [דמיא] ואמרי דהזורק מרשות היחיד לרשות היחיד דרך רשות הרבים למטה מעשרה לא אמרינן הואיל ונקלטה בעשרה התחתונים שהן רשות הרבים הרי היא כמי שהונחה לחייבו אפילו זרק למטה משלשה [נמי] לא מחייב אם עד שלא הגיע לארץ נשרף או בלעו כלב אלא אם כן נח על גבי משהו ואפילו לא הוי מקום ארבעה הויא הנחה ולמעלה משלשה אם נח פטור ואפילו לר' עקיבא דלאו מקום ארבעה הוא כרמלית הוא ואי לית ביה ארבעה מקום פטור הוא [עירובין צח:]. רקק. גרוויל"א ומים לפנן עליו. ורשות הרבים מהלכת בו. שעוברין באותו רקק ברגליהם. חייב. שהוא כרה"ר גמורה. פחות מעשרה. שאין המים עמוקים עשרה [לעיל ח:]. ועומקן של מים לבטל קרקע מדין קרקע עשרה טפחים כדאמרינן במסכת שבת (ק:) ואם היה רקק מים וכו' כמה רקק מים פחות מעשרה טפחים [עירובין כד:]. בשלמא הילוך הילוך תרי זימני. לכתי הדר תנייה דקתני שיהא הילוך לרבים דאף על גב דעל ידי הדחק הוא שמיה הילוך אבל אם היה צריך רבים לתשמיש לא חשיב רשות הרבים [לעיל שם]. כי היכי דליהוי ליה היכרא. דליהוי היכר בעלמא דלא ליתי לטלטולי מכרמלית לרשות היחיד ויש לגבי מילי היא אלא לאו כרמלית היא אלא קרקעית אבל אורחא דמיא כמאן דמליא הוא [עירובין פח.].

[illegible]

The second opinion is explained:

רַב חִסְדָּא וְרַבָּה בַּר רַב הוּנָא אָמְרֵי – Rav Chisda and Rabbah bar Rav Huna say: עוֹשֶׂה מְקוֹם אַרְבָּעָה וּמְמַלֵּא – He should make an enclosed **area four** *tefachim* wide, **and fill** his bucket and bring it aboard through it, **קָסָבְרֵי כַּרְמְלִית מִשְּׂפַת מַיָּא מְשַׁחִינָן – for they maintain that** the ten *tefachim* height of **a sea-*karmelis* is measured from the water's surface, מַיָּא אַרְעָא סְמִיכְתָּא – for the** entire body of **water is like thick ground** and thus a *karmelis*. **אִי לֹא עָבִיד מְקוֹם אַרְבָּעָה – Therefore, if one does not make an** enclosed **area four** *tefachim* wide above the sea through which to draw the water, **קָא מְטַלְטֵל מִכַּרְמְלִית לִרְשׁוּת הַיָּחִיד –** when he brings water up to the ship, **he is carrying from a *karmelis* to a private domain.** It is therefore necessary to extend an enclosure over the side of the ship to create a private domain in the sea below it, so that when he raises the water to the ship, he is carrying from a private domain to a private domain.

Rav Huna's opinion is questioned:

אָמַר לֵיהּ רַב נַחְמָן לְרַבָּה בַּר אֲבוּהָ – Rav Nachman said to Rabbah bar Avuha: וּלְרַב הוּנָא דְּאָמַר מוֹצִיא הֵימֶנָּה זִיז כָּל שֶׁהוּא וּמְמַלֵּא – Now according to Rav Huna, who says that **one extends a small rod from [the ship]** merely as a reminder **and he may** then **fill** a bucket with water and bring it aboard the ship, because the upper layer of water, in his view, is an exempt area, **זִימְנִין דְּלֵיכָּא עֲשָׂרָה – but there are times when there are not ten** *tefachim* of water in the area through which the ship is passing **וְקָא מְטַלְטֵל מִכַּרְמְלִית לִרְשׁוּת הַיָּחִיד – and** if he were to draw water from the sea in such a place **he would be transferring from a *karmelis* to a private domain!**[25] How, then, can we permit drawing water from the sea simply on the basis of a small rod?[26]

Rabbah bar Avaha answers:

אָמַר לֵיהּ – [Rabbah bar Avuha] said to [Rav Nachman]: גְּמִירִינַן דְּאֵין סְפִינָה מְהַלֶּכֶת בְּפָחוֹת מֵעֲשָׂרָה – We have learned that a ship does not travel in water **less than ten** *tefachim* deep.[27]

Rav Nachman asked further:

וְהָא מוֹרְשָׁא אִית לָהּ – But [the ship] has a protrusion, i.e. prow, that rises out of the water and extends forward from the rest of the ship. Thus, although the hull of the ship will not pass over water less than ten *tefachim* deep, its prow may jut out over shallower water.[28]

The Gemara answers:

אָמַר רַב סַפְרָא – Rav Safra said: גַּשׁוֹשֵׁי אָזְלֵי קַמָּהּ – Probers go before [the ship], i.e. sailors probe the water in front of the ship with long poles to prevent it from entering such shallow waters.[29]

The second opinion is now questioned:

אָמַר לֵיהּ רַב נַחְמָן בַּר יִצְחָק לְרַב חִיָּיא בַּר אָבִין – Rav Nachman bar Yitzchak said to Rav Chiya bar Avin: לְרַב חִסְדָּא וּלְרַבָּה בַּר רַב הוּנָא דְּאָמְרֵי עוֹשֶׂה מְקוֹם אַרְבָּעָה וּמְמַלֵּא – According to Rav Chisda and Rabbah bar Rav Huna who say one makes an enclosed **area four** *tefachim* wide, **and fills** his bucket and brings it aboard ship through it, **שׁוֹפְכִין דִּידֵיהּ הֵיכִי שָׁדֵי לְהוּ – in what way does one pour out its waste water?**[30] He certainly cannot simply throw it overboard, for according to this view the surface of the sea is a *karmelis*, so that pouring this water straight into the sea would constitute transferring from a private domain to a *karmelis*! **וְכִי תֵּימָא דְּשָׁדֵי לְהוּ בְּאוֹתוֹ מָקוֹם – And if you will say that he pours out [the waste water] into that** enclosed four-*tefachim*-wide **area** through which they bring up fresh water, that cannot be, **מָאִיסֵי לֵיהּ – for it would make [the water]** that he then draws up from the sea **repulsive to him.**[31] **– ? –**

Rav Chiya bar Avin answers:

דְּשָׁדֵי לְהוּ אַדַּפְנָא דִּסְפִינָה – He pours it out on the outer **wall of the ship** and let it run down into the sea. Thus, they can pour it out far away from the point at which they draw water.

The Gemara asks:

וְהָא אִיכָּא כֹּחוֹ – But there is [the person's] force that brings about the waste water's passage into the sea, and transfer that occurs through a person's force (i.e. indirect action) is also prohibited![32] **– ? –**

NOTES

its *karmelis* is measured from the seabed. [See *Ramban* and *Ritva MHK* ed., who discuss the exact placement of the rod.]

That some sort of modification is needed to allow one to transfer between the sea and the ship can be seen from our Mishnah, which rules that one who transfers from the sea to a ship is exempt, implying that doing so is at least Rabbinically prohibited (*Rashba, Ritva MHK* ed.).

25. Should the water be, say, only eight *tefachim* deep, the entire depth of the sea at that point would have *karmelis* status (*Rashi*). Bringing water from it into the ship, a private domain, would then be prohibited.

26. [A general standard must suffice for all conditions to avoid leading to transgression.]

27. The term סְפִינָה, *ship,* refers to a large ship, not a small boat (*Rashi*). Thus, Rav Huna's ruling permitting the use of a small rod to allow drawing water from the sea refers specifically to large vessels, which sit more deeply in the water and thus never enter waters shallower than ten *tefachim* (*Tosafos*).

The Gemara seems to say that the total depth of the water in which a ship sails must be ten *tefachim*. But in fact the sea must be slightly *more* than ten *tefachim* deep for the bucket to take water that is above ten *tefachim* from the seabed (*Tosafos*). Others explain the Gemara to mean that large ships only go in places where there is at least ten *tefachim* of water *beneath the ship,* i.e. between its bottom and the seabed. Accordingly, the bucket will certainly draw water that is above ten *tefachim* from the seabed, for the bucket is not dropped below the ship's depth (*Rashba, Ritva MHK* ed.; *Ran MHK* ed.; see also *Magen Avraham* 248:7 and *Pri Megadim* who explain *Tosafos* to mean this as well).

28. Every ship has a prow that protrudes out from the front of the ship above the water. Thus, while the ship itself sits in water ten *tefachim* deep, its prow (which is not in the water) might extend over shallower water. Someone standing on this prow collecting water from the sea below would then be transferring from a *karmelis* into the private domain of the ship (*Rashi*; cf. *Tosafos*).

29. Sailors are stationed at the front of a ship to measure the depth of the sea in the ship's path and insure that the ship moves only in deep water, so that it should not suddenly run aground (*Rashi*). Thus, even the prow of the ship will never enter an area too shallow to accommodate the hull of the ship.

30. Such as dishwater (*Rashi*), human waste (*Rabbeinu Chananel*), and even refuse, such as bones and shells (*Mishnah Berurah* 355:15).

31. [For they would associate the fresh water now being drawn with the waste water they had previously poured out in that area.]

[The Gemara asks this question only according to Rav Chisda and Rabbah bar Rav Huna, not Rav Huna, because the Gemara believes that the Sages would not burden sailors with building a second enclosed area in which to pour out waste water (*Ritva MHK* ed.; cf. *Pnei Yehoshua*). They might, however, require them to provide a second small rod at another part of the ship for pouring waste water into the sea (*Meromei Sadeh*; see *Maharsha*). Alternatively, once the small rod is in place, it is not necessary to draw the water from the very area below it. Rather, it may be drawn anywhere along the ship. Thus, they would be able to rely on the rod to draw water on one side of the ship and discard waste water into the sea on another side (see *Shaar HaTziyun* 355:9).] See also *Yad David* [*Kamma*].

32. [See, for example, the Mishnah's ruling in *Eruvin* 88a (with *Rashi*) concerning the prohibition to pour out waste water in one's courtyard into a canal that drains into the *reshus harabim*.]

עין משפט נר מצוה

כח א מיי' פי"ד מהל' שבת הל' ד ופ"ו הל' ו סמג לאוין סה טוש"ע א"ח סי' שמה סעיף יד:
כט ב ג מיי' שם הל' כד: ד מיי' פ"ג מהלכות עירובין הלכה כב:
ל ה ו מיי' פי"ד מהל' הלכה כ סמג שם טוש"ע א"ח סי' שמה סעיף יז וסי' שנה סעיף א:
[לא] [ז] [מיי' פט"ו שם הלכה יט סמג שם טוש"ע א"ח ריש סי' שנה]:

רבינו חננאל

לומר דממעטא בבור ופטור הו איבעיא לא אפשטא: **בעי** רבא זרק דף ע"ג יתידות כגון טרסקל בראש קנה דנעשה רה"י ואמרינן מאי קא מיבעיא ליה הנחת חפץ ועשיית מחיצה בהדי הדדי היינו בעיא דר' יוחנן דאיבעיא ולא אפשיטא אלא כי קא מיבעיא ליה לרבא כגון שזרק דף ויש על גביו חפץ ונח הדף על גבי יתידות והחפץ על גביו מי אמרינן אפי' זה כהנחת חפץ ובהנחתו נעשית מחיצה דמי או דלמא כיון דלא אפשר שלא מידלא החפץ מעט ואח"כ יפול על הדף נמצא שנעשה מחיצה ואח"כ נותן החפץ עליו וחייב ועלתה בתיקו: **אמר** רבא פשיטא לי זרק מים על גבי מים או שעקר מים מרה"י והניחן על גבי מים ברה"ר חייב הו היא הנחתן זרק או שהניח אגוז על גביהן וצף על גביהן לאו הנחה היא ופטור ואגוז בכלי וכלי ע"ג המים לא אפשיטא שמן על גבי מים פלוגתא דרבי יוחנן בן נורי ורבנן: **אמר** אביי בור ברה"ר עמוק עשרה ורחב ח' זרק לתוכה מחצלת חייב דעדיין חדא רשותא היא אבל נתכוון לחלקה במחצלת הוויין להו ב' בורות עמוקין עשרה ואין בכל אחד רחב ד' שהרי מיעטן המחצלת מלהיות בכל אחד ד' ויצאו מתורת רה"י והרי הן מקום פטור והא דאביי פליגא אדר' יוחנן דהא ר' יוחנן בעי ליה חוליא מבטלא מחיצתא או לא וכיון דחוליא מיבעיא ליה מחצלת פשיטא ליה דודאי לא מבטלא מחיצתא ועדיין רה"י היא ולאביי דפשיטא ליה דמבטלא מחיצתא כ"ש חוליא דודאי מיבטלא מלתא דמיבעיא ליה לר' יוחנן פשיטא ליה לאביי ומים בבור לא ממעטי לה ולא מבטלי מחיצות אבל פירות (שביכר השומן) [שבכירה ושמין] בבור אם נתן כלום למעל' פטור דפירי מבטלי מחיצתא וה"מ דבטלינהו גבי בור אבל אי אצנעינהו לפירי בבור למהדר ולמיכל מינייהו לבתר הכי לא ממעטי בבור: **מתני'** הזורק ד' אמות בכותל אם נתכוון לזרוק למעלה מעשרה טפחים בכותל הרי הוא כזורק באויר והזורק באויר פטור ואם נתכוון למטה מי' טפחים

גמ'

לאו היינו מתני' וא"ר יוחנן והוא שנח [א] ע"ג משהו א"ל מתגלגל קאמרת מתגלגל אין סופו לנוח אבל האי כיון דסופו לנוח אע"ג דלא נח כמאן דנח דמי קמ"ל: **מתני'** *הזורק בים ארבע אמות פטור ב אם היה רקק מים ורשות הרבים מהלכת בו הזורק לתוכו ד' אמות חייב וכמה הוא רקק מים פחות מעשרה טפחים רקק מים ורשות הרבים מהלכת בו הזורק בתוכו ד' אמות חייב: **גמ'** א"ל ההוא מרבנן לרבא בשלמא הילוך הילוך תרי זימני הא קמ"ל הילוך ע"י הדחק שמיה הילוך תשמיש ע"י הדחק לא שמיה תשמיש אלא רקק רקק תרי זימני למה לי חד בימות החמה וחד בימות הגשמים וצריכי דאי תנא חדא ה"א ה"מ בימות החמה דעבידי אינשי דמסגי לאקורי נפשייהו אבל בימות הגשמים לא ואי אשמעינן בימות הגשמים דכיון דמיטנפי לא איכפת להו אבל בימות החמה לא אביי אמר ג איצטריך סד"א ה"מ היכא דלא הוי ד' אמות אבל היכא דהוי ד' אמות אקופי מקפי ליה רב אשי אמר איצטריך ס"ד אמינא ה"מ היכא דהוה ד' אבל היכא דלא הואי ארבעה מיפסעי פסעי ליה ואזדא רב אשי לטעמיה דאמר רב אשי האי מאן דזריק ונח אגודא דגמלא מיחייב שהרי רבים בוקעין בו: **מתני'** הזורק מן הים ליבשה ומן היבשה לים ומן הים לספינה ומן הספינה לים ומן הספינה לחבירתה פטור ד ספינות קשורות זו בזו מטלטלין מזו לזו אם אינן קשורות אע"פ שמוקפות אין מטלטלין מזו לזו: **גמ'** איתמר ספינה רב הונא אמר מוציאין זיז כל שהוא וממלא רב חסדא ורבה בר רב הונא אמרי ה עושה מקום ארבעה וממלא רב הונא אמר מוציא זיז כל שהוא וממלא קסבר כרמלית מארעא משחינן ואוירא מקום פטור הוא ובדין הוא דזיז נמי לא ליבעי אלא כי היכי דליהוי ליה היכרא רב חסדא ורבה בר רב הונא אמרי עושה מקום ארבעה וממלא קסברי ו כרמלית משפת מיא משחינן ז מיא ארעא סמיכתא אי לא עביד מקום ארבעה קא מטלטל מכרמלית לרה"י א"ל רב נחמן לרבה בר אבוה ולרב הונא דאמר מוציא זיז כל שהוא וממלא זימנין דליכא עשרה וקא מטלטל מכרמלית לרה"י אמר ליה גמרינן דאין ספינה מהלכת בפחות מעשרה והא מורשא אית לה אמר רב ספרא גשושי אזלי קמה א"ל רב נחמן בר יצחק לרב חייא בר אבין לרב חסדא ולרבה בר רב הונא דאמרי עושה מקום ארבעה וממלא שופכין דידיה היכי שדי להו וכ"ת דשדי להו באותו מקום מאיסי ליה [ז] דשדי להו אדפנא דספינה והא איכא כחו ג כחו בכרמלית לא גזרו ומנא תימרא דתניא ספינה אין מטלטלין לא מתוכה לים ולא מן הים לתוכה
רבי

תוספות

עושה מקום ארבעה וממלא. פירש בקונטרס עושה מחילות קטנות ואין נראה לר"ת ולר"י דהא תנן בפרק כילד משתתפין (עירובין דף פו:) גזוזטרא שהיא למעלה מן המים אין ממלאין ממנה מים בשבת אא"כ עשו לה מחיצה גבוה י' כו' אלא עושה מקום (ב) היינו שיהיה הזיז רחב ארבע טפחים כדי שלא יהיו המחילות עשויות לפחות מארבע ולמאן דשרי הכא בזיז כל שהוא לא תקשי דמוקי התם כשאין המים עמוקים י' אי נמי התם גזרינן שמא יעלה הים שירטון כדגזרינן בפרק קמא דעירובין (דף ח.) אבל ספינה לעולם אין מהלכת בפחות מי' ולא שייך למגזר:

גמירי דאין ספינה מהלכת למטה מי'. והא דקאמר בפרק מי שהוציאוהו (עירובין דף מג.) במהלכת ברקק התם מיירי בספינה קטנה אבל הכא בספינות גדולות שטוענין אותן ביותר ונשקעות הרבה במים ואין מהלכות בפחות מי' ומיהו נ"ל דאף הכלי שדולה בו ונשקע במים הוי למעלה מי' דאי לאו הכי היאך ממלא:

ודילמא מורשא אית לה. פירש ר"ח דילמא יש מורשא לקרקע שסמוך לספינה שהקרקע גבוה שם ואם יוציא דרך שם יהיה למטה מעשרה במקום מילואו כיון שהקרקע גבוה שם אבל רש"י מפרש מורשא דספינה לא יתכן לשון ודילמא דגרסינן בכל הספרים וגרסינן והא מורשא אית לה: **כחו** לא גזרו רבנן. והכי נמי משני בפרק תולין (לקמן דף קמא.) גבי האי מאן דספי כמיא כו'. וק' לר"י דבפרק כילד משתתפין (עירובין דף פח.) אמרי' גבי גזוזטרא שהיא למעלה מן המים לא שנו אלא למלאות אבל לשפוך אסור משום שהמים נדחין מכחו חוץ לארבע אמות אלמא כחו בכרמלית אסור ויש לומר דגזוזטרא פעמים שהיא סמוכה למקום שרה"ר מהלכת וגזרו כחו בכרמלית משום כחו ברשות הרבים אבל בספינה לעולם הוי כחו בכרמלית לא גזרו:
רבי

רש"י

לאו היינו מתניתין. דקתני חוץ לארבע אמות ונתגלגל כו' חייב ואמר רבי יוחנן והוא שנח הא לא נח לא מדלא אוקמא רבי יוחנן כגון שבא לתוך ג': מתגלגל קאמרת. דבר שהרוח מגלגלו באויר קאמרת: כיון דסופו לנוח. ונזכר עד שלא נח נימא כמונח דמי דהא סופו לנוח וכבר בא לתוך ג': **מתני'** וכמה הוא רקק מים. כמה עומקו דנימא דהכי רה"ר הוא ולא נעשה כרמלית. רקק גרביל"א: **גמ'** הילוך הילוך. דנקט תרי זימני רשות הרבים מהלכת בו חד למימרא דאי אין רגילין להלך בו פטור ומי רגילין להלך בו חייב ואע"ג דהילוך ע"י הדחק הוא וחד לאשמעינן דדוקא הילוך ע"י הדחק שמיה הילוך אבל תשמיש לרבים ע"י הדחק כגון גומא תשעה ברה"ר אע"ג דחזיא לאלטויי ביה כותפא וסודרא לא הוי תשמיש למיהוי הגומא רה"ר כעמוד ט' שהרבים מכתפין עליו דאמרינן בפ"ק דהוי רה"ר: אלא רקק תרי זימני למה לי. לאשמעינן הילוך על ידי הדחק אתרוייהו: דלא הוי ד' אמות. רחב דלא טריחא להו מילתא לעבור בתוכו ונוח לעבור מלהקיף וליכא לאשוה שהוא כלה שם: אבל היכא כו'. הכי תנא זימנא אחריתי לאיתויי הא: ה"מ. דהוי רה"ר: היכא דהוו רחבו ד' אמות. דלאו אורחיה למפסעי אלא עברי בגויה: אגודא דגמלא. על דף שנגשר המוטל לרוחב הנהר כשאר הדפים ומוגדל מחבירו: חייב. ואע"ג דליכא דמיפסעו פסעי ולא מנחי כרעייהו עלה איכא טובא דעברי עליה: **מתני'** מן הים ליבשה. מכרמלית לר"ה: מן הים לספינה. מכרמלית לרה"י: מטלטלין מזו לזו. ובגמרא פריך פשיטא: שמוקפות. סמוכות זו לזו כמו אין מקיפין שתי חביות (ביצה דף לג:): אין מטלטלין מזו לזו. דמהפסק כרמלית מיפרשי מהדדי ואין מוקמינן לה בגמרא שהספינות של שני בני אדם וע"י עירוב מטלטל מזו לזו הלכך כי מיפרשי ומפסקא כרמלית בטל עירוב: **גמ'** ספינה. המפרש בספינה בים: מוציא זיז כל שהוא. מדופני הספינה על המים להיכר בעלמא דמפרש ואזיל: וממלא. מן הים ומכניס לספינה: מקום ארבעה. חלל ד' מוקף מחילות קטנות ומחילה תלויה מתרת במים: כרמלית מארעא משחינן. י' של אויר שנתנו חכמים לאיסור כרמלית כדאמרינן בפ"ק (דף ז.) ותופסת עד י' מקרקעית הים משחינן להו ואוירא שהוא למעלה מי' ואפילו הן מים הוי מקום פטור הלכך בהיתירא קא שקיל לכתחלה: דליהוי ליה היכרא. לכרמלית גמורה: ארעא סמיכתא היא. וכל המים כרמלית הן: סמיכתא. עבה: זימנין דליכא. במים עמוקה עשרה ואי נמי מארעא משחינן כולה כרמלית היא: גמירי אין ספינה מהלכת כו'. דכל היכא דתניא ספינה ולא תני עריבה גדולה היא: והא מורשא אית לה גרסי'. ראש הספינה הולך ומגביה מן המים ואפילו (א) היו המים פחותין מי' אין גוששת שם ואם ממלא כנגד אותו מקום מטלטל מכרמלית לרה"י: גשושי אזלי קמה. בני אדם ממשמשים בכלונסות את עומק המים ואין מניחין לילך הספינה אלא במקום עמוק שמא תמהר לילך ותשכון לארץ במקום מושבה: עושה לה מקום ד'. אלמא כל המים כרמלית הן: שופכין דידיה. מים רעים כגון רחיצת כוסות וקערות: מאיסי ליה. המים שימלא שוב דרך אותו מקום: דשדי להו. בכ"מ שירצה על דופני הספינה והן יורדין לים: והא איכא כחו. נהי דלא זריק להדיא לים מיהו מכחו הן באין לים:
עמוקה

מסורת הש"ס

א) לעיל ס., ב) [גיטין ח.], ג) [לקמן קמא.].

הגהות הב"ח

(א) רש"י ד"ה והא מורשא וכו' ואפילו המים הן פחותין: (ב) תוס' ד"ה עושה וכו' עושה מקום ארבעה היינו:

גליון הש"ס

תוס' ד"ה גמירי וכו' ומיהו נ"ל. עיין מג"א סימן רמח סק"ז ביאור להמשך דברי תוספות אלו:

הגהות הגר"א

[א] גמרא והוא שנח ע"ג משהו. נ"ב ל"ל והוא שנח משהו:

ליקוטי רש"י

[illegible]

בכותל הרי הוא כזורק בארץ והזורק בארץ ד' אמות חייב ואקשינן עלה הזורק למטה מי' טפחים חייב והא לא נח ואוקמא ר' יוחנן בזורק דבילה שמינה שיש בה לחלוחית ונדבקת בכותל חייב שהרי נגמרת מחשבתו כאשר ניטוחה זו היא הנחתה הא דאמר ר' חייא זרק למעלה מי' טפחים בכותל והלכה ונחה בחור שהוא מחלוקת ר' מאיר ורבנן. פירוש כגון שהיה זה החור עצמו כגבוה י' טפחים ומקרקעית החור ולמטה עשרה טפחים מכוונים ואלו היה בחור ד' על ד' דברי הכל כרה"י וחייב הזורק בחור דלית ביה ד' על ד' דר' מאיר סבר כל כי האי גוונא חוקקין להשלים וכיון שיש בעובי הכותל לחוק ולהשלימו לחור היה ד' על ד' רואין בכוונת הלב כאלו חקוק הוא ויש בו ד' על ד' וחייב וחכ"א אם יש בחור הזה ד' על ד' [חייב] [illegible]
אע"פ

The Gemara answers:
כֹּחוֹ בְּכַרְמְלִית לֹא גָּזְרוּ – The Sages did not decree a prohibition on transferring through **one's force in regard to a *karmelis*.** That is, they did not prohibit using one's force to bring about an indirect transfer of an object between a Biblical domain and a *karmelis*. Thus, the indirect transfer of the waste water from the ship to the sea by way of the ship's wall is permitted.

The Gemara proves this point from a Baraisa:
וּמְנָא תֵּימְרָא – And from where do I know to **say this? דְּתַנְיָא – For a Baraisa has taught:** סְפִינָה – Concerning A SHIP – אֵין מְטַלְטְלִין לֹא מִתּוֹכָהּ לַיָּם וְלֹא מִן הַיָּם לְתוֹכָהּ – ONE MAY CARRY NEITHER FROM INSIDE IT INTO THE SEA NOR FROM THE SEA INTO IT, since this would constitute transferring between a private domain and a *karmelis*.

רַבִּי יְהוּדָה אוֹמֵר – R' YEHUDAH SAYS: עֲמוּקָּה עֲשָׂרָה וְאֵין גְּבוֹהָה עֲשָׂרָה – If [THE SHIP] IS TEN *tefachim* DEEP BUT NOT TEN *tefachim* HIGH above the water, i.e. the interior of the ship is ten *tefachim* high but the top of the ship's wall is not ten *tefachim* above the surface of the sea,[1] מְטַלְטְלִין מִתּוֹכָהּ לַיָּם – then ONE MAY CARRY FROM INSIDE IT TO THE SEA, אֲבָל לֹא מִן הַיָּם לְתוֹכָהּ – BUT NOT FROM THE SEA INTO IT.

The Gemara explains:

מַאי שְׁנָא מִן הַיָּם לְתוֹכָהּ דְּלָא – What is different about carrying **from the sea into [the ship] that** you say he may **not** do so? דְּקָא מְטַלְטְלִין מִכַּרְמְלִית לִרְשׁוּת הַיָּחִיד – **Because** in doing so **one carries from a *karmelis* to a private domain,** which is forbidden. מִתּוֹכָהּ לַיָּם נַמִּי – But then when **carrying from inside [the ship] to the sea as well,** קָמְטַלְטֵל מֵרְשׁוּת הַיָּחִיד לְכַרְמְלִית – **one is carrying from a private domain to a *karmelis*!** Why does R' Yehudah permit this transfer? אֶלָּא לָאו אַחוּדָהּ – **Rather,** is it **not** evident that R' Yehudah is speaking of transferring from the ship to the sea **via the [ship's] rim,** i.e. by pouring something on the top of the ship's wall and letting it flow down the outer wall of the ship into the sea?[2] וּשְׁמַע מִינָּהּ כֹּחוֹ בְּכַרְמְלִית לֹא גָּזְרוּ – **Learn from this, therefore, that [the Sages] did not decree** a prohibition on transferring through **one's force in regard to a *karmelis*.** שְׁמַע מִינָּהּ – Indeed, **learn from this.**[3]

The Gemara discusses an instance in which carrying is forbidden even on board a boat:

אָמַר רַב הוּנָא – **Rav Huna said:** הָנֵי בִּיצָאתָא דְּמֵישָׁן – **These small boats of Meishan,**[4] אֵין מְטַלְטְלִין בָּהֶן אֶלָּא בְּאַרְבַּע(ה) – **one may carry in them only within four** *amos,* for they are considered a *karmelis.*[5] וְלֹא אֲמָרָן אֶלָּא שֶׁאֵין בְּפָחוֹת מִשְּׁלֹשָׁה אַרְבָּעָה – **But this was said only where within three** *tefachim* of the bottom, the boat **does not** yet **have** a width of **four** *tefachim.* אֲבָל יֵשׁ בְּפָחוֹת מִשְּׁלֹשָׁה אַרְבָּעָה לֵית לָן בָּהּ – **But if within three** *tefachim* of the bottom the boat **has** a width of **four** *tefachim,* **we have no** problem **with** carrying in **it,** for it is then a private domain.[6] וְאִי מַלְיֵנְהוּ קָנֵי וְאוּרְבָּנֵי לֵית לָן בָּהּ – **And** even in the first case,[7] **if one fills** the bottom of **[the boat] with reeds and willow branches, we have no** problem **with it,** if this raises the floor to the point where the boat widens to four *tefachim.*[8]

NOTES

1. The ship sat low in the water due to its weight, so that the tops of its walls were within ten *tefachim* of the water (*Rashi*). [The Baraisa refers to the interior height of the ship as "deep," because part of this height is below water. Thus, viewed from the outside it is "deep." The reason R' Yehudah discusses such a case specifically will be explained in the next note.]

Had the ship's interior not been ten *tefachim* tall, however, it would not be a *reshus hayachid* but a *karmelis*, and transfer between it and the sea [*karmelis* to *karmelis*] would be permitted (*Rashi*).

2. I.e. R' Yehudah permits transferring in this case only by means of pouring onto the rim of the ship (e.g. waste water) and allowing the liquid to flow over on its own – an indirect transfer. This, of course, is possible only in a downward direction. For this reason, R' Yehudah permits transferring only from the ship to the sea and not from the sea to the ship [which would only be possible through carrying] (*Rashi*).

It is because R' Yehudah means to permit only indirect transfer that he must speak of a case in which the ship's walls do not rise ten *tefachim* above the water. For if they did, one would be permitted to transfer from the sea to the ship directly (e.g. by bringing up water in a bucket), because to bring the bucket aboard the ship, one would have to raise it above the height of the walls – i.e. above ten *tefachim* – and it would thus pass from the *karmelis* to the *reshus hayachid* (the ship) through a *mekom petur* (the airspace above ten *tefachim*). Transfer between a *karmelis* and a Biblical domain through a *mekom petur* is permitted even though it is prohibited to transfer from a *reshus hayachid* to a *reshus harabim* through a *mekom petur* (see Gemara above, 5b and 8b). The Rabbis were more lenient in regard to a *karmelis* (*Rashi*).

[Although we have explained R' Yehudah's view according to the opinion that a sea-*karmelis* is measured from the surface of the water, the same would be true according to the opinion that it is measured from the seabed (Rav Huna's opinion), with one difference: The Baraisa refers to a case where there was no rod protruding from the ship (*Tosafos*). Since the Rabbis required a rod to serve as a reminder (see Gemara above), in the absence of a rod the surface of the water is treated like a *karmelis* even according to Rav Huna, and the explanation given above is therefore relevant. Cf. *Rashba.*]

3. The Gemara has proven its point according to R' Yehudah, but the Rabbis (Tanna Kamma) of this Baraisa apparently dispute his view. What then is the proof?

The Rishonim answer that from the *Tosefta* 11:8 (from which this Baraisa is taken) it is clear that their dispute is not in regard to the case of which R' Yehudah speaks explicitly (a ship whose walls are *less* than ten *tefachim* above the surface) but rather in regard to the case in which the ship's walls are *more* than ten *tefachim* above it. R' Yehudah *implies* that even direct transfer would be permitted in this case, since the water passes through exempt airspace, as we explained in the previous note. The Sages dispute this, maintaining that direct transfer between Rabbinic and Biblical domains through a *mekom petur* is prohibited unless the object is actually placed down in the *mekom petur.* But all agree that indirect transfer to a *karmelis* through one's force is permitted. Thus, the Gemara's proof is true according to all opinions (*Tosafos* and Rishonim).

4. I.e. the small boats of the Meishan River. The Meishan was a small river, and only small boats could navigate it (*Rashbam* to *Bava Basra* 73a ד״ה ביציאתא). These boats were wide at the top but narrowed to a point at the bottom [like a canoe] (*Rashi*).

5. Since the bottom of the boat is less than four *tefachim* wide, its walls at that point lose their legal status as partitions, because a wall must enclose an area at least four *tefachim* wide to be legally defined as a מְחִיצָה, *partition (see Eruvin* 5a and *Rashi* there ד״ה ומאן דאמר ארבעה מותר). Once the bottom of the boat's walls are not considered partitions, what remains above is a מְחִיצָה תְּלוּיָה, *suspended wall*, which is also not effective as a legal partition. Thus, although the upper part of the boat measures four *tefachim* wide, it is not considered a *reshus hayachid* because the boat is not enclosed by legally recognized partitions (*Rashi* here and below ד״ה ולא אמרן אלא). It is therefore treated as a *karmelis*.

[*Tosafos* and other Rishonim challenge *Rashi's* explanation on a number of grounds, one of which is that if the boat cannot be viewed as a *reshus hayachid* because its bottom lacks four *tefachim,* then it should not be considered a *karmelis* either, since a *karmelis* must also be at least four *tefachim* wide (see above, 7b). For this reason they explain the Gemara here to refer to a completely different type of boat which involves a very different set of issues. We have explained *Rashi,* however, according to the interpretation of *Chidushei HaRan, Sfas Emes* and *R' Chaim HaLevi* (to *Rambam, Hil. Shabbos* 14:1) that the problem here is not primarily the lack of a width of four *tefachim* – for this would not prevent us from deeming it a *reshus hayachid* at the point where it broadens to four *tefachim*. Rather, the problem is the lack of מְחִיצוֹת, *partitions*, which, having been undermined on the bottom, are therefore not valid on top either, because they are deemed suspended partitions. This, of course, only affects the boat's *reshus hayachid* status, since to be a *reshus hayachid* it must be enclosed by partitions. But it has no bearing on the boat's being a *karmelis*, since a *karmelis* need not have partitions.]

6. When something is within three *tefachim* of a base below, we may view the base as rising up to it [due to the rule of *lavud*]. Thus, if the boat attains a width of four *within* three *tefachim* of its bottom, the walls enclosing this width are no longer considered "suspended partitions" since, legally speaking, they "meet" the raised floor of the boat (*Rashi*). [The walls, however, would have to measure ten *tefachim* from that point up to render the boat a *reshus hayachid;* see note 8; see also *Chidushei HaRan*]

7. [I.e. where the boat does *not* attain a width of four within three *tefachim* of its bottom.]

8. [For the walls then reach the floor and are not suspended.] However, the walls of the boat must be ten *tefachim* high from that point up [in order to make the boat a *reshus hayachid*] (*Rashi*).

ר' יהודה אומר עמוקה עשרה ואין גבוהה עשרה מטלטלין מתוכה לים אבל לא מן הים לתוכה מ"ש מן הים לתוכה דלא דקא מטלטלין מכרמלית לרה"י מתוכה לים נמי קמטלטל מרשות היחיד לכרמלית אלא לאו אחודה וש"מ כחו בכרמלית לא גזרו ש"מ אמר רב הונא הני ביצאתא דמישן אין מטלטלין בהן אלא בארבעה ולא אמרן אלא שאין בפחות משלשה ארבעה אבל יש בפחות מג' ארבעה לית לן בה ואי מלינהו קני ואורבני לית לן בה מתקיף לה רב נחמן ולימא גוד אחית מחיצתא מי לא תניא ר' יוסי בר' יהודה אומר נעץ קנה ברה"ר ובראשו טרסקל וזרק ונח על גביו חייב אלמא אמרינן גוד אחית מחיצתא ה"נ נימא גוד אחית מחיצתא מתקיף לה רב יוסף ולא שמיע להו להא דאמר רב יהודה אמר רב ומטו בה משום רבי חייא ותני עלה וחכמים פוטרין אמר ליה אביי ואת לא תסברא והתניא עמוד ברה"ר גבוה עשרה ורחב ד' ואין בעיקרו ד' ויש בקצר שלו ג' וזרק ונח על גביו חייב אלמא אמרינן גוד אחית מחיצתא הכא נמי גוד אחית מחיצתא מידי איריא התם הויא ליה מחיצה שהגדיים בוקעין בה הכא הויא לה מחיצה שאין הגדיים בוקעין בה א"ל רב אחא בריה דרב אחא לרב אשי גבי ספינה נמי הא איכא בקיעת דגים א"ל בקיעת דגים לא שמיה בקיעה ומנא תימרא דבעא מיניה רבי טבלא מרבין מחיצה תלויה מהו שתתיר בחורבה וא"ל אין מחיצה תלויה מתרת אלא

רש"י

עמוקה. הספינה: עשרה. לתוכה דהוה רשות היחיד: ואין גבוה. שפתה י' מן המים כגון שמשוקעת במים מכובד משאה: מטלטלין מתוכה לים. דרך דופנותיה כגון שופכין כדמפרש ואזיל דכחו בכרמלית לא גזרו: אבל לא מן הים לתוכה. דאין תשמיש מן הים לתוכה דרך דפנות שאם ימלא וישליך על הדפנות ירדו לקרקעית הספינה ולהכי נקט עמוקה י' דאי אינה עמוקה י' היא גופה כרמלית ומטלטל להדיא אף מן הים לתוכה ואין גבוהה נמי (א) י' דוקא נקט דאי גבוהה י' מותר לטלטל מן הים לתוכה דמכרמלית לרה"י דרך מקום פטור קא מטלטל דצריך להגביה את ידו למעלה מי' ואע"ג דברשות דאורייתא מרה"ר לרה"י מיחייב בכה"ג (לעיל דף ח.) כרמלית מיהא דרבנן היא ולא גזור: אלא לאו אחודה. שופך שופכים על חודה והן יורדין דרך דפנותיה לים: ביצאתא. ספינות קטנות וקצרות מלמטה עד כחודו של סכין שקורין קויט"ו: אין מטלטלין בתוכן. דלאו רה"י נינהו שאין ברחבן ארבע מלמטה לפיכך אין מחיצותיהן מחיצות: ולא אמרן אלא. בשקצה שלהן גבוה שלש שאין רחב ד' למטה בעוד שלא הגביה ג' מקרקעיתו ואפי' ברחבו י' גובה לא משתרי דכיון דמתחתונות לאו מחיצה נינהו הוה ליה תלויה: אבל יש בפחות מג' גובה רוחב ד'. שעד שלא הגביהו ג' הרחיבו ד' הרי הן כמי שקרקעיתן עולה עד כאן ומחיצותיהן מחיצות: אורבני. ערבה דקה: ואי מלינהו. עד מקום רחבן הרי הן כשרות לטלטל אם יש משפת רוחבן ולמעלה י': ולימא גוד אחית. מכנגד מדת רחבן העליון ולמטה כאילו הן יורדות עד הקרקע מבחוץ: טרסקל. אין עמוק י' ואנו מודדים לו גובה י' שמדת הקנה עולה לו בגובהו והקנה אין רחב ארבעה אלא שאנו אומרים במחיצות הטרסקל גוד אחית ונמצאו מקיפות את הקנה והוו להו היקף המחיצות מן הקרקע ולמעלה לשויה ראשו רה"י ואם זרק מרה"ר ונח על גביו חייב: ומטו בה. יש שמטין בדבר להכריע ולומר שר' חייא אמר: וחכמים פוטרין. אלמא לא אמרי' גוד אחית להתיר מחיצה תלויה: ואת לא תסברא. דאמרי' כה"ג: ואין בעיקרו. רחב ד': ויש בקצר שלו ג'. אותו קצר של עיקרו שאינו רחב ד' יש בו גובה ג' והיינו רבותא דליכא למימר לבוד ממקום שכלה רחבו לקרקע אפ"ה הוי רה"י: דאמרי' גוד אחית מחיצה. סביב מחיצותיה מכנגד רחבה ולמטה כאילו הוא כולו שוה: ה"נ. בביליתא דמישן נמי נימא גוד אחית: מידי איריא התם כו'. כולה אביי אמר לה לרב יוסף דהא דמייתי ראיה (ב) וחכמים פוטרים כלום ראי' היא לכאן הא דטרסקל דקפטרי רבנן: משום דהויא מחיצה שהגדיים בוקעין בה. מלמטה בארץ תחת מחיצות הטרסקל שהם פשוטות להלן מן הקנה לכל צד ובקיעת גדיים מעכבת מלמימר גוד אחית שהרי עוברין תחתיה אבל בספינה ליכא בקיעת גדיים שאין לך עובר תחתיהן וכן בעמוד אין דרך להתחכך בו ולעבור תחת שיפועו שאינו אלא מעט: בקיעת דגים לא שמה בקיעה. לפי שאינן נראין: בחורבה. שדרך להיות בה מחיצות שנפלו תחתיהן וקיימות מלמעלה ותלויות: מהו שתתיר. לטלטל בחורבה שלא תהא כפרוצה לרה"ר:

אלא

תוספות

רבי יהודה אומר עמוקה י' ואין גבוהה י' מטלטלין מתוכה לים. וא"ת היכי מייתי סייעתא מדרבי יהודה כיון דרבנן פליגי עליה ואור"י דבהא לא פליגי אלא בעמוקה י' וגבוה י' דרבנן סברי דמכרמלית לרה"י דרך מקום פטור אסור אע"ג דרשויות דרבנן ור' יהודה שרי אבל בעמוקה י' ואינה גבוהה י' לטלטל מתוכה לים לא פליגי עליה רבנן והכי איתא בתוספתא [פי"א] דספינה שהיא גבוהה י' ועמוקה י' אין מטלטלין מתוכה לים ולא מן הים לתוכה ר' יהודה אומר אם עמוקה י' ואין גבוהה י' כו' וה"ק ר' יהודה בעמוקה י' וגבוהה י' לא מבעיא דמותר לטלטל טלטול גמור הואיל ודרך מקום פטור קא מטלטל אלא גם באינה גבוהה י' יש תקנה לטלטל כגון ע"י כחו כדמפרש הש"ס וקשה לר"י דהשתא לרבי יהודה שרי טלטול דרך מקום פטור ברשויות דרבנן ואפילו רבנן לא פליגי אלא בשאינו עושה הנחה במקום פטור ובפרק כילד משתתפין (עירובין דף פז:) פריך לעיל דאמר אסור להחליף דרך מקום פטור מכרמלית לרה"י ולעיל קשיא פלוגתא דרשב"ג ורבנן דפליגי בהכא ומשני לה והשתא הא תנאי דהכא דלא כוותיה וי"ל דמ"מ הני תנאי תבעי דהתם כיון דמצי לאוקמי כוותי' מוקים להו: עמוקה י' ואין גבוהה י'. מהכא אין להקשות למ"ד לעיל מארעא משחינן דהכא מיירי דליכא זיז כל שהוא להיכירא:

הני ביציתא דמישן. לפירש"י דמפרש שהן קצרות מלמטה קשה דהיכי דבטיל מדין רה"י משום דלית בהו ד' ה"נ ליבטיל מדין כרמלית כדאמר בפ"ק (דף ז.) דאין כרמלית פחותה מד' ואפילו בה רבנן מקולי רה"י דאי הוי מקום ד' (ג) כרמלית ואי לא מקום פטור ועוד מאי פריך לימא גוד אחית מחיצה מה מועיל שיהא המחיצות מבחוץ כיון שמבפנים אין שם ריוח מקום ד' ולא ניחא תשמיש ודופן הספינה שבקצר מבטל גוד אחית כמו חלוקה במחללת דלעיל ועוד למה לי מלינהו קני ואורבני אע"ג דלא מלאן כיון דיכול למלאות חשיב רה"י כדאמר בפרק חלון (עירובין דף עח.) משום דאי בעי מנח עליה מידי ומשתמש גבי מלאו כולו ביתידות ונראה כפר"ח דביליתא הם ספינות קטנות העשויות להלך באגמים ועל שם שמהלכות על בלעי המים קרי להו ביליתא ויש להם דפנות וקרקעית העשויות נסרים נסרים ויש חלל בין הנסרים והמים נכנסין שם ויושבין בה כמו במים והיא עשויה כך שאפילו תתהפך אינה נטבעת לעולם וקאמר רב הונא כיון שהיא פרוצה דינה ככרמלית ואין מטלטלין בה אלא בד' ולא אמרו אלא בזמן שאין בין נסר לנסר חלל פחות מג' אבל אם יש בין נסר לנסר חלל פחות מג' כלבוד דמי ואע"ג שהמים נכנסין בה לא חיישינן ונראה דל"ג שאין בפחות מג' ד' ואי מילא כל החלל קני ואורבני מותר לטלטל בכולה:

מתקיף לה רב נחמן. למה לך כולי האי לימא גוד אחית מחיצתא מי לא תניא רבי יוסי ברבי יהודה אומר וכו' אלמא רואין כאילו דופני הטרסקל יורדין עד עיקרו של קנה ה"נ רואין כאילו דופני הספינה עקומין ומסבבין הנסרים ונמלאו הנסרים מחוברין: וזרק ונח על גביו חייב. למאי דס"ד השתא דאין חילוק בין מחיצה דמים לשאר מחיצות וס"ד נמי דלא פליגי רבנן עליה דרבי יוסי ברבי יהודה לא מצי לאקשויי אמאי הא תנן בפ' כילד משתתפין (עירובין דף פז:) גזוזטרא שהיא למעלה מן המים אין ממלאין הימנה אא"כ עשו לה מחיצה י' מה צריך מחיצה י' בלא מחיצה י' תסגי כמו בטרסקל דדוקא על גביו חשיב ליה ר' יוסי ברבי יהודה רה"י אבל למטה לא דלהכי לא אהני גוד אחית אי נמי הא דבעינן גבי גזוזטרא מחיצה י' היינו לטלטל אבל לזרוק לא בעי מחיצה י' כמו בטרסקל והכא הכי פריך לימא גוד אחית דכי היכי דא"ר יוסי בר' יהודה גוד אחית כשאין שם מחיצה י' למיהוי רה"י להתחייב ה"נ בספינה שיש שם מחיצה י' אית לן למימר גוד אחית אף לטלטל: ויש בקצר שלו ג'. פי' בקונט' גבוה ג' מן הארץ וקשה דאם הוא דק הרבה כמו קנה הוי כמו טרסקל ומבטלי בקיעת גדיים גוד אחית ונראה לר"י דהאי דקאמר בקצר שלו ג' היינו שיש בעובי הקצר ג' דכיון שיש בעובי הקצר ג' ולמעלה רחב ד' שייך ביה גוד אחית: ומנא תימרא דבעא מיניה ר' טבלא כו'. וא"ת אמאי לא פשיט מכילד משתתפין (שם פז:) גזוזטרא שהיא למעלה מן המים וכו' דמשתרי במחיצה דלמעלה ואור"י דאי ממתניתין ה"א דה"ה אף בשאר מחיצות שאינן של מים מתרת מחיצה תלויה ולהכי מייתי מרבי טבלא דמפרש הטעם קל הוא שהקילו חכמים במים:

פשיטא

מסורת הש"ס

א) [לקמן קמא.], ב) [כ"ב עג.], ג) לעיל דף ה. עירובין לג., ד) עירובין יב. ודף עח. ודף מח. ודף פו:, ה) [צ"ל מרב].

הגהות הב"ח

(א) רש"י ד"ה אבל לא וכו' ואין גבוה י' נמי דוקא: (ב) ד"ה מידי איריא וכו' דמייתי ראיה מדתני וחכמים כצ"ל והד"א עם ד"ה משום: (ג) תוס' ד"ה הני וכו' דאי הוי מקום ד' הוא דהויא כרמלית:

גליון הש"ס

גמ' ויש בקצר שלו ג'. ע' עירובין דף לג ע"א תוס' ד"ה וכלכלה:

רב נסים גאון

הויא לה מחיצה שהגדיים בוקעין בה. עיקר דילה במסכת כלאים פרק ד' מחיצת הקנים אם אין בין קנה לחבירו ג' טפחים כדי שיכנס הגדי הרי זו מחיצה ובתוספתא בפרק ג' כל שהוא פחות מג' צריך שלא יהא בין קנה לחבירו ג' טפחים כדי שלא יכנס הגדי דלאלך א) עלי אן כל מחיצה שהגדיים בוקעין בה אינה מחיצה ומשכחת לה בפרק אחד מן עירובין (דף יד:)

לא

חשק שלמה על רב נסים גאון

א) פירושו בערבי הנה מוכח מזה:

ליקוטי רש"י

ביצאתא דמישן. מישן נהר קטן ואין מהלכין בו אלא בספינות קטנות [רשב"ם ב"ב עג.]. והן ספינות שצוליהן חדים ואין בשוליהן רוחב ארבעה ולמעלה הן הולכות ומרחיבות הרבה ומחיצותיהן גבוהות עשרה. אין מטלטלין בהן. אלא בארבע אמות דלאו רשות היחיד נינהו ואף על גב דגבוהים עשרה ורחבין ארבעה מלמעלה הואיל ובשוליהן לא הוי ארבעה [עירובין לג.]. אורבני. ערבה דקה הגדלה בין האגמים אשטריי"א בלע"ז [סנהדרין פב:]. טרסקל. סל רחב ארבעה. וזרק. מרשות הרבים. ונח על גביו חייב. שהרי זרק מרשות הרבים לרשות היחיד דאלמא אף על גב דקנה אינו רחב ארבעה הוי רשות היחיד הואיל ועליונו ארבעה דאמרינן גוד אחית מחיצה וכמי מפרש בהזורק. הטרסקל סובבת את הקנה שהרי מחוב באמצעיתו ואי אמרינן גוד אחית מחיצות הטרסקל עד הקרקע נמצא קנה מוקף מחיצות שמלאו ארבעה [עירובין לג:]. דאף על גב דלמטה לא הוי קנה רחב ד' הואיל ולמעלה ארבעה אמרינן גוד אחית מחיצה והוי רשות היחיד גמור [לעיל ה.]. דהוי רשות היחיד משום גוד אסיק משוך והעלה [עירובין פט.]. בחורבה. להכי נקט חורבה דדרכה להיות שם מחיצות תלויות [שם יב.].

עין משפט נר מצוה

לב א מיי' פט"ו מהל' שבת הלכה כ סמג לאוין סה טוש"ע א"ח סי' שנה סעיף א:
לג ב טוש"ע א"ח סי' שסו סעיף ג בהג"ה:
לד ג מיי' פי"ד מהל' שבת הלכה יח:
לה ד מיי' שם הל' טו:

רבינו חננאל

אע"פ שמצד אחר עולין בו בכבש כשיעור ד' אמות חייב ואפילו מכל סביביו משופע ועולה כיון שגובהו עשרה ושיפועו ד' אמות כרה"י דמיגבהו כגון זה ומפרש בגמ' זבחים (ד' סג). אמר רמי בר אבא כל כבשי כבשים ג"א ומחצה א) לאמה חוץ מכבשו של מזבח ג' אמות ומחצה ואצבע ושליש אצבע אבל אם אין התל עולה לגובה עשרה אלא מתוך שיפועו יתר מד' אמות לא מחשב כרה"י ומפורש במס' עירובין פרק עושין פסין בעא מיניה רחבה מרבה תל המתלקט י' מתוך ד' אמות ורבים בוקעין בו חייבין עליו משום רה"ר אי לא אליבא דרבנן לא תבעי לך השתא ומה התם דניחא תשמישתיה הא אמור רבנן דלא אתו רבים מבטלי מחיצתא הכא דלא ניחא תשמישה לא כל שכן כי תיבעי לך אליבא דר' יהודה ואע"ג דפשיט רבה אליבא דר' יהודה ואפילו במעלות בית [חרון] לאו הלכתא כר' יהודה ב) (והא דרבי) דאמר אם היתה דרך הרבים מפסקתה יסלקנה לצדדין וחכ"א אין צריך דעיקר דשמעתא מעלות ומורדות שבא"י אין חייבין עליהן משום רה"ר לפי שאינן כדגלי מדבר ותנן נמי הגיע להר מבליעו וחוזר למדתו. אמר רבא ל"ש אלא בהר המתלקט י' מתוך ד' אמות אבל הר המתלקט י' מתוך ה' מודדו מדידה יפה רב הונא מתני לה לקולא לא שנו אלא בהר המתלקט י' מתוך ה' אבל הר המתלקט עשרה מתוך ד' אמות אומדו והולך לו. זרק לתוך ד' אמות ונתגלגל חוץ לד' אמות פטור מ"ט שלא היתה מחשבתו חוץ לד' אמות זרק חוץ לד' אמות וחזר לתוך ד' אמות חייב והוא שנח בחוץ לד' אמות ע"ג משהו ואחר שנח התם חזר. זה כבר פירשנוהו למעלה בפלוגתא דרבי עקיבא ורבנן דתנן הזורק מרה"י לרה"י ורה"ר באמצע ר' עקיבא מחייב וחכמים פוטרין דרבנן סברי אע"פ שזרק בתוך ג' ברה"ר שהן כלבוד צריך הנחה ע"ג משהו אבל קלוטה לאו כמי שהונחה דמיא והתם בזורק מרה"י לרה"י ורה"ר באמצע ואע"ג דלא עבר ד' אמות ברה"ר אם נח ברה"ר ע"ג משהו וכן בזורק ברה"ר והעביר בזריקתו מתחלת ד' לסוף ד' אם נח ע"ג משהו חייב ואם לאו פטור אבל המעביר מתחלת ד' לסוף ד' אם כשיעור בבת אחת העביר אם נחה ע"ג משהו חייב ואם לאו פטור דאמרינן לענין המוציא מחנות דרך סטיו משום דר' יוחנן מידי דהוה המעביר חפץ ברה"ר לאו אע"ג דכמה דנקיט ליה ואזיל פטור כי מנח ליה חייב ואע"ג

ההמעביר מחנות לפלטיא דרך סטיו לאו כי האי גוונא סלקא מיהו לענין מעביר שצריך הנחה הכין הוא והא דאמר רבא הוציא חצי גרוגרת והניחה וחזר והוציא חצי גרוגרת והעבירה דרך עליה חייב כלומר נצטרפת זו עם זו ונעשו כגרוגרת ואקשינן והא לא נח ושנינן כגון דהעבירה למטה מג' דהוא כלבוד. איני והאמר רבא תוך ג' לרבנן צריך הנחה ע"ג משהו ופרקינן כי קאמר רבא בזורק הכא במעביר ולענין דבר שאיגודו בידו ונתגלגל מרה"י מידו ויצא לרה"ר צריך הנחה ברה"ר ע"ג משהו דתנן בענין הקורא בספר על האסקופה ונתגלגל מידו ר' יהודה אומר אפילו אינו מסולק מן הקרקע אלא כמלא חוט גוללו אצלו ואמרינן עלה אלא הא דאמר רבא תוך ג' לרבנן צריך הנחה ע"ג משהו לימא כתנאי א"ל לשמעתיה. אלא כולה ר' יהודה היא והכי קתני הגיע לי' טפחים הופכו על הכתב. בד"א בכותל משופע אבל בכותל שאינו משופע אפילו למטה מג' גוללו אצלו דברי ר' יהודה שר'

חשק שלמה על רבינו חננאל א) לפנינו שם הגי' ג' אמות לאמה: ב) נראה דל"ל בהא דאמר אם היתה כו' אלא כחכמים דס"ל דא"ל דעיקר דשמעתא וכו':

Rav Huna ruled that these small boats are a *karmelis* because the walls enclosing them at the point where they are four *tefachim* wide are suspended and thus not valid. This is questioned:

וְלֵימָא גוּד מַתְקִיף לַהּ רַב נַחְמָן – **Rav Nachman challenged this:** אַחִית מְחִיצָתָא – **But let us say** in this regard the principle of **"extend the walls downward"** and thereby legally extend the walls to the ground below the boat so that they are no longer considered suspended.[9] מִי לֹא תַּנְיָא – **Has it not been taught in a Baraisa:** רַבִּי יוֹסֵי בְּרַבִּי יְהוּדָה אוֹמֵר – **R' YOSE THE SON OF R' YEHUDAH SAYS:** נָעַץ קָנֶה בִּרְשׁוּת הָרַבִּים וּבְרֹאשׁוֹ טְרַסְקַל – **IF ONE STUCK A POLE IN** the ground of **THE PUBLIC DOMAIN, AND ON TOP OF IT WAS A BASKET** four *tefachim* wide,[10] וְזָרַק וְנָח עַל גַּבָּיו חַיָּיב – **AND HE THREW** an object from the public domain **AND IT LANDED ON [THE BASKET,] HE IS LIABLE.** אַלְמָא אָמְרִינַן גּוּד אַחִית מְחִיצָתָא – **Thus,** we see that **we say** the principle of **"extend the walls downward"** to create an enclosure four *tefachim* wide below the basket.[11] הָכָא נַמִּי נֵימָא גּוּד אַחִית מְחִיצָתָא – Therefore, **here too** (in the case of the boat), **let us say "extend the walls downward"** to remedy the legal defect of a "suspended partition,"[12] and thereby render the boat a private domain! – ? –

Rav Nachman's application of the principle of "extend the walls downward" to such a case is itself challenged:

מַתְקִיף לַהּ רַב יוֹסֵף – **Rav Yosef challenged this** response of Rav Nachman: וְלֹא שְׁמִיעָא לְהוּ לְהָא דְּאָמַר רַב יְהוּדָה אָמַר רַב – **And did they** [Rav Nachman and his colleagues] **not hear of that which Rav Yehudah said in the name of Rav,** וּמָטוּ בָּהּ מִשּׁוּם רַבִּי חִיָּיא – **and some are inclined to** say **it in the name of R' Chiya:** וְתָנֵי עֲלָהּ – **And it was taught** in a Baraisa **concerning it** [the ruling of R' Yose the son of R' Yehudah]: וַחֲכָמִים פּוֹטְרִין – **AND THE RABBIS EXEMPT** one who throws an object from a public domain to the top of this basket because they do *not* consider the top of the basket a private domain. Thus, we see that in the view of the Rabbis we do not apply the principle of "extend the walls downward" in this way.[13] What then is Rav Nachman's question?

Abaye responds:

וְאַתְּ לֹא תִּסְבְּרָא – אָמַר לֵיהּ אַבָּיֵי – **Abaye said to [Rav Yosef]:** – **And do you not hold as such** as well? I.e. do you not agree that the principle of "extend the wall downward" is accepted even in such a case? וְהָתַנְיָא – **But it was taught in a Baraisa:** עַמּוּד בִּרְשׁוּת הָרַבִּים גָּבוֹהַּ עֲשָׂרָה וְרָחָב אַרְבָּעָה – **A POST IN THE PUBLIC DOMAIN** that is **TEN** *tefachim* **HIGH AND FOUR** *tefachim* **WIDE,** וְאֵין בְּעִיקָּרוֹ אַרְבָּעָה – **BUT ITS BASE IS NOT FOUR** *tefachim* wide[14] וְיֵשׁ בַּקָּצָר שֶׁלּוֹ שְׁלֹשָׁה – **AND ITS NARROW PART IS THREE *TEFACHIM*** high,[15] וְזָרַק וְנָח עַל גַּבָּיו חַיָּיב – **AND ONE THROWS** an object **AND IT LANDS ON [THE POST,] HE IS LIABLE** for transferring from a public to a private domain. Now, since the lower part of the post's walls are not four *tefachim* wide, the top of the post should not be a private domain. Yet the Baraisa rules that the top of the post is a private domain. אַלְמָא אָמְרִינַן גּוּד אַחִית מְחִיצָתָא – **Thus,** you see that **we say "extend the** posts' upper **walls** straight **downward"** to the ground to create an "enclosed" area four *tefachim* wide. הָכָא נַמִּי גּוּד אַחִית מְחִיצָתָא – **Here too,** then (in the case of the boat), we should apply the principle of **"extend the wall downward"** to remove the defect of a "suspended wall" from the boat's upper walls and render the boat a private domain!

Now this Baraisa is stated anonymously and would therefore seem to represent a generally accepted view. Abaye therefore continues:[16]

מִידֵּי אִירְיָא – Accordingly, **is there any proof** from the ruling of the Sages that you [Rav Yosef] cited? הָתָם הָוְיָא לֵיהּ מְחִיצָה שֶׁהַגְּדָיִים בּוֹקְעִין בָּהּ – Rather, **there,** in the case of the basket atop the pole, **[the extension] is a wall through which kids penetrate,** which, in the view of the Sages, nullifies the downward extension. For this reason the Sages dispute R' Yose the son of R' Yehudah and rule that the top of the basket is not a private domain.[17] הָכָא הָוְיָא לַהּ מְחִיצָה שֶׁאֵין הַגְּדָיִים בּוֹקְעִין בָּהּ – **Here,** however, in the case of the post, **[the extension] is a wall**

NOTES

9. The Sinaitic principle of גּוּד אַחִית מְחִיצָה, *extend the wall downward* [known as *gud achis*], states that we may view a wall as legally extending downwards from its tip to the ground below (see *Eruvin* 4b and *Succah* 4b). Rav Nachman asks that we should apply this principle here and say that the upper walls of the boat should be considered as legally extending downward to the seabed below the boat [which would remove their disqualification as "suspended walls"] (see *Rashi*).

10. But not ten *tefachim* deep (*Rashi*). The pole and basket together, however, added up to a height of ten *tefachim*.

11. Although the walls of this basket are not themselves ten *tefachim* high, they are nonetheless considered ten high because they are viewed as an extension of the pole in this regard. Now it is true that the "walls" of this pole-and-basket combination do not enclose an area four *tefachim* wide down on the ground. Nonetheless, the top of the basket is considered a *reshus hayachid* because the principle of *gud achis* allows us to view the basket's walls as extending down to the ground to encompass an area four *tefachim* wide that is ten *tefachim* high. Such downwardly extended walls are effective in rendering the top of the basket a *reshus hayachid* (*Rashi*).

[Although we stated above (note 5) that a wall must enclose an area at least four *tefachim* wide for a height of ten *tefachim* to be considered a partition, that is only in regard to being effective in creating a *reshus*, for the criterion in this regard is derived from the law that walls create a *reshus hayachid* – and a *reshus hayachid* must be at least four *tefachim* wide (see *Rashi* to *Eruvin* 5a ד״ה ומאן דאמר ארבעה קסבר). However, even if a wall does not enclose an area of four *tefachim* it is still in essence a מְחִיצָה (partition) – for it is a solid object ten *tefachim* high.

Therefore, if we "assign the height of the pole to the walls of the basket" (in the words of *Rashi*), i.e. if we view the walls of the basket as a continuation of the pole itself, those walls are, technically speaking, ten *tefachim high,* and are therefore in essence a מְחִיצָה, *partition.* They can therefore be extended downward through the principle of *gud achis* to enclose an area four *tefachim* wide around the pole. This suffices to render the top of the basket a *reshus hayachid*.]

12. [Since the walls of the boat are ten *tefachim* high, they can be extended straight downward from the point where they narrow to four *tefachim* and thereby rid themselves of the defect of being "suspended walls,' as explained above.]

13. Thus, we should not apply it to remove the defect of "suspended walls" from the boat's walls either (*Rashi*).

14. I.e. it is ten *tefachim* high and four *tefachim* wide at the top but not along its entire height. Rather, the lower part of the post is less than four *tefachim* wide (*Rashi*).

15. That is, the post widened to a width of four *tefachim* only after it reached a height of three *tefachim* (*Rashi;* cf. *Tosafos*; see also *Rashba*, *Ritva MHK* ed.). [Thus, the post is like the Meishan boat – it has a four-*tefach* width above, but not along its bottom three *tefachim.*]

If the post widened to four *tefachim* within three *tefachim* of its bottom, however, there would be no problem for we would then apply the principle of *lavud* to close the gap between the part that is four *tefachim* wide and the ground [as Rav Huna said in the case of a boat] (*Rashi;* see *Chidushei HaRan*; see note 6 above).

16. This explanation of the ensuing statement follows *Rashi;* see *Rashi* on 101b ד״ה הא איכא for an alternative explanation rejected by *Rashi*.

17. The Sages maintain that although we can generally apply the principle of *gud achis,* we do so only where it results in a "wall" that can be imagined as closed. But where small animals, such as young goats, can readily penetrate the "wall," the principle is not applied (*Rashi*).

מסורת הש"ס

א) [לקמן קמא.], ב) [ב"ב עג.], ג) [לעיל דף ה. עירובין לג:], ד) עירובין יב. ודף עז. ודף מח. ודף פז:, ה) [צ"ל מרב].

עין משפט נר מצוה

לב א מיי' פט"ו מהל' שבת הלכה כ סמג לאוין סה טוש"ע א"ח סי' שנה סעיף א:
לג ב טוש"ע א"ח סי' שסו סעיף ג בהג"ה:
לד ג מיי' פי"ד מהל' שבת הלכה יח:
לה ד מיי' שם הל' טז:

גמרא

ר' יהודה אומר עמוקה עשרה [א]ואין גבוהה עשרה מטלטלין מתוכה לים אבל לא מן הים לתוכה מ"ש מן הים לתוכה דלא דקא מטלטלין מכרמלית לרה"י מתוכה לים נמי קמטלטל מרשות היחיד לכרמלית אלא לאו אחודה וש"מ כחו בכרמלית לא גזרו ש"מ אמר רב הונא [ב]הני [ג]ביציאתא דמישן אין מטלטלין בהן אלא בארבעה ולא אמרן אלא שאין בפחות משלשה ארבעה אבל יש בפחות מג' ארבעה לית לן בה ואי מלינהו קני ואורבני לית לן בה מתקיף לה רב נחמן ולימא גוד אחית מחיצתא מי לא [ג]תניא ר' יוסי בר' יהודה אומר נעץ קנה ברה"ר ובראשו טרסקל וזרק ונח על גביו חייב אלמא אמרינן גוד אחית מחיצתא ה"נ נימא גוד אחית מחיצתא מתקיף לה רב יוסף ולא שמיעא להו להא דאמר רב יהודה אמר רב ומטו בה משום רבי חייא ותני עלה [ג]וחכמים פוטרין אמר ליה אביי ואת לא תסברא והתניא [ד]עמוד ברה"ר גבוה עשרה ורחב ד' ואין בעיקרו ד' [ה]ויש בקצר שלו ג' וזרק ונח על גביו חייב אלמא אמרינן גוד אחית מחיצתא הכא נמי גוד אחית מחיצתא מידי איריא התם הויא ליה מחיצה שהגדיים בוקעין בה הכא הויא לה מחיצה שאין הגדיים בוקעין בה א"ל רב אחא בריה דרב אחא לרב אשי גבי ספינה נמי הא איכא בקיעת דגים א"ל בקיעת דגים לא שמיה בקיעה ומנא תימרא [ז]דבעא מיניה רבי טבלא [ח]מרבין מחיצה תלויה מהו שתתיר בחורבה וא"ל אין מחיצה תלויה מתרת אלא

רש"י

עמוקה. הספינה: עשרה. לתוכה דהוה רשות היחיד: ואין גבוה. שפתה י' מן המים כגון משוקעת במים מכובד משאה: מטלטלין מתוכה לים. דרך דופנותיה כגון שופכין כדמפרש ואזיל דכחו בכרמלית לא גזרו: אבל לא מן הים לתוכה. דאין משמש מן הים לתוכה דרך דפנות שאם ימלא וישליך על הדפנות ירדו לקרקעית הספינה ולהכי נקט עמוקה י' דאי אינה עמוקה י' היא גופה כרמלית ומטלטל להדיא אף מן הים לתוכה ואין גבוהה נמי (א) י' דוקא נקט דאי גבוהה י' מותר לטלטל מן הים לתוכה דמכרמלית לרה"י דרך מקום פטור קא מטלטל דצריך להגביה את ידו למעלה מי' ואע"ג דברשות דאורייתא מרה"ר לרה"י מיחייב בכה"ג (לעיל דף ה.) כרמלית מיהא דרבנן היא ולא גזור: אלא לאו אחודה. שופך שופכים על מודה והן יורדין דרך דפנותיה לים: ביציאתא. ספינות קטנות וקצרות מלמטה עד כמודו של סכין שקורין קויט"י: אין מטלטלין בתוכן. דלאו רה"י נינהו שאין ברחבן ארבע מלמטה לפיכך אין מחיצותיהן מחיצות: ולא אמרן אלא. בשקצה שלהן גבוה שלש שאין רחב ד' למטה בעוד שלא הגביה ג' מקרקעיתו ואפי' יש ברחבו י' גובה לא משתרי דכיון דמתחתיתו לאו מחיצה נינהו הוה ליה תלויה: אבל יש בפחות מג' גובה רוחב ד'. שעד שלא הגביהו ג' הרחיבו ד' הרי הן כמי שקרקעיתן עולה עד כאן ומחיצותיהן מחיצות: אורבני. ערבה דקה: ואי מלינהו. עד מקום רחבן הרי הן כשרות לטלטל אם יש משפת רוחבן ולמעלה י': ולימא גוד אחית. מכנגד מדת רחבן העליון ולמטה כאילו הן יורדות עד הקרקע מבחוץ: טרסקל. אין עמוק י' ואנו מודדים לו גובה י' שמדת הקנה עולה לו בגובהו והקנה אין רחב ארבעה אלא שאנו אומרים במחיצות הטרסקל גוד אחית ונמצאו מקיפות את הקנה והוו להו היקף המחיצות מן הקרקע ולמעלה לשויה ראשו רה"י ואם זרק מרה"ר ונח על גביו חייב: ומטו בה. יש שמטין בדבר להכריע ולומר שר' חייא אמר: וחכמים פוטרין. אלמא לא אמרי' גוד אחית להתיר מחיצה תלויה: ואת לא תסברא. דאמרי' כה"ג: ואין בעיקרו. רחב ד': ויש בקצר שלו ג'. אותו קצר של עיקרו שאינו רחב ד' יש בו גובה ג' והיינו רבותא דליכא למימר לבוד ממקום שכלה רחבו לקרקע אפ"ה הוי רה"י: דאמרי' גוד אחית מחיצה. סביב מחיצותיה מכנגד רחבה ולמטה כאילו הוא כולו שוה: ה"נ. בביציאתא דמישן נמי נימא גוד אחית: מידי איריא התם כו'. כולה אביי אמר לה לרב יוסף דהא דמייתי ראיה (ב) וחכמים פוטרים כלום ראי' היא לכאן הא דטרסקל דקפטרי רבנן: משום דהויא מחיצה שהגדיים בוקעין בה. מלמטה בארץ תחת מחיצות הטרסקל שהם פשוטות להלן מן הקנה לכל צד ובקיעת גדיים מעכבת מלמימר גוד אחית שהרי עוברין תחתיה אבל בספינה ליכא בקיעת גדיים שאין לך עובר תחתיהן וכן בעמוד אין דרך להתחכך בו ולעבור תחת שיפועו שאינו אלא מעט: בקיעת דגים לא שמה בקיעה. לפי שאין נראין: בחורבה. שדרך להיות בה מחיצות שנפלו תחתיהן וקיימות מלמעלה ותלויות: מהו שתתיר. לטלטל בחורבה שלא תהא כפרוצה לרה"ר: אלא

תוספות

רבי יהודה אומר עמוקה י' ואין גבוהה י' מטלטלין מתוכה לים. וא"ת היכי מייתי סייעתא מדרבי יהודה כיון דרבנן פליגי עליה ואור"י דהכא לא פליגי אלא בעמוקה י' וגבוה י' דרבנן סברי דמכרמלית לרה"י דרך מקום פטור אסור אע"ג דברשויות דרבנן ור' יהודה שרי אבל בעמוקה י' ואינה גבוהה י' לטלטל מתוכה לים לא פליגי עליה רבנן והכי איתא בתוספתא [פי"א] דספינה שהיא גבוהה י' ועמוקה י' אין מטלטלין מתוכה לים ולא מן הים לתוכה ר' יהודה אומר אם עמוקה י' ואין גבוהה י' כו' וה"ק ר' יהודה בעמוקה י' וגבוהה י' לא מבעי' דמותר לטלטל טלטול גמור הואיל ודרך מקום פטור קא מטלטל אלא גם באינה גבוהה י' יש תקנה לטלטל כגון ע"י כחו כדמפרש הש"ס וקשה לר"י דהשתא לרבי יהודה שרי טלטול דרך מקום פטור ברשויות דרבנן ואפילו רבנן לא פליגי אלא בשאינו עושה הנחה במקום פטור ובפרק כילד משתתפין (עירובין דף פז:) פריך לזעירי דאמר אסור להחליף דרך מקום פטור מכרמלית לרה"י ולזעירי קשיא פלוגתא דרשב"ג ורבנן דפליגי בהא ומשני לה והשתא הא תנאי דהכא דלא כוותיה וי"ל דמ"מ הני תנאי דהכא כיון דמצי לאוקמי כוותי' מוקים להו: עמוקה י' ואין גבוהה י'. מהכא אין להקשות למ"ד לעיל מארעא משחינן דהכא איירי בדליכא זיז כל שהוא להיכרא: הני ביציאתא דמישן. לפירש"י דמפרש שהן קצרות מלמטה קשה דכי היכי דבטיל מדין רה"י משום דלית בהו ד' ה"נ ליבטיל מדין כרמלית כדאמר בפ"ק (דף ז.) דאין כרמלית פחותה מד' ואקילו בה רבנן מקולי רה"י דאי הוי מקום ד' (ג) כרמלית ואי לא מקום פטור ועוד מאי פריך לימא גוד אחית מחיצה מה מועיל שיהא המחיצות מבחוץ כיון שמבפנים אין שם ריוח מקום ד' ולא ניחא תשמישם ודופן הספינה שבקלר מבטל גוד אחית כמו חלוקה במחצלת לעיל ועוד למה לי מלינהו קני ואורבני אע"ג דלא מלאן כיון דיכול למלאות חשיב רה"י כדאמר בפרק חלון (עירובין דף עח.) משום דאי בעי מנח עליה מידי ומשתמש גבי מלאו כולו ביתדות ונראה כפר"ח דביציאתא הם ספינות קטנות העשויות להלך באגמים ועל שם שמהלכות על בצעי המים קרי להו ביציאתא ויש להם דפנות וקרקעית העשויות נסרים נסרים ויש חלל בין הנסרים והמים נכנסין שם ויושבין בה כמו במים והיא עשויה כך שאפילו תתהפך אינה נטבעת לעולם וקאמר רב הונא כיון שהיא פרוצה דינה ככרמלית ואין מטלטלין בה אלא בד' ולא אמרו אלא בזמן שאין בין נסר לנסר חלל פחות מג' אבל אם יש בין נסר לנסר חלל פחות מג' כלבוד דמי ואע"ג שהמים נכנסין בה לא חיישינן ונראה דל"ג שאין בפחות מג' ד' ואי מילא כל החלל קני ואורבני מותר לטלטל בכולה:

מתקיף לה רב נחמן. למה לך כולי האי לימא גוד אחית מחיצתא מי לא תניא רבי יוסי ברבי יהודה אומר וכו' אלמא רואין כאילו דופני הטרסקל יורדין עד עיקרו של קנה ה"נ רואין כאילו דופני הספינה עקומין ומסבבין הנסרים ונמצאו הנסרים מחוברין: וזרק ונח על גביו חייב. למאי דס"ד השתא דאין חילוק בין מחיצה דמים לשאר מחיצות וס"ד נמי דלא פליגי רבנן עליה דרבי יוסי ברבי יהודה לא מצי לאקשויי אמאי הא תנן בפ' כילד משתתפין (עירובין דף פז:) גזוזטרא שהיא למעלה מן המים אין ממלאין הימנה אא"כ עשו לה מחיצה י' מה צריך מחיצה י' בלא מחיצה י' תסגי כמו בטרסקל דדוקא על גביו חשיב ליה ר' יוסי ברבי יהודה רה"י אבל למטה לא דלהכי לא אהני גוד אחית אי נמי הא דבעינן גבי גזוזטרא מחיצה י' היינו לטלטל אבל לזרוק לא בעי מחיצה י' כמו בטרסקל והכא הכי פריך לימא גוד אחית דכי היכי דלר' יוסי בר' יהודה גוד אחית כשאין שם מחיצה י' למיהוי רה"י להתחייב ה"נ בספינה שיש שם מחיצה י' אית לן למימר גוד אחית אף לטלטל: ויש בקצר שלו ג'. פי' בקונט' גבוה ג' מן הארץ וקשה דאם הוא דק הרבה כמו קנה הוי כמו טרסקל ומבטלי בקיעת גדיים גוד אחית ונראה לר"י דהאי בקצר שלו ג' היינו שיש בעובי הקצר ג' דכיון שיש בעובי הקצר ג' ולמעלה רחב ד' שייך ביה גוד אחית: ומנא תימרא דבעא מיניה ר' טבלא כו'. וא"ת אמאי לא פשיט מממתני' דכילד משתתפין (שם פז:) גזוזטרא שהיא למעלה מן המים וכו' דמשתרי במחיצה למעלה ואור"י דאי ממתניתין ה"א דה"ה אף בשאר מחיצות שאינן של מים מתרת מחיצה תלויה ולהכי מייתי מרבי טבלא דמפרש הטעם קל הוא שהקילו חכמים במים:

פשיטא

רבינו חננאל

אע"פ שמצד אחר עולין בו בכבש כשיעור ד' אמות חייב ואפילו מכל סביביו משופע ועולה כיון שגובהו עשרה ושיפועו ד' אמות כרה"י דמיגבהו כגון זה ומפרש בגמ' זבחים (ד' סג). אמר רמי בר אבא כל כבשי כבשים ג"א ומחצה א) לאמה חוץ מכבשו של מזבח ג' אמות ומחצה ואצבע ושליש אצבע אבל אם אין התל עולה לגובה עשרה אלא מתוך שיפועו יתר מד' אמות לא מחשב כרה"י ומפורש במס' עירובין פרק עושין פסין בעא מיניה רחבה מרבה תל המתלקט י' מתוך ד' אמות ורבים בוקעין בו חייבין עליו משום רה"ר אי לא אליבא דרבנן לא תבעי לך השתא ומה התם דניחא תשמישתיה הא אמור רבנן דלא אתו רבים מבטלי מחיצתא הכא דלא ניחא תשמישה לא כל שכן כי תיבעי לך אליבא דר' יהודה ואע"ג דפשיט רבה אליבא דר' יהודה ואפילו במעלות בית [חרון] לאו הלכתא כר' יהודה ב) (והא דרבי) דאמר אם היתה דרך הרבים מפסקתה יסלקנה לצדדין וחכ"א אין צריך דעיקר דשמעתא מעלות ומורדות שבא"י אין חייבין עליהן משום רה"ר לפי שאינן כרגלי מדבר ותנן נמי הגיע להר מבליעו וחוזר למדתו. אמר רבא ל"ש אלא בהר המתלקט י' מתוך ד' אמות אבל הר המתלקט מתוך ה' מודד מדידה יפה רב הונא מתני לה לקולא לא שנו אלא בהר המתלקט י' מתוך ה' אבל הר המתלקט עשרה מתוך ד' אמות אומדו והולך לו. זרק לתוך ד' אמות ונתגלגל חוץ לד' אמות פטור מ"ט שלא היה מחשבתו חוץ לד' אמות זרק חוץ לד' אמות וחזר לתוך ד' אמות פטור והוא שנח בחוץ לד' אמות ע"ג משהו ואחר שנח התם חזר. זה כבר פירשנוהו למעלה בפלוגתא דרבי עקיבא ורבנן דתנן הזורק מרה"י לרה"י ורה"ר באמצע ר' עקיבא מחייב וחכמים פוטרין דרבנן סברי אע"פ שזרק בתוך ג' ברה"ר שהן כלבוד צריך הנחה ע"ג משהו אבל קלוטה לאו כמי שהונחה דמיא והתם בזורק מרה"י לרה"י ורה"ר באמצע ואע"ג דלא עבר ד' אמות ברה"ר אם נח בזורק ברה"ר ע"ג משהו וכן בזורק ברה"ר והעבירו בזריקתו מתחלת ד' לסוף ד' אם נח ע"ג משהו חייב ואם לאו פטור אבל המעביר מתחלת ד' לסוף ד' אם כשיעור בבת אחת העביר אם נח משהו חייב ואם לאו פטור דאמרינן לענין המוציא מחנות דרך סטיו משום דר' יוחנן מידי דהוה המעביר חפץ ברה"ר דנקיט ליה ואזיל ואע"ג דכמה דנקיט ליה ואזיל סטיו כי מנח ליה חייב ואע"ג דהמעביר מחנות לפלטיא דרך סטיו לאו כי האי גוונא סלקא מיהו לענין מעביר שצריך הנחה הכין הוא והא דאמר רבא הוציא חצי גרוגרת והניחה וחזר והוציא חצי גרוגרת והעבירה דרך עליה חייב כלומר נצטרפת זו עם זו ונעשו כגרוגרת ואקשינן והא לא נח ושנינן כגון דהעבירה למטה מג' דהוא כלבוד. איני והאמר רבא תוך ג' לרבנן צריך הנחה ע"ג משהו ופרקינן כי קאמר רבא בזורק הכא במעביר ולענין דבר שאיגודו בידו ונתגלגל מרה"י מידו ויצא לרה"ר צריך הנחה ברה"ר ע"ג משהו דתנן בענין הקורא בספר על האסקופה ונתגלגל מידו ר' יהודה אומר אפילו אינו מסולק מן הקרקע אלא כמלא חוט גוללו אצלו ואמרינן עלה אלא הא דאמר רבא תוך ג' לרבנן צריך הנחה ע"ג משהו לימא כתנאי א"ל לשמעתיה. אלא כולה ר' יהודה היא והכי קתני הגיע לי' טפחים הופכו על הכתב. בד"א בכותל משופע אבל בכותל שאינו משופע אפילו למטה מג' גוללו אצלו דברי ר' יהודה שר'

חשק שלמה על רבינו חננאל א) לפענ"ד צ"ל ג' אמות ומחצה: ב) נראה דל"ל דהא דאמר אם היתה כו' אלא כחכמים דס"ל דלא"ל דעיקר דשמעתתא וכו':

הגהות הב"ח

(א) רש"י ד"ה אבל לא וכו' ואין גבוה י' נמי דוקא: (ב) ד"ה מידי איריא וכו' דמייתי ראיה מדקתני וחכמים כצ"ל והד"א עם ד"ה משום: (ג) תוס' ד"ה הני וכו' דאי הוי מקום ד' הוא כרמלית:

גליון הש"ס

גמ' ויש בקצר שלו ג'. עי' עירובין דף לג ע"א תוס' ד"ה וכלכלה:

רב נסים גאון

הויא לה מחיצה שהגדיים בוקעין בה. עיקר דילה במסכת כלאים פרק ד' מחיצת הקנים אם אין בין קנה לחברו ג' טפחים כדי שיכנס הגדי הרי זו מחיצה ובתוספתא בפרק ג' כל שהוא פחות מג' צריך שלא יהא בין קנה לחברו ג' טפחים כדי שלא יכנס הגדי דלאלך א) עלי אין כל מחיצה שהגדיים בוקעין בה אינה מחיצה ומשכחת לה בפרק אחד מן עירובין (דף יד) לא

חשק שלמה על רב נסים גאון א) פירושו בערבי הנה מוכח מזה:

ליקוטי רש"י

ביציאתא דמישן. מישן נהר קטן ואין מהלכין בו אלא בספינות קטנות [רשב"ם ב"ב עג.]. והן ספינות שעושין בשולים חדים ואין בשוליהן רוחב ארבעה ולמעלה הן הולכות ומרחיבות הרבה וגבוהות עשרה. אין מטלטלין בהן. אלא בארבע אמות דלאו רשות היחיד נינהו ואף על גב דגבוהות עשרה ורחבין ארבעה מלמעלה הואיל ובשוליהן לא הוי ארבעה [עירובין לג.]. אורבני. ערבה דקה הגדלה בין האגמים [סנהדרין פב:]. טרסקל. סל רחב ארבעה. וזרק. מרשות הרבים. ונח על גביו חייב. שהרי זרק מרשות הרבים לרשות היחיד אלמא אף על גב דקנה אינו רחב ארבעה הוי רשות היחיד הואיל ועליונו ארבעה דאמרינן בזורק. הטרסקל סובבת את הקנה שהרי מחיצותיו גוד אחית מחיצות הטרסקל עד הקרקע ונמצא קנה מוקף מחיצות שמלמעלה ארבעה [עירובין לג:]. דאף על גב דלמטה לא הוי רחב ארבעה הואיל ולמעלה ארבעה אמרינן גוד אחית מחיצה והוי רשות היחיד גמור [לעיל ה.]. דהוי רשות היחיד משום דסליק מגוד והעולה [עירובין פט.]. בחורבה. לעשות בה מחיצות שנפלו תחתיהן וקיימות מלמעלה ולהכשיר לטלטל בחורבה [שם יב.].

through which kids do not penetrate, because the base is only slightly less than four *tefachim* wide and they would therefore have to actually rub against it to penetrate the "extension."[18] The Sages therefore agree in this case that the "walls" at the top of the post are extended downward to create a private domain on top. By the same token, the Sages would agree in the case of the ship that we can "extend the wall downward" into the water and create a private domain inside the boat because there are no kids in the water to penetrate through the extension.

Abaye's distinction in regard to the boat is questioned:

אֲמַר לֵיהּ רַב אַחָא בְּרֵיהּ דְּרַב אַחָא לְרַב אַשִׁי – Rav Acha the son of Rav Acha said to Rav Ashi: גַּבֵּי סְפִינָה נַמִּי הָא אִיכָּא בְּקִיעַת דָּגִים – But in the case of a ship as well, there is penetration by fish through the extension beneath the boat. Why is the principle of "extend the wall downward" operative in that case? **אֲמַר לֵיהּ – Rav Ashi said to him: בְּקִיעַת דָּגִים לֹא שְׁמֵיהּ בְּקִיעָה – Penetration by fish is not considered penetration** in regard to nullifying a wall extended downward.[19]

וּמְנָא תֵּימְרָא – And from where do you know to **say this? דִּבְעָא מִינֵּיהּ רַבִּי טַבְלָא (מרבין) [מֵרַב] – For R' Tavla inquired of [Rav]: מְחִיצָה תְּלוּיָה מַהוּ שֶׁתַּתִּיר בְּחוּרְבָּה – Can a suspended wall permit** carrying **in a ruin?** I.e. is carrying permitted in a building whose wall is breached at ground level but is intact above?[20] **וְאָמַר לֵיהּ – And Rav said to him: אֵין מְחִיצָה תְּלוּיָה מַתֶּרֶת – A suspended wall does not permit** carrying within the area enclosed by it

NOTES

18. This is the crux of the difference between a post and a pole. A pole is a thin support, so that a basket sitting on top of it extends some distance beyond it. Therefore, when the basket's walls are extended downward, the imaginary walls fall some distance away from the pole, leaving room for little goats to scurry past the pole and break through the imaginary wall. A post, however, is a much wider support, so that even if it tapers down to less than four *tefachim* as its base, it is only slightly less than four. When the top of the post is therefore extended downward, the imaginary walls fall only *slightly* beyond the base of the post. This leaves little room for small animals to walk through and they could not penetrate the imaginary wall unless they actually rubbed up against the base, which they generally would not do. *This* imaginary wall is therefore not nullified by passage of small animals (*Rashi*; see *Menachem Meishiv Nefesh*).

19. Because the fish [passing through the extension] are not visible to us (*Rashi*; see *Ritva MHK* ed. to 101b).

20. A ruin often has remnants of its walls suspended from its roof. If the ruin is adjacent to the public domain and its wall on that side is gone, carrying in the ruin would be prohibited because of the rule that when a place in which carrying is permitted is completely open to a place into which carrying would be prohibited, the permitted area also becomes forbidden (see *Eruvin* 12a, 23b). Rav Tavla inquired whether a suspended wall over the side facing the public domain would suffice to "enclose" that side in regard to this law and thereby permit one to carry in the ruin (*Rashi*).

The Gemara could have addressed this query in regard to any suspended wall on dry land. It spoke of a ruin because suspended walls are most common there (*Ritva MHK* ed.).

ר' יהודה אומר עמוקה עשרה ואין גבוהה עשרה מטלטלין מתוכה לים אבל לא מן הים לתוכה מ"ש מן הים לתוכה דלא דקא מטלטלין מכרמלית לרה"י מתוכה לים נמי קמטלטל מרשות היחיד לכרמלית אלא לאו אחודה וש"מ כחו בכרמלית לא גזרו ש"מ אמר רב הונא הני ביצאתא דמישן אין מטלטלין בהן אלא בארבעה ולא אמרן אלא שאין בפחות משלשה ארבעה אבל יש בפחות מג' ארבעה לית לן בה ואי מלינהו קני ואורבני לית לן בה מתקיף לה רב נחמן ולימא גוד אחית מחיצתא מי לא תניא ר' יוסי בר' יהודה אומר נעץ קנה ברה"ר ובראשו טרסקל וזרק ונח על גביו חייב אלמא אמרינן גוד אחית מחיצתא ה"נ נימא גוד אחית מחיצתא מתקיף לה רב יוסף ולא שמיעא להו להא דאמר רב יהודה אמר רב ומטו בה משום רבי חייא ותני עלה וחכמים פוטרין אמר ליה אביי ואת לא תסברא והתניא עמוד ברה"ר גבוה עשרה ורחב ד' ואין בעיקרו ד' ויש בקצר שלו ג' וזרק ונח על גביו חייב אלמא אמרינן גוד אחית מחיצתא הכא נמי גוד אחית מחיצתא מידי איריא התם הויא ליה מחיצה שהגדיים בוקעין בה הכא הויא לה מחיצה שאין הגדיים בוקעין בה א"ל רב אחא בריה דרב אחא לרב אשי גבי ספינה נמי הא איכא בקיעת דגים א"ל בקיעת דגים לא שמיה בקיעה ומנא תימרא דבעא מיניה רבי טבלא מרבין מחיצה תלויה מהו שתתיר בחורבה וא"ל אין מחיצה תלויה מתרת אלא

רש"י

עמוקה. הספינה: עשרה. לתוכה דהוה רשות היחיד: ואין גבוה. שפתה י' מן המים כגון שמשוקעת במים מכובד משאה: מטלטלין מתוכה לים. דרך דופנותיה כגון שופכין כדמפרש ואזיל דכחו בכרמלית לא גזרו: אבל לא מן הים לתוכה. דלאו תשמיש מן הים לתוכה דרך דפנות שאם ימלא וישליך על הדפנות ירדו לקרקעית הספינה ולהכי נקט עמוקה י' דאי אינה עמוקה י' היא גופה כרמלית ומטלטל להדיא אף מן הים לתוכה ואין גבוהה נמי (א) י' דוקא נקט דאי גבוהה י' מותר לטלטל מן הים לתוכה דמכרמלית לרה"י דרך מקום פטור קא מטלטל דצריך להגביה את ידו למעלה מי' ואע"ג דברשות דאורייתא מרה"ר לרה"י מיחייב בכה"ג (לעיל דף ח.) כרמלית מיהא דרבנן היא ולא גזור: אלא לאו אחודה. שופך שופכים על חודה וכן יורדין דרך דפנותיה לים: ביצאתא. ספינות קטנות וקצרות מלמטה עד כחודו של סכין שקורין קוייט"י: אין מטלטלין בתוכן. דלאו רה"י ניהו שאין ברחבן ארבע מלמטה לפיכך אין מחיצותיהן מחיצות: ולא אמרן אלא. בשקצה שלהן גבוה שלש שאין רחב ד' למטה בעוד שלא הגביה ג' מקרקעיתו ואפי' יש ברחבו י' גובה לא משתרי דכיון דתחתונות לאו מחיצה ניהנהו הוה ליה תלויה: אבל יש בפחות מג' גובה רוחב ד'. שעד שלא הגביה ג' הרחיבו ד' הרי הן כמי שקרקעיתן עולה עד כאן ומחיצותיהן מחיצות: אורבני. ערבה דקה: ואי מלינהו. עד מקום רחבן הרי הן כשרות לטלטל אם יש משפת רוחבן ולמעלה י': ולימא גוד אחית. מכנגד מדת רחבן העליון ולמטה כאילו הן יורדות עד הקרקע מבחוץ: טרסקל. אין עמוק י' ואנו מודדים לו גובה י' שמדת הקנה עולה לו בגובהו והקנה אין רחב ארבעה אלא שאנו אומרים במחיצות הטרסקל גוד אחית ונמצאו מקיפות את הקנה והוו להו היקף המחיצות מן הקרקע ולמעלה לשויה ראשו רה"י ואם זרק מרה"ר ונח על גביו חייב: ומטו בה. יש שמטין בדבר להכריע ולומר שר' חייא אמר: וחכמים פוטרין. אלמא לא אמרי' גוד אחית להתיר מחיצה תלויה: ואת לא תסברא. דאמרי' כה"ג: ואין בעיקרו. רחב ד': ויש בקצר שלו ג'. אותו קצר של עיקרו שאינו רחב ד' יש בו גובה ג' והיינו רבותא דליכא למימר לבוד ממקום שכלה רחבו לקרקע אפ"ה הוי רה"י: דאמרי' גוד אחית מחיצה. סביב מחיצותיה מכנגד רחבה ולמטה כאילו הוא כולו שוה: ה"נ. בביליתא דמישן נמי נימא גוד אחית: מידי איריא התם כו'. כולה אביי אמר לה לרב יוסף דהא דמייתי ראיה (ב) וחכמים פוטרים כלום ראי' היא לכאן הא דטרסקל דקפטרי רבנן: משום דהויא מחיצה שהגדיים בוקעין בה. מלמטה בארץ תחת מחיצות הטרסקל שהם פשוטות להלן מן הקנה לכל צד ובקיעת גדיים מעכבת מלמימר גוד אחית שהרי עוברין תחתיה אבל בספינה ליכא בקיעת גדיים שאין לך עובר תחתיהן וכן בעמוד אין דרך להתחכך בו ולעבור תחת שיפועו שאינו אלא מעט: בקיעת דגים לא שמה בקיעה. לפי שאינן נראין: בחורבה. שדרך להיות בה מחיצות שנפלו תחתיהן וקיימות מלמעלה ותלויות: מהו שתתיר. לטלטל בחורבה שלא תהא כפרוצה לרה"ר: אלא

תוספות

רבי יהודה אומר עמוקה י' ואין גבוהה י' מטלטלין מתוכה לים. וא"ת היכי מייתי סייעתא מדרבי יהודה כיון דרבנן פליגי עליה ואור"י דהכא לא פליגי אלא בעמוקה י' וגבוה י' דרבנן סברי דמכרמלית לרה"י דרך מקום פטור אסור אע"ג דרשויות דרבנן ור' יהודה שרי אבל בעמוקה י' ואינה גבוהה י' לטלטל מתוכה לים לא פליגי עליה רבנן והכי איתא בתוספתא [פי"א] דספינה שבים גבוהה י' ועמוקה י' אין מטלטלין מתוכה לים ולא מן הים לתוכה ר' יהודה אומר אם עמוקה י' ואין גבוהה י' כו' וה"ק ר' יהודה בעמוקה י' וגבוהה י' לא מבעי' דמותר לטלטל טלטול גמור הואיל ודרך מקום פטור קא מטלטל אלא גם באינה גבוהה י' יש תקנה לטלטל כגון ע"י כחו כדמפרש הש"ס וקשה לר"י דהשתא לרבי יהודה שרי טלטול דרך מקום פטור ברשויות דרבנן ואפילו רבנן לא פליגי אלא בשאינו עושה הנחה במקום פטור ובפרק כילד משתתפין (עירובין דף פז:) פריך לזעירי דאמר אסור להחליף דרך מקום פטור מכרמלית לרה"י ולזעירי קשיא פלוגתא דרשב"ג ורבנן דפליגי בהא ומשני לה והשתא הא תנאי דהכא דלא כוותיה וי"ל דמ"מ הני תנאי דהתם כיון דמצי לאוקמי כוותי' מוקים להו: עמוקה י' ואין גבוהה י'. מהכא אין להקשות למ"ד לעיל מארעא משחינן דהכא איירי בדליכא זיז כל שהוא להיכרא: הני ביציאתא דמישן. לפירש"י דמפרש שהן קצרות מלמטה קשה דכי היכי דבטיל מדין רה"י משום דלית בהו ד' ה"נ ליבטיל מדין כרמלית כדאמר בפ"ק (דף ז.) דאין כרמלית פחותה מד' ואקילו בה רבנן מקולי רה"י דאי הוי מקום ד' (ג) כרמלית ואי לא מקום פטור ועוד מאי פריך לימא גוד אחית מחיצה מה מועיל שיהא המחיצות מבחוץ כיון שמבפנים אין שם ריוח מקום ד' ולא ניחא תשמישם ודופן הספינה שבקצר מבטל גוד אחית כמו חלוקה במחצלת דלעיל ועוד למה לי מלינהו קני ואורבני אע"ג דלא מלאן כיון דיכול למלאות חשיב רה"י כדאמר בפרק חלון (עירובין דף עח.) משום דאי בעי מנח עליה מידי ומשתמש גבי מלאו כולו ביתידות ונראה כפר"ח דביליתא הם ספינות קטנות העשויות להלך באגמים ועל שם שמהלכות על בלעי המים קרי להו ביליתא ויש להם דפנות וקרקעית העשויות נסרים נסרים ויש חלל בין הנסרים והמים נכנסין שם ויושבין בה כמו במים והיא עשויה כך שאפילו תתהפך אינה נטבעת לעולם וקאמר רב הונא כיון שהיא פרוצה דינה ככרמלית ואין מטלטלין בה אלא בד' ולא אמרו אלא בזמן שאין בין נסר לנסר חלל פחות מג' אבל אם יש בין נסר לנסר חלל פחות מג' כלבוד דמי ואע"ג שהמים נכנסין בה לא חיישינן ונראה דל"ג שאין בפחות מג' ד' ואי מילא כל החלל קני ואורבני מותר לטלטל בכולה:

מתקיף לה רב נחמן. למה לך כולי האי לימא גוד אחית מחיצתא מי לא תניא רבי יוסי ברבי יהודה אומר וכו' אלמא רואין כאילו דופני הטרסקל יורדין עד עיקרו של קנה ה"נ רואין כאילו דופני הספינה עקומין ומסבבין הנסרים ונמצאו הנסרים מחוברין: וזרק ונח על גביו חייב. למאי דס"ד השתא דאין חילוק בין מחיצה דמים לשאר מחיצות וס"ד נמי דלא פליגי רבנן עליה דרבי יוסי ברבי יהודה לא מצי לאקשויי אמאי הא תנן בפ' כילד משתתפין (עירובין דף פו:) גזוזטרא שהיא למעלה מן המים אין ממלאין הימנה אא"כ עשו לה מחיצה י' בלא מחיצה י' מה צריך מחיצה י' תסגי כמו בטרסקל דדוקא על גביו חשיב ליה ר' יוסי ברבי יהודה רה"י אבל למטה לא דלהכי לא אהני גוד אחית אי נמי הא דבעינן גבי גזוזטרא מחיצה י' היינו לטלטל אבל לזרוק לא בעי מחיצה י' כמו בטרסקל והכא הכי פריך לימא גוד אחית דכי היכי דלר' יוסי בר' יהודה גוד אחית כשאין שם מחיצה י' למיהוי רה"י להתחייב ה"נ בספינה שיש שם מחיצה י' אית לן למימר גוד אחית אף לטלטל: ויש בקצר שלו ג'. פי' בקונט' גבוה ג' מן הארץ וקשה דאם הוא דק הרבה כמו קנה הוא כמו טרסקל ומבטלי בקיעת גדיים גוד אחית ונראה לר"י דהאי בקצר שלו ג' היינו שיש בעובי הקצר ג' דכיון שיש בעובי הקצר ג' ולמעלה רחב ד' שייך ביה גוד אחית: ומנא תימרא דבעא מיניה רבי טבלא כו'. וא"ת אמאי לא פשיט טפי ממתני' דכילד משתתפין (שם פו:) גזוזטרא שהיא למעלה מן המים וכו' ואור"י דאי ממתני' ה"א אף בשאר מחיצות שאין של מים מתרת מחיצה תלויה והכי מייתי מרבי טבלא דמפרש הטעם קל הוא שהקילו חכמים במים:

פשיטא

עין משפט נר מצוה

לב א מיי' פט"ו מהל' שבת הלכה כ סמג לאוין סה טוש"ע א"ח סי' שנה סעיף א:
לג ב טוש"ע א"ח סי' שמו סעיף ג בהג"ה:
לד ג מיי' פי"ד מהל' שבת הלכה יח:
לה ד מיי' שם הל' טו:

מסורת הש"ס

א) [לקמן קמא.], ב) [נ"ע עג.], ג) לעיל דף ה., ד) עירובין לג:, ה) עירובין יב. ודף מח. ודף פו:, ו) [נ"ל מרבן]

הגהות הב"ח

(א) רש"י ד"ה אבל לא וכו' ואין גבוה י' נמי דוקא: (ב) ד"ה מידי איריא וכו' דמייתי ראיה מדתני וחכמים כו' נ"ל והד"א עם ד"ה משום: (ג) תוס' ד"ה הני וכו' דאי הוי מקום ד' הוא דהויא כרמלית:

גליון הש"ס

גמ' ויש בקצר שלו ג'. ע' עירובין דף לג ע"ב תוס' ד"ה וכלכלה:

רב נסים גאון

הויא לה מחיצה שהגדיים בוקעין בה. עיקר דילה במסכת כלאים פרק ד' מחיצת הקנים אם אין בין קנה לחבירו ג' טפחים כדי שיכנס הגדי הרי זו מחיצה ובתוספתא בפרק ג' כל שהוא פחות מג' צריך שלא יהא בין קנה לחבירו ג' טפחים כדי שלא יכנס הגדי לדאלך א) עלי אין כל מחיצה שהגדיים בוקעין בה אינה מחיצה ומשכחת לה בפרק אחד מן עירובין (דף יד) לא

חשק שלמה על רב נסים גאון א) פירושו בערבי הנה מוכח מזה:

ליקוטי רש"י

ביצאתא דמישן. מישן נהר קטן ואין מהלכין בו אלא בספינות קטנות [רשב"ם ב"ב עג.]. והן ספינות שעושין חדים ואין בשוליהן רוחב ארבעה ולמעלה הן הולכות ומרחיבות הרבה ומתוכן גבוהות עשרה. אין מטלטלין בהן. אלא ארבע אמות דלאו רשות היחיד ניהו ואף על גב דגבוהות עשרה ורחבות ארבעה למעלה הואיל ובשוליהן לא הוי ארבעה [עירובין לג:]. אורבני. ערבה דקה הגדלה בין הנחלים שקורין בלע"ז [סנהדרין פב:]. טרסקל. של רחב ארבעה. וזורק. מרשות הרבים. ונח על גביו חייב. שהרי זרק מרשות הרבים לרשות היחיד אלמא אף על גב דקנה אינו רחב ארבעה הוי רשות היחיד הואיל ועליונו ארבעה דאמרינן גוד אחית והכי מפרש בזורק. הטרסקל סובבת את הקנה שהרי מחוץ גוד אחית מחיצות הטרסקל עד הקרקע נמצא קנה מוקף מחיצות שאלו ארבעה [עירובין לג:]. דאף על גב דלמטה לא הוי קנה רחב ד' הואיל וכלפי מעלה אמרינן גוד אחית מחיצה והוי רשות היחיד גמור [לעיל ה.]. [עירובין פט.]. בחורבה. לכסי חורבה שנפלו מחיצות תלויות [שם יב.].

רבינו חננאל

אע"פ שמצד אחר עולין בו בכבש כשיעור ד' אמות חייב ואפילו מכל סביביו משופע ועולה כיון שגובהו עשרה ושיפועו ד' אמות כרה"י דמי וגובהו כגון זה ומפרש בגמ' זבחים (ד' סג.) אמר רמי בר אבא כל כבשי כבשים ג"א ומחצה א) לאמה חוץ מכבשו של מזבח ג' אמות ומחצה ואצבע ושליש אצבע אבל אם אין התל עולה לגובה עשרה אלא מתוך שיפועו יתר מד' אמות לא מחשב כרה"י ומפורש במס' עירובין פרק עושין פסין בעא מיניה רחבה מרבה תל המתלקט י' מתוך ד' אמות ורבים בוקעין בו חייבין עליו משום רה"ר אי לא אליבא דרבנן לא תבעי לך השתא ומה התם דניחא תשמישתיה הא אמור רבנן דלא אתו רבים מבטלי מחיצתא הכא דלא ניחא תשמישתיה לא כל שכן כי תיבעי לך אליבא דר' יהודה ואע"ג דפשיט רבה אליבא דר' יהודה ואפילו במעלות בית [חורון] לאו הלכתא כר' יהודה ב) (והא דרבי) דאמר אם היתה דרך הרבים מפסקתה יסלקנה לצדדין וחכ"א אין צריך דעיקר דשמעתא מעלות ומורדות שבא"י אין חייבין עליהן משום רה"ר לפי שאינן כדגלי מדבר ותנן נמי הגיע להר מבליעו וחוזר למדתו. אמר רבא ל"ש אלא בהר המתלקט י' מתוך ד' אמות אבל הר המתלקט י' מתוך ה' מודדו מדידה יפה רב הונא מתני לה לקולא לא שנו אלא בהר המתלקט י' מתוך ה' אבל הר המתלקט עשרה מתוך ד' אמות אומדו והולך לו. זרק לתוך ד' אמות ונתגלגל חוץ לד' אמות פטור מ"ט שלא היתה מחשבתו חוץ לד' אמות זרק חוץ לד' אמות וחזר לתוך ד' אמות והוא שנח בחוץ לד' אמות ע"ג משהו ואחר שנח התם חזר. זה כבר פירשנוהו למעלה בפלוגתא דרבי עקיבא ורבנן דתנן הזורק מרה"י לרה"י ורה"ר באמצע ר' עקיבא מחייב וחכמים פוטרין דרבנן סברי אע"פ שזרק בתוך ג' ברה"ר שהן כלבוד צריך הנחה ע"ג משהו אבל קלוטה לאו כמי שהונחה דמיא והתם פליגי מרה"י לרה"י ורה"ר באמצע ואע"ג דלא עבר ד' אמות ברה"ר אם נח ברה"ר ע"ג משהו וכן בזורק והעביר ברה"ר בזריקתו מתחלת ד' לסוף ד' אם נח ע"ג משהו חייב ואם לאו פטור אבל המעביר מתחלת ד' לסוף ד' אם כשיעור בבת אחת העביר אם נחה ע"ג משהו חייב ואם לאו פטור דאמרינן לענין המוציא מחנות דרך סטיו משום ר' יוחנן מידי דהוה המעביר חפץ ברה"ר לאו אע"ג דכמה דנקיט ליה ואזיל פטור כי מנח ליה חייב ואע"ג

דהמעביר מחנות לפלטיא דרך סטיו לאו כי האי גונא סלקא מיהו לענין מעביר שצריך הנחה הכין הוא והא דאמר רבא הוציא חצי גרוגרת והניחה וחזר והוציא חצי גרוגרת והעבירה דרך עליה חייב כלומר נצטרפה זו עם זו ונעשו כגרוגרת ואקשינן והא לא נח ושנינן כגון שהעבירה למטה מג' דהוא כלבוד. איני והאמר רבא תוך ג' לרבנן צריך הנחה ע"ג משהו ופרקינן כי קאמר רבא בזורק הכא במעביר מידו ויצא לרה"ר צריך הנחה ברה"ר ע"ג משהו ותנן בענין הקורא בספר על האסקופה ונתגלגל מידו ר' יהודה אומר אפילו אינו מסולק מן הקרקע אלא כמלא חוט גוללו אצלו אלא כולה ר' יהודה היא וכי קתני הגיע לי' טפחים הופכו על הכתב. בד"א בכותל משופע אבל בכותל שאינו משופע אפילו למטה מג' גוללו אצלו הא דאמר רבא תוך ג' לרבנן צריך הנחה ע"ג משהו לימא כתנאי לדברי ר' יהודה שרי

חשק שלמה על רבינו חננאל א) לפנינו שם הגי' ג' אמות לאמה: ב) נראה דל"ל דהא דאמר אם היתה כו' אלא חכמים דס"ל דעיקר דשמעתא וכו':

עין משפט
נר מצוה

לו א מיי' פט"ו מהל' שבת הלכה יג:
לז ב מיי' פ"ג מהל' עירובין הלכה כה סמג עשין א:
לח ג ד מיי' פט"ז מהל' שבת הל' כב טוש"ע א"ח סי' שסב סעיף ג:
לט ה מיי' פ"ג מהל' טומאת מת הלכה ו:

אלא במים קל הוא שהקילו חכמים במים ואמאי הא איכא בקיעת דגים אלא ש"מ בקיעת דגים לא שמה בקיעה: ספינות קשורות כו': פשיטא אמר רבא לא נצרכה אלא להתיר ביצית שביניהן א"ל רב ספרא ה) משה שפיר קאמרת מטלטלין מזו לזו תנן אלא אמר רב ספרא לא נצרכה אלא לערב ולטלטל מזו לזו וכדתניא ב) ספינות קשורות זו בזו מערבין ומטלטלין מזו לזו נפסקו נאסרו חזרו ונקשרו בין שוגגין ובין מזידין בין אנוסין בין מוטעין חזרו להיתרן הראשון ג) וכן מחצלות הפרוסות (לר"ה) מערבין ומטלטלין מזו לזו נגללו נאסרו חזרו ונפרשו בין שוגגין בין מזידין בין אנוסין ובין מוטעין חזרו להיתרן הראשון ד) שכל מחיצה שנעשה בשבת בין בשוגג בין במזיד שמה מחיצה איני והאמר רב נחמן לא שנו אלא לזרוק אבל לטלטל אסור כי איתמר דרב נחמן אמזיד איתמר אמר שמואל ואפילו קשורות בחוט הסרבל היכי דמי אי דיכול להעמידן פשיטא אי דאין יכול להעמידן אמאי לעולם דיכול להעמידן ושמואל לאפוקי מדנפשי' קאתי דתנן ה) קשרה בדבר המעמידה מביא לה טומאה בדבר שאין מעמידה אין מביא לה טומאה ואמר שמואל והוא שקשורה בשלשלת של ברזל לענין טומאה הוא דכתיב א) בחלל חרב ו) חרב הרי הוא כחלל אין אבל לענין שבת כיון דיכול להעמידה ז) (היכר בעלמא הוא) אפילו בחוט הסרבל:

מתני'

רש"י

אלא במים. כגון גזוזטרא שהיא למעלה מן הים דתנן בעירובין (דף פז:) דעושה מחיצה תלויה סביב וממלא וכן בור שבין שתי חצרות ולקנו במחיצה תלויה מלמעלה ממלא זה מכאן וזה מכאן ואף על פי שלא עירבו (שם דף פו.): הא איכא בקיעת דגים. גבי גזוזטרא כך נראה שיטה זו בעיני ועל מה שפירשו רבותי תמהתי [שהם פירשו] דהאי מידי איריא התם משום דהוי ליה מחיצה שהגדיים בוקעים בה רב יוסף קא מהדר ליה לאביי הכי מידי איריא הך דעמוד לדהכא התם משום דהוי מחיצה שהגדיים בוקעין בה ולריכה גוד אחית הלכך אמרינן בה גוד אחית אבל גבי ספינה ליכא בקיעת גדיים לא אמרינן גוד אחית ותמהתי אם אמרו רבותי כן דלאי אפשר לאומרו דהא בפ"ק דעירובין בתרי דוכתי (דף יד: ודף טז.) אמרינן בקיעת גדיים לעכובי גוד אחית דלא לימריה במחיצה תלויה והכא היכי אמרינן דמהני גבי גוד אחית ועוד מאי דוחקיה דרב יוסף לשנויי הכי נימא ליה הא מני רבי יוסי ברבי יהודה היא ואביי גופיה מאי מותיב ליה ואת לא מסברא הא ודאי רבי יוסי ברבי יהודה היא דהא מוזין לחכמים פוטרים גבי טרסקל אלא ע"כ האי מידי איריא מסקנא דמילתיה דאביי היא ולמימר לרבנן קאמרי לה דלא דמיא לטרסקל אלא לספינה: פשיטא. דמטלטלין: לא נצרכא. מטלטלין דמתני' אלא לטלטל מזו לזו דרך ביצית קטנה שבין שתי הגדולות ואע"פ שאינה קשורה ניתרת ע"י קשירת שתים החיצונות ולא חיישינן דילמא מישתקלא מבינייהו וקא מטלטל דרך אויר כרמלית: ביצית. היינו ביציאתא דלעיל: משה. כלומר רבינו בדורו כמשה בדורו: שפיר קאמרת. בתמיה: מזו לזו תנן. משמע שאין אחרת מפסקת ליכנס בה המטלטל הזה: לערב. הא אשמועינן במתניתין דאפילו שתי הספינות לשני בני אדם שצריכין לערב מערבין ומטלטלין: נפסקו. בטל העירוב מפני שנפרדות: שוגגין. שגגת שבת או שגגת מלאכות: מוטעין. מתעסקין בדבר אחר לקושרו ונקשר זה: מחצלות הפרוסות. ועשו מחיצות הרבה ושבתו יחידים בהן זה בזו וזה בזו: לא שנו. דשמה מחיצה: אלא לזרוק. לחייב הזורק מתוכה לרה"ר או להפך: אבל לטלטל. להיות מותר לטלטל בתוכה אסור מדבריהם: אמזיד איתמר. ומשום קנסא ודקתני מתני' חזרו להיתירן הראשון אשוגגין ואנוסין ואמוטעין קאי וכי קתני מזידין אשמה מחיצה קאי ולזרוק כרב נחמן: בחוט הסרבל. שקושרין בו את בית הצואר שקורין מונטי"ל: להעמידן. שלא יתפרדו: לאפוקי מדנפשיה. ממילתא דאמר בעלמא דבעינן שלשלאות של ברזל ואשמועינן הכא דלא בעינן כי התם: קשרה. לספינה: בדבר המעמידה מביא לה טומאה. אם היה ראשו אחד קשור באהל המת מביא טומאה לכלים שבספינה ולספינה עצמה כגון ספינת הירדן שמקבלת טומאה כדאמרינן (לעיל דף פג:): ואמר שמואל והוא שקשרה בשלשלת של ברזל. האי קשרה בדבר המעמידה שלשלת של ברזל הוא כדמפרש טעמא ואזיל כלומר קשרה בדבר שרגילין להעמידה בו דהיינו שלשלת מביא טומאה שמטמאה את הספינה ו) להיות אב הטומאה: בדבר שאינו מעמידה. כלומר שאינו רגיל להעמיד בה כגון מידי דלאו מתכות אין מביא לה טומאה דאילו ספינה לא מיטמאה מחמת אוהל כלי להיות אב הטומאה אלא ראשון לטומאה ואינה מטמאה כלים שבתוכה ואשמעינן שמואל הכא דהאי קשורות דמתניתין אף על גב דדבר המעמידה בעינן כל שהוא מעמידה לענין שבת כשר ולא דמי למעמידה דהתם:

מתניתין

תוספות

פשיטא אמר רבא לא נצרכא כו'. הקשה ה"ר אליעזר ממיץ דמיירי בשתי הספינות של אדם אחד ולהכי פריך פשיטא וכשאין קשורות אין מטלטלין דגזירה שמא יפול החפץ אל המים ומטלטל מרה"י לכרמלית ואמאי לאתויי אע"ג דלעיל גבי ג' בתים (דף נו:) לא גזרינן דילמא אתי לאתויי הכא בספינות דלא קביעי איכא למיגזר טפי דילמא נפיל ומסיק לה נצרכה אלא לערב ולטלטל וקמ"ל דעירוב מהני בספינות אע"פ שאין קבועות שם דס"ד כיון שאין עתידות להיות שם לא יהנה עירוב קמ"ל דמהני ועוד מפרש ר"י דמעיקרא נמי הוה איירי בספינות של שני בני אדם וע"י עירוב קאמר דמטלטלין מזו לזו ואפ"ה פריך פשיטא דמהני עירוב והכי כשאין קשורות אין מטלטלין דלא מהני התם עירוב ומסיק לא נצרכה אלא לערב ולטלטל ואפילו נפסקו כיון דחזרו ונתקשרו וקדמיה כו': נפסקו נאסרו. ולא דמי לעירב דרך הפתח ונסתם דאמר רב הונא ורב יהודה בספ"ק דעירובין (דף יז.) דשבת הואיל והותרה הותרה דהכא כיון דנפסקו הוי כאלו הוי רה"ר ביניהם ואם עירבו ג' בתים (ביניהם) ונפל האמצעי ונעשה רה"ר פשיטא דלא אמרינן הואיל והותרה הותרה: כי איתמר דרב נחמן אמזיד איתמר. והא דקתני חזרו להיתרן הראשון אף במזיד לא לגמרי חזרו להיתרן הראשון לטלטל אלא דהוו רה"י דאורייתא ומיהו אספינות לא א"ש דבלא חזרו ונתקשרו הוי רה"י דאורייתא ור"ת מפרש דחזרו להיתרן הראשון אפילו אמזידין ור"נ דאמר דבמזיד לא הוי מחיצה אלא לזרוק ולא לטלטל היינו שע"י המחיצה נעשה רה"י אבל ספינות דבלאו הכי הוו רה"י כי קשרו אפילו מזיד שרי לטלטל ומחצלות הפרוסות ברה"י איירי שיש מחצלות מפסיקות בין שתי חצרות נתגלגלו נאסרו שהרי הן כחצר אחת והם עירבו שנים חזרו ונפרשו חזרו להיתירן הראשון ומטלטלי אלו לכאן ואלו לכאן והא דקאמר שכל מחיצה הנעשה בשבת שמה מחיצה טעמא קא יהיב למילתיה דאפילו היכא דע"י המחיצה נעשה רה"י הויא מחיצה או לזרוק או לטלטל כ"ש מחיצה זו שאינה עשויה אלא להתיר עירוב כבתחלה דהויא מחיצה ומסיפא דקתני שכל מחיצה הנעשית בשבת כו' פריך לר"נ והיא דכל גגות (עירובין דף צג:) כותל שבין שתי חצרות שנפל ואיכא דשרי התם לטלטל עד עיקר מחיצה לא דמי להכא דהתם איירי שלא היה אלא בית אחד בחצר זה ואחד בחצר זה אבל הכא כשיש רבים כאן וכאן אמרינן נתגלגלו נאסרו ול"ע בשמעתא דדיורין (א) הבאין בשבת (עירובין שם) דאמר שבת הואיל והותרה הותרה:

קשרה בדבר המעמידה מביא לה טומאה. פי' בקונטרס כגון שראשו אחד באהל המת ולא יתכן חדא דמאי קאמר לאפוקי מדשמואל מה שייכא הא לדשמואל דהתם הוא משום חרב הרי הוא כחלל ולא משום קשירה ועוד אמאי קתני קשרה אפילו השלשלת מונחת על הספינה בלא קשירה טמאה ועוד דלישמעינן בהדיא דחרב הרי הוא כחלל ולשון הבאת טומאה נמי לא שייך בכה"ג ונראה לרבינו שמואל דלא גרסינן מביא לה את הטומאה אלא מביאה את הטומאה ומשנה היא בפ"ח דאהלות (משנה ה) ורישא דהך בבא קתני אלו לא מביאין ולא חוצצין הזרעים והעוף הפורח וטלית המנפנפת וספינה שהיא שטה על פני המים פירוש שאם יש מתחתיה מת מצד אחד וטהרה מצד אחר אינה מביאה טומאה מצד זה לצד אחר דלא חשיבי אהל כיון שמנענעים תמיד וקתני סיפא דאם קשרה בדבר המעמידה מביאה את הטומאה ומפרש שמואל והוא שקשרה בשלשלאות של ברזל ולאו דוקא נקט של ברזל אלא כלומר שקשורה בחוזק עד שאינה מתנענעת חוץ ממקומה וכן דרך כשרוצה להזכיר דבר חזק מזכיר ברזל כמו אפילו מחיצה של ברזל אינה מפסקת (סוטה דף לח:) וכמו נכסי צאן ברזל (ב"ק דף פט.) לפי שהן באחריותו וקשים כברזל ול"ג לענין טומאה הוא דכתיב בחלל חרב חרב הרי הוא כחלל ושיבוש הוא אלא משום דנקט שלשלאות של ברזל טעו לומר דטעמא משום דחרב הרי הוא כחלל אלא גרסינן ה"מ לענין טומאה דבעינן אהל שיהא נח לגמרי אבל גבי שבת כשהטעם הוא משום רשות אחת בחוט הסרבל סגי:

סיפה

רבינו חננאל

יהודה אמר אפי' אינו מסולק מן הארץ אלא מלא החוט גוללו אצלו מ"ט בעינן הנחה ע"ג משהו. ור' יוחנן (אמר) [דאמר] להא שמעתא אמתניתין [הא מיירי] שאם זרק למקום מדרון שאין דרכו לנוח שם אם נח במקום מחשבתו ואח"כ נתגלגל חייב ואם לא נח פטור אבל רבא כי קאמר בזורק למקום שוה שסוף החפץ לנוח שם סד"א אם לא איתרמי ליה לנוח אלא נזדמן לו שיתגלגל משם כאלו נח דמי קמ"ל: רקק מים והה"ר מהלכת בו דקתני לה תרי זימני תלתא טעמי דאיתמרו בה איתכון. חדא בין בימות החמה בין בימות הגשמים וחדא אע"ג דנפיש (כוותיה) לא תימא דאקופי מקפי ליה. וחדא אע"ג דלא הוי ההוא רקק ד' טפחים לא תימא כיון דמעט הוא לא מסגי ליה אינשי בגווה מפסע הוא דפסעי ליה קמ"ל אע"פ שהוא פחות מד' הזורק לתוכו חייב ודמי לגודא דגמלא: הזורק מן הים לספינה ומן הספינה לים פטור אבל אסור שהים עצמו כרמלית הוא וספינה פעמים שהיא כרמלית ופעמים שהוא [רה"י ופעמים שהיא] מקום פטור וגרסינן בעירובין פרק כל גגות אתמר ספינה רב אמר מותר לטלטל בכולה מ"ט כיון דאית לה מחיצה רה"י היא שמואל אמר אין מטלטלין אלא בד' אמות מחיצות הללו להבריח מים הם עשוים והלכתא כוותיה דרב. השתא היכא דאיתא רה"י אין מטלטלין מתוכה לים ולא מים לתוכה ואם הכניס או אם הוציא פטורין וכן היכא דהויא כרמלית דקיי"ל אין מטלטלין מכרמלית לכרמלית וזימנין דמהני עירובא אבל היכא דהוי מקום פטור מטלטלין מיניה לרה"י ומיניה לכרמלית ולא חיישינן ובלבד שלא יחליף ומשום הכי אמרינן אין כרמלית פחות מד'. אמר רב ששת ותופסת עד עשרה ופירשנו דעד עשרה הויא כרמלית למעלה מי' לא ואקילו בה רבנן מקולי רה"ר ומקולי רה"י. מקולי רה"י דאי איכא ד' על ד' הויא כרמלית ואי לא לא הויא כרמלית ומקולי רה"ר דעד עשרה הוא דהויא כרמלית למעלה מעשרה מקום פטור הוא והיכא דצריכא לעיולי מן הים לספינה הך הוא אמר מוצא זיז כל שהוא וממלא ומעייל ליה לספינה קסבר כרמלית מארעיא דימא או דהדהא הוא (ומשחינן) מהתם. ותופסת עד עשרה טפחים ומן כד מטי לי' טפחים

שלמה כרמלית והוית ליה מקום פטור ובדין הוא דזיז נמי לא ליבעי והא דאצריכו ליה דזיז כי היכא דלהוי היכירא דלא [illegible]

מסורת הש"ס

א) [ביצה לח: סוכה לט. חולין צג.], ב) עירובין כ. כה., ג) אהלות פ"ח מ"ה [ע"ש], ד) [פסחים יד: יט: עע. נזיר נג: חולין ג.], ה) רש"ל מ"ז, ו) להיות אב הטומאה והספינה את הכלים שבתוכה דחרב ה"ה כחלל והוי אבי אבות הטומאה כצ"ל רש"ל.

הגהות הב"ח

(א) תוס' ד"ה כי איתמר וכו' ול"ע בשמעתא דדיורין. נ"ב בפ"ק דעירובין דף יז ע"א:

תורה אור השלם

א) וְכֹל אֲשֶׁר יִגַּע עַל פְּנֵי הַשָּׂדֶה בַּחֲלַל חֶרֶב אוֹ בְמֵת אוֹ בְעֶצֶם אָדָם אוֹ בְקָבֶר יִטְמָא שִׁבְעַת יָמִים: [במדבר יט, טז]

רב נסים גאון

לא נצרכה אלא להתיר ביצית שביניהם. ביצית היא דוגית כדגרסי' בפ' המוכר את הספינה (בבא בתרא ד' עג) אמר רבא ביצית ודוגית חדא מלתא היא ר' נתן דבבלאה הוה קרי ליה ביצית כדאמרי אינשי ביציאתא דמישאן סומכוס דבר ארעא דישראל הוה קרי ליה דוגית כדכתיב (עמוס ד) ואחריתכן בסירות דוגה ומתרגמ' ובנתכון בדוגית ציאדין:
אפי'

ליקוטי רש"י

אלא במים. גזוזטרא שהיא למעלה מן הים שני זיזין בולטין מן העלייה שעל שפת הים וקובעין נסרים מזה לזה והיא גזוזטרא ותנן (עירובין פז:) אין ממלאין ממנה בשבת לפי שהגזוזטרא רשות היחיד שגבוה ורחבה הרבה והים כרמלית אלא אם כן עשו לה מחיצה עשרה בין מלמעלה בין מלמטה שחוקקין נקב ארבעה כעין פי בור ועושין מחיצה סביבותיו למעלה או למטה ומשלשל דלי וממלא [illegible] קל הוא שהקילו חכמים במים. יש להקל במים [מה] שאין [כן] במקום אחר [שם יב.]. [illegible] משה. ביקרא דמשה קא משתבע [ביצה לח:]. גדול הדור [סוכה לט:]. תלמיד חכם [חולין צג.]. אלא לזרוק. שהזורק מרשות הרבים לתוכה חייב [illegible]. אבל לטלטל אסור. דרבנן גזור עליה [עירובין ...]. הסרבל. [illegible] בחלל חרב. הקיש חרב לחלל [illegible] הרי הוא כחלל [illegible] אב הטומאה כמת עצמו [illegible]

ושנגע בטמאת מת הרי הוא אב הטומאה כמותו [illegible] חרב הרי הוא כחלל [illegible]

אֶלָּא בְּמַיִם – except in regard to water, i.e. to enclose a body of water. **קַל הוּא שֶׁהֵקִילוּ חֲכָמִים בְּמַיִם – It is a** special **leniency that the Sages allowed in water,** to allow people to draw water on the Sabbath.[1]

Rav Ashi concludes:

וְאַמַּאי – Now, why were the Sages able to rule leniently in regard to a partition over water **הָא אִיכָּא בְּקִיעַת דָּגִים – when there is penetration by fish** through the extension of the wall?[2] **אֶלָּא שְׁמַע מִינָּהּ בְּקִיעַת דָּגִים לֹא שְׁמָהּ בְּקִיעָה – Rather, learn from this that penetration by fish** through a wall "extension" **is not considered penetration** and does not nullify it. Rather, the extension remains valid in the water despite the fish.[3]

The Mishnah continues:

סְפִינוֹת קְשׁוּרוֹת כו׳ – Concerning SHIPS THAT ARE TIED together **etc.** [we may carry objects from this ship to that ship].

The Gemara asks:

פְּשִׁיטָא – This is obvious! Since the ships are tied, and thus will not move apart, why should one not be permitted to carry between them?[4]

The Gemara answers:

אָמַר רָבָא – Rava said: לֹא נִצְרְכָה אֶלָּא לְהַתִּיר בִּיצִית שֶׁבֵּינֵיהֶן – [This ruling] was only needed to permit carrying between the ships by way of **a small boat** wedged **between them.** It teaches that although the boat could slip from between the ships and cause carrying between them to be prohibited, one is nonetheless permitted to carry between them so long as the boat is there.[5]

The Gemara asks:

אָמַר לֵיהּ רַב סַפְרָא – Rav Safra said to [Rava]: מֹשֶׁה שַׁפִּיר קָאָמְרַתְּ – Moses, have you then **spoken well?**[6] **תְּנַן – But in the Mishnah we have learned** as follows: We may carry objects **מְטַלְטְלִין מִזּוֹ לָזוֹ** FROM THIS ship TO THAT ship. This wording implies a direct transfer between one ship and the other, and not one in which the person must first cross upon a third boat![7] – ? –

Rav Safra therefore explains the Mishnah's ruling differently:

אֶלָּא אָמַר רַב סַפְרָא – Rather, Rav Safra said: לֹא נִצְרְכָה אֶלָּא לְעָרֵב וּלְטַלְטֵל מִזּוֹ לָזוֹ – [This ruling] was only needed to teach that in a case of ships with two different owners, the owners may **join in an *eruv*, and carry from this** ship **to that** one. Thus, the Mishnah teaches that even ships are included in the law of *eruv*![8]

The Gemara supports Rav Safra's explanation with a Baraisa that teaches this law explicitly:

וְכִדְתַנְיָא – And as it has been taught in a Baraisa: סְפִינוֹת קְשׁוּרוֹת זוֹ בָּזוֹ – In a case of two SHIPS THAT ARE TIED TOGETHER,

NOTES

1. E.g. the Sages permitted a person to draw water through a hole in a balcony protruding over a [freshwater] sea (a *karmelis*) if he erects partitions around the balcony's perimeter. Although these partitions do not physically reach the water, they legally extend downward through the principle of *gud achis.* They thereby enclose the area directly beneath the balcony and render it a *reshus hayachid,* so that the water is drawn from a *reshus hayachid* to a *reshus hayachid* (Mishnah, *Eruvin* 87b). Similarly, the Sages permitted residents of two different courtyards that are *not* joined together in an *eruvei chatzeiros* to draw water from the cistern between them by means of a partition suspended over the cistern to divide it in two (*Rashi,* from Mishnah ibid. 86a). Now it is evident from Rav's answer that the reliance in both these cases on a suspended partition was a special leniency allowed by the Sages for *water* – but not for dry land.

2. In the case of a balcony over the sea there are certainly fish swimming through the water (*Rashi*) and the wall "extensions" which render the water a *reshus hayachid.* Why do these fish not nullify the extension of the wall by their penetration through it?

[The reason Rav Ashi proves his point from Rav's statement rather than from the Mishnah itself is because the Mishnah could be interpreted to be following the view (*Eruvin* 86b-87a) that a suspended partition is generally effective – even over land. From Rav, however, it is evident that the Mishnah permitted this only over water but not over dry land. Thus, Rav must hold that a suspended partition is *not* generally effective and yet it is effective over water – because the principle of *gud achis* comes into play over water. If so, it is clear that he holds that the penetration of the extension by fish is not legally meaningful (*Tosafos* 101a).]

[Notwithstanding, it is still necessary to assume a special Rabbinic leniency in the case of water. For the rule that a suspended wall – even with the remedy of *gud achis* – is effective, is generally only for the area physically enclosed by the wall, or the area above it. It is not generally effective, however, for rendering the area below (the part enclosed by the imaginary downward extension) a *reshus hayachid.* That it is effective in this respect in water is a special Rabbinic leniency (*Chazon Ish* 68:10; *Shelom Yehudah* §30 and §44; cf. *Shulchan Aruch HaRav, Orach Chaim* 355:10).]

3. [Rav Ashi thus upholds Abaye's support of Rav Nachman's objection.]

4. The Gemara here assumes that the two ships belong to a single owner (*Chidushei HaRan; Tosafos*, first explanation; see *Rashi* ד״ה לערב with *Meromei Sadeh*; cf. *Tosafos*, second explanation). [There is accordingly no reason to assume that one may not carry between these two ships. For one is certainly permitted to carry between one's own adjoining private domains, and since the ships are lashed together, there is no reason to suspect that they will move apart. Why then must the Mishnah teach this law?]

[For the reason why the Rabbis prohibited one from carrying between two ships that are *not* tied together according to the Gemara's present assumption, see *Tosafos* here and *Sfas Emes* to the Mishnah.]

5. While the *bitzis* (i.e. the small boat) is between the ships, the three constitute an unbroken expanse of *reshus hayachid,* private domain. One is therefore permitted to carry from one ship to the other by way of the *bitzis*. However, since the *bitzis* is not tied, it *could* slip from between the other ships. Were that to occur, transfer between the ships would be prohibited, for the water between them has the status of a *karmelis*, and one is forbidden to carry through the airspace of a *karmelis*. The Mishnah teaches that we do not view the chance that the *bitzis* might float away – thereby causing one to unthinkingly transgress the prohibition against carrying through a *karmelis* – as reason to prohibit one from carrying from one ship to the other by way of the *bitzis* (*Rashi*; see *Sfas Emes* to the Mishnah).

[This *bitzis* is identical to the *bitzasa* of the previous *amud* (*Rashi*).]

6. Rav Safra called Rava by this name to show that he held Rava to be as great in his time as Moses was in his (*Rashi;* cf. *Chidushei HaRan* and *Meiri;* see *Mitzpeh Eisan*).

7. Rav Safra holds that Rava's explanation does not fit the Mishnah's wording. He therefore explains the Mishnah differently, as we will see below. However, Rav Safra does not dispute the truth of the ruling, but agrees that one may carry from one ship to another by way of a *bitzis* (*Rashi,* as explained by *Ritva MHK* ed.; *Chidushei HaRan*). Alternatively, Rav Safra is deducing from the Mishnah that the *only* permissible transfer between two tied ships is a direct one; a transfer by way of a third ship wedged between them, however, is prohibited [see note 5] (*Meiri;* see *Sfas Emes*).

8. The Gemara is now stating that the Mishnah is in fact discussing two ships having different owners. Now, the Rabbis decreed that one is prohibited to transfer objects between private domains with separate owners unless the two areas are joined with an *eruv.* The Mishnah informs us that an *eruv* is efficacious [not only in allowing transfer between adjacent houses or courtyards, but even] in allowing transfer between adjacent ships (*Rashi*).

[One might have thought that the Rabbis instituted *eruv* only in the case of a private domain that is rooted in its place, such as a house or a courtyard, but not in the case of one that is mobile, such as a ship – the Mishnah teaches that this is not so (*Tosafos*). Alternatively, one might have thought that since the two ships are not joined by a passage (e.g. a door), they cannot be joined by an *eruv*, since an *eruv* generally requires the existence of a passage between the two domains. The Mishnah teaches that in the case of ships, a passage is not required (*Raavad,* quoted in *Rashba* et al.).]

[According to Rav Safra's explanation, the reason one may not carry between two ships that are *not* lashed together is because ships that are not tied cannot be joined with an *eruv*. For why this is so, see above, 100b note 20; see, however, *Rama, Orach Chaim* 355:1 with *Mishnah Berurah* §20 and *Beur Halachah*.]

אלא במים קל הוא שהקילו חכמים במים ואמאי הא איכא בקיעת דגים אלא ש"מ בקיעת דגים לא שמה בקיעה: ספינות קשורות כו': פשיטא אמר רבא לא נצרכה אלא להתיר ביצית שביניהן א"ל רב ספרא משה שפיר קאמרת מטלטלין מזו לזו תנן אלא אמר רב ספרא לא נצרכה אלא לערב ולטלטל מזו לזו וכדתניא ספינות קשורות זו בזו מערבין ומטלטלין מזו לזו נפסקו נאסרו חזרו ונקשרו בין שוגגין ובין מזידין בין אנוסין בין מוטעין חזרו להיתרן הראשון וכן מחצלות הפרוסות (לר"ה) מערבין ומטלטלין מזו לזו נגללו נאסרו חזרו ונפרשו בין שוגגין בין מזידין בין אנוסין ובין מוטעין חזרו להיתרן הראשון שכל מחיצה שנעשה בשבת בין בשוגג בין במזיד שמה מחיצה איני והאמר רב נחמן לא שנו אלא לזרוק אבל לטלטל אסור כי איתמר דרב נחמן אמזיד איתמר אמר שמואל ואפילו קשורות בחוט הסרבל היכי דמי אי דיכול להעמידן פשיטא אי דאין יכול להעמידן אמאי לעולם דיכול להעמידן ושמואל לאפוקי מדנפשי' קאתי דתנן קשרה בדבר המעמידה מביא לה טומאה בדבר שאין מעמידה אין מביא לה טומאה ואמר שמואל והוא שקשורה בשלשלת של ברזל לענין טומאה הוא דכתיב א) בחלל חרב חרב הרי הוא כחלל אבל לענין שבת כיון דיכול להעמידה (היכר בעלמא הוא) אפילו בחוט הסרבל: מתני'

רש"י

אלא במים. כגון גוזטרא שהיא למעלה מן הים דתנן בעירובין (דף פז:) דעושה מחילה תלויה סביב וממלא וכן בור שבין שתי חלרות וחלקו במחילה תלויה מלמעלה ממלא זה מכאן וזה מכאן ואף על פי שלא עירבו (שם דף פו.): הא איכא בקיעת דגים. גבי גוזטרא כך נראה שיטה זו בעיני ועל מה שפירשו רבותי תמהתי [שהם פירשו] דהאי מידי איריא התם משום דהוה ליה מחילה שהגדיים בוקעים בה רב יוסף קא מהדר ליה לאביי הכי מידי איריא הך דעמוד לדהכא התם משום דהוי מחילה שהגדיים בוקעין בה וצריכה לגוד אחית הלכך אמרינן בה גוד אחית אבל גבי ספינה דליכא בקיעת גדיים לא אמרינן גוד אחית ותמהתי אם אמרו רבותי כן דאי אפשר לאומרו דהא בפ"ק דעירובין בתרי דוכתי (דף יד: ודף טז.) אמרינן בקיעת גדיים לעכובי גוד אחית דלא לימריה במחילה תלויה והכא היכי אמרינן דמהני גבי גוד אחית ועוד מאי דוחקיה דרב יוסף לשנויי הכי נימא ליה הא מני רבי יוסי ברבי יהודה היא ואביי גופיה מאי מותיב ליה ואת לא תסברא הא ודאי רבי יוסי ברבי יהודה היא דהא חזינן דחכמים פוטרים גבי טרסקל אלא ע"כ האי מידי איריא מסקנא דמילתיה דאביי היא ולמימר דרבנן קאמרי לה דלא דמיא לטרסקל אלא לספינה: פשיטא. דמטלטלין: לא נצרכא. מטלטלין דמתני' אלא לטלטל מזו לזו דרך בילית קטנה שבין שתי הגדולות ואע"פ שאינה קשורה ניתרת ע"י קשירת שתים החילונות ולא חיישינן דילמא מישתקלא מבינייהו וקא מטלטל דרך אויר כרמלית: ביצית. היינו ביליאתא דלעיל: משה. כלומר רבינו בדורו כמשה בדורו: שפיר קאמרת. בתמיה: מזו לזו תנן. משמע שאין אחרת מפסקת ליכנס בה המטלטל הזה: לערב. הא אשמועינן במתניתין דאפילו שתי הספינות לשני בני אדם שצריכין לערב מערבין ומטלטלין: נפסקו. בטל העירוב מפני שנפרדות: שוגגין. שגגת שבת או שגגת מלאכות: מוטעין. מתעסקין בדבר אחר לקושרו ונקשר זה: מחצלות הפרוסות. ועשו מחילות הרבה ושבתו יחידים בהן זה בזו וזה בזו: לא שנו. דשמה מחילה: אלא לזרוק. לחייב הזורק מתוכה לרה"ר או לפסך: אבל לטלטל. להיות מותר לטלטל בתוכה אסור מדרבנן: אמזיד איתמר. ומשום קנסא ודקתני מתני' חזרו להיתירן הראשון אשוגגין ואנוסין ומוטעין קאי וכי קתני מזידין אשמה מחילה קאי ולזרוק כרב נחמן: בחוט הסרבל. שקושרין בו את בית הצואר שקורין מונטו"ל: להעמידן. שלא יתפרדו: לאפוקי מדנפשיה. ממילתא דאמר בעלמא דבעינן שלשלאות של ברזל ואשמועינן הכא דלא בעינן כי התם: קשרה. לספינה: בדבר המעמידה מביא לה טומאה. אם היה ראשו אחד קשור באהל המת מביא טומאה לכלים שבספינה ולספינה עלמה כגון ספינת הירדן שמקבלת טומאה כדאמרינן (לעיל דף פג:): ואמר שמואל והוא שקשרה בשלשלת של ברזל. האי קשרה בדבר המעמידה שלשלת של ברזל הוא כדמפרש טעמא ואזיל כלומר קשרה בדבר שרגילין להעמיד בו דהיינו שלשלת מביא טומאה שמטמאה את הספינה ו) להיות אב הטומאה: בדבר שאינו מעמידה. כלומר שאינו רגיל להעמיד בה כגון מידי דלאו מתכות אין מביא לה טומאה דאילו ספינה לא מיטמאה מחמת אותו כלי להיות אב הטומאה אלא ראשון לטומאה ואינה מטמאה כלים שבתוכה ואשמועינן שמואל הכא דהאי קשורות דמתניתין אף על גב דבדבר המעמידה בעינן כל שהוא מעמידה לענין שבת כשר ולא דמי למעמידה דהתם:

מתניתין

תוספות

פשיטא אמר רבא לא נצרכא כו'. השתא ס"ד דמיירי ששתי הספינות של אדם אחד ולהכי פריך פשיטא וכשאין קשורות אין מטלטלין דגזירה שמא יפול החפץ אל המים ומטלטל מרה"י לכרמלית ואתי לאתויי אע"ג דלעיל גבי ג' בתים (דף לז.) לא גזרינן דילמא אתי לאתויי הכא בספינות דלא קביעי איכא למיגזר טפי דילמא נפיל ומסיק לא נצרכא אלא לערב ולטלטל וקמ"ל דעירוב מהני בספינות אע"פ שאין קבועות שם דס"ד כיון שאין עתידות להיות שם לא יהנה עירוב קמ"ל דמהני ועוד מפרש ר"י דמעיקרא נמי הוה איירי בספינות של שני בני אדם וע"י עירוב קאמר דמטלטלין מזו לזו ואפ"ה פריך פשיטא דמהני עירוב ולהכי כשאין קשורות אין מטלטלין דלא מהני התם עירוב ומסיק לא נצרכא אלא לערב ולטלטל ואפילו נפסקו כיון דחזרו ונתקשרו וכדתניא כו': נפסקו נאסרו. ולא דמי לעירב דרך הפתח ונסתם דאמר רב הונא ורב יהודה בספ"ק דעירובין (דף יז.) דשבת הואיל והותרה הותרה דהכא כיון דנפסקו הוי כאילו הוי רה"ר ביניהם ואם עירבו ג' בתים (ביניהם) ונפל האמצעי ונעשה רה"ר פשיטא דלא אמרינן הואיל והותרה הותרה: כי איתמר דרב נחמן אמזיד איתמר. והא דקתני חזרו להיתרן הראשון אף במזיד לא לגמרי חזרו להיתרן הראשון לטלטל אלא דהוו רה"י לאורייתא ומיהו אספינות לא א"ש דבלא חזרו ונתקשרו הוי רה"י לאורייתא ור"ת מפרש דחזרו להיתרן הראשון אפילו אמזידין ור"נ דאמר דבמזיד לא הוי מחילה אלא לזרוק ולא לטלטל היינו שע"י המחילה נעשה רה"י אבל ספינות דבלאו הכי הוו רה"י כי קשרו אפילו מזיד שרי לטלטל ומחצלות הפרוסות ברה"י איירי שיש מחצלות מפסיקות בין שתי חצרות נתגלגלו נאסרו שהרי הן כחצר אחת והם עירבו שנים חזרו ונפרשו חזרו להיתירן הראשון ומטלטלי אלו לכאן ואלו לכאן והא דקאמר שכל מחילה הנעשה בשבת שמה מחילה טעמא קא יהיב למילתיה דאפילו היכא דע"י המחילה נעשה רה"י הויא מחילה או לזרוק או לטלטל כ"ש מחילה זו שאינה עשויה אלא להתיר עירוב כבתחלה דהויא מחילה ומסיפא דקתני שכל מחילה הנעשית בשבת כו' פריך לר"נ והיא דכל גגות (עירובין דף לג:) כותל שבין שתי חצרות שנפל ואיכא דשרי התם לטלטל עד עיקר מחילה לא דמי להכא דהתם איירי שלא היה אלא בית אחד בחצר זה ואחד בחצר זה אבל הכא כשיש רבים כאן וכאן אמרינן נתגלגלו נאסרו וצ"ע בשמעתא דדיורין (א) הבאין בשבת (עירובין שם) דאמר שבת הואיל והותרה הותרה:

קשרה בדבר המעמידה מביא לה טומאה. פי' בקונטרס כגון שראשו אחד באהל המת ולא יתכן חדא דמאי קאמר לאפוקי מדשמואל מה שייכא הא לדשמואל דהתם הוא משום חרב הרי הוא כחלל ולא משום קשירה ועוד אמאי קתני קשרה אפילו השלשלת מונחת על הספינה בלא קשירה טמאה ועוד דלישמעינן בהדיא דחרב הרי הוא כחלל ולשון הבאת טומאה נמי לא שייך בכה"ג ונראה לרבינו שמואל דלא גרסינן מביא לה את הטומאה אלא מביאה את הטומאה ומשנה היא בפ"ח דאהלות (משנה ה) ורישא דהך בבא קתני אלו לא מביאין ולא חוצצין הזרעים והעוף הפורח וטלית המנפנפת וספינה שהיא שטה על פני המים פירוש שאם יש מתחתיה מת מצד אחד וטהרה מצד אחר אינה מביאה טומאה מצד זה לצד אחר דלא חשיבי אהל כיון שמנענעים תמיד וקתני דאם קשרה בדבר המעמידה מביאה את הטומאה ומפרש שמואל והוא שקשרה בשלשלאות של ברזל ולאו דוקא נקט של ברזל אלא כלומר שקשורה בחוזק עד שאינה מתנענעת וזזה ממקומה וכן דרך כשרוצה להזכיר דבר חזק מזכיר ברזל כמו אפילו מחילה של ברזל אינה מפסקת (סוטה דף לח:) וכמו נכסי לאן ברזל (ב"ק דף פט.) לפי שהן באחריותו וקשים כברזל ול"ג לענין טומאה הוא דכתיב בחלל חרב חרב הרי הוא כחלל ושיבוש הוא אלא משום דנקט שלשלאות של ברזל טעו לומר דטעמא משום דחרב הרי הוא כחלל אלא גרסינן ה"מ לענין טומאה דבעינן אהל שיהא נח לגמרי אבל גבי שבת שהטעם הוא משום רשות אחת בחוט הסרבל סגי:

סיפה

עין משפט נר מצוה

לז א מיי' פט"ו מהל' שבת הלכה יג:
לז ב מיי' פ"ג מהל' עירובין הלכה כה סמג עשין א:
לח ג ד מיי' פט"ז מהל' שבת הל' כב טוש"ע א"ח סי' שסב סעיף ג:
לט ה מיי' פי"ג מהל' טומאת מת הלכה ו:

רבינו חננאל

יהודה אמר אפי' אינו מסולק מן הארץ אלא מלא החוט גוללו אצלו מ"ט בעינן הנחה ע"ג משהו. ור' יוחנן (אמר) [דאמר] להא שמעתא אמתניתין [הא מיירי] שאם זרק למקום מדרון שאין דרכו לנוח שם אם נח במקום מחשבתו ואח"כ נתגלגל חייב ואם לא נח פטור אבל רבא כי קאמר בזורק למקום שוה שסוף החפץ לנוח שם סד"א אם לא איתרמי ליה לנוח אלא נזדמן לו שיתגלגל משם כאלו נח דמי קמ"ל: רקק מים ורה"ר מהלכת בו דקתני לה תרי זימני תלתא טעמי דאיתמרו בה איתכוון. חדא בין בימות החמה בין בימות הגשמים וחדא אע"ג דנפיש (כוותיה) לא תימא דאקופי מקפי ליה. וחדא אע"ג דלא הוי ההוא רקק ד' טפחים לא תימא כיון דמעט הוא לא מסגי ליה אינשי בגווה מפסע הוא דפסעי ליה קמ"ל אע"פ שהוא פחות מד' הזורק לתוכו חייב ודמי לגודא דגמלא: הזורק מן הים לספינה ומן הספינה לים פטור אבל אסור שהים עצמו כרמלית הוא וספינה פעמים שהיא כרמלית ופעמים שהוא [רה"י ופעמים שהיא] מקום פטור וגרסינן בעירובין פרק כל גגות אתמר ספינה רב אמר מותר לטלטל בכולה מ"ט כיון דאית לה מחיצה רה"י היא שמואל אמר אין מטלטלין אלא בד' אמות מחיצות הללו להבריח מים הם עשוים והלכתא כוותיה דרב. השתא היכא דאיתא רה"י אין מטלטלין מתוכה לים ולא מים לתוכה ואם הכניס או אם הוציא פטורין וכן היכא דהויא כרמלית דקיי"ל אין מטלטלין מכרמלית לכרמלית וזימנין דמהני עירובא אבל היכא דהוי מקום פטור מטלטלין מיניה לרה"י ומיניה לכרמלית ולא חיישינן ובלבד שלא יחליף ומשום הכי אמרינן אין כרמלית פחות מד'. אמר רב ששת ותופסת עד עשרה ופירשנו דעד עשרה הויא כרמלית למעלה מי' לא ואקילו בה רבנן מקולי רה"ר ומקולי רה"י. מקולי רה"י דאי איכא ד' דעד ד' הויא כרמלית ואי לא לא הויא כרמלית ומקולי רה"ר דעד עשרה הוא דהויא כרמלית למעלה מעשרה מקום פטור הוא והיכא דצריכא לעיולי מיא מן הים לספינה רב הונא אמר מוציא זיז כל שהוא וממלא ומעייל ליה לספינה קסבר כרמלית מארעיתא דימא או דנהרא הוא [ומשחינן] מהתם. ותופסת עד עשרה טפחים ומן כד מטי לי' טפחים שלימה כרמלית והוות ליה מקום פטור ובדין הוא דזיז נמי לא ליבעי והא דאצריכוה ליה זיז כי היכא דלהוי היכירא רב חסדא ורבה בר רב הונא אמרי מקום ד' וממלא עושה מקום ד' וממלא מיא משחינן ומיא ארעא סמיכתא היא וצריך לעשות מקום ד' חוץ לספינה כדי שיהא מקום פטור שמעלה המים מן הים או מן הנהר שהן כרמלית לאותו מקום שהוא פטור ומשם מעייל להן לספינה פי' מקום זה כגון תיבה פתוחה או של פחותה וגרסי' בירושלמי ואם הוציא מן הים לספינה הרי הוציא מכרמלית לרה"י ואקשינן לרב הונא דאמר מוציא זיז כל שהוא וממלא מן הים לספינה ומנין דליכא י' מארעית נהרא. פי' מורשא כמו חפירה שיש בקרקעית הים ליחוש דלמא האי ספינה קיימא בההוא מורשא וסביביו מקום שממלא משם אין בו י' טפחים וכיון דליתא...

מסורת הש"ס

א) [ביצה לח: סוכה לט. חולין לג.], ב) עירובין כ. כה., ג) אהלות פ"ח מ"ה [ע"ש], ד) [פסחים יד: יט: עע. נזיר נג: חולין ג.], ה) רש"ל מ"ז, ו) להיות אב הטומאה והספינה את הכלים שבתוכה דחרב ה"ה כחלל והוי אבי אבות הטומאה כצ"ל רש"ל.

הגהות הב"ח

(א) תוס' ד"ה כי איתמר וכו' וצ"ע בשמעתא דדיורין. נ"ב ספ"ק דעירובין דף יז ע"א:

תורה אור השלם

א) וְכֹל אֲשֶׁר יִגַּע עַל פְּנֵי הַשָּׂדֶה בַּחֲלַל חֶרֶב אוֹ בְמֵת אוֹ בְעֶצֶם אָדָם אוֹ בְקָבֶר יִטְמָא שִׁבְעַת יָמִים: [במדבר יט, טז]

רב נסים גאון

לא נצרכה אלא להתיר ביצית שביניהם. ביצית היא דוגית כדגרסי' בפ' המוכר את הספינה (בבא בתרא ד' עג) אמר רבא ביצית ודוגית חדא מלתא היא ר' נתן דבבלאה הוה קרי ליה ביצית כדאמרי אינשי ביציאתא דמישאן סומכוס דבר ארעא דישראל הוה קרי ליה דוגית כדכתיב (עמוס ד) ואחריתכן בסירות דוגה ומתרגמ' ובנתכן בדוגית ציאדין:

אפי'

ליקוטי רש"י

אלא במים. גוזטרא שהיא למעלה מן הים שני זיזין בולטין מן העלייה שעל שפת הים וקובעין נסרים מזה לזה והיא גוזטרא ותנן (עירובין פז:) אין ממלאין ממנה בשבת לפי שהגוזטרא רשות היחיד שגבוה ורחבה הרבה והים כרמלית אלא אם כן עשו לה מחילה עשרה בין מלמעלה בין מלמטה שמוקקין נקב ארבעה כעין פי בור ועושין מחילה סביבותיו למעלה או למטה ומשלשל דלי וממלא וחשיב כאילו פיות המחילה יורדין וסותמין עד תהום [עירובין פד:]. קל הוא שהקילו חכמים במים. יש לסקל במים [מה] שאין [כן] במקום אחר [שם יב.]. במחילה כל דהו ולבלד שיהא בה עשרה מהניא בה ואף על גב דעיילי בה מיא מעילאי ומתתאי [שם מח.]. שמחילה תלויה מתרת בהן [שם פד:]. משה. ביקרא דמשה קא משתבע [ביצה לח:]. גדול הדור [סוכה לט.]. תלמיד חכם [חולין צג.]. אלא לזרוק. שהזורק מרשות הרבים לתוכה חייב דמדאורייתא ודאי מחילה היא. אבל לטלטל אסור. דרבנן גזור עליה [עירובין כ.]. הסרבל. של למר ומעמידין בית הצואר בחוט כמו שאנו עושין ברצועות [חולין עו:]. בחלל חרב. הקיש חרב לחלל מתכת שנגע במת הרי הוא אבי אבות הטומאה כמת עלמו

ושנגע בטומאת מת הרי הוא אב הטומאה כמותו גזירת הכתוב הוא במתכת אבל טומאת מת ולא אבל שאר טומאות [פסחים יד:].

מְעָרְבִין וּמְטַלְטְלִין מִזּוֹ לָזוֹ – [THEIR OWNERS] MAY JOIN IN AN *ERUV*, AND CARRY FROM THIS ONE TO THAT ONE. נִפְסְקוּ נֶאֶסְרוּ – If [THE SHIPS] ARE later SEPARATED, THEY BECOME FORBIDDEN to carry between them, since their separation negates the *eruv*.[9] חָזְרוּ וְנִקְשְׁרוּ – If THEY ARE ONCE AGAIN TIED together, בֵּין שׁוֹגְגִין וּבֵין מְזִידִין בֵּין אֲנוּסִין בֵּין מוּטְעִין – WHETHER [THOSE WHO TIE THEM] ARE acting INADVERTENTLY OR DELIBERATELY, UNWILLINGLY OR ACCIDENTALLY,[10] חָזְרוּ לְהֶיתֵּרָן הָרִאשׁוֹן – [THE SHIPS] RETURN TO THEIR ORIGINAL PERMIT – i.e. the *eruv* is automatically reestablished, and one is permitted to carry between the ships. We see from this Baraisa that the law of *eruv* applies even to ships!

The Baraisa continues:

וְכֵן מְחִצָּלוֹת הַפְּרוּסוֹת (לרשות הרבים) – AND SO TOO in the case of MATS THAT ARE HUNG to form cubicles in the public domain,[11] מְעָרְבִין וּמְטַלְטְלִין מִזּוֹ לָזוֹ – [THE RESIDENTS OF THE VARIOUS CUBICLES] MAY JOIN IN AN *ERUV*, AND CARRY FROM THIS [CUBICLE] TO THAT ONE.[12] נִגְלְלוּ נֶאֶסְרוּ – If [THE MATS] ARE later ROLLED UP, THE area of the [CUBICLES] BECOMES FORBIDDEN for carrying in, since it reverts to its status as a public domain.[13] חָזְרוּ וְנִפְרְשׂוּ – But if [THE MATS] ARE ONCE AGAIN HUNG, בֵּין שׁוֹגְגִין בֵּין מְזִידִין בֵּין אֲנוּסִין וּבֵין מוּטְעִין – WHETHER [THOSE WHO HANG THEM] do so INADVERTENTLY OR DELIBERATELY, UNWILLINGLY OR ACCIDENTALLY,[14] חָזְרוּ לְהֶיתֵּרָן הָרִאשׁוֹן – [THE CUBICLES] RETURN TO THEIR ORIGINAL PERMIT – i.e. they are rendered once again private domains, and the *eruv* between them is automatically reestablished;[15] one is therefore permitted to carry between them.

The Baraisa concludes:

שֶׁכָּל מְחִיצָה שֶׁנַּעֲשָׂה בְּשַׁבָּת בֵּין בְּשׁוֹגֵג בֵּין בְּמֵזִיד – FOR ANY PARTITION THAT IS ERECTED ON THE SABBATH, WHETHER INADVERTENTLY OR DELIBERATELY, שְׁמָהּ מְחִיצָה – IS CONSIDERED A valid PARTITION. Thus, although these mats were rehung on the Sabbath, they are regarded as valid partitions, and will therefore render the cubicles private domains. Since these domains are joined by the reestablished *eruv*, one may carry between them.

This Baraisa has taught that partitions erected on the Sabbath are valid in all respects, even insofar as to permit carrying within their bounds. In light of this teaching, the Gemara now questions a statement made by Rav Nachman concerning the Baraisa's final clause:[16]

אִינִי – **Is it** truly **so?** Will a partition erected on the Sabbath indeed permit carrying? וְהָאָמַר רַב נַחְמָן – **But** concerning the Baraisa's statement that a partition erected on the Sabbath is considered a valid one, **Rav Nachman stated:** לֹא שָׁנוּ אֶלָּא לִזְרוֹק – **[The Rabbis] taught** this law **only with regard to** rendering one liable for **throwing** an object from a public domain into the area enclosed by this partition.[17] אֲבָל לְטַלְטֵל אָסוּר – **But with regard to carrying** in that area – **it is prohibited!**[18] But the Baraisa teaches that even if the mats are rehung on the Sabbath, the cubicles return to their original permit. This implies that one is even permitted to carry between them! How can Rav Nachman state otherwise?

The Gemara reconciles Rav Nachman's statement with the Baraisa's ruling:

כִּי אִיתְּמַר דְּרַב נַחְמָן – **When was Rav Nachman's** ruling **said?** אַמֵּזִיד אִיתְּמַר – **It was said** only **with regard to** partitions erected in **deliberate** violation of the Sabbath.[19] In such a case, the Baraisa indeed does not mean to permit carrying! In a case of partitions erected inadvertently, however, even Rav Nachman will admit that the Baraisa permits one to carry within the bounds of the partitions.[20]

NOTES

9. For an *eruv* can only join *adjacent* private domains; private domains separated by a *karmelis* or a public domain, however, cannot be joined with an *eruv*. Accordingly, since the water separating the ships has the status of a *karmelis*, the *eruv* is negated (*Rashi; Tosafos; see Ritva MHK* ed.; see also *Sfas Emes* to the Mishnah).

10. One is prohibited by Rabbinic law to establish an *eruv* on the Sabbath (see above, 34a, and note 13 there; see also *Sfas Emes* here and to 34a). But that is in effect what one is doing by retying these ships, since once they are lashed together again the *eruv* is reestablished! (*Sfas Emes*; see also *Sfas Emes* to 34a ד״ה ל״ק כאן בעירובי). [Nonetheless, whether the one who tied them intended a deliberate transgression of this rule or whether the transgression was inadvertent, whether he was forced to tie the ships or whether he did so accidentally, the *eruv* is reestablished, and carrying between the ships is permitted.]

An inadvertent act is one performed without knowledge that the act is forbidden or without knowledge that it was the Sabbath; an accidental act refers to an act that intends one result but achieves another – in this case an act of tying with which one meant to tie two other objects, but instead tied together these two ships (*Rashi*; see *Sfas Emes* for further discussion of these various categories of action).

11. *Rashi;* cf. *Rabbeinu Tam,* quoted in *Tosafos.*

12. [As the owners of any two adjacent private domains may do.]

13. [Obviously, the *eruv* that joined the cubicles is negated as well, for since the area is no longer a private domain, the *eruv* has no purpose.]

14. [Construction of partitions is a violation of the *melachah* of building (see Mishnah above, 73a). Nonetheless, whether the one who rehung these partitions did so in deliberate, inadvertent, unwilling, or accidental transgression of this law, the partitions are valid – the newly formed cubicles thus regain their status of private domain.]

15. [For once these cubicles regain private domain status, the *eruv* by which they were previously joined is restored.]

16. See *Shabbos Shel Mi*.

17. [For since the area enclosed by this partition is a valid private domain by Biblical law, one who throws an object into it from a public domain, or from it into a public domain, will be liable.]

18. For although these partitions are Biblically valid, the Rabbis forbade one from carrying in an area enclosed by unlawfully constructed partitions (*Rashi*; see following note). The Gemara at this point understands this Rabbinic prohibition to apply even in the case of partitions erected inadvertently, unwillingly, or accidentally.

[In reality, one is liable for either throwing *or* carrying from a public domain to a private one. Likewise, one is no less forbidden by Rabbinic law to throw an object inside these partitions than to carry it! For why the Gemara uses the term לִזְרוֹק, *to throw,* to denote Biblical liability, and לְטַלְטֵל, *to carry,* to denote Rabbinic impermissibility, see above, 6b note 5.]

19. For in a case of partitions erected through deliberate desecration of the Sabbath, the Rabbis enacted a decree prohibiting one to make use of the partitions (*Rashi*).

[This is true only in the case of partitions rehung on the Sabbath; in the case of ships that were reattached, however, one may carry between them even if they were deliberately attached (see *Rashi* ד״ה לא שנו וד״ה אמזיד איתמר; see also *Maggid Mishneh, Eruvin* 3:25 סד״ה נפתח; but cf. explanation of *Rashi* found in *Beur Halachah* 355:1 ד״ה אלא אם כן; see also *Tosafos;* cf. *Rambam* ibid.). For since the retying of the ships does not involve transgression of a Biblical *melachah,* but only of a Rabbinic law (see above, note 10), the Rabbis did not enact a decree forbidding the use of an *eruv* established in violation of this law (*Sfas Emes*).]

20. Thus, when the Baraisa states in its first segment that one may carry between the reestablished cubicles (*they return to their original permit*), it refers only to a case in which the partitions were erected inadvertently, unwillingly, or accidentally. In a case of intentionally erected partitions, however, one may not carry between them, because of the Rabbinic decree. [The Baraisa's mention of intentional construction in this segment is merely incidental to its mention of the other three categories,] for intentional construction is in fact included only in the law taught in the Baraisa's final clause – that a partition erected on the Sabbath is considered a valid partition, and thus will render liable one who throws an object into it from a public domain. Even a partition erected in intentional transgression of the Sabbath will render one so liable (*Rashi;* cf. *Rabbeinu Tam*, quoted in *Tosafos,* and quoted somewhat differently in *Ran;* see also *Orach Chaim* 362:3 with *Taz* §1, *Mishnah Berurah* §26 and *Shaar HaTziyun* §16,17).

אלא במים קל הוא שהקילו חכמים במים ואמאי הא איכא בקיעת דגים אלא ש"מ בקיעת דגים לא שמה בקיעה: ספינות קשורות כו': פשיטא אמר רבא לא נצרכה אלא להתיר ביצית שביניהן א"ל רב ספרא משה שפיר קאמרת מטלטלין מזו לזו תנן אלא אמר רב ספרא לא נצרכה אלא לערב ולטלטל מזו לזו וכדתניא ספינות קשורות זו בזו מערבין ומטלטלין מזו לזו נפסקו נאסרו חזרו ונקשרו בין שוגגין ובין מזידין בין אנוסין בין מוטעין חזרו להיתרן הראשון וכן מחצלות הפרוסות (לר"ה) מערבין ומטלטלין מזו לזו נגללו נאסרו חזרו ונפרשו בין שוגגין בין מזידין בין אנוסין ובין מוטעין חזרו להיתרן הראשון שכל מחיצה שנעשה בשבת בין בשוגג בין במזיד שמה מחיצה איני והאמר רב נחמן לא שנו אלא לזרוק אבל לטלטל אסור כי איתמר דרב נחמן אמזיד איתמר שמואל אמר ואפילו קשורות בחוט הסרבל היכי דמי אי דיכול להעמידן פשיטא אי דאין יכול להעמידן אמאי לעולם דיכול להעמידן ושמואל לאפוקי מדנפשי' קאתי דתנן קשרה בדבר המעמידה מביא לה טומאה בדבר שאין מעמידה אין מביא לה טומאה ואמר שמואל והוא שקשורה בשלשלת של ברזל לענין טומאה הוא דכתיב א) בחלל חרב חרב הרי הוא כחלל אין אבל לענין שבת כיון דיכול להעמידה (היכר בעלמא הוא) אפילו בחוט הסרבל:

מתני'

רש"י

אלא במים. כגון גוזטרא שהיא למעלה מן הים דתנן בעירובין (דף פז:) דעושה מחיצה תלויה סביב וממלא וכן בור שבין שתי חצרות וחלקו במחיצה תלויה מלמעלה ממלא זה מכאן וזה מכאן ואף על פי שלא עירבו (שם דף פו.): **הא איכא בקיעת דגים.** גבי גוזטרא כך נראה שיטה זו בעיני ועל מה שפירשו רבותי תמהתי [שהם פירשו] דהאי מידי איריא התם משום דהוה ליה מחיצה שהגדיים בוקעים בה רב יוסף קא מהדר ליה לאביי הכי מידי איריא הך דעמוד דהכא התם משום דהוי מחיצה שהגדיים בוקעין בה וצריכה לגוד אחית הלכך אמרינן בה גוד אחית אבל גבי ספינה דליכא בקיעת גדיים לא אמרינן גוד אחית ותמהתי אם אמרו רבותי כן דהאי אפשר לאומרו דהא בפ"ק דעירובין בתרי דוכתי (דף יז: ודף טו.) אמרינן בקיעת גדיים לעכובי גוד אחית דלא לימריה במחיצה תלויה והכא היכי אמרינן דמהני גבי גוד אחית ועוד מאי דוחקיה דרב יוסף לשנויי הכי נימא ליה הא מני רבי יוסי ברבי יהודה היא ואביי גופיה מאי מותיב ליה ואת לא תסברא הא ודאי רבי יוסי ברבי יהודה היא דהא חזינן לחכמים פוטרים גבי טרסקל אלא ע"כ האי מידי איריא מסקנא למילתיה דאביי היא ולמימר דרבנן קאמרי לה דלא דמיא לטרסקל אלא לספינה: **פשיטא.** דמטלטלין: **לא נצרכא.** מטלטלין דמתני' אלא לטלטל מזו לזו דרך ביצית קטנה שבין שתי הגדולות ואע"פ שאינה קשורה ניתרת ע"י קשירת שתים החיצונות ולא חיישינן דילמא מישתקלא מבינייהו וקא מטלטל דרך אויר כרמלית: **ביצית.** היינו ביציאתא דלעיל: **משה.** כלומר רבינו בדורו כמשה בדורו: **שפיר קאמרת.** בתמיה: **מזו לזו תנן.** משמע שאין אחרת מפסקת ליכנס בה המטלטל הזה: **לערב.** הא אשמועינן במתניתין דאפילו שתי הספינות לשני בני אדם שצריכין לערב מערבין ומטלטלין: **נפסקו.** בטל העירוב מפני שנפרדות: **שוגגין.** שגגת שבת או שגגת מלאכות: **מוטעין.** מתעסקין בדבר אחר לקושרו ונקשר זה: **מחצלות הפרוסות.** ועשו מחיצות הרבה ושבתו יחידים בהן זה בזו וזה בזו: **לא שנו.** דשמה מחיצה: **אלא לזרוק.** לחייב הזורק מתוכה לרה"ר או להפך: **אבל לטלטל.** להיות מותר לטלטל בתוכה אסור מדבריהם: **אמזיד איתמר.** ומשום קנסא ודקתני מתני' חזרו להיתרן הראשון אשוגגין ואנוסין ואמוטעין קאי וכי קתני מזידין אשמה מחיצה קאי ולזרוק כרב נחמן: **בחוט הסרבל.** שקושרין בו את בית הצואר שקורין מונטי"ל: **להעמידן.** שלא יתפרדו: **לאפוקי מדנפשיה.** ממילתא דאמר בעלמא דבעינן שלשלאות של ברזל ואשמועינן הכא דלא בעינן כי התם: **קשרה.** לספינה: **בדבר המעמידה מביא לה טומאה.** אם היה ראשו אחד קשור באהל המת מביא טומאה לכלים שבספינה ולספינה עצמה כגון ספינת הירדן שמקבלת טומאה כדאמרינן (לעיל דף פג:): **ואמר שמואל והוא שקשרה בשלשלת של ברזל.** האי קשרה בדבר המעמידה שלשלת של ברזל הוא כדמפרש טעמא ואזיל כלומר קשרה בדבר שרגילין להעמידה בו דהיינו שלשלת מביא טומאה שמטמאה את הספינה[ו] להיות אב הטומאה: **בדבר שאינו מעמידה.** כלומר שאינו רגיל להעמיד בה כגון מידי דלאו מתכות אין מביא לה טומאה דאילו ספינה לא מיטמאה מחמת אותו כלי להיות אב הטומאה אלא ראשון לטומאה ואינה מטמאה כלים שבתוכה ואשמועינן שמואל הכא דהאי קשורות דמתניתין אף על גב דדבר המעמידה בעינן כל שהוא מעמידה לענין שבת כשר ולא דמי למעמידה דהתם:

מתניתין

תוספות

פשיטא אמר רבא לא נצרכא כו'. השתא ס"ד דמיירי בשתי הספינות של אדם אחד ולהכי פריך פשיטא וכשאין קשורות אין מטלטלין דגזירה שמא יפול החפץ אל המים ומטלטל מרה"י לכרמלית ואתי לאתויי אע"ג דלעיל גבי ד' בתים (דף נז.) לא גזרינן דילמא אתי לאתויי הכא בספינות דלא קביעי איכא למיגזר טפי דילמא נפיל ומסיק לא נצרכא אלא לערב ולטלטל וקמ"ל דעירוב מהני בספינות אע"פ שאין קבועות שם דס"ד כיון שאין עתידות להיות שם לא יהנה עירוב קמ"ל דמהני ועוד מפרש ר"י דמעיקרא נמי הוה איירי בספינות של שני בני אדם וע"י עירוב קאמר דמטלטלין מזו לזו ואפ"ה פריך פשיטא דמהני עירוב ולהכי כשאין קשורות אין מטלטלין דלא מהני התם עירוב ומסיק לא נצרכא אלא לערב ולטלטל ואפילו נפסקו כיון דחזרו ונתקשרו וכדתניא כו': **נפסקו נאסרו.** ולא דמי לעירב דרך הפתח ונסתם דאמר רב הונא ורב יהודה בספ"ק דעירובין (דף ז.) דשבת הואיל והותרה הותרה דהכא כיון דנפסקו הוי כאילו הוי רה"ר בינייהו ואם עירבו ג' בתים (בינייהו) ונפל האמצעי ונעשה רה"ר פשיטא דלא אמרינן הואיל והותרה הותרה: **כי איתמר דרב נחמן אמזיד איתמר.** והא דקתני חזרו להיתרן הראשון אף במזיד לא לגמרי חזרו להיתרן הראשון לטלטל אלא דהוו רה"י לאורייתא ומיהו אספינות לא א"ש דבלא חזרו ונתקשרו הוי רה"י לאורייתא ור"ת מפרש דחזרו להיתרן הראשון אפילו אמזידין ור"נ דאמר דבמזיד לא הוי מחיצה אלא לזרוק ולא לטלטל היינו שע"י המחיצה נעשה רה"י אבל ספינות דבלאו הכי הוו רה"י כי קשרו אפילו מזיד שרי לטלטל ומחצלות הפרוסות ברה"י איירי שיש מחצלות מפסיקות בין שתי חצרות נתגלגלו נאסרו שהרי הן כחצר אחת והם עירבו שנים חזרו ונפרשו חזרו להיתרן הראשון ומטלטלי אלו לכאן ואלו לכאן והא דקאמר שכל מחיצה הנעשה בשבת שמה מחיצה טעמא קא יהיב למילתיה דאפילו היכא דע"י המחיצה נעשה רה"י הויא מחיצה או לזרוק או לטלטל כ"ש מחיצה זו שאינה עשויה אלא להתיר עירוב כבתחלה דהויא מחיצה ומסיפא דקתני שכל מחיצה הנעשית בשבת כו' פריך לר"נ והיא דכל גגות (עירובין דף לג:) כותל שבין שתי חצרות שנפל ואיכא דשרי התם לטלטל עד עיקר מחיצה לא דמי להכא דהתם איירי שלא היה אלא בית אחד בחצר זה ואחד בחצר זה אבל הכא כשיש רבים כאן וכאן אמרינן נתגלגלו נאסרו ול"ע בשמעתא דדיורין (א) הבאין בשבת (עירובין שם) דאמר שבת הואיל והותרה הותרה:

קשרה בדבר המעמידה מביא לה טומאה. פי' בקונטרס כגון שראשו אחד באהל המת ולא יתכן חדא דמאי קאמר לאפוקי מדשמואל מה שייכא הא לדשמואל דהתם הוא משום חרב הרי הוא כחלל ולא משום קשירה ועוד אמאי קתני קשרה אפילו השלשלת מונחת על הספינה בלא קשירה טמאה ועוד דלישמעינן בהדיא דחרב הרי הוא כחלל ולשון הבאת טומאה נמי לא שייך בכה"ג ונראה לרבינו שמואל דלא גרסינן מביא לה את הטומאה אלא מביאה את הטומאה ומשנה היא בפ"ח דאהלות (משנה ה) ורישא דהך בבא קתני אלו לא מביאין ולא חוצצין הזרעים והעוף הפורח וטלית המנפנפת וספינה שהיא שטה על פני המים פירוש שאם יש מתחתיה מת מצד אחד וטהרה מצד אחר אינה מביאה טומאה מצד זה לצד אחר דלא חשיבי אהל כיון שמנענעים תמיד וקתני דאם קשרה בדבר המעמידה מביאה את הטומאה ומפרש שמואל והוא שקשרה בשלשלאות של ברזל ולאו דוקא נקט של ברזל אלא כלומר שקשורה בחוזק עד שאינה מתנענעת וזזה ממקומה וכן דרך כשרוצה להזכיר דבר חזק מזכיר ברזל כמו אפילו מחיצה של ברזל אינה מפסקת (סוטה דף לח:) וכמו נכסי צאן ברזל (ב"ק דף פט.) לפי שהן באחריותו וקשים כברזל ול"ג לענין טומאה הוא דכתיב בחלל חרב חרב הרי הוא כחלל ושיבוש הוא אלא משום דנקט שלשלאות של ברזל טעו לומר דטעמא משום דחרב הרי הוא כחלל אלא גרסינן ה"מ לענין טומאה דבעינן אהל שיהא נח לגמרי אבל גבי שבת שהטעם הוא משום רשות אחת בחוט הסרבל סגי:

סיפא

עין משפט נר מצוה

לו א מיי' פט"ו מהל' שבת הלכה יג:

לז ב מיי' פ"ז מהל' עירובין הלכה כה סמג עשין א:

לח ג ד מיי' פט"ו מהל' שבת הל' כב טוש"ע א"ח סי' שסב סעיף ג:

לט ה מיי' פי"ג מהל' טומאת מת הלכה ו:

רבינו חננאל

יהודה אמר אפי' אינו מסולק מן הארץ אלא מלא החוט גוללו אצלו מ"ט בעינן הנחה ע"ג משהו. ור' יוחנן (אמר) [דאמר] להא שמעתא אמתניתין [הא מדרך] שאם זרק למקום מדרון שאין דרכו לנוח שם אם נח במקום מחשבתו ואח"כ נתגלגל חייב ואם לא נח פטור אבל רבא כי קאמר בזורק למקום שוה שסוף החפץ לנוח שם סד"א אם לא איתנחי ליה לנוח אלא נזדמן לו שיתגלגל משם כאלו נח דמי קמ"ל: רקק מים לה תרי זמני תלתא טעמי דאיתמרו בה איתכון. חד בין בימות החמה בין בימות הגשמים וחדא אע"ג דנפיש (כוותיה) לא תימא דאקופי אקפיה. וחדא אע"ג דלא הוי ההוא רקק ד' טפחים לא תימא כיון דמטו הוא לא מסגי ליה אינשי בגופיה מפסע פסעו הוא דספי ליה קמ"ל אע"ג שהוא פחות מד' הזורק לתוכו חייב ודמי לגודא דגמלא: הזורק מן הים לספינה ומן הספינה לים פטור אבל אסור שהים עצמו כרמלית הוא וספינה פעמים שהיא כרמלית ופעמים שהיא [רה"י] ופעמים שהיא מקום פטור וגרסינן בעירובין בכל גגות אמר ספינה רב אמר מותר לטלטל בכולה מ"ט כיון דאית לה מחיצה ד"ה היא שמואל אמר אין מטלטלין אלא בד' אמות מחיצות הללו לבריחת מים הם עשוים והלכתא כוותיה דרב. השתא היכא דאיתא רה"י אין מטלטלין מתוכה ליה ולא מים לתוכה ואם הכניס או אם הוציא פטורין וכן היכא דהיא כרמלית דקי"ל אין מטלטלין מכרמלית לכרמלית וזימנין דמהוי מקום פטור מטלטלין מינה לרה"י ומינה לכרמלית ולא חיישינן ובלבד שלא יחליף ומשום הכי אמרינן אין כרמלית פחות מד'. אמר רב ששת עשרה ופירשנו דעד עשרה הויא כרמלית למעלה מי' לא ואקילו בה רבנן מקולי רה"ר ומקולי רה"י. מקולי רה"י דאי איכא ד' דעד ד' הויא כרמלית ומקולי רה"ר דעד עשרה הוא דהויא כרמלית למעלה מעשרה מקום פטור הוא והיכא דצריכא לעיולי מיא מן הים לספינה רב הונא אמר מוציא זיז כל שהוא וממלא ומעייל ליה לספינה קסבר כרמלית מארעיתא דימא או דנהרא הוא [ומשחינן] מהתם. ותופסת עד עשרה טפחים ומן כד מטי לי' טפחים שלימא כרמלית והוית ליה מקום פטור ובדין הוא דזיז נמי לא ליבעי והא דאצריכו ליה זיז כי היכא דלהוי היכירא רב חסדא ורבה בר רב הונא אמרי עושה מקום ד' וממלא קסברי כרמלית משפת מיא משחינן ומיא ארעא סמיכתא היא וצריך לעשות מקום ד' חוץ לספינה כדי שיהא מקום פטור שמעלה המים מן הים או מן הנהר שהן כרמלית לאותו מקום שהוא מקום פטור ומשם מעייל להן לספינה פי' מקום זה כגון תיבה פחותה או סל פחותה וגרסי' בירושלמי ואם הוציא מן הים לספינה הרי הוציא מכרמלית לרה"י ואקשינן לרב הונא דאמר מוציא זיז כל שהוא וממלא מן הים לספינה ומנין דליכא י' מארעית נהרא לשפת מיא וקא מטלטל מכרמלית לרה"י ומשני גמירי אין ספינה מהלכת במים שיש בהן פחות מעשרה. ומקשינן ודלמא מורשא איכא. פי' מורשא כמו חפירה שיש בקרקעית הים ליחוש דלמא האי ספינה קיימא בההוא מורשא וסביביו מקום שממלא משם אין בו מקרקעית הים שפת המים י' טפחים וכיון דליתא י' טפחים אותו המים הן כרמלית וקמטלטל מכרמלית לרה"י ופריש רב ספרא גשושי אזלי קמה. כלומר כיון שמגעת הספינה במקום שהמים מעטין מתיראין שמא תשב הספינה בקרקעית הים או שמא תהיה שם סלע ותעבור עליו ותשבר ולפיכך מהלכין בני אדם ספנים מגששין ורואין המים אם הן מי ברכים או פחות או יותר וכיוצא בהם ואם יראו

מסורת הש"ס

א) [ביצה לח: סוכה לט. חולין צג.], ב) עירובין כ. כה., ג) אהלות פ"ח מ"ה [ע"ש], ד) [פסחים יד: יט: עט. נזיר נג: חולין ג.], ה) רש"ל מ"ז, ו) להיות אב הטומאה והספינה את הכלים שבתוכה לחרב ה"ה כחלל והוי אבי אבות הטומאה כצ"ל רש"ל.

הגהות הב"ח

(א) תוס' ד"ה כי איתמר וכו' ול"ע בשמעתא דדיורין. נ"ב ספ"ק דעירובין דף ז ע"א:

תורה אור השלם

א) וְכֹל אֲשֶׁר יִגַּע עַל פְּנֵי הַשָּׂדֶה בַּחֲלַל חֶרֶב אוֹ בְמֵת אוֹ בְעֶצֶם אָדָם אוֹ בְקָבֶר יִטְמָא שִׁבְעַת יָמִים: [במדבר יט, טז]

רב נסים גאון

לא נצרכה אלא להתיר ביצית שביניהן. ביצית היא דוגית כדגרסי' בפ' המוכר את הספינה (בבא בתרא ד' עג) אמר רבא ביצית ודוגית חדא מלתא היא ר' נתן דבבלאה הוה קרי ליה ביצית כדאמרי אינשי ביציאתא דמישאן סומכוס דבר ארעא דישראל הוה קרי ליה דוגית דכתיב (עמוס ד) ואחריתכן בסירות דוגה ומתרגמי' ובנתכון בדוגית ציידין: אפי'

ליקוטי רש"י

אלא במים. גוזטרא שהיא למעלה מן הים שני זיזין בולטין מן הכותל שעל שפת הים וקובעין נסרים מזה לזה והיא גוזטרא ותנן (עירובין פז:) אין ממלאין ממנה בשבת לפי שהגוזטרא רשות היחיד שגבוה ולמטה הרבה והים כרמלית אלא אם כן עשו לה מחיצה עשרה בין מלמעלה בין מלמטה שמוקפין נקב ארבעה כעין בור ועושין מחיצה סביבותיו ולמטה ומשלשל דלי וממלא ומעלה כאילו מיום המחיצה יורדין וחוזמין עד התהום [עירובין פד:]. **קל הוא שהקילו חכמים במים.** יש להקל במים [מה] שאין [כן] במקום אחר [שם יב:]. במחיצה כל דהו ובלבד שיהא בה עשרה מהניא בה ואף על גב דעיילי בה מיא מעלמא ומתמלי [שם מח.]. במחיצה תלויה מתרת בכהן [שם פד:]. **משה.** בגיכא לה דמשה קא משבחע [ביצה לח:]. גדול הדור [סוכה לט.]. תלמיד חכם [חולין צג.]. **אלא לזרוק.** שזורק מרשות הרבים לתוכה חייב דמדאורייתא ולא מחיצה היא. **אבל לטלטל אסור.** דרבנן גזור עליה [עירובין כ.]. **הסרבל.** של בגד בחוט כמו שלנו עושין ברצועות [חולין עו:]. **בחלל חרב.** הקיש חרב לחלל מתכת שנגע במת הרי הוא אבי אבות הטומאה כמת עצמו ושנגע בטמא מת הרי הוא אב הטומאה כמוהו גזירת הכתוב הוא במתכת אבל טומאת מת ולא אבל שאר טומאות [פסחים יד:]. למידרש מיניה דכלי מתכת המיטמאה במת נעשה כיוצא בו שנגע בו [שם עט.]. **חרב הרי הוא כחלל.** טומאות של מת הראויות לטמא כלי כגון מת והנוגע בו דהוי מיהא אב הטומאה אם נגע בהם מתכות נעשה כיוצא בו ואם נגע במת הוי אבי אבות [הטומאה] ואם בטמא מת נגע הוי אב אבל ראשון ושני אין מטמאין כלים והאי סכין נעשה אב [חולין ג.].

The Mishnah ruled that if the two ships are tied together, one may carry between them. The Gemara now enters a discussion regarding the sort of attachment required:

אָמַר שְׁמוּאֵל – Shmuel said: וַאֲפִילוּ קְשׁוּרוֹת בְּחוּט הַסַּרְבָּל – Even if [the ships] are tied together **with** no more than **the string of a cloak,**[21] which is only a thin cord, one may nonetheless carry from one to the other.

The Gemara questions the point of this ruling:

הֵיכִי דָמֵי – What is the case? אִי דְּיָכוֹל לְהַעֲמִידָן – If this string is **one that is able to hold [the ships]** in place, **פְּשִׁיטָא – then it is obvious** that it may be used![22] **אִי דְּאֵין יָכוֹל לְהַעֲמִידָן – And if it is not able to hold them** in place, **אַמַּאי – why** should it permit carrying between them? Rather, since ships tied with this string are sure to separate, they should be considered as ships that were never tied, and carrying from one to the other should be prohibited! – ? –

The Gemara answers:

לְעוֹלָם דְּיָכוֹל לְהַעֲמִידָן – In fact, this string is **one that is able to hold [the ships]** in place; nonetheless, Shmuel found it necessary to state explicitly that if it is used to tie the boats, one may carry between them. **וּשְׁמוּאֵל לְאַפּוּקֵי מִדְּנַפְשֵׁיהּ קָאָתֵי – For Shmuel was coming to exclude** the ruling of our Mishnah **from** a requirement that **he himself** taught in another, similar, case.[23] **דִּתְנַן – For it was taught in a Mishnah**[24] with regard to a ship whose anchoring cable was tied beneath a roof that sheltered a corpse: **קְשָׁרָהּ בְּדָבָר הַמַּעֲמִידָהּ – If one TIED [THE SHIP] WITH SOMETHING** (i.e. a sort of cable) **ABLE TO HOLD IT** in place, **מֵבִיא לָהּ טוּמְאָה – IT BRINGS *TUMAH* TO [THE SHIP],** since this cable will itself acquire the same level of *tumah* as that possessed by the corpse. **בְּדָבָר שֶׁאֵין מַעֲמִידָהּ אֵין מֵבִיא לָהּ טוּמְאָה – But** if one tied the ship **WITH SOMETHING UNABLE TO HOLD IT** in place, **IT DOES NOT BRING *TUMAH* TO [THE SHIP],** since in this case the cable did not acquire the same level of *tumah* as the corpse.[25] **וְאָמַר שְׁמוּאֵל – And Shmuel said: וְהוּא שֶׁקְּשׁוּרָה בְּשַׁלְשֶׁלֶת שֶׁל בַּרְזֶל – This means that [the ship] must be tied with an iron chain,** for only then will the very *tumah* of the corpse be acquired by the chain.[26]

We see that in *this* case of a tied ship, Shmuel requires that it be tied with an iron chain. Shmuel therefore felt it necessary to state explicitly that in the case of our Mishnah an iron chain is not required. Even if the ships are attached with a mere string, one will be permitted to carry between them.

The Gemara concludes with the reason for this differentiation:

לְעִנְיַן טוּמְאָה הוּא – It is only **with regard to** the law of ***tumah*** – **דִּכְתִיב ,,בַּחֲלַל־חֶרֶב" חֶרֶב הֲרֵי הוּא כְּחָלָל** – concerning which **it is written:**[27]***the body of someone felled by a sword,*** which teaches that **a sword,** or any other metal implement that touches a dead body, **is** itself **like the body**[28] – **אִין – that yes,** a metal chain is required, since this verse teaches that only implements made of metal can acquire the same level of *tumah* as that possessed by the

NOTES

21. I.e. a string used to attach one's cloak at the neck (*Rashi*).

22. [For since the ships will not separate, there is no reason to prohibit their use.]

23. [For elsewhere, in regard to another (completely unrelated) law concerning a tied ship, Shmuel ruled that the ship must be tied with a particular sort of cable. Since he feared that people might wrongly apply his ruling in that case to the law of our Mishnah as well, he took care to state explicitly that in our case the ships may be tied with anything at all that will hold them in place. The Gemara will now present the case in which Shmuel stated his requirement.]

24. *Oholos* 8:5. For a proper understanding of this Mishnah, and of the ensuing Gemara, the following introductory remarks are in order: The severity of corpse *tumah* and the ability of contaminants to generate it are not uniform, but vary according to the contaminants' degree of *tumah* and the class of object that is being contaminated.

The strictest level of *tumah,* אֲבִי אֲבוֹת הַטוּמְאָה, *avi avos hatumah* [literally: father of fathers of *tumah*], is limited to a human corpse [or certain parts thereof]. A person or thing that comes into contact with or shares a roof with a corpse is rendered an אַב הַטוּמְאָה, *one contaminated with primary tumah* (literally: a father of *tumah*). One *tamei* to this degree will generate *tumah* through contact even in people and utensils, and certainly in foods and liquids. People and things contaminated by an *av hatumah* are *tamei* to the degree of ראשון לטומאה, *rishon l'tumah* [i.e. first-degree of acquired *tumah*]. A *rishon* can generate *tumah* only in foods and liquids, but never in people or utensils.

These are the general rules of corpse *tumah* until the degree of *rishon*. There is, however, an exception to these rules. If a metal utensil, such as a sword, is contaminated by a corpse (*avi avos hatumah*) or by a person contaminated by a corpse (*av hatumah*), it acquires the same degree of *tumah* as that which contaminated it. Thus, if the sword touches or shares a roof with a corpse, it is rendered an *avi avos hatumah;* if it touches one contaminated with corpse *tumah*, it is rendered an *av hatumah.* [See *Oholos* 1:2 with commentaries for an extensive discussion of this principle; with regard to utensils made of other utensils than metal, see below, end of note 29.]

25. This Mishnah deals with the anchoring cable of a small wooden boat loaded with utensils. The end of the cable is tied beneath a roof that is sheltering a corpse. The cable is thus contaminated by the corpse. The Mishnah rules that if the cable is one "able to hold the ship in place" [a term that will be elucidated by Shmuel shortly] it will acquire the same degree of *tumah* as the corpse itself. It thus will itself be an *avi avos hatumah* – it "brings *tumah* to the ship." The ship is thus rendered an *av hatumah*, as though it had come into contact with an actual corpse. The utensils in the ship are therefore contaminated to the degree of *rishon,* since they are in contact with an *av hatumah* – the ship! If, however, [rules the Mishnah] the cable is one "unable to hold the ship in place" it will not acquire the *tumah* of the corpse. It thus will become no more than an *av hatumah* [as do all utensils that share a roof with a corpse]. It in turn will render the ship only a *rishon*, while the utensils in the ship will not be contaminated at all, since a *rishon* does not contaminate utensils (*Rashi;* cf. *Tosafos*).

[Although ships generally cannot acquire *tumah* (see above, 83b), this Mishnah discusses a boat of the Jordan, a small wooden boat which, according to Chananya (cited ibid.), can acquire *tumah* (*Rashi*). This Mishnah thus follows the opinion of Chananya.]

26. Shmuel explains that what the Mishnah means by the phrase "a thing able to hold the ship in place" is that the cable must be of the sort *generally used* to hold a ship in place – namely, a metal chain. Only then will it acquire the same level of *tumah* as the corpse. "A thing unable to hold the ship in place" is thus the sort of cable that is *not generally used* for anchoring a ship – i.e. a cable made of materials other than metal (*Rashi*).

27. *Numbers* 19:16.

28. This verse teaches that one who comes into contact with a corpse will be contaminated. It reads thus: וְכֹל אֲשֶׁר־יִגַּע עַל־פְּנֵי הַשָּׂדֶה בַּחֲלַל־חֶרֶב אוֹ בְמֵת אוֹ־בְעֶצֶם אָדָם אוֹ בְקָבֶר יִטְמָא שִׁבְעַת יָמִים, *And whoever touches, in the open field, the body of someone felled by a sword, or a corpse, or a human bone, or a grave, will be tamei for seven days.* By juxtaposing mention of a sword and a dead body, the verse teaches that a sword is analogous to a body that it touches, and acquires the same degree of *tumah.* We learn from this that if any metal utensil is contaminated by a source of corpse *tumah* (i.e. the corpse itself or one who touched a corpse), the utensil attains the same level of *tumah* as the source (*Rashi* to *Pesachim* 14b ד"ה בחלל חרב, and to *Chullin* 3a ד"ה חרב הרי הוא כחלל). Thus, if the metal utensil touches a corpse or shares a roof with one, it is rendered an *avi avos hatumah;* if it touches a person contaminated by a corpse, it becomes an *av hatumah.*

אלא במים קל הוא שהקילו חכמים במים ואמאי הא איכא בקיעת דגים אלא ש"מ בקיעת דגים לא שמה בקיעה: **ספינות קשורות כו':** פשיטא אמר רבא לא נצרכה אלא להתיר ביצית שביניהן א"ל רב ספרא משה שפיר קאמרת מטלטלין מזו לזו תנן אלא אמר רב ספרא לא נצרכה אלא לערב ולטלטל מזו לזו וכדתניא ספינות קשורות זו בזו מערבין ומטלטלין מזו לזו נפסקו נאסרו חזרו ונקשרו בין שוגגין ובין מזידין בין אנוסין בין מוטעין חזרו להיתרן הראשון וכן מחצלות הפרוסות (לר"ה) מערבין ומטלטלין מזו לזו נגללו נאסרו חזרו ונפרשו בין שוגגין בין מזידין בין אנוסין ובין מוטעין חזרו להיתרן הראשון שכל מחיצה שנעשה בשבת בין בשוגג בין במזיד שמה מחיצה איני והאמר רב נחמן לא שנו אלא לזרוק אבל לטלטל אסור כי איתמר דרב נחמן אמזיד איתמר אמר שמואל ואפילו קשורות בחוט הסרבל היכי דמי אי דיכול להעמידן פשיטא אי דאין יכול להעמידן אמאי לעולם דיכול להעמידן ושמואל לאפוקי מדנפשי' קאתי דתנן קשרה בדבר המעמידה מביא לה טומאה בדבר שאין מעמידה אין מביא לה טומאה ואמר שמואל והוא שקשורה בשלשלת של ברזל לענין טומאה הוא דכתיב בחלל חרב חרב הרי הוא כחלל אין אבל לענין שבת כיון דיכול להעמידה (היכר בעלמא הוא) אפילו בחוט הסרבל: מתני'

רש"י

אלא במים. כגון גזוזטרא שהיא למעלה מן הים דתנן בעירובין (דף פו:) דעושה מחיצה תלויה סביב וממלא וכן בור שבין שתי חצרות וחלקו במחיצה תלויה מלמעלה ממלא זה מכאן וזה מכאן ואף על פי שלא עירבו (שם דף פו.): **הא איכא בקיעת דגים.** גבי גזוזטרא כך נראה שיטה זו בעיני ועל מה שפירשו רבותי תמהתי [שהם פירשו] דהאי מידי איריא התם משום דהוה ליה מחיצה שהגדיים בוקעים בה רב יוסף קא מהדר ליה לאביי הכי מידי איריא הך דעמוד דלהכא התם משום דהוי מחיצה שהגדיים בוקעין בה ולריכה לגוד אחית הלכך אמרינן בה גוד אחית אבל גבי ספינה דליכא בקיעת גדיים לא אמרינן גוד אחית ותמהתי אם אמרו רבותי כן דאי אפשר לאומרו דהא בפ"ק דעירובין בתרי דוכתי (דף יד: ודף טו.) אמרינן בקיעת גדיים לעכובי גוד אחית דלא לימריה במחיצה תלויה והכא היכי אמרינן דמהני גבי גוד אחית ועוד מאי דוחקיה דרב יוסף לשנויי הכי נימא ליה הא מני רבי יוסי ברבי יהודה היא ואביי גופיה מאי מותיב ליה ואת לא תסברא הא ודאי רבי יוסי ברבי יהודה היא דהא מזין לחכמים פוטרים גבי טרסקל אלא ע"כ האי מידי איריא מקמקנא למילתיה דאביי היא ולמימר דלרבנן קאמרי לה דלא דמיא לטרסקל אלא לספינה: **פשיטא.** דמטלטלין: **לא נצרכא.** מטלטלין דמתני' אלא לטלטל מזו לזו דרך ביצית קטנה שבין שתי הגדולות ואע"פ שאינה קשורה ניתרת ע"י קשירת שתים המילוטות ולא חיישינן דילמא מישתקלא מבינייהו וקא מטלטל דרך אויר כרמלית: **ביצית.** היינו ביליאתא דלעיל: **משה.** כלומר רבינו בדורו כמשה בדורו: **שפיר קאמרת.** בתמיה: **מזו לזו תנן.** משמע שאין אחרת מפסקת ליכנס בה המטלטל הזה: **לערב.** הא אשמועינן במתניתין דאפילו שתי הספינות לשני בני אדם שצריכין לערב מערבין ומטלטלין: **נפסקו.** בטל העירוב מפני שנפרדות: **שוגגין.** שגגת שבת או שגגת מלאכות: **מוטעין.** מתעסקין בדבר אחר לקושרו ונקשר זה: **מחצלות הפרוסות.** ועשו מחילות הרבה ושבתו יחידים בהן זה בזו וזה בזו: **לא שנו.** דשמה מחילה: **אלא לזרוק.** לחייב הזורק מתוכה לרה"ר או להפך: **אבל לטלטל.** להיות מותר לטלטל בתוכה אסור מדבריהם: **אמזיד איתמר.** ומשום קנסא ודקתני מתני' חזרו להיתרן הראשון אשוגגין ואנוסין ואמוטעין קאי וכי קתני מזידין אשמה מחילה קאי ולזרוק כרב נחמן: **בחוט הסרבל.** שקושרין בו את בית הצואר שקורין מונטי"ל: **להעמידן.** שלא יתפרדו: **לאפוקי מדנפשיה.** ממילתא דאמר בעלמא דבעינן שלשלאות של ברזל ואשמועינן הכא דלא בעינן כי התם: **קשרה.** לספינה: **בדבר המעמידה מביא לה טומאה.** אם היה ראשו אחד קשור באהל המת מביא טומאה לכלים שבספינה ולספינה עצמה כגון ספינת הירדן שמקבלת טומאה כדאמרינן (לעיל דף פג:): **ואמר שמואל והוא שקשרה בשלשלת של ברזל.** האי קשרה בדבר המעמידה שלשלת של ברזל הוא כדמפרש טעמא ואזיל כלומר קשרה בדבר שרגילין להעמידה בו דהיינו שלשלת מביא טומאה שמטמאה את הספינה[ו] להיות אב הטומאה: **בדבר שאינו מעמידה.** כלומר שאינו רגיל להעמיד בה כגון מידי דלאו מתכות אין מביא לה טומאה דאילו ספינה לא מיטמאה מחמת אותו כלי להיות אב הטומאה אלא ראשון לטומאה ואינה מטמאה כלים שבתוכה ואשמעינן שמואל הכא דהאי קשורות דמתניתין אף על גב דדבר המעמידה בעינן כל שהוא מעמידה לענין שבת כשר ולא דמי למעמידה דהתם: מתניתין

תוספות

פשיטא אמר רבא לא נצרכא כו'. הכא ס"ד דמיירי בשתי הספינות של אדם אחד ולהכי פריך פשיטא וכשאינן קשורות אין מטלטלין דגזירה שמא יפול החפץ אל המים ומטלטל מרה"י לכרמלית ואתי לאתויי אע"ג דלעיל גבי ג' בתים (דף לג.) לא גזרינן דילמא אתי לאתויי הכא בספינות דלא קביעי איכא למיגזר טפי דילמא נפיל ומסיק לא נצרכא אלא לערב ולטלטל וקמ"ל דעירוב מהני בספינות אע"פ שאין קבועות שם דס"ד כיון שאין עתידות להיות שם לא יהנה עירוב קמ"ל דמהני ועוד מפרש ר"י דמעיקרא נמי הוה איירי בספינות של שני בני אדם וע"י עירוב קאמר דמטלטלין מזו לזו ואפ"ה פריך פשיטא דמהני עירוב ולהכי כשאין קשורות אין מטלטלין דלא מהני התם עירוב ומסיק לא נצרכא אלא לערב ולטלטל ואפילו נפסקו כיון דחזרו ונתקשרו וכדתניא כו': **נפסקו נאסרו.** ולא דמי לעירב דרך הפתח ונסתם דאמר רב הונא ורב יהודה בספ"ק דעירובין (דף יז.) דשבת הואיל והותרה הותרה דהכא כיון דנפסקו הוי כאילו הוי רה"ר ביניהם ואם עירבו ג' בתים (ביניהם) ונפל האמצעי ונעשה רה"ר פשיטא דלא אמרינן הואיל והותרה הותרה: **כי איתמר דרב נחמן אמזיד איתמר.** והא דקתני חזרו להיתרן הראשון אף במזיד לא לגמרי חזרו להיתרן הראשון לטלטל אלא דהוו רה"י לאורייתא ומיהו אספינות לא א"ש דהא חזרו ונתקשרו הוי רה"י לאורייתא ור"ת מפרש דחזרו להיתרן הראשון אפילו אמזידין ור"נ דאמר דבמזיד לא הוי מחילה אלא לזרוק ולא לטלטל היינו שע"י המחילה נעשה רה"י אבל ספינות דבלאו הכי הוו רה"י כי קשרו אפילו מזיד שרי לטלטל ומחצלות הפרוסות ברה"י איירי שיש מחצלות מפסיקות בין שתי חצרות נתגלגלו נאסרו שהרי הן כחצר אחת והם עירבו שנים חזרו ונפרשו חזרו להיתרן הראשון ומטלטלי אלו לכאן ואלו לכאן והא דקאמר שכל מחילה הנעשה בשבת שמה מחילה טעמא קא יהיב למילתיה דאפילו היכא דע"י המחילה נעשה רה"י הויא מחילה או לזרוק או לטלטל כ"ש מחילה זו שאינה עשויה אלא להתיר עירוב כבתחלה דהויא מחילה ומסיפא דקתני שכל מחילה הנעשית בשבת כו' פריך לר"נ והיא דכל גגות (עירובין דף לג:) כותל שבין שתי חצרות שנפל ואיכא דשרי התם לטלטל עד עיקר מחילה לא דמי להכא דהתם איירי שלא היה אלא בית אחד בחצר זה ואחד בחצר זה אבל הכא כשיש רבים כאן וכאן אמרינן נתגלגלו נאסרו ול"ע בשמעתא דדיורין (א) הבאין בשבת (עירובין שם) דאמר שבת הואיל והותרה הותרה:

קשרה בדבר המעמידה מביא לה טומאה. פי' בקונטרס כגון שראשו אחד באהל המת ולא יתכן חדא דמאי קאמר לאפוקי מדשמואל מה שייכא הא לדשמואל דהתם הוא משום חרב הרי הוא כחלל ולא משום קשירה ועוד מאי קתני קשרה אפילו השלשלת מונחת על הספינה בלא קשירה טמאה ועוד דלישמעינן בהדיא דחרב הרי הוא כחלל ולשון הבאת טומאה נמי לא שייך בכה"ג ונראה לרבינו שמואל דלא גרסינן מביא לה את הטומאה אלא מביאה את הטומאה ומשנה היא בפ"ח דאהלות (משנה ה) ורישא דהך בבא קתני אלו לא מביאין ולא חוצצין הזרעים והעוף הפורח וטלית המנפנפת וספינה שהיא שטה על פני המים פירוש שאם יש מתחתיה מת מצד אחד וטהרה מצד אחר אינה מביאה טומאה מצד זה לצד אחר דלא חשיבי אהל כיון שמנענעים תמיד וקתני דאם קשרה בדבר המעמידה מביאה את הטומאה ומפרש שמואל והוא שקשרה בשלשלאות של ברזל ולאו דוקא נקט של ברזל אלא כלומר שקשורה בחוזק עד שאינה מתנענעת וזזה ממקומה וכן דרך כשרוצה להזכיר דבר חזק מזכיר ברזל כמו אפילו מחילה של ברזל אינה מפסקת (סוטה דף לח:) וכמו נכסי צאן ברזל (ב"ק דף פט.) לפי שהן באחריותו וקשים כברזל ול"ג לענין טומאה הוא דכתיב בחלל חרב חרב הרי הוא כחלל ושיבוש הוא אלא משום דנקט שלשלאות של ברזל טעו לומר דטעמא משום דחרב הרי הוא כחלל אלא גרסינן ה"מ לענין טומאה דבעינן אהל שיהא נח לגמרי אבל גבי שבת שהטעם הוא משום רשות אחת בחוט הסרבל סגי:

סיפא

עין משפט נר מצוה

לז א מיי' פט"ו מהל' שבת הלכה יג:

לז ב מיי' פ"ג מהל' עירובין הלכה כה סמג עשין א:

לח ג ד מיי' פט"ו מהל' שבת הל' כב טוש"ע א"ח סי' שסב סעיף ג:

לט ה מיי' פי"ג מהל' טומאת מת הלכה ו:

רבינו חננאל

יהודה אמר אפי' אינו מסולק מן הארץ אלא מלא החוט גוללו אצלו מ"ט בעינן הנחה ע"ג משהו. ור' יוחנן (אמר) [דאמר] אתאי שמעתין אמתניתין [הא מיירי] שאם זרק למקום מדרון שאין דרכו לנוח שם אבל נח במקום מחשבתו ואח"כ נתגלגל חייב ואם לא נח פטור אמר רבא כי קאמר בזורק למקום שלו שסוף החפץ לנוח שם סד"א אם לא איתרמי ליה לנוח אלא נזדמן לו שיתגלגל משום כאלו נח דמי קמ"ל: רקק מים ורה"ר מהלכת בו דרקק לה תרי זימני תלתא טעמי דאיתמרו בה איתכוון. חדא בין בימות החמה בין בימות הגשמים וחדא אע"ג דנפיש (כוותיה) לא תימא דאקופי מקפי ליה. וחדא אע"ג דלא הוי הוא רקק ד' טפחים לא תימא כיון דמעט הוא לא מסגי ליה אינשי בגוה מפסע הוא דפסעי ליה קמ"ל אע"פ שהוא פחות מד' הזורק לתוכו חייב ודמי לגודא דגמלא: הזורק מן הים לספינה ומן הספינה לים פטור אבל אסור שהים כרמלית הוא וספינה פעמים שהיא כרמלית ופעמים שהוא [רה"י ופעמים שהיא] מקום פטור וגרסינן בעירובין פרק כל גגות אמר ספינה רב אמר מותר לטלטל בכולה מ"ט כיון דאית לה מחיצה רה"י היא שמואל אמר אין מטלטלין אלא בד' אמות מחיצות הללו להבריח מים הן עשוים והלכתא כוותיה דרב. השתא היכא דאיתא רה"י אין מטלטלין מתוכה לים ולא מים לתוכה ואם הכניס או אם הוציא פטורין וכן היכא דהויא כרמלית דקיי"ל אין מטלטלין מכרמלית לכרמלית וזימנין דמהני עירובא אבל היכא דהוי מקום פטור מטלטלין מיניה לרה"י ומיניה לכרמלית ולא חיישינן ובלבד שלא יחליף ומשום הכי אמרינן אין כרמלית פחות מד'. אמר רב ששת ופירשנו עד עשרה ופירשנו דעד עשרה הויא כרמלית למעלה מי' לא ואקילו בה רבנן מקולי רה"ר ומקולי רה"י. מקולי רה"י דאי איכא ד' דעד ד' הויא כרמלית ואי לא לא הויא כרמלית ומקולי רה"ר דעד עשרה הוא דהויא כרמלית למעלה מעשרה מקום פטור הוא והיכא דצריכא לעיולי מיא מן הים לספינה רב הונא אמר מוציא זיז כל שהוא וממלא ומעייל ליה לספינה קסבר כרמלית מארעיתא דימא או דנהרא הוא [ומשחינן] מהתם. ותופסת עד עשרה טפחים ומן כד מטי לי' טפחים שלימא כרמלית והוות ליה מקום פטור ובדין הוא דזיז נמי לא ליבעי והא דאצריכו ליה זיז כי היכא דלהוי היכירא רב חסדא ורבה בר רב הונא אמרי עושה מקום ד' וממלא קסברי כרמלית משפת מיא משחינן ומיא ארעא סמיכתא היא וצריך לעשות מקום ד' חוץ לספינה כדי שיהא מקום פטור שמעלה המים מן הים או מן הנהר שהן כרמלית לאותו מקום שהוא מקום פטור ומשם מעייל להן לספינה פי' מקום זה כגון תיבה פחותה או סל פחותה וגרסי' בירושלמי ואם הוציא מן הים לספינה הרי הוציא מכרמלית לרה"י ואקשינן לרב הונא דאמר מוציא זיז כל שהוא וממלא מן הים לספינה ומנין דליכא י' מארעית נהרא לשפת מיא וקא מטלטל מכרמלית לרה"י ומשני גמירי אין ספינה מהלכת במים שיש בהן פחות מעשרה. ומקשינן ודלמא מורשא איכא. פי' מורשא כמו חפירה שיש בקרקעית הים ליחוש דלמא האי ספינה קיימא בההוא מורשא וסביביו מקום שממלא משם אין בו מקרקעית הים שפת המים י' טפחים וכיון דליתא י' טפחים אותו המים הן כרמלית וקמטלטל מכרמלית לרה"י ופריש רב ספרא גשושי אזלי קמה. כלומר כיון שמגעת הספינה במקום שהמים מעטין מתיראין שמא תשב הספינה בקרקעית הים או שמא תהיה שם סלע ותעבור עליו ותשבר ולפיכך מהלכין בני אדם ספנים מגששין ורואין המים אם הן מי ברכים או פחות או יותר וכיוצא בהם ואם יראו

מסורת הש"ס

א) [גיטין עט:] סוכה לג. חולין עג., ב) עירובין כ. כה., ג) תוספתא פ"ח מ"ה, ד) [פסחים יד: יט: עש. נזיר נג: חולין ג.], ה) רש"ל מ"ז, ו) להיות אב הטומאה והספינה את הכלים שבתוכה דהדר ה"ה כחלל והוי אבי אבות הטומאה כל"ל רש"ל.

הגהות הב"ח

(א) תוס' ד"ה כי איתמר וכו' ול"ע בשמעתא דדיורין. נ"ב בספ"ק דעירובין דף יז ע"א:

תורה אור השלם

א) וְכֹל אֲשֶׁר יִגַּע עַל פְּנֵי הַשָּׂדֶה בַּחֲלַל חֶרֶב אוֹ בְמֵת אוֹ בְעֶצֶם אָדָם אוֹ בְקָבֶר יִטְמָא שִׁבְעַת יָמִים: [במדבר יט, טז]

רב נסים גאון

לא נצרכה אלא להתיר ביצית שביניהם. ביצית היא דוגית כדגרסי' בפ' המוכר את הספינה (בבא בתרא ד' עג) אמר רבא ביצית ודוגית חדא מלתא היא א"ר נתן דבבלאה הוה קרי ליה ביצית כדאמרי אינשי ביציאתא דמישאן סומכוס דבר ארעא דישראל הוה קרי ליה דוגית כדכתיב (עמוס ד) ואחריתכן בסירות דוגה ומתרגמי' ובנתכון בדוגית ציידין: אפי'

ליקוטי רש"י

אלא במים. גזוזטרא שהיא למעלה מן הים שני זיזין בולטין מן העליה שעל שפת הים וקובעין נסרים מזה לזה והיא גזוזטרא ותנן (עירובין פו:) אין ממלאין ממנה בשבת לפי שהגזוזטרא רשות היחיד שגבוה ורחבה הרבה והים כרמלית אלא אם כן עשו לה מחיצה עשרה בין מלמעלה בין מלמטה שמוקפין נקב לרבעה כעין קר ועושין מחיצה סביבותיו למעלה למטה וממשלשל דלי וממלא ואע"פ שאין המחיצה יורדין וסותמין עד תהום [עירובין פז:]. **קל הוא שהקילו חכמים במים.** יש להקל במים [מה] שאין [קן] במקום אחר [שם יב:]. במחילה כל דהו ולגבוד שיהא בה עשרה מהניא בה ואף על גב דעיילי בה מיא מעילאי וממתאי [שם מח.]. שמחילה תלויה מתרת בהן [שם פד:]. **משה.** ביקרא דמשה קא משבחנ [ביצה לח.]. גדול הדור [סוכה לט:]. תלמיד חכם [חולין צג.]. **אלא לזרוק.** שהזורק מרשות הרבים לתוכה חייב מדאורייתא ולאוי מחילה היא. **אבל לטלטל אסור.** דרבנן גזור עליה [עירובין ג.]. **הסרבל.** של בגד כמו שאנו קורין בלעז סרבליא בלעועות [חולין עז:]. **בחלל חרב.** הקש חרב לחלל מה מת המנגע בטומאת מת הרי הוא כמת והוא אבי אבות הטומאה כמת ושנגע בטמאת מת הרי הוא אב הטומאה כמוהו גזירת הכתוב הוא במתכת אבל טומאת מת ולא אבל שאר למידרש מיניה דכלי מתכת המיטמא במת נעשה כיוצא בו שנגע בו [שם עט.]. **חרב הרי הוא כחלל.** טומאתו ושאר הראויות לטמא כלי כגון כלי מת והנוגע בו דהוי מיהא אב הטומאה אם נגע בהם מתכות נעשה כיוצא בו אבות [הטומאה] ואם בטמא מת נגע הוי אב אבל ראשון ושני אין מטמאין כלים והאי סכין נעשה

corpse itself.[29] אֲבָל לְעִנְיַן שַׁבָּת – **But with regard to** the law of carrying from ship to ship on **the Sabbath,** כֵּיוָן דְּיָכוֹל לְהַעֲמִידָהּ – **so long as [the cable] is able to hold [the ships]** in place, (היכר בעלמא הוא) אֲפִילוּ בְּחוּט הַסַּרְבָּל – **even** if they are tied **with the string of a cloak** it is sufficient.[30]

NOTES

29. Thus, if the cable anchoring the ship is made of metal (i.e. *one able to hold the ship in place*), it will become an *avi avos hatumah*, since it shares a roof with a corpse; the ship it touches will become an *av hatumah;* and the utensils in the ship will be contaminated to the level of *rishon*. However, if the cable is made of other materials, the corpse will render it a mere *av hatumah;* it accordingly will render the ship no more than a *rishon;* the ship will therefore be unable to contaminate the vessels within it at all (*Rashi*).

[Although according to *Rashi* it is indeed only metal utensils that can acquire the same level of corpse *tumah* as the corpse itself, other Rishonim hold that even utensils made of other materials (other than earthenware) that touch a corpse will acquire the *tumah* of the corpse (see *Rash* to *Oholos* ibid.; *Rambam, Tumas Meis* 5:3 with *Mishneh LaMelech*). These Rishonim will follow the alternative explanation of this Gemara mentioned at the end of the following note (see *Ramban*).]

30. [For with regard to the issue of carrying from ship to ship on the Sabbath, what is needed is a cable that can be expected to hold the ships in place without breaking. The cable may thus be made of any material at all, so long as it is strong enough to hold the ships in place.]

[We have followed *Rashi* in our elucidation of the preceding Gemara. However, many Rishonim raise a number of questions regarding *Rashi's* explanation, and consequently explain the *sugya* in another manner entirely (see *Rash* ibid., *Tosafos, Ramban* et al.; see *Maginei Shlomo* and *Chasam Sofer*, who deal with several of the questions raised).]

Mishnah As we learned above (67b et al.), one brings a *chatas* offering only for a שְׁגָגָה, *inadvertent violation* of a *melachah*. The following Mishnah elaborates on the degree of inadvertence necessary for *chatas* liability: הַזּוֹרֵק וְנִזְכַּר מֵאַחַר שֶׁיָּצְתָה מִיָּדוֹ – **One who threw** an object[1] **and** then **remembered** that it was the Sabbath **after it left his hand** but before it landed, קְלָטָהּ אַחֵר – and **another** person **caught it,**[2] קְלָטָהּ כֶּלֶב – or **a dog caught it,**[3] אוֹ שֶׁנִּשְׂרְפָה – **or it was burned,**[4] פָּטוּר – **he is exempt** from a *chatas* offering.[5]

זָרַק לַעֲשׂוֹת חַבּוּרָה – If **one threw** an object on the Sabbath in order **to inflict a wound** בֵּין בָּאָדָם וּבֵין בַּבְּהֵמָה – **upon either a person or an animal,** וְנִזְכַּר עַד שֶׁלֹּא נַעֲשֵׂית חַבּוּרָה – **and he** then **remembered** that it was the Sabbath **when the wound had not yet been inflicted,** פָּטוּר – **he is exempt** from a *chatas* offering.[6]

זֶה הַכְּלָל – **This is the rule:** כָּל חַיָּיבֵי חַטָּאוֹת אֵינָן חַיָּיבִין עַד שֶׁתְּהֵא תְּחִלָּתָן וְסוֹפָן שְׁגָגָה – **All who are liable to** *chatas* **offerings are not liable unless the commencement of their [misdeed] and its completion were** both **an inadvertence.** תְּחִלָּתָן שְׁגָגָה וְסוֹפָן זָדוֹן – **If the commencement of their [misdeed] was an inadvertence but its completion was a deliberate act,** תְּחִילָּתָן זָדוֹן וְסוֹפָן שְׁגָגָה – **or** if **the commencement of their [misdeed] was a deliberate act but its completion was an inadvertence,** פְּטוּרִין – **they are exempt,** עַד שֶׁתְּהֵא תְּחִילָּתָן וְסוֹפָן שְׁגָגָה – **unless the commencement of their [misdeed] and its completion were** both **an inadvertence.**[7]

Gemara The Mishnah stated in its first ruling that if one threw something in a public domain, then remembered that it was the Sabbath after it left his hand, and the object was intercepted before it reached the ground, he is exempt from a *chatas*. This implies that he is exempt only because the object was intercepted. The Gemara infers from this:

הָא נָחָה חַיָּיב – **But if [the object] landed** without interference, **[the thrower] would be liable.** וְהָלֹא נִזְכַּר – **But** why should he be liable? **Did he not remember** that it was the Sabbath before the object landed? וּתְנַן – **And we learned in our Mishnah:** כָּל חַיָּיבֵי חַטָּאוֹת אֵינָן חַיָּיבִין עַד שֶׁתְּהֵא תְּחִלָּתָן וְסוֹפָן שְׁגָגָה – ALL WHO ARE LIABLE TO *CHATAS* OFFERINGS ARE NOT LIABLE UNLESS THE COMMENCEMENT OF THEIR [MISDEED] AND ITS COMPLETION WERE both AN INADVERTENCE. Thus, the thrower should be exempt even if the object was not intercepted! – ? –

The Gemara answers:

אָמַר רַב כַּהֲנָא – **Rav Kahana said:** סֵיפָא אֲתָאן לְלַכְתָּא וּמִתְנָא – In **the** Mishnah's **latter clause** (the rule that states that one is not liable to a *chatas* unless both the beginning and end of the act were inadvertent), **we have come to** the case of **a clamp with a rope,**[8] i.e. the case of someone who throws a clamp but continues to hold onto the rope that is attached to it. Since he can still retract the clamp before it lands by jerking the rope, the completion of his transgression is not considered inadvertent unless he remained unaware of the Sabbath until after the clamp landed.[9] The Mishnah's first ruling, however, speaks of throwing an ordinary object which cannot be retracted once it leaves his hand. Therefore, even if he remembered the Sabbath *before* the object landed, the act is considered a complete inadvertence and he would be liable to a *chatas* if not for the fact that the object was intercepted before it landed.[10]

NOTES

1. I.e. he threw it four *amos* in the *reshus harabim* (see *Rashi* below, ד״ה ופרכינן הא נחה). [The same rule would seem to be true if he threw it from a *reshus hayachid* to a *reshus harabim* (see *Rambam, Hil. Shabbos* 13:13). However, whenever the Gemara mentions a case of throwing without specifying whether it is from *reshus* to *reshus* or four *amos* in the *reshus harabim, Rashi* explains it to refer to throwing four *amos;* see, for example, *Rashi* 8a ד״ה זורק.]

2. I.e. someone else moved and intercepted the object before it landed. The thrower is exempt because the person who intercepted it is said to have made the *hanachah* (placement) of the object, thus making it a *melachah* performed by two people, for which both are exempt (*Rashi;* see Gemara 3a, 93a). [If, however, the receiver was in that spot before and merely caught the object thrown to him, the thrower would be considered to have performed the *hanachah* as well and would thus be liable, as taught above on 5a (see notes 19 and 20 there; see also 3a note 10).]

3. A dog's mouth is smaller than the four *tefachim* legally required for a *hanachah* (*Rashi;* see above, 4a-5a). Hence, even if the dog stood in its place and the object landed in its mouth there is no liability.

[A person's hand, however, has the legal status of an area four *tefachim* square (above, 5a). Thus, in the previous case the thrower is exempt only if someone intercepted the object and thus made the *hanachah* (cf. *Hagahos R' Elazar Moshe Horowitz*).]

4. Thus, the object landed on an area (the flames at the mouth of an oven) measuring less than four *tefachim* square (see Gemara below).

5. According to the Gemara's initial understanding, the Mishnah means to say that even though the thrower remembered that it was the Sabbath before the object landed, he is exempt from a *chatas* only because another person intercepted the object [rendering it a *melachah* performed by two people], or because a dog caught it or a fire burned it [where the object never landed on an area four *tefachim* square] (*Rashi*). But if not for these factors, he would be liable. The Gemara will discuss this point further.

6. Although it is forbidden to inflict a wound on the Sabbath (see below, 107a, with *Rashi* ד״ה והחובל), the thrower is not liable to a *chatas* for doing so in this case because while the beginning of the prohibited act (throwing the object) was done inadvertently, the end of the act (the impact against the target) occurred when the thrower was aware of the Sabbath and his violation of it, which removes him from the category of a שׁוֹגֵג, *inadvertent transgressor,* as the Mishnah will now explain. The Gemara will discuss the apparent contradiction between this ruling and the previous one.

[It should be noted that this case of the Mishnah deals with an object thrown in a private domain or *karmelis,* or in a public domain less than four *amos,* for the liability discussed here is for inflicting a wound, not for throwing from domain to domain.]

7. [Therefore, since the thrower in our case was aware of his transgression before the thrown object struck its target, the end of the act cannot be classified an inadvertence, and he is therefore exempt.]

8. To transport barrels of wine on pack animals [such as donkeys], a barrel would be placed in a harness of some kind and a rope would be tied to the harness and strapped over the animal's back. To balance the load, a barrel would be hung on each side of the animal, and their ropes would be passed across the back of the animal and clamped together with a U-shaped wooden piece known as a לַכְתָּא. The לַכְתָּא, *clamp,* would commonly have a short rope of its own attached to it, known as a מִתְנָא (*Rashi*).

9. For if he remembered the Sabbath before it landed and did not pull the object back while he had the opportunity to do so, the completion of the *melachah* (the object's landing) occurred as a result of his deliberate decision to allow it to happen and not simply as a result of his earlier inadvertence in throwing the object. Therefore, he is not liable to a *chatas,* for his violation of the *melachah* was not entirely שׁוֹגֵג, *inadvertent* (*Rashi*).

10. Accordingly, his remembering the Sabbath after the object left his hand is not really relevant to the Mishnah's ruling, since the law would be the same even if he did not remember. The Mishnah adds the fact that he remembered to teach that remembering is *not* a factor – for even if the thrower remembered that it was the Sabbath before the object landed, he would still be liable – unless another person intercepted the object or it landed in the mouth of a dog or in a fire (*Rashi; Tosafos*).

מתני' הזורק ונזכר מאחר שיצתה מידו קלטה אחר קלטה כלב או שנשרפה פטור זרק לעשות חבורה בין באדם ובין בבהמה ונזכר עד שלא נעשית חבורה פטור זה הכלל כל חייבי חטאות אינן חייבין עד שתהא תחלתן וסופן שגגה תחלתן שגגה וסופן זדון תחילתן זדון וסופן שגגה פטורין עד שתהא תחילתן וסופן שגגה: גמ' הא נחה חייב והלא נזכר ותנן כל חייבי חטאות אינן חייבין עד שתהא תחלתן וסופן שגגה אמר רב כהנא סיפא אתאן ללכתא ומתנא ללכתא ומתנא אוגדו בידו הוא כגון שנתכוין לעשות חבורה הא נמי תנינא הזורק לעשות חבורה בין באדם בין בבהמה ונזכר עד שלא נעשית חבורה פטור אלא אמר רבא במעביר והא זה הכלל דקתני אזריקה קתני אלא אמר רבא תרתי קתני הזורק ונזכר מאחר שיצתה מידו אי נמי לא נזכר וקלטה אחר או קלטה כלב או שנשרפה פטור רב אשי אמר חסורי מחסרא והכי קתני הזורק ונזכר מאחר שיצתה מידו קלטה אחר או קלטה כלב או שנשרפה פטור הא נחה חייב בד"א שחזר ושכח אבל לא חזר ושכח פטור שכל חייבי חטאות אינן חייבין עד שתהא תחלתן וסופן שגגה: זה הכלל כל חייבי חטאות כו': איתמר שתי אמות בשוגג שתי אמות במזיד שתי אמות בשוגג רבה אמר פטור רבא אמר חייב רבה אמר פטור אפילו לרבן גמליאל דאמר אין ידיעה לחצי שיעור התם הוא דכי קא גמר שיעורא בשוגג קא גמר אבל הכא דבמזיד לא ובמאי אי בזורק שוגג הוא אלא במעביר רבא אמר חייב ואפילו לרבנן דאמרי יש ידיעה לחצי שיעור התם הוא דבידו הוא אבל הכא דאין בידו לא ובמאי אי במעביר הרי בידו ואלא בזורק אמר רבה זרק ונחה בפי הכלב או בפי הכבשן חייב והאנן תנן קלטה אחר או קלטה הכלב או שנשרפה פטור התם דלא מכוין הכא דקא מכוין אמר רב ביבי בר אביי אף אנן נמי תנינא יש אוכל אכילה אחת וחייב עליה ד' חטאות ואשם אחד הטמא שאכל חלב והוא נותר מן המוקדשין ביוה"כ רבי מאיר אומר אף אם היתה שבת והוציאו [בפיו] חייב אמרו לו אינו מן השם ואמאי הא אין דרך הוצאה בכך אלא כיון דקא מיכוין מחשבתו משויא ליה מקום הכא נמי כיון דקא מיכוין מחשבתו משויא ליה מקום:

הדרן עלך הזורק

רש"י

מתני' הזורק. בשוגג: ונזכר. שהוא שבת: מאחר שיצתה. האבן מידו וקודם שתנוח: קלטה אחר. קס"ד לאחר שנזכר זה קלטה אחר הוו להו שנים שעשאוה וכגון (א) שנעקר ממקומו וקבל או שקלטה כלב בפיו דלא הויא הנחה דבעינן מקום ד' פטור: גמ' ופרכינן הא נחה. לסוף ד' ברה"ר חייב ואע"ג דנזכר בין עקירה להנחה והא קתני סיפא זה הכלל כו': סיפא. דקתני עד שתהא תחלתן וסופן שגגה: אתאן ללכתא ומיתנא. לכתא עץ קטן שכפול ראשו וצריך לחמורים נושאים לדרדורים של יין שמוחבין אותו בשני עקלים שהדרדורים תלויין בהן משני צידי החמור ומחברים בו הדרדורים שיחזיק זה את זה: ומתנא. חבל כלומר לא מיתוקמא סיפא אלא בזורק לכתא הקשור בחבל קטן כדרכו ואוחז החבל בידו וכשנזכר היה בידו לאחוז החבל ולעכב זריקת הלכתא שלא תנוח הלכך תחילתו שוגג וסופו מזיד ופטור אבל זרק צרור וחפץ שכשנזכר אין בידו לעכבו כוליה שוגג הוא ונזכר דקתני ברישא אשמעינן רבותא דאף על גב דנזכר לא מיפטר מחטאת אלא אם כן קלטה אחר או כלב: ופרכינן לכתא ומתנא אוגדו בידו. ואפילו כוליה מילתא שוגג לא מיחייב דאין כאן זריקה: כגון שנתכוין לעשות חבורה. בתחלתו בשגגת שבת ונזכר עד שלא נעשית החבורה ולעולם בלכתא ומיתנא וכגון שנתכוין לעשות חבורה כו' דהאי משום זכירה הוא דמיפטר שהיה בידו להחזיר נמצא סופו זדון הא לא נזכר חייב ואע"ג דאגדו בידו דמיחייב לאו משום זריקה הוא אלא משום חבורה: הא בהדיא קתני לה. במתניתין וזה הכלל ע"כ למילתא אחריתי אתא: אלא אמר רבא. זה הכלל למעביר ארבע אמות ברה"ר ונזכר קודם שהעבירו ד' אמות אתא שהיה בידו לעמוד במקום שנזכר אבל זורק לא מיפטר בזכירה: והא כי קתני זה הכלל אזריקה תני לה. דאיירי לעיל מיניה בזורק לעשות חבורה ואי שהם זורק לא מיפטר בזכירה היכי מתני גבי זה הכלל: אלא אמר רבא. רישא מילי מילי קתני לה ותרתי קתני הזורק ונזכר אי נמי לא נזכר וקלטה אחר כו' והדר תני כללא לאתויי מעביר: חסורי מחסרא כו'. ולעולם חדא קתני: שחזר ושכח. קודם שתנוח דהוה ליה תחילתו וסופו שגגה ואשמעינן נזכר דתנא בה ברבותא דאע"ג דהואי ידיעה בינתיים מיחייב דאין ידיעה לחצי שיעור דהיינו [ה]כאן בידו להחזיר: ה"ג שכל חייבי חטאות כו': איתמר ב' אמות בשוגג ב' אמות במזיד ב' אמות בשוגג רבה אמר פטור רבא אמר חייב. שתי אמות במזיד שנזכר לאחר שתי אמות ראשונות וחזר ושכח בב' האחרונות: דר"ג. לקמן בפרק הבונה: התם דכי גמר שיעורא בשוגג גמר. הכותב ב' אותיות בב' העלמות דמחייב בה ר"ג באות השניה נגמר השיעור ואף הוא בשוגג אבל הכא בשתי אמצעיות שהן במזיד נגמר השיעור כדמפרש ואזיל לה במעביר ושתי אמצעיות מזיד: שוגג הוא. שהרי אין בידו לעכבה וכיון שחזר ושכח חייב דלא נגמרה מלאכה עד שעת הנחה שהיא לסוף ובשוגג: אלא במעביר. וכיון דבידו לעמוד בסוף ב' אמות האמצעיות אשתכח דגמר שיעורא במזיד: התם הוא דבידו. שלא לחזור ולכתוב השניה הלכך כי חזר ושכח הויא לה שגגה אחריתי ולא גמרה לקמייתא: אבל הכא אין בידו. להחזיר כשנזכר כדמפרש ואזיל בזורק הלכך כולה חדא שגגה היא ומר אמר חדא ומר אמר חדא ולא פליגי: בפי הכבשן. ונשרפה בשלהבת: הכא דקא מיכוין. מחשבתו משויא ליה מקום דהא אחשביה: אכילה אחת. זית אחד: ד' חטאות. משום חלב משום נותר משום אכילת יוה"כ משום טומאת הגוף ואכל קדש: ואשם מעילות. דאפילו הוא כהן גבי אימורים זר הוא: אף אם היתה שבת כו'. ומשום יוה"כ לא מיחייב בהוצאה דקסבר אין עירוב והוצאה ליוה"כ: אינו מן השם. אין חטאת זו משום אכילה אלא משום הוצאה: ואמאי. מיחייב משום הוצאה לדברי הכל הא אין דרך להוציא בפה: מחשבתו. שצריך לאוכלה דהוליכו ואחשבה להוצאה זו בפיו:

הדרן עלך הזורק

תוספות

סיפא אתאן ללכתא ומיתנא. אבל רישא מיירי בלא לכתא ומיתנא וה"ה אפילו בלא נזכר פטור כיון שקלטה כלב או נשרפה והא דנקט נזכר לאשמעינן דאפילו בנזכר דוקא קלטה כלב או נשרפה פטור משום דלא נחה הא נחה חייב: אלא אמר רבא במעביר. והוא הדין לחבורה איירי בלכתא ומיתנא ואין ר"י יודע למה הוצרך להשמיענו הסיפא לחבורה מה לי חבורה מה לי מעביר וכן לרבא דקאמר תרתי קתני אמאי תנא הסיפא לחבורה כיון דתנא הזורק ונזכר פטור ה"ה בחבורה דמ"ש: רב אשי אמר חסורי מחסרא כו'. אין זה ממש חסורי מחסרא דמשנה כמו שהיא שנויה יש לפרש כן אלא כדי לפרשה קאמר בלשון חסורי מחסרא: ובמאי אי בזורק שוגג הוא. אע"ג דכי גמר מ"מ כיון דבתחילת זריקה הוי שוגג ואין יכול להחזירה והנחה נמי שוגג הוא חשיב כאילו מתחלה ועד סוף הויא חדא שגגה: אמר רבא זרק בפי כלב. ל"ג ונחה בפי כלב דנחה משמע מעצמה כדא"ר יוחנן בפ"ק (לעיל דף ה.) זרק חפץ ונח לתוך ידו של חבירו חייב ומסיק דקמ"ל אף על גב דלא אחשביה לידיה והכא מסיק דקא מכוין ומחשבתו משויא ליה מקום (ה): רבי מאיר אומר אם היתה שבת והוציאו בפיו כו'. פי' בקונטרס דלהכי נקט אם היתה שבת דמשום יוה"כ לא מיחייב דאין עירוב והוצאה ליוה"כ ולא הויא מסקנא הכי בפרק אמרו לו (כריתות דף יד.) דנלמוד דברי רפרס שהיה מפרש כן ומסיק דנקט שבת כדי להרבות בחטאות ולחייבו אף משום שבת [ויוה"כ]: והוציאו בפיו חייב. כולהו בהדי הדדי קא אתו ° דבליעתו הויא הנחה אע"פ שמהלך כדאמרינן (לעיל דף פ.) כתיבתן זו היא הנחתן ואע"ג דפיו למעלה מי' ואינו רחב ד' בטל הוא אגב רה"ר ולא דמי לבוכיאר ביריעה דאמר בריש פרקין (לעיל דף צו:) דבמקום פטור קא אזיל דהתם מקום קביעות הוה טפי ודמי לטרסקל דאמר בפ"ק (דף ה.) דלמטה מי' הוי רה"ר והכא אפילו למעלה מי' בטל אגב רשות הרבים ועוד דמעביר למעלה מי' כלמטה ° וחשיב מונח ברשות הרבים:

הדרן עלך הזורק

מסורת הש"ס

א) לעיל ד., ב) לעיל עה: לקמן קה., ג) [ג"ל רבא], ד) עירובין לג., ה) [ג"ל רבא], ו) כריתות יג: שבועות כד: יבמות לג., ז) [ג"ל שאין], ח) [ועיין תוס' לעיל ה: ד"ה אלא א"ר יוסף ותוס' עירובין לג. ד"ה זרק ונח].

עין משפט נר מצוה

מ א מיי' פ"א מהל' שבת הלכה יט ופ"ב מהל' שגגות הלכה ט סמג עשין ריג:

מא ב מיי' פי"ג מהל' שבת הלכה יד סמג לאוין סה:

מב ג ד מיי' פ"ו מהל' שגגות הלכה ח:

מג ה ו מיי' פי"ג מהל' שבת הלכה יג:

מד ז מיי' פ"ו מהל' שגגות הלכה ד:

הגהות הב"ח

(א) רש"י ד"ה קלטה אחר וכו' וכגון. נ"ב ע"ל בדף ה סוף ע"א:

גליון הש"ס

תוס' ד"ה והוציאו וכו' דבליעתו הוי הנחה. ע"ל דף יא ע"א תד"ה לא יעמוד: בא"ד וחשיב מונח ברה"ר. ע"ל דף ו ע"א תד"ה הסם:

רב נסים גאון

אפי' לרבן גמליאל דאמר אין ידיעה לחצי שיעור. בסוף פ' הבונה (דף קה) חלק רבן גמליאל עם החכמים בכותב ב' אותיות בב' העלמות ובגמ' גרסי במאי קמיפלגי רבן גמליאל סבר אין ידיעה לחצי שיעור וכבר פירשנו אותו בפרק כל גדול (דף קב): אמר רב ביבי בר אביי אף אנן נמי תנינא יש אוכל אכילה אחת וחייב עליה ד' חטאות ואשם אחד. ומשכחת לה במסכת כריתות בפרק אמרו לו אכלת חלב (דף יג) פי' ד' חטאות בנוי על עיקר המשנה שבתחלת המסכת' ל"ו כריתות בתורה ואלו הן טמא שאכל את הקדש והאוכל חלב ודם ונותר ופיגול והאוכל והעושה מלאכה ביום הכפורים וכר' אמרו על אלו חייבין על זדונן כרת ועל שגגתן חטאת ומי שאכל חלב והוא נותר מן המוקדשים ביום הכפורים חייב חטאת משום טמא שאכל את הקדש וחטאת [משום חלב וחטאת משום אוכל נותר וחטאת] משום אוכל ביום הכפורים הרי ד' חטאות ואשם מעילות כמשה"כ (ויקרא ה) נפש כי תמעול מעל וחטאה בשגגה וכדתנן (מעילה דף יח) הנהנה שוה פרוטה מן ההקדש מעל ואילו היה טהור ואכל את הקדש בשגגה נתחייב אשם מעילות:

סליק פרק הזורק

ליקוטי רש"י

קלטה אחר. דהוו להו שנים שעשאוה כיון שלא הניח החפץ לילך עד מקום הילוכו ועכבו הוא ולא כך אמרו [לעיל ה.]. תחלתן וסופן שגגה. תחלת המלאכה וסופה שגגה שלא נודע לו בנתיים עד שנגמרה עבירה [שם ד:]. אין ידיעה לחצי שיעור. לחלק כדי שלא יצטרף עמו מה שאחר [לקמן קה.]. ולא מהני ידיעה שבינתיים לחלק שלא תצטרף.

רבינו חננאל

מקום נמוך פחות מי' ומקום גבוה י' טפחים אין מעבירין אותה אלא מחזירין אותה לדרך אחרת. תוב מקשו להני דאמרי עושה מקום ד' כמו שאמרנו כמו תיבה פחותה או סל פחותה וכיוצא בהן וממלא ואע"ג דליכא משפת מיא י' טפחים שופכין דספינה להיכי שדי להו כלומר שופכין שצריך לשופכן כגון מי רגלים וכיוצא בהן היכא שפיך להו וכי תימא באותו מקום [ששהו ד' הוא ממלא אלא המים] [ששפהו לממלא בו המים] הוא שופך שופכין לשם הא קא מימאסו ליה מיא. ומשני שדי להון בדופן של ספינה שהיא כמכלל רה"י ואע"ג דשותתין ואזלי מדפני נחתתי לים כל כי האי גוונא כחו בכרמלית לא גזרו רבנן וגרסינן בפרק ב' אליעזר דתולין אמר רב יהודה האי מאן דסחי בבמיא דנהרא בשבתא ניגנוב נפשיה וניסק דאי לא קמסיק מיא מכרמלית לרה"י והוא הספינה סוף סוף כי נחית למיסחי קא דחי להו לגבה ומנא מטלטל בכרמלית ושנינן שכוח בכרמלית לא גזרו רבנן ומנא תימרא דכחו בכרמלית לא גזרו רבנן דתניא ספינה שבים ר' יהודה אומר עמוקה י' ואינה גבוהה י' מטלטלין מתוכה לים ומן הים לתוכה ואוקימנא להאי דתני מטלטלין מתוכה לים על חודה של ספינה שהן דפני הספינה ורש"מ כחו בכרמלית לא גזרו רבנן פי' עמוקה י' ואינה גבוהה י' כגון שנשקעו מחיצותיה בים וכשאתה מודד עמוקה של ספינה מבפנים הויא י' טפחים ופעמים יותר אבל משפת הים ולמעלה עד שפת הספינה כיון שנשקעו מקצת מחיצותיה בים לא הוי גבוהה י' ונמצאת הספינה רה"י והים כרמלית ולפיכך הוצאה מן הספינה דרך כחו לא גזרו רבנן אבל להכניס דלא אפשר דרך כחו לא שרו:

ירושלמי א"ר אבין למה מן הים לתוכה אסור מפני הסכנה אמר רב הונא הני ביציאתא דמישן אין מטלטלין בהן אלא בד' אמות. פי' ביציאתא ספינות קטנות העשויות לתשמיש הגדולות כי כשבאות להיכנס במקום מהלכות לפניה וראיין הקלו המים אם לאו אם רואין כי קלו המים משליכין העוגין בים שהן ברזיים [גדולים] ומעמידין אותה שם ועוד עשויות לצאת בהם בבני הספינה ליבשה וליכנס בהן לטעון ולפרק האנתיקי שבה ומתוך שהן קלות והולכות על ביצת המים לפיכך הן נקראות ביציאתא: מישן. שם מקום וגרסינן בהמוכר את הספינה מכר את ביציאה סומכוס אומר מכר את דוגית ואמר רבא הביצית והדוגית חדא מלתא היא ומפני שמשמשי בה מקום אגמי מים עושין ביציאה להלך בהן באגמים ויש להן דפנות שהן מחיצותיהן וקרקעיתה עשויה כמין תיבה וכיון שהן נכנסין בה כמו במים ישובין ועושין אותה כך שאפי' אם תתהפך על פניה אינה נטבעת לעולם. ואמר רב ביבי הבי רבי ספינה דינה ואין מטלטלין בה בשבת אלא בארבע ולא אמרו אלא בזמן שאין (בה) [בין] נסר לנסר חלל פחות מג' טפחים. אבל יש בין נסר לנסר חלל פחות מג' כלבוד דמי דאין הנסרים כאלו מחוברין איש אל אחיו הן ואע"פ שהמים נכנסים בה לא חיישינן והכי היא ולנוטל לטלטל בכולה ואם היו הנסרים פחות מד' ויש בין זה לזה יותר מג' או ג' ומלא את החלל שבין הנסרים קנים ואורבני ואתקיף עליה רב

ליקוטי רש"י (המשך)

זרק. ממחלת ד' לסוף ד'. בפי הכבשן. שלהבת ונשרפה [כריתות טו.]. חמואות. משום טומאת הגוף לאוכל קדשים בטומאת הגוף בכרת ומשום חלב ומשום נותר ומשום יוה"כ [עירובין צו.]. ד' חטאות. ואשם אחד. הטמא שאכל חלב והוא נותר מן המוקדשין ביום הכפורים חייב משום טמא שאכל את הקדש הרי ארבע חטאות ואשם אחד אשם מעילות [יבמות לג:]. מחשבתו. שהוא לריך לכך [שבועות כד:].

The Gemara challenges this answer:

לְכִתָּא וּמִתְנָא אוּגְדוֹ בְּיָדוֹ הוּא – The case of **a clamp with a rope** attached to it **is one in which he** still **grasps [the object] in his hand.** Thus, he is exempt simply because he has not made a complete transfer,[11] and even if the entire act were considered inadvertent he would still not be liable to a *chatas.* This then cannot be the case to which the Mishnah's rule refers. – ? –

The Gemara answers:

כְּגוֹן שֶׁנִּתְכַּוֵּין לַעֲשׂוֹת חַבּוּרָה – The Mishnah's rule refers to **a case where he threw** the clamp in order **to inflict a wound,** not to transfer it from place to place. Consequently, the fact that he still grasps the object does not prevent him from being liable.[12]

The Gemara asks:

הָא נַמִּי תְּנֵינָא – **But this was taught as well in our Mishnah,** which stated previously: הַזּוֹרֵק לַעֲשׂוֹת חַבּוּרָה בֵּין בְּאָדָם בֵּין בִּבְהֵמָה – If ONE THREW an object on the Sabbath in order TO INFLICT A WOUND UPON EITHER A PERSON OR AN ANIMAL, וְנִזְכַּר עַד שֶׁלֹּא נַעֲשֵׂית חַבּוּרָה – AND HE REMEMBERED that it was the Sabbath WHEN THE WOUND HAD NOT YET BEEN INFLICTED, פָּטוּר – HE IS EXEMPT from a *chatas* offering.[13] Since the Mishnah explicitly teaches the law of one who throws to inflict a wound, the rule stated at the end of the Mishnah must be meant to add something else. – ? –

The Gemara therefore revises its last answer:

אֶלָּא אָמַר רָבָא – **Rather, Rava said:** **בְּמַעֲבִיר** – The Mishnah's rule refers **to** a case of **one who carries** an object **[four *amos*]** in a public domain. Since at any moment during the act he could refrain from completing the four-*amah* transfer, the completion of the act must be performed inadvertently to render him liable to a *chatas.*[14]

The Gemara rejects this explanation as well:

וְהָא זֶה הַכְּלָל דְּקָתָנֵי אַזְּרִיקָה קָתָנֵי – **But when the Mishnah said, "This is the rule . . . ," it said it in connection with throwing.** Now, if in an ordinary case of throwing (where the object is *completely* released), remembering the Sabbath in midflight does not exempt the thrower, the Tanna should not have stated the general rule concerning the exemption for remembering the Sabbath in midact in regard to an unusual case of throwing![15] Since he does do so, we must conclude that the rule stated by the Mishnah refers even to ordinary cases of throwing, where the object leaves the thrower's hand entirely. – ? –

The previous explanations having been rejected, Rava resolves the contradiction between the Mishnah's rulings by reinterpreting our Mishnah's *first* clause:

אֶלָּא אָמַר רָבָא – **Rather, Rava said:** **תַּרְתֵּי קָתָנֵי** – **The Mishnah**'s first clause **teaches two** cases, as follows: **הַזּוֹרֵק וְנִזְכַּר מֵאַחַר שֶׁיָּצְתָה מִיָּדוֹ** – **One who threw** an object **and** then **remembered** that it was the Sabbath **after it left his hand** but before it landed, **אִי נַמִּי לֹא נִזְכַּר וּקְלָטָהּ אַחֵר** – *or* in a case where **[the thrower] did not remember** that it was the Sabbath **but another** person **caught it,** **אוֹ קְלָטָהּ כֶּלֶב אוֹ שֶׁנִּשְׂרְפָה** – **or a dog caught it, or it was burned** in flight, **פָּטוּר** – **he is exempt** from a *chatas* offering, in the first case because he was reminded of the Sabbath before it landed, and in the second case because it was intercepted or landed in a dog's mouth or in a fire. According to this explanation, one who remembers the Sabbath after throwing an object is exempt in all cases, even if he could not retract it, because the entire transfer did not take place while the thrower was in a state of unawareness.[16]

NOTES

11. The article [as a whole] cannot be said to have been thrown [to another place, for though the clamp part of it has been thrown, the rope part of it remains in his hand] (*Rashi*; see also *Rashi* 5b ד״ה גוללו אצלו; cf. *Rambam, Hil. Shabbos* 13:14, *Chidushei HaRan*). Thus, there is no basis for rendering him liable even if we could construe the entire act as inadvertent.

12. Since the liability in this case is for inflicting a wound (not transferring), it makes no difference whether he is still holding onto the object or not. Thus, we may say that the Mishnah's rule indeed refers to a case where he threw the clamp but held onto the rope, so that he could retract the clamp at any moment. Therefore, to be liable to a *chatas,* the beginning of his act (throwing) and the end of the act (striking) must both have been without knowledge of the Sabbath. For if, after throwing the clamp, he remembered that it was the Sabbath before the clamp struck, his failure to retract the clamp before it inflicted the wound would render the conclusion of the act deliberate and exempt him from a *chatas* (*Rashi*).

13. And, according to our present understanding, this ruling *must* be discussing a case where the object was attached to a rope still held by the thrower, for only then does his remembering the Sabbath exempt him from a *chatas* (*Chidushei HaRan*).

14. The Mishnah's first case, however, speaks of throwing an object that cannot be recalled. Since remembering the Sabbath while it is in flight is irrelevant, the Mishnah therefore exempts him only if the object is intercepted by another party (*Rashi*).

This explanation is in essence the same as the previous one except that where the previous explanation interpreted the Mishnah's rule to be alluding to a case where he threw an object attached to a rope, Rava explains it to refer to a case where he carried an object four *amos* in a *reshus harabim.* (This avoids the problem of having the Mishnah's rule merely repeat the ruling of the Mishnah's second case.) According to both explanations, though, remembering the Sabbath in midact causes the end of the act to be deemed deliberate only if it could still be prevented from happening by the person who initiated it. Rava agrees with Rav Kahana that the first case of the Mishnah speaks of a situation where he threw an object that left his hand completely, whereas the second case speaks of a situation where he still retains control of the thrown object by means of a rope (see *Tosafos*). [For this reason the act is considered completely inadvertent in the first case even if he remembers the Sabbath while the object is in flight, while in the second case it is not considered inadvertent if he remembers the Sabbath in midact, because he has the ability to stop before inflicting the wound. This is the case to which the rule stated at the end of the Mishnah refers.]

15. [Whatever else it may be adding,] the general rule was *stated* in regard to the case appearing just before it – throwing to inflict a wound. Now, if in an ordinary case of throwing one would *not* be exempted by remembering in midflight, [and it is only in the unusual case of an object attached to a rope that one is exempt], why would the Tanna choose to state the general rule regarding midact remembrances in regard to a type of act in which the rule is not generally true? (*Rashi*). [For the Tanna could just as well have spoken explicitly of a case of one who *carries* four *amos,* where the rule is generally true, and stated the rule in regard to that case – and the addition of the rule would then have sufficed to add the unusual case of throwing a rope-held object! Cf. *Maharsha* and *Sfas Emes* ד״ה אלא אמר רבא.]

16. [Rava now disputes the basic premise of the previous explanations. As he now explains the Mishnah, remembering the Sabbath exempts from a *chatas* even if this awareness does *not* enable the person to prevent the completion of the *melachah.* The mere fact that the person was aware of the transgression before its conclusion classifies its completion as a "deliberate act," thereby exempting him from a *chatas.* (*Meromei Sadeh* suggests that the reason for this is that that the word שְׁגָגָה used by the Torah in the *chatas* passage implies that the act must be a *complete* inadvertence, with no trace of awareness. Although remembering when the object has already left one's hand does not make the act a מֵזִיד, *deliberate sin,* it is still less than a complete שְׁגָגָה, *inadvertence.*)]

According to Rava's current answer, the Mishnah's rule alludes to the case of carrying an object four *amos* in a public domain (*Rashi*), as Rava said before, and it teaches that in this case too both the beginning and the end of the *melachah* must be considered inadvertent for there to be a *chatas* obligation. [Rava, however, avoids the Gemara's previous question because according to his current explanation the general rule indeed applies to all cases of throwing.] See *Tosafos* and *Maharsha.*

מתני' הזורק ונזכר מאחר שיצתה מידו קלטה אחר קלטה כלב או שנשרפה פטור זרק לעשות חבורה בין באדם ובין בבהמה ונזכר עד שלא נעשית חבורה פטור [א] זה הכלל כל חייבי חטאות אינן חייבין עד שתהא תחלתן וסופן שגגה תחלתן שגגה וסופן זדון תחילתן זדון וסופן שגגה פטורין עד שתהא תחילתן וסופן שגגה: גמ' הא נחה חייב והלא נזכר ותנן כל חייבי חטאות אינן חייבין עד שתהא תחלתן וסופן שגגה אמר רב כהנא סיפא אתאן ללכתא ומתנא לכתא ומתנא אוגדו בידו הוא כגון שנתכוין לעשות חבורה הא נמי תנינא הזורק לעשות חבורה בין באדם בין בבהמה ונזכר עד שלא נעשית חבורה פטור אלא אמר רבא במעביר והא זה הכלל דקתני אזריקה קתני אלא אמר רבא תרתי קתני הזורק ונזכר מאחר שיצתה מידו אי נמי לא נזכר וקלטה אחר או קלטה כלב או שנשרפה פטור רב אשי אמר חסורי מחסרא והכי קתני הזורק ונזכר מאחר שיצתה מידו קלטה אחר או קלטה כלב או שנשרפה פטור הא נחה חייב בד"א שחזר ושכח אבל לא חזר ושכח פטור שכל חייבי חטאות אינן חייבין עד שתהא תחלתן וסופן שגגה: זה הכלל כל חייבי חטאות כו': איתמר שתי אמות בשוגג שתי אמות במזיד שתי אמות בשוגג רבה אמר פטור רבא אמר חייב רבה אמר פטור אפילו לרבן גמליאל דאמר אין ידיעה לחצי שיעור התם הוא דכי קא גמר שיעורא בשוגג קא גמר אבל הכא דבמזיד לא ובמאי אי בזורק שוגג הוא אלא במעביר רבא אמר חייב ואפילו לרבנן דאמרי יש ידיעה לחצי שיעור התם הוא דבידו אבל הכא דאין בידו לא ובמאי אי במעביר הרי בידו ואלא בזורק אמר רבה זרק ונחה בפי הכלב או בפי הכבשן חייב והאנן תנן קלטה אחר או קלטה הכלב או שנשרפה פטור התם דלא מכוין הכא דקא מכוין אמר רב ביבי בר אביי אף אנן נמי תנינא יש אוכל אכילה אחת וחייב עליה ד' חטאות ואשם אחד הטמא שאכל חלב והוא נותר מן המוקדשין ביוה"כ רבי מאיר אומר אף אם היתה שבת והוציאו [בפיו] חייב אמרו לו אינו מן השם ואמאי הא אין דרך הוצאה בכך אלא כיון דקא מיכוין מחשבתו משויא ליה מקום הכא נמי כיון דקא מיכוין מחשבתו משויא ליה מקום:

הדרן עלך הזורק

רש"י

מתני' הזורק. בשוגג: ונזכר. שהוא שבת: מאחר שיצתה. האבן מידו וקודם שתנוח: קלטה אחר. קס"ד לאחר שנזכר זה קלטה אחר הוו להו שנים שעשאוה וכגון (א) שנעקר ממקומו וקבל או שקלטה כלב בפיו דלא הויא הנחה דבעינן מקום ד' פטור: גמ' ופרכינן הא נחה. לסוף ד' ברה"ר חייב ואע"ג דנזכר בין עקירה להנחה והא קתני סיפא זה הכלל כו': סיפא. דקתני עד שתהא תחלתן וסופן שגגה: אתאן ללכתא ומיתנא. לכתא עץ קטן שכפול ראשו וצריך למחורים נושאים דרדורים של יין שמוכרין אותו בשני עקלים שהדרדורים תלויין בהן משני צדי החמור ומחברים בו הדרדורים שיחזיק זה את זה: ומתנא. חבל כלומר לא מיתוקמא סיפא אלא בזורק לכתא הקשור בחבל קטן כדרכו ואוחז החבל בידו וכשנזכר היה בידו לאחוז החבל ולעכב זריקת הלכתא שלא תנוח הלכך תחילתו שוגג וסופו מזיד ופטור אבל זרק צרור וחפץ שכשנזכר אין בידו לעכבו כוליה שוגג הוא ונזכר דקתני ברישא אשמעינן רבותא דאף על גב דנזכר לא מיפטר מחטאת אא"כ קלטה אחר או כלב: ופרכינן לכתא ומתנא אוגדו בידו. ואפילו כוליה מילתא שוגג לא מיחייב דאין כאן זריקה: כגון שנתכוון לעשות חבורה. בתחלתו בשגגת שבת ונזכר עד שלא נעשית החבורה ולעולם בלכתא ומיתנא וכגון שנתכוין לעשות חבורה כו' דהכי משום זכירה הוא דמיפטר שהיה בידו להחזיר נמצא סופו זדון הא לא נזכר חייב ואע"ג דאגדו בידו דמזיקה לאו משום זריקה הוא אלא משום חבורה: הא בהדיא קתני לה. במתניתין וזה הכלל ע"כ למילתא אחריתי אתא: אלא אמר רבא. זה הכלל למעביר ארבע אמות ברה"ר ונזכר קודם שהעבירו ד' אמות אתא שהיה בידו לעמוד במקום שנזכר אבל זורק לא מיפטר בזכירה: והא כי קתני זה הכלל אזריקה תני לה. דאיירי לעיל מיניה בזורק לעשות חבורה ואי סתם זורק לא מיפטר בזכירה היכי מתני גבי זה הכלל: אלא אמר רבא. רישא מילי מילי קתני לה ותרתי קתני הזורק ונזכר או נמי לא נזכר וקלטה אחר כו' והכלל תני כללא לאתויי מעביר: חסורי מחסרא וכו'. ולעולם הלא קתני: שחזר ושכח. קודם שתנוח דהוה ליה תחלתו וסופו שגגה ואשמעינן נזכר דתנא בה לרבותא דאע"ג דהואי ידיעה בינתיים מיחייב דאין ידיעה לחצי שיעור דהיינו כאין בידו להחזיר: ה"ג שכל חייבי חטאות כו': איתמר ב' אמות בשוגג ב' אמות במזיד ב' אמות בשוגג רבה אמר פטור רבא אמר חייב. שתי אמות במזיד שנזכר לאחר שתי אמות ראשונות וחזר ושכח בב' האחרונות: דר"ג. לקמן בפרק הבונה: התם דכי גמר שיעורא בשוגג גמר. הכותב ב' אותיות בב' העלמות דמחייב בה ר"ג באות השניה נגמר השיעור ואף הוא בשוגג אבל הכא בשתי אמצעיות שהן במזיד נגמר השיעור כדמפרש ואזיל לה במעביר ושתי אמצעיות מזיד: שוגג הוא. שהרי אין בידו לעכבה וכיון שחזר ושכח חייב דלא נגמרה מלאכה עד שעת הנחה שהיא לסוף ובשוגג: אלא במעביר. וכיון דבידו לעמוד בסוף ב' אמות האמצעיות אשתכח דגמר שיעורא במזיד: התם הוא דבידו. שלא לחזור ולכתוב השניה הלכך כי חזר ושכח הויא לה שגגה אחריתי ולא גמרה לקמייתא: אבל הכא אין בידו. להחזיר כשנזכר כדמפרש ואזיל בזורק הלכך כולה חדא שגגה היא ומר אמר חדא ומר אמר חדא ולא פליגי: בפי הכבשן. ונשרפה בשלהבת: הכא דקא מיכוין. מחשבתו משויא ליה מקום דהא אחשביה: אכילה אחת. זית אחד: ד' חטאות. משום חלב משום נותר משום אכילת יוה"כ משום טומאת הגוף ואכל קדש: ואשם מעילות. דאפילו הוא כהן גבי אימורים זר הוא: אף אם היתה שבת כו'. ומשום יוה"כ לא מיחייב בהוצאה דקסבר אין עירוב והוצאה ליוה"כ: אינו מן השם. אין חטאת זו משום אכילה אלא משום הוצאה: ואמאי. מיחייב משום הוצאה לדברי הכל הא אין דרך להוציא בפה: מחשבתו. שצריך לאוכלה בהליכתו ואחשבה להוצאה זו בפיו:

הדרן עלך הזורק

תוספות

סיפא אתאן ללכתא ומיתנא. אבל רישא איירי בלא לכתא ומיתנא וה"ה אפילו בלא נזכר פטור כיון שקלטה כלב או נשרפה והא דנקט נזכר לאשמעינן דאפילו בנזכר דוקא קלטה כלב או נשרפה פטור משום דלא נחה הא נחה חייב: אלא אמר רבא במעביר. והוא הדין לחבורה איירי בלכתא ומיתנא ואין ר"י יודע למה הוצרך להשמיענו הסיפא לחבורה מה לי חבורה מה לי מעביר וכן לרבא דקאמר תרתי קתני אמאי תנא הסיפא לחבורה כיון דתנא הזורק ונזכר פטור ה"ה בחבורה דמ"ש: רב אשי אמר חסורי מחסרא כו'. אין זה ממש חסורי מחסרא דמשנה כמו שהיא שנויה יש לפרש כן אלא כדי לפרשה קאמר בלשון חסורי מחסרא: ובמאי אי בזורק שוגג הוא. אע"ג דכי גמר שיעוריה במזיד גמר מ"מ כיון דבתחלת זריקה הוי שוגג ואין יכול להחזירה והנחה נמי שוגג הוא חשיב כאילו מתחלה ועד סוף הויא חדא שגגה: אמר רבא זרק בפי כלב. ל"ג ונחה בפי כלב דנחה משמע מעצמה כדא"ר יוחנן בפ"ק (לעיל דף ה.) זרק חפץ ונח לתוך ידו של חבירו חייב ומסיק דקמ"ל אף על גב דלא אחשביה לידיה והכא מסיק דקא מכוין ומחשבתו משויא ליה מקום [ט]: רבי מאיר אומר אם היתה שבת והוציאו בפיו כו'. פי' בקונטרס דלהכי נקט אם היתה שבת דמשום יוה"כ לא מיחייב דאין עירוב והוצאה ליוה"כ ולא הויא מסקנא הכי בפרק אמרו לו (כריתות דף יד.) דנדחו דברי רפרס שהיה מפרש כן ומסיק דנקט שבת כדי להרבות בחטאות ולחייבו אף משום שבת [ויוה"כ]: והוציאו בפיו חייב. כולהו בהדי הדדי קא אתו דבליעתו הויא הנחה אע"פ שמהלך כדאמרינן (לעיל דף פ.) כתיבתן זו היא הנחתן ואע"ג דפיו למעלה מי' ואינו רחב ד' בטל הוא אגב רה"ר ולא דמי לבוכיאר ביריעה דאמר בריש פרקין (לעיל דף צו:) דבמקום פטור קא אזיל דהתם מקום קביעות הוה טפי ודמי לטרסקל דאמר בפ"ק (דף ה.) דלמטה מי' הוי רה"ר והכא אפילו למעלה מי' בטל אגב רשות הרבים ועוד דמעביר למעלה מי' כלמטה וחשיב מונח ברשות הרבים:

הדרן עלך הזורק

מסורת הש"ס

א) לעיל ד., ב) לעיל עה: לקמן קה., ג) [נ"ל רבא], ד) עירובין נט., ה) [נ"ל רבא], ו) כריתות יג: שבועות כד: יבמות לג., ז) [נ"ל שאין], ח) [ועיין תוס' לעיל ד: ד"ה אלא א"ר יוסף ותוס' עירובין נט. ד"ה זרק ונח].

הגהות הב"ח

(א) רש"י ד"ה קלטה אחר וכו' וכגון. נ"ב ע"ל בדף ה סוף ע"א:

גליון הש"ס

תוס' ד"ה והוציאו וכו' דבליעתו הוי הנחה. ע"ל דף יא ע"א תד"ה לא עמד: בא"ד וחשיב מונח ברה"ר. ע"ל דף ו ע"א תד"ה הסם:

רב נסים גאון

אפי' לרבן גמליאל דאמר אין ידיעה לחצי שיעור. בסוף פ' הבונה (דף קה) חלק רבן גמליאל עם החכמים בכותב ב' אותיות בב' העלמות ובגמ' גרסי במאי קמיפלגי רבן גמליאל סבר אין ידיעה לחצי שיעור וכבר פירשנו אותה בפרק כלל גדול (דף עב:): אמר רב ביבי בר אביי אף אנן נמי תנינא יש אוכל אכילה אחת וחייב עליה ד' חטאות ואשם אחד. ומשכחת לה במסכת כריתות בפרק אמרו לו אכלת חלב (דף יג) פי' ד' חטאות בנוי על עיקר המשנה שבתחלת המסכת ל"ו כריתות בתורה ואלו הן טמא שאכל את הקדש והאוכל חלב ודם ונותר ופיגול והאוכל והעושה מלאכה ביום הכפורים כו' ואמר על אלו חייבין על זדונן כרת ועל שגגתן חטאת ומי שאכל חלב והוא נותר מן המוקדשים ביום הכפורים חייב חטאת משום טמא שאכל את הקדש וחטאת משום חלב וחטאת משום אוכל נותר וחטאת משום אוכל ביום הכפורים הרי ד' חטאות ואשם אחד משום מעילות כמשה"כ (ויקרא ה) נפש כי תמעול מעל בה' וחטאה בשגגה וכדתנן (מעילה דף יח) הנהנה שוה פרוטה מן ההקדש מעל ואילו היה טהור ואכל את הקדש בשגגה נתחייב אשם מעילות.

סליק פרק הזורק

ליקוטי רש"י

קלטה אחר. דהוו להו שנים שעשאוה דכיון שלא הניח החפץ עד מקום הילוכו ולא עד כך אמרו ועכבו הויא ליה עקירה קמייתא בלא הנחה [לעיל ה.]. תחלתן וסופן שגגה. תחלת המלאכה וסופה לא נודעה לו שגגתו עד שנגמרה עבירה [שם ד.]. אין ידיעה לחצי שיעור. לאחר לכך לא יצטרף עמו אלא האחר [לקמן קה.]. ולא מהני ידיעה שבינתיים [כריתות טז:]. זרק. מתחילת ד' לסוף ד'. בפי הכבשן. שקלטה שלהבת ונשרפה [עירובין צט.]. ד' חטאות. ... טומאה דאוכל קדשים בטומאת הגוף בכרת ומשום חלב ומשום נותר ומשום יוה"כ [יבמות לד.]. הטמא שאכל חלב כו'. חייב משום חלב ומשום נותר ומשום יוה"כ ומשום טמא שאכל את הקדש הרי ארבע חטאות ואשם אחד ... כהן גבי חלב דקדש מועל הוא דאמר מר (תמורה לג:) כל חלב לה' לרבות אימורי קדשים קלים למעילה ... חל על איסור ניהו או ע"י כולל או ע"י מוסיף שהרי משנולדה הבהמה נאסר חלבה אקדשה מיגו דחל ... ועור חל נמי אחלב הרי כולל הוה ליה נותר מיגו דאיתוסף בה איסורא לגבי מזבח על חתיכה זו משום ... גבי גברא משום נותר הרי מוסיף איטמא גברא מיגו דאיתסר האי גברא בקדשים הנאכלים משום טומאה ... חלב משום טומאה הרי כולל הוה ליה יוה"כ מיגו דאיתסר אף בחולין משום יוה"כ איתסר נמי בהאי משום ... בפיו בשעת אכילה [שבועות כד:]. מחשבתו. שהוא צריך לכך משווא לה הוצאה חשובה [עירובין שם].

עין משפט נר מצוה

מ א מיי' פי"א מהל' שבת הלכה יט ופ"ב מהל' שגגות הלכה ה סמג עשין ריג:
מא ב מיי' פי"ג מהל' שבת הלכה יד סמג לאוין סה:
מב ג ד מיי' פ"ז מהל' שגגות הלכה ט:
מג ה ו מיי' פי"ג מהל' שבת הלכה יג:
מד ז מיי' פ"ו מהל' שגגות הלכה ד:

רבינו חננאל

מקום נמוך פחות מי' ומקום גבוה י' טפחים אין מעבירין אותה אלא מחזירין אותה לדרך אחרת. תוב מקשו להני דאמרי עושה מקום ד' כמו שאמרנו כמו תיבה פחותה או סל פחותה וכיוצא בהן וממלא ואע"ג דליכא משפת מיא י' טפחים שופכין דספינה להיכי שדי להו כלומר שופכין שצריך לשופכן כגון מי רגלים וכיוצא בהן היכא שפיך להו וכי תימא באותו מקום (שעשה ד') הוא ממלא אלא המים [שעשהו לממלא בו המים] הוא שופך שופכין לשם הא קא מימאס ליה מיא. ומשני שדי להון בדופן של ספינה שהיא מכלל רה"י ואע"ג דשותתין ואזלי מדפני נחתתי לים כל כי האי גוונא כחו בכרמלית לא גזרו רבנן וגרסינן בפרק ר' אליעזר דחולין אמר רב יהודה האי מאן דסחי במיא דנהרא בשבתא ניגוב נפשיה וניסק דאי לא קמסיק מיא מכרמלית לרה"י והוא הספינה סוף סוף כי נחית למיסחי קא דחי להו למיא ונמצא מטלטל בכרמלית ושנינן שכוחו בכרמלית לא גזרו רבנן ומנא תימרא דכחו בכרמלית לא גזרו רבנן דתניא ספינה שבים ר' יהודה אומר עמוקה י' ואינה גבוהה י' מטלטלין מתוכה לים אבל לא מן הים לתוכה ואוקימנא להאי דתני מטלטלין מתוכה לים על חודה של ספינה שהן דפני הספינה וש"מ כחו בכרמלית לא גזרו רבנן פי' עמוקה י' ואינה גבוהה י' כגון שנשקעו מחיצותיה בים וכשאתה מודד משפת הים לתוך ספינה מבפנים הויא י' טפחים ופעמים יותר אבל משפת הים ולמעלה עד שפת הספינה כיון שנשקעו מקצת מחיצותיה בים לא הוי גבוהה י' ונמצאת הספינה רה"י והים כרמלית לפיכך הוצאה מן הספינה דרך כחו לא גזרו רבנן אבל להכניס דלא אפשר דרך כחו לא שרו: ירושלמי א"ר אבין למה מן הים לתוכה אסור מפני הסכנה אמר רב הונא הני ביצייתא דמישן אין מטלטלין בהן אלא בד' אמות. פי' ביצייתא ספינות קטנות העשויות לתשמיש הגדולות כי כשבאות להיכנס במל מהלכות לפניה ורואין הקלו המים אם לאו ואם רואין כי קלו המים משליכין העוגין בים שהן ברזלים [גדולים] ומעמידין אותה שם ועוד עשויות לצאת בהם בני

הבונה

הספינה ליבשה וליכנס בהן ולטעון ולפרק האנתיקי שבה ומתוך שהן קלות ומהלכות על ... נקראות ביצייתא: מישן. שם מקום וגרסינן בהמוכר את הספינה מכר את ביציית סומכוס או... רבא הביצית ודוגית חדא מלתא היא ומפני שמישן הוא מקום אגמי מים עושין ביציית להל... דפנות שהן מחיצותיה וקרקעיתה עשויה נסרים נסרים וביניהם חלל ומי הים והנהר נכנסין בה. ... יושבין ועושין אותה כך שאפי' אם תתהפך על פניה אינה נטבעת לעולם. ואמר רב הונא כיו... דינה ואין מטלטלין בה בשבת אלא בארבע ולא אמרו אלא בזמן שאין (בה) [בין] נסר לנסר ... אבל יש בין נסר לנסר חלל פחות מג' טפחים כיון דכל פחות מג' כלבוד דמי רואין אלו הנ... אל אחיו הן ואע"פ שהמים נכנסין בה לא חיישינן וכרה"י היא ומותר לטלטל בכולה וכן אם ... בין זה לזה יתר מג' או ג' ומילא את החלל שבין הנסרים קני ואורבני מותר לטלטל ב...

The Gemara gives another explanation of the Mishnah, according to which the first ruling deals with a single case:

רַב אַשִׁי אָמַר – **Rav Ashi said:** חַסּוּרֵי מִחַסְּרָא וְהָכִי קָתָנֵי – **[The Mishnah's text] is lacking** explanatory words **and this is what it is** really **teaching:** הַזּוֹרֵק וְנִזְכַּר מֵאַחַר שֶׁיָּצְתָה מִיָּדוֹ – **One who** inadvertently **threw** an object **and** then **remembered** that it was the Sabbath **after it left his hand** but before it landed, קְלָטָהּ אַחֵר אוֹ קְלָטָהּ כֶּלֶב אוֹ שֶׁנִּשְׂרְפָה – and **another** person **caught it, or a dog caught it, or it was burned** in flight, פָּטוּר – **he is exempt** from a *chatas* offering.[17] הָא נָחָה חַיָּיב – **But if it landed** without being intercepted, **he is liable** to a *chatas* offering. בַּמֶּה דְּבָרִים אֲמוּרִים – **In regard to what** case **is this said?** שֶׁחָזַר וְשָׁכַח – In regard to a case **where [the thrower]** then **forgot again** before the object landed, rendering it a case in which both the beginning of the *melachah* and its end were an inadvertence. אֲבָל לֹא חָזַר וְשָׁכַח פָּטוּר – **But if he did not forget again** before it landed, **he is exempt** even if it landed properly, שֶׁכָּל חַיָּיבֵי חַטָּאוֹת אֵינָן חַיָּיבִין עַד שֶׁתְּהֵא תְּחִלָּתָן וְסוֹפָן שְׁגָגָה – **for,** as the Mishnah concludes, **all who are liable to *chatas* offerings are not liable unless the commencement of their [misdeed] and its completion were an inadvertence.**[18]

The Mishnah stated:

זֶה הַכְּלָל – THIS IS THE RULE: כָּל חַיָּיבֵי חַטָּאוֹת כו׳ – ALL WHO ARE LIABLE TO *CHATAS* OFFERINGS etc.

The Gemara discusses a case of one who began a *melachah* inadvertently, then remembered and then forgot again before completing the *melachah*:

אִיתְּמַר – **It was stated:** שְׁתֵּי אַמּוֹת בְּשׁוֹגֵג שְׁתֵּי אַמּוֹת בְּמֵזִיד שְׁתֵּי אַמּוֹת בְּשׁוֹגֵג – If one transports an object in a public domain, the first **two *amos* inadvertently,** the next **two *amos* deliberately,** and the final **two *amos* inadvertently,** רַבָּה אָמַר פָּטוּר – **Rabbah said: He is exempt;** רָבָא אָמַר חַיָּיב – **Rava said: He is liable.**

The Gemara explains their respective positions:

רַבָּה אָמַר פָּטוּר – **Rabbah said: He is exempt** אֲפִילּוּ לְרַבָּן גַּמְלִיאֵל דְּאָמַר אֵין יְדִיעָה לַחֲצִי שִׁיעוּר – **even according to Rabban Gamliel who says** in regard to writing two letters[19] that **"there is no awareness for half a measure."**[20] הָתָם הוּא דְּכִי קָא גָּמַר שִׁיעוּרָא בְּשׁוֹגֵג קָא גָּמַר – For **it is** only **there,** in the case of writing, that he says this, **since when the measure** required for liability **is completed, it is completed inadvertently;** אֲבָל הָכָא דִּבְמֵזִיד לֹא – **but here, where [the required measure]** of four *amos* **is completed deliberately,** he would **not** say so; rather he would exempt him based on the person's awareness at the time the measure is completed.[21]

The Gemara clarifies the type of transfer Rabbah is discussing:

וּבְמַאי – **And in regard to what** type of transfer was Rabbah speaking? אִי בְּזוֹרֵק – **If it was in regard to someone who throws** an object, שׁוֹגֵג הוּא – then **he was an inadvertent transgressor,** since he could no longer prevent the object from traveling further.[22] Why should he not be subject to a *chatas*? אֶלָּא בְּמַעֲבִיר – **Rather,** you must say that Rabbah was speaking

NOTES

17. [According to Rav Ashi's explanation, the first ruling of the Mishnah remains unchanged and indeed refers to an ordinary item that is thrown in the public domain. This of course implies that if the object had not been intercepted, the thrower would be liable to a *chatas* even though he realized his transgression before it landed. Rav Ashi indeed incorporates this inference into his emended version of the Mishnah, as the Gemara now states.]

18. [Rav Ashi agrees with Rava that remembering the Sabbath before the conclusion of the transgression exempts a person from a *chatas* even if it is too late to prevent the completion of the *melachah*. Although the first ruling of the Mishnah seemed to imply otherwise, Rav Ashi does away with this implication by adding a clause to the Mishnah that makes it clear that the first ruling refers to a case where the thrower remembered the Sabbath for just a moment and then forgot it again before the object landed. Thus, both the beginning of the act (the throw) and the end of the act (the landing) occurred while the thrower was unaware of the transgression, and he is therefore indeed liable to a *chatas* unless the object is intercepted.]

According to this, the reason the Mishnah makes mention of his remembering the Sabbath at all is to teach that *even though he remembered* for a moment in midflight, he is still liable to a *chatas* if he forgot again before the end of the *melachah*. Now this is by no means an obvious ruling. [For there is a general rule that although several violations of a *chatas*-bearing sin can be atoned for with a single *chatas* (see for example above, Mishnah 68a), this is so only if all the violations occur during a single period of unawareness (הֶעְלֵם אֶחָד). But if the sinner becomes aware of his transgression between violations and then forgets again, his awareness separates his acts into different *chatas* liabilities that can no longer be combined. Thus, where the thrower remembers the Sabbath in midflight, his awareness of the transgression should separate the beginning of the *melachah* and its end into separate acts of liability, and thus exempt him from a *chatas* (since neither part alone is sufficient to render him liable).] The Mishnah therefore must teach us that it is not so in our case, for "there is no awareness for half a measure" [אֵין יְדִיעָה לַחֲצִי שִׁיעוּר], i.e. awareness of having done *half* of what is necessary for *chatas* liability is not sufficient to separate the two half-measures. Rather, despite the intervening awareness, the two half-measures do combine to make the thrower liable to a *chatas*. Although this is actually the subject of a dispute between Rabban Gamliel and the Sages (Mishnah below, 105a), in this case, where the end of the *melachah* can no longer be prevented, all agree that an awareness in middle of the *melachah* does not separate between the parts, as the Gemara will explain shortly (see *Rashi*).

19. The case in dispute between Rabban Gamliel and the Sages (Mishnah 105a) is where one forgot that it was the Sabbath, wrote one letter, then became aware of his sin, and then forgot the Sabbath again and wrote a second letter alongside the first. [Liability for writing on the Sabbath is for writing two letters; Mishnah 73a.] Rabban Gamliel holds the writer liable in such a case while the Sages exempt him. The Gemara there explains the root of their dispute to be whether awareness of a *partial* transgression divides the labor into separate acts that do not combine to complete the measure required for liability (see previous note).

20. I.e. becoming aware that one has committed less than the minimum amount required for a *chatas* is *not* legally considered an awareness and thus does not prevent two half-measures from combining to form a single liability. (The rationale for this will be explained on 105a; see note 21 there.) Accordingly, the writer's awareness of the Sabbath between the first letter and the second letter does not divide the two acts of writing and he is therefore liable to a *chatas*. It should thus follow that Rabban Gamliel would disregard the interim awareness in our case as well, since it came after just two *amos* of the transfer had been performed. [The Sages' view will be explained in note 24.]

21. Rabban Gamliel held the writer liable in the case of writing because the second letter – which completes the measure – was also written inadvertently [the writer's awareness of the Sabbath having been limited to a moment *between* the writings of the two letters]. Thus, the entire measure needed for liability was done inadvertently. In our case, however, the measure of four *amos* was completed with the middle two *amos,* during which the person was aware of the Sabbath. Therefore, even Rabban Gamliel will agree that he is exempt from a *chatas*, because the completion of the minimum measure was performed deliberately (*Rashi*). [His subsequent forgetting of the Sabbath and continuing another two *amos* has no bearing on the fact that the measure required for liability was reached as soon as the object traveled four *amos* from where it was taken. Thus, a critical part of the *melachah* – transferring the object to the four-*amah* point in the *reshus harabim* – was performed deliberately. Rabban Gamliel's point is only that awareness before the completion of a measure does not legally *divide* the act in two; he agrees, however, that all the critical parts of the act must be *performed* inadvertently for there to be a *chatas* obligation.]

22. *Rashi;* this point will be explained further in the next note. [Nor can we exempt him on the grounds that the act was completed with his awareness (the principle of exemption put forth above by Rava and Rav

מתני' הזורק ונזכר מאחר שיצתה מידו קלטה אחר קלטה כלב או שנשרפה פטור זרק לעשות חבורה בין באדם ובין בבהמה ונזכר עד שלא נעשית חבורה פטור זה הכלל כל חייבי חטאות אינן חייבין עד שתהא תחלתן וסופן שגגה תחלתן שגגה וסופן זדון תחילתן זדון וסופן שגגה פטורין עד שתהא תחילתן וסופן שגגה: **גמ'** הא נחה חייב והלא נזכר ותנן כל חייבי חטאות אינן חייבין עד שתהא תחלתן וסופן שגגה אמר רב כהנא סיפא אתאן ללכתא ומתנא לכתא ומתנא אוגדו בידו הוא כגון שנתכוון לעשות חבורה הא נמי תנינא הזורק לעשות חבורה בין באדם בין בבהמה ונזכר עד שלא נעשית חבורה פטור אלא אמר רבא במעביר והא זה הכלל דקתני אזריקה קתני אלא אמר רבא תרתי קתני הזורק ונזכר מאחר שיצתה מידו אי נמי לא נזכר וקלטה אחר או קלטה כלב או שנשרפה פטור רב אשי אמר חסורי מחסרא והכי קתני הזורק ונזכר מאחר שיצתה מידו קלטה אחר או קלטה כלב או שנשרפה פטור הא נחה חייב בד"א שחזר ושכח אבל לא חזר ושכח פטור שכל חייבי חטאות אינן חייבין עד שתהא תחלתן וסופן שגגה: זה הכלל כל חייבי חטאות כו': איתמר שתי אמות בשוגג שתי אמות במזיד שתי אמות בשוגג רבה אמר פטור רבא אמר חייב רבה אמר פטור אפילו לרבן גמליאל דאמר אין ידיעה לחצי שיעור התם הוא דכי קא גמר שיעורא בשוגג קא גמר אבל הכא דבמזיד לא ובמאי אי בזורק שוגג הוא אלא במעביר רבא אמר חייב ואפילו לרבנן דאמרי יש ידיעה לחצי שיעור התם הוא דבידו הוא אבל הכא דאין בידו לא ובמאי אי במעביר הרי בידו ואלא בזורק אמר רבה זרק ונחה בפי הכלב או בפי הכבשן חייב והאנן תנן קלטה אחר או קלטה הכלב או שנשרפה פטור התם דלא מכוין הכא דקא מכוין אמר רב ביבי בר אביי אף אנן נמי תנינא יש אוכל אכילה אחת וחייב עליה ד' חטאות ואשם אחד הטמא שאכל חלב והוא נותר מן המוקדשין ביוה"כ רבי מאיר אומר אף אם היתה שבת והוציאו [בפיו] חייב אמרו לו אינו מן השם ואמאי הא אין דרך הוצאה בכך אלא כיון דקא מיכוין מחשבתו משויא ליה מקום הכא נמי כיון דקא מיכוין מחשבתו משויא ליה מקום:

הדרן עלך הזורק

רש"י

מתני' הזורק. בשוגג: ונזכר. שהוא שבת: מאחר שיצתה. החפץ מידו וקודם שתנוח: קלטה אחר. קס"ד לאחר שנזכר זה קלטתה אחר הוו להו שנים שעשאוה וכגון שנעקר ממקומו וקבל או שקלטה כלב בפיו דלא הויא הנחה דבעינן מקום ד' פטור: **גמ'** ופרכינן הא נחה. לסוף ד' ברה"ר חייב ואע"ג דנזכר בין עקירה להנחה והא קתני סיפא זה הכלל כו': סיפא. דקתני עד שתהא תחלתן וסופן שגגה: אתאן ללכתא ומיתנא. לכתא עץ קטן שכפול ראשו וצריך לתמורים נושאים לדלודים של יין שמוכין אותו בשני עקלים שהדלדולים תלוין בהן משני צידי החמור ומכבדים בו הדלדולים שיחזיק זה את זה: ומתנא. חבל כלומר לא מיתוקמא סיפא אלא בזורק לכתא הקשור בחבל קטן כדרכו ואוחז החבל בידו וכשנזכר היה בידו לאחוז החבל ולעכב זריקה הלכתא שלא תנוח הלכך תחלתו שוגג וסופו מזיד ופטור אבל זרק צרור וחפץ שכשנזכר אין בידו לעכבו כוליה שוגג הוא ונזכר דקתני ברישא אשמעינן רבותא דאף על גב דנזכר לא מיפטר מטעמא דא"כ קלטה אחר או כלב: ופרכינן לכתא ומתנא אוגדו בידו. ואפילו כוליה מילתא שוגג לא מיחייב דאין כאן זריקה: כגון שנתכוון לעשות חבורה. במתלתו בשגגת שבת ונזכר עד שלא נעשית החבורה ולעולם בלכתא ומיתנא וכגון שנתכוון לעשות חבורה כו' דהאי משום זכירה הוא דמיפטר שהיה בידו להחזיר נמצא סופו זדון הא לא נזכר חייב ואע"ג דאגדו בידו לחיוביה לאו משום זריקה הוא אלא משום חבורה: הא בהדיא קתני לה. במתניתין הא הכלל ע"כ למילתא אחריתי אתא: אלא אמר רבא. זה הכלל למעביר ארבע אמות ברה"ר ונזכר קודם שהעבירו ד' אמות אתא שהיה בידו לעמוד במקום שנזכר אבל זורק לא מיפטר בזכירה: והא כי קתני זה הכלל אזריקה תני לה. דאיירי לעיל מיניה בזורק לעשות חבורה ואי סתם זורק לא מיפטר בזכירה היכי מתני גבי זה הכלל: אלא אמר רבא. רישא מילי מילי קתני לה ותרתי קתני הזורק ונזכר אי נמי לא נזכר וקלטה אחר כו' והדר תני כללא לאתויי מעביר: חסורי מחסרא וכו'. ולעולם חדא קתני: שחזר ושכח. קודם שתנוח דהוה ליה תחילתו וסופו שגגה ואשמעינן נזכר דתנא בה לרבותא דאע"ג דהואי ידיעה בינתיים מיחייב דאין ידיעה לחצי שיעור דהיינו כאין בידו להחזיר: ה"ג שכל חייבי חטאות כו': איתמר ב' אמות בשוגג ב' אמות במזיד ב' אמות בשוגג רבה אמר פטור רבא אמר חייב. שתי אמות במזיד שנזכר לאחר שתי אמות ראשונות וחזר ושכח בב' האחרונות: דר"ג. לקמן בפרק הבונה: התם דכי גמר שיעורא בשוגג גמר. הכותב ב' אותיות בב' העלמות דמחייב בה ר"ג באות השניה נגמר השיעור ואף הוא בשוגג אבל הכא בשתי אמצעיות שהן במזיד נגמר השיעור כדמפרש ואזיל לה במעביר ושתי אמצעיות מזיד: שוגג הוא. שהרי אין בידו לעכבה וכיון שחזר ושכח חייב דלא נגמרה מלאכה עד שעת הנחה שהיא לסוף ובשוגג: אלא במעביר. וכיון דבידו לעמוד בסוף ב' אמות האמצעיות אשתכח דגמר שיעורא במזיד: התם הוא דבידו. שלא לחזור ולכתוב השניה הלכך כי חזר ושכח הויא לה שגגה אחריתי ולא גמרה לקמייתא: אבל הכא אין בידו. להחזיר כשנזכר כדמפרש ואזיל בזורק הלכך כולה חדא שגגה היא ומר אמר חדא ומר אמר חדא ולא פליגי: בפי הכבשן. ונשרפה בשלהבת: הכא דקא מיכוין. מחשבתו משויא ליה מקום דהא אחשביה: אכילה אחת. זית אחד: ד' חטאות. משום חלב משום נותר משום אכילת יוה"כ משום טומאת הגוף ואכל קדש: ואשם מעילות. דאפילו הוא כהן גבי אימורים זר הוא: אף אם היתה שבת כו'. ומשום יוה"כ לא מיחייב בהוצאה דקסבר אין עירוב והוצאה ליוה"כ: אינו מן השם. אין חטאת זו משום אכילה אלא משום הוצאה: ואמאי. מחייב משום הוצאה לדברי הכל הא אין דרך להוציא בפה: מחשבתו. שצריך לאוכלה בהליכתו ואחשבה להוצאה זו בפיו:

תוספות

סיפא אתאן ללכתא ומיתנא. אבל רישא מיירי בלא לכתא ומיתנא וה"ה אפילו בלא נזכר פטור כיון שקלטה כלב או נשרפה והא דנקט נזכר לאשמועינן דאפילו בנזכר דוקא קלטה כלב או נשרפה פטור משום דלא נחה הא נחה חייב:

אלא אמר רבא במעביר. והשתא לחבורה איירי בלכתא ומיתנא ואין ר"י יודע למה הוצרך להשמיענו הסיפא לחבורה מה לי חבורה מה לי מעביר וכן לרבא דקאמר תרתי קתני אמאי תנא הסיפא לחבורה כיון דתנא הזורק ונזכר פטור ה"ג בחבורה דמ"ש:

רב אשי אמר חסורי מחסרא כו'. אין זה ממש חסורי מחסרא דמשנה כמו שהיא שנויה יש לפרש כן אלא כדי לפרשה קאמר בלשון חסורי מחסרא:

ובמאי אי בזורק שוגג הוא. לע"ג דכי גמר שיעוריה במזיד גמר מ"מ כיון דבתחילת זריקה הוי שוגג ואין יכול להחזירה ובהנחה נמי שוגג הוא חשיב כאילו מתחלה ועד סוף הויא חדא שגגה:

אמר רבא זרק בפי כלב. לע"ג ונחה בפי כלב דנחה משמע מעלמא כדא"ר יוחנן בפ"ק (לעיל דף ה.) זרק חפץ ונח לתוך ידו של חבירו חייב ומסיק דקמ"ל אף על גב דלא אחשביה לידיה והכא מסיק דקא מכוין ומחשבתו משויא ליה מקום:

רבי מאיר אומר אם היתה שבת והוציאו בפיו כו'. פי' בקונטרס דלהכי נקט אם היתה שבת דמשום יוה"כ לא מיחייב דאין עירוב והוצאה ליוה"כ ולא הויא מסקנא הכי בפרק אמרו לו (כריתות דף יד.) דנדחו דברי רפרם שהיה מפרש כן ומסיק דנקט שבת כדי להרבות בחטאות ולחייבו אף משום שבת [ויוה"כ]:

והוציאו בפיו חייב. כולהו בהדי הדדי קא אתו דבליעתו הויא הנחה אע"פ שמהלך כדאמרינן (לעיל דף ס.) כמיתגן זו היא הנחתן ואע"ג דפיו למעלה מי' ואינו רחב ד' בטל הוא אגב רה"ר ולא דמי לבוכיאר בזירעא דאמר בריש פרקין (לעיל דף צו:) דבמקום פטור קא אזיל דהתם מקום קביעות הוה טפי ודמי לטרסקל דאמר בפ"ק (דף ה.) דלמטה מי' הוי רה"ר והכא אפילו למעלה מי' בטל אגב רשות הרבים ועוד דמעביר למעלה מי' כלמטה וחשיב מונח ברשות הרבים:

הדרן עלך הזורק

עין משפט נר מצוה

מ א מיי' פ"ו מהל' שגגות הלכה יט ופ"ב מהל' שבת הלכה יג סמג עשין ריג:

מא ב מיי' פי"ג מהל' שבת הלכה יד סמג לאוין סה:

מב ג ד מיי' פ"ו מהל' שגגות הלכה ט:

מג ה ו מיי' פי"ג מהל' שבת הלכה יג:

מד ז מיי' פ"ו מהל' שגגות הלכה ד:

מסורת הש"ס

א) לעיל ד., ב) לעיל עה: לקמן קה., ג) [ג"ל רבא], ד) עירובין לג., ה) [ג"ל רבא], ו) כריתות יג: שבועות כד: יבמות לג., ז) [ג"ל שאין], ח) [ועיין תוס' לעיל ד: ד"ה אלא א"ר יוסף ותוס' עירובין לג. ד"ה זרק ונח].

הגהות הב"ח

(א) רש"י ד"ה קלטה אחר וכו' וכגון. נ"ב ע"ל בדף ה סוף ע"א:

גליון הש"ס

תוס' ד"ה והוציאו וכו' דבליעתו הוי הנחה. ע"ל דף יא ע"א תד"ה לא יעמוד. ובאר"ד וחשיב מונח ברה"ר. ע"ל דף ה ע"א תד"ה הפס:

רב נסים גאון

אפי' לרבן גמליאל דאמר אין ידיעה לחצי שיעור. בסוף פ' הבונה (דף קה) חלק רבן גמליאל עם החכמים בכותב ב' אותיות בב' העלמות ובגמ' גרסי במאי קמיפלגי רבן גמליאל סבר אין ידיעה לחצי שיעור וכבר פירשנו אותה בפרק כלל גדול (דף עד:): אמר רב ביבי בר אביי אף אנן נמי תנינא יש אוכל אכילה אחת וחייב עליה ד' חטאות ואשם אחד. ומשכחת לה במסכת כריתות בפרק אמרו לו אכלת חלב (דף יג) פי' ד' חטאות בנוי על עיקר המשנה שבתחלת המסכת' ל"ו כריתות בתורה ואלו הן טמא שאכל את הקדש והאוכל חלב ודם ונותר ופיגול והאוכל והעושה מלאכה ביום הכפורים כו' ואמרו על אלו חייבין על זדונן כרת ועל שגגתן חטאת ומי שאכל חלב והוא נותר מן המוקדשים ביום הכפורים חייב חטאת משום טמא שאכל את הקדש וחטאת [חלב וחטאת משום אוכל נותר וחטאת] משום אוכל ביום הכפורים הרי ד' חטאות והרי חייב אשם מעילות כמשה"כ (ויקרא ה) נפש כי תמעול מעל בה' וחטאה בשגגה וכדתנן (מעילה דף יח) הנהנה שוה פרוטה מן ההקדש מעל ואילו היה טהור ואכל את הקדש בשגגה נתחייב אשם מעילות:

סליק פרק הזורק

ליקוטי רש"י

קלטה אחר. דהוו להו שנים שעשאוה דכיון שלא הניח החפץ לילך עד מקום הילוכו ולנוח אלא רך אחריו ועכבו הויא ליה עקירה קמייתא בלא הנחה [לעיל ה.]. תחלתן וסופן שגגה. תחלת המלאכה וסופה שגגה ואם נודע לו בנתיים עד שנגמרה עבירה [שם ד.]. אין ידיעה לחצי שיעור. לחלק כדי שלא לצרף עמו מה שאמר [לקמן קה.]. ולא מהני ידיעה שבינתים לחלק שלא יצטרפו [כריתות טז:].

רבינו חננאל

מקום נמוך פחות מי' ומקום גבוה י' טפחים אין מעבירין אותה אלא מחזירין אותה לדרך אחרת. תוב מקשו להני דאמרי עושה מקום ד' כמו שאמרנו כמו תיבה פחותה או סל פחותה וכיוצא בהן ומלאה ואע"ג דליכא משפת מיא י' טפחים שופכין דספינה להיכי שדי להו כלומר שופכין שצריך לשופכן כגון מי רגלים וכיוצא בהן היכא שפיך להו וכי תימא באותו מקום (שעשהו ד' הוא ממלא אלא המים) [שעשהו לממלא בו המים] הוא שופך שופכין לשם הא קא מאיס ליה מיא. ומשני שדי להון בדופן של ספינה שהיא מכלל רה"י ואע"ג דשותתין ואזלי מדפני ונתחני לים כל כי האי גוונא כחו בכרמלית לא גזרו רבנן וגרסינן בפרק ר' אליעזר דתולין אמר רב יהודה האי מאן דסחי במיא דנהרא בשבתא ניגגוב נפשיה וניסק דאי לא קמסיק מיא מכרמלית לרה"י והוא הספינה סוף סוף כי נחית למיסחי קא דחי להו למיא ונמצא מטלטל בכרמלית ושנינן שכוחו בכרמלית לא גזרו רבנן ומנא תימרא דכחו בכרמלית לא גזרו רבנן דתניא ספינה שבים ר' יהודה אומר עמוקה י' ואינה גבוהה י' מטלטלין מתוכה לים אבל לא מן הים לתוכה ואוקימנא להאי דתני מטלטלין מתוכה לים על חודה של ספינה שהן דפני הספינה וש"מ כחו בכרמלית לא גזור רבנן פי' עמוקה י' ואינה גבוהה י' כגון שנשקעו מחיצותיה בים וכשאתה מודד עמוקה של ספינה מבפנים הויא י' טפחים ופעמים יותר אבל משפת הים ולמעלה עד שפת הספינה כיון שנשקעו מקצת מחיצותיה בים לא הוי גבוהה י' ונמצאת הספינה רה"י והים כרמלית לפיכך הוצאה מן הספינה דרך כחו לא גזרו רבנן אבל להכניס דלא אפשר דרך כחו לא שרו:

ירושלמי א"ר אבין למה מן הים לתוכה אסור מפני הסכנה אמר רב הונא הני ביציאתא דמישן אין מטלטלין בהן אלא בד' אמות. פי' ביציאתא ספינות קטנות העשויות לתשמיש הגדולות כי כשבאות להיכנס במלל מהלכות לפניה ורואין הקלו המים אם לאו ואם רואין כי קלו המים משליכין העוגין בים שהן גדולים [גדולים] ומעמידין אותה שם ועוד עשויות לצאת בהם בני

in regard to one who carries an object four *amos* in the public domain. Since he can stop when he completes the fourth *amah,* he has completed the four-*amah* measure deliberately.[23]

Rava's view is now explained:

רָבָא אָמַר חַיָּיב – Rava said: He is liable. **וַאֲפִילוּ לְרַבָּנָן דְּאָמְרִי יֵשׁ יְדִיעָה לַחֲצִי שִׁיעוּר – And** this is true **even according to the Sages who say** in regard to writing that **"there is awareness for half a measure."**[24] **הָתָם הוּא דְּבִידוֹ** – For **it is** only **there, where it is in [the writer's] control** not to write the second letter, that they say this;[25] **אֲבָל הָכָא דְּאֵין בְּיָדוֹ לֹא – whereas here, where it is not** any more **in [the person's] control** to prevent the object from continuing on, they would **not** say this;[26] rather, the Sages would agree that he is liable in spite of that awareness.

The Gemara clarifies the type of transfer being discussed by Rava:

וּבְמַאי – And in regard to what type of transfer is Rava speaking? **אִי בְּמַעֲבִיר – If in regard to one who carries** an object four *amos* in a public domain, **הֲרֵי בְּיָדוֹ – then it is certainly in his control** to refrain from completing the four *amos*! **וְאֶלָּא בְּזוֹרֵק – Rather,** Rava is speaking **in regard to one who throws** an object. Since he can no longer stop it from traveling four *amos,* his awareness after the object was airborne does not divide the throw into two inadvertent acts.[27]

The Gemara cites an Amoraic ruling:

(רַבָּה) [רָבָא] אָמַר – Rava said: **זָרַק וְנָחָה בְּפִי הַכֶּלֶב אוֹ בְּפִי הַכִּבְשָׁן** – If **one threw** an object four *amos* in a public domain, **and it landed in the mouth of a dog or in the opening of a furnace** and was consumed by flames, **חַיָּיב – he is liable** to a *chatas.* [28]

The Gemara challenges this:

וְהָאֲנַן תְּנַן קְלָטָה אַחֵר אוֹ קְלָטָה הַכֶּלֶב אוֹ שֶׁנִּשְׂרְפָה פָּטוּר – But we have learned in our Mishnah: IF ANOTHER person CAUGHT IT, OR A DOG CAUGHT IT, OR IT WAS BURNED in flight, HE IS EXEMPT from a *chatas,* because the object did not land in an area four *tefachim* wide.[29] How, then, can Rava obligate him in just such a case?

The Gemara answers:

הָתָם דְּלֹא מִכַּוֵּין – There, in our Mishnah, **[the thrower] does not intend** for the object to land in the dog's mouth or in the fire.[30] **הָכָא דְּקָא מִכַּוֵּין – Here,** however, Rava discusses a case **where [the thrower] intends** for the object to land in one of these places, and an intended target attains the legal status of a surface four *tefachim* wide.[31]

The Gemara cites Tannaic support for this principle:

אָמַר רַב בִּיבִי בַּר אַבָּיֵי – Rav Bivi bar Abaye said: **אַף אֲנַן נָמֵי תְּנֵינָא – We have also learned this in a Mishnah:**[32] **יֵשׁ אוֹכֵל אֲכִילָה אַחַת** – THERE IS a case of ONE WHO PERFORMS A SINGLE ACT OF EATING, i.e. he eats a single olive's volume of food, **וְחַיָּיב עָלֶיהָ אַרְבַּע חַטָּאוֹת וְאָשָׁם אֶחָד** – AND HE IS LIABLE ON ACCOUNT OF IT TO FOUR *CHATAS* OFFERINGS AND ONE *ASHAM* OFFERING. And this is the case: **הַטָּמֵא שֶׁאָכַל חֵלֶב** – A *TAMEI* person WHO ATE *CHEILEV,*[33] **וְהוּא נוֹתָר מִן הַמּוּקְדָּשִׁין** – THAT WAS *NOSSAR*[34] FROM

NOTES

Ashi above; see notes 16 and 18),] because here the transfer was completed inadvertently, since the object traveled the last two *amos* after the thrower again forgot. Since the *melachah* itself is not complete until the object finally lands, we can say that both the beginning (the throw) and end of this *melachah* (the landing) took place inadvertently, making him liable to a *chatas* (*Rashi;* this will be explained further in the next note).

23. *Rashi.* [Thus, the critical difference between throwing and carrying in this regard is that since a person carrying an object *can* stop after four *amos,* he is considered to have completed the four-*amah* measure at that point and the next two *amos* he carries are an *addition* to the four-*amah* measure already completed. But since one who throws an object six *amos* cannot stop it after four, the entire six-*amah* flight is viewed as a single, indivisible act of transfer and he is therefore *not* considered to have completed the four-*amah* measure until the object actually lands (cf. *Tosafos*). Since the first two *amos* of the throw and the last two *amos* were without his awareness, there is a complete measure of four inadvertent *amos* to render him liable. Although he remembered in the middle of this act, that awareness does not exempt him because no part of the *melachah* critical to his liability occurred while he was aware. (This is in effect Rav Ashi's ruling above – that if one threw an object inadvertently, then remembered and then forgot again before it landed, he is liable to a *chatas.*) In the case of carrying, however, since he is viewed as having completed the measure after carrying it four *amos* – and he acted at that point deliberately – he has performed a critical part of what is needed for *chatas* liability deliberately, and he is therefore not liable to a *chatas.* (Compare *Avi Ezri* to *Rambam, Hil. Shabbos* 1:19; see also *Meromei Sadeh.*)]

24. [The Sages dispute Rabban Gamliel and maintain that if one wrote one letter inadvertently, then remembered, and then forgot again and wrote a second letter inadvertently, he is exempt from a *chatas* because יֵשׁ יְדִיעָה לַחֲצִי שִׁיעוּר, *there is awareness for half a measure*, i.e. becoming aware that one has performed less than the minimum amount required for a *chatas* **is** considered sufficient to divide the writing of the two letters into separate acts, neither of which is subject to liability on its own. According to this rationale, the Sages should similarly exempt the transferrer in our case because his awareness separates the two inadvertent transfers of two *amos* into separate acts, neither of which is sufficient to obligate a *chatas.*]

25. Since it is in the writer's control whether or not to write the second letter, his forgetting a second time renders the writing of the second letter a separate inadvertent act rather than a continuation of the first (*Rashi*). Therefore, the two writings do not combine to create a liability.

26. Since it is beyond his control to prevent the object from traveling further once he remembers, the entire transfer must be regarded as a single inadvertent act (*Rashi*), and he is therefore liable to a *chatas* in spite of his momentary awareness during the act. Awareness divides an act into uncombinable parts only when it enables the person to refrain from sinning. But if he can no longer stop what he has set in motion, his remembering the Sabbath does not constitute a יְדִיעָה, *awareness,* even according to the Sages (see *Rambam, Shegagos* 6:8).

27. [This does not contradict the principle taught by Rava above that awareness before the thrown object lands exempts the thrower from a *chatas.* For the exemption in that case was not because the awareness divided the throw into two acts but because the conclusion of the *single* act of throwing has been legally rendered *deliberate,* and (in the words of the Mishnah) there is no *chatas* for an act unless both its beginning and end were inadvertent. This is indeed the point taught by Rav Ashi above (see also note 23).]

It emerges from the Gemara's explanation of the different cases of which Rabbah and Rava speak that Rabbah and Rava do not in fact argue; rather, their rulings were stated in different cases, and each agrees with the other (*Rashi*).

28. [Because it is considered to have landed in a significant "place" – namely, the mouth of the dog or the flames (see *Rashi* here and *Eruvin* 99a ד״ה בפי כבשן). The Gemara will elaborate on this below.]

29. See note 3 above.

30. [Rather, there happened to be a dog or fire in the path of the object, but the thrower did not specifically intend for his object to land in it.]

31. For as the Gemara will immediately explain, a person's intent to throw an object to a particular place smaller than four *tefachim* magnifies the importance of that place, so that the object that lands there is considered to have landed in a significant place.

[Based on the Gemara's resolution, many Rishonim read Rava's ruling זָרַק בְּפִי הַכֶּלֶב, if *one threw* an object *into the mouth of a dog*, omitting the word וְנָחָה, *and it landed,* which implies that it landed there by chance, not with intent (see *Tosafos*).]

32. *Kereisos* 13b.

33. *Cheilev* is the forbidden fats of a slaughtered animal.

34. Literally: left over. This refers to parts of an offering that were not burned on the Altar, or eaten, within their allotted time.

מתני' הזורק ונזכר מאחר שיצתה מידו קלטה אחר קלטה כלב או שנשרפה פטור זרק לעשות חבורה בין באדם ובין בבהמה ונזכר עד שלא נעשית חבורה פטור [א] זה הכלל כל חייבי חטאות אינן חייבין עד שתהא תחלתן וסופן שגגה תחלתן שגגה וסופן זדון תחילתן זדון וסופן שגגה פטורין עד שתהא תחילתן וסופן שגגה: גמ' הא נחה חייב והלא נזכר ותנן כל חייבי חטאות אינן חייבין עד שתהא תחלתן וסופן שגגה אמר רב כהנא סיפא אתאן ללכתא ומתנא [ב] לכתא ומתנא אוגדו בידו הוא כגון שנתכוון לעשות חבורה הא נמי תנינא הזורק לעשות חבורה בין באדם בין בבהמה ונזכר עד שלא נעשית חבורה פטור אלא אמר רבא במעביר והא זה הכלל דקתני אזריקה קתני אלא אמר רבא תרתי קתני הזורק ונזכר מאחר שיצתה מידו אי נמי לא נזכר וקלטה אחר או קלטה כלב או שנשרפה פטור רב אשי אמר חסורי מחסרא והכי קתני הזורק ונזכר מאחר שיצתה מידו קלטה אחר או קלטה כלב או שנשרפה פטור הא נחה חייב בד"א שחזר ושכח אבל לא חזר ושכח פטור שכל חייבי חטאות אינן חייבין עד שתהא תחלתן וסופן שגגה: זה הכלל כל חייבי חטאות כו': איתמר שתי אמות בשוגג שתי אמות במזיד שתי אמות בשוגג רבה אמר פטור רבא אמר [ג] חייב רבה אמר פטור אפילו לרבן גמליאל דאמר אין ידיעה לחצי שיעור התם הוא דכי קא גמר שיעורא בשוגג קא גמר אבל הכא דבמזיד לא ובמאי [ד] אי בזורק שוגג הוא אלא במעביר [ה] רבא אמר חייב ואפילו לרבנן דאמרי יש ידיעה לחצי שיעור התם הוא דבידו אבל הכא דאין בידו לא ובמאי אי במעביר הרי בידו ואלא בזורק [ו] אמר רבה זרק ונחה בפי הכלב או בפי הכבשן חייב והאנן [ז] תנן קלטה אחר או קלטה הכלב או שנשרפה פטור התם דלא מכוין הכא דקא מכוין אמר רב ביבי בר אביי אף אנן נמי תנינא [ח] יש אוכל אכילה אחת וחייב עליה ד' חטאות ואשם אחד הטמא שאכל חלב והוא נותר מן המוקדשין ביוה"כ רבי מאיר אומר אף אם היתה שבת והוציאו [בפיו] חייב אמרו לו אינו מן השם ואמאי הא אין דרך הוצאה בכך אלא כיון דקא מכוין מחשבתו משויא ליה מקום הכא נמי כיון דקא מכוין מחשבתו משויא ליה מקום:

הדרן עלך הזורק

רש"י

מתני' הזורק. בשוגג: ונזכר. שהוא שבת: מאחר שיצתה. האבן מידו וקודם שתנוח: קלטה אחר. קס"ד לאחר שנזכר זה קלטה אחר הוו להו שנים שעשאוה וכגון (א) שנעקר ממקומו וקבל או שקלטה כלב בפיו דלא הויא הנחה דבעינן מקום ד' פטור: גמ' ופרכינן הא נחה. לסוף ד' ברה"ר חייב ואע"ג דנזכר בין עקירה להנחה והא קתני סיפא זה הכלל כו': סיפא. דקתני עד שתהא תחלתן וסופן שגגה: אתאן ללכתא ומיתנא. לכתא עץ קטן שכפול ראשו וצריך לחמורים נושאים לדלדולים של יין שמוחבין אותו בשני עקלים שהדלדולים תלויין בהן מאחד לידי החמור ומחבריס בו הדלדוריס שיחזיק זה את זה: ומתנא. חבל כלומר לא מיתוקמא סיפא אלא בזורק לכתא הקשור בחבל קטן כדרכו ואוחז החבל בידו וכשנזכר היה בידו לאחוז החבל ולעכב זריקת הלכתא שלא תנוח הלכך תחילתו שוגג וסופו מזיד ופטור אבל זרק צרור ואפס שכשנזכר אין בידו לעכבו כוליה שוגג הוא ומזכר דקתני ברישא אשמעינן רבותא דאף על גב דנזכר לא מיפטר מחטאת א"כ קלטה אחר או כלב: ופרכינן לכתא ומתנא אוגדו בידו. ואפילו כוליה מילתא שוגג לא מיחייב דאין כאן זריקה: כגון שנתכוין לעשות חבורה. בתחלתו בשגגת שבת ונזכר עד שלא נעשית החבורה ולעולם בלכתא ומיתנא וכגון שנתכוין לעשות חבורה כו' דהאי משום זכירה הוא דמיפטר שהיה בידו להחזיר נמצא סופו זדון הא לא נזכר חייב ואע"ג דלאגדו בידו למיהוי לאו משום זריקה הוא אלא משום חבורה: הא בהדיא קתני לה. במתניתין חה הכלל ע"כ למילתא אחריתי אתא: אלא אמר רבא. זה הכלל למעביר ארבע אמות ברה"ר ונזכר קודם שהעבירו ד' אמות אתא שהיה בידו לעמוד במקום שנזכר אבל זרק לא מיפטר בזכירה: והא כי קתני זה הכלל אזריקה תני לה. דאהירי לעיל מיניה בזורק לעשות חבורה ולא קתני זורק לא מיפטר בזכירה היכי מתני גבי זה הכלל: אלא אמר רבא. רישא מילי מילי קתני לה ותרתי קתני הזורק ונזכר אי נמי לא נזכר וקלטה אחר כו' והדר תני כללא לאתויי מעביר: חסורי מחסרא וכו'. ולעולם חדא קתני: שחזר ושכח. קודם שתנוח דהוה ליה תחילתו וסופו שגגה ואשמעינן נזכר דתנא בה לרבותא דאע"ג דהואי ידיעה בינתיים מיחייב דאין ידיעה לחצי שיעור דהיינו ה) כאין בידו להחזיר: ה"ג שכל חייבי חטאות כו': איתמר ב' אמות בשוגג ב' אמות במזיד ב' אמות בשוגג רבה אמר פטור רבא אמר חייב. שתי אמות במזיד שנזכר לאחר שתי אמות ראשונות וחזר ושכח בב' האחרונות: דר"ג. לקמן בפרק הבונה: התם דכי גמר שיעורא בשוגג גמר. הכותב ב' אותיות בב' העלמות דמחייב בה ר"ג באות השניה נגמר השיעור ואף הוא בשוגג. אבל הכא בשתי אמצעיות שהן במזיד נגמר השיעור: ובמאי אי בזורק שוגג הוא. שהרי אין בידו לעכבה וכיון שחזר ושכח בב' אחרונות לא נגמרה מלאכה עד שעת הנחה שהיא בשוגג: אלא במעביר. וכיון דבידו לעמוד בסוף ב' אמות האמצעיות אשתכח דגמר שיעורא במזיד: התם הוא דבידו. שלא לחזור ולכתוב השניה הלכך כי הוה ידיעה בינתים לא מצטרפי: אבל הכא אין בידו. להחזיר שהרי זרק הלכך כולה חדא שגגה היא ומר אמר חדא ומר אמר חדא ולא פליגי: בפי הכבשן. ונשרפה בשלהבת: הכא דקא מיכוין. מחשבתו משויא ליה מקום: אכילה אחת. זית אחד: ד' חטאות. משום חלב ומשום נותר ומשום יוה"כ ומשום טומאת הגוף ואכל קדש: ואשם מעילות. דאפילו הוא כהן גבי אימורים זר הוא: אינו מן השם. אין חטאת זו משום אכילה אלא משום הוצאה: ואמאי. מיחייב משום הוצאה הא אין דרך להוציא בפה: מחשבתו. שצריך לאוכלה בהליכתו ומחשבה להוציאה להוצאה זו בפיו:

הדרן עלך הזורק

תוספות

סיפא אתאן ללכתא ומיתנא. אבל רישא מיירי בלא לכתא ומיתנא וה"ה אפילו בלא נזכר פטור כיון שקלטה כלב או נשרפה והא דנקט נזכר לאשמעינן דאפילו בנזכר דוקא קלטה כלב או נשרפה פטור משום דלא נחה הא נחה חייב: אלא אמר רבא במעביר. והוא דחבורה איירי בלכתא ומיתנא ואין ר"י יודע למה הוצרך להשמיענו ההיא דחבורה מה לי חבורה מה לי מעביר וכן לרבא דקאמר תרתי קתני אמאי תנא ההיא דחבורה כיון דתנא הזורק ונזכר פטור ה"ג בחבורה דמ"ש: רב אשי אמר חסורי מחסרא כו'. אין זה ממש חסורי מחסרא דמשנה כמו שהיא שנויה יש לפרש כן אלא כדי לפרשה קאמר בלשון חסורי מחסרא:

ובמאי אי בזורק שוגג הוא. אע"ג דכי גמר מ"מ כיון דבתחילת זריקה הוי שוגג ואין יכול להחזירה ובהנחה נמי שוגג הוא חשיב כאילו מתחלה ועד סוף הויא הכל שגגה:

אמר רבא זרק בפי כלב. ל"ג ונחה בפי כלב דנחה משמע מעצמה כדא"ר יוחנן בפ"ק (לעיל דף ה.) זרק חפץ ונח לתוך ידו של חבירו חייב ומסיק דקמ"ל אף על גב דלא אחשביה לידיה והכא מסיק דקא מכוין ומחשבתו משויא ליה מקום [ח]:

רבי מאיר אומר אם היתה שבת והוציאו בפיו כו'. פי' בקונטרס דלהכי נקט אם היתה שבת דמשום יוה"כ לא מיחייב דאין עירוב והוצאה ליוה"כ ולא הויא מסקנא הכי בפרק אמרו לו (כריתות דף יד.) דנדחו דברי רפרס שהיה מפרש כן ומסיק דנקט שבת כדי להרבות בחטאות ולחייבו אף משום שבת [ויוה"כ]:

והוציאו בפיו חייב. כולהו בהדי הדדי קא אתו [ט] דבליעתו הויא הנחה אע"פ שמהלך כדאמרינן (לעיל דף פ.) כתיבתן זו היא הנחתן ואע"ג דפיו למעלה מי' ואינו רחב ד' בטל הוא אגב רה"ר ולא דמי לבוכיאר ביריעה דאמר בריש פרקין (לעיל דף צו:) דבמקום פטור קא אזיל דהתם מקום קביעות הוה טפי ודמי לטרסקל דאמר בפ"ק (דף ה.) דלמטה מי' הוי רה"ר והכא אפילו למעלה מי' בטל אגב רשות הרבים ועוד דמעביר למעלה מי' כלמטה [י] וחשיב מונח ברשות הרבים:

הדרן עלך הזורק

מסורת הש"ס

א) לעיל ד. ב) לעיל עת: לקמן קה. ג) [נ"ל רבא], ד) עירובין לג. ה) [נ"ל רבא], ו) כריתות יג: שבועות כד: יבמות לד. ז) [נ"ל שקין], ח) [ועיין תוס' לעיל ד: ד"ה אלא א"ר יוסף ותוס' עירובין לג. ד"ה זרק ונח].

הגהות הב"ח

(א) רש"י ד"ה קלטה אחר וכו' וכגון. נ"ב ע"ל בדף ה סוף ע"א:

גליון הש"ס

תוס' ד"ה והוציאו וכו' דבליעתו הוי הנחה. ע"ל דף יא ע"ב תד"ה לא יעמוד: בא"ד וחשיב מונח בר"ה. ע"ל דף ע"א תד"ה הסם:

רב נסים גאון

אפי' לרבן גמליאל דאמר אין ידיעה לחצי שיעור. בסוף פ' הבונה (דף קה) חלק רבן גמליאל עם החכמים בכותב ב' אותיות בב' העלמות ובגמ' גרסי במאי קמיפלגי רבן גמליאל סבר אין ידיעה לחצי שיעור וכבר פירשנו אותה בפרק כלל גדול (דף ע): אמר רב ביבי בר אביי אף אנן נמי תנינא יש אוכל אכילה אחת וחייב עליה ד' חטאות ואשם אחד. ומשכחת לה במסכת כריתות בפרק אמרו לו אכלת חלב (דף יג) פי' ד' חטאות בנוי על עיקר המשנה שבתחלת זו המסכת' ל"ו כריתות בתורה ואלו הן טמא שאכל את הקודש האוכל חלב ודם ונותר ופיגול והאוכל והעושה מלאכה ביום הכפורים וכו' ואמר על אלו חייבין על זדונן כרת ועל שגגתן חטאת ומי שאכל חלב והוא נותר מן המוקדשים ביום הכפורים חייב חטאת משום טמא שאכל את הקודש וחטאת [חלב וחטאת] משום נותר וחטאת משום אוכל ביום הכפורים הרי ד' חטאות וחייב אשם מעילות כמשה"כ (ויקרא ה) נפש כי תמעול מעל בה' וחטאה בשגגה וכדתנן (מעילה דף יח) הנהנה שוה פרוטה מן ההקדש מעל ואילו היה טהור ואכל את הקודש בשגגה נתחייב אשם מעילות:

סליק פרק הזורק

ליקוטי רש"י

קלטה אחר. דהוו להו שנים שעשאוה דכיון שלא הניח המפסק לילך עד מקום הילוכו ונטלו הוא ... תחלתן וסופן שגגה. שלא נודע לו בינתים ... אין ידיעה לחצי שיעור. ... זרק. מתחילת ד' לסוף ד'. בפי הכבשן. שלהבת ונשרפה: הטמא שאכל חלב. ... חטאות. משום טמא שאכל קדש ומשום חלב ומשום נותר ומשום יוה"כ ... ואשם מעילות. ... והוציאו. בפיו בשעת אכילה:

עין משפט נר מצוה

מ א מיי' פ"ו מהל' שגגות הלכה יט וע"ש מהל' שגגות הלכה א סמג עשין רט:
מא ב מיי' פי"ג מהל' שבת הלכה יד סמג לאוין סה:
מב ג ד מיי' פ"ו מהל' שגגות הלכה ס:
מג ה ו מיי' פי"ג מהל' שבת הלכה יג:
מד ז מיי' פ"ו מהל' שגגות הלכה ד:

רבינו חננאל

מקום נמוך פחות מי' ומקום גבוה י' טפחים אין מעבירין אותה אלא מחזירין אותה לדרך אחרת. תוב מקשו להני דאמרי עושה מקום ד' כמו שאמרנו כמו תיבה פחותה או סל פחותה וכיוצא בהן וממלא ואע"ג דליכא משפת מיא י' טפחים שופכין דספינה להיכי שדי להו כלומר שופכין שצריך לשופכן כגון מי רגלים וכיוצא בהן היכא שפיך להו וכי תימא באותו מקום (שעשהו ד' הוא ממלא אלא המים) [שעשהו למלא בו המים] הוא שופך שופכין לשם הא קא מימאסו ליה מיא. ומשני שדי להון ברופן של ספינה שהיא מכלל רה"י ואע"ג דשותתין ואזלי מדפני ונחתני לים כל כי האי גוונא כחו בכרמלית לא גזרו רבנן וגרסינן בפרק ר' אליעזר דתולין אמר רב יהודה האי מאן דסחי במיא דנהרא בשבתא ניגגוב נפשיה וניסק דאי לא קמסיק מיא מכרמלית לרה"י והוא הספינה סוף סוף כי נחית למיסחי קא דחי להו למיא ונמצא מטלטל בכרמלית ושנינן שכוחו בכרמלי' לא גזרו רבנן ומנא תימרא דכחו בכרמלית לא גזרו רבנן דתניא ספינה שבים ר' יהודה אומר עמוקה י' ואינה גבוהה י' מטלטלין מתוכה לים אבל לא מן הים לתוכה ואוקימנא להאי דתני מטלטלין מתוכה לים על חודה של ספינה שהן דפני הספינה וש"מ כחו בכרמלית לא גזרו רבנן פי' עמוקה י' ואינה גבוהה י' כגון שנשתקעו מחיצותיה בים וכשאתה מודד עמוקה של ספינה מבפנים הויא זו טפחים ופעמים יותר אבל משפת הים ולמעלה עד שפת הספינה כיון שנשתקעו מקצת מחיצותיה בים לא הוי גבוהה י' ונמצאת הספינה רה"י והים כרמלית לפיכך הוצאה מן הספינה דרך כחו לא גזרו רבנן אבל להכניס דלא אפשר דרך כחו לא שרו:

ירושלמי א"ר אבין למה מן הים לתוכה אסור מפני הסכנה אמר רב הונא הני ביציאתא דמישן אין מטלטלין בהן אלא בד' אמות. פי' ביציאתא ספינות קטנות העשויות לתשמיש הגדולות כי כשבאות להיכנס בנמל מהלכות לפניה ורואין הקלו המים אם לאו ואם רואין כי קלו המים משליכין העוגין בים שהן ברזילים [גדולים] ומעמידין אותה שם ועוד עשויות לצאת בהם בני הספינה ליבשה וליכנס בהן ולטעון ולפרק האנתיקי שבה ומתוך שהן קלות ומהלכות על ביצת המים לפיכך הם נקראות ביציאתא: מישן. שם מקום וגרסינן בהמוכר את הספינה מכר את ביצית סומכוס אומר מכר את הדוגית ואמר רבא ביצית דוגית חדא מלתא היא ומפני שמישן הוא מקום אגמי מים עושין ביציית להלך בהן באגמים ויש להן דפנות שהן מחיצות מחוברות וקרקעיתה עשויה נסרים נסרים וביניהם חלל ומי הים והנהר נכנסין בה. והיושבים בה כמו במים יושבין ועושין אותה כך שאפי' אם יכנסו בה מים לא תטבע לעולם. ואמר רב נחמן אמר רב הונא כיון שהיא פרוצה ככרמלית דינה ואין מטלטלין בה בשבת אלא בארבע ולא אמרו אלא בזמן שאין (בה) [בין] נסר לנסר חלל פחות מג' טפחים. אבל יש בין נסר לנסר חלל פחות מג' טפחים כיון דכל פחות מג' כלבוד דמי רואין אלו הנסרים כאלו מחוברין איש אל אחיו הן ואע"פ שהמים נכנסים בה לא חיישינן ובכה"ג היא כחצר ומותר לטלטל בכולה. לפיכך אם היו נסרין פחות מד' ויש בין זה לזה יותר מג' או ג' ומילא את החלל שבין הנסרים קנה ועבדו מותר לטלטל בכולה ואתקיף עליה רב

CONSECRATED OFFERINGS, בְּיוֹם הַכִּפּוּרִים – ON YOM KIPPUR.[35] רַבִּי מֵאִיר אוֹמֵר – R' MEIR SAYS: אַף אִם הָיְתָה שַׁבָּת וְהוֹצִיאוֹ [בְּפִיו] – ADDITIONALLY, IF IT WAS THE SABBATH AND HE CARRIED IT OUT [IN HIS MOUTH] before swallowing it, חַיָּיב – HE IS LIABLE to a fifth *chatas* offering for desecrating the Sabbath.[36] אָמְרוּ לוֹ – THE SAGES SAID TO HIM: אֵינוֹ מִן הַשֵּׁם – THAT IS NOT IN THE same CATEGORY, i.e. this sacrificial obligation does not come for the same reason as the others.[37]

Rav Bivi analyzes the last ruling to demonstrate his point:[38] וְאַמַּאי – But why should one be liable for carrying out a piece of food in his mouth, הָא אֵין דֶּרֶךְ הוֹצָאָה בְּכָךְ – when this is not the normal method of taking out, for people generally do not transport objects in their mouths?[39] אֶלָּא כֵּיוָן דְּקָא מִיכַּוֵּין – Rather, we must say that since he intended to eat the food while walking between domains, מַחֲשַׁבְתּוֹ מְשַׁוְּיָא לֵיהּ מָקוֹם – his intent makes his mouth a normal place for transfer to take place in.[40] הָכָא נַמִּי – Therefore, here too, כֵּיוָן דְּקָא מִיכַּוֵּין – since [the thrower] intends for the object to land in a dog's mouth or in the fire, מַחֲשַׁבְתּוֹ מְשַׁוְּיָא לֵיהּ מָקוֹם – his intent makes it a legally significant place equivalent to one of four *tefachim* wide.[41]

הדרן עלך הזורק

WE SHALL RETURN TO YOU, HAZOREIK

NOTES

35. By performing one act, the person transgressed four prohibitions punishable by *kares*. These are: (a) the prohibition against a *tamei* person eating consecrated food; (b) the prohibition against any person eating *cheilev;* (c) the prohibition against eating *nossar;* (d) the prohibition against eating on Yom Kippur (see *Maharshal* and *R' Akiva Eiger* concerning the measure for Yom Kippur). The Mishnah discusses a case where the person ate the piece of *cheilev* inadvertently; thus he must bring a *chatas* for each of the transgressions he violated.

In addition, since the *cheilev* was from a consecrated animal, he has committed *me'ilah* (unlawful use of consecrated property). He must therefore bring an *asham* offering for the inadvertent commission of this sin. For even a Kohen, who may eat consecrated offerings, may not eat the parts of the offering, such as *cheilev*, that are burned on the Altar; thus, even a Kohen commits *me'ilah* by eating *cheilev* (*Rashi*). [See also our note 10 to *Shevuos* 24b.]

36. R' Meir argues that the above case can be constructed so as to involve an additional *chatas* liability. If it was the Sabbath, and, while eating the *cheilev,* the man went from a *reshus hayachid* to a *reshus harabim,* he is guilty of carrying on the Sabbath [for as soon as he swallows the food, he is considered to have made a *hanachah* on it although he is still walking (see *Tosafos*)]. [R' Meir adds that it was also the Sabbath and is not content to say simply that he is liable for carrying on account of Yom Kippur, because R' Meir maintains that carrying is not Biblically prohibited on Yom Kippur (*Rashi* from *Kereisos;* cf. *Tosafos* who note that the Gemara there concludes with a different explanation).]

37. It is not an obligation resulting from the sin of eating but from the sin of carrying (*Rashi*), an altogether different type of transgression. The Tanna was discussing only sins on account of eating.

R' Meir, however, feels that although the transgression is a sin of carrying rather than eating, since it is only triggered by swallowing the food because it is an act of eating (as explained in the previous note), it is logical to list it together with the other transgressions that are due to eating (*Tosafos* to *Shevuos* 24b ד"ה אמרו לו, *Tos. HaRash*; cf. *Chidushei HaRan*).

38. Although the *chatas* for carrying was listed only by R' Meir, the Sages merely disagreed with R' Meir's inclusion of this sin in the *list* of *chatas* liabilities that may be incurred for eating. They do agree with R' Meir, however, that one would be liable for transferring the food in such a manner. Rav Bivi's proof is thus valid according to all opinions (see *Rashi*).

39. *Rashi;* see Mishnah 92a. And since one cannot be held liable for transferring an object in an unusual manner, why should one who walks outside with food in his mouth be held liable? (Cf. *Rabbeinu Chananel.*)

40. [Which it is not usually, as the Mishnah taught above (92a): "One who carries out ... in his mouth ... is exempt."] Nevertheless, his particular need to eat while walking from one domain to another renders this a normal method of transfer in this case (*Rashi;* cf. *Tosafos* 92a ד"ה המוציא בפיו).

41. According to *Rashi*, Rav Bivi apparently draws the following parallel to prove his point: Just as we view an otherwise abnormal method of transfer as normal on account of the transferrer's intent, so too we should take one's intent into account to view an insignificant area of less than four *tefachim* wide, which is unfit for *hanachah,* as a significant area fit for *hanachah.*

[*R' Akiva Eiger* notes that *Rashi's* explanation seems difficult to understand, for how can the two cases be compared? In one, the deficiency is in the unusual method of transfer, which is rectified simply by having the method reckoned as normal in cases where it is customary for people to do so. In the other, however, the deficiency is in the physical properties of the area upon which the object is being placed, and to rectify this deficiency the area must actually be reckoned as a larger area. What proof is there from eating that the mouth can be considered legally equivalent to a larger area? (*Chidushei R' Akiva Eiger*). See *He'ir Yosef* (by R' Aryeh Yosef Lorentz), *Hotzaah* §84, for a discussion of this problem. See *Rabbeinu Chananel* for a different explanation of the comparison.

מתני' הזורק ונזכר מאחר שיצתה מידו קלטה אחר קלטה כלב או שנשרפה פטור זרק לעשות חבורה בין באדם ובין בבהמה ונזכר עד שלא נעשית חבורה פטור [א] זה הכלל כל חייבי חטאות אינן חייבין עד שתהא תחלתן וסופן שגגה תחלתן שגגה וסופן זדון תחילתן זדון וסופן שגגה פטורין עד שתהא תחילתן וסופן שגגה: **גמ'** הא נחה חייב והלא נזכר ותנן כל חייבי חטאות אינן חייבין עד שתהא תחלתן וסופן שגגה אמר רב כהנא סיפא אתאן ללכתא ומתנא [ב] לכתא ומתנא אוגדו בידו הוא כגון שנתכוין לעשות חבורה הא נמי תנינא הזורק לעשות חבורה בין באדם בין בבהמה ונזכר עד שלא נעשית חבורה פטור אלא אמר רבא במעביר והא זה הכלל דקתני אזריקה קתני אלא אמר רבא תרתי קתני הזורק ונזכר מאחר שיצתה מידו אי נמי לא נזכר וקלטה אחר או קלטה כלב או שנשרפה פטור רב אשי אמר חסורי מחסרא והכי קתני הזורק ונזכר מאחר שיצתה מידו קלטה אחר או קלטה כלב או שנשרפה פטור הא נחה חייב בד"א שחזר ושכח אבל לא חזר ושכח פטור שכל חייבי חטאות אינן חייבין עד שתהא תחלתן וסופן שגגה: זה הכלל כל חייבי חטאות כו': איתמר שתי אמות בשוגג שתי אמות במזיד שתי אמות בשוגג רבה אמר פטור רבא אמר חייב רבה אמר [ג] פטור אפילו לרבן גמליאל [י] דאמר אין ידיעה לחצי שיעור התם הוא דכי קא גמר שיעורא בשוגג קא גמר אבל הכא דבמזיד לא ובמאי [ד] אי בזורק שוגג הוא אלא במעביר [ג] רבא אמר חייב ואפילו לרבנן דאמרי יש ידיעה לחצי שיעור התם הוא דבידו אבל הכא דאין בידו לא ובמאי אי במעביר הרי בידו ואלא בזורק [י] אמר [ס] רבא [ה] זרק ונחה בפי הכלב או בפי הכבשן חייב והאנן [ו] תנן קלטה אחר או קלטה הכלב או שנשרפה פטור התם דלא מכוין הכא דקא מכוין אמר רב ביבי בר אביי אף אנן נמי תנינא [ז] יש אוכל אכילה אחת וחייב עליה ד' חטאות ואשם אחד הטמא שאכל חלב והוא נותר מן המוקדשין ביוה"כ רבי מאיר אומר אף אם היתה שבת והוציאו [בפיו] חייב אמרו לו אינו מן השם ואמאי הא אין דרך הוצאה בכך אלא כיון דקא מיכוין מחשבתו משויא ליה מקום הכא נמי כיון דקא מיכוין מחשבתו משויא ליה מקום:

הדרן עלך הזורק

רש"י

מתני' הזורק. בשוגג: **ונזכר.** שהוא שבת: **מאחר שיצתה.** האבן מידו וקודם שתנוח: **קלטה אחר.** קס"ד לאחר שנזכר זה קלטה אחר הוו להו שנים שעשאוה וכגון (א) שנעקר ממקומו וקבל או שקלטה כלב בפיו דלא הויא הנחה דבעינן מקום ד' פטור: **גמ'** ופרכינן הא נחה חייב ואע"ג דנזכר בין עקירה להנחה והא קתני סיפא זה הכלל כו': **סיפא.** דקתני עד שתהא תחלתן וסופן שגגה: **אתאן ללכתא ומיתנא.** לכתא עץ קטן שכפול ראשו וצריך למחמרים נושאים דרדורים של יין שמותבין אותו בשני עקלים שהדרדורים תלויין בהן משני צידי החמור ומחברים בו הדרדורים שיחזיק זה את זה: **ומתנא.** חבל כלומר לא מיתוקמא סיפא אלא בזורק לכתא הקשור בחבל קטן כדרכו ואוחז החבל בידו וכשנזכר היה בידו לאחוז החבל ולעכב זריקת הלכתא שלא תנוח הלכך תחילתו שוגג וסופו מזיד ופטור אבל זרק צרור וחפץ שכשנזכר אין בידו לעכבו כוליה שוגג הוא ונזכר דקתני ברישא אשמעינן רבותא דאף על גב דנזכר לא מיפטר מחטאת אא"כ קלטה אחר או כלב: ופרכינן **לכתא ומתנא אוגדו בידו.** ואפילו כוליה מילתא שוגג לא מיחייב דאין כאן זריקה: **כגון שנתכוין לעשות חבורה.** בתחלתו בשגגת שבת ונזכר עד שלא נעשית החבורה ולעולם בלכתא ומיתנא וכגון שנתכוין לעשות חבורה כו' דהאי משום זכירה הוא דמיפטר שהיה בידו להחזיר נמצא סופו זדון הא לא נזכר חייב ואע"ג דאגדו בידו דמחייב לאו משום זריקה הוא אלא משום חבורה: **הא בהדיא** קתני לה. במתניתין וזה הכלל ע"כ למילתא אחריתי אתא: **אלא אמר רבא.** זה הכלל למעביר ארבע אמות ברה"ר ונזכר קודם שהעבירו ד' אמות אתא שהיה בידו לעמוד במקום שנזכר אבל זורק לא מיפטר בזכירה: **והא כי קתני זה הכלל אזריקה תני לה.** דלאחריה לעיל מיניה זורק לעשות חבורה ואי סתם זורק לא מיפטר בזכירה היכי מתני גבי זה הכלל: **אלא אמר רבא.** רישא מילי מילי קתני לה ותרתי קתני הזורק ונזכר אי נמי לא נזכר וקלטה אחר כו' והדר תני כללא לאתויי מעביר: **חסורי מחסרא וכו'.** ולעולם חדא קתני: **שחזר ושכח.** קודם שתנוח דהוו ליה תחילתו וסופו שגגה ואשמעינן נזכר דתנא בה לרבותא דאע"ג דהואי ידיעה בינתיים מיחייב דאין ידיעה לחצי שיעור דהיינו [י] כאין בידו להחזיר: ה"ג שכל חייבי חטאות כו': **איתמר ב' אמות בשוגג ב' אמות במזיד ב' אמות בשוגג רבה אמר פטור רבא אמר חייב.** שתי אמות במזיד שנזכר לאחר שתי אמות ראשונות וחזר ושכח בב' האחרונות: **דר"ג.** לקמן בפרק הבונה: **התם דכי גמר שיעורא בשוגג גמר.** הכותב ב' אותיות בב' העלמות דמחייב בה ר"ג באות השניה נגמר השיעור ואף הוא בשוגג אבל הכא בשתי אמצעיות שהן במזיד נגמר השיעור כדמפרש ואזיל לה במעביר ושתי אמצעיות מזיד: **שוגג הוא.** שהרי אין בידו לעכבה וכיון שחזר ושכח חייב דלא נגמרה מלאכה עד שעת הנחה שהיא לסוף ובשוגג: **אלא במעביר.** וכיון דבידו לעמוד בסוף ב' אמות האמצעיות אשתכח דגמר שיעורא במזיד: **התם הוא דבידו.** שלא לחזור ולכתוב השניה הלכך כי חזר ושכח הויא לה שגגה אחריתי ולא גמרה לקמייתא: **אבל הכא אין בידו.** להחזיר כשנזכר כדמפרש ואזיל בזורק הלכך כולה חדא שגגה היא ומר אמר חדא ומר אמר חדא ולא פליגי: **בפי הכבשן.** ונשרפה בשלהבת: **הכא דקא מיכוין.** מחשבתו משויא ליה מקום דהא אחשביה: **אכילה אחת.** זית אחד: **ד' חטאות.** משום חלב משום נותר משום אכילת יוה"כ משום טומאת הגוף ואכל קדש: **ואשם מעילות.** דאפילו הוא כהן גבי אימורים זר הוא: **אף אם היתה שבת כו'.** ומשום יוה"כ לא מיחייב בהוצאה דקסבר אין עירוב והוצאה ליוה"כ: **אינו מן השם.** אין חטאת זו משום אכילה אלא משום הוצאה: **ואמאי.** מיחייב משום הוצאה לדברי הכל הא אין דרך להוציא בפה: **מחשבתו.** שצריך לאוכלה בהליכתו ואחשבה להוצאה זו בפיו:

הדרן עלך הזורק

תוספות

סיפא אתאן ללכתא ומיתנא. אבל רישא מיירי בלא לכתא ומיתנא וה"ה אפילו בלא נזכר פטור כיון שקלטה כלב או נשרפה והא דנקט נזכר לאשמעינן דאפילו בנזכר דוקא קלטה כלב או נשרפה פטור משום דלא נחה הא נחה חייב: **אלא** אמר רבא במעביר. והוא דחבורה איירי בלכתא ומיתנא ואין ר"י יודע למה הוצרך להשמיענו ההיא דחבורה מה לי חבורה מה לי מעביר וכן לרבא דקאמר תרתי קתני אמאי תנא ההיא דחבורה כיון דתנא הזורק ונזכר פטור ה"נ בחבורה דמ"ש: **רב** אשי אמר חסורי מחסרא כו'. אין זה ממש חסורי מחסרא דמשנה כמו שהיא שנויה יש לפרש כן אלא כדי לפרשה קאמר בלשון חסורי מחסרא:

ובמאי אי בזורק שוגג הוא. אע"ג דכי גמר שיעוריה במזיד גמר מ"מ כיון דבתחילת זריקה הוי שוגג ואין יכול להחזירה ובהנחה נמי שוגג הוא חשיב כאילו מתחלה ועד סוף הויא חדא שגגה:

אמר רבא זרק בפי כלב. ל"ג ונחה בפי כלב דנחה משמע מעצמה כדא"ר יוחנן בפ"ק (לעיל דף ה.) זרק חפץ ונח לתוך ידו של חבירו חייב ומסיק דקמ"ל אף על גב דלא אחשביה לידיה והכא מסיק דקא מכוין ומחשבתו משויא ליה מקום [ח]:

רבי מאיר אומר אם היתה שבת והוציאו בפיו כו'. פי' בקונטרס דלהכי נקט אם היתה שבת דמשום יוה"כ לא מיחייב דאין עירוב והוצאה ליוה"כ ולא הויא מסקנא הכי בפרק אמרו לו (כריתות דף יד.) דנדחו דברי רפרם שהיה מפרש כן ומסיק דנקט שבת כדי להרבות בחטאות ולחייבו אף משום שבת [ויוה"כ]:

והוציאו בפיו חייב. כולהו בהדי הדדי קא אתו ° דבליעתו הויא הנחה אע"פ שמהלך כדאמרינן (לעיל דף פ.) כתיבתן זו היא הנחתן ואע"ג דפיו למעלה מי' ואינו רחב ד' בטל הוא אגב רה"ר ולא דמי לבוכיאר ביריעה דאמר בריש פרקין (לעיל דף צו:) דבמקום פטור קא אזיל דהתם מקום קביעות הוה טפי ודמי לטרסקל דאמר בפ"ק (דף ה.) דלמטה מי' הוי רה"ר והכא אפילו למעלה מי' בטל אגב רשות הרבים ועוד דמעביר למעלה מי' כלמטה ° וחשיב מונח ברשות הרבים:

הדרן עלך הזורק

עין משפט נר מצוה

מ א מיי' פ"א מהל' שבת הלכה יט ופ"ב מהל' שגגות הלכה א סמג עשין ריג:
מא ב מיי' פי"ג מהל' שבת הלכה יד סמג לאוין סה:
מב ג ד מיי' פ"ו מהל' שגגות הלכה ח:
מג ה ו מיי' פי"ג מהל' שבת הלכה יג:
מד ז מיי' פ"ו מהל' שגגות הלכה ד:

רבינו חננאל

מקום נמוך פחות מי' ומקום גבוה י' טפחים אין מעבירין אותה אלא מחזירין אותה לדרך אחרת. תוב מקשו להני דאמרי עושה מקום ד' כמו שאמרנו כמו תיבה פחותה או סל פחותה וכיוצא בהן וממלא ואע"ג דליכא משפת מיא י' טפחים שופכין דספינה להיכי שדי להו כלומר שופכין שצריך לשופכן כגון מי רגלים וכיוצא בהן היכא שפיך להו וכי תימא באותו מקום (שעשהו ד' הוא ממלא אלא המים) [שעשהו למלא בו המים] הוא שופך שופכין לשם הא קא מימאסו ליה מיא. ומשני שדי להון בדופן של ספינה שהיא מכלל רה"י ואע"ג דשותתין ואזלי מדפני ונחתני לים כל כי האי גוונא כחו בכרמלית לא גזרו רבנן וגרסינן בפרק ר' אליעזר דתולין אמר רב יהודה האי מאן דסחי במיא דנהרא בשבתא ניגנוב נפשיה וניסק דאי לא קמסיק מיא מכרמלית לרה"י והוא הספינה סוף סוף כי נחית למיסחי קא דחי להו למיא ונמצא מטלטל בכרמלית ושנינן שכוחו בכרמלי' לא גזרו רבנן ומנא תימרא דכחו בכרמלית לא גזרו רבנן דתניא ספינה שבים ר' יהודה אומר עמוקה י' ואינה גבוהה י' מטלטלין מתוכה לים אבל לא מן הים לתוכה ואוקימנא להאי דתני מטלטלין מתוכה לים על חודה של ספינה שהן דפני הספינה וש"מ כחו בכרמלית לא גזרו רבנן פי' עמוקה י' ואינה גבוהה י' כגון שנשתקעו מחיצותיה בים וכשאתה מודד עמוקה של ספינה מבפנים הויא זו טפחים ופעמים יותר אבל משפת הים ולמעלה עד שפת הספינה כיון שנשתקעו מקצת מחיצותיה בים לא הוי גבוהה י' ונמצאת הספינה רה"י והים כרמלית לפיכך הוצאה מן הספינה דרך כחו לא גזרו רבנן אבל להכניס דלא אפשר דרך כחו לא שרו:
ירושלמי א"ר אבין למה מן הים לתוכה אסור מפני הסכנה אמר רב הונא הני ביציאתה דמישן אין מטלטלין בהן אלא בד' אמות. פי' ביצייתא ספינות קטנות העשויות לתשמיש הגדולות כי כשבאות להיכנס בנמל מהלכות לפניה ורואין הקלו המים אם לאו ואם רואין כי קלו המים משליכין העוגן בים שהן [גדולים] ומעמידין אותה שם ועוד עשויות לצאת בהם בני [illegible]

מסורת הש"ס

א) לעיל ד., ב) לעיל עא: לקמן קה., ג) [נ"ל רבא], ד) עירובין לג., ה) [נ"ל רבא], ו) כריתות יג: שבועות כד: יבמות לג., ז) [נ"ל שאין], ח) [ועיין תוס' לעיל ד: ד"ה אלא א"ר יוסף ותוס' עירובין לג. ד"ה זרק ונח].

הגהות הב"ח

(א) רש"י ד"ה קלטה אחר וכו' וכגון. נ"ב ע"ל בדף ה סוף ע"א.

גליון הש"ס

תוס' ד"ה והוציאו וכו' דבליעתו הוי הנחה. ע"ל דף יא ע"א תד"ה לא יעמוד. באד"ה וחשיב מונח ברה"ר. ע"ל דף ו ע"א תד"ה המס.

רב נסים גאון

אפי' לרבן גמליאל דאמר אין ידיעה לחצי שיעור. בסוף פ' הבונה (דף קה) חלק רבן גמליאל עם החכמים בכותב ב' אותיות בב' העלמות ובגמ' גרסי במאי קמיפלגי רבן גמליאל סבר אין ידיעה לחצי שיעור וכבר פירשנו אותה בפרק כלל גדול (דף עב): **אמר** רב ביבי בר אביי אף אנן נמי תנינא יש אוכל אכילה אחת וחייב עליה ד' חטאות ואשם אחד. ומשכחת לה במסכת כריתות בפרק אמרו לו אכלת חלב (דף יג) ד' חטאות בנוי על עיקר המשנה שבתחלת המסכת' ל"ו כריתות בתורה ואלו הן טמא שאכל את הקדש והאוכל חלב ודם ונותר ופיגול והאוכל והעושה מלאכה ביום הכפורים כו' ואמרו על אלו חייבין על זדונן כרת ועל שגגתן חטאת ומי שאכל חלב והוא נותר מן המוקדשים ביום הכפורים חייב חטאת משום טמא שאכל את הקדש וחטאת משום חלב וחטאת משום נותר [וחטאת] משום אוכל ביום הכפורים הרי ד' חטאות ואשם מעילות כמשה"כ (ויקרא ה) נפש כי תמעול מעל בה' וחטאה בשגגה וכדתנן (מעילה דף יח) הנהנה שוה פרוטה מן הקדש מעל ואילו היה טהור ואכל את הקדש בשגגה נתחייב אשם מעילות:

סליק פרק הזורק

ליקוטי רש"י

קלטה אחר. [illegible] **תחלתן וסופן שגגה.** [illegible] **אין ידיעה לחצי שיעור.** [illegible]

הגהות (שולי הגליון)

[illegible]

הבונה כמה יבנה ויהא חייב א הבונה כל שהוא והמסתת והמכה בפטיש ובמעצד (א) הקודח כל שהוא חייב זה הכלל כל העושה מלאכה ומלאכתו מתקיימת בשבת חייב (וכן) רשב"ג אומר אף המכה בקורנס על הסדן בשעת מלאכה חייב מפני שהוא כמתקן מלאכה: **גמ'** כל שהוא למאי חזיא א"ר ירמיה שכן עני חופר גומא להצניע בה פרוטותיו דכוותה גבי משכן שכן תופרי יריעות חופרין גומא להצניע בה מחטיהן אביי אמר כיון דמשתכי לא עבדי הכי אלא שכן עני עושה פיטפוטי כירה קטנה לשפות עליה קדירה קטנה דכוותה גבי משכן מבשלי סמנין לצבוע יריעות שחסרה מלאכתן עושין פיטפוטי כירה קטנה לשפות עליה יורה קטנה רב אחא בר יעקב אמר ג אין עניות במקום עשירות אלא שכן בעה"ב שיש לו נקב בבירתו וסותמו דכוותה גבי משכן שכן קרש שנפלה בו דרנא מטיף לתוכה אבר וסותמו אמר שמואל ב המצדד את האבן חייב מיתיבי ג אחד נותן את האבן ואחד נותן את הטיט הנותן את הטיט חייב [א] וליטעמיך אימא סיפא רבי יוסי אומר ואפילו העלה והניח על גבי דימוס של אבנים חייב אלא ד תלתא בנייני הוו תתא מציעא ועילא תתא בעי צדודי ועפרא מציעא בעי נמי טינא עילאי בהנחה בעלמא: והמסתת: מסתת משום מאי מיחייב רב אמר משום בונה ושמואל אמר ה משום מכה בפטיש ו העושה נקב בלול של תרנגולים רב אמר משום בונה ושמואל אמר משום מכה בפטיש עייל שופתא בקופינא דמרא רב אמר ז משום בונה ושמואל אמר משום מכה בפטיש וצריכא דאי אשמעינן קמייתא בההיא קאמר רב משום דדרך בנין בכך אבל עושה נקב בלול של תרנגולים דאין דרך בנין בכך אימא מודה ליה לשמואל ואי אשמעינן בהא בהא קאמר רב משום דדמי לבנין ג) דעבדיה לאוירא אבל שופתא בקופינא דמרא דאין דרך בנין בכך אימא מודה ליה לשמואל ואי אשמעינן בהא בהא קאמר שמואל אבל בהנך תרתי אימא מודה ליה לרב צריכא בעא מיניה רב נתן בר אושעיא מרבי יוחנן מסתת משום מאי מיחייב אחוי ליה בידיה משום מכה בפטיש והאנן תנן המסתת והמכה בפטיש אימא המסתת המכה בפטיש ת"ש הקודח

רש"י

הבונה. שאמרו באבות מלאכות כמה יבנה כו': **מסתת.** מרבע את האבן ומתקנה הכל לפי המקום שיש מקומות שרגילין להחליק ויש מקומות שרגילין לחרוץ בה חריצים חריצים בארץ אשכנז: **המכה בפטיש.** גם הוא באבות מלאכות והוא בלע"ז פי"ק שמפולץ בו את האבן מן הסלע לאחר שחצב את האבן סביב ומבדיל מן ההר קצת הוא מכה בפטיש מכה גדולה והיא מתפרקת ונופלת וזהו גמר מלאכה של חוצבי אבן וכל הגומר בשבת מלאכה תולדת מכה בפטיש היא: **מעצד.** אף הוא כמו קורנס גדול של ברזל לבנין של ברזל ז): **והקודח.** נוקב עץ או אבן בכותל: **כל שהוא.** אכולהו קאי אמסתת ומכה בפטיש ובמעצד והקודח: **כל העושה מלאכה ומלאכתו מתקיימת.** שיש מתקיימת כיוצא בו ח) [ואין מוסיף עליה]: **בשבת.** אעושה מלאכה קאי: **על הסדן.** בלע"ז אינקלימ"א: **קורנס.** מרטי"ל: **מפני שהוא כמתקן מלאכה.** ואע"פ שאינו מכה על הפעולה אלא על הסדן ובגמרא מפרש מאי מתקן: **גמ' דמשתכי.** מעלין חלודה המחטין רוא"ל: **פטפוטי.** רגלי כירה כמין כלי ברזל שקורין טרפיי"ד מעמידין הכירה של חרס: **מבשלי סממנים לצבוע שחסרה מלאכתן.** שנמצאו לאחר צביעתן וחסרה למלאכתן והוצרכו לחזור ולבשל סמנין ולצבוע מעט: יורה קטנה גרסינן הכא: **אין עניות במקום עשירות.** לא עשו דבר בצמצום אלא הכל מתחלתן דייס והותר: **בבירתו.** בירה נאה שהוא אוכל ושוכב מקפיד על חור קטן שבה אם מגונה הוא וסותמו בטיט: **דרנא.** תולעת: **המצדד את האבן.** מושיבה ומלדדה עד שמתיישבת בקרקעית יסוד הבנין יפה מתוך שהוא מלדדה הוא מכינה תחתיה ומושיבה בארץ חייב ואפילו לא נתן טיט הוי בונה כל שהוא דיש מקיימין כן בלא טיט: **הנותן את הטיט חייב.** אבל הנותן האבן פטור: **דימוס.** שורת אבני חומה אלמא בהנחה בעלמא חייב ואפילו לא לידד ועדיפא הא מדשמואל: **אלא.** לאו קושיא תלתא בנייני הוי: **תתא.** יסוד החומה תחתית שמושיבין אבנים על הארץ בלא טיט בצדודי ועפר כל עצמו אינו אלא לצדד את האבן שתשב בשוה ולא תטה לכאן ולכאן ויהא עפר סביב לה לסומכה ובההוא אמר שמואל מילתיה וברייתא במיצעא כל הבנין כולו שמן היסוד עד שורה העליונה בעי נמי טינא עם הצידוד: **עילאה.** דימוס העליון שאין על גביו עוד דימוס אינו חושש אם נוטה האבן לצד אחד הלכך בהנחה בעלמא סגי והוא מילתא דרבי יוסי: **משום מאי.** איזו תולדה מן האבות הוא: **מכה בפטיש.** גמר מלאכה הוא שהמקום שחרך חריץ זה לא יחרוץ עוד: **לול של תרנגולין.** של עץ הוא וסתום ומנקבו שיצא הריח של נואה ולא יזיק להו: **משום מכה בפטיש.** שהיא גמר מלאכת הלול וכל מידי דהוא גמר מלאכה חייב משום מכה בפטיש כדאמרי' בפ' כלל גדול (דף עה:): **עייל שופתא בקופינא דמרא.** י) שופתא יתד קטן שתוחבין בתוך בית יד של מרא בהיותו בנקב הברזל להדקו שלא יצא שקורין קאיי"ל: **קופינא.** הוא חור שבראש המר: **מרא.** בלע"ז פוסי"ר: **מסתת.** דרך בנין בכך: **ואי אשמעינן בהא.** בעושה נקב בלול: **דדמי לבנין.** שאף בבנין הבתים עושין נקבים לאויר כדקאמר ועבדי לאוירא חורים וחלונות: **ואי איתמר בהא.** בשופתא: **בהא קאמר שמואל.** דלא אתרו ביה משום בונה לא מיחייב דלאו בנין הוא: **אחוי בידיה.** מכה באגרופו על כפו כמכה בפטיש: **אימא המסתת המכה בפטיש.** וה"ק המסתת שהוא חייב משום מכה בפטיש חייב בכ"ש: הקודח

תוספות

הבונה. צריך ליתן טעם אמאי תני בונה אחר זריקה והוצאה: **מכה בפטיש.** פי' בקונטרס שמפולץ בו את הסלע לאחר שחצבה ואין נראה לר"י דבמשכן לא הוה בנין אבנים ולא שביק תנא גמר מלאכה דכלים דהוה במשכן ונקט מכה בפטיש דאבן דלא הוה במשכן אלא נראה לר"י דהאי מכה בפטיש היינו מכוש אחרון שמכה על הכלי בשעת גמר מלאכה:

כל שהוא למאי חזי. דוקא הכא איצטריך לפרושי דהוה דכוותיה במשכן משום דלא חשיב בנין כל שהוא אבל מוליא עיטרן ופלפלת כל שהוא ז) סברא הוא דמיחייב: **הכי גרסינן המצדד את האבן חייב.** ול"ג משום מכה בפטיש דמסקנא מוקי לה בתתאה דלא שייך שם מכה בפטיש ועוד דאכתי קאי בבונה: **וליטעמיך אימא סיפא אפילו העלה ע"ג דימוס כו'.** ול"ג ר' יוסי אומר אפילו העלה דאי גרסינן ליה מאי קאמר וליטעמיך הא פליגי רבנן עליה ובתוספתא נמי ל"ג ליה: **העושה נקב בלול.** קשה לרב דאמר משום בונה אמאי הפסיק מכה בפטיש בין מסתת לקודח דהוו תרווייהו משום בונה ולשמואל נמי ליתני תרווייהו בהדי הדדי: **האי מאן דעייל שופתא בקופינא רב אמר חייב משום בונה.** ואע"ג דקי"ל ח) אין בנין בכלים אור"י דהיינו דווקא בהחזרת (ב) בתי תריסין או במנורה של חוליות אבל בנין גמור מיחייב בכלים ט) כמו בקרקע כדאמרי' בס"פ כירה (לעיל דף מז.) גבי מטה של טרסיים אם תקע חייב חטאת ומחזיר קני מנורה חייב חטאת וקרן עגולה ואין חילוק בין כלים לקרקע אלא במקום שאין חיזוק ואומנות דבכלי לא חשיב בנין ובקרקע חשיב בנין ובפ' בכל מערבין (עירובין דף לה.) גבי נתנו במגדל דמוקי לה רבה ורב יוסף במגדל של עץ דמ"ם כלי הוא ואין בנין בכלים ומ"ם אהל הוא התם איירי במנעול (ג) וקטיר במיתנא כדמסיק אביי לבסוף ולא הוצרכו לפרש משום דפשיטא דבהכי איירי דבע"א יש סתירה ובנין בכלים וכן משמע מדמוקי אביי במנעול וקטיר במיתנא דהוי כמו חותמות שבכלים הא לאו הכי אסור ובריש סוגיא דפריך ואמאי הוא במקום אחד ועירובו במקום אחר הוא אע"ג דסתם מגדל של עץ הוא דהוי כלי כדמוכח בכמה דוכתי מעיקרא הוה סבר דאיירי שאי אפשר לקחת העירוב אלא על ידי סתירה גמורה: **לול של תרנגולין.** דלא חשיב ליה שמואל בונה אומר ר"י משום דלא חשיב להאי פתח עשוי להכניס ולהוציא: [ועי' לקמן קמו.]: **אבל בהנך תרתי אימא מודה כו'.** ומקמייתא ובתרייתא נמי לא ידעינן מציעתא: בשלמא

עין משפט נר מצוה

א א מיי' פ"י מהל' שבת הלכה יב סמג לאוין סה:
ב ב מיי' שם הל' יח:
ג ג ד מיי' שם הלכה יב:
ד ה מיי' שם הל' יח:
ה ו מיי' שם הלכה יד והלכה טו ופכ"ג הלכה א:
ו ז מיי' שם פ"י הלכה יג:

רבינו חננאל

נחמן למה לך כולי האי לימא גוד אחית מחיצתא פי' ראה בלבך כאלו את חותך כמין קלף מן המחיצות שהן דפני הביצית (ומציעו) [ומעמיד] בקרקעיתא ונמצאו הנסרין כולן כאלו מחוברות הן מי לא תניא ר' יוסי בר יהודה אומר נעץ קנה ברה"ר והניח בראשו טרסקל רחב ד"ט וזרק מרה"ר ונח על גביו חייב. אלמא אמרי' גוד אחית מחיצתא ורואין כאלו דפני הטרסקל יורדין עד עיקרו של קנה וכאילו יש בעיקרו ד' טפחים הכא נמי נימא כאלו דפני הספינה עקומין ומסבבין הנסרים ודחי רב יוסף להא דרב נחמן ואמר ליה משם ר' חייא אמרו וחכמים פוטרין אלמא רבנן סברי לא אמרינן גוד אחית מחיצתא וחולקין על ר' יוסי ב"ר יהודה ודחי אביי להא דרב יוסף בשתי דחיות חדא הא איני והתניא עמוד ברה"ר גבוה י' ורחב ד' ואין בעיקרו ד' ויש בקצה שלו ג' וזרק ונח ע"ג חייב אלמא אמרינן גוד אחית מחיצתא כלומר רואין בראיית הלב כאילו הרחב שעל ראשו מגיע עד עיקרו ועוד אפי' רבנן דפליגי עליה דר' יוסי ברבי יהודה התם בקנה שנעץ והניח בטרסקל בראשו דלא אמרינן גוד אחית מחיצתא התם טעמא מאי דכיון שהגדיים בוקעין בעיקר הקנה ועוברין תחת הטרסקל מוכחא מלתא דלית ליה מחיצתא כלל אבל בספינה כיון שאין הגדיים בוקעין באותו חלל שבין הנסרים אפי' רבנן מודו דכי האי גוונא אמרינן גוד אחית מחיצתא. ולא מצא רב יוסף תשובה בשתיהן והשיב רב אחא כלפי אביי ספינה נמי הא איכא בקיעת דגים וכשם שאין אומרין בקנה שיש בראשו טרסקל גוד אחית מחיצתא מפני הגדיים שבוקעין בו כך הספינה אין אומרים גוד אחית מחיצתא מפני הדגים שבוקעין בו כדגרסינן בעירובין פרק ראשון אמר רבא עשה לחי למבוי והגביהו מן הקרקע ג' או שהפליגו מן הכותל ג' לא עשה כלום דהויא לה מחיצ' שהגדיים בוקעין בה ודחה רב אשי להא דרב אחא וא"ל בקיעת דגים לאו שמה בקיעה דהא מחיצה תלויה מתרת במים כרב ואע"פ שהגדיים בוקעין בה אלמא בקיעת דגים לאו שמה בקיעה ואין מחיצה תלויה מתרת בחורבה כרבא בלחי שהגביהו מן הקרקע דהויא מחיצה שהגדיים בוקעין בה וכיון דרב אשי מסייע ליה לאביי ורב נחמן ש"מ שאפילו אין בספינה בפחות מג' ד' מותר לטלטל בכל הביצית: ספינות קשורות זו בזו מטלטלין מזו לזו ודוקא קשורות אבל מוקפות לא [illegible]

חשק שלמה על רבינו חננאל [illegible]

מסורת הש"ס

א) מנחות ט., ב) [כתובות קו: זבחים פח: מנחות פט. תמיד כט. לא:], ג) [לקמן קמו.], ד) בב"ק דף קיט. לועז דולד"ר, ה) גי' רש"ל, ו) עיין גיטין לב: רש"י ד"ה שופתא, ז) [עי' תוי"ט שנתן טעם לזה], ח) [ביצה דף י.], ט) [ועי' תוס' לעיל עד: ד"ה חביתא].

הגהות הב"ח

(א) במשנה והקודח כל שהוא: (ב) תוס' ד"ה האי מאן וכו' בהחזרת תריסין כצ"ל ותיבת בתי נמחק: (ג) בא"ד במנעול דקטיר:

הגהות הגר"א

[א] גמרא וליטעמיך אימא סיפא. נמחק ר"י אומר ואפי' וצ"ב צ"ל שניהם חייבים וכ"ה בירושלמי ואמ' שם למי נצרכא סיפא לרבנן. ועי' תוס' ד"ה וליטעמיך וכו':

ליקוטי רש"י

והמסתת. לאחר שנעקרה מן ההר ונחצבה מחליקה [לעיל עה:]. **ובמעצד.** הוא אחד מכלי הנפחים [ישעיה מד, יב]. **הקודח.** חור כל שהוא במקדח בשבת חייב [מנחות נז.]. **סדן.** עץ עבה תקוע בארץ, של נפחים [סנהדרין נב:]. **לשפות.** להושיב כל הושבת קדרה על האור קרי שפיתה [ביצה לב:]. **שפות הסיר** ע"פ הכירה במקום מושבה היא קרויה שפיתה בלשון המשנה שאמרו רבותינו מקום שפיתת שתי קדירות ועוד שניהו אחד שופת את הקדירה ואחד נותן לתוכה מים ואחד נותן לתוכה תבלין למדנו שהשפיתה היא הושבתה על פי כירה עד שלא יתנו לתוכה כלום [יחזקאל כד, ג]. ומנחם פתר בה לשון שימה [תהלים כב, טז]. **שופת את הקדירה.** מושיבה דקינית על האור [ביצה לד.]. קדירה כשמושיבין אותה אצל האור על גבי כירה קרי שפיתה לשון שפות הסיר (יחזקאל כד) [ע"ז יב.]. **אין עניות במקום עשירות.** אבל ענייה מעשיהם בעושר ובגדולה [תמיד כט.]. **דרנא.** תולעת [לעיל עה.]. **דימוס.** נדבך של אבנים [סנהדרין מח.]. **לול.** בנין העשוי לתרנגולין [לקמן קכב:]. בית קטן שמגדלין בו תרנגולין [ב"ב יא.]. **שופתא.** לשון מחזה כדאמרינן בגיטין (לג.) שופתא דקופינא דמרא רפיא [ע"ז כח:]. **שופתא.** בית יד [גיטין לב.].

Chapter Twelve

Mishnah Having elaborated in the previous chapters upon the *melachah* of transferring, the Mishnah proceeds to discuss the laws of the other primary labors. Our Mishnah begins with the *melachah* of building:[1] **הַבּוֹנֶה – One who builds,** **כַּמָּה יִבְנֶה וִיהֵא חַיָּיב – how much must he build to be liable?**[2] **הַבּוֹנֶה כָּל שֶׁהוּא – One who builds any amount,** **וְהַמְסַתֵּת – and** similarly, **one who chisels** a stone,[3] **וְהַמַּכֶּה בְּפַטִּישׁ וּבְמַעֲצָד – strikes** the final blow **with a hammer or with a sledge hammer,**[4] **הַקּוֹדֵחַ – or drills**[5] **כָּל שֶׁהוּא – any amount** **חַיָּיב – is liable.**[6] **זֶה הַכְּלָל – This is the rule:** **כָּל הָעוֹשֶׂה מְלָאכָה וּמְלַאכְתּוֹ מִתְקַיֶּימֶת – Anyone who performs labor, and his labor endures,** **בְּשַׁבָּת** – if he performed it **on the Sabbath,** **חַיָּיב – he is liable.**[7] **(וכן) רַבָּן שִׁמְעוֹן בֶּן גַּמְלִיאֵל אוֹמֵר – Rabban Shimon ben Gamliel says:** **אַף הַמַּכֶּה בְּקוּרְנָס עַל הַסַּדָּן בִּשְׁעַת מְלָאכָה חַיָּיב – Also, one who strikes with a hammer on the anvil while working is liable,** **מִפְּנֵי שֶׁהוּא כִּמְתַקֵּן מְלָאכָה – because he is like one who improves the work.**[8]

Gemara The Gemara questions the Mishnah's first ruling: **כָּל שֶׁהוּא לְמַאי חַזְיָא – For what is** building of **"any amount" fit?**[9]

The Gemara answers:

אָמַר רַבִּי יִרְמְיָה – R' Yirmiyah said: We find that even a minimal measure of building is useful, **שֶׁכֵּן עָנִי חוֹפֵר גּוּמָּא – for indeed, a pauper digs a** small **hole** **לְהַצְנִיעַ בָּהּ פְּרוּטוֹתָיו – to store his copper coins** in it.[10] **דִּכְוָותָהּ גַּבֵּי מִשְׁכָּן – A similar thing** was done **in connection with** the construction of **the Mishkan,** **שֶׁכֵּן תּוֹפְרֵי יְרִיעוֹת חוֹפְרִין גּוּמָּא – for indeed, those who sewed the curtains** for the Mishkan **would** sometimes **dig a** small **hole** **לְהַצְנִיעַ בָּהּ מַחֲטֵיהֶן – to store their needles in it.**[11]

The Gemara rejects this answer and suggests an alternative one:

אַבַּיֵי אָמַר – Abaye said: **כֵּיוָן דְּמִשְׁתַּכֵּי – Since [the needles] would rust** if they were stored in the ground, **לֹא עָבְדֵי הָכִי – [the**

NOTES

1. The reason for commencing with this *melachah* is as follows: Having just dealt with the *melachah* of transferring, which is the last of the thirty-nine *avos* enumerated in the Mishnah on 73a, the Tanna wishes to continue by discussing the *melachah* immediately preceding it, namely, מַכֶּה בְּפַטִּישׁ – *striking the final [hammer] blow* (which is thirty-eighth on the list). However, since this *melachah* is inherently related to the *melachah* of building, and building occurs far more commonly, the Tanna begins by discussing that *melachah* (*Tos. Yom Tov*).

2. What is the minimum one must build on the Sabbath to be liable to capital punishment in cases of deliberate transgression, or to a *chatas* in a case of inadvertent transgression?

We have previously seen that although one is forbidden to do a *melachah* in any amount, one is not liable to punishment unless he engages in a specific minimum amount of that activity. Each *melachah* has its own minimum requirements for liability, reflecting the smallest amount at which the performance of the *melachah* is deemed worthwhile and significant (see *Eruvin* 4a-b and *Rashbam* to *Bava Basra* 55b ד״ה במסכת שבת; see also *Totzaos Chaim* 8:4-7 and above, 73a note 39 and 74a note 13).

The Mishnah's seemingly superfluous expression "one who builds" is a reference to the list of *avos melachos* in the Mishnah on 73a, and is cited here to reintroduce that list (*Rashi, Ritva MHK* ed.).

3. I.e. he squares off a stone and prepares it for building in accordance with local custom – either smoothing its sides or carving decorative grooves in it (*Rashi;* see *Rav;* cf. *Tosafos* to 75b ד״ה והמסתת and *Chidushei HaRan* there).

[The Gemara will discuss under which category of *melachah* this act belongs.]

4. This is an *av melachah* in its own right (see Mishnah 73a). The Mishnah refers to the final step performed in quarrying. After a stone has been hewn on all sides and has been almost entirely separated from the mountain, the quarrier deals it one final blow with his tool, thus breaking it completely free. The completion of the task is considered a *melachah*. Similarly, anyone who puts the finishing touch on any article is guilty of performing a *toladah* of *striking the final blow* (*Rashi;* cf. *Tosafos, Tos. HaRosh*). [The expression ". . . or with a sledge hammer" refers to striking the final blow to iron construction with the hammer used for that type of work (*Rashi;* cf. *Rashi* to *Bava Kamma* 119a ד״ה מעצד).]

According to *Rashi's* explanation, when the Mishnah states the term הַמַּכֶּה בְּפַטִּישׁ here it does not refer to the case of striking the final blow that was performed in the Mishkan (see *Rashi* to 73a ד״ה מכה בפטיש). This must be so, because no stone or steel was used in construction of the Mishkan. Rather, the Mishnah is listing practical examples of how a person can become liable for violating this *melachah* category. One way is striking a final blow to the quarried stone (*Tos. Yom Tov, Chasam Sofer;* cf. *Rashash*).

5. I.e. he bores a hole in the wood or stone of a wall (*Rashi;* see also 103a note 1).

6. That is, one is liable for building any amount (i.e. even a modicum) or for performing any amount of each of the other activities mentioned here (*Rashi*). The Gemara will clarify what purpose there is in building "any amount."

7. The translation follows *Rashi,* who explains this clause as meaning that one is liable for performing *melachah* on the Sabbath only if his labor is useful and enduring in its present form, i.e. it need not be improved. Nevertheless, if the work that he did is commonly considered useful by others, he is liable even if he personally intends to improve on it (see also *Ran* and 103a note 4; cf. *Pri Chadash* cited by *Tos. Chadashim* to Mishnayos). [Thus, the Mishnah qualifies its earlier ruling – that one is liable for building etc. even the smallest amount – with the stipulation that the work he does must be significant in its own right and not merely the start of some larger process.]

According to *Rashi,* the Mishnah is understood as if it had been worded כָּל הָעוֹשֶׂה מְלָאכָה בְּשַׁבָּת וּמְלַאכְתּוֹ מִתְקַיֶּימֶת חַיָּיב, *Anyone who performs labor on the Sabbath, and his labor endures, is liable.* [See *Chidushei R' Elazar Moshe Horowitz* for an explanation of why it was necessary for the Tanna to insert the phrase *on the Sabbath,* when we are obviously talking about the Sabbath.] Others explain the sentence in the order it appears, as follows: *Anyone who performs labor, and his labor endures on the Sabbath, is liable.* This means that even if the work he did is not of a permanent nature, but it will endure until the end of the Sabbath, he is liable (*Ritva;* see *Shenos Eliyahu* for a similar explanation; see also *Rambam, Hil. Shabbos* 9:13 with *Maggid Mishneh,* and *Shaar HaTziyun* 303:68).

8. I.e. even when a smith is not striking the utensil upon which he is working but rather the anvil, if he does so during his work on the utensil he is liable for that blow alone. The Gemara will explain what this act accomplishes (*Rashi*).

9. It would seem that building of "any amount," i.e. a minimal one, has no practical use. Hence, such construction should not be deemed an act of "building" at all (see *Tosafos* ד״ה כל שהוא and *Ritva MHK* ed., cited in note 11).

10. And if he digs this hole indoors he is liable for building (see above, 73b with *Rashi* ד״ה פטור עליה). [One who digs in a field is liable for *plowing* (*Gemara,* 73b).]

11. Ordinarily, the minimum measure at which one incurs liability for performing *melachah* is not based on a precedent related to the Mishkan, but on the Sages' determination of what amount is deemed significant. Only the *general categories* of *melachos* are derived from the construction of the Mishkan. Here, however, since a minimal act of construction would not seem to be considered "building" at all, it is necessary to find a precedent for such a minimal act from the construction of the Mishkan (*Tosafos* ד״ה כל שהוא, *Ritva MHK* ed.).

א א מיי' פ"י מהל' שבת הלכה יב סמג לאוין סה:
ב ב מיי' שם הל' יח:
ג ג ד מיי' שם הלכה יג:
ד ה מיי' שם הל' יח:
ה ו מיי' שם הלכה יד והלכה טו ופכ"ג הלכה א:
ו ז מיי' שם פ"י הלכה יג:

מתני'

הבונה כמה יבנה ויהא חייב א הבונה כל שהוא והמסתת והמכה בפטיש ובמעצד (א) ב הקודח כל שהוא חייב זה הכלל כל העושה מלאכה ומלאכתו מתקיימת בשבת חייב (וכן) רשב"ג אומר אף המכה בקורנס על הסדן בשעת מלאכה חייב מפני שהוא כמתקן מלאכה: **גמ'** כל שהוא למאי חזיא א"ר ירמיה שכן עני חופר גומא להצניע בה פרוטותיו דכוותה גבי משכן שכן תופרי יריעות חופרין גומא להצניע בה מחטיהן אביי אמר כיון דמשתכי לא עבדי הכי אלא שכן עני עושה פיטפוטי כירה קטנה לשפות עליה קדירה קטנה דכוותה גבי משכן מבשלי סמנין לצבוע יריעות שחסרה מלאכתן עושין פיטפוטי כירה קטנה לשפות עליה יורה קטנה רב אחא בר יעקב אמר ג אין עניות במקום עשירות אלא שכן בעה"ב שיש לו נקב בבירתו וסותמו דכוותה גבי משכן שכן קרש שנפלה בו דרנא מטיף לתוכה אבר וסותמו אמר שמואל ב המצדד את האבן חייב מיתיבי ג אחד נותן את האבן ואחד נותן את הטיט הנותן את הטיט חייב [א] ולטעמיך אימא סיפא רבי יוסי אומר ואפילו העלה והניח על גבי דימוס של אבנים חייב אלא ד תלתא בנייני הוו תתא מציעא ועילא תתא בעי צדודי ועפרא מציעא בעי נמי טינא עילאי בהנחה בעלמא: והמסתת: מסתת משום מאי מיחייב רב אמר משום בונה ושמואל אמר ה משום מכה בפטיש ו העושה נקב בלול של תרנגולים רב אמר משום בונה ושמואל אמר משום מכה בפטיש עייל שופתא בקופינא דמרא רב אמר ז משום בונה ושמואל אמר משום מכה בפטיש וצריכא דאי אשמעינן קמייתא בההיא קאמר רב משום דדרך בנין בכך אבל עושה נקב בלול של תרנגולים דאין דרך בנין בכך אימא מודה ליה לשמואל ואי אשמעינן בהא בהא קאמר רב משום דדמי לבנין ח דעבדיה לאוירא אבל שופתא בקופינא דמרא דאין דרך בנין בכך אימא מודה ליה לשמואל ואי אשמעינן בהא בהא קאמר שמואל אבל בהנך תרתי אימא מודה ליה לרב צריכא בעא מיניה רב נתן בר אושעיא מרבי יוחנן מסתת משום מאי מחייב אחוי ליה בידיה משום מכה בפטיש והאנן תנן המסתת והמכה בפטיש אימא המסתת המכה בפטיש ת"ש

הקודח

רש"י

הבונה. שאמרו באבות מלאכות כמה יבנה כו': **מסתת.** מרבע את האבן ומתקנה הכל לפי המקום שיש מקומות שרגילין להחליק ויש מקומות שרגילין לחרוץ בה חריצים כארץ אשכנז: **המכה בפטיש.** גם הוא באבות מלאכות והוא בלע"ז פי"ק שמפוצץ בו את האבן מן הסלע לאחר שחצב את האבן סביב ומבדיל מן ההר קצת הוא מכה בפטיש מכה גדולה והיא מתפרקת ונופלת וזהו גמר מלאכה של חוצבי אבן וכל הגומר בשבת מלאכה תולדת מכה בפטיש היא: **מעצד.** אף הוא כמו קורנס גדול של ברזל לבנין של ברזל ד): **והקודח.** נוקב עץ או אבן בכותל: **כל שהוא.** אכולהו קאי אמסתת ומכה בפטיש ובמעצד והקודח: **כל העושה מלאכה ומלאכתו מתקיימת.** שיש מתקיימת כיוצא בו ה) [ואין מוסיף עליה]: **בשבת.** אעושה מלאכה קאי: **על הסדן.** בלע"ז אינקלימ"א: **קורנס.** מרטי"ל: **מפני שהוא כמתקן מלאכה.** ואע"פ שאינו מכה על הפעולה אלא על הסדן ובגמרא מפרש מאי מתקן: **גמ' דמשתכי.** מעלין חלודה המחטין רוא"ל: **פטפוטי.** רגלי כירה כמין כלי ברזל שקורין טרפיי"ד מעמידין הכירה של חרס: **מבשלי סממנים לצבוע שחסרה מלאכתן.** שאלמלא למר צביעתן וחסרה למלאכתן והוצרכו לחזור ולבשל סמנין ולצבוע מעט: **יורה קטנה גרסינן הכא: אין עניות במקום עשירות.** לא עשו דבר בצמצום אלא הכל מתחלתן דייס והותר: **בבירתו.** בירה נאה שהוא אוכל ושוכב מקפיד על חור קטן שבה אם מגונה הוא וסותמו בטיט: **דרנא.** תולעת: **המצדד את האבן.** מושיבה ומלדדה על שמתיישבת בקרקעית יסוד הבנין יפה מתוך שהוא מלדדה הוא מכינה תחתיה ומושיבה בארץ חייב ואפילו לא נתן טיט הוי בונה כל שהוא דיש מקיימין כן בלא טיט: **הנותן את הטיט חייב.** אבל הנותן האבן פטור: **דימוס.** שורת אבני חומה אלמא בהנחה בעלמא חייב ואפילו לא צידד ועדיפא הא מדשמואל: **אלא.** לאו קושיא תלתא בנייני הוי: **תתא.** יסוד החומה תחתית שמושיבין אבנים על הארץ בלא טיט בצדודי ועפר כל עצמו אינו אלא לצדד את האבן שתשב בשוה ולא תטה לכאן ולכאן ויהא עפר סביב לה לסומכה ובההוא אמר שמואל מילתיה וברייתא במיצעא כל הבנין כולו שמן היסוד עד שורה העליונה בעי נמי טינא עם הצידוד: **עילאה.** דימוס העליון שאין על גביו עוד דימוס אינו חושש אם נוטה האבן לצד אחד הלכך בהנחה בעלמא סגי והוא מילתא דרבי יוסי: **משום מאי.** איזו תולדה מן האבות הוא: **מכה בפטיש.** גמר מלאכה הוא שהמקום שחרך חריץ זה לא יחרוץ עוד: **לול של תרנגולין.** של עץ הוא וסתום ומנקבו שילא הריח של נוצה ולא יזיק להו: **משום מכה בפטיש.** שהיא גמר מלאכת הלול וכל מידי דהוא גמר מלאכה חייב משום מכה בפטיש כדאמרי' בפ' כלל גדול (דף עה:): **עייל שופתא בקופינא דמרא.** ו) שופתא יתד קטן שתוחבין בתוך בית יד של מרא בהיותו בנקב הברזל להדקו שלא יצא שקורין קאיינ"ל: **קופינא.** הוא חור שברזל המר: **מרא.** בלע"ז פוסי"ר: **מסתת.** דרך בנין בכך: **ואי אשמעינן בהא.** בעושה נקב בלול: **דדמי לבנין.** שאף בבנין הבתים עושין נקבים לאויר כדקאמר ועבדי לאוירא חורים וחלונות: **ואי איתמר בהא.** בשופתא: **בהא קאמר שמואל.** דאי אתרו ביה משום בונה לא מיחייב דלאו בנין הוא: **אחוי בידיה.** מכה באגרופו על כפו כמכה בפטיש: **אימא המסתת המכה בפטיש.** וה"ק המסתת שהוא חייב משום מכה בפטיש חייב בכ"ש:

הקודח

תוספות

הבונה. לריך ליתן טעם אמאי תני בונה אחר זריקה והוצאה: **מכה בפטיש.** פי' בקונטרס שמפוצץ בו את הסלע לאחר שחצבה ואין נראה לר"י דבמשכן לא הוה בנין אבנים ולא שייך תנא גמר מלאכה דכלים דהוה במשכן ונקט מכה בפטיש דאבן דלא הוה במשכן אלא נראה לר"י דהאי מכה בפטיש היינו מכוש אחרון שמכה על הכלי בשעת גמר מלאכה:

כל שהוא למאי חזי. דוקא הכא איצטריך לפרושי דהוה כעוביה במשכן משום דלא חשיב בנין כל שהוא אבל מוליא עיטרן ופלפלת כל שהוא ז) סברא הוא דמיחייב: **הכי גרסינן המצדד את האבן חייב.** ול"ג משום מכה בפטיש דבמסקנא מוקי לה בתתאה דלא שייך שם מכה בפטיש ועוד דלהכי קאי בבונה:

ולטעמיך אימא סיפא אפילו העלה ע"ג דימוס כו'. ול"ג ר' יוסי אומר אפילו העלה דלא גרסינן ליה מאי קאמר ולטעמיך הא פליגי רבנן עליה ובתוספתא נמי ל"ג ליה: **העושה נקב בלול.** קשה לרב דאמר משום בונה אמאי הפסיק מכה בפטיש בין מסתת לקודח דהוו תרווייהו משום בונה ולשמואל נמי ליתני תרווייהו בהדי הדדי: **האי מאן דעייל שופתא בקופינא רב אמר חייב משום בונה.** ואע"ג דקי"ל ח) אין בנין בכלים אור"י דהיינו דווקא בהחזרה (ג) כמו תריסין או במנורה של חוליות אבל בנין גמור מיחייב בכלים ט) כמו בקרקע כדאמרי' בפ"ק כירה (לעיל דף מז.) גבי מטה של טרסיים אם תקע חייב חטאת ומחזיר קני מנורה חייב חטאת וקרן עגולה ואין חילוק בין כלים לקרקע אלא במקום שאין חיזוק ואומנות דבכלי לא חשיב בנין ובקרקע חשיב בנין ובפ' בכל מערבין (עירובין דף לה.) גבי נתנו במגדל דמוקי לה רבה ורב יוסף במגדל של עץ דמ"ס כלי הוא ואין בנין בכלים ומ"ס אהל הוא התם מיירי במנעול (ג) וקטיר במיתנא כדמסיק אביי לבסוף ולא הוצרכו לפרש משום דפשיטא דבהכי איירי דבע"ג יש סתירה ובנין בכלים וכן משמע מדמוקי אביי במנעול וקטיר במיתנא דהוי כמו חותמות שבכלים הא לאו הכי אסור וכריש סוגיא דפריך ולמאי הוא במקום אחד ועירובו במקום אחר הוא אע"ג דסתם מגדל של עץ הוא דהוי כלי כדמוכח בכמה דוכתי מעיקרא הוא סבר דאיירי שאי אפשר לקחת העירוב אלא על ידי סתירה גמורה:

לול של תרנגולין. דלא חשיב ליה שמואל בונה אומר ר"י משום דלא חשיב להאי פתח עשוי להכניס ולהוציא: [ועי' לקמן קמו.]: **אבל בהנך תרתי אימא מודה כו'.** ומקמייתא ובתרייתא נמי לא ידעינן מליעתא:

בשלמא

רבינו חננאל

נחמן למה לך כולי האי לימא גוד אחית מחיצתא פי' ראה בלבך כאלו את חותך כמין קלף מן המחיצות שהן דפני הביצית (ומציעו) [ומעמיד] בקרקעיתא ונמצאו הנסרין כולן כאלו מחוברות הן מי לא תניא ר' יוסי בר יהודה אומר נעץ קנה ברה"ר והניח בראשו טרסקל רחב ד"ט וזרק מרה"ר ונח על גביו חייב. אלמא אמרי' גוד אחית מחיצתא ורואין כאלו דפני הטרסקל יורדין עד עיקרו של קנה וכאילו יש בעיקרו ד' טפחים הכא נמי נימא כאלו דפני הספינה עקומין ומסבבין הנסרים ודחי רב יוסף להא דרב נחמן ואמר ליה משם ר' חייא אמרו וחכמים פוטרין אלמא רבנן סברי לא אמרינן גוד אחית מחיצתא וחולקין על ר' יוסי ב"ר יהודה ודחי אביי להא דרב יוסף בשתי דחיות חדא הא איני והתניא עמוד ברה"ר גבוה י' ורחב ד' ואין בעיקרו ד' ויש בקצה שלו ג' וזרק ונח ע"ו חייב אלמא אמרינן גוד אחית מחיצתא כלומר רואין בראיית הלב כאילו הרחב שעל ראשו מגיע עד עיקרו ועוד אפי' רבנן דפליגי עליה דר' יוסי ברבי יהודה התם בקנה שנעץ והניח בטרסקל בראשו דלא אמרינן גוד אחית מחיצתא התם טעמא מאי דכיון שהגדיים בוקעין בעיקר הקנה ועוברין תחת הטרסקל מוכחא מלתא דלית ליה מחיצתא כלל אבל ספינה כיון שאין הגדיים בוקעין באותו חלל שבין הנסרים אפי' רבנן מודו דבהאי גוונא אמרינן גוד אחית מחיצתא. ולא מצא רב יוסף תשובה בשתיהן והשיב רב אחא בר רב אבי ספינה נמי הא איכא בקיעת דגים וכשם שאין אומרין קנה שיש בראשו טרסקל גוד אחית מחיצתא מפני הגדיים שבוקעין בו כך בספינה אין אומרים גוד אחית מחיצתא מפני הדגים שבוקעין בו כדגרסינן בעירובין פרק ראשון אמר רבא עשה לחי למבוי והגביהו מן הקרקע ג' או שהפליגו מן הכותל ג' לא עשה כלום. ופי' רב האי דה"ל מחיצ' שהגדיים בוקעין בה ודחה רב אשי דהא דרב אחא וא"ל בקיעת דגים לאו שמה בקיעה דהא בקיעה דלא תלויה מתרת במים כרב ואע"פ שהגדיים בוקעין בה אלמא בקיעת דגים לאו שמה בקיעה ואין מחיצה תלויה מתרת בחורבה כרבא בלחי שהגביהו מן הקרקע דהויא לה מחיצה שהגדיים בוקעין בה וכיון דרב אשי מסייע ליה ואביי ורב נחמן ש"מ שאפילו אין בספינה בפחות מג' ד' מותר לטלטל בכל הביצית: **ספינות** קשורות זו בזו מטלטלין מזו לזו כו' אמרינן פשיטא ואוקמה רב ספרא לא נצרכה אלא לערב ולטלטל מזו לזו ודוקא קשורות אבל מוקפות לא ותניא נמי הכי וסלקא דכל מחיצתא שנעשית בין בשוגג בין במזיד שמה מחיצה היכא דאיתעבידא מחיצה בשבת מותר א) לזרוק אליה ואסור לטלטל משם מפורש בעושין פסין לענין יבשו מים בשבת ובאו מים בשבת וספינה קשורה [illegible]

[illegible]

[illegible]

חשק שלמה על רבינו חננאל א) נראה דצ"ל מחיצה שנעשית במזיד הוי מחיצה [illegible]

מסורת הש"ס

א) מנחות ע., ב) [כתובות קו: זבחים פח: מנחות פט. תמיד כט. לח:], ג) [לקמן קמו.], ד) בכ"ק דף קיט. לועז דולדו"ר, ה) גי' רש"ל, ו) עיין גיטין לב: רש"י ד"ה שופתא, ז) [עי' תוס' שנתן טעם לזה], ח) [ביצה דף י.], ט) [ועי' תוס' לעיל עד: ד"ה תכינא].

הגהות הב"ח

(א) במשנה והקודח כל שהוא: (ב) תוס' ד"ה האי מאן וכו' בהחזרה תריסין כצ"ל ותיבת כמו נמחק: (ג) בא"ד במנעול דקטיר:

הגהות הגר"א

[א] גמרא ולטעמיך אימא סיפא. נמחק ר"י אומר ואפי' וכו' שניהם חייבים וכ"ה בירושלמי ואמי' שם למי נלרכה סיפא לרבנן. ועי' תוס' ד"ה ולטעמיך וכו':

ליקוטי רש"י

והמסתת. לאחר שנעקרה מן ההר ונתלבה מחליקה [לעיל עג:]. **ובמעצד.** הוא אחד מכלי הנפחים [ישעיה מד, יב]. **הקודח.** חור כל שהוא במקדח בשבת חייב [מנחות נז.]. **סדן.** עץ עבה תקוע בארץ של נפחים [סנהדרין נב:]. **לשפות.** להושיב כל הושבת קדירה על האור קרי שפיתה [ביצה לב:]. **שפות הסיר** ע"פ הכירה במקום מושבה היא קרויה שפיתה בלשון המשנה שאמרו רבותינו מקום שפיתת שתי קדירות ועוד שנים אחד שופת את הקדירה ואחד נותן לתוכה מים ואחד נותן לתוכה תבלין למדנו שהשפיתה היא הושבתה על פי הכירה עד שלא יתן לתוכה כלום [יחזקאל כד, ג]. ומנחם פתר כל לשון שפיתה לשון שימה [תהלים כב, טז]. **שופת את הקדירה.** מושיבה על האור [ביצה לד.]. קדירה כשמושיבין אותה אצל האור על גבי כירה קרי שפיתה לשון שפות הסיר [יחזקאל כד]. **אין עניות במקום עשירות.** כל מעשיהם בעושר ובהרחבה [תמיד כט.]. **דרנא.** תולעת [לעיל עה.]. **דימוס.** נדבך של אבנים [סנהדרין מח.]. **לול.** בנין העשוי לתרנגולין [לקמן קכב.]. בית קטן מגדלין בו תרנגולין [ב"ב יא.]. **שופתא.** לשון אחוזה כדאמרינן בגיטין (לב.) שופתא דקופינא דמרא רפיא [ע"ז כח:]. **שופתא.** בית יד [גיטין לב.].

craftsmen] who sewed the Mishkan curtains **would not do this!**[12] אֶלָּא – **Rather,** we find another case of minimal construction that is useful, שֶׁכֵּן עָנִי עוֹשֶׂה פִּיטְפּוּטֵי כִּירָה קְטַנָּה – **for indeed, a pauper crafts a stand for a small stove** לִשְׁפּוֹת עָלֶיהָ קְדֵירָה קְטַנָּה – **to set upon it a small pot** of food.[13] דִּכְוָותָהּ גַּבֵּי מִשְׁכָּן – **A similar thing** was done **in connection with** the construction of **the Mishkan:** מְבַשְּׁלֵי סַמָּנִין לִצְבּוֹעַ יְרִיעוֹת שֶׁחָסְרָה מְלַאכְתָּן – **When the ones who cooked herbs to dye the curtains were missing** some dye for **their work,**[14] עוֹשִׂין פִּיטְפּוּטֵי כִּירָה קְטַנָּה – **they would craft a stand for a small stove** לִשְׁפּוֹת עָלֶיהָ יוֹרָה קְטַנָּה – **to set up on it a small kettle** of dye.

The Gemara rejects this explanation as well and suggests an alternative:

רַב אַחָא בַּר יַעֲקֹב אָמַר – **Rav Acha bar Yaakov said:** אֵין עֲנִיּוּת בִּמְקוֹם עֲשִׁירוּת – **There was no** manifestation of **poverty in a place of opulence** such as the Mishkan.[15] אֶלָּא – **Rather,** we find another case of minimal construction that is useful, שֶׁכֵּן בַּעַל הַבַּיִת שֶׁיֵּשׁ לוֹ נֶקֶב בְּבִירָתוֹ וְסוֹתְמוֹ – **for indeed, a homeowner who has a hole in** the wall of **his mansion seals it** with clay.[16] דִּכְוָותָהּ גַּבֵּי מִשְׁכָּן – **A similar thing** was done **in connection with** the construction of **the Mishkan,** שֶׁכֵּן קֶרֶשׁ שֶׁנָּפְלָה בּוֹ דַּרְנָא – **for indeed,** if there was **a plank on which a worm fell** and bored a hole, מֵטִיף לְתוֹכָהּ אֲבָר וְסוֹתְמוֹ – **[a craftsman] would pour** molten **lead into [the hole] and seal it.**

A related ruling is cited:

אָמַר שְׁמוּאֵל – **Shmuel said:** הַמְּצַדֵּד אֶת הָאֶבֶן חַיָּיב – **One who positions a stone** in the ground **is liable.**[17]

Shmuel's ruling is challenged:

מֵיתִיבֵי – **They challenged this** on the basis of the following Baraisa: אֶחָד נוֹתֵן אֶת הָאֶבֶן – If **ONE** person **SETS THE STONE** in place to build a wall וְאֶחָד נוֹתֵן אֶת הַטִּיט – **AND** another **ONE ADDS THE CEMENT,** הַנּוֹתֵן אֶת הַטִּיט חַיָּיב – **THE ONE WHO ADDS THE CEMENT IS LIABLE.**[18] Thus, there is no liability for merely setting the stone in place. – ? –

The Gemara counters:

וְלִיטַעֲמֵיךְ אֵימָא סֵיפָא – **And according to your reasoning, consider the end** of that same Baraisa: רַבִּי יוֹסֵי אוֹמֵר – **R' YOSE SAYS:** וַאֲפִילוּ הֶעֱלָה וְהִנִּיחַ עַל גַּבֵּי דִּימוֹס שֶׁל אֲבָנִים חַיָּיב – **EVEN** if **ONE LIFTED** a stone **AND PLACED** it **ON TOP OF A ROW OF STONES, HE IS LIABLE.** Thus, a person is liable even for setting a stone down without positioning it in the ground. How will you explain R' Yose's novel ruling?[19] אֶלָּא תְּלָתָא בִּנְיָינֵי הָווּ – **Rather, there are three** stages in the **building** of a wall, תַּתָּא מְצִיעָא וְעֵילָּא – relating to the **bottom** row of stones, the **middle** rows, and the **top** row. תַּתָּא בָּעֵי צִדּוּדֵי וְעַפְרָא – **The bottom** row **needs** only **positioning and** wedging in **earth;** מְצִיעָא בָּעֵי נַמֵּי טִינָא – **the middle** rows **also needs cement** to hold them in place; עֵילָאִי בְּהַנָּחָה בְּעָלְמָא – and **the top** row is built **with mere placement.** The three rulings of Shmuel, the Tanna Kamma and R' Yose refer to these three stages of building and are thus not contradictory.[20]

The Mishnah stated:

וְהַמְסַתֵּת – **AND ONE WHO CHISELS** a stone.

The Gemara inquires:

מְסַתֵּת מִשּׁוּם מַאי מִיחַיֵּיב – **On account of which** *av melachah* **is the one who chisels liable?**[21]

The Gemara offers two views:

רַב אָמַר מִשּׁוּם בּוֹנֶה – **Rav said: He is liable on account of "building";** וּשְׁמוּאֵל אָמַר מִשּׁוּם מַכֶּה בְּפַטִּישׁ – **but Shmuel said:** It is **on account of "striking the final blow."**[22]

The Gemara presents a similar dispute:

הָעוֹשֶׂה נֶקֶב בְּלוּל שֶׁל תַּרְנְגוֹלִים – Concerning **one who makes a**

NOTES

12. [And since we can find no *Mishkan*-related precedent for digging a small hole, we must seek another example of minimal building for which there is a precedent.]

13. I.e. a pauper, who has only a tiny earthenware stove on which he heats his little pot of food, builds a miniature iron tripod for the stove (*Rashi*).

14. That is, when they had underestimated the amount of dye they would need and later needed to boil a little more (*Rashi*).

15. Those constructing the Mishkan never limited their production of an item to the precise amount they would need, but initially prepared enough to spare (*Rashi*).

16. For he is disturbed by even a minor imperfection which mars the beauty of his home (*Rashi*).

17. That is, if one sets a stone in the ground and works it in until it is level and held firmly in place, he is liable. Even without adding cement, he has committed a minimal act of building, since the stone is sturdy enough to serve as a foundation and people sometimes let their foundations endure without cementing them to the ground (*Rashi;* see also *Tosafos* ד״ה הכי גרסינן; cf. *Shaar HaTziyun* to *Orach Chaim* 337:4 §15). [According to a variant version of the text cited by *Rabbeinu Chananel* and *Ritva,* Shmuel states explicitly that the person is liable not for *building* but for a *toladah* of *striking the final blow.* See also *Rambam, Hil. Shabbos* 10:18 with *Maggid Mishneh* to 10:12.]

18. But the one who set the stone in place is not liable (*Rashi;* see *Chidushei HaRan* and *Radvaz* §1599). [If one person first applied the cement and another one then placed the stone on it, only the one who placed the stone is liable (*Yerushalmi,* cited by *Ritva*).]

19. You objected even to Shmuel, who holds a person liable for firmly positioning a stone in the ground, yet R' Yose stated an opinion that seems even more radical, as he holds a person liable for merely setting a stone atop a row of stones (*Rashi*). If you presume that the conditions for liability are the same in all circumstances, how can you possibly understand R' Yose's opinion? (*Ramban,* explaining our version of the text, which reads *R' Yose says;* see also *Rashi* below ד״ה עילאה, *Ritva* and *Pnei Yehoshua;* cf. *Tosafos* ד״ה ולטעמיך).

20. The foundation for a stone wall does not need to be cemented to the ground. Since its purpose is to create a level base for the wall, it needs only to be positioned properly and packed tightly with earth so that it will not shift. When Shmuel stated that one who merely positions a stone is liable, he was referring to a stone that will become part of a foundation. The successive rows of stones that are placed upon the foundation and form the wall must be cemented in place so that each row will remain level and support the rows above it. When the Baraisa stated that it is the one who adds the cement who is liable, it was referring to these rows of stone. The uppermost row, however, does not need to be cemented or leveled since there is no cause for concern if it tilts slightly. When R' Yose stated that one is liable even if he merely lifts a stone and places it atop a row of stones, he was referring to a stone of the uppermost row (*Rashi*).

21. Under which *av melachah* does this *toladah* fall? (*Rashi*). [There are two reasons we must define this. Firstly, a person who sins intentionally is liable to the death penalty only if he was forewarned by witnesses of the transgression and its consequences. The warning is void if the wrong transgression was specified to him. Thus, we must define to which category each *toladah* belongs (see *Rashi* below ד״ה בהא קאמר שמואל and *Tosafos* to 73b ד״ה משום זורע; see also *Minchas Chinuch,* §32:2). Secondly, an inadvertent transgressor who committed multiple violations in one lapse of awareness is liable to only one *chatas* offering if all belong to the same category, but is in some circumstances liable to separate offerings for *melachos* from different categories (see Mishnah above, 67b-68a). For this reason too we must identify the category of each *toladah* (*Rabbeinu Chananel*).]

22. Rav holds that since the chiseler prepares the stone for construction his act falls under the category of *building* (*Meiri;* see *Avnei Nezer, Orach Chaim* 211:27). Shmuel, however, holds that since chiseling the stone is its final preparation, this falls under *striking the final blow.* Even if one chisels a single groove in a stone [i.e. "any amount," as the Mishnah stated] he has struck the final blow to that part of the stone (*Rashi,* as explained by *Kehillos Yaakov* §39).

הבונה כמה יבנה ויהא חייב ^א הבונה כל שהוא והמסתת והמכה בפטיש ובמעצד (א) ^ב הקודח כל שהוא חייב זה הכלל כל העושה מלאכה ומלאכתו מתקיימת בשבת חייב (וכן) רשב"ג אומר אף המכה בקורנס על הסדן בשעת מלאכה חייב מפני שהוא כמתקן מלאכה: **גמ'** כל שהוא למאי חזיא א"ר ירמיה שכן עני חופר גומא להצניע בה פרוטותיו דכוותה גבי משכן שכן תופרי יריעות חופרין גומא להצניע בה מחטיהן אביי אמר כיון דמשתכי לא עבדי הכי אלא שכן עני עושה פיטפוטי כירה קטנה לשפות עליה קדירה קטנה דכוותה גבי משכן מבשלי סמנין לצבוע יריעות שחסרה מלאכתן עושין פיטפוטי כירה קטנה לשפות עליה יורה קטנה רב אחא בר יעקב אמר ^ג אין עניות במקום עשירות אלא שכן בעה"ב שיש לו נקב בבירתו וסותמו דכוותה גבי משכן שכן קרש שנפלה בו דרנא מטיף לתוכה אבר וסותמו אמר שמואל ^ב המצדד את האבן חייב מיתיבי ^ג אחד נותן את האבן ואחד נותן את הטיט הנותן את הטיט חייב [א] וליטעמיך אימא סיפא רבי יוסי אומר ואפילו העלה והניח על גבי דימוס של אבנים חייב אלא ^ד תלתא בנייני הוו תתא מציעא ועילא תתא בעי צדודי ועפרא מציעא בעי נמי טינא עילאי בהנחה בעלמא: והמסתת: מסתת משום מאי מיחייב רב אמר משום בונה ושמואל אמר ^ה משום מכה בפטיש ^ו העושה נקב בלול של תרנגולים רב אמר משום בונה ושמואל אמר משום מכה בפטיש עייל שופתא בקופינא דמרא רב אמר ^ז משום בונה ושמואל אמר משום מכה בפטיש וצריכא דאי אשמעינן קמייתא בההיא קאמר רב משום דהדרך בנין בכך אבל עושה נקב בלול של תרנגולים דאין דרך בנין בכך אימא מודה ליה לשמואל ואי אשמעינן בהא בהא קאמר רב משום דדמי לבנין ^ג דעבדיה לאוירא אבל שופתא בקופינא דמרא דאין דרך בנין בכך אימא מודה ליה לשמואל ואי אשמעינן בהא בהא קאמר שמואל אבל בהנך תרתי אימא מודה ליה לרב צריכא בעא מיניה רב נתן בר אושעיא מרבי יוחנן מסתת משום מאי מיחייב אחוי ליה בידיה משום מכה בפטיש והאנן תנן המסתת והמכה בפטיש אימא המסתת המכה בפטיש ת"ש

הקודח

הבונה. שאמרו באבות מלאכות כמה יבנה כו': **מסתת.** מרבע את האבן ומתקנה הכל לפי המקום שיש מקומות שרגילין להחליק ויש מקומות שרגילין לחרוץ בה חריצים חריצים בארץ אשכנז: **המכה בפטיש.** גם הוא באבות מלאכות והוא בלע"ז פי"ק שמפוצץ בו את האבן מן הסלע לאחר שחצב את האבן סביב ומבדיל מן ההר קצת הוא מכה בפטיש מכה גדולה והיא מתפרקת ונופלת וזהו גמר מלאכה של חוצבי אבן וכל הגומר בשבת מלאכה תולדת מכה בפטיש היא: **מעצד.** אף הוא כמו קורנס גדול של ברזל לבנין של ברזל^ו: **והקודח.** נוקב עץ או אבן בכותל: **כל שהוא.** אכולהו קאי אמסתת ומכה בפטיש ובמעצד והקודח: **כל העושה מלאכה ומלאכתו מתקיימת.** שיש מתקיימת כיוצא בו ^ו [ואין מוסיף עליה]: **בשבת.** מעשה מלאכה קאי: **על הסדן.** בלע"ז אינקלומי"א: **קורנס.** מרטי"ל: **מפני שהוא כמתקן מלאכה.** ואע"פ שאינו מכה על הפעולה אלא על הסדן ובגמרא מפרש מאי מתקן: **גמ' דמשתכי.** מעלין חלודה המחטין רוחי"ל: **פטפוטי.** רגלי כירה כמין כלי ברזל שקורין טרפי"ד מעמידין הכירה של חרס: **מבשלי סממנים לצבוע שחסרה מלאכתן.** שלמלמו למר לצבוע וחסרה למלאכתן והוצרכו לחזור ולבשל סמנין ולצבוע מעט: **יורה קטנה גרסינן הכא: אין עניות במקום עשירות.** לא עשו דבר בצמצום אלא הכל מתחלתן דיים והותר: **בבירתו.** בירה גדולה שהוא אוכל ושותה מקפיד על חור קטן שבה אם מגונה הוא וסותמו בטיט: **דרנא.** תולעת: **המצדד את האבן.** מושיבה ומצדדה עד שמתיישבת בקרקעית יסוד הבנין יפה מתוך שהוא מצדדה הוא מכינה מתחתיה ומושיבה בארץ חייב ואפילו לא נתן טיט הוי בונה כל שהוא דיש מקיימין כן בלא טיט: **הנותן את הטיט חייב.** אבל הנותן האבן פטור: **דימוס.** שורת אבני חומה אלמא בהנחה בעלמא חייב ואפילו לא צידד ועדיפא הא מדשמואל: **אלא.** לאו קושיא תלתא בנייני הוו: **תתא.** יסוד החומה תחתית שמושיבין אבנים על הארץ בלא טיט בצדודי ועפר כל עצמו אינו אלא לצדד את האבן שתשב בשוה ולא תטה לכאן ולכאן ויהא עפר סביב לה לסומכה והיינו דאמר שמואל מילתיה וברייתא במיצעא כל הבנין כולו שמן היסוד עד שורה העליונה בעי נמי טינא עם הצידוד: **עילאה.** דימוס העליון שאין על גביו עוד דימוס אינו חושש אם נוטה האבן לצד אחד הלכך בהנחה בעלמא סגי והוא מילתא דרבי יוסי: **משום מאי.** איזו תולדה מן האבות הוא: **מכה בפטיש.** גמר מלאכה הוא שהמקום שחרץ חריץ זה לא יחרוץ עוד: **לול של תרנגולין.** של עץ הוא וסתום ומנקבו שיצא הריח של צואה ולא יזיק להו: **משום מכה בפטיש.** שהיא גמר מלאכת הלול וכל מידי דהוא גמר מלאכה חייב משום מכה בפטיש כדאמרי' בפ' כלל גדול (דף עה:): **עייל שופתא בקופינא דמרא.** ^י שופתא יתד קטן שתוחבין בתוך בית יד של מרא בהיותו בנקב הברזל להדקו שלא יצא שקורין קאיי"ל: **קופינא.** הוא חור שבראש המר: **מרא.** בלע"ז פושי"ר: **מסתת.** דרך בנין בכך: **ואי אשמעינן בהא.** בעושה נקב בלול: **דדמי לבנין.** שאף בבנין הבתים עושין נקבים לאויר כדקאמר ועבדי לאוירא חורים וחלונות: **ואי איתמר בהא.** בשופתא: **בהא קאמר שמואל.** דלא אתרו ביה משום בונה לא מיחייב דלאו בנין הוא: **אחוי בידיה.** מכה באגרופו על כפו כמכה בפטיש: **אימא המסתת המכה בפטיש.** וה"ק המסתת שהוא חייב משום מכה בפטיש חייב בכ"ש:

הבונה. צריך ליתן טעם אמאי תני בונה אחר זריקה והוצאה: **מכה בפטיש.** פי' בקונטרס שמפוצץ בו את הסלע לאחר שחצבה ואין נראה לר"י דבמשכן לא הוה בנין אבנים ולא שייך תנא גמר מלאכה דכלים דהוה במשכן ונקט מכה בפטיש דאבן דלא הוה במשכן אלא נראה לר"י דהאי מכה בפטיש היינו מכוש אחרון שמכה על הכלי בשעת גמר מלאכה: **כל שהוא למאי חזי.** דוקא הכא איצטריך לפרושי דהוה כוותיה במשכן משום דלא חשיב בנין כל שהוא אבל מוציא עיטרן ופלפלת כל שהוא^ז סברא הוא דמחייב: **הכי גרסינן המצדד את האבן חייב.** ול"ג משום מכה בפטיש דבמסקנא מוקי לה בתתאה דלא שייך שם מכה בפטיש ועוד דלהכי קאי בבונה: **וליטעמיך אימא סיפא אפילו העלה ע"ג דימוס כו'.** ול"ג ר' יוסי אומר אפילו העלה דלא גרסינן ליה מאי קאמר וליטעמיך הא פליגי רבנן עליה ובתוספתא נמי ל"ג ליה: **העושה נקב בלול.** קשה לרב דאמר משום בונה אמאי הפסיק מכה בפטיש בין מסתת לקודח דהוו תרוייהו משום בונה ולשמואל נמי ליתני תרוייהו בהדי הדדי: **האי מאן דעייל שופתא בקופינא רב אמר חייב משום בונה.** ואע"ג דקי"ל^ח אין בנין בכלים אור"י דהיינו דוקא בהחזרה (ג) בתי תריסין או במנורה של חוליות אבל בנין גמור מיחייב בכלים^ט כמו בקרקע כדאמרי' בפ"ק כירה (לעיל דף מז.) גבי מטה של טרסיים אם תקע חייב חטאת ומחזיר קני מנורה חייב חטאת וקרן עגולה ואין חילוק בין כלים לקרקע אלא במקום שאין תיקון ואומנות דבכלי לא חשיב בנין ובקרקע חשיב בנין ובפ' בכל מערבין (עירובין דף לה.) גבי נתנו במגדל דמוקי לה רבה ורב יוסף במגדל של עץ דמ"ס כלי הוא ואין בנין בכלים ומ"ס אהל הוא התם מיירי במנעול (ג) וקטיר במיתנא כדמסיק אביי לבסוף ולא הוצרכו לפרש משום דפשיטא דבהכי איירי דבע"ג יש סתירה ובנין בכלים וכן משמע מדמוקי אביי במנעול וקטיר במיתנא דהוי כמו חותמות שבכלים הא לאו הכי אסור וכריש סוגיא דפריך ולימא הוא במקום אחד ועירובו במקום אחר הוא אע"ג דהתם מגדל של עץ הוא דהוי כלי כדמוכח בכמה דוכתי מעיקרא הוה סבר דאיירי שאי אפשר לקחת העירוב אלא על ידי סתירה גמורה: **לול של תרנגולין.** דלא חשיב ליה שמואל בונה אומר ר"י משום דלא חשיב להאי פתח עשוי להכניס ולהוציא: [ועי' לקמן קמו.]: **אבל בהנך תרתי אימא מודה כו'.** ומקמייתא ובתרייתא נמי לא ידעינן מציעתא בשלמא

עין משפט נר מצוה

א א מיי' פ"י מהל' שבת הלכה יג סמג לאוין סה:
ב ב מיי' שם הל' יח:
ג ג ד מיי' שם הלכה יב:
ד ה מיי' שם הל' יח:
ה ו מיי' שם הלכה יד והלכה טו ופכ"ג הלכה א:
ו ז מיי' שם פ"י הלכה יג:

רבינו חננאל

נחמן למה לך כולי האי לימא גוד אחית מחיצתא פי' ראה בלבך כאלו את חותך כמין קלף מן המחיצות שהן דפני הביצית (ומציעו) [ומעמיד] בקרקעיתא ונמצאו הנסרין כולן כאלו מחוברות הן מי לא תניא ר' יוסי בר יהודה אומר נעץ קנה ברה"ר והניח בראשו טרסקל רחב ד"ט וזרק מרה"ר ונח על גביו חייב. אלמא אמרי' גוד אחית מחיצתא ורואין כאלו דפני הטרסקל יורדין עד עיקרו של קנה וכאילו יש בעיקרו ד' טפחים הכא נמי נימא כאלו דפני הספינה עקומין ומסבבין הנסרים ודחי רב יוסף להא דרב נחמן ואמר ליה משם ר' חייא אמרו וחכמים פוטרין אלמא רבנן סברי לא אמרינן גוד אחית מחיצתא וחולקין על ר' יוסי ב"ר יהודה ודחי אביי להא דרב יוסף בשתי דחיות חדא הא איני והתניא עמוד ברה"ר גבוה י' ורחב ד' ואין בעיקרו ד' ויש בקצה שלו ג' וזרק ונח ע"ג חייב אלמא אמרינן גוד אחית מחיצתא כלומר רואין בראיית הלב כאילו הרחב שעל ראשו מגיע עד עיקרו ועוד אפי' רבנן דפליגי עליה דר' יוסי ברבי יהודה התם בקנה שנעץ והניח בטרסקל בראשו דלא אמרינן גוד אחית מחיצתא התם טעמא מאי דכיון שהגדיים בוקעין בעיקר הקנה ועוברין תחת הטרסקל מוכחא מלתא דלית ליה מחיצתא כלל אבל בספינה כיון שאין הגדיים בוקעין באותו חלל שבין הנסרים אפי' רבנן מודו דכי האי גוונא אמרינן גוד אחית מחיצתא. ולא מצא רב יוסף תשובה בשתיהן והשיב רב אחא כלפי אביי ספינה נמי הא איכא בקיעת דגים וכשם שאין אומרין בקנה שיש בראשו טרסקל גוד אחית מחיצתא מפני הגדיים שבוקעין בו כך הספינה אין אומרים גוד אחית מחיצתא מפני הדגים שבוקעין בו כדגרסינן בעירובין פרק ראשון אמר רבא עשה לחי למבוי והגביהו מן הקרקע ג' או שהפליגו מן הכותל ג' לא עשה כלום דהויא לה מחיצ' שהגדיים בוקעין בה ודחה רב אשי להא דרב אחא וא"ל בקיעת דגים לאו שמה בקיעה דהא מחיצה תלויה מתרת במים כרב ואע"פ שהגדיים בוקעין בה אלמא בקיעת דגים לאו שמה בקיעה ואין מחיצה תלויה מתרת בחורבה כרבא בלחי שהגביהו מן הקרקע דהויא מחיצה שהגדיים בוקעין בה וכיון דרב אשי מסייע ליה ואביי ורב נחמן ש"מ שאפילו אין בספינה בפחות מג' ד' מותר לטלטל בכל הביצית: **ספינות** קשורות זו בזו מטלטלין מזו לזו כו' אמרינן פשיטא ואוקמה רב ספרא לא נצרכה אלא לערב ולטלטל מזו לזו ודוקא קשורות אבל מוקפות לא ותניא נמי הכי וסלקא דכל מחיצתא שנעשית בין בשוגג בין במזיד שמה מחיצה היכא דאיתעבידא מחיצה בשבת מותר א) לזרוק אליה ואסור לטלטל משם מפורש בעושין פסין לענין יבשו מים בשבת ובאו מים בשבת וספינה קשורה בחברתא לא שרי לטלטולי מיניהו עד דמיקטרן בדבר שיכול להעמידה ואפי' בחוט הסרבל ויכול להעמידה הכי הוא מתירה. אבל לענין טומאה פי' שמואל אם הן ספינות קשורות בשלשלת של ברזל ממש שהיא כחרב ונגע בשלשלת זו מת מביאה הטומאה בספינה האחרת שכיון שנגע בה המת נעשית כמת עצמו דקיי"ל חרב הרי הוא כחלל פי' הא דתנן במסכת אהלות פ"ח (מ"ה) קשר את הספינה בדבר שהוא יכול להעמיד כבש את האבן ע"ג הטלית מביאה את הטומאה. פי' שמואל זה השנוי במשנה זו בדבר שהוא יכול להעמידה. שלשלת של ברזל הוא ממש והוא כגון יש מת בספינה אחת וראש השלשלת נוגעת במת וזו השלשלת קשורה בספינה אחרת נמצאו בו הספינות קשורות זו עם זו בשלשלת. שלשלת זו הנוגעת במת נעשת כמת עצמו דקיי"ל חרב הרי הוא כחלל לפיכך מביא את הטומאה בספינה האחרת: **הזורק** ונזכר לאחר שיצאת מידו שהיא שבת קלטה אחר או קלטה כלב או נשרפה פטור כו' בניינא דמתני' אינו חייב עד שתהיה מתחלת המלאכה עד תשלום המלאכה בשוגג. אבל אם היתה לו ידיעה אחת שגגה ב) קודם תשלום המלאכה בידיעה פטור: **עד** [שיהא] תחלתן וסופן שגגה. ודייקינן מרישא דמתניתין דקתני הזורק ונזכר לאחר שיצאת מידו קלטה אחר פטור וכן אם קלטה כלב וכן אם נשרפה פטור טעמא מאי פטור משום דלא נעשת מחשבתו הא אם נחה במקום שהיתה מחשבתו בעת שזורקה חייב ואע"פ שנזכר לאחר שיצאת מידו הנה היתה לו ידיעה אחר שגגה וחייב ופריק רב כהנא סיפא דקתני עד שתהא תחילתן וסופן שגגה אתאן ללכתא ומתנא. פי' קנה קשור בחוט ארוך שכשיזרקנו לא יאבד אלא מושך בחוט והוא נמשך אחריו כי האי גוונא בעינן תחילה וסוף שגגה שאע"פ שזרקו כיון שנזכר קודם שינוח יכול להחזירה אע"פ שנחה אחר זכירתו חייב ודחינן לכתא ומתנא איגודו בידו וכל איגודו בידו אינה זריקה ופריק רב כהנא כגון שזרק זה הקנה לעשות חבורה וקמ"ל עד שתעשה חבורה (במשכת) [בעינן שתמשך] שגגה. ונדחה טעם זה. ופריק רבה כי בעינן תחלה וסוף שגגה במעביר. אבל בזורק לא ורישא דהא מתניתין בזורק ואקשינן עלה והא כי קתני זה הכלל כל חייבי חטאות כו' כי אזריקה הוא ודקתני נמי ועדבה ופריק רבא מתניתין תרתי קתני חדא הזורק ונזכר לאחר שיצאת מידו פטור וחדא או נזכר או אם היא [דרבה] (דרבא) והא דרב אשי נמי לא איפרכו מיהו רב אשי דייק הכי כיון דמתניתין כוליה לענין שוגג היא דבבא דרישא היא הבבא לעשות חבורה ונזכר ובסיפא כולל זה הכלל כל חייבי חטאות כו' הלכך מתניתין כולה בשוגג היא ולענין נחה היא אלא חסורי

חשק שלמה על רבינו חננאל א) נראה דצ"ל מחיצה בשבת במזיד הוי מחיצה לענין להזורק אליה חייב אבל לטלטל שם אסור ומפורש בעושין פסין וכו': ב) נ"ל ידיעה מתחלה ואח"כ שגגה או שגגה קודם ושלשה מלאכות וכו':

מסורת הש"ס

א) מנחות ט., ב) [כתובות קו: זבחים סח: מנחות סט. תמיד כט. לח:], ג) [לקמן קמו.], ד) כב"ק דף קיט. [ערוך ערך] ... ו) עיין גיטין לב: רש"י ד"ה שופתא, ז) [ע"ו] תו"מ שנתן טעם לזה], ח) [ביצה דף י.], ט) [וע' תוס' לעיל עד: ד"ה חביתא].

הגהות הב"ח

(א) במשנה והקודח כל שהוא: (ב) תוס' ד"ה האי מאן וכו' בהחזרה תריסין כצ"ל ותיבת בתי נמחק: (ג) בא"ד במנעול דקטיר:

הגהות הגר"א

[א] גמרא וליטעמיך אימא סיפא. נמחק ר"י אומר ואפי' וא"ל נ"ל שניהם חייבים וכ"ה בירושלמי ואמ' שם למי נצרכה סיפא לרבנן. ועי' תוס' ד"ה וליטעמיך וכו':

ליקוטי רש"י

והמסתת. לאחר שנעקרה מן ההר ומתלקה מחליקה [לעיל עה:]. **ובמעצד.** הוא אחד מכלי הנפחים [ישעיה מד, יב]. **הקודח.** חור של חייב מקדח בשבת חייב [מנחות נז.]. **סדן.** עץ עבה תקוע בארץ, של נפחים [סנהדרין נב:]. **לשפות.** להושיב כל הושבת קדרה על האור קרי שפיתה [ביצה לב:]. **שפות הסיר** ע"פ הכירה במקום מושבה היא קרויה שפיתה בלשון המשנה שאמרו רבותינו מקום שפיתה שתי קדירות ועוד שנינו אחד שופת את הקדירה ואחד נותן לתוכה מים ואחד נותן לתוכה תבלין למדנו ששפיתה היא הושבתה על פי הכירה על גבי האש שאין נותנה לתוכה כלום [יחזקאל כד, ג]. ומנחם פתר כל לשון שפיתה לשון שימה [תהלים כב, טז]. **שופת את הקדרה.** מושיבה על האור [ביצה לד.]. **קדירה** כשמושיבין אותה אצל האור על גבי כירה קרי שפיתה לשון שפות הסיר (יחזקאל כד) [ע"ז יב.]. **אין עניות במקום עשירות.** כל מעשיהם בעושר ובשררה [תמיד כט.]. **דרנא.** תולעת [לעיל עה.]. **דימוס.** נדבך של אבנים [סנהדרין מח.]. **לול.** בנין העשוי לתרנגולין [לקמן קכב:]. בית קטן מגדלין בו תרנגולין [ב"ב יא.]. **שופתא.** לשון אחיזה כדאמרינן גבי עגון שופתא דקופינא דמרא רפיא [ע"ז כח:]. **שופתא.** בית יד [גיטין לב.].

hole in a chicken coop,[23] רַב אָמַר מִשּׁוּם בּוֹנֶה – **Rav said** that he is liable **on account of "building";** וּשְׁמוּאֵל אָמַר מִשּׁוּם מַכֶּה בְּפַטִּישׁ – **but Shmuel said** it is **on account of "striking the final blow."**[24]

The Gemara cites a third related dispute:

עַיֵּיל שׁוּפְתָּא בְּקוּפִינָא דְּמָרָא – Concerning **one who wedged a peg in the cavity of a hoe,**[25] רַב אָמַר מִשּׁוּם בּוֹנֶה – **Rav said** that he is liable **on account of "building";** וּשְׁמוּאֵל אָמַר מִשּׁוּם מַכֶּה בְּפַטִּישׁ – **but Shmuel said** it is **on account of "striking the final blow."**[26]

The Gemara now explains why Rav and Shmuel found it necessary to discuss all three cases:

וּצְרִיכָא – **And [all three disputes] are necessary.** דְּאִי אַשְׁמְעִינַן קַמַּיְיתָא – **For if we had been informed of** the dispute only concerning **the first [case]** (chiseling a stone), we would have said that בְּהַהִיא קָאָמַר רַב – **in this** case **Rav says** the person is liable for building, מִשּׁוּם דְּדֶרֶךְ בִּנְיָן בְּכָךְ – **because this is the usual manner of building.**[27] אֲבָל עוֹשֶׂה נֶקֶב בְּלוּל שֶׁל תַּרְנְגוֹלִים – **But** regarding **one who makes a hole in a chicken coop,** דְּאֵין דֶּרֶךְ בִּנְיָן בְּכָךְ – **where this is not the usual manner of building,**[28] אֵימָא מוֹדֶה לֵיהּ לִשְׁמוּאֵל – **I would say that he agrees with Shmuel** that the person is liable for striking the final blow and not for building. וְאִי אַשְׁמְעִינַן בְּהָא – **And if we had been informed of** the dispute only concerning **this** second case, we would have said that בְּהָא קָאָמַר רַב – **in this** case **Rav says** the person is liable for building, מִשּׁוּם דְּדָמֵי לְבִנְיָן דְּעָבְדֵיהּ לַאֲוִירָא – **because [his act] is similar to** the usual manner of **building in that he makes [the hole] for ventilation.**[29] אֲבָל שׁוּפְתָּא בְּקוּפִינָא דְּמָרָא – **But** with regard to wedging **a peg in the cavity of a hoe,** דְּאֵין דֶּרֶךְ בִּנְיָן בְּכָךְ – **where** seemingly, **this is not** even similar to **the usual manner of building,** אֵימָא מוֹדֶה לֵיהּ לִשְׁמוּאֵל – **I would say that he agrees with Shmuel** that the person is liable for striking the final blow and not for building. וְאִי אַשְׁמְעִינַן בְּהָא – **And if we had been informed of** the dispute only concerning **this** last case, we would have said that בְּהָא קָאָמַר שְׁמוּאֵל – **in this** case **Shmuel says** that the person is liable for striking the final blow and not for building because his act is not analogous to building. אֲבָל בְּהָנָךְ תַּרְתֵּי – **But in** regard to **those first two** cases, אֵימָא מוֹדֶה לֵיהּ לְרַב – **I would say that he agrees with Rav** that the person is liable for building. צְרִיכָא – **It was** therefore **necessary** to state the dispute in all three cases.[30]

The Gemara cites a discussion related to the first of the three previous disputes:

בְּעָא מִינֵּיהּ רַב נָתָן בַּר אוֹשַׁעְיָא מֵרַבִּי יוֹחָנָן – **Rav Nassan bar Oshaya inquired of R' Yochanan:** מְסַתֵּת מִשּׁוּם מַאי מִיחַיֵּיב – **On account of which** *av melachah* **is one who chisels liable?** אַחְוֵי לֵיהּ בִּידֵיהּ מִשּׁוּם מַכֶּה בְּפַטִּישׁ – **[R' Yochanan] demonstrated to him with his hand** that it is **on account of striking the final blow.**[31]

Rav Nassan bar Oshaya objected:

וְהָאֲנַן תְּנַן – **But we learned in our Mishnah:** הַמְסַתֵּת וְהַמַּכֶּה בְּפַטִּישׁ – ONE WHO CHISELS a stone *AND* ONE WHO STRIKES the final blow WITH A HAMMER . . . is liable. This implies that chiseling is not included in the category of striking the final blow. – ? –

R' Yochanan answered:

אֵימָא הַמְסַתֵּת הַמַּכֶּה בְּפַטִּישׁ – **State** the Mishnah as reading: **One who chisels** a stone, **who strikes** the final blow **with a hammer.** It means to teach that one who chisels a stone violates the *melachah* of striking the final blow.

R' Yochanan had concurred with the opinion of Shmuel cited above. The Gemara now issues another challenge to this view:

תָּא שְׁמַע – **Come, learn** a refutation of this view from our Mishnah, which states:

NOTES

23. The reference is to a wooden coop that has no windows. It is necessary to make a small perforation [near the top] so that the fumes generated by the droppings will escape and not harm the chickens (*Rashi*).

24. Because this is the final step in making a chicken coop, and any act that serves as a finishing touch is a *toladah* of striking the final blow, as the Gemara stated above, on 75b (*Rashi*).

25. The metal part of a hoe contained a cavity into which the wooden handle would be fitted. After the handle was inserted, a peg would be wedged into the cavity to prevent the handle from slipping out (*Rashi;* cf. *Rashi* to *Gittin* 32a).

26. [For the insertion of the peg is the final step in crafting the hoe.] In all three cases, Shmuel holds that the act is too minimal to qualify as building and he therefore categorizes it as striking the final blow (see *Avnei Nezer* ibid.; see also *Ritva* and *Tosafos* to 103a ד״ה בשלמא; however, see *Tosafos* here ד״ה לול). Rav, on the other hand, deems these activities to be minimal acts of building. He concedes that they can also be categorized as striking the final blow. Thus, in his opinion they fall under both categories (*Lechem Mishneh, Hil. Shabbos* 10:14; see also *Rashi* below ד״ה בהא קאמר שמואל and to 103a ד״ה אלא לשמואל, *Rashba,* and *Sfas Emes* to 74b; cf. *Pnei Yehoshua*).

[The Rishonim ask: How can Rav hold the person liable for building when he wedges the peg in a hoe? Why, the rule is (see *Beitzah* 10a) that the *melachah* of building does not apply to utensils (i.e. movable objects) but only to something that is fixed on the ground! See *Tosafos* ד״ה האי מאן, *Ramban* (especially in *Milchamos Hashem*), *Rashba* and *Ritva* for various resolutions of this difficulty; see also *Rabbeinu Chananel* [printed on 103b]. For an analysis of *Rashi's* view, see *Avnei Nezer* ibid. §27-32. See also *Toras Refael* §19 for a wide-ranging discussion of this subject.]

27. I.e. the standard construction of a house calls for the stones to be prepared by chiseling (see *Rashi*).

28. For standard buildings did not have small perforations that were designed only to let fumes escape [as the hole in a chicken coop is (see 146a-b)]. They had only doors and windows through which people or objects could pass in *and* out (see *Tosafos* ד״ה לול with *Maharshal* and *Maharsha*).

29. I.e. Rav holds that the hole is made not only to provide an exit for the fumes, but also to allow fresh air in (see below, 146a, and *Tosafos* here ד״ה לול with *Maharshal* and *Maharsha*). Thus, making this hole is similar to making a window in a house (*Rashi*).

30. Even if we have been informed of the dispute concerning the first and third cases (of chiseling a stone and wedging a peg in a hoe) we could not have deduced the opinions of Rav and Shmuel concerning the second case (of making a hole in a chicken coop) because perhaps that case as well has a dissimilarity to the usual manner of building (see *Tosafos* ד״ה אבל; see *Chasam Sofer,* who suggests an approach).

31. R' Yochanan struck his fist on his palm as if he was striking with a hammer (*Rashi*).

הַקּוֹדֵחַ כָּל שֶׁהוּא חַיָּיב – ONE WHO DRILLS ANY AMOUNT IS LIABLE. Now, presumably the one who drills the hole intends to drive something into it.[1] בִּשְׁלָמָא לְרַב – **It is understandable according to Rav,** who said that one who makes a hole in a chicken coop is liable for building, that in our case too the person is liable מִיחֱזֵי כְּמַאן דְּחָר חוֹרְתָּא לְבִנְיָינָא – **because he appears like one who drilled a hole for** the benefit of **a building.**[2] אֶלָּא לִשְׁמוּאֵל – **But according to Shmuel,** who said that one who makes a hole in a chicken coop is not liable for building, in our case why should the person be liable at all? לָאו גְּמַר מְלָאכָה הוּא – **[His act] is not the finishing** touch **of the labor** and cannot fall under the category of striking the final blow.[3] – ? –

The Gemara answers:

הָכָא בְּמַאי עַסְקִינָן – **What are we dealing with here?** דִּבְזָעֵיהּ בְּרַמְצָא דְּפַרְזְלָא – It is a case **where [the person] pierced [the wall] with a long iron nail** וְשַׁבְקֵיהּ בְּגַוֵּויהּ – **and left it in [the wall]** to hang things on it. He is liable for striking the final blow, דְּהַיְינוּ גְּמַר מְלָאכָה – **for this is** indeed **the finishing** touch **of the labor.**

The Mishnah stated:

זֶה הַכְּלָל – THIS IS THE RULE: Anyone who performs labor and his labor endures, on the Sabbath, is liable.

The Gemara asks:

זֶה הַכְּלָל לְאֵתוּיֵי מַאי – **What does** the phrase, **"This is the rule** etc.," come **to include?**

The Gemara replies:

לְאֵתוּיֵי דְּחַק קְפִיזָא בְּקַבָּא – It comes **to include one who hollowed out a cavity that can contain a** ***kefiza*** (i.e. three quarters of a *kav*) **in a** block large enough to hold a ***kav.***[4]

The Mishnah stated:

רַבָּן שִׁמְעוֹן בֶּן גַּמְלִיאֵל אוֹמֵר – RABBAN SHIMON BEN GAMLIEL SAYS: הַמַּכֶּה בְּקוּרְנָס עַל הַסַּדָּן כו׳ – Even ONE WHO STRIKES WITH A HAMMER ON THE ANVIL etc. [while working is liable].

The Gemara asks:

מַאי קָעָבֵיד – **What is he doing** to incur liability?

The Gemara answers:

רַבָּה וְרַב יוֹסֵף דְּאָמְרֵי תַּרְוַויְיהוּ – **Rabbah and Rav Yosef both said:** מִפְּנֵי שֶׁמְּאַמֵּן אֶת יָדוֹ – It is **because he is training his hand** to hammer properly.[5]

The explanation is rejected:

קָשׁוּ בָּהּ בְּנֵי רַחֲבָה – **The sons of Rachavah found this difficult:** אֶלָּא מֵעַתָּה – **But now,** חֲזָא אוּמָנוּתָא בְּשַׁבְּתָא וְגָמַר – if **someone observed** the performance of **a craft on the Sabbath and learned** it, הָכִי נַמִּי דְּמִיחַיֵּיב – **is it also so that he is liable?** But he has not done any *melachah*! – ? –

The Gemara therefore gives a different explanation for Rabban Shimon ben Gamliel's ruling:

אֶלָּא אַבַּיֵּי וְרָבָא דְּאָמְרֵי תַּרְוַויְיהוּ – **Rather, Abaye and Rava both said:** Banging a hammer on the anvil while working is considered a *melachah,* שֶׁכֵּן מְרַדְּדֵי טַסֵּי מִשְׁכָּן עוֹשִׂין כֵּן – **for indeed, those who pounded the sheets** of gold **for the Mishkan did this.**[6]

The Gemara supports this explanation:

תַּנְיָא נַמִּי הָכִי – **This has also been taught in a Baraisa:** רַבָּן שִׁמְעוֹן בֶּן גַּמְלִיאֵל אוֹמֵר – RABBAN SHIMON BEN GAMLIEL SAYS: אַף הַמַּכֶּה בְּקוּרְנָס עַל הַסַּדָּן בִּשְׁעַת מְלָאכָה חַיָּיב – EVEN ONE WHO STRIKES WITH A HAMMER ON THE ANVIL WHILE WORKING IS LIABLE, שֶׁכֵּן מְרַדְּדֵי טַסֵּי מִשְׁכָּן עוֹשִׂין כֵּן – FOR INDEED, THOSE WHO POUNDED THE SHEETS of gold FOR THE MISHKAN DID THIS.

Mishnah

The Mishnah next discusses the *melachah* of plowing:[7] הַחוֹרֵשׁ כָּל שֶׁהוּא – **One who plows any amount,** הַמְנַכֵּשׁ – as well as **one who weeds,**[8] וְהַמְקַרְסֵם – **prunes dry branches**[9] וְהַמְזָרֵד – **or prunes young shoots**[10] כָּל שֶׁהוּא – in **any amount** חַיָּיב – **is liable.** הַמְלַקֵּט עֵצִים – Regarding **one who gathers wood** by cutting branches off a live tree, אִם לְתַקֵּן – **if** his intent is **to effect an improvement** in the tree or the fertility of the surrounding soil, כָּל שֶׁהֵן – he is liable for **any amount;**[11]

NOTES

1. This is implied by the Mishnah's usage of the term קוֹדֵחַ. Drilling a hole that will not be filled is called נוֹקֵב [the same root as נֶקֶב, *hole*] (*Rashi*).

2. Since Rav holds that making a hole [in a chicken coop] is considered a minimal act of building, it stands to reason that drilling a small hole in a house is also an act of building. And although something still needs to be driven into the hole, the drilling itself is a worthwhile improvement to the house and qualifies as a *melachah* (*Rashi;* cf. *Tosafos;* see *Menachos* 57a and *Chasam Sofer*).

[*Gilyonei HaShas* notes that the Gemara's term מִיחֱזֵי, *it appears . . . [like building],* is used loosely here, because this act is an actual violation of the *melachah* of *building.*]

3. Only in the case of the chicken coop, where the hole is the finishing touch, can the one who made it be liable for striking the final blow. In our case, the hole still needs to be plugged and cannot be viewed as a finishing touch (*Rashi*).

4. The block was large enough to have a *kav*-sized hollow carved in it, but the person got only as far as hollowing out three-quarters of a *kav* (cf. *Rashi* to *Menachos* 78a ד״ה קפיזי). Although he did not finish carving out all that he intends to, he is liable for the amount that he carved since some people leave it like this (*Rashi;* see 102b note 7; cf. *Rabbeinu Chananel, Rashba*). [See *Shenos Eliyahu* to the Mishnah and *Kehillos Yaakov* §39.]

5. That is, he is practicing bringing the hammer down with the precise force required for the particular work he is doing (*Rashi*).

6. The wooden planks of the Mishkan were covered with sheets of gold. When the smiths hammered the gold into thin sheets, they would strike the hammer once on the anvil after every three strikes on the sheet to ensure that the surface of the hammer would remain smooth and not puncture the sheet (*Rashi;* cf. *Rashba*). *Rashi* adds that coin manufacturers in his own locale followed this practice. Smoothing the hammer is considered a *melachah.*

The Tanna Kamma does not dispute the fact that the smiths struck the anvil with their hammers when beating the sheets of gold for the Mishkan. However, he holds that this is not included in the category of striking the final blow since it is done *during* the work. The Tanna Kamma concedes that when the smith strikes the anvil one last time after finishing his work, to smooth out his hammer, he is liable for striking the final blow, as *Rashi* stated above [73a] (*Chasam Sofer* to the Mishnah, 102b; see also *Rashash* there).

7. The Mishnah turns from *building,* which it discussed previously, to *plowing,* because in a certain sense plowing is the reverse of building. Building generally consists of filling up holes or augmenting a structure, whereas plowing consists of digging holes or diminishing that which is already there. Furthermore, these *melachos* share the characteristic that one who does them in any amount is liable (*Tos. Yom Tov;* see *Tiferes Yisrael*).

8. I.e. he pulls out weeds from between the plants (*Rav, Chidushei HaRan;* see *Rashi* to *Moed Katan* 2b ד״ה מנכש). Since he thereby causes the remaining plants to grow better, he is liable for performing a *toladah* of sowing [זורע] (*Kesef Mishneh, Hil. Shabbos* 8:2; see *Moed Katan* 2b).

9. I.e. he cuts dead branches from a tree in order to improve the tree (*Rashi*).

10. I.e. he prunes the excess young shoots that, due to their abundance, diminish the strength of the tree (*Rashi*). These last two activities are also similar to sowing, since they stimulate the tree's growth (Gemara, 73b; see note 6 there). [See *Rambam, Commentary* and *Hil. Shabbos,* 8:1, for a different interpretation of the three activities mentioned here.]

11. If his intent is to improve the tree, he is liable for sowing; if his intent is to improve the soil, he is liable for plowing. In either case, the liability is for any amount (*Meiri*).

מסורת הש"ס

א) חולין דף כה. ע"ש, ב) [תוספתא פרק י"ב], ג) [גירי' הערוך לבורא דקרא פי' לגומא של דלעת], ד) לעיל עג. [לקמן קיא: קח. קלב. כתובות ו. בכורות כה. סוכה לג:], ה) [בכורות כה.], ו) [נ"ל ברה ועי' רש"י עירובין פ.], ז) [דוגמתו נמצא בחולין קד: ע"ש ועוד בכריתות כב. ע"ש ותוס' נדה יט: ע"ש ולא נמצא פי' על זה רק בחולין שם], ח) [לקמן קה.], ט) [ועי' תוספות לעיל מח: ד"ה מיחם].

הגהות הב"ח

(א) במשנה משני סממניות בכל:

גליון הש"ס

רש"י ד"ה בארעא דחבריה לא איכפת ליה. עי' לעיל דף עה ע"א רש"י ד"ה טפי וכתוס' שם ולע"ק:

הגהות הגר"א

[א] תוס' ד"ה לא כו' מיירי דלא הוי פ"ר כו'. נ"ב וכ' רש"י שם ע"ש:

תורה אור השלם

א) דַּבֵּר אֶל בְּנֵי יִשְׂרָאֵל לֵאמֹר נֶפֶשׁ כִּי תֶחֱטָא בִשְׁגָגָה מִכֹּל מִצְוֹת יְיָ אֲשֶׁר לֹא תֵעָשֶׂינָה וְעָשָׂה מֵאַחַת מֵהֵנָּה: (ויקרא ד, ב)

ליקוטי רש"י

קפיזא. כלי מחזיק ג' רביעיות [גיטין ע.]. כלי מחזיק ג' לוגין [לקמן קיג:]. הוא קב חסר לוג דהיינו ג' לוגין כדאמר במסכת שבת דחק קפיזא בקבא. ושם דמפרשי קפיזא לוג [רשב"ם ב"ב צ:]. המנכש. תולש עשבים רעים מתוך הטובים והם עקרי להו למאי הני טפי [מו"ק ב:]. עוקר עשבים רעים מה שיגדלו התלתלים יותר [מכות כא:]. והמקרסם. אלה שקרסום שייך באילנות. והמזרד. מתקן ענפים יבשים ולחים לפי שיש לאילן ענפים יותר מדלאי [מו"ק ג.]. ביצה קלה. ביצת תרנגולת שהיא קלה לבשל ולא כשיעור כל בילה שיערו אלא כגרוגרת מבילה קלה [לעיל פט:]. ביזרא. זרע [ב"מ עד:]. כגרוגרת. היא תאנה יבשה וכה שיערו כל אוכל אדם לענין הולאת שבת דתנן (לעיל עו:) המוליא אוכלין כגרוגרת [עירובין ד:]. מודה ר' שמעון. דאמר במסכת שבת (לעיל מא:) דבר שאין מתכוין מותר [בכורות כה.]. בפסיק רישיה ולא ימות. כאומר אחתוך ראש בהמה זו בשבת ואיני רוצה שתמות דכיון דאי אפשר שלא תמות כמתכוין חשיב ליה וכי אמרינן דבר שאין מתכוין מותר כגון היכא דאפשר ליה בלא איסור כגון גורר אדם מטה כסא וספסל ובלבד שלא יתכוין לעשות חריץ ואף על גב דליכא למיחש דלמא עביד חריץ כיון דלא מתכוין להכי ואפשר לגרירה בלא חריץ כי עביד נמי חריץ דהוי מלאכה גמורה לא מיחייב אבל היכא דודאי עביד מודי [סוכה לג:]. כמידי דלא איכפת ליה אי מיתרמי מיהו איכווני לא מיכוין [לעיל עה. ועי' בגה"ש כאן]. שכך כותבין על קרשי המשכן. אחת בזו ואחת בזו כדי לזווגן כשסותרים אותן [שם.]. מצינו שם קטן וכו'. דחייב בשתי אותיות ואע"פ שנתכוין למלאכה גדולה וכו' כל כמה דלא כתב שם לא מכתב שמעון הלכך כי כתב שם בכוונה כתביה והא עבד ליה מלאכה דיש שם אדם בשתי אותיות הללו [שם צז:]. כגון נתכוין לכתוב שמעון ולא כתב אלא שתי אותיות חייב ולהכי נקט שמעון משום דשתי אותיות ראשונות הוו להו שם במקום אחר כגון שם בן נח והוא הדין גד מגדיאל דן מדניאל אבל נתכוין לכתוב שם אחר כגון נפתלי ולא כתב ממנו אלא שתי אותיות לא מיחייב שאין כאן מלאכה בשום מקום [סנהדרין סב.]. באיטר יד שנו. ובלשון עברי איטר איטום כמו אל תאטר עלי באר פיה איטום ביד ימינו שלא היה שולט בה [שופטים ג, טו]. איטר יד ימינו (שופטים ג) סגור יד ימינו שאינו משתמש בה [תהלים סט, טז]. בריה דבת יעקב. אביו לא היה הגון לפיכך לא הזכירו [עירובין פ.]. כולה רבי יוסי היא. והתנא שכח ולא הזכיר שמו בתחלה וחזר והזכיר שמו [חולין קד:].

עין משפט נר מצוה

ז א ב מיי' פ"י מהל' שבת הלכה טז ופכ"ג הלכה ד סמג לאוין סה:
ח ג מיי' פ"ח מהל' שבת הלכה א:
ט ד ה מיי' שם הלכה ה:
י ו מיי' פי"א מהל' שבת הלכה ט סמג לאוין סה:
יא ז מיי' שם הלכה י:
יב ח שם הלכה יז:
יג ט י כ שם הלכה יד:
יד ל מיי' פ"א מהל' שבת הלכה יד:

רבינו חננאל

חסורי מחסרא והכי קתני הזורק ונזכר לאחר שיצאת מידו וקלטה אחר או כלב או נשרפה פטור הא נחה חייב אימתי בזמן שחזר ושכח אבל לא חזר ושכח פטור שכל חייבי חטאות אין חייבין עד שתהא תחילתן וסופן שגגה פלוגתא דרבה ורבא בשתי אמות בשוגג וב' אמות במזיד וב' אמות בזורק ולא איפרשא בהדי' אי בזורק ובמעביר היא ודברי הכל בפלוגתא דרבן גמליאל וחכמים פליגי דתנן הכותב ב' אותיות בב' העלמות אחת בשחרית ואחת בין הערבים רבן גמליאל מחייב וחכמים פוטרין דאלו התם כתב אות אחת שהוא חצי שיעור ואמרינן בכלל גדול אמר רבינא כגון שהיתה לו ידיעה בנתיים ורבן גמליאל הוא דאמר אין ידיעה לחצי שיעור אבל הכא אע"פ דהני ד' אמות בשוגג בב' העלמות הן לא דמיא להתם אלא הכא אם מעביר הוא שהעביר שש אמות בבת אחת עלה אמר רבה פטור כגון שהעביר אמתים בשוגג ולאלתר נזכר והעביר אמתים אחרות במזיד ואלתר שכח והעביר אמתים אחרות בשגגה אמר רבה כגון זה אפילו דמאן דמחייב התם כגון שכתב אות אחת בשגגה ולא כתב כלום נזכר ושכח וחזר וכתב אות אחרת בהא מחייב רבן גמליאל דכי גמר שיעורא (דחייבא) [דהיינו] ב' אותיות בשוגג גמר אבל הכא דאינון שתי אמות ג' פעמים ב' אמצעיות שהן גמר ד' אמות שיעור החיוב במזיד הוה שנמצאת ידיעה מפסקת ורבה דפטר לא פטר אלא במעביר דקאמר אבל הכא כי קא גמר שיעורא במזיד בינייהו קא גמר ואילו זורק כיון שהיתה תחלת הזריקה בשוגג אע"פ שנודע לו לאחר שיצאת מידו כיון שאין בידו להחזיר לא חשיב מזיד ואם זורק הוא עליה אמר רבא חייב כגון שזורק שש אמות בבת אחת בתחלה היה שכח וכשהגיע החפץ לב' אמות נזכר וכשהגיע בסוף ב' אמות האחרונות חזר ושכח אמר לך רבא כגון זה חייב ואפי' לרבנן דפטרי התם דאלו התם לענין הכותב ב' אותיות בב' העלמות היה בידו שלא לכתוב אות [השניה] (וכיון) [והלכך אף] שחזר ושכח את השניה [אינה] מצטרפת עם הראשונה אבל הכא כיון שזורק ויש בכח זריקתו ללכת שש אמות כיון שאין בידו להחזיר את הזורק וארבע מהן בשוגג [היה] אע"פ שיש ביניהן שתים שאינן בשוגג הרי הארבע מצטרפות וחייב עליהן. ורבא לא מחייב אלא בזורק והא קא' התם הוא דבידו אבל הכא לאו בידו [illegible] אמר רבא זרק ונחה בפי הכלב או [illegible] הכבשן ומתני' דקתני קלטה אחר [illegible] ואע"ג דבעינן עקירה והנחה [illegible] מהא דתנן בכריתות פרק [illegible] כלו חייב ואע"פ שלא הניחו ע"ג [illegible] בכך כלומר אין דרך החיוב [illegible] משוי לפיו כאלו מקום ד' על ד' [illegible] רבנן עליה דר"מ שחייב אלא כך [illegible] אכילה חייב אלא משום הוצאה

הדרן עלך הזורק

פי"ב הבונה [illegible] לבנין כל שהוא. שני לראות מה [illegible] חד דרך ידיעה ופשוטה הוא אמר [illegible] בנות עליה ואסיקנא תלתא בניינא [illegible] והעושה נקב בלול ודמעייל [illegible] אחד מאלו אלא חטאת אחת שלא [illegible] הוו תתאה צדודי ועפרא שכן דרך הבנאין באבני היסוד מצדדין האבנים ומושיבין אותן על העפר. וזהו שאמר [illegible] שופתא בקופינא דמרא רב מחייב להו משום בונה ואם בנה בנין וסותת או בנה בנין או עשה נקב בלול [illegible]

תוספות

בשלמא לרב מיחזי כמאן דחר חורתא לבניינא. אע"ג דלא דמי לעושה נקב בלול של תרנגולין דהתם עשוי להכניס ולהוציא מ"מ מטעם בנין כל דהו מיחייב כמו מעייל שופתא בקופינא דמרא ומסתת אלא לשמואל דמשום בנין כל דהו לא מיחייב אמאי חייב הא אין כאן גמר מלאכה:

אם לבהמה כמלא פי הגדי ואם להיסק. פירוש שאינו ראוין לאכילה דאי לאו הכי מיחייב אשיעורא זוטא כדאמר לעיל (דף עו.) המוציא תבן כמלא פי פרה לגמל חייב:

באגם שנו. ומתני' דלא שייך לאוקמי באגם אומר ר"ת דאיירי באילן יבש שאינו מתקן כלום:

לא צריכא דעביד בארעא דחבריה. פי' בערוך (ערך סגר) דבפסיק רישיה דלא ניחא ליה כגון דקעביד בארעא דחבריה וכגון באותו שאינו לוחש והקולץ בהרת בשעת מילה שאין לו הנאה מותר לכתחלה ואפילו איסור דרבנן ליכא והתיר ר' תבית שפקקוהו בפשתן להסיר הפקק ולמשוך ממנו יין בשבת אע"פ שא"א שלא יסחוט כשמסיר הפקק והוי פסיק רישיה כיון שאינו נהנה בסחיטה ואת שהיין נופל לארץ מותר ואינו נראה לר"י דהא מפיס מורסא ולהוציא ממנו ליחה היה אסור אי לאו משום צערא דגופא אע"פ שאינו נהנה כלל בבנין הפתח ואינו מתכוין כלל לבנין הפתח אלא לנקיבה בעלמא וכן הביא רשב"א ממתט של יד ליטול בה את הקוץ דמוקי לה בהמתקנין (סנהדרין דף פד:) כר"ש דאמר מלאכה שאינה צריכה לגופה פטור עליה ומשום צערא שרי ולע"ג שאינו נהנה בחבורה היה אסור אי לאו משום צערא דגופא והא דקאמר לא צריכא דקעביד בארעא דחבריה היינו דלא מיחייב חטאת אבל איסורא איכא והא דקאמר בשילהי כל התדיר (זבחים דף לא.) המתכנד יין מביאו ומולפו על גבי האישים ופריך והא קא מכבה ומוקי לה כר"ש דאמר דבר שאין מתכוין מותר [א] מיירי דלא הוי פסיק רישיה שמולפו בטיפות דקות א"נ על גבי האישים אפשר שלא יכבה האש ומפרק לוגב הגוזל (סוכה דף לג:) גבי אין ממעטין בי"ט משום ר"א בר"ש אמרו ממעטין ופריך והא קא מתקן מנא ומשני כגון שליקטן לאכילה ודבר שאין מתכוין מותר ופריך והא אביי ורבא דאמרי תרוייהו מודה ר"ש בפסיק רישיה ולא ימות ומשני לא צריכא דלית ליה הושענא אחריתי משמע כפי' הערוך דכשאינו נהנה מותר אע"ג דהוי פסיק רישיה וליכא למימר כיון דלית ליה הושענא יתירתא אינו מתקן כלום דא"כ מאי קאמר התם לסדר לה כאוכה דאמר דבר שאינו מתכוין מותר מיהו י"ל דאותו תיקון מועט כמו מיעוט ענבים דלא אסיר אלא מדרבנן לא גזרו חכמים כשאינו נהנה:

בארעא דחבריה. פי' דהויא מלאכה שא"צ לגופה:

בגלגוטרי

גמרא

הקודח כל שהוא חייב בשלמא לרב מיחזי כמאן דחר חורתא לבניינא אלא לשמואל לאו גמר מלאכה הוא הכא במאי עסקינן דבזעיה ברמצא דפרזלא ושבקיה בגוויה דהיינו גמר מלאכה: א זה הכלל: זה הכלל לאתויי מאי לאתויי ד) דחק קפיזא בקבא: רשב"ג אומר ב המכה בקורנס על הסדן כו': מאי קעביד רבה ורב יוסף דאמרי תרוייהו מפני שמאמן את ידו קשו בה בני רחבה אלא מעתה חזא אומנתא בשבתא וגמר הכי נמי דמיחייב אלא אביי ורבא דאמרי תרוייהו שכן מרדדי טסי משכן עושין כן תניא נמי הכי ה) רשב"ג אומר אף המכה בקורנס על הסדן בשעת מלאכה חייב שכן מרדדי טסי משכן עושין כן: **מתני'** ג החורש כל שהוא המנכש והמקרסם והמזרד כל שהוא חייב ד המלקט עצים אם לתקן כל שהן אם להסיק כדי לבשל ביצה קלה המלקט עשבים אם לתקן כל שהוא אם לבהמה כמלא פי הגדי: **גמ'** למאי חזי ו) לבירא דקרא דכוותה גבי משכן שכן ראוי לקלח אחד של סמנין: המנכש והמקרסם והמזרד: ת"ר ה התולש עולשין והמזרד זרדים אם לאכילה כגרוגרת אם לבהמה כמלא פי הגדי אם להיסק כדי לבשל ביצה קלה אם לייפות את הקרקע כל שהן אטו כולהו לא ליפות את הקרקע נינהו רבה ורב יוסף דאמרי תרוייהו באגם שנו אביי אמר אפילו תימא בשדה דלאו אגם וכגון דלא קמיכוין והא ז) אביי ורבא דאמרי תרוייהו מודה רבי שמעון בפסיק רישיה ולא ימות לא צריכא דקעביד בארעא דחבריה: **מתני'** ו הכותב שתי אותיות בין בימינו בין בשמאלו בין משם אחד בין משני שמות בין משני (א) סמניות בכל לשון חייב אמר רבי יוסי לא חייבו שתי אותיות אלא משום ח רושם שכך כותבין על קרשי המשכן לידע איזו בן זוגו א"ר יהודה מצינו שם קטן משם גדול שם משמעון ומשמואל נח מנחור דן מדניאל גד מגדיאל: **גמ'** בשלמא אימין ליחייב משום דדרך כתיבה בכך אלא ט אשמאל אמאי הא אין דרך כתיבה בכך א"ר ירמיה באטר יד שנו י ותהוי שמאל דידיה כימין דכ"ע ואשמאל ליחייב אימין לא ליחייב אלא אמר אביי כ) בשולט בשתי ידיו רב יעקב ל) בריה דבת יעקב אמר הא מני ר' יוסי היא דאמר לא חייבו שתי אותיות אלא משום רושם והא מדסיפא ר' יוסי היא רישא לאו ר' יוסי מ) כולה רבי יוסי היא: א"ר יהודה מצינו: אלא ר' יהודה שתי אותיות והן שני שמות הוא דמחייב והתניא א) ועשה אחת ל יכול עד שיכתוב כל השם ועד שיארוג כל הבגד ועד שיעשה כל הנפה ת"ל מאחת אי מאחת יכול אפילו לא כתב אלא אות אחת ולא ארג אלא חוט אחד ולא עשה אלא בית אחד בנפה ת"ל

רש"י

הקודח. כל הקודח ע"מ למלאות הוא לתקוע בו יתד ושלא למלאות קרי נוקב: **בשלמא לרב.** דאמר נקב הוי בנין האי נמי בנין הוא כל שהוא ולע"פ שימלאנו הרי הועיל לבנין שקודח החור: **חר חורתא.** קודח חור: **אלא לשמואל.** דאמר נוקב לאו בונה הוא בשלמא נקב דלול איכא למימר מכה בפטיש אבל זה שעומד לסתום לאו גמר מלאכה הוא: **דבזעיה ברמצא דפרזלא.** במסמר ארוך של ברזל: **ושבקיה בגוויה.** לתלות בו: **דחק קפיזא בקבא.** כגולם גדול הכלאו לחוק בו קב מקק שלא לוגין ולע"פ שעתיד להוסיף יש שמקימין כן: **מאמן ידיו.** מרגילו ומכוונו להכאה הראויה למלאכה מכה גדולה או מכה קטנה: **מרדדי טסי משכן.** לציפוי קרשים: **עושין כן.** מכין ג' על הטס ואחת על הסדן להחליק הקורנס שלא יקבע הטס שהוא דק ובעלי מטבע במקומנו ראיתי עושין כן: **מתני' מקרסם.** קוצץ ענפים יבשים מן אילן לתקנו: **מזרד.** זרדין לחין מדסים של שנה זו ופעמים שהן מרובין ומכחישים האילן וממייבשין וקוצצין אותם ממנו: **אם לתקן.** את האילן או את הקרקע וקלטו מן המחובר: **ביצה קלה.** כגרוגרת מבילת תרנגולת שקלה היא לבשל מכל הביצים: **גמ' לבירא דקרא.** לזרוע בתוכה נימא של דלעת ולע"ג דשנינו (לעיל דף ע:) לענין הולאה וזרע דלועין שנים שאין אדם טורח בנימא אחת ה"מ הולאה דלי מפיק תרתי מפיק כי הדדי שאינו זורע אחת לבדה אבל לענין חרישה כל גומא וגומא באפי נפשה עביד לה: **עולשין.** עשב שקורין קרישפ"ל: **זרדין.** מין קנים הם ובעודן רכים זורדין אותם למאכל אדם נתקשו מעט ראוין למאכל בהמה יבשו עומדין להסקה: **אטו כולהו לא ליפות את הקרקע נינהו.** הרי הקרקע מתייפה מאליו: **באגם.** שאין צריך ליפות: **בארעא דחבריה.** לא איכפת ליה ליפות: **מתני' בין משם אחד.** שתיהן אלפין: **משני שמות.** אלף בית: **משתי סמניות.** אחת בדיו ואחת בסיקרא: **בכל לשון.** של כל כתבים וגופן של כל אומה ואומה: **משום רושם.** סימן שהיו עושים בקרשי המשכן מפני שמפרקין אותו ולכשיקימוהו לא יחלפו סדר הקרשים ואתא ר' יוסי למימר דלפי' לא כתב אלא רשם שני רשימות בעלמא לסימן חייב: **מצינו שם קטן כו'.** הא אתא לאשמועינן רבי יהודה דלע"ג שלא נגמר מלאכתו שנתכוון לכתוב תיבה גדולה וכתב מקצת ואותו מקצת הויא תיבה המתקיימת במקום אחר חייב: **גמ' הא מני רבי יוסי היא.** דלא בעי כתיבה אלא רושם בעלמא ובשמאלו רושם מיהא הוה: **והן שני שמות.** כגון הנך דנקט במתני' שאין שוות: **הא ב' אותיות והן שם אחד.** כגון שש משסך או תת מתתנך או חח מחחים לא מיחייב מדלא נקט רבי יהודה חד מהנך: **אחת.** כולה במשמע: **כל השם.** התיבה קרוי שם: **בית אחד בנפה.** לאחר שהסיך נירים של שתי עושה בארינת ערב נר אחד מלמטה ואחד מלמעלה והן קרוין בתים והן עונבין את השתי כדרך רכיבתו ועומד הארג ובית אחד אין מתקיים ומשום דלאו חוטין ניתנו קרי להו בית כמו בתי נירין שאין לה בתי נירין אחרים:

אִם לְהֶיסֵּק – if his intent is to collect wood for kindling, כְּדֵי לְבַשֵּׁל בֵּיצָה קַלָּה – he is liable for the measure of wood required to cook an easily cooked egg.[12]

הַמְלַקֵּט עֲשָׂבִים – One who gathers grasses,[13] אִם לְתַקֵּן – if his intent is to effect an improvement in the soil, כָּל שֶׁהוּא – he is liable for any amount;[14] אִם לִבְהֵמָה – if his intent is to use the grass for animal fodder, כִּמְלֹא פִּי הַגְּדִי – he is liable for the measure of a kid's mouthful.[15]

Gemara The Gemara asks why one is liable for plowing a minimal amount of land:

לְמַאי חָזֵי – **For what is it fit?**

The Gemara answers:

חָזֵי לְבֵיזְרָא דְקָרָא – **It is fit for** planting **a pumpkin seed.** דִּכְוָותָהּ גַּבֵּי מִשְׁכָּן – We find an activity **similar to this in connection with** the construction of **the Mishkan,** שֶׁכֵּן רָאוּי לְקֶלַח אֶחָד שֶׁל סַמָּנִין – **for indeed,** they dug furrows that were **fit for** planting **one stalk of** a herb needed for the production of **dye.**[16]

The Mishnah stated:

הַמְנַכֵּשׁ וְהַמְקַרְסֵם וְהַמְזָרֵד – ONE WHO WEEDS, PRUNES DRY BRANCHES, OR PRUNES YOUNG SHOOTS in any amount is liable.

The Gemara cites a related Baraisa:

תָּנוּ רַבָּנָן – **The Rabbis taught** in a Baraisa: הַתּוֹלֵשׁ עוּלְשִׁין – Regarding ONE WHO PLUCKS ENDIVES[17] וְהַמְזָרֵד זְרָדִים – OR PRUNES REEDS, אִם לַאֲכִילָה – IF his intent is FOR human CONSUMPTION, כִּגְרוֹגֶרֶת – he is liable for uprooting THE MEASURE OF A DRIED FIG; אִם לִבְהֵמָה – IF his intent is FOR ANIMAL fodder, כִּמְלֹא פִּי הַגְּדִי – he is liable FOR THE MEASURE OF A KID'S MOUTHFUL; אִם לְהֶיסֵּק – IF his intent is FOR KINDLING, כְּדֵי לְבַשֵּׁל בֵּיצָה קַלָּה – he is liable for THE MEASURE REQUIRED TO COOK AN EASILY COOKED EGG;[18] אִם לְיַיפּוֹת אֶת הַקַּרְקַע – and IF his intent is TO IMPROVE THE GROUND, כָּל שֶׁהֵן – he is liable for ANY AMOUNT.[19]

The Gemara asks:

אַטּוּ כּוּלְהוּ לֹא לְיַיפּוֹת אֶת הַקַּרְקַע נִיחְהוּ – **Do they not all serve to improve the land?** Since the land automatically becomes improved when it is weeded, the person should always be liable for plucking any amount. – ? –

The Gemara answers:

רַבָּה וְרַב יוֹסֵף דְּאָמְרֵי תַּרְוַייהוּ – **Rabbah and Rav Yosef both said:** בַּאֲגַם שָׁנוּ – **They taught** the first clauses of the Baraisa **in** regard to plucking it from **a swamp,** where the land does not need to be improved.

The Gemara offers an alternative answer:

אַבַּיֵּי אָמַר – **Abaye said:** אֲפִילּוּ תֵּימָא בְּשָׂדֶה דְּלָאו אֲגַם – **You can even say** that those clauses were taught **in** regard to **a field that is not a swamp,** וּכְגוֹן דְּלֹא קָמִיכַּוֵּין – **but** they refer to **a case where he does not intend** to improve the land.[20]

The Gemara questions Abaye's answer:

וְהָא אַבַּיֵּי וְרָבָא דְּאָמְרֵי תַּרְוַייהוּ – **But Abaye and Rava have both said:** מוֹדֶה רַבִּי שִׁמְעוֹן בִּפְסִיק רֵישֵׁיהּ וְלֹא יָמוּת – **R' Shimon concedes** that one is liable **in** the case of **an inevitable consequence!**[21]

The Gemara defends Abaye's answer:

לֹא צְרִיכָא דְּקָעָבִיד בְּאַרְעָא דְּחַבְרֵיהּ – **[The Baraisa's ruling] pertains**[22] **where he did** it **in the land of his fellow.** Since he does not care about that land, he is not liable for improving it unless he specifically intends to do so.[23]

NOTES

12. For this measurement we use a hen's egg, which is the most easily cooked of all eggs [i.e. it requires the least amount of heat]. This does not mean the measure necessary to cook an entire egg but rather the measure necessary to cook an amount of egg equal in volume to a dried fig (*Rashi* from Gemara, 80b).

In this case, the liability is apparently for the *melachah* of reaping [קוֹצֵר], the same as for cutting down any growing plant. [This follows *Rashi,* who explains the Mishnah as dealing with gathering wood from a live tree by cutting off its branches. See *Rambam* (*Commentary*) and *Tiferes Yisrael* for an alternative approach.]

Although the person's act can qualify as sowing, plowing and reaping, his liability is determined by his intent in performing it. The Gemara will discuss this point. See note 23.

13. I.e. he uproots growing grass (*Meiri*).

14. [And the liability is for plowing.]

15. [Here, the liability is for reaping (see note 12).] The measure is set at a kid's mouthful because a kid is the smallest animal to which one regularly feeds grass, and therefore, a kid's mouthful is the smallest amount that is considered significant (see Mishnah, 76a with *Rashi*).

16. One might ask: We learned above (90b) in regard to the *melachah* of transferring that one is not liable for carrying fewer than *two* pumpkin seeds into the public domain because people do not ordinarily bother to carry out just one seed to plant. Why, then, do we hold a person liable for plowing enough to accommodate just one seed? The answer is that the above reasoning is applicable specifically to transferring since both seeds are normally carried together. In regard to plowing, however, each hole must in any case be dug individually and the digging of each hole is therefore regarded as a significant activity (*Rashi;* cf. *Ritva*). [Even though one plows an entire furrow at one time, this is considered to be a sequence of separate acts (i.e. digging hole one, hole two, hole three, etc.) since the two acts occur consecutively rather than simultaneously.]

17. Our translation of עוּלְשִׁין as endives is based on *Rav* to *Pesachim* 2:6. See *Chok Yaakov* 473:18 for a thorough discussion of this matter.

18. When the endives or reeds are still soft they are plucked for human consumption; when they begin to harden they are harvested for animal feed; and those left in the ground until they dry out are gathered for use as fuel for kindling (*Rashi*). If someone uprooted them while they were still fit for human consumption, he is liable for the minimal measure of a dried fig. If he uprooted them after they had hardened somewhat and were fit only for use as fodder, he is liable for the larger measure of a kid's mouthful. And if he waited until they were completely dry and uprooted them, he is liable only for the measure that is fit for cooking a chicken's egg. Note, however, that if he uprooted them while fit for human consumption he is liable for the measure of a dried fig even if he intended to use them for cooking (*Tosafos* ד״ה אם לבהמה, *Rashba*). [In all these cases, the liability is for reaping.]

19. And his liability is for plowing (see *Noda BiHudah* II *Orach Chaim* §34; cf. *Minchas Chinuch Musach HaShabbos, Kotzer* §6).

20. [Apparently, this means that although the land is improved, the person is exempt for weeding the small amount because there is no liability for an unintended act (דָּבָר שֶׁאֵין מִתְכַּוֵּין). Thus, the Baraisa follows the opinion of R' Shimon, who holds that an unintended act is permitted (see above, 29b, and General Introduction).]

21. Although R' Shimon holds that one incurs no liability for a forbidden labor performed unintentionally while one was engaged in a permitted activity, he concedes that liability does occur when the forbidden labor is an inevitable consequence of the permitted action. Hence, if someone cuts off the head of a living creature on the Sabbath, he has violated the prohibition against taking a life on the Sabbath – even if he declares that he does not want the creature to die. Since its death is inevitable, he is considered to have taken the creature's life intentionally, and he has transgressed even according to R' Shimon (*Rashi* to *Succah* 33b; *Rambam, Hil. Shabbos* 1:6). Here, too, since the land will surely be improved, the person should be liable for plucking any amount of endives or reeds.

22. Literally: is needed only.

23. *Rashi.* According to this explanation, R' Shimon does not hold a person liable for an unintended inevitable consequence of his act [פְּסִיק רֵישֵׁיהּ] if he does not benefit from the consequence or care if it occurs. *Tosafos* (ד״ה לא צריכא) cite the view of *Aruch* (ע׳ פסק and ע׳ סבר) that it is even permissible in the first place to perform an act that will have

הקודח כל שהוא חייב בשלמא לרב מיחזי כמאן דחדר חורתא לבניינא אלא לשמואל לאו גמר מלאכה הוא הכא במאי עסקינן דבזעיה ברמצא דפרזלא ושבקיה בגוויה דהיינו גמר מלאכה: א זה הכלל: זה הכלל לאתויי מאי לאתויי (א) דחק קפיזא בקבא: רשב"ג אומר ב המכה בקורנס על הסדן כו': מאי קעביד רבה ורב יוסף דאמרי תרוייהו מפני שמאמן את ידו קשו בה בני רחבה אלא מעתה חזא אומנתא בשבתא וגמר הכי נמי דמיחייב אלא אביי ורבא דאמרי תרוייהו שכן מרדדי טסי משכן עושין כן תניא נמי הכי ג) רשב"ג אומר אף המכה בקורנס על הסדן בשעת מלאכה חייב שכן מרדדי טסי משכן עושין כן: מתני' ג החורש כל שהוא המנכש והמקרסם והמזרד כל שהוא חייב ד המלקט עצים אם לתקן כל שהן אם להסיק כדי לבשל ביצה קלה המלקט עשבים אם לתקן כל שהוא אם לבהמה כמלא פי הגדי: גמ' למאי חזי ג) לבזרא דקרא דכוותה גבי משכן שכן ראוי לקלח אחד של סמנין: המנכש והמקרסם והמזרד: ת"ר ה התולש עולשין והמזרד זרדים אם לאכילה כגרוגרת אם לבהמה כמלא פי הגדי אם להסיק כדי לבשל ביצה קלה אם לייפות את הקרקע כל שהן אטו כולהו לא ליפות את הקרקע נינהו רבה ורב יוסף דאמרי תרוייהו באגם שנו אביי אמר אפילו תימא בשדה דלאו אגם וכגון דלא קמיכוין והא ד) אביי ורבא דאמרי תרוייהו מודה רבי שמעון בפסיק רישיה ולא ימות לא צריכא דקעביד בארעא דחבריה: מתני' ו הכותב שתי אותיות בין בימינו בין בשמאלו בין ז משם אחד בין משתי שמות בין משתי (א) סמניות בכל לשון חייב אמר רבי יוסי לא חייבו שתי אותיות אלא משום ח רושם שכך כותבין על קרשי המשכן לידע איזו בן זוגו א"ר יהודה מצינו שם קטן משם גדול שם משמעון ומשמואל נח מנחור דן מדניאל גד מגדיאל: גמ' בשלמא אימין ליחייב משום דדרך כתיבה בכך אלא ט אשמאל אמאי הא אין דרך כתיבה בכך א"ר ירמיה באטר יד שנו ותהוי שמאל דידיה כימין דכ"ע ואשמאל ליחייב אימין לא ליחייב אלא אמר אביי ה) בשולט בשתי ידיו ו) בריה דבת יעקב אמר הא מני ר' יוסי היא דאמר לא חייבו שתי אותיות אלא משום רושם והא מדסיפא ר' יוסי היא רישא לאו ר' יוסי ז) כולה רבי יוסי היא: א"ר יהודה מצינו: אלא ר' יהודה שתי אותיות והן שני שמות הוא דמחייב שתי אותיות והן שם אחד לא מחייב והתניא א) ועשה אחת ח) יכול עד שיכתוב כל השם ועד שיארוג כל הבגד ועד שיעשה כל הנפה ת"ל מאחת אי מאחת יכול אפילו לא כתב אלא אות אחת ולא ארג אלא חוט אחד ולא עשה אלא בית אחד בנפה ת"ל

רש"י

הקודח. וכל הקודח ע"מ למלאות הוא לתקוע בו יתד ושלא למלאות קרי נוקב: בשלמא לרב. דאמר נקב הוי בנין האי נמי בנין הוי כל שהוא ואע"פ שימלאנו הרי הועיל לבנין שקודח החור: חר חורתא. קדח חור: אלא לשמואל. דאמר נוקב לאו בונה הוא בשלמא נקב דלול איכא למימר מכה בפטיש אבל זה שעומד לסתום לאו גמר מלאכה הוא: דבזעיה ברמצא דפרזלא. במסמר ארוך של ברזל: ושבקיה בגוויה. לתלות בה: דחק קפיזא בקבא. בגולם גדול הראוי לחוק בו קב חקק שלא לוגין ואע"פ שעתיד להוסיף יש שמקיימין כן: מאמן ידיו. מרגילם ומכוונם להכאה הראויה למלאכה מכה גדולה או מכה קטנה: מרדדי טסי משכן. לציפוי קרשים: עושין כן. מכין ג' על הטס ואחת על הסדן להחליק הקורנס שלא יבקע הטס שהוא דק ובעלי מטבע במקומנו ראיתי עושין כן: מתני' מקרסם. קוצץ ענפים יבשים מן אילן לתקנו: מזרד. זרדין לחין חדשים של שנה זו ופעמים שהן מרובין ומכחישים האילן ומתייבשין וקוצצין אותם ממנו: אם לתקן. את האילן או את הקרקע וקצצו מן המחובר: ביצה קלה. כגרוגרת מביצת תרנגולת ט) שקלה היא לבשל מכל הביצים: גמ' לבזרא דקרא. לזרוע בתוכה נימא של דלעת ואע"ג דשיעורו (לעיל דף צ:) לענין הוצאה זרע דלועין שנים שאין אדם טורח בנימא אחת ה"מ הוצאה דכי מפיק תרתי מפיק כי הדדי שאינו זורע אחת לבדה אבל לענין חרישה כל גומא וגומא באפי נפשה עביד לה: עולשין. עשב שקורין קרישפ"ל: זרדין. מין קנים הם וכעודן רכים זורדין אותם למאכל אדם נתקשו מעט ראויין למאכל בהמה יבשו עומדין להסקה: אטו כולהו לא ליפות את הקרקע נינהו. הרי הקרקע מתייפה מאליו: באגם. שאין צריך ליפות: בארעא דחבריה. י) לא איכפת ליה ליפות: מתני' בין משם אחד. שתיהן אלפין: בין משתי שמות. אלף בית: משתי סמניות. אחת דיו ואחת בסיקרא: בכל לשון. של כל כתבים וגופן של כל אומה ואומה: משום רושם. סימן שהיו עושים בקרשי המשכן מפני שמפרקין אותו ולכשיקימוהו לא יחלפו סדר הקרשים ואתא ר' יוסי למימר דלפי' לא כתב אלא רשם שני רשימות בעלמא לסימן חייב: מצינו שם קטן כו'. הא אתא לאשמועינן רבי יהודה דאע"ג שלא נגמר מלאכתו שנתכוון לכתוב תיבה גדולה וכתב מקצת ואותו מקצת הויא תיבה המתקיימת במקום אחר חייב: גמ' הא מני רבי יוסי היא. דלא בעי כתיבה אלא רושם בעלמא ובשמאלו נמי רושם מיהא הוה: והן שני שמות. כגון הנך דנקט במתני' שאינן שוות: הא ב' אותיות והן שם אחד. כגון שם משמעון או תת מתתנן או חח מחחים לא מיחייב מדלא נקט רבי יהודה חד מהנך: אחת. כולה במשמע: כל השם. התיבה קרוי שם: בית אחד בנפה. לאחר שהסיך נירים של שתי עושה באריגת ערב נזר אחד מלמטה ואחד מלמעלה והן קרויין בתים והן עונבין את השתי כדרך רכיבתו ועומד האריג ובית אחד אין מתקיים ומשום דלאו חוטין נינהו קרי להו בית כמו בתי נירין שאין לה בתי נירין אחרים:

תוספות

בשלמא לרב מיחזי כמאן דחדר חורתא לבניינא. אע"ג דלא דמי לעושה נקב בלול של תרנגולין דהתם עשוי להכניס ולהוציא מ"מ מטעם בנין כל דהו מיחייב כמו מעייל שופתא בקופינא דמרא ומסתא אלא לשמואל דמשום בנין כל דהו לא מיחייב אמאי חייב הא אין כאן גמר מלאכה:

אם לבהמה כמלא פי הגדי ואם להיסק. פירוש שאינס ראויין לאכילה דאי לאו הכי מיחייב אשיעורא זוטא כדאמר לעיל (דף עו.) המוציא תבן כמלא פי פרה לגמל חייב:

באגם שנו. ומתני' דלא שייך לאוקמי באגם אומר ר"ת דאיירי באילן יבש שאינו מתקן כלום:

לא צריכא דעביד בארעא דחבריה. פי' בערוך (ערך סבר) דפסיק רישיה דלא ניחא ליה כגון דקעביד בארעא דחבריה וכגון באחר שאינו אוהבו והקוצץ בהרת בשעת מילה שאין לו הנאה מותר לכתחילה ואפילו איסור דרבנן ליכא והתיר ר' חנינא שפקקוהו בפשתן להסיר הפקק ולמשוך ממנו יין בשבת אע"פ שא"א שלא יסחוט כשמסיר הפקק והוי פסיק רישיה כיון דאינו נהנה בסחיטה זאת שהיין נופל לארץ מותר ואינו נראה דהא ט) מפיס מורסא להוציא ממנו ליחה היה אסור אי לאו משום צערא דגופא אע"פ שאינו נהנה כלל בבנין הפתח ואינו מתכוין כלל לבנין הפתח אלא לנקיבה בעלמא וכן הביא רשב"א ממחט של יד ליטול בה את הקוץ דמוקי לה בהנחנקין (סנהדרין דף פד:) כר"ש דאמר מלאכה שאינה צריכה לגופה פטור עליה ומשום צערא שרי ואע"פ שאינו נהנה בחבורה היה אסור אי לאו משום צערא דגופא והא דקאמר לא צריכא דעביד בארעא דחבריה היינו דלא מיחייב חטאת אבל איסורא איכא והא דקאמר בשילהי כל התדיר (זבחים דף צא:) המתנדב יין מביאו ומזלפו על גבי האישים ופריך והא קא מכבה ומוקי לה כר"ש דאמר דבר שאין מתכוין מותר [א] מיירי דלא הוי פסיק רישיה שמזלפו בטיפות דקות א"נ על גבי האיברים אפשר שלא יכבה האש ובפרק לולב הגזול (סוכה דף לג:) גבי אין ממעטין בי"ט משום ר"א בר"ש אמרו ממעטין ופריך והא קא מתקן מנא ומשני כגון שליקטן לאכילה ודבר שאין מתכוין מותר ופריך והא אביי ורבא דאמרי תרוייהו מודה ר"ש בפסיק רישיה ולא ימות ומשני לא צריכא דאית ליה הושענא אחריתי משמע כפי' הערוך דכשאינו נהנה מותר אע"ג דהוי פסיק רישיה וליכא למימר כיון דאית ליה הושענא יתירתא אינו מתקן כלום דא"כ אמאי קאמר התם דסבר לה כאבוה דאמר דבר שאינו מתכוין מותר מיהו י"ל דאותו תיקון מועט כמו מיעוט ענבים דלא אסיר אלא מדרבנן לא גזרו חכמים כשאינו כ) נהנה:

בארעא דחבריה. פי' דהויא מלאכה שא"צ לגופה:

בגלטורי

ז א ב מיי' פ"י מהל' שבת הלכה טו ופכ"ג הלכה ד סמג לאוין סה:
ח ג מיי' פ"ח מהל' שבת הלכה א:
ט ד ה מיי' שם הלכה ה:
י ו מיי' פ"א מהל' שבת הלכה ט סמג לאוין סה:
יא ז מיי' שם הלכה י:
יב ח שם הלכה יח:
יג ט י כ שם הלכה יד:
יד ל מיי' פ"א מהל' שבת הלכה יד:

רבינו חננאל

חסורי מחסרא והכי קתני הזורק ונזכר לאחר שיצאת מידו וקלטה אחר או כלב או נשרפה פטור הא נחה חייב אימתי בזמן שחזר ושכח אבל לא חזר ושכח פטור שכל חייבי חטאות אין חייבין עד שתהא תחלתן וסופן שגגה פלוגתא דרבה ורבא בשתי אמות בשוגג וב' אמות במזיד וב' אמות בזורק ולא איפרשא בהדי' אי בזורק ובמעביר היא ודברי הכל בפלוגתא דרבן גמליאל וחכמים פליגי דתנן הכותב ב' אותיות בב' העלמות אחת בשחרית ואחת בין הערבים רבן גמליאל מחייב וחכמים פוטרין דאלו התם כתב אות אחת שהוא חצי שיעור ואמרינן בכלל גדול אמר רבינא כגון שהיתה לו ידיעה בנתיים ורבן גמליאל הוא דאמר אין ידיעה לחצי שיעור אבל הכא אע"פ דהני ד' אמות בשוגג בב' העלמות הן לא דמיא להתם אלא הכא אם מעביר הוא שהעביר שש אמות בבת אחת עלה אמר רבה פטור כגון שהעביר אמתים בשוגג ולאלתר נזכר והעביר אמתים אחרות במזיד ואלתר שכח והעביר אמתים אחרות בשגגה אמר רבה כגון זה אפילו דמאן דמחייב התם כגון שכתב אות אחת בשגגה ולא כתב כלום נזכר ושכח וחזר וכתב אות אחרת בהא מחייב רבן גמליאל דכי גמר שיעורא (דחייבא) [דהיינו] ב' אותיות בשוגג גמר אבל הכא דאינן שתי אמות ג' פעמים ב' אמצעיות שהן גמר ד' אמות שיעור החיוב במזיד הוה שנמצאת ידיעה מפסקת ורבה דפטר לא פטר אלא במעביר דקאמר אבל הכא כי קא גמר שיעורא במזיד בינייהו קא גמר ואילו זורק כיון שהיתה תחלת הזריקה בשוגג אע"פ שנודע לו לאחר שיצאת מידו כיון שאין בידו להחזיר לא חשיב מזיד ואם זורק הוא עליה אמר רבא חייב כגון שזרק שש אמות בבת אחת בתחלה היה שכח וכשהגיע החפץ לב' אמות נזכר וכשהגיע בסוף ב' אמות האחרונות חזר ושכח אמר לך רבא כגון זה חייב ואפי' לרבנן דפטרי התם דאלו התם לענין הכותב ב' אותיות בב' העלמות היה בידו שלא לכתוב אות [השניה] (וכיון) [והלכך אף] שחזר ושכח את השניה [אינה] מצטרפת עם הראשונה אבל הכא כיון שזרק ויש בכח זריקתו ללכת שש אמות כיון שאין בידו להחזיר את הזורק וארבע מהן בשוגג [היה] אע"פ שיש ביניהן שתים שאינן בשוגג הרי הארבע מצטרפות וחייב עליהן. ורבא לא מחייב אלא בזורק והא קא' התם הוא דבידו אבל הכא לאו בידו ואילו מעביר בידו (ב') הוא. ואיתה לרבה דפטור במעביר ואיתה לדרבא דמחייב בזורק אמר רבא זרק ונחה בפי הכלב או בפי הכבשן חייב ואוקימנא כגון שכך היתה מחשבתו מעיקרא לנוח בפי הכלב או בפי הכבשן ומתני' דקתני קלטה אחר או כלב או שנשרפה פטור בדלא איכוון לכך ומשום דלא נעשית מחשבתו הוא דפטור ואע"ג דבעינן עקירה והנחה במקום ד' ופי הכלב אין בו ד' כיון דאחשביה הוי ליה כאלו אית ביה ד' ומסייע ליה לרב ביבי מהא דתנן בכריתות פרק אמרו לו שנים אכלת חלב [יש] אוכל אכילה אחת וחייב כו' קתני מיהא שאם הוציא ואוכלו חייב ואע"פ שלא הניחו ע"ג מקום ד' אלא כיון שהוא עקרו והניחו בתוך פיו חייב ואקשינן והא אין דרך חיוב הוצאה בכך כלומר אין דרך החיוב אלא בעקירה ממקום ד' והנחה במקום ד' אלא כיון דאחשביה לאנוחיה בפיו מחשבתו משוי לפיו כאלו מקום ד' על ד' הוא ה"נ כיון דאחשביה לפי כלב או לפי הכבשן מחשבתו משויא ליה מקום ולא פליגי רבנן עליה דר"מ שחייב אלא כך אמרו לו אינו [מן] השם כלומר מן המנין ד' חטאות אאכילה אבל הוצאה לאו משום אכילה חייב אלא משום הוצאה והמוצא תפילין (ד' צט) נמי אמרינן דכיון דאחשביה משויא ליה מקום: **הדרן עלך הזורק**

פי"ב הבונה כל שהוא חייב וכו'. הוצרכנו בזאת לב' דברים. אחד להודיע מה צורך לבנין כל שהוא. שני לראות מה בנין כל שהוא היה במשכן. ופירשוהו רבי ירמיה ואביי ורב אחא כל אחד דרך ידיעה ופשוטה הוא אמר שמואל המצדד את האבן חייב משום מכה בפטיש פי' מצדד מיישב האבן בקרקע כדי לבנות עליה ואסיקנא תלתא בניינא הוו תתאה צדודי ועפרא שכן דרך הבנאין באבני היסוד מצדדין האבנים ומושיבין אותן על העפר. וזהו שאמר שמואל. מציעאה בעי טינא עילאה בהנחה בעלמא והני תלתי המסתת והעושה נקב בלול ודמעייל שופתא בקופינא דמרא רב מחייב להו משום בונה ואם בנה בנין וסותת או בנה בנין או עשה נקב בלול או עייל שופתא בקופינא דמרא בהעלם אחד אינו חייב על הבונה ועשה אחד מאלו אלא חטאת אחת שלא

א) חולין דף קה. ע"ש, ב) [תוספתא פרק י"ב], ג) [גיר' הערוך לבזרא דקרא פי' לגומא של דלעת], ד) לעיל עה. [לקמן קיא: קיז. קכ: קלג. קמג. כתובות ה: בכורות כה. סוכה לג:], ה) [בכורות מה.], ו) [נ"ל ברה וער' רש"י עירובין ה.], ז) [דוגמתו גמלא בחולין לד. עוד שם בחולין קד: ע"ש ועוד בכריתות כא. ע"ש ותוס' נדה יט: ע"ש ולא נמצא פי' על זה רק בחולין קד: פרש"י ד"ה כל האומר דבר בשם אומרו והתנא שכח ולא הזכיר שמו בתחילה וחזר והזכיר שמו עכ"ל], ח) [נ"ל ולתלות], ט) [כדאיתא לעיל פ:], י) [לקמן קז.], כ) [וע"ע תוספות לעיל מא: ד"ה מיחם].

הגהות הב"ח

(א) במשנה משתי סממניות כצ"ל:

גליון הש"ס

רש"י ד"ה בארעא דחבריה לא איכפת ליה. עי' לעיל דף עה ע"א רש"י ד"ה טפי וכתוס' שם ועי"ק:

הגהות הגר"א

[א] תוס' ד"ה לא צ"ל כו' מיירי דלא הוי פ"ר כו'. נ"ב וכ"כ רש"י שם ע"ש:

תורה אור השלם

א) דַּבֵּר אֶל בְּנֵי יִשְׂרָאֵל לֵאמֹר נֶפֶשׁ כִּי תֶחֱטָא בִשְׁגָגָה מִכֹּל מִצְוֹת יְיָ אֲשֶׁר לֹא תֵעָשֶׂינָה וְעָשָׂה מֵאַחַת מֵהֵנָּה: [ויקרא ד, ב]

ליקוטי רש"י

קפיזא. כלי מחזיק ג' רביעיות [גיטין ע.]. כלי מחזיק ג' לוגין [לקמן קיז.]. הוא קב חסר לוג דהיינו ג' לוגין כדאמר במסכת שבת דחק קפיזא בקבא. ואית דמפרשי קפיזא לוג [רשב"ם ב"ב צ:]. המנכש. תולש עשבים רעים מתוך הטובים וכי עוקרי להו כמאן דמתקן להו טפי [מו"ק ב:]. עוקר עשבים רעים כדי שיגדלו האחרים יותר [מכות כא:]. והמקרסם. היינו זמור אלא שקוצצים שייך באילנות. והמזרד. מחתך ענפים יבשים ולחים לפי שיש לאילן ענפים יותר מדאי [מו"ק ג.]. ביצה קלה. שהיא קלה לבשל מכל הביצים ושיערו חכמים זו ביצת תרנגולת [ביצה לט.]. ביצת תרנגולת שהיא קלה לבשל ולא בשיעור כל ביצה שיערו אלא כגרוגרת מביצה קלה [לעיל פט:]. ביזרא. זרע [ב"מ עד:]. כגרוגרת. היא תאנה יבשה וכה שיערו כל אוכל אדם לענין הוצאת שבת דתנן (לעיל עו:) המוציא אוכלין כגרוגרת [עירובין ד:]. מודה ר' שמעון. דאמר במסכת שבת (לעיל מא:) דבר שאין מתכוין מותר [בכורות כה.]. בפסיק רישיה ולא ימות. כלומר אתמוך ראש בהמה זו בשבת ואיני רוצה שתמות דכיון דלאי אפשר שלא תמות כמתכוין חשיב ליה וכי אמרינן דבר שאין מתכוין מותר כגון היכא דאפשר ליה בלא איסור כגון גורר אדם מטה כסא וספסל ובלבד שלא יתכוין לעשות חריץ ואף על גב דאיכא למיחש דלמא עביד חריץ כיון דלא מתכוין להכי ואפשר לגרירה בלא חריץ כי עביד נמי חריץ להוי מלאכה גמורה לא מיחייב אבל היכא דודאי עביד מודי [סוכה לג:]. במידי דלא איכפת ליה אי מיתרמי מיהו איכוני לא מיכוין [לעיל עה. ועי' בהג"ש כאן]. שכך כותבין על קרשי המשכן. אחת בזו ואחת בזו כדי לזווגן כשסותרים אותן [שם.]. מצינו שם קטן וכו'. דמייב בשתי אותיות ואע"פ שנתכוין למלאכה גדולה וכו' כל כמה דלא כתב שם לא מכתב שמעון הלכך כי כתב שם בכוונה כתביה והא עבד ליה מלאכה דיש שם אדם בשתי אותיות הללו [שם צז:]. כגון נתכוין לכתוב שמעון ולא כתב אלא שתי אותיות חייב ולהכי נקט שמעון משום דשתי אותיות ראשונות הוו להו שם בן נח והוא הדין גד מגדיאל דן מדניאל אבל נתכוין לכתוב שם אחר כגון נפתלי ולא כתב ממנו אלא שתי אותיות לא מיחייב שאין כאן מלאכה בשום מקום [סנהדרין סב.]. באיטר יד שנו. ובלשון עברי אטר אטום כמו אל תאטר עלי באר פיה אטום ביד ימינו שלא היה שולט בה [שופטים ג, טו]. אטר יד ימינו (שופטים ג) סגור יד ימינו שאינו משתמש בה [תהלים סט, טז]. בריה דבת יעקב. אביו לא היה הגון לפיכך לא הזכירו [עירובין פ.]. כולה רבי יוסי היא. והתנא שכח ולא הזכיר שמו בתחילה וחזר והזכיר שמו [חולין קד:].

Mishnah This Mishnah turns to the *melachah* of writing:[24] הַכּוֹתֵב שְׁתֵּי אוֹתִיּוֹת – **One who writes two letters,** בֵּין בִּימִינוֹ בֵּין בִּשְׂמֹאלוֹ – **whether with his right hand or his left,** בֵּין מִשֵּׁם אֶחָד בֵּין מִשְּׁתֵּי שֵׁמוֹת – **whether of one character or of two characters,**[25] בֵּין מִשְּׁתֵּי סַמָּנִיּוֹת – **whether with** one or **two inks,**[26] בְּכָל לָשׁוֹן – **in any language,**[27] חַיָּיב – **is liable.**

אָמַר רַבִּי יוֹסֵי – **R' Yose said:** לֹא חִיְּיבוּ שְׁתֵּי אוֹתִיּוֹת אֶלָּא מִשּׁוּם רוֹשֵׁם – **They declared** one who writes **two letters liable only because of marking,** שֶׁכָּךְ כּוֹתְבִין עַל קַרְשֵׁי הַמִּשְׁכָּן – **for thus would they write on the boards of the Mishkan** לֵידַע אֵיזוֹ בֶּן זוּגוֹ – **to know which one was its mate.**[28]

אָמַר רַבִּי יְהוּדָה – **R' Yehudah said:** מָצִינוּ שֵׁם קָטָן מִשֵּׁם גָּדוֹל – **We find a short word** that is part **of a long word.**[29] שֵׁם מִשִּׁמְעוֹן וּמִשְּׁמוּאֵל – For example: ***Shem* from *Shimon* or *Shmuel*,** נֹחַ מִנָּחוֹר – ***Noach* from *Nachor*,** דָּן מִדָּנִיֵּאל – ***Dan* from *Daniel*** גָּד מִגַּדִּיאֵל – **and *Gad* from *Gadiel*.**[30]

Gemara The Gemara analyzes the first ruling of the Mishnah: בִּשְׁלָמָא אַיָּמִין לִיחַיֵּיב – **It is understandable that one should be liable for** writing with the **right** hand, מִשּׁוּם דְּדֶרֶךְ כְּתִיבָה בְּכָךְ – **because that is the normal manner of writing.** אֶלָּא אַשְּׂמֹאל אַמַּאי – **But why** should one be liable **for** writing with **the left** hand? הָא אֵין דֶּרֶךְ כְּתִיבָה בְּכָךְ – **Why, this is not the normal manner of writing!**[31] – ? –

The Gemara answers:

אָמַר רַבִּי יִרְמְיָה – **R' Yirmiyah said:** בְּאִטֵּר יָד שָׁנוּ – **They taught** this ruling **with** regard to **a left-handed person.**

The Gemara counters:

וְתֶהֱוֵי שְׂמֹאל דִּידֵיהּ כְּיָמִין דְּכוּלֵּי עָלְמָא – **But his left** hand **should be** considered **like everyone else's right** hand, וְאַשְּׂמֹאל לִיחַיֵּיב – **and hence, he should be liable** only **for** writing with the **left** hand, אַיָּמִין לֹא לִיחַיֵּיב – but **should not be liable for** writing with the **right** hand. – ? –

The Gemara modifies the answer:

אֶלָּא אָמַר אַבָּיֵי – **Rather, Abaye said:** בְּשׁוֹלֵט בִּשְׁתֵּי יָדָיו – **The** Mishnah is dealing **with an ambidextrous person.** That is why it declares him liable no matter which hand he uses for writing.[32]

The Gemara offers an alternative answer, according to which the Mishnah can even be discussing a right-handed person:

רַב יַעֲקֹב בְּרַ(י)הּ דְּבַת יַעֲקֹב אָמַר – **Rav Yaakov the son of the daughter of Yaakov said:**[33] הָא מַנִּי – **Who is** the author of **this** section of the Mishnah? רַבִּי יוֹסֵי הִיא דְּאָמַר – **It is R' Yose, who said:** לֹא חִיְּיבוּ שְׁתֵּי אוֹתִיּוֹת אֶלָּא מִשּׁוּם רוֹשֵׁם – **THEY DECLARED** one who writes **TWO LETTERS LIABLE ONLY BECAUSE OF MARKING.** The person is therefore liable no matter how he writes the letters.[34]

NOTES

an unintended inevitable consequence from which one will not benefit and for which he does not care. However, *Tosafos* (to 94a ד״ה ר״ש) and other Rishonim disagree with *Aruch*, stating that such an act is forbidden in the first place due to the inevitability of the forbidden consequence, even though the inevitable consequence will provide no benefit. They explain that our Gemara excludes the person only from liability after the fact for the consequence that is not beneficial to him. The reason is that since the consequential labor provides no benefit it is a *melachah* performed not for its defined purpose [מְלָאכָה שֶׁאֵינָהּ צְרִיכָה לְגוּפָהּ]. This type of act does not engender liability, but is nevertheless prohibited under Rabbinical law. [See *Tosafos* ד״ה בארעא דחבריה, *Rosh, Ritva, Chidushei HaRan* and *Chasam Sofer* here, *Ramban* to 111a, *Tosafos* to *Yoma* 34b ד״ה הני מילי and *Kesubos* 6a ד״ה האי, and Rishonim there. See also *Chidushei R' Chaim HaLevi, Hil. Shabbos* 10:17.]

24. The Tanna now goes back to dealing with the *melachos* enumerated on 73a in reverse order (see above, note 7).

25. I.e. whether one wrote the same letter twice, e.g. *aleph aleph* [אא], or he wrote two different letters, e.g. *aleph beis* [אב] (*Rashi*). Others explain that one who writes two identical letters is liable only if they form a word, e.g. גג [*gag*, i.e. roof], דד [*dad*, i.e. breast] (*Rambam, Hil. Shabbos* 11:10 with *Maggid Mishneh*).

[It is noteworthy that the Gemara (103b) cites a Tannaic discussion concerning this matter and implies that one is not liable unless the identical letters form a word. However, *Rashi's* opinion is that the Gemara's discussion pertains only to a person who initially intended to write a long word but stopped after writing the first two letters. In that case, he is liable for writing the two letters only if they themselves form a word (see note 30). The Mishnah, however, deals with a person who intended from the outset to write only two identical letters. This person is liable even if the letters he chose to write do not form a word (*Beur Halachah* 340:4 ד״ה במשקין; see also *Rashash* and *Sfas Emes; cf. Meiri, Tos. R' Akiva Eiger, Avnei Nezer* 199:5-13).]

26. E.g. he wrote one letter with ink and one with vermilion (*Rashi;* cf. *Rambam, Commentary to the Mishnah* and *Rashba*).

27. I.e. in the script used by any nation (*Rashi*; see *Beur Halachah* to 306:11 ד״ה בכתב).

28. R' Yose maintains that the essence of the *melachah* of writing is the marking of symbols whether or not they are representative of any formal language. According to R' Yose, writing of this sort was done in the construction of the Mishkan, for marks were made on the boards of the Mishkan, so that when the walls were reassembled [by attaching the boards together using rings inserted into their tops] after traveling their identifying marks would enable them to be reassembled in their original order (see *Meiri* and *Tiferes Yisrael*). Since all *melachos* are derived from activities performed in the Mishkan, R' Yose holds that in our case the *melachah* is defined as *marking*, rather than *writing*. Hence, there is no special significance attached to the use of letters more than to any other symbols. Consequently, one who writes any two symbols is just as liable as one who writes two letters.

The Tanna Kamma, however, holds that actual letters were written on the boards of the Mishkan to identify them, and therefore the *melachah* is defined as *writing*. Hence, one is liable only for using written characters that are part of the conventionally accepted symbol system of some language or nation, but not for making arbitrary signs that hold no generally accepted meaning [e.g. the scratches or chalk marks made by workmen to mark various points on their work] (see *Rashi* here and to 73a ד״ה כותב, *Meiri, Maharam* to 70b, *Aruch HaShulchan* 340:18 and *Divrei Yechezkel* 4:1; cf. *Rambam, Commentary* and *Hil. Shabbos* 11:17; see also *Chasam Sofer*).

29. I.e. if one initially intended to write a long word but stopped after writing two letters of it, and the letters he wrote comprise a short word that is fit to endure as is, he is liable even though he did not complete the word he intended to write (*Rashi*). [Our translation of שֵׁם as *word* follows *Rashi* below (ד״ה כל השם). R' Yehudah's rule pertains equally to names and to common words (see Gemara, 103b).]

30. In all these cases, since the first two letters of the long name form a complete name themselves (viz. שֵׁם, נֹחַ, דָּן, גָּד), if one writes them while intending to write the longer name, he is liable. The Gemara (103b) will elaborate on R' Yehudah's view.

31. As a rule, there is no liability for *melachah* that is performed in an unusual manner (see General Introduction).

32. The Mishnah does not refer only to a person who is equally proficient with both hands, for it is obvious that such a person is liable for writing with either hand. Rather, it refers even to a person who favors one hand but is somewhat proficient with the other as well. Since he sometimes writes with the weaker hand, he is liable for writing with it on the Sabbath (*Ritva MHK* ed.; see *Chidushei HaRan* and *Chasam Sofer*).

33. R' Yaakov's father was not mentioned, as is customary, because he was unworthy (*Rashi* to *Eruvin* 80a; cf. *Orach Chaim* 139:3).

34. Since according to R' Yose one is liable even for making mere marks [which can be done just as well with the left hand as with the right], if the person writes with his left hand he will at least be liable for making marks (*Rashi, Chidushei HaRan;* see *Ohr Same'ach, Hil. Shabbos* 11:17, *Afikei Yam* vol. II §4:5 and *Divrei Yechezkel* 4:1).

הקודח כל שהוא חייב בשלמא לרב מיחזי כמאן דחר חורתא לבניינא אלא לשמואל לאו גמר מלאכה הוא הכא במאי עסקינן דבזעיה ברמצא דפרזלא ושבקיה בגוויה דהיינו גמר מלאכה: זה הכלל: זה הכלל לאתויי מאי לאתויי דחק קפיזא בקבא: רשב"ג אומר המכה בקורנס על הסדן כו': מאי קעביד רבה ורב יוסף דאמרי תרוייהו מפני שמאמן את ידו קשו בה בני רחבה אלא מעתה חזא אומנתא בשבתא וגמר הכי נמי דמיחייב אלא אביי ורבא דאמרי תרוייהו שכן מרדדי טסי משכן עושין כן תניא נמי הכי רשב"ג אומר אף המכה בקורנס על הסדן בשעת מלאכה חייב שכן מרדדי טסי משכן עושין כן: **מתני'** החורש כל שהוא המנכש והמקרסם והמזרד כל שהוא חייב המלקט עצים אם לתקן כל שהן אם להיסק כדי לבשל ביצה קלה המלקט עשבים אם לתקן כל שהוא אם לבהמה כמלא פי הגדי: **גמ'** למאי חזי לביזרא דקרא דכוותה גבי משכן שכן ראוי לקלח אחד של סמנין: המנכש והמקרסם והמזרד: ת"ר התולש עולשין והמזרד זרדים אם לאכילה כגרוגרת אם לבהמה כמלא פי הגדי אם להיסק כדי לבשל ביצה קלה אם לייפות את הקרקע כל שהן אטו כולהו לא ליפות את הקרקע נינהו רבה ורב יוסף דאמרי תרוייהו באגם שנו אביי אמר אפילו תימא בשדה דלאו אגם וכגון דלא קמיכוין והא אביי ורבא דאמרי תרוייהו מודה רבי שמעון בפסיק רישיה ולא ימות לא צריכא דקעביד בארעא דחבריה: **מתני'** הכותב שתי אותיות בין בימינו בין בשמאלו בין משם אחד בין משתי שמות בין משתי (א) סמניות בכל לשון חייב אמר רבי יוסי לא חייבו שתי אותיות אלא משום רושם שכך כותבין על קרשי המשכן לידע איזו בן זוגו א"ר יהודה מצינו שם קטן משם גדול שם משמעון ומשמואל נח מנחור דן מדניאל גד מגדיאל: **גמ'** בשלמא אימין ליחייב משום דהדרך כתיבה בכך אלא אשמאל אמאי הא אין דרך כתיבה בכך א"ר ירמיה באטר יד שנו ותהוי שמאל דידיה כימין דכ"ע ואשמאל ליחייב אימין לא ליחייב אלא אמר אביי בשולט בשתי ידיו רב יעקב בריה דבת יעקב אמר הא מני ר' יוסי היא דאמר לא חייבו שתי אותיות אלא משום רושם והא מדסיפא ר' יוסי היא רישא לאו ר' יוסי כולה רבי יוסי היא: א"ר יהודה מצינו: אלא ר' יהודה שתי אותיות והן שני שמות הוא דמחייב שתי אותיות והן שם אחד לא מחייב והתניא ועשה אחת יכול עד שיכתוב כל השם ועד שיארוג כל הבגד ועד שיעשה כל הנפה ת"ל מאחת אי מאחת יכול אפילו לא כתב אלא אות אחת ולא ארג אלא חוט אחד ולא עשה אלא בית אחד בנפה ת"ל

רש"י

הקודח. וכל הקודח ע"מ למלאות הוא לתקוע בו יתד ושלא למלאות קרי נוקב: **בשלמא לרב.** דאמר נקב הוי בנין האי נמי בנין הוה כל שהוא ואע"פ שימלאנו הרי הועיל לבנין שקודח הסור: **חר חורתא.** קדח חור: **אלא לשמואל.** דאמר נוקב לאו בונה הוא בשלמא נקב דלול איכא למימר מכה בפטיש אבל זה שעומד לסתום לאו גמר מלאכה הוא: **דבזעיה.** חקקו: **ברמצא דפרזלא.** במסמר ארוך של ברזל: **ושבקיה בגוויה.** לתלות בו כלים: **דחק קפיזא בקבא.** בגולם גדול הראוי לחוק בו קב חקק שלא יחזיק אלא ג' לוגין ואע"פ שעתיד להוסיף יש שמקיימין כן: **מאמן ידיו.** מרגילם ומכוונם להכות הראויה למלאכה מכה גדולה או מכה קטנה: **מרדדי טסי משכן.** לציפוי קרשים: **עושין כן.** מכין ג' על הטס ואחת על הסדן להוליך הקורנס שלא יבקע הטס שהוא דק ובעלי מטבע במקומנו ראיתי עושין כן: **מתני' מקרסם.** קוצץ ענפים יבשים מן אילן לתקנו: **מזרד.** זרדין לחין חדשים של שנה זו ופעמים שהן מרובין ומכחישים האילן ומתייפים וקוצצין אותם ממנו: **אם לתקן.** את האילן או את הקרקע וקצצו מן המחובר: **ביצה קלה.** כגרוגרת מבילת תרנגולת שקלה היא לבשל מכל הביצים: **גמ' לביזרא דקרא.** לזרוע בתוכה נימא של דלעת ואע"ג דשנינו (לעיל דף עה:) לענין הוצאה זרע דלועין שנים שאין אדם טורח בנימא אחת ה"מ הוצאה דכי מפיק תרתי מפיק כי הדדי שאינו זורע אחת לבדה אבל לענין חרישה כל גומא וגומא באפי נפשה עביד לה: **עולשין.** עשב שקורין קרישפ"ל: **זרדין.** מין קנים הם ונעודן רכים ורוחין אותם למאכל אדם ונתקשו מעט ראויין למאכל בהמה ויבשו עומדין להסקה: **אטו כולהו לא ליפות את הקרקע נינהו.** הרי הקרקע מתייפה מאליו: **באגם.** שאין צריך ליפות: **בארעא דחבריה.** לא איכפת ליה ליפות: **מתני' בין משם אחד.** שחיבן אלפין: **משתי שמות.** אלף בית: **משתי סמניות.** אחת בדיו ואחת בסיקרא: **בכל לשון.** של כל כתבים וגופן של כל אומה ואומה: **משום רושם.** סימן שהיו עושים בקרשי המשכן מפני שמפרקין אותו ולכשיקימוהו לא יחלפו סדר הקרשים ואתא ר' יוסי למימר דלאפי לא כתב אלא רשם שני רשימות בעלמא לסימן חייב: **מצינו שם קטן כו'.** הא אתא לאשמועינן רבי יהודה דלאע"ג שלא נגמר מלאכתו שנתכוון לכתוב תיבה גדולה וכתב מקצת ואותו מקצת הוא תיבה המתקיימת במקום אחר חייב: **גמ' הא מני רבי יוסי היא.** דלא בעי כתיבה אלא רושם בעלמא ובשמאלו רושם מיהא הוה: **והן שני שמות.** כגון הנך דנקט במתני' שאינן שוות: **הא ב' אותיות והן שם אחד.** כגון שם משמך או תת מתתנן או סס מססים לא מיחייב מדלא נקט רבי יהודה חד מהנך: **אחת.** כולה במשמע: **כל השם.** התיבה קרוי שם: **בית אחד בנפה.** לאחר שהסיך נלרים של שתי עושה באריגת ערב נלר אחד מלמטה ואחד מלמעלה והן קרויין בתים והן עונבין את השתי כדרך רכיבתו ועומד האריג ובית אחד אין מתקיים ומשום דלאו חוטין נינהו קרי להו בית כמו בתי נירין שאין לה בתי נירין אחרים:

תוספות

בשלמא לרב מיחזי כמאן דחר חורתא לבניינא. אע"ג דלא דמי לעושה נקב בלול של תרנגולין דהתם עשוי להכניס ולהוציא מ"מ מטעם בנין כל דהו מיחייב כמו מעייל שופתא בקופינא דמרא ומסתמא אלא לשמואל דמשום בנין כל דהו לא מיחייב אמאי חייב הא אין כאן גמר מלאכה:

אם לבהמה כמלא פי הגדי ואם להיסק. פירוש שאינס ראויין לאכילה דאי לאו הכי מיחייב אשיעורא זוטא כדאמר לעיל (דף עו.) המוציא תבן כמלא פי פרה לגמל חייב:

באגם שנו. ומתני' דלא שייך לאוקמי באגם אומר ר"ת דאיירי באילן יבש שאינו מתקן כלום:

לא צריכא דעביד בארעא דחבריה. פי' בערוך (ערך סכר) דבפסיק רישיה דלא ניחא ליה כגון דקעביד בארעא דחבריה וכגון באמר שאינו אוהבו והקולץ בהרת בשעת מילה שאין לו הנאה מותר לכתחילה ואפילו איסור דרבנן ליכא והתיר ר' חבית שפקקוהו בפשתן להסיר הפקק ולמשוך ממנו יין בשבת אע"פ שא"א שלא יסחוט כשמסיר הפקק והוי פסיק רישיה כיון דאינו נהנה בסחיטה זאת שהיין נופל לארץ מותר ואינו נראה דהא מפיס מורסא להוציא ממנו ליחה היה אסור אי לאו משום צערא דגופא אע"פ שאינו נהנה כלל בבנין הפתח ואינו מתכוין כלל לבנין הפתח אלא לנקיבה בעלמא וכן הביא רשב"א ממחט של יד ליטול בה את הקוץ דמוקי לה בהנחנקין (סנהדרין דף פד:) כר"ש דאמר מלאכה שאינה צריכה לגופה פטור עליה ומשום צערא שרי ואע"פ שאינו נהנה בחבורה היה אסור אי לאו משום צערא דגופא והא דקאמר לא צריכא דעביד בארעא דחבריה היינו דלא מיחייב חטאת אבל איסורא איכא והא דקאמר בשילהי כל התדיר (זבחים דף צא:) המתנדב יין מביאו ומזלפו על גבי האישים ופריך והא קא מכבה ומוקי לה כר"ש דאמר דבר שאין מתכוין מותר [א] מיירי דלא הוי פסיק רישיה שמזלפו בטיפות דקות א"נ על גבי האיברים אפשר שלא יכבה האש ובפרק לולב הגזול (סוכה דף לג:) גבי אין ממעטין בי"ט משום ר"א בר"ש אמרו ממעטין ופריך והא קא מתקן מנא ומשני כגון שליקטן לאכילה ודבר שאין מתכוין מותר ופריך והא אביי ורבא דאמרי תרוייהו מודה ר"ש בפסיק רישיה ולא ימות ומשני לא צריכא דאית ליה הושענא אחריתי משמע כפי' הערוך דכשאינו נהנה מותר אע"ג דהוי פסיק רישיה וליכא למימר כיון דאית ליה הושענא יתירתא אינו מתקן כלום דא"כ אמאי קאמר התם דסבר לה כאבוה דאמר דבר שאינו מתכוין מותר מיהו י"ל דאותו תיקון מועט כמו מיעוט ענבים דלא אסיר אלא מדרבנן לא גזרו חכמים כשאינו נהנה:

בארעא דחבריה. פי' דהויא מלאכה שא"צ לגופה:

בגלטורי

רבינו חננאל

חסורי מחסרא והכי קתני הזורק ונזכר לאחר שיצאת מידו וקלטה אחר או כלב או נשרפה פטור הא נחה חייב אימתי בזמן שחזר ושכח אבל לא חזר ושכח פטור שכל חייבי חטאות אין חייבין עד שתהא תחילתן וסופן שגגה פלוגתא דרבה ורבא בשתי אמות בשוגג וב' אמות במזיד וב' אמות בזורק ולא איפרש בהדי' אי בזורק ובמעביר היא ודברי הכל בפלוגתא דרבן גמליאל וחכמים פליגי דתנן הכותב ב' אותיות בב' העלמות אחת בשחרית ואחת בין הערבים רבן גמליאל מחייב וחכמים פוטרין דאלו התם כתב אות אחת שהוא חצי שיעור ואמרינן בכלל גדול אמר רבינא כגון שהיתה לו ידיעה בנתיים ורבן גמליאל הוא דאמר אין ידיעה לחצי שיעור אבל הכא אע"פ דהני ד' אמות הוא בב' העלמות הן לא דמיא להתם אלא הכא אם מעביר הוא דאמר שש אמות בבת אחת עלה אמר רבה פטור כגון שהעביר אמתים בשוגג ולאחר נזכר והעביר אמתים אחרות במזיד ואחר שכח והעביר אמתים אחרות בשגגה אמר רבה כגון זה אפילו לרבן גמליאל דמחייב התם כגון שכתב אות אחת בשגגה ולא כתב כלום נזכר ושכח חזור וכתב אות אחרת בהא מחייב רבן גמליאל דכי גמר שיעורא (דחייבא) ב' אותיות בשוגג גמר אבל הכא דאינון שתי אמות ג' פעמים ב' אמצעיות שהן גמר ד' אמות שיעור החיוב במזיד הוה שנמצאת ידיעה מפסקת ורבה דפטר לא פטר אלא במעביר דקאמר אבל הכא כי קא גמר שיעורא בינייהו קא גמר ואילו זורק כיון שהיתה תחלת הזריקה בשוגג אע"פ שנודע לו לאחר שיצאת מידו כיון שאין בידו להחזיר לא חשיב מזיד ואם זורק הוא עליה אמר רבא חייב וכי זורק שזרק שש אמות בבת אחת בתחלה היה שכח ונשכחה החפץ לב' אמות נזכר ושכח בסוף ב' אמות האחרונות חזר ושכח אמר לך רבא כגון זה חייב ואפי' לרבנן דפטרי התם דאלו התם לענין הכותב ב' אותיות בב' העלמות היה בידו שלא לכתוב אות [השניה] (וכיון) [והלכך אף] שחזר ושכח את השניה [אינה] מצטרפת עם הראשונה אבל הכא כיון שזורק ויש בכח זריקתו ללכת שש אמות כיון שאין בידו להחזיר את הזורק וארבע מהן בשוגג [היה] אע"פ שיש ביניהן שתים שאינן בשוגג הרי הארבע מצטרפות וחייב עליהן. ורבא לא מחייב אלא בזורק והא קא' התם הוא דבידו אבל הכא לאו בידו ואילו מעביר בידו (ב') הוא. ואיתה לרבה דפטור במעביר ואיתה לדרבא דמחייב בזורק אמר רבא זרק ונחה בפי הכלב או בפי הכבשן חייב ואוקימנא כגון שכך היתה מחשבתו מעיקרא לנוח בפי הכלב או בפי הכבשן ומתני' דקתני קלטה אחר או כלב או שנשרפה פטור בדלא איכוון לכך ומשום דלא נעשית מחשבתו הוא דפטור ואע"ג דבעינן עקירה והנחה במקום ד' ופי הכלב אין בו ד' כיון דאחשביה הרי ליה כאלו אית ביה ד' ומסייע ליה לרב ביבי מהא דתנן בכריתות פרק אמרו לו שנים אכלת חלב [יש] אוכל אכילה אחת וחייב כו' קתני מיהא שאם הוציא ואוכלו חייב ואע"פ שלא הניחו ע"ג מקום ד' אלא כיון שהוא עקרו והניחו בתוך פיו חייב ואקשינן והא אין דרך חיוב הוצאה בכך כלומר אין דרך החיוב אלא בעקירה ממקום ד' והנחה במקום ד' אלא כיון דאחשביה לאנוחיה בפיו מחשבתו משוי לפיו כאלו מקום ד' על ד' הוא ה"נ כיון דאחשביה לפי כלב או לפי הכבשן מחשבתו משויא ליה מקום ולא פליגי רבנן עליה דר"מ שחייב אלא כך אמרו לו אינו [מן] השם כלומר מן המנין ד' חטאות אאכילה אבל הוצאה לאו משום אכילה חייב אלא משום הוצאה ובהמוצא תפילין (ד' צט) נמי אמרינן דכיון דאחשביה משויא ליה מקום: **הדרן עלך הזורק**

פי"ב הבונה כל שהוא חייב וכו'. הוצרכנו בזאת לב' דברים. אחד להודיע מה צורך לבנין כל שהוא. שני לראות מה שמואל המצדד את האבן חייב משום מכה בפטיש פי' מצדד מיישב האבן בקרקע כדי לבנות עליה ואסיקנא הלכתא בניינא הוו תתאה צדודי ועפרא שכן דרך הבנאין באבני היסוד מצדדין האבנים ומושיבין אותן על העפר. והוא שאמר שמואל. מציעאה בעי טינא עילאה בהנחה בעלמא והני תלתי המסתת והעושה נקב בלול ודמעייל שופתא בקופינא דמרא רב מחייב להו משום בונה ואם בנה בנין וסותר או עשה נקב בלול או עייל שופתא בקופינא דמרא בהעלם אחד אינו חייב על הבונה ועשה אחת מאלו אלא חטאת אחת שלא

עין משפט נר מצוה

ז א ב מיי' פ"י מהל' שבת הלכה טו ופכ"ג הלכה ד סמג לאוין סה:
ח ג מיי' פ"ח מהל' שבת הלכה א:
ט ד ה מיי' שם הלכה ה:
י ו מיי' פ"ח מהל' שבת הלכה טו סמג לאוין סה:
יא ז מיי' שם הלכה י:
יב ח שם הלכה ט:
יג ט י כ שם הלכה יד:
יד ל מיי' פ"א מהל' שבת הלכה יז:

מסורת הש"ס

א) חולין דף כה. ע"ש, ב) [תוספתא פרק י"ב], ג) [גי' הערוך לבורא דקרא ופי' גרעינה של דלעת], ד) לעיל עה. קכח ע"ב, ה) [לעיל עג:] קיח. קכ: קלג. קמב. כתובות ו. בכורות כה. סוכה לג: [ביצה לו.], ו) [בכורות מה.], ז) [נ"ל ברה ועי' רש"י עירובין ס.], ח) [דוגמתו איתא בחולין לד. עוד שם חולין קד: ע"ש ועוד בכריתות כב. ע"ש ותוס' נדה יט. ע"ש ולא נמצא פי' על זה רק בחולין קד: פרש"י ד"ה כל האומר דבר בשם אומרו והתנא לא הזכיר שמו במתחלה וחזר והזכיר שמו ע"ש], ט) [נ"ל לתלותו], י) [כדאיתא לעיל פ:], כ) [לקמן קו.], ל) [וע"ע תוספות לעיל מה: ד"ה מיהם].

הגהות הב"ח

(א) במשנה משתי סממניות בכל:

גליון הש"ס

רש"י ד"ה דחבריה לא איכפת ליה. עי' לעיל דף עה ע"א רש"י ד"ה טפי ובתוס' שם ולע"ק:

הגהות הגר"א

[א] תוס' ד"ה ל"צ כו' מיירי דלא הוי פ"ר כו'. נ"ב וכ"כ רש"י שם ע"ש:

תורה אור השלם

א) דַּבֵּר אֶל בְּנֵי יִשְׂרָאֵל לֵאמֹר נֶפֶשׁ כִּי תֶחֱטָא בִשְׁגָגָה מִכֹּל מִצְוֹת יְיָ אֲשֶׁר לֹא תֵעָשֶׂינָה וְעָשָׂה מֵאַחַת מֵהֵנָּה: [ויקרא ד, ב]

ליקוטי רש"י

קפיזא. כלי מחזיק ג' רביעיות [גיטין ע.]. כלי מחזיק ג' לוגין [לקמן קו:]. כלי הוא קב חסר לוג דהיינו ג' לוגין כדאמר במסכת שבת דחק קפיזא בקבא. ולית דמפרשי קפיזא לוג [רשב"ם ב"ב צ:]. **המנכש.** תולש עשבים רעים מתוך הטובים וכי עקרי להו לאו מתני לאו ייפוי קרקע [מו"ק ב:]. עוקר עשבים רעים כדי שיגדלו האחרים יותר [מכות כא:]. **והמקרסם.** היינו זימור אלא שמקרסם שייך באילנות. **והמזרד.** מחתך ענפים יבשים ולחים לפי שיש לאילן ענפים יותר מדאי [מו"ק ב:]. **ביצה קלה.** שהיא קלה לבשל מכל הביצים ושיערו חכמים זו ביצת תרנגולת [ביצה לט.]. ביצת תרנגולת שהיא קלה לבשל ולא בשיעור כל ביצה שיערו אלא כגרוגרת מבילה קלה [לעיל פט:]. **ביזרא.** זרע [ב"מ עד:]. **כגרוגרת.** היא תאנה יבישה וכה שיערו כל אוכל אדם לענין הוצאת שבת דתנן (לעיל עו:) המוציא אוכלין כגרוגרת [עירובין ד:]. **מודה ר' שמעון.** דאמר במסכת שבת (לעיל מא:) דבר שאין מתכוין מותר [בכורות כה.]. **בפסיק רישיה ולא ימות.** באומר אחתוך ראש בהמה זו בשבת ואיני רוצה שתמות דכיון דאי אפשר שלא תמות כמתכוין חשיב ליה וכי אמרינן דבר שאין מתכוין מותר כגון היכא דאפשר ליה בלא איסור כגון גורר אדם מטה כסא וספסל ובלבד שלא יתכוין לעשות חריץ ואף על גב דאיכא למיחש דלמא עביד חריץ כיון דלא מתכוין להכי ואפשר לגרירה בלא חריץ כי עביד נמי חריץ דהוי מלאכה גמורה לא מיחייב אבל היכא דודאי עביד מודי [סוכה לג:]. במידי דלא איכפת ליה אי מיתרמי מיהו איכווני לא מיכוין [לעיל עה. ועי' בגה"ש כאן]. **שכך כותבין על קרשי המשכן.** אחת בזו ואחת בזו כדי לזווגן כשסותרים אותן [שם.]. **מצינו שם קטן וכו'.** דחייב בשתי אותיות ואע"פ שנתכוין למלאכה גדולה וכו' כל כמה דלא כתב שם לא מכתב שמעון הלכך כי כתב שם בכוונה כתביה והא עבד ליה מלאכה דיש שם אדם בשתי אותיות הללו [שם צז:]. כגון נתכוין לכתוב שמעון ולא כתב אלא שתי אותיות חייב ולהכי נקט שמעון משום דשתי אותיות ראשונות הוו להו שם במקום אחר כגון שם בן נח והוא הדין גד מגדיאל דן מדניאל אבל נתכוין לכתוב שם אחר כגון נפתלי ולא כתב ממנו אלא שתי אותיות לא מיחייב שאין כאן מלאכה בשום מקום [סנהדרין סב.]. **באיטר יד שנו.** ובלשון עברי אטר אטום כמו אל תאטר עלי באר פיה אטום ביד ימינו שלא היה שולט בה [שופטים ג, טו]. אטר יד ימינו (שופטים ג) סגור יד ימינו שאינו משתמש בה [תהלים סט, טז]. **בריה דבת יעקב.** אביו לא היה הגון לפיכך לא הזכירו [עירובין פ.]. **כולה רבי יוסי היא.** והתנא לא הזכיר שמו במתחלה וחזר והזכיר שמו [חולין קד:].

The Gemara objects to this answer:

וְהָא מִדְּסֵיפָא רַבִּי יוֹסֵי הִיא – **But since the latter clause of the Mishnah is** attributed to **R' Yose,** רֵישָׁא לָאו רַבִּי יוֹסֵי – this indicates that **the first clause is not** the view of **R' Yose.** – ? –

The Gemara dismisses the objection:

כּוּלָּהּ רַבִּי יוֹסֵי הִיא – **The entire [Mishnah] is** the view of **R' Yose.**[35]

The Mishnah stated:

אָמַר רַבִּי יְהוּדָה מָצִינוּ – R' YEHUDAH SAID: WE FIND a short name that is part of a long name. For example: *Shem* from *Shimon* or *Shmuel,* etc.

The Gemara notes that in all of the examples that R' Yehudah cited the person wrote two different characters:

אֶלָּא רַבִּי יְהוּדָה – **Now,** shall we infer from the words of **R' Yehudah** שְׁתֵּי אוֹתִיּוֹת וְהֵן שְׁנֵי שֵׁמוֹת הוּא דִמְחַיֵּיב – that **it is** only for **two letters that are two characters that he holds** a person **liable,** שְׁתֵּי אוֹתִיּוֹת וְהֵן שֵׁם אֶחָד לֹא מְחַיֵּיב – but for **two letters of the same character he does not hold** a person **liable?**[36] וְהָתַנְיָא – **But it was taught in a Baraisa:** ,,וְעָשָׂה . . . אַחַת" – Since the Torah states: *AND HE WILL DO . . . ONE,*[37] יָכוֹל – IT MIGHT BE thought that a person is not liable עַד שֶׁיִּכְתּוֹב כָּל הַשֵּׁם – UNLESS HE WRITES THE ENTIRE WORD that he had planned, וְעַד שֶׁיֶּאֱרוֹג כָּל הַבֶּגֶד – UNLESS HE WEAVES THE ENTIRE GARMENT, וְעַד שֶׁיַּעֲשֶׂה כָּל הַנָּפָה – OR UNLESS HE MAKES THE ENTIRE SIEVE. תַּלְמוּד לוֹמַר ,,מֵאַחַת" – [THE TORAH] therefore STATES: *"FROM" ONE,* to teach that the person does not have to perform the entire planned labor to be liable. אִי ,,מֵאַחַת" – But now, IF the word *"FROM" ONE* can be expounded that way, יָכוֹל – IT MIGHT BE thought that the person is liable אֲפִילוּ לֹא כָּתַב אֶלָּא אוֹת אַחַת – EVEN if HE WROTE ONLY ONE LETTER, וְלֹא אָרַג אֶלָּא חוּט אֶחָד – WOVE ONLY ONE THREAD, וְלֹא עָשָׂה אֶלָּא בַּיִת אֶחָד בַּנָּפָה – OR MADE ONLY ONE [HEDDLE] EYE OF THE SIEVE.[38]

NOTES

35. The Tanna who taught the Mishnah inadvertently omitted R' Yose's name at the beginning and, when he realized his omission, inserted it at a later point. There are numerous such instances throughout the Talmud (*Mesoras HaShas* from *Rashi* to *Chullin* 104b ד״ה כל האומר).

36. For example, one would not be liable if he wrote שֵׁשׁ (*six*) from the word שֵׁשַׁךְ (another name for Babylonia; see *Jeremiah* 25:26), or תַּת (*give*) from תִּתְּנוּ (*you shall give – Exodus* 5:18) or חָח (*bracelet*) from חַחִים (*bracelets – Ezekiel* 38:4). This is inferred from the fact that R' Yehudah does not choose one of these words as one of his examples (*Rashi;* see also *Rashi* to 103b ד״ה אלא ב׳ אותיות; see also *Avnei Nezer* §199). [And this is so even though each group of two letters spells a viable word.]

37. *Leviticus* 4:2. The verse deals with the obligation upon a transgressor to bring a *chatas* offering, and reads in pertinent part: ,,נֶפֶשׁ כִּי־תֶחֱטָא בִשְׁגָגָה מִכֹּל מִצְוֹת ה׳ אֲשֶׁר לֹא תֵעָשֶׂינָה וְעָשָׂה מֵאַחַת מֵהֵנָּה . . . *when a person will sin unintentionally from among all the commandments of Hashem that may not be done, and he will do from one of them.* The term "one" indicates that a person must do an entire *melachah* (or other transgression) to incur liability (*Rashi*).

38. After the weaver of a reed sieve lays out the warp reeds to form the "skeleton" of the sieve, he runs two reeds through them, one above the warp reed and one below it [looping in an out, alternatively], to lock the warp reeds in place. One cross reed would not suffice since the warp reeds would be loose at the other end [which would impede the weaving] (*Rashi*). [See diagram.]

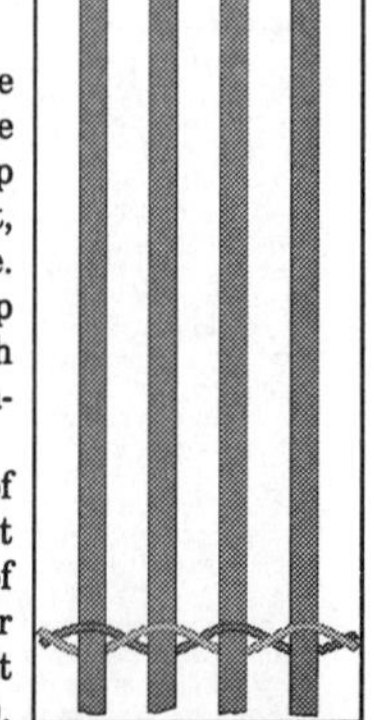

[The term *heddle eye* normally refers to each of the rings that hold the warp thread of a garment in place – see our Appendix to volume 2 of Tractate *Shabbos.*] In the case of a reed sieve or basket, however, it is these two weft reeds that perform the function of the heddle eyes (*Rashi*).

הקודח כל שהוא חייב בשלמא לרב מיחזי כמאן דחר חורתא לבניינא אלא לשמואל לאו גמר מלאכה הוא הכא במאי עסקינן דבזעיה ברמצא דפרזלא ושבקיה בגוויה דהיינו גמר מלאכה: זה הכלל: זה הכלל לאתויי מאי לאתויי (א) דחק קפיזא בקבא: רשב"ג אומר המכה בקורנס על הסדן כו': מאי קעביד רבה ורב יוסף דאמרי תרווייהו מפני שמאמן את ידו קשו בה בני רחבה אלא מעתה חזא אומנתא בשבתא וגמר הכי נמי דמיחייב אלא אביי ורבא דאמרי תרווייהו שכן מרדדי טסי משכן עושין כן תניא נמי הכי רשב"ג אומר אף המכה בקורנס על הסדן בשעת מלאכה חייב שכן מרדדי טסי משכן עושין כן: **מתני'** החורש כל שהוא המנכש והמקרסם והמזרד כל שהוא חייב המלקט עצים אם לתקן כל שהן אם להיסק כדי לבשל ביצה קלה המלקט עשבים אם לתקן כל שהוא אם לבהמה כמלא פי הגדי: **גמ'** למאי חזי לביזרא דקרא דכוותה גבי משכן שכן ראוי לקלח אחד של סמנין: המנכש והמקרסם והמזרד: ת"ר התולש עולשין והמזרד זרדים אם לאכילה כגרוגרת אם לבהמה כמלא פי הגדי אם להיסק כדי לבשל ביצה קלה אם לייפות את הקרקע כל שהן אטו כולהו לא ליפות את הקרקע נינהו רבה ורב יוסף דאמרי תרווייהו באגם שנו אביי אמר אפילו תימא בשדה דלאו אגם וכגון דלא קמיכוין והא אביי ורבא דאמרי תרווייהו מודה רבי שמעון בפסיק רישיה ולא ימות לא צריכא דקעביד בארעא דחבריה: **מתני'** הכותב שתי אותיות בין בימינו בין בשמאלו בין משם אחד בין משתי שמות בין משתי (א) סמניות בכל לשון חייב אמר רבי יוסי לא חייבו שתי אותיות אלא משום רושם שכך כותבין על קרשי המשכן לידע איזו בן זוגו א"ר יהודה מצינו שם קטן משם גדול שם משמעון ומשמואל נח מנחור דן מדניאל גד מגדיאל: **גמ'** בשלמא אימין ליחייב משום דדרך כתיבה בכך אלא אשמאל אמאי הא אין דרך כתיבה בכך א"ר ירמיה באטר יד שנו ותהוי שמאל דידיה כימין דכ"ע ואשמאל ליחייב אימין לא ליחייב אלא אמר אביי בשולט בשתי ידיו רב יעקב בריה דבת יעקב אמר הא מני ר' יוסי היא דאמר לא חייבו שתי אותיות אלא משום רושם והא מדסיפא ר' יוסי היא רישא לאו ר' יוסי כולה רבי יוסי היא: א"ר יהודה מצינו: אלא ר' יהודה שתי אותיות והן שני שמות הוא דמחייב שתי אותיות והן שם אחד לא מחייב והתניא (א) ועשה אחת יכול עד שיכתוב כל השם ועד שיארוג כל הבגד ועד שיעשה כל הנפה ת"ל מאחת אי מאחת יכול אפילו לא כתב אלא אות אחת ולא ארג אלא חוט אחד ולא עשה אלא בית אחד בנפה ת"ל

רש"י

הקודח. כל הקודח ע"מ למלאות הוא לתקוע בו יתד ושלא למלאות קרי נוקב: בשלמא לרב. דאמר נקב הוי בנין האי נמי בנין הוה כל שהוא ולע"פ שימלאנו הרי הועיל לבנין שקודח הסור: חר חורתא. קדח חור: אלא לשמואל. דאמר נוקב לאו בונה הוא בשלמא נקב דלול איכא למימר מכה בפטיש אבל זה שעומד לסתום לאו גמר מלאכה הוא: דבזעיה ברמצא דפרזלא. במסמר ארוך של ברזל: ושבקיה בגוויה. לתלוש בה: דחק קפיזא בקבא. בגולם גדול הכלאי לחוק בו קב חקק שלא לוגין ולע"פ שעתיד להוסיף יש שמקיימין כן: מאמן ידיו. מרגילם ומכוונם להכאה הראויה למלאכה מכה גדולה או מכה קטנה: מרדדי טסי משכן. לציפוי קרשים: עושין כן. מכין ג' על הטס ואחת על הסדן להחליק הקורנס שלא יבקע הטס שהוא דק ובעלי מטבע במקומנו ראיתי עושין כן: מתני' מקרסם. קוצץ ענפים יבשים מן אילן לתקנו: מזרד. זרדין לחין מלחיס של שנה זו ופעמים שהן מרובין ומכחישים האילן ומתייבשין וקוצצין אותם ממנו: אם לתקן. את האילן או את הקרקע וקללו מן המחובר: ביצה קלה. כגרוגרת מבילת תרנגולת שקלה היא לבשל מכל הביצים: גמ' לביזרא דקרא. לזרוע במקום נימא של לעת ולע"ג דשינו (לעיל דף ל:) לענין הולאת זרע דלוענין שנים שאין אדם טורח בנימא אחת ה"מ הולאה דכי מפיק תרתי מפיק כי הדדי שאינו זורע אחת לבדה אבל לענין חרישה כל גומא וגומא באפי נפשה עביד לה: עולשין. עשב שקורין קרישפ"ל: זרדין. מין קנים הם ובעודן רכים זורדין אותם למאכל אדם נתקשו מעט ראויין למאכל בהמה שיבשו עומדין להסקה: אטו כולהו לא ליפות את הקרקע נינהו. הרי הקרקע מתייפה מאליו: באגם. שאין לריך ליפות: בארעא דחבריה. לא איכפת ליה ליפות: מתני' בין משם אחד. שמיהן אלפין: משתי שמות. אלף בית: סמניות. אחת בדיו ואחת בסיקרא: בכל לשון. של כל כתבים וגופן של כל אומה ואומה: משום רושם. סימן שהיו עושים בקרשי המשכן מפני שמפרקין אותו ולכשיקימוהו לא יחלפו סדר הקרשים ואתא ר' יוסי למימר דאפי' לא כתב אלא רשם שני רשימות בעלמא לסימן חייב: מצינו שם קטן כו'. הא אתא לאשמועינן רבי יהודה דאע"ג שלא נגמר מלאכתו שנתכוון לכתוב תיבה גדולה וכתב מקלת ואותו מקלת הויא תיבה המתקיימת במקום אחר חייב: גמ' הא מני רבי יוסי היא. דלא בעי כתיבה אלא רושם בעלמא ובשמאלו רושם מיהא הוה: והן שני שמות. כגון הנך דנקט במתני' שאינן שוות: הא ב' אותיות והן שם אחד. כגון שש משסך או תת מתתנן או חח מחחים לא מיחייב מדלא נקט רבי יהודה חד מהנך: אחת. כולה במשמע: כל השם. התיבה קרוי שם: בית אחד בנפה. לאחר שהסיך נירים של שתי עושה באריגת ערב נגד אחד מלמטה ואחד מלמעלה והן קרויין בתים והן עוברין את השתי לדרך רכיבתו ועומד להאריג וכית אחד אין מתקיים ומשום דלאו מוטין נינהו קרי להו בית כמו בתי נירין שאין בתי נירין אחרים:

תוספות

בשלמא לרב מיחזי כמאן דחר חורתא לבניינא. אע"ג דלא דמי לעושה נקב בלול של תרנגולין דהתם עשוי להכניס ולהוציא מ"מ מטעם בנין כל דהו מיחייב כמו מעייל שופתא בקופינא דמרא ומסתת אלא לשמואל דמשום בנין כל דהו לא מיחייב אמאי חייב הא אין כאן גמר מלאכה:

אם לבהמה כמלא פי הגדי ואם להיסק. פירוש שאינס ראויין לאכילה דאי לאו הכי מיחייב אשיעורא זוטא כדאמר לעיל (דף עו.) המוליא תבן כמלא פי פרה לגמל חייב:

באגם שנו. ומתני' דלא שייך לאוקמי באגם אומר ר"ת דאיירי באילן יבש שאינו מתקן כלום:

לא צריכא דעביד בארעא דחבריה. פי' בערוך (ערך סבר) דפסיק רישיה דלא ניחא ליה כגון דקעביד בארעא דחבריה וכגון באחר שאינו אוהבו והקוצץ בהרת בשעת מילה שאין לו הנאה מותר לכתחילה ואפילו איסור דרבנן ליכא והתיר ר' חבית שפקקוהו בפשתן להסיר הפקק ולמשוך ממנו יין בשבת אע"פ שא"א שלא יסחוט כשמסיר הפקק והוי פסיק רישיה כיון דאינו נהנה בסחיטה זאת שהיין נופל לארץ מותר ואינו נראה דהא (י) מפיס מורסא להוציא ממנו ליחה היה אסור אי לאו משום לערא דגופא אע"פ שאינו נהנה כלל בבנין הפתח ואינו מתכוין כלל לבנין הפתח אלא לנקיבה בעלמא וכן הביא רשב"א ממחט של יד ליטול בה את הקוץ דמוקי לה בהנתנקין (סנהדרין דף פד:) כר"ש דאמר מלאכה שאינה לריכה לגופה פטור עליה ומשום לערא שרי ואע"פ שאינו נהנה בחבורה היה אסור אי לאו משום לערא דגופא והא דקאמר לא לריכא דעביד בארעא דחבריה היינו דלא מיחייב חטאת אבל איסורא איכא והא דקאמר בשילהי כל התדיר (זבחים דף לא:) המתנדב יין מביאו ומזלפו על גבי האישים ופריך והא קא מכבה ומוקי לה כר"ש דאמר דבר שאין מתכוין מותר [א] מיירי דלא הוי פסיק רישיה שמזלפו בטיפות דקות א"נ על גבי האיברים אפשר שלא יכבה האש ובפרק לולב הגזול (סוכה דף לג:) גבי אין ממעטין בי"ט משום ר"א בר"ש אמרו ממעטין ופריך והא קא מתקן מנא ומשני כגון שליקטן לאכילה ודבר שאין מתכוין מותר ופריך והא אביי ורבא דאמרי תרווייהו מודה ר"ש בפסיק רישיה ולא ימות ומשני לא לריכא דאית ליה הושענא אחריתי משמע כפי' הערוך דכשאינו נהנה מותר אע"ג דהוי פסיק רישיה וליכא למימר כיון דאית ליה הושענא יתירתא אינו מתקן כלום דא"כ אמאי קאמר התם דסבר לה כאבוה דאמר דבר שאינו מתכוין מותר מיהו י"ל דאותו תיקון מועט כמו מיעוט ענבים דלא אסיר אלא מדרבנן לא גזרו חכמים כשאינו (כ) נהנה:

בארעא דחבריה. פי' דהוא מלאכה שא"צ לגופה:

בגלטורי

רבינו חננאל

מסורת הש"ס

הגהות הב"ח

(א) במשנה סמניות בכל:

גליון הש"ס

רש"י ד"ה בארעא דחבריה לא איכפת ליה. עי' לעיל דף עה ע"ב רש"י ד"ה טפי ובתוס' שם ולע"ק:

הגהות הגר"א

[א] תוס' ד"ה א"צ כו' מיירי דלא הוי פ"ר כו'. נ"ב וכ"כ רש"י שם ע"ש:

תורה אור השלם

א) דַּבֵּר אֶל בְּנֵי יִשְׂרָאֵל לֵאמֹר נֶפֶשׁ כִּי תֶחֱטָא בִשְׁגָגָה מִכֹּל מִצְוֹת יְיָ אֲשֶׁר לֹא תֵעָשֶׂינָה וְעָשָׂה מֵאַחַת מֵהֵנָּה: [ויקרא ד, ב]

ליקוטי רש"י

ת"ל אחת הא כיצד אינו חייב עד שיכתוב שם קטן משם גדול שם משמעון ומשמואל נח מנחור דן מדניאל גד מגדיאל א רבי יהודה אומר אפילו לא כתב אלא שתי אותיות והן שם אחד חייב כגון שש תת רר גג חח א"ר יוסי וכי משום כותב הוא חייב והלא אינו חייב אלא משום רושם שכן רושמין על קרשי המשכן לידע איזו היא בן זוגו לפיכך שרט שריטה אחת על שני נסרין או שתי שריטות על נסר אחד חייב רבי שמעון אומר א) ועשה אחת יכול עד שיכתוב את כל השם עד שיארוג כל הבגד עד שיעשה את כל הנפה ת"ל מאחת אי מאחת יכול אפילו לא כתב אלא אות אחת ואפילו לא ארג אלא חוט אחד ואפילו לא עשה אלא בית אחד בנפה ת"ל אחת הא כיצד אינו חייב עד שיעשה מלאכה שכיוצא בה מתקיימת ר' יוסי אומר ב) ועשה אחת ועשה הנה פעמים שחייב אחת על כולן ופעמים שחייב על כל אחת ואחת קתני מיהא רבי יהודה אומר אפילו לא כתב אלא שתי אותיות והן שם אחד חייב לא קשיא הא דידיה הא דרביה דתניא רבי יהודה אומר משום רבן גמליאל אפילו לא כתב אלא ב' אותיות והן שם אחד חייב כגון שש תת רר גג חח ור"ש היינו ת"ק וכ"ת אלף אלף ג) דאאזורך איכא בינייהו דת"ק סבר ב אלף אלף דאאזורך לא מיחייב ור"ש סבר כיון דאיתיה בגלטורי בעלמא חייב למימרא דר"ש לחומרא והתניא ג הקודח כל שהוא חייב המגרר כל שהוא ד המעבד כל שהוא ה הצר בכלי צורה כל שהוא רש"א עד שיקדח את כולו עד שיגרור את כולו עד שיעבד את כולו עד שיצור כולו אלא ר"ש הא אתא לאשמעינן עד שיכתוב את השם כולו ומי מצית אמרת הכי והתניא ו) רש"א ועשה אחת יכול עד שיכתוב את השם כולו ת"ל מאחת ואימא הכי יכול עד שיכתוב את הפסוק כולו ת"ל מאחת ר' יוסי אומר ועשה אחת ועשה הנה פעמים שחייב אחת על כולן ופעמים שחייב על כל אחת ואחת ז א"ר יוסי בר' חנינא מ"ט דר' יוסי אחת א) מאחת הנה מהנה אחת שהיא הנה והנה שהיא אחת אחת שמעון מאחת שם משמעון ו מהנה אבות הנה תולדות אחת שהיא הנה זדון שבת ושגגת מלאכות הנה שהיא אחת שגגת שבת וזדון מלאכות: ב) א"ר יהודה מצינו שם קטן משם גדול: מי דמי מ"ם דשם סתום מ"ם דשמעון פתוח אמר רב חסדא זאת אומרת סתום ועשאו פתוח כשר מיתיבי ג) ח וכתבתם שתהא כתיבה תמה ח שלא יכתוב אלפין עיינין עיינין אלפין ביתין כפין כפין ביתין גמין צדין צדין גמין דלתין רישין רישין דלתין היהין חיתין חיתין היהין ווין יודין יודין ווין זיינין נונין נונין זיינין טיתין פיפין פיפין טיתין כפופין פשוטין פשוטין כפופין מימין סמכין סמכין מימין סתומין פתוחין פתוחין סתומין ט פרשה פתוחה לא יעשנה סתומה סתומה לא יעשנה פתוחה י כתבה כשירה או שכתב את השירה כיוצא בה כ או שכתב שלא בדיו ל או שכתב את האזכרות בזהב הרי אלו יגנזו הוא דאמר כי האי תנא דתניא מ) רבי יהודה בן בתירה אומר נאמר בשני ד) ונסכיהם בששי ה) ונסכיה בשביעי ו) כמשפטם הרי מ"ם יו"ד מ"ם מים מכאן רמז לניסוך מים מן התורה ומדפתוח ועשאו סתום כשר סתום נמי ועשאו פתוח כשר מי דמי פתוח ועשאו סתום

עלויי

רש"י

ת"ל אחת. שתהא מלאכה שלימה במקום אחד ג): שם משמעון. ולגבי בגד נמי שני חוטין ובנפה שני בתין שמקיימין (א) כך לפי שאין אדם אורג בגד ביום אחד ועושה נפה בבת אחת ומתחיל ועושה כדי קיום שלא יהא נסתר מאליו: אפילו לא כתב. מתיבה גדולה: אלא ב' אותיות של שם אחד כגון שש תת. והן מתיבות גדולות כגון שש משששצר משכך ששם תת מתתרלו מתנו וכ"ש הכי נתכוון לקטנה תחילה: שכיוצא בה מתקיימת. ולקמיה פריך היינו ת"ק: ר' יוסי אומר. מפרש למילתיה לקמן: היינו ת"ק. שש תת: וכ"ת אלף אלף דאאזורך. שהם שתי אותיות מתיבה גדולה אבל לא מלינו שהיא תיבה קטנה בכל המקרא: כיון דאיתא בגלטורי. קמיעות וכתבים של מכשפות ושל שמות קורין גלטורי בלע"ז: של מינין קלוטרוס ורגילין סופרין לכתוב בהן תיבות של שתי אותיות ואינם תיבות במקום אחר: המגרר. בלונסות או קלפים דהוית תולדה דממחק: הקודח כל שהוא. קלת הנקב ואע"פ שלא עבר עובי העץ לראות בעבר השני: כל שהוא. מן הצורה: את כולו. כל מה שנתכוון לגרר או לעבד מתחלה בבת אחת: כל השם. כל התיבה: מ"ט דר' יוסי. היכי דריש ליה: אחת מאחת. אחת ה"ל למכתב ולשתוק וכתב מ"ס יתירה [ומהנה יתירה]: הנה מהנה. א"נ הנה הוה ליה למכתב וכתב מהנה מ"ס יתירה ומאחת יתירה הלכך למדרשינהו לכולהו כתביניהו ודרוש אחת הנה כלא מ"ס הכי אחת שהיא הנה הנה שהיא אחת לתרי גווני איכא למדרש משמעותיהו ועשה עבירה אחת והיא לו הנה חייב חטאות הרבה אי נמי ועשה הנה אחת עשייתו חשובה לו כאחת ואע"פ שהנה היו משמע שהרבה עבירות עשה והיינו הנה שהיא אחת הלכך תרוייהו דריש ביה פעמים שהיא כן ופעמים שהיא כן כדמפרש לקמיה: אחת שמעון. כלומר דריש מ"ס יתירה אחת הוי משמע לא הוי חייב עד שיכתוב כל התיבה שנתכוון לכתוב: מאחת שם משמעון. כתב מאחת למימר דאפילו לא כתב אלא מקלתה ובלבד שתהא מקויימת (ג) במקום אחר דומיא דאחת דרישיה דקרא: הנה הוי משמע אבות כתב מהנה לרבוי תולדות: אחת שהיא הנה. דאמרן לעיל ה"ד כגון שעשאן בזדון שבת ושגגת מלאכות ואע"ג דכולן אינן אלא חילול שבת אחת מיחייב לכל מלאכה ומלאכה דגופי מלאכות מחלקין הואיל ואיכא שגגה טובא: הנה שהיא אחת שגגת שבת וזדון מלאכות. שאף על פי שהן גופי מלאכות הרבה אינו חייב אלא אחת דחדא שגגה היא: מי דמי כו'. זה שנתכוון לכתוב שם משמעון מ"ס פתוחה כתב והיכי קרי ליה מתקיימת במקום אחר והא לא הויא: וכתבתם. דתפילין ומזוזה: תם. שלם כהלכתה: אלפין עיינין. יש שכותבין כן מפני שדומין בקריאתן: ביתין כפין. דומין בכתיבתן: גמין צדין. דומין בכתיבתן אלא שזה למעלה וזה למטה: זיינין נונין. פשוטין: כפופין. כף פה לדי נון: פשוטין. הכפולות שלהן פשוטות: ממין סמכין. מ"ס סתומה שדומה לסמך: סתומין. פתוחין. מ"ס פתוחה: כתבה. לספר תורה: כשירה. בדילוגין אריח ולבינה: מכאן רמז כו'. כלומר מ"ס דונסכיה דריש ליה בפתוחה [שמע מינה] בפתוח ועשאו סתום דכשר ומדפתוח ועשאו סתום כשר הוא הדין נמי סתום ועשאו פתוח וכשר להתקיים במקום שם:

עלוי

תוספות

בגלטורי בעלמא חייב. י) פירוש א"א שכותבין בקמיע וכן פירש ר"ח ויש מפרשים א"א היינו אמן אמן (סלה) שכותבין בקמיעין וליתא דהיינו נוטריקון וחייב אפילו באחד ורבנן דפטרי במתני' י) פטרי אפילו בב' וג': א"א דאאזורך איכא בינייהו. לאו דוקא דהא ת"ק פטר אפי' שתי אותיות משם אחד עד שיכתוב שם משמעון אלא משום ר"ש נקטיה דאפי' בהא מיחייב: המעבד כל שהוא. לאו דוקא כל שהוא אלא כשיעור המפורש בהמוציא (לעיל דף עט:) ולא נקט כל שהוא אלא לאפוקי מדר"ש דאמר עד שיעבד כל העור: תריץ הכי יכול עד שיכתוב כל הפסוק כו'. וא"ת ומ"ש אריגה מהני דהכא לא מחייב ר"ש עד שיתקן את כולו וי"ל דבאריג שעושה דבר חדש שאינו בעולם מחייב שפיר בשני בתי נירין אבל עיבוד שאינו אלא תיקון העור בעלמא וכן גורר וצר צורה בעי ר"ש עד שיתקן את כולו: טיתין פיפין. מכאן נראה לר"ת שצריך לכוף ראש הטית לתוכה דדמי כעין פ': בשביעי כמשפטם גרסינן. כדמוכח בפרק קמא דתענית (דף ג:) וכן הוא במסורת הגדולה ודלא כרש"י ס) דגרס בשמיני בס"פ לולב וערבה (סוכה דף מז:):

גרועי

עין משפט נר מצוה

טו א ב מיי' פי"א מהל' שבת הלכה יז:
טז ג מיי' פ"י מהל' שבת הלכה טו:
יז ד מיי' פי"א מהל' שבת הלכה ט:
יח ה מיי' פ"י שם הלכה טז:
יט ו מיי' פ"ז שם הלכה ז:
כ ז מיי' פ"א מהל' תפילין הלכה יט סמג עשין כב טוש"ע א"ח סי' לב סעיף ד וטוש"ע י"ד סי' רעד סעיף ג:
כא ח מיי' וסמג שם טוש"ע א"ח סי' לו סעיף א וטוש"ע י"ד סי' רעד סעיף ה:
כב ט מיי' פ"ח מהל' ס"ת הלכה א סמג עשין כה טוש"ע י"ד סי' ערה סעיף א:
כג י מיי' שם טוש"ע שם סעיף ג:
כד כ ל מיי' פ"א שם הלכה ה סמג שם טוש"ע א"ח סי' לב סעיף ג וטוש"ע י"ד סי' רעא סעיף ו וסי' רעו סעי' ה:

רבינו חננאל

שלא עשה אלא אב ותולדותיה והעושה אב ותולדותיה אינו חייב אלא אחת ושמואל מחייב להני תלת משום מכה בפטיש ואי עביד בנין וחד מהנך חייב תרתי. חד משום בונה וחד משום מכה בפטיש דלאו תולדה דבונה נינהו ובהא פליג רב סבר [א] גזית שמסתתת אבני גזיל הוא ואינון אבני דלא משפרין ומשוי להו גזית כדכתיב כל אלה אבני יקרות במדת גזית מגוררות במגירה והויא כמכה אבן בפטיש להשוות עקמו (מיהו) [וכן] נקב בלול נמי כיון דמשום אויר הוא לבנין דמי ותולדת בנין הוא ושמואל סבר נקב לפתוח פה בכלי שהוא מכה סוף מלאכה וכן מכניס ידי הקורדום (בעשהו) אע"פ שכלי הוא רב סבר דיש בנין בכלים ושמואל סבר אין בנין בכלים וגרסינן בכלל גדול משום דרבי יהושע כן כי המסתת חייב משום מכה בפטיש כשמואל ומותבינן לשמואל מהא דתניא הקודח כל שהוא חייב בשלמא לרב דאמר משום בונה היינו דחייב הקודח דמחי כמי שעשאו חור בכותל כדי לבנות שם בנין ותולדת בנין הוא. אלא לשמואל דמחייב הנוקב משום מכה בפטיש שהוא גמר מלאכ' מאי [גומר] מלאכה איכא בקודח והלא הנוקב צריך לקבוע באותו [הנקב] מסמר ומצאת קביעת המסמר הוא הגמר מלאכה ומשני כגון שקדח ברמצא פי' במקדח והניח המקדח במקום שקדח במסמר קבוע באותו העץ שקדח כדי לחזק עוד שזהו גמר מלאכתו ואשכחן סוגיא דשמעתא בענין המחזיר מטה של טרסיים בשבת (לעיל ד' מז) כרב דסבר עיולי שופתא בקופינא הוא יד הקרדום בנקב שהוא כהחזרה מלבנות המטה ורב חמא ושאיל ליה [illegible] דאמרי תרוייהו (התם) המחזיר מטה של טרסיים בשבת חייב חטאת ומותבינן [מהא] המחזיר קנה מנורה בשבת חייב חטאת קנה של [illegible] ציידין לא יחזיר ואם החזיר פטור. ר' הימאי אמר המרכיב קרן עגולה חייב קרן פשוטה פטור ופרקינן הוא דאמר כי האי תנא [illegible] מלבנות המטה וכרעי המטה ולוחים של סקבס לא יחזיר ואם החזיר פטור אבל אסור לא יתקע ואם תקע חייב רשבג"א אם היה רפוי מותר ופשיטא לרבנן בתראי דהני כולהו משום בונה אינון. ומשום הכי מתרינן במן דעביד להו דאמרינן בי רב חמא הואי [illegible] מהדרי ליה בשבתא. א"ל ההוא מרבנן לרב חמא מ"ט שריין דמשום בנין מן הצד הוא ונהי דאיסורא דאורייתא ליכא איסורא מדרבנן [מיהא] איכא א"ל אנא כרבן שמעון ב"ג סבירי לי דאמר אם היה רפוי מותר וגרסינן בירושלמי [illegible] קנה מנורה למה הוא חייב. ר' אבהו בש"ר יוחנן ורב הונא תרווייהו אמרו משום בונה וקי"ל בהני כולהו כרב פי' חק קפיזא [illegible] בקבא כגון שחקק חריץ בקב מקום שהוא מדת קפיזא ונמצא שעשה כמין השנתות שהיו סימנין בהין: המכה בקורנס על הסדן בשעת גמר מלאכה חייב. אמר רבה ורב יוסף מפני שמאמן את ידיו וסברי בני רחבה דהאי מאמן מלמד את ידיו אומנות הכאה היא נגרות ופשוט אביי ורבא שכן מרדדי טסי משכן עושין כן ותניא נמי הכי ופי' מאמן דאמר רבה ורב יוסף מרגיל את ידיו ולרשב"ג [illegible] מנהג מרקעי פחים כשמניחין הטס על הסדן מכין תחלה בקורנס על הסדן כשמתחיל במלאכה [illegible] מלאכה גמורה היא ולא דמי לנוטל מגל לקצור ולא קצר ולנוטל קורנס לרדד ולא רידד אלא אותה הכאה מלאכה חשובה (ליתא) [היא] החורש כל שהוא ראויה לעשות גומא לדלעת ובמשכן היו חורשים לקלח אחד של סממנים והמנכש והמקטף עצים ובלבד שיהא כדי המתקן קרקע בכל שהוא חייב למה לי למיתנא לבהמה כמלוא פי גדי ולהיסק כדי לבשל ביצה קלה אטו בהכי לאו מייפה קרקע הוא למה לי שיעורא ומשני רבה ורב יוסף באגם שאין הקרקע מתייפה בליקוט עצים ולא בניכוש [illegible] אלא בשיעור דקא מכוין ליה אם לבהמה אם להיסק ואקשינן עליה איני והא אביי ורבא דאמרינן תרווייהו מודה ר' שמעון בפסיק [illegible] מלישתו ורצונו בכך מחייב ומשני בתולש מן הקרקע שאינו שלו שאין רצונו ליפוי הקרקע כלל לפיכך אינו [illegible] יכו לכתוב שנמצא שמאלו במקום ימין ואקשינן תוב אי הכי אימינו לא ליחייב דהא כל איטר שמאלו במקום [illegible] ודרך כתיבה בשתיהן אבל מי שאינו שולט אלא בידו אחת לא מיחייב משום כותב בשבת אלא בזמן שהכותב [illegible] עלה ואם כתב בימינו אין דרך כתיבה בכך ולאידך מיחייב עליה. ור' יעקב בר"א דבת יעקב אוקמה למתני' [illegible]

למימר

מסורת הש"ס

א) לעיל ע. סנהדרין סב. [כריתות דף ג, ע"ב], ב) [תוספ' פי"ב], ג) [לעיל ע. סנהדרין סב. ע"ש], ד) [מנחות לג: וע"ש בתוס' ד"ה עשאה כשירה], ה) תענית ג:, ו) [שני פרושים הללו כתובים בערוך ערך אלף], ז) [לקמן קד:], ח) [לפנינו ברש"י דסוכה מז. ד"ה רב אשי איתא גרוע וליתא זה"ל הבעתי בשני כתיב כמשפטם במשפטם וכו' ובקרבנות שמיני כתיב כמשפטם במשפט וכו'].

הגהות הב"ח

(א) רש"י ד"ה שם משמעון וכו' בפני שמתקיימין כך: (ב) ד"ה מאחת וכו' שתהא מתקיימת במקום.

תורה אור השלם

א) דַּבֵּר אֶל בְּנֵי יִשְׂרָאֵל לֵאמֹר נֶפֶשׁ כִּי תֶחֱטָא בִשְׁגָגָה מִכֹּל מִצְוֹת יְיָ אֲשֶׁר לֹא תֵעָשֶׂינָה וְעָשָׂה מֵאַחַת מֵהֵנָּה: [ויקרא ד, ב]

ב) אֲנִי יְיָ וְאֵין עוֹד זוּלָתִי אֵין אֱלֹהִים אֲאַזֶּרְךָ וְלֹא יְדַעְתָּנִי: [ישעיה מה, ה]

ג) וּכְתַבְתָּם עַל מְזֻזוֹת בֵּיתֶךָ וּבִשְׁעָרֶיךָ: [דברים ו, ט]

ד) וּשְׂעִיר עִזִּים אֶחָד חַטָּאת מִלְּבַד עֹלַת הַתָּמִיד וּמִנְחָתָהּ וְנִסְכֵּיהֶם: [במדבר כט, יט]

ה) וּשְׂעִיר חַטָּאת אֶחָד מִלְּבַד עֹלַת הַתָּמִיד מִנְחָתָהּ וּנְסָכֶיהָ: [במדבר כט, לא]

ו) וּמִנְחָתָם וְנִסְכֵּהֶם לַפָּרִים לָאֵילִם וְלַכְּבָשִׂים בְּמִסְפָּרָם כְּמִשְׁפָּטָם: [במדבר כט, לג]

ליקוטי רש"י

ר' יוסי אומר ועשה אחת ועשה הנה. גבי חטאת כתיב בשוגג [illegible] אחת על כולן כגון שוגג בשבת [illegible] שוגג במלאכות שחייב [illegible] אחת [illegible] [סנהדרין סב.]. ועשה מאחת מהנה [illegible] הקודח. נוקב כל שהוא [illegible] הצר בכלי צורה [illegible]

[המשך בדף קד.]

תוספות (המשך)

ר' יוסי בר' חנינא. [illegible] אחת מאחת [illegible] מלאכות הרבה [illegible] כשמשבץ כל גופי מלאכות [illegible] נפקא לן שלא [illegible] אלא אחת בין הדלת מוחק שתי אותיות ע"מ לכתוב ב' אותיות [illegible] [מ"ס דמאחת דריש ליה מאחת מנלן לכלי מלאכה ככולה מקום] [illegible]

תַּלְמוּד לוֹמַר ,,אַחַת" – [THE TORAH] therefore STATES: *ONE,* indicating that an act must be complete to create liability. הָא כֵּיצַד – HOW IS THIS apparent contradiction to be reconciled?[1] אֵינוֹ חַיָּיב עַד שֶׁיִּכְתּוֹב שֵׁם קָטָן מִשֵּׁם גָּדוֹל – It is as follows: ONE IS NOT LIABLE for part of his intended act of writing UNLESS HE WRITES A SHORT WORD that is part OF A LONG WORD. שֵׁם מִשִּׁמְעוֹן וּמִשְּׁמוּאֵל – For example, *SHeM* FROM *SHIMON* OR *SHMUEL,* נֹחַ מִנָּחוֹר – *NoaCH* FROM *NACHOR,* דָּן מִדָּנִיֵּאל – *DaN* FROM *DANIEL,* גָּד מִגַּדִּיאֵל – and *GaD* FROM *GADIEL.*[2]

The Baraisa now cites R' Yehudah's opinion, which apparently contradicts the opinion attributed to him in our Mishnah: רַבִּי יְהוּדָה אוֹמֵר – R' YEHUDAH SAYS: אֲפִילּוּ לֹא כָּתַב אֶלָּא שְׁתֵּי אוֹתִיּוֹת וְהֵן שֵׁם אֶחָד חַיָּיב – EVEN IF SOMEONE WROTE ONLY TWO LETTERS OF THE SAME CHARACTER from the word he intended to write, HE IS LIABLE. כְּגוֹן שֵׁשׁ תֵּת רַר גַּג חַח – FOR EXAMPLE, *SHeiSH* (six), *TeiT* (give), *RaR* (ooze), *GaG* (roof), and *CHaCH* (bracelet).[3]

A third opinion:

אָמַר רַבִּי יוֹסֵי – R' YOSE SAID: וְכִי מִשּׁוּם כּוֹתֵב הוּא חַיָּיב – BUT IS [THE PERSON] LIABLE ON ACCOUNT OF "WRITING"? וַהֲלֹא אֵינוֹ חַיָּיב אֶלָּא מִשּׁוּם רוֹשֵׁם – WHY, HE IS LIABLE ONLY ON ACCOUNT OF "MARKING," שֶׁכֵּן רוֹשְׁמִין עַל קַרְשֵׁי הַמִּשְׁכָּן – FOR INDEED, THEY WOULD MARK each of THE BOARDS OF THE MISHKAN לֵידַע אֵיזוֹ הִיא בֶּן זוּגוֹ – TO KNOW WHICH WAS ITS MATE.[4] לְפִיכָךְ שָׂרַט שְׂרִיטָה אַחַת עַל שְׁנֵי נְסָרִין – THEREFORE, if SOMEONE SCRATCHES ONE SCRATCH ON TWO BOARDS, אוֹ שְׁתֵּי שְׂרִיטוֹת עַל נֶסֶר אֶחָד – OR TWO SCRATCHES ON ONE BOARD, חַיָּיב – HE IS LIABLE even though he did not write any letters.[5]

A fourth view:

רַבִּי שִׁמְעוֹן אוֹמֵר – R' SHIMON SAYS: ,,וְעָשָׂה . . . אַחַת" – Since the verse cited above states: *AND HE WILL DO ... ONE.* יָכוֹל – IT MIGHT BE thought that a person is not liable עַד שֶׁיִּכְתּוֹב אֶת כָּל הַשֵּׁם – UNLESS HE WRITES THE ENTIRE WORD that he planned, עַד שֶׁיֶּאֱרוֹג כָּל הַבֶּגֶד – UNLESS HE WEAVES THE ENTIRE GARMENT, עַד שֶׁיַּעֲשֶׂה אֶת כָּל הַנָּפָה – and UNLESS HE MAKES THE ENTIRE SIEVE. תַּלְמוּד לוֹמַר ,,מֵאַחַת" – [THE TORAH] therefore STATES: *FROM ONE,* to teach that the person does not have to perform the entire planned labor to be liable. אִי ,,מֵאַחַת" – But now, IF the word *FROM ONE* can be expounded that way, יָכוֹל – IT MIGHT BE thought that the person is liable אֲפִילּוּ לֹא כָּתַב אֶלָּא אוֹת אַחַת – EVEN if HE WROTE ONLY ONE LETTER, וַאֲפִילּוּ לֹא אָרַג אֶלָּא חוּט אֶחָד – EVEN if HE WOVE ONLY ONE THREAD, וַאֲפִילּוּ לֹא עָשָׂה אֶלָּא בַּיִת אֶחָד בַּנָּפָה – AND EVEN if HE MADE ONLY ONE [HEDDLE] EYE OF THE SIEVE. תַּלְמוּד לוֹמַר ,,אַחַת" – [THE TORAH] therefore STATES: *ONE,* indicating that an act must be complete to create liability. הָא כֵּיצַד – HOW IS THIS apparent contradiction to be resolved? אֵינוֹ חַיָּיב עַד שֶׁיַּעֲשֶׂה מְלָאכָה שֶׁכַּיּוֹצֵא בָהּ מִתְקַיֶּימֶת – ONE IS NOT LIABLE UNLESS HE PERFORMS A LABOR THAT IS OF A TYPE WHICH ENDURES.[6]

The Baraisa concludes with a final exposition:

רַבִּי יוֹסֵי אוֹמֵר – R' YOSE SAYS: ,,וְעָשָׂה אַחַת", ,,וְעָשָׂה הֵנָּה" – Scripture indicates that one is liable if HE WILL DO ONE transgression, AND if HE WILL DO THEM (i.e. many transgressions).[7] פְּעָמִים שֶׁחַיָּיב אַחַת עַל כּוּלָּן – This teaches that SOMETIMES ONE who commits numerous transgressions IS LIABLE TO only ONE *chatas* offering FOR ALL OF THEM, וּפְעָמִים שֶׁחַיָּיב עַל כָּל אַחַת וְאַחַת – and SOMETIMES HE IS LIABLE to a separate offering FOR EACH AND EVERY ONE of his transgressions.

The Gemara now explains the difficulty that emerges from this Baraisa:

קָתָנֵי מִיהָא – At any rate, [the Baraisa] teaches: רַבִּי יְהוּדָה אוֹמֵר – R' YEHUDAH SAYS: אֲפִילּוּ לֹא כָּתַב אֶלָּא שְׁתֵּי אוֹתִיּוֹת וְהֵן שֵׁם אֶחָד חַיָּיב – EVEN IF SOMEONE WROTE ONLY TWO LETTERS OF THE SAME CHARACTER from the word he intended to write, HE IS LIABLE. This contradicts the implication of R' Yehudah's statement in our Mishnah that the person is not liable unless he writes two different characters. – ? –

The Gemara answers:

לֹא קַשְׁיָא – This is not a difficulty. הָא דִּידֵיהּ הָא דְּרַבֵּיהּ – This statement in the Mishnah reflects [R' Yehudah's] own view, whereas this statement in the Baraisa reflects the view of his teacher. דְּתַנְיָא – For it was taught in another Baraisa: רַבִּי יְהוּדָה אוֹמֵר מִשּׁוּם רַבָּן גַּמְלִיאֵל – R' YEHUDAH SAYS IN THE NAME OF RABBAN GAMLIEL: אֲפִילּוּ לֹא כָּתַב אֶלָּא שְׁתֵּי אוֹתִיּוֹת וְהֵן שֵׁם אֶחָד חַיָּיב – EVEN IF SOMEONE WROTE ONLY TWO LETTERS OF THE SAME CHARACTER from the word he intended to write, HE IS LIABLE. כְּגוֹן שֵׁשׁ תֵּת רַר גַּג חַח – FOR EXAMPLE, *SHeiSH, TeiT, RaR, GaG* and *CHaCH.* We thus see that R' Yehudah's statement in the earlier Baraisa represented the view of his teacher, Rabban Gamliel.

Having resolved the contradiction between our Mishnah and this Baraisa, the Gemara analyzes the Baraisa itself:

וְרַבִּי שִׁמְעוֹן הַיְינוּ תַּנָּא קַמָּא – Now, the view of R' Shimon is apparently the same as that of the Tanna Kamma, for they both

NOTES

1. Is a person liable for performing any amount of his planned act, or must he complete the entire act to be liable?

2. Through its contradictory implications, the verse teaches that one is liable for performing even part of an intended labor, as long as that amount would be viable under some circumstances. [In the case of writing, one is liable for writing the first two letters of a word, if those two letters themselves form a word. Since people sometimes write just that short word, one is liable for carrying out this part of his intended labor.] Similarly, one is liable for weaving if he weaves even two [weft] threads of his planned garment, and for making "heddle eyes" when he weaves two cross reeds for his planned sieve. This is considered a viable amount because it will not unravel, and it is common for people who begin a weaving project to produce at the first sitting a segment that will remain intact for later completion (*Rashi*).

3. These words can be the first two letters of longer words that the person may have planned on writing. For example, שש (*six*) is the beginning of the longer words שֵׁשְׁבַּצַּר (a name mentioned in *Ezra* 1:11), שֵׁשַׁךְ (*Jeremiah* 25:26), and שֶׁשָּׁמֵם (*that is desolate – Lamentations* 5:18); and תת (*give*) is the beginning of תִּתְרָאוּ (*will you be afraid – Genesis* 42:1) and תִּתֵּנוּ (*you will give – Exodus* 5:18). Certainly, if the person originally intended to write only those two letters, he would be liable (*Rashi;* see 103a note 25). [It is unclear which long word begins with the letters רר.]

This statement of R' Yehudah contradicts his statement in the Mishnah, which implies that one is liable only if the two letters he wrote were different characters. The Gemara will deal with this difficulty after concluding its citation of the entire Baraisa.

4. See 103a note 28.

5. And if he wrote two letters [of a large word] he is liable even if they themselves do not form a word (*Chafetz Chaim* to *Toras Kohanim, Dibura DeChovah, Perek* 1:5; see also *Tosafos* to 70b ד״ה שם and *Beur Halachah* 340:5 ד״ה מותר).

6. [Apparently, R' Shimon means that one is liable only if he does a portion of his intended labor that is significant enough to endure in other circumstances.] Since this opinion was stated previously in the Baraisa, the Gemara below will ask what R' Shimon comes to add (*Rashi;* see note 8).

7. R' Yose focuses on the concluding words of the verse cited above (*Leviticus* 4:2), which read: וְעָשָׂה מֵאַחַת מֵהֵנָּה, *and he will do from one of them* [the transgressions] (see 103a note 37 for a full reading of the verse). It will be explained below that this phraseology is redundant, and therefore, R' Yose expounds it as meaning that a person is liable to *chatas* offerings although וְעָשָׂה אַחַת [he commits even one transgression], and is sometimes liable to only one *chatas* offering even if וְעָשָׂה הֵנָּה [he commits many transgressions]; see below.

ת"ל אחת הא כיצד אינו חייב עד שיכתוב שם קטן משם גדול שם משמעון ומשמואל נח מנחור דן מדניאל גד מגדיאל רבי יהודה אומר אפילו לא כתב אלא שתי אותיות והן שם אחד חייב כגון שש תת רר גג חח א"ר יוסי וכי משום כותב הוא חייב והלא אינו חייב אלא משום רושם שכן רושמין על קרשי המשכן לידע איזו היא בן זוגו לפיכך שרט שריטה אחת על שני נסרין או שתי שריטות על נסר אחד חייב רבי שמעון אומר ועשה אחת יכול עד שיכתוב את כל השם עד שיארוג כל הבגד עד שיעשה את כל הנפה ת"ל מאחת אי מאחת יכול אפילו לא כתב אלא אות אחת ואפילו לא ארג אלא חוט אחד ואפילו לא עשה אלא בית אחד בנפה ת"ל אחת הא כיצד אינו חייב עד שיעשה מלאכה שכיוצא בה מתקיימת ר' יוסי אומר ועשה אחת ועשה הנה פעמים שחייב אחת על כולן ופעמים שחייב על כל אחת ואחת קתני מיהא רבי יהודה אומר אפילו לא כתב אלא שתי אותיות והן שם אחד חייב קשיא הא דידיה הא דרביה דתניא רבי יהודה אומר משום רבן גמליאל אפילו לא כתב אלא ב' אותיות והן שם אחד חייב כגון שש תת רר גג חח היינו ת"ק וכ"ת אלף אלף דאאזרך איכא בינייהו דת"ק סבר אלף אלף דאאזרך לא מיחייב ור"ש סבר כיון דאיתיה בגלטורי בעלמא חייב למימרא דר"ש לחומרא והתניא הקודח כל שהוא חייב המגרר כל שהוא המעבד כל שהוא הצר בכלי צורה כל שהוא רש"א עד שיקדח את כולו עד שיגרור את כולו עד שיעבד את כולו עד שיצור כולו אלא ר"ש הא אתא לאשמעינן עד שיכתוב את השם כולו ומי מצית אמרת הכי והתניא רש"א ועשה אחת יכול עד שיכתוב את השם כולו ת"ל מאחת תריץ ואימא הכי יכול עד שיכתוב את הפסוק כולו ת"ל מאחת ר' יוסי אומר ועשה אחת ועשה הנה פעמים שחייב אחת על כולן ופעמים שחייב על כל אחת ואחת א"ר יוסי בר' חנינא מ"ט דר' יוסי אחת מאחת הנה מהנה אחת שהיא הנה והנה שהיא אחת אחת שמעון מאחת שם משמעון הנה אבות מהנה תולדות אחת שהיא הנה זדון שבת ושגגת מלאכות הנה שהיא אחת שגגת שבת וזדון מלאכות:

א"ר יהודה מצינו שם קטן משם גדול: מי דמי מ"ם דשם סתום מ"ם דשמעון פתוח אמר רב חסדא זאת אומרת סתום ועשאו פתוח כשר מיתיבי וכתבתם שתהא כתיבה תמה שלא יכתוב אלפין עיינין עיינין אלפין ביתין כפין כפין ביתין גמין צדין צדין גמין דלתין רישין רישין דלתין היהין חיתין חיתין היהין ווין יודין יודין ווין זיינין נונין נונין זיינין טיתין פיפין פיפין טיתין כפופין פשוטין פשוטין כפופין מימין סמכין סמכין מימין סתומין פתוחין פתוחין סתומין פרשה פתוחה לא יעשנה סתומה סתומה לא יעשנה פתוחה כתבה כשירה או שכתב את השירה כיוצא בה או שכתב שלא בדיו או שכתב את האזכרות בזהב הרי אלו יגנזו הוא דאמר כי האי תנא דתניא רבי יהודה בן בתירה אומר נאמר בשני ונסכיהם בששי ונסכיה בשביעי כמשפטם הרי מ"ם יו"ד מ"ם מים מכאן רמז לניסוך מים מן התורה ומדפתוח ועשאו סתום כשר סתום נמי ועשאו פתוח כשר מי דמי פתוח ועשאו סתום

עלויי

רש"י

ת"ל אחת. שתהא מלאכה שלימה במקום אחד: שם משמעון. ולגבי בגד נמי שני חוטין ונפה שני בתין שמקיימין (א) כך לפי שאין אדם אורג בגד ביום אחד ועושה נפה בבת אחת ומתחיל ועושה כדי קיום שלא יהא נסתר מאליו: אפילו לא כתב. מתיבה גדולה: אלא ב' אותיות של שם אחד כגון שש תת. והן מתיבות גדולות כגון שש משששבצר משסך ששמס תת מתתראו תתנו וכ"ש אם נתכוין לקטנה תחילה: שכיוצא בה מתקיימת. ולקמיה פריך היינו ת"ק: ר' יוסי אומר. מפרש למילתיה לקמן: היינו ת"ק. שש תת: וכ"ת אלף אלף דאאזרך. שהם שתי אותיות מתיבה גדולה אבל לא מצינו שהיא תיבה קטנה בכל המקרא: כיון דאיתא בגלטורי. קמיעות וכתבים של מכשפות ושל שמות קורין בלשון לטי"ן של מינין קלוטרום ורגילין סופרין לכתוב בהן תיבות של שתי אותיות ואינם תיבות במקום אחר: המגרר. כלונסות או קלפים דהויא תולדה דממחק: הקודח כל שהוא. קלת הנקב ואע"פ שלא עבר עובי העץ לראות בעבר השני: כל שהוא. מן הגורה: את כולו. כל מה שנתכוון לגרר או לעבד מתחלה בבת אחת: כל השם. כל התיבה: מ"ט דר' יוסי. היכי דריש ליה: אחת מאחת. אחת ה"ל למכתב ולשתוק וכתב מ"ס יתירה [ומהנה יתירה]: הנה מהנה. א"נ הנה הוה ליה למכתב וכתב מהנה מ"ס יתירה ומאחת יתירה הלכך למדרשינהו לכולהו כתבינהו ודרוש אחת הנה בלא מ"ס הכי אחת שהיא הנה הנה שהיא אחת לתרי גווני איכא למידרש משמעותייהו ועשה עבירה אחת והיא לו הנה חייב חטאות הרבה אי נמי ועשה אחת עשייתו חשובה לו כאחת ואע"פ שהנה היו משמע שהרבה עבירות עשה והיינו הנה שהיא אחת הלכך תרוייהו דריש ביה פעמים שהיא כן ופעמים שהיא כן כדמפרש לקמיה: אחת שמעון. כלומר דריש מ"ס יתירה אחת הוי משמע דאינו חייב עד שיכתוב כל התיבה שנתכוון לכתוב: מאחת שם משמעון. כתב מאחת למימר דאפילו לא כתב אלא מקצתה ובלבד שתהא מקויימת (ב) במקום אחר דומיא דאחת דרישיה דקרא: הנה הוי משמע אבות כתב מהנה לרבויי תולדות: אחת שהיא הנה. דאמרן לעיל ה"ד כגון שעשאן בזדון שבת ושגגת מלאכות ואע"ג דכולן אינן אלא חילול שבת אחת מיחייב לכל מלאכה ומלאכה דגופי מלאכות מחלקין הואיל ואיכא שגגה טובא: הנה שהיא אחת שגגת שבת וזדון מלאכות. שאף על פי שהן גופי מלאכות הרבה אינו חייב אלא אחת דחדא שגגה היא: מי דמי כו'. זה שנתכוין לכתוב שם משמעון מ"ס פתוחה כתב והיכי קרי ליה מתקיימת במקום אחר והא לא הויא: וכתבתם. דתפילין ומזוזה: תם. שלם כהלכתה: אלפין עיינין. יש שכותבין כן מפני שדומין בקריאתן: ביתין כפין. דומין בכתיבתן: גמין צדין. דומין בכתיבתן אלא שזה למעלה וזה למטה: זיינין נונין. פשוטין: כפופין. כף פה צדי נון: פשוטין. הכפולות שלהן פשוטות: ממין סמכין. מ"ס סתומה שדומה לסמך: סתומין: פתוחין. מ"ס פתוחה: כתבה. לספר תורה: כשירה. בדילוגין אריח ולבינה: מכאן רמז כו'. כלומר מ"ס דונסכיהם דריש ליה בפתוחה [שמע מינה] בפתוח ועשאו סתום דכשר ומדפתוח ועשאו סתום כשר הוא הדין נמי סתום ועשאו פתוח כגון שם משמעון וכשר להתקיים במקום שם:

עלוי

תוספות

בגלטורי בעלמא חייב. פירוש א"א שכותבין בקמיע וכן פירש ר"ח ויש מפרשים א"א היינו אמן אמן (סלה) שכותבין בקמיעין וליתא דהיינו נוטריקון וחייב אפילו באחד ורבנן דפטרי במתני' פטרי אפילו בב' וג': א"א דאאזרך איכא בינייהו. לאו דוקא דהא ת"ק פטר אפי' שתי אותיות משם אחד עד שיכתוב שם משמעון אלא משום ר"ש נקטיה דאפי' בהא מחייב: המעבד כל שהוא. לאו דוקא כל שהוא אלא כשיעור המפורש בהמוציא (לעיל דף עט:) ולא נקט כל שהוא אלא לאפוקי מדר"ש דאמר עד שיעבד כל העור: תריץ הכי יכול עד שיכתוב כל הפסוק כו'. וא"ת ומ"ש אריגה מהני דהכא לא מחייב ר"ש עד שיתקן את כולו וי"ל דבאריג שעושה דבר חדש שאינו בעולם מחייב שפיר בשני בתי נירין אבל עיבוד שאינו אלא תיקון העור בעלמא וכן גורר ולר' נורה בעי ר"ש עד שיתקן את כולו: טיתין פיפין. מכאן נראה לר"ת שצריך לכוף ראש הטית לתוכו כמו כעין פ': בשביעי כמשפטם גרסינן. כדמוכח בפרק קמא דתענית (דף ג.) וכן הוא במסורת הגדולה ודלא כרש"י דגרס בשמיני במ"פ לולב וערבה (סוכה דף מז:) גרסינן:

הגהות הב"ח

(א) רש"י ד"ה שם משמעון וכו' בתין שמקיימין כך: (ב) ד"ה מאחת וכו' שתהא מתקיימת במקום:

תורה אור השלם

א) דַּבֵּר אֶל בְּנֵי יִשְׂרָאֵל לֵאמֹר נֶפֶשׁ כִּי תֶחֱטָא בִשְׁגָגָה מִכֹּל מִצְוֹת יְיָ אֲשֶׁר לֹא תֵעָשֶׂינָה וְעָשָׂה מֵאַחַת מֵהֵנָּה: [ויקרא ד, ב]

ב) אֲנִי יְיָ וְאֵין עוֹד זוּלָתִי אֵין אֱלֹהִים אֲאַזֶּרְךָ וְלֹא יְדַעְתָּנִי: [ישעיה מה, ה]

ג) וּכְתַבְתָּם עַל מְזוּזֹת בֵּיתֶךָ וּבִשְׁעָרֶיךָ: [דברים ו, ט]

ד) וּשְׂעִיר עִזִּים אֶחָד חַטָּאת מִלְּבַד עֹלַת הַתָּמִיד וּמִנְחָתָהּ וְנִסְכֵּיהֶם: [במדבר כט, יט]

ה) וּשְׂעִיר חַטָּאת אֶחָד מִלְּבַד עֹלַת הַתָּמִיד מִנְחָתָהּ וּנְסָכֶיהָ: [במדבר כט, לא]

ו) וּמִנְחָתָם וְנִסְכֵּיהֶם לַפָּרִים לָאֵילִם וְלַכְּבָשִׂים בְּמִסְפָּרָם כַּמִּשְׁפָּט: [במדבר כט, לג]

seem to hold a person liable for writing any two letters from a longer word, even if the letters are identical.[8] – ? –

The Gemara suggests an explanation and immediately refutes it:

וְכִי תֵּימָא אָלֶף אָלֶף דְּ,,אֲאַזֶּרְךָ" אִיכָּא בֵּינַיְיהוּ – **And if you will say that there is** a difference of opinion **between them** concerning someone who wrote ***aleph aleph,*** the first two letters **of** the word ***a'azercha*** (*I will gird you*),[9] דְּתַנָּא קַמָּא סָבַר אָלֶף אָלֶף דְּ,,אֲאַזֶּרְךָ" לֹא מִיחַיֵּיב – and **that the Tanna Kamma holds that one** who writes ***aleph aleph*** **of** the word ***a'azercha*** **is not liable,** since *aleph aleph* itself is not an actual word,[10] וְרַבִּי שִׁמְעוֹן סָבַר כֵּיוָן דְּאִיתֵיהּ בְּגַלְטוֹרֵי בְּעָלְמָא חַיָּיב – **while R' Shimon holds that since [*aleph aleph*] appears** as a formula **in common amulets, [the person]** who writes the *aleph aleph* of *a'azercha* **is liable,**[11] you will not be correct! לְמֵימְרָא דְּרַבִּי שִׁמְעוֹן לְחוּמְרָא – For can you take it upon yourself **to say that R' Shimon holds** this **stringent** view and considers a person liable for writing the *aleph aleph* of *a'azercha*? וְהָתַנְיָא – **But it was taught in a Baraisa** to the contrary: הַקּוֹדֵחַ כָּל שֶׁהוּא חַיָּיב – ONE WHO DRILLS ANY AMOUNT of a hole IS LIABLE.[12] הַמְגָרֵר כָּל שֶׁהוּא – Similarly, ONE WHO SCRAPES ANY AMOUNT of a pole or parchment,[13] הַמְעַבֵּד כָּל שֶׁהוּא – ONE WHO TANS ANY AMOUNT of a hide,[14] הַצָּר בִּכְלִי צוּרָה כָּל שֶׁהוּא – and ONE WHO ENGRAVES ON A UTENSIL ANY AMOUNT OF A DESIGN[15] is also liable. רַבִּי שִׁמְעוֹן אוֹמֵר – R' SHIMON SAYS: עַד שֶׁיִּקְדַּח אֶת כּוּלּוֹ – One is not liable UNLESS HE DRILLS THE ENTIRE [HOLE] that he planned, עַד שֶׁיְּגָרוֹר אֶת כּוּלּוֹ – UNLESS HE SCRAPES THE ENTIRE [POLE], עַד שֶׁיְּעַבֵּד אֶת כּוּלּוֹ – UNLESS HE TANS THE ENTIRE [HIDE], עַד שֶׁיָּצוּר כּוּלּוֹ – and UNLESS HE ENGRAVES THE ENTIRE [DESIGN].[16] Thus, we see that R' Shimon would not hold a person liable for writing less than the entire word he had planned. – ? –

The Gemara therefore suggests another explanation of the original Baraisa:

אֶלָּא רַבִּי שִׁמְעוֹן הָא אָתָא לְאַשְׁמְעִינַן – **Rather, R' Shimon is coming to inform us this** law: עַד שֶׁיִּכְתּוֹב אֶת הַשֵּׁם כּוּלּוֹ – The person is not liable **unless he writes the entire word** that he originally planned.[17]

The Gemara challenges this explanation:

וּמִי מָצֵית אָמְרַת הָכִי – **Now, can you say this?** וְהָתַנְיָא – **But it was taught in the Baraisa** above: רַבִּי שִׁמְעוֹן אוֹמֵר – R' SHIMON SAYS: ,,וְעָשָׂה . . . אַחַת" – Since the verse states: *AND HE WILL DO ... ONE,* יָכוֹל – IT MIGHT BE thought that one is not liable עַד שֶׁיִּכְתּוֹב אֶת הַשֵּׁם כּוּלּוֹ – UNLESS HE WRITES THE ENTIRE WORD that he planned. תַּלְמוּד לוֹמַר ,,מֵאַחַת" – [THE TORAH] therefore STATES: *"FROM" ONE.* Clearly, R' Shimon does not require the person to perform the entire planned labor in order to be liable. – ? –

The Gemara answers:

תְּרִיץ וְאֵימָא הָכִי – **Reinterpret** the Baraisa **and state it as follows:** יָכוֹל עַד שֶׁיִּכְתּוֹב אֶת הַפָּסוּק כּוּלּוֹ – **It might be** thought that one is not liable **unless he writes the entire *verse*** that he planned. תַּלְמוּד לוֹמַר ,,מֵאַחַת" – **[The Torah]** therefore **states:** ***from one,*** to teach that he is liable for writing part of the verse, as long as it is a complete word.[18]

The Gemara analyzes the next section of the Baraisa, which stated:

רַבִּי יוֹסֵי אוֹמֵר – R' YOSE SAYS: ,,וְעָשָׂה אַחַת" ,,וְעָשָׂה הֵנָּה" – Scripture indicates that one is liable if HE WILL DO ONE transgression, AND if HE WILL DO THEM (i.e. many transgressions). פְּעָמִים שֶׁחַיָּיב אַחַת עַל כּוּלָּן – This teaches that SOMETIMES ONE who commits numerous transgressions IS LIABLE TO only ONE *chatas* offering FOR ALL OF THEM, וּפְעָמִים שֶׁחַיָּיב עַל כָּל אַחַת וְאַחַת – AND SOMETIMES HE IS LIABLE to a separate offering FOR EACH AND EVERY ONE of his transgressions.

The Gemara explains:

אָמַר רַבִּי יוֹסֵי בְּרַבִּי חֲנִינָא – **R' Yose the son of R' Chanina said** in explanation: מַאי טַעְמָא דְּרַבִּי יוֹסֵי – **What is R' Yose's reason;** how does he expound the verse? אַחַת ,,מֵאַחַת" – The verse could have stated merely **"one,"** but instead added a *mem* to convey ***"from" one;***[19] הֵנָּה ,,מֵהֵנָּה" – alternatively, the verse could have stated merely **"them,"** but instead added a *mem* to convey ***"of" them.***[20] אַחַת שֶׁהִיא הֵנָּה – Furthermore, we expound the two

NOTES

8. When R' Shimon stated that one is liable if the labor that he did is of a type which endures, he apparently echoed the opinion of R' Yehudah (in the name of his teacher), who holds a person liable for writing any two letters that have meaning even if they are identical letters. [The "Tanna Kamma" (literally: first Tanna) mentioned here is not the very first Tanna of the Baraisa, but R' Yehudah, whose opinion appears earlier than R' Shimon's] (*Rashi* as explained by *R' Elazar Moshe Horowitz* and *Yad David;* cf. *Tosafos* ד"ה א"א דאאזרך).

9. Found in *Isaiah* 45:5.

10. No such word can be found anywhere in Scripture (*Rashi*).

11. Since scribes who write amulets commonly fill them with two-letter formulas that are meaningless in other contexts, R' Shimon considers even *aleph aleph* a "word" for which one can be liable (*Rashi;* see *Tosafos* ד"ה בגלטורי and *Ritva*). [This explanation is in fact implied by the Tannaim themselves. For R' Yehudah chose as examples only genuine Scriptural words (שֵׁשׁ, תַּת, etc.), whereas R' Shimon said that one is liable for writing something that is of a type which endures – presumably referring even to formulas that endure in amulets.]

12. That is, he is liable even if the hole does not go all the way through the wood to the other side (*Rashi*).

13. This is a *toladah* of *smoothing* (*Rashi;* see *Yad David* to 75b).

14. This does not mean literally "any amount." Rather, it means that he did not tan the entire hide that he had intended to, but only a portion large enough to fashion into an amulet. As we learned above (78b, 79a), this is the smallest measure for which one who tans is liable (*Tosafos* ד"ה המעבד).

15. I.e. even if he did not finish the entire design that he had intended (*Rashi*). [His liability is for *striking the final blow* (*Rambam, Hil. Shabbos* 10:16); see *Igros Moshe, Orach Chaim* 122:2 who elaborates.]

16. According to R' Shimon, a person is not liable unless he performs at one time the entire labor that he set out to do (*Rashi*). But if the person did not have any specific plans about the extent of his labor, he is liable for the minimums established for each *melachah* – e.g. writing two letters, tanning enough hide to make an amulet (*Ritva MHK* ed.).

17. [Thus, when R' Shimon stated in the first Baraisa that a person is not liable unless he performs a labor that is of a type which endures, he meant that it must be the type of labor that reflects the person's true intent and which he will actually allow to endure.]

18. [Since the word is a complete one that will endure, R' Shimon holds the person liable even though he plans to add more words and form a sentence.]

R' Shimon's opinion requires clarification: In the original Baraisa, he stated that in regard to writing a sentence, weaving a garment and making a reed sieve, one is liable even if he did not complete his plans. In the second Baraisa, he stated that in regard to drilling a hole, scraping a pole or parchment, tanning a hide and engraving a utensil, one is liable only if he completed what he planned. What is the difference between these cases? The answer is that when a person creates something new, such as a garment or a sifter, he is liable even for doing part of what he planned, as long as it *can* endure. However, when a person's labor merely improves upon an existing object, as in the case of drilling, scraping, tanning or engraving, R' Shimon holds him liable only if he completes his planned improvement (*Tosafos* ד"ה תריץ הכי).

19. The verse could have concluded: וְעָשָׂה אַחַת, *and he will do one.* Thus, the *mem* in מֵאַחַת, *"from" one,* is superfluous, along with the entire word מֵהֵנָּה, *of them* (*Rashi*).

20. That is, the verse could have concluded וְעָשָׂה הֵנָּה, *and he will do them.* Accordingly, the *mem* in מֵהֵנָּה, *"of" them,* is superfluous, along

עין משפט
נר מצוה

טו א ב מיי' פי"א מהל' שבת הלכה יב:
טז ג מיי' פי"ט מהל' שבת הלכה טז:
יז ד מיי' פי"א מהל' שבת הלכה ה:
יח ה מיי' פ"י שם הלכה טו:
יט ו מיי' פ"ז שם הלכה ז:
כ ז מיי' פ"א מהל' תפילין הלכה יט סמג עשין כה טוש"ע א"ח סי' לו סעיף ד וטוש"ע י"ד סי' רעד סעיף ג:
כא ח מיי' וסמג שם טוש"ע א"ח סי' לב סעיף ד וטוש"ע י"ד סי' רעד סעיף ה:
כב ט מיי' פ"ז מהל' ס"ת הל' יא ופ"ח הלכה א ב סמג עשין כה טוש"ע י"ד סי' רעה סעיף ב:
כג י מיי' פ"ז שם סעיף ג:
כד כ מיי' פ"א שם הלכה יט סמג שם וטוש"ע י"ד סי' רעד סעיף ו וסי' רעו סעיף ה:

מסורת הש"ס

א) לעיל ע. סנהדרין סב. [כריתות דף ג: ע"ש], ב) [תוספ' פי"ב], ג) [לעיל ע. סנהדרין סב. ע"ש], ד) [מנחות לג: וע"ש בתוס' ד"ה שעשאה כשירה], ה) תענית ב:, ו) [שני פרוקים האלה כתובים בערוך ערך אלף], ז) [לקמן קד:], ח) [לפנינו ברש"י סוכה מו. ד"ה רב אשי איתא ונסכיה בשביעי כמשפט במספר ובקרבנות שמיני כתיב במספרם כמשפט וכו'].

ת"ל אחת הא כיצד אינו חייב עד שיכתוב שם קטן משם גדול שם משמעון ומשמואל נח מנחור דן מדניאל גד מגדיאל א רבי יהודה אומר אפילו לא כתב אלא שתי אותיות והן שם אחד חייב כגון שש תת רר גג חח א"ר יוסי וכי משום כותב הוא חייב והלא אינו חייב אלא משום רושם שכן רושמין על קרשי המשכן לידע איזו היא בן זוגו לפיכך שרט שריטה אחת על שני נסרין או שתי שריטות על נסר אחד חייב רבי שמעון אומר א ועשה אחת יכול עד שיכתוב את כל השם עד שיארוג כל הבגד עד שיעשה את כל הנפה ת"ל מאחת אי מאחת יכול אפילו לא כתב אלא אות אחת ואפילו לא ארג אלא חוט אחד ואפילו לא עשה אלא בית אחד בנפה ת"ל אחת הא כיצד אינו חייב עד שיעשה מלאכה שכיוצא בה מתקיימת ר' יוסי אומר ב ועשה אחת ועשה הנה פעמים שחייב אחת על כולן ופעמים שחייב על כל אחת ואחת קתני מיהא רבי יהודה אומר אפילו לא כתב אלא שתי אותיות והן שם אחד חייב לא קשיא הא דידיה הא דרביה דתניא רבי יהודה אומר משום רבן גמליאל אפילו לא כתב אלא ב' אותיות והן שם אחד חייב כגון שש תת רר גג חח ור"ש היינו ת"ק וכ"ת אלף אלף ג דאאזורך איכא בינייהו דת"ק סבר אלף אלף דאאזורך לא מיחייב ור"ש סבר כיון דאיתיה בגלטורי בעלמא חייב למימרא דר"ש לחומרא והתניא ג הקודח כל שהוא חייב המגרר כל שהוא ד המעבד כל שהוא ה הצר בכלי צורה כל שהוא רש"א עד שיקדח את כולו עד שיגרור את כולו עד שיעבד את כולו עד שיצור כולו אלא ר"ש הא אתא לאשמעינן עד שיכתוב את השם כולו ומי מצית אמרת הכי והתניא א רש"א ועשה אחת יכול עד שיכתוב את השם כולו ת"ל מאחת תריץ ואימא הכי יכול עד שיכתוב את הפסוק כולו ת"ל מאחת ר' יוסי אומר ועשה אחת ועשה הנה פעמים שחייב אחת על כולן ופעמים שחייב על כל אחת ואחת ו א"ר יוסי בר' חנינא מ"ט דר' יוסי אחת א מאחת הנה מהנה אחת שהיא הנה והנה שהיא אחת אחת שמעון מאחת שם משמעון הנה אבות ו מהנה תולדות אחת שהיא הנה זדון שבת ושגגת מלאכות הנה שהיא אחת שגגת שבת וזדון מלאכות:

ב א"ר יהודה מצינו שם קטן משם גדול: מי דמי מ"ם דשם סתום מ"ם דשמעון פתוח אמר רב חסדא זאת אומרת סתום ועשאו פתוח כשר מיתיבי ג וכתבתם שתהא כתיבה תמה ח שלא יכתוב אלפין עיינין עיינין אלפין ביתין כפין כפין ביתין גמין צדין צדין גמין דלתין רישין רישין דלתין היהין חיתין חיתין היהין ווין יודין יודין ווין זיינין נונין נונין זיינין טיתין פיפין פיפין טיתין כפופין פשוטין פשוטין כפופין מימין סמכין סמכין מימין סתומין פתוחין פתוחין סתומין ט פרשה פתוחה לא יעשנה סתומה סתומה לא יעשנה פתוחה ד) י כתבה כשירה או שכתב את השירה כיוצא בה כ או שכתב שלא בדיו ל או שכתב את האזכרות בזהב הרי אלו יגנזו הוא דאמר כי האי תנא דתניא ס) רבי יהודה בן בתירה אומר נאמר בשני ד) ונסכיהם בששי ה) ונסכיה בשביעי ו) כמשפטם הרי מ"ם יו"ד מ"ם מים מכאן רמז לניסוך מים מן התורה ומדפתוח ועשאו סתום כשר סתום נמי ועשאו פתוח כשר מי דמי פתוח ועשאו סתום
עלווי

בגלטורי בעלמא חייב. י) פירוש א"א שכותבין בקמיע וכן פירש ר"ח ויש מפרשים א"א היינו אמן אמן (סלה) שכותבין בקמיעין וליתא דהיינו נוטריקון וחייב אפילו באחד ורבנן דפטרי במתני' ז) פטרי אפילו בב' וג': **א"א** דאאזורך איכא בינייהו. לאו דוקא דהא ת"ק פטר אפי' שתי אותיות משם אחד עד שיכתוב שם משמעון אלא משום ר"ש נקטיה דאפי' בהא מיחייב: **המעבד** כל שהוא. לאו דוקא כל שהוא אלא כשיעור המפורש בהמוציא (לעיל דף עט:) ולא נקט כל שהוא אלא לאפוקי מדר"ש דאמר עד שיעבד כל העור: **תריץ** הכי יכול עד שיכתוב כל הפסוק כו'. וא"ת ומ"ש אריגה מהני דהכא לא מחייב ר"ש עד שיתקן את כולו וי"ל דבאריג שעושה דבר חדש שאינו בעולם מחייב שפיר בשני בתי נירין אבל עיבוד שאינו אלא תיקון העור בעלמא וכן גורר וצר צורה בעי ר"ש עד שיתקן את כולו: **טיתין** פיפין. מכאן נראה לר"ת שצריך לכוף ראש הטית לתוכה דדמי כעין פ': **בשביעי** כמשפטם גרסינן. כדמוכח בפרק קמא דתענית (דף ג:) וכן הוא במסורת הגדולה ודלא כרש"י ס) דגרס בשמיני בס"פ לולב וערבה (סוכה דף מו:):
גרועי

ת"ל אחת. שתהא מלאכה שלימה במקום אחד ג: **שם משמעון**. ולגבי בגד נמי שני חוטין ונפה שני בתין שמקיימין (א) כך לפי שאין אדם אורג בגד ביום אחד ועושה נפה בבת אחת ומתחיל ועושה כדי קיום שלא יהא נסתר מאליו: **אפילו לא כתב**. מתיבה גדולה: **אלא ב' אותיות** של שם אחד כגון שש תת. והן מתיבות גדולות כגון שש משנכתב משתך ששמש תת מתמלאו מתחו וכו"ש אם נתכוון לקטנה תחילה: **שכיוצא בה** מתקיימת. ולקמיה פריך היינו ת"ק: **ר' יוסי אומר**. מפרש למילתיה לקמן: **היינו ת"ק**. שש תת: **וכ"ת אלף אלף דאאזורך**. שהם שתי אותיות מתיבה גדולה אבל לא מצינו שהיא תיבה קטנה בכל המקרא: **כיון דאיתא בגלטורי**. קמיעות וכתבים של מכשפות ושל שמות קורין בלשון לטי"ן של מינין קלוטרום ורגילין סופרין לכתוב בהן תיבות של שתי אותיות ואינם תיבות במקום אחר: **המגרר**. כלונסות או קלפים דהויא תולדה דממחק: **הקודח כל שהוא**. קלת הנקב ואע"פ שלא עבר עובי העץ לראות בעבר השני: **כל שהוא**. מן העורה: **את כולו**. כל מה שנתכוון לגרר או לעבד מתחלה בבת אחת: **כל השם**. כל התיבה: **מ"ט דר' יוסי**. היכי דריש ליה: **אחת מאחת**. אחת ה"ל למכתב ולשתוק וכתב מ"ם יתירה [ומהנה יתירה]: **הנה מהנה**. א"נ הנה הוה ליה למכתב וכתב מהנה מ"ם יתירה ומאחת מ"ם יתירה הלכך למדרשינהו לכולהו כתבינהו ודרוש אחת הנה בלא מ"ם הכי אחת שהיא הנה הנה שהיא אחת לתרי גווני איכא למדרש משמעותייהו ועשה עבירה אחת והיא לו הנה חייב חטאות הרבה אי נמי ועשה אחת עשייתו חשובה לו כאחת ואע"פ שהנה היו משמע שהרבה עבירות עשה והיינו הנה שהיא אחת הלכך תרוייהו דריש ביה פעמים שהיא כן ופעמים שהיא כן דמפרש לקמיה: **אחת שמעון**. כלומר דריש מ"ם יתירה אחת הוי משמע דאינו חייב עד שיכתוב כל התיבה שנתכוון לכתוב: **מאחת שם משמעון**. כתב מאחת למימר דאפילו לא כתב אלא מקצתה והלבד שתהא מקויימת (ב) במקום אחר דומיא דמאחת דרישיה דקרא: הנה הוי משמע אבות כתב מהנה לרבויי תולדות: **אחת שהיא הנה**. דאמרן לעיל ה"ד כגון שעשאן בזדון שבת ושגגת מלאכות ואע"ג דכולן אינן אלא חילול שבת אחת מיחייב לכל מלאכה ומלאכה דגופי מלאכות מחלקין הואיל ואיכא שגגה טובא: **הנה שהיא אחת שגגת שבת וזדון מלאכות**. שאף על פי שהן גופי מלאכות הרבה אינו חייב אלא אחת דחדא שגגה היא: **מי דמי** כו'. זה שנתכוין לכתוב שם משמעון מ"ם פתוחה כתב והיכי קרי ליה מתקיימת במקום אחר והא לא הויא: **וכתבתם**. דתפילין ומזוזה: **תם**. שלם כהלכתה: **אלפין עיינין**. יש שכותבין כן מפני שדומין בקריאתן: **ביתין כפין**. דומין בכתיבתן: **גמין צדין**. דומין בכתיבתן אלא שזה למעלה וזה למטה: **זיינין נונין**. פשוטין: **כפופין**. כף פה לדי נון: **פשוטין**. הכפולות שלהן פשוטות: **ממין סמכין**. מ"ם סתומה שדומה לסמך: **סתומין**. מ"ם סתומה: **פתוחין**. מ"ם פתוחה: **כתבה**. לספר תורה: **כשירה**. בדלוגין אריח ולבינה: **מכאן רמז כו'**. כלומר מ"ם דונסכיהם דריש ליה בפתוחה [שמע מינה] בפתוח ועשאו סתום דכשר ומדפתוח ועשאו סתום כשר הוא הדין נמי סתום ועשאו פתוח כגון שם משמעון וכשר להתקיים במקום שם:
עלווי

הגהות הב"ח

(א) רש"י ד"ה שם משמעון וכו' בתין שמקיימין כך: (ב) ד"ה מאחת וכו' שתהא מתקיימת במקום:

תורה אור השלם

א) דַּבֵּר אֶל בְּנֵי יִשְׂרָאֵל לֵאמֹר נֶפֶשׁ כִּי תֶחֱטָא בִשְׁגָגָה מִכֹּל מִצְוֹת יְיָ אֲשֶׁר לֹא תֵעָשֶׂינָה וְעָשָׂה מֵאַחַת מֵהֵנָּה: (ויקרא ד, ב)
ב) אֲנִי יְיָ וְאֵין עוֹד זוּלָתִי אֵין אֱלֹהִים אֲאַזֶּרְךָ וְלֹא יְדַעְתָּנִי: (ישעיה מה, ה)
ג) וּכְתַבְתָּם עַל מְזוּזוֹת בֵּיתֶךָ וּבִשְׁעָרֶיךָ: (דברים ו, ט)
ד) וּשְׂעִיר עִזִּים אֶחָד חַטָּאת מִלְּבַד עֹלַת הַתָּמִיד וּמִנְחָתָהּ וְנִסְכֵּיהֶם: (במדבר כט, יט)
ה) וּשְׂעִיר חַטָּאת אֶחָד מִלְּבַד עֹלַת הַתָּמִיד מִנְחָתָהּ וּנְסָכֶיהָ: (במדבר כט, לא)
ו) וּמִנְחָתָם וְנִסְכֵּיהֶם לַפָּרִים לָאֵילִם וְלַכְּבָשִׂים בְּמִסְפָּרָם כַּמִּשְׁפָּט: (במדבר כט, לג)

ליקוטי רש"י

ר' יוסי אומר ועשה אחת ועשה הנה. גבי חטאת כתיב פעמים שחייב חטאת אחת על כולן כגון שוגג בשבת כסבור שאין היום שבת אבל יודע הוא שכל מלאכות הללו אסורות בשבת מביא קרבן אחד לכל שבת ופעמים שחייב על כל אחת ואחת כגון שיודע ששבת היום [illegible] אלא מלאכות אחרות חייב על כל אחת ואחת שעושה שגגות הרבה [סנהדרין סב.]. [illegible]

רבינו חננאל

שלא עשה אלא אב ותולדותיה והעושה אב ותולדותיה אינו חייב אלא אחת ושמואל מחייב להני תלת משום מכה בפטיש ואי עביד בנין וחד מהנך חייב תרתי. חד משום בונה וחד משום מכה בפטיש דלאו תולדה דבונה נינהו ובהא פליג רב סבר (א) כיון שהמסתת אבני גזית הוא ואינון אבני דלא משפרין ומשוי להו גזית כדכתיב כל אלה אבני יקרות במדת גזית מגוררות במגירה והויא כמכה אבן בפטיש להשוות עקמו (מיהו) [וכן] נקב בלול נמי כיון משום אויר הוא דבנין דמי ותולדת בנין הוא ושמואל סבר נקב לפתוח פה בכלי דמי שהוא סוף מלאכה וכן מכניס ידי מלאכה (בעשה) אע"פ שכלי הוא [illegible] ושמואל סבר אין בנין בכלים וגרסינן [illegible] המסתת חייב משום מכה בפטיש כשמואל והותבינן לשמואל מהא דתניא הקודח כל שהוא חייב בשלמא לרב דאמר משום בונה היינו דחייב הקודח דמחזי כמי שעושה חור בכותל כדי שיבנה שם בנין ותולדת בנין הוא. אלא לשמואל דמחייב הנוקב משום מכה בפטיש שהוא גמר מלאכ' מאי [גמר] מלאכה איכא בקודח והלא הנקב צריך לקבוע באותו [הנקב] מסמר [illegible] הוא הגמר [illegible] כגון שקדח ברימצא פי' במקדח והניח המקדח במקום שקדח בו [illegible] באותו העץ שקדח כדי לחזק שזהו גמר מלאכתו [illegible] ובענין המחזיר מטה של טרסיים בשבת (לעיל ד' מז) [illegible] ובקופנא והוא יד הקורדום [illegible] כהחזרת מלבנות המטה ורב ושמואל דאמרי

תרוייהו [התם] המחזיר מטה של טרסיים בשבת חייב חטאת ומותבינן [מהא] המחזיר קנה מנורה בשבת חייב חטאת קנה של [illegible]

עה:) ר' יוסי בר' חנינא. מפרש טעמא דר' יוסי היכי משמע ליה הא מהאי קרא. אחת מאחת וכו' [illegible] (המשך בדף קד.)

קלה אסור בהו לאו משום [illegible]

חשק שלמה על רבינו חננאל א) נראה דחסר כאן [illegible]

words "one" and "them" as if no *mem* were written, in the following way: There is an instance of a transgression of **one** commandment **that is** tantamount to a transgression of **them** [i.e. many commandments],[21] וְהֵנָּה שֶׁהִיא אַחַת – **and** there is an instance of **them** [i.e. many transgressions] **that is** tantamount to **one** transgression.[22]

R' Yose the son of R' Chanina now elaborates on each of the expositions. He begins with the superfluous *mem* in the word "from one":

אַחַת שִׁמְעוֹן – The term **"one"** without a *mem* would indicate that the person is not liable unless he wrote the entire word he had in mind: for example, ***Shimon.*** "מֵאַחַת" – The word with a *mem*, ***"from" one,*** teaches that one is liable for carrying out just part of his intention, שֵׁם מִשִּׁמְעוֹן – for example, writing ***Shem* from** the word ***Shimon.***[23]

R' Yose the son of R' Chanina explains what is derived from the *mem* in the term "of them":

הֵנָּה אָבוֹת – **"Them"** without the *mem* indicates only ***avos,*** because the *avos* are the primary categories of forbidden labor. "מֵהֵנָּה" תּוֹלָדוֹת – ***"Of" them,*** with the *mem*, teaches that one is liable also for the ***tolados.***[24]

R' Yose the son of R' Chanina now elaborates on the expositions made from the two words "one" and "them":

אַחַת שֶׁהִיא הֵנָּה – A transgression of ***one*** commandment **that is** tantamount to a transgression of ***them*** [i.e. many commandments] refers to one who performs numerous *melachos* on the Sabbath זָדוֹן שַׁבָּת וְשִׁגְגַת מְלָאכוֹת – with **deliberateness regarding the Sabbath but inadvertence regarding *melachos.***[25] הֵנָּה שֶׁהִיא אַחַת – A case of ***them*** [i.e. many transgressions] **that is** tantamount to **one** transgression refers to one who performs numerous *melachos* on the Sabbath שִׁגְגַת שַׁבָּת וְזָדוֹן מְלָאכוֹת – with **inadvertence regarding the Sabbath but deliberateness regarding *melachos.***[26]

The Gemara returns to its analysis of our Mishnah, which stated:

אָמַר רַבִּי יְהוּדָה – R' YEHUDAH SAID: מָצִינוּ שֵׁם קָטָן מִשֵּׁם גָּדוֹל – WE FIND A SHORT WORD that is part OF A LONG WORD. R' Yehudah gave as his first example forming the name *Shem* by writing the first two letters of *Shimon.*

The Gemara asks:

מִי דָּמֵי – **Is this** *Shem* **analogous** to a properly written *Shem*? מֵ״ם דְּשֵׁם סָתוּם – **The *mem* of *Shem* is** normally **closed,** מֵ״ם דְּשִׁמְעוֹן פָּתוּחַ – whereas **the *mem* of *Shimon* is open!**[27] – ? –

The Gemara answers:

אָמַר רַב חִסְדָּא – **Rav Chisda said:** זֹאת אוֹמֶרֶת – **This tells** us סָתוּם וַעֲשָׂאוֹ פָּתוּחַ כָּשֵׁר – that **a closed** letter **which someone made open is valid.**[28] Therefore, the two letters are a viable unit on their own.

The Gemara objects:

מֵיתִיבֵי – **They challenged this** on the basis of the following Baraisa: "וּכְתַבְתָּם" – The Torah states:[29] *YOU SHALL WRITE,* teaching שֶׁתְּהֵא כְּתִיבָה תַּמָּה – THAT THE SCRIPT of the scrolls in tefillin and *mezuzos* SHOULD BE PERFECT.[30] שֶׁלֹּא יִכְתּוֹב אָלֶפִין עַיְינִין עַיְינִין אָלֶפִין – This means THAT ONE SHOULD NOT WRITE *ALEPHS* as *AYINS* or *AYINS* as *ALEPHS;*[31] בֵּיתִין כָּפִין כָּפִין בֵּיתִין – *BEISES* as

NOTES

with the entire word מֵאַחַת, *from one.* R' Yose the son of R' Chanina now explains how R' Yose expounds the verse (*Rashi*).

21. That is, sometimes a person can desecrate the Sabbath by performing several *melachos* and be liable to multiple *chatas* offerings, one for each *melachah* (*Rashi*).

22. Sometimes a person performs numerous *melachos,* yet is liable to only one *chatas* (*Rashi*).

These derivations are based on two possible readings of the verse. We can interpret it to mean: *And he will do one* desecration of the Sabbath [וְעָשָׂה אַחַת], but it is judged as *them* [הֵנָּה] – i.e. many transgressions for which he is liable to multiple *chatas* offerings. Alternatively, the verse can be interpreted: *What he does is* considered *one* violation [וְעָשָׂה אַחַת] even though he transgressed many of *them* [הֵנָּה] (*Rashi*). R' Yose the son of R' Chanina will explain below when each of these laws apply.

23. The verse thus teaches that even though he performed only part of his intended *melachah* [מֵאַחַת], he is nevertheless liable to a *chatas.* However, the term אַחַת limits the liability to cases where the act that he did could be viable on its own (*Rashi;* see *Rashash*). Hence, in this case, since the two letters that he wrote (*shin mem*) are a viable unit on their own (spelling the name *Shem*), one is liable for writing just those two letters even though he originally intended to continue and write *Shimon.*

Tosafos above (70b ד״ה שם משמעון; see also *Ritva MHK* ed. here) note that R' Yose states in our Baraisa that a person does not have to write letters at all to be liable, since according to his view the *melachah* is actually one of making marks. However, R' Yose the son of R' Chanina explains how R' Yose's exposition of מֵאַחַת, *of them,* would apply to the view of R' Yehudah, which is stated explicitly in the Baraisa (see *Maharam* there).

24. The term מֵהֵנָּה, with the *mem,* can also be translated "from them." This alludes to the *tolados,* which are derivatives of the *avos* that are denoted by הֵנָּה (*Rashi* above, 70b ד״ה מהנה).

25. [One is liable to bring a *chatas* for an inadvertent transgression. If one commits different inadvertent transgressions, he is liable to a separate *chatas* for each.] Here, since each of his transgressions stems from his ignorance of a separate fact – that the particular act he is doing is a *melachah* – he has committed separate transgressions, even though they were part of one continuous Sabbath desecration. He is therefore liable to a *chatas* for each *melachah* he performed (*Rashi;* see above, 70a).

26. If he did the *melachos* only because he was unaware that it was the Sabbath day, all his transgressions are in effect a single inadvertence. Therefore, even though he performed different *melachos,* he is liable to only one *chatas* offering.

27. If the person intended to write the word Shimon and wrote the first two letters, *shin mem,* that *mem* would be the open *mem* used in the middle of a word [מ]. As such, these two letters are not a viable unit on their own, because a word ending with a *mem* is written with the closed form of that letter [ם] (*Rashi*). We cannot say that R' Yehudah is dealing with a case where the person wrote the *mem* closed, because then he could not have described this action as the writing of *Shem* from *Shimon* (*Ramban, Rashba, Ritva MHK* ed.).

[The same difficulty pertains to R' Yehudah's example of forming the name *Dan* by writing the first two letters of *Daniel,* since *Dan* is normally written with a straight, final *nun,* whereas *Daniel* contains a curved, middle *nun* (*Rashba, Ritva MHK* ed.).]

28. I.e. if a scribe who was writing a Torah scroll mistakenly used an open *mem* at the end of a word, the scroll is valid, since in any case it is a *mem* (see *Ritva MHK* ed.). Thus, the name *Shem* can be written with an open *mem.* [R' Yehudah's ruling is not limited to people writing Torah scrolls, but pertains to all types of writing. The Gemara's point is merely that since under the rules of Torah script the open and closed *mems* are interchangeable, a person who writes on the Sabbath is liable for using either form at the end of a word.]

29. *Deuteronomy* 6:9.

30. This verse appears in connection with the mitzvos of writing *mezuzos* and tefillin. The word וּכְתַבְתָּם (*you shall write*) is interpreted as though it were two words: כְּתָב תָּם, *perfect writing.* Thus, *mezuzos* and tefillin must contain script that is "perfect," i.e legally valid (see *Rashi*). This same law is extrapolated to Torah scrolls (see *Rosh, Hilchos Sefer Torah* §12 and *Beis Yosef, Yoreh Deah* §274). See below, note 41.

א ב ג ד ה ו ז ח ט
י כ ל מ נ ס ע פ צ
ק ר ש ת ך ם ן ף ץ

31. These letters can easily be confused by a scribe because they are similar in pronunciation (*Rashi*).

Other Rishonim disagree with *Rashi's* explanation because it is

ת"ל אחת הא כיצד אינו חייב עד שיכתוב שם קטן משם גדול שם משמעון ומשמואל נח מנחור דן מדניאל גד מגדיאל רבי יהודה אומר אפילו לא כתב אלא שתי אותיות והן שם אחד חייב כגון שש תת רר גג חח א"ר יוסי וכי משום כותב הוא חייב והלא אינו חייב אלא משום רושם שכן רושמין על קרשי המשכן לידע איזו היא בן זוגו לפיכך שרט שריטה אחת על שני נסרין או שתי שריטות על נסר אחד חייב רבי שמעון אומר א) ועשה אחת יכול עד שיכתוב את כל השם עד שיארוג כל הבגד עד שיעשה את כל הנפה ת"ל מאחת אי מאחת יכול אפילו לא כתב אלא אות אחת ואפילו לא ארג אלא חוט אחד ואפילו לא עשה אלא בית אחד בנפה ת"ל אחת הא כיצד אינו חייב עד שיעשה מלאכה שכיוצא בה מתקיימת ר' יוסי אומר ועשה אחת ועשה הנה פעמים שחייב אחת על כולן ופעמים שחייב על כל אחת ואחת קתני מיהא רבי יהודה אומר אפילו לא כתב אלא שתי אותיות והן שם אחד חייב לא קשיא הא דידיה הא דרביה דתניא רבי יהודה אומר משום רבן גמליאל אפילו לא כתב אלא ב' אותיות והן שם אחד חייב כגון שש תת רר גג חח ור"ש היינו ת"ק וכ"ת אלף אלף ב) דאאזורך איכא בינייהו דת"ק סבר אלף אלף דאאזורך לא מיחייב ור"ש סבר כיון דאיתיה בגלטורי בעלמא חייב למימרא דר"ש לחומרא והתניא הקודח כל שהוא חייב המגרר כל שהוא המעבד כל שהוא הצר בכלי צורה כל שהוא רש"א עד שיקדח את כולו עד שיגרור את כולו עד שיעבד את כולו עד שיצור כולו אלא ר"ש הא אתא לאשמעינן עד שיכתוב את השם כולו ומי מצית אמרת הכי והתניא א) רש"א ועשה אחת יכול עד שיכתוב את השם כולו ת"ל מאחת ואימא הכי יכול עד שיכתוב את הפסוק כולו ת"ל מאחת ר' יוסי אומר ועשה אחת ועשה הנה פעמים שחייב אחת על כולן ופעמים שחייב על כל אחת ואחת א"ר יוסי בר' חנינא מ"ט דר' יוסי אחת מאחת הנה מהנה אחת שהיא הנה והנה שהיא אחת אחת שמעון מאחת שם משמעון הנה אבות מהנה תולדות אחת שהיא הנה זדון שבת ושגגת מלאכות הנה שהיא אחת שגגת שבת וזדון מלאכות:

א"ר יהודה מצינו שם קטן משם גדול: מי דמי מ"ם דשם סתום מ"ם דשמעון פתוח אמר רב חסדא זאת אומרת סתום ועשאו פתוח כשר מיתיבי ג) וכתבתם שתהא כתיבה תמה שלא יכתוב אלפין עיינין עיינין אלפין ביתין כפין כפין ביתין גמין צדין צדין גמין רישין דלתין דלתין רישין היהין חיתין חיתין היהין ווין יודין יודין ווין זיינין נונין נונין זיינין טיתין פיפין פיפין טיתין כפופין פשוטין פשוטין כפופין מימין סמכין סמכין מימין סתומין פתוחין פתוחין סתומין פרשה פתוחה לא יעשנה סתומה סתומה לא יעשנה פתוחה כתבה כשירה או שכתב את השירה כיוצא בה או שכתב שלא בדיו או שכתב את האזכרות בזהב הרי אלו יגנזו הוא דאמר כי האי תנא דתניא רבי יהודה בן בתירה אומר נאמר בשני ד) ונסכיהם בששי ה) ונסכיה בשביעי ו) כמשפטם הרי מ"ם יו"ד מ"ם מים מכאן רמז לניסוך מים מן התורה ומדפתוח ועשאו סתום כשר סתום נמי סתום ועשאו פתוח כשר מי דמי פתוח ועשאו סתום

עלויי

רש"י

ת"ל אחת. שתהא מלאכה שלימה במקום אחד: שם משמעון. ולגבי בגד נמי שני חוטין ונפה שני בתין שמקיימין (א) כך לפי שאין אדם אורג בגד ביום אחד ועושה נפה בבת אחת ומתחיל ועושה כדי קיום שלא יהא נסתר מאליו: אפילו לא כתב. מתיבה גדולה: אלא ב' אותיות של שם אחד כגון שש תת. והן מתיבות גדולות כגון שש משששכר משסך ששמם תת מתמראו תתנו וכ"ש אם נתכוון לקטנה תחילה: שכיוצא בה מתקיימת. ולקמיה פריך היינו ת"ק: ר' יוסי אומר. מפרש למילתיה לקמן: היינו ת"ק. שש תת: וכ"ת אלף אלף דאאזורך. שהם שתי אותיות מתיבה גדולה אבל לא מצינו שהיא תיבה קטנה בכל המקרא: כיון דאיתא בגלטורי. קמיעות וכתבים של מכשפות ושל שמות קורין בלשון לטי"ן של מינין קלוטרוס ורגילין סופרין לכתוב בהן תיבות של שתי אותיות ואינם תיבות במקום אחר: המגרר. כלונסות או קלפים דהויא תולדה דממחק: הקודח כל שהוא. קלא הנקב ואע"פ שלא עבר עובי העץ לראות בעבר השני: כל שהוא. מן הגורה: את כולו. כל מה שנתכוון לגרר או לעבד מתחלה בבת אחת: כל השם. כל התיבה: מ"ט דר' יוסי. היכי דריש ליה: אחת מאחת. אחת ה"ל למכתב ולשתוק וכתב מ"ס יתירה [ומהנה יתירה]: הנה מהנה. א"נ הנה הוה ליה למכתב וכתב מהנה מ"ס יתירה ומאחת יתירה הלכך למדרשינהו לכולהו כתבינהו ודרוש אחת הנה בלא מ"ס הכי אחת שהיא הנה הנה שהיא אחת לתרי גווני איכא למידרש משמעותייהו ועשה עבירה אחת והיא לו הנה חייב חטאות הרבה אי נמי ועשה אחת עשייתו חשובה לו כאחת ואע"פ שהנה היו משמע שהרבה עבירות עשה והיינו הנה שהיא אחת הלכך תרוייהו דריש ביה פעמים שהיא כן ופעמים שהיא כן כדמפרש לקמיה: אחת שמעון. כלומר דריש מ"ס יתירה אחת הוי משמע דאינו חייב עד שיכתוב כל התיבה שנתכוון לכתוב: מאחת שם משמעון. כתב מאחת למימר דאפילו לא כתב אלא מקצתה ובלבד שתהא מקויימת (ב) במקום אחר דומיא דאחת דרישיה דקרא: הנה הוי משמע אבות כתב מהנה לרבויי תולדות: אחת שהיא הנה. דאמרן לעיל ה"ד כגון שעשאן בזדון שבת ושגגת מלאכות ואע"ג דכולן אינן אלא חילול שבת אחת מיחייב לכל מלאכה ומלאכה דגופי מלאכות מחלקין הואיל ואיכא שגגה טובא: הנה שהיא אחת שגגת שבת וזדון מלאכות. שאף על פי שהן גופי מלאכות הרבה אינו חייב אלא אחת דחדא שגגה היא: מי דמי כו'. זה שנתכוון לכתוב שם משמעון מ"ס פתוחה כתב והיכי קרי ליה מתקיימת במקום אחר והא לא הויא: וכתבתם. דתפילין ומזוזה: תם. שלם כהלכתה: אלפין עיינין. יש שכותבין כן מפני שדומין בקריאתן: ביתין כפין. דומין בכתיבתן: גמין צדין. דומין בכתיבתן אלא שזה למעלה וזה למטה: זיינין נונין. פשוטין: כפופין. כף פה לדי נון: פשוטין. הכפולות שלהן פשוטות: ממין סמכין. מ"ס סתומה שדומה לסמך: סתומין. מ"ס פתוחין: פתוחין. מ"ס פתוחה: כתבה. לספר תורה: כשירה. בדילוגין אריח ולבינה: מכאן רמז כו'. כלומר מ"ס דונסכיהם דריש ליה בפתוחה [שמע מינה] בפתוח ועשאו סתום דכשר ומדפתוח ועשאו סתום כשר הוא הדין נמי סתום ועשאו פתוח כגון שם משמעון וכשר להתקיים במקום שם: עלויי

תוספות

בגלטורי בעלמא חייב. פירוש א"א שכותבין בקמיע וכן פירש ר"ח ויש מפרשים א"א היינו אמן אמן (סלה) שכותבין בקמיעין וליתא דהיינו נוטריקון וחייב אפילו באחד ורבנן דפטרי במתני' פטרי אפילו בב' וג': א"א דאאזורך איכא בינייהו. לאו דוקא דהא ת"ק פטר אפי' שתי אותיות משם אחד עד שיכתוב שם משמעון אלא משום ר"ש נקטיה דאפי' בהא מיחייב: המעבד כל שהוא. לאו דוקא כל שהוא אלא כשיעור המפורש בהמוציא (לעיל דף עט:) ולא נקט כל שהוא אלא לאפוקי מדר"ש דאמר עד שיעבד כל העור: תריץ הכי יכול עד שיכתוב כל הפסוק כו'. וא"ת ומ"ש אריגה מהני דהכא לא מחייב ר"ש עד שיתקן את כולו וי"ל דבאריג שעושה דבר חדש שאינו בעולם מחייב שפיר בשני בתי נירין אבל עיבוד שאינו אלא תיקון העור בעלמא וכן גורר וצר צורה בעי ר"ש עד שיתקן את כולו: טיתין פיפין. מכאן נראה לר"ת שצריך לכוף ראש הטית לתוכה דדמי כעין פ': בשביעי כמשפטם גרסינן. כדמוכח בפרק קמא דתענית (דף ג:) וכן הוא במסורת הגדולה ודלא כרש"י דגרס בשמיני בס"פ לולב וערבה (סוכה דף מז:): גרועי

עין משפט נר מצוה

טו א ב מיי' פי"א מהל' שבת הלכה י:
טז ג מיי' פ"י מהל' שבת הלכה טו:
יז ד מיי' פי"א מהל' שבת הלכה ה:
יח ה מיי' פ"י שם הלכה טו:
יט ו מיי' פ"ז שם הלכה ז:
כ ז מיי' פ"א מהל' תפילין הלכה יט סמג עשין כב טוש"ע א"ח סי' לב סעיף ד וטוש"ע י"ד סי' רעד סעיף ג:
כא ח מיי' וסמג שם טוש"ע א"ח סי' לו סעיף א וטוש"ע י"ד סי' רעד סעיף ה:
כב ט מיי' פ"ז שם הל' יא ופ"ח הלכה א ב סמג עשין כח טוש"ע י"ד סי' ערה סעיף א:
כג י מיי' שם טוש"ע שם סעיף ג:
כד כ ל מיי' פ"א שם הלכה ה סמג שם טוש"ע א"ח סי' לב סעיף ג וטוש"ע י"ד סי' רעא סעיף ו וסי' רעו סעי' ה:

רבינו חננאל

שלא עשה אלא אב ותולדותיה והעושה אב ותולדותיה אינו חייב אלא אחת ושמואל מחייב להני תלת משום מכה בפטיש ואי עביד בנין וחד מהנך חייב תרתי. חד משום בונה וחד משום מכה בפטיש דלאו תולדה דבונה נינהו ובהא פליג רב סבר כיון שהמסתת אבני גזית הוא ואינון אבני דלא משפרין ומשוי להו גזית כדכתיב כל אלה אבנים יקרות במדת גזית מגוררות במגירה והויא כמכה אבן בפטיש להשוות עקמו ...

מסורת הש"ס

א) לעיל ע. סנהדרין סב. [כריתות דף ג. ע"ש], ב) [תוספ' פי"ב], ג) [לעיל ע. סנהדרין סב. ע"ש], ד) [מנחות לג: וע"ש בתוס' ד"ה עשאה כשירה], ה) תענית ב:, ו) [שני פירושים אלו כתובים בערוך ערך אל], ז) [לקמן קד:], ח) [לפנינו ברש"י לסוכה מז. ד"ה רב אשי ליתא מזה כלום בשביעי כתיב במספרם כמשפטם וכו' והקרבנות שמיני כתיב במספרם כמשפט וכו'].

הגהות הב"ח

(א) רש"י ד"ה שם משמעון וכו' בתין שמקיימין כך: (ב) ד"ה מאחת וכו' שתהא מתקיימת במקום:

תורה אור השלם

א) דַּבֵּר אֶל בְּנֵי יִשְׂרָאֵל לֵאמֹר נֶפֶשׁ כִּי תֶחֱטָא בִשְׁגָגָה מִכֹּל מִצְוֹת יְיָ אֲשֶׁר לֹא תֵעָשֶׂינָה וְעָשָׂה מֵאַחַת מֵהֵנָּה: [ויקרא ד, ב]
ב) אֲנִי יְיָ וְאֵין עוֹד זוּלָתִי אֵין אֱלֹהִים אֲאַזֶּרְךָ וְלֹא יְדַעְתָּנִי: [ישעיה מה, ה]
ג) וּכְתַבְתָּם עַל מְזֻזוֹת בֵּיתֶךָ וּבִשְׁעָרֶיךָ: [דברים ו, ט]
ד) וּשְׂעִיר עִזִּים אֶחָד חַטָּאת מִלְּבַד עֹלַת הַתָּמִיד וּמִנְחָתָהּ וְנִסְכֵּיהֶם: [במדבר כט, יט]
ה) וּשְׂעִיר חַטָּאת אֶחָד מִלְּבַד עֹלַת הַתָּמִיד מִנְחָתָהּ וְנִסְכָּהּ: [במדבר כט, לא]
ו) וּמִנְחָתָם וְנִסְכֵּיהֶם לַפָּרִים לָאֵילִם וְלַכְּבָשִׂים בְּמִסְפָּרָם כְּמִשְׁפָּטָם: [במדבר כט, לג]

ליקוטי רש"י

ר' יוסי אומר ועשה אחת ועשה הנה. גבי חטאות כתיב פעמים שחייב חטאת אחת על כולן ...

חשק שלמה על רבינו חננאל

CHAFS or *CHAFS* as *BEISES;*[32] גַּמִין צָדִין צָדִין גַּמִין – *GIMMELS* as *TZADIS* or *TZADIS* as *GIMMELS;*[33] דָּלֶתִין רֵישִׁין רֵישִׁין דָּלֶתִין – *DALETS* as *REISHES* or *REISHES* as *DALETS;*[34] הֵיהִין חֵיתִין חֵיתִין הֵיהִין – *HEHS* as *CHESES* or *CHESES* as *HEHS;*[35] וָוִין יוּדִין יוּדִין וָוִין – *VAVS* as *YUDS* or *YUDS* as *VAVS;*[36] זַיִינִין נוּנִין נוּנִין זַיִינִין – *ZAYINS* as *NUNS* or *NUNS* as *ZAYINS;*[37] טֵיתִין פֵּיפִין פֵּיפִין טֵיתִין – *TESES* as *PEHS* or *PEHS* as *TESES;*[38] כְּפוּפִין פְּשׁוּטִין פְּשׁוּטִין כְּפוּפִין – BENT letters STRAIGHT or STRAIGHT letters BENT;[39] מֵימִי״ין סָמֶכִ״ין סָמֶכִ״ין מֵימִ״ין – *MEMS* as *SAMECHS* or *SAMECHS* as *MEMS;*[40] סְתוּמִין פְּתוּחִין פְּתוּחִין סְתוּמִין – and CLOSED letters OPEN or OPEN letters CLOSED.[41]

The Baraisa continues with other specifications for scrolls: פָּרָשָׁה פְּתוּחָה לֹא יַעֲשֶׂנָּה סְתוּמָה – Furthermore, ONE SHOULD NOT MAKE AN OPEN CHAPTER CLOSED, סְתוּמָה לֹא יַעֲשֶׂנָּה פְּתוּחָה – NOR SHOULD HE MAKE A CLOSED CHAPTER OPEN.[42] כְּתָבָהּ כַּשִּׁירָה – If HE WROTE a regular section of [A TORAH SCROLL] LIKE A SONG, אוֹ שֶׁכָּתַב אֶת הַשִּׁירָה כַּיּוֹצֵא בָּהּ – OR HE WROTE a section containing A SONG SIMILAR TO the rest of [THE SCROLL],[43] אוֹ שֶׁכָּתַב שֶׁלֹּא בִּדְיוֹ – OR HE WROTE WITHOUT INK,[44] אוֹ שֶׁכָּתַב אֶת הָאַזְכָּרוֹת בְּזָהָב – OR HE WROTE THE NAMES OF GOD WITH GOLD dust,[45] הֲרֵי אֵלּוּ יִגָּנְזוּ – THESE SHOULD BE HIDDEN AWAY.[46] At any rate, we see that if someone made

NOTES

obvious that one is not allowed to interchange an *aleph* and an *ayin,* even without the rule requiring perfect script. They therefore explain that theBaraisa means to exhort the scribe to connect the lower leg of the *aleph* to the stem, because if it is unattached the stem and upper arm will appear like a reversed *ayin.* [See diagram.] The Baraisa thus teaches that an *aleph* whose leg is unattached is invalid. According to this explanation,the statement that one should not make *ayins* as *alephs* is unnecessary, since there is no way that an *ayin* can be made to look like an *aleph.* The Baraisa says it merely to balance the sentence in conformity with the remainder of its teachings (*Ramban, Rashba, Ritva MHK* ed., *Ran;* cf. *Chidushei HaRan*; see *Chazon Ish, Orach Chaim* 12:1).

32. These two letters look alike (*Rashi*), except that the *beis* is squared and has an appendage protruding on the lower right, whereas the *chaf* is rounded and has no protrusion. The scribe must ensure that the *beis* has its protrusion, and that the *chaf* is properly rounded (*Ritva MHK* ed., *Rosh* ibid.; see there for further details).

33. These letters are also similar, except that the *gimmel* has a protrusion on the lower left whereas the *tzadi* has one on the upper right (see *Rashi*). Thus, if one inverts a *gimmel* it will resemble a straight *tzadi,* i.e. an end-*tzadi* (see *Ritva MHK* ed. and *Rosh* ibid.; cf. *Ramban*). [See diagram.] And if one who is writing a curved *tzadi* (i.e. a middle-*tzadi*) does not attach the upper arm to the stem, the stem and base may resemble a *gimmel* (*Ramban, Ritva MHK* ed.; see *Chidushei HaRan*). [See diagram.]

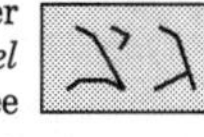

34. I.e. the roof of the *dalet* must protrude behind its leg and the roof of the *reish* must not (*Ritva MHK* ed.).

35. The left leg of the *heh* cannot be attached to its roof because it would then look like a *ches.* Furthermore, the top of the left leg of the *ches* should be thick enough to be clearly visible, so that it will not be confused for a *heh* (see *Ritva MHK* ed.; see also *Rashba* and *Ran*).

36. The *vav* should not be made too short to look like a *yud,* and the *yud* should not be made too long to look like a *vav* (see *Ritva MHK* ed.).

37. The *zayin* is similar to the straight *nun* (*Rashi*). The scribe must therefore be careful not to shorten the leg of the straight *nun* in a way that it would become a *zayin* and vice versa.

We may derive from here that in Torah scrolls, tefillin and *mezuzos* the leg of the straight *nun* must be attached to the *middle* of its roof, because only such a letter could be confused with a *zayin.* If the *nun's* leg could be attached to the end of the roof (as our printed *nuns* look), the Baraisa would have enjoined the scribe not to confuse it with a *vav* (*Ramban, Rashba, Ritva MHK* ed., *Ran*).

38. The upper right arm of the *tes* is curved downward into the letter. Thus, the right side of a *tes* resembles a *peh.* If the scribe does not attach the left arm of the *tes* to the base, it will appear like the two letters *peh* and *zayin* (*Tosafos, Ramban* et al.). See diagram.

There is no way that a *peh* can be made to look like a *tes.* The Tanna stated that one should not make *pehs* as *teses* merely to balance the sentence (*Rashba* ד״ה שלא יכתוב, *Ritva MHK* ed. ד״ה מיתיבי).

39. The *chaf, peh, tzadi* and *nun* are curved when written at the beginning or in middle of a word, but are straight when found at the end of a word (*Rashi*). These forms may not be switched.

40. The final *mem* (i.e. the closed *mem*) is similar to a *samech* (*Rashi*), except that the *mem* is square and the *samech* is rounded on bottom. The scribe must therefore round the bottom of the *samech* so that it will not become a final *mem* and vice versa (*Ritva MHK* ed., *Rosh* ibid.).

41. The *mem* at the end of a word is closed, whereas a *mem* found at the beginning or in the middle of a word is open (*Rashi*).

If a scribe is not diligent in adhering to all these rules and writes even a single letter improperly, the entire *mezuzah,* tefillin or Torah scroll is invalid (*Rosh* ibid.).

42. The various passages of the Torah are separated in Torah scrolls by blank space. There are two types of space-divisions, and thus, some chapters are called "open" ones while others are called "closed" ones. The exact difference between open and closed chapters is the subject of much debate (see *Rambam, Hil. Sefer Torah* 8:1-2, *Tosafos* to *Menachos* 32a ד״ה והאידנא, *Rosh* ibid. §13 and *Ritva MHK* ed. here). If an open chapter was made closed or vice versa, the Torah scroll is invalid (*Rambam* ibid. §3; see *Yoreh Deah* 275:1-2).

[The passage divisions discussed here should not be confused with the chapter divisions currently used in printed books of Scripture, which are a relatively recent innovation. The separations discussed here are indicated by a large letter *peh* or *samech* in many printed editions of the *Chumash.* The *peh* signifies פְּתוּחָה, *an open chapter,* and the *samech* signifies סְתוּמָה, *a closed chapter.* See *Rambam, Hil. Sefer Torah* ch. 8, for a complete list of the open and closed chapters.]

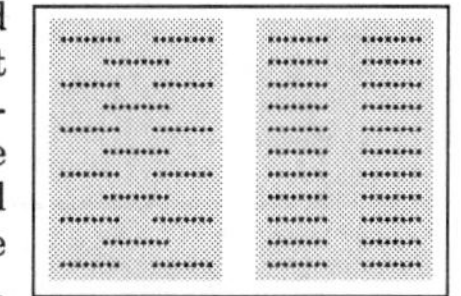

43. The scrolls of tefillin and *mezuzos,* and most of the Torah, are written as straight prose. However, the Torah passages containing songs (e.g. the Song by the Sea, the section of *Haazinu*) are written in a special fashion with many extra spaces (*Rashi;* see *Megillah* 16b, *Maseches Sofrim* ch. 12, *Tosafos* to *Menachos* 31b ד״ה עשאה כשירה and *Rosh* ibid. §14). See diagram.

44. There is a Halachah LeMoshe MiSinai that a Torah scroll must be written with black ink that maintains its color; ink of any other color is invalid (*Rambam, Hil. Tefillin* 1:5; see *Beur Halachah* 32:3 ד״ה יכתבם; see also *Menachos* 34a). Thus, if even one letter was written with a substance other than black ink, the scroll is invalid (*Meiri*).

Nowadays, it is customary to make ink for Torah scrolls from a combination of ferrous sulfate, gallnuts and gum arabic, which form a stable, thick, black compound (*Mishnah Berurah* 32:8; see also above, 23a note 17).

45. Actually, if one wrote any word [or letter] with gold dust rather than ink, the scroll is invalid (see previous note). The Baraisa states this ruling specifically in regard to God's Names to preclude the thought that it is a demonstration of respect to write His Name with gold and that the scroll is valid (*Beis Yosef, Orach Chaim* §32; see there for an alternative explanation; see also *Yad David*).

46. In all these latter cases, the scroll is invalid and cannot be corrected and preserved, but must be put away. However, it is sufficient to remove the sheet of parchment containing the faulty section and attach a new one, thus preserving the remainder of the scroll. Now, the first segment of the Baraisa, which dealt with faulty letters, did not require the invalid section to be hidden away. When a letter is written incorrectly, it may be erased and corrected. [This, however, is true only for Torah scrolls. The scrolls of tefillin and *mezuzos* are subject to an additional stringency requiring that they be written in order. Hence, a faulty letter discovered in the middle of the scroll cannot be simply erased and corrected (see *Orach Chaim* 32:23 and *Yoreh Deah* 288:3).] However, in the latter section of the Baraisa, where the letters and words are essentially correct but are simply out of conformance with the protocol for Torah scrolls (e.g. they were written like a song or with the wrong type of ink), the Baraisa does not permit erasing and rewriting them

ת"ל אחת הא כיצד אינו חייב עד שיכתוב שם קטן משם גדול שם משמעון ומשמואל נח מנחור דן מדניאל גד מגדיאל א רבי יהודה אומר אפילו לא כתב אלא שתי אותיות והן שם אחד חייב כגון שש תת רר גג חח א"ר יוסי וכי משום כותב הוא חייב והלא אינו חייב אלא משום רושם שכן רושמין על קרשי המשכן לידע איזו היא בן זוגו לפיכך שרט שריטה אחת על שני נסרין או שתי שריטות על נסר אחד חייב רבי שמעון אומר א) ועשה אחת יכול עד שיכתוב את כל השם עד שיארוג כל הבגד עד שיעשה את כל הנפה ת"ל מאחת אי מאחת יכול אפילו לא כתב אלא אות אחת ואפילו לא ארג אלא חוט אחד ואפילו לא עשה אלא בית אחד בנפה ת"ל אחת הא כיצד אינו חייב עד שיעשה מלאכה שכיוצא בה מתקיימת ר' יוסי אומר ב) ועשה אחת ועשה הנה פעמים שחייב אחת על כולן ופעמים שחייב על כל אחת ואחת קתני מיהא רבי יהודה אומר אפילו לא כתב אלא שתי אותיות והן שם אחד חייב לא קשיא הא דידיה הא דרביה דתניא רבי יהודה אומר משום רבן גמליאל אפילו לא כתב אלא ב' אותיות והן שם אחד חייב כגון שש תת רר גג חח ור"ש היינו ת"ק וכ"ת אלף אלף ב) דאאזורך איכא בינייהו דת"ק סבר ב אלף אלף דאאזורך לא מיחייב ור"ש סבר כיון דאיתיה בגלטורי בעלמא חייב למימרא דר"ש לחומרא והתניא ג הקודח כל שהוא חייב המגרר כל שהוא ד המעבד כל שהוא ה הצר בכלי צורה כל שהוא רש"א עד שיקדח את כולו עד שיגרור את כולו עד שיעבד את כולו עד שיצור כולו אלא ר"ש הא אתא לאשמעינן עד שיכתוב את השם כולו ומי מצית אמרת הכי והתניא א) רש"א ועשה אחת יכול עד שיכתוב את השם כולו ת"ל מאחת תריץ ואימא הכי יכול עד שיכתוב את הפסוק כולו ת"ל מאחת ר' יוסי אומר ועשה אחת ועשה הנה פעמים שחייב אחת על כולן ופעמים שחייב על כל אחת ואחת ו א"ר יוסי בר' חנינא מ"ט דר' יוסי א) מאחת מהנה אחת שהיא הנה והנה שהיא אחת אחת שמעון מאחת שם משמעון הנה אבות ז מהנה תולדות אחת שהיא הנה זדון שבת ושגגת מלאכות הנה שהיא אחת שגגת שבת וזדון מלאכות: ב) א"ר יהודה מצינו שם קטן משם גדול: מי דמי מ"ם דשם סתום מ"ם דשמעון פתוח אמר רב חסדא זאת אומרת סתום ועשאו פתוח כשר מיתיבי ג) ו וכתבתם שתהא כתיבה תמה ח שלא יכתוב אלפין עיינין עיינין אלפין ביתין כפין כפין ביתין גמין צדין צדין גמין דלתין רישין רישין דלתין היהין חיתין חיתין היהין ווין יודין יודין ווין זיינין נונין נונין זיינין טיתין פיפין פיפין טיתין כפופין פשוטין פשוטין כפופין מימין סמכין סמכין מימין סתומין פתוחין פתוחין סתומין ט פרשה פתוחה לא יעשנה סתומה סתומה לא יעשנה פתוחה ד) י כתבה כשירה או שכתב את השירה כיוצא בה כ או שכתב שלא בדיו ל או שכתב את האזכרות בזהב הרי אלו יגנזו הוא דאמר כי האי תנא דתניא מ רבי יהודה בן בתירה אומר נאמר בשני ד) ונסכיהם בששי ה) ונסכיה בשביעי ו) כמשפטם הרי מ"ם יו"ד מ"ם מים מכאן רמז לניסוך מים מן התורה ומדפתוח ועשאו סתום כשר סתום נמי סתום ועשאו פתוח כשר מי דמי פתוח ועשאו סתום
עלויי

רש"י

ת"ל אחת. שתהא מלאכה שלימה במקום אחד ג): שם משמעון. ולגבי בגד נמי שני חוטין ובנפה שני בתין שמקיימין (א) כך לפי שאין אדם אורג בגד ביום אחד ועושה נפה בבת אחת ומתחיל ועושה כדי קיום שלא יהא נסתר מאליו: אפילו לא כתב. מתיבה גדולה: אלא ב' אותיות של שם אחד כגון שש תת. והן מתיבות גדולות כגון שש מששבצר משסך ששמם תת מתתנאי תתנו וכ"ש אם נתכוין לקטנה תחילה: שכיוצא בה מתקיימת. ולקמיה פריך היינו ת"ק: ר' יוסי אומר. מפרש למילתיה לקמן: היינו ת"ק. שש תת: וכ"ת אלף אלף דאאזורך. שהם שתי אותיות מתיבה גדולה אבל לא מצינו שהיא תיבה קטנה בכל המקרא: כיון דאיתא בגלטורי. קמיעות וכתבים של מכשפות ושל שמות קורין בלשון לטי"ן של מינין קלוטרוס ורגילין סופרין לכתוב בהן תיבות של שתי אותיות ואינם תיבות במקום אחר: המגרר. כלונסות או קלפים דהויא תולדה דממחק: הקודח כל שהוא. קאת הנקב ואע"פ שלא עבר עובי העץ לראות בעבר השני: כל שהוא. מן הצורה: את כולו. כל מה שנתכוון לגרר או לעבד מתחלה בבת אחת: כל השם. כל התיבה: מ"ט דר' יוסי. היכי דריש ליה: אחת מאחת. אחת ה"ל למכתב ולשתוק וכתב מ"ם יתירה [ומהנה יתירה]: הנה מהנה. א"נ הנה הוה ליה למכתב וכתב מהנה מ"ם יתירה ומאחת יתירה הלכך למדרשינהו לכולהו כתבינהו ודרוש אחת הנה בלא מ"ם הכי אחת שהיא הנה הנה שהיא אחת לתרי גווני איכא למידרש משמעותייהו ועשה עבירה אחת והיא לו הנה חייב חטאות הרבה אי נמי ועשה אחת עשייתו חשובה לו כאחת ואע"פ שהנה היו משמע שהרבה עבירות עשה והיינו הנה שהיא אחת הלכך תרוייהו דריש ביה פעמים שהיא כן ופעמים שהיא כן כדמפרש לקמיה: אחת שמעון. כלומר דריש מ"ם יתירה אחת הוי משמע דאינו חייב עד שיכתוב כל התיבה שנתכוון לכתוב: מאחת שם משמעון. כתב מאחת למימר דאפילו לא כתב אלא מקצתה ובלבד שתהא מקויימת (ב) במקום אחר דומיא דאחת דרישיה דקרא: הנה הוי משמע אבות כתב מהנה לרבויי תולדות: אחת שהיא הנה. דאמרן לעיל ה"ד כגון שעשאן בזדון שבת ושגגת מלאכות ואע"ג דכולן אינן אלא חילול שבת אחת מיחייב לכל מלאכה ומלאכה דגופי מלאכות מחלקין הואיל ואיכא שגגה טובא: הנה שהיא אחת שגגת שבת וזדון מלאכות. שאף על פי שהן גופי מלאכות הרבה אינו חייב אלא אחת דחדא שגגה היא: מי דמי כו'. זה שנתכוין לכתוב שם משמעון מ"ם פתוחה כתב והיכי קרי ליה מתקיימת במקום אחר והא לא הויא: וכתבתם. דתפילין ומזוזה: תם. שלם כהלכתה: אלפין עיינין. יש שכותבין כן מפני שדומין בקריאתן: ביתין כפין. דומין בכתיבתן: גמין צדין. דומין בכתיבתן אלא שזה למעלה וזה למטה: זיינין נונין. פשוטין: כפופין. כף פה צדי נון: פשוטין. הכפולות שלהן פשוטות: ממין סמכין. מ"ם סתומה שדומה לסמך: פתומין. מ"ם סתומה: פתוחין. מ"ם פתוחה: כתבה. לספר תורה: כשירה. בדילוגין אריח ולבינה: מכאן רמז כו'. כלומר מ"ם דונסכיהם דריש ליה בפתוחה [שמע מינה] בפתוח ועשאו סתום דכשר ומדפתוח ועשאו סתום כשר הוא הדין נמי סתום ועשאו פתוח כגון שם משמעון וכשר להתקיים במקום שם:
עלויי

תוספות

בגלטורי בעלמא חייב. י) פירוש א"ח שכותבין בקמיע וכן פירש ר"ח ויש מפרשים א"ח היינו אמן אמן (סלה) שכותבין בקמיעין וליתא דהיינו נוטריקון וחייב אפילו באחד ולרבנן דפטרי במתני' י) פטרי אפילו בב' וג': א"א דאאזורך איכא בינייהו. לאו דוקא דהא ת"ק פטר אפי' שתי אותיות משם אחד עד שיכתוב שם משמעון אלא משום ר"ש נקטיה דאפי' בהא מיחייב: המעבד כל שהוא. לאו דוקא כל שהוא אלא כשיעור המפורש בהמוציא (לעיל דף עט:) ולא נקט כל שהוא אלא לאפוקי מדר"ש דאמר עד שיעבד כל העור: תריץ הכי יכול עד שיכתוב כל הפסוק כו'. וא"ת ומ"ש אריגה מהני דהכא לא מחייב ר"ש עד שיתקן את כולו וי"ל דבאריג שעושה דבר חדש שאינו בעולם מחייב שפיר בשני בתי נירין אבל עיבוד שאינו אלא תיקון העור בעלמא וכן גורר וצר צורה בעי ר"ש עד שיתקן את כולו: טיתין פיפין. מכאן נראה לר"ת שצריך לכוף ראש הטית לתוכה דדמי כעין פ': בשביעי כמשפטם גרסינן. כדמוכח בפרק קמא דתענית (דף ג:) וכן הוא במסורת הגדולה ודלא כרש"י ס) דגרס בשמיני בס"פ לולב וערבה (סוכה דף מו:):
גרועי

עין משפט נר מצוה

טו א ב מיי' פי"א מהל' שבת הלכה י:
טז ג מיי' פי"א מהל' שבת הלכה טו:
יז ד מיי' פי"א מהל' שבת הלכה ה:
יח ה מיי' שם הלכה טו:
יט ו מיי' שם הלכה ז:
כ ז מיי' פ"א מהל' תפילין הלכה יט סמג עשין כב טוש"ע א"ח סי' לב סעיף ד וטוש"ע י"ד סי' רעד סעיף ג:
כא ח מיי' פ"ז מהל' ס"ת הלכה יא סמג שם טוש"ע א"ח סי' לו סעיף א וטוש"ע י"ד סי' רעד סעיף ה:
כב ט מיי' פ"ח שם הל' יא ופ"י הלכה א ב סמג עשין כה טוש"ע י"ד סי' ערה סעיף א:
כג י מיי' שם טוש"ע שם סעיף ג:
כד כ ל מיי' פ"א שם הלכה טו סמג שם טוש"ע א"ח סי' לב סעיף ג וטוש"ע י"ד סי' רעו סעיף ו וסי' רעד סעי' ה:

רבינו חננאל

שלא עשה אלא אב ותולדותיה והעושה אב ותולדותיה אינו חייב אלא אחת ושמואל אמר מחייב להני תלת משום מכה בפטיש ואי עביד בנין חדא מהנך חייב תרתי. חדא משום בונה וחדא משום מכה בפטיש דלאו תולדה דבונה נינהו ובהא פליג רב סבר (א) כיון שהמסתת אבני גזיל הוא ואינן אבני דלא משפרן ומשוי להו גזית כדכתיב כל אלה אבני יקרות כמדת גזית מגוררות במגירה והויא כמכה אבן בפטיש להשוות עקמו (מיהו) [וכן] נקב בלול נמי כיון דמשום אויר הוא לבנין דמו ותולדה דבנין הוא ושמואל סבר נקב לפתוח פה בכלי דמי שהוא גמר מלאכה וכן מכניס ידי הקרודים (בעשהו) אע"פ שכלי הוא רב סבר דיש בנין בכלים ושמואל סבר אין בנין בכלים וגרסינן בכלל גדול משום דרבי יהושע בן המסתת חייב משום מכה בפטיש כשמואל ומותבינן לשמואל מהא דתניא הקודח כל שהוא חייב בשלמא לרב דאמר משום בונה היינו דחייב הקודח דמחזי כאילו עושה חור בכותל כדי לבנות שם בנין ותולדת בנין הוא. אלא לשמואל דמחייב הנוקב משום מכה בפטיש שהוא גמר מלאכ' מאי [גמר] מלאכה איכא בקודח הלא הנוקב צריך לקבוע באותו [הנקב] מסמר נמצאת קביעת המסמר הוא הגמר ואמאי אמרו מקרדח ברומצא פי' בקרדח והיינו הקודח במקום שקודח מקרדח במסמר קבוע באותו העץ שקדח כדי לחזק שזהו גמר מלאכתו ואשכחן מלאכה בענין המחזיר מטה של טרסיים בשבת (לעיל ד' מו) כבר עילוי שפתא הוא קבועיא יד הקרודים בנקבו שהוא כחזרת מלבנות המטה ורב ושמואל דאמרי תרוייהו [התם] המחזיר מטה של טרסיים בשבת חייב חטאת ומותבינן [מהא] המחזיר קנה מנורה בשבת חייב חטאת קנה של צידין לא יחזיר ואם החזיר פטור. ר' הימאי אמר המרכיב קרן עגולה חייב קרן פשוטה פטור ופרקינן הוא דאמר כי האי תנא מלבנות המטה וכרעי המטה ולוחים של סקבס לא יחזיר ואם החזיר פטור אבל אסור לא יתקע ואם תקע חייב רשבג"א אם היה רפוי מותר ופשיטא לרבנן בתראי דהני כולהו משום בונה אינון. ומשום הכי מתרינן במן דעביד להו דאמרינן בי רב חמא הואי ההוא מטה גליתא דהוו מהדרי ליה בשבתא. א"ל ההוא מרבנן לרב חמא מ"ט שריין דמשום בנין מן הצד הוא ותהי דאיסורא דאורייתא ליכא איסורא מדרבנן [מיהא] איכא א"ל אנא כרבן שמעון ב"ג סבירי לי דאמר אם היה רפוי מותר וגרסינן בירושלמי החוקק חייב. ר' אבהו בש"ר יוחנן ורב התנא תרווייהו אמרו משום בונה וקי"ל בהני כולהו כרב פי' חק קפיזא בקבא כגון שחקק חריץ בקב מקום שהוא מדת קפיזא ותמצא שעשה כמין השנתות שהיו סימנין בהין: המכה בקורנס על הסדן בשעת גמר מלאכה חייב. אמר רבה ורב יוסף מפני שמאמן את ידיו וסברי בני רחבה דהאי מאמן מלמד את ידיו אומנות הכאה הוא ונדחת וקשיא לאביי ורבא שכן מרדדי טסי משכן עושין כן ותניא נמי הכי ופי' מאמן דאמר רבה ורב יוסף מרגיל את ידיו לאותה מלאכה היא שכן מנהג מרקעי פחים כשמגיהין הטס על הסדן מכין תחלה בקורנס על הסדן כשמתחיל במלאכה ולרשב"ג מלאכה גמורה היא ולא דמי לנוטל מגל לקצור ולא קצר ולנוטל קורנס לרדד ולא רידד אלא אותה הכאה מלאכה חשובה היא [ליתא] [היא] החורש כל שהוא ראויה לעשות גומא לדלעת ובמשכן היו חורשים לקלח אחד של סממנים והמנכש והמקטף עצים וכו' קשיא לן מכדי המתקן קרקע בכל שהוא חייב למה לי למיתנא לבהמה כמלוא פי גדי ולהיסק כדי לבשל ביצה קלה אסור בהני לאו משום קרקע הוא למה לי שיעורא ומשני רבה ורב יוסף באגם שאין הקרקע מתייפה בליקוט עצים ולא בניכוש לפיכך צריכין שיעור [להתחייב] אביי אמר היכא צריך שיעור בשדה דלא קא מכוין ליפותה ואע"ג דהוא מתייפה אינו חייב אלא בשיעור דקא מכוין ליה אם לבהמה אם להיסק ואקשינן עליה אינו והא אביי ורבא דאמרינן תרווייהו מודה ר' שמעון בפסיק רישיה ולא ימות כלומר אפילו ר' שמעון דסבר דבר שאין מתכוין מותר כי האי גוונא דודאי מתקן הקרקע אלא שהקרקע מתייפה מחלישתו ורצונו בכך מחייב ומשני בתולש מן הקרקע שאינו שלו שאין רצונו ליפוי הקרקע כלל לפיכך אינו מתחייב אלא במחשבתו שמתכוין לה: הכותב ב' אותיות בין בימינו בין בשמאלו חייב והא ר' ירמיה באיטר שהוא דרכו לכתוב שנמצא שמאלו במקום ימין ואקשינן תוב אי הכי אימינו לא ליחייב דהא כל איטר שמאלו ואין דרך כתיבה בכך ונדחה זה. ואוקמה אביי בשולט בשתי ידיו דתרוויהו מיומנות הן שנמצא כותב בשתיהן ודרך כתיבה בשתיהן אבל מי שאינו שולט אלא בידו אחת לא מיחייב משום כותב בשבת אלא בזמן שהכותב בידו המיומנת אבל אם כתב בידו אחרת לא מיחייב שאין דרך כתיבה בכך לפיכך איטר שאין לו ימין דעלמא אלא בשמאלו מיחייב עלה ואם כתב בימינו אין דרך כתיבה בכך ולאידך מיחייב עליה. ור' יעקב ברא דבת יעקב אוקמה למתני' כר"י ומשום רושם הוא ומחייב לפיכך חייב הרושם בין בימינו בין בשמאלו שאינו כותב אלא רושם ואקשינן היכא יכלת למימר

מסורת הש"ס

א) לעיל ע. סנהדרין סב. [כריתות דף ג. ע"ש], ב) [תוספ' פי"ב], ג) [לעיל ע. סנהדרין סב. ע"ש], ד) [מנחות לג. וע"ש במוס' ד"ה עשאה כשירה], ה) תענית ג., ו) [שני פרושים הללו כתובים בערוך ערך אל], ז) [לקמן קד:], ח) [לפנינו ברש"י דסוכה מו. ד"ה כל אמי איתא בשביעי כתיב במספרם כמשפטם וכו' ובקרבנות שמיני כתיב במספרם כמשפט וכו'].

הגהות הב"ח

(א) רש"י ד"ה שם משמעון וכו' בתין שמקיימין כך: (ב) ד"ה מאחת וכו' שתהא מתקיימת במקום:

תורה אור השלם

א) דַּבֵּר אֶל בְּנֵי יִשְׂרָאֵל לֵאמֹר נֶפֶשׁ כִּי תֶחֱטָא בִשְׁגָגָה מִכֹּל מִצְוֹת יְיָ אֲשֶׁר לֹא תֵעָשֶׂינָה וְעָשָׂה מֵאַחַת מֵהֵנָּה: [ויקרא ד, ב]
ב) אֲנִי יְיָ וְאֵין עוֹד זוּלָתִי אֵין אֱלֹהִים אֲאַזֶּרְךָ וְלֹא יְדַעְתָּנִי: [ישעיה מה, ה]
ג) וּכְתַבְתָּם עַל מְזֻזוֹת בֵּיתֶךָ וּבִשְׁעָרֶיךָ: [דברים ו, ט]
ד) וּשְׂעִיר עִזִּים אֶחָד חַטָּאת מִלְּבַד עֹלַת הַתָּמִיד וּמִנְחָתָהּ וְנִסְכֵּיהֶם: [במדבר כט, יט]
ה) וּשְׂעִיר חַטָּאת אֶחָד מִלְּבַד עֹלַת הַתָּמִיד מִנְחָתָהּ וּנְסָכֶיהָ: [במדבר כט, לא]
ו) וּמִנְחָתָם וְנִסְכֵּיהֶם לַפָּרִים לָאֵילִם וְלַכְּבָשִׂים בְּמִסְפָּרָם כְּמִשְׁפָּטָם: [במדבר כט, לג]

ליקוטי רש"י

ר' יוסי אומר ועשה אחת ועשה הנה. גבי חטאת כתיב פעמים שחייב חטאת אחת על כולן כגון שוגג בשבת שסבור אין היום שבת אבל יודע היה שכל מלאכות שהוא עושה אסורות בשבת מביא קרבן אחד דחדא שגגה היא ופעמים שחייב על כל אחד ואחד כגון שהזיד בשבת ויודע שהוא שבת היום ויש שגגת מלאכות שלא היה יודע שהמלאכות הללו אסורות אלא מביא חטאות על כל אחת ואחת שיש כאן שגגות הרבה [סנהדרין סב.]. ועשה מאחת מהנה. האמור לענין חטאות הוה ליה למכתב ועשה אחת ולישתוק ומיכתב ולא ליכתב מ"ם דמאחת וכל היכא מהנה לדרוש ודרוש הכי פעמים שאל מעשה עבירותיו חשוב אחת ופעמים שהוא אחת קרוי הנה לשון רבים [לעיל ע.]. הקודח. נוקב עץ או אבן בכותל [שם קב:]. הצר בכלי צורה. כלי שעומד לכך לנאתו [שם עה:]. ר' יוסי בר' חנינא. מפרש טעמא דר' יוסי היכי משמע ליה הלי מהאי קרא. אחת מאחת. הוה ליה למכתב ועשה אחת מהנה אי נמי ועשה מהנה אי נמי ועשה אחת ולישתוק מדכתבינהו הכי שמע מינה לכל חד וחד למודיה למייבו על אחת ועל מאחת כלומר מקצת העבירה על הנה ועל מהנה כדמפרש ולמדרשינהו נמי כי הדדי הכי מדסמכי להדדי [סנהדרין שם]. אחת הוה ליה למכתב וכתיב מאחת הנה הוה ליה למכתב (הנה) [למדרש פעמים שהוא הנה] וכתב מהנה ודרוש אחת והנה בלא מ"ם הכי פעמים אחת שהוא הנה שבת [אחת] לבדו הוא מחלל ויש כאן חטאות הרבה דאזלי בתר מלאכות ופעמים מלאכות הרבה עשה ואינו חייב אלא אחת דבהנך תרי גווני איכא למשמע ועשה אחת ומיחייב ועשה אחת הנה עשייתו הוי אחת אף על פי שהן הנה [וחייב אחת] [לעיל ע. ע"ש במסורה"ש]. על מלוה אחת חטאות הרבה והנה שהיא אחת פעמים שאינו חייב אלא אחת על מלות הרבה מהנה מחייב אחת מדכתיב מ' יתירא והשתא מפרש לה. אחת. כשעשה עבירה שלימה שנתכוון לה. מאחת. על מקצתו נמי מחייב כגון נתכוין לכתוב שמעון ולא כתב אלא שתי אותיות חייב ולהכי נקט שמעון משום דשתי אותיות ראשונות הוו להו שם במקום אחר כגון שם בן נח והוא הדין גד מגדיאל דן מדניאל לכתוב שם אחר כגון נפתלי ולא כתב ממנו אלא שתי אותיות לא מיחייב שאין כאן מלאכה בשום מקום [סנהדרין שם]. [המשך בדף קד.]

חשק שלמה על רבינו חננאל א) נראה דחסר כאן בדברי רבינו ואולי צ"ל רב סבר דהמסתת לורך בנין הוא וחייב משום בונה ושמואל סבר דכיון שהמסתת וכו':

a closed letter open it is not valid. – ? –

The Gemara answers:

הוּא דְּאָמַר כִּי הַאי תַּנָּא – [**Rav Chisda**] **said** his ruling **in accordance with this** other **Tanna:** **דְּתַנְיָא** – **For it was taught in a Baraisa:** **רַבִּי יְהוּדָה בֶּן בְּתֵירָה אוֹמֵר** – R' YEHUDAH BEN BESEIRAH SAYS: **נֶאֱמַר בַּשֵּׁנִי** – IN connection with the *tamid* offering of THE SECOND DAY of Succos, IT IS SAID:[47] **"וְנִסְכֵּיהֶם"** – ***AND THEIR LIBATIONS*** [instead of וְנִסְכָּהּ, *and its libation;* a *mem* was added for exegetical purposes]. **בַּשִּׁשִּׁי** – And IN connection with the *tamid* offering of THE SIXTH day of Succos, it is said:[48] **"וּנְסָכֶיהָ"** – ***AND ITS LIBATIONS*** [instead of וְנִסְכָּהּ, *and its libation;* a *yud* was added for exegetical purposes]. **בַּשְּׁבִיעִי** – And IN connection with the *mussaf* offerings of THE SEVENTH day, it is said:[49] **"כְּמִשְׁפָּטָם"** – ***IN ACCORDANCE WITH THEIR LAW*** [instead of כַּמִּשְׁפָּט, *in accordance with the law;* a *mem* was added for exegetical purposes]. **הֲרֵי מֵ״ם יוּ״ד מֵ״ם** – THUS, the extra letters are ***MEM, YUD*** and ***MEM,*** which allude to **"מַיִם"** – the word WATER (for *mem, yud, mem* spells מַיִם, *water*). **מִכָּאן רֶמֶז לְנִיסּוּךְ מַיִם מִן הַתּוֹרָה** – FROM HERE we can learn A SCRIPTURAL ALLUSION TO THE WATER-LIBATION services performed on Succos.[50] Now, the added *mem* in וְנִסְכֵּיהֶם (*and their libations*) is written as a closed *mem,* yet the Tanna expounds it as an open *mem,* for he uses it as the first *mem* of the word מַיִם (*water*). This indicates that if an open letter was written closed it is valid. **וּמִדְּפָתוּחַ וַעֲשָׂאוֹ סָתוּם כָּשֵׁר** – **And since an open** letter **that one made closed is valid,** **סָתוּם נַמִּי** – it follows that in regard to a **closed** letter **as well** the rule is that **סָתוּם וַעֲשָׂאוֹ פָּתוּחַ כָּשֵׁר** – **a closed** letter **that one made open is valid.** Therefore, if a person wrote the name *Shem* with an open *mem* at the end, it is considered a viable labor.

The Gemara challenges the basis of the answer:

מִי דָּמֵי – **Is this analogous?** **פָּתוּחַ וַעֲשָׂאוֹ סָתוּם** – In the case of **an open** letter **that one made closed,**

NOTES

(see *Yad David* for a full discussion concerning one who writes the Names of God with gold dust). Certainly, in the case where the Names of God were written in gold erasure is forbidden, due to the general prohibition of erasing one of the holy Names.

It is questionable whether the requirement to hide away the faulty section of the scroll pertains also to the case where the open chapters were made closed and vice versa. *Rambam* (*Hil. Sefer Torah* 8:3) rules that it does, but other Rishonim disagree (see *Rivash* §7 and *Teshuvos Chasam Sofer, Yoreh Deah* §261; see also *Shulchan Aruch Yoreh Deah* 275:1).

47. *Numbers* 29:19. In this chapter, Scripture details the requirements for the *mussaf* offerings of Succos. A separate paragraph is devoted to each of the days of Succos, and each of these paragraphs concludes with the words: מִלְּבַד עֹלַת הַתָּמִיד [וּ]מִנְחָתָהּ וְנִסְכָּהּ, *besides the tamid olah offering, its meal offering and its libation* (i.e. the special *mussaf* offering is brought in addition to the year-round *tamid* offering that one must continue to bring on Succos). The word וְנִסְכָּהּ, *and its libation,* is identical in every paragraph, except in the one for the second day where is changed to וְנִסְכֵּיהֶם, *and their libations* (v. 19), and in the one for the sixth day where it says וּנְסָכֶיהָ, *and its libations* (v. 31). Furthermore, in every paragraph (after the first one), in reference to the *mussaf* offerings themselves, it says: וּמִנְחָתָם וְנִסְכֵּיהֶם ... כַּמִּשְׁפָּט, *And their meal offering and libations . . . in accordance with the law* [i.e. the law that was set forth in the first paragraph]. However, in the paragraph for the seventh day the wording is changed to כְּמִשְׁפָּטָם, *in accordance with their law* (v. 33). The Baraisa proceeds to explain the significance of these three changes.

48. Ibid. v. 31 (see previous note).

49. Ibid. v. 33.

50. See *Succah* 34b and 48a-48b.

עַלּוּיֵי קָא מְעַלֵּי לֵיהּ – **he elevated it** to a higher standard, דְּאָמַר רַב חִסְדָּא – **for Rav Chisda said:** מֵ״ם וְסָמֶ״ךְ שֶׁבַּלּוּחוֹת – The letters ***mem* and *samech* of the Tablets** בְּנֵס הָיוּ עוֹמְדִין – **stood** in place only **by a miracle.** This indicates that the Tablets contained closed *mems.*[1] Thus, when a person closes a *mem* that should have been open, he has elevated it to the form that was found on the Tablets. אֶלָּא סָתוּם וַעֲשָׂאוֹ פָּתוּחַ – **But** in the case of a **closed** letter **that one made open,** גְּרוּעֵי קָא מְגָרַע לֵיהּ – **he degraded it** to a lower standard, דְּאָמַר רַבִּי יִרְמְיָה וְאִיתֵּימָא רַבִּי חִיָּיא בַּר אַבָּא – **for R' Yirmiyah said, and some say** it was **R' Chiya bar Abba** who said: מנצפך צוֹפִים אֲמָרוּם – The alternative forms of the letters ***mem, nun, tzadi, peh* and *chaf* were instituted by the prophets.**[2] Thus, the open *mem* is apparently a later institution. Therefore, although an open *mem* that was written closed is valid, a closed *mem* that was written open should be invalid.[3] – ? –

The Gemara answers by first noting a difficulty with this statement:

וְתִיסְבְּרָא – **Is it reasonable** to say that the alternative forms of these letters were instituted by the prophets? וְהָכְתִיב ,,אֵלֶּה הַמִּצְוֹת״ – **But it is written: *These are the commandments,***[4] שֶׁאֵין הַנָּבִיא רַשַּׁאי לְחַדֵּשׁ דָּבָר מֵעַתָּה – which teaches **that henceforward, a prophet is not permitted to introduce anything new,** i.e. after the Sinaitic revelation no change may be made to the Torah.[5] Therefore, how could the prophets of later generations have introduced new forms of letters?

The Gemara now explains its answer:

אֶלָּא מֶיהֱוָא הֲוַאי – **Rather, [both forms]** of the letters *mem, nun, tzadi, peh* and *chaf* **did exist** in the time of Moses. מִידַּע לֹא הֲוָה יָדְעִין הֵי בְּאֶמְצַע תֵּיבָה הֵי בְּסוֹף תֵּיבָה – However, **they did not know which** form belongs **in the middle** of a word **and which at the end** of a word, וְאָתוּ צוֹפִים תַּקְנִינְהוּ – **and the prophets came and established** that the open forms are used in the middle of a word and the closed forms at the end of a word. Therefore, the closed form of *mem* has no greater value than the open form.[6]

The Gemara objects to this answer:

וְאַכַּתִּי ,,אֵלֶּה הַמִּצְוֹת״ – **But** there is **still** the verse which states: ***These are the commandments,*** and from which we derive שֶׁאֵין הַנָּבִיא רַשַּׁאי לְחַדֵּשׁ דָּבָר מֵעַתָּה – **that henceforward, a prophet is not permitted to introduce anything new.** How, then, can you say that the later prophets established where the letters should be used?

The Gemara therefore modifies the answer:

אֶלָּא שְׁכָחוּם וְחָזְרוּ וִיסָדוּם – **Rather, they had forgotten them and [the prophets] reinstituted them.** That is, they had forgotten which form is used in the middle of a word and which at the end, and the prophets reinstituted the correct placings of each form.[7]

The Gemara quotes a statement cited above:

גּוּפָא – **The text itself** stated: אָמַר רַב חִסְדָּא – **Rav Chisda said:** מֵ״ם וְסָמֶ״ךְ שֶׁבַּלּוּחוֹת – The letters ***mem* and *samech* of the Tablets** בְּנֵס הָיוּ עוֹמְדִין – **stood** in place only **by a miracle.**

The Gemara now cites a related statement, which clarifies the previous one:

וְאָמַר רַב חִסְדָּא – **And Rav Chisda said:** כְּתָב שֶׁבַּלּוּחוֹת נִקְרָא מִבִּפְנִים וְנִקְרָא מִבַּחוּץ – **The script of the Tablets could be read both on the inside and the outside.**[8] כְּגוֹן נְבוּב בּוֹבָן – **For example,** the word ***nevuv*** could be read on the other side as ***bovan;*** (רהב בהר) [בָּהָר רהב] – ***bahar*** could be read as ***rahav;*** סָרוּ ורס – and ***saru*** could be read as ***veras.***[9]

Having discussed various rules concerning the letters of Torah script, the Gemara digresses to demonstrate that the alphabet itself, and the shape of its letters, may be expounded as teaching numerous lessons:[10]

אָמְרֵי לֵיהּ רַבָּנָן לְרַבִּי יְהוֹשֻׁעַ בֶּן לֵוִי – **The Rabbis said to R' Yehoshua ben Levi:** אָתוּ דַּרְדְּקֵי הָאִידָּנָא לְבֵי מִדְרָשָׁא – **Young**

NOTES

1. The letters engraved on the Tablets [לוחות] penetrated the entire thickness of the Tablets, as the Gemara states below. Since the letters *samech* and final *mem* are completely closed, the sections of stone in their centers were unattached to the body of the Tablets and could have remained in place only by means of a miracle. Now, the Gemara will attempt to demonstrate that originally there was only one form of the letter *mem,* and the alternative form was a later innovation. Since Rav Chisda stated that the *mem* in the Tablets required a miracle to stand in place, it is obvious that the original form which was engraved there was the closed one. The middle of the open *mem* would not have required a miracle to remain in place, since it would have remained attached to the body of the Tablets naturally (*Rashi*). See diagram. [And since the closed form was the original one, it stands to reason that it is certainly valid if written even nowadays in the middle of a word.]

מ ם

2. These letters are written in an open or curved form when used at the beginning or in middle of a word (מ,נ,צ,פ,כ), and in a closed or straight form when used at the end of a word (ם,ן,ץ,ף,ך). R' Yirmiyah does not specify which of these forms was instituted by the prophets. However, since Rav Chisda stated that the *mem* in the Tablets stood in place by means of a miracle, it is obvious that the open form is the later institution (*Rashi;* see there and *Tosafos* ד״ה גרועי for a comparison of our Gemara to a parallel text in *Megillah* 2b-3a).

[See *Tosafos* here and in *Megillah* (2b ד״ה ועוד) who discuss why the letters מנצפ״ך are mentioned here out of their alphabetical order.]

3. [An open *mem* written at the end of the word should not be valid, since this is not the proper form either according to the earlier tradition or according to the later prophetic enactment. Accordingly, if someone writes *Shem* with an open *mem,* his act should not render him liable.]

4. *Leviticus* 27:34. The word *"these"* implies that only these are the commandments, and there are no others (see *Toras Kohanim* to this verse with *Malbim;* cf. *Maharsha*).

5. The legislation passed by the Rabbis of future generations generally serves to protect and safeguard already existing Biblical law. No law of an original nature was enacted by the Rabbis unless it had a Biblical source (see *Megillah* 14a with *Ran*).

6. I.e. before the enactment of the prophets it made no difference which form of a letter was placed in the middle of a word and which at the end. The prophets then came and established a set place for each form (*Pnei Yehoshua* to *Megillah* 3a). [Since neither form is inherently superior, the Tanna who holds that an open letter which was written closed is nevertheless valid will also hold that a closed letter which was written open is valid. See *Pnei Yehoshua* ibid. for further discussion.]

7. The commentators deal with the question of how it was possible for such an easily verifiable piece of information to be forgotten (see *Rashba, Ritva* and *Pnei Yehoshua* to *Megillah* 3a).

8. That is, [when the Torah states (*Exodus* 32:15) that the Tablets were inscribed on both sides, it means that] the letters and the words on one side of the Tablets could be seen in mirror image on the other side. Rav Chisda thus informs us that the letters were carved all the way through the Tablets to the other side. This is why a miracle was required for the *mem* and *samech* to stay in place (*Rashi;* see *Maharsha* and *Sfas Emes*).

9. [These words were not found on the Tablets; rather, Rav Chisda gives typical words found elsewhere in the Torah as his examples (*Rashi*). (The words נְבוּב and בָּהָר appear in *Exodus* 27:8; סָרוּ appears in *Exodus* 32:8.) *Tosafos* ask why Rav Chisda, in fact, chooses as examples words that were not found on the Tablets at all. See *Mitzpeh Eisan* and *Hagahos Yavetz* for a possible explanation.]

10. *Maharsha* notes that the letters of the Torah contain much sanctity and esoteric meaning, and as such deserve detailed study as to their form and sound. See also *Maharal* here and the introduction to *Ohr Zarua.* See *Bereishis Rabbah* 1:15 for an alternative version of some of the expositions cited here, and see *Toras Chaim's* introduction to *Perek Cheilek* (the eleventh chapter of *Sanhedrin*) for a detailed discussion of our entire Gemara; see also *The Wisdom in the Hebrew Alphabet,* by *R' Michael L. Munk.*

עלויי קא מעלי ליה דאמר רב חסדא [א] מ"ם וסמ"ך שבלוחות בנס היו עומדין אלא סתום ועשאו פתוח גרועי קא מגרע ליה דאמר ר' ירמיה ואיתימא ר' חייא בר אבא [ג] מנצפך צופים אמרום ותיסברא והכתיב [א] אלה המצות [ג] שאין הנביא רשאי לחדש דבר מעתה אלא מיהוה הואי מידע לא הוה ידעין הי באמצע תיבה הי בסוף תיבה ואתו צופים תקנינהו [ד] ואכתי אלה המצות שאין הנביא רשאי לחדש דבר מעתה אלא שכחום וחזרו ויסדום גופא א"ר חסדא מ"ם וסמ"ך שבלוחות בנס היו עומדין ואמר רב חסדא כתב שבלוחות נקרא מבפנים ונקרא מבחוץ כגון נבוב בובן (ה) (רהב בהר) סרו ורם: אמרי ליה רבנן לריב"ל אתו דרדקי האידנא לבי מדרשא ואמרו מילי דאפילו בימי יהושע בן נון לא איתמר כוותיהו אל"ף בי"ת אלף בינה גימ"ל דל"ת גמול דלים מ"ט פשוטה כרעיה דגימ"ל לגבי דל"ת שכן דרכו של גומל חסדים לרוץ אחר דלים ומ"ט פשוטה כרעיה דדל"ת לגבי גימ"ל דלימציה ליה נפשיה ומ"ט מהדר אפיה דדל"ת מגימ"ל דליתן ליה בצינעה כי היכי דלא ליכסוף מיניה ה"ו זה שמו של הקב"ה ז"ח ט"י כ"ל ואם אתה עושה כן הקב"ה זן אותך וחן אותך ומטיב לך ונותן לך ירושה וקושר לך כתר לעוה"ב מ"ם פתוחה מ"ם סתומה מאמר פתוח מאמר סתום נו"ן כפופה נו"ן פשוטה נאמן כפוף נאמן פשוט ס"ע סמוך עניים ל"א [י] סימנין עשה בתורה וקנה אותה פ' כפופה פ' פשוטה פה פתוח פה סתום צד"י כפופה וצד"י פשוטה צדיק כפוף צדיק פשוט היינו נאמן כפוף נאמן פשוט הוסיף לך הכתוב כפיפה על כפיפתו מכאן שנתנה התורה במנוד ראש קו"ף קדוש רי"ש רשע מאי טעמא מהדר אפיה דקו"ף מרי"ש אמר הקב"ה אין אני יכול להסתכל ברשע ומאי טעמא מהדרה תגיה דקו"ף לגבי רי"ש אמר הקב"ה אם חוזר בו אני קושר לו כתר כמותי ומ"ט כרעיה דקו"ף תלויה [י] דאי הדר ביה ליעייל וליעול בהך מסייע ליה לריש לקיש [ט] דאמר ר"ל מ"ד [ב] אם ללצים הוא יליץ ולענוים יתן חן בא ליטמא פותחין לו בא ליטהר מסייעים אותו שי"ן שקר תי"ו אמת מאי טעמא שקר מקרבן מיליה אמת מרחקא מיליה שיקרא שכיח קושטא לא שכיח ומ"ט שיקרא אחדא כרעיה קאי ואמת מלבן לבוניה קושטא קאי שיקרא לא קאי א"ת ב"ש אותי תעב אתאוה לו ב"ש בי לא חשק שמי יחול עליו ג"ר גופו טימא ארחם עליו ד"ק דלתותי נעל קרניו לא אגדע עד כאן מדת רשעים אבל מדת צדיקים א"ת ב"ש אם אתה בוש ג"ר ד"ק אם אתה עושה כן גור בדוק ה"ץ ו"ף חציצה הוי בינך לאף ז"ע ח"ס ט"ן ואין אתה מזדעזע מן השטן י"ם כ"ל אמר [שר של] גיהנם לפני הקב"ה רבונו של עולם לים כל אמר הקב"ה אח"ס בט"ע ג"ף אני חס עליהם מפני שבעטו בגי"ף דכ"ץ דכים הם כנים הם צדיקים הם הל"ק אין לך חלק בהן ומרז"ן ש"ת אמר גיהנם לפניו רבונו של עולם מרי זניני מזרעו של שת א"ל א"ל ב"ם ג"ן ד"ם להיכן אוליכן (א) לגן הדם ה"ע ו"ף אמר גיהנם לפני הקב"ה רבונו של עולם עיף אנכי ז"ץ ח"ק הללו זרעו של יצחק ט"ר י"ש כ"ת טר יש לי כיתות כיתות של עובדי כוכבים שאני נותן לך:

מתני'

רש"י

עלויי קא מעלי ליה. שהיתה מם סתומה בלוחות אבל מם פתוחה לא היתה בלוחות כדמפרש מנצפך צופים אמרום וכיון דאמר רב חסדא מם וסמך שבלוחות בנס היו עומדים לא אפשר לאוקומיה אלא בסתומה דהואיל והכתב היה נראה משני עבריהם היה לה ליפול אם לא שבנס היה עומד אבל פתוחה אין בה נס ע"כ מנצפך דר' ירמיה דאמר צופים אמרום בפתוחים קאמר. יש שמקשין סוגיא זו על סוגיא דאמר במגילה דרמינן הא דר' ירמיה אהא דרב חסדא אלמא תרוייהו בסתומין ואין זו קושיא שכן דרך הש"ס המקשן מהפך הסברא כאן כדי שיקשה ובמקום אחר מהפכו לפי הקושיא ואי הוה בעי הש"ס לתרוצי כי איתמר דרב חסדא בסתומין ודר' ירמיה בפתוחין הוה מתרץ ליה אלא תירוצא מעליא שני ליה התם וה"נ: **מיהוה הוה.** תרוייהו ולא (ב) ידעי הי באמצע תיבה כו': **ונקרא מבחוץ.** האותיות הפוכות והתיבה הפוכה ולא אשמועינן אלא שהיה החקק נוקב את כל הלוח ולפיכך היו מ"ס וסמ"ך בנס: **נבוב בהר סרו.** לא היו בלוחות אלא תיבה בעלמא נקט: **אלף בינה.** למוד תורה: **מ"ט פשוט כרעיה דגימ"ל לגבי דלי"ת.** ולא לגבי בי"ת: **מ"ט פשוט כרעיה דדל"ת לגבי גימ"ל.** ולא לגבי ה"א שמושכה קצת לצד גימ"ל: **דלימציה ליה.** עני נפשיה ולא יטריחנו לבעל הבית לרוץ אחריו: **ה"ו.** כמו אני והו (סוכה דף מה.) שמות הם: **ומטיב לך.** היינו טי"ת: **ירושה.** היינו יו"ד: **כתר.** היינו כף: **לעולם הבא.** היינו למ"ד: **מאמר פתוח ומאמר סתום.** יש דברים שנתן רשות לדורשן ויש שאתה מצווה לסותמן כגון מעשה מרכבה: **נאמן כפוף.** אדם כשר צריך להיות כפוף ועניו וסופו להיות פשוט וזקוף לעולם הבא: **סימנים.** של סדר שמועות דתנא או אמורא בגירס' דלא תשכח אחת מהן כגון אלו שבש"ס: **פה פתוח.** בשעת המכניסים פזר: **פה סתום.** בשעת המפזרים כנס אם יש גדול ממך: **במנוד ראש.** ברתת ועניה יתירה: **מ"ט מהדר אפיה דקו"ף מרי"ש.** לישנא דמעליא הוא שאחוריו של רי"ש לגבי הקו"ף שאין הקב"ה רוצה להסתכל בפני רשע: **תגא דקו"ף.** כמין זיי"ן שעושין בסופו של גג קו"ף: **כרעיה דקו"ף תליא.** שאינה נדבקת עם גגה: **ליעול בהך.** יקיף תחת רגלי הקו"ף ויכנס בפתח של ימין: **מסייעין אותו.** ומכינין לו פתח: **הוא יליץ.** מעצמו יליץ לא יסייעוהו ולא ימנעוהו: **ואם לענוים.** ולמדה טובה הוא נמשך: **יתן חן.** יסייעוהו מן השמים: **מקרבן מיליה.** אותיותיו קרובות שאשתן קרובות כסדרן של אלפא ביתא: **אמת מרחקן מיליה.** זו בתחילת אל"ף בית וזו באמצע וזו בסוף: **אחד כרעא.** כל אות ואות שבו עומדת על רגל אחד: **אמת מלבן לבוני.** מושכבין תחתיה אותיות' כמין לבינה דאל"ף הרי יש לה ב' רגלים ומושבה טוב ורגל השני רחב: **אתאוה לו.** בתמיה וכן כולן: **ע"כ מדת הרשעים.** כך הוא נדרש אלא רשעים: **אם את בוש.** מלחטוא: **גר דק גור בדוק.** נפסק תהא לגורה תחת כסאי ודוק שמים: **לים כל.** גיהנם קרוי ים כל לפי שהרוב הולכים שם: **אמר שר של גיהנם.** ליס שלי תן את כל העולם ואפי' ישראל: **אמר ליה אח"ס בט"ע גי"ף.** אלפא ביתא היא אלא א"ת ב"ש וכולן סדורות בספר יצירה: **אני אחוס עליהם על שבעטו בגיף.** בניאוף: **דכ"ץ.** נוטריקון דכים כנים צדיקים: **אין לך.** גיהנם חלק בהן בישראל: **ומרזן שת.** ואומר שר של גיהנם זונני מזרעו של שת. כל העובדי כוכבים וישראל: **אל בם.** אמר לו הקב"ה לא יהא לך חלק בהם: **ג"ן ד"ם.** אמר הקב"ה אוליכם לגן הדם לגן עדן: **ה"ע ו"ף.** הנני עף ברעב: **ז"ץ ח"ק.** הללו זרעו של יצחק הם ולא אתנם לך: **ט"ר י"ש כ"ת.** שמור לי והמתן יש לי כתות אחרות:

תוספות

גרועי קא מגרע ליה דאמר רבי חייא בר אבא מנצפך צופים אמרום. וא"ת דהכא משמע דבפתוחה קאמר דצופים אמרום ובפ"ק דמגילה (דף ג:) פריך עלה דר' חייא בר אבא מאלה המצות שאין נביא רשאי לחדש דבר ועוד דהאמר רב חסדא מם וסמך שבלוחות בנס היו עומדים משמע דר' חייא בסתומה איירי ואור"י דהכי קאמר התם ועוד דהאמר רב חסדא ועוד אי ר' חייא בר אבא בסתומה איירי תקשה נמי דרב חסדא ודאי בפתוחה איירי והא דנקט מנצפך ולא נקט להו כסדר אלפא ביתא משום דמנצפך משמע מן צופים: **נבוב** בובן בהר רהב. תימה דלאמי נקט להו כיון דלא הוו בלוחות: **א"ל** לר' יהושע בן לוי אתו דרדקי כו'. בירושלמי [ז] ובבראשית רבה (פ' א) קאמר דר' אליעזר ור' יהושע הוו מאותן הדרדקי וחולק על הש"ס שלנו והא דאמר בפרקי דר' אליעזר שלא למד ר' [ח] אליעזר תורה אלא עד שהיה גדול היינו שלא עסק עד שנעשה גדול: **אית** דגרסי בא ליטמא פותחין לו. כלומר יש לו פתחים ליכנס בא ליטהר מסייעין אותו שפותחין לו פתח ליכנס והיינו דומיא דלעיל דשביק ליה פתח ליכנס ולהכי גרסי בא ליטמא פותחין לו צריך לומר דמסייעין אותו הוי טפי מפותחין: נתכוין

מסורת הש"ס

א) מגילה ג:, ב) ג"ז שם, ג) [שם יומא פ. תמורה טז.], ד) יומא פ. [ג"ל בהר רהבן], ו) [עי' עירובין נד: אין תורה נקנית וכו'], ז) [מנחות כט: ע"ש], ח) יומא לח:, ט) ע"ז נה. מנחות כט:, י) [ברכות סג.], י) [ססן], כ) [וע"ע תוס' מגילה ג: ד"ה ועוד], ל) [מגילה פ"א ה"ט], מ) אבות דר"נ פ"ו.

הגהות הב"ח

(א) גמ' להיכן אוליכם לגן: (ב) רש"י ד"ה מיהוה וכו' תרוייהו ולא הוה ידעי:

תורה אור השלם

א) אֵלֶּה הַמִּצְוֹת אֲשֶׁר צִוָּה יְיָ אֶת מֹשֶׁה אֶל בְּנֵי יִשְׂרָאֵל בְּהַר סִינָי: [ויקרא כז, לד]

ב) אִם לַלֵּצִים הוּא יָלִיץ וְלַעֲנָוִים יִתֶּן חֵן: [משלי ג, לד]

רב נסים גאון

פי"ב הבונה כמה יפה. אמרו ליה לר' יהושע בן לוי אתו דרדקי לבי מדרשא ואמרו מילי דאפילו בימי יהושע בן נון לא איתמר כוותיהו בתחלת בראשית דר' אושעיא אמרו מעשה היה ביום סגריר ולא נכנסו חכמים לבית הוועד והיו שם תינוקות אמרו באו ונעשה כצופים כו' ויש אומרים ר"א ור' יהושע ור"ע היו וקרוא עליהן במעלליו יתנכר נער ומשכחת לה בגמ' דבני מערבא בפ' מגילה נקראת (הל' ט) האורג

ליקוטי רש"י

ומ"ס יתירה [דרוס הכן] לכרעה שכתובה מס משמעו דאף על גב שנתכוין לעשות תיבה גדולה הואיל ושתי אותיות הללו כתובות זו הם במקום אחר הן חייב והיינו מלאכת מקום המלאכה ולא כולה יליף מעלות [לעיל שם]. מהנה תולדות. כלומר היוצאות מהן כמו האבות [שם:]. דנקטן לה מדומי להו לאבות והיינו מהנה כלומר מן הדומות להם [סנהדרין שם]. אחת שהיא הנה. דאמרינן פעמים שחייב על כל אחת ואחת מהן היא כגון שעשאן בזדון שבת ושגגת מלאכות דאתי להיכא שגגות הרבה ... כדפרישית לעיל דיש כאן שגגות הרבה [סנהדרין שם]. **שגגת שבת וזדון מלאכות.** דיודע שהמלאכות אסורות בשבת, אבל שכח ששבת היום [לעיל שם]. יודע שמלאכות הללו אסורות בשבת אבל כסבור אין שבת היום כולה חדא שגגה היא [סנהדרין שם]. **כתבה כשירה.** שעשאה כשירה דאז ישיר משה שיטה אחת ארוכה ושיטה אחת קצרה שאין ממלא כל השיטה. **או שכתב את השירה כיוצא בה.** שכתב השירה כשאר [כתיבות] אריח ע"ג אריח [מנחות לא:]. **בשני ונסכיהם.** דסגי בנסכה אייתר מ"ם לדרשה [תענית ב:]. בשני נאמר ונסכיהם על שני תמידי היום ולא שינה הלשון אלא לדרוש כמו שאמרו רז"ל בשני [נאמר] ונסכיהם בששי ונסכיה, בשביעי כמשפטם מ"ם יו"ד מ"ם הרי כאן מים רמז לנסוך המים מן התורה בחג [במדבר כט, יח]. [ע"כ שייך לדף קג:]. **בנס היו עומדין.** שהיתה חקיקתן משני עבריהן הלכך שאר אותיות יש להן מקום דבק אלא מ"ם וסמ"ך היתה באויר (ודוקא בסתומים) [מגילה ג.]. **מנצפך.** כפל אותיות. **צופים אמרום.** נביאי הדורות [שם ב:]. **ויסדום.** על פי הדבור [סוכה מד.]. **סימנין.** סימני השמועות זו אחר זו וסימני חכמים כדרך שיש בהש"ס [עירובין נד:]. **פה פתוח.** בשעת המכניסים שאין חכמי הדור מרבילים תורה לתלמידים, פזר אתה לשנות לתלמידים. **פה סתום.** בשעת המפזרים שהגדולים שבדור מרבילים תורה, כנס אתה ולא תטול שררה עליהם דאף זו לכבוד שמים היא לאחוז במדת הענוה וכתיב עת לעשות לה' הפרו תורתך [ברכות סג.]. **ליעייל.** בפתח העליון בין רגל שבתוכו לגג. **וליעול בהך.** פתח התחתון. **אם ללצים הוא יליץ.** [הקב"ה יליץ אותו] כלומר פותח לו להיות לץ [מנחות כט: עיי"ש]. אם ללצים הוא בא להתחבר הוא יליץ לא ימנעוהו ולא יעזרוהו. **ולענוים.** אם לענוים הוא בא להתחבר יתן לו חן מי שבידו ליתן. **בא ליטמא.** כיון שבא אדם לטמא [ו]להיות רשע. **פותחין לו.** פתח הטומאה ליכנס [כה כלומר] מספיקין בידו ואין מונעין [אותו] מן השמים לעכבו [יומא לח:].

רבינו חננאל

למימר דמתני' ר' יוסי היא והא איכא בתר הכין מימרא דר' יוסי דאלמא רישא לאו ר' יוסי היא. ומוקים לה לכולהו כר' יוסי. א"ר ירמיה מצינו שם קטן משם גדול שם משמעון ונח מנחור שהן שתי אותיות מב' שמות. פי' ב' אותיות מב' שמות כגון שם משמעון שי"ן מ"ם והן ב' אותיות וב' שמות כדאמרן שי"ן מ"ם נח מנחור נו"ן חי"ת ודן כיוצא בהן כגון אבל ב' אותיות שהן שם אחד כגון גג שזה וזה גימ"ל והן ב' אותיו' בשם אחד. כיוצא בהן כגון דד והה חח סס רר שש תת ולישנא דרבנן טט צץ אלו ב' אותיות שהן שם אחד שהן דד זה חח הן הא חית חית וכיוצא בהן. ואקשינן וכי ר' יהודה הכותב ב' אותיות והן ב' שמות כדאמרן הוא דמחייב אבל ב' אותיות והן שם אחד לא מחייב והתניא ועשה אחת יכול אינו חייב עד שיכתוב את כל השם ת"ל מאחת אפי' מקצת (מאחת) אי מאחת ואפי' מקצתה יכול אפילו לא כתב מן התיבה אלא אות אחת יהא חייב ת"ל אחת הא כיצד אינו חייב עד שיכתוב שם קטן משם גדול שי"ן משמעון ושמואל ונח מנחור ודן מדניאל ר' יהודה אומר אפילו לא כתב אלא ב' אותיות והן שם אחד כגון שש רר גג חח הנה ת"ק שנה סתם שם משמעון ונח מנחור וכולהו ש"מ כיוצא באלו ב' אותיות שהן ב' שמות הוא דמחייב ת"ק אבל ב' אותיות והן שם אחד לא ופליג ר' יהודה עליה בהדיא וקתני כי הכותב ב' אותיות והן שם אחד חייב. קשיא דר' יהודה אדר' יהודה ופרקי' הוא דקתני' ר' יהודה במתני' כי הכותב ב' אותיות מב' שמות הוא שהוא חייב כגון שם משמעון וכיוצא בו דידיה הוא. כלומר סברא דידיה שמעה ממאן דליתיה רביה וסברא ולא תנא לה משמיה לפום דפליג רביה והא דקתני כי חייב אפילו כותב ב' אותיות משם אחד כגון שש תת משום רבן גמליאל רביה שנאה. ואקשינן נמי אליבא דר' שמעון דתני סתם עד שיעשה מלאכה שכיוצא בה מתקיימת. והלא תנא [קמא] לא חייב אות אחת עד שיכתוב כגון בבגד ולא בית אחד בנפה והלא שם משמעון ונח מנחור כיוצא בהן מתקיימת וכן בבגד וכן בנפה. מה בא ר' שמעון כת"ק. מה בא ר' שמעון לאשמעינן וכי תימא ב' אותיות שהן שם אחד איכא בינייהו דת"ק לא מחייב ור' שמעון מחייב אי הכי היינו ר' יהודה דהוא נמי ת"ק דר"ש ומחייב כי האי גוונא ולתרווייהו (תני) [קרי] להו ת"ק וכי תימא אין הכי נמי מיהו ר' יהודה אינו מחייב אלא בב' אותיות שהן מלה ידועה כגון שש שהוא מלשון ששה ותת שהוא מלשון נתינה ושש שהוא מלשון ששון. אבל אל"ף אל"ף או בי"ת בי"ת שאין מהן מלה [בלתי] ידועה כלל אם נתכוין לכתוב אאזוך וכתב א"א ר' יהודה לא מחייב בהני כיון דלא משכחת מינייהו שם ולא מלה ידועה ור"ש אמר לך כיון דאיכא בכתיבא כה"ג בגלטורי ומתקיימין כשאר כתיבה (שהיא) מלאכה מתקיימת אני קורא בה וחייב. פי' גלטורי קמיעין שכותבין בהן אותיות כגון אא יי וכיוצא בהן א). ואקשינן תוב וכי ר' יהודה בה מיקל ור' שמעון מחמיר והוא מחייב והא שמעינן ליה לר' שמעון דמקיל בכי האי גוונא דתניא והקודח ר' שמעון אומר עד שיקדח את כולו כו' הנה ר' שמעון מיקל ולא מחייב אלא במאן דעביד כולה מלאכה וכן אינו מחייב אלא עד שיכתוב את כל השם. ואיך אתה אומר כי מחייב ר"ש א"א דאאזוך ודחינן לה הכי וכי מצית אמרת דלא מחייב ר"ש אלא עד שיכתוב את כל השם כולו והתניא ר"ש אומר ועשה אחת יכול עד שיכתוב כל השם כולו ת"ל מאחת כו'. והנה אפילו לא כתב אלא מקצת השם חייב ומתרצינן להא מתניתא הכי יכול עד שיכתוב כל הפסוק כולו שנתכוון לכותבו או אפילו נתכוון לכתוב איגרת אינו חייב עד שיכתוב כל מה שנתכוון לו ת"ל מאחת. אפילו מקצת מן האגרת או מקצת מן הפסוק חייב ולעולם מלה שלימה הא דר' יוסי דאמר משום רושם פשוטה היא ומקום שנתכוון לרשום ולא לכתוב חייב ואפילו אינו דבר ידועה ברשימה במה בין בימינו בין בשמאלו חייב: **ירושלמי** (ה"ג) א"ר אמי והקמות את המשכן כמשפטו וכי יש משפט לעצים אלא [אי זהו] קרש שזכה לינתן בצפון ינתן בצפון לעולם וכן בדרום לפיכך היו רושמין עליהן שלא יחלפו. דבי רב הושעיא ודבי בר פזי הוו עיילין שאלין בשלמא דנשיא בכל יום והוו [אילין] דבי רב הושעיא עיילין ונפקין כו' תרתין זרעין [הוון] בצפורי בולבטיא ופגניא והוון בולבטיא עללין ונפקין ושאלין בשלמא דנשיא בכל יום עללין קודמוי ונפקין קודמוי והוון פגניא עללין ונפקין בתריהון אזלין פגניא וזכין באורייתא ואתי למיעל קודמוי דבולבטיא אשתאלת לרבנן על ר' יוחנן ודרשה בי מדרשא (תניא) [דבי בנייה] אפילו ממזר ת"ח וכהן גדול

students[11] **came to the study hall today** וְאָמְרוּ מִילֵּי דַּאֲפִילּוּ בִּימֵי יְהוֹשֻׁעַ בִּן נוּן לֹא אִיתְמַר כְּוָותַיְיהוּ – **and said things the likes of which were not stated even in the days of Yehoshua bin Nun:**[12] אָלֶ״ף בֵּי״ת – The first two letters, ***aleph*** and ***beis,*** stand for אֱלַף בִּינָה – ***Alaph Binah*** (*learn insight*), i.e. study the Torah. גִּימֶ״ל דָּלֶ״ת – The next two letters, ***gimmel*** and ***dalet,*** stand for גְּמוֹל דַּלִּים – ***Gemol Dalim*** (*aid the needy*).

The students now analyze the form of these last two characters: מַאי טַעְמָא פְּשׁוּטָה כַּרְעֵיהּ דְּגִימֶ״ל לְגַבֵּי דָלֶ״ת – **Why is the leg of the *gimmel* extended towards the *dalet*?**[13] שֶׁכֵּן דַּרְכּוֹ שֶׁל גּוֹמֵל חֲסָדִים – **Because** it is **indeed the manner of one who bestows kindness** לָרוּץ אַחַר דַּלִּים – **to run after the needy** to help them. וּמַאי טַעְמָא פְּשׁוּטָה כַּרְעֵיהּ דְּדָלֶ״ת לְגַבֵּי גִימֶ״ל – **And why is the leg of the *dalet* extended towards the *gimmel*?**[14] דְּלִימְצֵיהּ לֵיהּ נַפְשֵׁיהּ – It is to indicate **that [the pauper] should make himself available to [his benefactor]** so as not to trouble the benefactor to chase after him. וּמַאי טַעְמָא מְהַדַּר אַפֵּיהּ דְּדָלֶ״ת מִגִּימֶ״ל – **And why is the face of the *dalet* turned away from the *gimmel*?**[15] דְּלִיתֵּן לֵיהּ בִּצִינְעָה – It is to indicate **that [the benefactor] should give** the charity **to [the pauper] discreetly,** כִּי הֵיכִי דְּלָא לִיכְסִיף מִינֵּיהּ – **in order that he should not be embarrassed of him.**[16]

The young students resume their methodical exposition of the alphabet:

הֵא וָו – The next two letters are ***heh*** and ***vav***; זֶה שְׁמוֹ שֶׁל הַקָּדוֹשׁ בָּרוּךְ הוּא – **this** combination **represents the name of the Holy One, Blessed is He.**[17] זַיִן חֵית טֵית יוֹד כַּף לָמֶד – These letters are followed by ***zayin*** and ***ches, tes*** and ***yud, chaf*** and ***lamed.*** The allusion contained in these letters together with the earlier six letters of the alphabet is that וְאִם אַתָּה עוֹשֶׂה כֵּן – **if you do this** [i.e. study Torah and aid the needy] הַקָּדוֹשׁ בָּרוּךְ הוּא זָן אוֹתְךָ וְחָן אוֹתְךָ – **the Holy One, Blessed is He, will *Zan*** (*sustain*) **you and *Chan*** (*favor*) **you;** וּמֵטִיב לְךָ וְנוֹתֵן לְךָ יְרוּשָּׁה – ***meiTiv*** (*benefit*) **you**[18] **and give you a *Yerushah*** (*inheritance*); וְקוֹשֵׁר לְךָ כֶּתֶר לָעוֹלָם הַבָּא – **and bind upon you a *Keser*** (*crown*) ***La'olam haba*** (*for the World to Come*).[19]

מֵ״ם פְּתוּחָה מֵ״ם סְתוּמָה – The **open *mem*** and **closed *mem*,** which come next, מַאֲמָר פָּתוּחַ מַאֲמָר סָתוּם – allude to an **open *Maamar*** and a **closed *Maamar*** (*statement*), meaning that some Torah matters should be revealed and some should be concealed.[20] נוּ״ן כְּפוּפָה נוּ״ן פְּשׁוּטָה – The **curved *nun*** and the **straight *nun*,** which follow, נֶאֱמָן כָּפוּף נֶאֱמָן פָּשׁוּט – allude to a **bent *Ne'eman*** (*faithful person*) and an **erect *Ne'eman*.** This teaches that a faithful person who is humble (i.e. "bent over") in this world will stand tall in the World to Come.

סָמֶךְ עַיִן – The next two letters, ***samech*** and ***ayin,*** stand for סְמוֹךְ עֲנִיִּים – ***Semoch Aniyim*** (*support the poor*).[21] לִישָּׁנָא אַחֲרִינָא – **Another version** of exposition for *samech* and *ayin*: סִימָנִין עֲשֵׂה בַּתּוֹרָה – ***Simanim Asei*** (*make mnemonics*) **for the Torah** וּקְנֵה אוֹתָהּ – **and acquire it.**[22]

פֵּא כְּפוּפָה פֵּא פְּשׁוּטָה – The **curved** (i.e. "closed") ***peh*** and **straight** (i.e. "open") ***peh*** פֶּה פָּתוּחַ פֶּה סָתוּם – allude to an **open *Peh*** (*mouth*) and a **closed *Peh*.** A person should sometimes speak publicly and at other times hold his silence.[23] צָדֵ״י כְּפוּפָה וְצָדֵ״י פְּשׁוּטָה – The **curved *tzadi*** and the **straight *tzadi*** צַדִּיק כָּפוּף צַדִּיק פָּשׁוּט – allude to a **bent *Tzadik*** (*righteous person*) and an **erect *Tzadik*.**

The Gemara asks:

הַיְינוּ נֶאֱמָן כָּפוּף נֶאֱמָן פָּשׁוּט – **That is** the same allusion as the one concerning a **bent *Ne'eman*** (*faithful person*) and an **erect *Ne'eman*,** which we derived from the two forms of the letter *nun.* What is the novelty of the current exposition?

The Gemara answers:

הוֹסִיף לְךָ הַכָּתוּב כְּפִיפָה עַל כְּפִיפָתוֹ – **Scripture added** an extra degree of **bending to [the righteous person's] bent state.** מִכָּאן שֶׁנִּתְּנָה הַתּוֹרָה בְּמְנוֹד רֹאשׁ – **From here** we derive **that the Torah was given with trembling of the head.** I.e. it is through trembling and extraordinary humility that a person merits the acquisition of Torah knowledge.[24]

The narration resumes:

קוּ״ף קָדוֹשׁ – The letter ***kuf*** stands for ***Kadosh*** (*the Holy one*), i.e. God; רֵי״שׁ רָשָׁע – and the ***reish*** stands for ***Rasha*** (*an evil person*).

The students analyze the form of these last two characters: מַאי טַעְמָא מְהַדַּר אַפֵּיהּ דְּקוּ״ף מֵרֵי״שׁ – **Why is the face of the *kuf* turned away from the *reish*?**[25] אָמַר הַקָּדוֹשׁ בָּרוּךְ הוּא – It is because **the Holy One, Blessed is He, says:** אֵין אֲנִי יָכוֹל לְהִסְתַּכֵּל בָּרָשָׁע – **"I am unable to look at** the face of **an evil person."**

NOTES

11. *Rashi* to 145b ד״ה דרדקי. See *Tosafos* here for a discussion of the identity of these students.

12. See *Maharsha* and *Chasam Sofer* for explanations of why the days of Yehoshua bin Nun are singled out.

13. The leg (foot) of the *gimmel* reaches leftward towards the *dalet,* rather than rightward towards the *beis* (*Rashi;* see *Yad David*). See diagram.

ב ג ד ה

14. The leg (stem) of the *dalet* is slanted backward towards the *gimmel,* not forward towards the *heh* (*Rashi, Ritva*). See diagram.

15. [The open part of the *dalet* is considered its "face." Thus, the *gimmel* "sees" only the back of the *dalet.*]

16. The act of giving charity is enhanced if the donor (*"gomel"*) does not know the identity of the recipient (*"dal"*), even more laudable if the recipient does not know the identity of the donor, and most meritorious if neither knows the identity of the other. This can be accomplished by donating to a reliable charity distribution fund (*Maharsha, from Bava Basra* 10b; see *Rambam, Hil. Matnos Aniyim* 10:7-14).

17. The letters *vav heh vav* form one of the Names of God (*Rashi, from Succah* 45a; *Maharsha*). The young students go on to explain why God's Name is alluded to here.

18. [In this exposition, the *tes* represents the word *tov* (טוב, i.e. goodness). The young students expound the word in its active form as מֵטִיב, meaning that God will bestow goodness upon you.]

19. In the merit of Torah study and charity, one is rewarded with plenitude in this world and the crown of Torah [כֶּתֶר תּוֹרָה] in the World to Come (*Maharsha;* see *Bava Kamma* 17a and *Rosh Hashanah* 18a).

20. Some areas of Torah knowledge [such as its halachic and ethical aspects] are meant to be made public, while others, such as the esoteric study of the *Merkavah* [literally: chariot, referring to the vision of the Heavenly realm that was shown to the prophet Yechezkel, as recounted in *Ezekiel* ch. 1] should remain hidden from all except a select few (*Rashi;* see *Chagigah* 11b; cf. *Maharsha*).

21. I.e. besides aiding the needy monetarily and physically, support them emotionally with encouraging words. This is often of greater benefit than financial assistance, and it merits greater reward! (*Maharsha,* from *Bava Basra* 9b).

22. By making mnemonics of the statements of a Tanna or Amora, such as those often found in the Talmud, one will remember them (*Rashi;* see *Maharatz Chayes;* see also *Eruvin* 21b and 54b).

23. As the Gemara in *Berachos* (63a) states, a person should take a leadership role when no one else is available, but should defer when there is a more qualified person capable of leading (*Rashi*).

24. The Mishnah states (*Avos* 4:4): מְאֹד מְאֹד הֱוֵי שְׁפַל רוּחַ, *Be very, very humble. Rambam* (*Commentary* ad loc.) explains that, although in all other character traits one should avoid extremes, in regard to humility one must seek the ultimate measure. See *Sfas Emes.*

25. Actually, the face of the *reish* (i.e. its open part) is turned away from the *kuf.* However, since the *kuf* represents God, the Gemara speaks euphemistically, with the point being that the *kuf* does not "see" the face of the *reish* (*Rashi;* see *Maharsha*). See, however, *Ramban.*

עלויי קא מעלי ליה דאמר רב חסדא מ"ם וסמ"ך שבלוחות בנס היו עומדין אלא סתום ועשאו פתוח גרועי קא מגרע ליה דאמר ר' ירמיה ואיתימא ר' חייא בר אבא מנצפך צופים אמרום ותיסברא והכתיב אלה המצות שאין הנביא רשאי לחדש דבר מעתה אלא מיהוה הואי מידע לא הוה ידעין הי באמצע תיבה הי בסוף תיבה ואתו צופים תקנינהו ואכתי אלה המצות שאין הנביא רשאי לחדש דבר מעתה אלא שכחום וחזרו ויסדום גופא א"ר חסדא מ"ם וסמ"ך שבלוחות בנס היו עומדין ואמר רב חסדא כתב שבלוחות נקרא מבפנים ונקרא מבחוץ כגון נבוב בובן (רהב בהר) סרו ורם: אמרי ליה רבנן לריב"ל אתו דרדקי האידנא לבי מדרשא ואמרו מילי דאפילו בימי יהושע בן נון לא איתמר כוותיהו אל"ף בי"ת אלף בינה גימ"ל דל"ת גמול דלים מ"ט פשוטה כרעיה דגימ"ל לגבי דל"ת שכן דרכו של גומל חסדים לרוץ אחר דלים ומ"ט פשוטה כרעיה דדל"ת לגבי גימ"ל דלימציה ליה נפשיה ומ"ט מהדר אפיה דדל"ת מגימ"ל דליתן ליה בצינעה כי היכי דלא ליכסוף מיניה ה"ו זה שמו של הקב"ה ז"ח ט"י כ"ל ואם אתה עושה כן הקב"ה זן אותך וחן אותך ומטיב לך ונותן לך ירושה וקושר לך כתר לעוה"ב מ"ם פתוחה מ"ם סתומה מאמר פתוח מאמר סתום נו"ן כפופה נו"ן פשוטה נאמן כפוף נאמן פשוט ס"ע סמוך עניים ל"א סימנין עשה בתורה וקנה אותה פ' כפופה פ' פשוטה פה פתוח פה סתום צד"י כפופה וצד"י פשוטה צדיק כפוף צדיק פשוט היינו נאמן כפוף נאמן פשוט הוסיף לך הכתוב כפיפה על כפיפתו מכאן שנתנה התורה במנוד ראש קו"ף קדוש רי"ש רשע מאי טעמא מהדר אפיה דקו"ף מרי"ש אמר הקב"ה אין אני יכול להסתכל ברשע ומאי טעמא מהדרה תגיה דקו"ף לגבי רי"ש אמר הקב"ה אם חוזר בו אני קושר לו כתר כמותי ומ"ט כרעיה דקו"ף תלויה דאי הדר ביה ליעייל וליעול בהך מסייע ליה לריש לקיש דאמר ר"ל מ"ד אם ללצים הוא יליץ ולענוים יתן חן בא ליטמא פותחין לו בא ליטהר מסייעים אותו שי"ן שקר תי"ו אמת מאי טעמא שקר מקרבן מיליה אמת מרחקא מיליה שיקרא שכיח קושטא לא שכיח ומ"ט שיקרא אחדא כרעיה קאי ואמת מלבן לבוניה קושטא קאי שיקרא לא קאי א"ת ב"ש אותי תעב אתאוה לו ב"ש בי לא חשק שמי יחול עליו ג"ר גופו טמא ארחם עליו ד"ק דלתותי נעל קרניו לא אגדע עד כאן מדת רשעים אבל מדת צדיקים א"ת ב"ש אם אתה בוש ג"ר ד"ק אם אתה עושה כן גור בדוק ה"ו ו"ף חציצה הוי בינך לאף ז"ע ח"ס ט"ן ואין אתה מזדעזע מן השטן י"ם כ"ל אמר [שר של] גיהנם לפני הקב"ה רבונו של עולם לים כל אמר הקב"ה אח"ס בט"ע גי"ף אני חס עליהם מפני שבעטו בגי"ף דכ"ץ דכ"ץ דכים הם בנים הם צדיקים הם הל"ק אין לך חלק בהן ומר"ן ש"ת אמר גיהנם לפניו רבונו של עולם מרי זניני מזרעו של שת א"ל א"ל ב"ם ג"ן ד"ס להיכן אוליכן (א) לגן הדס ה"ע ו"ף אמר גיהנם לפני הקב"ה רבונו של עולם עיף אנכי ז"ץ ח"ק הללו זרעו של יצחק ט"ר י"ש כ"ת טר יש לי כיתות כיתות של עובדי כוכבים שאני נותן לך: מתני'

תוספות

גרועי קא מגרע ליה דאמר רבי חייא בר אבא מנצפך צופים אמרום. וא"ת דהכא משמע דבפתוחה קאמר לופים אמרום ובפ"ק דמגילה (דף ג:) פריך עלה דר' חייא בר אבא מאלה המלות שאין נביא רשאי לחדש דבר ועוד דאמר רב חסדא מם וסמך שבלוחות בנס היו עומדים משמע דר' חייא בסתומה איירי ואור"י דהכי קאמר התם ועוד דאמר רב חסדא ועוד אי רבי חייא בר אבא בסתומה איירי תקשה נמי דרב חסדא אלא ודאי בפתוחה איירי והא דנקט מנצפך ולא נקט להו כסדר אלפא ביתא משום דמנצפך משמע מן לופים: **נבוב בובן בהר רהב.** תימה דאמאי נקט להו הא כיון דלא הוה בלוחות: **א"ל לר' יהושע בן לוי אתו דרדקי כו'.** בירושלמי ובבראשית רבה (פ' א) קאמר דר' אליעזר ור' יהושע הוו מאותן דרדקי וחולק על הש"ס שלנו והא דאמר בפרקי דר' אליעזר שלא למד ר' אליעזר תורה אלא עד שהיה גדול היינו שלא עסק עד שנעשה גדול: **אית דגרסי בא ליטמא פותחין לו.** כלומר יש לו פתחים ליכנס בא ליטהר מסייעין אותו שפותחין לו פתח ליכנס והיינו דומיא דלעיל דשביק ליה פתח ליכנס ולהכי לא גרסי בא ליטמא פותחין לו דלריך לומר דמסייעין אותו הוי טפי מפותחין:

נתכוין

רש"י

עלויי קא מעלי ליה. שהיתה מם סתומה בלוחות אבל מם פתוחה לא היתה בלוחות כדמפרש מנצפך לופים אמרום וכיון דאמר רב חסדא מם וסמך שבלוחות בנס היו עומדים לא אפשר לאוקומיה אלא בסתומה דהואיל והכתב היה נראה משני עבריהם היה לה ליפול אם לא שבנס היה עומד אבל פתוחה אין בה נס ע"כ מנצפך דרבי ירמיה דאמר לופים אמרום בפתוחים קאמר. יש שמקשין סוגיא זו על סוגיא דאמר במגילה דרמינן הא דר' ירמיה אהא דרב חסדא אלמא תרוייהו בסתומין ואין זו קושיא שכן דרך הש"ס המקשן מהפך הסברא כאן כדי שיקשה ובמקום אחר מהפכו לפי הקושיא ואי הוה בעי התם לתרולי כי איתמר דרב חסדא בסתומין ודר' ירמיה בפתוחין הוה מתרץ ליה אלא תירולא מעליא שני ליה התם וה"נ: **מיהוה הוה.** תרוייהו ולא (ג) ידעי הי באמצע תיבה כו': **ונקרא מבחוץ.** האותיות הפוכות והתיבה הפוכה ולא משמעינן אלא שהיה החקק נוקב את כל הלוח ולפיכך היו מ"ס וסמ"ך בנס: **נבוב בהר סרו.** לא היו בלוחות אלא תיבה בעלמא נקט: **אלף בינה.** למוד תורה: **מ"ט פשיט כרעיה דגימ"ל לגבי דל"ת.** ולא לגבי בי"ת: **מ"ט פשוט כרעיה דדל"ת לגבי גימ"ל.** ולא לגבי ה"א שמושכה קלת לצד גימ"ל: **דלימציה ליה.** עני נפשיה ולא יטריחנו לבעל הבית לרוץ אחריו: **ה"ו.** כמו אני והו (סוכה דף מה.) שמות הס: **ומטיב לך.** היינו ט"י: **ירושה.** היינו יו"ד: **כתר.** היינו כף: **לעולם הבא.** היינו למ"ד: **מאמר פתוח ומאמר סתום.** יש דברים שנתן רשות לדורשן ויש שאתה מלווה לסותמן כגון מעשה מרכבה: **נאמן כפוף.** אדם כשר לריך להיות כפוף ועניו וסופו להיות פשוט וזקוף לעולם הבא: **סימנים.** של סדר שמועות דתנא או אמורא בגירס' דלא תשכח אחת מהן כגון אלו שבש"ס: **פה פתוח.** בשעת המכניסים פזר[ט]: **פה סתום.** בשעת המפזרים כנס [י] אם יש גדול ממך: **במנוד ראש.** ברתת וענוה יתירה: **מ"ט מהדר אפיה דקו"ף מרי"ש.** לישנא דמעליא הוא שאחוריו של רי"ש לגבי הקו"ף שאין הקב"ה רוצה להסתכל בפני רשע: **תגא דקו"ף.** כמין זיי"ן שעושין בסופו של גג קו"ף: **כרעיה דקו"ף תליא.** שאינה נדבקת עם גגה: **ליעול בהך.** יקיף תחת רגלי הקו"ף ויכנס בפתח של ימין: **מסייעין אותו.** ומכינין לו פתח: **הוא יליץ.** מעצמו יליך לא יסייעוהו ולא ימנעוהו: **ואם לענוים.** ולמדה טובה הוא נמשך: **יתן חן.** יסייעוהו מן השמים: **מקרבן מיליה.** אותיותיו קרובות שלשתן קרובות כסדרן של אלפא ביתא: **אמת מרחקן מיליה.** זו בתחילת אל"ף בית וזו באמצע וזו בסוף: **אחד כרעא.** כל אות ואות שבו עומדת על רגל אחד: **אמת מלבן לבוני.** מושכבין תחתיה אותיותי' כמין לבינה דאל"ף הרי יש לה ב' רגלים ומושבה טוב ורגל השני רחב: **אתאוה לו.** בתמיה וכן כולן: **ע"כ מדת הרשעים.** כן הוא נדרש אלל רשעים: **אם את בוש.** מלחטוא: **גר דק גור בדוק.** נפסק תהא לרורה תחת כסאי ודוק שמים: **לים כל.** גיהנם קרוי ים כל לפי שהרוב הולכים שם: **אמר שר של גיהנם.** ליס שלי תן את כל העולם ואפי' ישראל: **אמר ליה אח"ס בט"ע גי"ף.** אלפא ביתא היא אלל א"ת ב"ש וכולן סדורות בספר יצירה: **אני אחוס עליהם על שבעטו בגיף.** בניאוף: **דכ"ץ.** נוטריקון דכים כנים לדיקים: **אין לך.** גיהנם חלק בהן בישראל: **ומרזן שת.** ואומר שר של גיהנם זונני מזרעו של שת. כל העובדי כוכבים וישראל: **אל בם.** אמר לו הקב"ה לא יהא לך חלק בהם: **ג"ן ד"ס.** אמר הקב"ה אוליכם לגן הדס לגן עדן: **ה"ע ו"ף.** הנני עף ברעב: **ז"ץ ח"ק.** הללו זרעו של יצחק הם ולא אתנם לך: **ט"ר י"ש כ"ת.** שמור לי והמתן יש לי כתות אחרות:

ליקוטי רש"י (המשך)

שם]. **שגגת שבת וזדון מלאכות.** דיודע שהמלאכות אסורות בשבת, אבל שכח ששבת היום [לעיל שם]. יודע שמלאכות הללו אסורות בשבת אבל כסבור אין שבת היום כולה חדא שגגה היא [סנהדרין שם]. **כתבה כשירה.** שעשאה כשירה לאו יעיר משה שעושה אחת ארוכה ואחת קלרה ושיטה אחת קלרה שאין ממלא כל השיטה. **או שכתב את השירה כיוצא בה.** כשכתב השירה כשאר [כתיבות] אריח ע"ג אריח [מנחות לא:]. **בשני ונסכיהם.** דקגי בנסכה אייתר מ"ם לדרשה [תענית ב:]. בשני נאמר ונסכיה על שני תמידי היום ולא שינה הלשון אלא לדרוש כמו שאמרו רז"ל בשני [נאמר] ונסכיהם בששי ונסכיה, בשביעי כמשפטם מ"ם יו"ד מ"ם הרי כאן מים רמז לנסוך המים מן התורה בחג [במדבר כט, יח]. [ע"כ שייך לדף קג:]. **בנס היו עומדין.** שהיתה חקיקתן משני עבריהן הלכך שאר אותיות יש להן מקום דבק אלא מ"ם וסמ"ך היתה באויר (ודוקא בסתומים) [מגילה ג.]. **מנצפך.** כפל אותיות. **צופים אמרום.** נביאי הדורות [שם ב:]. **ויסדום.** על פי הדבור [סוכה מד.]. **סימנין.** סימני השמועות זו אחר זו וסימני חכמים כדרך שיש בהש"ס [עירובין נד:]. **פה פתוח.** בשעת המכניסים שאין חכמי הדור מרבילים תורה לתלמידים, פזר אתה לשנות לתלמידים. **פה סתום.** בשעת המפוזרים שהגדולים שבדור מרבילים תורה, כנס אתה ולא תטול שררה עליהם דאף זו לכבוד שמים היא לאחוז במדת הענוה וכתיב עת לעשות לה' הפרו תורתך [ברכות סג.]. **ליעייל.** בפתח העליון בין רגל שבתוכו לגג. **וליעול בהך.** פתח התחתון. **אם ללצים הוא יליץ.** [הקב"ה] ... לו להיות לך [מנחות כט: עיי"ש]. אם ללנים הוא בא להמשך הוא יליך לא ימנעוהו ולא יעזרוהו. **ולענוים.** אם לענוים הוא בא להתחבר יתן לו חן מן מי שבידו ליתן. **בא ליטמא.** כיון שבא אדם לטמא [ו]להיות רשע. **פותחין לו.** פתח הטומאה ליכנס [כה כלומר] מספיקין בידו ואין מונעין [אותו] מן השמים לעכבו [יומא לח:].

רבינו חננאל

למימר דמתני' ר' יוסי היא והא איכא בתר הכין מימרא דר' יוסי דאלמא רישא לאו ר' יוסי היא. ומוקים לה לכולהו כר' יוסי. א"ר יהודה מצינו שם קטן משם גדול שם משמעון ונח מנחור שהן שתי אותיות מב' שמות. פי' ב' אותיות מב' שמות כגון שם משמעון שי"ן מ"ם והן ב' אותיות וב' שמות כדאמרן שי"ן מ"ם נח מנחור נו"ן חי"ת ודן כיוצא בהן אבל ב' אותיות שהן שם אחד כגון גג שזה וזה גימ"ל והן ב' אותיו' בשם אחד. כיוצא בו דד חח סס רר שש תת ולישנא דרבנן טט צץ אלו ב' אותיות שהן שם אחד שהן דד הה חח הא הא חית חית וכיוצא בהן. ואקשינן וכי ר' יהודה הכותב ב' אותיות והן ב' שמות כדאמרן הוא דמחייב אבל ב' אותיות והן שם אחד לא מחייב והתניא ועשה אחת יכול שאינו חייב עד שיכתוב את כל השם ת"ל מאחת אפי' מקצת (מאחת) אי מאחת ואפי' מקצתה יכול אפילו לא כתב מן התיבה אלא אות אחת יהא חייב ת"ל אחת הא כיצד אינו חייב עד שיכתוב שם קטן משם גדול שי"ן מ"ם משמעון ושמואל ונח מנחור ודן מדניאל ר' יהודה אומר אפילו לא כתב אלא ב' אותיות והן שם אחד כגון שש רר גג חח הה הנה ת"ק שנה סתם שם משמעון ונח מנחור וכולהו ש"מ דכיוצא באלו ב' אותיות שהן ב' שמות הוא דמחייב ת"ק אבל ב' אותיות שהן שם אחד לא ואפליג ר' יהודה עליה בהדיא וקתני כי הכותב ב' אותיות והן שם אחד חייב. קשיא דר' יהודה אדר' יהודה ופרקי' הוא דקתני ר' יהודה במתני' כי הכותב ב' אותיות מב' שמות הוא שהוא חייב כגון שם משמעון וכיוצא בו דידיה הוא. כלומר סברא דידיה שמעה ממאן דליתיה רביה וסברא ולא תנא לה משמיה לפום דפליג על רביה והא דקתני כי חייב אפילו כותב ב' אותיות משם אחד כגון שש תת משם רבן גמליאל רביה שנאה. ואקשינן נמי אליבא דר' שמעון דתני סתם עד שיעשה מלאכה שכיוצא בה מתקיימת. והלא תנא [קמא] לא חייב אות אחת ולא חוט אחד בבגד ולא בית אחד בנפה והלא שם משמעון ונח מנחור כיוצא בהן מתקיימת וכן בבגד וכן בנפה. ונמצא דברי ר' שמעון כת"ק. מה בא ר' שמעון לאשמעינן וכי תימא ב' אותיות שהן שם אחד איכא ביניהו דת"ק לא מחייב ור' שמעון מחייב אי הכי היינו ר' יהודה דהוא נמי ת"ק דר"ש ומחייב כי האי גוונא ולתרווייהו (תני) [קרי] להו ת"ק וכי תימא אין הכי נמי מיהו ר' יהודה אינו מחייב אלא בב' אותיות שהן מלה ידועה כגון שש שהוא מלשון ששה ותת שהוא מלשון נתינה ושש שהוא מלשון ששון. אבל אל"ף אל"ף או בי"ת בי"ת שאין מהן מלה [בלתי] ידועה כלל

אם נתכוין לכתוב אאזורך וכתב א"א ר' יהודה לא מחייב בהני כיון דלא משכחת מינייהו שם ולא מלה ... כיון דאיכא בכתיבא כה"ג בגלטורי ומתקיימין כשאר כתיבה (שהיא) מלאכה מתקיימת אני קורא בה וחייב. פי' גלטורי קמיעין שכותבין בהן אותיות כגון אא יי וכיוצא בהן א). ואקשינן תוב וכי ר' יהודה בה מיקל ור' שמעון מחמיר והוא מחייב והא שמעינן ליה לר' שמעון דמקיל בכי האי גוונא דתניא והקודח ר' שמעון אומר עד שיקדח את כולו כו'. הנה ר' שמעון מיקל ולא מחייב אלא במאן דעביד כולה מלאכה וכן אינו מחייב אלא עד שיכתוב את כל השם. ואיך אתה אומר כי מחייב ר"ש א"א דאאזורך ודחינן לה הכי וכי מצית אמרת דלא מחייב ר"ש אלא עד שיכתוב את כל השם כולו והתניא ר"ש אומר ועשה אחת יכול עד שיכתוב כל השם כולו ת"ל מאחת כו'. והנה אפילו לא כתב אלא מקצת השם חייב ומתרצינן להא מתניתא הכי יכול עד שיכתוב כל הפסוק כולו שנתכוון לכותבו או אפילו נתכוון לכתוב איגרת אינו חייב עד שיכתוב כולה שנתכוון לו ת"ל מאחת. אפילו מקצת מן האגרת או מקצת מן הפסוק חייב ולעולם מלה שלימה הא ... רושם פשוטה היא ומקום שנתכוון לרשום ולא לכתוב חייב ואפילו אינו דבר ידועה ברשימה במה בין בימין ... ירושלמי (ה"ג) א"ר אמי והקמות את המשכן כמשפטו וכי יש משפט לעצים אלא [אי זהו] קרש שזכה לינתן בצפון לעולם וכן בדרום לפיכך היו רושמין עליהן שלא יחלפו. דבי רב הושעיא עיילין ונפקין כו' תרתין זרעין [הוון] בצפורי בולבטיא ופגניא והוון ... בכל יום והוו [אילין] דבי רב הושעיא עיילין ונפקין ... ושאלין בשלמא דנשיא בכל יום עללין קודמוי ונפקין קודמוי והוון פגניא עללין ונפקין בתריהון אזלין ... ואתי למיעל קודמוי דבולבטיא אשתאלת לרבנן על ר' יוחנן ודרשה בי מדרשא (תניא) [דבי בנייה] אפילו ...

מסורת הש"ס

א) מגילה ב:, ב) ג"ז שם, ג) [שם ויומא פ. תמורה טז:], ד) יומא פ., ה) [נ"ל בהר רהבן], ו) [ער' עירובין נד: אין תורה נקנית וכו'], ז) [מנחות כט: ע"ש], ח) יומא לח: ע"ז נה. מנחות כט:, ט) [ברכות סג.], י) [שם], כ) [וע"ע תוס' מגילה ב: ד"ה ועוד], ל) [מגילה פ"א ה"א], מ) אבות דר"נ פ"ו.

הגהות הב"ח

(א) גמ' להיכן אוליכם לגן: (ג) רש"י ד"ה מיהוה וכו' תרוייהו ולא הוה ידעי:

תורה אור השלם

א) אֵלֶּה הַמִּצְוֹת אֲשֶׁר צִוָּה יְיָ אֶת מֹשֶׁה אֶל בְּנֵי יִשְׂרָאֵל בְּהַר סִינָי: [ויקרא כז, לד]

ב) אִם לַלֵּצִים הוּא יָלִיץ וְלַעֲנָוִים יִתֶּן חֵן: [משלי ג, לד]

רב נסים גאון

פי"ב הבונה כמה יבנה. אמרו ליה לר' יהושע בן לוי אתו דרדקי לבי מדרשא ואמרו מילי דאפי' בימי יהושע בן נון לא איתמר כוותייהו בתחלת בראשית דר' אושעיא אמרו מעשה היה ביום סגריר ולא נכנסו חכמים לבית הוועד והיו שם תינוקות אמרו באו ונעשה כצופים כו' ויש אומרים ר"א ור' יהושע ור"ע היו קראו עליהן גם במעלליו יתנכר נער ומשכחת לה בגמ' דבני מערבא בפ' מגילה נקראת (הל' ט): האורג

ליקוטי רש"י

ומ"ס יתירה [דרוש הכי] לרבות שכותב שם משמעון לדף על גג שנתכוון לעשות תיבה גדולה הואיל ושתי אותיות הראשונות שם במקום אחר הן חייב והיינו מלאכת מקצת המלאכה ולא כולה יציאה מעולה [לעיל שם]. **מהנה תולדות.** כלומר היולאות מהן מן האבות [שם:]. דנפקא לן מדדמי להו לאבות והיינו מהנה כלומר מן הדומות להם [סנהדרין שם]. **אחת שהיא הנה.** לאמרן פעמים שחייב על כל אחת ואחת מאי היא כגון שעשאן בזדון שבת ושגגת מלאכות דליכא שגגות טובא והנה שהיא אחת לאמרן פעמים שחייב אחת על כולן מאי היא כגון שגגת שבת חדון מלאכות [לעיל שם]. נדלאמרן לעיל פעמים שמתחייב על כל אחת ואחת דהיינו על אחת הנה על מלוה אחת כמה חטאות כגון עושה מלאכות הרבה בזדון שבת ושגגות מלאכות כדפרישית לעיל דיש כאן שגגות הרבה [סנהדרין

וּמַאי טַעְמָא מְהַדְרָה תָּגֵיהּ דְּקוּ״ף לְגַבֵּי רֵי״שׁ – **And why is the crown of the *kuf* turned towards the *reish*?**[26] אָמַר הַקָּדוֹשׁ בָּרוּךְ הוּא – It is because **the Holy One, Blessed is He, says:** אִם חוֹזֵר בּוֹ – **If he repents,** אֲנִי קוֹשֵׁר לוֹ כֶּתֶר כְּמוֹתִי – **I will bind upon him a crown like my own.**[27] וּמַאי טַעְמָא כַּרְעֵיהּ דְּקוּ״ף תְּלוּיָה – **And why is the leg of the *kuf* suspended?**[28] דְּאִי הָדַר בֵּיהּ לֵיעַיֵּיל – It is **so that if [the evil person] repents, he can enter** the *kuf* through the opening above the leg.[29]

The Gemara asks:

וְלֵיעוּל בְּהַךְ – **But let him** go around the leg and **enter through this** opening on the bottom of the *kuf*. Why is the additional entrance needed near the *reish*?

The Gemara answers:

דְּאָמַר – מְסַיֵּיעַ לֵיהּ לְרֵישׁ לָקִישׁ – This is **a support to Reish Lakish.** רֵישׁ לָקִישׁ – **For Reish Lakish said:** מַאי דִּכְתִיב – **What is** the meaning of **that which is written** concerning the types of people to which a person can be drawn: ,,אִם־לַלֵּצִים הוּא־יָלִיץ וְלַעֲנָוִים יִתֶּן־חֵן" – ***If to cynics he will act cynically, but to the humble He will grant favor*?**[30] בָּא לִיטַּמֵּא פּוֹתְחִין לוֹ – It means that if **one comes to defile himself, they provide an opening for him;** בָּא לִיטַּהֵר מְסַיְּיעִים אוֹתוֹ – but if **one comes to purify himself, they** actually **help him** – even opening up a new door for him.[31]

The students' analysis of the alphabet is resumed:

שִׁי״ן שֶׁקֶר – ***Shin*** stands for ***Sheker*** (*falsehood*) and תָּי״ו אֱמֶת – and ***tav*** stands for ***emeT*** (*truth*).[32]

The students elaborate on these last two characters:

מַאי טַעְמָא שֶׁקֶר מְקָרְבָן מִילֵּיהּ – **Why are the letters of *sheker* juxtaposed** אֱמֶת מְרַחֲקָא מִילֵּיהּ – **and the letters of *emet* spread out?**[33] שִׁיקְרָא שְׁכִיחַ – It is because **falsehood is common** קוּשְׁטָא לָא שְׁכִיחַ – whereas **truth is not common.**[34] וּמַאי טַעְמָא שִׁיקְרָא אַחֲדָא כַּרְעֵיהּ קָאֵי – **And why do** the letters that spell **"falsehood" stand on one leg,** וְאֶמֶת מְלַבַּן לְבוּנֵיהּ – **while** the letters spelling **"truth" are set like bricks?**[35] קוּשְׁטָא קָאֵי – **Because truth stands** שִׁיקְרָא לָא קָאֵי – **whereas falsehood cannot stand.**[36]

The students now expound another system of listing the letters of the Hebrew alphabet:[37]

א״ת ב״שׁ – In the system of ***at, bash, aleph*** and ***tav*** stand for the following statement that God makes concerning a wicked person: אוֹתִי תִּעֵב אֶתְאַוֶּה לוֹ – ***Osi Ti'eiv*** (*Me, he abominated*), ***ETaveh lo*** (shall I desire him)?[38] ב״שׁ – ***Bash*** (*beis shin*) is the abbreviation for: בִּי לֹא חָשַׁק שְׁמִי יָחוּל עָלָיו – ***Bi*** (*Me*) **he did not covet;** ***SHmi*** (*My Name*) **should rest upon him?** ג״ר – ***Gar*** (*gimmel reish*): גּוּפוֹ טִימֵּא אֲרַחֵם עָלָיו – ***Gufo*** (*his body*) **he defiled;** ***aRacheim*** (*shall I have mercy*) **upon him?** ד״ק – ***Dak*** (*dalet kuf*): דַּלְתוֹתַי נָעַל קַרְנָיו לֹא אֲגַדֵּעַ – ***Dalsosai*** (*my doors*) **he locked; *Karnav*** (*his pride*)[39] **I shall not cut down?**

The students note that there is an alternative homiletic interpretation of these listings:

עַד כָּאן מִדַּת רְשָׁעִים – **The preceding is the lot of the wicked;**[40] אֲבָל מִדַּת צַדִּיקִים – **but the lot of the righteous** is as follows: א״ת ב״שׁ – ***At bash*** (*aleph tav, beis shin*): אִם אַתָּה בּוֹשׁ – **If *ATah BoSH*** (*you are embarrassed*) to sin, ג״ר ד״ק – then ***gar dak*** (*gimmel reish, dalet kuf*), meaning: אִם אַתָּה עוֹשֶׂה כֵּן גּוּר בְּדוֹק – **If you do this, *GuR* in *DoK*** (*you will dwell in the heavens*) . . .[41] ה״ץ ו״ף – ***Hatz vaph*** (*hei tzadi, vav peh*): חֲצִיצָה הָוֵי בֵּינְךָ לָאַף – ***CHaTZitza***[42] ***haVei*** (*there will be a barrier*) **between you and *aPH*** (*wrath*) . . . ז״ע ח״ס ט״ן – ***Za chas tan*** (*zayin ayin, ches samech, tes nun*): וְאֵין אַתָּה מִזְדַּעְזֵעַ מִן הַשָּׂטָן – **And you will not *miZdAZeiA*** (*tremble*) **from *haSaTaN*** (*the Satan*).[43] י״ם כ״ל – ***Yam kol*** (*yud mem, kaf lamed*): אָמַר [שַׂר שֶׁל] גֵּיהִנֹּם לִפְנֵי הַקָּדוֹשׁ בָּרוּךְ הוּא – **[The minister of] Gehinnom said before**

NOTES

26. There is a small *zayin*-shaped crown on the roof of the *kuf*; it is placed at the edge of the roof, near the *reish* (*Rashi*). See diagram.

27. Lest the sinner think that even if he repents he will remain at a lowly station in the World to Come due to his previous misdeeds, God promises that He will elevate the penitent to the highest position and crown him with glory. As the Gemara states elsewhere (*Sanhedrin* 99a): מָקוֹם שֶׁבַּעֲלֵי תְשׁוּבָה עוֹמְדִין שָׁם צַדִּיקִים אֵינָן עוֹמְדִין שָׁם, *In the place where penitents stand* (in the World to Come) *there the righteous do not stand* (*Toras Chaim* ibid.; see *Hagahos Yavetz*).

28. The left leg of the *kuf* is not connected to its roof (*Rashi*).

29. [I.e. the penitent has an open door through which to enter the domain of the Holy One, Blessed is He.]

30. *Proverbs* 3:34.

31. That is, a person who is drawn to the way of cynics is left to his own devices and allowed to take advantage of opportunities for sinning; he is neither helped nor prevented from carrying out his plans. This is derived from the phrase הוּא־יָלִיץ, which implies that the person himself will be allowed to act cynically, with neither help nor hindrance from God.

However, one who is drawn to humility receives Divine assistance on his path, as the verse states יִתֶּן־חֵן, meaning that the One Who has the capacity to grant people favor will indeed grant him favor and aid him (*Rashi*). See *Menachos* 29b, where the Gemara discusses the suspended left leg of the *heh* in a similar manner. See also *Yoma* 38b-39a and *Mahadura Basra* here.

32. The *tav* is the last letter of אֱמֶת, *truth,* and thus symbolizes the complete truth (see *Maharsha*).

33. The letters *shin, kuf* and *reish* of שֶׁקֶר appear together near the end of the alphabet, whereas the *aleph* of אֱמֶת begins the alphabet, the *mem* is in the middle, and the *tav* is at the very end (*Rashi*).

34. Thus, falsehood is always close at hand but truth is hard to come by (see *Maharal*).

35. The three letters of שֶׁקֶר each have only one point reaching the bottom (*Rashi*). [Although our printed *shin* has a base, the *shin* of Torah script comes to a point (*Ramban*, 103b; *Rashba*). See diagram.]

אמת שקר

By contrast, the three letters of אֱמֶת are firmly ensconced on a sturdy base. The *aleph* has two legs, one of which is wide [the *mem* has a broad base, and the *tav* has two legs like the *aleph*] (*Rashi;* cf. *Maharsha, Meromei Sadeh*).

36. [I.e. the truth is enduring whereas falsehood is eventually exposed and toppled.] As *Tikkunei Zohar* (§22) teaches succinctly: שֶׁקֶר אֵין לוֹ רַגְלַיִם, *Falsehood has no legs [to stand on].*

37. In this system, known as *a"t ba"sh,* the first letter [*aleph*] is paired with the last [*tav*], the second letter [*beis*] with the second to last [*shin*], etc. See note 45.

[Besides being used as a system of exposition, the *at bash* method is sometimes used as a form of encrypted writing – see *Sanhedrin* 22a with *Rashi* ד״ה וטח; see also *Rashi* to *Jeremiah* 25:26 and 51:41.]

38. The translation of this and the following statements as queries follows *Rashi. Maharsha,* however, interprets this to mean that God *does* desire that the wicked person repent, etc.

39. Literally: his horns (see commentaries to *Psalms* 75:5,11).

40. It is how we expound this alphabet form in reference to them (*Rashi*). We conclude the exposition with *dalet kuf* because the *heh* and *vav* represent God's Name, which we do not wish to associate with the wicked. In connection with the righteous, however, we expound the entire alphabet, as follows (*Maharsha*).

41. Your soul will be bound beneath the throne of God in the heavenly spheres (*Rashi*). [The word דוק literally means *curtain,* but refers to the heavens which are spread over the world like a canopy (see *Isaiah* 40:22).]

42. The *heh* is often expounded as if it were a *ches* (*Maharsha;* see also *Rashba* below, 105a).

43. Here, the *ches* is expounded as a *heh* (see *Maharsha* to 105a; cf. *Maharsha* here). The letters teach that if you are ashamed to sin – thus manifesting fear of God – then in addition to meriting Heavenly reward

עלויי קא מעלי ליה דאמר רב חסדא מ"ם וסמ"ך שבלוחות בנס היו עומדין אלא סתום ועשאו פתוח גרועי קא מגרע ליה דאמר ר' ירמיה ואיתימא ר' חייא בר אבא מנצפך צופים אמרום ותיסברא והכתיב אלה המצות שאין הנביא רשאי לחדש דבר מעתה אלא מיהוה הואי מידע לא הוה ידעין הי באמצע תיבה והי בסוף תיבה ואתו צופים תקנינהו ואכתי אלה המצות שאין הנביא רשאי לחדש דבר מעתה אלא שכחום וחזרו ויסדום גופא א"ר חסדא מ"ם וסמ"ך שבלוחות בנס היו עומדין ואמר רב חסדא כתב שבלוחות נקרא מבפנים ונקרא מבחוץ כגון נבוב בובן (רהב בהר) סרו ורס: אמרי ליה רבנן לריב"ל אתו דרדקי האידנא לבי מדרשא ואמרו מילי דאפילו בימי יהושע בן נון לא איתמר כוותייהו אל"ף בי"ת אלף בינה גימ"ל דל"ת גמול דלים מ"ט פשוטה כרעיה דגימ"ל לגבי דל"ת שכן דרכו של גומל חסדים לרוץ אחר דלים ומ"ט פשוטה כרעיה דדל"ת לגבי גימ"ל דלימציה ליה נפשיה ומ"ט מהדר אפיה דדל"ת מגימ"ל דליתן ליה בצינעה כי היכי דלא ליכסיף מיניה ה"ו זה שמו של הקב"ה ז"ח ט"י כ"ל ואם אתה עושה כן הקב"ה זן אותך וחן אותך ומטיב לך ונותן לך ירושה וקושר לך כתר לעוה"ב מ"ם פתוחה מ"ם סתומה מאמר פתוח מאמר סתום נו"ן כפופה נו"ן פשוטה נאמן כפוף נאמן פשוט ס"ע סמוך עניים ל"א סימנין עשה בתורה וקנה אותה פ' כפופה פ' פשוטה פה פתוח פה סתום צד"י כפופה וצד"י פשוטה צדיק כפוף צדיק פשוט היינו נאמן כפוף נאמן פשוט הוסיף לך הכתוב כפיפה על כפיפתו מכאן שנתנה התורה במנוד ראש קו"ף קדוש רי"ש רשע מאי טעמא מהדר אפיה דקו"ף מרי"ש אמר הקב"ה אין אני יכול להסתכל ברשע ומאי טעמא מהדרה תגיה דקו"ף לגבי רי"ש אמר הקב"ה אם חוזר בו אני קושר לו כתר כמותי ומ"ט כרעיה דקו"ף תלויה דאי הדר ביה ליעייל וליעול בהך מסייע ליה לריש לקיש דאמר ר"ל מ"ד אם ללצים הוא יליץ ולענוים יתן חן בא ליטמא פותחין לו בא ליטהר מסייעים אותו שי"ן שקר תי"ו אמת מאי טעמא שקר מקרבן מיליה אמת מרחקא מיליה שיקרא שכיח קושטא לא שכיח ומ"ט שיקרא אחדא כרעיה קאי ואמת מלבן לבוניה קושטא קאי שיקרא לא קאי א"ת ב"ש אותי תעב אתאוה לו ב"ש בי לא חשק שמי יחול עליו ג"ר גופו טימא ארחם עליו ד"ק דלתותי נעל קרניו לא אגדע עד כאן מדת רשעים אבל מדת צדיקים א"ת ב"ש אם אתה בוש ג"ר ד"ק אם אתה עושה כן גור בדוק ה"ץ ו"ף חציצה הוי בינך לאף ז"ע ח"ס ט"ן ואין אתה מזדעזע מן השטן י"ם כ"ל אמר [שר של] גיהנם לפני הקב"ה רבונו של עולם לים כל אמר הקב"ה אח"ס בט"ע גי"ף אני חס עליהם מפני שבעטו בגי"ף דכ"ץ דכים הם בנים הם צדיקים הם הל"ק אין לך חלק בהן ומרז"ן ש"ת אמר גיהנם לפניו רבונו של עולם מרי זניני מזרעו של שת א"ל א"ל ב"ם ג"ן ד"ם להיכן אוליכן (א) לגן הדם ה"ע ו"ף אמר גיהנם לפני הקב"ה רבונו של עולם עיף אנכי ז"ץ ח"ק הללו זרעו של יצחק ט"ר י"ש כ"ת טר יש לי כיתות כיתות של עובדי כוכבים שאני נותן לך:

מתני'

רש"י

עלויי קא מעלי ליה. שהיתה מם סתומה אבל מם פתוחה לא היתה בלוחות כדמפרש מנצפך צופים אמרום וכיון דאמר רב חסדא מם וסמך שבלוחות בנס היו עומדים לא אפשר לאוקומיה אלא בסתומה דהואיל והכתב היה נקרא משני עבריהם היה לה ליפול אם לא שבנס היה עומד אבל פתוחה אין בה נס ע"כ מנצפך דרבי ירמיה דאמר צופים אמרום בפתוחים קאמר. יש שמקשין סוגיא זו על סוגיא דאמר במגילה דרמינן הא דר' ירמיה אהא דרב חסדא אלמא תרוייהו בסתומין ואין זו קושיא שכן דרך הש"ס המקשן מהפך הסברא כאן כדי שיקשה ובמקום אחר מהפכו לפי הקושיא ואי הוה בעי התם לתרוצי כי איתמר דרב חסדא בסתומין ודר' ירמיה בפתוחין הוה מתרץ ליה אלא תירוצא מעליא שני ליה התם וה"נ: מיהוה הוה. תרוייהו ולא (ב) ידעי הי באמצע תיבה כו': ונקרא מבחוץ. האותיות הפוכות והתיבה הפוכה ולא אשמועינן אלא שהיה החקק נוקב את כל הלוח ולפיכך היו מ"ם וסמ"ך בנס: נבוב בהר סרו. לא היו בלוחות אלא תיבה בעלמא נקט: אלף בינה. למוד תורה: מ"ט פשיט כרעיה דגימ"ל לגבי דל"ת. ולא לגבי בי"ת: מ"ט פשיט כרעיה דדל"ת לגבי גימ"ל. ולא לגבי ה"א שמושכה קצת לצד גימ"ל: דלימציה ליה. עני נפשיה ולא יטריחנו לבעל הבית לרוץ אחריו: ה"ו. כמו אני והו (סוכה דף מה.) שמות הם: ומטיב לך. היינו ט"י: ירושה. היינו יו"ד: כתר. היינו כף: לעולם הבא. היינו למ"ד: מאמר פתוח ומאמר סתום. יש דברים שנתן רשות לדורשן ויש שאתה מצווה לסותמן כגון מעשה מרכבה: נאמן כפוף. אדם כשר צריך להיות כפוף ועניו וסופו להיות פשוט וזקוף לעולם הבא: סימנים. של סדר שמועות דתנא או אמורא בגירסא דלא תשכח אחת מהן כגון אלו שבש"ס: פה פתוח. בשעת המכנסים פזר: פה סתום. בשעת המפזרים כנס אם יש גדול ממך: במנוד ראש. ברתת ועניוה יתירה: מ"ט מהדר אפיה דקו"ף מרי"ש. לישנא דמעליא הוא שאחוריו של רי"ש לגבי הקו"ף שאין הקב"ה רוצה להסתכל בפני רשע: תגא דקו"ף. כמין זיי"ן שעושין בסופו של גג קו"ף: כרעיה דקו"ף תליא. שאינה נדבקת עם גגה: ליעול בהך. יקיף תחת רגלי הקו"ף ויכנס בפתח של ימין: מסייעין אותו. ומכינין לו פתח: הוא יליץ. מעצמו יליץ לא יסייעוהו ולא ימנעוהו: ואם לענוים. ולמדה טובה הוא נמשך: יתן חן. יסייעוהו מן השמים: מקרבן מיליה. אותיותיו קרובות שאשתן קרובות כסדרן של אלפא ביתא: אמת מרחקן מיליה. זו בתחילת אל"ף בית וזו באמצע וזו בסוף: אחד כרעא. כל אות ואות שבו עומדת על רגל אחד: אמת מלבן לבוני. מושכבין תחתיה אותיותי' כמין לבינה דאל"ף הרי יש לה ב' רגלים ומושבה טוב ורגל השני רחב: אתאוה לו. בתמיה וכן כולן: ע"כ מדת הרשעים. כן הוא נדרש אלא רשעים: אם את בוש. מלחטוא: גר דק גור בדוק. נפשך תהא צרורה תחת כסאי ודוק שמים: לים כל. גיהנם קרוי ים כל לפי שהרוב הולכים שם: אמר שר של גיהנם. ליס שלי תן את כל העולם ואפי' ישראל: אמר ליה אח"ס בט"ע גי"ף. אלפא ביתא היא אלא א"ת ב"ש וכולן סדורות בספר יצירה: אני אחוס עליהם על שבעטו בגיף. בניאוף: דכ"ץ. נוטריקון דכים כנים צדיקים: אין לך. גיהנם חלק בהן בישראל: ומרזן שת. ואומר שר של גיהנם זונני מזרעו של שת. כל העובדי כוכבים וישראל: אל בם. אמר לו הקב"ה לא יהא לך חלק בהם: ג"ן ד"ם. אמר הקב"ה אוליכם לגן הדם לגן עדן: ה"ע ו"ף. הנני עף ברעב: ז"ץ ח"ק. הללו זרעו של יצחק הם ולא אתנם לך: ט"ר י"ש כ"ת. שמור לי והמתן יש לי כתות אחרות:

תוספות

גרועי קא מגרע ליה דאמר רבי חייא בר אבא מנצפך צופים אמרום. וא"ת דהכא משמע דבפתוחה קאמר דצופים אמרום ובפ"ק דמגילה (דף ג:) פריך עלה דר' חייא בר אבא מאלה המצות שאין נביא רשאי לחדש דבר ועוד דהאמר רב חסדא מם וסמך שבלוחות בנס היו עומדים משמע דר' חייא בסתומה איירי ואור"י דהכי קאמר התם ועוד דהאמר רב חסדא ועוד אי רבי חייא בר אבא בסתומה איירי תקשה נמי דרב חסדא אלא ודאי בפתוחה איירי והא דנקט מנצפך ולא נקט להו כסדר אלפא ביתא משום דמנצפך משמע מן צופים: נבוב בובן בהר רהב. תימה דאמאי נקט להו כיון דלא הוה בלוחות: א"ל לר' יהושע בן לוי אתו דרדקי כו'. בירושלמי ובבראשית רבה (פ' א) קאמר דר' אליעזר ור' יהושע הוו מאותן דרדקי וחולק על הש"ס שלנו והא דאמר בפרקי דר' אליעזר שלא למד ר' אליעזר תורה אלא עד שהיה גדול היינו שלא עסק עד שנעשה גדול: אית דגרסי בא ליטמא פותחין לו. כלומר יש לו פתחים ליכנס בא ליטהר מסייעין אותו שפותחין לו פתח ליכנס והיינו דומיא דלעיל דשביק ליה פתח ליכנס ולהנהו דגרסי בא ליטמא פותחין לו צריך לומר דמסייעין אותו הוי טפי מפותחין: נתכוין

מסורת הש"ס

א) מגילה ב:, ב) ג"ז שם, ג) [שם יומא פ. תמורה טז.], ד) יומא פ., ה) [ע' בהר רהב], ו) [ע' עירובין נד: אין תורה נקנית וכו'], ז) מנחות כט: ע"ש, ח) יומא לח: ע"ז נה. מנחות כט:, ט) [ברכות סג.], י) [שם], כ) [וע' תוס' מגילה ב: ד"ה ועוד], ל) [מגילה פ"א ה"ט], מ) אבות דר"נ פ"ו.

הגהות הב"ח

(א) גמ' להיכן אוליכם לגן: (ב) רש"י ד"ה מיהוה וכו' תרוייהו ולא הוה ידעי:

תורה אור השלם

א) אֵלֶּה הַמִּצְוֺת אֲשֶׁר צִוָּה יְיָ אֶת מֹשֶׁה אֶל בְּנֵי יִשְׂרָאֵל בְּהַר סִינָי: [ויקרא כז, לד]

ב) אִם לַלֵּצִים הוּא יָלִיץ וְלַעֲנָוִים יִתֶּן חֵן: [משלי ג, לד]

רב נסים גאון

פי"ב הבונה כמה יבנה. אמרו לר' יהושע בן לוי אתו דרדקי לבי מדרשא ואמרו מילי דאפי' בימי יהושע בן נון לא איתמר כוותייהו בתחלת כתובות דר' אושעיא אמרו מעשה היה ביום סגריר ולא נכנסו חכמים לבית הועד והיו שם תינוקות אמרו באו ונעשה כצופים כו' ויש אומרים ר"א ור' יהושע ור"ע היו קראו עליהם גם במעלליו יתנכר נער מערבא לה בגמ' דבני מגילה בפ' נקראת (הל' ט) האורג

רבינו חננאל

למימר דמתני' ר' יוסי היא והא איכא בתר הכין מימרא דר' יוסי דאלמא רישא לאו ר' יוסי היא. ומוקים לה לכולהו כר' יוסי. א"ר חסדא לא צריכא שם קטן משם גדול שם משמעון ונח מנחור שהן שתי אותיות מב' שמות. [illegible]

ליקוטי רש"י

ומ"ס יתירה [דרוש הכי] לרבות [illegible]

[illegible] מלאכות. דיודע שהמלאכות אסורות בשבת, אבל שכח ששבת היום [לעיל שם]. יודע שמלאכות [illegible] כסבור אין שבת היום כולה חדא שגגה היא [סנהדרין שם]. כתבה כשירה. שעשאה כשירה אחת ארוכה ושיטה אחת קצרה שאין ממלא כל השיטה. או שכתב את השירה כיוצא בה. [illegible] אריח ע"ג אריח [מנחות לא:]. בשני ונסכיהם. דסגי בנסכה אייתר מ"ם לדרשה [תענית ב:]. [illegible]

אם נתכוין לכתוב אאזרך וכתב א"א ר' יהודה לא מחייב בהני כיון דלא משכחת מינייהו שם ולא מלה כיון דאיכא בכתיבא כה"ג בגלטורי ומתקיימין כשאר כתיבה (שהיא) מלאכה מתקיימת אני קורא [illegible] קמיעין שכותבין בהן אותיות כגון אא יי וכיוצא בהן (א). ואקשינן תוב וכי ר' יהודה בה מיקל ור' שמעון [illegible] והא שמעינן ליה לר' שמעון דמקיל בכי האי גוונא דתניא והקודח ר' שמעון אומר עד שיקדח את כולו [illegible]

the Holy One, Blessed is He: רִבּוֹנוֹ שֶׁל עוֹלָם – Master of the Universe, לְיַם כֹּל – to *YaM KoL* (*all to the sea*), i.e. all sinners, including Jews, should be cast into Gehinnom.[44]

For God's reply, the students begin to expound another form of letter combinations:[45]

אָמַר הַקָּדוֹשׁ בָּרוּךְ הוּא – The Holy One, Blessed is He, replied: אח״ס בט״ע גי״ף – *Achas beta giph* (*aleph ches samech, beis tes ayin, gimmel yud peh*): **אֲנִי חַס עֲלֵיהֶם מִפְּנֵי שֶׁבָּעֲטוּ בְּגִי״ף – *Ani CHaS*** (*I have pity*) **upon them** [i.e. the Jews] **because *BaATu beGIPH*** (*they rejected adultery*).[46] **דכ״ץ – *Dekatz*** (*dalet kaf tzadi*): **דַּכִּים הֵם כֵּנִים הֵם צַדִּיקִים הֵם – They are *Dakim*** (*clean,* i.e. innocent); **they are *Keinim*** (*upright*); **they are *TZadikim*** (*righteous*). **הל״ק – *Helek*** (*heh lamed kuf*): **אֵין לְךָ חֵלֶק בָּהֶן – You have no *CHeiLeK*** (*share*) **in them.**[47] **ומרז״ן ש״ת – *Vemarzan Sheis*** (*vav mem reish, zayin nun shin tav*): **אָמַר גֵּיהִנֹּם לְפָנָיו – Gehinnom said before** [**the Holy One, Blessed is He**]: **רִבּוֹנוֹ שֶׁל עוֹלָם – Master of the universe,**[48] **מָרִי זָנֵינִי מִזַּרְעוֹ שֶׁל שֵׁת – *MaRi*** (*my master*), ***ZuNeini*** (*feed me*) **from the seed of *SHeiS*,** i.e. idolaters and Jews alike.[49]

God's response is alluded to in yet another letter system:[50] **א״ל ב״ם ג״ן ד״ס – *Al bam gan das*** (*aleph lamed, beis mem, gimmel nun, dalet samech*): **אָמַר לוֹ – [The Holy One, Blessed is He] replied: לְהֵיכָן (אוליכן) [אוֹלִיכֵם] לְגַן הֲדַס – To where *OLiCHeiM*** (*will I lead them* [the Jews])?[51] **To *GaN haDaS*** (*a garden of myrtle*), i.e. the Garden of Eden.[52] **ה״ע ו״ף – *Ha vaph*** (*heh ayin, vav peh*): **אָמַר גֵּיהִנֹּם לִפְנֵי הַקָּדוֹשׁ בָּרוּךְ הוּא – Gehinnom said before the Holy One, Blessed is He: רִבּוֹנוֹ שֶׁל עוֹלָם – Master of the universe,**[53] **עָיֵף אָנֹכִי – I am *AYeiPH*** (*faint*) due to my hunger for victims.[54] **ז״ץ ח״ק – *Zatz chak*** (*zayin, tzadi, ches kuf*): **הַלָּלוּ זַרְעוֹ שֶׁל יִצְחָק –** The Holy One, Blessed is He, replied: **These are *Zaro*** (*the seed*) **of *YiTZCHaK*** (*Isaac*) and you cannot have them;[55] **ט״ר י״ש כ״ת – *tar yeish kat*** (*tes reish, yud shin, kaf tav*): **טַר יֵשׁ לִי כִּיתּוֹת כִּיתּוֹת שֶׁל עוֹבְדֵי כּוֹכָבִים – *TaR*** (*wait*)! ***YeiSH li KiTos KiTos*** (*I have many groups*) **of idolaters שֶׁאֲנִי נוֹתֵן לְךָ – that I will give you.**

NOTES

and protection from wrath, Hashem will have mercy upon you and you will be saved from temptation (Satan's blandishments). As we stated above, if one comes to purify himself he receives Divine assistance.

44. Gehinnom is referred to as the "sea" to which "all" go, because most people must be purged of their sins. The minister of Gehinnom argues that all sinners should be cast into his sea and no special treatment should be accorded the Jews (*Rashi;* cf. *Maharsha*).

45. These various forms of alphabet exposition are mentioned in *Sefer Yetzirah* (*Rashi*). [The form about to be expounded divides the twenty-two-letter alphabet into three seven-letter groups (the twenty-second letter is appended to the final group) and then combines the corresponding letters of each group. Thus, the combinations are 1-8-15, 2-9-16 etc.]

46. The Aramaic word for adultery is גִּיף (see *Targum Onkelos* to *Exodus* 20:13).

47. That is, Gehinnom has no ascendancy over the people of Israel (*Rashi;* see *Eruvin* 19a, where this concept is discussed at length). [Here too, the *heh* is expounded as a *ches* (*Maharsha*).]

48. God is represented by the letter *vav,* which is part of His Name (*Maharsha*).

49. Sheis [שֵׁת] was Adam's third son; he was Noah's forefather, and thus, all mankind is descended from him. [See *Toras Chaim* (Introduction to *Perek Cheilek*) for an explanation of why even after having been rebuffed Gehinnom continues to argue that the Jews should be cast into it.]

50. In this system, the twenty-two letters are divided into two eleven-letter groups and the corresponding letters of each group are paired. Thus, the combinations are 1-12, 2-13, etc.

51. The *beis* is read as a *chaf* here because their form is similar, as the Baraisa on 103b noted (*Maharsha*). [Our emendation of the text to read אוֹלִיכֵם, with the last letter a *mem,* follows *Hagahos HaBach.*]

52. The Garden of Eden is called a myrtle garden here because the righteous are compared to myrtles (*Hagahos Yavetz;* see *Megillah* 13a).

53. Here, God is represented by the *heh* (*Maharsha*).

54. [The *vav* is expounded as a *yud,* on account of their similarity.]

55. See above, 89b, where the Gemara discusses the special merit associated with being the progeny of Isaac, as opposed to the other forefathers (*Maharsha*).

גרועי קא מגרע ליה דאמר רבי חייא בר אבא מנצפך צופים אמרום. ול"ת דהכא משמע דבפתוחה קאמר דצופים אמרום ובפ"ק דמגילה (דף ג:) פריך עלה דר' חייא בר אבא מאלה המצות שאין נביא רשאי לחדש דבר ועוד דהאמר רב חסדא מם וסמך שבלוחות בנס היו עומדים משמע דר' חייא בסתומה איירי ואור"י דהכי קאמר התם ועוד דהאמר רב חסדא ועוד לר' חייא בר אבא בסתומה איירי תקשה נמי דרב חסדא אלא ודאי בפתוחה איירי והא דנקט מנצפך ולא נקט להו כסדר אלפא ביתא משום דמנצפך משמע מן צופים: **נבוב** בובן בהר רהב. תימה דאמאי נקט להו כיון דלא הוה בלוחות: **א"ל** לר' יהושע בן לוי אתו דרדקי כו'. בירושלמי ובבראשית רבה (פ' א) קאמר דר' אליעזר ור' יהושע הוו מאותן דרדקי וחולק על הש"ס שלנו והא דאמר בפרקי דר' אליעזר שלא למד ר' אליעזר תורה אלא עד שהיה גדול היינו שלא עסק עד שנעשה גדול: **אית** דגרסי בא ליטמא פותחין לו. כלומר יש לו פתחים ליכנס בא ליטהר מסייעין אותו שפותחין לו פתח ליכנס והיינו דומיא דלעיל דשביק ליה פתח ליכנס ולהנהו דגרסי בא ליטמא פותחין לו צריך לומר דמסייעין אותו הוי טפי מפותחין: נתכוין

עלויי קא מעלי ליה דאמר רב חסדא מ"ם וסמ"ך שבלוחות בנס היו עומדין אלא סתום ועשאו פתוח גרועי קא מגרע ליה דאמר ר' ירמיה ואיתימא ר' חייא בר אבא מנצפך צופים אמרום ותיסברא והכתיב אלה המצות שאין הנביא רשאי לחדש דבר מעתה אלא מיהוה הואי מידע לא הוה ידעין הי באמצע תיבה הי בסוף תיבה ואתו צופים תקנינהו ואכתי אלה המצות שאין הנביא רשאי לחדש דבר מעתה אלא שכחום וחזרו ויסדום גופא א"ר חסדא מ"ם וסמ"ך שבלוחות בנס היו עומדין ואמר רב חסדא כתב שבלוחות נקרא מבפנים ונקרא מבחוץ כגון נבוב בובן (רהב בהר) סרו ורם: אמרי ליה רבנן לריב"ל אתו דרדקי האידנא לבי מדרשא ואמרו מילי דאפילו בימי יהושע בן נון לא איתמר כוותיהו אל"ף בי"ת אלף בינה גימ"ל דל"ת גמול דלים מ"ט פשוטה כרעיה דגימ"ל לגבי דל"ת שכן דרכו של גומל חסדים לרוץ אחר דלים ומ"ט פשוטה כרעיה דדל"ת לגבי גימ"ל דלימציה ליה נפשיה ומ"ט מהדר אפיה דדל"ת מגימ"ל דליתן ליה בצינעה כי היכי דלא ליכסיף מיניה ה"ו זה שמו של הקב"ה ז"ח ט"י כ"ל ואם אתה עושה כן הקב"ה זן אותך וחן אותך ומטיב לך ונותן לך ירושה וקושר לך כתר לעוה"ב מ"ם פתוחה מ"ם סתומה מאמר פתוח מאמר סתום נו"ן כפופה נו"ן פשוטה נאמן כפוף נאמן פשוט ס"ע סמוך עניים ל"א סימנין עשה בתורה וקנה אותה פ' כפופה פ' פשוטה פה פתוח פה סתום צד"י כפופה וצד"י פשוטה צדיק כפוף צדיק פשוט היינו נאמן כפוף נאמן פשוט הוסיף לך הכתוב כפיפה על כפיפתו מכאן שנתנה התורה במנוד ראש קו"ף קדוש רי"ש רשע מאי טעמא מהדר אפיה דקו"ף מרי"ש אמר הקב"ה אין אני יכול להסתכל ברשע ומאי טעמא מהדרה תגיה דקו"ף לגבי רי"ש אמר הקב"ה אם חוזר בו אני קושר לו כתר כמותי ומ"ט כרעיה דקו"ף תלויה דאי הדר ביה ליעייל וליעול בהך מסייע ליה לריש לקיש דאמר ר"ל מ"ד אם ללצים הוא יליץ ולענוים יתן חן בא ליטמא פותחין לו בא ליטהר מסייעים אותו שי"ן שקר תי"ו אמת מאי טעמא שקר מקרבן מיליה אמת מרחקא מיליה שיקרא שכיח קושטא לא שכיח ומ"ט שיקרא אחדא כרעיה קאי ואמת מלבן לבוניה קושטא קאי שיקרא לא קאי א"ת ב"ש אותי תעב אתאוה לו ב"ש בי לא חשק שמי יחול עליו ג"ר גופו טימא ארחם עליו ד"ק דלתותי נעל קרניו לא אגדע עד כאן מדת רשעים אבל מדת צדיקים א"ת ב"ש אם אתה בוש ג"ר ד"ק אם אתה עושה כן גור בדוק ה"ץ ו"ף חציצה הוי בינך לאף ז"ע ח"ס ט"ן ואין אתה מזדעזע מן השטן י"ם כ"ל אמר [שר של] גיהנם לפני הקב"ה רבונו של עולם לים כל אמר הקב"ה אח"ס בט"ע ג"ף אני חס עליהם מפני שבעטו בגי"ף דכ"ץ דכים הם כנים הם צדיקים הם הל"ק אין לך חלק בהן ומרז"ן ש"ת אמר גיהנם לפניו רבונו של עולם מרי זניני מזרעו של שת א"ל א"ל ב"ם ג"ן ד"ס להיכן אוליכן (א) לגן הדם ה"ע ו"ף אמר גיהנם לפני הקב"ה רבונו של עולם עיף אנכי ז"ץ ח"ק הללו זרעו של יצחק ט"ר י"ש כ"ת טר יש לי כיתות כיתות של עובדי כוכבים שאני נותן לך: מתני'

עלויי קא מעלי ליה. שהיתה מם סתומה בלוחות אבל מם פתוחה לא היתה בלוחות כדמפרש מנצפך צופים אמרום וכיון דאמר רב חסדא מם וסמך שבלוחות בנס היו עומדים לא אפשר לאוקומיה אלא בסתומה דהואיל והכתב היה נראה משני עבריהם היה לה ליפול אם לא שבנס היה עומד אבל פתוחה אין בה נס ע"כ מנצפך דרבי ירמיה דאמר צופים אמרום בפתוחים קאמר. יש שמקשין סוגיא זו על סוגיא דאמר במגילה דרמינן הא דר' ירמיה אהא דרב חסדא אלמא תרוייהו בסתומין ואין זו קושיא שכן דרך הש"ס המקשן מהפך הסברא כאן כדי שיקשה ובמקום אחר מהפכו לפי הקושיא ואי הוה בעי התם לתרוצי כי איתמר דרב חסדא בסתומין ודר' ירמיה בפתוחין הוה מתרץ ליה אלא תירוצא מעליא שני ליה התם וה"נ: **מיהוה הוה.** תרוייהו ולא (ג) ידעי הי באמצע תיבה כו': **ונקרא מבחוץ.** האותיות הפוכות והתיבה הפוכה ולא שמשמעין אלא שהיה החקק נוקב את כל הלוח ולפיכך היו מ"ם וסמ"ך בנס: **נבוב בהר סרו.** לא היו בלוחות אלא תיבה בעלמא נקט: **אלף בינה.** למוד תורה: **מ"ט פשוט כרעיה דגימ"ל לגבי דל"ת.** ולא לגבי ב"ה: **מ"ט פשוט כרעיה דדל"ת לגבי גימ"ל.** ולא לגבי ה"א שמושכה קלת לצד גימ"ל: **דלימציה ליה.** עני נפשיה ולא יטריחנו לבעל הבית לרוץ אחריו: **ה"ו.** כמו אני והו (סוכה דף מה.) שמות הם: **ומטיב לך.** היינו טי"ת: **ירושה.** היינו יו"ד: **כתר.** היינו כף: **לעולם הבא.** היינו למ"ד: **מאמר פתוח ומאמר סתום.** יש דברים שנתן רשות לדורשן ויש שאסור לדורשן כגון מעשה מרכבה: **נאמן כפוף.** אדם כשר לריך להיות כפוף ועניו וסופו להיות פשוט חקוק לעולם הבא: **סימנים.** של סדר שמועות דתנא או אמורא בגירס' דלא תשכח אחת מהן כגון אלו שבש"ס: **פה פתוח.** בשעת המכניסים כנס אם יש גדול ממך: **פה סתום.** בשעת המפוזרים: **במנוד ראש.** ברתת ועניו יתירה: **מ"ם מהדר אפיה דקו"ף מרי"ש.** לישנא למעלה הוא שאחוריו של רי"ש לגבי הקו"ף שאין הקב"ה רוצה להסתכל בפני רשע: **תגא דקו"ף.** כמין זיי"ן שעושין בסופו של גג קו"ף: **כרעיה דקו"ף תליא.** שאינה נדבקת עם גגה: **ליעול בהך.** יקיף תחת רגלי הקו"ף ויכנס בפתח של ימין: **מסייעין אותו.** ומכינין לו פתח: **הוא יליץ.** יניח לו יסייעוהו ולא ימנעוהו: **ואם לענוים.** ולמדה טובה הוא נמשך: **יתן חן.** יסייעוהו מן השמים: **מקרבן מיליה.** אותיותיו קרובות שאשתן קרובות כסדרן של אלפא ביתא:

אמת מרחקן מיליה. זו בתחילת אל"ף בית וזו באמצע וזו בסוף: **אחד כרעא.** כל אות ואות שבו עומדת על רגל אחד: **אמת מלבן לבוני.** מושכבין תחתיה אותיותי' כמין לבינה דאל"ף הרי יש לה ב' רגלים ומושבה טוב ורגל השני רחב: **אתאוה לו.** בתמיה וכן כולן: **ע"כ מדת הרשעים.** כן הוא נדרש אצל רשעים: **אם את בוש.** מלחטוא: **גר דק גור בדוק.** נפשך תהא לצורה תחת כסאי ודוק שמים: **לים כל.** גיהנם קרוי ים כל לפי שהרוב הולכים שם: **אמר שר של גיהנם.** ליה שלי תן את כל העולם ואפי' ישראל: **אמר ליה אח"ס בט"ע גי"ף.** אלפא ביתא היא אצל א"ת ב"ש וכולן סדורות בספר יצירה: **אני אחוס עליהם על שבעטו בגיף.** בגילוף: **דכ"ץ.** נוטריקון דכים כנים צדיקים: **אין לך.** גיהנם חלק בהן בישראל: **ומרזן שת.** ואומר שר של גיהנם זוני מזרעו של שת. כל העובדי כוכבים וישראל: **אל בם.** אמר לו הקב"ה לא יהא לך חלק בהם: **ג"ן ד"ס.** אמר הקב"ה אוליכם לגן הדס לגן עדן: **ה"ע ו"ף.** הנני עף ברעב: **ז"ץ ח"ק.** הללו זרעו של יצחק הם ולא אתנם לך: **ט"ר י"ש כ"ת.** שמור לי והממתן יש לי כתות אחרות:

רבינו חננאל

למימר דמתני' ר' יוסי היא והא איכא בתר הכין מימרא דר' יוסי דאלמא רישא לאו ר' יוסי היא. ומוקים לה לכולהו כר' יוסי. א"ר יהודה מצינו שם קטן משם גדול שם משמעון ונח מנחור שהן שתי אותיות מב' שמות. פי' ב' אותיות מב' שמות כגון שם משמעון שי"ן מ"ם והן ב' אותיות וב' שמות כדאמרן שי"ן מ"ם נח מנחור נו"ן חי"ת ודן כיוצא בהן אבל ב' אותיות שהן שם אחד כגון גג שזה וזה גימ"ל והן ב' אותיו' בשם אחד. כיוצא בו דד הה חח סס רר שש תת ולישנא דרבנן טט צץ אלו ב' אותיות שהן שם אחד שהן דד הה חח הא הא חית חית וכיוצא בהן. ואקשינן וכי ר' יהודה הכותב ב' אותיות והן ב' שמות כדאמרן הוא דמחייב אבל ב' אותיות והן שם אחד לא מחייב והתניא ועשה אחת יכול שאינו חייב עד שיכתוב את כל השם ת"ל מאחת אפי' מקצת (מאחת) אי מאחת ואפי' מקצתה יכול אפילו לא כתב מן התיבה אלא אות אחת יהא חייב ת"ל אחת הא כיצד אינו חייב עד שיכתוב שם קטן משם גדול שי"ן מ"ם משמעון ושמואל ונח מנחור ודן מדניאל ר' יהודה אומר אפילו לא כתב אלא ב' אותיות והן שם אחד כגון שש רר גג חח הה הנה ת"ק שנה סתם שם משמעון ונח מנחור וכולהו ש"מ דכיוצא באלו ב' אותיות שהן ב' שמות הוא דמחייב ת"ק אבל ב' אותיות שהן שם אחד לא ופליג ר' יהודה

א) מגילה ב:, ב) ג"ז שם, ג) [שם יומא פ. תמורה טז.], ד) יומא פ. [נ"ל בהר רהב], ו) [פי' עירובין נד: אין תורה נקנית וכו'], ז) [מנחות כט: ע"ש], ח) יומא לח: ע"ז נה. מנחות כט:, ט) [ברכות סג.], י) [שם], כ) [ועי' תוס' מגילה ג: ד"ה ועוד], ל) [מגילה פ"א ה"ט], מ) אבות דר"נ פ"ו.

הגהות הב"ח

(א) גמ' להיכן אוליכן לגן: (ב) רש"י ד"ה מיהוה וכו' תרוייהו ולא הוה ידעי:

תורה אור השלם

א) אֵלֶּה הַמִּצְוֹת אֲשֶׁר צִוָּה יְיָ אֶת מֹשֶׁה אֶל בְּנֵי יִשְׂרָאֵל בְּהַר סִינָי: [ויקרא כז, לד]

ב) אִם לַלֵּצִים הוּא יָלִיץ וְלַעֲנָוִים יִתֶּן חֵן: [משלי ג, לד]

רב נסים גאון

פי"ב הבונה כמה יבנה. אמרו ליה לר' יהושע בן לוי אתו דרדקי לבי מדרשא ואמרו מילי דאפי' בימי יהושע בן נון לא איתמר כוותייהו בתחלת בראשית דר' אושעיא אמרו מעשה היה ביום סגריר ולא נכנסו חכמים לבית הוועד והיו שם תינוקות אמרו באו ונעשה כצופים כו' ויש אומרים ר"א ור' יהושע ור"ע היו קראו עליהן גם במעלליו יתנכר נער ומשכתת לה בגמ' דבני מערבא בפ' מגילה נקראת (הל' ט). האורג

ליקוטי רש"י

ומ"ם יתירה [דרוס הכין] לרבות שכותב שם משמעון לדף על גב שנתכוון לעשות תיבה גדולה כהולי' ושני אותיות הראשונות שם במקום אחר כן חייב והיינו מאחת מקצת מאחת ואמר לא כולה יכול מקצת לעיל שם. מהגה תולדות. כלומר היולאות מהן מן האבות [שם]. דנפקא לן מדכתי' להו לאבות והיינו מהנה כלומר מן הדומות להם [סנהדרין שם]. אחת שהיא הנה. דאמרן פעמים שחייב על כל אחת ואחת מאי היא כגון שנעלם ממנו זדון שבת ושגגת מלאכות דחייב על כל מלאכה ומלאכה שעשה כדלקמן והנה שהיא אחת פעמים שחייב על כולן אחת מאי היא כגון שגגת שבת וזדון מלאכות [לעיל שם]. ולדברי לעיל פעמים שמחייב על כל אחת ואחת דהיינו על אחת הנה על שלא מלאכות בכמה פעמים חייב על כולן אחת כמה מלאכות כגון עושה מלאכה הרבה בשבת וזדון מלאכות כדמפרש לעיל דיש לו שגגות שבת הרבה [סנהדרין שם]. שגגת שבת וזדון מלאכות.

...ון מלאכות. דיודע שהמלאכות אסורות בשבת, אבל שכח ששבת היום [לעיל שם]. יודע שמלאכות ...ל כסבור אין שבת היום כולה חדא שגגה היא [סנהדרין שם]. כתבה כשירה. שעשאה כשירה ...אחת ארוכה ושיטה אחת קצרה שאין ממלא כל השיטה. או שכתב את השירה כיוצא בה. ...יבות] אריח ע"ג אריח [מנחות לא:]. בשני ונסכיהם. דסגי בנסכה איתר מ"ם לדרשה [תענית ב:]. ...שני תמידי היום ולא שינה הלשון אלא לדרוש כמו שאמרו רז"ל בשני [נאמר] ונסכיהם בששי ונסכיה, ...יו"ד מ"ם הרי כאן מים רמז לנסוך המים מן התורה בחג [במדבר כט, יח]. [ע"כ שייך לדף קג:]. בנס ...חקיקתן משני עבריהן הלכך שאר אותיות יש להן מקום דבק אלא מ"ם וסמ"ך היתה באויר (ודוקא ...נצפך. כפל אותיות. צופים אמרום. נביאי הדורות [שם ב:]. ויסדום. על פי הדבור [סוכה מד.]. ...ות זו אחר זו וסימני חכמים כדרך שיש בהש"ס [עירובין נד:]. פה פתוח. בשעת המכניסים שאין ...רה לתלמידים, פזר אתה לשנות לתלמידים. פה סתום. בשעת המפוזרים שהגדולים שבדור מרבילים ...טול שרבה עליהם דאף זו לכבוד שמים היא לאחוז במדת הענוה וכתיב עת לעשות לה' הפרו תורתך ...פתח העליון בין רגל שבתוכו לגג. וליעול בהדך. פתח התחתון. אם ללצים הוא יליץ. [הקב"ה ...לו להיות לך [מנחות כט: עיי"ש]. אם ללצים הוא בא להתחבר הוא יליץ לא ימנעוהו ולא יעזרוהו. ...הוא בא להתחבר יתן לו מן מי שבידו ליתן. בא ליטמא. כיון שבא אדם לטמא [ו]להיות רשע. ...הטומאה ליכנס [בה כלומר] מספיקין בידו ואין מונעין [אותו] מן השמים לעכבו [יומא לח:].

חשק שלמה על רבינו חננאל א) עיין בערוך ערך אא:

מתני' הכותב שתי אותיות בהעלם אחד חייב א כתב בדיו בסם בסיקרא בקומוס ובקנקנתום ובכל דבר שהוא רושם ב על שני כותלי זויות ועל שני לוחי פינקס והן נהגין זה עם זה חייב ג הכותב על בשרו חייב המסרט על בשרו ר' אליעזר מחייב חטאת ח וחכמים פוטרין ה כתב במשקין במי פירות באבק דרכים באבק הסופרים ובכל דבר שאינו מתקיים פטור ו לאחר ידו ברגלו בפיו ובמרפיקו ז כתב אות אחת סמוך לכתב וכתב על גבי כתב נתכוון לכתוב חי"ת וכתב ב' זיינין אחת בארץ ואחת בקורה כתב על ב' כותלי הבית על שני דפי פנקס ואין נהגין זה עם זה פטור כתב אות אחת נוטריקון ר' יהושע בן בתירא מחייב ח וחכמים פוטרין: גמ' דיו ט דיותא סם סמא סקרא אמר רבה בר בר חנה סקרתא שמה קומוס קומא קנקנתום אמר רבה בר בר חנה אמר שמואל חרתא דאושכפי: ובכל דבר שהוא רושם: לאתויי מאי לאתויי הא דתני י רבי חנניא כתבו במי טריא ואפצא כשר תני ר' חייא כ כתבו באבר בשחור ובשיחור כשר: המסרט על בשרו: תניא ל אמר להן רבי אליעזר לחכמים והלא בן סטדא הוציא כשפים ממצרים בסריטה שעל בשרו אמרו לו שוטה היה ואין מביאין ראיה מן השוטים: כתב אות אחת סמוך לכתב: מאן תנא אמר רבא בר רב הונא דלא כר' אליעזר דאי ר' אליעזר האמר אחת על האריג חייב: כתב על גבי כתב: מאן תנא א"ר חסדא דלא כר' יהודה דתניא הרי שהיה צריך לכתוב את השם ונתכוון לכתוב יהודה וטעה ולא הטיל בו דלת מעביר עליו קולמוס ומקדשו דברי ר' יהודה וחכמים אומרים אין השם מן המובחר תנא כתב אות אחת והשלימה לספר ארג חוט אחד והשלימה לבגד חייב מאן תנא אמר רבא בר רב הונא ר' אליעזר היא דאמר אחת על האריג חייב רב אשי אמר אפילו תימא רבנן להשלים שאני א"ר אמי כתב אות אחת בטבריא ואחת בציפורי חייב כתיבה היא אלא שמחוסר קריבה והתנן כתב על שני כותלי הבית ועל שני דפי פנקס ואין נהגין זה עם זה פטור התם מחוסר מעשה דקריבה הכא לא מחוסר מעשה דקריבה תנא הגיה אות אחת חייב השתא כתב אות אחת פטור הגיה אות אחת חייב אמר רב ששת הכא במאי עסקינן כגון שנטלו לגגו של חי"ת ועשאו שני זיינין רבא אמר כגון שנטלו לתגו של דל"ת ועשאו רי"ש תנא נתכוון לכתוב אות אחת ועלו

רש"י

מתני' על שני כותלי זויות. אחת במזרח ואחת בצפון סמוכות זו לזו במקצוע: על שני לוחי פנקס. פנקס של חנוונים כעין אוטן של סוחרים שיש להם לוחים הרבה חקוקין וטוחין בשעוה: על שני לוחי פנקס. רבותא אשמועינן דאע"ג דלאו אלוח אחד הם אם נהגין ונקרין זה עם זה שכתובין על שני שפתי הלווחין סמוכים זה לזה חייב: הכותב על בשרו. בדיו: המסרט. במכתב או בסיד: במשקין. כמו מי תותים שמשחירין: או במי פירות. כל פירות: באבק דרכים. בטיט לשון אחר באבק דרכים באצבעו שרט כמו אותיות בעפר נגוב: באבק הסופרי'. עפרורית של קסת הסופר: לאחר ידו. בגב ידו שאחז הקולמוס באצבעותיו והפך ידו וכתב: מרפיקו (א). אצילי ידיו: כתב אות אחת סמוך לכתב. אבל אות הכתובה זיוג אות להשלימה לשתים: כתב ע"ג הכתב. העביר הקולמוס על אותיות הכתובים כבר וחדשם: נתכוין לכתוב חי"ת. ודילג הקולמוס ולא נראה הגג של חי"ת אלא שני הרגלים ונראה כשני זיינין: על שני כותלי הבית. שאינו במקצוע: על שני דפי פנקס. שעשוי עמודים כמגילה וכתב אות בעמוד זה ואות בזה ואינו יכול לקרבן אלא אם כן יחתוך הפסק שביניהם וה"ה לכותלי הבית רחוקין זה מזה ותנא ברישא שני כותלי הבית דסתמא אין נהגין זה עם זה והדר תנא שני דפי פנקס וה"ה לכותלי הבית ולא זו אף זו קתני: כתב אות אחת על שם נוטריקון. שעשה סימן נקודה עליה לומר שלהבין בה תיבה שלימה כתבה: גמ' סמא. אורפימינ"ט: סקרתא. אימני"א צבע אדום שצובעין בה תריסין: קומא. גומא שרף אילן: חרתא דאושכפי. ארמינ"ט: כתבו. לגט: במי טריא. י"א מין פרי וי"א מי גשמים: אפצא. מי עפצים גל"ש: באבר. בעופרת ומשחיר כשהוא משפשף עופרת על הקלף: בשחור. פיחם: שיחור. אדרמינ"ט: הוציא כשפים. שלא היה יכול להוציאן כתובים שהיו החרטומין בודקין כל היוצאים שלא יוציאו כשפים ללמדם לבני מדינה אחרת: שוטה היה. שטות היה בו לעשות מה שאין דרך בני אדם עושים ומסר נפשו על הדבר: א' על האריג. חוט א' ארג על קצת אריג: וטעה ולא הטיל בו דלת. ונמצא שם נכתב במקומו אבל לא בכוונה: מעביר עליו קולמוס. לכוונת שם על כל אותיותיו כאילו הוא כותבו: והשלימה לספר. אות אחרונה של אחת מכ"ד ספרים: מחוסר מעשה דקריבה. אינו מקרבן אלא על ידי קציצה המפסיק ביניהן וכי קאמר רב אמי כגון כתב אחת על שפת לוח זו בטבריה ואחת על שפת לוח זו בצפורי ואתה יכול לקרבן שלא במעשה אלא קריבה בעלמא: ועשאו שני זיינין. והספר לכך צריך: רבא אמר כגון שנטלו לתגא דדלית. דלא הוי אלא הגהת אות אחת ובדבר מועט חייב הואיל וזהו תיקון הספר ס) דאסור לאדם לשהות ספר שאינו מוגה משום אל תשכן באהליך עולה (איוב יא) והוה ליה ככתב אות אחת והשלימה לספר דאמרן לעיל דחייב ואפי' לרבנן: ועלו

תוספות

נתכוין לכתוב ח' וכתב שני זיינין. וא"ת מאי איריא נתכוין לכתוב ח' דלא נעשית מחשבתו אפילו נתכוין לכתוב ז' אחד וכתב שני זיינין פטור כמו נתכוין לזרוק ב' וזרק ד' (לעיל דף עג.) וכן קשה אברייתא דמייתי בגמרא נתכוין לכתוב אות אחת ועלו בידו שתים חייב אמאי חייב מ"ש מנתכוין לזרוק שתים וזרק ד' וי"ל דמיירי כגון שהיה צריך לכתוב שתי אותיות איזה שתי אותיות שיהיו דהשתא נתכוון לדבר איסור וגם נעשית מחשבתו ואפילו הכי פטור כדמפרש בגמ' משום דבעי זיוני וא"ת מאי איריא נתכוין לכתוב חי"ת אפי' נתכוון לכתוב שני זיינין וכתב בלא זיון פטור וי"ל דנקט נתכוין לכתוב ח' לרבותא דדוקא כתב שני זיינין דבעי זיון פטור אבל כתב שתי אותיות אחרות דלא בעו זיון חייב ואע"ג דהשתא מיהא לאחת הוא דמתכוין: שיחור. פירש רש"י איידרמנ"ט ואין נראה דאמאי הוה קרי ליה רבי חייא בל"א ולא נקט ליה בלשון ל) מתני': בן סטדא. ° אור"ת דהא בן סטדא דאמרינן הכא דהוה בימי פפוס בן יהודה דהוה בימי רבי עקיבא כדמוכח בפרק בתרא דברכות (דף סא:): אמר רב חסדא דלא כר' יהודה. וא"ת רב אחא ברבי יעקב דקאמר אההיא דקאמר רב חסדא בפ' שני דגיטין (דף כ.) גט שכתבו שלא לשמה והעביר עליו קולמוס לשמה באנו למחלוקת ר' יהודה ורבנן דתניא נתכוון לכתוב כו' ודחי רב אחא בר יעקב דלמא לא היא ע"כ לא קאמרי (ב) התם גבי תורה אלא משום זה אלי ואנוהו אבל גבי גט מודו א"כ מתני' דהכא כמאן אתיא וי"ל דדוקא בגט שהיה כתוב שלא לשמה הוי כתב עליון כתב לכולי עלמא שהאחרון מתקן יותר מן הראשון שעושהו לשמה אבל כשאין כתב העליון מתקן כלום לכ"ע לא הוי כתב ובהכי מיירי מתני' ואתיא ככ"ע ורב חסדא דקאמר הכא דמתני' אתיא דלא כר"י לטעמיה דקאמר התם גבי גט באנו למחלוקת ר"י ורבנן ומשמע ליה דמתני' דהכא בכל ענין איירי אפי' כשמתקן בכתב האחרון אבל לרב אחא בר יעקב ע"כ מתני' לא איירי בכל ענין דבגט לא מלי איירי: התם מחוסר מעשה. בפרק כל המנחות באות מצה (מנחות דף נז.) בהניח בשר על גבי גחלים ונצלה בו כגרוגרת בשני מקומות איכא מאן דמחייב ואיכא מאן דפטר מאן דמחייב סבר דלא דמי לכתב על שני כותלי הבית שאין מזיק שם חסרון קריבה כמו כאן: והתניא

עין משפט נר מצוה

כה א מיי' פי"א מהל' שבת הל' טו סמג לאוין סה:
כו ב מיי' שם הל' יא:
כז ג ד שם הלכה טז:
כח ה שם הלכה טו טוש"ע א"ח סי' שמ סעיף ד ה:
כט ו מיי' שם הל' יד:
ל ז שם הלכה יא:
לא ח שם הלכה יג:
לב ט מיי' פ"ד מהל' גירושין הלכה ב סמג עשין נ טוש"ע אה"ע סימן קכה סעיף ג:
לג י מיי' שם הלכה א טוש"ע שם סעיף ב:
לד כ מיי' פ"א מהל' תפילין הלכה טו טוש"ע י"ד סי' רעו סעיף ב ועיין בב"י:
לה ל מיי' פי"א מהל' שבת הלכה ט:
לו מ מיי' פ"ט מהל' שבת הלכה יח:
לז נ מיי' פי"א שם הלכה יג:
לח ס שם הלכה יג:

רבינו חננאל

ע"ה ממזר ת"ח קודם. ולא תימא הני מילי לפדות ולהחיות ולכסות הא לישיבה לא אלא אפי' לישיבה. ת"ח קודם מ"ט יקרה היא מפנינים מכ"ג שנכנס לפני ולפנים. וקיי"ל כת"ק דמתני' דאפילו ר' יוסי דקיי"ל נמוקו עמו. הא (דאינך) [מדאמר] ר' יוסי ב"ר חנינא מ"ט דר' דדריש ועשה אחת ועשה הנה ומפרש אחת שמעון מאחת שם משמעון שמעינן מיניה דמודי ר' יוסי כי הכותב שם משמעון חייב משום כותב וגרסי' נמי בהזורק מלתא פשיטתא. פשיטא נתכוון לזרוק ח' וזרק ד' הרי כתב שם משמעון וכן שנו בכיצד הרגל וכבר פירשנוה התם. אמר מר א"ר יהודה מצינו שם קטן משם גדול שם משמעון ושמואל מי דמי מ"ם דשמעון פתוח ומ"ם דשם סתום וכאשר יכתוב שם בזה אינו נקרא שם. ופריק רב חסדא זאת אומרת סתום ועשאו פתוח כשר. ומותבינן עלה וכתבתם על מזוזות ביתך פי' וכתבתם כתב תם. שלא יקרא אלפין עיינין ביתין כפין כלומר שלא תהא צורת בית כלא תגין כאן כ"ך קתני מיהת כו' ולא אותיות פתוחות סתומות ולא סתומות פתוחות כלומר אם כתב במזוזה אות שלימה פתוחה סתומה תיגנז מכלל שהיא פסולה. ופרקינן מתני' דמחייב הכותב שם משמעון ופריק רב חסדא זאת אומרת סתום ועשאו פתוח כשר. ר' יהודה בן בתירה היא דדריש סימן לימי החג דרמזו קרא' כלומר ונסכיהם כתוב מ"ם יתירה. ובכולהו כתיב ונסכה והאי כתיב ונסכיה יו"ד יתירה וכן בכולהו כתיב כמשפט והכא כמשפטם והרי ונסכיהם ונסכיה כמשפטם מ"ם ומצאנו נמי סתום באמצע תיבה כדכתיב למרבה המשרה ומדפתוח ועשאו סתום כשר כך סתום ועשאו פתוח כשר. ואקשינן בשלמא פתוח ועשאו סתום דעלויי עייליה דכל אות שהיתה כתובה בלוחות חשובה היא ומעולה מן האותיות שנתוספו אח"כ ובלוחות לא היה מ"ם אלא סתומה כרב חסדא דאמר רב חסדא מ"ם וסמ"ך שבלוחות בנס היו עומדין פי' מ"ם סתום מכל צד הוא סתום כמו סמ"ך וכיון שהיו האותיות כולן בלוחות חרוצות חרותות מפולשות הרי (כיס) [אות] האמצעי כגון הלובן שלהן אם יש במה להיסמך בהן עומד הלבן בלוח אבל מ"ם וסמ"ך שאין להן במה להיסמך בנס עומד הלבן שבתוכם. שאילו נפל הלבן היה נראה מקומו נקב ואין בו צורת האות. לפיכך המ"ם סתום כיון שהיה חרות בלוחות יש בו עילוי אלא המ"ם הפתוח גרוע הוא וכיון שעשה הסתום פתוח גרועי גרעי שהפתוחין מחודשין ולא היו בלוחות. וא"ר ירמיה ואיתימא ר' חייא בר אבא מנצפ"ך צופים אמרום. ופריק לעולם מהוה הוו בלוחות הפתוחות והסתומות שאין נביא יכול לחדש דבר וכך היו מתוקנין להיות הפתוחות בראש התיבה ובאמצעה והסתומות בסוף התיבה ורוב העם מן הסופרים ההדיוטים שכחום. והיו כותבין הסתומין בין באמצע תיבה בין בסוף תיבה וכן הפתוחות עד שחזרו ב"ד ותקנום להם כאשר היו מסורין מיוסדין בידיהן וכיון שהיתה ירכתי הכתב מפולשות מצד זה לצד זה קיימא דרב חסדא שהיה נראה מאחוריו הפוך כדרך הנקרא כתב שע"ג זכוכית מאחוריו: כתב אות אחת סמוך לכתב כגון שהיה כתוב נו"ן וכתב תחתיו חי"ת אף על פי כי נמצא נח והנה שם כתוב פטור הוא ודלא כר' אליעזר דאמר האורג חוט אחד על האריג חייב. אבל אם היתה מזוזה חסרה אות או ספר היה חסר אות והשלימו אע"פ שלא כתב אלא אות אחת חייב ואפילו לרבנן דקיי"ל להשלים שאני מי טריא בגס ממין שהיה ידוע באותה העת קומא שרף דגרסינן בפרק הראשון כל השרפין יפין לדיו ושרף קטף מן המובחר אבר ועופרת שיחור כלי ברזל שמשרפו. שחור בלשון ישמעאל אל סבאס ואל סודאי. מעשה בבן פטיא שהוציא כשפים ממצרים בשריטה על בשרו אמרו לו שוטה הוא ואין מביאין ראיה מן השוטים. כתב ע"ג כתב פטור אוקמה רב חסדא דלא כר' יהודה דאי ר' יהודה הא כתיבה מעליא היא דאמר מעביר עליו קולמוס ומקדשו: ירושלמי תני עדים שאין יודעין לחתום. אמר ריש לקיש רושם להם בסיקרא והן חותמין בדיו או רושם להם בדיו וחותמין בסיקרא א"ל ר' יוחנן וכי מפני שאנו עוסקין בהלכות שבת נתיר אשת איש אלא מקרעין להן נייר חלק ומרחיב להן הקרע. א"ר חייא בר אבא אילין בני מדינחא ערימין סגין כדבעי כתבין לחבריה כתיב ליה במי מילין ומשדר לחבריה והוא שפיך עליה דיו שאין בו עפיץ וקליט מקום הכתב עשה כן בשבת מהו ר' יוחנן ור"ל דאמרי תרוויהו דיו ע"ג סיקרא או סיקרא ע"ג דיו חייב ר' יצחק אמר חייב שתים אחת משום כותב ואחת משום מוחק. א"ר אמי כתב אות אחת בטבריא ואות אחת בצפורי חייב כתיבה היא אלא שמחוסרת קריבה זה שמענו פירוש זה כגון שכתב בקרקע של טבריא שי"ן ובקרקע כנגדו בצפורי [מ"ם] חייב. מ"ט כתיבה שהרי כתב ב' אותיות והן שם אלא שמחוסרת קריבה כלומר אין שם חסר דבר במלאכה אלא אילו האריך המ"ם עד שיקרבנו לשי"ן הרי נתברר הדבר אע"פ שגם עתה המכוון זה האות כנגד זה האות קורא השם הנכתב מחוסר קריבה הוא ואקשינן והתנן על ב' דפי פנקס ואין נהגין זה עם זה פטור. ופרקי' התם לגבי הפנקס מחוסר מעשה קריבה כלומר צריך מעשה לקרב דפי הפנקס שהוא מעשה אחר זולת מעשה הכתיבה. ואם לא קריבה ולא כלום הוא. שאין שם ב' אותיות. ואם תאמר גם זה צריך

מסורת הש"ס

א) ס"א ור' יהושע פוטר, ב) מגילה יח: גיטין יט., ג) ג"ז שם בגיטין, ד) [תוספתא פרק י"ב], ה) [חולין מט: נדה לג:], ו) [לקמן קה. וש"נ], ז) גיטין כ. נד: [מס' סופרים פ"ה הלכה ג], ח) בכ"י רבה וכ"ה בחדושי הר"ן, ט) לקמן קה. [כריתות יט:], י) [ע' תוס' מנחות כט: ד"ה דמטריה], כ) [כתובות יט:], ל) [עיין תוס' גיטין יט. ד"ה קנקנתוס].

הגהות הב"ח

(א) רש"י ד"ה מרפקו. נ"ב ע"ל בר"פ המצניע דף צב ע"א וכמ"ש התוס': (ב) תוס' ד"ה אמר רב חסדא וכו' ע"כ לא קאמרי רבנן התם:

גליון הש"ס

גמ' א"ר אמי כתב אות אחת בטבריא. עיין לעיל דף פ ע"א תוס' ד"ה בהעלם אחד: תוס' ד"ה בן סטדא. ע' בסה"ד קמב ע"ד. ועיין תוס' חגיגה דף ד' ע"ב ד"ה הוה שכיח:

ליקוטי רש"י

פינקס. כעין אוטן של סוחרים שמוקקים עליהן בעט [גיטין כ.]. מרפיקו. אציל שקורין איישיל"א [ערכין יט.]. שקורא קוד"א [זבחים יח: ועי' בתוס' לעיל צב.]. סמא. וצריך בלשון קודש אורפימנט"ו בלע"ז [מגילה יח:]. חרתא דאושכפי. סם שצובעין בו מנעלים שחורין [שם יט.]. מי טריא. מים גשמים לשון מורי מי טריא מים שנשרו בו פרי שהוא כעין עפצים גל"ש בלע"ז. באבר. [כן גי' רש"י] שפף העופרת במים ומשחירים. בשחור. פחמין. ובשיחור. חרמת דאושכפי [גיטין יט.]. אחת על האריג. אם מוסיף חוט אחד על האריג שיעורו באחת למצטרף עם השלם [לקמן קה.]. דמעיקרא הוי כאלו נגד אריג שיעור הרבה חשיב האי חוט אבל הכא לא [כריתות יז.]. ונתכוון לכתוב יהודה. שהיה טועה וסבור שהוא צריך לכתוב יהודה. וטעה ולא הטיל בו דלת. הרי השם כתוב שלא לשמו [גיטין כ.]. ונמצא שם כתוב שלא לשמו אבל שלא לשמו הוא [שם נד:]. עליו קולמוס. על כל אות ואות [שם כ.].

Mishnah הַכּוֹתֵב שְׁתֵּי אוֹתִיּוֹת בְּהֶעְלֵם אֶחָד חַיָּיב – **One who writes two letters in one lapse of awareness is liable** to a *chatas* offering.[1]

The Mishnah discusses the types of ink with which one can incur liability:

כָּתַב בִּדְיוֹ בְּסַם בְּסִיקְרָא בְּקוֹמוֹס וּבְקַנְקַנְתּוֹם – Whether **he wrote with ink,**[2] **with paint, with red pigment, with gum, with copper sulphate,** וּבְכָל דָּבָר שֶׁהוּא רוֹשֵׁם – **or with anything** else **that marks;**[3] עַל שְׁנֵי כוֹתְלֵי זָוִיּוֹת – **on two walls forming a corner,**[4] וְעַל שְׁנֵי לוּחֵי פִּינְקָס – **or on two tablets of a ledger** וְהֵן נֶהְגִּין זֶה עִם זֶה – **that can be read together,**[5] חַיָּיב – **he is liable.**

The Mishnah now discusses the writing surface:

הַכּוֹתֵב עַל בְּשָׂרוֹ חַיָּיב – **One who writes on his flesh** with ink **is liable.**[6] הַמְסָרֵט עַל בְּשָׂרוֹ – Concerning **one who scratches** letters **on his flesh** using a stylus or with lime,[7] רַבִּי אֱלִיעֶזֶר מְחַיֵּיב חַטָּאת – **R' Eliezer holds him liable to a** ***chatas,*** וַחֲכָמִים פּוֹטְרִין – **but the Sages exempt** him.[8]

The Mishnah lists pigments with which one cannot incur liability:

כָּתַב בְּמַשְׁקִין – **If one wrote with liquids,**[9] בְּמֵי פֵּירוֹת – **with fruit juices,**[10] בַּאֲבַק דְּרָכִים – **with dust of the roads,**[11] בַּאֲבַק הַסּוֹפְרִים – **with scribes' dust,**[12] וּבְכָל דָּבָר שֶׁאֵינוֹ מִתְקַיֵּים – **or with anything** else **that is not lasting,** פָּטוּר – **he is exempt.**[13]

The Mishnah lists other cases in which a person is exempt:

לְאַחַר יָדוֹ – If one wrote **with the back of his hand,**[14] בְּרַגְלוֹ בְּפִיו וּבְמַרְפֵּיקוֹ – **with his foot, with his mouth or with his elbow;**[15] כָּתַב אוֹת אַחַת סָמוּךְ לִכְתָב – **if one wrote one letter alongside** a previously written **script**[16] וְכָתַב עַל גַּבֵּי כְּתָב – **or wrote over** existing **script;**[17] נִתְכַּוֵּון לִכְתּוֹב חי״ת וְכָתַב שְׁתֵּי זייני״ן – **if one intended to write a** ***ches*** **but wrote two** ***zayins;***[18] אַחַת בָּאָרֶץ וְאַחַת בַּקּוֹרָה – if one wrote **one** letter **on the ground and one** letter **on a beam;** כָּתַב עַל שְׁנֵי כוֹתְלֵי הַבַּיִת – or **he wrote** two letters **on two** separate **walls of the house** עַל שְׁנֵי דַפֵּי פִנְקָס – **or on two columns of a ledger** וְאֵין נֶהְגִּין זֶה עִם זֶה – **that cannot be read together,**[19] פָּטוּר – **he is exempt.**

The Mishnah concludes:

כָּתַב אוֹת אַחַת נוֹטָרִיקוֹן – If **someone wrote one letter as an abbreviation,**[20] רַבִּי יְהוֹשֻׁעַ בֶּן בְּתֵירָא מְחַיֵּיב – **R' Yehoshua ben Beseira holds** him **liable;** וַחֲכָמִים פּוֹטְרִין – **but the Sages exempt** him.[21]

NOTES

1. I.e. if one forgot that it was the Sabbath, and did not remind himself until after he had written two letters, he is liable to a *chatas* offering. This ruling is superfluous, since the Mishnah stated on 103a that a minimum of two letters must be written to incur liability, and it stated on 102a that one is not liable to a *chatas* unless both the beginning and the end of a *melachah* were performed inadvertently. The ruling is repeated here merely by way of introduction to a related dispute in the concluding segment of the Mishnah [on 105a] (*Tos. Yom Tov; cf. Sfas Emes*).

2. The Gemara will define more precisely this and the other substances listed.

3. The Gemara will discuss what this comes to include.

4. E.g. he wrote one letter on the east wall and one letter on the north wall of a room, both close to the northeast corner (*Rashi*; see next note and note 19).

5. This refers to a ledger used by merchants that consisted of tablets coated with wax, upon which they would write with a stylus (*Rashi*; see *Rashi* below, 149a ד״ה פינקס and *Dikdukei Soferim* there). If someone wrote two letters on the edges of two tablets of the ledger, in such a manner that they can be read together, he is liable (*Rashi*).

6. Human flesh is considered a viable writing surface upon which the script endures. Although the body's heat will cause the script to disappear after a while, the writer is still liable. This is analogous to one who writes something inherently durable that will later be erased (*Rambam, Hil. Shabbos* 11:16; see *Chidushei HaRan* and end of note 27; see also *Divrei Yechezkel* 4:19ff). [He is liable because the script does not dissolve by itself but is dissolved by some external force (e.g. the eraser or the body heat).]

7. *Rashi.* However, *Rashash* emends *Rashi* to read *using a stylus or a thorn.*

8. They exempt him because this is not the normal method of writing (*Rambam, Commentary; Chidushei HaRan*). The Gemara will elaborate on this dispute.

9. I.e. he wrote with mulberry juice or some other liquid that produces a black effect (*Rashi;* cf. *Or Zarua* vol. 2 p. 32; see *Beis Yosef, Orach Chaim* 340 and *Perishah* ad loc.).

10. I.e. he wrote with juices of any other fruits (*Rashi*) [which produce stains of different colors (cf. *Rashash, Yad David*)].

11. I.e. he formed letters out of mud; alternatively, he used his finger to engrave letters in dry dust (*Rashi*; see *Rashash*).

12. I.e. the residue found at the bottom of the inkwell (*Rashi;* cf. *Aruch* ע׳ אבק; see *Shenos Eliyahu*).

13. That is, he is exempt from a *chatas* offering. However, it is prohibited Rabbinically to write with any of these substances (see *Ritva MHK* ed.; *Orach Chaim* 340:4).

14. I.e. he held the pen backward between his fingers [with the point protruding upward] and then turned his hand around, so that the point faced downward, and wrote (*Rashi*).

15. I.e. he held the pen with his toes, in his mouth or with his elbow, and wrote, thus performing the *melachah* in an unusual manner.

16. I.e. a letter had been written before the Sabbath, and one wrote a second letter alongside it on the Sabbath, thereby completing a two-letter unit (*Rashi*).

17. I.e. he superimposed two letters over two letters that were already written, thereby reinforcing them (*Rashi*).

18. In Torah script a *ches* is composed of two *zayins* that are joined on top (see *Tosafos, Menachos* 29b ד״ה דחטריה; see *Aruch HaShulchan* and *Shulchan Aruch HaRav* §36 for a discussion of *Arizal's* view). The Mishnah speaks of a case where someone intended to write a *ches,* i.e. to write two *zayins* and to connect them, but his pen skipped and he failed to complete the roof (*Rashi;* see *Tosafos* ד״ה נתכוין).

19. The ledger referred to here [unlike the one mentioned above] consists of a scroll in which information is entered in columns, so that a letter written in one column cannot be read together with a letter written in another column unless the intervening parchment is cut away (see note 39). Therefore, the letters that the person wrote are not considered a two-letter unit for which he would be liable. The Mishnah first stated the ruling concerning the case of two different walls, where it is obvious that the letters cannot be read together, and then proceeded to the case of two columns that are side by side, where the ruling is more novel.

The same ruling would apply to someone who writes two letters on a single wall of a house, but distant from one another so that they cannot be read together. That case is analogous to that of writing letter in different columns of the same scroll (*Rashi,* as explained by *Rashash*).

20. I.e. he wrote one letter followed by a period or an apostrophe to indicate that it stands for an entire word (*Rashi;* see *Tos. Yom Tov*). See 105a note 3.

21. R' Yehoshua ben Beseirah holds that since a complete word is understood from the initial, it is as though he wrote the complete word. The Sages, however, disagree and exempt the person, since he actually wrote but one letter (*Rambam, Commentary; Rav*).

כה א מיי׳ פי״א מהל׳ שבת הל׳ טו סמג לאוין סה:
כו ב מיי׳ שם הל׳ יא:
כז ג ד שם הלכה טז:
כח ה שם הלכה טו טוש״ע א״ח סי׳ שמ סעיף ד ה:
כט ו מיי׳ שם הל׳ יד:
ל ז שם הלכה יא:
לא ח שם הלכה יג:
לב ט מיי׳ פ״ד מהל׳ גירושין הלכה ב סמג עשין נ טוש״ע אה״ע סימן קכה סעיף ג:
לג י מיי׳ שם הלכה א טוש״ע שם סעיף ג:
לד כ מיי׳ פ״א מהל׳ תפילין הלכה טו טוש״ע י״ד סי׳ רעו סעיף ב ועיין בב״י:
לה ל מיי׳ פי״א מהל׳ שבת הלכה ט:
לו מ מיי׳ פ״ט מהל׳ שבת הלכה יח:
לז נ מיי׳ שם הלכה יג:
לח ס שם הלכה יג:

רבינו חננאל

ע״ה ממזר ת״ח קודם. ולא תימא הני מילי לפדות ולהחיות ולכסות הא לישיבה לא אלא אפי׳ לישיבה. ת״ח קודם מ״ט יקרה היא מפנינים מכ״ג שנכנס לפני ולפנים. וקי״ל כת״ק דמתני׳ דאפילו ר׳ יוסי דקייל נמוקו עמו. הא (דאינך) [מדאמר] ר׳ יוסי ב״ר חנינא מ״ט דר׳ דרדיש ועשה אחת ועשה הנה ומפרש שמעון מאחת שם משמעון שמעינן מיניה דמודי ר׳ יוסי כי הכותב שם משמעון חייב משום כותב וגרסי׳ נמי בהזורק מלתא פשיטא. פשיטא נתכוון לזרוק ב׳ וזרק ד׳ הרי כתב שם משמעון וכן שנו בכיצד הרגל וכבר פירשנוה התם. אמר מר א״ר יהודה מצינו שם קטן משם גדול שם משמעון ושמואל מי דמי מ״ם דשמעון פתוח ומ״ם דשם סתום וכאשר יכתוב שם כזה אינו נקרא שם. ופריק רב חסדא זאת אומרת סתום שעשאו פתוח כשר. ומותבינן עלה והכתבתם על מזוזות ביתך פי׳ וכתבתם כתב תם. שלא יקרא אלפין עיינין ביתין כפין כלומר שלא תהא צורת בית כלא תגין כמו כ״ף כו׳ קרי מיהת כו׳ ולא אותיות פתוחות סתומות ולא סתומות פתוחות כלומר אם כתבה במזוזה אות שלימה פתוחה סתומה תיגנו כלל שהיא פסולה. ופרקינן מתני׳ דמחייב הכותב שם משמעון ופריק רב חסדא זאת אומרת פתוח שעשאו סתום פתוח כשר. ר׳ יהודה בן בתירה היא דדריש סימן לימי החג דרמיזו קראי כלומר ונסכיה בתראה מ״ם יתירה. ובבלוהו ונסכה כתיב ונסכיה יו״ד יתירה וכן בבלוהו כתיב כמשפט והכא כמשפטם הרי ונסכים ונסכיה כמשפטם מ״ם ומצאנו נמי סתום באמצע תיבה כדכתיב

נתכוון לכתוב ח׳ וכתב שני זיינין. וא״ת מאי איריא נתכוון לכתוב ח׳ דלא נעשית מחשבתו אפילו נתכוון לכתוב ז׳ אחד וכתב שני זיינין פטור כמו נתכוון לזרוק ב׳ וזרק ד׳ (לעיל דף עג.) וכן קשה אברייתא דמייתי בגמרא נתכוון לכתוב אות אחת ועלו בידו שתים חייב אמאי חייב מ״ש מנתכוון לזרוק שתים וזרק ד׳ וי״ל דמיירי כגון שהיה צריך לכתוב שתי אותיות איזה שתי אותיות שיהיו דהשתא נתכוון לדבר איסור וגם נעשית מחשבתו ואפילו הכי פטור כדמפרש בגמ׳ משום דבעי זיוני וא״ת מאי איריא נתכוון לכתוב חי״ת אפי׳ נתכוון לכתוב שני זיינין וכתב בלא זיון פטור וי״ל דנקט נתכוון לכתוב ח׳ לרבותא דדוקא כתב שני זיינין דבעי זיון פטור אבל כתב שתי אותיות אחרות דלא בעו זיון חייב ואע״ג דהשתא מיהא לאחת הוא דמתכוון: **שיחור.** פירש רש״י איידרמנ״ט ואין נראה דאמאי הוה קרי ליה רבי חייא בל״א ולא נקט ליה בלשון [א] מתני׳: **בן סטדא.** [ע] אור״ת דהא בן סטדא דאמרינן הכא דהוה בימי פפוס בן יהודה דהוה בימי רבי עקיבא כדמוכח בפרק בתרא דברכות (דף סא:): **אמר** רב חסדא דלא כר׳ יהודה. וא״ת רב אחא בריבי יעקב דקאמר אההיא דקאמר רב חסדא בפ׳ שני דגיטין (דף כ.) גט שכתבו שלא לשמה והעביר עליו קולמוס לשמה באנו למחלוקת ר׳ יהודה ורבנן דתניא נתכוון לכתוב כו׳ ודחי רב אחא בר יעקב דלמא לא היא ע״כ לא קאמרי (ב) התם גבי תורה אלא משום זה אלי ואנוהו אבל גבי גט מודו א״כ מתני׳ דהכא כמאן אתיא וי״ל דדוקא בגט שהיה כתוב שלא לשמה הוי כתב עליון כתב לכולי עלמא שהאחרון מתקן יותר מן הראשון שעושהו לשמה אבל כשאין כתב העליון מתקן כלום לכ״ע לא הוי כתב ובהכי מיירי מתני׳ ואתיא ככ״ע ורב חסדא דקאמר הכא דמתני׳ אתיא דלא כר״י לטעמיה דקאמר התם גבי גט באנו למחלוקת ר״י ורבנן ומשמע ליה דמתני׳ דהכא בכל ענין איירי אפי׳ כשמתקן בכתב האחרון אבל לרב אחא בר יעקב ע״כ מתני׳ לא איירי בכל ענין דבגט לא מלי איירי: **התם** מחוסר מעשה. בפרק כל המנחות באות מצה (מנחות דף נז.) בהניח בשר על גבי גחלים ונגלה בו כגרוגרת בשני מקומות איכא מאן דמחייב ואיכא מאן דפטר מאן דמחייב סבר דלא דמי לכתב על שני כותלי הבית שאין מזיק שם חסרון קריבה כמו כאן: והתניא

מתני׳ על שני כותלי זויות. אחת במזרח ואחת בצפון סמוכות זו לזו במקצוע: על שני לוחי פנקס. פנקס של חנוונים כעין אומן של סוחרים שיש להם לוחים הרבה חקוקין וטוחין בשעוה: על שני לוחי פנקס. רבותא אשמועינן דאע״ג דלאו אלוה אחד הם אם נהגין ונקרין זה עם זה כשכתובין על שני ספתי הלוחין סמוכים זה לזה חייב: הכותב על בשרו. בדיו: המסרט. במכתב או בסיד: במשקין. כמו מי תותים שמשחירין: או במי פירות. כל פירות: באבק דרכים. בטיט לשון אחר באבק דרכים שאבעו שרט כמו אותיות בעפר נגוב: באבק הסופרי׳. עפרורית של קסת הסופר: לאחר ידו. בגב ידו שאחז הקולמוס באצבעותיו והפך ידו וכתב: מרפיקו (א). אציל ידיו: כתב אות אחת סמוך לכתב. אלא אות הכתובה זיוג אות להשלימה לשתים: כתב ע״ג הכתב. העביר הקולמוס על אותיות הכתובים כבר וחדשם: נתכוון לכתוב חי״ת. ודילג הקולמוס ולא נראה הגג של חי״ת אלא שני הרגלים ונראה כשני זיינין: על שני כותלי הבית. שאינו במקצוע: על שני דפי פנקס. שעשוי עמודים כמגילה וכתב אות בעמוד זה ואות בזה ואינו יכול לקרבן אלא אם כן יחתוך הפסק שביניהם וה״ה לכותלי הבית לחוקין זה מזה ותנא ברישא שני כותלי הבית דמשמע אין נהגין זה עם זה והדר תנא שני דפי פנקס וה״ה לכותלי הבית ולא זו אף זו קתני: כתב אות אחת על שם נוטריקון. שעשה סימן נקודה עליה לומר שלהבין בה תיבה שלימה כתבה: **גמ׳** סמא. אורפימנ״ט: סקרתא. לימני״א בלע״ז לאדום שצובעין בה תריסין: קומא. גומא שרף אילן: חרתא דאושכפי. ארמינ״ט: כתבו. לגט: במי טריא. י״א מין פרי וי״א מי גשמים: אפצא. מי עפצים בל״ש: באבר. בעופרת ומשחיר כשהוא משפשף עופרת על הקלף: בשחור. פיחם: שיחור. אדרמינ״ט: הוציא כשפים. שלא היה יכול להוציאן כתובים שהיו החרטומין בודקין כל היוצאים שלא יוציאו כשפים ללמדם לבני מדינה אחרת: שוטה היה. שטות היה בו לעשות מה שאין דרך בני אדם עושים ומסר נפשו על הדבר: א׳ על האריג. מוט א׳ ארוג על קלת אריג: וטעה ולא הטיל בו דלת. ונמצא שם נכתב במקומו אבל לא בכוונה: מעביר עליו קולמוס. לכוונת שם על כל אותיותיו כאילו הוא כותבו: והשלימה לספר. אות אחרונה של אחת מכ״ד ספרים: מחוסר מעשה דקריבה. אינו מקרבן אלא על ידי קלילה המפסיק ביניהן וכי קאמר רב אמי כגון כתב אחת על שפת לוח זו בטבריא ואחת על שפת לוח זו בצפורי ואתה יכול לקרבן שלא במעשה אלא קריבה בעלמא: ועשאו שני זיינין.

מתני׳ הכותב שתי אותיות בהעלם אחד חייב [א] כתב בדיו בסם בסיקרא בקומוס ובקנקנתום ובכל דבר שהוא רושם [ב] על שני כותלי זויות ועל שני לווחי פינקס והן נהגין זה עם זה חייב [ג] הכותב על בשרו חייב המסרט על בשרו ר׳ אליעזר מחייב חטאת [א] [ד] וחכמים פוטרין [ה] כתב במשקין במי פירות באבק דרכים באבק הסופרים ובכל דבר שאינו מתקיים פטור [ו] לאחר ידו ברגלו בפיו ובמרפיקו [ז] כתב אות אחת סמוך לכתב וכתב על גבי כתב נתכוון לכתוב חי״ת וכתב ב׳ זיינין אחת בארץ ואחת בקורה כתב על ב׳ כותלי הבית על שני דפי פנקס ואין נהגין זה עם זה פטור כתב אות אחת נוטריקון ר׳ יהושע בן בתירא מחייב [ח] וחכמים פוטרין: **גמ׳** דיו [ט] דיותא סם סמא סקרא אמר רבה בר בר חנה סקרתא שמה קומוס קומא קנקנתום אמר רבה בר בר חנה אמר שמואל חרתא דאושכפי: ובכל דבר שהוא רושם: לאתויי מאי לאתויי הא דתני [י] רבי חנניא כתבו במי טריא [ט] ואפצא כשר תני ר׳ חייא [י] כתבו באבר בשחור ובשיחור כשר: המסרט על בשרו: תניא [ד] אמר להן רבי אליעזר לחכמים והלא בן סטדא הוציא כשפים ממצרים בסריטה שעל בשרו אמרו לו שוטה היה [ה] ואין מביאין ראיה מן השוטים: כתב אות אחת סמוך לכתב: מאן תנא אמר רבא בר רב הונא דלא כר׳ אליעזר דאי ר׳ אליעזר [ו] האמר אחת על האריג חייב: כתב על גבי כתב: מאן תנא א״ר חסדא דלא כר׳ יהודה דתניא [ז] הרי שהיה צריך לכתוב את השם ונתכוון לכתוב יהודה וטעה ולא הטיל בו דלת מעביר עליו קולמוס ומקדשו דברי ר׳ יהודה וחכמים אומרים [כ] אין השם מן המובחר תנא [ל] כתב אות אחת והשלימה לספר [מ] ארג חוט אחד והשלימה לבגד חייב מאן תנא אמר [ח] רבא בר רב הונא ר׳ אליעזר היא דאמר [ט] אחת על האריג חייב רב אשי אמר אפילו תימא רבנן להשלים שאני [ס] א״ר אמי [נ] כתב אות אחת בטבריא ואחת בציפורי חייב כתיבה היא אלא שמחוסר קריבה והתנן כתב על שני כותלי הבית ועל שני דפי פנקס ואין נהגין זה עם זה פטור התם מחוסר מעשה דקריבה הכא לא מחוסר מעשה דקריבה תנא הגיה אות אחת חייב השתא כתב אות אחת פטור הגיה אות אחת חייב אמר רב ששת הכא במאי עסקינן [ס] כגון שנטלו לגגו של חי״ת ועשאו שני זיינין רבא אמר כגון [י] שנטלו לתגו של דל״ת ועשאו רי״ש תנא נתכוון לכתוב אות אחת ועלו

והספר לכך נריך: רבא אמר כגון שנטלו לתגא דדלית. דלא הוי אלא הגהת אות אחת ובדבר מועט חייב הואיל וזהו תיקון הספר [ע] דאסור לאדם לשהות ספר שאינו מוגה משום אל תשכן באהליך עולה (איוב יא) והוה ליה ככתב אות אחת והשלימה לספר דאמרן לעיל דחייב ואפי׳ לרבנן:

ועלו

א) פ״א וד׳ יהושע סופר, ב) מגילה יח: גיטין יט., ג) ג״ז שם בגיטין, ד) [תוספתא פרק י״ב], ה) [חולין מט: נדה לג:], ו) [לקמן קה. וש״נ], ז) גיטין כ. נד: [מס׳ סופרים פ״ה הלכה ג], ח) כ״י רבה וכ״ה בחדושי הר״ן, ט) לקמן קה. [כריתות יט:], י) [ע׳ תוס׳ מנחות כט: ד״ה לתגורייה], כ) [כתובות יט:], ל) [עיין תוס׳ גיטין יט. ד״ה קנקנתום].

הגהות הב״ח

(א) רש״י ד״ה מרפקו. נ״ב ע״ל בר״ס המצניע דף צב ע״א וכמ״ש התוס׳: (ב) תום׳ ד״ה אמר רב חסדא וכו׳ ע״כ לא קאמרי רבנן התם:

גליון הש״ס

גמ׳ א״ר אמי כתב אות אחת בטבריא. עיין לעיל דף עה ע״א תוס׳ ד״ה בהעלם אחד: תום׳ ד״ה בן סטדא. עי׳ בכס״ד קמב ע״ד. ועיין תוס׳ חגיגה דף ד׳ ע״ב ד״ה הוה שכיח:

ליקוטי רש״י

פינקס. כעין אומן של סוחרים שחוקקים עליהן בעט [גיטין כ.]. מרפיקו. אציל שקורין איישיל״א [ערכין יט.]. שקורא קוד״א [זבחים יח: ועי׳ בתוס׳ לעיל צב.]. סמא. ורניך בלשון קודש אורפימנט״ו בלע״ז [מגילה יח:]. חרתא דאושכפי. סם שצובעין בו מנעלים שחורין [שם יט.]. מי טריא. מי גשמים לשון מורי מי טריא מים שעורין בו פרי שהוא כעין עפצים גל״ש בלע״ז [שם]. באבר. [כן גי׳ רש״י] שפף העופרת כמים ומשחירים. בשחור. פחמין. ובשיחור. חרתא דאושכפי [גיטין יט.]. אחת על האריג. אם מוסיף חוט על האריג שיעורו באחת למצוגלף עם הספר [לקמן קה.] כי למעיקרא הוי בהאי בגד אריג שיעור הרבה משיג האי חוט שארג זה אבל על הבגד [כריתות יז.]. ונתכוון לכתוב יהודה. שהיה טועה וסבור שלריך לכתוב יהודה. וטעה ולא הטיל בו דלת. הרי השם כתוב אבל שלא לשמו [גיטין כ.]. ונמצא שם כתוב מדרכו אבל שלא לשמו הוא [שם נד:]. עליו קולמוס. על כל אות ואות [שם כ.].

לפרש המשנה ולמדפרתות ועשאו סתום כשר כך סתום ועשאו פתוח כשר. ואקשינן בשלמא פתוח ועשאו סתום דעלייה עיילה דכל אות שהיתה כתובה בלוחות חשובה היא ומעולה מן האותיות שנתוספו אח״כ ובלוחות לא היה מ״ם אלא סתומה כרב חסדא דאמר רב חסדא מ״ם וסמ״ך שבלוחות בנס היו עומדין פי׳ מ״ם סתום מכל צד הוא סתום כמו סמ״ך וכיון שהיו האותיות כולן בלוחות חרוצות חרותות מפולשות הרי (כיס) [אות] האמצעי כגון הלובן שלהן אם יש במה להיסמך בנס עומד הלבן בלוח אבל מ״ם וס״ך שאין להן במה להיסמך בנס עומד הלבן שבתוכם. שאלו נפל הלבן היה נראה מקומו נקב ואין בו צורת האות. לפיכך המ״ם סתום כיון שהיה חרות בלוחות יש בו עילוי אלא הא״ם הפתוח גרוע הוא וכיון שעשה הסתום פתוח גרועי גרעי׳ שהפתוחין מחודשין הן ולא היו בלוחות. וא״ר ירמיה ואיתימא ר׳ חייא בר אבא מנצפ״ך צופים אמרום. ופריק לא הא שהיו מתוקנין להיות הפתוחות בראש התיבה והמצעיות והסתומות בסוף התיבה ורוב העם מן הסופרים ההדיוטים שכחום. והיו כותבין בין הסתומין בין הפתוחין בין באמצע תיבה בין בסוף תיבה וכן הפתוחות והחזרו ב״ד ותקנום להם כאשר היו מסורין בידיהן וכיון שהיתה יתירה הכתב מפולשת מצד זה לצד זה קיימא בנס שהיה נראה מאחוריו הפוך בדרך הנקרא כתב שע״ג וכוכית מאחוריו: כתב אות אחת סמוך לכתב כגון שהיה כתוב נו״ן וכתב תחתיו חי״ת אף על פי כי נמצא נח והנה שם כתוב פטור ודלא כר׳ אליעזר דאמר האורג חוט אחד על האריג חייב. אבל אם היתה מזוזה חסרה אות או ספר תורה חסר אות אחת שלא כתבו הוא והשלימו אע״פ שלא כתב אלא אות אחת חייב. בהאי ליכא מאן דפליג דהא ודאי להשלים שאני מי טריא כגס ממין שהיה ידוע באותה העת קומא שרף דגרסינן בפרק הראשון כל השרפים יפין לדיו ושרף קטף מן המובחר אבר ועופרת שיחור כלי ברזל שמשחרו. שחור בלשון ישמעאל אל סבאס ואל סודאי. סרט על בשרו. ר׳ אליעזר מחייב ואמר כי בן סטדא כשפים ממצרים בשרו מסרט על בשרו והוציאם. וחכמים פוטרין שאין זה כתב חייב ואין מביאין ראיה מן השוטים. ירושלמי תני בן סטדא ולא יש בו: **ירושלמי:** קולמוס ומקדשו: ירושלמי תני עדים שאין יודעין לחתום. אמר ריש לקיש רושם להם בסיקרא מביאין פסולין בכתב ומכתבן. אבל הקלף של ש״ב... חלק ומרחיב להן הקרע. א״ר חייא בר אבא אילין בני מדינחא עריסין סגין כדבעי כתבין לחבריה כתיב לחבריה והוא ששמענו מהו שפך מטע ההקשה לדיו שאין בו עפצין ואין קנקנתום דהוו הצבעים דכתבו ב״ע סיקרא או בגשם עשה בשמו ובמי טריא כשר תנא... [מ״ם] חייב. ר׳ יוחנן בשם ר׳ ינאי אמר בשם ר׳ יוחנן אמר שם ר״י... ואקשינן והתנן על ב׳ דפי פנקס ואין נהגין זה עם זה פטור. ופרקי׳ התם לגבי הפנקס מחוסר מעשה קריבה כלומר צריך מעשה לקרב דפי הפנקס שהוא מעשה אחר זולת מעשה הכתיבה. ואם לא קריבה ולא כלום הוא. שאין שם ב׳ אותיות. ואם תאמר גם זה צריך

Gemara The Gemara describes the types of inks with which one can incur liability:

דְּיוֹ דְּיוֹתָא – "Ink" refers to **black ink.**[22] סַם סַמָּא – "Paint" refers to **orpiment,** a yellow arsenic.[23] סִקְרָא – Regarding "**red pigment**" (*sikra*), אָמַר רַבָּה בַּר בַּר חָנָה – **Rabbah bar bar Chanah said:** סְקַרְתָא שְׁמָהּ – **Its name is** ***sekarta.***[24] קוּמוֹס קוּמָא – "Gum" refers to **gum arabic.** קַנְקַנְתּוֹם – Regarding **copper sulfate,** אָמַר רַבָּה בַּר בַּר חָנָה אָמַר שְׁמוּאֵל – **Rabbah bar bar Chanah said in the name of Shmuel:** חַרְתָא דְּאוּשְׁכָּפֵי – This is also known as **shoemaker's blackening.**[25]

After enumerating the various inks with which one can incur liability on the Sabbath, the Mishnah stated generally: וּבְכָל דָּבָר שֶׁהוּא רוֹשֵׁם – ... OR WITH ANYTHING else THAT MARKS.

The Gemara clarifies this general statement:

לְאֵתוּיֵי מַאי – **What** other types of pigment does this clause come **to include?** לְאֵתוּיֵי הָא דְּתָנֵי רַבִּי חֲנַנְיָא – It comes **to include that** pigment mentioned in a Baraisa **which R' Chanina taught:** כְּתָבוֹ בְּמֵי טַרְיָא וְאַפְצָא – IF HE WROTE [A DIVORCE DOCUMENT] WITH dirty, collected RAINWATER[26] OR with GALLNUT JUICE, כָּשֵׁר – [IT] IS VALID. Similarly, if one writes with these substances on the Sabbath, he is liable.[27]

A second Baraisa mentions other pigments suitable for a divorce document:

תָּנֵי רַבִּי חִיָּיא – **R' Chiya taught a Baraisa:** כְּתָבוֹ בְּאָבָר – IF HE WROTE [A DIVORCE DOCUMENT] WITH LEAD,[28] בְּשָׁחוֹר וּבְשִׁיחוֹר – WITH CHARCOAL OR WITH SHOEMAKER'S BLACKENING,[29] כָּשֵׁר – [IT] IS VALID. Hence, someone writing with these substances on the Sabbath is also liable.[30]

The Mishnah stated:

הַמְּסָרֵט עַל בְּשָׂרוֹ – Concerning ONE WHO SCRATCHES letters ON HIS FLESH, R' Eliezer holds him liable but the Sages exempt him.

The Gemara elaborates upon the dispute:

תַּנְיָא – **It was taught in a Baraisa:** אָמַר לָהֶן רַבִּי אֱלִיעֶזֶר לַחֲכָמִים – R' ELIEZER SAID TO THE SAGES: וַהֲלֹא בֶּן סָטָדָא הוֹצִיא כְּשָׁפִים מִמִּצְרַיִם בִּסְרִיטָה שֶׁעַל בְּשָׂרוֹ – BUT BEN SETADA TOOK OUT sorcery SPELLS FROM EGYPT BY means of SCRATCHES ON HIS FLESH.[31] We thus see that this is a utilized method of writing. אָמְרוּ לוֹ – [THE SAGES] REPLIED TO [R' ELIEZER]: שׁוֹטֶה הָיָה – HE WAS DERANGED, וְאֵין מְבִיאִין רְאָיָה מִן הַשּׁוֹטִים – AND WE DO NOT CITE PROOFS FROM DERANGED PEOPLE.[32]

The Mishnah stated:

כָּתַב אוֹת אַחַת סָמוּךְ לַכְּתָב – If ONE WROTE ONE LETTER ALONGSIDE A previously WRITTEN SCRIPT, he is exempt.

The Gemara investigates the authorship of this ruling:

מַאן תַּנָּא – **Who is the Tanna** who stated this opinion?

The Gemara replies:

אָמַר רָבָא בַּר רַב הוּנָא – **Rava bar Rav Huna said:** דְּלָא כְּרַבִּי אֱלִיעֶזֶר – **It is not in accordance with** the opinion of **R' Eliezer.** דְּאִי רַבִּי אֱלִיעֶזֶר – **For if** you will say that it is the opinion of **R' Eliezer,** הָאָמַר אַחַת עַל הָאָרִיג חַיָּיב – **but he said** in a Mishnah below: If someone adds ONE THREAD TO previously WOVEN FABRIC, HE IS LIABLE.[33] According to his opinion, a person would also be liable for adding one letter to a previously written letter.

The Gemara analyzes the next section of the Mishnah, which stated:

כָּתַב עַל גַּבֵּי כְּתָב – If ONE WROTE OVER existing SCRIPT, he is exempt.

The Gemara investigates the authorship of this ruling as well:

מַאן תַּנָּא – **Who is the Tanna** who stated this opinion?

The Gemara replies

אָמַר רַב חִסְדָּא – **Rav Chisda said:** דְּלָא כְּרַבִּי יְהוּדָה – **It is not in accordance with** the opinion of **R' Yehudah.** דְּתַנְיָא – **For it was taught in a Baraisa:** הֲרֵי שֶׁהָיָה צָרִיךְ לִכְתּוֹב אֶת הַשֵּׁם – IF a situation arose where [A SCRIBE] NEEDED TO WRITE THE NAME of God in a Torah scroll וְנִתְכַּוֵּין לִכְתּוֹב יְהוּדָה – BUT HE mistakenly HAD IN MIND TO WRITE the name "YEHUDAH" instead,[34] וְטָעָה וְלֹא הִטִּיל בּוֹ דָּלֶת – AND subsequently HE ERRED AND DID NOT INSERT the letter *DALET* IN [THE WORD],[35] מַעֲבִיר עָלָיו קוּלְמוֹס וּמְקַדְּשׁוֹ – HE MAY PASS A PEN OVER [THE NAME] while entertaining the proper intent AND thereby SANCTIFY IT. דִּבְרֵי רַבִּי יְהוּדָה – These are THE WORDS OF R' YEHUDAH. וַחֲכָמִים אוֹמְרִים – BUT THE SAGES SAY: אֵין הַשֵּׁם מִן הַמּוּבְחָר – THE NAME of God, so written, IS

NOTES

22. See above, 103b note 44.

23. This follows *Rashi* and *Aruch. Rambam* and *Rav* (to *Megillah* 2:2) render סם as ink derived from a grass root.

24. I.e. *minium* (red lead). This dye was commonly used in earlier times to color shutters (*Rashi*).

25. *Rashi* to *Megillah* 19a; see note 29.

26. Alternatively, water in which the species of fruit known as טַרְיָא had been steeped (*Rashi*).

27. A bill of divorce (i.e. a *get*) must be written with a pigment that will endure, upon a surface on which it will endure (see *Gittin* 19a). R' Chananya's Baraisa includes these two types of pigments as valid for use as ink for a *get*. Our Gemara deduces that they endure, and thus, one who writes with them on the Sabbath is liable. Accordingly, it interprets the Mishnah's general statement as coming to include these two pigments.

We see from here that the laws of writing on the Sabbath are analogous to the laws of writing a *get*. It follows, therefore, that one who writes on the Sabbath is liable only if, besides using a durable pigment, he wrote on a durable surface. If he wrote on an onion leaf or similar material from which the script will automatically fade, he is not liable. However, he has violated a Rabbinical injunction (*Rashba*; see *Tosefta* 12:6 and *Avnei Nezer, Orach Chaim* 209:10).

28. E.g. with a lead pencil (see *Rashi*; cf. *Rashi* to *Gittin* 19a; see *Sfas Emes* and *Yad David*).

[We have translated this as *lead* based on *Rashi's* version of the Gemara, which reads בְּאָבָר here (see *Yad David*). This version is found in some editions of our Gemara and in the parallel Gemara in *Gittin* 19a.]

29. The translation follows *Rashi. Tosafos*, however, object to rendering שיחור as *shoemaker's blackening* because that makes it the same as קַנְקַנְתּוֹם of the Mishnah. Why, then, would Rav Chiya not use the term used by the Mishnah? See *Ritva* (*MHK* ed.) and *Tosafos* to *Gittin* 19a ד״ה קנקנתום for alternative translations of these terms.

30. See *Yad David* for a discussion of why the Gemara does not say that our Mishnah includes these pigments mentioned by R' Chiya.

31. The Egyptian sorcerers would inspect anyone leaving Egypt to ensure that he was not smuggling out written copies of their spells for use in other countries (*Rashi*). Ben Setada scratched the spells on his body to avoid apprehension.

32. Ben Setada acted in a deranged manner when he scratched the spells on his body, for such writing is injurious, and is not considered proper writing (*Rashi*).

33. Below, 105a. R' Eliezer rules that although someone who begins weaving a new piece of fabric must weave a greater measure to incur liability, one who adds even a single thread to a previously woven fabric is liable.

34. He needed to write the Tetragrammaton, which is spelled with the four letters *yud*, then *heh*, then *vav*, and then *heh*, but he erroneously thought that the next word he was required to write was the name יהודה, which is written like the Tetragrammaton but has a *dalet* between the *vav* and the final *heh*.

35. So that he actually wrote the four-letter Name of God, but without the required intention of writing a Holy Name (*Rashi*; see *Yoreh Deah* 276:2).

מתני' הכותב שתי אותיות בהעלם אחד חייב כתב בדיו בסם בסיקרא בקומוס ובקנקנתום ובכל דבר שהוא רושם על שני כותלי זויות ועל שני לוחי פינקס והן נהגין זה עם זה חייב הכותב על בשרו חייב המסרט על בשרו ר' אליעזר מחייב חטאת וחכמים פוטרין כתב במשקין במי פירות באבק דרכים באבק הסופרים ובכל דבר שאינו מתקיים פטור לאחר ידו ברגלו בפיו ובמרפיקו כתב אות אחת סמוך לכתב וכתב על גבי כתב נתכוון לכתוב חי"ת וכתב ב' זיינין אחת בארץ ואחת בקורה כתב על ב' כותלי הבית על שני דפי פנקס ואין נהגין זה עם זה פטור כתב אות אחת נוטריקון ר' יהושע בן בתירא מחייב וחכמים פוטרין: **גמ'** דיו דיותא סם סמא סקרא אמר רבה בר בר חנה סקרתא שמה קומוס קומא קנקנתום אמר רבה בר בר חנה אמר שמואל חרתא דאושכפי: ובכל דבר שהוא רושם: לאתויי מאי לאתויי הא דתני רבי חנניא כתבו במי טריא ואפצא כשר תני ר' חייא כתבו באבר ובשיחור ובשיחור כשר: המסרט על בשרו: תניא אמר להן רבי אליעזר לחכמים והלא בן סטדא הוציא כשפים ממצרים בסריטה שעל בשרו אמרו לו שוטה היה ואין מביאין ראיה מן השוטים: כתב אות אחת סמוך לכתב: מאן תנא אמר רבא בר רב הונא דלא כר' אליעזר דאי ר' אליעזר האמר אחת על האריג חייב: כתב על גבי כתב: מאן תנא א"ר חסדא דלא כר' יהודה דתניא הרי שהיה צריך לכתוב את השם ונתכוין לכתוב יהודה וטעה ולא הטיל בו דלת מעביר עליו קולמוס ומקדשו דברי ר' יהודה וחכמים אומרים אין השם מן המובחר תנא כתב אות אחת והשלימה לספר ארג חוט אחד והשלימה לבגד חייב מאן תנא אמר רבא בר רב הונא ר' אליעזר היא דאמר אחת על האריג חייב רב אשי אמר אפילו תימא רבנן להשלים שאני א"ר אמי כתב אות אחת בטבריא ואחת בציפורי חייב כתיבה היא אלא שמחוסר קריבה והתנן כתב על שני כותלי הבית ועל שני דפי פנקס ואין נהגין זה עם זה פטור התם מחוסר מעשה דקריבה הכא לא מחוסר מעשה דקריבה תנא הגיה אות אחת חייב השתא כתב אות אחת פטור הגיה אות אחת חייב אמר רב ששת הכא במאי עסקינן כגון שנטלו לגגו של חי"ת ועשאו שני זיינין רבא אמר כגון שנטלו לתגו של דל"ת ועשאו רי"ש תנא נתכוין לכתוב אות אחת ועלו

רש"י

מתני' על שני כותלי זויות. אחת במזרח ואחת בצפון סמוכות זו לזו במקצוע: על שני לוחי פנקס. פנקס של חנוונים כעין אותן של סוחרים שיש להם לוחים הרבה חקוקין וטוחין בשעוה: על שני לוחי פנקס. רבותא אשמועינן דאע"ג דלאו אלוח אחד הם אם נהגין ונקרין זה עם זה שכתובין על שני שפתי הלווחין סמוכים זה לזה חייב: הכותב על בשרו. בדיו: המסרט. במכתב או בסיד: במשקין. כמו מי תותים שמשחירין: או במי פירות. כל פירות: באבק דרכים. בטיט לשון אחר באבק דרכים באצבעו שרטט כמו אותיות בעפר נגוב: באבק הסופרי'. עפרורית של קסת הסופר: לאחר ידו. בגב ידו שאחז הקולמוס באצבעותיו והפך ידו וכתב: מרפיקו(א). אצילי ידיו: כתב אות אחת סמוך לכתב. אלא אות הכתובה זוג אות להשלימה לשתים: כתב ע"ג הכתב. העביר הקולמוס על אותיות הכתובים כבר וחדשם: נתכוין לכתוב חי"ת. ודילג הקולמוס ולא נראה הגג של חי"ת אלא שני הרגלים ונראה כשני זיינין: על שני כותלי הבית. שאינו במקצוע: על שני דפי פנקס. שעשוי עמודים כמגילה וכתב אות בעמוד זה ואות בזה ואינו יכול לקרבן אלא אם כן יחתוך הפסק שביניהם וה"ה לכותלי הבית רחוקין זה מזה ותנא ברישא שני כותלי הבית דסתמא אין נהגין זה עם זה והדר תנא שני דפי פנקס וה"ה לכותלי הבית ולא זו אף זו קתני: כתב אות אחת על שם נוטריקון. שעשה סימן נקודה עליה לומר שלהבין בה תיבה שלימה כתבה: **גמ'** סמא. אורפימינ"ט: סקרתא. אימני"א לבע אדום שצובעין בה תריסין: קומא. גומא שרף אילן: חרתא דאושכפי. ארמינ"ט: כתבו. לגט: במי טריא. י"א מין פרי וי"א מי גשמים: אפצא. מי עפצים גל"ש: באבר. בעופרת ומשחיר כשהוא משפשף עופרת על הקלף: בשחור. פיחם: שיחור. אדרמינ"ט: הוציא כשפים. שלא היה יכול להוציאן כתובים שהיו החרטומין בודקין כל היוצאים שלא יוציאו כשפים ללמדם לבני מדינה אחרת: שוטה היה. שטות היה בו לעשות מה שאין דרך בני אדם עושים ומסר נפשו על הדבר: א' על האריג. חוט א' ארג על קצת אריג: וטעה ולא הטיל בו דלת. ונמצא שם נכתב במקומו אבל לא בכוונה: מעביר עליו קולמוס. לכוונת שם על כל אותיותיו כאילו הוא כותבו: והשלימה לספר. אות אחרונה של אחת מכ"ד ספרים: מחוסר מעשה דקריבה. אינו מקרבן אלא על ידי קציצה המפסיק ביניהן וכי קאמר רב אמי כגון כתב אחת על שפת לוח זו בטבריה ואחת על שפת לוח זו בצפורי ואתה יכול לקרבן שלא במעשה אלא קריבה בעלמא: ועשאו שני זיינין. והספר לכך צריך: רבא אמר כגון שנטלו לתגא דדלית. דלא הוי אלא הגהת אות אחת וכדבר מועט חייב הואיל וזהו תיקון הספר דאסור לאדם לשהות ספר שאינו מוגה משום אל תשכן באהליך עולה (איוב יא) והוה ליה ככתב אות אחת והשלימה לספר דאמרן לעיל דחייב ואפי' לרבנן: ועלו

תוספות

נתכוין לכתוב ח' וכתב שני זיינין. וא"ת מאי איריא נתכוין לכתוב ח' דלא נעשית מחשבתו אפילו נתכוין לכתוב ז' אחד וכתב שני זיינין פטור כמו נתכוין לזרוק ב' וזרק ד' (לעיל דף עג.) וכן קשה אברייתא דמייתי בגמרא נתכוין לכתוב אות אחת ועלו בידו שתים חייב אמאי חייב מ"ש מנתכוין לזרוק שתים וזרק ד' וי"ל דמיירי כגון שהיה צריך לכתוב שתי אותיות איזה שתי אותיות שיהיו דהשתא נתכוון לדבר איסור וגם נעשית מחשבתו ואפילו הכי פטור כדמפרש בגמ' משום דבעי זווי וא"ת מאי איריא נתכוין לכתוב חי"ת אפי' נתכוון לכתוב שני זיינין וכתב בלא זיון פטור וי"ל דנקט נתכוין לכתוב ח' לרבותא דדוקא כתב שני זיינין דבעי זיון פטור אבל כתב שתי אותיות אחרות דלא בעו זיון חייב ואע"ג דהשתא מיהא לאחת הוא דמתכוין:

שיחור. פירש רש"י איידרמנ"ט ואין נראה דלמאי הוה קרי ליה רבי חייא בל"א ולא נקט ליה בלשון מתני':

בן סטדא. אור"ת דהא בן סטדא דאמרינן הכא דהוה בימי פפוס בן יהודה דהוה בימי רבי עקיבא כדמוכח בפרק בתרא דברכות (דף סא:):

אמר רב חסדא דלא כר' יהודה. וא"ת רב אחא ברבי יעקב דקאמר אההיא דקאמר רב חסדא בפ' שני דגיטין (דף כ.) גט שכתבו שלא לשמה והעביר עליו קולמוס לשמה באנו למחלוקת ר' יהודה ורבנן דתניא נתכוין לכתוב כו' ודחי רב אחא בר יעקב דלמא לא היא ע"כ לא קאמרי (ב) התם גבי תורה אלא משום זה אלי ואנוהו אבל גבי גט מודו א"כ מתני' דהכא כמאן אתיא וי"ל דדוקא בגט שהיה כתוב שלא לשמה הוי כתב עליון כתב לכולי עלמא שהאחרון מתקן יותר מן הראשון שעושהו לשמה אבל כשאין כתב העליון מתקן כלום לכ"ע לא הוי כתב ובהכי איירי מתני' ואתיא ככ"ע ורב חסדא דקאמר הכא דמתני' אתיא דלא כר"י לטעמיה דקאמר התם גבי גט באנו למחלוקת ר"י ורבנן ומשמע ליה דמתני' דהכא בכל ענין איירי אפי' כשמתקן בכתב האחרון אבל לרב אחא בר יעקב ע"כ מתני' לא איירי בכל ענין דבגט לא מלי איירי:

התם מחוסר מעשה. בפרק כל המנחות באות מלה (מנחות דף נז.) בהניח בשר על גבי גחלים ונצלה בו כגרוגרת בשני מקומות איכא מאן דמחייב ואיכא מאן דפטר מאן דמחייב סבר דלא דמי לכתב על שני כותלי הבית שאין מזיק שם חסרון קריבה כמו כאן: והתניא

רבינו חננאל

ע"ה ממזר ת"ח קודם. ולא תימא הני מילי לפדות ולהחיות ולכסות הא לישיבה לא אלא אפי' לישיבה. ת"ח קודם מ"ט יקרה היא מפנינים מכ"ג שנכנס לפני ולפנים. וקיי"ל כת"ק דמתני' דאפילו ר' יוסי דקיי"ל נמוקו עמו. הא (דאינך) [מדאמר] ר' יוסי ב"ר חנינא מ"ט דר' דדריש ועשה אחת ועשה הנה ומפרש אחת שמעון מאחת שם משמעון שמעינן מיניה דמודי ר' יוסי כי הכותב שם משמעון חייב משום כותב וגרסי' נמי בהזורק מלתא פשיטתא. פשיטא נתכוון לזרוק ח' וזרק ד' הרי כתב שם משמעון וכן נמי בכיצד הרגל וכבר פירשנוה התם. אמר מר א"ר יהודה מצינו שם קטן משם גדול שם משמעון ומשמואל מי דמי מ"ם דשמעון פתוח ומ"ם דשם סתום וכאשר יכתוב שם כזה אינו נקרא שם. ופריק רב חסדא זאת אומרת סתום ועשאו פתוח כשר. ומותבינן עלה וכתבתם על מזוזות ביתך פי' וכתבתם כתב תם. שלא יקרא אלפין עיינין ביתין כפין כלומר שלא תהא צורת בית בלא תגין כמו כ"ף כו' קתני מיהת כו' ולא אותיות פתוחות סתומות ולא סתומות פתוחות כלומר אם יכתוב במזוזה אות שלימה פתוחה סתומה תיגנז מכלל שהיא פסולה. ופרקינן מתני' דמחייב הכותב שם משמעון ופריק רב חסדא זאת אומרת סתום ועשאו פתוח כשר. ר' יהודה בן בתירה היא דדריש סימן לימי החג דרמיזו קראי כלומר ונסכיהם כתוב מ"ם יתירה. ובכולהו כתיב ונסכה והכא כתיב ונסכיה יו"ד יתירה וכן בכולהו כתיב כמשפט והכא כמשפטם והרי ונסכיהם ונסכיה כמשפטם מי"ם ומצאנו נמי סתום באמצע תיבה כדכתיב לסרבה המשרה ומדפתוח ועשאו סתום כשר כך סתום ועשאו פתוח כשר. ואקשינן בשלמא פתוח ועשאו סתום דעלויי עייליה דכל אות שהיתה כתובה בלוחות חשובה היא ומעולה מן האותיות שנתוספו אח"כ ובלוחות לא היה מ"ם אלא סתומה כרב חסדא דאמר רב חסדא מ"ם וסמ"ך שבלוחות בנס היו עומדין פי' מ"ם סתום מכל צד הוא סתום כמו סמ"ך וכיון שהיו האותיות כולן בלוחות חרוצות מפולשות הרי (כיס) [אות] האמצעי כגון הלובן שלהן אם יש במה להיסמך בהן עומד הלבן בלוח אבל מ"ם וסמ"ך שאין להן במה להיסמך בנס עומד הלבן שבתוכם. שאילו נפל הלבן היה נראה מקומו נקב ואין בו צורת האות. לפיכך המ"ם סתום כיון שהיה חרות בלוחות יש בו עילוי אלא המ"ם הפתוח גרוע הוא וכיון שעשה הסתום פתוח גרועי גרעי שהפתוחין מחודשין ולא היו בלוחות. וא"ר ירמיה ואיתיביה ר' חייא בר אבא מנצפ"ך צופים אמרום. ופריק לעולם מהוה הוו בלוחות הפתוחות והסתומות שאין נביא יכול לחדש דבר וכך היו מתוקנין להיות הפתוחות בראש התיבה ובאמצעה והסתומות בסוף התיבה ורוב העם מן הסופרים ההדיוטים שכחום. והיו כותבין הסתומין בין באמצע תיבה בין בסוף תיבה וכן הפתוחות עד שחזרו ב"ד ותקנום להם כאשר היו מסורין מיוסדין בידיהן וכיון שהיתה ירכתי הכתב מפולשות מצד זה לצד זה קיימא דרב חסדא שהיה נראה מאחוריו הפוך כדרך הנקרא כתב שע"ג זכוכית מאחוריו: כתב אות אחת סמוך לכתב כגון שהיה כתוב נו"ן וכתב תחתיו חי"ת אף על פי כי נמצא נח והנה שם כתוב פטור הוא ודלא כר' אליעזר דאמר האורג חוט אחד על האריג חייב. אבל אם היתה מזוזה חסרה אות או ספר היה חסר אות והשלימו אע"פ שלא כתב אלא אות אחת חייב ואפילו לרבנן דקיי"ל להשלים שאני מי טריא בגס ממין שהיה ידוע באותה העת קומא שרף דגרסינן בפרק הראשון כל השרפין יפין לדיו ושרף קטף מן המובחר אבר ועופרת שיחור כלי ברזל שמשרפו. שחור בלשון ישמעאל אל סבאס ואל סודאי. מעשה בבן פטיא שהוציא כשפים ממצרים בשריטה על בשרו אמרו לו שוטה הוא ואין מביאין ראיה מן השוטים. כתב ע"ג כתב פטור אוקמה רב חסדא דלא כר' יהודה דאי ר' יהודה הא כתיבה מעליא היא דאמר מעביר עליו קולמוס ומקדשו: **ירושלמי** תני עדים שאין יודעין לחתום. אמר ריש לקיש רושם להם בסיקרא והן חותמין בדיו או רושם להם בדיו וחותמין בסיקרא א"ל ר' יוחנן וכי מפני שאנו עוסקין בהלכות שבת נתיר אשת איש אלא מקרעין להן נייר חלק ומרחיב להן הקרע. א"ר חייא בר אבא אילין בני מדינחא ערימין סגין כדבעי כתבין לחבריה כתיב ליה במי מילין ומשדר לחבריה והוא שפיך עליה דיו שאין בו עפיץ וקליט מקום הכתב עשה כן בשבת מהו ר' יוחנן ור"ל דאמרי תרווייהו דיו ע"ג סיקרא או סיקרא ע"ג דיו חייב ר' יצחק אמר חייב שתים אחת משום כותב ואחת משום מוחק. א"ר אמי כתב אות אחת בטבריא ואות אחת בצפורי חייב כתיבה היא אלא שמחוסרת קריבה זה ששמענו פירוש זה כגון שכתב בקרקע של טבריא שי"ן ובקרקע כנגדו בצפורי [מ"ם] חייב. מ"ט כתיבה שהרי כתב ב' אותיות והן שם אלא שמחוסרת קריבה כלומר אין שם חסר דבר במלאכה אלא אילו האריך המ"ם עד שיקרבנו לשי"ן הרי נתברר הדבר אע"פ שגם עתה המכוון זה האות כנגד זה האות קורא השם הנכתב מחוסר קריבה הוא ואקשינן והתנן על ב' דפי פנקס ואין נהגין זה עם זה פטור. ופרקי' התם לגבי הפנקס מחוסר מעשה קריבה כלומר צריך מעשה לקרב דפי הפנקס שהוא מעשה אחר זולת מעשה הכתיבה. ואם לא קריבה ולא כלום הוא. שאין שם ב' אותיות. ואם תאמר גם זה צריך

עין משפט נר מצוה

כה א מיי' פי"א מהל' שבת הל' טו סמג לאוין סה:
כו ב מיי' שם הל' יא:
כז ג ד שם הלכה טז:
כח ה שם הלכה טו טוש"ע א"ח סי' שמ סעיף ד ה:
כט ו מיי' שם הל' יד:
ל ז שם הלכה יא:
לא ח שם הלכה יג:
לב ט מיי' פ"ד מהל' גירושין הלכה ג סמג עשין נ טוש"ע אה"ע סימן קכה סעיף ג:
לג י מיי' שם הלכה א טוש"ע שם סעיף ה:
לד כ מיי' פ"א מהל' תפילין הלכה טו טוש"ע י"ד סי' רעו סעיף ב ועיין בכ"מ:
לה ל מיי' פי"א מהל' שבת הלכה טו:
לו מ מיי' פ"ט מהל' שבת הלכה יח:
לז נ מיי' פי"א שם הלכה יג:
לח ס שם הלכה יג:

מסורת הש"ס

א) פ"א ור' יהושע פוטר, ב) מגילה יח: גיטין יט., ג) ג"ז שם בגיטין, ד) [תוספתא פרק י"ב], ה) [חולין מט. נדה לג:], ו) [לקמן קה. וש"נ], ז) גיטין כ. כד: [מס' סופרים פ"ה הלכה ג], ח) בכ"י רבה וכ"ה בחדושי הר"ן, ט) לקמן קה. [כריתות יט.], י) [ע' תוס' מנחות כט: ד"ה דתמריים], כ) [כתובות יט:], ל) [עיין תוס' גיטין יט. ד"ה קנקנתום].

הגהות הב"ח

(א) רש"י ד"ה מרפקו. נ"ב ע"ל בב"מ המלוגע דף לב ע"א ובמ"ש התוס' שם: (ב) תוס' ד"ה אמר רב חסדא וכו' ע"כ לא קאמרי רבנן התם.

גליון הש"ס

גמ' א"ר אמי כתב אות אחת בטבריא. עיין לעיל דף פ ע"א תוס' ד"ה בהעלם אחד: תוס' ד"ה בן סטדא. עי' בתוס' קמא ד"ה ... ועיין תוס' חגיגה דף ד' ע"ב ד"ה הוה שכיח.

ליקוטי רש"י

פינקס. כעין אותן של סוחרים שחוקקים עליהן בעט [גיטין כ.]. מרפיקו. אציל שקורין איישל"ש [ערכין יט.]. סקורא קורט"א [זבחים יח: ועי' בתוס' לעיל צב.]. סמא. וכינן בלשון קודש אורפימינט"ו בלע"ז [מגילה יח:]. חרתא דאושכפי. סם שצובעין בו מנעלים שחורין [שם יט.]. מי טריא. מי גשמים לשון מורי מי טריא מים שצורים בו פרי שהוא כעין עפצים גל"ש בלע"ז. באבר. שאף העופרת במים ומשחירים. בשחור. פחמין. ובשיחור. חרתא דאושכפי [גיטין יט.]. אחת על האריג. אם מוסיף חוט על האריג שיעורו באחת למצטרף עם השאר [לקמן קה.]. דמעיקרא הוי האי כנגד אריג שיעור הכנה חשיב האי חוט אארג את כל הבגד [כריתות יז.]. ונתכוין לכתוב יהודה. שהיה טועה וסבור שהוא צריך לכתוב יהודה. וטעה ולא הטיל בו דלת. הרי השם כתוב אלא שהוא שלא לשמו [גיטין כ.] ונמצא שם כתוב כדרכו אבל שלא לשמו הוא [שם נד:]. עליו קולמוס. על כל אות ואות [שם כ.].

NOT PREFERRED.[36] Similarly, R' Yehudah will hold that if on the Sabbath one writes over an existing script he is liable, whereas the Rabbis will exempt him.

The Gemara elaborates further on the *melachah* of writing: תָּנָא – **[A Tanna] taught** a Baraisa: כָּתַב אוֹת אַחַת וְהִשְׁלִימָהּ לְסֵפֶר – IF SOMEONE WROTE ONE LETTER AND THEREBY COMPLETED A BOOK,[37] אָרַג חוּט אֶחָד וְהִשְׁלִימָהּ לְבֶגֶד – or HE WOVE ONE THREAD AND THEREBY COMPLETED A GARMENT, חַיָּיב – HE IS LIABLE.

The Gemara investigates the Baraisa's authorship: מַאן תַּנָּא – **Who is the Tanna** who stated this opinion?

The Gemara gives two differing answers: אָמַר רָבָא בַּר רַב הוּנָא – **Rava bar Rav Huna said:** רַבִּי אֱלִיעֶזֶר הִיא – **It is R' Eliezer,** דְּאָמַר אַחַת עַל הָאָרִיג חַיָּיב – **who said** in the Mishnah below: If one adds ONE THREAD TO previously WOVEN FABRIC, HE IS LIABLE. רַב אַשִׁי אָמַר – **Rav Ashi said:** אֲפִילּוּ תֵּימָא רַבָּנָן – **You can even say** that this Baraisa follows the view of **the Rabbis,** who exempt a person who adds only one thread to previously woven fabric. לְהַשְׁלִים שָׁאנִי – However, **completing** an entire garment or book **is different.**[38]

Another ruling about writing: אָמַר רַבִּי אַמִּי – **Rav Ami said:** כָּתַב אוֹת אַחַת בִּטְבֶרְיָא וְאַחַת בְּצִיפּוֹרִי – **If someone wrote one letter in Tiberias and** another **one in Tzippori,** חַיָּיב – **he is liable.** כְּתִיבָה הִיא – The reason is that **this is writing** אֶלָּא שֶׁמְּחוּסָּר קְרִיבָה – **but** merely **lacks** the **bringing together** of the two letters.

The Gemara objects: וְהָתְנַן – **But we learned in our Mishnah:** כָּתַב עַל שְׁנֵי כוֹתְלֵי הַבַּיִת – If ONE WROTE ON TWO separate WALLS OF A HOUSE וְעַל שְׁנֵי דַפֵּי פִנְקָס – OR ON TWO COLUMNS OF A LEDGER וְאֵין נֶהְגִּין זֶה עִם זֶה – THAT CANNOT BE READ TOGETHER, פָּטוּר – HE IS EXEMPT. Why should this case be different?

The Gemara answers: הָתָם מְחוּסַּר מַעֲשֶׂה דִּקְרִיבָה – **There,** in the Mishnah, **an action is lacking** in order **to bring** the letters **together;** הָכָא לֹא מְחוּסַּר מַעֲשֶׂה דִּקְרִיבָה – but **here no action is lacking** in order **to bring** the letters **together.**[39]

Another ruling: תָּנָא – **[A Tanna] taught** a Baraisa: הֵגִיהַּ אוֹת אַחַת – IF SOMEONE CORRECTED ONE LETTER, חַיָּיב – HE IS LIABLE.

The Gemara asks: הַשְׁתָּא כָּתַב אוֹת אַחַת פָּטוּר – **Now,** if even **someone who wrote** only **one letter is exempt,** הֵגִיהַּ אוֹת אַחַת חַיָּיב – can it be that if **he corrected one letter he is liable?**

The Gemara offers two answers: אָמַר רַב שֵׁשֶׁת – **Rav Sheishess said:** הָכָא בְּמַאי עַסְקִינַן – **What are we dealing with here?** כְּגוֹן שֶׁנִּטְּלוֹ לְגַגּוֹ שֶׁל חֵי״ת וַעֲשָׂאוֹ שְׁנֵי זַיְינִין – It is **a case where he took away the roof of a** *ches* **and made it into two** *zayins.*[40] רָבָא אָמַר – **Rava said:** כְּגוֹן שֶׁנִּטְּלוֹ לְתָגוֹ שֶׁל דָּלֶ״ת וַעֲשָׂאוֹ רֵי״שׁ – It is **a case where he took away the crown of a** *dalet* **and made it into a** *reish.*[41]

Another ruling: תָּנָא – **[A Tanna] taught** a Baraisa: נִתְכַּוֵּין לִכְתּוֹב אוֹת אַחַת – IF SOMEONE INTENDED TO WRITE ONE LETTER,[42]

NOTES

36. I.e. the scroll is disqualified even if the scribe passes a pen over the Name and rewrites it. The Name cannot be sanctified in this fashion because writing over a previous script is not considered writing at all. R' Yehudah, however, does consider it writing and therefore sanctions this method of sanctifying the Name. When the Sages of the Baraisa say that this "is not preferred," they mean to tell R' Yehudah: Even according to your opinion, that a Name so written is valid, you should concede that it is not preferred and you should not sanction this outright (*Rashba* and *Ritva,* citing *Yerushalmi*).

37. That is, he wrote the last letter of one of the twenty-four books of Scripture (*Rashi*). This does not necessarily refer to the letter at the very end of the book. Rather, even if one letter is missing somewhere in the middle and the person filled it in, he has completed the book and is liable (*Beur Halachah* 340:4 ד״ה במשקין; see also *Rashi* below ד״ה רבא אמר; cf. *Rosh Yosef* to 75b).

Rashi understands this Baraisa as referring only to one of the books of Scripture because that is the only case in which one can truly *complete* a book, since each and every letter is Divinely ordained. An ordinary book can always be changed, so it can never be considered "completed" through the addition of a letter (*Minchas Chinuch* §32 הכותב par. §2). However, the Baraisa's rule also pertains to one who writes the final letter of a *mezuzah* or tefillin scroll (*Rabbeinu Chananel*).

38. The person is liable on account of the *melachah* of "writing" or "weaving," because in this case one letter or thread is considered a significant amount. The Baraisa does not mean that he is liable for the *melachah* of striking the final blow (*Meiri;* see there for an explanation why; see also *Minchas Chinuch* ibid. par. §14, *Sfas Emes*).

39. In the Mishnah's cases the letters cannot be brought together unless the section of wall or parchment that separates them is cut away. Rav Ami, on the other hand, refers to letters that were each written at the edge of a tablet [or sheet of paper] – one in Tiberias and one in Tzippori – in which case they can be brought together for reading without any alteration of the writing surface (*Rashi*; cf. *Rashba, Ritva MHK* ed.; see *Taz, Orach Chaim* 340:2).

[*Rashi* states that the letters must be written at the edges of the tablets, thus implying that there is no liability when the letters are in the middle of the tablets. Even if the surface is soft so that it can be folded, the necessity to fold it precludes liability. However, *Rambam* (*Hil. Shabbos* 11:12) implies that if one wrote the letters in the middle of two sheets of parchment he is liable, since no cutting is required in order to combine them (*Maggid Mishneh* ad loc.).]

40. And the book needed two *zayins* in this spot (*Rashi*). Thus, by correcting the misplaced *ches,* he "wrote" two necessary letters. See *Tosafos, Menachos* 29b ד״ה דחטריה.

It is unclear why *Rashi* specifies that this ruling pertains to a *book* that needed two *zayins*. Seemingly, it should be applicable universally (*Minchas Chinuch* ibid. par. §6).

[See *Rashba, Ritva MHK* ed. and *Ran* for a discussion of whether a Torah scroll in which some letters were "written" through the erasure of superfluous ink, like these two *zayins*, is valid.]

41. [I.e. a person had a book of Scripture containing a *dalet* where there should have been a *reish,* and he corrected it.] Although he has made only a minor correction of one letter he is liable, because he has thereby perfected the book. Since it is forbidden to keep a faulty book of Scripture [or halachic treatise] in one's possession (see *Kesubos* 19b and *Yoreh Deah* 279:1 with *Beur HaGra*), his act is tantamount to writing the last letter of a book (*Rashi*; cf. *Ritva MHK* ed.; see *Avnei Nezer, Orach Chaim* 206:1).

[The commentators ask why *Rashi* needs to mention the prohibition against keeping an uncorrected book. Above, the Gemara compared the completion of a book to the completion of a garment. This indicates that the person is liable for writing the one missing letter because that is considered a significant act in its own right. It would seem that completing a book by turning a faulty *dalet* into a *reish* is just as worthy of liability, even without the fact that he thereby abides by the prohibition against leaving it faulty. See *Chasam Sofer, Teshuvos R' Akiva Eiger* §21 and *Minchas Chinuch* (ibid.) for a discussion of this issue.]

42. See *Tosafos* ד״ה נתכוין; cf. *Meiri* and *Ramban* to 105a.

וְעָלוּ בְּיָדוֹ שְׁתַּיִם – BUT HE ENDED UP WITH TWO – for example, he planned on writing a *ches* but wrote two *zayins* – חַיָּיב – HE IS LIABLE.

The Gemara asks:

וְהָתְנַן פָּטוּר – **But we learned in** our **Mishnah** that the person is **exempt** in such a case. – ? –

The Gemara answers:

לֹא קַשְׁיָא – **It is not a difficulty.** הָא דְּבָעֵי זִיוּנֵי – **This** ruling of the Mishnah refers to a case **where [the letters]** still **need to be crowned;**[1] he is therefore not liable for writing them. הָא דְּלָא בָּעֵי זִיוּנֵי – **This** ruling of the Baraisa, however, refers to a case **where [the letters] do not need to be crowned;** the person is therefore liable for writing them.[2]

The Mishnah stated:

כָּתַב אוֹת אַחַת נוֹטָרִיקוֹן – If SOMEONE WROTE ONE LETTER AS AN ABBREVIATION, רַבִּי יְהוֹשֻׁעַ בֶּן בְּתֵירָה מְחַיֵּיב – R' YEHOSHUA BEN BESEIRA HOLDS him LIABLE; וַחֲכָמִים פּוֹטְרִין – BUT THE SAGES EXEMPT him.

The Gemara digresses to demonstrate various Scriptural examples of abbreviation:[3]

אָמַר רַבִּי יוֹחָנָן משום רַבִּי יוֹסֵי בֶּן זִימְרָא – **R' Yochanan said in the name of R' Yose ben Zimra:** מִנַּיִן לִלְשׁוֹן נוֹטָרִיקוֹן מִן הַתּוֹרָה – **Where do we find an expression of abbreviation in the Torah?** שֶׁנֶּאֱמַר ,,כִּי אַ״ב־הֲמוֹ״ן גּוֹיִם נְתַתִּיךָ״ – **For it is stated:** ***For I have made you "av hamon"*** (*the father of a multitude*) ***of nations.***[4] The letters *aleph* and *beis* of the word אב stand for the following: אָב נְתַתִּיךָ לָאוּמּוֹת – **I have made you an *Av*** (*father*) **to the nations;** בָּחוּר נְתַתִּיךָ בָּאוּמּוֹת – **I have made you the *Bachur*** (*chosen one*) **among the nations.** הָמוֹן – The letters *heh, mem, vav* and *nun* of the word המון stand for: חָבִיב נְתַתִּיךָ בָּאוּמּוֹת – **I have made you *Chaviv***[5] (*beloved*) among the nations; מֶלֶךְ נְתַתִּיךָ לָאוּמּוֹת – **I have made you *Melech*** (*king*) **over the nations;**[6] וָתִיק נְתַתִּיךָ בָּאוּמּוֹת – **I have made you *Vasik*** (*distinguished*) **among the nations;** נֶאֱמָן נְתַתִּיךָ לָאוּמּוֹת – **I have made you *Ne'eman*** (*trusted*) **to the nations.**

The Gemara gives another example of a word that can be expounded as an acronym:

רַבִּי יוֹחָנָן דִּידֵיהּ אָמַר – **R' Yochanan said his own** example: ,,אָנֹכִי״ נוֹטָרִיקוֹן – The first word of the Ten Commandments, אנכי[7] (*I,* i.e. God), spelled *aleph, nun, chaf, yud,* **is an acronym** for the following: אֲנָא נַפְשִׁי כְּתִיבַת יְהָבִית – ***Ana Nafshi Kesivat Yehavis*** (*I Myself wrote [and] gave*) the Torah.

The Gemara cites an alternative exposition of this word:

רַבָּנַן אָמְרִי – **The Rabbis said:** It is an acronym for: אֲמִירָה נְעִימָה כְּתִיבָה יְהִיבָה – ***Amirah Neimah Kesivah Yehivah*** (*A pleasant statement was written [and] given*).[8]

A third version:

אִיכָּא דְּאָמְרֵי אָנֹכִי לְמַפְרֵעַ – **Some say** that the word אנכי should be expounded **backwards** (*yud, chaf, nun, aleph*), as an acronym for: יְהִיבָה כְּתִיבָה נֶאֱמָנִין אֲמָרֶיהָ – ***Yehivah Kesivah Ne'emanin Amareha*** (*It was given in writing; reliable are its statements*).[9]

Another word is expounded as an acronym:

דְּבֵי רַבִּי נָתָן אָמְרֵי – **In the academy of R' Nassan they said:** ,,כִּי־יָרַ״ט הַדֶּרֶךְ לְנֶגְדִּי״ – The verse recording the angel's rebuke to Bilam for striking his mule states: ***BECAUSE "YARAT"*** (YOU HASTENED ON) ***THE ROAD TO OPPOSE ME.***[10] The letters *yud, reish, tes* of ירט stand for: יָרְאָה רָאֲתָה נָטְתָה – ***YARAH, RAASAH, NATSAH*** (*[The mule] was afraid; it saw [the angel]; it turned aside*).[11]

The Gemara cites another example of a verse containing abbreviated script:

דְּבֵי רַבִּי יִשְׁמָעֵאל תָּנָא – **In the academy of R' Yishmael a Baraisa was taught:** ,,כַּרְמֶ״ל״ – The Torah states that ***KARMEL*** (PLUMP KERNELS) shall be used as grain for the *omer* offering.[12] כַּר מָלֵא

NOTES

1. The Gemara in *Menachos* (29b) states that in a *mezuzah* [or tefillin or Torah scroll] certain letters, including the *zayin,* must have "crowns," i.e. three *zayin*-shaped protrusions, on top. See diagram. The Mishnah refers to a case where the person did not yet complete the crowns of the *zayins* (*Rashi*). Since the *ches* is not one of the letters that are normally crowned, the person who intended to write a *ches* and ended up with two *zayins* usually will not have crowned them (see *Teshuvos R' Akiva Eiger* §21).

2. The person is liable if he already crowned the letters (*Shiltei Giborim;* see *Rashi*), if he unintentionally wrote two letters that do not require crowns (*Tosafos* to 104b ד״ה נתכוין), or if he wrote the uncrowned letters in a book or personal letter where crowning is not required (*Teshuvos R' Akiva Eiger* ibid.).

These explanations follow *Rashi,* who implies that the difference between the Mishnah and Baraisa lies in whether the letters inherently need crowns. Others explain differently, that the critical point is not whether the letters *require* crowns, but whether the person had originally *intended* to crown his letters (*Rashba, Ritva MHK* ed.; see *Beur HaGra* to *Orach Chaim* 36:3, *Chasam Sofer* to 103a and *Divrei Yechezkel* 4:7ff at length).

3. The term נוטריקון refers to any type of abbreviated script. It can thus refer to a one-letter abbreviation [as in our Mishnah], to acronyms and to contractions (see *Tos. Yom Tov* to the Mishnah). The Gemara proceeds to list various examples of verses that may be expounded as containing this type of script.

4. *Genesis* 17:5. The term הָמוֹן, *multitude,* is apparently superfluous: God could have said that He made Abraham "a father of nations." The word הָמוֹן is therefore expounded as an acronym for other words; and once הָמוֹן is expounded this way, the word אַב, *father,* is also expounded as an acronym (*Maharsha*).

5. The *heh* is expounded as a *ches* here, as is commonly done for expositions (*Rashba, Maharsha;* see also 104a notes 42-43).

6. As the children of Cheis said to Abraham (*Genesis* 23:6): נְשִׂיא אֱלֹהִים אַתָּה בְּתוֹכֵנוּ, *You are a prince of God in our midst* (*Rashi*). See *Maharsha,* who cites an explicit Scriptural basis for each of the other praises mentioned here as well.

7. *Exodus* 20:2. The verse could have stated the term אֲנִי for "I" (*Rashi*). The more lengthy term אָנֹכִי is therefore expounded as an acronym.

8. The previous exposition intimates that God Himself wrote the commandments on the Tablets. To preclude any thought of this having been a physical act, the Rabbis expound the word אָנֹכִי in a way that indicates that the Word of God miraculously became engraved through and through the Tablets on its own (*Maharsha,* based on *Targum Yonasan* to *Exodus* 20:2).

9. This version emphasizes that the Torah was given in written form so that its commandments are totally accurate (*Maharsha;* cf. *Meshech Chochmah* to *Exodus* 20:2). [See also *Maharal* in *Tiferes Yisrael* ch. 37, and *Haamek She'eilah* 166:13 for further elucidation of these expositions.]

10. *Numbers* 22:32. If the verse refers to Bilam's actions, there is a difficulty, for the angel's statement that Bilam "opposed" him would seem to contradict God's earlier consent that Bilam proceed on his trip. We therefore expound יָרַט as an acronym referring to the actions of Bilam's mule (*Maharsha;* cf. *Maharal*; according to this interpretation, the words "to oppose me" refer to the trip itself, rather than Bilam's intentions).

11. Initially, Bilam's mule was instinctively afraid to transport him to curse the Jews; later on it actually saw the angel of God standing in its way, and then it veered off the path (*Gur Aryeh* to *Numbers* loc. cit.; cf. *Rashash* to *Menachos* 66b).

12. *Leviticus* 2:14. The *omer* was a *minchah* offering consisting of barley that was brought on the second day of Pesach and which served to permit consumption of the new crop of grain [חָדָשׁ]. The Baraisa derives that it is preferable to use fresh, moist barley for the *omer* offering.

ועלו בידו שתים חייב והתנן פטור לא קשיא הא דבעי זיוני הא דלא בעי זיוני: כתב אות אחת נוטריקון רבי יהושע בן בתירה מחייב וחכמים פוטרין: א"ר יוחנן משום ר' יוסי בן זימרא מנין ללשון נוטריקון מן התורה שנא' כי א"ב המו"ן גוים נתתיך אב נתתיך לאומות בחור נתתיך באומות המון חביב נתתיך באומות מלך נתתיך לאומות ותיק נתתיך באומות נאמן נתתיך לאומות ר' יוחנן דידיה אמר אנכי נוטריקון אנא נפשי כתיבת יהבית רבנן אמרי אמירה נעימה כתיבה יהיבה איכא דאמרי אנכי למפרע יהיבה כתיבה נאמנין אמריה דבי רבי נתן אמרי כי יר"ט הדרך לנגדי יראה ראתה נטתה דבי רבי ישמעאל תנא כרמ"ל כר מלא רב אחא בר יעקב אמר והוא קללני קללה נמרצ"ת נוטריקון נואף הוא מואבי הוא רוצח הוא צורר הוא תועבה הוא ר"נ בר יצחק אמר מה נדבר ומה נצטד"ק נכונים אנחנו צדיקים אנחנו טהורים אנחנו דכים אנחנו קדושים אנחנו: **מתני'** הכותב ב' אותיות בשתי העלמות אחת שחרית ואחת בין הערבים ר"ג מחייב וחכמים פוטרין: **גמ'** במאי קמיפלגי ר"ג סבר אין ידיעה לחצי שיעור ורבנן סברי יש ידיעה לחצי שיעור:

הדרן עלך הבונה

רבי אליעזר אומר האורג שלשה חוטין בתחילה ואחת על האריג חייב וחכ"א בין בתחילה בין בסוף שיעורו ב' חוטין העושה שתי בתי נירין בנירין בקירום בנפה בכברה ובסל חייב והתופר ב' תפירות והקורע ע"מ לתפור ב' תפירות: **גמ'** כי אתא רבי יצחק תני שתים והאנן תנן ג' לא קשיא הא באלימי הא בקטיני אמרי לה להאי גיסא ואמרי לה להאי גיסא אמרי לה להאי גיסא אלימי תלתא לא סתרי תרי סתרי קטיני תרי נמי לא סתרי ואמרי לה להאי גיסא קטיני תלתא ידיעי תרי לא ידיעי אלימי תרי נמי ידיעי תניא האורג ג' חוטין בתחילה ואחד על האריג חייב וחכמים אומרים בין בתחילה בין בסוף שיעורן ב' חוטין ובשפה ב' חוטין ברוחב ג' בתי נירין הא למה זה דומה לאורג צלצול קטן ב' חוטין ברוחב ג' בתי נירין והאורג ג' חוטין בתחילה ואחד על האריג חייב סתמא כר"א תניא אידך האורג ב' חוטין על הגס ועל האימרא חייב ר"א אומר אפילו אחד ובשפה שני חוטין ברוחב שלשה בתי נירין חייב הא למה זה דומה לאורג צלצול קטן שני חוטין על רוחב ג' בתי נירין והאורג ב' חוטין על הגס ועל האימרא חייב סתמא כרבנן: העושה ב' בתי נירין כו': מאי [בנירין] אמר אביי תרתי בבתי נירא וחדא בנירא: בקירום: מאי בקירום אמר רב מצוביתא: והתופר ב' תפירות: הא תנינא באבות מלאכות והתופר ב' תפירות משום דקבעי למיתנא סיפא והקורע ע"מ לתפור ב' תפירות קתני נמי התופר והקורע הא נמי תנינא באבות מלאכות אלא משום דקבעי למיתני סיפא הקורע בחמתו ועל מתו משום הכי קתני [התופר שתי תפירות]: והקורע ע"מ לתפור שתי תפירות: היכי משכחת לה

דעבדה

רש"י

ועלו בידו שתים. היינו נמי מתכוין לכתוב ח' וכתב שני זיינין **הא.** דתנן פטור: **דבעי זיוני.** שעדיין צריכות ראשי הזיינין לזיין כתגין שלהן שהזיינין צריכות ג' זיונין ימין ושמאל ולמעלה כדאמרינן במנחות (דף כט:): **מלך נתתיך.** נשיא אלהים אתה (בראשית כג): **אנכי.** מדלא אמר אני: **אנא נפשי.** אני בעצמי: **אמירה.** שהיא נעימה: **כרמל.** גבי מנחת העומר כתיב גרש כרמל שמביאה כשהיא לחה בעוד שהזרע נפוח והכר של קש מלא הימנו: **מתני' אחת שחרית ואחת בין הערבים.** כיון דהוי"ל שהות בינתים כדי לידע הוה ליה כשתי העלמות: **גמ' יש ידיעה לחצי שיעור.** לחלק כדי שלא יצטרף עמו חצי האחר:

הדרן עלך הבונה

רבי אליעזר. אתא לפרושי שיעור אורג שמנו באבות מלאכות (לעיל דף עג.) דתנן התם שני חוטין: **בתחילה.** אם זו תחלת אריגתו של בגד: **ואחת על האריג.** אם מוסיף הוא על האריג שיעורו באחת דמצטרף עם השאר: **בתי נירין.** שנתן ב' חוטין של שתי בנירה שקורין ליל"ש: **בנירין ובקירום.** מפרש בגמרא: **בנפה ובכברה.** הנך לאו נירין ממש אלא משרשר ומרכיב חוט א' [של ערב] בשתי מלמטה ואחד מלמעלה ומעמיד השתי בהן כתקנו: **גמ' כי אתא ר' יצחק תני.** מתני' הכי ר"א אומר האורג ב' חוטין בתחלה ולא פליג ר"א ארבנן אלא באחד על האריג: **להאי גיסא.** אלימי ג' ולא ב' משום דשנים סתרי דמתוך עוביין אין נדבקים יפה זה בזה וקטיני בשנים מיחייב: **ואמרי ליה להאי גיסא.** אלימי שנים חייב: **דידיעי.** דבר הנראה הוא אבל קטיני בשנים פטור: **ובשפה ב' חוטין ברוחב ג' בתי נירין.** יש שאורגין סביב [הבגד] השפה באורך הבגד כולו מין אחר של [שתי] ורוחב ברוחב הבגד כשיעור שלשה בתי נירין והאורג בו שני חוטין (ו) חייב: **למה זה דומה.** כלומר להכי מחייבי באריג קצר כי האי ולא אמרי כמלא רוחב הסיט כדמשערינן במתני' באורג באמצע הבגד: **דומה לאורג צלצול קטן.** חגורה קצרה שאינה רחבה יותר משלשה בתי נירין: **על הגס.** אריג הרבה: **על האימרא.** תחלת הבגד שאורגין בו ערב ממין אחר לאימרא: **ובשפה.** לאורך השתי כולו עושין אותו: **תרתי בבתי נירא וחדא בנירא.** ב' פעמי' מרכיב לחוט של שתי בבת נירא דהיינו שקורין ליצ"א: **ואחת בנירא.** ופעם שלישית מרכיבו על חוט הנירא שקורין ליצ"א המורכב על הקנה: **מצוביתא.** ביריעת גרדין האורגין ברגל הוא וקורין לימיי"ש והיא במקום הקנה העולה ויורד ביריעת אריגת נשים שקורין פריס"א: **הא תנינא ליה באבות מלאכות.** ולמה לי למיהדר ולמתנייה הכא הואיל ולא לפרושי בה מידי אתא בשלמא אורג משום פלוגתא ושתי בתי נירין לאשמועינן נירין ובקירום ובנפה ובכברה וסל דלא תנא לה (ז) התם:

תוספות

והתניא פטור. אין נראה לר"י לגרוס והתניא דאמאי לא הוה פריך ממתני' ומיהו איכא למימר דממתני' לא קשיא ליה דלקמני וכתב שני זיינין ולא נקט ב' אותיות אחרות דלא בעי זיוני משמע דמשום זיון פטור ליה אבל מברייתא דקתני סתמא פריך שפיר אבל קשה דאי ברייתא היא הא דפריך מינה אמאי נקט נתכוין לכתוב אות אחת ועלו בידו שתים אפי' נתכוין לאותן שתים שכתב וכתבן בלא זיון פטור כיון דמוקמי לה בדבעי זיוני דהא בברייתא לא קתני וכתב שני זיינין דנוכל לומר דאתי לאשמועינן הא כתב שתי אותיות אחרות דלא בעי זיון חייב כדפירשתי (א) במתניתין לכך נראה דממתני' פריך וגרסינן והתנן:

רבן גמליאל סבר אין ידיעה לחצי שיעור. נראה דטעם (ט) דרשב"ג משום דכתיב או הודע אליו חטאתו ידיעת חטאת הוא דשמה ידיעה אבל ידיעה דלאו חטאת לאו שמה ידיעה:

ורבנן סברי יש ידיעה לחצי כו'. פירש בקונט' הא דנקט אות אחת שחרית ואחת בין הערבים כיון דהוי שהות בינתים כדי לידע חשיב כשתי העלמות ואין נראה חדא דהוה ליה לפרש שיעור שהות ועוד דאמר לעיל כתב אות אחת בציפורי ואות אחת בטבריא חייב אע"ג דמסתמא יש שהות כדי לידע ונראה דמיירי שידע בינתים ואחת שחרית ואחת ערבית נקט לרבותא דאף על גב דיש עם הידיעה הפסק ושהות גדול בינתים מחייב ר"ג:

הדרן עלך הבונה

האורג. אומר ר"י דה"ג וחכ"א בין בתחלה בין בסוף ול"ג בין באמצע בין בסוף דא"כ הוה משמע בסוף הבגד ממש והתם אפי' רבנן מודו דחייב אפילו באחת כדאמרינן סוף פרק הבונה (לעיל דף קד:) אבל אי לא גרסינן באמצע אתי שפיר דבסוף לאו בסוף ממש קאמר:

העליון ויבא הערב. קירום. הוא מצובייתא. פי' מסנות אורגין אותה מן הסיב או מן חוטי צמר ומכיוצא בהן ומסננין בהן:

הקורע

– The word *karmel* is a contraction for ***KAR MALEI*** – i.e. a full head of grain.[13]

Another example of an acronym: **רַב אַחָא בַּר יַעֲקֹב אָמַר – Rav Acha bar Yaakov said:** ,,וְהוּא קִלְלַנִי קְלָלָה נִמְרֶצֶ״ת״ – King David said about Shimi ben Geira: ***And he cursed me with an explicit*** (*nimretzes*) ***curse.***[14] The word נמרצת, spelled *nun, mem, reish, tzadi, tav,* **נוֹטָרִיקוֹן – is an acronym** for numerous aspersions that Shimi cast against David: **נוֹאֵף הוּא – He is a *Noeif*** (*adulterer*); **מוֹאָבִי הוּא – he is a *Moavi*** (*Moabite*); **רוֹצֵחַ הוּא – he is a *Rotze'ach*** (*murderer*); **צוֹרֵר הוּא – he is a *TZoreir*** (*enemy*); **תּוֹעֵבָה הוּא – he is a *To'eivah*** (*abomination*).[15]

One last example of an acronym: **רַב נַחְמָן בַּר יִצְחָק אָמַר – Rav Nachman bar Yitzchak said:** ,,מַה־נְּדַבֵּר וּמַה־נִּצְטַדָּ״ק״ – When Joseph's brothers were apprehended with his royal goblet in their possession, Judah said: ***How can we speak? And how can we justify ourselves*** (*nitztadak*)?[16] The word נצטדק, spelled *nun, tzadi, tes, dalet, kuf,* is an acronym for: **נְכוֹנִים אֲנַחְנוּ – We are *Nechonim*** (*upright*); **צַדִּיקִים אֲנַחְנוּ – we are *TZadikim*** (*righteous*); **טְהוֹרִים אֲנַחְנוּ – we are *Tehorim*** (*pure*); **דַּכִּים אֲנַחְנוּ – we are *Dakim*** (*clean,* i.e. innocent); **קְדוֹשִׁים אֲנַחְנוּ – we are *Kedoshim*** (*holy*).

Mishnah This Mishnah concludes the discussion about liability for writing:[17] **הַכּוֹתֵב שְׁתֵּי אוֹתִיּוֹת בִּשְׁתֵּי הֶעְלֵמוֹת – If one writes two letters in two lapses of awareness,**[18] **אַחַת שַׁחֲרִית וְאַחַת בֵּין הָעַרְבַּיִם – or one in the morning and one in the afternoon,**[19] **רַבָּן גַּמְלִיאֵל מְחַיֵּיב – Rabban Gamliel holds him liable,** **וַחֲכָמִים פּוֹטְרִין – but the Sages exempt** him.[20]

Gemara The Gemara clarifies this dispute: **בְּמַאי קָמִיפַּלְגֵי – In what** issue **do they disagree?** It is in the following: **רַבָּן גַּמְלִיאֵל סָבַר – Rabban Gamliel holds:** **אֵין יְדִיעָה לַחֲצִי שִׁיעוּר – There is no awareness for half a measure.**[21] **וְרַבָּנָן סָבְרִי – But the Rabbis hold:** **יֵשׁ יְדִיעָה לַחֲצִי שִׁיעוּר – There is awareness for half a measure.**[22]

הדרן עלך הבונה

WE SHALL RETURN TO YOU, HABONEH

NOTES

13. Literally: a full pillow. That is, the barley should be ground into flour while moist and fresh, when each pillow-like shell is filled with a completely ripened, plump kernel (*Rashi* here and to *Menachos* 66b).

14. *I Kings* 2:8. The proper grammatical form of the adjective (explicit) would be נִמְרָצָה. The letter ת׳ in the term נִמְרֶצֶת is indicative of a plural form and the word is therefore expounded as an acronym for various curses (*Maharsha;* cf. *Maharal*).

15. Shimi referred to David as an adulterer because of the incident with Bathsheba (however, see above, 56a); as a Moabite [and therefore of tainted lineage] because he was descended from Ruth the Moabite (however, see *Yevamos* 77a); as a murderer for allowing Uriah to die in battle (however, see above, 56a); and, in general, as an enemy of the people and an abomination (see *Yad David*).

16. *Genesis* 44:16. This verse is difficult to understand in context because Judah afterwards proceeded to defend the brothers. Why would he initially indicate that he had no justification for their actions? The term נִצְטַדָּק is therefore expounded as a series of defenses (*Maharsha;* see *Chasam Sofer*).

17. We have learned many times throughout this tractate that, if someone inadvertently transgresses one of the Sabbath *melachos* several times without realizing that he has sinned, he is obligated to bring only one *chatas* upon becoming aware of his mistake. This is because the actual obligation to bring a *chatas* is not incurred at the time one transgresses the sin but rather at the time that one becomes *aware* of his transgression. Consequently, if one becomes aware of a Sabbath transgression and then in a new lapse of awareness performs the same *melachah* a second time, he is obligated to bring a separate *chatas* for each transgression, since the second transgression took place after the person had already incurred the obligation for the first *chatas.* Awareness thus divides transgressions into distinct liabilities.

It would seem to follow from this that, if a person did part of a *melachah* and became aware of his misdeed, and then completed the *melachah* in another lapse of awareness, the two acts do not combine to make him liable to bring a *chatas.* Since he did not complete the *melachah* in a single lapse of awareness, he should not incur any liability. Our Mishnah focuses on this point.

18. I.e. after writing one letter, he became aware of his sin and subsequently forgot the prohibition again and wrote a second letter alongside the first (*Rav*).

19. That is, he is not cognizant of having realized his mistake between the writing of the first and second letters, but an interval of time long enough for him to have learned of his mistake elapsed before writing the second letter; the law presumes that he had, in fact, realized his mistake in the interim (*Rashi;* see also above, 67b note 6).

[*Tosafos* (ד״ה ורבנן) question *Rashi's* explanation on the grounds that the Tanna should have specified the minimum time required for this presumption of realization to take effect. *Tosafos* therefore offer an alternative explanation of the Mishnah. See also *Ritva MHK* ed. However, see *Maginei Shlomo* for a defense of *Rashi.*]

20. The Gemara will explain this dispute.

21. Rabban Gamliel holds that becoming aware that one has committed less than the minimum amount of work required for a *chatas* is not considered a true awareness, and does not, therefore, prevent the two half-measures from combining to create one liability.

Rabban Gamliel apparently bases his ruling on the following reasoning: The principle that the obligation to bring a *chatas* stems from *awareness* of the transgression is derived from the verse (*Leviticus* 4:28): או הודַע אֵלָיו חַטָּאתוֹ אֲשֶׁר חָטָא וְהֵבִיא קָרְבָּנוֹ וגו׳, *If the sin that he committed* [חַטָּאתוֹ] *becomes known to him, he shall bring his offering* etc. Rabban Gamliel expounds the term חַטָּאתוֹ as "his *chatas* offering," and thus interprets the verse as meaning, *If his chatas offering becomes known to him* etc. The verse thus implies that only the awareness of an act that makes one liable to a *chatas* penalty is significant. Knowledge of a half-measure of sin is not regarded as significant and does not preclude the combination of two half-measures to create liability (*Tosafos*).

22. The Sages maintain that the person's awareness between the two half-measures separates them and does not allow them to be counted as one liability (*Rashi*). See *Kehillos Yaakov* (*Algazi*) in *Tosefos DeRabbanan* §137, and *Mitzpeh Eisan* for further discussion of this dispute.

ועלו בידו שתים חייב והתנן פטור לא קשיא הא דבעי זיוני הא דלא בעי זיוני: כתב אות אחת נוטריקון רבי יהושע בן בתירה מחייב וחכמים פוטרין: א"ר יוחנן משום ר' יוסי בן זימרא מנין ללשון נוטריקון מן התורה שנא' א) כי א"ב המו"ן גוים נתתיך אב נתתיך לאומות בחור נתתיך באומות המון חביב נתתיך באומות מלך נתתיך לאומות ותיק נתתיך באומות נאמן נתתיך לאומות ר' יוחנן דידיה אמר ב) אנכי נוטריקון אנא נפשי כתיבת יהבית רבנן אמרי אמירה נעימה כתיבה יהיבה איכא דאמרי אנכי למפרע יהיבה כתיבה נאמנין אמריה דבי רבי נתן אמרי ג) כי יר"ט הדרך לנגדי ירא ראתה נטתה דבי רבי ישמעאל תנא ד) כרמ"ל כר מלא רב אחא בר יעקב אמר ה) והוא קללני קללה נמרצ"ת נוטריקון נואף הוא מואבי הוא רוצח הוא צורר הוא תועבה הוא ר"נ בר יצחק אמר ו) מה נדבר ומה נצטד"ק נכונים אנחנו צדיקים אנחנו טהורים אנחנו דכים אנחנו • קדושים אנחנו: **מתני'** הכותב ב' אותיות בשתי העלמות אחת שחרית ואחת בין הערבים ר"ג מחייב וחכמים פוטרין: **גמ'** במאי קמיפלגי ר"ג סבר אין ידיעה לחצי שיעור ורבנן סברי יש ידיעה לחצי שיעור:

הדרן עלך הבונה

רבי אליעזר אומר האורג שלשה חוטין בתחילה ואחת על האריג חייב וחכ"א בין בתחילה בין בסוף שיעורו ב' חוטין העושה שתי בתי נירין בנירין (ג) בקירוס בנפה בכברה ובסל חייב והתופר ב' תפירות והקורע ע"מ לתפור ב' תפירות: **גמ'** כי אתא רבי יצחק תני שתים והאנן תנן ג' לא קשיא הא באלימי הא בקטיני • אמרי לה להאי גיסא ואמרי לה להאי גיסא אלימי תלתא לא סתרי תרי סתרי קטיני תרי נמי לא סתרי ואמרי לה להאי גיסא קטיני תלתא ידיעי תרי לא ידיעי אלימי תרי נמי ידיעי תניא האורג ג' חוטין בתחילה ואחד על האריג חייב וחכמים אומרים בין בתחילה בין בסוף שיעורן (ג) ב' חוטין ובשפה ב' חוטין ברוחב ג' בתי נירין הא למה זה דומה לאורג צלצול קטן ב' חוטין ברוחב ג' בתי נירין והאורג (ד) ג' חוטין בתחילה ואחד על האריג חייב סתמא כר"א תניא אידך האורג ב' חוטין על הגם ועל האימרא חייב ר"א אומר אפילו אחד ובשפה שני חוטין ברוחב שלשה בתי נירין חייב הא למה זה דומה לאורג צלצול קטן שני חוטין על רוחב ג' בתי נירין והאורג ב' חוטין על הגם ועל האימרא חייב סתמא כרבנן: העושה ב' בתי נירין כו': מאי [בנירין] אמר אביי תרתי בבתי (ה) נירא וחדא בנירא: בקירוס: מאי בקירוס אמר רב מצוביתא: והתופר ב' תפירות: הא תנינא באבות מלאכות והתופר ב' תפירות משום דקבעי למיתנא סיפא והקורע ע"מ לתפור ב' תפירות קתני נמי התופר והקורע הא נמי תנינא באבות מלאכות אלא משום דקבעי למיתני סיפא הקורע בחמתו ועל מתו משום הכי קתני [התופר שתי תפירות]: והקורע ע"מ לתפור שתי תפירות: היכי משכחת לה

דעבדה

רש"י

ועלו בידו שתים. היינו נמי מתכוין לכתוב ח' וכתב שני זיינין: הא. דתנן פטור: דבעי זיוני. שעדיין צריכות ראשי הזיינין לזיינן כתגין שלהן שהזיינין צריכות ג' זיונין ימין ושמאל ולמעלה כדאמרינן במנחות (דף כט:): מלך נתתיך. נשיא אלהים אתה (בראשית כג): אנכי. מדלא אמר אני: אנא נפשי. אני בעצמי: אמירה. שהיא נעימה: כרמל. גבי מנחת העומר כתיב גרש כרמל שמביאה כשהיא לחה בעוד שהזרע נפוח והכר של קש מלא הימנו: **מתני'** אחת שחרית ואחת בין הערבים. כיון דהו"ל שהות בינתים כדי לידע הוה ליה כשתי העלמות: **גמ'** יש ידיעה לחצי שיעור. לחלק כדי שלא יצטרף עמו חצי האחר:

הדרן עלך הבונה

רבי אליעזר. (ה) אתא לפרושי שיעור אורג שמנו באבות מלאכות (לעיל דף עג.) דתנן התם שני חוטין: בתחילה. אם זו תחלת אריגתו של בגד: ואחת על האריג. אם מוסיף הוא על האריג שיעורו באחת דמצטרף עם השאר: בתי נירין. שנתן ב' חוטין של שתי בנירה שקורין ליצ"ש: בנירין ובקירוס. מפרש בגמרא: בנפה ובכברה. הנך לאו נירין ממש אלא משרשר ומרכיב חוט א' [של ערב] בשתי מלמטה ואחד מלמעלה ומעמיד השתי בהן כתקנו: **גמ'** כי אתא ר' יצחק תני. מתני' הכי ר"א אומר האורג ב' חוטין בתחלה ולא פליג ר"א ארבנן אלא באחד על האריג: להאי גיסא. אלימי ג' ולא ב' משום דשנים סתרי דמתוך עוביין אינן נדבקים יפה זה בזה וקטיני בשנים מיחייב: ואמרי ליה להאי גיסא. אלימי שנים חייב: דידיעי. דבר הנראה הוא אבל קטיני בשנים פטור: ובשפה ב' חוטין ברוחב ג' בתי נירין. יש שאורגין סביב [הבגד] השפה באורך הבגד כולו מין אחר של [שתי] ורוחב ברוחב הבגד כשיעור שלשה בתי נירין והאורג בו שני חוטין (ו) חייב: למה זה דומה. כלומר להכי מחייבי באריג קצר כי האי ולא אמרי כמלא רוחב הסיט כדמשערינן במתני' באורג באמצע הבגד: דומה לאורג צלצול קטן. חגורה קצרה שאינה רחבה יותר משלשה בתי נירין: על הגם. אריג הרבה: על האימרא. תחלת הבגד שאורגין בו ערב ממין אחר לאימרא: ובשפה. לאורך השתי כולו עושין אותו: תרתי בבתי נירא וחדא בנירא. ב' פעמי' מרכיב לחוט של שתי בבת נירא דהיינו שקורין ליצ"א: ואחת בנירא. ופעם שלישית מרכיבו על חוט הנירא שקורין ליצ"א המורכב על הקנה: מצוביתא. בירעת גרדין האורגין ברגל הוא וקורין לימי"ש והיא במקום הקנה העולה ויורד בירעת אריגת נשים שקורין פריש"א: הא תנינא ליה באבות מלאכות. ולמה לי למיהדר ולמתנייה הכא הואיל ולא לפרושי בה מידי אתא בשלמא אורג משום פלוגתא ושתי בתי נירין לאשמועינן בנירין ובקירוס ובנפה ובכברה וכל דלא תנא לה (ז) התם:

תוספות

והתניא פטור. אין נראה לר"י לגרוס והתניא דאמאי לא הוה פריך ממתני' ומיהו איכא למימר דממתני' לא קשיא ליה מדקתני וכתב שני זיינין ולא נקט ב' אותיות אחרות דלא בעי זיוני משמע דמשום דזיון פטור ליה אבל מברייתא דקתני סתמא פריך שפיר אבל קשה דאי ברייתא היא הא דפריך מינה אמאי נקט נתכוין לכתוב אות אחת ועלו בידו שתים אפי' נתכוין לאותן שתים שכתב וכתבן בלא זיון פטור כיון דמוקמי לה בדבעי זיוני דהא בברייתא לא קתני וכתב שני זיינין דנוכל לומר דאתי לאשמעינן הא כתב שתי אותיות אחרות דלא בעי זיון חייב כדפירשתי (א) במתניתין לכך נראה דממתני' פריך וגרסינן והתנן:

רבן גמליאל סבר אין ידיעה לחצי שיעור. נראה דטעם (ט) דרשב"ג משום דכתיב או הודע אליו חטאתו ידיעת חטאת הוא דשמה ידיעה אבל ידיעה דלאו חטאת לאו שמה ידיעה:

ורבנן סברי יש ידיעה לחצי כו'. פירש בקונט' הא דנקט אות אחת שחרית ואחת בין הערבים כיון דהוי שהות בינתים כדי לידע חשיב כשתי העלמות ואין נראה לר"י חדא דהוה ליה לפרש שיעור שהות ועוד דאמר לעיל כתב אות אחת בטבריא ואחת בציפורי חייב אע"ג דמסתמא יש שהות כדי לידע ונראה דמיירי שידע בינתים ואחת שחרית ואחת ערבית נקט לרבותא דאף על גב דיש עם הידיעה הפסק ושהות גדול בינתים מחייב ר"ג:

הדרן עלך הבונה

האורג. אומר ר"י דה"ג וחכ"א בין בתחלה בין בסוף ול"ג בין באמצע בין בסוף דלא"כ הוה משמע בסוף הבגד ממש והתם אפי' רבנן מודו דמחייב אפילו באחת כדאמרינן סוף פרק הבונה (לעיל דף קד:) אבל אי לא גרסינן באמצע אתי שפיר דבסוף לאו בסוף ממש קאמר:

עין משפט נר מצוה

למ א ב מיי' פ"ט מהל' שגגות הלכה ח:

א ג מיי' פ"ט מהל' שבת הל' יח סמג לאוין סה:

ב ד מיי' שם הל' עז:

ג ה מיי' פ"י שם הל' ט:

ד ו שם הלכה י:

ה ז מיי' פ"ט שם הל' יח:

רבינו חננאל

צריך להאריך האות האחת ולקרבה לחברתה להיותן נקראות יחדו לא דמי הא להא. דהתם כבר האות כתובה היא. מאי אמרת היא קטנה ורוצה לעשות גדולה. בין קטנה לגדולה לא איכפת לן. לפי' כתיבה [היא] חייב. תנא הגיה אות אחת חייב. ואקשי' השתא כתב אות אחת פטור הגיה חייב. ופריק רבא כגון שהיה ספר שהיה חסר להר"ש. ובא להגיהו שנטל [לגגו] של דל"ת ועשאו ר"ש השלימו לספר דקייל כתב אות אחת להשלים דברי הכל חייב. וי"א (כיון) [כגון] שנטלו לתגו של דל"ת מחקו וכתבו ר"ש ודברי אביי פשוטין הן: תנא נתכוון לכתוב אות אחת ועלתה בידו ב' חייב. והתניא פטור ושנינן בדבעי זיונא. פי' כגון צריך לכתוב ט"ית ומדי רהוטו לא הדביק בו [לצלם האחרון ונמצא כאילו פן] איבעי זיונא כדי שיתראו צורת האותיות פטור שעדיין אינה כתובה. ואם לאו חייב. ודוקא שצריך (פו) בענין שכתבו: נוטריקון הוא לשון יון. וסופרי המלכים השרים שלהם יש להן כתב שקוראין אותו נוטריקון. ואומר המלך לסופר כתוב טופס המלך מסדר לפניו בפיו הסופר כותב מפיו מילי שמשמשת כמה ובשיטה אחת כותב מגלה וזהו נוטריקון: יש מי שאוכל חצי זית חלב בשגגה ונודע לו וחזר ונעלם ממנו ואכל חצי זית אחר רבן גמליאל אומר אין ידיעה לחצי שיעור וכאילו השיעור כולו בשגגה אכלו חייב חטאת וחכמים פוטרין.

הדרן עלך הבונה

פי"ג רבי אליעזר אומר האורג ג' חוטין בתחלה ואחד על האריג חייב. בכלל גדול תנן סתמא. האורג ב' חוטין ולא שנינו בין בתחלה בין בראש הבגד ובין בסופו ע"ג אריג שהוא ארוג מאתמול. וכן הלכה כחכמים ור' אליעזר פליג דסבר פחות מב' חוטין אין מתקיימין אלא נסתרין. הלכך אי בתחלה התחיל באריג צריך ג' חוטין שתהא מלאכה מתקיימת ואם יש חוט אחד ערב ארוג בשתי אם ארג בו חוטין על גביו חייב. ואם לאו פטור ואם יש ב' חוטין ערב ארוגין בשתי וארג אחד עליהן חייב. וכן אם היו אלף באחד מהן חייב. [הא בקטיני] פי' חוטין דקין אלימי חוטין עבין אמרי לה להאי גיסא ג' בקטיני שהן דקיקי כי השנים כאחד דומה מפני שאין מראין רחבן ובאלימי שנים כי

מסורת הש"ס

א) מנחות דף כט: ע"ש, ב) [שם], ג) כריתות יב:, ד) שם ודף יז. [לעיל עג.], ה) לעיל קד:, ו) [לעיל עג.], ז) [תוספתא פרק י"ג], ח) אמר לפלוג אשיעור אורג שמנו חכמים פ"א רש"ל, ט) נ"ל דר"ג.

הגהות הב"ח

(א) תוס' ד"ה והתניא וכו' חייב כדפירש במתניתין: (ג) במשנה שתי בתי נירין בנירים: (ג) גמ' בין בסוף שיעור שתי חוטין: (ד) שם שלשה בתי נירין האורג כל"ל ואות ו' נמחק: (ה) שם אמר אביי תרתי בבת נירא: (ו) רש"י ד"ה ובשפה וכו' ב' חוטין של ערב חייב: (ז) ד"ה הא תנינן וכו' תנן להו התם:

גליון הש"ס

גמ' קדושים אנחנו. ע"ע במדרש במדבר רבה ר"פ מקעי על פסוק נחיות כמון עמך: שם א"ל להאי גיסא. פסחים קח ע"א, ב"ב מג ע"ב.

תורה אור השלם

א) וְלֹא יִקָּרֵא עוֹד אֶת שִׁמְךָ אַבְרָם וְהָיָה שִׁמְךָ אַבְרָהָם כִּי אַב הֲמוֹן גּוֹיִם נְתַתִּיךָ: [בראשית יז, ה]

ב) אָנֹכִי יְיָ אֱלֹהֶיךָ אֲשֶׁר הוֹצֵאתִיךָ מֵאֶרֶץ מִצְרַיִם מִבֵּית עֲבָדִים: [שמות כ, ב]

ג) וַיֹּאמֶר אֵלָיו מַלְאַךְ יְיָ עַל מָה הִכִּיתָ אֶת אֲתֹנְךָ זֶה שָׁלוֹשׁ רְגָלִים הִנֵּה אָנֹכִי יָצָאתִי לְשָׂטָן כִּי יָרַט הַדֶּרֶךְ לְנֶגְדִּי: [במדבר כב, לב]

ד) וְאִם תַּקְרִיב מִנְחַת בִּכּוּרִים לַייָ אָבִיב קָלוּי בָּאֵשׁ גֶּרֶשׂ כַּרְמֶל תַּקְרִיב אֵת מִנְחַת בִּכּוּרֶיךָ: [ויקרא ב, יד]

ה) וְהִנֵּה עִמְּךָ שִׁמְעִי בֶן גֵּרָא בֶן הַיְמִינִי מִבַּחֻרִים וְהוּא קִלְלַנִי קְלָלָה נִמְרֶצֶת בְּיוֹם לֶכְתִּי מַחֲנָיִם וְהוּא יָרַד לִקְרָאתִי הַיַּרְדֵּן וָאֶשָּׁבַע לוֹ בַיְיָ לֵאמֹר אִם אֲמִיתְךָ בֶּחָרֶב: [מלכים א ב, ח]

ו) וַיֹּאמֶר יְהוּדָה מַה נֹּאמַר לַאדֹנִי מַה נְּדַבֵּר וּמַה נִּצְטַדָּק הָאֱלֹהִים מָצָא אֶת עֲוֹן עֲבָדֶיךָ הִנֶּנּוּ עֲבָדִים לַאדֹנִי גַּם אֲנַחְנוּ גַּם אֲשֶׁר נִמְצָא הַגָּבִיעַ בְּיָדוֹ: [בראשית מד, טז]

ליקוטי רש"י

זיוני. ג' תגין קטנים, ולאחם ג' תגין אחד נוטה לימין ואחד נוטה לשמאל ואחד [נוטה] למעלה [מנחות כט:]. כי ירט הדרך לנגדי. רצונו ולהקניטני [במדבר כב, לב]...

Chapter Thirteen

Mishnah This chapter continues the elaboration of the various *avos melachos*:[1] **רַבִּי אֱלִיעֶזֶר אוֹמֵר – R' Eliezer says:**[2] **הָאוֹרֵג שְׁלֹשָׁה חוּטִין בַּתְּחִילָּה – If one weaves three threads at the beginning,**[3] **וְאַחַת עַל הָאָרִיג – or if he adds one thread to fabric that is** already partially **woven,**[4] **חַיָּיב – he is liable. וַחֲכָמִים אוֹמְרִים – But the Sages say: בֵּין בַּתְּחִילָּה בֵּין בַּסּוֹף – Whether at the beginning or at the end, שִׁיעוּרוֹ שְׁנֵי חוּטִין – its** minimum **measure** for liability **is two threads.**[5]

The Mishnah now discusses the *melachah* of setting two heddles: **הָעוֹשֶׂה שְׁתֵּי בָתֵּי נִירִין – If one sets two heddle eyes**[6] **בַּנִּירִין – in heddles,**[7] **בַּקֵּירוֹס – in a *keiros*,**[8] **בַּנָּפָה בַּכְּבָרָה וּבַסַּל – in a fine sieve, a coarse sieve or a basket,**[9] **חַיָּיב – he is liable.**

The Mishnah concludes with the minimums for two more related *melachos*: **וְהַתּוֹפֵר שְׁתֵּי תְפִירוֹת – One who sews two stitches**[10] **וְהַקּוֹרֵעַ עַל מְנַת לִתְפּוֹר שְׁתֵּי תְפִירוֹת – and one who tears in order to sew two stitches** is liable.

Gemara The Gemara elucidates the view of R' Eliezer: **כִּי אֲתָא רַבִּי יִצְחָק – When R' Yitzchak came** to Babylonia, **תָּנֵי שְׁתַּיִם – he taught** a Baraisa according to which R' Eliezer stated that a person is liable for weaving TWO threads in the beginning of a new fabric.[11]

The Gemara asks:

וְהָאֲנַן תְּנַן שָׁלֹשׁ – But we learned in our Mishnah: THREE. This apparently contradicts the Baraisa cited by R' Yitzchak. – ? –

The Gemara answers:

לֹא קַשְׁיָא – It is not difficult: הָא בְּאַלִּימֵי – This version of R' Eliezer deals **with thick** threads, **הָא בְּקַטִּינֵי – whereas this** other version deals **with thin** threads.

The Gemara introduces two explanations of this answer: **אָמְרִי לָהּ לְהַאי גִּיסָא – Some explain it one way; וְאָמְרִי לָהּ לְהַאי גִּיסָא – while some explain it the other way.**

The first explanation:

אָמְרִי לָהּ לְהַאי גִּיסָא – Some explain it in one way: אַלִּימֵי – If

NOTES

1. As mentioned above (102b note 1), the Tanna elaborates upon the *melachos* enumerated in the Mishnah on 73a, but in inverted order. Since the preceding chapter deals with writing, we would expect this chapter to deal with the *melachos* involved in the preparation of parchment for writing, which commence with trapping a deer and terminate with cutting the hide [the *melachos* numbered 25-31 there]. Instead, it begins with weaving and other *melachos* involved in the weaving process [numbers 13-19]. *Tos. Yom Tov* accounts for this deviation in the following manner: The Tanna juxtaposes weaving with writing because of the similarity between the prescribed measurements of both *melachos*, viz. writing two letters and weaving two threads. After completing his discussion of the *melachos* related to weaving, the Tanna proceeds to discuss trapping, below, 106a. See also *Rashash* to 105b.

2. R' Eliezer elaborates upon the minimum amount for liability by weaving stated in the Mishnah on 73a – that is, two weft threads woven across the warp threads (*Rashi*; see *Doros Rishonim* vol. I p. 132; cf. *Maharshal*). R' Eliezer explains that sometimes a different number of weft threads must be woven for one to be liable.

3. I.e. he begins to weave a new fabric on the Sabbath (*Rashi*).

4. Adding even one weft thread to a previously woven material is significant because that one thread combines with the rest of the fabric (*Rashi*). [In our Mishnah R' Eliezer does not state the case for which one is liable when he weaves two threads. This will be clarified in the Gemara.]

5. I.e. according to the Sages whether one starts to weave a new fabric or whether he adds to an already woven fabric, he is not liable unless he weaves two threads.

The expression "at the end" is not meant to denote the completion of the garment, for if he completes the garment he is liable for weaving even one thread – even according to the Sages (*Tosafos;* see above, 104b).

6. *Rashi* (here and above, 73a ד״ה בתי נירין) indicates that this refers to passing two warp threads through heddle eyes.

[When weaving, it is advantageous to pass the weft thread over and under alternating warp threads in one motion. To do this, modern looms use harnesses, which consist of heddles, i.e. threads with rings or loops (the "eyes") in their middle. All the odd-numbered threads are threaded through the rings or loops of the first harness, allowing them to be raised or lowered, while the even-numbered threads are drawn through the rings or loops of the second harness frame. By alternately raising the two frames, the weft can be passed in a single motion between the two sets of warp threads, in such a way that it passes under all the odd-numbered threads and over all the even numbered (or vice versa). See Appendix, Part I, for diagrams and further explanation.

Although some form of harness apparatus may have been used by professional weavers in ancient times (see note 24 below), in general, a somewhat more primitive method was used to alternately raise the odd and even warp threads. Although we cannot be sure exactly what system was used, it seems to have consisted of a rod (קָנֶה) from which a series of long ropes or "leashes" hung, each of which ended in a loop. The warp threads would be threaded through these loops so that by pulling back on the rod, the threads strung through them would be raised. By using two such rods, one for odd-numbered threads and one for even-numbered threads, one could alternately raise each set of threads and pass the weft beneath them. Drawing two warp threads through these loops constitutes the *melachah* of setting two heddles. It is probably to such an apparatus that the Mishnah refers above (73a) and here when it speaks of "setting two heddle eyes." See Appendix, Part II.]

7. [The Mishnah now elaborates on this *melachah* by listing a series of cases where the heddles are set up in a different way than that described above (*Rashi* below ד״ה הא תנינא ליה).] The Gemara will describe this method below (*Rashi*).

8. This too will be explained below.

9. After the warp reeds of the sieve are laid out side by side, they are fastened in place by looping one reed in the weft direction around the top of each of the warp reeds in turn, and then doing the same at the bottom of each warp reed. [See diagram on 103a, note 38.] This holds the reeds in place so that the weaving can be performed efficiently. Since the function of this looping is to hold the warp reeds in place for weaving, twisting the loops serves a purpose similar to setting warp threads into the heddles. One is therefore liable with this act for performing the *melachah* of setting two heddles (*Rashi;* see also above, 103a note 38).

10. A minimum of two passes of the needle [one in and one out] is required before one is liable for sewing. [This in and out motion actually results in only a single stitch. We have nevertheless translated שְׁתֵּי תְפִירוֹת loosely as two "stitches" because there is no equivalent word in English for a single pass of the needle.]

Our Mishnah's conclusion is an exact repetition of the Mishnah on 73a. The Gemara will explain why the Tanna states it here.

11. According to R' Yitzchak's Baraisa, R' Eliezer disagreed with the Rabbis only in the case of adding a weft thread to already woven material: In that case R' Eliezer holds that a person is liable for weaving only one thread while the Rabbis say he must weave two. However, when beginning to weave new fabric on the Sabbath, R' Eliezer agrees, like the Rabbis, that a person is liable when he weaves two threads (*Rashi*).

ועלו בידו שתים חייב והתנן פטור לא קשיא הא דבעי זיוני הא דלא בעי זיוני: כתב אות אחת נוטריקון רבי יהושע בן בתירה מחייב וחכמים פוטרין: א"ר יוחנן משום ר' יוסי בן זימרא מנין ללשון נוטריקון מן התורה שנא' א) כי א"ב המו"ן גוים נתתיך אב נתתיך לאומות בחור נתתיך באומות המון חביב נתתיך באומות מלך נתתיך לאומות ותיק נתתיך באומות נאמן נתתיך לאומות ר' יוחנן דידיה אמר ב) אנכי נוטריקון אנא נפשי כתיבת יהבית רבנן אמרי אמירה נעימה כתיבה יהיבה איכא דאמרי אנכי למפרע יהיבה כתיבה נאמנין אמריה דבי רבי נתן אמרי ג) כי יר"ט הדרך לנגדי יראה ראתה נטתה דבי רבי ישמעאל תנא ד) כרמ"ל כר מלא רב אחא בר יעקב אמר ה) והוא קללני קללה נמרצ"ת נוטריקון נואף הוא מואבי הוא רוצח הוא צורר הוא תועבה הוא ר"נ בר יצחק אמר ו) מה נדבר ומה נצטדק נכונים אנחנו צדיקים אנחנו טהורים אנחנו דכים אנחנו קדושים אנחנו: **מתני'** הכותב ב' אותיות בשתי העלמות אחת שחרית ואחת בין הערבים ר"ג מחייב וחכמים פוטרין: **גמ'** במאי קמיפלגי ר"ג סבר אין ידיעה לחצי שיעור ורבנן סברי יש ידיעה לחצי שיעור:

הדרן עלך הבונה

רבי אליעזר אומר האורג שלשה חוטין בתחילה ואחת על האריג חייב וחכ"א בין בתחלה בין בסוף שיעורו ב' חוטין העושה שתי בתי נירין בנירין בקירוס בנפה בכברה ובסל חייב והתופר ב' תפירות והקורע ע"מ לתפור ב' תפירות: **גמ'** כי אתא רבי יצחק תני שתים והאנן תנן ג' לא קשיא הא באלימי הא בקטיני אמרי לה להאי גיסא ואמרי לה להאי גיסא אמרי לה להאי גיסא אלימי תלתא לא סתרי תרי סתרי קטיני תרי נמי לא סתרי ואמרי לה להאי גיסא קטיני תלתא ידעי תרי לא ידעי אלימי תרי נמי ידיעי: תניא האורג ג' חוטין בתחילה ואחד על האריג חייב וחכמים אומרים בין בתחילה בין בסוף שיעורן ב' חוטין ובשפה ב' חוטין ברוחב ג' בתי נירין הא למה זה דומה לאורג צלצול קטן ב' חוטין ברוחב ג' בתי נירין והאורג ג' חוטין בתחילה ואחד על האריג חייב סתמא כר"א תניא אידך האורג ב' חוטין על הגס ועל האימרא חייב ר"א אומר אפילו אחד ובשפה שני חוטין ברוחב שלשה בתי נירין חייב הא למה זה דומה לאורג צלצול קטן שני חוטין על רוחב ג' בתי נירין והאורג ב' חוטין על הגס ועל האימרא חייב סתמא כרבנן: העושה ב' בתי נירין כו': מאי [בנירין] אמר אביי תרתי בבתי נירא וחדא בנירא: בקירוס: מאי בקירוס אמר רב מצוביתא: והתופר ב' תפירות: הא תנינא באבות מלאכות והתופר ב' תפירות משום דקבעי למיתנא סיפא והקורע ע"מ לתפור ב' תפירות קתני נמי התופר והקורע הא נמי תנינא באבות מלאכות אלא משום דקבעי למיתני סיפא הקורע בחמתו ועל מתו משום הכי קתני [התופר שתי תפירות]: והקורע ע"מ לתפור שתי תפירות: היכי משכחת לה
דעבדה

רש"י

ועלו בידו שתים. היינו נמי מתכוון לכתוב ח' וכתב שני זיינין: **הא.** דתנן פטור: **דבעי זיוני.** שצריכין ראשי הזיינין לזיינן בתגין שלהן שהזיינין צריכות ג' זיונין ימין ושמאל ולמעלה כדאמרינן במנחות (דף כט:): **מלך נתתיך.** נשיא אלהים אתה (בראשית כג): **אנכי.** מדלא אמר אני: **אנא נפשי.** אני בעצמי: **אמירה.** שהיא נעימה: **כרמל.** גבי מנחת העומר כתיב גרש כרמל שמביאה כשהיא לחה בעוד שהזרע נפוח והכר של קש מלא הימנו: **מתני' אחת שחרית ואחת בין הערבים.** כיון דהוי"ל שהות בינתים כדי לידע הוה ליה כשתי העלמות: **גמ' יש ידיעה לחצי שיעור.** לחלק כדי שלא יצטרף עמו חצי האחר:

הדרן עלך הבונה

רבי אליעזר. פ) אתא לפרושי שיעור אורג שמנו באבות מלאכות (לעיל דף עג.) דתנן התם שני חוטין: **בתחילה.** אם זו תחלת אריגתו של בגד: **ואחת על האריג.** אם מוסיף הוא על האריג שיעורו באחת דמצטרף עם השאר: **בתי נירין.** שנתן ב' חוטין של שתי בנירה שקורין ליל"ש: **בנירין ובקירוס.** מפרש בגמרא: **בנפה ובכברה.** הנך לאו נירין ממש אלא משרשר ומרכיב חוט א' [של ערב] בשתי מלמטה ואחד מלמעלה ומעמיד השתי בהן כתקנו: **גמ' כי אתא ר' יצחק תני.** מתני' הכי ר"א אומר האורג ב' חוטין בתחלה ולא פליג ר"א ארבנן אלא באחד על האריג: **להאי גיסא.** אלימי ג' ולא ב' משום דשנים סתרי דמתוך עוביין אינן נדבקים יפה זה בזה וקטיני בשנים מיחייב: **ואמרי ליה להאי גיסא.** אלימי שנים חייב: **דידיעי.** דבר הנראה הוא אבל קטיני בשנים פטור: **ובשפה ב' חוטין ברוחב ג' בתי נירין.** יש שאורגין סביב [הבגד] השפה באורך הבגד כולו מין אחר של [שתי] ורוחב ברוחב הבגד כשיעור שלשה בתי נירין והאורג בו שני חוטין (ו) חייב: **למה זה דומה.** כלומר להכי מחייבי באריג קצר כי האי ולא אמרי כמלא רוחב הסיט כדמשערינן במתני' באורג באמצע הבגד: **דומה לאורג צלצול קטן.** חגורה קצרה שאינה רחבה יותר משלשה בתי נירין: **על הגס.** אריג הרבה: **על האימרא.** תחלת הבגד שאורגין בו ערב ממין אחר לאימרא: **ובשפה.** לאורך השתי כולו עושין אותו: **תרתי בבתי נירא וחדא בנירא.** ב' פעמי' מרכיב לחוט של שתי בבת נירא דהיינו שקורין ליל"א: **ואחת בנירא.** ופעם שלישית מרכיבו על חוט הנירא שקורין ליל"א המורכב על הקנה: **מצוביתא.** ביריעת גרדין האורגין ברגל הוא וקורין לימיי"ש והיא במקום הקנה העולה ויורד ביריעת אריגת נשים שקורין פריי"א: **הא תנינא ליה באבות מלאכות.** ולמה לי למיהדר ולמתנייה הכא הואיל ולא לפרושי בה מידי אתא בשלמא אורג משום פלוגתא ושתי בתי נירין לאשמועינן בנירין ובקירוס ובנפה ובכברה ובסל דלא תנא לה (ז) התם:

תוספות

והתניא פטור. אין נראה לר"י לגרוס והתניא דאמאי לא הוה פריך ממתני' ומיהו איכא למימר דממתני' לא קשיא ליה מדקתני וכתב שני זיינין ולא נקט ב' אותיות אחרות דלא בעי זיוני משמע דמשום זיון פטור ליה אבל מברייתא דקתני סתמא פריך שפיר אבל קשה דאי ברייתא היא הא דפריך מינה אמאי נקט נתכוון לכתוב אות אחת ועלו בידו שתים אפי' נתכוון לאותן שתים שכתב וכתבן בלא זיון פטור כיון דמוקמי לה בדבעי זיוני דהא בברייתא לא קתני וכתב שני זיינין דנוכל לומר דאתי לאשמעינן הא כתב שתי אותיות אחרות דלא בעי זיון חייב כדפירשתי (א) במתניתין לכך נראה דממתני' פריך וגרסינן והתנן:

רבן גמליאל סבר אין ידיעה לחצי שיעור. נראה דטעם ט) דרשב"ג משום דכתיב או הודע אליו חטאתו ידיעת חטאת הוא דשמה ידיעה אבל ידיעה דלאו חטאת לאו שמה ידיעה:

ורבנן סברי יש ידיעה לחצי כו'. פירש בקונט' הא דנקט אות אחת שחרית ואחת בין הערבים כיון דהוי שהות בינתים כדי לידע חשיב כשתי העלמות ואין נראה חדא דהוה ליה לפרש שיעור שהות ועוד דאמר לעיל כתב אות אחת בציפורי ואות אחת בטבריא חייב אע"ג דמסתמא יש שהות כדי לידע ונראה דמיירי שידע בינתים ואחת שחרית ואחת ערבית נקט לרבותא דאף על גב דיש עם הידיעה הפסק ושהות גדול בינתים מחייב ר"ג:

הדרן עלך הבונה

האורג. אומר ר"י דה"ג וחכ"א בין בתחלה בין בסוף ול"ג בין באמצע בין בסוף דא"כ הוה משמע בסוף הבגד ממש והתם אפי' רבנן מודו דחייב אפילו באחת כדאמרינן סוף פרק הבונה (לעיל דף קד:) אבל אי לא גרסינן באמצע אתי שפיר דבסוף לא בסוף ממש קאמר הכל

עין משפט נר מצוה

לט א ב מיי' פי"ט מהל' שגגות הלכה ט:
א ג מיי' פ"ט מהל' שבת הל' יח סמג לאוין סה:
ב ד מיי' פ"ט שם הל' טו:
ג ה מיי' פ"י שם הל' טו:
ד ו שם הלכה י:
ה ז מיי' פ"ט שם הל' יח:

רבינו חננאל

צריך להאריך האות האחת ולקרבה לחברתה להיותן נקראות יחד לא דמי הא להא. דהתם כבר האות כתובה היא. מאי אמרת היא קטנה ורוצה לעשות גדולה. בין קטנה לגדולה לא איכפת לן. לפי' כתיבה [היא] חייב. תנא הגיה אות אחת חייב. ואקשי' השתא כתב אות אחת פטור הגיה חייב. ופריק רבא כגון שהיה ספר שהיה חסר לרי"ש. ובא להגיהו שנטל [לגגו] של דל"ת ועשאו ר"ש והשלימו לספר דקי"ל כתב אות אחת להשלים דברי הכל חייב...

הדרן עלך הבונה

פי"ג רבי אליעזר אומר האורג ג' חוטין בתחלה ואחד על האריג חייב. בכלל גדול תנן סתמא. האורג ב' חוטין...

מסורת הש"ס

א) מנחות דף כט: ע"ש, ב) [שס], ג) כריתות יב:, ד) שם ודף יג. [לעיל עג: קד.], ה) לעיל קד: כריתות יז. יט:, ו) [תוספתא פרק י"ג], ז) אמי לפלוג אשיעור אורג שמנו חכמים ש"מ רש"ל, ט) ל"ל דר"ג.

הגהות הב"ח

(א) תוס' ד"ה והתניא וכו' חייב כדפירש במתניתין: (ב) במשנה שתי בתי נירין בנירים: (ג) גמ' בין בסוף שיעור שתי חוטין: (ד) שם שלשה בתי נירין והאורג כל"ל ואות ו' נמחק: (ה) שם אמר אביי תרתי בבת נירא: (ו) רש"י ד"ה ובשפה וכו' ב' חוטין של ערב חייב: (ז) ד"ה והא תנינא וכו' תנן להו התם:

גליון הש"ס

גמ' קדושים אנחנו. ע"ע במדרש במדבר רבה ר"פ מסעי על פסוק נחית כלאן עמנך: שם א"ל להאי גיסא. פסחים קח ע"א. ב"מ מב ע"ב:

תורה אור השלם

א) וְלֹא יִקָּרֵא עוֹד אֶת שִׁמְךָ אַבְרָם וְהָיָה שִׁמְךָ אַבְרָהָם כִּי אַב הֲמוֹן גּוֹיִם נְתַתִּיךָ: [בראשית יז, ה]
ב) אָנֹכִי יְיָ אֱלֹהֶיךָ אֲשֶׁר הוֹצֵאתִיךָ מֵאֶרֶץ מִצְרַיִם מִבֵּית עֲבָדִים: [שמות כ, ב]
ג) וַיֹּאמֶר אֵלָיו מַלְאַךְ יְיָ עַל מָה הִכִּיתָ אֶת אֲתֹנְךָ זֶה שָׁלוֹשׁ רְגָלִים הִנֵּה אָנֹכִי יָצָאתִי לְשָׂטָן כִּי יָרַט הַדֶּרֶךְ לְנֶגְדִּי: [במדבר כב, לב]
ד) וְאִם תַּקְרִיב מִנְחַת בִּכּוּרִים לַייָ אָבִיב קָלוּי בָּאֵשׁ גֶּרֶשׂ כַּרְמֶל תַּקְרִיב אֵת מִנְחַת בִּכּוּרֶיךָ: [ויקרא ב, יד]
ה) וְהִנֵּה עִמְּךָ שִׁמְעִי בֶן גֵּרָא בֶן הַיְמִינִי מִבַּחֻרִים וְהוּא קִלְלַנִי קְלָלָה נִמְרֶצֶת בְּיוֹם לֶכְתִּי מַחֲנָיִם וְהוּא יָרַד לִקְרָאתִי הַיַּרְדֵּן וָאֶשָּׁבַע לוֹ בַייָ לֵאמֹר אִם אֲמִיתְךָ בֶּחָרֶב: [מלכים א ב, ח]
ו) וַיֹּאמֶר יְהוּדָה מַה נֹּאמַר לַאדֹנִי מַה נְּדַבֵּר וּמַה נִּצְטַדָּק הָאֱלֹהִים מָצָא אֶת עֲוֹן עֲבָדֶיךָ הִנֶּנּוּ עֲבָדִים לַאדֹנִי גַּם אֲנַחְנוּ גַּם אֲשֶׁר נִמְצָא הַגָּבִיעַ בְּיָדוֹ: [בראשית מד, טז]

ליקוטי רש"י

זיוני. ג' תגין קטנים, ואותם ג' תגין אחד נוטה לימין ואחד נוטה לשמאל ואחד [נוטה] למעלה [מנחות כט:]. כי ירט הדרך לנגדי...

thick threads are used, תְּלָתָא לֹא סָתְרֵי – **three** woven threads **will not unravel** תְּרֵי סָתְרֵי – but **two** such threads **will unravel.**[12] One is therefore not liable unless he weaves three thick threads. קְטִינֵי – However, if **thin** threads are used, תְּרֵי נַמֵּי לֹא סָתְרֵי – **two also will not unravel.**[13] A person is therefore liable for weaving just two thin threads.

The second explanation:

וְאָמְרֵי לָהּ לְהָאי גִּיסָא – **And some explain it the other way:** קְטִינֵי – If the threads are **thin,** תְּלָתָא יְדִיעֵי – **three** of them **are noticeable** תְּרֵי לֹא יְדִיעֵי – but **two are not** yet **noticeable.**[14] One is therefore not liable unless he weaves three thin threads. אַלִּימֵי – However, if the threads are **thick,** תְּרֵי נַמֵּי יְדִיעֵי – **two also are noticeable,** and the person will be liable for weaving just two.

The Gemara cites a Baraisa that elaborates on our Mishnah: תַּנְיָא – **It was taught in a Baraisa:** הָאוֹרֵג שְׁלֹשָׁה חוּטִין בַּתְּחִילָּה – If ONE WEAVES THREE THREADS AT THE BEGINNING, וְאֶחָד עַל הָאָרִיג – OR if he adds ONE THREAD TO WOVEN FABRIC, חַיָּיב – HE IS LIABLE. וַחֲכָמִים אוֹמְרִים – BUT THE SAGES SAY: בֵּין בַּתְּחִילָּה בֵּין בַּסּוֹף – WHETHER AT THE BEGINNING OR AT THE END, שִׁיעוּרָן שְׁנֵי חוּטִין – THEIR minimum MEASURE for liability IS TWO THREADS. וּבְשָׂפָה – AND ON THE EDGE,[15] שְׁנֵי חוּטִין בְּרוֹחַב שְׁלֹשָׁה בָּתֵּי נִירִין – the minimum is TWO THREADS, IN A WIDTH OF THREE HEDDLE EYES.[16] הָא לְמָה זֶה דּוֹמֶה – TO WHAT IS THIS SIMILAR?[17] לְאוֹרֵג צַלְצוּל קָטָן – TO WEAVING A SMALL BELT, for which the minimum is שְׁנֵי חוּטִין בְּרוֹחַב שְׁלֹשָׁה בָּתֵּי נִירִין – TWO THREADS, IN A WIDTH OF THREE HEDDLES.[18]

The Gemara notes:

וְהָאוֹרֵג שְׁלֹשָׁה חוּטִין בַּתְּחִילָּה – When the Baraisa begins: If ONE WEAVES THREE THREADS AT THE BEGINNING, וְאֶחָד עַל הָאָרִיג – OR adds ONE THREAD TO WOVEN FABRIC, חַיָּיב – HE IS LIABLE, סְתָמָא כְּרַבִּי אֱלִיעֶזֶר – **it is anonymous in accordance with R' Eliezer's** view, as stated in our Mishnah.

The Gemara cites another Baraisa to elaborate on the *melachah* of weaving:

תַּנְיָא אִידָךְ – **It was taught in another Baraisa:** הָאוֹרֵג שְׁנֵי חוּטִין עַל הַגֵּס – If ONE WEAVES TWO additional THREADS ONTO A LARGE piece of woven fabric, וְעַל הָאִימְרָא – OR two threads ON THE BORDER of a new piece of fabric,[19] חַיָּיב – HE IS LIABLE. רַבִּי אֱלִיעֶזֶר אוֹמֵר – R' ELIEZER SAYS: אֲפִילּוּ אֶחָד – One is liable for weaving EVEN ONE additional thread to woven fabric.[20] וּבְשָׂפָה – AND ON THE EDGE,[21] שְׁנֵי חוּטִין בְּרוֹחַב שְׁלֹשָׁה בָּתֵּי נִירִין – if he weaves TWO THREADS, IN A WIDTH OF THREE HEDDLE EYES, חַיָּיב – HE IS LIABLE. הָא לְמָה זֶה דּוֹמֶה – TO WHAT IS THIS SIMILAR? לְאוֹרֵג צַלְצוּל קָטָן – TO WEAVING A SMALL BELT, for which the minimum is שְׁנֵי חוּטִין עַל רוֹחַב שְׁלֹשָׁה בָּתֵּי נִירִין – TWO THREADS, IN A WIDTH OF THREE HEDDLE EYES.

The Gemara notes:

וְהָאוֹרֵג שְׁנֵי חוּטִין עַל הַגֵּס – When the Baraisa begins: If ONE WEAVES TWO additional THREADS ONTO A LARGE piece of woven fabric, וְעַל הָאִימְרָא – OR two threads ON THE BORDER of a new piece of fabric, חַיָּיב – HE IS LIABLE, סְתָמָא כְּרַבָּנָן – **it is anonymous in accordance with the Rabbis'** view, as stated in our Mishnah.

The Mishnah stated:

הָעוֹשֶׂה שְׁנֵי בָּתֵּי נִירִין כו׳ – ONE WHO SETS TWO HEDDLE EYES **etc.** in heddles.

The Gemara inquires:

מַאי [בַּנִּירִין] – **What** does the Mishnah means when it states: IN HEDDLES?[22]

The Gemara answers:

אָמַר אַבַּיֵי – **Abaye said:** תַּרְתֵּי בְּבָתֵּי נִירָא – It is a system where a heddle rope is wrapped around each warp thread **two** times **for heddle loops,** וַחֲדָא בְּנִירָא – **and** then **one** time **around the heddle** rope itself.[23]

NOTES

12. If the threads are thick, when only two are woven they will not hold tightly together (*Rashi*). The person is therefore not liable unless he weaves three thick threads; then the resultant woven fabric will not unravel.

13. If the threads are thin, just two will hold, so the person is liable for weaving two thin threads.

According to this explanation, R' Eliezer in the Mishnah refers to thick threads, while in the Baraisa cited by R' Yitzchak he refers to thin threads.

14. If the threads are thin, weaving just two is not a significant act since they cannot be seen. A person weaving thin threads will therefore not be liable until he weaves three (see *Rashi*).

Thus, according to this explanation, R' Eliezer in the Mishnah refers to thin threads, while in the Baraisa he refers to thick threads.

15. Some people set another type of warp thread along the entire edge of the garment's length. The width of this border is three heddle eyes across (*Rashi*).

16. That is, if he weaves two weft threads across this three-heddle width of warp thread, he is liable (*Rashi*).

17. I.e. why is he liable for weaving across such a narrow width? The Mishnah below (105b) teaches that a person is not liable for weaving in the middle of the garment unless he weaves across a width of a full *sit* (*Rashi*). [A *sit* is the maximum space between the index finger and the middle finger when they are stretched apart – see below, 105b note 5.]

18. Since the belt is so narrow, he is liable for weaving across such a small width [because that amount is considered significant in such a garment] (*Rashi*). Similarly, then, if a person weaves across this amount at the border of the garment, he is liable, for there too it is a significant amount.

19. That is, when beginning to weave the fabric a distinctive type of weft thread was used to make a border along that edge of the garment (*Rashi*). One who weaves two such weft threads is liable. Thus, according to this Tanna, the minimum amount for liability is always two weft threads.

20. R' Eliezer refers only to the Tanna Kamma's ruling about additions to woven fabric. To this R' Eliezer states that one is liable for adding only one weft thread, as he stated in our Mishnah (*Meiri*).

21. That runs along the entire length of the warp (*Rashi*; see above, note 15).

22. [By adding the term "in heddles" the Mishnah indicates that it refers to a specialized type of weaving system, unlike the one indicated by the phrase הָעוֹשֶׂה שְׁתֵּי בָּתֵּי נִירִין described above in note 6 (see *Rashi* below ד״ה הא תנינא ליה).]

23. [As we said in note 6, it is difficult to be sure how these processes worked, but *Rashi* seems to describe a rod and rope system very similar to the one described in note 6, but with one crucial difference: Rather than employing a rod with a series of leashes ending in loops permanently attached to it, a single very long rope was tied to the rod and this was used to wrap loops around warp threads after they were already fixed in place. (Thus, instead of passing the warp threads through the loops as was customarily done, loops were formed around warp threads – compare *Rashi* to the Mishnah ד״ה בתי נירין with *Rashi* here ד״ה תרתי בבתי נירא.)]

Rashi describes the method employed as follows: The rope coming from the rod is looped around the first warp thread two times and then looped around itself [above the first set of loops] (*Rashi*). [This holds the loops in place. The rope is then run back to the rod, passed over and around it and then run down to the next thread (thread 3), where the process is repeated. In this way all the odd-numbered threads are attached by means of this rope to the rod, so that by lifting the rod, they are all lifted, creating space for the weft to pass through. The same process is repeated for all the even-numbered threads with another rod and rope (for diagram and further explanation, see Appendix, Part II). The Mishnah teaches that one is liable if he encases *two* warp threads in the rope this way.]

[For alternative explanations of this Gemara see *Tiferes Yisrael* in *Kalkalas HaShabbos* and to our Mishnah; *Chazon Ish* to *Keilim* 26:3; see also *Maaseh Oreg* pp. 65 ff. and *Melachos Arigah* p. 46 ff.]

ועלו בידו שתים חייב והתנן פטור לא קשיא הא דבעי זיוני הא דלא בעי זיוני: כתב אות אחת נוטריקון רבי יהושע בן בתירה מחייב וחכמים פוטרין: א"ר יוחנן משום ר' יוסי בן זימרא מנין ללשון נוטריקון מן התורה שנא' א) כי א"ב המו"ן גוים נתתיך אב נתתיך לאומות בחור נתתיך באומות המון חביב נתתיך באומות מלך נתתיך לאומות ותיק נתתיך באומות נאמן נתתיך לאומות ר' יוחנן דידיה אמר ב) אנכי נוטריקון אנא נפשי כתיבת יהבית רבנן אמרי אמירה נעימה כתיבה יהיבה איכא דאמרי אנכי למפרע יהיבה כתיבה נאמנין אמירה דבי רבי נתן אמרי ג) כי יר"ט הדרך לנגדי יראה ראתה נטתה דבי רבי ישמעאל תנא ד) כרמ"ל כר מלא רב אחא בר יעקב אמר ה) והוא קללני קללה נמרצ"ת נוטריקון נואף הוא מואבי הוא רוצח הוא צורר הוא תועבה הוא ר"נ בר יצחק אמר ו) מה נדבר ומה נצטד"ק נכונים אנחנו צדיקים אנחנו טהורים אנחנו דכים אנחנו • קדושים אנחנו: מתני' ג) הכותב ב' אותיות בשתי העלמות אחת שחרית ואחת בין הערבים ר"ג מחייב א) וחכמים פוטרין: גמ' במאי קמיפלגי ר"ג סבר ד) אין ידיעה לחצי שיעור ורבנן סברי ב) יש ידיעה לחצי שיעור:

הדרן עלך הבונה

רבי ה) אליעזר אומר האורג שלשה חוטין בתחילה ואחת על האריג חייב ג) וחכ"א בין בתחילה בין בסוף שיעורו ב' חוטין ד) העושה שתי בתי נירין (ב) בנירין בקירוס בנפה בכברה ובסל חייב ו) ה) והתופר ב' תפירות ו) והקורע ע"מ לתפור ב' תפירות: גמ' כי אתא רבי יצחק תני שתים והאנן תנן ג' לא קשיא הא באלימי הא בקטיני • אמרי לה להאי גיסא ואמרי לה להאי גיסא אמרי לה להאי גיסא אלימי תלתא לא סתרי תרי סתרי קטיני תרי נמי לא סתרי ואמרי לה להאי גיסא קטיני תלתא ידיעי תרי לא ידיעי אלימי תרי נמי ידיעי תניא האורג ג' חוטין בתחילה ואחד על האריג חייב וחכמים אומרים בין בתחילה בין בסוף שיעורו (ג) ב' חוטין ובשפה ב' חוטין ברוחב ג' בתי נירין הא למה זה דומה לאורג צלצול קטן ב' חוטין ברוחב ג' בתי נירין והאורג (ד) ג' חוטין בתחילה ואחד על האריג חייב סתמא כר"א תניא אידך ז) האורג ב' חוטין על הגס ועל האימרא חייב ר"א אומר אפילו אחד ז) ובשפה שני חוטין ברוחב שלשה בתי נירין חייב הא למה זה דומה לאורג צלצול קטן שני חוטין על רוחב ג' בתי נירין והאורג ב' חוטין על הגס ועל האימרא חייב סתמא כרבנן: העושה ב' בתי נירין כו': מאי [בנירין] אמר אביי תרתי בבתי (ה) נירא וחדא בנירא: בקירוס: מאי בקירוס אמר רב מצוביתא: והתופר ב' תפירות: הא תנינא באבות מלאכות והתופר ב' תפירות משום דקבעי למיתנא סיפא והקורע ע"מ לתפור ב' תפירות קתני נמי התופר והקורע הא נמי תנינא באבות מלאכות אלא משום דקבעי למיתני סיפא הקורע בחמתו ועל מתו משום הכי קתני [התופר שתי תפירות]: והקורע ע"מ לתפור שתי תפירות: היכי משכחת לה

דעבדה

רש"י

ועלו בידו שתים. היינו נמי מתכוין לכתוב ח' וכתב שני זיינין: הא. דתנן פטור: דבעי זיוני. שעדיין צריכות ראשי הזיינין לזיינן בתגין שלהן שהזיינין צריכות ג' זיונין ימין ושמאל ולמעלה כדאמרינן במנחות (דף כט:): מלך נתתיך. נשיא אלהים אתה (בראשית כג): אנכי. מדלא אמר אני: אנא נפשי. אני בעצמי: אמירה. שהיא נעימה: כרמל. גבי מנחת העומר כתיב גרש כרמל שמביאה כשהיא לחה בעוד שהזרע נפוח והכר של קש מלא הימנו: מתני' אחת שחרית ואחת בין הערבים. כיון דהוי"ל שהות בינתים כדי לידע הוה ליה כשתי העלמות: גמ' יש ידיעה לחצי שיעור. לחלק כדי שלא יצטרף עמו חצי האחר:

הדרן עלך הבונה

רבי אליעזר. ה) אתא לפרושי שיעור אורג שמנו באבות מלאכות (לעיל דף עג.) דתנן התם שני חוטין: בתחילה. אם זו תחלת אריגתו של בגד: ואחת על האריג. אם מוסיף הוא על האריג שיעורו באחת דמצטרף עם השאר: בתי נירין. שנתן ב' חוטין של שתי בנירה שקורין ליצ"ש: בנירין ובקירום. מפרש בגמרא: בנפה ובכברה. הנך לאו נירין ממש אלא מסרסר ומרכיב חוט א' [של ערב] בשתי מלמטה ואחד מלמעלה ומעמיד השתי בהן כתקנו: גמ' כי אתא ר' יצחק תני. מתני' הכי ר"א אומר האורג ב' חוטין בתחלה ולא פליג ר"א ארבנן אלא באחד על האריג: להאי גיסא. אלימי ג' ולא ב' משום דשנים סתרי דמתוך עוביין אין נדבקים יפה זה בזה וקטיני בשנים מיחייב: ואמרי ליה להאי גיסא. אלימי שנים חייב: דידיעי. דבר הנראה הוא אבל קטיני בשנים פטור: ובשפה ב' חוטין ברוחב ג' בתי נירין. יש שאורגין סביב [הבגד] השפה באורך הבגד כולו מין אחר של [שתי] ורוחב ברוחב הבגד כשיעור שלשה בתי נירין והאורג בו שני חוטין (ו) חייב: למה זה דומה. כלומר להכי מחייבי באריג קצר כי האי ולא אמרי כמלא רוחב הסיט כדמשערינן במתני' באורג באמצע הבגד: דומה לאורג צלצול קטן. חגורה קצרה שאינה רחבה יותר משלשה בתי נירין: על הגס. אריג הרבה: על האימרא. תחלת הבגד שאורגין בו ערב ממין אחר לאימרא: ובשפה. לאורך השתי כולו עושין אותו: תרתי בבתי נירא וחדא בנירא. ב' פעמי' מרכיב לחוט של שתי בבת נירא דהיינו שקורין ליצ"א: ואחת בנירא. ופעם שלישית מרכיבו על חוט הנירא שקורין ליצ"א המורכב על הקנה: מצוביתא. בירעת גרדין האורגין ברגל הוא וקורין לימיי"ש והיא במקום הקנה העולה ויורד בירעת אריגת נשים שקורין פריס"א: הא תנינא ליה באבות מלאכות. ולמה לי למיהדר ולמתנייה הכא הואיל ולא לפרושי בה מידי אתא בשלמא אורג משום פלוגתא ושתי בתי נירין לאשמועינן בנירין ובקירום ובנפה ובכברה וכל דלא תנא לה (ז) התם:

תוספות

והתניא פטור. אין נראה לר"י לגרוס והתניא דאמאי לא הוה פריך ממתני' ומיהו איכא למימר דממתני' לא קשיא ליה מדקתני וכתב שני זיינין ולא נקט ב' אותיות אחרות דלא בעי זיוני משמע דמשום זיון פטר ליה אבל מברייתא דקתני סתמא פריך שפיר אבל קשה דאי ברייתא היא הא דפריך מינה אמאי נקט נתכוין לכתוב אות אחת ועלו בידו שתים אפי' נתכוין לאותן שתים שכתב וכתבן בלא זיון פטור כיון דמוקמי לה בדבעי זיוני דהא בברייתא לא קתני וכתב שני זיינין דנוכל לומר דאתי לאשמעינן הא כתב שתי אותיות אחרות דלא בעי זיון חייב כדפירשתי (א) במתניתין לכך נראה דממתני' פריך וגרסינן והתנן:

רבן גמליאל סבר אין ידיעה לחצי שיעור. נראה דטעם ט) דרשב"ג משום דכתיב או הודע אליו חטאתו ידיעת חטאת הוא דשמה ידיעה אבל ידיעה דלאו חטאת לאו שמה ידיעה:

ורבנן סברי יש ידיעה לחצי כו'. פירש בקונט' הא דנקט אות אחת שחרית ואחת בין הערבים כיון דהוי שהות בינתים כדי לידע חשיב כשתי העלמות ואין נראה חדא דהוה ליה לפרש שיעור שהות ועוד דאמר לעיל כתב אות אחת בציפורי ואות אחת בטבריא חייב אע"ג דמסתמא יש שהות כדי לידע ונראה דמיירי שידע בינתים ואחת שחרית ואחת ערבית נקט לרבותא דאף על גב דיש עם הידיעה הפסק ושהות גדול בינתים מחייב ר"ג:

הדרן עלך הבונה

האורג. אומר ר"י דה"ג וחכ"א בין בתחלה בין בסוף ול"ג בין באמצע בין בסוף דא"כ הוה משמע בסוף הבגד ממש והתם אפי' רבנן מודו דחייב אפילו באחת כדאמרינן סוף פרק הבונה (לעיל דף קד:) אבל אי לא גרסינן באמצע אתי שפיר דבסוף לא בסוף ממש קאמר:

הכל

מסורת הש"ס

א) מנחות דף כט: ע"ש, ב) [שם], ג) כריתות יב:, ד) שם דף יז. [לעיל עג: קג.], ה) לעיל קד: כריתות יז. יט:, ו) [תוספתא פרק י"ג], ז) אתי לפלוג אשיעור אורג שמנו חכמים פ"א רס"ל, ט) צ"ל דר"ג.

הגהות הב"ח

(א) תוס' ד"ה והתניא וכו' חייב כדפירש במתניתין: (ב) במשנה שתי בתי נירין בנירים: (ג) גמ' בין בסוף שיעור שני חוטין: (ד) שם שלשה בתי נירין והאורג כצ"ל ותיבת ג' נמחק: (ה) שם אמר אביי תרתי בבת נירא: (ו) רש"י ד"ה ובשפה וכו' חוטין של ערב חייב: (ז) ד"ה הא תנינא וכו' תנן להו התם:

גליון הש"ס

גמ' קדושים אנחנו. ע"ע במדרש במדבר רבה ר"פ מסעי על פסוק נחית כצאן עמך: שם א"ל להאי גיסא. עיין קש ע"א. ב"ב מב ע"ב:

תורה אור השלם

א) וְלֹא יִקָּרֵא עוֹד אֶת שִׁמְךָ אַבְרָם וְהָיָה שִׁמְךָ אַבְרָהָם כִּי אַב הֲמוֹן גּוֹיִם נְתַתִּיךָ: [בראשית יז, ה]

ב) אָנֹכִי יְיָ אֱלֹהֶיךָ אֲשֶׁר הוֹצֵאתִיךָ מֵאֶרֶץ מִצְרַיִם מִבֵּית עֲבָדִים: [שמות כ, ב]

ג) וַיֹּאמֶר אֵלָיו מַלְאַךְ יְיָ עַל מָה הִכִּיתָ אֶת אֲתֹנְךָ זֶה שָׁלוֹשׁ רְגָלִים הִנֵּה אָנֹכִי יָצָאתִי לְשָׂטָן כִּי יָרַט הַדֶּרֶךְ לְנֶגְדִּי: [במדבר כב, לב]

ד) וְאִם תַּקְרִיב מִנְחַת בִּכּוּרִים לַייָ אָבִיב קָלוּי בָּאֵשׁ גֶּרֶשׂ כַּרְמֶל תַּקְרִיב אֵת מִנְחַת בִּכּוּרֶיךָ: [ויקרא ב, יד]

ה) וְהִנֵּה עִמְּךָ שִׁמְעִי בֶן גֵּרָא בֶן הַיְמִינִי מִבַּחֻרִים וְהוּא קִלְלַנִי קְלָלָה נִמְרֶצֶת בְּיוֹם לֶכְתִּי מַחֲנָיִם וְהוּא יָרַד לִקְרָאתִי הַיַּרְדֵּן וָאֶשָּׁבַע לוֹ בַייָ לֵאמֹר אִם אֲמִיתְךָ בֶּחָרֶב: [מלכים א ב, ח]

ו) וַיֹּאמֶר יְהוּדָה מַה נֹּאמַר לַאדֹנִי מַה נְּדַבֵּר וּמַה נִּצְטַדָּק הָאֱלֹהִים מָצָא אֶת עֲוֹן עֲבָדֶיךָ הִנֶּנּוּ עֲבָדִים לַאדֹנִי גַּם אֲנַחְנוּ גַּם אֲשֶׁר נִמְצָא הַגָּבִיעַ בְּיָדוֹ: [בראשית מד, טז]

ליקוטי רש"י

זיוני. ג' תגין קטנים, ואותם ג' תגין אחד נוטה לימין ואחד נוטה לשמאל ואחד [נוטה] למעלה [מנחות כט:]. כי ירט הדרך לנגדי. רצונינו חכמי המשנה דרשוהו נוטריקון יראה ראתה נטתה בשביל שהדרך לנגדי כלומר לקנאתי ולקנטרני [במדבר כב, לב]. כר מלא. בעוד הכר מלא שהתבואה לחה ומלאה בקשין שלה ועל כן נקראים המלילות כרמל וכן (מ"ב ד, מב) וכרמל בצקלונו [ויקרא ב, יד]. האי כר לשון כרים וכסמות שיהא [הזג] של קליה מלא בגרעין שיהא הגרעין מגובל כל צורכו [מנחות סו:]. הכותב ב' אותיות. הויא מלאכה בשבת [כריתות יב:]. ר"ג מחייב. דלאין ידיעה לחצי שיעור ולא מהני ידיעה שבינתיים לחלק שלא יצטרפו [שם טז:]. ואחת על האריג. חוט אחד ארג על קצת אריג [לעיל קה.] דמעיקרא לא הוי בהאי בגד אריג שיעור הרבה חשיב האי חוט שארג זה אגב כל הבגד [כריתות יז.]. בתי נירין. ל"ש שנתן שני חוטין בתוך הבית ניר [לעיל עג.]. בנפה. לאחר שהפסיק נגרים של שתי עושה באריגת ערב נגר אחד למטה ואחד ממעלה והן קרוין בתים והם עונבין את השתי כדרך רכיבתו ועומד האריג ובית אחד אין מתקיים ומתקיים ונפה וכברה נינהו קרי להו בית כמו בתי נירין שאין לה בתי נירין אחרים [שם קג.]. והתופר ב' תפירות. ותופר וקורע בירועות הוא. על מנת לתפור. פעמים שהנקב עגול ואינו יכול לתופרו יפה אלא אם כן קורעו כדמפרש בגמרא אבל קורע שלא לתפור לא הוי במשכן [שם עג.]. צלצול. אזור קטן נאה כמו היא חגרה בצלצול (קטן) דסוטה (ח:) ועלעון כנדי [עירובין קב:]. והוא קשר של משי [ע"ז עג.]. אימרא. שפה מתרגמינן אימרא (שמות כח) [תענית יא:].

עין משפט נר מצוה

לט א ב מיי' פ"ו מהל' שגגות הלכה ס:
א ג מיי' פ"ט מהל' שבת הל' יח סמג לאוין סה:
ב ד מיי' שם הל' טז:
ג ה מיי' פ"י שם הל' ט:
ד ו שם הלכה ז:
ה ז מיי' פ"ט שם הל' יט:

רבינו חננאל

צריך להאריך האות האחת ולקרבה לחברתה להיותן נקראות יחדו לא דמי הא להא. דהתם כבר האות כתובה היא. מאי אמרת היא קטנה ורוצה לעשות גדולה. בין קטנה לגדולה לא איכפת לן. לפי' כתיבה [היא] וחייב. תנא הגיה אות אחת חייב. ואקשי' השתא כתב אות אחת פטור הגיה חייב. ופריק רבא כגון שהיה ספר שהיה חסר לרי"ש. ובא להגיהו שנטל [לגגו] של דל"ת ועשאו רי"ש והשלימו לספר דקי"ל כתב אות אחת להשלים דברי הכל חייב. ורי"א (כיון) [כגון] שנטלו לתגו של דל"ת מחקו וכתבו רי"ש ודברי אביי פשוטין הן: תנא נתכוון לכתוב אות אחת ועלתה בידו ב' חייב. והתניא פטור ושנינן בדבעי זיונא. פי' כגון צריך לכתוב טי"ת ומדי רהוטו לא הדביק בו (לצלם האחרון ונמצא כאילו פט) איבעי זיונא כדי שיתראו צורת האותיות פטור שעדיין אינה כתובה. ואם לאו חייב. ודוקא שצריך (פס) בענין שכתבו: נוטריקון הוא לשון יון. וסופרי המלכים והשרים שלהם יש להן כתב שקוראין אותו נוטריק' ואומר המלך לסופר כתוב טופס והמלך מסדר לפניו בפיו והסופר כותב מפיו מילי שמשמשת כמה ובשיטה אחת כותב כמה מגלה וזהו נוטריקון: יש מי שאוכל חצי זית חלב בשגגה ונודע לו וחזר ונעלם ממנו ואכל חצי זית חלב בשגגה רבן גמליאל אומר אין ידיעה לחצי שיעור ואילו השיעור כולו בשגגה אכלו חייב חטאת וחכמים פוטרין:

הדרן עלך הבונה

פי"ג רבי אליעזר אומר האורג ג' חוטין בתחלה ואחד על האריג חייב. בכלל גדול תנן סתמא. האורג ב' חוטין ולא שנינו בין בתחלה בין בראש הבגד ובין בסופו ע"ג ארוג שהוא ארוג מאתמול. וכך הלכה כחכמים ור' אליעזר פליג דסבר פחות מג' חוטין אין מתקיימין אלא נסתרין. הלכך אי בתחלה התחיל באריג צריך ג' חוטין שתהא מלאכה מתקיימת ואם יש חוט אחד ערב ארוג בשתי אם ארג ב' חוטין על גביו חייב. ואם לאו פטור ואם יש ב' חוטין ערב ארוגין בשתי וארג אחד עליהן חייב. וכן אם היו אלף באחד מהן חייב. [הא בקטינין] פי' חוטין דקין אלימי חוטין עבין אמרי לה להאי גיסא ג' בקטיני שהן דקיקי כי השנים כאחד דומה מפני שאין מראין רחב ובאלימי שנים כי רחבן ניכר ואמרי לה להאי גיסא ג' באלימי שהן עבין וקשין ולא חלמי להדדי כי השנים מהן אין נכבשין ואין מתאלצין זה עם זה ובקטיני שנים כי דבק הן ונאחזין זה בזה וחלמי הדדי. והרי פירש במשנה אחרונה כי שיעור רחב ב' חוטין הארוגין מלא הסיט וכאן פירש כי היריעה הנארגת רחבה היא וארג ב' חוטין במקצת רחבה (ואם) [אם] הוא שיעור מה שארג ברחב היריעה מלא סיט חייב ואם היא פחות פטור. ואם זו היריעה הנארגת רחבה כולה פחות מסיט אם היא צרה אפי' ג' בתי נירין בלבד כמו צלצול קטן אם ארג בו ב' חוטין שנמצאת אריגתו מן השפה אל השפה אע"פ שאינן מלא הסיט חייב ולא עוד אלא שאם ארג מאצל שפת הבגד האחת שהוא קרועה אל השאיה שיעור ג' בתי נירין חייב אע"פ שאינן רחב מלא הסיט שדומה לארג צלצול קטן. וצלצול זה כמו אבנט הוא. אבל אם בתוך הבגד שלא מאצל השפה ארג ב' חוטין או יותר אם ישנם ברחב מלא הסיט חייב ואם לאו פטור. אבל האורג ב' חוטין ברוחב כל שהן אע"פ שאינן בג' בתי נירין על הגס שהוא מקום מעוקם כמין גמא יוונית חוט אחד לכאן וחוט אחד לכאן צבוע שנמצא עמו סימן או על האימרא שהוא רעלס ואל טראו בלשון ישמעאל והוא מלשון חטובות אטון מצרים דמתרגמינן האמרת חטבת שנמצא זה כמו כותב וחייב: העושה ב' בתי נירין. פי' מכניס חוטי השתי בנירין שיעלה זה וירד זה. ויבא הערב ויחזור השתי יעלה התחתון וירד העליון ויבא הערב. קירום. הוא מצובייתא. פי' מסנות אורגין אותה מן הסיב או מן חוטי צמר ומכיוצא בהן ומסננין בהן:

הקורע

The Mishnah stated:

בַּקֵירוֹס – Or IN A *KEIROS*.

The Gemara inquires:

מַאי בַּקֵירוֹס – **What** is a *KEIROS?*

The Gemara replies:

אָמַר רַב – **Rav said:** מְצוּבִיתָא – **A heddle-frame,** which is used by those who weave curtains.[24] The Mishnah teaches that one is liable for setting up heddles in the frame of such a loom.

The Mishnah stated:

וְהַתּוֹפֵר שְׁתֵּי תְפִירוֹת – ONE WHO SEWS TWO STITCHES.

The Gemara asks:

הָא תָּנֵינָא בַּאֲבוֹת מְלָאכוֹת – **But we already learned** this **in the** Mishnah listing the **primary labors:**[25] וְהַתּוֹפֵר שְׁתֵּי תְפִירוֹת – ONE WHO SEWS TWO STITCHES. Why does our Mishnah repeat this?[26]

The Gemara answers:

מִשּׁוּם דְּקָבָעֵי לְמִיתְנָא סֵיפָא – **Because [our Mishnah] wanted to teach at the end:** וְהַקּוֹרֵעַ עַל מְנָת לִתְפּוֹר שְׁתֵּי תְפִירוֹת – AND ONE WHO TEARS IN ORDER TO SEW TWO STITCHES, קָתָנֵי נַמִּי הַתּוֹפֵר – **it taught also:** ONE WHO SEWS.

The Gemara objects:

וְהַקּוֹרֵעַ – Did the Mishnah need to teach: ONE WHO TEARS? הָא נַמִּי תָּנֵינָא בַּאֲבוֹת מְלָאכוֹת – **This also we already learned in the** Mishnah listing the **primary labors.** There is thus no reason to repeat that *melachah* here either. –?–

The Gemara answers:

אֶלָּא מִשּׁוּם דְּקָבָעֵי לְמִיתְנֵי סֵיפָא – **Rather,** this Mishnah is needed here **because it wants to teach at the end** [i.e. in the next Mishnah]:[27] הַקּוֹרֵעַ בַּחֲמָתוֹ וְעַל מֵתוֹ – ONE WHO TEARS IN HIS ANGER OR FOR HIS DEAD, etc. מִשּׁוּם הָכִי – **Because of this** קָתָנֵי [הַתּוֹפֵר שְׁתֵּי תְפִירוֹת] – **[our Mishnah] teaches:** ONE WHO SEWS TWO STITCHES.[28]

The Mishnah concluded:

וְהַקּוֹרֵעַ עַל מְנָת לִתְפּוֹר שְׁתֵּי תְפִירוֹת – AND ONE WHO TEARS IN ORDER TO SEW TWO STITCHES.

The Gemara inquires:

הֵיכִי מַשְׁכַּחַת לָהּ – **Where do you find it?**

NOTES

24. This refers to looms used by weavers to make curtains, where some sort of frame, which took the place of the rod-and-leash system in ordinary looms used by women, was manipulated by peddles (*Rashi;* cf. *Rosh* to *Keilim* 21:1).

25. Above, 73a.

26. Our Mishnah adds nothing about sewing that was not already taught in the Mishnah above. Its statement about sewing thus differs from that of weaving, which the Mishnah repeats here to note the dispute between the Sages and R' Eliezer, and to elaborate rulings about various types of weaves that were not taught there (*Rashi*).

27. Below, 105b.

28. [I.e. our Mishnah teaches the case of one who tears in order to sew, and along with this, the case of one who sews two stitches.]

ועלו בידו שתים חייב והתנן פטור לא קשיא הא דבעי זווני הא דלא בעי זווני: כתב אות אחת נוטריקון רבי יהושע בן בתירה מחייב וחכמים פוטרין: א"ר יוחנן משום ר' יוסי בן זימרא מנין ללשון נוטריקון מן התורה שנא' (א) כי אב המון גוים נתתיך אב נתתיך לאומות בחור נתתיך באומות המון חביב נתתיך באומות מלך נתתיך לאומות ותיק נתתיך באומות נאמן נתתיך לאומות ר' יוחנן דידיה אמר (ב) אנכי נוטריקון אנא נפשי כתיבת יהבית רבנן אמרי אמירה נעימה כתיבה יהיבה איכא דאמרי אנכי למפרע יהיבה כתיבה נאמנין אמריה דבי רבי נתן אמרי (ג) כי ירט הדרך לנגדי יראה ראתה נטתה דבי רבי ישמעאל תנא (ד) כרמל כר מלא רב אחא בר יעקב אמר (ה) והוא קללני קללה נמרצת נוטריקון נואף הוא מואבי הוא רוצח הוא צורר הוא תועבה הוא ר"נ בר יצחק אמר (ו) מה נדבר ומה נצטדק נכונים אנחנו צדיקים אנחנו טהורים אנחנו דכים אנחנו קדושים אנחנו: **מתני'** הכותב ב' אותיות בשתי העלמות אחת שחרית ואחת בין הערבים ר"ג מחייב וחכמים פוטרין: **גמ'** במאי קמיפלגי ר"ג סבר אין ידיעה לחצי שיעור ורבנן סברי יש ידיעה לחצי שיעור:

הדרן עלך הבונה

רבי אליעזר אומר האורג שלשה חוטין בתחילה ואחת על האריג חייב וחכ"א בין בתחילה בין בסוף שיעורו ב' חוטין העושה שתי בתי נירין בנירין (נ) בקירוס בנפה בכברה ובסל חייב והתופר ב' תפירות והקורע ע"מ לתפור ב' תפירות: **גמ'** כי אתא רבי יצחק תני שתים והאנן תנן ג' לא קשיא הא באלימי הא בקטיני אמרי לה להאי גיסא ואמרי לה להאי גיסא אמרי לה להאי גיסא אלימי תלתא לא סתרי תרי סתרי קטיני תרי נמי לא סתרי ואמרי לה להאי גיסא קטיני תלתא ידיעי תרי לא ידיעי אלימי תרי נמי ידיעי תניא האורג ג' חוטין בתחילה ואחד על האריג חייב וחכמים אומרים בין בתחילה בין בסוף שיעורן (ג) ב' חוטין ובשפה ב' חוטין ברוחב ג' בתי נירין הא למה זה דומה לאורג צלצול קטן ב' חוטין ברוחב ג' בתי נירין והאורג (ד) ג' חוטין בתחילה ואחד על האריג חייב סתמא כר"א תניא אידך האורג ב' חוטין על הגס ועל האימרא חייב ר"א אומר אפילו אחד ובשפה שני חוטין ברוחב שלשה בתי נירין חייב הא למה זה דומה לאורג צלצול קטן שני חוטין על רוחב ג' בתי נירין והאורג ב' חוטין על הגס ועל האימרא חייב סתמא כרבנן: העושה ב' בתי נירין כו': מאי [בנירין] אמר אביי תרתי בבתי (ה) נירא וחדא בנירא: בקירוס: מאי בקירוס אמר רב מצוביתא: והתופר ב' תפירות: הא תנינא באבות מלאכות והתופר ב' תפירות משום דקבעי למיתנא סיפא והקורע ע"מ לתפור ב' תפירות קתני נמי התופר והקורע הא נמי תנינא באבות מלאכות אלא משום דקבעי למיתני סיפא הקורע בחמתו ועל מתו משום הכי קתני [התופר שתי תפירות]: והקורע ע"מ לתפור שתי תפירות: היכי משכחת לה
דעבדה

ועלו בידו שתים. היינו נמי מתכוין לכתוב מ' וכתב שני זיינין: **הא.** דתנן פטור: **דבעי זווני.** שעדיין לריכות לאשי הזיינין לזיינין בתגין שלהן שהזיינין לריכות ג' זוונין ימין ושמאל ולמעלה כדאמרינן במנחות (דף כט:): **מלך נתתיך.** נשיא אלהים אתה (בראשית כג): **אנכי.** מדלא אמר אני: **אנא נפשי.** אני בעצמי: **אמירה.** שפה נעימה: **כרמל.** גבי מנחת העומר כתיב גרש כרמל שמביאה כשהיא לחה בעוד שהזרע נפוח והכר של קש מלא סימנו: **מתני' אחת שחרית ואחת בין הערבים.** כיון דהוו"ל שהות בינתיים כדי לידע הוה ליה כשתי העלמות: **גמ' יש ידיעה לחצי שיעור.** לחלק כדי שלא יצטרף עמו חצי האחר:

הדרן עלך הבונה

רבי אליעזר. (ח) אתא לפרושי שיעור אורג שמנו באבות מלאכות (לעיל דף עג.) דתנן התם שני חוטין: **בתחילה.** אם זו תחלת אריגתו של בגד: **ואחת על האריג.** אם מוסיף הוא על האריג שיעורו באחת דמצטרף עם השאר: **בתי נירין.** שנתן ב' חוטין של שתי בנירה שקורין ליל"ש: **בנירין ובקירוס.** מפרש בגמרא: **בנפה ובכברה.** הנך לאו נירין ממש אלא משרשר ומרכיב חוט א' [של ערב] בשתי מלמטה ואחד מלמעלה ומעמיד השתי כהן כתקנו: **גמ' כי אתא ר' יצחק תני.** מתני' הכי ר"א אומר האורג ב' חוטין בתחלה ולא פליג ר"א ארבנן אלא באחד על האריג: **להאי גיסא.** אלימי ג' ולא ב' משום דשנים סתרי דמתוך עוביין אינן נדבקים יפה זה בזה וקטיני בשנים מיחייב: **ואמרי ליה להאי גיסא.** אלימי שנים חייב: **דידיעי.** דבר הנראה הוא אבל קטיני בשנים פטור: **ובשפה ב' חוטין ברוחב ג' בתי נירין.** יש שאורגין סביב [הבגד] השפה באורך הבגד כולו מין אחר של [שתי] ורוחב ברוחב הבגד כשיעור שלשה בתי נירין והאורג בו שני חוטין (ו) חייב: **למה זה דומה.** כלומר להכי מחייבי באריג קצר כי האי ולא אמרי כמלא רוחב הסיט כדמשערינן במתני' באורג באמצע הבגד: **דומה לאורג צלצול קטן.** חגורה קצרה שאינה רחבה יותר משלשה בתי נירין: **על הגס.** אריג הרבה: **על האימרא.** תחלת הבגד שאורגין בו ערב ממין אחר לאימרא: **ובשפה.** לאורך השתי כולו עושין אותו: **תרתי בבתי נירא וחדא בנירא.** ב' פעמי' מרכיב לחוט של שתי בבת נירא דהיינו שקורין ליל"א: **ואחת בנירא.** ופעם שלישית מרכיבו על חוט הנירא שקורין ליל"א המורכב על הקנה: **מצוביתא.** ביריעת גרדין האורגין ברגל הוא וקורין לימי"ש והיא במקום הקנה העולה ויורד ביריעת אריגת נשים שקורין פריס"א: **הא תנינא ליה באבות מלאכות.** ולמה לי למיהדר ולמתנייה הכא הואיל ולא לפרושי בה מידי אתא בשלמא אורג משום פלוגתא ושתי בתי נירין לאשמועינן בנירין ובקירוס ובנפה ובכברה וסל דלא תנא לה (ז) התם:

והתניא פטור. אין נראה לר"י לגרוס והתניא דלמאי לא הוה פריך ממתני' ומיהו איכא למימר דממתני' לא קשיא ליה מדקתני וכתב שני זיינין ולא נקט ב' אותיות אחרות דלא בעי זווני משמע דמשום זיון פטור ליה אבל מברייתא דקתני סתמא פריך שפיר אבל קשה דאי ברייתא היא הא דפריך מינה אמאי לא נקט נתכוין לכתוב אות אחת ועלו בידו שתים אפי' נתכוין לאותן שתים שכתב וכתבן בלא זיון פטור כיון דמוקמי לה בדבעי זווני דהא בברייתא לא קתני וכתב שני זיינין דנוכל לומר דלאי לאשמועינן הא כתב שתי אותיות אחרות דלא בעי זיון חייב כדפירשתי (א) במתניתין לכך נראה דממתני' פריך וגרסינן והתנן:

רבן גמליאל סבר אין ידיעה לחצי שיעור. נראה דטעמ' (ט) דרשב"ג משום דכתיב או הודע אליו חטאתו ידיעת חטאת הוא דשמה ידיעה אבל ידיעה דלאו חטאת לאו שמה ידיעה:

ורבנן סברי יש ידיעה לחצי כו'. פירש בקונט' הא דנקט אות אחת שחרית ואחת בין הערבים כיון דהוי שהות בינתים כדי לידע חשיב כשתי העלמות ואין נראה לר"י דהוה ליה לפרש שיעור שהות ועוד דאמר לעיל כתב אות אחת בטבריא ואות אחת בצפורי חייב אע"ג דמסתמא יש שהות כדי לידע ונראה דמיירי שידע בינתים ואחת שחרית ואחת ערבית נקט לרבותא דאף על גב דיש עם הידיעה הפסק ושהות גדול בינתים מחייב ר"ג:

הדרן עלך הבונה

האורג. אומר ר"י דה"ג וחכ"א בין בתחלה בין בסוף ול"ג בין באמצע בין בסוף דא"כ הוה משמע בסוף הבגד ממש והתם אפי' רבנן מודו דחייב אפילו באחת כדאמרינן סוף פרק הבונה (לעיל דף קד:) אבל אי לא גרסינן באמצע אתי שפיר דבסוף לא בסוף ממש קאמר:
הכל

עין משפט נר מצוה

לט א ב מיי' פ"ט מהל' שגגות הלכה מ:
א ג מיי' פ"ט מהל' שבת הל' יח סמג לאוין סה:
ב ד מיי' שם הל' טז:
ג ה מיי' פ"ט שם הל' ט:
ד ו שם הלכה י:
ה ז מיי' פ"ט שם הל' יח:

רבינו חננאל

צריך להאריך האות האחת ולקרבה לחברתה להיותן נקראות יחדו לא דמי הא להא. דהתם כבר האות כתובה היא. מאי אמרת היא קטנה ורוצה לעשות גדולה. בין קטנה לגדולה לא איכפת לן. לפי' כתיבה [היא] חייב. תנא הגיה אות אחת חייב. ואקשי' השתא כתב אות אחת פטור המגיה חייב. ופריק רבא כגון שהיה ספר שהיה חסר לרי"ש. ובא להגיהו שנטל [לגגו] של דל"ת ועשאו רי"ש והשלימו לספר דקי"ל כתב אות אחת להשלים דברי הכל חייב. רי"א (כיון) [כגון] שנטלו לתגו של דל"ת מחקו וכתבו רי"ש ודברי אביי פשוטין הן: תנא נתכוון לכתוב אות אחת ועלתה בידו ב' חייב. והתניא פטור ושנינן בדבעי זיונא. פי' כגון צריך לכתוב טי"ת ומדי רהוטו לא הדביק בו [לצלם האחרון ונמצא כאילו פו] איבעי זיונא כדי שיתראו צורת האותיות פטור שעדיין אינה כתובה. ואם לאו חייב. ודוקא שצריך (פו) בענין שכתבו: נוטריקון הוא לשון יון. וסופרי המלכים והשרים שלהם יש להן כתב שקוראין אותו נוטריק' ואומר המלך לסופר כתוב טופס והמלך מסדר לפניו בפיו והסופר כותב מפיו מילי שמשמשת כמה ובשיטה אחת כותב מגלה והזו נוטריקון: יש מי שאוכל חצי זית חלב בשגגה ונודע לו וחזר ונעלם ממנו ואכל חצי זית אחת רבן גמליאל אומר אין ידיעה לחצי שיעור וכאילו השיעור כולו בשגגה אכלו חייב חטאת וחכמים פוטרין:

הדרן עלך הבונה

פי"ג רבי אליעזר אומר האורג ג' חוטין בתחלה ואחד על האריג חייב. בכלל גדול תנן סתמא. האורג ב' חוטין ולא שנינן בין בתחלה בין בראש הבגד ובין בסופו ע"ג אריג שהוא ארוג מאתמול. וכן הלכה כחכמים ור' אליעזר פליג דסבר פחות מג' חוטין אין מתקיימין אלא נסתרין. הלכך אי בתחלה התחיל באריג צריך ג' חוטין שתהא מלאכה מתקיימת ואם יש חוט אחד ערב ארוג בשתי אם ארג ב' חוטין על גביו חייב. ואם לאו פטור ואם יש ב' חוטין ערב ארוגין בשתי וארג אחד עליהן חייב. וכן אם היו אלף באחד מהן חייב. [הא בקטיני] פי' חוטין דקין אלימי חוטין עבין אמרי לה להאי גיסא ג' בקטיני שהן דקיקי כי השנים כאחד דומה מפני שאין מראין רחבן ניכר ואמרי לה להאי גיסא ג' באלימי שהן עבין וקשין ולא חלמי להדדי כי השנים מהן אין נכבשין ואין מתאלצין זה עם זה ובקטיני שנים כי דבק הן ונאחזין זה בזה וחלמי הדדי. והרי פירש במשנה אחרונה כי שיעור רחב ב' חוטין הארוגין מלא הסיט וכאן פירש כי היריעה הנארגת רחבה היא וארג ב' חוטין במקצת רחבה (ואם) [אם] הוא שיעור מה שארג ברחב היריעה מלא סיט חייב ואם היא פחות פטור. ואם זו היריעה הנארגת רחבה כולה פחות מסיט אם היא צרה אפי' ג' בתי נירין בלבד כמו צלצול קטן אם ארג בו ב' חוטין שנמצאת אריגתו מן השפה אל השפה אע"פ שאינן מלא הסיט חייב ולא עוד אלא שאם ארג מאצל שפת הבגד האחת שהוא קרועה אל השאיה שיעור ג' בתי נירין חייב אע"פ שאינן רחב מלא הסיט שדומה לארג צלצול קטן. וצלצול זה כמו אבנט הוא. אבל אם בתוך הבגד שלא מאצל השפה ארג ב' חוטין או יותר אם ישנם ברחב מלא הסיט חייב ואם לאו פטור. אבל האורג ב' חוטין ברוחב כל שהן אע"פ שאינן בב' בתי נירין על הגס שהוא מקום מעוקם כמין גמא יוונית חוט אחד לכאן וחוט אחד לכאן צבוע שנמצא עמו סימן או על האימרא שהוא רעלס ואל טראו בלשון ישמעאל והוא מלשון חטובות אטון מצרים דמתרגמינן האמרת חטבת שנמצא זה כמו כתוב חחיב: העושה ב' בתי נירין. פי' מכניס חוטי השתי בנירין שיעלה זה וירד זה. ויבא הערב ויחזור השתי יעלה התחתון וירד העליון ויבא הערב. קירום. הוא מצובייתא. פי' מסנות אורגין אותה מן הסיב או מן חוטי צמר ומכיוצא בהן ומסכינין בהן:
הקורע

מסורת הש"ס

א) מנחות דף כט: ע"ש, ב) [שם], ג) כריתות יב:, ד) שם ודף יז. [לעיל עג. קב.], ה) לעיל קד: כריתות יז. יט:, ו) [לעיל עג.], ז) [תוספתא פרק י"ג], ח) אתי לפלוגי אשיעור אורג שמנו חכמים ק"א רש"ל, ט) נ"ל דר"ג.

הגהות הב"ח

(א) תוס' ד"ה והתניא וכו' חייב כדפירש במתניתין: (ב) במשנה שתי בתי נירין בנירים: (ג) גמ' בין בסוף שיעור שני חוטין: (ד) שם שלשה בתי נירין האורג כצ"ל ואות ו' נמחק: (ה) שם אמר אביי תרתי בבת נירא: (ו) רש"י ד"ה ובשפה וכו' ב' חוטין של ערב חייב: (ז) ד"ה הא תנינא וכו' תנן להו התם:

גליון הש"ס

גמ' קדושים אנחנו. ע"ע במדרש במדבר רבה ר"פ מסעי על פסוק נחית כצאן עמך: שם א"ל להאי גיסא. פסחים קח ע"א. ב"ב מב ע"ב:

תורה אור השלם

א) ולא יקרא עוד את שמך אברם והיה שמך אברהם כי אב המון גוים נתתיך: [בראשית יז, ה]
ב) אנכי יי אלהיך אשר הוצאתיך מארץ מצרים מבית עבדים: [שמות כ, ב]
ג) ויאמר אליו מלאך יי על מה הכית את אתנך זה שלוש רגלים הנה אנכי יצאתי לשטן כי ירט הדרך לנגדי: [במדבר כב, לב]
ד) ואם תקריב מנחת בכורים ליי אביב קלוי באש גרש כרמל תקריב את מנחת בכוריך: [ויקרא ב, יד]
ה) והנה עמך שמעי בן גרא בן הימיני מבחרים והוא קללני קללה נמרצת ביום לכתי מחנים והוא ירד לקראתי הירדן ואשבע לו ביי לאמר אם אמיתך בחרב: [מלכים א' ב, ח]
ו) ויאמר יהודה מה נאמר לאדני מה נדבר ומה נצטדק האלהים מצא את עון עבדיך הננו עבדים לאדני גם אנחנו גם אשר נמצא הגביע בידו: [בראשית מד, טז]

ליקוטי רש"י

זיוני. ג' תגין קטנים, ואותם ג' תגין אחד נוטה לימין ואחד נוטה לשמאל ואחד [נוטה] למעלה [מנחות כט:]. כי ירט הדרך לנגדי. רבותינו חכמי המשנה דרשוהו נוטריקון יראה ראתה נטתה בשביל שהדרך לנגדי כלומר לקנאתי ולהקניטני [במדבר כב, לב]. כר מלא. בעוד הכר מלא שהתבואה לחה ומלאה בקשין שלה ועל כן נקראים המלילות כרמל וכן (מ"ב ד, מב) וכרמל בצקלונו [ויקרא ב, יד]. האי כר לשון כרים וכסתות שיהא [הזוג] של קליה מלא בגרעין שיהא הגרעין מבושל כל צורכו [מנחות סו:]. הכותב ב' אותיות. הויא מלאכה בשבת [כריתות יב:]. ר"ג מחייב. דאין ידיעה לחצי שיעור ולא מהני ידיעה שבינתיים לחלק שלא יצטרפו [שם טז:]. ואחת על האריג. חוט אחד ארג על קצת אריג [לעיל קד:]. דמעיקרא הוי בהאי כגד אריג שיעור הרבה חשיב האי חוט שארג זה אגב כל הבגד [כריתות יז.]. בתי נירין. ליל"ש שנתן שני חוטין בתוך הבית ניר [לעיל עג.]. בנפה. לאחר שהפסיק נלרים של שתי עושה באריגת ערב נגר אחד מלמטה ואחד ממעלה והן קרוין בתים והם עונבין את השתי כדרך רכיבתו ועומד האריג ובית אחד אין מתקיים ומשום דלאו חוטין נינהו קרי להו בית כמו בתי נירין שאין לה בתי נירין אחרים [שם קג.]. והתופר ב' תפירות. ותופר וקורע ביריעות הוא. על מנת לתפור. פעמים שהנקב עגול ואינו יכול לתופרו יפה אלא אם כן קורעו כדמפרש בגמרא אבל קורע שלא לתפור לא הוי במשכן [שם עג.]. צלצול. אזור קטן נאה כמו היא חגרה בגלגול (קטן) דסוטה (ח:) ובלע"ז בנדי"ל [עירובין קג:]. והוא קשר של משי [ע"ז עג.]. אימרא. שפה מתרגמינן אימרא (שמות כח) [תענית יא:].

עין משפט נר מצוה

ז א מיי' פ"א מהל' שבת הל' יז סמג לאוין סה:
ח ב מיי' שם הלכה יח:
[ע"ש]
ח ג מיי' פ"ט שם הל' י סמג לאוין סה:
ט ד מיי' שם הל' יד:
י ה שם הלכה יג:
יא ו שם הלכה טו:
יב ז שם הלכה ז:
יג ח שם הלכה יט:

הכל חולצין עליו. אומר רשב"א דאפי' אינו רבו חייב כדאמרינן במו"ק (דף כה.) מי תני רבו שמת חכם שמת תני והא דאמר בשילהי פרק אלו מציאות (ב"מ לג.) רבא קרע עליה דההוא גברא דאסבריה זוהמא ליסטרון היינו קרע שאינו מתאחה כדין תלמיד לרב כדתני בפרק אלו מגלחין (מו"ק דף כו.): **דתניא** ר"ש בן אלעזר אומר העומד על המת כו'. משמע ליה להש"ס דמיירי אפי' באינו כשר: **הא** ר' יהודה והא ר"ש. פי' בקונט' דבהאי שינויא נמי משני דלא קשה מתו אמתו והא דלא קאמר אלא משום דלא הוזכר אמורא לעיל וקשה לר"י דע"כ תרוייהו במת דידיה איירי ולא במת דעלמא כדקתני בברייתא דלעיל דיצא ידי קריעה וא"כ הויא מלאכה שצריכה לגופה כיון שהיא צורך מצוה כדמוכח לקמן ונראה לר"י דלא מתרץ אלא חמתו אחמתו אבל בעל מתו לא פליגי דבמת דעלמא פטור דמקלקל הוא ובמת דידיה דאיכא מצוה חשיב מתקן אע"ג דלקמן משמע דלצורך מצוה לא חשיב ר"ש תיקון דהא יליף ממילה והבערת בת כהן דמקלקל בחבורה ובהבערה חייב התם מקלקל הוא לגמרי שאינו צורך אחר אלא מה שהוא צורך מצוה אבל גבי קריעת אבל הוי תיקון הבגד על ידי קריעה שיוכל ללובשו בכל שעה ואית (ו) בו מימוס ועוד כמו שמחלק לקמן ר"ת דהתם התיקון בא לבסוף שבשעת חבורה והבערה אינה באה הכשר מצוה עד הגמר אבל הכא בשעת קריעה בא התיקון ולא חשיב קלקול: **לא** צריכא דקעביד למירמא אימתא כו'. השתא הוה מצי לאוקמי תרוייהו כר' יהודה ומתני' דלא עבד למירמא אימתא דבלא"ה מוקמינן לקמן כר' יהודה דאמר מקלקל בחבורה פטור אלא דניחא ליה לאוקמי מתני' בדעביד למירמא אימתא דאי בחמתו (ז) פשיטא דפטור:

שרגש עליהן ההר כו'. משום דלא אשכחן דכתיב ביה ויבכו אותו שלשים יום כמו במשה ואהרן. ע"כ תוספות שאנץ. רש"ל:

דעבדה כי כיסתא: **מתני'** הקורע בחמתו ועל מתו א וכל המקלקלין פטורין ב והמקלקל ע"מ לתקן שיעורו כמתקן (א) ג שיעור המלבן ד והמנפץ ה והצובע ו והטווה ז כמלא רחב הסיט כפול ח והאורג שני חוטין שיעורו כמלא הסיט: **גמ'** ורמינהו ט הקורע בחמתו ובאבלו ועל מתו חייב י ואע"פ שמחלל את השבת יצא ידי קריעה לא קשיא הא במת דידיה הא במת דעלמא והא מתו קתני לעולם במת דידיה ובהנך דלאו בני אבילות נינהו ואי חכם הוא חיובי מיחייב כ דתניא ל חכם שמת הכל קרוביו הכל קרוביו ס"ד אלא אימא הכל כקרוביו הכל קורעין עליו הכל חולצין עליו הכל מברין עליו ברחבה לא צריכא דלאו חכם הוא ואי אדם כשר הוא חיובי מיחייב דתניא מפני מה מתים בניו ובנותיו של אדם כשהן קטנים כדי שיבכה ויתאבל על אדם כשר כדי שיבכה ערבונא שקלי מיניה אלא מפני שלא בכה והתאבל על אדם כשר מ שכל הבוכה על אדם כשר מוחלין לו על כל עונותיו בשביל כבוד שעשה (א) לא צריכא דלאו אדם כשר הוא ואי דקאי בשעת יציאת נשמה חיובי מיחייב דתניא נ ר"ש בן אלעזר אומר העומד על המת בשעת יציאת נשמה חייב לקרוע למה זה דומה לס"ת שנשרפה לא צריכא דלא קאי בשעת יציאת נשמה תינח מתו אלא חמתו קשיא חמתו אחמתו נמי לא קשיא הא ר' יהודה הא ר"ש הא ר' יהודה דאמר ס מלאכה שאין צריכה לגופה חייב עליה הא ר"ש דאמר ע מלאכה שאין צריכה לגופה פטור עליה אימר דשמעת ליה לר' יהודה במתקן במקלקל מי שמעת ליה א"ר אבין פ האי נמי מתקן הוא דקעביד נחת רוח ליצרו וכהאי גוונא מי שרי והתניא צ ר"ש בן אלעזר אומר משום חילפא בר אגרא שאמר משום ר' יוחנן בן נורי המקרע בגדיו בחמתו והמשבר כליו בחמתו והמפזר מעותיו בחמתו יהא בעיניך כעובד ע"ז ק שכך אומנתו של יצה"ר היום אומר לו עשה כך ולמחר אומר לו עשה כך עד שאומר לו עבוד ע"ז והולך ועובד א"ר אבין מאי קראה א לא יהיה בך אל זר ולא תשתחוה לאל נכר איזהו אל זר שיש בגופו של אדם הוי אומר זה יצר הרע לא צריכא דקא עביד למירמא אימתא אאינשי ביתיה כי הא דרב יהודה שליף מצבייתא רב אחא בר יעקב תבר מאני תבירי רב ששת רמי לה לאמתיה מוניני ארישא רבי אבא תבר נכתמא אמר ר"ש בן פזי א"ר יהושע בן לוי משום בר קפרא ר כל המוריד דמעות על אדם כשר הקב"ה סופרן ומניחן בבית גנזיו שנאמר ב נודי ספרתה אתה שימה דמעתי בנאדך הלא בספרתך א"ר יהודה אמר רב כל המתעצל בהספדו של חכם ראוי לקוברו בחייו שנאמר ג ויקברו אותו בגבול נחלתו בתמנת סרח אשר בהר אפרים מצפון להר געש מלמד שרגש עליהן הר להורגן א"ר חייא בר אבא א"ר יוחנן כל המתעצל בהספדו של חכם אינו מאריך ימים מדה כנגד מדה שנאמר ד בסאסאה בשלחה תריבנה איתיביה ר' חייא בר אבא לר' יוחנן ה ויעבדו העם את ה' כל ימי יהושע וכל ימי הזקנים אשר האריכו ימים אחרי יהושע א"ל בבלאי ימים האריכו שנים לא האריכו אלא מעתה ו למען ירבו ימיכם וימי בניכם ימים ולא שנים ברכה שאני וא"ר חייא בר אבא א"ר יוחנן אחד מן האחין שמת

ידאגו

דעבדה. הבגד: כי כיסתא. הולכת ומתקפלת שאין הבגד שוה ובולט בבגד כמין כיס וצריך לקרוע הבגד למטה ומולל לפניו (ג) והתפירה מתיישבת: **מתני'** הסיט כפול. מפרש בגמרא סיט הוא הפסק שבין אצבע לאמה כמו שאדם יכול להרחיבו ואם טוה ולבן וניפץ וצבע שהן כולן אבות מלאכות חוט א' ארוך כשיעור הזה חייב: **האורג ב'** חוטין שיעורו. ברוחב הבגד כמלא הסיט שאע"פ שלא ארגו על פני כל רוחב הבגד חייב: **גמ'** נראה בעיני דהכי גרסי' ורמינהו הקורע בחמתו ובאבלו ועל מתו חייב ואע"פ כו'. ולמאי דגרס הקורע בחמתו ובאבלו ועל מתו אע"פ כו' לא ידענא מאי יצא ידי הקריעה שייך למימר אבחמתו ואמאי נקט בחמתו: **יצא ידי הקריעה.** שאדם חייב לקרוע על מתו: **הא במת דידיה.** ברייתא דקתני חייב במת דידיה שחייב לקרוע עליו הלכך קריעה דידיה לאו קלקול הוא אלא תקון: **והא מתו.** נמי קתני במתני': **לעולם במת דידיה.** שמוטל עליו לקוברו ומיהו בהנך דלאו בני אבלו' נינהו שאינן מאותן האמורים בפרשת כהנים (ויקרא כא) אביו ואמו בנו ובתו ואחיו ואחותו: ופרכינן **ואי חכם הוא.** זה שמת חיובי מיחייב נמי לקרוע וכיון דמיחייב מתקן הוא ואמאי פטור: **חולצין.** יוצאים לפניו חלוצי כתף חלוקו קרוע עד שכתיפו חלוצה ערומה: **מברין עליו ברחבה.** שהיו מברין האבלין ברחבה סעודה ראשונה שאבל אוכל אינו אוכל משלו ואסור דקאמר ליה רחמנא ליחזקאל (כד) לחם אנשים לא תאכל: **ערבונא שקלי.** קודם שיחטא נטלו משכונו: **לס"ת שנשרף.** הרואה ס"ת שנשרף חייב לקרוע כדאמרינן במו"ק (דף כו.) במגילה ששרף יהויקים דכתיב לא פחדו ולא קרעו בגדים (ג) אף נשמת ישראל הניטלת דומה לו שאין לך ריק בישראל שאין בו תורה ומצות: **הא ר' יהודה כו'.** ומתו אמתו הכי נמי הוה מצי לתרוצי אלא מעיקרא אהדר לאוקמינהו כחד תנא ולא מתוקמא אלא כר' יהודה דהא מלאכה שאינה צריכה לגופה היא כמוציא את המת (ד) לקוברו: **נחת רוח ליצרו.** שמשכך את חמתו: **מי שרי והא תניא כו'.** אלמא לאו מתקן הוא שמלמד ומרגיל את יצרו לבא עליו: **בך.** משמע בקרבך שאם היה בך תשתחוה לאל נכר לבסוף: **שליף מצבייתא.** מן הבגד בחמתו להראותם שהוא כועס ויגורו מלפניו: **מוניני.** ציר של דגים קטנים: **נכתמא.** כיסוי הכד: **נודי ספרתה אתה.** לשון לנוד לו (איוב ב): **ויקברו אותו.** ביהושע כתיב: **שרגש עליהן הר** (ה) **להורגן.** שלא הספידו כראוי: **מדה כנגד מדה.** הוא לא נתאבל על שנתקצרו ימי החכם אף לחייו לא יחושו מן השמים: **בבלאי.** דמבבל סליק: **ימים האריכו.** שכלו ימיהם בטוב דחשיב אריכות ימים כדאמרי' בסדר יומא (דף עא.) כי אורך ימים ושנות חיים יוספו וכי יש לך שנים של חיים ושנים שאינם של חיים אמר רבי אלעזר אלו שנותיו של אדם שמתהפכות עליו מרעה לטובה:

מסורת הש"ס

א) לעיל עג., ב) מ"ק כה. [תוספתא פ"י], ג) שם, ד) שם, ה) [לעיל עג: וש"נ], ו) [לקמן קו:] ...

הגהות הב"ח

(א) גמ' כגון שעשה לו לא: (ב) רש"י ד"ה כי כיסתא וכו' ומולל לפניו והתפירה: (ג) ד"ה לס"ת וכו' קרעו בגדים: (ד) ד"ה הא ר' יהודה וכו' כמוציא את המת. נ"ב ע"ל בפרק המצניע דף לג ריש ע"ב: (ה) ד"ה שרגש עליהן הסר וכו' הספידוהו כראוי: (ו) תוס' ד"ה הא ר' יהודה וכו' בכל שעה דאית ביה מימוס: (ז) ד"ה לא צריכא וכו' דאי בחמתו פשיטא:

גליון הש"ס

גמ' איתיביה ר' חייא בר אבא לר' יוחנן ויעבדו העם. עי' ילקוט יהושע ...

רב נסים גאון

פי"ג ר' אליעזר אומר האורג. חמתו אחמתו נמי לא קשיא הא ר' יהודה הא ר' שמעון הא ר' יהודה דאמר מלאכה שאינה צריכה לגופה חייב עליה הא ר' שמעון דאמר מלאכה שאינה צריכה לגופה פטור עליה. כבר פירשנו בפרק ראשון ...

ליקוטי רש"י

וכל המקלקלין פטורין. כמלאכת שבת דמלאכת מחשבת כתיב [סנהדרין פד:]. כל מקלקל דשבת הוי פטור ...

תורה אור השלם

א) לא יהיה בך אל זר ולא תשתחוה לאל נכר: [תהלים פא, י]
ב) נדי ספרתה אתה שימה דמעתי בנאדך הלא בספרתך: [תהלים נו, ט]
ג) ויקברו אתו בגבול נחלתו בתמנת סרח אשר בהר אפרים מצפון להר געש: [יהושע כד, ל]
ד) בסאסאה בשלחה תריבנה הגה ברוחו הקשה ביום קדים: [ישעיה כז, ח]
ה) ויעבדו העם את יי כל ימי יהושע וכל ימי הזקנים אשר האריכו ימים אחרי יהושע אשר ראו את כל מעשה יי הגדול אשר עשה לישראל: [שופטים ב, ז]
ו) למען ירבו ימיכם וימי בניכם על האדמה אשר נשבע יי לאבתיכם לתת להם כימי השמים על הארץ: [דברים יא, כא]

רבינו חננאל

הקורע על מתו פטור. ואקשינן וכי מקלקל הוא. והתניא הקורע על מתו ובאבלו אע"פ שחילל שבת יצא ידי קריעה. וכיון שיצא ידי קריעה נמצאת מלאכתו מתוקנת. ובשבת כי האי גוונא חייב. ופריק מתני' בקורע על מת דעלמא דלא מיחייב בקריעה והוא מקלקל ופטור. וברייתא בקורע על מתו שלו שחייב לקרוע עליו. איני והא בין בזו ובין בזו על מתו קתני ופרקי' מתו דמתני' קרובו שאינו חייב לקרוע עליו מתו דברייתא במי שחייב לקרוע עליו. ואם הוא זה המת שקרע עליו חכם או כשר או היה עומד עליו בשעת יציאת נשמה הקורע בכל אלה אינו חשוב כמקלקל אלא חייב. ואינו פטור אלא הקורע על מי שאין עליו לא חובה ולא מצוה לקרוע וקשה לן דתנן במתני' הקורע בחמתו פטור. ובברייתא תנינן הקורע בחמתו חילל השבת מכלל דחייב ושנינן מתני' ר' שמעון היא דאמר מלאכה שאינה צריכה לגופה פטור עליה. ברייתא ר' יהודה דאמר חייב עליה וראינו לרבותינו שפירשו הכי. היכא שמעינן לר' שמעון דשרי מלאכה שאינה צריכה לגופה מיהא דתנינן את החי במטה פטור אף על המטה שהמטה טפילה לו את המת במטה חייב וכן כזית מן המת וכזית מן הנבילה וכעדשה מן השרץ לר' שמעון פטור ואוקימנא א"ר יוחנן פוטר היה ר"ש אפי' במוציא המת לקוברו ואע"ג דמת לקוברו קאי ואית למימר מלאכה שצריכה לגופה היא. כיון דלאו מידי דמיבעי ליה למיכליה ולא איתהנו מיניה מלאכה שאינה צריכה לגופה [היא] ושרי ר"ש בכה"ג והיכא שמעינן לר' יהודה דאסר [דאמרינן] (לעיל מב) בדבר שאין מתכוין סבר לה כר"ש במלאכה שאינה צריכה לגופה סבר לה כר' יהודה [וגרסינן] (בכתובות ה) מהו לבעול בתחלה בשבת דאמרינן במקלקל הלכה כר' יהודה או כר"ש. ותוב כופין קערה ע"ג הנר בשביל שלא תאחוז בקורה כו' א"ר יהודה מעשה בא לפני ריב"ז בערב ואמר חושש אני לו מחטאת. והא דאמרי בכל מקום ר' יהודה היא דאמר מלאכה שאינה צריכה לגופה חייב עליה לא אשכחן לה עיקר אלא מהא. וממאי דקא מפלגי ת"ק ור' יהודה בהא מתני' במלאכה שאינה צריכה לגופה דאמרי' (לקמן ד' קז.) איכא דמתני לה אהא הצד נחש בשבת ומתעסק שלא ישכנו פטור ואם לרפואה חייב מאן תנא א"ר יהודה ר' שמעון היא דאמר מלאכה שאינה צריכה לגופה ... מתו אלא אחמתו קשיא אחמתו נמי לא קשיא הא ר' יהודה הא ר' שמעון כדמפרש: ומקשינן אימור דשמעת ליה לר' ... דניחא ליה חייב במקלקל מי שמעת ליה ופרקי' הקורע בגדיו בחמתו נמי מתקן הוא דכד קניטה דעתיה בכעסיה ... בחמתו וכן המשבר כליו וכן המפזר מעותיו בחמתו יהא בעיניך כעובד ע"ז שכך היא אומנות של יצה"ר היום אומר לו ...

הוא וכן קורע דומה לסותר ולהכי תנן הקורע על מנת לתפור וכן מוחק תנן על מנת לכתוב דכולם סותר נינהו [לעיל עג.]. ... כמלא רוחב הסיט. מלא הרחקת גודל מאצבע ... כפול. שני סיטין. כיון דמנפץ ומלבן ... כתף כמו ותלה נעלו (דברים כה) שקרעו בגדיהם עד שנראו כתפיהם ... (משלי ו) כי נר מצוה ותורה אור ונשמה נקראת נר דכתיב נר ... אמר מלאכה שאין צריכה לגופה. שברצונו לא תעשה ואינו ... עליה ופלוגתייהו בהמצניע (לעיל לג:) גבי מוציא המת במטה חייב ... פטור [לעיל יב.]. מלאכה שאין צריכה לגופה. כמו מוציא ... לפנות ביתו והוצאה הצריכה לגופה כגון שהוא צריך לחפץ זה ... לא מיפטר הואיל וצריכה לדבר אחר מלאכת מחשבת הוא [שם לא:] ... אלא לסלקה מעליו הוי מלאכה שאינה צריכה לגופה דברצונו לא ...

דַּעֲבָדָהּ כִּי כִּיסְתָּא – **Where he made [the garment]** lumpy **like a pocket.**[1] If the person tears this section in order to resew two stitches, he is liable on account of "tearing."

Mishnah This Mishnah concludes the discussion about the *melachah* of tearing: הַקּוֹרֵעַ בַּחֲמָתוֹ – **One who tears in his anger,** וְעַל מֵתוֹ – **or for his dead,** וְכָל הַמְקַלְקְלִין – **and all who act destructively**[2] פְּטוּרִין – **are exempt.** וְהַמְקַלְקֵל עַל מְנָת לְתַקֵּן – **But one who destroys in order to repair,** שִׁעוּרוֹ כִּמְתַקֵּן – **his** minimum **measure is the same as for one who repairs.**[3]

The Mishnah teaches the minimum amount for the other *melachos* performed in the preparation of wool: שִׁעוּר הַמְלַבֵּן וְהַמְנַפֵּץ – **The** minimum **measure of one who whitens, disentangles,** וְהַצּוֹבֵעַ וְהַטּוֹוֶה – **dyes or spins** כִּמְלֹא רֹחַב הַסִּיט כָּפוּל – **is double the width of a** ***sit.***[4] וְהָאוֹרֵג שְׁנֵי חוּטִין – **And one who weaves two threads,** שִׁעוּרוֹ כִּמְלֹא הַסִּיט – **his** minimum **measure is a full** ***sit.***[5]

Gemara The Gemara notes a difficulty with the Mishnah's first rulings:

וּרְמִינְהוּ – **They noted a contradiction between [our Mishnah and the following Baraisa]:** הַקּוֹרֵעַ בַּחֲמָתוֹ – ONE WHO TEARS IN HIS ANGER, וּבְאֶבְלוֹ וְעַל מֵתוֹ – IN HIS state of MOURNING OR FOR HIS DEAD[6] חַיָּיב – IS LIABLE. וְאַף עַל פִּי שֶׁמְּחַלֵּל אֶת הַשַּׁבָּת – AND EVEN THOUGH HE DESECRATED THE SABBATH with this act, יָצָא יְדֵי קְרִיעָה – HE FULFILLED the obligation of RENDING that one must perform upon the death of a relative.[7] Why then does our Mishnah state that the person is exempt if he tears in anger or for his dead?

The Gemara answers:

לֹא קַשְׁיָא – **It is not a difficulty:** הָא בְּמֵת דִּידֵיהּ – **This** Baraisa is dealing **with one's own dead,** for whom he has an obligation to rend his garments; his act of tearing is therefore constructive and subjects him to liability. הָא בְּמֵת דְּעָלְמָא – **This** Mishnah, though, is dealing **with any dead;** he is therefore not liable for his destructive act.[8]

The Gemara objects to this answer:

וְהָא מֵתוֹ קָתָנֵי – **But [the Mishnah] stated: "HIS" DEAD,** which indicates that the Mishnah too refers to a deceased relative. – ? –

The Gemara answers:

לְעוֹלָם בְּמֵת דִּידֵיהּ – **Actually,** the Mishnah does refer to **his own dead,** i.e. a relative, וּבְהָנָךְ דְּלָאו בְּנֵי אֲבֵילוּת נִינְהוּ – **but** one of **those for whom he is not subject to mourning.**[9]

The Gemara asks:

וְאִי חָכָם הוּא – **But if [the deceased] is a sage,** חִיּוּבֵי מִיחַיֵּיב – **one is surely obligated** to rend his garments.[10] דְּתַנְיָא – **For it was taught in a Baraisa:** חָכָם שֶׁמֵּת הַכֹּל קְרוֹבָיו – Regarding A SAGE WHO DIED, ALL ARE HIS RELATIVES.

At first understanding the Baraisa literally, the Gemara interrupts to seek a clarification:

הַכֹּל קְרוֹבָיו סָלְקָא דַּעְתָּךְ – **Do you think that all are** really **his relatives?**

The Gemara explains what the Baraisa means:

אֶלָּא אֵימָא הַכֹּל כִּקְרוֹבָיו – **Rather, say: All are** ***like*** **his relatives** in respect to their obligation to mourn for him.

The citation of the Baraisa resumes:

הַכֹּל קוֹרְעִין עָלָיו – ALL REND their garments FOR HIM; הַכֹּל חוֹלְצִין עָלָיו – ALL BARE THEIR SHOULDERS FOR HIM;[11] הַכֹּל מַבְרִין עָלָיו בָּרְחָבָה – and ALL ARE FED THE MOURNER'S MEAL IN THE STREET FOR HIM.[12] Thus, since he is obligated to rend his garments for the sage, his act is constructive and he should be liable if he does so on the Sabbath. – ? –

The Gemara answers:

לֹא צְרִיכָא דְּלָאו חָכָם הוּא – **[The Mishnah] is needed only where [the deceased] is not a sage.**

NOTES

1. I.e. the garment was not sewn evenly, leaving lumpy folds in the fabric like a pocket. It must therefore be torn so that the stitches will lay neatly (*Rashi*).

2. Labor that is destructive is not considered a *melachah* and one is exempt for doing it (although it is Rabbinically prohibited). This is based on the principle of מְלֶאכֶת מַחֲשֶׁבֶת אָסְרָה תּוֹרָה, *the Torah prohibited only a calculated labor* (*Rashi* above, 31b ד"ה לעולם כר' יהודה; see General Introduction).

At first glance this would also appear to be the reasoning behind the Mishnah's first rulings about one who tears in his anger or for his dead; since those acts are destructive, the person is exempt. The Gemara, though, will be forced to consider a different explanation for those rulings. [See below, note 26 and 106a note 7.]

3. For example, if one tears in order to be able to restitch the garment, he is liable for making a tear long enough to require two stitches. [See *Meromei Sadeh* for a discussion about what this principle adds to the explicit ruling in the previous Mishnah.] See also *Beur Halachah* to 310:14, ד"ה ולא נתכוין לקלקל.

4. A *sit* is the maximum space between the index finger and the middle finger when they are stretched apart. If one whitens, disentangles, dyes or spins enough wool for a thread of twice this length, he is liable to a *chatas* (*Rashi;* cf. *Rambam* in *Commentary to the Mishnah* and in *Hilchos Shabbos* 9:7).

5. I.e. one is liable for weaving two weft threads through the warp for the length of a *sit,* even though that amount does not cross the entire width of the fabric (*Rashi*).

6. It is unclear what the difference between these two cases is. Indeed, the text of the Gemara quoted by some Rishonim reads: וּבְאֶבְלוֹ עַל מֵתוֹ, *Or in his [state of] mourning for his dead,* treating this as a single case (see *Ritva MHK* ed., *Maggid Mishneh* to *Hil. Shabbos* 8:8; see also *Rabbeinu Chananel*).

7. And there is no need to rend his garments again on a weekday (*Rashba* and *Ritva MHK* ed.).

[There is a principle that one does not fulfill a mitzvah if he committed a sin in order to do so (מִצְוָה הַבָּאָה בַּעֲבֵירָה). See *Sfas Emes* for a discussion about why that principle does not apply here, where the person fulfills his obligation of rending even though he violated the Sabbath with his act.]

8. Because one is not liable for performing a destructive act, as the Mishnah stated. The Gemara now focuses on the contradictory rulings about one who tears his garments in mourning for a dead person. Below, it will resolve the contradictory rulings about tearing in anger.

9. A person is obligated to mourn only the close relatives enumerated in *Leviticus* 21:2-3 – his [wife], father, mother, son, daughter, brother and sister. Our Mishnah refers to someone other than those close relatives whom this person happens to be responsible to bury (*Rashi*).

10. And since he is obligated, his act of rending is constructive. Why then does our Mishnah state that he is exempt from liability? (*Rashi*).

11. It was customary to tear one's clothes at the shoulder and walk before the bier with the shoulder exposed (*Rashi*).

12. A mourner is forbidden to eat his own food at the first meal after the burial; rather, it is provided by others. In Mishnaic times, the meal was served publicly, in the street. This is based on a verse in *Ezekiel* (24:17): *and the food of [other] people you shall not eat* (*Rashi*). Since the mourning prophet was instructed not to eat other people's food, the implication is that ordinary mourners should eat food provided by others. [It appears from *Rashi* that this applies only to the very first meal that the mourner eats. See *Emes LeYaakov* for a discussion of this issue.]

דעבדה כי כיסתא: **מתני'** הקורע בחמתו ועל מתו [א] וכל המקלקלין פטורין [ב] והמקלקל ע"מ לתקן שיעורו כמתקן (א) [ג] שיעור המלבן [ד] והמנפץ [ה] והצובע [ו] והטווה [ז] כמלא רחב הסיט כפול [ח] והאורג שני חוטין שיעורו כמלא הסיט: **גמ'** ורמינהו [ט] הקורע בחמתו ובאבלו ועל מתו חייב [י] ואע"פ שמחלל את השבת יצא ידי קריעה לא קשיא הא במת דידיה הא במת דעלמא והא מתו קתני לעולם במת דידיה ובהנך דלאו בני אבילות נינהו ואי חכם הוא חיובי מיחייב (ג) דתניא [כ] חכם שמת הכל קרוביו הכל קרוביו ס"ד אלא אימא הכל כקרוביו הכל קורעין עליו הכל חולצין עליו הכל מברין עליו ברחבה לא צריכא דלאו חכם הוא [ל] ואי אדם כשר הוא חיובי מיחייב דתניא (ג) מפני מה מתים בניו ובנותיו של אדם כשהן קטנים כדי שיבכה ויתאבל על אדם כשר כדי שיבכה ערבונא שקלי מיניה אלא מפני שלא בכה והתאבל על אדם כשר [מ] שכל הבוכה על אדם כשר מוחלין לו על כל עונותיו בשביל כבוד שעשה (א) לא צריכא דלאו אדם כשר הוא ואי דקאי בשעת יציאת נשמה חיובי מיחייב דתניא (ד) ר"ש בן אלעזר אומר [נ] העומד על המת בשעת יציאת נשמה חייב לקרוע הא למה זה דומה לס"ת שנשרפה לא צריכא דלא קאי בשעת יציאת נשמה תינח מתו אלא חמתו אחמתו קשיא חמתו אחמתו נמי לא קשיא הא ר' יהודה הא ר"ש הא ר' יהודה דאמר (ה) מלאכה שאין צריכה לגופה חייב עליה הא ר"ש דאמר (ו) מלאכה שאין צריכה לגופה פטור עליה אימר דשמעת ליה לר' יהודה במתקן במקלקל מי שמעת ליה א"ר אבין [ס] האי נמי מתקן הוא דקעביד נחת רוח ליצרו וכהאי גוונא מי שרי והתניא (ז) ר"ש בן אלעזר אומר משום חילפא בר אגרא שאמר משום ר' יוחנן בן נורי המקרע בגדיו בחמתו והמשבר כליו בחמתו והמפזר מעותיו בחמתו יהא בעיניך [ע] כעובד ע"ז (ח) שכך אומנתו של יצה"ר היום אומר לו עשה כך ולמחר אומר לו עשה כך עד שאומר לו עבוד ע"ז והולך ועובד א"ר אבין מאי קראה (א) לא יהיה בך אל זר ולא תשתחוה לאל נכר איזהו אל זר שיש בגופו של אדם הוי אומר זה יצר הרע לא צריכא [פ] דקא עביד למירמא אימתא אאינשי ביתיה כי הא דרב יהודה שליף מצבייתא רב אחא בר יעקב תבר מאני תבירי רב ששת רמי לה לאמתיה מוניני ארישא רבי אבא תבר נכתמא אמר ר"ש בן פזי א"ר יהושע בן לוי משום בר קפרא [צ] כל המוריד דמעות על אדם כשר הקב"ה סופרן ומניחן בבית גנזיו שנאמר (ב) נודי ספרתה אתה שימה דמעתי בנאדך הלא בספרתך א"ר (ט) יהודה אמר רב כל המתעצל בהספדו של חכם ראוי לקוברו בחייו שנאמר (ג) ויקברו אותו בגבול נחלתו בתמנת סרח אשר בהר אפרים מצפון להר געש מלמד שרגש עליהן הר להורגן א"ר חייא בר אבא א"ר יוחנן [ק] כל המתעצל בהספדו של חכם אינו מאריך ימים מדה כנגד מדה שנאמר (ד) בסאסאה בשלחה תריבנה [ה] איתיביה ר' חייא בר אבא לר' יוחנן (ה) ויעבדו העם את ה' כל ימי יהושע וכל ימי הזקנים אשר האריכו ימים אחרי יהושע א"ל בבלאי ימים האריכו שנים לא האריכו אלא מעתה (ו) למען ירבו ימיכם וימי בניכם ימים ולא שנים (י) ברכה שאני וא"ר חייא בר אבא א"ר יוחנן אחד מן האחין שמת

ידאגו

רש"י

דעבדה. הבגד: כי כיסתא. הולכת ומתקפלת שאין הבגד שוה ובולט בבגד כמין כיס וצריך לקרוע הבגד למטה ומולל לפניו (ב) והתפירה מתיישבת: **מתני'** הסיט כפול. מפרש בגמרא סיט הוא הפסק שבין אצבע לאמה כמו שאדם יכול להרחיבו ואם טוה וליבן וניפץ ולבע שהן כולן אבות מלאכות חוט א' ארוך כשיעור הזה חייב: **האורג ב'** חוטין שיעורו. ברוחב הבגד כמלא הסיט שאע"פ שלא ארגו על פני כל רוחב הבגד חייב: **גמ'** נראה בעיני דהכי גרסי' ורמינהו הקורע בחמתו ובאבלו ועל מתו חייב ואע"פ כו'. ולמאי דגרס הקורע בחמתו ובאבלו ועל מתו אע"פ כו' לא ידענא מאי יצא ידי הקריעה שייך למימר אבחמתו ואמאי נקט בחמתו: **יצא ידי הקריעה.** שאדם חייב לקרוע על מתו: **הא במת דידיה.** ברייתא דקתני חייב במת דידיה שחייב לקרוע עליו הלכך קריעה דידיה לאו קלקול הוא אלא תקון: **והא מתו.** נמי קתני במתני': **לעולם במת דידיה.** שמוטל עליו לקוברו ומיהו בהנך דלאו בני אבלו' נינהו שאינן מאותן האמורים בפרשת כהנים (ויקרא כא) אביו ואמו בנו ובתו ואחיו ואחותו: **ופרכינן ואי חכם הוא.** זה שמת חיובי מיחייב נמי לקרוע וכיון דמיחייב מתקן הוא ואמאי פטור: **חולצין.** יוצאים לפניו חלוצי כתף חלוקו קרוע עד שכתיפו חלוצה ערומה: **מברין עליו ברחבה.** שהיו מברין האבלין ברחבה סעודה ראשונה שאבל אוכל אינו אוכל משלו ואסור דקאמר ליה רחמנא ליחזקאל (כד) לחם אנשים לא תאכל: **ערבונא שקלי.** קודם שיחטא נטלו משכונו: **לס"ת שנשרף.** הרואה ס"ת שנשרף חייב לקרוע כדאמרינן במו"ק (דף כו.) במגילה ששרף יהויקים דכתיב לא פחדו ולא קרעו בגדים (ג) אף נשמת ישראל הניטלת דומה לו שאין לך ריק בישראל שאין בו תורה ומצות: **הא ר' יהודה כו'.** ומתו אמתו הכי נמי הוה מצי לתרוצי אלא מעיקרא אהדר לאוקמינהו כחד תנא ולא מתוקמא אלא כר' יהודה דהא מלאכה שאינה צריכה לגופה היא כמוציא את המת (ד) לקוברו: **נחת רוח ליצרו.** שמשכך את חמתו: **מי שרי והא תניא כו'.** אלמא לאו מתקן הוא שמלמד ומרגיל את יצרו לבא עליו: **בך.** משמע בקרבך שאם היה בך תשתחוה לאל נכר לבסוף: **שליף מצבייתא.** מן הבגד בחמתו להראותם שהוא כועס ויגורו מלפניו: **מוניני.** ציר של דגים קטנים: **נכתמא.** כיסוי הכד: **נודי ספרתה אתה.** לשון לנוד לו (איוב ב): **ויקברו אותו.** ביהושע כתיב: **שרגש עליהן הר** (ה) **להורגן.** שלא הספידו כראוי: **מדה כנגד מדה.** הוא לא נתאבל על שנתקלקלו ימי החכם אף לחייו לא יחושו מן השמים: **בבלאי.** דמבבל סליק: **ימים האריכו.** שכלו ימיהם בטוב דחשיב אריכות ימים כדאמרי' בסדר יומא (דף עא.) כי אורך ימים ושנות חיים יוסיפו וכי יש לך שנים של חיים ושנים שאינם של חיים אמר רבי אלעזר אלו שנותיו של אדם שמתהפכות עליו מרעה לטובה:

ידאגו

תוספות

הכל חולצין עליו. אומר רשב"א דאפי' אינו רבו חייב כדאמרינן במו"ק (דף כה.) מי תני רבו שמת חכם שמת תני והא דאמר בשילהי פרק אלו מציאות (ב"מ לג.) רבא קרע עליה דההוא גברא דאסבריה זוהמא ליסטרון היינו קרע שאינו מתאחה כדין תלמיד לרב כדתני בפרק אלו מגלחין (מו"ק דף כו.): **דתניא** ר"ש בן אלעזר אומר העומד על המת כו'. משמע ליה להש"ס דמיירי אפי' באינו כשר: **הא** ר' יהודה והא ר"ש. פי' בקונט' דבהאי שינויא נמי משני דלא קשה מתו אמתו והא דלא קאמר הכי משום דלא הוזכר אמורא לעיל וקשה לר"י דע"כ תרוייהו במת דידיה איירי ולא במת דעלמא כדקתני בברייתא דלעיל דיצא ידי קריעה וא"כ הויא מלאכה שצריכה לגופה כיון שהיא צורך מצוה כדמוכח לקמן ונראה לר"י דלא מתרץ אלא חמתו אחמתו אבל בעל מתו לא פליגי דבמת דעלמא פטור דמקלקל הוא ובמת דידיה דאיכא מצוה חשיב מתקן אע"ג דלקמן משמע דלצורך מצוה לא חשיב ר"ש תיקון דהא יליף ממילה והבערת בת כהן דמקלקל בחבורה ובהבערה חייב התם מקלקל הוא לגמרי שאינו צורך אחר אלא מה שהוא צורך מצוה אבל גבי קריעת אבל הוי תיקון הבגד על ידי קריעה שיכול ללובשו בכל שעה (ו) ולית בו חימום ועוד כמו שמחלק לקמן ר"ת דהתם התיקון בא לבסוף שבשעת חבורה והבערה אינה באה הכשר מצוה עד הגמר אבל הכא בשעת קריעה בא התיקון ולא חשיב קלקול: **לא** צריכא דקעבד למירמא אימתא כו'. השתא הוה מצי לאוקמי תרוייהו כר' יהודה ומתני' דלא עבד למירמא אימתא דבלא"ה מוקמינן לקמן כר' יהודה דאמר מקלקל בחבורה פטור אלא דניחא ליה לאוקמי מתני' בדעביד למירמא אימתא דאי בחמתו (ז) פשיטא דפטור:

שרגש עליהן ההר כו'. משום דלא אשכחן דכתיב ביה ויבכו אותו שלשים יום כמו במשה ואהרן. ע"כ תוספות שאנץ. רש"ל:

סוך

עין משפט נר מצוה

ו א מיי' פ"א מהל' שבת הל' יח סמג לאוין סה:
ז ב מיי' שם הלכה יח: [ע"ש]
ח ג מיי' פ"ט שם הל' י סמג לאוין סה:
ט ד מיי' שם הל' יד:
י ה שם הלכה יג:
יא ו שם הלכה טו:
יב ז שם הלכה ז:
יג ח שם הלכה יח:
יד ט מיי' פ"י שם הל' י:
טו י טוש"ע י"ד סימן שמ סעיף כח:
טז כ מיי' פ"ט מהל' אבל הלכה יא סמג עשין ב טוש"ע י"ד סי' שמ סעיף ז:
יז ל מ מיי' שם ופי"ב הלכה יב טוש"ע שם סעיף ו:
יח נ מיי' פ"ט שם הל' יא טוש"ע שם סעי' ה:
יט ס מיי' פ"י מהלכות שבת הלכה י ופ"ח הלכה ח ופי"ב הלכה א:
כ ע פ מיי' פ"ב מהל' דעות הלכה ג ופ"ו מהלכות מלכים הלכה י סמג לאוין רכט:
כא צ ק מיי' פי"ב מהל' אבל הל' ב סמג עשין ב [ברי"ף פ"ג דמ"ק דף רלג. וברא"ש שם סי' נט]:

תורה אור השלם

א) לֹא יִהְיֶה בְךָ אֵל זָר וְלֹא תִשְׁתַּחֲוֶה לְאֵל נֵכָר: [תהלים פא, י]

ב) נֹדִי סָפַרְתָּה אָתָּה שִׂימָה דִמְעָתִי בְנֹאדֶךָ הֲלֹא בְּסִפְרָתֶךָ: [תהלים נו, ט]

ג) וַיִּקְבְּרוּ אֹתוֹ בִּגְבוּל נַחֲלָתוֹ בְּתִמְנַת סֶרַח אֲשֶׁר בְּהַר אֶפְרָיִם מִצְּפוֹן לְהַר גָּעַשׁ: [יהושע כד, ל]

ד) בְּסַאסְּאָה בְּשַׁלְחָהּ תְּרִיבֶנָּה הָגָה בְּרוּחוֹ הַקָּשָׁה בְּיוֹם קָדִים: [ישעיה כז, ח]

ה) וַיַּעַבְדוּ הָעָם אֶת יְיָ כֹּל יְמֵי יְהוֹשֻׁעַ וְכֹל יְמֵי הַזְּקֵנִים אֲשֶׁר הֶאֱרִיכוּ יָמִים אַחֲרֵי יְהוֹשׁוּעַ אֲשֶׁר רָאוּ אֵת כָּל מַעֲשֵׂה יְיָ הַגָּדוֹל אֲשֶׁר עָשָׂה לְיִשְׂרָאֵל: [שופטים ב, ז]

ו) לְמַעַן יִרְבּוּ יְמֵיכֶם וִימֵי בְנֵיכֶם עַל הָאֲדָמָה אֲשֶׁר נִשְׁבַּע יְיָ לַאֲבֹתֵיכֶם לָתֵת לָהֶם כִּימֵי הַשָּׁמַיִם עַל הָאָרֶץ: [דברים יא, כא]

רבינו חננאל

הקורע על מתו פטור. ואקשינן וכי מקלקל הוא. והתניא הקורע על מתו ובאבלו אע"פ שחילל שבת יצא ידי קריעה. וכיון שיצא ידי קריעה נמצאת מלאכתו מתקיימת. ובשבת כי האי גוונא חייב. ופריק מתני' בקורע על מת דעלמא דכיון דלא מיחייב בקריעה מקלקל הוא ופטור. ובריית‏א בקורע על מתו שלו שחייב לקרוע עליו. איני והא בין בזו ובין בזו על מתו קתני ופרקי' מתו דמתני' קרובו שאינו חייב לקרוע עליו מתו דברייתא במי שחייב לקרוע עליו. ואם הוא זה המת שקרע עליו חכם או כשר או היה עומד עליו בשעת יציאת נשמה הקורע בכל אלה אינו חשוב כמקלקל אלא חייב. ואינו פטור אלא הקורע על מי שאין עליו לא חובה ולא מצוה לקרוע וקשה לן דתנן במתני' הקורע בחמתו פטור. ובברייתא תנינן הקורע בחמתו חילל השבת מכלל דחייב ושנינן מתני' ר' שמעון היא דאמר מלאכה שאינה צריכה לגופה פטור עליה. ברייתא ר' יהודה דאמר חייב עליה וראינו לרבותינו שפירשו הכי. היכא שמעינן לר' שמעון דשרי מלאכה שאינה צריכה לגופה מיהא דתנינן את החי במטה פטור אף על המטה שהמטה טפילה לו את המת במטה חייב וכן כזית מן המת וכזית מן הנבילה וכעדשה מן השרץ לר' שמעון פטור ואוקימנא א"ר יוחנן פוטר היה ר"ש אפי' במוציא המת לקוברו ואע"ג דמת לקוברו קאי ואית למימר מלאכה שצריכה לגופה היא. כיון דלאו מידי דמיבעי ליה למיכליה ולא איתהנו מיניה מלאכה שאינה צריכה לגופה [היא] ושרי ר"ש בכה"ג והיכא שמעינן לר' יהודה דאסר [דאמרינן] (לעיל מב) בדבר שאין מתכוין סבר לה כר"ש במלאכה שאינה צריכה לגופה סבר לה כר' יהודה [וגרסינן] (בכתובות ה) מהו לבעול בתחלה בשבת דאמרינן במקלקל הלכה כר' יהודה או כר"ש. ותוב כופין קערה ע"ג הנר בשביל שלא תאחוז בקורה כו' א"ר יהודה מעשה בא לפני ריב"ז בערב ואמר חושש אני לו מחטאת. והא דאמרי בכל מקום ר' יהודה היא דאמר מלאכה שאינה צריכה לגופה חייב עליה לא אשכחן לה עיקר אלא מהא. וממאי דקא מפלגי ת"ק ור' יהודה בהא מתני' במלאכה שאינה צריכה לגופה דאמרי' (לקמן ד' קז.) איכא דמתני לה אהא הצד נחש בשבת ומתעסק שלא ישכנו פטור ואם לרפואה חייב מאן תנא א"ר יהודה ר' שמעון היא דאמר מלאכה שאינה צריכה לגופה פטור עליה. אבל דוכתא בהדיא דפליגי עלה בלשון הזה לא אשכחן אלא מהאי דיוקא דאמר הכא שנית מתו אלא אחמתו נמי לא קשיא הא ר' יהודה הא ר' שמעון כדמפרש: ומקשינן אימור דשמעת ליה לר' יהודה מלאכה שאינה צריכה לגופה חייב עליה במתקן דאע"ג דלא קא מכוין כיון דממילא לא הויא מלאכה דניחא ליה חייב במקלקל מי שמעת ליה ופרקי' הקורע בגדיו בחמתו נמי מתקן הוא דכד קניטה דעתיה בכעסיה ה בכעסיה מתרווח בקריעת בגדיו ונמצא עושה נחת רוח ליצרו. ואקשינן וכי האי גוונא מי מיחייב והתניא הקורע בגדיו בחמתו וכן המשבר כליו וכן המפזר מעותיו בחמתו יהא בעיניך כעובד ע"ז שכך היא אומנות של יצה"ר היום אומר לו עשה כך ולמחר אומר לו עבוד ע"ז כו' ופרקינן לא עבוד בכעסיה הכי אלא מראה עצמו כועס להטיל אימ'

מסורת הש"ס

א) לעיל עט., ב) מ"ק כה. [תוספתא מ"ק פ"ב], ג) שם, ד) שם, ה) [לעיל עג: וש"נ], ו) [לקמן קז: קמא:] סנהדרין פה. כריתות כ:, ז) [תוספתא דב"ק פ"ט], ח) [נדה יג:], ט) [גירסת הרי"ף והרא"ש רבי ירמיה], י) [ב"ב קי:], כ) עי' תוי"ט ד"ה הקורע על מתו וכו' דמקיים נוסחא ישנה ואין בו חימום. פי' שע"י הקריעה נסתלק חימומו ע"ש ודלא כרש"ל שהגיה ולית בו חימום.

הגהות הב"ח

(א) גמ' ככוד שעשה לו לא: (ב) רש"י ד"ה כי כיסתא וכו' ומולל לפניס והתפירה: (ג) ד"ה לס"ת וכו' קרעו בגדיהם: (ד) ד"ה הא ר' יהודה וכו' כמוציא את המת. נ"ב ע"ל בפרק המצניע דף לד ריש ע"ב: (ה) ד"ה שרגש עליהן ההר וכו' הספידוהו כראוי: (ו) תוס' ד"ה הא ר' יהודה וכו' בכל שעה דאית ביה חימום: (ז) ד"ה לא צריכא וכו' דאי בחמתו גרידא פשיטא:

גליון הש"ס

גמ' **איתיביה ר' חייא בר אבא** לר' יוחנן ויעבדו העם. בילקוט יהושע כ"ד הביא זה על פסוק ז' שם ויעבוד ישראל את ה' וגו':

רב נסים גאון

פי"ג ר' אליעזר אומר האורג. חמתו אחמתו לא קשיא הא ר' יהודה הא ר' שמעון הא ר' יהודה דאמר מלאכה שאינה צריכה לגופה חייב עליה הא ר' שמעון דאמר פטור עליה. כבר פירשנו בפרק ראשון אבל דבריהם מתני' ר' יהודה היא דאמר מקלקל בחבורה פטור וברייתא ר' שמעון דאמר מקלקל בחבורה חייב ולא אשכחית עיקר פלוגתא ולא ידעינן לה אבל אדוננו האיי גאון כתב בפירוש זה הפרק כזה הענין והא מילתא דמקלקל בחבורה דקאמרינן פלוגתא דר' יהודה ור' שמעון היא עדיין לא ידעי' פלוגתייהו היכא ניהי ומתניתא דמפרש בה ר' יהודה ור' שמעון במקלקל בחבורה לא שמיע לנא אלא מגמ'

ליקוטי רש"י

וכל המקלקלין פטורין. בחלול שבת דמלאכת מחשבת כתיב [סנהדרין פד:]. כל מקלקל דשבת הוי פטור דלאו היינו מלאכת מחשבת וסותר דתנן באבות מלאכות דמיחייב סותר על מנת לבנות הוא ואינו יכול לבנות אלא אם כן סותרו והשתא לאו קלקול הוא וכו' ומכבה דומיא דסותר הוא וכן קורע דומיא דסותר ולהכי תנן הקורע על מנת לתפור וכן מוחק תנן על מנת לכתוב דכולם סותר נינהו [לעיל לא:]. **המלבן.** צמר [שם עט.]. מכבסו בנהר [שם עג.]. **כמלא רוחב הסיט.** מלא הרחקת גודל מאצבע מה שהוא יכול להרחיק [תמורה לד. ועיי"ש בגליון וביעב"ץ שם]. כדי הפרש אצבע מהאמה. **כפול.** שני סיטין. כיון דמנפץ ומלבן לטווייה קאי שיעוריה כטוויה [לעיל עט.]. **חולצין.** חלוצי כתף כמו וחלצה נעלו (דברים כה) שקרעו בגדיהם עד שנראו כתפיהם [ב"ק יז.]. **לס"ת שנשרפה.** דתורה קרויה נר שנאמר (משלי ו) כי נר מצוה ותורה אור ונשמה נקראת נר דכתיב נר (אלהים) [ה'] נשמת אדם [מו"ק כה.]. **הא ר' יהודה דאמר מלאכה שאין צריכה לגופה.** שברצונו לא תעשה ואינו צריך לעיקר (תכליתה) [תכליתה] כי הכא וכו' ואעפ"כ חייב עליה ופלוגתייהו בהמצניע (לעיל צג:) גבי מוציא המת במטה חייב ואף על גב דהוצאה המת לא ניחא ליה ביה ור' שמעון פוטר [לעיל יב.]. **מלאכה שאין צריכה לגופה.** כמו מוציא את המת לקוברו אינו צריך לגופה דהוצאה ולא למת אלא לפנות ביתו והוצאה הצריכה לגופה כגון שהוא צריך לחפץ זה במקום אחר [שם עג:]. **חייב עליה.** דמשום אין צריכה לגופה לא מיפטר הואיל וצריכה לדבר אחר מלאכת מחשבת הוא [שם לא:]. **הא ר"ש דאמר וכו'.** וכל מלאכה שאינה צריכה (לגופה) אלא לסלקה מעליו הוי מלאכה שאינה צריכה לגופה דברצונו לא באה לו ולא היה צריך לה הלכך לאו מלאכת מחשבת היא לר' שמעון [שם צג:]. ורבי שמעון אמר מילתיה גבי מוציא את המת במטה לקוברו בשבת (לעיל צג:) וקאמר רבי שמעון פטור על הוצאה זו שברצונו לא היתה באה אליו ולא היה צריך לה [חגיגה י.]. [המשך בדף קו.]

The Gemara objects to this too:

וְאִי אָדָם כָּשֵׁר הוּא – **But if [the deceased] was an upright person,**[13] חִיּוּבֵי מִיחַיֵּיב – **one is surely obligated to rend his garments.** דְּתַנְיָא – **For it was taught in a Baraisa:** מִפְּנֵי מָה מֵתִים בָּנָיו וּבְנוֹתָיו שֶׁל אָדָם כְּשֶׁהֵן קְטַנִּים – WHY DO A PERSON'S SONS AND DAUGHTERS DIE WHEN THEY ARE MINORS? כְּדֵי שֶׁיִּבְכֶּה וְיִתְאַבֵּל עַל אָדָם כָּשֵׁר – SO THAT HE WILL WEEP AND MOURN FOR AN UPRIGHT PERSON.

In order to explain its question the Gemara first notes a difficulty with the Baraisa:

כְּדֵי שֶׁיִּבְכֶּה – **In order for him to cry?!** עֵרָבוֹנָא שָׁקְלֵי מִינֵּיהּ – **Do they** then **take a security from him?** Is a person punished before his sins?

The Gemara therefore explains what the Baraisa means:

אֶלָּא מִפְּנֵי שֶׁלֹּא בָּכָה וְהִתְאַבֵּל עַל אָדָם כָּשֵׁר – **Rather,** he is punished with the death of his children **because he did not weep and mourn for an upright person.**[14]

The Baraisa now continues:

שֶׁכָּל הַבּוֹכֶה עַל אָדָם כָּשֵׁר – FOR ANYONE WHO WEEPS FOR AN UPRIGHT PERSON, מוֹחֲלִין לוֹ עַל כָּל עֲוֹנוֹתָיו – THEY FORGIVE HIM FOR ALL OF HIS SINS בִּשְׁבִיל כָּבוֹד שֶׁעָשָׂה – BECAUSE OF THE RESPECT THAT HE PAID to that person. We thus see that a person is obligated to mourn any upright person. Why then should he be exempt if he rends his garments for him on the Sabbath?[15]

The Gemara answers:

לֹא צְרִיכָא דְּלָאו אָדָם כָּשֵׁר הוּא – **[The Mishnah] is needed only where [the deceased] is not an upright person.**

The Gemara asks:

וְאִי דְּקָאֵי בִּשְׁעַת יְצִיאַת נְשָׁמָה – **But if he was standing** there **at the time of the departure of the soul,** חִיּוּבֵי מִיחַיֵּיב – **he is surely obligated** to rend his garments. דְּתַנְיָא – **For it was taught in a Baraisa:** רַבִּי שִׁמְעוֹן בֶּן אֶלְעָזָר אוֹמֵר – R' SHIMON BEN ELAZAR SAYS: הָעוֹמֵד עַל הַמֵּת בִּשְׁעַת יְצִיאַת נְשָׁמָה – ONE WHO STANDS BY A DEAD PERSON AT THE TIME OF THE DEPARTURE OF THE SOUL חַיָּיב לִקְרוֹעַ – IS OBLIGATED TO REND his garments. הָא לְמָה זֶה דּוֹמֶה – TO WHAT IS THIS ANALOGOUS? לְסֵפֶר תּוֹרָה שֶׁנִּשְׂרְפָה – TO A TORAH SCROLL THAT WAS BURNED, where the one who witnesses it must rend his garments.[16] Why then should he be exempt on the Sabbath?

The Gemara answers:

לָא צְרִיכָא דְּלֹא קָאֵי בִּשְׁעַת יְצִיאַת נְשָׁמָה – **[The Mishnah] is needed only where he was not standing** there **at the time of the departure of the soul.** The tearing is therefore a purely destructive act, for which one is exempt on the Sabbath.

Having sucessfully resolved one difficulty, the Gemara now addresses the other problem:

תֵּינַח מֵתוֹ – The problem with the case of **his dead is settled;** אֶלָּא חֲמָתוֹ אַחֲמָתוֹ קַשְׁיָא – **but there is** still **a contradiction** between the Mishnah's ruling about one who tears because of **his anger** and the Baraisa's ruling about one who tears because of **his anger. – ? –**

The Gemara answers:

חֲמָתוֹ אַחֲמָתוֹ נַמִּי לֹא קַשְׁיָא – **There is also no difficulty** about the **two** contradictory rulings about one who tears because of **his anger.** הָא רַבִּי יְהוּדָה – For **this** Baraisa, which holds the person liable, follows the view of **R' Yehudah;** הָא רַבִּי שִׁמְעוֹן – whereas **this** Mishnah, which exempts the person, follows the view of **R' Shimon.**

The Gemara explains its answer:

הָא רַבִּי יְהוּדָה – **This** Baraisa follows the view of **R' Yehudah,** דְּאָמַר מְלָאכָה שֶׁאֵין צְרִיכָה לְגוּפָהּ חַיָּיב עָלֶיהָ – **who said that** one who performs **a** forbidden **labor not needed for its defined purpose is** nevertheless **liable for it.**[17] הָא רַבִּי שִׁמְעוֹן – However, **this** Mishnah follows the view of **R' Shimon,** דְּאָמַר מְלָאכָה שֶׁאֵין צְרִיכָה לְגוּפָהּ פָּטוּר עָלֶיהָ – **who said that** one who

NOTES

13. That is, someone who was not suspected of any transgression and who did not fail to fulfill any mitzvah he could, even though he was not a great Torah scholar (*Rosh* to *Moed Katan* 25a).

14. As a general rule, God does not punish children for the sins of their parents; rather, each person is punished for his own transgressions. This, indeed, is stated explicitly in Scripture: אִישׁ בְּחֶטְאוֹ יוּמָתוּ, *A man dies for his [own] sin* (see *Deuteronomy* 24:16). *Rashi* (to *Deuteronomy* loc. cit.), however, explains that this applies only when one is, in the words of the verse, already *a man* – an independent adult. When one's children are minors, they are seen as elements of their parents' domain, and are indeed subject to harm as a result of their parents' misdeeds (see also *Rambam* to *Hil. Teshuvah* 6:1).

Our Gemara does not mean that one will lose his children as a punishment for not mourning. For the Gemara above, 32b, listed only extremely serious transgressions for which one is punished with loss of his children. Rather, the Baraisa means that if he would mourn an upright person, that act would atone for his prior transgressions, which made him liable to lose his children [as the Baraisa goes on to explain]. Failing to take that opportunity for atonement will result in the loss of his children (*Riaf* in *Ein Yaakov*; cf. *Chasam Sofer, Iyun Yaakov*).

15. Even though the Baraisa mentions only crying and mourning for the upright person, the Gemara assumes that one is obligated to rend his garments as well, which comes from the fervor of mourning (*Ritva MHK* ed.; cf. *Chidushei HaRan MHK* ed.).

The Rishonim ask: If a person is required to rend his garments for any upright person who died, why did the previously cited Baraisa have to derive such a requirement for a sage? *Raavad* (cited by *Ritva MHK* ed.) answers that one is required to rend when he merely hears about the death of a sage; but for an ordinary upright man, one rends his garments only in the deceased's presence. *Ritva* (*MHK* ed.) adds other distinctions between the two requirements – see there.

16. The Gemara in *Moed Katan* (26a) derives that if someone sees a burning Torah scroll he must rend his garments. Similarly, there is no Jew who has not fulfilled statutes of the Torah; if someone witnesses a Jew's soul departing, he must rend his garments because of the loss of the Torah study and mitzvah fulfillment (*Rashi*; see *Taz* to *Yoreh Deah* 340:2; cf. *Rashi* to *Moed Katan* 25a and to *Rif* there). [See also *Sfas Emes.*]

Ritva (*MHK* ed.) asks that according to *Rashi's* explanation one should not be required to rend one's garments if he witnesses the death of a minor or someone who does not study the Torah. This, though, is difficult because the Baraisa states simply "a deceased," which implies anyone. See there for resolutions to this difficulty.

17. Throughout this tractate, R' Yehudah and R' Shimon dispute the level of intent and design necessary for labor to be prohibited on the Sabbath. One facet of this dispute concerns whether or not one is liable for performing a labor not needed for its defined purpose. R' Yehudah maintains that one is liable even if he did not perform the *melachah* for the creative purpose inherent in the labor itself, but rather for some external reason, such as in reaction to an undesirable condition. However, according to R' Shimon, to be liable the person must perform a labor that directly contributes towards the achievement of a creative or productive goal.

The Mishnah above (93b) discusses a case of a person who carries a corpse out of his house for burial. There, his act did not accomplish the creative purpose inherent in the labor of transporting; his sole purpose was to rid his house of the corpse, which he would have preferred not having to do at all (see *Rashi* there). [This is in contrast to one who transfers an item from a private to a public domain because it is needed in the public domain; then his transporting is itself a creative act (see *Rashi* above, 73b ד״ה מתקן).] Nevertheless, R' Yehudah holds such a person liable. The Gemara assumes that according to R' Yehudah, a person would be liable for rending his garments out of anger, even though his act of tearing was not inherently creative. That, then, would be the view of the Baraisa.

עין משפט נר מצוה

ז א מיי' פ"י מהל' שבת הל' י סמג לאוין סה:
ז ב מיי' שם הלכה יח:
ח ג מיי' פ"ט שם הל' י סמג לאוין סה:
ט ד מיי' שם הל' יד:
י ה שם הלכה יב:
יא ו שם הלכה טו:
יב ז שם הלכה טז:
יג ח שם הלכה יח:
יד ט מיי' פי"ז שם הל' י:
טו י טוש"ע י"ד סימן שמ סעיף כח:
טז כ מיי' פ"ט מהל' אבל הלכה יא סמג עשין ב טוש"ע י"ד סי' שמ סעיף ז:
יז ל מיי' פ"ט שם ופ"ב הלכה יב טוש"ע שם סעיף ו:
יח מ מיי' פי"ג שם הל' יא טוש"ע שם סעי' ה:
יט נ מיי' פ"ט מהלכות שבת הלכה ח ופ"י הלכה ח ופי"ב הלכה א:
כ ע פ מיי' פ"ב מהל' דעות הלכה ג ופ"ו מהלכות מלכים הלכה י סמג לאוין רכט:
כא צ ק מיי' פ"ב מהל' אבל הל' כ סמג עשין ב [בר"ף פ"ג דמ"ק דף תלג. וברא"ש שם סי' נג]:

תורה אור השלם

א) לֹא יִהְיֶה בְךָ אֵל זָר וְלֹא תִשְׁתַּחֲוֶה לְאֵל נֵכָר: [תהלים פא, י]
ב) נֹדִי סָפַרְתָּה אָתָּה שִׂימָה דִמְעָתִי בְנֹאדֶךָ הֲלֹא בְּסִפְרָתֶךָ: [תהלים נו, ט]
ג) וַיִּקְבְּרוּ אֹתוֹ בִּגְבוּל נַחֲלָתוֹ בְּתִמְנַת סֶרַח אֲשֶׁר בְּהַר אֶפְרָיִם מִצְּפוֹן לְהַר גָּעַשׁ: [יהושע כד, ל]
ד) בְּסַאסְּאָה בְּשַׁלְחָהּ תְּרִיבֶנָּה הָגָה בְּרוּחוֹ הַקָּשָׁה בְּיוֹם קָדִים: [ישעיה כז, ח]
ה) וַיַּעַבְדוּ הָעָם אֶת יְיָ כֹּל יְמֵי יְהוֹשֻׁעַ וְכֹל יְמֵי הַזְּקֵנִים אֲשֶׁר הֶאֱרִיכוּ יָמִים אַחֲרֵי יְהוֹשׁוּעַ אֲשֶׁר רָאוּ אֵת כָּל מַעֲשֵׂה יְיָ הַגָּדוֹל אֲשֶׁר עָשָׂה לְיִשְׂרָאֵל: [שופטים ב, ז]
ו) לְמַעַן יִרְבּוּ יְמֵיכֶם וִימֵי בְנֵיכֶם עַל הָאֲדָמָה אֲשֶׁר נִשְׁבַּע יְיָ לַאֲבֹתֵיכֶם לָתֵת לָהֶם כִּימֵי הַשָּׁמַיִם עַל הָאָרֶץ: [דברים יא, כא]

רבינו חננאל

הקורע על מתו פטור. ואקשינן וכי מקלקל הוא. והתניא הקורע על מתו ובאבלו אע"פ שחילל שבת יצא ידי קריעה. וכיון שיצא ידי קריעה נמצאת מלאכתו מתקיימת. ובשבת כי האי גוונא חייב. ופריק מתני' בקורע על מת דעלמא דכיון דלא מיחייב בקריעה מקלקל הוא ופטור. וברייתא בקורע על מתו שלו שחייב לקרוע עליו. איני והא בין בזו ובין בזו על מתו קתני ופרקי' מתו דמתני' קרובו שאינו חייב

דעבדה. הבגד: כי כיסתא. הולכת ומתקפלת שאין הבגד שוה ובולט בבגד כמין כיס וצריך לקרוע הבגד למטה ומולל לפניו (ג) והתפירה מתיישבת: **מתני'** הסיט כפול. מפרש בגמרא סיט הוא הפסק שבין אצבע לאמה כמו שאדם יכול להרחיבו ואם טוה וליבן וניפץ וצבע שהן כולן אבות מלאכות חוט א' ארוך כשיעור הזה חייב: **האורג ב'** חוטין שיעורו. ברוחב הבגד כמלא הסיט שאע"פ שלא ארגו על פני כל רוחב הבגד חייב: **גמ'** נראה בעיני דהכי גרסי' ורמינהו הקורע בחמתו ובאבלו ועל מתו חייב ואע"פ כו'. ולמאי דגרס הקורע בחמתו ובאבלו ועל מתו אע"פ כו' לא ידענא מאי יצא ידי הקריעה שייך למימר אבחמתו ואמאי נקט בחמתו: **יצא ידי הקריעה.** שאדם חייב לקרוע על מתו: **הא במת דידיה.** ברייתא דקתני חייב במת דידיה שחייב לקרוע עליו הלכך קריעה דידיה לאו קלקול הוא אלא תקון: **והא מתו.** נמי קתני במתני': **לעולם במת דידיה.** שמוטל עליו לקוברו ומיהו בהנך דלאו בני אבלו' נינהו שאינן מאותן האמורים בפרשת כהנים (ויקרא כא) אביו ואמו בנו ובתו ואחיו ואחותו: **ופרכינן ואי חכם הוא.** זה שמת חיובי מיחייב נמי לקרוע וכיון דמיחייב מתקן הוא ואמאי פטור: **חולצין.** יוצאים לפניו חלוצי כתף חלוקו קרוע עד שכתיפו חלוצה ערומה: **מברין עליו ברחבה.** שהיו מברין האבלין ברחבה סעודה ראשונה שאבל אוכל אינו אוכל משלו ואסור דקאמר ליה רחמנא ליחזקאל (כד) לחם אנשים לא תאכל: **ערבונא שקלי.** קודם שיחטא נטלו משכונו: **לס"ת שנשרף.** הרואה ס"ת שנשרף חייב לקרוע כדאמרינן במו"ק (דף כו.) במגילה ששרף יהויקים דכתיב לא פחדו ולא קרעו בגדים (ג) אף נשמת ישראל הניטלת דומה לו שאין לך ריק בישראל שאין בו תורה ומצות: **הא ר' יהודה כו'.** ומתו אמתו הכי נמי הוה מצי לתרוצי אלא מעיקרא אהדר לאוקמינהו כחד תנא ולא מתוקמא אלא כר' יהודה דהא מלאכה שאינה צריכה לגופה היא כמוציא את המת (ד) לקוברו: **נחת רוח ליצרו.** שמשכך את חמתו: **מי שרי והא תניא כו'.** אלמא לאו מתקן הוא שמלמד ומרגיל את יצרו לבא עליו: **בך.** משמע בקרבך שאם היה בך תשתחוה לאל נכר לבסוף: **שליף מצבייתא.** מן הבגד בחמתו להראותם שהוא כועס ויגורו מלפניו: **מוניני.** ציר של דגים קטנים: **נכתמא.** כיסוי הכד: **נודי ספרתה אתה.** לשון לנוד לו (איוב ב): **ויקברו אותו.** ביהושע כתיב: **שרגש עליהן הר** (ה) **להורגן.** שלא הספידו כראוי: **מדה כנגד מדה.** הוא לא נתאבל על שנתקצרו ימי החכם אף לחייו לא יחושו מן השמים: **בבלאי.** דמבבל סליק: **ימים האריכו.** שכלו ימיהם בטוב דחשיב אריכות ימים כדאמרי' בסדר יומא (דף עא.) כי אורך ימים ושנות חיים יוספו וכי יש לך שנים של חיים ושנים שאינם של חיים אמר רבי אלעזר אלו שנותיו של אדם שמתהפכות עליו מרעה לטובה:

ידאגו

הכל חולצין עליו. אומר רשב"א דלפי' אינו רבו חייב כדאמרינן במו"ק (דף כה.) מי תני רבו שמת חכם שמת תני והא דאמר בשילהי פרק אלו מגלחין (כ"מ כב.) רבה קרע עליה דההוא גברא דאסקריה זוהמא ליסטרון היינו קרע שאינו מתאחה כדין תלמיד לרב כדתני בפרק אלו מגלחין (מו"ק דף כו.): **דתניא** ר"ש בן אלעזר אומר העומד על המת כו'. משמע ליה להש"ס דמיירי אפי' באינו כשר: **הא** ר' יהודה והא ר"ש. פי' בקונט' דבהכי שינויא נמי משני דלא קשה מתו אמתו והא דלא קאמר אלא משום דלא הוזכר אמורא לעיל וקשה לר"י דע"כ תרוייהו במת דידיה איירי ולא במת דעלמא דקתני בברייתא דלעיל דיצא ידי קריעה וא"כ הויא מלאכה שצריכה לגופה כיון שהיא צורך מצוה כדמוכח לקמן ונראה לר"י דלא מתרץ אלא חמתו אחמתו אבל בעל מתו לא פליגי דבמת דעלמא פטור דמקלקל הוא ובמת דידיה דאיכא מצוה חשיב מתקן אע"ג דלקמן משמע דלצורך מצוה לא חשיב ר"ש תיקון דהא יליף ממילה והבערת בת כהן דמקלקל בחבורה ובהבערה חייב התם מקלקל הוא לגמרי שאינו צורך אחר אלא מה שהוא צורך מצוה אבל גבי קריעת אבל הוי תיקון הבגד על ידי קריעה שיוכל ללובשו בכל שעה ואית (ו) בו חימום ועוד כמו שמחלק לקמן ר"ת דהתם התיקון בא לבסוף שבשעת חבורה והבערה אינה באה הכשר מצוה עד הגמר אבל הכא בשעת קריעה בא התיקון ולא חשיב קלקול: **לא** צריכא דקעבד למירמא אימתא כו'. השתא הוה מצי לאוקמי תרווייהו כר' יהודה ומתני' דלא עבד למירמא אימתא דלא"ה מוקמינן לקמן כר' יהודה דאמר מקלקל בחבורה פטור אלא דניחא ליה לאוקמי מתני' בדעביד למירמא אימתא דאי בחמתו (ז) פשיטא דפטור:

שרגש עליהן ההר כו'. משום דלא אשכחן דכתיב ביה ויבכו אותו שלשים יום כמו במשה ואהרן. ע"כ תוספות שאנץ. רש"ל:

מוץ

דעבדה כי כיסתא: **מתני'** הקורע בחמתו ועל מתו א וכל המקלקלין פטורין ב והמקלקל ע"מ לתקן שיעורו כמתקן (א) ג שיעור המלבן ד והמנפץ ה והצובע ו והטווה ז כמלא רחב הסיט כפול ח והאורג שני חוטין שיעורו כמלא הסיט: **גמ'** ורמינהו ט הקורע בחמתו ובאבלו ועל מתו חייב י ואע"פ שמחלל את השבת יצא ידי קריעה לא קשיא הא במת דידיה הא במת דעלמא והא מתו קתני לעולם במת דידיה ובהנך דלאו בני אבילות נינהו ואי חכם הוא חיובי מיחייב ג) דתניא כ חכם שמת הכל קרוביו הכל קרוביו ס"ד אלא אימא הכל כקרוביו הכל קורעין עליו הכל חולצין עליו הכל מברין עליו ברחבה לא צריכא דלאו חכם הוא ל ואי אדם כשר הוא חיובי מיחייב דתניא ד) מפני מה מתים בניו ובנותיו של אדם כשהן קטנים כדי שיבכה ויתאבל על אדם כשר כדי שיבכה ערבונא שקלי מיניה אלא מפני שלא בכה והתאבל על אדם כשר מ שכל הבוכה על אדם כשר מוחלין לו על כל עונותיו בשביל כבוד שעשה (א) לא צריכא דלאו אדם כשר הוא ואי דקאי בשעת יציאת נשמה חיובי מיחייב דתניא ז) ר"ש בן אלעזר אומר נ העומד על המת בשעת יציאת נשמה חייב לקרוע הא למה זה דומה לס"ת שנשרפה לא צריכא דלא קאי בשעת יציאת נשמה תינח מתו אלא חמתו אחמתו קשיא חמתו אחמתו נמי לא קשיא הא ר' יהודה הא ר"ש הא ר' יהודה דאמר ח) מלאכה שאין צריכה לגופה חייב עליה הא ר"ש דאמר ט) מלאכה שאין צריכה לגופה פטור עליה אימר דשמעת ליה לר' יהודה במתקן במקלקל מי שמעת ליה א"ר אבין ס האי נמי מתקן הוא דקעביד נחת רוח ליצרו וכהאי גוונא מי שרי והתניא י) ר"ש בן אלעזר אומר משום חילפא בר אגרא שאמר משום ר' יוחנן בן נורי המקרע בגדיו בחמתו והמשבר כליו בחמתו והמפזר מעותיו בחמתו יהא בעיניך ע כעובד ע"ז ס) שכך אומנתו של יצה"ר היום אומר לו עשה כך ולמחר אומר לו עשה כך עד שאומר לו עבוד ע"ז והולך ועובד א"ר אבין מאי קראה א) לא יהיה בך אל זר ולא תשתחוה לאל נכר איזהו אל זר שיש בגופו של אדם הוי אומר זה יצר הרע לא צריכא פ דקא עביד למירמא אימתא אאינשי ביתיה כי הא דרב יהודה שליף מצבייתא רב אחא בר יעקב תבר מאני תבירי רב ששת רמי לה לאמתיה מוניני ארישא רבי אבא תבר נכתמא אמר ר"ש בן פזי א"ר יהושע בן לוי משום בר קפרא צ כל המוריד דמעות על אדם כשר הקב"ה סופרן ומניחן בבית גנזיו שנאמר ב) נודי ספרתה אתה שימה דמעתי בנאדך הלא בספרתך א"ר ט) יהודה אמר רב כל המתעצל בהספדו של חכם ראוי לקוברו בחייו שנאמר ג) ויקברו אותו בגבול נחלתו בתמנת סרח אשר בהר אפרים מצפון להר געש מלמד שרגש עליהן הר להורגן א"ר חייא בר אבא א"ר יוחנן ק כל המתעצל בהספדו של חכם אינו מאריך ימים מדה כנגד מדה שנאמר ד) בסאסאה בשלחה תריבנה * איתיביה ר' חייא בר אבא לר' יוחנן ה) ויעבדו העם את ה' כל ימי יהושע וכל ימי הזקנים אשר האריכו ימים אחרי יהושע א"ל בבלאי ימים האריכו שנים לא האריכו אלא מעתה ו) למען ירבו ימיכם וימי בניכם ימים ולא שנים י) ברכה שאני וא"ר חייא בר אבא א"ר יוחנן אחד מן האחין שמת

ידאגו

מסורת הש"ס

א) לעיל עג., ב) מ"ק כה. [תוספתא מ"ק פ"ב], ג) שם, ד) שם, ה) [לעיל עג: וש"נ], ו) [לקמן קו: קמא:] סנהדרין פה. כריתות כ., ז) [תוספתא דב"ק פ"ט], ח) [נדה יג.], ט) [גירסת הרי"ף והרא"ש רבי ירמיה], י) [כ"ב קז.], כ) עי' תוי"ט ד"ה הקורע על מתו וכו' דמקיים נוסחא ישנה ואין בו חימום. פי' שע"י הקריעה נתקרר חימומו ע"ש ודלא כרש"ל שהגיה ולית בו חימום.

הגהות הב"ח

(א) גמ' כנגד שעשה לו לא: (ב) רש"י ד"ה כי כיסתא וכו' ומולל לפניו והתפירה: (ג) ד"ה לא קשיא וכו' קרעו בגדים: (ד) ד"ה הא ר' יהודה וכו' כמוליא את המת. נ"ב ע"ל בפרק המצניע דף צד ריש ע"ב: (ה) ד"ה שרגש עליהן ההר וכו' הספידוהו כראוי: (ו) תוס' ד"ה הא ר' יהודה וכו' כל שעה דאית ביה חימום: (ז) ד"ה לא צריכא וכו' דאי בחמתו גרידא פשיטא:

גליון הש"ס

גמ' איתיביה ר' חייא בר אבא לר' יוחנן ויעבדו העם. בילקוט יהושע כ"ד הגי' וה"ג על פסוק ז' שם ויעבדו ישראל את ה' וגו':

רב נסים גאון

פי"ג ר' אליעזר אומר האורג. חמתו אחמתו לא קשיא הא ר' יהודה הא ר' שמעון הא ר' יהודה דאמר מלאכה שאינה צריכה לגופה חייב עליה הא ר' שמעון דאמר פטור עליה. כבר פירשנו בפרק ראשון אבל דבריהם מתני' ר' יהודה היא דאמר מקלקל בחבורה פטור וברייתא ר' שמעון דאמר מקלקל בחבורה חייב ולא אשכחית עיקר פלוגתא ולא ידעינן לה אבל אדוננו האיי גאון כתב בפירוש זה הפרק כזה הענין והא מילתא דמקלקל בחבורה דקאמרינן פלוגתא דר' יהודה ור' שמעון היא עדיין לא ידעי' פלוגתייהו היכא ניהו ומתניתא דמפרש בה ר' יהודה ור' שמעון במקלקל בחבורה לא שמיע לנא אלא מגמ'

ליקוטי רש"י

וכל המקלקלין פטורין. כמלאכת שבת דמלאכת מחשבת כתיב [סנהדרין פד:] כל מקלקל דשבת הוי פטור דלאו היינו מלאכת מחשבת וסותר ולתקן במלאכות מלאכות למיחייב סותר על מנת לבנות הוא ואינו יכול לבנות אלא אם כן סותר ...

הוא וכן קורע דומיא דסותר ולהכי תנן הקורע על מנת לתפור וכן מוחק תנן על מנת לכתוב דכולם ... המלבן. לגמר [שם עט.]. מכבסו כנהר [שם עג.]. כמלא רוחב הסיט. ...

לקרוע עליו כגון מי שאין חייב בשעת יציאת נשמה הקורע בכל אלה אינו חשוב כמקלקל אלא חייב. ואינו פטור אלא הקורע על מי שאין עליו לא חובה ולא מצוה ...

performs a forbidden **labor not needed for its defined purpose is exempt for it.**[18]

The Gemara asks:

אֵימַר דְּשָׁמְעַת לֵיהּ לְרַבִּי יְהוּדָה – **When did you hear R' Yehudah** state his opinion: בִּמְתַקֵּן – When **[the person] rectifies** something with his act.[19] בִּמְקַלְקֵל מִי שָׁמְעַת לֵיהּ – **Did you hear him** say that one is liable **when he acts destructively?** Therefore, even according to R' Yehudah, the person should not be liable for tearing his garment!

The Gemara answers:

אָמַר רַבִּי אָבִין – **R' Avin said:** הַאי נַמִּי מְתַקֵּן הוּא – **This also is** a case of **one who rectifies** something. דְּקָעָבִיד נַחַת רוּחַ לְיִצְרוֹ – **For he is satisfying his** evil **inclination** by cooling off his anger. The person is therefore liable according to R' Yehudah since his tearing achieved some constructive purpose.[20]

The Gemara objects:

וּכְהַאי גַּוְונָא מִי שְׁרֵי – **But is this type** of behavior **permitted?** וְהָתַנְיָא – **Why, it was taught in a Baraisa:** רַבִּי שִׁמְעוֹן בֶּן אֶלְעָזָר אוֹמֵר מִשּׁוּם חִילְפָא בַּר אַגְרָא – R' SHIMON BEN ELAZAR SAID IN THE NAME OF CHILFA BAR AGRA, שֶׁאָמַר מִשּׁוּם רַבִּי יוֹחָנָן בֶּן נוּרִי – WHO in turn SAID it IN THE NAME OF R' YOCHANAN BEN NURI: הַמְקָרֵעַ בְּגָדָיו בַּחֲמָתוֹ – IF ONE TEARS HIS GARMENTS IN HIS ANGER, וְהַמְשַׁבֵּר כֵּלָיו בַּחֲמָתוֹ – BREAKS HIS UTENSILS IN HIS ANGER, וְהַמְפַזֵּר מְעוֹתָיו בַּחֲמָתוֹ – OR SCATTERS HIS MONEY IN HIS ANGER, יְהֵא בְעֵינֶיךָ כְּעוֹבֵד עֲבוֹדָה זָרָה – HE SHOULD BE IN YOUR EYES AS ONE WHO IS PERFORMING IDOLATRY. שֶׁכָּךְ אוּמָנְתּוֹ שֶׁל יֵצֶר הָרָע – FOR THUS IS THE CRAFT OF THE EVIL INCLINATION: הַיּוֹם אוֹמֵר לוֹ עֲשֵׂה כָּךְ – TODAY IT TELLS HIM, "DO THIS"; וּלְמָחָר אוֹמֵר לוֹ עֲשֵׂה כָּךְ – AND THE NEXT DAY IT TELLS HIM, "DO THIS"; עַד שֶׁאוֹמֵר לוֹ עֲבוֹד עֲבוֹדָה זָרָה – UNTIL IT TELLS HIM, "PERFORM IDOLATRY"; וְהוֹלֵךְ וְעוֹבֵד – AND HE GOES AND PERFORMS it.

The Gemara elaborates upon the Baraisa:

אָמַר רַבִּי אָבִין – **R' Avin said:** מַאי קְרָאָה – **What is the verse** that alludes to the statement of the Baraisa? "לֹא־יִהְיֶה בְךָ אֵל זָר וְלֹא תִשְׁתַּחֲוֶה לְאֵל נֵכָר" – ***There shall be no strange god within you, nor shall you bow before an alien god.***[21] אֵיזֶהוּ אֵל זָר שֶׁיֵּשׁ בְּגוּפוֹ שֶׁל אָדָם – **What is the "strange god" that is in the body of a person?**[22] הֱוֵי אוֹמֵר זֶה יֵצֶר הָרָע – **You should say that it is the evil inclination.** At any rate, by tearing one's clothes to cool his anger he has not performed a constructive act because it actually increases the strength of his evil inclination.[23] Why then should he be liable for such an act on the Sabbath?

The Gemara answers:

לָא צְרִיכָא דְּקָא עָבִיד לְמֵירְמָא אֵימְתָא אַאִינָשֵׁי בֵּיתֵיהּ – **It is needed only where he does it to strike fear upon the members of his house.** כִּי הָא דְּרַב יְהוּדָה שָׁלִיף מְצְבְיָיתָא – **Like that where Rav Yehudah pulled off the border** of a garment[24] to demonstrate his displeasure; רַב אַחָא בַּר יַעֲקֹב תָּבַר מָאנֵי תְּבִירֵי – **Rav Acha bar Yaakov broke broken utensils;** רַב שֵׁשֶׁת רָמֵי לָהּ לְאַמְתֵיהּ מוּנִינֵי אַרֵישָׁא – **Rav Sheishess threw** fish **brine at the head of his maidservant;** רַבִּי אַבָּא תָּבַר נַכְתְּמָא – and **R' Abba broke a lid** of a pitcher.[25] Since in such a circumstance the person has performed a constructive act, even though the labor was not performed for its defined purpose he is liable according to R' Yehudah.[26]

NOTES

18. As stated in the previous note, according to R' Shimon a person is not liable unless he performs a *melachah* for its creative purpose. Hence, in this case the person would not be liable for his act of tearing, as stated by our Mishnah. [An example of performing this *melachah* for its defined purpose would be where the person tore an unevenly sewn garment to ready it for repairs – see above.]

It should be noted that *Tosafos* (94a ד״ה רבי שמעון) adopt a different definition of מְלָאכָה שֶׁאֵינָהּ צְרִיכָה לְגוּפָהּ, *a labor not needed for its defined purpose* (for an elaboration of the view of *Tosafos,* see General Introduction). In our discussion, however, we have used the approach of *Rashi.* See also *Ramban* and *Rashba* there; *Mirkeves HaMishnah, Hil. Shabbos* 1:1; *Kappos Temarim* to *Succah* 33b for further elaboration of this dispute. [See also below, note 26.]

19. Even though R' Yehudah does not require the person to perform the labor for its defined purpose to hold him liable, the person does have to perform *some* constructive purpose with his act. That apparently is not the case here, where the person is simply destroying the garment without any resultant benefit. [This is thus unlike the case of carrying out a corpse, where something constructive has been accomplished – the house is rid of the corpse.]

20. Thus, even though the act of tearing was not inherently creative [e.g. he did not tear the garment to enhance it], it was nevertheless constructive [the person diminished the effects of his evil inclination].

21. *Psalms* 81:10.

22. By using the term בְּךָ, *within you,* the verse indicates that there should be nothing "inside you" that would eventually lead to your bowing down to an idol (*Rashi*).

23. [I.e. his act of tearing has not caused his evil inclination to decrease its influence, but rather to intensify it (see *Rashi;* see also *Maharsha*).]

24. As translated by *Rashi* printed with *Rif,* and *Ran* (cf. *Hagahos Yavetz*).

25. Such an act is permitted only when the person is not inwardly angry. Then, he may appear angry to effect proper behavior from his household (*Rambam, Hil. Dei'os* 2:3). *Meiri* writes that nevertheless one should not be accustomed to act this way because others might do so in an inappropriate manner

[Regarding the prohibition against destroying useful items [בַּל תַּשְׁחִית], see *Tosafos* to *Kiddushin* 32a ד״ה יהודה, *Chinuch* §529, and *Maharsha* here; see also *Megadim Chadashim* for further discussion of this issue.]

26. Apparently, according to *Rashi* (see above, note 17), this is considered a labor performed not for its defined purpose, because even in such a case the tearing was not performed for an inherently creative purpose, but in reaction to the external problem of his recalcitrant household. Thus, even though the act is constructive [the household is brought back into line], only R' Yehudah would hold the person liable for it. [This case, though, is subject to much discussion among the commentators (e.g. sources cited above, note 18).]

The Gemara thus concludes that the reason our Mishnah exempts a person who tears in anger is not based on the principle that one is not liable for destructive acts, as first thought. Rather, the Mishnah refers to an act of tearing that is constructive [tearing to instill fear in one's household]. Nevertheless, the person is exempt from liability because the Mishnah follows the view of R' Shimon, who holds that one is not liable for performing a labor not needed for its defined purpose. The Baraisa, though, holds the person liable in that case, in accordance with the view of R' Yehudah. Similarly, the Gemara can now reconcile the contradictory rulings about tearing for a dead person in the same way. That is, both the Mishnah and the Baraisa refer to someone rending his garments for a person whom he is obligated to mourn. Nevertheless, our Mishnah rules that he is exempt in accordance with the view of R' Shimon, while the Baraisa holds him liable based on the view of R' Yehudah (cf. *Tosafos* et al., who explain that according to R' Shimon, a labor performed for the sake of a mitzvah is considered *a labor needed for its defined purpose*). [However, the Gemara initially wanted to find a way that both rulings about tearing for a dead person could follow the view of a single Tanna by distinguishing how closely related the deceased was. And it chose R' Yehudah, since such an act is an example of a labor performed not for its defined purpose, similar to carrying out a corpse for burial. Hence, the Baraisa, which holds the person liable, could be attributed to his view] (*Rashi* above ד״ה הא ר׳ יהודה and below, 106a ד״ה מתני׳ ר׳ יהודה).

Some Rishonim, however, write that the Gemara can now reconcile the contradiction between the Mishnah and the Baraisa by attributing the two rulings to different types of cases. That is, the Baraisa refers to tearing for the constructive purpose of intimidating one's household, while the Mishnah refers to someone tearing destructively out of anger. Similarly, the Mishnah refers to tearing for someone whom he is not required to mourn, while the Baraisa refers to a close relative. According to this explanation, the reason the Mishnah exempts one for tearing in anger or for his dead is because these acts are destructive, and all

עין משפט נר מצוה

ז א מיי' פ"א מהל' שבת הל' יח סמג לאוין סה:
ח ב מיי' שם הלכה יח:
ח ג מיי' פ"ט שם הל' ו סמג לאוין סה:
ט ד מיי' שם הל' יד:
י ה שם הלכה יג:
יא ו שם הלכה טו:
יב ז שם הלכה ז:
יג ח שם הלכה יח:
יד ט מיי' פ"ט שם הל' ו:
טו י טוש"ע י"ד סימן שמ סעיף כח:
טז כ מיי' פ"ט מהל' אבל הלכה ב טוש"ע י"ד סי' שמ סעיף ז:
יז ל מ מיי' שם הלכה יג טוש"ע שם סעיף ו:
יח נ מיי' שם הל' יא טוש"ע שם סעי' ה:
יט ס מיי' פ"ז מהלכות שבת הלכה ח ופי"ב הלכה א:
כ ע פ מיי' פ"ב מהל' דעות הלכה ג ופ"ו מהלכות מלכים הלכה י סמג לאוין רכט:
כא צ ק מיי' פ"ד מהל' אבל הל' ב סמג עשין ב [ברי"ף פ"ג דמו"ק דף לג. ובהרא"ש שם סי' נט]:

מסורת הש"ס

א) לעיל עג., ב) מ"ק כה. [תוספתא מ"ק פ"ב], ג) שם, ד) שם, ה) [לעיל עג: וש"נ], ו) [לקמן קו: קמא:] סנהדרין פה. כריתות כ:, ז) [תוספתא דב"ק פ"ט], ח) [נדה יג.], ט) [גירסת הרי"ף והרא"ש רבי ירמיה], י) [ב"ב קי:], כ) עי' תוס' ד"ה הקורע על מתו וכו' דמקיים תוספתא ישנה ואין בו חימום. פי' שע"י הקריעה נתקלקל חימומו ע"ש ודלא כרש"ל שהגיה ולית בו חימום.

דעבדה כי כיסתא: **מתני'** הקורע בחמתו ועל מתו וכל המקלקלין פטורין והמקלקל ע"מ לתקן שיעורו כמתקן שיעור המלבן והמנפץ והצובע והטווה כמלא רחב הסיט כפול והאורג שני חוטין שיעורו כמלא הסיט: **גמ'** ורמינהו הקורע בחמתו ובאבלו ועל מתו חייב ואע"פ שמחלל את השבת יצא ידי קריעה לא קשיא הא במת דידיה הא במת דעלמא והא מתו קתני לעולם במת דידיה ובהנך דלאו בני אבילות נינהו ואי חכם הוא חיובי מיחייב דתניא חכם שמת הכל קרוביו הכל קרוביו ס"ד אלא אימא הכל כקרוביו הכל קורעין עליו הכל חולצין עליו הכל מברין עליו ברחבה לא צריכא דלאו חכם הוא ואי אדם כשר הוא חיובי מיחייב דתניא מפני מה מתים בניו ובנותיו של אדם כשהן קטנים כדי שיבכה ויתאבל על אדם כשר כדי שיבכה ערבונא שקלי מיניה אלא מפני שלא בכה והתאבל על אדם כשר שכל הבוכה על אדם כשר מוחלין לו על כל עונותיו בשביל כבוד שעשה (א) לא צריכא דלאו אדם כשר הוא ואי דקאי בשעת יציאת נשמה חיובי מיחייב דתניא ר"ש בן אלעזר אומר העומד על המת בשעת יציאת נשמה חייב לקרוע הא למה זה דומה לס"ת שנשרף לא צריכא דלא קאי בשעת יציאת נשמה תינח מתו אלא חמתו אחמתו קשיא חמתו אחמתו נמי לא קשיא הא ר' יהודה הא ר"ש הא ר' יהודה דאמר מלאכה שאין צריכה לגופה חייב עליה הא ר"ש דאמר מלאכה שאין צריכה לגופה פטור עליה אימר דשמעת ליה לר' יהודה במתקן במקלקל מי שמעת ליה א"ר אבין האי נמי מתקן הוא דקעביד נחת רוח ליצרו וכהאי גוונא מי שרי והתניא ר"ש בן אלעזר אומר משום חילפא בר אגרא שאמר משום ר' יוחנן בן נורי המקרע בגדיו בחמתו והמשבר כליו בחמתו והמפזר מעותיו בחמתו יהא בעיניך כעובד ע"ז שכך אומנתו של יצה"ר היום אומר לו עשה כך ולמחר אומר לו עשה כך עד שאומר לו עבוד ע"ז והולך ועובד א"ר אבין מאי קראה לא יהיה בך אל זר ולא תשתחוה לאל נכר איזהו אל זר שיש בגופו של אדם הוי אומר זה יצר הרע לא צריכא דקא עביד למירמא אימתא אאינשי ביתיה כי הא דרב יהודה שליף מצבייתא רב אחא בר יעקב תבר מאני תבירי רב ששת רמי לה לאמתיה מוניני ארישא רבי אבא תבר נכתמא אמר ר"ש בן פזי א"ר יהושע בן לוי משום בר קפרא כל המוריד דמעות על אדם כשר הקב"ה סופרן ומניחן בבית גנזיו שנאמר נודי ספרתה אתה שימה דמעתי בנאדך הלא בספרתך א"ר יהודה אמר רב כל המתעצל בהספדו של חכם ראוי לקוברו בחייו שנאמר ויקברו אותו בגבול נחלתו בתמנת סרח אשר בהר אפרים מצפון להר געש מלמד שרגש עליהן הר להורגן א"ר חייא בר אבא א"ר יוחנן כל המתעצל בהספדו של חכם אינו מאריך ימים מדה כנגד מדה שנאמר בסאסאה בשלחה תריבנה איתיביה ר' חייא בר אבא לר' יוחנן ויעבדו העם את ה' כל ימי יהושע וכל ימי הזקנים אשר האריכו ימים אחרי יהושע א"ל בבלאי ימים האריכו שנים לא האריכו אלא מעתה למען ירבו ימיכם וימי בניכם ימים ולא שנים ברכה שאני וא"ר חייא בר אבא א"ר יוחנן אחד מן האחין שמת ידאגו

רש"י

דעבודה. הבגד: כי כיסתא. הולכת ומתקפלת שאין הבגד שוה ובולט בבגד כמין כיס וצריך לקרוע הבגד למטה ומולל לפניו (ב) והתפירה מתיישבת: מתני' הסיט כפול. מפרש בגמרא סיט הוא הפסק שבין אצבע לאמה כמו שאדם יכול להרחיבו ואם טוה וליבן וניפץ וצבע שהן כולן אבות מלאכות חוט א' ארוך כשיעור הזה חייב: האורג ב' חוטין שיעורו. ברוחב הבגד כמלא הסיט שאע"פ שלא ארגו על פני כל רוחב הבגד חייב: גמ' נראה בעיני דהכי גרסי' ורמינהו הקורע בחמתו ובאבלו ועל מתו חייב ואע"פ כו'. ולמאי דגרס הקורע בחמתו ובאבלו ועל מתו אע"פ כו' לא ידענא מאי יצא ידי הקריעה שייך למימר אבחמתו ולמאי נקט בחמתו: יצא ידי הקריעה. שאדם חייב לקרוע על מתו: הא במת דידיה. ברייתא דקתני חייב במת דידיה שחייב לקרוע עליו הלכך קריעה דידיה לאו קלקול הוא אלא תקון: והא מתו. נמי קתני במתני': לעולם במת דידיה. שמוטל עליו לקוברו ומיהו בהנך דלאו בני אבלו' נינהו שאינן מאותן האמורים בפרשת כהנים (ויקרא כא) אביו ואמו בנו ובתו ואחיו ואחותו: ופרכינן ואי חכם הוא. זה שמת חיובי מיחייב נמי לקרוע וכיון דמיחייב מתקן הוא ואמאי פטור: חולצין. יוצאים לפניו חלוצי כתף חלוקו קרוע עד שכתיפו חלולה ערומה: מברין עליו ברחבה. שהיו מברין האבלין ברחבה סעודה ראשונה שאבל אוכל אינו אוכל משלו ואסור דקאמר ליה רחמנא ליחזקאל (כד) לחם אנשים לא תאכל: ערבונא שקלי. קודם שיחטא נטלו משכונו: לס"ת שנשרף. הרואה ס"ת שנשרף חייב לקרוע כדאמרינן במו"ק (דף כו.) במגילה ששרף יהויקים דכתיב לא פחדו ולא קרעו בגדים (ג) אף נשמת ישראל הניטלת דומה לו שאין לך ריק בישראל שאין בו תורה ומצות: הא ר' יהודה כו'. ומתו אמתו הכי נמי הוה מצי לתרוצי אלא מעיקרא אהדר לאוקמינהו כחד תנא ולא מתוקמא אלא כר' יהודה דהא מלאכה שאינה צריכה לגופה היא כמוציא את המת (ד) לקוברו: נחת רוח ליצרו. שמשכך את חמתו: מי שרי והא תניא כו'. אלמא לאו מתקן הוא שמלמד ומרגיל את יצרו לצא עליו: בך. משמע בקרבך שאם היה בך תשתחוה לאל נכר לבסוף: שליף מצבייתא. מן הבגד בחמתו להראותם שהוא כועס ויגורו מלפניו: מוניני. ציר של דגים קטנים: נכתמא. כיסוי הכד: נודי ספרתה אתה. לשון לנוד לו (איוב ב): ויקברו אותו. ביהושע כתיב: שרגש עליהן הר (ה) להורגן. שלא הספידו כראוי: מדה כנגד מדה. הוא לא נתאבל על שנתקצרו ימי החכם אף לחייו לא יחושו מן השמים: בבלאי. דמבבל סליק: ימים האריכו. שכלו ימיהם בטוב דחשיב אריכות ימים כדאמרי' בסדר יומא (דף עא.) כי אורך ימים ושנות חיים יוספו וכי יש לך שנים של חיים ושנים שאינם של חיים אמר רבי אלעזר אלו שנותיו של אדם שמתהפכות עליו מרעה לטובה:

ידאגו

תוספות

הכל חולצין עליו. אומר רשב"א דאפי' אינו רבו חייב כדאמרינן במו"ק (דף כה.) מי תני רבו שמת חכם שמת תני והא דאמר בשילהי פרק אלו מציאות (ב"מ לג.) רבה קרע עליה דההוא גברא דאסבריה זוהמא ליסטרון היינו קרע שאינו מתאחה כדין תלמיד לרב כדתני בפרק אלו מגלחין (מו"ק כו.): **דתניא** ר"ש בן אלעזר אומר העומד על המת כו'. משמע ליה להש"ס דמיירי אפי' באינו כשר: **הא** ר' יהודה והא ר"ש. פי' בקונט' דבהאי שינויא נמי משני דלא קשה מתו אמתו והא דלא קאמר אלא משום דלא הוזכר אמורא לעיל וקשה לר"י דע"כ תרוייהו במת דידיה איירי ולא במת דעלמא כדקתני בברייתא דלעיל דיצא ידי קריעה וא"כ הויא מלאכה שצריכה לגופה כיון שהיא צורך מצוה כדמוכח לקמן ונראה לר"י דלא מתרץ אלא חמתו אחמתו אבל בעל מתו לא פליגי דבמת דעלמא פטור דמקלקל הוא ובמת דידיה דאיכא מצוה חשיב מתקן אע"ג דלקמן משמע דלצורך מצוה לא חשיב ר"ש תיקון דהא יליף ממילה והבערת בת כהן דמקלקל בחבורה ובהבערה חייב התם מקלקל הוא לגמרי שאינו צורך אחר אלא מה שהוא צורך מצוה אבל גבי קריעת אבל הוי תיקון הבגד על ידי קריעה שיוכל ללובשו בכל שעה ולית (ו) בו חימום ועוד כמו שמחלק לקמן ר"ת דהתם התיקון בא לבסוף שבשעת חבורה והבערה אינה באה הכשר מצוה עד הגמר אבל הכא בשעת קריעה בא התיקון ולא חשיב קלקול: **לא** צריכא דקעבד למירמא אימתא כו'. השתא הוה מצי לאוקמי תרוייהו כר' יהודה ומתני' דלא עבד למירמא אימתא דבלא"ה מוקמינן לקמן כר' יהודה דאמר מקלקל בחבורה פטור אלא דניחא ליה לאוקמי מתני' בדעביד למירמא אימתא דאי בחמתו (ז) פשיטא דפטור:

שרגש עליהן הר כו'. משום דלא אשכחן דכתיב ביה ויבכו אותו שלשים יום כמו במשה ואהרן. ע"כ תוספות שאנץ. רש"ל:

חוץ

הגהות הב"ח

(א) גמ' כבוד שעשה לו לא: (ב) רש"י ד"ה כי כיסתא וכו' ומולל לפניו והתפירה: (ג) ד"ה לס"ת וכו' קרעו בגדים: (ד) ד"ה הא ר' יהודה וכו' כמוציא את המת. נ"ב ע"ל בפרק המצניע דף צד ריש ע"ב: (ה) ד"ה שרגש עליהן הר וכו' הספידוהו כראוי: (ו) תוס' ד"ה הא ר' יהודה וכו' ולית בו חימום: (ז) ד"ה לא צריכא וכו' דאי בחמתו גרידא פשיטא:

גליון הש"ס

גמ' איתיביה ר' חייא בר אבא לר' יוחנן ויעבדו העם. בילקוט יהושע כ"ד הגי' וזה על פסוק ז' שם ויעבוד ישראל את ה' וגו':

רב נסים גאון

פי"ג ר' אליעזר אומר האורג. חמתו אחמתו לא קשיא הא ר' יהודה הא ר' שמעון הא ר' יהודה דאמר מלאכה שאינה צריכה לגופה חייב עליה הא ר' שמעון דאמר פטור עליה. כבר פירשנו בפרק ראשון אבל דבריהם מתני' ר' יהודה היא דאמר מקלקל בחבורה פטור וברייתא ר' שמעון דאמר מקלקל בחבורה חייב ולא אשכחית עיקר פלוגתא ולא ידעינן לה אבל אדונינו האיי גאון כתב בפירוש זה הפרק כזה העינן והא מילתא דמקלקל בחבורה דקאמרינן פלוגתא דר' יהודה ור' שמעון היא עדיין לא ידעי פלוגתייהו היכא ניהו ומתניתא דמפרש בה דר' יהודה ור' שמעון במקלקל בחבורה לא שמיע לנא אלא מגמ'

ליקוטי רש"י

וכל המקלקלין פטורין. בכולהו אבות מלאכות מלאכת מחשבת כתיב [סנהדרין פד:].

תורה אור השלם

א) לֹא יִהְיֶה בְךָ אֵל זָר וְלֹא תִשְׁתַּחֲוֶה לְאֵל נֵכָר: [תהלים פא, י]
ב) נֹדִי סָפַרְתָּה אָתָּה שִׂימָה דִמְעָתִי בְנֹאדֶךָ הֲלֹא בְּסִפְרָתֶךָ: [תהלים נו, ט]
ג) וַיִּקְבְּרוּ אֹתוֹ בִּגְבוּל נַחֲלָתוֹ בְּתִמְנַת סֶרַח אֲשֶׁר בְּהַר אֶפְרָיִם מִצְּפוֹן לְהַר גָּעַשׁ: [יהושע כד, ל]
ד) בְּסַאסְּאָה בְּשַׁלְחָהּ תְּרִיבֶנָּה הָגָה בְּרוּחוֹ הַקָּשָׁה בְּיוֹם קָדִים: [ישעיה כז, ח]
ה) וַיַּעַבְדוּ הָעָם אֶת יְיָ כֹּל יְמֵי יְהוֹשֻׁעַ וְכֹל יְמֵי הַזְּקֵנִים אֲשֶׁר הֶאֱרִיכוּ יָמִים אַחֲרֵי יְהוֹשׁוּעַ אֲשֶׁר רָאוּ אֵת כָּל מַעֲשֵׂה יְיָ הַגָּדוֹל אֲשֶׁר עָשָׂה לְיִשְׂרָאֵל: [שופטים ב, ז]
ו) לְמַעַן יִרְבּוּ יְמֵיכֶם וִימֵי בְנֵיכֶם עַל הָאֲדָמָה אֲשֶׁר נִשְׁבַּע יְיָ לַאֲבֹתֵיכֶם לָתֵת לָהֶם כִּימֵי הַשָּׁמַיִם עַל הָאָרֶץ: [דברים יא, כא]

רבינו חננאל

הקורע על מתו פטור. ואקשינן וכי מקלקל הוא. והתניא הקורע על מתו ובאבלו אע"פ שחילל שבת יצא ידי קריעה. וכיון שיצא ידי קריעה נמצאת מלאכתו מתקיימת. ובשבת כי האי גוונא חייב. ופריק קורע על מת דעלמא דכיון דלא מיחייב בקריעה מקלקל הוא ופטור. וברייתא בקורע על מתו שלו שחייב לקרוע עליו. איני והא בין בזו ובין בזו על מתו קתני ופרקי' מתו דמתני' קרובו שאינו חייב לקרוע עליו. ואם הוא זה המת שקרע עליו חכם או כשר או היה עומד עליו בשעת יציאת נשמה חייב לקרוע בכל אלה אינו חשוב כמקלקל אלא חייב. ואינו פטור אלא הקורע על מי שאין עליו לא חובה ולא מצוה לקרוע.

The Gemara elaborates on the appropriateness of mourning an upright person:

אָמַר רַבִּי שִׁמְעוֹן בֶּן פָּזִי אָמַר רַבִּי יְהוֹשֻׁעַ בֶּן לֵוִי מִשּׁוּם בַּר קַפָּרָא – **R' Shimon ben Pazi said in the name of R' Yehoshua ben Levi** who in turn said it **in the name of Bar Kappara:** כָּל הַמּוֹרִיד דְּמָעוֹת עַל אָדָם כָּשֵׁר – **Anyone who sheds tears for an upright person,** הַקָּדוֹשׁ בָּרוּךְ הוּא סוֹפְרָן וּמַנִּיחָן בְּבֵית גְּנָזָיו – **the Holy One, Blessed is He, counts them and places them in his storehouse.** שֶׁנֶּאֱמַר ,,נֹדִי סָפַרְתָּה אָתָּה שִׂימָה דִמְעָתִי בְנֹאדֶךָ הֲלֹא בְּסִפְרָתֶךָ'' – **As it is stated:** ***My wanderings You have Yourself counted; place my tears in Your flask, are they not in Your account?***[27]

The Gemara emphasizes the need to properly eulogize a sage:

אָמַר רַב יְהוּדָה אָמַר רַב – **Rav Yehudah said in the name of Rav:** כָּל הַמִּתְעַצֵּל בְּהֶסְפֵּדוֹ שֶׁל חָכָם – **Anyone who acts lazily over the eulogy of a sage** רָאוּי לְקוֹבְרוֹ בְּחַיָּיו – **is fit to be buried alive.** שֶׁנֶּאֱמַר ,,וַיִּקְבְּרוּ אוֹתוֹ בִּגְבוּל נַחֲלָתוֹ בְּתִמְנַת־סֶרַח אֲשֶׁר בְּהַר־אֶפְרָיִם מִצְּפוֹן לְהַר־גָּעַשׁ'' – **For it is stated:** ***They buried him*** [i.e. Joshua] ***in the border of his inheritance in Timnas Serach, which is in Mount Ephraim, north of Mount Ga'ash.***[28] מְלַמֵּד שֶׁרָגַשׁ עֲלֵיהֶן הַר לְהוֹרְגָן – **This teaches that the mountain trembled over them to kill them** because they did not properly eulogize Joshua.[29]

A similar thought:

אָמַר רַבִּי חִיָּיא בַּר אַבָּא אָמַר רַבִּי יוֹחָנָן – **R' Chiya bar Abba said in the name of R' Yochanan:** כָּל הַמִּתְעַצֵּל בְּהֶסְפֵּדוֹ שֶׁל חָכָם – Regarding **anyone who acts lazily over the eulogy of a sage** אֵינוֹ מַאֲרִיךְ יָמִים – **his days will not be prolonged,** מִדָּה כְּנֶגֶד מִדָּה – **measure for measure.**[30] שֶׁנֶּאֱמַר ,,בְּסַאסְּאָה בְּשַׁלְחָהּ תְּרִיבֶנָּה'' – **For it is stated:** ***With a precise measure you shall contend with her when you send her away.***[31]

The Gemara asks:

אֵיתִיבֵיהּ רַבִּי חִיָּיא בַּר אַבָּא לְרַבִּי יוֹחָנָן – **R' Chiya bar Abba challenged R' Yochanan** from the following verse:[32] ,,וַיַּעַבְדוּ הָעָם אֶת־ה' כֹּל יְמֵי יְהוֹשֻׁעַ – ***The nation served Hashem all the days of Joshua*** וְכֹל יְמֵי הַזְּקֵנִים אֲשֶׁר הֶאֱרִיכוּ יָמִים אַחֲרֵי יְהוֹשׁוּעַ'' – ***and all the days of the elders whose days were prolonged after Joshua.*** We thus see that the elders did live a long time.[33] – ? –

The Gemara answers:

אָמַר לוֹ – **[R' Yochanan] said to him:** בַּבְלַאי – **Babylonian!**[34] יָמִים הֶאֱרִיכוּ – **Their days were prolonged;** שָׁנִים לֹא הֶאֱרִיכוּ – but **their years were not prolonged.**[35]

The Gemara questions this distinction:

אֶלָּא מֵעַתָּה – **But now,** when the verse states to keeps God's commandments:[36] ,,לְמַעַן יִרְבּוּ יְמֵיכֶם וִימֵי בְנֵיכֶם'' – ***in order to prolong your days and the days of your children,*** יָמִים וְלֹא שָׁנִים – does it mean **days, but not years?**

The Gemara answers:

בְּרָכָה שָׁאנֵי – **A blessing is different.** There, it certainly means that the people will reach old age.[37]

The Gemara concludes its discussion about the proper response to a death:

וְאָמַר רַבִּי חִיָּיא בַּר אַבָּא אָמַר רַבִּי יוֹחָנָן – **And R' Chiya the son of Abba said in the name of R' Yochanan:** אֶחָד מִן הָאַחִין שֶׁמֵּת – If **one of the brothers died,**

NOTES

destructive acts are exempt, as the Mishnah next states (see *Tosafos; Ramban,* and *Rashba* and *Ritva MHK* ed.; and *Rambam, Hil. Shabbos* 10:10 and *Maggid Mishneh* to 8:8). [See also below, 106a note 7.]

27. *Psalms* 56:9. King David was asking that he should be rewarded for crying over the death of a good person, not for his reaction to some personal misfortune (see *Sfas Emes,* who explains this exposition; see also *Chasam Sofer* here).

28. *Joshua* 24:30. It was seemingly pointless for Scripture to locate Mount Ephraim to the north of Mount Ga'ash, because Mount Ephraim is mentioned throughout Scripture, while Mount Ga'ash is rarely mentioned. The word גָּעַשׁ, *Ga'ash,* is therefore expounded as if it read רָגַשׁ, *trembled.* Read this way, the verse states that the area north of that mountain [viz. Mount Ephraim] trembled to bury the people alive (see *Maharsha*).

29. Scripture does not state anywhere that the people cried over Joshua's death like it does for the deaths of Moses and Aaron. The Gemara therefore assumes that Joshua was not properly eulogized (*Tosafos*).

The reason they were faced with the punishment of being buried alive by a mountain is as follows: The Gemara above (88a) states that when the Jews were at Mount Sinai, God held the mountain over their heads to force them to accept the Torah. The Rishonim there explain that this coercion was needed only for the Oral Torah, because the Jews had already willingly said that they would accept the Torah. Hence, if a person is not sufficiently appreciative of the Oral Torah that is lost by the death of the scholar, he is fit to be buried alive with a mountain like the Jews at Sinai would have been had they not accepted the Oral Torah (*Chasam Sofer,* quoting *Hafla'ah*).

30. He did not mourn the fact that the sage's life was cut short; therefore, in Heaven, God will not care about his life (*Rashi*).

31. *Isaiah* 27:8. The word בְּסַאסְּאָה derives from סְאָה, (*se'ah*), a dry measurement. *Rashi* ad loc. interprets this passage as follows: With the very measure of punishment that was applied to Egypt when she expelled the Jews *you shall contend with her.* That is, just as the Egyptians were punished in a manner that was commensurate with their crimes, so should the Jews, when it is necessary to punish them, be afflicted in a manner that is commensurate with, but does not exceed, their sins. Our Gemara uses this verse to explain why someone will be punished measure for measure if he does not properly eulogize a sage. [See also *Sanhedrin* 100a.]

32. *Judges* 2:7.

33. Even though they did not properly eulogize Joshua (*Chidushei HaRan*).

34. R' Chiya bar Abba had come to Eretz Yisrael from Babylonia (*Rashi*).

35. That is, they ended their life in good condition, as derived in Tractate *Yoma* 71a (*Rashi;* cf. *Maharsha*), but they did not live to an old age.

36. *Deuteronomy* 11:21.

37. Since the verse describes the blessing that awaits one who adheres to God's commandments, it is reasonable to infer that the person will live to an old age. But if the prevously cited verse, describing the life of the elders, meant that they lived to an old age, it should have said so explicitly. It can therefore be interpreted to mean that the elders lived a good life, but not necessarily a long one (*Ben Yehoyada*).

יִדְאֲגוּ כָּל הָאַחִין כּוּלָּן – **all of the brothers should worry** that they too may die. אֶחָד מִבְּנֵי חֲבוּרָה שֶׁמֵּת – If **one of the members of a group died,** תִּדְאַג כָּל הַחֲבוּרָה כּוּלָּהּ – **the entire group should worry** about death.

The Gemara elaborates:

אָמְרֵי לָהּ דְּמֵת גָּדוֹל – **Some say about it that** it refers to where **the greatest** among them **died.**[1] וְאָמְרֵי לָהּ דְּמֵת קָטָן – **But others say about it** that it refers to where **the least** among them **died.**[2]

The Mishnah stated:

וְכָל הַמְקַלְקְלִין פְּטוּרִין – AND ALL WHO ACT DESTRUCTIVELY ARE EXEMPT.

The Gemara notes a limitation to that rule:

תָּנֵי רַבִּי אַבָּהוּ קַמֵּיהּ דְּרַבִּי יוֹחָנָן – **R' Abahu taught** a Baraisa **before R' Yochanan:** כָּל הַמְקַלְקְלִין פְּטוּרִין – ALL WHO ACT DESTRUCTIVELY ARE EXEMPT, חוּץ מֵחוֹבֵל וּמַבְעִיר – EXCEPT FOR ONE WHO WOUNDS a person OR BURNS something.[3]

R' Yochanan objects to this view that there are exceptions to the exemption for performing destructive acts:

אָמַר לֵיהּ – **He said to [R' Abahu]:** פּוּק תְּנֵי לְבָרָא – **Go out** and **teach** your Baraisa **outside** the study hall! חוֹבֵל וּמַבְעִיר אֵינָהּ מִשְׁנָה – The ruling about **one who wounds** a person **or burns** something **is not** an authoritative **teaching,**[4] for in fact the person is not liable for his destructive act in these situations as well. וְאִם תִּמְצֵי לוֹמַר מִשְׁנָה – **And if you want to say that it is** an authoritative **teaching,** and a person would indeed be liable for wounding or burning, חוֹבֵל בְּצָרִיךְ לְכַלְבּוֹ – the ruling concerning **one who inflicts a wound** must refer to a case **where he needs** the blood **for his dog;**[5] מַבְעִיר בְּצָרִיךְ לְאֶפְרוֹ – and the ruling concerning **one who burns** something must refer to a case **where he needs its ashes.**[6] In those cases the person would be liable because his acts serve some constructive purpose.

The Gemara attempts to refute R' Abahu's understanding of the Baraisa:

וְהָאֲנַן תְּנַן כָּל הַמְקַלְקְלִין פְּטוּרִין – **But we learned in our Mishnah:** ALL WHO ACT DESTRUCTIVELY ARE EXEMPT – without any exceptions. How can anyone hold that a person is liable for performing a purely destructive act of wounding and burning?

The Gemara defends R' Abahu by attributing the differing rulings of our Mishnah and the Baraisa to a Tannaic dispute:

מַתְנִיתִין רַבִּי יְהוּדָה – **Our Mishnah** follows the opinion of **R' Yehudah,** who is the one who holds that one is always exempt for a destructive act.[7] בָּרַיְיתָא רַבִּי שִׁמְעוֹן – **The Baraisa** cited by R' Abahu, however, reflects the view of **R' Shimon,** who indeed holds that a person is liable for wounding and burning even when those acts are purely destructive.[8]

The Gemara analyzes this dispute:

מַאי טַעְמָא דְּרַבִּי שִׁמְעוֹן – **What is the reason of R' Shimon?** What is his source for stating exceptions to the principle that one is not liable for performing a destructive act?

The Gemara explains:

מִדְּאִצְטְרִיךְ קְרָא לְמִישְׁרָא מִילָה – **Since the verse found it necessary to permit circumcision** on the Sabbath even though it is a destructive act, הָא חוֹבֵל בְּעָלְמָא חַיָּיב – **this** implies that for **ordinary wounding** one **is** indeed **liable.**[9] וּמִדְּאָסַר רַחֲמָנָא

NOTES

1. Since the head of the household was stricken, the others should worry that they could be next (*Rashi*).

2. The Gemara in *Berachos* (61a) states that a group punishment begins with the least important member (*Rashi*). Therefore, if such a member dies, the others must be concerned that this is the beginning of a plague that will strike them as well.

3. This is based on a Mishnah in *Bava Kamma* (87a), which states that one who wounds a person on the Sabbath is not liable to pay damages because he is subject to death for his Sabbath desecration. [One who commits a capital offense and a lesser offense at the same time is liable only to the death penalty (קָם לֵיהּ בִּדְרַבָּה מִינֵּיהּ) – see Mishnah, *Kesubos* 36b.] Similarly, a Mishnah in *Bava Kamma* (34b) states that a person is not liable to pay damages for burning a stack of grain on the Sabbath because he is liable to death – even though he acted destructively toward the grain (*Rashi*).

4. I.e. the law is not in accordance with that view (*Ritva MHK* ed., according to *Rashi;* cf. *Tosafos*).

5. Therefore, even though he acted destructively towards the person that he wounded, his act is considered constructive since he needs the blood for his dog (*Rashi*).

6. Here, too, even though his act was destructive towards the item that he burned, it also resulted in the creation of needed ashes. [See note 7.]

In both of these cases it does not matter if the damages outweigh the benefits. As long as the person's labor contributes some benefit, his act is considered constructive and he is liable (*Meiri*).

7. *Rashi* notes that the source of this dispute is not found elsewhere in the Talmud. He therefore explains that R' Yehudah's view about destructive acts is linked to his opinion that one is liable for performing a labor not needed for its defined purpose. A ramification of this position is that if a labor provides any constructive purpose whatsoever, it is punishable – even if that purpose is not inherent in the action itself. Consequently, wounding and burning will be liable in the following cases: If someone wounds a person because he needs blood for his dog, he is liable; even though his act was inherently destructive [the person was wounded], it resulted in the extraneous benefit of having the needed blood (the Mishnah in *Bava Kamma* 87a [see note 3] speaks of such a case). Similarly, one is liable if he burns grain for ashes, for he receives some extraneous benefit from the inherently destructive act of burning (and the Mishnah in *Bava Kamma* 34b [see note 3] speaks of such a case). However, if acts of burning and wounding do not result in anything constructive, R' Yehudah holds that the person is exempt for the purely destructive act – as stated by our Mishnah (*Rashi*). [R' Yehudah's view about a labor not needed for its defined purpose will also lead him to reject R' Shimon's arguments about destructive acts – see note 10.]

[*Rashi* notes that the Gemara above stated that our Mishnah follows R' Shimon, who holds that one is *not* liable for a labor not needed for its defined purpose. This apparently contradicts the Gemara's present assertion that our Mishnah follows R' Yehudah. However, *Rashi* explains that this is not problematic because only the first ruling of the Mishnah, the ruling about tearing for one's dead, was attributed to R' Shimon. Here, the Gemara is attributing the next ruling of the Mishnah – all who act destructively are exempt – to R' Yehudah. Other commentators, though, find it difficult to attribute consecutive rulings of the Mishnah to different Tannaim. They therefore offer alternative explanations of our Gemara (see Rishonim cited above, 105b note 26.]

8. R' Shimon holds that a person is liable only for a labor needed for its defined purpose. According to this view, if there is no creative purpose inherent in the act itself, the person is exempt from punishment – even though his act results in some extraneous benefit. Consequently, every act of wounding or burning is by definition a destructive act because even if a person is, for example, burning wood for the constructive purpose of cooking his food, his act of burning the wood is inherently destructive; the fact that his action leads to cooking is not relevant because that is only an extraneous benefit of the act of burning wood. Nevertheless, R' Shimon holds that one is liable for performing a destructive act of wounding or burning, as the Gemara now derives (*Rashi,* as explained by *Ritva MHK* ed.).

[R' Yochanan agrees with this explanation of the dispute between R' Yehudah and R' Shimon. He therefore objected to Rav Abahu's implication that one is liable for a destructive act of wounding or burning, since that ruling follows the unaccepted opinion (in his view) of R' Shimon. Only if the person wounds or burns for some constructive purpose would he be liable, because then even R' Yehudah agrees that such an act is punishable (*Rabbeinu Shmuel,* cited by *Tosafos* and other Rishonim, see there).]

9. The Gemara below (132a) derives from Scripture that one may perform a circumcision on the Sabbath. Now, according to R' Shimon this verse should not be needed since the person would be exempt from liability in any event, because his act is destructive. [The act of circumcision wounds the child; any resultant benefit of becoming circumcised

יראגו כל האחין כולן **א** אחד מבני חבורה שמת תדאג כל החבורה כולה אמרי לה דמות גדול ואמרי לה דמות קטן: וכל המקלקלין פטורין: **א** תני ר' אבהו קמיה דר' יוחנן **ב** כל המקלקלין פטורין חוץ מחובל ומבעיר א"ל **ג** פוק תני לברא חובל ומבעיר אינה משנה ואם ת"ל משנה **ג** חובל בצריך לכלבו מבעיר בצריך לאפרו והאנן תנן כל המקלקלין פטורין מתניתין **ג** רבי יהודה ברייתא רבי שמעון מ"ט דר' שמעון מדאיצטריך קרא למישרא מילה הא חובל בעלמא חייב ומדאסר רחמנא הבערה גבי בת כהן שמע מינה מבעיר בעלמא חייב ורבי יהודה התם מתקן הוא כדרב אשי דאמר רב אשי מה לי לתקן מילה מה לי לתקן כלי **ד** מה לי לבשל פתילה מה לי לבשל סמנין: שיעור המלבן כו': רב יוסף מחוי **ה** כפול רב חייא בר אמי **ד** מחוי פשוט:

מתני' **ו** ר' יהודה אומר הצד צפור למגדל וצבי לבית חייב **ה** וחכ"א צפור למגדל וצבי

רש"י

ידאגו. ייראו מן המיתה: **דמות גדול.** יש לדאוג הואיל ושלטה מדת הדין בראש הבית: **ואמרי לה דמות קטן.** שבקללה מתחילין מן הקטן: **חוץ מחובל.** באדם דמקלקל הוא וחייב דתנן (ב"ק פז.) החובל בחבירו בשבת פטור (א) מלשלם מפני שנדון בנפשו: **ומבעיר.** את הגדיש מקלקל הוא וחייב כדתנן (שם דף לד:) והוא שהדליק את הגדיש פטור מן תשלומין מפני שנדון בנפשו: **אינה משנה.** דאם מקלקל הוא פטור: **בצריך.** לדם היוצא מן החבלה לכלבו ואם מקלקל הוא אלא נעשה מתקן הוא אצל הכלב: **והא תנן כל המקלקלין פטורין.** ואפי' חובל ומבעיר וקשיין אהדדי ולרבי אבהו פריך: **מתני' ר' יהודה.** דאית ליה מקלקל בחבורה פטור ולא איתפרש היכא ול"נ מתני' ר' יהודה היא דאמר מלאכה שאינה צריכה לגופה חייב עליה הלכך היובא דחובל בצריך לכלבו ומבעיר בצריך לאפרו משכחת לה דאע"פ דמקלקל הוא אצל מלאכה עצמה מתקן הוא אצל אחרים ולר' יהודה כי האי גוונא מלאכה הוא משום תקון אחרים אבל מקלקל ואינו מתקן פטור ואע"ג דרישא דמתני' אוקימנא כר"ש דקתני קורע על מתו פטור סיפא ר"י: **וברייתא ר"ש היא.** דאמר מלאכה שאינה צריכה לגופה פטור עליה הלכך אין לך חובל ומבעיר שאין מקלקל ואפי' מבעיר גדיש (ב) לקדרתו מקלקל הוא אצל גדיש ומה שהוא מתקן אצל אחרים לר"ש לא חשיב דהא מלאכה שאינה צריכה לגופה היא אלא משום דמקלקל בחבלה והבערה חייב כדיליף לקמיה: **מדאיצטריך קרא.** וביום השמיני ימול ואפי' בשבת ומילה חובל הוא מכלל דשאר מקלקלין בחבורה חייב: **ומדאסר רחמנא הבערה דבת כהן.** בשבת (א) (לקמן בפרק ר' אליעזר): **מה לי מתקן כלי.** הא נמי מתקן גברא הוא ויש מלאכה בתיקון זה: **בישול פתילה.** שהוא מדליק פתילה של אבר ונותנה לתוך פיה והכך בישול הוא זה וחייב על הבישול שאינו מקלקל האבר בבישולו אלא מתקן ולורף: **סמנין.** של מלאכת המשכן: **רב יוסף מחוי.** האי הסיט כפול דמתני' כפול ממש ברוחק שבין אצבע לאמה משער שני פעמים: **מחוי פשוט.** ברוחק שבין גודל לאצבע פעם אחד הוא כפול דמתניתא שיש בו כפלים כאותו שבין אמה לאצבע: **מתני' הצד צפור.** עד שהכניסו למגדל משטי"ר בלע"ז חייב דזו היא לידתו אבל אם הכניסו לבית אינו ניצוד בכך שיוצא לו דרך חלונות: **וצבי**

תוספות

חוץ מחובל ומבעיר א"ל פוק תני לברא כו'. פי' רבינו שמואל דר' אבהו סבר כר"ש דאמר מקלקל בחבורה חייב ור' יוחנן סבר לה כר' יהודה דאמר מקלקל בחבורה והבערה פטור וצריך לכלבו ולאפרו לא חשיב מקלקל וחייב אפי' לר' יהודה וכן משמע בסמוך מתוך פי' רש"י וקשה דא"כ אמאי א"ל פוק תני לברא דלמא משום דס"ל כר' יהודה מאן דתנא כר"ש משתקינן ליה דהכא"ג פריך בפ"ק דחולין (טו.) ע"כ נראה דר' אבהו ור' יוחנן אליבא דר"ש פליגי דר' אבהו סבר דחובל ומבעיר אע"פ שאינו צריך לכלבו ולאפרו חייב לר' שמעון דגמר ממילה והבערת בת כהן ור' יוחנן סבר דר"ש נמי לא מחייב אא"כ איכא קצת תיקון כגון דצריך לכלבו ולאפרו דמילה והבערה איכא קצת תיקון שהוא צורך מלוה אבל לר' יהודה אפי' צריך לאפרו ולכלבו פטור דאין זה תיקון חשוב דאין דרך לחבול בחבירו כדי ליתן לכלבו או לשרוף גדיש בשביל האפר אע"ג דכל שוחט מקלקל הוא כדאמרי' בפ"ק דחולין (דף ח.) סכין של ע"ז מותר לשחוט בה מודה ר' יהודה לענין שבת דחייב דדוקא לענין ע"ז חשוב מקלקל דכתיב ולא ידבק בידך מאומה מן החרם ולא חשיב ליה נהנה כיון דקלקולו יתר על תקונו ור"ת מפרש דהא דמחייב לר' יהודה מקלקל בצריך לכלבו ואפרו לפי שאין התיקון בא באותה שעה אלא לאחר מכאן דלאחר שנעשית חבורה בא הדם ולאחר שכלתה ההבערה בא האפר אבל בשוחט בשעת הקלקול בא לו התיקון שמוציא מידי אבר מן החי וקורע למירמא אימתא אאינשי דביתיה חשוב ליה לר"י נמי תיקון לפי שבשעת הקלקול בא לו התיקון וכן בהריגת המזיקין (לקמן קכא:) חייב לר' יהודה דבא התיקון בשעת הקלקול ולר"ש פטור משום דהויא מלאכה שאינה צריכה לגופה וקורע ע"מ לתפור ומוחק ע"מ לכתוב דמחייב לכ"ע אע"ג שבשעת הקלקול אינו בא התיקון היינו משום שהקלקול גורם תיקון יותר טוב לבסוף ותיקון גמור הוא שהרי אינו יכול לעשות התיקון אלא ע"י הקלקול:

בחובל וצריך לכלבו כו'. וא"ת ור' אבהו דמחייב אפי' באין צריך לכלבו כיון דאין צריך כלל הויא מלאכה שאינה צריכה לגופה דאע"ג דמחייב ר"ש מקלקל בחבורה מ"מ בעי צריכה לגופה כדאמרי' בריש הנחנקין (סנהדרין פד:) מאן שמעת ליה דאמר מקלקל בחבורה חייב ר"ש האמר מלאכה שאינה צריכה לגופה פטור עליה וכן משמע בפרק כלל גדול (לעיל דף עה.) גבי חלזון ובפרק כל כתבי (לקמן דף קכא.) וכס"פ ספק אכל (כריתות דף כ.) וי"ל דאפי' במקלקל גמור משכחת לה דהויא צריכה לגופה כגון חובל ומבעיר לאיסורי הנאה שסבר שיכול ליתן לכלבו ולבשל בו קדרה ור' אבהו אע"ג דלא חשיב צורך מלוה תיקון מ"מ צריכה לגופה חשיב וא"ת לא צריך לכלבו ולאפרו היכי חשיב צריכה לגופה מ"ש מחופר גומא ואינו צריך אלא לעפרה וי"ל דלא דמי דהכא הוא צריך לנטילת נשמה כדי לתת לכלבו דהיינו הדם כי הדם הוא הנפש ומבעיר נמי צריך להבערה כדי לעשות אפר כמו מבעיר כדי לבשל קדרה אבל חופר הגומא נעשית מאליה ואינו נהנה ממנה כלום (ו):

מדאיצטריך קרא למישרי מילה כו'. וא"ת למה לי למילף ממילה נילף כולה מילתא מהבערת בת כהן דלא דחי שבת דבהבערה איכא נטילת נשמה וחובל נמי לא מחייב אלא משום נטילת נשמה וי"ל דלענין מקלקל בחבורה ליכא למילף מהבערה דהתם התיקון בא בשעת הקלקול אבל לענין מקלקל בהבערה יליף שפיר דלאחר הבערה בא התיקון כדפי' אי נמי אי לאו דילפינן ממילה דמקלקל בחבורה חייב ה"א דלריכה דוחה את השבת דלאו מלאכה היא והבערה לחודה היא דאימעטא משום דמקלקל בהבערה חייב:

דאמר רב אשי מה לי לתקן מילה מה לי לתקן כלי. לאו משום דסבר כר' יהודה אלא מפרש הוא אליבא דר' יהודה: **מה לי לבשל פתילה מה לי לבשל סמנין.** אין לפרש כמו שבישול סממנין מתקנן להיות יותר חשובים כך פתילה חשובה יותר ע"י בישול דאי היינו טעמא דר' יהודה שאר מיתות ב"ד דלא דחו שבת מנלן כיון דלא שייך בהו תיקון דהבערה לא אסרה תורה אלא משום תיקון פתילה ועוד שריפת בת כהן גופה מנלן דלא דחינן היכא דתיקן הפתילה מאתמול ואומר ר"י דה"פ מה לי בישול פתילה לצורך שריפת בת כהן מה לי בישול סממנין לצורך צביעת בגד דכי היכי דבישול סממנין לצורך צביעה חשוב תיקון ה"נ בישול פתילה לצורך שריפה ומהכא נפקא לן שפיר דכל שאר מיתות ב"ד חשוב תיקון משום מלוה דאי לאו שריפה משום בישול פתילה לא הוה אסורה אע"פ שמתקנת בכך דכיון שאינה אלא משום שריפה לא הוה חשיב תיקון ולא מיחייב וכן מוליא מרה לחפור לקבור בו מת לר"ש כמו מוליא כים לקבל בו זיבה בפ"ק (דף יב.) וא"ת בשלמא לר' יהודה שפיר שמעינן דהבערה ללאו יצאת או לחלק מדלא כתב לא תעשה מלאכה בכל מושבותיכם וכתב הבערה ש"מ ללאו יצאת או לחלק כדפרישית בפרק כלל גדול (לעיל דף ע.) [ד"ה הבערה] אלא לר"ש דאיצטריך למיכתב הבערה לחייב מקלקל בהבערה מנא ליה דיצאת או לחלק וליכא למימר דנפקא ליה לחלק מאחת מהנה כדמפיק ליה ר' יוסי דהא בפרק הבונה (לעיל דף קג:) פליג ר"ש בהדיא אר' יוסי וי"ל דנפקא ליה לדרשה אחריתי וי"ל דנפקא ליה לחלק מהיכא דנפקא ליה לשמואל בפרק כלל גדול (לעיל דף ע.) והשתא אתי שפיר הא דהוה קשה לשמואל דאמר כמאן דלא כר' נתן ולא כר' יוסי דהשתא כר"ש ס"ל ובפ"ק דיבמות (דף ו:) קאמר דלאיצטריך קרא למיסר הבערת בת כהן משום דהוה סלקא דעתך למישרי מקל וחומר מעבודה דדחיא היינו לר' יהודה דחשיב לה תיקון אבל לר' שמעון איצטריך קרא לחייב מקלקל בהבערה ואי לאו שריפת בת כהן מ"מ לא הוה מחייבינן לר' שמעון משום דלא בעי קרא ליכא לפלוגתא דר"ש ור' יהודה כדמפרש רש"י דנפקא לן מפלוגתא דמקלקל בצריך לכלבו ואפרו ולפי זה צריך לומר דר' אבהו כר"ש ור' יוחנן כר' יהודה ואין נראה כדפי' לעיל וצ"ל דהך פלוגתא דמקלקל בחבורה קבלה היתה בידם: **ואין**

עין משפט נר מצוה

כב **א** מיי' פי"א מהל' אבל הל' יב סמג עשין ב טוש"ע י"ד סי' שלה סעיף ט:

כג **ב ג** מיי' פ"ח מהל' שבת הל' ח ופ"י הלכה יז ופי"ב הלכה א סמג לאוין סה:

כד **ד** מיי' פ"ט מהל' שבת הלכה ז:

כה **ה** מיי' פ"י מהל' שבת הלכה יט סמג לאוין סה טוש"ע א"ח סי' שטז סעיף א:

הגהות הב"ח

(א) רש"י ד"ה חוץ מחובל וכו' פטור מלשלם מפני (וכן גי' רש"ל): (ב) ד"ה וברייתא וכו' מבעיר גדיש כאור לקדרתו:

גליון הש"ס

גמ' פוק תני לברא. עירובין כו ע"א. ביצה יב ע"ב. יומא מג ע"ב. יבמות עז ע"ב. סנהדרין סב ע"א:

רבינו חננאל

אאינשי ביתיה ואית מן רבנן דטעו ותמהו היכי מקשינן וכי האי גוונא מי מחייב. והא כעובד ע"ז חשיב אטו עובד ע"ז והעושה דברים מכוערים מותר ושניה לקושיא וגרסי מסבריבן וכי האי גוונא מי שרי והתניא ר' שמעון בן אלעזר וכו' (א) ואהדרינן להו ואיסורא מי הוי קשיא לא"ה מתקן וחייב הוא ולא מיתוסף בה איסורא אחרינא. אלא לישנא דיקא הכי היא והכי"ג [מן] מיחייב דכיון דאמר [ר' אבין] מתקן הוא משום דעביד נחת ליצרו ומשום הכי מחייב ר' יהודה על מלאכה שאינה צריכה לגופה. אקשינן עליה האי תיקונא הוא אדרבה האי קלקולא רבה הוא משום דמגרה יצרו בעצמו ומקלקל הוא. ולא שמעינן לר' יהודה במקלקל דמחייב נדחה ר' אבין ובטיל פירוקיה לגמרי ואוקימנא לא מחייב ר' יהודה בהא אלא משום דקא עביד למירמא אימתא אאינשי ביתיה וקא מחזי דבחמתיה עביד וקא מכוין לתקוני לאינשי ביתיה וכרב יהודה דהוא שליף מצבייתא כו' דכל כי האי גוונא תיקונא היא ולא קלקולא אלא מיהו מלאכה שאינה צריכה לגופה היא וכל מאן דעביד הכי בשבת לר' יהודה חייב ולר' שמעון פטור ומתני' כר' שמעון: **פיס'** כל המקלקלין פטורין. תני סתמא וברייתא כר' אבהו דמחייב חובל ומבעיר. ואע"ג דאמר ר' יוחנן אינה משנה אלא החובל בצריך לכלבו והמבעיר בצריך לאפרו דלא מקלקלין נינהו מיהו איצטריכינן לברר היכא אמירא החובל והמבעיר שלא לצורך חייב ואהדרינן מתניתין ר' יהודה דאמר מקלקל בחבורה פטור וברייתא ר' שמעון דאמר מקלקל בחבורה חייב ואל תתמה דרישא דמתניתין כרבי שמעון במלאכה שאינה צריכה לגופה וסיפא כר' יהודה במקלקל בחבורה

מסורת הש"ס

א) כ"ק לד:, ב) [שם ויבמות עז: סנהדרין סב.], ג) [לעיל יב. עג: וש"נ], ד) [יבמות ו: ע"ש], ה) [גיר' הערוך כפוף ע"ש בערך כף ובערך סט ועי' ברמב"ם ובמגיד ועמוס'] מנחות לה: ד"ה וכמה וכו'], ו) [ביצה כד.], ז) [ברכות מא.], ח) [ג"ל יבמות ו: סנהדרין לה:], ט) סנהדרין נב:, י) [לעיל עג:], כ) [וע"ע תוס' סנהדרין פד: ד"ה מאן שמעת], ל) [עי' תוס' לעיל ע ע"ב ד"ה לא משמע].

רב נסים גאון

ידעינן דפלוגתא דר' יהודה ור' שמעון היא: **מדאצטריך** קרא למישרא מילה. עיקר דילה בתורת כהנים וביום השמיני ימול ואפי' בשבת ומה אני מקיים מחלליה מות יומת בשאר מלאכות חוץ ממילה או מקיים אני מחלליה אף במילה ומה אני מקיים ימול חוץ מן השבת ת"ל וביום ואפי' בשבת ובפרק ר' אליעזר (דף קלב) אמרו עוד עד כאן לא פליגי אלא במכשירי מילה אבל מילה גופה דברי הכל דחיא מנא לן ונאמרו בדבר זה כמה טעמים והעיקר מה שאמר ר' יוחנן כי דבריו שוין עם הברייתא ועליהן אנו סומכין והואיל והוצרך הכתוב לומר וביום להתיר המילה בשבת שהיא מצוה הודיע אותנו שהבערה בעלמא חוץ מן המילה אסור לעשותה וחייב עליה בשבת ומדאסר רחמנא הבערה גבי בת כהן מכלל דמבעיר בעלמא חייב כבר ידעת כי ד' מיתות נמסרו לבית דין סקילה שריפה הרג וחנק וכי בת כהן שזינתה מיתתה בשריפה והא אחת מן הנשרפין דכתיב (ויקרא כא) ובת איש כהן כי תחל לזנות וגו' באש תשרף ובמסכת סנהדרין בפרק ד' מיתות (דף נב) זכרו היאך מצות שריפה ואמרו מצות שריפה הנשרפין היו משקעין אותן בזבל עד ארכובותיהן ונותנין סודרין קשין לתוך רכה וכורך על צוארו זה מושך אצלו וזה מושך אצלו עד שפותח את פיו ומדליק את הפתילה וזורקה לתוך פיו ופירשו בתלמוד מאי פתילה אמר רב מתנה פתילה של אבר ועל פי זה נאמרה כאן מה לי לבשל פתילה מאי לי לבשל סממנין כלומר פתילה של אבר שתשרף באש בשנת שריפה והזהיר הקב"ה את ב"ד שלא ישרפו המתחייב שריפה ביום שבת כמה שנאמר (שמות לה) לא תבערו

ליקוטי רש"י

והמשבר כליו בחמתו. כל הכועס כל מיני גיהנם שולטים בו. לפי שהכעס מביאו לכפור בעיקר כדאמרינן בפרק כלו ר' אליעזר דמשבר כליו בחמתו יהיה בעיניך כעובד עבודת כוכבים [ר"ן נדרים כב.]. **מוני.** דגים קטנים [ע"ז כט.]. **שימה דמעתי בנאדך.** שים דמעתי באוצר שלך ותהא שמורה לפניך. **הלא בספרתך.** במנין ממנה [תהלים נו, ט]. **כמשלש.** כמדה [ישעיה מ, יב]. **בשלחה תריבנה.** כשלחה מדה כנגד מדה [ישעיה כז, ח]. **בשלחה** תריבנה. כששלחה עונים את ישראל מריבנה במדה כמדה שלה [ישעי' שם]. **מדה כנגד מדה.** שכן דרכו של הקב"ה לעשות מדה כנגד מדה [סוטה ח:]. **שנים לא האריכו.** שנעשו [יהושע כד, לא]. **כל המקלקלין פטורין.** לענין שבת. **חוץ מחובל ומבעיר.** כדמפרש טעמא בגמ' שבת בפרק האורג דמדאיצטריך קרא למישרי מילה מכלל דשאר חובל חייב ומדאסר רחמנא שריפת בת כהן בשבת מכלל דשאר מבעיר חייב ואע"ג דמקלקל הוא [ב"ק לד:]. **פוק תני לברא.** טעות הוא בידך [ביצה כד.]. **בצריך לכלבו.** בצריך לדם להאכילו לכלבו [פסחים עג.]. **ואם ת"ל משנה.** ואם יש לך לומר שהיא משנה [כגון שנשנית בברייתא שסודרה כבית המדרש [ב"ק שם]. **החובל** בצריך לכלבו. דהוי מקלקל על מנת לתקן והא[תיקון] לכלב הדם שהוא מתקן ואם לאו פטור [ב"ק שם]. **מה לי לבשל פתילה וכו'.** ...

[דבהא] סבר לה כמר ובהא סבר לה כמר ומילתא דמקלקל בחבורה דקאמרי פלוגתא דר' יהודה ור' שמעון היא לא בדירה לן עיקר פלוגתייהו דא היכי ניהו ומתניתא דמפרשא במקלקל בחבורה ור' שמעון מחייב. לא שמיע לן אלא מגמרא בלחוד הוא דשמעינן ליה. ובעושה חבורה ומתקן כ"ע לא פליגי דמחייב בעושה חבורה ומקלקל דר' יהודה פוטר וסתם מתניתין כוותיה ור' שמעון מחייב ונסביר [...] באלו דברים בפסח א"ל רב הונא בר חיננא לאביי לריה כי אזלת לקמיה דר' זירא ...

חשק שלמה על רבינו חננאל א) נראה דע"ש יש לו תיקון וצריך תיקון:

הַבְעָרָה גַּבֵּי בַּת כֹּהֵן – **Also, since the Merciful One prohibited** the court to carry out executions by **burning** on the Sabbath, e.g. regarding **the daughter of a Kohen** who committed adultery, even though the burning is a destructive act, שְׁמַע מִינָּהּ מַבְעִיר בְּעָלְמָא חַיָּיב – **learn from this that** for **ordinary burning** one **is** indeed **liable.**[10]

The Gemara explains how R' Yehudah could object to R' Shimon's reasoning:

וְרַבִּי יְהוּדָה – **Now, R' Yehudah** would counter: הָתָם מְתַקֵּן הוּא כִּדְרַב אַשִׁי – **There,** in those two cases, **[the person] is acting constructively, in accordance with** the reasoning of **Rav Ashi.** דְּאָמַר רַב אַשִׁי – **For Rav Ashi said:** מַה לִּי לְתַקֵּן מִילָה מַה לִּי לְתַקֵּן כְּלִי – **What** difference **is** there **to me** between **the repair** effected by **the circumcision and the repair** performed **to a utensil?**[11] The verse must therefore state that circumcision is nevertheless permitted on the Sabbath. מַה לִּי לְבַשֵּׁל פְּתִילָה מַה לִּי לְבַשֵּׁל סַמָּנִין – Also, **what** difference **is** there **to me** if he acted **to cook a** lead **wick** for the execution **or to cook herbs** as was done for the dyes in the Mishkan?[12] The Torah therefore prohibits executions by burning on the Sabbath.

The Mishnah stated:

שִׁיעוּר הַמְלַבֵּן כו׳ – **THE** minimum **MEASURE OF ONE WHO WHITENS etc.** is double the width of a *sit.*

The Gemara elucidates the measure of a double *sit*:

רַב יוֹסֵף מַחְוֵי כָּפוּל – **Rav Yosef demonstrated** it as a **double** measure, two times the size of a single *sit.*[13] רַב חִיָּיא בַּר אַמִּי מַחְוֵי פָּשׁוּט – **Rav Chiya bar Ami,** though, **demonstrated** it differently, as a **simple** measure.[14]

Mishnah The Mishnah discusses the *melachah* of trapping:[15] רַבִּי יְהוּדָה אוֹמֵר – **R' Yehudah says:** הַצָּד צִפּוֹר לְמִגְדָּל – **One who traps a bird** by driving it **into a closet,** וּצְבִי לְבַיִת – **or a deer** by driving it **into a house,** חַיָּיב – **is liable** to a *chatas* offering for performing the labor of trapping.[16] וַחֲכָמִים אוֹמְרִים – **But the Sages say:** צִפּוֹר לְמִגְדָּל – **A bird** is indeed considered trapped by driving it **into a closet,** as R' Yehudah asserts.

NOTES

is not relevant according to R' Shimon – see previous note.] By expressly permitting circumcision on the Sabbath the Torah teaches that wounding is unlike other *melachos* in that one is liable for it even though it is a purely destructive act (*Rashi*).

10. [A daughter of a Kohen who is guilty of adultery is liable to execution by burning (*Leviticus* 21:9). This is done by pouring molten lead down her throat (*Sanhedrin* 52a).] The Gemara in *Yevamos* (6b) derives from Scripture that the court may not execute a Kohen's daughter on the Sabbath (*Rashi*). According to R' Shimon, burning the woman is considered a destructive act because the fact that it leads to atonement is only an extraneous benefit, not inherent in the burning. By prohibiting this act on the Sabbath the Torah teaches that one is liable for burning even when it is a destructive act.

Thus, R' Shimon's view about a labor not needed for its defined purpose leads him to conclude that one is liable for wounding and burning even when those acts are purely destructive. But R' Yehudah holds that a person is liable if his labor serves *any* need – even an extraneous one. According to his view nothing can be derived from the Torah's sanction to circumcise on the Sabbath or from its prohibition to burn a Kohen's daughter on the Sabbath, because those acts provide some extraneous benefit – e.g. the *mitzvah* of circumcision is fulfilled, the child can now eat *terumah*, the woman's sin is atoned. Hence, wounding and burning are like any other *melachah;* if they are totally destructive, the person is exempt from punishment (*Rashba* and *Ritva MHK* ed., according to *Rashi*).

11. That is, the child himself becomes rectified with his circumcision (*Rashi*), making the circumcision a purely constructive act. Therefore, if not for the Torah's sanction, we would prohibit this action on the Sabbath. See next note.

12. That is, it could be forbidden to execute the Kohen's daughter because it is necessary to heat the lead to melt it down [not because of the actual burning of the person]. This is not at all a destructive act towards the lead because it actually becomes strengthened when it is heated (*Rashi*).

Ritva (*MHK* ed.) notes that according to *Rashi's* explanation (see above, note 10), R' Yehudah did not have to answer that the acts of circumcision and execution include direct inherent benefit, because according to R' Yehudah even an extraneous benefit is sufficient to classify a labor as constructive. Thus, one would be be liable according to R' Yehudah because of any side benefit that accrues from the circumcision or execution. The Gemara, however, points out that, in fact, these two acts *do* include direct benefits.

Throughout this section, we have followed *Rashi's* explanation, which links the dispute between R' Yehudah and R' Shimon about destructive acts of wounding and burning to their dispute about a labor performed not for its defined purpose. According to *Tosafos* ד״ה מה לי, however, the two disputes are unrelated. Even though we do not find R' Yehudah and R' Shimon disagreeing about these destructive acts elsewhere in the Talmud, our Gemara knew of the existence of such a dispute, and subsequently explains its cause. See also *Ramban, Rashba, Ritva* et al. for alternative explanations of our Gemara.

13. That is, he measured the space between his extended index finger and middle finger two times (*Rashi*).

14. That is, he displayed the space between his thumb and index finger, which is equivalent to double the length of the space between the index finger and the middle finger, mentioned by our Mishnah (*Rashi;* see also *Chidushei HaRan;* cf. *Ritvah MHK* ed.).

Sfas Emes finds *Rashi's* explanation difficult because the dispute between Rav Yosef and Rav Chiya bar Ami does not result in any practical difference. He therefore suggests an alternative explanation of the Gemara. See also *Meromei Sadeh.*

15. As explained above, the *melachos* required for the preparation of the skins should have followed the *melachah* of writing dealt with in the previous chapter. For the reasons mentioned there, the Tanna deviated from this order to elaborate on the *melachah* of weaving. Now that he has completed the laws of weaving and its related *melachos*, he returns to the previous order and elaborates on the *melachah* of trapping (*Tos. Yom Tov*).

16. R' Yehudah considers a bird trapped only in a closet, but not in a house, because the bird can still fly out through the windows. Similarly, R' Yehudah considers an animal such as a deer to be trapped only in a house. But in a larger enclosure, such as a garden or a courtyard, the animal is not considered trapped (*Rashi;* see *Taz* 316:1, *Sfas Emes*).

ידאגו כל האחין כולן [א]אחד מבני חבורה שמת תדאג כל החבורה כולה אמרי לה דמות גדול ואמרי לה דמות קטן: וכל המקלקלין פטורין: [ב]תני ר' אבהו קמיה דר' יוחנן [ב]כל המקלקלין פטורין חוץ מחובל ומבעיר א"ל [ג]פוק תני לברא חובל ומבעיר אינה משנה ואם ת"ל משנה [ג]חובל בצריך לכלבו מבעיר בצריך לאפרו והאנן תנן כל המקלקלין פטורין מתניתין [ו]רבי יהודה ברייתא רבי שמעון מ"ט דר' שמעון מדאיצטריך קרא למישרא מילה הא חובל בעלמא חייב ומדאסר רחמנא הבערה גבי בת כהן שמע מינה מבעיר בעלמא חייב ורבי יהודה התם מתקן הוא כדרב אשי דאמר רב אשי מה לי לתקן מילה מה לי לתקן כלי [ז]מה לי לבשל פתילה מה לי לבשל סמנין: שיעור המלבן כו': רב יוסף מחוי [ח]כפול רב חייא בר אמי [ד]מחוי פשוט: **מתני'** [י]ר' יהודה אומר הצד צפור למגדל וצבי לבית חייב [ה]וחכ"א צפור למגדל וצבי

רש"י

ידאגו. יירלו מן המיתה: דמות גדול. יש לדאוג הואיל ושלטה מדת הדין בראש הבית: ואמרי לה דמות קטן. שבקללה מתחילין מן הקטן[י]: חוץ מחובל. באדם דמקלקל הוא וחייב דתנן (ב"ק פז.) החובל בחברו בשבת פטור (א) מלשלם מפני שנדון בנפשו: ומבעיר. את הגדיש מקלקל הוא וחייב כדתנן (שם דף לד:) והוא שהדליק את הגדיש פטור מן תשלומין מפני שנדון בנפשו: אינה משנה. דהא מקלקל הוא פטור: בצריך. לדם היוצא מן החבלה לכלבו ואם מקלקל הוא אלא נחבל מתקן הוא אצל הכלב: והא תנן כל המקלקלין פטורין. ואפי' חובל ומבעיר וקשיין אהדדי ולרבי אבהו פריך: מתני' ר' יהודה. דאית ליה מקלקל בחבורה פטור ולא איתפרש היכא ול"נ מתני' ר' יהודה היא דאמר מלאכה שאינה צריכה לגופה חייב עליה הלכך חיובא דחובל בצריך לכלבו ומבעיר בצריך לאפרו משכחת לה דאע"פ דמקלקל הוא אצל מלאכה עצמה מתקן הוא אצל אחרים ולר' יהודה כי האי גוונא מלאכה הוא משום תקון אחרים אבל מקלקל ואינו מתקן פטור ואע"ג דרישא דמתני' אוקימנא כר"ש דקתני קורע על מתו פטור סיפא ר"י: וברייתא ר"ש היא. דאמר מלאכה שאינה צריכה לגופה פטור עליה הלכך אין לך חובל ומבעיר שאין מקלקל ואפי' מבעיר עלים (ג) לקדרתו מקלקל הוא אצל עלים ומה שהוא מתקן אצל אחרים לר"ש לא חשיב דהא מלאכה שאינה צריכה לגופה היא אלא משום דמקלקל בחבלה והבערה חייב כדיליף לקמיה: מדאיצטריך קרא. וביום השמיני ביום ימילה ואפי' בשבת ומילה חובל הוא מכלל דשאר מקלקלין בחבורה חייב: ומדאסר רחמנא הבערה דבת כהן. בשבת (ה) לקמן בפרק ר' אליעזר: מה לי מתקן כלי. הא נמי מתקן גברא הוא ויש מלאכה בתיקון זה: בישול פתילה. שהוא מדליק פתילה של אבר ונותנה לתוך פיה[ט] ודרך בישול הוא זה וחייב על הבישול שאינו מקלקל האבר בבישולו אלא מתקן ולורף: סמנין. של מלאכת המשכן: רב יוסף מחוי. הא שיעור כפול דמתני' כפול ממש כריוח שבין אצבע לאמה משער שני פעמים: מחוי פשוט. כריוח שבין גודל לאצבע פעם אחד הוא כפול דמתניתא שיש בו כפלים כאותו שבין אמה לאצבע: **מתני'** הצד צפור. עד שהכניסו למגדל משמשי"ר בלע"ז חייב דזו היא לידתו אבל אם הכניסו לבית אינו ניצוד בכך שיוצא לו דרך חלונות: וצבי

תוספות

חוץ מחובל ומבעיר א"ל פוק תני לברא כו'. פי' רבינו שמואל דר' אבהו סבר כר"ש דאמר מקלקל בחבורה ובהבערה חייב ור' יוחנן סבר לה כר' יהודה דאמר מקלקל בחבורה ובהבערה פטור ולצריך לכלבו ולאפרו לא חשיב מקלקל וחייב אפי' לר' יהודה וכן משמע בסמוך מתוך פי' רש"י וקשה לר"ת אמאי א"ל פוק תני לברא דלאו משום דס"ל כר' יהודה מאן דתנא כר"ש משתקינן ליה דהכא ג' פריך בפ"ק דחולין (טו.) ע"כ נראה דר' אבהו ור' יוחנן אליבא דר"ש פליגי דר' אבהו סבר דחובל ומבעיר אע"פ שאינו צריך לכלבו ולאפרו חייב לר' שמעון דגמר ממילה והבערת בת כהן ור' יוחנן סבר דר"ש נמי לא מחייב אא"כ איכא קצת תיקון כגון לצריך לכלבו ולאפרו דמילה והבערה איכא קצת תיקון שהוא צורך מצוה אבל לר' יהודה אפי' צריך לאפרו ולכלבו פטור דאין זה תיקון חשוב דאין דרך לחבול בחבירו כדי ליתן לכלבו או לשרוף גדיש בשביל האפר אע"ג דכל שוחט מקלקל הוא כדאמרי' בפ"ק דחולין (דף ח.) סכין של ע"ז מותר לשחוט בה מודה ר' יהודה לענין שבת דחייב דדוקא לענין ע"ז חשוב מקלקל דכתיב ולא ידבק בידך מאומה מן החרם ולא חשיב ליה נהנה כיון דקלקולו יותר על תקונו ור"ת מפרש הא דחשיב לר' יהודה מקלקל בצריך לכלבו ולאפרו לפי שאין התיקון בא בשעה אלא לאחר מכאן לאחר שנעשית חבורה בא הדם ולאחר שכלתה ההבערה בא האפר אבל בשוחט בשעת הקלקול בא לו התיקון שמוציאה מידי אבר מן החי וקורע למירמא אימתא אאינשי דביתיה חשוב ליה לר"ש נמי תיקון לפי שבשעת הקלקול בא לו התיקון וכן בהריגת המזיקין (לקמן קכא:) חייב לר' יהודה דבא התיקון בשעת הקלקול ולר"ש פטור משום דהויא מלאכה שאינה צריכה לגופה וקורע ע"מ לתפור ומוחק ע"מ לכתוב דמחייב לכ"ע אע"ג שבשעת הקלקול אינו בא התיקון היינו משום שהקלקול גורם תיקון יותר טוב לבסוף ותיקון גמור הוא שהרי אינו יכול לעשות התיקון אלא ע"י הקלקול:

בחובל וצריך לכלבו כו'. ול"ת ור' אבהו דמחייב אפי' באין צריך לכלבו כיון דאין צריך ככל הוי מלאכה שאינה צריכה לגופה ואע"ג דמחייב ר"ש מקלקל בחבורה מ"מ בעי צריכה לגופה כדאמרי' בריש הנחנקין (סנהדרין פד:) מאן שמעת ליה דאמר מקלקל בחבורה חייב ר"ש האמר מלאכה שאינה צריכה לגופה עליה וכן משמע בפרק כלל גדול (לעיל דף עה.) גבי חלזון ובפרק כל כתבי (לקמן דף קכא.) ובס"פ ספק אכל (כריתות דף כ:) וי"ל דאפי' במקלקל גמור משכחת לה דהויא צריכה לגופה כגון חובל ומבעיר לאיסורי הנאה שסבר שיכול ליתן לכלבו ולבשל בו קדרה ור' אבהו אע"ג דלא חשיב צורך מלוה תיקון מ"מ צריכה לגופה חשיב וא"ת לצריך לכלבו ולאפרו היכי חשיב צריכה לגופה מ"מ מחופר גומא ואינו צריך אלא לעפרה[י] וי"ל דלא דמי דהכא הוא צריך לנטילת נשמה כדי לתת לכלבו דהיינו הדם כי הדם הוא הנפש ומבעיר נמי צריך להבערה כדי לעשות אפר כמו מבעיר כדי לבשל קדרה אבל חופר הגומא נעשית מאליה ואינו נהנה ממנה כלום[ט]:

מדאיצטריך קרא למישרי מילה כו'. וא"ת למה לי למילף ממילה ילוף כולה מילתא מהבערת בת כהן דלא דחי שבת דבהבערה איכא נטילת נשמה ומובל נמי לא מחייב אלא משום נטילת נשמה וי"ל דלענין מקלקל בחבורה ליכא למילף מהבערה דהתם התיקון בא בשעת הקלקול אבל לענין מקלקל בהבערה יליף שפיר דלאחר הבערה בא התיקון כדפי' אי נמי לאו דילפינן ממילה למקלקל בחבורה חייב ה"א דלדיליה דוחה את השבת דלאו מלאכה היא והבערה לחודה היא דאימעטה משום דמקלקל בהבערה חייב:

דאמר רב אשי מה לי לתקן מילה מה לי לתקן כלי. לאו משום דסבר כר' יהודה אלא מפרש הוא אליבא דר' יהודה: **מה לי** לבשל פתילה מה לי לבשל סמנין. אין לפרש כמו שבישול סממנין מתקנן להיות יותר חשובים כך פתילה חשובה יותר ע"י בישול דאי היינו טעמא דר' יהודה שאר מיתות ב"ד דלא דחו שבת מנלן דלא שייך בהו תיקון דהבערה לא אסרה תורה אלא משום תיקון פתילה ועוד שריפת בת כהן גופה מנלן דלא דחיין היכא דתיקון הפתילה מאתמול ואומר ר"י דה"פ מה לי בישול פתילה כו' כלומר שריפת בת כהן מה לי בישול פתילה מה לי בישול סממנין בלבישה בגד דכי היכי דבישול סממנין לצורך לבישה חשוב תיקון ה"נ בישול פתילה לצורך שריפה והכא נפקא לן שפיר דכל שאר מיתות ב"ד חשוב תיקון משום מצוה דלאו לאו שריפה משום מלוה חשיבא תיקון משום בישול פתילה לא הוה אסורה אע"פ שמתקנת בכך דכיון שאינה חשיבא אלא משום שריפה לא הוה חשיב תיקון ולא מיחייב וכן מוליא מת לקוברו או מת לר"ש כמו מוליא כיס לקבל בו זיבה בפ"ק (דף יב.) וא"ת ובשלמא לר' יהודה שפיר שמעינן דהבערה ללאו יצאת או לחלק מדלא כתב לא תעשה מלאכה בכל מושבותיכם וכתב הבערה ש"מ ללאו יצאת או לחלק לדפרישית בפרק כלל גדול (לעיל דף ע.) [ד"ה הבערה] אלא לר"ש דאיצטריך למיכתב הבערה לחייב מקלקל בהבערה מנא ליה דיצאת ללאו או לחלק וליכא למימר דנפקא ליה לחלק מחלל מחלל מהכא כדמפיק ליה ר' יוסי דהא בפרק הבונה (לעיל דף קג.) פליג ר"ש בהדיה אר' יוסי ודרש מחלליה ו"ל דנפקא ליה לשמואל בפרק כלל גדול (לעיל דף עה.) והשתא אתי שפיר הא דהוה קשה[ל] שמואל דלא אמר כמאן דלא כר' נתן ולא כר' יוסי דהשתא כר"ש אתי[מ] ובפ"ב דיבמות (דף ו:) קאמר דאיצטריך קרא למיסר הבערת בת כהן משום דהוה סלקא דעתך אתי עשה ודחי ל"ת [ו]ה"ה דמצי למימר משום דהוה סלקא דעתך למישרי מקל ומחומר מעבודה דדחיא שבת היינו כר' אבהו דר' שמעון איצטריך קרא בהבערה לחייב כל מקלקל דהך פלוגתא דמקלקל בחבורה מפרש רש"י דנפקא לן מפלוגתא דמלאכה שאינה צריכה לגופה כדפי' לעיל ול"ל דהך פלוגתא דמקלקל בחבורה לריך לומר דר' אבהו כר"ש ור' יוחנן כר' יהודה ואין נראה כדפי' ולכלבו ולאפרו ולפי זה אין לומר דלר' יהודה משכחת לה קבלה היכא דצריך לכלבו ולאפרו ולפי זה צריך לומר דלר' יהודה משכחת לה תיקון בחבורה היכא בידים: ואין

מסורת הש"ס

א) כ"ק לד:, ב) [שם יבמות ט:. סנהדרין פה.], ג) [לעיל עה. ועי"ש], ד) [יבמות ו: ע"ש], ה) [גיר' הערוך כפוף ע"ש בערך כף ובערך פט ועי' ברמב"ם ובמגיד ועתוס' מנחות לח: ד"ה וכמה וכו'], ו) [ביצה כד.], ז) [כרכות מא.], ח) [ע"ל יבמות ו: סנהדרין לה:], ט) סנהדרין נב., י) [עיל עג:], כ) [וע' תוס' סנהדרין פד: ד"ה מאן שמעת], ל) [ע' תוס' לעיל ע"כ ד"ה לא משמע].

עין משפט נר מצוה

כב א מיי' פ"י מהל' שבת הל' יז סמג לאוין סה טוש"ע א"ח סי' שלד סעיף ס:
כג ב ג מיי' פ"ח מהל' שבת הל' ז ופ"י הלכה ה ופ"י הלכה יו סמג לאוין סה:
כד ד מיי' פ"ט מהל' שבת הלכה ז:
כה ה מיי' פ"י מהל' שבת הלכה יט סמג לאוין סה טוש"ע א"ח סי' שטו סעיף א:

רב נסים גאון

ידעינן דפלוגתא דר' יהודה ור' שמעון היא: מדאצטריך קרא למישרא מילה. עיקר דילה בתורת כהנים וביום השמיני ימול ואפי' בשבת ומה אני מקיים מחלליה מות יומת בשאר מלאכות חוץ ממילה או מקיים אני מחלליה אף במילה ומה אני מקיים ימול חוץ מן השבת ת"ל וביום ואפי' בשבת ובפרק ר' אליעזר (דף קלב) אמרו עוד עד כאן לא פליגי אלא במכשירי מילה אבל מילה גופה דברי הכל דחיא מנא לן ונאמרו בדבר זה כמה טעמים והעיקר הוא מה שאמר ר' יוחנן כי דבריו שוין עם הברייתא ועליהן אנו סומכין והואיל והוצרך הכתוב לומר וביום להתיר המילה בשבת שהיא מצוה הדיגו אותנו שהבערה בעלמא חוץ מן המילה אסור לעשותה וחייב עליה בשבת ומדאסר רחמנא הבערה גבי בת כהן מכלל דמבעיר בעלמא חייב כבר ידעת כי ד' מיתות נמסרו לבית דין סקילה שריפה הרג וחנק וכי בת כהן שזינתה מיתתה בשריפה והא אחת מן הנשרפין כדכתיב (ויקרא כא) ובת איש כהן כי תחל לזנות וגו' באש תשרף ובמסכת סנהדרין בפרק ד' מיתות (דף נב) זכרו היאך מצות שריפה ואמרו מצות שריפה הנשרפין היו משקעין אותן בזבל עד ארכובותיהו ונותנין סודרין קשין לתוך רכה וכורך על צוארו זה מושך אצלו וזה מושך אצלו עד שפותח את פיו ומדליק את הפתילה וזורקה לתוך פיו ופירשו בתלמוד מאי פתילה אמר רב מתנה פתילה של אבר ועל פי זה נאמרה כאן מה לי לבשל פתילה מה לי לבשל סממנין כלומר פתילה של אבר שתישרף בה בת כהן שזינתה והזהיר הקב"ה את ב"ד שלא ישרפו המתחייב שריפה ביום שבת כמה שנאמר (שמות לה) לא תבערו

הגהות הב"ח

(א) רש"י ד"ה חוץ מחובל וכו' פטור מלשלם מפני [וכן גי' רש"ל]: (ג) ד"ה וברייתא וכו' מבעיר עלים באור לקדרתו:

גליון הש"ס

גמ' פוק תני לברא. עירובין ט ע"א. ביצה יב ע"ב. יומא מג ע"ב. יבמות עז ע"ב. סנהדרין סב ע"א.

רבינו חננאל

דאינשי ביתיה ואית מן רבנן דטעו ותמהו היכי מקשינן וכי האי גוונא מי מחייב. והא כעובד ע"ז חשיב אטו עובד ע"ז והעושה דברים מכוערים מותר ושניה לקושיא וגרסי מסבריהן וכי האי גוונא מי שרי והתניא ר' שמעון בן אלעזר וכו' א) והאדרינן להו ואיסורא מי הוי קשיא לא"ד מתקן וחייב הוא ולא מיתוסף בה איסורא אחרינא. אלא לישנא דיקא הכי היא וכה"ג [מי] מיחייב דכיון דאמר [ר' אבין] מתקן הוא משום דעביד נחת ליצרו ומשום הכי מחייב ר' יהודה על מלאכה שאינה צריכה לגופה. אקשינן עליה האי תיקונא הוא אדרבה האי קלקולא רבה הוא משום דמגרה יצרו בעצמו ומקלקל הוא. ולא שמעינן לר' יהודה דפטר במקלקל דמחייב נדחה ר' אבין ובטיל פירוקיה לגמרי ואוקימנא לא מחייב ר' יהודה בהא אלא משום דקא עביד למירמא אימתא אאינשי ביתיה וקא מחזי דבחמתיה עביד וקא מכוין לתקוני לאינשי ביתיה וכרב יהודה דהוא שליף מצבייתא כו' דכל כי האי גוונא תיקונא היא ולא קלקולא אלא מיהו מלאכה שאינה צריכה לגופה היא והלכך מאן דעביד הכי בשבת לר' יהודה חייב הוא ולר' שמעון פטור ומתני' ר' שמעון: פיס' כל המקלקלין פטורין. תני סתמא וברייתא כר' אבהו מחייב חובל ומבעיר. ואע"ג דאמר ר' יוחנן אינה משנה הא החובל בצריך לכלבו והמבעיר בצריך לאפרו דלא מקלקלין נינהו מיהו איצטרכין לברר היכא אמירא החובל והמבעיר שלא לצורך חייב ואהדרינן מתניתין ר' יהודה דאמר מקלקל בחבורה פטור וברייתא ר' שמעון דאמר מקלקל בחבורה חייב ואל תתמה דרישא דמתניתין כרבי שמעון במלאכה שאינה צריכה לגופה וסיפא כר' יהודה במקלקל בחבורה

ליקוטי רש"י

והמשבר כליו בחמתו. כל אדם הכועס כל מיני גיהנם שולטים בו. לפי שהכעס מביאו לכפור בעיקר כדאמרינן בפרק ר' אליעזר דמילה (קלה:) המשבר כליו בחמתו יהיה בעיניך כעובד עבודת כוכבים [ר"ן נדרים כב.]. מוניני. רגים קטנים [ע"ז כט:]. שימה דמעתי בנאדך. שים דמעתי בנאד שלך ותהא שמורה לפניך. הלא בספרתך. במנינך תמנה לנחמה [תהלים נו, ט]. בכאסאה. בלאתה מדה [ישעיה כז, ח]. בשלחה תריבנה. כשלחה מלרים לא עלוכה מלרים כמדה שלא [ישעי' שם]. מדה כנגד מדה. שכן דרכיו לנגמל מדה כנגד מדה [סוטה ח:]. בשלחה תריבנה. כשלחה בית יהודה ואת כל אומות הגוים לגלות בהם. לפי שנתעללו בבית המקדש ובת כהן. ואמרי' בפ' ד' מיתות זעמו של ישראל קלקלו מה שאמר הכל נגעו בברעם עליהם [הושע ב, ז]. כל המקלקלין פטורין. לענין שבת. חוץ מחובל ומבעיר. כדמפרש טעמא במס' שבת בפרק האורג מדאיצטריך קרא למשרי מילה ולהתיר מילה בבת כהן מכלל דשאר מקלקלין בחבורה חייב ומדאסר רחמנא הבערה גבי בת כהן ש"מ דהבערה במקלקל חייב דאין כהן מקלקל [ב"ק לד:]. פוק תני לברא. לאו משנה היא [חולין סח]. אינה משנה. לא שנויה במשנה (מתני') [כתובות ב:]. ואם ת"ל משנה. אם יש מקלקלין שיש להם מתוקן [ב"ק שם]. בצריך לכלבו. למלא מכאן [מקלקל]. ומבעיר בצריך לאפרו [שבת עג:]. ובצריך לכלבו. דהוי מתקן ולא מקלקל [ביצה כד.]. מה לי לבשל פתילה. שריפת בת כהן פתילה של אבר כשר. הצד צפור. עד שהכניסו למגדל. וחכמים אומרים צפור למגדל. משמשי"ר בלע"ז [ביצה שם] מנת השם ולבית כדרכה ופתחיה סגורים עד לתוך אבל לבית אינה ניצודה דמשתמטא מחלונות [ביצה כד.]. היא לא בית אף ולבית אינו ניצוד דיוצא לו דרך חלונות ואין לך בית שאין בו חלונות וכו' [ביצה כד.].

חשק שלמה על רבינו חננאל א) נראה דע"ש יש כט ולריך תיקון:

[דבהא] סבר לה כמר ובהא סבר לה כמר ומילתא דמקלקל בחבורה דקאמרי פלוגתא דר' יהודה ור' שמעון היא לא בריירה לן עיקר פלוגתייהו דא היכי ניהו ומתניתא דמפרשא דמקלקל בחבורה ר' יהודה פוטר ור' שמעון מחייב. לא שמיע לן אלא מגמרא בלחוד הוא דשמעינן ליה. ובעושה חבורה ומתקן כ"ע לא פליגי דמחייב בעושה חבורה ומתקן כדר' יהודה כוותיה דר' שמעון אסרי וגרסינן באלו דברים בפסח א"ל רב הונא בר חיננא לרבא לימא ר' יהודה בעי מר' זריקא דס"ל כר' אלעזר דאמר מקלקל בחבורה ר' יוחנן מקלקל בחבורה פטור ור' שמעון מחייב

עין משפט נר מצוה

כו א ב ג ד מיי' פ"י מהל' שבת הלכה כ סמג שם טוש"ע שם סעיף א:
כז ה מיי' שם הל' כא טוש"ע שם סעיף ב:
כח ו מיי' שם הלכה כד טוש"ע שם:
כט ז מיי' וסמג שם טוש"ע שם סעיף ג:
ל ח מיי' שם הלכה כג סמג שם טוש"ע שם סעיף ה:
לא ט מיי' שם הל' יט:
לב י מיי' שם הל' כג סמג שם טוש"ע שם סעיף ו:

רבינו חננאל

בחבורה פטור שחטו שלא לשמו ושלא לאוכליו כו' וכולא שמעתא דקא מפרש ליה בחדא חדא מאי תיקן ולא מפרש מ"ד המקלקל בחבורה פטור מאן הוא אלא מתניתין בהדיא היא כל המקלקלין פטורין בין חובל דמקלקל בחבורה בין דחד מיניה (וקרא) [וקאמר] ר"ש ור' יהודה היא א) דשמעינן פלוגתייהו וגרסינן בבתולה נשאת אם תמצא לומר דם חבורי מחבר שהבועל בתחלה הוא עושה חבורה הא אמרינן אם תמצא לומר הלכה כר' יהודה דאמר שאין מתכוין אסור מי הואי האי בועל בשבת מקלקל בהאי חבורה אי לא. ואם תימצא לומר מקלקל הוא במקלקל הלכה כר' יהודה או כר' שמעון והכין פירושא הלכה כר' יהודה דאמר מקלקל בחבורה פטור או הלכה כר' שמעון דאמר חייב דאי אמרת הלכה כר' שמעון דאמר מקלקל בחבורה חייב או הלכה כר' יהודה דאמר דבר שאין מתכוין אסור אילו היה כך אסור לבעול בתחלה בשבת וחזינן דמפרש (בספינה) לעולם רב כר' יהודה סבירא ליה דאמר דבר שאין מתכוין אסור. אלא מיהו מקלקל בחבורה הוא ושרי לר' יהודה ואמרי' מ"ט דר' שמעון דאמר חובל ומבעיר אע"פ שמקלקלין חייבין מדאצטריך קרא למישרא מילה בשבת וגמרינן דמקלקל בחבורה בעלמא בשבת חייב ואקשינן מילה מתקן הוא כדרב אשי דאמר מה לי לתקן מילה מה לי לתקן כלי מה לי לבשל פתילה מה לי לבשל סממנין ולא גמרי' מינה למקלקלין ומקלקל לא אשכחנן דאיתמר: **שיעור המלבן** צמר כמלא רחב הסיט כפול וכן המנפץ צמר וכן הצובע וכן הטווה רב יוסף מחוי [כפוף] מעיקר הגודל עד ראש אצבע כשהן דבוקות זו בזו רב חייא בר אמי מחוי פשוט מראש גודל עד ראש אצבע כשהן פשוטות דאעפ"כ אינן הוות זרת: ר' יהודה אומ' הצד צפור למגדל כו' פי' מגדל זה של עץ הוא שחשוב ככלוב גדול אם פתח שער המגדל ועשה תחבולות עד שנכנס הצפור לתוכו וסגר עליו חייב כי כסגרו המגדל וגמרה הצידה וגם אם הולך אחר צבי והחזירו מיכן ומיכן עד שנכנס לבית חייב כי כיון שנכנס לבית והא סגר עליו הרי צידו חייב אבל אם

ואין נותנין לפניהם מזונות. אין לפרש דטעמא משום דלדגים מיחזי שפיר במים להכי לא טרחינן דחשיבי כאין מזונותיהם עליך חדא דלאו מילתא דפסיקא היא דלדגים מצוין מזונות ולא לחיה ועוד דבסמוך בעי לאוקמי הא דקתני אין צדין חיה ועוף ואין נותנין לפניהם מזונות בביבר שאינו מקורה וכי בשביל שאינו מקורה מצוין להם מזונות ורש"י דפירש כיון דאין צדין מוקצין נינהו להכי אין נותנין לפניהם מזונות ואין טורחין בשבילם אין נראה כלל דהא תנן לקמן בפ' בתרא (דף קנה:) נותנים מים לפני אווזים ותרנגולים ולפני יוני הרדסיאות אע"ג דמוקצין הן בשבת ונראה לר"י כל היכא דהוי כנילוד ועומד מדאורייתא כגון אווזין ותרנגולין ויוני הרדסיאות ואע"ג דמדרבנן אסור לצודן כדתנן בפרק שמונה שרצים (לקמן דף קז.) חיה ועוף שברשותו הצדן פטור משמע אבל אסור כיון דמדאורייתא כנילוד ועומד נותנין לפניהם מזונות וכן חיה ועוף שבביברין מקורין דחשיב טפי מזונותיהם עליך אבל כאן שמן התורה אין ניצודין לא חשיב מזונותיהן עליך והוי כאותן שהן כל שעה בשדה כמו יוני שובך ויוני עלייה ואתי שפיר לפי זה ההיא דריש אין צדין (ביצה דף כד.) דקתני התם במתניתין רשב"ג אומר זה הכלל המחוסר צידה אסור כו' וקאמר בגמרא היכי דמי מחוסר צידה כגון דאמר הבא מצודה ונצודנו אמר ליה אביי לרב יוסף והרי אווזים ותרנגולים דאמר הבא מצודה ונצודנו ואמר הצד אווזים ותרנגולים ויוני הרדסיאות פטור והשתא קשה מאי פריך והא פטור משמע אבל אסור ובמתניתין קתני נמי רשב"ג אומר מחוסר צידה אסור ולמאי דפי' הכא אתי שפיר דרשב"ג קאי ארישא דקתני אין צדין ואין נותנין לפניהם מזונות וקא אסר רשב"ג במחוסר צידה אף ליתן מזונות וא"כ מחוסר צידה דאורייתא חשיב ליה ולהכי פריך שפיר:

הלכה מכלל דפליגי. אע"ג דר' יהודה פליג מ"מ פריך אביי שפיר דאי לאפוקי מדרבי יהודה אתא לימא אין הלכה כרבי יהודה הכא אתי שפיר דלא קבעי היכי דמי מחוסר צידה דהא ככר פי' דהיכא דאיכא עוקצי ביבר גדול ומסתמא דהיינו מחוסר צידה דרשב"ג אבל בריש אין צדין (ביצה דף כד.) קשה אמאי קבעי ה"ד מחוסר צידה הואיל וככר פי' ביבר גדול וביבר קטן לרבנן ונראה לריב"א משום דהתם קתני במילתייהו חיה ועוף ועלה קאי רשב"ג וקבעי ה"ד מחוסר צידה בעופות אבל אחיה לא קבעי דזה ככר פירש וכן משמע דכל הנהו דמייתי עלה לא מיירי אלא בעופות אבל הכא לא איירו רבנן בעופות אלא בחיה גרידא:

היכא דנפלי טולא דכתלים. היה להם שיעור הכתלים שוה והיו יודעין שיעורן:

למה זה דומה לנועל ביתו לשומרו ונמצא צבי שמור בתוכו. ואם תאמר מאי אולמא הך מהך ונראה לריב"א דס"ד דהא וישב בצדו ליתסר משום דמיחזי דלהוסיף שמירה לגבי הוא בא: וממאי

וצבי לגינה ולחצר ולביברין [חייב] רשב"ג אומר לא כל הביברין שוין זה הכלל מחוסר צידה פטור שאינו מחוסר צידה חייב: **גמ'** תנן התם אין צדין דגים מן הביברין בי"ט ואין נותנין לפניהם מזונות אבל צדין חיה ועוף ונותנין לפניהם מזונות ורמינהו ביברין של חיות ושל עופות ושל דגים אין צדין מהם ביום טוב ואין נותנין לפניהם מזונות קשיא חיה אחיה קשיא עופות אעופות בשלמא חיה אחיה לא קשיא הא רבי יהודה הא רבנן אלא עופות אעופות קשיא וכי תימא עופות אעופות נמי לא קשיא הא ביבר מקורה והא בית דמקורה הוא ובין לרבי יהודה ובין לרבנן צפור למגדל אין לבית לא אמר רבה בר רב הונא הכא בצפור דרור עסקינן לפי שאינה מקבלת מרות דתנא דבי ר' ישמעאל למה נקרא שמה צפור דרור מפני שדרה בבית כבשדה השתא דאתית להכי חיה אחיה נמי לא קשיא הא בביבר גדול הא בביבר קטן היכי דמי ביבר גדול היכי דמי ביבר קטן אמר רב אשי כל היכא דרהיט בתריה ומטי לה בחד שיחייא ביבר קטן ואידך ביבר גדול אי נמי כל היכא דנפיל טולא דכתלים אהדדי ביבר קטן ואידך ביבר גדול ואי נמי כל היכא דליכא עוקצי עוקצי ביבר קטן ואידך ביבר גדול: רשב"ג אומר וכו': אמר רב יוסף אמר רב יהודה אמר שמואל הלכה כרבן שמעון בן גמליאל אמר ליה אביי הלכה מכלל דפליגי א"ל מאי נפקא לך מינה א"ל גמרא גמור זמורתא תהא ת"ר הצד צבי סומא וישן חייב חיגר וזקן וחולה פטור א"ל אביי לרב יוסף מ"ש הני ומ"ש הני הני עבידי לרבויי הני לא עבידי לרבויי והתניא חולה חייב אמר רב ששת לא קשיא הא בחולה מחמת אישתא הא בחולה מחמת אובצנא ת"ר הצד חגבין גזין צרעין ויתושין בשבת חייב דברי רבי מאיר וחכמים אומרים כל שבמינו ניצוד חייב וכל שאין במינו ניצוד פטור תניא אידך הצד חגבים בשעת הטל פטור בשעת השרב חייב אלעזר בן מהבאי אומר אם היו מקלחות ובאות פטור איבעיא להו אלעזר בן מהבאי ארישא קאי או אסיפא קאי ת"ש הצד חגבין בשעת הטל פטור בשעת השרב חייב אלעזר בן מהבאי אומר אפילו בשעת השרב אם היו מקלחות ובאות פטור: **מתני'** צבי שנכנס לבית ונעל אחד בפניו חייב נעלו שנים פטורין לא יכול אחד לנעול ונעלו שנים חייבין ור"ש פוטר: **גמ'** א"ר ירמיה בר אבא אמר שמואל הצד ארי בשבת אינו חייב עד שיכניסנו לגורזקי שלו: **מתני'** ישב האחד על הפתח ולא מילאהו ישב השני ומילאהו השני חייב ישב הראשון על הפתח ומילאהו ובא השני וישב בצדו אף על פי שעמד הראשון והלך לו הראשון חייב והשני פטור הא למה זה דומה לנועל את ביתו לשומרו ונמצא צבי שמור בתוכו: **גמ'**

וצבי. נילוד משהכניסו לביתו ונעל בפניו אבל אם הכניסו לגינה או לחצר אין זו לידה: המחוסר צידה. שקשה לתופסו שם כדמפרש בגמ': **גמ'** ביברין. קרפיפות מוקפין: אין צדין מהן בי"ט. אלמא לאו נילוד ועומד קא חשיב ליה ש"מ המכניסו לביבר אין זו לידתו: ואין נותנין לפניהן מזונות. כיון דהן מוקצה לא מצי למטרח עלייהו: הא רבי יהודה. ההיא דאין לדין רבי יהודה היא דבמתניתין לא חשיב לה לידה עד שיכניסו לבית: עופות אעופות קשיא. דהא בין לר' יהודה בין לרבנן לפור למגדל קאמרי: ביבר מקורה. הוי נילוד: בצפור דרור. מתני' דקתני לפור לבית לא בלפור דרור עסקינן שדרכה לדור בבית כבשדה ושמטת מזוית לזוית: השתא דאתית להכי. לאוקמינהו לתרווייהו כרבנן: חיה אחיה נמי. מוקמי כרבנן: והא ביבר קטן. מתניתין דהכא: והא. מתניתין דבילה בביבר גדול: שיחייא. מרולה שהוא שוהה לאחוז בה: עוקצי. פיאות להשמט בהן: ואידך. כל מי שאינו כן: מכלל דפליגי. והא אוקימנא דרבנן נמי בביבר קטן אמרי: מאי נפקא לך מינה. כ"ש כיון דלא פליגי עליה הלכתא כוותיה: זמורתא תהא. אומר השמועה בזמירה בעלמא בלא צורך: סומא וישן עבידי לרבויי. ליסמט כשמרגישין יד אדם: אובצנא. עייפות שאינו יכול לזוז ממקומו נלוד ועומד הוא: הגזין. (ג) ° מין חגב טהור הוא ונאכלין: במינו ניצוד. כגון חגבים והגזין: שאין במינו ניצוד. צירעין ויתושין שאינן לצורך: חגבים בשעת הטל. עיניהם מתעוורות והרי הן נילודין ועומדין: מקלחות. הרבה ביחד שהן מזומנות ליקח: ארישא קאי. דאף בשעת הטל אם מקלחות ובאות שרי ואי לא אסור: **מתני'** צבי שנכנס. מאליו: ונעל אחד בפניו. זו היא לידתו: נעלו שנים פטורים. דהוי להו שנים שעשאוה: לא יכול אחד לנעול. אורחיה הוא לנעול בשנים והרי לכל אחד מלאכה דבלא איהו לא מתעבדא: ורבי שמעון פוטר. לטעמיה דדריש קראי למיפטר זה אינו יכול וזה אינו יכול בפרק המצניע (לעיל צג:): **גמ'** הצד ארי. אפילו תופסו אין זו לידתו שבשכועס משחית והולך: עד שיכניסנו לגורזקי שלו. בית משמר העשוי לו כמין תיבה: **מתני'** השני חייב. שהוא לדו: הא (ד) למה. שני זה דומה מאחר שנלוד ע"י הראשון: לנועל את ביתו לשומרו. ולא לצוד: ונמצא צבי. שהוא נילוד כבר שמור בתוכו וכן (ה) אע"פ שעמד הראשון אין זה אלא כשומרו לגבי שהיה לו מאתמול:

מסורת הש"ס

א) [ביצה כג:], ב) [שם כל הענין ע"ש], ג) [נ"ל אבל צדין חיה ועוף מן הביברין וכ"ה במשנה דביצה], ד) [תוספתא דביצה פ"ג], ה) [גי' הערוך שיחייא כגון ריצה אחת ולאו לריך לפוש בינייס], ו) [ביצה כד.], ז) ברכות לג: [לעיל מ: לקמן קיג. קטו. ביצה כד. עירובין יב: פסחים לד: יבמות מא. קמ. נדה נט: סנהדרין לג], ח) [לקמן קיג. עירובין ס: ביצה כד. ע"ז לג:], ט) [תוספתא פי"ג], י) [גי' הערוך אוכלנא פי' עייפות], כ) [לקמן קז:], ל) [תוספתא פי"ג], מ) לעיל ע"א, נ) שייך לעיל.

הגהות הב"ח

(א) גמ' וצבי לבית ולגינה ולחצר: (ב) שם הא בביבר מקורה הא בביבר: (ג) רש"י ד"ה הגזין מין חגב טהור. נ"ב וכ"ה מפ"ק דבכורות דשם משמע דהוא מין שרץ טמא. שוב מלאתי קושיא זו בספר פרי חדש פ"א: (ד) ד"ה הא שני זה למה דומה: (ה) ד"ה ונמצא וכו' בתוכו וכן אע"פ:

גליון הש"ס

רש"י ד"ה הגזין מין חגב טהור. עי' בכורות ז ע"ב. וברמב"ם פ"א הל' כא מהל' מאכלות אסורות:

רב נסים גאון

תבערו אש בכל מושבותיכם ביום השבת על פי מה שנתפרש פסוק זה כי בבית דין הוא מדבר כמו שנא' בראש מסכת יבמות (דף ו) מושבות מה תלמוד מהכי שבת חובת הגוף היא וחובת הגוף נוהגת בארץ ובחוצה לארץ מושבות דכתב רחמנא למה לי משום דר' ישמעאל אמר תלמיד אחד לפי שנא' (דברים כא) וכי יהיה באיש חטא משפט מות והומת שומע אני בין בחול בין בשבת ומה אני מקיים (שמות לא) מחלליה מות יומת בשאר מלאכות חוץ ממיתת בית דין ת"ל לא תבערו אש בכל מושבותיכם מושבות האמורות להלן בבית דין אף כאן בבית דין ואמר רחמנא לא תבערו אש ועיקר זו הברייתא בסוף מכילתא דר' ישמעאל ואמרו עוד בתלמוד ותיהוי נמי ר' יוסי אימור דאמר ר' יוסי הבערה ללאו יצאת הבערה דעלמא הבערה דבית דין בישול פתילה היא וא"ר רב אשי מה לי בישול פתילה מה לי בישול סממנין מיכן למדנו דאסור רחמנא הבערה דבה כהן בשבת ונתחייבו מיכן שהמבעיר חייב: רבן גמליאל אומר לא כל הביברין שוין זה הכלל כל מחוסר צידה ושאינו מחוסר צידה חייב. במסכת יום טוב בפרק אין צדין (דף כד) גרסי היכי דמי מחוסר צידה אמר רב יוסף אמר רב יהודה אמר שמואל כגון דאמרי הבא

חשק שלמה על רבינו חננאל א) נראה דט"ס יש כאן ואולי צ"ל והוא הוא דשמעינן פלוגתייהו:

ליקוטי רש"י

מחוסר צידה. שלריך לצודו [ביצה כג:]. אין צדין דגים. אף על גב דשחיטה ואפייה ובשול מלאכות הן והותרו לצורך אוכל נפש ... יתחמם ויסריח אבל לידה אפשר לצודו מערב יום טוב ... של מים שקורין ... ביברין של חיה ... לפני הדגים מזונות ... ואין נותנין ... כיון דמוקפים ... הא ר' יהודה הא רבנן ... אלא עופות קשיא ... בצפור דרור. שדרה בבית כבשדה ... השתא דאתית להכי ... חיה אחיה נמי ... בחד שיחייא ... דנפיל טולא דכתלים אהדדי ... מכלל דפליגי ... מאי נפקא לך מינה ... זמורתא תהא ... אישתא ... אובצנא ... גזין צרעין ... כל שבמינו ניצוד ... נעלו שנים פטורין ... ור"ש פוטר ...

וּצְבִי לְגִינָּה וּלְחָצֵר וּלְבֵיבָרִין – **But a deer,** even if one drives it **into a garden, courtyard or enclosures,** [חַיָּיב – **he is also liable,**] because that too is considered trapping.[1] רַבָּן שִׁמְעוֹן בֶּן גַּמְלִיאֵל אוֹמֵר – **Rabban Shimon ben Gamliel says:** לֹא כָּל הַבֵּיבָרִין שָׁוִין – **Not all enclosures are the same.** זֶה הַכְּלָל – **This is the general rule** which is used to determine liability for catching an animal on the Sabbath: מְחוּסַּר צֵידָה פָּטוּר – If the animal is driven into an enclosure where it still **lacks trapping,**[2] **he is exempt;** שֶׁאֵינוֹ מְחוּסַּר צֵידָה חַיָּיב – but if **it does not lack** further **trapping, he is liable.**

Gemara The Gemara begins its analysis of our Mishnah by first citing a related Mishnah, which discusses trapping on Yom Tov:

תְּנַן הָתָם – **We learned in a Mishnah there:**[3] אֵין צָדִין דָּגִים מִן הַבֵּיבָרִין בְּיוֹם טוֹב – WE MAY NOT TRAP FISH FROM A FISH POND ON YOM TOV,[4] וְאֵין נוֹתְנִין לִפְנֵיהֶם מְזוֹנוֹת – NOR MAY WE PLACE FOOD BEFORE THEM.[5] אֲבָל צָדִין חַיָּה וָעוֹף – BUT WE MAY CATCH WILD ANIMALS[6] OR FOWL from enclosures in which they were trapped before Yom Tov[7] וְנוֹתְנִין לִפְנֵיהֶם מְזוֹנוֹת – AND WE MAY PLACE FOOD BEFORE THEM.[8]

The Gemara asks:

וּרְמִינְהוּ – **They noted a contradiction between [that Mishnah and the following Baraisa]:** בֵּיבָרִין שֶׁל חַיּוֹת וְשֶׁל עוֹפוֹת וְשֶׁל דָּגִים אֵין צָדִין מֵהֶם בְּיוֹם טוֹב – WE MAY NOT TRAP WILD ANIMALS, FOWL OR FISH FROM THEIR ENCLOSURES ON YOM TOV, וְאֵין נוֹתְנִין לִפְנֵיהֶם מְזוֹנוֹת – AND WE MAY NOT PLACE FOOD BEFORE THEM.[9] קַשְׁיָא חַיָּה אַחַיָּה – The Mishnah's ruling regarding **wild animals poses a difficulty to** the Baraisa's ruling regarding **wild animals;** קַשְׁיָא עוֹפוֹת אַעוֹפוֹת – and the Mishnah's ruling regarding **fowl poses a difficulty to** the Baraisa's ruling regarding **fowl.** In both cases the Mishnah permits trapping them from enclosures on Yom Tov, while the Baraisa prohibits it. – ? –

The Gemara suggests an answer for one of these contradictions: בִּשְׁלָמָא חַיָּה אַחַיָּה לָא קַשְׁיָא – **Now, it is understandable that** the Mishnah's ruling regarding wild **animals does not pose a difficulty to** the Baraisa's ruling regarding wild **animals.** הָא רַבִּי יְהוּדָה – For **this** Baraisa **follows** the view of **R' Yehudah** of our Mishnah, הָא רַבָּנָן – while **this** Mishnah **follows the Rabbis** [i.e. the Sages of our Mishnah]. Since the Sages consider a deer to be trapped when driven into an enclosure, seizing it from such an enclosure would be permitted on Yom Tov (as the Mishnah about Yom Tov law ruled). R' Yehudah, however, who does not consider a deer in an enclosure to be trapped, would prohibit seizing it from an enclosure on Yom Tov since that would constitute trapping (as the Baraisa ruled).[10]

The Gemara concludes its question:

אֶלָּא עוֹפוֹת אַעוֹפוֹת קַשְׁיָא – **But** although we can account for the discrepancy regarding wild animals, the Mishnah's ruling regarding **fowl** still **poses a difficulty to** the Baraisa's ruling regarding **fowl.**[11] – ? –

The Gemara considers and rejects a possible resolution:

וְכִי תֵּימָא עוֹפוֹת אַעוֹפוֹת נַמִּי לָא קַשְׁיָא – **And perhaps you will answer that** the Mishnah's ruling regarding **fowl also does not pose a difficulty to** the Baraisa's ruling regarding **fowl,** הָא בֵּיבָר מְקוֹרֶה – because **this** ruling of the Mishnah, which permits taking the birds, might be referring to **a roofed enclosure,** in which a bird is considered already trapped, הָא בֵּיבָר שֶׁאֵינוֹ מְקוֹרֶה – whereas **this** Baraisa, which prohibits taking them, might be referring to **an enclosure that is not roofed.** וְהָא בֵּית דִּמְקוֹרֶה הוּא – **But** this cannot be the solution, because **a house is roofed,** וּבֵין לְרַבִּי יְהוּדָה וּבֵין לְרַבָּנָן – **and** yet, **both according to R' Yehudah and the Rabbis** of our Mishnah, צִפּוֹר לְמִגְדָּל אֵין – only by driving **a bird into a closet** is the bird **indeed** considered trapped, לְבַיִת לֹא – **but not** by driving it **into a house.** Thus, the contradiction between the Mishnah and the Baraisa regarding Yom Tov law remains. – ? –

The Gemara answers:

אָמַר רַבָּה בַּר רַב הוּנָא – **Rabbah bar Rav Huna said:** הָכָא בְּצִפּוֹר דְּרוֹר עָסְקִינָן – **Here** in our Mishnah – where R' Yehudah and the Sages agree that a bird is considered trapped only in a closet – **we are dealing with a *deror* bird,** לְפִי שֶׁאֵינָהּ מְקַבֶּלֶת מָרוּת –

NOTES

1. With regard to a bird, the Sages concur with R' Yehudah. But, unlike R' Yehudah, they hold that a deer does not have to be driven into a house to be considered trapped. Even if it was driven into a larger area such as a garden, courtyard or enclosure, it is considered trapped (*Rashi* to *Beitzah* 24a). [The Gemara will discuss what type of enclosure is referred to here.]

2. I.e it is an enclosure where it is difficult to take hold of it. The Gemara will elaborate (*Rashi*).

3. *Beitzah* 23b. Although it is permitted to perform labors needed for food preparation on Yom Tov, that permission extends only to labors which if performed prior to Yom Tov would diminish the quality of the food. For example, if cooking or slaughtering is done before Yom Tov, the food might spoil or lose some of its taste; those labors may therefore be performed on Yom Tov. However, with regard to trapping, even a fish caught prior to Yom Tov can be left trapped in its net in water, where it can stay alive until it is ready to be removed and cooked on Yom Tov; trapping is therefore prohibited on Yom Tov (*Rashi* to *Beitzah* 23b; cf. *Tosafos* et al. ibid.; see also *Pnei Yehoshua* there).

4. Fish are not considered already captured in a pond because they can elude capture by slipping into crevices and holes; it is therefore prohibited to take them from there on Yom Tov. Conversely, if one drives a fish into a pond he has not trapped it (see *Rashi* here and to *Beitzah* 23b ד״ה אבל צדין).

[The word בֵּיבָרִין refers to all types of enclosures that house animals. Here, in regard to fish, it refers to ponds. However, in our Mishnah, in regard to animals and fowl, it refers to an enclosed area of land (see *Rashi* to *Beitzah* 23b).]

5. Fish are *muktzeh* [because they may not be trapped], and it is prohibited to exert effort for a *muktzeh* object (*Rashi;* see *Ramban;* cf. *Rashi* to *Beitzah* 23b ד״ה ואין נותנין and *Tosafos* here).

6. I.e. non-domestic kosher animals, such as deer.

7. Wild animals and fowl in enclosures are considered already trapped. Therefore, the *melachah* of trapping does not apply to taking hold of them. Conversely, it is prohibited to drive an animal or bird into such an enclosure according to this Mishnah.

[This explanation is based on the version of the Mishnah found in *Beitzah,* as noted by *Mesoras HaShas.*]

8. Since they may be taken and eaten they are not *muktzeh.* It is therefore permitted to exert effort for them.

9. According to this Baraisa wild animals and fowl, as well as fish, are not considered trapped in an enclosure. Since they may not be trapped, they are *muktzeh* and no effort may be exerted to feed them. Consequently, one who drives a wild animal or bird into an enclosure is not liable for trapping (*Rashi*).

10. Thus, the conflicting rulings found in the Mishnah and Baraisa regarding trapping wild animals on Yom Tov do not present a difficulty, since the Mishnah might reflect the view of the Sages, and the Baraisa the view of R' Yehudah.

11. Both R' Yehudah and the Sages of our Mishnah agree that a bird is considered trapped only in a closet [but not in a house, and certainly not in an enclosure] (*Rashi*). Thus, we cannot attribute the Mishnah's permit [in *Beitzah*] to take birds from an enclosure on Yom Tov to a Tannaic view that considers a bird already trapped in such an enclosure.

עין משפט
נר מצוה

כו א ב ג ד מיי' פ"י מהל' שבת הלכה כ סמג שם טוש"ע שם סעיף א:
כז ה מיי' שם הל' כא טוש"ע שם סעיף ב:
כח ו מיי' שם הלכה כד טוש"ע שם:
כט ז מיי' וסמג שם טוש"ע שם סעיף ג:
ל ח מיי' שם הלכה כג סמג שם טוש"ע שם סעיף ה:
לא ט מיי' שם הל' יט:
לב י מיי' שם הל' כג סמג שם טוש"ע שם סעיף ו:

וצבי (א) לגינה ולחצר ולביברין [חייב] רשב"ג אומר לא כל הביברין שוין זה הכלל מחוסר צידה פטור שאינו מחוסר צידה חייב: **גמ'** תנן התם אין צדין דגים מן הביברין בי"ט ואין נותנין לפניהם מזונות אבל צדין חיה ועוף מן הביברין ונותנין לפניהם מזונות ורמינהו ביברין של חיות ושל עופות ושל דגים אין צדין מהם ביום טוב ואין נותנין לפניהם מזונות קשיא חיה אחיה קשיא עופות אעופות בשלמא חיה אחיה לא קשיא הא רבי יהודה הא רבנן אלא עופות אעופות קשיא וכי תימא עופות אעופות נמי לא קשיא הא (ב) ביבר מקורה הא ביבר שאינו מקורה והא בית דמקורה הוא ובין לרבי יהודה ובין לרבנן צפור למגדל אין לבית לא אמר רבה בר רב הונא הכא בצפור דרור עסקינן לפי שאינה מקבלת מרות דתנא דבי ר' ישמעאל למה נקרא שמה צפור דרור מפני שדרה בבית כבשדה השתא דאתית להכי חיה אחיה נמי לא קשיא הא בביבר גדול הא בביבר קטן היכי דמי ביבר גדול היכי דמי ביבר קטן אמר רב אשי כל היכא דרהיט בתריה ומטי לה בחד שיחייא ביבר קטן ואידך ביבר גדול אי נמי כל היכא דנפיל טולא דכתלים אהדדי ביבר קטן ואידך ביבר גדול ואי נמי כל היכא דליכא עוקצי עוקצי ביבר קטן ואידך ביבר גדול: רשב"ג אומר וכו': אמר רב יוסף אמר רב יהודה אמר שמואל הלכה כרבן שמעון בן גמליאל אמר ליה אביי הלכה מכלל דפליגי א"ל מאי נפקא לך מינה א"ל גמרא גמור זמורתא תהא: ת"ר הצד צבי סומא וישן חייב חיגר וזקן וחולה פטור א"ל אביי לרב יוסף מ"ש הני ומ"ש הני הני עבידי לרבויי הני לא עבידי לרבויי והתניא חולה חייב אמר רב ששת לא קשיא הא בחולה מחמת אישתא הא בחולה מחמת אובצנא ת"ר הצד חגבין גזין צרעין ויתושין בשבת חייב דברי רבי מאיר וחכמים אומרים כל שבמינו ניצוד חייב וכל שאין במינו ניצוד פטור תניא אידך הצד חגבים בשעת הטל פטור בשעת השרב חייב אלעזר בן מהבאי אומר אם היו מקלחות ובאות פטור איבעיא להו אלעזר בן מהבאי ארישא קאי או אסיפא קאי ת"ש הצד חגבין בשעת הטל פטור בשעת השרב חייב אלעזר בן מהבאי אומר אפילו בשעת השרב אם היו מקלחות ובאות פטור: **מתני'** צבי שנכנס לבית ונעל אחד בפניו חייב נעלו שנים פטורין לא יכול אחד לנעול ונעלו שנים חייבין ור"ש פוטר: **גמ'** א"ר ירמיה בר אבא אמר שמואל הצד ארי בשבת אינו חייב עד שיכניסנו לגורזקי שלו: **מתני'** ישב האחד על הפתח ולא מילאהו ישב השני ומילאהו השני חייב ישב הראשון על הפתח ומילאהו ובא השני וישב בצידו אף על פי שעמד הראשון והלך לו הראשון חייב והשני פטור הא למה זה דומה לנועל את ביתו לשומרו ונמצא צבי שמור בתוכו: **גמ'**

וצבי. נילוד משהכניסו לביתו ונעל בפניו אבל אם הכניסו לגינה או לחצר אין זו לידה: **המחוסר צידה.** שקשה לתופסו שם כדמפרש בגמ': **גמ' ביברין.** קרפיפות מוקפין: **אין צדין מהן בי"ט.** אלמא לאו נילוד ועומד קא חשיב ליה ש"מ המכניסו לביבר אין זו לידתו: **ואין נותנין לפניהן מזונות.** כיון דהן מוקצין לא מלי למטרח עלייהו: **הא רבי יהודה.** הסיפא דאין לדין כר' יהודה היא דבמתניתין לא חשיב לה לידה עד שיכניסו לבית: **עופות אעופות קשיא.** דהא בין לר' יהודה בין לרבנן לצפור למגדל קאמרי: **ביבר מקורה.** הוי נילוד: **בצפור דרור.** מתני' דקתני לצפור לבית לא בצפור דרור עסקינן שדרכה לדור בבית כבשדה ושמטת מזוית לזוית: **השתא דאתית להכי.** לאוקמינהו לתרוייהו כרבנן: **חיה אחיה נמי.** מוקמי כרבנן: **והא ביבר קטן.** מתניתין דהכא: **והא.** מתניתין דביצה בביבר גדול: **שיחייא.** מרוצה שהוא שוחה לאחוז בה: **עוקצי.** פינות להשמט בהן: **ואידך.** כל מי שאינו כן: **מכלל דפליגי.** והא אוקימנא לרבנן נמי בביבר קטן אמרי: **מאי נפקא לך מינה.** כ"ש כיון דלא פליגי עליה הלכתא כוותיה: **זמורתא תהא.** אומר השמועה בזמירה בעלמא בלא לורך: **סומא וישן עבידי לרבויי.** לישמט כשמרגישין יד אדם: **אובצנא.** עייפות שאינו יכול לזוז ממקומו כנלוד ועומד הוא: **הגזין.** (ג) מין חגב טהור הוא ואוכלין: **במינו ניצוד.** כגון חגבים והגזין: **שאין במינו ניצוד.** צירעין ויתושין שאין לצורך: **חגבים בשעת הטל.** עייפים מתעוורות והרי הן נילודין ועומדין: **מקלחות.** הרבה ביחד שהן מזומנות ליקח: **ארישא קאי.** דאף בשעת הטל אם מקלחות ובאות שרי ואי לא אסור: **מתני' צבי שנכנס.** מאליו: **ונעל אחד בפניו.** דהיא לידתו: **נעלו שנים פטורים.** דהוי להו שנים שעשאוה: **לא יכול אחד לנעול.** אורחיה הוא לנעול בשנים והרי כל אחד מלאכה הוא דבלא איהו לא מתעבדא: **ורבי שמעון פוטר.** לטעמיה דדריש קרא' למיפטר זה אינו יכול וזה אינו יכול בפרק המלניע (לעיל צג:): **גמ' הצד ארי.** אפילו תופסו אין זו לידתו שכשועס משחית והולך: **עד שיכניסנו לגורזקי שלו.** בית משמר העשוי לו כמין תיבה: **מתני' השני חייב.** שהוא לדו: **הא (ד) למה.** שני זה דומה מאחר שנלוד ע"י הראשון: **לנועל את ביתו לשומרו.** ולא ללוד: **ונמצא צבי.** שהוא נילוד כבר שמור בתוכו וכן (ה) אע"פ שעמד הראשון אין זה אלא כשומרו לצבי שהיה לו מאתמול:

ואין נותנין לפניהם מזונות. אין לפרש דטעמא משום דלדגים מימזוני שפיר במים להכי לא טרחינן דחשיבי כאין מזונותיהם עליך חדא דלאו מילתא דפסיקא היא דלדגים מלוין מזונות ולא לחיה ועוד דבסמוך בעי לאוקמי הא דקתני אין לדין חיה ועוף ואין נותנין לפניהם מזונות בביבר שאינו מקורה וכי בשביל שאינו מקורה מלוין להם מזונות ור"י פירש כיון דאין לדין מוקצין ניהו ולהכי אין נותנין לפניהם ואין טורחין בשבילם אין נראה כלל דהא תנן לקמן בפ' בתרא (דף קנה:) נותנים מים לפני אווזים ותרנגולים ולפני יוני הרדסיאות אע"ג דמוקצין הן בשבת ונראה לר"י כל היכא דהוי כנילוד ועומד מדאורייתא כגון אווזין ותרנגולין ויוני הרדסיאות אע"ג דמדרבנן אסור לצודן כדתנן בפרק שמונה שרצים (לקמן דף קז.) חיה ועוף שברשותו הצדן פטור משמע אבל אסור כיון דמדאורייתא כנילוד ועומד נותנין לפניהם מזונות וכן חיה ועוף שבביברין מקורין דחשיב טפי מזונותיהם עליך אבל כאן שמן התורה אין נילודין לא חשיב מזונותיהן עליך והוי כאותן שהן כל שעה בשדה כמו יוני שובך ויוני עלייה ואתי שפיר לפי זה ההיא דריש אין לדין (ביצה דף כג.) דקתני התם במתניתין רשב"ג אומר זה הכלל המחוסר צידה אסור כו' וקאמר בגמרא היכי דמי מחוסר צידה כגון דאמר הבא מצודה ונצודנו ואמר ליה אביי לרב יוסף והרי אווזים ותרנגולים דאמר הבא מצודה ונצודנו ואמר הלל אווזים ותרנגולים ויוני הרדסיאות פטור והשתא קשה מאי פריך והא פטור משמע אבל אסור וממתניתין קתני נמי רשב"ג אומר מחוסר צידה אסור ולמאי דפי' הכא אתי שפיר דרשב"ג קאי ארישא דקתני אין לדין ואין נותנין לפניהם מזונות וקא אסר רשב"ג במחוסר צידה ליתן מזונות וא"כ מחוסר צידה דאורייתא חשיב ליה ולהכי פריך שפיר:

הלכה מכלל דפליגי. אע"ג דר' יהודה פליג מ"מ פריך שפיר דאי לאפוקי מדרבי יהודה אתא לימא אין הלכה כרבי יהודה ואתי שפיר דלא קבעי היכי דמי מחוסר צידה דהא כבר פי' היכא דאיכא עוקצי ביבר גדול והשתא דהיינו מחוסר צידה דרשב"ג אבל בריש אין לדין (ביצה דף כד.) קשה אמאי קבעי ה"ד מחוסר צידה הואיל וכבר פי' ביבר גדול וביבר קטן לרבנן ונראה לריב"א משום דהתם קתני במילתייהו חיה ועוף ועלה קאי רשב"ג וקבעי ה"ד מחוסר צידה בעופות אבל אחיה לא קבעי דזה כבר פירש וכן משמע דכל הנהו דמייתי עלה לא מיירי אלא בעופות אבל הכא לא איירו רבנן בעופות אלא בחיה גרידא:

(ס) **היכא** דנפלי טולא דכתלים. היה להם שיעור הכתלים שוה והיו יודעין שיעורן:

למה זה דומה לנועל ביתו לשומרו ונמצא צבי שמור בתוכו. ואם תאמר מאי אולמא הך מהך ונראה לריב"א דס"ד דלא וישב בצידו ליתסר משום דמיחזי להוסיף שמירה לצבי הוא בא: וממאי

רבינו חננאל

בחבורה פטור שחטו שלא לשמו ושלא לאוכליו כו' וכולא שמעתא דקא מפרש ליה בחדא חדא מאי תיקן ולא מפרש מ"ד המקלקל בחבורה פטור מאן הוא אלא מתניתין בהדיא היא כל המקלקלין פטורין בין חובל דמקלקל בחבורה בין דחד מיניה (וקרא) [וקאמר] ר"ש ור' יהודה היא א) דשמעינן פלוגתייהו וגרסינן בבתולה נשאת אם תמצא לומר דם חבורי מחבר שהבועל בתחלה הוא עושה חבורה הא אמרינן אם תמצא לומר הלכה כר' יהודה דאמר שאין מתכוין אסור מי הואי האי בועל בשבת מקלקל בהאי חבורה אי לא. ואם תימצא לומר מקלקל הוא במקלקל הלכה כר' יהודה או כר' שמעון והכין פירושא הלכה כר' יהודה דאמר מקלקל בחבורה פטור או הלכה כר' שמעון דאמר חייב דאי אמרת הלכה כר' שמעון דאמר מקלקל בחבורה חייב או הלכה כר' יהודה דאמר דבר שאין מתכוין אסור אילו היה כך אסור לבעול בתחלה בשבת וחזינן דמפרש (בספינה) לעולם רב כר' יהודה סבירא ליה דאמר דבר שאין מתכוין אסור. אלא מיהו מקלקל בחבורה הוא ושרי לר' יהודה ואמרי' מ"ט דר' שמעון דאמר חובל ומבעיר אע"פ שמקלקלין חייבין מדאצטריך קרא למישרא מילה בשבת וגמרינן דמקלקל בחבורה בעלמא בשבת חייב ואקשינן מילה מתקן הוא כדרב אשי דאמר מה לי לתקן מילה מה לי לתקן כלי מה לי לבשל פתילה מה לי לבשל סממנין ולא גמרי' מינה למקלקלין ומקלקל לא אשכחנן דאיתמר: **שיעור המלבן** צמר כמלא רחב הסיט כפול וכן המנפץ צמר וכן הצובע וכן הטווה רב יוסף מחוי [כפוף] מעיקר הגודל עד ראש אצבע כשהן דבוקות זו בזו רב חייא בר אמי מחוי פשוט מראש גודל עד ראש אצבע כשהן פשוטות דאעפ"כ אינן הוות זרת: ר' יהודה אומ' הצד צפור למגדל כו' פי' מגדל זה של עץ הוא שחשוב ככלוב גדול אם פתח שער המגדל ועשה תחבולות עד שנכנס הצפור לתוכו וסגר עליו חייב כי כסגרו המגדל וגמרה הצידה וגם אם הולך אחר צבי והחזירו מיכן ומיכן עד שנכנס לבית חייב כי כיון שנכנס לבית והא סגר עליו הרי צידו חייב אבל אם

מסורת הש"ס

א) [ביצה כג:], ב) [שם כל הענין ע"ש], ג) [נ"א אבל צדין חיה ועוף מן הביברין וכ"א במשנה דביצה], ד) [תוספתא דביצה פ"ג], ה) [גי' הערוך שיחייא כגון ריצה אחת ואינו לריך לפוש ביני ביני], ו) [ביצה כד.], ז) ברכות לג: [לעיל מ: לקמן קיג. קטו. ביצה כד. עירובין יב. פא: ע"ז לב: פסחים ק. ר"ה לד: לה. יבמות לא. קמ. נדה נט. סנהדרין ל:], ח) לקמן קיג. עירובין מ: ביצה כד. ע"ז לב:, ט) [תוספתא פ"ג], י) [גי' הערוך אובלנא פי' עייפות], כ) [לקמן קז: ביצה לו:], ל) [תוספת' פי"ג], מ) [לעיל לג:, נ) שייך לע"א, ס) שייך לעיל.

הגהות הב"ח

(א) גמ' ולבי לבית ולגינה ולחלר: (ב) שם הא בביבר מקורה הא בביבר: (ג) רש"י ד"ה הגזין מין חגב טהור. נ"ב ול"ע מפ"ק דבכורות דשם משמע דהוא מין שרץ טמא. שוב מלאתי קושיא זו בספר פרי מדש סי' פ"א: (ד) ד"ה הא שני זה למה דומה: (ה) ד"ה ונמלא וכו' בתוכו כך אע"פ:

גליון הש"ס

רש"י ד"ה הגזין מין חגב טהור. ע' בכורות ז ע"ב. וכמל"מ פ"א הל' כא מהל' מאכלות אסורות:

רב נסים גאון

תבערו אש בכל מושבותיכם ביום השבת על פי מה שנתפרש פסוק זה כי בבית דין הוא מדבר כמו שנא' בראש מסכת יבמות (דף ו) מושבות מה תלמוד מכדי שבת חובת הגוף היא וחובת הגוף נוהגת בארץ ובחוצה לארץ מושבות דכתב רחמנא למה לי משום ר' ישמעאל אמר תלמיד אחד לפי שנא' (דברים כא) וכי יהיה באיש חטא משפט מות והומת שומע אני בין בחול בין בשבת ומה אני מקיים (שמות לא) מחלליה מות יומת בשאר מלאכות חוץ ממיתת בית דין ת"ל לא תבערו אש בכל מושבותיכם מה מושבות האמורות להלן בבית דין אף כאן בב"ד ואמר רחמנא לא תבערו אש ועיקר זו הברייתא בסוף מכילתא דר' ישמעאל ואמרו עוד בתלמוד ותיהוי נמי ר' יוסי אימור דאמר ר' יוסי הבערה ללאו יצאת הבערה דעלמא הבערה דבית דין בישול פתילה היא ואמר רב אשי מה לי בישול פתילה מה לי בישול סממנין מיכן למדנו דאסר רחמנא הבערה דבת כהן בשבת ונתחייבו מיכן שהמבעיר בעלמא חייב: רבן גמליאל אומר לא כל הביברין שוין זה הכלל כל מחוסר צידה פטור ושאינו מחוסר צידה חייב. במסכת יום טוב בפרק אין צדין (דף כד) גרסי היכי דמי מחוסר צידה אמר רב יוסף אמר רב יהודה אמר שמואל כגון דאמרי הבא

חשק שלמה על רבינו חננאל א) נראה דט"ס יש כאן ואולי צ"ל ומהא הוא דשמעינן פלוגתייהו:

ליקוטי רש"י

מחוסר צידה. שלריך ללודו [ביצה כד.]. **אין צדין דגים.** אף על גב דשחיטה ואפייה ובשול מלאכות הן והותרו לצורך יום טוב טעמא משום דלאי אפשר מערב יום טוב דשחיטה חיים למכמר בשרא פן יתמסס ויסריח אבל לידה אפשר ללודו מבעוד יום ויניחנו במלודתו במים ולא ימות ולמחר יעלהו. **ביברים.** של דגים הן בריכות של מים שקורין ויבי"ר ביברין של חיה קרפיפות מוקפין גדר סביב וכונסין לתוכן חיות הבר וולדות ומגדלות שם. **ואין נותנין.** לפני הדגים מזונות ואפילו למאן דאמר (ביצה כא.) נפש בהמה במשמע הני מילי דמזונותן עליך אבל דגים אפשר להם בלא מזונות שהם אוכלים שרשי עשבים וקרקע וגדול אוכל את הקטן. **אבל צדין חיה ועוף.** המכונסים מאתמול קא סלקא דעתך השתא כיון דמוקפים גדר הוו להו כנלודין ועומדין אבל דגים נשמטין לחורים ולסדקים והויא לידה ביום טוב. ונותנין לפניהם מזונות. בימי החורף לריכין מזונות ואף בימי הקיץ במקום דריסת בני אדם שאין עשבים עולים בו [שם כג:]. **הא רבי יהודה הא רבנן.** ומתניתין דקתני לדין מן הביברין ביום טוב רבנן היא דאמרי משנכנס לביבר הוא נלוד ועומד וברייתא ר' יהודה. **אלא עופות אעופות קשיא.** דהא כולהו מודו דאין לידתן אפילו לבית. מקורה. שיש לו גג. **הכא.** דקתני גבי שבת לפור למגדל ולא לבית. **בצפור דרור.** שדרה בבית כבשדה שיודעת להשמט בזוית הבית לכל לד ולכך נקראת דרור על שם דירה שדרה בכל מקום. **השתא** דאתית להכי. דעופות אעופות לא קשו אהדדי ולא דחיקא לאוקומי מתניתא בפלוגתא דתנאי. **חיה אחיה נמי.** לא תוקמא כתנאי אלא תרוייהו כרבנן ומתניתין בביבר קטן וכן ההיא דשבת וברייתא דקתני אין לדין בביבר גדול ויש לה להשמט ורבן שמעון בן גמליאל אף בביבר קטן פליג אם לריך לומר הכא מלודה אי נמי לאו לאפלוגי אתא אלא לפרושי כדלקמן. **בחד שיחייא.** בפעם אחת שהוא שוחה עליו לתפשו אין לו להשמט ממנו. **עוקצי עוקצי.** זויות. **דנפיל טולא דכתלים אהדדי.** מרוב קטנו וקלרו. **הלכה מכלל דפליגי.** רבנן עליה למימר כל הביברין שוין במחיה והא אוקימנא בביבר קטן משום דנלוד ועומד [שם כד.]. **מאי נפקא לך מינה.** בין לא חלוקין בין לא חלוקין הלכה כמותו [ע"ז לב:]. אי אמינא הלכה כל שכן דאי לא פליגי הלכתא היא. **אמר ליה גמרא גמור זמורתא תהא.** משל שוטים הוא כמו זכון חבין תגרא אקרי (ב"מ מ:) כך גמרא גמור אומר לתלמיד שוטה למוד הן אמת הן שבוש ויהא לך לזמר ושיר [ביצה שם]. כתמיה אביי תלמידו של רב יוסף וקא"ל אתה מלמדנו לומר הלכה כמותו והא כמר בעלמא דאי אין חולקין הלכה למה לי [ע"ז שם]. **אישתא.** חולי ששמו חמה [שם כח.]. **גזין צרעין.** מין ארבה [בכורות ז:]. **צרעין.** מין שרץ העוף [שמות כג, כח]. **כל שבמינו ניצוד.** שדרך ללוד את בני מינו [ביצה לו:]. **נעלו שנים פטורין.** ור' יהודה הוא דפטר בשניהם יכולין [לעיל צג:]. **ור"ש פוטר.** ר' שמעון לטעמיה דאמר זה אינו יכול וזה אינו יכול נמי אינו אלא כמסייע ופטור [שם.].

because it does not accept mastery.[12] דְּתָנָא דְּבֵי רַבִּי יִשְׁמָעֵאל **– For the academy of R' Yishmael taught a Baraisa:** לָמָּה נִקְרָא שְׁמָהּ צִפּוֹר דְּרוֹר – WHY IS IT CALLED A *DEROR* BIRD? מִפְּנֵי שֶׁדָּרָה בַּבַּיִת כְּבַשָּׂדֶה – BECAUSE IT LIVES freely IN A HOUSE AS IN A FIELD.[13] The Mishnah and Baraisa regarding Yom Tov law, however, deal exclusively with ordinary birds, which become submissive in a roofed enclosure. Thus, we can remain with our earlier resolution: That Mishnah permits taking birds from a *roofed* enclosure, whereas the Baraisa forbids taking them from an *unroofed* enclosure.[14]

The Gemara now proposes another reconciliation of the apparent contradiction regarding wild animals:

הַשְׁתָּא דְּאָתֵית לְהָכִי – **Now that you have come to this** resolution of the apparent contradiction regarding fowl, without attributing it to a Tannaic dispute, חַיָּה אַחַיָּה נַמִּי לֹא קַשְׁיָא – we can say **also** that the Mishnah's ruling regarding **wild animals does not pose a difficulty to** the Baraisa's ruling regarding **wild animals:**[15] הָא בְּבֵיבָר גָּדוֹל – For **this** Baraisa [which prohibits taking hold of a wild animal in an enclosure on Yom Tov] is dealing **with a large enclosure,** הָא בְּבֵיבָר קָטָן – whereas **this** Mishnah [which permits taking it] is dealing **with a small enclosure.** Similarly, the Sages of our Mishnah, who consider a deer to be trapped when driven into an enclosure, refer to a small enclosure.[16]

The Gemara seeks the specifications:[17]

הֵיכִי דָּמֵי בֵּיבָר גָּדוֹל – **What is considered a large enclosure,** הֵיכִי דָּמֵי בֵּיבָר קָטָן – and **what is considered a small enclosure?**

The Gemara presents guidelines:

אָמַר רַב אַשִׁי – **Rav Ashi said:** כָּל הֵיכָא דְּרָהִיט בַּתְרֵיהּ – **Wherever one can chase [the animal]** וּמָטֵי לָהּ בְּחַד שִׁיחְיָיא – **and reach it in a single lunge,**[18] בֵּיבָר קָטָן – it is considered **a small enclosure;** וְאִידָךְ בֵּיבָר גָּדוֹל – **while anything else is a large enclosure.** אִי נַמִּי – **Alternatively,** כָּל הֵיכָא דְּנָפִיל טוּלָּא דְּכָתְלִים אַהֲדָדֵי – **wherever the shadows of the walls reach one another,**[19] בֵּיבָר קָטָן – it is considered **a small enclosure;** וְאִידָךְ בֵּיבָר גָּדוֹל – **while anything else is a large enclosure.** אִי נַמִּי – **Alternatively,** כָּל הֵיכָא דְּלֵיכָּא עוּקְצֵי עוּקְצֵי – **wherever there are not many corners** into which an animal can escape, בֵּיבָר קָטָן – it is considered **a small enclosure;** וְאִידָךְ בֵּיבָר גָּדוֹל – **while anything else is a large enclosure.**[20]

The Mishnah concluded:

רַבָּן שִׁמְעוֹן בֶּן גַּמְלִיאֵל אוֹמֵר וכו׳ – RABBAN SHIMON BEN GAMLIEL SAID etc. [Not all enclosures are the same.]

The Gemara states:

אָמַר רַב יוֹסֵף אָמַר רַב יְהוּדָה אָמַר שְׁמוּאֵל – **Rav Yosef said in the name of Rav Yehudah, who** in turn **said** it **in the name of Shmuel:** הֲלָכָה כְּרַבָּן שִׁמְעוֹן בֶּן גַּמְלִיאֵל – **The law follows Rabban Shimon ben Gamliel** that one is liable for driving a deer only into an enclosure in which it is considered already trapped – i.e. a small enclosure.

The Gemara questions Rav Yosef's statement:

אָמַר לֵיהּ אַבַּיֵי – **Abaye asked [Rav Yosef]:** הֲלָכָה מִכְּלָל דִּפְלִיגִי – By stating **"the law follows," the implication is that [the Sages]** of our Mishnah **disagree** and equate all types of enclosures. But we have explained that the Sages, too, permit taking an animal only from a small enclosure, in which the animal is considered already trapped.[21] – ? –

Rav Yosef replies:

אָמַר לֵיהּ – **[Rav Yosef] said to him:** מַאי נַפְקָא לָךְ מִינָּהּ – **But what is the difference to you** if I implied that there was a dispute? If the Sages do not dispute Rabban Shimon ben Gamliel's statement, my ruling is certainly correct!

Abaye counters:

אָמַר לֵיהּ – **[Abaye] said to him:** גְּמָרָא גְּמוֹר זְמוֹרְתָּא תְּהֵא – Are you telling me to **learn the tradition** for no purpose, that **it**

NOTES

12. A *deror* eludes capture even indoors by flying from corner to corner. It is therefore not considered trapped, even when in a roofed enclosure, unless it is in a confining closet (*Rashi*). Other birds, however, become submissive when in a roofed enclosure and are thus considered trapped. [See *Rashi* above, 106a ד״ה הצד, with *Rashash.*]

13. The word דְּרוֹר is related to דָּרָה, *it lives;* the *deror* bird lives freely anywhere, even in a house (*Rashi* to *Beitzah* 24a ד״ה בצפור דרור).

[*Ramban,* in his commentary to the Torah (*Leviticus* 14:4), asserts that the term צִפּוֹר דְּרוֹר, *deror bird,* does not refer to a specific species, but rather to any small species of kosher bird that lives freely anywhere (see *Onkelos* to *Leviticus* 25:10). *Radak* (*Shorashim* ד״ה דרור), however, maintains that *deror* is the name of a specific species – namely, the swallow [*hierondella*]. This seems also to be the view of *Rashi* to *Proverbs* 26:2 and to *Gittin* 56b. *Ibn Ezra* (ibid.) maintains that it is known to be a songbird (cf. *Radak* there). See also *Tos. Yom Tov* to *Negaim* 14:1.]

14. Based on *Rabbeinu Chananel, Sfas Emes, Rashash;* cf. *Shitah Mekubetzes* to *Beitzah.*

15. Previously, the Gemara had answered that the Mishnah in *Beitzah,* which permits taking a wild animal from an enclosure on Yom Tov, follows the view of the Sages of our Mishnah; the Baraisa, which forbids it, follows R' Yehudah. Now, we can say that both the Mishnah and Baraisa can follow the Sages' opinion, but they are discussing different cases, as the Gemara now explains (see *Rashi*).

16. [A wild animal, such as a deer, is considered already trapped only in a small enclosure, but not in a large one.] Therefore, the Baraisa can refer to a large enclosure while our Mishnah and the Mishnah in *Beitzah* refer to a small enclosure (*Rashi,* as emended by *Rashash*).

17. As stated in the previous note, this concerns the definition of "enclosure" in our Mishnah as well as in the Mishnah in *Beitzah.*

18. *Rashba* to *Beitzah* asserts that according to *Rashi's* explanation, the words רָהִיט בַּתְרֵיהּ [literally: he runs after it] are to be deleted. [If one must "run after it," he cannot reach it in a single lunge.] This is also the version of *Ritva* (*MHK* ed.) here, where he explains the intent to be that any point in the enclosure can be reached in a single lunge from the center. *Rabbeinu Chananel* (to *Beitzah*), however, explains that בְּחַד שִׁחְיָיא (or בְּחַד שְׁהִיָּיא) does not mean *a single lunge,* but *a single effort* – i.e. one can seize the animal in a single run, without pausing to catch one's breath. Accordingly, we can preserve the reading רָהִיט בַּתְרֵיהּ, *he runs after it.*

19. I.e. the enclosure is so small that the shadow of one wall reaches the opposite wall (see *Rabbeinu Chananel; Ritva MHK* ed.). Although the length of a shadow also depends on a wall's height, the walls of such enclosures in Talmudic times had a standard height (*Tosafos;* see also *Ritva MHK* ed.).

Alternatively, the meaning is that the shadows of opposite walls reach the same point [albeit at different times of the day] (*Rambam, Hil. Shabbos* 10:20; see *Lechem Mishneh's* explanation there at length).

20. These three guidelines for what constitutes a "small enclosure" of Rav Ashi are compatible; all define situations in which the animal is confined to an area from which it can easily be taken hold of (see *Rabbeinu Chananel*).

21. To resolve the contradictory Mishnah and Baraisa referring to Yom Tov law, we distinguished between different sizes of enclosures, with the Mishnah in *Beitzah* and our Mishnah referring to small enclosures. Accordingly, Rabban Shimon ben Gamliel is explaining the view of the Sages, not disputing them. It is thus inappropriate to rule in accordance with Rabban Shimon ben Gamliel when there is no dispute.

It is true that R' Yehudah of our Mishnah disagrees with the Sages and Rabban Shimon ben Gamliel, but the law is obviously in accordance with the majority opinion of the Sages in that dispute; Rav Yosef would not need to teach that R' Yehudah's opinion is not accepted. Furthermore, if Rav Yosef meant to exclude only this opinion, he should have stated that the law is in accordance with the Sages of our Mishnah. By choosing Rabban Shimon ben Gamliel, Rav Yosef apparently indicates that Rabban Shimon ben Gamliel disputes the view of the Sages as well (*Rashba* and *Ritva MHK* ed.).

וצבי (א) לגינה ולחצר ולביברין [חייב] רשב"ג אומר לא כל הביברין שוין זה הכלל מחוסר צידה פטור שאינו מחוסר צידה חייב: גמ' תנן התם אין צדין דגים מן הביברין בי"ט ואין נותנין לפניהם מזונות אבל צדין חיה ועוף ונותנין לפניהם מזונות ורמינהו ביברין של חיות ושל עופות ושל דגים אין צדין מהם ביום טוב ואין נותנין לפניהם מזונות קשיא חיה אחיה קשיא עופות אעופות בשלמא חיה אחיה לא קשיא הא רבי יהודה הא רבנן אלא עופות אעופות קשיא וכי תימא עופות אעופות נמי לא קשיא הא (ב) בביבר מקורה הא בביבר שאינו מקורה והא בית דמקורה הוא ובין לרבי יהודה ובין לרבנן צפור למגדל אין לבית לא אמר רבה בר רב הונא הכא בצפור דרור עסקינן לפי שאינה מקבלת מרות דתנא דבי ר' ישמעאל למה נקרא שמה צפור דרור מפני שדרה בבית כבשדה השתא דאתית להכי חיה אחיה נמי לא קשיא הא בביבר גדול הא בביבר קטן היכי דמי ביבר גדול היכי דמי ביבר קטן אמר רב אשי כל היכא דרהיט בתריה ומטי לה בחד שיחייא ביבר קטן ואידך ביבר גדול אי נמי כל היכא דנפיל טולא דכתלים אהדדי ביבר קטן ואידך ביבר גדול ואי נמי כל היכא דליכא עוקצי עוקצי ביבר קטן ואידך ביבר גדול: רשב"ג אומר וכו': אמר רב יוסף אמר רב יהודה אמר שמואל הלכה כרבן שמעון בן גמליאל אמר ליה אביי הלכה מכלל דפליגי א"ל מאי נפקא לך מינה א"ל גמרא גמור זמורתא תהא ת"ר הצד צבי סומא וישן חייב חיגר וזקן וחולה פטור א"ל אביי לרב יוסף מ"ש הני ומ"ש הני הני עבידי לרבויי הני לא עבידי לרבויי והתניא חולה חייב אמר רב ששת לא קשיא הא בחולה מחמת אישתא הא בחולה מחמת אובצנא ת"ר הצד חגבין גזין צרעין ויתושין בשבת חייב דברי רבי מאיר וחכמים אומרים כל שבמינו ניצוד חייב וכל שאין במינו ניצוד פטור תניא אידך הצד חגבים בשעת הטל פטור בשעת השרב חייב אלעזר בן מהבאי אומר אם היו מקלחות ובאות פטור איבעיא להו אלעזר בן מהבאי ארישא קאי או אסיפא קאי ת"ש הצד חגבין בשעת הטל פטור בשעת השרב חייב אלעזר בן מהבאי אומר אפילו בשעת השרב אם היו מקלחות ובאות פטור:

מתני' צבי שנכנס לבית ונעל אחד בפניו חייב נעלו שנים פטורין לא יכול אחד לנעול ונעלו שנים חייבין ור"ש פוטר: גמ' א"ר ירמיה בר אבא אמר שמואל הצד ארי בשבת אינו חייב עד שיכניסנו לגורזקי שלו: מתני' ישב האחד על הפתח ולא מילאהו ישב השני ומילאהו השני חייב ישב הראשון על הפתח ומילאהו ובא השני וישב בצידו אף על פי שעמד הראשון והלך לו הראשון חייב והשני פטור הא למה זה דומה לנועל את ביתו לשומרו ונמצא צבי שמור בתוכו: גמ'

רש"י

וצבי. נילוד משהכניסו לביתו ונעל בפניו אבל אם הכניסו לגינה או לחצר אין זו צידה: המחוסר צידה. שקשה לתופסו שם כדמפרש בגמ': גמ' ביברין. קרפיפות מוקפין: אין צדין מהן בי"ט. אלמא לאו נילוד ועומד קא חשיב ליה ש"מ המכניסו לביבר אין זו צידתו: ואין נותנין לפניהן מזונות. כיון דהן מוקצה לא מצי למטרח עלייהו: הא רבי יהודה. ההיא דאין צדין רבי יהודה היא דבמתניתין לא חשיב לה צידה עד שיכניסו לבית: עופות אעופות קשיא. דהא בין לר' יהודה בין לרבנן צפור למגדל קאמרי: ביבר מקורה. הוי נילוד: בצפור דרור. מתני' דקתני צפור לבית לא בצפור דרור עסקינן שדרכה לדור בבית כבשדה ושמטת מזוית לזוית: השתא דאתית להכי. לאוקמינהו לתרווייהו כרבנן: חיה אחיה נמי. מוקמי כרבנן: והא ביבר קטן. מתניתין דהכא: והא. מתניתין דביצה בביבר גדול: שיחייא. מרוצה שהוא שוהה לאחוז בה: עוקצי. פיאות להשמט בהן: ואידך. כל מי שאינו כן: מכלל דפליגי. והא אוקימנא דרבנן נמי בביבר קטן אמרי: מאי נפקא לך מינה. כ"ש כיון דלא פליגי עליה הלכתא כוותיה: זמורתא תהא. אומר השמועה בזמירה בעלמא בלא צורך: סומא וישן עבידי לרבויי. לישמט כשמרגישין יד אדם: אובצנא. עייפות שאינו יכול לזוז ממקומו כנלוד ועומד הוא: הגזין. (ג) מין חגב טהור הוא ונאכלין: במינו ניצוד. כגון חגבים והגזין: שאין במינו ניצוד. צירעין ויתושין שאין לצורך: חגבים בשעת הטל. עיניהם מתעוורות והרי הן ניצודין ועומדין: מקלחות. הרבה ביחד שהן מזומנות ליקח: ארישא קאי. דאף בשעת הטל אם מקלחות ובאות שרי ואי לא אסור: מתני' צבי שנכנס. מאליו: ונעל אחד בפניו. זו היא צידתו: נעלו שנים פטורים. דהוי להו שנים שעשאוה: לא יכול אחד לנעול. שהיתה כבידה דלא הוי אחד מלאכה כל אחד ואחד מלאכה דבלא איהו לא מתעבדא: ורבי שמעון פוטר. לטעמיה דדריש קראי למיפטר זה אינו יכול וזה אינו יכול בפרק המצניע (לעיל צג:): גמ' הצד ארי. אפילו תופסו אין זו צידתו שכשכועס משחית והולך: עד שיכניסנו לגורזקי שלו. בית משמר העשוי לו כמין תיבה: מתני' השני חייב. שהוא צדו: הא (ד) למה. שני זה דומה מאחר שנעל ע"י הראשון: לנועל את ביתו לשומרו. ולא לצוד: ונמצא צבי. שהוא ניצוד כבר שמור בתוכו וכן (ה) אע"פ שעמד הראשון אין זה אלא כשומרו לצבי שהיה לו מתחלה:

תוספות

ואין נותנין לפניהם מזונות. אין לפרש דטעמא משום דדגים מימוזי שפיר במים להכי לא טרחינן דמשיכי כאן מזונותיהם עליך תלה דלאו מילתא דפסיקא היא דלדגים מצויין מזונות ולא לחיה ועוד דבסמוך בעי לאוקמי הא דקתני אין צדין חיה ועוף ואין נותנין לפניהם מזונות בביבר שאינו מקורה וכי בשביל שאינו מקורה מצויין להם מזונות ורש"י פירש כיון דלאו צדין מוקצין נינהו להכי אין נותנין לפניהם מזונות ואין טורחין בשבילם אין נראה כלל דהא תנן לקמן בפ' בתרא (דף קנה:) נותנים מים לפני אווזים ותרנגולים ולפני יוני הרדסייאות אע"ג דמוקצין הן בשבת ונראה לר"י כל היכא דהוי כנילוד ועומד מדאורייתא כגון אווזין ותרנגולין ויוני הרדסייאות ואע"ג דמדרבנן אסור לצודן כדתנן בפרק שמונה שרצים (לקמן דף קז.) חיה ועוף שברשותו הצדן פטור משמע אבל אסור כיון דמדאורייתא כנילוד ועומד נותנין לפניהם מזונות וכן חיה ועוף שבביברין מקורין דחשיבי טפי מזונותיהם עליך אבל כאן שמן התורה אין ניצודין לא חשיב מזונותיהן עליך והוי כאותן שהן כל שעה בשדה כמו יוני שובך ויוני עלייה ואתי שפיר לפי זה ההיא דריש אין צדין (ביצה דף כד.) דקתני התם במתניתין רשב"ג אומר זה הכלל המחוסר צידה אסור כו' וקאמר בגמרא היכי דמי מחוסר צידה כגון דאמר הבא מצודה ונצודנו אמר ליה אביי לרב יוסף והרי אווזים ותרנגולים דאמר הבא מצודה ונצודנו ואמר הצד אווזים ותרנגולים ויוני הרדסייאות פטור והשתא קשה מאי פריך והא פטור משמע אבל אסור ובמתניתין קתני נמי רשב"ג אומר מחוסר צידה אסור ולמאי דפי' הכא אתי שפיר דרשב"ג קאי ארישא דקתני אין צדין ואין נותנין לפניהם מזונות וקא אסר רשב"ג במחוסר צידה אף ליתן מזונות וא"כ מחוסר צידה דאורייתא חשיב ליה ולהכי פריך שפיר:

הלכה מכלל דפליגי. אע"ג דר' יהודה פליג מ"מ פריך אביי שפיר דאי לאפוקי מדרבי יהודה אתא לימא אין הלכה כרבי יהודה הכא אתי שפיר דלא קבעי היכי דמי מחוסר צידה דהא כבר פי' דהיכא דליכא עוקצי ביבר גדול ומסתמא דהיינו מחוסר צידה דרשב"ג אבל בריש אין צדין (ביצה דף כד.) קשה אמאי קבעי ה"ד מחוסר צידה הואיל וכבר פי' ביבר גדול וביבר קטן לרבנן ונראה לריב"א משום דהתם קתני במילתייהו חיה ועוף ועלה קאי רשב"ג וקבעי ה"ד מחוסר צידה בעופות אבל אחיה לא קבעי דזה כבר פירש וכן משמע דכל הנהו דמייתי עלה לא איירי אלא בעופות אבל הכא לא איירו רבנן בעופות אלא בחיה גרידא:

היכא דנפיל טולא דכתלים. היה להם שיעור הכתלים שוה והיו יודעין שיעורן:

למה זה דומה לנועל ביתו לשומרו ונמצא צבי שמור בתוכו. ואם תאמר מאי אולמא הך מהך ונראה לריב"א דס"ד דהא ויושב בצידו ליתסר משום דמיחזי להוסיף שמירה לצבי הוא בא: וממאי

עין משפט נר מצוה

כו א ב ג ד מיי' פ"י מהל' שבת הלכה כ סמג לאוין סה טוש"ע א"ח סי' שטז סעיף א:
כז ה מיי' שם הל' כא טוש"ע שם סעיף ב:
כח ו מיי' שם הלכה כב טוש"ע שם:
כט ז מיי' ומיי' שם טוש"ע שם סעיף ג:
ל ח מיי' שם הלכה כג סמג שם טוש"ע שם סעיף ד:
לא ט מיי' שם הל' יט:
לב י מיי' שם הל' כד סמג שם טוש"ע שם סעיף ו:

רבינו חננאל

בחבורה פטור שהטו שלא לשמו ושלא לאוכלו כר' וכולא שמעתא דקא מפרש ליה בהרא חדא מאי תיקן ולא מפרש מ"ד המקלקל בחבורה פטור מאן הוא אלא מתניתין בהדיא היא כל המקלקלין פטורין בין חובל המקלקל בחבורה בין דחד מיניה (וקרא) [וקאמר] ר"ש ור' יהודה היא א) דשמעינן פלוגתייהו וגרסינן בבתולה נשאת אם תמצא לומר דם חבורה מחבר שהבועל בתחלה הוא עושה חבורה הא אמרינן אם תמצא לומר הלכה כר' יהודה דאמר שאין מתכוין אסור מי הוא האי בועל בשבת מקלקל בהאי חבורה אי לא. ואם תימצא לומר מקלקל הוא במקלקל הלכה כר' יהודה או כר' שמעון הכין פירשא הלכה כר' יהודה דאמר מקלקל בחבורה פטור או הלכה כר' שמעון דאמר חייב דאי אמרת הלכה כר' שמעון דאמר מקלקל בחבורה חייב או הלכה כר' יהודה דאמר דבר שאין מתכוין אסור אילו היה כן אסור לבעול בתחלה בשבת וחזינן דמפרש (בספינה) [לעולם] רב כר' יהודה סבירא ליה דאמר דבר שאין מתכוין אסור. אלא מיהו מקלקל בחבורה הוא ושרי לר' יהודה ואמרי' מ"ט דר' שמעון דאמר חובל ומבעיר אע"פ שמקלקלין למישרא מדאצטריך קרא ונגרינן דמקלקל בחבורה בעלמא בשבת חייב ואקשינן מילה מתקן הוא כדרב אשי דאמר מה לי לתקן כלי מה לי לבשל פתילה מה לי לבשל סממנין ולא גמרי' מינה למקלקלין ומקלקל לא אשכחן דאיתמר: שיעור המלבן צמר כמלא רוחב הסיט כפול וכן המנפץ צמר וכן הצובע וכן הטווה רב יוסף מחוי [כפוף] מעיקר הגודל עד ראש אצבע כשהן דבוקות זו בזו רב חייא בר אמי מחוי פשוט מראש גודל עד ראש אצבע כשהן פשוטות דאעפ"כ אינן הוות זרת: ר' יהודה אומר הצד צפור למגדל כר' פי' מגדל זה של עץ הוא שחשוב ככלוב בגדל אם פתח שער המגדל ועשה תחבולות עד שנכנס הצפור ונעל עליו חייב כי כסגור המגדל וגמרה הצידה והחזדה אם הולך אחר צבי והחזדה מיכן ומיכן עד שנכנס לבית חייב כי כיון שנכנס לבית והא צבי אהדר אי צידו חייב אבל אם

מסורת הש"ס

א) [ביצה כג:], ב) [שם כד.], ג) [נ"א אבל צדין חיה ועוף מן הביברין ול"א במשנה דביצה פ"ג], ד) [תוספתא דביצה פ"ג], ה) [גי' הערוך שיחייא כגון גילה אמה ואינו צריך לשוח בידו], ו) [ביצה כד.], ז) ברכות לג. [לעיל מ:] לקמן קיב. קטו. ביצה כד. עירובין יב. סה. ע"ז לג. פסחים ק"ו לד: לה. יבמות לב. קה. נדה נט. סנהדרין לז, ח) לקמן קיג. עירובין מ: ביצה כד. ע"ז לב:, ט) [תוספתא פי"ג], י) [גי' הערוך אוכלא פי' עיפתא], כ) [לקמן קז.], ל) [תוספ' פי"ג], מ) לעיל לב:, נ) שייך לע"א, ס) שייך לעיל.

הגהות הב"ח

(א) גמ' וצבי לבית ולגינה ולחצר: (ב) שם הא בביבר מקורה הא בביבר: (ג) רש"י ד"ה הגזין מין חגב טהור. נ"ב וע"ש מפ"ק דבכורות דשם משמע דהוא מין שרץ טמא. שוב מלאתי קושיא זו בספר פרי חדש סי' פ"ה: (ד) ד"ה השני זה למה דומה: (ה) ד"ה ונמצא וכו' בתוכו כך אע"פ.

גליון הש"ס

רש"י ד"ה הגזין מין חגב טהור. עי' בכורות ז ע"ב. ובמל"מ פ"א הל' כא מהל' מאכלות אסורות:

רב נסים גאון

תבערו אש בכל משבותיכם ביום השבת על פי מה שנתפרש פסוק זה כי בבית דין הוא מדבר כמו שנא' בראש מסכת יבמות (דף ו) מושבות מה תלמוד לומר מושבותיכם לפי שנאמר והיה אלה לכם לחקת משפט לדרתיכם בכל מושבתיכם שבת חובת הגוף היא וחובת הגוף נוהגת בארץ ובחוצה לארץ מושבות דכתב רחמנא למה לי משום ר' ישמעאל אמר תלמיד אחד לפי שנא' (דברים כא) וכי יהיה באיש חטא משפט מות והומת שומע אני בין בחול בין בשבת ומה אני מקיים (שמות לא) מחלליה מות יומת בשאר מלאכות חוץ ממיתת בית דין ת"ל לא תבערו אש בכל משבותיכם מושבות האמורות להלן בבית דין ואין כאן בו"ד אמר רחמנא לא תבערו אש ועיקר זו הברייתא בסוף מכילתא דר' ישמעאל ואמרו עוד בתלמוד ותיהוי נמי ר' יוסי דאמר ר' יוסי הבערה ללאו יצאת הבערה דעלמא הבערה דבית דין בישול פתילה היא ואמר רב אשי מה לי בישול פתילה מה לי בישול סממנין מכאן למדנו דאמר רחמנא הבערה דבת כהן בשבת נתחייבה מכאן שהמבעיר בעלמא חייב: רבן גמליאל אומר לא כל הביברין שוין זה הכלל כל מחוסר צידה פטור ושאינו מחוסר צידה חייב. במסכת יום טוב

חשק שלמה על רבינו חננאל א) נראה דט"ס יש כאן ולולי נ"ל ומשום הוא דשמעינן פלוגתייהו:

בפרק אין צדין (דף כד) גרסי היכי דמי מחוסר צידה אמר רב יוסף אמר רב יהודה אמר שמואל כגון דאמרי הבא

ליקוטי רש"י

מחוסר צידה. שצריך לצוד [ביצה כד.]. אין צדין דגים. [illegible]

should be like **a song?**[22]

The Gemara elaborates on the *melachah* of trapping:

תָּנוּ רַבָּנָן – The Rabbis taught in a Baraisa: **הַצָּד צְבִי סוּמָא וְיָשֵׁן – If ONE TRAPS A BLIND OR SLEEPING DEER, חַיָּיב – HE IS LIABLE.**

חִיגֵּר וְזָקֵן וְחוֹלֶה – But if he traps a deer that is **LAME, OLD OR SICK, פָּטוּר – HE IS EXEMPT.**

The Gemara seeks a clarification:

אָמַר לֵיהּ אַבָּיֵי לְרַב יוֹסֵף – Abaye said to Rav Yosef: מַאי שְׁנָא הָנֵי וּמַאי שְׁנָא הָנֵי – What is the difference between these deer in the first section of the Baraisa **and those** in the second section?

The Gemara replies:

הָנֵי עֲבִידֵי לְרַבּוּיֵי – These blind and sleeping deer **are prone to slip away** when they sense a person is there; **הָנֵי לָא עֲבִידֵי לְרַבּוּיֵי** – whereas **these** lame, old and sick deer **are not prone to slip away.**

The Gemara now notes a contradiction from another Baraisa:

וְהַתַּנְיָא – But it was taught in a Baraisa: חוֹלֶה חַיָּיב – If someone traps a **SICK** deer, **HE IS LIABLE.** That apparently contradicts the previously cited Baraisa, which ruled that one is exempt if he traps a sick deer. – ? –

The Gemara reconciles the two Baraisos:

אָמַר רַב שֵׁשֶׁת – Rav Sheishess said: לָא קַשְׁיָא – There is no difficulty: הָא בְּחוֹלֶה מֵחֲמַת אִישְׁתָּא – This first Baraisa refers to a deer that is **sick with fever;** such a deer will still run away when someone comes close. **הָא בְּחוֹלֶה מֵחֲמַת אוּבְצָנָא – This** second Baraisa refers to a deer that is **sick with fatigue,** which is not able to run away.[23]

More details about trapping:

תָּנוּ רַבָּנָן – The Rabbis taught in a Baraisa: **הַצָּד חֲגָבִין גּוֹזִין צִרְעִין וְיַתּוּשִׁין בְּשַׁבָּת** – If **ONE TRAPS GRASSHOPPERS,** ***GIZIN,***[24] **HORNETS AND MOSQUITOES ON THE SABBATH, חַיָּיב – HE IS LIABLE. דִּבְרֵי רַבִּי מֵאִיר** – These are the **WORDS OF R' MEIR. וַחֲכָמִים אוֹמְרִים – BUT THE SAGES SAY: כֹּל שֶׁבְּמִינוֹ נִיצוֹד חַיָּיב** – For trapping **ANY** creature **WHOSE SPECIES IS USUALLY TRAPPED ONE IS LIABLE. וְכֹל שֶׁאֵין בְּמִינוֹ נִיצוֹד פָּטוּר – BUT** for trapping **ANY** creature **WHOSE SPECIES IS NOT USUALLY TRAPPED ONE IS EXEMPT.**[25]

The Gemara cites another Baraisa that discusses trapping grasshoppers on the Sabbath:

תַּנְיָא אִידָךְ – It was taught in another Baraisa: הַצָּד חֲגָבִים בִּשְׁעַת הַטַּל – If **ONE TRAPS GRASSHOPPERS DURING THE TIME** when **DEW** is upon the ground, **פָּטוּר – HE IS EXEMPT; בִּשְׁעַת הַשָּׁרָב** – but if he traps them **DURING** a **TIME** of intense **HEAT THE HOT SEASON, חַיָּיב – HE IS LIABLE.**[26] **אֶלְעָזָר בֶּן מְהַבָּאי אוֹמֵר – ELAZAR BEN MEHAVAI SAYS: אִם הָיוּ מְקַלְחוֹת וּבָאוֹת פָּטוּר – IF THEY WERE COMING IN SWARMS, HE IS EXEMPT.**[27]

The Gemara seeks a clarification of the Baraisa:

אִיבַּעְיָא לְהוּ – They inquired: אֶלְעָזָר בֶּן מְהַבָּאי אַרֵישָׁא קָאֵי – Is Elazar ben Mehavai referring to the first section of the Baraisa, ruling stringently that even in a time of dew one is exempt only if the grasshoppers are swarming, **אוֹ אַסֵּיפָא קָאֵי – or is he referring to the last section,** ruling leniently that one is exempt during a time of intense heat if they are swarming?

The Gemara answers:

תָּא שְׁמַע – Come, learn the answer to your question from the following Baraisa: **הַצָּד חֲגָבִין בִּשְׁעַת הַטַּל** – If **ONE TRAPS GRASSHOPPERS DURING A TIME OF DEW, פָּטוּר – HE IS EXEMPT; בִּשְׁעַת הַשָּׁרָב** – but if he traps them **DURING A TIME OF** intense **HEAT, חַיָּיב – HE IS LIABLE. אֶלְעָזָר בֶּן מְהַבָּאי אוֹמֵר – ELAZAR BEN MEHAVAI SAYS: אֲפִילּוּ בִּשְׁעַת הַשָּׁרָב – EVEN DURING A TIME OF** intense **HEAT, אִם הָיוּ מְקַלְחוֹת וּבָאוֹת פָּטוּר – IF THEY WERE COMING IN SWARMS, HE IS EXEMPT.** It is thus clear that Elazar ben Mehavai refers to the Tanna Kamma's last ruling.[28]

Mishnah **צְבִי שֶׁנִּכְנַס לַבַּיִת** – If **a deer entered a house** by itself, **וְנָעַל אֶחָד בְּפָנָיו – and one closed** the door **in front of it, חַיָּיב – he is liable.**[29] **נָעֲלוּ שְׁנַיִם** – If **two** people **closed** the door, **פְּטוּרִין – they are exempt.**[30] **לֹא יָכוֹל אֶחָד לִנְעוֹל** – **If one** alone **could not close** the door, **וְנָעֲלוּ שְׁנַיִם – and two closed** it, **חַיָּיבִין – they are** both **liable.**[31] **וְרַבִּי שִׁמְעוֹן פּוֹטֵר – R' Shimon, however, exempts** them.[32]

NOTES

22. It is not necessary to state that the law follows Rabban Shimon ben Gamliel, since he is merely explaining the view of the Sages (see *Rashi;* cf. *Rashi* to *Beitzah* 24a).

It is unclear whether Rav Yosef accepts Abaye's objection and agrees that Rabban Shimon ben Gamliel merely elaborates on the view of the Sages, or whether Rav Yosef holds that Rabban Shimon ben Gamliel disagrees (see *Rashi* to *Beitzah* ד״ה השתא דאתית and *Maharsha* there; cf. *Chidushei HaMeiri* there).

23. Since the animal is so fatigued that it cannot run away, it is considered already "trapped." Therefore, when someone takes it, he has not performed the *melachah* of trapping (*Rashi;* see *Beur Halachah* to 316:2 ד״ה או חולה).

24. *Rashi* explains that this is a type of grasshopper that is permitted for consumption. *Ritva* (*MHK* ed.), though, writes that they are prohibited for consumption by Jews, but are nevertheless useful because gentiles eat them. [See *Hagahos HaBach; Mishneh LaMelech, Hil. Maachalos Asuros* 1:21.]

25. [That is, according to the Sages the *melachah* of trapping applies only to animals or fowl which are usually trapped by people for their use – see below in ch. 14, 107a note 6.] Therefore, one is liable for trapping grasshoppers and *gizin* [which are fit for consumption], but not for hornets and mosquitoes, which have no use (*Rashi*).

26. When there is dew upon the ground, the eyes of the grasshoppers are blinded and they are considered to be already trapped [thus, they may be taken] (*Rashi*). At a time of intense heat, grasshoppers tend to be less active; nevertheless, one is liable for trapping them (see *Rabbeinu Chananel*).

[*Sfas Emes* explains why the first case is different from that of a blind deer for which one is liable for trapping: A deer, which is active, can run away from potential danger even if it is blind; a blind grasshopper, though, is completely immobilized. See also *Menachem Meishiv Nefesh.*]

27. When the grasshoppers are swarming, they stand ready to be taken (*Rashi*). Consequently, one is not liable for trapping in such a case.

28. [Thus, according to Elazar ben Mehavai, if the grasshoppers are so numerous that they may be taken without much effort, should someone take them during a time of intense heat, he is not liable.]

29. Although he has not physically trappd it, he is liable for trapping since by locking the door he prevents its escape (see *Rashi*).

30. This refers to a case where it was possible for either person to close the door alone. Regarding a similar case we learned above (92b) that the two people who performed the *melachah* together are both exempt from punishment (*Rashi*). [See *Tos. Yom Tov* and *Sfas Emes* for a discussion about why a new example of this principle is stated here.]

31. [I.e. if the door was too heavy for one person to close without assistance, they are liable.] Since two people are normally needed to close such a door, it is considered as though each person performed the *melachah,* since without him it could not have been accomplished (*Rashi;* see *Mishnah Berurah* 316:20; see also above, 92b-93a).

32. R' Shimon exempts two people from liability for any labor they do together – even when both are necessary for that labor, as he derived above (92b) from Scripture (*Rashi*).

וצבי (א) לגינה ולחצר ולביברין [חייב] א) רשב"ג אומר לא כל הביברין שוין זה הכלל מחוסר צידה פטור ושאינו מחוסר צידה חייב: גמ' ב) תנן התם אין צדין דגים מן הביברין בי"ט ואין נותנין לפניהם מזונות אבל צדין חיה ועוף מן הביברין ונותנין לפניהם מזונות ורמינהו ד) ביברין של חיות ושל עופות ושל דגים אין צדין מהם ביום טוב ואין נותנין לפניהם מזונות קשיא חיה אחיה קשיא עופות אעופות בשלמא חיה אחיה לא קשיא הא רבי יהודה הא רבנן אלא עופות אעופות קשיא וכי תימא עופות אעופות נמי לא קשיא הא (ג) ביבר מקורה והא ביבר שאינו מקורה והא בית דמקורה הוא ובין לרבי יהודה ובין לרבנן צפור למגדל אין לבית לא אמר רבה בר רב הונא *הכא בצפור דרור עסקינן לפי שאינה מקבלת מרות דתנא דבי ר' ישמעאל למה נקרא שמה צפור דרור מפני שדרה בבית כבשדה השתא דאתית להכי חיה אחיה נמי לא קשיא הא בביבר גדול הא בביבר קטן היכי דמי ביבר גדול היכי דמי ביבר קטן אמר רב אשי ג כל היכא דרהיט בתריה ומטי לה בחד ש) שיחייא ביבר קטן ואידך ביבר גדול אי נמי כל היכא דנפיל טולא דכתלים אהדדי ביבר קטן ואידך ביבר גדול ואי נמי כל היכא דליכא עוקצי עוקצי ביבר קטן ואידך ביבר גדול: רשב"ג אומר וכו': ו) אמר רב יוסף אמר רב יהודה אמר שמואל ד הלכה כרבן שמעון בן גמליאל ו) אמר ליה אביי הלכה מכלל דפליגי א"ל ח) מאי נפקא לך מינה א"ל גמרא גמור זמורתא תהא ט) ת"ר ה הצד צבי סומא וישן חייב חיגר וזקן ו וחולה פטור א"ל אביי לרב יוסף מ"ש הני ומ"ש הני הני עבידי לרבויי הני לא עבידי לרבויי והתניא חולה חייב אמר רב ששת לא קשיא הא בחולה מחמת אישתא הא בחולה מחמת י) אובצנא ת"ר הצד חגבין גזין צרעין ויתושין בשבת חייב דברי רבי מאיר וחכמים אומרים ז כל שבמינו ניצוד חייב וכל כ) שאין במינו ניצוד פטור תניא אידך הצד חגבים בשעת הטל פטור בשעת השרב חייב אלעזר בן מהבאי אומר אם היו מקלחות ובאות פטור איבעיא להו אלעזר בן מהבאי ארישא קאי או אסיפא קאי ת"ש ל) הצד חגבין בשעת הטל פטור בשעת השרב חייב אלעזר בן מהבאי אומר אפילו בשעת השרב אם היו מקלחות ובאות פטור:

מתני' מ) ח צבי שנכנס לבית ונעל אחד בפניו חייב נעלו שנים פטורין לא יכול אחד לנעול ונעלו שנים חייבין ור"ש פוטר: גמ' א"ר ירמיה בר אבא אמר שמואל ט הצד ארי בשבת אינו חייב עד שיכניסנו לגורזקי שלו: מתני' י ישב האחד על הפתח ולא מילאהו ישב השני ומילאהו השני חייב ישב הראשון על הפתח ומילאהו ובא השני וישב בצידו אף על פי שעמד הראשון והלך לו הראשון חייב והשני פטור הא למה זה דומה לנועל את ביתו לשומרו ונמצא צבי שמור בתוכו: גמ'

ג) וצבי. ניצוד משהכניסו לביתו ונעל בפניו אבל אם הכניסו לגינה או לחצר אין זו צידה: המחוסר צידה. שקשה לתופסו שם כדמפרש בגמ': גמ' ביברין. קרפיפות מוקפין: אין צדין מהן בי"ט. אלמא לאו ניצוד ועומד קא חשיב ליה ש"מ המכניסו לביבר אין זו צידתו: ואין נותנין לפניהן מזונות. כיון דהן מוקצה לא מצי למטרח עלייהו: הא רבי יהודה. ההיא דאין צדין רבי יהודה היא דבמתניתין לא חשיב לה צידה עד שיכניסו לבית: עופות אעופות קשיא. דהא בין לר' יהודה בין לרבנן צפור למגדל קאמרי: ביבר מקורה. הוי ניצוד: בצפור דרור. מתני' דקתני צפור לבית לא בצפור דרור עסקינן שדרכה לדור בבית כבשדה ושמטת מזוית לזוית: השתא דאתית להכי. לאוקמינהו לתרוייהו כרבנן: חיה אחיה נמי. מוקמי כרבנן: והא ביבר קטן. מתניתין דהכא: והא. מתניתין דביצה בביבר גדול: שיחייא. מרוצה שהוא שוחה לאחוז בה: עוקצי. פינות להשמט בהן: ואידך. כל מי שאינו כן: מכלל דפליגי. והא אוקימנא לרבנן נמי בביבר קטן אמרי: מאי נפקא לך מינה. כ"ש כיון דלא פליגי עליה הלכתא כוותיה: זמורתא תהא. אומר השמועה בזמירה בעלמא בלא לורך: סומא וישן עבידי לרבויי. לישמט כשמרגישין יד אדם: אובצנא. עייפות שאינו יכול לזוז ממקומו נלוד ועומד הוא: הגזין. (ג) * מין חגב טהור הוא ואוכלין בו: במינו ניצוד. כגון חגבים והגזין: שאין במינו ניצוד. צירעין ויתושין שאין לצורך: חגבים בשעת הטל. עייניהם מתעוורות והרי הן נילודין ועומדין: מקלחות. הרבה ביחד שהן מזומנות ליקח: ארישא קאי. דאף בשעת הטל אם מקלחות ובאות שרי ואי לא אסור: מתני' צבי שנכנס. מאליו: ונעל אחד בפניו. זו היא צידתו: נעלו שנים פטורין. דהוו להו שנים שעשאוה: לא יכול אחד לנעול. אורחיה הוא לנעול בשנים והרי לכל אחד מלאכה דבלא איהו לא מתעבדא: ורבי שמעון פוטר. לטעמיה דדריש קרא למיפטר זה אינו יכול וזה אינו יכול בפרק המצניע (לעיל צג:): גמ' הצד ארי. אפילו תופסו אין זו צידתו שכשכועס משחית והולך: עד שיכניסנו לגורזקי שלו. בית משמר העשוי לו כמין תיבה: מתני' השני חייב. שהוא לדו: הא (ד) למה. שני זה דומה מאחר שנלוד ע"י הראשון: לנועל את ביתו לשומרו. ולא ללוד: ונמצא צבי. שהוא נילוד כבר שמור בתוכו וכן (ה) אע"פ שעמד הראשון אין זה אלא כשומרו לגבי שהיה לו מאתמול:

ואין נותנין לפניהם מזונות. אין לפרש דטעמא משום דדגים מימיזי שפיר במים ולהכי לא טרחינן דחשיבי כאין מזונותיהם עליך מדלא מילתא דפשיטא היא דלדגים מצויין מזונות ולא לחיה ועוד דבסמוך בעי לאוקמי הא דקתני אין צדין חיה ועוף ואין נותנין לפניה' מזונות בביבר שאינו מקורה וכי בשביל שאינו מקורה מצויין להם מזונות ורש"י דפירש כיון דאין צדין מוקצין נינהו ולהכי אין נותנין לפניהם מזונות ואין טורחין בשבילם אין נראה לו כלל דהא תנן לקמן בפ' בתרא (דף קנה:) נותנים מים לפני אווזים ותרנגולים ולפני יוני הרדסיאות אע"ג דמוקצין הן בשבת ונראה לר"י כל היכא דהוי כניצוד ועומד מדאורייתא כגון אווזין ותרנגולין ויוני הרדסיאות ואע"ג דמדרבנן אסור לצודן כדתנן בפרק שמונה שרצים (לקמן דף קז.) חיה ועוף שברשותו הצדן פטור משמע אבל אסור כיון דמדאורייתא כניצוד ועומד נותנין לפניהם מזונות וכן חיה ועוף שבביברין מקורין דחשיב טפי מזונותיהם עליך אבל כאן שמן התורה אין ניצודין לא חשיב מזונותיהן עליך והוי כאותן שהן כל שעה בשדה כמו יוני שובך ויוני עלייה ואתי שפיר לפי זה ההיא דריש אין צדין (ביצה דף כד.) דקתני התם במתניתין רשב"ג אומר זה הכלל המחוסר צידה אסור כו' וקאמר בגמרא היכי דמי מחוסר צידה כגון דאמר הבא מצודה ונצודנו ואמר ליה אביי לרב יוסף והרי אווזים ותרנגולים דאמר הבא מצודה ונצודנו ואמר הלל אווזים ותרנגולים ויוני הרדסיאות פטור והשתא קשה מאי פריך והא פטור משמע אבל אסור ובמתניתין קתני נמי רשב"ג אומר מחוסר צידה אסור ומאי דפריך הכא אתי שפיר דרשב"ג קאי ארישא דקתני אין צדין ואין נותנין לפניהם מזונות וקאמר רשב"ג כשמוסר צידה אף ליתן מזונות וא"כ מחוסר צידה לדאורייתא חשיב ליה ולהכי פריך שפיר:

הלכה מכלל דפליגי. אע"ג דר' יהודה פליג מ"מ פריך אביי שפיר דלאו לאפוקי מדרבי יהודה אתא דלימא אין הלכה כרבי יהודה הכא אתי שפיר דלא קבעי היכי דמי מחוסר צידה דהא כבר פי' דהיכא דאיכא עוקצי ביבר גדול ומסתמא דהיינו מחוסר צידה דרשב"ג אבל בריש אין צדין (ביצה דף כד.) קשה אמאי קבעי ה"ד מחוסר צידה הואיל וכבר פי' ביבר גדול וביבר קטן לרבנן ונראה לריב"א משום דהתם קתני במילתייהו חיה ועוף ועלה קאי רשב"ג וקבעי ה"ד מחוסר צידה בעופות אבל אחיה לא קבעי דזה כבר פירש וכן משמע דכל הנהו דמייתי עלה לא מיירי אלא בעופות אבל הכא לא איירו רבנן בעופות אלא בחיה גרידא:

ס) **היכא** דנפלי טולא דכתלים. היה להם שיעור הכתלים שוה והיו יודעין שיעורן:

למה זה דומה לנועל ביתו לשומרו ונמצא צבי שמור בתוכו. ואם תאמר מאי אולמא הך מהך ונראה לריב"א דס"ד דבא וישב בצידו ליתסר משום דמיחזי דלהוסיף שמירה לגבי הוא בא: וממאי

עין משפט
נר מצוה

כו א ב ג ד מיי' פ"י מהל' שבת הלכה כ סמג שם טוש"ע שם סעיף א:
כז ה מיי' שם הל' כא טוש"ע שם סעיף ג:
כח ו מיי' שם הלכה כד טוש"ע שם:
כט ז מיי' וסמג שם טוש"ע שם סעיף ג:
ל ח מיי' שם הלכה כג סמג שם טוש"ע שם סעיף ה:
לא ט מיי' שם הל' יט:
לב י מיי' שם הל' כג סמג שם טוש"ע שם סעיף ו:

רבינו חננאל

בחבורה פטור שחטו שלא לשמו ושלא לאוכליו כו' וכולא שמעתא דקא מפרש ליה בחדא חדא מאי תיקן ולא מפרש מ"ד המקלקל בחבורה פטור מאן הוא אלא מתניתין בהדיא היא כל המקלקלין פטורין בין חובל דמקלקל בחבורה בין דחד מיניה (וקרא) [וקאמר] ר"ש ור' יהודה היא א) דשמעינן פלוגתייהו וגרסינן בבתולה נשאת אם תמצא לומר דם חבורי מחבר שהבועל בתחלה הוא עושה חבורה הא אמרינן אם תמצא לומר הלכה כר' יהודה דאמר דבר שאין מתכוין אסור מי הואי האי בועל בשבת מקלקל בהאי חבורה אי לא. ואם תימצא לומר מקלקל הוא במקלקל הלכה כר' יהודה או כר' שמעון והכין פירושא הלכה כר' יהודה דאמר מקלקל בחבורה פטור או הלכה כר' שמעון דאמר חייב דאי אמרת הלכה כר' שמעון דאמר מקלקל בחבורה חייב או הלכה כר' יהודה דאמר דבר שאין מתכוין אסור אילו היה כך אסור לבעול בתחלה בשבת וחזינן דמפרש (בספינה) לעולם רב כר' יהודה סבירא ליה דאמר דבר שאין מתכוין אסור. אלא מיהו מקלקל בחבורה הוא ושרי לר' יהודה ואמרי' מ"ט דר' שמעון דאמר חובל ומבעיר אע"פ שמקלקלין חייבין מדאצטריך קרא למישרא מילה בשבת וגמרינן דמקלקל בחבורה בעלמא בשבת חייב ואקשינן מילה מתקן הוא כדרב אשי דאמר מה לי לתקן מילה מה לי לתקן כלי מה לי לבשל פתילה מה לי לבשל סממנין ולא גמרי' מינה למקלקלין ומקלקל לא אשכחנן דאיתמר: **שיעור המלבן** צמר כמלא רחב הסיט כפול וכן המנפץ צמר וכן הצובע וכן הטווה רב יוסף מחוי [כפוף] מעיקר הגודל עד ראש אצבע כשהן דבוקות זו בזו רב חייא בר אמי מחוי פשוט מראש גודל עד ראש אצבע כשהן פשוטות דאעפ"כ אינן הוות זרת: **ר' יהודה** אומ' הצד צפור למגדל כו' פי' מגדל זה של עץ הוא שחשוב ככלוב גדול אם פתח שער המגדל ועשה תחבולות עד שנכנס הצפור לתוכו וסגר עליו חייב כי כסגרו המגדל וגמרה הצידה וגם אם הולך אחר צבי והחזירו מיכן ומיכן עד שנכנס לבית חייב כי כיון שנכנס לבית והא סגר עליו הרי צידו חייב אבל אם

מסורת הש"ס

א) [ביצה כג:], ב) [שם כל הענין ע"ש], ג) [נ"א אבל צדין חיה ועוף מן הביברין וכ"א במשנה דביצה], ד) [תוספתא דביצה פ"ג], ה) [גי' הערוך שיחיא כגון ריצה אחת ואינו צריך לפוש בימי ביניים], ו) [ביצה כד.], ז) כריתות לג: [לעיל מ: לקמן קיג. קנו. ביצה כד. עירובין יב. פא: ע"ז לג: פסחים ק. ר"ה לד: לה. יבמות לא. קח. נדה נט. סנהדרין לג:], ח) לקמן קיג. עירובין ס: ביצה כד. ע"ז לב:, ט) [תוספתא פ"ג], י) [גירס' הערוך אוכלוסא פי' עייפות], כ) [לקמן קז: ביצה לו:], ל) [תוספת' פי"ג], מ) לעיל לג:, נ) שייך לע"א, ס) שייך לעיל.

הגהות הב"ח

(א) גמ' וצבי לבית ולגינה ולחצר: (ב) שם הא בביבר מקורה הא בביבר: (ג) רש"י ד"ה הגזין מין חגב טהור. נ"ב ול"ע מפ"ק דבכורות דשם משמע דהוא מין שרץ טמא. שוב מלאתי קושיא זו בספר פרי מגדים סי' ש"א: (ד) ד"ה הא שני זה למה דומה: (ה) ד"ה ונמצא וכו' כמוכן כך אע"פ:

גליון הש"ס

רש"י ד"ה הגזין מין חגב טהור. עי' בכורות ז ע"ב. וכמל"מ פ"א הל' כא מהל' מאכלות אסורות:

רב נסים גאון

תבערו אש בכל מושבותיכם ביום השבת על פי מה שנתפרש פסוק זה כי בבית דין הוא מדבר כמו שנא' בראש מסכת יבמות (דף ו) מושבות מה תלמוד מכדי שבת חובת הגוף היא וחובת הגוף נוהגת בארץ ובחוצה לארץ מושבות דכתב רחמנא למה לי משום ר' ישמעאל אמר תלמיד אחד לפי שנא' (דברים כא) וכי יהיה באיש חטא משפט מות והומת שומע אני בין בחול בין בשבת ומה אני מקיים (שמות לא) מחלליה מות יומת בשאר מלאכות חוץ ממיתת בית דין ת"ל לא תבערו אש בכל מושבותיכם מה מושבות האמורות להלן בבית דין אף כאן בב"ד ואמר רחמנא לא תבערו אש ועיקר זו הברייתא בסוף מכילתא דר' ישמעאל ואמרו עוד בתלמוד והיתה נמי ר' יוסי אימור דאמר ר' יוסי הבערה ללאו יצאת הבערה דעלמא הבערה דבית דין בישול פתילה היא ואמר רב אשי מה לי בישול פתילה מה לי בישול סממנין מיכן למדנו דאסר רחמנא הבערה דבת כהן בשבת ונתחייבו מיכן שהמבעיר בעלמא חייב: **רבן** גמליאל אומר לא כל הביברין שוין זה הכלל כל מחוסר צידה פטור ושאינו מחוסר צידה חייב. במסכת יום טוב

חשק שלמה על רבינו חננאל א) נראה דט"ס יש כאן ואולי צ"ל ומהא הוא דשמעינן פלוגתייהו: בפרק אין צדין (דף כד) גרסי היכי דמי מחוסר צידה אמר רב יוסף אמר רב יהודה אמר שמואל כגון דאמרי הבא

ליקוטי רש"י

מחוסר צידה. שלריך לצודו [ביצה כג:]. אין צדין דגים. אף על גב דשביתה ואפייה ובשול מלאכות הן והותרו לצורך יום טוב טעמא משום דלאי אפשר מערב יום טוב דשביתה חיים למכבר בשרה מן יחמתם ויסריח אבל צידה אפשר לצודו מבעוד יום ויניחנו במצודתו במים ולא ימות ולמחר יעלהו. ביברים. של דגים הן בריכות של מים שקורין ויבי"ר ביברין של חיה קרפיפות מוקפין גדר סביב וכונסין לתוכן חיות הבר וולדות ומגדלות שם. ואין נותנין. לפני הדגים מזונות ואפילו למאן דאמר (ביצה כא.) נפש בהמה במשמע הני מילי דמזונותן עליך אבל דגים אפשר להם בלא מזונות שהם אוכלים שרשי עשבים וקרקע וגדול אוכל את הקטן. אבל צדין חיה ועוף. המכונסים מאתמול קא סלקא דעתך השתא כיון דמוקפים גדר הוו להו כנלודין ועומדין אבל דגים נשמטין לחורים ולסדקים והוא צידה ביום טוב. ונותנין לפניהם מזונות. בימי החורף לריכין מזונות ואף בימי הקיץ במקום דריסת בני אדם שאין עשבים עולים בו [שם כג:]. הא רבי יהודה הא רבנן. ומתניתין דקתני צדין מן הביברין ביום טוב רבנן היא דאמרי משנכנס לביבר הוא נלוד ועומד וברייתא ר' יהודה. אלא עופות אעופות קשיא. דהא כולהו מודו דלאין ליתנן אפילו לבית. מקורה. שיש לו גג. הכא. דקתני גבי שבת לפור למגדל ולא לבית. בצפור דרור. שדרה בבית כבשדה שיודעת להשמט בזוית הבית לכל לד ולכך נקראת דרור על שם דירה שדרה בכל מקום. השתא דאתית להכי. דעופות אעופות לא קשו אהדדי ולא דמיקא לאוקמי מתניתא כפלוגתא דתנאי. חיה אחיה נמי. לא מוקמא כתנאי אלא תרוייהו כרבנן ומתניתין בביבר קטן וכן הסיפא דשבת וברייתא דקתני אין צדין בביבר גדול ויש לה להשמט ורבן שמעון בן גמליאל אף בביבר קטן פליג אם לריך לומר הבא מלודה אי נמי לאו לפלוגי אתא אלא לפרושי כדלקמן. בחד שיחייא. בפעם אחת שהוא שוחה עליו לתפשו אין לו להשמט ממנו. עוקצי עוקצי. זויות. דנפיל טולא דכתלים אהדדי. מרוב קטנו וקלרו. הלכה מכלל דפליגי. רבנן עליה למימר כל הביברין שוין בתמיה והא אוקימנא בביבר קטן ולא פליגי הלכתא כוותיה. מאי נפקא לך מינה. בין פלוקין בין לא פלוקין הלכה כמותו [ע"ז לב:]. לי אמינא הלכה כל שכן דלאי לא פליגי הלכתא היא. אמר ליה גמרא גמור זמורתא תהא. משל שוטים הוא כמו זכון חבין מגרא אקרי (ב"מ מ:) כך גמרא גמור אומר לתלמיד שוטה למוד הן אמת הן שבוש ויהא לך לזמר ושיר [ביצה שם]. כתמיה אביי תלמידו של רב יוסף וקא"ל אתה מלמדנו לומר הלכה כמותו ותהא כזמר בעלמא דלאי אין חולקין הלכה למה לי [ע"ז שם]. אישתא. חולי ששמו חמה [שם כח.]. גזין צרעין. מין ארבה [בכורות ז:]. צרעין. מין שרץ העוף [שמות כג, כח]. כל שבמינו ניצוד. שלריך ללוד את בני מינו [ביצה לו:]. נעלו שנים פטורין. וכ' יהודה הוא דפטר בשניהם יכולין [לעיל צג:]. ור"ש פוטר. ר' שמעון לטעמיה דאמר זה אינו יכול וזה אינו יכול נמי אינו אלא כמסייע ופטור [שם].

Gemara The Gemara adds: אָמַר רַבִּי יִרְמְיָה בַּר אַבָּא אָמַר שְׁמוּאֵל – **R' Yirmiyah bar Abba said in the name of Shmuel:** הַצָּד אֲרִי בְּשַׁבָּת – **If one traps a lion on the Sabbath,** אֵינוֹ חַיָּיב – **he is not liable**[33] עַד שֶׁיַּכְנִיסֶנּוּ לְגוֹרְזְקִי שֶׁלּוֹ – **unless he brings it into its cage,** which is built specifically to restrain lions.

Mishnah This Mishnah continues to discuss a case where a deer was already inside the house: יָשַׁב הָאֶחָד עַל הַפֶּתַח – If **one** person **sat in the doorway** וְלֹא מִילְאָהוּ – **but did not** fully **block it,**[34] יָשַׁב הַשֵּׁנִי וּמִילְאָהוּ – and then **a second** person **sat down** next to the first **and** thereby **blocked [the doorway]** completely, הַשֵּׁנִי חַיָּיב – **the second one is liable.**[35] יָשַׁב הָרִאשׁוֹן עַל הַפֶּתַח וּמִילְאָהוּ – If **the first** person **sat in the doorway and blocked it** completely, וּבָא הַשֵּׁנִי וְיָשַׁב בְּצִידּוֹ – **then the second** person **came and sat down alongside him,**[36] אַף עַל פִּי שֶׁעָמַד הָרִאשׁוֹן וְהָלַךְ לוֹ – **even though the first** person **stood up and went away,** הָרִאשׁוֹן חַיָּיב וְהַשֵּׁנִי פָּטוּר – **the first** person **is liable and the second is exempt.**[37] הָא לְמָה זֶה דּוֹמֶה – **To what is this** case **analogous?**[38] לְנוֹעֵל אֶת בֵּיתוֹ לְשׁוֹמְרוֹ – **To one who locks his house to safeguard it,**[39] וְנִמְצָא צְבִי שָׁמוּר בְּתוֹכוֹ – **and a deer is found to be guarded therein.**[40]

NOTES

33. Even if he is holding it, the lion is not trapped because when it gets angry it will destroy whatever is in its way and escape (*Rashi*).

34. I.e. there was sufficient room left for the deer to escape (*Chidushei HaRan*).

35. Because he effected the capture (*Rashi*). Were it not for him, the deer could still have escaped. Even though the first one assisted him in the capture by remaining in place, he is, nevertheless, exempt, since at the moment of capture his participation was completely passive (*Chidushei HaRan*).

36. I.e. the second person sat in the doorway in such a way that he too blocked the passageway completely; e.g. the first person sat in the doorway facing the interior of the house, and then the second person sat down back to back with the first one, facing out. The second person, too, is thus completely blocking the doorway (*Tos. Yom Tov;* see also *Rashash*).

37. [The first one is liable for effecting the original capture. The second one is not liable for his initial act of sitting down in the doorway because when he did so the deer had already been trapped by the first one; he merely added to the security of the trap without in any way participating in the act of trapping itself.] When the first one gets up and walks into the house, the second person is again not engaging in any act of trapping because he merely has to stay in place for the deer to remain secure. The second person is thus exempt from any liability (*Tos. Yom Tov,* as explained by *Chemed Moshe* 316:3; cf. *Magen Avraham* 316:11; see also *Mishnah Berurah* 316:25).

[The Gemara (below, 107a) will explain that the second person is not only exempt from liability, but is *permitted* to sit there.]

38. I.e. to what is this act of the second person, which intensified the security around an already trapped creature, analogous? (*Rashi*).

39. I.e. not to trap animals (*Rashi*). [*Ramban* writes that the Mishnah means this loosely; the same ruling would apply even if the person locked the door with intention to increase the security of an animal that was already trapped inside.]

40. That is, a deer that had already been trapped the day before is found guarded in the house (*Rashi*).

This refers to a case where, for example, a deer is bound inside the house and someone then locks the door. Since the deer, at the time the person locks the door, is in any case trapped, locking the door merely increases the security of that trap but is not in itself an act of trapping. Therefore, even if the deer escapes the original trap (e.g. the deer tears the rope binding), and is thereby found to be trapped only by virtue of the subsequently added lock, the person who locked the door is neither liable nor required to release the lock. Since at the moment of locking the door no act of trapping was performed, subsequent events cannot retroactively cause that act to be viewed as an act of trapping. Similarly, in our case, when the second person sits down, the deer is already trapped. Hence, the second person does not effect the capture and is not required to leave the doorway to allow the deer to escape (*Ran, Tos. Yom Tov;* see also *Ramban*).

The Rishonim ask why the Mishnah considers the person in this analogous case to be more obviously exempt from liability than the second person in the initial case. Both people have apparently merely added security to an already trapped animal. *Tosafos* answer that in the analogous case the person is certainly exempt because he did not intend any act of trapping, whereas in the first case the second person appeared to be wanting to add to the security of the deer. The Mishnah thus teaches that even in the first case the person is exempt since he did not in any way participate in the animal's capture. Any intention to add security is not relevant. See also *Rashash* and *Chemed Moshe* ibid. for other explanations.

Gemara The Gemara states another ruling about trapping: אָמַר רַבִּי אַבָּא אָמַר רַב חִיָּיא בַּר אַשִׁי אָמַר רַב – **R' Abba said in the name of Rav Chiya bar Ashi, who** in turn **said** it **in the name of Rav:** נִכְנְסָה לוֹ צִפּוֹר תַּחַת כְּנָפָיו – **If a bird entered under the flaps of one's** garment[1] and cannot escape, יוֹשֵׁב וּמְשַׁמְּרוֹ עַד שֶׁתֶּחְשַׁךְ – **he may sit and guard it until it gets dark.**[2]

The Gemara objects:

מְתִיב רַב נַחְמָן בַּר יִצְחָק – **Rav Nachman bar Yitzchak challenged** this ruling **from** our **Mishnah:** יָשַׁב הָרִאשׁוֹן עַל הַפֶּתַח וּמִלְאָהוּ – If THE FIRST person SAT IN THE DOORWAY AND BLOCKED IT completely, וּבָא הַשֵּׁנִי וְיָשַׁב בְּצִדּוֹ – THEN THE SECOND person CAME AND SAT DOWN ALONGSIDE HIM, אַף עַל פִּי שֶׁעָמַד הָרִאשׁוֹן וְהָלַךְ לוֹ – EVEN THOUGH THE FIRST person STOOD UP AND WENT AWAY, הָרִאשׁוֹן חַיָּיב וְהַשֵּׁנִי פָּטוּר – THE FIRST person IS LIABLE AND THE SECOND IS EXEMPT.

Rav Nachman bar Yitzchak now explains his question:

מַאי לָאו פָּטוּר אֲבָל אָסוּר – **Does this not** mean that it is an act for which one **is exempt** from liability to bring a sacrifice **but** which is nevertheless Rabbinically **prohibited?**[3] It should therefore be prohibited to guard the bird trapped in his clothes just as it is prohibited to guard the deer trapped in the house. – ? –

The Gemara answers:

לֹא – **No!** פָּטוּר וּמוּתָּר – The Mishnah means that this is an act for which one is both **exempt** from a sacrifice **and** which is also **permissible.** Once the deer is already trapped in the house, it is *permitted* to sit at the door to guard it. Similarly, it is permitted to guard the bird trapped in one's clothes.

The Gemara supports this interpretation of the Mishnah:

הָכִי נַמִּי מִסְתַּבְּרָא – **This is also reasonable.** מִדְּקָתָנֵי סֵיפָא – **Since the end** of the Mishnah **taught:** לְמָה זֶה דּוֹמֶה – TO WHAT IS THIS case ANALOGOUS? לְנוֹעֵל אֶת בֵּיתוֹ לְשׁוֹמְרוֹ – TO ONE WHO LOCKS HIS HOUSE TO SAFEGUARD IT, וְנִמְצָא צְבִי שָׁמוּר בְּתוֹכוֹ – AND A DEER IS FOUND TO BE GUARDED THEREIN, מִכְּלָל דְּפָטוּר וּמוּתָּר – we **thus** see that the term "exempt" in the earlier case means **"exempt and permissible."**[4] שְׁמַע מִינָּהּ – Indeed, **learn from this.**

The Gemara presents another version of the exchange:

אִיכָּא דְּאָמְרֵי – **There are those who say:** אָמַר רַב נַחְמָן בַּר יִצְחָק – **Rav Nachman bar Yitzchak said** the following in response to the ruling that one may guard a bird that became entrapped in his clothes: אַף אֲנַן נַמִּי תְּנֵינָא – **We also learned** an analogous ruling **in our Mishnah:** אַף עַל פִּי שֶׁעָמַד הָרִאשׁוֹן וְהָלַךְ לוֹ – EVEN THOUGH THE FIRST person STOOD UP AND WENT AWAY, הָרִאשׁוֹן חַיָּיב וְהַשֵּׁנִי פָּטוּר – THE FIRST person IS LIABLE AND THE SECOND IS EXEMPT.

Rav Nachman bar Yitzchak now explains his proof:

מַאי לָאו פָּטוּר וּמוּתָּר – **Does this not** mean **"exempt and permissible"?** It should thus be permitted to guard the bird trapped in his clothes just as it is permitted to guard the deer trapped in the house.

The Gemara objects to the proof:

לֹא – **No!** פָּטוּר אֲבָל אָסוּר – The Mishnah means **"exempt but prohibited."**

The objection is refuted:

הָא מִדְּקָתָנֵי סֵיפָא – **But since the end** of the Mishnah **taught:** הָא לְמָה זֶה דּוֹמֶה – TO WHAT IS THIS case ANALOGOUS? לְנוֹעֵל אֶת בֵּיתוֹ לְשׁוֹמְרוֹ – TO ONE WHO LOCKS HIS HOUSE TO SAFEGUARD IT, וְנִמְצָא צְבִי שָׁמוּר בְּתוֹכוֹ – AND A DEER IS FOUND TO BE GUARDED THEREIN, מִכְּלָל דְּפָטוּר וּמוּתָּר – we **thus** see that the term "exempt" in the earlier case means **"exempt and permissible."** שְׁמַע מִינָּהּ – Indeed, **learn from this.**

The Gemara has stated that the term "exempt" stated in the Mishnah is interpreted as "exempt and permissible." The Gemara now lists other examples of this unusual interpretation of a Mishnaic ruling of "exempt":

אָמַר שְׁמוּאֵל – **Shmuel said:** כָּל פְּטוּרֵי דְשַׁבָּת – **All "exemptions"** stated **in regard to Sabbath** law פָּטוּר אֲבָל אָסוּר – mean **"exempt but prohibited,"** לְבַר מֵהָנֵי תְּלָת דְּפָטוּר וּמוּתָּר – **except for the following three** cases, where the term "exempt" means **"exempt and permissible":** חֲדָא הָא – **One is this** case of sitting in the doorway of a house in which a deer is trapped. וּמִמַּאי דְּפָטוּר וּמוּתָּר – **And how** do we know **that** it means **"exempt and permitted"?** דְּקָתָנֵי סֵיפָא – **For the end** of the Mishnah **taught:** לְמָה זֶה דּוֹמֶה – TO WHAT IS THIS case ANALOGOUS? לְנוֹעֵל אֶת בֵּיתוֹ לְשׁוֹמְרוֹ – TO ONE WHO LOCKS HIS HOUSE TO SAFEGUARD IT, וְנִמְצָא צְבִי שָׁמוּר בְּתוֹכוֹ – AND A DEER IS FOUND TO BE GUARDED THEREIN.

Shmuel states the second case where a Mishnah's term "exempt" means "exempt and permissible":

וְאִידָךְ – **And the other** place:[5] הַמֵּפִיס מוּרְסָא בְּשַׁבָּת – Regarding ONE WHO LANCES A BOIL, אִם לַעֲשׂוֹת לָהּ פֶּה – IF his intent is TO MAKE AN OPENING FOR IT,[6] חַיָּיב – HE IS LIABLE;[7] אִם לְהוֹצִיא מִמֶּנָּה לֵחָה – but IF his intent is TO REMOVE the PUS FROM IT,[8] פָּטוּר – HE IS EXEMPT.[9] וּמִמַּאי דְּפָטוּר וּמוּתָּר – **And how** do we know **that** the Mishnah means **"exempt and permitted"?** דִּתְנַן – **For we learned** an analogous ruling **in** another **Mishnah:**[10] מַחַט שֶׁל יָד – A HAND

NOTES

1. I.e. it became entangled in his clothes on its own (*Rashi*).

2. That is, he is not obligated to make an opening for the bird to escape because he is merely guarding the already trapped bird (*Rashi*). It is, however, prohibited to handle the bird, because live animals are *muktzeh* (*Ritva MHK* ed.).

3. [In the context of laws of the Sabbath, the term פָּטוּר, *exempt,* usually means that the person is exempt from liability for a certain act, but is nevertheless prohibited to perform it. If an act is permitted, the term מוּתָּר is used.] Rav Nachman assumes that in this case it is Rabbinically prohibited for the second person to remain seated, either because it is very similar to trapping or because one might come to actually trap an animal (*Ritva MHK* ed.).

4. Since everyone does so in such a situation, we see that the Mishnah is referring to actions that are completely permissible (*Rashi*). [See above, 106b note 40.]

5. This is a Mishnah in *Eduyos* (2:5).

6. [I.e. he wants the hole to remain so additional pus will drain rather than collect in the boil, and also to allow air in so that the boil will heal – see *Tosafos* above, 3a.] *Rashi* adds that the doctors of his times performed this procedure.

7. Making a hole that will last falls under the category of either building or of repairing [a *toladah* of "striking the final blow"], for there is no difference between repairing a utensil or "repairing" a wound (*Rashi*). [*Rashi* to *Kesubos* (6b) proves from Scripture that the *melachah* of building applies even to live beings.]

8. I.e. he has intent only to remove the pus that is currently inside the boil, and he does not care if the hole closes immediately afterwards (*Rashi*).

9. And it is permitted to do so, because nothing has been rectified. Furthermore, no Rabbinical prohibition was enacted here because of the pain that the person is suffering (*Rashi*).

[*Meromei Sadeh* writes that according to *Rashi's* explanation of Shmuel's statement, everyone would agree that the person is permitted to take out the pus in this manner. Even though R' Yehudah holds that one is liable for performing a labor not needed for its defined purpose, here the person has not performed any labor at all, since the hole is not meant to last (see also *Hagahos R' Elazar Moshe Horowitz*; cf. *Tosafos* and *Ritva MHK* ed.; see also below, 107b note 43).]

10. Below, 122b.

א) לעיל ג. ב) לקמן ע"ב כתובות ו: עדיות פ"ב מ"ה, ג) לקמן קכב: סנהדרין פד: [עדיות פ"ב מ"ה], ד) לעיל מג. ודף קכא., ה) חולין קכב., ו) חולין קכב: תוספתא חולין פ"ח, ז) דעדיות פ"א.

הגהות הב"ח

(א) גמ' ועל עקרב שלא ישוך. נ"ב ול"ע מגמ' דברכות פ' אין עומדין דף לג אבל מלאכי בתוס' לעיל דף ג ד"ה בר מהני תלת דלכאן אין הטעם משום סכנה רק משום מלאכה דאין צריך לגופיה א"כ בזה אין חילוק בין נחש לעקרב. ודו"ק והוא תמה גמור מ"ל: (ב) שם והחובל בהן. (ג) רש"י ד"ה והחובל וכו' וחייב משום. (ד) תוס' ד"ה ע"כ וכו' אבל לית להו דלמינהו הפסיק:

תורה אור השלם

א) אֵלֶּה הַטְּמֵאִים לָכֶם בְּכָל הַשָּׁרֶץ כָּל הַנֹּגֵעַ בָּהֶם בְּמֹתָם יִטְמָא עַד הָעָרֶב: [ויקרא יא, לא]

גמ' אמר רבי אבא אמר רב חייא בר אשי אמר רב א נכנסה לו צפור תחת כנפיו יושב ומשמרו עד שתחשך מתיב רב נחמן בר יצחק ישב הראשון על הפתח ומלאהו ובא השני וישב בצדו אף על פי שעמד הראשון והלך לו הראשון חייב והשני פטור מאי לאו פטור אבל אסור ב לא פטור ומותר הכי נמי מסתברא מדקתני סיפא למה זה דומה לנועל את ביתו לשומרו ונמצא צבי שמור בתוכו מכלל דפטור ומותר ש"מ איכא דאמרי אמר רב נחמן בר יצחק אף אנן נמי תנינא אע"פ שעמד הראשון והלך לו הראשון חייב והשני פטור מאי לאו פטור ומותר לא פטור אבל אסור הא מדקתני סיפא הא למה זה דומה לנועל את ביתו לשומרו ונמצא צבי שמור בתוכו מכלל דפטור ומותר ש"מ (א) אמר שמואל ג כל פטורי דשבת פטור אבל אסור לבר מהני תלת דפטור ומותר חדא הא וממאי דפטור ומותר דקתני סיפא למה זה דומה לנועל את ביתו לשומרו ונמצא צבי שמור בתוכו ואידך (ב) ד המפיס מורסא בשבת אם לעשות לה פה חייב אם להוציא ממנה לחה פטור וממאי דפטור ומותר דתנן (ג) מחט של יד ליטול בה את הקוץ ואידך ה הצד נחש בשבת אם מתעסק בו שלא ישכנו פטור אם לרפואה חייב וממאי דפטור ומותר דתנן (ד) כופין קערה על הנר בשביל שלא תאחוז בקורה ועל צואה של קטן ועל עקרב שלא (א) תישך:

הדרן עלך האורג

שמנה ו שרצים האמורים בתורה הצדן והחובל בהן חייב ושאר שקצים ורמשים החובל בהן פטור הצדן לצורך חייב שלא לצורך פטור ז חיה ועוף שברשותו הצדן פטור והחובל בהן חייב: **גמ'** מדקתני החובל (ב) בהן חייב מכלל דאית להו עור מאן תנא אמר שמואל רבי יוחנן בן נורי היא (ה) דתנן רבי יוחנן בן נורי אומר שמנה שרצים יש להן עורות רבה בר רב הונא אמר רב אפילו תימא רבנן עד כאן לא פליגי רבנן עליה דרבי יוחנן בן נורי אלא לענין טומאה דכתיב א) אלה הטמאים לכם (ו) ח לרבות שעורותיהן כבשרן אבל לענין שבת אפילו רבנן מודו ולענין שבת לא פליגי והתניא הצד אחד משמנה שרצים האמורים בתורה החובל בהן חייב דברי ר' יוחנן בן נורי וחכמים אומרים אין עור אלא למה

רש"י

גמ' תחת כנפיו. תחת כנפי כסותו ואין יכול לצאת שננעל בפניו מאליו: **יושב ומשמרו.** כן ואינו צריך לפתוח לו דאינו אלא שומר: **לנועל את ביתו.** דכל אדם עושין כן: **המפיס.** מבקע מורסא קויטור"א: **אם לעשות לה פה.** בתוספתא (ו) תני הכי אם לקולפה ולעשות לה פה כדרך שרופאים של עכשיו עושין דמתקן לה פתח: **חייב.** משום בונה פתח או משום מתקן כלי מה לי לתקן מכה מה לי לתקן כלי: **ואם להוציא לחה.** של עכשיו ואינו חושש אם תחזור ותסתום מיד: **פטור.** ומותר דאין כאן תיקון ורבנן נמי לא גזור בה שבות משום צערא: **ומחט של יד.** ניטלת בשבת: **ליטול בה את הקוץ.** והיינו דומיא דלחה דמצער ליה ואינו חושש אם יסתם מיד וקאמר ניטלת לכתחילה. מחט של יד היא מחט שתופרין בה בגדים ומשום דקתני בהדה ושל שק לפתוח בה את הדלת קרי לה להאי מחט של יד: **קערה.** של חרס: **כופין.** לכתחילה ולא שיכבה את הנר ואשמעינן דכלי ניטל להצלת דבר שאינו ניטל בשבת: **על עקרב שלא תשוך.** ואע"ג דממילא מתליד:

הדרן עלך האורג

שמנה שרצים. החולד והעכבר וגו' (ויקרא יא): **הצדן.** חייב שבמינו ניצוד: **והחובל בהן חייב.** דיש להן עור כדמפרש בגמרא והויא ליה חבורה שאינה חוזרת והויא ליה תולדה דשוחט. לוי"ה. ל"א כיון דיש להן עור נצבע העור בדם הנצרר בו (ג) דחייב משום צובע: **ושאר שקצים ורמשים.** כגון תולעת ונחשים ועקרבים: **החובל בהן פטור.** דאין להם עור: **שלא לצורך פטור.** דאין במינו ניצוד והויא מלאכה שאינה צריכה לגופה ור' שמעון היא כדמוקי לה בגמ': **חיה ועוף שברשותו.** פטור אם צדן שהרי ניצודין ועומדין: **והחובל בהן חייב.** דיש להן עור: **גמ' שמונה שרצים יש להן עורות.** ופליג אדרבנן דאמרי בהעור והרוטב האנקה והכח והלטאה והחומט עורותיהן מטמאין כבשרן אלמא הני ארבעה לית להו עור: **אלה הטמאים.** בתר והאנקה והכח כתיב ודרשינן ה' יתירה דהטמאים לרבות שעורותיהן כבשרן וכתיב אלה למעוטי הנך דקרא קמא החולד והעכבר והצב: **אפילו רבנן מודו.** דיש להן עור:

תוספות

וממאי דפטור ומותר דתנן מחט של יד ליטול בה את הקוץ. למאי דמסיק בריש פ' הנחנקין (סנהדרין דף פה.) דאתיא כר"ש אתי שפיר דמיירי אפילו ודאי חביל ומשום שאינה צריכה לגופה שרי אבל לפי מאי דפריך התם והא דתנן מחט של יד ליטול בה את הקוץ ליחוש דילמא חביל לא פשיט הכא מיניה שפיר דבמפיס מורסא דודאי עושה פתח שמא יהא אסור ואומר ר"י דאפילו למאי דס"ד התם פשיט שפיר דמסתבר דככולי עלמא אתיא אפילו כר' יהודה וכיון דרבי יהודה דאסר בעלמא דבר שאין מתכוין אפילו אינו פסיק רישיה שרי הכא משום צערא דגופא לר"ש נמי במפיס מורסא דהוי מלאכה שאינה צריכה לגופה שרי לכתחילה מהאי טעמא:

הדרן עלך האורג

שמנה שרצים החובל בהן חייב. לשון ספי' הקונטר' משום נטילת נשמה עיקר כדפי' בפרק כלל גדול (לעיל דף עה.): **הצדן** לצורך חייב. וא"ת מ"ש דאיצטריך הכא למיתני טפי הצדן לצורך חייב בכל חיובי דשבת נמי לא מחייב ר"ש אלא לצורך ואומר ר"י דלהכי תנא ליה הכא לאשמעינן דבשאר שקצים ורמשים שאין להן עור צריך שיתכוין לשום צורך דסתמייהו לאו לצורך קיימי אבל בשמונה שרצים דרישא דיש להם עור סתמייהו ניצודין לצורך עורן להכי תני לדן בהדי חובל דמחייב נמי משום עור: **שלא** לצורך פטור. פירש רש"י דאין במינו ניצוד ואינו נראה דהא מאן דפטר אין במינו ניצוד פוטר אפילו לצורך אלא יש לפרש דאפילו במינו ניצוד פטור משום דהויא מלאכה שאינה צריכה לגופה ור"ת מחקו מן הפירושים: **אמר** שמואל ר' יוחנן בן נורי היא דאמר שמונה שרצים יש להם עור. תימה לר"י דע"כ לא פליגי רבנן עליה דרבי יוחנן אלא לענין טומאה אבל בשבת דילמא מודו ליה דהא עור של עגל הרך הוי כבשר לענין טומאה והחובל בו בשבת חייב וכן עור של עוף מסתמא הוי כבשר שרך הוא ותנן חיה ועוף שברשותו החובל בהן חייב וי"ל דעור של עגל הרך ושל עוף אע"ג דחשיב עור הוי כבשר לענין טומאה משום דרכיכן וראוין לאכילה אבל עור ח' שרצים סבר שמואל דטעמא דרבנן דחשיבי ליה כבשר משום דאזלי בתר גישתא כדמפרש בהעור והרוטב (חולין דף קכב:) ולא משום רכיכות דלא רכיך כולי האי וכיון דלית להו ממשות עור החובל בהן פטור כמו בשאר שקצים ורמשים: **ע"כ** לא פליגי רבנן אלא לענין טומאה דכתיב אלה הטמאים. וא"ת והא מסקינן בפ' העור והרוטב (שם) דבגישתא קמיפלגי ופי' בקונט' התם דרבנן לא דרשי הטמאים ואיכא למימר דרב הכא לטעמיה דתני התם תנשמת ולא אזיל בתר גישתא ומיהו בלאו הכי א"א לומר התם כדפי' הקונטרס דלמאי איצטריך למימר התם רב תנא הוא ופליג והא ע"כ ברייתא דדריש הטמאים קיימא כרב ע"כ נראה דרבנן דמתני' דהתם נמי אית להו דרשה דהטמאים אבל לית להו (ד) למינהו הפסיק הענין וכתב הטמאים לרבות ואלה למעט ומוקמינן ריבויא אהנהו ארבע דלית להו גישתא האנקה והכח והלטאה והחומט ורב מרבה כל הנהו דכתיבי בתר למינהו וגם תנשמת בכלל וקלת קשה דאמרינן לקמן מאן ת"ק רבי יהודה דאזיל בתר גישתא והא רבנן נמי אזלו בתר גישתא ואפילו הכי דרשי הטמאים וה"נ נימא לרבי יהודה וא"כ נמי נימא עד כאן לא פליג רבי יהודה אלא לענין טומאה דכתיב הטמאים אבל לענין שבת מודה:

עין משפט נר מצוה

לג א מיי' פ"י מהלכות שבת הלכה כב סמג לאוין סה:
לד ב מיי' שם טוש"ע א"ח סי' שכח סעי' ו:
לה ג מיי' פ"א מהל' שבת הל' ג סמג שם:
לו ד מיי' פ"י שם הל' יז סמג שם טוש"ע א"ח סי' שכח סעיף כח:
לז ה מיי' שם הל' כה וסמג שם טוש"ע א"ח סי' שטז סעיף ז:
א ו מיי' שם הלכה כא ופ"ח שם הלכה ט סמג שם וטוש"ע שם סעיף ח:
ב ז מיי' שם פ"י הל' כב טוש"ע שם סעי' יב:
ג ח מיי' פ"ד מהלכות אבות הטומאות הל' ח סמג עשין רנט:

רבינו חננאל

טרד לצבי עד שנכנס לגינה או לחצר או לביבר בשבת. הרי זו אינה צידה ופטור וחכ"א אפי' טרדו לגינה או לחצר או לביבר וכלאו שם הרי זו צידה וחייב ורמינן מתניתין אהדדי תנא (ביצה דף כג) אבל צדין חיה מן הביברין בי"ט כי חיה שהיא בביבר זו (צידה בביבר) צידתה. וכשנוטלה מן הביבר אינו חשוב כצידה ותניא ביברין של חיה [ושל עופות] אין צדין מהן ביום טוב שמעינן מינה כי חיה שבביבר לאו כצודה דמיא ועכשיו הוא צד אותה ואוקימנא למתני' כחכמים דאמרי הצד חיה לביבר חייב ומשום הכי צדין אותה ביום טוב ובריייתא כר' יהודה אלא עופות אעופות קשיא דמתניתין שריא למיצד עוף מן הביברין ובריייתא אוסרת וכי תימא כי שריא מתניתין מביבר מקורה ובריייתא כי אסרה מביבר שאינו מקורה והא בית דמקורה הוא ור' יהודה ורבנן מודו כי הכולא צפור בתוכו בשבת אינו חייב דלא דמו לצד ולאו הוא צד אלא בזמן שצדו למגדל וכל מאן דפטר על זה בשבת אסיר למיצד מיניה בי"ט וכל מאן דמחייב עליה בשבת שרי למיצד מיניה בי"ט וכ"ע על צפור למגדל מחייב בשבת על צפור לבית לא מחייב והכין קשיא היכי שריא מתני' עוף מן הביבר בי"ט ובשבת פטור עליה או היכי אפטר בשבת ובי"ט אוסר אמר רבה בר רב הונא הכא בצפור דרור עסקינן כו' פי' כי קתני בשבת הצד צפור לבית פטור בצפור דרור ואפי' כך מיכבשה לא חבשה נפשה בצידה לפי שאינה מקבלת מרות אבל צפור אחרת לא הא דגלה בבית מאלתר שיסגר עליה בית מקורה מקבלת מרות וכצודה דמיא וחייב עליה בשבת וכיון שחייב עליה בשבת שרי לצודה בי"ט. השתא דאתית להכי לענין עוף וקימתה הך א) ששניה בשבת בביבר שאינו מקורה והשניה בי"ט בביבר מקורה ונקטינן מהדדי חיה אחיה [נמי כי אקשין] לן ואוקימתיה חדא לר' יהודה וחדא לרבנן לא צריכין להכין אלא מתני' דקתני צדין חיה מן הביברין בביבר קטן ובריייתא דתני אין צדין בביבר גדול [היכין] דמי ביבר קטן ופירשנו בה ג' פירושי וכולן קיימין ואתו הדין פירוקא קרוב לדר' שמעון בן גמליאל דאמר לא כל הביברין שוין אלא כל ביבר המחוסר צידה וצריך למיצדיה בתר הכין פטור עליו ממנו בי"ט וכל ביבר שאינו מחוסר צידה חייב עליו בשבת וצדין ממנו בי"ט הלכתא כר' שמעון בן גמליאל. ומפורש בי"ט היכי דמי מחוסר צידה ואסיקנא שאמרו כל שאומר הבא מצודה ונצודנו כגון שצריך לרדוף אחריו

רב נסים גאון

מצודה ונצודנו ולא יעלה על דעתך שמה שאמרו שם רבן שמעון בן גמליאל אומר לא כל הביברין שוין זה הכלל כל המחוסר צידה אסור ושאינו מחוסר צידה מותר דוחה מה שאמרנו כן אלא השני דברים מעיקר אחד הם והואי כי מה שעומד בביבר והוא עדיין מחוסר צידה פטור מן החטא' כשהוא שוגג כי מלאכת הצידה לא נגמרה ואם בעומדו בתוך נשלמה בו הצידה ואינו מחוסר צידה חייב חטאת לפי שעשה מלאכה גמורה ועל זה העיקר שפירשנו נמצא כל מה שהוא עומד והוא מחוסר צידה אסור ליקח ממנו ביום טוב כי לא נגמרה בו הצידה ולכך הוא בשבת פטור לפי שלא עשה מלאכה שהרי מחוסר צידה עדיין ומי שלוקח ממנו ביום טוב עובר על מה שכתוב (במדבר כח) כל מלאכת עבודה לא תעשו מפני שאי אפשר ליקח מה שיש בתוך הביבר אלא בעשיית צידה ולכן אמרו אסור ואם היה אותו ביבר אינו מחוסר צידה מי שרודף אחרי ציד עד שהכניסו לתוכו חייב כי עשה מלאכה ומה שהוא עומד בתוכו ביום טוב כבר נגמרה בו הצידה ומותר ליטול ולאכול ממנו לפי שמה שהוא לוקח ממנו כבר נעשה ונגמרה בו מלאכה ולא עשה ביום טוב מלאכת ב"ט ושאינו מחוסר צידה מותר ואמרו בתוספתא דשבת (פרק יג) הצד יוני עלייה ויוני שובך וציפורים שקיננו בטפיחין או בבירה וכל שמחוסר צידה חייב לפי שעשה מלאכה האווזין והתרנגולין ויוני הרדסיות וכל דבר שאין מחוסר צידה פטור עכשיו כי השני דברים אחד הם כי כל מה שאמרו בשבת שהוא פטור מפני שלא עשה מלאכה ולפיכך הוא פטור כמו שפירשנו נתבאר לך שמלאכתו מותר לקחת ממנו ביום טוב ובדבר שמעמד עליו בשבת מפני שלא נגמרה מלאכתו אסור ליטול ממנו ביום טוב שהרי עושה מלאכה והלכה כרבן שמעון בן גמליאל ודברי התוספתא מחוסר צידה פטור והצד ממנו חייב ודברי המשנה הן אמורין בהצד לביבר ודברי התוספתא הן בהצד ממנו ואין ביניהן חלוקה בדין ושמור דבר זה שביארתי לך: **סליק פרק האורג**

פי"ד שמונה שרצים. וחכמים אומרים לענין טומאה אין עור להן אלא למה שמנו חכמים. משכחת לה בתורת כהנים הטמאים לרבות עורותיהן יכול עורות כולן ת"ל אלה אלו עורות הטמאים עור האנקה והכח והלטאה והחומט

חשק שלמה על רבינו חננאל א) דברי רבינו אלו לא נהירא לי דהא מתניתין דהא מוקמינן לה כרבנן והברייתא דהכל ...

ליקוטי רש"י

פטור אבל אסור. פטור מחטאת אבל אסור מדרבנן לכתחלה. **המפיס מורסא.** עושה פתח ומלא הליחה [לעיל ג.]. הפותח פה נפש קורין קוי"ג. **אם לעשות לה פה.** שמתכוין לפותח ולהיות לה פתח זה ליום מחר. **חייב.** שהוא מתקן פתח וחייב משום בונה לאשכחן בנין בבעלי חיים דכתיב ויבן וגו' [כתובות ו:]. **להוציא ממנה לחה.** מלאכה שאינה צריכה לגופה היא [לעיל ג.]. **מחט של יד.** היא מחט קטנה שתופרין בה בגדים וקרי לה הכי לאפוקי מחט של שק [לעיל קכב:]. **הצד נחש.** נמי הכי היא המלאכה והיא אינו צריך לגופיה אלא שלא ישכנו [סנהדרין פד:]. **על הנר.** ובלבד שלא יכבה ואף על פי שנוטל כלי להצלת קורה שאינה ניטלת שמעמוד ולא יזיקנו לא היה לו [לקמן שם]. **ועל עקרב שלא תשוך.** שבשבת הא לאוחבים מינה [לעיל מג.]. **ושאר שקצים ורמשים.** קטנים כגון נמלים וזבובים ודומה להם שעוש לך הון משמונה שרצים שאינו חייב עליהן. **יש להן עורות.** ואין מטמאין כבשרן [חולין קכב:]. **הטמאים.** ה"א יתירה קדריש. **לרבות שעורותיהן.** עורות שלהם שיהו כבשר ומהאי טעמא ...

NEEDLE[11] may be handled on the Sabbath לִיטוֹל בָּהּ אֶת הַקּוֹץ – TO TAKE out A THORN WITH IT.[12]

The third case:

וְאִידָךְ – And the other place:[13] הַצָּד נָחָשׁ בְּשַׁבָּת – Regarding ONE WHO TRAPS A SNAKE ON THE SABBATH, אִם מִתְעַסֵּק בּוֹ שֶׁלֹּא יִשְּׁכֶנּוּ – IF HE IS INVOLVED WITH IT SO THAT IT WILL NOT BITE HIM, פָּטוּר – HE IS EXEMPT; אִם לִרְפוּאָה – but IF he wants it FOR use in A CURE, חַיָּיב – HE IS LIABLE.[14] וּמִמַּאי דְּפָטוּר וּמוּתָּר – And how do we know that the Mishnah means "exempt and permitted"? דִּתְנַן – For we learned an analogous ruling in another Mishnah:[15] כּוֹפִין קְעָרָה עַל הַנֵּר בִּשְׁבִיל שֶׁלֹּא תֶּאֱחוֹז בַּקּוֹרָה – WE MAY INVERT A BOWL OVER A LAMP IN ORDER THAT IT NOT SET FIRE TO AN overhead BEAM;[16] וְעַל צוֹאָה שֶׁל קָטָן – OR OVER FECES OF A CHILD; וְעַל עַקְרָב שֶׁלֹּא תִּישַּׁךְ – OR OVER A SCORPION SO THAT IT NOT STING.[17]

הדרן עלך האורג

WE SHALL RETURN TO YOU, HAOREIG

NOTES

11. That is, a needle used to sew clothes. The Mishnah calls it a "hand" needle to contrast it with another type of needle it discusses later (*Rashi*).

12. Here too there is no concern if the opening made to remove the thorn closes immediately, so there is no Biblical concern of fixing or building. And because of the pain the Rabbis made no enactment here either, as can be inferred from the fact that the Mishnah stated that such a needle is *permitted* to be handled (*Rashi*). We can therefore assume that the ruling of "exempt" in the similar case in *Eduyos* means "exempt and permissible."

13. *Eduyos* ibid.

14. [The Mishnah here speaks of a case where the bite of that particular snake is not potentially life threatening, for even Biblical prohibitions are set aside where there is any danger at all to human life (see *Tosafos* above, 3a ד״ה בר מהני).]

15. Below, 121a.

16. Provided we do not extinguish the lamp. [That is, a gap must be left between the bowl and lamp so as not to cut off its oxygen supply (see *Magen Avraham* 277:9, *Mateh Yehudah* 277:11).] The Mishnah teaches that a utensil may be carried even for the need of something that is *mukzteh* – see above, 43a (*Rashi*).

The rule here pertains specifically to an earthenware bowl (*Rashi*). It is forbidden to use a metal bowl because if the metal becomes red hot, one will have violated the *melachah* of "kindling" (*Mishnah Berurah* 277:22). [Of course, in a situation where there is a danger of a life-threatening fire breaking out, even a metal bowl may be used (ibid.).]

17. Even though the scorpion becomes automatically trapped (*Rashi*), the Sages did not prohibit this act because of the pain the person would suffer. Similarly, then, they permitted a person to trap a snake to prevent it from biting him. [See *Meromei Sadeh.*]

גמ' אמר רבי אבא אמר רב חייא בר אשי אמר רב [א]נכנסה לו צפור תחת כנפיו יושב ומשמרו עד שתחשך מתיב רב נחמן בר יצחק ישב הראשון על הפתח ומלאהו ובא השני וישב בצדו אף על פי שעמד הראשון והלך לו הראשון חייב והשני פטור מאי לאו פטור אבל אסור [ב]לא פטור ומותר הכי נמי מסתברא מדקתני סיפא למה זה דומה לנועל את ביתו לשומרו ונמצא צבי שמור בתוכו מכלל דפטור ומותר ש"מ איכא דאמרי אמר רב נחמן בר יצחק אף אנן נמי תנינא אע"פ שעמד הראשון והלך לו הראשון חייב והשני פטור מאי לאו פטור ומותר לא פטור אבל אסור הא מדקתני סיפא הא למה זה דומה לנועל את ביתו לשומרו ונמצא צבי שמור בתוכו מכלל דפטור ומותר ש"מ (א) אמר שמואל [ג]כל פטורי דשבת פטור אבל אסור לבר מהני תלת דפטור ומותר חדא הא וממאי דפטור ומותר דקתני סיפא למה זה דומה לנועל את ביתו לשומרו ונמצא צבי שמור בתוכו ואידך [ד]המפיס מורסא בשבת אם לעשות לה פה חייב אם להוציא ממנה לחה פטור וממאי דפטור ומותר דתנן [ג]מחט של יד ליטול בה את הקוץ ואידך [ה]הצד נחש בשבת אם מתעסק בו שלא ישכנו פטור אם לרפואה חייב וממאי דפטור ומותר דתנן [ד]כופין קערה על הנר בשביל שלא תאחוז בקורה ועל צואה של קטן ועל עקרב שלא (א) תישך:

הדרן עלך האורג

שמנה [ו]שרצים האמורים בתורה הצדן והחובל בהן חייב ושאר שקצים ורמשים החובל בהן פטור הצדן לצורך חייב שלא לצורך פטור [ז]חיה ועוף שברשותו הצדן פטור והחובל בהן חייב: **גמ'** מדקתני החובל (ג) בהן חייב מכלל דאית להו עור מאן תנא אמר שמואל רבי יוחנן בן נורי היא [ח]דתנן רבי יוחנן בן נורי אומר שמנה שרצים יש להן עורות רבה בר רב הונא אמר רב אפילו תימא רבנן עד כאן לא פליגי רבנן עליה דרבי יוחנן בן נורי אלא לענין טומאה דכתיב [א]אלה הטמאים לכם [י][ח]לרבות שעורותיהן כבשרן אבל לענין שבת אפילו רבנן מודו ולענין שבת לא פליגי והתניא הצד אחד משמנה שרצים האמורים בתורה החובל בהן חייב דברי ר' יוחנן בן נורי וחכמים אומרים אין עור אלא למה

רש"י

גמ' תחת כנפיו. תחת כנפי כסותו ואין יכול לצאת שנכנס בפניו מאליו: **יושב ומשמרו.** כן ואינו צריך לפתוח לו חלון לאויו אלא שומר: **לנועל את ביתו.** דכל אדם עושין כן: **המפיס.** מבקע מורסא קיטור"א: **אם לעשות לה פה.** בתוספתא [ה] תני הכי אם לקולפה ולעשות לה פה כדרך שרופאים של עכשיו עושין דמתקן לה פתח: **חייב.** משום בונה פתח או משום מתקן כלי מה לי לתקן מכה מה לי לתקן כלי: **ואם להוציא לחה.** של עכשיו ואינו חושש אם תחזור ותסתום מיד: **פטור.** ומותר דאין כאן תיקון ורבנן נמי לא גזור בה שבות משום צערא: **ומחט של יד.** ניטלת בשבת: **ליטול בה את הקוץ.** והיינו דומיא דלחה דמצער ליה ואינו חושש אם יסתם מיד וקאמר ניטלת לכתחילה. מחט של יד היא מחט שתופרין בה בגדים ומשום דקתני בהדה ושל שק לפתוח בה את הדלת קרי לה להאי מחט של יד: **קערה.** של חרס: **כופין.** לכתחילה ולא חיישינן את הנר ולשמעינן דכלי ניטל להצלת דבר שאינו ניטל בשבת: **על עקרב שלא תשוך.** ואע"ג דממילא מתצדא:

הדרן עלך האורג

שמנה שרצים. החולד והעכבר וגו' (ויקרא יא): **הצדן.** חייב שבמינו ניצוד: **והחובל בהן חייב.** דיש להן עור כדמפרש בגמרא והויא ליה חבורה שאינה חוזרת והויא ליה תולדה דשוחט. לוי"א. ל"א כיון דיש להן עור נצבע העור בדם הנצרר בו (ג) דמחייב משום צובע: **ושאר שקצים ורמשים.** כגון תולעת ונמלים ועקרבים: **החובל בהן פטור.** דאין להם עור: **שלא לצורך פטור.** דאין במינו ניצוד והויא מלאכה שאינה צריכה לגופה וכר' שמעון היא כדמוקי לה בגמ': **חיה ועוף שברשותו.** פטור אם צדן שהרי ניצודין ועומדין: **והחובל בהן חייב.** דיש להן עור: **גמ' שמנה שרצים יש להן עורות.** ופליג אדרבנן דאמרי בהעור והרוטב האנקה והכח והלטאה והחומט עורותיהן מטמאין כבשרן אלמא הני ארבעה לית להו עור: **אלה הטמאים.** בתר והאנקה והכח כתיב ודרשינן ה' יתירה דהטמאים לרבות שעורותיהן כבשרן וכתיב אלה למעוטי הנך דקרא קמא החולד והעכבר והצב: **אפילו רבנן מודו.** דיש להן עור: למה

תוספות

וממאי דפטור ומותר דתנן מחט של יד ליטול בה את הקוץ. למאי דמסיק בריש פ' הנחנקין (סנהדרין דף פה.) דאתיא כר"ש אתי שפיר דמיירי אפילו ודאי חביל ומשום שאינה צריכה לגופה שרי אבל לפי מאי דפריך התם והא דתנן מחט של יד ליטול בה את הקוץ ליחוש דילמא חביל לא פשיט הכא מיניה שפיר דבמפיס מורסא דודאי עושה פתח שמא יהא אסור ואומר ר"י דאפילו למאי דס"ד התם פשיט שפיר דמסתבר דככולי עלמא אתיא אפילו כר' יהודה וכיון דרבי יהודה דאסר בעלמא דבר שאין מתכוין אפילו אינו פסיק רישיה שרי הכא משום צערא דגופא לר"ש נמי במפיס מורסא דהוי מלאכה שאינה צריכה לגופה שרי לכתחילה מהאי טעמא:

הדרן עלך האורג

שמנה שרצים החובל בהן חייב. לשון שפי' הקונטר' משום נטילת נשמה עיקר כדפי' בפרק כלל גדול (לעיל דף עה.): **הצדן** לצורך חייב. וא"ת מ"ש דאיצטריך הכא למיתני טפי הצדן לצורך חייב בכל איסורי דשבת נמי לא מחייב ר"ש אלא לצורך ואומר ר"י דלהכי תנא ליה הכא לאשמעינן דבשאר שקצים ורמשים שאין להן עור צריך שיתכוין לשום צורך דסתמיה לאו לצורך קיימי אבל בשמונה שרצים דרישא דיש להם עור סתמייהו ניצודין לצורך עורן להכי תני צדן בהדי חובל דמחייב נמי משום עור: **שלא** לצורך פטור. פירש רש"י דאין במינו ניצוד ואינו נראה דהא מאן דפטר אין במינו ניצוד פוטר אפילו לצורך אלא יש לפרש דאפילו במינו ניצוד פטור משום דהויא מלאכה שאינה צריכה לגופה ור"ת מחקו מן הפירושים: **אמר** שמואל ר' יוחנן בן נורי היא דאמר שמונה שרצים יש להם עור. תימה לר"י דע"כ לא פליגי רבנן עליה דרבי יוחנן אלא לענין טומאה אבל בשבת דילמא מודו ליה דהא עור של עגל הרך הוי כבשר לענין טומאה והחובל בו בשבת חייב וכן עור של עוף מסתמא הוי כבשר שרך הוא ותנן חיה ועוף שברשותו החובל בהן חייב וי"ל דעור של עגל הרך ושל עוף אע"ג דחשיב עור הוי כבשר לענין טומאה משום דרכיכן וראוין לאכילה אבל עור ח' שרצים סבר שמואל דטעמא דרבנן דחשיבי ליה כבשר משום דאזלי בתר גישתא כדמפרש בהעור והרוטב (חולין דף קכב:) ולא משום רכיכות דלא רכיך כולי האי וכיון דלית להו ממשות עור החובל בהן פטור כמו בשאר שקצים ורמשים: **ע"כ** לא פליגי רבנן אלא לענין טומאה דכתיב אלה הטמאים. וא"ת והא מסקינן בפ' העור והרוטב (שם) דבגישתא קמיפלגי ופי' בקונט' התם דרבנן לא דרשי הטמאים ואיכא למימר דרב הכא לטעמיה דתני התם תנשמת ולא אזיל בתר גישתא ומיהו בלאו הכי א"א לומר התם כדפי' הקונטרס דלמאי איצטריך למימר התם רב תנא הוא ופליג והא ע"כ נראה דרבנן דמתני' דהתם נמי אית להו (ד) למיהוי הפסיק הענין וכתב הטמאים לרבות ואלה למעט ומוקמינן ריבויא אהנהו ארבע דלית להו גישתא האנקה והכח והלטאה והחומט ורב מרבה כל הנהו דכתיבי בתר למיהו וגם תנשמת בכלל וקלת קשה דאמרינן לקמן מאן ת"ק רבי יהודה דאזיל בתר גישתא והא רבנן נמי אזלו בתר גישתא ואפילו הכי דרשי הטמאים וה"נ נימא לר' יהודה וא"כ נמי נימא עד כאן לא פליג רבי יהודה אלא לענין טומאה דכתיב הטמאים אבל לענין שבת מודה:

מסורת הש"ס

א) לעיל ג., ב) לקמן ע"ב כתובות ו:, עדיות פ"ב מ"ה, ג) לקמן קכב: סנהדרין פה: [עדיות פ"ב מ"ה], ד) לעיל מג. ודף קכא., ה) חולין קכב., ו) חולין קכב., ז) [חולין קכב: תוספתא חולין פ"ח], ח) דעדיות פ"ב.

הגהות הב"ח

(א) גמ' ועל עקרב שלא ישוך. נ"ב ול"ע מגמ' דברכות פ' אין עומדין דים דף לג אבל מלאתי בתוס' לעיל דף ג ד"ה כל מתני תלת דלכאן אין הטעם משום שכוון רק מכח מלאכה שאינה לריכה לגופה ד"ה כ"כ כזה אין חילוק בין נחש לעקרב. ודו"ק והוא אמת גמור מ"ל: (ב) שם והחובל בהן: (ג) רש"י ד"ה והחובל וכו' ומחייב משום: (ד) תוס' ד"ה ע"כ וכו' אבל לית להו דלמיהוי הפסיק:

תורה אור השלם

א) אֵלֶּה הַטְּמֵאִים לָכֶם בְּכָל הַשָּׁרֶץ כָּל הַנֹּגֵעַ בָּהֶם בְּמֹתָם יִטְמָא עַד הָעָרֶב: [ויקרא יא, לא]

עין משפט נר מצוה

לג א מיי' פ"י מהלכות שבת הלכה כג סמג לאוין סה:
לד ב מיי' שם טוש"ע א"ח סי' שטז סעיף ז:
לה ג מיי' פ"א מהל' שבת הל' ג סמג שם:
לו ד מיי' פ"י שם הל' ח סמג שם טוש"ע א"ח סי' שכח סעיף כח:
לז ה מיי' שם הל' כה וסמג שם טוש"ע א"ח סי' שטו סעיף ו:
א ו מיי' שם הלכה כא וסמג שם וטוש"ע שם סעיף ח:
ב ז מיי' שם פ"י הל' כ טוש"ע שם סעי' יג:
ג ח מיי' פ"ד מהלכות אבות הטומאות הל' ג סמג עשין רנג:

רבינו חננאל

טרד לצבי עד שנכנס לגינה או לחצר או לביבר בשבת. הרי זו אינה צידה ופטור וחכ"א אפי' טרדו לגינה או לחצר או לביבר וכלאו שם הרי זו צידה וחייב ורמינן מתניתין אהדדי תנא (ביצה דף כג) אבל צדין חיה מן הביברין בי"ט כי חיה שהיא בביבר זו (צידה בביבר) צידתה. וכשנוטלה מן הביבר אינו חשוב כצידה ותניא ביברין של חיה ועופות אין צדין מהן ביום טוב שמעינן מינה כי חיה שבביבר לאו כצודה דמיא ועכשיו הוא צד אותה ואוקימנא למתני' כחכמים דאמרי הצד חיה לביבר חייב ומשום הכי צדין אותה ביום טוב ובריית' כר' יהודה אלא עופות אעופות קשיא דמתניתין שריא למיצד עוף מן הביברין ובריית' אוסרת וכי תימא כי שריא מתניתין מביבר מקורה ובריית' כי אסרה מביבר שאינו מקורה הוא והא בית דמקורה הוא ור' יהודה ורבנן מודו כי הכולא צפור בתוכו בשבת אינו חייב דלא דמי לצד ולאו הוא צד אלא בזמן שצדו למגדל וכל מאן דפטר על זה בשבת אסיר למיצד מיניה בי"ט וכל מאן דמחייב עליה בשבת שרי למיצד מיניה בי"ט וכ"ע על צפור למגדל מחייב בשבת על צפור לבית לא מחייב והכין קשיא היכי שריא מתני' עוף מן הביבר בי"ט ובשבת פטור עליה או היכי אפטר בשבת וביו"ט אוסר אמר רבה בר רב הונא בצפור דרור עסקינן כי פי' כי קתני בשבת הצד צפור לבית פטור בצפור דרור ואפי' כי מיבחשא לא חבשא נפשה בצידה לפי שאינה מקבלת מרות אבל צפור אחרת דלא רגילה בבית מאלתר שיסגר עליה בית מקורה מקבלת מרות וכצודה דמיא וחייב עליה בשבת וכיון שחייב עליה בשבת שרי לצודה בי"ט. השתא דאתית להכי לענין עוף ואוקימתא ששנויה בשבת בביבר שאינו מקורה והשניה

ב"י בביבר מקורה ונקטינן מהדדי חיה אחיה [נמי כי אקשין] לן ואוקימתא חדא לר' יהודה וחדא לרבנן לא צריכין להכין אלא מתני' דקתני צדין חיה מן הביברין בביבר קטן ובריית' דתני אין צדין בביבר גדול היכי דמי ביבר גדול כל שרץ אחריה ומגיעה בשחיה אחת:

רב נסים גאון

מצודה ונצודנו ולא יעלה על דעתך שמה שאמרו שם רבן שמעון בן גמליאל אומר לא כל הביברין שוין זה הכלל כל המחוסר צידה אסור ושאינו מחוסר צידה מותר דומה מה שאמרנו כאן אלא השני דברים מעיקר אחד הם והואי כי מה שעומד בביבר הוא עדיין מחוסר צידה פטור מן החטאת כשהוא שוגג כי מלאכת הצידה לא גמורה ואם בעומדו בתוך נשלמה בו הצידה ואינו מחוסר צידה חייב חטאת לפי שעשה מלאכה גמורה והוא זה העיקר שפירשנו נמצא כל מה שהוא עומד והוא מחוסר צידה אסור ליקח ממנו ביום טוב כי לא נגמרה בו הצידה ולכך הוא בשבת פטור לפי שלא עשה מלאכה שהרי מחוסר צידה עדיין ומי שלוקח ממנו ביום טוב עובר על מה שכתוב (במדבר כח) כל מלאכת עבודה לא תעשו ממנו שאי אפשר ליקח מה שיש בתוך הביבר אלא בעשיית צידה ולכך אמרו אסור ואם היה אותו ביבר אינו מחוסר צידה מי שרדף אחריו צידה עד שהגיעו לתוכו בשבת חייב כי עשה מלאכה ומה שהוא עומד בתוכו ביום טוב כבר נגמרה בו הצידה ומותר ליטול ולאכול ממנו לפי שמה שהוא לוקח כבר ניצוד ונגמרה בו מלאכה ולא עשה ביום טוב מלאכת עבודה ולכך התירו:

בי"ט ושאינו מחוסר צידה מותר ואמרו בתוספתא דשבת (פרק יג) הצד יוני עלייה ויוני שובך וציפורים שקיננו בטפחין ובבירה וכל שמחוסר צידה חייב לפי שעשה מלאכה האווזין והתרנגולין ויוני הרדסיות וכל דבר שאין מחוסר צידה פטור מפני שלקח ממנו ביום טוב והלכך הוא מותר ליטול ממנו ביום טוב ודבר זה עכשיו יש כי השני דברים הם לשון אחד והרי דבר שחייב עליו בשבת מפני שנגמרה מלאכתו מותר ללוקחו ממנו ביום טוב ודבר שפטור עליו בשבת מפני שלא נגמרה מלאכתו אסור ליטול ממנו ביום טוב שהרי מחוסר עשייה ואין ביניהן חלוקה בדין ושמור דבר זה שביארתי לך: סליק פרק האורג

פי"ד שמונה שרצים. וחכמים אומרים אין עור אלא למה שמנו חכמים. משכחת לה בתורת כהנים הטמאים לרבות עורותיהן יכול עורות כולן ת"ל אלה עורות הטמאים אינן כבשרן אלא האנקה והכח והלטאה והחומט

חשק שלמה על רבינו חננאל

א) דברי רבינו לא נהירא לי דהא מוקמינן לה בביבר מקורה וא"כ דכ"ע כדאוקמינן והבריית' הכל בזו"ט מיירי ועי"ז ול"ע:

ליקוטי רש"י

פטור אבל אסור. פטור מחטאת אבל אסור מדבריהם לכתחלה. **המפיס מורסא.** עושה פתח חולין [לעיל ג.]. **אם לעשות לה פה.** שמתכוין ליפותה ולהיות לה פתח לצאת ממנה ליחה (כתובות ו:). מלאכה היא שמתקן המכה ומתקן לה בנין והוי בונה [כריתות ג.]. **להוציא ממנה לחה.** שעולה מחוך המורסא ואינו חושש אם יסתום מיד (כתובות ו:). **מחט של יד.** היא מחט קטנה שתופרין בה בגדים. **הצד נחש.** **על הנר.** **שאר שקצים ורמשים.** **יש להן עורות.** **הטמאים.** **לרבות שעורותיהן.**

Chapter Fourteen

Mishnah Continuing its discussion about the *melachah* of trapping animals, the Mishnah contrasts this *melachah* with that of bruising animals:

שְׁמוֹנָה שְׁרָצִים הָאֲמוּרִים בַּתּוֹרָה – The eight *sheratzim* that are mentioned in the Torah,[1] **הַצָּדָן וְהַחוֹבֵל בָּהֶן חַיָּיב – one who traps them and one who bruises them**[2] on the Sabbath **is liable.**[3] **וּשְׁאָר שְׁקָצִים וּרְמָשִׂים – But other vermin and crawling things,**[4] **הַחוֹבֵל בָּהֶן פָּטוּר – one who bruises them is exempt;**[5] **הַצָּדָן לְצוֹרֶךְ חַיָּיב – one who traps**

NOTES

1. A שֶׁרֶץ, *sheretz* (pl. שְׁרָצִים, *sheratzim*), is a low-lying animal that slithers along the ground or appears to do so. Either it has no legs (e.g. a snake) or it has short legs whose movement is not readily noticeable (e.g. a beetle). In the latter case, although the animal walks, the shortness of its legs makes it appear to slither or glide (see *Rashi* to *Genesis* 1:24 and *Leviticus* 11:41). The category of *sheratzim* does not have an exact English equivalent. It includes some (but not necessarily all) reptiles, rodents, amphibians, mollusks, and insects, as well as other classes.

Unlike taller animals, most *sheratzim* do not convey *tumah* when dead. The Torah, however, lists eight species of *sheratzim* whose carcasses do convey *tumah*, as stated in *Leviticus* (11:29-31): וְזֶה לָכֶם הַטָּמֵא בַּשֶּׁרֶץ הַשֹּׁרֵץ עַל־הָאָרֶץ הַחֹלֶד וְהָעַכְבָּר וְהַצָּב לְמִינֵהוּ, *These are for you the contaminated ones among the creeping animals (sheratzim) that creep upon the earth: (1) the choled, (2) the achbar, and (3) the tzav according to its variety;* וְהָאֲנָקָה וְהַכֹּחַ וְהַלְּטָאָה וְהַחֹמֶט וְהַתִּנְשָׁמֶת – *(4) the anakah, (5) the koach, (6) the letaah, (7) the chomet and (8) the tinshemes.* אֵלֶּה הַטְּמֵאִים לָכֶם בְּכָל־הַשָּׁרֶץ כָּל־הַנֹּגֵעַ בָּהֶם בְּמֹתָם יִטְמָא עַד־הָעָרֶב – *These are the* [*only*] *contaminated ones to you among all the creeping animals (sheratzim); anyone who touches them when they are dead shall be contaminated until the evening.*

Since not all of these creatures' identities are clear, their names are transliterated. The following are some of the suggested translations:

(1) חֹלֶד, *choled* – *Rashi* (ad loc.) translates this as מושטיל״א, *mostele*, which is Old French for weasel. Other authorities identify it as a mole (*R' Saadiah*), or rat (*Ramban* ad loc.).

(2) עַכְבָּר, *achbar* – It is generally agreed that this is a mouse, and it may include other rodents as well, such as a rat.

(3) צָב, *tzav* – This is the פרויי״ט, *froit* (*Rashi* ad loc.), or בוטרי״ל, *boterel* (*Rashi* to *Avodah Zarah* 40a ד״ה ביצת השרץ according to manuscripts; see also *Rashi* to *Niddah* 56a ד״ה זבוגי). These words mean toad in Old French. The *tzav* has alternatively been identified as a ferret (*Ralbag, Chizkuni*) or various species of lizard (see *Chullin* 127a).

(4) אֲנָקָה, *anakah* – *Rashi* renders this הירינצו״ן, *heriçon*, which is Modern French for hedgehog or porcupine. According to *Radak* (*Sefer HaSharashim*), it is a beaver.

(5) כֹּחַ, *koach* – This is a certain species of lizard (*R' Saadiah* and *Radak*). *Septuagint* identifies it as a chameleon.

(6) לְטָאָה, *letaah* – *Rashi* translates this as לישירד״א, *laisarde*, which means lizard in Old French.

(7) חֹמֶט, *chomet* – This is the לימצ״א, *limace* (*Rashi*), which denotes a snail or slug in Old French. *Rashi* to *Chagigah* 11a (ד״ה חומט) describes it as growing inside a shell, which indicates that it is a snail. According to *Radak* it is a chameleon.

(8) תִּנְשֶׁמֶת, *tinshemes* – *Rashi* translates this as טלפ״א, *talpe*, which is Old French for mole. *R' Saadiah* identifies it as a type of lizard.

2. [חבל means to wound or injure in some manner.] Here it refers specifically to bruising, i.e. injuring the animal in such a way that blood suffuses its skin but does not emerge (*Meiri; Tosafos* to 75a ד״ה כי היכי; *Rashi* to 107b ד״ה מנין; see last paragraph of note 5).

3. One is liable for trapping any of the eight *sheratzim*, because these species are typically hunted (*Rashi*). [According to the Sages, the *melachah* of trapping applies only to such species (see Gemara above, 106b; see also note 6 below).]

The Mishnah also teaches that *bruising* these animals is Biblically forbidden. However, the exact *melachah* under which bruising is classified is the subject of differing opinions. *Rashi* cites two possibilities: (a) Bruising an animal is viewed as taking the "life" from that part of its body (see below for further explanation). Consequently, this is a *toladah* of שׁוֹחֵט, *slaughtering* (*Rashi* in the name of his teacher, *R' Yitzchak HaLevi* [see *Menachem Meishiv Nefesh*]; *Tosafos* et al.). Most authorities adopt this view (*Meiri; Magen Avraham, Orach Chaim* 316:9; see also *Tosafos* to *Kesubos* 5b ד״ה דם).

(b) Alternatively, since the animal's skin is discolored by the bruise, the perpetrator is liable for צוֹבֵעַ, *dyeing* (*Rashi*). [Clearly, according to this approach, we refer to a case in which he *intended* to dye the skin for some reason, because otherwise the act would not be Biblically forbidden as a מְלֶאכֶת מַחֲשֶׁבֶת, *calculated labor* (*Tos. Yom Tov;* for an example of such intent see the passage from *Talmud Yerushalmi* cited by *Ramban, Rashba* et al.).]

See *Rambam* (*Commentary to the Mishnah* and *Hil. Shabbos* 8:7) for a third opinion regarding the classification of bruising.

Some commentators explain that the difference of opinion recorded by *Rashi* applies only where the blood collects under the skin. If some blood emerges, both opinions would agree that the perpetrator is liable for שׁוֹחֵט, *slaughtering*, because *removing* blood from an animal's body is certainly tantamount to taking part of its life. [This is evident from the verse: כִּי הַדָּם הוּא הַנָּפֶשׁ, *for the blood is the life* (*Deuteronomy* 12:23); see also *Rashi* to *Chullin* 102b ד״ה לא תאכל הנפש.] It is only where the blood remains within the body that a question arises. According to the first opinion even this is regarded as "taking life" [possibly because the displaced blood will eventually be eliminated from the animal], while the second opinion maintains that this cannot be regarded as "taking life" (*Pnei Yehoshua; Keren Orah; Yad David* [*Basra*] to 107b; see *Rashi* to *Bava Kamma* 34b ד״ה וצריך לכלבו; see also the passage from Talmud *Yerushalmi* cited by *Ramban, Rashba* et al.). [This approach resolves several of the objections raised by the Rishonim (*Tosafos* to *Kesubos* 5b ד״ה דם; *Ramban, Rashba* et al. here) against *Rashi's* second opinion.]

The following difficulty must be addressed: In the Gemara above (106a), R' Yochanan ruled that since wounding an animal is essentially a destructive act [מְקַלְקֵל], the perpetrator is not liable unless he needs it for a positive purpose (e.g. to feed the blood to his dog). In our case, however, where the blood remains inside the animal, what positive purpose is there? [Of course, if the *melachah* involved is dyeing, this is not a problem, because dyeing is a creative act (see *Rashi* to *Bava Kamma* ibid.).] Some commentators suggest that the perpetrator intends to feed the blood-filled hide to his animal (*Tos. R' Akiva Eiger; Pri Megadim* cited by *Mishnah Berurah* 316:30; see *Rambam, Commentary to the Mishnah*). Alternatively, he wants to displace some of the animal's blood in order to weaken the animal so that it will be easier for him to subdue later (see *Meiri* here and to 106a, *Tos. Yom. Tov* here and *Mishnah Berurah* ibid.; cf. *Tos. R' Akiva Eiger* ibid.).

4. [I.e. other *sheratzim* besides the eight listed in the Torah.] These include worms, snakes and scorpions (*Rashi;* see note 1).

5. Because they do not have hides (*Rashi*). That is, they are enveloped by a thin, soft skin or membrane, as opposed to a thick hide (*Aruch HaShulchan* 316:24).

Since their skins are soft, they redden easily and soon return to their original state. [This may be likened to the brief redness caused by a slap to a human being, where the regular flow of blood merely becomes more concentrated, and no blood is actually displaced and eventually lost.] One is not liable for causing a discoloration of this nature, because the Torah defines a wound as one that is irreversible [i.e. some blood is permanently lost], as the Gemara below (107b) derives from Scripture.

[The above is true regardless of whether bruising falls under the category of "taking life" or dyeing. Not even part of the animal's "life" is considered to have been taken away unless some blood is permanently lost. The *melachah* of dyeing does not apply in such a case, because the discoloration is too brief to be considered the result of dyeing (see *Rambam, Hil. Shabbos* 9:13 and 11:16).]

The eight *sheratzim*, however, do have thick skins or hides. If such skin reddens, it is evident that capillaries have ruptured, allowing blood to collect under the skin. A wound of this nature is considered irreversible [for the displaced blood does not re-enter the bloodstream, but is eventually eliminated from the body]. Hence, as the Mishnah stated above, one who causes a bruise in any of the eight *sheratzim* is Biblically liable (*Rashi* to 107b ד״ה מנין and to *Chullin* 46b ד״ה מי לא תניא וד״ה נצרר הדם; see *Rambam, Commentary to the Mishnah;* see also *Mishnah Berurah* 316:32 with *Shaar HaTziyun* §51). [The other Rishonim give

גמ׳ אמר רבי אבא אמר רב חייא בר אשי אמר רב א)נכנסה לו צפור תחת כנפיו יושב ומשמרו עד שתחשך מתיב רב נחמן בר יצחק ישב הראשון על הפתח ומלאהו ובא השני וישב בצדו אף על פי שעמד הראשון והלך לו הראשון חייב והשני פטור מאי לאו פטור אבל אסור ב)לא פטור ומותר הכי נמי מסתברא מדקתני סיפא למה זה דומה לנועל את ביתו לשומרו ונמצא צבי שמור בתוכו מכלל דפטור ומותר ש״מ איכא דאמרי אמר רב נחמן בר יצחק אף אנן נמי תנינא אע״פ שעמד הראשון והלך לו הראשון חייב והשני פטור מאי לאו פטור ומותר לא פטור אבל אסור הא מדקתני סיפא הא למה זה דומה לנועל את ביתו לשומרו ונמצא צבי שמור בתוכו מכלל דפטור ומותר ש״מ ה) אמר שמואל ג)כל פטורי דשבת פטור אבל אסור לבר מהני תלת דפטור ומותר חדא הא וממאי דפטור ומותר דקתני סיפא הא למה זה דומה לנועל את ביתו לשומרו ונמצא צבי שמור בתוכו ואידך ד)המפיס מורסא בשבת אם לעשות לה פה חייב אם להוציא ממנה לחה פטור וממאי דפטור ומותר דתנן ג) מחט של יד ליטול בה את הקוץ ואידך ה)הצד נחש בשבת אם מתעסק בו שלא ישכנו פטור אם לרפואה חייב וממאי דפטור ומותר דתנן ו) כופין קערה על הנר בשביל שלא תאחוז בקורה ועל צואה של קטן ועל עקרב שלא (א) תישך:

הדרן עלך האורג

שמנה ו)שרצים האמורים בתורה הצדן והחובל בהן חייב ושאר שקצים ורמשים החובל בהן פטור הצדן לצורך חייב שלא לצורך פטור ז)חיה ועוף שברשותו הצדן פטור והחובל בהן חייב: **גמ׳** מדקתני החובל (ב) בהן חייב מכלל דאית להו עור מאן תנא אמר שמואל רבי יוחנן בן נורי היא ט)דתנן רבי יוחנן בן נורי אומר שמונה שרצים יש להן עורות רבה בר רב הונא אמר רב אפילו תימא רבנן עד כאן לא פליגי רבנן עליה דרבי יוחנן בן נורי אלא לענין טומאה דכתיב א) אלה הטמאים לכם י) ח)לרבות שעורותיהן כבשרן אבל לענין שבת אפילו רבנן מודו ולענין שבת לא פליגי והתניא הצד אחד משמנה שרצים האמורים בתורה החובל בהן חייב דברי ר׳ יוחנן בן נורי וחכמים אומרים אין עור אלא

למה

רש״י

גמ׳ תחת כנפיו. תחת כנפי כסותו ואין יכול לצאת שננעל בפניו מאליו: יושב ומשמרו. כן ואינו צריך לפתוח לו חלון דאינו אלא שומר: לנועל את ביתו. דכל אדם עושין כן: המפיס. מבקע מורסא קויטו״א: אם לעשות לה פה. בתוספתא ז) תני הכי אם לקולפה ולעשות לה פה כדרך שרופאים של עכשיו עושין דמתקן לה פתח: חייב. משום בונה פתח או משום מתקן כלי מה לי לתקן מכה מה לי לתקן כלי: ואם להוציא לחה. של עכשיו ואינו חושש אם תחזור ותסתום מיד: פטור. ומותר דאין כאן תיקון ורבנן נמי לא גזור בה שבות משום צערא: ומחט של יד. ניטלת בשבת: ליטול בה את הקוץ. והיינו דומיא דלחה דמצער ליה ואינו חושש אם יסתום מיד וקאמר ניטלת לכתחילה. מחט של יד היא מחט שתופרין בה בגדים ומשום דקתני בהדה ושל שק לפתוח בה את הדלת קרי לה להאי מחט של יד: קערה. של חרס: כופין. לכתחילה ולא שיכבה את הנר ואשמעינן דכלי ניטל להצלת דבר שאינו ניטל בשבת: על עקרב שלא תשוך. ואע״ג דממילא מתליד:

הדרן עלך האורג

שמונה שרצים. החולד והעכבר וגו׳ (ויקרא יא): הצדן. חייב שבמינו ניצוד: והחובל בהן חייב. דיש להן עור כדמפרש בגמרא והויא ליה חבורה שאינה חוזרת והויא ליה תולדה דשוחט. לוי״ה. ל״א כיון דיש להן עור נצבע העור בדם הנצרר בו (ג) דחייב משום צובע: ושאר שקצים ורמשים. כגון תולעת ונחשים ועקרבים: החובל בהן פטור. דאין להם עור: שלא לצורך פטור. דאין במינו ניצוד והויא מלאכה שאינה צריכה לגופה ור׳ שמעון היא כדמוקי לה בגמ׳: חיה ועוף שברשותו. פטור אם צדן שהרי ניצודין ועומדין: והחובל בהן חייב. דיש להן עור: גמ׳ שמונה שרצים יש להן עורות. ופליגי רבנן דאמרי בהעור והרוטב האנקה והכח והלטאה והחומט עורותיהן מטמאין כבעדשה כבשרן אלמא הני ארבעה לית להו עור: אלה הטמאים. בתר והאנקה והכח כתיב ודרשינן ה׳ יתירה דהטמאים לרבות שעורותיהן כבשרן וכתיב אלה למעוטי הנך דקרא קמא החולד והעכבר והצב: אפילו רבנן מודו. דיש להן עור:

תוספות

וממאי דפטור ומותר דתנן מחט של יד ליטול בה את הקוץ. למאי דמסיק בריש פ׳ הנחנקין (סנהדרין דף פה.) דאתיא כר״ש אתי שפיר דמיירי אפילו ודאי חביל ומשום שאינה צריכה לגופה שרי אבל לפי מאי דפריך התם והא דתנן מחט של יד ליטול בה את הקוץ ליחוש דילמא חביל לא פשיט הכא מיניה שפיר דבמפיס מורסא דודאי עושה פתח שמא יהא אסור ואומר ר״י דאפילו למאי דס״ד התם פשיט שפיר דמסתבר דכולי עלמא אתיא אפילו כר׳ יהודה וכיון דרבי יהודה לאסר בעלמא דבר שאין מתכוין אפילו אינו פסיק רישיה שרי הכא משום צערא דגופא לר״ש נמי במפיס מורסא דהוי מלאכה שאינה צריכה לגופה שרי לכתחילה מהאי טעמא:

הדרן עלך האורג

שמנה שרצים החובל בהן חייב. לשון שפי׳ הקונטר׳ משום נטילת נשמה עיקר כדפי׳ בפרק כלל גדול (לעיל דף עה.): **הצדן** לצורך חייב. וא״ת מ״ש דאיצטריך הכא למיתני טפי הצדן לצורך חייב בכל חיובי דשבת נמי לא מחייב ר״ש אלא לצורך ואומר ר״י דלהכי תנא ליה הכא לאשמעינן דבשאר שקצים ורמשים שאין להן עור צריך שיתכוין לשום צורך דסתמיה לאו לצורך קיימי אבל בשמונה שרצים דרישא דיש להם עור סתמייהו ניצודין לצורך עורן להכי תני צדן בהדי חובל דמחייב נמי משום עור: **שלא** לצורך פטור. פירש רש״י דאין במינו ניצוד ואינו נראה דהא מאן דפטר אין במינו ניצוד פוטר אפילו לצורך אלא יש לפרש דאפילו במינו ניצוד פטור משום דהויא מלאכה שאינה צריכה לגופה ור״ת מחקו מן הפירושים: **אמר** שמואל ר׳ יוחנן בן נורי היא דאמר שמונה שרצים יש להם עור. תימה לר״י דע״כ לא פליגי רבנן עליה דרבי יוחנן אלא לענין טומאה אבל בשבת דילמא מודו ליה דהא עור של עגל הרך הוי כבשר לענין טומאה והחובל בו בשבת חייב וכן עור של עוף מסתמא הוי כבשר שרך הוא ותנן חיה ועוף שברשותו החובל בהן חייב וי״ל דעור של עגל הרך ושל עוף אע״ג דחשיב עור הוי כבשר לענין טומאה משום דרכיכן וראוין לאכילה אבל עור ח׳ שרצים סבר שמואל דטעמא דרבנן דחשיבי ליה כבשר משום דאזלי בתר גישתא כדמפרש בהעור והרוטב (חולין דף קכב:) ולא משום רכיכות דלא רכיך כולי האי וכיון דלית להו ממשות עור החובל בהן פטור כמו בשאר שקצים ורמשים: **ע״כ** לא פליגי רבנן אלא לענין טומאה דכתיב אלה הטמאים. וא״ת והא מסקינן בפ׳ העור והרוטב (שם) דבגישתא קמיפלגי ופי׳ בקונט׳ התם דרבנן לא דרשי הטמאים ואיכא למימר דרב דהכא לטעמיה דתני התם תנשמת ולא אזיל בתר גישתא ומיהו בלאו הכי א״א לומר התם כדפי׳ הקונטרס דהאי איצטריך למימר התם רב תנא הוא ופליג והא ע״כ ברייתא דדריש הטמאים קיימא כרב ע״כ נראה דרבנן דמתני׳ דהתם נמי אית להו דרשה דהטמאים אבל לית להו (ד) למינהו הפסיק העניין וכתב הטמאים לרבות ואלה למעט ומוקמין ריבויא אהנהו ארבע דלית להו גישתא האנקה והכח והלטאה והחומט ורב מרבה כל הנהו דכתיב בתר למינהו וגם תנשמת בכלל וקצת קשה דאמרינן לקמן מאן ת״ק רבי יהודה דאזיל בתר גישתא והא רבנן נמי אזלו בתר גישתא ואפילו הכי דרשי הטמאים וה״נ נימא לרבי יהודה וא״כ נמי נימא עד כאן לא פליג רבי יהודה אלא לענין טומאה דכתיב הטמאים אבל לענין שבת מודה:

אמר

מסורת הש״ס

א) לעיל ג., ב) לקמן ע״ב כתובות ו: עדיות פ״ב מ״ה, ג) לקמן קכב. סנהדרין דף פה: [עדיות פ״ב מ״ה], ד) לעיל מג. ודף קמא., ה) חולין קכב., ו) חולין קכב: תוספתא חולין פ״ח, ז) עדיות פ״ה.

הגהות הב״ח

(א) גמ׳ ועל עקרב שלא ישוך. נ״ב וע״ע מגמ׳ דברכות פ׳ אין עומדין ריש דף לג ג״כ אלא מלאכתי כתוס׳ לעיל דף ג ד״ה בר מהני תלת דכלן אין הטעם משום סכנה רק מכח מלאכה דאין צריך לגופיה א״כ בזה אין חילוק בין נחש לעקרב. ודו״ק והוא אמת גמור מ״ל: (ב) שם והחובל בהן: (ג) רש״י ד״ה והחובל וכו׳ וחייב משום: (ד) תוס׳ ד״ה ע״כ וכו׳ אבל לית להו למינהו הפסיק:

תורה אור השלם

א) אֵלֶּה הַטְּמֵאִים לָכֶם בְּכָל הַשָּׁרֶץ כָּל הַנֹּגֵעַ בָּהֶם בְּמֹתָם יִטְמָא עַד הָעָרֶב: [ויקרא יא, לא]

רב נסים גאון

מצודה ונצודנו ולא יעלה על דעתך שמה שאמרו שם רבן שמעון בן גמליאל אומר לא כל הביברין שוין זה הכלל כל המחוסר צידה אסור ושאינו מחוסר צידה מותר דוחה מה שאמרנו כן אלא השני דברים מעיקר אחד הם והואי כי מה שעומד בביבר והוא עדיין מחוסר צידה פטור מן החטאת כשהוא שוגג כי מלאכת הצידה לא נגמרה ואם בעומדו בתוכו נשלמה בו הצידה ואינו מחוסר צידה חייב חטאת לפי שעשה מלאכה גמורה ועל זה העיקר שפירשנו נמצא כל מה שהוא עומד והוא מחוסר צידה אסור ליקח ממנו ביום טוב כי לא נגמרה בו הצידה ולכך הוא בשבת פטור לפי שלא עשה מלאכה שהרי מחוסר צידה עדיין ומי שלוקח ממנו ביום טוב עובר על מה שכתוב (במדבר כח) כל מלאכת עבודה לא תעשו מפני שאי אפשר ליקח מה שיש בתוך הביבר אלא בעשיית צידה ולכן אמרו אסור ואם היה אותו ביבר אינו מחוסר צידה מי שרדף אחרי ציד עד שהגיעו לתוכו בשבת חייב כי עשה מלאכה ומה שהוא עומד בתוכו ביום טוב כבר נגמרה בו הצידה ומותר ליטול ולאכול ממנו לפי שמה שהוא לוקח כבר ניצוד ונגמרה בו מלאכה ולא עשה ביום טוב מלאכת עבודה ולפיכך אמרו בי״ט ושאינו מחוסר צידה מותר ואמרו בתוספתא דשבת (פרק יג) הצד יוני עלייה ויוני שובך וציפורים שקיננו בטפיחין או בבירה וכל שמחוסר צידה חייב לפי שעשה מלאכה האווזין והתרנגולין ויוני הרדסיות וכל דבר שאין מחוסר צידה פטור מפני שלקח ממה שנגמרה בו הצידה ולא עשה ביום השבת מלאכה ולפיכך הוא פטור וכל מה שפירשנו נתבאר לך עכשיו כי השני דברים שוין ועיקר אחד להם ...

פי״ד שמונה שרצים. וחכמים אומרים לענין טומאה אין עור למה שמנו חכמים. משכחת לה בתורת כהנים הטמאים לרבות עורותיהן יכול עורות כולן ת״ל אלה אלו עורות הטמאים כבשרן האנקה והכח והלטאה והחומט

עין משפט נר מצוה

לג א מיי׳ פ״י מהלכות שבת הלכה כב סמג לאוין סה:
לד ב מיי׳ שם טוש״ע א״ח סי׳ שטז סעי׳ ז:
לה ג מיי׳ פ״י מהל׳ שבת הל׳ ג סמג שם:
לו ד מיי׳ פ״י שם הל׳ יז סמג שם טוש״ע א״ח סי׳ שמח סעיף כח:
לז ה מיי׳ שם הל׳ כה וסמג שם טוש״ע א״ח סי׳ שטז סעיף ז:
א ו מיי׳ שם הלכה כא ופ״ח הלכה כ סמג שם וטוש״ע שם סעיף ח:
ב ז מיי׳ שם פ״י הל׳ יט טוש״ע שם סעי׳ יב:
ג ח מיי׳ פ״ד מהלכות אבות הטומאות הל׳ ח סמג עשין רנט:

רבינו חננאל

טרד לצבי עד שנכנס לגינה או לחצר או לביבר בשבת. הרי זו אינה צידה ופטור וחכ״א אפי׳ טרדו לגינה או לחצר או לביבר וכלאו שם הרי זו צידה וחייב ורמינן מתניתין אהדדי תנא (ביצה דף כג) אבל צדין חיה מן הביברין בי״ט כי חיה שהיא בביבר זו (צידה בביבר) צידתה. וכשנוטלה מן הביבר אינו חשוב כצידה ותניא ביברין של חיה [ושל עופות] אין צדין מהן ביום טוב שמעינן מינה כי חיה שבביבר לאו כצודה דמיא ועכשיו הוא צד אותה ואוקימנא למתני׳ כחכמים דאמרי הצד חיה לביבר חייב ומשום הכי אין צדין אותה ביום טוב ובריית׳ כר׳ יהודה אלא עופות אעופות קשיא דמתניתין שריא למיצד עוף מן הביברין ובריית׳ אוסרת וכי תימא כי שריא מתניתין מביבר מקורה ובריית׳ כי אסרה מביבר שאינו מקורה והא בית דמקורה הוא ור׳ יהודה ורבנן מודו כי הכולא צפור בבית בשבת אינו חייב דלא דמו לצד ולאו הוא צד אלא בזמן שצדו למגדל וכל מאן דפטר על זה בשבת אסור למיצד מיניה בי״ט וכל מאן דמחייב עליה בשבת שרי למיצד מיניה בי״ט ...

חשק שלמה על רבינו חננאל

א) דברי רבינו צריך לעיון ...

ליקוטי רש״י

פטור אבל אסור. פטור מחטאת אבל איסורא דרבנן איכא ...

them for a positive purpose is liable, שֶׁלֹּא לְצוֹרֶךְ פָּטוּר – and one who traps them not for a positive purpose is exempt.[6] חַיָּה וָעוֹף שֶׁבִּרְשׁוּתוֹ – Beasts and birds that are under one's control,[7] הַצָּדָן פָּטוּר – one who traps them is exempt,[8] וְהַחוֹבֵל בָּהֶן חַיָּיב – and one who bruises them is liable.[9]

Gemara The Gemara seeks to identify the Tanna of our Mishnah:

מִדְּקָתָנֵי – Since the Mishnah teaches: הַחוֹבֵל בָּהֶן חַיָּיב – ONE WHO BRUISES THEM [any of the eight *sheratzim*] **IS LIABLE, מִכְּלָל דְּאִית לְהוּ עוֹר – it follows that they** all **have hides.**[10] **מַאן תַּנָּא – Who is the Tanna** who maintains that all the eight *sheratzim* have hides?

The Gemara answers:

אָמַר שְׁמוּאֵל – Shmuel says: רַבִּי יוֹחָנָן בֶּן נוּרִי הִיא – It is R' Yochanan ben Nuri. דִּתְנַן – For we learned in a Mishnah in *Chullin:*[11] **רַבִּי יוֹחָנָן בֶּן נוּרִי אוֹמֵר – R' YOCHANAN BEN NURI SAYS: שְׁמֹנָה שְׁרָצִים יֵשׁ לָהֶן עוֹרוֹת – THE EIGHT *SHERATZIM* HAVE HIDES.**[12]

Rav, however, asserts that our Mishnah is not necessarily limited to the view of R' Yochanan ben Nuri:

רַבָּה בַּר רַב הוּנָא אָמַר רַב – Rabbah bar Rav Huna said in the name of Rav: אֲפִילּוּ תֵּימָא רַבָּנָן – You can say that our Mishnah accords **even** with **the Rabbis** who disagree with R' Yochanan ben Nuri, and rule that some of the eight *sheratzim* are not considered to have hides.[13] **עַד כָּאן לֹא פְּלִיגֵי רַבָּנָן עֲלֵיהּ דְּרַבִּי יוֹחָנָן בֶּן נוּרִי – Thus far,** we do **not** know that **the Rabbis disagree with R' Yochanan ben Nuri אֶלָּא לְעִנְיַן טוּמְאָה – except in regard to** the laws of ***tumah,*** **דִּכְתִיב ,,אֵלֶּה הַטְּמֵאִים לָכֶם" – where it is written:**[14] ***These are the contaminated ones to you,*** **לְרַבּוֹת שֶׁעוֹרוֹתֵיהֶן כִּבְשָׂרָן –** which serves **to include their hides** under the same law **as their flesh. אֲבָל לְעִנְיַן שַׁבָּת – But in regard to** the laws of **the Sabbath, אֲפִילּוּ רַבָּנָן מוֹדוּ – even the Rabbis** could **agree** that they are considered to have hides.[15]

NOTES

slightly different explanations (see *Tosafos* to 75a ד״ה כי היכי and *Rosh* here; see also *Ramban, Rashba, Ritva* et al.).]

This distinction between the eight *sheratzim* and other *sheratzim* applies only to bruising. A Baraisa (quoted in *Chullin* 46b) states that if one causes blood to emerge directly from the animal's body, he is liable in all cases (*Ritva MHK* ed. ד״ה גמ׳ החובל et al.; cf. *Rambam, Commentary to the Mishnah* and *Hil. Shabbos* 8:9 with *Maggid Mishnah* et al.). Since the blood that is expressed is permanently lost to the animal, he is considered to have taken part of its "life." [As mentioned above (note 3), even the opinion which classifies bruising as a *toladah* of dyeing agrees that where blood emerges one is liable for "taking life." Hence, even if the animal's skin is not dyed by the expressed blood, the perpetrator is liable (see *Yad David* [*Basra*] to 107b ד״ה מנין).]

6. [That is, he is liable only if he traps the animal because he needs it (e.g. for an ingredient in a medicine), and not if he merely seeks to prevent it from doing harm.] Our Mishnah follows the view of R' Shimon, who rules that one is not liable for a מְלָאכָה שֶׁאֵינָהּ צְרִיכָה לְגוּפָהּ, *labor not needed for its defined purpose* (*Rashi,* from Gemara below, 107b; see Mishnah 93b for the explanation of this concept).

The Rishonim ask: Why did the Mishnah draw this distinction (between trapping for a positive purpose and trapping without such a purpose) only in regard to the other *sheratzim* and not in regard to the eight *sheratzim*? One answer is that the eight *sheratzim* are not usually harmful, and therefore one who traps them typically does so for a positive purpose [e.g. to use in a medicine – *Chidushei HaRan*]. The other *sheratzim,* however, which are harmful, are sometimes trapped only for the sake of being rid of them. Consequently, it is in the context of the other *sheratzim* that the Mishnah chose to teach that the trapping must serve a positive purpose. The same law, though, applies to the eight *sheratzim* as well (*Ritva MHK* ed.; see *Ramban, Rashba, Ran* et al.; cf. *Tosafos* and *Tos. HaRosh;* see also *Rashash, Pnei Yehoshua, Yad David* [*Basra*], *Beur Halachah* 316:8 ד״ה שמונה שרצים).

In explaining this part of the Mishnah, *Rashi* says: דְּאֵין בְּמִינוֹ נִיצּוֹד, *for their species* (i.e. the species of the other *sheratzim*) *are not normally trapped.* [It seems that *Rashi* uses this point to explain why the Mishnah states that the trapper's purpose must be positive. If so, *Rashi* possibly means to allude to the solution presented above.] However, *Rashi's* wording is problematic, because the expression אֵין בְּמִינוֹ נִיצּוֹד, *its species are not normally trapped,* refers specifically to the Sages' view that trapping such an animal is not a *melachah* at all. According to that view, the trapper is exempt even if his purpose *is* positive! (*Tosafos* et al.). *Rabbeinu Tam* therefore deletes these words from *Rashi. Rav,* however, incorporates them into his commentary.

In defense of our version of *Rashi's* text, it has been proposed that *Rashi* adopts a different definition of the Sages' view. To wit, the Sages exempt one from trapping a "species not normally trapped" only where one's intent is not known. Since people do not usually hunt such species for a positive purpose, it can be assumed that this trapper too had no such purpose. But if he did have a positive purpose, even the Sages would agree that he is liable (*Chidushei R' Moshe Kazis, Maginei Shlomo;* see also *Leshon HaZahav*; see *Tos. Rid* to 107b, who explains the Sages' view in this manner).

7. I.e. its freedom of movement has been reduced to the extent that it is accessible to someone with little or no effort (see Mishnah above, 106a-b).

8. Since they are already trapped, one is not liable even for catching them in his hand (see above, 106a-107a, for the details of this law).

This Mishnah's use of the word פָּטוּר, *exempt* (as opposed to מוּתָּר, *permitted*), implies that a Rabbinic prohibition applies here (*Tosafos* to 106b ד״ה ואין). According to others, though, there is not even a Rabbinic prohibition (*Shulchan Aruch, Orach Chaim* 316:12; see *Beur HaGra* ibid., who explains the Mishnah's wording according to this view).

9. Because they have hides (*Rashi;* see note 5).

10. Since the Mishnah differentiates between the eight *sheratzim* and other *sheratzim,* it clearly refers to a case in which the animal was only bruised. For if blood emerged, the perpetrator would be liable regardless of the species [as stated in the Baraisa cited in *Chullin* 46b] (*Ritva MHK* ed.). Now, one is liable for merely bruising an animal only if it has a thick skin or hide (see note 5). Therefore, our Mishnah, which imposes liability for bruising each of the eight *sheratzim,* evidently holds that all of these animals' skins are adjudged to be hides.

11. *Chullin* 122a.

12. If an animal dies a natural death or is killed in any manner other than a valid *shechitah,* it is a *neveilah.* The flesh of a *neveilah* conveys *tumah,* but its horns, hooves, bones and other such parts of its body do not. The question of whether its skin contaminates (as a *neveilah*) depends on the nature of the skin. If it is soft like the flesh, it is considered part of the flesh to convey *tumah.* But if the skin is hard (i.e. a hide), it is deemed a distinct entity, and thus does not convey *tumah* (*Chullin* 117b and 122a).

The Gemara currently holds that the same distinction applies to the eight *sheratzim.* That is, their skins convey *tumah* like their flesh only if they are soft, and not if they are hard. The Mishnah cited here (from *Chullin* 122a) records three opinions on this matter: (a) The Rabbis hold that the skins of four of the eight *sheratzim* (*anakah, koach, letaah* and *chomet*) convey *tumah.* (b) R' Yehudah rules that only the skins of the *anakah, koach* and *chomet* convey *tumah.* (c) R' Yochanan ben Nuri maintains that none of the eight *sheratzim* have skins which convey *tumah.*

It would seem that according to the Rabbis the skins of the four *sheratzim* listed above are considered soft, and hence are treated as part of their flesh. R' Yochanan ben Nuri, on the other hand, maintains that all the eight *sheratzim* have thick, hard skins (hides) which are distinct from the flesh.

Our Mishnah clearly holds that *all* the eight *sheratzim* are deemed to have hides, rather than thin skins (see note 5). Hence, Shmuel states that our Mishnah is compatible with the view of R' Yochanan ben Nuri, and not with that of the Rabbis (*Rashi*).

13. See previous note.

14. *Leviticus* 11:31 (quoted in note 1).

15. Rav maintains that the view of the Rabbis is not based on the actual thickness of the skins. In fact, the Rabbis could maintain that all the eight *sheratzim* are adjudged to have thick hides (which should not convey *tumah*). Yet they rule that the hides of some (*anakah, koach, letaah* and *chomet*) do convey *tumah,* because of the following derivation,

גמ' אמר רבי אבא אמר רב חייא בר אשי אמר רב (א) נכנסה לו צפור תחת כנפיו יושב ומשמרו עד שתחשך מתיב רב נחמן בר יצחק ישב הראשון על הפתח ומלאהו ובא השני וישב בצדו אף על פי שעמד הראשון והלך לו הראשון חייב והשני פטור מאי לאו פטור אבל אסור (ב) לא פטור ומותר הכי נמי מסתברא מדקתני סיפא למה זה דומה לנועל את ביתו לשומרו ונמצא צבי שמור בתוכו מכלל דפטור ומותר ש"מ איכא דאמרי אמר רב נחמן בר יצחק אף אנן נמי תנינא אע"פ שעמד הראשון והלך לו הראשון חייב והשני פטור מאי לאו פטור ומותר לא פטור אבל אסור הא מדקתני סיפא הא למה זה דומה לנועל את ביתו לשומרו ונמצא צבי שמור בתוכו מכלל דפטור ומותר ש"מ אמר שמואל (ג) כל פטורי דשבת פטור אבל אסור לבר מהני תלת דפטור ומותר חדא הא וממאי דפטור ומותר דקתני סיפא למה זה דומה לנועל את ביתו לשומרו ונמצא צבי שמור בתוכו ואידך (ד) המפיס מורסא בשבת אם לעשות לה פה חייב אם להוציא ממנה לחה פטור וממאי דפטור ומותר דתנן (ג) מחט של יד ליטול בה את הקוץ ואידך (ה) הצד נחש בשבת אם מתעסק בו שלא ישכנו פטור אם לרפואה חייב וממאי דפטור ומותר דתנן (ד) כופין קערה על הנר בשביל שלא תאחוז בקורה ועל צואה של קטן ועל עקרב שלא (א) תישך:

הדרן עלך האורג

שמנה (ו) שרצים האמורים בתורה הצדן והחובל בהן חייב ושאר שקצים ורמשים החובל בהן פטור הצדן לצורך חייב שלא לצורך פטור (ז) חיה ועוף שברשותו הצדן פטור והחובל בהן חייב: **גמ'** מדקתני החובל (ג) בהן חייב מכלל דאית להו עור מאן תנא אמר שמואל רבי יוחנן בן נורי היא (ה) דתנן רבי יוחנן בן נורי אומר שמנה שרצים יש להן עורות רבה בר רב הונא אמר רב אפילו תימא רבנן עד כאן לא פליגי רבנן עליה דרבי יוחנן בן נורי אלא לענין טומאה דכתיב (א) אלה הטמאים לכם (ו) (ח) לרבות שעורותיהן כבשרן אבל לענין שבת אפילו רבנן מודו ולענין שבת לא פליגי והתניא הצד אחד משמנה שרצים האמורים בתורה החובל בהן חייב דברי ר' יוחנן בן נורי וחכמים אומרים אין עור אלא

למה

רש"י

גמ' תחת כנפיו. תחת כנפי כסותו ואין יכול לצאת שנגעל בפניו מאליו: יושב ומשמרו. כן ואינו צריך לפתוח לו שלון דאינו אלא שומר לנועל את ביתו. לכל אדם עושין כן: המפיס. מבקע מורסא קיטור"א: אם לעשות לה פה. בתוספתא תני הכי אם לקולפה ולעשות לה פה כדרך שרופאים של עכשיו עושין למתקן לה פתח: חייב. משום בונה פתח או משום מתקן כלי מה לי לתקן מכה מה לי לתקן כלי: ואם להוציא לחה. של עכשיו ואינו חושש אם תחזור ותסתום מיד: פטור. ומותר דלאו כאן תיקון ורבנן נמי לא גזור בה שבות משום צערא: ומחט של יד. ניטלת בשבת: ליטול בה את הקוץ. והיינו דומיא דלחה דמצער ליה ואינו חושש אם יסתום מיד וקאמר ניטלת לכתחילה. מחט של יד היא מחט שתופרין בה בגדים ומשום דקתני בהדה ושל שק לפתוח בה את הדלת קרי לה להאי מחט של יד: קערה. של חרס: כופין. לכתחילה ולא שיכבה את הנר ואשמעינן דכלי ניטל להצלת דבר שאינו ניטל בשבת: על עקרב שלא תשוך. ואע"ג דממילא מתליד:

הדרן עלך האורג

שמנה שרצים. החולד והעכבר וגו' (ויקרא יא): הצדן. חייב שבמינו ניצוד: והחובל בהן חייב. דיש להן עור כדמפרש בגמרא והויא ליה חבורה שאינה חוזרת והויא ליה תולדה דשוחט. לו"ה. ל"א כיון דיש להן עור נצבע העור בדם הנצרר בו (ג) לחייב משום צובע: ושאר שקצים ורמשים. כגון תולעת ונמשים ועקרבים: החובל בהן פטור. דאין להם עור: שלא לצורך פטור. דאין במינו ניצוד והויא מלאכה שאינה צריכה לגופה ור' שמעון היא כדמוקי לה בגמ': חיה ועוף שברשותו. פטור אם לכן שהרי ניצודין ועומדין: והחובל בהן חייב. דיש להן עור: גמ' שמונה שרצים יש להן עורות. ופליג אדרבנן דאמרי בהעור והרוטב האנקה והכח והלטאה והחומט עורותיהן מטמאין בכעדשה כבשרן אלמא הני ארבעה לית להו עור: אלה הטמאים. בתר והאנקה והכח כתיב ודרשינן ה' יתירה דהטמאים לרבות שעורותיהן כבשרן וכתיב אלה למעוטי הנך דקרא קמא החולד והעכבר והצב: אפילו רבנן מודו. דיש להן עור:

למה

תוספות

וממאי דפטור ומותר דתנן מחט של יד ליטול בה את הקוץ. למאי דמסיק בריש פ' הנחנקין (סנהדרין דף פה.) דלאתויי כר"ש אתי שפיר דמיירי אפילו ודאי חביל ומשום שאינה צריכה לגופה שרי אבל לפי מאי דפריך התם והא דתנן מחט של יד ליטול בה את הקוץ ליחוש דילמא חביל לא פשיט הכא מיניה שפיר דבמפיס מורסא דודאי עושה פתח ממאי יהא אסור ואומר ר"י דאפילו למאי דס"ד התם פשיט שפיר דמסתבר דכקולי עלמא אתיא אפילו כר' יהודה וכיון דלר' יהודה לאסר בעלמא דבר שאין מתכוין אפילו אינו פסיק רישיה שרי הכא משום צערא דגופא לר"ש נמי במפיס מורסא דהוי מלאכה שאינה צריכה לגופה שרי לכתחילה מהאי טעמא:

הדרן עלך האורג

שמנה שרצים החובל בהן חייב. לשון ספרי הקונטרס משום נטילת נשמה עיקר כדפי' בפרק כלל גדול (לעיל דף עה.): **הצדן** לצורך חייב. וא"ת מ"ש דאיצטריך הכא למיתני טפי הכא לצורך חייב בכל חיובי דשבת נמי לא מחייב ר"ש אלא לצורך ואומר ר"י דלהכי תנא ליה הכא לאשמעינן דבשאר שקצים ורמשים שאין להן עור צריך שיתכוין משום צורך דשממיה לאו לצורך קיימי אבל בשמונה שרצים דרישא דיש להם עור שממייהו ניצודין לצורך עורן להכי תני לכן בהדי חובל דמחייב נמי משום עור: **שלא** לצורך פטור. פירש רש"י דאין במינו ניצוד ואינו נראה דהא מאן דפטר אין במינו ניצוד פוטר אפילו לצורך אלא יש לפרש דאפילו במינו ניצוד פטור משום דהויא מלאכה שאינה צריכה לגופה ור"ת מתקן מן הפירושים: **אמר** שמואל ר' יוחנן בן נורי היא דאמר שמונה שרצים יש להם עור. תימה לר"י דע"כ לא פליגי רבנן עליה דרבי יוחנן אלא לענין טומאה אבל בשבת דילמא מודו ליה דהא עור של עגל הרך הוי כבשר לענין טומאה והחובל בו בשבת חייב וכן עור של עוף מסתמא הוי כבשר שרך הוא ותנן חיה ועוף שברשותו החובל בהן חייב וי"ל דעור של עגל הרך ושל עוף אע"ג דחשיב עור הוי כבשר לענין טומאה משום דרכיכן וראוין לאכילה אבל עור ח' שרצים סבר שמואל דטעמא דרבנן דחשיבי ליה כבשר משום דאזלי בתר גישתא כדמפרש בהעור והרוטב (חולין דף קכב:) ולא משום רכיכות דלא רכיך כולי האי וכיון דלית להו ממשות עור החובל בהן פטור כמו בשאר שקצים ורמשים: **ע"כ** לא פליגי רבנן אלא לענין טומאה דכתיב אלה הטמאים. וא"ת והא מסקינן בפ' העור והרוטב (שם) דבגישתא קמיפלגי ופי' בקונט' התם דרבנן לא דרשי הטמאים ואיכא למימר דרב דהכא לטעמיה דתני התם תנשמת ולא אזיל בתר גישתא ומיהו בלאו הכי א"א לומר התם כדפי' הקונטרס דלמאי איצטריך למימר התם רב תנא הוא ופליג והא ע"כ ברייתא דדריש הטמאים קיימא כרב ע"כ נראה דרבנן דמתני' דהתם נמי אית להו דרשה דהטמאים אבל לית להו (ד) למינהו הפסיק הענין וכתב הטמאים לרבות ואלה למעט ומוקמינן ריבויא אהנהו ארבע דלית להו גישתא האנקה והכח והלטאה והחומט ורב מרבה כל הנהו דכתיב בתר למינהו וגם תנשמת בכלל וקצת קשה דאמרינן לקמן מאן ת"ק רבי יהודה דאזיל בתר גישתא והא רבנן נמי אזלו בתר גישתא ואפילו הכי דרשי הטמאים וה"נ נימא לרבי יהודה וא"כ נמי נימא עד כאן לא פליג רבי יהודה אלא לענין טומאה דכתיב הטמאים אבל לענין שבת מודה:

אמר

מסורת הש"ס

א) לעיל ג., ב) לקמן ע"ב כתובות ו: עדיות פ"ב מ"ה, ג) לקמן קכב: סנהדרין פד: [עדיות פ"ב מ"ה], ד) לעיל מג. ודף קמא., ה) חולין קכב., ו) [חולין קכב: תוספתא חולין פ"ח], ז) דעדיות פ"ג.

הגהות הב"ח

(א) גמ' ועל עקרב שלא ישוך. נ"ב וכ"ה במשנה דברכות פ' אין עומדין ריש דף לג אבל מלאכתי בתוס' לעיל דף ג ד"ה כי מהני תלת דלכאן אין הטעם משום סכנה רק מכת נחש לגופיה א"כ בזה אין חילוק בין נחש לעקרב ודו"ק והוא אמת גמור נ"ל: (ב) שם והמשיגי כהן: (ג) רש"י ד"ה והחובל וכו' וחייב משום: (ד) תוס' ד"ה ע"כ וכו' אבל לית להו דלמינהו הפסיק:

תורה אור השלם

א) אֵלֶּה הַטְּמֵאִים לָכֶם בְּכָל הַשָּׁרֶץ כָּל הַנֹּגֵעַ בָּהֶם בְּמֹתָם יִטְמָא עַד הָעָרֶב: [ויקרא יא, לא]

רב נסים גאון

מצודה ונצודנו ולא יעלה על דעתך שמה שאמרו שם רבן שמעון בן גמליאל אומר לא כל הביברין שוין זה הכלל כל המחוסר צידה אסור ושאינו מחוסר צידה מותר דוחה מה שאמרנו כן אלא השני דברים מעיקר אחד הם והואי כי מה שעומד בביבר והוא עדיין מחוסר צידה פטור מן החטא' כשהוא שוגג כי מלאכת הצידה לא נגמרה ואם בעומ"ו בתוך נשלמה בו הצידה ואינו מחוסר צידה חייב חטאת לפי שעשה מלאכה גמורה ועל זה העיקר שפירשנו נמצא כל מה שהוא עומד והוא מחוסר צידה אסור ליקח ממנו ביום טוב כי לא נגמרה בו הצידה ולכך הוא בשבת פטור לפי שלא עשה מלאכה שהרי מחוסר צידה עדיין ומי שלוקח ממנו ביום טוב עובר על מה שכתוב (במדבר כח) כל מלאכת עבודה לא תעשו מפני שאי אפשר ליקח מה שיש בתוך הביבר אלא בעשיית צידה ולכן אמרו אסור ואם היה אותו ביבר אינו מחוסר צידה מי שרדף אחרי ציד עד שהגיעו לתוכו בשבת חייב כי עשה מלאכה ומה שהוא עומד בתוכו ביום טוב כבר נגמרה בו הצידה ומותר ליטול ולאכול ממנו לפי שמה שהוא לוקח כבר ניצוד ונגמרה בו מלאכה ולא עשה ביום טוב מלאכת עבודה ולפיכך אמרו בי"ט ושאינו מחוסר צידה מותר ואמרו בתוספתא דשבת (פרק יג) הצד יוני עלייה ויוני שובך וציפורים שקננו בטפיחין או בבירה וכל שמחוסר צידה חייב לפי שעשה מלאכה האווזין והתרנגולין ויוני הרדסיות וכל דבר שאין מחוסר צידה פטור מפני שלקח ממה שנגמרה בו הצידה ולא עשה ביום השבת מלאכה ולפיכך הוא פטור כמו שפירשנו נתבאר לך עכשיו כי השני דברים שוין וכי דבר שחייב עליו בשבת מפני שנגמרה מלאכתו מותר לקחת ממנו ביום טוב ובדבר שפטור עליו בשבת מפני שלא נגמרה מלאכתו אסור ליטול ממנו ביום טוב שהרי מחוסר עשייה והרי עשה עבודה ביום טוב וכמו כן עוד התוספתא שוה למשנה ועיקר זה כי צד בשבת לביבר שאינו מחוסר צידה חייב והצד ממנו פטור והצד בשבת לביבר המחוסר צידה פטור והצד ממנו חייב ודברי המשנה הן אמורין בהצד לביבר ודברי התוספתא הן בהצד ממנו ואין ביניהן חלוקה בדין ושמור דבר זה שביארתי לך: **סליק פרק האורג**

פי"ד שמנה שרצים. וחכמים אומרים לענין טומאה אין עור למה שמנו חכמים. משכחת לה בתורת כהנים הטמאים לרבות עורותיהן יכול עורות כולן ת"ל אלה אלו עורות הטמאים עור האנקה והכח והלטאה והחומט

עין משפט נר מצוה

לג א מיי' פ"י מהלכות שבת הלכה כג סמג לאוין סה:
לד ב מיי' שם טוש"ע א"ח סי' שט סעיף ו:
לה ג מיי' פ"א מהל' שבת הל' ג סמג שם:
לו ד מיי' פ"י שם הל' יז סמג שם טוש"ע א"ח סי' שכח סעיף כח:
לז ה מיי' שם הל' כה וסמג שם טוש"ע א"ח סי' שטז סעיף ז:
א ו מיי' שם הלכה כא ופ"ח שם הלכה ט סמג שם טוש"ע שם סעי' ט:
ב ז מיי' שם פ"י הל' כה טוש"ע שם סעי' יב:
ג ח מיי' פ"ד מהלכות אבות הטומאות הל' ח סמג עשין רנט:

רבינו חננאל

טרד לצבי עד שנכנס לגינה או לחצר או לביבר בשבת. הרי זו אינה צידה ופטור והכ"א אפי' טרדו לגינה או לחצר או לביבר וכלאו שם הרי זו צידה וחייב ורמינן מתניתין אהדדי תנא (בביצה דף כג) אבל צדין חיה מן הביברין בי"ט כי חיה שהיא בביבר זו (צידה בביבר) צידתה. וכשנוטלה מן הביבר אינו חשוב כצידה ותניא ביברין של חיה [ושל עופות] אין צדין מהן ביום טוב שמעינן מינה כי חיה שבביבר לאו כצודה דמיא ועכשיו הוא צד אותה ואוקימנא למתני' כחכמים דאמרי הצד חיה לביבר חייב ומשום הכי צדין אותה ביום טוב ובריית' כר' יהודה אלא עופות אעופות קשיא דמתניתין שריא למיצד עוף מן הביברין ובריית' אוסרת וכי תימא כי שריא מתניתין מביבר מקורה ובריית' כי אסרה מביבר שאינו מקורה והא בית דמקורה הוא ור' יהודה ורבנן מודו כי הכולא צפור בתוכו בשבת אינו חייב דלא דמו לצד ולאו הוא צד אלא בזמן שצדו למגדל וכל מאן דפטר על זה בשבת אסיר למיצד מיניה בי"ט וכל מאן דמחייב עליה בשבת שרי למיצד מיניה בי"ט וכ"ע על צפור למגדל מחייב בשבת על צפור לבית לא מחייב והכין קשיא היכי שריא מתני' עוף מן הביבר בי"ט ובשבת פטור עליה או היכי אפטר בשבת ובי"ט אוסר אמר רבה בר הונא הכא בצפור דרור עסקינן כר' פי' כי קתני בשבת הצד צפור לבית פטור בצפור דרור ואפי' כד מיבחשה לא חבשה נפשה בצידה לפי שאינה מקבלת מרות אבל צפור אחרת דלא רגילה בבית מאלתר שיסגר' עליה בית מקורה מקבלת מרות וכצודה דמיא וחייב עליה בשבת וכיון שחייב עליה בשבת שרי לצודה בי"ט. השתא דאתית להכי לענין עוף ואוקימתה זו א) ששנויה בשבת בביבר שאינו מקורה והשנויה בי"ט בביבר מקורה ונקטינן מהדדי חיה אחיה [נמי כי אקשין] לן ואוקימתיה חדא לר' יהודה וחדא לרבנן לא צריכין להכין אלא מתני' דקתני צדין חיה מן הביברין בביבר קטן ובריית' דתני אין צדין בביבר גדול היכי דמי ביבר גדול [היכן] דמי ביבר קטן ופירשנו בה ג' פירושי וכולן קיימין ואתו הדין פירוקא קרוב לדר' שמעון בן גמליאל דאמר לא כל הביברין שוין אלא כל ביבר המחוסר צידה וצריך למיצדיה בתר הכין פטור עליו בשבת ואסור לצוד ממנו ביו"ט וכל ביבר שאינו מחוסר צידה חייב עליו בשבת וצדין ממנו בי"ט והלכתא כר' שמעון בן גמליאל. ומפורש בי"ט היכי דמי מחוסר צידה ואסיקנא שבאות לכלובן ולא בעיין לרבויי פי' רַבֵּי שאורב להן בדרך שהצייד אורב לצודו כדכתיב יארוב במסתר גו' ידכה ישוח ומצפיר להן מיכן ומיכן והכין הצד צבי פתי סומא וישן חייב משום רבויי חיגר או זקן או חולה מחמת אוצנא פטור דלא בעי רבויי חגבין גזין והן ממיני דבורים צירעין ויתושין כל שבמינו ניצוד הצדן בשבת חייב וכל שאין במינו ניצוד הצדן פטור וחגבים ודאי יש במינו ניצד בשעת הטל אין יכולות לפרוח שאין בהן כח ואין צריכין צידה אלא ניטלת ביד ובשעת השרב אם מלקחות ובאות כמים הנשפכין או כדבר

הירוי

חשק שלמה על רבינו חננאל א) דברי רבינו צריך ביאור דלכאורה דהא מתניתין דא"ל והברייתא הכל ביו"ט מיירי וע"ז קא מתרץ הא בביבר מקורה וכו' וצ"ע:

ליקוטי רש"י

פטור אבל אסור. פטור מחטאת אבל אסור מדבריהם לכתחלה. המפיס מורסא. עולר שמפתח ומלא הליחה [לעיל ג.]. הפותח פה נפח שקורין קלו"ג. אם לעשות לה פה. שמתכוין ליפותה ולהיות לה פתח זה ליום מחר. חייב. שהוא מתקן פתח וחייב משום בונה דאשכחן בנין בבעלי חיים דכתיב ויבן את הצלע (בראשית ב) [כתובות ו:]. להוציא ממנה לחה. מלאכה שאינה צריכה לגופה היא שהפתח היא המלאכה וזה אין צריך [לו] להיות כאן פתח מעכשיו [לקמן ע"ב]. מחט של יד. היא מחט קטנה שתופרין בה בגדים ניטלת בשבת ליטול בה את הקוץ ומשום דקתני לה להלן במסכת שבת בפרק כל הכלים (קכב:) גבי ושל שקאין לפתוח בו את הדלת קרי ליה להא קטנה מחט של יד [סנהדרין פד:]. הצד נחש. נמי הצידה היא המלאכה וזה אינו צריך לצידה אלא שלא תשכנו ואם יודע שתעמוד ולא יזיקו לא היה לד [לקמן שם]. על הנר. ובלבד שלא יכבה ואף על פי שנוטל כלי להצלת קורה שאינה ניטלת בשבת הא אותבינן מינה (לעיל מג.) לר' יצחק דאמר אין כלי ניטל אלא לדבר הניטל ושנייה בצריך למקומו [שם קכא.]. ושאר שקצים ורמשים. קטנים כגון צפרדעים ודומה להם שעורן רך חוץ משמונה שרצים שעורן קשה אינו חייב עליהן בשבת משום חובל עד שתצא מהם טיפת דם ואע"פ שנצרר הדם והאדים עורן מבחוץ אין זה לקותא דמתוך שעורן רך הוא ממהר להאדים [חולין מו:]. יש להן עורות. ואין מטמאין כבשרן [שם קכב.]. הטמאים. ה"א יתירה קדריש. לרבות שעורותיהן. עורות שרצים הרכין שיהו כבשר ומהאי ה"א יתירה נמי רבינן (חולין קיב:) לירך ורוטב וקיפה שלהן ועור הרך נמי איתא בהדייהו דהי מינייהו מפקת איהו נמי אוכלא הוא [שם:].

The Gemara challenges Rav's approach that the dispute between the Rabbis and R' Yochanan ben Nuri applies only to *tumah*, and not to the Sabbath:

וּלְעִנְיַן שַׁבָּת לֹא פְּלִיגֵי – **And** is it true that **they do not disagree in regard to the Sabbath?** וְהָתַנְיָא – **But it was taught in a Baraisa:** הַצָּד אֶחָד מִשְּׁמוֹנָה שְׁרָצִים הָאֲמוּרִים בַּתּוֹרָה – IF ONE TRAPS ONE OF THE EIGHT *SHERATZIM* MENTIONED IN THE TORAH, הַחוֹבֵל בָּהֶן – or if HE BRUISES one of THEM,[16] חַיָּיב – HE IS LIABLE, because they have hides. דִּבְרֵי רַבִּי יוֹחָנָן בֶּן נוּרִי – These are THE WORDS OF R' YOCHANAN BEN NURI. וַחֲכָמִים אוֹמְרִים – BUT THE RABBIS SAY: אֵין עוֹר אֶלָּא – THERE ARE NO *sheratzim* that have HIDES EXCEPT

NOTES

which is based on *Leviticus* (11:31): אֵלֶּה הַטְּמֵאִים לָכֶם, *These are the contaminated ones to you.* The definite article (ה) of the word הַטְּמֵאִים, *the contaminated ones,* is not strictly necessary. Oral Tradition tells us that it was added to teach that the skins of the eight *sheratzim* transmit *tumah* even if they are thick. The word אֵלֶּה, *these,* which implies a limitation of some kind, then teaches that this law is limited to only *some* of the eight *sheratzim.* The *sheratzim* whose skins convey *tumah* (regardless of actual thickness) are understood to be the ones listed in the immediately preceding verse (v. 30), because the Torah distinguishes between those *sheratzim* and the ones listed in verse 29 by inserting the word לְמִינֵהוּ, *according to its variety,* between them (see passage quoted in note 1). It thus emerges that the skins of the *sheratzim* listed in verse 30 (*anakah, koach,* etc.) convey *tumah* even though they are thick. The skins of those enumerated in verse 29 (*choled, achbar* and *tzav*), do not convey *tumah* because they are thick, as understood originally (see *Rashi,* and see *Chullin* 122b).

Since the Rabbis' view is based on this derivation, and not on the physical nature of the skins, they possibly maintain that *all* the eight *sheratzim* are considered to have thick hides. Hence, they could agree with our Mishnah's ruling that one who bruises any of them on the Sabbath is liable. Our Mishnah is thus compatible even with the Rabbis, and not only with R' Yochanan ben Nuri.

The following difficulty must be addressed: According to the above derivation, the skin of a *tinshemes* should also convey *tumah,* because it too is listed in verse 30. Why, then, do the Rabbis enumerate only the *anakah, koach, letaah* and *chomet* (in the Mishnah, *Chullin* 122a) as the *sheratzim* whose hides convey *tumah,* and not include the *tinshemes,* as well? The Gemara in *Chullin* (122b) raises this problem and answers that if indeed the Rabbis' view is based on this derivation, then they do include the *tinshemes,* and the Mishnah must be emended accordingly (*Rashba* to 107b; *Ritva MHK* ed. ibid.; *Ran MHK* ed. ibid.; see *Tosafos* here ד״ה ע״ב).

16. [Translation follows *Rabbeinu Chananel* (on 107b) whose text reads: וְהַחוֹבֵל בָּהֶן.]

גמ' אמר רב אבא אמר רב חייא בר אשי אמר רב נכנסה לו צפור תחת כנפיו יושב ומשמרו עד שתחשך מתיב רב נחמן בר יצחק ישב הראשון על הפתח ומלאהו ובא השני וישב בצדו אף על פי שעמד הראשון והלך לו הראשון חייב והשני פטור מאי לאו פטור אבל אסור לא פטור ומותר הכי נמי מסתברא מדקתני סיפא למה זה דומה לנועל את ביתו לשומרו ונמצא צבי שמור בתוכו מכלל דפטור ומותר ש"מ איכא דאמרי אמר רב נחמן בר יצחק אף אנן נמי תנינא אע"פ שעמד הראשון והלך לו הראשון חייב והשני פטור מאי לאו פטור ומותר לא פטור אבל אסור הא מדקתני סיפא הא למה זה דומה לנועל את ביתו לשומרו ונמצא צבי שמור בתוכו מכלל דפטור ומותר ש"מ אמר שמואל כל פטורי דשבת פטור אבל אסור לבר מהני תלת דפטור ומותר חדא הא וממאי דפטור ומותר דקתני סיפא למה זה דומה לנועל את ביתו לשומרו ונמצא צבי שמור בתוכו ואידך המפיס מורסא בשבת אם לעשות לה פה חייב אם להוציא ממנה לחה פטור וממאי דפטור ומותר דתנן מחט של יד ליטול בה את הקוץ ואידך הצד נחש בשבת אם מתעסק בו שלא ישכנו פטור אם לרפואה חייב וממאי דפטור ומותר דתנן כופין קערה על הנר בשביל שלא תאחוז בקורה ועל צואה של קטן ועל עקרב שלא (א) תישך:

הדרן עלך האורג

שמנה שרצים האמורים בתורה הצדן והחובל בהן חייב ושאר שקצים ורמשים החובל בהן פטור הצדן לצורך חייב שלא לצורך פטור חיה ועוף שברשותו הצדן פטור והחובל בהן חייב: **גמ'** מדקתני החובל (ג) בהן חייב מכלל דאית להו עור מאן תנא אמר שמואל רבי יוחנן בן נורי היא דתנן רבי יוחנן בן נורי אומר שמנה שרצים יש להן עורות רבה בר רב הונא אמר רב אפילו תימא רבנן עד כאן לא פליגי רבנן עליה דרבי יוחנן בן נורי אלא לענין טומאה דכתיב א) אלה הטמאים לכם לרבות שעורותיהן כבשרן אבל לענין שבת אפילו רבנן מודו ולענין שבת לא פליגי והתניא הצד אחד משמנה שרצים האמורים בתורה החובל בהן חייב דברי ר' יוחנן בן נורי וחכמים אומרים אין עור אלא למה

רש"י

גמ' תחת כנפיו. תחת כנפי כסותו ואין יכול לצאת שננעל בפניו מאליו: **יושב ומשמרו.** כן ואינו צריך לפתוח לו חלון דאינו אלא שומר לנועל את ביתו. דכל אדם עושין כן: **המפיס.** מבקע מורסא קיטור"א: **אם לעשות לה פה.** בתוספתא תני הכי אם לקולפה ולעשות לה פה כדרך שרופאים של עכשיו עושין דמתקן לה פתח: **חייב.** משום בונה פתח או משום מתקן כלי מה לי לתקן מכה מה לי לתקן כלי: **ואם להוציא לחה.** של עכשיו ואינו חושש אם תחזור ותסתום מיד: **פטור.** ומותר דאין כאן תיקון ורבנן נמי לא גזור בה שבות משום צערא: **ומחט של יד.** ניטלת בשבת: **ליטול בה את הקוץ.** והיינו דומיא דלחה דמצער ליה ואינו חושש אם יסתום מיד וקאמר ניטלת לכתחילה. מחט של יד היא מחט שתופרין בה בגדים ומשום דקתני בהדה ושל שק לפתוח בה את הדלת קרי לה להאי מחט של יד: **קערה.** של חרס: **כופין.** לכתחילה ולא שיכבה את הנר ולשמעינן דכלי ניטל להצלת דבר שאינו ניטל בשבת: **על עקרב שלא תשוך.** ואע"ג דממילא מתליד:

הדרן עלך האורג

שמנה שרצים. החולד והעכבר וגו' (ויקרא יא): **הצדן.** חייב שכמינו ניצוד: **והחובל בהן חייב.** דיש להן עור כדמפרש בגמרא והויא ליה חבורה שאינה חוזרת והויא ליה תולדה דשוחט. לוי"ה. ל"א כיון דיש להן עור נצבע העור בדם הנצרר בו (ג) דחייב משום צובע: **ושאר שקצים ורמשים.** כגון תולעת ונמלים ועקרבים: **החובל בהן פטור.** דאין להם עור: **שלא לצורך פטור.** דאין במינו ניצוד והויא מלאכה שאינה צריכה לגופה ור' שמעון היא כדמוקי לה בגמ': **חיה ועוף שברשותו.** פטור אם צדן שהרי ניצודין ועומדין: **והחובל בהן חייב.** דיש להן עור: **גמ' שמונה שרצים יש להן עורות.** ופליג אדרבנן דאמרי בהעור והרוטב האנקה והכח והלטאה והחומט עורותיהן מטמאין כבשרן אלמא הני ארבעה לית להו עור: **אלה הטמאים.** בתר והאנקה והכח כתיב ודרשינן ה' יתירה דהטמאים לרבות שעורותיהן כבשרן וכתיב אלה למעוטי הנך דקרא קמא החולד והעכבר והצב: **אפילו רבנן מודו.** דיש להן עור: למה

תוספות

וממאי דפטור ומותר דתנן מחט של יד ליטול בה את הקוץ. למאי דמסיק בריש פ' הנחנקין (סנהדרין דף פה.) דלאתויי כר"ש אתי שפיר דמיירי אפילו ודאי חביל ומשום שאינה צריכה לגופה שרי אבל לפי מאי דפריך התם והא דתנן מחט של יד ליטול בה את הקוץ ליחוש דילמא חביל לא פשיטא הכא מייתי שפיר דבמפיס מורסא דודאי עושה פתח שמא יהא אסור ואומר ר"י דאפילו למאי דס"ד התם פשיטא הכא שפיר דמסתבר דכולי עלמא אתיא אפילו כר' יהודה וכיון דר' יהודה לאסר בעלמא דבר שאין מתכוין אפילו אינו פסיק רישיה שרי הכא משום צערא דגופא לר"ש נמי במפיס מורסא דהוי מלאכה שאינה צריכה לגופה שרי לכתחילה מהאי טעמא:

הדרן עלך האורג

שמנה שרצים החובל בהן חייב. לשון ספרי הקונטר' משום נטילת נשמה עיקר כדפי' בפרק כלל גדול (לעיל דף עה.): **הצדן לצורך חייב.** וא"ת מ"ש דאיצטריך למיתני טפי הצדן לצורך חייב בכל חיובי דשבת נמי לא מחייב ר"ש אלא לצורך ואומר ר"י דלהכי תנא ליה הכא לאשמעינן דבשאר שקצים ורמשים שאין להן עור צריך שיתכוין לשום צורך דסתמייהו לאו לצורך קיימי אבל בשמונה שרצים דרישא דיש להם עור סתמייהו ניצודין לצורך עורן להכי תני צדן בהדי חובל דמחייב נמי משום עור: **שלא לצורך פטור.** פירש רש"י דאין במינו ניצוד ואינו נראה דהא מאן דפטר אין במינו ניצוד פוטר אפילו לצורך אלא יש לפרש דאפילו במינו ניצוד פטור משום דהויא מלאכה שאינה צריכה לגופה ור"ת מחקו מן הפירושים: **אמר שמואל ר' יוחנן בן נורי היא דאמר שמונה שרצים יש להם עור.** תימה לר"י דע"כ לא פליגי רבנן עליה דרבי יוחנן אלא לענין טומאה אבל בשבת דילמא מודו ליה דהא עור של עגל הרך הוי כבשר לענין טומאה והחובל בו בשבת חייב וכן עור של עוף מסתמא הוי כבשר שרך הוא ותנן חיה ועוף שברשותו החובל בהן חייב וי"ל דעור של עגל הרך ושל עוף אע"ג דחשיב עור הוי כבשר לענין טומאה משום דרכיכן וראוין לאכילה אבל עור ח' שרצים סבר שמואל דטעמא דרבנן דחשיבי ליה כבשר משום דאזלי בתר גישתא כדמפרש בהעור והרוטב (חולין דף קכב:) ולא משום רכיכות דלא רכיך כולי האי וכיון דלית להו ממשות עור החובל בהן פטור כמו בשאר שקצים ורמשים: **ע"כ לא פליגי רבנן אלא** לענין טומאה דכתיב אלה הטמאים. וא"ת והא מסקינן בפ' העור והרוטב (שם) דבגישתא קמיפלגי ופי' בקונט' התם דרבנן לא דרשי הטמאים ואיכא למימר דרב דהכא לטעמיה דתני התם תנשמת ולא אזיל בתר גישתא ומיהו בלאו הכי א"א לומר התם כדפי' הקונטרס דאמאי איצטריך למימר התם רב תנא הוא ופליג והא ע"כ ברייתא דדריש הטמאים קיימא כרב ע"כ נראה דרבנן דמתני' דהתם נמי אית להו דרשה דהטמאים אבל לית להו (ד) למינהו הפסיק הענין וכתב הטמאים לרבות ואלה למעט ומוקמינן ריבויא אהנהו ארבע דלית להו גישתא האנקה והכח והלטאה והחומט ורב מרבה כל הנהו דכתיב בתר למינהו וגם תנשמת בכלל וקצת קשה דאמרינן לקמן מאן ת"ק רבי יהודה דאזיל בתר גישתא והא רבנן נמי אזלו בתר גישתא ואפילו הכי דרשי הטמאים וה"נ נמי נימא לרבי יהודה וא"כ נמי נימא עד כאן לא פליג רבי יהודה אלא לענין טומאה דכתיב הטמאים אבל לענין שבת מודה:

מסורת הש"ס

א) לעיל ג., ב) לקמן ע"ב כתובות ו: עדיות פ"ב מ"ה, ג) לקמן קכב: סנהדרין פה: [עדיות פ"ב מ"ה], ד) לעיל מג. ודף קכא., ה) חולין קכב., ו) [חולין קכב: תוספתא חולין פ"ח], ז) דעדיות פ"ל.

הגהות הב"ח

(א) גמ' ועל עקרב שלא ישוך. נ"ב ול"ע מגמ' דברכות פ' אין עומדין דף לג אבל מלאכי חבלה ועיין לעיל דף ג ד"ה בר מהני תלת דלכאן אין הטעם משום סכנה כך מכה מלאכה דאין צריך לגופיה א"כ בזה אין חילוק בין נחש לעקרב. ודו"ק והוא אמת גמור מ"ל: (ב) שם והחובל בהן: (ג) רש"י ד"ה והחובל וכו' וחייב משום: (ד) תוס' ד"ה ע"כ וכו' אבל לית להו דלמינהו הפסיק:

תורה אור השלם

א) אֵלֶּה הַטְּמֵאִים לָכֶם בְּכָל הַשָּׁרֶץ כָּל הַנֹּגֵעַ בָּהֶם בְּמֹתָם יִטְמָא עַד הָעָרֶב: [ויקרא יא, לא]

רב נסים גאון

מצודה ונצודנו ולא יעלה על דעתך שמה שאמרו שם רבן שמעון בן גמליאל אומר לא כל הביברין שוין זה הכלל כל המחוסר צידה אסור ושאינו מחוסר צידה מותר דוחה מה שאמרנו כן אלא השני דברים מעיקר אחד הם והואיל כי מה שעומד בביבר והוא עדיין מחוסר צידה פטור מן החטאת כשהוא שוגג כי מלאכת הצידה לא נגמרה ואם בעומדו בתוך נשלמה בו הצידה ואינו מחוסר צידה חייב חטאת לפי שעשה מלאכה גמורה ועל זה העיקר שפירשנו נמצא כל מה שהוא עומד והוא מחוסר צידה אסור ליקח ממנו ביום טוב כי לא נגמרה בו הצידה ולכך הוא עשה בשבת פטור לפי שלא עשה מלאכה שהרי מחוסר צידה עדיין ומי שלוקח ממנו ביום טוב עובר על מה שכתוב (במדבר כח) כל מלאכת עבודה לא תעשו ומפני שאי אפשר ליקח מה שיש בתוך הביבר אלא בעשיית צידה ולכן אמרו אסור וזה אם היה הוא ביבר אינו מחוסר צידה מי שרדף אחרי ציד עד שהגיעו לתוכו בשבת חייב כי עשה מלאכה ומה שהוא עומד בתוכו ביום טוב כבר נגמרה בו הצידה ומותר ליטול ולאכול ממנו לפי שמה שהוא לוקח כבר ניצוד ונגמרה בו מלאכה ולא עשה ביום טוב מלאכת עבודה ולפיכך אמרו

בי"ט ושאינו מחוסר צידה מותר ואמרו בתוספתא דשבת (פרק יג) הצד יוני עלייה ויוני שובך וציפורים שקיננו בטפיחין או בבירה וכל שמחוסר צידה חייב לפי שעשה מלאכה האווזין והתרנגולין ויוני הרדסיות וכל דבר שאין מחוסר צידה פטור מפני שלקח ממה שנגמרה בו הצידה ולא עשה ביום השבת מלאכה ולפיכך הוא פטור כמו שפירשנו נתבאר לך עכשיו כי השני דברים שוין וכי דבר שחייב עליו בשבת מפני שנגמרה מלאכתו מותר לקחת ממנו ביום טוב ובדבר שפטור עליו בשבת מפני שלא נגמרה מלאכתו אסור ליטול ממנו ביום טוב שהרי מחוסר עשייה והרי עשה עבודה ביום טוב וכמו כן עוד התוספתא שוה למשנה ועיקר זה כי צד בשבת לביבר שאינו מחוסר צידה חייב והצד ממנו פטור והצד בשבת לביבר המחוסר צידה פטור והצד ממנו חייב ודברי המשנה הן אמורין בהצד לביבר ודברי התוספתא הן בהצד ממנו ואין ביניהן חלוקה בדין ושמור דבר זה שביארתי לך: **סליק פרק האורג**

פי"ד שמונה שרצים. וחכמים אומרים לענין טומאה אין עור למה שמנו חכמים. משכחת לה בתורת כהנים הטמאים לרבות עורותיהן יכול עורות כולן ת"ל אלה אלו עורות הטמאים עור האנקה והכח והלטאה והחומט

עין משפט נר מצוה

לג א מיי' פ"י מהלכות שבת הלכה כב סמג לאוין סה:
לד ב מיי' שם טוש"ע א"ח סי' שטז סעי' ו:
לה ג מיי' פ"י מהל' שבת הל' ג סמג שם:
לו ד מיי' שם הל' ח סמג שם טוש"ע א"ח סי' שכח סעיף כח:
לז ה מיי' שם הל' כה וסמג שם טוש"ע א"ח סי' שטז סעיף ז:
א ו מיי' שם הלכה כא וי"ש הלכה כג סמג שם וטוש"ע שם סעיף ח:
ב ז מיי' שם פ"י הל' כד טוש"ע שם סעי' יג:
ג ח מיי' פ"ד מהלכות אבות הטומאות הל' ח סמג עשין רעג:

רבינו חננאל

טרד לצבי עד שנכנס לגינה או לחצר או לביבר בשבת. הרי זו אינה צידה ופטור וחכ"א אפי' טרדו לגינה או לחצר או לביבר וכלאו שם הרי זו צידה וחייב ורמינן מתניתין אהדדי תנא (ביצה דף כג) אבל צדין חיה מן הביברין בי"ט כי חיה שהיא בביבר זו (צידה בביבר) צידתה. וכשנוטלה מן הביבר אינו חשוב כצידה ותניא ביברין של חיה [ושל עופות] אין צדין מהן ביום טוב שמעינן מינה כי חיה שבביבר לאו כצודה דמיא ועכשיו הוא צד אותה ואוקימנא למתני' כחכמים דאמרי הצד חיה לביבר חייב ומשום הכי צדין אותה ביום טוב וברייתא כר' יהודה אלא עופות אעופות קשיא ומתניתין שריא למיצד עוף מן הביברין וברייתא אוסרת וכי תימא כי שריא מתניתין מביבר מקורה וברייתא כי אסרה מביבר שאינו מקורה והא בית דמקורה הוא ור' יהודה ורבנן מודו כי הכולא צפור בתוכו בשבת אינו חייב דלא דמו לצד ולאו הוא צד אלא בזמן שצדו למגדל וכל מאן דפטר עליה בשבת אסיר למיצד מיניה בי"ט וכל מאן דמחייב עליה בשבת שרי למיצד מיניה בי"ט וכ"ש על צפור למגדל מחייב בשבת על צפור לבית לא מחייב והכין קשיא היכי שריא מתני' עוף מן הביבר בי"ט ובשבת פטור עליה או היכי אפטר בשבת ובי"ט אוסר אמר רבה בר רב הונא הכא בצפור דרור עסקינן כי פרי' כי קתני בשבת הצד צפור לבית פטור בצפור דרור ואפי' כך מיבעיא לא חבשה נעשה בצידה לפי שאינה מקבלת מרות אבל צפור אחרת דלא רגילה בבית מאלתר שיסגר עליה בית מקורה מקבלת מרות וכצודה דמיא וחייב עליה בשבת וכיון שחייב עליה בשבת שרי לצודה בי"ט. השתא דאתית להכי לענין עוף ואוקימתה (א) ששנויה בשבת בביבר שאינו מקורה והשנויה בי"ט בביבר מקורה

בי"ט בביבר מקורה ונקטינן מהדדי חיה אחיה [נמי כי אקשין] לן ואוקימתיה חדא לר' יהודה וחדא לרבנן לא צריכין להכין אלא מתני' דקתני צדין חיה מן הביברין בביבר קטן וברייתא דתני אין צדין בביבר גדול [היכי] דמי ביבר קטן ופירשנו בה ג' פירושי וכולן קיימין ואתו הדין פירוקא קרוב לדברי רבן שמעון בן גמליאל דאמר לא כל הביברין שוין אלא כל ביבר המחוסר צידה וצריך למיצדיה בתר הכין פטור עליו ואסור לצוד ממנו בי"ט וכל ביבר שאינו מחוסר צידה חייב עליו בשבת וצדין ממנו בי"ט והלכתא כר' שמעון בן גמליאל. ומפורש בי"ט היכי דמי מחוסר צידה ואסיקנא שבאות לכלובן ולא בעיין לרבויי פי' רבויי שאורב להן בדרך שהצייד אורב לך לצודו כדכתיב יארוב במסתר גו' ידכה ישוח ומצפיר להן מיכן ומיכן והכין הצד צבי סומא וישן חייב משום חיגר או זקן או חולה מחמת אוצנא פטור דלא בעי רבויי חגבין גזין והן ממיני דבורים צירעין ויתושים כל שבמינו ניצוד הצדן בשבת חייב וכל שאין במינו ניצוד הצדן בשבת פטור וחגבים ודאי יש במינו ניצד בשעת הטל אין יכולות לפרוח שאין בהן כח ואין צריכין צידה אלא ניטלת ביד ובשעת השרב אם מלקחות ובאות כמים הנשפכין או כבדר הירודי

א) ש...

חשק שלמה על רבינו חננאל א) דברי רבינו לריך ביאור לכאורה דהא מתניתין דא"ל והברייתא הכל ביו"ט מיירי וע"ז קא מתרץ הא בביבר מקורה וכו' וצ"ע:

ליקוטי רש"י

פטור אבל אסור. פטור מחטאת אבל אסור מדבריהם לכתחלה. **המפיס מורסא.** עוצר שמפתח ותלא הליחה [לעיל ג.]. הפותח פה נפח שקורין קלו"ג. **אם לעשות לה פה.** שמתכוין ליפותה ולהיות לה פתח זה ליזוב מהר. **חייב.** שהוא מתקן פתח וחייב משום בונה דאשכחן בנין בבעלי חיים דכתיב ויבן את הצלע (בראשית ב) [כתובות ו:]. **להוציא ממנה לחה.** מלאכה שאינה צריכה לגופה היא שהפתח היא המלאכה וזה אין צריך [לו] להיות כאן פתח מעכשיו [לקמן ע"ב]. **מחט של יד.** היא מחט קטנה שתופרין בה בגדים ניטלת בשבת ליטול בה את הקוץ ומשום דקתני לה להכן במסכת שבת בפרק כל הכלים (קכב:) גבי ושל שקאין לפתוח בו את הדלת קרי ליה להא קטנה מחט של יד [סנהדרין פד:]. **הצד נחש.** נמי הצידה היא המלאכה וזה אינו צריך לצידה אלא שלא תשכנו ואם יודע שתעמוד ולא יזיקנו לא היה צד [לקמן שם]. **על הנר.** ובלבד שלא יכבה ואף על פי שנוטל כלי להצלת קורה שאינה ניטלת בשבת הא אותבינן מינה (לעיל מג.) לר' יצחק דאמר אין כלי ניטל אלא לדבר הניטל ושניה בצריך למקומו [שם קכא.]. **ושאר שקצים ורמשים.** קטנים כגון צפרדעים ודומה להם שעורן רך חוץ משמונה שרצים שעורן עליהן בשבת משום חובל עד שתצא מהם טיפת דם ואע"פ שנצרר הדם והאדים עורן מבחוץ אין זה לקוח הוא ממהר להאדים [חולין מו:]. **יש להן עורות.** ואין מטמאין כבשרן [שם קכב.]. **הטמאים.** לרבות שעורותיהן. עורות שרצים הרכין שיהו כבשר ומהאי ה"א יתירא נמי רבינן (חולין קיב:) ציר ורוטבן וקיפה שלהן ועור הרך נמי איתא בהדייהו דהי מינייהו מפקת איהו נמי אוכלא הוא [שם:].

למה שמנו חכמים אדרבה למה שמנו חכמים אין להם עור ואמר אביי הכי קאמר אין עור חלוק מבשר אלא למה שלא מנו חכמים קאמר אלא ליה רבא הא למה שמנו חכמים קאמר אלא אמר רבא הכי קאמר אין עור מטמא כבשר אלא למה שמנו חכמים מכלל דרבי יוחנן בן נורי הנך נמי דלא מנו חכמים מטמאין והא קתני ר' יוחנן בן נורי אומר ח' שרצים יש להן עורות ולא מטמאין (א) [אמר רב] אדא בר מתנה תריץ הכי וחכמים אומרים לענין טומאה אין עור למה שמנו חכמים ואכתי לענין שבת לא פליגי והתניא הצד אחד מח' שרצים האמורים בתורה א החובל בהן חייב בשרצים שיש להן עורות ואיזו היא חבורה שאינה חוזרת ס נצרר הדם אע"פ שלא יצא רבי יוחנן בן נורי אומר ח' שרצים יש להן עורות אמר רב אשי מאן ת"ק רבי יהודה דאזיל בתר גישתא ע דתנן ר' יהודה אומר הלטאה כחולדה אבל רבנן דפליגי עליה דרבי יוחנן לענין טומאה לענין שבת מודו ליה אי הכי האי דברי רבי יוחנן בן נורי דברי רבי יוחנן ומחלוקתו מיבעי ליה תני דברי רבי יוחנן בן נורי ומחלוקתו בעא מיניה לוי מרבי מנין לחבורה שאינה חוזרת דכתיב א) היהפוך כושי עורו ונמר חברבורותיו מאי חברבורותיו אילימא דקאי ריקמי ריקמי האי ונמר חברבורותיו נמר גווניו מבעי ליה אלא ככושי מה עורו דכושי אינה חוזרת אף חבורה אינה חוזרת: ושאר שקצים כו': הא הורגן חייב מאן תנא א"ר ירמיה ר"א היא ג) דתניא ר"א אומר ההורג כינה בשבת כהורג גמל בשבת מתקיף לה רב יוסף עד כאן לא פליגי רבנן עליה דרבי אליעזר אלא בכינה דאינה פרה ורבה ב אבל שאר שקצים ורמשים דפרין ורבין לא פליגי ושניהם לא למדוה אלא מאילים רבי אליעזר סבר כאילים מה אילים שיש בהן נטילת נשמה אף כל שיש בו נטילת נשמה ורבנן סברי כאילים מה אילים דפרין ורבין אף כל דפרה ורבה א"ל אביי וכינה אין פרה ורבה ד) והאמר מר יושב הקב"ה וזן מקרני ראמים ועד ביצי כינים מינא הוא דמיקרי ביצי כינים והתניא טפויי וביצי כינים מינא הוא דמיקרי ביצי כינים ° והרי פרעוש דפרה ורבה ותניא הצד פרעוש בשבת רבי אליעזר מחייב ג ורבי יהושע פוטר אמר רב אשי צידה אהריגה קרמית עד כאן לא פליגי רבי אליעזר ור' יהושע אלא דמר סבר ה) דבר שאין במינו ניצוד חייב ומר סבר פטור ד אבל לענין הריגה אפילו רבי יהושע מודה: ה הצדן לצורך חייב וכו': מאן תנא אמר רב יהודה אמר רב ו) ר' שמעון היא דאמר מלאכה שאין צריכה לגופה פטור עליה איכא דמתני לה אהא ז) המפיס מורסא בשבת אם לעשות לה פה חייב אם להוציא ממנה לחה פטור מאן תנא אמר רב יהודה אמר רב ר' שמעון היא דאמר מלאכה שאין צריכה לגופה פטור עליה ואיכא דמתני לה אהא ח) הצד נחש בשבת אם מתעסק בו שלא ישכנו פטור אם לרפואה חייב מאן תנא אמר רב יהודה אמר רב רבי שמעון היא דאמר מלאכה שאינה צריכה לגופה פטור עליה אמר ט) שמואל ו השולה דג מן י) הים כיון שיבש בו כסלע חייב א"ר יוסי בר אבין ובין סנפיריו אמר רב אשי ז לא תימא יבש ממש אלא אפילו דעבד רירי אמר מר בר המדורי ° אמר שמואל כ) ח הושיט ידו למעי בהמה ודלדל עובר שבמעיה חייב מאי טעמא אמר רבא בר המדורי אסברא לי לאו אמר רב ששת ט האי מאן דתלש כשותא מהיזמי והיגי מיחייב משום עוקר דבר מגידולו הכא נמי מיחייב משום עוקר דבר מגידולו אמר אביי י האי מאן דתלש
פיטרא

למה שמנו חכמים. בשחיטת חולין אלו שעורותיהן כבשרן והא ודאי משנתנו היא אדרבה למה שמנו חכמים אין להם עור דהא עורותיהן כבשרן קאמרי: ואמר אביי הכי קאמר אין עור חלוק מבשר. אלא לאותן ד' שלא מנו חכמים חולד ועכבר וצב ותנשמת אבל האנקה הכח והלטאה והחומט אין עורן חלוק מבשרן ולא הוי חבורה ומ"מ קשיא לרב: א"ל רבא והא למה שמנו קאמר. ולא טעי תנא בין מנו ללא מנו: אין עור מטמא כבשר כו'. והכי קאמרי ליה דקאמרת לענין שבת יש להן עור אבל לענין טומאה עורותיהן כבשרן דאמרינן מהטמאים אין עור מטמא כבשר אלא לאותן ארבעה שמנו: מכלל דרבי יוחנן כו'. בתמיה והא קתני התם גבי טומאה דכל ח' שרצים לרבי יוחנן בן נורי יש להן עורות: תריץ הכי. ממי מברייתא אלא ותני אין עור למה שמנו חכמים ומיהו לרב לא תקשי דהכי קאמרי ליה לענין שבת מודינא לך דהחובל בהן חייב אבל לענין טומאה פליגא דאין עור לאותן ד' שמנו: בשרצים שיש להן עורות. לאותן ד' שלא מנו: נצרר הדם. נאסף ונקשר במקום אחד שוב אינו חוזר ונבלע: מאן ת"ק. הכך מתניתא דאמר בשרצים שיש להן עורות דמשמע דיש מהן דפטור: רבי יהודה היא. דלענין טומאה לא יליף מאלה הטמאים אלא ההוא דאזיל בתר גישתא שעורו עב ויש לו עור ממש אינו כבשר ושאינו עב הוי כבשר והלטאה משום דעורה עבה כמו שהיא כחולדה בהעור והרוטב הלכך לענין שבת נמי לאו עור הוא דשלש מהן אנקה וכח וחומט אבל לרבנן דהעור והרוטב שמנו הלטאה בהך שעורותיהן כבשרן אלמא דטעמייהו לאו משום עור ולאו עור אלא משום דרשה דקרא לענין טומאה הוא דפליגי משום קרא אבל לענין שבת מודו דודאי עור הן: דברי ר' יוחנן בן נורי. דקתני בההיא ברייתא דלעיל לענין שבת כיון דלא איפלגו רבנן עליה אלא לענין טומאה דברי ר' יוחנן בן נורי ומחלוקתו מיבעי ליה: מנין לחבורה שאינה חוזרת. ולמילף דההיא למחלת לאו חבורה היא כגון הנך דלאין להן עור שנצרר בו הדם חבורתו חוזרת לקדמותה או מכה קטנה שלא נצרר הדם: אילימא דקאי ריקמי ריקמי. ונמר ממש אמר קרא שהוא מנומר בגוונים: אלא ככושי כו'. והאי נמר לשון תמורה היהפוך כושי עורו ונמר חברבורותיו כלומר וימיר חבורת עורו לחזור לקדמותו שלא יתקשה העור במקום המכה: גמל. משום דגדול הוא נקט ליה: מאילים. אילים מאדמים שנשחטו למלאכת המשכן בשביל עורותיהן: והא אמר מר. בשמעתא קמייתא דמס' ע"ז: ביצי כינים. קס"ד כינים קטנים כשיוצאין מביציהן: הטפויין. שירוץ הטפויין וביצי כינים מתניתא היא ° ולא ידענא היכא תניא: הצד פרעוש. ממקום שאינו נילוד ועומד כגון מעל גבי קרקע או מבגדיו מבחוץ: להוציא ממנה לחה. מלאכה שאינה צריכה לגופה היא שהפתח היא המלאכה וזה אין צריך (ג) להיות כאן פתח מעכשיו: הצד נחש. נמי הצידה היא המלאכה וזה אינו צריך לצידה אלא שלא תשכנו ואם יודע שתעמוד ולא תזיקנו לא היה צד: השולה דג. שהיה נילוד ועומד מבעוד יום: כסלע. כרוחב סלע: חייב. משום נטילת נשמה דתו לא חיי: עביד רירי. שנוגעין בו וחוט הרירין (ד) נמשך מן האצבע: דלדל. עקר שהפילתו על ידי לדלול זה: בר המדורי אסברא לי. טעמא דהא מילתא: כשותא. הומלון וגדל מתוך ההיזמי מריח הקרקע שההיזמי יונק ממנו: מיחייב. ואף על פי שאינו מחובר לקרקע כדאמרינן בעלמא (עירובין דף כח: (ג)) מאוירא רבי:
פיטרא

אמר אביי אין עור חלוק מבשר כו'. מסקנא דפירכא היא מאביי דודאי אליבא דאביי פליגי לענין שבת אבל למאי דמפרש רבה ורב אדא לא פליגי מידי לענין שבת ותימה הוא כיון דלא קיימא שינויא דאביי היכי פריך מינה: הצד את הפרעוש כו' ר"א פוטר. משמע דפטור אבל אסור ואומר ר"י בשם הרב פורת דלפ"ה אם נושך האדם מותר ליקחנו ולהשליכו מעליו דמשום צער שרי אבל אם הוא באותו ענין על האדם שאינו ירא שישכנו כגון על סרבלו מבחוץ אסור ליטלו אבל יכול להפילו מעליו:

יש ספרים דגרסי מ"ט מחייב רבי אליעזר לאו משום דפרה ורבה ושיבוש הוא דהא אפילו בכינה מחייב רבי אליעזר ופרעוש נקט לרבותא דרבי יהושע דאפילו פרעוש פוטר ושינויא נמי דמשני לא משמע דגרים ליה ור"ת נמי מחקו מספרו:

כיון שיבש בו כסלע. בנילוד ועומד במים איירי מדלא מחייב ליה עד שיבש כסלע: ולאי

עין משפט נר מצוה

ד א מיי' פ"ח מהל' שבת הלכה ט סמג לאוין סה טוש"ע א"ח סי' שטז סעיף ט:
ה ב מיי' שם הל' ג סמג שם טור א"ח סימן שטז:
ו ג ד מיי' שם הלכה כד ופי"א שם הל' ג סמג שם טוש"ע א"ח סי' שטז סעיף ט:
ז ה (מיי' פ"י שם הל' כא) סמג שם טוש"ע שם סעיף ח:
ח ו ז ח מיי' פי"א שם הלכה א:
ט ט מיי' פ"ח מהל' שבת הלכה ג טוש"ע א"ח סי' שלו סעיף ה:

מסורת הש"ס

א) חולין מו:, ב) שם קכב., ג) לעיל יב., ד) ע"ז ג:, ה) לעיל קו: וש"נ, ו) לעיל קה: וש"נ, ז) לעיל ע"ג כתובות ו: [עדיות פ"ב מ"ה], ח) [עדיות שם] לעיל ע"א, ט) תענית כד:, י) [לפרש"י ותוס' בנילוד ועומד וכו' דמיקה מלא הים והרמב"ם ריש פי"א מהל' שבת גרס הספל], כ) [עי' תוס' ע"ז מ. ד"ה סבר], ל) [נמשך עם האצבע כל"ל].

גליון הש"ס

גמ' והרי פרעוש. ע' בר"ן פ"ק דמסכתין ה ע"ב: שם אמר שמואל הושיט ידו למעי בהמה. עי' בכורות כה ע"א תוס' ד"ה דהוי ליה: רש"י ד"ה הטפויין כו' ולא ידענא. עי' ברכות כה ע"ב ד"ה מאן שמעת ליה וש"נ:

תורה אור השלם

א) הֲיַהֲפֹךְ כּוּשִׁי עוֹרוֹ וְנָמֵר חֲבַרְבֻּרֹתָיו גַּם אַתֶּם תּוּכְלוּ לְהֵיטִיב לִמֻּדֵי הָרֵעַ: [ירמיה יג, כג]

הגהות הב"ח

(א) גמ' ולא מטמאין אלא אמר רב אדא בר מתנה: (ב) רש"י ד"ה להוציא ממנה וכו' צריך לו להיות: (ג) ד"ה מחייב וכו' כדאמרי' בעלמא עירובין כח ע"ב. נ"ב ע"ש דהמסקנא היא דמארעא קא רבי. והערוך גם הוא פי' הכא על פי המסקנא דהתם. עיין ערך כשות:

רבינו חננאל

(הירדי) שהן באות כמו נופלות למקום אחד ואין בהן כח לילך לכאן ולכאן פטור עליהן כאלעזר בן מהבאי ואם מפורחות הן לדעתן חייב: צבי שנכנס לבית. עיקר דבר בעשותה אחת אחד שעשה חייב ב' שעשאו פטורין ומפרש בהמצניע בענין המוציא ככר: אין צידת ארי אלא (להכנסתו (לגורזקי) [לגורזקי] שלו פי' לכלובו: ישב אחד על הפתח כו' אסיקנא שאם היה צבי רץ כדרכו ונתכוון אדם לנעול בפני עצמו ונעל בפניו ובפני הצבי פטור: נכנסה צפור תחת כנפיו ישב ומשמרה עד שתחשך ומתני' ובא השני וישב בצדו אע"פ שעמד הראשון והלך לו השני מותר לישב ולשמור עד שתחשך: אמר שמואל כל פטורי שבת פטור אבל אסור לבד מהני תלת דפטור ומותר ואלו הן כו' ומפרש (לעיל ג) אע"ג דעביד בהו מעשה איכא אחריני טובא פטור (אף דלא) [אם לא] עביד בהו מעשה:

הדרן עלך האורג

שמונה שרצים האמורין בתורה הצדן והחובל בהן חייב. ודאי זו המפורשות במשנתנו הצדן לצורך חייב שלא לצורך פטור אפי' בח' שרצים היא דאי הוה שנו ח' שרצים לענין צידה והוה מיחייב הצדן בין לצורך ובין שלא לצורך ושאר שרצים ורמשים צדן לצורך [חייב] ושלא לצורך פטור (הוה) מפרש בגמ' טעמא דמילתא ופי' החובל העושה חבורה וכיון דמפרש כי חבורה זו אינה חוזרת שמעינן מינה כי עור הוא שאם נעשית בו חבורה ועשה מקומו צלקת וכיוצא בהו ומדקאמר בשמנה שרצים החובל בהן חייב מכלל שיש להן עור ומוקים לה שמואל כר' יוחנן בן נורי דאמר ח' שרצים יש להן עורות אבל רבנן לא דתנן בהעור והרוטב אלו שעורותיהן כבשרן ומנו האנקה והכח והלטאה והחומט א) ודקתני נמי והתנשמת דאלמא לית להו עורות דכל מאי דאית ליה עור לא מיטמא עורו טומאת נבלות וכד מיעבד טהור והני שרצים עורותיהן כבשרן ור' יוחנן בן נורי פליג בשאר ח' ואוקמה שמואל להא מתניתין כוותיה ורב אמר אפי' תימא רבנן לאו משום דאין להן (לעכבר ולצב ולחולדה) ב) עורות טמאו רבנן למשכייהו אלא מדרבינהו קרא אלה הטמאים לכם ודרשי אלה הטמאים לרבות עורותיהן כבשרן אבל לענין חובל בשבת מודו רבנן בח' שרצים שיש להן עורות ואקשי' עלה דרב ולא פליגי והתניא הצד אחד מח' שרצים והחובל בהן חייב דברי ר' יוחנן בן נורי וחכ"א אין עור אלא למה שמנו חכמים ואתמהינן אדרבה למה שמנו חכמים אין להן עור כי עורותיהן כבשרן הוא ופריק ר'

חשק שלמה על רבינו חננאל

א) אולי צ"ל ורב תני נמי תנשמת. ועי' בחולין דף קכ"ב ע"ב: ב) נראה דצ"ל והאנקה והכח והלטאה והחומט:

רב נסים גאון

ר' יהודה אומר הלטאה כחולדה ר' יוחנן בן נורי אומר ח' שרצים יש להן עורות ומשכחת לה עוד במסכת חולין בפרק העור והרוטב (דף קכב) אלו שעורותיהן כבשרן עור האדם ועור החזיר של ישוב ר' יוסי אומר אף עור חזיר הבר עור חטרת גמל הרכה ועור הראש של עגל הרך ועור בית הפרסות ועור בית הבושת ועור השליל ועור שתחת האליה ועור האנקה והכח והלטאה והחומט ר' יהודה אומר הלטאה כחולדה הרי אלו שמנו אותם חכמים מטמאין עורן כבשרן ואין להן עור שהוא חלוק מבשרן לענין טומאה: מלאכה שאינה צריכה לגופה דפליגי בה ר' יהודה ור' שמעון כבר כתבנוה בפרק יציאות השבת: אמר רב ששת האי מאן דעקר כשותא מהגה והיזמנה חייב משום עוקר דבר מגידוליו. משתכחא בפרק בכל מערבין (עירובין דף כח) ר' זירא כי הוה חליש מגירסיה הוה אזיל ויתיב אפיתחי' דבי ר' יהודה בר אמי אמר כי חלפי רבנן איקום מקמייהו ואקביל אגרא נפק אתא ינוקא אמר ליה מאי אגמרך רבך בכשות אמר ליה כשות בורא פרי האדמה כשות נמי מארעא קא רביא דהא קא חזינן דקטלינן להי להיזמא ומיתא כשותא ובפרק ר"א אומר תולין את המשמרת (דף קלט) אמרו מכריז רב (מטא זמן כשותא) [האי מאן] דבעי למיזרע כשותא ברמא ניזרע: מאן דתלש פיטורא. הן פטריות שהזכירו

ליקוטי רש"י

נצרר הדם. ולאסף במקום אחד דסייט האדים העור מבחוץ אף על פי שלא יצא וקרי ליה חבורה שאינה חוזרת דכיון שהאדים העור מבחוץ בידוע שנקרע העור מפנים וקופו לינקב ולצאת כו' עור לא חשיבא חבלה הך לצררת דם [חולין מו:]. דאזיל בתר גישתא. כלומר לא יליף טעמא מהטמאים אלא מסברא לגישתא כל שאין ממש כעורן שהוא רך ואין לו ממש עור קרי בשר דאמר הלטאה כחולדה אלמא לאו אקרא סמיך [שם קכב:]. הלטאה כחולדה. עורה חלוק מבשרה [שם.]. כהורג גמל. כלומר דגדול מאד. מה אילים דפרין ורבין אף כל דפרה ורבה. וכינה אינה פרה ורבה אלא מגבר אדם היא שורצת [לעיל יב.]. יושב הקב"ה וזן. קולב להם מסיק מזומן להם פרנסתן. מקרני ראמים. חיה גדולה. ביצי כינים. מינא הוא דמתקרי ביצי כינים ודקין הן והוא לינצ"א בלשון ארמית ובלע"ז לינטרי"ש [ע"ז ג:]. שאין במינו ניצוד. לירעין ויתושין שאינן לצורך [לעיל קו:]. ר' שמעון היא דאמר מלאכה שאין צריכה לגופה פטור עליה. וכל מלאכה שאינה צריכה (לגופה) אלא לסלקה מעליו הוי מלאכה שאינה צריכה לגופה דברצונו לא באה לו ולא היה צריך לה הלכך לאו מלאכת מחשבת היא לר' שמעון [שם צג:]. ורבי שמעון אמר מילתיה גבי מוציא את המת במטה לקוברו בשבת (לעיל צג:) וקאמר רבי שמעון פטור על הוצאה זו שברצונו לא היתה באה אליו ולא היה צריך לה [חגיגה י.]. מלאכה שאין צריכה לגופה. שברצונו לא מעשה ואינו צריך לעיקר (מחלתה) [תכליתה] [לעיל יב.]. כמו מוציא את המת לקוברו אינו צריך לגופה דהוצאה ולא למת אלא לפנות ביתו והוצאה הצריכה לגופה כגון שהוא צריך לחפץ זה במקום אחר [שם צג:]. המפיס מורסא. עושר שמפתח ותלא הליחה [שם ג.]. מבקע מורסא קיטור"א [שם ע"א]. הפותח פה נפה שקורין קלו"ג [כתובות ו:]. אם לעשות לה פה. כתוספתא (עדיות פ"א) תני הכי אם לקולפה ולעשות לה פה כדרך שרופאים של עכשיו עושין דמתקן לה פתח [לעיל שם]. שמתכוין ליפותה ולהיות לה פתח זה ליום מחר [כתובות שם]. חייב. משום בונה פתח או משום מתקן מכה מה לי לתקן כלי [לעיל שם]. שהוא מתקן פתח ומייב משום בונה דאשכחן בנין בבעלי חיים דכתיב ויבן את הצלע (בראשית ב) [כתובות שם]. אם להוציא לחה. של עכשיו ואינו חושש אם תסגור ותסתום מיד. פטור. ומותר דלאין כאן מיקון ורבנן נמי לא גזור בה שבות משום צערא [לעיל שם]. אמר שמואל השולה דג מן הים. בשבת כיון דיבש בו כסלע אף על פי שהוא מפרכס לאחר כן ובעוד שהוא מפרכס השליכו במים חייב משום נטילת נשמה שהיא אב מלאכה דמכן (לעיל עג.) השוחטו כו'. ובין סנפיריו. דודאי לא חי וכשאין מחובר לידה עסקינן כגון שלדו בתוך הסל והניחו במים לחיות כדרך שעושין הדייגין. סנפיריו. שפורח בהן [תענית כד.]. כשותא. הימלון שגדל על ההגא [לקמן קלט.]. כשות. גדל בהיזמי ואין לו שורש בקרקע אלא מהיזמי למה [עירובין כח:]. הומלון שמטילין לתוך השכר [ב"מ מב:]. מהיזמי והיגי. היזמי דורדא"י סיגי אינגלטי"ר [לעיל ז.]. היזמי והיגי, מיני סנה [סוכה יג.]. היזמי והיגי, קוצים ודרדרים [ע"ז מז:].

לְמָה שֶׁמָּנוּ חֲכָמִים – THOSE ENUMERATED BY THE RABBIS in the Mishnah in *Chullin*.[1] And we raised the following difficulty with this Baraisa: אַדְּרַבָּה – On the contrary! לְמָה שֶׁמָּנוּ חֲכָמִים אֵין לָהֶם עוֹר – Those *sheratzim* enumerated by the Rabbis in that Mishnah do *not* have hides! וְאָמַר אַבַּיֵי – And Abaye said to resolve this problem: הָכִי קָאָמַר – This is what [the Baraisa] is saying: אֵין עוֹר חָלוּק מִבָּשָׂר אֶלָּא לְמָה שֶׁלֹּא מָנוּ חֲכָמִים – THERE ARE NO *sheratzim* THAT HAVE HIDES which are DISTINCT FROM their FLESH EXCEPT THOSE *NOT* ENUMERATED BY THE RABBIS in the Mishnah in *Chullin*.[2]

At any rate, this Baraisa indicates that the dispute between R' Yochanan ben Nuri and the Rabbis applies to the Sabbath. Hence, it contradicts Rav's assertion that they agree with respect to the Sabbath. – ? –

The Gemara defends Rav by citing an alternative interpretation of the Baraisa:

אָמַר לֵיהּ רָבָא – Rava said to him:[3] הָא לְמָה שֶׁמָּנוּ חֲכָמִים קָאָמַר – But the [Baraisa] says, "THOSE ENUMERATED BY THE RABBIS"! How can you assert that it means "those *not* enumerated by the Rabbis"? The Tanna of the Baraisa would surely not have made such a mistake! אֶלָּא אָמַר רָבָא – Rather, said Rava, הָכִי קָאָמַר – this is what [the Baraisa] is saying: אֵין עוֹר מְטַמֵּא כְּבָשָׂר אֶלָּא לְמָה שֶׁמָּנוּ חֲכָמִים – The law that the hide conveys *tumah* like the flesh does not apply except to those *sheratzim* enumerated by the Rabbis in *Chullin*.[4]

The Gemara rejects this interpretation of the Baraisa:

מִכְּלָל דְּרַבִּי יוֹחָנָן בֶּן נוּרִי – This implies that according to R' Yochanan ben Nuri, הָנָךְ נַמִּי דְּלֹא מָנוּ חֲכָמִים מְטַמְּאִין – even the hides of those *sheratzim* not enumerated by the Rabbis convey *tumah*![5] וְהָא קָתָנֵי – But the Mishnah[6] teaches to the contrary: רַבִּי יוֹחָנָן בֶּן נוּרִי אוֹמֵר – R' YOCHANAN BEN NURI SAYS: שְׁמֹנָה שְׁרָצִים יֵשׁ לָהֶן עוֹרוֹת – THE EIGHT *SHERATZIM* HAVE HIDES, וְלֹא מְטַמְּאִין – which means that they do *not* convey *tumah*. – ? –

The Gemara presents its final interpretation of the Baraisa:

אָמַר רַב אַדָּא בַּר מַתְנָה – Rather, Rav Adda bar Masnah said, תְּרִיץ הָכִי – explain the Baraisa as follows: וַחֲכָמִים אוֹמְרִים – But the Rabbis say to R' Yochanan ben Nuri: לְעִנְיַן טוּמְאָה – In regard to *tumah*, אֵין עוֹר לְמָה שֶׁמָּנוּ חֲכָמִים – those *sheratzim* enumerated by the Rabbis in *Chullin* do not have hides.[7]

The Gemara poses another challenge to Rav's view that the dispute between R' Yochanan ben Nuri and the Rabbis does not apply to the Sabbath:

וְאַכַּתִּי לְעִנְיַן שַׁבָּת לֹא פְּלִיגֵי – And can you still hold that they do not disagree in regard to the Sabbath? וְהָתַנְיָא – But it was taught in a Baraisa: הַצָּד אֶחָד מִשְּׁמֹנָה שְׁרָצִים הָאֲמוּרִים בַּתּוֹרָה – If ONE TRAPS ONE OF THE EIGHT *SHERATZIM* MENTIONED IN THE TORAH, הַחוֹבֵל בָּהֶן – or if HE BRUISES one of THEM, חַיָּיב – HE IS LIABLE, בִּשְׁרָצִים שֶׁיֵּשׁ לָהֶן עוֹרוֹת – but only IN THE CASE OF *SHERATZIM* THAT HAVE HIDES.[8]

The Baraisa defines the minimum act for which one is liable:

וְאֵיזוֹ הִיא חַבּוּרָה שֶׁאֵינָהּ חוֹזֶרֶת – AND WHAT IS the minimum that is deemed AN IRREVERSIBLE WOUND?[9] נִצְרַר הַדָּם אַף עַל פִּי שֶׁלֹּא יָצָא – A wound in which THE BLOOD COLLECTS under the skin, EVEN IF IT DOES NOT EMERGE.[10]

NOTES

1. In response to R' Yochanan ben Nuri's statement that one is liable for bruising any of the eight *sheratzim* (because they all have hides), the Rabbis argue that this *melachah* is limited to the four *sheratzim* listed in *Chullin* (for only they have hides).

There is an obvious difficulty here: The four *sheratzim* mentioned in that Mishnah (viz. the *anakah, koach, letaah* and *chomet*) are listed there as *not* having hides! (*Rashi*). The Gemara immediately proceeds to address this problem.

2. Namely, the *choled, achbar, tzav* and *tinshemes*. Those which *are* listed (the *anakah, koach, letaah* and *chomet*) do not have thick hides, and hence the Rabbis rule that one is not liable for bruising them (*Rashi*).

[Although Abaye adds the words חָלוּק מִבָּשָׂר, *distinct from (their) flesh*, they are not strictly necessary for his answer.]

3. I.e. to Abaye, who had offered the previous solution.

4. Rava understands the Baraisa as follows: R' Yochanan ben Nuri maintains that all the eight *sheratzim* have thick hides. Hence, one is liable for bruising any one of them on the Sabbath. Regarding *tumah*, though, R' Yochanan maintains that their hides convey *tumah* [as though they were thin skins], as derived from the "ה" of הַטְּמֵאִים (see 107a note 15). The Rabbis then respond to R' Yochanan ben Nuri that the only *sheratzim* whose hides convey *tumah* are those listed in the Mishnah in *Chullin* [viz. the *anakah, koach, letaah* and *chomet*] (*Rashi*). [The Rabbis derive from the word אֵלֶּה, *these*, that the hides of only these *sheratzim* convey *tumah*. Evidently, R' Yochanan ben Nuri does not use אֵלֶּה, *these*, to exclude any of the eight *sheratzim* from this law (*Menachem Meishiv Nefesh*).]

According to Rava's approach, R' Yochanan ben Nuri and the Rabbis disagree only with respect to *tumah*, and agree with respect to the Sabbath. The Baraisa is thus compatible with Rav's opinion to that effect.

5. According to Rava, R' Yochanan ben Nuri maintains that the hides of all the eight *sheratzim* convey *tumah* (see previous note).

6. *Chullin* ibid.

7. Rav Adda bar Masnah deletes the word אֶלָּא, *except*, from the Rabbis' statement in the Baraisa. He thus reverses its meaning. Instead of, "there are no *sheratzim* that have hides except those enumerated by the Rabbis" (which implies that the enumerated ones *do* have hides), the statement now means, "the *sheratzim* enumerated by the Rabbis do *not* have hides." The statement is therefore accurate, since the Mishnah in *Chullin* indeed lists the *sheratzim* which do not have hides (the *anakah, koach, letaah* and *chomet*).

Then, to reconcile the Baraisa with Rav's view (that the dispute between R' Yochanan ben Nuri and the Rabbis does not apply to the Sabbath), Rav Adda bar Masnah explains the Baraisa as follows: R' Yochanan ben Nuri states that one who bruises any of the eight *sheratzim* is liable, thus indicating that they have thick hides which are distinct from their flesh. Hence, their hides should not convey *tumah*. The Rabbis respond that although they agree that the eight *sheratzim* have hides (and consequently one is liable for bruising them on the Sabbath), the hides of those *sheratzim* listed in the Mishnah in *Chullin* (*anakah* etc.) do in fact convey *tumah*, as derived from the "ה" of הַטְּמֵאִים.

Understood thus, the Baraisa conforms exactly to Rav's understanding of the dispute between R' Yochanan ben Nuri and the Rabbis (*Rashi*; see *Maharsha*).

8. [I.e. he is liable for bruising only those of the eight *sheratzim* that have hides.] This statement implies that some of the eight *sheratzim* have hides and some do not (*Ritva MHK* ed.; *Rashi* ד״ה מאן ת״ק).

The qualification, "in the case of *sheratzim* that have hides," does not refer to the *melachah* of trapping. With respect to trapping, one is liable for *any* one of the eight *sheratzim* regardless of whether it has a hide.

The reason why the Baraisa specifies the eight *sheratzim* (as opposed to other *sheratzim*) is that one who traps some other type of *sheretz* presumably does so only to be rid of it (see 107a note 6), and hence has performed "a labor not needed for its defined purpose." This Baraisa follows the Tannaic view which states that one is not liable for performing this type of labor (*Beur Halachah* on 316:8 ד״ה שמונה שרצים, following *Ran*).

9. One is liable for wounding an animal only if the wound has some permanent effect (see Gemara below and *Rashi* ד״ה מנין). The Baraisa proceeds to define the least significant type of wound that matches this description.

10. [I.e. a bruise.] If one bruises an animal that has a hide (as opposed to a thin skin), the blood leaves the bloodstream and is not reabsorbed. Thus, the wound is "irreversible" (*Rashi*; see *Rashi* to *Chullin* 46b ד״ה נצרר הדם; see also *Rambam, Commentary to the Mishnah* [end]).

אמר אביי אין עור חלוק מבשר כו'. מסקנא דפירקא היא דאביי דודאי איכא דאביי פליגי לענין שבת אבל למאי דמפרש רבא ורב אדא לא פליגי מידי לענין שבת ותימה הוא כיון דלא קיימא שינויא דאביי היכי פריך מינה: **הצד** את הפרעוש כו' ר"י פוטר. משמע דפטור אבל אסור ואומר ר"י בשם הרב פורת דאפ"ה אם נושך האדם מותר ליקחנו ולהשליכו מעליו דמשום צער שרי אבל אם הוא באותו ענין על האדם שאינו ירא שישכנו כגון על סרבלו מבחוץ אסור ליטלו אבל יכול להפילו מעליו:

יש ספרים דגרסי מ"ט מחייב רבי אליעזר לאו משום דפרה ורבה ושיבוש הוא דהא אפילו בכינה מחייב רבי אליעזר ופרעוש נקט לרבותא דרבי יהושע דאפילו פרעוש פוטר ושינויא נמי דמשני לא משמע דגריס ליה ור"ת נמי מחקו מספרו:

כיון שיבש בו כסלע. בנילוד ועומד במים איירי מדלא מחייב ליה עד שיבש כסלע: ואי

למה שמנו חכמים אדרבה למה שמנו חכמים אין להם עור ואמר אביי הכי קאמר אין עור חלוק מבשר אלא למה שלא מנו חכמים אמר ליה רבא הא למה שמנו חכמים קאמר אלא אמר רבא הכי קאמר אין עור מטמא כבשר אלא למה שמנו חכמים מכלל דרבי יוחנן בן נורי הנך נמי דלא מנו חכמים מטמאין והא קתני ר' יוחנן בן נורי אומר ח' שרצים יש להן עורות ולא מטמאין (א) [אמר רב] אדא בר מתנה תריץ הכי וחכמים אומרים לענין טומאה אין עור למה שמנו חכמים ואכתי לענין שבת לא פליגי והתניא הצד אחד מח' שרצים האמורים בתורה א החובל בהן חייב בשרצים שיש להן עורות ואיזו היא חבורה שאינה חוזרת ח) נצרר הדם אע"פ שלא יצא רבי יוחנן בן נורי אומר ח' שרצים יש להן עורות אמר רב אשי מאן ת"ק רבי יהודה דאזיל בתר גישתא ט) דתנן ר' יהודה אומר הלטאה כחולדה אבל רבנן דפליגי עליה דרבי יוחנן לענין טומאה לענין שבת מודו ליה אי הכי האי דברי רבי יוחנן בן נורי דברי רבי יוחנן בן נורי ומחלוקתו מיבעי ליה תני דברי רבי יוחנן בן נורי ומחלוקתו בעא מיניה לוי מרבי מנין לחבורה שאינה חוזרת דכתיב א) היהפוך כושי עורו ונמר חברבורותיו מאי חברבורותיו אילימא דקאי ריקמי ריקמי האי ונמר חברבורותיו נמר גווניו מבעי ליה אלא כבושי מה עורו דכושי אינה חוזרת אף חבורה אינה חוזרת: ושאר שקצים כו': הא הורגן חייב מאן תנא א"ר ירמיה ר"א היא ג) דתניא ר"א אומר ההורג כינה בשבת כהורג גמל בשבת מתקיף לה רב יוסף עד כאן לא פליגי רבנן עליה דרבי אליעזר אלא בכינה דאינה פרה ורבה ב אבל שאר שקצים ורמשים דפרין ורבין לא פליגי ושניהם לא למדוה אלא מאילים רבי אליעזר סבר כאילים מה אילים שיש בהן נטילת נשמה אף כל שיש בו נטילת נשמה ורבנן סברי כאילים מה אילים דפרין ורבין אף כל דפרה ורבה א"ל אביי וכינה אין פרה ורבה ד) והאמר מר יושב הקב"ה וזן מקרני ראמים ועד ביצי כינים מינא הוא דמיקרי ביצי כינים והתניא טפויי וביצי כינים מינא הוא דמיקרי ביצי כינים ° והרי פרעוש דפרה ורבה ותניא הצד פרעוש בשבת רבי אליעזר מחייב ג ורבי יהושע פוטר אמר רב אשי אהריגה קרמית עד כאן לא פליגי רבי אליעזר ור' יהושע אלא דמר סבר ה) דבר שאין במינו ניצוד חייב ומר סבר פטור ד אבל לענין הריגה אפילו רבי יהושע מודה: ה הצדן לצורך חייב וכו': מאן תנא אמר רב יהודה אמר רב ו) ר' שמעון היא דאמר מלאכה שאין צריכה לגופה פטור עליה איכא דמתני לה אהא ז) המפיס מורסא בשבת אם לעשות לה פה חייב אם להוציא ממנה לחה פטור מאן תנא אמר רב יהודה אמר רב ר' שמעון היא דאמר מלאכה שאין צריכה לגופה פטור עליה ואיכא דמתני לה אהא ח) הצד נחש בשבת אם מתעסק בו שלא ישכנו פטור אם לרפואה חייב מאן תנא אמר רב יהודה אמר רב רבי שמעון היא דאמר מלאכה שאינה צריכה לגופה פטור עליה אמר ט) שמואל ו השולה דג מן הים כיון שיבש בו כסלע חייב א"ר יוסי בר אבין ובין סנפיריו אמר רב אשי ז לא תימא יבש ממש אלא אפילו דעבד רירי אמר מר בר המדורי ° אמר שמואל כ) ח הושיט ידו למעי בהמה ודלדל עובר שבמעיה חייב מאי טעמא אמר רבא בר המדורי אסברא לי לאו אמר רב ששת ט האי מאן דתלש כשותא מהיזמי והיגי מיחייב משום עוקר דבר מגידולו הכא נמי מיחייב משום עוקר דבר מגידולו אמר אביי י האי מאן דתלש פיטרא

למה שמנו חכמים. בשמעתא חולין אלו שעורותיהן כבשרן והאי ודאי משבשתא היא אדרבה למה שמנו חכמים אין להם עור דהא עורותיהן כבשרן קאמרי: **ואמר אביי הכי קאמר אין עור חלוק מבשר.** אלא לאותן ד' שלא מנו חכמים חולד ועכבר וצב ותנשמת אבל האנקה והכח והלטאה והחומט אין עורן חלוק מבשרן ולא הוי חבורה ומ"מ קשיא לרבא: **א"ל רבא והא למה שמנו קאמר.** ולא טעי תנא בין מנו ללא מנו: **אין עור מטמא כבשר כו'.** והכי קאמרי ליה דקאמרת לענין שבת יש להן עור אבל לענין טומאה עורותיהן כבשרן דאיתרבו מהטמאים אין עור מטמא כבשר אלא לאותן ארבעה שמנו: **מכלל דרבי יוחנן כו'.** בתמיה והא קתני התם גבי טומאה דכל ח' שרצים לרבי יוחנן בן נורי יש להן עורות: **תריץ הכי.** סמי מברייתא אלא ותני אין עור למה שמנו חכמים ומיהו לרב לא מקשי הכי קאמרי ליה לענין שבת מודינא לך דהחובל בהן חייב אבל לענין טומאה פליגא דאין עור לאותן ד' שמנו: **בשרצים שיש להן עורות.** לאותן ד' שלא מנו: **נצרר הדם.** נאסף ונקשר במקום אחד שוב אינו חוזר ונבלע: **מאן ת"ק.** דהך מתניתא דאמר בשרצים שיש להן עורות דמשמע דיש מהן דפטור: **רבי יהודה היא.** דלענין טומאה לא יליף מאלה הטמאים אלא ההוא דלית ליה גישתא שעורו עב ויש לו עור ממש אינו כבשר ושאינו עב הוי כבשר והלטאה משום דעורה עב משוי ליה כחולדה בהעור והרוטב הלכך לענין שבת נמי לאו עור הוא בשלש מהן אנקה וכח וחומט אבל לרבנן דהעור והרוטב שמנו הלטאה בהך שעורותיהן כבשרן אלמא דטעמייהו לאו משום עור ולאו עור אלא משום דרשה דקרא לענין טומאה הוא דפליגי משום קרא אבל לענין שבת מודו דודאי עור הן: **דברי ר' יוחנן בן נורי.** דקתני בהסיפא ברייתא דלעיל לענין שבת כיון דלא איפלגו רבנן עליה אלא לענין טומאה דברי ר' יוחנן בן נורי ומחלוקתו מיבעי ליה: **מנין לחבורה שאינה חוזרת.** ולמילף דהסיפא דמחרת לאו חבורה היא כגון הנך דאין להן עור שנצרר בו הדם חבורה חוזרת לקדמותה או מכה קטנה שלא נצרר הדם: **אילימא דקאי ריקמי ריקמי.** ונמר ממש אמר קרא שהוא מנומר בגוונים: **אלא כבושי כו'.** והאי נמר לשון תמורה היהפוך כושי עורו ונמר חברבורותיו כלומר וימיר חבורת עורו לחזור לקדמותו שלא יתקשה העור במקום המכה: **גמל.** משום דגדול הוא נקט ליה: **מאילים.** אילים מאדמים שנשחטו למלאכת המשכן בשביל עורותיהן: **והא אמר מר.** בשמעתא קמייתא דמס' ע"ז: **ביצי כינים.** קס"ד כינים קטנים כשיוצאין מביציהן: **הטפויין.** שירוץ הטפויין וביצי כינים מתניתא היא ° ולא ידענא היכא תניא: **הצד פרעוש.** ממקום שאינו נילוד ועומד כגון מעל גבי קרקע או מבגדיו מבחוץ: **להוציא ממנה לחה.** מלאכה שאינה צריכה לגופה היא שהפתח היא המלאכה וזה אין צריך (ב) להיות כאן פתח מעכשיו: **הצד נחש.** נמי הצידה היא המלאכה וזה אינו צריך לצידה אלא שלא תשכנו ואם יודע שתעמוד ולא תזיקנו לא היה צד: **השולה דג.** שהיה נילוד ועומד מבעוד יום: **כסלע.** כרוחב סלע: **חייב.** משום נטילת נשמה דתו לא חיי: **עביד רירי.** שנוגעין בו וחוט הרירין ל) נמשך מן האצבע: **דלדל.** עקר שהפילתו על ידי דלדול זה: **בר המדורי אסברא לי.** טעמא דהא מילתא: **כשותא.** הומלון וגדל מתוך ההיזמי מריח הקרקע שההיזמי יונק ממנו: **מיחייב.** ואף על פי שאינו מחובר לקרקע כדאמרינן בעלמא (עירובין דף כח: (ג)) מאוירא רבי:

עין משפט נר מצוה

ד א מיי' פ"ח מהל' שבת הלכה ט סמג לאוין סה טוש"ע א"ח סי' שטז סעיף ח:

ה ב מיי' פ"ט שם הל' ב סמג שם טוש"ע א"ח סימן שטז:

ו ג ד מיי' פ"י שם הלכה כד ופי"א שם הל' ב סמג שם טוש"ע א"ח סי' שטז סעיף ט:

ז ה מיי' פ"י שם הל' כא) סמג שם טוש"ע שם סעיף ז:

ח ו ז ח מיי' פי"א שם הלכה ב:

ט ט י מיי' פ"ח מהל' שבת הלכה ג טוש"ע א"ח סי' שלו סעיף ה:

גליון הש"ס

גמ' והרי פרעוש. עי' בר"ן פ"ק דמסכתין ה ע"ב: שם אמר שמואל הושיט ידו למעי בהמה. עי' בכורות כה ע"א תוס' ד"ה דסוי ליה: רש"י ד"ה הטפויין כו' ולא ידענא. עי' ברכות כה ע"ב ד"ה מאן שמעת ליה וש"נ:

תורה אור השלם

א) הֲיַהֲפֹךְ כּוּשִׁי עוֹרוֹ וְנָמֵר חֲבַרְבֻּרֹתָיו גַּם אַתֶּם תּוּכְלוּ לְהֵיטִיב לִמֻּדֵי הָרֵעַ: [ירמיה יג, כג]

רבינו חננאל

(הירוי) שהן באות כמו נובלות למקום אחד ואין בהן כח לילך לכאן ולכאן פטור עליהן ... **ישב** אחד על הפתח כו' ... **אמר** שמואל כל פטורי שבת פטור אבל אסור לבד מהני תלת דפטור ומותר ... **הדרן עלך האורג**

שמנה שרצים האמורין בתורה הצדן והחובל בהן חייב ...

מסורת הש"ס

א) חולין קכב, ב) שם קכב., ג) לעיל יב., ד) ע"ז ג:, ה) לעיל קו: וש"נ, ו) לעיל קג: וש"נ, ז) לעיל ע"א כתובות ו: [עדיות פ"ב מ"ה], ח) [עדיות שם], ט) לעיל ע"א, י) תענית כד:, י) [נמפרש' ותוס' בנילוד ועומד וכו' דסיקא מלת הים והרמב"ם רים פי"א מהל' שבת גרס הספל], כ) [ע' תוס' ע"ז ט. ד"ה סבר], ל) נמשך עם האלבע כל"ל.

הגהות הב"ח

(א) גמ' ולא מטמאין אלא אמר רב אדא בר מתנה: (ב) רש"י ד"ה להוליא ממנה וכו' לריך לו להיות: (ג) ד"ה מחייב וכו' כדאמרי' בעלמא עירובין כח ע"ב. נ"ב ע"ש דהמסקנא היא דמאוירא קא רבי. והערוך גם הוא פי' הכא על פי המסקנא דהתם. עיין ערך כשות:

רב נסים גאון

ר' יהודה אומר הלטאה כחולדה ר' יוחנן בן נורי אומר ח' שרצים יש להן עורות ומשכחת לה עיקר במסכת חולין בפרק העור והרוטב (דף קכב) אלו שעורותיהן כבשרן עור האדם ועור החזיר של ישוב ר' יוסי אומר אף עור חזיר הבר עור חטרת גמל הרכה ועור הראש של עגל הרך ועור בית הפרסות ועור בית הבושת ועור השליל ועור שתחת האליה ועור האנקה והכח והלטאה והחומט ר' יהודה אומר הלטאה כחולדה הרי אלו שמנו אותם חכמים מטמאין ... מלאכה שאינה צריכה לגופה דפליגי בה ר' יהודה ור' שמעון כבר כתבנוה בפרק יציאות השבת: אמר רב ששת האי מאן דעקר כשותא ... משתכחת בפרק בכל מערבין (עירובין דף כח) ...

ליקוטי רש"י

נצרר הדם. ולאסף במקום אחד ...

חשק שלמה על רבינו חננאל

...

The Baraisa cites a view in contradistinction to the Tanna Kamma's premise that only some of the eight *sheratzim* have hides:

רַבִּי יוֹחָנָן בֶּן נוּרִי אוֹמֵר – R' YOCHANAN BEN NURI SAYS: שְׁמוֹנָה שְׁרָצִים יֵשׁ לָהֶן עוֹרוֹת – ALL THE EIGHT *SHERATZIM* HAVE HIDES.[11]

The Tanna Kamma of this Baraisa presumably represents the Rabbis. The Baraisa therefore shows that, contrary to Rav's view, the Rabbis and R' Yochanan ben Nuri do disagree in regard to bruising on the Sabbath. – ? –

The Gemara defends Rav by proposing that the Tanna Kamma of this Baraisa does not represent the Rabbis:

אָמַר רַב אַשִׁי – Rav Ashi said: מַאן תַּנָּא קַמָּא – Who is the Tanna Kamma of this Baraisa? רַבִּי יְהוּדָה – It is **R' Yehudah,** דְּאָזִיל בָּתַר גִּישְׁתָּא – **who follows** the actual **thickness** of a *sheretz's* skin in determining whether it conveys *tumah.*[12] We know that this is R' Yehudah's opinion דִּתְנַן – **for we learned in the Mishnah** in *Chullin:* רַבִּי יְהוּדָה אוֹמֵר – R' YEHUDAH SAYS: הַלְּטָאָה כַּחוּלְדָּה – THE *LETAAH* IS LIKE THE *CHOLED* in that its skin does not convey *tumah.*[13] אֲבָל רַבָּנַן – **But the Rabbis,** דִּפְלִיגֵי עֲלֵיהּ דְּרַבִּי יוֹחָנָן לְעִנְיַן טוּמְאָה – **who disagree with R' Yochanan ben Nuri in regard to** ***tumah,*** לְעִנְיַן שַׁבָּת מוֹדוּ לֵיהּ – could **agree with him in regard to the Sabbath,** as Rav asserts.

The Gemara objects to this conclusion:

אִי הָכִי – **If so,** הַאי דִּבְרֵי רַבִּי יוֹחָנָן בֶּן נוּרִי – **the following** phrase, which appears in the first Baraisa cited above, **"the words of R' Yochanan ben Nuri,"** דִּבְרֵי רַבִּי יוֹחָנָן וּמַחֲלוּקְתּוֹ מִיבְּעֵי לֵיהּ – **should** rather **be "the words of R' Yochanan ben Nuri and his disputants."**[14] – ? –

The Gemara answers by emending the text of the Baraisa:

תְּנֵי – **Read** the Baraisa as follows: דִּבְרֵי רַבִּי יוֹחָנָן בֶּן נוּרִי וּמַחֲלוּקְתּוֹ – **The words of R' Yochanan ben Nuri and his disputants.**

The Mishnah's ruling is based on the notion that one is liable for creating a wound on the Sabbath only if it has some permanent effect.[15] The Gemara gives the Scriptural source for this premise:

בְּעָא מִינֵּיהּ לֵוִי מֵרַבִּי – **Levi asked Rebbi:** מִנַּיִן לְחַבּוּרָה שֶׁאֵינָהּ חוֹזֶרֶת – **From where** do we know **that a wound is** defined as one that is **irreversible?**[16] Rebbi answered: דִּכְתִיב – **For it is written:**[17] ,,הֲיַהֲפֹךְ כּוּשִׁי עוֹרוֹ וְנָמֵר חֲבַרְבֻּרֹתָיו" – ***Can a Kushite***[18] ***change his skin, and a leopard its chabarburos?*** מַאי ,,חֲבַרְבֻּרֹתָיו" – **What is** the meaning of ***"its chabarburos"***? אִילֵימָא דְּקָאֵי רִיקְמֵי רִיקְמֵי – **If one says that** it refers to the leopard's skin **as it is,** covered with **colored patches,**[19] הַאי ,,וְנָמֵר חֲבַרְבֻּרֹתָיו" – then **this** phrase ***"and a leopard its chabarburos"*** נָמֵר גְּוָונָיו מִבְּעֵי לֵיהּ – **should** rather **be** ***"and a leopard its colors."*** אֶלָּא – **Rather,** this phrase refers not to a leopard at all, but to the Kushite mentioned earlier. The entire verse should be translated as follows: *Can a Kushite change his skin, and can he restore its wounds?*[20] כְּכוּשִׁי – The verse thus indicates that a wound is **like** the skin of **a Kushite** in the following respect: מָה עוֹרוֹ דְּכוּשִׁי אֵינָהּ חוֹזֶרֶת – **Just as the skin of a Kushite is not reversible** (i.e. cannot change color), אַף חַבּוּרָה אֵינָהּ חוֹזֶרֶת – **so too a wound is not reversible.**[21]

The Gemara quotes from the Mishnah:

וּשְׁאָר שְׁקָצִים כּוּ' – BUT OTHER VERMIN[22] **etc.** [one who bruises them is exempt].

By specifying "bruising," the Mishnah implies the following: הָא הוֹרְגָן חַיָּיב – **But if he kills them, he is liable.**[23]

NOTES

11. Hence, one is liable for bruising *any* of them. R' Yochanan ben Nuri disagrees with the Tanna Kamma, who stated that one is liable for bruising only some of them (see note 8).

12. I.e. it conveys *tumah* only if it is actually thin enough to be deemed part of the flesh. This is the only determinant according to R' Yehudah (see next note).

13. The Rabbis stated in the Mishnah that the hides of the *anakah, koach, letaah* and *chomet* transmit *tumah.* To this, R' Yehudah responded, "The *letaah* is like the *choled*," i.e. the *letaah* has a thick hide, which does not transmit *tumah,* just as a *choled's* hide does not. [R' Yehudah used the *choled* as his example because the Torah lists it first.] Evidently, R' Yehudah does not derive from the ,,ה" of הַטְּמֵאִים that even thick hides convey *tumah,* because if he did, he would not have excluded the *letaah*. [Even Rav, who maintains that the Rabbis follow this derivation, would agree that R' Yehudah rejects it.] Rather, R' Yehudah rules that the skin of a *sheretz* conveys *tumah* only if it is indeed thin enough to be deemed part of the flesh. It thus emerges that the reason why R' Yehudah agrees that the skins of the *anakah, koach* and *chomet* convey *tumah* is that they are thin. R' Yehudah would consequently rule that one is not liable for bruising those three *sheratzim* on the Sabbath (*Rashi*). [Hence, this Baraisa (which states that one is liable for bruising only *some* of the eight *sheratzim*) does not refute Rav's view (that even the Rabbis would hold one liable for bruising *any* of the eight *sheratzim*), because Rav could attribute the Baraisa to R' Yehudah.]

In fact, R' Yehudah's statement yields a proof for Rav. The reason why R' Yehudah said "The *letaah* is like the *choled*" is that a *letaah's* skin is thick. Yet, although a *letaah's* skin is thick, the Rabbis maintain that it transmits *tumah.* It is thus evident that the Rabbis base their view on a Scriptural decree (i.e. the ,,ה" of הַטְּמֵאִים), rather than on the actual thickness of the hides. Rav is therefore justified in asserting that the Rabbis disagree with R' Yochanan ben Nuri only in regard to *tumah* (because of the Scriptural decree), but in regard to the Sabbath they could well agree that all the eight *sheratzim* have thick hides (*Rashi;* see, however, *Rashba* and *Ran* [*MHK* ed. and *Chidushim*], who point out that the Gemara in *Chullin* 122b explains the Rabbis' view differently).

The Gemara has suggested that the Tanna Kamma of this Baraisa represents R' Yehudah. It does not mean, however, that this Tanna actually *is* R' Yehudah, because R' Yehudah holds one liable even for "a labor not needed for its defined purpose," whereas this Tanna maintains that one is not liable for such a labor (as explained in note 8). Rather, the Gemara means that the Tanna Kamma of the Baraisa follows R' Yehudah's view in regard to the hides of *sheratzim*, but not necessarily in regard to any other matter (*Beur Halachah* on 316:8 (סד"ה שמונה שרצים).

14. The Baraisa quoted at the end of the 107a stated: "One who bruises them (i.e. any of the eight *sheratzim*) is liable; these are the words of R' Yochanan ben Nuri." By singling out R' Yochanan ben Nuri, the Baraisa implies that the Rabbis disagree with him on this point (see *Chidushei HaRan*). Hence, according to Rav, who maintains that there is no disagreement in regard to the Sabbath, the Baraisa should have stated, "these are the words of R' Yochanan and his disputants [i.e. the Rabbis, who dispute his view in regard to *tumah*]."

15. See 107a note 5.

16. Levi is asking how we know that a wound which is *not* irreversible (e.g. no bruise was formed, or a bruise formed in soft thin skin) is not legally regarded as a wound [with respect to the Sabbath] (*Rashi*; cf. *Rashash*).

17. *Jeremiah* 13:23.

18. I.e. a black [or dark-skinned] man (*Rashi* ad loc.).

19. [I.e. its spots.] Thus, the verse means: *and* [can] *a leopard* [change] *its spots?*

20. This interpretation relates נָמֵר, which was translated above as *leopard,* to the verb ימר, literally: exchange [see *Leviticus* 27:10,33] (*Rashi*). חֲבַרְבֻּרוֹת, *chabarburos,* is from חַבּוּרָה, *chaburah,* which means *wound* (*Rashi*).

21. Just as he cannot change the color of his skin, so too he cannot undo the effects of the wound on his skin (see *Rashi*). [The verse thus speaks of a wound that has a lasting effect. From here we derive the general rule that a wound is not legally defined as such unless it is permanent in some way.]

22. I.e. *sheratzim* other than the eight listed in the Torah.

23. Actually, the Gemara could have said "but if he causes blood to emerge from them, he is liable" (see 107a note 3). The Gemara mentions "killing" only to intimate that according to some Tannaim one is not liable even if he *kills* the animal [see following note] (*Ritva MHK* ed.; *Chidushei HaRan;* see *Meiri*).

למה שמנו חכמים אדרבה למה שמנו חכמים אין להם עור ואמר אביי הכי קאמר אין עור חלוק מבשר אלא למה שלא מנו חכמים אמר ליה רבא הא למה שמנו חכמים קאמר אלא אמר רבא הכי קאמר אין עור מטמא כבשר אלא למה שמנו חכמים מכלל דרבי יוחנן בן נורי הנך נמי דלא מנו חכמים מטמאין והא קתני ר' יוחנן בן נורי אומר ח' שרצים יש להן עורות ולא מטמאין (א) [אמר רב] אדא בר מתנה תריץ הכי וחכמים אומרים לענין טומאה אין עור למה שמנו חכמים ואכתי לענין שבת לא פליגי והתניא הצד אחד מח' שרצים האמורים בתורה א החובל בהן חייב בשרצים שיש להן עורות ואיזו היא חבורה שאינה חוזרת ב נצרר הדם אע"פ שלא יצא רבי יוחנן בן נורי אומר ח' שרצים יש להן עורות אמר רב אשי מאן ת"ק רבי יהודה דאזיל בתר גישתא ג דתנן ר' יהודה אומר הלטאה כחולדה אבל רבנן דפליגי עליה דרבי יוחנן לענין טומאה לענין שבת מודו ליה אי הכי האי דברי רבי יוחנן בן נורי דברי רבי יוחנן ומחלוקתו מיבעי ליה תני דברי רבי יוחנן בן נורי ומחלוקתו בעא מיניה לוי מרבי מנין לחבורה שאינה חוזרת דכתיב א היהפוך כושי עורו ונמר חברבורותיו מאי חברבורותיו אילימא דקאי ריקמי ריקמי האי ונמר חברבורותיו נמר גווניו מבעי ליה אלא כעין כושי מה עורו דכושי אינה חוזרת אף חבורה אינה חוזרת: ושאר שקצים כו': הא הורגן חייב מאן תנא א"ר ירמיה ר"א היא ד דתניא ר"א אומר ההורג כינה בשבת כהורג גמל בשבת מתקיף לה רב יוסף עד כאן לא פליגי רבנן עליה דרבי אליעזר אלא בכינה דאינה פרה ורבה ב אבל שאר שקצים ורמשים דפרין ורבין לא פליגי ושניהם לא למדוה אלא מאילים רבי אליעזר סבר כאילים מה אילים שיש בהן נטילת נשמה אף כל שיש בו נטילת נשמה ורבנן סברי כאילים מה אילים דפרין ורבין אף כל דפרה ורבה א"ל אביי וכינה אין פרה ורבה ד והאמר מר יושב הקב"ה וזן מקרני ראמים ועד ביצי כינים מינא הוא דמיקרי ביצי כינים והתניא טפויי וביצי כינים מינא הוא דמיקרי ביצי כינים * והרי פרעוש דפרה ורבה ותניא הצד פרעוש בשבת רבי אליעזר מחייב ג ורבי יהושע פוטר אמר רב אשי צידה אהריגה קרמית עד כאן לא פליגי רבי אליעזר ור' יהושע אלא דמר סבר ה דבר שאין במינו ניצוד חייב ומר סבר פטור ד אבל לענין הריגה אפילו רבי יהושע מודה: ה הצדן לצורך חייב וכו': מאן תנא אמר רב יהודה אמר רב ו ר' שמעון היא דאמר מלאכה שאין צריכה לגופה פטור עליה איכא דמתני לה אהא ז המפיס מורסא בשבת אם לעשות לה פה חייב אם להוציא ממנה לחה פטור מאן תנא אמר רב יהודה אמר רב ר' שמעון היא דאמר מלאכה שאין צריכה לגופה פטור עליה ואיכא דמתני לה אהא ח הצד נחש בשבת אם מתעסק בו שלא ישכנו פטור אם לרפואה חייב מאן תנא אמר רב יהודה אמר רב רבי שמעון היא דאמר מלאכה שאינה צריכה לגופה פטור עליה אמר ט שמואל ו השולה דג מן י הים כיון שיבש בו כסלע חייב א"ר יוסי בר אבין ובין סנפיריו אמר רב אשי ז לא תימא יבש ממש אלא אפילו דעבד רירי אמר מר בר המדורי * אמר שמואל כ ח הושיט ידו למעי בהמה ודלדל עובר שבמעיה חייב מאי טעמא אמר רבא בר המדורי אסברא לי לאו אמר רב ששת ט האי מאן דתלש כשותא מהיזמי והיגי מיחייב משום עוקר דבר מגידולו הכא נמי מיחייב משום עוקר דבר מגידולו אמר אביי י האי מאן דתלש
פיטרא

רש"י

למה שמנו חכמים. בשחיטת חולין אלו שעורותיהן כבשרן והא ודאי משנתנא היא אדרבה למה שמנו חכמים אין להם עור דהא עורותיהן כבשרן קאמרי: ואמר אביי הכי קאמר אין עור חלוק מבשר. אלא לאותן ד' שלא מנו חכמים חולד ועכבר וצב ותנשמת אבל האנקה והכח והלטאה והחומט אין עורן חלוק מבשרן ולא הוי חבורה ומ"מ קשיא לרבא: א"ל רבא והא למה שמנו קאמר. ולא טעי תנא בין מנו ללא מנו: אין עור מטמא כבשר כו'. והכי קאמרי ליה דקאמרת לענין שבת יש להן עור אבל לענין טומאה עורותיהן כבשרן דאיתרבו מהטמאים אין עור מטמא כבשר אלא לאותן ארבעה שמנו: מכלל דרבי יוחנן כו'. בתמיה והא קתני התם גבי טומאה לכל ח' שרצים לרבי יוחנן בן נורי יש להן עורות: תריץ הכי. סמי מברייתא אלא ותני אין עור למה שמנו חכמים ומיהו לרב לא מקשי דהכי קאמרי ליה לענין שבת מודינא לך דהחובל בהן חייב אבל לענין טומאה פליגא דלאין עור לאותן ד' שמנו: בשרצים שיש להן עורות. לאותן ד' שלא מנו: נצרר הדם. נאסף ונקשר במקום אחד שוב אינו חוזר ונבלע: מאן ת"ק. דהך מתניתא דאמר בשרצים שיש להן עורות דמשמע דיש מהן דפטור: רבי יהודה היא. דלענין טומאה לא יליף מאלה הטמאים אלא ההוא דאית ליה גישתא שעורו עב ויש לו עור ממש אינו כבשר ושאינו עב הוי כבשר והלטאה משום דעורה עב משוי ליה כחולדה בהעור והרוטב הלכך לענין שבת נמי לאו עור הוא בשלש מהן אנקה וכח וחומט אבל לרבנן דהעור והרוטב שמנו הלטאה בהן שעורותיהן כבשרן אלמא דטעמייהו לאו משום עור ולאו עור אלא משום דרשה דקרא לענין טומאה הוא דפליגי משום קרא אבל לענין שבת מודו דודאי עור הן: דברי ר' יוחנן בן נורי. דקתני בההיא ברייתא דלעיל לענין שבת כיון דלא איפלגו רבנן עליה אלא לענין טומאה דברי ר' יוחנן בן נורי ומחלוקתו מיבעי ליה: מנין לחבורה שאינה חוזרת. ולמילף דההיא דחוזרת לאו חבורה היא כגון הנך דאין להן עור שנצרר בו הדם חבורתו חוזרת לקדמותה או מכה קטנה שלא נצרר הדם: אילימא דקאי ריקמי ריקמי. ונמר ממש אמר קרא שהוא מנומר בגוונים: אלא כבושי כו'. והאי נמר לשון תמורה היהפוך כושי עורו ונמר חברבורותיו כלומר וימיר חבורת עורו לחזור לקדמותו שלא יתקשה העור במקום המכה: גמל. משום דגדול הוא נקט ליה: מאילים. אילים מאדמים שנשחטו למלאכת המשכן בשביל עורותיהן: והא אמר מר. בשמעתא קמייתא דמס' ע"ז: ביצי כינים. קס"ד כינים קטנים כשיוצאין מביציהן: הטפויין. שירוץ הטפויין וביצי כינים מתניתא היא * ולא ידענא היכא תניא: הצד פרעוש. ממקום שאינו נילוד ועומד כגון מעל גבי קרקע או מבגדיו מבחוץ: להוציא ממנה לחה. מלאכה שאינה צריכה לגופה היא שהפתח היא המלאכה וזה אין צריך (ג) להיות כאן פתח מעכשיו: הצד נחש. נמי הצידה היא המלאכה וזה אינו צריך לצידה אלא שלא ישכנו ואם הוא יודע שעומד ולא מזיקו לא היה צד: השולה דג. שהיה נילוד ועומד מבעוד יום: כסלע. כרוחב סלע: חייב. משום נטילת נשמה דתו לא חיי: עביד רירי. שנוגעין בו וחוט הרירין נמשך מן האצבע: דלדל. עקר שספילתו על ידי דלדול זה: בר המדורי אסברא לי. טעמא דהא מילתא: כשותא. הומלון וגדל מתוך הסיחי מריח הקרקע שההיזמי יונק ממנו: מיחייב. ואף על פי שאינו מחובר לקרקע כדאמרינן בעלמא (עירובין דף כח: (ג)) מארעא רבי:

תוספות

אמר אביי אין עור חלוק מבשר כו'. מסקנא דפירכא היא מאביי דודאי איכא לאביי דפליגי לענין שבת אבל למאי דמפרש רבא ורב אדא לא פליגי מידי לענין שבת ותימה הוא כיון דלא קיימא שינויא דאביי היכי פריך מינה: הצד את הפרעוש כו' ר"י פוטר. משמע דפטור אבל אסור ואומר ר"י בשם הרב פורת דלפ"ה אם נושך האדם מותר ליקחנו ולהשליכו מעליו דמשום צער שרי אבל אם הוא באותו ענין על האדם שאינו יכול שיעקצנו כגון על ברכו מבחוץ אסור ליטלו אבל יכול להפילו מעליו:

יש ספרים דגרסי מ"ט מחייב רבי אליעזר לאו משום דפרה ורבה ושיבוש הוא דהא אפילו כינה מחייב רבי אליעזר ופרעוש נקט לרבותא דרבי יהושע דאפילו פרעוש פוטר ושינויא נמי דמשני לא משמע דגרים ליה ור"ת נמי מחקו מספרו:

כיון שיבש בו כסלע. בנילוד ועומד במים מיירי מדלא מחייב ליה עד שיבש כסלע: ולא

The Gemara identifies the Tanna who rules that killing vermin on the Sabbath is Biblically forbidden:

מַאן תַּנָּא – Who is the Tanna? אָמַר רַבִּי יִרְמְיָה – R' Yirmiyah said: רַבִּי אֱלִיעֶזֶר הִיא – It is R' Eliezer. דְּתַנְיָא – For it was taught in a Baraisa: רַבִּי אֱלִיעֶזֶר אוֹמֵר – R' ELIEZER SAYS: הַהוֹרֵג כִּינָּה בְּשַׁבָּת – ONE WHO KILLS A LOUSE ON THE SABBATH כְּהוֹרֵג גָּמָל בְּשַׁבָּת – IS LIKE ONE WHO KILLS A CAMEL ON THE SABBATH.[24]

The Gemara challenges this teaching that the Tanna of our Mishnah must be R' Eliezer:

מַתְקִיף לָהּ רַב יוֹסֵף – Rav Yosef objected to it, as follows: **עַד כָּאן לֹא פְּלִיגִי רַבָּנָן עֲלֵיהּ דְּרַבִּי אֱלִיעֶזֶר אֶלָּא בְּכִינָּה – Thus far, the Rabbis do not disagree with R' Eliezer except in the case of a louse דְּאֵינָהּ פָּרָה וְרָבָה – which does not reproduce.**[25] **אֲבָל שְׁאָר שְׁקָצִים וּרְמָשִׂים – But** in the case of **other vermin and crawling things, דְּפָרִין וְרָבִין – which do reproduce, לֹא פְּלִיגִי – they do not disagree** with R' Eliezer's view that one who kills them is liable.

Rav Yosef explains the dispute between R' Eliezer and the Rabbis:

וּשְׁנֵיהֶם לֹא לְמֵדוּהָ אֶלָּא מֵאֵילִים – And both [parties] derived [their respective positions] specifically from the rams whose hides were used in the construction of the Mishkan.[26] That is, both agree that the rams serve as the model for the prohibition against killing an animal. However, they disagree as to the derivation from this model. **רַבִּי אֱלִיעֶזֶר סָבַר כְּאֵילִים – R' Eliezer holds** that the prohibition covers all creatures that are **like the rams** in the following respect: **מָה אֵילִים שֶׁיֵּשׁ בָּהֶן נְטִילַת נְשָׁמָה – Just as** killing **rams involves the taking of a life, אַף כֹּל שֶׁיֵּשׁ בּוֹ נְטִילַת נְשָׁמָה – so too** the prohibition applies to **anything** whose killing **involves the taking of a life.**[27] **וְרַבָּנָן סָבְרֵי כְּאֵילִים – But the Rabbis hold** that the prohibition covers only those creatures that are **like the rams** in this respect: **מָה אֵילִים דְּפָרִין וְרָבִין – Just as rams reproduce, אַף כֹּל דְּפָרֶה וְרָבֶה – so too** the prohibition applies to **anything that reproduces.** Hence, one is not liable for killing lice, since they do not reproduce.

This last point is challenged:

אָמַר לֵיהּ אַבָּיֵי – Abaye said to [Rav Yosef]: וְכִינָּה אֵין פָּרָה וְרָבָה – And does a louse not reproduce? וְהָאָמַר מַר – But master [Rav] said:[28] יוֹשֵׁב הַקָּדוֹשׁ בָּרוּךְ הוּא וְזָן – THE HOLY ONE, BLESSED IS HE, SITS AND SUSTAINS every member of the animal kingdom,[29] מִקַּרְנֵי רְאֵמִים וְעַד בֵּיצֵי כִינִּים – FROM THE HORNS OF THE *R'EIMIM*[30] TO THE EGGS OF LICE. This expression "eggs of lice" presumably refers to young lice that recently emerged from their eggs. Thus, we see that lice do reproduce. – ? –

The Gemara answers:

מִינָא הוּא דְּמִיקְּרֵי בֵּיצֵי כִינִּים – There is **a species** of lice **that is called "eggs of lice."** Rav refers to the lice of that name, and not to recently hatched lice.

The Gemara raises another objection:

וְהָתַנְיָא – But it was taught in another **Baraisa:** טְפוּיֵי וּבֵיצֵי כִינִּים – *TEFUYEI*[31] AND EGGS OF LICE.[32] – ? –

Here, too, the Gemara answers:

מִינָא הוּא דְּמִיקְּרֵי בֵּיצֵי כִינִּים – The Baraisa refers to **a species that is called "eggs of lice."**

Rav Yosef asserted above that according to both R' Eliezer and his disputants one is liable for killing a creature whose species reproduce. The Gemara challenges this teaching:

וַהֲרֵי פַּרְעוֹשׁ – But there is the case of a **flea,**[33] **דְּפָרֶה וְרָבֶה – which reproduces,**[34] **וְתַנְיָא – and** yet **it was taught in a Baraisa:** הַצָּד פַּרְעוֹשׁ בְּשַׁבָּת – ONE WHO TRAPS A FLEA[35] ON THE SABBATH, רַבִּי אֱלִיעֶזֶר מְחַיֵּיב – R' ELIEZER RULES that he is LIABLE, וְרַבִּי יְהוֹשֻׁעַ פּוֹטֵר – AND R' YEHOSHUA RULES that he is EXEMPT. Thus, we see that R' Eliezer's disputant [R' Yehoshua] exempts one from liability even for killing a creature that does reproduce.[36] – ? –

The Gemara answers:

אָמַר רַב אַשִׁי – Rav Ashi said: צִידָה אַהֲרִיגָה קָרָמֵית – You are posing a contradiction between the laws of **trapping and** the laws of **killing! עַד כָּאן לָא פְּלִיגִי רַבִּי אֱלִיעֶזֶר וְרַבִּי יְהוֹשֻׁעַ – Thus far, R' Eliezer and R' Yehoshua do not disagree אֶלָּא דְּמָר סָבַר – except** for the fact **that** one **master** [R' Eliezer] **holds** that

NOTES

24. [R' Eliezer holds that killing a louse is Biblically forbidden, just like killing any other animal.] He uses the camel as an example because it is large (*Rashi*).

Other Tannaim [the Rabbis] maintain that one who kills a louse on the Sabbath is not Biblically liable. The Gemara assumes that this dispute applies not only to the louse, but to all animals that, like the louse, do not have bones and sinews. Hence, our Mishnah, which implies that killing *sheratzim* [including those without bones and sinews] is Biblically forbidden, is limited to the view of R' Eliezer (*Ramban* et al., from *Talmud Yerushalmi*).

25. Rather, it grows spontaneously from a person's skin (*Rashi* to 12a ד״ה מתירין; see *Meshech Chochmah* end of *Parashas Noach* ד״ה ואני הנני מקים[ב]).

[Common lice do in fact reproduce through laying eggs (nits) in a person's hair or skin. The explanation is possibly that the Gemara refers to a species of louse whose eggs are too small to be seen by the naked eye. As a rule, anything that cannot be directly perceived by the human senses is halachically regarded as non-existent. The Torah was given not to angels, but to human beings, to be understood and interpreted according to their natural limitations (see *Aruch HaShulchan, Yoreh Deah* 84:36). Therefore, since it appears to people that these lice do not reproduce, the halachah treats them accordingly (see *Michtav MeEliyahu* vol. 4. p. 355 fn. 4, who discusses this concept; see also Mishnah *Chullin* 9:6 with *Tos. Yom Tov* ד״ה עכבר; *Pachad Yitzchak* [by *R' Yitzchak Lampronti*] (ע' צידה).]

26. As mentioned throughout this tractate, the labors prohibited on the Sabbath are those that were necessary for the construction of the Mishkan and the preparation of its components. The prohibition against killing animals on the Sabbath is derived from the fact that rams were killed and their hides used as a covering over the Mishkan, as stated in *Exodus* 26:14.

27. R' Eliezer derives from the example of the rams that killing *any* form of animal life is Biblically prohibited.

28. The Gemara is quoting a teaching by Rav that is recorded in full in *Avodah Zarah* 3b.

29. God determines each day where every species will find its food (*Rashi* to *Avodah Zarah* ibid.; see *HaKoseiv* on *Ein Yaakov*).

30. The רְאֵם, *r'eim,* is a tall beast (*Rashi* ibid.) with beautiful horns (see *Rashi* to *Deuteronomy* 33:17). [Some suggest that it is a reindeer.]

[Rav mentions its horns, which are its highest point, for the sake of contrast with the lowly louse.]

31. The production of [certain] creeping things (*Rashi*; cf. *Anaf Yosef*).

32. This implies that lice reproduce, as explained above.

33. See *Tosafos* above, 12a ד״ה שמא.

34. See *Ran MHK* ed. to 12a and *Beur Halachah* 316:9 ד״ה להרגה.

35. From a place where it is not already trapped, e.g. the ground or the outside of his clothing (*Rashi*). *Rashi* implies that it is permitted to seize a flea that is inside his clothing (see *Ritva MHK* ed. ד״ה אמר רב אשי; see also *Beis Yosef* to *Orach Chaim* 316:9, *Taz* there §8, *Shaar HaTziyun* §63).

36. Although this Baraisa refers to *trapping,* it is used here as a proof with respect to *killing.* It is currently assumed that R' Yehoshua exempts a person from liability for trapping a flea *because* he would not be liable for killing it (*Ritva MHK* ed.; see *Ben Uri* for further explanation of this assumption).

למה שמנו חכמים אדרבה למה שמנו חכמים אין להם עור ואמר אביי הכי קאמר אין עור חלוק מבשר אלא למה שלא מנו חכמים אמר ליה רבא הא למה שמנו חכמים קאמר אלא אמר רבא הכי קאמר אין עור מטמא כבשר אלא למה שמנו חכמים מכלל דרבי יוחנן בן נורי הנך נמי דלא מנו חכמים מטמאין והא קתני ר' יוחנן בן נורי אומר ח' שרצים יש להן עורות ולא מטמאין (א) [אמר רב] אדא בר מתנה תריץ הכי וחכמים אומרים לענין טומאה אין עור למה שמנו חכמים ואכתי לענין שבת לא פליגי והתניא הצד אחד מח' שרצים האמורים בתורה א החובל בהן חייב בשרצים שיש להן עורות ואיזו היא חבורה שאינה חוזרת נצרר הדם אע"פ שלא יצא רבי יוחנן בן נורי אומר ח' שרצים יש להן עורות אמר רב אשי מאן ת"ק רבי יהודה דאזיל בתר גישתא דתנן ר' יהודה אומר הלטאה כחולדה אבל רבנן דפליגי עליה דרבי יוחנן לענין טומאה לענין שבת מודו ליה אי הכי האי דברי רבי יוחנן בן נורי דברי רבי יוחנן ומחלוקתו מיבעי ליה תני דברי רבי יוחנן בן נורי ומחלוקתו בעא מיניה לוי מרבי מנין לחבורה שאינה חוזרת דכתיב א היהפוך כושי עורו ונמר חברבורותיו מאי חברבורותיו אילימא דקאי ריקמי ריקמי האי ונמר חברבורותיו מבעי ליה אלא כבושי מה עורו דכושי אינה חוזרת אף חבורה אינה חוזרת: ושאר שקצים כו': הא הורגן חייב מאן תנא א"ר ירמיה ר"א היא דתניא ר"א אומר ההורג כינה בשבת כהורג גמל בשבת מתקיף לה רב יוסף עד כאן לא פליגי רבנן עליה דרבי אליעזר אלא בכינה דאינה פרה ורבה ב אבל שאר שקצים ורמשים דפרין ורבין לא פליגי ושניהם לא למדוה אלא מאילים רבי אליעזר סבר כאילים מה אילים שיש בהן נטילת נשמה אף כל שיש בו נטילת נשמה ורבנן סברי כאילים מה אילים דפרין ורבין אף כל דפרה ורבה א"ל אביי וכינה אין פרה ורבה והאמר מר יושב הקב"ה וזן מקרני ראמים ועד ביצי כינים מינא הוא דמיקרי ביצי כינים והתניא טפויי וביצי כינים מינא הוא דמיקרי ביצי כינים והרי פרעוש דפרה ורבה ותניא הצד פרעוש בשבת רבי אליעזר מחייב ג ורבי יהושע פוטר אמר רב אשי צידה אהריגה קרמית עד כאן לא פליגי רבי אליעזר ור' יהושע אלא דמר סבר דבר שאין במינו ניצוד חייב ומר סבר פטור ד אבל לענין הריגה אפילו רבי יהושע מודה: ה הצדן לצורך חייב וכו': מאן תנא אמר רב יהודה אמר רב ר' שמעון היא דאמר מלאכה שאין צריכה לגופה פטור עליה איכא דמתני לה אהא ו המפיס מורסא בשבת אם לעשות לה פה חייב אם להוציא ממנה לחה פטור מאן תנא אמר רב יהודה אמר רב ר' שמעון היא דאמר מלאכה שאין צריכה לגופה פטור עליה ואיכא דמתני לה אהא ז הצד נחש בשבת אם מתעסק בו שלא ישכנו פטור אם לרפואה חייב מאן תנא אמר רב יהודה אמר רב רבי שמעון היא דאמר מלאכה שאינה צריכה לגופה פטור עליה אמר שמואל ח השולה דג מן הים כיון שיבש בו כסלע חייב א"ר יוסי בר אבין ובין סנפיריו אמר רב אשי ט לא תימא יבש ממש אלא אפילו דעבד רירי אמר מר בר המדורי אמר שמואל י הושיט ידו למעי בהמה ודלדל עובר שבמעיה חייב מאי טעמא אמר רבא בר המדורי אסברא לי לאו אמר רב ששת האי מאן דתלש כשותא מהיזמי והיגי מיחייב משום עוקר דבר מגידולו הכא נמי מיחייב משום עוקר דבר מגידולו אמר אביי האי מאן דתלש פיטרא

רש"י

למה שמנו חכמים. בשחיטת חולין אלו שעורותיהן כבשרן והא ודאי משכחת היא אדרבה למה שמנו חכמים אין להם עור דהא עורותיהן כבשרן קאמרי: ואמר אביי הכי קאמר אין עור חלוק מבשר. אלא לאותן ד' שלא מנו חכמים חולד ועכבר וצב ותנשמת אבל האנקה הכח והלטאה והחומט אין עורן חלוק מבשרן ולא הוי חבורה ומ"מ קשיא לרב: א"ל רבא והא למה שמנו קאמר. ולא טעי תנא בין מנו ללא מנו: אין עור מטמא כבשר כו'. והכי קאמרי ליה דקאמרת לענין שבת יש להן עור אבל לענין טומאה עורותיהן כבשרן דאיתרבו מהטמאים אין עור מטמא כבשר אלא לאותן ארבעה שמנו: מכלל דרבי יוחנן כו'. בתמיה והא קתני התם גבי טומאה דכל ח' שרצים לרבי יוחנן בן נורי יש להן עורות: תריץ הכי. סמי מברייתא אלא ותני אין עור למה שמנו חכמים ומיהו לרב לא תקשי דהכי קאמרי ליה לענין שבת מודינא לך דהחובל בהן חייב אבל לענין טומאה פליגא דאין עור לאותן ד' שמנו: בשרצים שיש להן עורות. לאותן ד' שלא מנו: נצרר הדם. נאסף ונקשר במקום אחד שוב אינו חוזר ונבלע: מאן ת"ק. דהך מתניתא דאמר בשרצים שיש להן עורות דמשמע דיש מהן דפטור: רבי יהודה היא. דלענין טומאה לא יליף מאלה הטמאים אלא ההוא דאית ליה גישתא שעורו עב ויש לו עור ממש אינו כבשר ושאינו עב הוי כבשר והלטאה משום דעורה עב משוי ליה כחולדה בהעור והרוטב הלכך לענין שבת נמי לאו עור הוא בשלש מהן אנקה וכח וחומט אבל לרבנן דהעור והרוטב שמנו הלטאה בהך שעורותיהן כבשרן אלמא דטעמייהו לאו משום עור ולאו עור אלא משום דרשה דקרא לענין טומאה הוא דפליגי משום קרא אבל לענין שבת מודו דודאי עור הן: דברי ר' יוחנן בן נורי. דקתני בההיא ברייתא דלעיל לענין שבת כיון דלא איפלגו רבנן עליה אלא לענין טומאה דברי ר' יוחנן בן נורי ומחלוקתו מיבעי ליה: מנין לחבורה שאינה חוזרת. ולמילף דההיא דחוזרת לאו חבורה היא כגון הנך דאין להן עור שנצרר בו הדם חבורתו חוזרת לקדמותה או מכה קטנה שלא נצרר הדם: אילימא דקאי ריקמי ריקמי. ונמר ממש אמר קרא שהוא מנומר בגוונים: אלא כבושי כו'. והאי נמר לשון תמורה היהפוך כושי עורו ונמר חברבורותיו כלומר וימיר חבורת עורו לחזור לקדמותו שלא יתקשה העור במקום המכה: גמל. משום דגדול הוא נקט ליה: מאילים. אילים מאדמים שנשחטו למלאכת המשכן בשביל עורותיהן: והא אמר מר. בשמעתא קמייתא דמס' ע"ז: ביצי כינים. קס"ד כינים קטנים כשיוצאין מביציהן: הטפויין. מין הטפויין וביצי כינים מתניתא היא ולא ידענא היכא תניא: הצד פרעוש. ממקום שאינו נילוד ועומד כגון מעל גבי קרקע או מבגדיו מבחוץ: להוציא ממנה לחה. מלאכה שאינה צריכה לגופה היא שהפתח היא המלאכה וזה אין צריך (ב) להיות כאן פתח מעכשיו: הצד נחש. נמי הצידה היא המלאכה וזה אינו צריך לצידה אלא שלא תשכנו ואם יודע שתעמוד ולא תזיקנו לא היה צד: השולה דג. שהיה נילוד ועומד מבעוד יום: כסלע. כרוחב סלע: חייב. משום נטילת נשמה דתו לא חיי: עביד רירי. שנוגעין בו וחוט הרירין (ד) נמשך מן האצבע: דלדל. עקר שהפילתו על ידי דלדול זה: בר המדורי אסברא לי. טעמא דהא מילתא: כשותא. הומלון וגדל מתוך ההיזמי מריח הקרקע שההיזמי יונק ממנו: מיחייב. ואף על פי שאינו מחובר לקרקע כדאמרינן בעלמא (עירובין דף כח: (ג)) מאוירא רבי:

תוספות

אמר אביי אין עור חלוק מבשר כו'. מסקנא דפירכא היא מאביי דודאי אליבא דאביי פליגי לענין שבת אבל למאי דמפרש רבא ורב אדא לא פליגי מידי לענין שבת ותימה הוא כיון דלא קיימא שינויא דאביי היכי פריך מינה: הצד את הפרעוש כו' ר"י פוטר. משמע דפטור אבל אסור ואומר ר"י בשם הרב פורת דאפ"ה אם נושך האדם מותר ליקחנו ולהשליכו מעליו דמשום צער שרי אבל אם הוא באותו ענין על האדם שאינו ירא שישכנו כגון על סרבלו מבחוץ אסור ליטלו אבל יכול להפילו מעליו:

יש ספרים דגרסי מ"ט מחייב רבי אליעזר לאו משום דפרה ורבה ושיבוש הוא דהא אפילו בכינה מחייב רבי אליעזר ופרעוש נקט לרבותא דרבי יהושע דאפילו פרעוש פוטר ושינויא נמי דמשני לא משמע דגרים ליה ור"ת נמי מחקו מספרו:

כיון שיבש בו כסלע. בנילוד ועומד במים איירי מדלא מחייב ליה עד שיבש כסלע:

ואי

דָּבָר שֶׁאֵין בְּמִינוֹ נִיצוֹד חַיָּיב – one who traps **something whose species is not** normally **trapped** (such as a flea) **is liable,** **וּמָר סָבַר פָּטוּר** – **and** the other **master** [R' Yehoshua] **holds** that he is **exempt.**[37] **אֲבָל לְעִנְיַן הֲרִיגָה** – **But in regard to *killing*** a flea, **אֲפִילּוּ רַבִּי יְהוֹשֻׁעַ מוֹדֶה** – **even R' Yehoshua would agree** that one is liable.

The Gemara quotes from the Mishnah:

הַצָּדָן לְצוֹרֶךְ חַיָּיב וכו׳ – ONE WHO TRAPS THEM[38] FOR A positive PURPOSE etc. [is liable; and one who traps them without a positive purpose is exempt].

The Tanna of the Mishnah is identified:

מַאן תַּנָּא – **Who is the Tanna?** **אָמַר רַב יְהוּדָה אָמַר רַב** – **Rav Yehudah said in the name of Rav:** **רַבִּי שִׁמְעוֹן הִיא** – **It is R' Shimon,** **דְּאָמַר מְלָאכָה שֶׁאֵין צְרִיכָה לְגוּפָהּ פָּטוּר עָלֶיהָ** – **who says** that one who performs **a labor not needed for its defined purpose** is **not liable for it.**[39]

Some maintain that Rav's teaching was stated in a different context:

אִיכָּא דְּמַתְנֵי לָהּ אַהָא – **There are** those **who teach it in reference to the following** Mishnah:[40] **הַמְפִיס מוּרְסָא בְּשַׁבָּת** – ONE WHO LANCES A BOIL ON THE SABBATH, **אִם לַעֲשׂוֹת לָהּ פֶּה** – IF his intent is TO MAKE AN OPENING FOR IT[41] **חַיָּיב** – HE IS LIABLE; **אִם לְהוֹצִיא מִמֶּנָּה לֵחָה** – IF his intent is TO REMOVE the PUS FROM IT[42] **פָּטוּר** – HE IS EXEMPT. **מַאן תַּנָּא** – **Who is the Tanna** of this Mishnah: **אָמַר רַב יְהוּדָה אָמַר רַב** – **Rav Yehudah said in the name of Rav:** **רַבִּי שִׁמְעוֹן הִיא** – **It is R' Shimon,** **דְּאָמַר מְלָאכָה שֶׁאֵין צְרִיכָה לְגוּפָהּ פָּטוּר עָלֶיהָ** – **who says** that one who performs **a labor not needed for its defined purpose is not liable for it.**[43]

The Gemara cites a third version of Rav's statement:

וְאִיכָּא דְּמַתְנֵי לָהּ אַהָא – **And there are** those **who teach it in reference to this** Mishnah:[44] **הַצָּד נָחָשׁ בְּשַׁבָּת** – ONE WHO TRAPS A SNAKE ON THE SABBATH, **אִם מִתְעַסֵּק בּוֹ שֶׁלֹּא יִשְּׁכֶנּוּ** – IF HE IS INVOLVED WITH IT SO THAT IT WILL NOT BITE HIM, **פָּטוּר** – HE IS EXEMPT; **אִם לִרְפוּאָה** – IF he wants it FOR use in A MEDICAL CURE, **חַיָּיב** – HE IS LIABLE. **מַאן תַּנָּא** – **Who is the Tanna** of this Mishnah? **אָמַר רַב יְהוּדָה אָמַר רַב** – **Rav Yehudah said in the name of Rav:** **רַבִּי שִׁמְעוֹן הִיא** – **It is R' Shimon,** **דְּאָמַר מְלָאכָה שֶׁאֵינָהּ צְרִיכָה לְגוּפָהּ פָּטוּר עָלֶיהָ** – **who says** that one who performs **a labor not needed for its defined purpose is not liable for it.**[45]

The Gemara discusses the killing of a fish on the Sabbath:

אָמַר שְׁמוּאֵל – **Shmuel said:** **הַשּׁוֹלֶה דָּג מִן הַיָּם** – If **one takes a fish from the sea,** **כֵּיוָן שֶׁיָּבַשׁ בּוֹ כַּסֶּלַע** – **as soon as there is a dry spot on it** as wide **as a *sela*,** **חַיָּיב** – **he is liable** for taking its life.[46]

This ruling is qualified:

אָמַר רַבִּי יוֹסֵי בַּר אָבִין – **R' Yose bar Avin said:** **וּבֵין סְנַפִּירָיו** – **And** this ruling applies where the dry spot is **between its fins.**[47]

The Gemara defines how dry the spot must be:

אָמַר רַב אַשִׁי – **Rav Ashi said:** **לֹא תֵּימָא יָבֵשׁ מַמָּשׁ** – **Do not say** that the spot must be **actually dry.** **אֶלָּא אֲפִילּוּ דְּעָבֵד רִירֵי** – **Rather, even where it forms drops of slime** when one touches it,[48] the fish is already considered dead.

Another ruling by Shmuel related to this subject:

אָמַר מַר בַּר הַמְדוּרִי אָמַר שְׁמוּאֵל – **Mar bar Hamduri said in the name of Shmuel:** **הוֹשִׁיט יָדוֹ לִמְעֵי בְּהֵמָה** – If **one extended his hand into the innards of an animal** on the Sabbath **וְדִלְדֵּל עוּבָּר שֶׁבְּמֵעֶיהָ** – **and dislocated an embryo that was inside it,**[49] **חַיָּיב** – **he is liable.**[50]

NOTES

37. In a Baraisa cited above (106b) Tannaim explicitly dispute whether one is liable for trapping an animal whose species is not generally trapped. Rav Ashi suggests that R' Eliezer and R' Yehoshua disagree over the same point.

38. The Mishnah here speaks of those *sheratzim* not included among the eight *sheratzim* listed in the Torah. However, as stated above (107a note 6), this law applies to the eight *sheratzim* as well.

39. [The concept of מְלָאכָה שֶׁאֵינָהּ צְרִיכָה לְגוּפָהּ, *a labor not needed for its defined purpose,* is explained several times in this volume. See also volume I, General Introduction.] Thus, according to R' Shimon, one would not be liable for trapping a *sheretz* unless he needs it for some reason (e.g. as an ingredient in a medicine). If he traps it merely because he wishes to prevent it from doing harm, he is not liable. According to R' Yehudah, though, who maintains that "a labor not needed for its defined purpose" is Biblically forbidden, the trapper would be liable regardless of his purpose.

40. *Eduyos* 2:5.

41. [I.e. he wants the hole to remain to prevent additional pus from collecting in the boil, and also to allow air in so that the boil will heal.]

42. [I.e. he has intent only to remove the pus that is currently inside the boil.] If the hole would close immediately afterwards, that would not concern him (*Rashi*).

43. The *melachah* here is creating the hole. [This falls under the category of either בּוֹנֶה, *building,* or מַכֶּה בְּפַטִּישׁ, *striking the final blow* (see *Rashi* to 107a ד״ה חייב).] A hole is not legally significant unless it is of some duration. Hence, where his intent is only to remove the pus, and he does not mind if the hole closes immediately afterwards, he is not performing the *melachah* for its defined purpose (*Rashi*). R' Shimon would therefore rule that he is exempt.

Although it was explained above (107a note 9) that this Mishnah could be following the view of R' Yehudah as well, Rav (according to this version of his statement) attributes it specifically to R' Shimon (see *Beur Halachah* 316:7 ד״ה נחשים; see also *Meromei Sadeh* to 107a).

44. *Eduyos* ibid.

45. In the case where the trapper only wants to prevent the snake from biting, he has no need for the snake itself. Indeed, if he would know that the snake would not harm him, he would not trap it. Since this act is not performed for the defined purpose of trapping [which is to make the trapped creature accessible], R' Shimon would rule that the perpetrator is not liable (*Rashi*).

Regarding this Mishnah, too, Rav disagrees with those who hold it can be attributed to R' Yehudah (see 107a note 9; see also *Beur Halachah* and *Meromei Sadeh* ibid.; see also *Sfas Emes* here).

46. Once this much of the fish has dried, it will surely die (*Rashi*). Hence, it is treated as though it were already dead (*Rabbeinu Chananel;* see also *Rashi* to *Chullin* 75a ד״ה מקרטע and *Keren Orah* here). Should he subsequently throw the fish back into the water even while it is still flopping about, he is nevertheless liable for killing it (*Rashi* and *Tosafos* to *Taanis* 24a; see *Sfas Emes* here).

By stating that the fisherman is liable only when the fish is dry [and not as soon as it is trapped], Shmuel implies that the *melachah* of trapping is not an issue here. Shmuel evidently speaks of a fish that was already caught before the Sabbath (*Rashi, Tosafos*). It was then left in a basket submerged in the sea (*Rashi* to *Taanis* ibid.; see *Shabbos Shel Mi*; cf. *Magen Avraham* 497:6).

47. A dry spot elsewhere on the fish is not a sure sign that the fish will die. Therefore, if he throws it back into the water while it is still flopping about, he would not be liable. [See *Sfas Emes,* who discusses whether the ruling that the dry spot must be as wide as a *sela* applies to all fish.]

48. The surface of the fish is starting to become sticky. Thus, when one pulls one's finger away after touching it, a string of sticky droplets is drawn away with the finger (*Rashi*).

49. He caused the animal to miscarry (*Rashi*).

50. The Gemara below states that he is liable for עוֹקֵר דָּבָר מִגִּידוּלוֹ, *uprooting something from its place of growth*, which is generally understood to be a *toladah* of קְצִירָה, *reaping* (see the passage from *Talmud Yerushalmi* cited by *Ramban* et al.; cf. *Tosafos* to *Avodah Zarah* 26a ד״ה סבר and to *Bechoros* 25a ד״ה ואמר).

The perpetrator is not liable for נְטִילַת נְשָׁמָה, *taking a life,* because we refer to a case in which the embryo did not die (*Meiri*). Alternatively, even if it did die [as implied by *Rashi's* comment cited in the previous note (*Yad David, Basra*)], one is not liable for performing the *melachah*

עין משפט נר מצוה

ד א מיי' פ"ח מהל' שבת הלכה ט סמג לאוין סה טוש"ע א"ח סי' שטז סעיף ח:
ה ב מיי' פי"א שם הל' ג סמג שם טור א"ח סימן שטז:
ו ג ד מיי' פ"י שם הלכה כד ופי"א שם הל' ב סמג שם טוש"ע א"ח סי' שטז סעיף ט:
ז ה (מיי' פ"י שם הל' כא) סמג שם טוש"ע שם סעיף ח:
ח ו ז ח מיי' פי"א שם הלכה א:
ט ט י מיי' פ"ח מהל' שבת הלכה ג טוש"ע א"ח סי' שלו סעיף ה:

גליון הש"ס

גמ' והרי פרעוש. עי' בר"ן פ"ק דמסכתין ה ע"ב: שם אמר שמואל הושיט ידו למעי בהמה. עי' בכורות כה ע"א תוס' ד"ה דהוי ליה: רש"י ד"ה הטפויין כו' ולא ידענא. עי' ברכות כה ע"ב ד"ה מאן שמעת ליה וש"נ:

תורה אור השלם

א) הֲיַהֲפֹךְ כּוּשִׁי עוֹרוֹ וְנָמֵר חֲבַרְבֻּרֹתָיו גַּם אַתֶּם תּוּכְלוּ לְהֵיטִיב לִמֻּדֵי הָרֵעַ: [ירמיה יג, כג]

רבינו חננאל

(הירוי) שהן באות כמו נופלות למקום אחד ואין בהן כח לילך לכאן ולכאן פטור עליהן כאלעזר בן מהבאי ואם מפורחות הן לדעתן חייב: **צבי** שנכנס לבית. עיקר דבר בעשותה אחת אחד שעשה חייב ב' שעשאו פטורין ומפרש בהמצניע בענין המוציא ככר: אין צידת ארי אלא בהכנסתו (לגדונדקי) [לגורזקי] שלו פי' לכלובו: **ישב** אחד על הפתח כו' אסיקנא שאם היה צבי רץ כדרכו ונתכוון אדם לנעול בפני עצמו ונעל בפניו ובפני הצבי פטור: **נכנסה** צפור תחת כנפיו יושב ומשמרה עד שתחשך ומתני' ובא השני וישב בצדו אע"פ שעמד הראשון והלך לו השני מותר לישב ולשמור עד שתחשך: **אמר** שמואל כל פטורי שבת פטור אבל אסור לבד מהני תלת דפטור ומותר ואלו הן כו' ומפרש (לעיל ג) אע"ג דעביד בהו מעשה איכא אחריני טובא פטור (אף דלא) [אם לא] עביד בהו מעשה:

הדרן עלך האורג

שמונה שרצים האמורין בתורה הצדן והחובל בהן חייב. ודאי זו המפורשות במשנתנו הצדן לצורך חייב שלא לצורך פטור אפי' בח' שרצים היא דאי הוה שנו ח' שרצים לענין צידה והוה מיחייב הצדן בין לצורך ובין שלא לצורך ושאר שקצים ורמשים צדן לצורך [חייב] ושלא לצורך פטור (הוה) מפרש בהו טעמא דמילתא ומפי' החובל

תוספות

אמר אביי אין עור חלוק מבשר כו'. מסקנא דפירכא היא מאביי דודאי אליבא דאביי פליגי לענין שבת אבל למאי דמפרש רבא ורב אדא לא פליגי מידי לענין שבת ותימה הוא כיון דלא קיימא שינויא דאביי היכי פריך מינה: **הצד** את הפרעוש כו' ר"י פוטר. משמע דפטור אבל אסור ואומר ר"י בשם הרב פורת דאפ"ה אם נושך האדם מותר ליקחנו ולהשליכו מעליו דמשום צער שרי אבל אם בא לאותו ענין על האדם שאינו יכול שיעכבנו כגון על כרכלו מבחוץ אסור ליטלו אבל יכול להפילו מעליו:

יש ספרים דגרסי מ"ט מחייב רבי אליעזר לאו משום דפרה ורבה ושיבוש הוא דהא אפילו בכינה מחייב רבי אליעזר ופרעוש נקט לרבותא דרבי יהושע דאפילו פרעוש פוטר ושינויא נמי דמשני לא משמע דגרים ליה ור"ח נמי מחקו מספרו:

כיון שיבש בו כסלע. בנילוד ועומד במים מיירי מדלא מחייב ליה עד שיבש כסלע: ואי

גמרא

למה שמנו חכמים אדרבה למה שמנו חכמים אין להם עור ואמר אביי הכי קאמר אין עור חלוק מבשר אלא למה שלא מנו חכמים אמר ליה רבא הא למה שמנו חכמים קאמר אלא אמר רבא הכי קאמר אין עור מטמא כבשר אלא למה שמנו חכמים מכלל דרבי יוחנן בן נורי הנך נמי דלא מנו חכמים מטמאין והא קתני ר' יוחנן בן נורי אומר ח' שרצים יש להן עורות ולא מטמאין (א) אדא בר מתנה [אמר רב] תריץ הכי וחכמים אומרים לענין טומאה אין עור למה שמנו חכמים ואכתי לענין שבת לא פליגי והתניא הצד אחד מח' שרצים האמורים בתורה א החובל בהן חייב בשרצים שיש להן עורות ואיזו היא חבורה שאינה חוזרת ב נצרר הדם אע"פ שלא יצא רבי יוחנן בן נורי אומר ח' שרצים יש להן עורות אמר רב אשי מאן ת"ק רבי יהודה דאזיל בתר גישתא ג דתנן ר' יהודה אומר הלטאה כחולדה אבל רבנן דפליגי עליה דרבי יוחנן לענין טומאה לענין שבת מודו ליה אי הכי האי דברי רבי יוחנן בן נורי דברי רבי יוחנן ומחלוקתו מיבעי ליה תני דברי רבי יוחנן בן נורי ומחלוקתו בעא מיניה לוי מרבי מנין לחבורה שאינה חוזרת דכתיב א היהפך כושי עורו ונמר חברבורותיו מאי חברבורותיו אילימא דקאי ריקמי ריקמי האי ונמר חברבורותיו נמר גווניו מבעי ליה אלא ככושי מה עורו דכושי אינה חוזרת אף חבורה אינה חוזרת: ושאר שקצים כו': הא הורגן חייב מאן תנא א"ר ירמיה ר"א היא ד דתניא ר"א אומר ההורג כינה בשבת כהורג גמל בשבת מתקיף לה רב יוסף עד כאן לא פליגי רבנן עליה דרבי אליעזר אלא בכינה דאינה פרה ורבה ה אבל שאר שקצים ורמשים דפרין ורבין לא פליגי ושניהם לא למדוה אלא מאילים רבי אליעזר סבר כאילים מה אילים שיש בהן נטילת נשמה אף כל שיש בו נטילת נשמה ורבנן סברי כאילים מה אילים דפרין ורבין אף כל דפרה ורבה א"ל אביי וכינה אין פרה ורבה ו והאמר מר יושב הקב"ה וזן מקרני ראמים ועד ביצי כינים מינא הוא דמיקרי ביצי כינים והתניא טפויי וביצי כינים מינא הוא דמיקרי ביצי כינים ◦ והרי פרעוש דפרה ורבה ותניא הצד פרעוש בשבת רבי אליעזר מחייב ז ורבי יהושע פוטר אמר רב אשי צידה אהריגה קרמית עד כאן לא פליגי רבי אליעזר ור' יהושע אלא דמר סבר ח דבר שאין במינו ניצוד חייב ומר סבר פטור ד אבל לענין הריגה אפילו רבי יהושע מודה: ה הצדן לצורך חייב וכו': מאן תנא אמר רב יהודה אמר רב י ר' שמעון היא דאמר מלאכה שאין צריכה לגופה פטור עליה איכא דמתני לה אהא ז המפיס מורסא בשבת אם לעשות לה פה חייב אם להוציא ממנה לחה פטור מאן תנא אמר רב יהודה אמר רב ר' שמעון היא דאמר מלאכה שאין צריכה לגופה פטור עליה ואיכא דמתני לה אהא ח הצד נחש בשבת אם מתעסק בו שלא ישכנו פטור אם לרפואה חייב מאן תנא אמר רב יהודה אמר רב רבי שמעון היא דאמר מלאכה שאינה צריכה לגופה פטור עליה אמר ט שמואל ו השולה דג מן י הים כיון שיבש בו כסלע חייב א"ר יוסי בר אבין ובין סנפיריו אמר רב אשי ל לא תימא יבש ממש אלא אפילו דעבד רירי אמר מר בר המדורי אמר שמואל ◦ ח הושיט ידו למעי בהמה ודלדל עובר שבמעיה חייב מאי טעמא אמר רבא בר המדורי אסברא לי לאו אמר רב ששת ט האי מאן דתלש כשותא מהיזמי והיגי מיחייב משום עוקר דבר מגידולו הכא נמי מיחייב משום עוקר דבר מגידולו אמר אביי י האי מאן דתלש פיטרא

רש"י

למה שמנו חכמים. בשחיטת חולין אלו שעורותיהן כבשרן והא ודאי משכחת היא אדרבה למה שמנו חכמים אין להם עור דהא עורותיהן כבשרן קאמרי: **ואמר אביי הכי קאמר אין עור חלוק מבשר.** אלא לאותן ד' שלא מנו חכמים חולד ועכבר וצב ותנשמת אבל האנקה הכח והלטאה והחומט אין עורן חלוק מבשרן ולא הוי חבורה ומ"מ קשיא לרב: **א"ל רבא והא למה שמנו קאמר.** ולא טעי תנא בין מנו ללא מנו: **אין עור מטמא כבשר כו'.** והכי קאמרי ליה דקאמרת לענין שבת יש להן עור אבל לענין טומאה עורותיהן כבשרן דאמירתו מהטמאים אין עור מטמא כבשר אלא לאותן ארבעה שמנו: **מכלל דרבי יוחנן כו'.** בתמיה והא קתני התם גבי טומאה לכל ח' שרצים לרבי יוחנן בן נורי יש להן עורות: **תריץ הכי.** סמי מברייתא אלא ותני אין עור למה שמנו חכמים ומיהו לרב לא תקשי דהכי קאמרי ליה לענין שבת מודינא לך דהחובל בהן חייב אבל לענין טומאה פליגא דאין עור לאותן ד' שמנו: **בשרצים שיש להן עורות.** לאותן ד' שלא מנו: **נצרר הדם.** נאסף ונקשר במקום אחד שוב אינו חוזר ונבלע: **מאן ת"ק.** דקתני מתניתא דאמר בשרצים שיש להן עורות דמשמע דיש מהן דפטור: **רבי יהודה היא.** דלענין טומאה לא יליף מלה הטמאים אלא ההוא דאית ליה גישתא שעורו עב ויש לו עור ממש אינו כבשר ושאינו עב הוי כבשר והלטאה משום דעורה עב משוי ליה כחולדה בהעור והרוטב הלכך לענין שבת נמי לאו עור הוא בשלש מהן אנקה וכח וחומט אבל לרבנן דהעור והרוטב שמנו הלטאה בהך שעורותיהן כבשרן אלמא דטעמייהו לאו משום עור ולאו עור אלא משום דרשה דקרא לענין טומאה הוא דפליגי משום קרא אבל לענין שבת מודו דודאי עור הן: **דברי ר' יוחנן בן נורי.** דקתני בהסיא ברייתא דלעיל לענין שבת כיון דלא איפלגו רבנן עליה אלא לענין טומאה דברי ר' יוחנן בן נורי ומחלוקתו מיבעי ליה: **מנין לחבורה שאינה חוזרת.** ולמילף דהסיא דמחרת לאו חבורה היא כגון הנך דאין להן עור שנצרר בו הדם חבורתו חוזרת לקדמותה או מכה קטנה שלא נצרר הדם: **אילימא דקאי ריקמי ריקמי.** ונמר ממש אמר קרא שהוא מנומר בגוונים: **אלא ככושי כו'.** והאי נמר לשון תמורה היהפוך כושי עורו ונמר חברבורותיו כלומר וימיר חבורת עורו לחזור לקדמותו שלא יתקשה הדם במקום המכה: **גמל.** משום דגדול הוא נקט ליה: **מאילים.** אילים מאדמים שנשחטו למלאכת המשכן בשביל עורותיהן: **והא אמר מר.** במעשה קמייתא דמס' ע"ז: **ביצי כינים.** קס"ד כינים קטנים כשיוצאין מבליהן: **הטפויין.** שירוץ הטפויין וביצי כינים מתניתא היא ◦ ולא ידענא היכא תניא: **הצד פרעוש.** ממקום שאינו נילוד ועומד כגון מעל גבי קרקע או מבגדיו מבחוץ: **להוציא ממנה לחה.** מלאכה שאינה צריכה לגופה היא שהפתח היא המלאכה וזה אין צריך (ב) להיות כאן פתח מעכשיו: **הצד נחש.** נמי הצידה היא המלאכה וזה אינו צריך לצידה אלא שלא תשכנו ואם יודע שתעמוד ולא תזיקנו לא היה צד: **השולה דג.** שהיה נילוד ועומד מבעוד יום: **כסלע.** כרוחב סלע: **חייב.** משום נטילת נשמה דתו לא חיי: **עביד רירי.** שנוגעין בו וחוט הרירין ל נמשך מן האצבע: **דלדל.** עקר שהפילתו על ידי דלדול זה: **בר המדורי אסברא לי.** טעמא דהא מילתא: **כשותא.** הומלון וגדל מתוך ההיזמי מריח הקרקע שההיזמי יונק ממנו: **מיחייב.** ואף על פי שאינו מחובר לקרקע כדאמרינן בעלמא (עירובין דף כח: (ג)) מארעא רבי: **פיטרא**

מסורת הש"ס

א) חולין מו:, ב) שם קכב., ג) לעיל יב., ד) ע"ז ג:, ה) לעיל קו: וש"נ, ו) [לעיל קס: וש"נ], ז) לעיל ע"א כתובות ו: [עדיות פ"ב מ"ה], ח) [עדיות שם] לעיל ע"א, ט) תענית כד:, י) [לפרש"י ותוס' בנילוד ועומד וכו' דמיקא מלת הים והרמב"ם ריש פי"א מהל' שבת גרס הספל], כ) [עי' תוס' ע"ז כו. ד"ה סבר], ל) [נמשך עם האצבע כצ"ל].

הגהות הב"ח

(א) גמ' ולא מטמאין אלא אמר רב אדא בר מתנה: (ב) רש"י ד"ה להוציא ממנה וכו' צריך לו להיות: (ג) ד"ה מחייב וכו' כדאמרי' בעלמא עירובין כח ע"ב. נ"ב ע"ש דהמסקנא היא דמארעא קא רבי. והערוך גם הוא פי' הכא על פי המסקנא דהתם. עיין ערך כשות:

רב נסים גאון

ר' יהודה אומר הלטאה כחולדה ר' יוחנן בן נורי אומר ח' שרצים יש להן עורות ומשכחת לה עוד במסכת חולין בפרק העור והרוטב (דף קכב) אלו שעורותיהן כבשרן עור האדם ועור החזיר של ישוב ר' יוסי אומר אף עור חזיר הבר עור חטרת גמל הרכה ועור הראש של עגל הרך ועור בית הפרסות ועור בית הבושת ועור השליל ועור שתחת האליה ועור האנקה והכח והלטאה והחומט ר' יהודה אומר הלטאה כחולדה הרי אלו שמנו אותם חכמים מטמאין עורן כבשרן ואין להן עור שהוא חלוק מבשרן לענין טומאה: **מלאכה** שאינה צריכה לגופה דפליגי בה ר' יהודה ור' שמעון כבר כתבנוה בפרק יציאות השבת: **אמר** רב ששת האי מאן דעקר כשותא מהגה והיזמנה חייב משום עוקר דבר מגידולו. משתכחא בפרק בכל מערבין (עירובין דף כח:) ר' זירא כי הוה חליש מגירסיה הוה אזיל ויתיב אפיתחי' דבי ר' יהודה בר אמי אמר כי חלפי רבנן איקום מקמייהו ואקביל אגרא נפק אתא ינוקא אמר ליה מאי אגמריך רבך בכשות אמר ליה כשות בורא פרי האדמה כשות נמי מארעא קא רביא דהא קא חזינן דקטלינן להי' להיזמא ומיתא כשותא ובפרק ר"א אומר תולין את המשמרת (דף קלט) אמרו מכריז רב (מטא זמן כשותא) [האי מאן דבעי למיזרע כשותא בכרמא ניזרע: **מאן דתלש** פיטרא. הן פטריות שהזכירו

ליקוטי רש"י

נצרר הדם. ונאסף במקום אחד דהיינו שבתוך הבשר מבחוץ אף על פי שלא יצא וקרי ליה

חשק שלמה על רבינו חננאל

The Gemara asks:

מַאי טַעְמָא – For **what reason** is he liable?[51]

The Gemara answers:

אָמַר רָבָא – **Rava said:** בַּר הַמְדּוּרִי אַסְבְּרָא לִי – **Bar Hamduri explained** it **to me** as follows: לָאו אָמַר רַב שֵׁשֶׁת – **Did not Rav Sheishess say** that הַאי מַאן דְּתָלַשׁ כְּשׁוּתָא מֵהִיזְמֵי וְהִיגֵי – **one who detaches hops**[52] **from briars and brambles** מִיחַיֵּיב מִשּׁוּם עוֹקֵר דָּבָר מִגִּידּוּלוֹ – **is liable for uprooting something from its** place of **growth,** even though he did not detach the hops from the ground? הָכָא נַמִּי – So **here too,** in the case of one who dislocates an embryo, מִיחַיֵּיב מִשּׁוּם עוֹקֵר דָּבָר מִגִּידּוּלוֹ – **he is liable for uprooting something from its** place of **growth** even though he did not detach it from the ground.

Another ruling based on the same principle:

אָמַר אַבַּיֵי – **Abaye said:** הַאי מַאן דְּתָלַשׁ – **One who detaches**

NOTES

of "taking a life," because an embryo has no independent life (second approach cited by *Meiri*).

Other Rishonim, however, maintain that in fact he is liable for "taking a life." The Gemara below mentions עוֹקֵר דָּבָר מִגִּידּוּלוֹ, *uprooting something from its place of growth* (which is a *toladah* of קְצִירָה, *reaping*) only by way of analogy. They are forced to interpret the Gemara in this way, because in their view the *melachah* of קְצִירָה, *reaping,* applies only to plant life, and not to animals (*Ramban, Rashba* et al.; see ibid. for their explanation of the Gemara's following discussion; see also *Keren Orah* and *Shabbos Shel Mi*). [Some Rishonim, though, rule that the *melachah* of "reaping" does apply even to animals (see *Rashi* to 95a ד״ה מפרק and to *Succah* 11b סד״ה כי חגיגה; see also *Rambam, Hil. Shabbos* 8:7 with *Maggid Mishneh* סד״ה החולב; *Eglei Tal, Meleches Gozeiz* §7; *Minchas Chinuch, Mitzvah* 32, *Meleches Kotzeir* §2).]

51. [How can he be liable for קְצִירָה, *reaping* (see previous note), in the case of something that is not attached to the ground?]

52. Which grow on prickly shrubs and is not attached to the ground. It derives its nourishment through the shrubs (*Rashi* to *Eruvin* 28b ד״ה כשות; see *Rashi* here, *Hagahos R' Y. Emden* and *Yad David* [*Kamma*]).

פִּיטְרָא מֵאוּנָּא דְּחַצְבָּא – a fungus from the handle of a pitcher[1] **מִיחַיֵּיב מִשּׁוּם עוֹקֵר דָּבָר מִגִּידוּלוֹ – is liable for uprooting something from its** place of **growth,** although it was not attached to the ground.

It has been shown that the labor of "uprooting something from its place of growth" applies even to an item not connected to the ground. This principle is now challenged:

מְתִיב רַב אוֹשַׁעְיָא – Rav Oshaya challenged it on the basis of the following Mishnah:[2] הַתּוֹלֵשׁ מֵעָצִיץ נָקוּב חַיָּיב – ONE WHO PLUCKS a plant FROM A FLOWERPOT THAT HAS A HOLE IS LIABLE.[3] וְשֶׁאֵינוֹ נָקוּב פָּטוּר – BUT one who plucks a plant from a flowerpot THAT DOES NOT HAVE A HOLE IS EXEMPT. Thus, we see that one is not liable for plucking something unless it was connected to the ground. – ? –

The Gemara answers:

הָתָם לָאו הַיְינוּ רְבִיתֵיהּ – There, in the case of a plant growing in a pot without a hole, **that is not its** usual place of **growth.**[4] **הָכָא הַיְינוּ רְבִיתֵיהּ – Here,** however, we are discussing something plucked from a place **that is its** usual place of **growth.**[5]

The Mishnah stated:

חַיָּה וָעוֹף כו׳ – BEASTS AND BIRDS etc.

The Gemara above (107a) addressed the question of whether the eight *sheratzim* have hides. It now deals with this question in the context of birds:

אָמַר רַב הוּנָא – Rav Huna said: כּוֹתְבִין תְּפִילִין עַל גַּבֵּי עוֹר שֶׁל עוֹף טָהוֹר – One may write tefillin on the hide of a kosher bird.[6]

The Gemara questions why Rav Huna's statement is necessary:

אָמַר רַב יוֹסֵף – Rav Yosef said: מַאי קָמַשְׁמַע לָן – What is [Rav Huna] teaching us? דְּאִית לֵיהּ עוֹר – That [a bird] is considered to **have a hide?**[7] **תְּנֵינָא – We have** already **learned** this in our Mishnah, which states: הַחוֹבֵל בָּהֶן חַיָּיב – ONE WHO BRUISES THEM [beasts and birds] IS LIABLE.[8] – ? –

The Gemara answers:

אָמַר לֵיהּ אַבַּיֵי – Abaye said to [Rav Yosef]: טוּבָא קָמַשְׁמַע לָן – [Rav Huna] is teaching us a great deal! דְּאִי מִמַּתְנִיתִין הֲוָה אָמֵינָא – For if I would have attempted to derive his ruling **from our Mishnah, I would have said** that although a bird has a hide, **כֵּיוָן דְּאִית בֵּיהּ נִיקְבֵי נִיקְבֵי לָא** – nevertheless, **since it is full of holes,**[9] **it is not** valid for tefillin.[10] **קָמַשְׁמַע לָן – [Rav Huna]** therefore **teaches us** that a bird's hide is valid for tefillin, **כִּדְאָמְרֵי בְּמַעַרְבָא** – because, **as they say in the West** (i.e. Eretz Yisrael): **כָּל נֶקֶב שֶׁהַדְּיוֹ עוֹבֶרֶת עָלָיו – Any hole over which the ink passes**[11] **אֵינוֹ נֶקֶב – is not a hole** that would render a parchment unfit for the writing of tefillin.

The Gemara now challenges the notion that a bird's skin is classified as hide:

מֵיתִיבֵי[12] **רַבִּי זֵירָא – R' Zeira challenged** it from the following Baraisa: "בִּכְנָפָיו" – Scripture states in regard to a bird *olah*: WITH ITS FEATHERS,[13] לְהַכְשִׁיר אֶת הָעוֹר – TO INCLUDE THE SKIN, i.e. to teach that a bird *olah's* skin is burned on the Altar together with its flesh.[14] **וְאִי סָלְקָא דַּעְתָּךְ עוֹר הוּא – Now, if you should think that it** [a bird's skin] **is classified as hide, הֵיכִי מְרַבֵּי לֵיהּ קְרָא – how could the verse include it?**[15]

The Gemara answers:

אָמַר לֵיהּ אַבַּיֵי – Abaye said to [R' Zeira]: עוֹר הוּא – It is possible that it is classified as **hide, וְרַחֲמָנָא רַבְּיֵיהּ – and** yet **the Merciful One includes it.**[16]

The Gemara cites a different version of the previous discussion:

אִיכָּא דְּאָמְרֵי – There are those **who say** that the discussion ran as follows: **אָמַר רַבִּי זֵירָא – R' Zeira said: אַף אֲנַן נַמִּי תְּנֵינָא – We too have learned** this[17] in a Baraisa: "בִּכְנָפָיו" – Scripture states: *WITH ITS FEATHERS,* לְרַבּוֹת אֶת הָעוֹר – TO INCLUDE THE SKIN, i.e. to teach that a bird *olah's* skin is offered on the Altar. **אִי אָמְרַת בִּשְׁלָמָא עוֹר הוּא** – Now **it is well if you say** that **[a**

NOTES

1. Sometimes fungi grow at the rim of a vessel due to the moisture that collects there (*Rashi,* as transcribed by *Ran;* see *Hagahos R' Simchah MiDessau*).

A חַצְבָּא is an earthenware pitcher used to draw water (*Rashi* to *Succah* 29a ד״ה חצבא).

2. Above, 95a.

3. The plant is considered attached to the ground, because it draws nourishment from the ground through the hole in the flowerpot (*Rashi* to 95a ד״ה התולש).

4. It is not usually sown there (*Rashi*).

[The commentators discuss whether this implies that one is not liable for *sowing* in a pot without a hole (see *Chayei Adam, Hil. Shabbos Klal* 11 with *Nishmas Adam,* §1; *Minchas Chinuch, Mitzvah* 32, *Meleches Zorei'a* §4).]

5. The cases discussed thus far were fungi removed from the [moist] rim of a vessel, hops plucked from prickly shrubs and an embryo dislocated from within its mother. In each of these cases, the uprooted item was taken from its primary place of growth (*Rashi*).

6. Tefillin consist of thick black leather casings, each containing four Scriptural passages written on parchment – *Exodus* 13:1-10; ibid. vs. 11-16; *Deuteronomy* 6:4-9; ibid. 11:13-21. It is a mitzvah (*Deuteronomy* 6:8) to wear two tefillin – one on the head and one on the arm. Each is made according to its own specifications.

The Gemara below derives from Scripture that the parchment on which tefillin are written must be from an animal that is kosher. The same applies to the leather of the casings (see above, 28b). Rav Huna teaches here that tefillin are valid even if written on the hide of a kosher bird.

7. [As opposed to a thin skin.] Tefillin must be written on קְלָף, *parchment* (see above, 79b), which is manufactured from an animal's hide (*Meromei Sadeh;* see *Tosafos* ibid. ד״ה תפילין).

8. One is not liable for bruising an animal unless it has a hide (see 107a note 5).

9. A bird's hide is perforated by the feathers (*Rashi*).

10. The word וּכְתַבְתָּם, *you shall write them* [*mezuzos*] (*Deuteronomy* 6:9), is interpreted as though it were two words כְּתַב תָּם, *perfect writing.* From here it is derived that *mezuzos,* tefillin and other such articles must be written without any breaks in the letters (*Rashi,* from *Menachos* 34a; see *Beis Yosef* to *Yoreh Deah* §274). Hence, one may not use parchment in which there are holes.

11. [I.e. the hole is so small that the [viscous] ink does not sink into it (see *Turei Zahav, Orach Chaim* 32:7 and *Magen Avraham* ibid §15).]

12. The text should read מְתִיב [singular] rather than מֵיתִיבֵי [plural] (*Hagahos R' Y. Emden*).

13. *Leviticus* 1:17. The verse discusses the procedure of שִׁיסוּעַ, *shisua,* in which a bird *olah* is partially torn before it is burned on the Altar (see *Rashi* ibid.; see also *Meiri* here). The word בִּכְנָפָיו, *with its feathers,* teaches that this procedure must be performed while the feathers are still on the bird. In this context, "feathers" include both the large, stiff feathers and the soft, fluffy ones, which are equivalent to fur (*Rashi*).

14. A regular (animal) *olah* must be skinned before it is offered on the Altar. This verse indicates that a bird *olah,* however, is not skinned [as is evident from its inclusion of even the soft fur-like feathers, which are part of its skin] (*Rashi*).

15. If a bird's skin were classified as hide, it would certainly have to be removed, just as the hide of an animal *olah* must be removed (*Chidushei HaRan;* see *Tosafos* with *Shabbos Shel Mi* and *Yad David* [*Basra*]).

[The commentators explain why this difficulty was raised only in the context of Rav Huna's teaching, and not directly against our Mishnah (see *Maharsha, R' Akiva Eiger* and *Leshon HaZahav*).]

16. [Abaye is answering that a bird *olah* is not necessarily subject to the same rules as an animal *olah.* Although the hide of an animal *olah* must not be burned on the Altar, the hide of a bird *olah* is fit for this purpose.]

17. I.e. Rav Huna's statement that tefillin written on the skin of a kosher bird are valid.

פיטרא מאונא דחצבא מיחייב משום עוקר דבר מגידולו מתיב רב אושעיא התולש מעציץ נקוב חייב ושאינו נקוב פטור התם לאו היינו רביתיה הכא היינו רביתיה: חיה ועוף כו': אמר רב הונא כותבין תפילין על גבי עור של עוף טהור אמר רב יוסף מאי קמ"ל דאית ליה עור תנינא החובל בהן חייב א"ל אביי טובא קמ"ל דאי ממתניתין הוה אמינא כיון דאית ביה ניקבי ניקבי לא קמ"ל כדאמרי במערבא כל נקב שהדיו עוברת עליו אינו נקב מיתיבי רבי זירא בכנפיו להכשיר את העור ואי ס"ד עור הוא היכי מרבי ליה קרא א"ל אביי עור הוא ורחמנא רבייה איכא דאמרי א"ר זירא אף אנן נמי תנינא בכנפיו לרבות את העור אי אמרת בשלמא עור הוא היינו דאיצטריך קרא לרבוייה אלא אי אמרת לאו עור הוא אמאי איצטריך קרא לרבוייה אמר ליה אביי לעולם אימא לך לאו עור הוא ואיצטריך סד"א כיון דאית ביה פירצי פירצי מאים קמ"ל בעא מיניה מר בריה דרבינא מרב נחמן בר יצחק מהו לכתוב תפילין על גבי עור של דג טהור א"ל אם יבא אליהו ויאמר מאי אם יבא אליהו ויאמר אילימא אי דאית ליה עור אי דלית ליה עור הא חזינן דאית ליה עור ועוד התנן עצמות הדג ועורו מצילין באהל המת אלא אם יבא אליהו ויאמר אי פסקא זוהמא מיניה אי לא פסקא זוהמא מיניה: שמואל וקרנא הוו יתבי אגודא דנהר מלכא חזינהו למיא דקא דלו ועכירי א"ל שמואל לקרנא גברא רבה קאתי ממערבא וחייש במעיה וקא דלו מיא לאקבולי אפיה קמיה זיל תהי ליה אקנקניה אזל אשכחיה לרב א"ל מניין שאין כותבין תפילין אלא על גבי עור בהמה טהורה א"ל דכתיב למען תהיה תורת ה' בפיך מן המותר בפיך מניין לדם שהוא אדום שנאמר ויראו מואב מנגד את המים אדומים כדם מניין למילה שבאותו מקום נאמר כאן ערלתו ונאמר להלן ערלתו מה להלן דבר שעושה פרי אף כאן דבר שעושה פרי אימא לבו דכתיב ומלתם את ערלת לבבכם אימא אזנו דכתיב הנה ערלה אזנם דנין ערלתו תמה מערלתו תמה ואין דנין ערלתו תמה מערלת שאינה תמה א"ל מאי שמך קרנא א"ל יהא רעוא דתיפוק ליה קרנא בעיניה לסוף עייליה שמואל לביתיה אוכליה נהמא דשערי וכסא דהרסנא ואשקייה שיכרא ולא אחוי ליה בית הכסא כי היכי דלישתלשל לייט רב ואמר מאן דמצערן לא לוקמוה ליה בני וכן הוה: כתנאי מניין למילה שבאותו מקום נאמר כאן ערלתו ונאמר להלן ערלתו מה להלן דבר שעושה פרי אף כאן דבר שעושה פרי דברי ר' יאשיה ר' נתן אומר אינו צריך הרי הוא אומר וערל זכר אשר לא ימול את בשר ערלתו מקום שניכר בין זכרות לנקבות: ת"ר כותבין תפילין על גבי עור בהמה טהורה ועל גבי עור חיה טהורה ועל גבי עור נבלות וטרפות שלהן ונכרכות בשערן ונתפרות בגידן והלכה למשה מסיני שהתפילין נכרכות בשערן ונתפרות בגידן אבל אין כותבין לא על גבי עור בהמה טמאה ולא על גבי עור חיה טמאה ואינו צריך לומר על גבי עור נבלה וטרפה שלהן ואין נכרכין בשערן ואין נתפרות בגידן וזו שאילה שאל ביתוסי אחד את ר' יהושע הגרסי מניין שאין כותבין תפילין על עור בהמה טמאה דכתיב למען תהיה תורת ה' בפיך מדבר המותר בפיך אלא מעתה על גבי עור נבלות וטרפות אל יכתבו א"ל אמשול לך משל למה"ד לשני בני אדם שנתחייבו הריגה למלכות אחד הרגו מלך ואחד הרגו איספקליטור איזה מהן משובח הוי אומר זה שהרגו מלך אלא מעתה יאכלו א"ל התורה אמרה לא תאכלו כל נבלה ואת אמרת יאכלו א"ל קאלוס: **מתני'** אין עושין הילמי בשבת אבל

רש"י

פיטרא. פטריות בול"ן: **מאונא דחצבא.** פעמים שהוא גדל בשפת הדלי ממים: **ושאינו נקוב פטור.** משום דלא מחובר בקרקע עולם הוא: **לאו היינו רביתיה.** דאין דרך זריעה שם אבל אלו שאמרנו הוא עיקר גידולן: **נקבי נקבי.** מקום מושב נוצה: **לא ניכתוב.** דרחמנא אמר וכתבתם כתיבה תמה שלימה ולא מופסקת: **בכנפיו.** בעולת העוף משתעי שיסעסענו בעוד כנפיו בו ומקטיר כנפיו כל כנפי הגוף בלו"ש בלע"ז נוצה הוא הדקה שהיא כבשר כמין נמר שאין לה שרשים קשים: **להכשיר את העור.** לימדך הכתוב שאינו צריך הפשט כעולת בהמה שפשט בה את העור: **פירצי.** היינו נקבי: **מאי אם יבא אליהו ויאמר.** היתר ואיסור אין תלוי בו דלא בשמים היא: **והתנן עצמות הדג ועורו מצילין באהל המת.** לפי שאין מקבלין טומאה כדתניא בת"כ עור יכול עורות שבים כו' ועצמות הדג נמי דכלי עצם דמקבלים טומאה מכל מעשה עזים ילפינן לה להביא דבר הבא מן העזים מן הקרנים ומן הטלפים אבל דגים לא וכל שאינו מקבל טומאה חוצץ בפני הטומאה ומשנה זו במס' כלים: **דהוו דלו.** גליהן מגביהן: **לאקבולי אפיה.** לעשות מחילה סביביו כשהוא נפנה על דופני הספינה שלא יראה גילויו. ע"א לקנח: **ועכירי.** ענין צער משום לצערו שאף הוא עכור ומפני שלא היה רוח מנשבת והמים נעשין גלין הבין שלכבוד אדם גדול הוא והנהר היה משוך מא"י לבבל: **תהוי.** הריח בו בקנקנו אם יין הוא או החמיץ כמו בת חיהא דמשקי גבי יין נסך (ע"ז ד' סו:) כלומר דבדקהו אם חכם הוא אם לאו: **מנין לדם שהוא אדום.** דגבי נדה דם כתיב ותנן (נדה דף יט.) ה' דמים טמאים באשה וכולן משום דמראיתן אדומה אף על גב דשחור תנא בהו אמרינן שחור אדום הוא אלא שלקה: **ונאמר להלן ערלתו.** גבי נטיעה (ויקרא יט) **תמה.** באמירתה ערלתו: **ואין דנין ערלתו מערלת.** דאין זו אמירה תמה שאינו מפורש בתוך התיבה ערלת מה: **תיפוק קרנא בעיניה.** הכין בו שלנטותו בה: **אוכליה נהמא דשערי.** כדי לשלשל דרופא היה שמואל: **ולא אחוי ליה בית הכסא.** שממון קן מתהפך ומתבלבל הזבל במעיו ומתמוגג כולו: **ונכרכות.** האיגרות: **בשערן.** של אלו ואחר כך מכניסן בדפוסי הקציצה שלהן: **אספקלטור.** שר הטבחים בלשון יוני: **זה שהרגו מלך.** ואלו נקנו ע"י בוראן: **קאלוס.** משובח טעם זה: **מתני'** הילמי. שלמוייר"א: אבל

תוספות

ואי ס"ד עור הוא היכי מרבי ליה קרא. תימה לר"י הא אפילו נוצה שבכנפים מרבה קרא וי"ל דבהמה נמי אשכחן שהיה קרב שיער שבזקן תיישים ואמר שברגלים רחלים כדאמרינן בזבחים (דף פה.) ובחולין (דף כ.) דלא קפיד קרא אלא אהפשט עור וה"נ לענין פ' שהעולה קריבה אי עור הוא לריך הפשט:

ר"ח ל"ג וקדלו מיא לאקבולי אפיה אלא הכי גרס חזינהו שמואל למיא דקדלו ועכירי ואמר שמואל גברא רבה קאתי וחש במעיה פי' שמע שמואל שמועה שאדם גדול היה בא בספינה וידע שמואל ששתה מן הנהר אותו אדם גדול ומתוך כך יחוש במעיו לפי שהמים היו עכורים מחמת הרוח שהיה מבלבלם ולפי ששמואל היה רופא מומחה א"ל לקרנא זיל תהי ליה בקנקניה פי' תראה אם הוא חכם וראוי לכבדו אביאנו לביתי ואעשה לו רפואה ואכבדנו לפי מה שראוי לו: **מניין לדם שהוא אדום.** וכל אותן ד' מינין דמרבינן מדמיה דמה יש בהן לד לאדומים:

איזה מהן חשוב אותו שהרגו מלך. ול"ת תימה מתו מאליהן נחורות ועקורות מאי איכא למימר וי"ל כיון דמתו דמתי שרי א"כ מן המותר בפיך לאו דוקא אלא ממין המותר בפיך קאמר: **אין** עושין הילמי בשבת. הלכה כרבנן דפרק קמא דעירובין (דף יד:) דאמר אין הלכה כר' יוסי לא בהילמי ולא בלחיין ואמר נמי התם פוק חזי מאי עמא דבר ופי' בקונטרס וכבר נהגו העם כלחיי משהו וכיון דאין הלכה כר' יוסי בלחיים כ"ש בהילמי דאפילו רב הונא בר חנינא דפליג התם בלחיים מודה בהילמי ושרי לעשות מי מלח בשבת ליתן על עופות ללויין ואם נותן מלח על העופות ואח"כ נותן משקין עליהם שרי אפילו לרבי יוסי שהשמנונית ממתיק המלח כמו שמן: עלין

מסורת הש"ס

א) לעיל צה., ב) חולין קיט:, ג) [כלים פי"ז מ"א], ד) [לעיל כח: מכות יא.], ה) נדה יט., ו) [תוספתא פט"ו], ז) [ב"ב כב.], ח) [מסכת סופרים פ"א הל' א וכ' בשינוי לשון קצת], ט) לעיל כח:, י) מסכת סופרים פ"א הלכה ב, כ) [שר הטבחים פי' רב ספקלטורוליה, ערוך], ל) [מנחות לה.], מ) [נ"ל ומקטיר], נ) [חולין קכ:], ס) [נדה יט.].

תורה אור השלם

א) וְשִׁסַּע אֹתוֹ בִכְנָפָיו לֹא יַבְדִּיל וְהִקְטִיר אֹתוֹ הַכֹּהֵן הַמִּזְבֵּחָה עַל הָעֵצִים אֲשֶׁר עַל הָאֵשׁ עֹלָה הוּא אִשֵּׁה רֵיחַ נִיחֹחַ לַיְיָ: [ויקרא א, יז]

ב) וְהָיָה לְךָ לְאוֹת עַל יָדְךָ וּלְזִכָּרוֹן בֵּין עֵינֶיךָ לְמַעַן תִּהְיֶה תּוֹרַת יְיָ בְּפִיךָ כִּי בְּיָד חֲזָקָה הוֹצִאֲךָ יְיָ מִמִּצְרָיִם: [שמות יג, ט]

ג) וַיַּשְׁכִּימוּ בַבֹּקֶר וְהַשֶּׁמֶשׁ זָרְחָה עַל הַמָּיִם וַיִּרְאוּ מוֹאָב מִנֶּגֶד אֶת הַמַּיִם אֲדֻמִּים כַּדָּם: [מלכים ב' ג, כב]

ד) וְעָרֵל זָכָר אֲשֶׁר לֹא יִמּוֹל אֶת בְּשַׂר עָרְלָתוֹ וְנִכְרְתָה הַנֶּפֶשׁ הַהִוא מֵעַמֶּיהָ אֶת בְּרִיתִי הֵפַר: [בראשית יז, יד]

ה) וְכִי תָבֹאוּ אֶל הָאָרֶץ וּנְטַעְתֶּם כָּל עֵץ מַאֲכָל וַעֲרַלְתֶּם עָרְלָתוֹ אֶת פִּרְיוֹ שָׁלֹשׁ שָׁנִים יִהְיֶה לָכֶם עֲרֵלִים לֹא יֵאָכֵל: [ויקרא יט, כג]

ו) וּמַלְתֶּם אֵת עָרְלַת לְבַבְכֶם וְעָרְפְּכֶם לֹא תַקְשׁוּ עוֹד: [דברים י, טז]

ז) עַל מִי אֲדַבְּרָה וְאָעִידָה וְיִשְׁמָעוּ הִנֵּה עֲרֵלָה אָזְנָם וְלֹא יוּכְלוּ לְהַקְשִׁיב הִנֵּה דְבַר יְיָ הָיָה לָהֶם לְחֶרְפָּה לֹא יַחְפְּצוּ בוֹ: [ירמיה ו, י]

ח) לֹא תֹאכְלוּ כָל נְבֵלָה לַגֵּר אֲשֶׁר בִּשְׁעָרֶיךָ תִּתְּנֶנָּה וַאֲכָלָהּ אוֹ מָכֹר לְנָכְרִי כִּי עַם קָדוֹשׁ אַתָּה לַייָ אֱלֹהֶיךָ לֹא תְבַשֵּׁל גְּדִי בַּחֲלֵב אִמּוֹ: [דברים יד, כא]

רב נסים גאון

שהזכירו במסכת ברכות (דף מ) על כמהין ופטריות אומר שהכל נהיה בדברו הקשינו וכמהין ופטריות לאו מגידולי קרקע נינהו והתנן כו' ופריק אביי מרבי מארעא קא רבי מינק מאוירא קא יניק:

ליקוטי רש"י

אונא. אחן [גיטין סט:]. **חצבא.** כד של חרס ששואבין בו המים [סוכה כט.]. **התולש מעציץ נקוב חייב.** דהוי כמחובר דיונק מן הקרקע על ידי הנקב שמריח לחלוחית הקרקע ואפילו הנקב בדופנו [לעיל צה.]. **בכנפיו.** עם כנפיו אינו צריך למרוט כנפי נוצתו [ויקרא א, יז]. **תהי ליה אקנקניה.** הריח לו בקנקנו אם יין הוא אם חומץ כלומר בדקהו בהלכות אם תלמיד חכם הוא אם לאו ריח היין כשמריחין אותו אם טוב הוא אם קרי תהי כדאמרינן בת חיהא במסכת ע"ז (סו:) וכן בכתובות (קה.) קרנא הוה תהי באמברא דמחלא [ב"ב כב.]. **למען תהיה תורת ה' בפיך.** ורישיה דקרא משתעי בתפילין. **מן המותר בפיך.** שאין נכתבין על עור בהמה טמאה [מכות יא.]. (שמות יג) שיהא הכל מבהמה טהורה [מגילה כד:]. **מנגד.** מרחוק והם לא ראו באותו הנחל מים מעולם לפיכך היו סבורין שהוא דם. **אדומים כדם.** כן דרך המים כשהשמש זורחת עליהם בבקר מאדימות [מ"ב ג, כב]. **ערלת לבבכם.** אוטם לבבכם וכיסויו [דברים י, טז]. **הנה ערלה.** אטומה וכן כל ל' ערלה [ירמיה ו, י]. **כסא דהרסנא.** דגים המבושלים בשמן בקמח [לעיל לז:]. דגים קטנים מטוגנים בשמן קרביהן ובקמח [לקמן קיח:]. דגים קטנים מטוגנין בקמח בשומן שלהן [סוכה מד:]. קערה של מאכל דגים מטוגנין בשמן בסולת [רשב"ם ב"ב ס:]. טיגן במוריים שומן דגים עם קמח [ע"ז לח.]. דג שטיגנהו בשומן היוצא ממנו עם הקמח [שם כח.]. **וערל זכר.** כאן למד שהמילה באותו מקום שהוא ניכר בין זכר לנקבה [בראשית יז, יד]. **ונכרכות בשערן.** שצריך לקשור איגרות הפרשיות בשער עור בהמה טהורה ולתופרן בגיד בהמה טהורה. **בשערן.** בשער מן [ס"א, של מין] הקלף כלומר בשל טהורה [לעיל כח:]. **הגרסי.** שם מקום ל"א שהיה טוחן גריסים [עירובין כא:].

עין משפט נר מצוה

י א מיי' פ"א מהלכות תפילין הלכה י ופ"ג מהל' כלים הל' ד סמג עשין כב כה טוש"ע א"ח סי' לב סעיף יב וטוש"ע י"ד סי' רעא סעיף א [וברא"ש בהל' ס"ת הלכה כז]:

יא ב מיי' פ"א מהל' תפילין הל' כ טוש"ע א"ח סי' לב סעיף יג:

יב ג מיי' פ"ט מהל' מעשה קרבנות הל' ה סמג עשין קפ:

יג ד מיי' פ"ו מהל' טומאת מת הלכה א:

יד ה מיי' פ"א מהל' תפילין הל' י סמג עשין כב וכה טוש"ע א"ח סי' לב סעיף יב וטוש"ע י"ד סי' רעא סעיף א [וברא"ש בהלכות ס"ת הלכה כ]:

טו ו מיי' פ"ה מהל' איסורי ביאה הל' ד [טוש"ע י"ד קסט סעי' א]:

טז ז מיי' פ"א מהל' תפילין הלכה יג סמג עשין כב וכה טוש"ע א"ח סי' לב סעיף יב וטוש"ע י"ד סי' רעא סעיף א [וברא"ש בהל' תפילין דף עא. וברא"ש שם הלכה כ]:

יז ח מיי' פ"ג שם הל' ו סמג שם טוש"ע א"ח סי' לב סעיף מד:

יח ט מיי' שם הלכה ח ופ"ג שם טוש"ע שם סעיף מט:

רבינו חננאל

אלעא הכי קתני וחכ"א אין עור טמא כבשר אלא מה שמנו חכמים ואמרו אלו שעורותיהן כבשרן ודייקינן מדקתני חכמים דהני שמנו במשנה ואלו שעורותיהן כבשרן דעורן טמא כבשרן והנשארין לא מכלל דר' יוחנן בן נורי דפליג עליהו סבר דאפי' הנשארין טמאים והא ח' שרצים יש להן עורות קתני דאלמא כולן לא טמא עורן ונדחת דהדר רב אדא הכי וחכ"א לענין טומאה אין עור למה שמנו חכמים כלומר אין להן עור אלא כבשר הוא חשוב. ור' יוחנן בן נורי פליג ואמר יש להן עורות ואקשי' וכי לענין טומאה פליגי לענין שבת לא פליגי והתניא הצד אחד משמונה שרצים והחובל בהן חייב בשרצים שיש להן עור ואי זו היא חבורה כל שאינה חוזרת נצרר הדם אע"פ שלא יצא. ר' יוחנן בן נורי אומר ח' שרצים יש להן עורות מדקתני בהא מתניתא בשרצים שיש להן עורות. אלמא דרבנן הוא דאית להו חלוקה במקצת שמונה שרצים ומקצתן אבל ר' יוחנן בן נורי אכולהו מחייב דהכא בשבת כוותיה וקשיא לרב ופריק רב אשי אליבא דרב ואמר ת"ק דמפליג בין מקצת שרצים למקצתן לאו חכמים נינהו אלא ר' יהודה דאזיל בתר גישתא דתנן רבי יהודה אומר הלטאה כחולדה אבל רבנן דפליגי התם על ר' יוחנן בן נורי לענין טומאה פליגי. אבל לענין שבת מודו ליה. ואקשינן אי הכי הא ברייתא דתניא הצד א' מח' שרצים האמורין בתורה והחובל בהן חייב דברי ר' יוחנן בן נורי דברי ר' יוחנן בן נורי ומחלקותו הוה ליה למיתנא דמשמע אפי' רבנן דפליגי עליה לענין טומאה הכא מודו ליה ופרקי' תני דברי רבי יוחנן בן נורי ומחלקותו פירוש חבורה מלשון חברבורות. כגון יחת מחתחתים יגל מגלגל. מכלת מכלכול וכיוצא בהן ודייקינן מדקתני החובל בהן פטור. מכלל שההורגן חייב. ומוקים לה ר' ירמיה כר' אלעזר דאמר ההורג כינה בשבת כהורג גמל בשבת ודחי רב יוסף ואמר אפי' תימא רבנן מחייבי ליה דלא פטרי רבנן אלא כגון כינה דאינה פרה ורבה אבל שקצים ורמשים דפרו ורבו מחייבי ההורגן ושניהן דרשו מאילים האמורים במעשה המשכן ועורות אילים שהורגים אותן ליטול עורותיהן כדפרישנן דכל מלאכה ממעשה המשכן גמרי להו. והריגת מזיקין מפרשינן לה בכל כתבי הקדש. ואקשי ליה אביי לרב יוסף שהקב"ה זן ביצי כינים והתניא הטפריין וביצי כינים אלמא יש ביצים לכינים והן בלשון ארמית נכי ובלשון ישמעאל ציבאן ופרעושים ודאי יש להן ביצים ולא פטר ר' יהושע א) את ההורגן ולא פטר את הצדן ואמר מר יהודה רב גאון זצ"ל דהוא מרבנן קשישי ראשונים דהוו מימנעי מלצוד פרעוש בשבת ואפי' על בשרם ולא מנעון למשקל כינים כדמפרש בריש מס' דא: **פיסקא** הצדן לצורך חייב ושלא לצורך פטור כר' המפיס מורסא בשבת והצד נחש בשבת אע"ג דאוקמינהו רב לר"ש דאמר מלאכה שאינה צריכה לגופה פטור עליה קיי"ל כשמואל דאמר בהו דאינון פטור ומותר: **אמר** שמואל [השולה] דג מן הים. אם הוציאו מן הים ולא שהה כדי יציאת נפש עד שהחזירו לים פטור שהרי לא עקר דבר מגידולו וגם לא הרגו ולא העתיקו נמי ממקום חיותו לגמרי אבל אם הניחו ביבשה עד שיבש בו כסלע לחלוחית המים חייב א"ר יוסי בר אבין ולא אמרו שיבש אלא בין סנפירין של דג ששם חייו. וכיון שיבש שם כאילו מת וזו השמועה של ר' יוסי בר' אבין מפורש בתענית פ' סדר תענית האלו רב אשי אמר לא תימא יבש ממש אלא אפי' (דבירה) [דעבד רירי] פי' דרירי של דג יוצא מתוך פיו הנה נטה למות ואינו חוזר בחיותו וכמת הוא חשוב והשולה אותו חייב. הא דאמר שמואל הכניס ידו למעי בהמה ודלדל עובר שבמעיה חייב ואסיקנא חיוביה משום עוקר דבר מגידולו כדרב ששת דמאן דתלש [כשותא] מהיזמי והיגי [חייב] ומפרש בפ' בכל מערבין דקטלין לה להיזמתא ויבשה כשותא: **אמר** אביי האי מאן דתלש פיטורא מאונא דחצבא חייב משום עוקר דבר מגידולו. פי' פיטורא זה ממיני כמהין ופטריות ומפורש בגמ' ברכות פ' כיצד מברכין אמר אביי מירבא קא רבו מן ארעא ומינק מן אוירא ינקי עיקר שלהן מן הקרקע ולא מיתמר בהן גידולי הארץ והכין נמי להעוקר פטריות מן אונא דחצבא אע"פ שהוא כלי חרס יוצא ונגדל ומאוירא ינקי. וכמה דאית לפיטורא במקום גידולו איה ביה כח דיניק מן אוירא. וכד מיעקר לא יניק מאוירא: **מותיב** רבה אושעיא תולש מעציץ נקוב חייב ומשאינו נקוב פטור דאלמא פיטורא באונא דחצבא כעשב בעציץ [שאינו] נקוב דמי ופרקינן התם לאו היינו רביתיה. הכא היינו רביתיה.

מפרשי

חשק שלמה על רבינו חננאל א) ע"ש יש כאן ונראה דל"ל ולא פטר ר"י אלא את הצדן אבל לא את ההורגן:

bird's skin] is classified as **hide,** הַיְינוּ דְּאִיצְטְרִיךְ קְרָא לְרַבּוּיֵיהּ – because **that is why a verse is needed to include it.**[18] אֶלָּא אִי אָמְרַתְּ לָאו עוֹר הוּא – **But if you say** that **it is not hide,** אַמַּאי אִיצְטְרִיךְ קְרָא לְרַבּוּיֵיהּ – **why is a verse needed to include it?**[19] The very fact that a verse *is* needed proves that a bird's skin is classified as hide.

This proof is deflected:

אָמַר לֵיהּ אַבָּיֵי – **Abaye said to [R' Zeira]:** לְעוֹלָם אֵימָא לָךְ – **In fact, I could say to you** that לָאו עוֹר הוּא – **[a bird's skin] is not hide.**[20] וְאִיצְטְרִיךְ – **And yet [a verse] is needed** to teach that it is offered on the Altar, because of the following consideration: סַלְקָא דַעְתָּךְ אֲמֵינָא – **You might have thought to say** that כֵּיוָן דְּאִית בֵּיהּ פִּירְצֵי פִּירְצֵי – **since [a bird's skin] is full of holes,** מָאִיס – **it is** too **repulsive** to go up on the Altar. קָמַשְׁמַע לָן – **[The verse]** is therefore required to **teach us** that it does go upon the Altar.

The Gemara now discusses whether tefillin may be written on the skin of a fish:

בְּעָא מִינֵּיהּ מַר בְּרֵיהּ דְּרָבִינָא מֵרַב נַחְמָן בַּר יִצְחָק – **Mar the son of Ravina asked Rav Nachman bar Yitzchak:** מַהוּ לִכְתּוֹב תְּפִילִּין עַל גַּבֵּי עוֹר שֶׁל דָּג טָהוֹר – **What is [the law]** as to whether it is acceptable **to write tefillin on the skin of a kosher fish?** אָמַר לוֹ – **He answered him:** אִם יָבֹא אֵלִיָּהוּ וְיֹאמַר – We will know the law **if Elijah comes and tells** it to us.

This response is clarified:

מַאי אִם יָבֹא אֵלִיָּהוּ וְיֹאמַר – **What is** the meaning of **"if Elijah comes and tells"?**[21] אִילֵימָא אִי דְּאִית לֵיהּ עוֹר אִי דְּלֵית לֵיהּ עוֹר – **If one says** it means that Elijah will tell us **whether or not [a fish] has a hide,**[22] הָא חָזֵינַן דְּאִית לֵיהּ עוֹר – **but** that cannot be its meaning, because **we can see** for ourselves **that [a fish] does have a hide!** וְעוֹד הָתְנַן – **Furthermore, we have learned in a Mishnah**[23] that a fish has a hide, as follows: עַצְמוֹת הַדָּג וְעוֹרוֹ מַצִּילִין בְּאֹהֶל הַמֵּת – THE BONES OF A FISH AND ITS SKIN SAVE things from becoming *tamei* IN THE TENT OF A CORPSE.[24] אֶלָּא – **Rather,** the meaning of Rav Nachman bar Yitzchak's response is as follows: אִם יָבֹא אֵלִיָּהוּ וְיֹאמַר – We will know whether the skin of a fish is valid for tefillin **if Elijah comes and tells** us אִי פָּסְקָא זוּהֲמָא מִינֵּיהּ אִי לֹא פָּסְקָא זוּהֲמָא מִינֵּיהּ – **whether or not the stench has departed from it.**[25]

The Gemara cites a related story:

שְׁמוּאֵל וְקַרְנָא הֲווּ יָתְבֵי אַגּוּדָא דִּנְהַר מַלְכָּא – **Shmuel and Karna were sitting on the bank of the royal river.**[26] חַזְיוּהוּ לְמַיָּא דְּקָא דָּלוּ וַעֲכִירֵי – **They saw that the water** of the river **was rising and turbid.** אָמַר לֵיהּ שְׁמוּאֵל לְקַרְנָא – **Shmuel said to Karna:** גַּבְרָא רַבָּה קָאָתֵי מִמַּעַרְבָא – **A great man is coming from the West** [i.e. Eretz Yisrael], וְחָיֵישׁ בִּמְעֵיהּ – **who is suffering** from an ailment **in his stomach,** וְקָא דָלוּ מַיָּא לְאַקְבּוּלֵי אַפֵּיהּ קַמֵּיהּ – **and the water is rising to greet him.**[27] זִיל תְּהֵי לֵיהּ אַקַּנְקַנֵּיהּ – **Go** and **sniff his keg.**[28] That is, find out whether he is a Torah scholar.[29] אֲזַל אַשְׁכְּחֵיהּ לְרַב – **[Karna] went and met Rav.**[30] אָמַר לֵיהּ – **He asked him:** מִנַּיִין שֶׁאֵין כּוֹתְבִין תְּפִילִּין אֶלָּא עַל גַּבֵּי עוֹר בְּהֵמָה טְהוֹרָה – **From where** is it derived **that tefillin are not written except on the hide of an animal that is kosher?**[31] אָמַר לוֹ – **[Rav] answered him:** דִּכְתִיב – **For it is written** regarding tefillin:[32] "לְמַעַן תִּהְיֶה תּוֹרַת ה' בְּפִיךָ" – *so that the Torah of Hashem will be in your mouth,* which is

NOTES

18. As stated above, the hide of an animal *olah* may not be burned on the Altar. A verse is therefore required to teach that this is not so in the case of a bird *olah*.

19. Skin (as opposed to hide) is regarded as part of the flesh (see 107a note 12). Hence, it obviously is burned on the Altar, just as the entire flesh is.

20. Actually, Abaye agrees that a bird's skin *is* classified as hide, as he implied in the Gemara above (דְּאִי מִמַּתְנִיתִין וכו׳, *for if from our Mishnah* etc.). His point here is only that the proof adduced by R' Zeira is not compelling (*Shabbos Shel Mi*).

21. The Gemara is raising an objection: From the time Elijah was taken up to Heaven, he no longer had the authority to determine halachah, because the Torah was given to human beings to interpret without the benefit of messages from Heaven (*Rashi;* see *Bava Metzia* 59b).

22. According to this suggested explanation, Elijah would not be teaching a law. We already know the law that tefillin may be written on the skin of a fish if it has the physical properties of hide. Thus, Elijah would be needed only to tell us its physical properties (*Maharatz Chayes*).

23. *Keilim* 10:1.

24. A human corpse conveys *tumah* to people, food and utensils that are under the same roof. However, if these items are completely separated from the corpse by something that does not itself become *tamei* (e.g. they are inside a sealed earthenware vessel) they too do not become *tamei*. This Mishnah teaches that something made from the bones or skin of a fish is not susceptible to *tumah,* and hence has this capacity to block the spread of corpse *tumah*.

The Mishnah thus proves that the skin of a fish is classified as hide. For if it were merely skin, it would be considered part of the fish's flesh and hence, like the flesh, it would be susceptible to *tumah* and fail to prevent the spread of corpse *tumah*.

25. That is, we need Elijah to tell us whether the hide of a fish ceases to stink after it has been tanned (*Rabbeinu Chananel; Rambam, Hil. Tefillin* 1:10; *Meiri; Ritva MHK* ed.).

Chidushei HaRan objects that this too can be determined through our own observation. Hence, he suggests that the word זוּהֲמָא (stench) refers here to a state of spiritual impurity (see ibid. for elaboration; see also *Sfas Emes*).

26. I.e. the Euphrates, which is the "king" of the four rivers listed in *Genesis* 2:11-14 (*Ben Yehoyada;* see *Rashi* ibid.).

27. No wind was blowing and yet tall waves were forming in the river. Shmuel divined that the water was rising in honor of a great man traveling from Eretz Yisrael (for the river flowed from Eretz Yisrael to Babylonia) who was suffering from a stomach ailment. Since he had to relieve himself over the sides of the boat, waves rose either to conceal his nakedness or to cleanse him (see *Menachem Meishiv Nefesh*). The water was churning wildly as a mark of sympathy for the man's suffering, whose innards were also churning (*Rashi*).

Other Rishonim reject *Rashi's* version of this story, because it does not satisfactorily explain how Shmuel knew that the water was rising for this reason and not for some other reason (see *Chidushei HaRan*). They consequently prefer a different version of this story, which is recorded by *Rabbeinu Chananel* (see *Tosafos, Ramban, Rashba* et al.).

28. One would sniff a bottle of wine to ascertain whether the wine has turned sour (*Rashi;* see next note).

29. Shmuel wanted to know whether the traveler was a Torah scholar (*Rashi*) who was worthy of honor. He used the unusual expression "sniff his keg," because Karna's occupation was smelling wine in storehouses [to determine whether it would last or was about to spoil], as stated in *Kesubos* 105a (*Rabbeinu Chananel; Ramban; Rashash*). If the traveler was indeed such a scholar, Shmuel, who was a doctor [see *Bava Metzia* 85b], intended to take him into his house and treat him (*Tosafos*).

The commentators point out that Shmuel already said that the traveler was "a great man." If so, they ask, why was it necessary to test his scholarship? One answer is that Shmuel wished to verify what he had speculated (see *Shabbos Shel Mi*). Alternatively, Shmuel was concerned that the man might have lost his knowledge as a result of his great suffering (*Iyun Yaakov*). Another possibility is that Shmuel thought that perhaps the man was great only in deeds and not in scholarship (*Ben Yehoyada*).

30. The traveler was Rav.

31. This law applies to the parchment of the tefillin as well as to the leather casings (see above, 28b). [See *Benayahu,* who explains why Karna chose this question as well as those that follow.]

32. *Exodus* 13:9.

פיטרא מאונא דחצבא מיחייב משום עוקר דבר מגידולו מתיב רב אושעיא התולש מעציץ נקוב חייב ושאינו נקוב פטור התם לאו היינו רביתיה הכא היינו רביתיה: חיה ועוף כו': אמר רב הונא כותבין תפילין על גבי עור של עוף טהור אמר רב יוסף מאי קמ"ל דאית ליה עור תנינא החובל בהן חייב א"ל אביי טובא קמ"ל דאי ממתניתין הוה אמינא כיון דאית ביה ניקבי ניקבי לא קמ"ל כדאמרי במערבא כל נקב שהדיו עוברת עליו אינו נקב מיתיבי רבי זירא בכנפיו להכשיר את העור ואי ס"ד עור הוא היכי מרבי ליה קרא א"ל אביי עור הוא ורחמנא רבייה איכא דאמרי א"ר זירא אף אנן נמי תנינא בכנפיו לרבות את העור אי אמרת בשלמא עור הוא היינו דאיצטריך קרא לרבוייה אלא אי אמרת לאו עור הוא אמאי איצטריך קרא לרבוייה אמר ליה אביי לעולם אימא לך לאו עור הוא ואיצטריך סד"א כיון דאית ביה פירצי פירצי מאיס קמ"ל בעא מיניה מר בריה דרבינא מרב נחמן בר יצחק מהו לכתוב תפילין על גבי עור של דג טהור א"ל אם יבא אליהו ויאמר מאי אם יבא אליהו ויאמר אילימא אי דאית ליה עור אי דלית ליה עור הא חזינן דאית ליה עור ועוד התנן עצמות הדג ועורו מצילין באהל המת אלא אם יבא אליהו ויאמר אי פסקא זוהמא מיניה אי לא פסקא זוהמא מיניה: שמואל וקרנא הוו יתבי אגודא דנהר מלכא חזינהו למיא דקא דלו ועכירי א"ל שמואל לקרנא גברא רבה קאתי ממערבא וחייש במעיה וקא דלו מיא לאקבולי אפיה קמיה זיל תהי ליה אקנקניה אזל אשכחיה לרב א"ל מניין שאין כותבין תפילין אלא על גבי עור בהמה טהורה א"ל דכתיב ב) למען תהיה תורת ה' בפיך מן המותר בפיך מניין לדם שהוא אדום שנאמר ג) ויראו מואב מנגד את המים אדומים כדם מניין למילה שבאותו מקום נאמר כאן ד) ערלתו ונאמר להלן ה) ערלתו מה להלן דבר שעושה פרי אף כאן דבר שעושה פרי אימא לבו דכתיב ו) ומלתם את ערלת לבבכם אימא אזנו דכתיב ז) הנה ערלה אזנם דנין ערלתו תמה מערלתו תמה ואין דנין ערלתו תמה מערלת שאינה תמה א"ל מאי שמך קרנא א"ל יהא רעוא דתיפוק ליה קרנא בעיניה לסוף עייליה שמואל לביתיה אוכליה נהמא דשערי וכסא דהרסנא ואשקייה שיכרא ולא אחוי ליה בית הכסא כי היכי דלישתלשל לייט רב ואמר מאן דמצערן לא לוקמוה ליה בני וכן הוה: כתנאי מניין למילה שבאותו מקום נאמר כאן ערלתו ונאמר להלן ערלתו מה להלן דבר שעושה פרי אף כאן דבר שעושה פרי דברי ר' יאשיה ר' נתן אומר אינו צריך הרי הוא אומר ד) וערל זכר אשר לא ימול את בשר ערלתו מקום שניכר בין זכרות לנקבות: ת"ר כותבין תפילין על גבי עור בהמה טהורה ועל גבי עור חיה טהורה ועל גבי עור נבלות וטרפות שלהן ונכרכות בשערן ונתפרות בגידן והלכה למשה מסיני שהתפילין נכרכות בשערן ונתפרות בגידן אבל אין כותבין לא על גבי עור בהמה טמאה ולא על גבי עור חיה טמאה ואינו צריך לומר על גבי עור נבלה וטרפה שלהן ואין נכרכין בשערן ואין נתפרות בגידן וזו שאילה שאל ביתוסי אחד את ר' יהושע הגרסי מניין שאין כותבין תפילין על עור בהמה טמאה דכתיב ב) למען תהיה תורת ה' בפיך מדבר המותר בפיך אלא מעתה על גבי עור נבלות וטרפות אל יכתבו א"ל אמשול לך משל למה"ד לשני בני אדם שנתחייבו הריגה למלכות אחד הרגו מלך ואחד הרגו איספקליטור איזה מהן משובח הוי אומר זה שהרגו מלך אלא מעתה יאכלו א"ל התורה אמרה ח) לא תאכלו כל נבלה ואת אמרת יאכלו א"ל קאלוס: **מתני'** אין עושין הילמי בשבת אבל

פיטרא. פטריות בולי"ן: מאונא דחצבא. פעמים שהוא גדל בשפת הדלי ממים: ושאינו נקוב פטור. משום דלא מחובר בקרקע עולם הוא: לאו היינו רביתיה. דאין דרך זריעה שם אבל אלו שאמרנו הוא עיקר גידולן: נקבי נקבי. מקום מושב נוצה: לא ניכתוב. דרחמנא אמר וכתבתם כתיבה תמה שלימה ולא מופסקת: בכנפיו. בעולת העוף משתעי שיסענו בעוד כנפיו בו ומקטיר כנפיו כל כנפי הגוף בלו"ש בלע"ז נוצה הוא הדקה שהיא בבשר כמין צמר שאין לה שרשים קשים: להכשיר את העור. לימדך הכתוב שאינו צריך הפשט כעולת בהמה שפסל בה את העור: פירצי. היינו נקבי: מאי אם יבא אליהו ויאמר. היתר ואיסור אין תלוי בו דלא בשמים היא: והתנן עצמות הדג ועורו מצילין באהל המת. לפי שאין מקבלין טומאה כדתניא בת"כ עור יכול עורות שבים כו' ועצמות הדג נמי דכלי עצם דמקבלים טומאה מכל מעשה עזים ילפינן לה להביא דבר הבא מן העזים מן הקרנים ומן הטלפים אבל דגים לא וכל שאינו מקבל טומאה חוצץ בפני הטומאה ומשנה זו במס' כלים: דהוו דלו. גליהן מגביהן: לאקבולי אפיה. לעשות מחילה סביביו כשהוא נפנה על דופני הספינה שלא יראה גילויו. ע"א לקנח: ועכירי. ענין נער משום נערו שאף הוא עכור ומפני שלא היה רוח מנשבת וראה המים נעשין גלין הבין שלכבוד אדם גדול הוא והנהר היה משוך מא"י לבבל: תהי. הריח בו בקנקנו אם יין הוא או החמיץ כמו בת תיהא דאמר גבי יין נסך (ע"ז דף סו:) כלומר בדקהו אם חכם הוא אם לאו: מנין לדם שהוא אדום. דגבי נדה דם כתיב ותנן (נדה דף יט.) ה' דמים טמאים באשה וכולן משום דמראיתן אדומה אף על גב דשחור תנא בהו אמרינן שחור אדום הוא אלא שלקה: ונאמר להלן ערלתו. גבי נטיעה (ויקרא יט): תמה. באותיותיה ערלתו: ואין דנין ערלתו מערלת. דאין זו אמירה תמה שאינו מפורש בתוך התיבה ערלת מה: תיפוק קרנא בעיניה. הבין בו שלנסותו בא: אוכליה נהמא דשערי. כדי לשלשל דרופא היה שמואל: ולא אחוי ליה בית הכסא. שמתוך כך מתהפך ומתבלבל הזבל במעיו ומתמוגג כולו: ונכרכות. האיגרות: בשערן. של אלו ואחר כך מכניסן בדפוסי הקציצה שלהן: אספקלטור. שר הטבחים בלשון יוני: זה שהרגו מלך. ואלו לקו ע"י בוראן: קאלוס. משובח טעם זה: מתני' הילמי. שלמוייר"א: אבל

ואי ס"ד עור הוא היכי מרבי ליה קרא. תימה לר"י הא אפילו נוצה שבכנפים מרבה קרא וי"ל דבהמה נמי אשכחן שהיה קרב שיער שבזקן תיישים ואמר שבראש רחלים כדאמרינן בזבחים (דף פה:) ובחולין (דף ס.) דלא קפיד קרא אלא אהפשט עור וה"נ אע"פ שהנוצה קריבה אי עור הוא צריך הפשט:

ר"ח ל"ג וקדלו מיא לאקבולי אפיה אלא הכי גרס חזנהו שמואל למיא דקדלו ועכירי אמר שמואל גברא רבה קאתי וחש במעיה פי' שמע שמואל שמועה שאדם גדול היה בא בספינה וידע שמואל שישתה מן הנהר אותו אדם גדול ומתוך כך יחוש במעיו לפי שהמים היו עכורים מחמת הרוח שהיה מבלבלם ולפי ששמואל היה רופא מומחה א"ל לקרנא זיל תהי ליה בקנקניה פי' תראה אם הוא חכם וראוי לכבדו אביאנו לביתי ואעשה לו רפואה ואכבדנו לפי מה שראוי לו: **מניין** לדם שהוא אדום. וכל אותן ד' מינין דמרבינן מדמיה דמיה יש בהן לד אדמומית:

איזה מהן חשוב אותו שהרגו מלך. וא"ת תינח מתו מאליהן נחורות ועקורות מאי איכא למימר וי"ל כיון דמתו שרי א"כ מן המותר בפיך לאו דוקא אלא ממין המותר בפיך קאמר: **אין** עושין הילמי בשבת. הלכה כרבנן דבפרק קמא דעירובין (דף יד:) אמר אין הלכה כר' יוסי לא בהילמי ולא בלחיין ואמר נמי התם פוק חזי מאי עמא דבר ופי' בקונטרס וכבר נהגו העם בלחי משהו וכיון דאין הלכה כר' יוסי בלחיים כ"ש בהילמי דאפילו רב הונא בר חיננא דפליג התם בלחיים מודה בהילמי ושרי לעשות מי מלח בשבת ליתן על עופות ללוין ואם נותן מלח על העופות ואח"כ נותן משקין עליהם שרי אפילו לרבי יוסי שהשמנונית ממתיק המלח כמו שמן: עלין

עין משפט נר מצוה

י א מיי' פ"א מהלכות תפילין הלכה יו"א מהל' כליס הל' ד סמג עשין כב כה טוש"ע א"ח סי' לב סעיף יב וטוש"ע י"ד סי' רעא סעיף א [וברא"ש בהל' ס"ת הלכה ב]:

יא ב מיי' פ"א מהל' תפילין הל' כ טוש"ע א"ח סי' לב סעי' יג:

יב ג מיי' פ"ו מהל' מעשה קרבנות הל' כא סמג עשין קפ:

יג ד מיי' פ"ו מהל' טומאת מת הלכה א:

יד ה מיי' פ"א מהל' תפילין הל' י סמג עשין כב וכה טוש"ע א"ח סי' לב סעיף יב וטוש"ע י"ד סי' רעא סעיף א [וברא"ש בהלכות ס"ת הלכה ב]:

טו ו מיי' פ"ה מהל' איסורי ביאה הל' ו [טוש"ע י"ד סי' קפח סעי' א]:

טז ז מיי' פ"א מהל' תפילין הלכה י סמג עשין כב וכה טוש"ע א"ח סי' לב סעיף יב וטוש"ע י"ד סי' רעא סעיף א [ובאלפסי בהל' תפילין דף עא: וברא"ש שם הלכה ד]:

יז ח מיי' פ"ג שם הלכה א ח סמג שם טוש"ע א"ח סי' לב סעיף מד:

יח ט מיי' שם הלכה א וט טוש"ע שם סעיף מט:

רבינו חננאל

אלעא הכי קתני וחכ"א אין עור מטמא כבשר אלא מה שמנו חכמים ואמרו אלו שעורותיהן כבשרן ודייקינן מדקתני חכמים דהני ששנין במשנה ואלו שעורותיהן כבשרן הוא דעורן טמא כבשרן והנשארין לא מכלל דר' יוחנן בן נורי דפליג עליהן סבר דאפי' הנשארין מטמאו והא ח' שרצים יש להן עורות קתני דאלמא כולן לא מטמא עורן ונדחת דתריץ רב אדא הכי וחכ"א לענין טומאה אין עור למה שמנו חכמים כלומר אין להן עור אלא כבשר הוא חשוב. ור' יוחנן בן נורי פליג ואמר יש להן עורות ואקשי' וכי לענין טומאה פליגי לענין שבת לא פליגי והתניא הצד אחד משמונה שרצים והחובל בהן חייב בשרצים שיש להן עור ואי זו היא חבורה כל שאינה חוזרת נצרר הדם אע"פ שלא יצא. ר' יוחנן בן נורי אומר ח' שרצים יש להן עורות מדקתני בהא מתניתא בשרצים שיש להן עורות. אלמא דרבנן הוא דאית להו חלוקה במקצת שמונה שרצים ומקצתן אבל ר' יוחנן בן נורי אכולה מחייב ומחייב דהכא בשבת כוותיה [illegible]

מסורת הש"ס

א) לעיל נה., ב) חולין קיט:, ג) [כלים פי"ו מ"א], ד) [לעיל כח: מכות יא.], ה) נדה יט., ו) [תוספתא פט"ו], ז) [ב"ב פט.], ח) [מסכת סופרים פ"א הל' א וכ' בשינוי לשון קלת], ט) לעיל כח:, י) מסכת סופרים פ"א הלכה ב, כ) [שר הטבחים מ"י רב ספקלטוריא. ערוך], ל) [מנחות לד.], מ) [צ"ל ומקטיר], נ) [חולין כה:], ס) [נדה יט.].

תורה אור השלם

א) וְשִׁסַּע אֹתוֹ בִכְנָפָיו לֹא יַבְדִּיל וְהִקְטִיר אֹתוֹ הַכֹּהֵן הַמִּזְבֵּחָה עַל הָעֵצִים אֲשֶׁר עַל הָאֵשׁ עֹלָה הוּא אִשֵּׁה רֵיחַ נִיחֹחַ לַיְיָ: [ויקרא א, יז]

ב) וְהָיָה לְךָ לְאוֹת עַל יָדְךָ וּלְזִכָּרוֹן בֵּין עֵינֶיךָ לְמַעַן תִּהְיֶה תּוֹרַת יְיָ בְּפִיךָ כִּי בְּיָד חֲזָקָה הוֹצִאֲךָ יְיָ מִמִּצְרָיִם: [שמות יג, ט]

ג) וַיַּשְׁכִּימוּ בַבֹּקֶר וְהַשֶּׁמֶשׁ זָרְחָה עַל הַמָּיִם וַיִּרְאוּ מוֹאָב מִנֶּגֶד אֶת הַמַּיִם אֲדֻמִּים כַּדָּם: [מלכים ב ג, כב]

ד) וְעָרֵל זָכָר אֲשֶׁר לֹא יִמּוֹל אֶת בְּשַׂר עָרְלָתוֹ וְנִכְרְתָה הַנֶּפֶשׁ הַהִוא מֵעַמֶּיהָ אֶת בְּרִיתִי הֵפַר: [בראשית יז, יד]

ה) וְכִי תָבֹאוּ אֶל הָאָרֶץ וּנְטַעְתֶּם כָּל עֵץ מַאֲכָל וַעֲרַלְתֶּם עָרְלָתוֹ אֶת פִּרְיוֹ שָׁלֹשׁ שָׁנִים יִהְיֶה לָכֶם עֲרֵלִים לֹא יֵאָכֵל: [ויקרא יט, כג]

ו) וּמַלְתֶּם אֵת עָרְלַת לְבַבְכֶם וְעָרְפְּכֶם לֹא תַקְשׁוּ עוֹד: [דברים י, טז]

ז) עַל מִי אֲדַבְּרָה וְאָעִידָה וְיִשְׁמָעוּ הִנֵּה עֲרֵלָה אָזְנָם וְלֹא יוּכְלוּ לְהַקְשִׁיב הִנֵּה דְבַר יְיָ הָיָה לָהֶם לְחֶרְפָּה לֹא יַחְפְּצוּ בוֹ: [ירמיה ו, י]

ח) לֹא תֹאכְלוּ כָל נְבֵלָה לַגֵּר אֲשֶׁר בִּשְׁעָרֶיךָ תִּתְּנֶנָּה וַאֲכָלָהּ אוֹ מָכֹר לְנָכְרִי כִּי עַם קָדוֹשׁ אַתָּה לַייָ אֱלֹהֶיךָ לֹא תְבַשֵּׁל גְּדִי בַּחֲלֵב אִמּוֹ: [דברים יד, כא]

רב נסים גאון

שהזכירו במסכת ברכות (דף מ) על כמהין ופטריות אומר שהכל נהיה בדברו והקשינו וכמהין ופטריות לאו מגידולי קרקע נינהו ורמינהי כו' ופריק אביי מרבי מארעא קא רבי מינק מאוירא קא יניק:

ליקוטי רש"י

אונא. אוזן [גיטין סט:]. חצבא. כד של חרס שאולבין בו המים [סוכה כט.]. [illegible]

[illegible]

חשק שלמה על רבינו חננאל [illegible]

interpreted as teaching that the material on which tefillin are written must be מִן הַמּוּתָּר בְּפִיךָ – **from that which is permissible in your mouth,** i.e. from a species of animal that may be eaten.

Karna then asked Rav another question:

מִנַּיִין לְדָם שֶׁהוּא אָדוֹם – From where is it derived **that *dam*** (i.e. the blood which renders a woman *tamei*) **is red?**[33]

Rav answered:

שֶׁנֶּאֱמַר – For it is stated:[34] ,,וַיִּרְאוּ מוֹאָב מִנֶּגֶד אֶת־הַמַּיִם אֲדֻמִּים כַּדָּם'' – ***The Moabites saw the water from afar*** [and it appeared] ***red like blood*** (*dam*).

Karna asked a third question:

מִנַּיִין לְמִילָה שֶׁבְּאוֹתוֹ מָקוֹם – From where is it derived **that circumcision is** performed **on that place?**[35]

Rav answered:

נֶאֱמַר כָּאן ,,עָרְלָתוֹ'' – It is stated here, in regard to circumcision, ***his blockage*** (*orlaso*),[36] **וְנֶאֱמַר לְהַלָּן ,,עָרְלָתוֹ'' – and it is stated below,** in regard to a newly planted fruit tree, ***its blockage*** (*orlaso*).[37] The use of the same word in both verses manifests a link (*gezeirah shavah*) between them, which teaches: **מַה לְּהַלָּן דָּבָר שֶׁעוֹשֶׂה פְּרִי – Just as** the verse **below** speaks of **something that produces fruit, אַף כָּאן דָּבָר שֶׁעוֹשֶׂה פְּרִי – so too** the verse **here,** regarding circumcision, speaks of **something that produces fruit.**

Karna countered:

אֵימָא לִבּוֹ – But then one could **say** that circumcision is performed on **one's heart,**[38] **דִּכְתִיב – for it is written:**[39] ,,וּמַלְתֶּם אֵת עָרְלַת לְבַבְכֶם'' – ***you shall cut away the blockage of*** (*orlas*) ***your heart.*** **אֵימָא אָזְנוֹ –** Or one could **say** that it is performed on **one's ear, דִּכְתִיב – for it is written:**[40] ,,הִנֵּה עֲרֵלָה אָזְנָם'' – ***behold their ear is blocked*** (*areilah*).[41]

Rav responded:

דָּנִין עָרְלָתוֹ תַּמָּה – We derive the legal significance of ***orlaso*** (his blockage), which is a **complete** expression,[42] **מֵעָרְלָתוֹ תַּמָּה – from** the word ***orlaso*** (its blockage), which is also a **complete** expression. **וְאֵין דָּנִין עָרְלָתוֹ תַּמָּה – And we do not derive** the legal significance of ***orlaso*** (his blockage), which is a **complete** expression, **מֵעָרְלַת שֶׁאֵינָהּ תַּמָּה – from** the word ***orlas*** (the blockage of), **which is not** a **complete** expression.[43]

Rav continued:

אָמַר לֵיהּ – He said to him: מַאי שְׁמָךְ – What is your name?

Karna replied:

קַרְנָא – Karna.

Rav cursed Karna:

אָמַר לֵיהּ – He said to him: יְהֵא רַעֲוָא – May it be the will of Heaven **דְּתֵיפוּק לֵיהּ קַרְנָא בְּעֵינֵיהּ – that a horn** (*karna*) **will emerge in his eye!**[44]

The narrative is continued:

לְסוֹף עַיְילֵיהּ שְׁמוּאֵל לְבֵיתֵיהּ – Eventually, Shmuel took [**Rav**] **into his house. אוֹכְלֵיהּ נַהֲמָא דְשַׂעֲרֵי וְכַסָּא דְּהַרְסָנָא – He fed him barley bread**[45] **and fish hash,**[46] **וְאַשְׁקְיֵיהּ שִׁיכְרָא – and gave him beer to drink, וְלֹא אַחֲוֵי לֵיהּ בֵּית הַכִּסֵּא – and he did not show him the latrine, כִּי הֵיכִי דְּלִישְׁתַּלְשֵׁל – so that he would become diarrhetic.**[47] **לְיֵיט רַב וְאָמַר – Rav cursed, saying: מַאן דִּמְצַעֲרַן לֹא לוֹקְמוּהָ לֵיהּ בְּנֵי – "Whoever is causing me to suffer will not be survived by sons!" וְכֵן הֲוָה – And so it was.**[48]

One of Karna's questions sought the source for the law that circumcision is performed on "that place." The Gemara notes that the answer to this question has been debated by Tannaim:

כְּתַנָּאֵי – It is **as** the following dispute between **Tannaim: מִנַּיִין לְמִילָה שֶׁבְּאוֹתוֹ מָקוֹם – FROM WHERE** is it derived **THAT CIRCUMCISION IS** performed **ON THAT PLACE? נֶאֱמַר כָּאן ,,עָרְלָתוֹ'' – IT IS**

NOTES

33. The Torah (*Leviticus* 15:19) states that a discharge of דָּם, *dam* (blood), renders a woman a *niddah.* The Mishnah (*Niddah* 19a) lists five types of *dam* which have this effect, and all of them are various shades of red. Although one of them is black, the Gemara there explains that it is actually red *dam* that deteriorated (*Rashi*). Karna asked Rav whether he knew the Scriptural source which teaches that *dam* is defined as red blood. (See the Gemara in *Niddah* ibid., which considers the possibility that there are types of *dam* which may render a woman *tamei* although they are not red.)

34. *II Kings* 3:22.

35. I.e. on the male member.

36. *Genesis* 17:14. The translation of עָרְלָה, *orlah,* as *blockage* is based on *Rashi* ad loc. It is used here to denote the foreskin, which "blocks" (i.e. covers) the organ (see also *Rashi* to *Exodus* 6:12).

37. *Leviticus* 19:23. All fruits that grow on a tree during the first three years after its planting are forbidden (*orlah*), as this verse states: וַעֲרַלְתֶּם עָרְלָתוֹ אֶת־פִּרְיוֹ, literally: you shall make a blockage of its fruit, i.e. you shall treat its fruit as forbidden.

38. The commentators wonder how it is possible to perform circumcision on the heart (see *Eitz Yosef* for two solutions). Some suggest that indeed the question was absurd, and that Karna posed it only to test Rav. In fact, it was due to this question that Rav realized that Karna was only testing him, and was not sincerely seeking the truth [see Gemara below] (*Benayahu*).

39. *Deuteronomy* 10:16.

40. *Jeremiah* 6:10.

41. [Karna was asking: How do you know that the word עָרְלָתוֹ, *orlaso,* stated regarding circumcision is linked to the word עָרְלָתוֹ, *orlaso,* of a fruit tree, and not to the word עָרְלַת, *orlas,* stated in reference to the heart or to the word עֲרֵלָה, *areilah,* mentioned regarding the ear?]

42. It is complete insofar as it includes the possessive pronoun "his" (*Rashi;* cf. *Sfas Emes*).

43. The word itself does not identify to whom (or what) the *orlah* is attributed (*Rashi*). [The same is true of the word *areilah* in *Jeremiah* 6:10.]

44. Rav realized that Karna only wanted to test him (*Rashi;* see note 38; see also *Shabbos Shel Mi*).

Rav cursed Karna that a cataract will form in his eye. He described it as a קַרְנָא, *karna* (horn), after the name of his antagonist (*Chidushei HaRan*). *Aruch* (ע׳ קרן[א]) understands that this "horn" was a fleshy horn-like growth, such as a pimple.

The Gemara in *Bava Basra* (89a) relates that a "horn" did indeed grow in Karna's eye (see *Rashbam* ibid. ד״ה נפקא ליה).

Rav uttered this curse because he was in pain and Karna had held him up with his questions instead of allowing him to seek relief. Rav's reaction can be understood in light of the Gemara in *Bava Basra* (16b) which teaches that a person is not held accountable for what he does when he is in pain (*Hagahos R' Y. E. Emden;* see also *Minchas Chinuch* 231:3).

45. Shmuel, who was a doctor (see note 29), sought to loosen the contents of Rav's stomach (*Rashi*).

Barley bread is a laxative, as stated in *Vayikra Rabbah* §28 (cited by *Yefei Einayim*).

46. Fish fried with fish fat and flour (*Rashi* to *Beitzah* 16a ד״ה כסא דהרסנא).

47. Through delaying Rav, Shmuel sought to make the waste inside him churn over and dissolve (*Rashi*).

48. Shmuel had only daughters, and no sons (*Chidushei HaRan;* see *Shabbos Shel Mi*).

Rav issued this curse because he did not know that his treatment was intended as a cure. When he later found out that Shmuel sought to cure him and that his curse was nevertheless fulfilled, he accorded Shmuel the respect due a greater scholar, although Rav was in fact greater than Shmuel (see *Megillah* 22a with *Rashi* ד״ה ורב הוא דעביד and *Bava Kamma* 80b with *Rashi* ד״ה מלתא).

The curse of a Sage, even if it was uttered in error, inevitably comes to be. This is evident from the incident of Jacob's curse on whoever had stolen Laban's idols [see *Genesis* 31:32 with *Rashi*] (*Shabbos Shel Mi*).

פיטרא מאונא דחצבא מיחייב משום עוקר דבר מגידולו מתיב רב אושעיא ט) התולש מעציץ נקוב חייב ושאינו נקוב פטור התם לאו היינו רביתיה הכא היינו רביתיה: חיה ועוף כו': אמר רב הונא א) כותבין תפילין על גבי עור של עוף טהור אמר רב יוסף מאי קמ"ל דאית ליה עור תנינא החובל בהן חייב א"ל אביי טובא קמ"ל דאי ממתניתין הוה אמינא כיון דאית ביה ניקבי ניקבי לא קמ"ל י) כדאמרי במערבא ב) כל נקב שהדיו עוברת עליו אינו נקב מיתיבי רבי זירא א) בכנפיו להכשיר את העור ואי ס"ד עור הוא היכי מרבי ליה קרא א"ל אביי עור הוא ורחמנא רביה איכא דאמרי א"ר זירא אף אנן נמי תנינא בכנפיו ג) לרבות את העור אי אמרת בשלמא עור הוא היינו דאיצטריך קרא לרבוייה אלא אי אמרת לאו עור הוא אמאי איצטריך קרא לרבוייה אמר ליה אביי לעולם אימא לך לאו עור הוא ואיצטריך סד"א כיון דאית ביה פירצי פירצי מאים קמ"ל בעא מיניה מר בריה דרבינא מרב נחמן בר יצחק מהו לכתוב תפילין על גבי עור של דג טהור א"ל אם יבא אליהו ויאמר מאי אם יבא אליהו ויאמר אילימא אי דאית ליה עור אי דלית ליה עור הא חזינן דאית ליה עור ועוד התנן ד) עצמות הדג ועורו מצילין באהל המת אלא ה) אם יבא אליהו ויאמר אי פסקא זוהמא מיניה אי לא פסקא זוהמא מיניה: שמואל וקרנא הוו יתבי אגודא דנהר מלכא חזינהו למיא דקא דלו ועכירי א"ל שמואל לקרנא גברא רבה קאתי ממערבא וחייש במעיה וקא דלו מיא לאקבולי אפיה קמיה זיל תהי ליה אקנקניה אזל אשכחיה לרב א"ל מניין שאין כותבין תפילין אלא על גבי עור בהמה טהורה א"ל דכתיב ב) למען תהיה תורת ה' בפיך מן המותר בפיך ו) מניין לדם שהוא אדום שנאמר ג) ויראו מואב מנגד את המים אדומים כדם ז) מניין למילה שבאותו מקום נאמר כאן ד) ערלתו ונאמר להלן ה) ערלתו מה להלן דבר שעושה פרי אף כאן דבר שעושה פרי אימא אזנו דכתיב ז) הנה ערלה אזנם אימא לבו דכתיב ו) ומלתם את ערלת לבבכם דנין ערלתו תמה מערלתו תמה ואין דנין ערלתו תמה מערלת שאינה תמה א"ל מאי שמך קרנא א"ל יהא רעוא דתיפוק ליה קרנא בעיניה לסוף עייליה שמואל לביתיה אוכליה נהמא דשערי וכסא דהרסנא ואשקייה שיכרא ולא אחוי ליה בית הכסא כי היכי דלישתלשל לייט רב ואמר מאן דמצערן לא לוקמוה ליה בני וכן הוה: כתנאי מניין למילה שבאותו מקום נאמר כאן ערלתו ונאמר להלן ערלתו מה להלן דבר שעושה פרי אף כאן דבר שעושה פרי דברי ר' יאשיה ר' נתן אומר אינו צריך הרי הוא אומר ד) וערל זכר אשר לא ימול את בשר ערלתו מקום שניכר בין זכרות לנקבות ח) ת"ר י) כותבין תפילין על גבי עור בהמה טהורה ועל גבי עור חיה טהורה ועל גבי עור נבלות וטרפות שלהן ח) ונכרכות בשערן ט) ונתפרות בגידן והלכה למשה מסיני י) שהתפילין נכרכות בשערן ונתפרות בגידן אבל אין כותבין לא על גבי עור בהמה טמאה ולא על גבי עור חיה טמאה ואינו צריך לומר על גבי עור נבלה וטרפה שלהן ואין נכרכין בשערן ואין נתפרות בגידן וזו שאילה שאל י) ביתוסי אחד את ר' יהושע הגרסי מניין שאין כותבין תפילין על עור בהמה טמאה דכתיב ב) למען תהיה תורת ה' בפיך מדבר המותר בפיך אלא מעתה על גבי עור נבלות וטרפות אל יכתבו א"ל אמשול לך משל למה"ד לשני בני אדם שנתחייבו הריגה למלכות אחד הרגו מלך ואחד הרגו איספקליטור איזה מהן משובח הוי אומר זה שהרגו מלך אמר ליה אלא מעתה יאכלו א"ל התורה אמרה ח) לא תאכלו כל נבלה ואת אמרת יאכלו א"ל קאלוס: **מתני'** אין עושין הילמי בשבת אבל

רש"י

פיטרא. פטריות בול"ן: **מאונא דחצבא.** פעמים שהוא גדל בשפת הדלי ממים: **ושאינו נקוב פטור.** משום דלא מחובר בקרקע עולם הוא: **לאו היינו רביתיה.** דאין דרך זריעה שם אבל אלו שאמרנו הוא עיקר גידולן: **נקבי נקבי.** מקום מושב נוצה: **לא ניכתוב.** דרחמנא אמר ל) וכתבתם כתיבה תמה שלימה ולא מופסקת: **בכנפיו.** בעולת העוף משתעי שישסענו בעוד כנפיו בו מ) ומקטירס כנפיו כל כנפי הגוף בלע"ז נוצה הוא הדקה שהיא בבשר כמין למר שאין לה שרשים קשים: **להכשיר את העור.** לימדך הכתוב שאינו צריך הפשט כעולת בהמה שפסל בה את העור: **פירצי.** היינו נקבי: **מאי אם יבא אליהו ויאמר.** היתר ואיסור אין תלוי בו דלא בשמים היא: **והתנן עצמות הדג ועורו מצילין באהל המת.** לפי שאין מקבלין טומאה כדתניא בת"כ עור יכול עורות שבים כו' ועצמות הדג נמי דכלי עצם דמקבלים טומאה מכל מעשה עזים ילפינן לה להביא דבר הבא מן העזים מן הקרנים ומן הטלפים נ) אבל דגים לא וכל שאינו מקבל טומאה חוצץ בפני הטומאה ומשנה זו במס' כלים: **דהוו דלו.** גליהן מגביהן: **לאקבולי אפיה.** לעשות מחילה סביביו כשהוא נפנה על דופני הספינה שלא יראה גילויו. ע"א לקנח: **ועכירי.** ענין לעכר משום דעכרו שאף הוא עכור ומפני שלא היה רוח מנשבת ולא המים נעשין גלין הבין שלכבוד אדם גדול הוא והנהר היה משוך מא"י לבבל: **תהי.** הריח בו בקנקנו אם יין הוא או החמיץ כמו בת תיהא דאמר גבי יין נסך (ע"ז דף סו:) כלומר בדקהו אם חכם הוא אם לאו: **מנין לדם שהוא אדום.** דגבי נדה דם כתיב ותנן (נדה דף יט.) ה' דמים טמאים באשה וכולן משום דמראיהן אדומה אף על גב דשחור תנא בהו אמרינן שחור אדום הוא אלא שלקה: **ונאמר להלן ערלתו.** גבי נטיעה (ויקרא יט) ערלתו את פריו: **ואין דנין ערלתו תמה.** מלה בדבור: **תמה.** בלא תוספת ערלתו: **ואין דנין ערלתו מערלת.** דלאו זו אמירה תמה שאינו מפורש בתוך התיבה ערלת מה: **תיפוק קרנא בעיניה.** הבין בו שנלסנותו בלא: **אוכליה נהמא דשערי.** כדי לשלשל דרופא היה שמואל: **ולא אחוי ליה בית הכסא.** שמתוך כך מתהפך ומתבלבל הזבל במעיו ומתמוגג כולו: **ונכרכות.** הפיגרות: **בשערן.** של אלו ולאחר כך מכניסן לדפוסי הקציצה שלהן: **אספקלטור.** שר הטבחים בלשון יוני: **זה שהרגו מלך.** ואלו לקו ע"י בוראן: **קאלוס.** משובח טעם זה: **מתני' הילמי.** שלמוריי"א בלע"ז: אבל

תוספות

ואי ס"ד עור הוא היכי מרבי ליה קרא. תימה לר"י הא אפילו נוצה שבכנפים מרבה קרא וי"ל דבהמה נמי אשכחן שהיה קרב שיער שבזקן תיישים וצמר שבראש רחלים כדאמרינן בזבחים (דף פה:) ובחולין (דף כ.) דלא קפיד קרא אלא אהפשט עור וה"ה אע"פ שהעולה קריבה אי עור הוא צריך הפשט:

ר"ח ל"ג וקדלו מיא לאקבולי אפיה אלא הכי גרס חזינהו שמואל למיא דקדלו ועכירי אמר שמואל גברא רבה קאתי וחש במעיה פי' שמע שמואל שמועה שאדם גדול היה בא בספינה וידע שמואל שישתה מן הנהר אותו אדם גדול ומתוך כך יחוש במעיו לפי שהמים היו עכורים מחמת הרוח שהיה מבלבלם ולפי ששמואל היה רופא מומחה א"ל לקרנא זיל תהי ליה בקנקניה פי' תראה אם הוא חכם וראוי לכבדו אביאנו לביתי ואעשה לו רפואה ואכבדנו לפי מה שראוי לו: **מניין** לדם שהוא אדום. וכל אותן ד' מינין דמרבינן ס) מדמיה דמיה יש בהן צד אדמומית:

איזה מהן חשוב אותו שהרגו מלך. וא"ת תינח מתו מאליהן נחורות ועקורות מאי איכא למימר וי"ל כיון דמתו שרי א"כ מן המותר בפיך לאו דוקא אלא ממין המותר בפיך קאמר: **אין** עושין הילמי בשבת. הלכה כרבנן דבפרק קמא דעירובין (דף יד:) אמר אין הלכה כר' יוסי לא בהילמי ולא בלחיין ואמר נמי התם פוק חזי מאי עמא דבר ופי' בקונטרס וכבר נהגו העם בלחי משהו וכיון דאין הלכה כר' יוסי בלחיים כ"ש בהילמי דאפילו רב הונא בר חנינא דפליג התם בלחיים מודה בהילמי ושרי לעשות מי מלח בשבת ליתן על עופות צלויין ואם נותן מלח על העופות וא"כ נותן משקין עליהם שרי אפילו לרבי יוסי שהשמנונית ממתיק המלח כמו שמן:

עלין

מסורת הש"ס

א) לעיל צה., ב) גיטין סט:, ג) [כלים פ"י מ"א], ד) [לעיל כח: מכות יא.], ה) נדה יט., ו) [תוספתא פי"ג], ז) [ב"ב סב.], ח) [מסכת סופרים פ"א הל' א ו' בשינוי לשון קצת], ט) לעיל כה:, י) מסכת סופרים פ"א הלכה ב, כ) [ער הטבחים פ"י רב ספקלטוריא. ערוך], ל) [מנחות לד.], מ) [נ"ל ומקטיר], נ) [חולין כה:], ס) [נדה יט.].

תורה אור השלם

א) וְשִׁסַּע אֹתוֹ בִכְנָפָיו לֹא יַבְדִּיל וְהִקְטִיר אֹתוֹ הַכֹּהֵן הַמִּזְבֵּחָה עַל הָעֵצִים אֲשֶׁר עַל הָאֵשׁ עֹלָה הוּא אִשֵּׁה רֵיחַ נִיחֹחַ לַייָ: [ויקרא א, יז]

ב) וְהָיָה לְךָ לְאוֹת עַל יָדְךָ וּלְזִכָּרוֹן בֵּין עֵינֶיךָ לְמַעַן תִּהְיֶה תּוֹרַת יְיָ בְּפִיךָ כִּי בְּיָד חֲזָקָה הוֹצִאֲךָ יְיָ מִמִּצְרָיִם: [שמות יג, ט]

ג) וַיַּשְׁכִּימוּ בַבֹּקֶר וְהַשֶּׁמֶשׁ זָרְחָה עַל הַמָּיִם וַיִּרְאוּ מוֹאָב מִנֶּגֶד אֶת הַמַּיִם אֲדֻמִּים כַּדָּם: [מלכים ב' ג, כב]

ד) וְעָרֵל זָכָר אֲשֶׁר לֹא יִמּוֹל אֶת בְּשַׂר עָרְלָתוֹ וְנִכְרְתָה הַנֶּפֶשׁ הַהִוא מֵעַמֶּיהָ אֶת בְּרִיתִי הֵפַר: [בראשית יז, יד]

ה) וְכִי תָבֹאוּ אֶל הָאָרֶץ וּנְטַעְתֶּם כָּל עֵץ מַאֲכָל וַעֲרַלְתֶּם עָרְלָתוֹ אֶת פִּרְיוֹ שָׁלֹשׁ שָׁנִים יִהְיֶה לָכֶם עֲרֵלִים לֹא יֵאָכֵל: [ויקרא יט, כג]

ו) וּמַלְתֶּם אֵת עָרְלַת לְבַבְכֶם וְעָרְפְּכֶם לֹא תַקְשׁוּ עוֹד: [דברים י, טז]

ז) עַל מִי אֲדַבְּרָה וְאָעִידָה וְיִשְׁמָעוּ הִנֵּה עֲרֵלָה אָזְנָם וְלֹא יוּכְלוּ לְהַקְשִׁיב הִנֵּה דְבַר יְיָ הָיָה לָהֶם לְחֶרְפָּה לֹא יַחְפְּצוּ בוֹ: [ירמיה ו, י]

ח) לֹא תֹאכְלוּ כָל נְבֵלָה לַגֵּר אֲשֶׁר בִּשְׁעָרֶיךָ תִּתְּנֶנָּה וַאֲכָלָהּ אוֹ מָכֹר לְנָכְרִי כִּי עַם קָדוֹשׁ אַתָּה לַייָ אֱלֹהֶיךָ לֹא תְבַשֵּׁל גְּדִי בַּחֲלֵב אִמּוֹ: [דברים יד, כא]

רב נסים גאון

שהזכירו במסכת ברכות (דף מ) על כמהין ופטריות אומר שהכל נהיה בדברו והקשינו וכמהין ופטריות לאו מגידולי קרקע נינהו ורמינהו כו' ופריק אביי מרבי מארעא קא רבי מינק מאוירא קא ינקי:

ליקוטי רש"י

אונא. אזן [גיטין סט.]. **חצבא.** כד של חרס ששואבין בו המים [סוטה מח:]. **התולש מעציץ נקוב חייב.** דהוי כמחובר [illegible]

עין משפט נר מצוה

י א מיי' פ"א מהלכות תפילין הלכה י ופ"א מהל' כלים הל' ד סמג עשין כב כה טוש"ע א"ח סי' לב סעיף יב וטוש"ע יו"ד סי' רעא סעיף א [וברא"ש בהל' ס"ת הלכה ב]:

יא ב מיי' פ"א מהל' תפילין הל' כ טוש"ע א"ח סי' לב סעי' יג:

יב ג מיי' פ"ו מהל' מעשה קרבנות הל' כא סמג עשין קפ:

יג ד מיי' פ"ו מהל' טומאת מת הלכה א:

יד ה מיי' פ"א מהל' תפילין הל' י סמג עשין כב וכה טוש"ע א"ח סי' לב סעיף יב וטוש"ע יו"ד סי' רעא סעיף א [וברא"ש בהלכות ס"ת הלכה ב]:

טו ו מיי' פ"ה מהל' איסורי ביאה הל' ו [טוש"ע יו"ד סי' קפח סעי' א]:

טז ז מיי' פ"א מהל' תפילין הלכה י סמג עשין כב וכה טוש"ע א"ח סי' לב סעיף יב וטוש"ע יו"ד סי' רעא סעיף א [ובאלפסי בהל' תפילין דף עא: וברא"ש שם הלכה ד]:

יז ח מיי' פ"ג שם הלכה א ח סמג שם טוש"ע א"ח סי' לב סעיף מד:

יח ט מיי' שם הלכה א וט טוש"ע שם סעיף מט:

רבינו חננאל

אלעא הכי קתני וחכ"א אין עור מטמא כבשר אלא מה שמנו חכמים ואמרו אלו שעורותיהן כבשרן ודייקינן מדקתני חכמים דהני ששנוין במשנה ואלו שעורותיהן כבשרן הוא דעורן טמא כבשרן והנשארין לא מכלל דר' יוחנן בן נורי דפליג עליהן סבר דאפי' הנשארין מטמאו והא ח' שרצים יש להן עורות קתני דאלמא כולן לא מטמא עורן ונדחת דתריץ רב אדא הכי וחכ"א לענין טומאה אין עור למה שמנו חכמים כלומר אין להן עור אלא כבשר הוא חשוב. ור' יוחנן בן נורי פליג ואמר יש להן עורות ואקשי' וכי לענין טומאה פליגי לענין שבת לא פליגי והתניא הצד אחד משמונה שרצים והחובל בהן חייב בשרצים שיש להן עור ואי זו היא חבורה כל שאינה חוזרת נצרר הדם אע"פ שלא יצא. ר' יוחנן בן נורי אומר ח' שרצים יש להן עורות מדקתני בהא מתניתא בשרצים שיש להן עורות. אלמא דרבנן הוא דאית להו חלוקה במקצת שמונה שרצים ומקצתן אבל ר' יוחנן בן נורי אכולה מחייב ומחייב דהכא בשבת כוותיה וקשיא לרב ופריק רב אשי אליבא דרב ואמר ת"ק דמפליג בין מקצת שרצים למקצתן לאו חכמים אינון אלא ר' יהודה דאזיל בתר גישתא דתנן רבי יהודה אומר הלטאה כחולדה אבל רבנן דפליגי התם על ר' יוחנן בן נורי לענין טומאה פליגי. אבל לענין שבת מודו ליה. ואקשינן אי הכי הא ברייתא דתניא הצד א' מח' שרצים האמורין בתורה והחובל [illegible]

חשק שלמה על רבינו חננאל [illegible]

STATED HERE, in regard to circumcision, ***HIS BLOCKAGE*** (*orlaso*),[49] וְנֶאֱמַר לְהַלָּן ,,עָרְלָתוֹ'' – **AND IT IS STATED BELOW,** in regard to a newly planted fruit tree, ***ITS BLOCKAGE*** (*orlaso*).[50] The use of the same word in both verses manifests a link (*gezeirah shavah*) between them, which teaches: מַה לְהַלָּן דָּבָר שֶׁעוֹשֶׂה פְּרִי – **JUST AS** the verse **BELOW** speaks of **SOMETHING THAT PRODUCES FRUIT,** אַף כָּאן דָּבָר שֶׁעוֹשֶׂה פְּרִי – **SO TOO** the verse **HERE,** regarding circumcision, speaks of **SOMETHING THAT PRODUCES FRUIT;** דִּבְרֵי רַבִּי יֹאשִׁיָּה – these are **THE WORDS OF R' YOSHIYAH.** רַבִּי נָתָן אוֹמֵר – **R' NASSAN**[51] **SAYS:** אֵינוֹ צָרִיךְ – This *gezeirah shavah* is **NOT NECESSARY,**[52] הֲרֵי הוּא אוֹמֵר – for **BEHOLD** that **IT SAYS:**[53] ,,וְעָרֵל זָכָר אֲשֶׁר לֹא־יִמּוֹל אֶת־בְּשַׂר עָרְלָתוֹ'' – ***A BLOCKED MALE, THE FLESH OF WHOSE BLOCKAGE IS NOT CIRCUMCISED.*** The word *male*[54] teaches that circumcision is performed on the מָקוֹם שֶׁנִּיכָּר בֵּין זְכָרוּת לְנַקְבוּת – **PLACE** on the body **WHERE** the difference **BETWEEN THE MALE GENDER AND THE FEMALE GENDER IS RECOGNIZABLE.**

The Gemara returns to the subject of which hides are fit for tefillin:

תָּנוּ רַבָּנָן – **The Rabbis taught in a Baraisa:** כּוֹתְבִין תְּפִילִּין עַל גַּבֵּי עוֹר בְּהֵמָה טְהוֹרָה – **ONE MAY WRITE TEFILLIN ON THE HIDE OF A KOSHER ANIMAL,** וְעַל גַּבֵּי עוֹר חַיָּה טְהוֹרָה – **OR ON THE HIDE OF A KOSHER BEAST,**[55] וְעַל גַּבֵּי עוֹר נְבֵלוֹת וּטְרֵפוֹת שֶׁלָּהֶן – **OR ON THE HIDES OF THE *NEVEILOS* OR *TEREIFOS* OF [THESE SPECIES].**[56] וְנִכְרָכוֹת בִּשְׂעָרָן – **AND [TEFILLIN] ARE WRAPPED IN THEIR HAIR,**[57] וְנִתְפָּרוֹת בְּגִידָן – **AND ARE SEWN WITH THEIR SINEWS.**[58] וַהֲלָכָה לְמֹשֶׁה מִסִּינַי – **AND** indeed **IT IS AN ORAL LAW TRANSMITTED TO MOSES AT SINAI** שֶׁהַתְּפִילִּין נִכְרָכוֹת בִּשְׂעָרָן – **THAT TEFILLIN ARE WRAPPED IN THEIR HAIR** וְנִתְפָּרוֹת בְּגִידָן – **AND ARE SEWN WITH THEIR SINEWS.**[59]

The Baraisa continues:

אֲבָל אֵין כּוֹתְבִין לֹא עַל גַּבֵּי עוֹר בְּהֵמָה טְמֵאָה – **BUT ONE MAY NOT WRITE** tefillin **ON THE HIDE OF A NON-KOSHER ANIMAL,** וְלֹא עַל גַּבֵּי עוֹר חַיָּה טְמֵאָה – **AND NOT ON THE HIDE OF A NON-KOSHER BEAST,** וְאֵינוֹ צָרִיךְ לוֹמַר עַל גַּבֵּי עוֹר נְבֵלָה וּטְרֵיפָה שֶׁלָּהֶן – **AND, NEEDLESS TO SAY, NOT ON THE HIDE OF A *NEVEILAH* OR *TEREIFAH* OF [THESE SPECIES];** וְאֵין נִכְרָכִין בִּשְׂעָרָן – **AND [TEFILLIN] ARE NOT WRAPPED IN THEIR HAIR,** וְאֵין נִתְפָּרוֹת בְּגִידָן – **AND THEY ARE NOT SEWN WITH THEIR SINEWS.**

The Baraisa concludes with a dialogue:

וְזוֹ שְׁאֵילָה שָׁאַל בַּיְתוֹסִי אֶחָד אֶת רַבִּי יְהוֹשֻׁעַ הַגַּרְסִי – **AND THE FOLLOWING QUESTION WAS POSED BY ONE BOETHUSIAN**[60] **TO R' YEHOSHUA HAGARSI:**[61] מִנַּיִין שֶׁאֵין כּוֹתְבִין תְּפִילִּין עַל עוֹר בְּהֵמָה טְמֵאָה – **FROM WHERE** is it derived **THAT ONE MAY NOT WRITE TEFILLIN ON THE HIDE OF AN ANIMAL THAT IS NOT KOSHER?**

R' Yehoshua responded:

דִּכְתִיב ,,לְמַעַן תִּהְיֶה תּוֹרַת ה' בְּפִיךָ'' – **FOR IT IS WRITTEN:** ***SO THAT THE TORAH OF HASHEM WILL BE IN YOUR MOUTH,*** which is interpreted as teaching that the material on which tefillin are written must be מִדָּבָר הַמּוּתָּר בְּפִיךָ – **FROM SOMETHING THAT IS PERMISSIBLE IN YOUR MOUTH,** i.e. from an animal that may be eaten.

The Boethusian countered:

אֶלָּא מֵעַתָּה – **BUT THEN** עַל גַּבֵּי עוֹר נְבֵלוֹת וּטְרֵפוֹת אַל יִכָּתֵבוּ – **[TEFILLIN] MAY NOT BE WRITTEN ON** the ***NEVEILOS* OR *TEREIFOS*** of kosher animals, for they too may not be eaten![62]

R' Yehoshua replied:

אָמַר לוֹ – **[R' YEHOSHUA HAGARSI] ANSWERED HIM:** אֶמְשׁוֹל לְךָ מָשָׁל – **I WILL DRAW YOU AN ANALOGY.** לְמָה הַדָּבָר דּוֹמֶה – **TO WHAT MAY THE MATTER BE COMPARED?** לִשְׁנֵי בְנֵי אָדָם שֶׁנִּתְחַיְּיבוּ הֲרִיגָה לַמַּלְכוּת – It may be compared **TO TWO PEOPLE WHO WERE SENTENCED TO DEATH BY THE GOVERNMENT.** אֶחָד הֲרָגוֹ מֶלֶךְ – **ONE WAS EXECUTED BY THE KING** himself, וְאֶחָד הֲרָגוֹ אִיסְפַּקְלִיטוֹר – **AND ONE WAS EXECUTED BY** the king's **CHIEF EXECUTIONER.** אֵיזֶה מֵהֶן מְשׁוּבָּח – **WHICH ONE OF THEM IS SUPERIOR?** הֱוֵי אוֹמֵר זֶה שֶׁהֲרָגוֹ מֶלֶךְ – **I WOULD SAY THAT THE ONE EXECUTED BY THE KING** is superior. This demonstrates that *neveilos* and *tereifos,* which die at the hand of Heaven, are superior to ritually slaughtered animals, which die at the hand of man. Therefore, since ritually slaughtered animals may be used for tefillin, *neveilos* and *tereifos* may be used all the more so![63]

NOTES

49. See note 36.

50. See note 37.

51. [*Rashash* suggests that the text should read ר' יוֹנָתָן, *R' Yonasan,* who was the usual disputant of R' Yoshiyah.]

52. See *Shabbos Shel Mi.*

53. *Genesis* 17:14.

54. This word seems superfluous, because verse 10 has already said, "for every *male* among you is to be circumcised." It is therefore available to teach this lesson (*Gur Aryeh* to verse 14).

55. In some contexts the Torah distinguishes between two types of animals: (a) בְּהֵמָה, *beheimah,* i.e. livestock (cows, sheep, etc.); (b) חַיָּה, *chayah,* i.e. other animals (deer, dogs, etc.). The Baraisa teaches that this distinction does not apply here.

56. A *neveilah* is an animal that died without *shechitah.* A *tereifah* is an animal that has one of certain fatal injuries (see *Chullin* ch. 3), and for which *shechitah* is of no benefit. The meat of such animals may not be eaten. However, tefillin written on their hides are valid. [This law seems to be contradicted by the exposition recorded above – ,,בְּפִיךָ'' מִן הַמּוּתָּר בְּפִיךָ; the term "*in your mouth*" (*Exodus* 13:9) teaches that tefillin must be manufactured *from that which is permissible in your mouth.* The Gemara below resolves this problem.]

57. The individual parchments of the tefillin are wrapped in the hair of these (kosher) species before they are inserted into their respective compartments in the tefillin casings (*Rashi;* see *Orach Chaim* 32:44).

58. Any sewing in tefillin [e.g. to close the casings] must be performed with the sinews of kosher species (*Ritva MHK* ed.; see *Orach Chaim* ibid. §49).

59. Since the Baraisa repeats only these last two laws, it seems that only they are *Halachah LeMoshe MiSinai,* whereas the first law [namely, that the parchment and casings must be from a kosher animal] is not; rather, it is derived from the previously cited verse (see *Meromei Sadeh*).

60. The Boethusians were a heretical sect named after Boethus, who was a disciple of Antigonos of Socho. In *Pirkei Avos* (1:3), Antigonos' famous teaching is recorded: "Do not be like servants who serve their master for the sake of being rewarded, but be like servants who serve their master not for the sake of being rewarded." Two of Antigonos' pupils, Zadok and Boethus, transmitted this teaching to their students and their students passed it on to their students without explaining [that there is reward in the World to Come]. The following generations of students came to believe that their teachers denied the existence of the World to Come. As a result, they departed from the ways of the Torah and formed two hedonistic groups – the Sadducees, named after Zadok, and the Boethusians, named after Boethus (*Avos DeRabbi Nassan* 5:2; see also *Tos. Yom Tov* to *Pirkei Avos* 1:3 and *Rambam, Commentary to the Mishnah* there).

61. R' Yehoshua was named thus either because he hailed from a place called Garsi, or because his occupation was grinding *grisin* [grits] (*Rashi* to *Eruvin* 21b ד"ה הגרסי).

62. The Baraisa, however, ruled above that the *neveilos* and *tereifos* of kosher animals are fit for tefillin.

63. The following difficulty must be addressed: R' Yehoshua's argument is valid only for *neveilos* that die at the hand of Heaven, but not for *neveilos* killed by man. Hence, why may *neveilos* killed by man be used in tefillin? The answer is that R' Yehoshua's argument forces us to reinterpret the requirement of "that which is permissible in your mouth," as referring not to specific animals that may be eaten (for then it would exclude all *neveilos*), but to the entire *species* that may be eaten. Once that has been established, the verse includes all the members of that species – even *neveilos* killed by man (*Tosafos;* cf. *Maharsha*).

פיטרא מאונא דחצבא מיחייב משום עוקר דבר מגידולו מתיב רב אושעיא התולש מעציץ נקוב חייב ושאינו נקוב פטור התם לאו היינו רביתיה הכא היינו רביתיה: חיה ועוף כו': אמר רב הונא כותבין תפילין על גבי עור של עוף טהור אמר רב יוסף מאי קמ"ל דאית ליה עור תנינא החובל בהן חייב א"ל אביי טובא קמ"ל דאי ממתניתין הוה אמינא כיון דאית ביה ניקבי ניקבי לא קמ"ל כדאמרי במערבא כל נקב שהדיו עוברת עליו אינו נקב מיתיבי רבי זירא בכנפיו להכשיר את העור ואי ס"ד עור הוא היכי מרבי ליה קרא א"ל אביי עור הוא ורחמנא רבייה איכא דאמרי א"ר זירא אף אנן נמי תנינא בכנפיו לרבות את העור אי אמרת בשלמא עור הוא היינו דאיצטריך קרא לרבוייה אלא אי אמרת לאו עור הוא אמאי איצטריך קרא לרבוייה אמר ליה אביי לעולם אימא לך לאו עור הוא ואיצטריך סד"א כיון דאית ביה פירצי פירצי מאים קמ"ל בעא מיניה מר בריה דרבינא מרב נחמן בר יצחק מהו לכתוב תפילין על גבי עור של דג טהור א"ל אם יבא אליהו ויאמר מאי אם יבא אליהו ויאמר אילימא אי דאית ליה עור אי דלית ליה עור הא חזינן דאית ליה עור ועוד התנן עצמות הדג ועורו מצילין באהל המת אלא אם יבא אליהו ויאמר אי פסקא זוהמא מיניה אי לא פסקא זוהמא מיניה: שמואל וקרנא הוו יתבי אגודא דנהר מלכא חזינהו למיא דקא דלו ועכירי א"ל שמואל לקרנא גברא רבה קאתי ממערבא וחייש במעיה וקא דלו מיא לאקבולי אפיה קמיה זיל תהי ליה אקנקניה אזל אשכחיה לרב א"ל מניין שאין כותבין תפילין אלא על גבי עור בהמה טהורה א"ל דכתיב למען תהיה תורת ה' בפיך מן המותר בפיך מניין לדם שהוא אדום שנאמר ויראו מואב מנגד את המים אדומים כדם מניין למילה שבאותו מקום נאמר כאן ערלתו ונאמר להלן ערלתו מה להלן דבר שעושה פרי אף כאן דבר שעושה פרי אימא לבו דכתיב ומלתם את ערלת לבבכם אימא אזנו דכתיב הנה ערלה אזנם דנין ערלתו תמה מערלתו תמה ואין דנין ערלתו תמה מערלת שאינה תמה א"ל מאי שמך קרנא א"ל יהא רעוא דתיפוק ליה קרנא בעיניה לסוף עייליה שמואל לביתיה אוכליה נהמא דשערי וכסא דהרסנא ואשקייה שיכרא ולא אחוי ליה בית הכסא כי היכי דלישתלשל לייט רב ואמר מאן דמצערן לא לוקמוה ליה בני וכן הוה: כתנאי מניין למילה שבאותו מקום נאמר כאן ערלתו ונאמר להלן ערלתו מה להלן דבר שעושה פרי אף כאן דבר שעושה פרי דברי ר' יאשיה ר' נתן אומר אינו צריך הרי הוא אומר וערל זכר אשר לא ימול את בשר ערלתו מקום שניכר בין זכרות לנקבות ת"ר כותבין תפילין על גבי עור בהמה טהורה ועל גבי עור חיה טהורה ועל גבי עור נבלות וטרפות שלהן ונכרכות בשערן ונתפרות בגידן והלכה למשה מסיני שהתפילין נכרכות בשערן ונתפרות בגידן אבל אין כותבין לא על גבי עור בהמה טמאה ולא על גבי עור חיה טמאה ואינו צריך לומר על גבי עור נבלה וטרפה שלהן ואין נכרכין בשערן ואין נתפרות בגידן וזו שאילה שאל ביתוסי אחד את ר' יהושע הגרסי מניין שאין כותבין תפילין על עור בהמה טמאה דכתיב למען תהיה תורת ה' בפיך מדבר המותר בפיך אלא מעתה על גבי עור נבלות וטרפות אל יכתבו א"ל אמשול לך משל למה"ד לשני בני אדם שנתחייבו הריגה למלכות אחד הרגו מלך ואחד הרגו איספקליטור איזה מהן משובח הוי אומר זה שהרגו מלך אלא מעתה יאכלו א"ל התורה אמרה לא תאכלו כל נבלה ואת אמרת יאכלו א"ל קאלוס: **מתני'** אין עושין הילמי בשבת אבל

רש"י

פיטרא. פטריות בולי"ן: מאונא דחצבא. פעמים שהוא גדל בשפת הדלי ממים: ושאינו נקוב פטור. משום דלא מחובר בקרקע עולם הוא: לאו היינו רביתיה. דאין דרך זריעה שם אבל אלו שאמרנו הוא עיקר גידולן: נקבי נקבי. מקום מושב נוצה. דרחמנא אמר וכתבתם כתיבה תמה שלימה ולא מופסקת: בכנפיו. בעולת העוף משתעי שיפשענו בעוד כנפיו בו ומקטירים כנפיו כל כנפי הגוף בלו"ש בלע"ז נוצה הוא הדקה שהיא בבשר כמין למר שאין לה שרשים קשים: להכשיר את העור. לימדך הכתוב שאינו צריך הפשט כעולת בהמה שפסל בה את העור: פירצי. היינו נקבי: מאי אם יבא אליהו ויאמר. היתר ואיסור אין תלוי בו דלא בשמים היא: והתנן עצמות הדג ועורו מצילין באהל המת. לפי שאין מקבלין טומאה כדתניא בת"כ עור יכול עורות שבים כו' ועצמות הדג נמי דכלי עצם דמקבלים טומאה מכל מעשה עזים ילפינן לה להביא דבר הבא מן העזים מן הקרנים ומן הטלפים אבל דגים לא וכל שאינו מקבל טומאה חוצץ בפני הטומאה ומשנה זו במס' כלים: דהוו דלו. גליהן מגביהן: לאקבולי אפיה. לעשות מחילה סביביו כשהוא נפנה על דופני הספינה שלא יראה גילויו. ע"א לקנח: ועכירי. ענין לער משום לערו שאף הוא עכור ומפני שלא היה רוח מנשבת ורלה המים נעשין גלין הבין שלכבוד אדם גדול הוא והנהר היה משוך מא"י לבבל: תהי. הריח בו בקנקנו אם יין הוא או החמיץ כמו בת תיהא דאמר גבי יין נסך (ע"ז דף סו:) כלומר בדקהו אם חכם הוא אם לאו: מנין לדם שהוא אדום. דגבי נדה דם כתיב ותנן (נדה דף יט.) ה' דמים טמאים באשה וכולן משום דמראיתן אדומה אף על גב דשחור תנא בהו אמרינן שחור אדום הוא אלא שלקה: ונאמר להלן ערלתו. גבי נטיעה (ויקרא יט): תמה. באותיותיה ערלתו: ואין דנין ערלתו מערלת. דאין זו אמירה תמה שאינו מפורש בתוך התיבה ערלת מה: תיפוק קרנא בעיניה. הבין בו שלנסותו בא: אוכליה נהמא דשערי. כדי לשלשל דרופא היה שמואל: ולא אחוי ליה בית הכסא. שמתוך כך מתהפך ומתבלבל הזבל במעיו ומתמוגג כולו: ונכרכות. האיגרות: בשערן. של אלו ואחר כך מכניסן בדפוסי הקציצה שלהן: אספקלטור. שר הטבחים בלשון יוני: זה שהרגו מלך. ואלו לקו ע"י בורא: קאלוס. משובח טעם זה: מתני' הילמי. שלמויר"א: אבל

תוספות

ואי ס"ד עור הוא היכי מרבי ליה קרא. תימה לר"י הא אפילו נוצה שבכנפים מרבה קרא וי"ל דבהמה נמי אשכחן שהיה קרב שיער שבזקן תישים ובצמר שבראש רחלים כדאמרינן בזבחים (דף פה:) ובחולין (דף כ.) דלא קפיד קרא אלא אהפשט עור וה"נ אע"פ שהנוצה קריבה אי עור הוא צריך הפשט: **ר"ח** ל"ג וקדלו מיא לאקבולי אפיה אלא הכי גרס חזנהו שמואל למיא דקדלו ועכירי אמר שמואל גברא רבה קאתי וחש במיעיה פי' שמע שמואל שמועה שאדם גדול היה בא בספינה וידע שמואל שישתה מן הנהר אותו אדם גדול ומתוך כך יחוש במעיו לפי שהמים היו עכורים מחמת הרוח שהיה מבלבלם ולפי ששמואל היה רופא מומחה א"ל לקרנא זיל תהי ליה בקנקניה פי' תראה אם הוא חכם וראוי לכבדו אביאנו לביתי ואעשה לו רפואה ואכבדנו לפי מה שראוי לו: **מניין** לדם שהוא אדום. וכל אותן ד' מינין דמרדינן מדמיה דמיה יש בהן צד אדמומית: **איזה** מהן חשוב אותו שהרגו מלך. וא"ת תינח מתו מאליהן נחורות ועקורות מאי איכא למימר וי"ל כיון דמתו שרי א"כ מן המותר בפיך לאו דוקא אלא ממין המותר בפיך קאמר: **אין** עושין הילמי בשבת. הלכה כרבנן דבפרק קמא דעירובין (דף יד:) אמר אין הלכה כר' יוסי לא בהילמי ולא בלחיין ואמר נמי התם פוק חזי מאי עמא דבר ופי' בקונטרס וכבר נהגו העם בלחי משהו וכיון דאין הלכה כר' יוסי בלחיים כ"ש בהילמי דאפילו רב הונא בר חנינא דפליג התם בלחיים מודה בהילמי ושרי לעשות מי מלח בשבת ליתן על עופות צלויין ואם נותן מלח על העופות ואח"כ נותן משקין עליהם שרי אפילו לרבי יוסי שהשמנונית ממתיק המלח כמו שמן: עלין

מסורת הש"ס

א) לעיל נה., ב) חולין קיח:, ג) [כלים פ"י מ"א], ד) [לעיל כח: מכות יא.], ה) [תוספתא פט"ו], ו) [ב"ב סט.], ז) מסכת סופרים פ"א הל' א' וב' בשינוי לשון קצת, ח) לעיל כח:, ט) מסכת סופרים פ"א הלכה ב, י) [ער הטעכים מ"י רב ספקלטורא ערוך], כ) [מנחות לב.], ל) [נ"ל ומקטיר], מ) [חולין כה:], נ) [נדה יט.].

תורה אור השלם

א) וְשִׁסַּע אֹתוֹ בִכְנָפָיו לֹא יַבְדִּיל וְהִקְטִיר אֹתוֹ הַכֹּהֵן הַמִּזְבֵּחָה עַל הָעֵצִים אֲשֶׁר עַל הָאֵשׁ עֹלָה הוּא אִשֵּׁה רֵיחַ נִיחֹחַ לַיְיָ: [ויקרא א, יז]

ב) וְהָיָה לְךָ לְאוֹת עַל יָדְךָ וּלְזִכָּרוֹן בֵּין עֵינֶיךָ לְמַעַן תִּהְיֶה תּוֹרַת יְיָ בְּפִיךָ כִּי בְּיָד חֲזָקָה הוֹצִאֲךָ יְיָ מִמִּצְרָיִם: [שמות יג, ט]

ג) וַיַּשְׁכִּימוּ בַבֹּקֶר וְהַשֶּׁמֶשׁ זָרְחָה עַל הַמָּיִם וַיִּרְאוּ מוֹאָב מִנֶּגֶד אֶת הַמַּיִם אֲדֻמִּים כַּדָּם: [מלכים ב' ג, כב]

ד) וְעָרֵל זָכָר אֲשֶׁר לֹא יִמּוֹל אֶת בְּשַׂר עָרְלָתוֹ וְנִכְרְתָה הַנֶּפֶשׁ הַהִוא מֵעַמֶּיהָ אֶת בְּרִיתִי הֵפַר: [בראשית יז, יד]

ה) וְכִי תָבֹאוּ אֶל הָאָרֶץ וּנְטַעְתֶּם כָּל עֵץ מַאֲכָל וַעֲרַלְתֶּם עָרְלָתוֹ אֶת פִּרְיוֹ שָׁלֹשׁ שָׁנִים יִהְיֶה לָכֶם עֲרֵלִים לֹא יֵאָכֵל: [ויקרא יט, כג]

ו) וּמַלְתֶּם אֵת עָרְלַת לְבַבְכֶם וְעָרְפְּכֶם לֹא תַקְשׁוּ עוֹד: [דברים י, טז]

ז) עַל מִי אֲדַבְּרָה וְאָעִידָה וְיִשְׁמָעוּ הִנֵּה עֲרֵלָה אָזְנָם וְלֹא יוּכְלוּ לְהַקְשִׁיב הִנֵּה דְבַר יְיָ הָיָה לָהֶם לְחֶרְפָּה לֹא יַחְפְּצוּ בוֹ: [ירמיה ו, י]

ח) לֹא תֹאכְלוּ כָל נְבֵלָה לַגֵּר אֲשֶׁר בִּשְׁעָרֶיךָ תִּתְּנֶנָּה וַאֲכָלָהּ אוֹ מָכֹר לְנָכְרִי כִּי עַם קָדוֹשׁ אַתָּה לַייָ אֱלֹהֶיךָ לֹא תְבַשֵּׁל גְּדִי בַּחֲלֵב אִמּוֹ: [דברים יד, כא]

רב נסים גאון

שהזכיר במסכת ברכות על כמהין ופטריות אומר שהכל נהיה בדברו והקשינו וכמהין ופטריות לאו מגידולי קרקע נינהו ורמינהי כו' ופריק אביי מרבי מארעא קא רבי מינק מאוירא קא יניק:

ליקוטי רש"י

אונא. אזן [גיטין סט.]. חצבא. כד של חרס ששואבין בו המים [סוכה כט.]. התולש מעציץ נקוב חייב. דהוי כמחובר דיונק מן הקרקע על ידי הנקב [illegible] ואפילו הנקב כדופנו [לעיל צה.]. [illegible] אקנקניה. הריח לו בקנקנו אם יין הוא אם [illegible] אם טוב הוא קרי תהי כדאמרינן [illegible] למען תהיה תורת ה' [illegible]

עין משפט נר מצוה

י א מיי' פ"א מהלכות תפילין הלכה יז סמג עשין כה טוש"ע א"ח סי' לב סעיף יג וטוש"ע י"ד סי' רעא סעיף א [וברא"ש בהלכ' ס"ת הלכה כ]:

יא ב מיי' פ"א מהל' תפילין הלכ' כ טוש"ע א"ח סי' לב סעיף יג:

יב ג מיי' פ"ו מהל' מעשה קרבנות הלכ' כד סמג עשין קפ:

יג ד מיי' פי"ז מהל' טומאת מת הלכה א:

יד ה מיי' פ"א מהל' תפילין הל' י סמג עשין כב וכה טוש"ע א"ח סי' לב סעיף יב וטוש"ע י"ד סי' רעא סעיף א [וברא"ש בהלכות ס"ת הלכה כ]:

טו ו מיי' פ"ב מהל' איסורי ביאה הל' ה [טוש"ע יו"ד סי' קפח סעי' א]:

טז ז מיי' פ"א מהל' תפילין הלכה י סמג עשין כב וכה טוש"ע א"ח סי' לב סעיף יב וטוש"ע י"ד סי' רעא סעיף א [וברא"ש בהל' תפילין]:

יז ח מיי' פ"ג שם הלכה ח טוש"ע א"ח סי' לב סעיף מד:

יח ט מיי' שם הלכה ח טוש"ע שם סעיף מט:

רבינו חננאל

אלעא הכי קתני וחכ"א אין עור טמאה כבשר אלא מה שמנו חכמים ואמרו אלו שעורותיהן כבשרן ודייקינן מדקתני חכמים דהני ששנו במשנה ואלו שעורותיהן כבשרן טמא דעורן כבשרן והנשארין לא מכלל דר' יוחנן בן נורי דפליג עליה סבר דאפי' הנשארין מטמאו והא ח' שרצים יש להן עורות קתני דאלמא כולן לא מטמא עורן ונדחת דתריץ רב אדא הכי וחכ"א לענין טומאה אין עור למה שמנו חכמים כלומר אין להן עור אלא כבשר הוא חשוב. ור' יוחנן בן נורי פליג ואמר יש להן עורות ואקשי' וכי לענין טומאה פליגי לענין שבת לא פליגי והתניא הצד אחד משמונה שרצים והחובל בהן חייב בשרצים שיש להן עור ואי זו היא חבורה כל שאינה חוזרת נצרר הדם אע"פ שלא יצא. ר' יוחנן בן נורי אומר ח' שרצים יש להן עורות והא הכא דקתני מתניתא בהא שרצים שיש להן עורות. אלמא דרבנן הוא דאית להו דחלוקה במקצת שמונה שרצים ומקצתן אבל ר' יוחנן בן נורי אכולהו מחייב דהכא בשבת כוותיה וקשיא לרב ופריק רב אשי אליבא דרב ואמר ת"ק דמפליג בין מקצת שרצים למקצתן לאו חכמים אינון אלא ר' יהודה דאזיל בתר גישתא דתנן רבי יהודה אומר הלטאה כחולדה אבל רבנן דפליגי התם על ר' יוחנן בן נורי לענין טומאה פליגי. אבל לענין שבת מודו ליה. ואקשינן אי הכי הא ברייתא דתניא הצד אחד מח' שרצים האמורין בתורה והחובל בהן חייב דברי ר' יוחנן בן נורי דברי ר' יוחנן בן

ומחלקותו הוה ליה למיתנא דמשמע אפי' רבנן דפליגי עליה לענין טומאה הכא מודו ליה ופרקי' תני [illegible] ומחלקותו פירוש חבורה מלשון חברבורות. כגון יחת מחתחתים יגל מגלגל. מכלת מכלכול וכיוצא בהן [illegible] בהן פטור. מכלל שההורגן חייב. ומוקים לה ר' ירמיה כר' אלעזר דאמר ההורג כינה בשבת כהורג גמל [illegible]

חשק שלמה על רבינו חננאל [illegible]

מפרש

The Boethusian countered:
אֶלָּא מֵעַתָּה – BUT THEN,[64] יֵאָכְלוּ – [*NEVEILOS* AND *TEREIFOS*] SHOULD BE permitted to be EATEN!

R' Yehoshua retorted:
אָמַר לֵיהּ – HE SAID TO HIM: הַתּוֹרָה אָמְרָה – THE TORAH SAYS:[65] ,,לֹא תֹאכְלוּ כָל־נְבֵלָה'' – *YOU MAY NOT EAT ANY NEVEILAH,* וְאַתְּ אָמְרַת יֵאָכְלוּ – AND YOU SAY that THEY MAY BE EATEN?![66]

The Boethusian conceded R' Yehoshua's argument:
אָמַר לֵיהּ – HE SAID TO HIM: קָאלוֹס – WELL said!

Mishnah The following Mishnah deals with the Rabbinical prohibition of making salt water on the Sabbath:[67]

אֵין עוֹשִׂין הִילְמִי בְּשַׁבָּת – One may not prepare brine on the Sabbath.[68]

NOTES

64. That is, if *neveilos* and *tereifos* are superior to animals killed through *shechitah.*

65. *Deuteronomy* 14:21.

66. R' Yehoshua's point was that logic does not override an explicit statement of the Torah. It can be used only in defining that which is not explicit. Hence, logic can teach that the derivation based on בְּפִיךָ, *in your mouth,* refers to the species as a whole, since the derivation tolerates that meaning. However, logic cannot dictate that *neveilos* are permitted when the Torah states explicitly to the contrary (see *HaKoseiv* on *Ein Yaakov* at length; see also *Iyun Yaakov* for two novel explanations of R' Yehoshua's response).

Evidently, the fact that *neveilos* are superior in a certain respect (namely, that they died at the hand of Heaven) is relevant only to the matter of tefillin. This aspect of superiority has no bearing on the question of which animals are permitted for consumption (*Maharal*).

[See *Emes LeYaakov,* who discusses why the Baraisa states that it is "needless to say" that a hide of *neveilah* or *tereifah* cannot be used for tefillin; see also *Maharsha.*]

67. The Mishnah is continuing its progress through the thirty-nine *melachos.* In the list of *melachos* (Mishnah 73a), "slaughtering" is followed by "skinning" and "salting/tanning" (see Gemara on 75b). Hence, after teaching about bruising, which is a *toladah* of slaughtering (see 73a note 3), the Mishnah deals with a Rabbinic prohibition associated with tanning hides [see 108b note 7] (*Tiferes Yisrael*).

68. This is forbidden because one who prepares brine appears to be doing so in order to pickle and preserve foods that will be put into it, and he thus seems to be making preparations for after the Sabbath (see *Chidushei HaRan* and *Ritva MHK* ed.; cf. *Meiri*).

פיטרא מאונא דחצבא מיחייב משום עוקר דבר מגידולו מתיב רב אושעיא [א] התולש מעציץ נקוב חייב ושאינו נקוב פטור התם לאו היינו רביתיה הכא היינו רביתיה: חיה ועוף כו': אמר רב הונא [א]כותבין תפילין על גבי עור של עוף טהור אמר רב יוסף מאי קמ"ל דאית ליה עור תנינא החובל בהן חייב א"ל אביי טובא קמ"ל דאי ממתניתין הוה אמינא כיון דאית ביה ניקבי ניקבי לא קמ"ל [ב] כדאמרי במערבא [ב]כל נקב שהדיו עוברת עליו אינו נקב מיתיבי רבי זירא [א] בכנפיו להכשיר את העור ואי ס"ד עור הוא היכי מרבי ליה קרא א"ל אביי עור הוא ורחמנא רבייה איכא דאמרי א"ר זירא אף אנן נמי תנינא בכנפיו [ג]לרבות את העור אי אמרת בשלמא עור הוא היינו דאיצטריך קרא לרבוייה אלא אי אמרת לאו עור הוא אמאי איצטריך קרא לרבוייה אמר ליה אביי לעולם אימא לך לאו עור הוא ואיצטריך סד"א כיון דאית ביה פירצי פירצי מאים קמ"ל בעא מיניה מר בריה דרבינא מרב נחמן בר יצחק מהו לכתוב תפילין על גבי עור של דג טהור א"ל אם יבא אליהו ויאמר מאי אם יבא אליהו ויאמר אילימא אי דאית ליה עור אי דלית ליה עור הא חזינן דאית ליה עור ועוד התנן [ד] עצמות הדג ועורו מצילין באהל המת אלא [ה]אם יבא אליהו ויאמר אי פסקא זוהמא מיניה אי לא פסקא זוהמא מיניה: שמואל וקרנא הוו יתבי אגודא דנהר מלכא חזינהו למיא דקא דלו ועכירי א"ל שמואל לקרנא גברא רבה קאתי ממערבא וחייש במעיה וקא דלו מיא לאקבולי אפיה קמיה זיל תהי ליה אקנקניה אזל אשכחיה לרב א"ל מניין שאין כותבין תפילין אלא על גבי עור בהמה טהורה א"ל דכתיב [ד] [ב]למען תהיה תורת ה' בפיך מן המותר בפיך [ה] [ו]מניין לדם שהוא אדום שנאמר [ג]ויראו מואב מנגד את המים אדומים כדם [ז]מניין למילה שבאותו מקום נאמר כאן [ד]ערלתו ונאמר להלן [ה]ערלתו מה להלן דבר שעושה פרי אף כאן דבר שעושה פרי אימא לבו דכתיב [ו]ומלתם את ערלת לבבכם אימא אזנו דכתיב [ז]הנה ערלה אזנם דנין ערלתו תמה מערלתו תמה ואין דנין ערלתו תמה מערלת שאינה תמה א"ל [ז] מאי שמך קרנא א"ל יהא רעוא דתיפוק ליה קרנא בעיניה לסוף עייליה שמואל לביתיה אוכליה נהמא דשערי וכסא דהרסנא ואשקייה שיכרא ולא אחוי ליה בית הכסא כי היכי דלישתלשל לייט רב ואמר מאן דמצערן לא לוקמוה ליה בני וכן הוה: כתנאי מניין למילה שבאותו מקום נאמר כאן ערלתו ונאמר להלן ערלתו מה להלן דבר שעושה פרי אף כאן דבר שעושה פרי דברי ר' יאשיה ר' נתן אומר אינו צריך הרי הוא אומר [ח]וערל זכר אשר לא ימול את בשר ערלתו מקום שניכר בין זכרות לנקבות ת"ר [ט][ח]כותבין תפילין על גבי עור בהמה טהורה ועל גבי עור חיה טהורה ועל גבי עור נבלות וטרפות שלהן [ח]ונכרכות בשערן ונתפרות בגידן והלכה למשה מסיני [י]שהתפילין נכרכות בשערן ונתפרות בגידן אבל אין כותבין לא על גבי עור בהמה טמאה ולא על גבי עור חיה טמאה ואינו צריך לומר על גבי עור נבלה וטרפה שלהן ואין נכרכין בשערן ואין נתפרות בגידן וזו שאלה שאל [כ]ביתוסי אחד את ר' יהושע הגרסי מניין שאין כותבין תפילין על עור בהמה טמאה דכתיב [ט]למען תהיה תורת ה' בפיך מדבר המותר בפיך אלא מעתה על גבי עור נבלות וטרפות אל יכתבו א"ל אמשול לך משל למה"ד לשני בני אדם שנתחייבו הריגה למלכות אחד הרגו מלך ואחד הרגו איספקליטור [ל]איזה מהן משובח הוי אומר זה שהרגו מלך אלא מעתה יאכלו אמר ליה התורה אמרה [י]לא תאכלו כל נבלה ואת אמרת יאכלו א"ל קאלוס: מתני' אין עושין הילמי בשבת אבל

רש"י

פיטרא. פטריות בולי"ן: מאונא דחצבא. פעמים שהוא גדל בשפת הדלי ממש: ושאינו נקוב פטור. משום דלא מחובר בקרקע עולם הוא: לאו היינו רביתיה. דאין דרך זריעה שם אבל אלו שאמרנו הוא עיקר גידולן: נקבי נקבי. מקום מושב נוצה: לא ניכתוב. דרחמנא אמר [ל] וכתבתם כתיבה תמה שלימה ולא מופסקת: בכנפיו. בעולת העוף משתעי שיסעו בעוד כנפיו בו [מ]ומקטיר כנפיו כל כנפי הגוף בלו"ש בלע"ז נוצה הוא הדקה שהיא בבשר כמין צמר שאין לה שרשים קשים: להכשיר את העור. לימדך הכתוב שאינו צריך הפשט כעולת בהמה שפסל בה את העור: פירצי. היינו נקבי: מאי אם יבא אליהו ויאמר. היתר ואיסור אין תלוי בו דלא בשמים היא: והתנן עצמות הדג ועורו מצילין באהל המת. לפי שאין מקבלין טומאה כדתניא בת"כ עור יכול עורות שבים כו' ועצמות הדג נמי דכלי עצם דמקבלים טומאה מכל מעשה עזים ילפינן לה להביא דבר הבא מן העזים מן הקרנים ומן הטלפים [נ] אבל דגים לא וכל שאינו מקבל טומאה חוצץ בפני הטומאה ומשנה זו במס' כלים: דהוו דלו. גליהן מגביהן: לאקבולי אפיה. לעשות מחילה סביביו כשהוא נפנה על דופני הספינה שלא יראה גילויו. ע"א לקנח: ועכירי. ענין צער משום צערו שאף הוא עכור ומפני שלא היה רוח מנשבת וראה המים נעשין גלין הבין שלכבוד אדם גדול הוא והנהר היה משוך מא"י לבבל: תהי. הריח בו בקנקנו אם יין הוא או החמיץ כמו בת תיהא דאמר גבי יין נסך (ע"ז ד' סו:) כלומר בדקהו אם חכם הוא אם לאו: מנין לדם שהוא אדום. דגבי נדה דם כתיב ותנן (נדה דף יט.) ה' דמים טמאים באשה וכולן משום דמראיתן אדומה אף על גב דשחור תנא בהו אמרינן שחור אדום הוא אלא שלקה: ונאמר להלן ערלתו. גבי נטיעה (ויקרא יט): תמה. באותיותיה ערלתו: ואין דנין ערלתו מערלת. דאין זו אמירה תמה שאינו מפורש בתוך התיבה ערלת מה: תיפוק קרנא בעיניה. הבין בו שלנסותו בא: אוכליה נהמא דשערי. כדי לשלשל דרופא היה שמואל: ולא אחוי ליה בית הכסא. שמתוך כך מתהפך ומתבלבל הזבל במעיו ומתמוגג כולו: ונכרכות. האיגרות: בשערן. של אלו ואחר כך מכניסן בדפוסי הקציצה שלהן: אספקלטור. שר הטבחים בלשון יוני: זה שהרגו מלך. ואלו לקו ע"י בוראן: קאלוס. משובח טעם זה: מתני' הילמי. שלמויר"א: אבל

תוספות

ואי ס"ד עור הוא היכי מרבי ליה קרא. תימה לר"י הא אפילו נוצה שבכנפים מרבה קרא וי"ל דבהמה נמי אשכחן שהיה קרב שיער שבזקן תיישים ולמר שבראש רחלים כדאמרינן בזבחים (דף פה:) ובחולין (דף כ.) דלא קפיד קרא אלא אהפשט עור וה"נ אע"פ שהנוצה קריבה אי עור הוא צריך הפשט:

ר"ח ל"ג וקדלו מיא לאקבולי אפיה אלא הכי גרס חזנהו שמואל למיא דקדלו ועכירי אמר שמואל גברא רבה קאתי וחש במעיה פי' שמע שמואל שמועה שאדם גדול היה בא בספינה וידע שמואל שישתה מן הנהר אותו אדם גדול ומתוך כך יחוש במעיו לפי שהמים היו עכורים מחמת הרוח שהיה מבלבלם ולפי ששמואל היה רופא מומחה א"ל לקרנא זיל תהי ליה בקנקניה פי' תראה אם הוא חכם וראוי לכבדו אביאנו לביתי ואעשה לו רפואה ואכבדנו לפי מה שראוי לו: מניין לדם שהוא אדום. וכל אותן ד' מינין דמרבינן [ס] מדמיה דמיה יש בהן צד אדמומית:

איזה מהן חשוב אותו שהרגו מלך. וא"ת תינח מתו מאליהן נחורות ועקורות מאי איכא למימר וי"ל כיון דמתו שרי א"כ מן המותר בפיך לאו דוקא אלא ממין המותר בפיך קאמר: אין עושין הילמי בשבת. הלכה כרבנן דבפרק קמא דעירובין (דף יד:) אמר אין הלכה כר' יוסי לא בהילמי ולא בלחיין ואמר נמי התם פוק חזי מאי עמא דבר ופי' בקונטרס וכבר נהגו העם בלחי משהו וכיון דאין הלכה כר' יוסי בלחיים כ"ש בהילמי דאפילו רב הונא בר חיננא דפליג התם בלחיים מודה בהילמי ושרי לעשות מי מלח בשבת ליתן על עופות צלויין ואם נותן מלח על העופות ואח"כ נותן משקין עליהם שרי אפילו לרבי יוסי שהשמנונית ממתיק המלח כמו שמן: עלין

עין משפט נר מצוה

י א מיי' פ"א מהלכות תפילין הלכה י ופ"ט מהל' כלים הל' ה סמג עשין כב כה טוש"ע א"ח סי' לב סעיף יב וטוש"ע י"ד סי' רעא סעיף א [וברא"ש בהל' ס"ת הלכה ג]:

יא ב מיי' פ"א מהל' תפילין הל' ב טוש"ע א"ח סי' לב סעי' יג:

יב ג מיי' פ"ו מהל' מעשה קרבנות הל' כא סמג עשין קפ:

יג ד מיי' פ"א מהל' טומאת מת הלכה א:

יד ה מיי' פ"א מהל' תפילין הל' ג סמג עשין כב וכה טוש"ע א"ח סי' לב סעיף יב וטוש"ע י"ד סי' רעא סעיף א [וברא"ש בהלכות ס"ת הלכה ג]:

טו ו מיי' פ"ה מהל' איסורי ביאה הל' ו [טוש"ע י"ד סי' קפח סעי' א]:

טז ז מיי' פ"א מהל' תפילין הלכה י סמג עשין כב וכה טוש"ע א"ח סי' לב סעיף יב וטוש"ע י"ד סי' רעא סעיף א [וברא"ש בהל' תפילין דף עו: וברא"ש בהל' ס"ת הלכה ד]:

יז ח מיי' פ"ג שם הלכה ח ופ"י הלכה א סמג שם טוש"ע א"ח סי' לב סעיף מד:

יח ט מיי' שם הלכה ו וטוש"ע שם סעיף מט:

מסורת הש"ס

א) לעיל נה., ב) חולין קיט:, ג) [כלים פי"ז מ"ה], ד) [לעיל כח: מכות יח.], ה) נדה יט., ו) [תוספתא פ"א], ז) [ב"ב סג.], ח) [מסכת סופרים פ"א הל' א וב' בשינוי לשון קצת], ט) לעיל כח:, י) מסכת סופרים פ"א הלכה ב, כ) [שר הטבחים מ"י רב ספקלטורייא, ערוך], ל) [מנחות לד.], מ) [נ"ל ומקטיר], נ) [חולין כה:], ס) [נדה יט.].

תורה אור השלם

א) וְשִׁסַּע אֹתוֹ בִכְנָפָיו לֹא יַבְדִּיל וְהִקְטִיר אֹתוֹ הַכֹּהֵן הַמִּזְבֵּחָה עַל הָעֵצִים אֲשֶׁר עַל הָאֵשׁ עֹלָה הוּא אִשֵּׁה רֵיחַ נִיחֹחַ לַיְיָ: [ויקרא א, יז]

ב) וְהָיָה לְךָ לְאוֹת עַל יָדְךָ וּלְזִכָּרוֹן בֵּין עֵינֶיךָ לְמַעַן תִּהְיֶה תּוֹרַת יְיָ בְּפִיךָ כִּי בְּיָד חֲזָקָה הוֹצִאֲךָ יְיָ מִמִּצְרָיִם: [שמות יג, ט]

ג) וַיַּשְׁכִּימוּ בַבֹּקֶר וְהַשֶּׁמֶשׁ זָרְחָה עַל הַמַּיִם וַיִּרְאוּ מוֹאָב מִנֶּגֶד אֶת הַמַּיִם אֲדֻמִּים כַּדָּם: [מלכים ב ג, כב]

ד) וְעָרֵל זָכָר אֲשֶׁר לֹא יִמּוֹל אֶת בְּשַׂר עָרְלָתוֹ וְנִכְרְתָה הַנֶּפֶשׁ הַהִוא מֵעַמֶּיהָ אֶת בְּרִיתִי הֵפַר: [בראשית יז, יד]

ה) וְכִי תָבֹאוּ אֶל הָאָרֶץ וּנְטַעְתֶּם כָּל עֵץ מַאֲכָל וַעֲרַלְתֶּם עָרְלָתוֹ אֶת פִּרְיוֹ שָׁלֹשׁ שָׁנִים יִהְיֶה לָכֶם עֲרֵלִים לֹא יֵאָכֵל: [ויקרא יט, כג]

ו) וּמַלְתֶּם אֵת עָרְלַת לְבַבְכֶם וְעָרְפְּכֶם לֹא תַקְשׁוּ עוֹד: [דברים י, טז]

ז) עַל מִי אֲדַבְּרָה וְאָעִידָה וְיִשְׁמָעוּ הִנֵּה עֲרֵלָה אָזְנָם וְלֹא יוּכְלוּ לְהַקְשִׁיב הִנֵּה דְבַר יְיָ הָיָה לָהֶם לְחֶרְפָּה לֹא יַחְפְּצוּ בוֹ: [ירמיה ו, י]

ח) לֹא תֹאכְלוּ כָל נְבֵלָה לַגֵּר אֲשֶׁר בִּשְׁעָרֶיךָ תִּתְּנֶנָּה וַאֲכָלָהּ אוֹ מָכֹר לְנָכְרִי כִּי עַם קָדוֹשׁ אַתָּה לַייָ אֱלֹהֶיךָ לֹא תְבַשֵּׁל גְּדִי בַּחֲלֵב אִמּוֹ: [דברים יד, כא]

רב נסים גאון

שהזכירו במסכת ברכות (דף מ) על כמהין ופטריות אומר שהכל נהיה בדברו והקשינו כמהין ופטריות לאו מגידולי קרקע נינהו ורמינהי כו' ופריק אביי מרבי מארעא קא רבו מינק מאוירא קא יניק:

ליקוטי רש"י

אונא. אוזן [גיטין סט.]. חצבא. כד של חרס שאובין בו המים [סוכה כט.].

רבינו חננאל

אבל עושה כו'. מפרש בגמ': והלא הוא הילמי בין רב בין מעט. ואם המרובים אסורים אף המועטים אסורים ואם אלו מותרים אף אלו מותרין ובגמרא מפרש דלחומרא א"ר יוסי דכולן לאיסור מפני שהוא כמעבד מתקן את האוכל הנתון לתוכו כדי שיתקיים: ואלו הן המותרין נותן שמן לתוך מים בתחלה. קודם שיתן המלח נותן שמן לתוך המלח בתחלה קודם שיתן המים דהשמן מעכב שאין המלח מתערב יפה עם המים ומתיש את כחו מהיות מי מלח עזין אבל לא יתן מים ומלח תחילה אפילו נותן שמן לבסוף דבשעה שנותן מים ומלח יחד הוא נראה כמעבד: גמ' מאי קאמר. מאי הילמי ומאי מי מלח: לאסור או להתיר. האי דקאמר שניהן שוין לאיסור או להיתר: כבשין. ירק שכובש להתקיים: גיסטרא. כלי שבור של חרס ואינו ראוי לכל תשמיש כשלם ומקצין אותו לכך: שהביצה צפה בהם. כח המלח מעכבת מלשקוע: למורייסא. של דגים: אין מולחין צנון וביצה. ג' וד' חתיכות יחד שהמלח מעבדן ונעשין קשין והוי תיקון: מריש הוה מלחנא פוגלא. בשבתא: פוגלא. צנון: כשרי. תילין גבוהים עיגול על עיגול: מימלח לא מלחנא. שתים יחד: טבולי. בשעת אכילה מטבילנא ואכילנא: קליפה חיצונה. דבילה היא החלבון אלא איידי דתני בהדי אתרוג ובצון קליפה נקט בה נמי לשון קליפה: אין יוצאין מבני מעים. שמתקשרין ומתקשין ונעצרין: לא טבע גברא בימא דסדום. מפני שהמים מלוחין וכח מליחתן מעכבו מלטבוע: והפוכה מילה. דברים האמורים בה הפוכין: כשורא טבע. בתמיה: מהו למימשי מהני מיא גרסינן. מי אסור משום רפואה דגזור רבנן בכל רפואות בשבת משום שחיקת סממנין ואלו מרפאות את העין: שפיר דמי. דלאו מוכחא מילתא דלרפואה עביד אף על פי שמרפאין שרי דטעמא דרפואה דאסירא ליתא אלא גזירה שמא ישחוק סממנין דדמי לטוחן שהוא אב מלאכה: מהו למימץ ולמפתח. לשון אין מעמצין את המת (לקמן דף קנא:) עוצם עיניו כשהוא רוחץ מהן בשבת מהו שיסגיר ויפתח עיניו כדי שיכנס מהן לעין: כיוצא בו שמעתי. דהיכא דמוכחא מילתא דלרפואה עביד אסור ומימץ ומפתח נמי מוכחא מילתא והא אסהדותא דרב דימי דאמר לא טבע גברא בימא דסדום נפקא לן מינה הא כיון דמלוחי טובא מסו ואסר למימץ ולמפתח: זימנין א"ל וכו'. שקבל משניהם: ותרווייהו. רב מתנה ומר עוקבא: משמיה דאבוה דשמואל ולוי אמרי. תרתי מילי אמור חדא משמיה דאבוה דשמואל וחדא משמיה דלוי: חד אמר. או אבוה דשמואל או לוי: יין בתוך העין. דעמיץ ופתח אסור דמוכחא מילתא: על גב העין מותר. דאמרי לרחיצה בעלמא עבדי: רוק תפל. שלא טעם כלום משניעור משנתו: אפילו על גב עין אסור. דמוכחא מילתא דלרפואה דאילו לרחיצה מאיס להכי נקט רוק תפל לפי שהוא חזק ומרפא: וליטעמיך כו'. א"כ לוי ולא חדא אמר בתמיה והא חדא משמיה אתמר כדאמרן: שורה. במים: קילורין. לחי"א בלע"ז: ונותן ע"ג עיניו. דלדידיה כיון דאצרכוה לשרותה מע"ש איכא היכרא וליכא למיגזר ומאן דחזינהו סבר דרחילה בעלמא היא דכסבר שהוא יין: כולי האי ודאי לא שרא. דמוכחא מילתא: מר עוקבא הוה שכיח גבי מר שמואל ואב ב"ד היה בימיו כדאמרינן לעיל (דף נה. ובמועד קטן דף טז.): טיפת צונן. לתת בעיניו: ורחיצת ידים ורגלים בחמין ערבית. נמי מאירה העינים: הוא היה אומר. ר' מונא: יד לעין. שחרית קודם שיטול ידיו: תיקצץ. נוח לו שתקצץ שרוח רעה שורה על היד ומסמתו וכן כולן: לחסודה. רידלא דכוסילתא פלימא"ה בלע"ז: לפי טבעת. נקב הרעי שעגול כטבעת: תיקצץ. ולא תגע שום בעין או באוזן קודם נטילה:

אבל [א] עושה הוא את מי המלח וטובל בהן פתו ונותן לתוך התבשיל [א] א"ר יוסי והלא הוא הילמי בין מרובה ובין מועט ואלו הן מי מלח המותרין נותן שמן לכתחלה לתוך המים או לתוך המלח: גמ' מאי קאמר א"ר יהודה אמר שמואל ה"ק אין עושין מי מלח מרובין אבל עושה הוא מי מלח מועטין: א"ר יוסי והלא הוא הילמי בין מרובין בין מועטין: איבעיא להו רבי יוסי לאסור או להתיר אמר רב יהודה להתיר מדלא קתני רבי יוסי אוסר א"ל רבה הא מדקתני סיפא ואלו הן מי מלח המותרין מכלל דר' יוסי לאסור אלא אמר רבה לאסור וכן אמר רבי יוחנן לאסור תניא נמי הכי אין עושין מי מלח מרובין לתת לתוך הכבשין שבתוך גיסטרא אבל עושה הוא מי מלח מועטין ואוכל בהן פתו ונותן לתוך התבשיל א"ר יוסי וכי מפני שהללו מרובין והללו מועטין הללו אסורין והללו מותרין יאמרו מלאכה מרובה אסורה מלאכה מועטת מותרת אלא אלו ואלו אסורין הן ואלו הן מי מלח המותרין נותן שמן ומלח או שמן ומים ובלבד שלא יתן מים ומלח לכתחלה: (עזין צנון ואתרוג סימן): תני רבי יהודה בר חביבא [ב] אין עושין מי מלח עזין מאי מי מלח עזין רבה ורב יוסף בר אבא דאמרי תרווייהו כל שהביצה צפה בהן וכמה אמר אביי תרי תילתי מילחא ותילתא מיא למאי עבדי לה א"ר אבהו למורייסא תני רבי יהודה בר חביבא אין מולחין צנון וביצה בשבת רב חזקיה משמיה דאביי אמר [ג] צנון אסור וביצה מותרת אמר רב נחמן מריש הוה מלחנא פוגלא אמינא אפסודי קא מפסידנא ליה דאמר שמואל פוגלא חורפי מעלי כיון דשמענא להא דכי אתא עולא ואמר במערבא מלחי [ג] כישרי כישרי [ד] ממלח לא מלחנא טבולי ודאי מטבילנא תני ר' יהודה בר חביבא אתרוג צנון וביצה אילמלא קליפתן החיצונה אינן יוצאין מבני מעיים לעולם כי אתא רב דימי אמר מעולם לא טבע גברא בימא דסדום אמר רב יוסף הפוכה סדום והפוכה מילה גברא הוא דלא טבע כשורא טבע אמר ליה אביי לא מיבעיא קאמר לא מבעיא כשורא דאפילו בכל מימות שבעולם לא טבע אלא אפילו גברא דטבע בכל מימות שבעולם בימא דסדום לא טבע למאי נפקא מינה כי הא דרבין הוה שקיל ואזיל אחוריה דרבי ירמיה אגודא דימא דסדום אמר ליה מהו למימשי מהני מיא בשבת א"ל שפיר דמי מהו למימץ ולמיפתח אמר ליה זו לא שמעתי כיוצא בה שמעתי דאמר ר' זירא זימנין א"ל משמיה דרב מתנה וזימנין אמר לה משמיה דמר עוקבא ותרווייהו משמיה דאבוה דשמואל ולוי אמרין חד אמר [ה] יין בתוך העין אסור על גב העין מותר וחד אמר [ו] רוק תפל [אפילו] על גב העין אסור תסתיים דאבוה דשמואל הוא דאמר יין בתוך העין אסור על גב העין מותר מדאמר שמואל שורה אדם פיתו ביין ונותנו על גב העין בשבת דשמיעא ליה ממאן לאו דשמיעא ליה מאבוה וליטעמיך הא דאמר שמואל רוק תפל אפי' ע"ג העין אסור דשמיעא ליה ממאן אילימא דשמיעא ליה מאבוה אלא לוי ולא חדא אמר אלא חדא שמיעא ליה מאבוה וחדא שמיעא ליה מלוי ולא ידעינן הי מאבוה הי מלוי אמר מר עוקבא אמר שמואל [ז] שורה אדם קילורין מע"ש [ס] ונותן על גב עיניו בשבת ואינו חושש בר לוואי הוי קאי קמיה דמר עוקבא חזייה דהוה מייץ ופתח אמר ליה [ח] כולי האי ודאי לא שרא מר שמואל שלח ליה רבי ינאי למר עוקבא לישדר לן מר מהנך קילורין דמר שמואל שלח ליה שדורי משדרנא לך דלא תימא צר עין אנא אלא הכי אמר שמואל טובה טיפת צונן שחרית ורחיצת ידים ורגלים בחמין ערבית מכל קילורין שבעולם תניא נמי הכי אמר רבי מונא משום רבי יהודה טובה טיפת צונן שחרית ורחיצת [ג] ידים ורגלים ערבית מכל קילורין שבעולם הוא היה אומר [ד] [ט] יד לעין [ה] תיקצץ יד לחוטם תיקצץ יד לפה תיקצץ יד לאוזן תיקצץ [י] יד לחסודה תיקצץ [כ] יד לאמה תיקצץ [ל] יד לפי טבעת תיקצץ יד לגיגית

עין משפט נר מצוה

יט א ב מיי' פכ"ב מהל' שבת הלכה י סמג לאוין סה טוש"ע א"ח סי' שכא סעיף ג:

כ ג ד מיי' שם טוש"ע שם סעיף ב:

כא ה ו מיי' פכ"א מהל' שבת הלכה כה סמג שם טוש"ע א"ח סי' שכח סעיף כ:

כב ז ח מיי' שם טוש"ע שם סעיף כא:

כג ט טוש"ע א"ח סי' ד סעיף ג:

כד י שם סעיף ד:

כה כ מיי' פכ"א מהל' איסורי ביאה הל' כג טוש"ע אה"ע סי' כג סעיף ד:

כו ל טוש"ע א"ח סי' ד סעיף ד:

רבינו חננאל

מפרשי רבנן עשב בעציץ שאינו נקוב כתלוש דמי כדמפרש בסוף המצניע והאי פטורה באונא דחצבא לאו כתלוש דמי הלכך התם לאו עוקר דבר מגידולו (דהוא רביתיה) והכא עוקר דבר מגידולו: והלכתא כדרב הונא שכותבין תפלין על עוף טהור ואע"ג דאית ביה ניקבי כיון דשיערו עובר עליו כשר ואע"ג דדחו אביי לסייעתיה מן ושסע אותו בכנפיו לרבות את העור וקאמר לעולם אימא לך לאו עור הוא ואיצטריך כו' דיחוי בעלמא הוא ודחי ומתניתין החובל בהן חייב: בעא מר בריה דרב מרב נחמן מהו לכתוב תפלין על עור של דג טהור. אסיקנא אם יבא אליהו ויאמר פסקה זוהמא מיניה בשעובדין אותו ואי לא לא. (פי') דשמואל וקרנא דהוו יתבי וחזו למיא דדלו ועכירי כו' הוה שמיע ליה לשמואל דגברא רבה אתי ממערבא ביומא ההוא וכיון דחזא למיא דעכירי אמר בדעתיה אי אפשר דלא שתי מיניה והוה בריר להו דכל מאן דלא מהנהו מיא בעידן דעכירי חייש במעיה. ועל זה אמר גברא רבה דקא אתי חייש במעיה. תהי בקנקניה. פי' כגון טעום יין שבזה הקנקן אם יין הוא תהי בחמרא (כתובות ד' קה) כלומר חזי גמריה וכיון דחזא דהוא רב גדול צוה שמואל את קרנא ועייליה לביתיה ואכלי' אוכל דמשלשל ולא אודעיה מקום בית הכסא דאיכון לאיסורי מן חשש דבמעיה וכיון דאיצטער רב ולא ידע דלאסוריה הוא דעבד הכי לטייה לא ליקיים ליה ברא למאן דמצערן לצערה ולא איקיים ליה לשמואל ברא אלא בנתא וכיון דאיתידע ליה לרב דלאסוריה הוא דעביד ליה הכי ולטותיה איתקיימא בשמואל חש דלא תחלש דעתיה ואדבריה על נפשיה כדמפרש בב"ק פרק מרובה (דף פ') והיינו מעשה (דיסוריה) [דסוגיין] ולטייה נמי לקרנא ונפקא ליה [קרן] על בשר לבעינו.

קאלוס בלשון יון טוב כלומר הודה לדבריו. וא"ל טוב מה שאמרת. והלכה כת"ק דמתני': מתני' אין עושין הילמי בשבת אבל עושה הוא מי מלח. וכי תימא [א] היכי דמפרשא בברייתא אין עושין מי מלח מרובין לתת לתוך הכבשין שבתוך הגסטרא. אבל עושה הוא מי מלח מועטים (וטובל) [ואוכל] בהן פתו ונותן לתוך התבשיל וכן הלכה ואע"ג דר' יוסי אוסר מי מלח אין הלכה כמותו דגרסי' בתחלת עירובין אמר רב יהודה אמר שמואל אין הלכה כרבי יוסי לא בהלמי ולא בלחיים: ירושלמי כל מי שנותנין לתוכה ביצה ושוקעת זו היא מי מלח אינה שוקעת הילמי תני ר' יהודה בר חביבא אין עושין מי מלח עזין והן שהביצה צפה בהן והלכתא כוותיה. ומה הביצה שוקעת בהן מותרין וכיון דאמר הביצה צפה בהן הזכיר לא טבע בימא דסדום כלומר כל מים מלוחים עזין צפן בהן: למימלח פוגלא אסיר לטבולי במילחא שרי: יין לתוך העין אסור ע"ג העין מותר. כשמואל דאמר שורה אדם פתו ביין ונותן ע"ג העין ואינו חושש. רוק תפל אפילו ע"ג העין אסור. וכן קילורין שהוא שרן מע"ש או מי סדום ע"ג העין שרי אבל מיפתח ומימץ עיינא בין בסממנא וקילורי בין במיא דסדום כדאמר ליה מר עוקבא לבר לואי כוליה לא שרא מר שמואל. פי' חסודה בלשון ערבי אל מחגמא:

תניא

חשק שלמה על רבינו חננאל [א] נראה דל"ל היכי פירושא דמילתא הכי מפרשא בברייתא וכו':

מסורת הש"ס

[א] עירובין יד:, [ב] [ס"א כישי כישי פירוש חתיכות חתיכו' ערוך ערך כשר], [ג] [נ"ל רחיצת ידים ורגלים בחמין ערוך ערך קלר], [ד] מסכת כלה, [ה] [עי' תוס' נדה יג: ד"ה דינא].

גליון הש"ס

גמ' ונותן על גב עיניו. עי' לעיל דף יח ע"א תוד"ה ומתרפאת:

ליקוטי רש"י

גיסטרא. שבר כלי [לעיל צה:]. כל דבר החלוק לשנים קרי גיסטרא [חולין כא.]. למורייתא. המוריים, (שמן) [שומן] של דגים [ע"ז כט:]. רוק תפל. שלא טעם כלום כל אותו היום תפל ריקם ונגוב וחסר כל טעם מאכל כגון דבר שלא נמלח דמיקרי תפל [סנהדרין מט:]. קילורין. קילור, תחבושת שקורין לוז"א [לעיל יח.]. שנותנין על העין לודיי"א בלע"ז [שם עו:]. יד לחסודה. רידלא דכוסילתא, כלי אומן המקיז בכתפים רידלא מכת הכלי ובלע"ז פיינדר"א [ע"ז כז.]. רידלא דכוסילתא, פולטויר"א דפלמוא"ה בלע"ז, רידלא, ניקור. כוסילתא, כלי אומן מקיז [כתובות לט:]. רידלא, מכה. כוסילתא, כלי שמכה בו בלע"ז פליימ"א [מכות כא.].

[מכאן שייך לדף קט.] גיגית. קובא שמטילין בה שכר [לעיל פח.]. ל' כמול [ירמי' ה, ל]. כשות. הומלון וגדל מתוך הסחוחי מריח הקרקע שהסיחוי יונק ממנו [לעיל קז:]. גדל בהסיחוי ואין לו שורש בקרקע אלא מהסיחוי יונק [עירובין כח:]. הימלון שגדל על הסנה [לקמן קלט.]. הומלון שמטילין לתוך השכר [ב"מ מב:]. אפילו לדידי. רב יוסף סגי נהור הוה [עירובין נד:]. רב יוסף ורב ששת סמויי עינים היו [פסחים קטז:]. בני מחוזא. מפנקי ולא עבדי מלאכה ובגדיהם רחבים כשל אשה [לעיל יב.]. מעונגים ומעונים היו [ר"ה יז.]. רב מכה של חלל. בחלל גופו [ע"ז כח.]. מי משרה. מים ששורין בהן פשתן שהן סרוחין ביותר [ר"ן נדרים ס.]. מים ששורין בהן קנבוס ופשתן בכשלונן [ב"מ עה.].

וְנוֹתֵן **– and dip his bread into it,** וְטוֹבֵל בָּהֶן פִּתּוֹ **– But one may prepare salt water,**[1] אֲבָל עוֹשֶׂה הוּא אֶת מֵי הַמֶּלַח לְתוֹךְ הַתַּבְשִׁיל **– or add it to cooked food.**

A dissenting view:

אָמַר רַבִּי יוֹסֵי **– R' Yose said:** וַהֲלֹא הוּא הִילְמֵי בֵּין מְרוּבָּה וּבֵין מוּעָט **– But is it not brine whether it is a large or a small quantity?**[2] וְאֵלּוּ הֵן מֵי מֶלַח הַמּוּתָּרִין **– Rather, this is the** type of **salt water that is permitted:** נוֹתֵן שֶׁמֶן לְכַתְּחִלָּה לְתוֹךְ הַמַּיִם אוֹ לְתוֹךְ הַמֶּלַח **– One first adds oil to the water or to the salt** before he mixes the water and salt together.[3]

Gemara The Gemara seeks to understand the Mishnah's distinction between "brine," which it forbids, and "salt water," which it permits:

מַאי קָאָמַר **– What is he saying?** What does the Tanna mean by "brine" and what does he mean by "salt water"?[4]

The Gemara responds:

אָמַר רַב יְהוּדָה אָמַר שְׁמוּאֵל **– Rav Yehudah said in the name of Shmuel:** הָכִי קָאָמַר **– This** is what **he is saying:** אֵין עוֹשִׂין מֵי מֶלַח מְרוּבִּין **– One may not prepare a large quantity of salt water** ("brine"), אֲבָל עוֹשֶׂה הוּא מֵי מֶלַח מוּעָטִין **– but one may prepare a small quantity of salt water.**[5]

The Gemara quotes the dissenting view of R' Yose:

אָמַר רַבִּי יוֹסֵי **– R' YOSE SAID:** וַהֲלֹא הוּא הִילְמֵי בֵּין מְרוּבִּין בֵּין מוּעָטִין **– BUT IS IT NOT BRINE WHETHER IT IS A LARGE OR A SMALL QUANTITY?**

R' Yose evidently holds that both large and small quantities of salt water are subject to the same law. However, he does not say whether both are forbidden or permitted:

אִיבַּעְיָא לְהוּ **– They asked:** רַבִּי יוֹסֵי לֶאֱסוֹר אוֹ לְהַתִּיר **– Does R' Yose** come **to forbid or to permit** both large and small quantities?

The Gemara answers:

אָמַר רַב יְהוּדָה **– Rav Yehudah said:** לְהַתִּיר **– R'** Yose comes **to permit** both large and small quantities, מִדְּלָא קָתָנֵי רַבִּי יוֹסֵי אוֹסֵר **– as is evident from** the fact **that the Mishnah does not state "R' Yose forbids."**[6]

Rabbah disagrees:

אָמַר לֵיהּ רַבָּה **– Rabbah said to [Rav Yehudah]:** הָא מִדְּקָתָנֵי סֵיפָא **– But since the end** of the Mishnah **teaches** that R' Yose continued: וְאֵלּוּ הֵן מֵי מֶלַח הַמּוּתָּרִין **– "Rather, this is the type of salt water that is permitted** etc.," מִכְּלָל דְּרַבִּי יוֹסֵי לֶאֱסוֹר **– it implies that R' Yose** comes to ***forbid*** both large and small quantities.[7] אֶלָּא אָמַר רַבָּה לֶאֱסוֹר **– Rather, said Rabbah,** R' Yose comes **to forbid** both cases.

The Gemara corroborates this approach:

וְכֵן אָמַר רַבִּי יוֹחָנָן לֶאֱסוֹר **– And so said R' Yochanan,** that R' Yose comes **to forbid** both cases.

תַּנְיָא נַמִּי הָכִי **– This was also taught in a Baraisa:** אֵין עוֹשִׂין מֵי מֶלַח מְרוּבִּין **– ONE MAY NOT PREPARE A LARGE QUANTITY OF SALT WATER** לָתֵת לְתוֹךְ הַכְּבָשִׁין שֶׁבְּתוֹךְ גִּיסְטְרָא **– TO ADD TO PICKLING VEGETABLES THAT ARE IN A DAMAGED VESSEL.**[8] אֲבָל עוֹשֶׂה הוּא מֵי מֶלַח מוּעָטִין **– BUT ONE MAY PREPARE A SMALL QUANTITY OF SALT WATER,** וְאוֹכֵל בָּהֶן פִּתּוֹ **– AND EAT HIS BREAD WITH IT,** וְנוֹתֵן לְתוֹךְ הַתַּבְשִׁיל **– OR ADD** it **TO COOKED FOOD.** אָמַר רַבִּי יוֹסֵי **– R' YOSE SAID:** וְכִי מִפְּנֵי שֶׁהַלָּלוּ מְרוּבִּין וְהַלָּלוּ מוּעָטִין **– BUT** merely **BECAUSE THIS IS A LARGE AMOUNT AND THAT IS A SMALL AMOUNT,** הַלָּלוּ אֲסוּרִין **– THIS** [a large amount] **IS FORBIDDEN,** וְהַלָּלוּ מוּתָּרִין **– AND THAT** [a small amount] **IS PERMITTED?** יֹאמְרוּ מְלָאכָה מְרוּבָּה אֲסוּרָה **– If you make this distinction, [PEOPLE] WILL SAY that A** ***MELACHAH*** involving **LARGE** quantities **IS FORBIDDEN** מְלָאכָה מוּעֶטֶת מוּתֶּרֶת **– AND A** ***MELACHAH*** involving **SMALL** quantities **IS PERMITTED!**[9] אֶלָּא אֵלּוּ וָאֵלּוּ אֲסוּרִין הֵן **– RATHER,** both **THIS** [a large amount] **AND THAT** [a small amount] **ARE FORBIDDEN.** וְאֵלּוּ הֵן מֵי מֶלַח הַמּוּתָּרִין **– AND THIS IS THE** only type of **SALT WATER THAT IS PERMITTED:** נוֹתֵן שֶׁמֶן וּמֶלַח אוֹ שֶׁמֶן וּמַיִם **– ONE ADDS OIL TO THE SALT OR OIL TO THE WATER,** וּבִלְבַד שֶׁלֹּא יִתֵּן מַיִם וּמֶלַח

NOTES

1. The Gemara will explain [the difference between הִילְמֵי, *brine,* and מֵי מֶלַח, *salt water*] (*Rashi*).

2. R' Yose's opinion is explained in the Gemara below.

3. That is, he adds oil to the water and then adds the salt, or he adds oil to the salt and then adds the water. The oil hinders the proper mixing of the salt with the water, thus weakening the potency of the solution. However, one is forbidden to first mix the salt and water even if he intends to add oil afterwards, because the initial act resembles that used in the labor of tanning (*Rashi;* cf. *Ritva MHK* ed., *Meiri*).

4. After all, brine *is* salt water! (*Ritva MHK* ed.).

5. It is forbidden to prepare a large quantity, because people might think that he intends to use it to preserve foods for after the Sabbath. He may, however, prepare a small amount, which is clearly intended only for that Sabbath, as a dip for his bread or to add to a cooked dish (*Ritva MHK* ed., *Chidushei HaRan;* see *Meiri* and *Mishnah Berurah* 321:9; see also *Mishnah Berurah* ibid. §11 and *Shaar HaTziyun* §10).

6. The Mishnah records R' Yose's opinion immediately after stating that the Tanna Kamma permits "salt water" (i.e. a small quantity). Hence, if R' Yose's position is that he forbids even a small quantity, it would have sufficed for the Mishnah to say, "R' Yose forbids [this]." However, if R' Yose's point is that even a large quantity is permitted, it would not have been appropriate for the Mishnah to say "R' Yose permits," since his opinion appears immediately after the case of "salt water" (i.e. a small quantity), which the Tanna Kamma also permits (*Maharsha;* see there for an alternative approach).

7. By singling out a case in which making salt water is permitted (viz. when oil is added), R' Yose implies that until then he was speaking of cases that are forbidden. From this Rabbah infers that R' Yose prohibits both large and small quantities of salt water.

The commentators ask how Rav Yehudah, who holds that R' Yose permits all cases, would respond to this argument. One suggestion is that R' Yose was addressing the Tanna Kamma as follows: "I maintain that all cases are permitted. And even according to your opinion that a large quantity is forbidden, at least concede that when oil is added it is permitted."

Rabbah, though, rejects this interpretation of R' Yose's statement, because the words "*this* is . . . permitted" imply that R' Yose permits only this case and no other (*Ritva MHK* ed.; see *Sfas Emes*).

Rashi (on the Mishnah) explains that R' Yose prohibits preparation of salt water regardless of the quantity because this act resembles [a stage of] the tanning process. Salt water is used to preserve foods just as it is used in the tanning process to preserve hides. Hence, the Rabbis forbade the mere preparation of salt water (even for use only with foods) under the *melachah* of tanning. Although the *Biblical* prohibition of tanning does not apply to foods (Gemara above, 75b), it was extended to foods under Rabbinic law (see *Meiri* on the Mishnah; cf. *Tos. Yom Tov;* see *Korban Nesanel* §8, *Rashash* and *Magen Avraham* 321:7).

8. Since damaged vessels are unsuitable for many puposes, they were [often] set aside for this purpose (*Rashi*).

The Baraisa mentions pickling by way of example. In fact, one is forbidden to prepare a large amount of salt water even if he wants to use it only [as a dip] during that Sabbath, lest he *appear* to be preparing it for use after the Sabbath (*Ritva MHK* ed.; see *Meiri* and *Mishnah Berurah* 321:9).

9. There is no *qualitative* difference between a large amount of salt water and a small amount. Hence, if we distinguish on this basis, people might mistakenly conclude that only work involving large quantities is forbidden on the Sabbath, while work involving small quantities is permissible (Cf. *Meiri* and *Chidushei HaRan.*)

אבל א עושה הוא את מי המלח וטובל בהן פתו ונותן לתוך התבשיל א) א"ר יוסי והלא הוא הילמי בין מרובה ובין מועט ואלו הן מי מלח המותרין נותן שמן לכתחלה לתוך המים או לתוך המלח: גמ' מאי קאמר א"ר יהודה אמר שמואל ה"ק אין עושין מי מלח מרובין אבל עושה הוא מי מלח מועטין: א"ר יוסי והלא הוא הילמי בין מרובין בין מועטין: איבעיא להו רבי יוסי לאסור או להתיר אמר רב יהודה להתיר מדלא קתני רבי יוסי אוסר א"ל רבה הא מדקתני סיפא ואלו הן מי מלח המותרין מכלל דר' יוסי לאסור אלא אמר רבה לאסור וכן אמר רבי יוחנן לאסור תניא נמי הכי אין עושין מי מלח מרובין לתת לתוך הכבשין שבתוך גיסטרא אבל עושה הוא מי מלח מועטין ואוכל בהן פתו ונותן לתוך התבשיל א"ר יוסי וכי מפני שהללו מרובין והללו מועטין הללו אסורין והללו מותרין יאמרו מלאכה מרובה אסורה מלאכה מועטת מותרת אלא אלו ואלו אסורין הן ואלו הן מי מלח המותרין נותן שמן ומלח או שמן ומים ובלבד שלא יתן מים ומלח לכתחלה: (עזין צנון ואתרוג סימן): תני רבי יהודה בר חביבא ב אין עושין מי מלח עזין מאי מי מלח עזין רבה ורב יוסף בר אבא דאמרי תרווייהו כל שהביצה צפה בהן וכמה אמר אביי תרי תילתי מילחא ותילתא מיא למאי עבדי לה א"ר אבהו למורייסא תני רבי יהודה בר חביבא אין מולחין צנון וביצה בשבת רב חזקיה משמיה דאביי אמר ג צנון אסור וביצה מותרת אמר רב נחמן מריש הוה מלחנא פוגלא אמינא אפסודי קא מפסידנא ליה דאמר שמואל פוגלא חורפי מעלי כיון דשמענא להא דכי אתא עולא ואמר במערבא מלחי ג) כישרי כישרי ד ממלח לא מלחנא טבולי ודאי מטבילנא תני ר' יהודה בר חביבא אתרוג צנון וביצה אילמלא קליפתן החיצונה אינן יוצאין מבני מעיים לעולם כי אתא רב דימי אמר מעולם לא טבע גברא בימא דסדום אמר רב יוסף הפוכה סדום והפוכה מילה גברא הוא דלא טבע כשורא טבע אמר ליה אביי לא מיבעיא קאמר לא מבעיא כשורא דאפילו בכל מימות שבעולם לא טבע אלא אפילו גברא דטבע בכל מימות שבעולם בימא דסדום לא טבע למאי נפקא מינה כי הא דרבין הוה שקיל ואזיל אחוריה דרבי ירמיה אגודא דימא דסדום אמר ליה מהו למימשי מהני מיא בשבת א"ל שפיר דמי מהו למימץ ולמיפתח אמר ליה זו לא שמעתי כיוצא בה שמעתי דאמר ר' זירא זימנין א"ל משמיה דרב מתנה וזימנין אמר לה משמיה דמר עוקבא ותרווייהו משמיה דאבוה דשמואל ולוי אמרין חד אמר ה יין בתוך העין אסור על גב העין מותר וחד אמר ו רוק תפל [אפילו] על גב העין אסור תסתיים דאבוה דשמואל הוא דאמר יין בתוך העין אסור על גב העין מותר מדאמר שמואל שורה אדם פיתו ביין ונותנו על גב העין בשבת דשמיעא ליה ממאן לאו דשמיעא ליה מאבוה ולטעמיך הא דאמר שמואל רוק תפל אפי' ע"ג העין אסור דשמיעא ליה ממאן אילימא דשמיעא ליה מאבוה אלא לוי ולא חדא אמר אלא חדא שמיעא ליה מאבוה וחדא שמיעא ליה מלוי ולא ידעינן הי מאבוה הי מלוי אמר מר עוקבא אמר שמואל ז שורה אדם קילורין מע"ש * ונותן על גב עיניו בשבת ואינו חושש בר ליואי הוי קאי קמיה דמר עוקבא חזייה דהוה מייץ ופתח אמר ליה ח כולי האי ודאי לא שרא מר שמואל שלח ליה רבי ינאי למר עוקבא לישדר לן מר מהנך קילורין דמר שמואל שלח ליה שדורי משדרנא לך דלא תימא צר עין אנא אלא הכי אמר שמואל טובה טיפת צונן שחרית ורחיצת ידים ורגלים בחמין ערבית מכל קילורין שבעולם תניא נמי הכי אמר רבי מונא משום רבי יהודה טובה טיפת צונן שחרית ורחיצת ג) ידים ורגלים ערבית מכל קילורין שבעולם הוא היה אומר ד) ט יד לעין ה) תיקצץ יד לחוטם תיקצץ יד לפה תיקצץ יד לאוזן תיקצץ י יד לחסודה תיקצץ כ יד לאמה תיקצץ ל יד לפי טבעת תיקצץ יד

לגיגית

אבל עושה כו'. מפרש בגמ': והלא הוא הילמי בין רב בין מעט. ואם המרובים אסורים אף המועטים אסורים ואם אלו מותרים אף אלו מותרין ובגמרא מפרש דלמסקנא א"ר יוסי דכולן לאיסור מפני שהוא כמעבד מתקן את האוכל הנתון לתוכו כדי שיתקיים: ואלו הן המותרין נותן שמן לתוך מים בתחלה. קודם שיתן המלח נותן שמן לתוך המלח בתחלה קודם שיתן המים דהשמן מעכב שאין המלח מתערב יפה עם המים וממתיק את כחו מהיות מי מלח עזין אבל לא יתן מים ומלח תחלה אפילו נותן שמן לבסוף דבשעה שנותן מים ומלח יחד הוא נראה כמעבד: גמ' מאי קאמר. מאי הילמי ומאי מי מלח: לאסור או להתיר. האי דקאמר שניהן שוין לאיסור או להיתר: כבשין. ירק שכובש להתקיים: גיסטרא. כלי שבור של חרס ואינו ראוי לכל תשמיש כשלם ומקלין אותו לכך: שהביצה צפה בהם. כח המלח מעכבת מלשקוע: למורייסא. של דגים: אין מולחין צנון וביצה. ג' וד' חתיכות יחד שהמלח מעבדן ונעשין קשין והוי תיקון: מריש הוה מלחנא פוגלא. בשבתא: פוגלא. צנון: כשרי. חילין גבוהים עיגול על עיגול: מימלח לא מלחנא. שתים יחד: טבולי. בשעת אכילה מטבילנא ואכילנא: קליפה חיצונה. דבילה היא החלבון אלא איידי דתני בהדי אתרוג וצנון קליפה נקט בה נמי לשון קליפה: אין יוצאין מבני מעים. שמתקשרין ומתקשין ונעצרין: לא טבע גברא בימא דסדום. מפני שהמים מלוחין וכח מליחתן מעכבו מלטבוע: והפוכה מילה. דברים האמורים בה הפוכין: כשורא טבע. בתמיה: מהו למימשי מהני מיא גרסינן. מי אסור משום רפואה דגזור רבנן בכל רפואות בשבת משום שחיקת סממנין ואלו מרפאות את העין: שפיר דמי. דלאו מוכחא מילתא דלרפואה עביד אף על פי שמרפאין שרי דטעמא דרפואה דאסירא ליתא אלא גזירה שמא ישחוק סממנין דדמי לטחינה שהוא אב מלאכה: מהו למימץ ולמפתח. לשון אין מעצמין את המת (לקמן דף קנא:) עוצם עיניו כשהוא רוחץ מהן בשבת מהו שיסגיר ויפתח עיניו כדי שיכנס מהן לעין: כיוצא בו שמעתי. דהיכא דמוכחא מילתא דלרפואה עביד אסור ומימץ ומפתח נמי מוכחא מילתא והא אסהדותא דרב דימי דאמר לא טבע גברא בימא דסדום נפקא לן מינה הא כיון דמליחי טובא מסו ואסר למימץ ולמפתח: זימנין א"ל וכו'. שקבל משניהם: ותרווייהו. רב מתנה ומר עוקבא: משמיה דאבוה דשמואל ולוי אמרי. תרתי מילי אמור חדא משמיה דאבוה דשמואל וחדא משמיה דלוי: חד אמר. או אבוה דשמואל או לוי: יין בתוך העין. דעמיץ ופתח אסור דמוכחא מילתא: על גב העין מותר. דאמרי לרחיצה בעלמא עבדי: רוק תפל. שלא טעם כלום משניעור משנתו: אפילו על גב עין אסור. דמוכחא מילתא דלרפואה דאילו לרחיצה מאים להכי נקט רוק תפל לפי שהוא חזק ומרפא: ולטעמיך כו'. א"כ לוי ולא חדא אמר בתמיה והא חדא משמיה אתמר כדאמרן: שורה. במים: קילורין. לוזי"א בלע"ז: ונותן ע"ג עיניו. דלדידיה כיון דאצרכוה לשרותה מע"ש איכא היכרא וליכא למיגזר ומאן דחזינהו סבר דרחיצה בעלמא היא דכסבר שהוא יין: כולי האי ודאי לא שרא. דמוכחא מילתא: מר עוקבא הוה שכיח גבי מר שמואל ואב ב"ד היה בימיו כדאמרינן לעיל (דף נה. ובמועד קטן דף טז.): טיפת צונן. לתת בעיניו: ורחיצת ידים ורגלים בחמין ערבית. נמי מאירה העינים: הוא היה אומר. ר' מונא: יד לעין. שחרית קודם שיטול ידיו: תיקצץ. נוח לו שתקצץ שרוח רעה שורה על היד ומסמתו וכן כולן: לחסודה. ריבדא דכוסילתא פלימא"ה בלע"ז: לפי טבעת. נקב הרעי שעגול כטבעת: תיקצץ. ולא תגע שום בעין או באוזן קודם נטילה:

לגיגית

עין משפט נר מצוה

יט א ב מיי' פכ"ב מהל' שבת הלכה י סמג לאוין סה טוש"ע א"ח סי' שכא סעיף ג:

כ ג ד מיי' שם טוש"ע שם סעיף ג:

כא ה ו מיי' פכ"א מהל' שבת הלכה כה סמג שם טוש"ע א"ח סי' שכח סעיף כ:

כב ז ח מיי' שם טוש"ע שם סעיף כח:

כג ט טוש"ע א"ח סי' ד סעיף ג:

כד י שם סעיף ד:

כה כ מיי' פכ"א מהל' איסורי ביאה הל' כג טוש"ע אה"ע סי' כג סעיף ד:

כו ל טוש"ע א"ח סי' ד סעיף ד:

רבינו חננאל

מפרשי רבנן עשב בעציץ שאינו נקוב כתלוש דמי כדמפרש בסוף המצניע והאי פטורא באונא דחצבא לאו כתלוש דמי הלכך התם לאו עוקר דבר מגידולו (דהוא רביתיה) והכא עוקר דבר מגידולו: והלכתא כדרב הונא שכותבין תפלין על עוף טהור ואע"ג דאית ביה ניקבי כיון שהדיו עובר עליו כשר ואע"ג דדחו אביי לסייעדיה מן ושסע אותו בכנפיו לרבות את העור וקאמר לעולם אימא לך לאו עור הוא ואיצטריך כו' דיחוי בעלמא הוא דדחי ומתניתין החובל בהן חייב: בעא מר בריה דרב מרב נחמן מהו לכתוב תפלין על עור של דג טהור. אסיקנא אם יבא אליהו ויאמר פסקה זוהמא מיניה בשעובדין אותו ואי לא לא. (פי') דשמואל וקרנא דהוו יתבי וחזו למיא דדלו ועכירי כו' הוה שמיע ליה לשמואל דגברא רבה אתי ממערבא בההוא יומא וכיון דחזא למיא דעכירי. אמר בדעתיה אי אפשר דלא שתי מינייהו והוה בריר להו דכל מאן דשתי מהנהו מיא בעידן דעכירי חייש במעיה. ועל זה אמר גברא רבה דקא אתי חייש במעיה. תהי בקנקניה. פי' כגון טעום יין שבזה הקנקן מלשון קרנא הוה תהי בחמרא (כתובות ד' קה) כלומר חזי גמריה וכיון דחזא דהוא רב גדול צוה שמואל את קרנא ועיילה לביתיה ואכליה ואשקיה ולא הודיע דמשלשל ולא אודעיה מקום בית הכסא דאיכוון לאיצטרוי מן חשש דבמעיה וכיון דאיצטער רב ולא ידע דלאסוריה הוא דעבד הכי לטייה לא לקיים ליה ברא למאן דמצערן לצעריה ולא איקיים ליה לשמואל ברא אלא בנתא וכיון דאיתידע ליה לרב דלאסוריה הוא דעביד ליה הכי ולטותיה איתקיימא בשמואל חש דלא תחלש דעתיה ואדבריה על נפשיה כדמפרש בב"ק פרק מרובה (דף פ') והיינו מעשה (דיסוריה) [דסוגיין] ולטייה נמי לקרנא ונפקא ליה [קרן] של בשר בעיניו.

קאלוס בלשון יון טוב כלומר הודה לדבריו. וא"ל טוב מה שאמרת. והלכה כת"ק דמתני': מתני' אין עושין הילמי בשבת אבל עושה הוא מי מלח. וכי תימא א) היכי דמפרשא בברייתא אין עושין מי מלח מרובין לתת לתוך הכבשין שבתוך הגסטרא. אבל עושה הוא מי מלח מועטים (וטובל) [ואוכל] בהן פתו ונותן לתוך התבשיל וכן הלכה ואע"ג דר' יוסי אוסר מי מלח אין הלכה כמותו דגרסי' בתחלת עירובין אמר רב יהודה אמר שמואל אין הלכה כר' יוסי לא בהלמי ולא בלחיים: ירושלמי כל מי שנותנין לתוכה ביצה ושוקעת זו היא מי מלח אינה שוקעת הילמי תני ר' יהודה בר חביבא אין עושין מי מלח עזין והן שהביצה צפה בהן והלכתא כוותיה. ואם הביצה שוקעת בהן מותרין וכיון דאמר הביצה צפה בהן הזכיר לא טבע בימא דסדום כלומר כל מים מלוחים עזין צפן בהן: למימלח פוגלא אסיר לטבולי במילחא שרי: יין לתוך העין אסור ע"ג העין מותר. כשמואל דאמר שורה אדם פתו ביין ונותן ע"ג העין ואינו חושש. רוק תפל אפילו ע"ג העין אסור. וכן קילורין שהוא שרן מע"ש או מי סדום ע"ג העין שרי אבל מיפתח ומימץ עיינא בין בסממנא וקילורי בין במיא דסדום כדאמר ליה מר עוקבא לבר לוואי כוליה לא שרא מר שמואל. פי' חסודה בלשון ערבי אל מחגמא:

תניא

חשק שלמה על רבינו חננאל א) נראה דצ"ל היכי פירושא דמילתא הכי מפרשא בברייתא וכו':

מסורת הש"ס

א) עירובין יד:, ב) [ס"א כישי כישי פירוש חתיכות חתיכו' ערוך ערך כשר], ג) [נ"ל רחיצת ידים ורגלים בחמין ערוך ערך קלר], ד) מסכת כלה, ה) [עי' תוס' נדה יג: ד"ה דינא].

גליון הש"ס

גמ' ונותן על גב עיניו. עי' לעיל דף יח ע"א תוד"ה ומתרפאת:

ליקוטי רש"י

גיסטרא. שבר כלי [לעיל צה:]. כל דבר החלוק לשנים קרי גיסטרא [חולין כא.]. למורייסא. המוריים, (שמן) [שומן] של דגים [ע"ז כט:]. רוק תפל. שלא טעם כלום כל אותו היום תפל ריקם ונגוב וחסר כל טעם מאכל כגון דבר שלא נמלח דמיקרי תפל [סנהדרין מט:]. קילורין. קילור, מתכושת שקורין לוו"א [לעיל יח.]. שנותנין על העין לודיי"א בלע"ז [שם עו:]. יד לחסודה. ריבדא דכוסילתא, כלי אומן המקיז בכתפים ריבדא מכת הכלי ובלע"ז פיינדר"א [ע"ז כז.]. ריבדא דכוסילתא, פולטוויר"א דפלמוש"ה בלע"ז, ריבדא, ניקור. כוסילתא, כלי אומן מקיז [כתובות לט:]. ריבדא, מכה. כוסילתא, כלי שמכה בו בלע"ז פלימ"א [מכות כא.].

[מכאן שייך לדף קט.]

גיגית. קובא שמטילין בה שכר [לעיל פח.]. פוך. ל' כחול [ירמי' ד, ל]. כשות. הומלון וגדל מתוך הסיחי מריח הקרקע שהסיחי יונק ממנו [לעיל קז:]. גדל בהיזמי ואין לו שורש בקרקע אלא מהיזמי למח [עירובין כח:]. הימלון שגדל על ההגא [לקמן קלט.]. הומלון שמטילין לתוך השכר [ב"מ מב:]. אפילו לדידי. רב יוסף סגי נהור הוה [עירובין נד.]. רב יוסף ורב ששת מאורי עינים היו [פסחים קטז:]. בני מחוזא. מפנקי ולא עבדי מלאכה ובגדיהם רחבים כשל אשה [לעיל יב.]. מעונגים ושמינים היו [ר"ה יז.]. מכה של חלל. בחלל גופו [ע"ז כח.]. מי משרה. מים ששורין בהן פשתן שהן סרוחין ביותר [ר"ן נדרים פ:]. רוויי"ש מים ששורין בהן קנבוס ופשתן כשהן בגבעולין [ב"מ עה:].

לְכַתְּחִלָּה – PROVIDED THAT HE DOES NOT FIRST ADD THE SALT TO THE WATER.[10]

The Gemara introduces the next passage with a mnemonic: (עַזִּין צְנוֹן וְאֶתְרוֹג סִימָן – **"Strong, radish, esrog"** is **a mnemonic** for the following three Baraisos, which were all reported by R' Yehudah bar Chaviva.)[11]

The first Baraisa:

תָּנֵי רַבִּי יְהוּדָה בַּר חֲבִיבָא – **R' Yehudah bar Chaviva taught:** אֵין עוֹשִׂין מֵי מֶלַח עַזִּין – ONE MAY NOT PREPARE STRONG SALT WATER on the Sabbath.

The Gemara asks:

מַאי מֵי מֶלַח עַזִּין – **What is** the definition of **"strong salt water"?**

The Gemara answers:

רַבָּה וְרַב יוֹסֵף בַּר אַבָּא דְּאָמְרֵי תַּרְוַיְיהוּ – **Both Rabbah and Rav Yosef bar Abba said:** כֹּל שֶׁהַבֵּיצָה צָפָה בָּהֶן – **Any** salt water **on which an egg floats.**[12]

The Gemara asks further:

וְכַמָּה – **And how much** salt is required for that?

The Gemara answers:

אָמַר אַבַּיֵּי – **Abaye said:** תְּרֵי תִּילְתֵּי מִילְחָא – **Two-thirds salt** וְתִילְתָּא מַיָּא – **and a third water.**

The Gemara asks why one would make such a strong mixture:

לְמַאי עָבְדֵי לָהּ – **For what is it made?**

The Gemara answers:

אָמַר רַבִּי אַבָּהוּ – **R' Abahu said:** לְמוּרְיְיסָא – It is made **for fish brine.**[13]

The second Baraisa reported by R' Yehudah bar Chaviva:

תָּנֵי רַבִּי יְהוּדָה בַּר חֲבִיבָא – **R' Yehudah bar Chaviva taught:** אֵין מוֹלְחִין צְנוֹן וּבֵיצָה בְּשַׁבָּת – ONE MAY NOT SALT A RADISH OR AN EGG ON THE SABBATH.[14]

A dissenting view:

רַב חִזְקִיָּה מִשְּׁמֵיהּ דְּאַבַּיֵּי אָמַר – **Rav Chizkiyah said in the name of Abaye:** צְנוֹן אָסוּר וּבֵיצָה מוּתֶּרֶת – To salt **a radish is forbidden but** to salt **an egg is permitted.**[15]

The Gemara records a related statement:

אָמַר רַב נַחְמָן – **Rav Nachman said:** מֵרֵישׁ הֲוָה מָלַחְנָא פּוּגְלָא – **At first, I would salt a radish** on the Sabbath. אָמִינָא אַפְסוּדֵי קָא מַפְסִידְנָא לֵיהּ – **I said** that **I am surely spoiling it,** דְּאָמַר שְׁמוּאֵל פּוּגְלָא חוּרְפֵּי מְעַלֵּי – **because Shmuel said** that **a sharp radish is beneficial.**[16] כֵּיוָן דִּשְׁמַעְנָא לְהָא דְּכִי אֲתָא עוּלָּא וְאָמַר – However, **since I heard that when Ulla came** to Babylonia from Eretz Yisrael, **he said:** בְּמַעֲרָבָא מָלְחֵי כִּישְׁרֵי כִּישְׁרֵי – **"In the West** [i.e. Eretz Yisrael] **they salt**[17] **heaps and heaps of radishes,"**[18] מִמְלַח לֹא מָלַחְנָא – **I do not** sprinkle **salt** on radishes on the Sabbath, טַבּוּלֵי וַדַּאי מְטַבֵּילְנָא – **but I do dip** them in salt.[19]

The third Baraisa reported by R' Yehudah bar Chaviva:

תָּנֵי רַבִּי יְהוּדָה בַּר חֲבִיבָא – **R' Yehudah bar Chaviva taught:** אֶתְרוֹג צְנוֹן וּבֵיצָה – AN ESROG, A RADISH AND AN EGG, אִילְמָלֵא קְלִיפָּתָן הַחִיצוֹנָה – WERE IT NOT FOR THEIR OUTER HUSKS,[20] אֵינָן יוֹצְאִין מִבְּנֵי מֵעַיִים לְעוֹלָם – WOULD NEVER LEAVE THE STOMACH.[21]

The Gemara above stated that an egg floats on a strong mixture of salt water. A similar phenomenon is now described:[22]

כִּי אֲתָא רַב דִּימִי – **When Rav Dimi came** to Babylonia from Eretz Yisrael, **he said:** אָמַר מֵעוֹלָם לֹא טָבַע גַּבְרָא בְּיַמָּא דִסְדוֹם – **A person never sank in the Sea of Sodom.**[23]

An objection is cited:

אָמַר רַב יוֹסֵף – **Rav Yosef said:** הֲפוּכָה סְדוֹם – **Sodom was turned upside down**[24] וַהֲפוּכָה מִילְּתָהּ – **and** Rav Dimi's **statement [about Sodom] is also upside down!** By specifying a person, Rav Dimi seems to imply that גַּבְרָא הוּא דְּלָא טָבַע – **it is** only **a person that has not sunk** in the Sea of Sodom בְּשׁוּרָא טָבַע – but **a plank of wood has sunk!**[25]

NOTES

10. [See note 3.]

The Gemara has concluded that R' Yose forbids preparing salt water in both large and small quantities. It is not clear, however, whether adding oil first renders only a small quantity permitted or even a large quantity. *Ritva* (*MHK* ed.) writes that adding oil is effective only in the case of a small quantity [presumably because a large quantity would preserve foods even if it contains oil].

Regarding the question of whether the Tanna Kamma permits a large quantity that contains oil, see *Sfas Emes, Aruch HaShulchan* 321:32 and *Mishnah Berurah* ibid. §10.

11. *Shabbos Shel Mi.*

12. [The water is so saturated with salt that it is denser than an egg.] Such a strong mixture may not be made even in small quantities (*Meiri; Chidushei HaRan*), because it is typically used to pickle fish (*Mishnah Berurah* 321:12; see continuation of the Gemara).

Rabbah and Rav Yosef bar Abba evidently adopt the Tanna Kamma's view, for according to R' Yose a small amount of salt water is prohibited, even if it is not strong (*Rosh*).

13. [A solution used for pickling fish.]

14. One may not salt three or four pieces together, because the salt improves them through making them hard [as in the tanning of hides] (*Rashi;* see above, note 7; cf. *Rambam, Hil. Shabbos* 22:10). [It is explained below why Rashi specifies *several* pieces (see note 19).]

15. Abaye holds that the prohibition applies only to foods that are improved by salt. Hence, it does not apply to eggs, for which salt is not so beneficial (see *Magen Avraham* 321:5; see *Taz* ibid. §2).

16. Thus, the salt, which reduces the radish's sharpness, spoils the radish. Since salting a radish does not improve it, Rav Nachman thought that one may do so on the Sabbath.

Salting is forbidden only where it improves the food (see *Ritva MHK* ed.; see also notes 14 and 15).

17. During the week (*Chidushei HaRan; Maharam*).

18. Which shows that salting radishes improves them (*Maharam*).

19. That is, Rav Nachman would not sprinkle salt on two [or more] radishes together, but he would dip one at a time in salt and eat it (*Rashi*). When one salts each piece separately, his act bears no resemblance to the *melachah* of tanning (*Mishnah Berurah* 321:14; see *Magen Avraham* ibid. §6 and *Aruch HaShulchan* ibid. §33).

There is no halachic difference between "sprinkling" and "dipping." Rav Nachman specified "dipping" only because it is difficult to sprinkle salt on a single radish without getting salt on those next to it as well (*Taz* ibid. §1).

Rashi said above (see note 14) that one may not salt "three or four" pieces, whereas here he prohibits as few as "two" pieces. It is not clear why *Rashi* made this change. See *Bach* and *Taz* ibid., who propose explanations.

20. I.e. the husk of the radish, the peel of the esrog and the white of the egg.

In the context of an egg, the word קְלִיפָּה usually signifies its shell. Thus, the Baraisa would have been more accurate had it said חֶלְבּוֹן, *white,* with respect to the egg. For the sake of brevity, however, since it uses קְלִיפָּה regarding the radish and esrog, it uses the same word regarding the egg as well (*Rashi; cf. Sfas Emes*).

21. The inner parts of these foods bind and harden, and thus block [the digestive tract] (*Rashi*).

It is difficult to understand what this means in the case of an egg. The yolk of an egg is certainly digestible on its own! Some therefore interpret the Baraisa to mean that the yolk of an egg is so easily digested that it enters the body immediately and is not expressed from the stomach *as waste matter (see Chidushei HaRan* and *Benayahu;* cf. *Sfas Emes*).

22. *Rabbeinu Chananel; Meiri.*

23. [I.e. the Dead Sea.] Its high salt content prevents people from sinking (*Rashi*).

24. *Genesis* 19:25 and *Rashi* there.

25. Rav Yosef certainly knew that Rav Dimi did not mean this. He advanced this interpretation only to keep his students alert (*Ben Yehoyada;* see there for a different explanation of Rav Yosef's exclamation).

אבל עושה כו'. מפרש בגמ': והלא הוא הילמי בין רב בין מעט. ואם המרובים אסורים אף המועטים אסורים ואם אלו מותרים אף אלו מותרין ובגמרא מפרש דלמוסר א"ר יוסי דכולן לאיסור מפני שהוא כמעבד מתקן את האוכל הנתון לתוכו כדי שיתקיים: ואלו הן המותרין נותן שמן לתוך מים בתחלה. קודם שיתן המלח נותן שמן לתוך המלח בתחלה קודם שיתן המים דהשמן מעכב שאין המלח מתערב יפה עם המים ומתיש את כחו מהיות מי מלח עזין אבל לא יתן מים ומלח תחילה אפילו נותן שמן לבסוף דבשעה שנותן מים ומלח יחד הוא נראה כמעבד: גמ' מאי קאמר. מאי הילמי ומאי מי מלח: לאסור או להתיר. האי דקאמר שניהן שוין לאיסור או להיתר: כבשין. ירק שכובש להתקיים: גיסטרא. כלי שבור של חרס ואינו ראוי לכל תשמיש כשלם ומקצין אותו לכך: שהביצה צפה בהם. כח המלח מעכבת מלשקוע: למורייסא. של דגים: אין מולחין צנון וביצה. ג' וד' חתיכות יחד שהמלח מעבדן ונעשין קשין והוי תיקון: מריש הוה מלחנא פוגלא. בשבתא: פוגלא. לנון: כשרי. תילין גבוהים עיגול על עיגול: מימלח לא מלחנא. שתים יחד: טבולי. בשעת אכילה מטבילנא ואכילנא: קליפה חיצונה. דבילה היא החלבון אלא איידי דתני בהדי אתרוג ולנון קליפה נקט בה נמי לשון קליפה: אין יוצאין מבני מעים. שמתקשרין ומתקשין ונעצרין: לא טבע גברא בימא דסדום. מפני שהמים מלוחין וכח מליחתן מעכבו מלטבוע: והפוכה מילה. דברים האמורים בה הפוכין: כשורא טבע. בתמיה: מהו למימשי מהני מיא גרסינן. מי אסור משום רפואה דגזור רבנן בכל רפואות בשבת משום שחיקת סממנין ואלו מרפאות את העין: שפיר דמי. דלאו מוכחא מילתא דלרפואה עביד אף על פי שמרפאין שרי דטעמא דרפואה דאסירא ליתא אלא גזירה שמא ישחוק סממנין דדמי לטחינה שהוא אב מלאכה: מהו למימץ ולמפתח. לשון אין מעמצין את המת (לקמן דף קנא:) עוצם עיניו כשהוא רוחץ מהן בשבת מהו שיסגיר ויפתח עיניו כדי שיכנס מהן לעין: כיוצא בו שמעתי. דהיכא דמוכחא מילתא דלרפואה עביד אסור ומימץ ומפתח נמי מוכחא מילתא והא אסהדותא דרב דימי דאמר לא טבע גברא בימא דסדום נפקא לן מינה הא כיון דמליחי טובא מסו ואסר למימץ ולמפתח: זימנין א"ל וכו'. שקבל משניהם: ותרווייהו. רב מתנה ומר עוקבא: משמיה דאבוה דשמואל ולוי אמרי. תרתי מילי אמור חדא משמיה דאבוה דשמואל וחדא משמיה דלוי: חד אמר. או אבוה דשמואל או לוי: יין בתוך העין. דעמיץ ופתח אסור דמוכחא מילתא: על גב העין מותר. דאמרי לרחילה בעלמא עבדי: רוק תפל. שלא טעם כלום משניעור משנתו: אפילו על גב עין אסור. דמוכחא מילתא דלרפואה דאילו לרחיצה מאיס להכי נקט רוק תפל לפי שהוא חזק ומרפא: וליטעמיך כו'. א"כ לוי ולא חדא אמר בתמיה והא חדא משמיה אתמר כדאמרן: שורה. במים: קילורין. לוזי"א בלע"ז: ונותן ע"ג עיניו. דלדידיה כיון דאצרכוה לשרותה מע"ש איכא היכרא וליכא למיגזר ומאן דחזינהו סבר דרחיצה בעלמא היא דכסבר שהוא יין: כולי האי ודאי לא שרא. דמוכחא מילתא: מר עוקבא הוה שכיח גבי מר שמואל ואב ב"ד היה בימיו כדאמרינן לעיל (דף נה. ובמועד קטן דף טז.): טיפת צונן. לתת בעיניו: ורחיצת ידים ורגלים בחמין ערבית. נמי מאירה העינים: הוא היה אומר. ר' מונא: יד לעין. שחרית קודם שיטול ידיו: תיקצץ. נוח לו שתקצץ שרוח רעה שורה על היד ומסמתו וכן כולן: לחסודה. ריבדא דכוסילתא פלימא"ה בלע"ז: לפי טבעת. נקב הרעי שעגול כטבעת: תיקצץ. ולא תגע שוב בעין או באוזן קודם נטילה: לגיגית

אבל [א] עושה הוא את מי המלח וטובל בהן פתו ונותן לתוך התבשיל [א] א"ר יוסי והלא הוא הילמי בין מרובה ובין מועט ואלו הן מי מלח המותרין נותן שמן לכתחלה לתוך המים או לתוך המלח: גמ' מאי קאמר א"ר יהודה אמר שמואל ה"ק אין עושין מי מלח מרובין אבל עושה הוא מי מלח מועטין: א"ר יוסי והלא הוא הילמי בין מרובין בין מועטין: איבעיא להו רבי יוסי לאסור או להתיר אמר רב יהודה להתיר מדלא קתני רבי יוסי אוסר א"ל רבה הא מדקתני סיפא ואלו הן מי מלח המותרין מכלל דר' יוסי לאסור אלא אמר רבה לאסור וכן אמר רבי יוחנן לאסור תניא נמי הכי אין עושין מי מלח מרובין לתת לתוך הכבשין שבתוך גיסטרא אבל עושה הוא מי מלח מועטין ואוכל בהן פתו ונותן לתוך התבשיל א"ר יוסי וכי מפני שהללו מרובין והללו מועטין הללו אסורין והללו מותרין יאמרו מלאכה מרובה אסורה מלאכה מועטת מותרת אלא אלו ואלו אסורין הן ואלו הן מי מלח המותרין נותן שמן ומלח או שמן ומים ובלבד שלא יתן מים ומלח לכתחלה: (עזין צנון ואתרוג סימן): תני רבי יהודה בר חביבא [ב] אין עושין מי מלח עזין מאי מי מלח עזין רבה ורב יוסף בר אבא דאמרי תרווייהו כל שהביצה צפה בהן וכמה אמר אביי תרי תילתי מילחא ותילתא מיא למאי עבדי לה א"ר אבהו למורייסא תני רבי יהודה בר חביבא אין מולחין צנון וביצה בשבת רב חזקיה משמיה דאביי אמר [ג] צנון אסור וביצה מותרת אמר רב נחמן מריש הוה מלחנא פוגלא אמינא אפסודי קא מפסידנא ליה דאמר שמואל פוגלא חורפי מעלי כיון דשמענא להא דכי אתא עולא ואמר במערבא מלחי [ג] כישרי כישרי [ד] ממלח לא מלחנא טבולי ודאי מטבילנא תני ר' יהודה בר חביבא אתרוג צנון וביצה אילמלא קליפתן החיצונה אינן יוצאין מבני מעיים לעולם כי אתא רב דימי אמר מעולם לא טבע גברא בימא דסדום אמר רב יוסף הפוכה סדום והפוכה מילה גברא הוא דלא טבע כשורא טבע אמר ליה אביי לא מיבעיא קאמר לא מבעיא כשורא דאפילו בכל מימות שבעולם לא טבע אלא אפילו גברא דטבע בכל מימות שבעולם בימא דסדום לא טבע למאי נפקא מינה כי הא דרבין הוה שקיל ואזיל אחוריה דרבי ירמיה אגודא דימא דסדום אמר ליה מהו למימשי מהני מיא בשבת א"ל שפיר דמי מהו למימץ ולמיפתח אמר ליה זו לא שמעתי כיוצא בה שמעתי דאמר ר' זירא זימנין א"ל משמיה דרב מתנה וזימנין אמר לה משמיה דמר עוקבא ותרוייהו משמיה דאבוה דשמואל ולוי אמרין חד אמר [ה] יין בתוך העין אסור על גב העין מותר וחד אמר [ו] רוק תפל [אפילו] על גב העין אסור תסתיים דאבוה דשמואל הוא דאמר יין בתוך העין אסור על גב העין מותר מדאמר שמואל שורה אדם פיתו ביין ונותנו על גב העין בשבת דשמיעא ליה ממאן לאו דשמיעא ליה מאבוה ולטעמיך הא דאמר שמואל רוק תפל אפי' ע"ג העין אסור דשמיעא ליה ממאן אילימא דשמיעא ליה מאבוה אלא לוי ולא חדא אמר אלא חדא שמיעא ליה מאבוה וחדא שמיעא ליה מלוי ולא ידעינן הי מאבוה הי מלוי אמר מר עוקבא אמר שמואל [ז] שורה אדם קילורין מע"ש [ש] ונותן על גב עיניו בשבת ואינו חושש בר ליואי הוי קאי קמיה דמר עוקבא חזייה דהוה מייץ ופתח אמר ליה [ח] כולי האי ודאי לא שרא מר שמואל שלח ליה רבי ינאי למר עוקבא לישדר לן מר מהנך קילורין דמר שמואל שלח ליה שדורי משדרנא לך דלא תימא צר עין אנא אלא הכי אמר שמואל טובה טיפת צונן שחרית ורחיצת ידים ורגלים בחמין ערבית מכל קילורין שבעולם תניא נמי הכי אמר רבי מונא משום רבי יהודה טובה טיפת צונן שחרית ורחיצת [ג] ידים ורגלים ערבית מכל קילורין שבעולם הוא היה אומר [ד] [ט] יד לעין [ה] תיקצץ יד לחוטם תיקצץ יד לפה תיקצץ יד לאוזן תיקצץ [י] יד לחסודה תיקצץ [כ] יד לאמה תיקצץ [ל] יד לפי טבעת תיקצץ יד לגיגית

עין משפט נר מצוה

יט א ב מיי' פכ"ב מהל' שבת הלכה י סמג לאוין סה טוש"ע א"ח סי' שכא סעיף ב:
כ ג ד מיי' שם טוש"ע שם סעיף ג:
כא ה ו מיי' פכ"א מהל' שבת הלכה כה סמג שם טוש"ע א"ח סי' שכח סעיף כ:
כב ז ח מיי' שם טוש"ע שם סעיף כא:
כג ט טוש"ע א"ח סי' ד סעיף ג:
כד י שם סעיף ד:
כה כ מיי' פכ"א מהל' איסורי ביאה הל' כג טוש"ע אה"ע סי' כג סעיף ד:
כו ל טוש"ע א"ח סי' ד סעיף ד:

רבינו חננאל

מפרשי רבנן עשב בעציץ שאינו נקוב כתלוש דמי כדמפרש בסוף המצניע והאי פטורא באונא דחצבא לאו כתלוש דמי הלכך התם לאו עוקר דבר מגידולו (דהוא רביתיה) והכא עוקר דבר מגידולו: והלכתא כדרב הונא שכותבין תפלין על עוף טהור ואע"ג דאית ביה ניקבי כיון שהדיו עובר עליו כשר ואע"ג דדחו אביי לסייעדיה מן ושסע אותו בכנפיו לרבות את העור וקאמר לעולם אימא לך לאו עור הוא ואיצטריך כו' דיחוי בעלמא הוא דדחי ומתניתין החובל בהן חייב: בעא מר בריה דרב מרב נחמן מהו לכתוב תפלין על עור של דג טהור. אסיקנא אם יבא אליהו ויאמר פסקה זוהמא מיניה בשעובדין אותו ואי לא לא. (פי') דשמואל וקרנא דהוו יתבי וחזו למיא דדלו ועכירי כו' הוה שמיע ליה לשמואל דגברא רבה אתי ממערבא בההוא יומא וכיון דחזא למיא דעכירי. אמר בדעתיה אי אפשר דלא שתי מינייהו והוה בריר להו דכל מאן דשתי מהנהו מיא בעידן דעכירי חייש במעיה. ועל זה אמר גברא רבה דקא אתי חייש במעיה. תהי בקנקניה. פי' כגון טעום יין שבזה הקנקן מלשון קרנא הוה תהי בחמרא (כתובות ד' קה) כלומר חזי גמריה וכיון דחזא דהוא רב גדול צוה שמואל את קרנא ועייליה לביתיה ואכלי' אוכל דמשלשל ולא אודעיה מקום בית הכסא דאיכון לאיסויי מן חשש דבמעיה וכיון דאיצער רב ולא ידע דלאסוייה הוא דעבד הכי לטייה לא לקיים ליה ברא למאן דמצערן לצעריה ולא איקיים ליה לשמואל ברא אלא בנתא וכיון דאיתידע ליה לרב דלאסויה הוא דעביד ליה הכי ולטותיה איתקיימא בשמואל חש דלא תחלש דעתיה ואדבריה על נפשיה כדמפרש בב"ק פרק מרובה (דף פ') והיינו מעשה (דיסוריה) [דסוגיין] ולטייה נמי לקרנא ונפקא ליה [קרן] של בשר בעינו. פי' קאלוס בלשון יון טוב כלומר הודה לדבריו. וא"ל טוב מה שאמרת. והלכה כת"ק דמתני': מתני' אין עושין הילמי בשבת אבל עושה הוא מי מלח. וכי תימא א) היכי דמפרשא בברייתא אין עושין מי מלח מרובין לתת לתוך הכבשין שבתוך הגסטרא. אבל עושה הוא מי מלח מועטים (וטובל) [ואוכל] בהן פתו ונותן לתוך התבשיל וכן הלכה ואע"ג דר' יוסי אוסר מי מלח אין הלכה כמותו דגרסי' בתחלת עירובין אמר רב יהודה אמר שמואל הלכה כר' יוסי לא בהלמי ולא בלחיים: ירושלמי כל מי שנותנין לתוכה ביצה ושוקעת זו היא מי מלח אינה שוקעת הילמי תני ר' יהודה בר חביבא אין עושין מי מלח עזין והן שהביצה צפה בהן והלכתא כוותיה. ואם הביצה שוקעת בהן מותרין וכיון דאמר הביצה צפה בהן הזכיר לא טבע בימא דסדום כלומר כל מים מלוחים עזין צפו בהן: למימלח פוגלא אסור לטבולי במילחא שרי: יין לתוך העין אסור ע"ג העין מותר. כשמואל דאמר שורה אדם פתו ביין ונותן ע"ג העין ואינו חושש. רוק תפל אפילו ע"ג העין אסור. וכן קילורין שהוא שרוי מע"ש אסור למימץ ולמיפתח עיינא בין בסממנא וקילורי בין במיא דסדום כדאמר ליה מר עוקבא לבר לואי כולי האי לא שרא מר שמואל. פי' חסודה בלשון ערבי אל מחגמא:

מסורת הש"ס

א) עירובין יד:, ב) [ס"א כישי כישי פירוש חתיכות חתיכו' ערוך ערך כשר], ג) [נ"ל רחיצת ידים ורגלים בחמין ערוך ערך קלר], ד) מסכת כלה, ה) [עי' תוס' נדה יג: ד"ה דינא].

גליון הש"ס

גמ' ונותן על גב עיניו. עי' לעיל דף יח ע"א תוד"ה ומתרפאת:

ליקוטי רש"י

גיסטרא. שבר כלי [לעיל צה:]. כל דבר החלוק לשנים קרי גיסטרא [חולין כא.]. למורייתא. המוריים, (שמן) [שומן] של דגים [ע"ז כט:]. רוק תפל. שלא טעם כלום כל אותו היום תפל ריקם ונגוב וחסר כל טעם מאכל כגון דבר שלא נמלח דמיקרי תפל [סנהדרין מט:]. קילורין. קילור, מתכושת שקורין לוז"א [לעיל יח.]. שנותנין על העין לודיי"א בלע"ז [שם עו:]. יד לחסודה. ריבדא דכוסילתא, כלי אומן המקיז בכתפים ריבדא מכת הכלי ובלע"ז פיינדר"א [ע"ז כז.]. ריבדא דכוסילתא, פולטוריי"א דפלמוא"ה בלע"ז, ריבדא, ניקור. כוסילתא, כלי אומן מקיז [כתובות לט:]. ריבדא, מכה. כוסילתא, כלי שמכה בו בלע"ז פליימ"א [מכות כא.].

[מכאן שייך לדף קט.] גיגית. קובא שמטילין בה שכר [לעיל פח.]. פוך. ל' כחול [ירמי' ד, ל]. כשות. הומלון וגדל מתוך הסיחי מריח הקרקע שהסיחי יונק ממנו [לעיל קז:]. גדל בהיזמי ואין לו שורש בקרקע אלא מהיזמי למח [עירובין כח:]. הימלון שגדל על הסנה [לקמן קלט.]. הומלון שמטילין לתוך השכר [ב"מ מב:]. אפילו לדידי. רב יוסף סגי נהור הוה [עירובין נד.]. רב יוסף ורב ששת מאורי עינים היו [פסחים קטז:]. בני מחוזא. מפנקי ולא עבדי מלאכה ובגדיהם רחבים כשל אשה [לעיל יב.]. מעונגים ושמינים היו [ר"ה יז.]. מכה של חלל. בחלל גופו [ע"ז כח.]. מי משרה. כהן פשתן שהן שרוין ביותר [ר"ן נדרים פ:]. רוי"ש מים ששורין בהן קנבוס ופשתן כשהן בגבעולין [ב"מ עה:].

חשק שלמה על רבינו חננאל א) נראה דצ"ל היכי פירושא דמילתא הכי מפרשא בברייתא וכו':

Rav Dimi's statement is explained:

אָמַר לֵיהּ אַבַּיֵי – **Abaye said to [Rav Yosef]:** לֹא מִיבַּעְיָא קָאָמַר – **[Rav Dimi] stated** his point without mentioning that which is **not necessary.** לֹא מִבַּעְיָא כְּשׁוּרָא – **It is not necessary** to say that **a plank,** דַּאֲפִילוּ בְּכָל מֵימוֹת שֶׁבָּעוֹלָם לֹא טָבַע – **which does not even sink in any sea in the world,** would not sink in the Sea of Sodom. אֶלָּא אֲפִילוּ גַּבְרָא – **Rather,** Rav Dimi's point is that **even a person,** דְּטָבַע בְּכָל מֵימוֹת שֶׁבָּעוֹלָם – **who *would* sink in any of the** other **seas in the world,** בְּיַמָּא דִסְדוֹם לֹא טָבַע – **would not sink in the Sea of Sodom.**

The Gemara asks why Rav Dimi made his statement:

לְמַאי נַפְקָא מִינַּהּ – **What difference does it make** that no one ever sank in the Sea of Sodom? Why is it important for us to know that this sea is exceedingly salty?

The Gemara answers:

כִּי הָא דְּרָבִין – The practical difference is **as** related **in the following** incident **involving Ravin.** הֲוָה שָׁקִיל וְאָזִיל אֲחוֹרֵיהּ דְּרַבִּי יִרְמְיָה – **He was once going along**[26] **behind R' Yirmiyah** אַגּוּדָּא דְיַמָּא דִסְדוֹם – **by the bank of the Sea of Sodom.** אָמַר לֵיהּ – **He asked [R' Yirmiyah]:** מַהוּ לְמִימְשֵׁי מֵהָנֵי מַיָּא בְּשַׁבָּת – **May one wash**[27] **with this water on the Sabbath?**[28] אָמַר לֵיהּ – **[R' Yirmiyah] answered him:** שַׁפִּיר דָּמֵי – **It is permitted.**[29] Ravin then asked: מַהוּ לְמֵימַץ וּלְמִיפְתַּח – When washing with this water, **may one close** his eyes **and open** them to allow the water into his eyes? אָמַר לֵיהּ – **[R' Yirmiyah] answered him:** זוֹ לֹא שָׁמַעְתִּי – **I have not heard** what the law is in **this** specific case, כַּיּוֹצֵא בָהּ שָׁמַעְתִּי – **but I have heard** what the law is in **a similar case.**[30] דְּאָמַר רַבִּי זֵירָא – **For R' Zeira would report** a teaching that contained two laws. זִימְנִין אָמַר לָהּ מִשְּׁמֵיהּ דְּרַב מַתְנָה – **Sometimes he would say it in the name of Rav Masnah,** וְזִימְנִין אָמַר לָהּ מִשְּׁמֵיהּ דְּמָר עוּקְבָא – **and sometimes he would say it in the name of Mar Ukva.**[31] וְתַרְוַויְהוּ מִשְּׁמֵיהּ דַּאֲבוּהּ דִּשְׁמוּאֵל וְלֵוִי אָמְרִין – **And both of them** [Rav Masnah and Mar Ukva] **said** these two laws **in the name of the father of Shmuel and Levi,** i.e. each reported one law in the name of the father of Shmuel and the other law in the name of Levi.[32] חַד אָמַר – **One** of them (i.e. either the father of Shmuel or Levi) **said:** יַיִן בְּתוֹךְ הָעַיִן אָסוּר – "To put **wine inside the eye is forbidden,**[33] עַל גַּב הָעַיִן מוּתָּר – but to put wine **over the eye is permitted.**"[34] וְחַד אָמַר – **And** the other **one said:** רוֹק תָּפֵל אֲפִילוּ עַל גַּב הָעַיִן אָסוּר – "To put **raw saliva**[35] **even over the eye is forbidden.**"[36]

The Gemara seeks the correct attribution of these laws:

תִּסְתַּיֵּים דַּאֲבוּהּ דִּשְׁמוּאֵל הוּא דְּאָמַר – **It may be determined that the father of Shmuel was the one who said,** יַיִן בְּתוֹךְ הָעַיִן אָסוּר – "To put **wine inside the eye is forbidden,** עַל גַּב הָעַיִן מוּתָּר – but to put wine **over the eye** is permitted." מִדְּאָמַר שְׁמוּאֵל – This is evident **from the fact that Shmuel said:** שׁוֹרֶה אָדָם פִּיתּוֹ בְּיַיִן וְנוֹתְנוֹ עַל גַּב הָעַיִן בְּשַׁבָּת – **"A person may soak his bread in wine and put it over his eye on the Sabbath."**[37] דִּשְׁמִיעָא לֵיהּ מִמַּאן – **From whom did Shmuel hear [this law]?** לָאו דִּשְׁמִיעָא לֵיהּ מֵאֲבוּהּ – **Surely he heard it from his father.**[38]

The Gemara rejects this proof:

וְלִיטַעֲמִיךְ – **But according to your reasoning,**[39] how shall we explain הָא דְּאָמַר שְׁמוּאֵל – **that which Shmuel said:** רוֹק תָּפֵל אֲפִילוּ עַל גַּב הָעַיִן אָסוּר – "To put **raw saliva even over the eye is forbidden**"? דִּשְׁמִיעָא לֵיהּ מִמַּאן – **From whom did Shmuel hear [this law]?** אִילֵימָא דִּשְׁמִיעָא לֵיהּ מֵאֲבוּהּ – **If one says that he heard it from his father,** אֶלָּא לֵוִי וְלֹא חֲדָא אָמַר – **but** then **Levi did not say** either **one** of these laws! We know, however, that Levi *did* say one of them! אֶלָּא חֲדָא שְׁמִיעָא לֵיהּ מֵאֲבוּהּ – **Rather,** we must conclude that **[Shmuel] heard one** law **from his father,** וַחֲדָא שְׁמִיעָא לֵיהּ מִלֵּוִי – **and he heard** the other **one from Levi.** וְלֹא יָדְעִינַן – **And we do not know** הֵי מֵאֲבוּהּ – **which** he heard **from his father** הֵי מִלֵּוִי – **and which** he heard **from Levi.**

The Gemara records another law regarding treatment of the eyes on the Sabbath:

אָמַר מָר עוּקְבָא אָמַר שְׁמוּאֵל – **Mar Ukva said in the name of Shmuel:** שׁוֹרֶה אָדָם קִילוֹרִין מֵעֶרֶב שַׁבָּת – **A person may soak a collyrium**[40] in water **before the Sabbath** וְנוֹתֵן עַל גַּב עֵינָיו

NOTES

26. [Translation based on *Chidushei HaRan,* who understands that the verb שָׁקִיל, literally: he took, refers to Ravin himself, i.e. *he took himself.*]

27. Literally: to feel or rub.

28. The Rabbis banned non-essential medical treatments on the Sabbath, lest a person commit the Biblically forbidden labor of טוֹחֵן, *grinding,* in preparing medicines (see Mishnah 109b and *Shulchan Aruch, Orach Chaim* 328). Ravin asked whether washing with the water of the Dead Sea, which is an effective remedy for ailments of the eye, falls under this prohibition (*Rashi;* see *Shabbos Shel Mi*).

Although the *salt* of the Dead Sea is harmful to the eye (*Eruvin* 17b, *Chullin* 105b), its *water* is beneficial (*Meiri's* first approach). [Regarding the efficacy of this and other cures mentioned in the Talmud, see 109b note 10.]

29. Medical treatments are banned only because they might lead to the grinding of ingredients for medicines. Accordingly, in a case such as this, where it is not evident to onlookers that one is engaged in a medical treatment [for they might think that he is merely washing himself], the prohibition does not apply (*Rashi;* regarding the patient himself, see note 41 below).

30. R' Yirmiyah proceeds to quote laws which demonstrate that a medical treatment is prohibited if an onlooker would identify it as such. In our case, one who sees the patient blink water of the Dead Sea into his eye would certainly realize that he is applying some medical treatment. Consequently, since this water has a high salt content, as is evident from Rav Dimi's testimony ("A person never sank in the Dead Sea"), and therefore has significant curative properties, it is forbidden to blink such water into one's eye on the Sabbath. The Gemara has thus demonstrated the practical relevance of Rav Dimi's teaching (*Rashi*).

31. R' Zeira heard [these two laws] from both Rav Masnah and Mar Ukva (*Rashi*).

32. But it was not known which law was taught by the father of Shmuel and which by Levi.

33. That is, he blinks his eye to allow the wine into it. This procedure is forbidden on the Sabbath because it is clearly of a medical nature (*Rashi*).

34. [That is, he puts wine on his eyelid and does not deliberately blink it into his eye.] This is permitted because an onlooker might think that he is using the wine only to wash himself (*Rashi*).

35. I.e. saliva from one who had not tasted anything since waking up. Such potent saliva has curative properties (*Rashi*).

The saliva of a fasting person contains a large quality of potassium sulfoyanide, which has an antibacterial effect (*Biblical and Talmudic Medicine* by *Dr. J. Preuss,* translated by *Dr. F. Posner,* p. 277).

36. It is evident that the saliva is being used as a medicine, because it is too repulsive for washing oneself (*Rashi*).

37. Although the patient is using the bread as a compress, onlookers will not necessarily assume that he is engaged in a medical treatment. He might be washing himself with the wine, and using the bread only because it is harmful to touch one's eye directly with one's hand (*Tos. Rid*).

38. It may be assumed, therefore, that the first law (which concerns wine) was stated by the father of Shmuel and the other law (which concerns saliva) was said by Levi.

39. Namely, that a law stated by Shmuel was presumably received from his father.

40. A paste (*kilor*) which was the most widely used form of eye remedy in Talmudic times. Its exact ingredients are not stated anywhere in the Talmud. Water, wine or various other liquids were used in its application (see above, 76b note 7).

אבל עושה הוא את מי המלח וטובל בהן פתו ונותן לתוך התבשיל א"ר יוסי והלא הוא הילמי בין מרובה ובין מועט ואלו הן מי מלח המותרין נותן שמן לכתחלה לתוך המים או לתוך המלח: גמ' מאי קאמר א"ר יהודה אמר שמואל ה"ק אין עושין מי מלח מרובין אבל עושה הוא מי מלח מועטין: א"ר יוסי והלא הוא הילמי בין מרובין בין מועטין: איבעיא להו רבי יוסי לאסור או להתיר אמר רב יהודה להתיר מדלא קתני רבי יוסי אוסר א"ל רבה הא מדקתני סיפא ואלו הן מי מלח המותרין מכלל דר' יוסי לאסור אלא אמר רבה לאסור וכן אמר רבי יוחנן לאסור תניא נמי הכי אין עושין מי מלח מרובין לתת לתוך הכבשין שבתוך גיסטרא אבל עושה הוא מי מלח מועטין ואוכל בהן פתו ונותן לתוך התבשיל א"ר יוסי וכי מפני שהללו מרובין והללו מועטין הללו אסורין והללו מותרין יאמרו מלאכה מרובה אסורה מלאכה מועטת מותרת אלא אלו ואלו אסורין הן ואלו הן מי מלח המותרין נותן שמן ומלח או שמן ומים ובלבד שלא יתן מים ומלח לכתחלה: (עזין צנון ואתרוג סימן): תני רבי יהודה בר חביבא אין עושין מי מלח עזין מאי מי מלח עזין רבה ורב יוסף בר אבא דאמרי תרווייהו כל שהביצה צפה בהן וכמה אמר אביי תרי תילתי מילחא ותילתא מיא למאי עבדי לה א"ר אבהו למורייסא תני רבי יהודה בר חביבא אין מולחין צנון וביצה בשבת רב חזקיה משמיה דאביי אמר צנון אסור וביצה מותרת אמר רב נחמן מריש הוה מלחנא פוגלא אמינא אפסודי קא מפסידנא ליה דאמר שמואל פוגלא חורפי מעלי כיון דשמענא להא דכי אתא עולא ואמר במערבא מלחי כישרי כישרי ממלח לא מלחנא טבולי ודאי מטבילנא תני ר' יהודה בר חביבא אתרוג צנון וביצה אילמלא קליפתן החיצונה אינן יוצאין מבני מעיים לעולם כי אתא רב דימי אמר מעולם לא טבע גברא בימא דסדום אמר רב יוסף הפוכה סדום והפוכה מילה גברא הוא דלא טבע כשורא טבע אמר ליה אביי לא מיבעיא קאמר לא מבעיא כשורא דאפילו בכל מימות שבעולם לא טבע אלא אפילו גברא דטבע בכל מימות שבעולם בימא דסדום לא טבע למאי נפקא מינה כי הא דרבין הוה שקיל ואזיל אחוריה דרבי ירמיה אגודא דימא דסדום אמר ליה מהו למימשי מהני מיא בשבת א"ל שפיר דמי מהו למימץ ולמיפתח אמר ליה זו לא שמעתי כיוצא בה שמעתי דאמר ר' זירא זימנין א"ל משמיה דרב מתנה וזימנין אמר לה משמיה דמר עוקבא ותרוויהו משמיה דאבוה דשמואל ולוי אמרין חד אמר יין בתוך העין אסור על גב העין מותר וחד אמר רוק תפל [אפילו] על גב העין אסור תסתיים דאבוה דשמואל הוא דאמר יין בתוך העין אסור על גב העין מותר מדאמר שמואל שורה אדם פיתו ביין ונותנו על גב העין בשבת דשמיע ליה ממאן לאו דשמיעא ליה מאבוה וליטעמיך הא דאמר שמואל רוק תפל אפי' ע"ג העין אסור דשמיעא ליה ממאן אילימא דשמיעא ליה מאבוה אלא לוי ולא חדא אמר אלא חדא שמיעא ליה מאבוה וחדא שמיעא ליה מלוי ולא ידעינן הי מאבוה הי מלוי אמר מר עוקבא אמר שמואל שורה אדם קילורין מע"ש ונותן על גב עיניו בשבת ואינו חושש בר ליואי הוי קאי קמיה דמר עוקבא חזייה דהוה מייץ ופתח אמר ליה כולי האי ודאי לא שרא מר שמואל שלח ליה רבי ינאי למר עוקבא לישדר לן מר מהנך קילורין דמר שמואל שלח ליה שדורי משדרנא לך דלא תימא צר עין אנא אלא הכי אמר שמואל טובה טיפת צונן שחרית ורחיצת ידים ורגלים בחמין ערבית מכל קילורין שבעולם תניא נמי הכי אמר רבי מונא משום רבי יהודה טובה טיפת צונן שחרית ורחיצת ידים ורגלים ערבית מכל קילורין שבעולם הוא היה אומר יד לעין תיקצץ יד לחוטם תיקצץ יד לפה תיקצץ יד לאוזן תיקצץ יד לחסודה תיקצץ יד לאמה תיקצץ יד לפי טבעת תיקצץ יד לגיגית

אבל עושה כו'. מפרש בגמ': והלא הוא הילמי בין רב בין מעט. ואם המרובים אסורים אף המועטים אסורים ואם אלו מותרים אף אלו מותרין ובגמרא מפרש דלהומרא א"ר יוסי דכולן לאיסור מפני שהוא כמעבד מתקן את האוכל הנתון לתוכו כדי שיתקיים: ואלו הן המותרין נותן שמן לתוך מים בתחלה. קודם שיתן המלח נותן שמן לתוך המלח בתחלה קודם שיתן המים דהשמן מעכב שאין המלח מתערב יפה עם המים ומתיש את כחו מהיות מי מלח עזין אבל לא יתן מים ומלח תחלה אפילו נותן שמן לבסוף דבשעה שנותן מים ומלח יחד הוא נראה כמעבד: גמ' מאי קאמר. מאי הילמי ומאי מי מלח: לאסור או להתיר. האי דקאמר שניהן שוין לאיסור או להיתר: כבשין. ירק שכובש להתקיים: גיסטרא. כלי שבור של חרס ואינו ראוי לכל תשמיש כשלם ומקלין אותו לכך: שהביצה צפה בהם. כח המלח מעכבת מלשקוע: למורייסא. של דגים: אין מולחין צנון וביצה. ג' וד' חתיכות יחד שהמלח מעבדן ונעשין קשין והוי תיקון: מריש הוה מלחנא פוגלא. בשבתא: פוגלא. צנון: כשרי. תילין גבוהים עיגול על עיגול: מימלח לא מלחנא. שתים יחד: טבולי. בשעת אכילה מטבילנא ואכילנא: קליפה חיצונה. דבילה היא החלבון אלא איידי דתני בהדי אתרוג וצנון קליפה נקט בה נמי לשון קליפה: אין יוצאין מבני מעים. שמתקשרין ומתקשין ונעצרין: לא טבע גברא בימא דסדום. מפני שהמים מלוחין וכח מליחתן מעכבו מלטבוע: והפוכה מילה. דברים האמורים בה הפוכין: כשורא טבע. בתמיה: מהו למימשי מהני מיא גרסינן. מי אסור משום רפואה דגזור רבנן בכל רפואות בשבת משום שחיקת סממנין ואלו מרפאות את העין: שפיר דמי. דלאו מוכחא מילתא דלרפואה עביד אף על פי שמרפאין שרי דטעמא דרפואה דאסירא ליתא אלא גזירה שמא ישחוק סממנין דדמי לטחינה שהוא אב מלאכה: מהו למימץ ולמפתח. לשון אין מעמצין את המת (לקמן דף קנא:) עוצם עיניו כשהוא רוחץ מהן בשבת מהו שיסגיר ויפתח עיניו כדי שיכנס מהן לעין: כיוצא בו שמעתי. דהיכא דמוכחא מילתא דלרפואה עביד אסור ומימץ ומפתח נמי מוכחא מילתא והא אסהדותא דרב דימי דאמר לא טבע גברא בימא דסדום נפקא לן מינה הא כיון דמליחי טובא מסו ואסר למימץ ולמפתח: זימנין א"ל וכו'. שקבל משניהם: ותרווייהו. רב מתנה ומר עוקבא: משמיה דאבוה דשמואל ולוי אמרי. תרתי מילי אמור חדא משמיה דאבוה דשמואל וחדא משמיה דלוי: חד אמר. או אבוה דשמואל או לוי: יין בתוך העין. דעמיך ופתח אסור דמוכחא מילתא: על גב העין מותר. דאמרי לרחיצה בעלמא עבדי: רוק תפל. שלא טעם כלום משניעור משנתו: אפילו על גב עין אסור. דמוכחא מילתא דלרפואה דאילו לרחיצה מאיס להכי נקט רוק תפל לפי שהוא חזק ומרפא: וליטעמיך כו'. א"כ לוי ולא חדא אמר בתמיה והא חדא משמיה אתמר כדאמרן: שורה. במים: קילורין. לוז"א בלע"ז: ונותן ע"ג עיניו. דלדידיה כיון דאצרכוה לשרותה מע"ש איכא היכרא וליכא למיגזר ומאן דחזינהו סבר דרחיצה בעלמא היא דכסבר שהוא יין: כולי האי ודאי לא שרא. דמוכחא מילתא: מר עוקבא הוה שכיח גבי מר שמואל ואב ב"ד היה בימיו כדאמרינן לעיל (דף נה. ובמועד קטן דף טז.): טיפת צונן. לתת בעיניו: ורחיצת ידים ורגלים בחמין ערבית. נמי מאירה העינים: הוא היה אומר. ר' מונא: יד לעין. שחרית קודם שיטול ידיו: תיקצץ. נוח לו שתקצץ שרוח רעה שורה על היד ומסמתו וכן כולן: לחסודה. ריבדא דכוסילתא פלימא"ה בלע"ז: לפי טבעת. נקב הרעי שעגול כטבעת: תיקצץ. ולא תגע שום בעין או באוזן קודם נטילה:

עין משפט נר מצוה

יט א ב מיי' פכ"ב מהל' שבת הלכה י סמג לאוין סה טוש"ע א"ח סי' שכא סעיף ג:
כ ג ד מיי' שם טוש"ע שם סעיף ג:
כא ה ו מיי' פכ"א מהל' שבת הלכה כה סמג שם טוש"ע א"ח סי' שכח סעיף כ:
כב ז ח מיי' שם טוש"ע שם סעיף כא:
כג ט טוש"ע א"ח סי' ד סעיף ג:
כד י שם סעיף ד:
כה כ מיי' פכ"א מהל' איסורי ביאה הל' כג טוש"ע אה"ע סי' כג סעיף ד:
כו ל טוש"ע א"ח סי' ד סעיף ד:

רבינו חננאל

מפרשי רבנן עשב בעציץ שאינו נקוב כתלוש דמי כדמפרש בסוף המצניע והאי פטורא באונא דחצבא לאו כתלוש דמי הלכך התם לאו עוקר דבר מגידולו (דהוא רביתיה) והכא עוקר דבר מגידולו: והלכתא כדרב הונא שכותבין תפלין על עוף טהור ואע"ג דאית ביה ניקבי כיון שהדיו עובר עליו כשר ואע"ג דדחו אביי לסייעדיה מן ושסע אותו בכנפיו לרבות את העור וקאמר לעולם אימא לך לאו עור הוא ואיצטריך כו' דיחוי בעלמא הוא דדחי ומתניתין החובל בהן חייב: בעא מר בריה דרב מרב נחמן מהו לכתוב תפלין על עור של דג טהור. אסיקנא אם יבא אליהו ויאמר פסקה זוהמא מיניה בשעובדין אותו ואי לא לא. (פי' דשמואל וקרנא דהוו יתבי וחזו למיא דדלו ועכירי כו' הוה שמיע ליה לשמואל דגברא רבה אתי ממערבא בההוא יומא וכיון דחזא למיא דעכירי. אמר בדעתיה אי אפשר דלא שתי מינייהו והוה בריר להו דכל מאן דשתי מהנהו מיא בעידן דעכירי חייש במעיה. ועל זה אמר גברא רבה דקא אתי חייש במעיה. תהי בקנקניה. פי' כגון טעום יין שבזה הקנקן מלשון קרנא הוה תהי בחמרא (כתובות ד' קה) כלומר חזי גמריה וכיון דחזא דהוא רב גדול צוה שמואל את קרנא ועייליה לביתיה ואכלי' אוכל דמשלשל ולא אודעיה מקום בית הכסא דאיכון לאיסורי מן חשש דבמעיה וכיון דאיצער רב ולא ידע דלאסוריה הוא דעבד הכי לטייה לא לקיים ליה ברא למאן דמצערן לצעריה ולא איקיים ליה לשמואל ברא אלא בנתא וכיון דאיתידע ליה לרב דלאסוריה הוא דעביד ליה הכי ולטותיה איתקיימא בשמואל חש דלא תחלש דעתיה ואדבריה על נפשיה כדמפרש בב"ק פרק מרובה (דף פ') והיינו מעשה (דיסוריה) [דסוגיין] ולטייה נמי לקרנא ונפקא ליה [קרן] של בשר בעינו. פי' קאלוס בלשון יון טוב כלומר הודה לדבריו. וא"ל טוב מה שאמרת. והלכה כת"ק דמתני' מתני' אין עושין הילמי בשבת אבל עושה הוא מי מלח. וכי תימא א) היכי דמפרשא בברייתא אין עושין מי מלח מרובין לתת לתוך הכבשין שבתוך הגסטרא. אבל עושה הוא מי מלח מועטים (וטובל) [ואוכל] בהן פתו ונותן לתוך התבשיל וכן הלכה ואע"ג דר' יוסי אוסר מי מלח אין הלכה כמותו דגרסי' בתחלת עירובין אמר רב יהודה אמר שמואל אין הלכה כרבי יוסי לא בהלמי ולא בלחיים: ירושלמי כל מי שנותנין לתוכה ביצה ושוקעת זו היא מי מלח אינה שוקעת הילמי תני ר' יהודה בר חביבא אין עושין מי מלח עזין והן שהביצה צפה בהן והלכתא כוותיה. ואם הביצה שוקעת בהן מותרין וכיון דאמר הביצה צפה בהן הזכיר לא טבע בימא דסדום כלומר כל מים מלוחים עזין צפן בהן: למימלח פוגלא אסיר לטבולי במילחא שרי: יין לתוך העין אסור ע"ג העין מותר. כשמואל דאמר שורה אדם פתו ביין ונותן ע"ג העין ואינו חושש. רוק תפל אפילו ע"ג העין אסור. וכן קילורין שהוא שרן מע"ש או מי סדום ע"ג העין שרי אבל מיפתח ומימץ עיינא בין בסממנא וקילורי בין במיא דסדום כדאמר ליה מר עוקבא לבר לואי כוליה לא שרא מר שמואל. פי' חסודה בלשון ערבי אל מחגמא:

מסורת הש"ס

א) עירובין יד:, ב) [ס"א כישי כישי פירוש חתיכות חתיכו' ערוך ערך כשר], ג) [נ"ל רחיצת ידים ורגלים בחמין ערוך ערך קלר], ד) מסכת כלה, ה) [עי' תוס' נדה יג: ד"ה דינא].

גליון הש"ס

גמ' ונותן על גב עיניו. עי' לעיל דף יח ע"א תוד"ה ומתרפאת:

ליקוטי רש"י

גיסטרא. שבר כלי [לעיל צה:]. כל דבר החלוק לשנים קרי גיסטרא [חולין כא.]. למורייתא. המוריים, (שמן) [שומן] של דגים [ע"ז כט:]. רוק תפל. שלא טעם כלום כל אותו היום תפל ריקם ונגוב וחסר כל טעם מאכל כגון דבר שלא נמלח דמיקרי תפל [סנהדרין מט:]. קילורין. קילור, מתכושת שקורין לוז"א [לעיל יח.]. שנותנין על העין לודיי"א בלע"ז [שם עו:]. יד לחסודה. ריבדא דכוסילתא, כלי אומן המקיז בכתפים ריבדא מכת הכלי ובלע"ז פיינדר"א [ע"ז כז.]. ריבדא דכוסילתא, פוטנויר"א דפלמוא"ה בלע"ז, ריבדא, ניקור. כוסילתא, כלי אומן מקיז [כתובות לט:]. ריבדא, מכה. כוסילתא, כלי שמכה בו בלע"ז פליימ"א [מכות כא.].

[מכאן שייך לדף קט.] גיגית. קובא שמטילין בה שכר. [לעיל פח.]. פוך. לי כחול [ירמי' ד, ל]. כשות. הומלון וגדל מתוך הסיחוי מריח הקרקע שהסיחוי יונק ממנו [לעיל קז:]. גדל בהיחוי ואין לו שורש בקרקע אלא מהיחוי לומח [עירובין כח:]. הימלון שגדל על הסנה [לקמן קלט.]. הומלון שמטילין לתוך השכר [ב"מ מב:]. אפילו לדידי. רב יוסף סגי נהור הוה [עירובין נד.]. רב יוסף ורב ששת מאורי עינים היו [פסחים קטז:]. בני מחוזא. מפנקי ולא עבדי מלאכה ובגדיהם רחבים כשל אשה [לעיל יב.]. מעונגים ושמינים היו [ר"ה יז.]. מכה של חלל. בחלל גופו [ע"ז כח.]. מי משרה. מים ששורין בהן פשתן שהן מרוחין יותר [ר"ן נדרים פ:]. מים ששורין בהן קנבוס ופשתן בנבעולין [ב"מ עה:].

חשק שלמה על רבינו חננאל א) נראה דצ"ל היכי פירושא דמלתא הכי מפרשא בברייתא וכו':

בְּשַׁבָּת – and put it over his eyes on the Sabbath, וְאֵינוֹ חוֹשֵׁשׁ – and he does not need to **worry** that he might have committed a transgression.[41]

The Gemara qualifies this law:

בַּר לֵיוָאי הֲוֵי קָאֵי קַמֵּיהּ דְּמַר עוּקְבָא – Bar Levai was once standing before Mar Ukva. חַזְיֵיהּ דַּהֲוָה מָיֵיץ וּפָתַח – [Mar Ukva] saw that [Bar Levai] was closing and opening his eyes using a collyrium on the Sabbath. **אֲמַר לֵיהּ – [Mar Ukva] said to him: כּוּלֵּי הַאי וַדַּאי לֹא שָׁרָא מַר שְׁמוּאֵל – "So much** (i.e. opening and closing the eyes in collyrium) **Master Shmuel certainly did not permit."**[42]

The Gemara assesses the medical value of various treatments of the eye:

שְׁלַח לֵיהּ רַבִּי יַנַּאי לְמַר עוּקְבָא – R' Yannai sent the following message **to Mar Ukva: לִישַׁדַּר לָן מַר מֵהָנָךְ קִילוֹרִין דְּמַר שְׁמוּאֵל – May master send us some of those collyria of Mar Shmuel.**[43] **שְׁלַח לֵיהּ – [Mar Ukva] sent** this message back **to [R' Yannai]: שַׁדּוּרֵי מְשַׁדַּרְנָא לָךְ – I will certainly send** them **to you, דְּלֹא אֵלָּא תֵּימָא צַר עַיִן אֲנָא – so that you will not say I am stingy. הָכִי אָמַר שְׁמוּאֵל – But** know that **Shmuel said the following: טוֹבָה טִיפַּת צוֹנֵן שַׁחֲרִית וּרְחִיצַת יָדַיִם וְרַגְלַיִם בְּחַמִּין עַרְבִית – A drop of cold [water]** in the eyes **in the morning and washing the hands and feet in warm water in the evening is better מִכָּל קִילוֹרִין שֶׁבָּעוֹלָם – than all the collyria in the world.**[44]

The Gemara cites a Baraisa that also makes this point:

אָמַר רַבִּי מוּנָא תַּנְיָא נַמִּי הָכִי – This was also taught in a Baraisa: מִשּׁוּם רַבִּי יְהוּדָה – R' MONA SAID IN THE NAME OF R' YEHUDAH: טוֹבָה טִיפַּת צוֹנֵן שַׁחֲרִית וּרְחִיצַת יָדַיִם וְרַגְלַיִם עַרְבִית – A DROP OF COLD [WATER] in the eyes **IN THE MORNING AND WASHING THE HANDS AND FEET** in warm water **IN THE EVENING IS BETTER מִכָּל קִילוֹרִין שֶׁבָּעוֹלָם – THAN ALL THE COLLYRIA IN THE WORLD.**

R' Mona continues:

הוּא הָיָה אוֹמֵר – HE [R' Mona] **WOULD SAY: יַד לָעַיִן תִּיקָּצֵץ – A HAND** that is put **TO THE EYE**[45] **SHOULD BE CUT OFF.**[46] **יַד לַחוֹטֶם תִּיקָּצֵץ – A HAND** that is put **TO THE NOSE SHOULD BE CUT OFF. יַד לַפֶּה תִּיקָּצֵץ – A HAND** that is put **TO THE MOUTH SHOULD BE CUT OFF.**[47] **יַד לָאוֹזֶן תִּיקָּצֵץ – A HAND** that is put **TO THE EAR SHOULD BE CUT OFF.**[48] **יַד לַחֲסוּדָה תִּיקָּצֵץ – A HAND** that is put **TO A LANCET PUNCTURE**[49] **SHOULD BE CUT OFF.**[50] **יַד לָאַמָּה תִּיקָּצֵץ – A HAND** that is put **TO THE MEMBER SHOULD BE CUT OFF.**[51] **יַד לְפִי טַבַּעַת תִּיקָּצֵץ – A HAND** that is put **TO THE ANUS SHOULD BE CUT OFF.**[52] **יָד – A HAND** that is put

NOTES

41. There is no basis for prohibiting this treatment. Since the Rabbis required the patient to soak the medicine before the Sabbath, he will not mistakenly assume that grinding herbs for medicine is permitted, nor will he confuse it with other treatments and assume that they, too, are permitted. Also, onlookers will not necessarily assume that this is a medical treatment, for since the soaked collyrium looks like wine they might think that he is washing himself with wine (*Rashi*).

Rashi implies that collyrium is permitted only because the patient himself will not confuse it with other treatments. In other cases, however (e.g. applying wine to the eye), there is no such requirement. The reason why collyrium is treated so stringently is that it is used *only* for medicinal purposes (*Mishnah Berurah* 328:69; cf. *Tos. Rid; Eglei Tal, Meleches Tochein* 46:2,4).

The permit to use collyrium on the Sabbath applies only to a thin solution [which looks like wine]. A thick solution is prohibited (*Rosh* ch. 1 §33; *Ran* folio 6a ד״ה והאי קילור; see *Tosafos* to 18a ד״ה ומתרפאת for a different understanding of this Gemara; cf. *Tosafos Yeshanim* there).

42. Because it is evident that he is doing so for medical purposes (*Rashi*).

43. Mar Ukva was often in the company of Shmuel. He was the president of the Rabbinical Court (*av beis din*) in Shmuel's time (*Rashi,* from Gemara above, 55a).

Shmuel was renowned for his expertise as a doctor (see 108a note 29).

44. The exertions of an entire day cause one's hand and feet to become hot. This heat can harm the eyes unless it is diminished by washing with warm water (see *Chidushei HaRan*).

45. In the morning before he washes his hands (*Rashi*).

46. I.e. it would have been better for him had his hand been cut off (*Rashi;* see *Tosafos* to *Niddah* 13b ד״ה דינא). [For another explanation of why the Baraisa uses this expression, see note 51.]

An evil spirit called בַּת מֶלֶךְ, *Bas Melech* (literally: princess), rests on the hands in the morning, and does not depart until the hands are washed three times in a certain manner (see *Ritva MHK* ed. and *Orach Chaim* 4; see also the passage from *Zohar* quoted by *Beis Yosef* ibid.). If one touches his eye before washing his hands, this spirit causes the eye to go blind (*Rashi,* from Gemara below, 109a).

In all the following cases as well, the Baraisa refers to harm caused by this evil spirit (*Rashi;* see, however, note 52).

47. For the evil spirit on the hand causes *polypus* (a foul odor) in the nose or mouth (Gemara below, 109a).

48. The evil spirit causes deafness (below, 109a).

49. From bloodletting.

50. Here, too, the Baraisa refers to touching the wound before one has washed his hands in the morning (based on *Rashi's* comment cited at the end of note 46; see *Taz* to *Orach Chaim* 4:4). According to *Shulchan Aruch* (ibid.), though, the Baraisa means that one should not rub the wound [or scar] even *after* washing the hands, lest one aggravate it.

51. Because the evil spirit harms the member in some way if one touches it before washing his hands [see note 46] (see *Chidushei HaRan, Eitz Yosef* and *Mishnah Berurah* 4:13).

Alternatively, the Baraisa means that one should not touch the member at any time of the day, because that could lead to a seminal emission. A Baraisa in *Niddah* (13b) teaches that a hand which is extended towards one's private parts should be cut off (*Rashi* to 109a ד״ה מעלה פוליפוס; this is also the explanation adopted by *Rambam, Hil. Isurei Biah* 21:23 and *Shulchan Aruch Even HaEzer* 23:4). Indeed, it is possible that the word תִּיקָּצֵץ, *should be cut off,* is used in the other cases in this Baraisa only on account of this case (*Rashi* ibid.).

Rif quotes the entire passage from *Niddah* (13a-b) which elaborates upon the sin of expressing semen wastefully (see also *Meiri*).

52. In this case, the Baraisa does not refer to touching before washing the hands in the morning. Rather, it means that if one touches his anus at *any* time of the day, his hand "should be cut off" so that it does not subsequently touch the eye or ear before being washed (*Rashi,* as explained by *Maharsha*).

Alternatively, the Baraisa means that one should not rub his anus frequently [at any time of the day] lest he cause hemorrhoids to develop (*Rashi* to 109a ד״ה מעלה פוליפוס; this is the explanation given by *Shulchan Aruch* ibid.; see above, 81a).

Some commentators maintain that here too the Baraisa means that one should not touch his anus [even delicately] before washing his hands in the morning. In their opinion, the evil spirit can cause harm if brought into contact with *any* body orifice (*Gra* and *Chayei Adam,* cited by *Mishnah Berurah* 4:13).

לְגִיגִית – TO A BARREL[1] תִּיקָּצֵץ – SHOULD BE CUT OFF.[2]

The Baraisa explains why one should not touch his eyes, nose, mouth or ears before washing his hands in the morning:

יָד מְסַמָּא – The HAND CAUSES BLINDNESS if it touches the eye; יָד מַחֲרֶשֶׁת – the HAND CAUSES DEAFNESS if it touches the ear; יָד מַעֲלָה פּוֹלִיפּוּס – the HAND GENERATES A *POLYPUS*[3] if it touches the mouth or nose.

The Gemara cites another Baraisa about the evil spirit that rests on the hands before they are washed in the morning:

תַּנְיָא – It was taught in a Baraisa: רַבִּי נָתָן אוֹמֵר – R' NASSAN SAYS: בַּת חוֹרִין הִיא זוֹ – THIS spirit IS A FREE AGENT,[4] וּמַקְפֶּדֶת עַד שֶׁיִּרְחוֹץ יָדָיו שָׁלֹשׁ פְּעָמִים – AND IT INSISTS on remaining UNTIL ONE WASHES HIS HANDS THREE TIMES.[5]

The Gemara discusses this subject further:

אָמַר רַבִּי יוֹחָנָן – R' Yochanan said: פּוּךְ מַעֲבִיר בַּת מֶלֶךְ – *Puch*[6] removes damage done by *bas melech*[7] to the eye; וּפוֹסֵק אֶת הַדִּמְעָה – it stops tears; וּמַרְבֶּה שֵׂיעָר בָּעַפְעַפַּיִם – and it increases hair on the eyelids.[8]

The Gemara quotes a corroborating Baraisa:

תַּנְיָא נַמִּי הָכִי – This was also taught in a Baraisa: רַבִּי יוֹסֵי אוֹמֵר פּוּךְ מַעֲבִיר בַּת מֶלֶךְ – *PUCH* REMOVES damage done by *BAS MELECH* to the eye; וּפוֹסֵק אֶת הַדִּמְעָה – IT STOPS TEARS; וּמַרְבֶּה שֵׂיעָר בָּעַפְעַפַּיִם – AND IT INCREASES HAIR ON THE EYELIDS.

The Gemara lists treatments that are not effective in curing ailments of the eye:

וְאָמַר מַר עוּקְבָא אָמַר שְׁמוּאֵל – And[9] Mar Ukva said in the name of Shmuel: עָלִין אֵין בָּהֶם מִשּׁוּם רְפוּאָה – *Alin*[10] has no effect in healing the eyes.[11]

אָמַר רַב יוֹסֵף – Rav Yosef said: כּוּסְבַּרְתָּא אֵין בָּהּ מִשּׁוּם רְפוּאָה – Coriander has no effect in healing the eyes.

אָמַר רַב שֵׁשֶׁת – Rav Sheishess said: כְּשׁוּת אֵין בָּהֶן מִשּׁוּם רְפוּאָה – Hops have no effect in healing the eyes.[12]

The Gemara records further teachings on this subject:

אָמַר רַב יוֹסֵף – Rav Yosef said: כּוּסְבַּרְתָּא אֲפִילּוּ לְדִידִי קָשָׁה לִי – Coriander is harmful even to me.[13]

אָמַר רַב שֵׁשֶׁת – Rav Sheishess said: גַּרְגִּירָא אֲפִילּוּ לְדִידִי מְעַלֵּי – Rocket is beneficial even for me.[14]

The Gemara qualifies the previous teaching about hops:

וְאָמַר מַר עוּקְבָא אָמַר שְׁמוּאֵל – And Mar Ukva said in the name of Shmuel: כָּל מִינֵי כְּשׁוּת שָׁרוּ – All types of hops are permitted for use as medicines on the Sabbath,[15] לְבַר מִטְּרוּזָא – except for *teruza.*[16]

The Gemara cites an Amoraic statement:

אָמַר רַב חִסְדָּא – Rav Chisda said: שְׁרִיקָא טְוָיָא שְׁרֵי – Basting a roast is permitted.[17] פִּיעְפּוּעֵי בֵּיעֵי אָסוּר – Whisking eggs is forbidden.[18]

A related incident:

דְּבֵיתְהוּ דִזְעֵירִי עָבְדָא לֵיהּ לְחִיָּיא בַּר אַשִׁי – The wife of Zeiri made it (i.e. she basted a roast) for Chiya bar Ashi, who was a student of Zeiri,[19] on the Sabbath, וְלֹא אָכַל – but he did not eat it.[20] אָמְרָה לֵיהּ – She said to him: לְרַבָּךְ עָבְדִי לֵיהּ – "I made it for your teacher [Zeiri], וְאָכַל – and he ate it,

NOTES

1. Into which beer is put (*Rashi;* cf. *Ben Yehoyada*).

2. If one touches a beer barrel before washing his hands in the morning (*Rashi*), the evil spirit will enter the beer and harm those who subsequently drink from it (*Beur Halachah* 4:5 ד״ה לא יגע, citing *Bach, Taz* and *Gra*). [One must also avoid touching any other type of food before washing his hands in the morning (see *Mishnah Berurah* 4:14 and *Beur Halachah* ibid.).]

Alternatively, the Baraisa means that one should not manipulate the beer with one's hands even *after* washing them in the morning, because doing so could spoil the beer (*Shulchan Aruch* ibid.).

3. A foul odor emanating from the mouth or nose (*Rashi,* from *Kesubos* 77a).

4. It commands respect among the other spirits as a free man does among people (*Rabbeinu Chananel;* cf. *Benayahu* and *Ben Yehoyada*).

5. One must wash his hands well by pouring water three times over each one (*Rashi;* see *Shulchan Aruch, Orach Chaim* 4 with commentaries for the details of this procedure).

6. A type of mascara. It is mentioned in *II Kings* 9:30 (*Shabbos Shel Mi;* see *Aruch* ע׳ פוך).

7. The name of this evil spirit (see 108b note 46).

8. I.e. it promotes growth of the eyelashes.

9. [The Gemara says "and" because this is the second teaching in this passage stated by Mar Ukva in the name of Shmuel.]

10. The name of an herb (*Rashi*). *Rabbeinu Chananel* translates עָלִין as leaves, i.e. the leaves of any plant.

11. It does not enhance one's eyesight (*Rashi*). Since it has no significant medicinal value, one is permitted to use it on the Sabbath (*Rabbeinu Chananel*).

According to *Rashi,* the Gemara speaks of *eating* the *alin* plant [as a cure for the eye]. Other Rishonim, however, maintain that the reference is to putting it on the eye (*Tosafos, Ramban, Rashba* et al.). [This dispute applies to the eye treatments listed below as well.]

12. [In any event, it is permitted to eat hops on the Sabbath as a medicine, because of a different factor: Since hops are also eaten by healthy people, a sick person who takes them does not necessarily appear to be doing so for medicinal purposes (see *Rashi* ד״ה כל מיני כשות).]

13. Although Rav Yosef was blind [and thus his eyes were less sensitive to pain than usual], eating coriander would aggravate pain he felt in them (*Rashi*). [See *Tosafos* ד״ה לדידי, who explain why Rav Yosef had to say that coriander has no healing properties if it is in fact injurious; cf. *Sfas Emes*.]

14. Rav Sheishess was also blind. Nevertheless, he testified that eating the rocket plant was beneficial to his eyes (*Rashi;* see *Yoma* 18b).

Many Rishonim understand that Rav Yosef and Rav Sheishess refer to the laws of taking medicine on the Sabbath. That is, Rav Yosef teaches that coriander may be applied to the eyes on the Sabbath, and Rav Sheishess teaches that rocket may not (*Chidushei HaRan;* see *Tosafos* ד״ה עלין, *Ramban* et al.). [*Rashi,* however, does not mention the Sabbath except in explaining Mar Ukva's statement below about hops. It would therefore seem that according to *Rashi* all the above statements were meant as purely medical advice (see *Sfas Emes*).]

15. Because hops are also eaten by healthy people [see note 12] (*Rashi*).

16. [The exact definition of *teruza* is not known to us (*Rabbeinu Chananel*).] People eat *teruza* only for medicinal purposes. Hence, it is obvious that one is taking it as a cure (*Rashi*).

17. While the roast is still warm soon after the Sabbath begins, one may coat it with a paste of oil and whisked eggs. (Of course, the roast must not be so hot that he would be liable for cooking the paste – see *Orach Chaim* 318:19 with commentaries; *Eglei Tal, Ofeh* 32:2 note 63.) One might have thought that this act is forbidden because it resembles מְתַקֵּן, *fixing* [which is a *toladah* of מַכֶּה בְּפַטִּישׁ, *striking the final hammer blow*]. It is necessary, therefore, for Rav to teach that it is permitted (*Rashi, Meiri*).

The Rishonim object that according to this explanation of Rav Chisda's statement it has no relevance to the preceding or following Gemara. Because of this as well as other difficulties, they follow *Rabbeinu Chananel,* who translates Rav Chisda's statement differently and explains it as referring to a certain medical treatment (see *Tosafos, Rashba, Ritva MHK* ed.). *Sfas Emes* defends *Rashi* by pointing out that Rav Chisda's statement, which concerns the improvement of foods, pertains to the discussion above (108b) about using salt to improve foods.

18. One may not do this on the Sabbath, because he appears as though he wants to add the eggs to a pot cooking on the fire (*Rashi, Meiri*). [Here, too, *Rabbeinu Chananel* (cited by *Rashba*) gives a different translation of the words, which relates them to a medical treatment.]

19. As is evident from *Yoma* 77b (*Rabbeinu Chananel, Rav Nissim Gaon*).

20. Chiya bar Ashi apparently maintained that basting a roast on the Sabbath is prohibited. [However, it is not clear why he deemed the roast forbidden for consumption after the fact (see *Ramban* in *Milchemes Hashem* folio 17a, *Sfas Emes* and *Ben Uri*).]

לגיגית תיקצץ יד מסמא יד מחרשת יד מעלה פוליפוס תניא רבי נתן אומר בת חורין היא זו ומקפדת עד שירחוץ ידיו ג' פעמים א"ר יוחנן פוך מעביר בת מלך ופוסק את הדמעה ומרבה שיער בעפעפים תניא נמי הכי רבי יוסי אומר פוך מעביר בת מלך ופוסק את הדמעה ומרבה שיער בעפעפים ואמר מר עוקבא אמר שמואל עלין אין בהם משום רפואה אמר רב יוסף כוסברתא אין בה משום רפואה אמר רב ששת כשות אין בהן משום רפואה אמר רב יוסף כוסברתא אפילו לדידי קשה לי אמר רב ששת גרגירא אפילו לדידי מעלי ואמר מר עוקבא אמר שמואל כל מיני כשות שרו לבר מטרוזא אמר רב חסדא שריקא טויא שרי פיעפועי ביעי אסור דביתהו דזעירי עבדא ליה לחייא בר אשי ולא אכל אמרה ליה לרבך עבדי ליה ואכל ואת לא אכלת זעירי לטעמיה דאמר זעירי נותן אדם יין צלול ומים צלולין לתוך המשמרת בשבת ואינו חושש אלמא כיון דמשתתי הכי לאו מידי קעביד הכא נמי כיון דמיתכיל הכי לאו מידי קעביד ואמר מר עוקבא מי שנגפה ידו או רגלו צומתה ביין ואינו חושש איבעיא להו חלא מאי אמר רב הלל לרב אשי כי הווינא בי רב כהנא אמרי חלא לא אמר רבא והני בני מחוזא כיון דמפנקי אפילו חמרא נמי מסי להו רבינא איקלע לבי רב אשי חזייה דדריכא ליה חמרא אגבא דכרעיה ויתיב קא צמית ליה בחלא אמר ליה לא סבר לה מר להא דאמר רב הילל חלא לא א"ל גב היד וגב הרגל שאני איכא דאמרי חזייה דקא צמית ליה בחמרא אמר ליה לא סבר לה מר להא דאמר רבא הני בני מחוזא כיון דמפנקי אפי' חמרא נמי מסי להו ומר נמי הא מפנק אמר ליה גב היד וגב הרגל שאני דאמר רב אדא בר מתנה אמר רב גב היד וגב הרגל הרי הן כמכה של חלל ומחללין עליהן את השבת ת"ר רוחצים במי גרר במי חמתן במי עסיא ובמי טבריא אבל לא בים הגדול ולא במי משרה ולא בימה של סדום ורמינהו רוחצים במי טבריא ובים הגדול אבל לא במי משרה ולא בימה של סדום קשיא ים הגדול אים הגדול א"ר יוחנן לא קשיא הא ר"מ הא ר' יהודה דתנן כל הימים כמקוה שנאמר ולמקוה המים קרא ימים דברי ר"מ ר' יהודה אומר ים הגדול כמקוה ולא נאמר ימים אלא שיש בו מיני ימים הרבה רבי יוסי אומר כל הימים מטהרין בזוחלין ופסולים לזבים ולמצורעים ולקדש בהן מי חטאת מתקיף לה רב נחמן בר יצחק אימור

רש"י

לגיגית. שמטילין בה שכר: תיקצץ. דלא תיגע קודם נטילת שחרית: יד. לעין מסמאה קודם נטילה: יד. לאוזן מחרשת: יד. לפה או לחוטם: מעלה פוליפוס. ריח החוטם והפה ול"נ דיד לאמה לאו לענין שחרית נקט לה אלא משום דמביא לידי קרי ובמסכת נדה (דף יג.) אמרינן בה תקצץ משום האי טעמא ומשום דתניא בה נמי לטובתא דתיקצץ תנייה נמי גבי הנך וכן יד לפי טבעת למשמש בה תדיר מביאתו לידי תחתוניות: בת חורין היא. הרוח השורה על הידים לפני נטילה: ומקפדת. בנטילתו לנוטלה יפה עד שישפוך מים יפה ג' פעמים על ידיו: פוך. אם נותנו בעיניו: מעביר בת מלך. אם הזיקה לעיניו: עלין. כך שם העשב: אין בהם משום רפואה. באכילתו להאיר העיניים דלא מסו: כוסברתא. אליינדר"א: אפילו לדידי. דמאור עינים אנא קשה לי לכאב העין אם אוכלנו: גרגירא. אורוג"א: אפילו לדידי. דמאור עינים אנא מעליא לי: כל מיני כשות שרי. למיכל בשבת דהתנן במתני' כל האוכלים אוכל אדם לרפואה דלא מוכחא מילתא: לבר מטרוזא. שאין אדם אוכל אלא לרפואה ומוכחא מלתא: שריקא טויא. לשרוק ולטוות שמן וביצים מגולגלין על הכלי כשהוא חם משמשכה שרי ובלבד שלא יהא רותח כדי לבשל ולא אמרינן דמי למתקן: פיעפועי ביעי. לטרוף ביצים מגולגלין בקערה: אסור. דמתחזי כמאן דבעי למשדינהו בקדרה: עבדא ליה. שריקא טויא: לרבך. זעירי: משמרת. שמסננין בה שמרים: כיון דמשתתי הכי. שראוי לשתותו כמו שהוא בלא סינון: דמיתכיל הכי. בלא שירקא: שנגפה. שנכשלה ולקתה לשון פן תגוף (תהלים צא) דם מגפתה (מכשירין פ"ו מ"ח): צומתה ביין. לשכך הדם: דמפנקי. מעונגין הן וכל דבר שהוא חזק קצת קשה לבשרן ולומתה: דדריכא ליה חמרא. חמור דרך לו על רגלו: שאני. שמכתו קשה ומסוכן ומחללין עליו את השבת: רוחצין במי גרר. ואע"פ שהן מלוחין קצת דרך לרחוץ בהן בחול ולא מוכחא מילתא דלרפואה היא: אבל לא בים הגדול. לקמן מפרש טעמא: ולא במי משרה. ששורין בו פשתן ואין דרך רחיצה בהן אלא לרפואה דמסו וכן בימה של סדום דמליח טובא ואין רוחצין בה אלא לרפואה ומוכחא מילתא: הא. דקתני רוחצים בים הגדול ר"מ היא דמשוי כל הימים כי הדדי ולא מפליג בין ים הגדול לשאר הימים: והא. דתני אין רוחצין רבי יהודה היא דמפליג בין ים הגדול לשאר ימים: כל הימים כמקוה. לכל תורת מקוה ואין להם תורת מעיין ומה בין מקוה למעיין המעיין כשר לטבילת זב והזאת לפור מצורע דמים חיים הן ולקדש מי חטאת דבכולהו מים חיים כתיב בזב כתיב (ויקרא טו) ורחץ בשרו במים חיים במצורע כתיב (שם יד) אל כלי חרש על מים חיים במי חטאת כתיב (במדבר יט) מים חיים אל כלי ומטהר טמאים הטובלים במימיו כשהן זוחלין ומקלחים שהרי זה דרכו של מעיין כל עצמן זוחלין הן ומקוה שהן מים מכונסין אם הטביל במימיו דרך זחילתן במקום קטפרס אינה טבילה עד שיהא במקום אשבורן שלו קווין ועומדין והכי תניא בת"כ אי מה מעיין מטהר בזוחלין אף מקוה מטהר בזוחלין ת"ל אך (ג) מעיין מטהר בזוחלין והמקוה באשבורן זהו פירוש מטהר בזוחלין בכל מקום ואני לא שמעתיו כן ואין המקוה כשר לטבילת זב ולהזיית מצורע ולקדש מי חטאת וכל הימים כמקוה שהכתוב קראן מקוה: רבי יהודה אומר. לא קרא הכתוב מקוה אלא לים הגדול דביה משתעי קרא במעשה בראשית ששם נקוו כל מי בראשית: ולא נאמר ימים. בלשון רבים אלא מפני שמעורבין בו מיני ימים הרבה שכל הנחלים הולכים אל הים: רבי יוסי אומר כל הימים. ויש הגדול תורת מעיין מים זוחלין עליהן לענין שהם מטהרין בזוחלין מפני שדרכן להיות נחלים זוחלין עליהן וזה דרכן אבל פסולין הן לתורת מים חיים דהכתוב קראן מקוה: אימור

תוספות

עלין אין בהם משום רפואה. פי' בקונטרס דבאכילה איירי ואין נראה לר"י דלא איירי להשים על העין דבהכי איירי כולה סוגיא ועוד אי באכילה איירי היכי אמר רב ששת גרגירא כיון דמאכל בריאין הוא והתנן כל האוכלים אוכל אדם לרפואה:

לדידי אפילו כוסברתא קשי לי. קשה לר"י א"כ אמאי איצטריך למימר רב יוסף כוסברתא אין בו משום רפואה כיון דמזקת לעיניס כ"ש דלא מרפאה ואומר ר"י דה"ק אין בה משום רפואה כלומר יש שטועין וסבורין שיש בה רפואה ואין בה רפואה אלא מוקת לעינים ויכול להיות שמהנה אותו בשום ענין:

שריקא טויא. פירש ר"ח מים שמסננים ממעי אבטיח ושותים כדי לשלשל ור"ל דמותר לסנן מים שבמעיין כדמסיק כיון דמיתכיל הכי לאו מידי קעביד אבל פעפועי ביעי אסור דלאו מיתכיל בלא סינון שפיר והשתא אתי שפיר לפי' ר"ח דשייכא הא מלתא להכא דמיירי ברפואה:

רוחצין במי גרר במי חמתן במי טבריא. והא דתנן בפ' חבית (לקמן דף קמז.) הרוחץ במי מערה במי טבריא ודייק בגמרא דיעבד אין לכתחילה לא התם מיירי ברוחץ בגומא דדמיא למרחץ אבל בנהר מותר לכתחילה כדפרישית לעיל בפרק כירה (לעיל מ: ד"ה והא) ולרבינו נסים כתב במגילת סתרים דהא דקתני הרוחץ דיעבד אין לכתחילה לא משום מי מערה אבל במי טבריא אפילו לכתחילה שרי ולא קתני במי טבריא אלא ללמד על מי מערה שהן חמין דומיא דמי טבריא וטעמא משום דמי טבריא מגולין אבל מערה מכוסה היא כדאמר בשור שנגח את הפרה (ב"ק דף נ:) דמערה עבידא דמטללא ונפיש הבלא וחיישינן שמא יזיע ומש"ה לכתחילה לא:

רבי יוסי אומר כל הימים מטהרין בזוחלין. נראה לריב"א דטעמא משום דכל שעה הולכים ושבים מכאן לכאן והוי כזוחלין הלכך יש להם לטהר בזוחלין כמו שאר נהרות אבל מים חיים אינם שהרי אינם נובעים הלכך מיסתבר טפי מה שהכתוב קראן מקוה היינו לפוסלן ממים חיים: הא ר"מ והא רבי יהודה. תימה היכי מדמי הא פלוגתא לפלוגתא דלעיל דמיירי ברפואה:

הויא

עין משפט נר מצוה

כז א טוש"ע א"ח סי' ד סעיף כ:
כח ב שם סעיף ג:
כט ג סמג לאוין סה טוש"ע א"ח סימן שכח סעיף לז:
ל ד ה ו מיי' פכ"א מהל' שבת הלכה כב סמג שם טוש"ע שם סעיף כט:
לא ז מיי' פ"ב שם הל' ח סמג שם טוש"ע שם סעיף ו:
לב ח שם סעיף מד:
לג ט מיי' פ"ט מהלכות מקוואות הלכה יב סמג עשין רמח:

גליון הש"ס

רש"י ד"ה אפי' לדידי דמאור עינים. עי' בכתובות אור לנהגון בעל פמ"א פ' נח:

רבינו חננאל

תניא ר' (יוסי) [נתן] אומר בת חורין היא. פי' רוח רעה ששורי' על [גבן] הידים של אדם ואינה עוברת עד ג' פעמים ופוך מעבירה א). אמר שמואל עלין אין בהן משום רפואה. פי' עלי ירק לצנן העין אין בהן משום רפואה ושרי וכן כוסברתא וכן כשות אין בהן משום רפואה. ורב יוסף דהוי סגי נהורא הוה אמר אפי' אנא כוסברתא קשיא לי דאלמא מכאיב העין ורב ששת נמי סגי נהורא הוה ואמ' אפי' לדידי גרגירא מעלי דמשפה גלגל העין. כל מיני קשות מותר להניח ע"ג העין בשבת בר מטרוזא ולא בריר לן יפה מאי היא שריקא טויא גם היא ב) ואמרו כי הן מי של מיני אבטיחים שמסננין אותן במשמרת ושותין אותן לבדן ויפין הן לשילשול. וכן פעפועי ביעי וזעירי דהוה שתי להן לטעמיה דאמר נותן אדם מים צלולין ויין צלול לתוך המשמרת בשבת ואינו חושש אלמא כיון דמישתתי הכי לאו מידי קא עביד הכא נמי בשיריקא טויא כיון שנאכל עם האבטיח ועם מעיו אף בזמן דשפי לה במשמרת לאו מידי עבוד. ומפורש בגמרא דיוה"כ כי זעירי רביה דרב חייא בר אשי תלמידו דזעירי הוא ג) דהוא נמי תלמידו דרב הוה ניחא לי משום הכא דרב אשי הוה. אמר מר עוקבא מי שנגפה ידו או רגלו צומתה ביין ואינו חושש אבל חומץ לא ואי מפנק אפי' חמרא אסור אא"כ ישנה מכה של חלל שמחללין עליה השבת: מי גרר ומי חמתן המים שלהן חמין הן כמו חמי טבריא.

חשק שלמה על רבינו חננאל

א) עי' ערוך ערך בת חורין. ב) נראה דחסר איזה תיבות וצ"ל גם היא אינו בריר לן ואמרו וכו'. ג) דברי רבינו אלו מסורגלים קצת. ואולי צריך להיות ע"ש בדבריו ודו"ק:

ליקוטי רש"י

[נדפס בדף קח:]

מסורת הש"ס

א) פי' כחול עינים, ב) [ער' יומא יח: למה נקרא שמן אורות וכו'], ג) לקמן קלט:, ד) ע"ז כח., ה) פרה פ"ח מ"ח מקוואות פ"ה משנה ד, ו) [וכן איתא במסכת כלה], ז) [וע"ע תוס' לקמן קמז. ד"ה דיעבד ותוס' חולין טו: ד"ה אלא לורן].

הגהות הב"ח

(א) גמ' פוך מעביר בת מלך ופוסק וכו' ר' יוסי וכו' בת חורין ופוסק: (ב) רש"י ד"ה כל הימים וכו' מ"ל אך מעיין מטהר: (ג) תוס' ד"ה עלין וכו' בהם אי"ד ואח"כ מ"ה כוסברתא אפי' לדידי קשה:

תורה אור השלם

א) וַיִּקְרָא אֱלֹהִים לַיַּבָּשָׁה אֶרֶץ וּלְמִקְוֵה הַמַּיִם קָרָא יַמִּים וַיַּרְא אֱלֹהִים כִּי טוֹב: [בראשית א, י]

רב נסים גאון

מעלה פוליפוס. במס' כתובות בפרק המדיר (דף עז) אמרו מאי בעל פוליפוס וכו' רב יהודה אמר שמואל ריח החוטם במתניתא תנא ריח הפה: אמר רב יוסף כוסברתא אפי' לדידי קשה לי אמר רב ששת גרגירא אפי' לדידי מעלי לי. רב יוסף ורב ששת היו מאורי עינים ואמר רב יוסף בדרך הבאי כי הכוסבר מזיק לעין ואמרו לו שהוא סומא וכמו כן אמר רב ששת כי הגרגיר הוא מועיל אפי' לסומים ותמצא רב יוסף אמר בפרק החובל (בבא קמא דף פז) מריש הוה אמינא מאן דאמר לי הלכה כר' יהודה דאמר סומא פטור מהמצות עבידנא יומא טבא לרבנן דאמינא לא מיפקדנא ועבידנא מצות השתא דשמעתא להא דאמר ר' חנינא גדול המצווה ועושה אדרבה מאן דאמר לי דלית הלכתא כר' יהודה עבידנא יומא טבא לרבנן ואיתא נמי בגמ' בפרק האשה (קידושין דף לא) ורב ששת בהדי אמרו בכמה מקומות דברים שמוכיחים שהוא סומא בברכות בפרק תפלת השחר (דף ל) כי הא דרב חסדא ורב ששת הוו קא אזלי באורחא קם רב חסדא וקא מצלי תפלת הדרך אמר ליה רב ששת לשמעיה מאי קעביד רב חסדא וכו' ובפרק הרואה מקום (שם נח) רב ששת נפק למיחזי מלכא אמר ליה ההוא מינא בר בי רב חצבי לנהרא כגני ליא אמר ליה השתא אחזית דאנא ידענא טפי מינך כי אתא מלכא פתח רב ששת קא מברך ליה אמר ליה למלכא דלא חזית ליה וכו' מינא כי לא חזית מאי מברכת ובפרק ערבי פסחים (דף קטז) דבר שמוכיח על שניהן והוא כשאמר רב אחא בר יעקב סומא פטור מלומר הגדה הקשו עליו איני והאמר רבינא לדילי א) אמר לי רב ששת שאלתינהו לרבנן דבי רב יוסף מאן אמר הגדתא ואמרו לי רב יוסף ואיך תאמר שהסומא פסול לומר הגדה והרי אלו סומין ואמרי הגדתא ובפרק מי שאחזו (גיטין דף סח) אמרו על רב ששת שאמר לשמעיה מאי חזית אמר ליה צפתא דושא אמר ליה הדר מינה (ובגמ') דבני מערבא בפרק יציאות השבת (הלכה ב) ואיש אמונים מי ימצא זה ר' זעירא דר' זעירא לית אנן צריכין חששין לשמועתא דרב ששת דהוא גברא מפתחה: דביתהו דזעירי אינסיבא ליה לר' חייא בר אשי עבדא ליה ולא אכל אמרה ליה לרבך עבדי ואכל ואת לא אכלת. בפ' יום הכפורים (יומא עז) אמרו דר' חייא בר אשי תלמיד זעירי [לדבריהם] [הוו]. דאמר התם] איבעיא להו רבה לגבי תלמידא מהו אמר רבה בר בר חנא לדידי חזי לי זעירי דאזיל לגבי ר' חייא בר אשי תלמידיה דאזיל לגבי זעירי רביה: עיקר זה במסכת עירובין ק גב היד וגב הרגל הרי הן כמכה של חלל דאמר רב אדא בר אהבה אמר רב גב היד וגב הרגל הרי הן כמכה של חלל ומחללין עליה את השבת ואמרו ומהיכן מכה של חלל פירש ר' אמי מן שפה ולפנים ובגמרא דבני מערבא כל שהוא מן החלל ולפנים מרפאין אותו בשבת אמרין בשם ר' יוחנן גבות ידים ורגלים סכנה: ר' יוסי אומר כל הימים מטהרין בזוחלין ופסולין לזבים ולמצורעים ולקדש מהן מי חטאת. אלו השלשה (תנאים) [דברים] אמר

חשק שלמה על רב נסים גאון א) הלשון מגומגם קצת. ולפנינו שם סגי' שאלתינהו לרבנן דבי רב יוסף מאן דאמר אגדתא בי רב יוסף. מאן דאמר אגדתא בי רב ששת אמרו רב ששת. וכ"ל כאן:

וְאַתְּ לֹא אָכְלַתְּ – **and you do not eat** it?!"

The Gemara explains that Chiya bar Ashi did not follow Zeiri's opinion on this matter because it was based on a certain premise which Chiya bar Ashi did not accept. The Gemara articulates this premise:

וּזְעֵירִי לְטַעְמֵיהּ – **Zeiri is consistent with his** own **reasoning** stated elsewhere, דְּאָמַר זְעֵירִי – **for Zeiri has said:** נוֹתֵן אָדָם יַיִן צָלוּל וּמַיִם צְלוּלִין – **A person may put clear wine or clear water** לְתוֹךְ הַמְשַׁמֶּרֶת בְּשַׁבָּת – **into a strainer on the Sabbath** וְאֵינוֹ חוֹשֵׁשׁ – **and he does not** need to **worry** that he might have committed a transgression. אַלְמָא כֵּיוָן דְּמִשְׁתַּתֵּי הָכִי – **Evidently,** according to Zeiri, **since [the wine or water] can be drunk as is,** i.e. without being strained, לָאו מִידֵי קָעָבֵיד – **he has not done anything** to it of legal significance. הָכָא נַמִּי – **Here, too,** in the case of basting a roast, the same reasoning can be applied: כֵּיוָן דְּמִיתְאֲכִיל הָכִי – **Since [the roast] can be eaten as is,** i.e. without being basted, לָאו מִידֵי קָעָבֵיד – **he has not done anything** to it of legal significance.[21]

The Gemara records another teaching by Mar Ukva on the subject of medical treatments on the Sabbath:

וְאָמַר מָר עוּקְבָא – **And Mar Ukva said:** מִי שֶׁנִּגְּפָה יָדוֹ אוֹ רַגְלוֹ – **One whose hand or foot collided** with something and was injured צוֹמְתָהּ בְּיַיִן – **may reduce its swelling with wine,** וְאֵינוֹ חוֹשֵׁשׁ – **and should not hesitate**.[22]

The Gemara explores the scope of this ruling:

אִיבַּעְיָא לְהוּ – **They asked:** חַלָּא מַאי – Regarding **vinegar, what** is the law?[23]

The Gemara answers:

אָמַר רַב הִלֵּל לְרַב אַשִׁי – **Rav Hillel said to Rav Ashi:** כִּי הֲוֵינָא בֵּי רַב כַּהֲנָא – **When we were at the academy of Rav Kahana,** אָמְרֵי חַלָּא לֹא – **they said** that **vinegar** is **not** permitted.

Another qualification of Mar Ukva's ruling:

אָמַר רָבָא – **Rava said:** וְהָנֵי בְּנֵי מְחוֹזָא – **And those residents of Mechoza,** כֵּיוָן דְּמְפַנְּקֵי – **since they are sensitive,** אֲפִילוּ חַמְרָא נַמִּי מַסֵּי לְהוּ – **even wine would heal them.**[24] Hence, a resident of Mechoza may not apply even wine to his wound.

The Gemara cites a related incident:

רָבִינָא אִיקְּלַע לְבֵי רַב אַשִׁי – **Ravina** once **visited the house of Rav Ashi** חַזְיֵיהּ דִּדְרִיכָא לֵיהּ חֲמָרָא אַגַּבָּא דְּכַרְעֵיהּ – **and saw that a donkey had stepped on the top of [Rav Ashi's] foot** וְיָתִיב קָא צָמֵית לֵיהּ בְּחַלָּא – **and that [Rav Ashi] was sitting and reducing its swelling with vinegar** on the Sabbath. אָמַר לֵיהּ – **[Ravina] said to [Rav Ashi]:** לֹא סָבַר לָהּ מָר לְהָא דְּאָמַר רַב הִילֵּל – **"Does master not agree with that which Rav Hillel said,** חַלָּא לֹא – **'Vinegar is not** permitted'?" אָמַר לֵיהּ – **Rav Ashi answered him:** גַּב הַיָּד וְגַב הָרֶגֶל שָׁאנִי – "A wound on **the top of the hand**[25] **or the top of the foot is different** [i.e. it is more dangerous than other wounds]."[26]

A different version of this incident:

אִיכָּא דְּאָמְרֵי – **There are** those **who report** that חַזְיֵיהּ דְּקָא צָמֵית לֵיהּ בְּחַמְרָא – **[Ravina] saw [Rav Ashi] reduce its swelling with wine.**[27] אָמַר לֵיהּ – **He said to [Rav Ashi]:** לֹא סָבַר לָהּ מָר לְהָא דְּאָמַר רָבָא – **"Does master not agree with that which Rava said:** הָנֵי בְּנֵי מְחוֹזָא – **'Those residents of Mechoza,** כֵּיוָן דִּמְפַנְּקֵי – **since they are sensitive,** אֲפִילוּ חַמְרָא נַמִּי מַסֵּי לְהוּ – **even wine heals them'?** וּמָר נַמִּי הָא מְפַנַּק – **And master as well is sensitive!"** אָמַר לֵיהּ – **[Rav Ashi] answered him:** גַּב הַיָּד וְגַב הָרֶגֶל שָׁאנִי – "An injury on **the top of the hand or the top of the foot is different,** דְּאָמַר רַב אַדָּא בַּר מַתְנָה אָמַר רַב – **for Rav Adda bar Masnah said in the name of Rav:** גַּב הַיָּד וְגַב הָרֶגֶל – 'Injuries on **the top of the hand or the top of the foot** הֲרֵי הֵן כְּמַכָּה שֶׁל חָלָל – **are like an internal wound,**[28] וּמְחַלְּלִין עֲלֵיהֶן אֶת הַשַּׁבָּת – **and** therefore **one desecrates the Sabbath for them.'** "[29]

The Gemara records further laws pertaining to medical treatments on the Sabbath:

תָּנוּ רַבָּנַן – **The Rabbis taught in a Baraisa:** רוֹחֲצִים בְּמֵי גְּרָר – ONE MAY BATHE IN THE WATERS OF GERAR,[30] בְּמֵי חַמְתָּן – IN THE WATERS OF CHAMSAN,[31] בְּמֵי עֲסְיָא – IN THE WATERS OF ASYA[32] וּבְמֵי טְבֶרְיָא – AND IN THE WATERS OF TIBERIAS.[33] אֲבָל לֹא בַּיָּם הַגָּדוֹל – HOWEVER, one may NOT bathe IN THE GREAT

NOTES

21. Therefore, Zeiri held that one may baste a roast on the Sabbath. (Chiya bar Ashi, however, disagreed.)

22. [This is permitted apparently because it is not an effective remedy (see *Rashi* below ד״ה דמפנקי; see also *Ran*, top of folio 40b).]

23. [Vinegar is more astringent than wine.]

24. Because their skin is especially sensitive, even a liquid that is only somewhat astringent would harden it (*Rashi*).

25. I.e. the back of the hand between the wrist and the fingers (*Aruch HaShulchan, Orach Chaim* 328:25).

26. A wound on the top of the foot is a life-threatening injury, for which one performs even Biblically forbidden labors on the Sabbath (see note 29). The Gemara above was not referring to the top of the hand or foot [but to other parts of the hand or foot] (*Meiri*).

27. According to the first version, Rav Ashi was using vinegar.

28. [Literally: wound of the (body's) cavity.] I.e. a wound or swelling anywhere inside the body (see *Avodah Zarah* 28a with *Rashi, Tosafos* and *Rashba*). Such an injury is considered life threatening.

29. In the case of a life-threatening injury, one must perform any necessary activity, even if it is a Biblically forbidden labor (see *Avodah Zarah* 12b, 27b-29a and *Yoma* 83a-85b; see also *Rif, Rosh* and *Meiri* here who quote from those passages at length).

Our Gemara implies that the Rabbinic injunction against medical treatments on the Sabbath [lest one grind ingredients for medicines] is lifted only in a life-threatening situation, where even Biblical prohibitions are waived. Indeed, this is the opinion of several Rishonim (see *Rabbeinu Chananel* here, *Meiri* to 134b, *Ritva MHK* ed. to 111a ד״ה הא דתנן et al.; this also appears to be the view of *Rashi* – see *Avodah Zarah* 28a ד״ה לא יגמע בשבת). The accepted view, however, is that the prohibition of medical treatments does not apply to anyone who is ill [to the degree that he must repair to bed or his entire body is in pain (*Shulchan Aruch* and *Rama, Orach Chaim* 328:17)] even if his life is not in danger (*Ramban* in *Toras HaAdam* [*Kisvei HaRamban, Chavel* ed., vol. II p. 21], as explained by *Beur HaGra* ibid. §37; *Radvaz Responsa* §1068; *Rama* ibid. §37, as explained by *Mishnah Berurah* §121). [Regarding the question of whether other Rabbinic prohibitions are lifted in such circumstances, see the aforementioned sources, as well as *Rambam, Hil. Shabbos* 2:10 with commentaries and *Orach Chaim* 328:17.]

According to the second view, it was not necessary for our Gemara to say that a wound on the top of the hand or foot is life threatening. Even if it were not that dangerous, one would be allowed to treat it medically [provided that the patient feels pain in his entire body]. The Gemara made this point either for the sake of accuracy, or because the patient [Rav Ashi] did not feel pain in his entire body (*Beur Halachah* 328:37 ד״ה וכן).

30. [Gerar is mentioned in *Genesis* 10:19, 20:1 and in *I Chronicles* 4:39.] The waters of Gerar were of therapeutic value because they were salty. The Baraisa teaches that nevertheless one may bathe in them on the Sabbath. Since healthy people also bathed in those waters, it is not evident that he is doing so for medicinal purposes (*Rashi; Meiri*). [*Rabbeinu Chananel* and *Rashash*, however, maintain that these waters were hot springs. This dispute applies also to the "waters of Chamsan" and the "waters of Asya" listed below.]

31. [Chamsan is one *mil* from Tiberias (*Megillah* 2b).]

32. [Asya is mentioned in several places in the Gemara (e.g. *Megillah* 18b, *Yevamos* 121a and *Bava Basra* 56a); see *Tosafos* to *Bava Basra* ibid. ד״ה ערדיסקים.]

33. I.e. the hot springs of Tiberias (*Meiri*).

לגינית תיקצץ יד מסמא יד מחרשת יד מעלה פוליפוס תניא רבי נתן אומר בת חורין היא זו ומקפדת עד שירחוץ ידיו ג' פעמים א"ר יוחנן פוך מעביר בת (א) מלך ופוסק את הדמעה ומרבה שיער בעפעפים תניא נמי הכי רבי יוסי אומר פוך מעביר בת מלך ופוסק את הדמעה ומרבה שיער בעפעפים ואמר מר עוקבא אמר שמואל עלין אין בהם משום רפואה אמר רב יוסף כוסברתא אין בה משום רפואה אמר רב ששת כשות אין בהן משום רפואה אמר רב יוסף כוסברתא אפילו לדידי קשה לי אמר רב ששת גרגירא אפילו לדידי מעלי ואמר מר עוקבא אמר שמואל כל מיני כשות שרו לבר מטרוזא אמר רב חסדא שריקא טויא שרי פיעפועי ביעי אסור דביתהו דזעירי עבדא ליה לחייא בר אשי ולא אכל אמרה ליה לרבך עבדי ליה ואכל ואת לא אכלת זעירי לטעמיה דאמר זעירי נותן אדם יין צלול ומים צלולין לתוך המשמרת בשבת ואינו חושש אלמא כיון דמשתתי הכי לאו מידי קעביד הכא נמי כיון דמיתכיל הכי לאו מידי קעביד ואמר מר עוקבא מי שנגפה ידו או רגלו צומתה ביין ואינו חושש איבעיא להו חלא מאי אמר רב הלל לרב אשי כי הוינא בי רב כהנא אמרי חלא לא אמר רבא והני בני מחוזא כיון דמפנקי אפילו חמרא נמי מסי להו רבינא איקלע לבי רב אשי חזייה דדריכא ליה חמרא אגבא דכרעיה ויתיב קא צמית ליה בחלא אמר ליה לא סבר לה מר להא דאמר רב הילל חלא לא א"ל גב היד וגב הרגל שאני איכא דאמרי חזייה דקא צמית ליה בחמרא אמר ליה לא סבר לה מר להא דאמר רבא הני בני מחוזא כיון דמפנקי אפי' חמרא נמי מסי להו ומר נמי הא מפנק אמר ליה גב היד וגב הרגל שאני דאמר רב אדא בר מתנה אמר רב גב היד וגב הרגל הרי הן כמכה של חלל ומחללין עליהן את השבת ת"ר רוחצים במי גרר במי חמתן במי עסיא ובמי טבריא אבל לא בים הגדול ולא במי משרה ולא בימה של סדום ורמינהו רוחצים במי טבריא ובים הגדול אבל לא במי משרה ולא בימה של סדום קשיא ים הגדול אים הגדול א"ר יוחנן לא קשיא הא ר"מ הא ר' יהודה דתנן כל הימים כמקוה שנאמר א) ולמקוה המים קרא ימים דברי ר"מ ר' יהודה אומר ים הגדול כמקוה ולא נאמר ימים אלא שיש בו מיני ימים הרבה רבי יוסי אומר כל הימים מטהרין בזוחלין ופסולים לזבים ולמצורעים ולקדש בהן מי חטאת מתקיף לה רב נחמן בר יצחק אימור

רש"י

לגינית. שמטילין בה שכר: תיקצץ. דלא תיגע קודם נטילת שחרית: יד. לעין מסמאה קודם נטילה: יד. לאוזן מחרשת: יד. לאפה או לחוטם: מעלה פוליפוס. ריח החוטם והפה ול"נ דיד לאמה לאו לענין שחרית נקט לה אלא משום דמביא לידי קרי ובמסכת נדה (דף יג:) אמרינן בה תקלן מחוש האי טעמא ומשום דתניא בה נמי לטותא דתיקצץ תנייה נמי גבי הנך וכן יד לפי טבעת לתשמש בה תדיר מביאתו לידי תחתוניות: בת חורין היא. הרוח השורה על הידים לפני נטילה: ומקפדת. בנטילתו לנטולה יפה עד שישפוך מים יפה ג' פעמים על ידיו: פוך. אם נותנו בעיניו: מעביר בת מלך. אם הזיקה לעיניו: עלין. כך שם העשב: אין בהם משום רפואה. באכילתו להאיר העינים דלא מסו: כוסברתא. אליאנדר"א: אפילו לדידי. דמאור עינים אנא מעליא לי: כל מיני כשות שרי. למיכל בשבת דכתנן במתני' כל האוכלים אוכל אדם לרפואה דלא מוכחא מילתא: לבר מטרוזא. שאין אדם אוכל אלא לרפואה ומוכחא מילתא: שריקא טויא. לשרוק ולטוות שמן וביצים מגולגלין על האלפס כשהוא חם משמשה שרי ובלבד שלא יהא רותח כדי לבשל ולא אמרינן דמי למתקן: פיעפועי ביעי. לטרוף ביצים מגולגלין בקערה: אסור. דמתחזי כמאן דבעי למשדינהו בקדרה: עבדא ליה. שריקא טויא: לרבך. זעירי: משמרת. שמסננין בה שמרים: כיון דמשתתי הכי. שראוי לשתותו כמו שהוא בלא סינון: דמיתכיל הכי. בלא שריקה: שנגפה. שנכשלה ולקתה לשון פן תגוף (תהלים צא) דם מגפתה (מכשירין פ"ו מ"ח): צומתה ביין. לשכך הדם: דמפנקי. מעוגנין הן וכל דבר שהוא חזק קצת קשה לבשרן ולומתה: דדריכא ליה חמרא. חמור דרך לו על רגלו: שאני. שמכתו קשה ומסוכן ומחללין עליו את השבת: רוחצין במי גרר. ואע"פ שהן מלוחין קצת דרך לרחוץ בהן כחול ולא מוכחא מילתא דלרפואה היא: אבל לא בים הגדול. לקמן מפרש טעמא: ולא במי משרה. שטורין בו פשתן ואין דרך רחילה בהן אלא לרפואה דמסו וכן בימה של סדום דמליח טובא ואין רוחצין בה אלא לרפואה ומוכחא מילתא: הא. דקתני רוחצים בים הגדול ר"מ היא דמשוי כל הימים כי הדדי ולא מפליג בין ים הגדול לשאר הימים: והא. דתני אין רוחצין רבי יהודה היא דמפליג בין ים הגדול לשאר ימים: כל הימים כמקוה. לכל תורת מקוה ואין להם תורת מעיין ומה בין מקוה למעיין המעיין כשר לטבילת זב והזאת לפור מצורע דמים חיים הן ולקדש מי חטאת דבכולהו מים חיים כתיב בזב כתיב (ויקרא טו) ורחץ בשרו במים חיים במצורע כתיב (שם יד) אל כלי חרש על מים חיים במי חטאת כתיב (במדבר יט) מים חיים אל כלי ומטהר טמאים הטובלים במימיו כשהן זוחלין ומקלחים שהרי זה דרכו של מעיין כל עלמן זוחלין הן ומקוה שהן מים מכונסין אם הטביל במימיו דרך זחילתן במקום קטפרס אינה טבילה עד שיהא במקום אשבורן שלו קווין ועומדין והכי תניא בת"כ אי מה מעיין מטהר בזוחלין אף מקוה מטהר בזוחלין ת"ל אך (ב) מעיין מטהר בזוחלין והמקוה באשבורן וזהו פירוש מטהר בזוחלין בכל מקום ואני לא שמעתיו כן ואין המקוה כשר לטבילת זב ולהזיית מצורע ולקדש מי חטאת וכל הימים כמקוה שהכתוב קראן מקוה: רבי יהודה אומר. לא קרא הכתוב מקוה אלא לים הגדול דביה משתעי קרא במעשה בראשית ששם נקוו כל מי בראשית: ולא נאמר ימים. בלשון רבים אלא מפני שמעורבין בו מיני ימים הרבה שכל הנחלים הולכים אל הים: רבי יוסי אומר כל הימים. וים הגדול תורת מעיין מים זוחלין עליהן לענין שהם מטהרין בזוחלין מפני שדרכן להיות נחלים זוחלין עליהן וזה דרכן אבל פסולין הן לתורת מים חיים דהכתוב קראן מקוה: אימור

תוספות

עלין אין בהם משום רפואה. פי' בקונטרס דבאכילה איירי ואין נראה לר"י אלא איירי להשים על העין דבהכי איירי כולה סוגיא ועוד אי באכילה איירי היכי אסר רב ששת גרגירא כיון דמאכל בריאין הוא והתנן כל האוכלים אוכל אדם לרפואה: (ג) לדידי אפילו כוסברתא קשי לי. קשה לר"י א"כ אמאי איצטריך למימר רב יוסף כוסברתא אין בו משום רפואה כיון דמזקת לעינים כ"ש דלא מרפאה ואומר ר"י דה"ק אין בה משום רפואה כלומר יש שטועין וסבורין שיש בה רפואה ואין בה רפואה אלא מזקת לעינים ויכול להיות שמהנה אותו בשום ענין: שריקא טויא. פירש ר"ח מים שמסננים ממעי אבטיח ושותים כדי לשלשל ור"ל דמותר לסנן מים שבמעיין כדמסיק כיון דמיתכיל הכי לאו מידי קעביד אבל פעפועי ביעי אסור דלא מיתכיל בלא סינון שפיר והשתא אתי שפיר לפי' ר"ח דשייכא הא מלתא להכא דמיירי ברפואה: רוחצין במי גרר במי חמתן במי טבריא. והא דתנן בפ' חבית (לקמן דף קמז.) הרוחץ במי מערה במי טבריא ודייק בגמרא דיעבד אין לכתחילה לא התם מיירי ברוחץ בגומא דדמיא למרחץ אבל בנהר מותר לכתחילה כדפרישית לעיל בפרק כירה (לעיל לט: ד"ה והא) ורבינו נסים כתב במגילת סתרים דהא דקתני הרוחץ דיעבד אין לכתחילה לא משום מי מערה אבל במי טבריא אפילו לכתחילה שרי ולא קתני במי טבריא אלא ללמד על מי מערה שהן חמין דומיא דמי טבריא וטעמא משום דמי טבריא מגולין אבל מערה מכוסה היא כדאמר בשור שנגח את הפרה (ב"ק דף נ:) דמערה עבידא דמטללא ונפיש הבלא וחיישינן שמא יזיע ומש"ה לכתחילה לא: רבי יוסי אומר כל הימים מטהרין בזוחלין. נראה לריב"א דטעמא משום דכל שעה הולכים ושבים מכאן לכאן והוי זוחלין הלכך יש להם לטהר בזוחלין כמו שאר נהרות אבל מים חיים אינם שהרי אינם נובעים הלכך מיסתבר טפי מה שהכתוב קראן מקוה היינו לפוסלן ממים חיים: הא ר"מ והא רבי יהודה. תימה היכי מדמי הא פלוגתא לפלוגתא דלעיל דמיירי ברפואה: קיויא

מסורת הש"ס

א) פי' כחול עינים, ב) [ע' יומא יח: למה נקרא שמן אורות וכו'], ג) לקמן קלט., ד) ע"ז כח., ה) פרה פ"ח מ"ח מקוואות פ"ה משנה ד, ו) [וכן איתא במסכת כלה], ז) [וע"ע תוס' לקמן קמז. ד"ה דיעבד ותוס' חולין עו: ד"ה אלא גורן].

הגהות הב"ח

(א) גמ' פוך מעביר בת חורין ופוסק וכו' ר' יוסי וכו' בת חורין ופוסק: (ב) רש"י ד"ה כל הימים וכו' מ"ל אך מעיין מטהר: (ג) תוס' ד"ה עלין וכו' לרפואה הס"ד ואח"כ מ"ה כוסברתא אפי' לדידי קשה:

תורה אור השלם

א) וַיִּקְרָא אֱלֹהִים לַיַּבָּשָׁה אֶרֶץ וּלְמִקְוֵה הַמַּיִם קָרָא יַמִּים וַיַּרְא אֱלֹהִים כִּי טוֹב: [בראשית א, י]

רב נסים גאון

מעלה פוליפוס. במס' כתובות בפרק המדיר (דף עז) אמרו מאי בעל פוליפוס אמר רב יהודה אמר שמואל ריח החוטם במתניתא תאנא ריח הפה: אמר רב יוסף כוסברתא אפי' לדילי קשה לי אמר רב ששת גרגירא אפי' לדילי מעלי לי. רב יוסף ורב ששת היו מאורי עינים ואמר רב יוסף בדרך הבאי כי הכוסבר מזיק לעין ואפי' לו שהוא סומא וכמו כן אמר רב ששת כי הגרגיר הוא מועיל אפי' לסומים ותמצא רב יוסף אמר בפרק החובל (בבא קמא דף פז) מריש הוה אמינא מאן דאמר לי הלכה כר' יהודה דאמר סומא פטור מהמצות עבידנא יומא טבא לרבנן דאמינא לא מיפקדנא ועבידנא מצות השתא דשמעתא להא דאמר ר' חנינא גדול המצווה ועושה אדרבה מאן דאמר לי לית הלכתא כר' יהודה עבידנא יומא טבא לרבנן ואיתא נמי בגמ' בפרק האשה (קידושין דף לא) ורב ששת הרי אמרו בכמה מקומות דברים שמוכיחים שהוא סומא בברכות בפרק תפלת השחר (דף ל) כי הא דרב חסדא ורב ששת הוו קא אזלי באורחא קם רב חסדא וקא מצלי תפלת הדרך אמר ליה רב ששת לשמעיה מאי קעביד רב חסדא וכו' ובפרק הרואה מקום (שם נח) רב ששת נפק למיחזי מלכא אמר ליה ההוא מינא בר בי רב חצבי לנהרא כגני ליא אמר ליה השתא חזית דאנא ידענא טפי מינך כי אתא מלכא פתח רב ששת קא מברך ליה למלכא אמר ליה ההוא מינא כי לא חזית מאי מברכת ובפרק ערבי פסחים (דף קטז) דבר שמוכיח על שניהן והוא כשאמר רב אחא בר יעקב סומא פטור מלומר הגדה הקשו עליו איני והאמר רבינא לדילי (א) אמר לי רב ששת שאלתינהו לרבנן דבי רב יוסף מאן אמר הגדתא ואמרו לי רב יוסף ואיך תאמר שהסומא פסול לומר הגדה והרי אלו סומין ואמרי הגדתא ובפרק מי שאחזו (גיטין דף סח) אמרו על רב ששת שאמר לשמעיה מאי חזית אמר ליה ציפתא דדשא אמר ליה הדר מינה ובגמ' דבני מערבא בפרק יציאות השבת (הלכה ב) ואיש אמונים מי ימצא זה ר' זעירא דר' זעירא לית אנן צריכין חששין לשמועתא דרב ששת דהוא גברא מפתחה: דביתהו דזעירי אינסיבא ליה לר' חייא בר אשי עבדא ליה ולא אכל אמרה ליה לרבך עבדי ואכל ואת לא אכלת. בפ' יום הכפורים (יומא עז) אמרי דר' חייא בר אשי תלמיד זעירי [הוי. דאמר התם] איבעיא להו רבה לגבי תלמידא מהו אמר רב יצחק בר חנא לדידי חזי לי לזעירי דאזל לבי רב חייא בר אשי תלמידיה רב אשי אמר ההוא רב חייא בר אשי הוא דאזל לגבי זעירי רביה: גב היד וגב הרגל הרי הן כמכה של חלל. עיקר זה במסכת ע"ז בפרק אין מעמידין (דף כז) אמר רבה בר בר חנה א"ר יוחנן כל מכה שמחללין עליה את השבת אין מתרפאין מהן מאי בינייהו גב היד וגב הרגל דאמר רב אדא בר אהבה אמר רב גב היד וגב הרגל הרי הן כמכה של חלל ומחללין עליה את השבת ואמרו ומהיכן מכה של חלל פירש ר' אמי מן שפה ולפנים ובגמרא דבני מערבא כל שהוא מן החלל ולפנים מרפאין אותן בשבת תמן אמרין בשם ר' יוחנן גבות ידים ורגלים סכנה: ר' יוסי אומר כל הימים מטהרין בזוחלין ופסולין לזבים ולמצורעים ולקדש מהן מי חטאת. אלו השלשה (תנאים) [דברים] אמר

חשק שלמה על רב נסים גאון

א) הלשון משובש קצת. ולפנינו שם הגי' שאלתינהו לרבנן דבי רב יוסף מאן דאמר אגדתא בי רב יוסף אמרו רב יוסף. מאן דאמר אגדתא בי רב ששת אמרו רב ששת. וכצ"ל כאן:

עין משפט נר מצוה

כו א טוש"ע א"ח סי' ד סעיף ה:
כח ב שם סעיף ג:
כט ג סמג לאוין סה טוש"ע א"ח סימן שכח סעיף כד:
ל ד ה ו מיי' פכ"א מהל' שבת הלכה כב סמג שם טוש"ע שם סעיף כט:
לא ז מיי' שם הל' ה סמג שם טוש"ע שם סעיף ו:
לב ח שם סעיף מד:
לג ט מיי' פ"ט מהלכות מקוואות הלכה יב סמג עשין רמח:

גליון הש"ס

רש"י ד"ה אפי' לדידי דמאור עינים. עי' בכתובות אור להגאון בעל פמ"ג פ' נח:

רבינו חננאל

תניא ר' (יוסי) [נתן] אומר בת חורין היא. פי' רוח רעה ששורה על [גב] העין יש לה כבוד ברוחות כבן חורין בבני אדם ואינה עוברת עד ג' פעמים ופעמים (א) מעבירה. אמר שמואל עלין אין בהן משום רפואה. פי' עלי ירק לצנן העין אין בהן משום רפואה ושרי וכן כוסברתא וכן כשות אין בהן משום רפואה. ורב יוסף דהוי סגי נהורא הוה אמר אפי' אנא כוסברתא קשיא לי דאלמא מכאיב העין ורב ששת נמי סגי נהורא הוה ואמ' אפי' לדידי גרגירא מעלי דמשפה גלגל העין. כל מיני קשות מותר להניח ע"ג העין בשבת בר מטרוזה ולא בריר לן יפה מאי היא שריקא טויא גם היא ב) ואמרו כי הן מי של מיני אבטיחים שמסננין אותן במשמרת ושותין אותן לבדן ויפין הן לשילשול. וכן פעפועי ביעי וזעירי דהוה שתי להן לטעמיה דהוה אמר נותן אדם מים צלולין ויין צלול לתוך המשמרת בשבת ואינו חושש אלמא כיון דמשתתי הכי לאו מידי קא עביד הכא נמי בשיריקא טויא כיון שנאכל עם האבטיח ועם מעיו אף בזמן דשפי להו במשמרת לאו מידי עבוד. ומפורש בגמרא דיוה"כ דזעירי רביה דרב חייא בר אשי תלמידו דזעירי הוא ג) דהוא נמי תלמידו דרב הוה ניחא לי משום הכא דרב אשי הוה. אמר מר עוקבא מי שנגפה ידו או רגלו צומתה ביין ואינו חושש אבל חומץ לא ואי מפנק אפי' חמרא אסור אא"כ ישנה מכה של חלל שמחללין עליה השבת. מי גרר ומי חמתן המים שלהן חמין הן כמו חמי טבריא.

חשק שלמה על רבינו חננאל

א) עי' ערוך ערך בת חורין: ב) נראה דחסר איזה תיבות וצ"ל גם היא אינו בריר לן ואמרו וכו': ג) דברי רבינו אלו משוללי הבנה. ואולי דנפל איזה ט"ס בדבריו וצ"ע:

ליקוטי רש"י

[נדפס בדף קח:]

SEA,[34] וְלֹא בְמֵי מִשְׁרָה – AND NOT IN WATER that was used FOR SOAKING flax[35] וְלֹא בְיַמָּהּ שֶׁל סְדוֹם – AND NOT IN THE SEA OF SODOM.[36]

The Gemara cites a conflicting Baraisa:

וּרְמִינְהוּ – **But they contrasted them,** i.e. they noted a contradiction between the previous Baraisa and the following one: רוֹחֲצִים בְּמֵי טְבֶרְיָא וּבְיָם הַגָּדוֹל – ONE MAY BATHE IN THE WATERS OF TIBERIAS AND IN THE GREAT SEA, אֲבָל לֹא בְמֵי מִשְׁרָה וְלֹא בְיַמָּהּ שֶׁל סְדוֹם – BUT NOT in WATER that was used FOR SOAKING flax AND NOT IN THE SEA OF SODOM. קַשְׁיָא יָם הַגָּדוֹל אַיָּם הַגָּדוֹל – The first Baraisa's ruling regarding **the Great Sea** (viz. that one may not bathe in it) **is a contradiction of** the second Baraisa's ruling regarding **the Great Sea** (viz. that one may bathe in it)! – ? –

The Gemara answers:

אָמַר רַבִּי יוֹחָנָן – **R' Yochanan said:** לֹא קַשְׁיָא – This is **not a problem,** הָא רַבִּי מֵאִיר – because **this** Baraisa (i.e. the first one) follows **R' Meir** הָא רַבִּי יְהוּדָה – and **the other** Baraisa follows **R' Yehudah.**[37] דִּתְנַן – **For we learned in a Mishnah:**[38] כָּל הַיַּמִּים כְּמִקְוֶה – ALL THE SEAS ARE LIKE A *MIKVEH*,[39] שֶׁנֶּאֱמַר – AS IT IS SAID:[40] "וּלְמִקְוֵה הַמַּיִם קָרָא יַמִּים" – *AND THE MIKVEH* (literally: gathering) *OF WATERS HE CALLED "SEAS."*[41] דִּבְרֵי רַבִּי מֵאִיר – These are THE WORDS OF R' MEIR. רַבִּי יְהוּדָה אוֹמֵר – R' YEHUDAH SAYS: יָם הַגָּדוֹל כְּמִקְוֶה – THE GREAT SEA IS LIKE A *MIKVEH*,[42] וְלֹא נֶאֱמַר "יַמִּים" אֶלָּא – AND IT SAYS "SEAS"[43] ONLY שֶׁיֵּשׁ בּוֹ מִינֵי יַמִּים הַרְבֵּה – BECAUSE IT CONTAINS MANY KINDS OF SEAS.[44] רַבִּי יוֹסֵי אוֹמֵר – R' YOSE SAYS: כָּל הַיַּמִּים מְטַהֲרִין בְּזוֹחֲלִין – ALL THE SEAS CAN PURIFY WHILE FLOWING,[45] וּפְסוּלִים לְזָבִים וְלִמְצוֹרָעִים – BUT THEY ARE UNFIT FOR *ZAVIM* AND FOR *METZORAIM* וּלְקַדֵּשׁ בָּהֶן מֵי חַטָּאת – AND FOR CONSECRATING THEREFROM PURIFICATION WATER.[46]

NOTES

34. The term "Great Sea" carries two different meanings: (a) the Mediterranean Sea; (b) the entire body of water that surrounds the continents of the world, i.e. the oceans (see *Mishneh Berurah* 228:2). In this context, it appears that the second definition is correct (see note 42).

The Gemara will explain below why it is forbidden to bathe in the "Great Sea" (*Rashi*).

35. Since this water is repugnant, no one would use it except for medicinal purposes. Hence, one who bathes in it is evidently engaged in a medical treatment (*Rashi*).

36. Because of its high salt content, one would not bathe in the Dead Sea except for therapeutic purposes (*Rashi*).

[When the Gemara above (108b) ruled that one may wash with water from the Dead Sea, it was referring to water that had been removed from the sea. Here the reference is to bathing in the sea itself.]

37. As R' Yochanan proceeds to demonstrate, R' Meir holds that the Great Sea has the same status as all other seas. Therefore, he would rule that just as bathing is permitted in the other seas, so is it permitted in the Great Sea. R' Yehudah, on the other hand, differentiates between the Great Sea and other seas. Hence, in his view, although bathing is permitted in other seas, it is prohibited in the Great Sea (*Rashi;* see note 46 for further explanation).

38. *Parah* 8:8, *Mikvaos* 5:4.

39. The word מִקְוֶה, *mikveh,* is used here in its strict sense, meaning a pool of rainwater (not of springwater). A pool or stream that is fed by a spring is known as a מַעְיָן, *mayan* (spring). Two of the halachic differences between a *mikveh* and a *mayan* are as follows:

(a) A *mikveh* purifies from *tumah* only if its water is standing still and not if it is flowing or otherwise in a state of motion. A *maayan,* however, whose water possesses an inherent current and by its nature is in motion, is valid even while its water is moving.

(b) The Torah prescribes a certain type of water – מַיִם חַיִּים, *mayim chayim* (living water) – for the immersion of a *zav* (*Leviticus* 15:13), the sprinkling of a *metzora* (ibid. 14:5-7) and for mixing with the ashes of a *parah adumah* (*Numbers* 19:17). The water of a *maayan* usually has the status of *mayim chayim* (living water), because it issues out of the ground with a natural current which makes it "alive" and moving. The water of a *mikveh,* on the other hand, is unfit for those uses that require *mayim chayim* (*Rashi*). [*Rashi* notes that although he had not received this explanation from his teachers, it is nevertheless correct (*Menachem Meishiv Nefesh*).]

This Tanna teaches that all the seas [including both the oceans and the inland seas, like the Sea of Galilee, Dead Sea, Caspian Sea, etc. (see *Tiferes Yisrael* to *Parah* 8:8)] have the status of a *mikveh.* Therefore, immersion in an open sea is not valid unless the water is collected at one place and brought to a standstill. Furthermore, since seawater is regarded as *mikveh* water, it is not *mayim chayim.*

40. *Genesis* 1:10.

41. [Scripture terms the seas as a "*mikveh* (gathering) of waters." Although seas possess a natural current and are thus similar to springwater, they are nevertheless classed as *mikvaos* in all legal respects, because Scripture describes them as *mikveh.*]

42. R' Yehudah agrees that the above verse serves as a basis for classifying seas as *mikvaos,* but he claims that it is referring only to the Great Sea (*Rashi*).

By the "Great Sea" R' Yehudah means the oceans that surround the continents of the world (*Rosh* and *Rambam* to *Parah* 8:8). This also includes those seas that are one body of water with the oceans, e.g. Mediterranean Sea, North Sea, etc. But it excludes inland seas like the aforementioned Sea of Galilee, Caspian Sea, etc. (*Tiferes Yisrael* to *Parah* 8:8).

In the third day of the Creation, God said, "*Let the waters beneath the heavens be gathered to one area so that dry land may appear*" (*Genesis* 1:9). Subsequently the verse states, *And the gathering of waters He called "seas"* (v. 10). In R' Yehudah's opinion, this ingathering of water (enabling dry land to appear) refers only to the oceans and not to inland seas. Thus, only the oceans are designated by the Torah as a *mikveh,* and therefore the limitations of a *mikveh* apply to them only (from *Rashi*). Hence, to be valid, ocean water must be collected at one place and brought to a standstill. Inland seas, however, are fit even while in motion. Similarly, only water from the oceans is unfit for *mayim chayim,* whereas water from inland seas can be used as *mayim chayim* [although salty water is invalid for this purpose (see *Parah* 8:9, and *Tiferes Yisrael* to Mishnah 8 ibid. in *Boaz* §5)].

43. R' Yehudah is now explaining why the verse uses the plural "seas" [since in his opinion the Torah means only the Great Sea] (*Rashi*).

44. Many rivers [containing diverse types of water] flow into the oceans, making it a mixture of many kind of seas (*Rashi*).

That the ocean contains many kinds of seas is evidenced by the phenomenon that "a fish that comes out of the sea at Acco does not have the same taste as an [identical] fish that comes out at Aspamia" (*Rosh* to *Parah* 8:8; *Rashi* to *Genesis* 1:10).

45. R' Yose holds that all the seas, including the "Great Sea" (i.e. the oceans), have the status of a *mayan,* and consequently are valid even while in a state of motion. Since it is quite natural for currents to flow within them, it is not reasonable to assume that the Torah intended to disqualify them while they are moving (*Rashi*).

46. These three purposes all require *mayim chayim* (see note 39).

R' Yose disqualifies [all] seawater for use as *mayim chayim* because the Torah describes seas as a *mikveh* (*Rashi*). [R' Yose agrees with R' Meir in that the Torah's designation of *mikveh* refers to all seas, not only the oceans. However, he maintains that this designation disqualifies them only from being used as *mayim chayim* and not from the status of a *maayan* (cf. *Tosafos;* see *Mishnah Acharonah* to *Parah* 8:8).]

R' Yochanan quoted this Mishnah because it shows that R' Meir and R' Yehudah possibly disagree as to the *physical* nature of the Great Sea. According to R' Yehudah, there is a distinction between the Great Sea, whose water is disqualified for use as *mayim chayim,* and other seas, whose water is fit for this purpose. R' Yochanan presumes that this distinction between the Great Sea and other seas (regarding fitness for *mayim chayim*) is not a Scriptural decree, which lacks an apparent rationale; rather, it is based on the following logic: Although some inland seas are salty, the Great Sea is even saltier, and hence only its water is disqualified for use as *mayim chayim.* (It is an established law that very salty water is unfit for *mayim chayim* – see *Mikvaos* 1:8 and *Parah* 8:9.)

R' Meir, on the other hand, maintains that the Torah disqualifies *all* seawater for purposes that require *mayim chayim.* According to this view, the disqualification clearly has nothing to do with the water's salt content, for the water of many inland seas is not salty and yet it too is

לגינית תיקצץ יד מסמא יד מחרשת יד מעלה פוליפוס תניא רבי נתן אומר בת חורין היא זו ומקפדת עד שירחוץ ידיו ג' פעמים א"ר יוחנן פוך מעביר בת מלך ופוסק את הדמעה ומרבה שיער בעפעפים תניא נמי הכי רבי יוסי אומר פוך מעביר בת מלך ופוסק את הדמעה ומרבה שיער בעפעפים ואמר מר עוקבא אמר שמואל עלין אין בהם משום רפואה אמר רב יוסף כוסברתא אין בה משום רפואה אמר רב ששת כשות אין בהן משום רפואה אמר רב יוסף כוסברתא אפילו לדידי קשה לי אמר רב ששת גרגירא אפילו לדידי מעלי ואמר מר עוקבא אמר שמואל כל מיני כשות שרו לבר מטרוזא אמר רב חסדא שריקא טויא שרי פיעפועי ביעי אסור דביתהו דזעירי עבדא ליה לחייא בר אשי ולא אכל אמרה ליה לרבך עבדי ליה ואכל ואת לא אכלת זעירי לטעמיה דאמר זעירי נותן אדם יין צלול ומים צלולין לתוך המשמרת בשבת ואינו חושש אלמא כיון דמשתתי הכי לאו מידי קעביד הכא נמי כיון דמיתכיל הכי לאו מידי קעביד ואמר מר עוקבא מי שנגפה ידו או רגלו צומתה ביין ואינו חושש איבעיא להו חלא מאי אמר רב הלל לרב אשי כי הוינא בי רב כהנא אמרי חלא לא אמר רבא והני בני מחוזא כיון דמפנקי אפילו חמרא נמי מסי להו רבינא איקלע לבי רב אשי חזייה דדריכא ליה חמרא אגבא דכרעיה ויתיב קא צמית ליה בחלא אמר ליה לא סבר לה מר להא דאמר רב הילל חלא לא א"ל גב היד וגב הרגל שאני איכא דאמרי חזייה דקא צמית ליה בחמרא אמר ליה לא סבר לה מר להא דאמר רבא הני בני מחוזא כיון דמפנקי אפי' חמרא נמי מסי להו ומר נמי הא מפנק אמר ליה גב היד וגב הרגל שאני דאמר רב אדא בר מתנה אמר רב גב היד וגב הרגל הרי הן כמכה של חלל ומחללין עליהן את השבת ת"ר רוחצים במי גרר במי חמתן במי עסיא ובמי טבריא אבל לא בים הגדול ולא במי משרה ולא בימה של סדום ורמינהו רוחצים במי טבריא ובים הגדול אבל לא במי משרה ולא בימה של סדום קשיא ים הגדול אים הגדול א"ר יוחנן לא קשיא הא ר"מ הא ר' יהודה דתנן כל הימים כמקוה שנאמר ולמקוה המים קרא ימים דברי ר"מ ר' יהודה אומר ים הגדול כמקוה ולא נאמר ימים אלא שיש בו מיני ימים הרבה רבי יוסי אומר כל הימים מטהרין בזוחלין ופסולים לזבים ולמצורעים ולקדש בהן מי חטאת מתקיף לה רב נחמן בר יצחק אימור

רש"י

לגיגית. שמטילין בה שכר: תיקצץ. דלא תיגע קודם נטילת שחרית: יד. לעין מסמא קודם נטילה: יד. לאוזן מחרשת: יד. לפה או לחוטם: מעלה פוליפוס. ריח החוטם והפה ול"נ דיד לאמה לאו לענין שחרית נקט לה אלא משום דמביא לידי קרי ובמסכת נדה (דף יג:) אמרינן בה תקנך משום האי טעמא ומשום דתניא בה נמי לטוטה דתיקצץ תנייה נמי גבי הנך וכן יד לפי טבעת למשמש בה תדיר מביאתו לידי תחתוניות: בת חורין היא. הרוח השורה על הידים לפני נטילה: ומקפדת. בנטילתו לנוטלה יפה עד שישפוך מים יפה ג' פעמים על ידיו: פוך. אם נותנו בעיניו: מעביר בת מלך. אם הזיקה לעיניו: עלין. כך שם העשב: אין בהם משום רפואה. באכילתו להאיר העינים דלא מסו: כוסברתא. אליינדר"א: אפילו לדידי. דמאור עינים אנא קשה לי לכאב העין אם אוכלנו: גרגירא. אורוג"א: אפילו לדידי. דמאור עינים אנא מעליא לי: כל מיני כשות שרי. למיכל בשבת כדתנן במתני' כל האוכלים אוכל אדם לרפואה דלא מוכחא מילתא: לבר מטרוזא. שאין אדם אוכל אלא לרפואה ומוכחא מילתא: שריקא טויא. לטרוף ולטוח שמן וביצים מגולגלין על הצלי כשהוא אם משתכשך שרי ובלבד שלא יהא רותח כדי לבשל ולא אמרינן דמי למתקן: פיעפועי ביעי. לטרוף ביצים מגולגלין בקערה: אסור. דממחזי כמתקן דבעי למשדינהו בקדרה: עבדא ליה. שריקא טויא: לרבך. זעירי: משמרת. שמסננין בה שמרים: כיון דמשתתי הכי. שראוי לשתותו כמו שהוא בלא סינון: דמיתכיל הכי. בלא שריקה: שנגפה. שנכשלה ולקתה לשון פן תגוף (תהלים צא) דם מגפתה (מכשירין פ"ו מ"ח): צומתה ביין. לשכך הדם: דמפנקי. מעונגין הן וכל דבר שהוא חזק קצת קשה לבשרן ולוחמה: דדריכא ליה חמרא. חמור דרך לו על רגלו: שאני. שמכתו קשה ומסוכן ומחללין עליו את השבת: רוחצין במי גרר. ואע"פ שהן מלוחין קצת דרך לרחוץ בהן בחול ולא מוכחא מילתא דלרפואה היא: אבל לא בים הגדול. לקמן מפרש טעמא: ולא במי משרה. ששורין בו פשתן ואין דרך רחיצה בהן אלא לרפואה דמסו וכן בימה של סדום דמליח טובא ואין רוחצין בה אלא לרפואה ומוכחא מילתא: הא. דקתני רוחצים בים הגדול ר"מ היא דמשוי כל הימים כי הדדי ולא מפליג בין ים הגדול לשאר הימים: והא. דתני אין רוחצין רבי יהודה היא דמפליג בין ים הגדול לשאר ימים: כל הימים כמקוה. לכל תורת מקוה ואין להם תורת מעיין ומה בין מקוה למעיין המעיין כשר לטבילת זב והזאת לפר מצורע דמים חיים הן ולקדש מי חטאת דבכולהו מים חיים כתיב בזב כתיב (ויקרא טו) ורחץ בשרו במים חיים במצורע כתיב (שם יד) אל כלי חרש על מים חיים במי חטאת כתיב (במדבר יט) מים חיים אל כלי ומטהר טמאים בזוחלין ומקלחים שהרי זה דרכו של מעיין כל עצמן זוחלין הן ומקוה שהן מים מכונסין אם הטביל במימיו דרך זחילתן במקום קטפרס אינה טבילה עד שיהא במקום אשבורן שלו קווין ועומדין והכי תניא בת"כ אך מה מעיין מטהר בזוחלין אף מקוה מטהר ת"ל אך (ג) מעיין מטהר בזוחלין והמקוה באשבורן וזהו פירוש בכל מקום ואני לא שמעתי כן ואין המקוה כשר לטבילת זב ולהזיית מצורע ולקדש מי חטאת וכל הימים כמקוה שהכתוב קראן מקוה: רבי יהודה אומר. לא קרא הכתוב מקוה אלא לים הגדול דביה משתעי קרא במעשה בראשית שם נקוו כל מי בראשית: ולא נאמר ימים. בלשון רבים אלא מפני שמעורבין בו מיני ימים הרבה שכל הנחלים הולכים אל הים: רבי יוסי אומר כל הימים. וים הגדול תורת מעיין מים זוחלין עליהן לענין שהם מטהרין בזוחלין מפני שדרכן להיות נחלים זוחלין עליהן וזה דרכן אבל פסולין הן לתורת מים חיים דהכתוב קראן מקוה: אימור

תוספות

עלין אין בהם משום רפואה. פי' בקונטרס דבאכילה איירי ואין נראה לר"י אלא איירי להשים על העין דהכי איירי כולה סוגיא ועוד אי באכילה איירי היכי אסר רב ששת גרגירא כיון דמאכל בריאין הוא והתנן כל האוכלים אוכל אדם לרפואה: (ג) לדידי אפילו כוסברתא קשי לי. קשה לר"י א"כ אמאי איצטריך למימר רב יוסף כוסברתא אין בו משום רפואה כיון דמזקת לעינים כ"ש דלא מרפאה ואומר ר"י דה"ק אין בה משום רפואה כלומר יש שטועין וסבורין שיש בה רפואה ואין בה רפואה אלא מזקת לעינים ויכול להיות שמהנה אותו בשום ענין: שריקא טויא. פירש ר"ח מים שמסננים ממעי אבטיח ושותים כדי לשלשל ור"ל דמותר לסנן מים שבמעיין כדמסיק כיון דמיתכיל הכי לאו מידי קעביד אבל פעפועי ביעי אסור דלא מיתכיל בלא סינון שפיר והשתא אתי שפיר לפי' ר"ח דשייכא הא מלתא להכא דמיירי ברפואה: רוחצין במי גרר במי חמתן כו'. והא דתנן בפ' חבית (לקמן דף קמז.) הרוחץ במי מערה במי טבריא ודייק בגמרא דיעבד אין לכתחילה לא התם מיירי ברוחץ בגומא דדמיא למרחץ אבל בנהר מותר לכתחילה כדפרישית לעיל בפרק כירה (לעיל לט: ד"ה והא) ורבינו נסים כתב במגילת סתרים דהא דקתני הרוחץ דיעבד אין לכתחילה לא משום מי מערה אבל במי טבריא אפילו לכתחילה שרי ולא קתני במי טבריא אלא ללמד על מי מערה שהן חמין דומיא דמי טבריא וטעמא משום דמי טבריא מגולין אבל מערה מכוסה היא כדאמר בשור שנגח את הפרה (ב"ק דף נ:) דמערה עבידא דמטללא ונפיש הבלא וחיישינן שמא יזיע ומש"ה לכתחילה לא: רבי יוסי אומר כל הימים מטהרין בזוחלין. נראה לריב"א דטעמא משום דכל שעה הולכים ושבים מכאן לכאן והוי כזוחלין הלכך יש להם לטהר בזוחלין כמו שאר נהרות אבל מים חיים אינם שהרי אינם נובעים הלכך מיסתבר טפי מה שהכתוב קראן מקוה היינו לפוסלן ממים חיים: הא ר"מ והא רבי יהודה. תימה היכי מדמי הא פלוגתא לפלוגתא דלעיל דמיירי ברפואה: חיויא

מסורת הש"ס

א) פי' כחול עינים, ב) [עי' יומא יט: למה נקרא שמן קלנו, ד) ע"ן כח, ה) פרה פ"ח מ"ח מקוואות פ"ה משנה ד, ו) [וכן איתא במסכת כלה], ז) [וע"ע תוס' לקמן קמז. ד"ה דיעבד ותוס' חולין טו: ד"ה אלא לגוי].

הגהות הב"ח

(א) גמ' פוך מעביר בת חורין ופוסק וכו' ר' יוסי וכו' בת חורין ופוסק: (ב) רש"י ד"ה כל הימים וכו' ת"ל אך מעיין מעיין מטהר: (ג) תוס' ד"ה עלין וכו' לרפואה הס"ד ואח"כ מ"ה כוסברתא אפי' לדידי קשה:

תורה אור השלם

א) וַיִּקְרָא אֱלֹהִים לַיַּבָּשָׁה אֶרֶץ וּלְמִקְוֵה הַמַּיִם קָרָא יַמִּים וַיַּרְא אֱלֹהִים כִּי טוֹב: [בראשית א, י]

רב נסים גאון

מעלה פוליפוס. במס' כתובות בפרק המדיר (דף עז) אמרו מאי בעל פוליפוס אמר רב יהודה אמר שמואל ריח החוטם במתניתא תאנא ריח הפה: אמר רב יוסף כוסברתא אפי' לדילי קשה לי אמר רב ששת גרגירא אפי' לדילי מעלי לי. רב יוסף ורב ששת היו מאורי עינים ואמר רב יוסף בדרך הבאי כי הכוסבר מזיק לעין ואפי' לו שהוא סומא וכמו כן אמר רב ששת כי הגרגיר הוא מועיל אפי' לסומים ותמצא רב יוסף אמר בפרק החובל (בבא קמא דף פז) מריש הוה אמינא מאן דאמר לי הלכה כר' יהודה דאמר סומא פטור מהמצות עבידנא יומא טבא לרבנן דאמינא לא מיפקדנא ועבידנא מצות השתא דשמעתא להא דאמר ר' חנינא גדול המצווה ועושה אדרבה מאן דאמר לי לית הלכתא כר' יהודה עבידנא יומא טבא לרבנן ואיתא נמי בגמ' בפרק האשה (קידושין דף לא) ורב ששת הרי אמרו בכמה מקומות דברים שמוכיחים שהוא סומא בברכות בפרק תפלת השחר (דף ל) כי הא דרב חסדא ורב ששת הוו קא אזלי באורחא קם רב חסדא וקא מצלי תפלת הדרך אמר ליה רב ששת לשמעיה מאי קעביד רב חסדא וכו' ובפרק הרואה מקום (שם נח) רב ששת נפק למיחזי מלכא אמר ליה ההוא מינא בר בי רב חצבי לנהרא כגני ליא אמר ליה השתא חזית דאנא ידענא טפי מינך כי אתא מלכא פתח רב ששת קא מבריך ליה למלכא אמר ליה ההוא מינא כי לא חזית מאי מברכת ובפרק ערבי פסחים (דף קטז) דבר שמוכיח על שניהן והוא כשאמר רב אחא בר יעקב סומא פטור מלומר הגדה הקשו עליו איני והאמר רבינא לדילי א) אמר לי רב ששת שאלתינהו לרבנן דבי רב יוסף מאן אמר הגדתא ואמרו לי רב יוסף ואיך תאמר שהסומא פסול לומר הגדה והרי אלו סומין ואמרי הגדתא ובפרק מי שאחזו (גיטין דף סח) אמרו על רב ששת שאמר לשמעיה מאי חזית אמר ליה ציפתא דרשא אמר ליה הדר מינה ובגמ' דבני מערבא בפרק יציאות השבת (הלכה ב) ואיש אמונים מי ימצא זה ר' זעירא דר' זעירא לית אנן צריכין חששין לשמועתא דרב ששת דהוא גברא מפתחה: דביתהו דזעירי אינסיבא ליה לר' חייא בר אשי עבדא ליה ולא אכל אמרה ליה לרבך עבדי ואכל ואת לא אכלת. בפ' יום הכפורים (יומא עז) אמרי דר' חייא בר אשי תלמיד זעירי [הוי. דאמר התם] איבעיא להו רבה לגבי תלמידא מהו אמר רב יצחק בר חנא לדידי חזי לי לזעירי דאזל לבי רב חייא בר אשי הוא דאזל לגבי זעירי רביה: גב היד וגב הרגל הרי הן כמכה של חלל. עיקר זה במסכת ע"ז בפרק אין מעמידין (דף כח) אמר רבה בר בר חנה א"ר יוחנן כל מכה שמחללין עליה את השבת אין מתרפאין מהן מאי בינייהו גב היד וגב הרגל דאמר רב אדא בר אהבה אמר רב גב היד וגב הרגל הרי הן כמכה של חלל ומחללין עליה את השבת ואמרו ומהיכן מכה של חלל פירש ר' אמי מן שפה ולפנים ובגמרא דבני מערבא כל שהוא מן החלל ולפנים מרפאין אותן בשבת תמן אמרין בשם ר' יוחנן גבות ידים ורגלים סכנה: ר' יוסי אומר כל הימים מטהרין בזוחלין ופסולין לזבים ולמצורעים ולקדש מהן מי חטאת. אלו השלשה (תנאים) [דברים] אמר

עין משפט נר מצוה

כז א טוש"ע א"ח סי' ד סעיף ה:
כח ב שם סעיף ג:
כט ג סמג לאוין סה טוש"ע א"ח סימן שכח סעיף כד:
ל ד ה ו מיי' פכ"א מהל' שבת הלכה כב סמג שם טוש"ע שם סעיף מג:
לא ז מיי' פ"ב מהל' ה' מקוואות הלכה ה סמג שם טוש"ע שם סעיף ו:
לב ח שם סעיף מד:
לג ט מיי' פ"ט מהלכות מקוואות הלכה יב סמג עשין רמח:

גליון הש"ס

רש"י ד"ה אפי' לדידי דמאור עינים. עי' בכתובות אור להגאון בעל פמ"ג פ' נח:

רבינו חננאל

תניא ר' (יוסי) [נתן] אומר בת חורין היא. פי' רוח רעה שורה על [גב] העין יש לה כבוד ברוחות כבן חורין בבני אדם ואינה עוברת עד ג' פעמים ופוך מעבירה (א). אמר שמואל עלין אין בהן משום רפואה. פי' עלי ירק לענין העין אין בהן משום רפואה ושרי וכן כוסברתא וכן כשות אין בהן משום רפואה. ורב יוסף דהוי סגי נהורא הוה אמר אפי' אנא כוסברתא קשיא לי דאלמא מכסברתא לעין ורב ששת נמי סגי נהורא הוה ואמ' אפי' לדידי גרגירא מעלי דמשמע כלל העין. כל מיני קישות מותר להניח ע"ג העין בשבת בר מטרוזא ולא בריר לן יפה מאי היא שריקא טויא גם היא (ג) ואמרו כי הן מי של מיעי אבטיחים שמסננין אותן במשמרת ושותין אותן לבדן ויפין הן לשילשול. וכן פעפועי ביעי וזעירי דהוה שתי להון לטעמיה דאמר נותן אדם מים צלולין ויין צלול לתוך המשמרת בשבת ואינו חושש אלמא כיון דמישתתי הכי לאו מידי קא עביד הכא נמי בשריקא טויא כיון שנאכל עם האבטיח ועם מעיו אף בזמן דשפי להו במשמרת לאו מידי עבוד. ומפורש בגמרא דיוה"כ כי זעירי רביה דרב חייא בר אשי תלמידו דזעירי הוא ג) דהוא נמי תלמידו דרב הוה ניחא לי משום הכא דרב אשי הוה. אמר מר עוקבא מי שנגפה ידו או רגלו צומתה ביין ואינו חושש אבל חומץ לא ואי מפנק אפי' חמרא אסור אא"כ ישנה מכה של חלל שמחללין עליה השבת. מי גרר ומי חמתן המים שלהן חמין הן כמו חמי טבריא.

חשק שלמה על רבינו חננאל

א) עי' ערוך ערך בת חורין. ב) נראה דחסר איזה תיבות וצ"ל גם היא אינו בריר לן ואמרו וכו'. ג) דברי רבינו אלו מגומגמין הכנה. ואולי דצ"ל ואיש ע"ש בדבריו ול"ע:

ליקוטי רש"י

[נדפס בדף קח:]

חשק שלמה על רב נסים גאון א) הלשון משובש קצת. ולפנינו שם הגי' שאלתינהו לרבנן דבי רב יוסף מאן דאמר אגדתא בי רב יוסף אמרו רב יוסף. מאן דאמר אגדתא בי רב ששת אמרו רב ששת. וכצ"ל כאן:

The Gemara challenges this resolution of the contradiction between the Baraisos:

מַתְקִיף לָהּ רַב נַחְמָן בַּר יִצְחָק – **Rav Nachman bar Yitzchak objected to it,** as follows:

NOTES

disqualified. Rather, this is simply a Scriptural decree, without an apparent rationale. Consequently, it gives no grounds for asserting that the Great Sea is significantly saltier than other seas.

It thus emerges that R' Yehudah deems the Great Sea to be saltier than all other seas, while R' Meir has no basis for this assertion. Hence, in regard to the Sabbath, R' Yehudah would rule that one may not bathe in the Great Sea, since, due to its exceedingly high salt content, it is evident that one is doing so for medicinal purposes. R' Meir, however, would possibly permit one to bathe in the Great Sea, just as one is permitted to bathe in other seas (see *Ishei Yisrael;* see also *Ran MHK* ed.; cf. *Maginei Shlomo* and *Chasam Sofer,* who suggest other approaches).

R' Yochanan has thus demonstrated that the contradiction between the two Baraisos (in regard to bathing in the Great Sea on the Sabbath) is not a problem, because the Baraisa which prohibits this activity can be attributed to R' Yehudah, and the other Baraisa to R' Meir.

לגינית תיקצץ יד מסמא יד מחרשת יד מעלה פוליפוס תניא רבי נתן אומר בת חורין היא זו ומקפדת ב עד שירחוץ ידיו ג' פעמים א"ר יוחנן פוך מעביר בת (א) מלך ופוסק את הדמעה ומרבה שיער בעפעפים תניא נמי הכי רבי יוסי אומר פוך מעביר בת מלך ופוסק את הדמעה ומרבה שיער בעפעפים ואמר מר עוקבא אמר שמואל ג עלין אין בהם משום רפואה אמר רב יוסף כוסברתא אין בה משום רפואה אמר רב ששת כשות אין בהן משום רפואה אמר רב יוסף כוסברתא אפילו לדידי קשה לי אמר רב ששת גרגירא ג) אפילו לדידי מעלי ואמר מר עוקבא אמר שמואל כל מיני כשות שרו לבר מטרוזא אמר רב חסדא שריקא טויא שרי פיעפועי ביעי אסור דביתהו דזעירי עבדא ליה לחייא בר אשי ולא אכל אמרה ליה לרבך עבדי ליה ואכל ואת לא אכלת זעירי לטעמיה דאמר זעירי ד) נותן אדם יין צלול ומים צלולין לתוך המשמרת בשבת ואינו חושש אלמא כיון דמשתתי הכי לאו מידי קעביד הכא נמי כיון דמיתכיל הכי לאו מידי קעביד ואמר מר עוקבא ד מי שנגפה ידו או רגלו צומתה ביין ואינו חושש איבעיא להו חלא מאי אמר רב הלל לרב אשי כי הוינא בי רב כהנא אמרי ה חלא לא אמר רבא והני בני מחוזא ו כיון דמפנקי אפילו חמרא נמי מסי להו רבינא איקלע לבי רב אשי חזייה דדריכא ליה חמרא אגבא דכרעיה ויתיב קא צמית ליה בחלא אמר ליה לא סבר לה מר להא דאמר רב הילל חלא לא א"ל גב היד וגב הרגל שאני איכא דאמרי חזייה דקא צמית ליה בחמרא אמר ליה לא סבר לה מר להא דאמר רבא הני בני מחוזא כיון דמפנקי אפי' חמרא נמי מסי להו ומר נמי הא מפנק אמר ליה גב היד וגב הרגל שאני ו) דאמר רב אדא בר מתנה אמר רב ז גב היד וגב הרגל הרי הן כמכה של חלל ומחללין עליהן את השבת ת"ר ח רוחצים במי גרר במי חמתן במי עסיא ובמי טבריא אבל לא בים הגדול ולא במי משרה ולא בימה של סדום ורמינהו רוחצים במי טבריא ובים הגדול אבל לא במי משרה ולא בימה של סדום קשיא ים הגדול אים הגדול א"ר יוחנן לא קשיא הא ר"מ הא ר' יהודה ה) דתנן כל הימים כמקוה שנאמר א) ולמקוה המים קרא ימים דברי ר"מ ר' יהודה אומר ים הגדול כמקוה ולא נאמר ימים אלא שיש בו מיני ימים הרבה רבי יוסי אומר ט כל הימים מטהרין בזוחלין ופסולים לזבים ולמצורעים ולקדש בהן מי חטאת מתקיף לה רב נחמן בר יצחק אימור

רש"י

לגינית. שמטילין בה שכר: תיקצץ. דלא תיגע קודם נטילת שחרית: יד. לעין מסמא קודם נטילה: יד. לחוטם מחרשת: יד. לפה או לאוזן מעלה פוליפוס. ריח החוטם והפה ול"נ דיד לאמה לאו לענין שחרית נקט לה אלא משום דמביא לידי קרי ובמסכת נדה (דף יג.) אמרינן בה תקצץ ו) משום האי טעמא ומשום דמנינא בה נמי לטובתא דתיקצץ תנייה נמי גבי הנך וכן יד לפי טבעת למשמש בה תדיר מביאתו לידי תחתוניות: בת חורין היא. הרוח השורה על הידים לפני נטילה: ומקפדת. בנטילתו לנטולה יפה עד שישפוך מים יפה ג' פעמים על ידיו: פוך. אם נותנו בעיניו: מעביר בת מלך. אם הזיקה לעיניו: עלין. כך שם העשב: אין בהם משום רפואה. באכילתו להאיר העינים דלא מסו: כוסברתא. אלייאנדר"א: אפילו לדידי. דמאור עינים אנא קשה לי לכאב העין אם אוכלנו: גרגירא. אורוג"א: אפילו לדידי. ז) דמאור עינים אנא מעליא לי: כל מיני כשות שרי. למיכל בשבת כדתנן במתני' כל האוכלים אוכל אדם לרפואה דלא מוכחא מילתא: לבר מטרוזא. שאין אדם אוכל אלא לרפואה ומוכחא מלתא: שריקא טויא. לשרוק ולטוח שמן וביצים מגולגלים על הגלי כשהוא חם משהסקה שרי ובלבד שלא יהא רותח כדי לבשל ולא אמרינן דמי למתקן: פיעפועי ביעי. לטרוף ביצים מגולגלין בקערה: אסור. דמתחזי כמאן דבעי למשדינהו בקדרה: עבדא ליה. שריקא טויא: לרבך. זעירי: משמרת. שמסננין בה שמרים: כיון דמשתתי הכי. שראוי לשתותו כמו שהוא בלא סינון: דמיתכיל הכי. בלא שריקה: שנגפה. שנכשלה ולקתה לשון פן תגוף (תהלים צא) דם מגפתה (מכשירין פ"ו מ"ח): צומתה ביין. לשכך הדם: דמפנקי. מעונגין הן וכל דבר שהוא חזק קצת קשה לבשרן ולומתה: דדריכא ליה חמרא. חמור דרך לו על רגלו: שאני. שמכתו קשה ומסוכן ומחללין עליו את השבת: רוחצין במי גרר. ואע"פ שהן מלוחין קצת דרך לרחוץ בהן בחול ולא מוכחא מילתא דלרפואה היא: אבל לא בים הגדול. לקמן מפרש טעמא: ולא במי משרה. ששורין בו פשתן ואין דרך רחיצה בהן אלא לרפואה דמאסו וכן בימה של סדום דמליח טובא ואין רוחצין בה אלא לרפואה ומוכחא מילתא: הא. דקתני רוחצים בים הגדול ר"מ היא דמשוי כל הימים כי הדדי ולא מפליג בין ים הגדול לשאר הימים: והא. דתני אין רוחצין רבי יהודה היא דמפליג בין ים הגדול לשאר ימים: כל הימים כמקוה. לכל תורת מקוה ואין להם תורת מעיין ומה בין מקוה למעיין המעיין כשר לטבילת זב והזאת לפור מצורע דמים חיים הן ולקדש מי חטאת דבכולהו מים חיים כתיב בזב כתיב (ויקרא טו) ורחץ בשרו במים חיים במצורע כתיב (שם יד) אל כלי חרש על מים חיים במי חטאת כתיב (במדבר יט) מים חיים אל כלי ומטהר טמאים הטובלים במימיו כשהן זוחלין ומקלחים שהרי זה דרכו של מעיין כל עצמן זוחלין הן ומקוה שהן מים מכונסין אם הטביל במימיו דרך זחילתן במקום קטפרס אינה טבילה עד שיהא במקום אשבורן שלו קווין ועומדין והכי תניא בת"כ אי מה מעיין מטהר בזוחלין אף מקוה מטהר בזוחלין ת"ל אך (ב) מעיין מטהר בזוחלין והמקוה באשבורן וזהו פירוש מטהר בזוחלין בכל מקום ואני לא שמעתיו כן ואין המקוה כשר לטבילת זב ולהזיית מצורע ולקדש מי חטאת וכל הימים כמקוה שהכתוב קראן מקוה: רבי יהודה אומר. לא קרא הכתוב מקוה אלא לים הגדול דביה משתעי קרא במעשה בראשית ששם נקוו כל מי בראשית: ולא נאמר ימים. בלשון רבים אלא מפני שמעורבין בו מיני ימים הרבה שכל הנחלים הולכים אל הים: רבי יוסי אומר כל הימים. וים הגדול תורת מעיין מים זוחלין עליהן לענין שהם מטהרין בזוחלין מפני שדרך להיות נחלים זוחלין עליהן וזה דרכן אבל פסולין הן לתורת מים חיים דהכתוב קראן מקוה: אימור

תוספות

עלין אין בהם משום רפואה. פי' בקונטרס דבאכילה מיירי ואין נראה לר"י אלא איירי להשים על העין דבהכי איירי כולה סוגיא ועוד אי באכילה מיירי היכי אמר רב ששת גרגירא כיון דמאכל בריאין הוא והתנן כל האוכלים אוכל אדם לרפואה: (ג) לדידי אפילו כוסברתא קשי לי. קשה לר"י א"כ אמאי איצטריך למימר רב יוסף כוסברתא אין בו משום רפואה כיון דמזקת לעינים כ"ש דלא מרפאה ואומר ר"י דה"ק אין בה משום רפואה כלומר יש שטועין וסבורין שיש בה רפואה ואין בה רפואה אלא מזקת לעינים ויכול להיות שמהנה אותו בשום ענין: שריקא טויא. פירש ר"ח מים שמסננים ממעי אבטיח ושותים כדי לשלשל ור"ל דמותר לסנן מים שבמעיין כדמסיק כיון דמיתכיל הכי לאו מידי קעביד אבל פעפועי ביעי אסור דלא מיתכיל בלא סינון שפיר והשתא אתי שפיר לפי' ר"ח דשייכא הא מלתא להכא דמיירי ברפואה: רוחצין במי גרר במי חמתן במי טבריא. והא דתנן בפ' חבית (לקמן דף קמז.) הרוחץ במי מערה במי טבריא ודייק בגמרא דיעבד אין לכתחילה לא התם מיירי ברוחץ בגומא דדמיא למרחץ אבל בנהר מותר לכתחילה כדפרישית לעיל בפרק כירה (לעיל לט: ד"ה והא) ורבינו נסים כתב במגילת סתרים דהא דקתני הרוחץ דיעבד אין לכתחילה לא משום מי מערה אבל במי טבריא אפילו לכתחילה שרי ולא קתני במי טבריא אלא ללמד על מי מערה שהן חמין דומיא דמי טבריא וטעמא משום דמי טבריא מגולין אבל מערה מכוסה היא כדאמר בשור שנגח את הפרה (ב"ק דף נ:) דמערה עבידא דמטללא ונפיש הבלא וחיישינן שמא יזיע ומש"ה לכתחילה לא ז):

רבי יוסי אומר כל הימים מטהרין בזוחלין. נראה לריב"א דטעמא משום דכל שעה הולכים ושבים מכאן לכאן והוי כזוחלין הלכך יש להם לטהר בזוחלין כמו שאר נהרות אבל מים חיים אינם שהרי אינם נובעים הלכך מיסתבר טפי מה שהכתוב קראן מקוה היינו לפוסלן ממים חיים: הא ר"מ והא רבי יהודה. תימה היכי מדמי הא פלוגתא לפלוגתא דלעיל דמיירי ברפואה: חיורא

כז א טוש"ע א"ח סי' ד סעיף ה:
כח ב שם סעיף ג:
כט ג סמג לאוין סה טוש"ע א"ח סימן שכח סעיף כד:
ל ד ה ו מיי' פכ"א מהל' שבת הלכה כב סמג שם טוש"ע שם סעיף כו:
לא ז מיי' פ"ב שם הל' ה סמג שם טוש"ע שם סעיף ו:
לב ח שם טוש"ע מד:
לג ט מי' פ"ט מהלכות מקוואות הלכה יב סמג עשין רמח:

גליון הש"ס

רש"י ד"ה אפי' לדידי דמאור עינים. עי' בכתובות אור להגאון בעל פמ"א ד' נח:

רבינו חננאל

תניא ר' (יוסי) [נתן] אומר בת חורין היא. פי' רוח רעה שנור על [גב] העין יש לה כבוד ברוחות כבן חורין בבני אדם ואינה עוברת עד ג' פעמים ופוך מעבירה א). אמר שמואל עלין אין בהן משום רפואה. פי' עלי ירק לצנן העין אין בהן משום רפואה ושרי וכן כוסברתא וכן כשות אין בהן משום רפואה. ורב יוסף דהוי סגי נהורא הוה אמר אפי' אנא כוסברתא קשיא לי דאלמא מכאיב העין ורב ששת נמי סגי נהורא הוה ואמ' אפי' לדידי גרגירא מעלי דמשפה גלגל העין. כל מיני קישות מותר להניח ע"ג העין בשבת בר מטרוזה ולא בריר לן יפה מאי היא שריקא טויא גם היא ב) ואמרו כי הן מי של מיעי אבטיחים שמסננין אותן במשמרת ושותין אותן לבדן ויפין הן לשילשול. וכן פעפועי ביעי וזעירי דהוה שתי להן לטעמיה דאמר נותן אדם מים צלולין ויין צלול לתוך המשמרת בשבת ואינו חושש אלמא כיון דמישתתי הכי לאו מידי קא עבוד הכא נמי בשירקא טויא כיון שנאכל עם האבטיח ועם מעיו אף בזמן דשפי להו במשמרת לאו מידי עבוד. ומפורש בגמרא דיוה"כ כי זעירי רביה דרב חייא בר אשי תלמידו דזעירי הוא ג) דהוא נמי תלמידו דרב הוה ניחא לי משום הכא דרב אשי הוה. אמר מר עוקבא מי שנגפה ידו או רגלו צומתה ביין ואינו חושש אבל חומץ לא ואי מפנק אפי' חמרא אסור אא"כ ישנה מכה של חלל שמחללין עליה השבת: מי גרר ומי חמתן המים שלהן חמין הן כמו חמי טבריא.

חשק שלמה על רבינו חננאל

א) עי' ערוך ערך בת חורין: ב) נראה דחסר איזה תיבות וצ"ל גם היא אינו בריר לן ואמרו וכו': ג) דברי רבינו אלו משוללי הבנה. ואולי דנפל איזה ט"ס בדבריו וצ"ע:

ליקוטי רש"י

[נדפס בדף קח:]

א) פי' כחול עינים, ב) [ע' יומא עז: למה נקרא שמן אורות וכו'], ג) לקמן קלט., ד) ע"ז כח., ה) פרה פ"ח מ"ח מקוואות פ"ה משנה ד, ו) [וכן איתא במסכת כלה], ז) [וע"ע תוס' לקמן קמז. ד"ה דיעבד ותוס' חולין טו: ד"ה אלא לורך].

הגהות הב"ח

(א) גמ' פוך מעביר בת חורין ופוסק וכו' ור' יוסי וכו' בת חורין ופוסק: (ב) רש"י ד"ה כל הימים וכו' מ"ל אך מעיין מעיין מטהר: (ג) תוס' ד"ה עלין וכו' לדידי אפילו הס"ד ואח"כ מ"ה כוסברתא אפי' לדידי קשה:

תורה אור השלם

א) וַיִּקְרָא אֱלֹהִים לַיַּבָּשָׁה אֶרֶץ וּלְמִקְוֵה הַמַּיִם קָרָא יַמִּים וַיַּרְא אֱלֹהִים כִּי טוֹב: [בראשית א, י]

רב נסים גאון

מעלה פוליפוס. במס' כתובות בפרק המדיר (דף עז) אמרו מאי בעל פוליפוס אמר רב יהודה אמר שמואל ריח החוטם במתניתא תנא ריח הפה: אמר רב יוסף כוסברתא אפי' לדידי קשה לי אמר רב ששת גרגירא אפי' לדידי מעלי לי. רב יוסף ורב ששת היו מאורי עינים ואמר רב יוסף בדרך הבאי כי הכוסבר מזיק לעין והכי לו שהוא סומא וכמו כן אמר רב ששת כי הגרגיר הוא מועיל אפי' לסומים ותמצא רב יוסף אמר בפרק החובל (בבא קמא דף פז) מריש הוה אמינא מאן דאמר לי הלכה כר' יהודה דאמר סומא פטור מהמצות עבידנא יומא טבא לרבנן דאמינא לא מיפקדנא ועבידנא מצות השתא דשמעתא להא דאמר ר' חנינא גדול המצווה ועושה אדרבה מאן דאמר לי דלית הלכתא כר' יהודה עבידנא יומא טבא לרבנן ואיתא נמי בגמ' בפרק האשה (קידושין דף לא) ורב ששת הרי אמרו בכמה מקומות דברים שמוכיחים שהוא סומא בברכות בפרק תפלת השחר (דף ל) כי הא דרב חסדא ורב ששת הוו קא אזלי באורחא קם רב חסדא וקא מצלי תפלת הדרך אמר ליה רב ששת לשמעיה מאי קעביד רב חסדא וכו' ובפרק הרואה מקום (שם נח) רב ששת נפק למיחזי מלכא אמר ליה ההוא מינא בר בר חצבי לנהרא כגני ליא אמר ליה השתא חזית דאנא ידענא טפי מינך כי אתא מלכא פתח רב ששת קא מברך ליה אמר ליה ההוא מינא למלכא קא לא חזית מאי מברכת ובפרק ערבי פסחים (דף קטז) דבר שמוכיח על שניהן הוא כשאמר רב אחא בר יעקב סומא פטור מלומר הגדה הקשו עליו איני והאמר רבינא לדידי (א) אמר לי רב ששת שאלתינהו לרבנן דבי רב יוסף מאן אמר הגדתא ואמרו לי רב יוסף ואיך תאמר שהסומא פסול לומר הגדה והרי אלו סומין ואמרי הגדתא ובפרק מי שאחזו (גיטין דף סח) אמרו על רב ששת שאמר לשמעיה מאי חזית אמר ליה ציפתא דדשא אמר ליה הדר מינה ובגמ' דבני מערבא בפרק יציאות השבת (הלכה ב) ואיש אמונים מי ימצא זה ר' זעירא דר' זעירא לית אנן צריכין חששין לשמעתא דרב ששת דהוא גברא מפתחה: דביתהו דזעירי איניבא ליה לר' חייא בר אשי עבדא ליה ולא אכל אמרה ליה לרבך עבדי ולא אכלת. בפ' יום הכפורים (יומא עז) אמרי דר' חייא בר אשי תלמיד זעירי היה (לדבריהם) [הוי. דאמר התם] איבעיא להו רבה לגבי תלמידיה מהו אמר רב יצחק בר חנא לדידי חזי לי לזעירי דאזל לגבי רבי חייא בר אשי תלמידיה. גב היד וגב הרגל הרי הן כמכה של חלל. עיקר זה בפרק אין מעמידין (ע"ז דף כח) אמר רבה בר בר חנא א"ר יוחנן כל מכה שמחללין עליה את השבת אין מתרפאין מהן ומהיכן מכה שמחללין עליה את השבת ואמרו מחלל עליה את השבת וגב היד וגב הרגל דאמר רב אדא בר אהבה אמר רב גב היד וגב הרגל הרי הן כמכה של חלל ופירש ר' אמי מן שפה ולפנים ובגמרא דבני מערבא בשבת תמן אמרין בשם ר' יוחנן גבות ידים ורגלים סכנה: ר' יוסי אומר כל הימים מטהרין בזוחלין ופסולין לזבים ולמצורעים ולקדש מהן מי חטאת. אלו השלשה (תנאים) [דברים] אמר

חשק שלמה על רב נסים גאון א) הלשון משובש קצת. ולפנינו שם הגי' שאלתינהו לרבנן דבי רב יוסף מאן דאמר אגדתא בי רב ששת. מאן דאמר אגדתא בי רב יוסף. וכו' וצ"ל כאן:

אימור דפליגי לענין טומאה וטהרה לענין שבת מי שמעת להו אלא אמר רב נחמן בר יצחק לא קשיא הא דאישתהי הא דלא אישתהי במאי אוקימתא לבתרייתא דלא אישתהי אי דלא אישתהי אפילו במי משרה נמי דהתניא רוחצין במי טבריא ובמי משרה ובימה של סדום ואף על פי שיש לו חטטים בראשו במה דברים אמורים שלא נשתהא אבל נשתהא אסור אלא ים הגדול אים הגדול לא קשיא [א]הא ביפין שבו הא ברעים שבו מי משרה אמי משרה נמי לא קשיא [ב]הא דאישתהי הא דלא אישתהי: **מתני'** [ג]אין אוכלין [א]איזביון בשבת לפי שאינו מאכל בריאים אבל אוכל הוא את יועזר ושותה אבוברואה [ג]כל האוכלין אוכל אדם לרפואה וכל המשקין שותה חוץ ממי דקלים וכוס עיקרין מפני שהן לירוקה אבל שותה הוא מי דקלים לצמאו וסך שמן עיקרין שלא לרפואה: **גמ'** אמר רב יוסף אזוב אברתה בר המג איזביון אברתה בר הינג עולא אמר מרוא חיורא עולא איקלע לבי רב שמואל בר יהודה אייתו לקמיה מרוא חיורא אמר היינו אזוב דכתיב באורייתא רב פפי אמר שומשוק א"ר ירמיה מדיפתי כוותיה דרב פפי מסתברא [ג]דתנן מצות אזוב שלשה קלחין ובהן שלשה גבעולין ושומשוק הוא דמשתכחא הכי למאי אכלי ליה לקוקאיני במאי אכלי ליה בשבע תמרי אוכמתא ממאי הויא מקימחא דשערי (במנא) דחליף עליה ארבעין יומין: אבל אוכל הוא את יועזר: מאי יועזר פותנק למאי אכלי לה לארקתא במאי אכלי לה בשבע תמרי חיוורתא ממאי הויא מאומצא ומיא אליבא ריקנא ומבישרא שמנא אליבא ריקנא ומבישרא דתורא אליבא ריקנא מאמגוזא אליבא ריקנא ומגירי דרוביא אליבא ריקנא ומשתי מיא אבתריה ואי לא ליבלע תחלי חיוורתא ואי לא ליתיב בתעניתא וליתי בישרא שמנא ולישדי אגומרי ולימיץ גרמא וליגמע חלא ואיכא דאמרי חלא לא משום דקשי לכבדא ואי לא לייתי גורדא דאסינתא דגרידא מעילאי לתתאי ולא מתתאי לעילאי דילמא נפקא איידי פומיה ולישלקה בשיכרא בי שיבבי ולמחר נסכרינון לנקבין דידיה ולישתי וכי מפני מפני אפשיחה דדקלא: ושותין אבוברואה: מאי אבוברואה חומטריא מאי חומטריא חוטרא יחידאה למאי עבדי לה לגילויא ואי לא ליתי חמשא כלילי וחמשא כוסתא דשיכרא ונישלוקינהו בהדי הדדי עד דקיימא אאנפקא ונישתי אימיה דרב אחדבוי בר אמי עבדה ליה לההוא גברא חד כלילא וחד כוסתא דשיכרא שלקה ואשקיתיה ושגרא תנורא וגרפתיה ואותביתיה לבינתא בגוויה ונפק כהוצא ירקא רב אויא אמר רביעתא דחלבא מעיזא חיורתא רב הונא בר יהודה אמר לייתי אתרוגא חליתא ולחייקיה ולימלייה דובשא ולותבה בי מללי דנורא וליכליה רבי חנינא אמר מי רגלים בני ארבעים יום [ד]ברזינא לזיבורא רביעאה לעקרבא פלגא ריבעא לגילויא ריבעא אפילו לכשפים מעלו אמר רבי יוחנן אניגרון ואבנגר ותירייקה מעלו בין לגילויא בין לכשפים האי מאן דבלע חויא לוכליה כשותא במילחא ולירהטיה תלתא מילי רב שימי בר אשי חזייה לההוא גברא דבלע חויא אידמי ליה כפרשא אוכליה כשותא במילחא וארהטיה קמיה תלתא מילי ונפק מיניה גובי גובי איכא דאמרי רב שימי בר אשי בלע חויא אתא אליהו אידמי ליה כפרשא אוכליה כשותא במילחא וארהטיה קמיה תלתא מילי ונפק מיניה גובי גובי האי מאן דטרקיה חויא ליתי עוברא דחמרא חיורתא וליקרעיה ולותביה עילויה והני מילי דלא אישתכח טרפה ההוא

אימור דפליגי לענין טומאה וטהרה. ומשום קרא: לענין שבת. דטעמא משום רפואה הוא מי שמעת להו: הא דאישתהי. בגוייהו אסור דמוכחא מלתא דלרפואה קא מכוין: הא דלא אישתהי. אלא רחץ ויצא מותר: בתרייתא. דקתני רוחצין בלא אישתהי: חטטין. מאלנ"ץ: שלא נשתהי. בתוך המים דנראה כמיקר בעלמא: ביפין. שכן רוחצין בהן בחול לרחיצה שאינה לרפואה: ברעים. אין רוחצין דמוכחא מלתא דלרפואה ותרוייהו בדאישתהי: מי המשרה אמי המשרה לא קשיא. הך דקתני רוחצין במי המשרה אהך תרמי דלעיל דקתני אבל לא במי המשרה הא דאישתהי הא דלא אשתהי: מתני' איזביון. מפרש בגמרא שאינו מאכל בריאים ומוכחא מלתא דלרפואה אכיל ליה: אבל אוכל הוא את יועזר. שהרבה אוכלין אותו כשהן בריאין: ממי דקלים. מפרש בגמרא: וכוס עיקרין. משקה שכותשין לתוכו עיקרי ירקות ובשמים ובגמרא מפרש ליה: מפני שהן לירוקה. לחולי של ירקון ואינו מאכל בריאים: לצמאו. אם אינו חולה: גמ' אמר רב יוסף אזוב. דאורייתא שהוכשר להזאה הוא שקורין אברתה בר המג: איזביון. דמתניתין הוא שקורין אברתה בר הינג ויש מרבותי מפרשים בר המג שגדל במקום גמי בר הינג שגדל בין ההגים רונצ"ן: עולא אמר. אזוב דאורייתא הוא מרוא חיורא בלע"ז שלוי"א: שומשוק. הוא אזוב דאורייתא: ג' קלחים. דאגודה כתיב ואין אגודה פחות מג': ובהן ג' גבעולין. בכל קלח ג' גבעולין קנים דקים כעין של קנבוס: לקוקייני. תולעים שבבני מעים: דחליף עליה מ' יומי. משנטחן: פותנק. בלע"ז פולי"ל: לארקתא. תולעים שבכבד: ממאי הוי. החולי: מאומצא. בשר בגחלים: אליבא ריקנא. קודם אכילה: ומגירי דרוביא. עולי תלתן כעין עולי גפנים: רוביא. תלתן פינגרי: ומשתי מיא בתרייהו. האוכל אחד מאלו קודם אכילה ושותה אחריו מים: ואי לא. אי לית ליה פותנק א"נ אכליה ולא איתסי: תחלי. שחלי כרישין: לימיץ גרמא. יהא מוצץ אבר יפה מאותו בשר וימץ שמנו בפיו: גורדא דאסינתא. קליפה גרודה מן הסנה: מעילאי לתתאי. שתהא גרודה מלמעלה למטה: דלמא נפקא. התולעים: איידי פומיה. דרך פיו: בי שבבי. בין השמשות שכונתא דשמשי. ל"א בי שבבי בבית אחד משכניו שלא ירוק הוא הריח שהוא קשה לו: נסכרינון לנקבים דידיה. יסתום נחיריו שלא יריח ל"א יסתום נחיריו ונקבי אזניו שלא יצא כח המשקה מגופו: מפני אפשיחה. מקום שנפסח הדקל אישברנקי"ר: חוטרא יחידאה. עץ הגדל יחידי בלא ענף: לגילוייא. מי ששתה מים מגולין: חמשה כלילי. וורדין: כוסאתא דשיכרא. כוסות: עד דקיימי אאנפקא. שיעמדו על מדה מחזקת אנפק והיא רביעית הלוג כדאמרינן בחזקת הבתים (ב"ב נח:): ושגרא תנורא. הסיקה תנור: וגרפתיה. מגחלים שלהן קלה: ואותבה לבינתא בגויה. שישב עליה ולא יכוה: ונפק מיניה. הקיא הארס שבלע: הוצא. עלה של לולב: אתרוג חליתא. מתוק: ולחייקיה. לגוייה יחקוק בתוכו חקק: וליתבה בי מללי דנורא. מניחו ע"ג גחלים לוחשות שיתבשל האתרוג בדבש: בני מ' יום. שעברו עליהם מ' יום. ל"א של תינוק בן מ' יום: ברזינא לזיבורא. כוס קטן מאד ושמו ברזינא מאותן מי רגלים טובין למי שנשכתו צרעה ומתרפא: רביעתא לעקרב. רביעית לוג למי שעקצו עקרב: פלגא ריבעא לגילויא. חצי לוג: רבעא. לוג: אניגרון ואבנגר ותירייקי. מים שנשלק בהם בנגרי מין עשב ששמו בנגרי וסתם אניגרון מי שלק תרדין כדאמרינן (ברכות דף לה:) אניגרון מיא דסילקא ותירייקי לרי': אידמי ליה כפרשא. נופסו ומיסרו שהספסל והמרולה והכשות ממשיכין כמו (א) ומתמסס ומת והנחש בתוכו: גובי. חתיכות חתיכות ויצא הנחש ממנו. גובי טרונצו"ן בלע"ז: דטרקיה. נשכו: עוברא דחמרא חיורתי. עובר הנמצא במעי חמורה לבנה: דלא אשתכח טרפה. האם:

עין משפט נר מצוה

לד א ב מיי' פכ"א מהל' שבת הלכה כא סמג לאוין סה טוש"ע א"ח סי' שכח סעיף מד:

לה ג מיי' שם הלכה כב טוש"ע שם סעיף לז:

רבינו חננאל

ושלשתן מותר לרחוץ בהן אע"פ [שהן] חמין. ואין רוחצין בימא של סדום אבל בים הגדול סבר לה ר' יוחנן פלוגתא. ר' מאיר אסר ור' יהודה שרי ואתקיף רב נחמן בר יצחק עליה עד כאן לא פליגי אלא לענין טומאה וטהרה אי עלתה לטבילה אי לא אבל לענין שבת לא פליגי ומשני אם נשתהה בים הגדול בשבת כדי להתרפאות אסור ואם לא נשתהה מותר ואקשינן במאי אוקימתא להא ברייתא דקתני רוחצין בים הגדול בדלא אישתהי אימא סיפא ולא במי משרה [ואין] לא אישתהי אפי' במי משרה נמי שרי. דתניא רוחצין במי טבריא ובמי משרה וימא של סדום ואע"פ שיש לו חטטין בראשו בד"א בשלא נשתהה (אסור) אבל נשתהה אסור ופרקי' כי אמרי שהיה במי משרה אבל בים הגדול יפים ורעים אמרינן. הא דתניא רוחצין בים הגדול במים יפין שבו דלא מסו. הא דתניא אבל לא בים הגדול ברעים שבו דמסו. מי דקלים. המעין היוצא במערבא מבין אותן ג' שתילים ובירושלמי שונין מי דקרין שדוקרין את המרה. אבוב רועה פי' בלשון ישמעאל אנבוב אל רעאי או עצאה אל רעאי:

ליקוטי רש"י

לירוקה. ירקון, חולי ששמו גלני"ה [ברכות כה.]. חולי שפניו מוריקות [יומא פד.]. אזוב. מין ירק שיש לו גבעולין [שמות יב, כב]. שלשה קלחין. שרשין. ובהן שלשה גבעולין. גבעול לכל קלח גבעול הוא קנה האמצעי שהזרע בראשו כקנבוס ופשתן [סוכה יג.]. אמגוזא. אגוז [גיטין סט.]. רוביא. תלתן פינגר"י מין קטנית הוא ולמתק הקדירה בא [יבמות פא.]. תחלי. שחלים שקורין כריש"ן [ב"מ קז.]. אפשיחא דדקלא. דפסח דיקלא כמו ויפשחני (איכה ג) נוטל מן הענפים ויש שמפשחין אותו לצורך הדקל לפי שענפיו מרובים ואין מניחין אותו ליגדל ומהניא ליה הפשיחה כזימור בכרם [רשב"ם ב"ב נג.]. דפסח דיקלא. שזומר הדקל מן הענפים שבו [מו"ק י:]. תרגום ויפשף ופסח וכגמ' שלנו יש (בילה לג:) הוה מפסח ויהיב לן אלומא כלומר ביקע [ש"א טו, לג]. גילויא. מים שנשארו מגולין בלילה ספק שתה מהן נחש ספק לא שתה [חולין ט:]. וגלוי סכנת נפשות היא [שם מט:]. אנפקא. זהו רביעית וכן שם הכלי [גיטין סט:]. זיבורא. צרעה [ע"ז יב:]. כשותא. הומלון וגדל מתוך הסירחי מרים הקרקע שהסירחי יונק ממנו [לעיל קז:]. גדל בהיזמי ואין לו שורש בקרקע אלא מהיזמי נמצא [עירובין כח:]. הימלון שגדל על ההגא [לקמן קלט:]. הומלון שמטילין לתוך השכר [ב"מ מב:].

מסורת הש"ס

א) [במשנה שבמשניות אי' איזוב יון], ב) ברכות לח. יומא מט., ג) סוכה יג. פרה פי"א מ"ט, ד) [פי' הערוך אחד ממ' ברביעית].

הגהות הב"ח

(א) רש"י ד"ה אידמי וכו' כמו ומתמסס ומת:

רב נסים גאון

אמר בהן הכתוב מים חיים נאמר בזב (ויקרא טו) ורחץ בשרו במים חיים וזה מיוחד בזב בלבד ולא בזבה כמו שיש בתוספתא (זבים פרק ג) חומר בזב מה שאין בזבה שהזב טעון ביאת מים חיים וזבה אינה טעונה ביאת מים חיים והמצורע נאמר בו (ויקרא יד) ושחט את הצפור האחת אל כלי חרש על מים חיים ונאמר בפירוש דבר זה מים חיים ולא מים מלוחין ולא מים פושרין ולא מים מכזבין ולא מים מנטפין וזה מיוחד בהזאתו של מצורע בלבד אבל טבילתו אין צריך מים חיים ובזה נאמר (שם) ורחץ במים אפי' במי מקוה ולא דין הוא ומה אם הזב שאינו טעון הזיית מים חיים טעון ביאת מים חיים מצורע שהוא טעון הזיית מים חיים אינו דין שיטעון ביאת מים חיים תלמוד לומר ורחץ במים ואפי' במי מקוה וקידוש מי חטאת נאמר בו (במדבר יט) ולקחו לטמא ונאמר בו ונתן עליו מים חיים אל כלי ונאמר בפירושו במי מעין הכתוב מדבר ובפסחים בגמ' דכל שעה (דף לד) נאמר ונתן עליו מים חיים אל כלי שתהא חיותן בכלי מדקאמר ונתן אלמא תלושין נינהו ומדקאמר מים חיים אלמא מחוברים נינהו אלא מעלה ובמס' סוטה בפרק היה מביא את מנחתה (דף טז) אמרו ונתן עליו אלמא אפר ברישא וכתיב מים חיים אל כלי כיצד רצה זה נותן רצה זה נותן ורבנן [אל] כלי דוקא עליו לערבן ואימא עליו דוקא כלי שתהא חיותן בכלי וכו' ובמשנת מקואות בפרק א' שנינו למעלה מהן מים חיים (שהן טעונין טבילה) [שבהן טבילה לזבים] והזיה למצורעין וכשרין לקדש מהן מי חטאת: **לקוקני** הם תולעים נקראים בלשון ישמעאל חב אל קרע ותמצא בפ' אלו טריפות (חולין ד' סז):

והלכתא

אֵימוּר דִּפְלִיגֵי לְעִנְיַן טוּמְאָה וְטָהֳרָה – One could **say that [R' Meir and R' Yehudah] disagree** only **in regard to** the laws of ***tumah* and *taharah*.** לְעִנְיַן שַׁבָּת מִי שָׁמְעַת לְהוּ – **Have you heard** that **they** disagree **in regard to the Sabbath** as well?[1]

Rav Nachman bar Yitzchak continues by proposing a different solution of the contradiction between the Baraisos (regarding the question of whether one may bathe in the Great Sea on the Sabbath):

אֶלָּא אָמַר רַב נַחְמָן בַּר יִצְחָק – **Rather, said Rav Nachman bar Yitzchak,** לֹא קַשְׁיָא – this is **not a problem,** הָא דְאִישְׁתַּהִי – because **this** Baraisa (i.e. the one that prohibits bathing in the Great Sea) refers to one **who lingers** in the water, הָא דְּלֹא אִישְׁתַּהִי – whereas **the other** Baraisa speaks of one **who does not linger** in the water.[2]

The Gemara rejects this approach as well:

בְּמַאי אוֹקִימְתָּא לְבַתְרַיְיתָא – **To what** case **have you established the last** (i.e. second) Baraisa as referring? דְּלֹא אִישְׁתַּהִי – It refers to one **who does not linger** in the water. אִי דְּלֹא אִישְׁתַּהִי – But **if** it refers to one **who does not linger,** אֲפִילּוּ בְּמֵי מִשְׁרָה נַמִּי – then it should permit bathing **even in water** that was used **for soaking** flax![3] דְּהַתַנְיָא – **For it was taught in a Baraisa:** רוֹחֲצִין בְּמֵי טְבֶרְיָא וּבְמֵי מִשְׁרָה וּבְיַמָּה שֶׁל סְדוֹם – ONE MAY BATHE IN THE WATERS OF TIBERIAS, IN WATER that was used FOR SOAKING flax AND IN THE SEA OF SODOM, וְאַף עַל פִּי שֶׁיֵּשׁ לוֹ חֲטָטִים בְּרֹאשׁוֹ – EVEN THOUGH HE HAS SORES ON HIS HEAD.[4] בַּמֶּה דְּבָרִים אֲמוּרִים – IN WHAT case DOES this RULING APPLY? שֶׁלֹּא נִשְׁתַּהָא – WHERE HE DID NOT LINGER in the water. אֲבָל נִשְׁתַּהָא אָסוּר – BUT if HE LINGERED, IT IS FORBIDDEN.[5] – ? –

The Gemara states its final resolution of the contradiction between the Baraisos:

אֶלָּא יָם הַגָּדוֹל אַיָּם הַגָּדוֹל לֹא קַשְׁיָא – **Rather,** the contradiction between one Baraisa's ruling about **the Great Sea and** the other Baraisa's ruling about **the Great Sea is not a problem,** הָא בְּיָפִין שֶׁבּוֹ – because **this** Baraisa (i.e. the one that permits bathing in the Great Sea) refers **to its fine [waters],** הָא בְּרָעִים שֶׁבּוֹ – whereas **the other** Baraisa refers **to its foul [waters].**[6]

The Gemara continues:

מֵי מִשְׁרָה אַמֵּי מִשְׁרָה נַמִּי לֹא קַשְׁיָא – The contradiction between the ruling of the first two Baraisos regarding **water** used **for soaking** flax[7] **and** the third Baraisa's ruling about **water** used **for soaking** flax[8] **is also not a problem,** הָא דְאִישְׁתַּהִי – because **this** (i.e. the first two Baraisos) speaks of one **who lingers** in the water, הָא דְּלֹא אִישְׁתַּהִי – whereas **this** (i.e. the third Baraisa) refers to one **who does not linger.**[9]

NOTES

1. It was demonstrated above that according to R' Meir the Torah's disqualification of seawater for use as *mayim chayim* has nothing to do with its salt content (see 109a note 46). Rather, it is a Scriptural decree without an apparent reason. Taking this a step further, Rav Nachman bar Yitzchak posits that just as R' Meir views this disqualification purely as a Scriptural decree, so does R' Yehudah [in regard to the Great Sea] (see *Ishei Yisrael* and *Ran MHK* ed.). Hence, there are no grounds for assuming that R' Yehudah regards the Great Sea as being significantly saltier than other seas.

Since the dispute between R' Meir and R' Yehudah does not necessarily concern the salt content of the Great Sea, one cannot argue (as in the Gemara above) that they would also disagree as to whether one may bathe in the Great Sea on the Sabbath. Thus, the problem of the contradiction between the two Baraisos has been reinstated.

2. If one tarries a while in the salty water of the Great Sea, it is evident that his bathing is for therapeutic purposes. On the other hand, if he leaves the water immediately after washing, it is possible that his intent was only to cleanse himself, and not to effect some cure (*Rashi*).

According to this answer, the first Baraisa (which has been established as referring to one who lingers) permits bathing in the waters of Gerar, Chamsan, Asya and Tiberias even if one stays a while. Conversely, the second Baraisa (which speaks of one who does not linger) prohibits bathing in the Dead Sea or in flax water even for a short time. [The Gemara proceeds to challenge this last point.]

3. The second Baraisa, however, prohibits bathing in such water.

The Gemara could also have mentioned bathing in the Dead Sea, which this Baraisa prohibits as well (*Chidushei HaRan*). It cites only one case for the sake of brevity.

4. [I.e. although there is evidence on the most conspicuous part of his body that he is in need of a medical remedy, he is nevertheless allowed to bathe in these waters.]

5. Although the Dead Sea is exceedingly salty and flax water is repugnant, it is possible that he is entering them to cool off from the heat of the day. Hence, provided that he stays in the water only briefly, onlookers would not necessarily assume that he is trying to heal himself. They might think that he simply could not find any cleaner water in which to cool off (*Chidushei HaRan*). However, he may not linger (even if he does not have any sores on his head), because then his intent to use the water for healing purposes would be evident.

When this Baraisa states "In what case does this ruling apply" and proceeds to limit its permit to one who stays in the water briefly, it refers only to the Dead Sea and flax water. As far as the waters of Tiberias are concerned, there is no such limitation (*Ramban, Rashba* et al.; see *Maharsha* for another approach; see also *Mishnah Berurah* 328:137).

Given that this Baraisa permits bathing even in the Dead Sea and in flax water, provided that one's stay is brief, the two Baraisos above, which prohibit bathing in such waters, must be referring to one who lingers in them. This contradicts Rav Nachman bar Yitzchak's assertion that the second of those two Baraisos speaks of one who does not linger.

6. As far as the relatively pure parts of the Great Sea are concerned, a person would wash himself in them during the week. Consequently, it is permitted to bathe in them on the Sabbath (even if he lingers), because onlookers will not necessarily realize that he intends to effect a cure. However, one may not bathe in the contaminated parts of the Great Sea (if he lingers), for since people do not generally wash themselves in these waters, his intent is obvious (*Rashi;* cf. *Rabbeinu Chananel*).

Both Baraisos refer to one who lingers in the water. If one stays only a short while, he is permitted to bathe even in the foul parts of the Great Sea, as is the case with the Dead Sea and flax water (*Rashi; Ramban; Ritva MHK* ed. et al.; cf. *Rashba*).

7. Both of the Baraisos quoted on 109a ruled that one may not bathe in such water (*Rashi*).

The Gemara could also have mentioned the Dead Sea (*Chidushei HaRan*).

8. The third Baraisa (i.e. the one cited on this *amud*) stated: "One may bathe . . . in water used for soaking flax and in the Dead Sea etc." (*Rashi*). Hence, it apparently contradicts the first two Baraisos.

9. [It is difficult to understand why the Gemara had to say this in light of the fact that the Baraisa itself explicitly makes this distinction. See *Sfas Emes,* who proposes an explanation that is compatible with the view of *Rashba* (cited above, end of note 6).]

In conclusion: If one lingers, he may bathe only in water that is relatively clean (e.g. the waters of Gerar, Chamsan, Asya and Tiberias, and the purer parts of the Great Sea). If one does not linger, he may bathe even in contaminated water (e.g. the Dead Sea, flax water and the foul parts of the Great Sea).

[See *Shulchan Aruch, Orach Chaim* 328:44 with *Mishnah Berurah;* and see *Beur Halachah* ibid. ד״ה אלא לרפואה. Regarding the general laws of washing on the Sabbath, see *Shulchan Aruch* ibid. 326:1 with *Mishnah Berurah* §9 and §21.]

עין משפט נר מצוה

לד א ב מיי' פכ"א מהל' שבת הלכה כא סמג לאוין סה טוש"ע א"ח סי' שכח סעיף מד:
לה ג מיי' שם הלכה כב טוש"ע שם סעיף לו:

רבינו חננאל

ושלשתן מותר לרחוץ בהן אע"פ [שהן] חמין. ואין רוחצין בימא של סדום אבל בים הגדול סבר לה ר' יוחנן פלוגתא. ר' מאיר אסר ור' יהודה שרי ואתקיף רב נחמן בר יצחק עליה עד כאן לא פליגי אלא לענין טומאה וטהרה אי עלתה לטבילה אי לא אבל לענין שבת לא פליגי ומשני אם נשתהה בים הגדול בשבת כדי להתרפאות אסור ואם לא נשתהה מותר ואקשינן במאי אוקימתא להא ברייתא דקתני רוחצין בים הגדול בדלא אישתהי אימא סיפא ולא במי משרה [ואין] לא אישתהי אפי' במי משרה נמי שרי. דתניא רוחצין במי טבריא ובמי משרה וימא של סדום ואע"פ שיש לו חטטין בראשו בד"א בשלא נשתהה (אסור) אבל נשתהה אסור ופרקי' כי אמרי שהיה במי משרה אבל בים הגדול יפים ורעים אמרינן. הא דתניא רוחצין בים הגדול במים יפין שבו דלא מסו. הא דתניא אבל לא בים הגדול ברעים שבו דמסו. מי דקלים. המעין היוצא במערבא מבין אותן ג' שתילים ובירושלמי שונין מי דקרין שדוקרין את המרה. אבוב רועה פי' בלשון ישמעאל אנבוב אל רעאי או עצאה אל רעאי:

ליקוטי רש"י

לירוקה. ירקון, חולי שמו גלניל"ה [ברכות כה.]. חולי שפניו מוריקות [יומא פד.]. **אזוב.** מין ירק שיש לו גבעולין [שמות יב, כב]. **שלשה קלחין.** שרשין. ובהן שלשה גבעולין. גבעול לכל קלח גבעול הוא קנה האמצעי שהזרע בראשו כקנבוס ופשתן [סוכה יג.]. **אמגוזא.** אגוז [גיטין סט.]. **רוביא.** תלתן פניגר"י מין קטנית הוא ולמתק הקדירה בא [יבמות פא.]. **תחלי.** שחלים שקורין כרשי"ן [ב"מ קז.]. **אפשיחא דדקלא.** דפסח דיקלא כמו ויפשחני (איכה ג) נוטל מן הענפים ויש שמפשחין אותו לצורך הדקל לפי שענפיו מרובים ואין מניחין אותו ליגדל ומהניא ליה הפסיחא כזימור בכרם [רשב"ם ב"ב נד.]. דפסח דיקלא. שזומר הדקל מן הענפים שבו [מו"ק י:]. תרגום ויספף ופסח ובגמ' שלנו יש (כילה לג:) הוה מפסח ויהיב לן אלוהא כלומר ביקע [ש"א טו, לג]. **גילויא.** מים שנשארו מגולין בלילה ספק שתה מהן נחש ספק לא שתה [חולין ט:]. וגלוי סכנת נפשות היא [שם מט:]. **אנפקא.** זהו רביעית וכן שם הכלי [גיטין סט:]. **זיבורא.** לירעה [ע"ז יב:]. **כשותא.** הומלון וגדל מתוך הסיזמי מרים הקרקע שהסיזמי יונק ממנו [לעיל קז:]. גדל בהיזמי ואין לו שורש בקרקע אלא מהיזמי לשם [עירובין כח:]. הימלון שגדל על ההגא [לקמן קלט.]. הומלון שמטילין לתוך השכר [ב"מ מב:].

גמרא

אימור דפליגי לענין טומאה וטהרה לענין שבת מי שמעת להו אלא אמר רב נחמן בר יצחק לא קשיא הא דאישתהי הא דלא אישתהי במאי אוקימתא לבתרייתא דלא אישתהי אי דלא אישתהי אפילו במי משרה נמי דהתניא רוחצין במי טבריא ובמי משרה ובימה של סדום ואף על פי שיש לו חטטים בראשו במה דברים אמורים שלא נשתהא אבל נשתהא אסור אלא ים הגדול אים הגדול לא קשיא *הא ביפין שבו הא ברעים שבו מי משרה אמי משרה נמי לא קשיא [ב] הא דאישתהי הא דלא אישתהי: **מתני'** [ג] אין אוכלין [א] איזביון בשבת לפי שאינו מאכל בריאים אבל אוכל הוא את יועזר ושותה אבוברואה [ב] כל האוכלין אוכל אדם לרפואה וכל המשקין שותה חוץ ממי דקלים וכוס עיקרין מפני שהן לירוקה אבל שותה הוא מי דקלים לצמאו וסך שמן עיקרין שלא לרפואה: **גמ'** אמר רב יוסף אזוב אברתה בר המג איזביון אברתה בר הינג עולא אמר מרוא חיורא עולא איקלע לבי רב שמואל בר יהודה אייתו לקמיה מרוא חיורא אמר היינו אזוב דכתיב באורייתא רב פפי אמר שומשוק א"ר ירמיה מדיפתי כוותיה דרב פפי מסתברא [ג] דתנן מצות אזוב שלשה קלחין ובהן שלשה גבעולין ושומשוק הוא דמשתכחא הכי למאי אכלי ליה לקוקאיני במאי אכלי ליה בשבע תמרי אוכמתא ממאי הויא מקימחא דשערי (במנא) דחליף עליה ארבעין יומין: אבל אוכל הוא את יועזר: מאי יועזר פותנק למאי אכלי לה לארקתא במאי אכלי לה בשבע תמרי חיוורתא ממאי הויא מאומצא ומיא אליבא ריקנא ומבישרא שמנא אליבא ריקנא ומבישרא דתורא אליבא ריקנא מאמגוזא אליבא ריקנא ומגירי דרוביא אליבא ריקנא ומשתי מיא אבתריה ואי לא ליבלע תחלי חיוורתא ואי לא ליתיב בתעניתא וליתי בישרא שמנא ולישדי אגומרי ולימיץ גרמא וליגמע חלא ואיכא דאמרי חלא לא משום דקשי לכבדא ואי לא לייתי גורדא דאסינתא דגרידא מעילאי לתתאי ולא מתתאי לעילאי דילמא נפקא איידי פומיה ולישלקה בשיכרא בי שיבבי ולמחר נסכרינון לנקבין דידיה ולישתי וכי מפני מפני אפשיחה דדקלא: ושותין אבוברואה: מאי אבוברואה חומטריא מאי חומטריא חוטרא יחידאה למאי עבדי לה לגילויא ואי לא ליתי חמשא כלילי וחמשא כוסתא דשיכרא ונישלוקינהו בהדי הדדי עד דקיימא אאנפקא ונישתי אימיה דרב אחדבוי בר אמי עבדה ליה לההוא גברא חד כלילא וחד כוסתא דשיכרא שלקה ואישקיתיה ושגרא תנורא וגרפתיה ואותביתיה לבינתא בגוויה ונפק כהוצא ירקא רב אויא אמר רביעתא דחלבא מעיזא חיורתא רב הונא בר יהודה אמר לייתי אתרוגא חליתא ולחייקיה ולימלייה דובשא ולותבה בי מיללי דנורא וליכליה רבי חנינא אמר מי רגלים בני ארבעים יום [ד] ברזינא לזיבורא רביעאה לעקרבא פלגא ריבעא לגילויא ריבעא אפילו לכשפים מעלו אמר רבי יוחנן אניגרון ואבנגר ותיריקה מעלו בין לגילויא בין לכשפים האי מאן דבלע חוויא לוכליה כשותא במילחא ולירהטיה תלתא מילי רב שימי בר אשי חזיה לההוא גברא דבלע חוויא אידמי ליה כפרשא אוכליה כשותא במילחא וארהטיה קמיה תלתא מילי ונפק מיניה גובי גובי איכא דאמרי רב שימי בר אשי בלע חוויא אתא אליהו אידמי ליה כפרשא אוכליה כשותא במילחא וארהטיה קמיה תלתא מילי ונפק מיניה גובי גובי האי מאן דטרקיה חוויא ליתי עוברא דחמרא חיורתא וליקרעיה ולותביה עילויה והני מילי דלא אישתכח טרפה ההוא

בר

רש"י

אימור דפליגי לענין טומאה וטהרה. ומשום קרא: לענין שבת. דטעמא משום רפואה הוא מי שמעת להו: הא דאישתהי. בגוייהו אסור דמוכחא מלתא דלרפואה קא מכוין: הא דלא אישתהי. אלא רחץ ויצא מותר: בתרייתא. דקתני רוחצין בדלא אישתהי: חטטין. מאלנ"ך: שלא נשתהי. בתוך המים דנראה כמיקר בעלמא: ביפין. שכן רוחצין בהן בחול לרחיצה שאינה לרפואה: ברעים. אין רוחצין דמוכחא מלתא דלרפואה ותרוייהו בדאישתהי: מי המשרה אמי המשרה לא קשיא. הך דקתני רוחצין במי המשרה אהך תרתי דלעיל דקתני אבל לא במי המשרה הא דאישתהי הא דלא אשתהי: **מתני' איזביון.** מפרש בגמרא שאינו מאכל בריאים ומוכחא מלתא דלרפואה אכיל ליה: **אבל אוכל הוא את יועזר.** שהרבה אוכלין אותו כשהן בריאין: **ממי דקלים.** מפרש בגמרא: **וכוס עיקרין.** משקה שכותשין לתוכו עיקרי ירקות ובשמים ובגמרא מפרש ליה: **מפני שהן לירוקה.** לחולי של ירקון ואינו מאכל בריאים: **לצמאו.** אם אינו חולה: **גמ' אמר רב יוסף אזוב.** דאורייתא שהוכשר להזאה הוא שקורין אברתא בר המג: **איזביון.** דמתניתין הוא שקורין אברתא בר הינג ויש מרבותי מפרשים בר המג שגדל במקום גמי בר הינג שגדל בין ההגים רונצ"ץ: **עולא אמר.** אזוב דאורייתא הוא מרוא חיורא בלע"ז שלוי"א: **שומשוק.** הוא אזוב דאורייתא: **ג' קלחים.** דאגודה כתיב ואין אגודה פחות מג': **ובהן ג' גבעולין.** בכל קלח ג' גבעולין קנים דקים כעין של קנבוס: **לקוקייני.** תולעים שבבני מעים: **דחליף עליה** מ' יומי. משנטחן: **פותנק.** בלע"ז פולא"ל: **לארקתא.** תולעים שבכבד: ממאי הוי. החולי: **מאומצא.** בשר בגחלים: **אליבא ריקנא.** קודם אכילה: **ומגירי דרובייא.** לולבי תילתן כעין לולבי גפנים: **רוביא.** תילתן פינגרי: **ומשתי מיא בתרייהו.** האוכל אחד מאלו קודם אכילה ושותה אחריו מים: **ואי לא.** אי לית ליה פותנק א"נ אכליה ולא איתסי: **תחלי.** שחלי כרישון: **לימוץ גרמא.** יהא מוצץ אבר יפה מאותו בשר וימץ שמנו בפיו: **גורדא דאסינתא.** קליפה גרודה מן הסנה: **מעילאי לתתאי.** שתהא גרודה מלמעלה למטה: **דלמא נפקא.** התולעים: **איידי פומיה.** דרך פיו: **בי שבבי.** בין השמשות באשכותא דשמשי. ל"א בי שבבי בבית אחד משכניו שלא יריח הוא הריח שהוא קשה לו: **נסכרינן לנקבים דיליה.** יסתום נחיריו שלא יריח ל"א יסתום נחיריו ונקבי אזניו שלא יצא כח המשקה מגופו: **מפני אפשיחה.** מקום שנפסח הדקל אישברנקי"ר: **חוטרא יחידאה.** עץ הגדל יחידי בלא ענף: **לגילוייא.** מי ששתה מים מגולין: **חמשה כלילי.** וורדין: **כוסאתא דשיכרא.** כוסות: **עד דקיימי אאנפקא.** שיעמדו על מדה מחזקת אנפק והיא רביעית הלוג כדאמרינן בחזקת הבתים (ב"ב נח:): **ושגרא תנורא.** הסיקה תנור: **וגרפתיה.** מגחלים שילטנן קלת: **ואותבה לבינתא בגויה.** שישב עליה ולא יכוה: **ונפק מיניה.** הקיא הארס שבלע: **הוצא.** עלה של לולב: **אתרוג חליתא.** מתוק: **ולחייקיה.** לגויה יחקוק בתוכו חקק: **וליתבה בי מיללי דנורא.** מניחו ע"ג גחלים לוחשות שיתבשל האתרוג בדבש: **בני מ' יום.** שעברו עליהם מ' יום. ל"א של תינוק בן מ' יום: **ברזינא לזיבורא.** כוס קטן מאד ושמו ברזינא מאותן מי רגלים שותין למי שנשכתו צרעה ומתרפא: **רביעתא לעקרב.** רביעית לוג למי שעקצו עקרב: **פלגא ריבעא לגילויא.** חצי לוג: **רבעא.** לוג: **אניגרון ואבנגר ותירייקי.** מים שנשלק בהם בנגרי מין עשב ששמו בנגרי וסתם אניגרון מי שלק תרדין כדאמרינן (ברכות דף לה:) אניגרון מיא דסילקא ותירייקי צרי: **אידמי ליה כפרשא.** תופסו ומייסרו שהפחד והמרוצה והכשות מתישין כחו (א) ומתחמם ומת הנחש בתוכו: **גובי.** חתיכות חתיכות יצא הנחש ממנו. גובי טרונצו"ן בלע"ז: **דטרקיה.** נשכו: **עוברא דחמרא חיוורתי.** עובר הנמצא במעי חמורה לבנה: **דלא אשתכח טרפה.** האם:

בר

מסורת הש"ם

א) [במשנה שבמשניות א' איזוב יון], ב) ברכות לח. יומא מט., ג) סוכה יג. פרה פי"א מ"ט, ד) [פי' הערוך אחד ממ' ברביעית].

הגהות הב"ח

(א) רש"י ד"ה אידמי וכו' כחו ומתחמם ומת:

רב נסים גאון

אמר בהן הכתוב מים חיים נאמר בזב (ויקרא טו) ורחץ בשרו במים חיים וזה מיוחד בזב בלבד ולא בזבה כמו שיש בתוספתא (זבים פרק ג) חומר בזב מה שאין בזבה שהזב טעון ביאת מים חיים וזבה אינה טעונה ביאת מים חיים והמצורע נאמר בו (ויקרא יד) ושחט את הצפור האחת אל כלי חרש על מים חיים ונאמר בפירוש דבר זה מים חיים ולא מים מלוחין ולא מים פושרין ולא מים מכזבין ולא מים מנטפין וזה מיוחד בהזאתו של מצורע בלבד אבל טבילתו אין צריך מים חיים ובזה נאמר (שם) ורחץ במים אפי' במי מקוה ולא דין הוא ומה אם הזב שאינו טעון הזיית מים חיים טעון ביאת מים חיים מצורע שהוא טעון הזיית מים חיים אינו דין שיטעון ביאת מים חיים תלמוד לומר ורחץ במים ואפי' במי מקוה וקידוש מי חטאת נאמר בו (במדבר יט) ולקחו לטמא ונאמר בו ונתן עליו מים חיים אל כלי ונאמר בפירושו במי מעין הכתוב מדבר ובפסחים בגמ' דכל שעה (דף לד) נאמר ונתן עליו מים חיים אל כלי שתהא חיותן בכלי מדקאמר ונתן אלמא תלושין נינהו ומדקאמר מים חיים אלמא מחוברים נינהו אלא מעלה ובמס' סוטה בפרק היה מביא את מנחתה (דף טז) אמרו ונתן עליו אלמא אפר ברישא וכתיב מים חיים אל כלי כיצד רצה זה נותן ורבנן [אל] כלי דוקא עליו לערבן ואימא עליו דוקא כלי שתהא חיותן בכלי וכו' ובמשנת מקואות בפרק א' שנינו למעלה מהן מים חיים (שהן טעונין טבילה) [שבהן טבילה לזבים] והזיה למצורעין וכשרין לקדש מהן מי חטאת: **לקוקני** הם תולעים נקראים בלשון ישמעאל חב אל קרע ומצא בפ' אלו טריפות (חולין ד' סז) והלכתא

Mishnah The following Mishnah deals with the Rabbinic prohibition of medical treatments on the Sabbath:[10] **אֵין אוֹכְלִין אֵיזוֹבְיוֹן בְּשַׁבָּת – One may not eat *eizovyon*[11] on the Sabbath, לְפִי שֶׁאֵינוֹ מַאֲכַל בְּרִיאִים – because it is not a food of healthy people;[12] אֲבָל אוֹכֵל הוּא אֶת יוֹעֶזֶר וְשׁוֹתֶה אַבוּבְרוֹאֶה – but one may eat *yo'ezer* and drink *abuvroeh*.[13] כָּל הָאוֹכָלִין אוֹכֵל אָדָם לִרְפוּאָה – A person may eat any foods for healing;[14] וְכָל הַמַּשְׁקִין שׁוֹתֶה – and he may drink any beverages, חוּץ מִמֵּי דְקָלִים – except for the water of palm trees[15] וְכוֹס עִיקָּרִין – or a potion of sterility,[16] מִפְּנֵי שֶׁהֵן לִירוֹקָה – because they are for** healing **jaundice.[17] אֲבָל שׁוֹתֶה הוּא מֵי דְקָלִים לִצְמָאוֹ – However, one may drink the water of palm trees to** quench **his thirst,[18] וְסָךְ שֶׁמֶן עִיקָּרִין שֶׁלֹּא לִרְפוּאָה – and he may anoint himself with root oil** if it is **not for healing.[19]**

Gemara The Gemara identifies the *eizovyon* mentioned in our Mishnah and contrasts it with the *eizov* of the Torah:[20] **אָמַר רַב יוֹסֵף – Rav Yosef said: אֵזוֹב אַבַּרְתָּה בַּר הָמָג –** The ***eizov*** of the Torah **is the hyssop of *hamag*. אֵיזוֹבְיוֹן אַבַּרְתָּה בַּר הִינְג –** The ***eizovyon*** of our Mishnah **is the hyssop of *hing*.**[21]

NOTES

10. The Rabbis enacted this prohibition for fear that someone might crush herbs (or other substances) in preparing a medicine, which is a Biblically forbidden labor under the category of טוֹחֵן, *grinding*. [The prohibition does not apply to one who is very ill (see 109a note 29).]

This subject is introduced here, because, like the previous Mishnah (108a-b) which dealt with salt water, it also involves items that are digested, but are not conventional foods (*Tos. Yom Tov*).

The efficacy of Talmudic remedies: Over the next few pages (109b-111a), a number of remedies for various physical disorders are recorded. Many of these cures, however, are not consistent with the known laws of nature. *Rashba* explains that during the Creation God invested various herbs, minerals and procedures with the power to effect remedies, some in ways that are comprehended by human reason and some in ways that are beyond our understanding (see *Rashba* Responsa I §413 and Responsa [by *Rashba*] attributed to *Ramban* §286; see also *Derashos HaRan, Drush* 12, who elaborates on this explanation; see also *Chayei Olam* 1:8; for a different approach, see *Otzar HaGeonim* on *Gittin, Chelek HaTeshuvos* §376, and *R' Avraham* the son of *Rambam, Maamar al Derashos Chazal* [printed in the introductory section of *Ein Yaakov*] ד״ה דע כי אתה).

Since these remedies were set down in concise Talmudic fashion, they are comprehensible only to those who are able to plumb the depths of the Sages' words (see *Maharsha* to *Gittin* 68b ד״ה לדמא). In particular, many of the various herbs recommended by the Gemara cannot be accurately identified (see Responsa of *Chavas Yair* §233 and §234). Consequently, one should not attempt these remedies nowadays, since it is unlikely that anyone today will fathom the Talmud's intentions, and one who finds his application of a remedy ineffective may come to belittle the words of the Sages (*Likkutei Maharil* §43, cited by *R' Akiva Eiger,* glosses to *Yoreh Deah* 336:1). Indeed, *Yam Shel Shlomo* (*Chullin* 8:12) reports that one who does rely on Talmudic remedies in our era is punishable by excommunication.

In addition, changes have occurred in the state of nature (נִשְׁתַּנּוּ הַטְּבָעִים) since Talmudic times, and therapies which were efficacious in those times are not necessarily so nowadays (*Tosafos* to *Moed Katan* 11a ד״ה כוורא; see also *Hagahos R' Y. Emden* below, 129b; *Magen Avraham* to *Orach Chaim* 173 and *Kesef Mishneh* to *Hil. Dei'os* 4:18).

11. A type of hyssop (see Gemara below). It is identified by *Rambam* as *lavender* (*Commentary to the Mishnah, Kaffich* ed.; *Aruch HaShalem*). [The text in the Mishnayos reads אֵזוֹב יָוָן, *Greek hyssop* (see *Meleches Shlomo*).]

This herb is used medicinally to kill intestinal worms (Gemara below).

12. Since it is not eaten by healthy people, one who does eat it is obviously doing so for medicinal reasons (*Rashi*).

13. [The Gemara defines these substances and the ailments for which they were taken.] Since healthy people also eat these foods, it is not *apparent* that one is eating them for their therapeutic benefits. The Rabbis did not apply their ban on medical treatments in such a case.

14. I.e. any food eaten by healthy people may be eaten on the Sabbath even by [an ill person] who intends to benefit from its medicinal properties (*Rav*).

[This explanation of our Mishnah is apparently adopted by *Rambam* (*Hil. Shabbos* 21:22), *Tur* and *Shulchan Aruch* (*Orach Chaim* 328:37), who rule that one who is sick may eat such foods even for medicinal purposes. The Gemara in *Berachos* (38a), however, seems to interpret our Mishnah as meaning that a sick person is permitted to take such foods only if his intent is to satisfy his hunger, and not to heal himself. It is difficult to explain how the above authorities understood that Gemara (*Aruch HaShulchan, Orach Chaim* 328:47; see the solutions proposed by *Eglei Tal, Meleches Tochein* 46:2-9, and *Chazon Yechezkel, Chidushim* on Tractate *Shabbos*).]

15. This substance is identified below, 110a. As stated there, it was a powerful purgative. [Since healthy people would not normally drink something that has such a strong purgative effect, one who drinks this "water" is clearly doing so for therapeutic purposes.]

16. A beverage [wine or beer] into which the roots of certain herbs and spices were crushed, as explained in the Gemara [110a] (*Rashi*).

It was called כוס עיקרין because it contained roots [עיקרין] and also because one of its side effects was sterility [עָקָר means *a sterile person*] (*Meiri;* see *Tos. Yom Tov*). [The Gemara (110b-111a) defines the circumstances in which it is permitted to take a potion that causes sterility.]

17. This potion was used only as a cure for jaundice, and was not a food eaten by healthy people (*Rashi*).

Although the Mishnah says "*they* [plural] *are for [healing] jaundice,*" it refers only to the "potion of sterility." The "water of palm trees" was a cure for constipation, as noted above. [The plural "they" is used possibly in reference to the word עִיקָּרִים, which is in the plural form.] The Tanna felt it necessary to specify the medicine's purpose only in the case of the "potion of sterility," because, as its name implies, it has a serious side effect (see *Shoshanim LeDavid;* cf. *R' Moshe Kazis*).

[The Mishnah's language, "A person may eat any foods etc. *except* . . .," is difficult to understand, because the items subsequently listed (water of palm trees, potion of sterility) are not foods eaten by healthy people (see *Chidushei R' Moshe Kazis*).]

18. If he is not sick (*Rashi*).

Rashi implies that a sick person may not take medicines even to quench his thirst (see *Beur Halachah* 328:37 ד״ה אבל, who cites dissenting views; see also *Sfas Emes*). It is possible that *Rashi* inferred this from the Gemara in *Berachos* (mentioned in note 14), which indicates that a sick person may not take even foods eaten by healthy people unless he intends only to satisfy his hunger, and not to cure his ailment. This implies that the prohibition against substances *not* eaten by healthy people applies even if his intent is for ordinary nourishment. Hence, when the Mishnah concludes that one may take these forbidden substances "to quench his thirst," it must be referring to someone who is not sick (see *Beur Halachah* ibid. and *Eglei Tal, Meleches Tochein* 46:2-9).

Given that *Rashi* has established this part of the Mishnah as referring to one who is healthy, it emerges that even a healthy person may take such substances only for his nourishment, for the Mishnah specifies "to quench his thirst."' He may not take them for the purpose of enhancing his state of health (see *Magen Avraham, Orach Chaim* 328:43; cf. *Beis Yosef* to *Tur* ibid. §37; see also *Igros Moshe, Orach Chaim* III §54).

19. I.e. with oil to which extracts from the roots of spices and herbs have been added (*Tos. Yom Tov*).

[Anointing was a common practice, used to keep the skin soft. Various types of oils (in liquid form) were used.]

20. The Torah prescribes the use of אֵזוֹב, *eizov* (hyssop), in the purification of a person or utensil that had contracted *tumah* from a corpse (see *Numbers* 19:18), in the purification of a *metzora* (see *Leviticus* 14:4,7), and in the application of blood to the doorposts and lintel before the Exodus from Egypt (see *Exodus* 12:22).

21. The *hamag* variety derives its name from the fact that it grows in the vicinity of *gemi* [reed-grass]. The *hing* variety is so called because it grows among *higim* [thornbushes] (*Rashi*, citing some of his teachers; see *Meiri*).

אימור דפליגי לענין טומאה וטהרה לענין שבת מי שמעת להו אלא אמר רב נחמן בר יצחק לא קשיא הא דאישתהי הא דלא אישתהי במאי אוקימתא לבתרייתא דלא אישתהי אי דלא אישתהי אפילו במי משרה נמי דהתניא רוחצין במי טבריא ובמי משרה ובימה של סדום ואף על פי שיש לו חטטים בראשו במה דברים אמורים שלא נשתהא אבל נשתהא אסור אלא ים הגדול אים הגדול לא קשיא *הא ביפין שבו הא ברעים שבו מי משרה אמי משרה נמי לא קשיא [ב] הא דאישתהי הא דלא אישתהי: מתני' [ג] אין אוכלין (א) איזביון בשבת לפי שאינו מאכל בריאים אבל אוכל הוא את יועזר ושותה אבובראוה [ג] כל האוכלין אוכל אדם לרפואה וכל המשקין שותה חוץ ממי דקלים וכוס עיקרין מפני שהן לירוקה אבל שותה הוא מי דקלים לצמאו וסך שמן עיקרין שלא לרפואה: גמ' אמר רב יוסף אזוב אברתה איזביון אברתה בר הינג עולא אמר מרוא חיורא עולא איקלע לבי רב שמואל בר יהודה אייתו לקמיה מרוא חיורא אמר היינו אזוב דכתיב באורייתא רב פפי אמר שומשוק א"ר ירמיה מדיפתי כוותיה דרב פפי מסתברא [ג] דתנן מצות אזוב שלשה קלחין ובהן שלשה גבעולין ושומשוק הוא דמשתכחא הכי למאי אכלי ליה לקוקאיני במאי אכלי ליה בשבע תמרי אוכמתא ממאי הויא מקימחא דשערי (במנא) דחליף עליה ארבעין יומין: אבל אוכל הוא את יועזר: מאי יועזר פותנק למאי אכלי לה לארקתא במאי אכלי לה בשבע תמרי חיוורתא ממאי הויא מאומצא ומיא אליבא ריקנא ומבישרא שמנא אליבא ריקנא ומבישרא דתורא אליבא ריקנא מאמגוזא אליבא ריקנא ומגירי דרוביא אליבא ריקנא ומשתי מיא אבתריה ואי לא ליבלע תחלי חיוורתא ואי לא ליתיב בתעניתא וליתי בישרא שמנא ולישדי אגומרי ולימיץ גרמא וליגמע חלא ואיכא דאמרי חלא לא משום דקשי לכבדא ואי לא לייתי גורדא דאסינתא דגרידא מעילאי לתתאי ולא מתתאי לעילאי דילמא נפקא איידי פומיה ולישלקה בשיכרא בי שיבבי ולמחר נסכרינון לנקבין דידיה ולישתי וכי מפני אפשיחה דדקלא: ושותין אבובראוה: מאי אבובראוה חומטריא מאי חומטריא חוטרא יחידאה למאי עבדי לה לגילויא ואי לא ליתי חמשא כלילי וחמשא כוסתא דשיכרא ונישלוקינהו בהדי הדדי עד דקיימא אאנפקא ונישתי אימיה דרב אחדבוי בר אמי עבדה ליה להההוא גברא חד כלילא וחד כוסתא דשיכרא שלקה ואישקיתיה ושגרא תנורא וגרפתיה ואותביתיה לבינתא בגוויה ונפק כהוצא ירקא רב אויא אמר רביעתא דחלבא מעיזא חיורתא רב הונא בר יהודה אמר לייתי אתרוגא חליתא ולחייקיה ולימלייה דובשא ולותבה בי מללי דנורא וליכליה רבי חנינא אמר מי רגלים בני ארבעים יום [ד] ברזינא לזיבורא רביעאה לעקרבא פלגא ריבעא לגילויא ריבעא אפילו לכשפים מעלו אמר רבי יוחנן אניגרון ואבנגר ותירייקה מעלו בין לגילויא בין לכשפים האי מאן דבלע חיויא לוכליה כשותא במילחא ולירהטיה תלתא מילי רב שימי בר אשי חזייה לההוא גברא דבלע חיויא אידמי ליה כפרשא אוכליה כשותא במילחא וארהטיה קמיה תלתא מילי ונפק מיניה גובי גובי איכא דאמרי רב שימי בר אשי בלע חיויא אתא אליהו אידמי ליה כפרשא אוכליה כשותא במילחא וארהטיה קמיה תלתא מילי ונפק מיניה גובי גובי האי מאן דטרקיה חיויא ליתי עוברא דחמרא חיורתא וליקרעיה ולותביה עילויה והני מילי דלא אישתכח טרפה ההוא

בר

רש"י

אימור דפליגי לענין טומאה וטהרה. ומשום קרא: לענין שבת. דטעמא משום רפואה הוא מי שמעת להו: הא דאישתהי. בגווייהו אסור דמוכחא מלתא דלרפואה קא מכוין: הא דלא אישתהי. אלא רחץ ויצא מותר: בתרייתא. דקתני רוחצין בדלא אישתהי: חטטין. מאלנ"ץ: שלא נשתהי. בתוך המים דנראה כמיקר בעלמא: ביפין. שכן רוחצין בהן בחול לרחיצה שאינה לרפואה: ברעים. אין רוחצין דמוכחא מלתא דלרפואה ותרוייהו בדאשתהי: מי המשרה אמי המשרה לא קשיא. הך דקתני רוחצין במי המשרה אהך תרתי דלעיל דקתני אבל לא במי המשרה הא דאשתהי הא דלא אשתהי: מתני' איזביון. מפרש בגמרא שאינו מאכל בריאים ומוכחא מלתא דלרפואה אכיל ליה: אבל אוכל הוא את יועזר. שהרבה אוכלין אותו כשהן בריאין: ממי דקלים. מפרש בגמרא: וכוס עיקרין. משקה שכותשין לתוכו עיקרי ירקות ובשמים ובגמרא מפרש ליה: מפני שהן לירוקה. לחולי של ירקון ואינו מאכל בריאים: לצמאו. אם אינו חולה: גמ' אמר רב יוסף אזוב. דאורייתא שהוכשר להזאה הוא שקורין אברתה בר המג: איזביון. דמתניתין הוא שקורין אברתה בר הינג ויש מרבותי מפרשים בר המג שגדל במקום גמי בר הינג שגדל בין ההגים רונל"ץ: עולא אמר. אזוב דאורייתא הוא מרוא חיורא בלע"ז שלוי"א: שומשוק. הוא אזוב דאורייתא: ג' קלחים. דאגודה כתיב ואין אגודה פחות מג': ובהן ג' גבעולין. בכל קלח ג' גבעולין קנים דקים כעין של קנבוס: לקוקייני. תולעים שבבני מעים: דחליף עליה מ' יומי. משנטחן: פותנק. בלע"ז פולא"ל: לארקתא. תולעים שבכבד: ממאי הוי. החולי: מאומצא. בשר בגחלים: אליבא ריקנא. קודם אכילה: ומגירי דרובייא. לולבי תילתן כעין לולבי גפנים: רוביא. תילתן פינגרי: ומשתי מיא בתרייהו. האוכל אחד מאלו קודם אכילה ושותה אחריו מים: ואי לא. אי לית ליה פותנק א"נ אכליה ולא איתסי: תחלי. שחלי כרישון: לימוץ גרמא. יהא מוצץ אבר יפה מאותו בשר וימץ שמנו בפיו: גורדא דאסינתא. קליפה גרודה מן הסנה: מעילאי לתתאי. שתהא גרודה מלמעלה למטה: דלמא נפקא. התולעים: איידי פומיה. דרך פיו: בי שבבי. בין השמשות בשכונתא דשמשי. ל"א בי שבבי בבית אחד משכניו שלא יריח הוא הריח שהוא קשה לו: נסכרינן לנקבים דיליה. יסתום נחיריו שלא יריח ל"א יסתום נחיריו ונקבי אזניו שלא יצא כח המשקה מגופו: מפני אפשיחה. מקום שנפשח הדקל אישברנקי"ר: חוטרא יחידאה. עץ הגדל יחידי בלא ענף: לגילוייא. מי ששתה מים מגולין: חמשה כלילי. וורדין: כוסאתא דשיכרא. כוסות: עד דקיימי אאנפקא. שיעמדו על מדה מחזקת אנפק והיא רביעית הלוג כדאמרינן בחזקת הבתים (ב"ב נח:): ושגרא תנורא. הסיקה תנור: וגרפתיה. מגחלים שילטנן קלת: ואותבה לבינתא בגויה. שישב עליה ולא יכוה: ונפק מיניה. הקיא הארס שבלע: הוצא. עלה של לולב: אתרוג חליתא. מתוק: ולחייקיה. לגויה יחקוק בתוכו חקק: וליתבה בי מללי דנורא. מניחו ע"ג גחלים לוחשות שיתבשל האתרוג בדבש: בני מ' יום. שעברו עליהם מ' יום. ל"א של תינוק בן מ' יום: ברזינא לזיבורא. כוס קטן מאד ושמו ברזינא מאותן מי רגלים שותין למי שנשכתו צרעה ומתרפא: רביעתא לעקרב. רביעית לוג למי שעקצו עקרב: פלגא ריבעא לגילויא. חצי לוג: רבעא. לוג: אניגרון ואבנגר ותירייקי. מים שנשלק בהם בנגרי מין עשב ששמו בנגרי וסתם אניגרון מי שלק תרדין כדאמרינן (ברכות דף לה:) אניגרון מיא דסילקא ותירייקי גרי: אידמי ליה כפרשא. תופסו ומייסרו שהפחד והמרוצה והכשות מתישין כמו (א) ומחמם ומת הנחש בתוכו: גובי. חתיכות חתיכות יצא הנחש ממנו. גובי טרונצו"ן בלע"ז: דטרקיה. נשכו: עוברא דחמרא חיוורתי. עובר הנמצא במעי חמורה לבנה: דלא אשתכח טרפה. האם:

בר

עין משפט נר מצוה

לד א ב מיי' פכ"א מהל' שבת הלכה כא סמג לאוין סה טוש"ע א"ח סי' שכח סעיף מד:

לה ג מיי' שם הלכה כב טוש"ע שם סעיף לז:

רבינו חננאל

ושלשתן מותר לרחוץ בהן אע"פ [שהן] חמין. ואין רוחצין בימא של סדום אבל בים הגדול סבר לה ר' יוחנן פלוגתא. ר' מאיר אסר ור' יהודה שרי ואתקיף רב נחמן בר יצחק עליה עד כאן לא פליגי אלא לענין טומאה וטהרה אי עלתה לטבילה אי לא אבל לענין שבת לא פליגי ומשני אם נשתהה בים הגדול בשבת כדי להתרפאות אסור ואם לא נשתהה מותר ואקשינן במאי אוקימתא להא ברייתא דקתני רוחצין בים הגדול בדלא אישתהי אימא סיפא ולא במי משרה [ואין] לא אישתהי אפי' במי משרה נמי שרי. דתניא רוחצין במי טבריא ובמי משרה וימא של סדום ואע"פ שיש לו חטטין בראשו בד"א בשלא נשתהה (אסור) אבל נשתהה אסור ופרקי' כי אמרי שהיה במי משרה אבל בים הגדול יפים ורעים אמרינן. הא דתניא רוחצין בים הגדול במים יפין שבו דלא מסו. הא דתניא אבל לא בים הגדול ברעים שבו דמסו. מי דקלים. המעין היוצא במערבא מבין אותן ג' שתילים ובירושלמי שונין מי דקרין שדוקרין את המרה. אבוב רועה פי' בלשון ישמעאל אנבוב אל רעאי או עצאה אל רעאי:

ליקוטי רש"י

לירוקה. ירקון, חולי ששמו גלניצ"ה [ברכות כה.]. חולי שפניו מוריקות [יומא פד.]. אזוב. מין ירק שיש לו גבעולין [שמות יב, כב]. שלשה קלחין. שרשין. ובהן שלשה גבעולין. גבעול לכל קלח גבעול הוא קנה האמצעי שהזרע בראשו כקנבוס ופשתן [סוכה יג.]. אמגוזא. אגוז [גיטין סט.]. רוביא. תלתן פינגר"י מין קטנית הוא ולמתק הקדירה בא [יבמות פא.]. תחלי. שחלים שקורין כרישי"ן [ב"מ קז.]. אפשיחא דדקלא. דפשח דיקלא כמו ויפשחני (איכה ג) נוטל מן הענפים ויש שמפשחין אותו לאורך הדקל לפי שענפיו מרובים ואין מניחין אותו ליגדל ומהניא ליה הפשיחה כזימור בכרם [רשב"ם ב"ב נג.]. דפשח דיקלא. שומר הדקל מן הענפים שבו [מו"ק י:]. תרגום ויספק ופשח ובגמ' שלנו יש (כילה לג:) הוה מפשח ויהיב לן אלומא כלומר ביקע [ש"א טו, לג]. גילויא. מים שנשארו מגולין בלילה ספק שתה מהן נחש ספק לא שתה [חולין ט:]. וגלוי סכנת נפשות היא [שם מט:]. אנפקא. זהו רביעית וכן שם הכלי [גיטין סט:]. זיבורא. צרעה [ע"ז יב:]. כשותא. הומלון וגדל מתוך ההיזמי מריח הקרקע שההיזמי יונק ממנו [לעיל קז:]. גדל בהיזמי ואין לו שורש בקרקע אלא מהיזמי לנמה [עירובין כח:]. הימלון שגדל על הסנה [לקמן קלט.]. הומלון שמטילין לתוך השכר [ב"מ מב:].

מסורת הש"ס

א) [במשנה שבמשניות אי' איזוב יון], ב) ברכות לח. יומא מט., ג) סוכה יג. פרה פי"א מ"ט, ד) [פי' הערוך אחד ממ' ברביעית].

הגהות הב"ח

(א) רש"י ד"ה אידמי וכו' כמו ומחמם ומת:

רב נסים גאון

אמר בהן הכתוב מים חיים נאמר בזב (ויקרא טו) ורחץ בשרו במים חיים וזה מיוחד בזב בלבד ולא בזבה כמו שיש בתוספתא (זבים פרק ג) חומר בזב מה שאין בזבה שהזב טעון ביאת מים חיים וזבה אינה טעונה ביאת מים חיים והמצורע נאמר בו (ויקרא יד) ושחט את הצפור האחת אל כלי חרש על מים חיים ונאמר בפירוש דבר זה מים חיים ולא מים מלוחין ולא מים פושרין ולא מים מכזבין ולא מים מנטפין וזה מיוחד בהזאתו של מצורע בלבד אבל טבילתו אין צריך מים חיים ובזה נאמר (שם) ורחץ במים אפי' במי מקוה ולא דין הוא ומה אם הזב שאינו טעון הזיית מים חיים טעון ביאת מים חיים מצורע שהוא טעון הזיית מים חיים אינו דין שיטעון ביאת מים חיים תלמוד לומר ורחץ במים ואפי' במי מקוה וקידוש מי חטאת נאמר בו (במדבר יט) ולקחו לטמא ונאמר בו ונתן עליו מים חיים אל כלי ונאמר בפירושו במי מעין הכתוב מדבר ובפסחים בגמ' דכל שעה (דף לד) נאמר ונתן עליו מים חיים אל כלי שתהא חיותן בכלי מדקאמר ונתן אלמא תלושין נינהו ומדקאמר מים חיים אלמא מחוברים נינהו אלא מעלה ובמס' סוטה בפרק היה מביא את מנחתה (דף טז) אמרו ונתן עליו אלמא אפר ברישא וכתיב מים חיים אל כלי כיצד רצה זה נותן רצה זה נותן ורבנן [אל] כלי דוקא עליו לערבן ואימא עליו דוקא כלי שתהא חיותן בכלי וכו' ובמשנת מקואות בפרק א' שנינו למעלה מהן מים חיים (שהן טעונין טבילה) [שבהן טבילה לזבים] והזיה למצורעין וכשרין לקדש מהן מי חטאת: לקוקני הם תולעים נקראים בלשון ישמעאל חב אל קרע ותמצא בפ' אלו טריפות (חולין ד' סז): והלכתא

The Gemara cites a different definition of the *eizov* mentioned in the Torah:

עוּלָּא אָמַר – But Ulla says: מְרָוָה חִיוָּרָא – It is white sage.

A related incident:

עוּלָּא אִיקְלַע לְבֵי רַב שְׁמוּאֵל בַּר יְהוּדָה – Ulla visited the house of Rav Shmuel bar Yehudah. אַיְיתוּ לְקַמֵּיהּ מְרָוָא חִיוָּרָא – They brought some **white sage before him. אָמַר – He said: הַיְינוּ אֵזוֹב דִּכְתִיב בְּאוֹרַיְיתָא – "That is the *eizov* mentioned in the Torah!"**

A third definition of the *eizov* mentioned in the Torah:

רַב פַּפִּי אָמַר – Rav Pappi says: שׁוּמְשׁוּק – It is *shumshuk*.[22]

Evidence for Rav Pappa's view is cited:

אָמַר רַב יִרְמְיָה מִדִּיפְתִּי – Rav Yirmiyah from Difti said: כְּוָותֵיהּ דְּרַב פַּפִּי מִסְתַּבְּרָא – It is reasonable to assert that the truth lies **with** the view **of Rav Pappi, דִּתְנַן – for we learned in a Mishnah:**[23] **מִצְוַת אֵזוֹב שְׁלֹשָׁה קְלָחִין – THE MITZVAH OF *EIZOV***[24] requires **THREE STEMS** of the plant[25] **וּבָהֶן שְׁלֹשָׁה גִבְעוֹלִין – ON WHICH THERE ARE THREE CAPSULES.**[26] **וְשׁוּמְשׁוּק הוּא דְּמִשְׁתַּכְּחָא הָכִי – And *shumshuk* is the** only **one** of the aforementioned herbs **that is found like that.**[27]

The Mishnah indicated that *eizovyon* is used as a medicine. The Gemara names the ailment that it heals.

לְמַאי אָכְלֵי לֵיהּ – For what is it eaten? לְקוּקָאֵינֵי – For intestinal worms.

The Gemara elaborates on this remedy:

בְּמַאי אָכְלֵי לֵיהּ – With what is it eaten? בְּשֶׁבַע תַּמְרֵי אוּכָּמָתָא – With seven black dates.

The Gemara reveals the cause of intestinal worms:

מִמַּאי הָוְיָא – From what does it come? מִקִּימְחָא דְּשַׂעֲרֵי[28] **(במנא)** – It comes **from** eating **barley flour דַּחֲלִיף עֲלֵיהּ אַרְבְּעִין יוֹמִין – which is forty days old.**[29]

The Mishnah stated:

אֲבָל אוֹכֵל הוּא אֶת יוֹעֶזֶר – BUT ONE MAY EAT *YO'EZER*.

The Gemara identifies this substance:

מַאי יוֹעֶזֶר – What is *yo'ezer*? פּוּתְנַק – It is pennyroyal.

The Gemara names the ailment that it cures:

לְמַאי אָכְלֵי לָהּ – For what is it eaten? לְאַרְקְתָא – For worms in the liver.[30]

The Gemara elaborates on the remedy:

בְּמַאי אָכְלֵי לָהּ – With what is it eaten? בְּשֶׁבַע תַּמְרֵי חִיוָּרָתָא – With seven white dates.

The Gemara reveals the cause of worms in the liver:

מִמַּאי הָוְיָא – From what does it come? מֵאוּמְצָא וּמַיָּא אַלִּיבָּא רֵיקָנָא – It comes **from** eating **raw meat**[31] **and** drinking **water on an empty stomach, וּמִבִּישְׂרָא שַׁמְנָא אַלִּיבָּא רֵיקָנָא** – **or from** eating **fatty meat on an empty stomach, וּמִבִּישְׂרָא דְתוֹרָא אַלִּיבָּא רֵיקָנָא – or from** eating **the meat of an ox on an empty stomach, מֵאַמְגּוּזָא אַלִּיבָּא רֵיקָנָא – or from** eating **a nut on an empty stomach, וּמִגְּירֵי דְרוּבְיָא אַלִּיבָּא רֵיקָנָא – or from** eating **stems of** the **fenugreek** plant **on an empty stomach, וּמִשְׁתֵּי מַיָּא אַבַּתְרֵיהּ – and** then **drinking water after [any of these foods].**

An alternative remedy for worms in the liver:

וְאִי לֹא – And if not,[32] **לִיבְלַע תַּחְלֵי חִיוָּרְתָא – he should swallow white cress.**

Another remedy for this condition:

וְאִי לֹא – And if not, לֵיתִיב בְּתַעֲנִיתָא – he should fast, וְלַיְתֵי וְלִישְׁדֵי בִּישְׂרָא שַׁמְנָא – and they should bring fatty meat **אַגּוּמְרֵי – and throw** it **on burning coals. וְלִימִיץ גַּרְמָא – Then he should suck a** juicy **piece of the meat**[33] **וְלִגְמַע חַלָּא – and sip vinegar. וְאִיכָּא דְּאָמְרֵי חַלָּא לֹא – However, there are** those **who say** that he should **not** take **vinegar, מִשּׁוּם דְּקָשֵׁי לְכַבְדָּא – because it is harmful to the liver.**

Another remedy:

וְאִי לֹא – And if not, לַיְיתֵי גּוּרְדָא דְאַסִּינְתָא – they should bring the bark of a bush דְּגְרִידָא מֵעִילָּאֵי לְתַתָּאֵי – that had been peeled off downwards. וְלֹא מִתַּתָּאֵי לְעִילָּאֵי – They should **not** use bark that had been peeled off **upwards דִּילְמָא נָפְקָא אַיְידֵי פּוּמֵיהּ – lest [the worms] come out through his mouth.**[34] **וְלִישְׁלְקָהּ בְּשִׁיכְרָא בֵּי שִׁיבָבֵי – [The bark] should be boiled in beer at twilight,**[35] **וְלִמְחָר נִסְכְּרִינוּן לְנִקְבִין דִּידֵיהּ – and the next day we should close his nostrils**[36] **וְלִישְׁתֵּי – and he should drink the potion. וְכִי מִפְּנֵי – And when he relieves himself, מִפְּנֵי אַפְּשִׁיחָה דְדִקְלָא – he should relieve himself onto the stripped part of the tree.**[37]

The Mishnah stated:

וְשׁוֹתִין אַבּוּבְרוֹאֶה – AND ONE MAY DRINK *ABUVROEH*.

This substance is identified:

מַאי אַבּוּבְרוֹאֶה – What is *abuvroeh*? חוּמְטְרַיָא – It is *chumteraya*. מַאי חוּמְטְרַיָא – What is *chumteraya*? חוּטְרָא יְחִידָאָה – It is **the solitary staff.**[38]

The Gemara identifies the disorder that it heals:

לְמַאי עָבְדֵי לָהּ – For what is it used? לְגִילוּיָא – For healing one

NOTES

22. *Aruch HaShalem* identifies this as *marjoram*.

23. *Parah* 11:9.

24. I.e. when the Torah requires *eizov* (see following note).

25. This law is derived from the phrase אֲגֻדַּת אֵזוֹב, *a bunch of eizov* (*Exodus* 12:12), which is stated in connection with the smearing of blood on the doorposts and lintel before the Exodus from Egypt. The word אֲגֻדָּה, *bunch*, is defined as a collection of three (*Succah* 13a). There is a *gezeirah shavah* that links this verse to the verse about sprinkling purification waters to remove corpse *tumah* (*Numbers* 19:18), which teaches that a bunch of three stems is required in the latter context as well (*Tosafos* to *Succah* 13a ד״ה מצוה).

The requirement of three stems applies only in the previous two cases, and not in other situations where *eizov* is prescribed (*Tiferes Yisrael* to *Parah* ibid. in *Boaz* §24).

26. In which the seed is contained (see *Rashi* here and to *Succah* 13a). The Baraisa means that there are three capsules on *each* of the three stems (*Rashi;* cf. *Rashi* to *Succah* ibid.; see *Rashash* here).

27. [I.e. with three capsules on each stem.]

28. The word בְּמָנָא, *in a vessel,* should be deleted (see *Melo HaRo'im*).

29. [Literally: over which forty days have passed.] I.e. forty days have passed since the flour was ground (*Rashi*).

30. I.e. liver fluke. Alternatively: tapeworm (*Biblical and Talmudic Medicine,* p. 187). [However, healthy people also eat it (see note 13).]

31. That was broiled on coals (*Rashi;* see *Rashash*).

32. I.e. if he has no pennyroyal, or if he ate it and it was not effective (*Rashi*).

33. Literally: a bone (see, however, *Menachem Meishiv Nefesh*).

34. [The worms exit in the same direction that the bark was peeled off the bush.]

35. Alternatively: at a house of his neighbors. It should not be boiled in the patient's own house because the odor is harmful to him (*Rashi*).

36. [Literally: his orifices.] This should be done so that he does not smell [the harmful odor]. Alternatively, the Gemara means that we should block his ears and nose so that the force of the potion does not escape from his body (*Rashi*).

37. [I.e. the part of the bush from which the bark had been removed.]

38. This refers to a species of branchless tree (*Rashi*). [The text in the Mishnah reads אַבּוּבְרוֹעֶה, which literally means *shepherd's staff* (see *Ran* on *Rif* folio 40b).]

The Gemara does not specify how this tree was prepared. *Menachem Meishiv Nefesh* suggests that it was soaked in a liquid that the patient would then drink.

עין משפט נר מצוה

לד א ב מיי' פכ"א מהל' שבת הלכה כא סמג לאוין סה טוש"ע א"ח סי' שכח סעיף מד:
לה ג מיי' שם הלכה כב טוש"ע שם סעיף לז:

רבינו חננאל

ושלשתן מותר לרחוץ בהן אע"פ [שהן] חמין. ואין רוחצין בימא של סדום אבל בים הגדול סבר לה ר' יוחנן פלוגתא. ר' מאיר אסר ור' יהודה שרי ואתקיף רב נחמן בר יצחק עליה עד כאן לא פליגי אלא לענין טומאה וטהרה אי עלתה לטבילה אי לא אבל לענין שבת לא פליגי ומשני אם נשתהה בים הגדול בשבת כדי להתרפאות אסור ואם לא נשתהה מותר ואקשינן במאי אוקימתא להא ברייתא דקתני רוחצין בים הגדול בדלא אישתהי אימא סיפא ולא במי משרה [ואי] לא אישתהי אפי' במי משרה נמי שרי. דתניא רוחצין במי טבריא ובמי משרה וימא של סדום ואע"פ שיש לו חטטין בראשו בד"א בשלא נשתהה (אסור) אבל נשתהה אסור ופרקי' כי אמרי שהיה במי משרה אבל בים הגדול יפים ורעים אמרינן. הא דתניא רוחצין בים הגדול במים יפין שבו דלא מסו. הא דתניא אבל לא בים הגדול ברעים שבו דמסו. מי דקלים. המעין היוצא במערבא מבין אותן ג' שתילים ובירושלמי שונין מי דקרין שדוקרין את המרה. אבוב רועה פי' בלשון ישמעאל אנבוב אל רעאי או עצאה אל רעאי:

ליקוטי רש"י

לירוקה. ירקון, חולי ששמו גלניצ"ה [ברכות כה.]. חולי שפניו מוריקות [יומא פד.]. **אזוב.** מין ירק שיש לו גבעולין [שמות יב, כב]. **שלשה קלחין.** שרשין. **ובהן שלשה גבעולין.** גבעול לכל קלח גבעול הוא קנה האמצעי שהזרע בראשו כקנבוס ופשתן [סוכה יג.]. **אמגוזא.** אגוז [גיטין סט.]. **רוביא.** תלתן פניגר"י מין קטנית הוא ולמתק הקדירה בא [יבמות פא.]. **תחלי.** שחלים שקורין כרישי"ן [ב"מ קז.]. **אפשיחא דדקלא.** דפשח דיקלא כמו ויפשחני (איכה ג) נוטל מן הענפים ויש שמפשחין אותו לצורך הדקל לפי שענפיו מרובים ואין מניחין אותו ליגדל ומהניא ליה הפשיחא כזימור בכרם [רשב"ם ב"ב נד.]. דפשח דיקלא. שזומר הדקל מן הענפים שבו [מו"ק י:]. תרגום ויפשח ופשח ובגמ' שלנו יש (בילה לג:) הוה מפשח ויהיב לן אלותא כלומר ביקע [ש"א טו, לג]. **גילויא.** מים שנשארו מגולין בלילה ספק שתה מהן נחש ספק לא שתה [חולין ט:]. וגלוי סכנת נפשות היא [שם מט:]. **אנפקא.** זהו רביעית וכן שם הכלי [גיטין סט:]. **זיבורא.** צירעה [ע"ז יב:]. **כשותא.** הומלון וגדל מתוך ההיזמי מריח הקרקע שההיזמי יונק ממנו [לעיל קז:]. גדל בהיזמי ואין לו שורש בקרקע אלא מהיזמי למת [עירובין כח:]. הימלון שגדל על ההגא [לקמן קלט.]. הומלון שמטילין לתוך השכר [ב"מ מב:].

אימור דפליגי לענין טומאה וטהרה לענין שבת מי שמעת להו אלא אמר רב נחמן בר יצחק לא קשיא הא דאישתהי הא דלא אישתהי במאי אוקימתא לבתרייתא דלא אישתהי אי דלא אישתהי אפילו במי משרה נמי דהתניא רוחצין במי טבריא ובמי משרה ובימה של סדום ואף על פי שיש לו חטטים בראשו במה דברים אמורים שלא נשתהא אבל נשתהא אסור אלא ים הגדול אים הגדול לא קשיא א הא ביפין שבו הא ברעים שבו מי משרה אמי משרה נמי לא קשיא ב הא דאישתהי הא דלא אישתהי: **מתני'** ג אין אוכלין [א] איזביון בשבת לפי שאינו מאכל בריאים אבל אוכל הוא את יועזר ושותה אבוברואה [ב] כל האוכלין אוכל אדם לרפואה וכל המשקין שותה חוץ ממי דקלים וכוס עיקרין מפני שהן לירוקה אבל שותה הוא מי דקלים לצמאו וסך שמן עיקרין שלא לרפואה: **גמ'** אמר רב יוסף אזוב אברתה בר המג איזביון אברתה בר הינג עולא אמר מרוא חוורא עולא איקלע לבי רב שמואל בר יהודה אייתו לקמיה מרוא חוורא אמר היינו אזוב דכתיב באורייתא רב פפי אמר שומשוק א"ר ירמיה מדיפתי כוותיה דרב פפי מסתברא [ג] דתנן מצות אזוב שלשה קלחין ובהן שלשה גבעולין ושומשוק הוא דמשתכחא הכי למאי אכלי ליה לקוקאיני במאי אכלי ליה בשבע תמרי אוכמתא ממאי הויא מקימחא דשערי (במנא) דחליף עליה ארבעין יומין: אבל אוכל הוא את יועזר: מאי יועזר פותנק למאי אכלי לה לארקתא במאי אכלי לה בשבע תמרי חיוורתא ממאי הויא מאומצא ומיא אליבא ריקנא ומבישרא שמנא אליבא ריקנא ומבישרא דתורא אליבא ריקנא מאמגוזא אליבא ריקנא ומגירי דרוביא אליבא ריקנא ומשתי מיא אבתריה ואי לא ליבלע תחלי חיוורתא ואי לא ליתיב בתעניתא וליתי בישרא שמנא ולישדי אגומרי ולימיץ גרמא וליגמע חלא ואיכא דאמרי חלא לא משום דקשי לכבדא ואי לא לייתי גורדא דאסינתא דגרידא מעילאי לתתאי ולא מתתאי לעילאי דילמא נפקא אידדי פומיה ולישלקה בשיכרא בי שיבבי ולמחר נסכרינון לנקבין דידיה ולישתי וכי מפני מפני אפשיחה דדקלא: ושותין אבוברואה: מאי אבוברואה חומטריא מאי חומטריא חוטרא יחידאה למאי עבדי לה לגילויא ואי לא ליתי חמשא כלילי וחמשא כוסתא דשיכרא ונישלוקינהו בהדי הדדי עד דקיימא אאנפקא ונישתי אימיה דרב אחדבוי בר אמי עבדה ליה להוא גברא חד כלילא וחד כוסתא דשיכרא שלקה ואשקיתיה ושגרא תנורא וגרפתיה ואותביה לבינתא בגווה ונפק כהוצא ירקא רב אויא אמר רביעתא דחלבא מעיזא חיורתא רב הונא בר יהודה אמר לייתי אתרוגא חליתא ולחייקיה ולימלייה דובשא ולותבה בי מללי דנורא וליכליה רבי חנינא אמר מי רגלים בני ארבעים יום [ד] ברזינא לזיבורא רביעאה לעקרבא פלגא ריבעא לגילויא ריבעא אפילו לכשפים מעלו אמר רבי יוחנן אניגרון ואבנגר ותיריקה מעלו בין לגילויא בין לכשפים האי מאן דבלע חיויא לוכליה כשותא במילחא ולירהטיה תלתא מילי רב שימי בר אשי חזייה לההוא גברא דבלע חיויא אידמי ליה כפרשא אוכליה כשותא במילחא וארהטיה קמיה תלתא מילי ונפק מיניה גובי גובי איכא דאמרי רב שימי בר אשי בלע חיויא אתא אליהו אידמי ליה כפרשא אוכליה כשותא במילחא וארהטיה קמיה תלתא מילי ונפק מיניה גובי גובי האי מאן דטרקיה חיויא ליתי עוברא דחמרא חיורתא וליקרעיה ולותביה עילויה והני מילי דלא אישתכח טרפה ההוא
בר

רש"י

אימור דפליגי לענין טומאה וטהרה. ומשום קרא: **לענין שבת.** דטעמא משום רפואה הוא מי שמעת להו: **הא דאישתהי.** בגוייהו אסור דמוכחא מלתא דלרפואה קא מכוין: **הא דלא אישתהי.** אלא רחץ ויצא מותר: **בתרייתא.** דקתני רוחצין בדלא אישתהי: **חטטין.** מאלנ"ץ: **שלא נשתהי.** בתוך המים דנראה כמיקר בעלמא: **ביפין.** שכן רוחצין בהן במול לרחיצה שאינה לרפואה: **ברעים.** אין רוחצין דמוכחא מלתא דלרפואה ותרוייהו בדאישתהי: **מי המשרה אמי המשרה לא קשיא.** הך דקתני רוחצין במי המשרה אהנך תרתי דלעיל דקתני אבל לא במי המשרה הא דאישתהי הא דלא אשתהי: **מתני' איזביון.** מפרש בגמרא שאינו מאכל בריאים ומוכחא מלתא דלרפואה אכיל ליה: **אבל אוכל הוא את יועזר.** שהרבה אוכלין אותו כשהן בריאין: **ממי דקלים.** מפרש בגמרא: **וכוס עיקרין.** משקה שכותשין לתוכו עיקרי ירקות ובשמים ובגמרא מפרש ליה: **מפני שהן לירוקה.** לחולי של ירקון ואינו מאכל בריאים: **לצמאו.** אם אינו חולה: **גמ' אמר רב יוסף אזוב.** דאורייתא שהוכשר להזאה הוא שקורין אברתה בר המג: **איזביון.** דמתניתין הוא שקורין אברתה בר הינג ויש מרבותי מפרשים בר המג שגדל במקום גמי בר הינג שגדל בין ההגים רונצ"ן: **עולא אמר.** אזוב דאורייתא הוא מרוא חיורא בלע"ז שלוי"א: **שומשוק.** הוא אזוב דאורייתא: **ג' קלחים.** לאגודה כתיב ואין אגודה פחות מג': **ובהן ג' גבעולין.** בכל קלח ג' גבעולין קנים דקים כעין של קנבוס: **לקוקייני.** תולעים שבבני מעים: **דחליף עליה מ' יומי.** משנטחן: **פותנק.** בלע"ז פולא"ל: **לארקתא.** תולעים שבכבד: **ממאי הוי.** החולי: **מאומצא.** בשר בגחלים: **אליבא ריקנא.** קודם אכילה: **ומגירי דרובייא.** לולבי תילתן כעין לולבי גפנים: **רוביא.** תילתן פינגרי: **ומשתי מיא בתרייהו.** האוכל אחד מאלו קודם אכילה ושותה אחריו מים: **ואי לא.** אי לית ליה פותנק א"נ אכליה ולא איתסי: **תחלי.** שחלי כרישון: **לימוץ גרמא.** יהא מולך אבר יפה מאותו בשר וימץ שמנו בפיו: **גורדא דאסינתא.** קליפה גרודה מן הסנה: **מעילאי לתתאי.** שתהא גרודה מלמעלה למטה: **דלמא נפקא.** התולעים: **אידדי פומיה.** דרך פיו: **בי שבבי.** בין השמשות במשכותא דשמשי. ל"א בי שבבי בבית אחד משכניו שלא יריח הוא הריח שהוא קשה לו: **נסכרינן לנקבים דיליה.** יסתום נחיריו שלא יריח ל"א יסתום נחיריו ונקבי אזניו שלא יצא כח המשקה מגופו: **מפני אפשיחה.** מקום שנפסח הדקל איסברנקי"ר: **חוטרא יחידאה.** עץ הגדל יחידי בלא ענף: **לגילוייא.** מי ששתה מים מגולין: **חמשה כלילי.** וורדין: **כוסאתא דשיכרא.** כוסות: **עד דקיימי אאנפקא.** שיעמדו על מדה מחזקת אנפק והיא רביעית הלוג כדאמרינן בחזקת הבתים (ב"ב נח:): **ושגרא תנורא.** הסיקה תנור: **וגרפתיה.** מגחלים שיצטנן קצת: **ואותבה לבינתא בגויה.** שישב עליה ולא יכוה: **ונפק מיניה.** הקיא הארס שבלע: **הוצא.** עלה של לולב: **אתרוג חליתא.** מתוק: **ולחייקיה.** לגויה יחקוק בתוכו חקק: **וליתבה בי מללי דנורא.** מניחו ע"ג גחלים לוחשות שיתבשל האתרוג בדבש: **בני מ' יום.** שעברו עליהם מ' יום. ל"א של תינוק בן מ' יום: **ברזינא לזיבורא.** כוס קטן מאד ושמו ברזינא מאותן מי רגלים שותין למי שנשכתו צרעה ומתרפא: **רביעתא לעקרב.** רביעית לוג למי שעקצו עקרב: **פלגא ריבעא לגילויא.** חצי לוג: **רבעא.** לוג: **אניגרון ואבנגר ותירייקי.** מים שנשלק בהם בנגרי מין עשב ששמו בנגרי וסתם אניגרון מי שלק תרדין כדאמרינן (ברכות דף לה:) אניגרון מיא דסילקא ותירייקי צרי: **אידמי ליה כפרשא.** תופסו ומייסרו שהפחד והמרוצה והכשות מתישין כחו (א) ומחמם ומת הנחש בתוכו: **גובי.** חתיכות חתיכות יצא הנחש ממנו. גובי טרונצו"ן בלע"ז: **דטרקיה.** נשכו: **עוברא דחמרא חיוורתי.** עובר הנמצא במעי חמורה לבנה: **דלא אשתכח טרפה.** האם:
בר

מסורת הש"ס

א) [במשנה שבמשניות אי' איזוב יון], ב) ברכות לח. יומא מט., ג) סוכה יג. פרה פי"א מ"ט, ד) [פי' הערוך אחד מד' ברביעית].

הגהות הב"ח

(א) רש"י ד"ה אידמי וכו' כחו ומתחמם ומת:

רב נסים גאון

אמר בהן הכתוב מים חיים נאמר בזב (ויקרא טו) ורחץ בשרו במים חיים וזה מיוחד בזב בלבד ולא בזבה כמו שיש בתוספתא (זבים פרק ג) חומר בזב מה שאין בזבה שהזב טעון ביאת מים חיים וזבה אינה טעונה ביאת מים חיים והמצורע נאמר בו (ויקרא יד) ושחט את הצפור האחת אל כלי חרש על מים חיים ונאמר בפירוש דבר זה מים חיים ולא מים מלוחין ולא מים פושרין ולא מים מכזבין ולא מים מנטפין וזה מיוחד בהזאתו של מצורע בלבד אבל טבילתו אין צריך מים חיים ובזה נאמר (שם) ורחץ במים אפי' במי מקוה ולא דין הוא ומה אם הזב שאינו טעון הזיית מים חיים טעון ביאת מים חיים מצורע שהוא טעון הזיית מים חיים אינו דין שיטעון ביאת מים חיים תלמוד לומר ורחץ במים ואפי' במי מקוה וקידוש מי חטאת נאמר בו (במדבר יט) ולקחו לטמא ונאמר בו ונתן עליו מים חיים אל כלי ונאמר בפירושו במי מעין הכתוב מדבר ובפסחים בגמ' דכל שעה (דף לד) נאמר ונתן עליו מים חיים אל כלי שתהא חיותן בכלי מדקאמר ונתן אלמא תלושין נינהו ומדקאמר מים חיים אלמא מחוברים נינהו אלא מעלה ובמס' סוטה בפרק היה מביא את מנחתה (דף טז) אמרו ונתן עליו אלמא אפר ברישא וכתיב מים חיים אל כלי כיצד רצה זה נותן רצה זה נותן ורבנן [אל] כלי דוקא עליו לערבן ואימא עליו דוקא כלי שתהא חיותן בכלי וכו' ובמשנת מקואות בפרק א' שנינו למעלה מהן מים חיים (שהן טעונין טבילה) [שבהן טבילה לזבים] והזיה למצורעין וכשרין לקדש מהן מי חטאת: **לקוקני** הם תולעים נקראים בלשון ישמעאל חב אל קרע ותמצא בפ' אלו טריפות (חולין ד' סז):
והלכתא

who drank **exposed water,** which might have been poisoned by a snake.[39]

An alternative antidote for one who drank such water:

וְאִי לָא – And if not, לַיְתֵי חַמְשָׁא כְּלִילֵי – he should bring five roses, וְחַמְשָׁא כּוּסָתָא דְּשִׁיכְרָא – and five cups of beer. וְנִישְׁלוֹקִינְהוּ בַּהֲדֵי הֲדָדֵי – He should boil them together עַד דְּקָיְימָא אַאַנְפַּקָא וְנִישְׁתֵּי – until there is an *anpak*[40] of the potion, **which he should drink.**

The Gemara reports a successful application of this remedy:

אִימֵּיהּ דְּרַב אַחְדְּבוֹי בַּר אַמֵּי – The mother of Rav Achadvoi bar Ami עָבְדָה לֵיהּ לְהַהוּא גַּבְרָא – prepared for a certain man who had drunk exposed water **וְחַד כּוּסָתָא חַד כְּלִילָא – one rose דְּשִׁיכְרָא – and one cup of beer. שָׁלְקָה וְאַשְׁקִיתֵיהּ – She boiled** them together **and gave him** the potion **to drink. וְשָׂגְרָא תַּנּוּרָא – Then she lit an oven, וּגְרַפְתֵּיהּ – shoveled it out,[41] וְאוֹתְבִיתֵיהּ לְבֵינְתָא בְּגַוֵּויהּ – and put a brick inside it** on which she made him sit.[42] **וּנְפַק כְּהוּצָא יַרְקָא – [The poison] came out** of him in a stream **like the green leaf of a palm branch.[43]**

The Gemara presents other remedies for one who drank uncovered water:

רַב אַוְיָא אָמַר – Rav Avya says: רְבִיעֲתָא דַּחֲלָבָא מֵעִיזָּא חִיוַּרְתָּא – He should drink **a quarter of a *log* of milk from a white goat.**

רַב הוּנָא בַּר יְהוּדָה אָמַר – Rav Huna bar Yehudah says: לַיְיתֵי אֶתְרוֹגָא חֲלִיתָא – They should bring a sweet *esrog,* וּלְחַקְיֵיהּ – carve out a hole in it, וְלִימְלְיֵיהּ דּוּבְשָׁא – fill [the hole] with honey וְלוֹתְבָהּ בֵּי מִילְלֵי דְנוּרָא – and put it among the burning coals of a fire so that the *esrog* is cooked in the honey. **וְלֵיכְלֵיהּ – Then he should eat it.**

רַבִּי חֲנִינָא אָמַר – R' Chanina says: מֵי רַגְלַיִם בְּנֵי אַרְבָּעִים יוֹם – Urine that is forty days old[44] – בַּרְזִינָא לְזִיבּוּרָא – one should drink **a *barzina*[45]** of it **for a wasp** sting, **רְבִיעָאָה לְעַקְרַבָּא – a *reviis*[46] for a scorpion** sting, **פַּלְגָא רִיבְעָא לְגִילוּיָא – half a *log*[47] for uncovered water;[48] רִיבְעָא אֲפִילוּ לִכְשָׁפִים מְעַלֵּי – and a *log*** of such urine **is effective even against witchcraft.**

אָמַר רַבִּי יוֹחָנָן – R' Yochanan said: אֲנִיגְרוֹן – Water in which spinach beets have been boiled, וַאֲבַנְגַּר – water in which *bingari*[49] have been boiled, וְתִירְיַיקָה – and balsam[50] מְעַלּוּ בֵּין לְגִילוּיָא בֵּין לִכְשָׁפִים – are effective against both uncovered water and witchcraft.

Having listed antidotes for drinking snake poison, the Gemara delineates a treatment for one who swallowed a snake:

הַאי מַאן דִּבְלַע חִיוְיָא – One who swallowed a snake לוֹכְלֵיהּ כְּשׁוּתָא בְּמִילְחָא – should be fed hops with salt, וְלִירְהֲטֵיהּ תְּלָתָא מִילֵי – and be made to run three *mils.*

The Gemara relates an incident in which this remedy was effective:

רַב שִׁימִי בַּר אַשִׁי חַזְיֵיהּ לְהַהוּא גַּבְרָא – Rav Shimi bar Ashi saw a certain man דִּבְלַע חִיוְיָא – who had swallowed a snake. אִידְמִי לֵיהּ כְּפָרָשָׁא – [Rav Shimi bar Ashi] appeared to him as a horseman.[51] אוֹכְלֵיהּ כְּשׁוּתָא בְּמִילְחָא – He fed him hops with salt, וְאַרְהֲטֵיהּ קַמֵּיהּ תְּלָתָא מִילֵי – and made him run in front of him for three *mils.* וְנָפַק מִינֵּיהּ גּוּבֵי גּוּבֵי – [The snake] came out of him in pieces.[52]

A different version of this story:

אִיכָּא דְּאָמְרֵי – There are those **who report** that **רַב שִׁימִי בַּר אַשִׁי בָּלַע חִיוְיָא – Rav Shimi bar Ashi swallowed a snake. אָתָא אֵלִיָּהוּ אִידְמִי לֵיהּ כְּפָרָשָׁא – Elijah** the prophet **came and appeared to him as a horseman. אוֹכְלֵיהּ כְּשׁוּתָא בְּמִילְחָא – He made him eat hops with salt, וְאַרְהֲטֵיהּ קַמֵּיהּ תְּלָתָא מִילֵי – and made him run in front of him for three *mils.* וְנָפַק מִינֵּיהּ גּוּבֵי גּוּבֵי – [The snake] came out of him in pieces.**

The Gemara gives a remedy for a snake bite:

הַאי מַאן דְּטַרְקֵיהּ חִיוְיָא – One who was bitten by a snake לַיְתֵי עוּבָּרָא דַּחֲמָרָא חִיוַּרְתָּא – should obtain an embryo of a white donkey, וְלִיקְרְעֵיהּ – and tear it open וְלוֹתְבֵיהּ עִילָּוֵיהּ – and place it on [the bite]. וְהָנֵי מִילֵּי דְּלֹא אִישְׁתַּכַּח טְרֵפָה – However, this remedy **is effective only where [the donkey] was not found to be a *tereifah.*[53]**

The Gemara records a related incident:

הַהוּא – There was this

NOTES

39. There was a serious concern that if water is left uncovered and unguarded, a snake might inject venom into it (see *Shulchan Aruch, Yoreh Deah* ch. 116).

40. A measure of volume equivalent to a quarter (*reviis*) of a *log,* as stated in *Bava Basra* 58b (*Rashi*; cf. *Tosafos* ibid. ד״ה אנבג).

41. She removed the coals from the oven in order to cool it down somewhat (*Rashi*).

42. The brick prevented him from getting burned (*Rashi*).

43. I.e. a long, thin flow of greenish liquid spewed from him.

44. Alternatively: urine of a forty-day-old child (*Rashi;* see *Tosafos* to 90a ד״ה מי רגלים).

45. A very small cup (*Rashi*). 1/32 of a *log* (*Aruch*).

46. Literally: a quarter. I.e. a quarter of a *log.*

47. Literally: half of a quarter. I.e. half of a *log*, which is a quarter of a *kav.*

48. This amount should be taken by one who drank uncovered water, which may have been poisoned by a snake. (This is another one of the antidotes listed by the Gemara for this condition.)

49. A type of herb (*Rashi*).

50. Translation based on *Rashi,* who gives the word צֳרִי (see *Rashi* to *Genesis* 37:25). Alternatively, it is theriaca, i.e. a mixture of several ingredients [including viper's flesh (*Rosh* to *Pesachim* 3:4 in the name of *Rav Hai Gaon*)], which is effective against snakebite and other serious illnesses of this nature (see *Rosh* to *Nedarim* 41b; *Radak* to *Jeremiah* 8:22; *Shir HaShirim Rabbah* 4:15 and *Radal* ad loc.; *Aruch* ע׳ תריק with *Aruch HaShalem*).

51. He disguised himself as a powerful, aggressive figure so that the man would be afraid of him and obey his commands.

52. The fear, the running and the hops weakened him, causing his body temperature to rise. The snake thus died inside him (*Rashi*).

53. A *tereifah* is an animal with any one of a clearly defined set of life-threatening defects (see *Chullin* ch. 3).

דְּטַרְקֵיהּ חִיוְיָא – בַּר קָשָׁא דְּפוּמְבְּדִיתָא – officer[1] of Pumbedisa who was bitten by a snake. הֲוָה תְּלֵיסַר חֲמָרֵי חִיוָּרָתָא בְּפוּמְבְּדִיתָא – There were thirteen[2] white donkeys in Pumbedisa. וְאִישְׁתַּכְּחוּ טְרֵיפָה – קַרְעִינְהוּ לְכוּלְּהוּ – They tore all of them open – but they were found to be *tereifos*. הֲוַאי חֲדָא בְּהַהוּא גִּיסָא דְּפוּמְבְּדִיתָא – There was one other donkey on the other side of Pumbedisa. עַד דְּאָזְלֵי מַיְיתֵי לַהּ – But by the time they went and brought it, אֲכָלָהּ אַרְיֵה – a lion ate it.

This incident was reported to Abaye, who gave the following response:

אָמַר לְהוּ אַבָּיֵי – Abaye said to them: דִּילְמָא חִיוְיָא דְּרַבָּנַן טַרְקֵיהּ – Perhaps a "snake of the Rabbis" bit him, דְּלֵית לֵיהּ אַסוּתָא – for which there is no cure. This is the punishment of one who violates Rabbinic law, דִּכְתִיב – as it is written:[3] "וּפֹרֵץ גָּדֵר יִשְּׁכֶנּוּ נָחָשׁ" – *and he who breaches a fence*[4] *will be bitten by a snake.*[5]

Abaye's explanation is confirmed:

אָמְרוּ לֵיהּ – They said to him: אִין רַבִּי – Yes, my teacher! That is indeed what happened. דְּכִי נָח נַפְשֵׁיהּ דְּרַב – For when Rav[6] died, גְּזַר רַב יִצְחָק בַּר בִּיסְנָא – Rav Yitzchak bar Bisna decreed דְּלֵיכָּא דְּלִימְטְיֵיהּ אָסָא וְגִידְמֵי לְבֵי הִילּוּלָא [בְּטַבְלָא] – that no one should bring myrtle and palm branches to a wedding celebration together with bells.[7] וַאֲזַל אִיהוּ אַמְטֵי אָסָא וְגִידְמֵי לְבֵי הִילּוּלָא בְּטַבְלָא – But [this officer] went and brought myrtle and palm branches to a wedding celebration together with bells. טַרְקֵיהּ חִיוְיָא וּמִית – A snake bit him and he died, as related above.

The Gemara records remedies for other situations involving a snake:

הַאי מַאן דִּכְרַכֵיהּ חִיוְיָא – A person around whom a snake wrapped itself לֵינְחוֹת לְמַיָּא – should go down into water, וְלִסְחוֹף דִּיקוּלָא אַרֵישָׁא – invert a basket over the head of the snake וְלִהַדְּקֵיהּ מִינֵּיהּ – and push it away from him.[8] וְכִי סָלִיק לִישְׁדְּיֵיהּ עִילָּוֵיהּ – When the snake climbs up onto [the basket], לְמַיָּא – he should throw it into the water, וְלִיסְלוֹק וְלֵיתֵי – then ascend from the water and flee.

Another situation involving a snake:

הַאי מַאן דְּמִיקַנֵּי בֵּיהּ חִיוְיָא – A person against whom a snake is enraged,[9] אִי אִיכָּא חַבְרֵיהּ בַּהֲדֵיהּ – if he has a companion with him, לִירְכְּבֵיהּ אַרְבַּע גַּרְמִידֵי – he should ride on [the companion] for a distance of four *amos*.[10] וְאִי לָא – And if not,[11] לִישְׁוַּאר נִגְרָא – he should jump over a ditch of water.[12] וְאִי לָא – And if not, לִיעֲבַר נַהֲרָא – he should cross a river. וּבְלֵילְיָא – At night,[13] לוֹתְבֵיהּ לְפוּרְיָא אַאַרְבָּעָה חָבִיתָא – he should mount his bed on four barrels,[14] וְנִיגְנֵי בֵּי כּוֹכְבֵי – and he should sleep under the stars.[15] וְלַיְיתֵי אַרְבָּעָה שׁוּנָרֵי – Also, he should bring four cats, וְלִיסְרִינְהוּ בְּאַרְבָּעָה כַּרְעֵי דְּפוּרְיֵיהּ – and tie them to the legs of his bed. וְלַיְתֵי שַׁחְפֵי – He should bring twigs[16] וְלִישְׁדֵי הָתָם – and cast them there on the floor around his bed, דְּכִי שָׁמַע קָלֵי – so that when [the cats] hear the sound of the snake, אָכְלֵי לֵיהּ – they will eat it.

A similar situation:

הַאי מַאן דִּרְהִיט אַבַּתְרֵיהּ – A person who is being pursued by a snake לִירְהִיט בֵּי חַלְתָּא – should run in sandy terrain.[17]

The Gemara discusses another dangerous circumstance involving a snake:

הַאי אִיתְּתָא דְּחַזְיָא חִיוְיָא – If a woman was seen by a snake וְלָא יָדְעָה אִי יָהֵיב דַּעְתֵּיהּ עִילָּוָהּ אִי לָא יָהֵיב דַּעְתֵּיהּ עִילָּוָהּ – and does not know whether or not it has set its mind on her,[18] תְּשַׁלַּח מָאנָהּ – she should remove her clothing וְנִשְׁדְּיֵיהּ קַמֵּיהּ – and throw

NOTES

1. An appointee of the king (*Rashi*). He was the custodian (*Rashi* to *Pesachim* 111b ד״ה בר קשא) or the ruler (*Rashbam* to *Bava Basra* 110b ד״ה בר קשא) of the city.

He was a Jew (*Rashi*), as is evident from the Gemara below.

2. This may be an exaggerated figure. The number thirteen is often used in such a sense (see *Rashi* to 119a [צ״ל תליסר] ד״ה תריסר, to *Chullin* 95b [צ״ל תליסר] ד״ה תריסר and *Tosafos* to *Berachos* 20a ד״ה תליסר).

3. *Ecclesiastes* 10:8.

4. I.e. the fence erected by the Rabbis [to protect Biblical law] (see *Rashi* to *Ecclesiastes* ibid.).

5. If one is bitten by a snake in retribution for transgressing a Rabbinic decree, no cure will be effective and he will die. Even if he is cured from one snakebite, he will eventually be killed by another [or by some other means (see *Rashi* to *Ecclesiastes* ibid.)], because he is liable to death [at the hand of God] (*Rashi* to *Avodah Zarah* 27b). Abaye surmised that this officer had violated some Rabbinic law, and that was why no cure was found for his snakebite (*Rashi*).

It is certainly possible for a person to die from snakebite even if he is not guilty of a Rabbinic transgression (a specific case is reported in *Avodah Zarah* ibid.). How, then, did Abaye know that the officer had committed a sin of this nature? The answer is that since his cure was virtually at hand and was lost only through some strange occurrence, this was evidently a special snakebite, from which Heaven would not allow him to recover (*Tosafos*).

Although some Biblical transgressions carry the death penalty and some do not, *all* Rabbinic offenses are punishable by death [at the hand of God] (*Eruvin* 21b and *Rashi* there ד״ה עשה). *Rabbeinu Yonah* offers the following explanation: It is often the case that one who violates Biblical law actually respects it, but was motivated by his physical desires to commit the sin and is subsequently remorseful of it. His act therefore is not a rejection of his obligations but rather a momentary lapse in their observance. However, violations of Rabbinic law tend to derive from a lack of regard for Rabbinic law in general. The sinner disparages the Rabbinic laws for their not having been written in the Torah and maintains that there is no need to observe them. This is a rejection of his obligation as a Jew and is an assault on the integrity of an essential part of the Torah. He is therefore deserving of death (*Shaarei Teshuvah* 3:5,8).

6. *R' Y. Emden (Hagahos)* suggests that the text should read רַבָּה, *Rabbah*.

7. The custom was to bring myrtle and palm branches to enhance the joy of a bride and groom at their wedding. The branches were paraded through the streets to the musical accompaniment of bells and drums. When Rav died, it was deemed appropriate to diminish such expressions of joy for one year. Therefore, the Rabbis decreed that these processions should be held without musical accompaniment (*Rashi;* see *Ben Yehoyada*).

8. He should lower the inverted basket slowly, putting it between the snake and himself, so that the snake will be lured onto the basket. If he would grab the snake with his hand or dislodge it forcefully, it would become angry and bite him (*Rashi*).

9. The snake is angrily pursuing him and following the scent of his footsteps (*Rashi*).

10. To break the track of his footsteps so that the snake will be unable to smell them (*Rashi*).

11. [I.e. if the previous suggestion is impractical or ineffective.]

12. Alternatively: he should take a large step (*Rashash,* based on *Rashbam* to *Pesachim* 113a ד״ה לא תשוור ניגרא).

13. [It seems that the following should be implemented even if he shook the snake off his tracks (temporarily) by using any of the three previous methods.]

14. To prevent the snake from climbing up to him quickly and to prevent it from perceiving his scent (*Rashi*).

15. If he sleeps under a roof, the snake could climb onto the roof and hurl itself upon him (*Rashi*).

16. Or anything else that rustles when something passes over it (*Rashi*).

17. The snake cannot move swiftly there and it will turn back (*Rashi*).

18. I.e. whether its desire has been aroused to cohabit with her (*Rashi;* see *Rashi* to *Genesis* 3:1).

בר קשא דפומבדיתא דטרקיה חיויא הוה א) תליסר חמרי חיורתא בפומבדיתא קרעינהו לכולהו ואישתכחו טריפה הואי חדא בההוא גיסא דפומבדיתא עד דאזלי מייתי לה אכלה אריה אמר להו אביי דילמא ב) חויא דרבנן טרקיה דלית ליה אסותא דכתיב א) ופורץ גדר ישכנו נחש אמרו ליה אין רבי דכי נח נפשיה דרב גזר רב יצחק בר ביסנא דליכא דלימטייה אסא וגידמי לבי הילולא [בטבלא] ואזל איהו אמטי אסא וגידמי לבי הילולא בטבלא טרקיה חיויא ומית האי מאן דכרכיה חיויא לינחות למיא ולישחוף דיקולא ארישא ולהדקיה מיניה וכי סליק עילויה לישדיה למיא וליסלוק וליתי האי מאן דמיקני ביה חיויא אי איכא חבריה בהדיה לירכביה ארבע גרמידי ואי לא ג) לישואר נגרא ואי לא ליעבר נהרא ובליליא לותביה לפוריא אארבעה חביתא וניגני בי כוכבי ולייתי ד' שונרי וליסרינהו בארבעה כרעי דפורייה ולייתי ד) שחפי ולישדי התם דכי שמע קלי אכלי ליה האי מאן דרהיט אבתריה לירהיט בי חלתא האי איתתא דחזיא חויא ולא ידעה אי יהיב דעתיה עילוה אי לא יהיב דעתיה עילוה תשלח מאנה ונשדיה קמיה אי מכרך בהו דעתיה עילוה ואי לא לא יהיב דעתיה עילוה מאי תקנתה תשמש קמיה איכא דאמרי כ"ש דתקיף ליה יצריה אלא תשקול ממזיה ומטופרה ותשדי ביה ותימא ה) דישתנא אנא האי איתתא דעייל בה חיויא ליפסעה ולתבוה אתרתי חביתא ולייתי בישרא שמנה ולישדי אגומרי ולייתי אגנא דתחלי וחמרא ריחתנא ולותבו התם וליטרוקינהו בהדי הדדי ולינקוט צבתא בידה דכי מירח ריחא נפיק ואתי ולישקליה וליקלייה בנורא דאי לא הדר עילוה: כל האוכלין כו': כל האוכלין לאיתויי מאי ו) לאיתויי טחול לשינים וכרשינין לבני מעיים כל המשקין לאיתויי מאי לאיתויי מי צלפין בחומץ א"ל רבינא לרבא מהו לשתות מי רגלים בשבת א"ל תנינא כל המשקין שותה ומי רגלים לא שתו אינשי: חוץ ממי דקלים: תנא חוץ ממי דקרים מאן דתנא מי דקרים שהם דוקרים את המרה ומאן דאמר מי דקלים שיוצאין מן שני דקלי (א) מאי מי דקלים אמר רבה בר ברונא תרתי תלאי איכא במערבא ונפקא עינא דמיא מבינייהו כסא קמא מרפי אידך משלשל ואידך כי היכי דעייל הכי נפיק אמר עולא לדידי שתי שיכרא דבבלאי ומעלי מינייהו והוא דלא רגיל ביה ארבעין יומין רב יוסף אמר זיתום ז) המצרי תילתא שערי ותילתא קורטמי ותילתא מילחא רב פפא אמר תילתא חיטי ותילתא קורטמי ותילתא מילחא (וכמונא) ח) וסימניך סיסאני ושתי להו בין דבחא לעצרתא דקמיט מרפי ליה ודרפי קמיט ליה: וכוס עקרין: מאי כוס עקרין אמר ר' יוחנן לייתי מתקל זוזא קומא אלכסנדריא ומתקל זוזא גביא גילא ומתקל זוזא כורכמא רישקא ולישחקינהו בהדי הדדי לזבה תלתא בחמרא ולא מיעקרא לירקונא תרין בשיכרא ומיעקר לזבה תלתא בחמרא ולא מיעקרא ואי לא לייתי תלתא

קפיזי

רש"י

בר קשא. ממונה למלך וישראל היה: **דילמא חויא דרבנן.** שעבר על נידוי חכמים ונחש הנושכו על כך אין לו רפואה לפיכך לא נמצא לו רפואה: **אין רבי.** אין רבינו כך היה: **דכי נח נפשיה דרב גזר רב יצחק.** שיהיו ממעטים משמחה אותה שנה ולא יהא אדם מביא אסא וגידמי להילולא בטבלא שהיו רגילים להביא הדס וענפי דקלים לשמוח לפני החתן והכלה וכשמביאים אותן לפניהם מקשקשים לפניהם בשוק בבואם בתופים וזוגין טבלא אשקליט"א וגזר שלא יקשקשו לפניהם עוד: **דכרכיה.** נכרך סביבותיו: **ולישחוף דיקולא.** סל: **ארישיה.** דחויא למעלה מראשו: **ולהדקיה מיניה.** יוריד הסל מעט מעט לצד הנחש ויבדיל בו הנחש מגבורו שיעלה על הסל שאם אוחזו בידו או מנתקו בחזקה יכעוס וישכנו: **וכי סליק.** הנחש על הסל ימהר וישליכנו במים ויברח לו: **דמיקני ביה חויא.** כועס ורודף אחריו ומריח ריח פעמיו ורודפו: **לירכביה ארבע גרמידי.** שיפסקו עקבי פעמיו ולא יוכל להריחם: **לישואר נגרא.** מרוץ של מים ידלוג: **ארבע חביתא.** שלא יעלה אליו מהר ולא ירים ריחו: **בי כוכבי.** במקום גלוי שלא יעלה לדרך הגג ויפיל עצמו עליו: **שחפי.** ענפים וקסמים וכל דבר המקשקש זה בזה ומשמיע קול כשיעבור עליהן וירגישו החתולים ויאכלוהו: **בי חלתא.** בין החולות שאין נחש יכול לרוץ שם ויחזור לאחוריו: **אי יהיב דעתיה עלה.** לתאות תשמיש: **תשלח מאנה.** תפשט בגדיה ותשליכם לפניה: **מאי תקנתא.** אי יהיב דעתיה עלה: **תשמש קמיה.** עם בעלה ותתגנה בפניו: **ותשדי ביה.** ותזרק ביה: **דישתנא אנא.** דרך נשים לי ולאסור בעלמא הוא: **דעייל בה חויא.** כשהוא פתח לה נכנס כולו באותו מקום: **ליפסעה.** יפסקו את רגליה זה מזה: **אתרתי חביתי.** מקצתה על זו ומקצתה על זו כדי שיפתח רחמה: **ונישדי אגומרי.** כי היכי דניסליק ריחא: **אגנא תחלי.** סל מלא שחלים: **ריחתנא.** שיש לו ריח טוב: **וליתבו התם.** על גבי קרקע תחת מושבה: **וליטרוקינהו בהדדי.** היין והשחלים כדי שיעלה הריח: **צבתא.** טנליי"ש: **דאי לא.** קלי ליה הדר עילוה: **לאיתויי טחול לשינים.** ואע"פ שקשה לבני מעיים: **כרשינין לבני מעיים.** ואע"פ שקשה לשינים כדאמרינן בברכות (דף מד:) קס"ל כיון שקשים לאדם ואינן אורחיה למיכלינהו אי לאו לרפואה שיש בהם ומוכחא מילתא וניתסר קמ"ל: **צלפים.** פרי של צלף קפריי"ר: **תלאי.** דקלים נטועות מין תמרים שנקרא בלשון ארמי תלא"י: **כסא קמא.** דשתו מהנהו מיא: **מרפי.** זבל שבמעים במקמקא: **אידך.** כוס שני: **משלשל.** מאד: **היכי דעייל.** צלולים: **הכי נפקי.** שמנקין המעיים מן הרעי מראשונים: **והוא דלא רגיל.** למשתי שיכרא כבר עברו מ' יום: **רב יוסף אמר זיתום המצרי.** הוא מי דקרים ועל שם שדוקרים את החולי: **תלתא קורטמי.** כרכום: **סיסני.** כלי שנותנין בו תמרים כדאמרינן בעלמא (ב"מ דף סז:) ואי אגבהינהו בסיסני קננהו וסימניך דלא תחליף שמעתתא שם כלי זה יהא לך סימן שיש בו שני סמכין רב יוסף אמר שערי: **בין דבחא לעצרתא.** בין פסח לעצרת: **דקמיט.** עצור: **קומא אלכסנדריא.** שרף אילנות של אלכסנדריא: **גביא גילא.** אלו"ס בלע"ז: **כורכמא רישקא.** כרכום של גן קרו"ג אוריינטל הגדל בגנים: **לזבה.** הנך תלתא מיני לישקייה בחמרא: **ולא מיעקרא.** אינה נעקרת מלילד לפי שהיין מפיג חוזקן של סמנים ומתרפאה מן החולי: **לירקונא תרי.** מינייהו לישתי בשיכרא וזהו רפואתו: **ומיעקר.** מלהוליד: **לזבה תלתא בחמרא.** הדר נקט ליה משום הנך רפואות דנקט ואזיל: **ואי לא כו'.** כולהו לא מעלי אלא לזבה:

קפיזי

תוספות

חויא דרבנן טרקיה דלית ליה אסותא. וא"ת דגבי בן דמא בן אחותו של ר' ישמעאל בפרק ב' דמס' ע"ז (דף כז:) קאמר שלא עבר על דברי חבירים שנאמר ופורץ גדר ישכנו נחש וא"ת דלא הוה ליה אסותא שהרי מת התם לא היה לו רפואה מזומנת אבל הכא שהרפואה היתה מזומנת ונאבדה ממנו במזל רע קאמר דלית ליה אסותא: **וליתי אגנא דתחלי.** משמע הכא דהנחש אוהב שחלים וכן בשלהי דנדרים (דף נא:) דקאמר ליה נותף לגעל לא תיכול מהני תחלי דטעמינהו חיויא וא"ת יש בהן משום גילוי (ב) ובפרק ב' דמס' ע"ז (ל: ושם) אמר דשחלים אין בהם משום גילוי וי"ל דהתם לא ממש שחלים קאמר אלא בהנך דאמר התם (מס' ע"ז דף סו.) וכן היו עושין בערבי שבתות בצפורי [נותנין חומץ לתוך גריסין] והיו קורין אותו שחלים אי נמי בשלהי נדרים (דף נא:) מיירי דהוה ביה חלא כדמסקינן התם במס' ע"ז (דף ל:) אבל אית בהו חלא מיגרי בהו והכא נמי חמרא מיגרי בהו: **רב** יוסף אמר זיתום המצרי. ר"ת כל הך מילתא מחק מספרו ואומר דל"ג (ג) אלא בריש אלו עוברין (פסחים מב:) ונראה לר"י שמחקה משום דזיתום המצרי מותר לשתות כדתניא בפרק בתרא (דף קמו.) ושוין שבוחשין את השתית ושותין זיתום המצרי ואומר ריב"א דאין צריך למחוק דרב יוסף לא קאי לפרש מי דקרים דמתני' אלא אמילתיה דעולא קאי דאמר שיכרא בבלאי מעלי מינייהו ואומר רב יוסף דזיתום המצרי מעלי מינייהו מיהו משמע כפירוש הקונט' דאמתני' קאי מדלא קאמר בהדיא זיתום המצרי מעלי מינייהו: **סיסאני.** ולא קאמר וסימניך סמך סמך כדאמר בשלהי במה אשה (לעיל סו.) משום דשערי לא כתיב בסמך:

והתניא

מסורת הש"ס

א) [עיין רש"י לקמן קיט. ד"ה תריסר עיליתין], ב) [ע"ז כז:], ג) [בערוך גורס לשוור לשוור], ד) [גירסת הערוך שחפי דקניא פי' קליפות הקנים], ה) [ע"ז יז. כז:], ו) [ברכות דף מד:], ז) [פסחים מב: ע"ש], ח) [שם ע"ש ברש"י]

הגהות הב"ח

(א) גמ' שיוצאין משני דקלים (מאי מי דקלים). תא"מ ונ"ב ס"א ליתו: (ב) תוס' ד"ה וליתי וכו' משום גילוי ואע"פ דבפ"ב דע"ז אמר: (ג) ד"ה רב יוסף וכו' ואומר דל"ג לה אלא בריש:

רב נסים גאון

והלכתא קוקאני אסירי מגמגם כורא ועיילין ליה באוסיא: אניגרון מפרש בברכות פ' כיצד מברכין על הפירות (דף לה) אמר רבא בר שמואל מיא דסילקי: ותימא ליה בפ' אין מעמידין (ד' כד) אמרו אמר רב אשי כמן קרו פרסאי לנדה דסתנא מהכא כי דרך נשים לי: כל האוכלין לאיתויי טחול לשינים וכרשינין לבני מעיים. בפרק כיצד מברכין על הפירות (דף מד) תנו רבנן טחול יפה לשינים וקשה לבני מעים כרשין יפים לבני מעים וקשים לשינים: חוץ ממי דקלים. בגמ':

תורה אור השלם

א) חֹפֵר גּוּמָּץ בּוֹ יִפּוֹל וּפֹרֵץ גָּדֵר יִשְּׁכֶנּוּ נָחָשׁ: [קהלת י, ח]

עין משפט נר מצוה

לו א טוש"ע א"ח סי' שכח סעיף לו:

ליקוטי רש"י

בר קשא. שומר העיר [פסחים קיא:]. שוטר העיר [רשב"ם שם]. מושל העיר [רשב"ם ב"ב קי:]. **תליסר חמרי.** וגוזמא בעלמא הוא וכו' כך פירש רבנו הלוי וכן בכל מקום כגון תליסר גמלי ספיקי טריפתא (חולין נה:) וכן תליסר טבחי דלעיל [לקמן קיט.]. **דילמא חויא דרבנן טרקיה דלית ליה אסותא.** חויא דרבנן לית ליה אסותא כלל. שאם נשכו נחש בשביל שעבר על דברי חכמים לא תעלה לו רפואה וימות שעובר על דברי חכמים חייב מיתה [ע"ז כז:]. **ופורץ גדר.** סייג של חכמים לעבור על דבריהם. **ישכנו נחש.** מיתה בידי שמים ולפי שדבר בלשון פריצת גדר הזכיר בתשלומין לשון נשיכת נחש שהוא דר בחורי נקבי כתלי בתים פרוצים [קהלת י, ח]. **טבלא.** זוג ועינבל [ברכות נז. ועי' מו"ק ט: סוטה מט: וב"ב קמה:]. **גרמידי.** אמות [ע"פ ב"מ סד.]. **לישואר נגרא.** ניגרא אמת המים ורגילין בני אדם לקפוץ מעבר זה לעבר זה לקצר דרכן [רשב"ם פסחים קיג. ע"ש וברש"ש כאן]. **פוריא.** מטה [עירובין קא.]. **בי כוכבי.** תחת הכוכבים בחצר של בית [בדפו"י, שלא בבית] [ע"ז כט.]. **מזיה.** שערה [סנהדרין קי.]. **טופרה.** ציפרנה [ע"פ שם כה.]. **דישתנא אנא.** נוטריקון ד' דרך ש' נשים [ע"ז כד: עיי"ש]. **גומרי.** גחלים [לקמן קלד.]. **צבתא.** צבת טנליי"ש [ב"ק נט:]. **כרשינין.** ביצ"א בלע"ז [לעיל יז:]. **מי צלפין.** צלף. אילן גדול הוא ובעל ענפים הרבה ושלשה מיני אוכל יש בפירותיו אביונות קפריסין ותולבין [לקמן קנ:]. צלף. מין אילן הטוען שלשה מיני פירות אביונות וקפריסין ותולבין וכי איתיה להאי ליתיה להאי כדאמר בריש חזקת הבתים (ב"ב כח:) [לעיל ל:]. **קורטמי.** מוריקא קרו"ג. **וסימניך.** שלא תטעה מאן אמר חיטי ומאן אמר שערי. **סיסאני.** סיסני כלי ששמו כן כדאמרינן (בכתובות) (ב"מ מז:) ואי אגבינהו בסיסני קנה ושם כלי זה יהא סימן לגירסא זו דרב יוסף אמר שערי שני סמכין יחד [ע"ש]. **דקמיט.** עצור מנקביו. **מרפי ליה.** משלשלו. **ודרפי קמיט ליה.** למי שיש לו שילשול מעצרו [פסחים מב:]. **גביא גילא.** בייסא ובלשון צרפת אלום [מנחות מב:]. צריף אלו"ם בלע"ז שצובעין בהן בגדים ומשי ומופרים אותו בקרקע [כתובות עט:]. **כורכמא רישקא.** כרכום של גן שקורין קרוג אודמינל"ט והוא משובח שבכורכמין [ב"מ קז:].

them in front of it. אִי מִכְּרַךְ בְּהוּ – **If it winds itself around [the clothing],** דַּעְתֵּיהּ עִילָּוָהּ – **its mind is** evidently **on her.** וְאִי לֹא – **And if** it does **not** wind itself around the clothing, לֹא יָהִיב דַּעְתֵּיהּ עִילָּוָהּ – **it has not set its mind on her.** מַאי תַּקַּנְתָּהּ – **What is her remedy** in the event that it has set its mind on her? תְּשַׁמֵּשׁ קַמֵּיהּ – **She should cohabit** with her husband **in front of it.**[19] אִיכָּא דְּאָמְרִי – **However, there are those who say** that if she does that, כָּל שֶׁכֵּן דְּתָקִיף לֵיהּ יִצְרֵיהּ – **its desire will be aroused all the more so.** אֶלָּא תִּשְׁקוֹל מִמַּזְיָהּ וּמִטּוּפְרָהּ – **Rather, she should take some of her hair and nails,** וְתִשְׁדֵי בֵּיהּ – **throw** them **at it,** וְתֵימָא – **and say:** דִּישְׁתְּנָא אֲנָא – **"I am menstruous!"**[20]

A related situation:

הַאי אִיתְּתָא דְּעַיֵּיל בָּהּ חִיוְיָא – **A woman who was entered by a snake**[21] לִיפַסְעָהּ – **should part** her legs וְלִתְבוּהּ אַתַּרְתֵּי חָבִיתָא – **and be made to sit on two barrels.**[22] וְלַיְתֵי בִּישְׂרָא שְׁמֵנָה – **One should bring fatty meat** וְלִישְׁדֵי אַגּוּמְרֵי – **and throw** it **on burning coals.**[23] וְלַיְתֵי אַגָּנָא דְּתַחְלֵי – **And he should** also **bring a basket of cress** וְחַמְרָא רֵיחָתָנָא – **and fragrant wine,** וְלוֹתְבוּ הָתָם – **and put** them **there.**[24] וְלִיטְרוּקִינְהוּ בַּהֲדֵי הֲדָדֵי – **One should mix [the wine and cress] together.**[25] וְלִינְקוֹט צְבָתָא בִּידָהּ – **[The woman] should hold** a pair of **tongs in her hand,** דְּכִי מֵירַח רֵיחָא – **so that when [the snake] smells the aroma**[26] נָפִיק וְאָתֵי – and **comes out of her,** וְלִישְׁקְלֵיהּ וְלִיקְלְיֵיהּ בְּנוּרָא – **she will** be able to **seize it and burn it in the fire.** דְּאִי לֹא הָדַר עִילָּוָהּ – **For if** she does **not** do so,[27] **it will return to her.**

The Mishnah stated:

כָּל הָאוֹכָלִין כו׳ – A person may eat ANY FOODS for healing, and he may drink any beverages **etc.**

The Gemara explains what the Mishnah means to include by using the word *any:*

כָּל הָאוֹכְלִין – The term ANY FOODS, לְאֵיתוּיֵי מַאי – **what** does it serve **to include?** לְאֵיתוּיֵי טְחוֹל לְשִׁינַּיִם – It serves **to include** eating **spleen** as a cure **for** one's **teeth,** וְכַרְשִׁינִין לִבְנֵי מֵעַיִים – **and** eating **vetch**[28] as a cure **for** one's **intestines.**[29]

כָּל הַמַּשְׁקִין – **The term** ANY BEVERAGES, לְאֵיתוּיֵי מַאי – **what** does it serve **to include?** לְאֵיתוּיֵי מֵי צְלָפִין בְּחוֹמֶץ – It serves **to include water in which capers have been soaked** taken together **with vinegar.**[30]

The Gemara records an inquiry:

אֲמַר לֵיהּ רָבִינָא לְרָבָא – **Ravina asked Rava:** מַהוּ לִשְׁתּוֹת מֵי רַגְלַיִם בְּשַׁבָּת – **May one drink urine on the Sabbath?**[31] אֲמַר לֵיהּ – **He answered him:** תְּנֵינָא – **We have learned** the answer to this in our Mishnah, which states: כָּל הַמַּשְׁקִין שׁוֹתֶה – ONE MAY DRINK ANY BEVERAGE. וּמֵי רַגְלַיִם לֹא שָׁתוּ אִינָשֵׁי – **Now, people do not drink urine,** and thus it cannot be termed a beverage. Therefore, urine is forbidden.

The Mishnah stated:

חוּץ מִמֵּי דְקָלִים – One may drink any beverages EXCEPT FOR THE WATER OF PALM TREES.

The Gemara cites a Baraisa in which a different text is recorded:

תָּנָא – **The Tanna taught** in a Baraisa: חוּץ מִמֵּי דְקָרִים – EXCEPT FOR THE WATER THAT PIERCES.[32]

The Gemara explains these two expressions:

מַאן דְּתָנָא מֵי דְקָרִים – **The one who states, "the water that pierces,"** שֶׁהֵם דּוֹקְרִים אֶת הַמָּרָה – means **that it pierces** the bile of **the gall bladder.**[33] וּמַאן דְּאָמַר ,,מֵי דְקָלִים" – **And the one who states, "the water of palm trees,"** שֶׁיּוֹצְאִין מִן שְׁנֵי דְקָלֵי – means **that it issues from** between **two palm trees.**

The Gemara elaborates on this last point:

מַאי מֵי דְקָלִים – **What is "the water of palm trees"?** אָמַר רַבָּה בַּר בְּרוּנָא – **Rabbah bar Beruna said:** תַּרְתֵּי תְּלָאֵי אִיכָּא בְּמַעֲרָבָא – **There are two** *telai*[34] **in the West** (i.e. Eretz Yisrael) וְנַפְקָא עֵינָא דְּמַיָּא מִבֵּינַיְיהוּ – **and a spring of water issues from between them.** כָּסָא קַמָּא מַרְפֵּי – **The first cup** that one drinks of this water **loosens** the fecal matter. אִידָךְ מְשַׁלְשֵׁל – **The next [cup] purges** the bowels completely. אִידָךְ כִּי הֵיכִי דְּעָיְילִי הָכִי נָפְקִי – **And the next [cup] comes out** as clear **as when it went in.**[35]

The Gemara mentions a purgative that is even more powerful:

אָמַר עוּלָּא – **Ulla said:** לְדִידִי שָׁתֵי שִׁיכְרָא דְּבַבְלָאֵי – **I have drunk Babylonian beer** וּמְעַלֵּי מִינַּיְיהוּ – **and it is more effective than [the water of palm trees].** וְהוּא דְּלָא רָגִיל בֵּיהּ אַרְבָּעִין יוֹמִין – **But it is effective only where one had not become used to it over the last forty days.**[36]

The Gemara now defines "the water that pierces":[37]

רַב יוֹסֵף אָמַר – **Rav Yosef says:** זִיתוֹם הַמִּצְרִי – It is **Egyptian** ***zisom,***[38] which consists of תִּילְתָּא שַׂעֲרֵי – **a third barley,**

NOTES

19. To make herself repugnant in its sight (*Rashi*).

20. This is merely an incantation (*Rashi*). [The woman is not talking to the snake.]

21. In its desire for her, it had inserted its entire body into her private parts (*Rashi*).

22. Part of her should be on one barrel and part on the other so that [the passage to] her womb will be open (*Rashi*).

23. Thus releasing the meat's aroma (*Rashi*).

24. On the ground under her seat (*Rashi*).

25. So that their aroma will ascend (*Rashi*).

26. Of the cress and wine mixture and of the meat.

27. I.e. burn it.

28. The text of *Rav Nissim Gaon* reads כְּרֵישִׁין, *leeks* (see also *Berachos* 44b).

29. Although spleen is beneficial for the teeth, it is bad for the intestines. Conversely, vetch, which is good for the intestines, is harmful for the teeth. One might have thought that since these foods have adverse side effects, a person would not typically eat them except for their therapeutic benefits. They should consequently be forbidden, since it is apparent that they are being taken for medicinal purposes. The Mishnah teaches, however, that they are permitted (*Rashi*). The reason is that healthy people do eat them occasionally, and hence it is not absolutely clear that one is using them as medicines (see *Meiri;* see, however, *Shulchan Aruch, Orach Chaim* 328:37 and *Mishnah Berurah* ibid. §117).

30. Since healthy people drink such a concoction only occasionally [its primary use perhaps being to relieve toothaches (see Mishnah 111a)], it might be thought to be forbidden. The Mishnah, therefore, adds the statement that *any* beverage may be drunk on the Sabbath.

31. As noted above (109b), urine has certain curative properties (see *Hagahos Yavetz* and *Korban Nesanel* §30).

32. This is Egyptian beer (*zisom*), as the Gemara states below (*Rashi* ד״ה רב יוסף, as explained by *Shabbos Shel Mi;* cf. *Maggid Mishneh* to *Hil. Shabbos* 21:22, who follows a different text of *Rashi;* cf. *Tosafos* ד״ה רב יוסף).

33. An excess of bile can make one's entire body sick (see *Bava Metzia* 107b).

34. A tree of the palm family (*Rashi*).

35. Because the first two cups cleaned out the bowels completely (*Rashi*).

36. I.e. one had not drunk this beer for the preceding forty days (*Chidushei HaRan*).

37. *Rashi;* cf. *Tosafos.*

38. [A type of beer (see *Pesachim* 42a-b for its exact preparation).] It is called "water that pierces" because it "pierces" the sickness (*Rashi;* see note 33).

בר קשא דפומבדיתא דטרקיה חוויא הוה (א) תליסר חמרי חיורתא בפומבדיתא קרעינהו לכולהו ואישתכחו טריפה הואי חדא בההוא גיסא דפומבדיתא עד דאזלי מייתי לה אכלה אריה אמר להו אביי דילמא (ב) חוויא דרבנן טרקיה דלית ליה אסותא דכתיב (א) ופורץ גדר ישכנו נחש אמרו ליה אין רבי דכי נח נפשיה דרב גזר רב יצחק בר ביסנא דליכא דלימטייה אסא וגידמי לבי הילולא [בטבלא] ואזל איהו אמטי אסא וגידמי לבי הילולא בטבלא טרקיה חוויא ומית האי מאן דכרכיה חוויא לינחות למיא ולימחוף דיקולא ארישא ולהדקיה מיניה וכי סליק עילויה לישדיה למיא וליסלוק וליתי האי מאן דמיקני ביה חויא אי איכא חבריה בהדיה לירכביה ארבע גרמידי ואי לא (ג) לישואר נגרא ואי לא ליעבר נהרא ובליליא לותביה לפוריא אארבעה חביתא וניגני בי כוכבי וליתי ד' שונרי וליסרינהו בארבעה כרעי דפורייה וליתי (ד) שחפי ולישדי התם דכי שמע קלי אכלי ליה האי מאן דרהיט אבתריה לירהיט בי חלתא האי איתתא דחזיא חוויא ולא ידעה אי יהיב דעתיה עילוה אי לא יהיב דעתיה עילוה תשלח מאנה ונשדייה קמיה אי מכרך בהו דעתיה עילוה ואי לא לא יהיב דעתיה עילוה מאי תקנתה תשמש קמיה איכא דאמרי כ"ש דתקוף ליה יצריה אלא תשקול ממזיה ומטופרה ותשדי ביה ותימא (ה) דישתנא אנא האי איתתא דעייל בה חוויא ליפסעה ולותבוה אתרתי חביתא וליתי בישרא שמנה ולישדי אגומרי וליתי אגנא דתחלי וחמרא ריחתנא ולותבו התם ולטרוקינהו בהדי הדדי ולינקוט צבתא בידה דכי מירח ריחא נפיק ואתי ולישקליה וליקלייה בנורא דאי לא הדר עילוה: כל האוכלין כו': כל האוכלין לאיתויי מאי (ו) לאיתויי טחול לשינים וכרשינין לבני מעיים כל המשקין לאיתויי מאי לאיתויי מי צלפין בחומץ א"ל רבינא לרבא מהו לשתות מי רגלים בשבת א"ל תנינא כל המשקין שותה ומי רגלים לא שתו אינשי: חוץ ממי דקלים: תנא חוץ ממי דקרים מאן דתנא מי דקרים שהם דוקרים את המרה ומאן דאמר מי דקלים שיוצאין מן שני דקלי (א) מאי מי דקלים אמר רבה בר ברונא תרתי תלאי איכא במערבא ונפקא עינא דמיא מבינייהו כסא קמא מרפי אידך משלשל ואידך כי היכי דעיילי הכי נפקי אמר עולא לדידי שתי שיכרא דבבלאי ומעלי מינייהו והוא דלא רגיל ביה ארבעין יומין רב יוסף אמר זיתום (ז) המצרי תילתא שערי ותילתא קורטמי ותילתא מילחא רב פפא אמר תילתא חיטי ותילתא קורטמי ותילתא מילחא (וכמונא) (ח) וסימניך סיסאני ושתי להו בין דבחא לעצרתא דקמיט מרפי ליה ודרפי קמיט ליה: וכוס עקרין: מאי כוס עקרין אמר ר' יוחנן לייתי מתקל זוזא קומא אלכסנדריא ומתקל זוזא גביא גילא ומתקל זוזא כורכמא רישקא ולישחקינהו בהדי הדדי לזבה תלתא בחמרא ולא מיעקרא לירקונא תרין בשיכרא ומיעקר לזבה תלתא בחמרא ולא מיעקרא ואי לא לייתי תלתא

קפיזי

רש"י

בר קשא. ממונה למלך וישראל היה: דילמא חוויא דרבנן. שעבר על נידוי חכמים ונחש הנושכו על כך אין לו רפואה לפיכך לא נמצא לו רפואה: אין רבי. אין רבינו כך היה: דכי נח נפשיה דרב גזר רב יצחק. שיהיו ממעטים משמחה אותה שנה ולא יהא אדם מביא אסא וגידמי להילולא בטבלא שהיו רגילים להביא הדס וענפי דקלים לשמוח לפני החתן והכלה וכשמביאים אותן לפניהם מקשקשים לפניהם בשוק בבואם בתופים וחוגין טבלא אשקליט"א וגזר שלא יקשקשו לפניהם עוד: דכרכיה. נכרך סביבותיו: ולימחוף דיקולא. סל: ארישיה. דחויא למעלה מראשו: ולהדקיה מיניה. יוריד הסל מעט מעט לצד הנחש ויבדיל בו הנחש מבשרו שיעלה על הסל שאם אוחזו בידו או מנתקו בחזקה יכעוס וישכנו: וכי סליק. הנחש על הסל ימהר וישליכנו במים ויברח לו: דמיקני ביה חוויא. כועס ורודף אחריו ומריח ריח פעמיו ורודפו: לירכביה ארבע גרמידי. שיפסקו עקבי פעמיו ולא יוכל להריחם: לישואר נגרא. חריץ של מים ידלוג: ארבע חביתא. שלא יעלה אליו מהר ולא יריח ריחו: בי כוכבי. במקום גלוי שלא יעלה דרך הגג ויפיל עצמו עליו: שחפי. ענפים וקסמים וכל דבר המקשקש זה בזה ומשמיע קול כשיעבור עליהן וירגישו החתולים ויאכלוהו: בי חלתא. בין החולות שאין נחש יכול לרוץ שם ויחזור לאחוריו: אי יהיב דעתיה עלה. לתאות תשמיש: תשלח מאנה. תפשוט בגדיה ותשליכם לפניה: מאי תקנתא. אי יהיב דעתיה עלה: תשמש קמיה. עם בעלה ותתגנה בפניו: ותשדי ביה. ותזרק ביה: דשתנא אנא. דרך נשים לי ולאש בעלמא הוא: דעייל בה חוויא. כשהוא תאב לה נכנס כולו באותו מקום: ליפסעה. יפסקו את רגליה זה מזה: אתרתי חביתי. מקצתה על זו ומקצתה על זו כדי שיפתח רחמה: ונישדי אגומרי. כי היכי דניסליק ריחא: אגנא תחלי. סל מלא שחליים: ריחתנא. שיש לו ריח טוב: וליתבו התם. על גבי קרקע תחת מושבה: וליטרוקינהו בהדדי. היין והשחליים כדי שיעלה הריח: צבתא. איטנליי"ש: דאי לא. קלי ליה הדר עילוה: לאיתויי טחול לשינים. ואע"פ שקשה לבני מעיים: כרשינין לבני מעיים. ואע"פ שקשה לשינים כדאמרינן בברכות (דף מד:) סד"א כיון שקשים לאדם לאו אורחיה למיכלינהו אי לאו לרפואה שיש בהם ומוכחא מילתא וניתסר קמ"ל: צלפים. פרי של נלף קפריי"ר: תלאי. דקלים נטיעות מין תמרים שנקרא בלשון ארמי תאל"י: כסא קמא. דשתו מהנהו מיא: מרפי. זבל שבמעים במקלת: אידך. כוס שני: משלשל. מאד: היכי דעיילי. צלולים: הכי נפקי. שמנקין המעיים מן הרעי מראשונים: והוא דלא רגיל. למשתי שיכרא כבר עברו מ' יום: רב יוסף אמר זיתום המצרי. הוא מי דקרים ועל שם שדוקרים את החולי: תלתא קורטמי. כרכום: סיסני. כלי שנותנין בו תמרים כדאמרינן בעלמא (ב"מ דף סז:) ואי אגבהינהו בסיסני קננהו וסימניך דלא תחליף שמעתא שם כלי זה יהא לך סימן שיש בו שני סמכין רב יוסף אמר שערי: בין דבחא לעצרתא. בין פסח לעצרת: דקמיט. עצור: קומא אלכסנדריא. שרף אילנות של אלכסנדריא: גביא גילא. אלו"ם בלע"ז: כורכמא רישקא. כרכום של גן קרו"ג אורייטל הגדל בגנים: לזבה. הנך תלתא מיני לישקייה בחמרא: ולא מיעקרא. אינה נעקרת מלילד לפי שהיין מפיג חוזקן של סמנים ומתרפאה מן החולי: לירקונא תרי. מינייהו לישתי בשיכרא וזהו רפואתו: ומיעקר. מלהוליד: לזבה תלתא בחמרא. הדר נקט ליה משום הנך רפואות דנקט ואזיל: ואי לא כו'. כולהו לא מעלי אלא לזבה:

קפיזי

תוספות

חוויא דרבנן טרקיה דלית ליה אסותא. אע"ג דגבי בן דמא בן אחותו של ר' ישמעאל בפרק ב' דמס' ע"ז (דף כז:) קאמר שלא עבר על דברי חבירים שנאמר ופורץ גדר ישכנו נחש אע"ג דלא הוה ליה אסותא שהרי מת התם לא היה לו רפואה מזומנת אבל הכא שהרפואה היתה מזומנת ונאבדה ממנו במזל רע קאמר דלית ליה אסותא: וליתי אגנא דתחלי. משמע הכא דהנחש אוהב שחליים וכן בשלהי דנדרים (דף נא:) דקאמר ליה נואף לבעל לא תיכול מהני תחלי דטעמינהו חיויא וא"כ יש בהן משום גילוי (ב) ובפרק ב' דמס' ע"ז (ל: ושם) אמר דשחליים אין בהם משום גילוי וי"ל דהתם לא ממש שחליים קאמר אלא בהנך דאמר התם (מס' ע"ז דף סו.) וכן היו עושין בערבי שבתות בצפורי [נותנין חומץ לתוך גריסין] והיו קורין אותו שחליים אי נמי בשלהי נדרים (דף נא:) מיירי דהוה ביה חלא כדמסקינן התם במס' ע"ז (דף ל:) אבל אית בהו חלא מיגרי בהו והכא נמי חמרא מיגרי בהו: רב יוסף אמר זיתום המצרי. ר"ת כל הך מילתא מחק מספרו ואומר דל"ג (ג) אלא בריש אלו עוברין (פסחים מב:) ונראה לר"י שמחקה משום דזיתום המצרי מותר לשתות כדתניא בפרק בתרא (דף קמו.) ושוין שבוחשין את השתית ושותין זיתום המצרי ואומר ריב"א דאין צריך למחוק דרב יוסף לא קאי לפרש מי דקרים דמתני' אלא אמילתיה דעולא קאי דאמר שיכרא בבלאי מעלי מינייהו ואומר רב יוסף דזיתום המצרי מעלי מינייהו מיהו משמע כפירוש הקונט' דאמתני' קאי מדלא קאמר בהדיא זיתום המצרי מעלי מינייהו: סיסאני. ולא קאמר וסימניך סמך סמך כדאמר בשילהי במה אשה (לעיל סו.) משום דשערי לא כתיב בסמך:

והתניא

מסורת הש"ס

א) [עיין רש"י לקמן קיט. ד"ה תריסר עיליתין], ב) [ע"ז כז:], ג) [בערך שור גי' הערוך לשוור], ד) [גירסת הערוך שחפי דקניא פי' קליפות הקנים], ה) [ע"ז יח. כד:], ו) [ברכות דף מד:], ז) [פסחים מב: ע"ש], ח) [שם ע"ש ברש"י].

הגהות הב"ח

(א) גמ' שיוצאין משני דקלים (מאי מי דקלים), תא"מ ונ"ב ס"א ליתא: (ב) תוס' ד"ה וליתי וכו' משום גילוי ואע"ג דבפ"ב דע"ז אמר: (ג) ד"ה רב יוסף וכו' ואומר דל"ג לה אלא בריש:

רב נסים גאון

והלכתא קוקאני אסירי מנמנם כורא ועיילין ליה באוסיא: אניגרון מפרש בברכות פ' כיצד מברכין על הפירות (דף לה) אמר רבא בר שמואל מיא דסילקי: ותימא ליה בפ' אין מעמידין (ד' כד) אמרו אמר רב אשי כמן קרו פרסאי לנדה דשתנא מהכא כי דרך נשים לי: כל האוכלין לאיתויי טחול לשינים וכרשינן לבני מעיים. בפרק כיצד מברכין על הפירות (דף מד) תנו רבנן טחול יפה לשינים וקשה לבני מעים כרשינן יפים לבני מעים וקשים לשינים: חוץ ממי דקלים. בגמ'

תורה אור השלם

א) חֹפֵר גּוּמָּץ בּוֹ יִפּוֹל וּפֹרֵץ גָּדֵר יִשְּׁכֶנּוּ נָחָשׁ: [קהלת י, ח]

עין משפט נר מצוה

לו א טוש"ע א"ח סי' שכח סעיף לו:

ליקוטי רש"י

בר קשא. שומר העיר [פסחים קיא:]. שוטר העיר [רשב"ם שם]. מושל העיר [רשב"ם ב"ב קי:]. תליסר חמרי. וגוזמא בעלמא הוא וכו' כך פירש רבנו הלוי וכן בכל מקום כגון תליסר גמלי ספיקי טריפתא (חולין לה:) וכן תליסר עבמי דלעיל [לקמן קיט.]. דילמא חוויא דרבנן טרקיה דלית ליה אסותא. חויא דרבנן לית ליה אסותא כלל. שאם נשכו נחש בשביל שעבר על דברי חכמים לא תעלה לו רפואה וימות שעובר על דברי חכמים חייב מיתה [ע"ז כז:]. ופורץ גדר. סייג של חכמים לעבור על דבריהם. ישכנו נחש. מיתה בידי שמים ולפי שדבר בלשון פריצת גדר הזכיר בתשלומין לשון נשיכת נחש שהוא דר בחורי נקבי כתלי בתים פרוצים [קהלת י, ח]. טבלא. זוג וענבל [ברכות נז. ועי' מו"ק ט: סוטה מט: וב"ב קמה:]. גרמידי. אמות [ע"פ ב"מ סד:]. לישואר נגרא. ניגרא אמת המים ורגילין בני אדם לקפוץ מעבר זה לעבר זה לקצר דרכן [רשב"ם פסחים קיג. ע"ש וברש"ש כאן]. פוריא. מטה [עירובין קא.]. בי כוכבי. תחת הכוכבים בחצר של בית [בדפו"י, שלא בבית] [ע"ז כט.]. מזיה. שערה [סנהדרין קי.]. טופרה. ציפרנה [ע"פ שם כה.]. דישתנא אנא. נוטריקון ד' דרך ש' נשים [ע"ז כד: עיי"ש]. גומרי. גחלים [לקמן קלד.]. צבתא. צבת טנליי"ש [ב"ק נט:]. כרשינין. בינ"א בלע"ז [לעיל יז:]. מי צלפין. צלף. אילן גדול הוא ובעל ענפים הרבה ושלשה מיני אוכל יש בפירותיו אביונות וקפריסין ותלולבין [לקמן קנ:]. צלף. מין אילן טוען שלשה מיני פירות אביונות וקפריסין ותלולבין וכי אימיה להאי לימיה להאי כדאמר בריש חזקת הבתים (ב"ב כח.) [לעיל ל:]. קורטמי. מוריקא קרו"ג. וסימניך. שלא תטעה מאן אמר חיטי ומאן אמר שערי. סיסאני. קופה כלי שמתו כן דלאמרינן (בכתובות) (ב"מ סו:) ואי אגביהנו בסיסני קנה ושם כלי זה יהא סימן לגירסא זו דרב יוסף אמר שערי שני סמכין יחד [ע"ש]. דקמיט. עצור מגופיו. מרפי ליה. משלשלו. ודרפי קמיט ליה. למי שיש לו שלשול מעצרו [פסחים מב:]. גביא גילא. ביצא ולשון גרפא אלום [מנחות מב:]. צריך אלו"ם בלע"ז שצובעין בהן בגדים ומשי ומוספים אותו בקרקע [כתובות עט:]. כורכמא רישקא. כרכום של גן שקורין קרוג אורטולנ"ש והוא משובח שבכרכמין [ב"מ קז:].

וְתִילְתָּא קוּרְטְמֵי – **a third saffron** וְתִילְתָּא מִילְחָא – **and a third salt.**

A slightly different version of the ingredients:

רַב פָּפָּא אָמַר – **Rav Pappa says:** תִּילְתָּא חִיטֵי – **A third wheat,** וְתִילְתָּא קוּרְטְמֵי – **a third saffron** וְתִילְתָּא מִילְחָא (וכמונא) – **and a third salt.**

The Gemara gives a mnemonic for the attribution of these two versions:

וְסִימָנֵיךְ סִיסָאנֵי – **And your mnemonic is** ***sisanei.***[39]

The Gemara elaborates on this remedy:

וְשָׁתֵי לְהוּ בֵּין דִּבְחָא לַעֲצַרְתָּא – **One drinks it between Pesach and Shavuos.**[40] דְּקָמִיט מְרַפֵּי לֵיהּ – **When one is bound** (i.e. constipated), **it loosens,** וְדִרְפִי קָמִיט לֵיהּ – **and when one is loose, it binds.**

The Mishnah stated:

וְכוֹס עִקָּרִין – AND A POTION OF STERILITY.

The Gemara describes how this potion is made:

מַאי כּוֹס עִקָּרִין – **What is a "potion of sterility"?** אָמַר רַבִּי יוֹחָנָן – **R' Yochanan said:** לַיְיתֵּי מַתְקַל זוּזָא קוּמָא אֲלֶכְּסַנְדְּרִיָא – **One should bring a** ***zuz*****-weight of Alexandrian gum,**[41] וּמַתְקַל זוּזָא גַּבְיָא גִּילָא – **a** ***zuz*****-weight of alum,** כּוּרְכְּמָא רִישְׁקָא – **and a** ***zuz*****-weight of garden saffron,** וְלִישְׁחֲקִינְהוּ בַּהֲדֵי הֲדָדֵי – **and one should grind them together.**

The Gemara delineates its remedial properties:

לְזָבָה – **For** healing **a** ***zavah,***[42] תְּלָתָא בְּחַמְרָא – the potion should consist of all these **three** ingredients mixed **with wine,** וְלֹא מִיעַקְרָא – **and it will not make** her **sterile.**[43] לְיַרְקוֹנָא – **For** healing **jaundice,** תְּרֵין בְּשִׁיכְרָא – the potion should consist of **two** of these ingredients[44] mixed **with beer** וּמִיעֲקַר – **and it will make** the patient **sterile.**

The Gemara lists several cures for a *zavah,* beginning with the one mentioned above:

לְזָבָה תְּלָתָא בְּחַמְרָא וְלֹא מִיעַקְרָא – **For** healing **a** ***zavah,*** the potion should consist of all **three** ingredients mixed **with wine, and it will not make** her **sterile.**

An alternative remedy:

וְאִי לֹא – **And if not,** לַיְיתֵּי תְּלָתָא – **one should bring three**

NOTES

39. [A vessel used to hold dates (*Rashi*).] Rav Yosef said that the first ingredient is *sa'ari* (barley). The words "Yosef" and "sa'ari" both contain an "s" sound. Thus, the word *sisanei,* which also has two "s" sounds, helps one to remember that Rav Yosef was the one who said *sa'ari* (*Rashi;* see *Tosafos* and *Maharam*).

40. [It is effective only during this period (see Gemara below, 147b).]

41. Sap from the trees of Alexandria (*Rashi*).

42. A woman who has an abnormal flow of blood; see Glossary.

43. Because the wine diminishes the strength of the other ingredients (*Rashi*).

44. *Rashi.* [The Gemara assumedly means *any* two of the three ingredients.]

Alternatively, the Gemara refers to the number of *cups* that one takes of this potion. That is, a *zavah* takes three cups and a person suffering from jaundice takes two cups (see *Rambam, Commentary to the Mishnah,* and *Ran* on *Rif* folio 40b ד״ה תניא).

בר קשא דפומבדיתא דטרקיה חויא הוה [א] תליסר חמרי חיורתא בפומבדיתא קרעינהו לכולהו ואישתכחו טריפה הואי חדא בההוא גיסא דפומבדיתא עד דאזלי מייתי לה אכלה אריה אמר להו אביי דילמא [ב] חויא דרבנן טרקיה דלית ליה אסותא דכתיב [א] ופורץ גדר ישכנו נחש אמרו ליה אין רבי דכי נח נפשיה דרב גזר רב יצחק בר ביסנא דליכא דלימטייה אסא וגידמי לבי הילולא [בטבלא] ואזל איהו אמטי אסא וגידמי לבי הילולא בטבלא טרקיה חויא ומית האי מאן דכרכיה חויא לינחות למיא וליסחוף דיקולא ארישא ולהדקיה מיניה וכי סליק עילויה לישדיה למיא וליסלוק וליתי האי מאן דמיקני ביה חויא אי איכא חבריה בהדיה לירכביה ארבע גרמידי ואי לא [ג] לישואר נגרא ואי לא ליעבר נהרא ובליליא לותביה לפוריא ארבעה חביתא וניגני בי כוכבי וליתי ד' שונרי וליסרינהו בארבעה כרעי דפורייה וליתי [ד] שחפי ולישדי התם דכי שמע קלי אכלי ליה האי מאן דרהיט אבתריה לירהיט בי חלתא האי איתתא דחזיא חויא ולא ידעה אי יהיב דעתיה עילוה אי לא יהיב דעתיה עילוה תשלח מאנה ונשדייה קמיה אי מכרך בהו דעתיה עילוה ואי לא לא יהיב דעתיה עילוה מאי תקנתה תשמש קמיה איכא דאמרי כ"ש דתקיף ליה יצריה אלא תשקול ממזיה ומטופרה ותשדי ביה ותימא [ה] דישתנא אנא האי איתתא דעייל בה חויא ליפסעה ולתבוה אתרתי חביתא וליתי בישרא שמנה ולישדי אגומרי וליתי אגנא דתחלי וחמרא ריחתנא ולותבו התם וליטרוקינהו בהדדי ולינקוט צבתא בידה דכי מירח ריחא נפיק ואתי ולישקליה וליקלייה בנורא דאי לא הדר עילוה: כל האוכלין כו': כל האוכלין לאיתויי מאי [ו] [א] לאיתויי טחול לשינים וכרשינין לבני מעיים כל המשקין לאיתויי מאי לאיתויי מי צלפין בחומץ א"ל רבינא לרבא מהו לשתות מי רגלים בשבת א"ל תנינא כל המשקין שותה ומי רגלים לא שתו אינשי: חוץ ממי דקלים: תנא חוץ ממי דקרים מאן דתנא מי דקרים שהם דוקרים את המרה ומאן דאמר מי דקלים שיוצאין מן שני דקלי (א) מאי מי דקלים אמר רבה בר ברונא תרתי תלאי איכא במערבא ונפקא עינא דמיא מבינייהו כסא קמא מרפי אידך משלשל ואידך כי היכי דעיילי הכי נפקי אמר עולא לדידי שתי שיכרא דבבלאי ומעלי מינייהו והוא דלא רגיל ביה ארבעין יומין רב יוסף אמר זיתום [ז] המצרי תילתא שערי ותילתא קורטמי ותילתא מילחא רב פפא אמר תילתא חיטי ותילתא קורטמי ותילתא מילחא (וכמונא) [ח] וסימניך סיסאני ושתי להו בין דבחא לעצרתא דקמיט מרפי ליה ודרפי קמיט ליה: וכוס עקרין: מאי כוס עקרין אמר ר' יוחנן לייתי מתקל זוזא קומא אלכסנדריא ומתקל זוזא גביא גילא ומתקל זוזא כורכמא רישקא ולישחקינהו בהדי הדדי לזבה תלתא בחמרא ולא מיעקרא לירקונא תרין בשיכרא ומיעקר לזבה תלתא בחמרא ולא מיעקרא ואי לא לייתי תלתא

קפיזי

רש"י

בר קשא. ממונה למלך וישראל היה: דילמא חויא דרבנן. שעבר על נידוי חכמים ונחש הנושכו על כך אין לו רפואה לפיכך לא נמלא לו רפואה: אין רבי. אין רבינו כך היה: דכי נח נפשיה דרב גזר רב יצחק. שיהיו ממעטים משמחה אותה שנה ולא יהא אדם מביא אסא וגידמי להילולא בטבלא שהיו רגילים להביא הדס וענפי דקלים לשמוח לפני החתן והכלה וכשמביאים אותן לפניהם מקשקשים לפניהם בשוק בבואם בתופים חוגין טבלא אשקליט"א וגזר שלא יקשקשו לפניהם עוד: דכרכיה. נכרך סביבותיו: וליסחוף דיקולא. סל: ארישיה. לחויא למעלה מראשו: ולהדקיה מיניה. יוריד הסל מעט מעט אצל הנחש ויבדיל בו הנחש מבשרו שיעלה על הסל שאם אוחזו בידו או מנתקו בחזקה יכעוס וישכנו: וכי סליק. הנחש על הסל ימהר וישליכנו במים ויברח לו: דמיקני ביה חויא. כועס ורודף אחריו ומריח ריח פעמיו ורודפו: לירכביה ארבע גרמידי. שיפסקו עקבי פעמיו ולא יוכל להריחם: לישואר נגרא. חריץ של מים ידלוג: ארבע חביתא. שלא יעלה אליו מהר ולא יריח ריחו: בי כוכבי. במקום גלוי שלא יעלה דרך הגג ויפיל עצמו עליו: שחפי. ענפים וקסמים וכל דבר המקשקש זה בזה ומשמיע קול כשיעבור עליהן וירגישו החתולים ויאכלוהו: בי חלתא. בין החולות שאין נחש יכול לרוץ שם ויחזור לאחוריו: אי יהיב דעתיה עלה. לתאות תשמיש: תשלח מאנה. תפשוט בגדיה ותשליכם לפניה: מאי תקנתא. אי יהיב דעתיה עלה: תשמש קמיה. עם בעלה ותתגנה בפניו: ותשדי ביה. ותזרק ביה: דישתנא אנא. דרך נשים לי ולחש בעלמא הוא: דעייל בה חויא. כשהוא תאב לה נכנס כולו באותו מקום: ליפסעה. יפסקו את רגליה זה מזה: אתרתי חביתי. מקלתה על זו ומקלתה על זו כדי שיפתח רחמה: ונישדי אגומרי. כי היכי דניסליק ריחא: אגנא תחלי. סל מלא שחליים: ריחתנא. שיש לו ריח טוב: ולותבו התם. על גבי קרקע תחת מטבה: וליטרוקינהו בהדדי. היין והשחליים כדי שיעלה הריח: צבתא. איטנליי"ש: דאי לא. קלי ליה הדר עילוה: לאיתויי טחול לשינים. ואע"פ שקשה לבני מעיים: כרשינין לבני מעיים. ואע"פ שקשה לשינים כדאמרינן בברכות (דף מד:) סד"א כיון שקשים לאדם לאו אורחיה למיכלינהו אי לאו לרפואה שיש בהם ומוכחא מילתא וניתסר קמ"ל: צלפים. פרי של אלף קפרי"ר: תלאי. דקלים נטיעות מין תמרים שנקרא בלשון ארמי תאל"י: כסא קמא. דשתו מהנהו מיא: מרפי. זבל שבמעים במקלת: אידך. כוס שני: משלשל. מאד: היכי דעיילי. צלולים: הכי נפקי. שמנקין המעיים מן הרעי מראשונים: והוא דלא רגיל. למשתי שיכרא כבר עברו מ' יום: רב יוסף אמר זיתום המצרי. הוא מי דקרים ועל שם שדוקרים את החולי: תלתא קורטמי. כרכום: סיסני. כלי שנותנין בו תמרים כדאמרינן בעלמא (ב"מ דף סז:) ואי אגבהינהו בסיסני קננהו וסימניך דלא תחליף שמעתתא שם כלי זה יהא לך סימן שיש בו שני סמכין רב יוסף אמר שערי: בין דבחא לעצרתא. בין פסח לעצרת: דקמיט. עצור: קומא אלכסנדריא. שרף אילנות של אלכסנדריא: גביא גילא. אלו"ם בלע"ז: כורכמא רישקא. כרכום של גן קרו"ג אוריינטל הגדל בגנים: לזבה. הנך תלתא מיני לישקייה בחמרא: ולא מיעקרא. אינה נעקרת מלילד לפי שהיין מפיג חוזקן של סמנים ומתרפאה מן החולי: לירקונא תרי. מינייהו לישתי בשיכרא והוו רפואתו: ומיעקר. מלהוליד: לזבה תלתא בחמרא. הדר נקט ליה משום הנך רפואות דנקט ואזיל: ואי לא כו'. כולהו לא מעלי אלא לזבה:

קפיזי

תוספות

חויא דרבנן טרקיה דלית ליה אסותא. אע"ג דגבי בן דמא בן אחותו של ר' ישמעאל בפרק ב' דמס' ע"ז (דף כז:) קאמר שלא עבר על דברי חבירים שנאמר ופורץ גדר ישכנו נחש אע"ג דלא הוה ליה אסותא שהרי מת התם לא היה לו רפואה מזומנת אבל הכא שהרפואה היתה מזומנת ונאבדה ממנו במזל רע קאמר דלית ליה אסותא: וליתי אגנא דתחלי. משמע הכא דהנחש אוהב שחליים וכן בשלהי דנדרים (דף צא:) דקאמר ליה נואף לבעל לא תיכול מהני תחלי דטעמינהו חויא וא"כ יש בהן משום גילוי (ב) ובפרק ב' דמס' ע"ז (ל: ושם) אמר דשחליים אין בהם משום גילוי וי"ל דהתם לא ממש שחליים קאמר אלא בהנך דאמר התם (מס' ע"ז דף לח.) וכן היו עושין בערבי שבתות בצפורי [נותנין חומץ לתוך גריסין] והיו קורין אותו שחליים אי נמי בשילהי נדרים (דף צא:) מיירי דהוה ביה חלא כדמסקינן התם במס' ע"ז (דף ל:) אבל אית בהו חלא מיגרי בהו והכא נמי חמרא מיגרי בהו: רב יוסף אמר זיתום המצרי. ר"ת כל הך מילתא מחק מספרו ואומר דל"ג (ג) אלא בריש אלו עוברין (פסחים מב:) ונראה לר"י שמתקה משום דזיתום המצרי מותר לשתות כדתניא בפרק בתרא (דף קט.) ושותין את השחית ושותין זיתום המצרי ואומר ריב"א דאין צריך למחוק דרב יוסף לא קאי לפרש מי דקרים דמתני' אלא אמילתיה דעולא קאי דקאמר שיכרא דבבלאי מעלי מינייהו ואומר רב יוסף דזיתום המצרי מעלי מינייהו מיהו משמע כפירוש הקונט' דאמתני' קאי מדלא קאמר בהדיא זיתום המצרי מעלי מינייהו: סיסאני. ולא קאמר וסימניך סמך סמך כדאמר בשילהי במה אשה (לעיל סו.) משום דשערי לא כתיב בסמך:

עין משפט נר מצוה

לו א טוש"ע א"ח סי' שכח סעיף לז:

ליקוטי רש"י

בר קשא. שומר העיר [פסחים קיא.]. שוטר העיר [רשב"ם שם]. מושל העיר [רשב"ם ב"ב קכ:]. תליסר חמרי. וגמלא בעלמא הוא וכו' כך פירש רבינו הלוי וכן בכל מקום כגון תליסר גמלי ספיקי טריפתא (חולין נה:) וכן תליסר עבדי לעגל [לקמן קיט.]. דילמא חויא דרבנן טרקיה דלית ליה אסותא. מושל דרבנן לית ליה אסותא כלל. שאם נשכו נחש בשביל שעבר על דברי חכמים לא תעלה לו רפואה וימות ששובר על דברי חכמים חייב מיתה [ע"ז כז:]. ופורץ גדר. סייג של חכמים לעבור על דבריהם. ישכנו נחש. מיתה בידי שמים ולפי שדבר בלשון פריצת גדר הזכיר בתשלומין לשון נשיכת נחש שהוא לד במורי נקבי כותלי בתים [קהלת י, ח]. טבלא. זוג ועינבל [ברכות נז. ועי' מו"ק ט: סוטה מט. וב"ב קמה.]. גרמידי. אמות [ע"ש ב"מ סד.]. לישואר נגרא. ניגרא אמת המים ודילוג בני אדם לקפוץ מעבר לעבר זו לקלר דרכן [רשב"ם פסחים קיג. ע"ש וברש"י כאן]. פוריא. מטה [עירובין קא.]. בי כוכבי. תחת הכוכבים מבחוץ של בית [נדפו'] שלא בבית [ע"ז כט.]. מזיה. שערה [סנהדרין קי.]. טופרה. לפרנה [ע"ש שם כה.]. דישתנא אנא. נוטריקון ד' דרך נשים [ע"ז כד: עיי"ש]. גומרי. גחלים [לקמן קלד.]. צבתא. לבת טנליי"ש [ר"ק נט.]. כרשינין. בינ"א בלע"ז [לעיל יז:]. מי צלפין. צלף. אילן גדול הוא ועגל ענפים הרבה ושלשה מיני אוכל יש בפירותיו לביונות קפריסין ולולבין [לקמן קנו:]. צלף. מין אילן הטוען שלשה מיני פירות לביונות וקפריסין ולולבין [ברכות לו.]. מהו לשתות מי רגלים [לעיל ל:]. קורטמי. מוריקא קרו"ג. וסימניך. שלא תטעה מאן אמר חיטי ומאן אמר שערי. סיסאני. סיסני כלי שסמו כן כדאמרינן (כתובות) (ב"מ סו:) ואי אגבהינהו בסיסני קנה יוסף אמר שערי שני סמכין יחד [ע"ש]. דקמיט. עלור מנקביו. מרפי ליה. משלשלו. ודרפי קמיט ליה. למי שיש לו שלשול מעלרו [פסחים מב.]. גביא גילא. גיילא ולבלוק לרפא אלום [מנחות מב:]. צריך אלו"ם בלע"ז שצובעין בהן בגדים ומשי ומוספים אותו בקרקע [כתובות עט:]. כורכמא רישקא. כרכום של גן שקורין קרוג אורינלי"ט והוא משובח שבכרכומין [ב"מ קז.].

מסורת הש"ס

א) [עיין רש"י לקמן קיט. ד"ה תריסר עגלין], ב) [ע"ז כז:], ג) [כערך שור גי' הערוך לשוור], ד) [גירסת הערוך שחפי דקניא פי' קליפות הקנים], ה) [ע"ז כד:], ו) [ברכות דף מד:], ז) [פסחים מב: ע"ש], ח) [שם ע"ש ברש"י].

הגהות הב"ח

(א) גמ' שיוצאין משני דקלים (אלו מי דקלים). תא"מ ונ"ב ק"א אינו: (ב) תוס' ד"ה וליתי וכו' משום גילוי ואע"ג דבפ"ב דע"ז אמר: (ג) ד"ה רב יוסף וכו' ואומר דל"ג לה אלא בריש:

רב נסים גאון

הלכתא קוקאני אסירי מגמגם כורא ועיילין ליה באוסיא: אניגרון מפרש בברכות פ' כיצד מברכין על הפירות (דף לה:) אמר רבא בר שמואל מיא דסילקי: ותימא ליה דישתנא אנא. במס' ע"ז בפ' אין מעמידין (ד' כד) אמרו אמר רב אשי כמן קרו פרסאי לנדה דשתנא מכאה כי דרך נשים לי: כל האוכלין לאיתויי טחול לשינים וכרשינין לבני מעים. בפרק כיצד מברכין על הפירות (דף מד) תנו רבנן טחול יפה לשינים וקשה לבני מעים כרשין יפים לבני מעים וקשים לשינים: חוץ ממי דקלים. בגמ'

תורה אור השלם

א) חֹפֵר גּוּמָּץ בּוֹ יִפּוֹל וּפֹרֵץ גָּדֵר יִשְּׁכֶנּוּ נָחָשׁ: [קהלת י, ח]

לז א מיי' פט"ו מהלכות איסורי ביאה הל' יא סמג לאוין קכ טוש"ע אה"ע סי' ה סעיף יב:
לח ב מיי' שם הלכה י טוש"ע שם סעי' יא:
לט ג מיי' שם טוש"ע שם סעיף יג בהג"ה:

גמרא

קפיזי שמכי פרסאי ונישלוק בחמרא ונשקייה ונימא לה קום מזוביך ואי לא לותבה אפרשת דרכים ולינקטה כסא דחמרא בידה וליתי איניש מאחורה וליבעתה ולימא לה קום מזוביך ואי לא ליתי בונא דכמונא ובונא דמוריקא ובונא דשבלילתא ונישלוק בחמרא ונשקייה ונימא לה קום מזוביך ואי לא ליתי שיתין שיעי דדנא ולשפיה ולימא לה קום מזוביך ואי לא ליתי א) פשטינא ולישלוק בחמרא ולשפיה ונימא לה קום מזוביך ואי לא ליתי חרנוגא דהיגתא רומיתא וליקלי וליסבה בשחקי דכיתנא בקייטא ובשחקי דעמר גופנא בסיתוא ואי לא ליכרי שבע בירי וליקלי בהו שבישתא ילדה דערלה ולינקטה כסא דחמרא בידה ולוקמה מהא ולותבה אהא ולוקמה מהא ולותבה אהא ואכל חדא וחדא לימא לה קום מזוביך ואי לא לייתי סמידא וליסכה מפלגא לתתאי ולימא לה קום מזוביך ואי לא ליתי ביעתא דנעמיתא וליקלי וליסבה בשחקי דכיתנא בקייטא ובשחקי דעמר גופנא בסיתוא ואי לא ליפתח לה חביתא דחמרא לשמה ואי לא לנקיט שערתא דמשתכחת בכפותא דכודנא חוורא אי נקטה חד יומא פסקה תרי יומי ואי נקטה תרי יומי פסקה תלתא יומי ואי נקטה תלתא יומי פסקה לעולם: לירקונא תרין בשיכרא (א) ומעיקר ואי לא לייתי רישא דשיבוטא דמילחא ולישלוק בשיכרא ולישתי ואי לא לייתי מוניני דקמצי ואי ליכא מוניני דקמצי לייתי מוניני דנקירי ולעייליה לבי בני ולישפיה ואי ליכא בי בני לוקמיה בין תנורא לגודא אמר רבי יוחנן הרוצה שיחממנו יקנחנו בסדינו רב אחא בר יוסף חש ביה עבד ליה רב כהנא ואיתסי ואי לא ליתי תלתא קפיזי תמרי פרסייתא ותלתא קפיזי דקירא דנישתרופי ותלתא קפיזי אהלא תולענא ולישלוקינהו בשיכרא ולישתי ואי לא ליתי עילא בר חמרא וליגלח מציעתא דרישא ולישביק ליה דמא מאפותיה ולותביה ארישיה וליזהר מעיניה דלא ליסמי להו ואי לא ליתי רישא דברחא דמנח בכיבשא ולישלוק בשיכרא ולישתי ואי לא ליתי דבר אחר חוטרנא וליקרעיה ולותביה אליביה ואי לא ליתי כרתי מכבתותא דמישרי ההוא טייעא דחש ביה אמר ליה לגינאי שקול גלימאי והב לי מישרא דכרתי יהיב ליה ואכלה א"ל אושלן גלימיך ואיגני ביה קלי איכרך גנא ביה כד איחמם וקם נפל פורתא מיניה: לירקונא תרין בשיכרא ומיעקר א ומי שרי והתניא ב מניין לסירוס באדם שהוא אסור ת"ל א) ובארצכם לא תעשו בכם לא תעשו דברי ר' חנינא הני מילי היכא דקא מיכוין הכא מעצמו הוא דאמר ר' יוחנן ג הרוצה שיסרס תרנגול יטול כרבלתו ומסתרס מאליו והאמר רב אשי רמות רוחא הוא דנקיטא ליה אלא בסרים והאמר ר' חייא בר אבא אמר ר' יוחנן

הכל

רש"י

קפיזי. כלי מחזיק ג' לוגין: שמכי. בצלים: פרסאי. גדולים הם: קום מזוביך. חדלי מזוביך כמו ויעמוד השמן (מלכים ב ד): וליבעתה. יבעתנה בלי ידיעתה פתאום: בונא. מלא אגרוף: מוריקא. כרכום: שבלילתא. תלתן פנגרי"ג: שיעי דדנא. מגופת חבית: ולשייפיה. לכשישורו במים: פשטינא. עשב שאינו גדל בקומה אלא הולך ופשט על גבי קרקע: חרנוגא. מין עשב הוא שגדל אצל הסיגים: היגתא רומיתא. מין הגא הוא שנקראת רומי"ת: וליסבה בשחקי דכיתנא. יקחו אותו האפר בבלאי בגדי פשתן בקין: דעמר גופנא. קוטו"ן: ליכרי שב בירי. שבעה גומות: שבישתא דערלה. זמורות של כרם ילדה: ולינקטה כסא דחמרא. יאחוז כוס של יין בידה ותשב על הגומא: ולוקמה מהא. מעל גומא זו יושיבוה על זו ועל כל עמידה נימא לה קום מזוביך: קמחא דסמידא. קמח סולת: וליסכה. יסוכו אותה ממנו: דנעמיתא. בת היענה: ליפתח לה חביתא דחמרא לשמה. כלומר יין הרבה תשתה תמיד: שערתא דמשתכח בכפותא דכודנא חיורתי. שעורה הנמצאת בגללי פרדה לבנה: אי נקטא. לה בידה חד יומא פסקה מזובה תרי יומי. אית דגרס נקטה חדא נימא גרעין אחד: לירקונא. דאמרן לעיל קומא וגביא גילא וכורכמא תרי בשיכרא ומיעקר: ואי לא. דלית ליה אי נמי עביד ולא אהני: רישא דשיבוטא. ראש דג ששמו שיבוטא: דמילחא. שהוא מלוח: מוניני דקמצי. ציר חגבים: דנקירי. מין עופות קטנים: ולישייפיה. ישפשפוהו בו: בין תנור לגודא. בין תנור לכותל במקום חם שיזיע ויצא החולי: הרוצה שיחממנו. לזה: יקנחנו בסדינו. יעטפנו בסדינו יפה או בסדין של חולה אחר של חולי זה: עבד ליה רב כהנא. רפואה זו של סדין: קירא דנישתרופי. שעוה הצפה ונוטפת מכוורת שנתמלאה ועודפת: אהלא. אלויין: תולענא. אדום: עילא בר חמרא. עייר בן אתונות: וליגלח. החולה: מציעתא דרישיה. אמצעית ראשו: ולישבוק ליה דמא מאפותיה. יקיז לעייר ממצחו: ולותביה ארישיה. ישפך הדם על התגלחת: ולזדהר מעיניה. שלא יכנס מדם זה בעיניו: רישא דברחא. של איל: דמנח בכבשא. כבוש בחומץ או בציר: דבר אחר חוטרנא. חזיר טלוא (ב) בחברבורות מנומר: מכבתותא דמישרי. מאמצע הערוגה שהם חריפים: אושלן גלימיך. השאילני הטלית: ואיגני בה. ואישן בה קלי. מעט: איכריך גנא. נכרך בה וישן בה: נפל פורתא פורתא. קדחה הטלית מחום שריפת החולי שיצא עם הזיעה ונפלה חתיכות דקות: ומי שרי. לשתות כוס עיקרין: לא תעשו. קרי ביה לא תיעשו: ומסתרס מאליו. ואע"ג דסירוס אסור בידים: והא אמר רב אשי. דההוא לאו סירוס הוא אלא רמות רוחא נקיטא ליה לתרנגול ומשניטל הודו הוא מתאבל ואינו משמש אבל בסירוס אפילו ממילא אסור: אלא בסרים. הך דשרי למישתי כוס של עיקרין במי שהוא סרים כבר עסקינן:

הכל

תוספות

והתניא מניין לסירוס (ג) שהוא אסור. וא"ת אפילו לא לאסור סירוס תיקשי ליה דליתסר משום פריה ורביה וכ"ת משום דהוי מצי לשנויי ביש לו בנים הא משמע בסוף הבא על יבמתו (יבמות דף סה:) גבי דביתהו דר' חייא דלאי הוה מיפקדה אפריה ורביה לא הוה שתיא סמא דעקרתא אע"ג דהוי לה שתי נקבות ושני זכרים משום דבבקר זרע [את] זרעך ולערב אל תנח ידך (קהלת יא) ונראה לר"י דלא שייך סירוס אלא במסקנא דרבי יוחנן בן ברוקא דמחייב בפריה ורביה בעקרה וזקנה ולא מוקי ביש לה בנים ויש לומר דמסירוס ניחא ליה לאפרכן משום דליכא למ"ד בפרק הבא על יבמתו (שם דף סה:) כיון דקיימא פריה ורביה תו לא צריך: תלמוד לומר ובארצכם לא תעשו. תימה מכה קא דריש והא דאמר בחגיגה (דף יד:) ששאלו את בן זומא מהו לסרוס כלבא אמר להו בארצכם לא תעשו כל שבארצכם לא תעשו התם נפקא לן מהך כדמפרש בשאלתות דרב אחאי ד) דהא חובת הגוף הוא מה לי בארץ מה לי בחו"ל אלא הא דבארץ לכל אשר בארץ אתה והכא מכה דריש כדפי' ומה שמפרש בשאלתות ה) דהא דאסר לשתות סמא דעקרתא היינו כרבי יהודה דאמר דבר שאין מתכוין אסור ואע"ג דקי"ל כר"ש דשרי היינו דוקא בשבת משום דבעינן מלאכת מחשבת אבל בכל התורה כולה סבירא לן כרבי יהודה ואין נראה לר"י דבכל התורה כולה קי"ל כר"ש דשרי כדמשמע לעיל בפ' המוציא (פא:) דאמרי' דרבי יוחנן סבר כסתם משנה דנזיר חופף ומפספס וכו' והיינו כרבי שמעון דשרי דבר שאינו מתכוין וכן משמע בפרק כל פסולי המוקדשין (בכורות דף לד.) דשמואל סבר כר"ש בכל התורה כולה דדבר שאין מתכוין שרי גבי המקיז דם בבכור דפסק שמואל התם כר"ש דשרי להקיז ופריך עד השתא לא אשמועינן שמואל דדבר שאין מתכוין מותר דאמר רב חייא בר אשי כו' ואי יש חילוק בין שבת לדעלמא איצטריך התם שפיר לפסוק כר"ש אע"ג דכבר אשמעינן דבשבת הלכה כר"ש והכא אתיא אפילו לר' שמעון דפסיק רישיה הוא דודאי יסתרס בשתיית כוס עיקרין:

להביא

מסורת הש"ס

א) [גיר' הערוך פשישנא פי' עשב שאינו גם אלא רחב], ב) פי' ליר של ארבה ערוך, ג) [שאין בליר שום ארבה כלומר מנקורי' ערוך ערך מנוני], ד) [פרשת אמור סימן קה], ה) [שם].

הגהות הב"ח

(א) גמ' בשיכרא ומיעקר ואי לא: (ב) רש"י ד"ה דבר אחר וכו' טלוא. נ"ב טלוא תרגם אונקלוס רקועתא. וכן הוא בב"ק דף קיז ע"ב: (ג) תוס' ד"ה והתניא מנין לסירוס באדם שהוא אסור:

רב נסים גאון

דבני מערבא (הלכה ג) גרסי ר' בא שאל לרב ירמיה מה ניתני דיקלין או דקרין אמר ליה דקרין שהן דוקרין את המרה אמר ר' יונה לא מסתברא אלא דקלין שהן יוצאין מבין ב' דקלין ובסוף פ' כיצד מברכין על הפירות (שם) נמי גרסי אית תנאי תאנו מי דקלים ואית תנאי תאנו מי דקרים מאן דאמר מי דקרים שהן דוקרין את המרה ומאן דאמר מי דקלים שהן יוצאין מבין שני דקלים:

תורה אור השלם

א) וּמָעוּךְ וְכָתוּת וְנָתוּק וְכָרוּת לֹא תַקְרִיבוּ לַייָ וּבְאַרְצְכֶם לֹא תַעֲשׂוּ: [ויקרא כב, כד]

ליקוטי רש"י

תלתא קפיזי. ע' לוגין דקפיזא הוא קב חסר לוג דהיינו ג' לוגין כדאמר במסכת שבת (קנ.) דתק קפיזא בקבא. ואית דמפרשי קפיזא לוג תלתא קפיזי ג' לוגין [רשב"ם ב"ב צ:]. קפיזא. כלי מחזיק ג' רביעיות [גיטין ע.]. שבישתא. זמורות כדמתרגמינן שריגים שיבשין (בראשית מ) [נזיר לד:]. בשחקי דכיתנא. שהם קרים בקייטא. דעמר גופנא. שהם חמים בסתוא [גיטין סט:]. עמר גופנא. צמר גפן [ע"ז כח:]. אהלא. שורש עשב שמו אהל [לעיל נ:]. אהלא תולענא. אהלות אדום כמין תולעת שני [גיטין שם]. אהל שמכבסין בו כדתנן התם (שבת נ.) הבורית והאהל. תולענא לשון תולעת שני [ע"ז כח:]. כרתי. כרישין [פסחים לט:]. טייעא. סוחר ערבי [ברכות ו:] ישמעאל [לעיל סב.] סוחר ישמעאלים [מו"ק כה:] ערבי [ב"ק נה.]. ובארצכם לא תעשו. לכך נאמר בארצכם לרבות כל אשר בארצכם שאי אפשר לומר לא נצטוו על הסרוס אלא בארץ שהרי סרוס חובת הגוף הוא וכל חובת הגוף נוהגת בין בארץ בין בחוצה לארץ [ויקרא כב, כד ועי' תוס' כאן]. כרבלתו. קירסת"א בלע"ז [סנהדרין קה:]. [מכאן שייך לדף קיא.] הכל מודים. [illegible]

ובארצכם לא תעשו ואם לא אחד וכרת הבילים והניטן תלויין בכיס ובא אחר ונתקן לגמרי חייב גם הוא [מנחות שם]. ומעוך וכתות ונתוק וכרות. בבילים או בגיד. מעוך. בילוי מעוכין ביד. כתות. כתושים הם יותר ממעוך [ויקרא כב, כד]. שכתתו באבנים עד שנימוח [בכורות לט:]. ומעוך. תרגומו ודימריס זהו לשונו בארמית לשון כתישה. וכתות. תרגומו ודירסיס כמו (עמוס ו, יא) הבית הגדול רסיסים בקיעות דקות וכן [שם ט.] קנה המרוסס. נתוק. תלושין ביד עד שנפסקו חוטים שתלויים בהן אבל נתונים הם בתוך הכיס והכיס לא נתלש [ויקרא שם]. ביד לגמרי ועדיין תלויין בכיס נתוק הוי טפי מכרות כדאמרינן במנחות (נו:) להביא נותק אחר כורת שחייב אלמא נתוק הוי טפי מכרות [קידושין כה: וכעי"ז בכורות שם]. וכרות. כרותין בכלי ועודן בכיס [ויקרא שם]. כרותין החוטין שהבילים תלויין בהן בכיסן ומעורים במקצת ואינן נתוקין לגמרי [קידושין שם]. בכיסן ועדיין תלויין בכיס ומעורין קצת דכרות הוי בציר מנתוק כדאמרן בפירקין דלעיל (בכורות לג:) להביא נותק אחר כורת [בכורות שם]. אם על כרות חייב. דכתיב בתריה ובארצכם לא תעשו [שם לג:]. אם על כורת שמעיקן תלויין (ויצא) חייב על נותק לגמרי לא כל שכן [מנחות שם]. על נתוק. שנותקו ומשליכו לא כל שכן [בכורות שם עיי"ש בתוס']. ולר' יוחנן בן ברוקא דאמר. במס' יבמות. על שניהם הוא אומר כו'. דאשה נמי מיפקדה אפריה ורביה [גיטין מג:]. מיובא בפריה ורביה כתיב בנשים [קידושין לה.]. לא יגמע בהן את החומץ. לרפואה דכל רפואה בשבת גזור בה רבנן משום שחיקת סממנין שהיא אב מלאכה טוחן [ביצה יח:]. דכל רפואה אסרו חכמים לעשותה בשבת היכא דליכא סכנה משום שחיקת סממנין במסכת שבת (נג:) [ע"ז כח.]. אבל מטבל הוא. בו מאכלו כדרכו [ביצה שם]. על מכותיהן. בשבת ולא גזור משום שחיקת סממנין. שכן דרכן לסוך. בלא מכה הלכך לאו מוכחא מילתא דלרפואה [לקמן קכח.]. בלא שום מכה הלכך כי איכא נמי לא מוכחא מילתא דלרפואה עביד [דליגזרו] רבנן משום שחיקת סממנין [ב"מ קיג:]. כל ישראל בני מלכים. הלכך לעני נמי חזיא [לעיל סז.]. קיוהא. קיהיון שיניים אגרו"ר בלע"ז [כתובות סא.]. כאן לפני טיבול. קודם אכילה מגמע ובולע דלא מוכחא מלתא דלרפואה דסברי חומץ אהני ליה לאוכל. לאחר אכילה וטבל מאכלו בחומץ דמוכחא מלתא דלאו חומץ בעי למטעם אלא משום רפואה. ונימא מדלפני טיבול שרי וכו'. הרי קודם אכילת שבת היה מותר ובחלי שבת אתה אוסרו ונימא הואיל וקודם אכילה שרי דנראה כחפץ בבליעת חומץ לאחר אכילה נמי שרי שאין חלוק בשיעור של שבת. הדר ביה רבא מהך. דחומץ ושנייה כאביי ואת זו דטבילה דאית ליה הואיל אמר לאחר חזרה. דלמא מהדיא. דטבילה דיום הכפורים הדר ביה ושל חומץ אמר באחרונה. לא סלקא דעתך. למיסר טבילה ביום הכפורים [ביצה יח:].

וְנִישְׁלוֹק קְפִיזֵי שַׁמְכֵּי פַּרְסָאֵי – *kefizei*[1] of Persian onions,[2] בְּחַמְרָא – boil them in wine, וְנַשְׁקְיָיהּ – give [the potion] to [the *zavah*] to drink, וְנֵימָא לָהּ – and say to her: קוּם מִזּוּבֵיךְ – "Stop your flow!"

Another remedy for a *zavah*:

וְאִי לָא – And if not,[3] לוֹתְבָהּ אַפָּרָשַׁת דְּרָכִים – one should sit her at a crossroads, וְלִינְקְטָהּ כָּסָא דְּחַמְרָא בִּידָהּ – and have her hold a cup of wine in her hand. וְלֵיתֵי אִינִישׁ מֵאֲחוֹרָהּ – Then someone should come up from behind her, וְלִיבַעֲתָהּ – and frighten her,[4] וְלֵימָא לָהּ – and say to her: קוּם מִזּוּבֵיךְ – "Stop your flow!"

Another remedy for this ailment:

וְאִי לָא – And if not, לֵיתֵי בּוּנָא דְּכַמּוֹנָא – one should bring a fistful of cumin, וּבוּנָא דְּמוֹרִיקָא – a fistful of saffron וּבוּנָא דְּשַׁבְלִילְתָּא – and a fistful of fenugreek. וְנִישְׁלוֹק בְּחַמְרָא – One should boil them in wine וְנַשְׁקְיָיהּ – and give it to [the *zavah*] to drink. וְנֵימָא לָהּ – Then one should say to her: קוּם מִזּוּבֵיךְ – "Stop your flow!"

Another remedy:

וְאִי לָא – And if not, לֵיתֵי שִׁיתִּין שִׁיעֵי דְּדַנָּא – one should bring sixty clay seals of a barrel, וְלִשְׁפְּיַהּ – and smear them on her,[5] וְלֵימָא לָהּ – and say to her: קוּם מִזּוּבֵיךְ – "Stop your flow!"

Another remedy:

וְאִי לָא – And if not, לֵיתֵי פַּשְׁטִינָא – one should bring *pastina,*[6] וְלִישְׁלוֹק בְּחַמְרָא – boil it in wine, וְלִשְׁפְּיַהּ – smear it on her, וְנֵימָא לָהּ – and say to her: קוּם מִזּוּבֵיךְ – "Stop your flow!"

Another remedy:

וְאִי לָא – And if not, לֵיתֵי חַרְנוּגָא דְּהִיגְתָא רוֹמִיתָא – one should bring *charnuga*[7] of a *romisa* bush,[8] וְלִיקְלֵי – burn it, וְלִיסְבָהּ בְּשַׁחֲקֵי דְּכִיתָּנָא בְּקַיְיטָא – and take [its ashes] in linen rags in the summer, וּבְשַׁחֲקֵי דְּעֲמַר גּוּפְנָא בְּסִיתְוָא – or in cotton rags in the winter.[9]

Another remedy:

וְאִי לָא – And if not, לִיכְרֵי שֶׁבַע בֵּירֵי – one should dig seven holes, וְלִיקְלֵי בְּהוּ שְׁבִישְׁתָּא יַלְדָּה דְּעָרְלָה – and burn a branch of a young *orlah* vine[10] in each one of them. וְלִינְקְטָהּ כָּסָא דְּחַמְרָא בִּידָהּ – Then one should have her hold a cup of wine in her hand, וְלוֹקְמָהּ מֵהָא – stand her up from one hole וְלוֹתְבָהּ אַהָא – and sit her over another; וְלוֹקְמָהּ מֵהָא – then stand her up from that hole וְלוֹתְבָהּ אַהָא – and sit her over another. וְאַכָל חֲדָא וַחֲדָא – And each time she stands up, לֵימָא לָהּ – one should say to her: קוּם מִזּוּבֵיךְ – "Stop your flow!"

Another remedy:

וְאִי לָא – And if not, לֵיתֵי סְמִידָא – one should bring fine flour, וְלִיסְבָהּ מִפַּלְגָא לְתַתַּאי – smear it over the lower half of her body,[11] וְלֵימָא לָהּ – and say to her: קוּם מִזּוּבֵיךְ – "Stop your flow!"

Another remedy:

וְאִי לָא – And if not, לֵיתֵי בֵּיעֲתָא דְּנַעֲמִיתָא – one should bring an ostrich egg, וְלִיקְלֵי – burn it, וְלִיסְבָהּ בְּשַׁחֲקֵי דְּכִיתָּנָא בְּקַיְיטָא – and take [the ashes] in linen rags in the summer וּבְשַׁחֲקֵי דְּעֲמַר גּוּפְנָא בְּסִיתְוָא – or in cotton rags in the winter.[12]

Another remedy:

וְאִי לָא – And if not, לִיפְתַּח לָהּ חָבִיתָא דְּחַמְרָא לִשְׁמָהּ – one should open a barrel of wine for her sake.[13]

Another remedy:

וְאִי לָא – And if not, לִנְקִיט שַׂעֲרְתָּא דְּמִשְׁתַּכְּחַת בִּכְפוּתָא דְּכוּדָנָא חִיוָּרָא – one should take a barley grain that was found in the dung of a white mule. אִי נָקְטָה חַד יוֹמָא – If she holds it[14] for one day[15] פָּסְקָה תְּרֵי יוֹמֵי – [her flow] will stop for two days. וְאִי נָקְטָה תְּרֵי יוֹמֵי – If she holds it for two days, פָּסְקָה תְּלָתָא יוֹמֵי – [the flow] will stop for three days. וְאִי נָקְטָה תְּלָתָא יוֹמֵי – And if she holds it for three days, פָּסְקָה לְעוֹלָם – [the flow] will stop forever.

The Gemara quotes from a statement recorded above:[16]

לְיַרְקוֹנָא תְּרֵין בְּשִׁיכְרָא וּמְעַקַּר – For healing **jaundice,** the potion should comprise **two** of these three ingredients (Alexandrian sap, alum and saffron) mixed **with beer, and it will make** the patient **sterile.**

Another remedy for jaundice:

וְאִי לָא – And if not, לַיְיתֵי רֵישָׁא דְּשִׁיבוּטָא דְּמִילְחָא – one should take the head of a salted *shibuta,*[17] וְלִישְׁלוֹק בְּשִׁיכְרָא – boil it in beer וְלִישְׁתֵּי – and drink the potion.

Another remedy for this ailment:

וְאִי לָא – And if not, לַיְיתֵי מוּנִינֵי דְּקַמְצֵי – one should bring juice of locusts. וְאִי לֵיכָּא מוּנִינֵי דְּקַמְצֵי – If there is no juice of locusts available, לַיְיתֵי מוּנִינֵי דְּנִקִירֵי – one should bring juice of *nekiri.*[18] וְלִיעַיְילֵיהּ לְבֵי בָנֵי – Then one should take [the patient] into a bathhouse, וְלִשְׁפְּיֵיהּ – and smear the juice on him. וְאִי לֵיכָּא בֵּי בָנֵי – If there is no bathhouse available, לוֹקְמֵיהּ בֵּין תַּנּוּרָא לְגוּדָא – one should stand him between an oven and a wall,[19] and smear the juice on him there. אָמַר רַבִּי יוֹחָנָן – R' Yochanan said: הָרוֹצֶה שֶׁיְּחַמְּמֶנּוּ – One who wants to warm [the patient][20] יְקַנְּחֶנּוּ בִּסְדִינוֹ – should wrap him well in his sheet.[21]

The Gemara records a successful implementation of this remedy:

רַב אַחָא בַּר יוֹסֵף חָשׁ בֵּיהּ – Rav Acha bar Yosef suffered from jaundice. עֲבַד לֵיהּ רַב כָּהֲנָא – Rav Kahana performed the above treatment on him,[22] וְאִיתַּסִּי – and he was cured.

Another remedy:

וְאִי לָא – And if not, לֵיתֵי תְּלָתָא קְפִיזֵי תַּמְרֵי פַּרְסָיָיתָא – one

NOTES

1. A vessel that holds three *lugin (Rashi)*.

2. Which are large (*Rashi*).

3. I.e. if the previous treatment was either impractical or ineffective (see *Rashi* below ד״ה ואי לא).

4. By surprising her (*Rashi*).

5. After they have been soaked in water (*Rashi*), and the clay has softened (*Menachem Meishiv Nefesh*).

6. An herb that does not grow upwards, but spreads over the ground (*Rashi, Aruch*).

7. A type of herb that grows near thornbushes (*Rashi*).

8. The name of a thornbush (*Rashi*). [The Gemara thus refers to a *charnuga* plant found in the vicinity of a *romisa* bush.]

9. [It seems that these rags should then be worn by the *zavah.*]

10. [During its first three years, a tree is termed *orlah* (see 108a note 37).]

11. Literally: from half downwards.

12. See note 9.

13. That is to say, she should drink large amounts of wine on a constant basis (*Rashi*).

14. In her hand (*Rashi*).

15. *Rashi* cites an alternative text: חֲדָא נֵימָא, *one grain.*

16. Bottom of 110a.

17. A species of fish (*Rashi*).

18. A type of small bird (*Rashi*).

19. The heat of that place will make him perspire and the disease will leave his body [together with the perspiration] (*Rashi*).

20. [So that he will perspire.]

21. I.e. the patient's sheet. Alternatively: the sheet of someone else also suffering from jaundice (*Rashi*).

22. I.e. he wrapped him in such a sheet (*Rashi*).

לז א מיי' פט"ו מהלכות איסורי ביאה הל' יא סמג לאוין קכ טוש"ע אה"ע סי' ה סעיף יב:
לח ב מיי' שם הלכה י טוש"ע שם סעיף יא:
לט ג מיי' שם טוש"ע שם סעיף יג בהגה"ה:

קפיזי שמכי פרסאי ונישלוק בחמרא ונשקייה ונימא לה קום מזוביך ואי לא לותבה אפרשת דרכים ולינקטה כסא דחמרא בידה וליתי איניש מאחורה וליבעתה ולימא לה קום מזוביך ואי לא ליתי בונא דכמונא ובונא דמוריקא ובונא דשבלילתא ונישלוק בחמרא ונשקייה ונימא לה קום מזוביך ואי לא ליתי שיתין שיעי דדנא ולשפיה ולימא לה קום מזוביך ואי לא ליתי [א] פשטינא ולישלוק בחמרא ולשפיה ונימא לה קום מזוביך ואי לא ליתי חרנוגא דהיגתא רומיתא וליקלי וליסבה בשחקי דכיתנא בקייטא ובשחקי דעמר גופנא בסיתוא ואי לא ליכרי שבע בירי וליקלי בהו שבישתא ילדה דערלה ולינקטה כסא דחמרא בידה ולוקמה מהא ולותבה אהא ולוקמה מהא ולותבה אהא ואכל חדא וחדא לימא לה קום מזוביך ואי לא לייתי סמידא וליסכה מפלגא לתתאי ולימא לה קום מזוביך ואי לא ליתי ביעתא דנעמיתא וליקלי וליסבה בשחקי דכיתנא בקייטא ובשחקי דעמר גופנא בסיתוא ואי לא ליפתח לה חביתא דחמרא לשמה ואי לא לנקיט שערתא דמשתכחת בכפותא דכודנא חיורא אי נקטה חד יומא פסקה תרי יומי ואי נקטה תרי יומי פסקה תלתא יומי ואי נקטה תלתא יומי פסקה לעולם: לירקונא תרין בשיכרא (א) ומעיקר ואי לא לייתי רישא דשיבוטא דמילחא ולישלוק בשיכרא ולישתי ואי לא לייתי [ב] מוניני דקמצי ואי ליכא מוניני דקמצי לייתי [ג] מוניני דנקירי ולעייליה לבי בני ולישפיה ואי ליכא בי בני לוקמיה בין תנורא לגודא אמר רבי יוחנן הרוצה שיחממנו יקנחנו בסדינו רב אחא בר יוסף חש ביה עבד ליה רב כהנא ואיתסי ואי לא ליתי תלתא קפיזי תמרי פרסייתא ותלתא קפיזי דקירא דנישתרופי ותלתא קפיזי אהלא תולענא ולישלוקינהו בשיכרא ולישתי ואי לא ליתי עילא בר חמרא וליגלח מציעתא דרישא ולישבוק ליה דמא מאפותיה ולותביה ארישיה וליזהר מעיניה דלא ליסמי להו ואי לא ליתי רישא דברחא דמנח בכיבשא ולישלוק בשיכרא ולישתי ואי לא ליתי דבר אחר חוטרנא וליקרעיה ולותביה אליביה ואי לא ליתי כרתי מכבתותא דמישרי ההוא טייעא דחש ביה אמר ליה לגינאי שקול גלימאי והב לי מישרא דכרתי יהיב ליה ואכלה א"ל אושלן גלימיך ואיגני ביה קלי איכרך גנא ביה כד איחמם וקם נפל פורתא פורתא מיניה: לירקונא תרין בשיכרא ומעקר [ד] ומי שרי והתניא [ב] מניין לסירוס באדם שהוא אסור ת"ל [א] ובארצכם לא תעשו בכם לא תעשו דברי ר' חנינא הני מילי היכא דקא מיכוין הכא מעצמו הוא דאמר ר' יוחנן [ג] הרוצה שיסרס תרנגול יטול כרבלתו ומסתרס מאליו והאמר רב אשי רמות רוחא הוא דנקיטא ליה אלא בסרים והאמר ר' חייא בר אבא אמר ר' יוחנן

הכל

והתניא מניין לסירוס (ג) שהוא אסור. ולר"ח אפילו לא אסור סירוס תיקשי ליה לייתסר משום פריה ורביה וכו"ע משום דהוי מלי לשנויי ביש לו בנים הא משמע בסוף הבא על יבמתו (יבמות דף סה:) גבי דביתהו דר' חייא דלאו הוא מיפקדה אפריה ורביה לא הוה שתיא סמא דעקרתא אע"ג דהוי לה שני נקבות ושני זכרים משום בבקר זרע [את] זרעך ולערב אל תנח ידך (קהלת יא) ובאשה לא שייך סירוס אוקי במסקנא לרבי יוחנן בן ברוקה דמחייב בפריה ורביה בעקרה זקנה ולא מוקי ביש לה בנים ויש לומר דמסירוס ניחא ליה למפרך משום דאיכא למ"ד בפרק הבא על יבמתו (שם דף סא:) כיון דקיימא פריה ורביה תו לא לריך: **תלמוד** לומר ובארצכם לא תעשו. מכאן קא דריש והא דאמר בחגיגה (דף יד:) ששאלו את בן זומא מהו לסרוסי כלבא אמר להו ובארצכם לא תעשו כל שבארצכם לא תעשו התם נפקא לן מארץ כדמפרש בשאלתות דרב אחאי [ד] דהא חובת הגוף הוא מה לי בארץ מה לי בחו"ל אלא האי בארץ לכל אשר בארץ אתא והכא מכם דריש כדפי' ומה שמפרש בשאלתות [ה] דהא דאסר לשתות סמא דעקרתא היינו כרבי יהודה דאמר דבר שאין מתכוין אסור ואע"ג דקי"ל כר"ש דשרי היינו דוקא בשבת משום דבעינן מלאכת מחשבת אבל בכל התורה כולה סבירא לן כרבי יהודה ואין נראה לר"י דבכל התורה כולה קי"ל כר"ש דשרי כדמשמע לעיל בפ' המוציא (פא:) דאמרי' דרבי יוחנן סבר כסתם משנה דנזיר חופף ומפספס וכו' והיינו כרבי שמעון דשרי דבר שאינו מתכוין וכן משמע בפרק כל פסולי המוקדשין (בכורות דף לד.) דשמואל סבר כר"ש בכל התורה כולה דדבר שאין מתכוין שרי גבי המקיז דם בבכור דפסק שמואל התם כר"ש דשרי להקיז ופריך עד השתא לא אשמועינן שמואל דדבר שאין מתכוין מותר דאמר רב חייא בר אשי כו' ואי יש חילוק בין שבת לשאר התורה איצטריך התם שפיר לפסוק כר"ש אע"ג דכבר אשמועינן דבשבת הלכה כר"ש והכא אתיא אפילו לר' שמעון דפסיק רישיה הוא דודאי יסתרס בשתיית כוס עיקרין להכי

קפיזי. כלי מחזיק ג' לוגין: שמכי. בצלים: פרסאי. גדולים הם: קום מזוביך. חדלי מזוביך כמו ויעמוד השמן (מלכים ב ד): וליבעתה. יבעתנה בלי ידיעתה פתאום: בונא. מלא אגרוף: מוריקא. כרכום: שבלילתא. תלתן פנגרי"ג: שיעי דדנא. מגופת חבית: ולשייפיה. לכשישורו במים: פשטינא. עשב שאינו גדל בקומה אלא הולך ופשט על גבי קרקע: חרנוגא. מין עשב הוא שגדל אצל היגים: היגתא רומיתא. מין הגא הוא שנקראת רומי"ת: וליסבה בשחקי דכיתנא. יקחו אותו האפר בבלאי בגדי פשתן בקיץ: דעמר גופנא. קוטו"ן: ליכרי שב בירי. שבעה גומות: שבישתא דערלה. זמורות של כרם ילדה: ולינקטה כסא דחמרא. יאחוז כוס של יין בידה ותשב על הגומא: ולוקמה מהא. מעל גומא זו יושיבוה על זו ועל כל עמידה נימא לה קום מזוביך: קמחא דסמידא. קמח סולת: וליסכה. יסוכו אותה ממנו: דנעמיתא. בת היענה: ליפתח לה חביתא דחמרא לשמה. כלומר יין הרבה תשתה תמיד: שערתא דמשתכח בכפותא דכודנא חיורתי. שעורה הנמצאת בגללי פרדה לבנה: אי נקטא. לה בידה חד יומא פסקה מזובה תרי יומי. אית דגרס נקטה חדא נימא גרעין אחד: לירקונא. דאמרן לעיל קומא וגביא גילא וכורכמא תרי בשיכרא ומיעקר: ואי לא. דלית ליה אי נמי עביד ולא אהני: רישא דשיבוטא. ראש דג ששמו שיבוטא: דמילחא. שהוא מלוח: מוניני דקמצי. ציר חגבים: דנקירי. מין עופות קטנים: ולישייפיה. ישפשפוהו בו: בין תנור לגודא. בין תנור לכותל במקום חם שיזיע ויצא החולי: הרוצה שיחממנו. לזה: יקנחנו בסדינו. יעטפנו בסדינו יפה או בסדין של חולה אחר של חולי זה: עבד ליה רב כהנא. רפואה זו של סדין: קירא דנישתרופי. שעוה הצפה ונוטפת מכוורת שנתמלאה ועודפת: אהלא. אלויין: תולענא. אדום: עילא בר חמרא. עייר בן אתונות: וליגלח. החולה: מציעתא דרישיה. אמצעית ראשו: ולישבוק ליה דמא מאפותיה. יקיז לעייר ממצחו: ולותביה ארישיה. ישפך הדם על התגלחת: וליזדהר מעיניה. שלא יכנס מדם זה בעיניו: רישא דברחא. של איל: דמנח בכבשא. כבוש בחומץ או בציר: דבר אחר חוטרנא. חזיר טלוא (ב) בחברבורות מנומר: מכבתותא דמישרי. מאמצע הערוגה שהם חריפים: אושלן גלימיך. השאילני הטלית: ואיגני בה. ואישן בה: קלי. מעט: איכריך גנא. נכרך בה וישן בה: נפל פורתא פורתא. קדחה הטלית מחום שריפת החולי שיצא עם הזיעה ונפלה חתיכות דקות: ומי שרי. לשתות כוס עיקרין: לא תעשו. קרי ביה לא תיעשו: ומסתרס מאליו. ואע"ג דסירוס אסור בידים: והא אמר רב אשי. דההוא לאו סירוס הוא אלא רמות רוחא נקיטא ליה לתרנגול ומשיטל הודו הוא מתאבל ואינו משמש אבל בסירוס אפילו ממילא אסור: אלא בסרים. הך דשרי למישתי כוס של עיקרין במי שהוא סרים כבר עסקינן:

הכל

ליקוטי רש"י

תלתא קפיזי. ג' לוגין דקפיזא הוא קב חסר לוג דהיינו ג' לוגין כדאמר במסכת שבת (קי.) דחק קפיזא בקבא. ולית דמפרשי קפיזא לוג תלתא קפיזי ג' לוגין [רשב"ם ב"ב צ:]. קפיזא. כלי מחזיק ג' רביעיות [גיטין ע.]. שבישתא. זמורות כדמתרגמינן שריגים שיבשין (בראשית מ) [נזיר לד:]. בשחקי דכיתנא. שהם קרים בקייטא. דעמר גופנא. שהם חמים בסתוא [גיטין סט:]. עמר גפנא. צמר גפן [ע"ז כח:]. אהלא. עשב ששמו אהל [לעיל נ:]. אהלא תולענא. אהלות אדום כמין תולעת שני [גיטין שם]. אהל שמכבסין בו כדתנן התם (שבת ל.) הבורית והאהל תולענא לשון תולעת שני [ע"ז כח:]. כרתי. כרישין [פסחים לט:]. טייעא. סוחר ערבי [ברכות ו:]. ישמעאל [לעיל סב.]. סוחר ישמעאלים [מו"ק כה.]. ערבי [ב"ק נה.]. ובארצכם לא תעשו. לכך נאמר בארצכם לרבות כל אשר בארצכם שאי אפשר לומר לא נצטוו על הסרום אלא בארץ שהרי סרום חובת הגוף הוא וכל חובת הגוף נוהגת בין בארץ בין בחוצה לארץ [ויקרא כב, כד ועי' תוס' כאן]. כרבלתו. קרישט"א בלע"ז [סנהדרין קה:].

[מכאן שייך לדף קיא.]

ואם בא אחד וכרת הבילים והניחן תלויין בכיס ובא אחר ונתקן לגמרי חייב גם הוא [מנחות שם]. ומעוך וכתות ונתוק וכרות. בבילים או בגיד. מעוך. ביציו מעוכין ביד. כתות. כתושים הם יותר ממעוך [ויקרא כב, כד]. שכתתו באבנים עד שנימוק [בכורות לט:]. ומעוך. תרגומו ודימרים זהו לשונו בארמית לשון כתישה. וכתות. תרגמו ודירסים כמו (עמוס ו, יא) הבית הגדול רסיסים בקיעות דקות וכן (שבת פ:) קנה המרוסס. נתוק. תלושין ביד עד שנפסקו חוטים שתלויים בהן אבל נתונים הם בתוך הכיס והכיס לא נתלש [ויקרא שם]. ביד לגמרי ועדיין תלויין בכיס נתוק הוי טפי מכרות כדאמרינן במנחות (נו:) כורת שחייב אלמא נתוק הוי טפי מכרות [קידושין כה: וכעי"ז בכורות שם]. וכרות. כרותין בכלי ועודן בכיס [ויקרא שם]. כרותין החוטין שהבילים תלויין בהן בכיסן ומעורים במקצת ואינן נתוקין לגמרי ועדיין תלויין בכיס ומעורין קצת דכרות הוי בציר מנתוק כדאמרן בפירקין דלעיל (בכורות לג:) להביא נותק אחר כורת [בכורות שם]. אם על כרות חייב. דכתיב בתריה ובארצכם לא תעשו [שם] שמניחן תלוין (ויצא) חייב על נותק לגמרי לא כל שכן [מנחות שם]. על נתוק. שנותקו ומשליכו לא כל שכן [בכורות שם עיי"ש בתוס']. ולר' יוחנן בן ברוקא דאמר. במס' יבמות. על שניהם הוא אומר כו'. לאשה נמי מיפקדה אפריה ורביה [גיטין מג:]. מיוצא בפריה ורביה כתיב כבשוה [קידושין לה.]. לא יגמע בהן את החומץ. לרפואה דכל רפואה בשבת גזור בה רבנן משום שחיקת סממנין שהיא אב מלאכה [ביצה יח:]. דכל רפואה אסרו חכמים לעשותה בשבת היכא דליכא סכנה משום שחיקת סממנין במסכת שבת (נג:) [ע"ז כח.]. אבל מטבל הוא. בו מאכלו כדרכו [ביצה שם]. על מכותיהן. בשבת ולא גזור משום שחיקת סממנין. שכן דרכן לסוך. בלא מכה הלכך לאו מוכחא מילתא דלרפואה [לקמן קכח.]. בלא שום מכה הלכך כי איכא נמי לא מוכחא מילתא דלרפואה עביד [דליגזרו] רבנן משום שחיקת סממנין [ב"מ קיג:]. כל ישראל בני מלכים. הלכך לעני נמי חזיא [לעיל סז.]. קיוהא. קיהיון שיניים אינגרו"ר בלע"ז [כתובות סא.]. כאן לפני טיבול. קודם אכילה מגמע ובולע דלא מוכחא מלתא דלרפואה דסברי חומץ אהני ליה לרפואה. כאן לאחר טיבול. לאחר אכילה וטבל מאכלו בחומץ דמוכחא מלתא דלאו חומץ בעי למטעם אלא משום רפואה. ונימא מדלפני טיבול שרי וכו'. הרי קודם אכילת שבת היה מותר ובחצי שבת אתה אוסרו ובחצי שבת יתירו נימא הואיל וקודם אכילה שרי דנראה כחפץ בבליעת חומץ לאחר אכילה נמי שרי שאין חלוק בשיעור של שבת. הדר ביה רבא מהך. דחומץ ושנייה כאביי ואת זו דטבילה דאית ליה הואיל אמר לאחר חזרה. דלמא מההיא. דטבילה דיום הכפורים הדר ביה ושל חומץ אמר באחרונה. לא סלקא דעתך. למיסר טבילה ביום הכפורים [ביצה יח:].

מסורת הש"ס

א) [גיר' הערוך פשישנא פי' עשב שאינו גם אלא רחב], ב) פי' ציר של חרבה ערוך, ג) [שאין בציר שום חרבה כלומר מנקירי ערוך ערך מנוני], ד) [פרשת אמור סימן קח], ה) [שם].

הגהות הב"ח

(א) גמ' בשיכרא ומיעקר ומי שרי לא: (ב) רש"י ד"ה דבר אחר וכו' טלוא. נ"ב תרגום אונקלוס רקעתא. וכן הוא בב"ק דף קיח ע"ב: (ג) תוס' ד"ה והתניא מנין לסירוס באדם שהוא אסור:

רב נסים גאון

דבני מערבא (הלכה ג) גרסי ר' בא שאל לרב ירמיה מה ניתני דיקלין או דקרין אמר ליה דקרין שהן דוקרין את המרה אמר ר' יונה לא מסתברא אלא דקלין שהן יוצאין מבין ב' דקלין ובסוף פ' כיצד מברכין על הפירות (שם) נמי גרסי אית תנאי תאנו מי דקרים ואית תנאי תאנו מי דקלים מאן דאמר מי דקרים שהן דוקרין את המרה ומאן דאמר מי דקלים שהן יוצאין מבין שני דקלים:

תורה אור השלם

א) וּמָעוּךְ וְכָתוּת וְנָתוּק וְכָרוּת לֹא תַקְרִיבוּ לַיְיָ וּבְאַרְצְכֶם לֹא תַעֲשׂוּ: [ויקרא כב, כד]

should bring three *kefizei*[23] of Persian dates, וּתְלָתָא קְפִיזֵי דְקִירָא דְנִישְׁתְּרוּפֵי – **three *kefizei* of wax that had dripped** from an overflowing honeycomb, וּתְלָתָא קְפִיזֵי אַהֲלָא תּוּלְצָנָא – **and three *kefizei* of red aloe.** וְלִישַׁלְּקִינְהוּ בְּשִׁיכְרָא – **One should boil them in beer** וְלִישְׁתֵּי – **and [the patient] should drink** the potion.

Another remedy:

וְאִי לֹא – **And if not,** לַיְתֵי עִילָא בַּר חֲמָרָא – **one should bring a foal of a donkey,** וְלִיגַלַּח מְצִיעֲתָא דְרֵישָׁא – **shave the middle of [the patient's] head,** וְלִישְׁבְּקִיק לֵיהּ דְּמָא מֵאַפּוּתֵיהּ – **draw blood from [the foal's] forehead,** וְלוֹתְבֵיהּ אַרֵישֵׁיהּ – **and put [the blood] on** the shaved part of **[the patient's] head.** וְלִיזְּהַר מֵעֵינֵיהּ דְּלָא לִיסַמֵּי לְהוּ – **However, he should take care of his eyes,**[24] **lest [the blood] blind them.**

Another remedy:

וְאִי לֹא – **And if not,** לַיְתֵי רֵישָׁא דְּבַרְחָא דְּמַנַּח בְּכִיבְשָׁא – **one should bring a ram's head that had been pickled,**[25] וְלִישְׁלוֹק בְּשִׁיכְרָא – **boil** it **in beer,** וְלִישְׁתֵּי – **and [the patient] should drink** the brew.

Another remedy:

וְאִי לֹא – **And if not,** לַיְתֵי דָּבָר אַחֵר חוּטְרָנָא – **one should bring "something else"**[26] **that is speckled,** וְלִיקְרְעֵיהּ – **tear it** open, וְלוֹתְבֵיהּ אַלִּיבֵּיהּ – **and put it on [the patient's] heart.**

Another remedy:

וְאִי לֹא – **And if not,** לַיְתֵי כַּרְתֵּי מִכַּבְתּוּתָא דְּמֵישְׁרֵי – **one should bring leeks from the middle of the row.**[27]

A successful implementation of this cure:

הַהוּא טַיָּיעָא דְּחָשׁ בֵּיהּ – **There was this Arab who was suffering from jaundice.** אָמַר לֵיהּ לְגִינַאי – **He said to a gardener:** שְׁקוֹל גְּלִימַאי – **"Take my cloak**[28] וְהַב לִי מֵישְׁרָא דְכַרְתֵּי – **and give me a row of leeks."** יְהִיב לֵיהּ – **[The gardener] gave him** a row of leeks וַאֲכָלָהּ – **and he ate** it. אָמַר לֵיהּ – **[The Arab]** then **said to [the gardener]:** אוֹשִׁלַן גְּלִימָךְ – **"Lend me your cloak,**[29] וְאֵיגְנֵי בֵיהּ קַלִּי – **and I will sleep in it a little."** אִיכַּרַךְ בַּד גְּנָא בֵיהּ – **He wrapped** himself in the cloak **and slept in it.** אִיחַמֵּם וְקָם – **When he became hot and got up,** נְפַל פּוּרְתָּא פּוּרְתָּא מִינֵּיהּ – **[the cloak] fell away from him in small pieces.**[30]

The Gemara again quotes from the statement recorded above (110a):

לְיַרְקוֹנָא תְּרֵין בְּשִׁיכְרָא וּמִיעַקָּר – For healing **jaundice,** the potion should comprise **two** of the three ingredients (Alexandrian sap, alum and saffron) mixed **with beer, and it will make** the patient **sterile.**

The Gemara asks:

וּמִי שָׁרֵי – **And is it permitted** to drink a potion that causes sterility? וְהַתַּנְיָא – **But it was taught in a Baraisa:** מִנַּיִין לְסֵירוּס בָּאָדָם שֶׁהוּא אָסוּר – **FROM WHERE** is it derived **THAT CASTRATION IS FORBIDDEN IN** the case of **A PERSON?** תַּלְמוּד לוֹמַר – **THE VERSE STATES:**[31] "וּבְאַרְצְכֶם לֹא תַעֲשׂוּ" – ***AND IN YOUR LAND YOU SHALL NOT DO** this* (i.e. you shall not castrate an animal), which is interpreted as though it read: בָּכֶם לֹא תֵעָשׂוּ – **IT SHALL NOT BE DONE TO YOU** (i.e. people).[32] דִּבְרֵי רַבִּי חֲנִינָא – These are **THE WORDS OF R' CHANINA. – ? –**

The Gemara answers:

הָנֵי מִילֵּי הֵיכָא דְּקָא מִיכַּוֵּין – **This matter,** i.e. the prohibition of castration, applies **where one intends** to damage any of the reproductive organs themselves. הָכָא מֵעַצְמוֹ הוּא – **Here,** however, **[the castration] occurs by itself,** i.e. it occurs indirectly without external manipulation of any organ.[33]

NOTES

23. A vessel that holds three *lugin* (*Rashi* above ד"ה קפיזי).

24. No blood should enter the patient's eyes (*Rashi*).

25. In vinegar or brine (*Rashi*).

26. I.e. a pig.

27. The leeks in the middle of the row are the sharpest (*Rashi*). [The patient should eat the leeks.]

28. As payment.

29. I.e. the cloak the Arab had given him (see *Rashi*).

30. [Literally: bit by bit.] The burning effect of the disease emerged with his perspiration and destroyed the cloak (*Rashi*).

31. *Leviticus* 22:24. The entire verse reads: וּמָעוּךְ וְכָתוּת וְנָתוּק וְכָרוּת לֹא תַקְרִיבוּ לַה׳ וּבְאַרְצְכֶם לֹא תַעֲשׂוּ, [An animal whose testicles are] *squeezed, crushed, torn or cut, you shall not offer to Hashem; and in your land you shall not do* [this]. After stating that castrated animals may not be offered as sacrifices, the verse exhorts, *and in your land you shall not do* [this], which means that it is prohibited to castrate those species that are fit to be offered on the Altar (e.g. sheep, goats, etc.). [The source for extending this prohibition to other species as well, including people, is stated in the next note.]

32. Literally: you shall not become (i.e. castrated).

The word וּבְאַרְצְכֶם, *and in your land* (i.e. Eretz Yisrael), seems inappropriate because this prohibition applies even outside Eretz Yisrael. [As stated in the Mishnah in *Kiddushin* (36b), only agricultural laws are limited to Eretz Yisrael.] This word is therefore available for the following derivations: From the noun אֶרֶץ, *land,* it is inferred that *anything in the land,* i.e. even those species of animals ineligible to be offered as sacrifices (e.g. dogs), may not be castrated (see *Chagigah* 14b with *Rashi* ibid., and *Tosafos* here). The suffix כֶם, *your,* teaches that the prohibition of castration applies even to *you,* i.e. to people (*Tosafos*). [*Rashi's* comment here (קְרֵי בֵּיהּ לֹא תֵיעָשׂוּ) is compatible with this *Tosafos,* according to the explanation of this exposition given in note 36 (see sources cited there); see, however, *Yad David* (*Basra*).]

Thus, we see that the Torah prohibits castration even of people. Our Mishnah, however, implies that drinking "a potion of sterility" is forbidden only on the Sabbath (because of the Rabbinic injunction against medical treatments), but permitted during the week even though it causes castration. [One cannot answer that our Mishnah speaks of a life-threatening situation, in which most Biblical prohibitions are waived, because then it would permit drinking this potion even on the Sabbath (see, however, *Emes LeYaakov*).]

Although the one taking the potion does so only to heal his jaundice, and does not *intend* to castrate himself, it should nevertheless be forbidden. Even R' Shimon, who permits דָּבָר שֶׁאֵינוֹ מִתְכַּוֵּין, *something that is unintended,* would prohibit an act such as this one, since its forbidden outcome (castration) is inevitable [פְּסִיק רֵישֵׁיהּ – see 103a note 21] (see *Tosafos, Rosh, Ramban, Rashba* et al.; see, however, *Meiri*). [R' Shimon's permit concerning דָּבָר שֶׁאֵינוֹ מִתְכַּוֵּין, *something that is unintended,* applies not only to the *melachos* of the Sabbath, but also to non-Sabbath related prohibitions, such as castration (see *Tosafos* et al.; see *Chasam Sofer;* see also *Chazon Ish, Orach Chaim* 62:26 ד"ה והרשב"א [ב] on a related matter).]

It should be noted that drinking a potion of sterility would also be a violation of the obligation to procreate (*Genesis* 1:28). The Gemara, however, chose not to base its objection on that point, because according to one Tannaic view a person who has already had a certain number of children is no longer required to procreate [even under Rabbinic law] (see *Yevamos* 62b). Hence, such an objection could easily be solved by saying that the reference is to a man who has already fathered the requisite number of children. Although the accepted view is that one is [Rabbinically] obligated to continue having children (ibid. 62b; *Rambam, Hil. Ishus* 15:16; *Even HaEzer* 1:8), the Gemara preferred to base its objection on a different issue (viz. the prohibition of castration), which cannot be solved in the above manner (*Tosafos, Tos. HaRosh;* cf. *Sfas Emes*).

33. The Gemara is proposing that the Torah forbids castration only if it is performed directly on the reproductive organ itself (e.g. one severs the organ). It does not prohibit castration through indirect means, such as drinking a potion that causes sterility.

[Our elucidation follows *Chidushei HaRan,* who states that the word מִיכַּוֵּין, *intends,* is not used here precisely, for the issue is not the nature of his intent, but the nature of his act. See also *Rashi* ד"ה ומסתרס, *Ramban, Rashba* et al.]

קפיזי שמכי פרסאי ונישלוק בחמרא ונשקייה ונימא לה קום מזוביך ואי לא לותבה אפרשת דרכים ולינקטה כסא דחמרא בידה וליתי איניש מאחורה וליבעתה ולימא לה קום מזוביך ואי לא ליתי בונא דכמונא ובונא דמוריקא ובונא דשבלילתא ונישלוק בחמרא ונשקייה ונימא לה קום מזוביך ואי לא ליתי שיתין שיעי דדנא ולשפיה ולימא לה קום מזוביך ואי לא ליתי [א] פשטינא ולישלוק בחמרא ולשפיה ונימא לה קום מזוביך ואי לא ליתי חרנוגא דהיגתא רומיתא וליקלי וליסבה בשחקי דכיתנא בקייטא ובשחקי דעמר גופנא בסיתוא ואי לא ליכרי שבע בירי וליקלי בהו שבישתא ילדה דערלה ולינקטה כסא דחמרא בידה ולוקמה מהא ולותבה אהא ולוקמה מהא ולותבה אהא ואכל חדא וחדא לימא לה קום מזוביך ואי לא לייתי סמידא וליסכה מפלגא לתתאי ולימא לה קום מזוביך ואי לא ליתי ביעתא דנעמיתא וליקלי וליסבה בשחקי דכיתנא בקייטא ובשחקי דעמר גופנא בסיתוא ואי לא ליפתח לה חביתא דחמרא לשמה ואי לא לנקיט שערתא דמשתכחת בכפותא דכודנא חיורא אי נקטה חד יומא פסקה תרי יומי ואי נקטה תרי יומי פסקה תלתא יומי ואי נקטה תלתא יומי פסקה לעולם: לירקונא תרין בשיכרא (א) ומעיקר ואי לא לייתי רישא דשיבוטא דמילחא ולישלוק בשיכרא ולישתי ואי לא לייתי [ב] מוניני דקמצי ואי ליכא מוניני דקמצי לייתי [ג] מוניני דנקירי ולעייליה לבי בני ולישפיה ואי ליכא בי בני לוקמיה בין תנורא לגודא אמר רבי יוחנן הרוצה שיחממנו יקנחנו בסדינו רב אחא בר יוסף חש ביה עבד ליה רב כהנא ואיתסי ואי לא ליתי תלתא קפיזי תמרי פרסייתא ותלתא קפיזי דקירא דנישתרופי ותלתא קפיזי אהלא תולענא ולישלוקינהו בשיכרא ולישתי ואי לא ליתי עילא בר חמרא וליגלח מציעתא דרישא ולישביק ליה דמא מאפותיה ולותביה ארישיה וליזהר מעיניה דלא ליסמי להו ואי לא ליתי רישא דברחא דמנח בכיבשא ולישלוק בשיכרא ולישתי ואי לא ליתי דבר אחר חוטרנא וליקרעיה ולותביה אליביה ואי לא ליתי כרתי מכבתותא דמישרי ההוא טייעא דחש ביה אמר ליה לגינאי שקול גלימאי והב לי מישרא דכרתי יהיב ליה ואכלה א"ל אושלן גלימיך ואיגני ביה קלי איכרך גנא ביה כד איחמם וקם נפל פורתא מיניה: לירקונא תרין בשיכרא ומיעקר [א] ומי שרי והתניא [ב] מניין לסירוס באדם שהוא אסור ת"ל [א] ובארצכם לא תעשו בכם לא תעשו דברי ר' חנינא הני מילי היכא דקא מיכוין הכא מעצמו הוא דאמר ר' יוחנן [ג] הרוצה שיסרס תרנגול יטול כרבלתו ומסתרס מאליו והאמר רב אשי רמות רוחא הוא דנקיטא ליה אלא בסרים והאמר ר' חייא בר אבא אמר ר' יוחנן

הכל

רש"י

קפיזי. כלי מחזיק ג' לוגין: שמכי. בצלים: פרסאי. גדולים הם: קום מזוביך. חדלי מזוביך כמו ויעמוד השמן (מלכים ב ד): וליבעתה. יבעתנה בלי ידיעתה פתאום: בונא. מלא אגרוף: מוריקא. כרכום: שבלילתא. תלתן פנגרי"ג: שיעי דדנא. מגופת חבית: ולשייפיה. לכשישורו במים: פשטינא. עשב שאינו גדל בקומה אלא הולך ופשט על גבי קרקע: חרנוגא. מין עשב הוא שגדל אצל הסיגים: היגתא רומיתא. מין הגא הוא שנקראת רומי"ת: וליסבה בשחקי דכיתנא. יקחו אותו האפר בבלאי בגדי פשתן בקין: דעמר גופנא. קוטו"ן: ליכרי שב בירי. שבעה גומות: שבישתא דערלה. זמורות של כרם ילדה: ולינקטה כסא דחמרא. יאחוז כוס של יין בידה ותשב על הגומא: ולוקמה מהא. מעל גומא זו יושיבוה על זו ועל כל עמידה נימא לה קום מזוביך: קמחא דסמידא. קמח סולת: וליסכה. יסוכו אותה ממנו: דנעמיתא. בת היענה: ליפתח לה חביתא דחמרא לשמה. כלומר יין הרבה תשתה תמיד: שערתא דמשתכח בכפותא דכודנא חיורתי. שעורה הנמצאת בגללי פרדה לבנה: אי נקטא. לה בידה חד יומא פסקה מזובה תרי יומי. אית דגרס נקטה חדא נימא גרעין אחד: לירקונא. דאמרן לעיל קומא וגביא גילא וכורכמא תרי בשיכרא ומיעקר: ואי לא. דלית ליה אי נמי עביד ולא אהני: רישא דשיבוטא. ראש דג ששמו שיבוטא: דמילחא. שהוא מלוח: מוניני דקמצי. ציר חגבים: דנקירי. מין עופות קטנים: ולישייפיה. ישפשפוהו בו: בין תנור לגודא. בין תנור לכותל במקום חם שיזיע ויצא החולי: הרוצה שיחממנו. לזה: יקנחנו בסדינו. יעטפנו בסדינו יפה או בסדין של חולה אחר של חולי זה: עבד ליה רב כהנא. רפואה זו של סדין: קירא דנישתרופי. שעוה הצפה ונוטפת מכוורת שנתמלאה ועודפת: אהלא. אלויין: תולענא. אדום: עילא בר חמרא. עייר בן אתונות: וליגלח. החולה: מציעתא דרישיה. אמצעית ראשו: ולישבוק ליה דמא מאפותיה. יקיז לעייר ממצחו: ולותביה ארישיה. ישפך הדם על התגלחת: וליזדהר מעיניה. שלא יכנס מדם זה בעיניו: רישא דברחא. של איל: דמנח בכבשא. כבוש בחומץ או בציר: דבר אחר חוטרנא. חזיר טלוא (ב) בחברבורות מנומר: מכבתותא דמישרי. מאמצע הערוגה שהם חריפים: אושלן גלימיך. השאילני הטלית: ואיגני בה. ואישן בה: קלי. מעט: איכריך גנא. נכרך בה וישן בה: נפל פורתא פורתא. קדחה הטלית מחום שריפת החולי שיצא עם הזיעה ונפלה חתיכות דקות: ומי שרי. לשתות כוס עיקרין: לא תעשו. קרי ביה לא תיעשו: ומסתרס מאליו. ואע"ג דסירוס אסור בידים: והא אמר רב אשי. דההוא לאו סירוס הוא אלא רמות רוחא נקיטא ליה לתרנגול ומשניטל הודו הוא מתאבל ואינו משמש אבל בסירוס אפילו ממילא אסור: אלא בסרים. הך דשרי למישתי כוס של עיקרין במי שהוא סרים כבר עסקינן:

הכל

תוספות

והתניא מניין לסירוס (ג) שהוא אסור. וא"ת אפילו לא אסור סירוס תיקשי ליה דליתסר משום פריה ורביה וכ"ת משום דהוי מלי לשנויי דיש לו בנים הא משמע בסוף הבא על יבמתו (יבמות דף סה:) גבי דביתהו דר' חייא דאי הוה מיפקדה אפריה ורביה לא הוה שתיא סמא דעקרתא אע"ג דהוי לה שתי נקבות ושני זכרים משום בבקר זרע [את] זרעך ולערב אל תנח ידך (קהלת יא) ובלאו הכי לא שייך סירוס אלא במסקנא לרבי יוחנן בן ברוקה דמחייב בפריה ורביה בעקרה וזקנה ולא מוקי דיש לה בנים ויש לומר דמסירוס ניחא ליה למפרך משום דאיכא למ"ד בפרק הבא על יבמתו (שם דף סה:) כיון דקיימא פריה ורביה תו לא צריך: תלמוד לומר ובארצכם לא תעשו. מכם קא דריש והא דאמר בחגיגה (דף יד:) שאלו את בן זומא מהו לסרוסי כלבא אמר להו בארצכם לא תעשו התם נפקא לן מארץ כדמפרש בשאלתות דרב אחאי[ד] דהא חובת הגוף הוא מה לי בארץ מה לי בחו"ל אלא האי בארץ לכל אשר בארץ אתא והכא מכם דריש כדפי' ומה שמפרש בשאלתות[ה] דהא דאסר לשתות סמא דעקרתא היינו כרבי יהודה דאמר דבר שאין מתכוין אסור ואע"ג דקי"ל כר"ש דשרי היינו דוקא בשבת משום דבעינן מלאכת מחשבת אבל בכל התורה כולה סבירא לן כרבי יהודה ואין נראה לר"י דבכל התורה כולה קי"ל כר"ש דשרי כדמשמע לעיל בפ' המוציא (פא:) דאמרי' דרבי יוחנן סבר כסתם משנה דנזיר חופף ומפספס וכו' והיינו כרבי שמעון דשרי דבר שאינו מתכוין וכן משמע בפרק כל פסולי המוקדשין (בכורות דף לד.) דשמואל סבר כר"ש בכל התורה כולה דדבר שאין מתכוין שרי גבי המקיז דם בבכור דפסק שמואל התם כר"ש דשרי להקיז ופריך עד השתא לא אשמועינן שמואל דדבר שאין מתכוין מותר דאמר רב חייא בר אשי כו' ואי יש חילוק בין שבת לדעלמא איצטריך התם שפיר לפסוק כר"ש אע"ג דכבר אשמעינן דבשבת הלכה כר"ש והכא אתיא אפילו לר' שמעון דפסיק רישיה הוא דודאי יסתרס בשתיית כוס עיקרין:

להביא

ובארצכם לא תעשו ואם לא אחד וכרת הבילים והניתק תלויין בכיס ובא אחר ונתקן לגמרי חייב גם הוא [מנחות שם]. ומעוך וכתות ונתוק וכרות. בבילים או בגיד. מעוך. ביליו מעוכין ביד. כתות. כתושים הם יותר ממעוך [ויקרא כב, כד]. שכתתו באבנים עד שנימוחו [בכורות לט:]. ומעוך. תרגומו ודימריס זהו לשונו בארמית לשון כתישה. וכתות. תרגומו ודירסים כמו (עמוס ו, יא) הבית הגדול רסיסים בקיעות דקות וכן [שבת ס.] נתוק. תלושין ביד עד שנפסקו חוטים שתלויים בהן אבל נתונים הם בתוך הכיס והכיס לא נתלש [ויקרא שם]. ביד לגמרי ועדיין תלויין בכים נתוק הוי טפי מכרות כדאמרינן במנחות (נו:) להביא נתוק בלא שחייב אלמא נתוק הוי טפי מכרות [קידושין כה: וכעי"ז בכורות שם]. וכרות. כרותין בכלי ועודן בכים [ויקרא שם]. כרותין החוטין שהבילים תלויין בהן בכיסן ומעורים במקצת ואינן נתוקין לגמרי [קידושין שם]. בכיס ועדיין תלויין בכים ומעורין קצת דכרות הוי בציר מנתוק כדאמרן בפירקין דלעיל (בכורות לג:) להביא נותק אחר כורת [בכורות שם]. אם על כרות חייב. דכתיב במריה ובארצכם לא תעשו [שם לג:]. אם על ... וניתקן תלויין (ויצא) חייב על נותק לגמרי לא כל שכן [מנחות שם]. על נתוק. שנותקו ומשליכו לא כל שכן [בכורות שם עיי"ש בתוס']. ולר' יוחנן בן ברוקא דאמר. במס' יבמות. על שניהם הוא אומר כו'. דלאו נמי מיפקדה אפריה ורביה [גיטין מג:]. חיובא בפריה ורביה כתיב בנשים [קידושין לה.]. לא יגמע בהן את החומץ. לרפואה דכל רפואה בשבת גזור בה רבנן משום שחיקת סממנין שהיא אב מלאכה טובן [ביצה כב.]. דכל רפואה אסרו חכמים לעשותה בשבת היכא דליכא סכנה משום שחיקת סממנין במסכת שבת (נג:) [ע"ז כח.]. אבל מטבל הוא. כו מאכלו כדרכו [ביצה שם]. על מכותיהן. בשבת ולא גזר משום שחיקת סממנין. שבן דרכן לסוף. בלא שום מכה הלכך לאו מוכחא מילתא דלרפואה [לקמן קכח.]. בלא שום מכה הלכך כי איכא נמי לא מוכחא מילתא דלרפואה עביד [דליגזרו] רבנן משום שחיקת סממנין [ב"מ קיג:]. כל ישראל בני מלכים. הלכך לעני נמי חזיא [לעיל סז.]. קיוהא. קיהיון שיניים איגרו"ר בלע"ז [כתובות סא.]. כאן לפני טיבול. קודם אכילה מגמע ובולע דלא מוכחא מלתא דלרפואה דסברי חומץ אהני ליה למיכל. כאן לאחר טיבול. לאחר אכילה וטבל מאכלו בחומץ דמוכחא מלתא דלאו חומץ בעי למטעם אלא משום רפואה. ונימא מדלפני טיבול שרי וכו'. הרי קודם אכילת שבת היה מותר ובתלי שבת אתה אוסרו נימא הואיל וקודם אכילה שרי דנראה כחפץ בבליעת חומץ לאחר אכילה נמי שרי שאין חלוק בשיעור של שבת. הדר ביה רבא מהך. דחומץ ושנייה כאביי ואת זו דטבילה דאית ליה הואיל אמר לאחר מזרה. דלמא מהיא. דטבילה דיום הכפורים הדר ביה ושל חומץ אמר באחרונה. לא סלקא דעתך. למיסר טבילה ביום הכפורים [ביצה יח:].

עין משפט נר מצוה

לז א מיי' פט"ז מהלכות איסורי ביאה הל' יא סמג לאוין קכ טוש"ע אה"ע סי' ה סעיף יב:

לח ב מיי' שם הלכה י טוש"ע שם סעי' יא:

לט ג מיי' שם טוש"ע שם סעיף יג בהג"ה:

ליקוטי רש"י

תלתא קפיזי. ג' לוגין דקפיזא הוא קב חסר לוג דהיינו ג' לוגין דאמר במסכת שבת (קנ.) דתק קפיזא בקבא. ואית דמפרשי קפיזא לוג תלתא קפיזי ג' לוגין [רשב"ם ב"ב צ:]. קפיזא. כלי מחזיק ג' רביעיות [גיטין ע.]. שבישתא. זמורות דמתרגמינן שריגים שיבשין (בראשית מ) [נזיר לד:]. בשחקי דכיתנא. שחקים בלויים. דעמר גופנא. שהם חמים כנמוך [גיטין סט:]. עמר גופנא. צמר גפן [ע"ז כח:]. אהלא. שורש עשב שמו אהל [לעיל נג:]. אהלא תולענא. אהלות אדום כמין תולעת שני [גיטין שם]. אהל שמכבסין בו כדאמרן התם [שבת ל.] הבורית והאהל תולענא לשון תולעת שני [ע"ז כח:]. כרתי. כרישין [פסחים לט.]. טייעא. סוחר ערבי ישמעאל [לעיל סב.]. סוחר ישמעאלים [מו"ק כה:] ערבי [ב"ק נה:]. ובארצכם לא תעשו. לכך לא נאמר בארצכם לרבות כל אשר בארצכם שאי אפשר לומר לא נצטוו על הסרוס אלא בארץ שהרי סרוס חובת הגוף היא ונוהגת בין בארץ בין בחוצה לארץ [ויקרא כב, כד ועי' תוס' כאן]. כרבלתו. קירסת"א בלע"ז [סנהדרין קה:].

[מכאן שייך לדף קיא.] הכל מודים. רבנן נמי אע"ג דפליגי בבכור שאחזו דם דלא הוי המקיז דם מטיל מום בבעל מום דאין לך בעל מום גדול הימנו שהרי ימות כולהו מודו במנחות שהמחמץ אחר מחמץ כגון אם לא האחד במיעוט ופוסלה אחר שניהם חייבין דכתיב (ויקרא ו) לא תאפה חמץ ולא תעשה חמץ (שם ב) ולדכין במנחות (נה:) אפייה בכלל [עשייה היתה] למה יצאת [לומר לך] מה אפייה מיוחדת שהיא מעשה יחידי וחייבין עליה בפני עצמה אף כל מעשה יחידי [בכורות לג:]. אע"ג דפליגי במטיל מום בבעל מום דאין לך מום גדול מזה שהרי ימות הא מיהו מודים במחמץ אחר מחמץ במנחות כלומר כל המחמיץ כגון עורך אחר הלש ואופה אחר עורך כולן חייבין [מנחות נו:]. במסרס אחר מסרס. בבהמת חולין נמי אם כרת האחד הבילים ועדיין הם בכיס ובא חבירו ונתקן מן הכיס והפליגן שניהם חייבין [בכורות שם]. אפי' בבהמת חולין דכתיב (ויקרא כב)

מסורת הש"ס

א) [גיר' הערוך פשישנא פי' עשב שאינו גם אלא רחב], ב) פי' ציר של מרכה ערוך, ג) [שאין בציר שום מרכה כלומר מנקורי' ערוך ערך מונין], ד) [פרשת אמור סימן קח], ה) [שם].

הגהות הב"ח

(א) גמ' בשיכרא ומיעקר ואי לא: (ב) רש"י ד"ה דבר אחר וכו' טלוא. נ"ב טלוא תרגום אונקלוס רקועתא. וכן הוא בב"ק דף קיח ע"ב: (ג) תוס' ד"ה והתניא מנין לסירוס באדם שהוא אסור:

רב נסים גאון

דבני מערבא (הלכה ג) גרסי ר' בא שאל לרב ירמיה מה ניתני דיקלין או דקרין אמר ליה דקרין שהן דוקרין את המרה אמר ר' יונה לא מסתברא אלא דקלין שהן יוצאין מבין ב' דקלין ובסוף פ' כיצד מברכין על הפירות (שם) נמי גרסי אית תנאי תאנו מי דקרים ואית תנאי תאנו מי דקלים מאן דאמר מי דקרים שהן דוקרין את המרה ומאן דאמר מי דקלים שהן יוצאין מבין שני דקלים:

תורה אור השלם

א) וּמָעוּךְ וְכָתוּת וְנָתוּק וְכָרוּת לֹא תַקְרִיבוּ לַייָ וּבְאַרְצְכֶם לֹא תַעֲשׂוּ: [ויקרא כב, כד]

The Gemara supports this assertion that indirect castration is permitted:

דְּאָמַר רַבִּי יוֹחָנָן – **For R' Yochanan said:** הָרוֹצֶה שֶׁיְּסָרֵס תַּרְנְגוֹל – **One who wants to castrate a rooster** יִטּוֹל כַּרְבָּלְתּוֹ – **should remove its crest,** וּמִסְתָּרֵס מֵאֵלָיו – **and it becomes castrated on its own accord.**[34]

The Gemara deflects this proof:

וְהָאָמַר רַב אַשִׁי – **But Rav Ashi has said:** רָמוּת רוּחָא הוּא דְּנָקִיטָא לֵיהּ – **[A rooster] is seized by arrogance** when adorned with its crest. When this source of its pride is removed, it grieves over the loss and refrains from copulation. It is not actually castrated at all.[35]

At this point, since the Gemara has no basis for asserting that indirect castration is permitted,[36] the above difficulty (viz. why is one allowed to drink a potion of sterility) has been reinstated. A different solution is now proposed:

אֶלָּא בְּסָרִיס – **Rather,** the reference is **to one who is** already **castrated.**[37]

The Gemara rejects this answer as well:

וְהָאָמַר רַבִּי חִיָּיא בַּר אַבָּא אָמַר רַבִּי יוֹחָנָן – **But Rav Chiya bar Abba has said in the name of R' Yochanan:**

NOTES

34. [The Gemara currently assumes that a rooster deprived of its crest is *incapable* of copulating.] Hence, this ruling proves that castration through indirect means is permitted.

35. [I.e. it is still physically capable of copulation and fertilization.]

36. Rather, castration is forbidden regardless of whether it is direct or indirect.

The commentators ask how we know that the Torah forbids indirect castration. After all, the verse from which the prohibition of castration is derived (*Leviticus* 22:24) speaks only of mutilating the organ, which is a direct action. *Meiri* answers that the exegetic reading of the verse, לֹא תֵעָשׂוּ, *you shall not be done* (i.e. castrated), which is in the passive form, implies even indirect castration (see *Sfas Emes, Leshon HaZahav, Hagahos Yavetz* and *Shabbos Shel Mi;* cf. *Yad David* [*Basra*] and *Menachem Meishiv Nefesh* ד״ה גמרא).

[*Meiri* states that indirect castration is forbidden only under Rabbinic law and that the above derivation is merely an *asmachta* (i.e. a Biblical allusion to a Rabbinic decree). This would also seem to be the view of *Rambam* in *Hil. Isurei Biah* 16:12. However, *Ramban* implies that it is Biblically prohibited. See *Keren Orah* and *Chazon Ish, Orach Chaim* 62:26.]

37. Only such a person would be allowed to drink a potion that causes sterility (*Rashi*).

הַכֹּל מוֹדִים – Everyone[1] agrees that בִּמְחַמֵּץ אַחַר מְחַמֵּץ – if one processes a leavened *minchah* after [another] has already processed that leavened *minchah*, שֶׁהוּא חַיָּיב – he is liable.[2] שֶׁנֶּאֱמַר – For it is stated:[3] ,,לֹא תֵאָפֶה חָמֵץ" – *It shall not be baked leavened,* ,,לֹא תֵעָשֶׂה חָמֵץ" – and it is also stated:[4] *It shall not be prepared leavened.*[5] בִּמְסָרֵס אַחַר מְסָרֵס – Also, everyone agrees that if one castrates a person[6] after [another] has already castrated him,[7] שֶׁהוּא חַיָּיב – he is liable. שֶׁנֶּאֱמַר – For it is stated:[8] ,,וּמָעוּךְ וְכָתוּת וְנָתוּק וְכָרוּת" – [One whose testicles are] *squeezed, crushed, detached or cut . . . you shall not do this.* אִם עַל כָּרוּת חַיָּיב – Now, if one is liable for testicles that are cut, עַל נָתוּק לֹא כָּל שֶׁכֵּן – does it not follow that one should be liable all the more so for testicles that are detached?[9] Why, then, does the Torah need to add the word "detached"? אֶלָּא לְהָבִיא נוֹתֵק אַחַר כּוֹרֵת – Rather, this word serves to teach[10] that one who detaches testicles after [another] has cut them שֶׁהוּא חַיָּיב – is also liable. This shows that it is Biblically prohibited to perform an act that would cause castration (in a healthy person) even on someone already castrated. Accordingly, even someone who is already castrated may not drink a potion that causes sterility. The original problem is thus reinstated: How can the Mishnah imply that such a potion is permitted (on a weekday)?[11]

The Gemara suggests a different answer:

וְאֶלָּא בְּזָקֵן – Rather, the reference is to an old man, who can no longer father children. He is allowed to drink a potion that causes sterility.[12]

The Gemara rejects this answer too:

וְהָאָמַר רַבִּי יוֹחָנָן – But R' Yochanan has said with regard to a different cure: הֵן הֵן הֶחֱזִירוּנִי לְנַעֲרוּתִי – "It was this very treatment that returned me to the potency of my youth!"[13] This proves that even an old man is capable of reproduction. Therefore, he too may not drink a potion that causes sterility. – ? –

The Gemara proposes a different solution:

אֶלָּא בְּאִשָּׁה – Rather, the reference is to a woman.[14]

The Gemara, however, notes that this answer is not compatible with all Tannaic views:

וּלְרַבִּי יוֹחָנָן בֶּן בְּרוֹקָא דְּאָמַר – But according to R' Yochanan ben Berokah, who says in a Mishnah:[15] עַל שְׁנֵיהֶם הוּא אוֹמֵר – REGARDING BOTH OF THEM (i.e. Adam and Eve) IT SAYS: ,,וַיְבָרֶךְ אֹתָם אֱלֹהִים וַיֹּאמֶר לָהֶם אֱלֹהִים פְּרוּ וּרְבוּ" – *GOD BLESSED THEM AND*

NOTES

1. The Gemara is referring to the Tannaim who debate the following issue: An animal that has a significant blemish [מום] is ineligible to be offered up on the Altar (see *Leviticus* 22:21-24 and *Bechoros* ch. 6.). It is Biblically forbidden to inflict such a blemish on a sacrificial animal, as derived from the verse: כָּל־מוּם לֹא יִהְיֶה־בּוֹ, *No blemish shall become on it* (*Leviticus* 22:21; see *Bechoros* 33b and *Rashi* ibid. ד״ה כל מום). Tannaim disagree (*Bechoros* ibid.) whether one is liable for blemishing a sacrificial animal that is already blemished, although it is unfit to be offered in any event. The Gemara is saying here that even the Tannaic view which permits the blemishing of an already blemished sacrifice would agree in the following two cases that one is liable for an act performed on something that already possesses the forbidden "result" of that act (see *Rashi*).

2. A *minchah* (pl. *menachos*) is a Temple offering whose primary ingredient is flour in either its raw form or as a baked or fried cake (see *Leviticus* 2:1-16, 6:7-16). Those *menachos* which are offered on the Altar (i.e. all *menachos* except for the *sh'tei halechem* and some loaves of the *todah,* which are entirely eaten) may not be leavened [חָמֵץ] (ibid. 6:9,10, Mishnah *Menachos* 52b).

One who deliberately causes a *minchah* to be leavened, or processes leavened dough as a *minchah,* is punishable by *malkos* (see *Menachos* 55a, and *Rambam, Hil. Maaseh HaKorbanos* 12:14,15). The Gemara's point here is that anyone who participates in the preparation of a leavened *minchah* is liable, even though it was already prepared somewhat in the leavened state. For example, if someone kneads a leavened dough for a *minchah,* then another shapes the dough and a third person puts it in the oven, all three are liable.

3. *Leviticus* 6:10.

4. Ibid. 2:11.

5. Although the act of baking was included in the general term לֹא תֵעָשֶׂה חָמֵץ, *it shall not be prepared leavened,* it is mentioned on its own to teach that each step in the process is prohibited separately (see *Rashi* here, from *Menachos* 55b, 56b). [This is based on one of the thirteen hermeneutic principles: כָּל דָּבָר שֶׁהָיָה בִּכְלָל וְיָצָא מִן הַכְּלָל . . . לְלַמֵּד עַל הַכְּלָל כֻּלּוֹ יָצָא . . ., *anything which was included in a group and then specified* [for a halachah] . . . *was specified to teach* [the halachah] *regarding the entire group.*]

6. Or animal.

7. [E.g. one mutilates a reproductive organ that was already mutilated.]

8. *Leviticus* 22:24.

9. כָּרוּת, *cut,* means that the ducts by which the testicles are suspended have been partially cut. נָתוּק, *detached,* signifies that the ducts have been completely severed (see *Rashi* ad loc., to *Kiddushin* 25b, and to *Bechoros* 39b). [In both cases, however, the testicles are still inside the scrotum (*Rashi* ibid. and *Tosafos* here; cf. *Tosafos'* understanding of *Rashi;* see *Maginei Shlomo*).] Thus, if one is liable for "cutting" the testicles, it should go without saying that one is liable for "detaching" them!

10. Literally: to bring.

11. [*Ramban* is uncertain whether the liability for "castration after castration" applies only when the second act inflicts greater damage than the first. If it does, then the Gemara's analogy requires explanation. In the case of detaching testicles that were already cut, one increases the damage to them. Likewise, one who processes an already leavened dough intensifies its leavened state (see *Chasam Sofer*). But in our case of a castrated man who drinks a potion of sterility there is apparently no change at all. How, then, can the Gemara compare these cases? See *Ramban's* resolution of this problem; see also *Chazon Ish, Orach Chaim* 62:26.]

12. The Scriptural exegesis prohibiting "castrating" one who is already castrated applies only where one at least *appears* to be castrating the victim for the first time. Hence, in the case of an old man, who is *obviously* unable to father children, there would be no prohibition against "castrating" him (*Rashba;* see also *Tosafos* and *Tos. HaRosh* for another approach; cf. *Chazon Ish, Orach Chaim* 62:26). [Regarding the law of a man who is congenitally sterile from birth, see note 18 below.]

13. The Gemara in *Gittin* (70a) records a cure for impotency. R' Yochanan reported (ibid.) that this remedy was effective in healing the impotency he suffered as a result of old age (*Rashi*). Since an old man can easily become potent again, the prohibition of castration applies even to him (*Meiri*).

[*Hagahos Yavetz* objects that, if so, why did Sarah argue (*Genesis* 18:12) that Abraham was too old to father a child? See there for a suggested solution.]

14. There is no prohibition against castrating a woman (*Tosafos; Rashba;* see the Tannaic dispute on this issue cited by *Keren Orah* and *Chasam Sofer;* see *Maharsha;* see also *Minchas Chinuch* 291).

Furthermore, a woman is not obligated to procreate. This is derived from the verse: פְּרוּ וּרְבוּ וּמִלְאוּ אֶת־הָאָרֶץ וְכִבְשֻׁהָ, *Be fruitful and multiply, fill the earth and conquer it* (*Genesis* 1:28). One would expect the word וְכִבְשֻׁהָ, *and conquer it* (plural imperative), to be spelled וכבשוה. The Torah, though, spells it וכבשה, which can be read וְכָבְשָׁהּ (singular imperative), to teach that only the man, whose practice it is to conquer in battle, is commanded to "be fruitful and multiply," and not the woman [see *Rashi* ad loc. and *Yevamos* 65b] (*Rashi*). [From *Rashi* it seems that since a woman is not obligated to procreate, the prohibition of castration does not apply to her; cf. *Rashba* and *Keren Orah* who regard these as two unrelated laws; see *Minchas Chinuch* 291:3.]

[*Rambam* (*Hil. Isurei Biah* 16:11) writes that one who castrates a woman is not liable to *malkus*. This, however, implies that it is forbidden to do so (*Maggid Mishneh* ibid.) under Biblical law (*Beur Gra* to *Even HaEzer* 5:25). Our Gemara, though, implies that it is permitted. *Rambam's* view could be defended by differentiating between direct castration (e.g. damaging the reproductive organs), which may be forbidden even in the case of a woman, and indirect castration (e.g. drinking a potion of sterility), which would be permitted in the case of a woman (*Keren Orah;* this distinction is also implied by *Ritva MHK* ed.).]

15. *Yevamos* 65b.

הכל מודים א במחמץ אחר מחמץ שהוא חייב שנאמר א לא תאפה חמץ ב לא תעשה חמץ ב במסרס אחר מסרס שהוא חייב שנאמר ג ומעוך וכתות ונתוק וכרות אם על כרות חייב על נתוק לא כל שכן אלא להביא נותק אחר כורת שהוא חייב ואלא בזוקן ג והאמר ר' יוחנן הן הן החזירוני לנערותי אלא ג באשה ג ולר' יוחנן בן ברוקא דאמר על שניהם הוא אומר ד ויברך אותם אלהים ויאמר להם פרו ורבו מאי איכא למימר בזקינה אי נמי בעקרה:

מתני' ד החושש בשיניו לא ה יגמע בהן את החומץ אבל מטבל הוא כדרכו ואם נתרפא נתרפא ד החושש במתניו לא יסוך (א) יין וחומץ אבל ו סך הוא את השמן ולא שמן וורד ז בני מלכים סכין שמן וורד על מכותיהן שכן דרכן לסוך בחול ח ר"ש אומר כל ישראל בני מלכים הם:

גמ' רמי ליה רב אחא אריכא דהוא רב אחא בר פפא לר' אבהו תנן החושש בשיניו לא יגמע בהן את החומץ למימרא דחומץ מעלי לשינים והכתיב ה כחומץ לשינים וכעשן לעינים לא קשיא הא בקיוהא דפרי הא בחלא ואיבעית אימא הא והא בחלא הא דאיכא מכה הא דליכא מכה איכא מכה מסי ליכא מכה מרפי: לא יגמע בהן את החומץ: ט והתניא לא יגמע ופולט אבל מגמע ובולע אמר אביי כ כי תנן נמי מתני' מגמע ופולט תנן רבא אמר אפי' תימא מגמע ובולע כאן לפני טיבול כאן לאחר טיבול ונימא מדלפני טיבול שרי לאחר טיבול נמי שרי דשמעינן ליה לרבא דאית ליה הואיל דאמר רבא ליכא מידי דבשבת שרי וביום הכפורים אסור הואיל דבשבת שרי ביוה"כ נמי שרי הדר ביה רבא מהך ממאי דמהך הדר ביה דילמא מההיא הדר ביה לא ס"ד ל דתניא כל חייבי טבילות טובלין כדרכן בין בט' באב בין ביוה"כ: החושש במתניו כו': אמר ר' אבא בר זבדא אמר רב הלכה כר' שמעון למימרא דרב כר' שמעון סבירא ליה מ והאמר רב שימי בר חייא משמיה דרב נ האי ל מסוכרייא דנזייתא אסור

רש"י

הכל מודים. אע"פ שנחלקו בבכור שאחזו דם אי מקיזין או אין מקיזין דהוי מטיל מום בבעל מום ואיכא למאן דשרי להקיזו ולעשות בו מום מודים הם במחמץ מנחה אחר מחמץ שכל עשיותיה של מנחה נאסרו בחימוץ: **דכתיב לא תאפה חמץ לא תעשה חמץ.** אפייה בכלל היתה ולמה יצאת להקיש אליה מה אפייה מיוחדת שהיא מעשה וחייבין עליה בפני עצמה כו' מ והכל מודים שאם לשה הראשון בחימוץ ובא השני וערכה בחימוץ והשלישי אפאה כולם חייבין: **כורת.** שאינו נותקן לגמרי אלא חותכן ותלוין בכיס: **אלא בזוקן.** שפסק מלידה: **והא אמר ר' יוחנן.** בפרק מי שאחזו במסכת גיטין: **הן הן החזירוני לנערותי.** הרפואות האמורות שם למי שאינו בריא בתשמיש ואמר ר' יוחנן לאחר שזקנתי החזירוני אותן רפואות לנערותי לתשמיש אלמא זקן מוליד: **אלא באשה.** שאינה מצווה בפריה ורביה כדאמרי' ביבמות פרו ורבו ומלאו את הארץ וכבשוה איש דרכו לכבש ואין דרכה של אשה לכבש: **מתני' מטבל כדרכו.** מאכלו ופתו בחומץ: **לא יסוך בהן יין וחומץ.** דאין אדם סך אותו אלא לרפואה: **אבל לא שמן וורד.** לפי שדמיו יקרין ואינו מצוי ומוכחא מילתא דלרפואה עביד: **שכן דרכן לסוך בחול.** בלא מכה: **גמ' קיוהא.** יין שלא נתבשל כל לרכו בענביו קשה לשינים: **ליכא מכה מרפי.** לומת הבשר והשינים נרפים רפוקין זה מזה דשיניי"ר בלע"ז מתקלגות: **לא יגמע ופולט.** דמוכח לרפואה היא: **לפני טיבול.** לפני אכילה מותר שדרכן היה לטבול בחומץ בכל יום והרואה אומר זהו טיבולו ולאחר טיבול אסור הכל יודעין שכבר סעד וטבל כל לרכו: **ונימא מדלפני טיבול שרי כו'.** דאין לך שאסור למקצת השבת ומותר למקצתו דהא שמעינן לרבא בפרק י"ט במסכת ביצה דאמר גבי טבילה הואיל בכי האי גוונא דקתני התם דאין מטבילין כלים בשבת ואדם טובל ואמרינן כלים מ"ט לא אמר רבא מפני שנראה כמתקן כלי אבל אדם נראה כמיקר ואמרי' תינח בשבת דשריא רחיצה ביוה"כ דאסור רחיצה והכל יודעין דטובל הוא ומתקן עלמו מאי איכא למימר הא איכא למיגזר אטו מתקן עור לבי ואמר רבא ליכא מידי דאיסור שבת דבשבת לישתרי וביוה"כ ליתסר והואיל ובשבת לא הוה למיסריה ביוה"כ נמי לא גזור עליה: **הכא גרסי' הדר ביה רבא מהא.** דקודם טיבול ומוקי מתניתין במגמע ופולט כאביי וזו נאמרה תחלה והדר ביה: **דילמא מההיא הדר ביה.** וסבר דביום הכפורים אסור לטבול ולא אמרינן הואיל והיא איתמר ברישא: **למימרא דרב.** בקולי (נ"א בכולי) שבת סבירא ליה כר' שמעון והא אמר כו': **האי מסוכרייא.** בגד כורכין בברזא חבית של חרס מפני שאין הנקב שוה: **אסור**

תוספות

להביא נותק אחר כורת כו'. פירש"י דכורת היינו שכורת ביליס ממקום חיבורן ועדיין הם בכיס ונותק הוי שנותקן מן הכיס ומשליכן לארץ קשה לר"י דבפרק על אלו מומין (בכורות דף לט:) קאמר דנתוק וכרות לא הוי מום בגלוי דהא ליתנהו פי' ליתנהו בכיס ונראה לר"י דכרות הוי שלא נכרתו לגמרי ממקום חיבורן אלא עדיין מעורים קלת ונתוק היינו שניתקו לגמרי אלא שהם בכיס: **אלא בזוקן.** הכא לא שייך למיסר משום מסרס אחר מסרס דזקנה לאו סירוס היא: **בזקנה ובעקרה.** באשה נמי לא שייך בה מסרס אחר מסרס דאין שייך בה סירוס: **כי תנן נמי מתניתין במגמע ופולט תנן.** וסיפא דקתני אבל מטבל הוא כדרכו ה"ה דה"מ למיתני במגמע ובולע אלא אורחא דמילתא נקט: **לא ס"ד דתניא כל חייבי טבילות טובלין כדרכן.** תימה מנא לן דמהא הדר ביה דילמא מטעם דמפרש התם ס דאין מטבילין בשבת משום דמיחזי כמתקן כלי ויפרש דלאסור לטבול משום גזירה שמא יעבירנו ד' אמות ברה"ר או כשאר טעמי דמפרש התם והני טעמי לא שייכי באדם הלכך מותר ביוה"כ בלא טעמא דהואיל דלכולהו אמוראי לא פריך התם ביוה"כ ליתסר אלא לרבה ואומר ר"י דלא מסתבר להפוכי תרי מילי משום חדא דתרי מילי נינהו חדא מטעם דנראה כמתקן וחדא הא מילתא דאית ליה הואיל ולהכי ניחא ליה טפי למימר דהדר מהך דהכא ויהיו שני דבריו קיימים וא"ת ונוקי הך ברייתא דטובלין כדרכן כמ"ד טבילה בזמנה מלוה ורבא כמ"ד לאו מלוה וי"ל משום דטבילה בזמנה מלוה לא הוה שרינן איסור תיקוני מנא ובפרק כל כתבי הקדש (לקמן דף קכא.) משמע דאפי' למ"ד טבילה בזמנה לאו מלוה טובלין כדרכן כל חייבי טבילות דתניא התם ר' יוסי אומר מן המנחה ולמעלה אינו לריך לטבול משמע דאי בעי טביל אע"ג דסבירא (ב) טבילה בזמנה לאו מלוה וא"ת דתניא בפרק בתרא דיומא (פח.) הזב והזבה ובועל נדה וטמא מת טובלין ביוה"כ טמא מת היכי טביל ליה ומה תועלת לו אותה טבילה הא אין טבילה בלא הזאה והזאה לא דחי יוה"כ כי היכי דלא דחיא שבת כדאמרינן בפסחים פרק אלו דברים (דף סט.) וליכא למימר שמועיל לו טבילה לענין שיוכל להזות למחר דהא תנן בסוף מסכת פרה דהוא עלמו טובל בלילה ומזה ביום משמע שלריך להזות ביום שטבל וי"ל דלעולם אין לריך לטבול ביום הזאה והתם קמ"ל דיכול לטבול בלילה אע"ג דטבילה היא כתחלת הזאה דאין הזאה בלא טבילה והזאה ביום היא א"נ התם איירי בטבילה דלאחר הזאה כדאמר בספרא הקדים טבילה להזאה לא עשה ולא כלום משמע דאיכא נמי טבילה לאחר הזאה:

טובלין כדרכן בין בט' באב בין כו'. בפ"ק דתענית (דף יג.) פליג עליה ר' חנינא סגן הכהנים ואמר כדי הוא בית אלהינו לאבד עליו טבילה אחת בשנה והלכתא כוותיה כדאמר בירושלמי: **למימרא** דרב כר"ש ס"ל. פי' בקונט' למימרא דרב בכולי שבת כר' שמעון סבירא ליה ולי נראה דאם כן הוה ליה לאקשויי מכרכי דזוזי דרב אסר בפרק קמא (דף יט:) וכמה אמוראין דמחלקין באיסורי שבת כדאמר בפרק מפנין (לקמן קכח.) במוקצה לאכילה סבר לה כר' יהודה במוקצה לטלטול כו' ונראה לר"ת דמשמע ליה דטעמא דר' שמעון במתני' משום דשרי דבר שאין מתכוין ות"ק אסר ליה אפי' לתענוג משום דזימנין לרפואה קעביד ואסר בעלמא דבר שאין מתכוין ור"ש דמקיל בעלמא קשרי נמי הכא בשאין מתכוין לרפואה והשתא אתי שפיר: **האי** מסוכרייתא דנזייתא אסור להדוקה ביומא טבא. פי' סתימת גיגית של שכר אסור להדוקה משום סחיטה כדפירש בקונטרס וכן פירש ר"ח אף על גב דלא אשכחן דהוה חייב לסחיטה אלא גבי מים כדאמר בפרק ואלו קשרים (לקמן דף קיג:) גבי היה מהלך בשבת ופגע באמת המים דאמר לנחות במיא אתי לידי סחיטה ובפרק חבית (לקמן דף קמז.) אמר הרוחץ במי מערה ונסתפג באלונטית לא יביאנה בידו ומפרש בגמרא משום דאתי לידי סחיטה ובפרק שואל (לקמן דף קמח.) ובריש המביא כדי יין (ביצה דף ל.) גבי הני נשי דלא משניין ניפרוס סודרא פירוש על הכד דלמא (ג) מיטמיש במיא ואתי לידי סחיטה אבל גבי יין לא גזרינן משום סחיטה כדאמר בפרק חולין (לקמן דף קלט:) מסננין את היין בסודרין

מסורת הש"ס

א) [מנחות דף נו: ע"ש בכורות לג.], ב) גיטין ע., ג) יבמות סה: קדושין לה., ד) ביצה יח: ע"ז כח., ה) [גי' הערוך יגמא], ו) [עי' תוס' לקמן קלד: ד"ה ולין], ז) לקמן קמח. ב"מ קיג., ח) [לעיל סו. וש"נ], ט) ביצה יח., י) שם ותענית יג., כ) בכורות כה. ע"ש כתובות ו. ע"ש, ל) [גי' הערוך מסובריא], מ) [מנחות נח:], נ) [ביצה יח.].

הגהות הב"ח

(א) במשנה לא יסוך כהן יין: (ב) תוס' ד"ה לא ס"ד וכו' אע"ג דסבירא ליה טבילה: (ג) ד"ה האי וכו' על הכד דלמא מיטמיש במיא:

רב נסים גאון

והאמר ר' יוחנן הן הן החזירוני לנערותי. עיקר דילה במסכת גיטין בפרק מי שאחזו קורדיקוס (דף ע) אמר מר מי שאינו בקי בדרך ארץ ליתי תלתא בביזי קרטמי דחדיי ופרוקינהו ונינסלוק כל יומא חדא מינייהו ונימזוג בחמרא ונישתי אמר ר' יוחנן הן הן החזירוני לנערותי: ולר' יוחנן בן ברוקא דאמר על שניהם הוא אומר ויברך אותם אלהים. במשנת יבמות (דף סה) בסוף פרק הבא על יבמתו: אם

תורה אור השלם

א) לֹא תֵאָפֶה חָמֵץ חֶלְקָם נָתַתִּי אֹתָהּ מֵאִשָּׁי קֹדֶשׁ קָדָשִׁים הִוא כַּחַטָּאת וְכָאָשָׁם: [ויקרא ו, י]

ב) כָּל הַמִּנְחָה אֲשֶׁר תַּקְרִיבוּ לַייָ לֹא תֵעָשֶׂה חָמֵץ כִּי כָל שְׂאֹר וְכָל דְּבַשׁ לֹא תַקְטִירוּ מִמֶּנּוּ אִשֶּׁה לַייָ: [ויקרא ב, יא]

ג) וּמָעוּךְ וְכָתוּת וְנָתוּק וְכָרוּת לֹא תַקְרִיבוּ לַייָ וּבְאַרְצְכֶם לֹא תַעֲשׂוּ: [ויקרא כב, כד]

ד) וַיְבָרֶךְ אֹתָם אֱלֹהִים וַיֹּאמֶר לָהֶם אֱלֹהִים פְּרוּ וּרְבוּ וּמִלְאוּ אֶת הָאָרֶץ וְכִבְשֻׁהָ וּרְדוּ בִּדְגַת הַיָּם וּבְעוֹף הַשָּׁמַיִם וּבְכָל חַיָּה הָרֹמֶשֶׂת עַל הָאָרֶץ: [בראשית א, כח]

ה) כַּחֹמֶץ לַשִּׁנַּיִם וְכֶעָשָׁן לָעֵינָיִם כֵּן הֶעָצֵל לְשֹׁלְחָיו: [משלי י, כו]

ליקוטי רש"י

[ההתחלה בדרף קי:] דתניא כל חייבי טבילות. נדה ויולדת טובלים כדרכן [תענית יג.]. בין בתשעה באב בין ביום הכפורים. ואף על פי שאסורין ברחיצה [ביצה יח.]. מסוכרייא דנזייתא. נגרא של חבית שפוקקין בו פיה וסוכרין פקקים [של פשתן] ומטלניות כדי [שיסתום פיו] הנקב יפה [בכורות כה.]. שמתנא נקב גיגית שמוציאין השכר דרך הנקב וסותמין אותו בבגלוי בגדים [כתובות ו.].

עין משפט נר מצוה

מ א מיי' פ"ב מהלכות מעשה קרבנות הל' יד סמג לאוין שנ:

מא ב מיי' פט"ז מהל' א"ב הלכה ט י סמג לאוין קכ טוש"ע אה"ע סי' ה סעיף יא:

מב ג מיי' שם הלכה ו טוש"ע שם סעיף יב:

מג ד מיי' פכ"א מהל' שבת הלכה כב סמג לאוין סה טוש"ע א"ח סי' שכח סעיף לו:

מד ה מיי' שם הלכה כד סמג שם טוש"ע א"ח סי' שכח סעיף לג:

מה ו טוש"ע שם סי' שכ סעיף יח:

רבינו חננאל

החושש בשיניו לא יגמע בהן את החומץ איני והא תניא לא יגמע ויפלוט אבל מגמע ובולע ומשני אביי כי תנן נמי מתני' לא יגמע ויפלוט תנן. רבא אמר אפי' תימא מגמע ובולע והא דתניא שרי לפני טבול כלומ' קודם אכילה שרי. מתניתין דאסר לגמע ולבלוע לאחר והוא לאחר אכילה וממאי דטיבול לשון אכילה הוא דתנן הביאו לפניו מטביל בחזרת עד שמגיע לפרפרת הפת ותוב אבל מטבל במיני תרגימא. ר' יצחק מטבל בירקי. תניא נמי הכי השמש מטבל בבני מעים וטעמא מאי שהחומץ קודם אכילה אינו מרפא אבל לאחר אכילה מרפא. ומפורש בתלמוד א"י מודים חכמים לר' במגמע חומץ של תרומה אחר טיבולו שמשלם קרן וחומש. שהחומץ מיישב את הנפש. ודברי ר' מפורשי' ביוה"כ ואקשינן לרבא והא מדלפני טיבול שרי לאחר טיבול נמי שרי. דשמעינן ליה לרבא דאית ליה הואיל דגרסי' בי"ט פרק [ב'] דתנן [התם] מטבילין כלים מלפני השבת. כ"ע מיהת כלים בשבת לא מ"ט וכל חד אמר טעמא. רבא אמר מפני שנראה כמתקן כלי. ואקשי' אי הכי אדם נמי. ושנינן אדם נראה כמקר ומהוורין בימות החמה ובמים הרעים ג"ש אית ליה אנפא שלא נראה כמתקן כלום ואקשי' התינח בשבת ויוה"כ מי שרי ברחיצה דאמרת נראה כמיקר. אמר רבא הואיל ואשתרי טבילה בשבת אשתרי נמי ביוה"כ הכא נמי לימא רבא הואיל ולפני טיבול שרי ולאחר טיבול נמי שרי וקמה קשיא זו על רבא ושנינן הדר ביה רבא מאין בין לפני טיבול בין לאחר טיבול שרי. ומוקים לה למתני' כדאביי דאמר לא יגמע ויפלוט הא לגמע ולבלוע שרי. ואקשי' ממאי דהאי דטיבול הדר ביה רבא דילמא מדטבילה דיוה"כ הדר ביה ואמר אין טובלין. ושנינן לא דהא תניא בהדיא כל חייבי טבילות טובלין כדרכן בין בט' באב בין ביוה"כ. אלמא אמרי' הואיל והתירה טבילה בשבת התירה נמי ביוה"כ. וכך פירשנו שמועה זו ביום טוב: **החושש** בשיניו לא יסוך יין וחומץ אבל סך הוא שמן ולא שמן וורדים כו'. שמעינן מינה דבני מלכים דרגילי בסיכת שמן וורד בחול לא מסי להו בשבת א) והוא חשוב להן. לפיכך בשבת אסור הלכך בני מלכים ושכיח להו ורגילי ביה לא מסי להו ושרי אבל שאר בני אדם דלא שכיח להו ולא רגילי ביה מסי לפיכך אסור. ר"ש אומר כל ישראל בני מלכים. כלומר כל ישראל מותרין בשמן וורד אמר רב הלכה כר"ש. ודייקינן (לרבי) [דרבי] שמעון ב) לטעמיה לפיכך שנה כל אדם סך חומץ ואינו מתכוין לרפואה ונחת ואינו מתכוין מותר. לפיכך פסק הלכה כר' שמעון ואקשי' ממאי דרב כר"ש סבירא ליה ומה דבר שאין מתכוין מותר והאמר משמיה דרב האי מסוכרייא דנזייתא אסור להדוקה ביומא טבא. פי' כגון

חשק שלמה על רבינו חננאל א) נראה דל"ל אבל שאר בני אדם דלא רגילי בהו והוא חשוב להן לפיכך בשבת אסור וכו': ב) נראה דל"ל לטעמי' דס"ל דדבר שאינו מתכוין מותר לפיכך וכו'.

GOD SAID TO THEM, "BE FRUITFUL AND MULTIPLY,"[16] מַאי אִיכָּא לְמֵימַר – **what is there to say?** This Tanna holds that a woman is also commanded to procreate. Hence, even a woman should be forbidden to drink a potion that causes sterility.

The Gemara answers:

בִּזְקֵינָה – According to this Tanna, the reference is **to an old woman,** who can no longer bear children.[17] אִי נַמִּי בַּעֲקָרָה – **Alternatively,** the reference is **to a barren woman.**[18]

Mishnah The Mishnah continues to discuss the Rabbinic prohibition of medical treatments on the Sabbath: הַחוֹשֵׁשׁ בְּשִׁינָּיו – **One who feels pain in his teeth** לֹא יְגַמַּע בָּהֶן אֶת הַחוֹמֶץ – **may not sip vinegar through them.**[19] אֲבָל מְטַבֵּל הוּא כְּדַרְכּוֹ – **However, he may dip** food into vinegar **in his usual manner,** וְאִם נִתְרַפֵּא – **and if he is** thereby **cured,** נִתְרַפֵּא – **he is cured.**[20] הַחוֹשֵׁשׁ בְּמָתְנָיו – **One who feels pain in his loins** לֹא יָסוּךְ יַיִן וְחוֹמֶץ – **may not smear** them **with wine or vinegar.**[21] אֲבָל סָךְ הוּא אֶת הַשֶּׁמֶן – **However, he may smear** them **with oil,**[22] וְלֹא שֶׁמֶן וֶרֶד – **but not** with **rose oil.**[23] בְּנֵי מְלָכִים סָכִין שֶׁמֶן וֶרֶד עַל מַכּוֹתֵיהֶן – **Princes may smear rose oil on their wounds,** שֶׁכֵּן דַּרְכָּן לָסוּךְ בְּחוֹל – **for such is their custom to smear** rose oil on their bodies even **on weekdays.**[24]

A dissenting view:

רַבִּי שִׁמְעוֹן אוֹמֵר – **R' Shimon says:** כָּל יִשְׂרָאֵל בְּנֵי מְלָכִים הֵם – **All Israel are princes.** Like princes, any Jew may apply rose oil to his wounds on the Sabbath.[25]

Gemara The Gemara raises a difficulty with the Mishnah: רָמֵי לֵיהּ רַב אַחָא אֲרִיכָא דְּהוּא רַב אַחָא בַּר פָּפָּא לְרַבִּי אַבָּהוּ – **The tall Rav Acha, who is Rav Acha bar Pappa, pointed out** the following **contradiction to R' Abahu.** תְּנַן – **We learned in our Mishnah:** הַחוֹשֵׁשׁ בְּשִׁינָּיו – ONE WHO FEELS PAIN IN HIS TEETH לֹא יְגַמַּע בָּהֶן אֶת הַחוֹמֶץ – MAY NOT SIP VINEGAR THROUGH THEM. לְמֵימְרָא דְּחוֹמֶץ מְעַלֵּי לְשִׁינַּיִם – This seems **to indicate that vinegar is good for the teeth!** וְהָכְתִיב – **But it is written**[26] to the contrary: "כַּחֹמֶץ לַשִּׁנַּיִם וְכֶעָשָׁן לָעֵינַיִם" – ***Like vinegar to the teeth and like smoke to the eyes,** so is a lazy person to those who send him.* – ? –

Two solutions are given:

לֹא קַשְׁיָא – This is **not a difficulty,** הָא בְּקִיוּהָא דְּפֵירֵי – because **this** [the verse: *like vinegar to the teeth* etc.] refers **to the acrid juice of** unripe **fruit,**[27] הָא בְּחַלָּא – whereas **this** [our Mishnah] refers **to vinegar.** וְאִיבָּעֵית אֵימָא – **And if you wish, answer** that הָא וְהָא בְּחַלָּא – both **this and that** [the verse and the Mishnah] refer **to vinegar,** and yet there is no contradiction between them, הָא דְּאִיכָּא מַכָּה – because **this** [the Mishnah] speaks of a case **where there is a wound,** הָא דְּלֵיכָּא מַכָּה – where **this** [the verse] refers to a case **where there is no wound.** אִיכָּא מַכָּה מַסֵּי – Where **there is a wound, [vinegar] heals** the teeth; לֵיכָּא מַכָּה מְרַפֵּי – **where there is no wound, [vinegar] loosens** the teeth.[28]

The Mishnah stated:

לֹא יְגַמַּע בָּהֶן אֶת הַחוֹמֶץ – One who feels pain in his teeth MAY NOT SIP VINEGAR THROUGH THEM.

The Gemara asks:

וְהָתַנְיָא – **But it was taught in a Baraisa:** לֹא יְגַמַּע וּפוֹלֵט – ONE MAY NOT SIP vinegar to relieve a toothache AND then SPIT it out, because it would be obvious that he is doing so for therapeutic reasons; אֲבָל מְגַמֵּעַ וּבוֹלֵעַ – HOWEVER, HE MAY SIP the vinegar AND SWALLOW it, because people sometimes sip and swallow vinegar even for non-medicinal purposes. This Baraisa contradicts our Mishnah, which implies that sipping vinegar for a toothache is forbidden even if one swallows the vinegar.[29] – ? –

The Gemara answers:

אָמַר אַבַּיֵי – **Abaye said:** כִּי תְּנַן נַמִּי מַתְנִיתִין – **Our Mishnah, too,** – **when it teaches** that sipping vinegar is prohibited, מְגַמֵּעַ וּפוֹלֵט תְּנַן – **it teaches** this only in a case where **he sips and** then **spits** out the vinegar. But if he swallows the vinegar it is permitted, as the Baraisa stated.[30]

NOTES

16. *Genesis* 1:28. R' Yochanan ben Beroka understands that God addressed His command to Eve, the progenitor of womankind, as well as to Adam.

17. An old woman cannot become fertile again except through a miracle (*Ritva MHK* ed.).

18. The Gemara could also have answered that the reference is to a barren man, i.e. a man whose reproductive system was defective from birth (*Chidushei HaRan*). Since there are symptoms of his condition which are external and evident to all (see *Yevamos* 80b), the prohibition of "castrating one who is already castrated" would not apply to him, as explained in note 12 (*Minchas Chinuch* 291:4; cf. *Chasam Sofer* to 110b ד״ה אלא and *Chazon Ish, Orach Chaim* 62:26, who maintain that it is forbidden to "castrate" even one who was sterile from birth).

19. Rinsing one's mouth with vinegar strengthens the gums (*Rambam, Commentary to the Mishnah*). Since healthy people do not normally sip vinegar, this is an overt form of medication and is prohibited.

[In view of the fact that the Mishnah does not specify otherwise, the Gemara initially assumes that it forbids sipping vinegar regardless of whether one swallows it or spits it out.]

20. Eating bread or other foods dipped in vinegar was a common practice. Therefore, it is not apparent that this person is doing so for medicinal purposes.

21. Since no one anoints himself with these liquids except for therapeutic purposes (*Rashi*), his intention is obvious.

22. Healthy people also anoint themselves with oil.

23. I.e. oil in which roses had been boiled for many days in the sun (*Chidushei HaRan*).

Since rose oil is rare and expensive, people do not anoint themselves with it except for therapeutic purposes (*Rashi*).

24. Princes could afford to anoint themselves with rose oil even for purposes of pleasure, when they are not wounded at all (*Rashi*). Therefore, even if they apply it to a wound, it is not evident that this is being done for medicinal reasons.

25. R' Shimon's reason is that the halachah does not discriminate between different groups. Whatever is permitted for one group should be permitted for another (*Rashi* to 111b ד״ה דאילו; cf. *Tosafos* ד״ה למימרא et al.). [It should be noted that this expression, "All Israel are princes," carries different meanings in other contexts; see, for example, 67a and 128a (*Chidushei HaRan* to 111b ד״ה ובאתרא; cf. *Rashba*).]

26. *Proverbs* 10:26.

27. The juice of immature grapes is harmful to the teeth (*Rashi*). [The verse describes it as חֹמֶץ, *vinegar,* because it too is an acrid product of the grape.]

28. It shrinks the gums, thus loosening the teeth (*Rashi*).

29. See note 19.

30. According to this answer, when the Mishnah prohibits sipping vinegar, it refers specifically to a case in which one spits out the vinegar. Swallowing the vinegar, however, is permitted.

However, if this is so, the Mishnah could have stated that one may even sip vinegar if he swallows it. It teaches instead that dipping one's food in vinegar is permitted, only because that is the more typical case (*Tosafos;* cf. *Sfas Emes* and *Meromei Sadeh*).

הכל מודים במחמץ אחר מחמץ שהוא חייב שנאמר לא תאפה חמץ לא תעשה חמץ במסרס אחר מסרס שהוא חייב שנאמר ומעוך וכתות ונתוק וכרות אם על כרות חייב על נתוק לא כל שכן אלא להביא נותק אחר כורת שהוא חייב ואלא בזקן והאמר ר' יוחנן הן הן החזירוני לנערותי אלא באשה ולר' יוחנן בן ברוקא דאמר על שניהם הוא אומר ויברך אותם אלהים ויאמר להם פרו ורבו מאי איכא למימר בזקינה אי נמי בעקרה: **מתני'** החושש בשיניו לא יגמע בהן את החומץ אבל מטבל הוא כדרכו ואם נתרפא נתרפא החושש במתניו לא יסוך יין וחומץ אבל סך הוא את השמן ולא שמן וורד בני מלכים סכין שמן ורד על מכותיהן שכן דרכן לסוך בחול ר"ש אומר כל ישראל בני מלכים הם: **גמ'** רמי ליה רב אחא אריכא דהוא רב אחא בר פפא לר' אבהו תנן החושש בשיניו לא יגמע בהן את החומץ למימרא דחומץ מעלי לשינים והכתיב כחומץ לשנים וכעשן לעינים לא קשיא הא בקיוהא דפרי הא בחלא ואיבעית אימא הא והא בחלא הא דאיכא מכה הא דליכא מכה איכא מכה מסי ליכא מכה מרפי: לא יגמע בהן את החומץ: והתניא לא יגמע ופולט אבל מגמע ובולע אמר אביי כי תנן נמי מתני' מגמע ופולט תנן רבא אמר אפי' תימא מגמע ובולע כאן לפני טיבול כאן לאחר טיבול ונימא מדלפני טיבול שרי לאחר טיבול נמי שרי דשמעינן ליה לרבא דאית ליה הואיל דאמר רבא ליכא מידי דבשבת שרי וביום הכפורים אסור הואיל דבשבת שרי ביוה"כ נמי שרי הדר ביה רבא מהך ממאי דמהך הדר ביה דילמא מההיא הדר ביה לא ס"ד דתניא כל חייבי טבילות טובלין כדרכן בין בט' באב בין ביוה"כ: החושש במתניו כו': אמר ר' אבא בר זבדא אמר רב הלכה כר' שמעון למימרא דרב כר' שמעון סבירא ליה והאמר רב שימי בר חייא משמיה דרב האי מסוכרייא דנזייתא אסור

רש"י

הכל מודים. אע"פ שנחלקו בבכור שאחזו דם אי מקיזין או אין מקיזין דהוי מטיל מום בבעל מום ואיכא למאן דשרי להקיזו ולעשות בו מום מודים הם במחמץ מנחה אחר מחמץ שכל עשיותיה של מנחה נאסרו בחימוץ: **דכתיב לא תאפה חמץ לא תעשה חמץ.** אפייה בכלל היתה ולמה יצאת להקיש אליה מה אפייה מיוחדת שהיא מעשה וחייבין עליה בפני עצמה כו' והכל מודים שאם לשה הראשון בחימוץ ובא השני וערכה בחימוץ והשלישי אפאה כולם חייבין: **כורת.** שאינו נותקן לגמרי אלא מותכן ותלויין בכיס: **אלא בזקן.** שפסק מלידה: **והא אמר ר' יוחנן.** בפרק מי שאחזו במסכת גיטין: **הן הן החזירוני לנערותי.** הרפואות האמורות שם למי שאינו בריא בתשמיש ואמר ר' יוחנן לאחר שזקנתי החזירוני אותן רפואות לנערותי לתשמיש אלמא זקן מוליד: **אלא באשה.** שאינה מצווה בפריה ורביה כדאמרי' ביבמות פרו ורבו ומלאו את הארץ וכבשוה איש דרכו לכבש ואין דרכה של אשה לכבש: **מתני' מטבל כדרכו.** מאכלו ופתו בחומץ: **לא יסוך בהן יין וחומץ.** דאין אדם סך אותו אלא לרפואה: **אבל לא שמן וורד.** לפי שדמיו יקרין ואינו מצוי ומוכחא מילתא דלרפואה עביד: **שכן דרכן לסוך בחול.** בלא מכה: **גמ' קיוהא.** יין שלא נתבשל כל צרכו בענביו קשה לשינים: **ליכא מכה מרפי.** לוחת הבשר והשינים נרפים ורחוקין זה מזה דשיילי"ר בלעז: **לא יגמע ופולט.** דמוכח דלרפואה היא: **לפני טיבול.** לפני אכילה מותר שדרכן היה לטבול בחומץ בכל יום והרואה אומר זהו טיבולו ולאחר טיבול אסור הכל יודעין שכבר סעד וטבל כל צרכו: **ונימא מדלפני טיבול שרי כו'.** דאין לך שאסור למקצת השבת ומותר למקצתו דהא שמעינן לרבא בפרק י"ט במסכת ביצה דאמר גבי טבילה הואיל כבי האי גוונא דקתני התם דאין מטבילין כלים בשבת ואדם טובל ואמרינן כלים מ"ט לא ואמר רבא מפני שנראה כמתקן כלי אבל אדם נראה כמיקר ואמרי' תינח בשבת דשריא רחיצה ביוה"כ דאסור רחיצה והכל יודעין דטובל הוא ומתקן עצמו מאי איכא למימר הא איכא למיגזר אטו מתקן עור נבי ואמר רבא ליכא מידי דאיסור שבת דבשבת לישתרי וביוה"כ ליתסר והואיל ובשבת לא הוה למיסריה ביוה"כ נמי לא גזור עליה: **הכא** גרסי' הדר ביה רבא מהא. דקודם טיבול ומוקי מתניתין במגמע ופולט כאביי וזו נאמרה תחלה והדר ביה: **דילמא מההיא** הדר ביה. וסבר דביום הכפורים אסור לטבול ולא אמרינן הואיל והיא איתמר ברישא: **למימרא דרב.** בקולי (נ"א בכולי) שבת סבירא ליה כר' שמעון והא אמר כו': **האי מסוכרייא.** בגד כורכין בברזא חבית של חרס מפני שאין הנקב שוה: אסור

תוספות

להביא נותק אחר כורת כו'. פירש"י דכורת היינו שכורת בכיס ממקום מיבורן ועדיין הם בכיס ונותק הוי שנותקן מן הכיס ומשליכן לארץ קשה לר"י דבפרק על אלו מומין (בכורות דף לט:) קאמר דנתוק וכרות לא הוי מום בגלוי דהא ליתנהו פי' ליתנהו בכיס ונראה לר"י דכרות הוי שלא נכרתו לגמרי ממקום מיבורן אלא עדיין מעורים קצת ונתוק היינו שניתקו לגמרי אלא שהם בכיס: **אלא** בזקן. הכא לא שייך למיפרך משום מסרס אחר מסרס דזקנה לאו סירוס היא: **בזקנה** ובעקרה. באשה נמי לא שייך בה מסרס אחר מסרס דאין שייך בה סירוס: **כי** תנן נמי מתניתין במגמע ופולט תנן. וסיפא דקתני אבל מטבל הוא כדרכו ה"ה דה"מ לא למיתני במגמע ובולע אלא אורחא דמילתא נקט: **לא** ס"ד דתניא כל חייבי טבילות טובלין כדרכן. תימה מנא לן דמהא הדר ביה דילמא מטעם דמפרש התם דאין מטבילין בשבת משום דמיחזי כמתקן כלי ויפרש דאסור לטבול משום גזירה שמא יעבירנו ד' אמות ברה"ר או כשאר טעמי דמפרש התם והני טעמי לא שייכי באדם הלכך מותר ביוה"כ בלא טעמא דהואיל דלכולהו אמוראי לא פריך התם ביוה"כ ליתסר אלא לרבא ואומר ר"י דלא מסתבר להפוכי תרי מילי משום חדא דתרי מילי נינהו חדא מטעם דנראה כמתקן וחדא הא מילתא דאית ליה הואיל ולהכי ניחא ליה טפי למימר דהדר מהך דהכא ויהיו שני דבריו קיימים וא"ת ונוקי הך ברייתא דטובלין כדרכן כמ"ד טבילה בזמנה מצוה ורבא כמ"ד לאו מצוה וי"ל משום דטבילה בזמנה מצוה לא הוה שרינן איסור תיקוני מנא ובפרק כל כתבי הקדש (לקמן דף קכא.) משמע דלפי' למ"ד טבילה בזמנה לאו מצוה לא צריך לכל חייבי טבילות דתניא התם ר' יוסי אומר מן המנחה ולמעלה אינו צריך לטבול משמע דלא בעי טביל אע"ג דסבירא (ב) טבילה בזמנה לאו מצוה וא"ת דתניא בפרק בתרא דיומא (פח.) הזב והזבה והנדה וטמא מת טובלין ביוה"כ טמא מת היכי טביל ומה מועלת לו אותה טבילה הא אין טבילה בלא הזאה והזאה לא דחי יוה"כ כי היכי דלא דחיא שבת כדאמרינן בפסחים פרק אלו דברים (דף סט.) וליכא למימר שתועיל לו טבילה לענין שיוכל להזות למחר דהא תנן בסוף מסכת פרה דהוא עצמו טובל בלילה ומזה ביום משמע שצריך להזות ביום שטבל וי"ל דלעולם אין צריך לטבול ביום הזאה והתם קמ"ל דיכול לטבול בלילה אע"ג דטבילה היא כתחלת הזאה דאין הזאה בלא טבילה והזאה ביום היא א"נ התם איירי בטבילה דלאחר הזאה כדאמר בספרא הקדים טבילה להזאה לא עשה ולא כלום משמע דאיכא נמי טבילה לאחר הזאה: **טובלין** כדרכן בין בט' באב בין כו'. בפ"ק דתענית (דף יג.) פליג עליה ר' חנינא סגן הכהנים ואמר כדי הוא בית אלהינו לאבד עליו טבילה אחת בשנה והלכתא כוותיה כדאמר בירושלמי: **למימרא** דרב כר"ש ס"ל. פי' בקונט' למימרא דרב בכולי שבת כר' שמעון סבירא ליה ולי נראה דאם כן הוה ליה לאקשויי מכרכי דזוזי דרב אסר בפרק קמא (דף יט:) וכמה אמוראין דמחלקין באיסורי שבת כדאמר בפרק מפנין (לקמן קכח.) במוקצה לאכילה סבר לה כר' יהודה במוקצה לטלטול כו' ונראה לר"ת דמשמע ליה דטעמא דר' שמעון במתני' משום דשרי דבר שאין מתכוין ות"ק אסר ליה אפי' לתענוג משום דזימנין לרפואה קעביד ואסר בעלמא דבר שאין מתכוין ור"ש דמקיל בעלמא קשרי נמי הכא בשאין מתכוין לרפואה והשתא אתי שפיר: **האי** מסוכרייתא דנזייתא אסור להדוקה ביומא טבא. פי' סתימת גיגית של שכר אסור להדוקה משום סחיטה כדפירש בקונטרס וכן פירש ר"ח אף על גב דלא אשכחן דהוה חייש לסחיטה אלא גבי מים כדאמר בפרק ואלו קשרים (לקמן דף קיג:) גבי היה מהלך בשבת ופגע באמת המים דאמר לנחות במיא אתי לידי סחיטה ובפרק חבית (לקמן דף קמז.) אמר הרוחץ במי מערה ונסתפג באלונטית לא יביאנה בידו ומפרש בגמרא משום דאתי לידי סחיטה ובפרק שואל (לקמן דף קמח.) ובריש המביא כדי יין (ביצה דף ל.) גבי הני נשי דלא משניין ניפרוש סודרא פירוש על הכד דלמא (ג) מישמיט במיא ואתי לידי סחיטה אבל גבי יין לא גזרינן משום סחיטה כדאמר בפרק תולין (לקמן דף קלט:) מסננין את היין בסודרין וטעמא

מסורת הש"ס

א) [מנחות דף נו: ע"ש בכורות לג:], ג) יבמות סה: גיטין ע. קדושין לה., ד) [גי' הערוך ינמא], ו) [עי' תוס' לקמן קלד: ד"ה ואין], ז) לקמן קכח. ב"מ קיג:, ח) [לעיל סו. וש"נ], ט) ביצה יח., י) שם ותענית יג., כ) בכורות ו. ע"ש, ל) [גי' הערוך מסוברייא], מ) [מנחות נה:], נ) [ביצה יח.].

הגהות הב"ח

(א) במשנה לא יסוך בהן יין: (ב) תוס' ד"ה לא ס"ד וכו' אע"ג דסבירא ליה טבילה: (ג) ד"ה האי וכו' על הכד דילמא מיטמיט במיא:

רב נסים גאון

והאמר ר' יוחנן הן הן החזירוני לנערותי. עיקר דילה במסכת גיטין בפרק מי שאחזו קורדייקוס (דף ע) אמר אביי מי שאינו בקי בדרך ארץ ליתי תלתא בביזי קרטמי דחדרי ופרוקנהו ונישלוק כל יומא חדא מינייהו ונימזוג בחמרא ונישתי אמר ר' יוחנן הן הן החזירוני לנערותי: **ולר'** יוחנן בן ברוקא דאמר על שניהם הוא אומר ויברך אותם אלהים. במשנת יבמות (דף סה) בסוף פרק הבא על יבמתו: אם

תורה אור השלם

א) לֹא תֵאָפֶה חָמֵץ חֶלְקָם נָתַתִּי אֹתָהּ מֵאִשָּׁי קֹדֶשׁ קָדָשִׁים הוּא כַּחַטָּאת וְכָאָשָׁם: [ויקרא ו, י]

ב) כָּל הַמִּנְחָה אֲשֶׁר תַּקְרִיבוּ לַייָ לֹא תֵעָשֶׂה חָמֵץ כִּי כָל שְׂאֹר וְכָל דְּבַשׁ לֹא תַקְטִירוּ מִמֶּנּוּ אִשֶּׁה לַייָ: [ויקרא ב, יא]

ג) וּמָעוּךְ וְכָתוּת וְנָתוּק וְכָרוּת לֹא תַקְרִיבוּ לַייָ וּבְאַרְצְכֶם לֹא תַעֲשׂוּ: [ויקרא כב, כד]

ד) וַיְבָרֶךְ אֹתָם אֱלֹהִים וַיֹּאמֶר לָהֶם אֱלֹהִים פְּרוּ וּרְבוּ וּמִלְאוּ אֶת הָאָרֶץ וְכִבְשֻׁהָ וּרְדוּ בִּדְגַת הַיָּם וּבְעוֹף הַשָּׁמַיִם וּבְכָל חַיָּה הָרֹמֶשֶׂת עַל הָאָרֶץ: [בראשית א, כח]

ה) כַּחֹמֶץ לַשִּׁנַּיִם וְכֶעָשָׁן לָעֵינָיִם כֵּן הֶעָצֵל לְשֹׁלְחָיו: [משלי י, כו]

ליקוטי רש"י

[ההתחלה בדף קי:] **דתניא כל חייבי טבילות.** נדה וזב ויולדת טובלים כדרכן [תענית יג.]. **בין בתשעה באב בין ביום הכפורים.** ואף על פי שאסורין ברחיצה [ביצה שם]. **מסוכרייא דנזייתא.** ברזא של חבית שכורכין סביבותיה מטלית [של פשתן] ומעמידין כדי [שיסתום פין] הנקב יפה [בכורות כה.]. סתימת נקב גיגית שמולאין השכר דרך הנקב וסותמין אותו בבלאי בגדים [כתובות ו.].

עין משפט נר מצוה

מ א מיי' פי"ב מהלכות מעשה קרבנות הל' יד סמג לאוין של:

מא ב מיי' פט"ז מהל' א"ב הלכה ט י סמג לאוין קכ טוש"ע אה"ע סי' ה סעיף יא:

מב ג מיי' שם הלכה ו טוש"ע שם סעיף יב:

מג ד מיי' פכ"א מהל' שבת הלכה כב סמג לאוין סה טוש"ע א"ח סי' שכח סעיף לא:

מד ה מיי' שם הלכה כד סמג שם טוש"ע שם סעי' לב:

מה ו טוש"ע שם סי' שכ סעיף יח:

רבינו חננאל

החושש בשיניו לא יגמע בהן את החומץ איני והא תניא לא יגמע ויפלוט אבל מגמע ובולע ומשני אביי כי תנן נמי מתני' לא יגמע ויפלוט תנן. רבא אמר אפי' תימא מגמע ובולע והא דתניא שרי לפני טבול כלומ' קודם אכילה שרי. מתניתין דאסר לגמע ולבלוע לאחר והוא לאחר אכילה וממאי דטיבול לשון אכילה הוא דתנן הביאו לפניו מטביל בחזרת עד שמגיע לפרפרת הפת ותוב אבל מטבל במיני תרגימא. ר' יצחק מטבל בירקי. תניא נמי הכי השמש מטבל בבני מעים וטעמא מאי שהחומץ קודם אכילה אינו מרפא אבל לאחר אכילה מרפא. ומפורש בתלמוד א"י מודים חכמים לר' במגמע חומץ של תרומה אחר טיבולו שמשלם קרן וחומש. שהחומץ מיישב את הנפש. ודברי ר' מפורשי' ביוה"כ ואקשינן לרבא והא מדלפני טיבול שרי לאחר טיבול נמי שרי. דשמעינן ליה לרבא דאית ליה הואיל דגרסי' בי"ט פרק [ב'] דתנן [התם] מטבילין כלים מלפני השבת. כ"ע מיהת כלים בשבת לא מ"ט וכל חד אמר טעמא. רבא אמר מפני שנראה כמתקן כלי. ואקשי' אי הכי אדם נמי. ושנינן אדם נראה כמקר ומהוורינן בימות הגשמים ובמים הרעים ג"כ אית ליה אנפא שלא נראה כמתקן כלום ואקשי' התינח בשבת ויוה"כ מי שרי ברחיצה דאמרת נראה כמיקר. אמר רבא הואיל ואישתרי טבילה בשבת אשתרי נמי ביוה"כ הכא נמי לימא רבא הואיל ולפני טיבול שרי לאחר טיבול נמי שרי וקמה קשיא זו על רבא ושנינן הדר ביה רבא ואמר בין לפני טיבול בין לאחר טיבול ומוקים לה למתני' כדאביי דאמר לא יגמע ויפלוט תנן אבל לגמע ולבלוע שרי. ואקשי' ממאי דהאי דטיבול הדר ביה דלמא מטבילה הדר ביה ואמר אין טובלין. ושנינן לא דהא תניא בהדיא כל חייבי טבילות טובלין כדרכן בין בט' באב בין ביוה"כ. אלמא אמרי' הואיל והתירה טבילה בשבת התירה נמי ביוה"כ. וכן פירשנו שמועה זו ביום טוב: **החושש** בשיניו לא יסוך יין וחומץ אבל סך הוא שמן ולא שמן וורדים כו'. שמעינן מינה דבני מלכים דרגילי בסיכת שמן וורד בחול לא מסי להו בשבת א) והוא חשוב להן. לפיכך אסור הלכך בני מלכים ושכיח להו ורגילי ביה לא מסי להו ושרי אבל שאר בני אדם דלא שכיח להו ולא רגילי ביה מסי לפיכך אסור. ר"ש אומר כל ישראל בני מלכים. כלומר כל ישראל מותרין בשמן וורד אמר רב הלכה כר"ש. ודייקינן (לרבי) [דרבי] שמעון ב) לטעמיה לפיכך שנה כל אדם סך כדרכו ואינו מתכוין לרפואה ואם נתרפא נתרפא ואקשי' למימרא דרב כר' שמעון סבירא ליה דאמר דבר שאין מתכוון מותר. לפיכך פסק הלכה כר' שמעון והאמרי משמיה דרב האי מסוברייא דנזייתא אסור להדוקא ביומא טבא. פי' כגון

חשק שלמה על רבינו חננאל א) נראה דצ"ל אבל שאר בני אדם דלא רגילי בהו והוא חשוב להן לפיכך בשבת אסור וכו': ב) נראה דצ"ל לטעמי' דס"ל דדבר שאינו מתכוין מותר לפיכך וכו':

A different answer:

רָבָא אָמַר – But Rava says: אֲפִילוּ תֵּימָא מְגַמֵּעַ וּבוֹלֵעַ – You can even say that our Mishnah prohibits **sipping and swallowing,** and still, it does not contradict the Baraisa, because the Mishnah and Baraisa are referring to different circumstances. **כָּאן לִפְנֵי טִיבּוּל – Here** [in the Baraisa], the reference is to one who sips and swallows vinegar **before dipping,** i.e. before a meal, **כָּאן לְאַחַר טִיבּוּל** – whereas **here** [in our Mishnah] the reference is to one who does so **after dipping,** i.e. after a meal.[31]

The Gemara, however, notes that this contradicts a different statement by Rava:

וְנֵימָא מִדְּלִפְנֵי טִיבּוּל שָׁרֵי – But let him say that **"since" it is permitted** to swallow vinegar **before dipping,** i.e. before a meal, **לְאַחַר טִיבּוּל נַמִּי שָׁרֵי** – it must **also be permitted after dipping,** i.e. after a meal! **דְּשָׁמְעִינַן לֵיהּ לְרָבָא דְּאִית לֵיהּ הוֹאִיל – For we have heard that Rava holds of** the principle of **"since," דְּאָמַר רָבָא – because Rava has said: לֵיכָּא מִידִי דְּבְשַׁבָּת שָׁרֵי – There is nothing** pertaining to *melachah* **that is permitted on the Sabbath וּבְיוֹם הַכִּפּוּרִים אָסוּר – and prohibited on Yom Kippur. הוֹאִיל דְּבְשַׁבָּת שָׁרֵי** – Rather, we say that **"since"** it is **permitted on the Sabbath, בְּיוֹם הַכִּפּוּרִים נַמִּי שָׁרֵי – it is permitted on Yom Kippur as well.**[32] Therefore, here too Rava should rule that "since" swallowing vinegar is permitted before a meal, it should be permitted after a meal.[33] – ? –

The Gemara concedes that Rava's two statements are contradictory:

הָדַר בֵּיהּ רָבָא מֵהַךְ – Upon adopting the principle of "since," **Rava retracted that** answer with which he reconciled the rulings of the Mishnah and Baraisa regarding sipping vinegar on the Sabbath.[34]

The Gemara questions this:

מִמַּאי דְּמֵהַךְ הָדַר בֵּיהּ – From what is it evident **that he retracted that** ruling about vinegar, which disregarded the principle of "since"? **דִּילְמָא מֵהַהִיא הָדַר בֵּיהּ – Perhaps he retracted this** statement in which he ruled that immersion is permitted on Yom Kippur "since" it is permitted on the Sabbath![35]

The Gemara replies:

לֹא סָלְקָא דַּעְתָּךְ – It should not enter your mind that Rava retracted his statement regarding immersion and prohibited it on Yom Kippur. **דְּתַנְיָא – For it was taught in a Baraisa: כָּל חַיָּיבֵי טְבִילוֹת טוֹבְלִין כְּדַרְכָּן – ALL THOSE REQUIRING IMMERSION**[36] **MAY IMMERSE IN THEIR NORMAL MANNER בֵּין בְּתִשְׁעָה בְּאָב בֵּין בְּיוֹם הַכִּפּוּרִים – BOTH ON TISHAH B'AV AND ON YOM KIPPUR.**[37]

The Mishnah stated:

הַחוֹשֵׁשׁ בְּמָתְנָיו כוּ' – ONE WHO FEELS PAIN IN HIS LOINS etc.

The Mishnah proceeded to cite a dispute between the Tanna Kamma and R' Shimon as to whether an ordinary person (i.e. not a prince) may smear rose oil on his wounds on the Sabbath. The Gemara records a legal decision on this matter:

אָמַר רַבִּי אַבָּא בַּר זַבְדָּא אָמַר רַב – R' Abba bar Zavda said in the name of Rav: הֲלָכָה כְּרַבִּי שִׁמְעוֹן – The law follows the view of **R' Shimon** that even ordinary people may use rose oil on the Sabbath.

The Gemara notes a contradiction between this and another statement of Rav:

לְמֵימְרָא דְּרַב כְּרַבִּי שִׁמְעוֹן סְבִירָא לֵיהּ – This seems **to indicate that Rav agrees with** all the lenient rulings of **R' Shimon** regarding the Sabbath![38] **וְהָאָמַר רַב שִׁימִי בַּר חִיָּיא מִשְּׁמֵיהּ דְּרַב – But Rav Shimi bar Chiya has said in the name of Rav: הַאי מְסוּכְרַיָּיא דְּנַזְיָיתָא – This stopper of a barrel,**[39]

NOTES

31. In Talmudic times, it was customary to dip the food; hence, meals were called "dipping" (see *Rashi* here and to *Beitzah* 18b; see also *Rashi* and *Rashbam* to *Pesachim* 114a ד"ה מטבל בחזרת). Accordingly, if someone swallows vinegar before a meal, it is not evident that he is doing so for therapeutic reasons, for it appears that he is beginning his meal. However, this is forbidden after a meal, because at that point one does not take vinegar except as a medication (*Rashi*).

32. The Mishnah in *Beitzah* (17b) permits one to ritually immerse himself in a *mikveh* on the Sabbath. Rava (ibid. 18a) explains that this is permitted because one does not necessarily appear to be undergoing ritual immersion; he might simply be bathing. [Otherwise, immersion would be Rabbinically forbidden, because purifying a person through immersion resembles the *melachah* of מְתַקֵּן, *repairing* (see *Rashi* ד"ה ונימא, *Tosafos* ד"ה לא and *Leshon HaZahav*).] The Gemara there objects that this explanation is valid only regarding the Sabbath, when one is allowed to bathe (see *Mishnah Berurah* 326:24). A Baraisa, however, permits immersion even on Yom Kippur, when bathing [for pleasure] is forbidden. [Thus, although ritual immersion does not fall under the specific prohibition of washing on Yom Kippur (see *Tosafos, Tos. HaRosh* and *Rashba*), it should be prohibited Rabbinically for the above reason.] To this, Rava responded that "since" immersion in a *mikveh* is permitted on the Sabbath, it is also permitted on Yom Kippur (*Rashi*). It is illogical that an act that was not banned on the Sabbath as a form of *melachah* should be restricted on Yom Kippur, on which the penalty for performing *melachah* is less severe. [On the Sabbath, the penalty for *melachah* is capital punishment; on Yom Kippur, the penalty is only *kares* (excision)] (*Rashi* to *Beitzah* 18b).

[This principle of "since" serves to permit only activities that would otherwise be forbidden by Rabbinic decree. It cannot alleviate Biblical prohibitions (*Ritva* MHK ed.).]

33. The principle of "since" would dictate that there is no act which is forbidden for one part of the Sabbath and permitted for another part (*Rashi*).

34. At first, Rava resolved the contradiction between the Mishnah and Baraisa by differentiating between swallowing vinegar *before* a meal and doing so *after* a meal. But when he subsequently adopted the principle of "since," he had to retract that solution. Instead, he reconciled the Mishnah and Baraisa as Abaye did – viz. by asserting that the Mishnah forbids only swallowing and spitting out (*Rashi*).

35. Perhaps Rava first stated the principle of "since." At a later date, he reconciled our Mishnah and the Baraisa by distinguishing between before and after a meal, thus showing that he had subsequently retracted that principle. If, as suggested here, Rava did indeed retract the principle of "since," he would rule that immersion is forbidden on Yom Kippur (*Rashi*).

36. E.g. a *niddah* or a woman who has given birth (*Rashi* to *Taanis* 13a).

37. Rava cannot explain this Baraisa's permit except with the principle of "since" (see note 32). It is thus evident that he retracted his (original) solution of the contradiction between the Mishnah and Baraisa, which ran counter to that principle.

[It should be noted that the Baraisa's permit to immerse oneself on Yom Kippur and Tishah B'Av does not apply nowadays (*Orach Chaim* 554:8 and 613:12; see *Tosafos* to *Beitzah* 18b ד"ה כל).]

38. The Gemara knew through tradition that if Rav agrees with this leniency of R' Shimon's, it is because he has a general policy of ruling leniently in matters concerning the Sabbath (*Rashi*, as explained by *Ramban* and *Ran MHK* ed.; see also *Ritva MHK* ed.; see, however, *Rashba;* cf. *Tosafos* and *Rashba*, who give different explanations of the Gemara's assumption).

39. A cloth wrapped around the faucet of an earthen barrel, which served to seal any gaps between the faucet and the barrel (*Rashi;* cf. *Rashi* to *Kesubos* 6a).

הכל מודים במחמץ אחר מחמץ שהוא חייב שנאמר לא תאפה חמץ לא תעשה חמץ במסרס אחר מסרס שהוא חייב שנאמר ומעוך וכתות ונתוק וכרות אם על כרות חייב על נתוק לא כל שכן אלא להביא נותק אחר כורת שהוא חייב ואלא בזוקן והאמר ר' יוחנן הן הן החזירוני לנערותי אלא באשה ולר' יוחנן בן ברוקא דאמר על שניהם הוא אומר ויברך אותם אלהים ויאמר להם פרו ורבו מאי איכא למימר בזקינה אי נמי בעקרה: **מתני'** החושש בשיניו לא יגמע בהן את החומץ אבל מטבל הוא כדרכו ואם נתרפא נתרפא החושש במתניו לא יסוך (א) יין וחומץ אבל סך הוא את השמן ולא שמן וורד בני מלכים סכין שמן וורד על מכותיהן שכן דרכן לסוך בחול ר"ש אומר כל ישראל בני מלכים הם: **גמ'** רמי ליה רב אחא אריכא דהוא רב אחא בר פפא לר' אבהו תנן החושש בשיניו לא יגמע בהן את החומץ למימרא דחומץ מעלי לשינים והכתיב כחומץ לשינים וכעשן לעינים לא קשיא הא בקיוהא דפרי הא בחלא ואיבעית אימא הא והא בחלא הא דאיכא מכה הא דליכא מכה איכא מכה מסי ליכא מכה מרפי: לא יגמע בהן את החומץ: והתניא לא יגמע ופולט אבל מגמע ובולע אמר אביי כי תנן נמי מתני' מגמע ופולט תנן רבא אמר אפי' תימא מגמע ובולע כאן לפני טיבול כאן לאחר טיבול ונימא מדלפני טיבול שרי לאחר טיבול נמי שרי דשמעינן ליה לרבא דאית ליה הואיל דאמר רבא ליכא מידי דבשבת שרי וביום הכפורים אסור הואיל דבשבת שרי ביוה"כ נמי שרי הדר ביה רבא מהך ממאי דמהך הדר ביה דילמא מההיא הדר ביה לא ס"ד דתניא כל חייבי טבילות טובלין כדרכן בין בט' באב בין ביוה"כ: החושש במתניו כו': אמר ר' אבא בר זבדא אמר רב הלכה כר' שמעון למימרא דרב כר' שמעון סבירא ליה והאמר רב שימי בר חייא משמיה דרב האי מסוכרייא דנזייתא אסור

רש"י

הכל מודים. אע"פ שנחלקו בבכור שאחזו דם אי מקיזין או אין מקיזין דהוי מטיל מום בבעל מום ואיכא למאן דשרי להקיזו ולעשות בו מום מודים הם במחמץ מנחה אחר מחמץ שכל עשייתה של מנחה אסורה בחימוץ: דכתיב לא תאפה חמץ לא תעשה חמץ. אפייה בכלל היתה ולמה יצאת להקיש אליה מה אפייה מיוחדת שהיא מעשה וחייבין עליה בפני עצמה כו' והכל מודים שאם לשה הראשון בחימוץ ובא השני וערכה בחימוץ והשלישי אפאה כולם חייבין: כורת. שאינו נותקן לגמרי אלא חותכן ותלויין בכיס: אלא בזקן. שפסק מלידה: והא אמר ר' יוחנן. בפרק מי שאחזו במסכת גיטין: הן הן החזירוני לנערותי. הרפואות האמורות שם למי שאינו בריא בתשמיש ואמר ר' יוחנן לאחר שזקנתי החזירוני אותן רפואות לנערותי לתשמיש אלמא זקן מוליד: אלא באשה. שאינה מצווה בפריה ורביה כדאמרי' ביבמות פרו ורבו ומלאו את הארץ וכבשוה איש דרכו לכבש ואין דרכה של אשה לכבש: מתני' מטבל כדרכו. מאכלו ופתו בחומץ: לא יסוך בהן יין וחומץ. דאין אדם סך אותו אלא לרפואה: אבל לא שמן וורד. לפי שדמיו יקרין ואינו מצוי ומוכחא מילתא דלרפואה עביד: שכן דרכן לסוך בחול. בלא מכה: גמ' קיוהא. יין שלא נתבשל כל צרכו בענביו קשה לשינים: ליכא מכה מרפי. לוחת הבשר והשינים נרפים לרוקקן זה מזה דשיילי"ר מתמללות: לא יגמע ופולט. דמוכח דלרפואה היא: לפני טיבול. לפני אכילה מותר שדרכן היה לטבול בחומץ בכל יום והרואה אומר זהו טיבולו ולאחר טיבול אסור שהכל יודעין שכבר סעד וטבל כל צרכו: ונימא מדלפני טיבול שרי כו'. דאין לך שאסור למקצת השבת ומותר למקצתו דהא שמעינן לרבא בפרק י"ט במסכת ביצה דאמר גבי טבילה הואיל בכי האי גוונא דקתני התם דאין מטבילין כלים בשבת ואדם טובל ואמרינן כלים מ"ט לא אמר רבא מפני שנראה כמתקן כלי אבל אדם נראה כמיקר ואמרי' תינח בשבת דשריא רחיצה ביוה"כ דאסור רחיצה והכל יודעין דטובל הוא ומתקן עצמו מאי איכא למימר הא איכא למיגזר אטו מתקן עור נבי ואמר רבא ליכא מידי דאיסור שבת דבשבת לישתרי וביוה"כ ליתסר והואיל ובשבת לא הוה למיסריה ביוה"כ נמי לא גזור עליה: הכא גרסי' הדר ביה רבא מהא. דקודם טיבול ומוקי מתניתין במגמע ופולט כאביי וחו נאמרה תחלה והדר ביה: דילמא מההיא הדר ביה. וסבר דביום הכפורים אסור לטבול ולא אמרינן הואיל והיא איתמר ברישא: למימרא דרב. בקולי (נ"א בכולי) שבת סבירא ליה כר' שמעון והא אמר כו': האי מסוכרייא. בגד כורכין בברזא חבית של חרס מפני שאין הנקב שוה: אסור

תוספות

להביא נותק אחר כורת כו'. פירש"י דכורת היינו שכורת ביצים ממקום חיבורן ועדיין הם בכיס ונותק הוי שנותקן מן הכיס ומשליכן לארץ וקשה לר"י דבפרק על אלו מומין (בכורות דף לט:) קאמר דנתוק וכרות לא הוי מום בגלוי דהא איתנהו פי' איתנהו בכיס ונראה לר"י דכרות הוי שלא נכרתו לגמרי ממקום חיבורן אלא עדיין מעורים קצת ונתוק היינו שניתקו לגמרי אלא שהם בכיס: אלא בזקן. הכא לא שייך למיפטר משום מסרס אחר מסרס דזקנה לאו סירוס היא: בזקנה ובעקרה. באשה נמי לא שייך בה מסרס אחר מסרס דאין שייך בה סירוס: כי תנן נמי מתניתין במגמע ופולט תנן. וסיפא דקתני אבל מטבל הוא כדרכו ה"ה דה"מ למיתני במגמע ובולע אלא אורחא דמילתא נקט: לא ס"ד דתניא כל חייבי טבילות טובלין כדרכן. תימה מנא לן דמהא הדר ביה דילמא מטעם דמפרש התם דאין מטבילין בשבת משום דמיחזי כמתקן כלי ויפרש דאסור לטבול משום גזירה שמא יעבירנו ד' אמות ברה"ר או כשאר טעמי דמפרש התם והני טעמי לא שייכי באדם הלכך מותר ביוה"כ בלא טעמא דהואיל דלכולהו אמוראי לא פריך התם ביוה"כ ליתסר אלא לרבא ואומר ר"י דלא מסתבר להפוכי תרי מילי משום חדא דתרי מילי נינהו חדא מטעם דנראה כמתקן וחדא הא מילתא דאית ליה הואיל ולהכי ניחא ליה טפי למימר דהדר מהך דהכא ויהיו שני דבריו קיימים וא"ת ונוקי הך ברייתא דטובלין כדרכן כמ"ד טבילה בזמנה מצוה ורבא כמ"ד לאו מצוה וי"ל משום דטבילה בזמנה מצוה לא הוה שרינן איסור תיקוני מנא ובפרק כל כתבי הקדש (לקמן דף קכא.) משמע דאפי' למ"ד טבילה בזמנה לאו מצוה טובלין כדרכן כל חייבי טבילות דתניא התם ר' יוסי אומר מן המנחה ולמעלה אינו צריך לטבול משמע דאי בעי טביל אע"ג דסבירא (ג) טבילה בזמנה לאו מצוה וא"ת דתניא בפרק בתרא דיומא (פח.) הזב והזבה ובועל נדה וטמא מת טובלין ביוה"כ טמא מת היכי טביל ומה תועלת לו אותה טבילה הא אין טבילה בלא הזאה והזאה לא דחי יוה"כ כי היכי דלא דחיא שבת כדאמרינן בפסחים פרק אלו דברים (דף סט.) וליכא למימר שתועיל לו טבילה לענין שיוכל להזות למחר דהא תנן בסוף מסכת פרה דהוא עצמו טובל בלילה ומזה ביום משמע שצריך להזות ביום שטבל וי"ל דלעולם אין צריך לטבול ביום הזאה והתם קמ"ל דיכול לטבול בלילה אע"ג דטבילה היא כתחלת הזאה דאין הזאה בלא טבילה והזאה ביום היא א"נ התם איירי בטבילה דלאחר הזאה כדאמר בספרא הקדים טבילה להזאה לא עשה ולא כלום משמע דאיכא נמי טבילה לאחר הזאה: טובלין כדרכן בין בט' באב בין כו'. בפ"ק דתענית (דף יג.) פליג עליה ר' חנינא סגן הכהנים ואמר כדי הוא בית אלהינו לאבד עליו טבילה אחת בשנה והלכתא כוותיה כדאמר בירושלמי: למימרא דרב כר"ש ס"ל. פי' בקונט' למימרא דרב בכולי שבת כר' שמעון סבירא ליה ולי נראה דאם כן הוה ליה לאקשויי מכרכי דזוזי דרב אסר בפרק קמא (דף יט:) וכמה אמוראין דמחלקין באיסורי שבת כדאמר בפרק מפנין (לקמן קכח.) במוקצה לאכילה סבר לה כר' יהודה לטלטול כו' ונראה לר"ת דמשמע ליה דטעמא דר' שמעון במתני' משום דשרי דבר שאין מתכוין ות"ק אסר ליה אפי' לתענוג משום דזמנין דעביד לרפואה ועביד ואסר בעלמא דבר שאין מתכוין ור"ש דמקיל בעלמא קשרי נמי הכא דבשאין מתכוין לרפואה והשתא אתי שפיר: האי מסוכרייתא דנזייתא אסור להדוקה ביומא טבא. פי' סתימת גיגית של שכר אסור להדוקה משום סחיטה כדפירש בקונטרס וכן פירש ר"ח אף על גב דלא אשכחן דהוה חייש לסחיטה אלא אגבי מים כדאמר בפרק (לקמן דף קיג:) גבי היה מהלך בשבת ופגע באמת המים דאמר לנחות במים אתי לידי סחיטה ובפרק חבית (לקמן דף קמג.) אמר הרוחץ במי מערה ומתספג באלונטית לא יביאנה בידו ומפרש בגמרא משום דאתי לידי סחיטה ובפרק שואל (לקמן דף קמח.) וכריש המביא כדי יין (ביצה דף ל.) גבי הני נשי דלא מסיין ניפרוס סודרא פירוס על הכד דלמא (ג) מישתמש במיא ואתי לידי סחיטה אבל גבי יין לא גזרינן משום סחיטה כדאמר בפרק תולין (לקמן דף קלט:) מסננין את היין בסודרין וטעמא

מסורת הש"ס

א) [מנחות דף נו: ע"ש בכורות לג:], ב) גיטין ע., קדושין לה., ג) יבמות סה: גיטין מג., ד) ביצה יח: ע"ז כח., ה) [גי' הערוך יגמא], ו) [עי' תוס' לקמן קלד: ד"ה ואין], ז) לקמן קכח. ב"מ קיג:, ח) [לעיל סו. וש"נ], ט) ביצה יח:, י) שם ותענית יג., כ) בכורות כה. ע"ש כתובות ו. ע"ש, ל) [גי' הערוך מסובריאא], מ) [מנחות נה:], נ) ביצה יח.

הגהות הב"ח

(א) במשנה לא יסוך כהן יין: (ב) תוס' ד"ה לא ס"ד וכו' אע"ג דסבירא ליה טבילה: (ג) ד"ה האי וכו' על הכד דילמא מיטמיס במיא:

רב נסים גאון

והאמר ר' יוחנן הן הן החזירוני לנערותי. עיקר דילה במסכת גיטין בפרק מי שאחזו קורדיקוס (דף ע) אמר אביי מי שאינו בקי בדרך ארץ ליתי תלתא בזיזי דקרטמי דחדרי ופרוקינהו וניסלוק כל חדא מינייהו וניזמוג בחמרא ונישתי אמר ר' יוחנן הן הן החזירוני לנערותי: ולר' יוחנן בן ברוקא דאמר על שניהם הוא אומר ויברך אותם אלהים. במשנת יבמות (דף סה) בסוף פרק הבא על יבמתו: אם

תורה אור השלם

א) לא תאפה חמץ חלקם נתתי אתה מאשי קדש קדשים הוא כחטאת וכאשם: [ויקרא ו, י]

ב) כל המנחה אשר תקריבו לי"י לא תעשה חמץ כי כל שאר וכל דבש לא תקטירו ממנו אשה לי"י: [ויקרא ב, יא]

ג) ומעוך וכתות ונתוק וכרות לא תקריבו לי"י ובארצכם לא תעשו: [ויקרא כב, כד]

ד) ויברך אתם אלהים ויאמר להם אלהים פרו ורבו ומלאו את הארץ וכבשה ורדו בדגת הים ובעוף השמים ובכל חיה הרמשת על הארץ: [בראשית א, כח]

ה) כחמץ לשנים וכעשן לעינים כן העצל לשלחיו: [משלי י, כו]

ליקוטי רש"י

[התחלה בדף קי:] דתניא כל חייבי טבילות. נדה ויולדת טובלין כדרכן [תענית יג.] בין בתשעה באב בין ביום הכפורים. ואף על פי שאסורין ברחיצה [ביצה שם]. מסוכרייא דנזייתא. ברזא של חבית שכורכין סביבותיה [של פשתן] ומטלטלין כדי [שיסתום פין הנקב יפה] [בכורות כה.]. סתימת נקב גיגית שמטילין השכר דרך הנקב וסותמין אותו בבלויי בגדים [כתובות ו.].

עין משפט נר מצוה

מ א מיי' פי"ב מהלכות מעשה קרבנות הל' יד סמג לאוין שד: מא ב מיי' פט"ז מהל' א"ב הלכה י סמג לאוין קכ טוש"ע אה"ע סי' ה סעיף יב: מב ג מיי' שם הלכה ו טוש"ע שם סעיף יג: מג ד מיי' פכ"א מהל' שבת הלכה כ סמג לאוין סה טוש"ע א"ח סי' שכח סעיף לב: מד ה מיי' שם הלכה כד סמג שם טוש"ע שם סעיף לג: מה ו טוש"ע שם סי' שכ סעיף יח:

רבינו חננאל

החושש בשיניו לא יגמע בהן את החומץ אינו והא תניא לא יגמע ויפלוט אבל מגמע ובולע ומשני אביי כי תנן נמי מתני' לא יגמע ויפלוט תנן. רבא אמר אפי' תימא מגמע ובולע והא דתניא שרי לפני טבול כלומר קודם אכילה שרי. מתניתין דאסר לגמע ולבלוע לאחר והוא לאחר אכילה וממאי טיבול לשון אכילה הוא דתנן הביאו לפניו מטבל בחזרת עד שמגיע לפרפרת הפת ותוב אבל מטבל במיני תרגימא. ר' יצחק מטבל בירקי. תניא נמי הכי השמש מטבל בבני מעים וטעמא מאי שהחומץ קודם אכילה אינו מרפא אבל לאחר אכילה מרפא. ומפורש בתלמוד א"י מודים חכמים לר' שבגמע חומץ של תרומה אחר טיבולו שמשלם קרן וחומש. שהחומץ מיישב את הנפש. ודברי ר' מפורשי' ביוה"כ ואקשינן לרבא והא מדלפני טיבול שרי לאחר טיבול נמי שרי. דשמעינן ליה לרבא דאית ליה הואיל דגרסי' ביו"ט פרק [ב'] דתנן [התם] מטבילין כלים מלפני השבת. כ"ע מיהת כלים בשבת לא מ"ט וכל חד אמר טעמא. רבא אמר מפני שנראה כמתקן כלי. ואקשי' אי הכי אדם נמי. ושנינן אדם נראה כמקר ומהוריין בימות הגשמים ובמים הרעים ג"כ אית ליה אנפא שלא נראה כמתקן כלום ואקשי' התינח בשבת ויוה"כ מי שרי ברחיצה דאמרת נראה כמיקר. אמר רבא הואיל ואישתרי טבילה בשבת אשתרי נמי ביוה"כ הכא נמי לימא רבא הואיל ולפני טיבול שרי לאחר טיבול נמי שרי וקמה קושיא זו על רבא ושנינן הדר ביה רבא ואמר בין לפני טיבול בין לאחר טיבול שרי. ומוקים לה למתני' כדאביי דאמר לא יגמע ויפלוט תנן אבל לגמע ולבלוע שרי. ואקשי' ממאי דהאי דטיבול הדר ביה דלמא מטבילה דיוה"כ הדר ביה ואמר אין טובלין. ושנינן לא ס"ד דהא תניא בהדיא כל חייבי טבילות טובלין כדרכן בין בט' באב בין ביוה"כ. אלמא אמרי' הואיל והותרה טבילה בשבת הותרה נמי ביוה"כ. וכך פירשנו שמועה זו ביום טוב: החושש בשיניו לא יסוך יין וחומץ אבל סך הוא שמן ולא שמן וורדים כו'. שמעינן מינה דבני מלכים דרגילי בסיכת שמן וורד בחול לא מסי להו משום דהוא חשוב להן. לפיכך בשבת אסור הלכך בני מלכים ושכיח להו ורגילי ביה לא מסי לפיכך אסור. ר"ש אומר כל ישראל בני מלכים. כלומר כל ישראל מותרין בשמן וורד אמר רב הלכה כר"ש. ודייקינן (לרבי) [דרבי] שמעון ב) לטעמיה לפיכך שנה כל אדם סך כדרכו ואינו מתכוין לרפואה ואקשי' למימרא דרב כר' שמעון סבירא ליה דאמר דבר שאין מתכוין מותר. לפיכך פסק הלכה כר' שמעון והאמר משמיה דרב האי מסוכרייא דנזייתא אסור להדוקה ביומא טבא. פי' כגון

חשק שלמה על רבינו חננאל א) נראה דצ"ל אבל שאר בני אדם דלא רגילי בהו והוא חשוב להן לפיכך בשבת אסור וכו': ב) נראה דצ"ל לטעמי' דס"ל דדבר שאין מתכוין מותר ולפיכך וכו':

עין משפט נר מצוה

מו א מיי' פכ"א מהל' שבת הלכה כ"ב סמג לאוין סה טוש"ע א"ח סי' שכ סעיף ה:
א ב מיי' פ"י מהל' שבת הלכה א סמג לאוין סה טוש"ע א"ח סי' שז סעיף א:
ב ג מיי' שם הלכה ז:
ג ד מיי' שם הלכה ג:
ד ה מיי' שם הל' ו ב סמג שם טוש"ע שם:

גמרא

אסור להדוקיה ביומא טבא בההיא אפילו ר"ש מודה [א] דאביי ורבא דאמרי תרוייהו מודה ר"ש בפסיק רישיה ולא ימות והאמר [ב] רב חייא בר אשי אמר רב הלכה כר' יהודה ורב חנן בר אמי אמר שמואל הלכה כר"ש ורב חייא בר אבין מתני לה בלא גברי רב אמר הלכה כר' יהודה ושמואל אמר הלכה כר"ש אלא אמר רבא [ג] אני ואריו שבחבורה תרגימנא ומנו רבי חייא בר אבין הלכה כר"ש ולאו מטעמיה מאי הלכה כר' שמעון ולאו מטעמיה אילימא הלכה כר"ש דשרי ולאו מטעמיה דאילו ר"ש סבר מסי ורב סבר לא מסי וסבר רב לא מסי והא מדקתני בני מלכים סכין על גבי מכותיהן שמן וורד מכלל דמסי אלא הלכה כר"ש דשרי ולאו מטעמיה דאילו ר"ש סבר אף ע"ג דלא שכיח שרי ורב סבר [א] אי שכיח אין ואי לא שכיח לא ובאתרא דרב שכיח משחא דוורדא:

הדרן עלך שמנה שרצים

[ד] **ואלו** קשרים שחייבין עליהן קשר הגמלין וקשר הספנין [ב] וכשם שהוא חייב על קישורן כך הוא חייב על היתרן ר"מ אומר כל קשר שהוא יכול להתירו באחת מידיו אין חייבין עליו: **גמ'** מאי קשר הגמלין וקשר הספנין אילימא קטרא דקטרי בזממא וקטרא דקטרי באיסטרידא האי קשר שאינו של קיימא הוא אלא קיטרא דזממא גופיה ודאיסטרידא גופה: ר"מ אומר כל קשר כו': בעי רב אחדבוי [ה] אחוי דמר אחא עניבה לר"מ מהו טעמיה דר"מ משום דיכול להתירו באחת מידיו הוא והא נמי יכול להתירו או דילמא טעמא דר"מ משום דלא מיהדק והא מיהדק תיקו: **מתני'** יש לך קשרין שאין חייבין עליהן כקשר הגמלין וכקשר הספנין [ו] קושרת אשה מפתח חלוקה וחוטי סבכה ושל פסקיא ורצועות מנעל וסנדל ונודות יין ושמן וקדירה של בשר ראב"י אומר קושרין לפני הבהמה בשביל שלא תצא: **גמ'** הא גופא קשיא אמרת יש קשרין שאין חייבין עליהן כקשר הגמלין וכקשר הספנין חיובא הוא דליכא הא איסורא איכא והדר תני קושרת אשה מפתח חלוקה אפילו לכתחילה הכי קאמר [ה] יש קשרין שאין חייבין עליהן כקשר הגמלין וכקשר הספנין ומאי ניהו קיטרא

רש"י

אסור להדוקיה. בנקב משום סחיטה ואע"ג דלא קא מכוין לסחוט אלמא לא ס"ל כר"ש בדבר שאין מתכוין: הלכה כר' יהודה. בדבר שאין מתכוין דאסור: בלי גברי. מתני לה לפלוגתא דרב ושמואל בלא אמוראים האומרים משמם אלא הם עצמם נחלקו בה: תרגימנא. דלא תיקשי דרב אדרב: הלכה כר"ש. דשרי בשמן וורד: אבל לא מטעמיה. דלאו הטעם כדבריו: דאילו ר"ש סבר מסי. ואפ"ה שרי דאין לך דמותר לזה ואסור לזה: מכלל דמסי. אפי' לת"ק דלאו למסי למאי איצטריך ליה: אע"ג דלא שכיח. שמן וורד במקומו של זה הסך ממנו ודמיו יקרים והכל יודעין שאינו סכו אלא לרפואה שרי דכל ישראל בני מלכים הם ור' יהודה אוסר דמוכחא מילתא ורב נמי כר"ש ס"ל אלא במקומו הוא דשרי דשכיח דסכין שמן וורד ולא מוכחא מילתא:

הדרן עלך שמנה שרצים

ואלו קשרים. המנוין באבות מלאכות דקתני [ז] הקושר והמתיר קשר של קיימא שאינו מתירו לעולם דומיא דקושרי חוטי יריעות הנפסקות: קשר הגמלין וקשר הספנין. בגמרא מפרש להו: כך הוא חייב על היתרן. כדילפי' בכלל גדול (לעיל דף עד:) מצודי החלזון שנצרכין לפרקים להתיר קשרי רשתות הקיימות כדי לקצרן או להרחיבן: שיכול להתירו. דלא הדקיה: אין חייבין עליו. ואפי' עשאו לקיימא: **גמ'** זממא. מנקבין לנאקה בחוטמה ונותנין בה טבעת של רצועה וקושרין אותה ועומדת שם לעולם וכשרוצה לקושרה לבהמה קושר רצועה ארוכה באותה טבעת וקושרין בה ופעמים שמתירה: קטרא דקטרי בזממא. זהו קשר הרצועות שקושרין בטבעת: איסטרידא. גם הוא כמין טבעת שעושין מן עקל או מן רצועה בנקב שבראש הספינה ואותו קשר מתקיים וכשרוצה להעמידו קושר רצועה באותה טבעת ומעמידה בה וכשרוצה להתיר מתיר הרצועה ונוטלה: קטרא דקטרי באסטרידא. קשר רצועה הארוכה: עניבה. ומהדקה שפיר לר"מ מהו: **מתני'** יש לך קשרין שאין חייבין עליהן. חטאת כמו שחייבין על קשר הגמלין אלא פטור אבל אסור ובגמרא מפרש הי ניהו: מפתח חלוקה. כמו שיש לגלחים כעין לשונות לכאן ולכאן וקושרים של ימין בכתף שמאל ושל שמאל בכתף ימין דכיון דכל יומא שרו ליה לא דמי מידי לקשר של קיימא ומותר לכתחילה: סבכה. קויפ"א: ושל פסקיא. אזור רחב וחוטין תלויין בראשו לקושרו בהן וקורין פינדור"ס: ונודות יין. של עור שכופפין פיהם וקושרין: וקדרה של בשר. פעמים שקושרין בגד לפיה: קושרין בפני הבהמה. חבל ברוחב הפתח: **גמ'** קיטרא

תוספות

וטעמא משום דלאו אדם חושש לסוחטו כיון דע"י סחיטה אינו יכול לנקותו מריחו וחזותו גם אין דרך לסחוט בגד לצורך משקה שבו אבל מ"מ אסור לסחוט דכי סחיט ליה מתלבן הבגד קצת והוי מכבס או משום מפרק כמו סוחט זיתים וענבים כדאמרי' בפרק מפנין (לקמן קכח:) אם היתה צריכה שמן חבירתה מביאה לה בשערה ופריך והא אתי לידי סחיטה אלמא יש סחיטה בשמן ובפרק תולין (לקמן דף קמא.) קאמר רבא לא ליהדוק איניש אודרא אפומא דשישא דילמא אתי לידי סחיטה ופי' בקונט' כד של שמן ובפרק נוטל (לקמן דף קמג.) ספוג אם יש לו בית אחיזה מקנחין בו ואם לאו אין מקנחין בו משום סחיטה ולהכי אסור להדוקה וא"ת דאמר בפרק בתרא דיומא (דף עז:) ההולך להקביל פני רבו או פני אביו או פני מי שגדול הימנו עובר עד צוארו במים ואינו חושש ואמר נמי בפ"ב דביצה (דף יח.) גבי טבילת כלים בשבת דנדה שאין לה בגדים מערמת וטובלת בבגדיה ולא גזרינן דילמא אתי לידי סחיטה וי"ל דמצוה שאני ואם תאמר היכי שרי התם ליכנס בבגדיה ונדה נמי איך טובלת בבגדיה נימא שרייתו זהו כיבוסו כדאמרי' בזבחים בפרק דם חטאת (דף צד:) וי"ל דדוקא היכא דאיכא טיפת דם או טינוף אמר שרייתו זהו כיבוסו דבהכי מיירי בפ' דם חטאת ומלא ר"י מוגה בספר הישר דלא אמר שרייתו זהו כיבוסו בדבר שאינו כ"א לכלוך כמו סיפוג באלונטית וקינוח ידים במפה והני שהולכין במים עם הבגדים הוי נמי דרך לכלוך ולא דרך נקיון ועל תינוק שלכלך בגדי אמו במי רגלים אין לזרוק עליו מים דשרייתו זהו כיבוסו ושמע ר"י מפי הנשים שהתיר ר"ת [ליטול ידיה] ולקנח ידיה בבגד כיון שהוא דרך לכלוך כדי שתוכל להתפלל ולברך ואין נראה לר"י שהרי היא מתכוונת לטהר הלכלוך ודרך רחיצה וליבון הוא זה הקינוח:

מודה ר"ש בפסיק רישיה. והא דאמר גבי לא ליהדוק איניש אודרא אפומא דשישא דילמא אתי לידי סחיטה ולא הוי פסיק רישיה יש לחלק דהתם מיירי בכיסוי שאינו בולע כ"כ וגם אינו סותמו כל כך בחוזק שאינו חושש רק שיהא מכוסה אבל הכא שהוא בגד הגיגית בולע הרבה וגם מהדקו בחוזק כדי שלא יצא היין והוי פסיק רישיה:

ושלש מחלוקות בדבר. אית ספרים דלא גרסי ליה:

הדרן עלך שמנה שרצים

ואלו קשרים. עניבה לר"מ מהו. וא"ת אמאי לא פשיט מדתנן לקמן חבל דלי שנפסק לא יהא קושרו אלא עונבו ומוכח' בפ"ק דפסחים (ד' יא.) דהנהו רבנן היינו ר"מ דפריך התם מינה לרבנן שהם ר"מ וי"ל דהתם נמי פריך מספק אם הנהו רבנן הם ר"מ כמו שמסתפק כאן: אימור

רבינו חננאל

מוך א) או כיוצא בו דבר שסוחטין בו פי החבית אמר רב אסור לאמץ סתימתו דאתי לידי סחיטה והנה אע"פ שאינו מתכוין לסחיטה אלא לסתימת פי החבית בלבד כיון שסוחט אסור ולא כר' שמעון. ושנינן במסובריא דנזייתא אפי' ר' שמעון מודה כיון דאי אפשר ליה דלא להדוקי ודאי מתחלה סוחט הוא וכי האי גוונא ר' שמעון מחייב דמודה ר' שמעון בפסיק רישיה ולא ימות וכבר פירשנוהו למעלה. ואכתי רב כר' שמעון סבירא ליה והא בהדיא אמרי' רב הלכה כר' יהודה אמר ושמואל אמר הלכה כר' שמעון. (רב אמר) הכי אמר רב הלכה כר' שמעון ולאו מטעמיה דאילו ר' שמעון אע"ג דלא שכיח שרי ורב' ואע"ג דהוא דר"ש סלקא בפרק המקבל בשיטה. דגרסי' התם אמר אביי רשב"ג ור' שמעון ור' ישמעאל ור"ע כולהו סבירא להו כל ישראל בני מלכים הם וליה הלכתא כחד מינייהו ה"מ בהא סברא לחודה דקם ליה להדיא אבל דבר שאין מתכוין בהדיא קיי"ל דהלכתא כוותיה הלכך אע"ג דאמר [וורד] ע"כ מסי אם סך הוא כדרכו ואינו מתכוין לרפואה אע"ג שמתרפא בין בדוכתא דשכיח שמן ורד בין בדוכתא דלא שכיח שרי. פי' מודה ר' שמעון בפסיק רישיה ולא ימות כל היכא דעביד מידעם בשבת דאפשר שיבא לידי איסור ולא מיכוון לההוא איסורא שרי למיעבד ההוא עבידתא ולא אמרינן הואיל והוא גזירה שלא יבא לידי אותו איסור והוא כגון הגורר מטה כסא וספסל לעשות בגרירתן (להן) חריץ ואפשר לגוררן ברפיון בלא עשיית חריץ … כגון האומר כורתני לחתוך ראש זה העוף לאכילה לכלב ואין כוונתו להמיתו. כגון זה מודה ר"ש שחייב שאע"פ [שאינו מכוין כיון] שאי אפשר לו לחתוך ראש העוף אלא עד שימיתהו ולן המתקנת בספוג שאין לו עור בית אחיזה עצמה אם יאמר להתקנה ואין כוונתו לסחוט נתירהו לו והלא אי אפשר לאדם להתקנה בספוג שאין לו עור בית אחיזה ולא יסחוט כגון זה אומר מי איכא דפסיק רישיה ולא ימות וכן א) מסובריא דנזייתא פי' נזייתא כדות של יין או של שכר. מסובריא הוא הנקב העשוי להוציא בו יין בזמן שהיין שותת ויוצא אם בא אדם לסתמו ולהדקו ואומר למנוע שפיכות היין אני מתכוון (נתכוונתי) ולא לסתום הפתח בהא קאמר רב מודה ר' שמעון. וכן לענין נר שהוא אחר הדלת ותניא פותח ונועל ואם כבתה כבתה. ואמרי' (לקמן קכ) דלייט רב עלה דכיון דהמקום רחוק הוא אי אפשר לפתוח ולנעול אלא אם יכבה. ובענין הזה מודה ר"ש בפסיק רישיה ולא ימות וכבר פרשנו כל דבר שאינו מתכוון מותר: **הדרן עלך שמנה שרצים**

ואלו קשרים שחייבין עליהן קשר הגמלים כו'. קשר גמלים קטרא. אסיקנא קיטרא דזממא גופיה. פי' [עושין] נקבים לחוטמיה דגמל ומחתין ביה יתר וקטרין ביה אפסר קטן והיינו זממא וקשר של קיימא הוא ובתר כן קטרי בההוא אפסר חבל ארוך שמושכין בו הגמל והוא קיטרא דקטרין בזממא איסטרידא הוא אסקריא דספינתא והוא התורן וקטרין ביה חבל והוא קשר של קיימא. והדר קטרי בההוא איסתרידא חבל אחד דעייליה ביה ניגדי מושכי הקלע כשבאין להרימו על הספינה כדי שתסע והוא קטרא דקטרי באיסתרידא. בעי רב אחדבוי מדאח"ה פי' (חדחאה) [אחה] שם מקום ידוע מתא דאחא. פי' עניבה כדבעינן למימר לקמן. ואסיקנא האי קטרא דקטרי בזממא ודקטרי באיסתרידא חיובא ליכא איסורא מיהא איכא אבל מפתחי חלוק אע"פ דאית ליה תרתי דשי כי (היכי דאית ג) אשתא) למני שרי למיקטרינהו לתרוייהו ולא אמרי' דחדא מנייהו בטולי בטלה אלא תרוייהו שרי למיקטרינהו. פי' פסיקיא חגורה כדמתרגמינן (ישעיה ג') ותחת חגורה נקפה [ואתר דהוה אסרן פסקיא]. והוא המיין של נשים: פי' סבכה וקאיה בל'

חשק שלמה על רבינו חננאל א) עיין ערוך ערך סבר ה': ב) נראה דל"ל דלאיתא הספתא למני וכו':

מסורת הש"ס

א) לעיל עה. קג. לקמן קיח. קכ: קלג. קמג. סוכה לג: כתובות ו. בכורות כה: [ביצה לו.], ב) [בכורות כה. לג.], ג) [קידושין מח: סנהדרין מ: ב"ב פח.], ד) [במשנה שבמשניות וכן בפי' הרב והרמב"ם ליתא אלו], ה) נ"ל דמן אחא פי' שם מקום, ו) [לעיל עג.].

ליקוטי רש"י

אסור להדוקיה. בתוך הסכינים בכח משום סחיטה ואע"ג דלאו מתכוין לסחוט סחיטה אסור. מודה ר' שמעון. דאמר במסכת שבת (מא:) דבר שאין מתכוין מותר [בכורות כה.]. בפסיק רישיה ולא ימות. כאומר אחתוך ראש בהמה זו בשבת ואיני רוצה שתמות דכיון דאי אפשר שלא תמות כמתכוין חשיב ליה וכי אמרינן דבר שאין מתכוין מותר כגון היכא דאפשר ליה בלא איסור כגון גורר אדם מטה כסא וספסל ולכבד שלא יתכוין לעשות חריץ ואף על גב דאיכא למיחש דלמא עביד חריץ כיון דלא מתכוין הכי ואפשר לגרירה בלא חריץ כי עביד נמי חריץ הוי מלאכה שאינה מתכוין לא מיחייב אבל היכא דודאי עביד מודי [סוכה לג:]. בפסיק רישיה וכו'. וכיון דמהדק לה לא אפשר לה בלא סחיטה. הלכה כר' יהודה. אלמא ס"ל לרב דבר שאין מתכוין אסור. בלא גברי. בלא רב חייא ורב חנן [בכורות שם]. בלא אמוראי אליבא דרב ואליבא דשמואל אלא רב ושמואל גופייהו [כתובות ו.]. ואלו קשרים שחייבין עליהן. קשר של קיימא שהוא עשוי שלא להתירו לעולם הוי אב מלאכה במסכת שבת [פסחים יא.]. כך הוא חייב על היתרן. [שכן] צדי חלזון לצבוע תכלת בדמו והוא כמין דג קטן ועולה אחת לשבעים שנה קושרין ומתירין שכל רשתות עשויות קשרים קשרים והן קשרי קיימא ופעמים שצריך ליטול חוטין מרשת זו ולהוסיף על זו מתיר מכאן וקושר מכאן (לעיל עד: ועיי"ש בתוס').

אָסוּר לְהַדּוּקֵיהּ בְּיוֹמָא טָבָא – one is forbidden to push it into place **on Yom Tov.**[1] This is a case of an unintended *melachah,* [2] which R' Shimon permits.[3] Thus, Rav, who forbids this act, evidently does *not* agree with all of R' Shimon's lenient rulings concerning the Sabbath. – ? –

The Gemara answers:

בְּהַהִיא אֲפִילּוּ רַבִּי שִׁמְעוֹן – In that case (viz. inserting a plug into a barrel), **even R' Shimon would agree** that it is forbidden. **דְּאַבַּיֵי וְרָבָא דְּאָמְרֵי תַּרְוַויְיהוּ – For Abaye and Rava have both said: מוֹדֶה רַבִּי שִׁמְעוֹן בִּפְסִיק רֵישֵׁיהּ וְלֹא יָמוּת – R' Shimon agrees** that an act is forbidden **where its forbidden consequence is inevitable.**[4]

The Gemara, however, now cites incontestable evidence that Rav does not follow R' Shimon:

וְהָאָמַר רַב חִיָּיא בַּר אַשִׁי אָמַר רַב – But Rav Chiya bar Ashi has said in the name of Rav that **הֲלָכָה כְּרַבִּי יְהוּדָה – the law follows R' Yehudah,** who prohibits an action which unintentionally accomplishes a *melachah.* **וְרַב חָנָן בַּר אַמִּי אָמַר שְׁמוּאֵל – And Rav Chanan bar Ami said in the name of Shmuel** that **הֲלָכָה כְּרַבִּי שִׁמְעוֹן – the law follows R' Shimon,** who permits such an action. **וְרַב חִיָּיא בַּר אָבִין מַתְנֵי לָהּ בְּלֹא גַּבְרֵי – And Rav Chiya bar Avin taught it** [the above dispute between Rav and Shmuel] **without others,**[5] as follows: **רַב אָמַר הֲלָכָה כְּרַבִּי יְהוּדָה – Rav says** that **the law follows R' Yehudah, וּשְׁמוּאֵל אָמַר הֲלָכָה כְּרַבִּי שִׁמְעוֹן – and Shmuel says** that **the law follows R' Shimon.** Here, it is stated explicitly that Rav does not follow R' Shimon regarding an unintended *melachah.* Therefore, how can we explain the fact that Rav adopts R' Shimon's ruling regarding rose oil?

The Gemara answers:

אֶלָּא אָמַר רָבָא – Rather, said Rava, אֲנִי וַאֲרִי שֶׁבַּחֲבוּרָה תַּרְגִּימְנָא – I and the lion of the group interpreted Rav's statement (regarding rose oil) so that it would not contradict his other statement.

The Gemara interjects:

וּמַנּוּ – And who is this person described as "the lion of the group"? **רַבִּי חִיָּיא בַּר אָבִין** – It is **R' Chiya bar Avin.**

Rava continues:

הֲלָכָה כְּרַבִּי שִׁמְעוֹן וְלָאו מִטַּעְמֵיהּ – Rav meant that **the law follows R' Shimon, but not for his reason.**[6]

The Gemara clarifies Rava's answer:

מַאי הֲלָכָה כְּרַבִּי שִׁמְעוֹן וְלָאו מִטַּעְמֵיהּ – What is the meaning of **"the law follows R' Shimon but not for his reason"? אִילֵימָא הֲלָכָה כְּרַבִּי שִׁמְעוֹן דְּשָׁרֵי – Perhaps**[7] it means that **the law follows R' Shimon, who permits** the use of rose oil, **וְלָאו מִטַּעְמֵיהּ – but not for his reason, דְּאִילּוּ רַבִּי שִׁמְעוֹן סָבַר מַסֵּי – because R' Shimon maintains** that **it heals,**[8] **וְרַב סָבַר לֹא מַסֵּי – whereas Rav maintains** that **it does not heal.**[9] **וְסָבַר רַב לֹא מַסֵּי – However, does Rav** really **maintain** that **it does not heal? וְהָא מִדְּקָתָנֵי – But** that cannot be correct, for **since the Mishnah teaches: בְּנֵי מְלָכִים סָכִין עַל גַּבֵּי מַכּוֹתֵיהֶן שֶׁמֶן וֶורֶד – PRINCES MAY SMEAR ROSE OIL ON THEIR WOUNDS, מִכְּלָל דְּמַסֵּי – it is evident that [rose oil] does heal.**[10] **אֶלָּא – Rather,** the meaning of Rava's statement is as follows: **הֲלָכָה כְּרַבִּי שִׁמְעוֹן דְּשָׁרֵי – The law follows R' Shimon, who permits** the use of rose oil, **וְלָאו מִטַּעְמֵיהּ – but not for his reason, דְּאִילּוּ רַבִּי שִׁמְעוֹן סָבַר אַף עַל גַּב דְּלָא שְׁכִיחַ שָׁרֵי – because R' Shimon holds** that **[rose oil] is permitted even though it is not common,**[11] **וְרַב סָבַר – and Rav holds** that **אִי שְׁכִיחַ אֵין – if it is common – yes!** it may be used, **וְאִי לֹא שְׁכִיחַ לֹא – and if it is not common – no!** it may not be used. **וּבְאַתְרָא דְּרַב שְׁכִיחַ מִשְׁחָא דְּוַורְדָּא – And in Rav's locale, rose oil was common.**[12]

הדרן עלך שמונה שרצים

WE SHALL RETURN TO YOU, SHEMONAH SHERATZIM

NOTES

1. [And certainly not on the Sabbath (*Meiri*).] This is forbidden because through pressing the cloth stopper, one will squeeze out wine that it had absorbed (*Rashi;* cf. *Ramban, Meiri*).

Rashi could mean that squeezing out the wine is a *toladah* of מְלַבֵּן, *cleaning,* since the passage of the wine through the cloth cleans it out somewhat. Alternatively, *Rashi* means that this is a *toladah* of דָּשׁ, *threshing,* for the removal of wine from within the cloth resembles the removal of grain kernels from within their husks. The second explanation is viable only in a case where the removed wine does not go to waste (see *Tosafos* and *Tos. HaRosh;* cf. *Ramban, Ritva MHK* ed. and *Ran MHK* ed.).

2. For the perpetrator does not *intend* to squeeze out wine from the cloth.

3. See 103a note 20. See also volume I, General Introduction.

4. [See 103a note 21. See also volume I, General Introduction.] Here, too, when one inserts the cloth into place, it is *inevitable* that some wine will be squeezed from it. Since even R' Shimon would agree that this is forbidden, there is no contradiction between Rav's ruling here and R' Shimon's position.

5. I.e. he attributed the statements directly to Rav and Shmuel.

6. I.e. rose oil is permitted but not for the reason stated by R' Shimon. Thus, Rav does not actually follow R' Shimon's opinion on this matter.

7. Literally: if one says.

8. And yet it is permitted on the Sabbath for the reason R' Shimon stated in the Mishnah (see *Rashi* here and 111a note 25).

9. And that is why Rav permits one to use it.

10. If rose oil does not heal, it would not have been necessary for the Tanna Kamma to state that it may be used (by princes) on the Sabbath. Thus, we see that even the Tanna Kamma, who argues with R' Shimon, maintains that rose oil does heal (*Rashi*). It does not seem likely that Rav would disagree with both R' Shimon and the Tanna Kamma (*Sfas Emes*).

11. That is, one may use rose oil even in a locale where it is expensive, and it is obvious that he is using it for healing purposes. R' Shimon's reason for this permit is as he stated in the Mishnah [see 111a note 25] (*Rashi*).

12. Rav follows the Tanna Kamma's opinion that commoners may not use rose oil on the Sabbath, because they use it only for healing. However, even the Tanna Kamma agrees that in a locale where commoners use rose oil for non-healing purposes, they may smear it on their wounds, since its use is not clearly medicinal. Rav's permit to use rose oil applied to such a locale, and thus is consistent with the Tanna Kamma's view (*Rashi;* see *Rashash;* see also *Sfas Emes*).

עין משפט נר מצוה

מו א מיי' פכ"א מהל' שבת הלכה כג סמג לאוין סה טוש"ע א"ח סי' שכ סעיף א:
א ב מיי' פ"י מהל' שבת הלכה א סמג לאוין סה טוש"ע א"ח סי' שיז סעיף א:
ב ג מיי' שם הלכה ז:
ג ד מיי' שם הלכה ג:
ד ה מיי' שם הל' א ב סמג שם טוש"ע שם:

רבינו חננאל

מוך א) או כיוצא בו דבר שסותמין בו פי החבית אמר רב אסור לאמץ סתימתו דאתי לידי סחיטה והנה אע"פ שאינו מתכוין לסחיטה אלא לסתימת פי החבית בלבד כיון שסוחט אסור דלא כר' שמעון. ושנינן במסובריא דנזייתא אפי' ר' שמעון מודה כיון דאי אפשר ליה דלא להדוקי' ודאי מתחילה סוחט הוא וכי האי גוונא ר' שמעון מחייב דמודה ר' שמעון בפסיק רישיה ולא ימות וכבר פירשנוהו למעלה. ואכתי רב כר' שמעון סבירא ליה והא בהדיא אמרי' רב הלכה כר' יהודה אמר ושמואל אמר הלכה כר' שמעון. ומשני (רב אמר) הכי אמר רב הלכה כר' שמעון ולאו מטעמיה דאילו ר' שמעון אע"ג דלא שכיח שרי וכו' ואע"ג דהוא דר"ש סלקא בפרק המקבל בשיטה. דגרסי' התם אמר אביי רשב"ג ור' שמעון ור' ישמעאל ור"ע כולהו סבירא להו כל ישראל בני מלכים הם ולית הלכתא כחד מינייהו ה"מ בהא סברא בלחוד דקם ליה בהדייהו. אבל דבר שאין מתכוין בהדיא קיי"ל דהלכתא כוותיה הלכך אע"ג דשמן [וורד] ע"כ מסי אם סך הוא כדרכו ואינו מתכוין לרפואה אע"ג שמתרפא בין בדוכתא דשכיח שמן וורד בין בדוכתא דלא שכיח שרי. פי' מודה ר' שמעון בפסיק רישיה ולא ימות כל היכא דעביד מידעם בשבת דאפשר שיבא לידי איסור ולא מיכוון לההוא איסורא שרי למיעבד ההוא עבידתא ולא אסרינן ליה גזירה שלא יבא לידי אותו איסור והוא כגון הגורר מטה כסא וספסל דאפשר לעשות בגרירתו (להן) חריץ ואפשר לגוררן ברפיון בלא עשיית חריץ אע"פ שנעשה מותר אבל כגון האומר כוונתי לחתוך ראש זה העוף לאכילה לכלב ואין כוונתו להמיתו. כגון זה מודה ר"ש שחייב שאע"פ [שאינו מכוין כיון] שאי אפשר לו לחתוך ראש העוף אלא עד שימיתהו וכן המתקנח בספוג שאין לו עור בית אחיזה עתה אם יאמר להתקנח ואין כוונתו לסחוט נתירהו לו והלא אי אפשר לאדם להתקנח בספוג שאין לו עור בית אחיזה ולא יסחוט כגון זה אומר מי איכא דפסיק רישיה ולא ימות וכן א) מסובריא דנזייתא פי' נזייתא כדות של יין או של שכר. מסובריא הוא הנקב העשוי להוציא בו יין בזמן שהיין שותת ויוצא אם בא אדם לסתמו ולהדקו ואומר למנוע שפיכות היין אני מתכוון (נתכוונתי) ולא לסתום הפתח בהא קאמר רב מודה ר' שמעון. וכן לענין נר שהוא אחר הדלת ותניא פותח ונועל ואם כבתה כבתה. ואמרי' (לקמן קכ) דלייט רב עלה דכיון דהמקום רחוק הוא אי אפשר לפתוח ולנעול אלא אם יכבה. ובענין הזה מודה ר"ש בפסיק רישיה ולא ימות וכבר פרשנו כל דבר שאינו מתכוון מותר: **הדרן עלך שמנה שרצים**

ואלו קשרים שחייבין עליהן קשר הגמלים כו'. קשר גמלים כו'. אסיקנא קטרא. אסיקנא קיטרא דזממא גופיה. פי' [עושין] נקבים לחוטמיה דגמל ומחתין ביה יתר וקטרין ביה אפסר קטן והיינו זממא וקשר של קיימא הוא ובתר כן קטרי בההוא אפסר חבל ארוך שמושכין בו הגמל והוא קיטרא דקטרין בזממא איסתרידא הוא אסקריא דספינתא והוא התורן וקטרין ביה חבל והוא קשר של קיימא. והדר קטרי בההוא איסתרידא חבל אחד דעיילה ביה ניגדי מושכי הקלע כשבאין להרימו על הספינה כדי שתסע והוא קטרא דקטרי באיסתרידא. בעי רב אחדבוי מדאה"ה פי' (חדחאה) [אחת] שם מקום ידוע מתא דאחא. פי' עניבה כדבעינן למימר לקמן. ואסיקנא האי קטרא דקטרי בזממא ודקטרי באיסתרידא היא לקיימא היא איסורא מיהא איכא אבל מפתחי חלוק אע"פ דאית ליה תרתי ישר כי (היכי דאית ב) אשתא) למגי שרי למיקטרינהו לתרווייהו ולא אמרי' דהדא מגייה אלא תרווייהו שרי למיקטרינהו. פי' פסקיא חגורה כדמתרגמינן (ישעיה ג) ותחת חגורה נקפה [ואתר דהוה אסרן פסקיא]. והוא המיין של נשים: פי' סבכה וקאיה בל'

חשק שלמה על רבינו חננאל א) עיין ערוך ערך סבר ה': ב) נראה דל"ל דלאיכא השתא למגי וכו'

גמרא

אסור להדוקיה ביומא טבא בהדיא אפילו ר"ש מודה א) דאביי ורבא דאמרי תרוייהו מודה ר"ש בפסיק רישיה ולא ימות והאמר ב) רב חייא בר אשי אמר רב הלכה כר' יהודה ורב חנן בר אמי אמר שמואל הלכה כר"ש ורב חייא בר אבין מתני לה בלא גברי רב אמר הלכה כר' יהודה ושמואל אמר הלכה כר"ש אלא אמר רבא ג) אני וארי שבחבורה תרגימנא ומנו רבי חייא בר אבין הלכה כר"ש ולאו מטעמיה מאי הלכה כר' שמעון ולאו מטעמיה אילימא הלכה כר"ש דשרי ולאו מטעמיה דאילו ר"ש סבר מסי ורב סבר לא מסי וסבר רב לא מסי והא מדקתני בני מלכים סכין על גבי מכותיהן שמן וורד מכלל דמסי אלא הלכה כר"ש דשרי ולאו מטעמיה דאילו ר"ש סבר אף ע"ג דלא שכיח שרי ורב סבר א) אי שכיח אין ואי לא שכיח לא ובאתרא דרב שכיח משחא דוורדא:

הדרן עלך שמנה שרצים

ד) **ואלו** ה) קשרים שחייבין עליהן קשר הגמלין וקשר הספנין ו) וכשם שהוא חייב על קישורן כך הוא חייב על היתרן ר"מ אומר כל קשר שהוא יכול להתירו באחת מידיו אין חייבין עליו: **גמ'** מאי קשר הגמלין וקשר הספנין אילימא קטרא דקטרי בזממא וקטרא דקטרי באיסטרידא האי קשר שאינו של קיימא הוא אלא קיטרא דזממא גופיה ודאיסטרידא גופה: ר"מ אומר כל קשר כו': בעי רב אחדבוי ז) אחוי דמר אחא עניבה לר"מ מהו טעמיה דר"מ משום דיכול להתירו באחת מידיו הוא והא נמי יכול להתירו או דילמא טעמא דר"מ משום דלא מיהדק והא מיהדק תיקו: **מתני'** יש לך קשרין שאין חייבין עליהן כקשר הגמלין וכקשר הספנין ד) קושרת אשה מפתח חלוקה וחוטי סבכה ושל פסקיא ורצועות מנעל וסנדל ונודות יין ושמן וקדירה של בשר ראב"י אומר קושרין לפני הבהמה בשביל שלא תצא: **גמ'** הא גופא קשיא אמרת יש קשרין שאין חייבין עליהן כקשר הגמלין וכקשר הספנין חיובא הוא דליכא הא איסורא איכא והדר תני קושרת אשה מפתח חלוקה אפילו לכתחילה הכי קאמר ה) יש קשרין שאין חייבין עליהן כקשר הגמלין וכקשר הספנין ומאי ניהו קיטרא

רש"י

אסור להדוקיה. בנקב משום סחיטה ואע"ג דלא קא מכוין לסחוט אלמא לא ס"ל כר"ש בדבר שאין מתכוין: **הלכה כר' יהודה.** בדבר שאין מתכוין דאסור: **בלי גברי.** מתני לה לפלוגתא דרב ושמואל בלא אמוראים האומרים משמם אלא הם עצמם נחלקו בה: **תרגימנא.** דלא תיקשי דרב אדרב: **הלכה כר"ש.** דשרי בשמן וורד: **אבל לא מטעמיה.** דאין הטעם כדבריו: **דאילו ר"ש סבר מסי.** ואפ"ה שרי דאין לך דמותר לזה ואסור לזה: **מכלל דמסי.** אפי' לת"ק דאי לאו דמסי למאי איצטריך ליה: **אע"ג דלא שכיח.** שמן וורד במקומו של זה הסך ממנו ודמיו יקרים והכל יודעין שאינו סכו אלא לרפואה שרי דכל ישראל בני מלכים הם ור' יהודה אוסר דמוכחא מילתא ורב נמי כר"י ס"ל אלא במקומו הוא דשרי דשכיח דסכין שמן וורד ולא מוכחא מילתא:

הדרן עלך שמנה שרצים

ואלו קשרים. המנוין באבות מלאכות דקתני ו) הקושר והמתיר קשר של קיימא שאינו מתירו לעולם דומיא דקושרי חוטי יריעות הנפסקות: **קשר הגמלין וקשר הספנין.** בגמרא מפרש להו: **כך הוא חייב על היתרן.** כדילפי' בכלל גדול (לעיל דף עד:) מצידי החלזון שצריכין לפרקים להתיר קשרי רשתות הקיימות כדי לקצרן או להרחיבן: **שיכול להתירו.** דלא הדקיה: **אין חייבין עליו.** ואפי' עשאו לקיימא: **גמ' זממא.** מנקבין לנאקה בחוטמ' ונותנין בה טבעת של רצועה וקושרין אותה ועומדת שם לעולם וכשרוצה לקושרה לבהמה קושר רצועה ארוכה באותה טבעת וקושרין בה ופעמים שמתירה: **קטרא דקטרי בזממא.** זהו קשר הרצועות שקושרין בטבעת: **איסטרידא.** גם הוא כמין טבעת שעושין מן עקל או מן רצועה בנקב שבראש הספינה ואותו קשר מתקיים וכשרוצה להעמידו קושר רצועה באותה טבעת ומעמידה בה וכשרוצה להתיר מתיר הרצועה ונוטלה: **קטרא דקטרי באסטרידא.** קשר רצועה הארוכה: **עניבה.** ומהדקה שפיר לר"מ מהו: **מתני' יש לך קשרין שאין חייבין עליהן.** חטאת כמו שחייבין על קשר הגמלין אלא פטור אבל אסור ובגמרא מפרש הי ניהו: **מפתח חלוקה.** כמו שיש לגלחים כעין לשונות לכאן ולכאן וקושרים של ימין בכתף שמאל ושל שמאל בכתף ימין דכיון דכל יומא שרו ליה לא דמי מידי לקשר של קיימא ומותר לכתחילה: **סבכה.** קויפ"א: **ושל פסקיא.** אזור רחב וחוטין תלויין בראשו לקושרו בהן וקורין פינדור"ס: **ונודות יין.** של עור שכופפין פיהם וקושרין: **וקדרה של בשר.** פעמים שקושרין בגד לפיה: **קושרין בפני הבהמה.** חבל ברוחב הפתח: **גמ'** קיטרא

תוספות

וטעמא משום דלאו אדם חושש לכסותו כיון דע"י סחיטה אינו יכול לנקותו מריחו וחזותו גם אין דרך לסחוט בגד לצורך משקה שבו אבל מ"מ אסור לסחוט דכי סחיט ליה מתלבן הבגד קצת והוי מכבס או משום מפרק כמו סוחט זיתים וענבים כדאמרי' בפרק מפנין (לקמן קכח:) אם היתה צריכה שמן מביאתה לה בשערה ופריך והא אתי לידי סחיטה אלמא יש סחיטה בשמן ובפרק חולין (לקמן דף קמא.) קאמר רבה לא ליהדוק איניש אודרא אפומא דשישא דילמא אתי לידי סחיטה ופי' בקונט' כד של שמן ובפרק נוטל (לקמן דף קמג.) ספוג אם יש לו בית אחיזה מקנחין בו ואם לאו אין מקנחין בו משום סחיטה והכי אסור להדוקה וא"ת דאמר בפרק בתרא דיומא (דף עז:) ההולך להקביל פני רבו או פני אביו או פני מי שגדול הימנו עובר עד צוארו במים ואינו חושש ואמר נמי בפ"ב דביצה (דף יח.) גבי טבילת כלים בשבת דנדה שאין לה בגדים מערמת וטובלת בבגדיה ולא גזרינן דילמא אתי לידי סחיטה וי"ל דמצוה שאני ואם תאמר היכי שרי התם ליכנס בבגדיה ונדה נמי איך טובלת בבגדיה נימא שריותן זהו כיבוסן כדאמרי' בזבחים בפרק דם חטאת (דף צד:) וי"ל דדוקא היכא דליכא טיפת דם או טינוף אמר שריותן זהו כיבוסן דבהכי מיירי בפ' דם חטאת ומצא ר"י מוגה בספר הישר דלא אמר שריותו זהו כיבוסו בדבר שאינו כ"א לכלוך כמו סיפוג באלונטית וקינוח ידים במפה והכי שהולכין במים עם הבגדים הוי נמי דרך לכלוך ולא דרך נקיון ועל תינוק שלכלך בגדי אמו במי רגלים אין לזרוק עליו מים דשריותו זהו כיבוסו ושמע ר"י מפי הנשים שהתיר ר"ת [ליטול ידיה] ולקנח ידיה בבגד כיון שהוא דרך לכלוך כדי שתוכל להתפלל ולברך ואין נראה לר"י שהרי היא מתכוונת לטהר הלכלוך ודרך רחיצה וליבון הויא זה הקינוח: **מודה** ר"ש בפסיק רישיה. והא דאמר גבי לא ליהדוק איניש אודרא אפומא דשישא דילמא אתי לידי סחיטה ולא הוי פסיק רישיה יש לחלק דהתם מיירי בכיסוי שאינו בולע כ"כ וגם אינו סותמו כל כך בחוזק שאינו חושש רק שיהא מכוסה אבל הכא שהוא בגד הגיגית בולע הרבה וגם מהדקו בחוזק כדי שלא יצא היין והוי פסיק רישיה: **ושלש** מחלוקות בדבר. אית ספרים דל"ג ליה:

הדרן עלך שמנה שרצים

ואלו קשרים. עניבה לר"מ מהו. וא"ת אמאי לא פשיט מדתנן לקמן חבל דלי שנפסק לא יהא קושרו אלא עונבו ומוכח' בפ"ק דפסחים (ד' יא.) דהנהו רבנן היינו ר"מ דפריך התם מינה לרבנן דהם ר"מ וי"ל דהתם נמי פריך מספק אם הנהו רבנן הם ר"מ כמו שמסתפק כאן: אימור

מסורת הש"ס

א) לעיל עה. קג. לקמן קח. קכ: קלג. קמג. סוכה לג: כתובות ו. בכורות כה: [גילה לו.], ב) [בכורות כה. לד.], ג) [קידושין מח: סנהדרין ח: ב"ב פח.], ד) [במשנה שבמשניות וכן בפי' הרב והרמב"ם איתא אלו], ה) נ"א דמן אחא פי' שם מקום, ו) [לעיל עג.].

ליקוטי רש"י

אסור להדוקיה. בתוך החבית בכח משום סחיטה ואע"ג דאינו מתכוין לשום סחיטה אסור. **מודה ר' שמעון.** דאמר במסכת שבת (מא:) דבר שאין מתכוין מותר [בכורות כה.]. **בפסיק רישיה ולא ימות.** כאומר אחתוך ראש בהמה זו בשבת ואיני רוצה שתמות דכיון דאי אפשר שלא תמות כמתכוין חשיב ליה וכי אמרינן דבר שאין מתכוין מותר כגון היכא דאפשר ליה בלא איסור כגון גורר אדם מטה כסא וספסל ובלבד שלא יתכוין לעשות חריץ ואף על גב דאיכא למיחש דלמא עביד חריץ כיון דלא מתכוין להכי ואפשר לגרירה בלא חריץ כי עביד נמי חריץ דהוי מלאכה גמורה לא מיחייב אבל היכא דודאי עביד מודי [סוכה לג:]. **בפסיק רישיה וכו'.** וכיון דמהדק לה לא אפשר לה בלא סחיטה. **הלכה כר' יהודה.** אלמא ס"ל לרב דבר שאין מתכוין אסור. **בלא גברי.** בלא רב חייא ורב חנן [בכורות שם]. בלא אמוראי אליבא דרב ואליבא דשמואל אלא רב ושמואל גופייהו [כתובות ו.]. **ואלו קשרים שחייבין עליהן.** קשר של קיימא שהוא עשוי שלא להתירו לעולם הוי אב מלאכה במסכת שבת [פסחים יא.]. **כך הוא חייב על היתרן.** [שכן] צדי חלזון לצבוע תכלת בדמו והוא כמין דג קטן ועולה אחת לשבעים שנה וצריכין לפרק קשרי רשתות עשויות קשרים קשרים והן קשרי קיימא ופעמים שצריך ליטול חוטין מרשת זו ולהוסיף על זו מתיר מכאן וקושר מכאן [לעיל עד: ועיי"ש בתוס'].

Chapter Fifteen

Mishnah Tying and untying knots are two of the *avos melachos* prohibited on the Sabbath. The Mishnah discusses the status of various knots:

וְאֵלּוּ קְשָׁרִים שֶׁחַיָּיבִין עֲלֵיהֶן – **And these are knots for which one is liable:**[1] קֶשֶׁר הַגַּמָּלִין וְקֶשֶׁר הַסַּפָּנִין – **the camel drivers' knot and the sailors' knot.**[2] וּכְשֵׁם שֶׁהוּא חַיָּיב עַל קִישּׁוּרָן – **And just as one is liable for tying them,** כָּךְ הוּא חַיָּיב עַל הֶיתֵּרָן – **so is one liable for untying them.**[3]

רַבִּי מֵאִיר אוֹמֵר – **R' Meir says:** כָּל קֶשֶׁר שֶׁהוּא יָכוֹל לְהַתִּירוֹ בְּאַחַת מִיָּדָיו – **Any knot that one can untie with one of his hands,** אֵין חַיָּיבִין עָלָיו – **one is not liable for it.**[4]

Gemara The Gemara clarifies the examples given by the Mishnah for knots which entail liability:

מַאי קֶשֶׁר הַגַּמָּלִין וְקֶשֶׁר הַסַּפָּנִין – **What** does the Mishnah mean by the terms **"the camel drivers' knot" and "the sailors' knot"?**[5] אִילֵימָא קִטְרָא דְּקָטְרֵי בִּזְמָמָא – **If you say** it means **the knot that is tied through the nose ring,** i.e. the knot connecting the leash to the nose ring, וְקִטְרָא דְּקָטְרֵי בְּאִיסְטְרִידָא – **and the knot that is tied through the ship's ring,** i.e. the knot connecting the anchoring rope to the ship's ring, הַאי קֶשֶׁר שֶׁאֵינוֹ שֶׁל קַיָּימָא הוּא – **why, this is an impermanent knot,** and thus no liability should be incurred for tying it. אֶלָּא קִיטְרָא דִּזְמָמָא גּוּפֵיהּ – **Rather,** the Mishnah means **the knot of the nose ring itself,** i.e. the knot by which the thong is formed into the nose ring, וּדְאִיסְטְרִידָא גּוּפָהּ – **and** the knot **of the ship's ring itself,** i.e. the knot by which the thong is formed into the ship's ring, both of which are permanent knots.

The Mishnah stated:

רַבִּי מֵאִיר אוֹמֵר כָּל קֶשֶׁר כו׳ – **R' MEIR SAYS: ANY KNOT etc.** [that one can untie with one hand, one is not liable for it].

An inquiry:

בָּעֵי רַב אַחֲדְבוֹי אֲחוּי דְּמַר אַחָא – **Rav Achadvoi the brother of Mar Acha inquired:** עֲנִיבָה לְרַבִּי מֵאִיר מַהוּ – **What is** the status of **a bow according to R' Meir?** טַעְמֵיהּ דְּרַבִּי מֵאִיר מִשּׁוּם דְּיָכוֹל לְהַתִּירוֹ בְּאַחַת מִיָּדָיו הוּא – **Is R' Meir's reason** in ruling as he did **because one can untie [the knot] with one of his hands,** וְהָא נַמִּי יָכוֹל לְהַתִּירוֹ – **and** thus **this** knot **too,** i.e. a bow, since it **can be untied** with one hand, should also not incur liability? אוֹ דִּילְמָא – **Or perhaps,** טַעְמָא דְּרַבִּי מֵאִיר מִשּׁוּם דְּלֹא מִיהֲדַק – **is the reason of R' Meir because** a knot that can be untied with one hand **is not tight,** וְהָא מִיהֲדַק – **and this** knot too [i.e. a bow], although it can be untied with one hand, **is tight?** Thus, it would entail liability. – ? –

The Gemara concludes:

תֵּיקוּ – **Let [the question] stand** unresolved.

Mishnah The Mishnah discusses the status of impermanently tied knots:

יֵשׁ לְךָ קְשָׁרִין שֶׁאֵין חַיָּיבִין עֲלֵיהֶן כְּקֶשֶׁר הַגַּמָּלִין וּכְקֶשֶׁר הַסַּפָּנִין – **There are knots for which one is not liable as for the camel drivers' knot and the sailors' knot.**[6] קוֹשֶׁרֶת אִשָּׁה מִפְתַּח חֲלוּקָהּ – **A woman may tie the opening of her chemise,**[7] וְחוּטֵי סְבָכָה – **strings of a hat,** וְשֶׁל פְּסִקְיָא – **or of a girdle,**[8] וּרְצוּעוֹת מִנְעָל וְסַנְדָּל – **straps of a shoe or sandal,**[9] וְנוֹדוֹת יַיִן וָשֶׁמֶן – leather **canteens of wine or oil,**[10] וּקְדֵירָה שֶׁל בָּשָׂר – **or a pot of meat.**[11]

NOTES

1. I.e. these are examples of the knots referred to by the Mishnah on 73a, where *tying* and *untying* are enumerated among the *avos melachos* prohibited on the Sabbath. Only knots made to remain tied indefinitely, similar to those used to tie together torn threads in the curtains of the Mishkan, entail liability. [As explained previously (see 49b), the *avos melachos* are those labors that were necessary for the construction of the Mishkan. Since the knots used in tying the torn threads in the Mishkan curtains were of a permanent nature, it is only such knots that entail liability] (*Rashi;* see *Tos. R' Akiva Eiger* and *Tiferes Yisrael* [*Boaz* §1]).

2. The Gemara will explain the nature of these knots (*Rashi*). In any event, these are meant to remain tied indefinitely and thus entail liability.

3. Those who fished for the *chilazon,* the small fishlike creature whose blood was used for *techeiles* [the blue dye used for the curtains of the Mishkan], would sometimes have to untie the knots in their nets to readjust them to the desired size (*Rashi,* from Gemara above, 74b; cf. *Rashi* there ד״ה קושרין; see *Chasam Sofer* to 73a ד״ה הקושר). Since in the making of the Mishkan it was permanent knots that were untied, liability is incurred only for the untying of permanent knots. [Although the knots of these nets were sometimes later untied for readjusting, this did not render them impermanent knots. This is because the vast majority of such nets remained tied indefinitely; they were seldom adjusted (*Chidushei R' Moshe Kazis*).]

4. I.e. any knot made loosely enough that one can undo it with one hand, even if the one who tied it intended it to remain knotted indefinitely, does not entail liability (*Rashi*; see *Chidushei HaRan*).

5. An introduction about the knots the Gemara is discussing is necessary:

A camel's nose was pierced and a leather thong was inserted in the hole. The ends of the thong were then permanently knotted to form a ring. To this ring a leash was tied, to be used to secure the camel to a post to prevent it from running away. The knot which connected the leash to the ring was temporary, because occasionally it was untied to release the camel.

The same two knots – one permanent and one temporary – were employed in the case of a ship. The prow of a ship was punctured so that a thong or piece of wicker could be inserted therein and knotted to form a permanent ring. To tie the ship in place while in dock, the sailors would tie a long rope to the ship's ring [and then fasten the other end to posts upon the land]. When the ship moved on, the knot connecting the long rope to the ship's ring was untied, and the rope was taken on board (see *Rashi; Rashi* below, 112a ד״ה קיטרא).

The Gemara inquires as to which of these knots the Mishnah refers.

6. I.e. one is not liable to a *chatas* for tying these knots. They are, however, Rabbinically forbidden. The Gemara will explain which knots these are (*Rashi*).

7. This garment [is open in the front and] has two straps extending from the top of each corner. The right strap was tied over the left shoulder, and the left strap over the right shoulder, thereby closing the garment. Since this knot is made to be tied and untied the very same day, it bears no resemblance to the Biblically prohibited permanent knot, and is permitted to be tied on the Sabbath (*Rashi*).

8. A wide belt tied by laces attached to its ends (*Rashi*).

9. [A *shoe* is made of soft leather while a *sandal* is composed of hard leather (*Rashi* to *Yevamos* 101 ד״ה מנעל וד״ה חליצה; cf. *Ritva MHK* ed. in the name of his teacher).]

10. The openings of these have flaps which are folded down and tied (*Rashi*).

11. A piece of cloth is sometimes tied over the top of a pot [in place of a lid] (*Rashi*).

מו א מיי' פכ"א מהל' שבת הלכה כח סמג לאוין סה טוש"ע א"ח סי' שכ סעיף א:

א ב מיי' פ"י מהל' שבת הלכה א סמג לאוין סה טוש"ע א"ח סי' שז סעיף א:

ב ג מיי' שם הלכה ז:

ג ד מיי' שם הלכה ג:

ד ה מיי' שם הל' א ב סמג שם טוש"ע שם:

רבינו חננאל

מוך א) או כיוצא בו דבר שסוחטין בו פי החבית אמר רב אסור לאמץ שתימתו דאתי לידי סחיטה והנה אע"פ שאינו מתכוין לסחיטה אלא לסתימת פי החבית בלבד כיון שסוחט אסור דלא כר' שמעון. ושנינן במסובריא דנזיתא אפי' ר' שמעון מודה כיון דאי אפשר ליה דלא להדוקי' ודאי מתחילה סוחט הוא וכי האי גוונא ר' שמעון מחייב דמודה ר' שמעון בפסיק רישיה ולא ימות וכבר פירשנוה למעלה. ואכתי רב כר' שמעון סבירא ליה והא בהדיא אמרי' רב הלכה כר' יהודה אמר ושמואל אמר הלכה כר' שמעון. ומשני (רב אמר) הכי אמר רב הלכה כר' שמעון ולאו מטעמיה דאילו ר' שמעון אע"ג דלא שכיח שרי וכו' ואע"ג דהוא דר"ש סלקא בפרק המקבל בשיטה. דגרסי' התם אמר אביי רשב"ג ור' שמעון ור' ישמעאל ור"ע כולהו סבירא להו כל ישראל בני מלכים ולית הלכתא כחד מינייהו ה"מ בהא בשרא בלחוד דקם ליה בהדייהו. אבל דבר שאין מתכוין בהדיא קי"ל דהלכתא כוותיה הלכך אע"ג דשמן [וורד] ע"כ מסי אם סך בה כדרכו ואינו מתכוין לרפואה אע"ג שמתרפא בין בדוכתא דשכיח שמן ורד בין בדוכתא דלא שכיח שרי. פי' מודה ר' שמעון בפסיק רישיה ולא ימות כל היכא דעביד מידעם בשבת דאפשר שיבא לידי איסור ולא מיכוון לההוא איסורא שרי למיעבד ההוא עבידתא ולא אסרינן ליה גזירה שלא יבא לידי אותו איסור והוא כגון הגורר מטה כסא וספסל דאפשר לעשות בגררתן (להן) חריץ ואפשר לגוררן בעינן בלא עשיית חריץ אע"פ שנעשה מותר אבל כגון האומר כוונתי לחתוך ראש זה העוף לאכילה לכלב ואין כוונתו להמיתו. כגון זה מודה ר"ש שחייב אע"פ [שאינו מכוין כיון] שאי אפשר לו לחתוך ראש העוף אלא עד שימיתהו וכן המתקנת בספוג שאין לו עור בית אחיזה עתה אם יאמר להתקנח ואין כוונתו לסחוט נתירהו לו והלא אי אפשר לאדם להתקנח בספוג שאין לו עור בית אחיזה ולא יסחוט כגון זה אומר מי איכא דפסיק רישיה ולא ימות וכן א) מסובריא דנזייתא פי' כדות

וטעמא משום דאין אדם חושש לסוחטו כיון דע"י סחיטה אינו יכול לנקותו מריחו וחזותו גם אין דרך לנגבו בבגד לצורך משקה שבו אבל מ"מ אסור לסחוט דכי סחיט ליה מתלבן הבגד קצת והוי מכבס או משום מפרק כמו סוחט זיתים וענבים כדאמרי' בפרק מפנין (לקמן קכח:) אם היתה לריכה שמן תבירתה מביאה לה בשערה ופריך והא אתי לידי סחיטה אלמא יש סחיטה בשמן ובפרק תולין (לקמן דף קמא.) קאמר רבא לא ליהדוק איניש אודרא אפומא דשישא דילמא אתי לידי סחיטה ופי' בקונט' כל של שמן ובפרק נוטל (לקמן דף קמג.) ספוג אם יש לו בית אחיזה מקנחין בו ואם לאו אין מקנחין בו משום סחיטה והכי אסור להדוקה וא"ת דאמר בפרק בתרא דיומא (דף עז:) ההולך להקביל פני רבו או פני אביו או פני מי שגדול הימנו עובר עד צוארו במים ואינו חושש ואמר נמי בפ"ב דביצה (דף יח.) גבי טבילת כלים בשבת דנדה שאין לה בגדים מערמת וטובלת בבגדיה ולא גזרינן דילמא אתי לידי סחיטה וי"ל דמלוה שאני ואם תאמר היכי שרי התם ליכנס בבגדיה ונדה נמי איך טובלת בבגדיה ניחא שרייתו זהו כיבוסו כדאמרי' בזבחים בפרק דם חטאת (דף לד:) וי"ל דדוקא היכא דאיכא טיפת דם או טינוף אמר שרייתו זהו כיבוסו דבהכי מיירי בפ' דם חטאת ומלא ר"י מוגה בספר הישר דלא אמר שרייתו זהו כיבוסו בדבר שאינו כ"א לכלוך כמו סיפוג באלונטית וקינוח ידים במפה והני שהולכין במים עם הבגדים הוי נמי דרך לכלוך ולא דרך נקיון ועל תינוק שלכלך בגדי אמו במי רגלים אין לזרוק עליו מים דשרייתו זהו כיבוסו ושמע ר"י מפי הנשים שהתיר ר"ת [ליטול ידיה] ולקנח ידיה בבגד כיון שהוא דרך לכלוך כדי שתוכל להתפלל ולברך ואין נראה לר"י שהרי היא מתכוונת לטהר הלכלוך ודרך רחילה וליבון הויא זה הקינוח:

מודה ר"ש בפסיק רישיה. והא דאמר גבי לא ליהדוק איניש אודרא אפומא דשישא דילמא אתי לידי סחיטה ולא הוי פסיק רישיה יש לחלק דהתם מיירי בכיסוי שאינו בולע כ"כ וגם אינו סותמו כל כך בחוזק שאינו חושש רק שיהא מכוסה אבל הכא שהוא בגד הגיגית בולע הרבה וגם מהדקו בחוזק כדי שלא ילא היין והוי פסיק רישיה:

ושלש מחלוקות בדבר. אית ספרים דל"ג ליה:

הדרן עלך שמנה שרצים

אסור להדוקיה ביומא טבא בההיא אפילו ר"ש מודה א) דאביי ורבא דאמרי תרוייהו מודה ר"ש בפסיק רישיה ולא ימות והאמר ב) רב חייא בר אשי אמר רב הלכה כר' יהודה ורב חנן בר אמי אמר שמואל הלכה כר"ש ורב חייא בר אבין מתני לה בלא גברי רב אמר הלכה כר' יהודה ושמואל אמר הלכה כר"ש אלא אמר רבא ג) אני וארי שבחבורה תרגימנא ומנו רבי חייא בר אבין הלכה כר"ש ולאו מטעמיה מאי הלכה כר' שמעון ולאו מטעמיה אילימא הלכה כר"ש דשרי ולאו מטעמיה דאילו ר"ש סבר מסי ורב סבר לא מסי וסבר רב לא מסי והא מדקתני בני מלכים סכין על גבי מכותיהן שמן וורד מכלל דמסי אלא הלכה כר"ש דשרי ולאו מטעמיה דאילו ר"ש סבר אף ע"ג דלא שכיח שרי ורב סבר א) אי שכיח אין ואי לא שכיח לא ובאתרא דרב שכיח משחא דוורדא:

הדרן עלך שמנה שרצים

ד) **ואלו** קשרים שחייבין עליהן קשר הגמלין וקשר הספנין ג) וכשם שהוא חייב על קישורן כך הוא חייב על היתרן ר"מ אומר כל קשר שהוא יכול להתירו באחת מידיו אין חייבין עליו: **גמ'** מאי קשר הגמלין וקשר הספנין אילימא קטרא דקטרי בזממא וקטרא דקטרי באיסטרידא האי קשר שאינו של קיימא הוא אלא קיטרא דזממא גופיה ודאיסטרידא גופה: ר"מ אומר כל קשר כו': בעי רב אחדבוי ה) אחוי דמר אחא עניבה לר"מ מהו טעמיה דר"מ משום דיכול להתירו באחת מידיו הוא והא נמי יכול להתירו או דילמא טעמא דר"מ משום דלא מיהדק והא מיהדק תיקו: **מתני'** יש לך קשרין שאין חייבין עליהן כקשר הגמלין וכקשר הספנין ד) קושרת אשה מפתח חלוקה וחוטי סבכה ושל פסקיא ורצועות מנעל וסנדל ונודות יין ושמן וקדירה של בשר ראב"י אומר קושרין לפני הבהמה בשביל שלא תצא: **גמ'** הא גופא קשיא אמרת יש קשרין שאין חייבין עליהן כקשר הגמלין וכקשר הספנין חיובא הוא דליכא הא איסורא איכא והדר תני קושרת אשה מפתח חלוקה אפילו לכתחלה הכי קאמר ה) יש קשרין שאין חייבין עליהן כקשר הגמלין וכקשר הספנין ומאי ניהו קיטרא

אסור להדוקיה. בנקב משום סחיטה ואע"ג דלא קא מכוין לסחוט אלמא לא ס"ל כר"ש בדבר שאין מתכוין: הלכה כר' יהודה. בדבר שאין מתכוין לאסור: בלי גברי. מתני לה לפלוגתא דרב ושמואל בלא אמוראים האומרים משמם אלא הם עצמם נחלקו בה: תרגימנא. דלא תיקשי דרב אדרב: הלכה כר"ש. דשרי בשמן וורד: אבל לא מטעמיה. דאין הטעם כדבריו: דאילו ר"ש סבר מסי. ואפ"ה שרי דאין לך דמותר לזה ואסור לזה: מכלל דמסי. אפי' לת"ק דאי לאו דמסי למאי איצטריך ליה: אע"ג דלא שכיח. שמן וורד במקומו של זה הסך ממנו ודמיו יקרים והכל יודעין שאינו סכו אלא לרפואה שרי דכל ישראל בני מלכים הם ור' יהודה אוסר דמוכחא מילתא ורב נמי כר"י ס"ל אלא במקומו הוא דשרי דשכיח דסכין שמן וורד ולא מוכחא מילתא:

הדרן עלך שמנה שרצים

ואלו קשרים. המנוין באבות מלאכות דקתני י) הקושר והמתיר קשר של קיימא שאינו מתירו לעולם דומיא דקושרי חוטי יריעות הנפסקות: קשר הגמלין וקשר הספנין. בגמרא מפרש להו: כך הוא חייב על היתרן. כדילפי' בכלל גדול (לעיל דף עד:) מציידי החלזון שנצרכין לפרקים להתיר קשרי רשתות הקיימות כדי לקצרן או להרחיבן: שיכול להתירו. דלא הדקיה: אין חייבין עליו. ואפי' עשאו לקיימא: **גמ'** זממא. מנקבין לנאקה בחוטמ' ונותנין בה טבעת של רצועה וקושרין אותה ועומדת שם לעולם וכשרוצה לקושרה לבהמה קושר רצועה ארוכה באותה טבעת וקושרין בה ופעמים שמתירה: קטרא דקטרי בזממא. זהו קשר הרצועות שקושרין בטבעת: איסטרידא. גם הוא כמין טבעת שעושין מן עקל או מן רצועה בנקב שבראש הספינה ואותו קשר מתקיים וכשרוצה להעמידו קושר רצועה באותה טבעת ומעמידה בה וכשרוצה להתיר מתיר הרצועה ונוטלה: קטרא דקטרי באסטרידא. קשר רצועה הארוכה: עניבה. ומהדקה שפיר לר"מ מהו: **מתני'** יש לך קשרין שאין חייבין עליהן. חטאת כמו שחייבין על קשר הגמלין אלא פטור אבל אסור ובגמרא מפרש הי ניהו: מפתח חלוקה. כמו שיש לגלחים כעין לשונות לכאן ולכאן וקושרים של ימין בכתף שמאל ושל שמאל בכתף ימין דכיון דכל יומא שרו ליה לא דמי מידי לקשר של קיימא ומותר לכתחלה: סבכה. קויפ"א: ושל פסקיא. אזור רחב ומוטין תלויין בראשו לקושרו בהן וקורין פינדור"ס: ונודות יין. של עור שכופפין פיהם וקושרין: וקדירה של בשר. פעמים שקושרין בגד לפיה: קושרין בפני הבהמה. אבל ברוחב הפתח: **גמ'** קיטרא

ואלו קשרים. עניבה לר"מ מהו. וא"ת אמאי לא פשיט מדתנן לקמן אבל דלי שנפסק לא יהא קושרו אלא עונבו ומוכח' בפ"ק דפסחים (ד' יא.) דהנהו רבנן היינו ר"מ דפריך התם מינה לרבנן שהם ר"מ וי"ל דהתם נמי פריך מספק אם הנהו רבנן הם ר"מ כמו שמסתפק כאן: אימור

א) לעיל עה. קג. לקמן קיז. קכ: קלג. קמג. סוכה לג: כתובות ו. בכורות כה: [גיטין נו.], ב) בכורות כה. לד., ג) [קידושין מח. סנהדרין מ: ב"ב פח.], ד) [במשנה שבמשניות וכן בפי' הרב והרמב"ם ליתא], ה) ג"ל דמן אחא פי' שם מקום, ו) [לעיל עג.].

ליקוטי רש"י

אסור להדוקיה. בתוך החבית בכח משום סחיטה ואע"ג דאינו מתכוין לשום סחיטה אסור. מודה ר' שמעון. דאמר במסכת שבת (מא:) דבר שאין מתכוין מותר [בכורות כה.]. בפסיק רישיה ולא ימות. כאומר אחתוך ראש בהמה זו בשבת ואיני רוצה שתמות דכיון דאי אפשר שלא תמות כמתכוון חשיב ליה וכי אמרינן דבר שאין מתכוין מותר כגון היכא דאפשר ליה בלא איסור כגון גורר אדם מטה כסא וספסל ובלבד שלא יתכוון לעשות חריץ ואף על גב דליכא למיחש דלמא עביד חריץ כיון דלא מתכוין להכי ואפשר לגרירה בלא חריץ אי עביד נמי חריץ דהוי מלאכה גמורה לא מיחייב אבל היכא דודאי עביד מודי [סוכה לג:]. בפסיק רישיה וכו'. וכיון דמהדק לה לא אפשר לה בלא סחיטה. הלכה כר' יהודה. אלמא ס"ל לרב דבר שאין מתכוין אסור. בלא גברי. בלא רב חייא ורב חנן [בכורות שם]. בלא אמוראי אליבא דרב ואליבא דשמואל אלא רב ושמואל גופייהו [כתובות ו.]. ואלו קשרים שחייבין עליהן. קשר של קיימא שהוא עשוי שלא להתירו לעולם הוי אב מלאכה במסכת שבת [פסחים יא.]. כך הוא חייב על היתרן. [שכן] צדי חלזון לצבוע התכלת בדמו והוא כמין דג קטן ועולה אחת לשבעים שנה קושרין ומתירין של רשתות ועשוית קשרים קשרים וכן קשרי קיימא וליטול ופעמים שצריך ליטול חוטין מרשת זו והוסיף על זו או מתיר מכאן וקושר מכאן [לעיל עד: ועיי"ש בתוס'].

של יין או של שכר. מסובריא הוא הנקב העשוי בה להוציא בו יין בזמן שהיין שותת ויוצא אם בא אדם לסתמו ולהדקו ואומר למנוע שפיכות היין אני מתכוון (נתכוונתי) ולא לסחוט הפתח בהא קאמר רב מודה ר' שמעון. וכן לענין נר שהוא אחר הדלת ותניא פותח ונועל ואם כבתה כבתה. ואמרי' (לקמן קכ:) דליט ר' עלה דכיון דהמקום רחוק הוא אי אפשר לפתוח ולנעול אלא אם יכבה. ובענין הזה מודה ר"ש בפסיק רישיה ולא ימות וכבר פרשנו כל דבר שאינו מתכוון מותר: הדרן עלך שמנה שרצים ואלו קשרים שחייבין עליהן קשר הגמלין וכו'. פי' [עושין] נקבים לחוטמיה דגמלא וכו' קשר גמלים כו'. קשר הגמלים קשר של קיימא הוא ובתר כן קטרי בההוא אפסר חבל ארוך שמושכין בו הגמל והוא קיטרא דקטרין בזממא דגמל ומחתין ביה יתר וקטרין ביה אפסר קטן והיינו זממא וקשר של קיימא הוא ולא מיתחייב עליה. והדר קטרי בההוא איסטרידא חבל אחד דעייליה ביה נגרי מושכי הקלע כשבאין להרימו על הספינה כדי שתשוב הקלע ודקטרי באיסטרידא. בעי רב אחדבוי מדאה"ה פי' (חדחאה) [אחה] שם מקום ידוע מהו דאחא. ואסיקנא האי קטרא דקטרי בזממא ודקטרי באיסטרידא חיובא דליכא איסורא מיהא איכא אבל מפתחי חלוק אע"פ דאית ליה תרתי דשרי כי (היכי דאית ב) אשתא) למני שרי למיקטרינהו ולא אמרי' דהוא מניחהו בטולי בטלה אלא תרווייהו שרי למיקטרינהו. פי' פסקיא חגורה כדמתרגמינן (ישעיה ג') ותחת חגורה נקפה [ואתר דהוה אסרן פסקיא]. והוא המיין של נשים: פי' סבכה וקאיה בל'

חשק שלמה על רבינו חננאל א) עיין ערוך ערך סבר ס': ב) נראה דצ"ל דאיתא הספתא למני וכו':

רַבִּי אֱלִיעֶזֶר בֶּן יַעֲקֹב אוֹמֵר – **R' Eliezer ben Yaakov says:** קוֹשְׁרִין לִפְנֵי הַבְּהֵמָה בִּשְׁבִיל שֶׁלֹּא תֵּצֵא – **One may tie** a rope **in front of** the stall of **an animal so that it not go out.**

Gemara The Gemara is puzzled by the Mishnah's wording: הָא גוּפָא קַשְׁיָא – **This is inherently contradictory.** אָמְרַתְּ – **You said:** יֵשׁ קְשָׁרִין שֶׁאֵין חַיָּיבִין עֲלֵיהֶן כְּקֶשֶׁר הַגַּמָּלִין וּכְקֶשֶׁר הַסַּפָּנִין – THERE ARE KNOTS FOR WHICH ONE IS NOT LIABLE AS for THE CAMEL DRIVERS' KNOT AND THE SAILORS' KNOT. חִיּוּבָא הוּא דְּלֵיכָּא – This implies **that there is no liability** for the knots that the Mishnah is about to list, הָא אִיסּוּרָא אִיכָּא – **but there is** nonetheless a Rabbinical **prohibition.** וְהָדַר תָּנֵי – **But then,** in the very next line, **[the Tanna] teaches:** קוֹשֶׁרֶת אִשָּׁה מִפְתַּח חֲלוּקָהּ – A WOMAN MAY TIE THE OPENING OF HER CHEMISE, אֲפִילּוּ לְכַתְּחִילָּה – which indicates that this is **permissible** even **from the start!**[12] – ? –

The Gemara answers:

הָכִי קָאָמַר – **This is what [the Mishnah] is saying:** יֵשׁ קְשָׁרִין שֶׁאֵין חַיָּיבִין עֲלֵיהֶן כְּקֶשֶׁר הַגַּמָּלִין וּכְקֶשֶׁר הַסַּפָּנִין – THERE ARE KNOTS FOR WHICH ONE IS NOT LIABLE AS for THE CAMEL DRIVERS' KNOT AND THE SAILORS' KNOT. וּמַאי נִיהוּ – **And what are they?**

NOTES

12. The implication of the first phrase of the Mishnah is that the knots that follow (i.e. those of a woman's chemise, of her cap, etc.) are but examples of the general category stated earlier, viz. knots for which one is not liable as he is for the camel drivers' and sailors' knot. If so, the Mishnah is self contradictory, for the first statement implies that these knots differ from the ones in the previous Mishnah in that those of the previous Mishnah carry Biblically liability while those of the present Mishnah are only Rabbinically forbidden. But then the Mishnah proceeds to state that "a woman *may tie* the opening of her chemise," which implies that this is even Rabbinically permitted!

קִיטְרָא דְּקָטְרֵי בִּזְמָמָא – They are **the knot which is tied through the nose ring**[1] וְקִיטְרָא דְּקָטְרֵי בְּאִיסְטְרִידָא – **and the knot which is tied through the ship's ring.**[2] חִיּוּבָא הוּא דְּלֵיכָּא – For these **there is no** Biblical **liability,** הָא אִיסּוּרָא אִיכָּא – **but there is a** Rabbinical **prohibition.**[3] וְיֵשׁ שֶׁמּוּתָּרִין לְכַתְּחִילָּה – **And there are some** knots **that are permissible** even **initially.** וּמַאי נִינְהוּ – **And what are they?** קוֹשֶׁרֶת מִפְתְּחֵי חֲלוּקָהּ – [A WOMAN] MAY TIE THE OPENING OF HER CHEMISE, etc.[4]

The first permissible knot enumerated by the Mishnah is the knot of:

מִפְתַּח חֲלוּקָהּ – THE OPENING OF HER CHEMISE.

The Gemara asks:

פְּשִׁיטָא – This teaching is unnecessary – **it is obvious** that a knot at the opening of a woman's chemise is permitted to be tied![5] – ? –

The Gemara answers:

לֹא צְרִיכָא – **No, it is necessary,** דְּאִית לֵיהּ תְּרֵי דַּשֵּׁי – **for [the chemise] has two openings,** i.e. two straps.[6] מַהוּ דְּתֵימָא – **You might have said,** were it not for the Mishnah's teaching, חֲדָא מִינַּיְיהוּ בַּטּוּלֵי מְבַטֵּיל – that **[the woman] will leave one of [the straps]** tied **permanently.**[7] Thus, tying the knot should be prohibited.[8] קָא מַשְׁמַע לָן – **[The Mishnah]** therefore **informs us** that the tying of such a knot is permissible.[9]

The Mishnah's next case:

וְחוּטֵי סְבָכָה – AND STRINGS OF A HAT.

The Gemara asks:

פְּשִׁיטָא – This teaching too is unnecessary – **it is obvious** that one may tie these knots![10] – ? –

The Gemara answers:

לֹא צְרִיכָא – **No, it is necessary** for the Mishnah to teach us the law in a case דְּרְוִיחָא לָהּ – **where [the hat] is loose on her.**[11] מַהוּ דְּתֵימָא – **You might have said,** were it not for the Mishnah's teaching, מִישְׁלַף שָׁלְפָא לָהּ – that **[the woman] will slip [the hat] off** her head without first untying the knot. Thus the knot should be considered permanent and should be prohibited to be made on the Sabbath. קָא מַשְׁמַע לָן דְּאִשָּׁה חָסָה עַל שְׂעָרָהּ – **[The Mishnah]** therefore **tells us that a woman is sparing about her hair,** וּמִישְׁרָא שָׁרְיָא לָהּ – **and will untie [the hat]** before removing it from her head.[12]

The Mishnah continues:

וּרְצוּעוֹת מִנְעָל וְסַנְדָּל – AND STRAPS OF A SHOE OR A SANDAL.

The Gemara presents three apparently contradictory Baraisos on the subject of untying the knots of shoes and sandals:

NOTES

1. I.e. the knot by which the leash is tied to the nose ring of the camel. This knot is sometimes left tied on the nose ring for a week or two at a time, [while the movement of the camel is restricted or freed] by tying or untying the other end of the leash to (or from) a post or peg (*Rashi*).

2. I.e. the knot by which the anchoring rope is tied to the ship's ring.

3. Since these knots are not made to remain permanently tied, they carry no Biblical liability. Nevertheless since they are intended to last for a significant amount of time, they resemble permanent knots and are forbidden by the Rabbis.

[*Beis Yosef* (*Orach Chaim* 317) derives from the wording of *Rashi's* commentary cited in note 1 ("a week or two") that the Rabbinical prohibition applies only to knots that are tied to last for at least seven days. Knots that are tied to last for less than seven days are decidedly temporary in nature, and may be tied or untied at will. *Taz* (ad loc.) disagrees, and maintains that although *Rashi* states "a week or two," this is because that is the actual duration for which these particular knots are tied. In fact, however, it is Rabbinically prohibited to tie or untie any knot that is made to last for more than a single day.]

4. The Mishnah is thus understood to be missing a critical phrase (חַסּוּרֵי מְחַסְּרָא). It should actually read: "*And these are the knots which are permissible from the outset:* A woman may tie the opening of her chemise, etc." (*Ran*).

This knot and the others enumerated by the Mishnah, since they are made to be untied daily, are in no way similar to the permanent knots [made in the process of building the Mishkan], and it is therefore permissible to tie them from the outset (*Rashi* to Mishnah above, 111b).

As emerges from this Gemara, the Mishnahs refer to three distinct categories of knots: (a) knots for which there is Biblical liability. These are mentioned in the first Mishnah on 111b (*the camel drivers' knot and the sailors' knot*) and are identified by the Gemara as the knots used to form the camel's and ship's rings, which are permanent knots; (b) knots for which there is no liability but which are nevertheless Rabbinically prohibited. These are referred to by the second Mishnah's general statement *there are knots for which one is not liable as for the camel drivers' knot and the sailors' knot,* but are not specifically enumerated by the Mishnah. The Gemara, though, identifies them as being the knot by which the leash is tied to the camel's nose ring and the knot by which the anchoring rope is tied to the ship's ring, which, although temporary, are intended to remain tied for a significant amount of time. Since they resemble permanent knots, the Rabbis forbade tying them; (c) knots which are permitted to be tied even initially. These are the knots actually enumerated by the second Mishnah. Due to the short duration for which these knots are tied, they are not at all similar to permanent knots. The Rabbis therefore saw no reason to prohibit them.

[The above explanation, which classifies knots solely on the basis of their intended duration (permanent, temporary but long-lasting, completely temporary), follows *Rashi*. *Rif* and *Rambam* (*Commentary to Mishnah* and *Hil. Shabbos* 10:1-3), however, maintain that the classification of a particular knot as either Biblically forbidden, Rabbinically forbidden or permissible depends as much on the type of knot (*professional* or *amateur*) as on the duration for which it was tied. A knot such as that tied to form the nose ring of a camel or the ring of a boat, since it is *both* permanent *and* professional (having been tied to last indefinitely by a professional camel driver or sailor), is Biblically forbidden. One that is *either* permanent *or* professional, such as the knot that ties the rope to the camel's or ship's ring, which is professional but non-permanent, is forbidden by the Rabbis. A knot that is *neither* permanent *nor* professional, such as the knot a woman makes to close her chemise, is totally permitted. Although our elucidation of this and the coming Gemaras typically follows *Rashi's* approach, it is important to bear in mind that the final halachah takes both approaches into account. See *Shulchan Aruch, Orach Chaim* 317 with *Rama* and commentaries.]

5. Since the knot is made to be untied daily, the permissibility of this knot is self-understood. See *Sfas Emes*.

6. See 111b note 7.

7. I.e. even if one of the straps is left knotted, the woman can remove and put on the chemise, albeit with difficulty, by tying and untying the other strap (*Rashi*).

8. Since one of these two knots will be left tied permanently, and it is unknown which it will be, it should be prohibited to tie either of them on the Sabbath (*Rashi;* see *Rashash; Leshon HaZahav*; cf. *Chidushei HaRan*).

9. For we are not concerned with the above possibility. Rather, we assume that both straps will be untied daily, so as to make the process of donning and removing the chemise easier (*Chidushei Tzemach Tzedek* in explanation of *Sefer HaTerumah; Eglei Tal HaShalem* no. 24 [180] sec. 14-15; cf. *Beis Yosef* to *Orach Chaim* 317 ד״ה תנן).

10. Since they are made to be untied daily (*Rashi*).

11. I.e. she tied the knot loosely enough that she could slip the hat off her head while the knot is still tied (*Rashi*).

12. I.e. she is concerned that if she removes the hat without first untying the knot, she might pull out some hair in the process (*Rashi*).

It will be noted that the Gemara does not address the apparent obviousness of the Mishnah's next case (*the knot of a girdle*), although in that case too the knot is made to be untied daily. *Rashi* explains, however, that the necessity of this case can be explained in a manner similar to the Gemara's explanation of the previous cases. It might have been thought, if not for the Mishnah, that the girdle could be removed by slipping it down over the feet without untying its knot. [Thus, the knot should be deemed a permanent knot, and should be prohibited to be tied on the Sabbath.] The Mishnah therefore informs us that, out of modesty, it is not customary for a woman to remove a girdle in that way.

קיטרא דקיטרי בזממא וקיטרא דקטרי באיסטרידא חיובא הוא דליכא הא איסורא איכא ויש שמותרין לכתחילה ומאי ניהו קושרת מפתחי חלוקה: מפתח חלוקה: פשיטא לא צריכא דאית ליה תרי דשי מהו דתימא חדא מינייהו בטולי מבטיל קא משמע לן: וחוטי סבכה: פשיטא לא צריכא דרויחא לה מהו דתימא מישלף שלפא לה קא משמע לן דאשה חסה על שערה ומישרא שריא לה: ורצועות מנעל וסנדל: איתמר התיר רצועות מנעל וסנדל תני חדא חייב חטאת ותניא אידך פטור אבל אסור ותניא אידך מותר לכתחילה קשיא מנעל אמנעל קשיא סנדל אסנדל מנעל אמנעל לא קשיא הא דקתני חייב חטאת בדאושכפי פטור אבל אסור בדרבנן מותר לכתחלה בדבני מחוזא סנדל אסנדל לא קשיא הא דקתני חייב חטאת בדטייעי דקטרי אושכפי פטור אבל אסור בדחומרתא דקטרי אינהו מותר לכתחילה בסנדל דנפקי ביה בי תרי כדרב יהודה דרב יהודה אחוה דרב סלא חסידא הוה ליה ההוא זוגא דסנדלי זמנין דנפיק ביה איהו זימנין נפיק ביה ינוקיה אתא לקמיה דאביי א"ל כה"ג מאי א"ל חייב חטאת א"ל השתא פטור אבל אסור קא קשיא לי חייב חטאת קאמרת לי מאי טעמא א"ל משום דבחול נמי זמנין נפיקנא ביה אנא זמנין נפיק ביה ינוקא א"ל אי הכי מותר לכתחלה [א]רבי ירמיה הוה קאזיל בתריה דר' אבהו בכרמלית איפסיק (א) רצועה דסנדליה אמר ליה מאי ניעבד לה א"ל שקול גמי לח דחזי למאכל בהמה וכרוך עילויה אביי [ב]הוה קאי קמיה דרב יוסף איפסיק ליה רצועה אמר ליה מאי איעביד ליה א"ל שבקיה מאי שנא מדרבי ירמיה [ג]התם לא מינטר הכא מינטר והא מנא הוא דאי בעינא הפיכנא ליה מימין לשמאל א"ל מדקמתרץ רבי יוחנן אליבא דרבי יהודה [ג]ש"מ הלכה כרבי יהודה מאי היא [ד]דתניא [ד]סנדל שנפסקו שתי אזניו או שתי תרסיותיו או שניטל כל הכף שלו טהור אחת מאזניו או אחת מתרסיותיו [ה]או שניטל רוב הכף שלו טמא ר' יהודה אומר נפסקה פנימית טמא החיצונה טהור ואמר עולא ואיתימא רבה בר בר חנה אמר ר' יוחנן כמחלוקת לענין טומאה כך מחלוקת לענין שבת אבל לא לענין חליצה והוינן בה [ר' יוחנן] אליבא דמאן אילימא אליבא דרבנן מדלענין טומאה מנא הוי לענין שבת נמי מנא הוא אבל לא לחליצה דלאו מנא הוא [ו]והתנן [ו]חלצה של שמאל בימין חליצתה כשרה ואלא אליבא דרבי יהודה [ז]מדלענין טומאה לאו מנא הוא לענין שבת נמי לאו מנא הוא אבל לא לחליצה דמנא הוא אימור דאמרי' חלצה של שמאל בימין חליצת' כשרה היכא דלמילתי' מנא הוא הכא למילתיה לאו מנא הוא דהא אמר ר' יהודה נפסקה החיצונה טהור אלמא לאו מנא הוא לעולם אליבא דר' יהודה אימא וכן לחליצה והא קמשמע לן דכי אמרינן חלצה של שמאל בשל ימין חליצתה כשרה היכא דלמילתיה

רש"י

קיטרא דקיטרי בזממא. רלועה ארוכה שמכניסין בטבעת אסור לכתחילה לקושרה שם מפני שפעמים שמניח שם שבוע או שבועיים וקושר ומתיר לראש האחד שנותן ביתד או בעמוד שאסור בו האנקה והגמל: תרתי דשי. שתי פתחים היינו אומן לשונות והווין זו למעלה וזו למטה זו לימין וזו לשמאל ואם אינה מתרת אלא האחד יכולה לפושטה וללובשה בדוחק: מהו דתימא חדא מינייהו בטולי מבטל לה. ותיהוי קשר של קיימא וכיון דלא ידעי הי מינייהו תרוויהו ליתסרו קא משמע לן: פשיטא. דהא כל יומי שריא לה: דרויחא. לא דחקתו בראשה אלא קושרתו בריוח שיכולה לחולצה מראשה כשהיא קשורה: מהו דתימא מישלף שלפא לה. מראשה הכי והוה לה קשר של קיימא: חייסה על שערה. שמא תתלוש בדוחק ומתנתק שערה ודפסקיא נמי איכא לסוגיי כה"ג מהו דתימא מחמא ליה דרך רגלה וזולאה קמ"ל דלא עבדא הכי משום נויותא: בדאושכפי. בקשר שהאושכף עושה כשתוחב הרלועה במנעל קושר קשר מתוכו שלא יוכל ללאת והוא קיים לעולם: בדרבנן. כשקושרים סביב רגליהם אין קושרין בדוחק שפעמים שחולצו כשהוא קשור ונועלו כשהוא קשור ומיהו קשר של קיימא לא הוי שבשעת הטיט מתירין אותו וקושרין אותו בדוחק שלא ידבק בטיט וישמטו מרגליו: בדבני מחוזא. שהם רחבי לבב ומקפידים על לבושיהן ונעליהן להיות מכוונין וקושרין אותו בדוחק וצריך להתירו ערבית: בדטייעי דקטרי אושכפי. בסנדלים של ישמעאלים סוחרים שהאושכפים קושרים בהן הרלועות בקשר קבוע: בדחומרתא דקטרי אינהו. אלו סנדלים של שאר אנשים שאין רלועות קבועות בהן ע"י אומן אלא הם עלמן קושרין אותם בחומרתא בעלמא וקושרין ומתירין ופעמים שמתקיים שבת או חדש: דנפקי בי תרי. ולריך כל אחד ואחד לקשור לפי רגלו הלכך בכל יום קושרו ומתירו: כה"ג. שאני מתירו עכשיו ונועל בני ושבת היתה: השתא פטור אבל אסור הוה קשיא לי. אמאי אסור: מ"מ. קשיא לך: א"ל משום דבחול נמי. אני מתירו בכל יום וקושרו התינוק לפי רגלו: אי הכי מותר לכתחילה. ומעיקרא סבר דלא רגיל למעבד הכי וקטרא דאושכפי הוה שרגיל להיות קבוע: איפסיק רצועה דסנדליה. ונפל הסנדל מרגלו שע"י הרלועה הוא עומד שהסנדל פתוח מעל גביו ולדדיו של עץ או של עור שלוק וקשה והרלועות נקשרות על גב הרגל ומעמידות אותו: שקול גמי לח דחזי למאכל בהמה. דראוי לטלטול: וכרוך. במקום הרלועה ונועלו עד שתכנס: אביי הוה קאי קמיה דרב יוסף. במלר: שבקיה. במקום שנפל מרגלך ולא תטלנו בידך להלניעו: ומ"ש מדר' ירמיה. דשרא ליה ר' אבהו לנועלו ע"י גמי: התם. בכרמלית כגון בקעה לא הוה מינטר: והא מנא הוא. ואמאי אסור לטלטלו והא עדיין תורת מנעל עליו: דאי בעינא הפיכנא מימין לשמאל. שהסנדל יש לו שתי תרסיות והן של עור מקום קביעות הרלועות אחת מבחוץ ואחת מבפנים לבין שני רגלים כעין שיש למנעלים שלנו וכשנפסק הפנימי ראוי הוא לתקנו ואע"ג שתיקונו ניכר וגנאי הוא מיהו לגד פנים לא מיתחזי וכשנפסקה חילונה אינו הגון שוב לתקנו והך דאביי חילונה איפסיק משום הכי אסריה רב יוסף אפילו לטלטלו וא"ל אביי והא אכתי מנא הוא דהפיכנא ליה לרגל האחרת ונמלאת החילונה פנימית: א"ל מדקא מתרץ רבי יוחנן. למילתיה דר"י לקמן ומפרש לה: ש"מ הלכה כר"י. דאמר משנפסקה החילונה לאו מנא הוא: אזניו. שכלפי גב הרגל שאוחזו בהן כשנועלו: תרסיותיו. מקום קביעות הרלועות: הכף. שול"א בלע"ז שתחת פרסות הרגל: טהור. דתו לא מתקני ליה וא"נ מתקני ליה חדוש הוא והשתא מיהא בטיל ליה: (ג) טמא. לא פרחה טומאה מעליו דאכתי מנא הוא ואפילו נפסקה החילונה דאי בעי מפיך ליה מימין לשמאל ונמלאת חילונה נעשית פנימית: ואמר עולא גרסי': אליבא דמאן. מהכי תנאי א"ר יוחנן דמאי דסבירא ליה לענין טומאה ס"ל לענין טלטול שבת אבל לענין חלילה מודה לבר פלוגתיה: אילימא לרבנן. אשמעינן רבי יוחנן דכי היכי דלענין טומאה משוי ליה מנא לענין שבת נמי מנא הוא אבל לחלילה לאו מנא הוא ואינו כשר לחלילה והא אנן תנן חללה בסנדל של שמאל בימין שהחלילה ברגל ימיני ואם נעל בו סנדל שמאל וחללה כשר ואי נפסקה חילונה דסנדל של שמאל אמאי לא הוה כשר לחלוץ הואיל ובעלמא סנדל הוא משום דחזי להפוכי ה"נ חזי להפוכי: אלא אליבא דר"י. אמרה ר' יוחנן למילתיה ולאשמעינן דבחלילה מודה ר"י דמנא הוא כגון שנפסקה חילונה של שמאל הופכו לימין וחולץ וכדתנן של שמאל בימין חלילתה כשירה: אימור דאמרינן חליצה כשירה. היכא דלא נפסקו תרסיותיו: דלמילתיה. ברגל העשוי לו מנא הוא: הכא למילתיה לאו מנא הוא. דהא ר"י לענין טומאה ושבת לאו מנא משוי ליה: אימא וכן לחליצה. כדמפרש ואזיל ואשמעינן דכי אמרינן חללה כו' ואליבא דרבנן לא מצינן לאוקמיה

תוספות

אימור דאמרי' חליצתה כשרה היכא דלמילתיה מנא הוא. והא דלא מוקים לה אליבא דרבנן אבל לא לחליצה משום דלמילתיה דהיינו בשמאל לאו מנא הוא היינו טעמא משום דכיון דמנא הוא לדידהו לשבת ולטומאה אף על גב דלמילתיה לאו מנא הוא כשר הוא לחליצה כיון דשל שמאל בימין חליצתה כשרה אבל לר' יהודה דלמילתיה נמי לאו מנא הוא ולמידי אחרינא נמי לאו מנא הוא מסתבר דלאו מנא הוא לחליצה: סנדל

עין משפט נר מצוה

ה א ב ג מיי' פ"י מהל' שבת הלכה ד סמג לאוין סה טוש"ע א"ח סי' שח סעיף טו:

ו ד ה מיי' פ"ז מהלכות כלים הלכה יג יג ופכ"ד הלכה ד:

ז ו מיי' פ"ד מהל' יבום הלכה יט סמג עשין נה טוש"ע אה"ע סי' קסט סעיף כב בהג"ה:

רבינו חננאל

ערבי שרי למקטר בהנהו חוטי שערה דמשרא הוא דשריא ליה ולא שיפה להו מעוף. רצועות מנעל וסנדל אית בהוא ג' בבי קיטרי דקטרי אושכפי להדיא רצועה במנעל עצמו המתירה חייב חטאת. והני רצועות הנמשכות מגופו של מנעל שקושרין אותו על הרגל ועל השוק (אחד שני עלין המנעל) אחר שנועלין הנך מותר לכתחלה לקשרן ולהתירן וזהו דבני מחוזא והן נמי קשר חיצון של רצועות שהוא למעלה מן השוק ומן הרגל. אם מעיקרא קשרן לשום כך הרצען קשר של קיימא שכשנועל ההוא מנעל מכניס רגליו באותן הרצועות ואינו מתירן כל עיקר ההוא נמי המתירן חייב עליו חטאת אבל זה הקשר החיצון שלא קשרו האומן אלא כל אדם קושרו מהיכי דניחא ליה מרווח או צר או כגון מסני רבנן שכל אחד מעמידו על חפצו כד רויח למיסם ולמישלף בניחותא כגון זה המתירו פטור. שהרי מעשה הדיוט הוא אבל אסור להתירו לכתחלה דהוא קא מוקים ליה על חפצו וקשרו כמין קשר של קיימא לפי שאין דעתו להתירו ולשנותו. ומשני דבני מחוזא דעבידן להתירן ולקשרן בכל זמן דכד בעי למרהט שרי ליה וקמיט ליה וכד בעי לסגויי בניחותא כי הלוכן דרבנן מרפי ליה כי הא גוונא מותר להתירו לכתחלה. וסנדל כי הלין אנפין איכא ביה. סנדל דטייעי כגון קצת האי דקרו ליה השתא תאסומא דעביד ליה לפי מידת אסתורא כרגיא וקטר ליה קיטרא מעליא. אם התירו חייב חטאת. ודחומרתא פי' מכבפין כולהי רצועות ומעיילין בחומרתא וכד בעי מעייל והדר קטיר מאבראי דחומרתא וכד בעי מרווח כגון האי פטור אבל אסור. וסנדל המוכן לשנים דחומרא דכד בעי האי למסיימיה מרווח ליה וכד בעי אחרינא למסיימיה קמיט ליה ודאי הני לא קטרי קשר של קיימא מעיקרא דניח ליה להתירו ונייח ליה נמי לאידך להתירו הלכך לכתחלה [שרי]. הא דר' ירמיה דאיפסיק ליה רצועה דסנדליה וא"ל ר' אבהו שקול גמי לח דחזי למאכל בהמה וכרוך עליה ואתייה. קיי"ל דהאי גמי לח דא"ל כי היכי דאיתכשר להנטל בשבת דהאי כיון דאחזי למאכל בהמה הוה ליה דבר הניטל בשבת. כמו ככר או תינוק ושרי לאיתויי פחות מד' אמות כר' יצחק דאמר מוליכו פחות פחות מד' אמות. ולא תימא כיס בלבד שרו ליה דאדם בהול על ממונו. ואי לא שרית ליה אתי לאתויה ד' אמות בר"ה אלא כל דבר שצריך לו מדתנן המוצא תפלין מכניסן זוג זוג. ובשעת הסכנה מכסן והולך לו בד"א בסכנת גוים אבל בסכנת לסטין מוליכן פחות פחות מד' אמות וה"מ בדוכתא דלא מינטר. אבל בדוכתא דמינטר לישבקיה בדוכתא כרב יוסף ואע"ג דא"ל אביי אי בעינא אפיכנא ליה. לא חיישינן ליה. יש רבנן דהוו מפרשי אפיכנא ליה מימין לשמאל וכיון דאפיכנא ליה הויא לה רצועה דאפסיקא (וסדורא דפיש לבראי ומיהדק קליל) ומסתגי ליה ואנן לא קא מתחזי לנא היכי הוי הכין אלא הפוך מקום עקיבו לראשו ואוחזו באצבעותיו ואמר ליה כיון דמסגינא ביה אע"פ בהיפוך כלי הוא ואמאי אסור לטלטוליה ואמר ליה רב יוסף מדמתרץ ר' יוחנן אליבא דר' יהודה דכד מפסיק סנדל אע"ג דאפשר להפוכיה לאו מנא הוא ש"מ דהלכתא כר' יהודה. מאי דר' יהודה דתניא סנדל שנפסקה אחת מאונה או אחת מתרסיותיו או שניטל כל הכף טמא ב' אזניו או ב' תרסיותיו או שניטל רוב הכף טהור ר' יהודה אומר נפסקה הפנימית טמא החיצונה טהור פי' קסבר ר' יהודה אע"פ שלא נפסקה אלא האזן החיצונה של סנדל בלבד נפיק ליה מתורת כלי וטהור ות"ק סבר אם נפסק אחת מאזניו או אחת מתרסיותיו עדיין כלי הוא אינו יוצא מתורת כלי עד שיפסקו שתיהן ולר' יהודה כיון שנפסק האוזן החיצונה כבר יצא מתורת כלי וטהור הוא ואע"פ שיכול להפכו לזה הסנדל ברגלו האחרת ולשום האוזן החיצונה פנימית. וקמתרץ ר' יוחנן אליבא דר' יהודה דאמר עולא ואיתימא רבה בר בר חנה אמר ר' יוחנן כמחלוקת לטומאה כך מחלוקת לענין שבת. אבל לא לחליצה פי' כל דהוא כלי לקבל טומאה גם הוא כלי לינטל בשבת וכל שיצא מתורת כלי לענין טומאה אף יצא מתורת כלי לענין שבת ואינו ניטל ומשום הכי אצרכיה רב יוסף למישבקיה ודלא לטלטוליה בשבת. והיכי מתרץ דר' יוחנן אליבא דר' יהודה דקתני ר' יוחנן אבל לא לחליצה והוי בה רבא אליבא דמאן קאמר ר' יוחנן אבל לא לחליצה אילימא אליבא [דרבנן] דסברי בפסיקת אוזן אחת לא נפיק מתורת כלי ואמר ר' יוחנן כי לא נפיק מתורת כלי אליבא דרבנן לא לענין טומאה ולא לענין שבת. אבל לענין חליצה

מסורת הש"ס

א) גיר' הערוך בהגהות כו. ד"ה ונסתפק אביי קא אזיל בתר רב יוסף, ב) תוספתא דכלים ב"ב פ"ד, ג) יבמות קג., ד) [לקמן קכב.]

הגהות הב"ח

(א) גמ' רבי ירמיה כו' איפסיק ליה רלועה: (ג) רש"י ד"ה טמא לא נ"ל קודם ד"ה טהור דמו לא:

ליקוטי רש"י

חומרתא. קשר [יבמות קב.]. גמי. כלנון משנה [לעיל עח.] ובלע"ז יונ"ק ודבר רך הוא ועומד בפני רך ובפני קשה [שמות ב, ג]. של שמאל בימין. סנדל של שמאל נעל בימין וחללה לחליצה בימין הוא דגמר רגל רגל ממצורע [לעיל סו.]. אבל חליצה של שמאל קמני בפירקין [יבמות קב.] פלוגתא [יבמות קא.].

אִיתְּמַר – It has been stated: הִתִּיר רְצוּעוֹת מִנְעָל וְסַנְדָּל – Regarding one who **untied the straps of a shoe or a sandal** – תָּנֵי חֲדָא – **one Baraisa taught:** חַיָּיב חַטָּאת – HE IS LIABLE TO A *CHATAS;*[13] וְתַנְיָא אִידָךְ – **and it was taught in another Baraisa:** פָּטוּר אֲבָל אָסוּר – HE IS EXEMPT from Biblical liability BUT IS PROHIBITED to untie this knot initially; וְתַנְיָא אִידָךְ – **and it was taught in** yet **another Baraisa:** מוּתָּר לְכַתְּחִילָּה – HE IS PERMITTED to do so even INITIALLY. קַשְׁיָא מִנְעָל אַמִּנְעָל – The Baraisos' rulings **on shoes are contradictory** קַשְׁיָא סַנְדָּל אַסַּנְדָּל – and their rulings **on sandals are contradictory.** – ? –

The Gemara answers:

מִנְעָל אַמִּנְעָל לֹא קַשְׁיָא – The Baraisos' rulings **on shoes are not contradictory.** הָא דְקָתָנֵי חַיָּיב חַטָּאת – **This** Baraisa, **which teaches** that **one is liable to a** *chatas,* בְּדְאוּשְׁכָּפֵי – **refers to** knots **of shoemakers.**[14] פָּטוּר אֲבָל אָסוּר – And the Baraisa which teaches that he is **exempt** from Biblical liability **but** is **prohibited** to untie this knot initially בִּדְרַבָּנָן – **refers to** knots **of the Rabbis.**[15] מוּתָּר לְכַתְּחִילָּה – And the Baraisa which teaches that he is **permitted initially** בִּדְבְנֵי מְחוֹזָא – **refers to** the knots **of the inhabitants of Mechoza.**[16]

סַנְדָּל אַסַּנְדָּל לֹא קַשְׁיָא – The Baraisos' rulings **on sandals** are also **not contradictory.** הָא דְקָתָנֵי חַיָּיב חַטָּאת – **This** Baraisa, **which teaches** that **one is liable to a** *chatas,* בִּדְטַיָּיעֵי דְקָטְרֵי אוּשְׁכָּפֵי – **refers to** the knots of sandals **of Arabian** merchants, **which shoemakers tie.**[17] פָּטוּר אֲבָל אָסוּר – And the Baraisa which teaches that he is **exempt** from Biblical liability **but** is **prohibited** Rabbinically from untying this knot בִּדְהוּמַרְתָּא דְקָטְרֵי אִינְהוּ – **refers to amateur knots, which are tied by** the wearers **themselves.**[18] מוּתָּר לְכַתְּחִילָּה – And the Baraisa which rules that he is **permitted initially** בְּסַנְדָּל דְּנָפְקֵי בֵּיהּ בֵּי תְּרֵי – **refers to a sandal with which two people go out,** i.e. one worn alternately by two different people with different size feet. Since the knot of that sandal must be constantly untied and readjusted for the next wearer of the sandal, the knot is decidedly temporary and may be untied on the Sabbath.[19]

The Gemara cites an illustration of the latter case:

כִּדְרַב יְהוּדָה – As in the case of the sandal **of Rav Yehudah.** דְּרַב יְהוּדָה אֲחוּהּ דְּרַב סָלָא חֲסִידָא הֲוָה לֵיהּ הַהוּא זוּגָא דְסַנְדְּלֵי – **For Rav Yehudah the brother of Rav Sala the Pious had a certain pair of sandals.** זִמְנִין דְּנָפֵיק בֵּיהּ אִיהוּ – **Sometimes he went out with it** וְזִמְנִין נָפֵיק בֵּיהּ יְנוּקֵיהּ – and **sometimes his child went out with it.** אֲתָא לְקַמֵּיהּ דְּאַבָּיֵי – One Sabbath, **he came before Abaye.** אָמַר לֵיהּ – **He said to him:** כְּהַאי גַּוְנָא מַאי – "**What** is the rule **in such a case?** Am I permitted to untie the knots on these sandals so that my son may wear them?"[20] אָמַר לֵיהּ – **[Abaye] said to him:** חַיָּיב חַטָּאת – "He who unties such a knot **is liable to a** *chatas.*" אָמַר לֵיהּ – **[Rav Yehudah] said to him:** הַשְׁתָּא פָּטוּר אֲבָל אָסוּר קָא קַשְׁיָא לִי – "**Even** had you ruled merely that one who does this is **exempt** from liability **but** it is **prohibited** Rabbinically to do so, **I** would **find** your ruling **difficult,** חַיָּיב חַטָּאת קָאָמְרַת לִי – **and you tell me** now that he is **liable to a** *chatas*?!" מַאי טַעְמָא – "**What is the reason,**" asked Abaye, "that you find my ruling difficult?" אָמַר לֵיהּ – **[Rav Yehudah] said to him:** מִשּׁוּם דִּבְחוֹל נַמִּי – "**Because on the weekdays, too,** זִמְנִין נָפְיקְנָא בֵּיהּ אֲנָא זִימְנִין נָפֵיק בֵּיהּ יְנוּקָא – **at times I go out with it** and **at times the child goes out with it.** Thus, the knot is decidedly temporary, for when my son needs the sandals, I must untie my knot and adjust it to fit his feet." אָמַר לֵיהּ אִי הָכִי מוּתָּר לְכַתְּחִילָּה – **[Abaye] said to him: "If so, it is permissible** even **initially."**[21]

The Gemara relates an incident concerning the treatment of a sandal on the Sabbath:

רַבִּי יִרְמְיָה הֲוָה קָאָזִיל בַּתְרֵיהּ דְּרַבִּי אַבָּהוּ בְּכַרְמְלִית – **R' Yirmiyah was walking behind R' Abahu in a** *karmelis.*[22] אִיפְסִיק רְצוּעָה

NOTES

13. I.e. he has performed a Biblically forbidden *melachah* and, assuming that his sin was inadvertent, must bring a *chatas* offering.

14. When making a shoe, the shoemaker inserts a strap into a hole in the shoe and ties a knot in one end of the strap to prevent it from coming out. Since the knot is tied so that it should remain indefinitely, it is a permanent knot. One who unties it on the Sabbath has violated a Biblical prohibition and is liable to a *chatas* (*Rashi*).

15. [The Gemara in this category and the next refers to the knots used to fasten the tops of the straps to the foot, not as in the previous case to the knots that fasten the bottoms of the straps to the shoe.] The Rabbis, when donning their shoes, would not tie the straps tightly around their feet. This enabled them to slip out of and into their shoes without having to untie and retie them each time. (The Rabbis, who spent all their time studying, could afford to tie their shoes loosely without having to worry that the shoes would slip off their feet. People other than rabbis, who were forced to walk about a great deal in pursuit of their business affairs, had to tie their shoes more tightly, so as to prevent them from slipping off during the course of their activities – see *Chidushei HaRan; Meiri.*) The knots the Rabbis made in the straps, however, were not totally permanent, for it was the Rabbis' intent to untie those knots during the muddy seasons and retie them tightly to prevent their shoes from slipping off their feet by becoming stuck in the mud (*Rashi*). Thus, although there is no Biblical liability for these knots, for they are not permanent, they are nevertheless Rabbinically prohibited, for they are tied for a definite period of time.

[Others explain that the Rabbis in fact tied their shoes as tightly as other people. However, it was the Rabbis' practice not to remove their shoes except on Friday nights, studying Torah without interruption all week long and catnapping in their clothing (*Ri,* cited by *Ritva MHK* ed., and *Mordechai* [§386]).]

16. The inhabitants of Mechoza were fastidious regarding their garb, and were particular that their clothing and shoes fit just so. Thus, when putting on their shoes in the morning, they always tied the straps tightly to give their shoes a snug fit. Consequently, when they took off their shoes at night, it was necessary for them to untie the knots beforehand. These knots were thus absolutely temporary in nature, for they were made to be untied the very same day (*Rashi*). Accordingly, they were permitted to be untied on the Sabbath.

17. The sandals of Arabian merchants had straps fastened to them by professional shoemakers (*Rashi*). Since the knots connecting these straps are permanent, one who unties them on the Sabbath is liable.

18. The sandals of people other than Arabian merchants had their straps connected to them by the wearers themselves, not by professional shoemakers. These knots were made to be tied and untied, and sometimes lasted a week or a month (*Rashi*). Thus, they were Rabbinically prohibited, for they were not made to be untied daily nor were they made to endure permanently.

[*Beis Yosef* (*Orach Chaim* 317) derives from this *Rashi,* which puts the upper limit of these Rabbinically prohibited knots at a month, that a knot that is tied to last for more than a month is deemed a permanent knot and is Biblically prohibited. *Taz* (ibid. §1) disagrees and maintains that the condition of permanence is fulfilled only when the knot is made to be tied indefinitely.]

19. [*Meleches Shlomo* (to the above Mishnah) explains that according to this Gemara's reconciliation of the three Baraisos, the Mishnah (111b) which permitted the tying of the straps of a shoe or sandal refers either to the shoe of the inhabitants of Mechuza or to a sandal worn by two people with different shoe sizes. Cf. *Sfas Emes.*]

20. *Rashi,* as explained by *Ritva MHK* ed.

21. Abaye was unaware that Rav Yehudah was accustomed to untying the knot each day; furthermore, the knot was a shoemakers' knot, which is normally tied to remain permanently (*Rashi*). He therefore ruled that untying it incurs a *chatas.* When he was informed, however, that the knot was tied with the intent of untying it daily, he conceded that it was permissible from the start.

22. [Certain areas that do not meet the requirements of a public or private domain were designated a *karmelis* by the Rabbis. One is Rabbinically forbidden to carry four *amos* within a *karmelis* or between a *karmelis* and a private or public domain (see above, 6a).]

קיטרא דקיטרי בזממא. רלועה ארוכה שמכניסין בטבעת אסור לכתחילה לקושרה שם מפני שפעמים שמניח שם שבוע או שבועיים וקושר ומתיר ראש האחד שנתון ביתד או בעמוד שאסור בו האנקה והגמל: תרתי דשי. שני פתחים היינו אותן לשונות והווין זו למעלה וזו למטה זו לימין וזו לשמאל ואם אינה מתרת אלא האחד יכולה לפושטה וללובשה בדוחק: מהו דתימא חדא מינייהו בטולי מבטיל לה. ותיהוי קשר של קיימא וכיון דלא ידעי הי מינייהו תרווייהו ליתסרו קא משמע לן: פשיטא. דהא כל יומי שריא לה: דרויחא. לא דחקתו בראשה אלא קושרתו בריוח שיכולה לחוללה מראשה כשהיא קשורה: מהו דתימא מישלף שלפא לה. מראשה הכי והוה לה קשר של קיימא: חייסה על שערה. שמא תוליא בדוחק ותינתק שערה ודפסקיא נמי איכא לשנויי כה"ג מהו דתימא מחמא ליה דרך רגלה ויולאה קמ"ל דלא עבדה הכי משום לניעותא: בדאושכפי. בקשר שהאושכף עושה כשתוחב הרלועה במנעל קושר קשר מתוכו שלא תוכל לצאת והוא קיים לעולם: בדרבנן. כשקושרים סביב רגלים אין קושרין בדוחק שפעמים שחולצו כשהוא קשור ונועלו כשהוא קשור ומיהו קשר של קיימא לא הוי שבשעת הטיט מתירין אותו וקושרין אותו בדוחק שלא ידבק בטיט וישמט מרגליו: בדבני מחוזא. שהם רתני לבב ומקפידים על לבושיהן ונעליהן להיות מכוונין וקושרין אותו בדוחק וצריך להתירו ערבית: בדטייעי דקטרי אושכפי. בסנדלים של ישמעאלים סוחרים שהאושכפים קושרים בהן הרלועות בקשר קבוע: בדחומרתא דקטרי אינהו. אלו סנדלים של שאר אנשים שאין רלועות קבועות בהן ע"י אומן אלא הם עצמן קושרין אותם בחומרתא בעלמא וקושרין ומתירין ופעמים שמתקיים שבת או חדש: דנפקי בי תרי. וצריך כל אחד ואחד לקשור לפי רגלו הלכך בכל יום קושרו ומתירו: כה"ג. שאני מתירו עכשיו ונועל בני ושבת היתה: השתא פטור אבל אסור הוה קשיא לי. אמאי אסור: מ"ט. קשיא לך: א"ל משום דבחול נמי. אני מתירו בכל יום וקושרו התינוק לפי רגלו: אי הכי מותר לכתחילה. ומעיקרא סבר דלא רגיל למעבד הכי וקטרא דאושכפי הוה שרגיל להיות קבוע: איפסיק רצועה דסנדליה. ונפל הסנדל מרגלו שע"י הרלועה הוא עומד שהסנדל פתוח מעל גביו ולדדיו של עץ או של עור שלוק וקשה והרלועות נקשרות על גב הרגל ומעמידות אותו: שקול גמי לח דחזי למאכל בהמה. דלאו לטלטול: וכרוך. במקום הרלועה ונועלו עד שתכנס:

קיטרא דקטרי בזממא וקיטרא דקטרי באיסטרידא חיובא הוא דליכא הא איסורא איכא ויש שמותרין לכתחילה ומאי ניהו קושרת מפתחי חלוקה: מפתח חלוקה: פשיטא לא צריכא דאית ליה תרי דשי מהו דתימא חדא מינייהו בטולי מבטיל קא משמע לן: וחוטי סבכה: פשיטא לא צריכא דרויחא לה מהו דתימא מישלף שלפא לה קא משמע לן דאשה חסה על שערה ומישרא שריא לה: ורצועות מנעל וסנדל: איתמר התיר רצועות מנעל וסנדל תני חדא חייב חטאת ותניא אידך פטור אבל אסור ותניא אידך מותר לכתחילה קשיא מנעל אמנעל קשיא סנדל אסנדל מנעל אמנעל לא קשיא הא דקתני חייב חטאת בדאושכפי פטור אבל אסור בדרבנן מותר לכתחלה בדבני מחוזא סנדל אסנדל לא קשיא הא דקתני חייב חטאת בדטייעי דקטרי אושכפי פטור אבל אסור בדחומרתא דקטרי אינהו מותר לכתחילה בסנדל דנפקי ביה בי תרי כדרב יהודה דרב יהודה אחוה דרב סלא חסידא הוה ליה ההוא זוגא דסנדלי זמנין דנפיק ביה איהו זמנין נפיק ביה ינוקיה אתא לקמיה דאביי א"ל כה"ג מאי א"ל חייב חטאת א"ל השתא פטור אבל אסור קא קשיא לי חייב חטאת קאמרת לי מאי טעמא א"ל משום דבחול נמי זמנין נפיקנא ביה אנא זמנין נפיק ביה ינוקא א"ל אי הכי מותר לכתחילה [א]רבי ירמיה הוה קאזיל בתריה דר' אבהו בכרמלית איפסיק (א) רצועה דסנדליה אמר ליה מאי ניעבד לה א"ל שקול גמי לח דחזי למאכל בהמה וכרוך עילויה אביי [א]הוה קאי קמיה דרב יוסף איפסיק ליה רצועה אמר ליה מאי איעביד ליה א"ל שבקיה מאי שנא מדרבי ירמיה [ב]התם לא מינטר הכא מינטר והא מנא הוא דאי בעינא הפיכנא ליה מימין לשמאל א"ל מדקמתרץ רבי יוחנן אליבא דרבי יהודה [ג]ש"מ הלכה כרבי יהודה מאי היא [ג]דתניא [ד]סנדל שנפסקו שתי אזניו או שתי תרסיותיו או שניטל כל הכף שלו טהור אחת מאזניו או אחת מתרסיותיו [ה]או שניטל רוב הכף שלו טמא ר' יהודה אומר נפסקה פנימית טמא החיצונה טהור ואמר עולא ואיתימא רבה בר בר חנה אמר ר' יוחנן כמחלוקת לענין טומאה כך מחלוקת לענין שבת אבל לא לענין חליצה והוינן בה [ר' יוחנן] אליבא דמאן אילימא אליבא דרבנן מדלענין טומאה מנא הוי לענין שבת נמי מנא הוי אבל לא לחליצה דלאו מנא הוא [ג]והתנן [ו]חלצה של שמאל בימין חליצתה כשרה ואלא אליבא דרבי יהודה [ז]מדלענין טומאה לאו מנא הוא לענין שבת נמי לאו מנא הוא אבל לא לחליצה דמנא הוא אימר דאמרי' חלצה של שמאל בימין חליצת' כשרה היכא דלמילתי' מנא הוא הכא למילתיה לאו מנא הוא דהא אמר ר' יהודה נפסקה החיצונה טהור אלמא לאו מנא הוא לעולם אליבא דר' יהודה אימא וכן לחליצה והא קמשמע לן דכי אמרינן חלצה של שמאל בשל ימין חליצתה כשרה היכא דלמילתיה

אימור דאמרי' חליצתה כשרה היכא דלמילתיה מנא הוא. והא דלא מוקים לה אליבא דרבנן אבל לא לחליצה משום דלמילתיה דהיינו בשמאל לאו מנא הוא היינו טעמא משום דכיון דמנא הוא לדידהו לשבת ולטומאה אף על גב דלמילתיה לאו מנא הוא כשר הוא לחליצה כיון דשל שמאל בימין חליצתה כשרה אבל לר' יהודה דלמילתיה לאו מנא הוא ולמידי אחרינא נמי לאו מנא הוא מסתבר דלאו מנא הוא לחליצה:

סנדל

אביי הוה קאי קמיה דרב יוסף. בחלר: שבקיה. במקום שנפל מרגלך ולא תטלנו בידך להלניעו: ומ"ש מדר' ירמיה. דשרא ליה ר' אבהו לנועלו ע"י גמי: התם. בכרמלית כגון בקעה לא הוה מינטר: והא מנא הוא. ואמאי אסור לטלטלו והא עדיין תורת מנעל עליו: דאי בעינא הפיכנא מימין לשמאל. שהסנדל יש לו שתי תרסיות והן של עור מקום קביעות הרלועות אחת מבחוץ ואחת מבפנים לבין שני רגלים כעין שיש למנעלים שלנו וכשנפסק הפנימי ראוי הוא לתקנו ואע"ג שתיקונו ניכר וגנאי הוא מיהו לגד פנים לא מיתחזי וכשנפסקה חילונה איפסיק משום הכי אסריה רב יוסף אפילו לטלטלו וה"ל אביי והא אכתי מנא הוא דהפיכנא ליה לרגל האחרת ומלאתה החילונה פנימית: א"ל מדקא מתרץ רבי יוחנן. למילתיה דר"י לקמן ומפרש לה: ש"מ הלכה כר"י. דאמר משנפסקה החילונה לאו מנא הוא: אזניו. שבלפי גב הרגל שאוחזו בהן כשנועלו: תרסיותיו. מקום קביעות הרלועות: הכף. שול"ה בלע"ז שתחת פרסות הרגל: טהור. דתו לא מתקני ליה וא"נ מתקני ליה חדוש הוא והשתא מיהא בטיל ליה: (ב) טמא. לא פרחה טומאה מעליו דאכתי מנא הוא ואפילו נפסקה החילונה דלא בעי מפיך ליה מימין לשמאל ומתלאת חילונה נעשית פנימית: ואמר עולא גרסי': אליבא דמאן. מהני תנאי אמר ר' יוחנן דמאי דסבירא ליה לענין טומאה ס"ל לענין טלטול שבת אבל לענין חליצה מודה לכך פלוגתא: אלימא לרבנן. דאשמעינן רבי יוחנן דכי היכי דלענין טומאה משוי ליה מנא לענין שבת נמי מנא הוא אבל לחליצה לאו מנא הוא ואינו כשר לחליצה והא אנן תנן חללה בסנדל של שמאל בימין שהחליצה ברגל ימיני ואם נעל של שמאל וחללה כשר ולי נפסקה חילונה דסנדל של שמאל אמאי לא הוה כשר לחלוץ הואיל ובעלמא סנדל הוא משום דחזי להפוכי ה"נ חזי להפוכי: אלא אליבא דר"י. אמרה ר' יוחנן למילתיה ולאשמעינן דבחליצה מודה ר"י דמנא הוא כגון שנפסקה חילונה של שמאל הופכו לימין וחולץ ולכדתנן של שמאל בימין חליצתה כשירה: אימר דאמרינן חליצה כשירה. היכא דלא נפסקו תרסיותיו: דלמילתיה. ברגל העשוי לו מנא הוא: הכא למילתיה לאו מנא הוא. דהא ר"י לענין טומאה ושבת לאו מנא משוי ליה: אימא וכן לחליצה. כלומר כדמפרש ואזיל ולאשמעינן דכי אמרינן חללה כו' ואליבא דרבנן לא מלינן לאוקמיה

מסורת הש"ס

א) גיר' התוס' בחגיגה כג. ד"ה ונפסקה אביי קא אזיל בתר רב יוסף, ב) תוספתא דכלים ב"ב פ"ד, ג) יבמות קג., ד) [לקמן קכג.]

הגהות הב"ח

(א) גמ' רבי ירמיה כו' איפסיק ליה רצועה: (ב) רש"י ד"ה טמא לא נ"ל קודם ד"ה טהור דתו לא:

ליקוטי רש"י

חומרתא. קשר [יבמות קב.]. גמי. כלשון משנה (לעיל עח.) וכלע"ז יונ"ק ודבר רך הוא ועומד בפני רך ובפני קשה [שמות ב, ג]. של שמאל בימין. סנדל של שמאל נעל ימין וחללה דחליצה בימין הוא דגמר רגל רגל ממצורע [לעיל סו.]. אבל חליצה של שמאל קתני בפירקין [יבמות קד.] פלוגתא [יבמות קא.].

עין משפט נר מצוה

ה א ב ג מיי' פ"י מהל' שבת הלכה ד סמג לאוין סה טוש"ע א"ח סי' שיז סעיף טו:

ו ד ה מיי' פ"ז מהלכות כלים הלכה יג ופכ"ד הלכה ד:

ז ו מיי' פ"ד מהל' יבום הלכה יט סמג עשין נה טוש"ע אה"ע סי' קסט סעיף כב בהג"ה:

רבינו חננאל

ערבי שרי למקטר בהנהו חוטי שערה דמשרא הוא דשריא ליה ולא שיפה להו מעוף. רצועות מנעל וסנדל איכא ג' בבי קיטרי דקיטרי אושכפי להדיא רצועה במנעל עצמו המתירה חייב חטאת. והני רצועות הנמשכות מגופו של מנעל שקושרין אותו על הרגל ועל השוק (אחד שני עלין המנעל) אחר שנועלין הנך מותר לכתחלה לקשרן ולהתירן והזהו דבני מחוזא הן נמי קשר חיצון של רצועות שהוא למעלה מן השוק ומן הרגל. אם מעיקרא קשרן לשום כך הרצגן קשר של קיימא שכשנועל ההוא מנעל מכניס רגליו באותן הרצועות ואינו מתירן כל עיקר ההוא נמי המתירן חייב עליו חטאת אבל זה הקשר החיצון שלא קשרו האומן אלא כל אדם קושרו מהיכי דניחא ליה מרווח או צר או כגון מסני רבנן שכל אחד מעידו על חפצו כד רויח למיסם ולמישלף בניחותא כגון זה המתירו פטור. שהרי מעשה הדיוט הוא אבל אסור להתירו לכתחלה דהוא קא מוקים ליה על חפצו וקשרו כמין קשר של קיימא לפי שאין דעתו להתירו ולשנותו. ומשני דבני מחוזא דעבידן להתירן ולקשרן בכל זמן דכד בעי למרהט שרי ליה וקמיט ליה וכד בעי לסגויי בניחותא כי הלכך דרבנן מרפי ליה כי הא גוונא מותר להתירו לכתחלה. וסנדל כי הלין אנפין איתנהו בית. סנדל דטייעי כגון קצת האי דקרו ליה השתא תאסומא דעביד ליה שפי מידת אסתורא כדרעיה וקטר ליה קיטרא מעליא. אם התירו חייב חטאת. ודחומרתא פי' מכנפין כולהי רצועות ומעיילין בחומרתא דכד בעי מעייק והדר קטיר מאבראי דחומרתא וכד בעי מרווח כגון האי פטור אבל אסור. וסנדל המוכן לשנים דחומרא דכד בעי האי למסיימיה מרווח ליה וכד בעי אחרינא למסיימיה קמיט ליה ודאי הני לא קטרי קשר של קיימא מעיקרא דניח ליה להתירו ונייח ליה נמי לאידך להתירו הלכך לכתחלה [שרין]. הא דר' ירמיה דאיפסיק ליה רצועה דסנדליה וא"ל ר' אבהו שקול גמי לח דחזי למאכל בהמה וכרוך עליה ואתייה. קיי"ל דהאי גמי לח דא"ל כי היכי דאיתכשר להטלטל בשבת דהאי כיון דאחזי למאכל בהמה הוה ליה דבר הניטל בשבת. וכד כגון או תינוק ושרי לאיתויי פחות מד' אמות כר' יצחק דאמר מוליכו פחות פחות מד' אמות. ולא תימא כיס

בלבד שרו ליה דאדם בהול על ממונו. ואי לא שרית ליה אתי לאתויה ד' אמות ברה"ר אלא כל דבר שצריך לו מדתנן המוצא תפלין מכניסן זוג זוג. ובשעת הסכנה מכסן והולך לו בד"א בסכנת גוים אבל בסכנת לסטין מוליכן פחות פחות מד' אמות וה"מ בדוכתא דלא מינטר. אבל בדוכתא דמינטר לישבקיה בדוכתא כרב יוסף ואע"ג דא"ל אביי אי בעינא אפיכנא ליה. לא חיישינן ליה. [illegible]

דְּסַנְדְּלֵיהּ – **A strap of his sandal broke off,** causing the sandal to fall off his foot.[23] אָמַר לֵיהּ – **[R' Yirmiyah] said to [R' Abahu]:** מַאי נִיעֲבֵד לָהּ – **What shall I do with it?**[24] אָמַר לֵיהּ – **[R' Abahu] said to him:** שְׁקוֹל גְּמִי לַח דַּחֲזִי לְמַאֲכַל בְּהֵמָה – **Take a moist reed that is fit for animal food**[25] וּכְרוֹךְ עִילָוֵיהּ – **and wind it about [the sandal]** in place of the strap. In that manner you can walk with it until you reach a private domain.

A similar incident:

אַבָּיֵי הֲוָה קָאֵי קַמֵּיהּ דְּרַב יוֹסֵף – **Abaye was standing** in a courtyard **in front of Rav Yosef.** אִיפְּסִיק לֵיהּ רְצוּעָה – **A strap of his** [Abaye's] sandal **broke off.** אָמַר לֵיהּ – **He said to [Rav Yosef]:** מַאי אִיעֲבִיד לֵיהּ – **What shall I do with it?** אָמַר לֵיהּ – **He said to him:** שַׁבְקֵיהּ – **Leave it** there; i.e. it is *muktzeh,* do not move it.[26]

The Gemara asks:

מַאי שְׁנָא מִדְּרַבִּי יִרְמְיָה – But **how** is this case **different than that of R' Yirmiyah,** wherein R' Abahu permitted him to handle the sandal?[27]

The Gemara answers:

הָתָם לֹא מִינְטַר – **There,** in the case of R' Yirmiyah, the incident took place in a *karmelis,* where **[the sandal] was not guarded.** Hence, R' Abahu permitted R' Yirmiyah to handle the sandal and wind a moist reed around it in order to walk with it until he reached a private (and safe) domain. הָכָא מִינְטַר – **Here,** in the case of Abaye's sandal, which took place in a courtyard, **[the sandal] was guarded.** Since the sandal was safe in its place, Rav Yosef did not permit Abaye to handle it.[28]

Abaye asked:

וְהָא מָנָא הוּא – **But surely [the sandal] is** still considered **a utensil,** דְּאִי בָּעֵינָא הֲפִיכְנָא לֵיהּ מִיָּמִין לִשְׂמֹאל – **for if I desire, I may change it from the right** foot **to the left** foot. Why then did you rule that it is forbidden to handle the sandal?[29]

Rav Yosef responded:

אָמַר לֵיהּ – **He said to him:** מִדְּקַמְתָּרֵץ רַבִּי יוֹחָנָן אַלִּיבָּא דְּרַבִּי יְהוּדָה – **Since R' Yochanan clarified the view of R' Yehudah,** who says that a sandal whose outer strap-holder broke off is no longer deemed a utensil, שְׁמַע מִינָּהּ הֲלָכָה כְּרַבִּי יְהוּדָה – **derive from this that the halachah is in accordance with R' Yehudah.**

The Gemara elaborates:

מַאי הִיא – To **what** does **this** refer? I.e. to which ruling of R' Yehudah and which statement of R' Yochanan did Rav Yosef allude? דְּתַנְיָא – **For it was taught in a Baraisa:** סַנְדָּל שֶׁנִּפְסְקוּ שְׁתֵּי אָזְנָיו – A SANDAL FROM WHICH BOTH EARS[30] BROKE OFF, אוֹ שְׁתֵּי תְּרְסִיּוֹתָיו – OR BOTH OF ITS STRAP-HOLDERS, אוֹ שֶׁנִּיטַּל כָּל הַכַּף שֶׁלּוֹ – OR [A SANDAL] WHOSE ENTIRE SOLE WAS REMOVED, טָהוֹר – IS *TAHOR.*[31] אַחַת מֵאָזְנָיו – But if only ONE OF ITS EARS broke off, אוֹ אַחַת מִתְּרְסִיּוֹתָיו – OR ONE OF ITS STRAP-HOLDERS, אוֹ שֶׁנִּיטַּל רוֹב הַכַּף שֶׁלּוֹ – OR IF MOST (but not all) OF ITS SOLE WAS REMOVED, טָמֵא – IT IS *TAMEI,* i.e. the *tumah* that the sandal previously contracted does not depart.[32] רַבִּי יְהוּדָה אוֹמֵר – R' YEHUDAH SAYS: נִפְסְקָה פְּנִימִית טָמֵא – IF THE INNER strap-holder BROKE OFF, [THE SANDAL] IS *TAMEI,* הַחִיצוֹנָה טָהוֹר – but if THE OUTER strap-holder broke off, [THE SANDAL] IS *TAHOR.*[33] וְאָמַר עוּלָּא וְאִיתֵימָא רַבָּה בַּר בַּר חָנָה אָמַר רַבִּי יוֹחָנָן – **And Ulla said, and others say it was Rabbah bar bar Chanah, in the name of R'**

NOTES

23. The *sandal* is made of wood or hard leather and is open on top. Straps go over the instep to keep the sandal in place. When the straps snap, there is nothing left to secure the sandal to the foot (*Rashi*).

24. [I.e. it cannot be worn on the foot, nor may it be carried into another domain.]

25. A dry reed, however, since it cannot be used for animal food, is considered *muktzah* on the Sabbath (see *Rashi*).

26. The courtyard was a *reshus hayachid;* hence carrying within it was permitted. Nevertheless, Rav Yosef forbade handling the sandal because, as a broken utensil, he considered it *muktzeh.*

27. It was inevitable in the process of winding the reed around the broken sandal that R' Yirmiyah would have to handle the sandal. Accordingly, if a broken sandal is considered *muktzeh,* winding a reed around it should not have been an option. Yet R' Abahu instructed R' Yirmiyah to do just that (see *Meiri;* cf. *Chazon Ish, Hil. Shabbos* 47:12 and note of *R' Shlomo Zalman Auerbach* printed in the back of *Shemiras Shabbos KeHilchasah* vol. 1, end of second paragraph).

28. Understood simply, the Gemara makes the following distinction: In a *karmelis* [e.g. an open field (*Rashi*)], the sandal was not protected and might have been taken away by others. Thus, although the sandal in its broken state was *muktzeh,* R' Abahu permitted the handling of the sandal so as to prevent a possible loss to the owner. In a courtyard, however, the sandal was protected (i.e. there was no concern that it would be taken by others). Since the element of loss did not exist, Rav Yosef ruled that since the sandal was *muktzeh,* it could not be handled at all, but rather had to be left in its place.

The Rishonim, however, question this interpretation, for where do we find that the prohibition of *muktzeh* is suspended in the face of financial loss? *Raavad* (cited by *Rashba; Ritva MHK* ed.) therefore interprets the Gemara differently. In a *karmelis,* the owner of the broken sandal is cognizant of the possibility that if the sandal is abandoned, it might be taken away. Thus, he will intend to wear it, albeit clumsily by means of a wrapped-around reed, rather than abandon it. The sandal thus never ceases to be a usable shoe, and does not receive the *muktzeh* designation. In a courtyard, however, since the broken sandal is safe, the wearer sees no reason to affix it to his foot clumsily by means of a reed; rather, he intends to repair it after the Sabbath. Since in its present state it is unusable, it is considered *muktzeh* and may not be handled.

29. The body of a sandal has two leather strap-holders (flaps or loops by which the strap is connected to the sandal), one on the outside of the foot and one on the inside, between the legs. [Although it is technically possible to repair a torn strap-holder at either point, in actual practice] people mend only a sandal whose strap-holder broke off on the inside, not one whose strap-holder broke off on the outside. This is because the clumsy repair looks unbecoming, and people consider it inappropriate to walk around in such a manner. Thus, if the strap-holder breaks off on the outside, where the repair would be quite visible, the sandal is no longer considered worthwhile to fix and thus would become *muktzeh*. But if the strap-holder breaks off on the inside, where the repair is not that noticeable, the sandal is still considered a usable utensil.

In the case of Abaye's sandal, the strap-holder broke off on the outside. Accordingly, Rav Yosef ruled that the sandal was no longer deemed a utensil and was not to be handled on the Sabbath. Abaye countered, however, that by changing the sandal to the other foot, what had been the strap's outer attachment would in effect become its inner one, and thus the sandal should still be considered a utensil (*Rashi*).

30. These are ear-like flaps that come over the top of the foot and are grasped by the wearer while putting on the shoe (see *Rashi*).

31. Utensils that have become *tamei* lose their *tumah* by being reduced to a state in which they no longer qualify as utensils, e.g. by becoming broken to the extent that they are no longer usable. Once the *tumah* has departed, it does not return as a result of repairing the utensil. This is because once the original utensil was rendered useless, it is no longer regarded as a utensil; the repaired utensil is considered a new creation (which has not contracted *tumah*).

A sandal that has sustained the types of damage enumerated in the Baraisa is no longer usable and is not subject to repair. Consequently, it ceases to exist as a utensil, and as a result, does not retain its *tumah.* Even if the sandal were to be fixed, the resulting sandal would be considered a new creation; now however, in its unusable state, it no longer qualifies as a utensil (*Rashi,* as understood by *Maharsha).*

32. This applies even if it is the outer strap-holder that broke off. Although a repair on the outside of the shoe will be unbecoming, the Rabbis maintain that the sandal could be switched to the other foot, making what had been the outside strap-holder the inner one (*Rashi*).

33. R' Yehudah does not subscribe to the notion that if the outer strap-holder broke off, the sandal is still considered a utensil on the grounds that it can be switched to the other foot.

קיטרא דקטרי בזממא וקיטרא דקטרי באיסטרידא חיובא הוא דליכא הא איסורא איכא ויש שמותרין לכתחילה ומאי נינהו קושרת מפתחי חלוקה: מפתח חלוקה: פשיטא לא צריכא דאית ליה תרי דשי מהו דתימא חדא מינייהו בטולי מבטיל קא משמע לן: וחוטי סבכה: פשיטא לא צריכא דרויחא לה מהו דתימא מישלף שלפא לה קא משמע לן דאשה חסה על שערה ומישרא שריא לה: ורצועות מנעל וסנדל: איתמר התיר רצועות מנעל וסנדל תני חדא חייב חטאת ותניא אידך פטור אבל אסור ותניא אידך מותר לכתחילה קשיא מנעל אמנעל קשיא סנדל אסנדל מנעל אמנעל לא קשיא הא דקתני חייב חטאת בדאושכפי פטור אבל אסור בדרבנן מותר לכתחלה בדבני מחוזא סנדל אסנדל לא קשיא הא דקתני חייב חטאת בדטייעי דקטרי אושכפי פטור אבל אסור בדחומרתא דקטרי אינהו מותר לכתחילה בסנדל דנפקי ביה בי תרי כדרב יהודה דרב יהודה אחוה דרב סלא חסידא הוה ליה ההוא זוגא דסנדלי זמנין דנפיק ביה איהו זימנין נפיק ביה ינוקיה אתא לקמיה דאביי א"ל כה"ג מאי א"ל חייב חטאת א"ל השתא פטור אבל אסור קא קשיא לי חייב חטאת קאמרת לי מאי טעמא א"ל משום דבחול נמי זמנין נפיקנא ביה אנא זמנין נפיק ביה ינוקא א"ל אי הכי מותר לכתחילה [א]רבי ירמיה הוה קאזיל בתריה דר' אבהו בכרמלית איפסיק (א) רצועה דסנדליה אמר ליה מאי ניעבד לה א"ל שקול גמי לח דחזי למאכל בהמה וכרוך עילויה אביי [ב] הוה קאי קמיה דרב יוסף איפסיק ליה רצועה אמר ליה מאי איעביד ליה א"ל שבקיה מאי שנא מדרבי ירמיה [ב]התם לא מינטר הכא מינטר והא מנא הוא דאי בעינא הפיכנא ליה מימין לשמאל א"ל מדקמתרץ רבי יוחנן אליבא דרבי יהודה [ג]ש"מ הלכה כרבי יהודה מאי היא [ג]דתניא [ד]סנדל שנפסקו שתי אזניו או שתי תרסיותיו או שניטל כל הכף שלו טהור אחת מאזניו או אחת מתרסיותיו [ה]או שניטל רוב הכף שלו טמא ר' יהודה אומר נפסקה פנימית טמא החיצונה טהור ואמר עולא ואיתימא רבה בר בר חנה אמר ר' יוחנן כמחלוקת לענין טומאה כך מחלוקת לענין שבת אבל לא לענין חליצה והוינן בה [ר' יוחנן] אליבא דמאן אילימא אליבא דרבנן מדלענין טומאה מנא הוי לענין שבת נמי מנא הוי אבל לא לחליצה דלאו מנא הוא [ו]והתנן [ו]חלצה של שמאל בימין חליצתה כשרה ואלא אליבא דרבי יהודה [ז]מדלענין טומאה לאו מנא הוא לענין שבת נמי לאו מנא הוא אבל לא לחליצה דמנא הוא אימור דאמרי' חלצה של שמאל בימין חליצת' כשרה היכא דלמילתי' מנא הוא הכא למילתיה לאו מנא הוא דהא אמר ר' יהודה נפסקה החיצונה טהור אלמא לאו מנא הוא לעולם אליבא דר' יהודה אימא וכן לחליצה והא קמשמע לן דכי אמרינן חלצה של שמאל בשל ימין חליצתה כשרה היכא דלמילתיה

רש"י

קיטרא דקיטרי בזממא. רצועה ארוכה שמכניסין בטבעת אסור לכתחילה לקושרה שם מפני שפעמים שמניח שם שבוע או שבועיים וקושר ומתיר ראש האחד שנתון ביתד או בעמוד שאוסר בו האנקה והגמל: תרתי דשי. שתי פתחים היינו אותן לשונות והווין זו למעלה וזו למטה זו לימין וזו לשמאל ואם אינה מתרת אלא האחד יכולה לפושטה וללובשה בדוחק: מהו דתימא חדא מינייהו בטולי מבטיל לה. ותיהוי קשר של קיימא וכיון דלא ידעי הי מינייהו תרווייהו ליתסרו קא משמע לן: פשיטא. דהא כל יומי שריא לה: דרויחא. לא דחקתו בראשה אלא קושרתו בריוח שיכולה לחולצה מראשה כשהיא קשורה: מהו דתימא מישלף שלפא לה. מראשה הכי והוה לה קשר של קיימא: חייסה על שערה. שמא תוליא בדוחק ותינתק שערה ודפסקיא נמי איכא לשנויי כה"ג מהו דתימא מחמא ליה דרך רגלה ויוצאה קמ"ל דלא עבדה הכי משום נגיעותא: בדאושכפי. בקשר שהאושכף עושה כשתופר הרצועה במנעל קושר קשר מתוכו שלא תוכל לצאת והוא קיים לעולם: בדרבנן. כשקושרים סביב רגליו אין קושרין בדוחק שפעמים שחולצו כשהוא קשור ונועלו כשהוא קשור ומיהו קשר של קיימא לא הוי שבשעת הטיט מתירין אותו וקושרין אותו בדוחק שלא ידבק בטיט וישמט מרגליו: בדבני מחוזא. שהם רתני לבב ומקפידים על לבושיהן ונעליהן להיות מכוונין וקושרין אותו בדוחק וצריך להתירו ערבית: בדטייעי דקטרי אושכפי. בסנדלים של ישמעאלים סוחרים שהאושכפים קושרים בהן הרצועות בקשר קבוע: בדחומרתא דקטרי אינהו. אלו סנדלים של שאר אנשים שאין רצועות קבועות בהן ע"י אומן אלא הם עצמן קושרין אותם בחומרתא בעלמא וקושרין ומתירין ופעמים שמתקיים שבת או חדש: דנפקי בי תרי. וצריך כל אחד ואחד לקשור לפי רגלו הלכך בכל יום קושרו ומתירו: כה"ג. שאני מתירו עכשיו ונועל בני ושבת היתה: השתא פטור אבל אסור הוה קשיא לי. אמאי אסור: מ"ט. קשיא לך: א"ל משום דבחול נמי. אני מתירו בכל יום וקושרו התינוק לפי רגלו: אי הכי מותר לכתחילה. ומעיקרא סבר דלא רגיל למעבד הכי וקטרא דאושכפי הוה שרגיל להיות קבוע: איפסיק רצועה דסנדליה. ונפל הסנדל מרגלו שע"י הרצועה הוא עומד שהסנדל פתוח מעל גביו ולדדיו של עץ או של עור שלוק וקשה והרצועות נקשרות על גב הרגל ומעמידות אותו: שקול גמי לח דחזי למאכל בהמה. דראוי לטלטול: וכרוך. במקום הרצועה ונועלו עד שתכנס: אביי הוה קאי קמיה דרב יוסף. באמר: שבקיה. במקום שנפל מרגלך ולא תטלנו בידך להצניעו: ומ"ש מדר' ירמיה. דשרא ליה ר' אבהו לנועלו ע"י גמי: התם. בכרמלית כגון בקעה לא הוה מינטר: והא מנא הוא. ואמאי אסור לטלטלו והא עדיין תורת מנעל עליו: דאי בעינא הפיכנא מימין לשמאל. שהסנדל יש לו שתי תרסיות והן של עור מקום קביעות הרצועות אחת מבחוץ ואחת מבפנים לבין שני רגלים כעין שיש למנעלים שלנו וכשנפסק הפנימי ראוי הוא לתקנו ואע"ג שתיקונו ניכר וגנאי הוא מיהו לצד פנים לא מיתחזי וכשנפסקה חיצונה אינו הגון שוב לתקנו והך דאביי חיצונה איפסיק משום הכי אסריה רב יוסף אפילו לטלטלו וא"ל אביי והא אכתי מנא הוא דהפיכא ליה לרגל האחרת ונמצאת החיצונה פנימית: א"ל מדקא מתרץ רבי יוחנן. למילתיה דר"י לקמן ומפרש לה: ש"מ הלכה כר"י. דאמר משנפסקה החיצונה לאו מנא הוא: אזניו. שכלפי גב הרגל שאוחזו בהן כשנועלו: תרסיותיו. מקום קביעות הרצועות: הכף. שול"א בלע"ז שתחת פרסות הרגל: טהור. דתו לא מתקני ליה וא"נ מתקני ליה חדוש הוא והשתא מיהא בטיל ליה: (ג) טמא. לא פרחה טומאה מעליו דאכתי מנא הוא ואפילו נפסקה החיצונה דאי בעי מפיך ליה מימין לשמאל ונמצאת חיצונה נעשית פנימית: ואמר עולא גרסי': אליבא דמאן. מהני תנאי א"ר יוחנן דמאי דסבירא ליה לענין טומאה ס"ל לענין טלטול שבת אבל לענין חליצה מודה לבר פלוגתיה: אילימא לרבנן. אשמעינן רבי יוחנן דכי היכי דלענין טומאה משוי ליה מנא לענין שבת נמי מנא הוא אבל לחליצה לאו מנא הוא ואינו כשר לחליצה והא אנן תנן חלצה בסנדל של שמאל בימין שהחליצה ברגל ימיני ואם נעל בו סנדל שמאל וחלצה כשר ואי נפסקה חיצונה דסנדל של שמאל אמאי לא הוה כשר לחלוץ הואיל ובעלמא סנדל הוא משום דחזי להפוכי ה"נ חזי להפוכי: אלא אליבא דר"י. אמרה ר' יוחנן למילתיה ולאשמעינן דבחליצה מודה ר"י דמנא הוא כגון שנפסקה חיצונה של שמאל הופכו לימין וחולץ וכדתנן של שמאל בימין חליצתה כשירה: אימר דאמרינן חליצה כשירה. היכא דלא נפסקו תרסיותיו: דלמילתיה. ברגל העשוי לו מנא הוא: הכא למילתיה לאו מנא הוא. דהא ר"י לענין טומאה ושבת לאו מנא משוי ליה: אימא וכן לחליצה. כדמפרש ואזיל ואשמעינן דכי אמרינן חלצה כו' ואליבא דרבנן לא מלינן לאוקמיה

תוספות

אימור דאמרי' חליצתה כשרה היכא דלמילתיה מנא הוא. והא דלא מוקים לה אליבא דרבנן אבל לא לחליצה משום דלמילתיה דהיינו בשמאל לאו מנא הוא היינו טעמא משום דכיון דמנא הוא לדידהו לשבת ולטומאה אף על גב דלמילתיה לאו מנא הוא כשר הוא לחליצה כיון דשל שמאל בימין חליצתה כשרה אבל לר' יהודה דלמילתיה לאו מנא הוא ולמידי אחרינא נמי לאו מנא הוא מסתבר דלאו מנא הוא לחליצה: סנדל

מסורת הש"ס

א) גיר' התוס' בחגיגה כב. ד"ה ונפסקה אביי קא אזיל בתר רב יוסף, ב) תוספתא דכלים ב"ב פ"ד, ג) יבמות קא., ד) [לקמן קכג.]

הגהות הב"ח

(א) גמ' רבי ירמיה כו' איפסיק ליה רצועה: (ב) רש"י ד"ה טמא לא נ"ל קודם ד"ה טהור דתו לא:

ליקוטי רש"י

חומרתא. קשר [יבמות קב.]. גמי. כלשון משנה [לעיל עח.] ובלע"ז יונ"ק ודבר רך הוא ועומד בפני רך ובפני קשה [שמות ב, ג]. של שמאל בימין. סנדל של שמאל נעל בימין וחלצה לחליצה בימין הוא דגמר רגל רגל ממצורע [לעיל סו.]. אבל חליצה של שמאל קתני בפירקין (יבמות קד.) פלוגתא [יבמות קא.].

עין משפט נר מצוה

ה א ב ג מיי' פ"י מהל' שבת הלכה ב סמג לאוין סה טוש"ע א"ח סי' שיז סעיף טו:

ו ד ה מיי' פ"א מהלכות כלים הלכה יב יג והלכה ד:

ז ו מיי' פ"ד מהל' יבום הלכה יט סמג עשין נה טוש"ע אה"ע סי' קסט סעיף כב בהג"ה:

רבינו חננאל

ערבי שרי למקטר בהנהו חוטי שערה דמשרא הוא דשריא ליה ולא שיפה להו מנוף. רצועות מנעל וסנדל איתא בהנא ג' בבי קיטרי דקטרי אושכפי לההיא רצועה במנעל עצמו המתירה חייב חטאת. והני רצועות הנמשכות מגופו של מנעל שקושרין אותו על הרגל ועל השוק (אחד שני עליו שנועלין הנך המנעל) אחר שנועלין הנך מותר לכתחלה לקשרן ולהתירן וזהו דבני מחוזא והן נמי קשר חיצון של רצועות שהוא למעלה מן השוק ומן הרגל. אם מעיקרא קשרן לשום כך הרצון קשר של קיימא שכשנועל הוא מנעל מכניס רגליו באותן הרצועות ואינו מתירן כל עיקר ההוא נמי המתירו חייב עליו חטאת אבל זה הקשר החיצון שלא קשרו האומן אלא כל אדם קושרו מהיכי דניחא ליה מרווח או צר וכגון מסני רבנן שכל אחד מעמידו על חפצו כך רוצה להרחיבו ולמישלף בניחותא כגון זה המתירו פטור. שהרי מעשה הדיוט הוא אבל אסור להתירו לכתחלה דהוא קא מוקים ליה על חפצו וקשרו כמין קשר של קיימא לפי שאין דעתו להתירו ולשנותו. ומשני דבני מחוזא דעבידן להתירן ולקשרן בכל זמן דכד בעי למרהט שרי ליה וקמיט ליה וכד בעי לסגויי בניחותא כי הלוכן דרבנן מרפי ליה כי הא גוונא מותר להתירו לכתחלה. וסנדל כי הלין אנפין איתא ביה. סנדל דטייעי כגון קצת האי דקרו ליה השתא תאסומא דעביד ליה לפי מידת אסתורא דכרעיה וקטר ליה קיטרא מעליא. אם התירו חייב חטאת. ודחומרתא פי' מכנפין כולהי רצועות ומעיילין בחומרתא דכד בעי מעייק והדר קטיר מאבראי דחומרתא וכד בעי מרווח כגון האי פטור אבל אסור. וסנדל המוכן לשנים דחומרא דכד בעי האי למסיימיה מרווח ליה וכד בעי אחרינא למסיימיה קמיט ליה ודאי הני לא קטרי קשר של קיימא מעיקרא דניח ליה להתירו וניית ליה נמי לאידך להתירו הלכך מותר להתירו לכתחלה [שרו]. הא דר' ירמיה דאיפסיק ליה רצועה דסנדליה וא"ל ר' אבהו שקול גמי לח דחזי למאכל בהמה וכרוך עליה ואתייה. קיי"ל דהאי גמי לח דא"ל כי היכי דאיתכשר להטנל בשבת דהאי כיון דאחזי למאכל בהמה הוה ליה דבר הניטל בשבת. תינוק ושרי לאיתויי פחות מד' אמות כר' יצחק דאמר מוליכו פחות פחות מד' אמות. ולא תימא כיס

בלבד שרו ליה דאדם בהול על ממונו. ואי לא שרית ליה אתי לאתויי ד' אמות בר"ה אלא כל דבר שצריך לו מדתנן המוצא תפלין מכניסן זוג זוג. ובשעת הסכנה מכסן והולך לו בד"א בסכנת גוים אבל בסכנת לסטין מוליכן פחות פחות מד' אמות
בדוכתא דלא מינטר. אבל בדוכתא דמינטר לישבקיה בדוכתא כרב יוסף ואע"ג דא"ל אביי אי בעינא אפיכנא ליה. לא חיישינן ליה. יש רבנן דהוו מפרשי אפיכנא ליה מימין לשמאל וכיון דאפיכנא ליה הויא לה רצועה דאיפסיקא (וסדורא דפיש לבראי ומיהדק קליל) ומפשגי ליה ואנן לא קא מתחזי לנא היכי הוי הכין אלא הפוך מקום עקיבו לראשו ואוחזו באצבעותיו ואמר ליה כיון דמסגינא ביה אע"פ בהיפוך כלי הוא ואמאי אסור לטלטוליה ואמר ליה רב יוסף מדמתרץ ר' יוחנן אליבא דר' יהודה דכד מפסיק אי אפשר להפוכיה לאו מנא הוא ש"מ דהלכתא כר' יהודה. מאי דר' יהודה דתניא סנדל שנפסקה אחת מאזניו או אחת מתרסיותיו או שניטל כל הכף טמא ב' אזניו או ב' תרסיותיו או שניטל רוב הכף טהור ר' יהודה אומר נפסקה הפנימית טמא החיצונה טהור פי' קסבר ר' יהודה אע"פ שלא נפסקה אלא האוזן החיצונה של סנדל בלבד נפיק ליה מתורת כלי וטהור ות"ק סבר אם נפסק אחת מאזניו או אחת מתרסיותיו עדיין כלי הוא אינו יוצא מתורת כלי עד שיפסקו שתיהן ולר' יהודה כיון שנפסק האוזן החיצונה כבר יצא מתורת כלי וטהור הוא ואע"פ שיכול להפכו לזה הסנדל ברגלו האחרת ולשום האוזן החיצונה פנימית. וקמתרץ ר' יוחנן אליבא דר' יהודה דאמר עולא ואיתימא רבה בר בר חנה אמר ר' יוחנן כמחלוקת לטומאה כך מחלוקת לשבת. אבל לא לחליצה פי' כל היכא דכלי לקבל טומאה הוא כלי לינטל בשבת וכל שיצא מתורת כלי לענין טומאה אף יצא מתורת כלי לענין שבת ואינו ניטל ומשום הכי אצטריכא ליה רב יוסף למישבקיה ודלא לטלטליה בשבת. והיכי מתרץ דר' יהודה דקתני ר' יוחנן אבל לא לחליצה והוי בה רבא אליבא דמאן קאמר ר' יוחנן אבל לא לחליצה אילימא אליבא [דרבנן] דסברי בפסיקת אוזן אחת לא נפיק מתורת כלי אליבא דרבנן לא לענין טומאה אבל לענין חליצה

Yochanan: כְּמַחֲלוֹקֶת לְעִנְיַן טוּמְאָה – **Just as the dispute** between these Tannaim pertains **to the matter of *tumah,*** כָּךְ מַחֲלוֹקֶת לְעִנְיַן שַׁבָּת – **so** does **the dispute pertain to the matter of the Sabbath,**[34] אֲבָל לֹא לְעִנְיַן חֲלִיצָה – **but** it does **not** pertain **to the matter of *chalitzah.***[35]

The Gemara analyzes this statement, considering and rejecting various interpretations:

וְהָוֵינַן בָּהּ – **And we** subsequently **inquired concerning this:** רַבִּי יוֹחָנָן אַלִּיבָּא דְּמַאן – **According to whom** did **R' Yochanan** make this statement? אִילֵימָא אַלִּיבָּא דְּרַבָּנָן – **If you say according to the Rabbis** (the first opinion cited in the Baraisa), and accordingly the statement means מִדִּלְעִנְיַן טוּמְאָה מָנָא הָוֵי – that **since it** [a sandal whose strap-holder broke off on the outside] **is considered a utensil for the matter of *tumah,*** i.e. if the sandal contracted *tumah* and then its strap-holder broke off on the outside, the sandal retains its *tumah,* לְעִנְיַן שַׁבָּת נַמִּי מָנָא הָוֵי – so too **concerning the matter of the Sabbath it is also considered a utensil** and it may be handled on the Sabbath; אֲבָל לֹא לַחֲלִיצָה – **whereas** this is **not** true **concerning** the matter of ***chalitzah,*** דְּלָאו מָנָא הוּא – **for it is not a utensil** and *chalitzah* performed with it is invalid, why, this cannot have been R' Yochanan's intent. וְהָתְנַן – **For surely it was taught in a Mishnah:**[36] חָלְצָה שֶׁל שְׂמֹאל בְּיָמִין – IF SHE REMOVED THE LEFT sandal FROM THE RIGHT foot, חֲלִיצָתָהּ כְּשֵׁרָה – HER *CHALITZAH* IS VALID.[37] וְאֶלָּא אַלִּיבָּא דְּרַבִּי יְהוּדָה – **Rather,** perhaps you will say that R' Yochanan issued his statement **according to R' Yehudah,** מִדִּלְעִנְיַן טוּמְאָה לָאו מָנָא הוּא – and he means that **since concerning the matter of *tumah* it is not** deemed **a utensil,** לְעִנְיַן שַׁבָּת נַמִּי לָאו מָנָא הוּא – so too **concerning the matter of the Sabbath it is also not** deemed **a utensil,** אֲבָל לֹא לַחֲלִיצָה – **whereas** this is **not** true **in regard to *chalitzah,*** דְּמָנָא הוּא – **for** concerning *chalitzah* **it is a utensil.** I.e. although R' Yehudah maintains that in regard to most matters a sandal whose strap-holder broke off on the outside is not deemed a utensil, he agrees with the Rabbis that in regard to *chalitzah* it is a utensil. This is because the person can take the left sandal with the outside strap damage, which cannot be worn respectfully on the left foot, and transfer it to his right foot, whereby the damage will be on the inside and relatively imperceptible. And since it has been taught that if the woman removed the left shoe from the man's right foot the *chalitzah* is valid, then in this case R' Yehudah concedes that the sandal may indeed be used for *chalitzah.* אֵימַר דְּאָמְרִינַן חָלְצָה שֶׁל שְׂמֹאל בְּיָמִין חֲלִיצָתָהּ כְּשֵׁרָה – But this is not reasonable. For you should **say: When we say that if [the woman] removed the left** sandal **from the right** foot **her *chalitzah* is valid,** הֵיכָא דִּלְמִילְּתֵיהּ מָנָא הוּא – **that is** only **where [the sandal] is** deemed **a utensil for its own function,** i.e. for the foot for which it was manufactured.[38] אֲבָל הָכָא – **But here,** in regard to a sandal whose strap snapped off on the outside, לְמִילְּתֵיהּ לָאו מָנָא הוּא – **it is not** deemed **a utensil** even **for its own function** according to R' Yehudah, דְּהָא אָמַר רַבִּי יְהוּדָה נִפְסְקָה הַחִיצוֹנָה טָהוֹר – **for R' Yehudah said** that **if the outer** strap-holder **broke off it is *tahor.*** אַלְמָא לָאו מָנָא הוּא – **Thus,** we see that **it is not** considered **a utensil.** Accordingly, even if it was transferred to the right foot and used for *chalitzah,* the *chalitzah* should be invalid. Thus, R' Yochanan's statement, which distinguishes in regard to a sandal whose outer strap-holder broke between the subjects of *tumah* and the Sabbath on the one hand and that of *chalitzah* on the other, does not seem to accord with the opinions of either the Rabbis or R' Yehudah. – **?** –

The Gemara explains:

לְעוֹלָם אַלִּיבָּא דְּרַבִּי יְהוּדָה – **Actually,** R' Yochanan made his statement **according to R' Yehudah,** אֵימָא – and you should **say,** i.e. emend his statement to read: וְכֵן לַחֲלִיצָה – **and *likewise* in respect to *chalitzah.*** I.e. he states that just as R' Yehudah does not consider a sandal whose outer strap-holder broke off a utensil in regard to *tumah* and the Sabbath, so too he does not consider it a sandal in regard to *chalitzah.* וְהָא קָמַשְׁמַע לָן – **And it is this that [R' Yochanan] teaches us,** דְּכִי אָמְרִינַן חָלְצָה שֶׁל שְׂמֹאל בְּשֶׁל יָמִין חֲלִיצָתָהּ כְּשֵׁרָה – **that when we say that if she removed the left** sandal **from the right** foot **her *chalitzah* is valid,** הֵיכָא – **that is** only **where**

NOTES

34. I.e. according to the Rabbis, a sandal whose outer strap-holder snapped is still deemed a utensil and may be handled on the Sabbath, while according to R' Yehudah the sandal is no longer deemed a utensil and may not be handled.

35. [The Torah declares that when a man who dies childless is survived by one or more brothers, his widow may not remarry someone from the general population. Instead, a brother of the deceased must take her as his wife through cohabitation, in a process known as *yibum* (*Deuteronomy* 25:5). If he refuses to perform *yibum,* however, the Torah provides a mechanism known as *chalitzah* (taking off the shoe), by which the widow can be released from her restricted status (*Deuteronomy* 25:9).] R' Yochanan is saying that one of these two disputants maintains his position concerning the matter of handling such a sandal on the Sabbath, but concedes to his opponent concerning the matter of *chalitzah* with such a sandal (*Rashi*). The Gemara will seek to determine to which of the two disputants R' Yochanan refers.

36. *Yevamos* 101a.

37. *Chalitzah* is performed by the woman removing a sandal from her brother-in-law's right foot. The Mishnah rules that if the man was wearing a left sandal on his right foot, and the woman removed it from there, the *chalitzah* is valid. The Gemara argues that according to the Rabbis, who consider a left sandal whose outside strap-holder snapped a usable utensil on the grounds that the sandal may be switched to the right foot, in regard to *chalitzah* as well, the fact that the sandal could be worn on the right foot should render it a usable sandal and *chalitzah* performed with it should be valid (*Rashi*). Thus, R' Yochanan's statement cannot accord with the Rabbis.

38. Such as where neither of the straps broke off (*Rashi*).

ה א ב ג מיי' פ"י מהל' שבת הלכה ד סמג לאוין סה טוש"ע א"ח סי' שח סעיף טו:

ו ד ה מיי' פ"ד מהלכות כלים הלכה יב יג ופ"ד הלכה ד:

ז ו מיי' פ"ד מהל' יבום הלכה יט סמג עשין נה טוש"ע אה"ע סי' קסט סעיף כב בהג"ה:

קיטרא דקיטרי בזממא וקיטרא דקטרי באיסטרידא חיובא הוא דליכא הא איסורא איכא ויש שמותרין לכתחילה ומאי ניהו קושרת מפתחי חלוקה: פשיטא לא צריכא דאית ליה תרי דשי מהו דתימא חדא מינייהו בטולי מבטיל קא משמע לן: וחוטי סבכה: פשיטא לא צריכא דרויחא לה מהו דתימא מישלף שלפא לה קא משמע לן דאשה חסה על שערה ומישרא שריא לה: ורצועות מנעל וסנדל: איתמר התיר רצועות מנעל וסנדל תני חדא חייב חטאת ותניא אידך פטור אבל אסור ותניא אידך מותר לכתחילה קשיא מנעל אמנעל קשיא סנדל אסנדל מנעל אמנעל לא קשיא הא דקתני חייב חטאת בדאושכפי פטור אבל אסור בדרבנן מותר לכתחלה בדבני מחוזא סנדל אסנדל לא קשיא הא דקתני חייב חטאת בדטייעי דקטרי אושכפי פטור אבל אסור בדחומרתא דקטרי אינהו מותר לכתחילה בסנדל דנפקי ביה בי תרי כדרב יהודה דרב יהודה אחוה דרב סלא חסידא הוה ליה ההוא זוגא דסנדלי זמנין דנפיק ביה איהו זימנין נפיק ביה ינוקיה אתא לקמיה דאביי א"ל כה"ג מאי א"ל חייב חטאת א"ל השתא פטור אבל אסור קא קשיא לי חייב חטאת קאמרת לי מאי טעמא א"ל משום דבחול נמי זמנין נפיקנא ביה אנא זמנין נפיק ביה ינוקא א"ל אי הכי מותר לכתחילה [א]רבי ירמיה הוה קאזיל בתריה דר' אבהו בכרמלית איפסיק (א) רצועה דסנדליה אמר ליה מאי נעביד לה א"ל שקול גמי לח דחזי למאכל בהמה וכרוך עילויה [ב]אביי הוה קאי קמיה דרב יוסף איפסיק ליה רצועה אמר ליה מאי איעביד ליה א"ל שבקיה מאי שנא מדרבי ירמיה [ב]התם לא מינטר הכא מינטר והא מנא הוא דאי בעינא הפיכנא ליה מימין לשמאל א"ל מדקמתרץ רבי יוחנן אליבא דרבי יהודה [ג]ש"מ הלכה כרבי יהודה מאי היא [ג]דתניא [ד]סנדל שנפסקו שתי אזניו או שתי תרסיותיו או שניטל כל הכף שלו טהור אחת מאזניו או אחת מתרסיותיו [ה]או שניטל רוב הכף שלו טמא ר' יהודה אומר נפסקה פנימית טמא החיצונה טהור ואמר עולא ואיתימא רבה בר בר חנה אמר ר' יוחנן כמחלוקת לענין טומאה כך מחלוקת לענין שבת אבל לא לענין חליצה והוינן בה [ר' יוחנן] אליבא דמאן אילימא אליבא דרבנן מדלענין טומאה מנא הוי לענין שבת נמי מנא הוא אבל לא לחליצה דלאו מנא הוא [ג]והתנן [ו]חלצה של שמאל בימין חליצתה כשרה ואלא אליבא דרבי יהודה [ד]מדלענין טומאה לאו מנא הוא לענין שבת נמי לאו מנא הוא אבל לא לחליצה דמנא הוא אימור דאמרי' חלצה של שמאל בימין חליצת' כשרה היכא דלמילתי' מנא הוא הכא למילתיה לאו מנא הוא דהא אמר ר' יהודה נפסקה החיצונה טהור אלמא לאו מנא הוא לעולם אליבא דר' יהודה אימא וכן לחליצה והא קמשמע לן דכי אמרינן חלצה של שמאל בשל ימין חליצתה כשרה היכא דלמילתיה

אימור דאמרי' חליצתה כשרה היכא דלמילתיה מנא הוא. והא דלא מוקים לה אליבא דרבנן אבל לא לחליצה משום דלמילתיה דהיינו בשמאל לאו מנא הוא היינו טעמא משום דכיון דמנא הוא לדידהו לשבת ולטומאה אף על גב דלמילתיה לאו מנא הוא כשר הוא לחליצה כיון דשל שמאל בימין חליצתה כשרה אבל לר' יהודה דלמילתיה נמי לאו מנא הוא ולמידי אחרינא נמי לאו מנא הוא מסתבר דלאו מנא הוא לחליצה:

סנדל

קיטרא דקיטרי בזממא. רצועה ארוכה שמכניסין בטבעת אסור לכתחילה לקושרה שם מפני שפעמים שמניח שם שבוע או שבועיים וקושר ומתיר ראש האחד שנתון ביתד או בעמוד שאסור בו האנקה והגמל: **תרתי דשי.** שתי פתחים היינו אותן לשונות והווין זו למעלה וזו למטה זו לימין וזו לשמאל ואם אינה מתרת אלא האחד יכולה לפושטה וללובשה בדוחק: **מהו דתימא חדא מינייהו בטולי מבטיל לה.** ותיהוי קשר של קיימא וכיון דלא ידעי הי מינייהו תרווייהו ליתסרו קא משמע לן: **פשיטא.** דהא כל יומי שריא לה: **דרויחא.** לא דחקתו בראשה אלא קושרתו בריוח שיכולה לחולצה מראשה כשהיא קשורה: **מהו דתימא מישלף שלפא לה.** מראשה הכי והוה לה קשר של קיימא: **חייסה על שערה.** שמא תוליא בדוחק ותינתק שערה ודפסקיא נמי איכא לשנויי כה"ג מהו דתימא מחתא ליה דרך רגלה ואוקמה קמ"ל דלא עבדה הכי משום לניעותא: **בדאושכפי.** בקשר שהאושכף עושה כשתופר הרצועה במנעל קושר קשר מתוכו שלא תוכל לצאת והוא קיים לעולם: **בדרבנן.** כשקושרים סביב רגלים אין קושרין בדוחק שפעמים שחולצו כשהוא קשור ונועלו כשהוא קשור ומיהו קשר של קיימא לא הוי שבשעת הטיט מתירין אותו וקושרין אותו בדוחק שלא ידבק בטיט וישמט מרגליו: **בדבני מחוזא.** שהם רכבי לבב ומקפידים על לבושיהן ונעליהן להיות מכוונין וקושרין אותו בדוחק וצריך להתירו ערבית: **בדטייעי דקטרי אושכפי.** בסנדלים של ישמעאלים סוחרים שהאושכפים קושרים בהן הרצועות בקשר קבוע: **בדחומרתא דקטרי אינהו.** אלו סנדלים של שאר אנשים שאין רצועות קבועות בהן ע"י אומן אלא הם עצמן קושרין אותם בחומרתא בעלמא וקושרין ומתירין ופעמים שמתקיים שבת או חדש: **דנפקי בי תרי.** וצריך כל אחד ואחד לקשור לפי רגלו הלכך בכל יום קושרו ומתירו: **כה"ג.** שאני מתירו עכשיו ונועל בני ושבת היתה: **השתא פטור אבל אסור הוה קשיא לי.** אמאי אסור: **מ"ט.** קשיא לך: **א"ל משום דבחול נמי.** אני מתירו בכל יום וקושרו התינוק לפי רגלו: **אי הכי מותר לכתחילה.** ומעיקרא סבר דלא רגיל למעבד הכי וקטרא דאושכפי הוה שרגיל להיות קבוע: **איפסיק רצועה דסנדליה.** ונפל הסנדל מרגלו שע"י הרצועה הוא עומד שהסנדל פתוח מעל גביו ולדדיו של עץ או של עור שלוק וקשה והרצועות נקשרות על גב הרגל ומעמידות אותו: **שקול גמי לח דחזי למאכל בהמה.** דראוי לטלטול: **וכרוך.** במקום הרצועה ונועלו עד שתכנס: **אביי הוה קאי קמיה דרב יוסף.** בחצר: **שבקיה.** במקום שנפל מרגלך ולא תטלנו בידך להצניעו: **ומ"ש מדר' ירמיה.** דשרא ליה ר' אבהו לנועלו ע"י גמי: **התם.** בכרמלית כגון בבקעה לא הוה מינטר: **והא מנא הוא.** ואמאי אסור לטלטלו והא עדיין תורת מנעל עליו: **דאי בעינא הפיכנא מימין לשמאל.** שהסנדל יש לו שתי תרסיות והן של עור מקום קביעות הרצועות אחת מבחוץ ואחת מבפנים לבין שני רגלים כעין שיש למנעלים שלנו וכשנפסק הפנימי ראוי הוא לתקנו ואע"ג שתיקונו ניכר וגנאי הוא מיהו לצד פנים לא מיתחזי וכשנפסקה חיצונה אינו הגון שוב לתקנו והך דאביי חיצונה איפסיק משום הכי אסריה רב יוסף אפילו לטלטלו וא"ל אביי והא אכתי מנא הוא דהפיכנא ליה לרגל האחרת ונמצאת החיצונה פנימית: **א"ל מדקא מתריץ רבי יוחנן.** למילתיה דר"י לקמן ומפרש לה: **ש"מ הלכה כר"י.** דאמר משנפסקה החיצונה לאו מנא הוא: **אזניו.** שכלפי גב הרגל שאוחזו בהן כשנועלו: **תרסיותיו.** מקום קביעות הרצועות: **הכף.** שול"א בלע"ז שתחת פרסות הרגל: **טהור.** דתו לא מתקני ליה וא"נ מתקני ליה חדוש הוא והשתא מיהא בטיל ליה: (ב) **טמא.** לא פרחה טומאה מעליו דאכתי מנא הוא ואפילו נפסקה החיצונה דאי בעי מפיך ליה מימין לשמאל ונמצאת חיצונה נעשית פנימית: **ואמר עולא גרסי':** **אליבא דמאן.** מהני תנאי א"ר יוחנן דמאי דסבירא ליה לענין טומאה ס"ל לענין טלטול שבת אבל לענין חליצה מודה לבר פלוגתיה: **אילימא לרבנן.** אשמעינן רבי יוחנן דכי היכי דלענין טומאה משוי ליה מנא לענין שבת נמי מנא הוא אבל לחליצה לאו מנא הוא ואינו כשר לחליצה והא אנן תנן חלצה בסנדל של שמאל בימין שהחליצה ברגל ימיני ואם נעל בו סנדל שמאל וחלצה כשר ואי נפסקה חיצונה דסנדל של שמאל אמאי לא הוה כשר לחלוץ הואיל ובעלמא סנדל הוא משום דחזי להפוכי: **אלא אליבא דר"י.** אמרה ר' יוחנן למילתיה ולאשמעינן דבחליצה מודה ר"י דמנא הוא כגון שנפסקה חיצונה של שמאל הופכו לימין וחולץ וכדתנן של שמאל בימין חליצתה כשירה: **אימור דאמרינן חליצה כשירה.** היכא דלא נפסקו תרסיותיו: **דלמילתיה.** ברגל העשוי לו מנא הוא: **הכא למילתיה לאו מנא הוא.** דהא ר"י לענין טומאה ושבת לאו מנא משוי ליה: **אימא וכן לחליצה.** כדמפרש ואזיל ואשמעינן דכי אמרינן חלצה כו' ואליבא דרבנן לא מצינן לאוקמיה

רבינו חננאל

ערבי שרי למקטר בהנהו חוטי שערה דמשרא הוא דשריא ליה ולא שיפה להו מעוף. רצועות מנעל וסנדל אית בהוא ג' בבי קיטרי דקטרי אושכפי להניא רצועה במנעל עצמו המתירה חייב חטאת. והני רצועות הנמשכות מגופו של מנעל שקושרין אותו על הרגל ועל השוק (אחד שני עלין המנעל) אחר שנועלין הנך מותר לכתחלה לקשרן ולהתירן וזהו דבני מחוזא והן נמי קשר חיצון של רצועות שהוא למעלה מן השוק ומן הרגל. אם מעיקרא קשרן לשום כך הרצען קשר של קיימא שכשנועל ההוא מנעל מכניס רגליו באותן הרצועות ואינו מתירן כל עיקר ההוא נמי המתירן חייב עליו חטאת אבל זה הקשר החיצון שלא קשרו האומן אלא כל אדם קושרו מהיכי דניחא ליה מרווח או צר או כגון מסני רבנן שכל אחד מעמידו על חפצו כד רויח למיסם ולמישלף בניחותא כגון זה המתירו פטור. שהרי מעשה הדיוט הוא אבל אסור להתירו לכתחלה דהוא קא מוקים ליה על חפצו וקשרו כמין קשר של קיימא לפי שאין דעתו להתירו ולשנותו. ומשני דבני מחוזא דעבידן להתירן ולקשרן בכל זמן דכד בעי למרהט שרי ליה וקמיט ליה וכד בעי לסגויי בניחותא כי הלוכן דרבנן מרפי ליה כי הא גוונא מותר להתירו לכתחלה. וסנדל כי הלין אנפין אית ביה. סנדל דטייעי כגון קצת האי דקרו ליה השתא תאסומא דעביד ליה לפי מידת אסתורא דכרעיה וקטר ליה קיטרא מעליא. אם התירו חייב חטאת. ודחומרתא פי' מכנפין כולהי רצועות ומעיילין בחומרתא דכד בעי מעייק והדר קטיר מאבראי דחומרתא וכד בעי מרווח כגון האי פטור אבל אסור. וסנדל המוכן לשנים דחומרא דכד בעי האי למסיימיה מרווח ליה וכד בעי אחרינא למסיימיה קמיט ליה ודאי הני לא קטרי קשר של קיימא מעיקרא דניח ליה להתירו ונייח ליה נמי לאידך להתירו הלכך לכתחלה [שרי]. הא דר' ירמיה דאיפסיק ליה רצועה דסנדליה וא"ל ר' אבהו שקול גמי לח דחזי למאכל בהמה וכרוך עליה ואתייה. קיי"ל דהאי גמי לח דא"ל כי היכי דאיתכשר להנטל בשבת דהאי כיון דאחזי למאכל בהמה הוה ליה דבר הניטל בשבת. כמו ככר או תינוק ושרי לאיתויי פחות מד' אמות כר' יצחק דאמר מוליכו פחות פחות מד' אמות. ולא תימא כיס

בלבד שרו ליה דאדם בהול על ממונו. ואי לא שרית ליה אתי לאתוייה ד' אמות בר"ה אלא כל דבר שצריך לו מדתנן המוצא תפלין מכניסן זוג זוג. ובשעת הסכנה מכסן והולך לו בד"א בסכנת גוים אבל בסכנת לסטין מוליכן פחות פחות מד' אמות וה"מ בדוכתא דלא מינטר. אבל בדוכתא דמינטר לישבקיה בדוכתא כרב יוסף ואע"ג דא"ל אביי אי בעינא אפיכנא ליה. לא חיישינן ליה. יש רבנן דהוו מפרשי אפיכנא ליה מימין לשמאל וכיון דאפיכנא ליה הויא לה רצועה דאיפסיקא (וסדורא דפיש לבראי ומיהדק קליל) ומסתגי ליה ואנן לא קא מתחזי לנא היכי הוי הכין אלא הפוך מקום עקיבו לראשו ואוחזו באצבעותיו ואמר ליה כיון דמסגינא ביה אע"פ בהיפוך כלי הוא ואמאי אסור לטלטוליה ואמר ליה רב יוסף מדמתרץ ר' יוחנן אליבא דר' יהודה דכד מפסיק סנדל אע"ג דאפשר להפוכיה לאו מנא הוא ש"מ דהלכתא כר' יהודה. מאי דר' יהודה דתניא סנדל שנפסקה אחת מאזניו או אחת מתרסיותיו או שניטל כל הכף טמא ב' אזניו או ב' תרסיותיו או שניטל רוב הכף טהור ר' יהודה אומר נפסקה הפנימית טמא החיצונה טהור פי' קסבר ר' יהודה אע"פ שלא נפסקה אלא האוזן החיצונה של סנדל בלבד נפיק ליה מתורת כלי וטהור ות"ק סבר אם נפסק אחת מאזניו או אחת מתרסיותיו עדיין כלי הוא אינו יוצא מתורת כלי עד שיפסקו שתיהן ולר' יהודה כיון שנפסק האוזן החיצונה כבר יצא מתורת כלי וטהור הוא ואע"פ שיכול להפכו לזה הסנדל ברגלו האחרת ולשום האוזן החיצונה פנימית. וקמתרץ ר' יוחנן אליבא דר' יהודה דאמר עולא ואיתימא רבה בר בר חנה אמר ר' יוחנן כמחלוקת לטומאה כך מחלוקת לענין שבת. אבל לא לחליצה פי' כל דהוא כלי לקבל טומאה גם הוא כלי לינטל בשבת וכל שיצא מתורת כלי לענין טומאה אף יצא מתורת כלי לענין שבת ואינו ניטל ומשום הכי אצרכיה רב יוסף למישבקיה ודלא לטלטוליה בשבת. והיכי מתרץ דר' יוחנן אליבא דר' יהודה דקתני ר' יוחנן אבל לא לחליצה והוי בה רבא אליבא דמאן קאמר ר' יוחנן אבל לא לחליצה אילימא אליבא [דרבנן] דסברי בפסיקת אוזן אחת לא נפיק מתורת כלי ואמר ר' יוחנן כי לא נפיק מתורת כלי אליבא דרבנן לא לענין טומאה ולא לענין שבת. אבל לענין חליצה

א) גיר' הסמ"ג בהגינה כג. ד"ה ותפסקה אביי קא אזיל בתר רב יוסף, ב) תוספתא דכלים ב"ב פ"ד, ג) יבמות קא., ד) [לקמן קכג.]

הגהות הב"ח

(א) גמ' רבי ירמיה כו' איפסיק ליה רצועה: (ב) רש"י ד"ה טמא לא נ"ל קודם ד"ה טהור דתו לא:

ליקוטי רש"י

חומרתא. קשר [יבמות קב.]. **גמי.** כלשון משנה (לעיל עח.) ובלע"ז יונ"ק ודבר רך הוא ועומד בפני המים ובפני קשה [שמות ב, ג]. **של שמאל בימין.** סנדל של שמאל נעל בימין וחלצה לחליצה בימין הוא דגמר רגל רגל ממצורע [לעיל סו.]. אבל חליצה של שמאל קתני כסיקין (יבמות קד.) פלוגתא [יבמות קא.].

עין משפט נר מצוה

ח א מיי' פי"ז מהל' כלים הלכה יב:
ט ב ג מיי' פ"ו מהל' כלים הלכה ב:
י ד ה מיי' פ"ד מהלכות שבת הל' ג סמג לאוין סה טוש"ע א"ח סי' שיז סעיף ו:

גליון הש"ס

גמ' שלא לשבור דבריו של ר"י. עיין לעיל מו ע"א: שם שנית לנו סנדל. יש לעיין אמאי לא מייתי ממתני' הקודמ' פי"ח מ"ו דכלים ול"ע:

רבינו חננאל

חליצה טומאה אינו כשר ולאו כלי הוא. והא לדברי הכל אם נפסקה האוזן הפנימית כלי גמור הוא. ואי מפסק החיצונה מהפיך ליה לסנדל ומשוי ליה פנימית. ותנינן בהדיא לענין חליצה דאי אפיך לסנדל של שמאל בימין וחלץ כשר. דתנן חלצה בשל שמאל בימין חליצתה כשרה. אלא כי קאמר ר' יוחנן אבל לא לחליצה אליבא דר' יהודה דסבר בפסיקת אוזן החיצונה יצא מתורת כלי לגמרי ולענין שבת ולענין טומאה מודה ליה ר' יוחנן לר' יהודה וסבר לה כוותיה. אבל לא לחליצה. דסבר ר' יוחנן דלחליצה כלי כשר הוא. ומדתנן חלצה בשל שמאל בימין חליצתה כשרה. ודחי' איסור דאמר רבנן חלצה בשל שמאל בימין כשר דבמקומו כלי מעליא הוא כלומר ברגלו השמאל סנדל מעולה הוא. אבל הכא שנפסקה אזנו החיצונה דילמא (אליבא דרבנן) קא' בלבד הוי באותה הרגל לאו סנדל מעליא הוא שהרי נפסקה אזנו החיצונה ומן שנפסל באתריה דלא הוי באתריה מנא. איך הוי מנא באתריה דלאו דידיה הוא ונדחו אלו הדברים. ולא עמדה כדרך שאמרנו כי לענין טומאה ושבת וחליצה יש ביניהן הפרש לא אליבא דרבנן ולא אליבא דרבי יהודה והדרנן לתירוצא וכן לחליצה. כלומר תורת כלי בחליצה כתורת כלי בענין שבת ובטומאה ואליבא דרבי יהודה דאמר בפסיקת אוזן החיצונה בלבד הוא יוצא מתורת כלי. ואקשינן וממאי דכי אמר ר' יוחנן וכן לחליצה למיפסל סנדל שנפסקה אוזן החיצונה. דילמא אליבא דרבנן קאמר דלא מיפסל עד דמפסקו ב' אזניו. ושנינן הא לא איצטריך ר' יוחנן לאשמעינן דהא תנינא החולץ משמאל בימין חליצתה כשרה הכא נמי כי משתני חיצונה למיהוי פנימית כשר. דהא לרבנן במקומה נמי כלי הוא. ולא הוה צריך ר' יוחנן למימרה ולא איצטריך אלא אליבא דרבי יהודה ומדקא מתרץ ר' יוחנן אליבא דר' יהודה ש"מ הלכה כר' יהודה לענין שבת דאע"ג דיכול להפוכה לחיצונה ולהשוייה פנימה לא הויא מנא והני ב' אזנים דאמר ת"ק דמיפסקן לאו הני אזנים שמשני צידי סנדל אלא ב' אזנים מצד אחד. וסנדל זה יש לו ד' אזנים ב' מצד זה וב' מצד זה.

דלמילתיה מנא הוא אבל הכא למילתיה לאו מנא הוא ומי א"ר יוחנן הכי והאמר [א] רבי יוחנן הלכה כסתם משנה [ותנן] [א]סנדל שנפסקה אחת מאזניו ותיקנה טמא מדרס [ג] נפסקה שניה ותיקנה טהור מלטמא מדרס אבל טמא מגע מדרס) מאי לאו לא שנא פנימית ולא שנא חיצונה לא פנימית דוקא אבל חיצונה מאי טהור אי הכי אדתני נפסקה שניה ותיקנה טהור מן המדרס אבל טמא מגע מדרס ניפלוג (א) בדידה בד"א בפנימית אבל חיצונה טהור אמר רב יצחק בן יוסף תהא משנתנו בסנדל שיש לו ארבע אזנים וארבע תרסיותים [ה] שלא לשבור דבריו של ר' יוחנן כי אתא רבין אמר רב חנן בר אבא אמר רב הלכה כרבי יהודה ורבי יוחנן אמר אין הלכה כר' יהודה ומי א"ר יוחנן הכי והא מדמתרץ ר' יוחנן אליבא דר' יהודה ש"מ כר' יהודה סבירא ליה [ו] אמוראי נינהו ואליבא דרבי יוחנן [ב] תנן התם [ב]כל כלי בעלי בתים שיעורן כרמונים בעי (ב) (רבי) חזקיה ניקב כמוציא זית וסתמו וחזר וניקב כמוציא זית וסתמו עד שהשלימו למוציא רימון מהו אמר ליה ר' יוחנן רבי [ז] שנית לנו סנדל שנפסקה אחת מאזניו ותיקנה טמא מדרס נפסקה שניה ותיקנה טהור מן המדרס אבל טמא מגע מדרס ואמרינן לך מאי שנא ראשונה דהא קיימא שניה שניה נמי (ג) מתקנה ראשונה ואמרת לן עליה פנים חדשות באו לכאן [ג]הכא נמי פנים חדשות באו לכאן [ז] קרי עליה לית דין בר אינש איכא דאמרי כגון דין בר אינש [ז] אמר ר' זירא אמר רבא בר זימונא אם ראשונים בני מלאכים אנו בני אנשים ואם ראשונים בני אנשים אנו כחמורים ולא כחמורו של [ח] ר' חנינא בן דוסא ושל רבי פנחס בן יאיר אלא כשאר חמורים: ונודות יין ושמן: פשיטא לא צריכא דאית ליה תרתי אוני מהו דתימא חדא מיניהו בטולי מבטל לה קמ"ל: קדירה של בשר: פשיטא לא צריכא דאית לה [ט] שלאכא מהו דתימא בטולי מבטל לה קמ"ל: [ד]רבי אליעזר בן יעקב אומר קושרה כו': פשיטא [ה]לא צריכא דאית לה תרתי איסרי מהו דתימא חדא

רש"י

לאוקמיה לדרבי יוחנן ולמימר וכן לחליצה ולאשמעינן דמנא הוא דה"כ מאי אתא לאשמעי' ר' יוחנן כיון דלמילתיה מנא הוא בהדיא תנן לה מתניתין ומשום דאפשר לא מיפסל דתנן חלצה בשל שמאל בימין חליצתה כשרה והיינו דאמר לעיל דמתרץ רבי יוחנן אליביה דר' יהודה: **ומי אמר ר' יוחנן הכי.** דהלכה כר' יהודה: **טמא מדרס.** אם היה של זב והיה טמא מדרס לא טהר מטומאתו כשנפסקה ועודנו אב הטומאה: **מאי לאו.** אפילו חיצונה ומשום דחזי לאפוכי ולתקנה וה"ה אע"ג דלא תיקנה דע"כ אי כשנפסקה פרחה לה טומאתה תו לא הדרה אלא להכי נקט תקנה משום סיפא לאשמעינן רבותא דאע"ג דתיקנה לראשונה כי הדר נפסקה שניה טהור מן המדרס: **אדתני נפסקה שניה.** אע"פ שתקנה טהור מן המדרס דכיון שנפסקו שתיהן בטיל ליה: **אבל טמא מגע מדרס.** והוי ראשון לטומאה דעדיין כלי הוא * דחזי למילתיה (ד) דהא מיתקנה ראשונה ואף למדרס הוא ראוי אי הוה נעיל ליה זב מכאן ולהבא מיהו מטומאת מדרס קמייתא דהואי עליה טהו' כדאמרינן לקמן פנים חדשות באו לכאן וכל תורת מנעל שהיתה עליה בשעת קבלת טומאה ראשונה הלכה לה וכיון דכלי הוא הוי ראשון שהרי נגע בעצמו כשהיה אב הטומא' וכל זמן שהוא כלי וראוי לקבל טומאה לא טהר מטומאת המגע: **ליפלוג כו'.** למה לי למינקט נפסקה שניה דנפסקו שתיהן הא ע"כ הא שניה החיצונה היא ומשום היא לחודה הוה ליה למיתני טהור מן המדרס: **תהא משנתנו.** הך דמדרס: **ד' אזנים וד' תרסיותים.** והך דנפסק' שניה דקתני תרווייהו בחיצונות קאמר וסתמא כרבי יהודה דכיון דנפסקו חיצונות טהור: **שלא לשבר דבריו של רבי יוחנן.** דאמר הלכה כרבי יהודה: **אמוראי נינהו.** רבה בר בר חנה אמרה להההיא דלעיל והא רבין אמרה: **כל כלי בעלי בתים.** לגבי כלי עץ תנא לה במסכת כלים: **שיעורן כרימונים.** לטהר מטומאתן אבל פחות מכאן חיים עליה ולא מבטיל ליה: **וחזר וניקב כמוציא זית.** אלא נקב הראשון: **עד שהשלים.** הסתימה למוציא רימון: **הא מתקנה ראשונה.** ולא בטל מתורת מנעל: **פנים חדשות.** משירדה לו טומאת מדרס נתחדשו פנים הללו ואין זו הראשון שכבר נתקלקל בו כדי ביטולו: **לית דין בר אינש.** אלא מלאך: **כגון דין בר אינש.** גברא בכולא: **חמורו דר' פנחס.** מפורש בהכל שוחטין (חולין דף ז.) ודרבי חנינא במסכת תענית (ד' כד.) [י]: **תרתי אוני.** אזנים שכופלים לתוכו ובאחת מהן יכול להוציא היין: **שלאכא.** ברלו"ן: **מהו דתימא מבטל ליה.** לקשר שעל פיה ומוציא מה שבתוכו דרך שלאכא: **תרי איסורי.** שני חבלים קושר ברחב הפתח זה למעלה מזה ליסגא אחרינא תרי איסורי שקושרין היום בשני צידי הפתח ולא היתה תלויה בה מאתמול:

הגה"ה

מתחילה היה הגיר' כך ברש"י. והוה ראשון לטומאה דעדיין כלי הוא לאשתמושי ביה תשמיש אחרינא ומאב הטומאה טהור דלא הוי מיוחד עוד למנעל והוי ראשון שהרי נגע בעצמו כשהיה אב הטומאה. ואח"כ הגיה רש"י בדבריו:

תוספות

סנדל שנפסקה אחת מאזניו ותיקנה כו'. פירש בקונטרס דהוה הדין לא תיקנה טמא מדרס דאי כשנפסקה פרחה לה טומאה תו לא הדרה לה והדין עמו דלא מצינו טומאה ישנה (ה) אלא בכלי מתכות ולעיל נמי אמרי' ניטלה אחת מאזניו ואחת מתרסיותיו טמא והא דנקט ותיקנה פירש בקונטרס דנקט משום סיפא לאשמעינן דאע"ג דתיקנה כי נפסקה שניה טהור מן המדרס אבל משום דקתני סיפא אבל טמא מגע מדרס לא נקט ותיקנה דאפילו לא תיקנה ונפסקה שניה טמא מגע מדרס כדפי' בקונט' משום דעדיין כלי הוא לאשתמושי ביה תשמיש אחרינא וקשה דתנן בהדיא בסיפא דהך משנה במסכת כלים בפ' כ"ו (משנה ד) לא הספיק לתקן את הראשונה עד שנפסקה שניה טהור ורש"י בעצמו חזר בו והגיה אבל טמא במגע מדרס (ו) דעדיין כלי הוא וחזי למילתיה דהא איתקנה לראשונה והשתא נקט ברישא דוקא ותיקנה דאי לא תיקנה כי נפסקה שניה אינו טמא אפילו מגע מדרס כדקתני סיפא בהדיא ואגב דנקט ברישא ותיקנה נקט נמי בסיפא:

אבל טמא מגע מדרס. הקשה ה"ר שמעון אמאי טמא מגע מדרס הא שבע לה טומאה והקומץ רבה (מנחות כד.) בעי רבה גבי עשרון שחלקו מי אמרינן שבע לה טומאה או לא וליכא למימר כיון שדרס עליו הזב ברגלו יחף דבא לו מדרס ומגע (ז) מדרס יחד דבבת אחת לא אמרינן שבע לה טומאה כדמוכח בהקומץ רבה (ג"ז שם) וא"כ איכא פנים חדשות למגע מדרס כמו למדרס אלא על כרחך אחר שנטלה הראשונה ונתקנה בא לו מגע מדרס כמו שפירש בקונט' שנוגע בעצמו ואם כן נימא דשבע לה טומאה ולפי הקונט' קמא ניחא דאפילו נפסקו שתי אזניו טמא מגע מדרס ומפרש ה"ר שמעון דלא אמרינן שבע לה טומאה כשהטומאה באה לו מגופו כמו הכא שטומאת מגע באה לו שנוגע בעצמו כדפי' בקונטרס ולפירושו אתיא אליבא דר"מ דאמר טומאת בית הסתרים מטמא דמה שנוגע בעצמו טומאת בית הסתרים היא וזהו דוחק דפ' בהמה המקשה (חולין דף עב:) ובפ' העור והרוטב (שם דף קכט:) פריך בפשיטות טומאת בית הסתרים היא משמע דלא קי"ל כר"מ ובפרק שני דעירובין (דף כד.) פירש בקונטרס דבשעת פרישתו דאוזן קיבל טומאה מאביו ואין נראה דבפרק בהמה המקשה (חולין דף עב:) אמרינן דבעינן דבאות מבגד גדול ונראה לר"י כשתיקן אוזן ראשונה באה לו לאוזן טומאת מדרס ומגע מדרס יחד והסנדל בטל לאוזן דאי אפשר להיות טומאה לזה בלא זה:

נפלוג וניתני בדידה בד"א. קשה לר"י אדפריך ניפלוג וניתני בדידה תיקשי ליה גופה (ס) דברייתא אמאי טמא מגע מדרס הלא כיון שנפסקה החיצונה בטל לה מתורת כלי ואומר ר"י דהוה בכלל קושיית הש"ס דניפלוג וניתני בדידה וממילא ידעינן דטמא מגע מדרס אינו אמת:

עד שהשלימו למוציא רמון מהו. והא דתנן במסכת כלים (פי"ז מ"ד) רימונים שאמרו שלשה אחוזים זה בזה לא שהשיעור בשלשה רימונים אלא מפרש מה שאמר כלל הרימון לא גדול ולא קטן אלא בינוני וקאמר דהיינו בינוני כשלשה האחוזים זה בזה וגדילים יחד אבל הרימונים הגדילים אחד אחד או שנים הם גדולים ואותן שגדילים ארבעה יחד הם קטנים (ו):

רבי שנית לנו סנדל. תמוה לה"ר אלחנן אמאי לא מייתי ההיא סייעתא דמטה דמתניה מקמי הך (כלים פי"ח משנה ו) מטה שהיתה טמאה מדרס נשברה ארוכה ותיקנה טמאה מדרס נשברה שניה ותקנה טהורה מן המדרס אבל טמא מגע מדרס אם לא הספיק לתקן את הראשונה כו':

לא צריכא דאית לה שלאכא. לא גרסינן דאית לה תרי שלאכי דלמה צריך לתרי שלאכי כיון שיש לו פתח:

כלל

חדא

מסורת הש"ס

א) [לעיל דף מו. וש"נ], ב) כלים פכ"ו מ"ד עירובין כד., ג) רש"ל מ"ז, ד) יש גורסין אחר זה ולאיבעית אימא ר"י קאמר לה ולאליבא דר"י ולוה לא ס"ל, ה) ברכות מא. עירובין ד. כד. סוכה ו. כלים פי"ז מ"א, ו) [ע"ז: עירובין כד.], ז) שקלים ח: ע"ש, ח) נ"א ר' יוסי דמן דיוקרת, ט) [גיר' הערוך שלבא פי' כגון דלי כסוי שמקלחין המים אע"ג דיכול לאחוזי מהרקק מן השלינה מותר להסירן], י) [במסכת תענית לא נמצא מחמורו של ר"ח בן דוסא כלום רק מחמורו של רבי יוסי דמן יוקרת נזכר שם בתענית כד. ואולם רש"י דכאן קושט בהדיא ודר"ח אפשר דקא מכוין אהא דאי' באבות דר' נתן פ"ח עובדא דחמורו של רבי חנינא בן דוסא ע"ש מבואר], כ) [נ"ל דממני], ל) [ועי' תוס' עירובין ד: ובסוכה ו. ד"ה שיעורן].

הגהות הב"ח

(א) גמ' ניפלוג וניתני בדידה: (ב) שם בעי חזקיה כצ"ל ותיבת רבי נמחק: (ג) שם שניה נמי הא מתקנה: (ד) רש"י ד"ה אבל טמא וכו' דחזי למילתיה קמייתא דהא כצ"ל ודיבור זה נ"ל קודם דבור המתחיל מאי לאו: (ה) תוס' ד"ה סנדל וכו' טומאה ישנה. נ"ב בפ"ק דף טו: (ו) בא"ד אבל טמא מגע מדרס והוי ראשון לטומאה דעדיין כלי הוא דחזי למילתיה קמי' דהא איתקנה: (ז) ד"ה אבל וכו' דבא לו מדרס ומגע זב יחד:

רב נסים גאון

פרק טו אלו קשרים אם ראשונים מלאכים אנן בני אנשים [ואם ראשונים כבני אנשים אנו כחמורים ולא] כחמורו של ר' חנינא בן דוסא. משכחת עיקר דילה באבות דר' נתן (פרק ח) והוה המעשה מעשה בחמורו של ר' חנינא בן דוסא שגנבוה ליסטים וחבשוה בחצר והניחו לה שעורים תבן ומים ולא היתה אוכלת ולא היתה שותה אמרו מה אנו מניחין זו עד שתמות ותבאיש החצר עלינו פתחו לה דלת והוציאוה לחוץ הלכה עד שהגיעה אצל פתחו של ר' חנינא בן דוסא שמע בנו קולה והכירה אמר דומה קולה לקול בהמתנו אמר לו בני עמוד לפניה ופתח לה דלת

ליקוטי רש"י

ותיקנה. הוה הדין כי לא תיקנה נמי עדיין טמא מדרס הוא והא דנקט תיקנה לרבותא הכי תו לא איצטריך למימר נפסקה השניה וכו'. טהור מן המדרס. דמו לא הוה כלי ולא חזי למדרס מלטמא מדרס והוא וכלים. אבל כלי הוא לאשתמושי אחרינא ועדיין טומאת מגע קיים שהרי בשעת פרישתו מן האוזן שעדיין הוא מדרס (לקבל טומאה) לטמא כלים קיבל טומאה מאביו והוי ראשון לטומאה ומטמא אוכלין ומשקין [עירובין כד.]. כל כלי בעלי בתים שיעורן כרימונים. שיעורן בנקביהם כרמון דעד שניקב כמוציא רמון שם כלי עליו ומקבל טומאה על כליו וכשהוא מוציא זיתים הוא משתמש בו רמונים אבל כלי אומן עומד לימכר טהור בנקב כל שהוא [סוכה ו.]. רמון טהור בעלי בתים חסים על כליהם הלכך ניקב כמוציא קטניות מגניעו לזיתים ניקב כמוציא זית משתמש בו לאגוזים ניקב כמוציא אגוז משתמש בו רמונים אבל של אומן העומד למכור לא הוי שיעוריה בהכי [ברכות מא:]. בעה"ב חס על כליו ואם ניקב כמוציא זית מגניעו לאגוזים כאגוז מגניעו לרמונים לפיכך אם ניטמא וניקב עדיין טמא עד שינקב כמוציא רמונים אבל כלי אומן העומד לימכר טהור בנקב קטן [עירובין ד:]. וחזר וניקב. אבל הסתימה. פנים חדשות. אין אזנים הללו ממנו ומשיתקנו לא דרסן הזב ומטומאה הראשונה טיהרו שהרי אין זה סנדל ראשון. כגון דין בר אינש. אדם גדול [שם כד:].

רבנן סברי [כיון] דלא מפסקן הני תרתי דמצד אחר לא נפיק מתורת כלי. ר' יהודה סבר מכד מפסקה חיצונה בטל מהיות כלי דסמכיה על אוזן החיצונה והיא שאוחזת את כף הרגל אבל פנימית לאו סמכא עלה והאי דקתני שאם נפסק כל הכף כולו עדיין טמא הוא ואם נפסק רוב הכף שלו טהור דייקינן מדקתני בנפסק רוב הכף שלו ולא קתני שלו בכל

דִּלְמִילְּתֵיהּ מָנָא הוּא – [the sandal] is deemed **a utensil for its own function.** אֲבָל הָכָא – **But here,** in regard to a left sandal whose outer strap-holder broke off, לְמִילְּתֵיהּ לָאו מָנָא הוּא – **it is not** deemed **a utensil for its own function.** Thus, *chalitzah* performed with such a sandal is invalid.[1]

This, then, is the statement from which Rav Yosef previously derived that R' Yochanan follows the opinion of R' Yehudah.

The Gemara challenges Rav Yosef's assertion that R' Yochanan ruled in accordance with R' Yehudah:

וּמִי אָמַר רַבִּי יוֹחָנָן הָכִי – **And did R' Yochanan really say this?** וְהָאָמַר רַבִּי יוֹחָנָן – **But R' Yochanan** himself **said:** הֲלָכָה כִּסְתָם מִשְׁנָה – **The halachah** always **follows an anonymous Mishnah.** וּתְנַן – **And we learned in a Mishnah:**[2] סַנְדָּל שֶׁנִּפְסְקָה אַחַת מֵאָזְנָיו וְתִיקְּנָהּ – A SANDAL FROM WHICH ONE EAR[3] BROKE OFF, AND HE REPAIRED IT, טָמֵא מִדְרָס (נפסקה שניה ותיקנה טהור מלטמא מדרס אבל טמא מגע מדרס) – IT IS still *TAMEI MIDRAS.*[4] Now the Mishnah does not specify which ear broke off. מַאי לָאו – **Does this not** imply that לֹא שְׁנָא פְּנִימִית וְלֹא שְׁנָא חִיצוֹנָה – **there is no difference** whether it is **the inner or outer** one? We thus have an anonymous Mishnah which follows the opinion of the Rabbis that a sandal with outside ear or strap damage is considered a utensil, on the grounds that it may be repaired and switched to the other foot.[5] – ? –

The Gemara answers:

לֹא – **No.** פְּנִימִית דַּוְקָא – The Mishnah is referring **specifically** to a case in which **the inner** ear broke off. Thus, the Mishnah is in accordance with R' Yehudah.

The Gemara questions this answer:

אֲבָל חִיצוֹנָה מַאי טָהוֹר – **But** if **the outer** ear broke off, **what** is the law – that the sandal is ***tahor?*** אִי הָכִי – **If so,** אַדְּתָנֵי – **rather than [the last part of that Mishnah] teaching:** נִפְסְקָה שְׁנִיָּה וְתִיקְּנָהּ – IF THE SECOND ear BROKE OFF after the first one had been repaired, AND HE REPAIRED IT, טָהוֹר מִן הַמִּדְרָס – IT becomes *TAHOR* FROM THE *MIDRAS tumah* אֲבָל טָמֵא מַגַּע מִדְרָס – BUT IT remains *TAMEI* AS HAVING TOUCHED A *MIDRAS,*[6] נִיפְלוֹג בְּדִידָהּ – **let [the Mishnah] differentiate** and teach a case of *taharah* **with respect to** the first case **itself,** i.e. the breaking off of only one ear, as follows: בַּמֶּה דְּבָרִים אֲמוּרִים שֶׁנִּפְסְקָה פְּנִימִית – **In regard to what were these words** [i.e. Mishnah's first ruling] **said?** In regard to a case **where the inner** ear **broke off,** for then the sandal is still usable. אֲבָל חִיצוֹנָה טָהוֹר – **But** in a case where **the outer** ear broke off, the sandal is ***tahor,*** for it can no longer be worn.[7] – ? –

The Gemara concedes this point, and instead interprets the Mishnah differently so that it could accord with the view of R' Yehudah:

אָמַר רַב יִצְחָק בֶּן יוֹסֵף – **Rav Yitzchak ben Yosef said:** תְּהֵא

NOTES

1. Thus R' Yochanan is informing us that according to R' Yehudah, although *chalitzah* performed with the left sandal that is on the right foot is valid, this is true only where that sandal is whole. However if such a *chalitzah* is performed with a left sandal whose strap-holder broke off on the outside, it is invalid. This is because whereas in the former case the sandal is fit for its own function, in the latter case it is not.

The question arises: Once we are amenable to emending R' Yochanan's statement to read "and likewise in respect to *chalitzah,*" why can we also not interpret his statement in accordance with the Rabbis? That is, R' Yochanan would be saying that just as according to the Rabbis a sandal whose outside strap-holder broke off is considered a utensil in regard to *tumah* and the Sabbath, so it is considered a sandal in regard to *chalitzah.*

Rashi answers that according to the Rabbis it is so obvious that such a sandal is considered a legitimate sandal in regard to *chalitzah* that there would be no need for R' Yochanan to spell this out. This is because the Rabbis consider the fact that the shoe could be switched to the opposite foot grounds to regard it as a utensil even for the original foot. Accordingly, it is needless to say that a left shoe whose outside strap-holder broke off is valid for *chalitzah* on the right foot, for it is regarded as a valid sandal even for the left foot. According to R' Yehudah, however, R' Yochanan informs us that although *chalitzah* is performed on the right foot, and on this foot this sandal is usable, the *chalitzah* is nevertheless invalid, since in regard to the original foot the sandal is not deemed a valid sandal (*Rashi,* as explained by *Maharsha*).

2. *Keilim* 26:4.

3. See 112a note 30.

4. [The parenthesized phrase is deleted by *Maharshal.*] The bed, saddle, and chair of a *zav, zavah, niddah,* or woman who has given birth become *avos hatumah* in their own right (*Leviticus* 15:4-6). The general term for this form of *tumah* is *midras.* This category includes any item which was leaned on, sat on, or stepped on by one of these people (see above, 84a). The Mishnah speaks of a case in which a *zav* had worn the sandal (making it *tamei* as *midras*) before the ear broke off; he did not wear it again afterwards. Thus, the *tumah* of the sandal depends on how much of its earlier *tumah* it retains after the ears have broken off and been repaired. The Mishnah states that if only one ear broke off, the sandal remains *tamei midras,* since it is still usable.

5. [Although the Mishnah states that the person actually repaired the ear, the same law would hold true even if it was not yet repaired (since it *could* be repaired). The Mishnah's stipulation that it was repaired is necessary only for the Mishnah's latter case cited below (in which the second ear broke off), to inform us that although the first ear was repaired, if the second ear then breaks off, the sandal becomes *tahor* from the *midras tumah* (*Rashi;* see *Mishneh LaMelech, Hil. Keilim* 7:12).]

6. A sandal without any ears is totally unusable, and therefore loses its *tumah* (see 112a note 31). Since both ears have broken, we regard the sandal as having no ears, even though the first ear was already repaired before the second ear broke (see below). Consequently, the sandal loses the *midras tumah* status which it acquired *prior* to the breaking of the first ear.

Nevertheless, the sandal retains the lesser level of *tumah* of a utensil that has touched a *midras* (making it a *rishon l'tumah* – a first degree of acquired *tumah*). This is because even after the second ear has broken off, the sandal is still fit to use as footwear, because the first ear has in the meantime been repaired (thus, it is still a utensil). But it is no longer the *same* sandal as the one that became *tamei midras.* That sandal has disappeared (with the breaking of the second ear), to be replaced by a new (repaired) sandal which was never worn by a *zav.* Thus, the *tumah* of *midras* has departed. The *tumah* of touching a *midras,* however, remains. This *tumah* was acquired by the sandal by virtue of the fact that the sandal was considered to be in contact with itself when it was *tamei midras.* Since this contact was ongoing even after the first ear was repaired, and in the interim only the second ear has come off, the current sandal is still considered the same sandal as the one which acquired that lesser *tumah.* Thus, although the original *tumas midras* departs with the breaking of the second ear, the lesser *tumah* of touching a *midras* remains (*Rashi*). (In the Vilna edition of the Gemara, two explanations of *Rashi* are printed side-by-side. The one incorporated into the body of *Rashi's* commentary is *Rashi's* revised explanation of this passage; the one printed as a note is *Rashi's* original explanation. We have followed the approach of *Rashi's* revised explanation. Cf. *Rashi* to *Eruvin* 24a.)

7. I.e. if the Mishnah's first case speaks only of the breaking off of the inner ear, then the Mishnah's latter case, which discusses the breaking off of the second ear, must refer to the outer ear. And if we assume, as the Gemara's previous answer does, that the Mishnah follows the opinion of R' Yehudah, then the breaking off of the outer ear alone, without it being preceded by the breaking off of the inner ear, should render the sandal *tahor* from *midras tumah.* [Thus, the Gemara asks that the Mishnah could have taught the selfsame ruling of the latter clause, in a case where only the outer ear broke off] (*Rashi*).

[*Tosafos* observe that the Gemara could also have refuted this explanation by asking that if the breaking off of the outer ear renders the sandal useless as R' Yehudah maintains, the sandal should not possess even the lesser *tumah* of a utensil that has touched a *midras.*]

דלמילתיה מנא הוא אבל הכא למילתיה לאו מנא הוא ומי א"ר יוחנן הכי והאמר [א] רבי יוחנן הלכה כסתם משנה [ב] ותנן [א] סנדל שנפסקה אחת מאזניו ותיקנה טמא מדרס [ג] נפסקה שניה ותיקנה טהור מלטמא מדרס אבל טמא מגע מדרס) מאי לאו לא שנא פנימית ולא שנא חיצונה לא פנימית דוקא אבל חיצונה מאי טהור אי הכי אדתני נפסקה שניה ותיקנה טהור מן המדרס אבל טמא מגע מדרס ניפלוג (א) בדידה בד"א שנפסקה פנימית אבל חיצונה טהור אמר רב יצחק בן יוסף תהא משנתנו בסנדל שיש לו ארבע אזנים וארבע תרסיותים • שלא לשבור דבריו של ר' יוחנן כי אתא רבין אמר רב חנן בר אבא אמר רב הלכה כרבי יהודה ורבי יוחנן אמר אין הלכה כר' יהודה ומי א"ר יוחנן הכי והא מדמתרץ ר' יוחנן אליבא דר' יהודה ש"מ כר' יהודה סבירא ליה [ד] אמוראי נינהו ואליבא דרבי יוחנן [ה] תנן התם [ב] כל כלי בעלי בתים שיעורן כרמונים בעי (ג) (רבי) חזקיה ניקב כמוציא זית וסתמו וחזר וניקב כמוציא זית וסתמו עד שהשלימו למוציא רימון מהו אמר ליה ר' יוחנן רבי • שנית לנו סנדל שנפסקה אחת מאזניו ותיקנה טמא מדרס נפסקה שניה ותיקנה טהור מן המדרס אבל טמא מגע מדרס ואמרינן לך מאי שנא ראשונה דהא קיימא שניה נמי (ג) מתקנה ראשונה ואמרת לן עליה פנים חדשות באו לכאן [ג] הכא נמי פנים חדשות באו לכאן [ו] קרי עליה לית דין בר אינש איכא דאמרי כגון דין בר אינש [ז] אמר ר' זירא אמר רבא בר זימונא אם ראשונים בני מלאכים אנו בני אנשים ואם ראשונים בני אנשים אנו כחמורים ולא כחמורו של [ח] ר' חנינא בן דוסא ושל רבי פנחס בן יאיר אלא כשאר חמורים: ונודות יין ושמן: פשיטא לא צריכא דאית ליה תרתי אוני מהו דתימא חדא מינייהו בטולי מבטל לה קמ"ל: קדירה של בשר: פשיטא לא צריכא דאית לה [ט] שלאכא מהו דתימא בטולי מבטל לה קמ"ל: [ד] רבי אליעזר בן יעקב אומר קושרה כו': פשיטא [ה] לא צריכא דאית לה תרתי איסרי מהו דתימא חדא

חדא

לאוקמיה לדרבי יוחנן ולמימר וכן לחליצה ולאשמעינן דמנא הוא דה"ל מאי אתא לאשמעי' ר' יוחנן כיון דלמילתיה מנא הוא בהדיא תנן לה מתניתין ומשום דלאפוקי לא מיפסל דתנן חלצה בשל שמאל בימין חליצתה כשרה והיינו דאמר לעיל דמתרץ רבי יוחנן אליביה דר' יהודה: ומי אמר ר' יוחנן הכי. הלכה כר' יהודה: טמא מדרס. אם היה של זב והיה טמא מדרס לא טהר מטומאתו כשנפסקה ועודו אב הטומאה: מאי לאו. אפילו חיצונה ומשום דחזי לאפוקי ולתקנה והיה אע"ג דלא תיקנה דע"כ אי כשנפסקה פרחה לה טומאתה תו לא הדרה אלא להכי נקט תקנה משום סיפא לאשמעינן רבותא דאע"ג דתיקנה לראשונה כי הדר נפסקה שניה טהור מן המדרס: אדתני נפסקה שניה. אע"פ שתקנה טהור מן המדרס דכיון שנפסקו שתיהן בטיל ליה: אבל טמא מגע מדרס. והוי ראשון לטומאה דעדיין כלי הוא: * לחזי למילתיה (ד) דהא מיתקנה ראשונה ואף למדרס הוא ראוי אי הוה נעיל ליה זו מכאן ולהכא מיהו מטומאת מדרס קמייתא דהויא עליה טהר כדאמרינן לקמן פנים חדשות באו לכאן וכל תורת מנעל שהיתה עליה בשעת קבלת טומאה ראשונה הלכה לה וכיון דכלי הוא הוי ראשון שהרי נגע בעצמו כשהיה אב הטומאה וכל זמן שהוא כלי וראוי לקבל טומאה לא טהר מטומאת המגע: ליפלוג כו'. למה לי למינקט נפסקה שניה דנפסקו שתיהן הא ע"כ הא שניה החיצונה היא ומשום היא לחודה הוה ליה למיתני טהור מן המדרס: תהא משנתנו. הך דמדרס: ד' אזנים וד' תרסיותים. והך דנפסק' שניה דקתני תרוייהו בחיצונות קאמר וסתמא כרבי יהודה דכיון דנפסקו חיצונות טהור: שלא לשבר דבריו של רבי יוחנן. דאמר הלכה כרבי יהודה: אמוראי נינהו. רבה בר בר חנה אמרה להא דלעיל והא רבין אמרה: כל כלי בעלי בתים. לגבי כלי עץ תנא לה במסכת כלים: שיעורן כרימונים. לטהר מטומאתן אבל פחות מכאן חיים עליה ולא מבטיל ליה: וחזר וניקב כמוציא זית. אבל נקב הראשון: עד שהשלים. הסתימה למוציא רימון: הא מתקנה ראשונה. ולא בטל מתורת מנעל: פנים חדשות. מסירה לו טומאת מדרס נתחדשו פנים הללו ואין זו הראשון שכבר נתקלקל בו כדי ביטולו: לית דין בר אינש. אלא מלאך: כגון דין בר אינש. גברא בכולא: חמורו דר' פנחס. מפורש בהכל שוחטין (חולין דף ז.) ודרבי חנינא במסכת תענית (ד' כד.) (י): תרתי אוני. אזנים שכופלים לתוכו ובאחת מהן יכול להוציא היין: שלאכא. ברלו"ן: מהו דתימא מבטל ליה. לקשר שעל פיה ומוציא מה שבתוכו דרך שלאכא: תרי איסורי. שני חבלים קושר ברחב הפתח זה למעלה מזה לישנא אחרינא תרי איסורי שקושרין היום בשני לידי הפתח ולא היתה תלויה בה מאתמול:

הגה"ה
מתחילה היה הגיר' כך ברש"י. והוה ראשון לטומאה דעדיין כלי הוא לאשתמושי ביה תשמיש אחרינא ומגע הטומאה טהור דלא הוי מיוחד למנעל והוי ראשון שהרי נגע בעצמו כשהיה אב הטומאה. ואח"כ הגיהה רש"י בדבריו:

סנדל שנפסקה אחת מאזניו ותיקנה כו'. פירש בקונטרס דהוה הדין לא תיקנה טמא מדרס דלאו כשנפסקה פרחה לה טומאה תו לא הדרה לה והדין עמו דלא מצינו טומאה ישנה (ה) אלא בכלי מתכות ולעיל נמי אמרי' ניטלה אחת מאזניו ואחת מתרסיותיו טמא והא דנקט ותיקנה פירש בקונטרס דנקט משום סיפא לאשמעינן דאע"ג דתיקנה כי נפסקה שניה טהור מן המדרס אבל טמא מגע מדרס ולא תיקנה ונפסקה שניה טמא מגע מדרס כדפי' בקונט' משום דעדיין כלי הוא לאשתמושי ביה תשמיש אחרינא וקשה דתנן בהדיא בסיפא דהך משנה במסכת כלים בפ' כ"ו (משנה ד) לא הספיק לתקן את הראשונה עד שנפסקה שניה טהור ור"י בעצמו חזר בו והגיה אבל טמא במגע מדרס (ו) דעדיין כלי הוא וחזי למילתיה דהא איתקנה לראשונה והשתא נקט ברישא דוקא ותיקנה דאי לא תיקנה כי נפסקה שניה אינו טמא אפילו מגע מדרס כדקתני סיפא בהדיא ואגב דנקט ברישא ותיקנה נקט נמי בסיפא: אבל טמא מגע מדרס. הקשה ה"ר שמעון אמאי טמא מגע מדרס הא שבע לה טומאה והקומץ רבה (מנחות כד.) בעי רבא גבי עשרון שחלקו מי אמרינן שבע לה טומאה או לאו וליכא למימר כיון שדרס עליו הזב ברגלו יחף דבא לו מדרס ומגע (ז) מדרס יחד דבכה"ג אחת לא אמרינן שבע לה טומאה כדמוכח בהקומץ רבה (ג"ז שם) א"כ איכא פנים חדשות למגע מדרס כמו למדרס אלא על כרחך אחר שנטלה הראשונה ויתקנה בא לו מגע מדרס כמו שפירש בקונט' שנוגע בעצמו ואם כן נימא דשבע לה טומאה ולפי' הקונט' קמא ניחא דאפילו נפסקו שתי אזניו טמא מגע מדרס ומפרש ה"ר שמעון דלא אמרינן שבע לה טומאה כשהטומאה באה לו מגופו כמו הכא שטומאת מגע באה לו שנוגע בעצמו כדפי' בקונטרס ולפירושו אתיא כרבי מאיר דאמר טומאת בית הסתרים מטמא דמה שנוגע בעצמו טומאת בית הסתרים היא וזהו דוחק דבפ' בהמה המקשה (חולין דף עב:) ובפ' העור והרוטב (שם דף קכט:) פריך בפשיטות טומאת בית הסתרים היא משמע דלא קי"ל כר"מ ובפרק שני דעירובין (דף כד.) פירש בקונטרס דבשעת פרישתו דאוזן קיבל טומאה מאביו ואין נראה דבפרק בהמה המקשה (חולין דף עב:) אמרינן דבעינן דבאות מבגד גדול ונראה לר"י כשתיקן אוזן ראשונה באה לו לאוזן טומאת מדרס ומגע מדרס יחד והסנדל בטל לאוזן דאי אפשר להיות טומאה לזה בלא זה:

ניפלוג וניתני בדידה בד"א. קשה לר"י אדפריך ניפלוג וניתני בדידה תיקשי ליה גופה (ס דברייתא) אמאי טמא מגע מדרס הלא כיון שנפסקה החיצונה בטל לה מתורת כלי ואומר ר"י דהוי בכלל קושיית הש"ס דניפלוג וניתני בדידה וממילא ידעינן דטמא מגע מדרס אינו אמת: עד שהשלימו למוציא רמון מהו. והא דתנן במסכת כלים (פי"ז מ"ד) רימונים שאמרו שלשה אחוזים זה בזה לא שהשיעור בשלשה רימונים אלא מפרש מה שאמר למעלה הרימון לא גדול ולא קטן אלא בינוני וקאמר דהיינו בינוני כשלשה האחוזים זה בזה וגדילים יחד אבל הרימונים הגדילים אחד אחד או שנים הם גדולים ואותן שגדילים ארבעה יחד הם קטנים (ל): רבי שנית לנו סנדל. תמוה לה"ר אלחנן אמאי לא מייתי ההיא דמשנה דמתניה מקמי הך (כלים פי"ח משנה ו) מטה שהיתה טמאה מדרס נשברה ארוכה ותיקנה טמאה מדרס נשברה שניה ותקנה טהורה מן המדרס אבל טמא מגע מדרס אם לא הספיק לתקן את הראשונה כו':

לא צריכא דאית לה שלאכא. לא גרסינן דאית לה תרי שלאכי דלמה לריך לתרי שלאכי כיון שיש לו פתח:

כלל

עין משפט נר מצוה

ח א מיי' פי"ז מהל' כלים הלכה יג:
ט ב ג מיי' פי"ז מהל' כלים הלכה ג:
י ד ה מיי' פ"י מהלכות שבת הל' ג סמג לאוין סה טוש"ע א"ח סי' שיז סעיף ו:

גליון הש"ס

גמ' שלא לשבור דבריו של ר"י. מה לעיל מו ע"ב: שם שנית לנו סנדל. יש לעיין אמאי לא מייתי ממתני' הקודמ' פי"ח מ"ו דכלים ול"ע:

רבינו חננאל

חליצה טומאה אינו כשר ולאו כלכי הוא. והא לדברי הכל אם נפסקה האוזן הפנימית כלי גמור הוא. ואי מפסק החיצונה מהפיך ליה לסנדל ומשוי ליה פנימית. ותנינן בהדיא לענין חליצה דאי אפיך לסנדל של שמאל בימין וחלץ כשר. דתנן חלצה בשל שמאל בימין חליצתה כשרה. אלא כי קאמר ר' יוחנן אבל לא לחליצה אליבא דר' יהודה דסבר בפסיקת אוזן החיצונה יצא מתורת כלי לגמרי ולענין שבת ולענין טומאה מודה ליה ר' יוחנן לר' יהודה וסבר לה כותיה. אבל לא לחליצה. דסבר ר' יוחנן לחליצה כלי כשר הוא. ומדתנן חלצה בשל שמאל בימין חליצתה כשרה. ודחי' אימור דאמר רבנן חלצה בשל שמאל בימין כשר דבמקומו כלי מעליא הוא כלומר ברגלו השמאל סנדל מעולה הוא. אבל הכא שנפסקה אזנו החיצונה דילמא (אליבא דרבנן) קא' בלבד הוי באותה הרגל לאו סנדל מעליא הוא שהרי נפסקה אזנו החיצונה ומן שנפסל באחריה דלא הוי אחריה מנא. איך הוי מנא באחריה דלאו דידיה הוא ונדחו אלו הדברים. ולא עמדה כדרך שאמרנו כי לענין טומאה ושבת וחליצה יש ביניהן הפרש לא אליבא דרבנן ולא אליבא דרבי יהודה והדרנן לתירוצא וכן לחליצה. כלומר תורת כלי בחליצה כתורת כלי בענין שבת ובטומאה ואליבא דרבי יהודה דאמר בפסיקת אוזן החיצונה בלבד הוא יוצא מתורת כלי. ואקשינן ומאי דכי אמר ר' יוחנן וכן לחליצה למיפסל סנדל שנפסקה אוזן החיצונה. דילמא אליבא דרבנן קאמר דלא מיפסל עד דמפסקן ב' אזניו. ושנינן הא לא איצטריך ר' יוחנן לאשמעינן דהא תנינא החולץ משמאל בימין חליצתה כשרה הכא נמי כי משתני חיצונה למיהוי פנימית כשר. דהא לרבנן במקומה נמי כלי הוא. ולא הוה צריך ר' יוחנן למימרה ולא איצטריך אלא אליבא דרבי יהודה ומדקא מתרץ ר' יוחנן אליבא דר' יהודה ש"מ הלכה כר' יהודה לענין שבת דאע"ג דיכול להפוכה לחיצונה ולהשוייה פנימה לא הויא מנא והני ב' אזנים דאמר ת"ק דמיפסקן לאו הני אזנים שמשני צידי סנדל אלא ב' אזנים מצד אחד. וסנדל זה יש לו ד' אזנים ב' מצד זה וב' מצד זה. רבנן סברי [כיון] דלא מפסקן הני תרתי דמצד אחר לא נפיק מתורת כלי. ר' יהודה סבר מכד מפסקה חיצונה בטל מהיות כלי דסמכיה על אוזן החיצונה והיא שאוחזת את כף הרגל אבל פנימית לאו סמכא עלה והאי דקתני שאם נפסק כל הכף כולו עדיין טמא הוא ואם נפסק רוב הכף שלו טהור דייקינן מדקתני בנפסק רוב הכף שלו ולא קתני שלו בכלל

מסורת הש"ס

א) [לעיל דף מז. וש"נ], ב) כלים פכ"ו מ"ד עירובין כד., ג) רש"ל מ"ז, ד) יש גורסין אמר זה ולאבעיא אימא ר"י קאמר לה אליבא דר"י וליה לא ס"ל, ה) ברכות מא. עירובין ד. כד. סוכה ו. כלים פי"ז מ"א, ו) [ע"ז י: עירובין כד.], ז) שקלים ח: ע"ש, ח) נ"א ר' יוסי דמן דיוקרת, ט) [גיר' הערוך שלבא פי' כגון דדי הכיור שמקלחין המים אע"ג דיכול לארוקי המרק מן השליבה מותר להתירן], י) [במסכת תענית לא נמצא מחמורו של ר"ח בן דוסא כלום רק מחמורו של רבי יוסי דמן יוקרת מכר שם בתענית כד. ואולם רש"י דכאן שכתב להדיא ודר"ח אפשר דקא מכוין אהא דאי' באבות דר' נתן ספ"ח עובדא דחמורו של רבי חנינא בן דוסא ע"ש מבואר], כ) [נ"ל דממתני'], ל) [וע"ע תוס' עירובין ד: ובסוכה ו. ד"ה שיעורן].

הגהות הב"ח

(א) גמ' ניפלוג וניתני בדידה: (ב) שם בעי חזקיה כל"ל ותיבת רבי נמחק: (ג) שם שניה נמי הא מתקנה: (ד) רש"י ד"ה אבל טמא וכו' דחזי למלתיה קמייתא דהא כל"ל ודיבור זה נ"ל קודם דבור המתחיל מאי לאו: (ה) תוס' ד"ה סנדל וכו' טומאה ישנה. נ"ב בפ"ק דף טז: (ו) בא"ד אבל טמא מגע מדרס והוי ראשון לטומאה דעדיין כלי הוא דחזי למלתא קמי' דהא איתקנה: (ז) ד"ה אבל וכו' דבא לו מדרס ומגע זב יחד:

רב נסים גאון

פרק טו אלו קשרים אם ראשונים מלאכים אנו בני אנשים [ואם ראשונים כבני אנשים אנו כחמורים ולא] כחמורו של ר' חנינא בן דוסא. משכחת עיקר דילה באבות דר' נתן (פרק ח) והוה המעשה בחמורו של ר' חנינא בן דוסא שנגנבה ליסטים וחבשוה בחצר והניחו לה שעורים תבן ומים ולא היתה אוכלת ולא היתה שותה אמרו מה אנו מניחין זו עד שתמות ותבאש החצר עלינו פתחו לה דלת והוציאוה לחוץ הלכה עד שהגיעה אצל פתחו של ר' חנינא בן דוסא שמע בנו קולה והכירה אמר דומה קולה לקול בהמתנו אמר לו בני עמוד לפניה ופתח לה דלת

ליקוטי רש"י

ותיקנה. הוא הדין כי לא תיקנה נמי עדיין טמא מדרס הוא והאי דנקט תיקנה לרבותא דאי לאו הכי תו לא איצטריך למימר נפסקה השניה וכו'. טהור מן המדרס. דתו לא הוי כלי ולא חזי למדרס מלטמא לא אדם וכלים. אבל כלי הוא דחזי לתשמיש אחרינא ועדיין טומאת מגע מדרס עליו שהרי בשעת פרישתו מן האוזן שעדיין הוא מדרס (לקבל טומאה) לטמא כלים קיבל טומאה מאביו והוי ראשון לטומאה ומטמא אוכלין ומשקין [עירובין כד.]. כל כלי בעלי בתים שיעורן כרימונים. שיעורן בנקביהם כרמון דעד שניקב כמוציא רמון שם כלי עליו ומקבל טומאה לפי שבעל הבית חס על כליו וכשהוא מוציא זיתים הוא משתמש בו רמונים אבל כלי אומן שעומד לימכר טהור בנקב כל שהוא [סוכה ו.]. ניקב כמוציא רמון טהור בעלי בתים חסים על כליהם הלכך ניקב כמוציא קטניות מגניעו לזיתים ניקב כמוציא זית משתמש לאגוזים ניקב כמוציא אגוז משתמש בו רמונים אבל כלי אומן העומד למכור לא הוי שיעוריה בהכי [ברכות מא:]. בעה"ב חס על כליו ואם ניקב כמוציא זית מכניעו לאגוזים כאגוז מכניעו לרמונים לפיכך אם ניטמא וניקב עדיין טמא עד שיקב כמוציא רמון והיינו שיעורן כרמונים אבל כלי אומן העומד לימכר טהור בנקב קטן [עירובין ד:]. וחזר וניקב. אבל הסתימה. פנים חדשות. אין אזנים הללו ממנו ומשניתקנו לא דרכן הזב ומטומאה הראשונה טיהרו שהרי אין זה סנדל ראשון. כגון דין בר אינש. אדם גדול [שם כד.].

מִשְׁנָתֵנוּ – **Let our Mishnah** (i.e. the one which speaks of a sandal that is *tamei midras*) **be** interpreted as dealing בְּסַנְדָּל שֶׁיֵּשׁ לוֹ אַרְבַּע אָזְנַיִם וְאַרְבַּע תְּרֵסִיּוֹתִים – **with a sandal having four ears and four strap-holders,** i.e. two ears and two strap-holders on each side,[8] שֶׁלֹּא לִשְׁבּוֹר דְּבָרָיו שֶׁל רַבִּי יוֹחָנָן – **in order not to break the words of R' Yochanan,** i.e. in order to avoid a contradiction between R' Yochanan's rulings. Thus, R' Yochanan's previous statement, which can only be explained according to R' Yehudah and thus implies that the halachah is like R' Yehudah, does not contradict R' Yochanan's other ruling that the halachah is like an anonymous Mishnah, for this Mishnah too can be explained according to R' Yehudah.

The Gemara presents two opposing rulings concerning the disagreement between the Rabbis and R' Yehudah:

כִּי אָתָא רָבִין אָמַר רַב חָנָן בַּר אַבָּא אָמַר רַב – **When Ravin came, he said in the name of Rav Chanan bar Abba who said in the name of Rav:** הֲלָכָה כְּרַבִּי יְהוּדָה – **The halachah is in accordance with R' Yehudah,** who said that the fact that a sandal with outer strap damage may be transferred to the other foot does not render it a legitimate utensil. וְרַבִּי יוֹחָנָן אָמַר – **But R' Yochanan says:** אֵין הֲלָכָה כְּרַבִּי יְהוּדָה – **The halachah is not in accordance with R' Yehudah.** Rather it is like the Rabbis, who rule that a sandal with outer strap damage is deemed a legitimate utensil because it may be switched to the other foot and worn there.

The Gemara asks:

וּמִי אָמַר רַבִּי יוֹחָנָן הָכִי – **And did R' Yochanan really say this?** וְהָא מִדְּמִתָרֵץ רַבִּי יוֹחָנָן אַלִּיבָּא דְּרַבִּי יְהוּדָה – **But surely since R' Yochanan clarified the view of R' Yehudah,** שְׁמַע מִינָּהּ כְּרַבִּי יְהוּדָה סְבִירָא לֵיהּ – **derive from this that [R' Yochanan] holds in accordance with R' Yehudah.** How, then, can Ravin report that R' Yochanan said that the halachah is not in accordance with R' Yehudah?

The Gemara answers:

אָמוֹרָאֵי נִינְהוּ וְאַלִּיבָּא דְּרַבִּי יוֹחָנָן – **There are** divergent views among **Amoraim as to** what **R' Yochanan** really said. I.e. Rabbah bar bar Chanah or Ulla, who cite a statement of R' Yochanan implying that he rules like R' Yehudah, disagree with Ravin who cites R' Yochanan as ruling that the halachah is not like R' Yehudah.

The Gemara presents an inquiry which will be resolved from the previously cited Mishnah concerning a broken sandal:

תְּנַן הָתָם – **We learned in a Mishnah there,** in Tractate *Keilim*:[9] כָּל כְּלֵי בַּעֲלֵי בָתִּים שִׁיעוּרָן כְּרִמּוֹנִים – THE MEASURE OF ALL wooden HOMEOWNERS' UTENSILS to lose their *tumah* IS a hole THE SIZE OF POMEGRANATES; i.e. the hole must be this size to remove the utensils' *tumah*.[10] בָּעֵי (רבי) חִזְקִיָּה – **Chizkiyah inquired** regarding this: נִיקַּב כְּמוֹצִיא זַיִת וּסְתָמוֹ – If **[the utensil] developed a puncture the size of an olive**[11] **and he sealed it,** וְחָזַר וְנִיקַּב כְּמוֹצִיא זַיִת וּסְתָמוֹ – **and it developed another olive-sized puncture** next to the plug **and he sealed it,** and he continued in this manner עַד שֶׁהִשְׁלִימוֹ לְמוֹצִיא רִימּוֹן מַהוּ – **until he completed** a plug **the size of a pomegranate, what is [the law]?** Does its *tumah* depart in this fashion, or not?[12]

Chizkiyah's inquiry is resolved:

אָמַר לֵיהּ רַבִּי יוֹחָנָן – **R' Yochanan said to [Chizkiyah]:** רַבִּי שָׁנִיתָ לָנוּ – **My teacher, you have taught us** the following Mishnah, which can be compared to your question: סַנְדָּל שֶׁנִּפְסְקָה אַחַת מֵאָזְנָיו וְתִיקְּנָהּ – A SANDAL FROM WHICH ONE EAR BROKE OFF AND HE REPAIRED IT, טָמֵא מִדְרָס – IT IS still *TAMEI MIDRAS.* נִפְסְקָה שְׁנִיָּה וְתִיקְּנָהּ – IF THE SECOND ear then BROKE OFF AND HE REPAIRED IT, טָהוֹר מִן הַמִּדְרָס – IT becomes *TAHOR* FROM THE *MIDRAS TUMAH,* אֲבָל טָמֵא מַגַּע מִדְרָס – BUT IT remains *TAMEI* AS HAVING TOUCHED A *MIDRAS.*

R' Yochanan continues with his proof:

וְאָמְרִינַן לָךְ מַאי שְׁנָא רִאשׁוֹנָה – **And we asked you** concerning this Mishnah: **Why is it** that when **the first** ear broke, the sandal remains *tamei* as a *midras*? דְּהָא קַיְימָא שְׁנִיָּה – Is it **because the second** ear **is** still **intact,** and the sandal is usable with only one ear? שְׁנִיָּה נַמִּי מְתֻקֶּנֶת רִאשׁוֹנָה – Well, then, when **the second** ear breaks, the sandal should **also** remain *tamei midras,* because **the first** ear **is** already **repaired,** and the sandal is still usable. וְאָמַרְתְּ לָן עֲלֵיהּ – **And you said to us about this:** פָּנִים חֲדָשׁוֹת בָּאוּ לְכָאן – **A "new face" has come** into being **here.** The new ears are not considered part of the original sandal. Therefore, once both ears have broken off, what remains of the *original* sandal has been rendered useless. Thus, its *midras tumah* has departed. The usable, repaired sandal is a new creation, and it has never become *tamei* as a *midras*. הָכָא נַמִּי פָּנִים חֲדָשׁוֹת בָּאוּ לְכָאן – **Here too,** then, in the case of the utensil which had been repeatedly punctured and repaired until its repaired area reached the size of a pomegranate, **a "new face" has come** into being **here,** and this "new" utensil never become *tamei*.[13]

Chizkiyah was impressed with the comparison made by R' Yochanan:

קְרֵי עֲלֵיהּ לֵית דֵּין בַּר אֱינָשׁ – **He exclaimed about [R' Yochanan]: This is no** mere **mortal!**[14] אִיכָּא דְּאָמְרֵי כְּגוֹן דֵּין בַּר אֱינָשׁ – **Some say** that Chizkiyah exclaimed: One **such as this is a** great **person!**[15]

NOTES

8. Thus, when the Mishnah speaks of "one ear" and the "second ear" it refers to the ears on the outer side. [Accordingly, the Mishnah rules that if one ear breaks off, the sandal is still *tamei midras,* for the sandal may still be worn on account of the remaining outer ear.] However, if both outer ears break off, the sandal is *tahor* from the *tumah* of *midras.* This is because this Mishnah follows the view of R' Yehudah that if the outside ears break off, the sandal is considered unusable [and we do not reckon with the fact that it could be transferred to the other foot and worn there] (*Rashi*).

9. *Keilim* 17:1.

10. [As explained previously (see above, 112a note 31), utensils that have become *tamei* lose their *tumah* by being reduced to a state in which they are no longer usable. The size of a hole that renders a utensil unusable depends on the utensil's regular function and customary use. Whatever the size, once the *tumah* has departed, it does not return as a result of repairing the utensil.]

A homeowner does not discard a utensil if it has a hole smaller than the size of a pomegranate, but instead keeps it [to contain larger items]. However, when it has a hole the size of a pomegranate [he discards it as totally useless. Hence,] it does not retain its *tumah* (*Rashi*).

11. Literally: ". . . to emit an olive," i.e. an olive would slip out of the utensil through this hole. [An olive is smaller than a pomegranate.]

12. Is it necessary to have a hole the size of a pomegranate at *one time* in order to remove its *tumah* and only then seal it, or does the *tumah* depart even if a series of small holes were made, each one being sealed before the next one was made? [The Gemara's query concerns only *tumah* contracted before the first hole was repaired. *Tumah* which occurs after the first hole was repaired certainly is not nullified when the sum total of the holes finally reaches the size of a pomegranate.]

13. The accumulated punctures serve to destroy the legal existence of the original utensil, even though there was never a time when there was actually a hole the size of a pomegranate. Therefore, the *tumah* which contaminated the original utensil has departed. The usable utensil which currently exists is considered a new one, and this one has never been contaminated by a source of *tumah*. Thus, it is *tahor*.

14. He is rather an angel (*Rashi*).

15. *Rashi* to *Eruvin* 24a ד״ה כגון דין; see also *Rashi* here.

דלמילתיה מנא הוא אבל הכא למילתיה לאו מנא הוא ומי א"ר יוחנן הכי והאמר רבי יוחנן הלכה כסתם משנה ותנן סנדל שנפסקה אחת מאזניו ותיקנה טמא מדרס נפסקה שניה ותיקנה טהור מלטמא מדרס אבל טמא מגע מדרס) מאי לאו לא שנא פנימית ולא שנא חיצונה לא פנימית דוקא אבל חיצונה מאי טהור אי הכי אדתני נפסקה שניה ותיקנה טהור מן המדרס אבל טמא מגע מדרס ניפלוג בדידה בד"א שנפסקה פנימית אבל חיצונה טהור אמר רב יצחק בן יוסף תהא משנתנו בסנדל שיש לו ארבע אזנים וארבע תרסיותים שלא לשבור דבריו של ר' יוחנן כי אתא רבין אמר רב חנן בר אבא אמר רב הלכה כרבי יהודה ורבי יוחנן אמר אין הלכה כר' יהודה ומי א"ר יוחנן הכי והא מדמתרץ ר' יוחנן אליבא דר' יהודה ש"מ כר' יהודה סבירא ליה אמוראי נינהו ואליבא דרבי יוחנן תנן התם כל כלי בעלי בתים שיעורן כרמונים בעי (רבי) חזקיה ניקב כמוציא זית וסתמו וחזר וניקב כמוציא זית וסתמו עד שהשלימו למוציא רימון מהו אמר ליה ר' יוחנן רבי שנית לנו סנדל שנפסקה אחת מאזניו ותיקנה טמא מדרס נפסקה שניה ותיקנה טהור מן המדרס אבל טמא מגע מדרס ואמרינן לך מאי שנא ראשונה דהא קיימא שניה שניה נמי הא מתקנה ראשונה ואמרת לן עליה פנים חדשות באו לכאן הכא נמי פנים חדשות באו לכאן קרי עליה לית דין בר אינש איכא דאמרי כגון דין בר אינש אמר ר' זירא אמר רבא בר זימונא אם ראשונים בני מלאכים אנו בני אנשים ואם ראשונים בני אנשים אנו כחמורים ולא כחמורו של ר' חנינא בן דוסא ושל רבי פנחס בן יאיר אלא כשאר חמורים: ונודות יין ושמן: פשיטא לא צריכא דאית ליה תרתי אוני מהו דתימא חדא מינייהו בטולי מבטל לה קמ"ל: קדירה של בשר: פשיטא לא צריכא דאית לה שלאכא מהו דתימא בטולי מבטל לה קמ"ל: רבי אליעזר בן יעקב אומר קושרה כו': פשיטא לא צריכא דאית לה תרתי איסרי מהו דתימא חדא

רש"י

לאוקמיה לדרבי יוחנן ולמימר וכן לחליצה ולאשמעינן דמנא הוא דה"מ מאי אתא לאשמעי' ר' יוחנן כיון דלמילתיה מנא הוא בהדיא תנן לה מתניתין ומשום דאפכי לא מיפסל דתנן חלצה בשל שמאל בימין חליצתה כשרה והיינו דאמר לעיל דמתרץ רבי יוחנן אליביה דר' יהודה: ומי אמר ר' יוחנן הכי. דהלכה כר' יהודה: טמא מדרס. אם היה של זב והיה טמא מדרס לא טהר מטומאתו כשנפסקה ועודנו אב הטומאה: מאי לאו. אפילו חיצונה ומשום דחזי לאפוכי ולתקנה וה"ה אע"ג דלא תיקנה דע"כ אי כשנפסקה פרחה לה טומאתה תו לא הדרה אלא להכי נקט תקנה משום סיפא לאשמעינן רבותא דאע"ג דתיקנה לראשונה כי הדר נפסקה שניה טהור מן המדרס: אדתני נפסקה שניה. אע"פ שתקנה טהור מן המדרס דכיון שנפסקו שתיהן בטיל ליה: אבל טמא מגע מדרס. והוי ראשון לטומאה דעדיין כלי הוא * דחזי למילתיה (ד) דהא מיתקנה ראשונה ואף למדרס הוא ראוי אי הוה נעיל ליה זב מכאן ולהבא מיהו מטומאת מדרס קמייתא דהוית עליה טהו' כדאמרינן לקמן פנים חדשות באו לכאן וכל תורת מנעל שהיתה עליה בשעת קבלת טומאה ראשונה הלכה לה וכיון דכלי הוא הוי ראשון שהרי נגע בעצמו כשהיה אב הטומא' וכל זמן שהוא כלי וראוי לקבל טומאה לא טהר מטומאת המגע: ליפלוג כו'. למה לי למינקט נפסקה שניה דנפסקו שתיהן הא ע"כ הא שניה החיצונה היא ומשום היא לחודה הוה ליה למיתני טהור מן המדרס: תהא משנתנו. הך דמדרס: ד' אזנים וד' תרסיותים. והך דנפסק' שניה דקתני תרווייהו בחיצונות קאמר וסתמא כרבי יהודה דכיון דנפסקו חיצונות טהור: שלא לשבר דבריו של רבי יוחנן. דאמר הלכה כרבי יהודה: אמוראי נינהו. רבה בר בר חנה אמרה להאי דלעיל והא רבין אמרה: כל כלי בעלי בתים. לגבי כלי עץ תנא לה במסכת כלים: שיעורן כרימונים. לטהר מטומאתן אבל פחות מכאן חיים עליה ולא מבטיל ליה: וחזר וניקב כמוציא זית. אלל נקב הראשון: עד שהשלים. הסתימה למוציא רימון: הא מתקנה ראשונה. ולא בטל מתורת מנעל: פנים חדשות. משירדה לו טומאת מדרס נתחדשו פנים הללו ואין זו הראשון שכבר נתקלקל בו כדי ביטולו: לית דין בר אינש. אלא מלאך: כגון דין בר אינש. גברא בכולא: חמורו דר' פנחס. מפורש בהכל שוחטין (חולין דף ז.) ודרבי חנינא במסכת תענית (ד' כד.) [ו]: תרתי אוני. אזנים שכופלים לתוכו ובאחת מהן יכול להוציא היין: שלאכא. ברלו"ן: מהו דתימא מבטל ליה. לקשר שעל פיה ומוציא מה שבתוכו דרך שלאכא: תרי איסורי. שני חבלים קושר ברחב הפתח זה למעלה מזה לישנא אחרינא תרי איסורי שקושרין היום בשני לידי הפתח ולא היתה תלויה בה מאתמול:

חדא

הגה"ה

מתחילה היה הגיר' כך ברש"י. והוה ראשון לטומאה דעדיין כלי הוא לאשתמושי ביה תשמיש אחרינא ומאב הטומאה טהור דלא הוי מיוחד עוד למנעל והוי ראשון שהרי נגע בעצמו כשהיה אב הטומאה. ואח"כ הגיה רש"י כדבריו:

תוספות

סנדל שנפסקה אחת מאזניו ותיקנה כו'. פירש בקונטרס דהוא הדין לא תיקנה טמא מדרס דלאי כשנפסקה פרחה לה טומאה תו לא הדרה לה והדין עמו דלא מלינו טומאה ישנה (ה) אלא בכלי מתכות ולעיל נמי אמרי' ניטלה אחת מאזניו ואחת מתרסיותיו טמא והא דנקט ותיקנה פירש בקונטרס דנקט משום סיפא לאשמעינן דאע"ג דתיקנה כי נפסקה שניה טהור מן המדרס אבל משום דקתני סיפא אבל טמא מגע מדרס לא נקט ותיקנה דאפילו לא תיקנה ונפסקה שניה טמא מגע מדרס כדפי' בקונט' משום דעדיין כלי הוא לאישתמושי ביה תשמיש אחרינא וקשה דתנן בהדיא בסיפא דהך משנה במסכת כלים בפ' כ"ו (משנה ד) לא הספיק לתקן את הראשונה עד שנפסקה שניה טהור ורש"י בעצמו חזר בו והגיה אבל טמא במגע מדרס (ו) דעדיין כלי הוא וחזי למילתיה דהא איתקנה לראשונה והשתא נקט ברישא דוקא ותיקנה דאי לא תיקנה כי נפסקה שניה אינו טמא אפילו מגע מדרס כדקתני סיפא בהדיא ואגב דנקט ברישא ותיקנה נקט נמי בסיפא:

אבל טמא מגע מדרס. הקשה ה"ר שמעון אמאי טמא מגע מדרס הא שבע לה טומאה ובהקומץ רבה (מנחות כד.) בעי רבא גבי עשרון שחלקו מי אמרינן שבע לה טומאה או לאו וליכא למימר כיון שדרס עליו הזב ברגלו יתף דבא לו מדרס ומגע (ז) מדרס יחד דבבת אחת לא אמרינן שבע לה טומאה כדמוכח בהקומץ רבה (ג"ז שם) א"כ איכא פנים חדשות למגע מדרס כמו למדרס אלא על כרחך אחר שנטלה הראשונה וניתקנה בא לו מגע מדרס כמו שפירש בקונט' שנוגע בעצמו ואם כן נימא דשבע לה טומאה ולפי' הקונט' קמא ניחא דאפילו נפסקו שתי אזניו טמא מגע מדרס ומפרש ה"ר שמעון דלא אמרינן שבע לה טומאה כשהטומאה באה לו מגופו כמו הכא שטומאת מגע באה לו שנוגע בעצמו כדפי' בקונטרס ולפירושו אתיא כרבי מאיר דאמר טומאת בית הסתרים מטמא דמה שנוגע בעצמו טומאת בית הסתרים היא וזהו דוחק דבפ' בהמה המקשה (חולין דף עב:) ובפ' העור והרוטב (שם דף קכט:) פריך בפשיטות טומאת בית הסתרים היא משמע דלא קי"ל כר"מ ובפרק שני דעירובין (דף כז.) פירש בקונטרס דבשעת פרישתו דאחן קיבל טומאה מאביו ואין נראה דבפרק בהמה המקשה (חולין דף עב:) אמרינן דבעינן דבאות מבגד גדול ונראה לר"י כשתיקן אוזן ראשונה בא לו לאוזן טומאת מדרס ומגע מדרס יחד והסנדל בטל לאוזן דאי אפשר להיות טומאה לזה בלא זה:

נפלוג וניתני בדידה בד"א. קשה לר"י אדפריך ניפלוג וניתני בדידה תיקשי ליה גופה (ט) דברייתא) אמאי טמא מגע מדרס הלא כיון שנפסקה החיצונה בטל לה מתורת כלי ואומר ר"י דהוה בכלל קושיית הש"ס דניפלוג וניתני בדידה וממילא ידעינן דטמא מגע מדרס אינו אמת: **עד** שהשלימו למוציא רמון מהו. והא דתנן במסכת כלים (פי"ז מ"ד) רימונים שאמרו שלשה אחוזים זה בזה לא שהשיעור בשלשה רימונים אלא מפרש מה שאמר למעלה הרימון לא גדול ולא קטן אלא בינוני וקאמר דהיינו בינוני כשלשה האחוזים זה בזה וגדילים יחד אבל הרימונים הגדילים אחד אחד או שנים הם גדולים ואותן שגדילים ארבעה יחד הם קטנים[ל]:

רבי שנית לנו סנדל. תמוה לה"ר אלחנן אמאי לא מייתי ההיא סייעתא דמטה דמתניה מקמי הך (כלים פי"ח משנה ו) מטה שהיתה טמאה מדרס נשברה ארוכה ותיקנה טמאה מדרס נשברה שניה ותקנה טהורה מן המדרס אבל טמא מגע מדרס אם לא הספיק לתקן את הראשונה כו':

לא צריכא דאית לה שלאכא. לא גרסינן דאית לה תרי שלאכי דלמה נריך לתרי שלאכי כיון שיש לו פתח:

כלל

עין משפט נר מצוה

ח א מיי' פ"ו מהל' כלים הלכה יב:

ט ב ג מיי' פ"ו מהל' כלים הלכה ג:

י ד מיי' פי"ז מהל' שבת הל' ג סמג לאוין סה טוש"ע א"ח סי' שח סעיף ו:

גליון הש"ס

גמ' שלא לשבור דבריו של ר"י. מה לעיל מו ע"א: שם שנית לנו סנדל. יש לעיין אמאי לא מייתי ממתני' הקודמ' פי"ח מ"ו דכלים וצ"ע:

רבינו חננאל

חליצה טומאה אינו כשר ולאו ככלי הוא. והא לדברי הכל אם נפסקה האוזן הפנימית כלי גמור הוא. ואי מפסק החיצונה מהפיך ליה לסנדל ומשוי ליה פנימית. והנינן בהדיא לענין חליצה דאי אפיך לסנדל של שמאל בימין וחלץ בשר. דתנן חלצה בשל שמאל בימין חליצתה כשרה. אלא כי קאמר ר' יוחנן אבל לא לחליצה אליבא דר' יהודה דסבר בפסיקת אוזן החיצונה יצא מתורת כלי לגמרי ולענין שבת ולענין טומאה מודה ליה ר' יוחנן לר' יהודה וסבר לה כוותיה. אבל לא לחליצה. דסבר ר' יוחנן לענין חליצה כלי כשר הוא. ומהדרנן חלצה בשל שמאל בימין חליצתה כשרה. ודחי' אימור דאמר רבנן חלצה בשל שמאל בימין כשר דבמקומו כלי מעליא הוא כלומר ברגלו השמאל סנדל מעולה הוא. אבל אוזן החיצונה דילמא (אליבא דרבנן) קא' בלבד הוי באותה הרגל לאו סנדל מעליא הוא שהרי נפסקה אוזן החיצונה ומן שנפסל באתריה דלא הוי באתריה מנא. איך הכא באתריה דלאו דידיה הוא ונדחו אלו הדברים. ולא עמדה כדרך שאמרנו כי לענין טומאה ושבת וחליצה יש ביניהן הפרש לא אליבא דרבנן ולא אליבא דרבי יהודה והדרנן לתירוצא וכן לחליצה. כלומר תורת כלי בחליצה כתורת כלי בענין שבת ובטומאה ואליבא דרבי יהודה דאמר בפסיקת אוזן החיצונה בלבד הוא יוצא מתורת כלי. ואקשינן ומאמי דכי אמר ר' יוחנן וכן לחליצה למיפסל סנדל שנפסקה אוזן החיצונה. דילמא אליבא דרבנן קאמר דלא מיפסל עד דמפסקן ב' אזניו. ושנינן הא לא איצטריך ר' יוחנן לאשמעינן דהא תנינא החולץ משמאל בימין חליצתה כשרה הכא נמי כי משתני חיצונה להיות פנימית כשר. דהא לרבנן במקומה נמי כלי הוא. ולא והה צריך ר' יוחנן למימרה ולא איצטריך אלא אליבא דר' יוחנן ומדקא מתרץ אליבא דר' יהודה הלכה כר' יהודה לענין שבת דאע"ג דיכול להפוכה ולהשוויה פנימה לא הויא מנא והני ב' אזנים דאמר ת"ק דמיפסקן לאו הני אזנים שמשני צידי סנדל אלא ב' אזנים מצד אחד. וסנדל זה יש לו ד' אזנים ב' מצד זה וב' מצד זה. רבנן סברי [כיון] דלא מפסקן הני תרתי דמצד אחר לא נפיק מתורת כלי. ר' יהודה סבר מכד מפסקה חיצונה בטל אוזן החיצונה והיא שאוחזת את כף הרגל אבל פנימית לאו סמכא עלה והאי דקתני שאם נפסק ... הוא ואם נפסק רוב הכף שלו טהור דייקינן מדקתני בנפסק רוב הכף שלו ולא קתני שלו בכל

מסורת הש"ס

א) [לעיל דף מו. וש"נ], ב) כלים פכ"ו מ"ד עירובין כד., ג) [ש"נ מ"ו, ד) יש גורסין אחר זה ולאיבעית אימא ר"י קאמר לה אליבא דר"י וליה לא ס"ל], ה) ברכות מא. עירובין ד. מ. סוכה ו. כלים פי"ז מ"א, ו) [ע"ז: עירובין כד.], ז) שקלים ה: ע"ש, ח) נ"א ר' יוסי דמן דיוקרת, ט) [גיר' הערוך שלבא פי' כגון דדי הכירו שמקלחין המים אע"ג דיכול לארוקי הכרק מן השלבא מותר להסירו], י) [במסכת תענית לא נמצא ממותו של ר"ח בן דוסא כלום רק ממותו של רבי יוסי דמן יוקרת מכר שם בתענית כד. ואולם רש"י דכאן שכנה להדיא ורה"ס אפשר דקא מכוין אהא דאי' באבות דר' נתן פפ"ח עובדא דחמורו של רבי חנינא בן דוסא ע"ש מבואר], כ) [כ"ל דממני'], ל) [וע"ע תוס' עירובין ד. ובסוכה ו. ד"ה שיעורן].

הגהות הב"ח

(א) גמ' ניפלוג וניתני בדידה: (ב) שם בעי חזקיה כצ"ל ותיבת רבי נמחק: (ג) שם שניה נמי הא מתקנה: (ד) רש"י ד"ה אבל טמא וכו' דחזי למילתיה קמייתא דהא כצ"ל ותיבת זה כצ"ל קודם דבור המתחיל מאי לאו: (ה) תוס' ד"ה סנדל וכו' טומאה ישנה. נ"ב בפ"ק דף טו: (ו) בא"ד אבל טמא מגע מדרס והוי ראשון לטומאה' דעדיין כלי הוא וחזי למילתא קמי' דהא איתקנה: (ז) ד"ה אבל וכו' דבא לו מדרס ומגע זב יחד:

רב נסים גאון

פרק טו אלו קשרים אם ראשונים מלאכים אנו בני אנשים [ואם ראשונים כבני אנשים אנו כחמורים ולא] כחמורו של ר' חנינא בן דוסא. משכחת עיקר דילה באבות דר' נתן (פרק ח) וזהו המעשה מעשה בחמורו של ר' חנינא בן דוסא שנגנבה ליסטים וחבשוה בחצר והניחו לה שעורים תבן ומים ולא היתה אוכלת ולא היתה שותה אמרו מה אנו מניחין זו עד שתמות ותבאש החצר עלינו פתחו לה דלת והוציאוה לחוץ הלכה עד שהגיעה אצל פתחו של ר' חנינא בן דוסא שמע בנו קולה והכירה אמר דומה קולה לקול בהמתנו אמר לו בני עמוד לפניה ופתח לה דלת

ליקוטי רש"י

ותיקנה. הוא הדין לא תיקנה טמא מדרס דאי כי נפסקה אחת מאזניו ... ותיקנה לרבותא נקט ... וכו'. טהור מן המדרס. דתו לא הוי כלי הוא ... מלטמא אדם וכלים. אבל כלי הוא לאשתמושי אחרינא ועדיין טומאת מגע מדרס עליו שהרי בשעת פרישתו הוא מדרס האוזן עדיין הוא מדרס [עירובין כד.]. כל כלי בעלי

(לקבל טומאה) לטמא כלים קיבל טומאה מאביו והוי ראשון לטומאה ומטמא אוכלין ומשקין [עירובין כ]. בתים שיעורן כרימונים. שיעורן בנקביהם כרמון דעד שניקב כמוציא רמון שם כלי עליו ומקבל טומאה על כליו וכשהוא מוציא זיתים הוא משתמש בו רמונים אבל כלי אומן שעומד לימכר טהור בנקב כל שהוא רמון טהור בעלי בתים חסים על כליהם הלכך ניקב כמוציא קטניות מגניעו לזיתים ניקב כמוציא זית מ... בו רמונים אבל של אומן העומד למכור לא הוי שיעוריה בהכי [ברכות מא:]. בעה"ב חס על כליו ואם ניקב כמוציא זית מגניעו לאגוזים כאגוז מגניעו לרמונים לפיכך אם ניטמא וניקב עדיין טמא עד שינקב כמוציא ... העומד לימכר טהור בנקב קטן [עירובין ד.]. וחזר וניקב. אצל הסתימה. פנים חדשות. אין לאותה הללו ... שניה דהא מתקנה הראשונה ... שהרי שברי פנים ... לית דין בר אינש. ... גדול [שם כד.].

After citing the superlatives by which Chizkiyah described R' Yochanan, the Gemara cites statements in which scholars of earlier generations are similarly described:

אָמַר רַבִּי זֵירָא אָמַר רָבָא בַּר זִימוּנָא – **R' Zeira said in the name of Rava bar Zimona:** אִם רִאשׁוֹנִים בְּנֵי מַלְאָכִים – **If the early ones,** i.e. the scholars of previous generations, **were sons of angels,** אָנוּ בְּנֵי אֲנָשִׁים – **we are sons of men;** וְאִם רִאשׁוֹנִים בְּנֵי אֲנָשִׁים – **and if the early ones were sons of men,** אָנוּ כַּחֲמוֹרִים – **we are like donkeys.** וְלֹא כַּחֲמוֹרוֹ שֶׁל רַבִּי חֲנִינָא בֶּן דּוֹסָא וְשֶׁל רַבִּי פִּנְחָס בֶּן יָאִיר – **And not,** mind you, **like the donkey of R' Chanina ben Dosa or that of R' Pinchas ben Yair,** אֶלָּא כִּשְׁאָר חֲמוֹרִים – **but rather like other donkeys.**[16]

The Gemara returns to the Mishnah's list of knots that are permitted to be tied on the Sabbath:

וְנוֹדוֹת יַיִן וָשֶׁמֶן – AND knots of CANTEENS OF WINE OR OIL.

The Gemara asks:

פְּשִׁיטָא – This teaching is unnecessary – **it is obvious** that it is permissible to tie this knot on the Sabbath.[17] – ? –

The Gemara answers:

לֹא צְרִיכָא דְּאִית לֵיהּ תַּרְתֵּי אוּנֵי – **No, it is necessary** for the Mishnah to teach us the law in a case **where [the canteen] has two ears,** i.e. flaps which could be tied shut. מַהוּ דְּתֵימָא – **You might have said,** were it not for the Mishnah's teaching, חֲדָא מִינַּיְיהוּ בְּטוּלֵי מְבַטֵּל לָהּ – that **[the person] will leave one of [the knots]** tied **permanently,** and pour the wine or oil out of the other opening. Thus, tying these knots would be prohibited. קָמַשְׁמַע לָן – **[The Mishnah]** therefore **informs us** that the tying of these knots is permissible.[18]

The Mishnah's next case:

קְדֵירָה שֶׁל בָּשָׂר – The knot of A POT OF MEAT.

The Gemara asks:

פְּשִׁיטָא – **This** ruling too **is obvious.** – ? –

The Gemara answers:

לֹא צְרִיכָא דְּאִית לָהּ שְׁלַאכָא – **No, it is necessary** in a case **where the pot has a spout.** מַהוּ דְּתֵימָא – **You might have said,** were it not for the Mishnah's teaching, בְּטוּלֵי מְבַטֵּל לָהּ – that **[the person] will leave [the knot]** tied **permanently,** and remove the pot's contents by means of the spout. Thus, tying the knot should be prohibited. קָמַשְׁמַע לָן – **[The Mishnah]** therefore **informs us** that it is permissible.[19]

The Mishnah continues:

רַבִּי אֱלִיעֶזֶר בֶּן יַעֲקֹב אוֹמֵר (קושרה) [קוֹשְׁרִין] כו' – R' ELIEZER BEN YAAKOV SAYS: WE MAY TIE **etc.** [a rope in front of an animal in order that it not go out].

The Gemara asks:

פְּשִׁיטָא – **This** too **is obvious.** – ? –

The Gemara answers:

לָא צְרִיכָא דְּאִית לָהּ תַּרְתֵּי אִיסָרֵי – **No, it is necessary** in a case **where [the opening of the stall] has two ropes,** one above the other.[20] מַהוּ דְּתֵימָא – **You might have said** were it not for the Mishnah's ruling,

NOTES

16. The stories of the donkey of R' Pinchas and that of R' Chanina are related, respectively, in Tractate *Chullin* [7a-b] and Tractate *Taanis* [24a] (*Rashi*).

(a) The Gemara (*Chullin* ibid.) relates that R' Pinchas ben Yair once came by donkey to an inn. The innkeeper fed untithed barley to the donkey and the donkey would not eat from it. Only when the innkeeper tithed the produce would the donkey partake.

(b) The Gemara (*Taanis* ibid.) relates how a certain donkey would be rented for the day, and the renters would send back the rental payment on its back. However, the donkey would not return if the rental payment was over or under the correct amount. It once happened that a pair of sandals was left on the donkey, and it did not move until they were removed from it.

An evident difficulty with *Rashi* is that the story related in Tractate *Taanis* concerns the donkey of R' Yose of Yukras, not that of R' Chanina ben Dosa. In *Avos DeRabbi Nassan* (8:8), however, a story is in fact told about the donkey of R' Chanina. It was stolen, and it refrained from eating for three days [because it was being fed food that was untithed (see *Tos. HaRosh*)].

The two perspectives of the earlier generations as either angels or great mortals parallel the two versions of whether Chizkiyah called R' Yochanan an angel or a great man (*Chidushei R' Elazar Moshe Horowitz* and *Sfas Emes*).

17. [Since it is meant to be undone each day.]

18. For since it would be difficult to pour out of a single opening (*Tos. Yom Tov*), people customarily untie both knots, so as to make the pouring easier.

19. [Here too it was customary to open the knot,] for it was difficult to remove the contents by using only the spout (*Tos. Yom Tov*).

20. *Rashi,* first explanation. Alternatively, *Rashi* defines אִיסָרֵי as *knots.* I.e. there is but one rope, but it is being tied to *both* sides of the entrance on the Sabbath; neither end of the rope had been attached before the Sabbath.

חָדָא מִינַּיְיהוּ בְּטוּלֵי מְבַטֵּיל – that [the person] will leave one of [the ropes] tied permanently, and will untie only the other one in order to release the animal.[1] Thus, it should be prohibited to tie these knots for one of them will remain tied there permanently. קָא מַשְׁמַע לָן – [R' Eliezer ben Yaakov] therefore informs us that it is permissible to tie both ropes.[2]

The Gemara issues a ruling:

אָמַר רַב יוֹסֵף אָמַר רַב יְהוּדָה אָמַר שְׁמוּאֵל – Rav Yosef said in the name of Rav Yehudah who said in the name of Shmuel: הֲלָכָה כְּרַבִּי אֱלִיעֶזֶר בֶּן יַעֲקֹב – The halachah accords with R' Eliezer ben Yaakov.

The need for this ruling is questioned:

אָמַר לֵיהּ אַבַּיֵי – Abaye said to [Rav Yosef]: הֲלָכָה מִכְּלָל דִּפְלִיגֵי – By stating "the halachah accords," the implication is that they (the Tanna Kamma and R' Eliezer ben Yaakov) disagree as to whether such a knot may be tied. But surely there is no reason to assume that the Tanna Kamma disputes R' Eliezer ben Yaakov's ruling, in view of the fact that he does not dispute any of the Mishnah's previous, similar rulings. – ? –

Rav Yosef responds:

אָמַר לֵיהּ מַאי נַפְקָא לָךְ מִינָּהּ – He said to [Abaye]: But what is the difference to you if I implied that there was a dispute? If there is no disagreement, then my ruling is certainly correct![3]

Abaye counters:

אָמַר לֵיהּ – He said to [Rav Yosef]: גְּמָרָא גְּמוֹר זְמוֹרְתָא תְּהֵא – Are you telling me to learn the tradition whether correct or incorrect, so that it should be like a song, which requires no understanding!?[4]

Mishnah קוֹשְׁרִין דְּלִי בִּפְסִקְיָא – One may tie a pail with a girdle, אֲבָל לֹא בְּחֶבֶל – but not with a rope.[5] רַבִּי יְהוּדָה מַתִּיר – R' Yehudah, however, permits it.[6]

The Mishnah concludes:

כְּלָל אָמַר רַבִּי יְהוּדָה – R' Yehudah stated a general rule: כָּל קֶשֶׁר שֶׁאֵינוֹ שֶׁל קַיָּימָא אֵין חַיָּיבִין עָלָיו – Any knot which is not permanent, one is not liable for it.[7]

Gemara The Gemara analyzes the dispute between the Rabbis and R' Yehudah regarding tying a rope to a pail:

חֶבֶל דְּמַאי – To what type of rope does this refer? אִי לֵימָא חֶבֶל דְּעָלְמָא – If you say to an ordinary rope, how could the Mishnah state that רַבִּי יְהוּדָה מַתִּיר – R' Yehudah permits it? קֶשֶׁר שֶׁל קַיָּימָא הוּא – Why, surely it [the knot used to connect the rope to the pail] is a permanent knot! אֶלָּא חֶבֶל דְּגַרְדִּי – Rather, the Mishnah refers to a weaver's rope. The weaver needs this rope for his work and he will not leave it tied permanently to the pail. Since it is strictly a temporary knot, R' Yehudah permits tying it on the Sabbath.

The Gemara assumes that the Rabbis, who forbid using a weaver's rope, prohibit this on the grounds that were it permitted, one might come to use an ordinary rope for this purpose. The Gemara asks:

לְמֵימְרָא דְּרַבָּנָן סָבְרִי גָּזְרִינַן חֶבֶל דְּגַרְדִּי אַטּוּ חֶבֶל דְּעָלְמָא – Is this to say that the Rabbis maintain that we decree against using a weaver's rope on account of the possibility that one may come to use an ordinary rope, וְרַבִּי יְהוּדָה סָבַר לֹא גָּזְרִינַן – whereas R' Yehudah maintains that we do not so decree? וּרְמִינְהוּ – But contrast [this with the following Baraisa] and note the contradiction: חֶבֶל דְּלִי שֶׁנִּפְסַק – IF THE ROPE OF A PAIL SNAPPED in the middle, לֹא יְהֵא קוֹשְׁרוֹ – ONE SHOULD NOT TIE IT [i.e. the two ends] with an ordinary knot, because this would be a permanent knot, אֶלָּא עוֹנְבוֹ – RATHER HE MAY MAKE A BOW. וְרַבִּי יְהוּדָה אוֹמֵר – R' YEHUDAH, HOWEVER, SAYS: כּוֹרֵךְ עָלָיו פּוּנְדָא אוֹ פְּסִקְיָא – ONE MAY WIND A HOLLOW BELT OR GIRDLE[8] AROUND IT [i.e. the two ends],[9] וּבִלְבַד שֶׁלֹּא יַעַנְבֶנּוּ – BUT HE MAY NOT TIE IT [the two ends] WITH A BOW. Apparently, R' Yehudah prohibits the making of a bow as a preventive measure lest one tie a bona fide knot, while the Rabbis do not see the need for such a measure. קַשְׁיָא דְּרַבִּי יְהוּדָה אַדְּרַבִּי יְהוּדָה – Hence, the opinion of R' Yehudah in this Baraisa, who prohibits as a preventive measure the making of a bow lest one come to tie a knot, contradicts the opinion of R' Yehudah in the Mishnah, who does not prohibit as a preventive measure the tying of weaver's rope lest one come to use ordinary rope. קַשְׁיָא דְּרַבָּנָן אַדְּרַבָּנָן – And the opinion of the Rabbis in this Baraisa, who do not prohibit as a preventive measure the making of a bow lest one come to tie a bona fide knot, contradicts the opinion of the Rabbis in the Mishnah, who prohibit as a preventive measure the tying of a weaver's rope lest one come to use an ordinary rope. – ? –

The Gemara answers:

דְּרַבָּנָן אַדְּרַבָּנָן לֹא קַשְׁיָא – The opinion of the Rabbis in the Baraisa

NOTES

1. I.e. it could have been thought, if not for the Mishnah, [that the upper rope would be tied permanently] and the animal would be released, albeit with difficulty, by untying only the lower rope. [Thus, it should be prohibited to tie the upper rope, for it is of a permanent nature] (*Rashi*, following his first explanation above).

According to his second explanation above, *Rashi* explains that were it not for the Mishnah it might be thought that one is prohibited to tie the rope to both sides of the entrance, because of the concern that he will leave one end tied permanently [and release the animal by untying only the second end].

2. Because taking out the animal while the upper rope is still attached is difficult. We assume, therefore, that one will untie both ropes.

According to *Rashi's* second explanation above, the Gemara presumably concludes that we do not have to be concerned with the possibility that he will leave one end of the rope tied permanently across the entrance. This is because it is common practice to release the animal by untying both ends of the rope (*Derishah* to *Orach Chaim* 317:1; cf. *Aruch HaShulchan* ad loc. §28).

3. *Rashi* to 106b ד״ה מאי.

4. See *Rashi* ibid. ד״ה וזמורתא; *Rashi* to *Beitzah* 24a ד״ה אמר ליה; *Rashi* to *Avodah Zarah* 32b ד״ה א״ל גמרא. Cf. *Aruch* (ערך גמר (ב in the name of *Rav Hai Gaon*.

5. I.e. one may suspend a pail from the top of a well by tying one end of a girdle to the pail and the other end to the top of the well.

[Since one needs the girdle,] he will surely not leave it tied permanently to the pail (*Rashi*). Consequently, there is no possibility of the knot becoming permanent. One who ties a rope to a pail, however, will probably leave it there permanently. This is therefore prohibited.

6. The Gemara will explain why R' Yehudah permits tying this seemingly permanent knot (*Rashi*).

7. This statement does not pertain to R' Yehudah's previous ruling. Rather, R' Yehudah here is responding to the statement of R' Meir recorded in the Mishnah on 111b. There, R' Meir declared that any knot capable of being untied with one hand does not incur liability. R' Yehudah counters that this rule is incorrect. Rather, liability depends solely on whether the knot is or is not permanent (*Ran MHK* ed.; cf. *Tosafos*; see also *Ritva MHK* ed.).

8. *Rashi* to Mishnah 111b ד״ה ושל פסקיא; see, however, *Rashi* to *Pesachim* 11a ד״ה פסיקיא who seems to render פְּסִקְיָא in this Baraisa as *garter*. (In English, "fascia" means a band or sash.)

9. I.e. he may place the two severed ends of the rope one on top of the other and wind the belt around them [so as to join them] (*Rashi*).

כלל אמר ר"י. תימה היכא קאי אי אמילתיה קמייתא הא מתיר לגמרי והכא קתני אין חייבין עליו משמע הא איסורא איכא כדדייק הש"ס לעיל וי"ל דה"ק כל קשר שאינו של קיימא אין חייבין עליו הא של קיימא חייבין עליו ואפי' עניבה לאפוקי מדרבנן דאמרו עניבה לאו היינו קשירה א"נ אמאי דקתני ברישא אין חייבין עליהם קאי רבי יהודה:

התם חבל דעלמא הכא חבל דגרדי. וקמ"ל רב דלא גזרינן חבל דגרדי אטו חבל דעלמא וכר' יהודה א"נ אפי' רבנן מודו דאפי' בחבל דעלמא לא שכיח שיהיה קשר של קיימא כשקושרו בפרה ובאבוס ולהכי לא גזור בחבל דגרדי:

מקפלים כלים כו'. מכאן למדנו דאסור לקפל טליתות של ב"ה לפי שהם צורך מחר: **אבל** יש לו להחליף לא. ולנו שיש לנו להחליף אסור ומסתפק ר"י אי קרי יש לו להחליף כשאין לו יפה כזה:

חדא מינייהו בטולי מבטיל קמ"ל אמר רב יוסף אמר רב יהודה אמר שמואל הלכה כרבי אליעזר בן יעקב א"ל אביי הלכה מכלל דפליגי אמר ליה מאי נפקא לך מינה אמר ליה גמרא גמור זמורתא תהא: **מתני'** קושרין דלי בפסקיא אבל לא בחבל רבי יהודה מתיר כלל אמר רבי יהודה כל קשר שאינו של קיימא אין חייבין עליו: **גמ'** חבל דמאי אי לימא חבל דעלמא רבי יהודה מתיר קשר של קיימא הוא אלא (א) חבל דגרדי למימרא דרבנן סברי גזרינן חבל דגרדי אטו חבל דעלמא ורבי יהודה סבר לא גזרינן ורמינהו חבל דלי שנפסק לא יהא קושרו אלא עונבו ורבי יהודה אומר כורך עליו פונדא או פסקיא ובלבד שלא יענבנו קשיא דר' יהודה אדרבי יהודה קשיא דרבנן אדרבנן דרבנן אדרבנן לא קשיא חבל בחבל מיחלף עניבה בקשירה לא מיחלפא דר' יהודה אדרבי יהודה לא קשיא התם לא משום דמיחלפא עניבה בקשירה אלא עניבה גופה קשירה היא א"ר אבא אמר רב חייא בר אשי אמר רב מביא אדם חבל מתוך ביתו וקושרו בפרה ובאיבוס איתיביה רבי אחא אריכא דהוא רבי אחא בר פפא לרבי אבא חבל שבאיבוס קושרו בפרה ושבפרה קושרו באיבוס ובלבד שלא יביא חבל מתוך ביתו ויקשור בפרה ובאיבוס התם חבל דעלמא הכא חבל דגרדי אמר רב יהודה אמר שמואל כלי קוואי מותר לטלטלן בשבת בעו מיניה מרב יהודה כובד העליון וכובד התחתון מהו אין ולאו ורפיא בידיה איתמר אמר רב נחמן אמר שמואל כלי קוואי מותר לטלטלן בשבת אפילו כובד העליון וכובד התחתון אבל לא את העמודים א"ל רבא לרב נחמן מאי שנא עמודים דלא אילימא דקעביד גומות גומות ממילא קא הויין דתנן הטומן לפת וצנונות תחת הגפן אם מקצת עליו מגולין אינו חושש לא משום כלאים ולא משום שביעית ולא משום מעשר וניטלין בשבת בשדה לא אתי לאשוויי גומות הכא בבית אתי לאשוויי גומות בעא מיניה ר' יוחנן מרבי יהודה בר ליואי כלי קוואי כגון כובד העליון וכובד התחתון מהו לטלטלן בשבת אמר ליה אין מטלטלין מה טעם לפי שאין ניטלין: **מתני'** מקפלין את הכלים אפילו ארבעה וחמשה פעמים ומציעין את המטות מלילי שבת לשבת אבל לא משבת למוצאי שבת רבי ישמעאל אומר מקפלין את הכלים ומציעין את המטות מיום הכיפורים לשבת וחלבי שבת קריבין ביום הכיפורים אבל לא של יוה"כ בשבת ר"ע אומר לא של שבת קריבין ביום הכיפורים ולא של יום הכיפורים קריבין בשבת: **גמ'** אמרי דבי רבי ינאי לא שנו אלא באדם אחד אבל בשני בני אדם לא ובאדם אחד נמי לא אמרן אלא בחדשים אבל בישנים לא וחדשים נמי לא אמרן אלא בלבנים אבל בצבועים לא ולא אמרן אלא שאין לו להחליף אבל יש לו להחליף לא תנא של בית רבן גמליאל לא היו מקפלים כלי לבן שלהן מפני שהיה להן להחליף אמר רב הונא אם יש לו להחליף יחליף ואם אין לו להחליף ישלשל בבגדיו מתקיף לה רב ספרא והא מיתחזי כרמות רוחא כיון דכל יומא לא קעביד והאידנא הוא דקא עביד לא מיתחזי כרמות רוחא א) וכבדתו מעשות דרכיך וכבדתו שלא יהא מלבושך של שבת כמלבושך של חול וכי הא דרבי יוחנן קרי למאניה מכבדותי מעשות דרכיך שלא יהא הילוכך של שבת כהילוכך של חול א) ממצוא חפצך חפציך אסורין חפצי שמים מותרין א) ודבר דבר שלא

חדא מינייהו. אחד מן הראשים [וכל"א] חד מינייהו מבטל ליה כשיוצא הבהמה לא יתיר אלא תחתון ויוציאנה בדוחק: **מכלל דפליגי.** בתמיה ואמאי איפלגו הא דמי להנך דלעיל: **מתני' קושרין דלי בפסקיא.** ע"פ הבור דפסקיא לא מבטל [ליה] התם: **אבל לא בחבל.** דמבטל ליה התם והוי קשר של קיימא שהרי קשור ותלוי שם תמיד: **ורבי יהודה מתיר.** בגמרא מפרש: **גמ' בחבל דגרדי.** פליגי דצריך לה ולא מבטל לה: **חבל דלי שנפסק.** באמצעיתו: **לא יהא קושרו.** דקשר של קיימא הוא לעולם: **כורך עליו.** מחבר שני ראשי הפיסוק זה על זה וכורך עליהם פונדא אזור חלול או פסיקיא פיישול"א: **ובלבד שלא יענבנו.** אלמא לר"י סבר גזרינן עניבה אטו קשירה ורבנן לא גזרו: **מיחלף.** אינו ניכר בין זה לזה ואי שרית בדגרדי אתי למישרי בדעלמא: **וקושרו בפרה.** ראשו אחד והשני באבוס ולא חיישינן שמא כשיתיר הפרה לא יתיר אלא הקשר שבראשה ויבטל החבל באבוס שיהא מוכן לכך או יתיר שבאבוס ויבטל אותו שבפרה ונמצא האחד של קיימא: **כלי קוואי.** כלי אורגים ולאידי דאיירי בחבל דגרדי נקט לה הכא: **מותר לטלטלן.** לשני הקנים לתשמיש אחר ולאשמעינן דאין גרדי מקפיד עליהם ולא הוי מלאכתן לאיסור: **כובד העליון והתחתון.** אנסובל"ש: **מהו.** מי אמרינן אידי דיקירי לא מזו ממקומייהו לתשמיש אחרינא והוה ליה דבר שמלאכתו לאיסור: **ורפיא בידיה.** רפויה היתה התשובה בפיו אם לאסור אם להתיר: **העמודים.** טריזו"ש בלע"ז אותם המנוקבות שאורגין בהן הנשים: **דקא עביד גומא.** כשמוליכן מן הארץ שהן תחובות בגומא מזיז העפר ועביד גומא מקום העמוד: **מקצת עליו מגולין.** משום ניטלין בשבת נקט לה דאי לא הוי מגולין אין לו במה לאוחזו: **אינו חושש.** לפי שאינה מושרשת: **ולא משום מעשר.** להיות בטילה בנטיעה זו וכשנוטלה יצטרך לחזור ולעשר: **לפי שאין ניטלין.** אף בחול מפני כובדן הלכך כל מלאכתן לכך: **מתני' מקפלין את הכלים.** בגדים כשפושטן מקפלין מפני שמתרככין מכיבוס ומתקמטין כשאינן מקופלים: **אפי' ד' וה' פעמים.** כדי לחזור וללובשן בו ביום: **מיוה"כ לשבת.** כגון אם חל יוה"כ להיות בע"ש: **קריבין ביוה"כ.** שחל להיות במוצאי שבת: **גמ' בשני בני אדם.** כשמקפלין אותן מפשטין קמטיהן ונראין כמתקנין: **ישנים.** קיפולן מתקנן יותר מן החדשים שהחדשים קשין מאליהן ואין ממהרין לקמוט: **צבועין.** קיפולן מתקנן: **יש לו.** אחרים להחליף היום לא: **כלי לבן שלהן.** רבותא נקט וכל שכן צבועים: **יש לו להחליף יחליף.** מי שיש לו בגדים לבד מאותן שלבש בחול יחליפם בשבת: **ישלשל בבגדיו.** כלפי מטה שיראו ארוכים והוא מדת עשירים היושבים בביתם ואינם צריכים לסלק בגדיהם מן הארץ בשביל מלאכה וכבוד שבת הוא: **מכבדותי.** שמכבדין בעליהן: **שלא יהא הילוכך כו'.** לקמן מפרש להו: **ממצוא חפצך.** כי ההוא דאמרינן בעירובין (דף לח:) לא יטייל אדם לסוף שדהו בשבת לידע מה היא צריכה [אחר השבת]: **חפצי שמים מותרים.** כגון פוסקים צדקה ומשדכין על התינוקות ליארס (לקמן קנ.): שלא

אומר השמועה בזמירה בעלמא בלא צורך [לעיל קו:]. **קושרין דלי בפסקיא.** דלאו קשר שעשוי ... מפסיד פסקייא שלו בכך. **אבל לא בחבל.** שמא יניחנו שם עולמית. **אי לימא חבל דעלמא.** ... מיחש שמא יניחנו שם. **חבל דגרדי.** שאינו ראוי למילוי מים תמיד ור' יהודה מתיר ולא גזר גבי שבת ... סוס הומרא דשבת פרשי אינשי מאיסורא דיליה וזוכרין הן. **לא יהא קושרו.** דהוי קשר של קיימא ... עניבה אטו קשירה [פסחים יא.]. **אלא עונבו.** ואיסור מלאכה ליכא דעניבה לאו קשירה [סוכה לג:]. ... או פסקיא. פיישל"א שכורכין סביבות שוקיים. **שלא יענבנו.** גזירה משום קשירה הואיל ועסוק ... עניבה גופא קשירה היא. וחייבין עליה משום אב מלאכה [עירובין צז.]. אין חילוק בין עניבה לקשירה ... קנה של אורגים [לקמן קמ:]. **אין ולאו.** לא היה מחזיק בדבריו לא לאיסור ולא להיתר פעמים שאמר ... ורפיא בידיה ולא היתה מוחזקת הוראה זו בידו [קידושין סה.]. תחילה אמר אין וחזר ואמר לאו רפוי ... **הטומן לפת.** להשתמר בקרקע שכן דרכו הא דנקט מקצת עליו מגולין משום ניטלין בשבת נקט ... אחריני דאי אין מקצת עליו מגולין אין לו במה לאוחזה אלא אם כן מזיז העפר בידים [לעיל נ:]. **הטומן.** ... מקצת עליו מגולין. משום שבת נקט ליה דבעי למיתני ניטלין בשבת שנוטלן ואוחזן בעלין שלהן. **לא** ... כלאי הכרם [שם:]. דאין זו שתילה [לעיל נא.]. **ולא משום שביעית.** אם שנה שביעית היא. **ולא** ... נשרש ונתוסף ואם היה חושש למעשר צריך לעשר את תוספתו ליכא למיחש להכי דלא נשרש [עירובין ... אגב קרקע והרי הוא כלוקטה מתחלה ויהא צריך לעשר על הנוסף שמא נתוסף. **וניטלין בשבת.** ... המגולין ולא חייש אם העפר ניזוז מאליו [לעיל שם]. **וחלבי שבת.** של תמיד של בין הערבים קריבין ... ביום הכפורים שחל במוצאי שבת [סוכה נד:]. **רמות רוחא.** גסות [לעיל צד.].

יא א מיי' וסמג שם טוש"ע שם סעיף ד:
יב ב מיי' שם הלכה ב טוש"ע שם סעיף א:
יג ג מיי' שם הלכה ה טוש"ע שם סעיף ה:
יד ד ה מיי' שם הל' ג טוש"ע שם סעיף א:
טו ו ז מיי' פכ"ו מהל' שבת הלכה א:
טז ח מיי' פכ"ג מהל' שבת הלכה ז:
יז ט מיי' פכ"ג מהל' שבת [הלכה כב] סמג לאוין סה טוש"ע א"ח סי' שב סעיף ג:
יח י מיי' פ"ל הל' ג ופ"ה מהל' דעות הל' ט סמג עשין ל טוש"ע א"ח סי' רסב סעיף ב:
יט כ מיי' פכ"ד שם הלכה א סמג שם ולאוין סה טוש"ע א"ח סי' שו סעיף א:
כ ל מיי' שם הל"ה טוש"ע שם סעיף ו:

תורה אור השלם

א) אִם תָּשִׁיב מִשַּׁבָּת רַגְלֶךָ עֲשׂוֹת חֲפָצֶךָ בְּיוֹם קָדְשִׁי וְקָרָאתָ לַשַּׁבָּת עֹנֶג לִקְדוֹשׁ יְיָ מְכֻבָּד וְכִבַּדְתּוֹ מֵעֲשׂוֹת דְּרָכֶיךָ מִמְּצוֹא חֶפְצְךָ וְדַבֵּר דָּבָר: [ישעיה נח, יג]

רבינו חננאל

כולן אלא קתני כל הכף כולו סתמא והאי כף סתמא שאם נפסק עדיין טמא הוא כגון של תרסיות קתני והוא שבמקום העקב ומאוזן לאוזן הוא סביב העקב והאי דקתני הכף שלו שאם נפסק רובו טהור. הכף של סנדל שהוא מן הסנדל גופו אם נפסק רובו טהור. ואקשי' ומי סבר לה ר' יוחנן כר' יהודה והאמר ר' יוחנן הלכה כסתם משנה. ותנן סנדל שנפסקה אחת מאזניו ותיקנה טמא מדרס. מאי לאו לא שנא פנימית ול"ש חיצונה כיון דמשתריא חדא מינייהו טמא. ודחי' לא נפסקה פנימית שנינן אבל נפסקה חיצונה טהור ואמרי' אי אשתבקיה בכללא אפשר לשנויי כדאמרת. אלא מדקתני סיפא נפסקה שניה ותיקנה טהור מן המדרס אבל טמא מגע מדרס דהא פריט בה ומפרש סוף מאי דאית בה ואי לאו דוקא פנימית קתני אדמפרש אם נפסקה א"כ שניה ותיקנה נפלוג בקמייתא וניתני בד"א שנפסקה פנימית אבל נפסקה חיצונה טהור ופרקי' אמר רב יצחק בר יוסף תהא משנתנו בסנדל שיש לו ד' אזנים וד' תרסיותים ובהאי סנדל תנינן נפסקה אחת מאזניו סתם משמע אפי' חיצונית והוא כגון סנדל שיש לו ב' אזנים פנימיות זו מצד זו וב' חיצונות זו מצד זו שאם תפסק אחת מן החיצונות הא קיימא חברתא בדוכתא דהיא נמי חיצונית ובהדיא פנימית וכנגדה חדא חיצונה סגיא ומשום הכי טמאה אבל סנדל דבדוכתא קיימא אבל היכא דליכא חיצונה אלא חדא ונפסקה בטל ההוא סנדל מתורת כלי דפנימית לחיזוק בעלמא ע... אחת חיצונה ואזן אחת פנימית ויש שעוש' שתים שתים אם תפסק האחת תשאר האחרת במקומה ... טמא. כי אתא רבין אמר משמיה דרב הלכה כר' יהודה ור' יוחנן אמר אין הלכה כר' יהודה ... ואליבא דר' יוחנן כלומר יש אמורא שאומר מדמתרץ ר' יוחנן אליבא דר' יהודה ש"מ הלכתא כר' ... כי בפירוש א"ר יוחנן אין הלכה כר' יהודה ואע"ג דמספקא לן הי מנייהו דוקא כיון דאשכחנא רב ... יהודה ורב נמי אמר הלכה כר' יהודה ורב יצחק בר יוסף נמי מתרץ וא' תהא משנתנו בסנדל ... תרסיותים כדי שלא לשבור דבריו של ר' יוחנן עבדינן כר' יהודה: תנן כל כלי בעלי בתים שיעור ... ניקב כמוציא זית וסתמן וחזר וניקב נקב אחר דהוו נקבים זה בצד זה וכל אחד סותמו קודם ש... להו כולהו במוציא רימון מי אמרינן כיון דאית בהו בכולהו שיעור רימון טהור אותו כלי מט... רבעידנא דכד ניקב האי ניקבא הנקב הראשון סתום היה וכיון שנסתם כאילו לא ניקב הוא וכיוצא ... [כ"ד ע"א] פרץ אמה וגדרה פרץ אמה וגדרה עד שהגיע [ליותר מי'] מהו וא"ל ר' יוחנן לא שנית ל... מאזניו ותיקנה טמא מדרס נפסקה שניה ותיקנה טהור מן המדרס אבל טמא מגע מדרס. פי' כשת... טמא מדרס עדיין טומאתו עליו שבפסיקת אוזן אחת לא יצאה מתורת כלי ועמד ותיקנה כשתפסק ה... מתוקנת היתה בשעה שנפסקה השניה בפסיקה שניה טהר מן המדרס שהיה טמא ופרחה אותה הט... נגע באותו ראשון שהיה טמא מדרס ונמצא זה השני טמא מגע מדרס ואליבא דרבנן איזו אוזן שנפס... בין החיצונית ונפסקה שניה אחריה כך דינה אבל אליבא דר' יהודה אם נפסקה החיצונית לאלתר ... פנימית תחלה הרי היא בטומאתו וכשתפסק החיצונית טהור מן המדרס ולא יכלת לאוקומה הא מ... ולפום הדין פירושא דחזקיה ור' יוחנן בסנדל שיש לו ב' אזנים דקאמר מ"ש ראשונה אי מיפסקה ...

...שניה אי אמרת חיצונה נפסקה תחלה הרי טהור מאלתר ואי אמרת פנימית נפסקה תחלה הכי [היכי] מקשי ליה שניה נמי אי מיפסקא לא לטהר דהא קיימא ראשונה ומ"ש (פנימית) [מפנימית] בדקיימא לר' יהודה אלא הכא אליבא דרבנן ורבנן ורנצח

א) לעיל קו: [וש"נ], ב) נזיר כד. ע"ז לב:, ג) פסחים יא., ד) פסחים שם, ה) [עירובין לג. קב: סוכה לג:], ו) נ"א א"ר חייא א"ר יוחנן, ז) [לקמן קמ.], ח) [לקמן קנה.], ט) ב"מ יד: קידושין סה., י) כלאים פ"א מ"ט לעיל נ:, כ) עירובין עז., ל) [יומא מו. סוכה נד:], מ) [תוס' פי"ג], נ) ב"ק לג. סנהדרין דף לד:, ס) [לקמן קנ.]

הגהות הב"ח

(א) גמ' אלא בחבל דגרדי:

גליון הש"ס

רש"י ד"ה מותר לטלטלן וכו' ולא הוה מלאכתו לאיסור. ע"ל קכב ע"ב תד"ה רמח: שם ד"ה מהו וכו' והו"ל דבר שמלאכתו לאיסור. עי' לקמן קכב ע"א תד"ה בקיטי:

רב נסים גאון

דלת והנה לה שעורים תבן ומים עמד והניח לפניה שעורים תבן ומים והיתה אוכלת ושותה לפיכך אמרו כשם שהצדיקים הראשונים חסידים כך בהמתן חסידין ומעשה חמורו של ר' פנחס בן יאיר מפרש בפרק א' מן שחיטת חולין (דף ז) ר' פינחס בן יאיר הוה אזיל לפדיון שבויים כו' איקלע לההוא אושפיזא רמו שערי לחמריה ולא אכלה נקרונהו ולא אכל המרשינהו לא אכל אמר להו דילמא לא מעשרן עשרונהו ואכל ואמר להו עני זה הולך לעשות רצון קונו ואתם מאכילין אותו טבלין ואיתא נמי במסכת דמאי (פרק א) ובמסכת שקלים דבי מערבא (פרק ה): יש לו להחליף יחליף אין לו להחליף ישלשל בבגדיו. בבראשית דר' הושעיא (פרשה יא) משכחת לה ומפרש בתוספתא ויברך אלהים את יום השביעי ברכו בעטיפה ר' הונא אמר צריך להחליף אבן בר חסדאי אמר צריך לשלשל ר' ירמיה ור' זעירא אמרו צריך לשלשל.

ליקוטי רש"י

מאי נפקא לך מינה. בין מלוקין בין לא מלוקין הלכה כמותו [ע"ז לב:]. מי אמינא הלכה כר' אבא כמו שלא לא פליגי הלכתא היא. **אמר ליה גמרא גמור זמורתא תהא.** משל שוטים הוא כלו זמן וחזן תגרא אקרי (ב"מ מ:) כך גמרא לך ויהא לך לזמר ולמלמדו שוטה למוד כן אמת כן שנוי ויהא לך לומר ושיר [ביצה כד:]. כלמוד אביי מלמדו של רב יוסף וקמ"ל אמה מלמדנו לומר הלכה כמותו הלכה כמותו בעלמא דלאו בין מלוקין הלכה למה לי [ע"ז שם].

does not contradict the opinion **of the Rabbis** in the Mishnah. **חֲבָל בְּחֶבֶל מִיחַלַּף** – One type of **rope and** another type of **rope are** easily **interchanged.** Hence, the Rabbis maintain that if we permit the making of (temporary) knots in a weaver's rope, people may come to permit the making of (permanent) knots in ordinary rope. **עֲנִיבָה בְּקְשִׁירָה לֹא מִיחַלְפָא** – However, the **making** of **a bow and** the **tying** of **a knot are not** easily **interchanged.** Accordingly, the Rabbis permit the making of a bow, and are not concerned that this will lead to the tying of ordinary knots.

דְּרַבִּי יְהוּדָה אַדְּרַבִּי יְהוּדָה לֹא קַשְׁיָא – And the opinion **of R' Yehudah** in the Baraisa **does not contradict** the opinion **of R' Yehudah** in the Mishnah. **הָתָם לֹא מִשּׁוּם דְּמִיחַלְפָא עֲנִיבָה בְּקְשִׁירָה** – **There,** in the Baraisa, R' Yehudah's reasoning is **not because** the **making of a bow is interchangeable with tying a knot. אֶלָּא עֲנִיבָה גּוּפָהּ קְשִׁירָה הִיא** – **Rather,** it is because the **very** act of **making a bow constitutes tying.**[10]

A statement concerning the tying of knots on the Sabbath:

אָמַר רַבִּי אַבָּא אָמַר רַב חִיָּיא בַּר אַשִׁי אָמַר רַב – **R' Abba said in the name of Rav Chiya bar Ashi who said in the name of Rav: מֵבִיא אָדָם חֶבֶל מִתּוֹךְ בֵּיתוֹ** – **A person may bring a rope from his house וְקוֹשְׁרוֹ בְּפָרָה וּבְאֵיבוּס** – **and tie** one end of **it to a cow and** the other end **to a feeding receptacle.**[11]

The Gemara challenges this statement:

אֵיתִיבֵיהּ רַבִּי אַחָא אֲרִיכָא דְּהוּא רַבִּי אַחָא בַּר פַּפָּא לְרַבִּי אַבָּא – **R' Acha the Tall, who is R' Acha bar Pappa, challenged this** statement **of R' Abba** on the basis of the following Baraisa: **חֶבֶל שֶׁבְּאֵיבוּס קוֹשְׁרוֹ בְּפָרָה** – A ROPE whose one end is tied TO A FEEDING RECEPTACLE, ONE MAY TIE IT [i.e. its other end] TO A COW, **וְשֶׁבְּפָרָה קוֹשְׁרוֹ בְּאֵיבוּס** – AND a rope whose one end is tied TO A COW, ONE MAY TIE IT [i.e. its other end] TO A FEEDING RECEPTACLE, **וּבִלְבַד שֶׁלֹּא יָבִיא חֶבֶל מִתּוֹךְ בֵּיתוֹ** – PROVIDED THAT HE DOES NOT BRING A ROPE FROM HIS HOUSE **וְיִקְשׁוֹר בְּפָרָה וּבְאֵיבוּס** – AND TIE one end TO THE COW AND the other end TO THE FEEDING RECEPTACLE. This Baraisa seems to explicitly refute R' Abba, who permits the tying of the rope both to the cow *and* to its feeding receptacle. – ? –

The Gemara answers:

הָתָם חֶבֶל דְּעָלְמָא – **There,** in the Baraisa, the reference is to **an ordinary rope.** It is in such a case that the Baraisa prohibits tying both ends. **הָכָא חֶבֶל דְּגַרְדִּי** – **Here,** in Rav Abba's statement, the reference is to **a weaver's rope.** Since a weaver's rope will not be left tied permanently to the cow and its feeding receptacle, R' Abba permits even tying both ends.[12]

Having mentioned a weaver's rope, the Gemara digresses tangentially to discuss the moving of weavers' implements on the Sabbath:[13]

אָמַר רַב יְהוּדָה אָמַר שְׁמוּאֵל – **Rav Yehudah said in the name of Shmuel: כְּלֵי קִיוָּאֵי מוּתָּר לְטַלְטְלָן בְּשַׁבָּת** – **It is permitted to move weavers' implements on the Sabbath.**[14]

A related inquiry:

בָּעוּ מִינֵּיהּ מֵרַב יְהוּדָה – **They inquired of Rav Yehudah: כּוֹבֶד הָעֶלְיוֹן וְכוֹבֶד הַתַּחְתּוֹן מַהוּ** – **What is [the law]** in regard to **the upper beam and the lower beam?**[15] Are they permitted to be moved on the Sabbath, or not?[16]

NOTES

10. Until this point it was assumed that all agree that making a bow is not included in the *melachah* of tying. Hence, if R' Yehudah forbids making a bow, it could only be as a preventive measure lest one come to tie a knot. Now the Gemara suggests that R' Yehudah maintains that making a bow is actually a form of tying.

11. I.e. we are not concerned with the possibility that he will either: (a) release the cow by untying the knot around its head and will leave the other end tied permanently to the receptacle, or (b) untie the knot connecting the rope to the receptacle but will leave the other end permanently tied to the cow (*Rashi*). We assume, rather, that both knots will be untied. Thus, neither of the knots is permanent, and both may be tied on the Sabbath.

12. [It would seem that Rav follows the opinion of R' Yehudah (cited above) who does not prohibit, as a precautionary measure, the tying of a weaver's rope for fear that one may come to tie ordinary rope. According to the Rabbis, however, who make such a prohibition, there should be no distinction between these two types of rope (*Tosafos* ד״ה התם, first explanation; cf. *Tosafos'* second explanation).]

The Gemara has distinguished in regard to an ordinary rope between tying both ends and tying only one end. However, the Acharonim question this distinction. If a person is not permitted to tie both ends of a rope, one to a cow and one to its feeding receptacle, out of a concern that the knots will be left tied permanently, then by the same token he should be prohibited to tie one end to *either* the cow *or* the feeding receptacle, for the very same concern.

Bach (*Orach Chaim* 317) answers that the tying of both ends of the rope is prohibited out of fear that even if one unties one knot regularly, the other knot might be left tied permanently. However, if one end of the rope was already tied before the Sabbath to the cow or the feeding receptacle, and on the Sabbath the second knot is being tied, it is safe to assume that the knot tied on the Sabbath, since it is the newer of the two knots, will be the one that is untied regularly. Since it will not be permanent, it is permitted to be tied on the Sabbath. Cf. *Beis Yosef* ad loc.

13. *Rashi.* Cf. *Rif; Baal HaMaor; Meiri.*

14. This refers to the two rods [known as "laze rods," employed in the *melachah* of מֵיסֵךְ, *mounting the warp*] (*Rashi,* as explained by *Maaseh Oreg* by Dayan I. Gukovitzki, p. 19 note 52; see there for a detailed description of the function these rods play in the warp-mounting process). Rav Yehudah informs us that the weaver does not object to using these rods [for non-weaving purposes], and they are therefore not considered כֵּלִים שֶׁמְּלַאכְתָּם לְאִסּוּר, *utensils used primarily for prohibited work*. Accordingly, they may be used for some permitted purpose (*Rashi*).

To elaborate on *Rashi's* explanation: The accepted halachah is that a utensil used primarily for prohibited work may be moved if the person's intent is to use that utensil for some permitted purpose. Rav Yehudah, however, disputes this ruling. He is cited on 122b as being of the opinion that a utensil used primarily for prohibited work may not be moved for *any* purpose. Thus, it is necessary for Rav Yehudah to establish that these rods are not considered "utensils used primarily for prohibited work," in order to permit handling them for permitted uses on the Sabbath (*Meromei Sadeh; Chazon Ish* 43:2; cf. *Tosafos* to 122b ד״ה רחת).

R' Akiva Eiger raises the following difficulty with *Rashi's* explanation: How does the fact that the weaver is not particular about using these utensils for other purposes result in their not being considered "utensils used primarily for prohibited work"? The weaver's attitude notwithstanding, the primary purpose of these implements is still weaving! See *Meromei Sadeh* and *Ben Uri* for possible answers to this question; see also *Meiri.*

Other commentators explain that these implements are indeed considered "utensils used primarily for prohibited work." Rav Yehudah's point, however, is that they are not considered to be in the more stringent category of מוּקְצֶה מֵחֲמַת חֶסְרוֹן כִּיס, *muktzeh for fear of monetary loss.* The law is that a utensil which the owner is particular not to use for any but its primary, forbidden use, for fear that it will be damaged and he will suffer a financial loss, is totally *muktzeh,* and may not be moved for any purpose. One could have supposed that the weavers' rods would be included in this category. Rav Yehudah informs us, therefore, that the weaver does not object to using them for non-weaving purposes. Accordingly, if the person wishes to use them for a permitted purpose on the Sabbath, he may do so (*Ritva MHK* ed., *R' Akiva Eiger;* see also *Rambam, Hil. Shabbos* 26:1).

15. כּוֹבֶד [literally: weight] refers to the heavy cylindrical beam which is part of the loom. The warp hangs from the upper beam, and as it advances during the weaving process it is wound around the lower beam (*Commentary of Rambam* to *Keilim* 21:1; cf. *Rash, Rosh* ibid.).

16. Do we judge them to be like the aforementioned laze rods, which are non-*muktzeh,* or do we say that due to their extreme heaviness they are not fit for any purpose other than weaving, and are considered *muktzeh* as "utensils used primarily for prohibited work"? (*Rashi*).

חדא מינייהו בטולי מבטיל קמ"ל אמר רב יוסף אמר רב יהודה אמר שמואל הלכה כרבי אליעזר בן יעקב א"ל אביי הלכה מכלל דפליגי אמר ליה מאי נפקא לך מינה אמר ליה גמרא גמור זמורתא תהא: **מתני'** קושרין דלי בפסקיא אבל לא בחבל רבי יהודה מתיר **כלל** אמר רבי יהודה כל קשר שאינו של קיימא אין חייבין עליו: **גמ'** חבל דמאי אי לימא חבל דעלמא רבי יהודה מתיר קשר של קיימא הוא אלא חבל דגרדי למימרא דרבנן סברי גזרינן חבל דגרדי אטו חבל דעלמא ורבי יהודה סבר לא גזרינן ורמינהו חבל דלי שנפסק לא יהא קושרו אלא עונבו ורבי יהודה אומר כורך עליו פונדא או פסקיא ובלבד שלא יענבנו קשיא דר' יהודה אדרבי יהודה קשיא דרבנן אדרבנן דרבנן אדרבנן לא קשיא חבל בחבל מיחלף עניבה בקשירה לא מיחלפא דר' יהודה אדרבי יהודה לא קשיא התם לא משום דמיחלפא עניבה בקשירה אלא עניבה גופה קשירה היא א"ר אבא אמר רב חייא בר אשי אמר רב מביא אדם חבל מתוך ביתו וקושרו בפרה ובאיבוס איתיביה רבי אחא אריכא דהוא רבי אחא בר פפא לרבי אבא חבל שבאיבוס קושרו בפרה ושבפרה קושרו באיבוס ובלבד שלא יביא חבל מתוך ביתו ויקשור בפרה ובאיבוס התם חבל דעלמא הכא חבל דגרדי אמר רב יהודה אמר שמואל כלי קוואי מותר לטלטל בשבת בעו מיניה מרב יהודה כובד העליון וכובד התחתון מהו אין ולאו ורפיא בידיה איתמר אמר רב נחמן אמר שמואל כלי קוואי מותר לטלטל בשבת אפילו כובד העליון וכובד התחתון אבל לא את העמודים א"ל רבא לרב נחמן מאי שנא עמודים דלא אילימא דקעביד גומות גומות ממילא קא הויין דתנן הטומן לפת וצנונות תחת הגפן אם מקצת עליו מגולין אינו חושש לא משום כלאים ולא משום שביעית ולא משום מעשר וניטלין בשבת בשדה לא אתי לאשווי גומות הכא בבית אתי לאשווי גומות בעא מיניה ר' יוחנן מרבי יהודה בר ליואי כלי קוואי כגון כובד העליון וכובד התחתון מהו לטלטל בשבת אמר ליה אין מטלטלין מה טעם לפי שאין ניטלין: **מתני'** מקפלין את הכלים אפילו ארבעה וחמשה פעמים ומציעין את המטות מלילי שבת לשבת אבל לא משבת למוצאי שבת רבי ישמעאל אומר מקפלין את הכלים ומציעין את המטות מיום הכיפורים לשבת וחלבי שבת קריבין ביום הכיפורים אבל לא של יוה"כ בשבת ר"ע אומר לא של שבת קריבין ביום הכיפורים ולא של יום הכיפורים קריבין בשבת: **גמ'** אמרי דבי רבי ינאי לא שנו אלא באדם אחד אבל בשני בני אדם לא ובאדם אחד נמי לא אמרן אלא בחדשים אבל בישנים לא וחדשים נמי לא אמרן אלא בלבנים אבל בצבועים לא ולא אמרן אלא שאין לו להחליף אבל יש לו להחליף לא תנא של בית רבן גמליאל לא היו מקפלים כלי לבן שלהן מפני שהיה להן להחליף אמר רב הונא אם יש לו להחליף יחליף ואם אין לו להחליף ישלשל בבגדיו מתקיף לה רב ספרא והא מיתחזי כרמות רוחא כיון דכל יומא לא קעביד והאידנא הוא דקא עביד לא מיתחזי כרמות רוחא וכבדתו מעשות דרכיך וכבדתו שלא יהא מלבושך של שבת כמלבושך של חול וכי הא דרבי יוחנן קרי למאניה מכבדותי מעשות דרכיך שלא יהא הילוכך של שבת כהילוכך של חול ממצוא חפצך חפציך אסורין חפצי שמים מותרין ודבר דבר שלא

רש"י

חדא מינייהו. אחד מן הרלועות [ולל"א] חד מינייהו מבטל ליה כשיולא הבהמה לא יתיר אלא תחתון וזולתה בדוקות: **מכלל דפליגי.** בתמיה ואמאי איפלגו הא דמי להנך דלעיל: **מתני' קושרין דלי בפסקיא.** ע"פ הבור דפסקיא לא מבטל [ליה] התם: **אבל לא בחבל.** דמבטל ליה התם והוי קשר של קיימא שהרי קשור ותלוי שם תמיד: **ורבי יהודה מתיר.** בגמרא מפרש: **גמ' בחבל דגרדי.** פליגי דלריך לה ולא מבטל לה: **חבל דלי שנפסק.** במקלעותיו: **לא יהא קושר.** דקשר של קיימא הוא לעולם: **כורך עליו.** מחבר שני ראשי הפיסוק זה על זה וכורך עליהם פונדא חגור חלול או פסקיא פיישו"א: **ובלבד שלא יענבנו.** לחבל דר"י סבר גזרינן עניבה אטו קשירה ורבנן לא גזרו: **מיחלף.** אינו ניכר בין זה לזה ואי שרית בדגרדי אתי למישרי בדעלמא: **וקושרו בפרה.** ראשו אחד והשני באבוס ולא חיישינן שמא כשיתיר הפרה לא יתיר אלא הקשר שבראשה ויבטל החבל באבוס שיהא מוכן לכך או יתיר שבאבוס ויבטל אותו שבפרה ונמצא האחד של קיימא: **כלי קוואי.** כלי אורגים ואיידי דאיירי בחבל דגרדי נקט לה הכא: **מותר לטלטלן.** לשני הקנים לתשמיש אחר ולאשמעינן דלאו גרדי מקפיד עליהם ולא הוי מלאכתו לאיסור: **כובד העליון והתחתון.** אנסובל"ש: **מהו.** מי אמרינן איידי דיקירי לא חזו לתשמיש אחרינא והוה ליה דבר שמלאכתו לאיסור: **ורפיא בידיה.** רפויה היתה התשובה בפיו אם לאסור אם להתיר: **העמודים.** טריזו"ש בלע"ז אותם המנוקבים שאורגין בהן הנשים: **דקא עביד גומא.** כשמולין מן הארץ שהן תחובות בגומא מזיז העפר ועביד גומא מקום העמוד: **מקצת עליו מגולין.** משום ניטלין בשבת נקט לה דאי לא הוי מגולין אין לו במה לאוחזו: **אינו חושש.** לפי שאינה מוזרעת: **ולא משום מעשר.** להיות בטילה בנטיעה זו ובנטיעה יצטרך לחזור ולעשר: **לפי שאין ניטלין.** אף בחול מפני כובדן הלכך כל מלאכתן לכך: **מתני' מקפלין את הכלים.** בגדים כשפושטן מקפלין מפני שמתרככין מכיבוס ומתקמט' כשאין מקופלים: **אפי' ד' וה' פעמים.** כדי לחזור וללובשן בו ביום: **מיוה"כ לשבת.** כגון אם חל יוה"כ להיות בע"ש: **קריבין ביוה"כ.** שחל להיות במולאי שבת: **גמ' בשני בני אדם.** כשמקפלין אותן מפשטין קמטיהן ונראין כמתקנין: **ישנים.** קיפולן מתקנן יותר מן החדשים שהחדשים קשין מאליהן ואין ממהרין לקמוט: **צבועין.** קיפולן מתקנן: **יש לו.** אחרים להחליף היום לא: **כלי לבן שלהן.** רבותא נקט וכל שכן צבועים: **יש לו להחליף יחליף.** מי שיש לו בגדים לבד מאותן שלבש בחול יחליפם בשבת: **ישלשל בבגדיו.** כלפי מטה שילכו ארוכים והוא מדת עשירים היושבים בבתים ואינם צריכים לקלק בגדיהם מן הארץ בשביל מלאכה וכבוד שבת הוא: **מכבדותי.** שמכבדין בעליהן: **שלא יהא הילוכך כו'.** לקמן מפרש להו: **ממצוא חפצך.** כי ההוא דאמרינן בערכין (דף ח:) לא יטייל אדם לסוף שדהו בשבת לידע מה היא צריכה [אחר השבת]: **חפצי שמים מותרים.** כגון פוסקים לדקה ומשדכין על התינוקות ליארס (לקמן קנ.):

תוספות

כלל אמר ר"י. תימה היכא קאי אי אמלתיה קמייתא התם מתיר לגמרי והכא קתני אין חייבין עליו משמע הא איסורא איכא כדדייק הש"ס לעיל וי"ל דה"ק כל קשר שאינו של קיימא אין חייבין עליו הא של קיימא חייבין עליו ואפי' עניבה לאפוקי מדרבנן דאמרו עניבה לאו היינו קשירה א"נ אמאי דקתני ברישא אין חייבין עליהם קאי רבי יהודה: **התם חבל דעלמא הכא חבל דגרדי.** וקמ"ל רב דלא גזרינן חבל דגרדי אטו חבל דעלמא וכר' יהודה א"נ אפי' רבנן מודו דאפי' בחבל דעלמא לא שכיח שיהיה קשר של קיימא כשקושרו בפרה ובאבוס ולהכי לא גזור בחבל דגרדי: **מקפלים כלים כו'.** מכאן למדנו דאסור לקפל טליתות של בה"כ לפי שהם לורך מחר: **אבל יש לו להחליף לא.** ולנו שיש לנו להחליף אסור ומספקא ר"י אי קרי יש לו להחליף כשאין לו יפה כזה:

עין משפט נר מצוה

יא א מיי' וסמג שם טוש"ע שם סעיף ד:
יב ב מיי' שם הלכה ג טוש"ע שם סעיף ה:
יג ג מיי' שם הלכה ה טוש"ע שם סעיף ה:
יד ד ה מיי' פכ"ה מהל' שבת הלכה ג טוש"ע שם סעיף ז:
טו ו ז מיי' פכ"ו מהל' שבת הלכה א:
טז ח מיי' פכ"ג מהל' שבת הלכה ז:
יז ט מיי' פכ"ד מהל' שבת [הלכה כב] סמג לאוין סה טוש"ע א"ח סי' רסב סעיף ב:
יח י מיי' פ"ל הל' ג ופ"ה מהל' דעות הל' ט סמג עשין ג טוש"ע א"ח סי' רסב סעיף ג:
יט כ מיי' פכ"ד שם הלכה א סמג שם ולאוין סה טוש"ע א"ח סי' שו סעיף א:
כ ל מיי' שם הל' ב טוש"ע שם סעיף ו:

תורה אור השלם

א) אִם תָּשִׁיב מִשַּׁבָּת רַגְלֶךָ עֲשׂוֹת חֲפָצֶךָ בְּיוֹם קָדְשִׁי וְקָרָאתָ לַשַּׁבָּת עֹנֶג לִקְדוֹשׁ יְיָ מְכֻבָּד וְכִבַּדְתּוֹ מֵעֲשׂוֹת דְּרָכֶיךָ מִמְּצוֹא חֶפְצְךָ וְדַבֵּר דָּבָר: [ישעיה נח, יג]

מסורת הש"ס

א) לעיל ע: קו: [וש"נ], ב) פסחים קט: ע"ז לב:, ג) פסחים יא., ד) [עירובין לז. קב: סוכה לג:], ה) ב"ח א"ר חייא א"ר יוחנן, ו) [לקמן קמג:], ח) [לקמן קמ:], ט) ב"מ יד: קידושין נה., ט) לעיל נ: עירובין עז., י) [יומא מו. סוכה נד:], כ) [תוס' פי"ג], ל) ב"ק לא. סנהדרין דף לד:, מ) [לקמן קנ.]

הגהות הב"ח

(א) גמ' אלא בחבל דגרדי:

גליון הש"ס

רש"י ד"ה מותר לטלטלן כו' ולא הוה מלאכתו לאיסור. ע"ל קכג ע"ב תד"ה כיון: שם ד"ה מהו וכו' והוי"ל דבר שמלאכתו לאיסור. עי' לקמן קכג ע"א תד"ה נסרים:

רב נסים גאון

דלת והנח לה שעורים תבן ומים כמו שאמר והניח לפניה שעורים תבן ומים והיתה אוכלת ושותה לפיכך אמרו כשם שהצדיקים הראשונים חסידים כך בהמתן חסידין ומעשה חמורו של ר' פנחס בן יאיר מפרש בפרק א' מן שחיטת חולין (דף ז) ר' פינחס בן יאיר הוה אזיל לפדיון שבויים כו' איקלע לההוא אושפיזא רמו שערי לחמריה ולא אכלה נקרונהו ולא אכל המוציאנהו לא אכל אמר להו דילמא לא מעשרן עשרונהו ואכל אמר להו עני זה הולך לעשות רצון קונו ואתם מאכילין אותו טבלין ואיתא נמי במסכת דמאי (פרק א) ובמסכת שקלים בגמ' דבני מערבא (פרק ה): יש לו להחליף יחליף אין לו להחליף ישלשל בבגדיו. בבראשית דר' הושעיא (פרשה יא) משכחת לה ומפרש בתוספתא ויברך אלהים את יום השביעי ברכו בעטיפה ר' הונא אמר צריך להחליף אבין בר חסדאי אמר צריך לשלשל ר' ירמיה ור' זעירא אמרו צריך לשלשל.

ליקוטי רש"י

מאי נפקא לך מינה. בין חלוקין בין לא חלוקין הלכה כמותו [ע"ז לב:]. אי אמינא הלכה כל שכן דאי לא פליגי הלכתא היא. אמר ליה גמרא גמור וזמורתא תהא. משל שוטים הוא כלו זמר [ביצה כד:]... אומר השמועה בזמירה בעלמא בלא לורך [לעיל קו:]. **קושרין דלי בפסקיא.** דלאו קשר שעשוי ... מפסיד פסיקייא שלו בכך. **אבל לא בחבל.** שמא יניחנו שם עולמית. **אי לימא חבל דעלמא.** ... שמא יניחנו שם. **חבל דגרדי.** שאינו ראוי למילוי מים תמיד ור' יהודה מתיר ולא גזר גבי שבת ... משום חומרא דשבת פרשי אינשי מאיסורא דיליה ומזכרין הן. **לא יהא קושרו.** דהוי קשר של קיימא ... עניבה אטו קשירה [פסחים יא.]. **אלא עונבו.** ואיסור מלאכה ליכא דעניבה לאו קשירה [סוכה לג:]. ... **או פסקיא.** פיישל"א שכורכין סביבות שוקיים. **שלא יענבנו.** גזירה משום קשירה הואיל ועסוק ... עניבה גופא קשירה היא. וחייבין עליה משום אב מלאכה [עירובין צז.]. אין חילוק בין עניבה לקשירה ... קנה של אורגים [לקמן קמ:]. **אין ולאו.** לא היה מחזיק בדבריו לא לאיסור ולא להיתר פעמים שאמר ... ורפיא בידיה ולא היתה מוחזקת הוראה זו בידו [קידושין סה.]. תחילה אמר אין וחזר ואמר לאו רפוי ... **הטומן לפת.** להשתמר בקרקע שכן דרכו הא דנקט מקלת עליו מגולין משום ניטלין בשבת נקט ... דאי אין מקלת עליו מגולין אין לו במה לאוחזו אלא אם כן מזיז העפר בידים [לעיל נ:]. **הטומן.** ... **מקצת עליו מגולין.** משום שבת נקט ליה דבעי למיתני ניטלין בשבת שנוטלן ואוחזן בעלין שלהן. **לא** ... כלאי הכרם [שם:]. דאין זו שתילה [לעיל נא.]. **ולא משום שביעית.** אם שנה שביעית היא. **ולא** ... נשרש וניתוסף ואם היה חושש למעשר צריך לעשר את תוספתו ליכא למיחש להכי דלא נשרש [עירובין] ... אגב קרקע והרי הוא כלוקטה מתחלה ויהא צריך לעשר על הנוסף שמא ניתוסף. **וניטלין בשבת.** ... המגולין ולא חייש אם העפר ניזוז מאליו [לעיל שם]. **וחלבי שבת.** של תמיד של בין הערבים קריבין ... ביום הכפורים שחל במולאי שבת [סוכה נד:]. **רמות רוחא.** גסות [לעיל צד.].

רבינו חננאל

כולן אלא קתני כל הכף כולו סתמא והאי כף סתמא שאם נפסק עדיין טמא הוא ככף של תרסיות קתני והוא שבמקום העקב ומאוזן לאוזן הוא סביב העקב והאי דקתני הכף שלו שאם נפסק רובו טהור. הכף של סנדל שהוא מן הסנדל גופו אם ניטל רובו טהור. ואקשי' ומי סבר לה ר' יוחנן כר' יהודה והאמר ר' יוחנן הלכה כסתם משנה. ותנן סנדל שנפסקה אחת מאזניו ותיקנה טמא מדרס. מאי לאו לא שנא פנימית ול"ש חיצונה כיון דמשתריא חדא מינייהו טמא. ודחי' לא נפסקה פנימית שנינן אבל נפסקה חיצונה טהור ואמרי' אי אישתביקא בכללא אפשר לשנויי כדקאמרת. אלא מדקתני סיפא נפסק שניה ותיקנה טהור מן המדרס אבל טמא מגע מדרס דהא פריט בה ומפרש סוף מאי דאית בה ואי דוקא פנימית קתני אדמפרש אם נפסקה אח"כ שניה ותיקנה נפלוג בקמייתא וניתני בד"א שנפסקה פנימית אבל נפסקה חיצונה טהור ופרקי' אמר רב יצחק ב"ר יוסף תהא משנתנו בסנדל שיש לו ד' אזנים וד' תרסיותים ובהאי סנדל תנינן נפסקה אחת מאזניו סתם משמע אפי' חיצונית והוא כגון סנדל שיש לו ב' אזנים פנימיות זו מצד זו וב' חיצונות זו מצד זו שאם תפסק אחת מן החיצונות הא קיימא חברתא בדוכתא דהיא נמי חיצונית ובחדא פנימית וכנגדה חדא חיצונה סגיא ומשום הכי טומאתו של סנדל בדוכתא קיימא אבל היכא דליכא חיצונה אלא חדא ונפסקה בטל ההוא סנדל מתורת כלי דפנימית לחיזוק בעלמא עבידא. ודרך הסנדל אזן אחת חיצונה ואזן אחת פנימית ויש שעוש' שתים שתים אם תפסק האחת תשאר האחרת במקומה ועל זה שנינו נפסקה טמא. כי אתא רבין אמר משמיה דרב הלכה כר' יהודה ור' יוחנן אמר אין הלכה כר' יהודה ואסיקנא אמוראי נינהו ואליבא דר' יוחנן כלומר יש אמורא שאומר מדמתרץ ר' יוחנן אליבא דר' יהודה ש"מ הלכתא כר' יהודה ויש מי שאומר כי בפירוש א"ר יוחנן אין הלכה כר' יהודה ואע"ג דמספקא לן הי מנייהו דוקא כיון דאשכחנא רב יוסף דעבד עובדא כר' יהודה ורב נמי אמר הלכה כר' יהודה ורב יצחק בר יוסף נמי מתרץ וא' תהא משנתנו בסנדל שיש לו ד' אזנים וד' תרסיותים כדי שלא לשבור דבריו של ר' יוחנן עבדינן כר' יהודה: תנן כל כלי בעלי בתים שיעורן כרימונים בעי חזקיה ניקב כמוציא זית וסתמן וחזר וניקב נקב אחר דהוו נקבים זה בצד זה וכל אחד סותמו קודם שניקב הנקב האחר והוו להו כולהו במוציא רימון מי אמרינן כיון דאית בהו בכולהו שיעור רימון טהור אותו כלי מטומאתו או דלמא כיון דבעידנא דכד ניקב האי ניקבא הנקב הראשון סתום היה וכיון שנסתם כאילו לא ניקב הוא וכיוצא בה בעי בעושין פסין [כ"ד ע"א] פרץ אמה וגדרה פרץ אמה וגדרה עד שהגיע [ליותר מי'] מהו וא"ל ר' יוחנן לא שנית לנו סנדל שנפסקה אחת מאזניו ותיקנה טמא מדרס נפסקה שניה ותיקנה טהור מן המדרס אבל טמא מגע מדרס. פי' כשתפסק אחת מאזניו והוא טמא מדרס עדיין טומאתו עליו שבפסיקת אוזן אחת לא יצאה מתורת כלי ועמד ותיקנה כשתפסק השניה אע"פ שהראשונה מתוקנת היתה בשעה שנפסקה השניה בפסיקה שניה טהר מן המדרס שהיה טמא ופרחה אותה הטומאה אבל דומה כאלו נגע באותו ראשון שהיה טמא מדרס ונמצא זה השני טמא מגע מדרס ואליבא דרבנן איזו אוזן שנפסקה תחלה בין הפנימית בין החיצונית ונפסקה שניה אחריה כך דינה אבל אליבא דר' יהודה אם נפסקה החיצונית לאלתר טהור אבל אם נפסקה פנימית תחלה הרי היא בטומאתו וכשתפסק החיצונית טהור מן המדרס ולא יכלת לאוקומה הא מתני' אליבא דר' יהודה ולפום הדין פירושה דחזקיה ור' יוחנן בסנדל שיש לו ב' אזנים דקאמר מ"ש ראשונה אי מיפסקה אינו טהור דהא קיימא שניה אי אמרת חיצונה נפסקה תחלה הרי טהור מאלתר ואי אמרת פנימית נפסקה תחלה הכי [היכי] מקשי ליה שניה נמי אי מיפסקא לא לטהר דהא קיימא ראשונה ומ"ש (פנימית) [מפנימית] בדקיימא לר' יהודה אלא הכין אליבא ורחצת

The Gemara gives Rav Yehudah's response:

אֵין וְלָאו וְרַפְיָא בִּידֵיהּ – He would waver between **yes and no, and was irresolute** on the matter.

Another Amora's ruling on this question:

אִיתְּמַר – **It was stated:** אָמַר רַב נַחְמָן אָמַר שְׁמוּאֵל – **Rav Nachman said in the name of Shmuel:** כְּלֵי קִיוָּאֵי מוּתָּר לְטַלְטְלָן בְּשַׁבָּת – **It is permitted to move weavers' implements on the Sabbath,** אֲפִילוּ כּוֹבֶד הָעֶלְיוֹן וְכוֹבֶד הַתַּחְתּוֹן – **and even the upper beam and the lower beam,** אֲבָל לֹא אֶת הָעַמּוּדִים – **but not the posts.**[17]

An objection is raised to this ruling:

אָמַר לֵיהּ רָבָא לְרַב נַחְמָן – **Rava said to Rav Nachman:** מַאי שְׁנָא עַמּוּדִים דְּלֹא – **What is different about the posts that** they may **not** be moved on the Sabbath, while the other weavers' implements may? אִילֵימָא דְּקָעָבִיד גּוּמוֹת – **If you will say because** by lifting the posts **one makes holes** in the ground,[18] this cannot be, גּוּמוֹת מִמֵּילָא קָא הָוְיָין – because **the holes come into existence automatically.**[19] דִּתְנַן – **For we learned in a Mishnah:**[20] הַטּוֹמֵן לֶפֶת וּצְנוֹנוֹת תַּחַת הַגֶּפֶן – ONE WHO BURIES A TURNIP OR RADISHES in the ground UNDER A GRAPEVINE for storage, אִם מִקְצָת עָלָיו מְגוּלִּין – IF SOME OF ITS LEAVES ARE EXPOSED,[21] אֵינוֹ חוֹשֵׁשׁ – HE NEED NOT BE CONCERNED לֹא מִשּׁוּם כִּלְאַיִם וְלֹא מִשּׁוּם שְׁבִיעִית וְלֹא מִשּׁוּם מַעֲשֵׂר – FOR a violation of the laws of *KILAYIM,*[22] NOR FOR a violation of the laws of *SHEVIIS,*[23] NOR FOR an obligation for the laws of *MAASER,*[24] וְנִיטָּלִין בְּשַׁבָּת – AND [THE TURNIP OR RADISH] MAY BE REMOVED ON THE SABBATH by grasping its leaves. Now, removing the turnip or radish in this manner will surely result in a hole in the earth in which it is embedded. Yet the Mishnah permits this. Thus we can see that the resulting hole is not considered a product of his activity. Similarly, it should be permitted to remove the posts from the earth, although such action will result in holes in the ground. – ? –

The Gemara concedes this point, and explains the prohibition against removing the posts from the ground differently:

בְּשָׂדֶה לֹא אָתֵי לְאַשְׁוּוּיֵי גוּמוֹת – **In a field, one will not come to level the holes** in the ground. Thus, one may remove partially buried vegetables from the earth in which they are embedded, for there is no concern that he will subsequently fill up the holes that result from the removal of the vegetables. הָכָא בְּבַיִת – **Here** however, in regard to the weaver's posts, which are situated **in the house,** אָתֵי לְאַשְׁוּוּיֵי גוּמוֹת – **one will come to level the holes** in the ground which result from the removal of the posts.[25]

An inquiry concerning a matter with which the Gemara dealt previously:

בְּעָא מִינֵּיהּ רַבִּי יוֹחָנָן מֵרַבִּי יְהוּדָה בַּר לִיוַאי – **R' Yochanan inquired of R' Yehudah bar Livai:** כְּלֵי קִיוָּאֵי כְּגוֹן כּוֹבֶד הָעֶלְיוֹן וְכוֹבֶד הַתַּחְתּוֹן – **Weavers' implements, such as the upper beam and the lower beam,** מַהוּ לְטַלְטְלָן בְּשַׁבָּת – **what is [the law] as far as moving them on the Sabbath?** אָמַר לֵיהּ – **He said to him:** אֵין מְטַלְטְלִין – **They may not be moved.** מַה טַּעַם – **What is the reason?** לְפִי שֶׁאֵין נִיטָּלִין – **Because they are not taken,** i.e. moved. Since even during the weekdays they are not moved due to their extreme heaviness, they are designated as *utensils used for prohibited work,* which are *muktzeh* on the Sabbath.[26]

Mishnah Since the preceding Mishnah (111b) deals with various forms of adjusting garments having to do with tying knots, the Tanna proceeds to discuss another rule concerning the adjustment of clothes on the Sabbath:[27]

מְקַפְּלִין אֶת הַכֵּלִים אֲפִילוּ אַרְבָּעָה וַחֲמִשָּׁה פְּעָמִים – **One may fold garments even four or five times,**[28] וּמַצִּיעִין אֶת הַמִּטּוֹת מִלֵּילֵי שַׁבָּת לְשַׁבָּת – **and one may make the beds on the night of the Sabbath for the Sabbath** daytime, אֲבָל לֹא מִשַּׁבָּת לְמוֹצָאֵי שַׁבָּת – **but not on the Sabbath for the night after the Sabbath.**[29]

NOTES

17. There were many kinds of looms in use in Talmudic times. In one kind, the vertical, two-beam type (as opposed to the treadle type, which lay horizontally), two upright, perforated posts placed into holes in the ground supported the upper and lower beams to which the warp was connected (see note 15). Women generally wove on this type of loom (*Rashi,* as explained by *Maaseh Oreg* pp. 31-33; see there for a sketch of this loom and for an explanation of the purpose the perforations in the posts served; cf. *Chazon Ish Keilim* 26:6). Rav Nachman states that these posts may not be moved on the Sabbath.

18. Since the posts are set into the ground, pulling them out of the ground involves the moving of earth and the making of a hole in the ground [which is included in the *melachah* of בּוֹנֶה, *building* (see above, 73b)] (*Rashi;* see *Meromei Sadeh*).

19. I.e. the removal of the posts does not create the existence of the hole. The holes were there from beforehand, with their space occupied by the posts. By taking out the posts (which were not placed there permanently), the person is merely exposing the holes already present. This does not constitute an act of digging (*Beis Meir* to *Orach Chaim* 314; cf. *Magen Avraham* ad loc. §5).

20. *Kilayim* 1:9.

21. The requirement that some of the leaves be exposed is necessary only for the Sabbath ruling at the end of the Mishnah. This is because if none of the leaves are exposed, there would be no way to take hold of the vegetables [without directly moving the *muktzeh* earth (see *Rashi* above, 50b ד״ה הטומן)]. The other rulings, however (regarding *kilayim, sheviis,* and *maaser*), hold true even if none of the leaves are exposed (*Rashi*).

22. [There are several mixtures (called *kilayim*) which are forbidden by the Torah. Specifically, this Mishnah refers to the prohibition against planting greens or grain in a vineyard (*kilei hakerem*). The Mishnah teaches that one need not be concerned that by burying these vegetables under a vineyard he has planted *kilayim,*] since the vegetables have not taken root (*Rashi*).

23. In the seventh, *shemittah* year, he need not worry that he is considered to be planting these vegetables.

24. We do not say that the already-tithed vegetables are considered subordinate to the ground, thus making their removal a new act of harvesting and necessitating a new tithing [for any possible additional growth (*Rashi* above, 51a ד״ה ולא)] (*Rashi*).

25. In a house, filling up holes with dirt is prohibited on account of "building" – see 73b above. Thus, although the removal of the posts per se is not considered an act of digging, nonetheless it is prohibited on the grounds that one may later come to fill up the resulting holes with dirt (*Rashi*). However, the removal of vegetables from outdoor field earth is not prohibited, because it is quite normal for that ground to have holes. Thus, there is no concern that one might come to fill them up.

26. *Rashi,* as understood by *Maggid Mishneh* to *Hil. Shabbos* 26:1.

27. *Tos. Yom Tov.*

28. When a garment was taken off, it was customary to fold it, so as to prevent it from getting wrinkled. If not folded, the garment, which had lost its stiffness due to laundering, would become creased. The Mishnah rules that one who takes off his clothes on the Sabbath may fold them to wear them later on the same day. This is permissible as many times during the day as necessary ("even four or five times"), as long as he still needs them for use that Sabbath (see *Rashi*).

29. Because of the prohibition of preparing on the Sabbath for the weekdays (see *Raavad* to *Rambam, Hil. Shabbos* 23:7 and *Maggid Mishneh* there; cf. *Aruch HaShulchan, Orach Chaim* 302:10-11).

Some explain that this refers to beds used for sleeping (*Aruch HaShulchan* ibid. §13). It is also possible that the reference is to couches formerly used to recline on during the meal (*Yad David [Basra]*; see also note 8 to the *Kafich* edition of *Rambam's Commentary to Mishnah,* and *Mishneh Berurah* 262:2). The Mishnah would then mean that one may prepare the couch after the Friday night meal for the meal on Saturday morning, but not after that meal for a meal on Saturday night.

חדא מינייהו בטולי מבטיל קמ"ל אמר רב יוסף אמר רב יהודה אמר שמואל הלכה כרבי אליעזר בן יעקב א"ל אביי הלכה מכלל דפליגי אמר ליה מאי נפקא לך מינה אמר ליה גמרא גמור זמורתא תהא: **מתני'** קושרין דלי בפסקיא אבל לא בחבל רבי יהודה מתיר כלל אמר רבי יהודה כל קשר שאינו של קיימא אין חייבין עליו: **גמ'** חבל דמאי אי לימא חבל דעלמא רבי יהודה מתיר קשר של קיימא הוא אלא (א) חבל דגרדי למימרא דרבנן סברי גזרינן חבל דגרדי אטו חבל דעלמא ורבי יהודה סבר לא גזרינן ורמינהו חבל דלי שנפסק לא יהא קושרו אלא עונבו ורבי יהודה אומר כורך עליו פונדא או פסקיא ובלבד שלא יענבנו קשיא דר' יהודה אדרבי יהודה קשיא דרבנן אדרבנן דרבנן אדרבנן לא קשיא חבל בחבל מיחלף עניבה בקשירה לא מיחלפא דר' יהודה אדרבי יהודה לא קשיא התם לא משום דמיחלפא עניבה בקשירה אלא עניבה גופה קשירה היא א"ר אבא אמר רב חייא בר אשי אמר רב מביא אדם חבל מתוך ביתו וקושרו בפרה ובאיבום איתיביה רבי אחא אריכא דהוא רבי אחא בר פפא לרבי אבא חבל שבאיבום קושרו בפרה ושבפרה קושרו באיבום ובלבד שלא יביא חבל מתוך ביתו ויקשור בפרה ובאיבום התם חבל דעלמא הכא חבל דגרדי אמר רב יהודה אמר שמואל כלי קוואי מותר לטלטל בשבת בעו מיניה מרב יהודה כובד העליון וכובד התחתון מהו אין ולאו ורפיא בידיה איתמר רב נחמן אמר שמואל כלי קוואי מותר לטלטל בשבת אפילו כובד העליון וכובד התחתון אבל לא את העמודים א"ל רבא לרב נחמן מאי שנא עמודים דלא אילימא דקעביד גומות גומות ממילא קא הויין דתנן הטומן לפת וצנונות תחת הגפן אם מקצת עליו מגולין אינו חושש לא משום כלאים ולא משום שביעית ולא משום מעשר וניטלין בשבת בשדה לא אתי לאשווי גומות הכא בבית אתי לאשווי גומות בעא מיניה ר' יוחנן מרבי יהודה בר ליואי כלי קוואי כגון כובד העליון וכובד התחתון מהו לטלטל בשבת אמר ליה אין מטלטלין מה טעם לפי שאין ניטלין: **מתני'** מקפלין את הכלים אפילו ארבעה וחמשה פעמים ומציעין את המטות מלילי שבת לשבת אבל לא משבת למוצאי שבת רבי ישמעאל אומר מקפלין את הכלים ומציעין את המטות מיום הכיפורים לשבת וחלבי שבת קריבין ביום הכיפורים אבל לא של יוה"כ בשבת ר"ע אומר לא של שבת קריבין ביום הכיפורים ולא של יום הכיפורים קריבין בשבת: **גמ'** אמרי דבי רבי ינאי לא שנו אלא באדם אחד אבל בשני בני אדם לא ובאדם אחד נמי לא אמרן אלא בחדשים אבל בישנים לא וחדשים נמי לא אמרן אלא בלבנים אבל בצבועים לא ולא אמרן אלא שאין לו להחליף אבל יש לו להחליף לא תנא של בית רבן גמליאל לא היו מקפלים כלי לבן שלהן מפני שהיה להן להחליף אמר רב הונא אם יש לו להחליף יחליף ואם אין לו להחליף ישלשל בבגדיו מתקיף לה רב ספרא והא מיתחזי כרמות רוחא כיון דכל יומא לא קעביד והאידנא הוא דקא עביד לא מיתחזי כרמות רוחא וכבדתו מעשות דרכיך שלא יהא מלבושך של שבת כמלבושך של חול וכי הא דרבי יוחנן קרי למאניה מכבדותי מעשות דרכיך שלא יהא הילוכך של שבת כהילוכך של חול ממצוא חפצך חפציך אסורין חפצי שמים מותרין ודבר דבר

שלא

רש"י

חדא מינייהו. אחד מן הראשים [ול"א] חד מינייהו מבטל ליה כשיוציא הבהמה לא יתיר אלא התחתון ויוציאנה בדוחק: **מכלל דפליגי.** בתמיה ואמאי איפלגו הא דמי להנך דלעיל: **מתני' קושרין דלי בפסקיא.** ע"פ הבור דפסקיא לא מבטל [ליה] התם: **אבל לא בחבל.** דמבטל ליה התם והוי קשר של קיימא שהרי קשור ותלוי שם תמיד: **ורבי יהודה מתיר.** בגמרא מפרש: **גמ' בחבל דגרדי.** פליגי דצריך לה ולא מבטל לה: **חבל דלי שנפסק.** באמצעיתו: **לא יהא קושר.** דקשר של קיימא הוא לעולם: **כורך עליו.** מחבר שני ראשי הפיסוק זה על זה וכורך עליהם פונדא אזור חלול או פסקיא פייסול"א: **ובלבד שלא יענבנו.** לחבל דר"י סבר גזרינן עניבה אטו קשירה ורבנן לא גזרו: **מיחלף.** אינו ניכר בין זה לזה ואי שרינן בדגרדי אתי למישרי בדעלמא: **וקושרו בפרה.** ראשו אחד והשני באבוס ולא חיישינן שמא כשיתיר הפרה לא יתיר אלא הקשר שבראשה ויבטל החבל באבוס שיהא מוכן לכך או יתיר שבאבוס ויבטל אותו שבפרה ונמצא האחד של קיימא: **כלי קוואי.** כלי אורגים ואיידי דאיירי בחבל דגרדי נקט לה הכא: **מותר לטלטל.** לשני הקנים לתשמיש אחר ואשמעינן דאין גרדי מקפיד עליהם ולא הוי מלאכתו לאיסור: **כובד העליון והתחתון.** אנסובל"ש בלע"ז. **מהו.** מי אמרינן איידי דיקירי לא חזו לתשמיש אחרינא והוה ליה דבר שמלאכתו לאיסור: **ורפיא בידיה.** רפויה היתה התשובה בפיו אם לאסור אם להתיר: **העמודים.** טריטו"ש בלע"ז אותם המנוקבות שאורגין בהן הנסכים: **דקא עביד גומא.** כשמוללן מן הארץ שהן תחובות בגומא מזיז העפר ועביד גומא מקום העמוד: **מקצת עליו מגולין.** משום ניטלין בשבת נקט לה דאי לא הוי מגולין אין לו במה לאוחזו: **אינו חושש.** לפי שאינה מושרשת: **ולא משום מעשר.** להיות בטילה בנטיעה זו וכשנוטלה יצטרך לחזור ולעשר: **לפי שאין ניטלין.** אף בחול מפני כובדן הלכך כל מלאכתן לכך: **מתני' מקפלין את הכלים.** בגדים כשפושטן מקפלין מפני שמתרככין מכיווצם ומתקמטי' כשאינן מקופלים: **אפי' ד' וה' פעמים.** כדי לחזור וללובשן בו ביום: **מיוה"כ לשבת.** כגון אם חל יוה"כ להיות בע"ש: **קריבין ביוה"כ.** שחל להיות במוצאי שבת: **גמ' בשני בני אדם.** כשמקפלין אותן מפסטין קמטיהן ונראין כמתקנין: **ישנים.** קיפולן מתקנן יותר מן החדשים שהחדשים קשין מאליהן ואין ממהרין לקמוט: **צבועין.** קיפולן מתקנן: **יש לו.** אחרים להחליף היום לא: **כלי לבן שלהן.** רבותא נקט וכל שכן לצבועים: **יש לו להחליף יחליף.** מי שיש לו בגדים לבד מאותן שלבש בחול יחליפם בשבת: **ישלשל בבגדיו.** כלפי מטה שיראו ארוכים והוא מדת עשירים היושבים בביתם ואינם צריכים לסלק בגדיהם מן הארץ בשביל מלאכה וכבוד שבת הוא: **מכבדותי.** שמכבדין בעליהן: **שלא יהא הילוכך כו'.** לקמן מפרש להו: **ממצוא חפצך.** כי ההוא דאמרינן בעירובין (דף לח:) לא יטייל אדם לסוף שדהו בשבת לידע מה היא צריכה [אחר השבת]: **חפצי שמים מותרים.** כגון פוסקים צדקה ומשדכין על התינוקות ליארס (לקמן קנ.):

שלא

תוספות

כלל אמר ר"י. תימה היכא קאי אי אמילתיה קמייתא התם מתיר לגמרי והכא קתני אין חייבין עליו משמע הא איסורא איכא כדדייק הש"ס לעיל וי"ל דה"ק כל קשר שאינו של קיימא אין חייבין עליו הא של קיימא חייבין עליו ואפי' עניבה לאפוקי מדרבנן דאמרו עניבה לאו היינו קשירה א"נ אמאי דקתני ברישא אין חייבין עליהם קאי רבי יהודה:

התם חבל דעלמא הכא חבל דגרדי. וקמ"ל רב דלא גזרינן חבל דגרדי אטו חבל דעלמא וכר' יהודה א"נ אפי' רבנן מודו דאפי' בחבל דעלמא לא שכיח שיהיה קשר של קיימא כשקושרו בפרה ובאבוס והכי לא גזור בחבל דגרדי:

מקפלים כלים כו'. מכאן למדנו דאסור לקפל טליתות של ב"ה לפי שהם צורך מחר: **אבל** יש לו להחליף לא. ולנו שיש לנו להחליף אסור ומסתפק ר"י אי קרי יש לו להחליף כשאין לו יפה כזה:

מסורת הש"ס

א) לעיל מ: קו: [ופ"ג], ב) כלים כד, ע"ז לב:, ג) פסחים יא., ד) פסחים שם, ה) [עירובין לז. קב: סוכה לג:], ו) נ"א ר' חייא א"ר יוחנן, ז) [לקמן קמ:], ח) [לקמן קנו:], ט) ב"מ יד: קידושין סה., י) כלאים פ"א מ"ט לעיל נ: עירובין עז., כ) [יומא מו. סוכה נד:], ל) [תוס' פ"י], מ) ב"ק לא., נ) סנהדרין דף לד:, ס) [לקמן קנ.]

הגהות הב"ח

(א) גמ' אלא בחבל דגרדי:

גליון הש"ס

רש"י ד"ה מותר לטלטל כו' ולא הוה מלאכתו לאיסור. ע"ל קכג ע"ב תד"ה רחת: שם ד"ה מהו וכו' והו"ל דבר שמלאכתו לאיסור. ע"ל לקמן קכב ע"א תד"ה כסוי:

רב נסים גאון

דלת והנח לה שעורים תבן ומים עמד והניח לפניה שעורים תבן ומים והיתה אוכלת ושותה לפיכך אמרו כשם שהצדיקים הראשונים חסידים כך בהמתן חסידין ומעשה חמורו של ר' פנחס בן יאיר מפרש בפרק א' מן שחיטת חולין (דף ז) ר' פינחס בן יאיר הוה אזיל לפדיון שבויים כו' איקלע לההוא אושפיזא רמו שערי לחמריה ולא אכלה נקרונהו ולא אכל המושינהו לא אכל אמר להו דילמא לא מעשרן עשרונהו ואכל אמר להו עני זה הולך לעשות רצון קונו ואתם מאכילין אותו טבלין ואיתא נמי במסכת דמאי (פרק א) ובמסכת שקלים דבני מערבא (פרק ה): **יש לו להחליף** יחליף אין לו להחליף ישלשל בבגדיו. בבראשית דר' הושעיא (פרשה יא) משכחת לה ומפרש בתוספתא ויברך אלהים את יום השביעי ברכו בעטיפה ר' הונא אמר צריך להחליף אבין בר חסדאי אמר צריך לשלשל ר' ירמיה ור' זעירא אמרו צריך לשלשל:

ליקוטי רש"י

מאי נפקא לך מינה. בין תלמוך בין לא תלמוך הלכה כמותו [ע"ז לב:]. אי אמינא הלכה כל שכן דאי לא פליגי הלכתא היא. **אמר ליה גמרא גמור זמורתא תהא.** משל שוטים הוא כמו זמון וזמין תגרא אקרי (ב"מ מ:) כך גמרא גמור אומר לתלמיד שוטה למוד הן אמת הן שבוש ויהא לך לומר ושיר [ביצה כד.]. בתמיה אביי תלמידו של רב יוסף וקא"ל אתה מלמדנו לומר הלכה כמותו ותהא כזמר בעלמא דאי אין חולקין הלכה למה לי [ע"ז שם]. אומר השמועה בזמירה בעלמא בלא צורך [לעיל קו:]. **קושרין דלי בפסקיא.** דלאו קשר שעשוי להתקיים הוא דאינו מפסיד פסקייא שלו בכך. **אבל לא בחבל.** שמא יניחנו שם עולמית. **אי לימא חבל דעלמא.** שמשמישו לכך ואיכא למיחש שמא יניחנו שם. **חבל דגרדי.** שאינו ראוי למילוי מים תמיד ור' יהודה מתיר ולא גזר גבי שבת כדאוקימנא טעמא דמשום חומרא דשבת פרשי אינשי מאיסורא דיליה ומזכרין הן. **לא יהא קושרו.** דהוי קשר של קיימא אלא עונבו ולא גזרינן עניבה אטו קשירה [פסחים יא.]. **אלא עונבו.** ואיסור מלאכה ליכא דעניבה לאו קשירה [סוכה לג:]. **כורך.** כריכה בעלמא. **או פסקיא.** פייסל"א שכורכין סביבות שוקיים. **שלא יענבנו.** גזירה משום קשירה הואיל ועסוק בכך [פסחים שם]. **עניבה גופא קשירה היא.** וחייבין עליה משום אב מלאכה [עירובין צז.]. אין חילוק בין עניבה לקשירה [שם קב:]. **כלי קוואי.** קנה של אורגים [לקמן קמ:]. **אין ולאו.** לא היה מחזיק בדבריו לא לאיסור ולא להיתר פעמים שאמר הן ופעמים שאמר לאו ורפיא בידיה ולא היתה מוחזקת הוראה זו בידו [קידושין סה.]. תחילה אמר אין וחזר ואמר לאו רפוי היה הדבר בידו [ב"מ יד:]. **הטומן לפת.** להשתמר בקרקע שכן דרכו הא דנקט מקצת עליו מגולין משום ניטלין בשבת נקט לה ולאו משום מידי אחריני דאי אין מקצת עליו מגולין אין לו במה לאוחזו אלא אם כן מזיז העפר בידים [לעיל נ:]. **הטומן.** להצניע [עירובין עז.]. **מקצת עליו מגולין.** משום שבת נקט ליה דבעי למיתני ניטלין בשבת שנוטלן ואוחזן בעלין שלהן. **לא משום כלאים.** משום כלאי הכרם [שם:]. דאין זו שתילה [לעיל נא.]. **ולא משום שביעית.** אם שנה שביעית היא. **ולא משום מעשר.** לשמא נשרש וניתוסף ואם היה חושש למעשר צריך לעשר את תוספתו ליכא למיחש להכי דלא נשרש [עירובין שם]. דנימא בטלה לה אגב קרקע והרי הוא כלוקטה מתחלה ויהא צריך לעשר על הנוסף שמא ניתוסף. **וניטלין בשבת.** שאוחזו במקצת עליה המגולין ולא חייש אם העפר ניזוז מאליו [לעיל שם]. **וחלבי שבת.** של תמיד של בין הערבים קריבין ביום הכפורים שחל במוצאי שבת [סוכה נד:]. **רמות רוחא.** גסות [לעיל צד.].

עין משפט נר מצוה

יא א מיי' פ"י מהל' שבת הלכה א סמג לאוין סה טוש"ע או"ח סי' שיז סעיף ד:
יב ב מיי' שם הלכה ג טוש"ע שם סעיף ג:
יג ג מיי' שם הלכה ה טוש"ע שם סעיף ה:
יד ד ה מיי' פכ"ו מהל' שבת הל' ג טוש"ע שם סעיף ז:
טו ו ז מיי' פכ"ו מהל' שבת הלכה ה:
טז ח מיי' פכ"ב מהל' שבת הלכה ז:
יז ט מיי' פ"ל מהל' שבת [הלכה ג] סמג לאוין סה טוש"ע או"ח סי' רסב סעיף ב:
יח י מיי' פ"ל שם הל' ג ופ"ה מהל' דעות הל' ט סמג עשין ג טוש"ע או"ח סי' רמב סעיף ג:
יט כ מיי' פכ"ד שם הלכה א סמג שם ולאוין סה טוש"ע או"ח סי' שו סעיף א:
כ ל מיי' שם הל"ב טוש"ע שם סעיף ו:

תורה אור השלם

א) אִם תָּשִׁיב מִשַּׁבָּת רַגְלֶךָ עֲשׂוֹת חֲפָצֶךָ בְּיוֹם קָדְשִׁי וְקָרָאתָ לַשַּׁבָּת עֹנֶג לִקְדוֹשׁ יְיָ מְכֻבָּד וְכִבַּדְתּוֹ מֵעֲשׂוֹת דְּרָכֶיךָ מִמְּצוֹא חֶפְצְךָ וְדַבֵּר דָּבָר: [ישעיה נח, יג]

רבינו חננאל

כולן אלא קתני כל הכף כולו סתמא ואי האי כף סתמא שאם נפסק עדיין טמא הוא כך של תרסיות קתני והוא שבמקום העקב ומאזון לאזון הוא סביב העקב והאי דקתני הכף שלו שאם נפסק רובו טהור. הכף של סנדל שהוא מן הסנדל גופו אם ניטל רובו טהור. ואקשי' ומי סבר לה ר' יוחנן כר' יהודה והאמר ר' יוחנן הלכה כסתם משנה. ותנן סנדל שנפסקה אחת מאזניו ותיקנה טמא מדרס. מאי לאו לא שנא פנימית ול"ש חיצונה כיון דמשתרא חדא מינייהו טהור. ודחי' לא נפסקה פנימית שנינן אבל נפסקה חיצונה טהור ואמרי' אי אישתביקא בכללא אפשר לשנויי כדקאמרת. אלא מדקתני סיפא נפסקה שניה ותיקנה טהור מן המדרס אבל טמא מגע מדרס דהא פריט בה ופרש סוף מאי דאית בה ואי דוקא פנימית קתני אדמפרש אם נפסקה שניה ותיקנה נפלוג בקמייתא וניתני בד"א שנפסקה פנימית אבל נפסקה חיצונה טהור ופרקי' אמר רב יצחק בר יוסף תהא משנתנו בסנדל שיש לו ד' אזנים וד' תרסיותים ובהאי סנדל תנינן נפסקה אחת מאזניו טמא שמע אפי' חיצונית והוא כגון סנדל שיש לו ב' אזנים פנימיות וב' אזנים חיצונות מצד זו ומצד זו שאם תפסק אחת מן החיצונות הא קיימא חברתא בדוכתא דהיא נמי חיצונית ובהדא פנימית וכנגדה חדא חיצונה סגיא ומשום הכי טומאתו של סנדל בדוכתא קיימא אבל

היכא דליכא חיצונה אלא חדא ונפסקה בטל ההוא סנדל מתורת כלי דפנימית לחיזוק בעלמא עבידא. ודרך הסנדל אזן אחת חיצונה ואזן אחת פנימית ויש שעושין שתים שתים אם תפסק האחת תשאר האחרת במקומה ועל זה ישנו נפסקה טמא. כי אתא רבין אמר משמיה דרב הלכה כר' יהודה ור' יוחנן אמר אין הלכה כר' יהודה ואסיקנא אמוראי נינהו ואליבא דר' יוחנן כלומר יש אמורא שאומר מדמתרץ ר' יוחנן אליבא דר' יהודה ש"מ הלכתא כר' יהודה ויש מי שאומר כי בפירוש א"ר יוחנן אין הלכה כר' יהודה ואע"ג דמספקא לן הי מנייהו דוקא כיון דאשכחנא רב יהודה ורב נמי אמר הלכה כר' יהודה ורב יצחק בר יוסף נמי מתרץ וא' תהא משנתנו בסנדל שיש לו ד' אזנים וד' תרסיותים כדי שלא לשבור דבריו של ר' יוחנן עבדינן כר' יהודה: תנן כל כלי בעלי בתים שיעורן כרמונים ובעי חזקיה ניקב כמוציא זית וסתמן וחזר וניקב נקב אחר דהוו נקבים זה בצד זה וכל אחד סותמו קודם שיגיע לכמוציא רימון [illegible] להו כולהו במוציא רימון מי אמרינן כיון דאית בהו בכולהו שיעור רימון טהור אותו כלי [illegible] דבעידנא דכד ניקב האי ניקבא הנקב הראשון סתום היה וכיון שנסתם כאילו לא ניקב הוא וכיוצא [illegible] [כ"ד ע"א] פרץ אמה וגדרה פרץ אמה וגדרה עד שהגיע [ליותר מי'] מהו וא"ל ר' יוחנן לא שנית [illegible] מאזניו ותיקנה טמא מדרס נפסקה שניה ותיקנה טהור מן המדרס אבל טמא מגע מדרס. פי' כשתפסק [illegible] טמא מדרס עדיין טומאתו עליו שבפסיקת אוזן אחת לא יצאה מתורת כלי ועמד ותיקנה כשתפסק ה[illegible] מתוקנת היתה בשעה שנפסקה השניה בפסיקה שניה טהר מן המדרס שהיה טמא ופרחה אותה הט[illegible] נגע באותו ראשון שהיה טמא מדרס ונמצא זה השני טמא מגע מדרס ואליבא דרבנן איזו אוזן שנפס[illegible] בין החיצונית ונפסקה שניה אחריה כך דינה אבל אליבא דר' יהודה אם נפסקה החיצונית לאלתר [illegible] פנימית תחלה הרי היא בטומאתו וכשתפסק החיצונית טהור מן המדרס ולא יכלת לאוקומה הא כ[illegible] ולפום הדין פירושה דחזקיה ור' יוחנן בסנדל שיש לו ב' אזנים דקאמר מ"ש ראשונה אי מיפסקה [illegible] שניה אי אמרת חיצונה נפסקה תחלה הרי טהור מאלתר ואי אמרת פנימית נפסקה תחלה הכי [היכי] מקשי ליה שניה נמי אי מיפסקא לא לטהר דהא קיימא ראשונה ומ"ש (פנימית) [מפנימית] בדקיימא לר' יהודה אלא הכין אליבא

ורחצת

Prior to the adoption of the present, fixed calendar, it was possible for Yom Kippur to occur immediately preceding or following the Sabbath, i.e. on a Friday or a Sunday. The Mishnah discusses what activities may be performed on one of these holy days for the sake of the other:

רַבִּי יִשְׁמָעֵאל אוֹמֵר – **R' Yishmael says:** מְקַפְּלִין אֶת הַכֵּלִים וּמַצִּיעִין אֶת הַמִּטּוֹת מִיּוֹם הַכִּיפּוּרִים לְשַׁבָּת – **One may fold garments and make the beds on Yom Kippur for the Sabbath,** i.e. if Yom Kippur falls on a Friday, he may make these preparations on Yom Kippur for the sake of the Sabbath. וְחֶלְבֵי שַׁבָּת קְרֵיבִין בְּיוֹם הַכִּיפּוּרִים – **And fats of the Sabbath** sacrifices **may be offered on Yom Kippur,** אֲבָל לֹא שֶׁל יוֹם הַכִּיפּוּרִים בְּשַׁבָּת – **but** those **of Yom Kippur** may **not** be offered **on the Sabbath.**[30] רַבִּי עֲקִיבָא אוֹמֵר לֹא שֶׁל שַׁבָּת קְרֵיבִין בְּיוֹם הַכִּיפּוּרִים – **R' Akiva says: Neither those of the Sabbath may be offered on Yom Kippur,** וְלֹא שֶׁל יוֹם הַכִּיפּוּרִים קְרֵיבִין בְּשַׁבָּת – **nor may those of Yom Kippur be offered on the Sabbath.**[31]

Gemara

The Gemara delineates various conditions which must be satisfied in order to permit folding garments on the Sabbath:

אָמְרֵי דְּבֵי רַבִּי יַנַּאי – **The academy of R' Yannai said:** לֹא שָׁנוּ אֶלָּא בְּאָדָם אֶחָד – **They did not teach** the permission to fold garments on the Sabbath **except in regard to one person,** אֲבָל בִּשְׁנֵי בְּנֵי אָדָם לֹא – **but in regard to two people,** i.e. if two people together fold one garment, **no,** i.e. it is prohibited.[32] וּבְאָדָם אֶחָד נַמִּי – **And even in regard to one person,** לֹא אָמְרָן אֶלָּא בַּחֲדָשִׁים – **we did not state** this permissibility **except in regard to new [clothing],** אֲבָל בִּישָׁנִים לֹא – **but in regard to old [clothing], no,** i.e. it is prohibited.[33] וַחֲדָשִׁים נַמִּי – **And even in regard to new [clothing],** לֹא אָמְרָן אֶלָּא בִּלְבָנִים – **we did not state** this permissibility **except in regard to white [garments],** אֲבָל בִּצְבוּעִים לֹא – **but in regard to colored ones, no,** i.e. it is prohibited.[34] וְלֹא אָמְרָן אֶלָּא שֶׁאֵין לוֹ לְהַחֲלִיף – **And we did not state** this permissibility **except in regard to one who has no** other clothes into which **to change,** אֲבָל יֵשׁ לוֹ לְהַחֲלִיף – **but** in regard to **one who has** other clothes into which **to change,** לֹא – **no,** i.e. he may not fold his clothing.[35]

The Gemara cites a related Baraisa:

תָּנָא – **It was taught in a Baraisa:** שֶׁל בֵּית רַבָּן גַּמְלִיאֵל – THE MEMBERS OF THE HOUSEHOLD OF RABBAN GAMLIEL לֹא הָיוּ מְקַפְּלִין כְּלֵי לָבָן שֶׁלָּהֶן – WOULD NOT FOLD even THEIR WHITE GARMENTS on the Sabbath, מִפְּנֵי שֶׁהָיָה לָהֶן לְהַחֲלִיף – BECAUSE THEY HAD other garments into which TO CHANGE.[36]

The Gemara digresses to discuss the general subject of changing one's clothes in honor of the Sabbath:

אָמַר רַב הוּנָא – **Rav Huna said:** אִם יֵשׁ לוֹ לְהַחֲלִיף – **If one has** clothing other than his weekday ones into which **to change** for the Sabbath, יַחֲלִיף – **he should change** into them; וְאִם אֵין לוֹ לְהַחֲלִיף – **and if he does not have** other clothing into which **to change,** יְשַׁלְשֵׁל בִּבְגָדָיו – **he should let down his** weekday **clothing.**[37]

This ruling is questioned:

מַתְקִיף לָהּ רַב סַפְרָא – **Rav Safra challenged [this ruling]:** וְהָא מִיתְחֲזֵי כְּרָמוּת רוּחָא – **But surely this appears like haughtiness!** – ? –

The Gemara answers:

כֵּיוָן דְּכָל יוֹמָא לֹא קָעָבִיד – **Since he does not do** this **every day,** וְהָאִידָּנָא הוּא דְּקָא עָבִיד – and only **today he does** so, לֹא מִיתְחֲזֵי כְּרָמוּת רוּחָא – **it does not appear like haughtiness,** i.e. it is clear that he is doing so solely to honor the Sabbath.

The Gemara expounds a verse in *Isaiah* on the subject of how the Sabbath should be treated:[38]

"וְכִבַּדְתּוֹ מֵעֲשׂוֹת דְּרָכֶיךָ" – The verse states: ***and you honor it by not doing your ways.*** "וְכִבַּדְתּוֹ" – ***And you honor it*** teaches שֶׁלֹּא יְהֵא מַלְבּוּשְׁךָ שֶׁל שַׁבָּת כְּמַלְבּוּשְׁךָ שֶׁל חוֹל – **that your Sabbath garments should not be like your weekday garments.**

The Gemara comments:

וְכִי הָא דְּרַבִּי יוֹחָנָן – **And** this ruling is **in consonance with [the practice] of R' Yochanan,** קָרֵי לְמָאנֵיהּ מְכַבְּדוֹתַי – who **used to refer to his clothes as "those [things] that honor me."**[39]

The Gemara continues expounding the verse's phrases:

"מֵעֲשׂוֹת דְּרָכֶיךָ" – ***By not doing your ways.*** This teaches שֶׁלֹּא

NOTES

30. I.e. if Yom Kippur falls on a Sunday, the fats of any Sabbath day sacrifice not yet consumed by the conclusion of the Sabbath may be offered that night. Since the Sabbath possesses greater sanctity than Yom Kippur, its needs may be filled on Yom Kippur, and one may prepare for the Sabbath on Yom Kippur. If Yom Kippur falls on Friday, however, the fats of any Yom Kippur sacrifices not yet consumed by the conclusion of Yom Kippur may not be offered on the Sabbath, since the sanctity of the Sabbath is greater than that of Yom Kippur.

31. R' Akiva regards the sanctities of both days as equal, and we may therefore not prepare from one day to the next.

32. When two people fold a garment, they [stretch the garment between them and thereby] smooth out the wrinkles completely. This is forbidden because the people appear to be making adjustments to [i.e. fixing] the garment (*Rashi*).

33. New garments are stiff and not easily wrinkled. Thus, folding them, which is of minor benefit, is permitted. The folding of old garments, however, achieves a major improvement in their looks, for old garments tend to crease more easily (*Rashi; cf. Rambam, Hil. Shabbos* 22:22).

[*Shulchan Aruch* (*Orach Chaim* 302:3) rules that the prohibition to fold clothing applies only where one is careful to do so along previously made creases, since any other folds have no permanence. This ruling is accepted by the later authorities. Nevertheless, *Mishnah Berurah* 302:19 comments that one who refrains from folding clothing even not according to their original creases is certainly acting in a preferred manner.]

34. The folding of colored garments substantially improves their appearance, whereas the folding of white garments does not. Thus, only the folding of white clothes is permitted (*Rashi; cf. Rambam* ibid.).

35. [See *Tosafos* who cite *Ri* as being undecided whether a person may fold garments if the change of clothing that he has is not as nice as the garments he wishes to fold.]

36. It goes without saying that they would not fold their colored clothes. They were careful, however, not to fold even their white clothing (*Rashi*).

37. [It was the custom of poor people who did manual labor to hitch their clothing up under their belts (see *Chidushei HaRan*) in order that the clothing be lifted high off the ground and not interfere with their work.] Wealthy people, however, who stayed at home, did not have such a concern, and wore their clothing long to the ground. Rav Huna states that even one who does not have a separate change of clothing should wear his clothing lower down [in the manner of wealthy people], so as to make it look longer in honor of the Sabbath (*Rashi*).

38. *Isaiah* 58:13 states: *If you restrain, because of the Sabbath, your feet, from performing your affairs on My holy day, and you proclaim the Sabbath "a delight," the holy one of Hashem "honored one," and you honor it by not doing your ways, from seeking your wants and speaking words. Then you shall delight with Hashem . . .*

39. Clothes bring honor to their wearer (*Rashi*). Similarly, by changing into special garments, one honors the Sabbath. See also *Eitz Yosef* to *Ein Yaakov*.

חדא מינייהו בטולי מבטיל קמ"ל אמר רב יוסף אמר רב יהודה אמר שמואל הלכה כרבי אליעזר בן יעקב (א) א"ל אביי הלכה מכלל דפליגי אמר ליה מאי נפקא לך מינה אמר ליה ג) גמרא גמור זמורתא תהא:

מתני' ג) קושרין דלי בפסקיא אבל לא בחבל ורבי יהודה מתיר כלל אמר רבי יהודה ב כל קשר שאינו של קיימא אין חייבין עליו:

גמ' חבל דמאי אי לימא חבל דעלמא רבי יהודה מתיר קשר של קיימא הוא אלא (א) חבל דגרדי למימרא דרבנן סברי גזרינן חבל דגרדי אטו חבל דעלמא ורבי יהודה סבר לא גזרינן ורמינהו ד) חבל דלי שנפסק לא יהא קושרו אלא עונבו ה) ורבי יהודה אומר כורך עליו פונדא או פסקיא ובלבד שלא יענבנו קשיא דר' יהודה אדרבי יהודה קשיא דרבנן אדרבנן דרבנן אדרבנן לא קשיא חבל בחבל מיחלף ג עניבה בקשירה לא מיחלפא דר' יהודה אדרבי יהודה לא קשיא התם לא משום דמיחלפא עניבה בקשירה אלא עניבה גופה קשירה היא א"ר אבא ו) אמר רב חייא בר אשי אמר רב ד מביא אדם חבל מתוך ביתו וקושרו בפרה ובאיבוס איתיביה רבי אחא אריכא דהוא רבי אחא בר פפא לרבי אבא חבל שבאיבוס קושרו בפרה ושבפרה קושרו באיבוס ובלבד שלא יביא חבל מתוך ביתו ויקשור בפרה ובאיבוס ה התם חבל דעלמא הכא חבל דגרדי אמר רב יהודה אמר שמואל ז) כלי קיואי מותר לטלטל בשבת בעו מיניה מרב יהודה כובד העליון וכובד התחתון מהו ח) אין ולאו ורפיא בידיה איתמר אמר רב נחמן אמר שמואל כלי קיואי מותר לטלטל בשבת אפילו כובד העליון וכובד התחתון ו אבל לא את העמודים א"ל רבא לרב נחמן מאי שנא עמודים דלא אילימא דקעביד גומות גומות ממילא קא הויין דתנן ט) הטומן לפת וצנונות תחת הגפן אם מקצת עליו מגולין אינו חושש לא משום כלאים ולא משום שביעית ולא משום מעשר וניטלין בשבת בשדה לא אתי לאשווי גומות הכא בבית אתי לאשווי גומות בעא מיניה ר' יוחנן מרבי יהודה בר ליואי כלי קיואי כגון כובד העליון וכובד התחתון מהו לטלטל בשבת אמר ליה ז אין מטלטלין מה טעם לפי שאין ניטלין:

מתני' מקפלין את הכלים אפילו ארבעה וחמשה פעמים ח ומציעין את המטות מלילי שבת לשבת אבל לא משבת למוצאי שבת רבי ישמעאל אומר מקפלין את הכלים ומציעין את המטות מיום הכיפורים לשבת ט וחלבי שבת קריבין ביום הכיפורים אבל לא של יוה"כ בשבת ר"ע אומר לא של שבת קריבין ביום הכיפורים ולא של יום הכיפורים קריבין בשבת:

גמ' אמרי דבי רבי ינאי י לא שנו אלא באדם אחד אבל בשני בני אדם לא ובאדם אחד נמי לא אמרן אלא בחדשים אבל בישנים לא וחדשים נמי לא אמרן אלא בלבנים אבל בצבועים לא ולא אמרן אלא שאין לו להחליף אבל יש לו להחליף לא י) תנא של בית רבן גמליאל לא היו מקפלים כלי לבן שלהן מפני שהיה להן להחליף אמר רב הונא כ אם יש לו להחליף יחליף ואם אין לו להחליף ישלשל בבגדיו מתקיף לה רב ספרא והא מיתחזי כרמות רוחא כיון דכל יומא לא קעביד והאידנא הוא דקא עביד לא מיתחזי כרמות רוחא א) וכבדתו מעשות דרכיך וכבדתו שלא יהא מלבושך של שבת כמלבושך של חול וכי הא ל) דרבי יוחנן קרי למאניה מכבדותי מעשות דרכיך שלא יהא הילוכך של שבת כהילוכך של חול א) כ ממצוא חפצך מ) חפציך אסורין ל חפצי שמים מותרין א) ודבר דבר

שלא

רש"י

חדא מינייהו. אחד מן הקלשים [ולל"א] חד מינייהו מבטל ליה כשיוליא הבהמה לא יתיר אלא תחתון ויוליאנה בדוחק: **מכלל דפליגי.** בתמיה ואמאי איפלגו הא דמי להנך דלעיל: **מתני' קושרין דלי בפסקיא.** ע"פ הבור דפסקיא לא מבטל [ליה] התם: **אבל לא בחבל.** דמבטל ליה התם והוי קשר של קיימא שהרי קשור ותלוי שם תמיד: **ורבי יהודה מתיר.** בגמרא מפרש: **גמ' בחבל דגרדי.** פליגי דלריך לה ולא מבטל לה: **חבל דלי שנפסק.** באמלעיתו: **לא יהא קושר.** דקשר של קיימא הוא לעולם: **כורך עליו.** מחבר שני ראשי הפיסוק זה על זה וכורך עליהם פונדא אזור חלול או פסקיא פיסקי"א: **ובלבד שלא יענבנו.** אלמא לדר"י סבר גזרינן עניבה אטו קשירה ורבנן לא גזרו: **מיחלף.** אינו ניכר בין זה לזה ואי שרינן בדגרדי אתי למישרי בדעלמא: **וקושרו בפרה.** ראשו אחד והשני באבוס ולא חיישינן שמא כשיתיר הפרה לא יתיר אלא הקשר שבראשה ויבטל החבל באבוס שיהא מוכן לכך או יתיר שבאבוס ויבטל אותו שבפרה ונמלא האחד של קיימא: **כלי קיואי.** כלי אורגים ואידי דאיירי בחבל דגרדי נקט לה הכא: **מותר לטלטלן.** לשני הקנים לתשמיש אחר ואשמעינן דאין גרדי מקפיד עליהם ולא הוי מלאכתן לאיסור: **כובד העליון והתחתון.** אנסובל"ש: **מהו.** מי אמרינן איידי דיקירי לא חזו לתשמיש אחרינא והויא ליה דבר שמלאכתו לאיסור: **ורפיא בידיה.** רפויה היתה התשובה בפיו אם לאסור אם להתיר: **העמודים.** טריול"ש בלע"ז אותם המנוקבות שאורגין בהן הנשים: **דקא עביד גומא.** כשמוליכן מן הארץ שהן תחובות בגומא מזיז העפר ועביד גומא מקום העמוד: **מקצת עליו מגולין.** משום ניטלין בשבת נקט לה דאי לא הוי מגולין אין לו במה לאוחזו: **אינו חושש.** לפי שאינה מושרשת: **ולא משום מעשר.** להיות בטילה בנטיעה זו וכשנוטלה יצטרך לחזור ולעשר: **לפי שאין ניטלין.** אף בחול מפני כובדן הלכך כל מלאכתן לאיסור: **מתני' מקפלין את הכלים.** בגדים כשפושטן מקפלן מפני שמתקמטין מכיבוס ומתקמטין כשאינן מקופלים: **אפי' ד' וה' פעמים.** כדי לחזור וללובשן בו ביום: **מיוה"כ לשבת.** כגון אם חל יוה"כ להיות בע"ש: **קריבין ביוה"כ.** שחל להיות במולאי שבת: **גמ' בשני בני אדם.** כשמקפלין אותן מפשטין קמטיהן ונראין כמתקנין: **ישנים.** קיפולן מתקנן יותר מן החדשים שהחדשים קשין מאליהן ואין ממהרין לקמוט: **צבועין.** קיפולן מתקנן: **יש לו.** אחרים להחליף היום לא: **כלי לבן שלהן.** רבותא נקט וכל שכן לבועים: **יש לו להחליף יחליף.** מי שיש לו בגדים לבד מאותן שלבש בחול יחליפם בשבת: **ישלשל בבגדיו.** כלפי מטה שיראו ארוכים והוא מדת עשירים היושבים בביתם ואינם לריכים לסלק בגדיהם מן הארץ בשביל מלאכה וכבוד שבת הוא: **מכבדותי.** שמכבדין בעליהן: **שלא יהא הילוכך כו'.** לקמן מפרש להו: **ממצוא חפצך.** כי ההוא דאמרינן בעירובין (דף לח:) לא יטייל אדם לסוף שדהו בשבת לידע מה היא לריכה [אחר השבת]: **חפצי שמים מותרים.** כגון פוסקים לדקה ומשדכין על התינוקות ליארס (לקמן קנ.):

תוספות

כלל אמר ר"י. תימה היכא קאי אי אמילתיה קמייתא התם מתיר לגמרי והכא קתני אין חייבין עליו משמע הא איסורא איכא כדדייק הש"ס לעיל וי"ל דה"ק כל קשר שאינו של קיימא אין חייבין עליו הא של קיימא חייבין עליו ואפי' עניבה לאפוקי מדרבנן דאמרו עניבה לאו היינו קשירה א"נ אמאי דקתני ברישא אין חייבין עליהם קאי רבי יהודה:

התם חבל דעלמא הכא חבל דגרדי. וקמ"ל רב דלא גזרינן חבל דגרדי אטו חבל דעלמא וכר' יהודה א"נ אפי' רבנן מודו דאפי' בחבל דעלמא לא שכיח שיהיה קשר של קיימא כשקושרו בפרה ובאבוס ולהכי לא גזור בחבל דגרדי:

מקפלים כלים כו'. מכאן למדנו דאסור לקפל טליתות של ב"ה לפי שהם לורך מחר:

אבל יש לו להחליף לא. ולנו שיש לנו להחליף אסור ומסתפק ר"י אי קרי יש לו להחליף כשאין לו יפה כמה:

שלא

מסורת הש"ס

א) לעיל מ: קו: [וש"נ], ב) בילה כד. ע"ז לב:, ג) פסחים יא., ד) פסחים שם, ה) [עירובין לג. קה: סוכה לג:], ו) נ"א א"ר חייא א"ר יוחנן, ז) [לקמן קמ:], ח) [לקמן קנ:], ט) ב"מ יד: קידושין סה., י) כלאים פ"א מ"ט לעיל נ: עירובין עז., כ) [יומא מו. סוכה נד:], ל) [תוס' פי"ג], מ) ב"ק לב: סנהדרין דף לד:, נ) [לקמן קנ.]

הגהות הב"ח

(א) גמ' אלא בחבל דגרדי:

גליון הש"ס

רש"י ד"ה מותר לטלטלן וכו' ולא הוה מלאכתו לאיסור. ע"ל קכב ע"ב תד"ה רמה: שם ד"ה מהו וכו' דבר שמלאכתו לאיסור. עי' לקמן קכג ע"א תד"ה כסוי:

רב נסים גאון

דלת והנח לה שעורים תבן ומים עמד והניח לפניה שעורים תבן ומים והיתה אוכלת ושותה לפיכך אמרו כשם שהצדיקים הראשונים חסידים כך בהמתן חסידין ומעשה חמורו של ר' פנחס בן יאיר מפרש בפרק א' מן שחיטת חולין (דף ז) ר' פינחס בן יאיר הוה אזיל לפדיון שבויים כו' איקלע לההוא אושפיזא רמו שעריה לחמריה ולא אכלה נקרונהו ולא אכל המושינהו לא אכל אמר להו דילמא לא מעשרון עשרונהו ואכל אמר להו עני זה הולך לעשות רצון קונו ואתם מאכילין אותו טבלין ואיתא נמי במסכת דמאי (פרק א) ובמסכת שקלים דבני מערבא (פרק ה): **יש לו להחליף יחליף אין לו להחליף ישלשל בבגדיו.** בבראשית דר' הושעיא (פרשה יא) משכחת לה ומפרש בתוספתא ויברך אלהים את יום השביעי ברכו בעטיפה דר' הונא אמר צריך להחליף אבכן בר חסדאי אמר צריך לשלשל ר' ירמיה ור' זעירא אמרו צריך לשלשל.

ליקוטי רש"י

מאי נפקא לך מינה. בין חלוקין בין לא חלוקין הלכה כמותו [ע"ז לב:]. אי מינה הלכה כל שכן דאי לא פליגי הלכתא היא. **אמר ליה גמרא גמור זמורתא תהא.** משל שוטים הוא גמור מה שאתה חכם תגרת אקרי (ב"מ מ:) כך גמרא גמור אומר לתלמיד שוטים למוד מן אומה כן מלאך ומזר לך לומר זמר ושיר [ביצה כד.]. בתמיה מה לריך לתלמודו של רב יוסף ...

... אומר השמועה בזמירה בעלמא בלא לורך [לעיל קו:]. **קושרין דלי בפסקיא.** דלאו קשר שעשוי ... מפסיד פסקייא שלו בכך. **אבל לא בחבל.** שמא יניחנו שם עולמית. **אי לימא חבל דעלמא.** ... למיחש שמא יניחנו שם. **חבל דגרדי.** שאינו ראוי למילוי מים תמיד ור' יהודה מתיר ולא גזר גבי שבת ... משום חומרא דשבת פרשי אינשי מאיסורא דיליה וזוכרין הן. **לא יהא קושרו.** דהוי קשר של קיימא ... עניבה אטו קשירה [פסחים יא.]. **אלא עונבו.** ואיסור מלאכה ליכא דעניבה לאו קשירה [סוכה לג:]. ... **או פסקיא.** פיסל"א שכורכין סביבות שוקיים. **שלא יענבנו.** גזירה משום קשירה הואיל ועסוק ... **עניבה גופא קשירה היא.** וחייבין עליה משום אב מלאכה [עירובין צז.]. אין חילוק בין עניבה לקשירה ... **כלי קיואי.** קנה של אורגים [לקמן קמ:]. **אין ולאו.** לא היה מחזיק בדבריו לא לאיסור ולא להיתר פעמים שאמר ... הן ופעמים שאמר לאו ורפיא בידיה ולא היתה מוחזקת הוראה זו בידו [קידושין סה.]. תחילה אמר אין וחזר ואמר לאו רפוי ... [ב"מ יד:]. **הטומן לפת.** להשמר בקרקע שכן דרכו הא דנקט מקלת עליו מגולין משום ניטלין בשבת נקט ... דאי אין מקלת עליו מגולין אין לו במה לאוחזו אלא אם כן מזיז העפר בידים [לעיל נ:]. **הטומן.** ... **מקצת עליו מגולין.** משום שבת נקט ליה דבעי למיתני ניטלין בשבת שנוטלן ואוחזן בעלין שלהן. **לא** ... משום כלאי הכרם [שם:]. דאין זו שתילה [לעיל נא.]. **ולא משום שביעית.** אם שנה שביעית היא. **ולא** ... **משום מעשר.** ... נשרש וניתוסף ואם היה חושש למעשר לריך לעשר את תוספתו ליכא למיחש להכי דלא נשרש [עירובין ...] ... אגב קרקע והרי הוא כלוקטה מתחלה ויהא לריך לעשר על הנוסף שמא ניתוסף. **וניטלין בשבת.** ... המגולין ולא חייש אם העפר ניזוז מאליו [לעיל שם]. **וחלבי שבת.** של תמיד של בין הערבים קריבין ביום הכפורים שחל במולאי שבת [סוכה נד:]. **רמות רוחא.** גסות [לעיל צד.].

עין משפט נר מצוה

יא א מיי' וסמג שם טוש"ע שם סעיף ד:
יב ב מיי' שם הלכה ב טוש"ע שם סעיף א:
יג ג מיי' שם הלכה ה טוש"ע שם סעיף ה:
יד ד ה מיי' שם הל' ג טוש"ע שם סעיף ז:
טו ו ז מיי' פכ"ו מהל' שבת הלכה טו:
טז ח מיי' פכ"ג מהל' שבת הלכה ז:
יז ט מיי' פכ"ד מהל' שבת [הלכה כב] סמג לאוין סה טוש"ע א"ח סי' שב סעיף א:
יח י מיי' פ"ל שם הל' ג ופ"ה מהל' דעות הל' ט סמג עשין ל טוש"ע א"ח סי' רסב סעיף ג:
יט כ מיי' פכ"ד שם הלכה א סמג שם ולאוין סה טוש"ע א"ח סי' שו סעיף א:
כ ל מיי' שם הל"ב טוש"ע שם סעיף ו:

תורה אור השלם

א) אִם תָּשִׁיב מִשַּׁבָּת רַגְלֶךָ עֲשׂוֹת חֲפָצֶךָ בְּיוֹם קָדְשִׁי וְקָרָאתָ לַשַּׁבָּת עֹנֶג לִקְדוֹשׁ יְיָ מְכֻבָּד וְכִבַּדְתּוֹ מֵעֲשׂוֹת דְּרָכֶיךָ מִמְּצוֹא חֶפְצְךָ וְדַבֵּר דָּבָר: [ישעיה נח, יג]

רבינו חננאל

כולן אלא קתני כל הכף כולו סתמא ואי כף סתמא שאם נפסק עדיין טמא הוא ככף של תרסיות קתני והוא שבמקום העקב ומאזן לאזן הוא סביב העקב והאי דקתני הכף שלו שאם נפסק רובו טהור. הכף של סנדל של תרסיות הכף של סנדל גופו אם ניטל רובו טהור. ואקשי' ומי סבר לה ר' יוחנן הלכה כר' יהודה והאמר ר' יוחנן הלכה כסתם משנה. ותנן סנדל שנפסקה אחת מאזניו ותיקנה טמא מדרס. מאי לאו לא שנא פנימית ול"ש חיצונית כיון דמשתריא חדא מינייהו טמא ודחי' לא נפסקה פנימית שנינן אבל נפסקה חיצונית טהור ואמרי' אי אישתביקא בכללא אפשר לשנויי כדקאמרת. אלא מדקתני סיפא נפסקה שניה ותיקנה טהור מן המדרס אבל טמא מגע מדרס דהא פריט בה ומפרש סוף מאי דאית בה ואי דוקא פנימית קתני אדמפרש אם נפסקה אח"כ שניה ותיקנה נפלוג בקמייתא וניתני בד"א שנפסקה פנימית אבל נפסקה חיצונית טהור ופרקי' אמר רב יצחק בר יוסף תהא משנתנו בסנדל שיש לו ד' אזנים וד' תרסיותים ובהאי סנדל תנינן נפסקה אחת מאזניו סתם משמע אפי' חיצונית והוא כגון סנדל שיש לו ב' אזנים פנימיות זו מצד זו וב' חיצונות זו מצד זו שאם תפסק אחת מן החיצונות הא קיימא חברתא בדוכתא דהיא נמי חיצונית ובחדא פנימית וכנגדה חדא חיצונה סגיא ומשום הכי טומאתו של סנדל בדוכתא קיימא אבל היכא דליכא חיצונה אלא חדא ונפסקה בטל ההוא סנדל מתורת כלי דפנימית לחיזוק בעלמא עבידא. ודרך הסנדל אזן אחת חיצונה ואזן אחת פנימית ויש שעוש' שתים שתים אם תפסק האחת תשאר האחרת במקומה ועל זה שנינו נפסקה טמא. כי אתא רבין אמר משמיה דרב הלכה כר' יהודה ור' יוחנן אמר אין הלכה כר' יהודה ואסיקנא אמוראי נינהו ואליבא דר' יוחנן כלומר יש אמורא שאומר מדמתרץ ר' יוחנן אליבא דר' יהודה ש"מ הלכתא כר' יהודה ויש מי שאומר כי בפירוש א"ר יוחנן אין הלכה כר' יהודה ואע"ג דמספקא לן הי מנייהו דוקא כיון דאשכחנא רב יוסף דעבד עובדא כר' יהודה ורב נמי אמר הלכה כר' יהודה ורב יצחק בר יוסף נמי מתרץ וא' תהא משנתנו בסנדל שיש לו ד' אזנים וד' תרסיותים כדי שלא לשבור דבריו של ר' יוחנן עבדינן כר' יהודה: תנן כל כלי בעלי בתים שיעורן כרימונים בעי חזקיה ניקב כמוציא זית וסתמן וחזר וניקב נקב אחר דהוו נקבים זה בצד זה וכל אחד סותמו קודם שניקב הנקב האחר והוו להו כולהו במוציא רימון מי אמרינן כיון דאית בהו בכולהו שיעור רימון טהור אותו כלי מטומאתו או דלמא כיון דבעידנא דכד ניקב האי ניקבא הנקב הראשון סתום היה וכיון שנסתם כאילו לא ניקב הוא וכיוצא בה בעי בעושין פסין [כ"ד ע"א] פרץ אמה וגדרה פרץ אמה וגדרה עד שהגיע [ליותר מי'] מהו וא"ל ר' יוחנן לא שנית לנו סנדל שנפסקה אחת מאזניו ותיקנה טמא מדרס נפסקה שניה ותיקנה טהור מן המדרס אבל טמא מגע מדרס. פי' כשתפסק אחת מאזניו והוא טמא מדרס עדיין טומאתו עליו שבפסיקת אוזן אחת לא יצאה מתורת כלי ועמד ותיקנה כשתפסק השניה אע"פ שהראשונה מתוקנת היתה בשעה שנפסקה השניה בפסיקה שניה טהר מן המדרס שהיה טמא ופרחה אותה הטומאה אבל דומה כאלו נגע באותו ראשון שהיה טמא מדרס ונמצא זה השני טמא מגע מדרס ואליבא דרבנן איזו אוזן שנפסקה תחלה בין הפנימית בין החיצונית ונפסקה שניה אחריה כך דינה אבל אליבא דר' יהודה אם נפסקה החיצונית לאלתר טהור אבל אם נפסקה פנימית תחלה הרי היא בטומאתו וכשתפסק החיצונית טהור מן המדרס ולא יכלת לאוקומה הא מתני' אליבא דר' יהודה ולפום הדין פירושה דחזקיה ור' יוחנן בסנדל שיש לו ב' אזנים דקאמר מ"ש ראשונה אי מיפסקה אינו טהור דהא קיימא שניה אי אמרת חיצונה נפסקה תחלה הרי טהור מאלתר ואי אמרת פנימית נפסקה תחלה הכי [היכי] מקשי ליה שניה נמי אי מיפסקא לא לטהר דהא קיימא ראשונה ומ"ש (פנימית) [מפנימית] בדקיימא לר' יהודה אלא הכין אליבא

ורחצת

יְהֵא הִילּוּכְךָ שֶׁל שַׁבָּת כְּהִילּוּכְךָ שֶׁל חוֹל – that your walking on the Sabbath should not be like your walking on weekdays.[40]

The next phrase of the verse:

,,מִמְּצוֹא חֶפְצְךָ'' – *From seeking your wants.* This teaches that **חֲפָצֶיךָ אֲסוּרִין** – ***your* wants are forbidden** on the Sabbath, i.e. one must refrain from activities that further his own financial affairs,[41] **חֶפְצֵי שָׁמַיִם מוּתָּרִין – but the wants of Heaven,** that is, things involving a *mitzvah,* **are permitted.**[42]

The verse concludes:

,,וְדַבֵּר דָּבָר'' – ***And speaking words.*** This teaches

NOTES

40. The Gemara will explain this (*Rashi*).

41. For example, it is prohibited for one to walk to the edge of his field on the Sabbath to determine what repairs it requires after the Sabbath (*Rashi,* from *Eruvin* 38b).

42. For example, it is permitted on the Sabbath to pledge donations to the poor and to arrange for girls to be betrothed (*Rashi* based on Gemara below, 150a).

חדא מינייהו בטולי מבטיל קמ"ל אמר רב יוסף אמר רב יהודה אמר שמואל הלכה כרבי אליעזר בן יעקב א"ל אביי הלכה מכלל דפליגי אמר ליה מאי נפקא לך מינה אמר ליה גמרא גמור זמורתא תהא: **מתני'** קושרין דלי בפסקיא אבל לא בחבל ורבי יהודה מתיר **כלל** אמר רבי יהודה כל קשר שאינו של קיימא אין חייבין עליו: **גמ'** חבל דמאי אי לימא חבל דעלמא רבי יהודה מתיר קשר של קיימא הוא אלא חבל דגרדי למימרא דרבנן סברי גזרינן חבל דגרדי אטו חבל דעלמא ורבי יהודה סבר לא גזרינן ורמינהו חבל דלי שנפסק לא יהא קושרו אלא עונבו ורבי יהודה אומר כורך עליו פונדא או פסקיא ובלבד שלא יענבנו קשיא דר' יהודה אדרבי יהודה קשיא דרבנן אדרבנן דרבנן אדרבנן לא קשיא חבל בחבל מיחלף עניבה בקשירה לא מיחלפא דר' יהודה אדרבי יהודה לא קשיא התם לא משום דמיחלפא עניבה בקשירה אלא עניבה גופה קשירה היא א"ר אבא אמר רב חייא בר אשי אמר רב מביא אדם חבל מתוך ביתו וקושרו בפרה ובאיבוס איתיביה רבי אחא אריכא דהוא רבי אחא בר פפא לרבי אבא חבל שבאיבוס קושרו בפרה ושבפרה קושרו באיבוס ובלבד שלא יביא חבל מתוך ביתו ויקשור בפרה ובאיבוס התם חבל דעלמא הכא חבל דגרדי אמר רב יהודה אמר שמואל כלי קיואי מותר לטלטלן בשבת בעו מיניה מרב יהודה כובד העליון וכובד התחתון מהו אין ולאו ורפיא בידיה איתמר אמר רב נחמן אמר שמואל כלי קיואי מותר לטלטלן בשבת אפילו כובד העליון וכובד התחתון אבל לא את העמודים א"ל רבא לרב נחמן מאי שנא עמודים דלא אילימא דקעביד גומות גומות ממילא קא הויין דתנן הטומן לפת וצנונות תחת הגפן אם מקצת עליו מגולין אינו חושש לא משום כלאים ולא משום שביעית ולא משום מעשר וניטלין בשבת בשדה לא אתי לאשווי גומות הכא בבית אתי לאשווי גומות בעא מיניה ר' יוחנן מרבי יהודה בר ליואי כלי קיואי כגון כובד העליון וכובד התחתון מהו לטלטל בשבת אמר ליה אין מטלטלין מה טעם לפי שאין ניטלין: **מתני'** מקפלין את הכלים אפילו ארבעה וחמשה פעמים ומציעין את המטות מלילי שבת לשבת אבל לא משבת למוצאי שבת רבי ישמעאל אומר מקפלין את הכלים ומציעין את המטות מיום הכיפורים לשבת וחלבי שבת קריבין ביום הכיפורים אבל לא של יוה"כ בשבת ר"ע אומר לא של שבת קריבין ביום הכיפורים ולא של יום הכיפורים קריבין בשבת: **גמ'** אמרי דבי רבי ינאי לא שנו אלא באדם אחד אבל בשני בני אדם לא ובאדם אחד נמי לא אמרן אלא בחדשים אבל בישנים לא וחדשים נמי לא אמרן אלא בלבנים אבל בצבועים לא ולא אמרן אלא שאין לו להחליף אבל יש לו להחליף לא תנא של בית רבן גמליאל לא היו מקפלים כלי לבן שלהן מפני שהיה להן להחליף אמר רב הונא אם יש לו להחליף יחליף ואם אין לו להחליף ישלשל בבגדיו מתקיף לה רב ספרא והא מיתחזי כרמות רוחא כיון דכל יומא לא קעביד והאידנא הוא דקא עביד לא מיתחזי כרמות רוחא וכבדתו מעשות דרכיך וכבדתו שלא יהא מלבושך של שבת כמלבושך של חול וכי הא דרבי יוחנן קרי למאניה מכבדותי מעשות דרכיך שלא יהא הילוכך של שבת כהילוכך של חול ממצוא חפצך חפציך אסורין חפצי שמים מותרין ודבר דבר שלא

רש"י

חדא מינייהו. אחד מן הראשים [וגל"א] חד מינייהו מבטל ליה כשיוצא הבהמה לא יתיר אלא תחתון ויוציאנה בדוחק: **מכלל דפליגי.** בתמיה ואמאי איפלגו הא דמי להנך דלעיל: **מתני' קושרין דלי בפסקיא.** ע"פ הבור דפסקיא לא מבטל [ליה] התם: **אבל לא בחבל.** דמבטל ליה התם והוי קשר של קיימא שהרי קשור ותלוי שם תמיד: **ורבי יהודה מתיר.** בגמרא מפרש: **גמ'** בחבל דגרדי. פליגי דצריך לה ולא מבטל לה: **חבל דלי שנפסק.** באמצעיתו: **לא יהא קושר.** דקשר של קיימא הוא לעולם: **כורך עליו.** מחבר שני ראשי הפיסוק זה על זה וכורך עליהם פונדא אזור חלול או פסקיא פיסיול"א: **ובלבד שלא יענבנו.** לאבד דר"י סבר גזרינן עניבה אטו קשירה ורבנן לא גזרו: **מיחלף.** אינו ניכר בין זה לזה ואי שרינן בדגרדי אתי למישרי בדעלמא: **וקושרו בפרה.** ראשו אחד והשני באבוס ולא חיישינן שמא כשיתיר הפרה לא יתיר אלא הקשר שבראשה ויבטל החבל באבוס שיהא מוכן לכך או יתיר שבאבוס ויבטל אותו שבפרה ונמצא האחד של קיימא: **כלי קיואי.** כלי אורגים ואידי דאיירי בחבל דגרדי נקט לה הכא: **מותר לטלטלן.** לשני הקנים לתשמיש אחר ואשמעינן דאין גרדי מקפיד עליהם ולא הוי מלאכתן לאיסור: **כובד העליון והתחתון.** אנשובל"ש: **מהו.** מי אמרינן אידי דיקירי לא חזו לתשמיש אחרינא והוה ליה כדבר שמלאכתו לאיסור: **ורפיא בידיה.** רפויה היתה התשובה בפיו אם לאסור אם להתיר: **העמודים.** טריור"ש בלע"ז אותם המנוקבות שאורגין בהן הנשים: **דקא עביד גומא.** כשחולצן מן הארץ שהן תחובות בגומא מזיז העפר ועביד גומא מקום העמוד: **מקצת עליו מגולין.** משום ניטלין בשבת נקט לה דאי לא הוי מגולין אין לו במה לאוחזו: **אינו חושש.** לפי שאינה מושרשת: **ולא משום מעשר.** להיות בטילה בנטיעה זו וכשנוטלה יצטרך לחזור ולעשר: **לפי שאין ניטלין.** אף בחול מפני כובדן הלכך כל מלאכתן לכך: **מתני' מקפלין את הכלים.** בגדים כשפושטן מקפלין מפני שמתרככין מכיבוס ומתקמטין כשאין מקופלים: **אפי' ד' וה' פעמים.** כדי לחזור וללובשן בו ביום: **מיוה"כ לשבת.** כגון אם חל יוה"כ להיות בע"ש: **קריבין ביוה"כ.** שחל להיות במוצאי שבת: **גמ' בשני בני אדם.** כשמקפלין אותן מפשטין קמטיהן ונראין כמתקנין: **ישנים.** קיפולן מתקן יותר מן החדשים שהחדשים קשין מאליהן ואין ממהרין לקמוט: **צבועין.** קיפולן מתקן: **יש לו.** אחרים להחליף היום לא: **כלי לבן שלהן.** רבותא נקט וכל שכן צבועים: **יש לו להחליף יחליף.** מי שיש לו בגדים לבד מאותן שלבש בחול יחליפם בשבת: **ישלשל בבגדיו.** כלפי מטה שיראו ארוכים והוא מדת עשירים היושבים בביתם ואינם צריכים לסלק בגדיהם מן הארץ בשביל מלאכה וכבוד שבת הוא: **מכבדותי.** שמכבדין בעליהן: **שלא יהא הילוכך כו'.** לקמן מפרש להו: **ממצוא חפצך.** כי ההוא דאמרינן בעירובין (דף לח:) לא יטייל אדם לסוף שדהו בשבת לידע מה היא צריכה [אחר השבת]: **חפצי שמים מותרים.** כגון פוסקים צדקה ומשדכין על התינוקות ליארס (לקמן קנ.):

תוספות

כלל אמר ר"י. תימה היכא קאי אי אמלתיה קמייתא התם מתיר לגמרי והכא קתני אין חייבין עליו משמע הא איסורא איכא כדדייק הש"ס לעיל וי"ל דה"ק כל קשר שאינו של קיימא אין חייבין עליו הא של קיימא חייבין עליו ואפי' עניבה לאפוקי מדרבנן דאמרו עניבה לאו היינו קשירה א"נ אמאי דקתני ברישא אין חייבין עליהם קאי רבי יהודה:

התם חבל דעלמא הכא חבל דגרדי. וקמ"ל רב דלא גזרינן חבל דגרדי אטו חבל דעלמא וכר' יהודה א"נ אפי' רבנן מודו דאפי' בחבל דעלמא לא שכיח שיהיה קשר של קיימא כשקושרו בפרה ובאבוס ולהכי לא גזור בחבל דגרדי:

מקפלים כלים כו'. מכאן למדנו דאסור לקפל טליתות של ב"ה לפי שהם צורך מחר: **אבל יש לו להחליף לא.** ולנו שיש לנו להחליף אסור ומספקא ר"י אי קרי יש לו להחליף כשאין לו יפה כזה:

עין משפט נר מצוה

יא א מיי' וסמג שם טוש"ע שם סעיף ד:
יב ב מיי' שם הלכה ג טוש"ע שם סעיף א:
יג ג מיי' שם הלכה ה טוש"ע שם סעיף ה:
יד ד ה מיי' שם הל' ג טוש"ע שם סעיף ז:
טו ו ז מיי' פכ"ו מהל' שבת הלכה א:
טז ח מיי' פכ"ג מהל' שבת הלכה ז:
יז ט מיי' פכ"ב מהל' שבת [הלכה כב] סמג לאוין סה טוש"ע א"ח סי' שב סעיף ג:
יח י מיי' פ"ל שם הל' ג ופ"ה מהל' דעות הל' ט סמג עשין ל טוש"ע א"ח סי' רסב סעיף ג:
יט כ מיי' פכ"ד שם הלכה א סמג שם ולאוין סה טוש"ע א"ח סי' שו סעיף א:
כ ל מיי' שם הל"ה טוש"ע שם סעיף ו:

תורה אור השלם

א) אִם תָּשִׁיב מִשַּׁבָּת רַגְלֶךָ עֲשׂוֹת חֲפָצֶךָ בְּיוֹם קָדְשִׁי וְקָרָאתָ לַשַּׁבָּת עֹנֶג לִקְדוֹשׁ יְיָ מְכֻבָּד וְכִבַּדְתּוֹ מֵעֲשׂוֹת דְּרָכֶיךָ מִמְּצוֹא חֶפְצְךָ וְדַבֵּר דָּבָר: [ישעיה נח, יג]

רבינו חננאל

כולן אלא קתני כל הכף כולו סתמא והאי כף סתמא שאם נפסק עדיין טמא הוא ככף של תרסיות קתני והוא שבמקום העקב ומאוזן לאוזן הוא סביב העקב והאי דקתני הכף שלו שאם נפסק רובו טהור. הכף של סנדל שהוא מן הסנדל גופו אם ניטל רובו טהור. ואקשי' ומי סבר לה ר' יוחנן כר' יהודה והאמר ר' יוחנן הלכה כסתם משנה. ותנן סנדל שנפסקה אחת מאזניו ותיקנה טמא מדרס. מאי לאו לא שנא פנימית ול"ש חיצונה כיון דמשתריא חדא מינייהו טמא. ודחי' לא נפסקה פנימית שנינן אבל נפסקה חיצונה טהור ואמרי' אי אישתביקא בכללא אפשר לשנויי כדקאמרת. אלא מדקתני סיפא נפסקה שניה ותיקנה טהור מן המדרס אבל טמא מגע מדרס דהא פריש בה ומפרש סוף מאי דאית בה ואי דוקא פנימית קתני אדמפרש אם נפסקה אח"כ שניה ותיקנה נפלוג בקמייתא וניתני בד"א שנפסקה פנימית אבל נפסקה חיצונה טהור ופרקי' אמר רב יצחק בר' יוסף תהא משנתנו בסנדל שיש לו ד' אזנים וד' תרסיותים ובהאי סנדל תנינן נפסקה אחת מאזניו טמא משמע אפי' חיצונית והוא כגון סנדל שיש לו ב' אזנים פנימיות זו מצד זו וב' חיצונות זו מצד זו שאם תפסק אחת מן החיצונות הא קיימא חברתא בדוכתא דהיא חיצונית ובחדא פנימית וכנגדה חדא חיצונה סגיא ומשום הכי טומאתו של סנדל בדוכתא קיימא אי היכא דליכא חיצונה אלא חדא ונפסקה בטל ההוא סנדל מתורת כלי דפנימית לחיזוק בעלמא עבידא. ודרך הסנדל אחת חיצונה ואזן אחת פנימית ויש שעושי' שתים שתים אם תפסק האחת תשאר האחרת במקומה ועל זה שנינו נפסקה טמא. כי אתא רבין אמר משמיה דרב הלכה כר' יהודה ור' יוחנן אמר אין הלכה כר' יהודה ואסיקנא אמוראי נינהו ואליבא דר' יוחנן כלומר יש אמורא שאומר מדמתרץ ר' יוחנן אליבא דר' יהודה ש"מ הלכתא כר' יהודה ויש מי שאומר כי בפירוש א"ר יוחנן אין הלכה כר' יהודה ואע"ג דמספקא לן הי מנייהו דוקא כיון דאשכחנא רב יוסף דעבד עובדא כר' יהודה ורב נמי אמר הלכה כר' יהודה ורב יצחק בר יוסף נמי מתרץ וא' תהא משנתנו בסנדל שיש לו ד' אזנים וד' תרסיותים כדי שלא לשבור דבריו של ר' יוחנן עבדינן כר' יהודה: תנן כל כלי בעלי בתים שיעורן כרימונים בעי חזקיה ניקב כמוציא זית וסתמן וחזר וניקב נקב אחר דהוו נקבים זה בצד זה וכל אחד סותמו קודם שניקב הנקב האחר והוו להו כולהו במוציא רימון מי אמרינן כיון דאית בהו בכולהו שיעור רימון טהור אותו כלי מטומאתו או דלמא כיון דבעידנא דכד ניקב האי ניקבא הנקב הראשון סתום היה וכיון שנסתם כאילו לא ניקב הוא וכיוצא בה בעי בעושין פסין [כ"ד ע"א] פרץ אמה וגדרה פרץ אמה וגדרה עד שהגיע [ליותר מי'] מהו וא"ל ר' יוחנן לא שנית לנו סנדל שנפסקה אחת מאזניו ותיקנה טמא מדרס נפסקה שניה ותיקנה טהור מן המדרס אבל טמא מגע מדרס. פי' כשתפסק אחת מאזניו הוא טמא מדרס עדיין טומאתו עליו שבפסיקת אוזן אחת לא יצאה מתורת כלי ועמד ותיקנה כשתפסק השניה אע"פ שהראשונה מתוקנת היתה בשעה שנפסקה השניה בפסיקה שניה טהר מן המדרס שהיה טמא ופרחה אותה הטומאה אבל דומה כמי שנגע באותו ראשון שהיה טמא מדרס ונמצא זה השני טמא מגע מדרס ואליבא דרבנן איזו אוזן שנפסקה תחלה בין הפנימית בין החיצונית ונפסקה שניה אחריה כך דינה אבל אליבא דר' יהודה אם נפסקה החיצונית לאלתר טהור אבל אם נפסקה פנימית תחלה הרי היא בטומאתו וכשתפסק החיצונית טהור מן המדרס ולא יכלת לאוקומה הא מתני' אליבא דר' יהודה ולפום הדין פירושה דחזקיה ור' יוחנן בסנדל שיש לו ב' אזנים דקאמר מ"ש ראשונה אי מיפסקה אינו טהור דהא קיימא שניה אי אמרת חיצונה נפסקה תחלה הרי טהור מאלתר ואי אמרת פנימית נפסקה תחלה הכי [היכי] מקשי ליה שניה נמי אי מיפסקא לא לטהר דהא קיימא ראשונה ומ"ש (פנימית) [מפנימית] בדקיימא לר' יהודה אלא הכין אליבא ורחצת

מסורת הש"ס

א) לעיל קו: [וש"נ], ב) ביצה כד. ע"ז לב:, ג) פסחים יא., ד) פסחים שם, ה) [עירובין לג. קב: סוכה לג:], ו) נ"א א"ר חייא א"ר יוחנן, ז) [לקמן קמ.], ח) [לקמן קנ.] קנו: ב"מ יד: קידושין סה., ט) עירובין לט. לעיל נ: עירובין עז., י) [יומא מ. סוכה נד:], כ) [תוס' פי"ג], ל) ב"ק לה: סנהדרין דף לד:, מ) [לקמן קנ.]

הגהות הב"ח

(א) גמ' אלא בחבל דגרדי:

גליון הש"ס

רש"י ד"ה מותר לטלטלן וכו' ולא הוה מלאכתן לאיסור. ע"ל קכג ע"ב תד"ה רמת: שם ד"ה מהו וכו' והו"ל דבר שמלאכתו לאיסור. עי' לקמן קכג ע"א תד"ה בקיר:

רב נסים גאון

דלת הגנה לה שעורים תבן ומים עמד והניח לפניה שעורים תבן ומים והיתה אוכלת ושותה לפיכך אמרו כשם שהצדיקים הראשונים חסידים כך בהמתן חסידין ומעשה חמורו של ר' פנחס בן יאיר מפרש בפ"ק מן שחיטת חולין (דף ז') ר' פינחס בן יאיר הוה אזיל לפדיון שבוים כו' איקלע להוא אושפיזא רמו שעריה לחמריה ולא אכלה נקרונהו ולא אכל המושינהו לא אכל אמר להו דילמא לא מעשרן עשרונהו ואכל אמר להו עני זה הולך לעשות רצון קונו ואתם מאכילין אותו טבלין ואיתא נמי במסכת דמאי (פרק א) ובמסכת שקלים דבני מערבא (פרק ה): **יש לו להחליף** יחליף אין לו להחליף ישלשל בבגדיו. בבראשית דר' הושעיא (פרשה יא) משכחת לה ומפרש בתוספתא ויברך אלהים את יום השביעי ברכו בעטיפה ר' הונא אמר צריך להחליף אבין בר חסדאי אמר צריך לשלשל ר' ירמיה ור' זעירא אמרו צריך לשלשל.

ליקוטי רש"י

מאי נפקא לך מינה. בין חלוקין בין לא חלוקין הלכה כמותו [ע"ז לב:]. אי אמינא הלכה כל שכן דאי לא פליגי הלכתא היא. **אמר ליה גמרא גמור זמורתא תהא.** משל שוטים הוא כמו זכון חבין תגרא אקרי (ב"מ מ:) כך גמרא גמור אומר לתלמיד שוטה למוד הן אמת הן שבוש ויהא לך לומר ושיר [ביצה כד.]. בתמיה אביי תלמידו של רב יוסף וקא"ל אתה מלמדנו לומר הלכה כמותו והאי כזמר בעלמא דאי אין חולקין הלכה למה לי [ע"ז שם]. אומר השמועה בזמירה בעלמא בלא צורך [לעיל קו:]. **קושרין דלי בפסקיא.** דלאו קשר שעשוי להתקיים הוא דאינו מפסיד פסיקיא שלו בכך. **אבל לא בחבל.** שמא יניחנו שם עולמית. **אי לימא חבל דעלמא.** שמשמישו לכך ואיכא למיחש שמא יניחנו שם. **חבל דגרדי.** שאינו ראוי למילוי מים תמיד ור' יהודה מתיר ולא גזר גבי שבת כדאוקימנא טעמא דמשום חומרא דשבת פרשי אינשי מאיסורא דיליה וזכרין הן. **לא יהא קושרו.** דהוי קשר של קיימא אלא עונבו ולא גזרינן עניבה אטו קשירה [פסחים יא.]. **אלא עונבו.** ואיסור מלאכה ליכא דעניבה לאו קשירה [סוכה לג:]. **כורך.** כריכה בעלמא. **או פסקיא.** פיישל"א שכורכין סביבות שוקיים. **שלא יענבנו.** גזירה משום קשירה הואיל ועסוק בכך [פסחים שם]. **עניבה גופא קשירה היא.** וחייבין עליה משום אב מלאכה [עירובין צז.]. אין חילוק בין עניבה לקשירה [שם קב:]. **כלי קיואי.** קנה של אורגים [לקמן קמ:]. **אין ולאו.** לא היה מחזיק כדבריו לא לאיסור ולא להיתר פעמים שאמר הן ופעמים שאמר לאו ורפיא בידיה ולא היתה מוחזקת הוראה זו בידו [קידושין סה.]. תחילה אמר אין וחזר ואמר לאו רפוי היה הדבר בידו [ב"מ יד:]. **הטומן לפת.** להשתמר בקרקע שכן דרכו הא דנקט מקצת עליו מגולין משום ניטלין בשבת נקט לה ולאו משום מידי אחריני דאי אין מקצת עליו מגולין אין לו במה לאוחזו אלא אם כן מזיז העפר בידים [לעיל נ:]. **הטומן.** להצניע [עירובין עז.]. **מקצת עליו מגולין.** משום שבת נקט ליה דבעי למיתני ניטלין בשבת שנוטלן ואוחזן בעלין שלהן. **לא משום כלאים.** משום כלאי הכרם [שם:]. דאין זו שתילה [לעיל נא.]. **ולא משום שביעית.** אם שנה שביעית היא. **ולא משום מעשר.** לשמא נשרש וניתוסף ואם היה חושש למעשר צריך לעשר את תוספתו ליכא למיחש להכי דלא נשרש [עירובין שם]. דנימא בטלה לה אגב קרקע והרי הוא כלוקטה מתחלה ויהא צריך לעשר על הנוסף שמא ניתוסף. **וניטלין בשבת.** שאוחזה במקצת עליה המגולין ולא חייש אם העפר ניזח מאליו [לעיל שם]. **וחלבי שבת.** של תמיד של בין הערבים קריבין ביום הכפורים שחל במוצאי שבת [סוכה נד:]. **רמות רוחא.** גסות [לעיל צד.].

עין משפט נר מצוה

כא א מיי' פכ"ד מה' שבת הלכה ד סמג שם טוש"ע או"ח סי' שז סעיף א:
כב ב מיי' שם הלכה ה סמג שם טוש"ע או"ח סי' שז סעיף ט:
כג ג (מיי') סמג שם טוש"ע או"ח סי' שא סעיף ג:
כד [ג] [מיי' שם הלכה ב טוש"ע שם סעי' ג]:
כה ד טוש"ע שם סעי' א בהג"ה:

שלא יהא דבורך של שבת כדבורך של חול (א) דבור אסור הרהור מותר בשלמא כולהו לחיי אלא שלא יהא הילוכך של שבת כהילוכך של חול מאי היא כי הא דאמר רב הונא אמר רב ואמרי ליה אמר ר' אבא אמר רב הונא היה מהלך בשבת ופגע באמת המים אם יכול להניח את רגלו ראשונה קודם שתעקר שניה מותר ואם לאו אסור מתקיף לה רבא היכי ליעביד ליקף קמפיש בהילוכא ליעבר זימנין דמיתווסן מאני מיא ואתי לידי סחיטה אלא בהא כיון דלא אפשר שפיר דמי אלא כדבעא מיניה ר' מר' ישמעאל בר' יוסי [ג] מהו לפסוע פסיעה גסה בשבת א"ל וכי בחול מי הותרה שאני אומר פסיעה גסה נוטלת אחד מחמש מאות ממאור עיניו של אדם ומהדר ליה בקידושא דבי שמשי בעא מיניה ר' מר' ישמעאל בר' יוסי מהו לאכול אדמה בשבת א"ל וכי בחול מי הותרה שאני אומר אף בחול אסור מפני שהוא מלקה אמר ר' אמי כל האוכל מעפרה של בבל כאילו אוכל מבשר אבותיו וי"א כאילו אוכל שקצים ורמשים דכתיב וימח את כל היקום וגו' אמר ריש לקיש למה נקרא שמה שנער שכל מתי מבול נגערו לשם א"ר יוחנן למה נקרא שמה מצולה שכל מתי מבול נצטללו לשם [וי"א כאילו אוכל] שקצים ורמשים והא ודאי איתמחויי איתמחו אמרי (ב) כיון דמלקי גזרו ביה רבנן דהא ההוא גברא דאכל גרגישתא ואכל תחלי וקדחו ליה תחליה בלביה ומית ורחצת וסכת ושמת שמלותיך א"ר אלעזר אלו בגדים של שבת תן לחכם ויחכם עוד אמר רבי אלעזר זו רות המואביה ושמואל הרמתי רות דאילו נעמי קאמרה לה ורחצת וסכת ושמת שמלותיך עליך וירדת הגורן ואילו בדידה כתיב ותרד הגורן והדר ותעש ככל אשר צותה חמותה שמואל דאילו עלי קאמר ליה שכב והיה אם יקרא אליך ואמרת דבר ה' כי שומע עבדך ואילו בדידי' כתיב ביה ויבא ה' ויתיצב ויקרא כפעם בפעם שמואל שמואל ויאמר שמואל דבר כי שומע עבדך ולא אמר דבר ה' ותלך ותבא ותלקט בשדה אמר רבי אלעזר שהלכה ובאת הלכה ובאת עד שמצאה בני אדם המהוגנין לילך עמהם ויאמר בועז לנערו הנצב על הקוצרים למי הנערה הזאת וכי דרכו של בועז לשאול בנערה אמר ר' אלעזר דבר חכמה (ג) ראה בה שני שבלין לקטה שלשה שבלין אינה לקטה במתניתא תנא דבר צניעות ראה בה עומדות מעומד נופלות מיושב וכה תדבקין עם נערותי וכי דרכו של בועז לדבק (ד) עם הנשים א"ר אלעזר כיון דחזא ותשק ערפה לחמותה ורות דבקה בה אמר שרי לאידבוקי בה ויאמר לה בועז לעת האוכל גשי הלום א"ר אלעזר רמז רמז לה עתידה מלכות בית דוד לצאת ממך דכתיב ביה הלום שנאמר ויבא המלך דוד וישב לפני ה' ויאמר מי אנכי אדני ה' ומי ביתי כי הביאתני עד הלום וטבלת פתך בחומץ א"ר אלעזר מכאן שהחומץ יפה לשרב ר' שמואל בר נחמני אמר רמז רמז לה עתיד בן לצאת ממך שמעשיו קשין כחומץ ומנו מנשה ותשב מצד הקוצרים א"ר אלעזר מצד הקוצרים ולא בתוך הקוצרים רמז רמז לה שעתידה מלכות בית דוד שתתחלק ויצבט לה קלי ותאכל אמר רבי אלעזר ותאכל בימי דוד ותשבע בימי שלמה ותותר בימי חזקיה ואיכא דאמרי ותאכל בימי דוד ובימי שלמה ותשבע בימי חזקיה ותותר בימי רבי דאמר מר אהוריריה דרבי הוה עתיר משבור מלכא במתניתא תנא ותאכל בעולם הזה ותשבע לימות המשיח ותותר לעתיד לבא: ותחת כבודו יקד יקוד כיקוד אש א"ר יוחנן ותחת כבודו ולא כבודו ממש ר' יוחנן לטעמיה דר' יוחנן קרי למאניה מכבדותי ר"א אומר ותחת כבודו תחת כבודו ממש ר' שמואל בר נחמני אמר תחת כבודו כשריפת בני אהרן מה להלן שריפת נשמה וגוף קיים אף כאן שריפת נשמה וגוף קיים א"ר אחא בר אבא אמר רבי יוחנן מניין

רש"י

שלא יהא דבורך של שבת כדבורך של חול. כגון מקח וממכר וחשבונות: הרהור מותר. להרהר בלבו כך וכך יליאות אני לריך להוליא על שדה זו: אם יכול להניח רגלו ראשונה. שעקר מלד זה להניח ללד זה: קודם שתעקר שניה. שאין רחבה יותר מכדי פסיעה ורגלו אחת ללד זה ושניה ללד זה: מותר. אף לדלג ולעקור את זו קודם שנחה ראשונה: אסור. לקפוץ: ליקף. למקום שהאמה כלה שם: ליעבר. שישים רגלו במים: זימנין דמיתווסן מאניה. ישורו במים: שפיר דמי. לדלג: מהו לפסוע פסיעה גסה. מי עבר משום מעשות דרכיך. פסיעה גסה יותר מאמה פסיעה בינונית אמה: קידושא דבי שמשי. השותה מיין של קידוש בלילי שבתות: מהו לאכול אדמה. ארזיל"א בלע"ז מי גזרו בה משום שחיקת סמנים כשאר רפואה או לא: שהיא מלקה. מביא לידי חולי: מבשר אבותיו. שמתו שם בגולה: שקצים ורמשים הא ודאי אתמחויי אתמחו ולא נעשו עפר: אלא כיון דמלקי. גזור בה משום אוכל שקלים ורמשים: קדחו ליה תחלא. נקלטו השחלים באדמה וגדלו במעיו ונגע בלבו ומת: שמלותיך. וכי ערומה היתה אלא שמלות מיוחדות והיינו דשבת: ותרד הגורן והדר ותעש. שם סכה ולבשה שמלות נאות שלא יפגעו בה כשהיא מקושטת ויאמרו זונה היא: שמואל. שהיתה שכינה קוראה לו מתוך ההיכל ולא היה יודע מי קורא לו וכתיב התם ויבן עלי כי ה' קורא לנער ויאמר לו לך שכב והיה אם יקרא אליך ואמרת דבר ה' כי שומע עבדך והוא לא רצה להזכיר השם שמא אין זו שכינה: בני אדם המהוגנין. שבקולרים לילך עמהם: לישאל בנערה. כל נערות שרואה היה דרכו לישאל מי הן א"כ מסתכל בהן היה: שני שבלין לקטה. כשהיא רואה שני שבלין שנפלו מן הקולרים לוקטתן אבל שלש שוכבות יחד אין לוקטתן דהכי היא מתניתין (פאה פ"ו משנה ה) שני שבלים לקט ג' אינו לקט: עומדות. שבלים עומדות ששכח בועז לוקטת מעומד דשכחת קמה נמי הוי שכחה: נופלות. אותן שנשרו מן הקולרים לוקטת מיושב ואינה שחה ליטלן משום לניעות: רמז רמז לה. רוח הקדש נזרקה בו: מצד הקוצרים. כל הקולרים הספיקו בינו לבינה ולא הוסיפה בתוכם או אלא רוח הקדש נזרקה בו ולרמז שמלכות בית דוד היוצאת משניהם עתידה ליחלק לאלו ישבה בתוכם לא היה זה רמז הפסקה בין שניהם: ותאכל ותשבע. לשון עושר הוא לדוד שלמה וחזקיה כתיב בהן עושר שהיו מביאים להן כל מלכי ארץ ממונם: אהוריריה. הממונה על הסוסים ופרדות שלו: ותחת כבודו. אידי דאיירי דקרא בפלוגתא דרבי יוחנן ור"א ורבי שמואל בר נחמני נקטיה להאי הכא: ה"ג רבי יוחנן אומר תחת כבודו ולא כבודו ממש רבי יוחנן לטעמיה דר"י קרי למאניה מכבדותי ר"א תחת כבודו ממש ר' שמואל בר נחמני אומר תחת כבודו כשריפת בני אהרן כו' והכי פירושא בין לרבי יוחנן בין לר"א גופן נשרף אלא רבי יוחנן משמע ליה תחת כבודו כמו תחת רגליו לשון מתחתית וכבודו היינו בגדיו וה"ק תחת בגדיהם של חיילותיו של סנחריב יקד יקוד ולא בגדיהם נשרפו ור"א משמע ליה תחת לשון חליפין כמו ישלם תחת השור (שמות כא) משום דר"א לא קרי למאני' מכבדותי לכך ע"כ כבודו היינו גופו וה"ק כבודו ממש ישרף ותחתיו יהא אפר ושריפה ליקוד אש ורבי שמואל משמע ליה תחת כו' הלכך קרא כר' יוחנן ודרשה כר"א ולא כבודו גופו הוא והלכך כשריפת בני אהרן שריפת נשמה וגוף קיים בסנהדרין בד' מיתות (דף נב.):

תוספות

שלא יהא דבורך של שבת כדבורך של חול. פי' בקונטרס כגון מקח וממכר ואין נראה לר"ת דהא כבר נפקא ממצוא חפצך אלא אומר ר"ת כדאמר בויקרא רבה (פ' לד) ר"ש בן יוחי הוה ליה אימא סבתא דהות מישתעיא סגיא אמר לה אימא שבתא הוא שתקה משמע שאין כל כך לדבר בשבת כמו בחול ובירושל' אמרי' בטורח התירו בשאלת שלום בשבת: ואפילו

רבינו חננאל

דר' יוחנן איכא לאוקומה להאי בעיא כי ראשונה לר' יוחנן בסנדל שיש לו ד' אזנים וכו' מימרא באזני החיצונות בלבד דאי מפסקא חדא סמיך על חבירתה והכי קאמר מאי שנא ראשונה דהא קיימא שניה ומקשינן שניה נמי הא מתקנא ראשונה [ודוקא] אי פסקי תרוייהו טהור. וא"ל ר' יוחנן לחזקיה דאמרת לן פנים חדשות באו לכאן כיון דתרוייהו איפסיקו בתר דאיטמי ליה אע"ג דחדא חדא איתקנא הוא [תקנתא] חדש הוא וכמאן דליתיה דמי והכא נמי לענין כל כלי בעלי בתים כיון שנקבן נקבין הרבה עד שהגיעו לשיעור הוצאת רמון אע"ג דמתיקני כיון דפנים חדשות אתקינו טהור והכין נמי לענין פרק אמה וגדרה כו' דאמר חזקיה על ר' יוחנן לית לן בר אינש אלא מלאך דהכי אימא דאמר כגון דין לא אינש ומאן דליתיה הכי כבהמה הוא כגון קיטרי נודות יין ושמן אע"ג דאית ליה ב' אוני שרי ליה להתירן לתרווייהו ולא אמרינן דחד מינייהו בטלה וכן קדירה של תבשיל מותר להתירה ואע"ג דאית ליה שלבא. פי' כגון דדי הכיור שמקלחין מים אע"ג דיכול לאדוקי המרק מן השלבא מותר להתירה: קושרין דלי בפסיקיא. שהוא אבנט מפני שאינו קשר קיימא אבל לא בחבל. אוקימנא בחבל הגרדי ומשום גזירה. ור' יהודה מתיר שכל חבל דגרדי אי קטיר ליה בדלי קשר של עראי הוא ולאורתא שרי ליה מן הדלי משום דבעי ליה למלאכתו. לפי' כיון שאינו קשר של קיימא שרי ולא גזרי חבל דגרדי אטו חבל דעלמא ורמינן עלה [מי גזרי רבנן חבל דגרדי] [אטו חבל דעלמא] והא תנן חבל דלי שנפסק לא יקשרנו אלא יענבנו. ר' יהודה אומר כורך עליו פונדא וכו' ולא קא גזרו רבנן עניבה אטו קשירה. ושנינן קשירה הוא חבל הגרדי בחבל דעלמא מיחלף הוא לפיכך גזרינן אבל עניבה בקשירה הכירא בה הוא לפיכך לא גזרינן. לר' יהודה נמי דאסר בעניבה לאו משום דגזר עניבה אטו קשירה אלא משום דסבר עניבה קשירה מעליא היא. והאי דאמרי' בלולב הגדול כו' ובפרק המוצא תפילין דר' יהודה סבר עניבה קשירה מעליא היא הכא עיקרה ודרבא ומחלק ביה. דלא קטר ליה קשר של קיימא: כלי קיואי חד אומנות.

מסורת הש"ס

א) [לקמן קנ.], ב) ברכות מג: תענית י:, ג) [פסחים מב.], ד) [זבחים קיג:], ה) [שם ע"ש בלשונות דר"ח ור"ל מהופך], ו) ר"ה סימני עולם, ז) פי' טיט נקי [עי' פרש"י יבמות קו: וכב"מ מ. ד"ה גרגישתא ובפרש"י כתובות ס: ד"ה גרגישתא], ח) ב"מ סה., ט) סנהדרין דף לד:, י) סנהדרין צד. [כ"ק לב:], כ) [סנהדרין לד: וע"ש ותלוה ליה], ל) [סנהדרין נב:].

הגהות הב"ח

(א) גמרא כדיבורך של חול דבר דבור אסור: (ב) שם לאיתמחויי אלא כיון: (ג) שם אמר ר' אלעזר דבר חכמה. נ"ב פירוש דבר הלכה. וכן איתא בפרק כתוב דנדה דף סט ע"ב שלשה דברי חכמה ומפרש הלכה: (ד) שם דרכו של בועז (לדבק) תא"מ ונ"ב ס"א לדבר:

רב נסים גאון

ורחצת וסכת ושמת שמלותיך אמר ר' אלעזר אלו כלים של שבת. בגמ' דפיאה גרסי בני מערבא (פרק ח) אמר ר' חנינא צריך אדם שיהא לו שני עיטופין אחד לחול ואחד לשבת מה טעם שנאמר (רות ג) ושמת שמלותיך עליך וכי ערומה היית אלא אלו בגדי שבת כדדרש ר' שמלאי בציבורא בכון חבריא לקיבלה אמרו ליה ר' לנא כעטיפתנו בחול כך עטיפתנו בשבת אמר להם אעפ"כ אתם צריכין לשנות: מה שריפת בני אהרן שריפת נשמה וגוף קיים. משכחת לה בסנהדרין בפרק ד' מיתות (דף נב) תניא אבא יוסי בן (ראסי) [דוסתאי] אומר ב' חוטין של אש יצאו מבית קדשי הקדשים ונחלקו לד' ונכנסו ב' בחוטמו של זה וב' בחוטמו של זה ושרפום והכתיב (ויקרא י) ותאכל אותם אותם ולא בגדיהם: גנאי

תורה אור השלם

א) וַיִּמַח אֶת כָּל הַיְקוּם אֲשֶׁר עַל פְּנֵי הָאֲדָמָה מֵאָדָם עַד בְּהֵמָה עַד רֶמֶשׂ וְעַד עוֹף הַשָּׁמַיִם וַיִּמָּחוּ מִן הָאָרֶץ וַיִּשָּׁאֶר אַךְ נֹחַ וַאֲשֶׁר אִתּוֹ בַּתֵּבָה: [בראשית ז, כג]
ב) וְרָחַצְתְּ וָסַכְתְּ וְשַׂמְתְּ שִׂמְלֹתַיִךְ עָלַיִךְ וְיָרַדְתְּ הַגֹּרֶן אַל תִּוָּדְעִי לָאִישׁ עַד כַּלֹּתוֹ לֶאֱכֹל וְלִשְׁתּוֹת: [רות ג, ג]
ג) תֵּן לְחָכָם וְיֶחְכַּם עוֹד הוֹדַע לְצַדִּיק וְיוֹסֶף לֶקַח: [משלי ט, ט]
ד) וַתֵּרֶד הַגֹּרֶן וַתַּעַשׂ כְּכֹל אֲשֶׁר צִוַּתָּה חֲמוֹתָהּ: [רות ג, ו]
ה) וַיֹּאמֶר עֵלִי לִשְׁמוּאֵל לֵךְ שְׁכָב וְהָיָה אִם יִקְרָא אֵלֶיךָ וְאָמַרְתָּ דַּבֵּר יְיָ כִּי שֹׁמֵעַ עַבְדֶּךָ וַיֵּלֶךְ שְׁמוּאֵל וַיִּשְׁכַּב בִּמְקוֹמוֹ: [שמואל א ג, ט]
ו) וַיָּבֹא יְיָ וַיִּתְיַצַּב וַיִּקְרָא כְפַעַם בְּפַעַם שְׁמוּאֵל שְׁמוּאֵל וַיֹּאמֶר שְׁמוּאֵל דַּבֵּר כִּי שֹׁמֵעַ עַבְדֶּךָ: [שמואל א ג, י]
ז) וַתֵּלֶךְ וַתָּבוֹא וַתְּלַקֵּט בַּשָּׂדֶה אַחֲרֵי הַקֹּצְרִים וַיִּקֶר מִקְרֶהָ חֶלְקַת הַשָּׂדֶה לְבֹעַז אֲשֶׁר מִמִּשְׁפַּחַת אֱלִימֶלֶךְ: [רות ב, ג]
ח) וַיֹּאמֶר בֹּעַז לְנַעֲרוֹ הַנִּצָּב עַל הַקּוֹצְרִים לְמִי הַנַּעֲרָה הַזֹּאת: [רות ב, ה]
ט) וַיֹּאמֶר בֹּעַז אֶל רוּת הֲלוֹא שָׁמַעַתְּ בִּתִּי אַל תֵּלְכִי לִלְקֹט בְּשָׂדֶה אַחֵר וְגַם לֹא תַעֲבוּרִי מִזֶּה וְכֹה תִדְבָּקִין עִם נַעֲרֹתָי: [רות ב, ח]
י) וַתִּשֶּׂנָה קוֹלָן וַתִּבְכֶּינָה עוֹד וַתִּשַּׁק עָרְפָּה לַחֲמוֹתָהּ וְרוּת דָּבְקָה בָּהּ: [רות א, יד]
כ) וַיֹּאמֶר לָה בֹעַז לְעֵת הָאֹכֶל גֹּשִׁי הֲלֹם וְאָכַלְתְּ מִן הַלֶּחֶם וְטָבַלְתְּ פִּתֵּךְ בַּחֹמֶץ וַתֵּשֶׁב מִצַּד הַקֹּצְרִים וַיִּצְבָּט לָהּ קָלִי וַתֹּאכַל וַתִּשְׂבַּע וַתֹּתַר: [רות ב, יד]
ל) וַיָּבֹא הַמֶּלֶךְ דָּוִד וַיֵּשֶׁב לִפְנֵי יְיָ וַיֹּאמֶר מִי אָנֹכִי אֲדֹנָי אֱלֹהִים וּמִי בֵיתִי כִּי הֲבִיאֹתַנִי עַד הֲלֹם: [שמואל ב ז, יח]
מ) לָכֵן יְשַׁלַּח הָאָדוֹן אֲדֹנָי צְבָאוֹת בְּמִשְׁמַנָּיו רָזוֹן וְתַחַת כְּבֹדוֹ יֵקַד יְקֹד כִּיקוֹד אֵשׁ: [ישעיה י, טז]

ליקוטי רש"י

בקידושא דבי שמשי. שמוצא כוס של קידוש בשבת בלילה [ברכות מג.]. בי שמשי. לילי שבת קרי בי שמשי [תענית כט:]. כאילו אוכל שקצים ורמשים. למה נקרא שמה מצולה. שכל מתי מבול נצטללו לשם. גרגישתא. ויאמר שמואל דבר. ולא הזכיר שם המקום כמו שלמדו עלי. עד הלום. אהוריריה. ותחת כבודו. ולא כבודו ממש.

שֶׁלֹּא יְהֵא דִּבּוּרְךָ שֶׁל שַׁבָּת כְּדִבּוּרְךָ שֶׁל חוֹל – **that your speech on the Sabbath should not be like your speech on weekdays.**[1] דִּבּוּר אָסוּר – Additionally, the phrase *and speaking words* teaches that only weekday *speech* **is prohibited** on the Sabbath, הִרְהוּר מוּתָּר – but weekday *thought* **is permitted.**[2]

The Gemara asks:

בִּשְׁלָמָא כּוּלְהוּ לְחַיֵּי – Now **in regard to all of them** [the other weekday activities prohibited on the Sabbath], **it is well,** i.e. the nature of the activities permitted during the weekdays but prohibited on the Sabbath is understandable. אֶלָּא שֶׁלֹּא יְהֵא הִילּוּכְךָ שֶׁל שַׁבָּת כְּהִילּוּכְךָ שֶׁל חוֹל מַאי הִיא – **But what is** meant by the passage **"that your walking on the Sabbath should not be like your walking on weekdays"?** In what manner must one's walking on the Sabbath differ from his weekday walking?

The Gemara answers:

כִּי הָא דְּאָמַר רַב הוּנָא אָמַר רַב – **As that which Rav Huna said in the name of Rav,** וְאָמְרֵי לֵיהּ אָמַר רַבִּי אַבָּא אָמַר רַב הוּנָא – **and as others have it, R' Abba said in the name of Rav Huna:** הָיָה מְהַלֵּךְ בְּשַׁבָּת וּפָגַע בְּאַמַּת הַמַּיִם – **If one was walking on the Sabbath and he encountered a stream of water,** אִם יָכוֹל לְהַנִּיחַ אֶת רַגְלוֹ רִאשׁוֹנָה קוֹדֶם שֶׁתֵּעָקֵר שְׁנִיָּה – **if he is able to put his first foot down** on the other side of the stream **before lifting his second** foot, i.e. the stream is so narrow that he is able to step over it with a single stride, מוּתָּר – **he is permitted** to cross it even by leaping. וְאִם לָאו אָסוּר – **But if** he is **not** able to step over it with a single stride, **he is prohibited** to jump over it.[3]

This explanation is challenged:

מַתְקִיף לָהּ רָבָא – **Rava objected to this:** הֵיכִי לִיעֲבֵד – But if in the latter case he is forbidden to jump over the stream, **what *should* he do** in order to get to the other side? לִיקַף – **Should he circumvent** the stream?[4] קָמַפִּישׁ בְּהִילּוּכָא – This is improper, for **he** thereby **increases the walking** distance.[5] לִיעֲבַר – **Should he cross** the stream by walking *through* it? זִימְנִין דְּמִיתַּוְּסַן מָאנֵי מַיָּא – This, too, is improper for **sometimes his clothing may become soaked**[6] with **water,** וְאָתֵי לִידֵי סְחִיטָה – **and he will come to** sin by **wringing** it out.[7]

The Gemara concludes:

אֶלָּא בְּהָא – **Rather, in this** case, כֵּיוָן דְּלָא אֶפְשָׁר – **since it is impossible** to get to the other side of the stream in any more acceptable manner, שַׁפִּיר דָּמֵי – **it is fine** to leap over the stream. Thus, "your walking on the Sabbath should not be like your walking on weekdays" cannot refer to the leaping over of a wide stream, because doing so is the best of all the possible alternatives. – ? –

The Gemara offers a different definition of the "weekday walking" that is prohibited on the Sabbath:

אֶלָּא כִּדְבָעָא מִינֵּיהּ רַבִּי מֵרַבִּי יִשְׁמָעֵאל בְּרַבִּי יוֹסֵי – **Rather,** the manner of "weekday walking" which is prohibited on the Sabbath is **as Rebbi inquired of R' Yishmael the son of R' Yose.** For Rebbi inquired: מַהוּ לִפְסוֹעַ פְּסִיעָה גַּסָּה בְּשַׁבָּת – **May one take a long stride on the Sabbath?**[8] אָמַר לוֹ – **[R' Yishmael] said to him:** וְכִי בְּחוֹל מִי הוּתְּרָה – **And is this permitted** even **on weekdays?** שֶׁאֲנִי אוֹמֵר פְּסִיעָה גַּסָּה נוֹטֶלֶת אֶחָד מֵחֲמֵשׁ מֵאוֹת מִמְּאוֹר עֵינָיו שֶׁל אָדָם – **Why, I say** that **a long stride takes away one-five-hundredth of the light of a person's eyes.**[9] וּמַהֲדַר לֵיהּ בְּקִידּוּשָׁא דְּבֵי שִׁמְשֵׁי – **And it is restored to him by** drinking **the** Friday **evening Kiddush** wine.[10]

The Gemara concludes, then, that it is the taking of long strides on the Sabbath which is prohibited on the grounds of "your walking on the Sabbath should not be like your walking on weekdays."[11]

The Gemara cites a parallel exchange regarding a different question:

בְּעָא מִינֵּיהּ רַבִּי מֵרַבִּי יִשְׁמָעֵאל בְּרַבִּי יוֹסֵי – **Rebbi inquired of R' Yishmael the son of R' Yose:** מַהוּ לֶאֱכוֹל אֲדָמָה בְּשַׁבָּת – **What is [the law]** in regard to one who wishes **to eat earth on the Sabbath?**[12] אָמַר לוֹ – **He said to him:** וְכִי בְּחוֹל מִי הוּתְּרָה – **And is it permissible** to do so **on weekdays?** שֶׁאֲנִי אוֹמֵר אַף בְּחוֹל אָסוּר מִפְּנֵי שֶׁהוּא מַלְקֶה – **Why, I say that it is prohibited** to eat earth **even on weekdays because it is injurious** to the health.

The Gemara cites several related statements:

אָמַר רַבִּי אַמֵּי – **R' Ami said:** כָּל הָאוֹכֵל מֵעַפְרָהּ שֶׁל בָּבֶל – **Whoever eats of the dust of Babylonia,** כְּאִילּוּ אוֹכֵל מִבְּשַׂר אֲבוֹתָיו –

NOTES

1. Such as engaging in business talk or making calculations (*Rashi;* see below, 150a-b, where the Gemara delineates which calculations may or may not be made on the Sabbath). Alternatively, this means that one should not speak *as much* on the Sabbath, even about permitted matters, as he does on weekdays (*Tosafos*; see *Hagahos HaBach* and *Maginei Shlomo*).

2. E.g. it is permitted to mentally calculate the amount of money one will have to expend in regard to a certain field (*Rashi*).

3. *Rashi;* see *Beur HaGra* to *Orach Chaim* 301:3.

The Gemara now maintains that it is the jumping over of a wide stream which is prohibited on the Sabbath by the phrase "your walking on the Sabbath should not be like your walking on weekdays."

4. By walking to where it ends (*Rashi*) or until a point at which it narrows to the width of a single stride (*Meiri*).

5. Taking the longer route is [unnecessarily] burdensome, and it is prohibited to subject oneself to such discomfort on the Sabbath (*Rabbeinu Perachyah*).

6. Literally: soiled.

7. Wringing water out of a wet garment on the Sabbath is a *toladah* of מְלַבֵּן, *whitening* (*Ritva MHK* ed.).

8. For an average-sized person, a regular stride measures one *amah* (approximately 1 3/4 feet). Anything more is considered a "large stride." Rebbi inquired whether the taking of a "large stride" on the Sabbath is prohibited on the grounds that "your walking on the Sabbath should not be like your walking on weekdays" (*Rashi*; cf. *Magen Avraham* 301:2).

9. I.e. a man's eyesight. Since it is injurious to the health, it is forbidden. [See *Ritva MHK* ed. who explains that only the first large stride causes this amount of damage. Subsequent ones each take away 1/500 of the *remaining* eyesight, causing progressively smaller amounts of damage.]

10. *Rashi.* Others explain that this cure is effected not by drinking the Kiddush wine but by dabbing it on the eyes (*Tosafos* to *Pesachim* 100b ד״ה ידי קידוש in the name of *Rav Natronai Gaon;* see also *Rama, Orach Chaim* 271:10 and *Magen Avraham* there §23).

[*Meiri* interprets this passage in yet a third, metaphorical sense. It is not the Friday night Kiddush wine per se which remedies the ill effects of the taking of a long stride. Rather, it is the restfulness and tranquility of the Sabbath ushered in by the Friday night Kiddush which restore the vision that ebbed due to the overly long strides during the week. See also *Maharsha* to *Berachos* 43b.]

11. Although the Gemara has explained that taking long strides is prohibited anytime, this is solely because of the physical harm it causes; hence, it is permitted where there is a compelling need. On the Sabbath, however, the taking of large strides is *always* forbidden (except when going to do a mitzvah – see *Berachos* 6b). Furthermore, the damage caused by taking long strides on the Sabbath is not subject to the curative powers of the Friday night Kiddush (see *Meiri;* see also *Ritva MHK* ed., and *Chidushei HaRan* in the name of *Re'ah*).

12. [The eating of a certain type of earth was practiced as a remedy against particular ailments (*Meiri*). The usage of medicine for one who suffers a non-life-threatening pain or ailment is prohibited on the Sabbath in order that one not come to crush herbs (medicines were generally prepared from crushed herbs) and violate the prohibition of טוֹחֵן, *grinding.*] Rebbi inquired whether the eating of earth is included in this prohibition (*Rashi;* cf. *Sfas Emes*; see *Ritva MHK* ed.).

עין משפט נר מצוה

כא א מיי' פכ"ד שם הלכה ד סמג שם טוש"ע א"ח סי' שז סעיף א:
כב ב מיי' שם הלכה א סמג שם טוש"ע א"ח סי' שו סעיף ח:
כג ג (מיי') סמג שם טוש"ע א"ח סי' שא סעיף ג:
כג [ג] [מיי' שם הלכה ד טוש"ע שם סעי' א]:
כד ד טוש"ע שם סעי' ה בהג"ה:

שלא יהא דבורך של שבת כדבורך של חול. כגון מקח וממכר וחשבונות: הרהור מותר. להרהר בלבו כך וכך יציאות אני צריך להוציא על שדה זו: אם יכול להניח רגלו ראשונה. שעקר מצד זה להניח לצד זה: קודם שתעקר שניה. שאין רחבה יותר מכדי פסיעה ורגלו אחת לצד זה ושניה לצד זה: מותר. אף לדלג ולעקור את זו קודם שנחה ראשונה: אסור. לקפוץ: ליקף. למקום שהאמה כלה שם: ליעבר. שישים רגלו במים: זימנין דמיתווסן מאניה. ישורו במים: שפיר דמי. לדלג: מהו לפסוע פסיעה גסה. מי עבר משום מעשות דרכיך. פסיעה גסה יותר מאמה פסיעה בינונית אמה: קידושא דבי שמשי. השותה מיין של קידוש בלילי שבתות: מהו לאכול אדמה. ארזיל"א בלע"ז מי גזרו בה משום שחיקת סמנים כשאר רפואה או לא: שהיא מלקה. מביא לידי חולי: מבשר אבותיו. שמתו שם בגולה: שקצים ורמשים הא ודאי אתמחויי אתמחו ולא נעשו עפר: אלא כיון דמלקי. גזור בה משום אוכל שקצים ורמשים: קדחו ליה תחלא. נקלטו השחלים באדמה וגדלו במעיו ונגע בלבו ומת: שמלותיך. וכי ערומה היתה אלא שמלות מיוחדות והיינו לשבת: ותרד הגורן והדר ותעש. שם סכה ולבשה שמלות נאות שלא יפגעו בה כשהיא מקושטת ויאמרו זונה היא: שמואל. שהיתה שכינה קוראה לו מתוך ההיכל ולא היה יודע מי קורא לו וכתיב התם ויבן עלי כי ה' קורא לנער ויאמר לו לך שכב והיה אם יקרא אליך ואמרת דבר ה' כי שומע עבדך והוא לא רצה להזכיר השם שמא אין זו שכינה: בני אדם המהוגנין. שבקוצרים לילך עמהם: לישאל בנערה. כל נערות שרואה היה דרכו לישאל מי הן א"כ מסתכל בהן היה: שני שבלין לקטה. כשהיא רואה שני שבלין שנפלו מן הקוצרים לוקטתן אבל שלש שוכבות יחד אין לוקטתן דהכי היא מתניתין (פאה פ"ו משנה ה) שני שבלים לקט ג' אינו לקט: עומדות. שבלים עומדות ששכח בועז לוקטת מעומד דשכחת קמה נמי הוי שכחה: נופלות. אותן שנשרו מן הקוצרים לוקטת מיושב ואינה שחה ליטלן משום צניעות: רמז רמז לה. רוח הקדש נזרקה בו: מצד הקוצרים. כל הקוצרים הפסיקו בינו לבינה ולא הושיבה בתוכם או אלמלו רוח הקדש נזרקה בו ולרמז שמלכות בית דוד היוצאת משניהם עתידה ליחלק דאילו ישבה בתוכם לא היה זה רמז הפסקה בין שניהם: ותאכל ותשבע. לשון עושר הוא דוד שלמה וחזקיה כתיב בהן עושר שהיו מביאים להן כל מלכי ארץ מנחה: אהורייריה. ממונה על הסוסים ופרדות שלו: ותחת כבודו. איידי דאיירי בקרא בפלוגתא דרבי יוחנן ור"א ורבי שמואל בר נחמני נקטיה להאי הכא: ה"ג רבי יוחנן אומר תחת כבודו ולא כבודו ממש רבי יוחנן לטעמיה דר"י קרי למאניה מכבדותי ר"א תחת כבודו ממש ר' שמואל בר נחמני אומר תחת כבודו כשריפת בני אהרן כו' והכי פירושא בין לרבי יוחנן בין לר"א גופן נשרף אלא רבי יוחנן משמע ליה תחת כבודו כמו תחת רגליו לשון תחתית וכבודו היינו בגדיו וה"ק תחת בגדיהם של חיילותיו של סנחריב יקד יקוד ולא בגדיהם נשרפו ור"א משמע ליה תחת ממש כמו ישלם תחת השור (שמות כא) משום דר"א לא קרי למאני מכבדותיה לכך ע"כ כבודו היינו גופו וה"ק כבודו ממש ישרף ותחתיו יהא אפר ושריפה ליקוד אש ורבי שמואל משמע ליה תחת כר' יוחנן וכבודו כר"א הלכך קרא כר' יוחנן מידרש ותחת כבודו נשרף ולא כבודו ממש והאי כבודו גופו הוא והלכך כשריפת בני אהרן שריפת נשמה וגוף קיים כדאמרינן בסנהדרין בד' מיתות (ד' נב.)

שלא יהא דבורך של שבת כדבורך של חול. פי' בקונטרס כגון מקח וממכר ואין נראה לר"ת דהא כבר נפקא ממצוא חפצך אלא אומר ר"ת כדאמר בויקרא רבה (פ' לד) ר"ש בן יוחי הוה ליה אימא סבתא דהות מישתעיא סגיא אמר לה אימא שבתא הוא שתקה משמע שאין כל כך לדבר בשבת כמו בחול ובירושלמי אמרי' בטורח התירו בשאלת שלום בשבת: ואפילו

א שלא יהא דבורך של שבת כדבורך של חול (א) ב דבור אסור הרהור מותר בשלמא כולהו לחיי אלא שלא יהא הילוכך של שבת כהילוכך של חול מאי היא כי הא דאמר רב הונא אמר רב ואמרי ליה אמר ר' אבא אמר רב הונא היה מהלך בשבת ופגע באמת המים אם יכול להניח את רגלו ראשונה קודם שתעקר שניה מותר ואם לאו אסור מתקיף לה רבא היכי ליעביד ליקף קמפיש בהילוכא ליעבר זימנין דמיתווסן מאני מיא ואתי לידי סחיטה אלא ג בהא כיון דלא אפשר שפיר דמי אלא כדבעא מיניה ר' מר' ישמעאל בר' יוסי [ג] מהו לפסוע פסיעה גסה בשבת ד א"ל וכי בחול מי הותרה שאני אומר ו פסיעה גסה נוטלת ז אחד מחמש מאות ממאור עיניו של אדם ומהדר ליה בקידושא דבי שמשי בעא מיניה ר' מר' ישמעאל בר' יוסי מהו לאכול אדמה בשבת א"ל וכי בחול מי הותרה שאני אומר אף בחול אסור מפני שהוא מלקה ד אמר ר' אמי כל האוכל מעפרה של בבל כאילו אוכל מבשר אבותיו וי"א כאילו אוכל שקצים ורמשים דכתיב א וימח את כל היקום וגו' אמר ריש לקיש ה למה נקרא שמה שנער שכל מתי מבול נְנְערו לשם א"ר יוחנן למה נקרא שמה מצולה שכל ו מתי מבול נצטללו לשם [וי"א כאילו אוכל] שקצים ורמשים והא ודאי איתמחויי איתמחו אמרי (ב) כיון דמלקי גזרו ביה רבנן דהא ההוא גברא דאכל ז גרגישתא ואכל תחלי וקדחו ליה תחליה בלביה ומית ב ורחצת וסכת ושמת שמלותיך א"ר אלעזר אלו בגדים של שבת ג תן לחכם ויחכם עוד אמר רבי אלעזר זו רות המואביה ושמואל הרמתי רות דאילו נעמי קאמרה לה ורחצת וסכת ושמת שמלותיך עליך וירדת הגורן ואילו בדידה כתיב ד ותרד הגורן והדר ותעש ככל אשר צותה חמותה שמואל דאילו עלי קאמר ליה ה שכב והיה אם יקרא אליך ואמרת דבר ה' כי שומע עבדך ואילו בדידי' כתיב ביה ו ויבא ה' ויתיצב ויקרא כפעם בפעם שמואל שמואל ויאמר שמואל דבר כי שומע עבדך ולא אמר דבר ה' ז ותלך ותבא ותלקט בשדה אמר רבי אלעזר שהלכה ובאת הלכה ובאת עד שמצאה בני אדם המהוגנין לילך עמהם ח ויאמר בועז לנערו הנצב על הקוצרים למי הנערה הזאת וכי דרכו של בועז לשאול בנערה אמר ר' אלעזר דבר חכמה (ג) ראה בה שני שבלין לקטה שלשה שבלין אינה לקטה במתניתא תנא דבר צניעות ראה בה עומדות מעומד נופלות מיושב ט וכה תדבקין עם נערותי וכי דרכו של בועז לדבק (ד) עם הנשים א"ר אלעזר כיון דחזא י ותשק ערפה לחמותה ורות דבקה בה אמר שרי לאידבוקי בה ל ויאמר לה בועז לעת האוכל גשי הלום א"ר אלעזר רמז רמז לה עתידה מלכות בית דוד לצאת ממך דכתיב ביה הלום שנאמר כ ויבא המלך דוד וישב לפני ה' ויאמר מי אנכי אדני ה' ומי ביתי כי הביאתני עד הלום ל וטבלת פתך בחומץ א"ר אלעזר מכאן שהחומץ יפה לשרב ר' שמואל בר נחמני אמר רמז רמז לה עתיד בן לצאת ממך שמעשיו קשין כחומץ ומנו מנשה ל ותשב מצד הקוצרים א"ר אלעזר מצד הקוצרים ולא בתוך הקוצרים רמז רמז לה שעתידה מלכות בית דוד שתתחלק ל ויצבט לה קלי ותאכל אמר רבי אלעזר ותאכל בימי דוד ל ותשבע בימי שלמה ל ותותר בימי חזקיה ואיכא דאמרי ותאכל בימי דוד ובימי שלמה ותשבע בימי חזקיה ותותר בימי רבי ט דאמר מר אהורייריה דרבי הוה עתיר משבור מלכא במתניתא תנא ותאכל בעולם הזה ותשבע לימות המשיח ותותר לעתיד לבא: מ ותחת כבודו יקד יקוד כיקוד אש ט א"ר יוחנן ותחת כבודו ולא כבודו ממש י ר' יוחנן לטעמיה דר' יוחנן קרי למאניה מכבדותי ר"א אומר כ ותחת כבודו תחת כבודו ממש ר' שמואל בר נחמני אמר תחת כבודו כשריפת בני אהרן ל מה להלן שריפת נשמה וגוף קיים אף כאן שריפת נשמה וגוף קיים א"ר אחא בר אבא אמר רבי יוחנן מניין

מסורת הש"ס

א) [לקמן קנ.], ב) כריתות מג: תענית י:, ג) [פסחים מג.], ד) [זבחים קיג:], ה) [שם ע"ש פלוגתא דר"י ור"ל מהופך], ו) ר"ה מימי עולם, ז) פי' טינו נקי [ע' פרש"י יבמות קו: ובכ"מ], ח) ד"ה גרגישתא ובפרש"י כתובות ס: ד"ה גרגישתא], ט) ב"מ פה., י) סנהדרין דף לז., כ) סנהדרין [נ"ק לג.], ל) [סנהדרין לד: וע"ש ומלוה לייסף], מ) [סנהדרין נב:].

הגהות הב"ח

(א) גמרא כדיבורך של חול דבר דבור אסור: (ב) שם לאיתמחויי איתמחו אלא כיון: (ג) שם אמר ר' אלעזר דבר חכמה. נ"ב פירוש דבר הלכה. וכן איתא בפרק כהנת לדדה דף טע ע"ב שלשה דברי חכמה ומפרש הלכה: (ד) שם דרכו של בועז (לדבק) תא"מ ונ"ב ס"א לדבר:

רב נסים גאון

ורחצת וסכת ושמת שמלותיך אמר ר' אלעזר אלו בגדים של שבת. בגמ' דפיאה גרסי בני מערבא (פרק ח) אמר ר' חנינא צריך אדם שיהא לו שני עיטופים אחד לחול ואחד לשבת מה טעם שנאמר (רות ג) ושמת שמלותיך עליך וכי ערומה היית אלא אלו בגדי שבת כדדרש ר' שמלאי בציבורא בכבן חבריא לקיבלה אמרו ליה ריי לנא כעטיפתנו בחול כך עטיפתנו בשבת אמר להם אעפ"כ אתם צריכין לשנות: מה שריפת בני אהרן שריפת נשמה וגוף קיים. משכחת לה בסנהדרין בפרק ד' מיתות (דף נב) תניא אבא יוסי בן דוסתאי (דוסתאי) אומר ב' חוטין של אש יצאו מבית קדשי הקדשים ונחלקו לד' ונכנסו ב' בחוטמו של זה וב' בחוטמו של זה ושרפום והכתיב (ויקרא י) ותאכל אותם אותם ולא בגדיהם. גנאי

תורה אור השלם

א) וַיִּמַח אֶת כָּל הַיְקוּם אֲשֶׁר עַל פְּנֵי הָאֲדָמָה מֵאָדָם עַד בְּהֵמָה עַד רֶמֶשׂ וְעַד עוֹף הַשָּׁמַיִם וַיִּמָּחוּ מִן הָאָרֶץ וַיִּשָּׁאֶר אַךְ נֹחַ וַאֲשֶׁר אִתּוֹ בַּתֵּבָה: [בראשית ז, כג]
ב) וְרָחַצְתְּ וָסַכְתְּ וְשַׂמְתְּ שִׂמְלֹתַיִךְ עָלַיִךְ וְיָרַדְתְּ הַגֹּרֶן אַל תִּוָּדְעִי לָאִישׁ עַד כַּלֹּתוֹ לֶאֱכֹל וְלִשְׁתּוֹת: [רות ג, ג]
ג) תֵּן לְחָכָם וְיֶחְכַּם עוֹד הוֹדַע לְצַדִּיק וְיוֹסֶף לֶקַח: [משלי ט, ט]
ד) וַתֵּרֶד הַגֹּרֶן וַתַּעַשׂ כְּכֹל אֲשֶׁר צִוַּתָּה חֲמוֹתָהּ: [רות ג, ו]
ה) וַיֹּאמֶר עֵלִי לִשְׁמוּאֵל לֵךְ שְׁכָב וְהָיָה אִם יִקְרָא אֵלֶיךָ וְאָמַרְתָּ דַּבֵּר יְיָ כִּי שֹׁמֵעַ עַבְדֶּךָ וַיֵּלֶךְ שְׁמוּאֵל וַיִּשְׁכַּב בִּמְקוֹמוֹ: [שמואל א' ג, ט]
ו) וַיָּבֹא יְיָ וַיִּתְיַצַּב וַיִּקְרָא כְפַעַם בְּפַעַם שְׁמוּאֵל שְׁמוּאֵל וַיֹּאמֶר שְׁמוּאֵל דַּבֵּר כִּי שֹׁמֵעַ עַבְדֶּךָ: [שמואל א' ג, י]
ז) וַתֵּלֶךְ וַתָּבוֹא וַתְּלַקֵּט בַּשָּׂדֶה אַחֲרֵי הַקֹּצְרִים וַיִּקֶר מִקְרֶהָ חֶלְקַת הַשָּׂדֶה לְבֹעַז אֲשֶׁר מִמִּשְׁפַּחַת אֱלִימֶלֶךְ: [רות ב, ג]
ח) וַיֹּאמֶר בֹּעַז לְנַעֲרוֹ הַנִּצָּב עַל הַקּוֹצְרִים לְמִי הַנַּעֲרָה הַזֹּאת: [רות ב, ה]
ט) וַיֹּאמֶר בֹּעַז אֶל רוּת הֲלוֹא שָׁמַעַתְּ בִּתִּי אַל תֵּלְכִי לִלְקֹט בְּשָׂדֶה אַחֵר וְגַם לֹא תַעֲבוּרִי מִזֶּה וְכֹה תִדְבָּקִין עִם נַעֲרֹתָי: [רות ב, ח]
י) וַתִּשֶּׂנָה קוֹלָן וַתִּבְכֶּינָה עוֹד וַתִּשַּׁק עָרְפָּה לַחֲמוֹתָהּ וְרוּת דָּבְקָה בָּהּ: [רות א, יד]
כ) וַיָּבֹא הַמֶּלֶךְ דָּוִד וַיֵּשֶׁב לִפְנֵי יְיָ וַיֹּאמֶר מִי אָנֹכִי אֲדֹנָי אֱלֹהִים וּמִי בֵיתִי כִּי הֲבִיאֹתַנִי עַד הֲלֹם: [שמואל ב' ז, יח]
ל) וַיֹּאמֶר לָהּ בֹעַז לְעֵת הָאֹכֶל גֹּשִׁי הֲלֹם וְאָכַלְתְּ מִן הַלֶּחֶם וְטָבַלְתְּ פִּתֵּךְ בַּחֹמֶץ וַתֵּשֶׁב מִצַּד הַקֹּצְרִים וַיִּצְבָּט לָהּ קָלִי וַתֹּאכַל וַתִּשְׂבַּע וַתֹּתַר: [רות ב, יד]
מ) לָכֵן יְשַׁלַּח הָאָדוֹן יְיָ צְבָאוֹת בְּמִשְׁמַנָּיו רָזוֹן וְתַחַת כְּבֹדוֹ יֵקַד יְקֹד כִּיקוֹד אֵשׁ: [ישעיה י, טז]

רבינו חננאל

דר' יוחנן איכא לאוקמה להאי בעיא כי ראשונה לר' יוחנן בסנדל שיש לו ד' אזנים וכו' מימרא באזניו החיצונות בלבד דאי מפסקא חדא סמיך על חברתה והכי קאמר מאי שנא ראשונה דהא קיימא שניה ומקשינן שניה נמי הא מתקנא ראשונה [דוקא] אי פסקי תרוייהו טהור. ואי"ל ר' יוחנן לחזקיה דאמרת לך פנים חדשות באו לכאן כיון דתרוייהו איפסיקו בתר דאיטמי ליה אע"ג דהדא איתקנא הוהא [תקנתא] חדש הוא וכמאן דליתיה דמי והכא נמי לענין כל כלי שבתים כיון שנקבו נקבין הרבה עד שהגיע לשיעור הוצאת רמון אע"ג דמתקני כיון דפנים חדשות באו אתקינו טהור והכין נמי לענין פרק אמה וגדרה כר' ואמר חזקיה על ר' יוחנן לית לן בר אינש אלא מלאך הוא איכא דאמר כגון דין בר אינש ומאן דליתיה הכי כבהמה הוא כגון קיטרי נודות יין ושמן אע"ג דאית ליה ב' אזני שרי ליה להתירן לתרוייהו ולא אמרינן דחד מיניהו בטלה וכן קדירה של תבשיל מותר להתירה אע"ג דאית ליה שלבא. פי' כגון דדי הכיור שמקלחין מים אע"ג דיכול לאוקדי המרק מן השלבא מותר להתירה: קושרין דלי בפסיקיא. שהוא אבנט מפני שאינו קשר קיימא אבל לא בחבל. אוקימנא בחבל הגרדי ומשום גזירה. ור' יהודה מתיר סבר חבל דגרדי אי קטיר לה בדלי קשר של עראי הוא ולאורתא שרי ליה מן הדלי משום דבעי ליה למלאכתו. לפי' כיון שאינו קשר של קיימא שרי ולא גזרו חבל דגרדי אטו חבל דעלמא ורמינן עלה [מי גזרו ר' יהודה חבל דגרדי] אטו חבל דגרדי [איני דגרדי רבנן] הא תנן חבל דלי שנפסק לא היה קושרו אלא עונבו. ור' יהודה אומר כורך עליו פונדא וכו' ולא קא גזרו רבנן עניבה אטו קשירה. ושנינן קשירת חבל הגרדי בחבל דעלמא מיחלף ופליג גזרינן אבל עניבה בקשירה הכירא רבה היא לפיכך לא גזרינן. לר' יהודה נמי דאסר בעניבה לאו משום דגזר עניבה אטו קשירה אלא משום דסבר עניבה קשירה מעולה היא. והאי דאמרי' בלולב הגזול ובפרק המוצא תפילין דר' יהודה סבר עניבה קשירה מעולה היא לא אמרן כי היכי דלקושרן בשבת מיחייב. פי' קשר של קיימא: כלי קוראי הן כלי אומנות. האורג בבגד קוצץ הצד שהדבר שבחפירה תלויה בו מלמעלה והכבר שפשוטה עליו מלמטה מותר לטלטל בשבת אבל העמודים התקועין בארץ אע"פ שכשיעקרן אינו מתכוין לעשות גומא והגומא מאליה קא מתגליא אעפ"כ אסור לטלטל בשבת גזירה דילמא אתי לאשויי גומות ואע"ג כי הלכת וצנין המטמנות תחת הגפן הם היו מקצת עלין מגולין ניטלין בשבת ולא גזרינן דילמא אתי לאשויי גומות

ליקוטי רש"י

בקידושא דבי שמשי. שעושה כוס של קידוש בשבת בלילה [ברכות מג:]. בי שמשי. לילי שבת קרי כי שמשא של כל דלכחא מפני שבין השמשות שלו חולק מכל ימים [פסחים קיג.]. למה נקרא שמה מצולה. שכל מתי מבול נצטללו לשם. כאילו אוכל שקצים ורמשים. של מבול שכל מתי מבול נערו לשם. גרגישתא. ותרד הגורן והדר ותעש. ויאמר שמואל דבר. וישב לפני ה'. שבור מלכא. אהורייריה. ותחת כבודו. ולא כבודו ממש.

it is as if he eats the flesh of his ancestors.[13] וְיֵשׁ אוֹמְרִים כְּאִילוּ אוֹכֵל שְׁקָצִים וּרְמָשִׂים – **And some say it is as if he eats** the **vermin and crawling creatures** which died during the Flood, דִּכְתִיב ״וַיִּמַח אֶת־כָּל־הַיְקוּם וגו׳״ – **for it is written** concerning the Flood: ***And He blotted out all existence,* etc.**[14]

אָמַר רֵישׁ לָקִישׁ – **Reish Lakish said:** לָמָּה נִקְרָא שְׁמָהּ שִׁנְעָר – **Why is [Babylonia] named "Shinar"?**[15] שֶׁכָּל מֵתֵי מַבּוּל נִנְעֲרוּ לְשָׁם – It is so called **because all the dead of the Flood were dumped (*ninaru*) there.**

אָמַר רַבִּי יוֹחָנָן – **R' Yochanan said:** לָמָּה נִקְרָא שְׁמָהּ מְצוּלָה – **Why is [Babylonia] named "the Deep"?**[16] שֶׁכָּל מֵתֵי מַבּוּל נִצְטַלְלוּ לְשָׁם – It is so called **because all of the dead of the Flood sank there.**

The Gemara questions one of the previously cited opinions:

וְיֵשׁ אוֹמְרִים כְּאִילוּ אוֹכֵל שְׁקָצִים וּרְמָשִׂים – **"And some say** it is **as if he eats vermin and crawling creatures."** וְהָא וַדַּאי אִיתְמַחוּיֵי אִיתְּמַחוּ – **But surely [the vermin and crawling creatures] were** completely **dissolved** by the waters![17] – ? –

The Gemara responds:

אָמְרֵי כֵּיוָן דְּמַלְקֵי – **They said** in defense of this opinion: **Since [eating earth] is injurious** to one's health, גָּזְרוּ בֵּיהּ רַבָּנָן – **the Rabbis decreed against it** on these grounds.[18] דְּהָא הַהוּא גַּבְרָא דְּאָכַל גַּרְגִּישְׁתָּא – **For there was a certain man who ate clay** וְאָכַל תַּחְלֵי – and then **ate cress,** וְקָדְחוּ לֵיהּ תַּחְלֵיהּ בְּלִבֵּיהּ וּמִית – **and the cress sprouted up into his heart and he died.**[19]

The Gemara returns to the subject of the Sabbath finery:

״וְרָחַצְתְּ וָסַכְתְּ וְשַׂמְתְּ שִׂמְלֹתַיִךְ״ – In instructing Ruth to prepare herself for a nighttime encounter with Boaz, Naomi tells her: ***Bathe and anoint yourself and don your garments.***[20] The obvious question arises: Why did Naomi have to instruct her to don her clothing? אָמַר רַבִּי אֶלְעָזָר – **R' Elazar said:** אֵלּוּ בִּגְדֵי שֶׁל שַׁבָּת – **These** [the garments referred to here] **are the** special **Sabbath garments.**

The Gemara cites the examples of two wise people who received instruction and improved upon it. One was Ruth, and the example involves her preparations for her encounter with Boaz:

״תֵּן לְחָכָם וְיֶחְכַּם־עוֹד״ – Scripture states: ***Give to a wise man and he will be yet wiser.***[21] אָמַר רַבִּי אֶלְעָזָר – **R' Elazar said:** זוּ רוּת הַמּוֹאֲבִיָּה וּשְׁמוּאֵל הָרָמָתִי – **This** verse **refers to Ruth the Moabitess and Samuel the Ramahite.** Both of these individuals received instruction, and sagaciously adjusted it somewhat instead of following it blindly. רוּת דְּאִילוּ נָעֳמִי קָאָמְרָה לָהּ ״וְרָחַצְתְּ וָסַכְתְּ וְשַׂמְתְּ שִׂמְלֹתַיִךְ עָלַיִךְ וְיָרַדְתְּ הַגֹּרֶן״ – This is true of **Ruth, for whereas Naomi instructed her: *Bathe and anoint yourself, don your garments, and go down to the threshing floor,***[22] וְאִילוּ בְּדִידָהּ כְּתִיב – **of [Ruth] herself,** i.e. when she actually carried out these instructions, **it is written:**[23] ״וַתֵּרֶד הַגֹּרֶן״ – ***So she went down to the threshing floor,*** וַהֲדַר – **and** only **afterwards:** ״וַתַּעַשׂ כְּכֹל אֲשֶׁר־צִוַּתָּה חֲמוֹתָהּ״ – ***and did everything as her mother-in-law had instructed her.*** I.e. her mother-in-law had instructed her to *first* undertake the preparations and *then* descend to the threshing floor. Ruth, in her wisdom, did not follow her mother-in-law's bidding to the letter. She *first* arrived at the threshing floor, and only *then* undertook the preparations. She was concerned that were she to adorn herself before going to the threshing floor, people encountering her would suspect her of being a prostitute. שְׁמוּאֵל דְּאִילוּ עֵלִי קָאָמַר לֵיהּ – And this type of wise behavior is true also of **Samuel, for whereas Eli said to [him]:** ״שְׁכַב וְהָיָה אִם־יִקְרָא אֵלֶיךָ וְאָמַרְתָּ דַּבֵּר ה׳ כִּי שֹׁמֵעַ עַבְדֶּךָ״ – ***lie down, and it shall be that if He will call to you, you shall say, "Speak, O Hashem, for Your servant is listening!"***[24] וְאִילוּ בְּדִידֵיהּ כְּתִיב בֵּיהּ – **of [Samuel] himself,** i.e. when he actually carried out Eli's instructions **it is written:** ״וַיָּבֹא ה׳ וַיִּתְיַצַּב וַיִּקְרָא כְפַעַם־בְּפַעַם שְׁמוּאֵל שְׁמוּאֵל וַיֹּאמֶר שְׁמוּאֵל דַּבֵּר כִּי שֹׁמֵעַ עַבְדֶּךָ״ – ***And Hashem came and stood and called as the other times, "Samuel, Samuel." And Samuel said, "Speak, for Your servant is listening!"***[25] וְלָא אָמַר ״דַּבֵּר ה׳״ – **but he did not say, *"Speak, Hashem."***[26]

The Gemara presents R' Elazar's exposition of another verse in the Book of *Ruth:*

״וַתֵּלֶךְ וַתָּבוֹא וַתְּלַקֵּט בַּשָּׂדֶה״ – The verse states:[27] ***She*** (Ruth) ***went and she came and she gleaned in the field.*** אָמַר רַבִּי אֶלְעָזָר – **R' Elazar said:** שֶׁהָלְכָה וּבָאת הָלְכָה וּבָאת – **She went and**

NOTES

13. Who died there during the exile [following the destruction of the First Temple] (*Rashi*) and whose bodies eventually reverted to dust. In Eretz Yisrael, however, there was a greater emphasis placed on the identification and marking of gravesites. Thus, there is no concern that any particular dirt is part of the decomposed remains of a human being (*Maharsha*).

14. *Genesis* 7:23. And since Babylonia is situated in a low-lying area (see below), it was there that the receding floodwaters deposited the remains of the dead creatures (*Maharsha* to *Zevachim* 113b).

15. See *Genesis* 10:10, 11:2.

16. In reference to Babylonia, the prophet Isaiah states (*Isaiah* 44:27): *Who says to the Deep, "Dry up!"* (*Rashi* to *Zevachim* 113b ד״ה למה; see also *Zechariah* 1:8).

17. [Since the bodies of these creatures were totally dissolved in the scalding hot floodwaters (see *Sanhedrin* 108b; *Yad David* [*Basra*]) and never actually came to rest upon the ground,] it is impossible to say that the dirt of Babylonia contains their decomposed remains (*Rashi, Maharsha;* cf. *Meromei Sadeh*).

18. Although the dirt of Babylonia is not actually composed of decomposed vermin, the Rabbis nonetheless prohibited it for consumption on this pretext, so as to prevent people from eating this potentially harmful substance.

[According to this answer, the selfsame prohibition should in fact apply to dirt all over the world (*Rashash*). Some suggest, however, that this type of "medicinal" dirt was prevalent in Babylonia, and thus the Sages spoke particularly of this locale when expressing their prohibition (*R' Moshe Kazis*).]

19. The cress took root in the clay and began growing in the man's innards. He died when the cress came into contact with his heart (*Rashi*).

20. *Ruth* 3:3.

21. *Proverbs* 9:9.

22. *Ruth* 3:3.

23. Ibid. v.6.

24. *I Samuel* 3:9. The previous verses recount that Samuel was lying upon his bed in the Levites' quarters of the Tabernacle when God called to him. Samuel, who was as of yet uninitiated in the ways of prophecy, mistook the voice for the voice of his master Eli, the Kohen Gadol, and hurried to report to him. Eli responded that he had not called, and sent Samuel back to bed. When this same scene repeated itself a second and then a third time, Eli realized that it must be God who was calling Samuel. He therefore instructed Samuel that upon hearing the voice again, he should respond, "*Speak, O Hashem, for Your servant is listening*!" (*Rashi*).

25. Ibid. v.10.

26. In his response, Samuel omitted mentioning God's Name, for he was not totally convinced that the unidentified voice was really that of God. [Thus, he avoided the possible sin of mentioning God's Name in vain] (*Rashi*). See *Yalkut Shimoni* to *Samuel* ibid. (§98) where it is explained that Samuel thought that the voice might be that of an angel. Thus, he took Eli's advice that the voice was heavenly, and, in his wisdom, improved upon it by taking precautions in case it was not actually God who was calling. (Cf. *Radak* to *Samuel* ad loc.)

27. *Ruth* 2:3.

שלא יהא דבורך של שבת כדבורך של חול. כגון מקח וממכר וחשבונות: הרהור מותר. להרהר בלבו כך וכך יפעלות אני צריך להוציא על שדה זו: אם יכול להניח רגלו ראשונה. שעקר מלד זה להניח לצד זה: קודם שתעקר שניה. שאין רחבה יותר מכדי פסיעה ורגלו אחת לצד זה ושניה לצד זה: מותר. אף לדלג ולעקור את זו קודם שנוח הראשונה: אסור. לקפוץ: ליקף. למקום שהאמה כלה שם: ליעבר. שישים רגלו במים: זימנין דמיתווסן מאניה. ישרו במים: שפיר דמי. לדלג: מהו לפסוע פסיעה גסה. מי עבר משום מעשות דרכיך:

שלא יהא דבורך של שבת כדבורך של חול (א) ב דבור אסור הרהור מותר בשלמא כולהו לחיי אלא שלא יהא הילוכך של שבת כהילוכך של חול מאי היא כי הא דאמר רב הונא אמר רב ואמרי ליה אמר ר' אבא אמר רב הונא היה מהלך בשבת ופגע באמת המים אם יכול להניח את רגלו ראשונה קודם שתעקר שניה מותר ואם לאו אסור מתקיף לה רבא היכי ליעביד ליקף קמפיש בהילוכא ליעבר זמנין דמיתווסן מאני מיא ואתי לידי סחיטה אלא ג בהא כיון דלא אפשר שפיר דמי אלא כדבעא מיניה ר' מר' ישמעאל בר' יוסי [ג] מהו לפסוע פסיעה גסה בשבת א"ל וכי בחול מי הותרה שאני אומר פסיעה גסה נוטלת אחד מחמש מאות ממאור עיניו של אדם ומהדר ליה בקידושא דבי שמשי בעא מיניה ר' מר' ישמעאל בר' יוסי מהו לאכול אדמה בשבת א"ל וכי בחול מי הותרה שאני אומר אף בחול אסור מפני שהוא מלקה אמר ר' אמי כל האוכל מעפרה של בבל כאילו אוכל מבשר אבותיו וי"א כאילו אוכל שקצים ורמשים דכתיב (א) וימח את כל היקום וגו' אמר ריש לקיש למה נקרא שמה שנער שכל מתי מבול נוערו לשם א"ר יוחנן למה נקרא שמה מצולה שכל מתי מבול נצטללו לשם [וי"א כאילו אוכל] שקצים ורמשים והא ודאי איתמחויי איתמחו אמרי (ב) כיון דמלקי גזרו ביה רבנן דהא ההוא גברא דאכל גרגישתא ואכל תחלי וקדחו ליה תחליה בלביה ומית (ב) ורחצת וסכת ושמת שמלותיך א"ר אלעזר אלו בגדים של שבת (ג) תן לחכם ויחכם עוד אמר רבי אלעזר זו רות המואביה ושמואל הרמתי רות דאילו נעמי קאמרה לה ורחצת וסכת ושמת שמלותיך עליך וירדת הגורן ואילו בדידה כתיב (ד) ותרד הגורן ותעש ככל אשר צותה חמותה שמואל דאילו עלי קאמר ליה (ה) שכב והיה אם יקרא אליך ואמרת דבר ה' כי שומע עבדך ואילו בדידי' כתיב ביה (ו) ויבא ה' ויתיצב ויקרא כפעם בפעם שמואל שמואל ויאמר שמואל דבר כי שומע עבדך ולא אמר דבר ה' (ז) ותלך ותבא ותלקט בשדה אמר רבי אלעזר שהלכה ובאת הלכה ובאת עד שמצאה בני אדם המהוגנין לילך עמהם (ח) ויאמר בועז לנערו הנצב על הקוצרים למי הנערה הזאת וכי דרכו של בועז לשאול בנערה אמר ר' אלעזר דבר חכמה (ג) ראה בה שני שבלין לקטה שלשה שבלין אינה לקטה במתניתא תנא דבר צניעות ראה בה עומדות מעומד נופלות מיושב (ט) וכה תדבקין עם נערותי וכי דרכו של בועז לדבק (ד) עם הנשים א"ר אלעזר כיון דחזא (י) ותשק ערפה לחמותה ורות דבקה בה אמר שרי לאידבוקי בה (כ) ויאמר לה בועז לעת האוכל גשי הלום א"ר אלעזר רמז רמז לה עתידה מלכות בית דוד לצאת ממך דכתיב ביה הלום שנאמר (ל) ויבא המלך דוד וישב לפני ה' ויאמר מי אנכי אדני ה' ומי ביתי כי הביאתני עד הלום (מ) וטבלת פתך בחומץ א"ר אלעזר מכאן שהחומץ יפה לשרב ר' שמואל בר נחמני אמר רמז רמז לה עתיד בן לצאת ממך שמעשיו קשין כחומץ ומנו מנשה (נ) ותשב מצד הקוצרים א"ר אלעזר מצד הקוצרים ולא בתוך הקוצרים רמז רמז לה שעתידה מלכות בית דוד שתתחלק (ס) ויצבט לה קלי ותאכל אמר רבי אלעזר ותאכל בימי דוד (ע) ותשבע בימי שלמה (פ) ותותר בימי חזקיה ואיכא דאמרי ותאכל בימי דוד ובימי שלמה ותשבע בימי חזקיה ותותר בימי רבי דאמר מר אהורירייה דרבי הוה עתיר משבור מלכא במתניתא תנא ותאכל בעולם הזה ותשבע לימות המשיח ותותר לעתיד לבא: (מ) ותחת כבודו יקד יקוד כיקוד אש א"ר יוחנן ותחת כבודו ולא כבודו ממש ר' יוחנן לטעמיה דר' יוחנן קרי למאניה מכבדותי ר"א אומר ותחת כבודו תחת כבודו ממש ר' שמואל בר נחמני אמר תחת כבודו כשריפת בני אהרן מה להלן שריפת נשמה וגוף קיים אף כאן שריפת נשמה וגוף קיים א"ר אחא בר אבא אמר רבי יוחנן מניין

רש"י

פסיעה גסה. יותר מאמה פסיעה בינונית אמה: קידושא דבי שמשי. השותה מיין של קידוש בלילי שבתות: מהו לאכול אדמה. ארזי"ל בלע"ז מי גזרו בה משום שחיקת סמנים כשאר רפואה או לא: שהוא מלקה. מביא לידי חולי: מבשר אבותיו. שמתו שם בגולה: שקצים ורמשים הא ודאי אתמחוי אתמחו ולא נעשו עפר: אלא כיון דמלקי. גזור בה משום אוכל שקצים ורמשים: קדחו ליה תחלא. נקלטו השחלים באדמה וגדלו במעיו ונגע בלבו ומת: שמלותיך. וכי ערומה היתה אלא שמלות מיוחדות והיינו דשבת: ותרד הגורן והדר ותעש. שם סכה ולבשה שמלות נאות שלא יפגעו בה כשהיא מקושטת ויאמרו זונה היא: שמואל. שהיתה שכינה קוראה לו מתוך ההיכל ולא היה יודע מי קורא לו וכתיב התם ויבן עלי כי ה' קורא לנער ויאמר לו לך שכב והיה אם יקרא אליך ואמרת דבר ה' כי שומע עבדך והוא לא רצה להזכיר השם שמא אין זו שכינה: בני אדם המהוגנין. שבקוצרים לילך עמהם: לישאל בנערה. כל נערות שרואה היה דרכו לישאל מי הן א"כ מסתכל בהן היה: שני שבלין לקטה. כשהיא רואה שני שבלין שנפלו מן הקוצרים לוקטתן אבל שלש שנפלו יחד אין לוקטתן דהכי היא מתניתין (פאה פ"ו משנה ה) שני שבלים לקט ג' אינו לקט: עומדות. שבלים עומדות ששכח בועז לוקטת מעומד דשכחת קמה נמי הוי שכחה: נופלות. אותן שנשרו מן הקוצרים לוקטת מיושב ואינה שחה ליטלן משום צניעות: רמז רמז לה. רוח הקדש נזרקה בו: מצד הקוצרים. כל הקוצרים הפסיקו בינו לבינה ולא הושיבה בתוכם או אלא רוח הקדש נזרקה בו ולרמז שמלכות בית דוד היוצאת משניהם עתידה ליחלק דאילו ישבה בתוכם לא היה זה רמז הפסקה בין שניהם: ותאכל ותשבע. לשון עושר הוא דוד שלמה וחזקיה כתיב בהן עושר שהיו מביאים להן כל מלכי ארץ מנחה: אהורירייה. ממונה על הסוסים ופרדות שלו: ותחת כבודו. איידי דאיירי בקרא בפלוגתא דרבי יוחנן ור"א ורבי שמואל בר נחמני נקטיה להאי הכא: ה"ג רבי יוחנן אומר תחת כבודו ולא כבודו ממש רבי יוחנן לטעמיה דר"י קרי למאניה מכבדותי רא"א תחת כבודו ממש ר' שמואל בר נחמני אומר תחת כבודו כשריפת בני אהרן כו' והכי פירושא בין לרבי יוחנן בין לר"א גופן נשרף אלא רבי יוחנן משמע ליה תחת כבודו כמו תחת רגליו לשון תחתית וכבודו היינו בגדיו וה"ק תחת בגדיהם של חיילותיו של סנחריב יקד יקוד ולא בגדיהם נשרפו ור"א משמע ליה תחת לשון חליפין כמו ישלם תחת השור (שמות כא) משום דר"א לא קרי למאני' מכבדותיה לכך ע"כ כבודו היינו גופו וה"ק כבודו ממש ישרף ותחתיו יהא אפר ושריפה כיקוד אש ורבי שמואל משמע ליה תחת כר' יוחנן וכבודו כר"א הלכך קרא כר' יוחנן מידרש ותחת כבודו נשרף ולא כבודו גופו הוא והלכך כשריפת בני אהרן שריפת נשמה וגוף קיים כדאמרינן בסנהדרין בד' מיתות (ד' נב.)

תוספות

שלא יהא דבורך של שבת כדבורך של חול. פי' בקונטרס כגון מקח וממכר ואין נראה לר"ת דהא כבר נפקא ממצוא חפצך אלא אומר ר"ת כדאמר בויקרא רבה (פ' לד) ר"ש בן יוחי הוה ליה אימא סבתא דהות משתעיא סגיא אמר לה אימא שבתא הוא שתקה משמע שאין כל כך לדבר בשבת כמו בחול ובירושל' אמרי' בטורח התירו בשאלת שלום בשבת: ואפילו

עין משפט נר מצוה

כא א מיי' פכ"ד מה' שבת הלכה ד סמג שם טוש"ע א"ח סי' שז סעיף א:
כב ב מיי' שם הלכה ה סמג שם טוש"ע א"ח סי' שא סעיף מ:
כג ג (מיי') סמג שם טוש"ע א"ח סי' שא סעיף ג:
כג [ג] [מיי' שם הלכה ד טוש"ע שם סעי' א]:
כד ד טוש"ע שם סעי' א בהגה"ה:

רבינו חננאל

דר' יוחנן איכא לאוקומה להאי בעיא כי ראשונה לר' יוחנן בסנדל שיש לו ד' אזנים וכו' מימרא באזניו החיצונות בלבד דאי מפסקא חדא סמיך על חברתה אבל הכי קאמר מאי שנא ראשונה דהא קיימא שניה ומקשינן שניה נמי הא מתקנא ראשונה [דרוקא] אי פסקי תרוייהו טהור. ואי"ל ר' יוחנן לחזקיה דאמרת לן פנים חדשות באו לכאן כיון דתרוייהו איפסקי בתר דאיטמי ליה אע"ג דהדר חדא איתקנא ההוא [תקנתא] חדש הוא וכמאן דליתיה דמי והכא נמי לענין כל כלי בעלי בתים כיון שנקבן נקבין הרבה עד שהגיע לשיעור הוצאת רמון אע"ג דמיתקני כיון דפנים חדשות אתקינו טהור והכין נמי לענין פרק אמה וגדרה כו' אמר חזקיה לר' יוחנן לית לן בר אינש אלא מלאך הוא אימא דאמר כגון דין בר אינש ומאן דליתיה הכי כבהמה הוא כנגד זה: קיטרי נודות יין ושמן אע"ג דאית ליה ב' אוני שרי ליה להתירן לתרווייהו ולא אמרינן דחד מינייהו בטלה ובן קדירה של תבשיל מותר להתירה ואע"ג דאית ליה שלבא. פי' כגון דדי הכיור שמקלחין מים אע"ג דיכול לאורוקי המרק מן השלבא מותר להתירה: קושרין דלי בפסיקיא. שהוא אבנט מפני שאינו קשר קיימא אבל לא בחבל. אוקימנא בחבל הגרדי ומשום גזירה. ור' יהודה מתיר דסבר חבל דגרדי אי קטיר ליה בדלי קשר של עראי הוא ולאורתא שרי ליה מן הדלי משום דבעי ליה למלאכתו. לפי' כיון שאינו קשר של קיימא שרי ולא גזרי חבל דגרדי אטו חבל דעלמא ורמינן עלה [מי גזרי רבנן אטו חבל דגרדי] [איני דגרדי רבנן] הא תנן חבל דלי שנפסק לא היה קושרו אלא עונבו. ר' יהודה אומר כורך עליו פונדא וכו' ולא קא גזרו רבנן עניבה אטו קשירה. ושנינן קשירה חבל הגרדי בחבל דעלמא מיחלף ולפיכך גזרינן אבל עניבה בקשירה לא מיחלף הוא היא לפיכך לא גזרינן. לר' יהודה נמי דאסר עניבה לאו משום דגזר עניבה אטו קשירה אלא משום דסבר עניבה קשירה מעולה היא. ואף דאמרי' בלולב הגזול כו' ובפרק המוצא תפילין דר' יהודה סבר עניבה קשירה מעולה היא הכא עיקרה ודרבא נמי היא בחבל דגרדי דמחת בידה. דלא קשר קשר של קיימא: כלי קויאי הן כלי אומנות.

האורג כגון האכסן והכבר שהזריעה תלויה בו מלמעלה והכבר שפשטה עליו מלמטה מותר לטלטל בשבת אבל העמודים התקועין בארץ אע"פ שכשעוקרן אינו מתכוין לעשות גומא והגומא ממילא קא מתגליא אעפ"כ אסור לטלטל בשבת משום גזירה דילמא אתי לאשויי גומות וא"ע כי הלפת וצנון הטמונים תחת הגפן אם היו מקצת עלין מגולין ניטלין בשבת ולא גזרינן דילמא אתי לאשויי גומות התם שדה ולא איכפת ליה בגומות לפיכך לא גזרינן אבל הכא בית דקפיד בגומא גזרינן דילמא אתי

מסורת הש"ס

א) [לקמן קנ.], ב) ברכות מג: תענית י., ג) [פסחים מב.], ד) [זבחים קיג:], ה) [שם ע"ש פלוגתא דר"י ור"ל מכוסין], ו) ר"ה מימי עולם, ז) פי' טיט נקי [ע' פרש"י יבמות קח: וכו"מ ת. ד"ה גרגישתא ופרש"י כתובות ס: ד"ה גרגישתא], ח) ב"מ סח., ט) סנהדרין דף לד., י) סנהדרין [כ"ק לח.], כ) [סנהדרין לד: וע"ש ומלוה לישנן], ל) [סנהדרין נב:].

הגהות הב"ח

(א) גמרא כדיבורך של חול דבר דבור אסור: (ב) שם לאיתמחויי איתמחו אלא כיון: (ג) שם אמר ר' אלעזר דבר חכמה. נ"ב פירוש דבר הלכה. וכן איתא בפרק כהלל שבלין בגדרה דף קנו ע"ב שלשה דברי חכמה ומסתבר הלכה: (ד) שם דרכו של בועז (לדבק) תא"מ ונ"ב ס"א לדבר:

רב נסים גאון

ורחצת וסכת ושמת שמלותיך אמר ר' אלעזר אלו כלים של שבת. בגמ' דפיאה גרסי בני מערבא (פרק ח) אמר ר' חנינא צריך אדם שיהא לו שני עיטופין אחד לחול ואחד לשבת מה טעם שנאמר (רות ג) ושמת שמלותיך עליך וכי ערומה הייתה אלא אלו בגדי שבת כדדרש ר' שמלאי בציבורא כבון חבריא לקיבולה אמרו ליה רבי לנא כעטיפתנו בחול כך עטיפתנו בשבת אמר להם אעפ"כ אתם צריכין לשנות: מה שריפת בני אהרן שריפת נשמה וגוף קיים. משכחת לה בסנהדרין בפרק ד' מיתות (דף נב) תניא אבא יוסי בן (ראסי) [דוסתאי] אומר ב' חוטין של אש יצאו מבית קודש הקדשים ונחלקו לד' ונכנסו ב' בחוטמו של זה וב' בחוטמו של זה ושרפום והכתיב (ויקרא י) ותאכל אותם אותם ולא בגדיהם:

תורה אור השלם

א) וַיִּמַח אֶת כָּל הַיְקוּם אֲשֶׁר עַל פְּנֵי הָאֲדָמָה מֵאָדָם עַד בְּהֵמָה עַד רֶמֶשׂ וְעַד עוֹף הַשָּׁמַיִם וַיִּמָּחוּ מִן הָאָרֶץ וַיִּשָּׁאֶר אַךְ נֹחַ וַאֲשֶׁר אִתּוֹ בַּתֵּבָה: [בראשית ז, כג]
ב) וְרָחַצְתְּ וָסַכְתְּ וְשַׂמְתְּ שִׂמְלֹתַיִךְ עָלַיִךְ וְיָרַדְתְּ הַגֹּרֶן אַל תִּוָּדְעִי לָאִישׁ עַד כַּלֹּתוֹ לֶאֱכֹל וְלִשְׁתּוֹת: [רות ג, ג]
ג) תֵּן לְחָכָם וְיֶחְכַּם עוֹד הוֹדַע לְצַדִּיק וְיוֹסֶף לֶקַח: [משלי ט, ט]
ד) וַתֵּרֶד הַגֹּרֶן וַתַּעַשׂ כְּכֹל אֲשֶׁר צִוַּתָּה חֲמוֹתָהּ: [רות ג, ו]
ה) וַיֹּאמֶר עֵלִי לִשְׁמוּאֵל לֵךְ שְׁכָב וְהָיָה אִם יִקְרָא אֵלֶיךָ וְאָמַרְתָּ דַּבֵּר יְיָ כִּי שֹׁמֵעַ עַבְדֶּךָ וַיֵּלֶךְ שְׁמוּאֵל וַיִּשְׁכַּב בִּמְקוֹמוֹ: [שמואל א ג, ט]
ו) וַיָּבֹא יְיָ וַיִּתְיַצַּב וַיִּקְרָא כְפַעַם בְּפַעַם שְׁמוּאֵל שְׁמוּאֵל וַיֹּאמֶר שְׁמוּאֵל דַּבֵּר כִּי שֹׁמֵעַ עַבְדֶּךָ: [שמואל א ג, י]
ז) וַתֵּלֶךְ וַתָּבוֹא וַתְּלַקֵּט בַּשָּׂדֶה אַחֲרֵי הַקֹּצְרִים וַיִּקֶר מִקְרֶהָ חֶלְקַת הַשָּׂדֶה לְבֹעַז אֲשֶׁר מִמִּשְׁפַּחַת אֱלִימֶלֶךְ: [רות ב, ג]
ח) וַיֹּאמֶר בֹּעַז לְנַעֲרוֹ הַנִּצָּב עַל הַקּוֹצְרִים לְמִי הַנַּעֲרָה הַזֹּאת: [רות ב, ה]
ט) וַיֹּאמֶר בֹּעַז אֶל רוּת הֲלוֹא שָׁמַעַתְּ בִּתִּי אַל תֵּלְכִי לִלְקֹט בְּשָׂדֶה אַחֵר וְגַם לֹא תַעֲבוּרִי מִזֶּה וְכֹה תִדְבָּקִין עִם נַעֲרֹתָי: [רות ב, ח]
י) וַתִּשֶּׂנָה קוֹלָן וַתִּבְכֶּינָה עוֹד וַתִּשַּׁק עָרְפָּה לַחֲמוֹתָהּ וְרוּת דָּבְקָה בָּהּ: [רות א, יד]
כ) וַיֹּאמֶר לָהּ בֹעַז לְעֵת הָאֹכֶל גֹּשִׁי הֲלֹם וְאָכַלְתְּ מִן הַלֶּחֶם וְטָבַלְתְּ פִּתֵּךְ בַּחֹמֶץ וַתֵּשֶׁב מִצַּד הַקֹּצְרִים וַיִּצְבָּט לָהּ קָלִי וַתֹּאכַל וַתִּשְׂבַּע וַתֹּתַר: [רות ב, יד]
ל) וַיָּבֹא הַמֶּלֶךְ דָּוִד וַיֵּשֶׁב לִפְנֵי יְיָ וַיֹּאמֶר מִי אָנֹכִי אֲדֹנָי אֱלֹהִים וּמִי בֵיתִי כִּי הֲבִיאֹתַנִי עַד הֲלֹם: [שמואל ב ז, יח]
מ) לָכֵן יְשַׁלַּח הָאָדוֹן יְיָ צְבָאוֹת בְּמִשְׁמַנָּיו רָזוֹן וְתַחַת כְּבֹדוֹ יֵקַד יְקֹד כִּיקוֹד אֵשׁ: [ישעיה י, טז]

ליקוטי רש"י

[illegible]

came, went and came, עַד שֶׁמָּצְאָה בְּנֵי אָדָם הַמְהוּגָּנִין לֵילֵךְ עִמָּהֶם **– until she found decent people whom to accompany.**[28]

Another exposition by R' Elazar for a verse in the Book of *Ruth:* "וַיֹּאמֶר בֹּעַז לְנַעֲרוֹ הַנִּצָּב עַל־הַקּוֹצְרִים לְמִי הַנַּעֲרָה הַזֹּאת" – The verse states:[29] ***And Boaz said to his servant who was overseeing the harvesters: "To whom does that young woman belong?"*** וְכִי דַּרְכּוֹ שֶׁל בֹּעַז לִשְׁאוֹל בְּנַעֲרָה **– Was it then Boaz's practice to inquire about** every **young maiden** he saw?[30] אָמַר רַבִּי אֶלְעָזָר **– R' Elazar said:** דְּבַר חָכְמָה רָאָה בָּהּ – She caught his attention, because **he noticed a matter of wisdom,** i.e. a scrupulousness in a matter of halachah, **in her** behavior. שְׁנֵי שִׁבֳּלִין לָקְטָה **– She would glean two ears** of grain that fell from the harvesters' hands, שְׁלֹשָׁה שִׁבֳּלִין אֵינָהּ לָקְטָה – but **she would not glean three ears.**[31] בְּמַתְנִיתָא תָּנָא **– In a Baraisa it was taught:** דְּבַר צְנִיעוּת רָאָה בָּהּ – HE PERCEIVED A MANNER OF MODESTY ABOUT HER. עוֹמְדוֹת מְעוּמָּד – THE STANDING ears of grain she gleaned STANDING; נוֹפְלוֹת מְיוּשָּׁב – THE FALLEN ears she gleaned SITTING.[32]

Another verse in the Book of *Ruth* is expounded by R' Elazar: "וְכֹה תִדְבָּקִין עִם־נַעֲרֹתָי" – The verse states that Boaz said to Ruth:[33] ***and here shall you cleave onto my maidens.*** וְכִי דַּרְכּוֹ שֶׁל בֹּעַז לְדַבֵּק עִם הַנָּשִׁים **– Was it then Boaz's practice to cleave to women?**[34] אָמַר רַבִּי אֶלְעָזָר **– R' Elazar said:** כֵּיוָן דַּחֲזָא "וַתִּשַּׁק עָרְפָּה לַחֲמוֹתָהּ וְרוּת דָּבְקָה בָּהּ" **– Once he saw: *and Orpah kissed her mother-in-law, but Ruth cleaved onto her,***[35] אָמַר שְׁרֵי לְאִידַּבּוּקֵי בָּהּ **– he said, "It is permissible to cleave unto her** [Ruth] in marriage."[36]

Another exposition: "וַיֹּאמֶר לָהּ בֹעַז לְעֵת הָאֹכֶל גֹּשִׁי הֲלֹם" – The verse states:[37] ***And Boaz said to her at mealtime, "Come hither (halom)."*** אָמַר רַבִּי אֶלְעָזָר **– R' Elazar said:** רָמַז רָמַז לָהּ **– He alluded to her:** עֲתִידָה מַלְכוּת בֵּית דָּוִד לָצֵאת מִמֵּךְ **– "The kingdom of the House of David is destined to come forth from you,"** דִּכְתִיב בֵּיהּ הֲלֹם – for **in regard to it is written** the word ***hither (halom),*** שֶׁנֶּאֱמַר **– as it is stated:** "וַיָּבֹא הַמֶּלֶךְ דָּוִד וַיֵּשֶׁב לִפְנֵי ה׳ וַיֹּאמֶר מִי אָנֹכִי אֲדֹנָי ה׳ וּמִי בֵיתִי כִּי הֲבִיאֹתַנִי עַד־הֲלֹם" **– *And the king David came and sat before Hashem and said, "Who am I, O Lord, God, and what is my house that You have brought me hither (halom)?"***[38]

The Gemara expounds upon the next part of the previously cited verse:

"וְטָבַלְתְּ פִּתֵּךְ בַּחֹמֶץ" – ***and dip your morsel in the vinegar.*** אָמַר רַבִּי אֶלְעָזָר **– R' Elazar said:** מִכָּאן שֶׁהַחוֹמֶץ יָפֶה לַשָּׁרָב – **From here we see that vinegar is beneficial in hot weather.**[39] רַבִּי שְׁמוּאֵל בַּר נַחְמָנִי אָמַר **– R' Shmuel bar Nachmani said:** רָמַז רָמַז לָהּ **– He alluded to her:** עָתִיד בֵּן לָצֵאת מִמֵּךְ שֶׁמַּעֲשָׂיו קָשִׁין כְּחֹמֶץ **– A son** [descendant] **is destined to come forth from you whose deeds will be as sharp** (i.e. bitter) **as vinegar.** וּמַנּוּ מְנַשֶּׁה **– And who is he?** He is **Menasheh.**[40]

"וַתֵּשֶׁב מִצַּד הַקֹּצְרִים" – The verse states further: ***and she sat beside the harvesters.***[41] אָמַר רַבִּי אֶלְעָזָר **– R' Elazar said:** מִצַּד הַקּוֹצְרִים וְלֹא בְּתוֹךְ הַקּוֹצְרִים – She sat ***beside*** **the harvesters, but not in the *midst* of the harvesters.** רָמַז רָמַז לָהּ – By seating her thus, **[Boaz] alluded to her** שֶׁעֲתִידָה מַלְכוּת בֵּית דָּוִד שֶׁתִּתְחַלֵּק **– that the kingdom of the House of David would eventually be divided.**[42]

NOTES

28. By stating that "she came" (presumably back to Naomi) even before "she gleaned in the field," the verse indicates that she returned before she had yet reached her destination. R' Elazar explains that Ruth went and came repeatedly until she found [decent harvesters to accompany] (*Rashi*) (*Maharsha;* cf. *Rashi* ad loc. from *Midrash Rabbah*).

29. *Ruth* 2:5.

30. Surely Boaz, the leading sage of his generation (see *Ruth Rabbah* 5:15), did not scrutinize the women who gleaned in his field. Why, then, did he single out Ruth for inquiry? (*Rashi;* see *Simchas HaRegel* to *Ruth* ibid.).

31. One of the gifts to the poor that a Jewish landowner must give is *leket,* gleanings. This refers to ears of grain which fall to the ground during harvesting. The Mishnah (*Pe'ah* 6:5) states (according to Beis Hillel) that two ears of grain are *leket* but three are not, i.e. if three ears fall together from the harvester, they are not *leket,* and belong to the owner. If one or two ears fall, they are *leket* and belong to the poor. Ruth's behavior was unusual because many poor people were unfamiliar with this law (*Tevuos Shor,* based on *Rashi* to *Bava Kamma* 69a ד״ה רבי דוסא; cf. *Maharsha; Chidushei HaRim al HaTorah* [*Shevuos*]).

32. In addition to *leket,* the Torah grants another portion of the harvest to the poor, *shich'chah* (literally: forgotten). This refers to the sheaves forgotten in the field during the removal to the threshing floor, as well as to standing produce that the harvester overlooked (see *Sifrei* to *Deuteronomy* 24:19; *Pe'ah* 5:2 with *Rash* and *Rav* there; *Meiri; Rashash*). Ruth took the standing *shich'chah* while standing, but sat down to collect the fallen sheaves, instead of bending over, so as not to expose her legs. It was this modesty which compelled Boaz to ask about her (see *Rashi; Meiri; Matnos Kehunah* to *Ruth Rabbah* 4:9).

33. *Ruth* 2:8.

34. An apparent difficulty with the Gemara's question: Boaz neither cleaved nor spoke of cleaving unto Ruth. Rather, he instructed Ruth to continue gleaning in his field and to cleave onto the *maidens* who gleaned on his field. Why, then, does the Gemara question the propriety of this seemingly innocent comment?

Maharsha explains that the word דבק, *cleave,* in Biblical parlance, ordinarily conveys the meaning of the conjugal union (see *Genesis* 2:24, 34:3). Thus the Gemara questions why Boaz, in speaking to a maiden, used a term laden with such intimate connotation.

Alternatively, the word לְדַבֵּק should read לְדַבֵּר, *to speak.* The Gemara asks: Was it then Boaz's practice to *speak* to women? (*Hagahos HaBach; Dikdukei Soferim* אות ר׳). See *Sfas Emes* and *Chasam Sofer* for other interpretations.

35. *Ruth* 1:14.

36. A conversion undertaken for insincere motives is deficient, and marrying such a convert is to be avoided (see *Rambam, Hil. Isurei Biah* 13:14-17). Every convert's intentions must thus be scrutinized. When Boaz heard, however, how Ruth had cleaved to Naomi while Orpah had forsaken her, he was convinced of the sincerity of Ruth's motives and of the propriety of marrying her. He hinted this to Ruth (i.e. both the permissibility to marry her and the fact that he came to know of this by hearing of her cleaving to Naomi) by his use of the word דבק, *cleave* (see *Shiras David;* cf. *Maharsha*).

37. Ibid. 2:14.

38. *II Samuel* 7:18. The prophet Nathan brought King David a message from God saying that David's descendants would be kings of Israel for all time. Overwhelmed by this mark of Divine favor, David exclaimed: *Who am I, O Lord, God, and what is my house that You have brought me hither?*

In this context, David uses the uncommon term הֲלֹם, *hither,* in reference to kingship. Hence, when Boaz said to Ruth: גֹּשִׁי הֲלֹם, *Come hither,* he intimated that the royal house of David was destined to come forth from Ruth. [Boaz was Divinely inspired to use this particular term so as to make this allusion (*Rashi*).]

39. If not for teaching us this information, it would seem unnecessary for Scripture to specify that which was, presumably, the harvesters' standard fare (*Maharsha*).

40. See *II Kings* 21:1-17 for an accounting of the evil deeds of King Menasheh.

41. *Ruth* 2:14.

42. Boaz seated her at mealtime on the far side of the gathering, i.e. she and Boaz were separated by all the harvesters. He was Divinely inspired to seat her in a manner in which all the harvesters intervened between him and her, and not alongside him or in the midst of the other harvesters, to allude to the fact that the kingdom of the House of David which would come forth from both of them was destined to be split. [This division would take place after the death of King Solomon, when his son Rechavam ruled over the tribe of Judah, and Yarovam son of Nevat ruled over the other tribes of Israel – see *I Kings,* ch. 12] (*Rashi*).

שלא יהא דבורך של שבת כדבורך של חול. כגון מקח וממכר וחשבונות: **הרהור מותר.** להרהר בלבו כך וכך יעשה אני לריך להוליא על שדה זו: **אם יכול להניח רגלו ראשונה.** שעקר מלד זה להניח לצד זה: **קודם שתעקר שניה.** שאין רחבה יותר מכדי פסיעה ורגלו אחת לצד זה ושניה לצד זה: **מותר.** אף לדלג ולעקור את זו קודם שנחה הראשונה: **אסור.** לקפוץ: **ליקף.** למקום שהאמה כלה שם: **ליעבר.** שישים רגלו במים: **זימנין דמיתוטן מאניה.** יסורו במים: **שפיר דמי.** לדלג: **מהו לפסוע פסיעה גסה.** מי עבר משום מעשות דרכיך.

עין משפט נר מצוה

כא א מיי' פכ"ד מה' שבת הלכה ד סמג שם טוש"ע א"ח סי' שז סעיף א:
כב ב מיי' שם הלכה ה סמג שם טוש"ע א"ח סי' שא סעיף מ:
כג ג (מיי' סמג שם טוש"ע א"ח סי' שא סעיף ג:
כג [ג] (מיי' שם הלכה ד טוש"ע שם סעי' ...:
כד ד טוש"ע שם סעי' ... בהגה:

גמרא

שלא יהא דבורך של שבת כדבורך של חול (א) דבור אסור הרהור מותר בשלמא כולהו לחיי אלא שלא יהא הילוכך של שבת כהילוכך של חול מאי היא כי הא דאמר רב הונא אמר רב ואמרי ליה אמר ר' אבא אמר רב הונא היה מהלך בשבת ופגע באמת המים אם יכול להניח את רגלו ראשונה קודם שתעקר שניה מותר ואם לאו אסור מתקיף לה רבא היכי ליעביד ליקף קמפיש בהילוכא ליעבר זימנין דמיתוטן מאני מיא ואתי לידי סחיטה אלא כיון דלא אפשר שפיר דמי אלא כדבעא מיניה ר' מר' ישמעאל בר' יוסי מהו לפסוע פסיעה גסה בשבת א"ל וכי בחול מי הותרה שאני אומר פסיעה גסה נוטלת אחד מחמש מאות ממאור עיניו של אדם ומהדר ליה בקידושא דבי שמשי בעא מיניה ר' מר' ישמעאל בר' יוסי מהו לאכול אדמה בשבת א"ל וכי בחול מי הותרה שאני אומר אף בחול אסור מפני שהוא מלקה אמר ר' אמי כל האוכל מעפרה של בבל כאילו אוכל מבשר אבותיו וי"א כאילו אוכל שקצים ורמשים דכתיב א) וימח את כל היקום וגו' אמר ריש לקיש למה נקרא שמה שנער שכל מתי מבול נערו לשם א"ר יוחנן למה נקרא שמה מצולה שכל מתי מבול נצטללו לשם [וי"א כאילו אוכל] שקצים ורמשים והא ודאי איתמחוי איתמחו אמרי (ב) כיון דמלקי גזרו ביה רבנן דהא ההוא גברא דאכל גרגישתא ואכל תחלי וקדחו ליה תחליה בלביה ומית ב) ורחצת וסכת ושמת שמלותיך א"ר אלעזר אלו בגדים של שבת ג) תן לחכם ויחכם עוד אמר רבי אלעזר זו רות המואביה ושמואל הרמתי רות דאילו נעמי קאמרה לה ורחצת וסכת ושמת שמלותיך עליך וירדת הגורן ואילו בדידה כתיב ד) ותרד הגורן והדר ותעש ככל אשר צותה חמותה שמואל דאילו עלי קאמר ליה ה) שכב והיה אם יקרא אליך ואמרת דבר ה' כי שומע עבדך ואילו בדידי' כתיב ביה ו) ויבא ה' ויתיצב ויקרא כפעם בפעם שמואל שמואל ויאמר שמואל דבר כי שומע עבדך ולא אמר דבר ה' ז) ותלך ותבא ותלקט בשדה אמר רבי אלעזר שהלכה ובאת הלכה ובאת עד שמצאה בני אדם המהוגנין לילך עמהם ח) ויאמר בועז לנערו הנצב על הקוצרים למי הנערה הזאת וכי דרכו של בועז לשאול בנערה אמר ר' אלעזר דבר חכמה (ג) ראה בה שני שבלין לקטה שלשה שבלין אינה לקטה במתניתא תנא דבר צניעות ראה בה עומדות מעומד נופלות מיושב ט) וכה תדבקין עם נערותי וכי דרכו של בועז לדבק (ד) עם הנשים א"ר אלעזר כיון דחזא י) ותשק ערפה לחמותה ורות דבקה בה אמר שרי לאידבוקי בה כ) ויאמר לה בועז לעת האוכל גשי הלום א"ר אלעזר רמז רמז לה עתידה מלכות בית דוד לצאת ממך דכתיב ביה הלום שנאמר ל) ויבא המלך דוד וישב לפני ה' ויאמר מי אנכי אדני ה' ומי ביתי כי הביאתני עד הלום כ) וטבלת פתך בחומץ א"ר אלעזר מכאן שהחומץ יפה לשרב ר' שמואל בר נחמני אמר רמז רמז לה עתיד בן לצאת ממך שמעשיו קשין כחומץ ומנו מנשה כ) ותשב מצד הקוצרים א"ר אלעזר מצד הקוצרים ולא בתוך הקוצרים רמז רמז לה שעתידה מלכות בית דוד שתתחלק כ) ויצבט לה קלי ותאכל ותשבע ותותר אמר רבי אלעזר ותאכל בימי דוד ותשבע בימי שלמה ותותר בימי חזקיה ואיכא דאמרי ותאכל בימי דוד ובימי שלמה ותשבע בימי חזקיה ותותר בימי רבי דאמר מר אהוריריה דרבי הוה עתיר משבור מלכא במתניתא תנא ותאכל בעולם הזה ותשבע לימות המשיח ותותר לעתיד לבא מ) ותחת כבודו יקד יקוד כיקוד אש א"ר יוחנן ותחת כבודו ולא כבודו ממש ר' יוחנן לטעמיה דר' יוחנן קרי למאניה מכבדותי ר"א אומר ותחת כבודו תחת כבודו ממש ר' שמואל בר נחמני אמר תחת כבודו כשריפת בני אהרן מה להלן שריפת נשמה וגוף קיים אף כאן שריפת נשמה וגוף קיים א"ר אחא בר אבא אמר רבי יוחנן

מניין

תוספות

שלא יהא דבורך של שבת כדבורך של חול. פי' בקונטרס כגון מקח וממכר וחשבונות ואין נראה לר"ת דהא כבר נפקא ממצוא חפצך אלא אומר ר"ת כדאמר בויקרא רבה (פ' לד) ר"ש בן יוחי הוה ליה אימא סבתא דהות משתעיא סגיא אמר לה אימא שבתא הוא שתקה משמע שאין כל כך לדבר בשבת כמו בחול ובירושלמי אמרי' בטורח התירו בשאלת שלום בשבת:

ואפילו

רש"י

פסיעה גסה. יותר מאמה פסיעה בינונית אמה: **קידושא דבי שמשי.** השותה מיין של קידוש בלילי שבתות: **מהו לאכול אדמה.** ארזיל"א בלע"ז מי גזרו בה משום שחיקת סממנים כשאר רפואה או לא: **שהוא מלקה.** מביא לידי חולי: **מבשר אבותיו.** שמתו שם בגולה: **שקצים ורמשים הא ודאי אתמחוי אתמחו** ולא נעשו עפר: **אלא כיון דמלקי.** גזור בה משום אוכל שקצים ורמשים: **קדחו ליה תחלא.** נקלטו השחלים באדמה וגדלו במעיו ונגעו בלבו ומת: **שמלותיך.** וכי ערומה היתה אלא שמלות מיוחדות והיינו לשבת: **ותרד הגורן והדר ותעש.** שם סכה ולבשה שמלות נאות שלא יפגעו בה כשהיא מקושטת ויאמרו זונה היא: **שמואל.** שהיתה שכינה קוראה לו מתוך ההיכל ולא היה יודע מי קורא לו וכתיב התם ויבן עלי כי ה' קורא לנער ויאמר לו לך שכב והיה אם יקרא אליך ואמרת דבר ה' כי שומע עבדך והוא לא רצה להזכיר השם שמא אין זו שכינה: **בני אדם המהוגנין.** שבקוצרים לילך עמהם: **לישאל בנערה.** כל נערות שרואה היה דרכו לשאול מי הן אם כ"כ מסתכל בהן היה: **שני שבלין לקטה.** כשהיא רואה שני שבלין שנפלו מן הקוצרים לוקטתן אבל שלש שוכבות יחד אין לוקטתן דהכי היא מתניתין (פאה פ"ו משנה ה) שני שבלים לקט ג' אינו לקט: **עומדות.** שבלים עומדות בשבלת בועז לוקטת מעומד שבלת קמה נמי הוי שכחה: **נופלות.** אותן שנשרו מן הקוצרים לוקטת מיושב ואינה שחה ליטלן משום צניעות: **רמז רמז לה.** רוח הקדש נזרקה בו: **מצד הקוצרים.** כל הקוצרים הפסיקו בינו לבינה ולא הושיבה בתוכם אלא אצלו רוח הקדש נזרקה בו ולרמז שמלכות בית דוד היוצאת משניהם עתידה ליחלק דאילו ישבה בתוכם לא היה זה רמז הפסקה בין שניהם: **ותאכל ותשבע.** לשון עושר הוא דוד שלמה וחזקיה כתיב בהן עושר שהיו מביאים להן כל מלכי ארץ מנחה: **אהוריריה.** ממונה על הסוסים ופרדות שלו: **ותחת כבודו.** לידי דלאייר בקרא בפלוגתא דרבי יוחנן ור"א ורבי שמואל בר נחמני נקטיה להאי הכא: ה"ג רבי יוחנן אומר תחת כבודו ולא כבודו ממש רבי יוחנן לטעמיה דר' יוחנן קרי למאניה מכבדותי ר"א תחת כבודו ממש ר' שמואל בר נחמני אומר תחת כבודו כשריפת בני אהרן כו' והכי פירושא בין לרבי יוחנן בין לר"א גופו נשרף אלא דרבי יוחנן משמע ליה תחת כבודו כמו תחת רגליו לשון מתחתית וכבודו היינו בגדיו והכ"ק תחת בגדיהם של חיילותיו של סנחריב יקד יקוד ולא בגדיהם נשרפו ור"א משמע ליה תחת לשון חליפין כמו ישלם תחת השור (שמות כא) משום דר"א לא קרי למאני מכבדותי לכך ע"כ כבודו היינו גופו וה"ק כבודו ממש ישרף ותחתיו יהא אפר ושריפה כיקוד אש ורבי שמואל משמע ליה תחת כבודו כר' יוחנן וכבודו כר"א הלכך קרא כר"א ולא כבודו ממש והאי כבודו גופו הוא והלכך כשריפת בני אהרן שריפת נשמה וגוף קיים כדאמרינן בסנהדרין בד' מיתות (ד' נב.)

מניין

רבינו חננאל

דר' יוחנן איכא לאוקומה להאי בציא כי ראשונה לר' יוחנן בסנדל שיש לו ד' אזנים וכו' מימרא באזוני החיצונות בלבד דאי מפסקא חדא סמיך על חבירתה והכי קאמר מאי שנא ראשונה קיימא שניה ומקשינן שניה נמי הא מתקנא ראשונה [דוקא] אי פסק תרוייהו טהור. וא"ל ר' יוחנן לחזקיה דאמרת לן פנים חדשות באו לכאן כיון דתרוייהו איפסקו בתר דאיטמי ליה בר דחדא חדא איתקנא הוא [תקנתא] חדש הוא וכאן דליתיה דמי והכא נמי לענין כל כלי בעלי בתים כיון שנקבן נקבין הרבה עד שהגיע לשיעור הוצאת רמון אע"ג דמיתקני כיון דפנים חדשות אתקינו טהור והכין נמי לענין פרק אמה וגדרה כו' אמר חזקיה על ר' יוחנן לית לן בר אינש אלא מלאך הוא אימא דאמר כגון דין בר אינש ומאן דליתיה הכי כבהמה הוא כגון קיטרי נודות יין ושמן אע"ג דאית ליה ב' אוני שרי ליה להתירן לתרווייהו ולא אמרינן דחד מינייהו בטלה וכן קדירה של תבשיל מותר להתירה ואע"ג דאית ליה שלבא. פי' כגון דדי הכיור שמקלחין מים אע"ג דיכול לאודוקי המרק מן השלבא מותר להתירה: **קושרין** דלי בפיסקיא. שהוא אבנט מפני שאינו קשר קיימא אבל לא בחבל. אוקימנא בחבל הגרדי ומשום גזירה. ור' יהודה מתיר סבר חבל דגרדי אי קטיר ליה בדלי קשר של עראי הוא ולאורתא שרי ליה מן הדלי משום דבעי ליה למלאכתו. לפי' כיון שאינו קשר של קיימא שרי ולא גזרי חבל דגרדי אטו חבל דעלמא ורמינן עלה [מי גזרי רבנן אטו חבל דגרדין] (איני דגרדי רבנן) הא תנן חבל דלי שנפסק לא היה קושרו אלא עונבו. ר' יהודה אומר כורך עליו פונדא וכו' ולא קא גזרו רבנן עניבה אטו קשירה. ושנינן קשירת חבל הגרדי בחבל דעלמא מיחלף לפיכך גזרינן אבל עניבה בקשירה הכירא רבה היא לפיכך לא גזרינן. לר' יהודה נמי דאסר בעניבה לאו משום דגזר עניבה אטו קשירה אלא משום דסבר עניבה קשירה מעולה היא. והאי דאמרי' בלולב הגזול כו' ובפרק המוצא תפילין דר' יהודה סבר עניבה קשירה מעולה היא הכא עיקרה ודרבא נמי תימא בחבל דגרדי דמתח ביה. דלא קטר ליה קשר של קיימא: **כלי** קיואי הן כלי אומנות. האורג כגון האכסן והככר שהיריעה תלויה בו מלמעלה והככר שפשוטה עליו מלמטה מותר לטלטלו בשבת אבל העמודים התקועין בארץ אע"פ שכשעוקרן אינו מתכוין לעשות גומא והגומא ממילא קא מתגליא אעפ"כ אסור לטלו בשבת גזירה דילמא אתי לאשויי גומות ואע"ג כי הלפת וצנון הטמונים תחת הגפן אם היו מקצת עלין מגולין ניטלין בשבת ולא גזרינן דילמא אתי לאשויי גומות התם שדה ולא איכפת ליה בגומות לפיכך לא גזרינן אבל בית דקפיד בגומא גזרינן דילמא אתי

מסורת הש"ס

א) [נקמן קנ.], ב) ברכות מג: תענית י:, ג) [פסחים מב.], ד) [זבחים קיג:], ה) [שם ע"ש בלוגתת דר"י ור"ל מהוסף], ו) ג"ל בימי עולם, ז) פי' טיט נקי [ע' פרש"י יבמות קו: וכב"מ ע. ד"ה גרגישתא ובפרש"י כתובות ס: ד"ה גרגישתא], ח) ב"מ פה, ט) סנהדרין דף לז, י) סנהדרין צד [ע"ש לה:], כ) [סנהדרין לד: וע"ש ומלוה ליישב], ל) [סנהדרין נב.].

הגהות הב"ח

(א) גמרא כדיבורך של חול דבר דבור אסור: (ב) שם איתמחויי איתמחו אמרי כיון: (ג) שם אמר ר' אלעזר דבר חכמה. נ"ב פירוש דבר הלכה. וכן איתא בפרק כתול דנדה דף סט ע"ב שלשה דברי חכמה ומפרש הלכה: (ד) שם דרכו של בועז (לדבק) תא"מ ונ"ב ס"א לדבר:

רב נסים גאון

ורחצת וסכת ושמת שמלותיך אמר ר' אלעזר אלו כלים של שבת. בגמ' דפיאה גרסי בני מערבא (פרק ח) אמר ר' חנינא צריך אדם שיהא לו שני עיטופין אחד לחול ואחר לשבת מה טעם שנאמר (רות ג) ושמת שמלותיך עליך וכי ערומה היית אלא אלו בגדי שבת כדדרש ר' שמלאי בציבורא בכון חבריא לקיבלוה אמרו ליה ויי לנא כעטיפתנו בחול כך עטיפתנו בשבת אמר להם אעפ"כ אתם צריכין לשנות: **מה** שריפת בני אהרן שריפת נשמה וגוף קיים. משכחת לה בסנהדרין בפרק ד' מיתות (דף נב) תניא אבא יוסי בן (ראסי) [דוסתאי] אומר ב' חוטין של אש יצאו מבית קודש הקדשים ונחלקו לד' ונכנסו ב' בחוטמו של זה וב' בחוטמו של זה ושרפוה והכתיב (ויקרא י) ותאכל אותם אותם ולא בגדיהם:

גנאי

תורה אור השלם

א) וַיִּמַח אֶת כָּל הַיְקוּם אֲשֶׁר עַל פְּנֵי הָאֲדָמָה מֵאָדָם עַד בְּהֵמָה עַד רֶמֶשׂ וְעַד עוֹף הַשָּׁמַיִם וַיִּמָּחוּ מִן הָאָרֶץ וַיִּשָּׁאֶר אַךְ נֹחַ וַאֲשֶׁר אִתּוֹ בַּתֵּבָה: [בראשית ז, כג]

ב) וְרָחַצְתְּ וָסַכְתְּ וְשַׂמְתְּ שִׂמְלֹתַיִךְ עָלַיִךְ וְיָרַדְתְּ הַגֹּרֶן אַל תִּוָּדְעִי לָאִישׁ עַד כַּלֹּתוֹ לֶאֱכֹל וְלִשְׁתּוֹת: [רות ג, ג]

ג) תֵּן לְחָכָם וְיֶחְכַּם עוֹד הוֹדַע לְצַדִּיק וְיוֹסֶף לֶקַח: [משלי ט, ט]

ד) וַתֵּרֶד הַגֹּרֶן וַתַּעַשׂ כְּכֹל אֲשֶׁר צִוַּתָּה חֲמוֹתָהּ: [רות ג, ו]

ה) וַיֹּאמֶר עֵלִי לִשְׁמוּאֵל לֵךְ שְׁכָב וְהָיָה אִם יִקְרָא אֵלֶיךָ וְאָמַרְתָּ דַּבֵּר יְיָ כִּי שֹׁמֵעַ עַבְדֶּךָ וַיֵּלֶךְ שְׁמוּאֵל וַיִּשְׁכַּב בִּמְקוֹמוֹ: [שמואל א' ג, ט] ו) וַיָּבֹא יְיָ וַיִּתְיַצַּב וַיִּקְרָא כְפַעַם בְּפַעַם שְׁמוּאֵל שְׁמוּאֵל וַיֹּאמֶר שְׁמוּאֵל דַּבֵּר כִּי שֹׁמֵעַ עַבְדֶּךָ: [שמואל א' ג, י] ז) וַתֵּלֶךְ וַתָּבוֹא וַתְּלַקֵּט בַּשָּׂדֶה אַחֲרֵי הַקֹּצְרִים וַיִּקֶר מִקְרֶהָ חֶלְקַת הַשָּׂדֶה לְבֹעַז אֲשֶׁר מִמִּשְׁפַּחַת אֱלִימֶלֶךְ: [רות ב, ג] ח) וַיֹּאמֶר בֹּעַז לְנַעֲרוֹ הַנִּצָּב עַל הַקּוֹצְרִים לְמִי הַנַּעֲרָה הַזֹּאת: [רות ב, ה] ט) וַיֹּאמֶר בֹּעַז אֶל רוּת הֲלוֹא שָׁמַעַתְּ בִּתִּי אַל תֵּלְכִי לִלְקֹט בְּשָׂדֶה אַחֵר וְגַם לֹא תַעֲבוּרִי מִזֶּה וְכֹה תִדְבָּקִין עִם נַעֲרֹתָי: [רות ב, ח] י) וַתִּשֶּׂנָה קוֹלָן וַתִּבְכֶּינָה עוֹד וַתִּשַּׁק עָרְפָּה לַחֲמוֹתָהּ וְרוּת דָּבְקָה בָּהּ: [רות א, יד] כ) וַיֹּאמֶר לָה בֹעַז לְעֵת הָאֹכֶל גֹּשִׁי הֲלֹם וְאָכַלְתְּ מִן הַלֶּחֶם וְטָבַלְתְּ פִּתֵּךְ בַּחֹמֶץ וַתֵּשֶׁב מִצַּד הַקּוֹצְרִים וַיִּצְבָּט לָהּ קָלִי וַתֹּאכַל וַתִּשְׂבַּע וַתֹּתַר: [רות ב, יד] ל) וַיָּבֹא הַמֶּלֶךְ דָּוִד וַיֵּשֶׁב לִפְנֵי יְיָ וַיֹּאמֶר מִי אָנֹכִי אֲדֹנָי אֱלֹהִים וּמִי בֵיתִי כִּי הֲבִיאֹתַנִי עַד הֲלֹם: [שמואל ב' ז, יח] מ) לָכֵן יְשַׁלַּח הָאָדוֹן יְיָ צְבָאוֹת בְּמִשְׁמַנָּיו רָזוֹן וְתַחַת כְּבֹדוֹ יֵקַד יְקֹד כִּיקוֹד אֵשׁ: [ישעיה י, טז]

ליקוטי רש"י

בקידושא דבי שמשי. ששותה כוס של קידוש בשבת בלילה [ברכות מג:]. **בי שמשי.** לילי שבת קרי בי שמשא בכל דוכתא מפני שבין השמשות שלו חלוק מכל ימים והולרך להזכירו בכמה מקומות [לעיל פו: עיין תענית כה. כתובות קג.]. **כאילו אוכל שקצים ורמשים.** של מבול. **שכל מתי מבול נגערו לשם.** השפילוס המים לבבל שהיא מלולה. **למה נקרא שמה מצולה.** דכתיב (ישעיה מד) האומר לצולה חרבי [זבחים קיג:]. **גרגישתא.** ארזיל"א במעבה האדמה (מ"א ז) מתרגמינן בגרגישתא דארעא [יבמות קו:]. **ותרד הגורן והדר ותעש.** היא אמרה לה ורחצת וסכת ושמת שמלותיך עליך ואחר כך וירדת הגורן והיא לא עשתה כן אלא אמרה אם ארד כשאני מקושטת הפוגע בי והרואה אותי יאמר שאני זונה לפיכך ירדה בתחילה הגורן ואחר כך קשטה את עצמה כאשר ליותה חמותה [רות ג, ו]. **ויאמר שמואל דבר.** ולא הזכיר שם מקום כמו שליוהו עלי אמר שמא קול אחר הוא [ש"א ג, י]. **וישב לפני ה'.** לפני הארון. **עד הלם.** שהמלכתני [ש"ב ז, יח]. **אהורירייה.** שומר סוסין [ב"מ פה.]. **שבור מלכא.** מלך פרס היה [שם ע:]. **ותחת כבודו.** תחת בגדיהם יהיו נשרפין. הבגדים הם מכבדים את האדם. יקד יקוד. ישרף שריפה כשריפת אש [ישעיה י, טז]. ה"ג **תחת כבודו ולא כבודו ממש.** דכבודו ממש משמע בשרו וגופו תחת כבודו משמע תחת הגוף והבשר כלומר נשמה שבתוך הגוף והשתא אמר תחת כבודו ולא כבודו ממש נשמה שבתוך הגוף אלא האי כבודו היינו בגדיו דתחת בגדיהם נשרפו וכי הא דר' יוחנן וכו' דכל הגוף נשרף תחת הבגדים ולא גרסינן תחת כבודו ולא תחת כבודו ממש דמשמע דמקרא נפקא לוה דהאי תחת כבודו לא תחת כבודו ממש ומהיכא תיפוק ליה האי אבל השתא דדרשא בעלמא דריש ליה [סנהדרין צד. ע"ש].

"וַיִּצְבָּט־לָהּ קָלִי וַתֹּאכַל" – The verse concludes: ***he handed her parched grain, and she ate*** *and was satisfied and left over.*[43] אָמַר רַבִּי אֶלְעָזָר – **R' Elazar said:** "וַתֹּאכַל" בִּימֵי דָוִד – ***And she ate*** **in the days of David,** "וַתִּשְׂבַּע" בִּימֵי שְׁלֹמֹה – ***and she was satisfied*** **in the days of Solomon,** "וַתֹּתַר" בִּימֵי חִזְקִיָּה – ***and she left over*** **in the days of Chizkiyah.**[44] וְאִיכָּא דְּאָמְרֵי – **And there are others who say:** "וַתֹּאכַל" בִּימֵי דָוִד וּבִימֵי שְׁלֹמֹה – ***And she ate*** **in the days of David and in the days of Solomon,** "וַתִּשְׂבַּע" בִּימֵי חִזְקִיָּה – ***and she was satisfied*** **in the days of Chizkiyah,** "וַתֹּתַר" בִּימֵי רַבִּי – ***and she left over*** **in the days of Rebbi.**[45] דְּאָמַר מַר – **For the master said:** אַהוּרְיָרֵיה דְּרַבִּי הֲוָה עָתִיר מִשְּׁבוּר מַלְכָּא – **The stableman of Rebbi was wealthier than Shapur, the King** of Persia.[46] בְּמַתְנִיתָא תָּנָא – **In a Baraisa it was taught:** "וַתֹּאכַל" בָּעוֹלָם הַזֶּה, "וַתִּשְׂבַּע" לִימוֹת הַמָּשִׁיחַ – *AND SHE ATE* IN THIS WORLD, *AND SHE WAS SATISFIED* IN THE MESSIANIC ERA, "וַתֹּתַר" לֶעָתִיד לָבֹא – *AND SHE LEFT OVER* IN THE FUTURE TO COME.[47]

The Gemara presents a three-way disagreement between R' Elazar, R' Yochanan and R' Shmuel bar Nachmani as to how the following verse should be interpreted:[48]

"וְתַחַת כְּבֹדוֹ יֵקַד יְקֹד כִּיקוֹד אֵשׁ" – Scripture states:[49] ***and beneath (ve'tachas) his honor there shall be kindled a flame like the burning of a fire.*** אָמַר רַבִּי יוֹחָנָן – **R' Yochanan said:** "וְתַחַת כְּבֹדוֹ" – The verse ***and beneath his honor*** teaches that only that which was beneath his honor was burned, וְלֹא כְּבוֹדוֹ מַמָּשׁ – **but his actual honor** was **not** burned. R' Yochanan understands the word "honor" as a reference to a person's clothing – hence, *beneath his honor* refers to that which is beneath one's garments, namely, his body. The verse states, then, that the Assyrian soldiers' bodies were burned, but their garments were untouched by the fire. רַבִּי יוֹחָנָן לְטַעְמֵיהּ – **R' Yochanan is consistent with his own reasoning,** דְּרַבִּי יוֹחָנָן קָרֵי לְמָאנֵיהּ מְכַבְּדוֹתַי – **for R' Yochanan used to refer to his clothes as "those [things] that honor me."**[50] רַבִּי אֶלְעָזָר אוֹמֵר – **R' Elazar said:** "וְתַחַת כְּבֹדוֹ" – The verse ***and in place of (ve'tachas) his honor*** *there shall be kindled a flame* etc. means that תַּחַת כְּבוֹדוֹ מַמָּשׁ – there will be a fire **in place of his actual honor.**[51] רַבִּי שְׁמוּאֵל בַּר נַחְמָנִי אָמַר – **R' Shmuel bar Nachmani said:** "תַּחַת כְּבֹדוֹ" כִּשְׂרֵיפַת בְּנֵי אַהֲרֹן – The verse ***beneath his honor*** etc. refers to a death just **like the burning of the** two **sons of Aaron.**[52] מָה לְהַלָּן שְׂרֵיפַת נְשָׁמָה וְגוּף קַיָּים – **Just as there** [in the case of the death of Aaron's two sons], **the soul was burned and the body remained intact,**[53] אַף כָּאן שְׂרֵיפַת נְשָׁמָה וְגוּף קַיָּים – **so** it was **here** [in reference to the destruction of Sancheiriv's army]; when the Assyrians were killed **the soul** of each soldier **was burned, while** his **body remained intact.**[54]

The Gemara presents an Amoraic statement regarding the changing of clothing for special occasions:

אָמַר רַבִּי אַחָא בַּר אַבָּא אָמַר רַבִּי יוֹחָנָן – **R' Acha bar Abba said in the name of R' Yochanan:**

NOTES

43. *Ruth* 2:14.

44. The expressions *she ate, she was satisfied,* and *she left over,* in addition to their literal meanings, may be understood metaphorically as expressions denoting the possession of wealth. The verse is interpreted, therefore, as alluding to the royal descendants of Ruth (David, Solomon, and Chizkiyah) and the riches they received as tribute from the monarchs of other countries (*Rashi;* see *II Samuel* 8:2,6; *I Kings* 9:14; ibid. 10:25; *II Kings* 20:12 for Scriptural accounts of the tribute presented to these kings). See also *Meromei Sadeh.*

45. Rebbi (R' Yehudah HaNasi) was a descendant of King David.

46. [As a stableman, he was entitled to all the manure the horses and mules produced.] There was such a vast number of animals that he was able to procure huge sums of money from its sale [for fertilizer]. The fortune the stableman amassed from this enterprise was greater than all the wealth of the Persian king (*Tosafos* to *Bava Metzia* 85a ד"ה הוה עתיר; see *Bereishis Rabbah* 64:7).

47. According to this interpretation, the aforementioned expressions refer to the possession of spiritual wealth. They allude to the fact that Ruth (and her descendants) are destined to enjoy spiritual prosperity during the Messianic Era and the World to Come.

48. Since the Gemara previously cited Scriptural verses and presented disagreements between R' Elazar and R' Shmuel bar Nachmani as to how those verses should be expounded, the Gemara here cites another verse regarding whose interpretation these same Amoraim disagreed (see *Rashi*). Alternatively, this Gemara is included here because it involves R' Yochanan's practice, cited above, of calling his clothes "those things that honor me" (*Rashash*).

49. *Isaiah* 10:16.

Sancheiriv had laid siege to Jerusalem and demanded the city's surrender. In an overwhelming display of arrogance, Sancheiriv warned that even Almighty God could not prevent the eventual fall of the city. The besieged populace, however, led by King Chizkiyah and the prophet Isaiah, prayed to God for deliverance. That very night, a heavenly angel destroyed Sancheiriv's army as it slept, killing 185,000 men (*Isaiah* 37:36-7).

In our passage, Isaiah graphically foretells the destruction of Sancheiriv's army, stating that the Assyrian soldiers would be burned to death.

50. See above, 113a.

51. R' Elazar agrees with R' Yochanan that the bodies of the Assyrian soldiers were burned, though their garments were untouched by the fire. Ironically, however, he reaches this conclusion by disagreeing with R' Yochanan in regard to the interpretations of both the word כְּבֹדוֹ and the word וְתַחַת. He interprets the word כְּבֹדוֹ (*his honor*) as referring to a person's *actual* honor, i.e. his body, because R' Elazar did *not* refer to his garments as "those things that honor me." And he translates וְתַחַת as "in place of," rather than "underneath" (as in *Exodus* 21:37: תַּחַת הַשּׁוֹר, *in place of the ox*). The verse states, then, that in place of the bodies of the Assyrian army there would be fire and ashes. This indicates that their bodies would be consumed in fire but their clothes would remain unscathed (*Rashi*). Cf. *Sanhedrin* 94a. See also *Tos. Rid* and *Maharsha* for other explanations.

[*Rashi* (*Isaiah* 10:16) quotes a Midrash (*Tanchuma, Noach* §13) that explains the reason the clothes of the Assyrians remained untouched. It was because the ancestor of Assyria – Shem – covered Noah when he was naked (see *Genesis* 9:23), and thus, the clothes of Shem's descendants merited special protection.]

52. At the ceremony inaugurating the Tabernacle in the Wilderness, Aaron's two oldest sons, Nadav and Avihu, performed an inappropriate incense offering. Scripture then states that *a fire came forth from before God and consumed them, and they died before God* (*Leviticus* 10:2).

53. See *Sanhedrin* 52a [where R' Elazar derives that the sons of Aaron were not burned; rather, only their souls were consumed] (*Rashi*).

54. In regard to the interpretation of this verse, R' Shmuel bar Nachmani agrees with R' Yochanan on one count and with R' Elazar on the other. R' Shmuel (like R' Elazar) interprets the term "honor" as a reference to a person's body, and (like R' Yochanan) interprets the word *tachas* as "beneath." The verse states then that that which was "beneath" the bodies of the Assyrian soldiers was burned. This teaches that it was their souls which were burned, but their bodies were untouched by fire. They thus died in a manner similar to the sons of Aaron (*Rashi*).

מִנַּיִן לְשִׁנּוּי בְּגָדִים מִן הַתּוֹרָה – From where in the Torah do we derive the appropriateness of **changing** into **garments** befitting the task one is to perform?[1] **שֶׁנֶּאֱמַר – For it is stated:** ,,וּפָשַׁט אֶת־בְּגָדָיו וְלָבַשׁ בְּגָדִים אֲחֵרִים" – ***He shall remove his garments and don other garments*** *and bring out the ashes.*[2]

A metaphorical version of the lesson derived from the aforementioned verse:

וְתָנָא דְּבֵי רַבִּי יִשְׁמָעֵאל – And it was taught in the academy of R' Yishmael: לִימֶּדְךָ תּוֹרָה דֶּרֶךְ אֶרֶץ – By instructing the Kohen to wear other clothes for the removal of the ash, **THE TORAH HAS TAUGHT YOU PROPER CONDUCT:** בְּגָדִים שֶׁבִּישֵּׁל בָּהֶן קְדֵירָה לְרַבּוֹ – **GARMENTS IN WHICH** one was dressed when **HE COOKED A POT** of food **FOR HIS MASTER,** אַל יִמְזוֹג בָּהֶן כּוֹס לְרַבּוֹ – **HE SHOULD NOT POUR,** while dressed **IN THEM, A CUP** of wine **FOR HIS MASTER.**[3]

The Gemara speaks of the obligation of a Torah scholar to be dressed in a dignified manner:

אָמַר רַבִּי חִיָּיא בַּר אַבָּא אָמַר רַבִּי יוֹחָנָן – R' Chiya bar Abba said in the name of R' Yochanan: גְּנַאי הוּא לְתַלְמִיד חָכָם שֶׁיֵּצֵא בְּמִנְעָלִים הַמְטוּלָּאִים לַשּׁוּק – **It is a disgrace for a Torah scholar to go out with patched shoes into the marketplace.**

The Gemara asks:

וְהָא רַבִּי אַחָא בַּר חֲנִינָא נָפִיק – But R' Acha bar Chanina did go out wearing patched shoes! If patched shoes are a shame to a Torah scholar, why did he wear them?[4]

The Gemara answers:

אָמַר רַבִּי אַחָא בְּרֵיהּ דְּרַב נַחְמָן – R' Acha the son of Rav Nachman said: בְּטַלַּאי עַל גַּב טַלַּאי – It is a disgrace for a Torah scholar **when** the shoes have **patches upon patches.** R' Acha's shoes were patched only once and thus were not unbecoming.[5]

Another admonition concerning the deportment of a Torah scholar:

וְאָמַר רַבִּי חִיָּיא בַּר אַבָּא אָמַר רַבִּי יוֹחָנָן – And R' Chiya bar Abba said in the name of R' Yochanan: כָּל תַּלְמִיד חָכָם שֶׁנִּמְצָא רְבָב עַל בִּגְדוֹ חַיָּיב מִיתָה – **Any Torah scholar upon whose garment** a **grease** stain **is found is liable to death** at the hand of Heaven, **שֶׁנֶּאֱמַר – for it is stated:**[6] ,,כָּל־מְשַׂנְאַי אָהֲבוּ מָוֶת" – ***All those who hate me*** [the Torah] ***love death.*** אַל תִּקְרֵי ,,מְשַׂנְאַי" – **Do not read** this as it is written מְשַׂנְאַי, ***those who hate me,*** אֶלָּא מַשְׂנִיאַי – **rather** read it as if it were written מַשְׂנִיאַי, ***those who cause others to hate me.*** If a Torah scholar wears a soiled garment, he denigrates himself in the eyes of the masses. People will disparage Torah scholars in general, and thus he causes the Torah to be hated.[7]

Another Amora comments about the previous teaching:

רָבִינָא אָמַר – Ravina said: רְבַד אִיתְמַר – **It** [the previous saying regarding a Torah scholar who wears a stained garment] **was stated** about a stain of **semen.**[8]

The Gemara comments:

וְלָא פְּלִיגֵי – And [R' Yochanan and Ravina] do not differ. הָא בִּגְלִימָא – **This** one [R' Yochanan] deals **with a cloak,** i.e. an upper garment, הָא בִּלְבוּשָׁא – while **that** one [Ravina] deals **with a shirt.**[9]

On the subject of a Torah scholar who does not dress according to his position:

וְאָמַר רַבִּי חִיָּיא בַּר אַבָּא אָמַר רַבִּי יוֹחָנָן – And R' Chiya bar Abba said in the name of R' Yochanan: מַאי דִּכְתִיב – **What is** meant by **that which is written:**[10] ,,כַּאֲשֶׁר הָלַךְ עַבְדִּי יְשַׁעְיָהוּ עָרוֹם וְיָחֵף" – ***As My servant Isaiah has gone naked and barefoot*** ?[11] Since it is impossible to interpret this verse literally, how is it to be understood?[12] ,,עָרוֹם" בִּבְגָדִים בְּלוּאִים – ***Naked*** means **with worn-out garments,** ,,וְיָחֵף" בְּמִנְעָלִים הַמְטוּלָּאִים – ***and barefoot*** means **with patched shoes.**[13]

NOTES

1. I.e. that God considers it honorable [to wear nice clothing for exalted service or occasion] (*Rashi*). Conversely, if one is wearing fine clothing, it is appropriate to change into inferior clothing before performing menial tasks.

The lesson here is that it is appropriate to change into nice clothing for the Sabbath, prayer, and the study of Torah (*Rabbeinu Perachyah; see Maharsha*).

2. *Leviticus* 6:4. The verse speaks of the הוֹצָאַת הַדֶּשֶׁן, *the taking out of the ashes* (which had accumulated upon the Altar). [The Gemara (*Yoma* 23b) derives that the "other garments" referred to in this verse are vestments of priestly service which are of inferior quality.] Thus, the Torah teaches that for the removal of the ashes, an act of service which does not rank as highly as other types of service, the Kohen should wear lesser quality vestments, so as not to soil the higher quality vestments that he wears for the more dignified services of sacrificing or pouring libations upon the Altar (*Rashi;* cf. *Rambam, Hil. Temidin U'Mussafin* 2:10).

3. The metaphorical "cooking a pot of food" corresponds to the removal of the ash [the "pouring of a cup of wine" corresponds to the more dignified services of pouring wine (and offering sacrifices) upon the Altar]. Since it is proper that the higher quality vestments the Kohen wears when offering sacrifices and libations be clean, it is necessary for him to change into poorer quality vestments for the removal of the ashes (*Rashi*). See *Rashi* and *Ramban* to *Leviticus* 6:4.

4. [According to an alternate version of this discussion appearing in *Berachos* 43b, the Gemara asks that R' Chiya bar Abba *himself* (the one who quoted the above statement in the name of R' Yochanan forbidding such attire) would go out with patched shoes. The question is thus even more pointed.]

5. [See *Berachos* 43b, where the Gemara attaches several other qualifications to R' Chiya bar Abba's statement.]

6. *Proverbs* 8:36.

7. A Torah scholar should comport himself in a dignified manner in respect of the Torah which he represents (*Rashi*). One who fails to do so desecrates God's Name, a sin for which the Gemara in *Yoma* 86a teaches that only death can atone. Hence, Torah scholars who wear soiled garments "love death," for only death expiates their wrongdoing (*Meshech Chochmah* to *Leviticus* 19:12; see also *Ben Yehoyada*).

Our explanation has followed *Rashi.* See, however, *Rabbeinu Chananel* who explains that he causes the Torah to be hated because people will desist from associating with Torah scholars so that their clothes should not become soiled from the dirt on the clothes of the Torah scholar.

[According to these explanations, the reference here is to a physical stain. See *Meiri* who explains that clothing, in addition to its literal meaning, represents character, and a stain upon the clothing refers to imperfections of character. A Torah scholar, being a living embodiment of the Torah, must always exhibit superior character traits, so that no one casts aspersions on the Torah due to his iniquity.]

8. Translation follows *Rashi;* cf. *Rabbeinu Chananel* and *Rif.*

9. For the upper, more visible garment (a cloak), even a mere grease stain is considered objectionable; for the less visible garment (a shirt), only a semen stain is considered disgraceful. [Presumably, this means that since the shirt is not meant to be visible to the public, if people do happen to notice a grease stain on it, they will not be repelled. A semen stain, however, is objectionable even if noticed on the shirt.] Cf. *Rif* and *Ran.*

10. *Isaiah* 20:3.

11. In the previous verse it is recounted that God commanded Isaiah to loosen his sackcloth and remove his shoes, and that Isaiah complied with this command. God then declared: *As My servant Isaiah has gone naked and barefoot for three years as a sign and a symbol for Egypt and Cush, so shall the king of Assyria lead the captivity of Egypt and the exile of Cush . . . naked and barefoot.*

12. *Naked and barefoot* cannot be understood literally, for it is unthinkable that God would command His servant to actually spend three years of his life naked and barefoot (*Maharsha*).

13. Although we previously learned that a Torah scholar should not go out with patched shoes, Isaiah did so for he was Divinely instructed thus (*Maharsha*).

[As explained in the previous note, the basis of the Gemara's interpretation is that it is inconceivable that God would command His

מניין לשנוי בגדים מן התורה שנא' א) ופשט את בגדיו ולבש בגדים אחרים ותנא דבי רבי ישמעאל לימדך תורה דרך ארץ בגדים שבישל בהן קדירה לרבו אל ימזוג בהן כוס לרבו אמר רבי חייא בר אבא אמר רבי יוחנן *גנאי הוא לת"ח שיצא במנעלים המטולאים לשוק והא רבי אחא בר חנינא נפיק אמר רבי אחא בריה דרב נחמן בטלאי על גב טלאי (א) ואמר רבי חייא בר אבא אמר ר' יוחנן כל תלמיד חכם שנמצא רבב על בגדו חייב מיתה שנאמר ב) כל משנאי אהבו מות אל תקרי משנאי אלא משניאי רבינא אמר רבד איתמר ולא פליגי הא בגלימא הא בלבושא ואמר רבי חייא בר אבא אמר ר' יוחנן מאי דכתיב ג) כאשר הלך עבדי ישעיהו ערום ויחף ערום בבגדים בלואים ויחף במנעלים המטולאים תנן התם רבב על המרדע חוצץ רשב"ג אומר עד כאיסר האיטלקי ועל הבגדים מצד אחד אינו חוצץ משני צדדין חוצץ רבי יהודה אומר משום רבי ישמעאל אף מצד אחד חוצץ בעא מיניה רבי שמעון בן לקיש מר' חנינא מרדעת מצד אחד או משני צדדין אמר ליה זו לא שמעתי כיוצא בה שמעתי דתנן רבי יוסי אומר של בנאין מצד אחד ושל בור משני צדדין ולא תהא מרדעת חשובה מבגדו של עם הארץ מאי בנאין אמר רבי יוחנן אלו תלמידי חכמים שעוסקין בבנינו של עולם כל ימיהן ואמר רבי יוחנן איזהו תלמיד חכם שמחזירין לו אבידה בטביעות העין זה המקפיד על חלוקו להופכו ואמר רבי יוחנן איזהו ת"ח שממנין אותו פרנס על הציבור זה ששואלין אותו דבר הלכה בכל מקום ואומר ואפי' במסכת כלה ואמר רבי יוחנן איזהו ת"ח שבני עירו מצווין לעשות לו מלאכתו זה שמניח חפצו ועוסק בחפצי שמים והנ"מ למיטרח בריפתיה ואמר רבי יוחנן איזהו תלמיד חכם כל ששואלין אותו הלכה בכל מקום ואומרה למאי נפקא מינה למנוייה פרנס על הציבור אי בחדא מסכתא באתריה אי בכוליה תנויה בריש מתיבתא ר' שמעון בן ב"ל אמר אלו כלים האולירין הבאין ממדינת הים למימרא דחיורי נינהו והאמר להו רבי ינאי לבניו בני אל תקברוני לא בכלים לבנים ולא בכלים שחורים לבנים שמא לא אזכה ואהיה כחתן בין אבלים שחורים שמא אזכה ואהיה כאבל בין חתנים אלא בכלים האולירין הבאין ממדינת הים אלמא סומקי נינהו לא קשיא הא בגלימי הא בלבושי: ר' ישמעאל אומר מקפלין כו': ת"ר ד) עולת שבת בשבתו לימד על חלבי שבת שקריבין ביום הכיפורים יכול אף של יוה"כ בשבת ת"ל בשבתו דברי רבי ישמעאל ר' עקיבא אומר עולת שבת בשבתו לימד על חלבי שבת שקרבים ביו"ט יכול אף ביוה"כ ת"ל בשבתו כשתמצא לומר לדברי רבי ישמעאל נדרים ונדבות קריבין ביו"ט וכי איצטריך קרא ליוה"כ לדברי ר"ע נדרים ונדבות אין קרבין ביו"ט וכי איצטריך קרא למישרא בי"ט אמר ר' זירא כי

רש"י

מניין לשינוי בגדים. שהוא דרך כבוד לפני המקום: ולבש בגדים אחרים. והוציא את הדשן הזקיקו הכתוב ללבוש בגדים פחותים בשעת הוצאת הדשן שאינה עבודה חשובה כדי שלא ימאסו בגדיו החשובים שעובד בהן עבודת אכילה ושתיה כגון קיטור וניסוך: ותנא דבי ר' ישמעאל. בדרשא דהאי קרא: בגדים שבישל בהם קדירה לרבו. דומיא דהוצאת הדשן: אל ימזוג בהם כוס לרבו. לפיכך החקק ללבוש בגדים פחותים: רבב. שומן וחלב: חייב מיתה. שצריך להיות חשוב והגון לכבוד תורתו: משניאי. שממאסין עצמן בעיני הבריות והבריות אומרים אוי להם ללומדי התורה שהם מאוסים ומגונים נמצא זה משניא את התורה: רבד איתמר. שכבת זרע לשון מרבדים רבדתי ערשי (משלי ז) ריפדתיו וקישטתיו בבשמים מינים המכניסים תאוה ותוקף לי: בגלימא. שהוא עליון אפי' רבב: בלבוש. שהוא תחתון רבד אין רבב לא: על המרדעת. של חמור: חוצץ. כל דבר חוצץ לענין טבילה (ב) דקפיד עליה וכל תגילה שמקפיד עליו חוצצת: תנן התם. במסכת מקוואות ונקט לה (ג) משום דבעי למימר של בנאים כו' לומר שדרך תלמיד חכם מקפיד על לבושיו: משני צדדין. שהיה בו הרבה עד שנבלע בבגד ונראה לצד שני: מרדעת מצד אחד או מב' צדדין. לר' ישמעאל דאמר בבגד מצד אחד מרדעת מאי אמר בה: ר' יוסי אומר של בנאים. פליג אדר' יהודה ואמר לר' ישמעאל בגד של בנאים דהיינו תלמידי חכמים שמקפידין על לבושיהן מצד אחד ושל בור מב' צדדין: שמחזירים לו אבדה בטביעות עין. כיון שאמר אני מכירה אע"פ שאינו נותן בה סימן כדאמר באלו מציאות (ב"מ כג:): המקפיד על חלוקו להופכו. לובשו כשהוא הפוך מקפיד עליו והופכו שמקפיד עליו שלא יראו התפירות המגונות ואימרי החלוק: בכל מקום. בכל הש"ס ואפי' במסכת כלה דלא רגילי בה אינשי וזה נתן לבו וגרסה. מסכת כלה ברייתא היא כלה בלא ברכה אסורה לבעלה כנדה: ת"ח שבני עירו מצווין לעשות מלאכתו. כדאמר בפרק ז' דיומא (דף עב:) כתוב א' אומר ועשית לך ארון עץ וכתוב אחד אומר ועשו ארון עצי שטים וגו': למיטרח בריפתיה. דבר שאינו יכול לטרוח בו וחייו תלויין בו: אם יודע להשיב במסכת שהוא עוסק בה ממנים אותו פרנס באתריה: ואם בכולי תנויה. דקאי בהא מסכת ומהדר במסכת אחריתי: אלו כלים האולירין. הא דתנן בנאין מצד אחד היינו כלים של אוליירין בלנים שיש להם אלונטיאות חשובות להתעטף בהם בני אדם חשובים בצאתם מן המרחץ ומקפידים על טינוף מעט ובנאים לשון בי בני (לעיל דף לג:): למימרא דחיורי נינהו. מדמקפידין על רבב שעליהם דאילו סומקי לא מיגנו בטינוף פורתא: שמא לא אזכה. ואשב בין אותן שנדונין בגיהנם שדומין לשולי קדירה: גלימי. סומקי: חלבי שבת. כגון אברי תמיד של בין הערבים קריבים במוצאי שבת והוא יום הכפורים: עולת שבת בשבתו. משמע למידרש בלא וי"ו ומשמע דעולת שבת קריבה בשבת אחרת לימד על חלבי שבת כו': יכול אף של יוה"כ בשבת ת"ל בשבתו. וי"ו מיעוטו הוא בשבתו ולא בשבת אחרת: שקריבים בי"ט. שחל להיות במוצאי שבת: נדרים ונדבות. פלוגתא היא במסכת ביצה (דף יט.) ור' ישמעאל סבירא ליה כמאן דאמר קריבין הלכך כיון דנדרים ונדבות שיכול להמתין ולשחטן בחול ולהקריבן נשחטים וקרבין ביום טוב קל וחומר לחלבי שבת שנשחטו בשבתו דקרבן זמנן ומיותרו הלכך לא איצטריך קרא אלא ליום הכפורים:

תוספות

ואפילו במסכת כלה. פי' בקונט' דלא רגילי בה אינשי והוא נתן לבו לגורסה ובקדושין פי' לגריעותא בפרק האיש מקדש (דף מט:) גבי ע"מ שאני תלמיד (ד) אין אומרים כשמעון בן עזאי וכשמעון בן זומא אלא כל ששואלין אותו דבר הלכה ואפי' במסכת כלה ופי' בקונטרס אפי' במס' כלה שהיא קלה ונראה דהכא משמע (ואומר) דנקט ליה משום חשיבות שיודע אפי' במסכת כלה דלא רגילי בה אינשי ראוי למנותו פרנס אבל התם קתני דבר אחד מתלמודו משמע אפי' לא למד אלא מסכת כלה ואמר הימנה דבר אחד הרי זה חכם ומיהו בפירוש רש"י דקידושין וכן בפי' רבינו חננאל אין כתוב בהן דבר אחד מתלמודו ורבינו יצחק מפרש דהאי מסכת כלה היינו דרשות הסדורות מהלכות החג כדאמרינן בלא יחפור (ב"ב כב.) רב נחמן בר יצחק ריש כלה הוה וקאמר איזהו ת"ח שראוי למנותו על הציבור באתריה כדאמר בסמוך במסכתי' באתריה כגון שיודע להשיב בכל מקום שישאלוהו באותה מסכת אפי' במס' כלה שרגילין בה ראוי למנותו בעירו אבל בכל מהכי אין ראוי למנותו והא דהולך לחזור ולהשמיענו בסמוך אי במסכתיה באתריה אע"ג דכבר השמיענו כאן לפי שרוצה לחלק בין מסכת לכוליה הש"ס ° והשתא הוי דהכא כי ההוא דקידושין (דף מט:):

הא בלבושא הא בגלימא. הא דר' ינאי בגלימא כדמשמע בפ' כל היד (נדה דף כ.) גבי שחור כחרת ור' יוחנן אמר אלו כלים האוליירין הבאין ממדינת הים למימרא דאוכמי נינהו והאמר ר' ינאי כו' לא קשיא הא בגלימא הא בפתורי דר' ינאי בגלימא דהיא סומקי דשחורים לא הוו כדמסיק הכא אבל פתורי הוו אוכמי ולבושא חיורי: חלבי שבת קריבין ביוה"כ. אומר ר"י דכל היכא דקתני תרי שבי דהוו בהדי הדדי אתיא כאחרים דאמרי אין בין עצרת לעצרת אלא ד' ימים בלבד והכי מפרש הש"ס בפ' בתרא דסוכה (דף נד:):

עין משפט נר מצוה

כה א ב מיי' פ"ה מהל' דעות הלכה ט ופ"ה מהלכות יסודי התורה הלכה יא:
כו ג מיי' פ"ג מהלכות מקוואות הלכה ד סמג עשין רמח:
כז ד מיי' שם הלכה ג:
כח ה טוש"ע חו"מ סי' רסב סעיף כא:
כט ו שו"ע או"ח סימן קלו בהג"ה:
ל ז טוש"ע יו"ד סימן שנב סעיף א ב:
לא ח מיי' פ"א מהל' תמידין ומוספין הלכה ז סמג עשין קפ:
לב ט מיי' פ"א מהלכות חגיגה הלכה ח י:

גליון הש"ס

תוס' ד"ה ואפילו וכו' והשתא הוי דהכא כי ההוא דקידושין. ועי' תשב"ץ ח"א סימן לג:

תורה אור השלם

א) וּפָשַׁט אֶת בְּגָדָיו וְלָבַשׁ בְּגָדִים אֲחֵרִים וְהוֹצִיא אֶת הַדֶּשֶׁן אֶל מִחוּץ לַמַּחֲנֶה אֶל מָקוֹם טָהוֹר: [ויקרא ו, ד]
ב) וְחֹטְאִי חֹמֵס נַפְשׁוֹ כָּל מְשַׂנְאַי אָהֲבוּ מָוֶת: [משלי ח, לו]
ג) וַיֹּאמֶר יְיָ כַּאֲשֶׁר הָלַךְ עַבְדִּי יְשַׁעְיָהוּ עָרוֹם וְיָחֵף שָׁלֹשׁ שָׁנִים אוֹת וּמוֹפֵת עַל מִצְרַיִם וְעַל כּוּשׁ: [ישעיה כ, ג]
ד) עֹלַת שַׁבַּת בְּשַׁבַּתּוֹ עַל עֹלַת הַתָּמִיד וְנִסְכָּהּ: [במדבר כח, י]

רבינו חננאל

לאשווי גומות. אדם אחד מקפל כלים מלילי שבת לשבת ובשבת מצפרא לפניא ולשבת אחרת אבל שנים אין מקפלין כלי אחד דהוה ליה כמעשה אומן ואחד נמי אינו מקפל אלא כלים חדשים אבל ישנים לא דקיפולן מחזירן כחדשים ונמצאת כי היא מלאכה וצבועים נמי פאכה (צבועים) [ציבעיה] בדלא מקפלן משום הכי כמלאכה היא חשוב וכי אמרינן שמקפל אדם מתחלת יום שבת לסופו בשאין לו בגדים אחרים להחליף אבל יש לו להחליף אינו מקפל: דיבור שאסור בשבת מפורש בפרק שואל אדם מחבירו ודר' זירא אמר רב ואמרינן לה א"ר אבא אמר רב הונא אידחיא לה מדרבא והיכא דלא ניחא ליה לאקופי דלא לאפושי הילוכא ולא ניחא ליה למיעבר במיא דלא ליתוסי מאניה ואתי לידי סחיטה קפיץ ליה לאמת המים ושרי אלא אוקימנא שלא יהא הילוכך של שבת כהילוכך של חול אלא כדי [שיניח] ראשונה קודם שתיעקר שניה ולא יהא מנהגו שיהיו פסיעותיו גסות בשבת.

מסורת הש"ס

א) לקמן קיט. [יומא כג:], ב) ברכות מג: ע"ש, ג) [עירובין נט. מגילה כח.], ד) [עי' יומא עז.], ה) מקוואות פ"ט משנה ה' ו', ו) [שם במשנה], ז) תענית י:, ח) קידושין מט:, ט) יומא עב:, י) נדה כ., כ) [נ"ל בשבת וכ"א בסמוך לקמן במילתיה דרבי עקיבא ותוי"ט העתיק ת"ר עולת שבת לימד וכו'], ל) [פסחים לח. ביצה יט.], מ) [עי' תוס' לעיל כד: ופסחים נט: ד"ה ולא], נ) [נרי"ף פי' דס יבש וכתב הר"ן שהוא מלשון רידלא דטוסלתא מ"ק כח. ועי' בערוך ערך רבב], ס) [ר"ה יז.], ע) [שייך לעיל במשנה קיג.].

הגהות הב"ח

(א) גמ' בטלאי על גבי טלאי. וה"מ בפנתא אבל בגילדא לית לן בה ואמר ר' חייא: (ב) רש"י ד"ה חוצץ וכו' לענין טבילה היכא דקפיד: (ג) ד"ה תנן התם וכו' ונקט לה הכא משום: (ד) תוס' ד"ה ואפילו וכו' שאני תלמיד חכם אין:

רב נסים גאון

גנאי הוא לתלמידי חכמים שיצאו במנעלים המטולאים. במס' ברכות בפרק כיצד מברכין על הפירות (דף מג) תנו רבנן ששה דברים גנאי לתלמיד חכם אל יצא כשהוא מבושם לשוק ואל יצא יחידי בלילה ואל יצא במנעלים המטולאים בשוק [וכו']: תנן התם על המרדעת חוצץ. עיקר זאת המשנה בפרק ט' ממס' מקואות אלו חוצצין בכלים הזפת והמור כו' ועל המרדעת חוצץ רבן שמעון בן גמליאל אומר עד

ליקוטי רש"י

ופשט את בגדיו. אין זו חובה אלא דרך ארץ שלא ילכלך בהוצאת הדשן בגדים שהוא משמש בהן תמיד בגדים שבשל בהן קדרה לרבו אל ימזוג בהן כוס לרבו לכך ולבש בגדים אחרים פחותין מהן [ויקרא ו, ד]. ולבש בגדים אחרים. פחותין מהן כגון שמקים או משמשן שאינו מוזהב ואין דמיהם יקרים שהאפר מלכלכם כשנושאו חוץ למחנה גנאי למלך שיהא משמש בהן על המזבח בעבודת אכילה [יומא כג:]. אל ימזוג בהן כוס לרבו. דבישול קדירה מטנף בגדים [לקמן קיט.] לפי שמתעסקו ונתלכלכו בבישול קדירה אף כאן לענין הוצאת הדשן אין כבוד המלך לשרת בהן שירות אחר [יומא שם]. רבב. שומן ושעוה וכל דבר הנימוק [לעיל כ:]. [בפנתא]. אנפוי"א בלע"ז שעל גבי הרגל. [גילדא]. עקב שקורין סול"א [ברכות מג:]. חייב מיתה. בידי שמים. כל משנאי אהבו מות. בפרשת ה' קנני [עירובין צט.].

The Gemara cites a Mishnah and its interpretation from which will emerge that Torah scholars, in fact, are concerned that their clothing not look slovenly:

תְּנַן הָתָם – We learned in a Mishnah elsewhere:[14] רְבָב עַל הַמַּרְדֵּעַ חוֹצֵץ – GREASE ON A SADDLECLOTH of a donkey INTERVENES.[15] רַבָּן שִׁמְעוֹן בֶּן גַּמְלִיאֵל אוֹמֵר – RABBAN SHIMON BEN GAMLIEL SAYS: עַד כְּאִיסָּר הָאִיטַלְקִי – Only if the grease patch is AT LEAST LIKE the size of AN ITALIAN *ISSAR*.[16] וְעַל הַבְּגָדִים – AND when found UPON GARMENTS, מִצַּד אֶחָד אֵינוֹ חוֹצֵץ – if only ON ONE SIDE IT DOES NOT INTERVENE; מִשְּׁנֵי צְדָדִין חוֹצֵץ – but if ON BOTH SIDES, IT INTERVENES.[17] רַבִּי יְהוּדָה אוֹמֵר מִשּׁוּם רַבִּי יִשְׁמָעֵאל – R' YEHUDAH SAYS IN THE NAME OF R' YISHMAEL: אַף מִצַּד אֶחָד חוֹצֵץ – EVEN ON ONE SIDE IT INTERVENES.

The Gemara presents an inquiry related to the Mishnah:

בְּעָא מִינֵּיהּ רַבִּי שִׁמְעוֹן בֶּן לָקִישׁ מֵרַבִּי חֲנִינָא – **R' Shimon ben Lakish inquired of R' Chanina:** מַרְדַּעַת מִצַּד אֶחָד אוֹ מִשְּׁנֵי צְדָדִין – According to R' Yishmael, does the stain upon the **saddlecloth** intervene if it is only **on one side, or** only if it is **on both sides?**[18]

The resolution:

אֲמַר לֵיהּ – He said to him: זוֹ לֹא שָׁמַעְתִּי – **I have not heard** a ruling about **this** case specifically, כַּיּוֹצֵא בָּהּ שָׁמַעְתִּי – but **I have heard something similar.** **דִּתְנַן – For we learned in** the next section of the previously cited **Mishnah:** רַבִּי יוֹסֵי אוֹמֵר – R' YOSE SAYS: שֶׁל בַּנָּאִין מִצַּד אֶחָד – On garments OF *BANA'IN*, a stain intervenes even ON ONE SIDE;[19] וְשֶׁל בּוּר מִשְּׁנֵי צְדָדִין – BUT on those OF A BOOR, it intervenes only when ON BOTH SIDES.[20] וְלֹא תְּהֵא מַרְדַּעַת חֲשׁוּבָה מִבִּגְדוֹ שֶׁל עַם הָאָרֶץ – And surely **a saddlecloth should not be ranked higher than the garment of an ignoramus!**[21] Thus, if in regard to an ignoramus' garment only a two-sided stain intervenes, it goes without saying that for the lowly saddlecloth as well only a two-sided stain interposes.[22]

A term of the previously cited Mishnah is explained:

מַאי בַּנָּאִין – **What is** the meaning of the term ***bana'in*** used in the aforesaid Mishnah? אָמַר רַבִּי יוֹחָנָן – **R' Yochanan said:** אֵלּוּ תַּלְמִידֵי חֲכָמִים – **These are Torah scholars,** שֶׁעוֹסְקִין בְּבִנְיָנוֹ שֶׁל עוֹלָם כָּל יְמֵיהֶן – **who are occupied with the upbuilding of the world all their days.**[23] Since a Torah scholar is especially concerned that his clothing be immaculate, even a stain on one side of the cloth is considered a *chatzizah*.

On the subject of Torah scholars and their garments:

וְאָמַר רַבִּי יוֹחָנָן – **And R' Yochanan said:** אֵיזֶהוּ תַּלְמִיד חָכָם שֶׁמַּחֲזִירִין לוֹ אֲבֵידָה בִּטְבִיעוּת הָעַיִן – **Who is** considered **a Torah scholar to whom a lost object is returned on the basis of visual**

NOTES

prophet to parade about in the utterly degrading manner which a literal translation of this verse would indicate. It should be noted, however, that *Rambam* (*Moreh Nevuchim* 2:46), *Ibn Ezra* (to *Hoshea* 1:1) and *Radak* (ad loc.) offer an altogether different resolution of this problem. They assert that this incident never really transpired, and that it was merely seen by Isaiah in a prophetic vision; i.e. Isaiah saw God command him, in a vision, to go about naked and barefoot, and then saw himself, also in a vision, fulfill this command. Cf. *Rashi* ad loc.]

14. *Mikvaos* 9:5-6.

A brief introduction is in order. Anything requiring *tevilah* must be totally immersed in a *mikveh,* and its entire surface must come into contact with the *mikveh's* water. A foreign matter that is attached to an article and prevents the water from touching part of the surface invalidates the *tevilah.* Such obstructing matter is known as a חֲצִיצָה, *chatzitzah* (an interposition).

For the obstructing matter to be classified as a *chatzitzah* (and hence invalidate the *tevilah*), it must be intended for removal. Foreign matter that one would not mind leaving in place indefinitely is subordinated to the article and does not constitute a *chatzitzah.* (This applies only where the foreign matter is attached to a minority of the article. Where the foreign matter adheres to a majority of the article, the Rabbis regarded that foreign matter as an obstruction even if the person does not intend to remove it.) The criterion of intention to remove is known as מַקְפִּיד, *makpid* (literally: one finds it disturbing), i.e. its presence is disturbing. The Mishnahs cited here enumerate several different items and delineate when a stain constitutes a *chatzitzah* for each of them. See *Eruvin* 4b for further discussion.

15. This Tanna maintains that any grease stain, regardless of its size, is a *chatzitzah* on a saddlecloth, because the rider is concerned to remove it (*Rashi,* as emended and understood by *Rashash; Rav* to *Mikvaos* ibid.).

16. Rabban Shimon ben Gamliel feels that most people would not be disturbed by a very small grease patch on their saddlecloth.

[A conjectural estimate of the size of an Italian *issar* places its area at 4.1 sq. cm. [3/4 sq. inch] (*Middos VeShiurei Torah,* p. 169).]

17. If the amount of the grease is so great that it penetrates the garment to the reverse side (*Rashi*), it is considered a *chatzitzah.* This is because most people find it disturbing to wear a garment so heavily soiled. However, a stain that is only on one side is not considered a *chatzitzah,* for it does not concern the average person.

18. How does R' Yishmael, who holds that a stain on one side of a garment is considered a *chatzitzah,* treat a saddlecloth? (*Rashi*). Does he consider it like a garment, in which case even a stain on one side would intervene? Or perhaps people are not as concerned about stains on their saddlecloths as on their garments, and only a two-sided stain would intervene?

[According to the Tanna Kamma, however, who rules that only a stain on both sides of a garment is considered an intervention, it goes without saying that only a two-sided stain on a saddlecloth constitutes a *chatzitzah* (see *Chidushei HaRan*).]

19. The Gemara will present below two explanations for the term *bana'in.* According to either interpretation, the wearers of these garments are especially careful about their cleanliness, and hence even a stain on one side constitutes a *chatzitzah.*

20. R' Yose disagrees with R' Yehudah, who previously stated in the name of R' Yishmael that a one-sided stain is uniformly considered a *chatzitzah,* and maintains that R' Yishmael distinguishes between the garments of *bana'in* (explained below by R' Yochanan as meaning Torah scholars) and those of a boor. For *bana'in,* who are especially careful about the cleanliness of their garments, even a one-sided stain interposes. [Boors, however, who do not care much about the cleanliness of their garments, are bothered only if the stain is two-sided.] Thus, a stain on the garment of a boor constitutes a *chatzitzah* only if it has soaked through to the other side (*Rashi*).

21. [In this context the terms בּוּר, *boor,* and עַם הָאָרֶץ, *ignoramus,* are apparently used interchangeably (cf. *Rav* and *Tos. Yom Tov* to *Mikvaos* ad loc.).]

22. *Rashash* asks: How can the Gemara resolve its inquiry according to R' Yehudah in the name of R' Yishmael (who holds that a one-sided stain serves to interpose on any person's garment — see note 20 above), from a statement by R' Yose (who holds that according to R' Yishmael only a two-sided stain interposes for a boor's clothes)? Although according to the more lenient opinion of R' Yose there is proof that R' Yishmael holds that a one-sided stain on a saddlecloth does not interpose, perhaps according to the stricter opinion of R' Yehudah in the name of R' Yishmael such a stain would interpose.

Rashash answers that since both R' Yehudah and R' Yose are articulating the position of R' Yishmael, it is safe to assume that they agree on any matter other than that upon which they specifically disagree. Thus, if it can be proven that R' Yose holds according to R' Yishmael that a one-sided stain upon a saddlecloth does not interpose, it is plausible that R' Yehudah according to R' Yishmael likewise assumes so. See *Tos. HaRosh; Mishmeros Kehunah; Chazon Nachum* to *Mikvaos* ibid.

23. A Torah scholar is said to be involved in the upbuilding of the world [for it is the study of Torah which maintains the world], as it is stated (*Jeremiah* 33:25): *If not for My covenant day and night, I would not have appointed the laws of heaven and earth* (*Smag, Mitzvas Aseh* §248, based on *Pesachim* 68b, where R' Elazar interprets the "covenant" in this verse as referring to the Torah, and states that the heaven and earth are maintained only in the merit of Torah study).

מניין לשנוי בגדים מן התורה שנא' ופשט את בגדיו ולבש בגדים אחרים ותנא דבי רבי ישמעאל לימדך תורה דרך ארץ בגדים שבישל בהן קדירה לרבו אל ימזוג בהן כוס לרבו אמר רבי חייא בר אבא אמר רבי יוחנן גנאי הוא לת"ח שיצא במנעלים המטולאים לשוק והא רבי אחא בר חנינא נפיק אמר רבי אחא בריה דרב נחמן בטלאי על גב טלאי ואמר רבי חייא בר אבא אמר ר' יוחנן כל תלמיד חכם שנמצא רבב על בגדו חייב מיתה שנאמר כל משנאי אהבו מות אל תקרי משנאי אלא משניאי רבינא אמר רבד איתמר ולא פליגי הא בגלימא הא בלבושא ואמר רבי חייא בר אבא אמר ר' יוחנן מאי דכתיב כאשר הלך עבדי ישעיהו ערום ויחף ערום בבגדים בלואים ויחף במנעלים המטולאים תנן התם רבב על המרדע חוצץ רשב"ג אומר עד כאיסר האיטלקי ועל הבגדים מצד אחד אינו חוצץ משני צדדין חוצץ רבי יהודה אומר משום רבי ישמעאל אף מצד אחד חוצץ בעא מיניה רבי שמעון בן לקיש מר' חנינא מרדעת מצד אחד או משני צדדין אמר ליה זו לא שמעתי כיוצא בה שמעתי דתנן רבי יוסי אומר של בנאין מצד אחד ושל בור משני צדדין ולא תהא מרדעת חשובה מבגדו של עם הארץ מאי בנאין אמר רבי יוחנן אלו תלמידי חכמים שעוסקין בבנינו של עולם כל ימיהן ואמר רבי יוחנן איזהו תלמיד חכם שמחזירין לו אבידה בטביעות העין זה המקפיד על חלוקו להופכו ואמר רבי יוחנן איזהו ת"ח שממנין אותו פרנס על הציבור זה ששואלין אותו דבר הלכה בכל מקום ואומר ואפי' במסכת כלה ואמר רבי יוחנן איזהו ת"ח שבני עירו מצווין לעשות לו מלאכתו זה שמניח חפצו ועוסק בחפצי שמים והנ"מ למיטרח בריפתיה ואמר רבי יוחנן איזהו תלמיד חכם כל ששואלין אותו הלכה בכל מקום ואומרה למאי נפקא מינה למנוייה פרנס על הציבור אי בחדא מסכתא באתריה אי בכוליה תנויה בריש מתיבתא ר' שמעון בן לקיש אמר אלו כלים האולירין הבאין ממדינת הים למימרא דחיורי נינהו והאמר להו רבי ינאי לבניו בני אל תקברוני לא בכלים לבנים ולא בכלים שחורים לבנים שמא לא אזכה ואהיה כחתן בין אבלים שחורים שמא אזכה ואהיה כאבל בין חתנים אלא בכלים האולירין הבאין ממדינת הים אלמא סומקי נינהו לא קשיא הא בגלימי הא בלבושי: ר' ישמעאל אומר מקפלין כו': ת"ר עולת שבת בשבתו ללמד על חלבי שבת שקריבין ביום הכיפורים יכול אף של יוה"כ בשבת ת"ל בשבתו דברי רבי ישמעאל ר' עקיבא אומר עולת שבת בשבתו ללמד על חלבי שבת שקרבים ביו"ט יכול אף ביוה"כ ת"ל בשבתו כשתמצא לומר לדברי רבי ישמעאל נדרים ונדבות קריבין ביו"ט וכי איצטריך קרא ליוה"כ לדברי ר"ע נדרים ונדבות אין קרבין ביו"ט וכי איצטריך קרא למישרא בי"ט אמר ר' זירא כי

רש"י

מניין לשינוי בגדים. שהוא דרך כבוד לפני המקום: ולבש בגדים אחרים. והוציא את הדשן הזקיקו הכתוב ללבוש בגדים פחותים בשעת הוצאת הדשן שאינה עבודה חשובה כדי שלא ימלאו בגדיו המשובחים שעובד בהן עבודת אכילה ושתיה כגון קיטור וניסוך: ותנא דבי ר' ישמעאל. בדרשא דהאי קרא: בגדים שבישל בהם קדירה לרבו. דומיא דהוצאת הדשן: אל ימזוג בהם כוס לרבו. לפיכך החקק ללבוש בגדים פחותים: רבב. שומן וחלב: חייב מיתה. שצריך להיות חשוב והגון לכבוד תורתו: משניאי. שממאסין עצמן בעיני הבריות והבריות אומרים אוי להם ללומדי התורה שהם מאוסים ומגונים נמצא זה משניא את התורה: רבד איתמר. שכבת זרע לשון מרבדים רבדתי ערשי (משלי ז) ריפדתיו וקישטתיו בבשמים מינים המכניסים תאוה ומזקק לי: בגלימא. שהוא עליון אפי' רבב: בלבוש. שהוא תחתון רבד אין רבב לא: על המרדעת. של חמור: חוצץ. כל דבר חוצץ לענין טבילה (ג) דקפיד עליה וכל הגילה שמקפיד עליו חוצצת: תנן התם. במסכת מקוואות ונקט לה (ג) משום דבעי למימר של בנאים כו' לומר שדרך תלמיד חכם מקפיד על לבושיו: משני צדדין. שהיה בו הרבה עד שנבלע בבגד ונראה לצד שני: מרדעת מצד אחד או מב' צדדין. לר' ישמעאל דאמר בבגד מצד אחד מרדעת מאי אמר בה: ר' יוסי אומר של בנאים. פליג אדר' יהודה ואמר לר' ישמעאל בגד של בנאים דהיינו תלמידי חכמים שמקפידין על לבושיהן מצד אחד ושל בור מב' צדדין: שמחזירים לו אבדה בטביעות עין. כיון שאמר אני מכירה אע"פ שאינו נותן בה סימן כדאמר באלו מציאות (ב"מ כג:): המקפיד על חלוקו להופכו. לובשו כשהוא הפוך מקפיד עליו והופכו שמקפיד עליו שלא יראו התפירות המגונות ואימרי החלוק: בכל מקום. בכל הש"ס ואפי' במסכת כלה דלא רגילי בה אינשי חזה נתן לבו וגרסה. מסכת כלה ברייתא היא כלה בלא ברכה אסורה לבעלה כנדה: ת"ח שבני עירו מצווין לעשות מלאכתו. כדאמר בפרק ז' דיומא (דף עב:) כתוב א' אומר ועשית לך ארון עץ וכתוב אחד אומר ועשו ארון עצי שטים וגו': למיטרח בריפתיה. דבר שאינו יכול לטרוח בו וחייו תלוין בו: אם יודע להשיב במסכת שהוא עוסק בה ממנים אותו פרנס באתריה: ואם בכוליה תנויה. דקאי בהא מסכת ומהדר במסכת אחריתי: אלו כלים האולירין. הא דתנן בנאין מצד אחד היינו כלים של אולירין בלנים שיש להם אלונטיאות חשובות להתעטף בהם בני אדם חשובים כשיוצאין מן המרחץ ומקפידים על טינוף מעט ובנאים לשון בי בני (לעיל דף לג:): למימרא דחיורי נינהו. מדמקפידין על רבב שעליהם דאילו סומקי לא מיגנו בטינוף פורתא: שמא לא אזכה. ואשב בין אותן שנדונין בגיהנם שדומין לשולי קדירה: גלימי. סומקי: חלבי שבת. כגון אברי תמיד של בין הערבים קריבים במוצאי שבת והוא יום הכפורים: עולת שבת בשבתו. משמע למדרש בלא וי"ו ומשמע דעולת שבת קריבה בשבת אחרת לימד על חלבי שבת כו': יכול אף של יוה"כ בשבת ת"ל בשבתו. וי"ו מיעוטו הוא בשבתו ולא בשבת אחרת: שקריבים בי"ט. שחל להיות במוצאי שבת: נדרים ונדבות. פלוגתא היא במסכת ביצה (דף יט.) ור' ישמעאל סבירא ליה כמאן דאמר קריבין הלכך כיון דנדרים ונדבות שיכול להמתין ולשחטן בחול והקריבן נשחטים ונקרבין ביום טוב קל וחומר חלבי שבת שנשחטו בזמנו ומיותרו הלכך לא איצטריך קרא עולת שבת בשבתו אלא ליום הכפורים: כי

תוספות

ואפילו במסכת כלה. פי' בקונט' דלא רגילי בה אינשי והוא נתן לבו לגורסה ובקדושין פי' לגריעותא בפרק האיש מקדש (דף מט:) גבי ע"מ שאני תלמיד (ד) אין אומרים כשמעון בן עזאי וכשמעון בן זומא אלא כל ששואלין אותו דבר הלכה ואפי' במסכת כלה ופי' בקונטרס אפי' במס' כלה שהיא קלה ונראה דהכא משמע (ואומר) דנקט ליה משום חשיבות שיודע אפי' במסכת כלה דלא רגילי בה אינשי ראוי למנותו פרנס אבל התם קתני דבר אחד מתלמודו משמע אפי' לא למד אלא מסכת כלה ואמר הימנה דבר אחד הרי זה חכם ומיהו בפירוש רש"י דקידושין וכן בפי' רבינו חננאל אין כתוב בהן דבר אחד מתלמודו ורבינו יצחק מפרש דהאי מסכת כלה היינו דרשות הסדורות מהלכות החג כדאמרינן בלא יחפור (ב"ב כב.) רב נחמן בר יצחק ריש כלה הוה וקאמר איזהו ת"ח שראוי למנותו על הציבור באתריה כדאמר בסמוך במסכתי' באתריה כגון שיודע להשיב בכל מקום שישאלוהו באותה מסכת אפי' במס' כלה שרגילין בה ראוי למנותו בעירו אבל בציר מהכי אין ראוי למנותו והא דהוצרך לחזור ולהשמיענו בסמוך אי במסכתיה באתריה אע"ג דכבר השמיענו כאן לפי שרוצה לחלק בין מסכת לכוליה הש"ס ° והשתא הוי דהכא כי ההוא דקידושין (דף מט:):

הא בלבושא הא בגלימא. הא דר' ינאי בגלימא כדמשמע בפ' כל היד (נדה דף כ.) גבי שחור כחרת ור' יוחנן אמר אלו כלים האולירין הבאין ממדינת הים למימרא דאוכמי נינהו והאמר ר' ינאי כו' לא קשיא הא בגלימא הא בפתורי דר' ינאי בגלימא דהיא סומקי דשחורים לא הוו כדמסיק הכא אבל פתורי הוו אוכמי ולבושא חיורי:

חלבי שבת קריבין ביוה"כ. אומר ר"י דכל היכא דקתני תרי שבי דהוו בהדי הדדי אתיא כאחרים דאמרי אין בין עצרת לעצרת אלא ד' ימים בלבד והכי מפרש הש"ס בפ' בתרא דסוכה (דף נד:):

תורה אור השלם

א) וּפָשַׁט אֶת בְּגָדָיו וְלָבַשׁ בְּגָדִים אֲחֵרִים וְהוֹצִיא אֶת הַדֶּשֶׁן אֶל מִחוּץ לַמַּחֲנֶה אֶל מָקוֹם טָהוֹר: [ויקרא ו, ד]

ב) וְחֹטְאִי חֹמֵס נַפְשׁוֹ כָּל מְשַׂנְאַי אָהֲבוּ מָוֶת: [משלי ח, לו]

ג) וַיֹּאמֶר יְיָ כַּאֲשֶׁר הָלַךְ עַבְדִּי יְשַׁעְיָהוּ עָרוֹם וְיָחֵף שָׁלֹשׁ שָׁנִים אוֹת וּמוֹפֵת עַל מִצְרַיִם וְעַל כּוּשׁ: [ישעיה כ, ג]

ד) עֹלַת שַׁבַּת בְּשַׁבַּתּוֹ עַל עֹלַת הַתָּמִיד וְנִסְכָּהּ: [במדבר כח, י]

גליון הש"ס

תוס' ד"ה ואפילו וכו' והשתא הוי דהכא כי ההוא דקידושין. ועי' תשב"ץ ח"א סימן נג:

הגהות הב"ח

(א) גמ' בטלאי על גבי טלאי. נ"ב בפנתא אבל בגילדא לית לן בה ואמר ר' חייא: (ב) רש"י ד"ה חוצץ וכו' לענין טבילה היכא דקפיד: (ג) ד"ה תנן התם וכו' ונקט לה הכא משום: (ד) תוס' ד"ה ואפילו וכו' שאני תלמיד חכם אין:

רב נסים גאון

גנאי הוא לתלמידי חכמים שיצאו במנעלים המטולאים. במס' ברכות בפרק כיצד מברכין על הפירות (דף מג) תנו רבנן ששה דברים גנאי לתלמיד חכם אל יצא כשהוא מבושם לשוק ואל יצא יחידי בלילה ואל יצא במנעלים המטולאים בשוק [וכו']: תנן התם על המרדעת חוצץ. עיקר זאת המשנה בפרק ט' ממס' מקואות אלו חוצצין בכלים הרבב על המרדעת חוצץ רבן שמעון בן גמליאל אומר עד

ליקוטי רש"י

ופשט את בגדיו. אין זו חובה אלא דרך ארץ שלא ילכלך בהוצאת הדשן בגדים שהוא משמש בהן תמיד בגדים שבישל בהן קדרה לרבו אל ימזוג בהן כוס לרבו לכך ולבש בגדים אחרים פחותין מהן [ויקרא ו, ד]. ולבש בגדים אחרים. פחותין מהן כגון שקדם שאין מתכוון שאינו מלוכלך ואין למיסר יקרים שהמלאך מלכלכן כשמוציא חוץ למחנה נגאה לעלמך משמש כהן על המזבח [יומא כג:]. אל ימזוג בהן כוס לרבו. דכשיל קדירה מלוכלך בגדים [לקמן קיד.] לפי שמתמשכו ומתלכלכו בבישול קדירה אף כאן לענין הוצאת הדשן בגדים כבוד הכהן בגדי כהונה כבוד המלך לשרת בבגדים שירות אחר [יומא שם]. רבב. שומן ושמנו וכל דבר המימנ [לעיל כ.] [בפנתא]. אבל בגילדא [ברכות מג:]. חייב מיתה. כל משנאי אהבו מות.

רבינו חננאל

לאשווי גומות. אדם אחד מקפל כלים מלילי שבת לשבת ובשבת מצפרא לפניא ולשבת אחרת אבל שנים אין מקפלין כלי אחד דהוה ליה כמעשה אומן ואחד נמי אינו מקפל אלא כלים חדשים אבל ישנים לא דקיפולן מחזירן כחדשים ונמצאת כי היא מלאכה וצבועים נמי פאכה [ציבעיה] בדלא מקפלן משום הכי מקפלא חשוב וכי אמרינן שמקפל אדם מתחלת יום שבת לסופו באשון לו בגדים אחרים להחליף אבל יש לו להחליף אינו מקפל: דיבור שאסור בשבת מפורש בפרק שואל אדם מחבירו

התורה שאין כ"א בקי' בה שלא יתלכלך מלבושם ממנו. רבד מל' מרבדים רבדתי ערשי. פי' דם יבש כדגרסי' בנדה פ' תינוקת ליה בדוכיאלא. אמר רבי מר בר אבא הא רבדא דכוסילתא עד ג' יומין ואילך חייץ מכאן ואילך לא חייץ כו'. כל תלמיד שנמצא דם על בגדו מכוער הוא שמא יראה ככתם. וזה הדבר אם הוא טלית שמתכסה בה העליונה הרי זה מכוער אבל אם הוא שמציע תחתיו (או) [אולי] דם ממאכלות הוא אפשר דלא הוה לי' טלית אחרת ונגא בה. כדתניא התם מאכלות שאינו מוחלת לא הרגה איננה ותולה. דבר ראש ברבנן אמר הרגתי כנה תולה.

recognition?[24] זֶה הַמַּקְפִּיד עַל חֲלוּקוֹ לְהוֹפְכוֹ – **He who is particular about his tunic to turn it around.**[25]

Another criterion by which one is considered a Torah scholar: וְאָמַר רַבִּי יוֹחָנָן – **And R' Yochanan said:** אֵיזֶהוּ תַּלְמִיד חָכָם שֶׁמְּמַנִּין אוֹתוֹ פַּרְנָס עַל הַצִּיבּוּר – **Who is a Torah scholar such that we may appoint him a leader over the community?** זֶה שֶׁשּׁוֹאֲלִין אוֹתוֹ דְּבַר הֲלָכָה בְּכָל מָקוֹם וְאוֹמֵר – **This is one who is asked a halachah matter in any area and can state it,** וַאֲפִילּוּ בְּמַסֶּכֶת כַּלָּה – **even in Tractate** ***Kallah.***[26]

Yet another criterion by which one is considered a Torah scholar:

וְאָמַר רַבִּי יוֹחָנָן – **And R' Yochanan said:** אֵיזֶהוּ תַּלְמִיד חָכָם שֶׁבְּנֵי עִירוֹ מְצוּוִּין לַעֲשׂוֹת לוֹ מְלַאכְתּוֹ – **Who is a Torah scholar whose work it is the duty of his townspeople to perform?**[27] זֶה שֶׁמַּנִּיחַ חֶפְצוֹ – **This is one who abandons his own matters** וְעוֹסֵק בְּחֶפְצֵי שָׁמַיִם – **and deals** only **with Heavenly matters.**

A qualification:

וְהָנֵי מִילֵּי לְמִיטְרַח בְּרִיפְתֵּיהּ – **And this rule** imposes a responsibility upon the community only **to labor** to provide **for [the scholar's] bread.**[28]

Yet another criterion:

וְאָמַר רַבִּי יוֹחָנָן – **And R' Yochanan said:** אֵיזֶהוּ תַּלְמִיד חָכָם – **Who is** considered **a Torah scholar?** כֹּל שֶׁשּׁוֹאֲלִין אוֹתוֹ הֲלָכָה בְּכָל מָקוֹם וְאוֹמְרָהּ – **Anyone who is asked a halachah** matter **in any place and can state it.** לְמַאי נַפְקָא מִינָּהּ – **Of what** practical **consequence** is this ruling? לְמַנּוּיֵיהּ פַּרְנָס עַל הַצִּיבּוּר – Whether **to appoint him a leader over the community.** אִי בְּחָדָא מַסֶּכְתָּא בְּאַתְרֵיהּ – **If** he is able to respond to a question **in the one tractate** he is currently studying, he may be appointed a leader **in his own place;** אִי בְּכוּלֵּיהּ תַּנּוּיֵהּ בְּרֵישׁ מְתִיבְתָּא – **if** no matter what he is currently studying he is able to respond to a question **in any of the teachings of the Talmud,** then he may be appointed **as head of an academy.**[29]

The Gemara presents another opinion as to the interpretation of the term *bana'in* in the previously cited Mishnah:

רַבִּי שִׁמְעוֹן בֶּן לָקִישׁ אָמַר – **R' Shimon ben Lakish says:** אֵלּוּ כֵּלִים הָאוּלְיָירִין הַבָּאִין מִמְּדִינַת הַיָּם – **These are the garments of bathhouse attendants** that are made from fine materials **that come from abroad.**[30] It is in regard to these particular garments that the previously cited Mishnah rules that even a one-sided stain serves as an interposition.

The Gemara asks:

לְמֵימְרָא דְּחִיוָּרֵי נִינְהוּ – Is this **to say that they** [garments of bathhouse attendants] **are white?**[31] וְהָאָמַר לְהוּ רַבִּי יַנַּאי לִבְנָיו – **But R' Yannai said to his sons:** בָּנַי – **"My sons,** אַל תִּקְבְּרוּנִי לֹא בְּכֵלִים לְבָנִים וְלֹא בְּכֵלִים שְׁחוֹרִים – **do not bury me in white shrouds nor in black shrouds.** לְבָנִים שֶׁמָּא לֹא אֶזְכֶּה וְאֶהְיֶה כְּחָתָן בֵּין אֲבֵלִים – Do not use **white ones, for perhaps I will not merit** to sit among the righteous in the Afterlife, **and I would** then **be like a bridegroom amongst mourners.** שְׁחוֹרִים – Nor should you bury me in **black** shrouds, שֶׁמָּא אֶזְכֶּה – for **perhaps I will merit** to sit among the righteous, וְאֶהְיֶה כְּאָבֵל בֵּין חֲתָנִים – **and I**

NOTES

24. Ordinarily, a lost object may not be returned to someone who claims it unless he proves that it is his, either through bringing witnesses or by describing it sufficiently to prove that he is the owner. The marking or feature that serves to identify a lost object is known as a סִימָן, *siman,* or identifying mark. However, if a Torah scholar claims that a lost object is his, but does not provide a *siman,* as long as he claims that he recognizes the object we rely upon his integrity and return the object to him. R' Yochanan inquires by what criterion a person is adjudged a Torah scholar in regard to this law (see *Rashi; Bava Metzia* 23b).

25. I.e. if he put on his tunic inside-out, he is careful to reverse it, so that the seams and rough edges should not be visible (*Rashi*; cf. *Meiri*). [This fastidiousness was peculiar to Torah scholars and not to the general population. Thus, one who was meticulous in this manner was assumed to be a Torah scholar, and could have a lost article returned to him solely on the basis of his visual recognition. See *Tos. HaRosh.*]

26. Tractate *Kallah* is a tractate of Baraisos that begins with the teaching כַּלָּה בְּלֹא בְרָכָה אֲסוּרָה לְבַעְלָהּ כְּנִדָּה, *a bride [kallah] without blessing is forbidden to her husband like a niddah* (i.e. a husband may not have relations with his wife until the blessings that accompany *nisuin* have been recited). [It is printed in the Vilna Shas after *Horayos, Eduyos* and *Avos,* along with a group of other "minor tractates."] Although a relatively simple tractate (see *Rashi* to *Kiddushin* 49b; *Ritva MHK* ed.), it is one that is not ordinarily studied. Only one who has mastered the entire Talmud, and taken the initiative to study even Tractate *Kallah,* is fit to be appointed leader over the community (*Rashi;* cf. *Tosafos*).

27. The obligation upon a city to support its resident Torah scholars is derived by the Gemara (*Yoma* 72b) from two seemingly contradictory verses. One verse states (*Deuteronomy* 10:1): *make a wooden Ark for yourself;* while another states (*Exodus* 25:10): *"They" shall make an Ark.* [One verse implies that it was the responsibility of Moses to make the Ark, whereas the other implies that the responsibility rested upon the people. To reconcile these verses, we say that although it was originally Moses' obligation to make the Ark, this obligation was transferred to the Children of Israel so as to exempt Moses, the paradigm Torah scholar, from the actual work involved. Thus, we derive the general rule that the residents of a city must assist their Torah scholars and free them from the yoke of worldly responsibilities] (*Rashi*).

28. I.e. it is incumbent upon the community to provide for the Torah scholar's necessities of life (i.e. bread), but not for luxuries (see *Rashi*).

29. In light of this statement of R' Yochanan, his previous statement regarding the Torah scholar whose proficiency extends to Tractate *Kallah* may be understood in one of two ways.

(a) R' Yochanan's previous standard applies both to a local authority and the head of an academy. I.e. the prerequisite for a Torah scholar to be appointed to *any* position of authority is the study of the Talmud in its entirety. If, however, despite his encompassing study of the Talmud, he is unable to answer questions on areas of the Talmud other than that tractate which he is currently studying, then he is qualified to serve only as a local authority. On the other hand, if his proficiency is such that despite his involvement in one tractate he is able to answer questions concerning the entire breadth of the Talmud, then he may be appointed head of an academy (*Hagahos R' Elazar Moshe Horowitz*; see also *Iyun Yaakov*).

(b) R' Yochanan's previous statement applies to becoming head of an academy, i.e. only one whose proficiency extends to Tractate *Kallah* is qualified to lead an academy. However, someone who is not knowledgeable in the entire Talmud, but is proficient in the tractate which he is currently studying, is fit to lead on a local level (*Chidushei R' Moshe Kazis*).

Cf. *She'eilos U'Teshuvos Tashbetz* vol. I no. 33, who reconciles the two statements of R' Yochanan in other ways.

30. Bathhouse attendants would provide special towels made of imported cloth for the distinguished people coming out of the baths. Those who wore these wraps would be disturbed by even a slight stain upon them [i.e. even on only one side]. Consequently, if a one-sided stain is found upon these garments, it interposes. According to this explanation, the Mishnah's term בַּנָּאִין [is not related to the word בנה, *to build,* but] is associated with the Aramaic term בֵּי בָנֵי, *a bathhouse* (*Rashi;* see also *Rashi* to *Niddah* 20a ד״ה אולירין; *Aruch*).

According to Reish Lakish's interpretation, the Mishnah's concluding clause should presumably be explained as referring to a case in which a boor happened to wear these distinguished garments. Since he is not cultivated enough to appreciate their importance, he is not concerned about a one-sided stain upon them. Consequently, for a boor only a two-sided stain interposes upon these garments.

31. By the fact that the wearers of these garments are bothered even by a slight stain (i.e. on only one side), it is evident that these garments are white [and thus even a slight stain upon them is highly visible and bothersome to the wearer]. If, however, these garments were colored, then a slight stain, since it is not that visible, would not disturb the wearer (*Rashi;* see *Ritva MHK* ed.).

מניין לשנוי בגדים מן התורה שנא' ופשט את בגדיו ולבש בגדים אחרים ותנא דבי רבי ישמעאל לימדך תורה דרך ארץ בגדים שבישל בהן קדירה לרבו אל ימזוג בהן כוס לרבו אמר רבי חייא בר אבא אמר רבי יוחנן גנאי הוא לת"ח שיצא במנעלים המטולאים לשוק והא רבי אחא בר חנינא נפיק אמר רבי אחא בריה דרב נחמן בטלאי על גב טלאי ואמר רבי חייא בר אבא אמר ר' יוחנן כל תלמיד חכם שנמצא רבב על בגדו חייב מיתה שנאמר כל משנאי אהבו מות אל תקרי משנאי אלא משניאי רבינא אמר רבד איתמר ולא פליגי הא בגלימא הא בלבושא ואמר רבי חייא בר אבא אמר ר' יוחנן מאי דכתיב כאשר הלך עבדי ישעיהו ערום ויחף ערום בבגדים בלואים ויחף במנעלים המטולאים תנן התם רבב על המרדע חוצץ רשב"ג אומר עד כאיסר האיטלקי ועל הבגדים מצד אחד אינו חוצץ משני צדדין חוצץ רבי יהודה אומר משום רבי ישמעאל אף מצד אחד חוצץ בעא מיניה רבי שמעון בן לקיש מר' חנינא מרדעת מצד אחד או משני צדדין אמר ליה זו לא שמעתי כיוצא בה שמעתי דתנן רבי יוסי אומר של בנאין מצד אחד ושל בור משני צדדין ולא תהא מרדעת חשובה מבגדו של עם הארץ מאי בנאין אמר רבי יוחנן אלו תלמידי חכמים שעוסקין בבנינו של עולם כל ימיהן ואמר רבי יוחנן איזהו תלמיד חכם שמחזירין לו אבידה בטביעות העין זה המקפיד על חלוקו להופכו ואמר רבי יוחנן איזהו ת"ח שממנין אותו פרנס על הציבור זה ששואלין אותו דבר הלכה בכל מקום ואומר ואפי' במסכת כלה ואמר רבי יוחנן איזהו ת"ח שבני עירו מצווין לעשות לו מלאכתו זה שמניח חפצו ועוסק בחפצי שמים והנ"מ למיטרח בריפתיה ואמר רבי יוחנן איזהו תלמיד חכם כל ששואלין אותו הלכה בכל מקום ואומרה למאי נפקא מינה למנוייה פרנס על הציבור אי בחדא מסכתא באתריה אי בכוליה תנויה בריש מתיבתא ר' שמעון ב"ל אמר אלו כלים האולירין הבאין ממדינת הים למימרא דחיורי נינהו והאמר להו רבי ינאי לבניו בני אל תקברוני לא בכלים לבנים ולא בכלים שחורים לבנים שמא לא אזכה ואהיה כחתן בין אבלים שחורים שמא אזכה ואהיה כאבל בין חתנים אלא בכלים האולירין הבאין ממדינת הים אלמא סומקי נינהו לא קשיא הא בגלימי הא בלבושי: ר' ישמעאל אומר מקפלין כו': ת"ר עולת שבת בשבתו לימד על חלבי שבת שקריבין ביום הכיפורים יכול אף של יוה"כ בשבת ת"ל בשבתו דברי רבי ישמעאל ר' עקיבא אומר עולת שבת בשבתו לימד על חלבי שבת שקרבים ביו"ט יכול אף ביוה"כ ת"ל בשבתו כשתמצא לומר לדברי רבי ישמעאל נדרים ונדבות קריבין ביו"ט וכי איצטריך קרא ליוה"כ לדברי ר"ע נדרים ונדבות אין קרבין ביו"ט וכי איצטריך קרא למישרא בי"ט אמר ר' זירא כי

רש"י

מניין לשינוי בגדים. שהוא דרך כבוד לפני המקום: ולבש בגדים אחרים. והוציא את הדשן הזקיקו הכתוב ללבוש בגדים פחותים בשעת הוצאת הדשן שאינה עבודה חשובה כדי שלא ימאסו בגדיו החשובים שעובד בהן עבודת אכילה ושתיה כגון קיטור וניסוך: ותנא דבי ר' ישמעאל. בדרשא דהאי קרא: בגדים שבישל בהם קדירה לרבו. דומיא דהוצאת הדשן: אל ימזוג בהם כוס לרבו. לפיכך החקק ללבוש בגדים פחותים: רבב. שומן וחלב: חייב מיתה. שצריך להיות חשוב והגון לכבוד תורתו: משניאי. שממאסין עצמן בעיני הבריות והבריות אומרים אוי להם ללומדי התורה שהם מאוסים ומגונים נמצא זה משניא את התורה: רבד איתמר. שכבת זרע לשון מרבדים רבדתי ערשי (משלי ז) ריפדתיו וקישטתיו בבשמים מינים המכניסים תאוה ומזקק לי: בגלימא. שהוא עליון אפי' רבב: בלבוש. שהוא תחתון רבד אין רבב לא: על המרדעת. של חמור: חוצץ. כל דבר חוצץ לענין טבילה (ב) דקפיד עליה וכל חציצה שמקפיד עליו חוצצת: תנן התם. במסכת מקוואות ונקט לה (ג) משום דבעי למימר של בנאים כו' לומר שדרך תלמיד חכם מקפיד על לבושיו: משני צדדין. שהיה בו הרבה עד שנבלע בבגד ונראה לצד שני: מרדעת מצד אחד או מב' צדדין. לר' ישמעאל דאמר בבגד מצד אחד מרדעת מאי אמר בה: ר' יוסי אומר של בנאים. פליג אדר' יהודה ואמר לר' ישמעאל בגד של בנאים דהיינו תלמידי חכמים שמקפידין על לבושיהן מצד אחד ושל בור מב' צדדין: שמחזירים לו אבדה בטביעות עין. כיון שאמר אני מכירה אע"פ שאינו נותן בה סימן כדאמר באלו מציאות (ב"מ כג:): המקפיד על חלוקו להופכו. לובשו כשהוא הפוך מקפיד עליו והופכו שמקפיד עליו שלא יראו התפירות המגונות ואימרי החלוק: בכל מקום. בכל הש"ס ואפי' במסכת כלה דלא רגילי בה אינשי חוה נתן לבו וגרסה. מסכת כלה ברייתא היא כלה שלא ברכה אסורה לבעלה כנדה: ת"ח שבני עירו מצווין לעשות מלאכתו. כדאמר בפרק ז' דיומא (דף עב:) כתוב א' אומר ועשית לך ארון עץ וכתוב אחד אומר ועשו ארון עצי שטים וגו': למיטרח בריפתיה. דבר שאינו יכול לטרוח בו וחייו תלויין בו: אם יודע להשיב במסכת שהוא עוסק בה ממנים אותו פרנס באתריה: ואם בכולי תנויה. דקאי בהא מסכת ומהדר במסכת אחריתי: אלו כלים האולירין. הא דתנן בנאין מצד אחד היינו כלים של אולירין בלנים שיש להם אלונטיאות חשובות להתעטף בהם בני אדם חשובים כשהם יוצאים מן המרחץ ומקפידים על טינוף מעט ובנאים לשון בי בני (לעיל דף לג:): למימרא דחיורי נינהו. מדמקפידין על רבב עליהם דאלו סומקי לא מיגנו בטינוף פורתא: שמא לא אזכה. ואשב בין אותן שדנין בגיהנם שדומין לשולי קדירה: גלימי. סומקי: חלבי שבת. כגון אברי תמיד של בין הערבים קריבים במוצאי שבת והוא יום הכפורים: עולת שבת בשבתו. משמע למדרש בלא ו"ו ומשמע לעולת שבת קריבה בשבת אחרת לימד על חלבי שבת כו': יכול אף של יוה"כ בשבת ת"ל בשבתו. וי"ו מיעוטו הוא בשבתו ולא בשבת אחרת. שחל להיות במוצאי שבת: נדרים ונדבות. פלוגתא היא במסכת ביצה (דף יט.) ור' ישמעאל סבירא ליה כמאן דאמר קריבין הלכך כיון דנדרים ונדבות שיכול להתחיל ולשחטן בחול ולהקריבן נשחטים ונקרבין ביום טוב כל שכן חלבי שבת שנשחטו כדרכן בזמנן ונותרו הלכך לא איצטריך קרא עולת שבת בשבתו אלא ליום הכפורים:

תוספות

ואפילו במסכת כלה. פי' בקונט' דלא רגילי בה אינשי והוא נתן לבו לגורסה ובקדושין פי' לגריעותא בפרק האיש מקדש (דף מט:) גבי ע"מ שאני תלמיד (ד) אין אומרים כשמעון בן עזאי וכשמעון בן זומא אלא כל ששואלין אותו דבר הלכה ואפי' במסכת כלה ופי' בקונטרס אפי' במס' כלה שהיא קלה ונראה דהכא משמע (ואומר) דנקט ליה משום חשיבות שיודע אפי' במסכת כלה דלא רגילי בה אינשי ראוי למנותו פרנס אבל התם קתני דבר אחד מתלמודו משמע אפי' לא למד אלא מסכת כלה ואמר הימנה דבר אחד הרי זה חכם ומיהו בפירוש רש"י דקידושין וכן בפי' רבינו חננאל אין כתוב בהן דבר אחד מתלמודו ורבינו יצחק מפרש דהאי מסכת כלה היינו דרשות הסדורות מהלכות החג כדאמרינן בלא יחפור (ב"ב כב.) רב נחמן בר יצחק ריש כלה הוה וקאמר איזהו ת"ח שראוי למנותו על הציבור באתריה כדאמר בסמוך במסכתי' באתריה כגון שיודע להשיב בכל מקום שישאלוהו באותה מסכת אפי' במס' כלה שרגילין בה ראוי למנותו בעירו אבל בעיר מהכי אין ראוי למנותו והא דהוצרך לחזור ולהשמיענו בסמוך אי במסכתיה באתריה אע"ג דכבר השמיענו כאן לפי שרוצה לחלק בין מסכת לכוליה הש"ס ° והשתא הוי דהכא כי ההוא דקידושין (דף מט:): הא בלבושא הא בגלימא. הא דר' ינאי בגלימא כדמשמע בפ' כל היד (נדה דף כ.) גבי שחור כחרת ור' יוחנן אמר אלו כלים האולירין הבאין ממדינת הים למימרא דאוכמי נינהו והאמר ר' ינאי כו' לא קשיא הא בגלימא הא בפתורי דר' ינאי בגלימא דהיא סומקי דשחורים לא הוו כדמסיק הכא אבל פתורי הוו אוכמי ולבושא חיורי: חלבי שבת קריבין ביוה"כ. אומר ר"י דכל היכא דקתני תרי שבי דהוו בהדי הדדי אתיא כאחרים דאמרי אין בין עצרת לעצרת אלא ד' ימים בלבד והכי מפרש הש"ס בפ' בתרא דסוכה (דף נד:):

מסורת הש"ס

א) לקמן קיט. [יומא כג:], ב) כרכות מג: ע"ש, ג) [עירובין נט. מגילה כח.], ד) [עי' יומא עז.], ה) מקוואות פ"ט משנה ה' ו', ו) [שם במשנה], ז) תענית י:, ח) קידושין מט:, ט) יומא עב:, י) נדה כ:, כ) [נ"ל בשבת וכ"א בסמוך לקמן במילתיה דרבי עקיבא ומוי"ט העתיק ת"ר עולת שבת לימד וכו'], ל) [פסחים מח. ביצה יט. כ: סנהדרין לו.], מ) [עי' תוס' לעיל כד: ופסחים נט: ד"ה ולא], נ) [כרי"ף פי' דס יבש וכתב הר"ן שהוא מלשון ריבדא דכוסילתא מ"ק כח. ועי' בערוך ערך רבב], ס) [ר"ה יז.], ע) [שייך לעיל במשנה קיג.].

הגהות הב"ח

(א) גמ' בטלאי על גבי טלאי. וה"מ בפנתא אבל בגילדא לית לן בה ואמר ר' חייא: (ב) רש"י ד"ה חוצץ וכו' לענין טבילה היכא דקפיד: (ג) ד"ה תנן התם וכו' ונקט לה הכא משום: (ד) תום' ד"ה ואפילו וכו' שאני תלמיד חכם אין:

רב נסים גאון

גנאי הוא לתלמידי חכמים שיצאו במנעלים המטולאים. במס' ברכות בפרק כיצד מברכין על הפירות (דף מג) תנו רבנן ששה דברים גנאי לתלמיד חכם אל יצא כשהוא מבושם לשוק ואל יצא יחידי בלילה ואל יצא במנעלים המטולאים בשוק [וכו']: תנן התם על המרדעת חוצץ. עיקר זאת המשנה בפרק ט' ממס' מקוואות אלו חוצצין בכלים הזפת והמור כו' ועל המרדעת רבן שמעון בן גמליאל אומר עד

עין משפט נר מצוה

כה א ב מיי' פ"ה מהל' דעות הלכה ט ופ"ה מהלכות יסודי התורה הלכה יא:
כו ג מיי' פ"ג מהלכות מקוואות הלכה ד סמג עשין רמח:
כז ד מיי' שם הלכה ג:
כח ה טוש"ע חו"מ סי' רסב סעיף כא:
כט ו שו"ע או"ח סימן קלו בהג"ה:
ל ז טוש"ע יו"ד סימן שנג סעיף א ב:
לא ח מיי' פ"א מהל' תמידין ומוספין הלכה ז סמג עשין קפ:
לב ט מיי' פ"א מהלכות חגיגה הלכה ח י:

גליון הש"ס

תוס' ד"ה ואפילו וכו' והשתא הוי דהכא כי ההוא דקידושין. ועי' תשב"ץ ח"א סימן לג:

תורה אור השלם

א) וּפָשַׁט אֶת בְּגָדָיו וְלָבַשׁ בְּגָדִים אֲחֵרִים וְהוֹצִיא אֶת הַדֶּשֶׁן אֶל מִחוּץ לַמַּחֲנֶה אֶל מָקוֹם טָהוֹר: [ויקרא ו, ד]

ב) וְחֹטְאִי חֹמֵס נַפְשׁוֹ כָּל מְשַׂנְאַי אָהֲבוּ מָוֶת: [משלי ח, לו]

ג) וַיֹּאמֶר יְיָ כַּאֲשֶׁר הָלַךְ עַבְדִּי יְשַׁעְיָהוּ עָרוֹם וְיָחֵף שָׁלֹשׁ שָׁנִים אוֹת וּמוֹפֵת עַל מִצְרַיִם וְעַל כּוּשׁ: [ישעיה כ, ג]

ד) עֹלַת שַׁבַּת בְּשַׁבַּתּוֹ עַל עֹלַת הַתָּמִיד וְנִסְכָּהּ: [במדבר כח, י]

רבינו חננאל

לאשווי גומות. אדם אחד מקפל כלים מלילי שבת לשבת ובשבת מצפרא לפניא ולשבת אחרת אבל שנים אין מקפלין כלי אחד דהוה ליה כמעשה אומן ואחד נמי אינו מקפל אלא כלים חדשים אבל ישנים לא דקיפולן מחזירן כחדשים ונמצאת כי היא מלאכה וצבועים נמי פאכה (צבועים) [ציבעיה] בדלא מקפלן משום הכי כמלאכה היא חשוב וכי אמרינן שמקפל אדם מתחלת יום שבת לסופו בשאין לו בגדים אחרים להחליף אבל יש לו להחליף אינו מקפל: דיבור שאסור בשבת מפורש בפרק שואל אדם מחבירו ודרי' זירא אמר רב ואמרינן לה א"ר אבא אמר רב הונא אידחיא לה מדרבא והיכא דלא ניחא ליה לאקופי דלא ניחא ליה לאפרושי הילוכא ולא ניחא ליה למיעבר במיא דלא ליתוסי מאניה ואתי לידי סחיטה קפיץ ליה לאמת המים ושרי אוקימנא שלא יהא הילוכו של שבת כהילוכו של חול אלא כדי [שיניח] ראשונה קודם שתיעקר שניה ולא היו מנהגו שיהיו פסיעותיו גסות בשבת. פי' רבב כגון קירא והילקוסתא הנודע בבבל חלב תלפוג וזפת וכיוצא בהם: ת"ח שנמצא רבב

ליקוטי רש"י

would then **be like a mourner amongst bridegrooms.**[32] אֶלָּא בְּכֵלִים הָאוּלְיָירִין הַבָּאִין מִמְּדִינַת הַיָּם – **Rather,** bury me **in the garments of bathhouse attendants that come from abroad."** אַלְמָא סוּמָקֵי נִינְהוּ – **Thus,** we see that [these garments] **are colored.**[33] – ? –

The Gemara answers:

לֹא קַשְׁיָא – There is **no difficulty.** הָא בִּגְלִימֵי – **This** directive of R' Yannai refers **to cloaks,** which are colored, הָא בִּלְבוּשֵׁי – whereas **this** statement of R' Shimon ben Lakish refers **to** other **garments,** which are white.[34]

The Mishnah stated:

רַבִּי יִשְׁמָעֵאל אוֹמֵר מְקַפְּלִין כו׳ – R' YISHMAEL SAYS: WE MAY FOLD **etc.** [. . . and fats of the Sabbath sacrifices may be offered on Yom Kippur. R' Akiva says: Neither those of the Sabbath may be offered on Yom Kippur, nor may those of Yom Kippur be offered on the Sabbath.]

R' Yishmael and R' Akiva disagree as to whether the fats of a Sabbath sacrifice may be offered on Yom Kippur.[35] The Gemara cites a Baraisa in which R' Yishmael and R' Akiva derive their respective positions from Scripture:

תָּנוּ רַבָּנָן – **The Rabbis taught in a Baraisa:** "עֹלַת שַׁבָּת בְּשַׁבַּתּוֹ" – The verse states:[36] *THE OLAH OFFERING OF EACH SABBATH ON ITS OWN SABBATH.*[37] לִימֵּד עַל חֶלְבֵי שַׁבָּת שֶׁקְּרֵיבִין בְּיוֹם הַכִּפּוּרִים – THIS TEACHES REGARDING THE FATS OF THE SABBATH offering THAT THEY MAY BE OFFERED upon the Altar ON YOM KIPPUR.[38] I.e. if Yom Kippur falls on Sunday, it is permitted to offer upon the Altar the leftover fats of the Sabbath offerings.[39]

יָכוֹל אַף שֶׁל יוֹם הַכִּפּוּרִים בְּשַׁבָּת – Now once the permissibility of offering the fats of a Sabbath offering on Yom Kippur has been established, IT MIGHT have been thought that EVEN the fats OF a YOM KIPPUR offering would be permitted to be offered ON THE SABBATH.[40] תַּלְמוּד לוֹמַר – [THE TORAH] therefore STATES: "בְּשַׁבַּתּוֹ" – *ON ITS OWN SABBATH.* This aspect of the verse is exclusionary, and teaches that it is prohibited to offer upon the Altar the leftover fats of the Yom Kippur offerings on the Sabbath. דִּבְרֵי רַבִּי יִשְׁמָעֵאל – These are THE WORDS OF R' YISHMAEL. רַבִּי עֲקִיבָא אוֹמֵר – R' AKIVA SAYS: "עֹלַת שַׁבָּת בְּשַׁבַּתּוֹ" – The verse states: *THE OLAH OFFERING OF EACH SABBATH ON ITS OWN SABBATH.*[41] לִימֵּד עַל חֶלְבֵי שַׁבָּת שֶׁקְּרֵבִים בְּיוֹם טוֹב – THIS TEACHES REGARDING THE FATS OF A SABBATH offering THAT THEY MAY BE OFFERED UPON A FESTIVAL DAY.[42] I.e. if a festival falls on Sunday, it is permitted to offer on it (i.e. Saturday night) the leftover fats of the Sabbath offerings. יָכוֹל אַף בְּיוֹם הַכִּפּוּרִים – Having established this possibility, IT MIGHT have been thought that the fats of the Sabbath offerings may EVEN be offered ON YOM KIPPUR. תַּלְמוּד לוֹמַר "בְּשַׁבַּתּוֹ" – THE VERSE THEREFORE STATES: *ON ITS OWN SABBATH.* This aspect of the verse is exclusionary, and teaches that it is prohibited to offer the fats of a Sabbath sacrifice on Yom Kippur.

The Gemara explains why R' Yishmael and R' Akiva adopted their respective interpretations of this verse:

כְּשֶׁתִּמְצָא לוֹמַר – **Upon** careful **analysis** you will **conclude** לְדִבְרֵי רַבִּי יִשְׁמָעֵאל – that **according to the opinion of R' Yishmael,** נְדָרִים וּנְדָבוֹת קְרֵבִין בְּיוֹם טוֹב – **vowed offerings and donated offerings may be offered on a festival day.**[43]

NOTES

32. *Rashi* (here and to *Niddah* 20a ד״ה שמא) explains: Perhaps I will merit to sit in Gan Eden, where the righteous are garbed in white. [In that case I would feel out of place dressed in black, like a mourner among bridegrooms.] On the other hand, perhaps I will not possess sufficient merit and I will sit among those tortured in Gehinnom, whose faces are as black as the bottom of a cooking pot. [Then, too, if I am dressed in white, I will feel out of place. Dress me, therefore, in a neutral color.]

[Gan Eden and Gehinnom are the terms used by the Sages to refer to the world into which disembodied souls pass immediately upon death. It is therefore not clear why R' Yannai was concerned about the clothes in which his *body* would be dressed. *Ravaad,* however (*Hil. Teshuvah* 8:2), interprets this Gemara as referring to the period of the Resurrection of the Dead, when, as the Gemara in *Sanhedrin* 90b relates, the dead will arise clad in their garments. *Ravaad* apparently subscribes to the view, not held by all Rishonim (see Appendix to Schottenstein ed. of Sanhedrin vol. III – Who Will Be Resurrected), that the wicked, too, will arise (to receive their punishment). See also *Perishah, Yoreh Deah* 352:2 and *Maharatz Chayes* here.]

[See *Toras HaAdam* (Rabbi C.D. Chavel ed., p. 85) who cites *Rabbeinu Yitzchak ibn Gei'as* as adducing this Gemara (and other sources) as proof that it was the custom in Talmudic times for mourners to wear black and bridegrooms to wear white.]

33. Literally: red. See *Meiri.*

[R' Yannai's burial instructions notwithstanding, our custom is to use white burial shrouds. This practice is based on Talmudical Sages other than R' Yannai who instructed that they be buried in white shrouds – see *Yerushalmi Kilayim* 9:3; *Toras HaAdam* (Rabbi C.D. Chavel ed., p. 95).]

34. [Where cloaks (i.e. outer garments) were made from this imported material, the material was dyed. For the manufacture of other garments, the material was left white.]

35. See above, 113a note 30.

36. *Numbers* 28:10.

37. The underlying premise of this Baraisa, shared by both R' Yishmael and R' Akiva, is that this Scriptural phrase is of a dual nature, i.e. it serves to include one thing and exclude another. The phrase is inclusionary because of its apparent redundancy. After the Torah specified the requirements of the Sabbath offering in the previous verse (*Numbers* 28:9), there would seem to be no reason for the Torah to add: *the olah offering of each Sabbath on its own Sabbath.* By doing so, the Torah teaches that the *olah* offering of the Sabbath [i.e. the fats of the Sabbath afternoon *tamid* offering not yet consumed on the Altar by the conclusion of the Sabbath] may be offered on another day designated as the Sabbath. [It cannot mean that the leftover fats of the Sabbath offering may be offered upon the Altar on the *following* Sabbath, for by then they have become *nossar* and are totally unfit for the Altar (*Ritva MHK* ed.).]

However, the word בְּשַׁבַּתּוֹ, *on its own Sabbath,* serves also as an exclusion on account of its possessive suffix ו, *on "its own" Sabbath.* The exclusionary connotation teaches that an offering must be offered only on its own Sabbath; the process of offering it upon the Altar may not extend to another day designated as "the Sabbath." The Baraisa will now present the differing viewpoints of R' Yishmael and R' Akiva as to how this inclusion and exclusion should be interpreted (see *Rashi; Ritva MHK* ed.).

38. This teaching is derived from the inclusionary facet of this phrase (see previous note). It teaches that the fats of the Sabbath offering may be burned upon the Altar on Yom Kippur, a day which is also Biblically designated as "Sabbath" – see *Leviticus* 23:32 (see *Ritva*).

39. The fats are offered on the night of Yom Kippur (i.e. Saturday night) (*Rashi*). [On the day of Yom Kippur, however, the fats will have become *nossar,* and are disqualified for offering.]

40. I.e. if Yom Kippur falls on a Friday and there are leftover fats of the Yom Kippur sacrifices, it might be thought that they may be offered on the Altar on the Sabbath (Friday night).

41. R' Akiva refers here to the inclusionary aspect of this verse; see above, note 37.

42. R' Akiva maintains that the inclusionary aspect of this verse should be interpreted as teaching that the leftover fats of the Sabbath sacrifice may be offered on Yom Tov. Thus, the verse *the olah offering of the Sabbath on the Sabbath* is taken to mean that the leftover fats of the Sabbath sacrifice may be offered on Yom Tov, a day which is also Biblically designated as the Sabbath [see *Leviticus* 23:15,39] (see *Ritva MHK* ed.; *Tos. Yom Tov* to *Beitzah* 1:1).

43. There is a Talmudic dispute (*Beitzah* 19a) as to whether individuals may offer voluntary vowed and donated sacrifices on Yom Tov. The Gemara explains that R' Yishmael and R' Akiva's disagreement in

מניין לשנוי בגדים מן התורה שנא' ופשט את בגדיו ולבש בגדים אחרים ותנא דבי רבי ישמעאל לימדך תורה דרך ארץ בגדים שבישל בהן קדירה לרבו אל ימזוג בהן כוס לרבו אמר רבי חייא בר אבא אמר רבי יוחנן גנאי הוא לת"ח שיצא במנעלים המטולאים לשוק והא רבי אחא בר חנינא נפיק אמר רבי אחא בריה דרב נחמן בטלאי על גב טלאי ואמר רבי חייא בר אבא אמר ר' יוחנן כל תלמיד חכם שנמצא רבב על בגדו חייב מיתה שנאמר כל משנאי אהבו מות אל תקרי משנאי אלא משניאי רבינא אמר רבד איתמר ולא פליגי הא בגלימא הא בלבושא ואמר רבי חייא בר אבא אמר ר' יוחנן מאי דכתיב כאשר הלך עבדי ישעיהו ערום ויחף ערום בבגדים בלואים ויחף במנעלים המטולאים תנן התם רבב על המרדע חוצץ רשב"ג אומר עד כאיסר האיטלקי ועל הבגדים מצד אחד אינו חוצץ משני צדדין חוצץ רבי יהודה אומר משום רבי ישמעאל אף מצד אחד חוצץ בעא מיניה רבי שמעון בן לקיש מר' חנינא מרדעת מצד אחד או משני צדדין אמר ליה זו לא שמעתי כיוצא בה שמעתי דתנן רבי יוסי אומר של בנאין מצד אחד ושל בור משני צדדין ולא תהא מרדעת חשובה מבגדו של עם הארץ מאי בנאין אמר רבי יוחנן אלו תלמידי חכמים שעוסקין בבנינו של עולם כל ימיהן ואמר רבי יוחנן איזהו תלמיד חכם שמחזירין לו אבידה בטביעות העין זה המקפיד על חלוקו להופכו ואמר רבי יוחנן איזהו ת"ח שממנין אותו פרנס על הציבור זה ששואלין אותו דבר הלכה בכל מקום ואומר ואפי' במסכת כלה ואמר רבי יוחנן איזהו ת"ח שבני עירו מצווין לעשות לו מלאכתו זה שמניח חפצו ועוסק בחפצי שמים והנ"מ למיטרח בריפתיה ואמר רבי יוחנן איזהו תלמיד חכם כל ששואלין אותו הלכה בכל מקום ואומרה למאי נפקא מינה למנוייה פרנס על הציבור אי בחדא מסכתא באתריה אי בכוליה תנויה בריש מתיבתא ר' שמעון בן לקיש אמר אלו כלים האולייריין הבאין ממדינת הים למימרא דחיורי נינהו והאמר להו רבי ינאי לבניו בני אל תקברוני לא בכלים לבנים ולא בכלים שחורים לבנים שמא לא אזכה ואהיה כחתן בין אבלים שחורים שמא אזכה ואהיה כאבל בין חתנים אלא בכלים האולייריין הבאין ממדינת הים אלמא סומקי נינהו לא קשיא הא בגלימי הא בלבושי: ר' ישמעאל אומר מקפלין כו': ת"ר עולת שבת בשבתו לימד על חלבי שבת שקריבין ביום הכיפורים יכול אף של יוה"כ בשבת ת"ל בשבתו דברי רבי ישמעאל ר' עקיבא אומר עולת שבת בשבתו לימד על חלבי שבת שקרבים ביו"ט יכול אף ביוה"כ ת"ל בשבתו כשתמצא לומר לדברי רבי ישמעאל נדרים ונדבות קריבין ביו"ט וכי איצטריך קרא ליוה"כ לדברי ר"ע נדרים ונדבות אין קרבין ביו"ט וכי איצטריך קרא למישרא בי"ט אמר ר' זירא כי

רש"י

מניין לשינוי בגדים. שהוא דרך כבוד לפני המקום: **ולבש בגדים אחרים.** והוצאת הדשן הזקיקו הכתוב ללבוש בגדים פחותים בשעת הוצאת הדשן שאינה עבודה חשובה כדי שלא ימאסו בגדיו החשובים שעובד בהן עבודת אכילה ושתיה כגון קיטור וניסוך: **ותנא דבי ר' ישמעאל.** בדרשא דהאי קרא: **בגדים שבישל בהם קדירה לרבו.** דומיא דהוצאת הדשן: **אל ימזוג בהם כוס לרבו.** לפיכך החקיק ללבוש בגדים פחותים: **רבב.** שומן וחלב: **חייב מיתה.** שצריך להיות חשוב והגון לכבוד תורתו: **משניאי.** שממאסין עצמן בעיני הבריות והבריות אומרים אוי להם ללומדי התורה שהם מאוסים ומגונים נמצא זה משניא את התורה: **רבד איתמר.** שכבת זרע לשון מרבדים רבדתי ערשי (משלי ז) ריפדתי וקישטתי בבשמים מינים המכניסים תאוה ומזקיק לי: **בגלימא.** שהוא עליון אפי' רבב: **בלבושא.** שהוא תחתון רבד אין רבב לא: **על המרדעת.** של חמור: **חוצץ.** כל דבר חוצץ לענין טבילה (ג) דקפיד עליה וכל חציצה שמקפיד עליו חוצצת: **תנן התם.** במסכת מקוואות ונקט לה (ג) משום דבעי למימר של בנאים כו' לומר שדרך תלמיד חכם מקפיד על לבושיו: **משני צדדין.** שהיה בו הרבה עד שנבלע בבגד ונראה לצד שני: **מרדעת מצד אחד או מב' צדדין.** לר' ישמעאל דאמר בבגד מצד אחד מרדעת מאי אמר בה: **ר' יוסי אומר של בנאים.** פליג אדר' יהודה ואמר לר' ישמעאל בגד של בנאים דהיינו תלמידי חכמים שמקפידין על לבושיהן מצד אחד ושל בור מב' צדדין: **שמחזירים לו אבדה בטביעות עין.** כיון שאמר אני מכירה אע"פ שאינו נותן בה סימן כדאמר באלו מציאות (ב"מ כג:): **המקפיד על חלוקו להופכו.** לובשו כשהוא הפוך מקפיד עליו והופכו שלא יראו התפירות המגונות ואימרי החלוק: **בכל מקום.** בכל הש"ס ואפי' במסכת כלה דלא רגילי בה אינשי וזה נתן לבו וגרסה. מסכת כלה ברייתא היא כלה בלא ברכה אסורה לבעלה כנדה: **ת"ח שבני עירו מצווין לעשות מלאכתו.** כדאמר בפרק ז' דיומא (דף עב:) כתוב א' אומר ועשית לך ארון עץ וכתוב אחד אומר ועשו ארון עצי שטים וגו': **למיטרח בריפתיה.** דבר שאינו יכול לטרוח בו וחייו תלויין בו: **אם יודע להשיב** במסכת שהוא עוסק בה ממנים אותו פרנס באתריה: **ואם בכולי תנויה.** דקאי בהא מסכת ומהדר במסכת אחריתי: **אלו כלים האולייריין.** הא דתנן בנאין מצד אחד היינו כלים של אולייריין בלנים שיש להם אלונטיאות חשובות להתעטף בהם בני אדם חשובים בצאתם מן המרחץ ומקפידים על טינוף מעט ובנאים לשון בי בני (לעיל דף לג:): **למימרא דחיורי נינהו.** מדמקפידין על רבב שעליהם דאילו סומקי לא מיגנו בטינוף פורתא: **שמא לא אזכה.** ואשב בין אותן שדונין בגיהנם שדומין לשולי קדירה: **גלימי.** סומקי: **חלבי שבת.** כגון אברי תמיד של בין הערבים קריבים במוצאי שבת והוא יום הכפורים: **עולת שבת בשבתו.** משמע למידרש בלא וי"ו ומשמע דעולת שבת קריבה בשבת אחרת לימד על חלבי שבת כו': **יכול אף של יוה"כ בשבת ת"ל בשבתו.** וי"ו מיעוטו הוא בשבתו ולא בשבת אחרת: **שקריבים בי"ט.** שחל להיות במוצאי שבת: **נדרים ונדבות.** פלוגתא היא במסכת ביצה (דף יט.) ור' ישמעאל סבירא ליה כמאן דאמר קריבין הלכך כיון דנדרים ונדבות שיכול להמתין ולשחטן בחול ולהקריבן נשחטים ונקרבין ביום טוב קל וחומר בחלבי שבת שנשחטו כדרכן בזמנן וניתותרו הלכך לא איצטריך קרא עולת שבת בשבתו אלא ליום הכפורים:

תוספות

ואפילו במסכת כלה. פי' בקונט' דלא רגילי בה אינשי והוא נתן לבו לגורסה ובקדושין פי' לגריעותא בפרק האיש מקדש (דף מט:) גבי ע"מ שאני תלמיד (ד) אין אומרים כשמעון בן עזאי וכשמעון בן זומא אלא כל ששואלין אותו דבר הלכה ואפי' במסכת כלה ופי' בקונטרס אפי' במס' כלה שהיא קלה ונראה דהכא משמע (ואומר) דנקט ליה משום חשיבות שיודע אפי' במסכת כלה דלא רגילי בה אינשי ראוי למנותו פרנס אבל התם קתני דבר אחד מתלמודו משמע אפי' לא למד אלא מסכת כלה ואמר הימנה דבר אחד הרי זה חכם ומיהו בפירוש רש"י דקידושין וכן בפי' רבינו חננאל אין כתוב בהן דבר אחד מתלמודו ורבינו יצחק מפרש דהאי מסכת כלה היינו דרשות הסדורות מהלכות החג כדאמרינן בלא יחפור (ב"ב כב.) רב נחמן בר יצחק ריש כלה הוה וקאמר איזהו ת"ח שראוי למנותו על הציבור באתריה כדאמר בסמוך במסכתי' באתריה כגון שיודע להשיב בכל מקום שישאלוהו באותה מסכת אפי' במס' כלה שרגילין בה ראוי למנותו בעירו אבל בכיר מהכי אין ראוי למנותו והא דהוצרך לחזור ולהשמיענו בסמוך אי במסכתיה באתריה אע"ג דכבר השמיענו כאן לפי שרוצה לחלק בין מסכת לכוליה הש"ס ° והשתא הוי דהכא כי ההוא דקידושין (דף מט:):

הא בלבושא הא בגלימא. הא דר' ינאי בגלימא כדמשמע בפ' כל היד (נדה דף כ.) גבי שחור כחרת ור' יוחנן אמר אלו כלים האולייריין הבאין ממדינת הים למימרא דאוכמי נינהו והאמר ר' ינאי כו' לא קשיא הא בגלימא הא בפתורי דר' ינאי בגלימא דהיא סומקי דשחורים לא הוו כדמסיק הכא אבל פתורי הוו אוכמי ולבושא חיורי: **חלבי** שבת קריבין ביוה"כ. אומר ר"י דכל היכא דקתני תרי שבי דהוו בהדי הדדי אתיא כאחרים דאמרי אין בין עצרת לעצרת אלא ד' ימים בלבד והכי מפרש הש"ס בפ' בתרא דסוכה (דף נד:):

כה א ב מיי' פ"ה מהל' דעות הלכה ט ופ"ה מהלכות יסודי התורה הלכה יא:
כו ג מיי' פ"ג מהלכות מקוואות הלכה ד סמג עשין רמח:
כז ד מיי' שם הלכה ג:
כח ה טוש"ע חו"מ סי' רסב סעיף כא:
כט ו טוש"ע חו"מ סימן קנו סעיף ג:
ל ז טוש"ע יו"ד סימן שנב סעיף ב:
לא ח מיי' פ"א מהל' תמידין ומוספין הלכה ג:
לב ט מיי' פ"א מהלכות חגיגה הלכה ח י:

גליון הש"ס

תוס' ד"ה ואפילו וכו' והשתא הוי דהכא כי ההוא דקידושין. ועי' תשב"ץ ח"א סימן נג:

תורה אור השלם

א) וּפָשַׁט אֶת בְּגָדָיו וְלָבַשׁ בְּגָדִים אֲחֵרִים וְהוֹצִיא אֶת הַדֶּשֶׁן אֶל מִחוּץ לַמַּחֲנֶה אֶל מָקוֹם טָהוֹר: [ויקרא ו, ד]
ב) וְחֹטְאִי חֹמֵס נַפְשׁוֹ כָּל מְשַׂנְאַי אָהֲבוּ מָוֶת: [משלי ח, לו]
ג) וַיֹּאמֶר יְיָ כַּאֲשֶׁר הָלַךְ עַבְדִּי יְשַׁעְיָהוּ עָרוֹם וְיָחֵף שָׁלֹשׁ שָׁנִים אוֹת וּמוֹפֵת עַל מִצְרַיִם וְעַל כּוּשׁ: [ישעיה כ, ג]
ד) עֹלַת שַׁבַּת בְּשַׁבַּתּוֹ עַל עֹלַת הַתָּמִיד וְנִסְכָּהּ: [במדבר כח, י]

רבינו חננאל

לאשוויי גומות. אדם אחד מקפל כלים מלילי שבת לשבת ובשבת מצפרא לפניא ולשבת אחרת אבל שנים אין מקפלין כלי אחד דהוה ליה כמעשה אומן ואחד נמי אינו מקפל אלא כלים חדשים אבל ישנים לא דקיפולן מחזירן כחדשים ונמצאת כי היא מלאכה וצבעונים נמי...

מסורת הש"ס

א) לקמן קיט. [יומא כג.], ב) ברכות מג: ע"ש, ג) [עירובין נג. מגילה כח.], ד) [ער' יומא עז.], ה) מקוואות פ"ט משנה ה' ו', ו) [שם במשנה], ז) תענית י., ח) קידושין מט:, ט) יומא עב:, י) נדה כ:...

הגהות הב"ח

(א) גמ' בטלאי על גבי טלאי. וה"מ במנעל אבל בגלגלא לית לן בה ואמר ר' חייא: (ב) רש"י ד"ה חוצץ וכו' לענין טבילה היכא דקפיד: (ג) ד"ה תנן התם וכו' ונקט לה הכא משום: (ד) תוס' ד"ה ואפילו וכו' שאני תלמיד חכם אין:

רב נסים גאון

גנאי הוא לתלמידי חכמים שיצאו במנעלים המטולאים. במס' ברכות בפרק כיצד מברכין על הפירות (דף מג) תנו רבנן ששה דברים גנאי לתלמיד חכם אל יצא כשהוא מבושם לשוק ואל יצא יחידי בלילה ואל יצא במנעלים המטולאים בשוק [וכו']: **תנן** התם על המרדעת חוצץ. עיקר זאת המשנה בפרק ט' ממס' מקוואות אלו חוצצין בכלים ... המרדעת חוצץ רבן שמעון בן גמליאל אומר עד

And if these offerings, which can be slaughtered and offered after the festival, may be slaughtered and offered on the festival, then it is surely permissible for fats that were leftover from sacrifices slaughtered in their prescribed time on the Sabbath to be offered on the festival. Thus, no verse is necessary to teach that the leftover fats of Sabbath sacrifices may be offered on the festival. וְכִי אִיצְטְרִיךְ קְרָא לְיוֹם הַכִּפּוּרִים – **Thus, in regard to what is the verse necessary? In regard to** permitting the offering of fats of a Sabbath sacrifice which were left over until **Yom Kippur.** לְדִבְרֵי רַבִּי עֲקִיבָא – But **according to the opinion of R' Akiva,** נְדָרִים וּנְדָבוֹת אֵין קְרֵבִין בְּיוֹם טוֹב – **vowed offerings and donated offerings may not be offered on a festival** day. Thus, it might have been thought that just as it is forbidden to offer these offerings on the festivals, it is likewise forbidden to offer on the festivals the fats of a Sabbath offering. וְכִי אִיצְטְרִיךְ קְרָא – **Thus, in regard to what is the verse necessary?** לְמִישְׁרָא בְּיוֹם טוֹב – It is necessary **to permit** the offering on **the festival** of fats from a Sabbath sacrifice. And since the verse is needed to teach us that permissibility, there remains no Scriptural basis to permit the offering of fats from a Sabbath sacrifice on Yom Kippur (which is more stringent than Yom Tov).

Further discussion on the subject of offering the leftover fats of a Sabbath sacrifice on Yom Kippur:

אָמַר רַבִּי זֵירָא – **R' Zeira said:**

NOTES

interpreting the previously cited verse is predicated on their views regarding the permissibility of offering voluntary vowed and donated offerings on Yamim Tovim. R' Yishmael holds that voluntary sacrifices, although there is no reason why the owner cannot wait to slaughter and offer them after Yom Tov, may nevertheless be slaughtered and offered on Yom Tov.

ואפילו במסכת כלה. פי' בקונט' דלא רגילי בה אינשי והוא נתן לבו לגורסה ובקדושין פי' לגריעותא בפרק האיש מקדש (דף מט:) גבי ע"מ שאני תלמיד (ד) אין אומרים כשמעון בן עזאי וכשמעון בן זומא אלא כל ששואלין אותו דבר הלכה ואפי' במסכת כלה ופי' בקונטרס אפי' במס' כלה שהיא קלה ונראה דהכא משמע (ואומר) דנקט ליה משום חשיבות שיודע אפי' במסכת כלה דלא רגילי בה אינשי ראוי למנותו פרנס אבל התם קתני דבר אחד מתלמודו משמע אפי' לא למד אלא מסכת כלה ואמר הימנה דבר אחד הרי זה חכם ומיהו בפירוש רש"י דקידושין וכן בפי' רבינו חננאל אין כתוב בהן דבר אחד מתלמודו ורבינו יצחק מפרש דהאי מסכת כלה היינו דרשות הסדורות מהלכות החג כדאמרינן בלא יחפור (ב"ב כב.) רב נחמן בר יצחק ריש כלה הוה וקאמר איזהו ת"ח שראוי למנותו על הציבור באתריה כדאמר בסמוך במסכתי' באתריה כגון שיודע להשיב בכל מקום שישאלוהו באותה מסכת אפי' במס' כלה שרגילין בה ראוי למנותו בעירו אבל בכיר מהכי אין ראוי למנותו והא דהוצרך לחזור ולהשמיענו בסמוך אי במסכתיה באתריה אע"ג דכבר השמיענו כאן לפי שרוצה לחלק בין מסכת לכוליה הש"ס ° והשתא הוי דהכא כי ההוא דקידושין (דף מט:):

הא בלבושא הא בגלימא. הא דר' ינאי בגלימא כדמשמע בפ' כל היד (נדה דף כ.) גבי שחור כחרת ור' יוחנן אמר אלו כלים האולירין הבאין ממדינת הים למימרא דאוכמי נינהו והאמר ר' ינאי כו' לא קשיא הא בגלימא הא בפתורי דר' ינאי בגלימא דהיא סומקי דשחורים לא הוו כדמסיק הכא אבל פתורי הוו אוכמי ולבושא חיורי:

חלבי שבת קריבין ביוה"כ. אומר ר"י דכל היכא דקתני תרי שבי דהוו בהדי הדדי אתיא כאחרים דאמרי אין בין עצרת לעצרת אלא ד' ימים בלבד והכי מפרש הש"ס בפ' בתרא דסוכה (דף נד:):

מניין לשנוי בגדים מן התורה שנא' ופשט את בגדיו ולבש בגדים אחרים ותנא דבי רבי ישמעאל לימדך תורה דרך ארץ בגדים שבישל בהן קדירה לרבו אל ימזוג בהן כוס לרבו אמר רבי חייא בר אבא אמר רבי יוחנן גנאי הוא לת"ח שיצא במנעלים המטולאים לשוק והא רבי אחא בר חנינא נפיק אמר רבי אחא בריה דרב נחמן בטלאי על גב טלאי ואמר רבי חייא בר אבא אמר ר' יוחנן כל תלמיד חכם שנמצא רבב על בגדו חייב מיתה שנאמר כל משנאי אהבו מות אל תקרי משנאי אלא משניאי רבינא אמר רבד איתמר ולא פליגי הא בגלימא הא בלבושא ואמר רבי חייא בר אבא אמר ר' יוחנן מאי דכתיב כאשר הלך עבדי ישעיהו ערום ויחף ערום בבגדים בלואים ויחף במנעלים המטולאים תנן התם רבב על המרדע חוצץ רשב"ג אומר עד כאיסר האיטלקי ועל הבגדים מצד אחד אינו חוצץ משני צדדין חוצץ רבי יהודה אומר משום רבי ישמעאל אף מצד אחד חוצץ בעא מיניה רבי שמעון בן לקיש מר' חנינא מרדעת מצד אחד או משני צדדין אמר ליה זו לא שמעתי כיוצא בה שמעתי דתנן רבי יוסי אומר של בנאין מצד אחד ושל בור משני צדדין ולא תהא מרדעת חשובה מבגדו של עם הארץ מאי בנאין אמר רבי יוחנן אלו תלמידי חכמים שעוסקין בבנינו של עולם כל ימיהן ואמר רבי יוחנן איזהו תלמיד חכם שמחזירין לו אבידה בטביעות העין זה המקפיד על חלוקו להופכו ואמר רבי יוחנן איזהו ת"ח שממנין אותו פרנס על הציבור זה ששואלין אותו דבר הלכה בכל מקום ואומר ואפי' במסכת כלה ואמר רבי יוחנן איזהו ת"ח שבני עירו מצווין לעשות לו מלאכתו זה שמניח חפצו ועוסק בחפצי שמים והנ"מ למיטרח בריפתיה ואמר רבי יוחנן איזהו תלמיד חכם כל ששואלין אותו הלכה בכל מקום ואומרה למאי נפקא מינה למנוייה פרנס על הציבור אי בחדא מסכתא באתריה אי בכוליה תנויה בריש מתיבתא ר' שמעון ב"ל אמר אלו כלים האולירין הבאין ממדינת הים למימרא דחיורי נינהו והאמר להו רבי ינאי לבניו בני אל תקברוני לא בכלים לבנים ולא בכלים שחורים לבנים שמא לא אזכה ואהיה כחתן בין אבלים שחורים שמא אזכה ואהיה כאבל בין חתנים אלא בכלים האולירין הבאין ממדינת הים אלמא סומקי נינהו לא קשיא הא בגלימי הא בלבושי: ר' ישמעאל אומר מקפלין כו': ת"ר עולת שבת בשבתו לימד על חלבי שבת שקריבין ביום הכיפורים יכול אף של יוה"כ בשבת ת"ל בשבתו דברי רבי ישמעאל ר' עקיבא אומר עולת שבת בשבתו לימד על חלבי שבת שקרבים ביו"ט יכול אף ביוה"כ ת"ל בשבתו כשתמצא לומר לדברי רבי ישמעאל נדרים ונדבות קריבין ביו"ט וכי איצטריך קרא ליוה"כ לדברי ר"ע נדרים ונדבות אין קרבין ביו"ט וכי איצטריך קרא למישרא בי"ט אמר ר' זירא

כי

מניין לשינוי בגדים. שהוא דרך כבוד לפני המקום: **ולבש בגדים אחרים.** והוציא את הדשן הזקיקו הכתוב ללבוש בגדים פחותים בשעת הוצאת הדשן שאינה עבודה חשובה כדי שלא ילכלך בגדיו החשובים שעובד בהן עבודת אכילה ושתיה כגון קיטור וניסוך: **ותנא דבי ר' ישמעאל.** בדרשא דהאי קרא: **בגדים שבישל בהם קדירה לרבו.** דומיא דהוצאת הדשן: **אל ימזוג בהם כוס לרבו.** לפיכך החקק ללבוש בגדים פחותים: **רבב.** שומן וחלב: **חייב מיתה.** שצריך להיות חשוב והגון לכבוד תורתו: **משניאי.** שממאסין עצמן בעיני הבריות והבריות אומרים אוי להם ללומדי התורה שהם מאוסים ומגונים נמצא זה משניא את התורה: **רבד איתמר.** שכבת זרע ° לשון מרבדים רבדתי ערשי (משלי ז) ריפדתיו וקישטתיו בבשמים מינים המכניסים תאוה ותוקק לי: **בגלימא.** שהוא עליון אפי' רבב: **בלבוש.** שהוא תחתון רבד אין רבב לא: **על המרדעת.** של חמור: **חוצץ.** כל דבר חוצץ לענין טבילה (ב) דקפיד עליה וכל אגילה שמקפיד עליו חוצצת: **תנן התם.** במסכת מקוואות ונקט לה (ג) משום דבעי למימר של בנאים כו' לומר שדרך תלמיד חכם מקפיד על לבושיו: **משני צדדין.** שהיה בו הרבה עד שנבלע בבגד ונראה לצד שני: **מרדעת מצד אחד או מב' צדדין.** לר' ישמעאל דאמר בבגד מצד אחד מרדעת מאי אמר בה: **ר' יוסי אומר של בנאים.** פליג אדר' יהודה ואמר לר' ישמעאל בגד של בנאים דהיינו תלמידי חכמים שמקפידין על לבושיהן מצד אחד ושל בור מב' צדדין: **שמחזירים לו אבדה בטביעות עין.** כיון שאמר אני מכירה אע"פ שאינו נותן בה סימן כדאמר באלו מציאות (ב"מ כג:): **המקפיד על חלוקו להופכו.** לובשו כשהוא הפוך מקפיד עליו והופכו שמקפיד עליו שלא יראו התפירות המגונות ואימרי החלוק: **בכל מקום.** בכל הש"ס ואפי' במסכת כלה דלא רגילי בה אינשי וזה נתן לבו וגרסה. מסכת כלה ברייתא היא כלה בלא ברכה אסורה לבעלה כנדה: **ת"ח שבני עירו מצווין לעשות מלאכתו.** כדאמר בפרק ז' דיומא (דף עב:) כתוב א' אומר ועשית לך ארון עץ וכתוב אחד אומר ועשו ארון עצי שטים וגו': **למיטרח בריפתיה.** דבר שאינו יכול לטרוח בו וחייו תלויין בו: **אם יודע להשיב** במסכת שהוא עוסק בה ממנים אותו פרנס באתריה: **ואם בכולי תנויה.** דקאי בהא מסכת ומהדר במסכת אחריתי: **אלו כלים האוליירין.** הא דתנן בנאין מצד אחד היינו כלים של אוליירין בלנים שיש להם אלונטיאות חשובות להתעטף בהם בני אדם חשובים בצאתם מן המרחץ ומקפידים על טינוף מעט ובנאים לשון בי בני (לעיל דף לג:): **למימרא דחיורי נינהו.** מדמקפידין על רבב שעליהם דאילו סומקי לא מיגנו בטינוף פורתא: **שמא לא אזכה.** ואשב בין אותן שדומין בגיהנם שדומין ° לשולי קדירה: **גלימי.** סומקי: **חלבי שבת.** כגון אברי תמיד של בין הערבים קריבים במוצאי שבת והוא יום הכפורים: **עולת שבת בשבתו.** משמע למידרש בלא וי"ו ומשמע דעולת שבת קריבה בשבת אחרת לימד על חלבי שבת כו': **יכול אף של יוה"כ בשבת ת"ל בשבתו.** וי"ו מיעוטו הוא בשבתו ולא בשבת אחרת: **שקריבים בי"ט.** שחל להיות במוצאי שבת: **נדרים ונדבות.** פלוגתא היא במסכת ביצה (דף יט.) ור' ישמעאל סבירא ליה כמאן דאמר קריבין הלכך כיון דנדרים ונדבות שיכול להמתין ולשחטן בחול ולהקריבן נשחטים ונקרבין ביום טוב קל וחומר בחלבי שבת שנשחטו כדרכן בזמנן ונותרו הלכך לא איצטריך קרא עולת שבת בשבתו אלא ליום הכפורים:

כי

מסורת הש"ס

א) לקמן קיט., ב) ברכות מג: ע"ש, ג) [עירובין נג: מגילה כח.], ד) [עי' יומא עז.], ה) מקוואות פ"ט משנה ה' ו', ו) [שם במשנה], ז) תענית י:, ח) קידושין מט:, ט) יומא עב:, י) נדה כ., כ) [נ"ל בשבת וכ"א במוך לקמן במולאתו דרבי עקיבא ותוס' העתיק ת"ר עולת שבת לימד כו'], ל) [פסחים נט. כלה יט. כ.: סנהדרין לז.], מ) [עי' תוס' לעיל כד: ופסחים נט: ד"ה ולא], נ) [כריך פי' דם יבש וכמו ברך שהוא מלשון רבידה דהוצלתה מ"ק כח. ועי' ערוך ערך רבד], ס) [ר"ה יח.], ע) [שייך לעיל במשנה קיג.].

עין משפט נר מצוה

כה א ב מיי' פ"ה מהל' דעות הלכה ט ופ"ט מהלכות יסודי התורה הלכה יא:
כו ג מיי' פ"ג מהלכות מקוואות הלכה ד סמג עשין רמח:
כז ד מיי' שם הלכה כ:
כח ה טוש"ע חו"מ סי' רסב סעיף כא:
כט ו טוש"ע או"ח סימן קלו בהג"ה:
ל ז טוש"ע יו"ד סימן שנ סעיף א ב:
לא ח מיי' פ"א מהל' תמידין ומוספין הלכה ה סמג עשין קפ:
לב ט מיי' פ"א מהלכות חגיגה הלכה ח י:

גליון הש"ס

תוס' ד"ה ואפילו וכו' והשתא הוי דהכא כי ההוא דקידושין. ועי' תשב"ץ ח"א סימן לג:

תורה אור השלם

א) וּפָשַׁט אֶת בְּגָדָיו וְלָבַשׁ בְּגָדִים אֲחֵרִים וְהוֹצִיא אֶת הַדֶּשֶׁן אֶל מִחוּץ לַמַּחֲנֶה אֶל מָקוֹם טָהוֹר: [ויקרא ו, ד]
ב) וְחֹטְאִי חֹמֵס נַפְשׁוֹ כָּל מְשַׂנְאַי אָהֲבוּ מָוֶת: [משלי ח, לו]
ג) וַיֹּאמֶר יְיָ כַּאֲשֶׁר הָלַךְ עַבְדִּי יְשַׁעְיָהוּ עָרוֹם וְיָחֵף שָׁלֹשׁ שָׁנִים אוֹת וּמוֹפֵת עַל מִצְרַיִם וְעַל כּוּשׁ: [ישעיה כ, ג]
ד) עֹלַת שַׁבַּת בְּשַׁבַּתּוֹ עַל עֹלַת הַתָּמִיד וְנִסְכָּהּ: [במדבר כח, י]

הגהות הב"ח

(א) גמ' בטלאי על גבי טלאי. והי"ג בפסקא אבל בגלגלא לית לן בה ואמר ר' חייא: (ב) רש"י ד"ה חוצץ וכו' לענין טבילה היכא דקפיד: (ג) ד"ה תנן התם וכו' הכא משום: (ד) תוס' ד"ה ואפילו וכו' שאני תלמיד חכם אין:

רב נסים גאון

גנאי הוא לתלמידי חכמים שיצאו במנעלים המטולאים. במס' ברכות בפרק כיצד מברכין על הפירות (דף מג) תנו רבנן ששה דברים גנאי לתלמיד חכם אל יצא כשהוא מבושם לשוק ואל יצא יחידי בלילה ואל יצא במנעלים המטולאים בשוק [וכו']. תנן התם על המרדעת חוצץ. עיקר זאת המשנה בפרק ט' ממס' מקוואות אלו חוצצין בכלים והזפת והמור ... המרדעת חוצץ רבן שמעון בן גמליאל אומר עד

רבינו חננאל

לאשווי גומות. אדם אחד מקפל כלים מלילי שבת לשבת ובשבת מצפרא לפניא ולשבת אחרת אבל שנים אין מקפלין כלי אחד דהוה ליה כמעשה אומן ואחד נמי אינו מקפל אלא כלים חדשים אבל ישנים לא דקיפולן מחזירן כחדשים ונמצאת כי היא מלאכה וצבועים נמי ... משום הכי כמלאכה היא חשוב וכי אמרינן שמקפל אדם מתחלת יום שבת לסופו באין לו בגדים אחרים להחליף אבל יש לו להחליף אינו מקפל: דיבור שאסור בשבת מפורש בפרק שואל אדם מחבירו ...

ליקוטי רש"י

ופשט את בגדיו. אין זו חובה אלא דרך ארץ שלא ילכלך בהוצאת הדשן בגדים שהוא משמש בהן תמיד בגדים שבישל בהן קדרה לרבו אל ימזוג בהן כוס לרבו לכך ילבש בגדים פחותים [ויקרא ו, ד]. ...

כי הוינא בבבל הוה אמרי הא דתניא [א] יוה"כ שחל להיות ע"ש לא היו תוקעין ובמוצאי שבת לא היו מבדילין דברי הכל היא כי סליקנא להתם אשכחיתיה ליהודה בריה דרבי שמעון בן פזי דיתיב וקאמר ר' עקיבא היא דאי רבי ישמעאל כיון דאמר חלבי שבת קריבין ביום הכיפורים ליתקע כי היכי דליהוי ידעי דחלבי שבת קריבין ביום הכיפורים ואמינא ליה אנא [ג] כהנים זריזין הן אמר ליה מר קשישא בריה דרב חסדא לרב אשי מי אמרינן כהנים זריזין הן והתנן [ב] שלש להבטיל את העם ממלאכה שלש להבדיל בין קודש לחול [ד] כדאמר אביי לשאר עמא דבירושלים הכא נמי לשאר עמא דבירושלים וליתקע כי היכי דלידעי דשרי בקניבת ירק מן המנחה ולמעלה אמר רב יוסף לפי שאין דוחין שבות להתיר ורב שישא בריה דרב אידי אמר שבות קרובה התירו [ה] שבות רחוקה לא התירו ושבות קרובה התירו [ו] והתנן [ג] יום טוב שחל להיות ערב שבת תוקעין ולא מבדילין מוצאי שבת מבדילין ולא תוקעין ואמאי ליתקע כי היכי דלידעי דשרי בשחיטה לאלתר אלא מחוורתא כדרב יוסף אמר רבי זירא אמר רב הונא ואמרי לה אמר רבי אבא אמר רב הונא [ד] יוה"כ שחל להיות בשבת אסור בקניבת ירק אמר רב מנא תנא (א) מנין ליוה"כ שחל להיות בשבת שאסור בקניבת ירק ת"ל [א] שבתון שבות למאי אילימא למלאכה והכתיב [ב] לא תעשה כל מלאכה אלא לאו אקניבת ירק ש"מ אמר רבי חייא בר אבא אמר רבי יוחנן יוה"כ שחל להיות בשבת מותר בקניבת ירק מיתיבי מנין ליוה"כ שחל להיות בשבת שאסור בקניבת ירק ת"ל שבתון שבות למאי אילימא למלאכה והכתיב לא תעשה כל מלאכה אלא לאו בקניבת ירק לא לעולם למלאכה ולעבור עליה בעשה ול"ת תניא כוותיה [א] דרבי יוחנן יוה"כ שחל להיות בשבת מותר

רש"י

כי הוינא בבבל. כשלמדתי תורה בבבל קודם שעליתי לא"י: **לא היו תוקעין.** שם תקיעות שתוקעין בע"ש להבטיל ולהבדיל משום דיוה"כ קדוש כשבת ואסור בכל מלאכה: **ובמוצ"ש.** אם חל בו יוה"כ: **לא היו מבדילין.** בתפלה המבדיל בין קדש לקדש כמו שמבדילין בי"ט שחל להיות במוצ"ש: **דברי הכל היא.** לא הוה מסיקנא אדעתאי דתיהוי בפלוגתא דרבי ישמעאל ורבי עקיבא דמתני': **רבי עקיבא היא.** דחשיב ליה יוה"כ כשבת הלכך לא בעי למתקע להבדיל בין זה לזה להיכרא דלא תקעינן אלא בין יום קל ליום חמור וכי היכי דבשבת לא תקעי להבדיל כהנים מלהקריב חלבי שבת ביוה"כ ביוה"כ נמי לא תקעינן להבדילן מלהקריב חלבי יוה"כ בשבת: **דאי ר' ישמעאל.** כיון דקיל ליה יוה"כ משבת ליתקע להבטיל מהקריב חלבי יוה"כ בשבת ובתקיעה זו ידעו שהוא יום הקל ולכשיחול יוה"כ במוצאי שבת ולא יתקעו ידעו שמותר להקריב בו חלבי שבת: **זריזים הם.** בקיאים הן בכל ואין צריכין סימן דכתיב בהן יורו משפטיך ליעקב (דברים לג): **והתנן.** במסכת סוכה: **ג' להבטיל כו'.** ומני להו בתקיעות שבמקדש אין פוחתין מכ"א תקיעות במקדש וקס"ד מדקתני להו במקדש להיכרא דכהני' תקעי להו: **כדאמר אביי.** בסדר יומא בפרק ג' גבי נברשת שעשתה הילני המלכה על פתחו של היכל בשעה שהחמה זורחת ניצוצות יוצאות הימנה והכל יודעים שזמן ק"ש הגיע ומותבינן ולמינהו הקורא ק"ש עם אנשי משמר לא יצא אלמא לאו בזמנה קרין ואמר אביי הא סימן דנברשת לשאר עמא שיקראו ק"ש בעונתה: **וליתקע.** בין לר"ע בין לרבי ישמעאל לאודועי דקל הוא משבת דיוה"כ שרי בקניבת ירק תלוש לנתק העלין מן הקלחין כדי להשוותם שיהו מוכנים לחתכן ולפרמן לאמרינן לקמן דשרי משום דהוי עינוי שרוחה ומזומן ואינו אוכל: **קניבה.** כי הסיא דכלל גדול (לעיל עג:) האי מאן דקניב סילקא אלא התם במחובר והכא בתלוש: **לפי שאין דוחין שבות להתיר.** תקיעת שופר שבות הוא וקאמרת דלידחיה להודיע היתר בקניבת ירק אין דוחין שבות להתיר אלא לאסור כגון יו"ט שחל להיות בע"ש תוקעין להבטיל ולהבדיל: **ורב ששת בריה דרב אידי אמר** לעולם דוחין שבות להתיר. אי הוה מיבעי' לן היתרא האידנא אבל השתא דלא מיבעי לן קניבת ירק ביוה"כ שחל להיות בע"ש שהרי בשבת לא יבשלוס ולא תהא תקיעה זו אלא להודיענו היתר בשנה אחרת שיחול יה"כ באמצע שבת לא התירו: **שבות קרובה.** כלומר לחיוב שבות התירו לצורך דבר קרוב ולא לצורך דבר רחוק: **תוקעין.** להבטיל את העם ממלאכה המותרת ביו"ט כגון אוכל נפש ולהבדיל בין הקודש ובין החול: **ולא מבדילין.** בתפלה ועל הכוס דלא תקנו לומר הבדלה אלא ביציאת קודש ובכניסת חול ולא בכניסת קדש וביציאת חול דהתם שייך לקדושי יומא וקדוש יום שמקדשין על היין הוי היכירא דיליה: **מוצאי שבת.** ואם חל יו"ט במוצאי שבת מבדילין בתפלה ועל הכוס המבדיל בין קודש לקודש מפני שהקודש חמור יוצא ונכנס קל: **ולא תוקעין.** מבעוד יום להבטיל ולהבדיל דהא היוצא חמור והיום לא עשו שום מלאכה: **ואמאי.** אי ס"ד דוחין שבות להתיר לצורך דבר קרוב יתקע משחשיכה לידע דשרי בשחיטה לאלתר: **אסור בקניבת ירק.** ולא מבעי בשבת דעלמא דאסור משום שבות דקטרח משבת לחול אלא אפילו האידנא דיש כאן עינוי דהא בשאר יוה"כ ששאר שבות אסור זה מותר השתא דחל בשבת לא שרו רבנן: **אמר רב מנא תנא כו': ת"ל.** בשבת בראשית שבתון שבת קדש ושבתון משמע שבות: **ולמאי.** באיזה קניבה אסר לן קרא: **אילימא במלאכה.** כגון מחובר: **הא כתיב לא תעשה כל מלאכה.** והא תו למה לי: **אלא לאו לקניבת ירק.** בעלמא בתלוש דמידי דלאו מלאכה קאי עליה בעשה דשבתון שבות וכיון דמדאורייתא אסור בכל שבתות השנה הכא לא שרינן ליה משום עגמת נפש למידחי איסור דאורייתא ובשאר יוה"כ שרי לעגמת נפש ואע"ג דכתיב ביה נמי שבתון שבות לאו ממלאכה הוא אלא מכל דבר המעכב מלהתענות מדסמכינן לועניתם הכי דרשינן לה בפרק בתרא דיומא (דף עד.) לרחילה וסיכה ודומין להם: **מותר**

תוספות

ליתקע כי היכי דלידעו דחלבי שבת קריבין ביום הכפורים. הך תקיעה בע"ש קאמר כדפירש בקונטרס אבל יוה"כ שחל באחד בשבת לא תקעי במוצאי שבת להודיע שיוה"כ הוא קל דאדרבה מתוך התקיעה יהא נראה שהוא חמור דכל תקיעות שתוקעין בע"ש או ערב יו"ט תוקעין בכניסת חמור והכי אמר בסמוך י"ט שחל במוצ"ש מבדילין ולא תוקעין ולא תקעי להודיע דחלבי שבת קריבין בי"ט ומיהו התם דבר ידוע הוא שי"ט קיל הוא משבת והא דפריך עלה בסמוך ואמאי ליתקע כי היכי דלידעי דשרי שחיטה לאלתר אותה תקיעה אינה אלא להודיע שהוא לילה ולא להודיע שי"ט קל הוא משבת והא דלא קאמר הכא ליתקע כי היכי דלידעו דחלבי יוה"כ אין קריבין בשבת דהא לא תקעי נמי מחמת שבת ויוה"כ שוין אין קריבין של זה בזה אם כן התקיעה אינה מוכחת שלא יהיו קריבין של יוה"כ בשבת והא נמי לא בעי למיפרך וליבדיל במוצאי שבת דלידעי דחלבי שבת קריבין ביוה"כ דהא אפי' מבדיל בבית הכנס' ברבים אין פרסום בהבדלה כמו בתקיעה:

וליתקע כי היכי דלידעו דשרי בקניבת ירק. ה"ה דהוה מצי למיפרך אליבא דר' ישמעאל ליתקע כי היכי דלידעו שמליחין את המנות מיוה"כ לשבת אלא ניחא ליה למיפרך לכ"ע:

אמר רב יוסף לפי שאין דוחין שבות להתיר. לעיל פריך ליתקע כי היכי דלידעו דחלבי שבת קריבין כו' לא הוה מצי לשנויי הכי דלאו זו התרה מה שמתירין להקריבם אלא מוטלת הוא שיקטירו האמורים ולא יבאו לידי נותר ויש מוטלת בדבר שחייבין להקטירם: **אלא** לקניבת ירק. נראה לר"י דאי מדאורייתא ביוה"כ נמי ליתסר והא דאמר בפרק כלל גדול (לעיל עג:) האי מאן דקניב סילקא חייב שתים התם איירי במחובר והכא איירי בתלוש כדפירש בקונטרס ולא דמי להא דאמר בפרק כלל גדול [ו] האי מאן דפריס סילקא חייב משום טוחן דהתם איירי כשעושה חתיכות דקות מאד והכא איירי כשעושה חתיכות גדולות: **לעולם** למלאכה. וקניבת ירק דברייתא היינו שעושים דק דק דהוי איסור דאורייתא דדמי לטוחן א"נ במחובר: **ואמאי** ליתקע כי היכי דלידעו (לעיל) דשרי בשחיטה. לא להודיע די"ט קיל אלא להודיע שהוא לילה וכן אומר ר"י מה שתוקעים במוצאי יוה"כ אינו אלא להודיע שהוא לילה ויאכלו את בניהם שהתענו וגם להכין סעודת מוצאי יוה"כ שהיא כעין י"ט [ח] כמו שיסד הפייטן [ט] אחר גמר מילוי אכול בדצוי ורצוי ולא כמחזורים שכתוב בהן שהתקיעה זכר ליובל כי למה תוקעין בכל שנה ושנה וכי היה יובל בכל שנה ושנה:

הדרן עלך ואלו קשרים

עין משפט נר מצוה

לג א מיי' פ"ה מהלכות שבת הלכה כא:
לד ב שם הל' יח יט כ:
לה ג שם הלכה כא:
לו ד מיי' פ"ג מהלכות שביתת עשור הל' ג טוש"ע או"ח סימן תרי"א סעיף ג:

רבינו חננאל

א) השתא הוא בפלוגתא דרבי ישמעאל ור"ע: **אמר** ר' זירא כי הוינן בבבל הוה אמרי' הא דתניא יוה"כ שחל להיות ערב שבת לא היו תוקעין ובמוצ"ש לא היו מבדילין דברי הכל היא. כלומר מפני מה תוקעין בע"ש כדי להבדיל מן המלאכה כיון שע"ש יוה"כ הוא אין שם מלאכה שצריכין תקיעה להבטילן. וכן הבדלה כדי להתיר העם למלאכה וכיון שמוצ"ש יוה"כ אין בו התר מלאכה לפיכך אין צריך להבדלה. וא"ר זירא כי סליקי להתם ואשכחתיה ליהודה בריה דר"ש בן פזי דאומר הא מתני' ר"ע היא דלא שני ליה בין שבת ליוה"כ דהא לא חלבי שבת קריבין ביוה"כ ולא של יוה"כ בשבת לפיכך לא צריך הכירא בין האי להאי. אלא לר' ישמעאל דשני ליה ליתקע במ"ש ליוה"כ דליהוי הכירא לכהנים להקריב מה שנותר מחלבי שבת וא"ל ר' זירא אפי' לר' ישמעאל ושני ליה בין שבת ליום הכיפורים כהנים זריזין הן ויודעין שחלבי שבת קריבין ביוה"כ לפיכך לא בעי תקיע' ואבדלת' איני דכהנים זריזין הן והתנן ג' להבדיל בין [קודש] לחול ושנינן הא דתנן להבדיל בין קדש לחול אינה שנויה לגבי כהנים אלא לישראל בלבד. כדאמר אביי התם ביומא לענין נברשת של זהב שעשת הילני על פתח ההיכל להודיע עת ק"ש דלאו לכהנים איתעביד אלא לשאר עמא דבירושלים. ואקשי' תוב וליתקע בהדי הבדלה לשאר עמא דנידעו דשרי להו קנובת ירק מן המנחה ולמעלה. דהא קי"ל דבשבת אסור לקנב ירק ולהניח לערב משום בורר. ואמרינן (לעיל ע"ד) אמר אביי בורר ואוכל לאלתר בורר ומניח לאלתר אבל שלא לאלתר לא יברור. ובסוף אמרה קמיה דרבה ואמר דשפיר אמר נחמני. אבל ביוה"כ מותר לברור ולקנב מן המנחה ולמעלה ולהניח במוצאי יוה"כ. ומפרק רב יוסף לפי שאין דוחין שבות להתיר. פי' תקיעה אסורה משום שבות. דדרשי' כל מלאכת עבודה יצאו תקיעת שופר ורדיית הפת שהן חכמה ואינה מלאכה ולא דחו שבות לא בשבת ולא ביוה"כ בתקיעה להתיר קניבת ירק אי הוה איכא מילתא למיסרא משום מלאכ' [הוא] דדחי שבות ותוקעין. אבל למישרא קניבת ירק לא דחו שבות ותקעי. רב שישא בריה דרב אידי אמר שבות קרובה התירו שבות רחוקה לא התירו. פי' אפילו תימא דוחין שבות להתיר מידי דאית ליה רשות למיעבדיה בקרובה דוחין שבות (משום) להתירו. אבל מידי דרחיק ולית ליה למיעבדיה בקרובה אין דוחין שבות להתירו. וקניבת ירק ביוה"כ לאלתר אלא מן המנחה ולמעלה. איני והתנן יו"ט שחל להיות ע"ש תוקעין ולא מבדילין. ולאחר שבת מבדילין ולא תוקעין. ואי אמרת רשות קרובה התירו ליתקע במיעל יו"ט שחל להיות לאחר שבת כי היכי דנידעו דשרי לשחיטה לאלתר. ועמדה הקושיא. ונדחה הא דרב שישא. ואסיק' אלא מחוורתא כדר' יוסף. וקשי לן בהא שמעתא הא דאמר רב יהודה בריה דר"ש בן פזי הא מתניתא ר' עקיבא היא דאי ר' ישמעאל הא אמר חלבי שבת קריבין ביוה"כ ליתקע במ"ש ליוה"כ כי היכי דנידעו וחלבי שבת ביוה"כ קריבין. וקשיא לן וכי יש תקיעה במ"ש דאמר ליתקע במ"ש. והיו מן החכמים מפרשין ואמרי' האי גירסא מאן דגריס ליתקע טעותא הוא. אלא הכי קאמר דאי ר' ישמעאל היא ניבדיל כי היכי דלידעו דחלבי שבת קריבין ביוה"כ. וקמפרש בתלמוד א"י דגרסינן ר' זעירא בשם רב חסדא יוה"כ שחל להיות ע"ש אין תוקעין לאחר שבת אין מבדילין. אימא כר"ע ברם כר' ישמעאל מבדיל שכן חלבי שבת קריבין ביוה"כ. א"ר זעירא קומי ר' מנא אפילו כר' ישמעאל לא יבדיל כלום הוא אלא להתיר דבר שהוא אסור אילו הקטיר חלבי שבת בשבת שמא אינו מתיר ופירוקא דר' זירא בתלמודא דילן היינו טעמא דלא מבדילינן משום דכהנים זריזין טפי עדיף. וטעמא דרב שישא בריה דרב אידי נמי איגליא לן

חשק שלמה על רבינו חננאל א) לכאורה תמוה דהא ר"י ור"ע לא פליגי רק בחלבי שבת אי קרבין ביוה"כ אבל בחלבי חול לית מאן דפליג. וע' תוס' שם ד"ה אבל. וכמל"מ בפ"ד מהל' מעשה הקרבנות הלכה ג' ודו"ק:

מסורת הש"ס

א) סוכה נד., ב) [לעיל כ. וש"נ], ג) סוכה נג:, ד) יומא לז:, ה) חולין כו:, ו) [פסחים נז.], ז) [דף עד: וע"ש תוס' ד"ה האי מאן], ח) [וע' תוס' לקמן קיח: ד"ה אבל לא כו'], ט) [בפזמון של מנחה ליוה"כ].

הגהות הב"ח

(א) גמ' אמר רב מנא תנא נמי הכי מנין ליוה"כ:

הגהות הגר"א

[א] גמ' דר' יוחנן. נ"ל דרב הונא (נ"ל לגי' הרמב"ם ומ"מ):

רב נסים גאון

עד כאיסר האיטלקי: **כדאמר** אביי לשאר עמא דבירושלים. ומשכחת דברי אביי במס' יומא בפרק אמר להן הממונה (דף לז) דתנן הילני אמו עשתה נברשת של זהב על פתח ההיכל. תאנא בשעה שחמה זורחת ניצוצות יוצאות ממנה והכל יודעין שהגיע זמן קרית שמע מיתיבי הקורא קרית שמע כו' אמר אביי לשאר עמא דבירושלים: **סליק פרק אלו קשרים**

תורה אור השלם

א) וַיֹּאמֶר אֲלֵהֶם הוּא אֲשֶׁר דִּבֶּר יְיָ שַׁבָּתוֹן שַׁבַּת קֹדֶשׁ לַייָ מָחָר אֵת אֲשֶׁר תֹּאפוּ אֵפוּ וְאֵת אֲשֶׁר תְּבַשְּׁלוּ בַּשֵּׁלוּ וְאֵת כָּל הָעֹדֵף הַנִּיחוּ לָכֶם לְמִשְׁמֶרֶת עַד הַבֹּקֶר: [שמות טז, כג]

ב) וְיוֹם הַשְּׁבִיעִי שַׁבָּת לַייָ אֱלֹהֶיךָ לֹא תַעֲשֶׂה כָל מְלָאכָה אַתָּה וּבִנְךָ וּבִתֶּךָ עַבְדְּךָ וַאֲמָתְךָ וּבְהֶמְתֶּךָ וְגֵרְךָ אֲשֶׁר בִּשְׁעָרֶיךָ: [שמות כ, י]

ליקוטי רש"י

לא היו תוקעין. להבטיל ולהבדיל משום דיום הכפורים נמי לאו מלאכה עביד. **ובמוצאי שבת.** ואם חל יום הכיפורים להיות במוצאי שבת. **לא היו מבדילין.** על הכוס בין קודש לקודש כדרך שמבדילין משבת ליום טוב דהתם הוא שהיוצא חמור והנכנס קל אבל הכא הנכנס חמור כיוצא לענין כל איסור מלאכה והוה אמרינן דברי הכל היא בין לרבי ישמעאל בין לרבי עקיבא דפליגי גבי חלבי שבת קריבין ביום הכפורים מיתוקמא [סוכה נד:]. **כהנים זריזין הן.** דכיון שהוקבעו לעבודה בידוע שמלמדין הלכות קדש [עירובין קג.]. שכולם היו בני תורה וחרדים [לעיל כ.]. **שלש להבטיל את העם ממלאכה.** כדמפרש בשילהי במה מדליקין [לעיל לה:]. **שלש להבדיל בין קודש לחול.** כשקדש היום להודיע שחשכה ויש מעתה חיוב סקילה במלאכה [סוכה נג:]. **כדאמר אביי לשאר עמא.** הכא בעזרה [יומא לז: וע"ש]. **תוקעין.** אע"פ שגם היום יו"ט היה ואין בו מלאכה תוקעין להבדיל ממלאכת אוכל נפש. **ולא מבדילין.** מפני שהנכנס חמור מן היוצא. **מוצאי שבת.** חל להיות במוצאי שבת מבדילין לפי שהיוצא חמור מן הנכנס ותקיעה אין כאן [חולין כו:].

כִּי הֲוֵינָא בְּבָבֶל הֲוָה אָמְרִי – **When I was in Babylonia** studying Torah there, **I used to say:** הָא דְּתַנְיָא – **That which was taught in a Baraisa:** יוֹם הַכִּפּוּרִים שֶׁחָל לִהְיוֹת עֶרֶב שַׁבָּת – **IF YOM KIPPUR FELL ON THE SABBATH EVE,** i.e. on Friday, לֹא הָיוּ תוֹקְעִין – **THEY WOULD NOT SOUND THE SHOFAR,**[1] וּבְמוֹצָאֵי שַׁבָּת – **AND** if it fell **ON THE DEPARTURE OF THE SABBATH,** i.e. on Sunday, לֹא הָיוּ מַבְדִּילִין – **THEY WOULD NOT RECITE HAVDALAH**[2] – דִּבְרֵי הַכֹּל הִיא – **is a unanimously held ruling,** i.e. it did not enter my mind that the ruling of this Baraisa should in any way be connected to the disagreement between R' Yishmael and R' Akiva concerning the offering of leftover fats of the Sabbath sacrifice on Yom Kippur. כִּי סְלִיקְנָא לְהָתָם – But **when I ascended to there,** i.e. to Eretz Yisrael, אַשְׁכַּחְתֵּיהּ לִיהוּדָה בְּרֵיהּ דְּרַבִּי שִׁמְעוֹן בֶּן פָּזִי דְּיָתִיב וְקָאָמַר – **I encountered Yehudah the son of R' Shimon ben Pazi, who was sitting and saying:** רַבִּי עֲקִיבָא הִיא – **This** Baraisa **is** in accordance with the view of **R' Akiva,** who considers Yom Kippur as holy as the Sabbath.[3] דְּאִי רַבִּי יִשְׁמָעֵאל – **For if** it is assumed to accord with **R' Yishmael,** the following difficulty arises: כֵּיוָן דְּאָמַר חֶלְבֵי שַׁבָּת קְרֵיבִין בְּיוֹם הַכִּפּוּרִים – **Since [R' Yishmael] says that the** leftover **fats of** the **Sabbath** sacrifice **may be offered on Yom Kippur,** לִיתְקַע כִּי הֵיכִי דְּלֶיהֱוֵי יָדְעֵי דְּחֶלְבֵי שַׁבָּת קְרֵיבִין בְּיוֹם הַכִּפּוּרִים – **let the shofar be sounded** between Yom Kippur and the Sabbath, **so that [people] should know that the** leftover **fats of the Sabbath** sacrifice **may be offered on Yom Kippur.**[4] וַאֲמִינָא לֵיהּ אֲנָא – **And I said to him:** There is no need to alert the Kohanim as to when the leftover fats of sacrifices may or may not be offered, כֹּהֲנִים זְרִיזִין הֵן – for **the Kohanim are conscientious** about their responsibilities.[5]

The Gemara questions this premise:

אָמַר לֵיהּ מָר קַשִּׁישָׁא בְּרֵיהּ דְּרַב חִסְדָּא לְרַב אַשִׁי – **Mar Kashisa the son of Rav Chisda said to Rav Ashi:** מִי אָמְרִינַן כֹּהֲנִים זְרִיזִין הֵן – **Do we indeed say** that **the Kohanim are conscientious** about their responsibilities and need no reminder? וְהָתְנַן – **But surely it was taught in a Mishnah:**[6] Twenty-one shofar blasts were sounded each day in the Temple.[7] In addition, on Friday afternoon another six blasts were sounded, שָׁלֹשׁ לְהַבְטִיל אֶת הָעָם מִמְּלָאכָה – **THREE TO STOP THE PEOPLE FROM WORK,** שָׁלֹשׁ לְהַבְדִּיל בֵּין קוֹדֶשׁ לְחוֹל – and **THREE TO DISTINGUISH BETWEEN THE SACRED AND THE SECULAR.** Presumably, since these blasts were sounded in the Temple, they were intended for the benefit of the Kohanim, to remind them to desist from performing forbidden work. How, then, can R' Zeira say that the Kohanim, by virtue of their conscientiousness, need no reminder?

The Gemara answers:

כִּדְאָמַר אַבָּיֵי – **As Abaye stated** in regard to another matter:[8] לִשְׁאָר עַמָּא דְּבִירוּשָׁלַיִם – It was **for** the benefit of **the rest of the people in Jerusalem,** other than the Kohanim.[9] הָכָא נַמִּי לִשְׁאָר עַמָּא דְּבִירוּשָׁלַיִם – **Here, too,** then, we may say that the shofar was

NOTES

1. The "sounding of the shofar" referred to in this Baraisa and later in this passage refers to the practice of sounding six shofar blasts as the start of the Sabbath drew near (Baraisa above, 35b), [three in advance of the Sabbath's actual arrival] to alert the people to stop their work and [make their final preparations, and three when the Sabbath actually began], to signal the demarcation between the mundane (weekdays) and the holy (the Sabbath).

This Baraisa rules that if Yom Kippur falls on a Friday, the shofar is not sounded. Since Yom Kippur is as holy as the Sabbath, and the same labor restrictions that apply on the Sabbath apply on Yom Kippur [there is no point in sounding the shofar to signal the people to desist from forbidden labor or to demarcate between the mundane and the holy] (*Rashi*).

2. [Havdalah (literally: separation) is the blessing recited at the departure of the Sabbath or a Yom Tov, both in Shemoneh Esrei of the Maariv prayer as well as over a cup of wine. As we will see in the Mishnah cited below (see note 16), this blessing is said even when the Sabbath is immediately followed by Yom Tov. This is because the sanctity of the departing Sabbath and its labor restrictions are greater and more stringent than those of Yom Tov. However, since Yom Tov is holy, albeit not as holy as the Sabbath, the formula used in concluding the Havdalah is: "Blessed are You, Hashem, Who distinguishes between holiness and holiness."] This Baraisa rules that if Yom Kippur falls on a Sunday, even the blessing "Who distinguishes between holiness and holiness" is not said in the Shemoneh Esrei (*Rashi*). [It goes without saying that it is not recited over a cup of wine, because wine cannot be drunk on Yom Kippur (*Ritva MHK* ed.; see *Rashi* to *Succah* 54b ד״ה לא and *Rashash* here).] Since Yom Kippur and the Sabbath are virtually identical in their labor restrictions, there is no point in distinguishing between them by reciting a blessing.

3. As explained in note 1, the shofar was sounded only upon the outgoing of a day of lesser sanctity and the arrival of a day of greater sanctity. According to R' Akiva, who prohibits the burning of the leftover fats of the Sabbath offering on Yom Kippur, it may be said that Yom Kippur and the Sabbath are identical in their degree of sanctity. Thus, there exists no need to distinguish between them by sounding the shofar. Therefore, the Baraisa which rules that the shofar was not sounded before the Sabbath if Yom Kippur falls on Friday follows the opinion of R' Akiva (*Rashi*).

4. The fact that R' Yishmael permits the leftover fats of the Sabbath sacrifice to be offered on Yom Kippur indicates that in his opinion Yom Kippur is not as holy as the Sabbath. Accordingly, when Yom Kippur falls on a Friday, we should sound the shofar before the Sabbath, as a sign not to offer the Yom Kippur fats on the Sabbath. This would indicate to the Kohanim that Yom Kippur is not as holy as the Sabbath, and in a future year, when Yom Kippur falls on a Sunday and the shofar is not sounded, the Kohanim will know that the leftover Sabbath fats may be offered on Yom Kippur (*Rashi*).

To elaborate on *Rashi's* explanation: When Yom Kippur falls on a Friday, it is per se unnecessary to sound the shofar to indicate that the Yom Kippur fats should not be offered on the Sabbath. Even if the shofar is not sounded, in which case the Kohanim will assume that the sanctities of Yom Kippur and the Sabbath are equal, they will assume that the leftovers of one holy day's sacrifice may not be offered on the other day (*Tosafos, Rashba*). Nevertheless, since according to R' Yishmael the sanctity of Yom Kippur is in fact less than that of the Sabbath, the publicizing of this difference in sanctity in a year when Yom Kippur falls on a Friday will have beneficial results for future years. The Kohanim will thereby realize, in a future year when Yom Kippur falls on a Sunday and the shofar is not sounded, that the Sabbath fats *may* be offered on Yom Kippur.

5. Since, in regard to the Kohanim, it is written (*Deuteronomy* 33:8-10): *[Of Levi he said . . .] They shall teach your ordinances to Jacob [and your Torah to Israel],* they are assumed to be well-versed in the law and need no reminder (*Rashi*).

6. *Succah* 53b.

7. At various points in the daily Temple service the shofar would be sounded. In total, these blasts numbered twenty-one.

8. *Yoma* 37b.

9. For an understanding of Abaye's statement, a short introduction is in place.

The Mishnah (*Yoma* 37a) records that Queen Helene placed a golden candelabrum over the entrance of the Temple. The Gemara there (37b) cites a Baraisa which explains that when the sun rose, its rays struck the golden candelabrum, and the reflected light served notice to all that the time had come for reciting the morning *Shema*.

However, the Gemara there presents another Baraisa which seems to contradict the first. This Baraisa states that one who recites the morning *Shema* together with the Kohanim assigned to the Temple service has not [optimally] fulfilled his obligation. [This is because the Kohanim were concerned that were they to recite the *Shema* after sunrise, they would not have enough time to complete the sacrificial service. They therefore recited the *Shema* earlier than preferable, so as to clear enough time for the sacrificial service. In any event, the Kohanim recited the *Shema* before sunrise.] Why, then, did the previous Baraisa state that the reflected light of the candelabrum in the Temple served notice [presumably to the Kohanim who worked there] that the time had come for reciting the *Shema*?

Abaye answers that although the candelabrum was located in the

א) כי הוינא בבבל הוה אמרי הא דתניא א יוה"כ שחל להיות ע"ש לא היו תוקעין ובמוצאי שבת לא היו מבדילין דברי הכל היא כי סליקנא להתם אשכחיתיה ליהודה בריה דרבי שמעון בן פזי דיתיב וקאמר ר' עקיבא היא דאי רבי ישמעאל כיון דאמר חלבי שבת קריבין ביום הכיפורים ליתקע כי היכי דליהוי ידעי דחלבי שבת קריבין ביום הכיפורים ואמינא ליה אנא ג) כהנים זריזין הן אמר ליה מר קשישא בריה דרב חסדא לרב אשי מי אמרינן כהנים זריזין הן והתנן ב שלש להבטיל את העם ממלאכה שלש להבדיל בין קודש לחול ד) כדאמר אביי לשאר עמא דבירושלים הכא נמי לשאר עמא דבירושלים וליתקע כי היכי דלידעי דשרי בקניבת ירק מן המנחה ולמעלה אמר רב יוסף לפי שאין דוחין שבות להתיר ורב שישא בריה דרב אידי אמר שבות קרובה התירו ה) ושבות רחוקה לא התירו ו) והתנן ג יום טוב שחל להיות ערב שבת תוקעין ולא מבדילין מוצאי שבת מבדילין ולא תוקעין ואמאי ליתקע כי היכי דלידעי דשרי בשחיטה לאלתר אלא מחוורתא כדרב יוסף אמר רבי זירא אמר רב הונא ואמרי לה אמר רבי אבא אמר רב הונא ד יוה"כ שחל להיות בשבת אסור בקניבת ירק אמר רב מנא תנא (א) מנין ליוה"כ שחל להיות בשבת שאסור בקניבת ירק ת"ל א) שבתון שבות למאי אילימא למלאכה והכתיב ב) לא תעשה כל מלאכה אלא לאו אקניבת ירק ש"מ אמר רבי חייא בר אבא אמר רבי יוחנן יוה"כ שחל להיות בשבת מותר בקניבת ירק מיתיבי מנין ליוה"כ שחל להיות בשבת שאסור בקניבת ירק ת"ל שבתון שבות למאי אילימא למלאכה והכתיב לא תעשה כל מלאכה אלא לאו בקניבת ירק לא לעולם למלאכה ולעבור עליה בעשה ול"ת תניא כוותיה [א] דרבי יוחנן יוה"כ שחל להיות בשבת מותר

ליתקע כי היכי דלידעו דחלבי שבת קריבין ביום הכפורים. הך תקיעה בע"ש קאמר כדפירש בקונטרס אבל יוה"כ שחל באחד בשבת לא תקעי במוצאי שבת להודיע שיוה"כ הוא קל דלאדרבה מתוך התקיעה יהא נראה שהוא חמור דכל תקיעות שתוקעין בע"ש או עי"ט תוקעין בכניסת חמור ולהכי אמר בסמוך י"ט שחל במוצ"ש מבדילין ולא תוקעין ולא תקעי להודיע דחלבי שבת קריבין בי"ט ומיהו התם דבר ידוע הוא שי"ט קיל הוא משבת והא דפריך עלה בסמוך ואמאי ליתקע כי היכי לידעי דשרי שחיטה לאלתר אותה תקיעה אינה אלא לאלתר להודיע שהוא לילה ולא להודיע שי"ט קל הוא משבת והא דלא קאמר הכא ליתקע כי היכי לידעו דחלבי יוה"כ אין קריבין בשבת דהא כי לא תקעי נמי מחמת ששבת ויוה"כ שוין אין קריבין של זה בזה אם כן התקיעה אינה מוכחת שלא יהיו קריבין של יוה"כ בשבת והא נמי לא בעי למיפרך וליבדיל במוצאי שבת דלידעי דחלבי שבת קריבין ביוה"כ דהא אפי' מבדיל בבית הכנס' ברבים אין פרסום בהבדלה כמו בתקיעה:

וליתקע כי היכי דלידעו דשרי בקניבת ירק. ה"ה דהוה מצי למיפרך אליבא דר' ישמעאל ליתקע כי היכי דלידעו שמציעין את המטות מיוה"כ לשבת אלא ניחא ליה למיפרך לכ"ע:

אמר רב יוסף לפי שאין דוחין שבות להתיר. לעיל כי פריך ליתקע כי היכי לידעו דחלבי שבת קריבין כו' לא הוה מצי לשנויי הכי דאין זו התרה מה שמתירין להקריבם אלא חומרא הוא שיקטירו האימורים ולא יבאו לידי נותר ויש חומרא בדבר שחייבין להקטירם:

אלא לקניבת ירק. נראה לר"י דלאסמכתא בעלמא הוא דאי מדאורייתא ביוה"כ נמי ליתסר והא דאמר בפרק כלל גדול (לעיל עג:) האי מאן דקניב סילקא חייב משום טוחן התם מיירי במחובר והכא איירי בתלוש כדפירש בקונטרס ולא דמי להא דאמר בפרק כלל גדול ט) האי מאן דפרים סילקא חייב משום טוחן דהתם מיירי כשעושה חתיכות דקות מאד והכא מיירי כשעושה חתיכות גדולות:

לעולם למלאכה. וקניבת ירק דבריתא היינו שעושים דק דק דהוי איסור דאורייתא דדמי לטוחן א"נ במחובר: (לעיל) **ואמאי** ליתקע כי היכי דלידעו דשרי בשחיטה. לא להודיע דיו"ט קיל אלא להודיע שהוא לילה וכן אומר ר"י מה שתוקעים במוצאי יוה"כ אינו אלא להודיע שהוא לילה ויאכילו את בניהם שהתענו וגם להכין סעודת מוצאי יוה"כ שהיא כעין יו"ט כמו שיסד הפייטן ט) אחר גמר מילוי אכול בדלוי וכלוי ולא כמחזורים שכתוב בהן שהתקיעה זכר ליובל כי למה תוקעין בכל שנה ושנה וכי היה יובל בכל שנה ושנה:

הדרן עלך ואלו קשרים

כי הוינא בבבל. כשלמדתי תורה בבבל קודם שעליתי לא"י: **לא היו תוקעין.** שש תקיעות שתוקעין בע"ש להבטיל ולהבדיל משום דיוה"כ קדוש כשבת ואסור בכל מלאכה: **ובמוצ"ש.** אם חל בו יוה"כ: **לא היו מבדילין.** בתפלה המבדיל בין קדש לקדש כמו שמבדילין בי"ט שחל להיות במוצ"ש: **דברי הכל היא.** לא הוה מסיקנא אדעתאי דמיתוקמא בפלוגתא דרבי ישמעאל ורבי עקיבא דמתני': **רבי עקיבא היא.** דחשיב ליה יוה"כ כשבת הלכך לא בעי למתקע להבדיל בין זה לזה להיכרא דלא תקעינן אלא בין יום קל ליום חמור ומי היכי דבשבת לא תקעי להבדיל כהנים מלהקריב חלבי שבת ביוה"כ ביוה"כ נמי לא תקעינן להבדילן מלהקריב חלבי יוה"כ בשבת: **דאי ר' ישמעאל.** כיון דקיל ליה יוה"כ משבת ליתקע להבטיל מהקריב חלבי יוה"כ בשבת ובתקיעה זו ידעו שהוא יום הקל ולכשיחול יוה"כ במוצאי שבת ולא יתקעו ידעו שמותר להקריב בו חלבי שבת: **זריזים הם.** בקיאים הן בכל ואין צריכין סימן דכתיב בהן יורו משפטיך ליעקב (דברים לג): **והתנן.** במסכת סוכה: **ג' להבטיל כו'.** מנין להו תקיעות שבמקדש אין פוחתין מכ"א תקיעות במקדש וקס"ד מדתקעי' להו במקדש להיכרא דכהני תקעי להו: **כדאמר אביי.** בסדר יומא בפרק ג' גבי נברשת שעשתה הילני המלכה על פתחו של היכל בשעה שהחמה זורחת ניצוצות יוצאות הימנה והכל יודעים שזמן ק"ש הגיע ומותבינן ולמינהו הקורא ק"ש עם אנשי משמר לא יצא אלמא לאו בזימנא קרין ואמר אביי הא סימן דנברשת לשאר עמא שיקראו ק"ש בעונתה: **וליתקע.** בין לר"ע בין לרבי ישמעאל לאודועי דקל הוא משבת דיוה"כ שרי בקניבת ירק תלוש לנקות העלין מן הקלחין כדי להשוותם שיהו מוכנים לחתכן ולפרמן דאמרינן לקמן דשרי משום דהוי עינוי שרואה ומזמן ואינו אוכל: **קניבה.** כי ההיא דכלל גדול (לעיל עג:) האי מאן דקניב סילקא אלא התם במחובר והכא בתלוש: **לפי שאין דוחין שבות להתיר.** תקיעת שופר שבות הוא וקאמרת לדחיה להודיע היתר קניבת ירק אין דוחין שבות להתיר אלא לאסור כגון יו"ט שחל להיות בע"ש תוקעין להבטיל ולהבדיל: **ורב ששת בריה דרב אידי אמר** לעולם דוחין שבות להתיר. מי הוה מיבעיא לן היתרא דאידנא אבל השתא דלא מיבעי לן קניבת ירק ביוה"כ שחל להיות בע"ש שהרי בשבת לא יבשלום ולא תהא תקיעה זו אלא להודיעם היתר בשבת אחרת שיחול יוה"כ באמצע שבת לא התירו: **שבות קרובה.** כלומר לחיוב שבות התירו לצורך דבר קרוב ולא לצורך דבר רחוק: **תוקעין.** להבטיל את העם ממלאכה המותרת ביו"ט כגון אוכל נפש ולהבדיל בין הקודש ובין החול: **ולא מבדילין.** בתפלה ועל הכוס דלא תקנו לומר הבדלה אלא ביציאת קודש ובכניסת חול ולא בכניסת קדש וביציאת חול דהתם שייך לקדושי יומא וקדוש יום שמקדשין על היין הוי היכירא דיליה: **מוצאי שבת.** ואם חל יו"ט במוצאי שבת מבדילין בתפלה ועל הכוס המבדיל בין קודש לקודש מפני שהקודש חמור יוצא ונכנס קל: **ולא תוקעין.** מבעוד יום להבטיל ולהבדיל דהא היוצא חמור והיום לא עשו שום מלאכה: **ואמאי.** אי ק"ד דוחין שבות להתיר לצורך דבר קרוב ליתקע משתחשכה לידע דשרי בשחיטה לאלתר: **אסור בקניבת ירק.** ולא מבעי בשבת בעלמא דאסור משום שבות דקטורת משבת לחול אלא אפילו האידנא דיש לאן עינוי דהא בשאר יוה"כ אסור זה מותר השתא דחל בשבת לא שרו רבנן: **אמר רב מנא תנא כו':** **ת"ל.** בשבת בראשית שבתון שבת קדש ושבתון משמע שבות: **ולמאי.** באיזה קניבה אסר לן קרא: **אילימא במלאכה.** כגון מחובר: **הא כתיב לא תעשה כל מלאכה.** והא תו למה לי: **אלא לאו לקניבת ירק.** בעלמא בתלוש דמידי דלאו מלאכה קאי עליה בעשה דשבתון שבות וכיון דמדאורייתא אסור בכל שבתות השנה הכא לא שרינן ליה משום עגמת נפש למידחי איסור דאורייתא ובשאר יוה"כ שרי לעגמת נפש ואע"ג דכתיב ביה נמי שבתון שבות לאו ממלאכה הוא אלא מכל דבר המעכב מלהתענות מדסמכינן לועניתם הכי דרשינן לה בפרק בתרא דיומא (דף עד.) לרחיצה וסיכה ודומין להם:

מותר

עין משפט נר מצוה

לג א מיי' פ"ה מהלכות שבת הלכה כא:
לד ב שם הל' יח יט כ:
לה ג שם הלכה כא:
לו ד מיי' פ"א מהלכות שביתת עשור הל"ג טוש"ע או"ח סימן תריא סעיף ב:

רבינו חננאל

א) השתא הוא בפלוגתא דרבי ישמעאל ור"ע: **אמר** ר' זירא כי הוינן בבבל הוה אמרי' הא דתניא יוה"כ שחל להיות ערב שבת לא היו תוקעין ובמוצ"ש לא היו מבדילין דברי הכל היא. כלומר מפני מה תוקעין בע"ש כדי להבדיל מן המלאכה כיון שע"ש יוה"כ הוא אין שם מלאכה שצריכין תקיעה להבטילן. וכן הבדלה כדי להתיר העם למלאכה וכיון שמוצ"ש יוה"כ אין בו התר מלאכה לפיכך אין צריך להבדלה. וא"ר זירא כי סליקי להתם ואשכחתיה ליהודה בריה דר"ש בן פזי דאומר הא מתני' ר"ע היא דלא שני ליה בין שבת ליוה"כ דהא לא חלבי שבת קריבין ביוה"כ ולא של יוה"כ בשבת לפיכך לא צריך הכירא בין האי להאי. אלא לר' ישמעאל דשני ליה ליתקע במ"ש ליוה"כ דליהוי הכירא לכהנים להקריב מה שנותר מחלבי שבת וא"ל ר' זירא אפי' לר' ישמעאל ושני ליה בין שבת ליום הכיפורים כהנים זריזין הן ויודעין שחלבי שבת קריבין ביוה"כ לפיכך לא בעי תקיע' ואבדלת' איני דכהנים זריזין הן והתנן ג' להבדיל בין [קודש] לחול ושנינן הא דתנן להבדיל בין קדש לחול אינה שנויה לגבי כהנים אלא לישראל בלבד. כדאמר אביי התם ביומא לענין נברשת של זהב שעשת הילני על פתח ההיכל להודיע עת ק"ש דלאו לכהנים איתעביד אלא לשאר עמא דבירושלים. ואקשי' תוב וליתקע בהדי הבדלה לשאר עמא דנידעו דשרי להו קינובת ירק מן המנחה ולמעלה. דהא קי"ל דבשבת אסור לקנב ירק ולהניח לערב משום בורר. ואמרינן (לעיל ע"ד) אמר אביי בורר ואוכל לאלתר בורר ומניח לאלתר אבל שלא לאלתר לא יברור. ובסוף אמרוה קמיה דרבה ואמר דשפיר אמר נחמני. אבל ביוה"כ מותר לברור ולקנב מן המנחה ולמעלה ולהניח במוצאי יוה"כ. ומפרק רב יוסף לפי שאין דוחין שבות להתיר. פי' תקיעה אסורה משום שבות. דדרשי כל מלאכת עבודה יצאו תקיעת שופר ורדיית הפת שהן חכמה ואינה מלאכה ולא דחו שבות לא בשבת ולא ביוה"כ בתקיעה להתיר קניבת ירק אי הוה איכא מילתא למיסרא משום מלאכ' [הוא] דדחי שבות ותוקעין אבל למישרא קניבת ירק לא דחו שבות ותקעי. רב שישא בריה דרב אידי אמר שבות קרובה התירו שבות רחוקה לא התירו. פי' אפילו תימא דוחין שבות להתיר מידי דאית ליה רשות למיעבדיה בקרובה דוחין שבות (משום) להתירו. אבל מידי דרחיק ולית ליה למיעבדיה בקרובה אין דוחין שבות להתירו. וקניבת ירק ביוה"כ לאלתר אלא מן המנחה ולמעלה. איני והתנן יו"ט שחל להיות ע"ש תוקעין ולא מבדילין. ולאחר שבת מבדילין ולא תוקעין. ואי אמרת רשות קרובה התירו ליתקע במעיל יו"ט שחל להיות לאחר שבת כי היכי דנידעו דשרי לשחיטה לאלתר. ועמדה הקושיא. ונדחה הא דרב שישא. ואסיק' אלא מחוורתא כדר' יוסף. וקשי' לן בהא שמעתא הא דאמר רב יהודה בריה דר"ש בן פזי הא מתניתא ר' עקיבא היא דאי ר' ישמעאל הא אמר חלבי שבת קריבין ביוה"כ ליתקע במ"ש ליוה"כ כי היכי דנידעו וחלבי שבת ביוה"כ קריבין. והיו מן החכמים מפרשין ואמרי' האי גירסא מאן דגריס במ"ש דאמר ליתקע במ"ש. וקשיא לן וכי יש תקיעה במ"ש דאמר ליתקע טעותא הוא. אלא הכי קאמר דאי ר' ישמעאל היא ניבדיל כי היכי דלידעו דחלבי שבת קריבין ביוה"כ. וקמפרש בתלמוד א"י דגרסינן ר' זעירא בשם רב חסדא יוה"כ שחל להיות ע"ש אין תוקעין לאחר שבת אין מבדילין. אימא כר"ע ברם כר' ישמעאל מבדיל שכן חלבי שבת קריבין ביוה"כ. א"ר זעירא קומי ר' מנא אפילו כר' ישמעאל לא יבדיל כלום הוא אלא להתיר דבר שהוא אסור אילו הקטיר חלבי שבת בשבת שמא אינו מתיר ופירוקא דר' זירא בתלמודא דילן היינו טעמא דלא מבדילינן משום דכהנים זריזין טפי עדיף. וטעמא דרב שישא בריה דרב אידי נמי איגליא לן

מסורת הש"ס

א) סוכה נד., ב) [לעיל כ. וש"נ], ג) סוכה נג:, ד) יומא לז:, ה) [פסחים מז.], ו) חולין כו:, ז) [דף עד: וע"ש תוס' ד"ה האי מאן], ח) [ועי' תוס' לקמן קיח: ד"ה אבל לא כו'], ט) [בפזמון של מנחה ליוה"כ].

הגהות הב"ח

(א) גמ' אמר רב מנא תניא נמי הכי מנין ליוה"כ:

הגהות הגר"א

[א] גמ' דר' יוחנן. נ"ל דרב הונא (ר"ל לגי' הרמב"ם ומ"מ):

רב נסים גאון

עד כאיסר האיטלקי: **כדאמר** אביי לשאר עמא דבירושלים. ומשכחת דברי אביי במס' יומא בפרק אמר להן הממונה (דף לז) דתנן הילני אמו עשתה נברשת של זהב על פתח ההיכל. תאנא בשעה שחמה זורחת ניצוצות יוצאות ממנה ויודעין שהגיע זמן קרית שמע מיתיבי הקורא קרית שמע כו' אמר אביי לשאר עמא דבירושלים:

סליק פרק אלו קשרים

תורה אור השלם

א) וַיֹּאמֶר אֲלֵהֶם הוּא אֲשֶׁר דִּבֶּר יְיָ שַׁבָּתוֹן שַׁבַּת קֹדֶשׁ לַייָ מָחָר אֵת אֲשֶׁר תֹּאפוּ אֵפוּ וְאֵת אֲשֶׁר תְּבַשְּׁלוּ בַּשֵּׁלוּ וְאֵת כָּל הָעֹדֵף הַנִּיחוּ לָכֶם לְמִשְׁמֶרֶת עַד הַבֹּקֶר: [שמות טז, כג]

ב) וְיוֹם הַשְּׁבִיעִי שַׁבָּת לַייָ אֱלֹהֶיךָ לֹא תַעֲשֶׂה כָל מְלָאכָה אַתָּה וּבִנְךָ וּבִתֶּךָ עַבְדְּךָ וַאֲמָתְךָ וּבְהֶמְתֶּךָ וְגֵרְךָ אֲשֶׁר בִּשְׁעָרֶיךָ: [שמות כ, י]

ליקוטי רש"י

לא היו תוקעין. להבטיל ולהבדיל משום דיום הכפורים נמי לאו מלאכה עביד. **ובמוצאי שבת.** ואם חל יום הכפורים להיות במוצאי שבת. **לא היו מבדילין.** על הכוס בין קודש לקודש כדרך שמבדילין משבת ליום טוב דהתם הוא שהיוצא חמור והנכנס קל אבל כאן הנכנס חמור כיוצא לענין כל איסור מלאכה והוה אמרינן דברי הכל היא בין לרבי ישמעאל בין לרבי עקיבא דפליגי גבי חלבי שבת קריבין ביום הכפורים מיתוקמה [סוכה נד:]. **כהנים זריזין הן.** דכיון שנכנס לעבודה בידוע שלמדוהו הלכות קדש [עירובין קג.]. שכולם היו בני תורה ומרדים [לעיל כ.]. **שלש להבטיל את העם ממלאכה.** כדמפרש בשילהי במה מדליקין (לעיל לה:). **שלש להבדיל בין קודש לחול.** כשקדש היום להודיע שחשכה ויש מעתה חיוב סקילה במלאכה [סוכה נג:]. **כדאמר אביי לשאר עמא.** הבאים בעזרה [יומא לז: וע"ש]. **ולא מבדילין.** מפני שהנכנס תוקעין. אע"פ שגם היום יו"ט היה ואין בו מלאכה תוקעין להבדיל ממלאכת אוכל נפש. **ולא מבדילין.** מפני שהנכנס חמור מן היוצא. **מוצאי שבת.** חל להיות במוצאי שבת מבדילין לפי שהיוצא חמור מן הנכנס ותקיעה אין כאן [חולין כו:].

חשק שלמה על רבינו חננאל א) לכאורה תמוה דהא ר"י ור"ע לא פליגי רק בחלבי שבת אי קריבין ביוה"כ אבל בחלבי חול לית מאן דפליג. ועי' תוס' שם ד"ה אבל. וברמב"ם בפ"ד מהל' מעשה הקרבנות הלכה ג' ודו"ק:

sounded **for** the benefit of **the rest of the people in Jerusalem.**[10]

The Gemara questions the Baraisa's ruling that the shofar is not sounded when Yom Kippur falls on a Friday:

וְלִיתְקַע כִּי הֵיכִי דְּלֵידְעֵי דְּשָׁרֵי בְּקְנִיבַת יָרָק מִן הַמִּנְחָה וּלְמַעְלָה – But let the shofar be sounded, so that people will know that Yom Kippur is more lenient than the Sabbath in that **the trimming of vegetables,**[11] which is prohibited on the Sabbath, **is permitted** on Yom Kippur **from** the time of **Minchah and onwards.**[12] – ? –

The Gemara answers:

אָמַר רַב יוֹסֵף – Rav Yosef said: לְפִי שֶׁאֵין דּוֹחִין שְׁבוּת לְהַתִּיר – The shofar was not sounded **because a Rabbinical prohibition is not set aside** in order **to give** people notification of the **permissibility** of a certain act.[13]

A second answer:

וְרַב שִׁישָׁא בְּרֵיהּ דְּרַב אִידִי אָמַר – And Rav Shisha the son of Rav Idi said: שְׁבוּת קְרוֹבָה הִתִּירוּ – They permitted a Rabbinical prohibition for the sake of notifying people of an **immediate** permissibility, **שְׁבוּת רְחוֹקָה לֹא הִתִּירוּ – but they did not permit a Rabbinical prohibition** for the sake of notifying people of a **distant** permissibility.[14]

The Gemara challenges the second answer:

וּשְׁבוּת קְרוֹבָה הִתִּירוּ – And is it indeed so, that **they permitted a Rabbinical prohibition** for the sake of notifying people of an **immediate** permissibility? **וְהָתְנַן – But surely we learned in a Mishnah:**[15] **יוֹם טוֹב שֶׁחָל לִהְיוֹת עֶרֶב שַׁבָּת – IF A FESTIVAL FALLS ON THE SABBATH EVE, תּוֹקְעִין וְלֹא מַבְדִּילִין – WE SOUND THE SHOFAR AND DO NOT RECITE HAVDALAH.**[16] **מוֹצָאֵי שַׁבָּת –** If a festival falls on **THE DEPARTURE OF THE SABBATH, מַבְדִּילִין וְלֹא תּוֹקְעִין – WE RECITE HAVDALAH AND DO NOT SOUND THE SHOFAR.**[17] **וְאַמַּאי – But** if a Rabbinic prohibition may be relaxed for the purpose of notifying people that a certain act will be immediately permitted, then **why** in the latter case do we not sound the shofar? **לִיתְקַע כִּי הֵיכִי דְּלֵידְעֵי דְּשָׁרֵי בִּשְׁחִיטָה לְאַלְתַּר – Let it be sounded, so that [people] will know that ritual slaughter is permitted immediately** after the Sabbath ends.[18] – ? –

NOTES

Temple, its function was to serve notice to *other* people [who were assembled in the Temple Courtyard (*Rashi* to *Yoma* ibid. ד״ה לשאר)] as to the proper time for recitation of the *Shema*. The Kohanim themselves, however, did not benefit from the candelabrum's glint (*Rashi;* see *Ritva* to *Yoma* ibid.).

10. Although the shofar was sounded in the Temple proper, its intended audience was not the Kohanim but the other people in Jerusalem. The Kohanim, however, were well-versed in that which pertained to them and needed no reminders.

11. I.e. the cutting away of the outer, spoiled leaves from the stalks of vegetables that have already been harvested, so that the vegetables are ready to be cut or chopped [for later cooking] (*Rashi,* with explanation of *Rashba;* cf. *Eglei Tal, Hilchos Borer* §29; see *Tosafos* ד״ה אלא and the Rishonim for alternative explanations of קְנִיבַת יָרָק).

12. On Yom Kippur (as on the Sabbath), one is Rabbinically prohibited to make preparations for any weekday endeavor. This would include the preparation of food for consumption after Yom Kippur. However, the Rabbis permitted the trimming of vegetables late in the afternoon on Yom Kippur for their consumption after Yom Kippur. This dispensation was granted so as to increase the distress of fasting. I.e. the agony of a person's fasting is intensified if towards the end of the fast, when his mind is preoccupied with the impending breaking of the fast, he is able to handle and prepare food without being able to partake of it (see *Rashi;* see 115a note 4 for another explanation).

Since this dispensation applies to Yom Kippur and not to the Sabbath, it emerges that in this one area at least, Yom Kippur is more lenient than the Sabbath. Thus, both according to R' Akiva and R' Yishmael, when Yom Kippur falls on a Friday the shofar should be sounded, to publicize this leniency (*Rashi*).

Note that the Gemara's question is that the shofar should be sounded to inform people that the trimming of vegetables is *permitted* that afternoon; it does not ask that the shofar should be sounded to remind people that this same trimming, which had been permitted that afternoon on account of Yom Kippur, will become *forbidden* when the Sabbath begins at nightfall. This is because when the Gemara asks that the shofar should be sounded to inform people "that the trimming of vegetables is permitted," it does not mean that the trimming of vegetables is permitted *this* year. In fact, vegetables may *not* be trimmed on Yom Kippur that falls on a Friday. The reason for this is that the trimming of vegetables on Yom Kippur is performed only as a preliminary step to cooking the vegetables that night. Since this year the night following Yom Kippur is the Sabbath, when cooking is forbidden, there is no point in performing such trimming. Rather, the Gemara means that the shofar should be sounded to inform people that *in general* Yom Kippur is more lenient than the Sabbath in regard to trimming. This would put people on notice that in *future* years, when Yom Kippur falls on a *different* day, they may trim their vegetables (*Tos. Rid;* see also *Chidushei HaRan* in explanation of *Rashi,* and *Rashi* below ד״ה ורב ששת).

13. The act of blowing the shofar on the Sabbath or Yom Tov is Rabbinically prohibited. Although this prohibition is waived for the purpose of notifying people that it is *forbidden* to do certain work, it is not waived in order to inform people that a certain act is *permitted.*

Thus on a Yom Tov which occurs on a Friday, the shofar is sounded to prohibit work, i.e. to alert people to *desist* from the work which they were doing on Friday, and to demarcate between the periods of lesser and greater sanctity. The shofar is not sounded, however, to permit work, i.e. to notify people that the cutting of vegetables is *permitted* on Yom Kippur (*Rashi*).

14. Rav Shisha maintains that a Rabbinical prohibition is set aside even for the purpose of notifying people that a certain act is permitted. This dispensation applies, however, only when the notification concerns a permissibility of *immediate* practicality. It does not apply when the purpose is to inform people that a certain act will become permitted at some *later* date.

Thus, had the circumstances been such that it was necessary to inform people that the trimming of vegetables is permitted *this* year, we would indeed sound the shofar. As explained in note 12, however, when Yom Kippur falls on Friday the trimming of vegetables is pointless, since the vegetables cannot be cooked that night in any case. The sole purpose in sounding the shofar would be to notify people that it is permitted to trim vegetables on Yom Kippurs of *subsequent* years, which fall in the middle of the week. Since this notification is of no immediate concern, it is prohibited to perform the rabbinically prohibited act of sounding the shofar (*Rashi*).

15. *Chullin* 26b.

16. [The shofar was sounded toward the close of a Yom Tov that fell on a Friday. Even though the outgoing day has sanctity and many types of labor are prohibited, certain activities performed in the preparation of food are permitted.] Therefore, the shofar was sounded before the Sabbath to alert the people to desist from the type of activity which is forbidden on the Sabbath, and to demarcate between the lesser holiness of Yom Tov and the greater holiness of the Sabbath (*Rashi*).

Conversely, Havdalah is not recited at the close of a Yom Tov that is followed by the Sabbath, neither in the Shemoneh Esrei nor over a cup of wine. This is because Havdalah was enacted only to distinguish between the departure of a holy day and the arrival of a day of lesser sanctity. In this case, however, it is the day of lesser sanctity (Yom Tov) which is departing and the day of greater sanctity (the Sabbath) which is entering. The appropriate recitation, then, is that of Kiddush (literally: sanctification) recited Friday night over a cup of wine, which serves to mark the sanctity of the incoming Sabbath (*Rashi*).

17. Since the departing day has a higher degree of sanctity, we recite the Havdalah (both in Shemoneh Esrei and over a cup of wine). [As explained in note 2, the proper formula is: "between holiness (the Sabbath) and holiness (Yom Tov)" (*Rashi,* based on Tanna Kamma of Mishnah *Chullin* 26b).]

18. The Gemara's question requires some elaboration. As explained previously (see notes 1, 16), the sounding of the shofar on Friday evening was intended to notify people that a period of lesser sanctity was about to end and one of greater sanctity to begin. In the case of our Gemara, however, just the opposite is true. The passage from the

כי הוינא בבבל הוה אמרי הא דתניא א יוה"כ שחל להיות ע"ש לא היו תוקעין ובמוצאי שבת לא היו מבדילין דברי הכל היא כי סליקנא להתם אשכחתיה ליהודה בריה דרבי שמעון בן פזי דיתיב וקאמר ר' עקיבא היא דאי רבי ישמעאל כיון דאמר חלבי שבת קריבין ביום הכיפורים ליתקע כי היכי דליהוי ידעי דחלבי שבת קריבין ביום הכיפורים ואמינא ליה אנא ב כהנים זריזין הן אמר ליה מר קשישא בריה דרב חסדא לרב אשי מי אמרינן כהנים זריזין הן והתנן ג שלש להבטיל את העם ממלאכה שלש להבדיל בין קודש לחול ד כדאמר אביי לשאר עמא דבירושלים הכא נמי לשאר עמא דבירושלים וליתקע כי היכי דלידעי דשרי בקניבת ירק מן המנחה ולמעלה אמר רב יוסף לפי שאין דוחין שבות להתיר ורב שישא בריה דרב אידי אמר שבות קרובה התירו ה שבות רחוקה לא התירו ו והתנן ז יום טוב שחל להיות ערב שבת תוקעין ולא מבדילין מוצאי שבת מבדילין ולא תוקעין ואמאי ליתקע כי היכי דלידעי דשרי בשחיטה לאלתר אלא מחוורתא כדרב יוסף אמר רבי זירא אמר רב הונא ואמרי לה אמר רבי אבא אמר רב הונא ד יוה"כ שחל להיות בשבת אסור בקניבת ירק אמר רב מנא תנא (א) מנין ליוה"כ שחל להיות בשבת שאסור בקניבת ירק ת"ל א שבתון שבות למאי אילימא למלאכה והכתיב ב לא תעשה כל מלאכה אלא לאו אקניבת ירק ש"מ אמר רבי חייא בר אבא אמר רבי יוחנן יוה"כ שחל להיות בשבת מותר בקניבת ירק מיתיבי מנין ליוה"כ שחל להיות בשבת שאסור בקניבת ירק ת"ל שבתון שבות למאי אילימא למלאכה והכתיב לא תעשה כל מלאכה אלא לאו בקניבת ירק לא לעולם למלאכה ולעבור עליה בעשה ול"ת תניא כוותיה [א] דרבי יוחנן יוה"כ שחל להיות בשבת מותר

רש"י

כי הוינא בבבל. כשלמדתי תורה בבבל קודם שעליתי לא"י: לא היו תוקעין. שם תקיעות שתוקעין בע"ש להבטיל ולהבדיל משום דיוה"כ קודש שבת ואסור בכל מלאכה: ובמוצ"ש. אם חל בו יוה"כ: לא היו מבדילין. בתפלה המבדיל בין קדש לקדש כמו שמבדילין בי"ט שחל להיות במוצ"ש: דברי הכל היא. לא הוה מסיקנא אדעתאי דתיהוי בפלוגתא דרבי ישמעאל ורבי עקיבא דמתני': רבי עקיבא היא. דחשיב ליה יוה"כ כשבת הלכך לא בעי למתקע להבדיל בין זה לזה להיכרא דלא תקעינן אלא בין יום קל ליום חמור וכי היכי דבשבת לא תקעי להבדיל כהנים מלהקריב חלבי שבת ביוה"כ ביוה"כ נמי לא תקעינן להבדילן מלהקריב חלבי יוה"כ בשבת: דאי ר' ישמעאל. כיון דקיל ליה יוה"כ משבת ליתקע להבטיל מהקריב חלבי יוה"כ בשבת ובתקיעה זו ידעו שהוא יום הקל ולכשיחול יוה"כ במוצאי שבת ולא יתקעו ידעו שמותר להקריב בו חלבי שבת: זריזים הם. בקיאים הן בכל ואין צריכין סימן דכתיב בהן יורו משפטיך ליעקב (דברים לג): והתנן. במסכת סוכה: ג' להבטיל כו'. ומני להו בתקיעות שבמקדש אין פוחתין מכ"א תקיעות במקדש וקס"ד מדתקעי' להו במקדש להיכרא דכהני' תקעי להו: כדאמר אביי. בסדר יומא בפרק ג' גבי נברשת שעשתה הילני המלכה על פתחו של היכל בשעה שהחמה זורחת ניצוצות יוצאות הימנה והכל יודעים שזמן ק"ש הגיע ומותבינן ורמינהו הקורא ק"ש עם אנשי משמר לא יצא אלמא לאו בזימנא קריין ואמר אביי הא סימן דנברשת לשאר עמא שיקראו ק"ש בעונתה: וליתקע. בין לר"ע בין לרבי ישמעאל לאודועי דקל הוא משבת דיוה"כ שרי בקניבת ירק תלוש לנתק העלין מן הקלחין כדי להשוותם שיהו מוכנים לחתכן ולפרמן דאמרינן לקמן דשרי משום דהוי עינוי שרואה ומזמן ואינו אוכל: קניבה. כי ההיא דכלל גדול (לעיל עג:) האי מאן דקניב סילקא אלא דהתם במחובר והכא בתלוש: לפי שאין דוחין שבות להתיר. תקיעת שופר שבות הוא וקאמרת דלידחיה להודיע היתר בקניבת ירק אין דוחין שבות להתיר אלא לאסור כגון יו"ט שחל להיות בע"ש תוקעין להבטיל ולהבדיל: ורב ששת בריה דרב אידי אמר לעולם דוחין שבות להתיר. אי הוה מיבעי' לן היתרא האידנא אבל השתא דלא מיבעי לן קניבת ירק ביוה"כ שחל להיות בע"ש שהרי בשבת לא יבשלום ולא תהא תקיעה זו אלא להודיענו היתר בשנה אחרת שיחול יה"כ באמצע שבת לא התירו: שבות קרובה. כלומר לחיוב שבות התירו לצורך דבר קרוב ולא לצורך דבר רחוק: תוקעין. להבטיל את העם ממלאכה המותרת ביו"ט כגון אוכל נפש ולהבדיל בין הקודש ובין החול: ולא מבדילין. בתפלה ועל הכוס דלא תקנו לומר הבדלה אלא ביציאת קודש וכניסת חול ולא בכניסת קדש וביציאת חול דהתם שייך לקדושי יומא וקדוש יום שמקדשין על היין הוי היכירא דיליה: מוצאי שבת. ואם חל יו"ט במוצאי שבת מבדילין בתפלה ועל הכוס המבדיל בין קודש לקודש מפני שהקודש חמור יוצא ונכנס קל: ולא תוקעין. מבעוד יום להבטיל ולהבדיל דהא היוצא חמור והיום לא עשו שום מלאכה: ואמאי. אי ס"ד דוחין שבות להתיר לצורך דבר קרוב יתקע משחשיכה לידע דשרי בשחיטה לאלתר: אסור בקניבת ירק. ולא מבעי בשבת דעלמא דאסור משום שבות דקטרח משבת לחול אלא אפילו האידנא דיש כאן עינוי דהא בשאר יוה"כ ששאר שבות אסור זה מותר השתא דחל בשבת לא שרו רבנן: אמר רב מנא תנא כו': ת"ל. בשבת בראשית שבתון שבת קדש ושבתון משמע שבות: ולמאי. באיזה קניבה אסר לן קרא: אילימא במלאכה. כגון מחובר: הא כתיב לא תעשה כל מלאכה. והא תו למה לי: אלא לאו לקניבת ירק. בעלמא בתלוש דמידי דלאו מלאכה קאי עליה בעשה דשבתון שבות וכיון דמדאורייתא אסור בכל שבתות השנה הכא לא שרינן ליה משום עגמת נפש למידחי איסור דאורייתא ובשאר יוה"כ שרי לעגמת נפש ואע"ג דכתיב ביה נמי שבתון שבות לאו ממלאכה הוא אלא מכל דבר המעכב מלהתענות מדסמכינן לועניתם הכי דרשינן לה בפרק בתרא דיומא (דף עד.) לרחיצה וסיכה ודומין להם:

מותר

תוספות

ליתקע כי היכי דלידעו דחלבי שבת קריבין ביום הכפורים. הך תקיעה בע"ש קאמר כדפירש בקונטרס אבל יוה"כ שחל באחד בשבת לא תקעי במוצאי שבת להודיע שיוה"כ הוא קל לאדרבה מתוך התקיעה יהא נראה שהוא חמור לכל תקיעות שתוקעין בע"ש או עי"ט תוקעין בכניסת חמור והכי אמר בסמוך י"ט שחל במוצ"ש מבדילין ולא תוקעין ולא תקעי להודיע דחלבי שבת קריבין בי"ט ומיהו התם דבר ידוע הוא שי"ט קיל הוא משבת והא דפריך עלה בסמוך ואמאי ליתקע כי היכי דלידעי דשרי שחיטה לאלתר אותה תקיעה אינה אלא להודיע שהוא לילה ולא להודיע שי"ט קל הוא משבת והא דלא קאמר הכא ליתקע כי היכי דלידעו דחלבי יוה"כ אין קריבין בשבת דהא כי לא תקעי נמי מחמת שבת ויוה"כ שוין אין קריבין של זה בזה אם כן התקיעה אינה מוכחת אלא יהיו קריבין של יוה"כ בשבת והא נמי לא בעי למיפרך וליבדיל במוצאי שבת דלידעי דחלבי שבת קריבין ביוה"כ דהא אפי' מבדיל בבית הכנסת ברבים אין פרסום בהבדלה כמו בתקיעה:

וליתקע כי היכי דלידעו דשרי בקניבת ירק. ה"ה דהוה מצי למיפרך אליבא דר' ישמעאל ליתקע כי היכי דלידעו שמליחין את המטות מיוה"כ לשבת אלא ניחא ליה למיפרך לכ"ע:

אמר רב יוסף לפי שאין דוחין שבות להתיר. לעיל כי פריך ליתקע כי היכי דלידעו דחלבי שבת קריבין כו' לא הוה מצי לשנויי הכי דאין זו התרה מה שממהרין להקריבם אלא מותרת הוא שיקטירו האימורים ולא יבאו לידי נותר ויש מותרת בדבר שמהיין להקטירם:

אלא לקניבת ירק. נראה לר"י דאסמכתא בעלמא הוא דאי מדאורייתא ביוה"כ נמי ליתסר והא דאמר בפרק כלל גדול (לעיל עג:) האי מאן דקניב סילקא חייב שתים התם מיירי במחובר והכא איירי בתלוש כדפירש בקונטרס ולא דמי להא דאמר בפרק כלל גדול י) האי מאן דפרים סילקא חייב משום טוחן דהתם מיירי כשעושה חתיכות דקות מאד והכא מיירי כשעושה חתיכות גדולות:

לעולם למלאכה. וקניבת ירק דברייתא היינו שעושים דק דק דהוי איסור דאורייתא דדמי לטוחן א"נ במחובר: ואמאי ליתקע כי היכי דלידעו דשרי בשחיטה. לא להודיע די"ט קיל אלא להודיע שהוא לילה וכן אומר ר"י מה שתוקעים במוצאי יוה"כ אינו אלא להודיע שהוא לילה ויאכילו את בניהם שהתענו וגם להכין סעודת מוצאי יוה"כ שהיא כעין י"ט ח) כמו שיסד הפייטן ט) אחר גמר מילוי אכול בחלוי ורצוי ולא כמחזורים שכתוב בהן שהתקיעה זכר ליובל כי למה תוקעין בכל שנה ושנה וכי היה יובל בכל שנה ושנה:

הדרן עלך ואלו קשרים

עין משפט נר מצוה

לג א מיי' פ"ה מהלכות שבת הלכה כא: לד ב שם הל' יח יט כ: לה ג שם הלכה כא: לו ד מיי' פ"ו מהלכות שביתת עשור הל"ג טוש"ע או"ח סימן תריא סעיף ג:

רבינו חננאל

א) השתא הוא בפלוגתא דרבי ישמעאל ור"ע. אמר ר' זירא כי הוינן בבבל הוה אמרי' הא דתניא יוה"כ שחל להיות ערב שבת לא היו תוקעין ובמוצ"ש לא היו מבדילין דברי הכל היא. כלומר מפני מה תוקעין בע"ש כדי להבדיל מן המלאכה כיון שע"ש יוה"כ הוא אין שם מלאכה שצריכין תקיעה להבטילן. וכן הבדלה כדי להתיר העם למלאכה וכיון שמוצ"ש לפיכך אין צריך להבדלה. וא"ר זירא כי סליקי להתם ואשכחתיה ליהודה בריה דר"ש בן פזי דהוא דאמר הא מתני' ר"ע היא דלא שני ליה בין שבת ליוה"כ דהא לא חלבי שבת קריבין ביוה"כ ולא של יוה"כ בשבת לפיכך לא צריך היכרא בין זה לזה. אבל אי לר' ישמעאל דשני ליה ליתקע במ"ש ליוה"כ כי היכי דליהוי הכירא לכהנים להקריב מה שנותר מחלבי שבת וא"ל ר' זירא אפי' לר' ישמעאל ושני ליה בין שבת ליום הכפורים כהנים זריזין וידעין שחלבי שבת קריבין ביוה"כ ולפיכך לא בעי תקיע' ואבדלת' איני דכהנים זריזין הן והתנן ג' להבדיל בין [קדש] לחול ושנינן הא דתנן להבדיל בין קדש לחול אינה שנויה לגבי כהנים אלא לישראל בלבד. כדאמר אביי התם ביומא לענין נברשת של זהב שעשת הילני על פתח ההיכל להודיע עת ק"ש דלאו לכהנים איתעביד אלא לשאר עמא דבירושלים. ואקשי' תוב וליתקע בהדי הבדלה לשאר עמא דבירושלים להודיע להן דקניבת ירק מן המנחה ולמעלה. דהא ק"ל דבשבת אסור לקנב ירק ולהניח לערב משום בורר. ואמרינן (לעיל ע"ד) אמר אביי בורר ואוכל לאלתר בורר ומניח לאלתר אבל לא לאחר לא יברור. ובסוף אמורה קמיה דרבה ואמר דשפיר אמר נחמני. אבל ביוה"כ מותר לברור ולקנב מן המנחה ולמעלה ולהניח במוצאי יוה"כ. ומפרק רב יוסף לפי שאין דוחין שבות להתיר. פי' תקיעה אסורה משום שבות. דדרשי כל מלאכת עבודה יצאו תקיעת שופר ורדיית הפת שהן חכמה ואינה מלאכה ולא דחו שבות לא בשבת ולא ביוה"כ בתקיעה להתיר קניבת ירק אי הוה איכא מלאכ' למיסרא משום מלאכ' [הוא] דדחי שבות ותוקעין אבל למישרא קניבת ירק לא דחו שבות ותקעי. רב שישא בריה דרב אידי אמר שבות קרובה התירו שבות רחוקה לא התירו. פי' אפילו תימא דוחין שבות להתיר מידי דאית ליה רשות למיעבדיה בקרובה דוחין שבות (משום) להתירו. אבל מידי דרחיק ולית ליה למיעבדיה בקרובה אין דוחין שבות להתירו. וקניבת ירק ביוה"כ לאלתר אלא מן המנחה ולמעלה. איני והתנן יו"ט שחל להיות ע"ש תוקעין ולא מבדילין. ולאחר שבת מבדילין ולא תוקעין. ואי אמרת רשות קרובה התירו ליתקע במיעל יו"ט שחל להיות לאחר שבת כי היכי דנידעו דשרי לשחיטה לאלתר. ועמדה הקושיא. ונדחה הא דרב שישא. ואסיק' אלא מחוורתא כדר' יוסף. וקשי לן בהא שמעתא הא דאמר רב יהודה בריה דר"ש בן פזי הא מתניתא ר' עקיבא היא דאי ר' ישמעאל הא אמר חלבי שבת קריבין ביוה"כ ליתקע במ"ש ליוה"כ כי היכי דנידעו וחלבי שבת ביוה"כ קריבין. וקשיא לן וכי יש תקיעה במ"ש דאמר ליתקע במ"ש. והיו מן החכמים מפרשין ואמרי' האי גירסא מאן דגריס ליתקע טעותא הוא. אלא הכי קאמר דאי ר' ישמעאל היא ניבדיל כי היכי דלידעו דחלבי שבת קריבין ביוה"כ. וקמפרש בתלמוד א"י דגרסינן ר' זעירא בשם רב חסדא יוה"כ שחל להיות ע"ש אין תוקעין לאחר שבת אין מבדילין. אימא כר"ע ברם כר' ישמעאל מבדיל שכן חלבי שבת קריבין ביוה"כ. א"ר זעירא קומי ר' מנא אפילו כר' ישמעאל לא יבדיל כלום הוא אלא להתיר דבר שהוא אסור אילו הקטיר חלבי שבת בשבת שמא אינו מותר ופירוקא דר' זירא בתלמודא דילן היינו טעמא דלא מבדילינן משום דכהנים זריזין טפי עדיף. וטעמא דרב שישא בריה דרב אידי

מסורת הש"ס

א) סוכה נד., ב) [לעיל כ: וש"נ], ג) סוכה נג., ד) יומא לז:, ה) [פסחים מג.], ו) חולין כו:, ז) [דף עד: ותוס' שם ד"ה הא מתן], ח) [וע' תוס' לקמן קיח: ד"ה אבל לא סד"ן], ט) [כסמנון של מנחה ליוה"כ].

הגהות הב"ח

(א) גמ' אמר רב מנא תנא. נמי הכי תנן ליוה"כ:

הגהות הגר"א

[א] גמ' דר' יוחנן. נ"ל דרב הונא (ר"ל לגי' הרמב"ם ומ"מ):

רב נסים גאון

עד כאיסור האיטלקי: כדאמר אביי לשאר עמא דבירושלים. ומשכחת דברי אביי במס' יומא בפרק אמר להן הממונה (דף לז) דתנן הילני אמו עשתה נברשת של זהב על פתח ההיכל. תאנא בשעה שחמה זורחת ניצוצות יוצאות ממנה ויודעין שהגיע זמן קרית שמע מיתיבי הקורא קרית שמע כו' אמר אביי לשאר עמא דבירושלים:

סליק פרק אלו קשרים

תורה אור השלם

א) וַיֹּאמֶר אֲלֵהֶם הוּא אֲשֶׁר דִּבֶּר יְיָ שַׁבָּתוֹן שַׁבַּת קֹדֶשׁ לַייָ מָחָר אֵת אֲשֶׁר תֹּאפוּ אֵפוּ וְאֵת אֲשֶׁר תְּבַשְּׁלוּ בַּשֵּׁלוּ וְאֵת כָּל הָעֹדֵף הַנִּיחוּ לָכֶם לְמִשְׁמֶרֶת עַד הַבֹּקֶר: (שמות טז, כג)

ב) וְיוֹם הַשְּׁבִיעִי שַׁבָּת לַייָ אֱלֹהֶיךָ לֹא תַעֲשֶׂה כָל מְלָאכָה אַתָּה וּבִנְךָ וּבִתֶּךָ עַבְדְּךָ וַאֲמָתְךָ וּבְהֶמְתֶּךָ וְגֵרְךָ אֲשֶׁר בִּשְׁעָרֶיךָ: (שמות כ, י)

ליקוטי רש"י

לא היו תוקעין. להבטיל ולהבדיל משום דיום הכפורים נמי לאו מלאכה עביד. ובמוצאי שבת. ואם חל יום הכפורים להיות במוצאי שבת. לא היו מבדילין. על הכוס בין קודש לקודש כדרך שמבדילין ליום טוב שהכא התם שהוא קדושת חמור. הכל היא בין לרבי ישמעאל בין לרבי עקיבא דפליגי גבי חלבי שבת קריבין ביום הכפורים [סוכה נד:]. כהנים זריזין הן. דכיון שנכנסין לעבודה בידוע שהלכה [לעיל כ.]. שלש להבטיל את העם ממלאכה. כמתפרש בשילהי כמה מדליקין (לעיל לה:). שלש להבדיל בין קודש לחול. כשקדש היום

להודיע שחשכה ויש מעשה חיוב סקילה במלאכה [סוכה נג:]. כדאמר אביי לשאר עמא. הבלים כעזרה... תוקעין. אע"פ שגם היום יו"ט היה ואין בו מלאכה תוקעין להבדיל ממלאכת אוכל נפש. ולא מבדילין... חמור מן היוצא. מוצאי שבת. חל להיות במוצאי שבת מבדילין לפי שהיוצא חמור מן הנכנס ותקיעה אין...

חשק שלמה על רבינו חננאל א) לכאורה תמוה דהא ר"י ור"ע לא פליגי רק בחלבי שבת אי קרבין ביוה"כ אבל בחלבי חול ליכא מאן דפליג. ועי' תוס' שם ד"ה אבל. וכמל"מ בפ"ד מהל' מעשה הקרבנות הלכה ג' ודו"ק:

The Gemara concludes:

אֶלָּא מְחַוַּורְתָּא כִּדְרַב יוֹסֵף – Rather, it is clear that it is **as Rav Yosef** answered, that a Rabbinical prohibition is never set aside for the purpose of notifying people that a certain act is permitted.

Having mentioned that the trimming of vegetables is permitted on Yom Kippur from the time of Minchah and onward, the Gemara discusses whether this same dispensation applies on a Yom Kippur that falls on the Sabbath:

אָמַר רַבִּי זֵירָא אָמַר רַב הוּנָא – R' Zeira said in the name of Rav Huna, וְאָמְרֵי לָהּ – or, as **others say it, אָמַר רַבִּי אַבָּא אָמַר רַב הוּנָא – R' Abba said in the name of Rav Huna: יוֹם הַכִּפּוּרִים שֶׁחָל לִהְיוֹת בְּשַׁבָּת – On Yom Kippur that falls on the Sabbath, אָסוּר בִּקְנִיבַת יָרָק – the trimming of vegetables is prohibited.**[19]

The Gemara finds support for this opinion:

אָמַר רַב מָנָא – Rav Mana said: תָּנָא – It was taught in a Baraisa: מִנַּיִין לְיוֹם הַכִּפּוּרִים שֶׁחָל לִהְיוֹת בְּשַׁבָּת שֶׁאָסוּר בִּקְנִיבַת יָרָק – FROM WHERE do we derive REGARDING YOM KIPPUR WHICH FALLS ON THE SABBATH THAT THE CUTTING OF VEGETABLES[20] IS PROHIBITED? תַּלְמוּד לוֹמַר ,,שַׁבָּתוֹן" – For [THE TORAH] TEACHES in regard to the Sabbath:[21] ***SHABBASON*** (a solemn rest), **שְׁבוּת** – i.e. REST from work. Learn from this that the cutting of vegetables is prohibited on the Sabbath, even if it happens to be Yom Kippur as well.

The Gemara analyzes the Baraisa and concludes its proof:

לְמַאי – Now, **to what** type of "cutting" does the Baraisa refer? **אִילֵימָא לִמְלָאכָה – If you say to** the harvesting of vegetables that are attached to the ground, which is **a** Biblically forbidden **labor, וְהָכְתִיב – but surely it is written** in regard to the Sabbath:[22] **,,לֹא־תַעֲשֶׂה כָל־מְלָאכָה"** – ***you shall not do any work.*** Since there is already an explicit negative commandment forbidding labor on the Sabbath, there is no need for the Baraisa to prohibit the cutting of attached vegetables on the grounds of *shabbason*! **אֶלָּא לָאו אַקְּנִיבַת יָרָק – Rather,** is it **not** referring **to the trimming of** already harvested **vegetables? שְׁמַע מִינָּהּ – Derive from this** Baraisa, then, that the trimming of vegetables is prohibited on Yom Kippur which falls on the Sabbath.[23]

An opposing viewpoint:

אָמַר רַבִּי חִיָּיא בַּר אַבָּא אָמַר רַבִּי יוֹחָנָן – R' Chiya bar Abba said in the name of R' Yochanan: יוֹם הַכִּפּוּרִים שֶׁחָל לִהְיוֹת בְּשַׁבָּת – On Yom Kippur that falls on the Sabbath, מוּתָּר בִּקְנִיבַת יָרָק – the trimming of vegetables is permitted.[24]

The Gemara questions this opinion:

מֵיתִיבֵי – They challenged R' Yochanan's ruling from the previously cited Baraisa: מִנַּיִין לְיוֹם הַכִּפּוּרִים שֶׁחָל לִהְיוֹת בְּשַׁבָּת שֶׁאָסוּר בִּקְנִיבַת יָרָק – FROM WHERE do we derive REGARDING YOM KIPPUR WHICH FALLS ON THE SABBATH THAT THE CUTTING OF VEGETABLES IS PROHIBITED? תַּלְמוּד לוֹמַר ,,שַׁבָּתוֹן" – For [THE TORAH] TEACHES in regard to the Sabbath: *SHABBASON,* שְׁבוּת – i.e. REST from work. **לְמַאי** – Now **to what** type of "cutting" does the Baraisa refer? **אִילֵימָא לִמְלָאכָה – If you say to** the harvesting of attached vegetables, which is **a** Biblically forbidden **labor, וְהָכְתִיב – but surely it is written** in regard to the

NOTES

Sabbath to a festival is from a period of greater sanctity to one of lesser sanctity. Why, then, does the Gemara say that it would be appropriate to sound the shofar?

Tosafos (ד״ה דליתקע וד״ה ואמאי) answer that our Gemara is not arguing that the shofar should be sounded [before dark and] for the conventional reason, i.e. to differentiate between periods of lesser and greater sanctity, for indeed that reason does not exist in this case. Rather, the Gemara's question is that the shofar should be sounded [upon nightfall (*Rashi*)], to let people know that the Sabbath has ended and Yom Tov has begun. Thus, people will know that ritual slaughter (or any other form of food preparation) prohibited on the Sabbath is now permissible.

This question pertains uniquely to a case in which Yom Tov falls on a Sunday. In that case, it is important for people to know that the Sabbath has ended, so that they can immediately begin preparing food to fulfill the mitzvah of rejoicing on Yom Tov. Thus, the Gemara argues that if it is true that a Rabbinic prohibition may be set aside to inform people of a leniency, the shofar should be sounded to allow people to get the earliest possible start in preparing for this mitzvah. However, regarding a Sabbath which is not followed by a Yom Tov, since it is of no great consequence that the labor restrictions have been lifted, the Gemara does not ask that the shofar should be sounded (*Ramban, Rashba;* cf. *Rambam, Hil. Shabbos* 5:20 with *Maggid Mishneh*).

19. The trimming of vegetables on the Sabbath for their consumption after the Sabbath is prohibited because one is forbidden to expend טִירְחָא, *effort,* on the Sabbath for the sake of a weekday endeavor. Theoretically, the trimming of vegetables on Yom Kippur for their consumption after Yom Kippur should be prohibited for the same reason. However, as explained in note 12, the Rabbis permitted the trimming of vegetables on Yom Kippur so as to intensify the distress involved in the Yom Kippur fasting. Thus, it might have been thought that due to this consideration, if Yom Kippur falls on the Sabbath, the Sabbath prohibition against trimming vegetables for their consumption after the Sabbath would be waived in the same manner that the Yom Kippur prohibition is waived. Rav Huna teaches that this is not the case, i.e. the Sabbath prohibition remains in force, and the trimming of vegetables is consequently prohibited (*Rashi*). [See below, note 23, for a rationale as to why the Yom Kippur prohibition is waived whereas the Sabbath prohibition is not.]

20. Although the Gemara until this point has used the phrase קְנִיבַת יָרָק to refer specifically to the trimming of already harvested vegetables, the term קְנִיבָה, in and of itself, simply means "cutting" (see *Rashi* above ד״ה קניבה); it does not indicate whether the object being cut is attached to or detached from the ground. The Gemara will therefore seek to determine whether the phrase קְנִיבַת יָרָק in the Baraisa refers to the harvesting of attached vegetables or the trimming of unattached vegetables.

21. *Exodus* 16:23.

22. Ibid. 20:10.

23. The trimming of cut vegetables on the Sabbath for consumption after the Sabbath is not included in the prohibition (*Exodus* 20:10): *you shall not do any work* [for it violates none of the thirty-nine Biblically prohibited *avos melachos*]. Nevertheless, the Baraisa rules that this act is Biblically prohibited. The source for this is the word *shabbason* (a solemn rest), which is understood as being a positive commandment to rest from certain forms of weekday activity, one of which is the trimming of vegetables for their consumption after the Sabbath. (See *Ritva MHK* ed. who explains that by writing the word *shabbason,* the Torah interdicted, in a *general* sense, weekday types of activity. It left it to the Sages, however, to decide which *specific* acts this would include. The Sages decided that the trimming of vegetables is such an act.) And since this activity is Biblically prohibited, the Sages did not suspend this prohibition even if Yom Kippur fell on the Sabbath, merely for the consideration of intensifying the distress of fasting. By contrast, the prohibition of trimming vegetables on Yom Kippur which does not fall on the Sabbath is only Rabbinic in nature, for there is no Scriptural verse to prohibit it. As such, it is waived by the Sages in order to intensify the distress of fasting (*Rashi,* cf. *Tosafos* ד״ה אלא). [Although the word *shabbason* appears in the Torah in regard to Yom Kippur as well (*Leviticus* 23:32), it is not interpreted there in a similar fashion to that of the Sabbath, as forbidding weekday-type activity. Rather, based on the context of the verse in which this word appears, the Gemara in *Yoma* 74a derives the obligation to "rest" from bathing, anointing and similar pleasurable activities on Yom Kippur (*Rashi*).]

24. R' Yochanan is of the opinion that just as the Yom Kippur prohibition against trimming vegetables for weekday consumption was waived for the sake of intensifying the distress of the fast, so too the parallel Sabbath prohibition was waived. R' Yochanan holds that the prohibition against trimming vegetables on the Sabbath for consumption after the Sabbath is only Rabbinic in nature, and this was waived by the Sages to accommodate their concern to intensify the distress of fasting (see *Rashi* 115a ד״ה מותר).

עין משפט נר מצוה

לג א מיי' פ"ה מהלכות שבת הלכה כא:
לד ב שם הל' יח יט כ:
לה ג שם הלכה כא:
לו ד מיי' פ"א מהלכות שביתת עשור הל"ג טוש"ע א"ח סימן תריא סעיף ג:

מסורת הש"ס

א) סוכה נד., ב) [לעיל כ. וש"נ], ג) סוכה נג:, ד) יומא פא:, ה) [פסחים מג.], ו) חולין כו., ז) [דף עד: וש"נ תוס' ד"ה האי מאן], ח) [ועי' תוס' לקמן קיח: ד"ה אבל לא כו'], ט) [בסומכין של מנחה ליוה"כ].

א כי הוינא בבבל הוה אמרי הא דתניא א יוה"כ שחל להיות ע"ש לא היו תוקעין ובמוצאי שבת לא היו מבדילין דברי הכל היא כי סליקנא להתם אשכחיתיה ליהודה בריה דרבי שמעון בן פזי דיתיב וקאמר ר' עקיבא היא דאי רבי ישמעאל כיון דאמר חלבי שבת קריבין ביום הכיפורים ליתקע כי היכי דליהוי ידעי דחלבי שבת קריבין ביום הכיפורים ואמינא ליה אנא ג כהנים זריזין הן אמר ליה מר קשישא בריה דרב חסדא לרב אשי מי אמרינן כהנים זריזין הן והתנן ב שלש להבטיל את העם ממלאכה שלש להבדיל בין קודש לחול ד כדאמר אביי לשאר עמא דבירושלים וליתקע כי היכי דלידעי דשרי בקניבת ירק מן המנחה ולמעלה אמר רב יוסף לפי שאין דוחין שבות להתיר ורב שישא בריה דרב אידי אמר שבות קרובה התירו ה שבות רחוקה לא התירו ושבות קרובה התירו ו והתנן ז יום טוב שחל להיות ערב שבת תוקעין ולא מבדילין מוצאי שבת מבדילין ולא תוקעין ואמאי ליתקע כי היכי דלידעי דשרי בשחיטה לאלתר אלא מחוורתא כדרב יוסף אמר רבי זירא אמר רב הונא ואמרי לה אמר רבי אבא אמר רב הונא ד יוה"כ שחל להיות בשבת אסור בקניבת ירק אמר רב מנא תנא (א) מנין ליוה"כ שחל להיות בשבת שאסור בקניבת ירק ת"ל א שבתון שבות למאי אילימא למלאכה והכתיב ב לא תעשה כל מלאכה אלא לאו אקניבת ירק ש"מ אמר רבי חייא בר אבא אמר רבי יוחנן יוה"כ שחל להיות בשבת מותר בקניבת ירק מיתיבי מנין ליוה"כ שחל להיות בשבת שאסור בקניבת ירק ת"ל שבתון שבות למאי אילימא למלאכה והכתיב לא תעשה כל מלאכה אלא לאו בקניבת ירק לא לעולם למלאכה ולעבור עליה בעשה ול"ת תניא כוותיה [א] דרבי יוחנן יוה"כ שחל להיות בשבת מותר

רש"י

כי הוינא בבבל. כשלמדתי תורה בבבל קודם שעליתי לא"י: לא היו תוקעין. שש תקיעות שתוקעין בע"ש להבטיל ולהבדיל משום דיוה"כ קודש כשבת ואסור בכל מלאכה: ובמוצ"ש. לא היו מבדילין. בתפלה המבדיל בין קדש לקדש כמו שמבדילין בי"ט שחל להיות במוצ"ש: דברי הכל היא. לא הוה מסיקנא אדעתאי לאוקמיה בפלוגתא דרבי ישמעאל ורבי עקיבא דמתני': רבי עקיבא היא. דמשוי ליה יוה"כ כשבת הלכך לא בעי למתקע להבדיל בין זה לזה להיכרא דלא תקעינן אלא בין יום קל ליום חמור וכי היכי דבשבת לא תקעי להבדיל כהנים מלהקריב חלבי שבת ביוה"כ ביוה"כ נמי לא תקעינן להבדילן מלהקריב חלבי יוה"כ בשבת: דאי ר' ישמעאל. כיון דקיל ליה יוה"כ משבת ליתקע להבטיל מהקריב חלבי יוה"כ בשבת ובתקיעה זו ידעו שהוא יום הקל ולכשיחול יוה"כ במוצאי שבת ולא יתקעו ידעו שמותר להקריב בו חלבי שבת: זריזים הם. בקיאים הן בכל ואין צריכין סימן דכתיב בהן יורו משפטיך ליעקב (דברים לג): והתנן. במסכת סוכה: ג' להבטיל כו'. ומני להו בתקיעות שבמקדש אין פוחתין מכ"א תקיעות במקדש וקס"ד מדתקעי' להו במקדש להיכרא דכהני' תקעי להו: כדאמר אביי. בסדר יומא בפרק ג' גבי נברשת שעשתה הילני המלכה על פתחו של היכל בשעה שהחמה זורחת ניצוצות יוצאות הימנה והכל יודעים שזמן ק"ש הגיע ומותבינן ולימנהו הקורא ק"ש עם אנשי משמר לא יצא אלמא לאו בזמנה קריין ואמר אביי הא סימן לנכנסת לשאר עמא שיקראו ק"ש בעונתה: וליתקע. בין לר"ע בין לרבי ישמעאל לאודועי דקיל הוא משבת דיוה"כ שרי בקניבת ירק תלוש לנתק העלין מן הקלחין כדי להשוותם שיהו מוכנים לחתוך ולפרמן דאמרינן לקמן דשרי משום דהוי עינוי שרואה ומזמן ואינו אוכל: קניבה. כי ההיא דכלל גדול (לעיל עג:) האי מאן דקניב סילקא אלא דהתם במחובר והכא בתלוש: לפי שאין דוחין שבות להתיר. תקיעת שופר שבות הוא וקאמרת לדחיה להודיע היתר בקניבת ירק אין דוחין שבות להתיר אלא לאסור כגון יו"ט שחל להיות בע"ש תוקעין להבטיל ולהבדיל: ורב ששת בריה דרב אידי אמר לעולם דוחין שבות להתיר. אי הוה מיבעי' לן היתרא האידנא אבל השתא דלא מיבעי לן קניבת ירק ביוה"כ להיות בע"ש שהרי בשבת לא יבשלום ולא הוה תקיעה זו אלא להודיעם היתר בשנה אחרת שיחול יוה"כ באמצע שבת לא התירו: שבות קרובה. כלומר לחיוב שבות התירו לצורך דבר קרוב ולא לצורך דבר רחוק: תוקעין. להבטיל את העם ממלאכה המותרת ביו"ט כגון אוכל נפש ולהבדיל בין הקודש ובין החול: ולא מבדילין. בתפלה ועל הכוס דלא תקנו לומר הבדלה אלא ביציאת קודש ובכניסת חול ולא בכניסת קדש וביציאת חול דהתם שייך לקדושי יומא וקדוש יום שמקדשין על היין הוי היכירא דיליה: מוצאי שבת. ואם חל יו"ט במוצאי שבת מבדילין בתפלה ועל הכוס המבדיל בין קודש לקודש מפני שהקודש חמור יוצא ונכנס קל: ולא תוקעין. מבעוד יום להבטיל ולהבדיל דהא היוצא חמור והיום לא עשו שום מלאכה: ואמאי. אי ס"ד דוחין שבות להתיר לצורך דבר קרוב יתקע משחשיכה לידע דשרי בשחיטה לאלתר: אסור בקניבת ירק. ולא מבעי בשבת דעלמא דאסור משום שבות דקטרח משבת לחול אלא אפילו האידנא דיש כאן עינוי דהא בשאר יוה"כ ששאר שבות אסור זה מותר השתא דחל בשבת לא שרו רבנן: אמר רב מנא תנא כו': ת"ל. בשבת בראשית שבתון שבת קדש ושבתון משמע שבות: ולמאי. באיזה קניבה אסר לן קרא: אילימא במלאכה. כגון מחובר: הא כתיב לא תעשה כל מלאכה. והא תו למה לי: אלא לאו לקניבת ירק. בעלמא בתלוש דמידי דלאו מלאכה קאי עליה בעשה דשבתון שבות וכיון דמדאורייתא אסור בכל שבתות השנה הכא לא שרינן ליה משום עגמת נפש למידחי איסור דאורייתא ובשאר יוה"כ שרי לעגמת נפש ואע"ג דכתיב ביה נמי שבתון שבות לאו ממלאכה הוא אלא מכל דבר המעכב מלהתענות מדסמכינן לועניתם הכי דרשינן לה בפרק בתרא דיומא (דף עד.) לרחילה וסיכה ודומין להם: מותר

תוספות

ליתקע כי היכי דלידעו דחלבי שבת קריבין ביום הכפורים. הך תקיעה בע"ש קאמר כדפירש בקונטרס אבל יוה"כ שחל באחד בשבת לא תקעי במוצאי שבת להודיע שיוה"כ הוא קל לאדרבה מתוך התקיעה יהא נראה שהוא חמור דכל תקיעות שתוקעין בע"ש או עי"ט תוקעין בכניסת חמור והכי אמר בסמוך י"ט שחל במוצ"ש מבדילין ולא תוקעין ולא תקעי להודיע דחלבי שבת קריבין בי"ט ומיהו התם דבר ידוע הוא שי"ט קיל הוא משבת והא דפריך עלה בסמוך ואמאי ליתקע כי היכי דלידעי דשרי שחיטה לאלתר אותה תקיעה אינה אלא להודיע שהוא לילה ולא להודיע שי"ט קל הוא משבת והא דלא קאמר הכא ליתקע כי היכי דלידעו דחלבי יוה"כ אין קריבין בשבת דהא כי לא תקעי נמי מחמת ששבת ויוה"כ שוין אין קריבין של זה בזה אם כן התקיעה אינה מוכחת שלא יהיו קריבין של יוה"כ בשבת והא נמי לא בעי למיפרך ולידל במוצאי שבת לידעי דחלבי שבת קריבין ביוה"כ דהא אפי' מבדיל בבית הכנס' ברבים אין פרסום בהבדלה כמו בתקיעה:

וליתקע כי היכי דלידעו דשרי בקניבת ירק. ה"ה דהוה מצי למיפרך אליבא דר' ישמעאל ליתקע כי היכי דלידעו שמציעין את המטות מיוה"כ לשבת אלא ניחא ליה למיפרך לכ"ע:

אמר רב יוסף לפי שאין דוחין שבות להתיר. לעיל כי פריך ליתקע כי היכי דלידעו דחלבי שבת קריבין כו' לא הוה מצי לשנויי הכי דאין זו התרה מה שמתירין להקריבם אלא חומרא הוא שיקטירו האימורים ולא יבאו לידי נותר ויש חומרא בדבר שחייבין להקטירם:

אלא לקניבת ירק. נראה לר"י דאסמכתא בעלמא הוא דאי מדאורייתא ביוה"כ נמי ליתסר והא דאמר בפרק כלל גדול (לעיל עג:) האי מאן דקניב סילקא חייב שתים התם מיירי במחובר והכא איירי בתלוש כדפירש בקונטרס ולא דמי להא דאמר בפרק כלל גדול ז האי מאן דפריס סילקא חייב משום טוחן דהתם מיירי כשעושה חתיכות דקות מאד והכא מיירי כשעושה חתיכות גדולות:

לעולם למלאכה. וקניבת ירק דברייתא היינו שעושים דק דק דדמי לטוחן א"נ במחובר:

ואמאי ליתקע כי היכי דלידעו דשרי בשחיטה. לעיל לא להודיע די"ט קיל אלא להודיע שהוא לילה וכן אומר ר"י מה שתוקעים במוצאי יוה"כ אינו אלא להודיע שהוא לילה ויאכילו את בניהם שהתענו וגם להכין סעודת מוצאי יוה"כ שהיא כעין י"ט ח כמו שיסד הפייטן ט אמר גמר מילוי אכול בדלוי ורצוי ולא כמחזורים שכתוב בהן שהתקיעה זכר ליובל כי למה תוקעין בכל שנה ושנה וכי היה יובל בכל שנה ושנה:

הדרן עלך ואלו קשרים

רבינו חננאל

א) השתא הוא בפלוגתא דרבי ישמעאל ור"ע: אמר ר' זירא כי הוינן בבבל הוה אמרי' הא דתניא יוה"כ שחל להיות ערב שבת לא היו תוקעין ובמוצ"ש לא היו מבדילין דברי הכל היא. כלומר מפני מה תוקעין בע"ש כדי להבדיל מן המלאכה כיון שע"ש יוה"כ הוא אין שם מלאכה שצריכין תקיעה להבטילן. וכן הבדלה כדי להתיר העם למלאכה וכיון שמוצ"ש יוה"כ אין בו התר מלאכה לפיכך אין צריך להבדלה. וא"ר זירא כי סליקי להתם ואשכחתיה ליהודה בריה דר"ש בן פזי דאומר הא מתני' ר"ע היא דלא שני ליה בין שבת ליוה"כ דהא לא חלבי שבת קריבין ביוה"כ ולא של יוה"כ בשבת לפיכך לא צריך הכירא בין האי להאי. אלא לר' ישמעאל דשני ליה ליתקע במ"ש ליוה"כ דליהוי הכירא לכהנים להקריב מה שנותר מחלבי שבת וא"ל ר' זירא אפי' לר' ישמעאל ושני ליה בין שבת ליום הכיפורים כהנים זריזין הן ויודעין שחלבי שבת קריבין ביוה"כ לפיכך לא בעי תקיע' ואבדלת' איני דכהנים זריזין הן והתנן ג' להבדיל בין [קודש] לחול ושנינן הא דתנן להבדיל בין קדש לחול אינה שנויה לגבי כהנים אלא לישראל בלבד. כדאמר אביי התם ביומא לענין נברשת של זהב שעשת הילני על פתח ההיכל להודיע עת ק"ש דלאו לכהנים איתעביד אלא לשאר עמא דבירושלים. ואקשי' תוב וליתקע בהדי הבדלה לשאר עמא דנידעו דשרי להו קניבת ירק מן המנחה ולמעלה. דהא קיי"ל דבשבת אסור לקנב ירק ולהניח לערב משום בורר. ואמרינן (לעיל עד.) האי מאן דבורר ואוכל לאלתר אבל שלא לאלתר לא יבורר. ובסוף אמרה קמיה דרבה ואמר דשפיר אמר נחמני. אבל ביוה"כ מותר לברור ולקנב מן המנחה ולמעלה ולהניח במוצאי יוה"כ. ומפרק רב יוסף לפי שאין דוחין שבות להתיר. פי' תקיעה אסורה משום שבות. דדרשי כל מלאכת עבודה יצא תקיעת שופר ורדיית הפת שהן חכמה ואינה מלאכה ולא דחו שבות לא בשבת ולא ביוה"כ בתקיעה להתיר קניבת ירק אי הוה איכא מלתא למיסרא משום מלאכ' [הוא] דדחי שבות ותוקעין אבל למשרא קניבת ירק לא דחו שבות ותקעי. ורב שישא בריה דרב אידי אמר שבות קרובה התירו שבות רחוקה לא התירו. פי' אפילו תימא דוחין שבות להתיר מידי דאית ליה רשות למיעבדיה בקרובה דוחין שבות [משום] להתירו. אבל מידי דרחיק ולית ליה למיעבדיה בקרובה אין דוחין שבות להתירו. וקניבת ירק ביוה"כ לאלתר אלא מן המנחה ולמעלה. איני והתנן יו"ט [שחל להיות ערב שבת] תוקעין ולא מבדילין. ולאחר שבת מבדילין ולא תוקעין. ואי אמרת רשות קרובה התירו ליתקע במיעל יו"ט כי היכי דנידעו דשרי לשחיטה לאלתר. ועמדה הקושיא. תדחה הא דרב שישא. ואסיק' אלא מחוורתא כדר' יוסף. וקשיא לן בהא שמעתא הא דאמר רב יהודה בריה דר"ש בן פזי הא מתניתא ר' עקיבא היא דאי ר' ישמעאל הא אמר חלבי שבת קריבין ביוה"כ ליתקע במ"ש ליוה"כ כי היכי דנידעו דחלבי שבת ביוה"כ קריבין. וקשיא לן וכי יש תקיעה במ"ש דאמר ליתקע במ"ש. והיו מן החכמים מפרשין ואמרי' האי גירסא מאן דגריס ליתקע טעותא הוא. אלא הכי קאמר דאי ר' ישמעאל היא ניבדיל כי היכי דנידעו דחלבי שבת קריבין ביוה"כ. וקמפרש בתלמוד א"י דגרסינן ר' זעירא בשם רב חסדא יוה"כ שחל להיות ע"ש אין תוקעין לאחר שבת אין מבדילין. אימא כר"ע ברם כר' ישמעאל מבדיל שכן חלבי שבת קריבין ביוה"כ. א"ר זעירא קומי ר' מנא אפילו כר' ישמעאל לא יבדיל כלום הוא אלא להתיר דבר שהוא אסור אילו הקטיר חלבי שבת בשבת שמא אינו מתיר ופירוקא דר' זירא בתלמודא דילן היינו טעמא דלא מבדילינן משום דכהנים זריזין טפי עדיף. וטעמא דרב שישא בריה דרב אידי איגלאי לן

חשק שלמה על רבינו חננאל א) לכאורה תמוה דהא ר"י ור"ע לא פליגי רק בחלבי שבת אי קריבין ביוה"כ אבל בחלבי חול ליכא מאן דפליג. ועי' תוס' שם ד"ה אבל. וכמל"מ בפ"ד מהל' מעשה הקרבנות הלכה ג' ודו"ק:

הגהות הב"ח

(א) גמ' אמר רב מנא תנא מנין. נ"ב הכי גרסינן ליוה"כ:

הגהות הגר"א

[א] גמ' דר' יוחנן. נ"ל דרב הונא (כ"ל בג"ר הרמב"ם ומ"מ).

רב נסים גאון

עד כאיסור האיטלקי: כדאמר אביי לשאר עמא דבירושלים. ומשכחת דברי אביי במס' יומא בפרק אמר להם הממונה (דף לז) דתנן הילני אמו עשתה נברשת של זהב על פתח ההיכל. תאנא בשעה שחמה זורחת ניצוצות יוצאות ממנה ויודעין שהגיע זמן קריאת שמע מיתיבי הקורא קרית שמע כו' אמר אביי לשאר עמא דבירושלים:

סליק פרק ואלו קשרים

תורה אור השלם

א) וַיֹּאמֶר אֲלֵהֶם הוּא אֲשֶׁר דִּבֶּר יְיָ שַׁבָּתוֹן שַׁבַּת קֹדֶשׁ לַייָ מָחָר אֵת אֲשֶׁר תֹּאפוּ אֵפוּ וְאֵת אֲשֶׁר תְּבַשְּׁלוּ בַּשֵּׁלוּ וְאֵת כָּל הָעֹדֵף הַנִּיחוּ לָכֶם לְמִשְׁמֶרֶת עַד הַבֹּקֶר: [שמות טז, כג]

ב) וְיוֹם הַשְּׁבִיעִי שַׁבָּת לַייָ אֱלֹהֶיךָ לֹא תַעֲשֶׂה כָל מְלָאכָה אַתָּה וּבִנְךָ וּבִתֶּךָ עַבְדְּךָ וַאֲמָתֶךָ וּבְהֶמְתֶּךָ וְגֵרְךָ אֲשֶׁר בִּשְׁעָרֶיךָ: [שמות כ, י]

ליקוטי רש"י

לא היו תוקעין. להבטיל ולהבדיל משום דיום הכפורים לא מלאכה עביד. ובמוצאי שבת. ואם חל יום הכפורים להיות במוצאי שבת. לא היו מבדילין. על הכוס בין קודש לקודש כדרך שמבדילין משבת ליום טוב דהתם הוא שהיוצא חמור והנכנס קל אבל כאן הנכנס חמור מלאכה והוא הדין אמרינן דברי הכל היא בין לרבי ישמעאל בין לרבי עקיבא דפליגי גבי חלבי שבת קריבין ביום הכפורים מיתוקמא [סוכה נד:]. כהנים זריזין הן. דמיין שנכנס לעבודה בידוע שלמדוהו הלכות קדש [עירובין קג.]. שכולם [לעיל כ.]. שלש להבטיל את העם ממלאכה בשילהי במה מדליקין (לעיל לה:). שלש להבדיל בין קודש לחול. כשקדש היום להודיע שחשכה ויש מעשה חיוב סקילה במלאכה [סוכה נג:]. כדאמר אביי לשאר עמא. הכלים בעזרה תוקעין. אע"פ שגם היום יו"ט היה ואין בו מלאכה תוקעין להבדיל ממלאכת אוכל נפש. ולא מבדילין. חמור מן היוצא. מוצאי שבת. חל להיות במוצאי שבת מבדילין לפי שהיוצא חמור מן הנכנס ותקיעה אין [חולין כו.].

Sabbath: ,,לֹא־תַעֲשֶׂה כָל־מְלָאכָה" – *you shall not do any work.* Since harvesting attached vegetables is already included in the latter verse, there is no need for the Baraisa to forbid it again on the grounds of *shabbason.* אֶלָּא לָאו בִּקְנִיבַת יָרָק – **Rather,** is the Baraisa **not** referring **to the trimming of** already harvested **vegetables?** Since this activity is not included in the negative prohibition of *you shall not do any work,* the Baraisa derives its prohibition from the positive commandment of *shabbason.* This Baraisa, then, prohibits the trimming of vegetables on Yom Kippur that falls on the Sabbath, and refutes the position of R' Yochanan who permits this very activity. – ? –

The Gemara rejects the refutation:

לֹא – **No,** your interpretation of the Baraisa is incorrect. לְעוֹלָם לִמְלָאכָה – **Actually,** the Baraisa refers **to** an act of Biblically prohibited **labor,** i.e. the cutting of vegetables attached to the ground. וְלַעֲבוֹר עָלֶיהָ בַּעֲשֵׂה וְלֹא תַעֲשֶׂה – **And** although this act is already prohibited on the grounds of *you shall not do any work,* the Baraisa cites the verse *shabbason* **to** teach that one **violates for [such cutting]** both **a positive and a negative commandment.**[25]

The Gemara adduces support for R' Yochanan's position:

תַּנְיָא כְּוָותֵיהּ דְּרַבִּי יוֹחָנָן – **A Baraisa was taught in accordance with R' Yochanan:** יוֹם הַכִּפּוּרִים שֶׁחָל לִהְיוֹת בְּשַׁבָּת – ON YOM KIPPUR THAT FALLS ON THE SABBATH,

NOTES

25. The Baraisa teaches that in addition to the act of harvesting of vegetables being prohibited on the Sabbath on account of the negative commandment *you shall not do any work,* it is also prohibited on account of the positive commandment *shabbason.*

Our elucidation of the Gemara has followed the understanding of *Tosafos* (ד״ה לעולם; see gloss of *R' Isser Zalman Meltzer* to *Chidushei HaRamban* where he states that this is also the understanding of *Rashi*). The Acharonim (*R' Elazar Moshe Horowitz; Leshon HaZahav*) note, however, that this approach meets with serious difficulties. First of all, if the Baraisa refers to a Biblical *melachah,* why would it choose the harvesting of vegetables more than any other Biblically forbidden act? Secondly, since the Baraisa's point is to teach that one transgresses for this act both a positive and a negative commandment, why does it speak of a Sabbath that coincided with Yom Kippur? The same two prohibitions apply on an ordinary Sabbath as well!

Other Rishonim, therefore, explain the Gemara differently. In stating לְעוֹלָם לִמְלָאכָה וְלַעֲבוֹר עָלֶיהָ בַּעֲשֵׂה וְלֹא תַעֲשֶׂה, the Gemara means not that R' Yochanan *reinterprets* the Baraisa, but that he *disagrees* with it. That is, while it is true that the Baraisa uses *shabbason* to forbid the trimming of cut vegetables on Yom Kippur that falls on the Sabbath, R' Yochanan disputes this exposition and maintains that *shabbason* comes to teach that in addition to violating a negative prohibition for *melachah* on the Sabbath, one transgresses also a positive commandment. Although an Amora generally does not disagree with a Baraisa, R' Yochanan, by virtue of his preeminent stature, was entitled to do so. In addition, the Gemara will presently cite an opposing Baraisa which supports R' Yochanan's position (*Ramban, Chidushei HaRan MHK* ed.; see also *Baal HaMaor*).

מוּתָּר בְּקְנִיבַת יָרָק – THE TRIMMING OF VEGETABLES IS PERMITTED.[1] (ואמר רבי חייא בר אבא אמר רבי יוחנן יום כיפורים שחל להיות בחול)[2] – וּמְפַרְכְּסִין ONE MAY CRACK NUTS[3] מְפַצְּעִין בֶּאֱגוֹזִים – בְּרִימּוֹנִים AND BREAK OPEN POMEGRANATES מִן הַמִּנְחָה וּלְמַעְלָה – FROM THE time of MINCHAH AND ONWARDS, מִפְּנֵי עָגְמַת נֶפֶשׁ – FOR THE SAKE OF intensifying EMOTIONAL DISTRESS of the fast.[4]

Two related incidents:

דְּבֵי רַב יְהוּדָה מְקַנְּבֵי כְּרָבָא – The members **of the household of Rav Yehudah would trim cabbage** on Yom Kippur for consumption after Yom Kippur. דְּבֵי רַבָּה גָּרְדֵי קָארֵי – The members **of the household of Rabbah would scrape pumpkins.** כֵּיוָן דַּחֲזָא דַּהֲווּ קָא מְקַדְּמֵי – **When [Rabbah] saw that they were doing this** too **early,** i.e. before the time of Minchah, when the dispensation does not apply, אָמַר לְהוּ – **he said to them:** אֲתָא אִיגַּרְתָּא מִמַּעֲרָבָא מִשְּׁמֵיהּ דְּרַבִּי יוֹחָנָן דְּאָסִיר – **A letter has arrived from the West,** i.e. Eretz Yisrael, **in R' Yochanan's name** stating **that he prohibits it** [food preparations on Yom Kippur].[5]

הדרן עלך אלו קשרים

WE SHALL RETURN TO YOU, EILU KESHARIM

NOTES

1. According to this Baraisa, the trimming of vegetables for their consumption after the Sabbath is only Rabbinically prohibited, and thus this prohibition is waived when the Sabbath coincides with Yom Kippur, in order to increase the distress of the fast (*Rashi;* see note 4).

2. *Maharshal* deletes the parenthesized words. See, however, *Ritva MHK* ed.

3. The shell may be cracked and the meat of the nut may be removed (*Beur Halachah* to *Orach Chaim* 611:2 ד״ה ולפצוע; cf. *Darkei Moshe* ad loc.).

4. I.e. to intensify the affliction of the fast – see above, 114b note 12. [By tormenting oneself in this way, one fulfills the Scriptural command regarding Yom Kippur (*Leviticus* 23:27): *you shall afflict your souls* (*Ritva, MHK* ed.).] This dispensation applies only from the time of Minchah and onward, because it is at that time as the end of the fast grows near, that a person is the hungriest, and the impermissibility to eat the food that he is preparing is all the more agonizing (*Rashi*).

Many Rishonim dismiss *Rashi's* interpretation, and explain instead that "the emotional distress" referred to here is the distress one would feel if the breaking of his fast had to be delayed while the vegetables were being trimmed. Thus, the Rabbis permitted the trimming of vegetables on Yom Kippur for their consumption after Yom Kippur so as to *minimize* the distress of fasting after the fast itself is over. According to this rationale, the fact that the dispensation exists only from the time of Minchah and onwards is explained in the following manner: From that time and onward, since the breaking of the fast is imminent, the craving for food is easier to overcome, and we are not concerned with the possibility that one might eat of the food that he is preparing. Before that time, however, since the end of the fast is quite some time away, we are concerned that one may be overcome by desire and eat of the food (*Baal HaMaor;* see too *Ramban; Rashba, Ritva MHK* ed.).

Mishnah Berurah (611:7; see *Shaar HaTziyun* there) defines the term "from Minchah and onwards" as referring to מִנְחָה קְטַנָּה, which is nine-and-a-half hours into the day.

5. [R' Yochanan did not actually issue such a ruling. Indeed, R' Yochanan previously ruled that the trimming of vegetables is permitted even if Yom Kippur falls on the Sabbath. Rather, Rabbah fabricated the existence of such a letter] in order that his household members should accept this stringent ruling (*Rashi*), for he was concerned that if allowed to make these preparations after Minchah, they would come to do so even before Minchah. Had he prohibited this practice in his own name, he feared that his household would not heed his word. (The permissibility – and even the advisability – of attributing a ruling to an authority who never actually issued such a ruling, where such an attribution will effect increased compliance with the ruling, is mentioned in numerous places. See *Eruvin* 51a; *Rashi* to *Pesachim* 112a ד״ה היתלה; *Rashi* to *Kiddushin* 45b ד״ה בפירוש; *Magen Avraham* to *Orach Chaim* 156 and other Acharonim ad loc.)

In line with Rabbah's directive to his household, the custom has become to refrain from all food preparations before the end of the fast. *Rambam* writes (*Shevisas Asor* 1:3, see *Maggid Mishneh* there): "It is permitted to trim vegetables on Yom Kippur from the time of Minchah and onwards . . . so too, one may crack nuts and split pomegranates from the time of Minchah and onwards, on account of emotional distress . . . However, the [Jewish] people in Babylonia and the West have already adopted the custom of not performing any of the above on the fast day, but rather treat it as the Sabbath in regard to all matters."

[א] מותר בקניבת ירק [ב] (ואמר רבי חייא בר אבא אמר רבי יוחנן) יום כיפורים שחל להיות בחול [ג] מפצעין באגוזים ומפרכסין ברימונים מן המנחה ולמעלה מפני עגמת נפש דבי רב יהודה מקנבי כרבא דבי רבה גרדי קארי כיון דחזא דהוו קא מחרפי אמר להו אתא איגרתא ממערבא משמיה דר' יוחנן דאסיר:

הדרן עלך ואלו קשרים

כל כתבי הקדש מצילין אותן מפני הדליקה בין שקורין בהן ובין שאין קורין בהן (א) אע"פ שכתובים בכל לשון טעונים גניזה ומפני מה אין קורין בהם מפני ביטול בית המדרש: **גמ'** איתמר היו כתובים תרגום או בכל לשון רב הונא אמר אין מצילין אותן מפני הדליקה ורב חסדא אמר מצילין אותן מפני הדליקה אליבא דמאן דאמר ניתנו לקרות בהן דכולי עלמא לא פליגי דמצילין כי פליגי אליבא דמאן דאמר לא ניתנו לקרות בהן רב הונא אמר אין מצילין דהא לא ניתנו לקרות בהן רב חסדא אמר מצילין משום בזיון כתבי הקדש תנן כל כתבי הקדש מצילין אותן מפני הדליקה בין שקורין בהן בין שאין קורין בהן (ב) אע"פ שכתובין בכל לשון מאי לאו שקורין בהן נביאים ושאין קורין בהן כתובים אע"פ שכתובין בכל לשון דלא ניתנו לקרות בהן וקתני מצילין ותיובתא דרב הונא אמר לך רב הונא ותסברא אימא סיפא טעונין גניזה השתא אצולי מצילינן גניזה מיבעי אלא רב הונא מתרץ לטעמיה ורב חסדא מתרץ לטעמיה רב הונא מתרץ לטעמיה בין שקורין בהם נביאים ובין שאין קורין בהם כתובים במה דברים אמורים שכתובין בלשון הקדש אבל בכל לשון אין מצילין ואפילו הכי גניזה בעו רב חסדא מתרץ לטעמיה בין שקורין בהן נביאים ובין שאין קורין בהן כתובים אע"פ שכתובין בכל לשון נמי מצילין והכי קאמר ומקק שלהן טעונין גניזה מיתיבי היו כתובים תרגום (ג) וכל לשון מצילין אותן מפני הדליקה תיובתא דרב הונא אמר לך רב הונא האי תנא סבר ניתנו לקרות בהן ת"ש היו כתובין גיפטית מדית עיברית עילמית יוונית אע"פ שלא ניתנו לקרות בהן מצילין אותן מפני הדליקה תיובתא דרב הונא אמר לך רב הונא תנאי היא דתניא היו כתובין תרגום ובכל לשון מצילין אותן מפני הדליקה ר' יוסי אומר אין מצילין אותן מפני הדליקה אמר ר' יוסי מעשה באבא חלפתא שהלך אצל רבן גמליאל בריבי לטבריא ומצאו שהי' יושב על שלחנו של (יוחנן הנזוף) ובידו ספר איוב תרגום והוא קורא בו אמר לו זכור אני ברבן גמליאל אבי אביך שהיה עומד ע"ג מעלה בהר הבית והביאו לפניו ספר איוב תרגום ואמר לבנאי שקעהו תחת הנדבך אף הוא צוה עליו וגנזו ר' יוסי ברבי יהודה אומר עריבה של טיט כפו עליו אמר רבי שתי תשובות בדבר חדא וכי טיט בהר הבית מנין ועוד וכי מותר לאבדן ביד אלא מניחן במקום התורפה והן מרקיבין מאליהן מאן תנאי אילימא

רש"י

מותר בקניבת ירק. דשבות לאו איסורא דאורייתא הוא אלא דרבנן והכא משום עגמת נפש שמתקן ואינו אוכל והרי קרוב לעינוי שרי ודווקא מן המנחה ולמעלה שהוא שואף ומצפה לעת אכילה ואיכא עגמת נפש טפי: **כיון דחזי דהוי קא מחרפי.** מקדימין לפני המנחה דהשתא לאו עגמת נפש הוא: **אמר להו.** לאינשי ביתיה: **אתא איגרתא ממערבא כו'.** כי היכי דלקבלו מיניה:

הדרן עלך ואלו קשרים

כל כתבי הקדש. כגון תורה נביאים וכתובים ולא תימא תורה לחוד הוא דשרי למיטרח ולאצולי ולא שאר ספרים: **מצילין אותן.** כדקתני לקמן למבוי שאינו מפולש וטירחא בעלמא הוא דשרי (ד) בה ומחסרון עירוב כדמפרש בגמרא: **בין שקורין בהן.** כגון נביאים שמפטירין בהן בשבת בבית הכנסת: **בין שאין קורין בהן.** כגון כתובים ורבינו הלוי אמר דאפי' יחידים אין קורין בהן כדקתני טעמא משום ביטול בית המדרש דמשכי לנא ובשבת היו דורשין דרשה לבעלי בתים שעסוקין במלאכה כל ימות החול ובתוך הדרשה היו מורין להן הלכות איסור והיתר וטוב להן לשמוע מלקרות בכתובים: **ואע"פ שכתובין בכל לשון.** ואיכא למאן דאמר לקמן לא ניתנו לקרות בהן מצילין אותן: **טעונין גניזה.** אסור להניחן במקום הפקר ובגמרא מתרץ לה ורבותי פירשו דהאי בכל לשון דקאמר אכתובים קאי ולא אנביאים ומדומה אני מפני שמצינו ביונתן בן עוזיאל שאמרו תרגום הן מפרשין כך ואני אומר אף בנביאים אם אמר יונתן לא כתבו ולא ניתנו ליכתב והכי מפרש במסכת מגילה (דף ט.) ומאן דאסר בכולהו אסר בר מס"ת יוונית משום מעשה דתלמי המלך ולא מפליג התם בין נביאים לכתובים: **מפני בטול בית המדרש.** שהיה קבוע בשבת כדפרישית לעיל: **גמ' איתמר היו כתובין תרגום.** אכתובים קאמר וה"נ אכל כתבי הקדש קאי: **אליבא דמאן דאמר ניתנו לקרות בהן.** מותר לקרות בכתבי הקדש הכתובין בכל לשון במסכת מגילה (דף ח:) ואין בין ספרי' לתפילין ומזוזות אלא שהספרים נכתבין בכל לשון: **לא ניתנו.** (ז) רבן גמליאל פליג עלה ואמר אף ספרים לא התירו שיכתבו אלא יוונית: **ואע"פ שכתובין בכל לשון.** ולא ניתנו לקרות דמדקאמר אף על פי מכלל דלא ניתנו לקרות בהן דאי ניתנו מאי גריעותייהו: **אימא סיפא.** לדידך דאמרת אע"פ שכתובין בכל לשון אמצילין קאי אימא סיפא על כרחיך מילתא באנפיה נפשיה הוא וטעונין גניזה בחול פשיטא השתא בשבת מצילינן להו גניזה בחול מיבעיא: **ואפילו הכי בעו גניזה.** ודקתני ואע"פ שכתובין בכל לשון לאו אהצלה קאי אלא אטעונין גניזה והכי קאמר אף על פי שכתובים בכל לשון ובשבת אין מצילין אותן בחול מיהא טעונין גניזה: **ומקק שלהם.** אם בלו ונעשו רקבון אף המקק רקבובית (ה) של אכילת התולעים טעונין גניזה: **עברית.** כתב של עבר הנהר: **אבא חלפתא.** אבא של רבי יוסי חלפתא שמו: **רבן גמליאל בריבי.** לא שהיה בנו של רבי אלא אדם גדול קרי בריבי: **רבן גמליאל אבי אביך.** הוא רבן גמליאל הזקן ורבן גמליאל שהיה בדורו של חלפתא הוא אבי אביו של רבינו הקדוש: **גב מעלה בהר הבית.** שבהר הבית היו מעלות כשהוא הולך וגבוה כדתנן במסכת מדות (פ"ב מ"ג): **נדבך.** שורת אבני הבנין: **טיט בהר הבית מנין.** וכי בטיט היו בונין והלא בטרכסיד היו בונים חול וסיד מעורבין וטיט לא הוי אלא עפר ומים: **התורפה.** גלוי והפקר: **מאן תנאי.** דקאמר רב הונא לעיל תנאי היא מאן מהני תנאי קאי כרב חסדא ומאן כרב הונא: אילימא

תוספות

כל כתבי הקדש מצילין אותן מפני הדליקה כו'. אומר ר"ת דכולה האי פירקא איירי כשנפלה דליקה באותו בית או באותו חצר דכיון שהאש שם ודאי בהול הוא ואי שרית ליה אתי לכבויי כדמפרש בגמרא אבל נפלה דליקה בבית אחר מותר להציל הכל:

אליבא דמ"ד ניתנו לקרות בהן כ"ע לא פליגי דמצילין. והשתא ספרים שלנו מצילין דנתנו לקרות בהן משום עת לעשות לה' הפרו תורתך כדאמרינן בהניזקין (גיטין ס.): **לא** ניתנו לקרות בהן. פירש רש"י דהיינו רבן שמעון בן גמליאל דפליג במתניתין בפ"ק דמגילה (דף ח:) דאף ספרים לא התירו שיכתבו אלא יוונית ופירש הרב פור"ת דהיינו טעמא כיון דלא ניתנו ליכתב אסור לקרות בהן משום דדברים שבכתב אסור לאומרן בעל פה וקשה דאין זה אי אתה רשאי לאומרן בעל פה כיון שאינו אומרו בלשון הקדש אלא באותו לשון כשהן כתובין דהא שרי למימר בעל פה תרגום * כדמתרגם רב יוסף:

עילמית יוונית. אומר ר"י דאתיא כרבי יהודה דאסר שאר ספרים לכתוב יוונית ולא התיר אלא בס"ת בלבד אבל רבנן שרו אף בשאר ספרים כדאמר בפ"ק דמגילה (דף ט.):

ובידו ספר איוב תרגום. משמע שבימי התנאים כבר נעשה תרגום כתובים וכן תניא במגילה (דף כא:) (ו) במגילה ובהלל אפילו עשרה קורין ועשרה מתרגמין מה שאין כן בתורה אע"פ שיונתן לא עשאו מ"מ שוב נעשה בימי התנאים ודלא (ז) כאומרים דתרגום של כתובים רב יוסף עשאו [ח]:

עין משפט נר מצוה

א א מיי' פ"י מהלכות ס"ת הלכה ג טוש"ע יו"ד סימן רפב סעיף ה:
ב ב מיי' פכ"ג מהלכות שבת הלכה כו סמג לאוין סה טוש"ע או"ח סימן שלד סעיף יב:

מסורת הש"ס

א) רש"ל מ"ז, ב) [פי' אלא יהא טורח במולאי היום בקניבה והאי שנפשו עגומה עליו וכן מפצעין באגוזי' ומפרכין ברמונים ודוקא מן המנחה ולמעלה שמאחר שהוא קרוב לעת האוכל דומה למי שיש לו פת בסלו ולא פתו אכלו ומיבעי ליה למיכל מיניה אבל קודם המנחה אסור גזרין דילמא אתי למיכל מינה ורש"י פי' בה שאמרו משום עגמת נפש כעינוי אחר ולא יעור בעינוי ע"ל בעל המאור], ג) [תוספ' פי"ד], ד) [מס' סופרים פ"ה הט"ו], ה) [בתוספתא אי' ר' יוחנן בן נזוף], ו) ס"ל מתאבדין, ז) [נ"ל רשב"ג], ח) [וע"ע תוס' מגילה כא: ד"ה ובמגילה ותוס' ב"ק ג: ד"ה כדמתרגם].

הגהות הב"ח

(א) במשנה ואע"פ שכתובין: (ב) גמ' ואע"פ כו' ולא ניתנו: (ג) שם תרגום ובכל לשון: (ד) רש"י ד"ה מצילין וכו' דשרי בהו ומחסרון: (ה) ד"ה ומקק שלהן וכו' רקבובית. נ"ב ע' לעיל דף ל ע"ב: (ו) תוס' ד"ה ובידו וכו' ובהלל ובמגילה אפילו עשרה: (ז) בא"ד ודלא כאומרים. נ"ב כלומר אבל קודם זה לא נעשה ולא גרסי' ועשרה מתרגמין וכמו שפירש"י במגילה אלא כבר נעשה בימי התנאים כמו שמוכח הכא:

גליון הש"ס

תוס' ד"ה לא ניתנו. כדמתרגם רי"ו. עיין בב"ק דף ג ע"ב תוס' ד"ה כדמתרגם:

הגהות הגר"א

[א] גמ' מותר. נ"ל אסור: [ב] שם (ואמר רחב"א אר"י). תא"מ: [ג] שם בחול. נ"ב מותר כו הוא גירסת הרמב"ם וה"מ (ועמ"ש רבינו בא"ח סימן תרי"א סק"ד):

ליקוטי רש"י

ומקק שלהן. אכילת תולעת אוכלת הספרים ומרקבן ושמו מקק [לעיל ל:]. בריבי. אדם גדול בדורו כריבי הכי פירושו [עירובין נג.] גדול בדורו היה וכל היכא דקרי ליה בריבי היינו חכמה ומריפות הוא [קידושין כא:]. כלומר אדם גדול ובן קורין לו ברבי [ע"ז מג.].

רבינו חננאל

מהתם. דגרסי' התם א"ר ישמעאל אחוי דר' ברכיה ויבדיל שכן הוא מותר להדיח כבשים ושלקות. כלומר דברים שאסורי' בשבת ומותרי' ביוה"כ ומשני לא מן המנחה ולמעלה מותר להדיח דאלמא שבת דחוקה היא ויבדיל מן המנחה ולמעלה. ושנינן מה נפשך כוס אין כאן נר אין כאן במה מבדילין א"ר אבין בתפלה: וראינו שפירש בה רבינו האיי הגאון נר ישראל יחיה ויאמר לעד. האי קושטא קושטיה היא מיהו מחרא מחוא מילתא דבערב יוה"כ נמי הוה תקיעה להבטיל העם מן המלאכה ולהבדיל בין קודש לחול ולערבי יו"ט נמי איכא טובא אלא מיהו כד הוי ערב יוה"כ ועיו"ט חול. אלא כד הוי קודש לא תקעינן. שא"כ דלא מיפרשא בתקיעות שהיו במקדש. דייקינן מהא דתנן בפ' קמא דשחיטת חולין (דף כו:) כל מקום שיש הבדלה אין תוקעין וכל מקום שיש תקיעה אין הבדלה כיצד ערב שבת שחל להיות ערב שבת תוקעין אבל לא מבדילין מכלל דביו"ט שאינו ע"ש היו מבדילין אבל לא תוקעין ה) מכלל דאי הוה יו"ט בתר חול היו תוקעין וראוי לדעת דהני כולהו שמעתתא אליבא דאחרים. אבל לדילן לא מיתרמי לן יוה"כ סמוך לשבת לא מלפניה ולא מאחריה. ומפרש בגמרא דהלל. דכד מקלע כפורים בחד בשבא מדחינן ליה. ומקשינן ומי דחינן והתנן חלבי שבת קריבין ביוה"כ. וא"ר זירא כי הוינא בבבל אמרי' הא דתניא יוה"כ שחל להיות ע"ש לא היו תוקעין ובמוצ"ש לא היו מבדילין דברי הכל היא. ופרקי' ההיא מתניתא אחרים היא דתניא אחרים אומרים אין בין עצרת לעצרת ... ד' ימים ... ואם היתה שנה מעוברת חמשה. וגרסינן בירושל' בתחלת מגילה. א"ר יוסי לית כאן חל להיות ... רבא בחד בשבא. ואם חל בשבת צומא רבא בעירובתא שמעינן מינה דאע"ג דסתם משנה היא דחויה היא ומשנת יחיד היא ולאו דסמכא היא. וכן כל משנה והלכה שהיא כיוצא בה. וכולן בכן ואודן בה תלוין שהלכה למשה מסיני שלא לקבוע יוה"כ סמוך לשבת בין מלפניה בין מאחריה. ולענין קניבת ירק הלכתא קניבת ירק להיות בשבת אסור

חשק שלמה על רבינו חננאל

א) ספר ול"ל ומתקן יו"ט שלל במו"ש מבדילין ולא תוקעין.

בקניבת ירק ואפילו מן המנחה ולמעלה. ואם חל להיות בחול מפצעין באגוזים ומפרכין ברמונים ומותר בקניבת ירק מן המנחה ולמעלה אבל [משום] מיגדר [מילתא אסרוהו]: **הדרן עלך ואלו קשרים**

פרק טז כל כתבי הקדש מצילין אותן מפני הדליקה בין שקורין בהן בין שאין קורין בהן. פירוש קורין בהן בצבור. תורה הפרשה בתורה ואפטרתא בנביאים ושאין קורין בהן בצבור כתובים. איתמר היו כתובין תרגום ובכל לשון רב הונא אמר אין מצילין אותן מפני הדליקה. רב חסדא אמר מצילין ובכתבי הקדש שמתורגמין בלשון אחר בין בכתב עברי בין בכתב אחר. ר' יוסי אומר לא ניתנו לקרות בהן דא"ר יוסי מעשה באבא חלפתא שהלך אצל רבן גמליאל לטבריא ומצאו יושב על שולחנו של יוחנן בן הנזוף ובידו ספר איוב תרגום א"ל רבי זכור אני את רבן גמליאל אבי אביך שהיה עומד ע"ג מעלה בהר הבית והביאו לפניו ספר איוב תרגום ואמר לבנאי שקעהו תחת הנדבך. אף הוא צוה עליו וגנזו ור' נמי הכי קאמר מניחו במקום התורפה והן כלין מאליהן. ולפום הכי תנא ר' יוסי אין מצילין אותן.

◆ Appendix

◆ Glossary

◆ Scriptural Index

Appendix: The Weaving Process

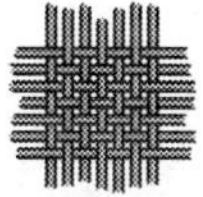

Woven cloth consists of two series of parallel threads that crisscross each other at right angles. Every second horizontal thread passes over the first vertical thread, under the second, over the third, under the fourth, etc., until it has passed through all the vertical threads. Each remaining horizontal thread passes under the first vertical thread, over the second, under the third, etc.

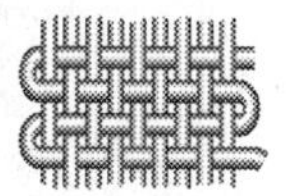

In the weaving process, the vertical threads (called שְׁתִי, *warp*) are fixed in place, while a single thread (called עֵרֶב, *weft*) is passed over and under them first from right to left and then from left to right repeatedly. With each pass of the weft thread a new line of cloth is created.

To assure an even weave, the warp must be kept taut while the weft passes through it. This is accomplished by wrapping the warp threads around a beam (called the warp beam) and stretching them to a second beam (called the cloth beam, for it is around this beam that the finished fabric will be wound). This action is called מֵיסֵךְ, *dressing the loom*.

Some warp threads may be overlapped or stuck together. The weaver takes a stick (שֵׁבֶט) and hits the threads, which causes most of them to separate. The remainder are lined up individually with a pointed rod (כַּרְכַּר). This part of the process of mounting the warp is called שׁוּבֵט.

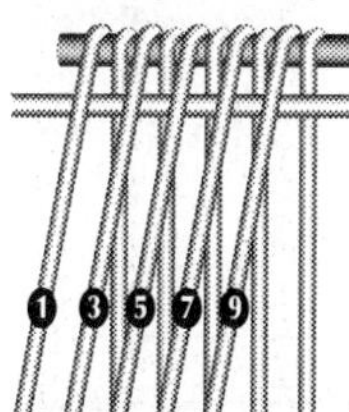

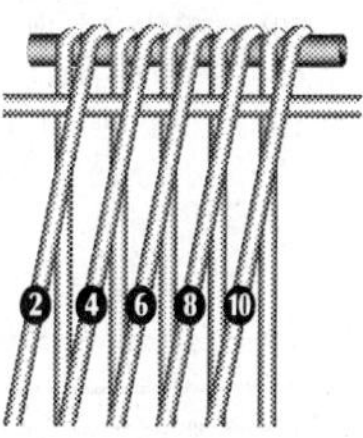

Clearly, the weaving process would be long and tedious unless some means of mechanization could be introduced, especially since the warp often contains as many as one hundred or more threads per inch. A method which would enable the weft thread to make a complete pass in one motion would obviously speed up the weaving process considerably. Additionally, since it is advantageous that the weft threads be (a) as long as possible (to avoid an excessive number of knots in the finished cloth), and (b) wound around a spool (to prevent tangling), a way must be found to pass a large, bulky amount of weft thread through the closely laid warp threads. These two objectives could be achieved if all the odd-numbered warp threads could be raised simultaneously to allow the weft thread to pass under them, but above the even-numbered threads. By then lowering the raised threads and raising the even-numbered ones, the weft thread could be passed through in the opposite direction.

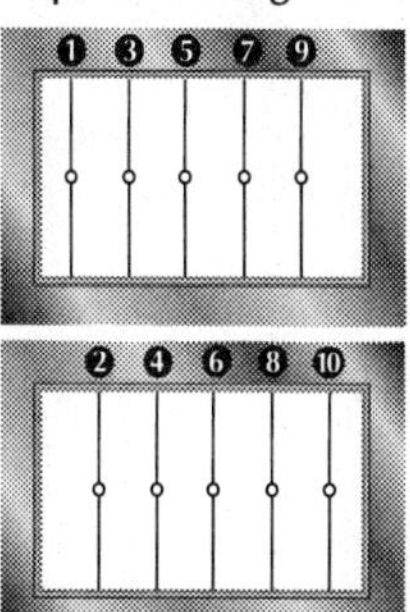

In a weaving loom, two frames (called harnesses) are placed between the two beams and perpendicular to them (see illustration on next column). Each harness contains a number of threads, equal to half the number of threads in the warp, stretched vertically and looped in the center. The warp threads are then drawn through the loops. The looped threads are called נִירִין, *heddles*. The loops are called בָּתֵּי נִירִין, *heddle-eyes*. [Heddles may also be made by tying a ring between two threads, as in our illustration.]

When the harnesses are in place, all odd-numbered warp threads are drawn through the heddle-eyes of one harness and between the heddles of the other, while all even-numbered warp threads are drawn between the heddles of the first harness and through the heddle-eyes of the second harness.

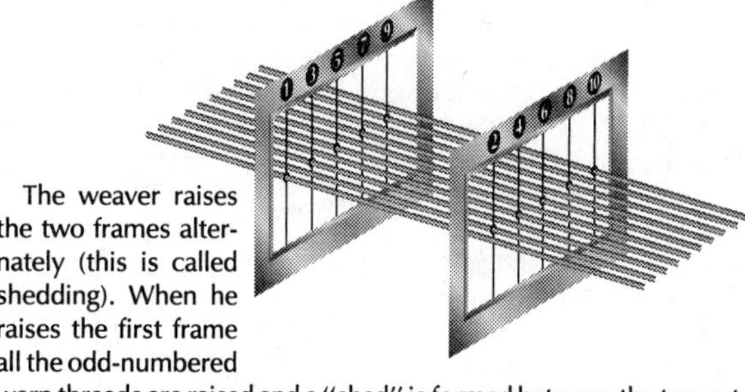

The weaver raises the two frames alternately (this is called shedding). When he raises the first frame all the odd-numbered warp threads are raised and a "shed" is formed between the two sets of warp threads. The weft (with its thread wrapped around a spindle) is passed through this shed from right to left (this is called picking). He then raises the even-numbered warp threads by lowering the first harness and raising the second one, and passes the weft thread through from left to right. This is the actual act of weaving.

To complete the weaving process, a comb-like device (the reed) is used to press the newly woven weft threads into place. This act simultaneously assures that the warp threads remain both evenly spaced and parallel to one another. If the weft thread is too tight when it is pressed into place by the reed, it will not merge properly with the already woven cloth. To prevent this from happening, the weft thread is beaten with the pointed rod (כַּרְכַּר) in a few places to draw extra yarn into the shed. This action is called מְדַקְדֵּק, *beating*, according to *Rashi*. (Other Rishonim maintain that pressing the weft thread into place is called מְדַקְדֵּק.)

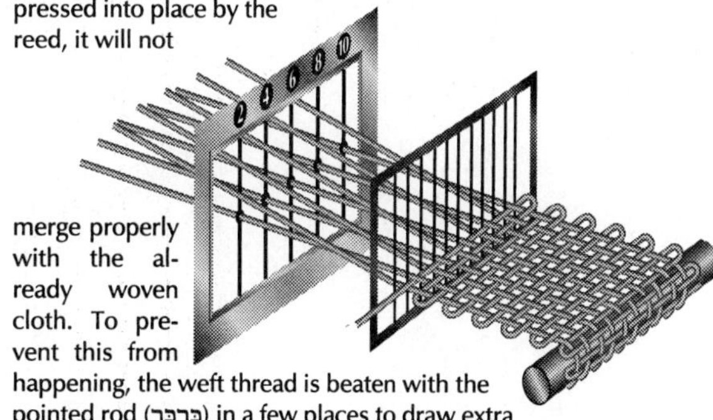

Thus, the weaving process comprises three primary labors: *mounting the warp* (מֵיסֵךְ), with its derivative labor, *lining with a rod* (שׁוּבֵט); *setting up the heddles* (עוֹשֶׂה שְׁתֵּי בָתֵּי נִירִין); the actual *weaving* (אוֹרֵג), with its derivative labor, *beating* (מְדַקְדֵּק).

For further details of the weaving process, see *Ma'aseh Oreg* by Dayan I. Gokovitzki and *Meleches Arigah* by Rabbi P. Bodner.

Appendix: Part II

Although some form of harness apparatus may have been used by professional weavers in ancient times (see 105a note 24), in general, a somewhat more primitive method was used to alternately raise the odd and even warp threads. Although we cannot be sure exactly what system was used, it seems to have consisted of a rod (קָנֶה) from which a series of long ropes or "leashes" hung, each of which ended in a loop. The warp threads would be threaded through these loops so that by pulling back on the rod, the threads strung through them would be raised. By using two such rods, one for odd-numbered threads and one for even-numbered threads, one could alternately raise each set of threads and pass the weft beneath them. Threading two loops constitutes the *melachah* of "setting two heddles.' It is probably to such an apparatus that the Mishnah on 73a refers when it speaks of "setting two heddle eyes."

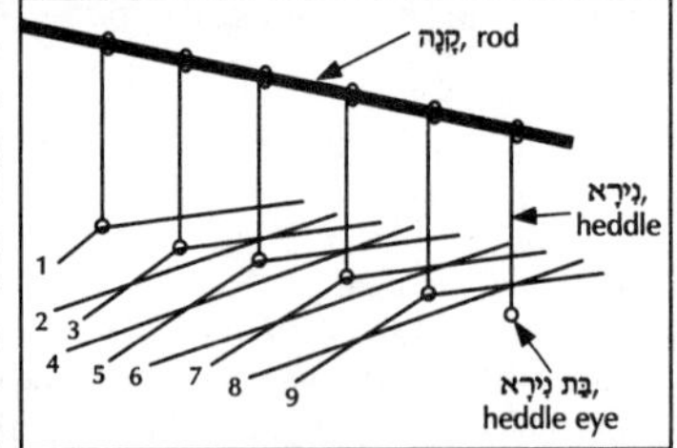

There seems to have been yet one more system employed in ancient times. As described by the Gemara on 105a and elaborated by *Rashi* there, a rod and rope system very similar to the one described above was used but with one crucial difference: Rather than employing a rod with a series of preset leashes ending in loops, a single very long rope was tied to the rod and this was used to wrap loops around warp threads after they were already fixed in place. (Thus, instead of passing the warp threads through the loops as was customarily done, loops were formed around warp threads — see *Rashi* to the Mishnah 105a ד״ה בתי נירין and to Gemara there ד״ה תרתי בבתי נירא.)

As best as we have been able to reconstruct it, the method employed worked as follows: The rope coming from the rod was looped around the first warp thread two times (to form a stronger loop) and then looped around the rope itself just above the newly formed loops. This holds the loops in place. The rope is then run back to the rod, passed over and around it and then run down to the next thread (thread 3), where the process is repeated. In this way all the odd numbered threads are attached by means of this rope to the rod, so that by lifting the rod, they are all lifted, creating space for the weft to pass through. The same process is repeated for all the even numbered threads with another rod and rope (see diagram). The Mishnah teaches that one is liable for encasing *two* warp threads in the rope this way.

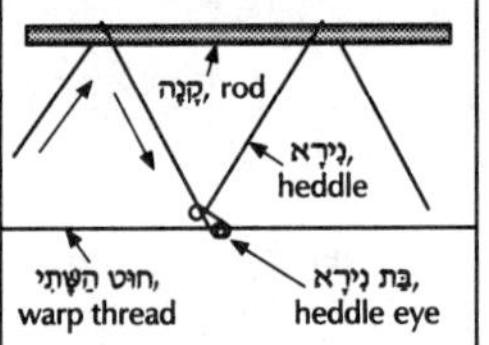

[It should be noted that *Rashi* there does not actually say that a single long rope was used to make loops for a series of warp threads. *Rashi* merely describes the procedure for looping a heddle eye around a single warp thread — i.e. for setting one heddle eye. Our description of the system described above is based on the research of HaRav Yisroel Belsky *shlita,* Rosh Yeshiva Mesivta Torah Vodaath, who found that a similar system was actually employed in certain ancient cultures (though he explains *Rashi* somewhat differently). Passing the rope back over the rod after completing a loop also keeps the loop from tightening around the warp thread. It is for this reason that we have explained *Rashi* in terms of such a system.]

Glossary

Adar – twelfth month of the Hebrew calendar.

agav – see **kinyan agav.**

agency – the principle that an agent may act as a proxy of a principal and have his actions legally accepted on behalf of the principal.

Aggadah, aggadata – the homiletical teachings of the Sages and all non-halachic Rabbinic literature found in the Talmud.

akirah – the **melachah** of transferring involves the moving of an article from one domain to another. To be Biblically liable one must perform both *akirah,* the *lifting* of the article from its domain of origin, and *hanachah,* the *setting down* of the article in its new domain.

akum – idolater.

Altar – the great *Altar*, which stands in the Courtyard of the **Beis HaMikdash.** Certain portions of every offering are burnt on the *Altar*. The blood of most offerings is applied to the walls of the *Altar*.

amah [pl. **amos**] – cubit; a linear measure equaling six **tefachim.** Opinions regarding its modern equivalent range between 18 and 22.9 inches.

am haaretz [pl. **amei haaretz**] – a common, ignorant person who, possibly, is not meticulous in his observance of **halachah.**

Amora [pl. **Amoraim**] – sage of the **Gemara;** cf. **Tanna.**

amud – one side of the **daf** in the **Gemara.**

Anshei Knesses HaGedolah – see **Men of the Great Assembly.**

arayos – see **ervah.**

arus [f. **arusah**] – one who is betrothed and thereby entered the **erusin** stage of marriage. See **erusin.**

asham [pl. **ashamos**] – guilt offering, an offering brought to atone for one of several specific sins; in addition, a part of certain purification offerings. It is one of the **kodshei kodashim.**

asheirah – a tree either designated for worship or under which an idol is placed.

asmachta – lit. reliance. (a) a conditional commitment made by a party who does not really expect to have to honor it; (b) a verse cited by the **Gemara** not as a Scriptural basis for the law but rather as an allusion to a Rabbinic law.

Av – (a) fifth month of the Hebrew calendar; (b) l.c. [pl. avos] see **melachah.**

av [pl. **avos**] **hatumah** – lit. father of **tumah.** See **tumah.**

avi avos hatumah – lit. father of fathers of **tumah.** See **tumah.**

avodah [pl. **avodos**] – the sacrificial service, or any facet of it. There are four critical *avodos* to the sacrificial service. They are **shechitah, kabbalah, holachah** and **zerikah.**

avodah zarah – idol worship, idolatry.

aylonis [pl. **aylonios**] – an adult woman who never developed the physical signs of female maturity. She is therefore assumed to be incapable of bearing children.

azharah – (a) Scriptural warning; the basic prohibition stated in the Torah, which serves to warn the potential sinner against incurring the punishment prescribed for a particular action; (b) term Gemara uses to refer to a negative commandment, the transgression of which is punishable by **kares.**

baal keri [pl. **baalei keri**] – one who experienced a seminal emission. He is **tamei** (ritually impure) and must immerse himself in a **mikveh.**

bagrus – the age when a girl becomes a *bogeress* (a full adult), the final legal state of a girl's physical development. A girl automatically becomes a *bogeress* six months after she becomes a **naarah.**

bamah [pl. **bamos**] – lit. high place; altar. This refers to any altar other than the **Altar** of the **Tabernacle** or **Temple.** During certain brief periods of Jewish history, it was permitted to offer sacrifices on a *bamah*. There are two types of *bamah.* The *communal* (or: *major*) *bamah* was the altar of the public and was the only *bamah* on which communal offerings could be sacrificed. Private voluntary offerings could be brought even on a *private* (or *minor*) *bamah* which was an altar erected anywhere by an individual for private use.

Baraisa [pl. **Baraisos**] – the statements of **Tannaim** not included by **Rebbi** in the **Mishnah.** R' Chiya and R' Oshaya, the students of Rebbi, researched and reviewed the *Baraisa* and compiled an authoritative collection of them.

bechor – (a) firstborn male child; (b) a firstborn male kosher animal. Such an animal is born with sacrificial sanctity, and must be given to a **Kohen** who then offers it (if unblemished) as a *bechor* sacrifice in the **Temple** and eats its sacred meat. Unlike other sacrifices, the *bechor* is automatically sacred from birth even without designation.

bedek habayis – **Temple** treasury.

bedi'avad – after the fact. See **lechatchilah.**

beheimah – domesticated species, livestock. In regard to various laws, the Torah distinguishes between *beheimah:* domestic species, e.g. cattle, sheep, goats; and, **chayah,** wild species, e.g. deer, antelope.

bein ha'arbayaim – lit. between the darkenings. It refers to the hours between the "darkening of the day" and the "darkening of the night." The darkening of the day starts at midday, when the shadows begin to lengthen. The darkening of the night is simply the beginning of the night, after sunset. Thus *bein ha'arbayim* connotes the afternoon.

bein hashemashos – the twilight period preceding night. The legal status of *bein hashemashos* as day or night is uncertain.

beis din – court; Rabbinical court comprised minimally of three members. Such a court is empowered to rule on civil matters. See also **Sanhedrin.**

beis hamidrash – a **Torah** study hall.

Beis HaMikdash – Holy **Temple** in Jerusalem. The **Temple** edifice comprised (a) the Antechamber or **Ulam;** (b) the **Holy** or **Heichal;** and (c) the **Holy of Holies.** See **Sanctuary.**

beis kor – 75,000 square **amos** – fifteen times the size of two **beis se'ah.**

beis se'ah – an area 50 **amos** by 50 *amos.*

bereirah – retroactive clarification. This principle allows for the assignment of a legal status to a person or object whose identity is as yet undetermined, but which will be retroactively clarified by a subsequent choice.

bikkurim – the first-ripening fruits of any of the seven species (wheat, barley, grapes, figs, pomegranates, olives, dates), with which the Torah praises Eretz Yisrael. They are brought to the **Temple** where certain rites are performed, and given to the **Kohanim.**

binyan av – one of the thirteen principles of Biblical hermeneutics. This is exegetical derivation based on a logical analogy between different areas of law. Whenever a commonality of law or essence is found in different areas of **Torah** law, an analogy is drawn between them, and the laws that apply to one can therefore be assumed to apply to the others as well.

Bircas HaMazon – the blessings recited after a meal.

Bircas Kohanim – see **Priestly Blessing.**

bitul (or **bitul b'rov**) – the principle of nullification in a majority. Under certain circumstances, a mixture of items of differing legal status assumes the status of its majority component.

bogeress – a girl who has attained the age of 12 years and is thereupon considered an adult in all respects. See **bagrus.**

bosis – an item that is a base for a **muktzeh** item and which becomes **muktzeh** itself.

Bris Milah – ritual circumcision.

chalifin – see **kinyan chalifin.**

chalitzah – see **yibum.**

challah – portion removed from a dough of the **five grains,** given to a **Kohen;** if *challah* is not taken, the dough is **tevel** and may not be eaten. The minimum amount of dough from which *challah* must be separated is the volume-equivalent of 43.2 eggs, which is one **issaron.** Nowadays the *challah* is removed and burned.

chametz – leavened products of the five species of grain. *Chametz* is forbidden on **Pesach.**

Chanukah – Festival of Lights. The holiday that commemorates the Maccabean victory over the Greeks. It begins on the 25th of **Kislev** and lasts for eight days.

chatas [pl. **chataos**] – sin offering; an offering generally brought in atonement for the inadvertent transgression of a prohibition punishable by **kares** when transgressed deliberately. A *chatas* is also brought as one of various purification offerings. It is one of the **kodshei kodashim.**

chatzeir [pl. **chatzeiros**] – courtyard(s).

chaver [pl. **chaverim**] – (a) one who observes the laws of ritual purity even regarding non-consecrated foodstuffs; (b) a Torah scholar, scrupulous in his observance of **mitzvos.** Regarding tithes, **tumah** and other matters, such as the necessity for **hasraah,** he is accorded a special status.

chayah – see **beheimah.**

chazakah – (a) legal presumption that conditions remain unchanged unless proven otherwise; (b) one of the methods of acquiring real estate; it consists of performing an act of improving the property, such as enclosing it with a fence or plowing it in preparation for planting; (c) "established rights"; uncontested usage of another's property establishes the right to such usage; since the owner registered no protest, acquiescence is assumed; (d) uncontested holding of real property for three years as a basis for claiming acquisition of title from the prior owner.

chazarah – returning to the **kirah** a pot of cooked food that had been left there before the Sabbath and was later removed.

cheilev – The Torah forbids certain fats of cattle, sheep and goats for human consumption. These are primarily the hind fats (suet) placed on the **Altar.** See **shuman.**

cherem – (a) a vow in which one uses the expression "*cherem*" to consecrate property, placing it under jurisdiction of the Temple; (b) land or property upon which a ban has been declared, forbidding its use to anyone, e.g. the city of Jericho.

Cheshvan – see **Marcheshvan.**

chilazon – an aquatic creature from whose blood the blue *techeiles* dye was produced.

chilul Hashem – lit. profanation of God's Name. (a) behavior which casts Jews in a negative light; (b) violation of a Torah prohibition done in the presence of ten male Jews.

Chol HaMoed – the Intermediate Days of the Festivals of **Pesach** and **Succos**; these enjoy a quasi-**Yom Tov** status.

chullin – lit. profane things; any substance that is not sanctified. See **kodesh.**

chupah – (a) the bridal canopy; (b) a procedure for effecting **nisuin,** the final stage of marriage.

closed mavoi – a dead-end alley enclosed on three sides and open to the public domain on the fourth side.

common characteristic – see **tzad hashaveh.**

Cutheans – a non-Jewish tribe brought by the Assyrians to settle the part of **Eretz Yisrael** left vacant by the exile of the Ten Tribes. Their subsequent conversion to Judaism was considered questionable and their observance of many laws was lax.

daf [pl. **dafim**] – folio (two sides) in the **Gemara.**

dayyo – lit. it is sufficient. Principle which limits the application of a **kal vachomer** argument, for it states: When a law is derived from case A to case B, its application to B cannot exceed its application to A.

death penalty – This refers to a court-imposed death penalty, in contrast to one imposed by Heaven.

dinar – a coin. The silver content of the coin was equivalent to ninety-six grains of barley. Its value was 1/25 of a gold *dinar.*

donated offering – There is a difference between a נֶדֶר, *neder* (vowed offering), and a נְדָבָה, *nedavah* (donated offering). In the case of a *neder,* the vower declares הֲרֵי עָלַי קָרְבָּן, "It is hereby incumbent upon me to bring a sacrifice." He fulfills his vow by later designating a specific animal as the sacrifice and offering it. In the case of a *nedavah,* the vower declares הֲרֵי זוּ קָרְבָּן, "This [animal] is a sacrifice," designating from the very start the particular animal he wishes to bring as an offering. In the case of a *neder,* if the designated animal is lost or dies, the vower must bring another in its place, since he has not yet fulfilled his vow "to bring a sacrifice." In the case of a *nedavah,* however, if anything happens to the designated animal the vower need not replace it since his vow was only to bring "*this* animal."

double payment – a punitive fine. A person convicted of theft is required to return both the stolen object (or its monetary equivalent) and pay the owner a fine equal to its value. If he stole a sheep or goat and slaughtered or sold it, he pays four times the value of the animal. If he stole an ox and slaughtered or sold it, he pays five times its value.

Elohim – (a) a Name of God; (b) [l.c.] sometimes used to refer to a mortal power or the authority of an ordained judge.

Elul – sixth month of the Hebrew calendar.

emurin – the portions of an animal offering burnt on the **Altar.**

ephah [pl. **ephos**] – a measure of volume equal to three **se'ah.**

Eretz Yisrael – Land of Israel.

erusin – betrothal, the first stage of marriage. This is effected by the man giving the woman an object of value, in the presence of witnesses, to betroth her. At this point the couple is not yet permitted to have conjugal relations, but is nonetheless considered legally married in most respects and the woman requires a divorce before she can marry again; see **nisuin.**

eruv – popular contraction of **eruvei chatzeiros, eruvei tavshilin,** or **eruvei techumin.**

eruvei chatzeiros – a legal device which merges several separate ownerships **(reshus hayachid)** into a single joint ownership. Each resident family of a **chatzeir** contributes food to the *eruv,* which is then placed in one of the dwellings of the *chatzeir.* This procedure allows us to view all the houses opening into the courtyard as the property of a single consortium (composed of all the residents of the courtyard). This permits all the contributing residents of the **chatzeir** to carry items during the Sabbath from the houses into the *chatzeir* and from one house to another.

eruvei tavshilin – the prepared food set aside prior to a **Yom Tov** that falls on Friday to serve as token food for the Sabbath that follows. Once this token food has been set aside, the person is allowed to complete his preparations for Sabbath on **Yom Tov.** Such preparation is generally forbidden otherwise.

eruvei techumin – merging of boundaries; a legal device that allows a person to shift his Sabbath residence from which the 2,000-**amah techum** is measured. This is accomplished by placing a specific amount of food at the desired location before the start of the Sabbath. The place where the food has been placed is then viewed as his Sabbath residence, and his *techum*-limit is measured from there. This does not extend his **techum** Shabbos, but merely shifts the point from which it is measured.

ervah [pl. **arayos**] – (a) matters pertaining to sexual relationships forbidden under penalty of **kares** or death, as enumerated in *Leviticus* ch. 18; (b) a woman forbidden to a man under pain of one of these penalties.

fines – punitive payments that do not bear a strict relation to actual damages.

forbidden labors of the Sabbath – see **avos melachah.**

forty lashes – see **malkus.**

Gaon [pl. **Geonim**] – (a) title accorded the heads of the academies in Sura and Pumbedisa, the two Babylonian seats of Jewish learning, from the late 6th to mid-11th centuries C.E. They served as the link in the chain of Torah tradition that joined the **Amoraim** to the **Rishonim;** (b) subsequently used to describe any brilliant Torah scholar.

Gemara – portion of the Talmud which discusses the **Mishnah;** also, loosely, a synonym for the Talmud as a whole.

gematria – the numeric valuation of the Hebrew alphabet.

get [pl. **gittin**] – bill of divorce; the document that, when it is placed in the wife's possession, effects the dissolution of a marriage.

gezeirah shavah – one of the thirteen principles of Biblical hermeneutics. If a similar word or phrase occurs in two otherwise unrelated passages in the **Torah,** the principle of *gezeirah shavah* teaches that these passages are linked to one another, and the laws of one passage are applied to the other. Only those words which are designated by the **Oral Sinaitic Law** for this purpose may serve as a basis for a *gezeirah shavah.*

Golden Altar – see **Inner Altar**.

Great Court – see **Sanhedrin**.

hachnasah – transferring an object from a public domain to a private domain.

hafarah – revocation of a woman's vow by her husband on the grounds that her vow impinges on their marital relationship or that it causes her deprivation.

hagbahah – lifting; one of the methods of acquisition used for movable objects.

halachah [pl. **halachos**] – (a) a **Torah** law; (b) [u.c.] the body of Torah law; (c) in cases of dispute, the position accepted as definitive by the later authorities and followed in practice; (d) a **Halachah LeMoshe MiSinai.**

Halachah LeMoshe MiSinai – laws taught orally to Moses at Sinai, which cannot be derived from the Written Torah.

half-shekel – While the Temple stood, every Jew was required to donate a half-*shekel* annually to fund the purchase of the various communal offerings (including among others, the daily **tamid** offerings and the holiday **mussaf** offerings).

hanachah – the *setting down* of a transferred article in its new domain; see ***akirah.***

Hashem – lit. the Name; a designation used to refer to God without pronouncing His Ineffable Name.

hasraah – warning. One does not incur the death penalty or lashes unless he was warned, immediately prior to commission, of the forbidden nature of the crime and the punishment to which he would be liable.

hatarah – annulment of a vow by an expert sage or a group of three competent laymen.

Havdalah – lit. distinction; the blessing recited at the conclusion of the Sabbath.

Hebrew maidservant – a Jewish girl between the age of six and twelve sold by her father into servitude.

Hebrew servant – a Jewish man who is sold as an indentured servant, generally for a six-year period. Either he is sold by the court because he was convicted of stealing and lacks the funds to make restitution, or he sells himself for reasons of poverty.

hechsher l'tumah – rendering a food susceptible to **tumah** contamination by contact with one of seven liquids – water, dew, milk, bee honey, oil, wine or blood.

hefker – ownerless.

hefker beis din hefker – principle which establishes the power of Rabbinic courts to declare property ownerless.

Heichal – See **Beis HaMikdash.**

hekdesh – (a) items consecrated to the **Temple** treasury or as offerings. *Hekdesh* can have two levels of sanctity: **monetary sanctity** and **physical sanctity.** Property owned by the Temple treasury is said to have monetary sanctity. Such property can be redeemed or can be sold by the *hekdesh* treasurers, and the proceeds of the redemption or sale become *hekdesh* in its place. Consecrated items that are fit for the Temple service (e.g. unblemished animals or sacred vessels) are deemed to have physical sanctity; (b) the state of consecration; (c) the **Temple** treasury.

hekeish – an exegetical derivation based on a connection that Scripture makes (often through juxtaposition) between different areas of law. By making this connection, Scripture teaches that the laws that apply to one area can be applied to the other area as well.

heset – see **tumas heset.**

hin – liquid measure equal to twelve **lugin.**

holachah – one of the four essential blood **avodos.** It involves conveying the blood of the offering to the **Altar.**

Holy – anterior chamber of the **Temple** edifice (**Heichal**) containing the **Shulchan, Inner Altar** and **Menorah.**

Holy Ark – the Ark containing the Tablets of the Ten Commandments and the Torah Scroll written by Moses. It stood in the **Holy of Holies.**

Holy of Holies – interior chamber of the **Temple** edifice **(Heichal).** During most of the First Temple era, it contained the **Holy Ark;** later it was empty of any utensil. Even the **Kohen Gadol** is prohibited from entering there except on **Yom Kippur.**

hotzaah – transferring an object from a private domain to a public domain.

Inner Altar – the gold-plated Altar which stood in the **Sanctuary.** It was used for the daily incense service and for the blood applications of inner **chataos.**

issaron – a dry measure equal to one tenth of an **ephah** or approximately (depending on the conversion factor) as little as eleven or as much as twenty-one cups.

Iyar – second month of the Hebrew calendar.

Jubilee – see **Yovel.**

kabbalah – (a) term used throughout the Talmud to refer to the books of the *Prophets*. It derives from the Aramaic root – to complain or cry out. It thus refers primarily to the admonitory passages of these books; (b) receiving in a **kli shareis** the blood of a sacrificial animal that is slaughtered; one of the four blood **avodos.**

kal vachomer – lit. light and heavy, or lenient and stringent; an *a fortiori* argument. One of the thirteen principles of Biblical hermeneutics. It involves the following reasoning: If a particular stringency applies in a usually lenient case, it must certainly apply in a more serious case; the converse of this argument is also a *kal vachomer*.

kares – excision; Divinely imposed premature death decreed by the **Torah** for certain classes of transgression.

karmelis – any area at least four **tefachim** square which cannot be classified as either a **reshus harabim,** *public domain* (because it is not set aside for public use) or a **reshus hayachid,** *private domain* (because it does not have the required partitions), e.g. a field, empty lot, or a four-*tefach* square elevation between three and ten **tefachim** above the ground level of a public domain.

karpaf – Mishnaic term for a large open area enclosed by a fence or wall. As a properly enclosed area, a *karpaf* is a **reshus hayachid** in every respect as long it does not exceed two **beis se'ah** (an area 50 *amos* x 100 *amos*, or 5,000 square *amos*. A *karpaf* larger than this, however, is subject to a special rule: Carrying in it is permitted only if the *karpaf* was enclosed for residential use. If it was not, then carrying in it is forbidden as in a **karmelis.**

kav [pl. **kabim**] – a measure equal to four **lugin.**

kebeitzah – an egg's volume.

Kehunah – priesthood; the state of being a **Kohen.**

keifel – see **double payment.**

kelutah – contained. Although an object thrown across a public domain does not *physically* come to rest in that domain, it does so *legally*, by way of the principle that an object "contained" in the airspace of a domain is viewed as if it had come to rest there.

kessef – (a) money; (b) Tyrian currency which is comprised solely of pure silver coins.

kesubah – (a) marriage contract; the legal commitments of a husband to his wife upon their marriage, the foremost feature of which is the payment awarded her in the event of their divorce or his death; (b) document in which this agreement is recorded.

Kesuvim – Hagiographa – Holy Writings. It consists of eleven volumes: *Psalms, Proverbs, Job, Song of Songs, Ruth, Lamentations, Ecclesiastes, Esther, Daniel, Ezra-Nehemiah, Chronicles.*

kezayis – the volume of an olive; minimum amount of food whose consumption is considered "eating."

kiddush – (a) the benediction recited over wine before the evening and morning meals on the **Sabbath** and **Yom Tov**; (b) sanctification of **mei chatas.**

kiddushin [betrothal] – Jewish marriage consists of two stages: **erusin** and **nisuin.** *Kiddushin* is the procedure which establishes the first stage of marriage [*erusin*].

kilayim – various forbidden mixtures, including: **shaatnez** (cloth made from a blend of wool and linen); cross-breeding of animals; cross-breeding (or side-by-side planting) of certain food crops; working with different species of animals yoked together; and mixtures of the vineyard.

kilei hakerem – forbidden mixtures of the vineyard; see **kilayim.**

kinyan [pl. **kinyanim**] – formal act of acquisition; an action that causes an agreement or exchange to be legally binding.

kinyan agav – lit. acquisition by dint of; the term for the acquisition of movable property by means of the acquisition of land. The **kinyan** used for the land serves for the movable property.

kinyan chalifin – lit. acquisition by exchange. (a) Even exchange: an exchange of two items of comparable value, in which each item serves as payment for the other. The acquisition of any one of the items automatically effects the acquisition of the other. (b) Uneven exchange: An item of relatively negligible value is given in order to effect the acquisition of the other item. A kerchief or the like is traditionally used.

kinyan chatzeir – the acquisition of movable property by virtue of it being in the premises of the person acquiring it.

kinyan chazakah – see **chazakah (b).**

kinyan sudar – see **kinyan chalifin (b).**

kirah – a rectangular stove that is open on top and is large enough to accommodate two pots. The pots may be placed inside the *kirah*, either directly on the coals or suspended above them, or on the rim or cover of the *kirah*.

Kislev – ninth month of the Hebrew calendar.

kli shareis [pl. **klei shareis**] – service vessel(s); a vessel sanctified for use in the sacrificial service.

kodashim kalim – offerings of lesser holiness (one of the two classifications of sacrificial offerings). They may be eaten anywhere in Jerusalem by any **tahor** person. They include the **todah,** regular **shelamim, bechor, nazir's ram, maaser** and **pesach offerings.** This category of offerings is not subject to the stringencies applied to **kodshei kodashim.**

kodesh – (a) any consecrated object; (b) the anterior chamber of the **Temple** – the **Holy;** (c) portions of sacrificial offerings.

kodshei kodashim – most-holy offerings (one of the two classifications of sacrificial offerings). They may be eaten only in the Temple courtyard and only by male **Kohanim.** They include the **olah** (which may not be eaten at all), **chatas, asham** and communal **shelamim.** These are subject to greater stringencies than **kodashim kalim.**

Kohen [pl. **Kohanim**] – member of the priestly family descended in the male line from Aaron. The Kohen is accorded the special priestly duties and privileges associated with the **Temple** service and is bound by special laws of sanctity.

Kohen Gadol – High Priest.

kor – large dry measure; a measure of volume consisting of thirty **se'ah.**

korah – a crossbeam, at least one **tefach** wide, reaching across a **mavoi** to serve as a rudimentary partition or a reminder of the *mavoi's* halachic status.

korban – a sacrificial offering brought in the **Beis HaMikdash.**

kri u'ksiv – a word in Scripture written one way but read differently by special directive to Moses at Sinai.

kupach – a cubical stove which accommodates only one pot. It retains more heat than a **kirah.**

lashes – see **malkus** and **makkas mardus.**

lavud – principle which states that whatever is within three **tefachim** of a surface is viewed as an extension of that surface; by the same token, a gap of less than three *tefachim* is legally viewed as closed.

leaning – see **semichah.**

lechatchilah – (a) before the fact; (b) performance of a **mitzvah** or procedure in the proper manner.

lechi – (a) a sidepost, at least ten **tefachim** high, placed at the side of a **mavoi** entrance to serve as a rudimentary partition or reminder of the *mavoi's* halachic status; (b) the sidepost of a **tzuras hapesach.**

Levi [pl. **Leviim**] – male descendant of the tribe of *Levi* in the male line, who is sanctified for auxiliary services in the **Beis HaMikdash.** The *Leviim* were the recipients of **maaser rishon.**

libation – see **nesachim.**

litra – (a) a liquid measure equal to the volume of six eggs; (b) a unit of weight.

log [pl. **lugin**] – a liquid measure equal to the volume of six eggs, between 16 and 21 ounces in contemporary measure.

maah [pl. **maos**] – the smallest silver unit in Talmudic coinage. Thirty-two copper **perutos** equal one *maah* and six *maos* equal a silver **dinar.**

Maariv – the evening prayer service.

maaser [pl. **maasros**] – tithe. It is a Biblical obligation to give two tithes, each known as *maaser,* from the produce of the Land of Israel. The first tithe (**maaser rishon**) is given to a **Levi.** The second tithe (**maaser sheni**) is taken to Jerusalem and eaten there or else is redeemed with coins which are then taken to Jerusalem for the purchase of food to be eaten there. In the third and sixth years of the seven year **shemittah** cycle, the *maaser sheni* obligation is replaced with **maaser ani,** the tithe for the poor.

maaser ani – see **maaser.**

maaser beheimah – the animal tithe. The newborn kosher animals born to one's herds and flocks are gathered into a pen and made to pass through an opening one at a time. Every tenth animal is designated as **maaser.** It is brought as an offering in the Temple and is eaten by the owner.

maaser of animals – see **maaser beheimah.**

maaser rishon – see **maaser.**

maaser sheni – see **maaser.**

mah matzinu – lit. just as we find; a **binyan av** from one verse. Just as one particular law possesses aspect A and aspect B, so any other law that possesses aspect A should also possess aspect B.

makkas mardus – lashes for rebelliousness. This is the term used for lashes incurred by Rabbinic – rather than Biblical – law.

malkus – the thirty-nine lashes (forty minus one) imposed by the court for violations of Biblical prohibitions, where a more severe punishment is not indicated.

mamzer [pl. **mamzerim**] [f. **mamzeress**] – (a) offspring of most illicit relationships punishable by **kares** or capital punishment; (b) offspring of a *mamzer* or *mamzeress.*

mamzerus – state of being a **mamzer.**

maneh – (a) equivalent to 100 **zuz;** (b) a measure of weight, equal to aproximately 17 ounces.

Marcheshvan – eighth month of the Hebrew calendar

matzah – unleavened bread; any loaf made from dough that has not been allowed to ferment or rise. One is Biblically obligated to eat *matzah* on the night of the 15th of Nissan.

mavoi – alley; specifically an alley into which **chatzeiros** (courtyards) open. See **shitufei mevo'os.**

mayim chayim – living water. Springwater generally has the status of *mayim chayim*. It is so designated because it issues out of the ground with a natural force which makes it "alive" and moving. It is fit to be used for three purposes for which the Torah specifies *mayim chayim*: (a) the immersion of **zavim,** (b) the sprinkling for **metzoraim,** (c) to consecrate therefrom **mei chatas.**

mayim sheuvin – drawn water; water that flows out of a vessel is designated as *sheuvin* and is unfit for use to constitute the forty **se'ah** of a **mikveh.**

mechussar kapparah [pl. **mechussar kippurim**] – lit. lacking atonement; the status accorded to a **tevul yom** in the interim between sunset of the day of his immersion and the time he brings his offerings. During that interval, he retains a vestige of his earlier **tumah** and is thus forbidden to enter the Temple Courtyard or partake of the offerings.

mei chatas – springwater consecrated by the addition of ashes of a **parah adumah.** This was used to purify individuals or objects of **tumas meis.**

me'ilah – unlawfully benefiting from **Temple** property or removing such property from the Temple ownership. As a penalty one must pay the value of the misappropriated item plus an additional one fifth of the value. He must also bring an **asham** offering.

meis mitzvah – see **abandoned corpse.**

mekom petur – exempt area; an area within – but distinct from – a public domain, which lacks the dimensions necessary to qualify as a **karmelis** (its width or length is less than four **tefachim**). One may carry from the exempt area into either a **reshus hayachid** or a **reshus harabim** or the reverse. Biblically a *karmelis* is a *mekom petur.*

melachah [pl. **melachos**] – labor; specifically, one of the thirty-nine labor categories whose performance is forbidden by the Torah on the Sabbath and **Yom Tov.** These prohibited categories are known as *avos melachah.* Activities whose prohibition is derived from one of these thirty-nine categories are known as *tolados* (s. *toladah*) – secondary labor.

melikah – the unique manner in which bird offerings were slaughtered. *Melikah* differs from **shechitah** in two respects: (a) The cut is made with the **Kohen's** thumbnail rather than with a knife; (b) the neck is cut from the back rather than from the throat. Only birds for sacrificial purposes may be slaughtered by *melikah;* all others require *shechitah.* See **shechitah.**

melog – a married woman's property in which she retains ownership of the property itself, but her husband enjoys the right of usufruct, i.e. he owns the yield of that property.

menachos – see **minchah.**

Men of the Great Assembly – a group of 120 sages active at the end of the Babylonian exile and during the early years of the Second Temple. They were responsible for the formulation of our prayers and many other enactments.

Menorah – the seven-branched gold candelabrum which stood in the **Holy.**

meshichah – pulling, or otherwise causing an object to move; one of the methods of acquisition used for movable property.

mesirah – handing over; transferring the animal to a buyer by handing him its reins or mane; a means of acquisition used for articles too heavy to be acquired via **meshichah** or **hagbahah.**

metzora – A *metzora* is a person who has contracted **tzaraas** (erroneously described as leprosy), an affliction mentioned in *Leviticus* (chs. 13,14). *Tzaraas* manifests itself (on people) as white or light-colored spots on the body.

mezuzah [pl. **mezuzos**] – a small scroll, containing the passages of *Deuteronomy* 6:4-9 and 11:13-21, that is affixed to the right doorpost.

midras – If someone who is **tamei** as a result of a bodily emission (e.g. a **zav, zavah, niddah,** woman who has given birth) sits or leans on a bed, couch, or chair, it acquires the same level of **tumah** as the person from whom the *tumah* emanates (i.e. **av hatumah**). This form of *tumah* transmission is called *midras*.

midras tumah – see **midras.**

migo – lit. since; a rule of procedure. If one makes a claim that on its own merits the court would reject, it nonetheless will be accepted "since" had he wished to tell an untruth he would have chosen a claim that certainly is acceptable to the court.

mikveh – ritualarium; a body of standing water containing at least forty **se'ah.** It is used to purify (by immersion) people and utensils of their **tumah**-contamination. A *mikveh* consists of waters naturally collected, without direct human intervention. Water drawn in a vessel is not valid for a *mikveh*.

mil – 2,000 **amos;** a measure of distance between 3,000 and 4,000 feet.

minchah – (a) [u.c.] the afternoon prayer service; (b) [pl. **menachos**] a flour offering, generally consisting of fine wheat flour, oil and frankincense, part of which is burnt on the **Altar.** See **kemitzah.**

minyan – quorum of ten adult Jewish males necessary for the communal prayer service and other matters.

Mishkan – predecessor of the **Temple.** See **Tabernacle.**

mishmar [pl. **mishmaros**] – lit. watch; one of the twenty-four watches of **Kohanim** and **Leviim** who served in the Temple for a week at a time on a rotating basis. These watches were subdivided into family groups each of which served on one day of the week.

Mishnah [pl. **Mishnahs**] – (a) the organized teachings of the **Tannaim** compiled by **R' Yehudah HaNasi;** (b) a paragraph of that work.

mitzvah [pl. **mitzvos**] – a **Torah** command whether of Biblical or Rabbinic origin.

mi'un – By Rabbinic enactment, an underaged orphan girl may be given in marriage by her mother or brothers. She may annul the marriage anytime before reaching majority by declaring, before a **beis din** of three judges, her unwillingness to continue in the marriage. This declaration and process is called *mi'un*.

mixtures of the vineyard – see **kilayim.**

monetary sanctity – see **hekdesh.**

movables, movable property – property that is transportable; in contrast to real estate.

muad – lit. warned one. A bull that gores three times and whose owner was duly warned after each incident to take precautions is considered a *muad* bull. The owner must pay full damage for the fourth and all subsequent incidents. See **tam.**

muchzak – one who has physical possession of an object and who is therefore assumed to be in legal possession of it.

muktzeh – lit. set aside; (a) a class of objects which, in the normal course of events, do not stand to be used on the Sabbath or **Yom Tov.** The Rabbis prohibited moving such objects on the Sabbath or Yom Tov; (b) an animal set aside to be sacrificed for idolatry.

mum [pl. mumim] – physical defects that render a **Kohen** or sacrifice unfit.

mussaf – (a) additional sacrifices offered on the Sabbath, **Rosh Chodesh,** or **Yom Tov;** (b) [u.c.] the prayer service which is recited in lieu of these sacrifices.

naarah – a girl at least 12 years old who has sprouted a minimum of two pubic hairs. This marks her coming of age to be considered an adult. She is deemed a *naarah* for six months; after that she becomes a **bogeres.**

naarus – the state of being a **naarah.**

Nasi [pl. **Nesiim**] – the Prince. He serves as the head of the **Sanhedrin** and de facto as the spiritual leader of the people.

nazir [f. **nezirah**] – a person who takes the vow of **nezirus,** which prohibits him to drink wine, eat grapes, cut his hair or contaminate himself with the **tumah** of a corpse.

nedavah – see **donated offering.**

neder – a vow which renders objects, in contradistinction to actions, prohibited. There are two basic categories of vows; (a) restrictive vows; (b) vows to donate to **hekdesh.** See **hekdesh;** see also **donated offering.**

negaim – spots that appear on the skin of a **metzora.**

nesachim – a libation, generally of wine, which is poured upon the **Altar.** It accompanies certain offerings; and can be donated separately as well.

neveilah [pl. **neveilos**] – the carcass of an animal that was not slaughtered according to procedure prescribed by the Torah. A *neveilah* may not be eaten. It is an **av hatumah.**

Neviim – Prophets; it consists of the following Books: *Joshua, Judges, Samuel, Kings, Jeremiah, Ezekiel, Isaiah,* **Twelve Prophets.**

nezirus – the state of being a **nazir.**

niddah – a woman who has menstruated but has not yet completed her purification process, which concludes with immersion in a **mikveh.**

Nissan – first month of the Hebrew calendar.

nisuin – second stage of marriage. It is effected by a procedure called **chuppah.** See **kiddushin.**

Noahide laws – the seven commandments given to Noah and his sons, which are binding upon all gentiles. These laws include the obligation to have a body of civil law, and the prohibitions against idolatry, immorality, bloodshed, blasphemy, stealing and robbing, and eating limbs from a live animal.

nolad – lit. newborn. This is a category of **muktzeh.** It refers to objects that came into their present state of being (they previously did not exist or were not usable) on Sabbath or **Yom Tov.** Since their very existence was unanticipated before Sabbath or Yom Tov, they are *muktzeh*.

nossar – part of a **korban** left over after the time to eat it has passed.

olah [pl. **olos**] – burnt or elevation offering; an offering which is consumed in its entirety by the **Altar** fire. It is one of the **kodshei kodashim.**

omer – an obligatory **minchah** offering brought on the sixteenth of **Nissan.** It was forbidden to eat from the new grain crop (**chadash**) before this offering was brought.

onein [f. **onenes;** pl. **onenim**] – see **aninus.**

Oral Sinaitic Law – see **Halachah LeMoshe MiSinai.**

orlah – lit. sealed; fruit that grows on a tree during the first three years after it has been planted (or transplanted). The Torah prohibits any benefit from such fruit.

Outer Altar – the **Altar** that stood the Courtyard of the **Beis HaMikdash,** to which the blood of most offerings is applied, and on which the offerings are burned.

parah adumah – lit. red cow. The ashes of the *parah adumah* are mixed with springwater. The resulting mixture is known as **mei chatas** and is used in the purification process of people or objects who have contracted **tumah** from a human corpse.

Paroches – curtain: specifically, the curtain that divided the **Holy** from the **Holy of Holies.**

parsah [pl. **parsaos**] – measure of length equal to eight thousand **amos.**

pasul – lit. invalid; (a) any *tamei* object that cannot convey its **tumah;** (b) something invalid.

peace offering – see **shelamim.**

perutah [pl. **perutos**] – smallest coin used in Talmudic times. In most cases its value is the minimum that is legally significant.

Pesach – Passover; the **Yom Tov** that celebrates the Exodus of the Jewish nation from Egypt.

pesach offering – sacrifice offered on the afternoon of the fourteenth day of **Nissan** and eaten after nightfall. It is one of the **kodashim kalim.**

Pesach Sheni – lit. Second **Pesach;** (a) the fourteenth of **Iyar.** This day fell one month after the **Yom Tov** of Pesach. Any individual who is **tamei** at the time designated for the **pesach offering** must wait till *Pesach Sheni* to bring his offering; (b) a *pesach* offering brought on the fourteenth of Iyar.

physical sanctity – see **hekdesh.**

pikuach nefesh – lit. saving a life; a life-threatening situation. All prohibitions (except for murder, immorality and idolatry) are waived, if necessary, in such situations.

positive commandment – a Torah commandment expressed as a requirement *to do.*

poskim – authoritative decisors of Torah law.

Priestly Blessing – the blessing the **Kohanim** are obligated to confer upon the congregation. It consists of the verses designated for this purpose by the Torah (*Numbers* 6:24-26). It is recited aloud by the **Kohanim**, toward the conclusion of the **Shemoneh Esrei.**

prohibition – a negative commandment, which the Torah expresses as a command *not to do.*

Prophets – see **Neviim.**

prozbul – The Torah requires all loans to be canceled by **shemittah.** The Rabbis enacted a law allowing for loans to be collected after the Sabbatical year through a process whereby the lender authorizes the court to collect all his debts. The document which authroizes the court to assume responsibility for the collection of those debts is called a *prozbul.*

purification waters – see **mei chatas.**

rasha – (a) a wicked person; (b) a person disqualified from serving as a witness by his commission of certain transgressions.

R' – Rabbi; specifically a **Tanna,** or **Amora** of **Eretz Yisrael.**

Rebbi – R' Yehudah HaNasi; the redactor of the **Mishnah.**

regel – any of the three pilgrimage festivals – **Pesach, Shavuos** and **Succos.**

Reish Gelusa – Exilarch, head of the Babylonian Jewish community; parallels the **Nasi** in **Eretz Yisrael.**

reshus harabim – lit. public domain; any unroofed, commonly used street, public area or highway at least sixteen **amos** wide and open at both ends. According to some, it must be used by at least 600,000 people.

reshus hayachid – lit. private domain; any area measuring at least four **tefachim** by four *tefachim* and enclosed by partitions at least ten *tefachim* high. According to most opinions, it needs to be enclosed only on three sides to qualify as a *reshus hayachid*. Private ownership is not a prerequisite.

revii l'tumah – see **tumah.**

reviis – a quarter of a **log.**

ribbis – a Talmudic term for interest.

Rishon [pl. **Rishonim**] – a **Torah** authority of the period following the **Geonim** (approx. 1000-1500 C.E.).

rishon l'tumah – first degree of acquired **tumah.** See **tumah.**

Rosh Chodesh – (a) festival celebrating the new month; (b) the first of the month.

Rosh Hashanah – the **Yom Tov** that celebrates the new year. It falls on the first and second days of **Tishrei.**

rov – majority; a principle used in halachah to determine the origin or status of a particular object. An object of undetermined origin or status is assumed to partake of the same origin or status as do that of the majority. See also **bitul b'rov.**

rova – a quarter-**kav** (one twenty-fourth of a **se'ah**).

Sabbath residence – (a) one's halachic place of dwelling (for the Sabbath); (b) wherever one happens to be at the beginning of the Sabbath, i.e. an area of four **amos,** if one is in a completely open space, or the building or city in which he is located.

Sadducees – heretical sect active during the Second **Temple** era named after Tzaddok, a disciple of Antigonas of Socho. They denied the Divine origin of the **Oral Law** and refused to accept the Sages' interpretation of the **Torah.**

Sages – (a) the collective body of Torah authorities in the Mishnaic era; (b) the anonymous majority opinion in a **Mishnah** or **Baraisa;** (c) [l.c.] Torah scholar and authority.

Sanctuary – a term applied to the Temple building that housed the **Holy** and the **Holy of Holies.**

Sanhedrin – (a) the High Court of Israel; the Supreme Court consisting of seventy-one judges whose decisions on questions of Torah law are definitive and binding on all courts; (b) [l.c.] a court of twenty-three judges authorized to adjudicate capital and corporal cases.

se'ah – a Mishnaic measure of volume; six **kav.**

Seder [pl. **Sedarim]** – lit. order. (a) The Mishnah is divided into six *sedarim*: *Zeraim* (Plants), *Moed* (Festivals), *Nashim* (Women), *Nezikim* (Damages), *Kodashim* (Sacred Things) and *Taharos* (Ritual Purities); (b) [l.c.] ritual festive meal on **Pesach.**

sekilah – lit. stoning; one of the four forms of death penalty imposed by the court.

sela [pl. **selaim**] – a silver coin having the weight of 384 barleycorns. This is the equivalent of four **dinars.**

semichah – (a) Rabbinical ordination empowering one to serve as a judge. This ordination stretches back in an unbroken chain to Moses; (b) a rite performed with almost all personal sacrificial offerings. The owner of the offering places both his hands on the top of the animal's head and presses down with all his might. In the case of a **chatas,** or an **asham,** he makes his confession during *semichah*. In the case of a **shelamim** or **todah** offering, he praises and thanks God.

semuchin [pl. **semuchim**] – Scriptural juxtaposition. This principle states that two consecutive verses or passages may be compared for purposes of inferring law from one to the other. It is one of the rules of exegesis employed by the Sages.

seven species – see **bikkurim.**

shaatnez – see **kilayim.**

Shabbos – (a) the Sabbath; (b) the Talmudic tractate that deals with the laws of the Sabbath.

Shacharis – the morning prayer service.

Shavuos – Pentecost; the festival that celebrates the giving of the **Torah** to the Jewish nation at Mount Sinai.

Shechinah – Divine Presence.

shechitah – (a) ritual slaughter; the method prescribed by the **Torah** for slaughtering a kosher animal to make it fit for consumption. It consists of cutting through most of the esophagus and windpipe from the front of the neck with a specially sharpened knife that is free of nicks; (b) one of the four essential blood **avodos.**

shehiyah – This refers to the act of leaving a pot of cooked food on a **kirah** before the Sabbath so that it will continue to stew on the Sabbath.

shekel [pl. **shekalim, shekels**] – Scriptural coin equivalent to the Aramaic **sela** or four **dinars.** In Mishnaic terminology, the Scriptural half-*shekel* is called a **shekel,** and the Scriptural **shekel** is called by its Aramaic name, **sela.**

shelamim – peace offering; generally brought by an individual on a voluntary basis; part is burnt on the **Altar,** part is eaten by a **Kohen** (and the members of his household) and part is eaten by the owner. It is one of the **kodashim kalim.**

shelichus – see **agency.**

shelishi l'tumah – see **tumah.**

Shemini Atzeres – the eighth and concluding day of the **Succos** celebration. In many respects, it is a **Yom Tov** in its own right.

shemittah – the Sabbatical year, occurring every seventh year, during which the land of **Eretz Yisrael** may not be cultivated.

Shemoneh Esrei – also called *Amidah*; the silent, standing prayer, which is one of the main features of the daily prayer services.

sheni l'tumah – see **tumah.**

sheretz [pl. **sheratzim**] – one of eight rodents or reptiles, listed by the Torah, whose carcasses transmit **tumah.** A sheretz is an *av hatumah.* See **tumah.**

Shevat – eleventh month of the Hebrew calendar.

sheviis – see **shemittah.**

shitufei mevo'os – incorporation of the alleys; a provision similar to **eruvei chatzeiros,** instituted to permit carrying from a courtyard into an alley on the Sabbath. It merges the different courtyards that are in common ownership of a **mavoi.**

shofar – trumpet formed from the horn of a ram or certain other animals. It is a Biblical obligation to hear the blowing of a *shofar* on **Rosh Hashanah.**

shomer [pl. **shomrim**] – one who has assumed custodial responsibility for another's property.

shtar [pl. **shtaros**] – legal document.

Shulchan – lit. table; the golden Table for the **lechem hapanim,** located in the **Holy.**

shuman – animal fats that are permitted for consumption. See **cheilev.**

Sifra – lit. the book; the primary collection of Tannaic exegesis, mainly halachic in nature, on the Book of *Leviticus.* It is also known as *Toras Kohanim.*

Sifri (or **Sifrei**) – lit. the books; the counterpart of the **Sifra;** it expounds on the Books of *Numbers* and *Deuteronomy.*

Sivan – third month of the Hebrew calendar.

sotah – an adulteress or a woman whose suspicious behavior has made her suspected of adultery. The Torah prescribes, under specific circumstances, that her guilt or innocence be established by having her drink specially prepared water.

sprinkling – see **hazaah.**

stoning – see **sekilah.**

succah – (a) the temporary dwelling in which one must live during the festival of **Succos;** (b) [u.c.] the Talmudic tractate that deals with the laws that pertain to the festival of Succos.

Succos – one of the three **pilgrimage festivals,** during which one must dwell in a **succah.**

Tabernacle – a portable **Sanctuary** for the sacrificial service used during the forty years of national wandering in the Wilderness and the first fourteen years after entry into **Eretz Yisrael.**

taharah – a halachically defined state of ritual purity; the absence of **tumah**-contamination.

tahor – person or object in a state of **taharah.**

tam – lit. ordinary; a bull the first three times it gores another animal. See **muad.**

tamei – person or object that has been contaminated by **tumah** and that can convey *tumah* to another object of its genre.

tamid [pl. **temidin**] – communal **olah,** offered twice daily.

Tammuz – fourth month of the Hebrew calendar.

Tanna [pl. **Tannaim**] – Sage of the Mishnaic period whose view is recorded in a **Mishnah** or **Baraisa.**

Tanna Kamma – the anonymous first opinion of a **Mishnah** or **Baraisa.**

tanur – a trapezoidal oven that is open on top. Its shape causes it to retain more heat than a **kirah.**

tarkav – half a **se'ah.**

Targum – lit. translation; the Aramaic interpretive translation of Scripture.

techum [pl. **techumim**] – Sabbath boundary; the distance of 2,000 **amos** from a person's Sabbath residence which he is permitted to travel on the Sabbath or **Yom Tov.**

tefach [pl. **tefachim**] – handbreadth; a measure of length equal to the width of four thumbs.

tefillah – (a) prayer; (b) in Talmudic usage, **tefillah** invariably refers to **Shemoneh Esrei.**

tefillin – phylacteries; two black leather casings, each of which contains Torah passages written on parchment. It is a **mitzvah** for adult males to wear one on the head and one on the arm.

temei'ah – female for **tamei.**

Temple – see **Beis HaMikdash.**

Temple Mount – the site of the Holy **Temple.** See **Beis HaMikdash.**

tereifah [**pl. tereifos**] – (a) a person, animal or bird that possesses one of a well-defined group of eighteen defects which will certainly cause its death. Any of these defects renders the animal or bird prohibited for consumption even if it was ritually slaughtered; (b) a generic term for all non-kosher food.

terumah [pl. **terumos**] – the first portion of the crop separated and given to a **Kohen,** usually between $1/40$ and $1/60$ of the total crop. It is separated prior to **maaser,** and upon separation attains a state of sanctity which prohibits it from being eaten by a non-**Kohen,** or by a **Kohen** in a state of **tumah.**

terumah gedolah – see **terumah.**

terumas maaser – the tithe portion separated by the **Levi** from the **maaser rishon** he receives and given to a **Kohen.**

tevel – produce of **Eretz Yisrael** that has become subject to the obligation of **terumah** and **tithes;** it is forbidden for consumption until *terumah* and all tithes have been designated.

Teves – tenth month of the Hebrew calendar.

tevilah – immersion in a **mikveh** for the purpose of purification from **tumah**-contamination.

tevul yom [pl. **tevulei yom**] lit. one who has immersed that day. This is a person who had been rendered ritually impure with a Biblical **tumah** from which he purified himself with immersion in a **mikveh.** A residue of the *tumah* lingers until nightfall of the day of his immersion, leaving him *tamei* in regard to sacrifices, **terumah** and entering the **Temple** Courtyard. A person in this reduced state of *tumah* is known as a *tevul yom.*

Tishah B'Av – lit. the Ninth of Av; the fast day that commemorates the destruction of the First **Beis HaMikdash** and the Second one as well as other national tragedies.

Tishrei – seventh month of the Hebrew calendar.

todah [pl. **todos**] – thanksgiving offering brought when a person survives a potentially life-threatening situation. It is unique in that forty loaves of bread accompany it.

toladah [pl. **tolados**] – lit. offspring; subcategory of an **av** (pl. **avos**). See **melachah.**

Torah – the five books of Moses; the Chumash or Pentateuch.

Tosefta – a written collection of **Baraisos.**

tumah [pl. **tumos**] – legally defined state of ritual impurity affecting certain people or objects. The strictest level of *tumah,* **avi avos hatumah** [literally: father of fathers of *tumah*], is limited to a human corpse. The next, and far more common level, is known as *av hatumah,* primary [literally: father] *tumah.* This category includes: one who touched a human corpse; **sheretz,** the carcass of one of the eight species of creeping creatures listed in *Leviticus* 11:29-30; the carcass of a **neveilah,** an animal that died by some means other than a valid ritual slaughter; or one who is a **zav, zavah, niddah** or **metzora.**

An object that is contaminated by an **av hatumah** [primary *tumah*] becomes a **rishon l'tumah** (first degree of [acquired] *tumah*). This degree of contamination is also called **v'lad hatumah,** (secondary *tumah*) [literally: child (as opposed to *av,* father) of *tumah*]. An object contracting *tumah* from a *rishon* becomes a **sheni l'tumah,** (second degree *of* [acquired] *tumah*) – or **v'lad v'lad hatumah,** (child of child of *tumah*). In the case of *chullin,* unsanctified food, contamination can go no further than a *sheni;* thus, if a *sheni* touches unsanctified food, that food acquires no degree of contamination whatsoever.

Commensurate with the respectively greater degrees of stringency associated with **terumah** and sacrifices, their levels of contamination can go beyond that of *sheni.* Thus, if a *sheni* touches *terumah,* it becomes a **shelishi l'tumah** (third degree of [acquired] *tumah*) but the *tumah* of *terumah* goes no further than this degree. Sacrificial items can go a step further, to **revii l'tumah** (fourth degree of [acquired] *tumah*).

As a general rule, the word **tamei,** contaminated, is applied to an object that can convey its *tumah* to another object of its genre. An object that cannot convey its *tumah* in this way is called **pasul** invalid rather than *tamei.*

tumas heset – lit. moving; a form of **tumas masa** (carrying *tumah*) that is generated by a **zav, zavah, niddah** or a woman who has given birth, by moving people, utensils, foods, or liquids, or by a **tahor** person moving the **zav,** etc.

tumas meis – the **tumah** of a human corpse.

tumas midras – see **midras**

tumas ohel – lit. roof **tumah;** the *tumah* conveyed to objects or persons when they are under the same roof as certain *tumah* conveyors, generally a human corpse.

Twelve Prophets – the final Book of the Prophets which consists of twelve short prophetic works: *Hosea, Joel, Amos, Obadiah, Jonah, Micah, Nahum, Habakkuk, Zephaniah, Haggai, Zechariah, Malachi.*

twofold payment – see double payment.

tzad hashaveh – an exegetical derivation based on the pre- sumption that a law found in two contexts results from characteristics common to both rather than from characteristics unique to each. Any other context possessing these common characteristics is also subject to the common law, even if the third context differs from the first two in regard to their *unique* features.

tzaraas – see **metzora.**

tzitzis – the fringes that by **Torah** law must be placed on a four-cornered garment.

tzuras hapesach – a structure shaped in the form of a doorway and effective as a partition; it consists of two posts topped by a connecting bar. This halachic device is widely used to convert an open area into a private domain.

variable [chatas] offering – a special type of **chatas** offering whose quality varies in accordance with the sinners financial resources. He is liable to a regular *chatas* offering of a female lamb or kid only if he is a person of means. Should he be poor, he is required to bring only two turtledoves or two young pigeons, one as a *chatas* and the other as an **olah.** If he is very poor, he brings a tenth of an **ephah** of fine flour for a **minchah.**

v'lad hatumah – see **tumah.**

v'lad v'lad hatumah – see **tumah.**

Women's Courtyard – the Courtyard of the **Temple** that faced the eastern wall of the main Courtyard.

yad soledes bo – heating to a degree that one's hands recoils when he touches it.

yavam – see **yibum.**

yetzer hara – Evil Inclination.

ye'ush – abandonment. This refers to an owner's despairing of recovering his lost or stolen property.

yevamah – see **yibum.**

yibum – levirate marriage. When a man dies childless, the **Torah** provides for one of his brothers to marry the widow. This marriage is called *yibum* . Pending this, the widow is forbidden to marry anyone else. The surviving brother, upon whom the obligation to perform the **mitzvah** of *yibum* falls, is called the *yavam.* The widow is called the *yevamah. Yibum* is effected only through cohabitation. If the brother should refuse to perform *yibum* , he must release her from her *yibum* -bond by performing the alternate rite of *chalitzah,* in which she removes his shoe before the court and spits before him and declares: *So should be done to the man who will not build his brother's house* (*Deuteronomy* 25:5-10).

Yisrael [pl. **Yisraelim**] – (a) Jew; (b) Israelite (in contradistinction to **Kohen** or **Levi**).

Yom Kippur – Day of Atonement; a day of prayer, penitence, fasting and abstention from **melachah.**

Yom Tov [pl. **Yamim Tovim**] – holiday; the festival days on which the Torah prohibits **melachah.** Specifically, it refers to the first and last days of **Pesach,** the first day of **Succos, Shemini Atzeres, Shavuos, Yom Kippur** and the two days of **Rosh Hashanah.** Outside of Eretz Yisrael, an additional day of **Yom Tov** is added to each of these festivals, except **Yom Kippur** and **Rosh Hashanah.**

Yovel – fiftieth year [Jubilee]; the year following the conclusion of a set of seven **shemittah** cycles. On **Yom Kippur** of that year, the **shofar** is sounded to proclaim freedom for the Jewish servants, and to signal the return to the original owner of fields sold in **Eretz Yisrael** during the previous forty-nine years.

zav [pl. **zavim**] – a man who has become **tamei** because of a specific type of seminal emission. If three emissions were experienced during a three-day period, the man must bring offerings upon his purification.

zavah [pl. zavos] – After a woman concludes her seven days of **niddah,** there is an eleven-day period during which any menseslike bleeding renders her a *minor zavah.* If the menstruation lasts for three consecutive days, she is a *major zavah* and must bring offerings upon her purification.

zerikah [pl. **zerikos**] – throwing; applying the blood of an offering to the Outer **Altar** in the prescribed manner. It is one of the four essential blood **avodos.**

zivah – lit. seepage or flow; the type of discharge which if repeated renders one to be a **zav** or **zavah.**

zuz [pl. **zuzim**] – (a) monetary unit equal to a **dinar;** (b) a coin of that value; (c) the weight of a *zuz* coin.

Scriptural Index